상·장·코·스·닥·기·업·분·석

본 책자 이용 시 유의사항

이 책자에 수록된 자료 가운데
「기업개요」「주가관련지표」「재무제표」
관련 부분은 당해 회사가 공시한
자료를 바탕으로 에프앤가이드에서
가공하여 작성하였으며, 그 정확성을
기하기 위해 최선을 다했습니다.
그러나 실무처리 과정에서 인적 혹은
기계적인 사유로 인해 일부 오류가
발생할 수 있음을 알려 드립니다. 또한
이 책자에 수록된「실적분석」부분은
각 증권사 애널리스트들의 분석자료를
취합한 내용으로 발행인 혹은 편집인의
공식적인 견해가 아님을 알려 드립니다.
따라서 이 책자에 수록된 정보 자료에
의거하여 투자한 결과로 혹 투자자에게
재산상의 손실이 발생한 경우에도 이
책자의 발행인과 편집인은 일체의
책임을 지지 않음을 알려 드립니다.

 상장 · 코스닥 기업분석 2017년 봄호

발행일 2017년 5월 15일
발행인 장대환
편집인 매경이코노미 · 에프앤가이드
발행처 매일경제신문사
　　　　　서울시 중구 퇴계로 190 매경미디어센터
　　　　　대표전화 02)2000-2520~7
　　　　　FAX 02)2000-2539
출판등록 2003년 4월 24일(No.2-3759)
인쇄처 M-PRINT 031)8071-0960
ISBN 979-11-5542-670-8(03320)

〈가격:22,000원〉

일러두기

매일경제·에프앤가이드 상장기업분석 2017년 봄호는 주식투자의 대중화 시대를 맞아 일반투자자에 대한 효율적인 정보제공을 목적으로 **매일경제신문사**가 에프앤가이드의 협조를 받아 제작했습니다.

■ **개요/재무자료** : 에프앤가이드가 보유하고 있는 기업정보 DB와 금융감독원의 공시사이트(DART)에서 최근 6개 사업연도 사업보고서 및 감사보고서를 분석해 수록, 2017년 4월 14일 현재 자료 미입수 및 자료 미제출 기업의 경우 기존 제출된 최근 보고서 기준으로 작성

■ **수록기준** : 2017년 4월 14일 현재 한국거래소 유가증권시장에 상장된 745개사, 코스닥시장에 상장된 1,165개사, 코넥스 시장에 상장된 139개사 등 총 2,049개사를 가나다순으로 수록

■ **기업명** : 해당 회사의 한글 및 영문 회사명

■ **기업코드** : 해당 회사의 보통주 기준 단축코드

■ **업종분류** : 에프앤가이드 표준산업분류 (FICS, FnGuide Industry Classification Standard) 기준

■ **신용등급** : 해당 회사의 단기(기업어음) 및 장기(회사채) 채권에 대한 국내 신용평가 3사의 유효등급 중 최저등급

국내 신용평가회사의 신용등급 체계			
구분	장기	단기	· 장기/단기는 각각 1년이상/미만
투자 등급	AAA, AA, A, BBB	A1, A2, A3	· 장기 AA~CCC와 단기 A2~B 등급에는
투기 등급	BB, B, CCC, CC, C, D	B, C, D	상대적 우열에 따라 +, − 기호 첨부

■ **기업규모** : 유가증권시장 소속회사는 시가총액 순위에 따라 분류, 코스닥시장 소속회사는 우량, 중견, 벤처, 신성장으로 분류 (시가총액 대형 : 1~100위, 중형 : 101~300위, 소형 : 301위 이하)

■ **홈페이지** : 해당 회사의 웹사이트 홈페이지 URL

■ **연락처** : 해당회사의 본사 대표전화번호

■ **기업개요**

· 설립일 : 법인으로 설립 혹은 전환된 날짜
· 액면가 : 2017년 4월 14일 기준 주당 액면가
· 종업원수 : 최근에 공시한 사업·반기·분기 보고서 상의 상시 종업원수(임원 제외)
· 감사의견 : 최근 사업연도 외부감사인 및 감사의견(분기·반기의 경우 직전 사업연도 외부감사인 및 감사의견 기재)
· 주식수 : 2017년 4월 14일 기준 보통주와 우선주의 총발행주식수
· 계열 : 공정거래위원회 발표 상호출자제한 기업집단 기준 소속 계열
· 구상호 : 최근 5년 이내에 상호를 변경한 회사의 직전 상호

■ **주주구성** : 데이터 마감일 기준 주요주주의 보통주 지분율과 2017년 4월 14일 기준 외국인 지분율

■ **출자관계** : 출자 관계사명, 지분율(출자액, 지분율 등 중요도 기준 상위 회사)

■ **주요 경쟁사** : 유가증권시장과 코스닥시장에 상장된 회사 중 동일 업종에 속한 회사와 각 회사의 비교가능한 외형을 기재 (제조업은 최근 사업·반기·분기 보고서 기준 매출액, 금융업종은 영업수익 또는 업종별 주요 수익 계정)

■ **매출/수익구성** : 매출비중이 높은 제품·상품·사업부문의 구성비, 금융업종은 영업수익의 구성비율

■ **비용구성** : 매출액 대비 매출원가와 판매 및 일반관리비가 차지하는 비중, 금융업종은 영업비용의 구성비율

■ **수출비중** : 사업·반기·분기 보고서 기준 매출액 대비 수출 및 내수 비중

■ **회사개요** : 사업·반기·분기 보고서에 기재된 내용을 토대로 해당 회사가 속한 업종, 해당 회사의 영업현황, 연혁, 경쟁력 등을 수록
(일부 관리종목은 회사개요를 기재하지 않음)

■ **시장 대비 수익률**

· 기간 : 2012년 1월 7일 ~ 2017년 4월 15일
· 굵은 선 : 기간 내 해당 회사(보통주)의 주간 수정 주가
· 가는 선 : 기간 내 해당 회사(보통주)의 벤치마크 지수 대비 수익률
　※벤치마크 지수 대비 수익률
　　= 해당 회사(보통주)의 2012년 1월 7일 대비 주가 수익률
　　　- 2012년 1월 7일 대비 KOSPI 또는 KOSDAQ 지수의 수익률

■ **IFRS의 적용**

· IFRS가 일부 유예 업종을 제외하고 전 상장사에 적용됨에 따라 본 책자에서도 IFRS를 적용한 재무제표를 수록함
· 본 책자에 수록된 재무제표는 IFRS 적용 연결재무제표를 기본으로 함
　(IFRS 적용 연결재무제표 외의 재무제표를 수록하는 경우, 해당 재무제표의 구분을 별도 표기)
· IFRS 적용 기업 간 계정의 정의가 동일하지 않은 경우 해당 계정은 에프앤가이드가 정한 계정정의에 따라 표기함
　따라서 해당 회사의 IFRS 적용 방식에 따라 회사가 발표한 수치와 본 책자에 표시된 내용이 상이할 수 있음
· IFRS 적용 기업의 기존 GAAP 기준 계정은 에프앤가이드의 계정정의에 따라 IFRS 기준으로 변환하여 수록함
　단, 해당 회사가 IFRS 기준으로 변환 가능한 GAAP 기준 수치를 발표한 경우에 한하여 변환함
　(예 : IFRS 기준 연결재무제표를 발표하는 기업이 GAAP 기준으로 연결재무제표를 발표하지 않은 경우 변환하지 않음)
· IFRS 적용 의무 및 반기·분기 보고서 제출 의무가 면제되는 코넥스 상장사의 재무제표는 IFRS 적용 여부를 무시함.

[기업가치 지표와 재무 비율]

주가관련 지표

주가(최고/최저)	기중의 보통주 최고/최저가, 주식분할/병합 시 과거 주가를 조정한 수정주가 기준
PER(최고/최저)	수정주가(최고/최저) ÷ 주당순이익
PBR(최고/최저)	수정주가(최고/최저) ÷ 주당순자산
PSR(최고/최저)	기중의 보통주 최고/최저가 ÷ 주당매출액(또는 주당영업수익)
EV/EBITDA	EV ÷ EBITDA

- EV(Enterprise Value) = 시가총액 + 자본총계(비지배주주지분) + 순차입금
- 시가총액 = 주식수(상장예정주/우선주 포함) × 기말주가
- 순차입금 = 금융부채 − (현금 및 현금성자산 + 단기금융자산)

※ EV 및 EBITDA는 당사의 계정 재분류 작업으로 인해 기존 과거 데이터가 변경될 수도 있음

내재가치 지표

EPS(주당순이익)	지배주주귀속당기순이익 ÷ 평균발행주식수(우선주 및 자기주식 포함)

- 연결재무제표가 아닌 경우 : 당기순이익 ÷ 평균발행주식수(우선주 및 자기주식 포함)
- 평균발행주식수 = (기초발행주식수 + 무상증자/주식배당/사채전환발행주식수 + 유상증자발행주식수) × (발행일로부터 기말까지의 일수) ÷ 기중총일수

BPS(주당순자산)	(지배주주지분 + 자기주식) ÷ 기말발행주식수

- 연결재무제표가 아닌 경우 : (자본총계 + 자기주식) ÷ 기말발행주식수

CFPS(주당현금흐름)	총현금흐름 ÷ 평균발행주식수(우선주 및 자기주식 포함)

- 총현금흐름 = NOPLAT(세후영업이익) + 감가상각비
- NOPLAT = 영업이익 × (1 − 법인세율)

DPS(주당배당금)	보통주 1주당 기말 현금배당금
EBITDAPS(주당EBITDA)	EBITDA ÷ 평균발행주식수(우선주 및 자기주식 포함)
EBITDA	세전영업이익(EBIT) + 감가상각비

※ 회계상의 순이익은 회계처리방식(감가상각법 등)과 영업 외적인 요인에 의해 크게 영향 받을 수 있음에 따라 최근에는 이러한 요인에 의해 영향 받지 않는 EBITDA(Earnings Before Interest, Tax, Depreciation, Amortization)를 기업의 새로운 성과지표로 사용하는 추세임 특히 국내외 업체의 수익력 비교, 업종간 수익력 비교시에는 필수적으로 활용됨

※ 분기, 반기 또는 결산기 변경의 경우에도 계절적인 요인에 의한 영향을 감안하여 순이익, 현금흐름, EBITDA 등을 연간 환산하지 않음에 따라 비교시 주의해야 함

재무 비율

부채비율	부채총계 ÷ 자기자본 × 100
차입금비율	총차입금 ÷ 자기자본 × 100
ROA	당기순이익 ÷ 평균자산총계 × 100
ROE	지배주주귀속순이익 ÷ 평균지배주주지분 × 100
	○ 연결재무제표가 아닌 경우 : 당기순이익 ÷ 평균자본총계 × 100
유보율	(지배주주지분 − 자본금 − 자기주식) ÷ 자본금 × 100
	○ 연결재무제표가 아닌 경우 : (자본총계 − 자본금 − 자기주식) ÷ 자본금 × 100
자기자본비율	자본총계 ÷ 자산총계 × 100
EBITDA마진율	EBITDA ÷ 매출액 × 100
총자산증가율	(당기말총자산 − 전기말총자산) ÷ 전기말총자산 × 100

목차(가나다 순)

6

A061970	★	엘비세미콘	577	A007310	오뚜기	608	A194610	우성아이비	639
A138690		엘아이에스	578	A039830 ★	오로라월드	609	A066590 ★	우수에이엠에스	640
A079550		엘아이지넥스원	578	A046120 ★	오르비텍	609	A017370	우신시스템	640
A066970 ★	엘앤에프	579	A014940 ★	오리엔탈정공	610	A046940 ★	우원개발	641
A156100 ★	엘앤케이바이오메드	579	A002630	오리엔트바이오	610	A065680 ★	우주일렉트로닉스	641
A006260	엘에스	580	A065500 ★	오리엔트정공	611	A105840	우진	642
A000680	엘에스네트웍스	580	A001800	오리온	611	A018620 ★	우진비앤지	642
A010120	엘에스산전	581	A010470 ★	오리콤	612	A049800	우진플라임	643
A229640	엘에스전선아시아	581	A227420 ★★	오백볼트	612	A016880	웅진	643
A093050	엘에프	582	A053980 ★	오상자이엘	613	A095720	웅진씽크빅	644
A073110 ★	엘엠에스	582	A052420 ★	오성엘에스티	613	A103130	웅진에너지	644
A083310 ★	엘오티베큠	583	A241790 ★	오션브릿지	614	A005820	원림	645
A003550	엘지	583	A039200 ★	오스코텍	614	A032940 ★	원익	645
A034220	엘지디스플레이	584	A226400 ★★	오스테오닉	615	A104830 ★	원익머트리얼즈	646
A001120	엘지상사	584	A031510 ★	오스템	615	A240810 ★	원익아이피에스	646
A051900	엘지생활건강	585	A048260 ★	오스템임플란트	616	A014190 ★	원익큐브	647
A032640	엘지유플러스	585	A010060	오씨아이	616	A074600 ★	원익큐엔씨	647
A011070	엘지이노텍	586	A138080 ★	오이솔루션	617	A030530 ★	원익홀딩스	648
A066570	엘지전자	586	A080580 ★	오킨스전자	617	A012620 ★	원일특강	648
A108670	엘지하우시스	587	A067170 ★	오텍	618	A216280 ★★	원텍	649
A051910	엘지화학	587	A173130 ★★	오파스넷	618	A008370 ★	원풍	649
A037950 ★	엘컴텍	588	A049480 ★	오픈베이스	619	A008290 ★	원풍물산	650
A170920 ★	엘티씨	588	A196450 ★	온다엔터테인먼트	619	A101160 ★	월덱스	650
A183350 ★★	엘피케이	589	A057540 ★	옴니시스템	620	A095270 ★	웨이브일렉트로닉스	651
A058630 ★	엠게임	589	A057680 ★	옴니텔	620	A900130 ★	웨이포트	651
A086960 ★	엠디에스테크놀로지	590	A123010 ★	옵토팩	621	A065950 ★	웰크론	652
A058970 ★★	엠로	590	A082210 ★	옵트론텍	621	A114190 ★	웰크론강원	652
A019590 ★	엠벤처투자	591	A109080 ★	옵티시스	622	A076080 ★	웰크론한텍	653
A097520 ★	엠씨넥스	591	A051390 ★	와이더블유	622	A196700 ★	웹스	653
A009780 ★	엠에스씨	592	A052770 ★	와이디온라인	623	A069080 ★	웹젠	654
A123040 ★	엠에스오토텍	592	A010600 ★	와이비로드	623	A039790 ★	위노바	654
A023150	엠에이치에탄올	593	A057030 ★	와이비엠넷	624	A044340 ★	위닉스	655
A251960 ★★	엠에프엠코리아	593	A122990 ★	와이솔	624	A112040 ★	위메이드엔터테인먼트	655
A032790 ★	엠젠플러스	594	A232140 ★	와이아이케이	625	A024070	위스컴	656
A180400 ★	엠지메드	594	A067900 ★	와이엔텍	625	A140660 ★★	위월드	656
A033160 ★	엠케이전자	595	A155650 ★	와이엠씨	626	A038620 ★	위즈코프	657
A069640	엠케이트렌드	595	A066430 ★	와이오엠	626	A036090 ★	위지트	657
A050540 ★	엠피씨	596	A193250 ★	와이제이엠게임즈	627	A136540 ★	윈스	658
A065150 ★	엠피케이그룹	596	A122870 ★	와이지엔터테인먼트	627	A097800 ★	윈팩	658
A115960 ★	연우	597	A019210 ★	와이지-원	628	A192390 ★	윈하이텍	659
A090740 ★	연이정보통신	597	A037270	와이지플러스	628	A008600	윌비스	659
A014440	영보화학	598	A040300 ★	와이티엔	629	A044480 ★	유니더스	660
A007530 ★	영신금속공업	598	A079000 ★	와토스코리아	629	A014830	유니드	660
A143540 ★	영우디에스피	599	A900180 ★	완리	630	A036200 ★	유니셈	661
A111770	영원무역	599	A070960	용평리조트	630	A018000 ★	유니슨	661
A009970	영원무역홀딩스	600	A114630 ★	우노앤컴퍼니	631	A000910	유니온	662
A036180 ★	영인프런티어	600	A032820 ★	우리기술	631	A203450 ★	유니온커뮤니티	662
A003520	영진약품공업	601	A041190 ★	우리기술투자	632	A011330	유니켐	663
A000670	영풍	601	A115440 ★	우리넷	632	A077500	유니퀘스트	663
A036560 ★	영풍정밀	602	A004720 ★	우리들제약	633	A011320 ★	유니크	664
A006740	영풍제지	602	A118000 ★	우리들휴브레인	633	A086390 ★	유니테스트	664
A242850 ★★	영현무역	603	A046970 ★	우리로	634	A241690 ★	유니테크노	665
A012280	영화금속	603	A215360 ★	우리산업	634	A142210 ★	유니트론텍	665
A012160	영흥철강	604	A072470 ★	우리산업홀딩스	635	A121060 ★★	유니포인트	666
A036000 ★	예림당	604	A073560 ★	우리손에프앤지	635	A091270 ★★	유디피	666
A053280 ★	예스이십사	605	A000030	우리은행	636	A048430 ★	유라테크	667
A015360	예스코	605	A153490 ★	우리이앤엘	636	A206650 ★	유바이오로직스	667
A122640 ★	예스티	606	A082850 ★	우리이티아이	637	A089850 ★	유비벨록스	668
A179720 ★★	옐로페이	606	A037400 ★	우리조명	637	A084440 ★★	유비온	668
A900300 ★	오가닉티코스메틱	607	A010050	우리종합금융	638	A032620 ★	유비케어	669
A045060 ★	오공	607	A101170 ★	우림기계	638	A264450 ★	유비쿼스	669
A080520 ★	오디텍	608	A006980	우성사료	639	A078070 ★	유비쿼스홀딩스	670

A069110 ★ 코스온	853	
A048870 ★ 코아로직	854	
A071950 코아스	854	
A166480 ★ 코아스템	855	
A045970 ★ 코아시아홀딩스	855	
A038530 ★ 코아크로스	856	
A029960 ★ 코엔텍	856	
A002020 코오롱	857	
A003070 코오롱글로벌	857	
A102940 ★ 코오롱생명과학	858	
A120110 코오롱인더스트리	858	
A144620 코오롱패션머티리얼	859	
A138490 코오롱플라스틱	859	
A021240 코웨이	860	
A033290 ★ 코웰패션	860	
A056360 ★ 코위버	861	
A121850 ★ 코이즈	861	
A015710 ★ 코콤	862	
A052330 ★ 코텍	862	
A126600 ★ 코프라	863	
A200130 ★ 콜마비앤에이치	863	
A031820 콤텍시스템	864	
A225650 ★ 쿠첸	864	
A192400 쿠쿠전자	865	
A060280 ★ 큐렉소	865	
A040350 ★ 큐로컴	866	
A051780 ★ 큐로홀딩스	866	
A115180 ★ 큐리언트	867	
A065560 ★ 큐브스	867	
A182360 ★ 큐브엔터테인먼트	868	
A066310 ★ 큐에스아이	868	
A136660 ★★ 규엠씨	869	
A016600 ★ 큐캐피탈파트너스	869	
A005740 크라운제과	870	
A264900 크라운제과	870	
A215570 ★★ 크로넥스	871	
A043590 ★ 크로바하이텍	871	
A114120 ★ 크루셜텍	872	
A900250 ★ 크리스탈신소재	872	
A083790 ★ 크리스탈지노믹스	873	
A045520 ★ 크린앤사이언스	873	
A237880 ★ 클리오	874	
A039490 키움증권	874	
A012170 키위미디어그룹	875	
A054780 ★ 키이스트	875	

타		
A219130 ★ 타이거일렉	876	
A065130 ★ 탑엔지니어링	876	
A015890 태경산업	877	
A006890 태경화학	877	
A023160 ★ 태광	878	
A003240 태광산업	878	
A011280 태림포장	879	
A053620 ★ 태양	879	
A004100 태양금속공업	880	
A116100 ★★ 태양기계	880	
A072520 ★ 태양씨앤엘	881	
A009410 태영건설	881	
A044490 ★ 태웅	882	
A001420 태원물산	882	
A007980 태평양물산	883	

A191420 ★ 테고사이언스	883	
A123100 ★ 테라세미콘	884	
A182690 ★ 테라셈	884	
A066700 ★ 테라젠이텍스	885	
A095610 ★ 테스	885	
A131970 ★ 테스나	886	
A089030 ★ 테크윙	886	
A038540 ★ 텍셀네트컴	887	
A054450 ★ 텔레칩스	887	
A091440 ★ 텔레필드	888	
A078000 텔코웨어	888	
A200230 ★ 텔콘	889	
A214420 토니모리	889	
A051360 ★ 토비스	890	
A045340 ★ 토탈소프트뱅크	890	
A057880 ★ 토필드	891	
A108230 ★ 톱텍	891	
A079970 ★ 투비소프트	892	
A066410 ★ 투윈글로벌	892	
A199800 ★★ 툴젠	893	
A052290 ★ 트레이스	893	
A105550 ★ 트루윈	894	
A026150 ★ 특수건설	894	
A033830 ★ 티비씨	895	
A084870 티비에이치글로벌	895	
A002710 ★ 티씨씨동양	896	
A064760 ★ 티씨케이	896	
A131290 ★ 티에스이	897	
A246690 ★ 티에스인베스트먼트	897	
A019180 티에이치엔	898	
A062860 ★ 티엘아이	898	
A004870 티웨이홀딩스	899	
A032540 ★ 티제이미디어	899	
A191600 ★★ 티케이씨	900	
A104480 ★ 티케이케미칼	900	
A081150 ★ 티플랙스	901	
A130740 ★ 티피씨	901	
A048770 ★ 티피씨메카트로닉스	902	
A217880 ★★ 틸론	902	
A134790 팀스	903	
A084730 ★ 팅크웨어	903	

파		
A046210 ★ 파나진	904	
A034230 ★ 파라다이스	904	
A033540 ★ 파라텍	905	
A043200 ★ 파루	905	
A214450 ★ 파마리서치프로덕트	906	
A005690 파미셀	906	
A177830 ★ 파버나인	907	
A037070 ★ 파세코	907	
A150900 ★ 파수닷컴	908	
A047310 ★ 파워로직스	908	
A170790 ★ 파이오링크	909	
A049120 ★ 파인디앤씨	909	
A038950 ★ 파인디지털	910	
A106240 ★ 파인테크닉스	910	
A131760 ★ 파인텍	911	
A140860 ★ 파크시스템스	911	
A091700 ★ 파트론	912	
A194510 ★ 파티게임즈	912	
A038160 ★ 팍스넷	913	

A202960 ★★ 판도라티비	913	
A032800 ★ 판타지오	914	
A043090 ★ 팜스웰바이오	914	
A036580 팜스코	915	
A027710 ★ 팜스토리	915	
A256090 ★★ 패션플랫폼	916	
A054300 ★ 팬스타엔터프라이즈	916	
A068050 ★ 팬엔터테인먼트	917	
A028670 팬오션	917	
A222110 ★ 팬젠	918	
A010820 ★ 퍼스텍	918	
A016800 ★ 퍼시스	919	
A060900 ★ 퍼시픽바이오	919	
A001020 ★ 페이퍼코리아	920	
A087010 ★ 펩트론	920	
A090080 ★ 평화산업	921	
A043370 ★ 평화정공	921	
A010770 ★ 평화홀딩스	922	
A119500 ★ 포메탈	922	
A016670 ★ 포비스티앤씨	923	
A056730 ★ 포스링크	923	
A005490 포스코	924	
A058430 포스코강판	924	
A047050 포스코대우	925	
A022100 ★ 포스코아이씨티	925	
A009520 ★ 포스코엠텍	926	
A003670 포스코켐텍	926	
A189690 ★ 포시에스	927	
A141020 ★ 포티스	927	
A039230 ★ 폭스브레인	928	
A005670 ★ 푸드웰	928	
A094940 ★ 푸른기술	929	
A007330 ★ 푸른저축은행	929	
A017810 ★ 풀무원	930	
A093380 ★ 풍강	930	
A023900 ★ 풍국주정공업	931	
A103140 풍산	931	
A005810 풍산홀딩스	932	
A195440 ★ 퓨전데이타	932	
A214270 ★ 퓨쳐스트림네트웍스	933	
A220100 ★ 퓨쳐켐	933	
A035200 ★ 프럼파스트	934	
A203690 ★ 프로스테믹스	934	
A053610 ★ 프로텍	935	
A053160 ★ 프리엠스	935	
A075130 ★ 플랜티넷	936	
A222670 ★★ 플럼라인생명과학	936	
A023770 ★ 플레이위드	937	
A150440 ★★ 피노텍	937	
A032580 ★ 피델릭스	938	
A258250 ★★ 피시피아비아이티	938	
A051380 ★ 피씨디렉트	939	
A241820 ★ 피씨엘	939	
A237750 ★ 피앤씨테크	940	
A131390 ★ 피앤이솔루션	940	
A024850 ★ 피에스엠씨	941	
A031980 ★ 피에스케이	941	
A002230 ★ 피에스텍	942	
A242350 ★★ 피엔아이시스템	942	
A239890 ★★ 피엔에이치테크	943	
A137400 ★ 피엔티	943	
A024940 ★ 피엔풍년	944	

A144740	** 피엠디아카데미	944
A128660	* 피제이메탈	945
A006140	* 피제이전자	945
A087600	* 픽셀플러스	946
A033180	필룩스	946
A064800	* 필링크	947

하

A086790	하나금융지주	947
A067310	* 하나마이크론	948
A039130	하나투어	948
A136480	* 하림	949
A024660	* 하림홀딩스	949
A233990	** 하우동천	950
A149980	* 하이로닉	950
A013030	* 하이록코리아	951
A126700	* 하이비젼시스템	951
A200470	* 하이셈	952
A106080	* 하이소닉	952
A071090	하이스틸	953
A221840	* 하이즈항공	953
A106190	* 하이텍팜	954
A019490	하이트론씨스템즈	954
A000080	하이트진로	955
A000140	하이트진로홀딩스	955
A066130	* 하츠	956
A219550	* 한강인터트레이드	956
A004590	* 한국가구	957
A036460	한국가스공사	957
A039340	* 한국경제티브이	958
A005430	한국공항	958
A034950	* 한국기업평가	959
A010040	한국내화	959
A025540	한국단자공업	960
A222980	* 한국맥널티	960
A226610	** 한국비엔씨	961
A004090	한국석유공업	961
A025550	* 한국선재	962
A002200	한국수출포장공업	962
A002960	한국쉘석유	963
A017890	* 한국알콜산업	963
A033270	한국유나이티드제약	964
A002000	한국유리공업	964
A123890	한국자산신탁	965
A015760	한국전력공사	965
A052690	한국전력기술	966
A063570	* 한국전자금융	966
A041460	* 한국전자인증	967
A006200	한국전자홀딩스	967
A065530	* 한국전파기지국	968
A101680	* 한국정밀기계	968
A039740	* 한국정보공학	969
A053300	* 한국정보인증	969
A025770	* 한국정보통신	970
A002300	한국제지	970
A023350	한국종합기술	971
A025890	한국주강	971
A000970	한국주철관공업	972
A071320	한국지역난방공사	972
A104700	한국철강	973
A017960	한국카본	973
A023760	* 한국캐피탈	974

A054040	* 한국컴퓨터	974
A161890	한국콜마	975
A024720	한국콜마홀딩스	975
A021650	* 한국큐빅	976
A161390	한국타이어	976
A000240	한국타이어월드와이드	977
A053590	* 한국테크놀로지	977
A034830	한국토지신탁	978
A071050	한국투자금융지주	978
A007280	한국특수형강	979
A228180	** 한국티씨엠	979
A037230	* 한국팩키지	980
A010100	한국프랜지공업	980
A047810	한국항공우주산업	981
A123690	한국화장품	981
A003350	한국화장품제조	982
A030520	* 한글과컴퓨터	982
A052600	* 한네트	983
A011500	한농화성	983
A002390	한독	984
A014790	한라	984
A092460	* 한라아이엠에스	985
A060980	한라홀딩스	985
A053690	한미글로벌건축사사무소	986
A042700	한미반도체	986
A008930	한미사이언스	987
A128940	한미약품	987
A047080	* 한빛소프트	988
A009240	한샘	988
A020000	한섬	989
A003680	한성기업	989
A105630	한세실업	990
A016450	한세예스투포홀딩스	990
A081970	* 한솔넥스지	991
A009180	한솔로지스틱스	991
A070300	* 한솔시큐어	992
A099660	* 한솔신텍	992
A221610	* 한솔씨앤피	993
A070590	* 한솔인티큐브	993
A213500	한솔제지	994
A014680	한솔케미칼	994
A004710	한솔테크닉스	995
A010420	한솔피엔에스	995
A004150	한솔홀딩스	996
A025750	한솔홈데코	996
A042520	* 한스바이오메드	997
A004960	한신공영	997
A011700	한신기계공업	998
A078350	* 한양디지텍	998
A045100	* 한양이엔지	999
A001750	한양증권	999
A064090	* 한양하이타오	1000
A018880	한온시스템	1000
A009420	한올바이오파마	1001
A014130	한익스프레스	1001
A046110	* 한일네트웍스	1002
A024740	* 한일단조공업	1002
A005860	* 한일사료	1003
A003300	한일시멘트	1003
A123840	* 한일진공	1004
A002220	한일철강	1004
A007770	* 한일화학공업	1005

A130660	한전산업개발	1005
A051600	한전케이피에스	1006
A107640	** 한중엔시에스	1006
A002320	한진	1007
A097230	한진중공업	1007
A003480	한진중공업홀딩스	1008
A180640	한진칼	1008
A061460	* 한진피앤씨	1009
A005110	한창	1009
A079170	* 한창산업	1010
A009460	한창제지	1010
A054920	* 한컴시큐어	1011
A077280	* 한컴지엠디	1011
A002680	* 한탑	1012
A066110	* 한프	1012
A000880	한화	1013
A027390	한화갤러리아타임월드	1013
A088350	한화생명보험	1014
A000370	한화손해보험	1014
A009830	한화케미칼	1015
A012450	한화테크윈	1015
A003530	한화투자증권	1016
A015540	핫텍	1016
A102210	* 해덕파워웨이	1017
A220630	* 해마로푸드서비스	1017
A195870	해성디에스	1018
A034810	해성산업	1018
A076610	해성옵틱스	1019
A101530	해태제과식품	1019
A220180	* 핸디소프트	1020
A143210	핸즈	1020
A008800	행남생활건강	1021
A900270	* 형성그룹	1021
A000720	현대건설	1022
A170030	* 현대공업	1022
A005440	현대그린푸드	1023
A086280	현대글로비스	1023
A064350	현대로템	1024
A079430	현대리바트	1024
A012330	현대모비스	1025
A010620	현대미포조선	1025
A069960	현대백화점	1026
A004560	현대비앤지스틸	1026
A012630	현대산업개발	1027
A011200	현대상선	1027
A006390	현대시멘트	1028
A227840	현대씨앤에프	1028
A048410	* 현대아이비티	1029
A004310	현대약품	1029
A126560	현대에이치씨엔	1030
A017800	현대엘리베이터	1030
A011210	현대위아	1031
A089470	현대이피	1031
A005380	현대자동차	1032
A026180	* 현대정보기술	1032
A004020	현대제철	1033
A011760	현대종합상사	1033
A009540	현대중공업	1034
A039010	* 현대통신	1034
A001450	현대해상화재보험	1035
A057050	현대홈쇼핑	1035
A204990	* 현성바이탈	1036

부록 - 상장ETF 현황

목차(업종별 순)

*은 코스닥, **은 코넥스 종목임.

Code	Name (KR)	Mark	Name (EN)	Page
A100250	진양홀딩스		Chinyang Holdings	795
A051630	진양화학		ChinYang Chemical	795
A006380	카프로		Capro	806
A221980	케이디켐	★	KDCHEM CO	810
A065940	케이에스씨비	★	KSCB	820
A001390	케이지케미칼		KG Chemical	829
A083420	케이피엑스그린케미칼		KPX Green Chemical	836
A025000	케이피엑스케미칼		KPX CHEMICAL	837
A092230	케이피엑스홀딩스		KPX Holdings	837
A042040	케이피엠테크	★	KPMTECH	838
A089010	켐트로닉스	★	Chemtronics	839
A005420	코스모화학		Cosmo Chemical	853
A120110	코오롱인더스트리		KOLON INDUSTRIES	858
A144620	코오롱패션머티리얼		Kolon Fashion Material	859
A138490	코오롱플라스틱		KOLON PLASTICS	859
A900250	크리스탈신소재	★	China Crystal New Material Holdings	872
A006890	태경화학		TaeKyung Chemical	877
A003240	태광산업		Taekwang Industrial	878
A104480	티케이케미칼	★	TK CHEMICAL	900
A002960	한국쉘석유		Hankook Shell Oil	963
A017890	한국알콜산업	★	Korea Alcohol Industrial	963
A017960	한국카본		HANKUK Carbon	973
A021650	한국큐빅	★	Cubic Korea	976
A011500	한농화성		Hannong Chemicals	983
A221610	한솔씨앤피	★	Hansol CNP	993
A014680	한솔케미칼		Hansol Chemical	994
A007770	한일화학공업	★	Hanil Chemical Ind	1005
A079170	한창산업	★	Hanchang Industry	1010
A009830	한화케미칼		Hanwha Chemical	1015
A097870	효성오앤비	★	Hyosung ONB	1050
A093370	후성		Foosung	1050
A079980	휴비스		HUVIS	1054
A069260	휴켐스		Huchems Fine Chemical	1057

건축소재

Code	Name (KR)	Mark	Name (EN)	Page
A004440	대림씨엔에스		DAELIM C&S	126
A001520	동양		TONGYANG	181
A038500	동양시멘트	★	TONGYANG Cement & Energy	183
A228340	동양파일		TONGYANG PILE	185
A003580	동원		Dong Won	187
A171120	라이온켐텍		Lion Chemtech	222
A006920	모헨즈		Mohenz	264
A014580	백광소재		Baek Kwang Mineral Produ	286
A225530	보광산업	★	BoKwang Industry	289
A011390	부산산업		Busan Industrial	297
A079650	서산	★	SEOSAN	351
A004980	성신양회		Sungshin Cement	368
A028040	스페로글로벌	★	SPERO GLOBAL	404
A003410	쌍용양회공업		Ssangyong Cement Industrial	429
A037760	쎄니트	★	Cenit	434
A183190	아세아시멘트		ASIA CEMENT COLTD	461
A000910	유니온		Union	662
A023410	유진기업	★	Eugene	677
A007110	일신석재		IlshinstoneCo	731
A112190	케이씨산업	★★	KC INDUSTRY COLTD	814
A004090	한국석유공업		Korea Petroleum Industrial	961
A003300	한일시멘트		Hanil Cement	1003
A006390	현대시멘트		Hyundai Cement	1028
A060560	홈센타홀딩스	★	Home Center Holdings	1040

용기 및 포장

Code	Name (KR)	Mark	Name (EN)	Page
A008870	금비		Kumbi	70
A004780	대륙제관	★	DAERYUK CAN CO	124
A014160	대영포장		Dae Young Packaging	136
A033310	디케이디앤아이	★	DK D&I	218
A115390	락앤락		LOCK&LOCK	223
A005090	삼광글라스		Sam Kwang Glass CO	316
A014970	삼륭물산	★	SAMRYOONG	317
A023600	삼보판지	★	SAMBO CORRUGATED BO.	319
A003720	삼영화학공업		SAMYOUNG CHEMICAL	333
A004450	삼화왕관		Samhwa Crown & Closure	344
A049830	승일	★	SEUNG IL	406
A224020	에스케이씨에스	★★	SKCS COLTD	529
A115960	연우	★	YONWOO CO	597
A005820	원림		Wonlim	645
A008730	율촌화학		Youl Chon Chemical	681
A900290	지알티	★	Great Rich Technologies	781
A018290	지엠피	★	GMP	788
A011280	태림포장		Tailim Packaging	879
A002200	한국수출포장공업		Korea Export Packaging Ind	962
A037230	한국팩키지	★	Hankuk Package	980
A061460	한진피앤씨	★	Hanjin P&C	1009

금속 및 광물

Code	Name (KR)	Mark	Name (EN)	Page
A039240	경남스틸	★	Kyeong Nam Steel	41
A010130	고려아연		Korea Zinc	50
A002240	고려제강		KISWIRE	51
A026910	광진실업	★	Kwang Jin Ind	58
A060480	국일신동	★	KUKIL METAL CO	63
A186230	그린플러스	★★	GREEN PLUS	66
A053260	금강철강	★	Keum Kang Steel	69
A058370	금성테크	★	Gumsung Tech	70
A121600	나노신소재	★	Advanced Nano Products	79
A007460	나라케이아이씨		NARAKIC	82
A008350	남선알미늄		Namsun Aluminum	87
A048470	대동스틸	★	DaeDongSteel	123
A009190	대양금속		DaiYang Metal	135
A114920	대주이엔티	★★	Daejoo Energy INnovation Technology	145
A012800	대창		Daechang	146
A084010	대한제강		Daehan Steel	152
A069460	대호에이엘		Daeho Al	155
A021040	대호피앤씨	★	DAEHO P&C COLTD	156
A005160	동국산업	★	DONGKUK INDUSTRIES CO	166
A075970	동국알앤에스	★	DONGKUK REFRACTORIES & STEEL CO	167
A001230	동국제강		Dongkuk Steel Mill	168
A016380	동부제철		DONGBU STEEL	172
A060380	동양에스텍	★	DONGYANG S·TEC	184
A008970	동양철관		Dong Yang Steel Pipe	185
A004890	동일산업		Dongil Industries	193
A002690	동일제강		DONG IL STEEL MFG CO	193
A023790	동일철강	★	DONGIL STEEL	194
A024090	디씨엠		DCM	203
A155660	디에스알		DSR CORP	206
A069730	디에스알제강		DSR Wire	206
A001080	만호제강		Manho Rope & Wire	246
A008420	문배철강		Moon Bae Steel	266
A026940	부국철강		Bookook Steel	295
A100090	삼강엠앤티	★	SAMKANG M&T	316
A009620	삼보산업	★	Sambo Industrial	319
A006110	삼아알미늄		Sam-A Aluminium	328
A017480	삼현철강	★	Samhyun Steel	342
A021050	서원		Seowon	358
A199870	세기리텍	★★	SEGI RECYCLING TECHNOLOGY	373
A110660	세신버팔로	★★	SESHIN BUFFALO CO	377

코드		종목명	영문명	페이지
A001430		세아베스틸	SeAH Besteel	378
A003030		세아제강	SeAH Steel	378
A019440		세아특수강	SeAH SPECIAL STEEL	379
A058650		세아홀딩스	SeAH Holdings	379
A135270	**	세종머티리얼즈	Sejong Materials	384
A087220	*	스틸플라워	Steel Flower	403
A001770		신화실업	Shin Hwa Sil Up	424
A090730	*	심팩메탈	SIMPAC METAL	427
A122800	*	썬테크놀로지스	Sun Technologies	432
A000590		씨에스홀딩스	CS Holdings	442
A001780		알루코	ALUKO	486
A008260		엔아이스틸	NI Steel	568
A009810		엔케이물산	NK Mulsan CO	574
A012160		영흥철강	YOUNG HEUNG IRON & STEEL	604
A012620		원일특강	WONIL SPECIAL STEEL	648
A024800	*	유성티엔에스	Yoosung T&S	671
A025820		이구산업	Lee Ku Industrial	683
A037370	*	이지	EG	705
A081000		일진다이아몬드	Iljin Diamond	734
A065620	*	제낙스	JENAX	744
A001560		제일연마공업	Cheil Grinding Wheel Ind	762
A023440	*	제일제강공업	Jeilsteel MFG	763
A000480		조선내화	Chosun Refractories	769
A120030		조선선재	CHOSUN WELDING POHANG	769
A018470		조일알미늄	Choil Aluminum	771
A032860	*	지엠알머티리얼즈	GMR Materials	787
A001940		케이아이에스씨오홀딩스	KISCO Holdings	819
A054410	*	케이피티유	Korea Plasma Technology U	838
A033430	*	코리드	KORID	844
A009730	*	코센	KOSSEN	850
A002710		티씨씨동양	TCC Steel	896
A081150	*	티플랙스	Tplex	901
A177830	*	파버나인	PAVONINE CO	907
A056730	*	포스링크	Fourth-Link	923
A005490		포스코	POSCO	924
A058430		포스코강판	POSCO Coated & Color Steel	924
A009520	*	포스코엠텍	POSCO M-TECH	926
A003670	*	포스코켐텍	POSCO CHEMTECH	926
A103140		풍산	POONGSAN	931
A005810		풍산홀딩스	Poongsan Holdings	932
A128660	*	피제이메탈	PJ METAL	945
A071090		하이스틸	Histeel	953
A010040		한국내화	Korea Refractories	959
A025550	*	한국선재	Hankuk Steel Wire	962
A025890		한국주강	HanKook Steel	971
A000970		한국주철관공업	Korea Cast Iron Pipe Ind	972
A104700		한국철강	KISCO	973
A007280		한국특수형강	Korea Steel Shapes	979
A002220		한일철강	Hanil Iron & Steel	1004
A004560		현대비앤지스틸	HYUNDAI BNG STEEL	1026
A004020		현대제철	HYUNDAI STEEL	1033
A133820		화인베스틸	FINE BESTEEL	1045
A032560		황금에스티	Hwang Kum Steel & Techno	1048
A005010		휴스틸	Husteel	1055

종이 및 목재

코드		종목명	영문명	페이지
A078130	*	국일제지	Kuk-il Paper Mfg	64
A004540		깨끗한나라	KleanNara	77
A017650	*	대림제지	Dae Lim Paper	126
A006580	*	대양제지공업	DAEYANG PAPER MFG CO	136
A025900	*	동화기업	DONGWHA ENTERPRISE	195
A001810	*	무림에스피	Moorim SP	264
A009200		무림페이퍼	Moorim Paper	265
A009580		무림피앤피	Moorim P&P	265
A036620	*	버추얼텍	Virtualtek	287
A002820		선창산업	Sunchang	366
A000180		성창기업지주	Sungchang Enterprise Holdings	371
A027970		세하	Seha	387
A185190	**	수프로	Suppro	399
A016590		신대양제지	Shindaeyang Paper	409
A002870		신풍제지	Shin Poong Paper Mfg	422
A002030		아세아	ASIA HOLDINGS	460
A002310		아세아제지	ASIA PAPER MANUFACTURING	461
A006740		영풍제지	YOUNGPOONG PAPER MFG COLTD	602
A008250		이건산업	Eagon Industrial	682
A900090	*	차이나하오란	China Hao Ran Recycling	798
A109070		케이지피	KOREA GREEN PAPER MFG	829
A001020		페이퍼코리아	PaperCorea	920
A002300		한국제지	Hankuk Paper Mfg	970
A213500		한솔제지	Hansol Paper	994
A010420		한솔피엔에스	HansolPNS	995
A004150		한솔홀딩스	Hansol Holdings	996
A025750		한솔홈데코	Hansol Homedeco	996
A009460		한창제지	Hanchangpaper	1010

건축자재

코드		종목명	영문명	페이지
A000860		강남제비스코	KANGNAM JEVISCO CO	38
A006050	*	국영지앤엠	KukYoung G&M	63
A014280		금강공업	Kumkang Kind	69
A165270	**	금오하이텍	KUMO HITECH CO	71
A090350		노루페인트	Noroo Paint & Coatings	103
A000320		노루홀딩스	NorooHoldings	104
A060260	*	뉴보텍	Nuvotec	110
A005750		대림비앤코	DAELIM B&Co	125
A006570		대림통상	Daelim Trading	127
A140520	*	대창스틸	DaeChang Steel CO	148
A090410	*	덕신하우징	Duckshin housing	160
A007210		벽산	BYUCK SAN	289
A018310	*	삼목에스폼	SAMMOK S-FORM	318
A000390		삼화페인트공업	SamHwa Paints Industrial	346
A013810	*	스페코	SPECO	405
A083660	*	씨에스에이코스믹	CSA COSMIC	441
A036500	*	에스에스컴텍	SS COMTECH	510
A109610	*	에스와이패널	SYPANEL COLTD	519
A050760	*	에스폴리텍	SPOLYTECH	537
A234070	**	에이원알폼	A ONE ALFORM CO	544
A108670		엘지하우시스	LG Hausys	587
A079000	*	와토스코리아	Watos Corea	629
A900180	*	완리	WANLI INTERNATIONAL H(	630
A192390	*	원하이텍	WINHITECH CO	659
A039020	*	이건창호	Eagon Windows & Doors	682
A022220	*	정산애강	JEONGSAN AIKANG COLTD	743
A038010	*	제일테크노스	JEIL TECHNOS	763
A004910		조광페인트	Chokwang Paint	767
A002380		케이씨씨	KCC	814
A101670	*	코리아에스이	KOREASE	846
A035200	*	프럼파스트	PlumbFast	934
A066130	*	하츠	Haatz	956
A002000		한국유리공업	HANKUK GLASS INDUSTRII	964

건설

코드		종목명	영문명	페이지
A013580		계룡건설산업	Kyeryong Construction Industrial	47
A004200		고려개발	Korea Development	48
A076340	**	관악산업	GWANAK CONSTRUCTION AND EQUIPMENT SERVICE CO	54

Code		Korean	English	Page
A066620	*	국보디자인	Kukbo Design	62
A002990		금호산업	Kumho Industrial	72
A036190	*	금화피에스시	GEUMHWA PLANT SERVICE & CONSTRUCTION	74
A013700		까뮤이앤씨	CAMUS ENGINEERING & CONSTRUCTION	77
A001260		남광토건	Nam-Kwang Engineering & Construction	86
A091590	*	남화토건	Nam Hwa Construction	89
A000210		대림산업	Daelim Industrial	125
A047040		대우건설	Daewoo Engineering & Construction	137
A002150		도화엔지니어링	DOHWA ENGINEERING	165
A005960		동부건설	Dongbu	171
A025950	*	동신건설	DONGSHIN CONSTRUCTION INDUTSTRIAL CO	177
A028100		동아지질	Dong-Ah Geological Engineering	179
A013120	*	동원개발	DongWon Development	188
A011160		두산건설	Doosan Engineering & Construction	196
A042940	*	르네코	Leneco	238
A002410		범양건영	Pumyang Construction	288
A001470		삼부토건	Sambu Construction	320
A028050		삼성엔지니어링	Samsung Engineering (SECL)	324
A002290	*	삼일기업공사	SAMIL ENTERPRISE	337
A001880		삼호	Samho International	342
A010960		삼호개발	Samho Development	343
A011370	*	서한	SEOHAN Const & Eng	361
A035890		서희건설	Seohee Construction	363
A037350	*	성도이엔지	SUNGDO ENGINEERING & CONSTRUCTION CO	367
A005980		성지건설	Sungjee Construction	371
A011560	*	세보엠이씨	SEBO MANUFACTURING ENGINEERING & CONSTRUCTION CORP	376
A034300		신세계건설	Shinsegae Engineering & Construction	414
A017000	*	신원종합개발	SHINWON Construction co	420
A010780		아이에스동서	I S DongSeo	470
A039570		아이콘트롤스	I CONTROLS	478
A224810	**	엄지하우스	EOMJIHOUSE CO	495
A023960		에쓰씨엔지니어링	SC Engineering	539
A224760	**	엔에스컴퍼니	NSCompany	570
A046940	*	우원개발	Woowon Development	641
A076080	*	웰크론한텍	WELCRON HANTEC CO	653
A054930	*	유신	Yooshin Engineering	672
A016250		이테크건설	eTEC E&C	708
A001840		이화공영	Ee-Hwa Construction	709
A013360		일성건설	IlSung Construction	729
A138290	**	지성이씨에스	ZISUNG ECS CO	780
A006360		지에스건설	GS Engineering & Construction	782
A002780		진흥기업	ChinHung International	796
A140290	**	청광종합건설	CHUNGKWANG CONSTRU	801
A044180		케이디건설	KD Construction	809
A021320		케이씨씨건설	KCC Engineering & Construction	815
A060370		케이티서브마린	KT Submarine	831
A003070		코오롱글로벌	KOLONGLOBAL	857
A009410		태영건설	Taeyoung Engineering & Construction	881
A026150	*	특수건설	Tuksu Engineering & Construction	894
A023350		한국종합기술	Korea Engineering Consultants	971
A014790		한라	Halla	984
A053690		한미글로벌건축사사무소	HanmiGlobal	986
A004960		한신공영	Hanshin Construction	997
A000720		현대건설	Hyundai Engineering & Construction	1022
A012630		현대산업개발	Hyundai Development· Engineering & Construction·	1027
A002460		화성산업	Hwasung Industrial	1041
A037440	*	희림종합건축사사무소	Heerim Architects & Planners	1060

전기장비

Code		Korean	English	Page
A000500		가온전선	Gaon Cable	37
A024840	*	갑을메탈	KB METAL	38
A017040		광명전기	KWANG MYUNG ELECTRIC CO	56

Code		Korean	English	Page
A012340	*	뉴인텍	NUINTEK	111
A068240	*	다원시스	DAWONSYS	118
A006340		대원전선	Daewon Cable	141
A001440		대한전선	Taihan Electric Wire	151
A006910	*	보성파워텍	Bosung Power Technology	292
A126340	**	비나텍	VINA TECH	300
A042370	*	비츠로테크	VITZRO TECH	308
A005680		삼영전자공업	SAMYOUNG ELECTRONICS	333
A009470		삼화전기	Samwha Electric	344
A011230		삼화전자공업	Samwha Electronics	345
A001820		삼화콘덴서공업	Samwha Capacitor	345
A027040	*	서울전자통신	SEOUL ELECTRONICS & TEI	357
A189860	*	서전기전	SEOJEON ELECTRIC MACH	359
A007610		선도전기	Seondo Electric	364
A014910		성문전자	SUNGMOON ELECTRONICS	367
A017510	*	세명전기공업	SEMYUNG ELECTRIC MACHINERY	374
A217320	**	썬테크	SUNTECHCOLTD	432
A058610	*	에스피지	SPG	538
A006260		엘에스	LS	580
A010120		엘에스산전	LS Industrial Systems	581
A229640		엘에스전선아시아	LS Cable&System Asia	581
A057540	*	옴니시스템	OMNI SYSTEM	620
A208850	**	이비테크	EB TECH COLTD	691
A024810	*	이화전기공업	Ehwa Technologies Information	710
A103590		일진전기	ILJIN ELECTRIC	735
A015860		일진홀딩스	Iljin Holdings	736
A033100	*	제룡전기	CHERYONG ELECTRIC	749
A119850	*	지엔씨에너지	GnCenergy	785
A237750	*	피앤씨테크	PNC Technologies	940
A002230	*	피에스텍	PS Tec	942

복합 산업

Code	Korean	English	Page
A084690	대상홀딩스	Daesang Holdings	129
A014820	동원시스템즈	DONGWON SYSTEMS CORP	190
A000150	두산	DOOSAN	196
A028260	삼성물산	SAMSUNG C&T	321
A001740	에스케이네트웍스	SK Networks	526
A003550	엘지	LG	583
A016880	웅진	WOONGJIN CO	643
A002020	코오롱	Kolon	857
A015890	태경산업	Taekyung Industrial	877
A000880	한화	Hanwha	1013
A004800	효성	Hyosung	1049

기계

Code		Korean	English	Page
A900280	*	골든센츄리	Cayman Golden Century Wheel Group	53
A014200	*	광림	Kang Lim	55
A900070	*	글로벌에스엠	Global SM Tech	68
A092440		기신정기	KISHIN	76
A051490	*	나라엠앤디	Nara Mold & Die	81
A089140	*	넥스턴	NEXTURN COLTD	99
A126870	*	뉴로스	NEUROS	110
A015590		대경기계기술	Daekyung Machinery & Engineering	119
A000490		대동공업	Daedong Industrial	122
A008830	*	대동기어	Dae Dong Gear	123
A015230		대창단조	Daechang Forging	147
A089230	*	더이앤엠	THE E&M	158
A002900		동양물산기업	Tong Yang Moolsan	182
A104460	*	동양피엔에프	DONGYANG P&F	186
A109860	*	동일금속	DONGIL METAL	191
A241560		두산밥캣	Doosan Bobcat	197
A042670		두산인프라코어	Doosan Infracore	198

종목코드		한글명	영문명	페이지
A034020		두산중공업	Doosan Heavy Industries & Construction	198
A090710	*	디에스티로봇	DST ROBOT	207
A013570		디와이	DY	213
A105740	*	디케이락	DK-Lok	218
A232680	**	라온테크	RAONTECH	221
A090360	*	로보스타	ROBOSTAR	229
A141070	*	맥스로텍	MAXROTEC	248
A008470	*	부-스타	BOOSTER	298
A083650	*	비에이치아이	BHI	304
A086670	*	비엠티	BMT	305
A054540	*	삼영엠텍	Samyoung M-Tek	332
A073640	*	삼원테크	SAM WON TECHCo	335
A004380		삼익티에이치케이	Samick THK	336
A100660	*	서암기계공업	SEOAM MACHINERY INDUSTRY	352
A014620	*	성광벤드	SUNG KWANG BEND	366
A095300	*	세한엔에스브이	NSV	387
A017550		수산중공업	Soosan Heavy Industries	397
A084180	*	수성	SOOSUNG LIFT MFG	398
A099440	*	스맥	SMEC	401
A138070	*	신진에스엠	SINJIN SM COLTD	421
A051170	*	썬코어	Suncore	431
A060310	*	쓰리에스코리아	3S Korea	436
A235090	**	씨케이컴퍼니	CK	451
A050860	*	아세아텍	ASIA TECHNOLOGY	462
A067390	*	아스트	AeroSpace Technology of Korea	463
A019990	*	에너토크	ENERTORK	495
A041440	*	에버다임	EVERDIGM	497
A009160		에스아이엠피에이씨	SIMPAC	505
A007820	*	에스엠코어	SMCoreInc	519
A043340	*	에쎈테크	ESSEN TECH	539
A044780	*	에이치케이	HK	551
A071670	*	에이테크솔루션	A-Tech Solution	552
A183350	**	엘피케이	LPK	589
A036560	*	영풍정밀	Young Poong Precision	602
A067170	*	오텍	Autech	618
A019210	*	와이지-원	YG-1	628
A101170	*	우림기계	WOORIM MACHINERY	638
A105840		우진	WOOJIN	642
A049800		우진플라임	WOOJIN PLAIMM CO	643
A900130	*	웨이포트	WAYPORT(HK) CO	651
A195990	*	유지인트	Ugint	676
A241510	**	이에스산업	ES INDUSTRY COLTD	696
A074610		이엔쓰리	EN3	698
A095190	*	이엠코리아	ENERGY&MACHINERY KOREA	701
A158310	*	인터불스	Interbulls	718
A147830	*	제룡산업	CHERYONG INDUSTRIAL C	748
A044060		조광아이엘아이	Jokwang ILI	767
A036890	*	진성티이씨	Jinsung TEC	793
A016920	*	카스	CAS	804
A024880	*	케이피에프	Korea Parts & Fasteners	835
A049430	*	코메론	Komelon	848
A023160	*	태광	TAE KWANG	878
A048770	*	티피씨메카트로닉스	TPC Mechatronics	902
A033540	*	파라텍	Paratech	905
A119500	*	포메탈	FORMETAL	922
A053160	*	프리엠스	Freems	935
A013030	*	하이록코리아	Hy-Lok	951
A101680	*	한국정밀기계	HNK MACHINE TOOL	968
A011700	*	한신기계공업	HANSHIN Machinery	998
A017800	*	현대엘리베이터	Hyundai Elevator	1030
A003010		혜인	Hae In	1038
A039610	*	화성	HS valve	1041
A010660		화천기계	Hwacheon Machinery	1047
A000850		화천기공	Hwacheon Machine Tool	1047
A010240	*	흥국	HEUNGKUK METALTECH	1058

무역

A011810		에스티엑스	STX	534
A001120		엘지상사	LG International	584
A001250		지에스글로벌	GS Global	783
A047050		포스코대우	POSCO DAEWOO	925
A011760		현대종합상사	Hyundai	1033

조선

A108380	*	대양전기공업	DAEYANG ELECTRIC	135
A042660		대우조선해양	Daewoo Shipbuilding & Marine Engineering	138
A096350	*	대창솔루션	Daechang Solution	147
A099410	*	동방선기	Dongbang Ship Machinery	170
A082740		두산엔진	Doosan Engine	197
A101000	*	디엠씨	Dongnam Marine Crane	210
A010140		삼성중공업	Samsung Heavy Industries	326
A065570	*	삼영이엔씨	SAMYUNG ENC	332
A075580	*	세진중공업	SEJIN HEAVY INDUSTRIES COLTD	385
A099220	*	에스디엔	SDN	499
A103230	*	에스앤더블류	S&W	506
A077970		에스티엑스엔진	STX Engine	535
A071970	*	에스티엑스중공업	STX Heavy Industries	535
A028300	*	에이치엘비	HLB	549
A085310	*	엔케이	NK	574
A014940	*	오리엔탈정공	Oriental Precision & Engineering	610
A101930	*	인화정공	Inhwa Precision	727
A054180	*	중앙오션	ChoongAng Ocean	778
A073010	*	케이에스피	KSP	821
A064820	*	케이프	CAPE INDUSTREIS	834
A092460	*	한라아이엠에스	Hanla IMS	985
A097230		한진중공업	Hanjin Heavy Industries & Constrution	1007
A102210	*	해덕파워웨이	Haeduk Powerway	1017
A010620	*	현대미포조선	Hyundai Mipo Dockyard	1025
A009540		현대중공업	Hyundai Heavy Industries	1034
A053660	*	현진소재	Hyunjin Materials	1037

상업서비스

A049720	*	고려신용정보	Koryo Credit Information	50
A130580	*	나이스디앤비	NICE D&B	84
A036800	*	나이스정보통신	Nice Information & Telecommunication	85
A030190	*	나이스평가정보	NICE Information Service	85
A034310		나이스홀딩스	NICE Holdings	86
A069140	*	누리플랜	Nuriplan	109
A005360		모나미	Monami	259
A054220	*	비츠로시스	VitzroSys	307
A065450	*	빅텍	Victek	310
A143240	*	사람인에이치알	SaraminHR	312
A099320	*	쎄트렉아이	Satrec Initiative	435
A032040	*	씨앤에스자산관리	C&S	440
A122900		아이마켓코리아	iMarketKorea	467
A068940	*	아이씨케이	ICK	469
A030960	*	양지사	Yangjisa	494
A036120	*	에스씨아이평가정보	SCI Information Service	504
A012750		에스원	S-1	520
A079550		엘아이지넥스원	LIG Nex1	578
A050540	*	엠피씨	MPC	596
A067900	*	와이엔텍	Y-Entec	625
A060150	*	인선이엔티	INSUN Environmental New	713
A043910	*	자연과환경	Nature & Environment	739

A009440	케이씨그린홀딩스	KC Green Holdings	813
A119650	케이씨코트렐	KC Cottrell	816
A058860	케이티스	ktis	832
A058850	케이티씨에스	ktcs	833
A029960 ＊	코엔텍	Korea Environment Technology	856
A010820	퍼스텍	Firstec	918
A034950 ＊	한국기업평가	Korea Ratings	959
A063570	한국전자금융	NICE Total Cash Manageme	966
A041460	한국전자인증	KOREA ELECTRONIC CERTIFICATION AUTHORITY	967
A025770	한국정보통신	Korea Information & Comm	970
A047810	한국항공우주산업	KOREA AEROSPACE INDUSTRIES	981
A052600 ＊	한네트	Hannet	983
A012450	한화테크윈	HANWHA TECHWIN	1015
A094280	효성아이티엑스	HYOSUNG ITX	1049

항공운수

A003490	대한항공	Korean Air Lines	153
A020560	아시아나항공	Asiana Airlines	464
A036000 ＊	예림당	YeaRimDang Publishing	604
A089590	제주항공	JEJUAIR CO	765
A004870	티웨이홀딩스	T'way Holdingsorporation	899
A005430	한국공항	KOREA AIRPORT SERVICE (	958
A180640	한진칼	HANJIN KAL	1008

해상운수

A005880	대한해운	Korea Line	154
A000700	유수홀딩스	EUSU HOLDINGS COLTD	671
A129260	인터지스	INTERGIS CO	719
A044450	케이에스에스해운	KSS LINE	821
A012170	키위미디어그룹	Kiwi Media Group	875
A028670	팬오션	Pan Ocean	917
A011200	현대상선	HYUNDAI MERCHANT MARINE	1027
A003280	흥아해운	Heung-A Shipping	1059

육상운수

A001140	국보	KUKBO LOGISTICS CO	61
A052300 ＊	더블유홀딩컴퍼니	W Holding	157
A084670	동양고속	Dongyang Express	181
A032280 ＊	삼일	SAMIL	336
A004360	세방	Sebang	375
A000120	씨제이대한통운	CJ korea express	446
A000650	천일고속	Chunil Express	800
A009070	케이씨티시	KCTC	818
A009180	한솔로지스틱스	Hansol Logistics	991
A014130	한익스프레스	HanExpress	1001
A002320	한진	Hanjin Transportation	1007
A086280	현대글로비스	HYUNDAI GLOVIS	1023

운송인프라

A139050 ＊	경봉	KYUNG BONG	45
A045390 ＊	대아티아이	Daea TI	134
A004140	동방	Dongbang Transport Logistics	169
A058730	동아에스텍	Dang-A Steel Technology	178
A006730 ＊	서부티엔디	Seobu T&D	351
A065710 ＊	서호전기	Seoho Electric	361
A003100 ＊	선광	SUN KWANG	363
A121890 ＊	에스디시스템	SD system	499
A038620 ＊	위즈코프	Wiz	657
A045340 ＊	토탈소프트뱅크	Total Soft Bank	890
A221840 ＊	하이즈항공	HIZEAERO	953
A064350	현대로템	HYUNDAI ROTEM	1024

자동차부품

A024910 ＊	경창산업	Kyung Chang Industrial	47
A012200	계양전기	Keyang Electric Machinery	48
A090150 ＊	광진윈텍	Kwangjin Wintec	58
A053270 ＊	구영테크	Guyoung Technology	60
A214330	금호에이치티	KUMHO HT	73
A073240	금호타이어	Kumho TireInc	74
A212560 ＊	네오오토	NEOOTO CO	91
A085910 ＊	네오티스	NEO TECHNICAL SYSTEM	92
A005720	넥센	Nexen	97
A002350	넥센타이어	Nexen Tire	97
A073070	넥센테크	NEXEN TECH CORP	98
A900100 ＊	뉴프라이드	New Pride	112
A020400 ＊	대동금속	Daedong Metals	122
A025440 ＊	대성엘텍	DAESUNG ELTEC CO	131
A104040 ＊	대성파인텍	DAESUNG FINETEC CO	132
A009320	대우전자부품	Daewoo Electronic Components	137
A000430	대원강업	Dae Won Kang Up	139
A005710 ＊	대원산업	DAE WON SAN UP CO	140
A002880	대유에이텍	DAYOU A-TECH COLTD	142
A000300	대유플러스	DAYOU PLUS CO	143
A024900	덕양산업	Duckyang Ind	161
A001620	동국실업	Dongkook Ind	166
A007340	동아타이어공업	Dong Ah Tire & Rubber	180
A018500	동원금속	Dongwon Metal	188
A163560	동일고무벨트	DRB Industrial	191
A016740	두올	DUAL	199
A078590 ＊	두올산업	DUAL INDUSTRIAL	199
A092200	디아이씨	DAE-IL	204
A004840	디알비동일	DRB Holding	204
A210540	디와이파워	DY POWER	213
A113810 ＊	디젠스	Dgenx	214
A900260 ＊	로스웰	Rothwell International	230
A204320	만도	Mando	246
A087260 ＊	모바일어플라이언스	MOBILE APPLIANCE	261
A009680	모토닉	Motonic	263
A161570 ＊	미동앤씨네마	Midong & Cinema	267
A005030	부산주공	Pusan Cast Iron	297
A122350 ＊	삼기오토모티브	SAMKEE AUTOMOTIVE	317
A053700 ＊	삼보모터스	Sambo Motos	318
A006660	삼성공조	Samsung Climate Control	321
A023000	삼원강재	SAMWONSTEEL	334
A041650	상신브레이크	Sangsin Brake	347
A075180	새론오토모티브	Saeron Automotive	349
A007860	서연	SEOYON	352
A200880	서연이화	SEOYON E-HWA COLTD	353
A012860 ＊	서연전자	SEOYON ELECTRONICS CO	353
A019770 ＊	서연탑메탈	SEOYON TOPMETAL CO	354
A122690 ＊	서진오토모티브	Seojin Automotive	360
A015750 ＊	성우하이텍	SUNGWOO HITECH CO	370
A080470 ＊	성창오토텍	SUNGCHANG AUTOTECH	372
A053060 ＊	세동	SAEDONG	374
A004490	세방전지	SEABANG GLOBAL BATTERY	376
A234100 ＊＊	세원	Sewon	381
A024830 ＊	세원물산	SEWON	381
A021820	세원정공	Sewon Precision Industry	382
A033530	세종공업	Sejong Industrial	383
A145210	세화아이엠씨	SAEHWA IMC	388
A047400	쌍용머티리얼	Ssangyong Materials	429
A245450 ＊＊	씨앤에스링크	CNSLINK	439
A013310 ＊	아진산업	A-JIN INDUSTRY COLTD	481
A900080 ＊	에스앤씨엔진그룹	S&C Engine Group	507

종목코드	한글명	영문명	페이지
A064960	에스앤티모티브	S&T Motiv	508
A003570	에스앤티중공업	S&T Dynamics	509
A036530	에스앤티홀딩스	S&T Holdings	509
A005850	에스엘	SL	516
A123700	에스제이엠	SJM	520
A025530	에스제이엠홀딩스	SJM Holdings	521
A080440 ＊	에스제이케이	SJK COLTD	521
A040610 ＊	에스지엔지	SG&G	524
A015260	에이엔피	Automobile & PCB	544
A038110 ＊	에코플라스틱	Ecoplastic	560
A067570 ＊	엔브이에이치코리아	NVH KOREA	567
A123040	엠에스오토텍	MS AUTOTECH	592
A007530 ＊	영신금속공업	Youngsin Metal Industrial	598
A012280	영화금속	Yeong Hwa Metal	603
A065500 ＊	오리엔트정공	Orient Precision Industries	611
A031510 ＊	오스템	Austem	615
A215360	우리산업	WOORY INDUSTRIAL COLTD	634
A072470	우리산업홀딩스	Woory Industrial Holdings	635
A066590 ＊	우수에이엠에스	Woosu AMS	640
A017370	우신시스템	Wooshin Systems	640
A140660 ＊＊	위월드	WIWORLD	656
A011320 ＊	유니크	Unick	664
A241690 ＊	유니테크노	UNITEKNO	665
A048430 ＊	유라테크	Yura Tech	667
A002920	유성기업	Yoosung Enterprise	670
A223310 ＊	이에스브이	ESV	696
A101360 ＊＊	이엔디디	E&D	697
A088290 ＊	이원컴포텍	EWON COMFORTECH	704
A033600 ＊	이젠텍	Ezen Tech	705
A023800	인지컨트롤스	INZI CONTROLS COLTD	715
A023810	인팩	Infac	724
A008500	일정실업	Il Jeong Industrial	733
A019540 ＊	일지테크	ILJI TECHNOLOGY CO	733
A120780 ＊＊	전우정밀	JEONWOO PRECISION	742
A130500 ＊	지에이치신소재	GH Advanced Materials	785
A013870	지엠비코리아	GMB Korea	787
A010580	지코	Jico	789
A013720 ＊	청보산업	Cheong Bo Industrial	802
A033250	체시스	Chasys	803
A071850 ＊	캐스텍코리아	CASTEC KOREA COLTD	807
A024120 ＊	케이비오토시스	KB Autosys	812
A105330 ＊	케이엔더블유	KNW	822
A046070 ＊	코다코	KODACO CO	841
A123410 ＊	코리아에프티	KOREA FUEL-TECH	846
A152330	코리아오토글라스	KOREA AUTO GLASS CO	847
A126600 ＊	코프라	KOPLA	863
A045520	크린앤사이언스	Clean & Science	873
A004100	태양금속공업	Taeyang Metal Industrial	880
A116100 ＊＊	태양기계	Sun Machinery	880
A001420	태원물산	Taewonmulsan	882
A105550 ＊	트루윈	Truwin	894
A019180 ＊	티에이치엔	THN	898
A130740	티피씨	TPC	901
A084730 ＊	팅크웨어	THINKWARE	903
A038950 ＊	파인디지털	Finedigital	910
A054300 ＊	팬스타엔터프라이즈	Panstar Enterprise	916
A090080	평화산업	Pyung Hwa Industrial	921
A043370 ＊	평화정공	Pyeong Hwa Automotive	921
A010770	평화홀딩스	Pyung Hwa Holdings	922
A093380 ＊	풍강	Pungkang	930
A025540	한국단자공업	Korea Electric Terminal	960
A161390	한국타이어	HANKOOK TIRE	976
A000240	한국타이어월드와이드	Hankook Tire WorldWide	977
A010100	한국프랜지공업	KOREA FLANGE CO	980
A060980	한라홀딩스	Halla Holdings	985
A018880	한온시스템	Hanon Systems	1000
A024740 ＊	한일단조공업	Hanil Forging Industrial	1002
A107640 ＊＊	한중엔시에스	HanJung Natural Connectivity Systemco	1006
A143210	핸즈	Hands	1020
A170030 ＊	현대공업	Hyundai Industrial	1022
A012330	현대모비스	HYUNDAI MOBIS	1025
A011210	현대위아	HYUNDAI WIA	1031
A089470	현대이피	Hyundai Engineering Plastics	1031
A013520	화승알앤에이	HWASEUNG R & A	1042
A010690	화신	HwaShin	1043
A126640 ＊	화신정공	HWASHIN PRECISION	1044
A086250 ＊	화신테크	Hwashin Tech	1044
A134780 ＊	화진	HWAJIN	1046

자동차

종목코드	한글명	영문명	페이지
A000270	기아자동차	Kia Motors	76
A067990 ＊	도이치모터스	DEUTSCH MOTORS	165
A003620	쌍용자동차	Ssangyong Motor	430
A001380	에스지충방	SG CHOONGBANG	524
A000040	케이알모터스	KR Motors	820
A900140	코라오홀딩스	Kolao Holdings	843
A005380	현대자동차	Hyundai Motor	1032

내구소비재

종목코드	한글명	영문명	페이지
A009450	경동나비엔	Kyung Dong Navien	43
A071460 ＊	대유위니아	DAYOU WINIA	143
A073190 ＊	디비케이	DBK	202
A026890	디피씨	Digital Power Communicat	219
A004740 ＊	보루네오가구	Borneo International Furnit	291
A111870 ＊	삼본정밀전자	SAMBON PRECISION & ELE	320
A032750 ＊	삼진	Sam Jin	339
A065350 ＊	신성델타테크	SHINSUNG DELTA TECH COLTD	412
A056000 ＊	신스타임즈	SINCETIMES	417
A002700	신일산업	Shinil Industrial	420
A008700 ＊	아남전자	Anam Electronics	455
A011090	에넥스	Enex	496
A069510 ＊	에스텍	ESTec	533
A003800 ＊	에이스침대	Ace Bed	542
A054940 ＊	엑사이엔씨	EXA E&C	565
A066570	엘지전자	LG Electronics	586
A051390 ＊	와이더블유	YW	622
A065950 ＊	웰크론	Welcron	652
A044340 ＊	위닉스	Winix	655
A234920 ＊	자이글	Zaigle	739
A260490 ＊＊	캐로스	CAROS CO	806
A071950 ＊	코아스	KOAS CO	854
A021240	코웨이	Coway	860
A225650 ＊	쿠첸	Cuchen	864
A192400	쿠쿠전자	CUCKOO ELECTRONICS CO	865
A134790	팀스	Teems	903
A037070 ＊	파세코	Paseco	907
A016800 ＊	퍼시스	Fursys	919
A024940 ＊	피엔풍년	Pnpoongnyun	944
A004590 ＊	한국가구	Hankook Furniture	957
A009240	한샘	Hanssem	988
A008800 ＊	행남생활건강	HAENGNAM HOUSEHOLD & HEALTH CARE	1021
A079430	현대리바트	HYUNDAI LIVART FURNITURE	1024

레저용품

레저용품

코드		회사명	영문명	페이지
A048910	*	대원미디어	Daewon Media	140
A183410	**	데카시스템	Deca System	162
A050120	*	라이브플렉스	LIVEPLEX	222
A206950	**	볼빅	VolvikInc	294
A068290		삼성출판사	Samsung Publishing	327
A002450		삼익악기	Samick Musical Instruments	335
A024950	*	삼천리자전거	Samchuly Bicycle	341
A066910	*	손오공	SONOKONG	393
A123750	*	알톤스포츠	Alton Sports coltd	489
A252940	**	에스엠로보틱스	SMROBOTICS	517
A031860	*	엔에스엔	NSN	570
A039830	*	오로라월드	Aurora World	609
A194610	*	우성아이비	WOOSUNG IB CO	639
A056080	*	유진로봇	Yujin Robot	677
A900110	*	이스트아시아홀딩스	East Asia Holdings Investment	694
A094850	*	참좋은레져	Very Good Leisure	799
A032540	*	티제이미디어	TJ MEDIA	899
A900270	*	형성그룹	HENG SHENG HOLDING GROUP	1021

섬유 및 의복

코드		회사명	영문명	페이지
A000050		경방	Kyungbang	44
A005320		국동	Kukdong	61
A002070		남영비비안	Namyeung Vivien	88
A024890		대원화성	Daewon Chemical	142
A001070		대한방직	Taihan Textile	150
A016090		대현	DAEHYUN CO	155
A004830		덕성	Duksung	160
A017680	*	데코앤이	DECO&E COLTD	163
A001530		동일방직	DONG-IL	192
A189700	**	디피앤케이	Design Power & Korea	220
A003610		방림	Pangrim	285
A035150		백산	Baiksan	287
A001460		비와이씨	BYC	306
A002170		삼양통상	SAMYANG TONGSANG	330
A011300		성안	Seong An	369
A005390		신성통상	Shinsung Tongsang	413
A031430		신세계인터내셔날	Shinsegae International	415
A005800		신영와코루	Shinyoungwacoal	418
A009270		신원	Shinwon	419
A102280		쌍방울	SBW	428
A013990	*	아가방앤컴퍼니	AGABANG&COMPANY	454
A090370		아비스타	Avista	459
A032080		아즈텍더블유비이	AztechWB	481
A030270		에스마크	SMARK CO	500
A004060		에스지세계물산	SG	522
A098660	*	에스티오	STO	536
A007700		에프앤에프	F&F	562
A065160		에프티이앤이	Finetex EnE	564
A000680		엘에스네트웍스	LS Networks	580
A093050		엘에프	LF	582
A251960	**	엠에프엠코리아	MFM KOREACOLTD	593
A069640		엠케이트렌드	MKTREND	595
A111770		영원무역	Youngone	599
A009970		영원무역홀딩스	Youngone Holdings co	600
A010600		와이비로드	YBROAD	623
A066430	*	와이오엠	Y-OPTICS MANUFACTURE	626
A114630	*	우노앤컴퍼니	UNO&COMPANY	631
A008290	*	원풍물산	Won Pung Mulsan	650
A008600		윌비스	The Willbes &	659
A011330		유니켐	Uni Chem	663
A014990		인디에프	In the F	711
A003200		일신방직	Ilshin Spinning	731
A000950		전방	Chonbang	741
A159580	*	제로투세븐	Zero to Seven	748
A194370		제이에스	JS	755
A026040	*	제이에스티나	JESTINA	756
A025620		제이준	Jayjun	759
A004700		조광피혁	Chokwang Leather	768
A033340	*	좋은사람들	GOODPEOPLE	774
A065060	*	지엔코	GNCO	786
A088790		진도	Jindo	791
A900040	*	차이나그레이트	CHINA GREAT STAR INTERNATIONAL	797
A047770	*	코데즈컴바인	Codes Combine	841
A007980		태평양물산	Pan-Pacific	883
A084870		티비에이치글로벌	TBH GLOBAL COLTD	895
A256090	**	패션플랫폼	Fashion Platform COLTD	916
A020000		한섬	HANDSOME	989
A105630		한세실업	HANSAE	990
A016450		한세예스투포홀딩스	Hansae Yes24 Holdings	990
A011080	*	형지아이앤씨	HYUNGJI INNOVATION & CREATIVE	1037
A093240		형지엘리트	hyungji Elite	1038
A111110		호전실업	HOJEON	1039
A241590		화승엔터프라이즈	HWASEUNG ENTERPRISE CO	1042
A006060		화승인더스트리	HWASEUNG Industries	1043
A081660		휠라코리아	FILA KOREA	1051

호텔 및 레저

코드		회사명	영문명	페이지
A035250		강원랜드	Kangwon Land	39
A215000	*	골프존	GOLFZON	53
A121440	*	골프존뉴딘	GOLFZONNEWDIN	54
A114090		그랜드코리아레저	Grand Korea Leisure	66
A038390	*	레드캡투어	RedcapTour	227
A032350		롯데관광개발	Lotte Tour Development	232
A035480	*	마제스타	Majestar	245
A080160	*	모두투어네트워크	ModetournetworkInc	260
A018700	*	바른손	Barunson	276
A039310	*	세중	SEJOONG	385
A020710	*	시공테크	Sigongtech	406
A005450		신한	SHINHAN ENG & CONST	423
A025980	*	에머슨퍼시픽	Emerson Pacific	497
A095570		에이제이네트웍스	AJ Networks	545
A068400		에이제이렌터카	AJ RENT A CAR	546
A065150	*	엠피케이그룹	MPK Group inc	596
A070960		용평리조트	YONG PYONG RESORT	630
A084680		이월드	E-WORLD	704
A034230	*	파라다이스	Paradise	904
A039130		하나투어	HANATOUR SERVICE	948
A220630	*	해마로푸드서비스	Haimarrow Food Service	1017
A005440		현대그린푸드	Hyundai Green Food	1023
A008770		호텔신라	Hotel Shilla	1039

교육

코드		회사명	영문명	페이지
A053290	*	능률교육	Neungyule Education	113
A019680		대교	Daekyo	119
A068930	*	디지털대성	Digital Daesung	217
A038340	*	리젠	REGEN	241
A067280	*	멀티캠퍼스	Multicampus	249
A072870	*	메가스터디	Megastudy	249
A215200	*	메가스터디교육	MegaStudyEdu	250
A133750	*	메가엠디	MegaMD	250
A100220		비상교육	Visang Education	301
A156170	**	비앤에스미디어	B&S MEDIA CO	303
A225330	*	씨엠에스에듀	CMS Edu	443

코드		종목명(국문)	종목명(영문)	페이지
A208890	**	에듀케이션파트너	Educationpartner co ltd	496
A035290	*	에이원앤	A1N	545
A036180	*	영인프런티어	Young In Frontier	600
A057030	*	와이비엠넷	YBM NET	624
A095720		웅진씽크빅	Woongjin Thinkbig	644
A084440	**	유비온	UBION	668
A033110	*	이디	ED	687
A134060	*	이퓨쳐	e-futureCo	709
A040420	*	정상제이엘에스	JLS	743
A096240	*	청담러닝	Chungdahm Learning	801
A144740	**	피엠디아카데미	PMD ACADEMY CORP	944

미디어

코드		종목명(국문)	종목명(영문)	페이지
A011420		갤럭시아에스엠	Galaxia SM	40
A089600	*	나스미디어	Nasmedia	83
A160550	*	넥스트엔터테인먼트월드	Next Entertainment World	101
A206560	*	덱스터스튜디오	Dexter studios	163
A220110	**	드림티엔터테인먼트	Dream T Entertainment	201
A033130	*	디지틀조선일보	DIGITAL CHOSUN	217
A200350	**	래몽래인	Raemong Raein	224
A060300	*	레드로버	Redrover	226
A016170	*	로엔엔터테인먼트	LOEN ENTERTAINMENT	230
A207760	*	미스터블루	Mr Blue	271
A210120	**	빅토리콘텐츠	Victory Contents	310
A046390	*	삼화네트웍스	SAMHWA NETWORKS	343
A002420		세기상사	The Century	373
A121800	*	세븐스타웍스	Seven Star Works	377
A086980	*	쇼박스	SHOWBOX	396
A115570	*	스타플렉스	StarFlex	402
A039670	*	스포츠서울	The Sports Seoul	405
A099830	*	씨그널엔터테인먼트그룹	Signal Entertainment Group	437
A066790	*	씨씨에스충북방송	KOREA CABLE TV CHUNG-	437
A079160	*	씨제이씨지브이	CJ CGV	446
A130960	*	씨제이이앤엠	CJ E&M	448
A037560	*	씨제이헬로비전	CJ HellowVision	449
A127710	*	아시아경제	The Asia Business Daily	464
A003560		아이에이치큐	IHQ	472
A052220	*	아이엠비씨	iMBC	473
A034120		에스비에스	Seoul Broadcasting System	502
A101060		에스비에스미디어홀딩스	SBS Media Holdings	502
A046140	*	에스비에스콘텐츠허브	SBS Contents Hub	503
A041510	*	에스엠엔터테인먼트	SM Entertainment	518
A048550	*	에스엠컬처앤콘텐츠	SM Culture & Contents	518
A230360	*	에코마케팅	ECHOMARKETING	559
A063440	*	에프엔씨애드컬쳐	FNC ADD CULTURE	563
A173940	*	에프엔씨엔터테인먼트	FNC ENTERTAINMENT	563
A104200	*	엔에이치엔벅스	NHN BUGS	571
A010470	*	오리콤	Oricom	612
A122870	*	와이지엔터테인먼트	YG Entertainment	627
A037270	*	와이지플러스	YG PLUS	628
A040300	*	와이티엔	YTN	629
A214320		이노션	Innocean Worldwide	685
A036260	*	이매진아시아	IMAGINE ASIA	689
A015020	*	이스타코	e-Starco	693
A123570	*	이엠넷	EMNET	700
A216050	*	인크로스	Incross	717
A035900	*	제이와이피엔터테인먼트	JYP Entertainment	758
A058420	*	제이웨이	J way	759
A036420	*	제이콘텐트리	Jcontentree corp	760
A030000	*	제일기획	Cheil Worldwide	761
A035000	*	지투알	G II R	789
A047820	*	초록뱀미디어	Chorokbaem Media	803

코드		종목명(국문)	종목명(영문)	페이지
A058400	*	케이엔엔	KOREA NEW NETWORK	823
A122450	*	케이엠에이치	KMH	825
A053210		케이티스카이라이프	KT Skylife	832
A182360	*	큐브엔터테인먼트	CUBE ENTERTAINMENT	868
A054780	*	키이스트	Keyeast	875
A066410	*	투원글로벌	TO-WIN Global	892
A033830	*	티비씨	Taegu Broadcasting	895
A202960	**	판도라티비	PANDORA TV COLTD	913
A032800	*	판타지오	Fantagio	914
A068050	*	팬엔터테인먼트	Pan Entertainment	917
A214270	*	퓨쳐스트림네트웍스	Futurestream Networks	933
A242350	**	피엔아이시스템	P&I System COLTD	942
A039340	*	한국경제티브이	Korea Business News	958
A126560	*	현대에이치씨엔	HYUNDAI HCN CO	1030
A204630	*	화이브라더스	Huayi Brothers	1045

도소매

코드		종목명(국문)	종목명(영문)	페이지
A007720	*	대명	DAEMYUNG COLTD	127
A071840	*	롯데하이마트	LOTTE Himart	236
A014470	*	부방	Bubang COLTD	296
A027410	*	비지에프리테일	BGF Retail	306
A063170	*	서울옥션	Seoul Auction	356
A242850	**	영현무역	YOUNG HYUN TRADING	603
A139480	*	이마트	E-MART	689
A007070	*	지에스리테일	GS Retail	783
A051380	*	피씨디렉트	PC Direct	939
A039740	*	한국정보공학	Korea Information Engineering Services	969
A015540	*	핫텍	Hot-tech	1016

온라인쇼핑

코드		종목명(국문)	종목명(영문)	페이지
A119860	*	다나와	Danawa	114
A035760	*	씨제이오쇼핑	CJ O SHOPPING CO	447
A069920	*	아이에스이커머스	ISE Commerce	471
A138250	*	엔에스쇼핑	NS Home Shopping	569
A053280	*	예스이십사	YES24	605
A108790	*	인터파크	Interpark	720
A035080	*	인터파크홀딩스	Interpark Holdings	721
A028150	*	지에스홈쇼핑	GS Home Shopping	784
A141020	*	포티스	Fortis	927
A057050		현대홈쇼핑	HYUNDAI HOME SHOPPING NETWORK	1035

백화점

코드		종목명(국문)	종목명(영문)	페이지
A037710		광주신세계	Gwangju Shinsegae	57
A019010	*	그랜드백화점	Grand Departmentstore	65
A006370		대구백화점	DAEGU DEPARTMENT STC	120
A023530		롯데쇼핑	Lotte Shopping	233
A067830		세이브존아이앤씨	SAVEZONE I&C	383
A004170		신세계	SHINSEGAE	414
A027390		한화갤러리아타임월드	Hanwha Galleria Timeworld	1013
A069960		현대백화점	Hyundai Department Store	1026

음료

코드		종목명(국문)	종목명(영문)	페이지
A043650	*	국순당	Kook Soon Dang	62
A007390	*	네이처셀	NATURECELL COLTD	95
A178600	**	대동고려삼	DAEDONG KOREA GINSENG COLTD	121
A005300		롯데칠성음료	Lotte Chilsung Beverage	234
A033920		무학	Muhak	266
A000890		보해양조	BOHAE BREWERY	293
A023150		엠에이치에탄올	MHETHANOL	593
A018120	*	진로발효	Jinro Distillers	791
A004650	*	창해에탄올	Changhae Ethanol	799
A051780	*	큐로홀딩스	CUROHOLDINGS	866

Code		Name (KR)	Name (EN)	Page
A023900	★	풍국주정공업	PUNGGUK ETHANOL INDU	931
A000080		하이트진로	HITEJINRO CO	955
A000140		하이트진로홀딩스	HITEJINRO HOLDINGS	955
A189980	★	흥국에프엔비	HYUNGKUK F&B	1058

식료품

Code		Name (KR)	Name (EN)	Page
A002140		고려산업	Korea Industrial	49
A003920		남양유업	Namyang Dairy Products	88
A065170	★	넥스트비티	NEXT BT	100
A004370		농심	NongShim	107
A072710		농심홀딩스	Nongshimholdings	108
A222040	★	뉴트리바이오텍	NUTRIBIOTECH COLTD	111
A001680		대상	Daesang	128
A003310	★	대주산업	DAEJOO COLTD	144
A001790		대한제당	TS	152
A001130		대한제분	Daehan Flour Mills	153
A026960		동서	DongSuh Companies	174
A088910	★	동우팜투테이블	DONGWOO FARM TO TABLE	186
A006040		동원산업	Dongwon Industries	189
A030720		동원수산	Dong Won Fisheries	189
A049770		동원에프앤비	Dongwon F&B	190
A004990		롯데제과	Lotte Confectionery	234
A002270		롯데푸드	LOTTE FOODS COLTD	235
A027740		마니커	Maniker	243
A005990	★	매일유업	Maeil Dairies	247
A233190	★★	미래자원엠엘	MILAE RESOURCES ML	270
A005180		빙그레	Binggrae	311
A003960		사조대림	SAJODAERIM	312
A008040		사조동아원	SAJODONGAONE	313
A007160		사조산업	Sajo Industries	313
A014710		사조씨푸드	SAJO SEA FOOD	314
A006090		사조오양	Oyang	314
A079660		사조해표	SAJOHAEPYO	315
A145990		삼양사	Samyang	329
A003230		삼양식품	Samyang Foods	330
A000070		삼양홀딩스	Samyang Holdings	331
A007540		샘표	SEMPIO	349
A248170		샘표식품	SEMPIO FOODS	350
A004410		서울식품공업	Seoul Food Industrial	356
A136490		선진	Sunjin	365
A004970		신라교역	Silla	410
A025870	★	신라에스지	SILLA SG	411
A031440		신세계푸드	SHINSEGAE FOOD	416
A006880		신송홀딩스	SINGSONG HOLDINGS CO	416
A001040		씨제이	CJ	445
A011150		씨제이씨푸드	CJ Seafood	447
A097950		씨제이제일제당	CJ CheilJedang	448
A051500	★	씨제이프레시웨이	CJ Freshway	449
A154030	★★	아시아종묘	ASIA SEED	465
A260970	★★	에스앤디	S&D COLTD	506
A005610		에스피씨삼립	SPC SAMLIP CO	538
A009780	★	엠에스씨	MSC	592
A007310		오뚜기	Ottogi	608
A001800		오리온	Orion	611
A073560	★	우리손에프앤지	Woorison F&G CO	635
A006980		우성사료	Woosung Feed	639
A035810	★	이지바이오	EASY BIO	706
A062580	★★	인산가	INSAN	712
A208140	★	정다운	JUNGDAWN	742
A002600		조흥	Choheung	772
A900050		중국원양자원	CHINA OCEAN RESOURCES CO	776
A025880	★	케이씨피드	KC Feed	818

Code		Name (KR)	Name (EN)	Page
A044820		코스맥스비티아이	COSMAX BTI	851
A038530	★	코아크로스	CORECross	856
A060280	★	큐렉소	CUREXO	865
A005740		크라운제과	Crown Confectionery	870
A264900		크라운제과	CORWN CONFECTIONERY COLTD	870
A036580		팜스코	FARMSCO	915
A027710	★	팜스토리	FARMSTORY CO	915
A005670	★	푸드웰	FOODWELL	928
A017810		풀무원	Pulmuone	930
A136480	★	하림	HARIM	949
A024660	★	하림홀딩스	Harim Holdings	949
A222980	★	한국맥널티	Mcnulty Korea	960
A003680		한성기업	Hansung Enterprise	989
A005860	★	한일사료	HanilFeed	1003
A002680	★	한탑	Hantop	1012
A101530		해태제과식품	Haitai Confectionery & Foods	1019
A227840		현대씨앤에프	HYUNDAI C&F	1028
A204990	★	현성바이탈	HS Vital CO	1036

담배

Code	Name (KR)	Name (EN)	Page
A033780	케이티앤지	KT&G	833

가정생활용품

Code		Name (KR)	Name (EN)	Page
A012690		모나리자	Monalisa	258
A215050	★★	비엔디생활건강	B&D Life Health COLTD	304
A009770		삼정펄프	Sam Jung Pulp	338
A051900		엘지생활건강	LG Household & Healthcare	585
A036670		케이씨아이	KCI	815
A053620	★	태양	TAEYANG	879
A033180		필룩스	Feelux	946

개인생활용품

Code		Name (KR)	Name (EN)	Page
A092730	★	네오팜	Neopharm	93
A204690	★★	다린	DARIN CO	115
A016100	★	리더스코스메틱	LEADERS COSMETICS CO	240
A225850	★★	미애부	Miev	272
A014100	★	보령메디앙스	Boryung Medience	290
A242420	★★	본느	Bonne	293
A085980	★★	세화피앤씨	SEWHA P&C	388
A090430		아모레퍼시픽	AMOREPACIFIC	456
A002790		아모레퍼시픽그룹	AMOREPACIFIC Group	456
A217480	★	에스디생명공학	SD BIOTECHNOLOGIES CO	498
A078520		에이블씨엔씨	ABLE C&C	541
A900300	★	오가닉티코스메틱	ORGANIC TEA COSMETICS HOLDINGS	607
A039790	★	위노바	Winnova	654
A044480	★	유니더스	Unidus	660
A252370	★★	유쎌	YOUCEL	672
A240340	★★	인터코스	Interkos	720
A226320		잇츠스킨	IT'S SKIN CO	737
A950140	★	잉글우드랩(알eg에스)	ENGLEWOOD LAB	737
A123330	★	제닉	GENIC	747
A214370	★	케어젠	CAREGEN CO	809
A237720	★★	케이엠제약	KM PHARMACY COLTD	826
A027050	★	코리아나화장품	COREANA COSMETICS CO	845
A192820		코스맥스	COSMAX	851
A241710	★	코스메카코리아	COSMECCA KOREA CO	852
A069110	★	코스온	COSON	853
A200130	★	콜마비앤에이치	Kolmar BNH	863
A237880	★	클리오	CLIO Cosmetics	874
A214420		토니모리	TONYMOLY CO	889
A233990	★★	하우동천	HAUDONGCHUN	950
A219550	★	한강인터트레이드	Hankang Intertrade	956

A161890	한국콜마	KOLMAR KOREA CO	975
A024720	한국콜마홀딩스	KOREA KOLMAR HOLDINGS	975
A123690	한국화장품	Hankook Cosmetics	981
A003350	한국화장품제조	Hankook Cosmetics Manufacturing	982
A064090 ★	한양하이타오	HANYANG HITAO	1000

의료 장비 및 서비스

A214610 ★★	나노바이오시스	NANOBIOSYS	78
A039860 ★	나노엔텍	NanoenTek	80
A244880 ★★	나눔테크	NANOOMTECH	81
A131220 ★	대한과학	DAIHAN SCIENTIFIC	148
A145720	덴티움	Dentium	164
A214680 ★	디알텍	DRTECH	205
A039840 ★	디오	DIO	212
A212310 ★★	디오메디칼	DIOMEDICAL	212
A228850 ★	레이언스	RAYENCE COLTD	227
A238120 ★	로고스바이오시스템스	Logos Biosystems	228
A085370 ★	루트로닉	Lutronic	237
A200580 ★★	메디쎄이	MEDYSSEY	251
A041920 ★	메디아나	MEDIANA	251
A059210 ★	메타바이오메드	Metabiomed	256
A058110 ★	멕아이씨에스	MEKICS	257
A206640 ★	바디텍메드	Boditech Med	276
A199290 ★★	바이오프로테크	BIO PROTECH	283
A043150 ★	바텍	Value Added Technology	284
A100120 ★	뷰웍스	Vieworks	298
A032850 ★	비트컴퓨터	Bit Computer	308
A038070 ★	서린바이오사이언스	Seoulin Bioscience	350
A100700 ★	세운메디칼	SEWOONMEDICAL	380
A049180 ★	셀루메드	CELLUMED	389
A208370 ★	셀바스헬스케어	SELVAS Healthcare	390
A043100 ★	솔고바이오메디칼	Solco Biomedical	393
A035610 ★	솔본	Solborn	394
A253840 ★★	수젠텍	Sugentech	398
A258540 ★★	스템랩	StemLab	403
A004080	신흥	Shinhung	425
A115480 ★	씨유메디칼시스템	CU MEDICAL SYSTEMS	444
A246720 ★	아스타	ASTA	462
A099190 ★	아이센스	i-SENS	467
A950130 ★	엑세스바이오	Access Bio	565
A156100 ★	엘앤케이바이오메드	L&K BIOMED	579
A226400 ★★	오스테오닉	OSTEONIC	615
A048260 ★	오스템임플란트	Osstemimplant	616
A118000	우리들휴브레인	WOORIDUL HUE BRAIN	633
A032940 ★	원익	Wonik	645
A216280 ★★	원텍	WON TECH	649
A032620 ★	유비케어	UBcare	669
A056090 ★	유앤아이	U&I	674
A221800 ★★	유투바이오	U2BIO COLTD	679
A041830 ★	인바디	InBody	711
A119610 ★	인터로조	INTEROJO	718
A150840 ★	인트로메딕	IntroMedic	723
A071200 ★	인피니트헬스케어	INFINITT Healthcare	727
A230400 ★★	자비스	XAVIS CO	738
A054950 ★	제이브이엠	JVM	752
A229000 ★★	젠큐릭스	Gencurix	765
A228760 ★★	지노믹트리	Genomictree	778
A219750 ★★	지티지웰니스	GTG Wellness	790
A085660 ★	차바이오텍	Chabiotech	797
A104540 ★	코렌텍	Corentec	844
A046210 ★	파나진	Panagene	904
A241820 ★	피씨엘	PCL	939

A006140 ★	피제이전자	PJ Electronics	945
A149980 ★	하이로닉	Hironic	950
A228180 ★★	한국티씨엠	TCM KOREA	979
A065510 ★	휴비츠	Huvitz	1054

바이오

A217730 ★	강스템바이오텍	KANGSTEM BIOTECH CO	39
A138610 ★	나이벡	NIBEC	84
A168330 ★	내츄럴엔도텍	Naturalendo Tech	90
A086220 ★★	네추럴에프앤피	Natural F&P	95
A144510 ★	녹십자랩셀	Green Cross Lab Cell	105
A142280 ★	녹십자엠에스	Green Cross Medical Science	106
A054050 ★	농우바이오	Nong Woo Bio	108
A176750 ★★	듀켐바이오	DUCHEMBIO	200
A127120 ★	디엔에이링크	DNA LINK	209
A084650 ★	랩지노믹스	LabGenomics	225
A141080 ★	레고켐바이오사이언스	LegoChem Biosciences	226
A038290 ★	마크로젠	Macrogen	245
A236340 ★★	메디젠휴먼케어	Medizen Humancare	252
A078160 ★	메디포스트	Medipost	253
A084990 ★	바이로메드	ViroMed	279
A064550 ★	바이오니아	BIONEER	279
A142760 ★	바이오리더스	Bioleaders	280
A216400 ★★	바이오코아	BIOCORE CO	282
A086040 ★	바이오톡스텍	Biotoxtech	282
A026260 ★	보타바이오	Bota Bio	292
A207940	삼성바이오로직스	SAMSUNG BIOLOGICS	322
A068270 ★	셀트리온	Celltrion	390
A215600 ★	신라젠	Sillajen	412
A049960 ★	쎌바이오텍	CELLBIOTECH	435
A096530 ★	씨젠	Seegene	450
A900120 ★	씨케이에이치	CKH Food & Health	450
A185490 ★	아이진	EyeGeneInc	476
A196170 ★	알테오젠	ALTEOGEN	489
A196300 ★	애니젠	EN COLTD	491
A086460 ★★	에스엔피제네틱스	SNP Genetics	516
A246250 ★★	에스엘에스	SLS	517
A052260 ★★	에스케이바이오랜드	SKbioland	527
A203400 ★★	에이비온	ABION	542
A138360 ★	에이씨티	ACT	543
A182400 ★	에이티젠	ATGen	555
A183490 ★★	엔지켐생명과학	ENZYCHEM LIFESCIENCES	573
A180400 ★	엠지메드	MG MED	594
A002630	오리엔트바이오	ORIENT BIO	610
A039200 ★	오스코텍	Oscotec	614
A206650 ★	유바이오로직스	EuBiologics	667
A086890 ★	이수앱지스	ISU Abxis	692
A048530 ★	인트론바이오테크놀로지	iNtRON Biotechnology	723
A068330 ★	일신바이오베이스	ilShinbiobase	730
A095700 ★	제넥신	Genexine	745
A066830 ★★	제노텍	GENOTECH CORP	746
A187420 ★	제노포커스	GenoFocus	746
A225220 ★★	제놀루션	GENOLUTION	747
A109820 ★	진매트릭스	GENEMATRIX	792
A011000	진원생명과학	GeneOne Life Science	796
A217600 ★	켐온	Ebest Special Purpose Acquisition 2	839
A166480 ★	코아스템	CORESTEM	855
A215570 ★★	크로넥스	CRONEX CO	871
A083790 ★	크리스탈지노믹스	CrystalGenomics	873
A191420 ★	테고사이언스	Tego Science	883
A199800 ★★	툴젠	ToolGen	893
A214450 ★	파마리서치프로덕트	PHARMA RESEARCH PROD	906

코드		종목명	영문명	페이지
A005690		파미셀	Pharmicell	906
A222110	*	팬젠	Pangen Biotech	918
A087010	*	펩트론	Peptron	920
A203690	*	프로스테믹스	PROSTEMICS CO	934
A222670	**	플럼라인생명과학	Plumbline Life Scienes	936
A042520	*	한스바이오메드	HANS BIOMED	997
A200670	*	휴메딕스	Humedix	1053

제약

코드		종목명	영문명	페이지
A053950	*	경남제약	KYUNG NAM PHARMCOLTD	42
A011040	*	경동제약	Kyungdong Pharmaceutical	44
A214390		경보제약	KYONGBO PHARMACEUTI	45
A014570	*	고려제약	Korean Drug	51
A009290		광동제약	Kwangdong Pharmaceutical	55
A002720		국제약품	Kukje Pharma	64
A229500	**	노브메타파마	NovMetaPharma	104
A006280		녹십자	Green Cross	105
A005250		녹십자홀딩스	Green Cross Holdings	107
A078140	*	대봉엘에스	Deabongls	128
A036480	*	대성미생물연구소	DAESUNG MICROBIOLOGICAL LABS CO	129
A003090		대웅	Dae Woong	138
A069620		대웅제약	Daewoong Pharmaceutical	139
A003220		대원제약	Daewon Pharmaceutical	141
A054670	*	대한뉴팜	Daehan New Pharm	149
A023910		대한약품공업	Daihan Pharmaceutical	150
A067080	*	대화제약	DAEHWA PHARM COLTD	156
A086450	*	동국제약	DongKook Pharmaceutical	168
A002210	*	동성제약	Dong Sung Bio Pharm	175
A000640		동아쏘시오홀딩스	Dong-A Socio Holdings	177
A170900		동아에스티	Dong-A ST	178
A000020		동화약품	Dong Wha Pharm	195
A131030	*	디에이치피코리아	DHP KOREACo	208
A086900	*	메디톡스	Medy-Tox	252
A140410	*	메지온	Mezzion Pharma	256
A017180		명문제약	MYUNGMOON PHARM	258
A053030	*	바이넥스	BinexCo	278
A217950	**	바이오씨앤디	BIOCND	281
A003850		보령제약	Boryung Pharmaceutical	291
A003000		부광약품	Bukwang PharmCo	294
A200780	*	비씨월드제약	BCWORLD PHARM COLTD	302
A001360		삼성제약	SAMSUNG PHARM	325
A009300	*	삼아제약	Sam-A Pharm	329
A000520		삼일제약	Samil Pharmaceutical	337
A005500		삼진제약	Samjin Pharamaceutical	340
A000250		삼천당제약	SAM CHUN DANG PHARM	340
A018680	*	서울제약	SEOUL PHARMA	357
A008490		서흥	SUHEUNG	362
A067370	**	선바이오	SunBio	365
A068760	*	셀트리온제약	Celltrion Pharm	391
A003060		슈넬생명과학	Schnell Biopharmaceuticals	399
A002800	*	신신제약	SINSIN PHARMACEUTICAL	417
A012790	*	신일제약	SINIL PHARMACEUTICAL CO	421
A019170		신풍제약	Shin Pooong Pharm	422
A058820	*	씨엠지제약	CMG Pharmaceutical	444
A047920	*	씨트리	CHEM TECH RESEARCHORPORATION	452
A060590	*	씨티씨바이오	CTCBIO	453
A074430	*	아미노로직스	Aminologics	457
A092040	*	아미코젠	Amicogen	458
A001540	*	안국약품	AHN-GOOK PHARMACEUTICAL	484
A251280	**	안지오랩	AngioLab	485
A065660	*	안트로젠	ANTEROGEN CO	485
A002250		알보젠코리아	ALVOGEN KOREA COLTD	486

코드		종목명	영문명	페이지
A041910	*	에스텍파마	EstechPharma	533
A237690	*	에스티팜	ST PHARM CO	537
A239610	*	에이치엘사이언스	HLSCIENCE CO	550
A003520		영진약품공업	YUNGJIN Pharm	601
A004720		우리들제약	Wooridul Pharmaceutical	633
A018620	*	우진비앤지	WooGene B&G	642
A000220		유유제약	Yuyu Pharma	676
A000100		유한양행	Yuhan	680
A044960	*	이-글벳	Eagle Vetrinary Technology	684
A102460		이연제약	REYON PHARMACEUTICAL	702
A249420		일동제약	IL DONG PHARMACEUTICAL CO	728
A000230		일동홀딩스	ILDONG HOLDINGS	729
A003120		일성신약	Ilsung Pharmaceuticals	730
A007570		일양약품	Ilyang Pharamaceutical	732
A234080		제이더블유생명과학	JW Life Science	750
A067290	*	제이더블유신약	JW SHINYAK	751
A001060		제이더블유중외제약	JW PHARMACEUTICAL	751
A096760		제이더블유홀딩스	JW Holdings	752
A052670	*	제일바이오	CheilBio	761
A002620		제일약품	Jeil Pharmaceutical	762
A034940	*	조아제약	CHOA PHARMACEURICAL	770
A185750		종근당	Chong Kun Dang Pharmaceutical	772
A063160		종근당바이오	CKD Bio	773
A001630		종근당홀딩스	Chong Kun Dang Holdings	773
A072020	*	중앙백신연구소	Choong Ang Vaccine Laboratory	777
A204840	*	지엘팜텍	GL Pharm Tech	786
A086060	*	진바이오텍	GeneBioTech	792
A007370	*	진양제약	JIN YANG PHARMACEUTICAL CO	794
A220250	**	카이노스메드	KAINOS MEDICINE	805
A205290	**	케미메디	KEMIMEDI CO	808
A114450	*	케이피엑스라이프사이언스	KPX LIFESCIENCE	836
A041960	*	코미팜	Komipharm International	849
A102940	*	코오롱생명과학	KOLON LIFE SCIENCE	858
A115180	*	큐리언트	Qurient	867
A065560	*	큐브스	Cubes	867
A066700	*	테라젠이텍스	Theragen Etex	885
A043090	*	팜스웰바이오	PharmswellBio	914
A220100	*	퓨쳐켐	FutureChem	933
A106190	*	하이텍팜	HIGH TECH PHARM	954
A226610	**	한국비엔씨	BNC Korea	961
A033270		한국유나이티드제약	Korea United Pharm	964
A002390		한독	Handok	984
A008930		한미사이언스	Hanmi Science	987
A128940		한미약품	Hanmi Pharm	987
A009420		한올바이오파마	Hanall Biopharma	1001
A004310		현대약품	Hyundai Pharmaceutical	1029
A061250	*	화일약품	HWAIL PHARMACEUTICAL COLTD	1046
A016580		환인제약	Whan In Pharm	1048
A243070	*	휴온스	HUONS CO	1055
A084110	*	휴온스글로벌	Huons Global	1056
A145020	*	휴젤	Hugl	1056

상업은행

코드		종목명	영문명	페이지
A192530		광주은행	Kwangju Bank	57
A139130		디지비금융지주	DGB Financial Group	215
A138930		비엔케이금융지주	BNK Financial Group	305
A055550		신한금융지주회사	Shinhan Financial Group	423
A000030		우리은행	Woori Bank	636
A175330		제이비금융지주	JB Financial Group	753
A006220		제주은행	Jeju Bank	764
A024110		중소기업은행	Industrial Bank Of Korea	776
A105560		케이비금융지주	KB Financial Group	811

Code		Korean Name	English Name	Page
A086790		하나금융지주	Hana Financial Group	947

상호저축은행

Code		Korean Name	English Name	Page
A007330	★	푸른저축은행	Pureun Mutual Savings Bank	929

창업투자 및 종금

Code		Korean Name	English Name	Page
A019660	★	글로본	GLOBON	68
A027830	★	대성창업투자	Daesung Private Equity	131
A241520	★	디에스씨인베스트먼트	DSC Investment	205
A019550	★	에스비아이인베스트먼트	SBI Investment Korea	501
A021080	★	에이티넘인베스트먼트	Atinum Investment	554
A019590	★	엠벤처투자	M-Venture Investment	591
A041190	★	우리기술투자	Woori Technology Investment	632
A010050		우리종합금융	Woori Investment Bank	638
A019570	★	제미니투자	Gemini Investment	749
A016600	★	큐캐피탈파트너스	Q Capital Partners	869
A246690	★	티에스인베스트먼트	TSInvestment	897

소비자 금융

Code		Korean Name	English Name	Page
A021880	★	메이슨캐피탈	MASON CAPITAL	255
A029780		삼성카드	Samsung Card	327
A023460	★	씨앤에이치	CNH	440
A033660		아주캐피탈	Aju Capital	480
A021960		케이비캐피탈	KB Capital COLTD	812
A023760	★	한국캐피탈	Han Kook Capital	974

보험

Code		Korean Name	English Name	Page
A005830		동부화재해상보험	Dongbu Insurance	174
A082640		동양생명보험	TONG YANG LIFE INSURANCE	183
A000400		롯데손해보험	Lotte Non-Life Insurance	232
A138040		메리츠금융지주	Meritz Financial Group	254
A000060		메리츠화재해상보험	Meritz Fire & Marine Insurance	255
A085620		미래에셋생명보험	Mirae Asset Life Insurance	269
A032830		삼성생명보험	Samsung Life Insurance	322
A000810		삼성화재해상보험	Samsung Fire & Marine Insu	328
A211050	★★	인카금융서비스	INCAR FINANCE SERVICE CO	716
A002550		케이비손해보험	KB Insurance	811
A003690		코리안리재보험	Korean Reinsurance	847
A088350		한화생명보험	HanWha Life Insurance	1014
A000370		한화손해보험	Hanwha General Insurance	1014
A001450		현대해상화재보험	Hyundai Marine&Fire Insurance	1035
A000540		흥국화재해상보험	Heungkuk Fire & Marine Insurance	1059

부동산

Code		Korean Name	English Name	Page
A001000	★	신라섬유	SILLA TEXTILE CO	411
A210980		에스케이디앤디	SK D&D	526
A123890		한국자산신탁	Korea Asset In Trust	965
A034830		한국토지신탁	Korea Real Estate Investment & Trust	978
A005110		한창	Hanchang	1009
A034810	★	해성산업	Haesung Industrial	1018

증권

Code		Korean Name	English Name	Page
A001290		골든브릿지투자증권	Golden Bridge Investment {	52
A030610		교보증권	Kyobo Securities	59
A003540		대신증권	Daishin Securities	134
A016610		동부증권	Dongbu Securities	173
A008560		메리츠종합금융증권	Meritz Securities	254
A006800		미래에셋대우	MIRAE ASSET DAEWOO COLTD	269
A001270		부국증권	BOOKOOK SECURITIES	295
A016360		삼성증권	Samsung Securities	326
A001720		신영증권	Shinyoung Securities	419
A001510		에스케이증권	SK Securities	530
A001500		에이치엠씨투자증권	HMC INVESTMENT SECURI	551
A005940		엔에이치투자증권	NH Investment & Securities	572
A003470		유안타증권	Yuanta Securities Korea	674
A001200		유진투자증권	EUGENE INVESTMENT & SECURITIES CO	678
A003460		유화증권	Yuhwa Securities	680
A078020	★	이베스트투자증권	EBEST INVESTMENT & SECURITIES	690
A030210		케이티비투자증권	KTB Investment & Securities	831
A039490		키움증권	Kiwoom Securities	874
A071050		한국투자금융지주	Korea Investment Holdings	978
A001750		한양증권	Hanyang Securities	999
A003530		한화투자증권	Hanwha Investment&Securities	1016

인터넷 서비스

Code		Korean Name	English Name	Page
A079940	★	가비아	Gabia	36
A094480	★	갤럭시아커뮤니케이션즈	Galaxia Communications	40
A072770	★	네오디안테크놀로지	Neodian Technology	90
A035420		네이버	Naver	94
A064260	★	다날	Danal	115
A053110	★	소리바다	SORIBADA	391
A246830	★★	시냅스엠	SCENAPPSM inc	407
A067160	★	아프리카티비	AfreecaTV	483
A950110	★	에스비아이액시즈	SBI AXES	501
A060250	★	엔에이치엔한국사이버결제	NHN KCP	572
A179720	★★	옐로페이	Yelopay	606
A057680	★	옴니텔	Omnitel	620
A080010	★	이상네트웍스	eSang Networks	691
A090850	★	이지웰페어	Ezwelfare	706
A092130	★	이크레더블	e-Credible	707
A115310	★	인포바인	INFOvine co	725
A229480	★★	줌인터넷	ZUM internet	775
A111820	★	처음앤씨	Cheoum & C	800
A035720	★	카카오	Kakao	805
A093320	★	케이아이엔엑스	KINX	819
A046440	★	케이지모빌리언스	KGMobilians	827
A035600	★	케이지이니시스	KGINICIS	828
A043610	★	케이티뮤직	KT Music	830
A036030	★	케이티하이텔	KT Hitel	834
A075130	★	플랜티넷	Plantynet	936

IT 서비스

Code		Korean Name	English Name	Page
A243870	★★	굿센	Goodcen	65
A167380	★★	나무기술	NAMU TECH CO	83
A023590		다우기술	Daou Tech	117
A020180	★	대신정보통신	Daishin Information & Com	133
A199150	★★	데이터스트림즈	Data Streams	162
A012030		동부	Dongbu	171
A030790		동양네트웍스	TONGYANG Networks	182
A039980	★	리노스	Leenos	239
A042500	★	링네트	RingNet	242
A100030	★	모바일리더	Mobileleader	261
A250060	★	모비스	Hana Financial eighth Special Purpose Acquisition	262
A007120		미래아이앤지	MiraeINGCo	268
A214180	★	민앤지	Minwise	275
A029480	★	바른테크놀로지	BARUN Technology	278
A064480	★	브리지텍	BRIDGETEC	299
A148780	★★	비플라이소프트	BFLYSOFT COLTD	309
A018260		삼성에스디에스	SAMSUNG SDS COLTD	323
A032680	★	소프트센	SOFTCEN	392
A035510		신세계아이앤씨	SHINSEGAE Information & Communication	415
A010280	★	쌍용정보통신	SsangYong Information & Communications	430
A004920		씨아이테크	CITECH COLTD	438
A189330	★★	씨이랩	XIIlab	445

A078860	*	아이오케이컴퍼니	IOKCOMPANY	474
A052460	*	아이크래프트	iCRAFT	478
A124500	*	아이티센	ITCEN	479
A050320	*	에스아이티글로벌	Smart Information Technolo	505
A064850	**	에프앤가이드	FnGuide	561
A205100	*	엑셈	EXEM	566
A069410	*	엔텔스	nTels	575
A053980	*	오상자이엘	Osangjaiel	613
A173130	**	오파스넷	OPASNET COLTD	618
A049480	*	오픈베이스	Openbase	619
A121060	**	유니포인트	UNIPOINT	666
A072130		유엔젤	Uangel	675
A065440	*	이루온	ELUON	688
A067010	*	이씨에스텔레콤	ECS Telecom	695
A096040	*	이트론	E-TRON	708
A033230	*	인성정보	Insung Information	713
A045510	*	정원엔시스	Zungwon EN-SYS	744
A051160	*	지어소프트	GAEASOFT	781
A192250	*	케이사인	KSIGN	813
A115500	*	케이씨에스	Korea Computer & Systems	816
A039420	*	케이엘넷	KL-Net	823
A040350	*	큐로컴	Curocom	866
A038540	*	텍셀네트컴	Texcell-Netcom	887
A217880	**	틸론	TILON	902
A038160	*	팍스넷	Paxnet	913
A022100	*	포스코아이씨티	POSCO ICT	925
A195440	*	퓨전데이타	Fusion Data	932
A258250	**	피시피아비아이티	PCPIA BIT	938
A070590	*	한솔인티큐브	Hansol Inticube	993
A046110	*	한일네트웍스	HANIL NETWORKS	1002
A026180	*	현대정보기술	Hyundai Information Techn	1032

일반 소프트웨어

A153460	*	네이블커뮤니케이션즈	Nable Communications	94
A139670	*	넥스트리밍	NexStreaming	99
A040160	*	누리텔레콤	Nuri Telecom	109
A222810	*	닉스테크	NICSTECH	114
A032190	*	다우데이타	Daou Data	117
A012510	*	더존비즈온	DuzonBizon	158
A203650	*	드림시큐리티	Dream Security	201
A197140	**	디지캡	DigiCAP	216
A042510	*	라온시큐어	RaonSecure	221
A219420	**	링크제니시스	Linkgenesis	243
A108860	*	셀바스에이아이	Selvas AI	389
A210610	**	소프트캠프	SOFTCAMP COLTD	392
A230980	*	솔트웍스	Soltworks	395
A050960	*	수산아이앤티	SOOSAN INT CO	397
A245030	**	스페이스솔루션	SPACE SOLUTION	404
A131090	*	시큐브	SECUVE	408
A232830	**	시큐센	SECUCEN COLTD	409
A053800	*	안랩	AHNlab	484
A131370	*	알서포트	Rsupport	487
A085810	*	알티캐스트	Alticast	490
A049470	*	에스지에이	SGA	522
A184230	*	에스지에이솔루션즈	SGA Solutions	523
A232290	**	에스지에이시스템즈	SGA SYSTEMS	523
A208860	*	엔지스테크널러지	EnGIS Technolgies	573
A086960	*	엠디에스테크놀로지	MDS Technology	590
A058970	**	엠로	EMRO	590
A136540	*	윈스	Wins	658
A067920	*	이글루시큐리티	IGLOO SECURITY	684
A053350	*	이니텍	Initech	686

A039290	*	인포뱅크	InfoBank	725
A041020	*	인프라웨어	Infraware	726
A247300	**	인프라웨어테크놀러지	INFRAWARE TECHNOLOGY	726
A208350	*	지란지교시큐리티	Jiransecurity	779
A115450	*	지트리비앤티	G-treeBNT	790
A094860	*	코닉글로리	KORNICGLORYCO	840
A078000		텔코웨어	Telcoware	888
A079970	*	투비소프트	TOBESOFT	892
A150900	*	파수닷컴	FASOOCOM	908
A016670	*	포비스티앤씨	Pobis TNC	923
A189690	*	포시에스	FORCS	927
A150440	**	피노텍	Finotek	937
A053300	*	한국정보인증	KOREA INFORMATION CERTIFICATE AUTHORITYORPORATED	969
A030520	*	한글과컴퓨터	Hancom	982
A081970	*	한솔넥스지	Hansol NexG	991
A054920	*	한컴시큐어	Hancom Secure	1011
A077280	*	한컴지엠디	Hancom GMD	1011
A220180	*	핸디소프트	HANDYSOFT	1020

게임 소프트웨어

A063080	*	게임빌	GAMEVIL	41
A223220	**	구름컴퍼니	GURUM	59
A095660	*	네오위즈게임즈	NEOWIZ GAMES	91
A042420	*	네오위즈홀딩스	Neowiz Holdings	92
A041140	*	넥슨지티	Nexon GT CO	102
A217270	*	넵튠	Neptune	103
A192080	*	더블유게임즈	DoubleUGames	157
A194480	*	데브시스터즈	Devsisters	161
A030350	*	드래곤플라이	Dragonfly GF	200
A060240	*	룽투코리아	LONGTU KOREA	238
A201490	*	미투온	ME2ON CO	275
A035620	*	바른손이앤에이	Barunson Entertainment & Arts	277
A043710	*	서울리거	SEOULEAGUER	355
A123420	*	선데이토즈	SundayToz	364
A208640	*	썸에이지	Thumbage	433
A205500	*	액션스퀘어	Action Square	492
A052790	*	액토즈소프트	Actoz Soft	492
A109960	*	에이프로젠헬스케어앤게임	Aprogen Healthcare & Games	556
A036570		엔씨소프트	NCsoft	567
A181710		엔에이치엔엔터테인먼트	NHN Entertainment	571
A206400	*	엔터메이트	Entermate	575
A058630	*	엠게임	MGAME	589
A052770	*	와이디온라인	YD Online	623
A069080	*	웹젠	Webzen	654
A112040	*	위메이드엔터테인먼트	Wemade Entertainment	655
A047560	*	이스트소프트	ESTsoft	694
A052190	*	이에스에이	ESA	697
A101730	*	조이맥스	Joymax	770
A067000	*	조이시티	JoyCity	771
A078340	*	컴투스	Com2uS	808
A194510	*	파티게임즈	PATI Games	912
A023770	*	플레이위드	PLAYWITH	937
A047080	*	한빛소프트	HANBIT SOFT	988

통신장비

A192410	*	감마누	Gamma Nu	37
A035460	*	기산텔레콤	Kisan Telecom	75
A051980	*	넥스트바이오홀딩스	NEXTBIO HOLDINGS	100
A039560	*	다산네트웍스	DASAN Networks	116
A010170	*	대한광통신	TAIHAN FIBER OPTICS CO	149
A187220	*	디티앤씨	DT&C	219
A069540	*	라이트론	LIGHTRON	223

종목코드		회사명	영문명	페이지
A067730	*	로지시스	LOGISYS	231
A149940	*	모다정보통신	MODACOM	260
A046310	*	백금티앤에이	BG T&A	286
A072950	*	빛샘전자	Vissem Electronics	311
A037460	*	삼지전자	Samji Electronics	338
A178320	*	서진시스템	SEOJIN SYSTEM COLTD	359
A033790	*	서화정보통신	Seohwa	362
A050890	*	쏠리드	SOLiD	436
A065770	*	씨에스	CS	441
A189540	**	씨티네트웍스	ctnetworks	452
A214430	*	아이쓰리시스템	i3system	468
A031310	*	아이즈비전	EYESVISION	475
A007630	*	아이카이스트랩	i-KAIST Lab	476
A038680	*	에스넷시스템	Snet systems	498
A088800	*	에이스테크놀로지	Ace Technologies	543
A211270	*	에이피위성	Asia Pacific Satellite	557
A073540	*	에프알텍	FRTEK	561
A138080	*	오이솔루션	OE Solutions	617
A109080	*	옵티시스	Opticis	622
A115440	*	우리넷	WooriNet	632
A046970	*	우리로	WOORIRO	634
A095270	*	웨이브일렉트로닉스	Wave Electronics	651
A264450	*	유비쿼스	Ubiquoss	669
A078070	*	유비쿼스홀딩스	Ubiquoss Holdings	670
A060230	*	이그잭스	Exax	683
A073490	*	이노와이어리스	Innowireless	685
A189300	*	인텔리안테크놀로지스	Intellian Technologies	722
A135160	**	지오씨	GOC	788
A032500	*	케이엠더블유	KMW	824
A189350	**	코셋	Coset	850
A056360	*	코위버	Communication Weaver	861
A031820		콤텍시스템	Comtec Systems	864
A091440	*	텔레필드	Telefield	888
A200230	*	텔콘	TELCON	889
A170790		파이오링크	Piolink	909
A005870		휴니드테크놀러지스	Huneed Technologies	1052

컴퓨터 및 주변기기

A065690	*	대진디엠피	DAEJINDMPCOLTD	146
A043360	*	디지아이	DIGITAL GRAPHICSORPORATION	215
A131180	*	딜리	DILLI ILLUSTRATE	220
A065650	*	메디프론디비티	Medifron DBT	253
A213090	*	미래테크놀로지	MIRAE TECHNOLOGY CO	271
A093190	*	빅솔론	Bixolon	309
A060570	*	아이리버	Iriver	466
A045660	*	에이텍	Atec	553
A032790	*	엠젠플러스	MGENPLUS	594
A049550	*	잉크테크	Inktec	738
A096690	*	제이스테판	J Stephen Lab	753
A033320	*	제이씨현시스템	JC hyun System	755
A044380		주연테크	Jooyontech	775
A012600		청호컴넷	ChungHo Comnet	802
A089150	*	케이씨티	Korea Computer Terminal	817
A005070		코스모신소재	Cosmo Advanced Materials & Technology	852
A094940	*	푸른기술	PULOON TECHNOLOGY	929
A066110	*	한프	HANP	1012

전자 장비 및 기기

A009140		경인전자	Kyung in Electronics	46
A098460	*	고영테크놀러지	Koh Young Technology	52
A017900		광전자	AUK	56
A004270		남성	Namsung	87

A031390	*	녹십자셀	GREEN CROSS CELL	106
A085670	*	뉴프렉스	Newflex Technolgy	113
A008060		대덕전자	Daeduck Electronics	120
A004130		대덕지디에스	DAEDUCK GDS	121
A008110		대동전자	Daidong Electronics	124
A078600	*	대주전자재료	Daejoo Electronic Materials	145
A079960	*	동양이엔피	DONGYANG E&P	184
A032960	*	동일기연	DONGIL TECHNOLOGY	192
A196490	*	디에이테크놀로지	DA Technology	208
A238500	**	로보쓰리	Robo3	229
A080420	*	모다이노칩	Moda-InnoChips	259
A033200	*	모아텍	Moatech	263
A038460	*	바이오스마트	BioSmart	281
A090460	*	비에이치	Bh	303
A082920	*	비츠로셀	VITZROCELL	307
A006400		삼성에스디아이	SAMSUNG SDI	323
A009150		삼성전기	Samsung Electro-Mechanics	324
A091580	*	상신이디피	SANGSIN ENERGY DISPLAY PRECISION	347
A043260	*	성호전자	SUNGHO ELECTRONICS CORP	372
A154040	*	솔루에타	Solueta	394
A222800	*	심텍	SIMMTECH	426
A036710	*	심텍홀딩스	SIMMTECH HOLDINGS	427
A004770		써니전자	SUNNY ELECTRONICS CORP	431
A222080	*	씨아이에스	Creative & Innovative System	438
A052710	*	아모텍	Amotech	457
A036010	*	아비코전자	ABCO ELECTRONICS	460
A101390	*	아이엠	IM	472
A023890	*	아트라스비엑스	Atlasbx	482
A148250	*	알엔투테크놀로지	RN2 Technologies	488
A131400	*	액트	ACT	493
A042110	*	에스씨디	SCD	503
A091340	*	에스엔케이폴리텍	S&K Polytec	515
A052020	*	에스티큐브	STCUBE	536
A072990	*	에이치시티	HCT COLTD	547
A224110	*	에이텍티앤	ATEC T& CO	553
A086520	*	에코프로	ECOPRO	560
A217820	*	엔에스	NS	569
A066970	*	엘앤에프	L&F	579
A011070		엘지이노텍	LG Innotek	586
A082210	*	옵트론텍	Optrontec	621
A089850	*	유비벨록스	UbiVelox	668
A011690		유양디앤유	YUYANG D&U	675
A088390	*	이녹스	Innox	686
A007660		이수페타시스	ISU PETASYS	692
A232530	**	이엠티	Energy Material Technology	702
A058530	*	이큐스앤자루	EQUISnZAROO	707
A017250	*	인터엠	INTER-MCo	719
A051370	*	인터플렉스	Interflex	721
A020150		일진머티리얼즈	ILJIN MATERIALS	735
A033240		자화전자	Jahwa Electronics	740
A052400	*	코나아이	KONA I	840
A007810		코리아써키트	KOREA CIRCUIT COLTD	845
A048870	*	고아로직	Core Logic	854
A045970	*	코아시아홀딩스	CoAsia Holdings	855
A033290	*	코웰패션	COWELL FASHION	860
A043590	*	크로바하이텍	Clover Hitech	871
A182690	*	테라셈	TerraSem	884
A191600	**	티케이씨	TKC COLTD	900
A047310	*	파워로직스	PowerLogics	908
A140860	*	파크시스템스	Park Systems	911
A131390	*	피앤이솔루션	PNE SOLUTION	940
A137400	*	피엔티	PEOPLE & TECHNOLOGY	943

A092300	*	현우산업	HYUNWOOINDUSTRIAL	1036

사무기기

A029530	신도리코	SINDOH	410

휴대폰 및 관련부품

A151910	*	나노스	NANOS	79
A190510	*	나무가	NAMUGA CO	82
A066670	*	디스플레이테크	DISPLAYTECH	202
A066900	*	디에이피	DAP	209
A106520	*	디지탈옵틱	DIGITAL OPTICS	216
A096640	*	멜파스	Melfas	257
A101330	*	모베이스	MOBASE	262
A208710	*	바이오로그디바이스	BIOLOG DEVICE	280
A033560	*	블루콤	BLUECOM	300
A005930		삼성전자	Samsung Electronics	325
A082660	*	삼우엠스	SamwooEms	334
A093920	*	서원인텍	SEOWONINTECH	358
A081580	*	성우전자	SUNGWOO ELECTRONICS	369
A053450	*	세코닉스	SEKONIX	386
A192440	*	슈피겐코리아	Spigen Korea	401
A025320	*	시노펙스	Synopex	408
A086830	*	신양오라컴디스플레이	SHINYANG AURACOM DISPLAY	418
A187270	*	신화콘텍	Shin Hwa Contech	425
A052860	*	아이앤씨테크놀로지	I&C Technology	469
A226350	*	아이엠텍	IM Tech	473
A096610	*	알에프세미	RFsemi Technologies	487
A061040	*	알에프텍	RFTech	488
A238090	*	앤디포스	NDFOS CO	493
A097780	*	에스맥	S-MAC	500
A060540	*	에스에이티	System and Application Tec	512
A096630	*	에스코넥	S Connect	532
A176440	*	에이치엔티일렉트로닉스	HNT Electronics	548
A043580	*	에임하이글로벌	Aimhigh Global	558
A054340	*	엔알케이	NRKCOLTD	568
A037950	*	엘컴텍	Elcomtec	588
A097520	*	엠씨넥스	MCNEX COLTD	591
A000670		영풍	Young Poong	601
A196450	*	온다엔터테인먼트	ONDA Entertainment	619
A122990	*	와이솔	WilSol	624
A193250	*	와이제이엠게임즈	YJM Games	627
A065680	*	우주일렉트로닉스	Uju Electronics	641
A049520	*	유아이엘	DK UIL	673
A191410	*	육일씨엔에쓰	RYUK-IL C&S	681
A041520	*	이라이콤	e-Litecom	687
A054210	*	이랜텍	Elentec	688
A115610	*	이미지스테크놀로지	IMAGIS	690
A094190	*	이엘케이	ELK	699
A079190	*	이엠따블유	EMW	700
A091120	*	이엠텍	EM-Tech	701
A049070	*	인탑스	Intops	717
A175140	*	인포마크	INFOMARK	724
A058450	*	일야	ILYA	732
A174880	*	장원테크	JANG WON TECH COLTD	740
A049630	*	재영솔루텍	JAEYOUNG SOLUTEC	741
A080220	*	제주반도체	Jeju Semiconductor	764
A041590	*	젬백스테크놀러지	GemVax Technology	766
A050110	*	캠시스	CammSys	807
A060720	*	케이에이치바텍	KHVATEC	822
A083470	*	케이제이프리텍	KJPretech	827
A078650	*	코렌	KOLEN	843
A114120	*	크루셜텍	Crucialtec	872

A072520	*	태양씨앤엘	TAE YANG C&L COLTD	881
A052290	*	트레이스	Trais	893
A091700	*	파트론	PARTRON	912
A032580	*	피델릭스	Fidelix	938
A126700	*	하이비젼시스템	HyVISION SYSTEM	951
A106080	*	하이소닉	HYSONIC	952
A070300	*	한솔시큐어	Hansol Secure	992
A123840	*	한일진공	HANIL VACUUM CO	1004
A076610	*	해성옵틱스	Haesung Optics	1019

셋톱 박스

A078890	*	가온미디어	Kaonmedia	36
A134580	*	디엠티	Digital Multimedia Technol	211
A058220	*	아리온테크놀로지	ARION TECHNOLOGY	455
A057880	*	토필드	Topfield	891
A064240	*	홈캐스트	Homecast	1040
A115160	*	휴맥스	HUMAX	1052
A028080	*	휴맥스홀딩스	Humax Holdings	1053

보안장비

A092600	*	넥스트칩	NEXTCHIP	102
A236200	*	슈프리마	Suprema	400
A094840	*	슈프리마에이치큐	Suprema HQ	400
A143160	*	아이디스	Intelligent Digital Integrated Security	465
A054800	*	아이디스홀딩스	IDIS Holdings	466
A099520	*	아이티엑스엠투엠	ITX-M2M	480
A214870	*	에치디프로	HD PRO CO	558
A203450	*	유니온커뮤니티	Union community	662
A091270	**	유디피	UDP Technology	666
A083640	*	인콘	INCON	716
A036690	*	코맥스	Cornmax	848
A015710	*	코콤	Kocom	862
A019490		하이트론씨스템즈	Hitron Systems	954
A039010	*	현대통신	Hyundai Telecommunication	1034

반도체 및 관련장비

A089890	*	고려반도체시스템	Korea Semiconductor Syste	49
A083450	*	글로벌스탠다드테크놀로지	Global Standard Technology	67
A049080	*	기가레인	GIGALANE	75
A101400	*	네오피델리티	NEOFIDELITY	93
A033640	*	네패스	Nepes	96
A087730	*	네패스신소재	NEPES Advanced Materials	96
A144960	*	뉴파워프라즈마	New Power Plasma	112
A093640	*	다믈멀티미디어	Tamul Multimedia	116
A020120		다우인큐브	Daouincube	118
A077360	*	덕산하이메탈	DUKSAN HI METAL COLTD	159
A000990		동부하이텍	Dongbu HiTek	173
A094170	*	동운아나텍	DONGWOON ANATECH COLTD	187
A005290	*	동진쎄미켐	Dongjin Semichem	194
A003160	*	디아이	DI	203
A092070	*	디엔에프	DNF	210
A171010	*	램테크놀러지	RAM TECHNOLOGY CO	224
A071280	*	로체시스템즈	Rorze Systems	231
A058470	*	리노공업	Leeno Industrial	239
A098120	*	마이크로컨텍솔루션	Micro Contact Solution	244
A147760	*	마이크로프랜드	Micro Friend	244
A127160	*	매직마이크로	MAGICMICRO CO	247
A093520	*	매커스	Makus	248
A025560		미래산업	Mirae	268
A059090	*	미코	MiCo	274
A064520	*	바른전자	Barun Electronics	277
A222160	**	바이옵트로	Bioptro	284

종목코드		종목명	영문명	페이지
A140070	*	서플러스글로벌	SurplusGLOBAL	360
A045300	*	성우테크론	Sungwoo Techron	370
A214310	*	세미콘라이트	Semicon Light	375
A036830	*	솔브레인	Soulbrain	395
A033170	*	시그네틱스	Signetics	407
A160980	*	싸이맥스	CYMECHS	428
A095340	*	아이에스시	ISC	470
A038880	*	아이에이	iA	471
A149010	**	아이케이세미콘	IK Semicon	477
A119830	*	아이텍반도체	ITEK Semiconductor	479
A059120	*	아진엑스텍	AJINEXTEK	482
A117670	*	알파홀딩스	Alpha Holdings	490
A102120	*	어보브반도체	ABOV Semiconductor	494
A101490	*	에스앤에스텍	S&S TECH	507
A031330	*	에스에이엠티	SAMT	511
A036540	*	에스에프에이반도체	SFA Semicon	514
A160600	*	에스엔텍	SNTEK CO	515
A036490	*	에스케이머티리얼즈	SK Materials	527
A057500	*	에스케이씨솔믹스	SKC Solmics	528
A000660		에스케이하이닉스	SK hynix	532
A039440	*	에스티아이	STI	534
A054630	*	에이디칩스	Advanced Digital Chips	540
A200710	*	에이디테크놀로지	ADTechnologyCo	541
A089530	*	에이티세미콘	AT semicon	554
A073570	*	에이티테크놀러지	AT technology	555
A036810	*	에프에스티	FINE SEMITECH	562
A092870	*	엑시콘	Exicon	566
A061970	*	엘비세미콘	LB SEMICON	577
A083310	*	엘오티베큠	LOT VACUUM	583
A170920	*	엘티씨	LTC	588
A033160	*	엠케이전자	MK Electron	595
A122640	*	예스티	YEST	606
A080520	*	오디텍	ODTech	608
A241790	*	오션브릿지	OCEANBRIDGE CO	614
A080580	*	오킨스전자	OKins Electronics	617
A123010	*	옵토팩	OPTOPACORPORATION	621
A232140	*	와이아이케이	Daishin Balance 2nd Specia	625
A104830	*	원익머트리얼즈	WONIK Materials	646
A240810	*	원익아이피에스	WONIK IPS CO	646
A074600	*	원익큐엔씨	WONIK QnC	647
A030530	*	원익홀딩스	WONIK HOLDINGS COLTD	648
A101160	*	월덱스	WORLDEX INDUSTRY&TRA	650
A097800	*	윈팩	Winpac	658
A036200	*	유니셈	Unisem	661
A077500		유니퀘스트	Uniquest	663
A086390	*	유니테스트	UniTestorporation	664
A142210	*	유니트론텍	Unitrontech	665
A084370	*	유진테크	Eugene Technology	678
A102710	*	이엔에프테크놀로지	ENF Technology	698
A039030	*	이오테크닉스	EO Technics	703
A064290	*	인텍플러스	INTEKPLUS	722
A217190	*	제너셈	GENESEM	745
A079370	*	제우스	Zeus	750
A089790	*	제이티	JT	760
A082270	*	젬백스앤카엘	GemVax&KAEL	766
A036930	*	주성엔지니어링	Jusung Engineering	774
A114570	*	지스마트글로벌	G-SMATT GLOBAL	780
A094360	*	칩스앤미디어	Chips&Media	804
A029460		케이씨텍	KCTech	817
A083550	*	케이엠	KM	824
A052900	*	케이엠에이치하이텍	KMH HITECH COLTD	825
A092220		케이이씨	KEC	826
A080530	*	코디	KODI	842
A224060	*	코디엠	KODI-M COLTD	842
A183300	*	코미코	KoMiCo	849
A066310	*	큐에스아이	QSI	868
A136660	**	큐엠씨	QMC	869
A219130	*	타이거일렉	TigerElec	876
A095610	*	테스	TES	885
A131970	*	테스나	TESNA	886
A089030	*	테크윙	TECHWING	886
A054450	*	텔레칩스	Telechips	887
A064760	*	티씨케이	Tokai Carbon Korea	896
A131290	*	티에스이	TSE CO	897
A053610	*	프로텍	Protec	935
A024850	*	피에스엠씨	PSMC	941
A031980	*	피에스케이	PSK	941
A087600	*	픽셀플러스	Pixelplus	946
A067310	*	하나마이크론	Hana Micron	948
A200470	*	하이셈	HISEM CO	952
A006200		한국전자홀딩스	KEC Holdings	967
A042700		한미반도체	Hanmi Semiconductor	986
A078350	*	한양디지텍	Hanyang Digitech	998
A045100	*	한양이엔지	Hanyang ENG	999
A195870		해성디에스	HAESUNG DS	1018

디스플레이 및 관련부품

A001210		금호전기	KUMHO ELECTRIC	73
A137940	*	넥스트아이	NextEye	101
A213420	*	덕산네오룩스	DUK SAN NEOLUX COLTD	159
A045890	*	동부라이텍	DONGBU LIGHTEC CO	172
A088130	*	동아엘텍	Dong A Eltek	179
A109740	*	디에스케이	DSK	207
A068790	*	디엠에스	DMS	211
A079810	*	디이엔티	DE&T	214
A092590	**	럭스피아	Luxpia	225
A047440	*	레이젠	Raygen	228
A038060	*	루멘스	Lumens	236
A082800	*	루미마이크로	LUMIMICRO CO	237
A197210	*	리드	LEED	240
A095500	*	미래나노텍	MNtech	267
A049950	*	미래컴퍼니	MeereCompany	270
A177350	*	베셀	Vessel	288
A066980	*	브레인콘텐츠	Brain Contents CO	299
A141000	*	비아트론	Viatron Technologies	302
A123260	*	사파이어테크놀로지	Sapphire Technology	315
A054090	*	삼진엘앤디	Samjin LND	339
A027580	*	상보	SANG BO	346
A089980	*	상아프론테크	SANG-A FLONTEC	348
A042600	*	새로닉스	Seronics	348
A046890	*	서울반도체	Seoul Semiconductor	355
A067770	*	세진티에스	SEJIN TS	386
A159910	*	스킨앤스킨	Skin n Skin	402
A056700	*	신화인터텍	SHINWHA INTERTEK CORP	424
A108320	*	실리콘웍스	Silicon Works	426
A136510	*	쎄미시스코	Semisysco	434
A115530	*	씨엔플러스	CNPLUS	443
A036170	*	씨티엘	CTLInc	453
A123860	*	아나패스	Anapass	454
A083930	*	아바코	Avaco	458
A149950	*	아바텍	AVATEC COLTD	459
A040910	*	아이씨디	Innovation for Creative Dev	468
A114810	*	아이원스	IONES	474
A059100	*	아이컴포넌트	i-Components	477

A158300	**	에스에이티	Solution Advanced Technol	512
A056190	*	에스에프에이	SFA Engineering	513
A080000	*	에스엔유프리시젼	SNU Precision	514
A078150	*	에이치비테크놀러지	HB Technology	546
A044990	**	에이치엔에스하이텍	H&SHighTech	548
A265520	*	에이피시스템	Advanced Process Systems	556
A054620	*	에이피홀딩스	Advanced Process Systems	557
A083500	*	에프엔에스테크	FNS TECH	564
A096870	*	엘디티	LDT	577
A138690	*	엘아이에스	Leading International Servic	578
A073110	*	엘엠에스	LMS	582
A034220		엘지디스플레이	LG Display	584
A090740	*	연이정보통신	YOUNYI Information & Cor	597
A143540	*	영우디에스피	YoungWoo DSP	599
A052420	*	오성엘에스티	OsungLST	613
A155650	*	와이엠씨	YMC	626
A153490	*	우리이앤엘	WOOREE E&L CO	636
A082850	*	우리이티아이	WooreeETI	637
A037400	*	우리조명	Wooree Lighting	637
A036090	*	위지트	wizit	657
A069330	*	유아이디	UID CO	673
A178780	*	유테크	U-Tech	679
A063760	*	이엘피	ELP	699
A079950	*	인베니아	INVENIA	712
A037330	*	인지디스플레이	Inzi Display	714
A020760		일진디스플레이	Iljin Display	734
A090470	*	제이스텍	JASTECH	754
A033050	*	제이엠아이	Jeong Moon Information	757
A094970	*	제이엠티	JMT	758
A155960	*	지디	Global Display	779
A009310		참엔지니어링	Charm Engineering	798
A043290	*	케이맥	Korea Materials & Analysis	810
A256940	**	케이피에스	KPS	835
A121850	*	코이즈	KOYJ CO	861
A052330	*	코텍	Kortek	862
A065130	*	탑엔지니어링	Top Engineering	876
A123100	*	테라세미콘	TERA SEMICON	884
A051360	*	토비스	Tovis	890
A108230	*	톱텍	TOPTEC	891
A062860	*	티엘아이	Tli	898
A049120	*	파인디앤씨	FineDNC	909
A106240	*	파인테크닉스	FINETECHNIX	910
A131760	*	파인텍	FINETEK CO	911
A039230	*	폭스브레인	Foxbrain	928
A239890	**	피엔에이치테크	P&H TECH	943
A054040	*	한국컴퓨터	Korea Computer	974
A004710		한솔테크닉스	Hansol Technics	995
A048410	*	현대아이비티	HYUNDAI IBT CO	1029
A050090	*	휘닉스소재	Phoenix Materials	1051

유선통신				
A036630	*	세종텔레콤	Sejong Telecom	384

무선통신				
A017670		에스케이텔레콤	SK Telecom	531
A032640		엘지유플러스	LG Uplus	585
A006490		인스코비	Inscobee	714
A030200		케이티	KT	830
A065530	*	한국전파기지국	KRTnet	968

전력				
A015760		한국전력공사	Korea Electric Power	965

A071320	한국지역난방공사	Korea District Heating	972
A051600	한전케이피에스	KEPCO Plant Service & Eng	1006

가스			
A012320	경동도시가스	Kyungdong City Gas	43
A117580	대성에너지	DAESUNG ENERGY	130
A016710	대성홀딩스	Daesung Holdings	133
A015350	부산도시가스	Busan City Gas	296
A004690	삼천리	Samchully	341
A017390	서울도시가스	Seoul City Gas	354
A015360	예스코	YESCO	605
A034590	인천도시가스	Incheon City Gas	715
A053050 *	지에스이	GSE	784
A036460	한국가스공사	Korea Gas	957
A003480	한진중공업홀딩스	HANJIN HEAVY INDUSTRIE	1008

부록 - 상장ETF 현황

거래소·코스닥

가비아 (A079940)
Gabia

업 종 : 인터넷 서비스		시 장 : KOSDAQ	
신용등급 : (Bond) — (CP) —		기업규모 : 벤처	
홈페이지 : ir.gabia.com		연 락 처 : 1544-4370	
본 사 : 경기도 성남시 분당구 대왕판교로 660(삼평동) 유스페이스1 B동 5층			

설 립 일 1999.09.21	종 업 원 수 268명	대 표 이 사 김홍국	
상 장 일 2005.10.19	감 사 의 견 적정 (대주)	계 열	
결 산 기 12월	보 통 주 1,354만주	종속회사수	
액 면 가 500원	우 선 주	구 상 호	

주주구성 (지분율,%)
김홍국	18.3
서은경	9.7
(외국인)	12.9

출자관계 (지분율,%)
가비아	100
이크레더블	31
인포바인	21

주요경쟁사 (외형,%)

매출구성
호스팅/IDC/솔루션	71.0
도메인	14.4
IX 외	8.2

비용구성
매출원가율	53.8
판관비율	33.9

수출비중
수출	5.0
내수	95.0

회사 개요
1999년 설립되어 2005년 코스닥에 상장한 동사는 인터넷 비즈니스를 영위하거나 인터넷 환경이 필요한 기업을 대상으로 인프라 및 솔루션을 서비스로 제공함. 인터넷인프라서비스로는 호스팅사업, 도메인사업, 솔루션사업을 영위중이며, (주)케이아이엔엑스를 통하여 상호접속 서비스인 IX사업, IDC(Internet Data Center)사업, CDN사업, 클라우드 서비스업을 영위하고 있음. 이외에 6개의 연결대상 종속회사를 소유하고 있음.

실적 분석
동사의 2016년 매출액은 1,021.8억원을 기록해 전년대비 11.5% 증가함. 주요 사업 부문의 고른 매출 증가 등이 이익 증가에 고루 기여함. 영업이익은 125.5억원으로 전년대비 10.6% 증가함. 안정적인 매출처 확보 및 대기업, 금융과 교육기관, 정부 및 공공기관을 대상으로 하는 클라우드 기반의 호스팅 서비스 확대와 통합보안솔루션 시장 성장세로 지속적인 매출 및 이익 확대가 기대됨.

현금 흐름 〈단위 : 억원〉
항목	2015	2016
영업활동	192	179
투자활동	-89	-182
재무활동	-31	21
순현금흐름	73	22
기말현금	232	254

시장 대비 수익률
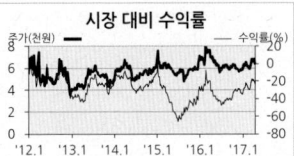

결산 실적 〈단위 : 억원〉
항목	2011	2012	2013	2014	2015	2016
매출액	528	691	707	804	916	1,022
영업이익	82	76	70	84	113	125
당기순이익	70	94	95	68	85	102

분기 실적 〈단위 : 억원〉
항목	2015.3Q	2015.4Q	2016.1Q	2016.2Q	2016.3Q	2016.4Q
매출액	232	235	236	242	255	289
영업이익	35	29	31	33	29	32
당기순이익	31	8	24	30	21	26

재무 상태 〈단위 : 억원〉
항목	2011	2012	2013	2014	2015	2016
총자산	650	852	912	985	1,051	1,258
유형자산	221	378	370	371	369	432
무형자산	50	61	67	115	85	110
유가증권	85	29	35	55	98	18
총부채	163	263	226	230	210	298
총차입금	58	132	107	90	60	94
자본금	64	67	67	68	68	68
총자본	487	589	686	755	841	960
지배주주지분	275	353	410	450	505	529

기업가치 지표
항목	2011	2012	2013	2014	2015	2016
주가(최고/저)(천원)	3.9/2.1	7.6/3.5	6.4/3.8	6.9/4.8	7.6/4.7	8.0/5.5
PER(최고/저)(배)	11.1/6.0	15.4/7.2	14.6/8.7	26.8/18.6	18.1/11.3	19.6/13.4
PBR(최고/저)(배)	1.8/0.9	2.9/1.3	2.1/1.2	2.1/1.4	2.0/1.3	2.0/1.4
EV/EBITDA(배)	4.4	5.3	5.6	6.6	5.1	4.6
EPS(원)	357	505	448	261	423	408
BPS(원)	2,258	2,736	3,170	3,413	3,820	3,998
CFPS(원)	691	942	938	747	944	935
DPS(원)	30	20	20	20	30	30
EBITDAPS(원)	977	1,013	1,018	1,108	1,360	1,454

재무 비율 〈단위 : % 〉
연도	영업이익률	순이익률	부채비율	차입금비율	ROA	ROE	유보율	자기자본비율	EBITDA마진율
2016	12.3	10.0	31.1	9.8	8.8	10.7	699.7	76.3	19.3
2015	12.4	9.3	25.0	7.2	8.4	12.0	664.0	80.0	20.1
2014	10.4	8.4	30.5	11.9	7.1	8.2	582.7	76.6	18.6
2013	10.0	13.5	33.0	15.6	10.8	15.7	534.1	75.2	19.2

가온미디어 (A078890)
Kaonmedia

업 종 : 셋톱 박스		시 장 : KOSDAQ	
신용등급 : (Bond) — (CP) —		기업규모 : 우량	
홈페이지 : www.kaonmedia.com		연 락 처 : 031)724-8500	
본 사 : 경기도 성남시 분당구 성남대로 884-3 (야탑동, 가온미디어빌딩)			

설 립 일 2001.05.11	종 업 원 수 322명	대 표 이 사 임화섭	
상 장 일 2005.07.12	감 사 의 견 적정 (삼일)	계 열	
결 산 기 12월	보 통 주 1,341만주	종속회사수	
액 면 가 500원	우 선 주	구 상 호	

주주구성 (지분율,%)
임화섭	16.2
브이아이피투자자문	5.4
(외국인)	9.8

출자관계 (지분율,%)
가온소프트	69.6
KAONDOBRASEINDUSTRIAELETRONICALTDA	100.0
KAONMEDIADEMEXICO	100.0

주요경쟁사 (외형,%)
가온미디어	100
휴맥스	309
홈캐스트	28

매출구성
디지털STBSeries	88.6
기타	11.4

비용구성
매출원가율	83.1
판관비율	12.3

수출비중
수출	72.1
내수	27.9

회사 개요
동사는 2001년 설립되어 2005년 코스닥시장에 상장하였으며, 세계 전역을 대상으로디지털셋톱박스, IP-hybrid, 스마트박스, 홈게이트웨이 등의 제조 및 판매를 주요 사업으로 영위하고 있음. 주력 시장은 국내외 방송통신 사업자 시장임. 2016년 12월 말 기준 동사의 연결자회사는 가온소프트 등 총 7개사이며 디지털셋톱박스 판매 및 Mobile Smart-Work 판매와 관련된 회사로 구성됨.

실적 분석
국내 셋톱박스 업체 중 유일하게 높은 매출 성장률과 이익률을 기록하고 있음. 부가가치가 낮은 위성·케이블 셋톱박스에서 부가가치가 높은 홈게이트웨이와 IP셋톱박스로 제품 구성이 변하고 있음. 주요 고객사가 중소형 사업자에서 대형 사업자로 변경되면서 안정적인 수주가 지속되고 있다는 점도 긍정적임. 최근 KT가 IPTV 사업인 '기가지니' 마케팅을 확대하고 있어 수혜가 예상되며, 멕시코와 남아공 등 신흥 시장과 미국 수출 성과의 가시화도 기대됨.

현금 흐름 〈단위 : 억원〉
항목	2015	2016
영업활동	43	96
투자활동	-14	-41
재무활동	93	147
순현금흐름	118	219
기말현금	234	452

시장 대비 수익률
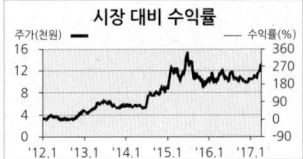

결산 실적 〈단위 : 억원〉
항목	2011	2012	2013	2014	2015	2016
매출액	1,273	1,919	2,893	3,434	3,758	4,369
영업이익	-82	62	122	176	203	204
당기순이익	-90	44	75	113	93	175

분기 실적 〈단위 : 억원〉
항목	2015.3Q	2015.4Q	2016.1Q	2016.2Q	2016.3Q	2016.4Q
매출액	789	1,089	1,150	1,229	970	1,020
영업이익	39	48	64	68	29	27
당기순이익	2	24	54	64	9	47

재무 상태 〈단위 : 억원〉
항목	2011	2012	2013	2014	2015	2016
총자산	1,111	1,519	1,325	1,887	2,217	2,393
유형자산	144	139	141	133	176	182
무형자산	22	21	20	19	15	19
유가증권	29	10	—	—	—	—
총부채	614	968	648	1,063	1,217	1,236
총차입금	443	510	258	245	274	416
자본금	50	50	53	60	67	67
총자본	497	551	677	824	1,000	1,157
지배주주지분	504	551	677	826	1,007	1,169

기업가치 지표
항목	2011	2012	2013	2014	2015	2016
주가(최고/저)(천원)	6.4/2.9	4.7/3.0	6.7/4.2	9.1/5.2	15.3/8.7	12.2/9.8
PER(최고/저)(배)	—/—	11.2/7.2	9.6/6.0	9.5/5.5	20.9/11.9	9.2/7.4
PBR(최고/저)(배)	1.2/0.6	0.8/0.5	1.0/0.6	1.3/0.7	2.0/1.1	1.4/1.1
EV/EBITDA(배)	—	8.2	4.4	6.2	6.6	5.9
EPS(원)	-863	438	726	983	748	1,339
BPS(원)	5,517	5,986	6,845	7,320	7,875	9,028
CFPS(원)	-696	546	911	1,160	926	1,548
DPS(원)	—	50	70	100	100	100
EBITDAPS(원)	-648	827	1,372	1,698	1,723	1,729

재무 비율 〈단위 : % 〉
연도	영업이익률	순이익률	부채비율	차입금비율	ROA	ROE	유보율	자기자본비율	EBITDA마진율
2016	4.7	4.0	106.8	36.0	7.6	16.5	1,705.7	48.4	5.3
2015	5.4	2.5	121.7	27.4	4.6	10.7	1,475.6	45.1	6.0
2014	5.1	3.3	129.1	29.8	7.0	15.1	1,364.0	43.7	5.7
2013	4.2	2.6	95.6	38.1	5.3	12.2	1,269.0	51.1	4.9

가온전선 (A000500)
Gaon Cable

업 종 : 전기장비		시 장 : 거래소	
신용등급 : (Bond) A (CP) A2		기업규모 : 시가총액 소형주	
홈페이지 : www.gaoncable.com		연 락 처 : 031)459-6207	
본 사 : 경기도 군포시 엘에스로45번길 120			

설 립 일 1947.09.24	총 업 원 수 428명	대 표 이 사	김연수
상 장 일 1987.06.08	감 사 의 견 적정 (한영)	계 열	
결 산 기 12월	보 통 주 416만주	총속회사수	
액 면 가 5,000원	우 선 주	구 상 호	

주주구성 (지분율,%)		출자관계 (지분율,%)		주요경쟁사 (외형,%)	
구자엽	6.2	모보	90.8	가온전선	100
구자열	5.5			성문전자	6
(외국인)	4.6			광명전기	13

매출구성		비용구성		수출비중	
절연선.전력선케이블 류-제품	62.4	매출원가율	94.3	수출	21.2
절연선.전력선케이블 류-상품	26.2	판관비율	3.4	내수	78.8
통신케이블 류-제품	9.3				

회사 개요
동사는 전력케이블 및 통신케이블을 생산하는 국내 3대 전선 전문제조업체임. 전선산업은 80년대말까지 국가경제의 급속한 성장과 더불어 전력수요의 급증, 통신망의 현대화로 수요가 급증했으나 90년 이후 저성장국면에 진입하였음. 최근 선진국의 기존 망 교체 수요 및 이머징 시장의 수요가 증가하고 있는 추세임. 수출 비중은 약 20% 수준임. 원재료는 전기동인데 이는 원가에 중요한 변수임. 매출에서 전력선 비중이 약 90%, 통신선 비중이 12%임.

실적 분석
동사의 2016년 매출액은 7,494.5억원으로 전년 대비 4% 감소함. 매출 축소에도 불구하고 원가율 개선과 판관비 감소로 영업이익은 전년보다 70.1% 늘어난 168억원을 기록함. 당기순이익은 39.9억원으로 전년 대비 86.8% 증가함. 제품차별화 및 시장차별화 전략으로 수요자에게 제품을 직접 판매하는 내수 판매전략을 추구하고 있으며 미국, 프랑스, 영국, 싱가포르, 일본, 방글라데시, 호주, 아르헨티나 등에 수출 확대 예정임.

현금 흐름 〈단위 : 억원〉
항목	2015	2016
영업활동	364	476
투자활동	-219	64
재무활동	-10	-503
순현금흐름	136	38
기말현금	347	385

시장 대비 수익률

결산 실적 〈단위 : 억원〉
항목	2011	2012	2013	2014	2015	2016
매출액	10,327	10,059	8,974	8,887	7,810	7,494
영업이익	-69	150	195	115	99	168
당기순이익	-127	42	83	-6	21	40

분기 실적 〈단위 : 억원〉
항목	2015.3Q	2015.4Q	2016.1Q	2016.2Q	2016.3Q	2016.4Q
매출액	1,877	1,752	1,883	1,892	1,799	1,920
영업이익	39	3	67	31	35	35
당기순이익	26	-13	41	12	36	-49

재무 상태 〈단위 : 억원〉
항목	2011	2012	2013	2014	2015	2016
총자산	5,099	5,171	5,398	5,113	5,205	5,192
유형자산	2,041	2,010	2,259	2,167	2,129	2,112
무형자산	61	53	87	79	79	77
유가증권	25	26	40	19	9	109
총부채	2,499	2,525	2,699	2,477	2,579	2,547
총차입금	1,354	1,398	1,478	1,234	1,344	856
자본금	208	208	208	208	208	208
총자본	2,600	2,647	2,699	2,636	2,626	2,646
지배주주지분	2,600	2,650	2,696	2,627	2,616	2,634

기업가치 지표
항목	2011	2012	2013	2014	2015	2016
주가(최고/저)(천원)	20.5/11.4	20.2/13.4	22.1/16.0	31.0/17.5	26.8/17.1	23.6/17.1
PER(최고/저)(배)	—/—	21.6/14.3	12.0/8.7	—/—	58.4/37.3	26.3/19.1
PBR(최고/저)(배)	0.4/0.2	0.4/0.3	0.4/0.3	0.5/0.3	0.5/0.3	0.4/0.3
EV/EBITDA(배)	2,119.8	8.7	6.7	10.3	9.1	5.1
EPS(원)	-2,959	1,095	2,102	-84	485	920
BPS(원)	62,864	64,061	65,177	63,516	63,246	63,687
CFPS(원)	-1,287	2,620	3,793	1,588	2,015	2,382
DPS(원)	500	600	1,000	600	600	600
EBITDAPS(원)	21	5,122	6,381	4,427	3,904	5,500

재무 비율 〈단위 : % 〉
연도	영업이익률	순이익률	부채비율	차입금비율	ROA	ROE	유보율	자기자본비율	EBITDA마진율
2016	2.2	0.5	96.3	32.4	0.8	1.5	1,173.8	51.0	3.1
2015	1.3	0.3	98.2	51.2	0.4	0.8	1,164.9	50.5	2.1
2014	1.3	-0.1	94.0	46.8	-0.1	-0.1	1,170.3	51.6	2.1
2013	2.2	0.9	100.0	54.7	1.6	3.3	1,203.5	50.0	3.0

감마누 (A192410)
Gamma Nu

업 종 : 통신장비		시 장 : KOSDAQ	
신용등급 : (Bond) — (CP) —		기업규모 : 중견	
홈페이지 : www.gammanu.com		연 락 처 : 031)831-8800	
본 사 : 경기도 화성시 동탄면 금곡로 185-44			

설 립 일 1997.10.15	총 업 원 수 85명	대 표 이 사	김상기
상 장 일 2014.08.14	감 사 의 견 적정 (삼일)	계 열	
결 산 기 12월	보 통 주 361만주	총속회사수	
액 면 가 500원	우 선 주	구 상 호	

주주구성 (지분율,%)		출자관계 (지분율,%)		주요경쟁사 (외형,%)	
김상기	49.5	GammaNuTheta	100.0	감마누	100
박승모	5.0			옵티시스	112
(외국인)	0.1			텔레필드	282

매출구성		비용구성		수출비중	
기지국 안테나	80.6	매출원가율	116.1	수출	—
인빌딩 안테나 등	11.0	판관비율	18.2	내수	—
상품 및 기타 매출	8.4				

회사 개요
동사는 1997년 감마누 웨이브라는 이름으로 국방과학연구소와 한국과학기술원 출신 연구원들이 설립한 회사로서 이동통신 기지국 안테나와 인빌딩 안테나 등을 개발했음. SK텔레콤, KT, LG유플러스 등 국내 이동통신 3사와 일본 NTT도코모, 미국 버라이즌(Verizon) 등에 안테나를 공급하고 있음. 최근 PIM Analyzer를 출시하였으며 2013년 말에 2013 SK telecom Partner's Day 최우수상을 수상하였음.

실적 분석
주요 품목인 기지국 안테나 및 인빌딩 안테나의 수요감소와 판매단가 하락의 영향으로 동사의 2016년 연결기준 결산 매출액은 전년 동기 대비 42.5% 감소한 152.6억원에 그침. 외형축소의 영향으로 영업이익 및 당기순이익은 모두 적자 전환됨. 전방산업인 이동통신사의 투자 축소로 인한 기지국 안테나의 수요가 내수와 수출 모두 감소한 것이 매출 및 실적부진의 주요 원인임.

현금 흐름 〈단위 : 억원〉
항목	2015	2016
영업활동	32	18
투자활동	110	-22
재무활동	-4	0
순현금흐름	138	-4
기말현금	243	239

시장 대비 수익률
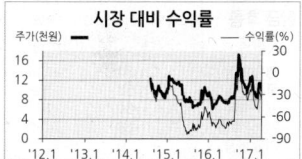

결산 실적 〈단위 : 억원〉
항목	2011	2012	2013	2014	2015	2016
매출액	231	472	292	430	265	153
영업이익	27	54	25	49	3	-52
당기순이익	23	49	27	45	13	-33

분기 실적 〈단위 : 억원〉
항목	2015.3Q	2015.4Q	2016.1Q	2016.2Q	2016.3Q	2016.4Q
매출액	66	109	9	12	27	104
영업이익	0	12	-16	-18	-16	-2
당기순이익	0	13	-16	-19	-16	-14

재무 상태 〈단위 : 억원〉
항목	2011	2012	2013	2014	2015	2016
총자산	205	247	277	317	369	343
유형자산	21	24	23	25	29	25
무형자산	5	7	6	13	13	11
유가증권	—	—	4	1	17	
총부채	73	66	69	21	65	71
총차입금						
자본금	10	10	10	12	18	18
총자본	132	181	208	296	304	271
지배주주지분	132	181	208	296	304	271

기업가치 지표
항목	2011	2012	2013	2014	2015	2016
주가(최고/저)(천원)	—/—	—/—	—/—	12.3/8.2	12.9/5.9	17.4/6.1
PER(최고/저)(배)	0.0/0.0	0.0/0.0	0.0/0.0	9.1/6.1	36.8/16.9	—/—
PBR(최고/저)(배)	0.0/0.0	0.0/0.0	0.0/0.0	1.5/1.0	1.5/0.7	2.3/0.8
EV/EBITDA(배)	—	—	—	1.7	4.2	—
EPS(원)	763	1,642	911	1,375	349	-918
BPS(원)	6,581	9,045	10,411	12,294	8,412	7,514
CFPS(원)	1,527	2,912	1,848	2,579	723	-575
DPS(원)				200		
EBITDAPS(원)	1,740	3,133	1,727	2,779	470	-1,107

재무 비율 〈단위 : % 〉
연도	영업이익률	순이익률	부채비율	차입금비율	ROA	ROE	유보율	자기자본비율	EBITDA마진율
2016	-34.3	-21.7	26.3	0.0	-9.3	-11.5	1,402.8	79.2	-26.2
2015	1.3	4.8	21.4	0.0	3.7	4.2	1,582.4	82.4	6.4
2014	11.5	10.4	7.1	0.0	15.1	17.8	2,358.7	93.3	14.1
2013	8.5	9.4	33.2	0.0	10.4	14.0	1,982.2	75.1	11.8

갑을메탈 (A024840)
KB METAL

업 종 : 전기장비 　　　　　　　　　 시 장 : KOSDAQ
신용등급 : (Bond) — 　 (CP) — 　 기업규모 : 중견
홈 페 이 지 : www.kabulmetal.co.kr 　 연 락 처 : (053)610-5600
본 　 사 : 대구시 달성군 논공읍 논공로87길 88 갑을메탈 대구공장

설 립 일	1987.02.25	종 업 원 수 211명	대 표 이 사	박한상
상 장 일	1994.12.29	감 사 의 견 적정 (한영)	계 　　 열	
결 산 기	12월	보 통 주 3,124만주	종속회사수	
액 면 가	500원	우 선 주	구 상 호	엠비성산

주주구성 (지분율,%)		출자관계 (지분율,%)		주요경쟁사 (외형,%)	
갑을오토텍	17.1	코스모링크	45.0	갑을메탈	100
동국실업	5.4	모보	6.5	성문전자	13
(외국인)	2.1			가온전선	209

매출구성		비용구성		수출비중	
동 ROD	72.8	매출원가율	95.9	수출	1.2
전선(제품)	16.3	판관비율	1.6	내수	98.8
전선(상품)	8.8				

회사 개요
모터와 트랜스포머의 코어(자성철심) 생산, 비철금속 제조 및 판매를 주력으로 하는 업체로 2010년말 갑을상사그룹에 인수됨. 전장부품의 상당 부분이 중국 등에서 생산되고 있으며, 장치산업의 특성상 생산능력의 비중이 높아 시장점유율은 안정적이나 신뢰성을 바탕으로 한 품질기술력이 요구됨. 전장사업부 비중은 8.6%, 메탈사업부가 91.4%를 차지함. 주요 거래처로는 한국전력공사, 대한중전기판매, 포스코건설 등이 있음.

실적 분석
동사의 2016년 누계매출액은 3,583.5억원으로 전년 대비 21.7% 감소함. 매출 축소에도 불구하고 원재료 가격 하락으로 인한 원가율 개선, 판관비 절감에 힘입어 영업이익은 91.3억원을 기록하며 흑자 전환함. 당기순이익 역시 31.6억원으로 흑자 전환에 성공함. 부품 생산에서 탈피, 자동차사업 분야로의 사업다각화로 전장사업 부문의 매출 증대가 기대됨. 원재료 가격과 환율 변동에 수익성이 민감하게 변동하여 이에 대한 대비책이 필요해 보임.

현금 흐름			〈단위 : 억원〉
항목	2015	2016	
영업활동	84	-130	
투자활동	58	-53	
재무활동	-151	177	
순현금흐름	-18	-6	
기말현금	9	2	

* IFRS 별도 기준

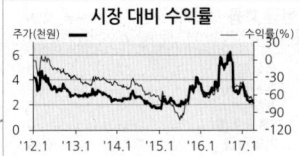

결산 실적
〈단위 : 억원〉

항목	2011	2012	2013	2014	2015	2016
매출액	4,337	5,271	5,662	4,807	4,576	3,583
영업이익	-18	25	71	-67	-45	91
당기순이익	22	-34	153	-91	-127	32

분기 실적
* IFRS 별도 기준 　　　　　　〈단위 : 억원〉

항목	2015.3Q	2015.4Q	2016.1Q	2016.2Q	2016.3Q	2016.4Q
매출액	1,060	1,145	880	873	861	969
영업이익	-37	-11	23	5	-4	67
당기순이익	-21	-75	13	11	-6	13

재무 상태
* IFRS 별도 기준 　　　　　　〈단위 : 억원〉

항목	2011	2012	2013	2014	2015	2016
총자산	1,590	1,523	1,540	1,712	1,212	1,560
유형자산	325	329	314	467	322	314
무형자산	6	5	5	7	7	7
유가증권	3	13	13	11	9	20
총부채	1,081	1,043	1,050	1,130	781	1,100
총차입금	881	901	918	879	639	823
자본금	501	506	506	531	531	106
총자본	508	480	490	582	431	461
지배주주지분	508	480	490	582	431	461

기업가치 지표
* IFRS 별도 기준

항목	2011	2012	2013	2014	2015	2016
주가(최고/저)(천원)	8.0/1.7	5.2/2.6	3.4/2.3	3.2/1.7	4.3/1.7	6.7/2.6
PER(최고/저)(배)	66.0/14.0	—/—	54.4/36.3	—/—	—/—	47.4/18.8
PBR(최고/저)(배)	3.3/0.7	2.3/1.1	1.4/1.0	1.2/0.6	2.2/0.9	3.2/1.3
EV/EBITDA(배)	110.0	26.7	17.4	—	—	13.7
EPS(원)	121	-160	62	-413	-567	141
BPS(원)	522	489	499	562	420	2,182
CFPS(원)	63	-3	40	-53	-86	260
DPS(원)	—	—	—	—	—	—
EBITDAPS(원)	17	55	79	-30	-9	541

재무 비율
〈단위 : %〉

연도	영업이익률	순이익률	부채비율	차입금비율	ROA	ROE	유보율	자기자본비율	EBITDA마진율
2016	2.6	0.9	238.8	178.8	2.3	7.1	336.5	29.5	3.2
2015	-1.0	-2.8	일부잠식	일부잠식	-8.7	-25.6	-16.0	35.6	-0.2
2014	-1.4	-1.9	194.3	151.1	-4.8	-14.6	8.4	34.0	-0.7
2013	1.3	2.7	216.7	169.2	8.6	27.6	26.2	31.6	1.9

강남제비스코 (A000860)
KANGNAM JEVISCO CO

업 종 : 건축자재 　　　　　　　　　 시 장 : 거래소
신용등급 : (Bond) — 　 (CP) — 　 기업규모 : 시가총액 소형주
홈 페 이 지 : www.jevisco.com 　 연 락 처 : (051)892-4221
본 　 사 : 부산시 부산진구 냉정로 289 (가야동)

설 립 일	1952.07.16	종 업 원 수 621명	대 표 이 사	우기석,황익준
상 장 일	1975.11.12	감 사 의 견 적정 (삼일)	계 　　 열	
결 산 기	12월	보 통 주 650만주	종속회사수	
액 면 가	1,000원	우 선 주	구 상 호	건설화학

주주구성 (지분율,%)		출자관계 (지분율,%)		주요경쟁사 (외형,%)	
황중운	19.2	피앤에스	100.0	강남제비스코	100
황중호	18.9	케이엔케이코팅스	60.0	노루홀딩스	208
(외국인)	9.3	강남케이피아이	45.2	삼화페인트	145

매출구성		비용구성		수출비중	
도료	80.2	매출원가율	78.3	수출	7.1
상품	10.2	판관비율	10.6	내수	92.9
기타	9.6				

회사 개요
동사는 1952년 도료와 안료의 제조 및 판매를 주요 사업목적으로 설립되어, 1975년에 유가증권시장에 상장됨. 도료의 기본 구성요소는 수지, 안료, 용제로서 가장 중요한 수지의 원료는 대부분 석유화학에서 추출되며, 범용도료용을 제외한 특수원료는 거의 수입에 의존하고 있음. 약 1,000억원을 투자하여 현재의 안양공장을 평택시 포승공단 내 소유부지로 2020년까지 단계적으로 이전할 계획임.

실적 분석
동사는 분양시장의 호황에도 불구하고 조선, 자동차 등의 업황 부진 영향으로 주력인 도료제품의 내수 판매가 감소하였음. 이에 따라 2016년 연결기준 매출액은 전년과 유사한 3,323.3억원을 시현하였음. 원재료 가격 하락으로 원가율이 개선되었으나 인건비 등 판관비가 11.9% 증가하면서 영업이익은 전년 대비 4.0% 감소한 368.2억원을 기록함. 법인세비용이 20.5% 증가한 것은 일시적차이로 인한 이연법인세부채가 증가한데서 기인함.

현금 흐름			〈단위 : 억원〉
항목	2015	2016	
영업활동	356	315	
투자활동	-278	-222	
재무활동	-43	-36	
순현금흐름	41	55	
기말현금	948	1,004	

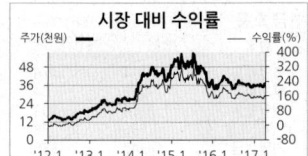

결산 실적
〈단위 : 억원〉

항목	2011	2012	2013	2014	2015	2016
매출액	3,394	3,661	3,828	3,775	3,353	3,323
영업이익	182	278	338	381	384	368
당기순이익	249	306	424	417	435	373

분기 실적
〈단위 : 억원〉

항목	2015.3Q	2015.4Q	2016.1Q	2016.2Q	2016.3Q	2016.4Q
매출액	839	807	741	902	821	860
영업이익	82	81	77	131	86	75
당기순이익	94	108	86	121	94	73

재무 상태
〈단위 : 억원〉

항목	2011	2012	2013	2014	2015	2016
총자산	3,951	4,286	4,731	5,065	5,421	5,820
유형자산	1,094	1,097	1,079	1,122	1,132	1,317
무형자산	14	14	14	14	16	8
유가증권	59	62	82	87	79	84
총부채	879	954	994	965	942	1,030
총차입금	63	112	57	58	44	49
자본금	65	65	65	65	65	65
총자본	3,073	3,332	3,737	4,100	4,479	4,791
지배주주지분	3,036	3,277	3,661	3,996	4,349	4,641

기업가치 지표

항목	2011	2012	2013	2014	2015	2016
주가(최고/저)(천원)	15.3/11.1	19.5/13.3	28.6/18.6	49.3/26.5	60.9/34.7	42.8/33.1
PER(최고/저)(배)	4.4/3.2	4.8/3.3	4.9/3.2	8.6/4.6	10.1/5.8	8.1/6.3
PBR(최고/저)(배)	0.4/0.3	0.4/0.3	0.5/0.4	0.8/0.5	0.9/0.5	0.6/0.5
EV/EBITDA(배)	2.3	2.4	2.6	4.7	2.8	2.3
EPS(원)	3,811	4,387	6,180	5,928	6,192	5,335
BPS(원)	46,709	50,411	56,316	61,484	66,914	71,406
CFPS(원)	4,497	5,071	6,881	6,659	6,984	6,203
DPS(원)	400	450	450	500	500	500
EBITDAPS(원)	3,484	4,965	5,907	6,592	6,693	6,531

재무 비율
〈단위 : %〉

연도	영업이익률	순이익률	부채비율	차입금비율	ROA	ROE	유보율	자기자본비율	EBITDA마진율
2016	11.1	11.2	21.5	1.0	6.6	7.7	7,040.6	82.3	12.8
2015	11.4	13.0	21.0	1.0	8.3	9.6	6,591.4	82.6	13.0
2014	10.1	11.0	23.5	1.4	8.5	10.1	6,048.4	81.0	11.4
2013	8.8	11.1	26.6	1.5	9.4	11.6	5,531.6	79.0	10.0

강스템바이오텍 (A217730)
KANGSTEM BIOTECH CO

업 종 : 바이오		시 장 : KOSDAQ	
신용등급 : (Bond) — (CP) —		기업규모 : 신성장	
홈페이지 : www.kangstem.com		연 락 처 : 02)888-1590	
본 사 : 서울시 강남구 테헤란로 512 신안빌딩 17층			

설 립 일 2010.10.29	종 업 원 수 72명	대 표 이 사 이태화	
상 장 일 2015.12.21	감 사 의 견 적정 (안진)	계 열	
결 산 기 12월	보 통 주 1,426만주	총속회사수	
액 면 가 500원	우 선 주	구 상 호	

주주구성 (지분율,%)		출자관계 (지분율,%)		주요경쟁사 (외형,%)	
강경선	17.7	강스템바이오텍	100		
한화인베스트먼트	9.8	코아스템	2,130		
(외국인)	0.8	진원생명과학	3,721		

매출구성		비용구성		수출비중	
줄기세포 배양액	72.1	매출원가율	6.8	수출	—
기 타	23.8	판관비율	1175.0	내수	—
줄기세포 치료제	4.2				

회사 개요
동사는 2010년에 제대혈 줄기세포 응용사업단(ASCRC)의 연구 인력과 원천기술을 토대로 설립된 줄기세포 치료제 개발 기업으로, 제대혈을 기반으로 한 고순도 줄기세포 분리 및 대량 배양에 대한 원천기술을 보유하고 있음. 줄기세포분야는 국가 중점과학기술 로드맵상 범부처 협력이 필요한 분야로 선정됨. 국가 차원에서 종합적인 전략을 수립하는 5대 분야 30개 기술 중 하나이며, 향후 10여 년간 정부차원의 R&D지원이 활발할 것으로 예상됨.

실적 분석
동사의 2016년 연결기준 결산 매출액은 전년 동기 대비 43.2% 감소한 8.4억원 기록. 매출액 대비 높은 수준의 판관비 증가로 인해 91.2억원의 영업손실을 시현하며 적자를 지속했음. 경상개발비가 큰 폭 증가했으나 매출액 증가로 이어지지 않아 83억원의 당기순손실을 기록. 최근 '말과 동물 양막-유래 중간엽 줄기세포' 미국 특허권을 취득했다고 공시하며 기술개발 성과를 시현 중.

현금 흐름 *IFRS 별도 기준		〈단위 : 억원〉
항목	2015	2016
영업활동	-41	-79
투자활동	-119	-269
재무활동	216	305
순현금흐름	56	-43
기말현금	63	19

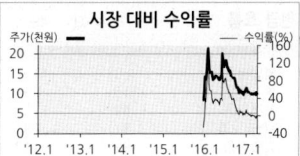

시장 대비 수익률

결산 실적 〈단위 : 억원〉

항목	2011	2012	2013	2014	2015	2016
매출액	—	—	4	2	15	8
영업이익	—	—	-28	-45	-51	-91
당기순이익	—	—	-28	-44	-58	-83

분기 실적 *IFRS 별도 기준 〈단위 : 억원〉

항목	2015.3Q	2015.4Q	2016.1Q	2016.2Q	2016.3Q	2016.4Q
매출액	8	1	5	1	1	1
영업이익	-11	-19	-20	-27	-23	-22
당기순이익	-10	-19	-22	-26	-23	-15

재무 상태 *IFRS 별도 기준 〈단위 : 억원〉

항목	2011	2012	2013	2014	2015	2016
총자산	—	—	110	72	250	474
유형자산	—	—	29	26	30	40
무형자산	—	—	7	8	9	10
유가증권	—	—	—	—	20	121
총부채	—	—	21	27	37	245
총차입금	—	—	15	14	11	215
자본금	—	—	49	49	69	71
총자본	—	—	89	44	212	230
지배주주지분	—	—	89	44	212	230

기업가치 지표 *IFRS 별도 기준

항목	2011	2012	2013	2014	2015	2016
주가(최고/저)(천원)	—/—	—/—	—/—	—/—	10.9/8.1	21.8/9.7
PER(최고/저)(배)	0.0/0.0	0.0/0.0	0.0/0.0	0.0/0.0	—/—	—/—
PBR(최고/저)(배)	0.0/0.0	0.0/0.0	0.0/0.0	0.0/0.0	7.1/5.3	13.5/6.0
EV/EBITDA(배)	0.0	0.0				
EPS(원)	—	—	-388	-588	-495	-593
BPS(원)	—	—	9,106	456	1,537	1,617
CFPS(원)	—	—	-2,742	-515	-436	-533
DPS(원)	—	—	—	—	—	—
EBITDAPS(원)	—	—	-2,780	-522	-382	-591

재무 비율 〈단위 : %〉

연도	영업이익률	순이익률	부채비율	차입금비율	ROA	ROE	유보율	자기자본비율	EBITDA마진율
2016	-1,081.8	-984.9	106.5	93.6	-22.9	-37.6	223.3	48.4	-982.3
2015	-345.2	-387.6	17.6	5.0	-35.8	-44.8	207.4	85.0	-299.0
2014	-2,158.0	-2,130.2	일부잠식	일부잠식	-48.9	-66.5	-8.8	62.0	-1,893.2
2013	-684.6	-676.6	23.3	16.4	0.0	0.0	82.1	81.1	-575.6

강원랜드 (A035250)
Kangwon Land

업 종 : 호텔 및 레저		시 장 : 거래소	
신용등급 : (Bond) — (CP) —		기업규모 : 시가총액 대형주	
홈페이지 : kangwonland.high1.com		연 락 처 : 1588-7789	
본 사 : 강원도 정선군 사북읍 하이원길 265			

설 립 일 1998.06.29	종 업 원 수 3,634명	대 표 이 사 함승희	
상 장 일 2003.09.04	감 사 의 견 적정 (대주)	계 열	
결 산 기 12월	보 통 주 21,394만주	총속회사수	
액 면 가 500원	우 선 주	구 상 호	

주주구성 (지분율,%)		출자관계 (지분율,%)		주요경쟁사 (외형,%)	
한국광해관리공단	36.3	하이원엔터테인먼트	100.0	강원랜드	100
강원도개발공사	6.1	하이원상동테마파크	100.0	호텔신라	219
(외국인)	30.2	하이원추추파크	99.6	GKL	32

매출구성		비용구성		수출비중	
카지노	95.3	매출원가율	46.3	수출	0.0
호텔	1.6	판관비율	17.3	내수	100.0
콘도	1.5				

회사 개요
동사는 국내 유일의 내국인 허용 가능 카지노 사업자임. 폐광지역개발에 관한 특별법에 의해 보장된 독점적 지위를 기반으로 안정적인 성장을 해 왔음. 중장기적으로는 워터파크 등 가족형 종합 리조트 업체로의 도약을 목표로 함. 내국인 대상 카지노 산업은 수요는 넘치는 반면, 시설 공급은 여전히 부족해 안정적 성장이 기대됨. 반면 사행성 산업에 대한 규제와 사회 전반의 부정적 인식은 여전하여 게임, 테마파크 등 카지노 외 사업부문의 분발 필요.

실적 분석
동사의 결산 영업수익은 1조 6,965억원으로 전년동기 대비 3.8% 증가하며 견조한 성장세를 이어갔으며, 수익성 또한 개선된 모습. 원가율 하락으로 전년대비 3.9% 증가한 6,186억원의 영업이익 시현하며 흑자기조를 이어가는 등 수익성 한층 강화된 모습. 경상수지 역시 이익폭 확대되며 흑자 지속. 독점적 시장 지위와 오랜 흑자기조, 높은 유보율 등 탄탄한 재무구조를 바탕으로 견조한 실적 이어갈 것으로 기대.

현금 흐름		〈단위 : 억원〉
항목	2015	2016
영업활동	5,746	5,967
투자활동	-3,989	-4,115
재무활동	-1,719	-1,980
순현금흐름	37	-127
기말현금	1,057	930

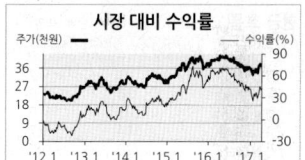

시장 대비 수익률

결산 실적 〈단위 : 억원〉

항목	2011	2012	2013	2014	2015	2016
매출액	12,657	12,962	13,613	14,965	16,337	16,965
영업이익	4,896	4,049	3,880	5,132	5,954	6,186
당기순이익	3,812	3,062	2,976	3,593	4,416	4,545

분기 실적 〈단위 : 억원〉

항목	2015.3Q	2015.4Q	2016.1Q	2016.2Q	2016.3Q	2016.4Q
매출액	4,135	4,059	4,366	4,118	4,381	4,100
영업이익	1,579	1,202	1,779	1,603	1,617	1,188
당기순이익	1,190	930	1,428	1,237	1,243	637

재무 상태 〈단위 : 억원〉

항목	2011	2012	2013	2014	2015	2016
총자산	27,114	29,067	31,020	33,751	36,908	39,790
유형자산	13,123	13,577	13,857	13,876	13,536	13,157
무형자산	20	49	36	32	25	19
유가증권	673	2,669	1,489	4,574	10,486	6,074
총부채	4,540	5,346	5,843	6,698	6,930	7,263
총차입금	—	—	—	—	—	9
자본금	1,070	1,070	1,070	1,070	1,070	1,070
총자본	22,574	23,720	25,177	27,054	29,978	32,527
지배주주지분	22,574	23,720	25,174	27,051	29,975	32,525

기업가치 지표

항목	2011	2012	2013	2014	2015	2016
주가(최고/저)(천원)	26.3/20.0	27.7/19.7	31.8/23.6	33.7/26.0	43.0/28.6	43.4/34.4
PER(최고/저)(배)	17.3/13.2	22.0/15.7	25.3/18.8	21.7/16.7	21.9/14.6	21.0/16.6
PBR(최고/저)(배)	2.7/2.1	2.7/1.9	2.8/2.1	2.7/2.1	3.1/2.0	2.8/2.2
EV/EBITDA(배)	8.5	10.8	12.0	8.8	9.7	8.5
EPS(원)	1,782	1,431	1,391	1,680	2,064	2,125
BPS(원)	11,331	11,901	12,580	13,458	14,824	16,017
CFPS(원)	2,086	1,756	1,749	2,033	2,412	2,475
DPS(원)	910	755	730	850	980	990
EBITDAPS(원)	2,593	2,217	2,172	2,752	3,130	3,242

재무 비율 〈단위 : %〉

연도	영업이익률	순이익률	부채비율	차입금비율	ROA	ROE	유보율	자기자본비율	EBITDA마진율
2016	36.5	26.8	22.3	0.0	11.9	14.6	3,103.3	81.8	40.9
2015	36.4	27.0	23.1	0.0	12.5	15.5	2,864.9	81.2	41.0
2014	34.3	24.0	24.8	0.0	11.1	13.8	2,591.5	80.2	39.3
2013	28.5	21.9	23.2	0.0	9.9	12.2	2,416.1	81.2	34.1

갤럭시아에스엠 (A011420)
Galaxia SM

업 종 : 미디어	시 장 : 거래소
신용등급 : (Bond) — (CP) —	기업규모 : 시가총액 소형주
홈페이지 : www.galaxiasme.com	연 락 처 : 02)775-1300
본 사 : 서울시 강남구 학동로 311 미성빌딩 7층	

설 립 일 1975.05.06	종업원수 109명	대 표 이 사 심우택	
상 장 일 1989.11.14	감사의견 적정 (이현)	계 열	
결 산 기 12월	보 통 주 2,755만주	종속회사수	
액 면 가 500원	우 선 주	구 상 호 IB월드와이드	

주주구성 (지분율,%)		출자관계 (지분율,%)		주요경쟁사 (외형,%)	
트리니티에셋매니지먼트	22.4	아이비미디어넷	100.0	갤럭시아에스엠	100
에스.엠.엔터테인먼트	12.6	에브리쇼	100.0	티비씨	74
(외국인)	0.4	에버그린컨텐츠그룹(비상장)보통주	14.0	오리콤	308

매출구성		비용구성		수출비중	
스포츠 마케팅 등	59.6	매출원가율	98.2	수출	—
스포츠 중계권	21.1	판관비율	8.9	내수	—
채널수신료등	18.9				

회사 개요
동사는 1975년에 설립된 스포츠 판권사업과 스포츠마케팅 사업을 영위하고 있는 업체로서 국내 및 해외 스포츠 방송중계권을 확보를 통한 중계권 판매와 각종 스포츠 협회, 스포츠연맹, 스포츠 구단등을 위한 마케팅활동과 스포츠선수 매니지먼트사업을 주요 수입원으로 하고 있음. 'IB미디어넷'(방송콘텐츠)과 '에브리쇼'(IPTV) 4개의 종속회사를 두고 있으며, 2015년 11월 'IB월드와이드'에서 '갤럭시아SM'으로 상호를 변경하였음.

실적 분석
동사의 4개 종속회사 연결기준 2016년 매출액은 전년동기 대비 15.8% 감소한 526.3억원을 시현함. 매출원가율의 상승으로 인하여 매출총이익도 전년동기 대비 85.3% 감소. 외형축소에도 판관비가 6.9% 증가함에 따라 37.1억원의 영업손실을 기록하며 적자전환함. 매출비중은 판권 9.2%, 마케팅 76.9%, 컨텐츠 0.3%, 채널 13.5%로 구성됨.

현금 흐름 〈단위 : 억원〉

항목	2015	2016
영업활동	25	-12
투자활동	-34	-6
재무활동	203	-10
순현금흐름	194	-27
기말현금	220	193

시장 대비 수익률
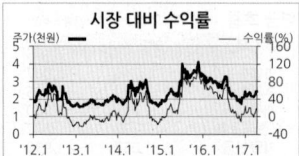

결산 실적 〈단위 : 억원〉

항목	2011	2012	2013	2014	2015	2016
매출액	473	550	464	439	625	526
영업이익	32	21	7	-4	21	-37
당기순이익	29	4	-17	-3	19	-16

분기 실적 〈단위 : 억원〉

항목	2015.3Q	2015.4Q	2016.1Q	2016.2Q	2016.3Q	2016.4Q
매출액	207	133	101	156	121	148
영업이익	6	-7	-13	-4	-7	-13
당기순이익	2	1	1	-8	-7	-1

재무 상태 〈단위 : 억원〉

항목	2011	2012	2013	2014	2015	2016
총자산	451	440	376	453	687	584
유형자산	7	34	31	31	29	26
무형자산	120	71	49	58	38	30
유가증권	46	55	49	56	107	64
총부채	198	181	161	221	189	136
총차입금	60	48	42	49	14	4
자본금	98	98	98	98	138	138
총자본	253	259	215	232	497	448
지배주주지분	239	245	215	232	497	448

기업가치 지표

항목	2011	2012	2013	2014	2015	2016
주가(최고/저)(천원)	3.2/1.5	2.9/1.5	2.3/1.5	3.6/1.5	4.2/1.7	3.5/1.6
PER(최고/저)(배)	20.0/9.2	156.7/79.4	—/—	—/—	49.9/19.7	—/—
PBR(최고/저)(배)	2.6/1.2	2.3/1.2	2.1/1.4	3.0/1.3	2.3/0.9	2.1/1.0
EV/EBITDA(배)	2.8	1.9		3.6	12.5	18.1
EPS(원)	157	19	-83	-13	84	-57
BPS(원)	1,215	1,247	1,095	1,183	1,805	1,628
CFPS(원)	527	606	362	143	175	-10
DPS(원)						
EBITDAPS(원)	531	693	483	135	185	-88

재무 비율 〈단위 : %〉

연도	영업이익률	순이익률	부채비율	차입금비율	ROA	ROE	유보율	자기자본비율	EBITDA마진율
2016	-7.1	3.0	30.3	0.9	-2.5	-3.3	225.6	76.7	-4.6
2015	3.4	3.0	38.1	2.8	3.3	5.1	261.1	72.4	6.6
2014	-1.0	-0.6	95.1	21.2	-0.6	-1.1	136.5	51.3	6.0
2013	1.6	-3.7	75.1	19.7	-4.3	-7.1	119.1	57.1	20.4

갤럭시아커뮤니케이션즈 (A094480)
Galaxia Communications

업 종 : 인터넷 서비스	시 장 : KOSDAQ
신용등급 : (Bond) — (CP) —	기업규모 : 중견
홈페이지 : www.galaxiacommunications.co.k	연 락 처 : 1566-0123
본 사 : 서울시 강남구 광평로 281 수서빌딩 15층 (수서동)	

설 립 일 1994.10.05	종업원수 108명	대 표 이 사 김용광	
상 장 일 2007.07.20	감사의견 적정 (서일)	계 열	
결 산 기 12월	보 통 주 3,269만주	종속회사수	
액 면 가 500원	우 선 주	구 상 호	

주주구성 (지분율,%)		출자관계 (지분율,%)		주요경쟁사 (외형,%)	
조현준	33.9	가비	50.0	갤럭시아컴즈	100
효성ITX	17.6	갤럭시아마이크로페이먼트	20.0	KG이니시스	1,302
(외국인)	13.1	나무액터스	13.1	NHN한국사이버결제	505

매출구성		비용구성		수출비중	
전자결제사업부문	74.8	매출원가율	54.0	수출	—
모바일사업부문	13.1	판관비율	37.2	내수	—
기타부문	7.6				

회사 개요
동사는 효성그룹 계열사로 1994년에 설립되어 다양한 규격의 멀티미디어콘텐츠를 제작, 변환, 전송, 유통할 수 있는 뉴미디어사업과 통합 전자결제사업을 영위하는 전자결제사업자임. 모바일 백화점 상품권, KIOSK 등을 영위하는 마케팅사업, 유/무선 플랫폼을 기반으로 다양한 멀티미디어 콘텐츠를 서비스하기 위해 시스템 개발, 서비스 운영 및 유지보수 등을 일괄 대행하여 주는 모바일 ASP사업과 소셜커머스 사업 등을 영위함.

실적 분석
신규 대형거래처 및 거래량 증가에 따라 전자결제사업의 매출이 확대되고, 모바일상품권 및 모바일쿠폰 판매도 증가하여 동사의 2016년 누적 매출액은 전년 대비 36.1% 증가한 538.5억원을 기록함. 같은 기간 영업이익은 전년 대비 95.3% 증가한 47.1억원을 실현함. 휴대폰 소액결제 한도가 기존 30만원에서 50만원으로 상향된 것도 외형성장에 긍정적 영향을 끼친 것으로 보임.

현금 흐름 〈단위 : 억원〉

항목	2015	2016
영업활동	9	-119
투자활동	-13	-29
재무활동	41	176
순현금흐름	37	28
기말현금	182	211

시장 대비 수익률
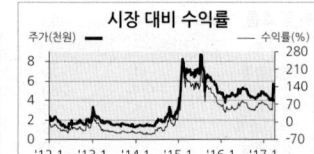

결산 실적 〈단위 : 억원〉

항목	2011	2012	2013	2014	2015	2016
매출액	1,784	1,203	1,257	983	396	539
영업이익	-132	-46	-27	19	24	47
당기순이익	-345	-94	-138	251	15	37

분기 실적 〈단위 : 억원〉

항목	2015.3Q	2015.4Q	2016.1Q	2016.2Q	2016.3Q	2016.4Q
매출액	103	112	120	128	146	144
영업이익	10	3	11	10	15	11
당기순이익	9	2	11	8	13	6

재무 상태 〈단위 : 억원〉

항목	2011	2012	2013	2014	2015	2016
총자산	1,955	1,702	1,690	1,052	1,240	1,433
유형자산	411	187	135	16	15	13
무형자산	238	234	228	204	239	241
유가증권	12	1	20	13	30	67
총부채	1,619	1,370	1,488	601	770	900
총차입금	838	746	771	143	180	356
자본금	154	154	154	154	163	163
총자본	337	332	203	451	470	533
지배주주지분	418	426	316	437	468	526

기업가치 지표

항목	2011	2012	2013	2014	2015	2016
주가(최고/저)(천원)	3.2/1.4	2.4/1.1	3.3/1.3	3.6/1.3	9.3/2.9	5.6/3.8
PER(최고/저)(배)	—/—	—/—	—/—	8.8/3.1	186.5/58.6	49.7/33.1
PBR(최고/저)(배)	2.4/1.0	1.8/0.8	3.3/1.2	2.6/0.9	5.1/1.6	3.0/2.0
EV/EBITDA(배)		30.1		13.7	45.3	29.4
EPS(원)	-899	-248	-400	412	50	114
BPS(원)	1,361	1,380	1,024	1,415	1,819	1,890
CFPS(원)	-569	27	-214	535	81	144
DPS(원)						25
EBITDAPS(원)	-103	126	97	183	107	174

재무 비율 〈단위 : %〉

연도	영업이익률	순이익률	부채비율	차입금비율	ROA	ROE	유보율	자기자본비율	EBITDA마진율
2016	8.7	6.8	168.9	66.9	2.9	7.5	277.9	37.2	10.5
2015	6.1	3.8	163.8	38.3	1.3	3.5	263.7	37.9	8.6
2014	1.9	25.5	133.1	31.7	18.3	33.8	182.9	42.9	5.8
2013	-2.2	-11.0	734.3	380.4	-8.1	-33.3	104.7	12.0	2.4

게임빌 (A063080)
GAMEVIL

업 종 : 게임 소프트웨어		시 장 : KOSDAQ	
신용등급 : (Bond) — (CP) —		기업규모 : 우량	
홈 페 이 지 : www.gamevil.com		연 락 처 : 02)876-5252	
본 사 : 서울시 서초구 서초동 서초중앙로4 게임빌빌딩			

설 립 일 2000.01.10	종 업 원 수 335명	대 표 이 사 송병준	
상 장 일 2009.07.30	감 사 의 견 적정 (안진)	계 열	
결 산 기 12월	보 통 주 660만주	종속회사수	
액 면 가 500원	우 선 주	구 상 호	

주주구성 (지분율,%)		출자관계 (지분율,%)		주요경쟁사 (외형,%)	
송병준	30.9	게임빌에버	100.0	게임빌	100
Pictet-Digital communication	4.4	게임빌와플	91.0	엔씨소프트	609
(외국인)	6.8	게임빌엔	91.0	컴투스	318

매출구성		비용구성		수출비중	
모바일게임	100.0	매출원가율	38.9	수출	56.5
		판관비율	58.4	내수	43.5

회사 개요
동사는 모바일게임 및 온라인 네트워크게임 서비스의 제공을 목적으로 2000년에 설립됨. 현재는 모바일게임의 제작 및 서비스를 주된 사업으로 영위중. 연결대상 종속회사로 미국, 일본, 중국, 동남아시아, 유럽의 해외법인과 (주)게임빌엔, (주)게임빌에버, (주)게임빌와플 등이 있으며, (주)컴투스와 (주)컴투스의 일본, 미국 해외법인 등을 계열회사로 두고 있음. 전 계열회사가 모바일게임 제작 및 서비스의 단일 영업부문으로 구성됨.

실적 분석
동사의 2016년 매출액은 1,614.8억원으로 전년대비 6% 성장함. 영업이익은 42.8억원으로 전년대비 32.1% 성장함. 당기순이익은 전년대비 46.1% 성장한 292.7억원을 기록함. '피싱마스터', '몬스터로드', '다크어벤저 시리즈' 등이 전 세계 이용자들로부터 큰 호응을 얻으며 게임빌의 브랜드 인지도를 높이는 동시에 매출 향상에 기여하고 있음. 2017년 신작 게임 출시를 통한 실적 개선이 기대됨.

현금 흐름 〈단위 : 억원〉

항목	2015	2016
영업활동	-40	40
투자활동	-434	-106
재무활동	875	-440
순현금흐름	412	-503
기말현금	819	315

시장 대비 수익률
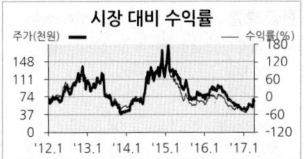

결산 실적 〈단위 : 억원〉

항목	2011	2012	2013	2014	2015	2016
매출액	428	703	812	1,450	1,523	1,615
영업이익	175	241	121	114	32	43
당기순이익	161	224	140	229	200	293

분기 실적 〈단위 : 억원〉

항목	2015.3Q	2015.4Q	2016.1Q	2016.2Q	2016.3Q	2016.4Q
매출액	383	410	408	432	390	384
영업이익	-15	30	47	22	0	-27
당기순이익	57	38	117	92	56	28

재무 상태 〈단위 : 억원〉

항목	2011	2012	2013	2014	2015	2016
총자산	779	994	1,792	2,264	3,319	3,255
유형자산	53	162	172	229	236	256
무형자산	33	32	105	153	110	89
유가증권	7	25	43	31	39	37
총부채	96	86	127	328	1,195	909
총차입금	11	8	3	97	972	562
자본금	28	28	33	33	33	33
총자본	683	908	1,665	1,937	2,124	2,347
지배주주지분	683	908	1,664	1,939	2,125	2,339

기업가치 지표

항목	2011	2012	2013	2014	2015	2016
주가(최고/저)(천원)	79.0/22.1	143/60.6	124/38.4	171/42.6	184/64.5	98.7/46.9
PER(최고/저)(배)	27.2/7.6	35.3/15.0	53.2/16.5	48.1/12.0	59.9/21.0	21.9/10.4
PBR(최고/저)(배)	6.3/1.8	8.6/3.7	4.8/1.5	5.7/1.4	5.6/2.0	2.7/1.3
EV/EBITDA(배)	17.3	19.9	17.5	49.3	69.4	39.0
EPS(원)	2,909	4,041	2,323	3,560	3,076	4,516
BPS(원)	12,564	16,591	25,703	29,885	32,728	36,468
CFPS(원)	3,101	4,310	2,727	4,151	3,724	5,191
DPS(원)						
EBITDAPS(원)	3,355	4,619	2,414	2,334	1,144	1,331

재무 비율 〈단위 : %〉

연도	영업이익률	순이익률	부채비율	차입금비율	ROA	ROE	유보율	자기자본비율	EBITDA마진율
2016	2.7	18.1	38.7	24.0	8.9	13.2	7,193.6	72.1	5.4
2015	2.1	13.2	56.3	45.7	7.2	9.9	6,445.5	64.0	4.9
2014	7.8	15.8	16.9	5.0	11.3	12.9	5,877.1	85.5	10.5
2013	14.9	17.2	7.6	0.2	10.0	10.9	5,040.6	92.9	17.9

경남스틸 (A039240)
Kyeong Nam Steel

업 종 : 금속 및 광물		시 장 : KOSDAQ	
신용등급 : (Bond) — (CP) —		기업규모 : 우량	
홈 페 이 지 : www.ksteel.co.kr		연 락 처 : 055)274-2066	
본 사 : 경남 창원시 성산구 연덕로15번길 10			

설 립 일 1990.11.15	종 업 원 수 74명	대 표 이 사 최충경	
상 장 일 2000.03.07	감 사 의 견 적정 (대주)	계 열	
결 산 기 12월	보 통 주 500만주	종속회사수	
액 면 가 500원	우 선 주	구 상 호	

주주구성 (지분율,%)		출자관계 (지분율,%)		주요경쟁사 (외형,%)	
최충경	49.5			경남스틸	100
임철준	4.1			부국철강	53
(외국인)	1.9			스틸플라워	35

매출구성		비용구성		수출비중	
기타	33.8	매출원가율	94.6	수출	0.0
산세코일	31.6	판관비율	4.7	내수	100.0
냉연강판	25.8				

회사 개요
동사는 코일 절단 및 가공업, 코일, 철판류 판매 등을 영위할 목적으로 1990년 11월 삼현강업으로 설립됨. 1995년 6월 경남스틸로 사명을 변경하였음. 동사는 포스코의 창원지역 판매대점으로 포스코에서 냉연 및 열연강판을 공급받아 고객사들이 주문하는 규격으로 절단 가공하여 공급하고 있음. 포스코의 냉연판매대점 업체간 점유율로 보면 2015년 기준 8.9%를 차지함. 판매증대를 위한 판로개척과 가격경쟁력 우위 선점 방안을 모색 중임.

실적 분석
철강원료탄 가격 상승과 중국의 철강 생산 감축으로 인해 11월 이후 국내 철강가격이 10% 이상 급등하며 원가 부담이 컸으며, 국내 자동차 생산 및 조선 건조량의 감소 영향으로 내수시장의 수주 여건도 악화되었음. 아연도금강판과 합금화아연도금강판을 제외한 모든 제품군의 판매가 줄어들어 2016년 매출액은 전년 대비 8.8% 감소함. 장기미수채권 증가 및 거래처 기업회생 신청에 따른 대손상각비 설정으로 영업이익과 순이익도 큰 폭으로 줄어듦.

현금 흐름 *IFRS 별도 기준 〈단위 : 억원〉

항목	2015	2016
영업활동	-87	190
투자활동	-60	9
재무활동	148	-192
순현금흐름	1	7
기말현금	6	13

시장 대비 수익률

결산 실적 〈단위 : 억원〉

항목	2011	2012	2013	2014	2015	2016
매출액	3,379	3,132	3,057	2,895	2,912	2,655
영업이익	145	117	97	106	106	18
당기순이익	94	63	60	72	82	8

분기 실적 *IFRS 별도 기준 〈단위 : 억원〉

항목	2015.3Q	2015.4Q	2016.1Q	2016.2Q	2016.3Q	2016.4Q
매출액	650	692	627	682	667	679
영업이익	32	30	12	18	10	-22
당기순이익	29	21	12	10	6	-20

재무 상태 *IFRS 별도 기준 〈단위 : 억원〉

항목	2011	2012	2013	2014	2015	2016
총자산	1,221	1,178	1,148	1,372	1,463	1,305
유형자산	306	338	324	308	347	331
무형자산	8	8	8	8	6	6
유가증권	8	4	4	4	4	1
총부채	680	577	499	662	685	535
총차입금	370	228	210	270	432	256
자본금	25	25	25	25	25	25
총자본	541	601	649	709	778	770
지배주주지분	541	601	649	709	778	770

기업가치 지표 *IFRS 별도 기준

항목	2011	2012	2013	2014	2015	2016
주가(최고/저)(천원)	6.8/3.6	8.3/5.1	6.4/5.5	7.3/5.9	9.0/6.6	14.5/8.4
PER(최고/저)(배)	4.4/2.3	7.7/4.7	6.0/5.2	5.5/4.4	5.6/4.3	87.3/50.9
PBR(최고/저)(배)	0.8/0.4	0.8/0.5	0.6/0.5	0.6/0.5	0.6/0.5	1.0/0.6
EV/EBITDA(배)	4.3	3.9	4.6	5.1	6.9	21.8
EPS(원)	1,870	1,268	1,201	1,449	1,635	168
BPS(원)	10,815	12,019	12,983	14,189	15,565	15,402
CFPS(원)	2,167	1,625	1,585	1,842	2,028	548
DPS(원)	250	250	250	300	300	150
EBITDAPS(원)	3,202	2,699	2,328	2,512	2,511	739

재무 비율 〈단위 : %〉

연도	영업이익률	순이익률	부채비율	차입금비율	ROA	ROE	유보율	자기자본비율	EBITDA마진율
2016	0.7	0.3	69.5	33.2	0.6	1.1	2,980.3	59.0	1.4
2015	3.6	2.8	88.0	55.6	5.8	11.0	3,013.0	53.2	4.3
2014	3.7	2.5	93.3	38.1	5.8	10.7	2,737.9	51.7	4.3
2013	3.2	2.0	76.9	32.4	5.2	9.6	2,496.7	56.5	3.8

경남제약 (A053950)
KYUNG NAM PHARMCOLTD

업 종 : 제약 시 장 : KOSDAQ
신용등급 : (Bond) — (CP) — 기업규모 : 중견
홈페이지 : www.kyungnampharm.co.kr
본 사 : 경남 의령군 의령읍 구룡로4남길 79 연 락 처 : 055)572-8700

설 립 일	1998.12.29	종 업 원 수	204명	대 표 이 사	오창환
상 장 일	2001.11.06	감사의견	적정(삼덕)	계 열	
결 산 기	12월	보 통 주	1,125만주	종속회사수	
액 면 가	500원	우 선 주		구 상 호	

주주구성 (지분율,%)		출자관계 (지분율,%)		주요경쟁사 (외형,%)	
오수진	13.8			경남제약	100
이희철	7.1			명문제약	358
(외국인)	2.4			유유제약	175

매출구성		비용구성		수출비중	
OTC(제품)	70.3	매출원가율	56.1	수출	0.6
OTC(상품)	14.2	판관비율	30.4	내수	99.4
기타(제품)	7.3				

회사 개요
동사는 의약품 제조 및 판매업을 영위하는 업체로 2010년 4월 자회사인 경남제약과의 소규모 합병을 통해 현재의 상호로 변경. 전통적인 비타민 시장에서 동사의 비타민산제가 부동의 1위를 보유하고 있으며, 주요 제품으로 무좀약 'PM정'과 인후염증약 '미놀 트로키', '경남유산균5' 등 다양한 품목을 보유. 약국 유통용 제품으로 비타민군, 태반군, 건강식품군, 일반군의 제품군을 보유하고 있으며, 전국 1만여 약국에 제품을 유통하고 있음.

실적 분석
동사의 2016년 누적 매출액은 397.6억원으로 전년 대비 1.7% 증가함. 매출원가 상승으로 매출총이익은 10% 감소함. 판매비와 관리비는 3.5% 감소하였지만 영업이익은 전년 대비 21.8% 감소하여 53.4억원에그침. 영업이익 부진, 금융손익 적자 지속, 제천공장 손상차손 31억원 반영 등의 영향으로 영업외손실은 39.7억원을 기록하며 1.3억원의 당기순이익을 시현, 전년대비 큰폭으로 감소함.

현금 흐름
*IFRS 별도 기준 〈단위 : 억원〉

항목	2015	2016
영업활동	48	49
투자활동	-5	-12
재무활동	-37	-16
순현금흐름	6	21
기말현금	17	38

시장 대비 수익률
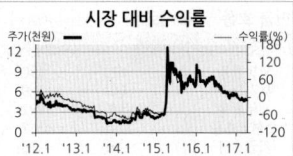

결산 실적
〈단위 : 억원〉

항목	2011	2012	2013	2014	2015	2016
매출액	444	403	328	360	391	398
영업이익	20	46	5	36	68	53
당기순이익	-37	0	-166	6	21	1

분기 실적
*IFRS 별도 기준 〈단위 : 억원〉

항목	2015.3Q	2015.4Q	2016.1Q	2016.2Q	2016.3Q	2016.4Q
매출액	94	94	90	99	98	110
영업이익	13	13	11	14	16	12
당기순이익	6	-4	4	-18	13	2

재무 상태
*IFRS 별도 기준 〈단위 : 억원〉

항목	2011	2012	2013	2014	2015	2016
총자산	822	789	526	479	470	452
유형자산	312	327	189	184	180	153
무형자산	5	3	4	2	1	1
유가증권	—	—	—	—	—	—
총부채	637	545	413	361	302	284
총차입금	488	436	339	289	222	204
자본금	158	221	50	50	56	56
총자본	185	244	113	118	168	168
지배주주지분	185	244	113	118	168	168

기업가치 지표
*IFRS 별도 기준

항목	2011	2012	2013	2014	2015	2016
주가(최고/저)(천원)	5.9/3.1	6.1/3.2	3.5/1.3	3.2/1.4	12.6/2.2	10.0/4.9
PER(최고/저)(배)	—/—	9,445.7/4,988.5	—/—	54.7/23.6	66.5/11.4	866.5/425.4
PBR(최고/저)(배)	2.2/1.2	2.2/1.2	3.1/1.1	2.7/1.2	8.4/1.4	6.7/3.3
EV/EBITDA(배)	21.8	11.4	40.4	11.0	13.3	13.0
EPS(원)	-550	1	-1,694	58	189	12
BPS(원)	575	552	1,126	1,179	1,500	1,496
CFPS(원)	-87	23	-1,620	125	248	68
DPS(원)	—	—	—	—	—	—
EBITDAPS(원)	96	140	127	431	671	531

재무 비율
〈단위 : %〉

연도	영업이익률	순이익률	부채비율	차입금비율	ROA	ROE	유보율	자기자본비율	EBITDA마진율
2016	13.4	0.3	168.6	121.1	0.3	0.8	199.1	37.2	15.0
2015	17.5	5.4	179.2	131.5	4.5	14.7	200.0	35.8	19.1
2014	10.1	1.6	304.6	244.0	1.2	5.0	135.9	24.7	12.0
2013	1.6	-50.7	365.5	300.1	-25.3	-93.0	125.3	21.5	3.8

경농 (A002100)
Kyung Nong

업 종 : 화학 시 장 : 거래소
신용등급 : (Bond) — (CP) — 기업규모 : 시가총액 소형주
홈페이지 : www.knco.co.kr
본 사 : 서울시 서초구 효령로77길 28 동오빌딩 연 락 처 : 02)3488-5800

설 립 일	1957.07.12	종 업 원 수	339명	대 표 이 사	이병만
상 장 일	1977.06.30	감사의견	적정(정진)	계 열	
결 산 기	12월	보 통 주	2,169만주	종속회사수	
액 면 가	500원	우 선 주		구 상 호	

주주구성 (지분율,%)		출자관계 (지분율,%)		주요경쟁사 (외형,%)	
동오레저	27.6	글로벌아그로	99.0	경농	100
이병만	21.2	탑프레쉬	90.0	효성오앤비	20
(외국인)	0.6	조비	72.3	케이에스씨비	16

매출구성		비용구성		수출비중	
유액제	38.3	매출원가율	66.4	수출	0.0
수화제	33.3	판관비율	29.1	내수	100.0
입제	18.1				

회사 개요
동사는 1957년 농약 제조, 판매를 영위할 목적으로 설립됨. 1977년 유가증권시장에 상장됨. 현재 동오그룹에 소속되어 있으며, 주요 계열사로는 비료 제조, 판매를 목적으로 하는 조비와 글로벌아그로, 탑프레쉬, 동오시드, 종오육묘 등이 있음. 동사의 주요 제품인 작물보호제는 수요의 계절성을 가져 농번기인 3~6월 사이 매출이 집중됨. 이상기후, 천재지변, 병해충의 발생 등에 따라 수요가 영향을 받음.

실적 분석
동사의 2016년 누적 매출액은 2,039.9억원으로 전년동기 대비 3.9% 증감함. 영업이익은 91.7억원으로 24.3% 감소했고, 당기순이익도 8.8% 줄어든 63.7억원을 기록함. 매출 증가에도 불구하고 매출원가와 판관비 증가로 수익성이 악화됨. 연초 농협경제지주와 793억원 규모의 납품 계약을 체결해 매출 확대가 기대됨. 한국화학연구원, 고려대학교 등과 친환경 농약 개발연구를 진행 중임.

현금 흐름
〈단위 : 억원〉

항목	2015	2016
영업활동	-99	160
투자활동	-143	-141
재무활동	231	-74
순현금흐름	-9	-54
기말현금	150	96

시장 대비 수익률
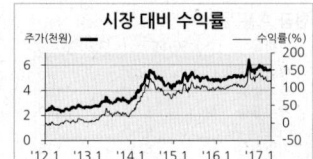

결산 실적
〈단위 : 억원〉

항목	2011	2012	2013	2014	2015	2016
매출액	1,213	1,370	1,964	1,885	1,964	2,040
영업이익	71	127	188	147	121	92
당기순이익	5	103	140	71	70	64

분기 실적
〈단위 : 억원〉

항목	2015.3Q	2015.4Q	2016.1Q	2016.2Q	2016.3Q	2016.4Q
매출액	197	122	926	705	205	203
영업이익	-64	-120	222	48	-72	-107
당기순이익	-55	-111	161	44	-58	-84

재무 상태
〈단위 : 억원〉

항목	2011	2012	2013	2014	2015	2016
총자산	1,738	2,694	2,560	2,846	3,163	3,209
유형자산	495	931	1,012	1,186	1,221	1,332
무형자산	30	113	132	132	132	122
유가증권	55	60	60	61	49	40
총부채	308	1,177	928	1,157	1,417	1,369
총차입금	5	709	459	624	868	769
자본금	108	108	108	108	108	108
총자본	1,430	1,517	1,632	1,689	1,747	1,840
지배주주지분	1,427	1,472	1,570	1,615	1,663	1,713

기업가치 지표

항목	2011	2012	2013	2014	2015	2016
주가(최고/저)(천원)	3.1/2.1	2.8/2.3	3.5/2.6	5.6/3.1	5.7/4.3	7.0/4.7
PER(최고/저)(배)	174.8/117.2	6.9/5.7	6.6/5.0	18.4/10.3	19.9/15.0	24.3/16.2
PBR(최고/저)(배)	0.6/0.4	0.5/0.4	0.6/0.4	0.8/0.5	0.8/0.6	0.9/0.6
EV/EBITDA(배)	4.6	7.3	5.1	8.1	11.2	15.0
EPS(원)	23	504	623	347	312	301
BPS(원)	6,891	7,097	7,549	7,750	7,928	8,156
CFPS(원)	205	700	826	553	533	507
DPS(원)	200	150	200	200	240	265
EBITDAPS(원)	509	783	1,069	882	779	629

재무 비율
〈단위 : %〉

연도	영업이익률	순이익률	부채비율	차입금비율	ROA	ROE	유보율	자기자본비율	EBITDA마진율
2016	4.5	3.1	74.4	41.8	2.0	3.9	1,531.3	57.3	6.7
2015	6.2	3.6	81.1	49.7	2.3	4.1	1,485.6	55.2	8.6
2014	7.8	3.8	68.5	36.9	2.6	4.7	1,450.0	59.4	10.2
2013	9.6	7.1	56.9	28.1	5.3	8.9	1,409.9	63.7	11.8

경동나비엔 (A009450)
Kyung Dong Navien

업 종 : 내구소비재		시 장 : 거래소	
신용등급 : (Bond) — (CP) —		기업규모 : 시가총액 중형주	
홈페이지 : www.kdnavien.co.kr		연 락 처 : 031)8060-5500	
본 사 : 경기도 평택시 서탄면 수월암길 95			

설 립 일	1978.11.03	종 업 원 수 839명	대 표 이 사 손연호,최재범
상 장 일	1993.08.31	감 사 의 견 적정 (신한)	계 열
결 산 기	12월	보 통 주 1,274만주	종속회사수
액 면 가	1,000원	우 선 주	구 상 호

주주구성 (지분율,%)		출자관계 (지분율,%)		주요경쟁사 (외형,%)	
경동원	50.5	경동에버런	93.2	경동나비엔	100
신영증권	6.9	경동티에스	45.0	쿠쿠전자	407
(외국인)	4.7	경동도시가스	1.7	쿠쿠전자	123

매출구성		비용구성		수출비중	
가정용 보일러	61.0	매출원가율	65.6	수출	48.8
온수기	26.0	판관비율	26.6	내수	51.2
기타 부품 및 상품	13.0				

회사 개요
동사는 보일러 및 냉난방기를 제조 및 판매하는 사업을 주 사업으로 영위하고 있음. 과거 경동보일러에서 경동나비엔으로 상호를 변경하며, 에어컨, 환기시스템, 홈네트워 시스템까지 사업영역을 확장했음. 주요 상표는 콘덴싱으로 주력 제품은 가스보일러와 온수기를 판매하고 있으며, 2016년 3분기 기준 가정용 보일러가 59%, 온수기가 33%의 매출비중을 차지하고 있음. 북미, 중국, 유럽 등에 진출하여 꾸준한 외형성장을 보이고 있음.

실적 분석
동사의 2016년 연결 기준 매출과 영업이익은 5833억원, 458억원으로 전년 대비 각각 13.9%, 89.2% 증가함. 동사는 2016년 말 기준 223억원의 유동자금을 보유함. 이는 동사의 단기차입금(유동성대체 포함)은 223억원으로 전년 531억원 대비 308억원 감소함. 장기차입금은 110억원으로 전년 대비 49억원 감소함. 유동비율은 99.83%이며, 부채비율은 79.99%임.

현금 흐름 〈단위 : 억원〉

항목	2015	2016
영업활동	437	613
투자활동	-72	-221
재무활동	-380	-350
순현금흐름	-15	42
기말현금	181	223

시장 대비 수익률

결산 실적 〈단위 : 억원〉

항목	2011	2012	2013	2014	2015	2016
매출액	3,412	3,790	4,142	4,290	5,120	5,833
영업이익	119	139	198	135	242	458
당기순이익	95	92	111	94	168	375

분기 실적 〈단위 : 억원〉

항목	2015.3Q	2015.4Q	2016.1Q	2016.2Q	2016.3Q	2016.4Q
매출액	1,231	1,792	1,319	1,153	1,321	2,038
영업이익	40	105	159	129	72	98
당기순이익	49	58	126	101	39	109

재무 상태 〈단위 : 억원〉

항목	2011	2012	2013	2014	2015	2016
총자산	2,632	2,997	3,548	4,017	4,021	4,298
유형자산	1,033	1,201	1,844	1,910	1,951	2,037
무형자산	106	122	98	93	88	86
유가증권	80	97	115	184	165	151
총부채	951	1,239	1,675	2,116	1,960	1,910
총차입금	157	249	484	1,052	690	333
자본금	127	127	127	127	127	127
총자본	1,681	1,759	1,873	1,900	2,061	2,388
지배주주지분	1,662	1,740	1,854	1,879	2,039	2,361

기업가치 지표

항목	2011	2012	2013	2014	2015	2016
주가(최고/저)(천원)	6.4/4.4	12.3/5.4	20.6/11.1	32.2/17.1	40.0/22.0	63.7/27.1
PER(최고/저)(배)	9.1/6.2	17.5/7.6	24.0/12.9	45.1/23.9	30.9/17.0	22.1/9.4
PBR(최고/저)(배)	0.5/0.4	0.9/0.4	1.4/0.8	2.2/1.2	2.5/1.4	3.4/1.5
EV/EBITDA(배)	3.0	5.8	8.3	17.8	11.5	4.1
EPS(원)	739	722	873	721	1,304	2,898
BPS(원)	13,162	13,706	14,601	14,804	16,055	18,581
CFPS(원)	1,394	1,456	1,739	1,675	2,474	4,151
DPS(원)	100	100	100	100	100	150
EBITDAPS(원)	1,592	1,827	2,419	2,011	3,071	4,850

재무 비율 〈단위 : %〉

연도	영업이익률	순이익률	부채비율	차입금비율	ROA	ROE	유보율	자기자본비율	EBITDA마진율
2016	7.9	6.4	80.0	14.0	9.0	16.8	1,758.1	55.6	10.6
2015	4.7	3.3	95.1	33.5	4.2	8.5	1,505.5	51.3	7.6
2014	3.1	2.2	111.4	55.4	2.5	4.9	1,380.4	47.3	6.0
2013	4.8	2.7	89.4	25.9	3.4	6.2	1,360.1	52.8	7.4

경동도시가스 (A012320)
Kyungdong City Gas

업 종 : 가스		시 장 : 거래소	
신용등급 : (Bond) — (CP) —		기업규모 : 시가총액 소형주	
홈페이지 : www.kdgas.co.kr		연 락 처 : 052)219-5300	
본 사 : 울산시 북구 염포로 260-10			

설 립 일	1977.06.15	종 업 원 수 286명	대 표 이 사 나윤호
상 장 일	1997.03.07	감 사 의 견 적정 (삼일)	계 열
결 산 기	12월	보 통 주 191만주	종속회사수
액 면 가	5,000원	우 선 주	구 상 호

주주구성 (지분율,%)		출자관계 (지분율,%)		주요경쟁사 (외형,%)	
경동홀딩스	17.7	경동이앤에스	100.0	경동가스	100
한국투자밸류자산운용	9.5	케이디파워텍	100.0	한국가스공사	1,786
(외국인)	19.4	경동강북고객서비스	85.0	서울가스	108

매출구성		비용구성		수출비중	
도시가스(CNG포함), 가스보일러 판매외	84.3	매출원가율	90.1	수출	0.0
광업 및 자원개발 외	7.6	판관비율	7.5	내수	100.0
토목, 건축 및 전기공사외	5.5				

회사 개요
동사는 1977년 설립돼 도시가스 공급사업을 영위하고 있음. 가스 제조 및 배관공급업체로 주요 사업 부문은 도시가스 사업부문, 플랜트/물류서비스 사업부문, 건설 사업부문 및 도시가스 안전관리서비스 사업부문으로 구분됨. 가스산업의 특성상 지역별로 사업자를 선정, 그 지역 내에서의 가스공급을 전담토록 하고 있어 울산시, 양산시 전역에 독점공급하고 있음. 전국시장 점유율(공급량누계)은 8.3%로 전국 도시가스 업체 중 3위임.

실적 분석
동사의 2016년 연결기준 매출액은 전년대비 22.0% 감소한 1조 1,819.0억원을 기록함. 국제 유가 하락에 따른 가스 가격 하락으로 매출이 큰 폭으로 감소함. 그럼에도 불구하고 일정 마진 유지로 영업이익은 전년대비 31.0% 증가한 286.7억원을 기록함. 상품 및 공사매출원가 감소 등으로 당기순이익은 전년대비 흑자전환했으며 191.3억원을 시현함. 신규수요 개발 부족과 유가하락에 따른 산업용 도시가스 타연료 전환 등으로 성장세가 둔화됨.

현금 흐름 〈단위 : 억원〉

항목	2015	2016
영업활동	-503	269
투자활동	-1,284	-255
재무활동	476	-57
순현금흐름	-1,311	-43
기말현금	858	815

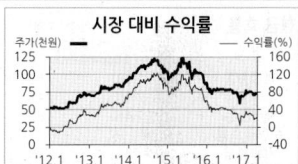

시장 대비 수익률

결산 실적 〈단위 : 억원〉

항목	2011	2012	2013	2014	2015	2016
매출액	18,477	25,026	27,883	26,031	15,154	11,819
영업이익	426	499	505	479	219	287
당기순이익	303	429	501	759	-213	191

분기 실적 〈단위 : 억원〉

항목	2015.3Q	2015.4Q	2016.1Q	2016.2Q	2016.3Q	2016.4Q
매출액	2,828	3,895	3,885	2,313	2,042	3,579
영업이익	8	138	89	-6	102	102
당기순이익	27	-346	117	-19	78	15

재무 상태 〈단위 : 억원〉

항목	2011	2012	2013	2014	2015	2016
총자산	10,015	12,099	12,073	13,208	11,678	11,261
유형자산	3,021	3,020	3,226	4,362	4,785	4,904
무형자산	87	101	98	235	275	255
유가증권	179	242	326	369	348	411
총부채	5,936	7,634	7,066	7,133	5,913	5,382
총차입금	525	476	477	862	1,483	1,477
자본금	174	174	174	174	174	174
총자본	4,079	4,465	5,007	6,075	5,765	5,879
지배주주지분	4,045	4,430	4,970	5,560	5,345	5,437

기업가치 지표

항목	2011	2012	2013	2014	2015	2016
주가(최고/저)(천원)	52.6/35.1	75.3/50.3	94.1/68.2	123/92.4	124/84.5	86.6/58.7
PER(최고/저)(배)	6.6/4.4	6.6/4.4	6.9/5.0	6.1/4.6	—/—	17.1/11.6
PBR(최고/저)(배)	0.5/0.3	0.6/0.4	0.7/0.5	0.8/0.6	0.8/0.6	0.6/0.4
EV/EBITDA(배)	0.2	—	0.5	2.4	4.0	3.9
EPS(원)	8,694	12,297	14,309	20,938	-4,455	5,161
BPS(원)	116,078	127,145	142,642	159,548	153,397	159,746
CFPS(원)	13,247	17,401	19,769	29,204	6,011	15,241
DPS(원)	1,100	1,250	1,250	1,250	1,250	1,250
EBITDAPS(원)	16,774	19,423	19,963	22,021	16,747	18,307

재무 비율 〈단위 : %〉

연도	영업이익률	순이익률	부채비율	차입금비율	ROA	ROE	유보율	자기자본비율	EBITDA마진율
2016	2.4	1.6	91.5	25.1	1.7	3.3	3,094.9	52.2	5.4
2015	1.4	-1.4	102.6	25.7	-1.7	-2.9	2,967.9	49.4	3.9
2014	1.8	2.9	117.4	14.2	6.0	13.9	3,091.0	46.0	3.0
2013	1.8	1.8	141.1	9.5	4.1	10.6	2,752.8	41.5	2.5

경동제약 (A011040)
Kyungdong Pharmaceutical

업   종 : 제약
신용등급 : (Bond) —   (CP) —
홈 페 이 지 : www.kdpharma.co.kr
본   사 : 경기도 화성시 양감면 제약단지로 224-3
시   장 : KOSDAQ
기업규모 : 우량
연 락 처 : 031)352-0990

설 립 일	1976.02.12	종 업 원 수	559명	대 표 이 사	남기철,류기성
상 장 일	1992.12.18	감 사 의 견	적정 (한영)	계 열	
결 산 기	12월	보 통 주	1,328만주	종속회사수	
액 면 가	1,000원	우 선 주		구 상 호	

주주구성 (지분율,%)		출자관계 (지분율,%)		주요경쟁사 (외형,%)	
류덕희	10.0	경동스포츠	76.7	경동제약	100
류기성	5.3	케이디파마	53.0	아미노로직스	10
(외국인)	15.9	유일팜테크	16.7	에스텍파마	27

매출구성		비용구성		수출비중	
기타(제약부문)	27.6	매출원가율	40.1	수출	6.6
기타	24.7	판관비율	43.3	내수	93.4
로트로반정 외	23.6				

회사 개요
동사는 1976년 2월에 설립된 퍼스트제네릭에 특화된 전문의약품 업체로 1992년 12월에 코스닥시장에 상장됨. 주요 품목은 심혈관계, 소화기계, 내분비계 등 고령화 사회에 적합한 품목군을 다수 보유하고 있음. 내수와 수출 증대를 위해 2014년 12월에 신규 합성공장을 준공함. 수출은 일본으로의 원료의약품과, 베트남, 파키스탄, 필리핀 등으로의 완제의약품을 중심으로 이뤄짐.

실적 분석
동사의 2016년 연결기준 매출액은 전년대비 4.4% 성장한 1,586.0억원을 기록함. 외형성장은 정체와 소폭 상승한 원가율로 영업이익은 전년과 유사한 262.8억원을 보였으나 이익률은 하락함. 비영업손실 축소가 반영된 당기순이익은 전년대비 27.7% 증가한 169.5억원을 시현함. 제품별 매출비중은 제약 91.26%, 임대 1.66%, 기타 7.08%로 구성됨.

현금 흐름 〈단위 : 억원〉
항목	2015	2016
영업활동	183	256
투자활동	-146	-119
재무활동	-46	-89
순현금흐름	-9	48
기말현금	181	229

시장 대비 수익률
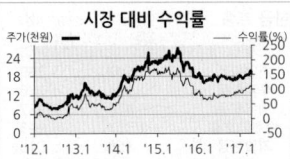

결산 실적 〈단위 : 억원〉
항목	2011	2012	2013	2014	2015	2016
매출액	1,273	1,247	1,331	1,533	1,519	1,586
영업이익	294	252	300	354	260	263
당기순이익	203	81	185	243	133	169

분기 실적 〈단위 : 억원〉
항목	2015.3Q	2015.4Q	2016.1Q	2016.2Q	2016.3Q	2016.4Q
매출액	393	390	366	382	419	419
영업이익	56	43	72	66	70	55
당기순이익	-5	34	53	47	52	19

재무 상태 〈단위 : 억원〉
항목	2011	2012	2013	2014	2015	2016
총자산	1,857	1,892	2,004	2,277	2,334	2,385
유형자산	448	474	500	684	738	713
무형자산	32	32	32	37	41	41
유가증권	56	69	91	179	259	212
총부채	351	355	314	372	290	299
총차입금	101	36	36	33	34	33
자본금	136	136	136	136	136	136
총자본	1,506	1,538	1,690	1,904	2,044	2,086
지배주주지분	1,506	1,539	1,694	1,903	2,051	2,099

기업가치 지표
항목	2011	2012	2013	2014	2015	2016
주가(최고/저)(천원)	9.3/6.2	12.8/7.5	16.0/10.3	25.7/11.7	28.2/17.1	19.8/16.0
PER(최고/저)(배)	7.6/5.2	24.4/14.5	12.9/8.2	15.2/6.9	28.4/17.2	15.5/12.5
PBR(최고/저)(배)	0.9/0.6	1.1/0.7	1.3/0.8	1.8/0.8	1.8/1.1	1.2/1.0
EV/EBITDA(배)	2.3	3.8	3.4	6.9	6.9	5.4
EPS(원)	1,529	620	1,420	1,847	1,065	1,326
BPS(원)	12,960	13,207	14,378	15,947	16,956	17,526
CFPS(원)	1,862	969	1,725	2,167	1,468	1,788
DPS(원)	600	500	600	600	600	700
EBITDAPS(원)	2,550	2,247	2,567	2,985	2,363	2,440

재무 비율 〈단위 : %〉
연도	영업이익률	순이익률	부채비율	차입금비율	ROA	ROE	유보율	자기자본비율	EBITDA마진율
2016	16.6	10.7	14.3	1.6	7.2	8.5	1,613.9	87.5	20.4
2015	17.1	8.7	14.2	1.7	5.8	7.2	1,558.2	87.6	20.7
2014	23.1	15.9	19.6	1.7	11.4	13.6	1,459.4	83.6	25.9
2013	22.6	13.9	18.6	2.1	9.5	11.7	1,306.1	84.4	25.6

경방 (A000050)
Kyungbang

업   종 : 섬유 및 의복
신용등급 : (Bond) —   (CP) —
홈 페 이 지 : www.kyungbang.co.kr
본   사 : 서울시 영등포구 영중로 15 (영등포동4가)
시   장 : 거래소
기업규모 : 시가총액 중형주
연 락 처 : 02)2638-6000

설 립 일	1919.10.05	종 업 원 수	576명	대 표 이 사	김담,김준
상 장 일	1956.03.03	감 사 의 견	적정 (다산)	계 열	
결 산 기	12월	보 통 주	2,742만주	종속회사수	
액 면 가	500원	우 선 주		구 상 호	

주주구성 (지분율,%)		출자관계 (지분율,%)		주요경쟁사 (외형,%)	
김담	21.0	다우엔터프라이즈	32.2	경방	100
김준	13.4	인챈트인터렉티브	11.0	한세예스24홀딩스	593
(외국인)	2.9	한국능률협회컨설팅	2.3	LF	405

매출구성		비용구성		수출비중	
임대	35.3	매출원가율	71.1	수출	—
사류, 포류(상품)	33.4	판관비율	17.4	내수	—
사류, 포류, 의류(제품)	30.1				

회사 개요
동사는 1919년 설립된 업체로 직물, 내의, 양말, 신발용품의 원사와 각종 의류 원료 등의 방적사 및 가공사를 생산 제조하는 원재료 생산업체 및 부동산임대업체임. 매출액 구성은 내수 74%, 수출 26%로 구성됨. 경남베트남과 베트남 공장은 1공장 안정기, 2공장 공정 안정화를 달성함. 타임스케어는 오픈 7주년 맞이 MD조닝을 성공적으로 완성함.

실적 분석
동사의 2016년 연결기준 연간 매출액은 3,774.5억원으로 전년 대비 5.5% 증가함. 섬유, 임대부문 수익성 개선과 이자비용의 하락으로 순이익은 전년 대비 76.6% 증가한 294.8억원을 기록함. 국내 상업시설에 대한 투자 증가 추세와 신규 개발 등의 영향으로 다양한 프로젝트를 수행했음. 향후 중국, 일본 경기 상황에 맞는 신규 거래선 확보와 신규 프로젝트 수주 증가가 기대됨.

현금 흐름 〈단위 : 억원〉
항목	2015	2016
영업활동	399	680
투자활동	-367	-137
재무활동	-46	-536
순현금흐름	-14	7
기말현금	68	75

시장 대비 수익률
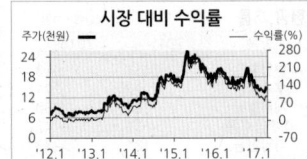

결산 실적 〈단위 : 억원〉
항목	2011	2012	2013	2014	2015	2016
매출액	3,481	3,336	3,472	3,290	3,576	3,774
영업이익	221	73	360	306	390	434
당기순이익	-11	-79	146	115	167	295

분기 실적 〈단위 : 억원〉
항목	2015.3Q	2015.4Q	2016.1Q	2016.2Q	2016.3Q	2016.4Q
매출액	887	1,003	913	944	924	993
영업이익	92	116	72	104	105	153
당기순이익	27	19	31	114	61	88

재무 상태 〈단위 : 억원〉
항목	2011	2012	2013	2014	2015	2016
총자산	13,523	13,350	12,970	13,018	13,186	13,019
유형자산	3,085	3,241	3,065	3,079	3,258	3,155
무형자산	53	46	49	49	48	47
유가증권	34	37	38	85	84	86
총부채	7,226	7,143	6,606	6,542	6,557	6,221
총차입금	4,126	4,153	3,654	3,739	3,735	3,268
자본금	104	104	125	137	137	137
총자본	6,297	6,207	6,364	6,477	6,630	6,798
지배주주지분	6,297	6,207	6,365	6,477	6,630	6,799

기업가치 지표
항목	2011	2012	2013	2014	2015	2016
주가(최고/저)(천원)	10.3/6.8	9.9/6.5	12.9/7.4	19.3/10.7	25.9/15.4	20.7/15.3
PER(최고/저)(배)	—/—	—/—	24.7/14.3	47.0/26.1	43.3/25.8	19.4/14.2
PBR(최고/저)(배)	0.5/0.3	0.5/0.3	0.6/0.3	0.8/0.5	1.1/0.7	0.8/0.6
EV/EBITDA(배)	13.4	20.6	10.6	15.3	13.2	10.0
EPS(원)	-41	-288	532	419	609	1,075
BPS(원)	303,211	298,924	255,370	236,250	241,825	24,799
CFPS(원)	10,097	7,299	15,961	13,630	16,463	2,174
DPS(원)			250	500	1,250	180
EBITDAPS(원)	21,237	14,587	24,563	20,608	24,586	2,683

재무 비율 〈단위 : %〉
연도	영업이익률	순이익률	부채비율	차입금비율	ROA	ROE	유보율	자기자본비율	EBITDA마진율
2016	11.5	7.8	91.5	48.1	2.3	4.4	4,859.8	52.2	19.5
2015	10.9	4.7	98.9	56.3	1.3	2.6	4,736.5	50.3	18.9
2014	9.3	3.5	101.0	57.7	0.9	1.8	4,625.0	49.8	17.2
2013	10.4	4.2	103.8	57.4	1.1	2.3	5,007.4	49.1	17.6

경보제약 (A214390)
KYONGBO PHARMACEUTICAL CO

업 종 : 제약		시 장 : 거래소	
신용등급 : (Bond) — (CP) —		기업규모 : 시가총액 소형주	
홈페이지 : www.kbpharma.co.kr		연 락 처 : 041)420-0500	
본 사 : 충남 아산시 실옥로 174			

설 립 일 1987.03.31	종업원수 427명	대표이사 강태원	
상 장 일 2015.06.29	감사의견 적정 (한영)	계 열	
결 산 기 12월	보 통 주 2,391만주	종속회사수	
액 면 가 500원	우 선 주	구 상 호	

주주구성 (지분율,%)		출자관계 (지분율,%)		주요경쟁사 (외형,%)	
종근당홀딩스	33.4	종근당바이오	0.6	경보제약	100
이정한	8.9	종근당홀딩스	0.1	삼진제약	128
(외국인)	2.3	BardiaFarmaS.P.A	100.0	종근당홀딩스	180

매출구성		비용구성		수출비중	
기타	38.6	매출원가율	76.4	수출	45.7
[원료의약품]일반 API	37.0	판관비율	15.3	내수	54.3
[원료의약품]세파계 항생제 API	21.3				

회사 개요
1987년 원료의약품 사업으로 시작하여 2002년에는 새로운 도약의 전기를 마련하고자 완제의약품 사업 영역을 넓히고 회사 상호를 경보제약으로 변경함. 의약품 종합제조매입 허가, 미국FDA 인증과 KGMP 공장 건설 등 견실한 발전을 지속하고 있음. 2015년 6월 한국거래소 유가증권시장에 상장됨. 순환기 약물 및 항생제, 흡입 마취제 등 전문의약품 71개 품목과 일반의약품 약 100개 품목을 판매하고 있음.

실적 분석
동사의 2016년 연결 기준 매출액은 전년 대비 4.9% 증가한 1,867.3원을 기록함. 원재료가 상승으로 매출원가율이 증가함. 인건비와 무형자산상각비 등의 판관비도 증가하여 영업이익과 당기순이익은 각각 전년동기 대비 39.3%, 51.3% 감소함. 동사는 항암제 공장과 하이포텐시공장(고활성제품)을 신축하였으며, 특허가 만료되는 항암제 및 고혈압치료제 등의 제작으로 포트폴리오를 확대할 예정.

현금 흐름 *IFRS 별도 기준 〈단위 : 억원〉
항목	2015	2016
영업활동	42	253
투자활동	-278	-202
재무활동	208	-48
순현금흐름	-25	2
기말현금	44	46

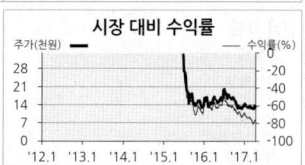
시장 대비 수익률

결산 실적 〈단위 : 억원〉
항목	2011	2012	2013	2014	2015	2016
매출액	1,404	1,528	1,622	1,698	1,780	1,867
영업이익	155	225	262	277	256	156
당기순이익	79	145	180	86	261	127

분기 실적 *IFRS 별도 기준 〈단위 : 억원〉
항목	2015.3Q	2015.4Q	2016.1Q	2016.2Q	2016.3Q	2016.4Q
매출액	453	457	449	511	469	439
영업이익	61	58	54	43	24	35
당기순이익	51	103	44	37	12	34

재무 상태 *IFRS 별도 기준 〈단위 : 억원〉
항목	2011	2012	2013	2014	2015	2016
총자산	1,177	1,199	1,434	1,680	1,955	2,037
유형자산	411	409	438	553	749	839
무형자산	7	11	17	21	16	34
유가증권	9	8	12	23	29	29
총부채	773	662	772	997	727	743
총차입금	467	307	363	473	391	411
자본금	108	108	108	108	120	120
총자본	404	537	662	683	1,228	1,294
지배주주지분	404	537	662	683	1,228	1,294

기업가치 지표 *IFRS 별도 기준
항목	2011	2012	2013	2014	2015	2016
주가(최고/저)(천원)	—/—	—/—	—/—	—/—	33.9/12.3	20.6/11.6
PER(최고/저)(배)	0.0/0.0	0.0/0.0	0.0/0.0	0.0/0.0	30.6/11.1	39.3/22.1
PBR(최고/저)(배)	0.0/0.0	0.0/0.0	0.0/0.0	0.0/0.0	6.8/2.5	3.9/2.2
EV/EBITDA(배)	2.1	1.0	0.9	1.2	11.0	14.2
EPS(원)	365	675	838	401	1,147	531
BPS(원)	18,774	24,970	30,776	31,757	5,137	5,413
CFPS(원)	6,179	9,344	11,086	7,361	1,510	968
DPS(원)					275	200
EBITDAPS(원)	9,719	13,078	14,892	16,207	1,489	1,089

재무 비율 〈단위 : %〉
연도	영업이익률	순이익률	부채비율	차입금비율	ROA	ROE	유보율	자기자본비율	EBITDA마진율
2016	8.4	6.8	57.4	31.8	6.4	10.1	982.6	63.5	13.9
2015	14.4	14.7	59.2	31.8	14.4	27.3	927.5	62.8	19.1
2014	16.3	5.1	145.9	69.2	5.6	12.8	535.2	40.7	20.5
2013	16.2	11.1	116.5	54.8	—	—	515.5	46.2	19.8

경봉 (A139050)
KYUNG BONG

업 종 : 운송인프라		시 장 : KOSDAQ	
신용등급 : (Bond) — (CP) —		기업규모 : 벤처	
홈페이지 : www.kyungbong.co.kr		연 락 처 : 031)470-4800	
본 사 : 경기도 안양시 만안구 예술공원로 153-32,3층			

설 립 일 2006.02.20	종업원수 133명	대표이사 윤석원	
상 장 일 2011.07.29	감사의견 적정 (삼일)	계 열	
결 산 기 12월	보 통 주 2,015만주	종속회사수	
액 면 가 500원	우 선 주	구 상 호	

주주구성 (지분율,%)		출자관계 (지분율,%)		주요경쟁사 (외형,%)	
엘에이에치	14.9	경봉시스템즈	100.0	경봉	100
한국증권금융	4.2	아이지스	74.1	서호전기	158
(외국인)	1.5	알에스기전	71.8	동방	1,533

매출구성		비용구성		수출비중	
기타	49.3	매출원가율	90.5	수출	0.0
CCTV구축	30.3	판관비율	12.0	내수	100.0
ATMS	8.8				

회사 개요
2006년 설립된 동사는 지능형교통시스템(ITS, Intelligent Transportation System)을 구축하는 용역사업을 주력으로 영위하고 있으며 큰 범주의 ITS 내에서 첨단교통신호제어시스템, 자동단속시스템, 도로교통관리시스템, 운전자정보시스템, 최적경로안내시스템, 여행서비스정보시스템, 대중교통정보제공과 대중교통관리시스템 분야를 주요 사업으로 삼고 있음.

실적 분석
2016년 연결기준 동사의 매출액은 375.1억원을 기록함. 이는 전년도 매출액 444.9억원에 비해 15.7% 감소한 금액임. 영업손실은 9.4억원으로 전년도 대비 적자폭이 소폭 줄어듦. 그러나 비영업부문 손실 폭이 증가해 당기순손실 적자폭이 커짐. 기존 사업 발주금액 감소와 사업성 악화가 실적 부진의 주요 원인임. 동사는 실적 개선을 위해 인력구조를 개편하고 사업 확장을 위해 국내 복층유리가공 설비업계 1위 업체인 아이지스를 인수했음.

현금 흐름 〈단위 : 억원〉
항목	2015	2016
영업활동	-2	-4
투자활동	-25	-76
재무활동	99	4
순현금흐름	72	-76
기말현금	108	32

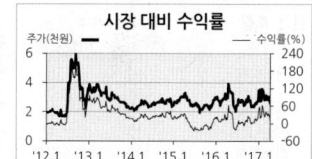
시장 대비 수익률

결산 실적 〈단위 : 억원〉
항목	2011	2012	2013	2014	2015	2016
매출액	329	428	477	661	445	375
영업이익	17	30	2	18	-10	-9
당기순이익	16	9	4	17	-7	-27

분기 실적 〈단위 : 억원〉
항목	2015.3Q	2015.4Q	2016.1Q	2016.2Q	2016.3Q	2016.4Q
매출액	106	163	87	67	94	128
영업이익	-3	7	-3	-5	-3	2
당기순이익	-1	6	-2	-11	4	-17

재무 상태 〈단위 : 억원〉
항목	2011	2012	2013	2014	2015	2016
총자산	280	300	321	353	427	450
유형자산	73	87	85	85	7	23
무형자산	11	7	8	7	7	87
유가증권	16	16	22	29	27	24
총부채	55	67	89	102	184	174
총차입금					101	72
자본금	53	53	79	79	79	90
총자본	225	233	232	251	243	277
지배주주지분	225	233	232	251	243	277

기업가치 지표
항목	2011	2012	2013	2014	2015	2016
주가(최고/저)(천원)	3.1/1.4	6.6/1.6	4.1/2.1	3.2/2.1	3.3/1.9	4.1/2.0
PER(최고/저)(배)	26.7/12.0	113.0/27.8	143.5/74.9	29.8/19.4	—/—	—/—
PBR(최고/저)(배)	2.1/1.0	4.3/1.1	2.7/1.4	1.9/1.2	2.1/1.2	2.6/1.3
EV/EBITDA(배)	12.4	13.6	46.8	10.0	—	—
EPS(원)	119	59	29	106	-46	-148
BPS(원)	2,225	2,306	1,541	1,659	1,610	1,544
CFPS(원)	218	125	51	130	-23	-133
DPS(원)		50				
EBITDAPS(원)	232	318	33	139	-40	-37

재무 비율 〈단위 : %〉
연도	영업이익률	순이익률	부채비율	차입금비율	ROA	ROE	유보율	자기자본비율	EBITDA마진율
2016	-2.5	-7.1	62.7	26.1	-6.1	-10.2	208.8	61.5	-1.8
2015	-2.2	-1.6	75.5	41.6	-1.9	-2.9	222.0	57.0	-1.4
2014	2.8	2.5	40.8	0.0	5.0	6.9	231.9	71.0	3.3
2013	0.3	0.9	38.2	0.0	1.5	1.9	208.2	72.4	1.1

경인양행 (A012610)
KYUNGIN SYNTHETIC

업　　종 : 화학		시　　장 : 거래소	
신용등급 : (Bond) — 　(CP) —		기업규모 : 시가총액 소형주	
홈페이지 : www.kyungin.co.kr		연 락 처 : 032)571-7498	
본　　사 : 인천시 서구 건지로 199 (석남동 223-52)			

설 립 일	1977.10.14	종 업 원 수	479명	대 표 이 사	김흥준
상 장 일	1995.10.05	감사의견	적정 (한울)	계　　열	
결 산 기	12월	보 통 주	4,040만주	종속회사수	
액 면 가	500원	우 선 주		구 상 호	

주주구성 (지분율,%)		출자관계 (지분율,%)		주요경쟁사 (외형,%)	
김흥준	21.1	제이엠씨	79.5	경인양행	100
국민연금공단	3.9	와이즈켐	50.6	한국알콜	69
(외국인)	10.1	다이토키스㈜	50.0	카프로	126

매출구성		비용구성		수출비중	
[제품]반응성염료 외	71.9	매출원가율	83.0	수출	—
[제품]사카린 외	23.7	판관비율	13.2	내수	—
[상품]반응성염료 외	3.6				

회사 개요
동사는 1977년 10월 14일 염료의 제조·판매와 수출입 등을 목적으로 설립됨. 1994년 3월 31일 염료제조용 원재료 및 반제품을 생산 및 판매하는 특수관계사인 삼원화학공업을 흡수합병함. 국내 염료시장에서 2016년 기준 약 38%의 시장점유율로 업계 선두를 유지하고 있음. 고품질 사카린시장에서도 독점적 지위를 차지하고 있음. 매출비중은 염료 67%, 화학 26%로 구성됨.

실적 분석
동사의 2016년 연결기준 결산 매출액은 2,749억원으로 전년동기 대비 4.5% 증가함. 영업이익은 105.8억원으로 지난해 같은 기간보다 57.4% 증가하였으며, 비영업손익 개선되면서 당기순이익은 전년동기 대비 86.3% 증가한 68.4억원을 기록함. 동사는 지속적으로 기존 사업의 매출 확대를 도모하고 있으며, 향후 사카린 사용공정의 변화가 일어난다면 동사의 실적 또한 한단계 업그레이드 가능할 것으로 기대.

현금 흐름 〈단위 : 억원〉
항목	2015	2016
영업활동	39	189
투자활동	-101	-70
재무활동	70	-72
순현금흐름	13	45
기말현금	155	201

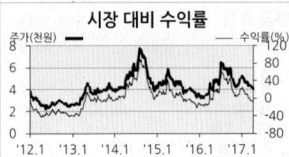
시장 대비 수익률

결산 실적 〈단위 : 억원〉
항목	2011	2012	2013	2014	2015	2016
매출액	1,996	2,186	2,608	2,772	2,632	2,749
영업이익	60	36	111	141	67	106
당기순이익	29	21	102	101	37	68

분기 실적 〈단위 : 억원〉
항목	2015.3Q	2015.4Q	2016.1Q	2016.2Q	2016.3Q	2016.4Q
매출액	638	604	645	781	644	678
영업이익	14	7	8	65	15	18
당기순이익	-0	-4	-5	45	2	26

재무 상태 〈단위 : 억원〉
항목	2011	2012	2013	2014	2015	2016
총자산	3,197	2,875	3,169	3,130	3,267	3,443
유형자산	1,301	1,241	1,277	1,356	1,361	1,378
무형자산	23	27	33	28	28	33
유가증권	14	13	13	13	14	21
총부채	1,434	1,125	1,272	1,148	1,256	1,360
총차입금	801	682	733	724	800	727
자본금	188	188	202	202	202	202
총자본	1,763	1,750	1,897	1,982	2,011	2,083
지배주주지분	1,608	1,616	1,770	1,855	1,867	1,924

기업가치 지표
항목	2011	2012	2013	2014	2015	2016
주가(최고/저)(천원)	3.8/1.7	4.0/2.2	4.6/2.5	7.7/3.8	5.9/3.1	6.8/3.2
PER(최고/저)(배)	58.8/26.7	66.6/37.0	17.9/9.9	32.6/15.9	130.1/68.8	53.7/25.6
PBR(최고/저)(배)	1.0/0.4	1.0/0.5	1.1/0.6	1.7/0.8	1.3/0.7	1.4/0.7
EV/EBITDA(배)	16.4	13.7	11.9	10.4	13.6	13.1
EPS(원)	71	64	269	246	47	127
BPS(원)	4,343	4,363	4,495	4,695	4,722	4,831
CFPS(원)	298	295	493	476	293	376
DPS(원)	50	50	50	50	50	50
EBITDAPS(원)	387	328	500	579	412	511

재무 비율 〈단위 : %〉
연도	영업이익률	순이익률	부채비율	차입금비율	ROA	ROE	유보율	자기자본비율	EBITDA마진율
2016	3.9	2.5	65.3	34.9	2.0	2.7	866.3	60.5	7.5
2015	2.6	1.4	62.4	39.8	1.2	1.9	844.5	61.6	6.3
2014	5.1	3.7	57.9	36.5	3.2	5.5	839.0	63.3	8.4
2013	4.3	3.9	67.0	38.6	3.4	6.4	799.1	59.9	7.7

경인전자 (A009140)
Kyung in Electronics

업　　종 : 전자 장비 및 기기		시　　장 : 거래소	
신용등급 : (Bond) — 　(CP) —		기업규모 : 시가총액 소형주	
홈페이지 : www.kie.co.kr		연 락 처 : 02)2113-2000	
본　　사 : 서울시 금천구 가산디지털 2로 184 (가산동, 벽산/경디지털 밸리 2차 1411호)			

설 립 일	1973.08.06	종 업 원 수	9명	대 표 이 사	김효조
상 장 일	1989.06.20	감사의견	적정 (대주)	계　　열	
결 산 기	12월	보 통 주	157만주	종속회사수	
액 면 가	5,000원	우 선 주		구 상 호	

주주구성 (지분율,%)		출자관계 (지분율,%)		주요경쟁사 (외형,%)	
김효조	21.3	경인아메리카	100.0	경인전자	100
김성완	14.2	고웰	34.1	대주전자재료	256
(외국인)	16.2	우남앤파트너스	18.2	이엠티	34

매출구성		비용구성		수출비중	
리모콘	75.9	매출원가율	78.2	수출	94.7
TMS	16.9	판관비율	19.3	내수	5.3
스위치	5.2				

회사 개요
동사는 전자부품 제조업체로 스위치를 비롯하여 리모콘, Thermostat 제조 사업을 영위하고 있으며, 2009년 由 자동차용 부품 및 센서 사업을 신규로 추진하고 있음. 주요 고객사는 삼성전자, LG전자, 현대기아차 등이며, 리모콘이 전체 매출의 70% 가량을 차지하고 있음. 외환위기 이후 국내 SET MAKER의 중국 및 동남아 공장 이전이 진행되면서 국내 리모콘 시장은 지속적으로 위축되고 있음.

실적 분석
동사의 2016년 연결기준 결산 매출액은 265.7억원으로 전년 283.4억원 대비 6.2% 감소하였음. 리모콘, 스위치 등 부문별 매출액은 전년 대비 감소되었으나 내부거래가 줄어들어 연결 매출은 증가함. 판관비 감소 노력에도 불구하고 매출 및 원가율의 악화로 인해 영업이익은 6.8억원으로 전년동기 대비 59.2% 감소하며 이익률의 하락세 보임. 당기순이익은 비영업이익의 대폭증가에 따라 29.5억원을 기록하며 전년대비 121.1% 상승함.

현금 흐름 〈단위 : 억원〉
항목	2015	2016
영업활동	22	13
투자활동	9	33
재무활동	-5	-5
순현금흐름	28	44
기말현금	220	264

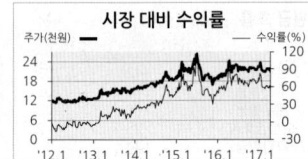
시장 대비 수익률

결산 실적 〈단위 : 억원〉
항목	2011	2012	2013	2014	2015	2016
매출액	329	442	466	340	283	266
영업이익	3	21	31	27	17	7
당기순이익	9	11	17	-10	13	30

분기 실적 〈단위 : 억원〉
항목	2015.3Q	2015.4Q	2016.1Q	2016.2Q	2016.3Q	2016.4Q
매출액	82	87	62	58	84	63
영업이익	4	4	2	-0	6	-0
당기순이익	7	3	2	-1	5	23

재무 상태 〈단위 : 억원〉
항목	2011	2012	2013	2014	2015	2016
총자산	634	637	660	617	642	643
유형자산	51	53	57	57	54	50
무형자산	4	3	3	4	3	3
유가증권	250	238	49	94	97	75
총부채	79	68	80	43	46	46
총차입금						
자본금	79	79	79	79	79	79
총자본	555	570	580	575	596	597
지배주주지분	555	570	580	575	596	597

기업가치 지표
항목	2011	2012	2013	2014	2015	2016
주가(최고/저)(천원)	16.9/9.6	13.9/11.3	16.1/12.5	22.2/15.4	28.2/16.4	25.1/18.6
PER(최고/저)(배)	32.8/18.6	20.9/16.9	16.3/12.7	—/—	34.1/19.9	13.5/10.0
PBR(최고/저)(배)	0.5/0.3	0.4/0.3	0.4/0.3	0.6/0.4	0.7/0.4	0.6/0.5
EV/EBITDA(배)						
EPS(원)	588	732	1,053	-633	850	1,880
BPS(원)	37,234	38,418	39,216	39,025	40,415	40,639
CFPS(원)	1,004	1,159	1,475	-220	1,246	2,231
DPS(원)	500	350	350	350	350	250
EBITDAPS(원)	636	1,753	2,365	2,147	1,459	785

재무 비율 〈단위 : %〉
연도	영업이익률	순이익률	부채비율	차입금비율	ROA	ROE	유보율	자기자본비율	EBITDA마진율
2016	2.6	11.1	7.6	0.0	4.6	5.0	712.8	92.9	4.6
2015	5.9	4.7	7.7	0.0	2.1	2.3	708.3	92.8	8.1
2014	8.0	-2.9	7.4	0.0	-1.6	-1.7	680.5	93.1	9.9
2013	6.6	3.6	13.8	0.0	2.6	2.9	684.3	87.9	8.0

경창산업 (A024910)
Kyung Chang Industrial

업 종 : 자동차부품
신용등급 : (Bond) —　　(CP) —
홈페이지 : www.kc.co.kr
본 사 : 대구시 서구 국채보상로 104 (중리동)

| 시 장 : KOSDAQ |
| 기업규모 : 우량 |
| 연 락 처 : 053)721-1041 |

설 립 일 1977.06.22	종업원수 1,187명	대표이사 손일호
상 장 일 1994.12.29	감사의견 적정 (한울)	계 열
결 산 기 12월	보 통 주 1,756만주	종속회사수
액 면 가 500원	우 선 주	구 상 호

주주구성 (지분율,%)		출자관계 (지분율,%)		주요경쟁사 (외형,%)	
손일호	18.4	KCW	97.6	경창산업	100
손기창	4.6	경창정공	40.8	동원금속	71
(외국인)	5.3	경창일만기차배건	65.0	유라테크	33

매출구성		비용구성		수출비중	
AUTO T/M부품	79.8	매출원가율	87.1	수출	71.6
CABLE	7.4	판관비율	8.3	내수	28.4
LEVER	5.1				

회사 개요
동사는 AUTO 트랜스밋션부품류, CABLE류, 페달류, AUTO LEVER류 등 자동차부품을 제조하여 완성차 및 시판업체에 판매하고 있음. 국내자동차 산업의 첨단 고급화 추세와 지속적인 신모델 개발로 내수 및 수출의 성장이 계속되고 있으며, 국내 및 해외 완성차 생산 메이커를 통한 주문 생산방식으로 판매가 이루어져 시장도 안정적으로 형성되어 있음. AUTO T/M부품이 매출의 약 80%를 차지하는 주요 매출원임.

실적 분석
동사의 2016년 연결기준 누적 매출액은 6,457억원으로 7.8% 증가하였고 매출총이익 831억원으로 12.7% 증가하였음. 판관비가 전년동기 대비 10.4% 상승했으나 매출 증대에 힘입어 영업이익은 292억원으로 전년동기 대비 17.1% 증가하였음. 그러나 비영업부문에서 157억원의 손실을 기록해 전년동기 27.5% 감소한 98.2억원의 당기순이익을 시현하는데 그침.

현금 흐름
〈단위 : 억원〉

항목	2015	2016
영업활동	793	1,113
투자활동	-881	-808
재무활동	52	-203
순현금흐름	93	100
기말현금	187	288

시장 대비 수익률
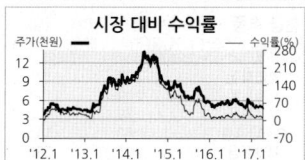

결산 실적
〈단위 : 억원〉

항목	2011	2012	2013	2014	2015	2016
매출액	3,572	4,231	5,266	5,528	5,990	6,458
영업이익	80	126	298	284	250	293
당기순이익	70	121	273	249	135	98

분기 실적
〈단위 : 억원〉

항목	2015.3Q	2015.4Q	2016.1Q	2016.2Q	2016.3Q	2016.4Q
매출액	1,354	1,634	1,551	1,655	1,449	1,803
영업이익	-19	70	96	103	8	85
당기순이익	-49	40	59	68	-46	17

재무 상태
〈단위 : 억원〉

항목	2011	2012	2013	2014	2015	2016
총자산	3,810	3,935	4,338	4,753	5,799	6,140
유형자산	2,346	2,396	2,750	2,829	3,163	3,424
무형자산	17	17	30	35	45	56
유가증권	25	26	22	39	82	110
총부채	3,092	3,066	3,313	3,520	4,409	4,673
총차입금	2,424	2,353	2,216	2,524	3,238	3,146
자본금	78	88	88	88	88	88
총자본	718	869	1,025	1,233	1,389	1,467
지배주주지분	686	830	972	1,166	1,190	1,255

기업가치 지표

항목	2011	2012	2013	2014	2015	2016
주가(최고/저)(천원)	7.4/3.5	5.7/3.6	10.1/4.1	13.9/7.9	9.1/5.5	6.3/4.7
PER(최고/저)(배)	22.0/10.6	9.4/6.0	7.1/2.9	10.7/6.1	16.0/9.6	14.5/10.8
PBR(최고/저)(배)	2.0/1.0	1.3/0.8	1.7/0.7	2.0/1.1	1.2/0.8	0.8/0.6
EV/EBITDA(배)	5.3	5.4	5.2	4.8	5.4	5.0
EPS(원)	356	637	1,479	1,334	582	443
BPS(원)	3,927	4,748	6,128	7,229	7,502	7,862
CFPS(원)	3,176	3,126	3,919	4,169	3,646	3,259
DPS(원)	50	55	100	80	50	70
EBITDAPS(원)	3,276	3,208	4,135	4,454	4,487	4,482

재무 비율
〈단위 : % 〉

연도	영업이익률	순이익률	부채비율	차입금비율	ROA	ROE	유보율	자기자본비율	EBITDA마진율
2016	4.5	1.5	318.6	214.4	1.7	6.4	1,472.5	23.9	12.2
2015	4.2	2.3	317.4	233.1	2.6	8.7	1,400.5	24.0	13.2
2014	5.1	4.5	285.5	204.7	5.5	21.9	1,345.9	25.9	14.2
2013	5.7	5.2	323.3	216.2	6.6	28.8	1,125.6	23.6	13.8

계룡건설산업 (A013580)
Kyeryong Construction Industrial

업 종 : 건설
신용등급 : (Bond) BBB　　(CP) —
홈페이지 : www.krcon.co.kr
본 사 : 대전시 서구 문정로 48번길 48

| 시 장 : 거래소 |
| 기업규모 : 시가총액 소형주 |
| 연 락 처 : 042)480-7114 |

설 립 일 1978.10.11	종업원수 1,056명	대표이사 이승찬
상 장 일 1996.01.30	감사의견 적정 (한울)	계 열
결 산 기 12월	보 통 주 893만주	종속회사수
액 면 가 5,000원	우 선 주	구 상 호

주주구성 (지분율,%)		출자관계 (지분율,%)		주요경쟁사 (외형,%)	
이인구	16.7	꽃담레저	100.0	계룡건설	100
이승찬	14.2	증평아산업단지개발	80.0	KT서브마린	4
(외국인)	14.4	KR산업	73.0	남광토건	9

매출구성		비용구성		수출비중	
[건축계약공사]계룡건설산업, 케이알산업	54.9	매출원가율	92.2	수출	—
[토목계약공사]계룡건설산업, 케이알산업	27.9	판관비율	3.9	내수	—
[유통]케이알산업, 계룡산업, 케이알유통	8.5				

회사 개요
동사는 1978년 설립되어 건축, 토목, 분양, 패션아울렛, 고속도로 휴게소 운영 등의 사업을 영위하고 있음. 2016년 기준 시공능력평가순위는 23위. 2016년 1분기 기준 매출비중은 건축 54.1%, 토목 23.2%, 유통 8.1%, 분양 13.1% 등임. 계룡산업, 케이알산업, 케이알유통, 동성건설 등 총 16개의 계열사를 보유함. 건설시장의 경쟁 심화와 수익성 저하로 기술력 확보를 통한 사업 다각화 모색 중임.

실적 분석
동사의 매출액은 공사수입(건축 및 토목), 분양수입, 기타수입으로 구성되어 있으며 2016년 연결기준 매출액은 1조9,585.1억원으로 전년보다 28.7% 증가하였음. 또한 판매비와 관리비는 4.6% 증가하는데 그친 반면 776.4억원의 영업이익을 시현, 전년보다 115.1% 증가한 실적을 기록함. 다만 비영업 손실이 확대되면서 당기순이익은 10.2% 증가한 186.2억원을 기록하는데 그침.

현금 흐름
〈단위 : 억원〉

항목	2015	2016
영업활동	1,040	553
투자활동	156	-706
재무활동	-676	1,052
순현금흐름	520	900
기말현금	1,379	2,279

시장 대비 수익률
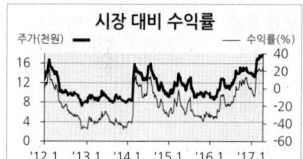

결산 실적
〈단위 : 억원〉

항목	2011	2012	2013	2014	2015	2016
매출액	17,424	15,467	15,850	16,333	15,222	19,585
영업이익	447	441	-501	-1,037	361	776
당기순이익	119	44	-826	-1,111	169	186

분기 실적
〈단위 : 억원〉

항목	2015.3Q	2015.4Q	2016.1Q	2016.2Q	2016.3Q	2016.4Q
매출액	3,687	4,568	3,714	4,789	4,862	6,221
영업이익	63	133	89	159	134	394
당기순이익	23	75	32	64	63	28

재무 상태
〈단위 : 억원〉

항목	2011	2012	2013	2014	2015	2016
총자산	15,612	16,198	14,819	12,383	12,247	15,134
유형자산	1,598	1,601	1,845	1,468	1,445	1,460
무형자산	248	248	242	228	238	145
유가증권	2,176	2,422	798	855	894	1,079
총부채	10,476	11,036	10,465	9,366	9,068	11,840
총차입금	5,687	5,919	5,103	4,386	3,931	4,166
자본금	447	447	447	447	447	447
총자본	5,136	5,162	4,354	3,017	3,179	3,294
지배주주지분	4,616	4,576	3,745	2,568	2,750	2,885

기업가치 지표

항목	2011	2012	2013	2014	2015	2016
주가(최고/저)(천원)	21.5/12.2	16.9/7.1	10.3/7.8	16.8/8.2	14.4/8.5	15.5/8.6
PER(최고/저)(배)	20.3/11.5	61.6/25.8	—/—	—/—	8.2/4.9	8.3/4.6
PBR(최고/저)(배)	0.4/0.2	0.3/0.1	0.2/0.2	0.6/0.3	0.5/0.3	0.5/0.3
EV/EBITDA(배)	6.5	7.3			7.2	3.3
EPS(원)	1,071	274	-9,484	-12,490	1,754	1,864
BPS(원)	52,023	51,575	42,267	29,336	31,422	32,920
CFPS(원)	1,885	1,177	-8,590	-11,433	2,859	2,844
DPS(원)	100					
EBITDAPS(원)	5,824	5,844	-4,711	-10,550	5,147	9,672

재무 비율
〈단위 : % 〉

연도	영업이익률	순이익률	부채비율	차입금비율	ROA	ROE	유보율	자기자본비율	EBITDA마진율
2016	4.0	1.0	359.4	126.5	1.4	5.9	558.4	21.8	4.4
2015	2.4	1.1	285.2	123.7	1.4	5.9	528.4	26.0	3.0
2014	-6.4	-6.8	310.4	145.4	-8.2	-35.3	486.7	24.4	-5.8
2013	-3.2	-5.2	240.4	117.2	-5.3	-20.4	745.4	29.4	-2.7

계양전기 (A012200)
Keyang Electric Machinery

업　　종 : 자동차부품　　　　　　　시　　장 : 거래소
신용등급 : (Bond) ―　　(CP) ―　　기업규모 : 시가총액 소형주
홈 페 이 지 : www.keyang.co.kr　　연 락 처 : 02)559-6800
본　　사 : 서울시 강남구 테헤란로 508 (대치동) 해성2빌딩 2층

설 립 일	1977.04.27	종 업 원 수	648명	대 표 이 사	이정훈
상 장 일	1988.07.06	감 사 의 견	적정 (삼일)	계	열
결 산 기	12월	보 통 주	3,260만주	종속회사수	
액 면 가	500원	우 선 주	140만주	구 상 호	

주주구성 (지분율,%)		출자관계 (지분율,%)		주요경쟁사 (외형,%)	
단재완	20.3	프레스토라이트아시아	59.4	계양전기	100
케이머스원	10.0	해성디에스	94	우리산업홀딩스	94
(외국인)	4.9	계양전기(소주)	100.0	디아이씨	164

매출구성		비용구성		수출비중	
Seat 모터, Window 모터 등	52.6	매출원가율	79.0	수출	23.3
전동공구,엔진,산업용구	47.4	판관비율	16.5	내수	76.7

회사 개요
동사는 1977년 전동공구 제조 및 판매를 목적으로 설립되어 전동공구, 엔진, 산업용구 등 산업용품 및 자동차용 DC모터 등 전장품 관련 사업을 운영하고 있음. 국내 전동공구 시장 1위 기업이며, 산업용품 매출이 가장 큰 비중을 차지함. 동사는 고객 주문에 의한 단기 납품 형식을 취하고 있음. 자동차 좌석, 문에 장착되는 전동모터(DC모터)를 생산하며 현대차, 기아차 등에 납품함. 최근 골프차 모터 생산 업체 프레스토라이트아시아 지분 취득

실적 분석
동사의 2016년 연결기준 누적 매출액은 3398억원으로 전년 동기 대비 15.8% 증가함. 영업이익은 117.6% 증가한 154.6억원을 시현. 비영업이익도 51.8억원으로 42% 늘면서 당기순이익은 79.9% 늘어난 172.3억원을 기록함. 전동공구와 모터 사업 성장이 지속되면서 높은 이익증가율을 달성. 전동공구류와 모터가격 향상으로 매출액의 큰 폭 증가.

현금 흐름 〈단위 : 억원〉
항목	2015	2016
영업활동	192	187
투자활동	-221	-151
재무활동	-16	-38
순현금흐름	-44	-3
기말현금	83	79

시장 대비 수익률
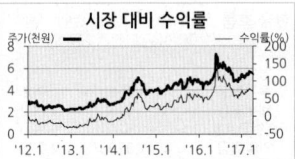

결산 실적 〈단위 : 억원〉
항목	2011	2012	2013	2014	2015	2016
매출액	2,347	2,474	2,609	2,865	2,936	3,399
영업이익	56	27	61	42	71	155
당기순이익	66	50	59	65	96	172

분기 실적 〈단위 : 억원〉
항목	2015.3Q	2015.4Q	2016.1Q	2016.2Q	2016.3Q	2016.4Q
매출액	726	708	818	878	826	877
영업이익	21	-1	47	49	39	20
당기순이익	34	3	49	84	27	12

재무 상태 〈단위 : 억원〉
항목	2011	2012	2013	2014	2015	2016
총자산	1,706	1,746	1,808	2,042	2,116	2,440
유형자산	521	528	558	639	835	999
무형자산	38	29	18	'15	27	64
유가증권	3	3	0	0	0	0
총부채	320	302	316	513	511	648
총차입금	41	35	6	15	14	30
자본금	170	170	170	170	170	170
총자본	1,386	1,443	1,492	1,529	1,604	1,791
지배주주지분	1,386	1,443	1,492	1,529	1,604	1,762

기업가치 지표
항목	2011	2012	2013	2014	2015	2016
주가(최고/저)(천원)	3.6/2.0	3.0/2.1	3.3/2.2	5.2/2.7	5.2/3.7	7.4/4.1
PER(최고/저)(배)	20.3/11.3	22.1/15.4	20.1/13.2	28.1/14.4	18.9/13.3	15.0/8.3
PBR(최고/저)(배)	1.0/0.5	0.8/0.5	0.8/0.5	1.2/0.6	1.1/0.8	1.5/0.8
EV/EBITDA(배)	6.9	5.5	4.9	12.6	12.2	6.7
EPS(원)	195	147	175	191	282	499
BPS(원)	4,149	4,245	4,387	4,498	4,719	5,183
CFPS(원)	345	306	334	353	460	754
DPS(원)	50	50	50	45	55	65
EBITDAPS(원)	315	239	340	285	387	709

재무 비율 〈단위 : %〉
연도	영업이익률	순이익률	부채비율	차입금비율	ROA	ROE	유보율	자기자본비율	EBITDA마진율
2016	4.6	5.1	36.2	1.7	7.6	10.1	936.7	73.4	7.1
2015	2.4	3.3	31.9	0.9	4.6	6.1	843.8	75.8	4.5
2014	1.5	2.3	33.6	1.0	3.4	4.3	799.5	74.9	3.4
2013	2.4	2.3	21.2	0.4	3.4	4.1	777.5	82.5	4.4

고려개발 (A004200)
Korea Development

업　　종 : 건설　　　　　　　　　시　　장 : 거래소
신용등급 : (Bond) ―　　(CP) ―　　기업규모 : 시가총액 소형주
홈 페 이 지 : www.kdc.co.kr　　연 락 처 : 031)420-9000
본　　사 : 경기도 용인시 수지구 풍덕천로 112, 501호 (풍덕천동, 하나프라자빌딩)

설 립 일	1965.03.31	종 업 원 수	394명	대 표 이 사	김종오
상 장 일	1978.10.30	감 사 의 견	적정 (한울)	계	열
결 산 기	12월	보 통 주	2,155만주	종속회사수	
액 면 가	5,000원	우 선 주	556만주	구 상 호	

주주구성 (지분율,%)		출자관계 (지분율,%)		주요경쟁사 (외형,%)	
대림산업	62.2	광명경전철	50.0	고려개발	100
켐텍	5.4	함양에코라인	38.0	서희건설	172
(외국인)	0.0	화천강군	34.6	서한	80

매출구성		비용구성		수출비중	
국내도급공사 건축[민간]	45.4	매출원가율	91.0	수출	0.0
국내도급공사 토목[관급]	24.0	판관비율	4.7	내수	100.0
국내도급공사 토목[민간]	20.2				

회사 개요
사는 1965년 설립돼 1976년 해외건설업 면허 1호 취득, 1981년 철강재 면허 취득, 국내 오피스텔 건축 1호를 기록한 종합건설업체로 1978년 상장되었으며 1987년 대림산업 계열사로 편입됨. 2011년 11월 기업개선절차(워크아웃)에 들어갔으며 2017년말까지 연장된 상태임. 2016년 1분기에 무상감자와 출자전환, 제3자배정유상증자로 자본금을 확충함. 2016년 기준 매출비중은 건축 60.5%, 토목 39.1%, 기타 등으로 구성됨.

실적 분석
동사는 2016년 민간주택, 도시정비사업을 확대한 결과 수주 9,084억원을 달성함. 매출은 전년대비 2.8% 개선된 6,239억원, 영업이익은 흑자전환에 성공함. 채권금융기관 및 대주주와 협의하여 2016년 2월 중 자본금 감소와 대주주 등이 참여하는 1,200억원 규모의 1차 유상증자와 2017년 2월 중 대주주가 참여하는 500억원 규모의 2차 유상증자를 완료하여 상장폐지 사유 및 관리종목 지정 사유를 해소함.

현금 흐름 *IFRS 별도 기준 〈단위 : 억원〉
항목	2015	2016
영업활동	220	175
투자활동	-209	-171
재무활동	-79	138
순현금흐름	-68	141
기말현금	445	586

시장 대비 수익률
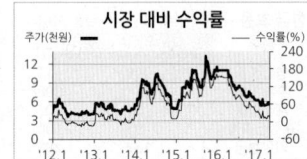

결산 실적 〈단위 : 억원〉
항목	2011	2012	2013	2014	2015	2016
매출액	6,115	6,942	7,443	6,868	6,071	6,239
영업이익	-373	271	456	165	-798	263
당기순이익	-2,351	-23	-31	-617	-1,198	-305

분기 실적 *IFRS 별도 기준 〈단위 : 억원〉
항목	2015.3Q	2015.4Q	2016.1Q	2016.2Q	2016.3Q	2016.4Q
매출액	1,658	1,502	1,627	1,763	1,211	1,637
영업이익	60	-779	129	68	8	59
당기순이익	-31	-1,060	70	12	-30	-357

재무 상태 *IFRS 별도 기준 〈단위 : 억원〉
항목	2011	2012	2013	2014	2015	2016
총자산	10,777	9,161	8,234	7,655	6,391	6,065
유형자산	63	60	50	42	36	33
무형자산	50	50	50	50	49	38
유가증권	1,337	1,369	1,678	1,662	1,211	1,210
총부채	9,547	7,959	7,043	7,086	7,037	5,851
총차입금	5,752	4,823	4,431	4,293	4,201	3,141
자본금	1,000	1,000	1,000	1,000	1,000	1,078
총자본	1,229	1,203	1,191	569	-646	214
지배주주지분	1,229	1,203	1,191	569	-646	214

기업가치 지표 *IFRS 별도 기준
항목	2011	2012	2013	2014	2015	2016
주가(최고/저)(천원)	14.7/3.5	6.5/3.6	6.6/4.1	10.9/4.8	13.4/4.8	11.3/6.0
PER(최고/저)(배)	—/—	—/—	—/—	—/—	—/—	—/—
PBR(최고/저)(배)	1.0/0.2	0.4/0.3	0.5/0.3	1.6/0.7	-1.7/-0.6	11.3/6.1
EV/EBITDA(배)		16.1	9.2	24.3		14.6
EPS(원)	-28,613	-277	-372	-7,514	-14,583	-1,562
BPS(원)	6,149	6,015	5,959	2,849	-3,228	997
CFPS(원)	-11,725	-88	-128	-3,064	-5,968	-1,541
DPS(원)						
EBITDAPS(원)	-1,835	1,382	2,303	847	-3,966	1,369

재무 비율 〈단위 : %〉
연도	영업이익률	순이익률	부채비율	차입금비율	ROA	ROE	유보율	자기자본비율	EBITDA마진율
2016	4.2	-4.9	일부잠식	일부잠식	-4.9	전기잠식	-80.1	3.5	4.3
2015	-13.1	-19.7	완전잠식	완전잠식	-17.1	당기잠식	-164.6	-10.1	-13.1
2014	2.4	-9.0	일부잠식	일부잠식	-7.8	-70.1	-43.0	7.4	2.5
2013	6.1	-0.4	591.2	372.0	-0.4	-2.6	19.2	14.5	6.2

고려반도체시스템 (A089890)
Korea Semiconductor System

업 종 : 반도체 및 관련장비　　　　　시 장 : KOSDAQ
신용등급 : (Bond) —　　(CP) —　　　기업규모 : —
홈페이지 : www.koses.co.kr　　　　　연 락 처 : 032)662-2224
본 사 : 경기도 부천시 오정구 산업로 62

설 립 일	1994.01.25	종 업 원 수	109명	대 표 이 사	전용완
상 장 일	2006.11.08	감 사 의 견	적정 (다산)	계 열	
결 산 기	12월	보 통 주	843만주	종속회사수	
액 면 가	500원	우 선 주		구 상 호	

주주구성 (지분율,%)		출자관계 (지분율,%)		주요경쟁사 (외형,%)	
박명순	48.5	고려반도체	100		
포스텍기술투자	2.4	에이티세미콘	320		
(외국인)	0.1	코디엠	159		

매출구성		비용구성		수출비중	
반도체 제조용 장비/레이저응용장비 등	64.5	매출원가율	82.4	수출	—
Conversion Kit , A/S	29.2	판관비율	29.5	내수	—
반도체 제조용 장비 등	5.8				

회사 개요
동사는 1994년 반도체제조장비의 제조, 판매 등을 주 목적으로 설립되었으며, 반도체 공정 중 후공정장비인 Solder Ball Attach System장비, Laser 응용장비, Marking Handler System장비 및 Stack 장비 등을 제조 판매하는 업체임. 반도체후공정장비인 Solder Ball Mount와 Laser Application Machine이 2016년 2분기 기준 총매출의 53% 이상을 차지하는 주요 매출원임.

실적 분석
동사의 2016년 연결기준 누적매출액은 전년 동기대비 35.3% 감소한 278.7억원을 기록함. 매출액이 대폭 감소한 가운데, 매출채권 손상차손이 21.7억원 발생하며 영업손실은 33.2억원을 기록, 4년 이상 영업손실로 인해 결산시점 관리종목으로 지정됨. 하지만 전방 산업인 반도체 시장의 호황에 힘입어 수주가 잇따르고 있어 상장폐지 심사에 긍정적인 요인으로 작용할 것으로 보임.

현금 흐름　*IFRS 별도 기준　〈단위 : 억원〉

항목	2015	2016
영업활동	4	-17
투자활동	-11	-14
재무활동	-7	28
순현금흐름	-14	-3
기말현금	13	10

시장 대비 수익률

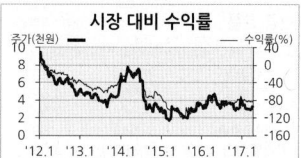

결산 실적　〈단위 : 억원〉

항목	2011	2012	2013	2014	2015	2016
매출액	733	767	339	369	431	279
영업이익	80	60	-77	-32	-1	-33
당기순이익	41	63	-106	-87	-9	-12

분기 실적　*IFRS 별도 기준　〈단위 : 억원〉

항목	2015.3Q	2015.4Q	2016.1Q	2016.2Q	2016.3Q	2016.4Q
매출액	118	132	120	63	41	55
영업이익	1	14	1	-1	-7	-26
당기순이익	7	12	-2	-2	-14	6

재무 상태　*IFRS 별도 기준　〈단위 : 억원〉

항목	2011	2012	2013	2014	2015	2016
총자산	512	447	445	419	367	273
유형자산	139	176	168	153	144	137
무형자산	25	24	46	44	36	36
유가증권	3	—	—	—	—	—
총부채	335	209	308	370	324	231
총차입금	82	88	189	164	147	111
자본금	40	40	40	40	40	42
총자본	177	237	136	50	43	43
지배주주지분	177	237	136	50	43	43

기업가치 지표　*IFRS 별도 기준

항목	2011	2012	2013	2014	2015	2016
주가(최고/저)(천원)	9.3/2.6	9.5/4.5	5.8/3.2	7.8/2.5	3.8/1.7	4.8/2.7
PER(최고/저)(배)	18.1/5.1	12.0/5.7	—/—	—/—	—/—	—/—
PBR(최고/저)(배)	4.2/1.2	3.2/1.5	3.4/1.9	12.6/4.0	7.1/3.2	9.4/5.3
EV/EBITDA(배)	7.1	6.1	—	—	29.1	—
EPS(원)	514	787	-1,314	-1,075	-110	-153
BPS(원)	2,201	2,948	1,695	620	535	509
CFPS(원)	715	966	-1,145	-926	77	-7
DPS(원)	—	—	—	—	—	—
EBITDAPS(원)	1,193	921	-788	-243	174	-264

재무 비율　〈단위 : % 〉

연도	영업이익률	순이익률	부채비율	차입금비율	ROA	ROE	유보율	자기자본비율	EBITDA마진율
2016	-11.9	-4.4	537.9	259.7	-3.9	-28.8	1.8	15.7	-7.7
2015	-0.3	-2.1	754.1	342.2	-2.3	-19.1	6.9	11.7	3.3
2014	-8.6	-23.5	741.3	328.9	-20.0	-92.9	23.9	11.9	-5.3
2013	-22.7	-31.2	226.1	138.4	-23.7	-56.6	238.9	30.7	-18.7

고려산업 (A002140)
Korea Industrial

업 종 : 식료품　　　　　　　　　　시 장 : 거래소
신용등급 : (Bond) —　　(CP) —　　　기업규모 : 시가총액 소형주
홈페이지 : www.hafeed.com　　　　　연 락 처 : 051)600-5000
본 사 : 부산시 사상구 새벽시장로 21(감전동)

설 립 일	1957.07.24	종 업 원 수	107명	대 표 이 사	전장열
상 장 일	1991.01.14	감 사 의 견	적정 (안경)	계 열	
결 산 기	12월	보 통 주	2,494만주	종속회사수	
액 면 가	1,000원	우 선 주		구 상 호	

주주구성 (지분율,%)		출자관계 (지분율,%)		주요경쟁사 (외형,%)	
금강공업	48.4	코리아캐피탈대부	100.0	고려산업	100
한국외환은행	4.1	D&A	99.9	대주산업	49
(외국인)	2.2	부산청과	78.0	한탑	74

매출구성		비용구성		수출비중	
배합사료 (제품)	78.3	매출원가율	79.5	수출	0.0
임대 외	12.3	판관비율	16.6	내수	100.0
배합사료부문 (상품)	6.6				

회사 개요
동사는 가축용 배합사료의 제조 및 판매를 주업종으로 하고 있으며, 배합사료의 안정적인 판로확보를 위하여 식육사업부문도 함께 영위함. 국내 배합 사료업계 최초로 전자동 공정 제어 시스템을 도입해 제품의 표준화와 균일화를 달성하여, 최적 배합비율의 고효율 배합사료를 생산함. 또한, 부산, 대구 양대공장의 실험실에서 고품질의 신제품 개발, 농장자동화, 사양관리 등 전 부문에 걸친 선진기술 이전을 통해 경쟁력을 확보하고 있음.

실적 분석
동사의 2016년 연결기준 연간 누적 매출액은 1,722.8억원으로 전년 동기 대비 7.1% 감소함. 매출이 감소한 만큼 매출 원가 또한 크게 줄었음. 다만 판매비와 관리비가 증가하면서 영업이익은 전년 동기 대비 소폭 감소한 66.8억원을 기록. 비영업손익 부문에서 관련 기업 투자 손익이 흑자로 전환함에 따라 당기순이익은 68.5억원으로 전년 동기 대비 26.9% 증가.

현금 흐름　〈단위 : 억원〉

항목	2015	2016
영업활동	96	158
투자활동	-74	-119
재무활동	-16	-35
순현금흐름	5	4
기말현금	139	143

시장 대비 수익률

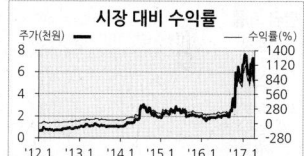

결산 실적　〈단위 : 억원〉

항목	2011	2012	2013	2014	2015	2016
매출액	1,769	1,911	2,024	1,851	1,854	1,723
영업이익	68	67	50	107	68	67
당기순이익	44	78	47	90	54	69

분기 실적　〈단위 : 억원〉

항목	2015.3Q	2015.4Q	2016.1Q	2016.2Q	2016.3Q	2016.4Q
매출액	450	461	440	433	414	436
영업이익	10	1	29	10	18	9
당기순이익	9	5	24	7	42	-5

재무 상태　〈단위 : 억원〉

항목	2011	2012	2013	2014	2015	2016
총자산	1,249	1,483	1,484	1,560	1,600	1,678
유형자산	375	376	386	402	457	476
무형자산	7	9	9	18	18	18
유가증권	25	25	24	28	35	35
총부채	688	862	818	799	806	828
총차입금	442	622	557	521	585	564
자본금	249	249	249	249	249	249
총자본	561	621	665	761	793	850
지배주주지분	560	619	664	756	770	834

기업가치 지표

항목	2011	2012	2013	2014	2015	2016
주가(최고/저)(천원)	0.8/0.5	1.0/0.6	1.4/1.0	3.2/1.1	2.9/1.8	6.8/1.6
PER(최고/저)(배)	5.0/3.3	3.6/2.2	7.6/5.5	9.2/3.1	13.3/8.0	24.5/5.9
PBR(최고/저)(배)	0.4/0.3	0.4/0.3	0.5/0.4	1.1/0.4	1.0/0.6	2.0/0.5
EV/EBITDA(배)	5.9	8.7	14.6	10.6	10.0	22.2
EPS(원)	175	311	190	363	225	279
BPS(원)	11,348	12,547	2,687	3,059	3,114	3,371
CFPS(원)	1,057	1,746	233	409	281	344
DPS(원)	150	150	25	45	30	30
EBITDAPS(원)	1,541	1,528	245	475	326	333

재무 비율　〈단위 : % 〉

연도	영업이익률	순이익률	부채비율	차입금비율	ROA	ROE	유보율	자기자본비율	EBITDA마진율
2016	3.9	4.0	97.4	66.4	4.2	8.7	237.1	50.7	4.8
2015	3.7	2.9	101.6	73.7	3.4	7.4	211.4	49.6	4.4
2014	5.8	4.9	105.0	68.4	5.9	12.7	205.9	48.8	6.4
2013	2.5	2.3	123.0	83.7	3.2	7.4	168.7	44.8	3.0

고려신용정보 (A049720)
Koryo Credit Information

업　　종 : 상업서비스　　　　　　시　　장 : KOSDAQ
신용등급 : (Bond) —　　(CP) —　　기업규모 : 중견
홈 페 이 지 : www.koryoinfo.co.kr　　연 락 처 : 02)3450-9000
본　　사 : 서울시 서초구 서초대로 353, 유니온타워 (서초동)

설 립 일	1991.06.27	종 업 원 수	336명	대 표 이 사	박종진
상 장 일	2002.01.31	감 사 의 견	적정 (예일)	계　　　　열	
결 산 기	12월	보 통 주	1,430만주	종속회사수	
액 면 가	500원	우 선 주		구 상 호	

주주구성 (지분율,%)		출자관계 (지분율,%)		주요경쟁사 (외형,%)	
윤의국	18.6	고려에프엔비	100.0	고려신용정보	100
신예철	14.8	고려아이엔씨	80.0	아이씨케이	29
(외국인)	0.1	에프지자산운용	7.2	SCI평가정보	42

매출구성		비용구성		수출비중	
고려신용정보(채권추심업)	87.4	매출원가율	0.0	수출	0.0
고려신용정보(신용조사업)	9.6	판관비율	93.6	내수	100.0
고려신용정보(민원대행업)	3.1				

회사 개요
동사는 1991년 6월 설립돼 신용조사업을 영위해오다 1998년 채권추심업을 추가함. 2002년 코스닥 시장에 상장됨. 동사의 민사 및 상사채권 사업부는 전국 35개 지사 및 2개 영업소로 구성됨. 금융, 통신채권 사업부는 8개 금융·통신채권부로 구성됨. 채권추심 부문 시장점유율은 13.4%로 1위임. 점유율은 꾸준히 늘고 있는 추세임. 채권추심업이 전체 매출의 88% 이상 차지함.

실적 분석
동사의 2016년 매출액은 848.7억원으로 전년 대비 2.5% 증가함. 영업이익은 54.2억원으로 전년 대비 5.4% 증가함. 당기순이익은 37.2억원으로 7.4% 감소함. 채권추심업은 경기 침체기에는 부실 채권 증가로 인해 수주 물량이 늘어나지만 채무자의 채무 상환 능력 저하로 회수율이 감소하는 현상을 보임. 우수한 영업, 관리 인력을 통해 민사 및 상사 채권의 수주를 늘리는 데 집중한다는 계획임.

현금 흐름　〈단위 : 억원〉
항목	2015	2016
영업활동	45	53
투자활동	-17	-3
재무활동	-15	-23
순현금흐름	13	27
기말현금	53	81

시장 대비 수익률
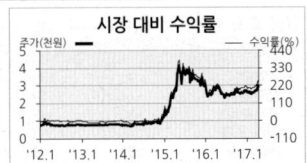

결산 실적　〈단위 : 억원〉
항목	2011	2012	2013	2014	2015	2016
매출액	806	834	824	816	828	849
영업이익	27	18	3	18	51	54
당기순이익	23	9	3	12	40	37

분기 실적　〈단위 : 억원〉
항목	2015.3Q	2015.4Q	2016.1Q	2016.2Q	2016.3Q	2016.4Q
매출액	202	212	197	218	208	226
영업이익	12	12	7	16	12	19
당기순이익	7	14	6	11	9	11

재무 상태　〈단위 : 억원〉
항목	2011	2012	2013	2014	2015	2016
총자산	190	201	206	230	252	274
유형자산	28	24	24	18	16	14
무형자산	16	16	20	32	29	29
유가증권	1	2	7	3	51	33
총부채	67	77	84	105	99	106
총차입금	—	—	1	6	—	—
자본금	72	72	72	72	72	72
총자본	123	124	122	125	153	168
지배주주지분	123	122	121	124	152	167

기업가치 지표
항목	2011	2012	2013	2014	2015	2016
주가(최고/저)(천원)	0.9/0.5	1.0/0.7	0.8/0.8	1.2/0.7	4.2/1.2	3.1/2.3
PER(최고/저)(배)	7.6/4.0	21.1/15.2	41.7/37.4	16.1/9.7	16.7/4.9	12.6/9.4
PBR(최고/저)(배)	1.4/0.7	1.5/1.1	1.2/1.1	1.6/0.9	4.4/1.3	2.8/2.1
EV/EBITDA(배)	2.4	2.8	5.4	4.6	6.2	4.5
EPS(원)	159	62	25	85	280	260
BPS(원)	879	868	863	880	1,073	1,180
CFPS(원)	244	130	96	155	344	316
DPS(원)	50	50	50	75	150	175
EBITDAPS(원)	272	197	90	195	423	435

재무 비율　〈단위 : % 〉
연도	영업이익률	순이익률	부채비율	차입금비율	ROA	ROE	유보율	자기자본비율	EBITDA마진율
2016	6.4	4.4	63.2	0.0	14.1	23.3	136.0	61.3	7.3
2015	6.2	4.8	65.1	1.3	16.6	29.0	114.6	60.6	7.3
2014	2.2	1.5	84.3	4.6	5.4	9.9	75.9	54.3	3.4
2013	0.3	0.4	68.4	0.6	1.5	2.9	72.7	59.4	1.6

고려아연 (A010130)
Korea Zinc

업　　종 : 금속 및 광물　　　　　시　　장 : 거래소
신용등급 : (Bond) —　　(CP) —　　기업규모 : 시가총액 대형주
홈 페 이 지 : www.koreazinc.co.kr　　연 락 처 : 02)519-3416
본　　사 : 서울시 강남구 강남대로 542 (논현동)

설 립 일	1974.08.01	종 업 원 수	1,380명	대 표 이 사	이제중,최창근
상 장 일	1990.07.28	감 사 의 견	적정 (삼정)	계　　　　열	
결 산 기	12월	보 통 주	1,887만주	종속회사수	
액 면 가	5,000원	우 선 주		구 상 호	

주주구성 (지분율,%)		출자관계 (지분율,%)		주요경쟁사 (외형,%)	
영풍	26.9	클린코리아	100.0	고려아연	100
국민연금공단	8.0	케이지그린텍	100.0	포스코켐텍	19
(외국인)	18.4	케이지엑스	100.0	나노신소재	1

매출구성		비용구성		수출비중	
아연(제품)	35.6	매출원가율	83.9	수출	73.8
은(제품)	27.3	판관비율	3.0	내수	26.2
연(제품)	17.1				

회사 개요
동사는 비철금속계련회사로서 아연과 연의 생산판매를 주업종으로 영위하고 있으며 이 사업은 한국표준산업분류표의 소분류가 같고, 기타 금, 은, 황산 등은 아연과 연제련과정에서 회수하는 유가금속과 부산물의 일종으로 생산되고 있음. 비철금속 가격은 Global 시장 상황과 연동되기 때문에 투기적 수요 등 수급 상황이외의 세계 금융 시장 환경 변화에도 제한적으로 영향을 받음.

실적 분석
동사의 2016년 연결 기준 매출액과 영업이익은 5조8,475억원, 7,647억원으로 전년 대비 각각 22.6%, 13.8% 증가함. 동사는 2016년도에 주요제품인 아연과 64만5605톤, 연괴 44만1020톤을 생산하였으며, 국제금속가격의 전반적인 강세 및 판매량의 증가로 인해 매출이 증가함. 단 제련수수료 및 판매 프리미엄 등의 하락으로 인하여 매출총이익과 당기순이익 증가율은 각각 12%, 15.7% 증가에 그침.

현금 흐름　〈단위 : 억원〉
항목	2015	2016
영업활동	9,449	6,807
투자활동	-6,508	-4,590
재무활동	-2,363	-1,565
순현금흐름	641	698
기말현금	2,395	3,093

시장 대비 수익률

결산 실적　〈단위 : 억원〉
항목	2011	2012	2013	2014	2015	2016
매출액	55,564	54,975	48,177	49,385	47,714	58,475
영업이익	9,636	7,575	5,986	6,827	6,722	7,647
당기순이익	7,137	5,680	4,528	5,049	5,140	5,946

분기 실적　〈단위 : 억원〉
항목	2015.3Q	2015.4Q	2016.1Q	2016.2Q	2016.3Q	2016.4Q
매출액	12,029	12,324	13,519	14,097	14,590	16,269
영업이익	1,787	1,283	1,873	1,802	1,621	2,351
당기순이익	1,297	985	1,470	1,374	1,306	1,795

재무 상태　〈단위 : 억원〉
항목	2011	2012	2013	2014	2015	2016
총자산	46,062	49,405	51,210	56,424	59,079	64,826
유형자산	15,529	17,058	18,523	21,117	24,281	24,843
무형자산	792	784	672	650	708	737
유가증권	8,134	9,933	11,996	13,413	16,022	16,468
총부채	10,958	9,545	7,890	8,593	6,886	8,199
총차입금	4,874	3,301	1,662	1,733	530	511
자본금	944	944	944	944	944	944
총자본	35,104	39,860	43,320	47,831	52,194	56,627
지배주주지분	33,901	38,594	41,827	46,339	50,773	55,165

기업가치 지표
항목	2011	2012	2013	2014	2015	2016
주가(최고/저)(천원)	442/211	452/276	380/243	423/293	540/368	549/402
PER(최고/저)(배)	13.0/6.2	16.5/10.1	17.1/11.0	16.8/11.6	20.8/14.2	17.8/13.0
PBR(최고/저)(배)	2.7/1.3	2.4/1.4	1.8/1.2	1.8/1.2	2.1/1.4	1.9/1.4
EV/EBITDA(배)	4.7	7.9	6.8	8.2	9.3	8.0
EPS(원)	37,342	29,685	23,745	26,565	26,994	31,395
BPS(원)	182,490	207,361	224,494	248,406	271,901	295,176
CFPS(원)	43,251	36,312	31,516	34,828	36,218	42,976
DPS(원)	5,000	5,000	5,000	6,500	8,500	8,500
EBITDAPS(원)	56,977	46,772	39,493	44,441	44,848	52,105

재무 비율　〈단위 : % 〉
연도	영업이익률	순이익률	부채비율	차입금비율	ROA	ROE	유보율	자기자본비율	EBITDA마진율
2016	13.1	10.2	14.5	0.9	9.6	11.2	5,803.5	87.4	16.8
2015	14.1	10.2	13.2	0.9	8.9	10.5	5,338.0	88.4	17.7
2014	13.8	10.2	18.0	3.6	9.4	11.4	4,868.1	84.8	17.0
2013	12.4	9.4	18.2	3.8	9.0	11.1	4,389.9	84.6	15.5

고려제강 (A002240)
KISWIRE

업 종 : 금속 및 광물
신용등급 : (Bond) —　(CP) —
홈 페 이 지 : www.kiswire.com
본　　사 : 부산시 수영구 구락로 141번길 37(망미동)
시　　장 : 거래소
기업규모 : 시가총액 중형주
연 락 처 : (051)760-1700

설 립 일	1945.09.21	종 업 원 수	986명	대 표 이 사	이이문
상 장 일	1976.05.25	감 사 의 견	적정 (삼일)	계	열
결 산 기	12월	보 통 주	1,800만주	종속회사수	
액 면 가	1,000원	우 선 주		구 상 호	

주주구성 (지분율,%)		출자관계 (지분율,%)		주요경쟁사 (외형,%)	
홍영철	18.5	서울청과	100.0	고려제강	100
키스와이어홀딩스	18.3	케이.에이.티	100.0	POSCO	3,745
(외국인)	7.6	홍덕섬유	100.0	현대제철	1,178

매출구성		비용구성		수출비중	
S/W, B/W	71.5	매출원가율	83.8	수출	—
W/R, PC강연선, GAC등	24.1	판관비율	13.5	내수	—
기타, 임대수익등	4.5				

회사 개요
동사는 1945년 국내외 와이어로프, 경강선 등 특수선재 제품의 생산 등을 주 영업목적으로 설립됨. 선재산업은 타 품목과는 달리 전량 선재 가공 업체에 가공되어 2차 가공 공정을 거친 다음, 강선 및 스프링, 와이어로프 등의 최종제품으로 생산됨. 용도는 자동차산업, 광산, 선박이외, 기계 등 그 이용 범위가 매우 넓고, 산업현장에 투입되는 중간재적인 성격으로서 제품 개발 여하에 따라 그 수요도 매우 광범위함.

실적 분석
동사의 2016년 결산 매출액은 1조 4,174.5억원으로 전년동기 대비 소폭 하락하였음. 주요 원재료인 ROD와 아연의 가격하락과 함께 제품가격 역시 하락하였음. 영업이익은 10.9% 감소하였지만 부동산 등의 유형자산 매각에 따른 처분이익과 지분법이익 영향으로 당기순이익이 크게 증가하였음. 후발국의 저가공세로 국내 시장상황의 변화와 수출수요가 정체 내지는 감소하는 추세에 있음.

현금 흐름 〈단위 : 억원〉

항목	2015	2016
영업활동	1,984	1,157
투자활동	-1,531	-1,561
재무활동	-668	-116
순현금흐름	-214	-515
기말현금	1,698	1,183

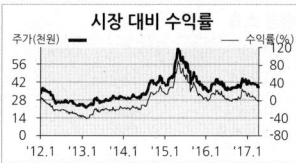

결산 실적 〈단위 : 억원〉

항목	2011	2012	2013	2014	2015	2016
매출액	11,290	11,186	10,806	13,412	14,732	14,174
영업이익	1,015	513	486	492	431	384
당기순이익	1,073	438	367	2,984	174	413

분기 실적 〈단위 : 억원〉

항목	2015.3Q	2015.4Q	2016.1Q	2016.2Q	2016.3Q	2016.4Q
매출액	3,708	3,802	3,357	3,681	3,530	3,607
영업이익	31	114	92	108	118	67
당기순이익	-49	68	75	74	157	108

재무 상태 〈단위 : 억원〉

항목	2011	2012	2013	2014	2015	2016
총자산	18,233	18,140	18,240	25,244	24,273	24,546
유형자산	5,932	6,592	6,564	10,409	10,918	10,740
무형자산	86	63	66	128	163	227
유가증권	557	388	376	539	567	591
총부채	5,515	5,549	5,531	10,360	9,575	9,574
총차입금	2,159	2,394	2,415	6,400	5,773	5,784
자본금	130	150	150	150	180	180
총자본	12,718	12,590	12,709	14,885	14,698	14,971
지배주주지분	11,522	11,430	11,560	13,841	13,698	13,998

기업가치 지표

항목	2011	2012	2013	2014	2015	2016
주가(최고/저)(천원)	36.8/23.5	38.5/23.6	32.4/21.6	46.6/28.7	68.6/36.5	45.4/33.8
PER(최고/저)(배)	7.4/4.8	17.1/10.5	20.0/13.3	2.9/1.8	68.2/36.3	20.1/15.0
PBR(최고/저)(배)	0.6/0.4	0.6/0.4	0.5/0.4	0.6/0.4	0.9/0.5	0.6/0.4
EV/EBITDA(배)	5.4		6.1	6.7	8.7	8.1	8.7
EPS(원)	5,229	2,359	1,679	16,586	1,024	2,279
BPS(원)	88,632	76,205	77,071	92,279	76,106	77,770
CFPS(원)	11,981	7,517	7,091	26,175	6,668	8,109
DPS(원)	350	350	350	350	350	350
EBITDAPS(원)	12,546	8,103	8,314	9,553	8,037	7,963

재무 비율 〈단위 : %〉

연도	영업이익률	순이익률	부채비율	차입금비율	ROA	ROE	유보율	자기자본비율	EBITDA마진율
2016	2.7	2.9	64.0	38.6	1.7	3.0	7,677.0	61.0	10.1
2015	2.9	1.2	65.2	39.3	0.7	1.3	7,510.6	60.6	9.8
2014	3.7	22.3	69.6	43.0	13.7	23.5	9,127.9	59.0	10.7
2013	4.5	3.4	43.5	19.0	2.0	2.6	7,607.1	69.7	11.5

고려제약 (A014570)
Korean Drug

업 종 : 제약
신용등급 : (Bond) —　(CP) —
홈 페 이 지 : www.nicepharma.com
본　　사 : 경기도 이천시 신둔면 원적로 69-10
시　　장 : KOSDAQ
기업규모 : 중견
연 락 처 : (031)634-7100

설 립 일	1980.01.10	종 업 원 수	253명	대 표 이 사	박상훈
상 장 일	2000.12.07	감 사 의 견	적정 (안진)	계	열
결 산 기	12월	보 통 주	1,100만주	종속회사수	
액 면 가	500원	우 선 주		구 상 호	

주주구성 (지분율,%)		출자관계 (지분율,%)		주요경쟁사 (외형,%)	
박상훈	37.5	디아메스코	9.2	고려제약	100
박해룡	10.0	비보존	3.2	큐브스	7
(외국인)	1.7	비엔씨바이오팜	0.5	KPX생명과학	78

매출구성		비용구성		수출비중	
중추신경계용제	42.5	매출원가율	58.9	수출	1.8
기타	27.6	판관비율	30.0	내수	98.2
임신진단시약제 외	16.4				

회사 개요
동사는 1980년 설립돼 의약품 제조 및 판매가 주요 사업임. 중추신경계용제의 매출 비중이 44.5%로 가장 높으며, 비타민/영양제 8.5%, 항생항균제 5.0%로 구성됨. 2016년 수출 금액은 10.0억원으로 전체 매출의 1.8%임. 2016년 연구개발비용은 32.8억원으로 매출액 대비 5.9%를 차지하고 있음. 현재 제형 변경 및 복합제 개발, 해외 수출 판로 모색 등에 노력을 기울이고 있음.

실적 분석
하벤 등 종합감기약과 산타몬 등 조철영양제의 판매 증가로 2016년 매출액은 전년 대비 16.7% 증가한 553.1억원을 기록함. 매출원가는 10.2% 증가하여 매출총이익률은 개선됨. 비용의 효율적인 집행으로 판매비와관리비는 전년 대비 8.6% 증가한 166.0억원을 기록함. 그 결과 영업이익은 61.3억원으로 전년 대비 142.0% 증가함. 영업이익의 증가에 힘입어 당기순이익도 50.5억원으로 전년 대비 184.7% 증가함.

현금 흐름 *IFRS 별도 기준 〈단위 : 억원〉

항목	2015	2016
영업활동	61	40
투자활동	-18	-12
재무활동	-43	-29
순현금흐름	-0	-1
기말현금	32	31

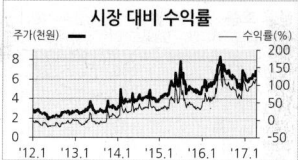

결산 실적 〈단위 : 억원〉

항목	2011	2012	2013	2014	2015	2016
매출액	465	439	416	454	474	553
영업이익	52	25	10	28	25	61
당기순이익	38	15	7	22	18	51

분기 실적 *IFRS 별도 기준 〈단위 : 억원〉

항목	2015.3Q	2015.4Q	2016.1Q	2016.2Q	2016.3Q	2016.4Q
매출액	118	135	110	139	129	176
영업이익	10	6	6	12	11	32
당기순이익	6	0	5	10	10	25

재무 상태 *IFRS 별도 기준 〈단위 : 억원〉

항목	2011	2012	2013	2014	2015	2016
총자산	667	659	635	622	592	634
유형자산	164	161	156	152	149	146
무형자산	6	3	3	7	9	8
유가증권	6	6	6	2	11	21
총부채	197	184	161	134	95	97
총차입금	126	115	100	65	30	10
자본금	55	55	55	55	55	55
총자본	470	476	474	488	497	537
지배주주지분	470	476	474	488	497	537

기업가치 지표 *IFRS 별도 기준

항목	2011	2012	2013	2014	2015	2016
주가(최고/저)(천원)	3.2/1.8	3.0/1.9	3.9/2.4	5.0/3.0	8.4/3.9	8.5/4.9
PER(최고/저)(배)	10.4/5.8	24.2/15.1	65.2/39.2	26.5/15.9	53.9/25.2	18.7/10.7
PBR(최고/저)(배)	0.8/0.5	0.8/0.5	1.0/0.6	1.2/0.7	1.9/0.9	1.8/1.0
EV/EBITDA(배)	6.3	11.7	20.8	12.6	9.4	9.8
EPS(원)	344	137	64	196	161	459
BPS(원)	4,270	4,325	4,327	4,454	4,539	4,911
CFPS(원)	440	228	151	283	249	543
DPS(원)	70	70	60	70	70	100
EBITDAPS(원)	569	314	181	346	318	641

재무 비율 〈단위 : %〉

연도	영업이익률	순이익률	부채비율	차입금비율	ROA	ROE	유보율	자기자본비율	EBITDA마진율
2016	11.1	9.1	18.2	1.9	8.2	9.8	882.2	84.6	12.8
2015	5.4	3.7	19.2	6.0	2.9	3.6	807.9	83.9	7.4
2014	6.3	4.7	27.4	13.3	3.4	4.5	790.8	78.5	8.4
2013	2.5	1.7	34.0	21.1	1.1	1.5	765.3	74.6	4.8

고영테크놀러지 (A098460)
Koh Young Technology

업　　　종 : 전자 장비 및 기기	시　　　장 : KOSDAQ
신용등급 : (Bond) ― 　(CP) ―	기업규모 : 우량
홈 페 이 지 : www.kohyoung.com	연 락 처 : 02)6343-6000
본　　　사 : 서울시 금천구 가산디지털 2로 53(한라시그마밸리 14,15층)	

설　립　일	2002.04.25	종 업 원 수	306명	대 표 이 사	고광일
상　장　일	2008.06.03	감 사 의 견	적정 (안진)	계　　　열	
결　산　기	12월	보　통　주	1,367만주	종속회사수	
액　면　가	500원	우　선　주		구　상　호	

주주구성 (지분율,%)		출자관계 (지분율,%)		주요경쟁사 (외형,%)	
고광일	15.4	KohYoungEuropeGmbH	100.0	고영	100
한국투자밸류자산운용	7.5	KohYoungAmerica,INC.	100.0	삼성SDI	3,027
(외국인)	46.2	KOHYOUNGTECHNOLOGYSUZHOU,LTD		삼성전기	3,512

매출구성		비용구성		수출비중	
aSPIre외	62.4	매출원가율	37.2	수출	90.9
Zenith	34.6	판관비율	43.5	내수	9.1
기타 부품	2.9				

회사 개요

세계 최초 3D 영상 측정기술에 기반한 전자 제품 검사장비 업체임. 주력상품은 스마트폰 등의 인쇄회로기판에 납을 칠하는 과정에서 불량을 검사하는 납 도포 검사장비(SPI)와 기판 위 제품이 제 위치에 부착됐는지를 검사하는 AOI임. 전 세계 SPI 시장(연 2000억원)의 절반 정도를 차지하며, 일본과 독일 기업들이 주도하고 있는 2차원(2D) AOI 시장(연간 4000억~5000억원)의 20% 가량을 3D로 대체하고 있음.

실적 분석

동사의 2016년 결산기준 매출액은 전년 대비 17.7% 증가한 1,717.9억원임. 매출액 증가는 전방산업 호조 및 동사의 시장 점유율 개선이 주요 원인으로 추정됨. 영업이익은 전년 대비 41.5% 증가한 331.8억원임. 영업이익률은 은 전세계 시장검사시기(AOI)임. 이에 따라 당 기순이익은 전년 대비 26.3% 성장한 297.2 억원을 기록하였음. 신성장동력인 3D AOI의 교체 수요와 자동차 전장 관련 매출 확대로 본격적인 성장이 기대됨.

현금 흐름 〈단위 : 억원〉

항목	2015	2016
영업활동	166	292
투자활동	-20	-70
재무활동	-83	-36
순현금흐름	68	197
기말현금	266	463

시장 대비 수익률

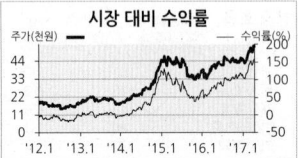

결산 실적 〈단위 : 억원〉

항목	2011	2012	2013	2014	2015	2016
매출액	861	1,078	1,119	1,428	1,459	1,718
영업이익	184	214	168	282	234	332
당기순이익	156	152	139	221	235	297

분기 실적 〈단위 : 억원〉

항목	2015.3Q	2015.4Q	2016.1Q	2016.2Q	2016.3Q	2016.4Q
매출액	365	401	370	468	418	461
영업이익	53	55	59	97	89	86
당기순이익	66	56	54	82	38	123

재무 상태 〈단위 : 억원〉

항목	2011	2012	2013	2014	2015	2016
총자산	870	1,034	1,210	1,417	1,589	1,951
유형자산	150	155	148	200	197	238
무형자산	63	64	73	72	67	64
유가증권	―	1	―	1	1	1
총부채	174	200	226	259	274	379
총차입금	―	―	―	4	3	1
자본금	43	45	45	67	68	68
총자본	696	834	983	1,158	1,315	1,573
지배주주지분	694	832	981	1,156	1,311	1,569

기업가치 지표

항목	2011	2012	2013	2014	2015	2016
주가(최고/저)(천원)	21.7/11.0	20.1/14.1	22.3/17.0	42.5/17.4	47.2/31.7	46.7/32.9
PER(최고/저)(배)	18.7/9.5	18.1/12.8	22.4/17.0	26.3/10.8	27.8/18.6	21.7/15.3
PBR(최고/저)(배)	4.3/2.2	3.3/2.3	3.2/2.4	4.9/2.0	4.6/3.1	3.8/2.7
EV/EBITDA(배)	11.9	9.5	11.1	16.9	17.6	14.8
EPS(원)	1,218	1,155	1,036	1,645	1,728	2,173
BPS(원)	8,042	9,522	10,954	8,850	10,441	12,300
CFPS(원)	2,023	1,966	1,798	1,866	1,978	2,435
DPS(원)	200	200	350	300	300	400
EBITDAPS(원)	2,352	2,681	2,118	2,316	1,980	2,691

재무 비율 〈단위 : %〉

연도	영업이익률	순이익률	부채비율	차입금비율	ROA	ROE	유보율	자기자본비율	EBITDA마진율
2016	19.3	17.3	24.1	0.1	16.8	20.6	2,360.1	80.6	21.4
2015	16.1	16.1	20.8	0.2	15.7	19.0	1,988.3	82.8	18.4
2014	19.7	15.5	22.4	0.4	16.8	20.7	1,670.0	81.7	21.8
2013	15.0	12.5	23.0	0.0	12.4	15.4	2,090.9	81.3	17.0

골든브릿지투자증권 (A001290)
Golden Bridge Investment & Securities

업　　　종 : 증권	시　　　장 : 거래소
신용등급 : (Bond) ― 　(CP) ―	기업규모 : 시가총액 소형주
홈 페 이 지 : www.bridgefn.com	연 락 처 : 02)3779-3000
본　　　사 : 서울시 서대문구 충정로 50 (충정로3가)	

설　립　일	1954.08.30	종 업 원 수	131명	대 표 이 사	박정하
상　장　일	1988.09.23	감 사 의 견	적정 (정동)	계　　　열	
결　산　기	12월	보　통　주	6,374만주	종속회사수	
액　면　가	1,000원	우　선　주		구　상　호	

주주구성 (지분율,%)		출자관계 (지분율,%)		주요경쟁사 (외형,%)	
골든브릿지	42.2	엘나인글로벌	11.4	골든브릿지증권	100
김선현	4.1	얀트리	8.1	부국증권	530
(외국인)	0.6	이리언스	4.4	유화증권	81

수익구성		비용구성		수출비중	
금융상품 관련이익	61.8	이자비용	11.3	수출	―
이자수익	22.2	파생상품손실	0.0	내수	―
수수료수익	14.0	판관비	36.3		

회사 개요

동사는 주식거래 중개, 금융상품 판매 등의 사업을 영위하는 소형 증권사임. 동사는 1954년 설립됐고, 1998년 영국 리젠트퍼시픽그룹과 합작되면서 사명을 대우증권에서 대유리젠트증권으로 바꿨다가 2000년 리젠트증권으로 다시 변경함. 동사는 2002년 일은증권과 합병하면서 브릿지증권으로 변경하고, 2007년부터 현재 사명을 사용함. 동사는 골든브릿지자산운용, 골든브릿지베트남증권 등 계열회사를 두고 있음.

실적 분석

동사의 2016년 연결기준 매출액은 전년대비 감소한 637억원을 기록하였음. 영업수익 감소는 배당금수익을 제외한 계정에서 전반적으로 이뤄졌으며 특히 당기손익인식금융상품 관련이익은 전년대비 큰 폭 감소하며 외형 축소의 주요 원인으로 작용함. 반면 고정비 성격의 판관비 절감은 크게 이뤄지지 않아 46억원의 영업손실과 43억원 당기순손실을 보이며 적자전환함. 동사는 신규 성장 동력 창출이 시급한 상태.

현금 흐름 〈단위 : 억원〉

항목	2015	2016
영업활동	-442	85
투자활동	-5	48
재무활동	500	-109
순현금흐름	53	24
기말현금	157	181

시장 대비 수익률

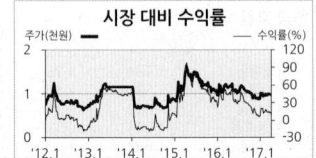

결산 실적 〈단위 : 억원〉

항목	2011	2012	2013	2014	2015	2016
순영업손이	339	222	170	178	284	202
영업이익	-45	-85	-64	-94	7	-46
당기순이익	-13	-41	-63	-65	31	-43

분기 실적 〈단위 : 억원〉

항목	2015.3Q	2015.4Q	2016.1Q	2016.2Q	2016.3Q	2016.4Q
순영업손이	47	49	69	55	47	31
영업이익	-12	-31	6	-1	-12	-39
당기순이익	-2	-27	-2	2	-7	-36

재무 상태 〈단위 : 억원〉

항목	2011	2012	2013	2014	2015	2016
총자산	9,656	6,311	5,471	8,745	7,029	5,598
유형자산	17	17	15	13	3	4
무형자산	42	36	30	28	21	20
유가증권	5,889	3,463	2,841	5,784	4,588	3,261
총부채	7,625	4,438	4,028	7,316	5,584	4,097
총차입금	5,365	2,483	2,340	2,761	3,263	3,085
자본금	500	500	650	650	650	650
총자본	2,031	1,873	1,443	1,429	1,445	1,501
지배주주지분	1,958	1,838	1,415	1,410	1,428	1,415

기업가치 지표

항목	2011	2012	2013	2014	2015	2016
주가(최고/저)(천원)	1.4/0.7	1.0/0.6	1.2/0.9	1.2/0.7	1.8/0.8	1.2/0.9
PER(최고/저)(배)	―/―	―/―	―/―	―/―	35.4/16.1	―/―
PBR(최고/저)(배)	0.7/0.4	0.5/0.3	0.6/0.4	0.5/0.3	0.8/0.4	0.5/0.4
PSR(최고/저)(배)	4/2	5/3	5/4	4/2	4/2	4/3
EPS(원)	-10	-59	-80	-97	51	-66
BPS(원)	4,088	3,841	2,274	2,266	2,294	2,274
CFPS(원)	10	-87	-69	-74	72	-45
DPS(원)	60					
EBITDAPS(원)	-92	-174	-89	-147	11	-73

재무 비율 〈단위 : %〉

연도	계속사업이익률	순이익률	부채비율	차입금비율	ROA	ROE	유보율	자기자본비율	총자산증가율
2016	-17.9	-21.4	273.0	205.5	-0.7	-3.0	122.9	26.8	-20.4
2015	15.7	11.0	386.4	225.8	0.4	2.3	124.8	20.6	-19.6
2014	-42.4	-36.4	512.1	193.2	-0.9	-4.4	122.1	16.3	38.6
2013	-33.8	-37.2	279.2	162.2	-1.1	-3.5	122.8	26.4	-13.3

골든센츄리 (A900280)
Cayman Golden Century Wheel Group

업 종 : 기계		시 장 : KOSDAQ	
신용등급 : (Bond) — (CP) —		기업규모 :	
홈 페 이 지 : www.jsj-wheel.co.kr		연 락 처 : 86-514-80806067	
본 사 : Floor 4, Willow House, Cricket Square, P O Box 2084, Grand Cayman KY1-1112, Cayman Islands			

설 립 일 2014.09.03	종 업 원 수 명	대 표 이 사 주승화	
상 장 일 2016.10.19	감 사 의 견 적정 (신한)	계 열	
결 산 기 12월	보 통 주 2,980만주	종속회사수	
액 면 가	우 선 주	구 상 호	

주주구성 (지분율,%)		출자관계 (지분율,%)		주요경쟁사 (외형,%)
주승화(ZHU CHENGHUA)	42.5	골든센츄리	100	
퍼펙트빌리언그룹리미티드	15.9	대동공업	752	
(외국인)	72.9	와이지-원	430	

매출구성		비용구성		수출비중	
휠	68.0	매출원가율	0.0	수출	—
타이어	30.7	판관비율	0.0	내수	—
기타	1.4				

회사 개요
동사의 명칭은 케이만금세기차륜집단유한공사이며, 해외상장을 목적으로 2014년 9월 3일 케이만에 설립되었음. 실질 영업회사는 중국 내 양주금세기, 낙양동방홍, 낙양금세기의 3개사임. 각각 트랙터용 휠 및 트랙터타이어를 생산 및 판매하는 것을 주요 사업의 내용으로 하고 있으며, 농기계 수요의 증가와 함께 본격적인 매출신장이 발생하였음. 주요 매출구성은 휠(직판) 62.1%, 타이어 26%, 휠(유통) 8.9% 등으로 구성되어 있음.

실적 분석
동사의 2016년 3분기 기준 매출액은 230억원이며, 이는 전년 동기 대비 2.4% 증가한 수치임. 원가율이 개선되며 영업이익 역시 전년 동기 대비 11.7% 신장한 64.1억원을 시현하였음. 당기순이익은 전년 동기대비 47.7억원으로 12.6% 증가하였음. 2015년부터 생산을 시작한 타이어 사업부문의 매출이 본 궤도에 올라 전년 동기 대비 큰 성장세를 기록하였음

현금 흐름 〈단위 : 억원〉

항목	2015	2016
영업활동	120	
투자활동	-13	
재무활동	-32	
순현금흐름	75	
기말현금	84	

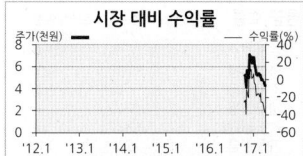

시장 대비 수익률

결산 실적 〈단위 : 억원〉

항목	2011	2012	2013	2014	2015	2016
매출액	—	—	—	589	778	—
영업이익	—	—	—	184	202	—
당기순이익	—	—	—	134	144	—

분기 실적 〈단위 : 억원〉

항목	2015.3Q	2015.4Q	2016.1Q	2016.2Q	2016.3Q	2016.4Q
매출액			216	204		
영업이익			60	55		
당기순이익			46	40		

재무 상태 〈단위 : 억원〉

항목	2011	2012	2013	2014	2015	2016
총자산	—	—	—	580	644	
유형자산	—	—	—	202	189	
무형자산	—	—	—	0	0	
유가증권	—	—	—			
총부채	—	—	—	207	82	
총차입금	—	—	—	127	47	
자본금	—	—	—			48
총자본	—	—	—	373	563	
지배주주지분	—	—	—	347	563	

기업가치 지표

항목	2011	2012	2013	2014	2015	2016
주가(최고/저)(천원)	—/—	—/—	—/—	—/—	—/—	7.6/3.8
PER(최고/저)(배)	0.0/0.0	0.0/0.0	0.0/0.0	0.0/0.0	0.0/0.0	0.0/0.0
PBR(최고/저)(배)	0.0/0.0	0.0/0.0	0.0/0.0	0.0/0.0	0.0/0.0	0.0/0.0
EV/EBITDA(배)	0.0	0.0	0.0	0.7	—	0.0
EPS(원)	—	—	—	2,440,038	1,245	—
BPS(원)	—	—	—	34,719,025	2,617	—
CFPS(원)	—	—	—	13,841,630	1,392	—
DPS(원)	—	—	—	—	—	—
EBITDAPS(원)	—	—	—	20,119,290	1,943	—

재무 비율 〈단위 : %〉

연도	영업이익률	순이익률	부채비율	차입금비율	ROA	ROE	유보율	자기자본비율	EBITDA마진율
2016	0.0	0.0							
2015	25.9	18.5	14.5	8.3	23.5	30.5	1,067.3	87.3	27.8
2014	31.2	22.8	N/A	N/A				64.4	34.1
2013	0.0	0.0							

골프존 (A215000)
GOLFZON

업 종 : 호텔 및 레저		시 장 : KOSDAQ	
신용등급 : (Bond) — (CP) —		기업규모 : 중견	
홈 페 이 지 : company.golfzon.com		연 락 처 : 1577-4333	
본 사 : 대전시 유성구 엑스포로97번길 40(도룡동)			

설 립 일 2015.03.03	종 업 원 수 277명	대 표 이 사 박기원	
상 장 일 2015.04.03	감 사 의 견 적정 (삼정)	계 열	
결 산 기 12월	보 통 주 628만주	종속회사수	
액 면 가 500원	우 선 주	구 상 호	

주주구성 (지분율,%)		출자관계 (지분율,%)		주요경쟁사 (외형,%)
KB자산운용	26.8	골프존네트웍스	100.0	골프존 100
골프존유원홀딩스	20.3	스튜디오에스비	52.0	
(외국인)	7.4	GOLFZONJAPAN	100.0	

매출구성		비용구성		수출비중	
GS(제품)	45.9	매출원가율	40.3	수출	5.2
온라인서비스	29.1	판관비율	38.8	내수	94.8
기타	10.0				

회사 개요
동사는 골프시뮬레이터를 주력으로 하는 업체로서 국내시장에는 약 12여개 업체가 경쟁하고 있는 완전경쟁 상태임. 그러나 브랜드 인지도 상승과 함께 이용고객 간의 네트워크 형성을 통한 시장지배력이 실질적으로 독점적인 지위를 차지하고 있음. 골프 시뮬레이터의 지속적인 기술개발을 통하여 총 360건의 특허를 출원해 240건 이상의 특허권을 보유하고 있음. 해외 12개국에 골프시뮬레이터를 판매 중이며 일본, 중국의 경우에는 동사의 현지법인이 설립됨.

실적 분석
동사의 연결기준 2016년 누적매출액은 2,169.6억원으로 전년동기 대비 7.6% 성장하였음. 같은 기간 영업이익은 8.4% 감소한 454.4억원을 시현함. 매출원가와 판관비는 각각 8.4%, 17.9% 증가하였음. 비영업부문의 적자가 지속되었음에도 불구하고 당기순이익은 전년도와 유사한 365.4억원을 기록함. 전국 골프용품 오프라인 소매점이 캐시카우 역할을 하고 있음. 외형 성장에 비해 판관비 증가율이 높음

현금 흐름 〈단위 : 억원〉

항목	2015	2016
영업활동	443	352
투자활동	-42	-336
재무활동	-2	-250
순현금흐름	402	-232
기말현금	545	314

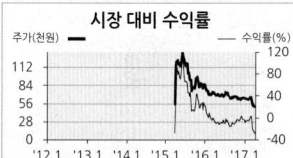

시장 대비 수익률

결산 실적 〈단위 : 억원〉

항목	2011	2012	2013	2014	2015	2016
매출액	—	—	—	—	2,016	2,170
영업이익	—	—	—	—	496	454
당기순이익	—	—	—	—	365	365

분기 실적 〈단위 : 억원〉

항목	2015.3Q	2015.4Q	2016.1Q	2016.2Q	2016.3Q	2016.4Q
매출액	551	614	568	513	561	528
영업이익	117	171	146	125	110	73
당기순이익	93	115	110	92	101	62

재무 상태 〈단위 : 억원〉

항목	2011	2012	2013	2014	2015	2016
총자산					1,781	1,879
유형자산					779	731
무형자산					61	65
유가증권					—	51
총부채					693	673
총차입금					351	350
자본금					31	31
총자본					1,089	1,206
지배주주지분					1,089	1,206

기업가치 지표

항목	2011	2012	2013	2014	2015	2016
주가(최고/저)(천원)	—/—	—/—	—/—	—/—	142/55.2	85.5/62.4
PER(최고/저)(배)	0.0/0.0	0.0/0.0	0.0/0.0	0.0/0.0	26.1/10.2	15.1/11.0
PBR(최고/저)(배)	0.0/0.0	0.0/0.0	0.0/0.0	0.0/0.0	8.8/3.4	4.6/3.3
EV/EBITDA(배)	0.0	0.0	0.0	0.0	9.5	7.3
EPS(원)	—	—	—	—	5,822	5,822
BPS(원)	—	—	—	—	17,374	19,246
CFPS(원)	—	—	—	—	6,846	7,008
DPS(원)	—	—	—	—	4,000	1,600
EBITDAPS(원)	—	—	—	—	8,925	8,427

재무 비율 〈단위 : %〉

연도	영업이익률	순이익률	부채비율	차입금비율	ROA	ROE	유보율	자기자본비율	EBITDA마진율
2016	20.9	16.8	55.8	29.0	20.0	31.9	3,749.2	64.2	24.4
2015	24.6	18.1	63.6	32.3	0.0	0.0	3,374.8	61.1	27.8
2014	0.0	0.0	0.0	0.0	0.0	0.0	0.0	0.0	0.0
2013	0.0	0.0							

골프존뉴딘 (A121440)
GOLFZONNEWDIN

업　　종 : 호텔 및 레저	시　　장 : KOSDAQ
신용등급 : (Bond) ―　　(CP) ―	기업규모 : 우량
홈페이지 : company.golfzon.com	연 락 처 : 1577-4333
본　　사 : 서울시 강남구 영동대로 735	

설 립 일	2000.05.08	종 업 원 수	141명
상 장 일	2011.05.20	감 사 의 견	적정 (삼정)
결 산 기	12월	보 통 주	4,284만주
액 면 가	500원	우 선 주	
대 표 이 사	김준환		
계　　열			
종속회사수			
구 상 호	골프존유원홀딩스		

주주구성 (지분율,%)		출자관계 (지분율,%)		주요경쟁사 (외형,%)	
김원일	41.8	골프존카운티	100.0	골프존뉴딘	100
김영찬	10.7	골프존유통	100.0	이월드	12
(외국인)	5.9	뉴딘콘텐츠	100.0	AJ렌터카	266

매출구성		비용구성		수출비중	
오프라인	44.5	매출원가율	51.9	수출	―
골프장운영	21.1	판관비율	32.9	내수	
브랜드로열티 수수료 외	16.7				

회사 개요
동사는 골프시뮬레이터를 주력으로 하는 업체임. 브랜드 인지도 상승과 함께 이용고객 간의 네트워크 형성을 통한 시장지배력이 실질적으로 독점적인 지위를 차지하고 있음. 골프시뮬레이터의 지속적인 기술개발을 통해 다수의 특허권을 보유하고 있음. 동사는 경영과 사업 효율성을 높이기 위하여 2015년 3월 1일을 기점으로 분할을 결정하여 인적분할 형태로 지주회사인 골프존유원홀딩스와 사업부문인 골프존으로 재상장함.

실적 분석
동사의 2016년 연결기준 연간 매출액은 2,432.8억원으로 전년대비 47.9% 증가함. 당기말 자산재평가로 인한 매출액과 손익구조에 변동이 있었음. 골프장 사업의 전체 매출은 감소했으나 골프장 운영을 통한 매출은 증가함. 반면, 유통사업의 매출 증가, 체험형 야구 게임 사업 부문의 매출이 신규 발생함. 전기 분할에 따라 일시적으로 발생했던 중단사업분이익의 당해 미발생으로 전년대비 순이익이 감소함.

현금 흐름 〈단위 : 억원〉

항목	2015	2016
영업활동	-153	159
투자활동	109	-111
재무활동	-40	-185
순현금흐름	-83	-136
기말현금	485	349

시장 대비 수익률
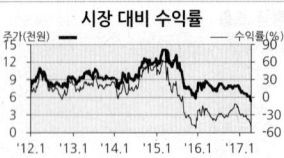

결산 실적 〈단위 : 억원〉

항목	2011	2012	2013	2014	2015	2016
매출액	2,158	2,896	3,651	1,217	1,645	2,433
영업이익	539	690	805	-189	-93	370
당기순이익	465	734	28	792	8,711	29

분기 실적 〈단위 : 억원〉

항목	2015.3Q	2015.4Q	2016.1Q	2016.2Q	2016.3Q	2016.4Q
매출액	486	432	408	605	831	589
영업이익	25	7	-22	60	283	49
당기순이익	1	-52	-35	49	252	-238

재무 상태 〈단위 : 억원〉

항목	2011	2012	2013	2014	2015	2016
총자산	3,781	5,409	6,378	7,620	7,673	7,608
유형자산	523	1,982	2,223	4,543	4,013	3,986
무형자산	168	229	261	187	86	83
유가증권	840	924	1,009	605	432	291
총부채	291	1,293	2,133	2,757	2,160	2,327
총차입금	7	884	1,016	1,952	1,864	1,942
자본금	61	61	184	184	214	214
총자본	3,490	4,116	4,245	4,864	5,514	5,281
지배주주지분	3,489	4,116	4,245	4,864	5,482	5,274

기업가치 지표

항목	2011	2012	2013	2014	2015	2016
주가(최고/저)(천원)	12.5/6.4	11.0/7.0	10.9/8.2	12.7/7.3	14.1/5.7	9.0/6.9
PER(최고/저)(배)	11.0/5.6	6.4/4.1	162.5/122.6	6.6/3.8	0.7/0.3	97.4/74.5
PBR(최고/저)(배)	1.5/0.8	1.1/0.7	1.1/0.8	1.1/0.6	1.2/0.5	0.7/0.6
EV/EBITDA(배)	5.8	8.2	6.8		150.6	9.7
EPS(원)	1,347	1,996	76	2,150	23,032	94
BPS(원)	30,571	35,680	11,521	13,276	12,833	12,347
CFPS(원)	4,360	6,647	392	2,513	23,356	367
DPS(원)	800	1,200	400	500	580	117
EBITDAPS(원)	4,994	6,277	2,500	-151	77	1,137

재무 비율 〈단위 : % 〉

연도	영업이익률	순이익률	부채비율	차입금비율	ROA	ROE	유보율	자기자본비율	EBITDA마진율
2016	15.2	1.2	44.1	36.8	0.4	0.8	2,369.5	69.4	20.0
2015	-5.7	529.4	39.2	33.8	113.9	168.4	2,466.6	71.9	1.8
2014	-15.6	65.1	56.7	40.1	11.3	17.4	2,555.3	63.8	-4.6
2013	22.0	0.8	50.2	23.9	0.5	0.7	2,204.2	66.6	25.2

관악산업 (A076340)
GWANAK CONSTRUCTION AND EQUIPMENT SERVICE CO

업　　종 : 건설	시　　장 : KONEX
신용등급 : (Bond) ―　　(CP) ―	기업규모 :
홈페이지 : www.gwan-ak.co.kr	연 락 처 : 02)2240-7900
본　　사 : 서울시 송파구 올림픽로 293-19 (신천동, 현대타워빌딩 2층)	

설 립 일	1998.07.27	종 업 원 수	156명
상 장 일	2015.05.18	감 사 의 견	적정 (신아)
결 산 기	12월	보 통 주	487만주
액 면 가	500원	우 선 주	
대 표 이 사	이규형		
계　　열			
종속회사수			
구 상 호			

주주구성 (지분율,%)		출자관계 (지분율,%)		주요경쟁사 (외형,%)	
이규형	23.2	관악개발	100.0	관악산업	100
현대건설	14.9	엔지니어링공제조합	0.1	엄지하우스	65
				청광종건	102

매출구성		비용구성		수출비중	
[국내도급공사]관급도급	79.5	매출원가율	91.2	수출	0.0
장비임대, 용역매출	15.9	판관비율	3.4	내수	100.0
[국내도급공사]민간도급	4.6				

회사 개요
동사는 수중공사와 준설공사를 주요 사업실적으로 하여 1998년 7월 27일자로 설립되었으며, 수중공사, 준설공사 등 총 8개부문의 면허를 취득하여 사업을 영위하고 있음. 관악산업 주식회사와 그 종속회사(관악개발)의 연결부문인 사업본부는 서로 다른 사업과 용역을 제공하는 전략적 사업단위이며, 동사는 2015년 5월 18일자로 한국거래소가 개설한 코넥스시장에 주식을 상장함.

실적 분석
코넥스 상장기업인 동사의 연결기준 2016년 매출액은 1,200.1억원으로 상장 전인 2015년 80.0억원 대비 외형이 큰 폭으로 성장하였음. 영업이익은 64.5억원으로 이 역시 2015년 2.2억원 대비 크게 늘어남. 최종적으로 동사는 62.5억원의 당기순이익을 시현함. 동사는 최근 토목사업 분야에서 시공능력 및 역량을 인정받아 국내시장에서의 공사 참여 요구가 점차 확대 되고 있어 동사의 위상 및 시장 유지가 가능할 것으로 판단됨.

현금 흐름 *IFRS 별도 기준 〈단위 : 억원〉

항목	2015	2016
영업활동	-26	108
투자활동	-4	-37
재무활동	-4	-4
순현금흐름	-23	68
기말현금	50	117

시장 대비 수익률
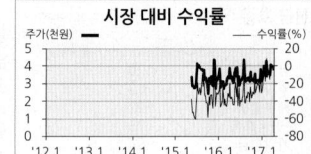

결산 실적 〈단위 : 억원〉

항목	2011	2012	2013	2014	2015	2016
매출액	714	821	1,025	900	796	1,200
영업이익	26	23	23	22	22	65
당기순이익	30	32	40	28	29	62

분기 실적 *IFRS 별도 기준 〈단위 : 억원〉

항목	2015.3Q	2015.4Q	2016.1Q	2016.2Q	2016.3Q	2016.4Q
매출액	―	―	―	―	―	―
영업이익	―	―	―	―	―	―
당기순이익	―	―	―	―	―	―

재무 상태 *IFRS 별도 기준 〈단위 : 억원〉

항목	2011	2012	2013	2014	2015	2016
총자산	365	372	372	389	395	513
유형자산	168	151	135	119	104	90
무형자산	0	0	0	0	0	―
유가증권	15	17	17	17	18	23
총부채	94	72	36	27	0	67
총차입금	50	50	5	―	―	―
자본금	22	24	24	24	24	24
총자본	272	300	336	362	388	447
지배주주지분	272	300	336	362	388	447

기업가치 지표 *IFRS 별도 기준

항목	2011	2012	2013	2014	2015	2016
주가(최고/저)(천원)	―/―	―/―	―/―	―/―	6.5/2.4	4.4/2.5
PER(최고/저)(배)	0.0/0.0	0.0/0.0	0.0/0.0	0.0/0.0	11.3/4.2	3.5/2.0
PBR(최고/저)(배)	0.0/0.0	0.0/0.0	0.0/0.0	0.0/0.0	0.9/0.3	0.5/0.3
EV/EBITDA(배)	0.5	1.0			3.0	0.1
EPS(원)	623	655	812	584	603	1,282
BPS(원)	61,372	61,604	69,042	74,386	7,966	9,174
CFPS(원)	11,472	10,297	11,739	-9,204	929	1,598
DPS(원)					75	100
EBITDAPS(원)	10,505	8,435	8,241	7,977	780	1,641

재무 비율 〈단위 : % 〉

연도	영업이익률	순이익률	부채비율	차입금비율	ROA	ROE	유보율	자기자본비율	EBITDA마진율
2016	5.4	5.2	14.9	0.0	13.8	15.0	1,734.7	87.1	6.7
2015	2.8	3.7	1.8	0.0	7.5	7.8	1,493.3	98.2	4.8
2014	2.5	3.2	7.5	0.0	7.5	8.2	1,387.7	93.1	4.3
2013	2.2	3.9	10.6	1.5	10.6	12.4	1,280.8	90.4	3.9

광동제약 (A009290)
Kwangdong Pharmaceutical

업 종 : 제약	시 장 : 거래소
신용등급 : (Bond) — (CP) —	기업규모 : 시가총액 중형주
홈 페 이 지 : www.ekdp.com	연 락 처 : 02)6006-7777
본 사 : 서울시 서초구 서초중앙로 85, 가산빌딩 3~8층 (서초동)	

설 립 일 1963.10.16	종 업 원 수 987명	대 표 이 사 최성원
상 장 일 1989.11.17	감사의견 적정 (삼정)	계 열
결 산 기 12월	보 통 주 5,242만주	종속회사수
액 면 가 1,000원	우 선 주	구 상 호

주주구성 (지분율,%)		출자관계 (지분율,%)		주요경쟁사 (외형,%)	
최성원	6.6	광동헌	100.0	광동제약	100
FID Low Priced Stock Fund	5.9	애플에셋	100.0	신품제약	18
(외국인)	20.5	가산	100.0	에이프로젠제약	4

매출구성		비용구성		수출비중	
기타	41.0	매출원가율	76.6	수출	1.4
생수영업-삼다수	29.3	판관비율	19.2	내수	98.6
유통영업-비타500류	15.3				

회사 개요
동사는 한방과학화를 창업이념으로 독창적인 의약품개발과 우수한 기술도입을 통해 국민보건과 삶의 질을 향상시킬 목적으로 1963년 10월 설립되어 1989년 11월 유가증권시장에 상장됨. 의약품 주요 품목으로는 한방감기약 "쌍화탕류"와 동의보감 처방의 "우황청심원"이 있음. 비타500, 옥수수 수염차, 헛개차는 주요 음료 품목임. 2012년 12월 제주개발공사로부터 삼다수 판매권을 획득하여 생수사업도 영위하고 있음.

실적 분석
동사의 연결 기준 2016년 매출액은 전년 대비 10.6% 증가한 1조 564.3억원을 기록하여 처음으로매출 1조원을 넘어섬. 매출원가는 11.9% 증가하여 매출총이익률은 소폭 떨어짐. 광고선전비 등의 증가로 판매비와관리비는 11.9% 증가함. 그 결과 영업이익은 전년 대비 12.7% 감소한 443.9억원에 그침. 비영업손익의 적자 지속으로 당기순이익은 22.7% 감소한 279.0억원을 시현함.

현금 흐름
〈단위 : 억원〉

항목	2015	2016
영업활동	411	288
투자활동	-683	-189
재무활동	249	-43
순현금흐름	-23	58
기말현금	369	427

시장 대비 수익률
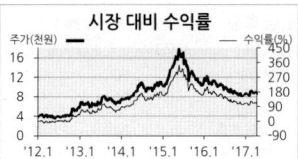

결산 실적
〈단위 : 억원〉

항목	2011	2012	2013	2014	2015	2016
매출액	3,140	3,326	4,684	5,223	9,555	10,564
영업이익	404	363	444	505	509	444
당기순이익	299	278	220	351	361	279

분기 실적
〈단위 : 억원〉

항목	2015.3Q	2015.4Q	2016.1Q	2016.2Q	2016.3Q	2016.4Q
매출액	2,782	2,758	2,444	2,783	2,684	2,653
영업이익	148	101	111	133	129	70
당기순이익	103	63	83	94	84	18

재무 상태
〈단위 : 억원〉

항목	2011	2012	2013	2014	2015	2016
총자산	3,217	3,894	4,257	4,425	6,638	6,798
유형자산	1,155	1,393	1,386	1,478	1,670	1,734
무형자산	2	1	1	1	310	283
유가증권	579	514	648	685	731	711
총부채	722	1,222	1,349	1,281	2,861	2,801
총차입금	238	685	572	652	1,006	999
자본금	524	524	524	524	524	524
총자본	2,495	2,673	2,908	3,144	3,777	3,997
지배주주지분	2,481	2,660	2,893	3,128	3,499	3,730

기업가치 지표

항목	2011	2012	2013	2014	2015	2016
주가(최고/저)(천원)	3.7/2.7	5.9/3.4	8.3/5.7	11.3/7.2	18.4/10.0	12.2/7.9
PER(최고/저)(배)	6.8/5.0	11.6/6.8	20.4/14.0	17.4/11.0	28.0/15.2	23.1/14.9
PBR(최고/저)(배)	0.7/0.5	1.1/0.6	1.4/1.0	1.7/1.1	2.5/1.3	1.6/1.0
EV/EBITDA(배)	3.6	7.3	7.2	9.1	10.1	8.1
EPS(원)	571	531	420	669	668	535
BPS(원)	5,292	5,782	6,208	6,873	7,551	7,991
CFPS(원)	685	674	565	813	888	814
DPS(원)	50	60	70	80	80	80
EBITDAPS(원)	885	836	992	1,108	1,190	1,125

재무 비율
〈단위 : % 〉

연도	영업이익률	순이익률	부채비율	차입금비율	ROA	ROE	유보율	자기자본비율	EBITDA마진율
2016	4.2	2.6	70.1	25.0	4.2	7.8	699.1	58.8	5.6
2015	5.3	3.8	75.7	26.6	6.5	10.6	655.2	56.9	6.5
2014	9.7	6.7	40.8	20.7	8.1	11.6	587.3	71.1	11.1
2013	9.5	4.7	46.4	19.7	5.4	7.9	520.8	68.3	11.1

광림 (A014200)
Kang Lim

업 종 : 기계	시 장 : KOSDAQ
신용등급 : (Bond) — (CP) —	기업규모 : 우량
홈 페 이 지 : www.kanglim.com	연 락 처 : 043)260-9111
본 사 : 충북 청주시 서원구 현도면 청남로 484	

설 립 일 1980.03.13	종 업 원 수 238명	대 표 이 사 이인우
상 장 일 1993.07.07	감사의견 적정 (정동)	계 열
결 산 기 12월	보 통 주 4,850만주	종속회사수
액 면 가 500원	우 선 주	구 상 호

주주구성 (지분율,%)		출자관계 (지분율,%)		주요경쟁사 (외형,%)	
칼라스홀딩스	32.6	나노스	53.6	광림	100
브이더블유홀딩스	4.4	원라이트전자	23.0	두산중공업	15,913
(외국인)	0.2	쌍방울	18.0	현대엘리베이	2,015

매출구성		비용구성		수출비중	
내의 제조 및 판매(기타)	60.1	매출원가율	85.9	수출	13.2
특장차(제품)	28.3	판관비율	13.9	내수	86.8
크레인(제품)	8.9				

회사 개요
1979년 설립되 1993년 코스닥 시장에 상장됨. 유압크레인, 전기공사용 특장차, 운송용 차량, 환경차 등 중량물 운반용 건설장비와 특수장비를 제조 판매하는 업체임. 2016년 나노스의 제3자배정 유상증자에 참여하며 최대주주 약 52.62%를 취득함. 나노스와 종속회사는 정밀가공, 박막코팅, 세정기술등을 바탕으로 휴대폰 카메라모듈 부품 및 가전에 들어가는 모듈용 홀센서를 생산함.

실적 분석
2016년 연결기준 동사의 매출액은 873억원으로 전년도 매출액 2372.2억원 대비 63.2% 감소함. 영업이익 또한 전년도 대비 87.1% 하락한 1.7억원을 시현함. 전년도 92.2억원이었던 당기순이익은 19억원의 손실을 기록하며 적자로 전환됨. 전년도 120.7억원이었던 비영업부분 이익이 적자로 돌아선 데 기인함. 실적개선을 위해 중동과 동남아 시장 공략에 박차를 가할 계획임.

현금 흐름
*IFRS 별도 기준   〈단위 : 억원〉

항목	2015	2016
영업활동	65	33
투자활동	-69	-238
재무활동	39	196
순현금흐름	35	-8
기말현금	181	173

시장 대비 수익률
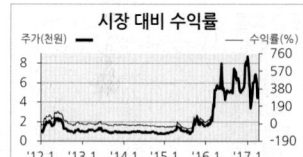

결산 실적
〈단위 : 억원〉

항목	2011	2012	2013	2014	2015	2016
매출액	1,065	853	1,034	2,314	2,372	873
영업이익	32	13	33	22	13	2
당기순이익	26	6	16	-2	92	-19

분기 실적
*IFRS 별도 기준   〈단위 : 억원〉

항목	2015.3Q	2015.4Q	2016.1Q	2016.2Q	2016.3Q	2016.4Q
매출액	562	-718	204	175	160	335
영업이익	-11	15	-2	-4	-7	15
당기순이익	-10	61	0	5	-17	16

재무 상태
*IFRS 별도 기준   〈단위 : 억원〉

항목	2011	2012	2013	2014	2015	2016
총자산	864	898	1,016	2,449	1,321	1,521
유형자산	238	239	239	567	245	257
무형자산	11	11	7	198	10	9
유가증권	14	14	9	45	30	30
총부채	297	263	368	1,159	623	619
총차입금	121	117	155	815	419	417
자본금	152	191	191	191	191	242
총자본	567	635	648	1,290	698	902
지배주주지분	567	635	648	1,290	698	902

기업가치 지표
*IFRS 별도 기준

항목	2011	2012	2013	2014	2015	2016
주가(최고/저)(천원)	1.5/0.7	2.5/0.8	1.5/0.8	1.0/0.7	3.1/0.8	8.4/1.5
PER(최고/저)(배)	17.5/8.2	133.9/45.5	34.5/19.3	—/—	35.7/8.8	880.8/158.5
PBR(최고/저)(배)	0.8/0.4	1.5/0.5	0.9/0.5	0.3/0.2	1.7/0.4	4.5/0.8
EV/EBITDA(배)	7.8	15.6	4.3	13.9	73.4	409.2
EPS(원)	85	19	43	-6	86	10
BPS(원)	3,731	3,325	3,393	6,749	3,655	1,862
CFPS(원)	279	99	131	179	212	27
DPS(원)	40	—	—	—	—	—
EBITDAPS(원)	322	145	219	306	55	21

재무 비율
〈단위 : % 〉

연도	영업이익률	순이익률	부채비율	차입금비율	ROA	ROE	유보율	자기자본비율	EBITDA마진율
2016	0.2	-2.2	102.3	50.0	-1.0	-2.1	307.7	49.4	1.1
2015	0.6	3.9	102.9	51.8	4.7	13.2	323.5	55.3	2.1
2014	0.9	-0.1	89.9	63.2	-0.1	1.1	243.3	52.7	2.5
2013	3.2	1.6	56.8	23.8	1.7	2.5	239.3	63.8	4.0

광명전기 (A017040)
KWANG MYUNG ELECTRIC CO

업 종 : 전기장비
신용등급 : (Bond) —   (CP) —
홈페이지 : www.kmec.co.kr
본 사 : 경기도 안산시 단원구 목내로 160(목내동)
시 장 : 거래소
기업규모 : 시가총액 소형주
연 락 처 : 031)494-0720

설 립 일	1955.07.01	종 업 원 수	204명	대 표 이 사	이재광
상 장 일	1990.09.14	감 사 의 견	적정 (대성)	계 열	
결 산 기	12월	보 통 주	4,334만주	종 속 회 사 수	
액 면 가	500원	우 선 주		구 상 호	

주주구성 (지분율,%)		출자관계 (지분율,%)		주요경쟁사 (외형,%)	
이재광	15.0	광명태양광	92.5	광명전기	100
조광식	10.2	케이엠씨	67.4	성전자	47
(외국인)	2.0	광명에스코	38.4	가온전선	773

매출구성		비용구성		수출비중	
수배전반	93.7	매출원가율	90.5	수출	32.1
태양광발전시스템 시공	5.2	판관비율	5.8	내수	67.9
임대수입	1.1				

회사 개요
동사는 1955년 설립돼 수배전반 제조, 판매 등을 영위하며, 수배전반 부문, 태양광발전시스템부문, 전력기기부문, 임대부문 4개의 사업으로 구분됨. (주)광명전기의 주요 고객은 한국전력공사, 한국수력원자력, 삼성물산 등이 있음. 대표적인 제품인 중전기기는 대형 플랜트나 아파트, 전력수급 설비에 안정적인 전력 공급을 위한 전기 설비임. 태양광발전시스템의 경우 RPS 제도 도입에 따른 변화를 앞두고 있음.

실적 분석
동사의 2016년 연결기준 결산 매출액은 969.4억원으로 전년 대비 4% 증가함. 주요 수익원인 수배전반 사업부문의 매출 감소가 있었으나, 태양광발전시스템과 전력기기부문의 매출에 따른 손익구조의 변동으로 순이익은 전년 대비 26% 증가한 112.0억원을 시현함. 광명태양광 태양광발전소시스템 건설공사를 신규 수주하여 진행 중임.

현금 흐름 〈단위 : 억원〉
항목	2015	2016
영업활동	185	24
투자활동	23	-331
재무활동	-24	230
순현금흐름	194	-69
기말현금	459	390

시장 대비 수익률
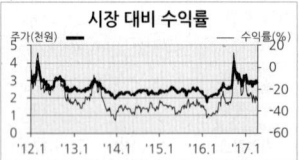

결산 실적 〈단위 : 억원〉
항목	2011	2012	2013	2014	2015	2016
매출액	924	1,172	1,179	1,348	932	969
영업이익	5	42	108	125	38	36
당기순이익	-18	4	65	91	89	112

분기 실적 〈단위 : 억원〉
항목	2015.3Q	2015.4Q	2016.1Q	2016.2Q	2016.3Q	2016.4Q
매출액	252	85	232	350	209	178
영업이익	19	-46	23	48	10	-46
당기순이익	26	10	15	54	5	39

재무 상태 〈단위 : 억원〉
항목	2011	2012	2013	2014	2015	2016
총자산	1,239	1,311	1,209	1,386	1,315	1,458
유형자산	204	185	171	178	178	176
무형자산	43	43	42	44	47	37
유가증권	21	23	22	79	39	18
총부채	610	681	511	599	436	485
총차입금	262	280	209	193	167	207
자본금	217	217	217	217	217	217
총자본	629	630	698	787	878	972
지배주주지분	558	570	629	710	777	893

기업가치 지표
항목	2011	2012	2013	2014	2015	2016
주가(최고/저)(천원)	3.7/1.5	4.5/2.3	3.3/2.0	2.5/2.0	2.7/2.1	4.1/1.8
PER(최고/저)(배)	—/—	283.3/141.3	24.4/14.7	13.0/10.6	17.9/14.3	18.9/8.1
PBR(최고/저)(배)	2.9/1.2	3.5/1.7	2.2/1.4	1.5/1.2	1.5/1.2	2.0/0.9
EV/EBITDA(배)	52.2	17.2	6.4	6.1	14.2	25.6
EPS(원)	-32	16	133	192	148	218
BPS(원)	1,288	1,314	1,451	1,638	1,792	2,061
CFPS(원)	23	61	176	229	184	251
DPS(원)						
EBITDAPS(원)	68	141	291	325	124	117

재무 비율 〈단위 : % 〉
연도	영업이익률	순이익률	부채비율	차입금비율	ROA	ROE	유보율	자기자본비율	EBITDA마진율
2016	3.7	11.6	49.9	21.3	8.1	11.3	312.2	66.7	5.2
2015	4.1	9.5	49.7	19.0	6.6	8.6	258.4	66.7	5.8
2014	9.3	6.8	76.1	24.5	7.0	12.5	227.5	56.8	10.4
2013	9.2	5.5	73.1	29.9	5.1	9.6	190.2	57.8	10.7

광전자 (A017900)
AUK

업 종 : 전자 장비 및 기기
신용등급 : (Bond) —   (CP) —
홈페이지 : www.auk.co.kr
본 사 : 전북 익산시 약촌로 133 (신흥동 802-12)
시 장 : 거래소
기업규모 : 시가총액 소형주
연 락 처 : 063)839-1111

설 립 일	1984.07.31	종 업 원 수	883명	대 표 이 사	이강실
상 장 일	1996.10.16	감 사 의 견	적정 (안진)	계 열	
결 산 기	12월	보 통 주	5,794만주	종 속 회 사 수	
액 면 가	500원	우 선 주		구 상 호	

주주구성 (지분율,%)		출자관계 (지분율,%)		주요경쟁사 (외형,%)	
중도화학	17.1	옵토씨엔	57.0	광전자	100
에이유아이	12.1	원광전자	41.0	써니전자	12
(외국인)	22.5	파인로보틱스	18.0	파워로직스	319

매출구성		비용구성		수출비중	
PHOTO SENSOR	47.4	매출원가율	90.1	수출	73.7
TRANSISTOR	32.8	판관비율	10.7	내수	26.3
LED/LDM등	17.1				

회사 개요
동사는 반도체 전문 생산업체임. 2010년 고덴시와 나리지 온을 흡수합병 하였음. 반도체 중에서도 Transistor, LED, Photo Sensor 등이 주요 제품임. Transistor는 전력 반도체이고 안정된 고속 스위칭과 낮은 포화전압의 특징을 갖고 있어서 휴대폰 뿐만 아니라 가전 및 자동차 등에 사용되고 있음. LED는 아직 매출에서 차지하는 비중이 16% 수준임.

실적 분석
동사의 2016년 연결기준 연간 매출액은 1,709.3억원으로 전년 대비 17.1% 감소함. 이는 글로벌 경기침체 영향으로 볼 수 있음. 원가절감 활동으로 인해 고정비 축소되어 전년 대비 손실 폭은 줄었으나, 여전히 영업손실은 14.5억원으로 적자지속됨. 동사는 원가경쟁력 확보에 주력하고 있으며, 경기침체에도 적응 가능하고 신성장 동력 제품개발을 위해 한,중,일 협력 체제를 구축하여 아낌없는 투자를 진행하고 있음.

현금 흐름 〈단위 : 억원〉
항목	2015	2016
영업활동	160	124
투자활동	53	-120
재무활동	-130	0
순현금흐름	84	3
기말현금	125	129

시장 대비 수익률
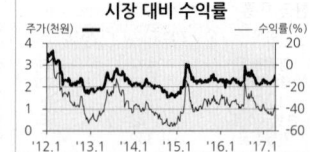

결산 실적 〈단위 : 억원〉
항목	2011	2012	2013	2014	2015	2016
매출액	3,898	3,186	3,077	2,356	2,062	1,709
영업이익	-11	-59	-72	-99	-115	-14
당기순이익	-440	-134	-48	-107	-51	20

분기 실적 〈단위 : 억원〉
항목	2015.3Q	2015.4Q	2016.1Q	2016.2Q	2016.3Q	2016.4Q
매출액	547	389	403	426	449	431
영업이익	-24	-46	-18	-10	4	10
당기순이익	33	-70	-19	-8	-37	83

재무 상태 〈단위 : 억원〉
항목	2011	2012	2013	2014	2015	2016
총자산	3,502	2,825	2,694	2,782	2,403	2,423
유형자산	1,764	1,268	764	956	860	748
무형자산	58	43	13	8	5	3
유가증권	69	62	62	79	79	79
총부채	1,228	732	603	566	371	390
총차입금	676	118	—	0	2	2
자본금	290	290	290	290	290	290
총자본	2,274	2,093	2,090	2,217	2,032	2,033
지배주주지분	2,258	2,101	2,096	2,221	2,036	2,037

기업가치 지표
항목	2011	2012	2013	2014	2015	2016
주가(최고/저)(천원)	5.6/2.1	3.8/1.7	2.9/1.7	2.4/1.4	3.2/1.6	3.0/2.0
PER(최고/저)(배)	—/—	—/—	—/—	—/—	—/—	86.3/57.7
PBR(최고/저)(배)	1.1/0.4	0.8/0.4	0.6/0.4	0.6/0.4	0.9/0.4	0.8/0.5
EV/EBITDA(배)	8.5	3.9	5.2	2.1	12.1	3.4
EPS(원)	-753	-191	-86	-186	-90	34
BPS(원)	4,964	4,692	4,557	3,850	3,757	3,758
CFPS(원)	-252	398	305	119	185	268
DPS(원)						
EBITDAPS(원)	481	486	266	134	76	209

재무 비율 〈단위 : % 〉
연도	영업이익률	순이익률	부채비율	차입금비율	ROA	ROE	유보율	자기자본비율	EBITDA마진율
2016	-0.9	1.2	19.2	0.1	0.8	1.0	651.9	83.9	7.1
2015	-5.6	-2.5	18.3	0.1	-2.0	-2.4	651.5	84.6	2.1
2014	-4.2	-4.5	25.5	0.0	-3.9	-5.0	670.0	79.7	3.3
2013	-2.4	-1.6	28.9	—	-1.7	-2.4	811.3	77.6	5.0

광주신세계 (A037710)
Gwangju Shinsegae

업　　　종 : 백화점　　　　시　　　장 : 거래소
신용등급 : (Bond) —　　(CP) A1　　기업규모 : 시가총액 중형주
홈페이지 : www.gjshinsegae.com　　연락처 : 062)360-1234
본　　　사 : 광주시 서구 무진대로 932 (광천동)

설 립 일	1995.04.10	종업원수	365명
상 장 일	2002.02.07	감사의견	적정 (삼정)
결 산 기	12월	보통주	160만주
액 면 가	5,000원	우선주	

대표이사 임훈
계　　열
총속회사수
구 상 호

주주구성 (지분율,%)
정용진	52.1
신세계	10.4
(외국인)	13.1

출자관계 (지분율,%)
신세계의정부역사	25.0

주요경쟁사 (외형,%)
광주신세계	100
롯데쇼핑	14,032
현대백화점	871

매출구성
[백화점]상품 매출	52.3
[이마트]상품 매출	36.4
[백화점]기타 수입	10.8

비용구성
매출원가율	32.8
판관비율	40.6

수출비중
수출	0.0
내수	100.0

회사 개요
동사는 1955년 설립됐으며, 신세계 백화점의 자회사로 광주 및 호남지역을 상권으로 하여 식품, 의류, 잡화 등을 판매하는 백화점 및 대형마트업을 주요 사업으로 영위하고 있음. 지속적인 광주신세계 복합쇼핑몰의 시너지 효과와 E-Mart의 수익력 개선으로 수익 중시 경영을 지속하여 비용 절감 및 상품 기획 차별화와 현장 영업력을 극대화 해 경쟁업체와의 경쟁우위를 확보하고 있음.

실적 분석
동사는 백화점 부문의 호조에도 지역 내 경쟁 심화에도 불구하고, 2016년 결산 매출은 전년 대비 2.5% 성장한 2,104.2억원을 기록함. 원가율 하락으로 영업이익률 전년 동기 대비 소폭 상승하였음. 법인세비용 증가에도 이자비용 감소 등 금융수지 개선되어 순이익률도 전년동기수준을 유지함. 점진적인 소비심리 회복이 기대되나, 백화점 및 대형마트의 성장이 둔화되고 있어 외형 큰 폭 성장은 시간이 걸릴 것으로 보임.

현금 흐름　*IFRS 별도 기준　〈단위 : 억원〉
항목	2015	2016
영업활동	522	506
투자활동	-57	-97
재무활동	-378	-511
순현금흐름	87	-102
기말현금	111	9

시장 대비 수익률
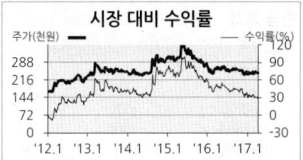

결산 실적　〈단위 : 억원〉
항목	2011	2012	2013	2014	2015	2016
매출액	2,196	2,138	2,066	2,048	2,053	2,104
영업이익	584	582	560	518	548	560
당기순이익	523	538	486	422	459	456

분기 실적　*IFRS 별도 기준　〈단위 : 억원〉
항목	2015.3Q	2015.4Q	2016.1Q	2016.2Q	2016.3Q	2016.4Q
매출액	504	545	530	504	515	555
영업이익	113	171	140	132	116	173
당기순이익	97	143	118	102	102	134

재무 상태　*IFRS 별도 기준　〈단위 : 억원〉
항목	2011	2012	2013	2014	2015	2016
총자산	3,808	4,307	6,564	6,528	6,595	6,555
유형자산	958	1,183	1,135	1,124	1,117	1,098
무형자산	5	6	8	8	9	13
유가증권	—	—	—	—	—	—
총부채	705	690	2,477	2,041	1,681	1,212
총차입금			1,801	1,357	1,000	509
자본금	80	80	80	80	80	80
총자본	3,102	3,616	4,087	4,486	4,914	5,343
지배주주지분	3,102	3,616	4,087	4,486	4,914	5,343

기업가치 지표　*IFRS 별도 기준
항목	2011	2012	2013	2014	2015	2016
주가(최고/저)(천원)	187/151	235/165	284/226	320/230	362/264	278/235
PER(최고/저)(배)	5.9/4.8	7.2/5.0	9.5/7.6	12.3/8.8	12.7/9.3	9.8/8.3
PBR(최고/저)(배)	1.0/0.8	1.1/0.8	1.1/0.9	1.2/0.8	1.2/0.9	0.8/0.7
EV/EBITDA(배)	0.5	1.6	9.4	10.8	8.9	7.2
EPS(원)	32,676	33,606	30,356	26,398	28,688	28,471
BPS(원)	193,884	226,010	255,432	280,391	307,113	333,931
CFPS(원)	37,609	37,406	33,941	30,186	32,543	32,017
DPS(원)	1,250	1,250	1,250	1,250	1,250	1,250
EBITDAPS(원)	41,457	40,166	38,574	36,185	38,087	38,576

재무 비율　〈단위 : % 〉
연도	영업이익률	순이익률	부채비율	차입금비율	ROA	ROE	유보율	자기자본비율	EBITDA마진율
2016	26.6	21.7	22.7	9.5	6.9	8.9	6,578.6	81.5	29.3
2015	26.7	22.4	34.2	20.4	7.0	9.8	6,042.3	74.5	29.7
2014	25.3	20.6	45.5	30.3	6.5	9.9	5,507.8	68.7	28.3
2013	27.1	23.5	60.6	44.1	8.9	12.6	5,008.6	62.3	29.9

광주은행 (A192530)
Kwangju Bank

업　　　종 : 상업은행　　　　시　　　장 : 거래소
신용등급 : (Bond) AA+　　(CP) —　　기업규모 : 시가총액 중형주
홈페이지 : www.kjbank.com　　연락처 : 062)239-5000
본　　　사 : 광주시 동구 제봉로 225

설 립 일	2014.05.08	종업원수	1,711명
상 장 일	2014.05.22	감사의견	적정 (안진)
결 산 기	12월	보통주	5,132만주
액 면 가	5,000원	우선주	

대표이사 김한
계　　열
총속회사수
구 상 호 KJB금융지주

주주구성 (지분율,%)
JB금융지주	57.0
브이아이피투자자문	6.5
(외국인)	12.9

출자관계 (지분율,%)
남광건설	32.6
(주)케이제이비제1호가치평가사모투자전문회사	24.7
전북제일학사	15.0

주요경쟁사 (외형,%)
광주은행	100
BNK금융지주	449
DGB금융지주	240

수익구성

비용구성
이자비용	36.3
파생상품손실	0.0
판관비	41.1

수출비중
수출	—
내수	—

회사 개요
동사는 우리금융지주 민영화 방침에 따라 우리금융지주에서 분할돼 KJB금융지주를 2014년 5월 설립함. 이후 자회사인 광주은행과 합병하면서 사명을 광주은행으로 변경함. 그해 10월 JB금융지주가 예금보험공사가 보유 중이던 동사 주식 56.97%를 취득하여 자회사로 편입됨. 광주, 전남권에 집중된 점을 극복하기 위해 서울 및 수도권 지역에 소형 점포를 확충해 영업력 확대를 통한 규모의 경제를 꾀함.

실적 분석
2016년 동사의 연결기준 당기순이익은 전년 대비 79% 증가한 1,034억원을 시현했으며 연결기준 총자산은 전년 대비 21% 증가한 26.6조원을 달성했음. 2016년 1회 기준금리가 인하되는 등 역대 최저 기준금리에도 불구하고, 안정적인 순이자 마진을 확보하며 중도금대출 중심의 자산 증가 등으로 이자이익이 전년도 4,128억원에서 4,810억원으로 크게 증가했음.

현금 흐름　〈단위 : 억원〉
항목	2015	2016
영업활동	4,245	1,910
투자활동	175	-705
재무활동	-3,743	-1,899
순현금흐름	691	-673
기말현금	2,505	1,832

시장 대비 수익률
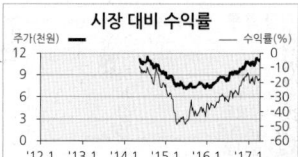

결산 실적　〈단위 : 억원〉
항목	2011	2012	2013	2014	2015	2016
이자수익	—	—	—	5,017	6,650	7,250
영업이익	—	—	—	317	722	1,328
당기순이익	—	—	—	200	579	1,034

분기 실적　〈단위 : 억원〉
항목	2015.3Q	2015.4Q	2016.1Q	2016.2Q	2016.3Q	2016.4Q
이자수익	1,660	1,681	1,729	1,808	1,843	1,870
영업이익	147	272	375	433	448	71
당기순이익	120	216	287	328	350	69

재무 상태　〈단위 : 억원〉
항목	2011	2012	2013	2014	2015	2016
총자산				173,479	197,763	226,195
유형자산				1,658	1,792	1,779
무형자산				203	174	122
유가증권				31,619	30,530	29,061
총부채				160,195	183,927	211,402
총차입금				27,566	23,876	22,132
자본금				2,566	2,566	2,566
총자본				13,284	13,836	14,793
지배주주지분				13,284	13,836	14,793

기업가치 지표
항목	2011	2012	2013	2014	2015	2016
주가(최고/저)(천원)	—/—	—/—	—/—	11.7/9.2	9.3/7.1	10.8/7.1
PER(최고/저)(배)	0.0/0.0	0.0/0.0	0.0/0.0	33.6/26.5	8.6/6.6	5.5/3.6
PBR(최고/저)(배)	0.0/0.0	0.0/0.0	0.0/0.0	0.5/0.4	0.4/0.3	0.4/0.3
PSR(최고/저)(배)	0.0	0.0	0.0	1/1	1/1	1/1
EPS(원)	—	—	—	363	1,127	2,014
BPS(원)	—	—	—	25,893	26,969	28,832
CFPS(원)	—	—	—	633	1,601	2,568
DPS(원)	—	—	—	—	200	200
EBITDAPS(원)	—	—	—	619	1,407	2,587

재무 비율　〈단위 : % 〉
연도	계속사업이익률	순이익률	부채비율	차입금비율	ROA	ROE	유보율	자기자본비율	총자산증가율
2016	18.7	14.3	1,429.1	149.6	0.5	7.2	476.7	6.5	14.4
2015	11.6	8.7	1,329.3	172.6	0.3	4.3	439.4	7.0	14.0
2014	6.3	4.0	1,205.9	207.5	0.0	0.0	417.9	7.7	0.0
2013	0.0	0.0			0.0	0.0		0.0	0.0

광진실업 (A026910)
Kwang Jin Ind

업 종 : 금속 및 광물   시 장 : KOSDAQ
신용등급 : (Bond) — (CP) —   기업규모 : 중견
홈 페 이 지 : www.kjsteel.co.kr   연 락 처 : 051)204-9102
본 사 : 부산시 사하구 하신중앙로 160 (신평동)

설 립 일	1976.12.06	종업원수	92명	대 표 이 사	김영욱,허정도
상 장 일	1996.01.03	감사의견	적정 (남경)	계 열	
결 산 기	12월	보 통 주	641만주	종속회사수	
액 면 가	500원	우 선 주		구 상 호	

주주구성 (지분율,%)		출자관계 (지분율,%)		주요경쟁사 (외형,%)	
허정도	33.2	광진실업	100		
최두필	8.9	하이스틸	390		
(외국인)	0.5	한국주강	69		

매출구성		비용구성		수출비중	
봉강(제품)	68.8	매출원가율	88.9	수출	6.7
스텐(상품)	31.0	판관비율	10.8	내수	93.3
기타	0.2				

회사 개요
동사는 철강제품 제조 판매업, 철강제품 도매업, 수출입업, 오토바이 판매와 수리를 주된 사업으로 영위하고 있음. 전방 산업인 설비투자, 기계부문 및 자동차 부분의 성장이 둔화될 것으로 예상되나, 경기회복에 따른 설비투자가 이어질 경우 전방산업 호조로 작용할 것으로 전망됨. 반면, 국제 철강가격의 상승 추세는 계속 이어질 것으로 판단되어 영업이익율 상승의 기회로 평가되어짐.

실적 분석
동사의 2016년 연결 기준 매출과 영업이익은 382억원, 1억원으로 매출은 9.2% 감소했으나 흑자전환함. 전방산업(자동차,기계) 분야의 불황으로 매출이 감소함. 매출원가는 매출액대비 88.9%로 전년(90.7%) 대비 1.8% 포인트 감소함. 판관비는 9.9%에서 10.8%로 전년 대비 0.9%포인트 증가함. 기타수익에서는 외환차익 1억1600만원과 유형자산처분이익 1100만원, 외화환산이익 800만원 등이 발생함.

현금 흐름 *IFRS 별도 기준 〈단위 : 억원〉

항목	2015	2016
영업활동	36	45
투자활동	-30	-4
재무활동	-21	-27
순현금흐름	-15	14
기말현금	33	47

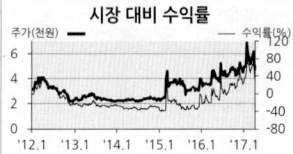

시장 대비 수익률

결산 실적 〈단위 : 억원〉

항목	2011	2012	2013	2014	2015	2016
매출액	774	733	562	467	421	382
영업이익	57	19	-1	12	-2	1
당기순이익	43	12	-6	6	-1	-0

분기 실적 *IFRS 별도 기준 〈단위 : 억원〉

항목	2015.3Q	2015.4Q	2016.1Q	2016.2Q	2016.3Q	2016.4Q
매출액	100	94	97	106	82	97
영업이익	-4	-1	-3	4	-1	1
당기순이익	-4	0	-3	3	-1	0

재무 상태 *IFRS 별도 기준 〈단위 : 억원〉

항목	2011	2012	2013	2014	2015	2016
총자산	585	535	455	435	425	405
유형자산	208	191	174	172	189	178
무형자산	2	2	2	3	3	3
유가증권	2	2	2	0	0	0
총부채	299	247	174	152	139	121
총차입금	231	191	131	120	97	73
자본금	32	32	32	32	32	32
총자본	286	288	281	283	286	285
지배주주지분	286	288	281	283	286	285

기업가치 지표 *IFRS 별도 기준

항목	2011	2012	2013	2014	2015	2016
주가(최고/저)(천원)	5.6/2.7	4.2/2.1	2.9/2.1	2.6/2.2	5.2/2.3	5.4/3.4
PER(최고/저)(배)	8.8/4.3	24.0/12.1	—/—	26.9/22.5	—/—	—/—
PBR(최고/저)(배)	1.3/0.6	1.0/0.5	0.7/0.5	0.6/0.5	1.2/0.5	1.2/0.8
EV/EBITDA(배)	5.3	8.1	12.2	7.4	19.0	20.2
EPS(원)	667	183	-91	98	-20	-3
BPS(원)	4,463	4,595	4,480	4,531	4,470	4,445
CFPS(원)	979	513	215	389	280	224
DPS(원)	50	25	25	25	—	
EBITDAPS(원)	1,201	622	288	472	263	242

재무 비율 〈단위 : % 〉

연도	영업이익률	순이익률	부채비율	차입금비율	ROA	ROE	유보율	자기자본비율	EBITDA마진율
2016	0.3	-0.1	42.4	25.5	0.0	-0.1	789.1	70.3	4.1
2015	-0.6	-0.3	48.5	34.0	-0.3	-0.4	794.1	67.3	4.0
2014	2.5	1.3	53.8	42.3	1.4	2.2	806.2	65.0	6.5
2013	-0.2	-1.0	61.8	46.8	-1.2	-2.0	796.0	61.8	3.3

광진윈텍 (A090150)
Kwangjin Wintec

업 종 : 자동차부품   시 장 : KOSDAQ
신용등급 : (Bond) — (CP) —   기업규모 : 중견
홈 페 이 지 : www.kwangjinwintec.com   연 락 처 : 051)711-2222
본 사 : 부산시 기장군 장안읍 장안산단9로 110

설 립 일	1999.02.06	종업원수	187명	대 표 이 사	신규진
상 장 일	2006.10.20	감사의견	적정 (부원)	계 열	
결 산 기	12월	보 통 주	966만주	종속회사수	
액 면 가	500원	우 선 주		구 상 호	

주주구성 (지분율,%)		출자관계 (지분율,%)		주요경쟁사 (외형,%)	
신태식	29.0	씨텍시스템	42.3	광진윈텍	100
신규진	25.8	광진윈텍베트남	100.0	디젠스	113
(외국인)	0.5	북경광진기차부품유한공사	100.0	에스제이케이	12

매출구성		비용구성		수출비중	
시트히터(제품)	68.0	매출원가율	83.7	수출	86.8
시트히터(상품)	32.0	판관비율	14.8	내수	13.2

회사 개요
동사는 1999년 설립되어 2006년에 코스닥 시장에 상장했으며 현대, 기아, 르노삼성자동차의 대부분 차종에 시트히터를 납품하고 있음. 현재 국내 경쟁 업체 2가사 정도가 한국GM, 쌍용車 등에 납품하고 있으며 해외업체를 비롯한 잠재적 경쟁사들의 시장진출노력이 강화되면서 대・내외적으로 경쟁이 심화되고 있음. 2015년 기준 국내 시트히터 시장 점유율은 94%이며 현대, 기아차향 매출 비중은 97.5%임.

실적 분석
동사의 2016년도 연결매출액은 1,058억원으로 전년동기 대비 9.1% 증가하였음. 2016년 최대 과제로서 기존 시트히터 사업은 물론 발열핸들, 통풍시트 등 신규 발전 사업 분야의 상품화 주력과 중국 북경공장, 미국 앨리바마, 슬로바키아 질리나, 현지 법인과 2008년 1월 준공한 베트남 현지공장을 통해 글로벌 다각화를 위해 노력중임. 원가절감을 통한 수익성 제고 노력이 지속적으로 필요함.

현금 흐름 *IFRS 별도 기준 〈단위 : 억원〉

항목	2015	2016
영업활동	14	71
투자활동	-12	-38
재무활동	-51	-50
순현금흐름	-56	-20
기말현금	154	134

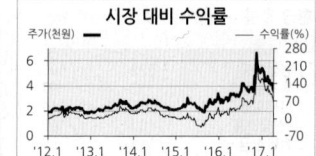

시장 대비 수익률

결산 실적 〈단위 : 억원〉

항목	2011	2012	2013	2014	2015	2016
매출액	847	943	922	948	970	1,058
영업이익	42	43	23	26	15	15
당기순이익	28	39	28	8	9	21

분기 실적 *IFRS 별도 기준 〈단위 : 억원〉

항목	2015.3Q	2015.4Q	2016.1Q	2016.2Q	2016.3Q	2016.4Q
매출액	241	259	270	285	269	235
영업이익	4	4	9	7	9	-9
당기순이익	19	-6	12	8	-6	7

재무 상태 *IFRS 별도 기준 〈단위 : 억원〉

항목	2011	2012	2013	2014	2015	2016
총자산	818	1,016	1,045	1,012	983	974
유형자산	253	203	190	178	175	167
무형자산	23	16	16	16	16	19
유가증권	6	4	6	21	23	21
총부채	478	636	643	604	566	541
총차입금	290	410	432	419	371	323
자본금	45	48	48	48	48	48
총자본	340	380	402	408	417	433
지배주주지분	337	380	402	408	417	433

기업가치 지표

항목	2011	2012	2013	2014	2015	2016
주가(최고/저)(천원)	3.0/1.7	2.5/1.8	2.9/1.9	3.0/2.1	3.5/1.9	6.7/2.6
PER(최고/저)(배)	10.4/5.8	6.8/4.9	10.6/6.8	35.2/24.5	36.6/19.9	31.2/12.3
PBR(최고/저)(배)	0.8/0.5	0.7/0.5	0.7/0.5	0.7/0.5	0.8/0.4	1.4/0.6
EV/EBITDA(배)	5.8	7.3	9.8	8.5	14.8	19.1
EPS(원)	303	390	287	87	96	215
BPS(원)	3,954	4,100	4,324	4,389	4,480	4,644
CFPS(원)	505	578	515	306	300	420
DPS(원)		30	30	30	30	30
EBITDAPS(원)	669	634	464	490	365	363

재무 비율 〈단위 : % 〉

연도	영업이익률	순이익률	부채비율	차입금비율	ROA	ROE	유보율	자기자본비율	EBITDA마진율
2016	1.4	2.0	125.1	74.8	2.1	4.9	828.8	44.4	3.3
2015	1.6	1.4	135.8	88.9	0.9	2.2	795.9	42.4	4.0
2014	2.8	0.9	148.0	102.7	0.8	2.1	777.8	40.3	5.0
2013	2.5	3.0	160.1	107.5	2.7	7.1	764.7	38.4	4.9

교보증권 (A030610)
Kyobo Securities

업 종 : 증권		시 장 : 거래소	
신용등급 : (Bond) A+ (CP) A1		기업규모 : 시가총액 소형주	
홈페이지 : www.iprovest.com		연 락 처 : 02)3771-9000	
본 사 : 서울시 영등포구 여의도동 의사당대로 97 (여의도동 26-4)교보증권빌딩			

설 립 일 1949.11.22	종 업 원 수 938명	대 표 이 사 김해준	
상 장 일 2002.07.18	감 사 의 견 적정 (한영)	계 열	
결 산 기 12월	보 통 주 3,600만주	종속회사수	
액 면 가 5,000원	우 선 주	구 상 호	

주주구성 (지분율,%)
교보생명보험	51.6
하나은행	5.0
(외국인)	11.4

출자관계 (지분율,%)
토지지원리츠제1호출자금	19.8
화성정남일반산업단지	19.0
파주운정지구주택건설사업출자금	18.5

주요경쟁사 (외형,%)
교보증권	100
키움증권	189
유안타증권	122

수익구성
금융상품 관련이익	47.5
이자수익	23.0
수수료수익	19.9

비용구성
이자비용	12.1
파생상품손실	0.0
판관비	17.2

수출비중
수출	—
내수	—

회사 개요
동사는 주요 사업으로 위탁매매업, 자기매매업, 장내외파생상품업, 투자은행업, 자산관리업을 영위하고 있음. 종속회사로는 부동산 임대업을 목적으로 설립된 투자신탁과 사모 단독펀드가 있으며, 투자신탁은 당기기 중 관련 부동산을 처분함. 현 금융투자업은 낮은 진입장벽과 갈수록 낮아지고 있는 위탁 수수료율 등으로 심한 경쟁상태에 있으며 다양한 상품 개발과 금융서비스 차별화로 경쟁력 확보를 위해 노력중임.

실적 분석
동사의 2016년 연결기준 연간 누적 영업수익(매출액)은 1조1,108.5억원으로 전년 동기(1조310.7억원) 대비 소폭 증가함. 매출은 증가했지만 각종 제반 비용이 늘어나고 투자 손실로 인해 영업이익은 721.6억원으로 전년 동기(973.1억원) 대비 소폭 감소함. 영업이익이 줄면서 당기순이익은 623억원으로 전년 동기(789.3억원) 대비 소폭 감소했음.

현금 흐름
〈단위 : 억원〉

항목	2015	2016
영업활동	2,658	5,734
투자활동	1	655
재무활동	-1,768	-6,585
순현금흐름	889	-193
기말현금	951	759

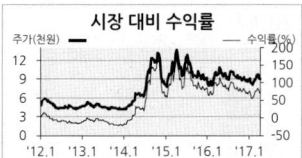

시장 대비 수익률

결산 실적
〈단위 : 억원〉

항목	2011	2012	2013	2014	2015	2016
순영업손익	1,633	1,502	1,245	1,872	2,766	2,508
영업이익	177	33	101	340	973	722
당기순이익	216	120	113	298	789	623

분기 실적
〈단위 : 억원〉

항목	2015.3Q	2015.4Q	2016.1Q	2016.2Q	2016.3Q	2016.4Q
순영업손익	745	678	664	752	658	434
영업이익	280	217	231	302	246	-57
당기순이익	201	197	215	258	190	-40

재무 상태
〈단위 : 억원〉

항목	2011	2012	2013	2014	2015	2016
총자산	45,975	51,573	49,382	56,736	55,342	51,185
유형자산	769	738	729	696	683	667
무형자산	235	184	156	119	84	58
유가증권	31,035	36,608	31,806	37,852	38,331	34,002
총부채	40,171	45,711	43,496	50,590	48,481	43,729
총차입금	23,675	25,744	22,077	22,344	20,717	14,240
자본금	1,800	1,800	1,800	1,800	1,800	1,800
총자본	5,804	5,862	5,886	6,146	6,861	7,456
지배주주지분	5,804	5,862	5,886	6,146	6,861	7,456

기업가치 지표

항목	2011	2012	2013	2014	2015	2016
주가(최고/저)(천원)	7.3/3.9	5.4/4.2	5.3/4.2	13.4/4.2	13.8/7.8	10.9/7.7
PER(최고/저)(배)	13.1/6.9	17.2/13.4	17.6/13.9	17.0/5.3	6.5/3.7	6.4/4.5
PBR(최고/저)(배)	0.5/0.3	0.4/0.3	0.3/0.3	0.8/0.3	0.7/0.4	0.5/0.4
PSR(최고/저)(배)	2/1	1/1	2/1	3/1	2/1	2/1
EPS(원)	600	332	313	827	2,193	1,731
BPS(원)	16,320	16,481	16,548	17,272	19,257	20,910
CFPS(원)	749	586	507	1,076	2,441	1,980
DPS(원)	100	50	—	100	150	170
EBITDAPS(원)	490	91	280	944	2,703	2,005

재무 비율
〈단위 : %〉

연도	계속사업이익률	순이익률	부채비율	차입금비율	ROA	ROE	유보율	자기자본증가율	총자산증가율
2016	33.6	24.8	586.5	191.0	1.2	8.7	318.2	14.6	-7.5
2015	39.2	28.5	706.6	302.0	1.4	12.1	285.1	12.4	-2.5
2014	21.2	15.9	823.1	363.5	0.6	5.0	245.4	10.8	10.0
2013	13.8	9.1	739.0	375.1	0.2	1.9	231.0	11.9	-4.3

구름컴퍼니 (A223220)
GURUM

업 종 : 게임 소프트웨어		시 장 : KONEX	
신용등급 : (Bond) — (CP) —		기업규모 : —	
홈페이지 : www.gurumcompany.com		연 락 처 : 031)714-9909	
본 사 : 경기도 성남시 분당구 성남대로331번길 8 킨스타워 6층 607호,608호			

설 립 일 2013.08.21	종 업 원 수 32명	대 표 이 사 임학진	
상 장 일 2015.07.09	감 사 의 견 적정 (이촌)	계 열	
결 산 기 12월	보 통 주 610만주	종속회사수	
액 면 가 500원	우 선 주	구 상 호	

주주구성 (지분율,%)
구름인베스트먼트 1호 합자조합	50.0
화수분네트웍스	39.1

출자관계 (지분율,%)

주요경쟁사 (외형,%)
구름컴퍼니	100
엔트메이트	339
엠게임	510

매출구성
기타게임	69.6
신세계	16.3
미검 Kakao	14.1

비용구성
매출원가율	103.4
판관비율	48.8

수출비중
수출	—
내수	—

회사 개요
동사는 2013년 8월 16일 설립한 (구)추콩테크놀로지로, 2015년 7월 코넥스 시장에 상장함. 주요 사업은 온라인, 모바일 게임 소프트웨어 개발로 게임서비스는 미검온라인, 천하제일용병단, 피싱라이더, 낚시의 달인 등이 있으며 카카오플랫폼에서 서비스하였음. 액션부터 RPG까지 다양한 라인업을 서비스하였음. 주요 주주로는 Diretouch Management 72.06%, 전상현 대표 20%, 임학진 5% 등이 있음.

실적 분석
동사의 2016년 매출액은 59.8억원으로 전년 대비 70.2% 감소함. 영업손실은 31.3억원을 기록해 적자가 지속되는 모습. 당기순손실은 34억원 기록, 적자가 지속됨. 최근 수익성 악화로 서비스를 종료하는 게임이 늘면서 외형이 축소됨. 향후 중국개발게임 30%, 국내싱글게임 30% 정도로 비중을 낮추고, 자체개발 게임의 비중을 40% 정도로 구성하여 수급처의 다변화 및 원가 경쟁력을 강화할 계획임.

현금 흐름
*IFRS 별도 기준 〈단위 : 억원〉

항목	2015	2016
영업활동	2	-11
투자활동	-70	-12
재무활동	22	6
순현금흐름	-46	-17
기말현금	22	5

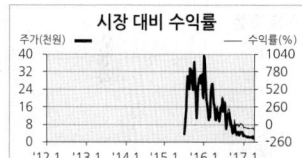

시장 대비 수익률

결산 실적
〈단위 : 억원〉

항목	2011	2012	2013	2014	2015	2016
매출액	—	—	39	239	201	60
영업이익	—	—	-6	16	-20	-31
당기순이익	—	—	-4	14	-19	-34

분기 실적
*IFRS 별도 기준 〈단위 : 억원〉

항목	2015.3Q	2015.4Q	2016.1Q	2016.2Q	2016.3Q	2016.4Q
매출액						
영업이익						
당기순이익						

재무 상태
*IFRS 별도 기준 〈단위 : 억원〉

항목	2011	2012	2013	2014	2015	2016
총자산	—	—	51	133	132	65
유형자산	—	—	0	0	46	41
무형자산	—	—	6	11	14	9
유가증권	—	—			0	9
총부채	—	—	38	106	119	84
총차입금	—	—			22	27
자본금	—	—	17	17	17	17
총자본	—	—	13	27	13	-20
지배주주지분	—	—	13	27	13	-20

기업가치 지표
*IFRS 별도 기준

항목	2011	2012	2013	2014	2015	2016
주가(최고/저)(천원)	—/—	—/—	—/—	—/—	38.0/3.2	51.6/3.0
PER(최고/저)(배)	0.0/0.0	0.0/0.0	0.0/0.0	0.0/0.0	—/—	—/—
PBR(최고/저)(배)	0.0/0.0	0.0/0.0	0.0/0.0	0.0/0.0	97.6/8.2	-88.1/-5.1
EV/EBITDA(배)	0.0/0.0	0.0/0.0	0.0/0.0	0.0/0.0		
EPS(원)	—	—	-131	400	-418	-956
BPS(원)	—	—	3,758	7,968	389	-586
CFPS(원)	—	—	-1,089	6,104	-89	-622
DPS(원)	—	—				
EBITDAPS(원)	—	—	-1,565	6,926	-98	-513

재무 비율
〈단위 : %〉

연도	영업이익률	순이익률	부채비율	차입금비율	ROA	ROE	유보율	자기자본비율	EBITDA마진율
2016	-52.3	-56.8	완전잠식	완전잠식	-34.8	당기잠식	-217.2	-30.9	-33.2
2015	-9.7	-9.6	일부잠식	일부잠식	-14.6	-98.3	-44.3	8.0	-4.1
2014	6.9	5.7	392.3		14.8	68.3	59.4	20.3	9.8
2013	-15.7	-11.5	일부잠식		0.0	-24.8		25.3	-13.8

59

구영테크 (A053270)
Guyoung Technology

업　　종 : 자동차부품　　　　시　　장 : KOSDAQ
신용등급 : (Bond) —　　(CP) —　　기업규모 : 중견
홈페이지 : www.guyoungtech.com　　연 락 처 : 053)592-6111
본　　사 : 대구시 달서구 달서대로91길 97 (호림동)

설 립 일	1989.11.09	종 업 원 수	288명	대 표 이 사	이희화
상 장 일	2002.02.07	감 사 의 견	적정 (삼일)	계 열	
결 산 기	12월	보 통 주	1,979만주	종속회사수	
액 면 가	500원	우 선 주		구 상 호	

주주구성 (지분율,%)		출자관계 (지분율,%)		주요경쟁사 (외형,%)	
이희화	22.2	미광에너지	72.0	구영테크	100
미광정공	14.3	미광스포렉스	25.0	티에이치엔	198
(외국인)	1.9	GuyoungTechUSA.INS	100.0	GH신소재	37

매출구성		비용구성		수출비중	
자동차부품 기타	56.4	매출원가율	84.8	수출	57.3
기타	26.1	판관비율	12.3	내수	42.7
YP-CAR(카니발)	10.6				

회사 개요
1989년에 설립되어 1000여종 이상의 자동차용 부품을 생산해 현대차와 기아차에 납품중인 자동차부품 생산업체. 자체 개발한 Progressive 금형 및 Transfer 자동화 공정으로 자동화 시스템을 구축하여 인건비를 절감하는 등 품질 및 가격 경쟁력을 확보하고 있음. 중국에 2개 종속회사와 미국의 현지법인에서 부품을 생산하여 동사와 미국의 현대차 및 현지 협력업체에 납품중임.

실적 분석
동사의 2016년 결산 매출액은 내수시장 판매 부진으로 1,483억원을 기록하며 전년동기 대비 13.8% 감소함. 영업이익은 43.4억원을 시현하며 전년동기 대비 29.4% 감소하였으며, 당기순이익은 또한 큰 폭으로 감소한 25.4억원을 시현하는데 그침. 원가율 하락에도 불구하고 큰 폭의 외형 축소 여파 및 판관비 비중 확대 영향으로 비교적 큰 폭으로 영업수익성 하락하였으며, 경상수지 역시 큰 폭으로 감소한 상황.

현금 흐름 〈단위 : 억원〉

항목	2015	2016
영업활동	173	181
투자활동	-97	-166
재무활동	-30	-19
순현금흐름	49	-3
기말현금	87	84

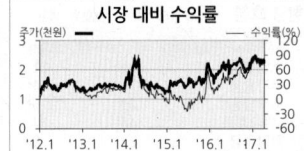
시장 대비 수익률

결산 실적 〈단위 : 억원〉

항목	2011	2012	2013	2014	2015	2016
매출액	1,478	1,558	1,727	1,705	1,721	1,483
영업이익	37	75	75	54	61	43
당기순이익	-6	16	22	22	42	25

분기 실적 〈단위 : 억원〉

항목	2015.3Q	2015.4Q	2016.1Q	2016.2Q	2016.3Q	2016.4Q
매출액	458	409	372	402	356	353
영업이익	21	19	16	15	12	-1
당기순이익	21	12	10	11	-9	13

재무 상태 〈단위 : 억원〉

항목	2011	2012	2013	2014	2015	2016
총자산	1,495	1,612	1,492	1,559	1,613	1,667
유형자산	791	833	825	856	904	972
무형자산	18	4	4	4	4	4
유가증권	118	5	54	39	64	69
총부채	1,128	1,245	1,102	1,036	1,049	1,090
총차입금	862	948	803	756	753	756
자본금	64	64	64	99	99	99
총자본	366	367	390	522	564	578
지배주주지분	359	359	382	513	554	569

기업가치 지표

항목	2011	2012	2013	2014	2015	2016
주가(최고/저)(천원)	1.8/1.1	2.0/1.2	1.6/1.2	2.5/1.2	2.3/1.2	2.5/1.5
PER(최고/저)(배)	—/—	17.2/10.5	10.5/8.1	22.4/10.7	12.1/6.4	20.0/12.2
PBR(최고/저)(배)	0.7/0.4	0.7/0.5	0.6/0.4	1.0/0.5	0.9/0.5	0.9/0.5
EV/EBITDA(배)	8.2		6.1	5.9	7.0	7.3	8.6
EPS(원)	-39	125	165	119	208	131
BPS(원)	2,908	2,911	3,080	2,637	2,912	3,005
CFPS(원)	533	731	786	586	628	562
DPS(원)	—	—	—	—	100	—
EBITDAPS(원)	861	1,188	1,204	772	730	650

재무 비율 〈단위 : %〉

연도	영업이익률	순이익률	부채비율	차입금비율	ROA	ROE	유보율	자기자본비율	EBITDA마진율
2016	2.9	1.7	188.6	130.8	1.6	4.6	500.9	34.7	8.7
2015	3.6	2.4	186.0	133.5	2.6	7.7	482.4	35.0	8.4
2014	3.2	1.3	198.5	144.9	1.5	4.8	427.4	33.5	8.1
2013	4.3	1.3	282.4	205.7	1.4	5.7	516.0	26.2	9.0

국도화학 (A007690)
KukDo Chemical

업　　종 : 화학　　　　시　　장 : 거래소
신용등급 : (Bond) A+　　(CP) —　　기업규모 : 시가총액 소형주
홈페이지 : www.kukdo.com　　연 락 처 : 02)3282-1470
본　　사 : 서울시 금천구 가산디지털 2로 61 (가산동)

설 립 일	1972.02.22	종 업 원 수	436명	대 표 이 사	이시창
상 장 일	1989.08.05	감 사 의 견	적정 (신한)	계 열	
결 산 기	12월	보 통 주	581만주	종속회사수	
액 면 가	5,000원	우 선 주		구 상 호	

주주구성 (지분율,%)		출자관계 (지분율,%)		주요경쟁사 (외형,%)	
Nippon Steel Chemical Co.,Ltd	22.4	국도정밀	100.0	국도화학	100
신도케미칼	20.0	국도화인켐	100.0	휴켐스	63
(외국인)	34.9	일도화학	50.0	송원산업	73

매출구성		비용구성		수출비중	
에폭시수지(제품)- YD-128등	84.2	매출원가율	89.4	수출	—
Polyol수지(제품)- GY-3010E등	13.2	판관비율	6.7	내수	—
에폭시수지(상품)- HJ-2200V등	5.1				

회사 개요
동사는 1972년 설립돼 에폭시수지, 경화제용 수지를 주로 생산함. 주력 상품인 에폭시수지는 산업용 화학 소재로 전기·전자, 우주항공, 도료, 풍력블레이드, 토목 건축 등 전 산업분야에서 필수적인 고기능성 원자재로 사용됨. 정보통신기술의 발달로 에폭시수지의 사용 용도가 꾸준히 늘어나고 있음. 동사의 제품별 생산능력은 에폭시 65만톤, 폴리올 12만톤임. 에폭시수지의 국내 시장점유율 66%를 차지하고 있음.

실적 분석
동사의 2016년 연결기준 누적 매출액은 9,526.3억원으로 전년 대비 5.9% 감소함. 주 매출원인 YD-128 등의 제품 판매가 부진한 것이 원인임. 매출감소와 판관비 증가 등의 영향으로 영업이익은 전년보다 52.6% 줄어든 369.8억원을 기록했고, 당기순이익은 265.6억원으로 52.8% 감소함. 신규 생산설비를 통해 자동차 시트 및 가구용 연질 우레탄 시장에서 지속적으로 매출을 확대해 나가고 있음.

현금 흐름 〈단위 : 억원〉

항목	2015	2016
영업활동	674	564
투자활동	-183	-294
재무활동	-266	-113
순현금흐름	226	155
기말현금	317	472

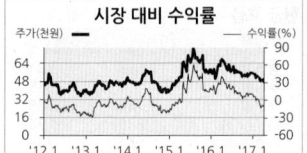
시장 대비 수익률

결산 실적 〈단위 : 억원〉

항목	2011	2012	2013	2014	2015	2016
매출액	8,748	8,414	9,119	9,780	10,119	9,526
영업이익	378	405	406	315	780	370
당기순이익	249	299	314	209	563	266

분기 실적 〈단위 : 억원〉

항목	2015.3Q	2015.4Q	2016.1Q	2016.2Q	2016.3Q	2016.4Q
매출액	2,582	2,387	2,408	2,618	2,284	2,217
영업이익	216	158	167	111	42	50
당기순이익	151	121	123	78	21	44

재무 상태 〈단위 : 억원〉

항목	2011	2012	2013	2014	2015	2016
총자산	5,674	5,478	5,904	6,374	6,813	6,828
유형자산	2,047	2,108	2,222	2,349	2,463	2,756
무형자산	34	34	22	21	21	20
유가증권	11	11	5	223	588	609
총부채	2,519	2,109	2,277	2,584	2,506	2,369
총차입금	1,299	881	990	1,225	1,047	1,022
자본금	291	291	291	291	291	291
총자본	3,155	3,368	3,627	3,791	4,307	4,458
지배주주지분	3,072	3,288	3,544	3,700	4,212	4,364

기업가치 지표

항목	2011	2012	2013	2014	2015	2016
주가(최고/저)(천원)	67.8/30.0	55.0/35.0	51.8/36.0	58.6/37.8	80.2/37.7	69.6/50.3
PER(최고/저)(배)	18.4/8.1	12.1/7.7	10.4/7.4	18.0/11.6	8.7/4.1	15.8/11.5
PBR(최고/저)(배)	1.5/0.6	1.1/0.7	0.9/0.6	1.0/0.6	1.2/0.6	1.0/0.7
EV/EBITDA(배)	7.5	5.2	6.8	6.4	3.9	6.0
EPS(원)	4,185	5,098	5,335	3,495	9,618	4,490
BPS(원)	52,866	56,584	60,985	63,683	72,495	75,108
CFPS(원)	5,668	6,853	7,305	5,754	12,013	7,137
DPS(원)	800	1,000	1,000	1,000	1,500	1,200
EBITDAPS(원)	7,986	8,732	8,949	7,688	15,813	9,012

재무 비율 〈단위 : %〉

연도	영업이익률	순이익률	부채비율	차입금비율	ROA	ROE	유보율	자기자본비율	EBITDA마진율
2016	3.9	2.8	53.1	22.9	3.9	6.1	1,402.2	65.3	5.5
2015	7.7	5.6	58.2	24.3	8.5	14.1	1,349.9	63.2	9.1
2014	3.2	2.1	68.2	32.3	3.4	5.6	1,173.7	59.5	4.6
2013	4.5	3.4	62.8	27.3	5.5	9.1	1,119.7	61.4	5.7

국동 (A005320)
Kukdong

업　　종 : 섬유 및 의복　　　　　시　　　장 : 거래소
신용등급 : (Bond) —　　(CP) —　　기업규모 : 시가총액 소형주
홈페이지 : www.kd.co.kr　　　　연 락 처 : 02)3407-7715
본　　사 : 서울시 동대문구 천호대로 405 7,8층(동보빌딩)

설 립 일	1967.12.08	종 업 원 수	73명	대 표 이 사	변상기
상 장 일	1996.12.24	감 사 의 견	적정 (우리)	계　　열	
결 산 기	12월	보 통 주	591만주	종속회사수	
액 면 가	500원	우 선 주		구 상 호	

주주구성 (지분율,%)		출자관계 (지분율,%)		주요경쟁사 (외형,%)	
KB자산운용	19.6	바이오밸류	100.0	국동	100
변상기	11.4	KUKDONGAPPAREL(AMERICA),INC	100.0	방림	76
(외국인)	1.7	PT.KUKDONGAPPARELBATANG	100.0	형지I&C	65

매출구성		비용구성		수출비중	
의류	99.8	매출원가율	81.4	수출	89.3
건강보조식품	0.2	판관비율	13.3	내수	10.7

회사 개요
동사는 1967년 설립되어 니트류의 수출을 주된 사업으로 하고 있으며, 주문자상표부착방식(OEM)에 의해 NIKE, FOREVER21, H&M과의 계약으로 의류를 인도네시아에 소재하고 있는 해외생산법인 등에서 생산판매하고 있음. 또한 1999년에 수출지역의 다변화를 목적으로 북미시장에 진출하고자 멕시코 및 미국에 현지법인을 설립하였음. 사업다각화의 일환으로 산삼배양근(건강보조식품) 사업도 소규모로 추진중임.

실적 분석
동사의 2016년 연결기준 매출액은 전년대비 15.9% 성장한 1,973.7억원을 기록함. 원가율은 전년과 유사한 수준을 보여 영업이익은 22.0% 증가한 105.6억원, 당기순이익은 18.6% 증가한 62.1억원을 기록함. 안정화된 수익성을 바탕으로 절대 수익 규모를 확대 시킴. 향후 미주지역의 경기호조와 생산 CAPA 확대 및 바이어와의 신뢰관계 유지로 향후 업황 호전 및 실적 개선이 기대됨.

현금 흐름 〈단위 : 억원〉

항목	2015	2016
영업활동	39	7
투자활동	-34	-159
재무활동	17	172
순현금흐름	28	18
기말현금	105	123

시장 대비 수익률
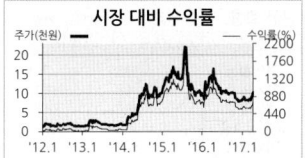

결산 실적 〈단위 : 억원〉

항목	2011	2012	2013	2014	2015	2016
매출액	1,543	1,382	1,479	1,861	1,703	1,974
영업이익	3	68	55	101	87	106
당기순이익	-72	51	40	89	52	62

분기 실적 〈단위 : 억원〉

항목	2015.3Q	2015.4Q	2016.1Q	2016.2Q	2016.3Q	2016.4Q
매출액	443	528	482	551	476	465
영업이익	27	40	23	27	27	28
당기순이익	21	24	12	23	-1	28

재무 상태 〈단위 : 억원〉

항목	2011	2012	2013	2014	2015	2016
총자산	682	658	730	893	938	1,241
유형자산	261	239	220	257	276	886
무형자산	1	0	0	0	0	0
유가증권	3	2	10	10	0	0
총부채	623	564	576	606	625	724
총차입금	449	389	379	444	448	502
자본금	20	20	23	23	23	30
총자본	58	94	154	286	312	517
지배주주지분	58	94	154	286	312	517

기업가치 지표

항목	2011	2012	2013	2014	2015	2016
주가(최고/저)(천원)	2.8/0.9	2.4/1.1	3.0/1.4	12.7/1.7	22.9/8.9	16.4/7.5
PER(최고/저)(배)	—/—	1.9/0.9	3.3/1.5	6.6/0.9	20.5/8.0	15.6/7.2
PBR(최고/저)(배)	1.9/0.6	1.0/0.5	0.9/0.4	2.1/0.3	3.4/1.3	1.9/0.9
EV/EBITDA(배)	173.5	5.1	5.8	7.2	8.2	6.5
EPS(원)	-1,799	1,283	911	1,923	1,115	1,050
BPS(원)	1,454	2,385	3,406	6,129	6,679	8,770
CFPS(원)	-1,799	1,628	1,360	2,222	1,379	1,380
DPS(원)	—	—	—	—	—	—
EBITDAPS(원)	66	2,040	1,703	2,493	2,107	2,116

재무 비율 〈단위 : % 〉

연도	영업이익률	순이익률	부채비율	차입금비율	ROA	ROE	유보율	자기자본비율	EBITDA마진율
2016	5.4	3.2	140.0	97.1	5.7	15.0	1,654.0	41.7	6.3
2015	5.1	3.1	200.3	143.6	5.7	17.5	1,235.9	33.3	5.8
2014	5.5	4.8	211.7	155.2	11.0	40.4	1,125.7	32.1	6.2
2013	3.7	2.7	373.9	245.9	5.8	32.3	581.2	21.1	5.1

국보 (A001140)
KUKBO LOGISTICS CO

업　　종 : 육상운수　　　　　시　　　장 : 거래소
신용등급 : (Bond) —　　(CP) —　　기업규모 : 시가총액 소형주
홈페이지 : www.kukbo.com　　　연 락 처 : 02)765-5544
본　　사 : 서울시 중구 소공로 88 (소공동)

설 립 일	1953.12.28	종 업 원 수	141명	대 표 이 사	김영철
상 장 일	1989.12.02	감 사 의 견	적정 (신우)	계　　열	
결 산 기	12월	보 통 주	103만주	종속회사수	
액 면 가	5,000원	우 선 주		구 상 호	

주주구성 (지분율,%)		출자관계 (지분율,%)		주요경쟁사 (외형,%)	
흥아해운	34.5			국보	100
윤성욱	5.4			KCTC	401
(외국인)	0.4			동양고속	178

매출구성		비용구성		수출비중	
컨테이너 운송, 보관, 운송주선	89.4	매출원가율	91.1	수출	0.0
컨테이너하역 외	5.7	판관비율	8.6	내수	100.0
보세화물 보관	4.9				

회사 개요
동사는 1953년에 설립되어 현재 컨테이너 화물운송, 보관, 하역 등을 주요 사업으로 하고 있으며 전국의 각 영업소를 거점으로 물류서비스업을 영위하고 있는 종합물류기업 인증업체임. 동사의 연결대상 종속회사인 (주)에스엘케이국보는 국제물류운송주선을 주요사업으로 하고 있으며 해당매출은 지배회사인 (주)국보의 운송부문에 포함되고 있음. 매출액 구성비율은 운송부문 90.4% 창고부문 4.1% 하역부분 5.5% 수준임.

실적 분석
동사의 연결 재무제표 기준 2016년 결산 매출액은 전년 대비 4.7% 감소한 873.3억원 기록. 판관비가 전년 대비 9.6% 감소했음에도 불구하고, 매출액의 감소로 영업이익은 2.0억원을 기록함. 매출감소와 금융손익의 적자지속으로 당기순손실은 41.9억원을 기록하며 전년 동기에 이어 적자를 지속하고 있음. 동사는 대고객서비스 개선 등의 노력을 통해 영업력을 강화할 예정임.

현금 흐름 〈단위 : 억원〉

항목	2015	2016
영업활동	-8	5
투자활동	-34	-8
재무활동	-24	-8
순현금흐름	-2	-1
기말현금	4	3

시장 대비 수익률
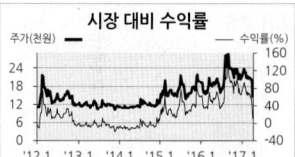

결산 실적 〈단위 : 억원〉

항목	2011	2012	2013	2014	2015	2016
매출액	1,306	1,223	1,083	975	916	873
영업이익	7	14	8	-24	-25	2
당기순이익	-0	-9	-38	-70	-40	-42

분기 실적 〈단위 : 억원〉

항목	2015.3Q	2015.4Q	2016.1Q	2016.2Q	2016.3Q	2016.4Q
매출액	241	227	213	211	238	211
영업이익	-4	-4	-7	-5	3	11
당기순이익	-4	-25	-8	0	2	-36

재무 상태 〈단위 : 억원〉

항목	2011	2012	2013	2014	2015	2016
총자산	989	985	983	910	831	813
유형자산	379	387	423	413	404	397
무형자산	92	84	77	57	53	46
유가증권	24	24	15	36	22	21
총부채	644	647	685	684	647	660
총차입금	275	324	385	434	409	396
자본금	51	51	51	51	51	51
총자본	345	338	298	226	184	153
지배주주지분	344	337	297	226	184	152

기업가치 지표

항목	2011	2012	2013	2014	2015	2016
주가(최고/저)(천원)	16.0/9.2	24.9/10.7	13.9/10.0	14.1/10.7	23.2/12.6	29.2/15.5
PER(최고/저)(배)	—/—	—/—	—/—	—/—	—/—	—/—
PBR(최고/저)(배)	0.5/0.3	0.8/0.3	0.5/0.4	0.6/0.5	1.3/0.7	2.0/1.0
EV/EBITDA(배)	9.8	10.2	13.9			40.5
EPS(원)	-41	-870	-3,746	-6,761	-3,912	-4,140
BPS(원)	33,787	33,114	29,201	22,295	18,221	14,861
CFPS(원)	2,252	1,265	-1,604	-5,274	-2,726	-3,043
DPS(원)	50	50	50	50	50	
EBITDAPS(원)	3,015	3,464	2,939	-858	-1,211	1,296

재무 비율 〈단위 : % 〉

연도	영업이익률	순이익률	부채비율	차입금비율	ROA	ROE	유보율	자기자본비율	EBITDA마진율
2016	0.2	-4.8	432.3	259.3	-5.1	-25.3	197.2	18.8	1.5
2015	-2.7	-4.4	351.3	222.4	-4.7	-19.6	264.4	22.2	-1.4
2014	-2.5	-7.2	302.3	191.7	-7.4	-26.6	345.9	24.9	-0.9
2013	0.8	-3.6	230.3	129.2	-3.9	-12.1	484.0	30.3	2.8

국보디자인 (A066620)
Kukbo Design

업　　종 : 건설　　　　　　　　　　　　　시　　장 : KOSDAQ
신용등급 : (Bond) —　　(CP) —　　　　기업규모 : 우량
홈페이지 : www.ikukbo.com　　　　　　연 락 처 : 02)6220-1800
본　　사 : 서울시 마포구 월드컵로10길 49 (서교동)

설 립 일	1988.03.02	종 업 원 수	318명	대 표 이 사	황창연
상 장 일	2002.09.05	감사의견	적정 (한울)	계	열
결 산 기	12월	보 통 주	750만주	종속회사수	
액 면 가	500원	우 선 주		구 상 호	

주주구성 (지분율,%)		출자관계 (지분율,%)		주요경쟁사 (외형,%)	
황창연	45.9	국보디자인제주	100.0	국보디자인	100
한가람투자자문	4.9	세르브레	100.0	한라	910
(외국인)	10.2	이노톤	100.0	화성산업	245

매출구성		비용구성		수출비중	
국내도급공사·건축공사 (민간)	77.9	매출원가율	87.7	수출	18.8
해외도급공사 및 기타	19.4	판관비율	7.1	내수	81.2
국내도급공사·건축공사 (관급)	2.7				

회사 개요
동사는 인테리어의 기획 및 설계, 시공감리를 전문으로 하는 인테리어디자인 전문회사임. 최근에는 리모델링공사 등에 주력하고 있음. 업무시설, 호텔, 레저 및 국가기간산업 인테리어 시장의 성장세가 보임. 업무시설부문은 사무실의 사무환경을 효율적이고 효과적인 공간이 될 수 있도록 과학적인 분석을 적용한 인테리어디자인이 요구되고 정보사회로 전환되며 고객 수요에 각각 부합하는 형태로 변환 중임.

실적 분석
동사의 2016년 결산 매출액은 2,014억원을 기록하며 전년동기 대비 4.6% 증가함. 반면, 외형 증가에도 불구하고, 원가율 상승 및 판관비 증가 영향으로 전년동기 대비 17.8% 감소한 105.2억원의 영업이익 시현하는데 그침. 당기순이익은 비영업부문의 개선에 힘입어 지난해 수준을 유지함. 꾸준히 실적 회복하는 모습을 보인점은 긍정적으로 평가하며, 향후 해외시장에서의 성장세 지속 이어갈 것으로 기대.

현금 흐름　〈단위 : 억원〉
항목	2015	2016
영업활동	123	127
투자활동	-99	-36
재무활동	0	-76
순현금흐름	23	21
기말현금	105	126

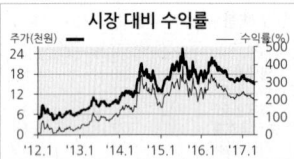

시장 대비 수익률

결산 실적　〈단위 : 억원〉
항목	2011	2012	2013	2014	2015	2016
매출액	1,307	1,194	1,635	1,764	1,926	2,014
영업이익	88	99	118	133	128	105
당기순이익	61	77	109	109	108	107

분기 실적　〈단위 : 억원〉
항목	2015.3Q	2015.4Q	2016.1Q	2016.2Q	2016.3Q	2016.4Q
매출액	562	527	366	452	502	694
영업이익	26	66	35	30	27	13
당기순이익	27	45	31	19	20	36

재무 상태　〈단위 : 억원〉
항목	2011	2012	2013	2014	2015	2016
총자산	802	929	1,279	1,320	1,411	1,585
유형자산	15	22	22	26	69	74
무형자산	19	18	18	20	20	18
유가증권	20	14	42	32	35	32
총부채	321	353	623	577	578	715
총차입금	6	—	34		19	
자본금	38	38	38	38	38	38
총자본	481	576	656	744	833	869
지배주주지분	481	576	656	744	833	869

기업가치 지표
항목	2011	2012	2013	2014	2015	2016
주가(최고/저)(천원)	8.4/2.9	10.0/4.4	11.2/6.3	21.1/9.6	25.5/12.1	23.4/14.8
PER(최고/저)(배)	11.9/4.1	10.7/4.7	8.2/4.6	15.1/6.9	18.2/8.7	16.6/10.5
PBR(최고/저)(배)	1.5/0.5	1.4/0.6	1.4/0.8	2.2/1.0	2.4/1.1	2.0/1.2
EV/EBITDA(배)	0.3		1.0	2.1	5.3	3.8
EPS(원)	807	1,026	1,458	1,459	1,436	1,432
BPS(원)	6,549	7,675	8,746	9,913	11,108	12,097
CFPS(원)	829	1,043	1,477	1,482	1,462	1,456
DPS(원)	200	200	230	250	250	250
EBITDAPS(원)	1,191	1,342	1,588	1,802	1,731	1,426

재무 비율　〈단위 : %〉
연도	영업이익률	순이익률	부채비율	차입금비율	ROA	ROE	유보율	자기자본비율	EBITDA마진율
2016	5.2	5.3	82.3	0.0	7.2	12.6	2,319.4	54.9	5.3
2015	6.6	5.6	69.4	2.3	7.9	13.7	2,121.5	59.1	6.7
2014	7.6	6.2	77.6	0.0	8.4	15.6	1,882.7	56.3	7.7
2013	7.2	6.7	95.0	5.1	9.9	17.8	1,649.3	51.3	7.3

국순당 (A043650)
Kook Soon Dang

업　　종 : 음료　　　　　　　　　　　　시　　장 : KOSDAQ
신용등급 : (Bond) —　　(CP) —　　　　기업규모 : 중견
홈페이지 : www.ksdb.co.kr　　　　　　연 락 처 : 033)3404-300
본　　사 : 강원도 횡성군 둔내면 강변로 975

설 립 일	1983.02.05	종 업 원 수	308명	대 표 이 사	배중호
상 장 일	2000.08.24	감사의견	적정 (삼정)	계	열
결 산 기	12월	보 통 주	1,786만주	종속회사수	
액 면 가	500원	우 선 주		구 상 호	

주주구성 (지분율,%)		출자관계 (지분율,%)		주요경쟁사 (외형,%)	
배중호	36.6	IMM16호기업구조조합	98.0	국순당	100
JF Asset Management Limited	5.0	지앤텍벤처투자	96.5	진로발효	125
(외국인)	2.8	국순당여주명주	87.0	풍국주정	139

매출구성		비용구성		수출비중	
막걸리	48.5	매출원가율	60.3	수출	10.7
명작복분자, 명작오가자 외	16.8	판관비율	49.0	내수	89.3
백세주	15.1				

회사 개요
국내 주류시장은 정체기에 들어섬. 매년 2~3%의 완만한 성장이 예상되며 시장 규모는 약 8조 4천억 정도로 추정됨. 동사는 탁주 및 약주제조업을 영위하는 기업으로서 신선도 유지를 위해 업계 최초로 전국냉장유통시스템을 도입하여 생막걸리의 유통기한을 늘려 기존 제품과의 차별화를 추구함. 주류 수입이 활발해지고 소비자의 선택 폭이 다양해짐에 따라 과실주, 청주, 약주의 구분이 모호해지고 있음.

실적 분석
동사의 2016년 결산 매출액은 697억원으로 전년동기대비 10% 감소함. 동사가 영위하는 전통주 시장이 최근 침체를 겪고 있으나 원가 및 판관비 절감을 통하여 영업손실의 폭을 다소 줄임. 1인당 주류소비량 감소, 과일 맛을 첨가한 낮은 도수의 소주의 신제품 출시, 수입 맥주의 가정용 시장 공략에 따른 소비자의 관심 분산 등 시장의 위험요인들이 존재하여 막걸리 판매증가율도 둔화 되는 현상은 상당기간 지속 될 것으로 전망.

현금 흐름　〈단위 : 억원〉
항목	2015	2016
영업활동	-90	1
투자활동	48	-127
재무활동	38	-15
순현금흐름	3	-139
기말현금	378	239

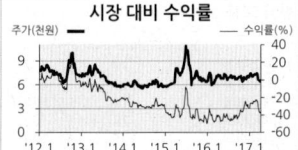

시장 대비 수익률

결산 실적　〈단위 : 억원〉
항목	2011	2012	2013	2014	2015	2016
매출액	1,277	1,187	992	919	774	697
영업이익	53	57	14	11	-82	-65
당기순이익	53	62	57	35	-35	-28

분기 실적　〈단위 : 억원〉
항목	2015.3Q	2015.4Q	2016.1Q	2016.2Q	2016.3Q	2016.4Q
매출액	234	152	166	188	186	158
영업이익	-0	-32	-19	-5	-13	-29
당기순이익	18	-36	-3	10	-15	-19

재무 상태　〈단위 : 억원〉
항목	2011	2012	2013	2014	2015	2016
총자산	1,991	2,097	2,181	2,175	2,166	2,130
유형자산	847	825	797	720	692	649
무형자산	53	43	40	43	35	31
유가증권	205	316	587	502	435	439
총부채	210	191	235	207	184	190
총차입금	8	12	45	9	7	12
자본금	89	89	89	89	89	89
총자본	1,781	1,906	1,946	1,968	1,982	1,940
지배주주지분	1,735	1,861	1,897	1,921	1,932	1,895

기업가치 지표
항목	2011	2012	2013	2014	2015	2016
주가(최고/저)(천원)	13.4/6.7	10.2/6.2	8.5/5.7	6.9/5.5	10.8/5.7	7.5/6.0
PER(최고/저)(배)	48.9/24.4	29.0/17.6	28.9/19.2	38.2/30.7	—/—	—/—
PBR(최고/저)(배)	1.3/0.7	1.0/0.6	0.8/0.5	0.6/0.5	1.0/0.5	0.7/0.6
EV/EBITDA(배)	8.4	7.3	7.9	8.5		
EPS(원)	291	366	304	185	-208	-148
BPS(원)	10,564	10,771	10,974	11,106	10,928	10,720
CFPS(원)	644	689	567	417	-12	28
DPS(원)	105	90	45	50	50	50
EBITDAPS(원)	653	644	344	293	-263	-187

재무 비율　〈단위 : %〉
연도	영업이익률	순이익률	부채비율	차입금비율	ROA	ROE	유보율	자기자본비율	EBITDA마진율
2016	-9.3	-4.0	9.8	0.6	-1.3	-1.4	2,043.9	91.1	-4.8
2015	-10.6	-4.6	9.3	0.3	-1.6	-1.9	2,085.6	91.5	-6.1
2014	1.2	3.8	10.5	0.5	1.6	1.7	2,121.1	90.5	5.7
2013	1.5	5.8	12.1	2.3	2.7	2.9	2,094.8	89.2	6.2

국영지앤엠 (A006050)
KukYoung G&M

업 종 : 건축자재		시 장 : KOSDAQ	
신용등급 : (Bond) — (CP) —		기업규모 : 중견	
홈페이지 : www.kukyounggnm.com		연 락 처 : 02)2015-0300	
본 사 : 서울시 서초구 서초중앙로 36 준영빌딩 7층			

설 립 일 1969.05.07	종 업 원 수 105명	대 표 이 사 최재원	
상 장 일 1994.10.07	감 사 의 견 적정 (태성)	계 열	
결 산 기 12월	보 통 주 3,424만주	종속회사수	
액 면 가 500원	우 선 주	구 상 호	

주주구성 (지분율,%)		출자관계 (지분율,%)		주요경쟁사 (외형,%)	
최재원	11.0	국영지앤엠	100		
박종철	2.9	대림B&Co	406		
(외국인)	1.7	뉴보텍	70		

매출구성		비용구성		수출비중	
복층유리 외(공사)	80.6	매출원가율	96.4	수출	0.3
복층유리 외(제품)	19.4	판관비율	3.1	내수	99.7

회사 개요
동사는 1959년 설립되어 원자재인 판유리를 판유리 생산업체로부터 구매하여 용도에 맞게 가공하여 건축용, 철도용, 차량용, 인테리어용, 특수시설 보안등으로 공급함. 다양한 제품을 고객(유리시공업체 포함)에게 판매하거나, 직접 상업용, 주택용 건물 프로젝트를 수주하여 시공함. 부설연구소의 활발한 연구개발의 성과로 30분용 비차열 접합방화유리와 60분 차열방화유리를 국내최초 개발하여, 발코니 확장 시장에 납품·시공하고 있음.

실적 분석
현재 과다한 업체수로 경쟁이 포화상태임에도 불구하고 계속 시공능력평가액 업계 1위를 유지함으로서 매출액 또한 계속적으로 증가하고 있음. 2016년 결산기준 누적매출액은 전년동기대비 28.3% 성장한 514.6억원을 기록하였고 매출원가 및 판관비가 상승한 부분이 있으나 매출액이 크게 증가하였으므로 영업이익은 흑자전환함. 현재 제품으로 만족하지 않고 친환경 등 신규제품의 개발에 박차를 가하고 있으므로 향후 성장성이 기대되고 있음.

현금 흐름 *IFRS 별도 기준 〈단위 : 억원〉

항목	2015	2016
영업활동	6	-33
투자활동	-17	-5
재무활동	22	15
순현금흐름	12	-23
기말현금	125	102

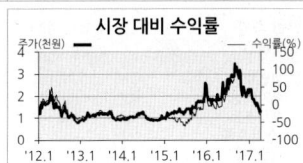

시장 대비 수익률

결산 실적 〈단위 : 억원〉

항목	2011	2012	2013	2014	2015	2016
매출액	426	438	558	515	401	515
영업이익	-26	-15	13	16	-10	2
당기순이익	-18	48	10	4	-5	4

분기 실적 *IFRS 별도 기준 〈단위 : 억원〉

항목	2015.3Q	2015.4Q	2016.1Q	2016.2Q	2016.3Q	2016.4Q
매출액	89	123	100	164	126	124
영업이익	-5	2	-1	1	-4	6
당기순이익	-3	3	-0	1	-4	7

재무 상태 *IFRS 별도 기준 〈단위 : 억원〉

항목	2011	2012	2013	2014	2015	2016
총자산	610	602	631	590	637	657
유형자산	313	321	317	324	316	318
무형자산	4	4	2	1	3	3
유가증권	6	6	6	6	6	5
총부채	283	142	168	118	147	151
총차입금	110	65	72	30	30	33
자본금	102	147	147	150	165	171
총자본	327	460	463	472	490	506
지배주주지분	327	460	463	472	490	506

기업가치 지표 *IFRS 별도 기준

항목	2011	2012	2013	2014	2015	2016
주가(최고/저)(천원)	3.1/0.6	2.1/0.8	1.4/0.9	1.3/0.9	2.6/1.0	3.5/1.6
PER(최고/저)(배)	—/—	13.2/4.7	42.6/27.1	100.0/66.1	—/—	302.0/143.4
PBR(최고/저)(배)	2.3/0.5	1.4/0.5	0.9/0.6	0.8/0.6	1.7/0.6	2.3/1.1
EV/EBITDA(배)			9.0	7.3	186.2	42.8
EPS(원)	-73	167	32	13	-17	11
BPS(원)	1,643	1,590	1,603	1,604	1,512	1,500
CFPS(원)	-66	212	76	60	29	51
DPS(원)		20		15		
EBITDAPS(원)	-109	-7	89	100	12	47

재무 비율 〈단위 : % 〉

연도	영업이익률	순이익률	부채비율	차입금비율	ROA	ROE	유보율	자기자본비율	EBITDA마진율
2016	0.5	0.8	29.9	6.4	0.6	0.8	200.0	77.0	3.1
2015	-2.6	-1.3	30.1	6.0	-0.9	-1.1	202.4	76.9	1.0
2014	3.1	0.8	24.9	6.4	0.7	0.9	220.7	80.1	5.8
2013	2.4	1.7	36.2	15.4	2.1	2.1	220.6	73.4	4.7

국일신동 (A060480)
KUKIL METAL CO

업 종 : 금속 및 광물		시 장 : KOSDAQ	
신용등급 : (Bond) — (CP) —		기업규모 : 중견	
홈페이지 : www.kukilmetal.com		연 락 처 : 031)499-9192	
본 사 : 경기도 안산시 단원구 번영2로 58			

설 립 일 1993.02.26	종 업 원 수 58명	대 표 이 사 김경룡	
상 장 일 2014.12.29	감 사 의 견 적정 (태성)	계 열	
결 산 기 12월	보 통 주 1,109만주	종속회사수	
액 면 가 500원	우 선 주	구 상 호	

주주구성 (지분율,%)		출자관계 (지분율,%)		주요경쟁사 (외형,%)	
손인국	42.3			국일신동	100
이구무역	5.8			하이스틸	538
(외국인)	1.9			한국주강	96

매출구성		비용구성		수출비중	
황동봉(제품)	61.0	매출원가율	91.6	수출	8.4
기타	12.1	판관비율	5.9	내수	91.6
압연 외(임가공)	11.2				

회사 개요
동사는 1993년 설립돼 동압연 및 압출제품 제조업을 영위하고 있음. 제품은 황동봉, 동SLAB, 철동합금코일 및 석도금제품, 동볼을 생산하여 수요업체에 공급하고 있으며, 황동봉 매출이 2016년말 기준 전체의 63.6%를 구성함. 황동봉시장은 국내 시장규모가 크지 않아 수요대비 과잉공급으로 경쟁이 심화되고 있어, 내수와 수출을 병행하고 있음. 향후 친환경 최첨단 신동소재 생산 전문업체를 목표로 하고 있음.

실적 분석
동사의 2016년 연결기준 누적매출과 영업이익, 당기순이익은 277.0억원, 7.1억원, 3.8억원으로 전년 동기 대비 각각 7.9%, 19.6%, 42.4% 감소함. 동사는 이구산업 계열 비철금속 업체로 동합금제품을 주력 생산함. 수출 비중은 2.3%로 내수판매가 대부분을 차지하고 주력제품인 황동 국내 수요는 연간 약 7만톤임. 내수시장 공급과잉 상태이므로 초과생산 물량은 수출되고 있으나 낮은 수출 단가로 인해 마진은 낮음

현금 흐름 *IFRS 별도 기준 〈단위 : 억원〉

항목	2015	2016
영업활동	29	44
투자활동	-5	-2
재무활동	-59	-34
순현금흐름	-35	9
기말현금	16	24

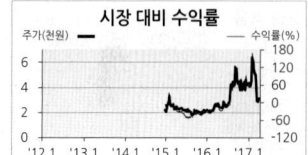

시장 대비 수익률

결산 실적 〈단위 : 억원〉

항목	2011	2012	2013	2014	2015	2016
매출액	317	318	355	337	301	277
영업이익	6	27	28	19	9	7
당기순이익	69	19	20	13	7	4

분기 실적 *IFRS 별도 기준 〈단위 : 억원〉

항목	2015.3Q	2015.4Q	2016.1Q	2016.2Q	2016.3Q	2016.4Q
매출액	74	80	74	68	53	82
영업이익	0	2	-1	2	1	5
당기순이익	-0	2	-3	1	1	4

재무 상태 *IFRS 별도 기준 〈단위 : 억원〉

항목	2011	2012	2013	2014	2015	2016
총자산	384	471	473	536	479	451
유형자산	207	292	290	288	289	285
무형자산	0	0	0	0	0	0
유가증권	0	0	0	0	0	0
총부채	115	136	157	155	93	67
총차입금	72	87	97	100	44	16
자본금	40	40	40	55	55	55
총자본	269	334	315	381	386	384
지배주주지분	269	334	315	381	386	384

기업가치 지표 *IFRS 별도 기준

항목	2011	2012	2013	2014	2015	2016
주가(최고/저)(천원)	—/—	—/—	—/—	2.7/2.3	3.5/1.7	5.9/2.0
PER(최고/저)(배)	0.0/0.0	0.0/0.0	0.0/0.0	16.9/14.4	59.6/29.2	172.7/60.0
PBR(최고/저)(배)	0.0/0.0	0.0/0.0	0.0/0.0	0.7/0.6	0.9/0.5	1.6/0.5
EV/EBITDA(배)	4.8	2.7	2.7	12.9	19.1	34.7
EPS(원)	857	238	254	162	60	35
BPS(원)	3,358	4,180	4,415	3,778	3,818	3,805
CFPS(원)	961	297	320	228	111	88
DPS(원)				25	50	50
EBITDAPS(원)	175	392	415	295	131	118

재무 비율 〈단위 : % 〉

연도	영업이익률	순이익률	부채비율	차입금비율	ROA	ROE	유보율	자기자본비율	EBITDA마진율
2016	2.6	1.4	17.5	4.1	0.8	1.0	661.1	85.1	4.7
2015	2.9	2.2	24.2	11.4	1.3	1.7	663.7	80.6	4.8
2014	5.5	3.9	40.6	26.3	2.6	3.8	655.5	71.1	7.1
2013	7.9	5.7	49.9	30.9	4.3	6.3	783.0	66.7	9.4

국일제지 (A078130)
Kuk-il Paper Mfg

업　종 : 종이 및 목재		시　　장 : KOSDAQ	
신용등급 : (Bond) ― (CP) ―		기업규모 : 중견	
홈페이지 : www.kukilpaper.co.kr		연락처 : 031)339-9100	
본　사 : 경기도 용인시 처인구 이동면 백옥대로 563			

설 립 일	1978.08.21	종 업 원 수	131명	대 표 이 사	변종경
상 장 일	2004.10.22	감 사 의 견	적정 (다산)	계　　열	
결 산 기	12월	보 통 주	11,600만주	종속회사수	
액 면 가	100원	우 선 주		구 상 호	

주주구성 (지분율,%)		출자관계 (지분율,%)		주요경쟁사 (외형,%)	
최우식	35.4	진영지업	30.0	국일제지	100
배진한	4.2	필로시스	18.9	한장제지	481
(외국인)	0.4	케이지피	1.1	영풍제지	216

매출구성		비용구성		수출비중	
박엽지(제품)	95.0	매출원가율	84.9	수출	12.9
박엽지 등(상품)	5.1	판관비율	14.8	내수	87.1

회사 개요
동사는 1978년 설립된 제지업체로서, 각종 지류의 제조, 가공 및 판매, 도소매 및 수출입을 영위함. 산업용 지류 중 특수지에 해당하는 박엽지가 주력 제품으로서, 담배필터용 등으로 이용됨. 제지사업은 주 원재료인 펄프의 해외의존도가 80% 이상이며, 원료 및 제품의 크기가 크기 때문에 내수 지향적인 수요구조를 가지고 있음. 계열회사인 케이지피의 경영권을 디바이너홀딩스에게 매도함에 따라 2016년 9월말 현재 연결대상 종속회사는 없음.

실적 분석
동사의 2016년 연결 기준 매출과 영업이익은 404억원, 1억원이며 전년 대비 각각 2.4%, 87.5% 감소함. 동사의 2016년말 자산총계는 전년대비 1.07% 증가한 1,020억원, 부채총계는 전년대비 7.75% 감소한 468억원, 자본총계는 전년대비 9.96% 증가한 552억원임. 현금 및 현금성자산은 49억원 감소하였으며, 당기말 현재 현금 및 현금성자산은 16억원임.

현금 흐름　*IFRS 별도 기준　〈단위 : 억원〉

항목	2015	2016
영업활동	-48	33
투자활동	-125	-108
재무활동	232	26
순현금흐름	54	-49
기말현금	66	16

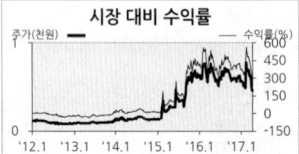
시장 대비 수익률

결산 실적　〈단위 : 억원〉

항목	2011	2012	2013	2014	2015	2016
매출액	1,672	1,406	1,074	969	415	404
영업이익	-1	17	20	-7	9	1
당기순이익	-133	-63	1	-56	146	-3

분기 실적　*IFRS 별도 기준　〈단위 : 억원〉

항목	2015.3Q	2015.4Q	2016.1Q	2016.2Q	2016.3Q	2016.4Q
매출액	108	105	95	99	99	111
영업이익	2	2	-1	2	-4	4
당기순이익	206	-29	5	0	4	-13

재무 상태　*IFRS 별도 기준　〈단위 : 억원〉

항목	2011	2012	2013	2014	2015	2016
총자산	863	892	720	1,154	1,009	1,020
유형자산	112	201	205	587	188	191
무형자산	1	1	1	1	1	2
유가증권	0	0	0	0	0	218
총부채	492	580	398	846	507	468
총차입금	376	398	284	619	398	383
자본금	100	100	100	100	103	116
총자본	371	312	323	308	502	552
지배주주지분	371	312	323	308	502	552

기업가치 지표　*IFRS 별도 기준

항목	2011	2012	2013	2014	2015	2016
주가(최고/저)(천원)	0.1/0.1	0.1/0.1	0.1/0.1	0.2/0.1	0.7/0.1	0.8/0.5
PER(최고/저)(배)	5.6/3.9	―/―	11.4/7.5	―/―	4.8/0.9	―/―
PBR(최고/저)(배)	0.4/0.3	0.4/0.3	0.4/0.3	0.6/0.4	1.4/0.3	1.6/1.1
EV/EBITDA(배)	7.3	8.9	8.0	15.4	26.1	81.4
EPS(원)	26	-57	11	-56	145	-3
BPS(원)	18,556	15,598	16,128	15,380	2,439	476
CFPS(원)	1,563	-2,498	1,073	-1,123	860	7
DPS(원)						
EBITDAPS(원)	3,115	2,542	2,463	2,319	181	10

재무 비율　〈단위 : % 〉

연도	영업이익률	순이익률	부채비율	차입금비율	ROA	ROE	유보율	자기자본비율	EBITDA마진율
2016	0.3	-0.8	84.7	69.4	-0.3	-0.6	376.1	54.2	2.9
2015	2.2	35.2	100.9	79.3	13.5	36.9	387.9	49.8	8.8
2014	-0.8	-5.8	275.2	201.3	-4.7	-11.4	189.6	26.7	2.7
2013	1.9	0.1	235.6	173.5	0.0	10.8	245.5	29.8	5.0

국제약품 (A002720)
Kukje Pharma

업　종 : 제약		시　　장 : 거래소	
신용등급 : (Bond) ― (CP) ―		기업규모 : 시가총액 소형주	
홈페이지 : www.kukjepharm.co.kr		연락처 : 031)781-9081~9	
본　사 : 경기도 성남시 분당구 야탑로 96-8			

설 립 일	1959.07.27	종 업 원 수	412명	대 표 이 사	남태훈,안재만
상 장 일	1975.12.27	감 사 의 견	적정 (삼일)	계　　열	
결 산 기	12월	보 통 주	1,740만주	종속회사수	
액 면 가	1,000원	우 선 주		구 상 호	

주주구성 (지분율,%)		출자관계 (지분율,%)		주요경쟁사 (외형,%)	
효림산업	23.7	케이제이케어	89.1	국제약품	100
남영우	8.5	국제피앤비	28.0	하이텍팜	45
(외국인)	2.4	제아에이치앤비	20.0	우리들제약	59

매출구성		비용구성		수출비중	
의약품(항생제 외)	49.5	매출원가율	55.4	수출	3.1
기타	26.8	판관비율	41.3	내수	96.9
의약품(타겐에프주연질캡슐)	9.2				

회사 개요
동사는 1959년 설립되어 1975년 12월 한국거래소에 상장된 의약품 업체임. 주요 품목으로는 당뇨병성망막질환 치료제인 타겐에프, 건성안 치료제인 큐알론점안액과 항생제인 세포제논 등이 있음. 의약품 매출의 경우 전년 대비 8.3% 증가한 1,140.0억원이며, 화장품 매출의 경우 화장품사업 이전으로 인해 전년 대비 85% 감소한 9.9억원을 기록함. 수출금액은 37.2억원으로 전체 매출의 3.1%를 차지함.

실적 분석
동사의 2016년도 연결 기준 매출액은 1,206.8억원으로 전년 대비 2.6% 증가함. 판매비와관리비는 광고선전비의 감소 등에 힘입어 전년 대비 1.7% 감소한 498.1억원을 기록함. 그 결과 영업이익은 39.7억원으로 전년 대비 89.2% 증가함. 영업이익의 증가로 당기순이익은 8.0억원을 기록하여 흑자 전환에 성공함. 2016년 연간 연구개발비용은 44.2억원으로 매출액 대비 3.7%임.

현금 흐름　〈단위 : 억원〉

항목	2015	2016
영업활동	-51	161
투자활동	-17	-49
재무활동	67	-53
순현금흐름	-1	59
기말현금	5	64

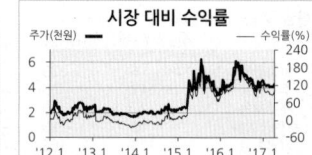
시장 대비 수익률

결산 실적　〈단위 : 억원〉

항목	2011	2012	2013	2014	2015	2016
매출액	1,049	1,268	1,205	1,224	1,176	1,207
영업이익	26	147	10	-14	21	40
당기순이익	10	-189	17	-69	-59	8

분기 실적　〈단위 : 억원〉

항목	2015.3Q	2015.4Q	2016.1Q	2016.2Q	2016.3Q	2016.4Q
매출액	267	286	296	325	299	288
영업이익	-5	1	13	3	13	10
당기순이익	4	-71	6	-0	-2	4

재무 상태　〈단위 : 억원〉

항목	2011	2012	2013	2014	2015	2016
총자산	1,416	1,149	1,174	1,175	1,366	1,295
유형자산	420	400	373	361	619	601
무형자산	11	11	10	8	8	14
유가증권	9	13	13	13	6	7
총부채	668	596	591	667	682	619
총차입금	360	348	348	354	404	331
자본금	150	154	154	159	166	166
총자본	748	554	583	509	685	675
지배주주지분	744	550	583	508	683	675

기업가치 지표

항목	2011	2012	2013	2014	2015	2016
주가(최고/저)(천원)	2.7/1.7	3.3/1.8	2.8/1.6	2.7/1.7	7.3/2.2	6.5/3.5
PER(최고/저)(배)	51.5/32.6	―/―	23.5/13.6	―/―	―/―	147.0/79.3
PBR(최고/저)(배)	0.6/0.4	1.0/0.6	―/―	0.9/0.6	1.8/0.6	1.6/0.9
EV/EBITDA(배)	10.8		12.2	31.3	18.7	15.5
EPS(원)	53	-1,089	122	-398	-342	44
BPS(원)	5,064	3,666	3,881	3,303	4,175	4,191
CFPS(원)	268	-958	402	-199	-156	220
DPS(원)	50		40	60		60
EBITDAPS(원)	379	-684	332	149	328	413

재무 비율　〈단위 : % 〉

연도	영업이익률	순이익률	부채비율	차입금비율	ROA	ROE	유보율	자기자본비율	EBITDA마진율
2016	3.3	0.7	91.7	49.0	0.6	1.1	319.1	52.2	5.7
2015	1.8	-5.0	99.6	59.0	-4.6	-10.0	317.5	50.1	4.6
2014	-1.2	-5.7	131.1	69.6	-5.9	-12.7	230.3	43.3	1.9
2013	0.9	1.4	101.3	59.7	1.4	3.8	288.1	49.7	4.3

굿센 (A243870)
Goodcen

업 종 : IT 서비스		시 장 : KONEX	
신용등급 : (Bond) — (CP) —		기업규모 :	
홈페이지 : www.goodcen.com		연 락 처 : 02)580-6500	
본 사 : 서울시 서초구 반포대로 22, 7층(서초동, 서초평화빌딩)			

설 립 일 2004.09.30	종업원수 명	대 표 이 사 윤석구
상 장 일 2016.10.31	감사의견 적정 (삼덕)	계 열
결 산 기 12월	보 통 주 135만주	종속회사수
액 면 가 500원	우 선 주	구 상 호

주주구성 (지분율,%)
아이티센	41.6
조해근	17.4

출자관계 (지분율,%)
소프트아이텍	32.5

주요경쟁사 (외형,%)
굿센	100
링네트	451
동부	716

매출구성
유지보수	51.4
상품	17.4
SM	13.3

비용구성
매출원가율	81.8
판관비율	14.8

수출비중
수출	—
내수	—

회사 개요
동사는 2004년 설립돼 건설업용 ERP와 통합 커뮤니케이션과 협업 포탈 및 EKP, 정보기술 아웃소싱, 공공 클라우드 기반의 HW 공급 및 SW 서비스 구축 등의 사업을 영위함. 2014년부터는 위 4대 사업영역에 대해 클라우드 서비스로 변환하는 작업을 진행 중에 있음. 2016년 10월, 에너지 분석전문 기업인 인코어드테크놀로지스와 빅데이터 에너지관리서비스 협약을 체결함.

실적 분석
동사의 2016년 연결기준 연간 누적 매출액은 286.1억원으로 전년 동기(73.9억원) 대비 큰 폭으로 늘어남. 매출 증가에 따라 영업이익도 9.6억원을 시현함. 비영업손익 부문에서 금융 등 소폭 이익을 얻음으로써 당기순이익은 11.7억원을 시현함. 매출이 대폭 늘어나면서 고정비용 감소 효과에 따라 영업이익이 늘어났으며 순이익도 발생. 국내 기업을 대상으로 꾸준한 수주가 이뤄지고 있음.

현금 흐름 *IFRS 별도 기준 〈단위 : 억원〉
항목	2015	2016
영업활동	2	-51
투자활동	80	47
재무활동	-3	-1
순현금흐름	78	-5
기말현금	100	95

시장 대비 수익률
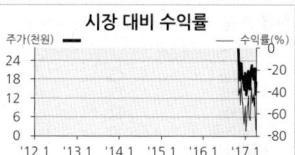

결산 실적 〈단위 : 억원〉
항목	2011	2012	2013	2014	2015	2016
매출액	105	119	128	85	74	286
영업이익	7	13	14	-2	-1	10
당기순이익	10	16	16	3	3	12

분기 실적 *IFRS 별도 기준 〈단위 : 억원〉
항목	2015.3Q	2015.4Q	2016.1Q	2016.2Q	2016.3Q	2016.4Q
매출액	—	—	—	—	—	—
영업이익	—	—	—	—	—	—
당기순이익	—	—	—	—	—	—

재무 상태 *IFRS 별도 기준 〈단위 : 억원〉
항목	2011	2012	2013	2014	2015	2016
총자산	161	176	195	191	186	252
유형자산	18	18	18	18	17	2
무형자산	0	0	0	0	0	34
유가증권	88	73	99	99	35	8
총부채	20	18	21	14	7	43
총차입금	6	6	6	0	0	3
자본금	6	6	6	6	6	7
총자본	141	158	174	177	178	209
지배주주지분	141	158	174	177	178	209

기업가치 지표 *IFRS 별도 기준
항목	2011	2012	2013	2014	2015	2016
주가(최고/저)(천원)	—/—	—/—	—/—	—/—	—/—	28.0/12.0
PER(최고/저)(배)	0.0/0.0	0.0/0.0	0.0/0.0	0.0/0.0	0.0/0.0	30.8/13.2
PBR(최고/저)(배)	0.0/0.0	0.0/0.0	0.0/0.0	0.0/0.0	0.0/0.0	1.7/0.7
EV/EBITDA(배)	—	—	—	—	—	9.4
EPS(원)	880	1,457	1,438	299	247	911
BPS(원)	12,619	14,157	15,567	15,815	15,952	16,341
CFPS(원)	953	1,530	1,499	364	304	1,019
DPS(원)						
EBITDAPS(원)	722	1,264	1,318	-103	-48	855

재무 비율 〈단위 : % 〉
연도	영업이익률	순이익률	부채비율	차입금비율	ROA	ROE	유보율	자기자본비율	EBITDA마진율
2016	3.3	4.1	20.8	0.0	5.3	6.0	3,168.2	82.8	3.8
2015	-1.6	3.7	4.1	0.0	1.5	1.6	3,090.5	96.1	-0.7
2014	-2.2	3.9	8.1	1.9	1.7	1.9	3,063.0	92.5	-1.4
2013	11.0	12.6	12.0	3.0	8.7	9.7	3,013.5	89.3	11.5

그랜드백화점 (A019010)
Grand Departmentstore

업 종 : 백화점		시 장 : KOSDAQ	
신용등급 : (Bond) — (CP) —		기업규모 : 우량	
홈페이지 : www.granddept.co.kr		연 락 처 : 02)3665-0101	
본 사 : 서울시 강남구 대치동 936-21			

설 립 일 1979.04.27	종업원수 188명	대 표 이 사 김만진
상 장 일 1993.11.05	감사의견 적정 (도원)	계 열
결 산 기 12월	보 통 주 482만주	종속회사수
액 면 가 5,000원	우 선 주	구 상 호

주주구성 (지분율,%)
정도진흥기업	20.1
김만진	7.7
(외국인)	0.6

출자관계 (지분율,%)
호텔그랜드유통	71.6
부곡관광	47.6
정도건설	37.7

주요경쟁사 (외형,%)
그랜드백화점	100
신세계	4,226
광주신세계	302

매출구성
상품매출액(백화점)	88.7
수입수수료외(백화점)	11.3

비용구성
매출원가율	44.3
판관비율	50.4

수출비중
수출	0.0
내수	100.0

회사 개요
동사는 백화점 및 할인점 등 소매유통업을 전문으로 영위하고 있는 중견 유통업체임. 현재 백화점 1개소(일산점)와 할인점 1개소(신촌점)을 운영하고 있으며, 계열 건설사와 함께 주택 분양 등 부동산사업도 영위하고 있음. 동사의 전국적 시장 점유율은 선두 3개 업체에 비해 상대적으로 열세이나, 점포의 위치 특성을 활용하여 적극적인 지역 밀착형 마케팅을 펼치고 있음. 상품구성은 상품매출액이 79.6%, 수입수수료 외 20.4%로 이루어짐.

실적 분석
동사의 2016년 연결기준 누적매출은 전년 동기 대비 소폭 증가한 697.5억원을 기록함. 원가율 및 판관비의 감소로 수익성이 크게 개선되면서 영업이익은 큰 폭으로 개선됨. 단기 매매증권평가손실 및 영업권손상의 발생으로 비영업수익이 전년대비 크게 축소되면서 당기순이익 역시 68.8% 감소하는 모습. 상품매출, 수수료 및 임대료 수입 등 대부분의 사업부문에서 매출이 정체되고 있음.

현금 흐름 〈단위 : 억원〉
항목	2015	2016
영업활동	171	-45
투자활동	-230	-28
재무활동	102	-53
순현금흐름	43	-125
기말현금	311	186

시장 대비 수익률
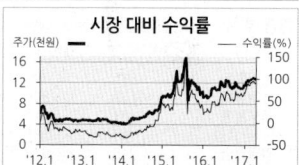

결산 실적 〈단위 : 억원〉
항목	2011	2012	2013	2014	2015	2016
매출액	1,367	1,026	578	671	684	697
영업이익	81	-25	-5	24	6	37
당기순이익	-11	-258	-170	-149	409	128

분기 실적 〈단위 : 억원〉
항목	2015.3Q	2015.4Q	2016.1Q	2016.2Q	2016.3Q	2016.4Q
매출액	159	174	179	172	164	183
영업이익	-2	7	7	14	-1	17
당기순이익	-20	-1	-29	12	-22	167

재무 상태 〈단위 : 억원〉
항목	2011	2012	2013	2014	2015	2016
총자산	5,495	3,981	3,723	3,897	3,918	4,131
유형자산	3,793	1,949	2,030	1,905	2,215	2,848
무형자산	1	1	1	1	1	2
유가증권	0	56	59	28	311	202
총부채	3,239	2,060	1,980	2,302	1,874	1,763
총차입금	2,109	1,207	1,209	1,034	1,141	1,219
자본금	241	241	241	241	241	241
총자본	2,255	1,921	1,742	1,595	2,043	2,368
지배주주지분	2,177	1,853	1,682	1,566	1,985	2,108

기업가치 지표
항목	2011	2012	2013	2014	2015	2016
주가(최고/저)(천원)	8.5/3.7	8.0/4.4	5.1/4.1	9.4/4.0	16.9/8.3	12.7/9.1
PER(최고/저)(배)	—/—	—/—	—/—	—/—	2.3/1.1	4.6/3.3
PBR(최고/저)(배)	0.2/0.1	0.2/0.1	0.2/0.1	0.3/0.1	0.4/0.2	0.3/0.2
EV/EBITDA(배)	12.7	26.8	25.2	11.7	11.7	17.0
EPS(원)	-295	-5,134	-3,346	-2,430	7,898	2,808
BPS(원)	45,171	40,047	36,511	34,095	42,237	44,784
CFPS(원)	1,187	-3,964	-2,239	-977	9,290	4,047
DPS(원)					300	300
EBITDAPS(원)	3,156	642	1,005	1,955	1,508	2,010

재무 비율 〈단위 : % 〉
연도	영업이익률	순이익률	부채비율	차입금비율	ROA	ROE	유보율	자기자본비율	EBITDA마진율
2016	5.3	18.3	74.5	51.5	3.2	6.6	795.7	57.3	13.9
2015	0.8	59.9	91.7	55.8	10.5	21.4	744.7	52.2	10.6
2014	3.6	-22.3	144.3	64.8	-3.9	-7.2	581.9	40.9	14.0
2013	-0.9	-29.3	113.7	69.4	-4.4	-9.1	630.2	46.8	8.4

그랜드코리아레저 (A114090)
Grand Korea Leisure

업 종 : 호텔 및 레저	시 장 : 거래소
신용등급 : (Bond) AA (CP) —	기업규모 : 시가총액 중형주
홈 페 이 지 : www.grandkorea.com	연 락 처 : 02)6421-6000
본 사 : 서울시 강남구 삼성로 610 GKL	

설 립 일 2005.09.06	종 업 원 수 1,794명	대 표 이 사 이기우	
상 장 일 2009.11.19	감 사 의 견 적정 (삼정)	계 열	
결 산 기 12월	보 통 주 6,186만주	종속회사수	
액 면 가 500원	우 선 주	구 상 호	

주주구성 (지분율,%)		출자관계 (지분율,%)		주요경쟁사 (외형,%)	
한국관광공사	51.0	GKL	100		
국민연금공단	8.7	강원랜드	309		
(외국인)	11.1	호텔신라	678		

매출구성		비용구성		수출비중	
환전수입	98.6	매출원가율	66.6	수출	100.0
카지노매출	1.4	판관비율	5.9	내수	0.0

회사 개요
동사는 카지노, 관광숙박업 등을 영위하는 업체로, 한국관광공사의 자회사로 서울 강남, 힐튼, 부산롯데 카지노를 운영하고 있음. 환전수입은 카지노 매출 및 환율에 따라 변동함. 일본 단체관광객 증가와 중국인의 해외여행 수요 및 엔터테인먼트 욕구확대로 마케팅 효과에 힘입어 카지노 입장객수가 증가하고 있음. 주요 고객은 중국인 비중이 절반 이상으로 크고 일본 방문객수가 두 번째 높은 비중을 유지.

실적 분석
동사의 연결기준 2016년도 누적 매출액은 5,482.3억원으로 전년 대비 8.4% 증가함. 영업이익은 1,511.8억원으로 전년 대비 27.7% 증가함. 당기순이익은 1,143.4억원으로 전년 대비 24.7% 증가함. 이는 테이블 드롭액 기준 일본의 VIP가 2,870억원을 기록하며 전년 동기 대비 33% 증가한 것이 크게 작용함. 그러나 경쟁사의 대규모 카지노 복합리조트 개장이 예정되어 있어 성장성이 다소 줄어들 것으로 전망.

현금 흐름 *IFRS 별도 기준 〈단위 : 억원〉

항목	2015	2016
영업활동	865	1,378
투자활동	-179	-898
재무활동	-623	-516
순현금흐름	64	-35
기말현금	1,948	1,913

시장 대비 수익률
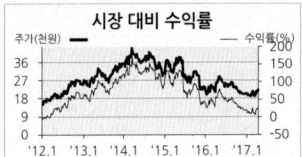

결산 실적 〈단위 : 억원〉

항목	2011	2012	2013	2014	2015	2016
매출액	5,147	5,024	5,613	5,407	5,057	5,482
영업이익	1,375	1,464	1,911	1,478	1,184	1,512
당기순이익	633	1,441	1,376	1,165	917	1,143

분기 실적 *IFRS 별도 기준 〈단위 : 억원〉

항목	2015.3Q	2015.4Q	2016.1Q	2016.2Q	2016.3Q	2016.4Q
매출액	1,113	1,233	1,366	1,290	1,340	1,486
영업이익	265	217	421	314	345	431
당기순이익	226	185	268	256	277	341

재무 상태 *IFRS 별도 기준 〈단위 : 억원〉

항목	2011	2012	2013	2014	2015	2016
총자산	3,764	5,027	5,629	6,510	6,505	7,302
유형자산	354	369	355	382	780	986
무형자산	139	104	118	105	98	94
유가증권	625	943	2,133	2,614	1,871	2,457
총부채	1,550	1,712	1,674	2,196	1,943	2,115
총차입금	109	39	8	5	2	
자본금	309	309	309	309	309	309
총자본	2,213	3,314	3,955	4,314	4,562	5,187
지배주주지분	2,213	3,314	3,955	4,314	4,562	5,187

기업가치 지표 *IFRS 별도 기준

항목	2011	2012	2013	2014	2015	2016
주가(최고/저)(천원)	21.1/12.0	28.3/15.0	36.3/23.7	44.2/29.0	39.7/22.1	28.9/19.7
PER(최고/저)(배)	24.2/13.8	14.0/7.4	18.4/12.3	26.1/17.1	29.0/16.1	16.4/11.1
PBR(최고/저)(배)	6.9/4.0	6.1/3.2	6.4/4.3	7.1/4.6	5.8/3.2	3.6/2.4
EV/EBITDA(배)	5.6	9.0	10.3	9.4	7.8	4.4
EPS(원)	1,023	2,329	2,224	1,884	1,483	1,849
BPS(원)	3,578	5,358	6,395	6,974	7,376	8,386
CFPS(원)	1,339	2,559	2,397	2,067	1,688	2,056
DPS(원)	512	1,217	1,179	1,002	831	1,000
EBITDAPS(원)	2,538	2,597	3,263	2,573	2,119	2,652

재무 비율 〈단위 : % 〉

연도	영업이익률	순이익률	부채비율	차입금비율	ROA	ROE	유보율	자기자본비율	EBITDA마진율
2016	27.6	20.9	40.8	0.0	16.6	23.5	1,577.2	71.0	29.9
2015	23.4	18.1	42.6	0.0	14.1	20.7	1,375.2	70.1	25.9
2014	27.3	21.6	50.9	0.1	19.2	28.2	1,294.9	66.3	29.4
2013	34.1	24.5	42.3	0.2	25.8	37.9	1,178.9	70.3	36.0

그린플러스 (A186230)
GREEN PLUS

업 종 : 금속 및 광물	시 장 : KONEX
신용등급 : (Bond) — (CP) —	기업규모 :
홈 페 이 지 : www.greenplus.co.kr	연 락 처 : 041)332-6421
본 사 : 충남 예산군 응봉면 응봉로 50-42	

설 립 일 1997.10.21	종 업 원 수 83명	대 표 이 사 박영환	
상 장 일 2013.12.20	감 사 의 견 적정 (태영)	계 열	
결 산 기 12월	보 통 주 258만주	종속회사수	
액 면 가 500원	우 선 주 112만주	구 상 호	

주주구성 (지분율,%)		출자관계 (지분율,%)		주요경쟁사 (외형,%)	
박영환	40.7	그린케이팜	85.0	그린플러스	100
박선희	11.6	그린피시팜	70.0	세기리텍	172
				대주이엔티	309

매출구성		비용구성		수출비중	
건축용 알미늄	37.5	매출원가율	83.7	수출	13.0
온실자재 및 기타	27.5	판관비율	10.4	내수	87.0
온실시공	25.7				

회사 개요
동사는 1997년 10월 21일 설립되어 알루미늄 제품의 생산, 가공 및 판매와 대형식물원, 첨단유리온실 등 온실 관련 창호공사 및 강구조물공사를 주업으로 하고 있음. 동사의 사업은 알루미늄사업부문과 첨단온실사업부문으로 구성됨. 알루미늄 사업부문은 원자재와 스크랩을 혼합해 생산된 Billet을 압출작업과 가공작업을 통해 최종 제품을 생산함. 첨단온실 사업부문에는 설계와 제작, 시공 등 전단계 맞춤식 시공이 가능한 첨단온실을 구현하고 있음.

실적 분석
동사의 2016년 연결 기준 매출과 영업이익, 당기순이익은 각각 383억원, 23억원, 14억원을 기록함. 매출과 영업이익은 전년 대비 각각 22.5%, 40.9% 감소함. 매출 감소의 주요 요인은 일본수출 발주의 이월(약70억원)과 장어양식장 시공매출의 이월(약40억원)에 기인함. 이익률이 높은 일본 온실자재 수출의 감소로 인하여 영업이익률도 소폭 감소함.

현금 흐름 *IFRS 별도 기준 〈단위 : 억원〉

항목	2015	2016
영업활동	45	-8
투자활동	-23	-32
재무활동	-22	73
순현금흐름	0	33
기말현금	1	35

시장 대비 수익률
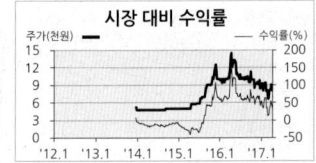

결산 실적 〈단위 : 억원〉

항목	2011	2012	2013	2014	2015	2016
매출액	362	383	308	378	495	383
영업이익	12	21	18	16	39	23
당기순이익	-4	7	4	4	22	14

분기 실적 *IFRS 별도 기준 〈단위 : 억원〉

항목	2015.3Q	2015.4Q	2016.1Q	2016.2Q	2016.3Q	2016.4Q
매출액						
영업이익						
당기순이익						

재무 상태 *IFRS 별도 기준 〈단위 : 억원〉

항목	2011	2012	2013	2014	2015	2016
총자산	286	293	323	307	295	385
유형자산	163	164	164	165	161	157
무형자산	2	2	2	2	3	6
유가증권	2	4	2	4	13	4
총부채	167	169	207	196	147	162
총차입금	124	137	164	164	128	141
자본금	15	15	15	16	17	20
총자본	119	124	116	111	148	222
지배주주지분	119	124	116	111	148	222

기업가치 지표 *IFRS 별도 기준

항목	2011	2012	2013	2014	2015	2016
주가(최고/저)(천원)	—/—	—/—	5.2/4.5	5.0/4.8	12.5/5.0	14.5/7.3
PER(최고/저)(배)	0.0/0.0	0.0/0.0	37.8/32.4	33.6/32.0	16.5/6.6	37.6/18.9
PBR(최고/저)(배)	0.0/0.0	0.0/0.0	1.2/1.1	1.2/1.1	2.5/1.0	2.4/1.2
EV/EBITDA(배)	5.5	4.0	9.2	10.1	7.3	9.3
EPS(원)	-134	228	137	149	756	386
BPS(원)	3,931	4,072	4,210	4,169	4,931	6,005
CFPS(원)	173	554	482	547	1,163	760
DPS(원)						
EBITDAPS(원)	713	1,027	953	963	1,712	1,002

재무 비율 〈단위 : % 〉

연도	영업이익률	순이익률	부채비율	차입금비율	ROA	ROE	유보율	자기자본비율	EBITDA마진율
2016	6.0	3.7	73.1	63.4	4.1	7.6	1,000.3	57.8	9.5
2015	7.8	4.5	99.6	86.6	7.4	17.3	785.9	50.1	10.2
2014	4.3	1.1	176.5	147.9	1.4	3.7	647.7	36.2	7.3
2013	6.0	1.4	178.3	141.3	1.4	3.5	742.0	35.9	9.4

극동유화 (A014530)
Kukdong Oil & Chemicals

업　　종 : 화학		시　　장 : 거래소	
신용등급 : (Bond) — 　(CP) —		기업규모 : 시가총액 소형주	
홈페이지 : www.kdoc.co.kr		연 락 처 : 055)370-9900	
본　　사 : 경남 양산시 어실로 101			

설 립 일	1979.12.28	종업원수	121명	대 표 이 사	장선우,장홍선
상 장 일	1991.01.31	감사의견	적정 (삼정)	계　　　열	
결 산 기	12월	보 통 주	3,487만주	종속회사수	
액 면 가	500원	우 선 주		구 상 호	

주주구성 (지분율,%)		출자관계 (지분율,%)		주요경쟁사 (외형,%)	
장홍선	27.7	선진모터스	30.0	극동유화	100
아이베스트투자	9.5	세양물류	25.0	동성화인텍	140
(외국인)	1.4	세종몰	19.0	동성화학	74

매출구성		비용구성		수출비중	
KR, RO, Hydol	49.0	매출원가율	83.5	수출	36.8
극동유화(주) LPG	19.0	판관비율	8.9	내수	63.2
루비PP, PT, POL 등	14.0				

회사 개요
동사는 산업 및 기계용 윤활유와 의약, 화장품, 식음품 및 PS가소제에 사용 중인 고급특수유 등을 생산하고 있음. 부산, 경남권에 난방취사용 프로판과 산업용, 차량용 부탄을 공급하고 있으며, 건설용 자재인 방수용시트와 특수 아스팔트를 생산함. 2011년 중반 현대오일뱅크와 제휴를 체결해 김포, 인천, 여주, 천안 등에서 LPG 영업소를 운영 중임. 선인자동차, 고진모터스, 선진모터스 등 계열사를 통해 수입차 판매사업도 영위하고 있음.

실적 분석
유가하락에 따른 제품가격 인하와 해상유 OEM생산 감소, 수도권 LPG충전사업 부진되는 2016년 매출액은 전년동기 대비 8.5% 감소함. 주요 원재료인 조유와 기유의 가격도 낮아져 원가율이 일부 개선되고, 인건비를 포함한 판관비도 6.6% 축소하여 영업이익은 전년 수준을 유지함. 외환관련손실의 증가로 영업외수지도 악화됨. 자동차 부품소재 회사인 쌍용머티리얼의 인수를 추진하였으나 우선협상대상자로 선정되지 못함.

현금 흐름 　〈단위 : 억원〉
항목	2015	2016
영업활동	175	296
투자활동	-90	-22
재무활동	-167	-73
순현금흐름	-82	201
기말현금	133	334

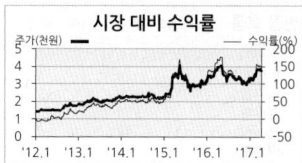

시장 대비 수익률

결산 실적 　〈단위 : 억원〉
항목	2011	2012	2013	2014	2015	2016
매출액	3,156	3,332	3,060	2,916	2,620	2,398
영업이익	139	177	181	130	181	181
당기순이익	92	119	129	93	145	140

분기 실적 　〈단위 : 억원〉
항목	2015.3Q	2015.4Q	2016.1Q	2016.2Q	2016.3Q	2016.4Q
매출액	615	684	542	625	561	669
영업이익	53	29	43	58	40	41
당기순이익	44	20	29	43	20	47

재무 상태 　〈단위 : 억원〉
항목	2011	2012	2013	2014	2015	2016
총자산	1,959	1,979	1,956	1,886	1,875	1,917
유형자산	345	376	381	381	383	414
무형자산	16	12	12	12	12	12
유가증권	34	34	21	8	28	11
총부채	1,033	946	821	689	570	518
총차입금	610	484	497	398	262	227
자본금	174	174	174	174	174	174
총자본	926	1,033	1,135	1,197	1,305	1,399
지배주주지분	926	1,033	1,135	1,197	1,305	1,399

기업가치 지표
항목	2011	2012	2013	2014	2015	2016
주가(최고/저)(천원)	1.5/1.0	1.9/1.4	2.3/1.8	2.5/2.1	4.1/2.2	4.1/2.9
PER(최고/저)(배)	6.6/4.6	6.6/4.9	7.1/5.5	10.2/8.9	10.5/5.7	10.5/7.5
PBR(최고/저)(배)	0.7/0.5	0.8/0.6	0.8/0.6	0.8/0.7	1.2/0.6	1.1/0.8
EV/EBITDA(배)	7.6	5.1	6.0	7.0	6.5	4.9
EPS(원)	276	342	371	267	415	401
BPS(원)	26,562	29,629	32,556	34,319	37,430	4,012
CFPS(원)	2,990	3,677	4,102	3,093	4,608	454
DPS(원)	700	700	800	700	1,000	115
EBITDAPS(원)	4,421	5,339	5,581	4,155	5,640	573

재무 비율 　〈단위 : % 〉
연도	영업이익률	순이익률	부채비율	차입금비율	ROA	ROE	유보율	자기자본비율	EBITDA마진율
2016	7.6	5.8	37.1	16.3	7.4	10.3	702.3	73.0	8.3
2015	6.9	5.5	43.6	20.1	7.7	11.6	648.6	69.6	7.5
2014	4.5	3.2	57.6	33.3	4.8	8.0	586.4	63.5	5.0
2013	5.9	4.2	72.3	43.7	6.6	11.9	551.1	58.0	6.4

글로벌스탠다드테크놀로지 (A083450)
Global Standard Technology

업　　종 : 반도체 및 관련장비		시　　장 : KOSDAQ	
신용등급 : (Bond) — 　(CP) —		기업규모 : 벤처	
홈페이지 : www.gst-in.com		연 락 처 : 031)371-2200	
본　　사 : 경기도 화성시 동탄면 동탄산단6길 15-13			

설 립 일	2001.10.12	종업원수	427명	대 표 이 사	김덕준
상 장 일	2006.02.01	감사의견	적정 (이촌)	계　　　열	
결 산 기	12월	보 통 주	932만주	종속회사수	
액 면 가	500원	우 선 주		구 상 호	

주주구성 (지분율,%)		출자관계 (지분율,%)		주요경쟁사 (외형,%)	
김덕준	23.6	이에스티	60.0	GST	100
한국증권금융	4.1	아브로퍼시픽코퍼레이티드	50.0	다우인큐브	28
(외국인)	4.2	로보케어	39.4	한양디지텍	97

매출구성		비용구성		수출비중	
[제품] Scrubber	39.3	매출원가율	63.3	수출	25.3
용역	35.3	판관비율	31.3	내수	74.7
[제품] Chiller	18.2				

회사 개요
동사는 반도체나 FPD (Flat Panel Display) 공정 및 기타 LED, Solar Cell 공정에서 사용 후 배출되는 가스를 정화시켜주는 가스정화장치인 스크러버와 반도체 공정 중 챔버 내 웨이퍼 주변의 온도를 일정하게 유지시켜 주는 칠러를 주요 사업으로 영위하고 있음. 2001년 창업한 이래 Gas Scrubber를 계속적으로 국산화하며 꾸준히 기술력과 매출을 증대시켜 오고 있음.

실적 분석
동사의 2016년 연결 기준 매출과 영업이익은 908억원, 49억원으로 전년 대비 매출은 7.6% 증가했으나 영업이익은 18.9% 감소함. 자산총액은 전기대비 약 28% 증가한 894억원이며, 부채총액은 전기대비 약 119% 증가한 286억원, 자본총액은 전기대비 약 7% 증가한 608억원임. 연결 기준 현금 및 현금성자산은 128억원으로 전년 대비 28억원 감소함. 기타 금융자산은 약 9000만원 감소함.

현금 흐름 　〈단위 : 억원〉
항목	2015	2016
영업활동	85	2
투자활동	-90	-37
재무활동	-23	5
순현금흐름	-26	-28
기말현금	155	128

시장 대비 수익률

결산 실적 　〈단위 : 억원〉
항목	2011	2012	2013	2014	2015	2016
매출액	415	648	810	891	844	908
영업이익	41	81	75	86	60	49
당기순이익	35	70	59	79	57	46

분기 실적 　〈단위 : 억원〉
항목	2015.3Q	2015.4Q	2016.1Q	2016.2Q	2016.3Q	2016.4Q
매출액	275	154	134	186	213	375
영업이익	32	-15	-8	-2	19	39
당기순이익	32	-11	-8	-0	10	45

재무 상태 　〈단위 : 억원〉
항목	2011	2012	2013	2014	2015	2016
총자산	526	538	626	700	697	894
유형자산	142	173	193	193	236	262
무형자산	20	12	13	19	20	17
유가증권	24	—	—	—	—	—
총부채	250	178	200	191	130	286
총차입금	66	30	43	37	38	45
자본금	38	42	45	47	47	47
총자본	276	360	426	508	567	608
지배주주지분	271	350	411	487	541	577

기업가치 지표
항목	2011	2012	2013	2014	2015	2016
주가(최고/저)(천원)	4.2/1.7	4.7/3.0	5.7/4.0	6.7/4.4	8.3/5.3	6.1/4.9
PER(최고/저)(배)	10.7/4.3	5.9/3.8	9.6/6.7	8.6/5.7	14.8/9.4	14.1/11.2
PBR(최고/저)(배)	1.1/0.5	1.1/0.7	1.2/0.9	1.3/0.8	1.4/0.9	1.0/0.8
EV/EBITDA(배)	5.3	3.3	5.2	4.1	6.0	6.9
EPS(원)	413	825	612	787	565	434
BPS(원)	3,874	4,341	4,785	5,380	5,929	6,313
CFPS(원)	487	935	726	903	720	608
DPS(원)	50	50	50	70		
EBITDAPS(원)	617	1,142	969	1,054	800	697

재무 비율 　〈단위 : % 〉
연도	영업이익률	순이익률	부채비율	차입금비율	ROA	ROE	유보율	자기자본비율	EBITDA마진율
2016	5.4	5.1	47.1	7.4	5.8	7.2	1,162.5	68.0	7.2
2015	7.1	6.8	23.0	6.6	8.2	10.3	1,085.7	81.3	8.8
2014	9.7	8.8	37.6	7.3	11.9	16.1	975.9	72.7	10.8
2013	9.3	7.3	46.9	10.1	10.2	14.2	857.0	68.1	10.5

글로벌에스엠 (A900070)
Global SM Tech

업　　종 : 기계　　　　　　　　　　　　　　　시　　장 : KOSDAQ
신용등급 : (Bond) —　　(CP) —　　　　　기업규모 : —
홈 페 이 지 : www.globalsmtech.com　　　연 락 처 : 031)932-9770
본　　사 : Offshore Incorporations, Scotia Centre, 4thFloor, P.O. Box 2804, George Town, Grand Cayman

설 립 일 2008.08.28	종업원수 919명	대 표 이 사 나윤복	
상 장 일 2009.12.23	감사의견 적정 (이현)	계　　　열	
결 산 기 12월	보 통 주 5,374만주	종속회사수	
액 면 가 —	우 선 주	구 상 호	

주주구성 (지분율,%)		출자관계 (지분율,%)		주요경쟁사 (외형,%)	
서울메탈홀딩스	48.1	에스엔텍 1.4		글로벌에스엠	100
나윤복	3.8			SIMPAC	244
(외국인)	2.9			영풍정밀	55

매출구성	비용구성		수출비중	
	매출원가율	72.9	수출	—
	판관비율	21.0	내수	—

회사 개요
동사는 SM(HK), SM(WH), SM(TJ), SM(HZ), 등 4개 자회사를 소유함으로써 소그룹의 회사를 지배하는 것을 목적으로 하는 순수지주회사에 해당하며 4개 자회사는 동관법인, 위해법인, 천진법인, 헤주법인, 말레이시아법인을 각 100% 소유하고 있음. 동사의 자회사 및 손자회사들은 각종 전자제품 및 기계 등의 체결 부분으로 사용되는 스크류, 샤프트, 스프링 등을 생산하고 전방 전자산업에 공급하는 패스너 업체들임.

실적 분석
동사의 2016년 연결기준 누적매출액은 전년 동기대비 30.8% 증가한 1,095.2억원을 기록함. 이는 스페인, 루마니아 소재의 유럽법인 인수로 인한 매출구조 확대, 자회사 수익구조 개선 등에 기인함. 매출 증가에 힘입어 영업이익은 전년 동기대비 312.2% 증가한 66.3억원, 당기순이익은 흑자전환하여 43.7억원을 기록함. 법인마다 채용 제품의 확대, 신규 제품 개발, 공정 효율성 향상 그리고 거래처 다양화를 통해 매출 확대에 노력중임.

현금 흐름 〈단위 : 억원〉

항목	2015	2016
영업활동	45	81
투자활동	-84	-136
재무활동	77	29
순현금흐름	45	-21
기말현금	280	247

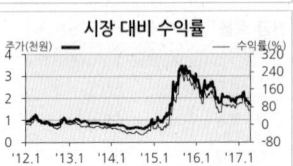

결산 실적 〈단위 : 억원〉

항목	2011	2012	2013	2014	2015	2016
매출액	919	828	807	691	837	1,095
영업이익	44	41	34	33	19	56
당기순이익	-3	24	5	-37	-0	44

분기 실적 〈단위 : 억원〉

항목	2015.3Q	2015.4Q	2016.1Q	2016.2Q	2016.3Q	2016.4Q
매출액	228	286	278	310	274	233
영업이익	13	1	18	27	24	-13
당기순이익	5	-3	14	26	25	-21

재무 상태 〈단위 : 억원〉

항목	2011	2012	2013	2014	2015	2016
총자산	1,118	1,038	1,059	1,056	1,424	1,459
유형자산	374	309	320	271	437	396
무형자산	—	—	—	—	27	21
유가증권	11	3	3	3	19	24
총부채	272	221	232	257	595	530
총차입금	103	79	90	95	383	308
자본금	211	208	220	222	257	309
총자본	845	817	827	799	829	929
지배주주지분	853	818	826	795	834	851

기업가치 지표

항목	2011	2012	2013	2014	2015	2016
주가(최고/저)(천원)	1.5/0.7	1.3/0.8	1.2/0.8	1.4/0.6	3.5/0.8	3.1/1.7
PER(최고/저)(배)	359.6/159.5	26.7/16.0	107.8/71.0	—/—	839.7/196.0	44.5/24.3
PBR(최고/저)(배)	0.8/0.4	0.7/0.4	0.7/0.4	0.8/0.4	2.0/0.5	1.9/1.0
EV/EBITDA(배)	3.3	2.1	1.1	1.7	25.0	7.4
EPS(원)	4	47	11	-82	4	70
BPS(원)	2,658	2,431	2,340	2,260	2,067	1,673
CFPS(원)	157	201	129	-21	125	189
DPS(원)	—	—	—	—	—	—
EBITDAPS(원)	294	261	217	201	158	243

재무 비율 〈단위 : % 〉

연도	영업이익률	순이익률	부채비율	차입금비율	ROA	ROE	유보율	자기자본비율	EBITDA마진율
2016	5.2	4.0	57.0	33.2	3.0	4.5	189.4	63.7	11.8
2015	2.3	-0.1	71.7	46.2	0.0	0.3	241.2	58.2	8.0
2014	4.8	-5.4	32.1	11.9	-3.5	-4.9	276.1	75.7	10.8
2013	4.2	0.7	28.0	10.9	0.5	0.6	295.6	78.1	10.0

글로본 (A019660)
GLOBON

업　　종 : 창업투자 및 종금　　　　　　　시　　장 : KOSDAQ
신용등급 : (Bond) —　　(CP) —　　　　　기업규모 : 중견
홈 페 이 지 : www.globon.co.kr　　　　　연 락 처 : 02)6934-0800
본　　사 : 서울시 강남구 도산대로 331 (신사동)

설 립 일 1986.12.20	종업원수 18명	대 표 이 사 한상호	
상 장 일 1992.06.04	감사의견 적정 (세림)	계　　　열	
결 산 기 12월	보 통 주 2,800만주	종속회사수	
액 면 가 500원	우 선 주	구 상 호 베리타스	

주주구성 (지분율,%)		출자관계 (지분율,%)		주요경쟁사 (외형,%)	
한상호	17.1	이데일리 1.6		글로본	100
최영덕	5.8			우리종금	1,193
				SBI인베스트먼트	112

수익구성		비용구성		수출비중	
기타영업수익	96.7	이자비용	0.0	수출	—
이자수익	1.7	투자및금융비	0.0	내수	—
외환거래이익	1.7	판관비	0.0		

회사 개요
동사는 1986년에 설립, 1992년에 코스닥시장에 상장한 회사로, 한국창업투자, 케이티아이씨글로벌투자자문, 에스비아이글로벌인베스트먼트의 상호를 거쳐 2013년 6월 베리타스인베스트먼트로 상호를 변경함. 2008년에 창업투자업을 반납하고, 금융위에서 투자자문 및 일임업 인가를 받았으나 2011년 자진 폐지하여 현재는 국내외 투자사업 및 관련업, 종합 컨설팅 서비스업을 영위함. 2013년 9월부터 휴대폰 유통사업을 신규사업으로 진행.

실적 분석
동사는 2016년 (주)이동수에프엔재의 지분 매각으로 자산 및 자본총계가 각각 16.8%, 12%가 감소했으며, 부채총계는 50.69% 감소했음. 동사의 2016년 영업수익은 전년대비 92.8% 늘어난 149.6억원을 기록했으며 영업손실 57.7억원을 기록함. 전년 72억원 영업손실을 기록한 것에 비하면 적자 폭은 소폭 줄어듦. 당기순손실 62억원으로 전년에 이어 여전히 적자를 지속함.

현금 흐름 *IFRS 별도 기준 〈단위 : 억원〉

항목	2015	2016
영업활동	-23	10
투자활동	-209	-37
재무활동	274	—
순현금흐름	42	-25
기말현금	46	21

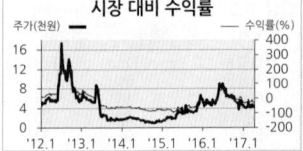

결산 실적 〈단위 : 억원〉

항목	2011	2012	2013	2014	2015	2016
영업수익	220	55	55	186	78	150
영업이익	82	-140	-114	60	-72	-58
당기순이익	28	-141	-147	50	-65	-62

분기 실적 *IFRS 별도 기준 〈단위 : 억원〉

항목	2015.3Q	2015.4Q	2016.1Q	2016.2Q	2016.3Q	2016.4Q
영업수익	16	30	58	64	—	28
영업이익	-1	-60	6	-49	—	-15
당기순이익	-1	-59	7	-49	—	-21

재무 상태 *IFRS 별도 기준 〈단위 : 억원〉

항목	2011	2012	2013	2014	2015	2016
총자산	424	263	121	128	394	327
유형자산	1	1	1	3	6	10
무형자산	1	2	1	7	—	10
유가증권	—	—	—	—	—	—
총부채	215	194	140	24	48	24
총차입금	—	—	—	—	—	—
자본금	228	228	51	93	140	140
총자본	209	69	-18	104	345	303
지배주주지분	209	69	-18	104	345	303

기업가치 지표 *IFRS 별도 기준

항목	2011	2012	2013	2014	2015	2016
주가(최고/저)(천원)	6.5/3.5	18.0/5.0	9.4/1.5	2.4/1.0	6.7/1.8	9.4/3.6
PER(최고/저)(배)	10.3/5.5	—/—	—/—	7.4/3.0	—/—	—/—
PBR(최고/저)(배)	1.4/0.8	12.0/3.3	-52.6/-8.4	4.3/1.8	5.4/1.5	8.6/3.4
PSR(최고/저)(배)	1/1	32/9	17/3	2/1	18/5	18/7
EPS(원)	627	-3,297	-2,158	327	-306	-221
BPS(원)	458	151	-179	558	1,233	1,084
CFPS(원)	64	-328	-2,148	338	-300	-215
DPS(원)	—	—	—	—	—	—
EBITDAPS(원)	180	-322	-2,199	394	-339	-206

재무 비율 〈단위 : % 〉

연도	계속사업이익률	순이익률	부채비율	차입금비율	ROA	ROE	유보율	자기자본비율	총자산증가율
2016	-41.4	-41.4	7.9	0.0	-17.2	-19.1	116.8	92.7	-16.8
2015	-86.6	-83.8	14.0	0.0	-24.9	-27.8	146.5	87.7	207.4
2014	30.9	26.7	23.0	0.0	33.3	67.7	31.7	81.3	-24.8
2013	-266.4	-268.9	완전잠식	0.0	-64.0	-221.7	-48.1	-0.6	-41.0

금강공업 (A014280)
Kumkang Kind

업 종 : 건축자재	시 장 : 거래소
신용등급 : (Bond) — (CP) —	기업규모 : 시가총액 소형주
홈 페 이 지 : www.kumkangkind.com	연 락 처 : 051)264-8881
본 사 : 부산시 사하구 다산로 110 (다대동)	

설 립 일 1979.08.08	종 업 원 수 388명	대 표 이 사 이범호	
상 장 일 1988.09.10	감 사 의 견 적정 (안경)	계 열	
결 산 기 12월	보 통 주 486만주	종속회사수	
액 면 가 5,000원	우 선 주 12만주	구 상 호	

주주구성 (지분율,%)		출자관계 (지분율,%)		주요경쟁사 (외형,%)	
KB자산운용	23.8	금강엔지니어링	66.7	금강공업	100
중원엔지니어링	14.6	고려산업	48.4	KCC	579
(외국인)	1.9	케이엔엔	2.8	LG하우시스	485

매출구성		비용구성		수출비중	
사료	25.7	매출원가율	77.8	수출	21.9
기타	24.0	판관비율	12.8	내수	78.1
알루미늄폼	22.7				

회사 개요

1979년 설립된 강관 및 건설용 가설자재 전문기업으로 강관, 알루미늄폼, 모듈러, 가설재를 제조하고 있음. 상하수도, 공업용수, 건축, 교량 등의 공사에 사용되는 배관용 및 구조용 강관은 매출의 약 20%를 차지하고 있음. 매출의 30~40%인 알루미늄폼은 건설에 거푸집 용도로 사용되는 자재로 대형 공사에 주로 쓰이며, 국내 시장은 동사와 삼목에스폼, 현대알미늄이 과점하고 있음. 2013년 초 금강포스템을 흡수합병함.

실적 분석

동사의 2016년 매출액은 전년보다 6.6% 증가한 6,031.6억원을 기록함. 영업이익은 74.7% 큰폭으로 증가함. 매출액의 주요 증가요인은 동사의 알폼 국내 임대 수입금액 증가 및 시스템폼 수출 증가 등임. 또한 연결 영업이익의 증가는 알폼 소재 자체 생산·조달에 따른 원가절감 효과 등이 반영됨. 다만 전기 당기순이익의 증가가 76억에 그친 이유는 종속회사(동서화학공업) 지분 매각으로 인한 중단영업손실 56억이 포함된 금액임.

현금 흐름		〈단위 : 억원〉
항목	2015	2016
영업활동	188	466
투자활동	-367	-257
재무활동	68	-172
순현금흐름	-59	36
기말현금	464	500

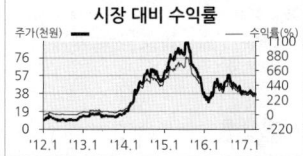

시장 대비 수익률

결산 실적

항목	2011	2012	2013	2014	2015	2016
매출액	3,052	6,887	6,943	6,586	5,660	6,032
영업이익	88	313	320	410	322	563
당기순이익	2	151	185	231	76	358

분기 실적 〈단위 : 억원〉

항목	2015.3Q	2015.4Q	2016.1Q	2016.2Q	2016.3Q	2016.4Q
매출액	1,410	1,411	1,524	1,626	1,444	1,437
영업이익	72	75	137	159	144	124
당기순이익	11	-16	103	99	82	74

재무 상태 〈단위 : 억원〉

항목	2011	2012	2013	2014	2015	2016
총자산	4,312	6,566	6,755	7,231	6,783	7,108
유형자산	2,045	3,152	3,452	3,877	3,201	3,550
무형자산	64	84	84	105	104	93
유가증권	105	112	74	87	83	108
총부채	2,384	4,145	4,181	4,485	4,084	4,060
총차입금	1,855	2,633	2,824	3,275	3,130	2,957
자본금	249	249	249	249	249	249
총자본	1,928	2,420	2,573	2,746	2,700	3,048
지배주주지분	1,927	2,007	2,133	2,270	2,264	2,566

기업가치 지표

항목	2011	2012	2013	2014	2015	2016
주가(최고/저)(천원)	15.6/8.0	14.3/9.0	17.4/12.9	65.0/16.2	103/37.5	59.9/28.8
PER(최고/저)(배)	418.0/215.9	7.0/4.4	5.7/4.3	18.1/4.5	97.7/35.5	9.9/4.7
PBR(최고/저)(배)	0.4/0.2	0.4/0.2	0.4/0.3	1.4/0.4	2.3/0.8	1.2/0.6
EV/EBITDA(배)	5.5	4.7	4.8	5.6	5.5	3.9
EPS(원)	41	2,188	3,188	3,701	1,080	6,163
BPS(원)	39,485	41,248	43,776	46,539	46,418	52,489
CFPS(원)	5,288	8,988	11,291	16,972	12,511	18,738
DPS(원)	250	350	350	400	400	500
EBITDAPS(원)	7,022	13,099	14,544	21,505	17,912	23,900

재무 비율 〈단위 : %〉

연도	영업이익률	순이익률	부채비율	차입금비율	ROA	ROE	유보율	자기자본비율	EBITDA마진율
2016	9.3	5.9	133.2	97.0	5.2	12.7	949.8	42.9	19.7
2015	5.7	1.4	151.3	115.9	1.1	2.4	828.4	39.8	15.7
2014	6.2	3.5	163.3	119.3	3.3	8.4	830.8	38.0	16.2
2013	4.6	2.7	162.5	109.7	2.8	7.7	775.5	38.1	10.4

금강철강 (A053260)
Keum Kang Steel

업 종 : 금속 및 광물	시 장 : KOSDAQ
신용등급 : (Bond) — (CP) —	기업규모 : 우량
홈 페 이 지 : www.kksteel.co.kr	연 락 처 : 02)3471-0001
본 사 : 서울시 서초구 서운로 19, 701호 (서초동, 서초월드오피스텔)	

설 립 일 1977.01.12	종 업 원 수 66명	대 표 이 사 주성호	
상 장 일 2002.01.04	감 사 의 견 적정 (신한)	계 열	
결 산 기 12월	보 통 주 1,872만주	종속회사수	
액 면 가 500원	우 선 주	구 상 호	

주주구성 (지분율,%)		출자관계 (지분율,%)		주요경쟁사 (외형,%)	
주광남	30.4	케이티스포츠	100.0	금강철강	100
주성호	15.4	금강에코너지	70.5	황금에스티	138
(외국인)	1.8	푸드사이언스	52.3	GMR 머티리얼즈	41

매출구성		비용구성		수출비중	
산세코일(제품)	27.4	매출원가율	93.5	수출	—
기타	21.4	판관비율	3.9	내수	—
냉연압연강판(제품)	19.6				

회사 개요

동사는 철강재 판매업, 자동차 및 전자부품 제조 및 판매업을 주요 목적으로 하는 전문 철강 유통 서비스 회사임. 1977년 설립되어 2002년 1월 코스닥시장에 상장되었음. 포스코의 냉연강판 지정 코일센터로서 자동차, 가전, 건설, 산업용기 등의 산업원자재인 냉연코일을 수요자가 원하는 규격으로 가공하여 공급함. 주요 매출은 냉연 압연강판 31.74%, 산세코일 27.84%, 아연도금 강판 23.21%, 등으로 구성됨.

실적 분석

동사의 2016년 연결 기준 매출액과 영업이익은 1,627.1억원, 40.9억원으로 전년 동기 대비 각각 2.0%, 3.8% 감소함. 매출액이 소폭증가하였으나 원재료 가격 상승 등으로 매출총이익은 소폭 감소한 105.2억원을 시현함. 비영업부문에서 크게 발생했던 이익이 축소되면서 당기순이익은 소폭 감소한 56.5억원을 시현함. 최근 지속적으로 주요 원재료들의 가격이 하락추세에 있음.

현금 흐름		〈단위 : 억원〉
항목	2015	2016
영업활동	54	82
투자활동	-68	-99
재무활동	-17	-11
순현금흐름	-30	-26
기말현금	277	251

시장 대비 수익률

결산 실적 〈단위 : 억원〉

항목	2011	2012	2013	2014	2015	2016
매출액	2,897	2,564	2,468	2,006	1,595	1,627
영업이익	110	91	68	44	43	41
당기순이익	89	85	77	59	68	56

분기 실적 〈단위 : 억원〉

항목	2015.3Q	2015.4Q	2016.1Q	2016.2Q	2016.3Q	2016.4Q
매출액	382	406	365	450	372	440
영업이익	11	19	7	18	2	15
당기순이익	27	13	9	16	2	30

재무 상태 〈단위 : 억원〉

항목	2011	2012	2013	2014	2015	2016
총자산	1,258	1,284	1,310	1,278	1,319	1,349
유형자산	181	177	175	173	161	155
무형자산	16	18	18	22	24	22
유가증권	66	124	100	176	262	295
총부채	428	377	350	279	272	260
총차입금	40	17	16	16	18	18
자본금	99	99	99	99	99	99
총자본	829	907	960	999	1,047	1,089
지배주주지분	829	908	961	1,001	1,050	1,093

기업가치 지표

항목	2011	2012	2013	2014	2015	2016
주가(최고/저)(천원)	3.0/1.6	2.7/1.8	2.4/2.0	3.1/2.3	4.2/2.6	6.3/3.6
PER(최고/저)(배)	7.6/4.0	6.8/4.7	6.6/5.5	10.6/7.8	11.7/7.4	21.1/12.1
PBR(최고/저)(배)	0.8/0.4	0.6/0.4	0.5/0.4	0.6/0.5	0.8/0.5	1.1/0.6
EV/EBITDA(배)	2.3	1.5	0.7	—	3.9	·6.6
EPS(원)	476	458	414	314	366	305
BPS(원)	4,532	4,938	5,233	5,445	5,707	5,928
CFPS(원)	518	503	461	364	416	348
DPS(원)	100	100	100	100	100	100
EBITDAPS(원)	629	532	408	287	277	262

재무 비율 〈단위 : %〉

연도	영업이익률	순이익률	부채비율	차입금비율	ROA	ROE	유보율	자기자본비율	EBITDA마진율
2016	2.5	3.5	23.8	1.6	4.2	5.3	1,025.4	80.8	3.0
2015	2.7	4.3	26.0	1.7	5.2	6.7	983.6	79.4	3.3
2014	2.2	2.9	28.0	1.6	4.5	6.0	933.7	78.2	2.7
2013	2.7	3.1	36.4	1.7	5.9	8.3	893.5	73.3	3.1

금비 (A008870)
Kumbi

업　　　종 : 용기 및 포장　　　　　시　　　장 : 거래소
신용등급 : (Bond) —　　(CP) —　　기업규모 : 시가총액 소형주
홈페이지 : www.kumbi.co.kr　　　연 락 처 : 031)632-5280
본　　　사 : 경기도 이천시 부발읍 중부대로1707번길 13

설 립 일	1973.06.05	총 업 원 수	247명	대 표 이 사	고기영
상 장 일	1990.06.08	감 사 의 견	적정 (한영)	계　　　열	
결 산 기	09월	보 통 주	100만주	종속회사수	2개사
액 면 가	5,000원	우 선 주		구 상 호	

주주구성 (지분율,%)		출자관계 (지분율,%)		주요경쟁사 (외형,%)	
고병헌	15.0	금비인터내셔널	90.0	금비	100
고기영	11.1	삼화왕관	57.9	디케이디앤아이	25
(외국인)	0.5			승일	69

매출구성		비용구성		수출비중	
Cap(알루미늄캡)	48.8	매출원가율	76.8	수출	3.0
유리(주류)	42.4	판관비율	15.1	내수	97.0
유리(식품병)	4.6				

회사 개요
동사의 주요사업으로는 유리사업부문, Cap사업부문(병마개제조업), 화장품사업부문으로 분류됨. 사업부문별 매출비중은 Cap사업부문 54%, 유리사업부문 39.42%, 화장품사업부문 6.59% 등임. 음료와 주류병이 70% 정도를 차지하고 있으며, 제병 시장의 성장률은 다소 주춤하나 유리병에 대한 수요는 음료 및 주류산업의 소비성향이 꾸준히 상향 전개될 것으로 전망. 또한 병마개시장은 경기회복 전망에 따라 수요가 소폭 증가할 것으로 예상됨.

실적 분석
동사의 연결기준 2016년 결산 매출액은 전년 대비 6.0% 감소한 487.2억원을 기록했으며, 판관비의 대폭(전년 대비 22% 증가) 상승에 따라 영업이익은 34.4억원으로 전년도 대비 24.9% 감소하였음. 비영업손익은 3.9억원을 기록하며 흑자전환했음에도 불구하고, 매출감소 및 비용증가에따라 당기순이익은 16.7억원으로 전년 대비 26.2% 감소하면서 수익성이 크게 악화되었음.

현금 흐름 〈단위 : 억원〉

항목	2016	2017.1Q
영업활동	206	98
투자활동	-183	-22
재무활동	47	-37
순현금흐름	70	39
기말현금	279	318

시장 대비 수익률
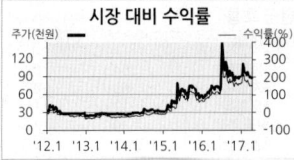

결산 실적 〈단위 : 억원〉

항목	2012	2013	2014	2015	2016	2017
매출액	1,762	1,751	1,775	1,895	2,005	—
영업이익	61	61	55	153	200	—
당기순이익	23	19	31	77	132	—

분기 실적 〈단위 : 억원〉

항목	2015.4Q	2016.1Q	2016.2Q	2016.3Q	2016.4Q	2017.1Q
매출액	492	519	468	490	528	488
영업이익	46	46	68	45	41	34
당기순이익	9	23	46	32	31	17

재무 상태 〈단위 : 억원〉

항목	2012	2013	2014	2015	2016	2017.1Q
총자산	2,155	2,098	2,209	2,318	2,506	2,518
유형자산	1,201	1,231	1,275	1,242	1,288	1,272
무형자산	183	145	111	77	66	66
유가증권	31	62	106	171	173	169
총부채	879	819	904	929	1,039	1,048
총차입금	458	454	507	474	544	517
자본금	50	50	50	50	50	50
총자본	1,276	1,279	1,304	1,389	1,467	1,470
지배주주지분	787	785	790	844	909	911

기업가치 지표

항목	2012	2013	2014	2015	2016	2017.1Q
주가(최고/저)(천원)	41.9/27.0	29.1/23.6	38.3/26.1	78.6/30.6	169/52.3	—/—
PER(최고/저)(배)	103.6/66.7	81.4/66.4	51.9/35.7	16.6/6.5	18.0/5.6	—/—
PBR(최고/저)(배)	0.6/0.4	0.4/0.3	0.5/0.3	0.9/0.4	1.8/0.6	1.0/0.9
EV/EBITDA(배)	6.9	6.6	6.5	5.4	5.6	
EPS(원)	470	399	786	4,897	9,496	1,161
BPS(원)	81,454	81,197	81,754	87,163	93,579	93,798
CFPS(원)	10,941	11,670	13,624	17,992	19,906	3,961
DPS(원)	1,200	1,200	1,000	1,500	1,800	
EBITDAPS(원)	16,570	17,350	18,371	28,376	30,402	6,244

재무 비율 〈단위 : %〉

연도	영업이익률	순이익률	부채비율	차입금비율	ROA	ROE	유보율	자기자본비율	EBITDA마진율
2016	10.0	6.6	70.9	37.1	5.5	10.8	1,771.6	58.5	15.2
2015	8.1	4.1	66.9	34.1	3.4	6.0	1,643.3	59.9	15.0
2014	3.1	1.8	69.3	38.9	1.4	1.0	1,535.1	59.1	10.4
2013	3.5	1.1	64.0	35.5	0.9	0.5	1,524.0	61.0	9.9

금성테크 (A058370)
Gumsung Tech

업　　　종 : 금속 및 광물　　　　　시　　　장 : KOSDAQ
신용등급 : (Bond) —　　(CP) —　　기업규모 :
홈페이지 : www.techgs.net　　　연 락 처 : 031)488-9471
본　　　사 : 경기도 시흥시 군자천로 237번길 14(정왕동) 시화공단 2나 406호

설 립 일	1990.04.25	총 업 원 수	15명	대 표 이 사	이홍구
상 장 일	2002.02.19	감 사 의 견	한정(감사범위제한)(한신)	계　　　열	
결 산 기	12월	보 통 주	2,971만주	종속회사수	
액 면 가	500원	우 선 주		구 상 호	

주주구성 (지분율,%)		출자관계 (지분율,%)		주요경쟁사 (외형,%)	
스타투자개발	6.0	안강벤처투자	81.3	비엔씨컴퍼니	100
안대원	5.9	한원인터내셔날	80.0	나라케이아이씨	432
				삼아알미늄	1,019

매출구성		비용구성		수출비중	
상품매출(비철산업본부)	86.2	매출원가율	85.1	수출	—
상품매출(에너지사업부문)	11.3	판관비율	65.8	내수	—
기타	1.6				

회사 개요
동사는 DNA필터, 방역마스크, 화장품, 해외부동산 개발 사업 등 부실 사업 전체와 수익성이 나지 않았던 공조 사업부문을 2011년 12월 중단하였음. 동사는 현재 도시광산업을 주력사업으로 하고 있으며 주요 품목은 코발트, 구리에서 니켈, 텅스텐 등임. 2012년 글로벌 금융위기에 따라 중국관련 사업도 일부 영향을 받아 매출실적이 부진함. 2012년 화장품 사업, 2014년 자동차병행수입사업을 추진하여 사업 다각화 중.

실적 분석
동사의 2016년 연결 기준 매출과 영업손실은 127억원, 65억원으로 전년 대비 매출은 25.7% 감소하고 적자전환함. 1차 금속제품 도매업체인 동사는 사명을 금성테크에서 비엔씨컴퍼니로 변경함. 2016년 재무제표에 대해 감사인으로부터 '범위제한'으로 인한 감사의견 한정을 받았는데 이는 상장폐지 사유에 해당함. 2017년 4월 10일 현재 코스닥상장본부에서 상장폐지 절차를 밟고 있음.

현금 흐름 〈단위 : 억원〉

항목	2015	2016
영업활동	-49	-49
투자활동	-153	-52
재무활동	200	99
순현금흐름	4	-1
기말현금	6	5

시장 대비 수익률
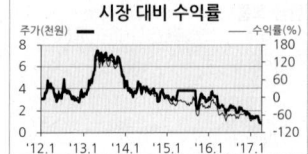

결산 실적 〈단위 : 억원〉

항목	2011	2012	2013	2014	2015	2016
매출액	163	83	185	121	171	127
영업이익	3	-23	-32	-30	2	-65
당기순이익	13	-1	-61	-54	-125	-99

분기 실적 〈단위 : 억원〉

항목	2015.3Q	2015.4Q	2016.1Q	2016.2Q	2016.3Q	2016.4Q
매출액	45	40	40	25	22	39
영업이익	1	-6	-0	-26	-27	-11
당기순이익	-16	-113	11	-41	-33	-36

재무 상태 〈단위 : 억원〉

항목	2011	2012	2013	2014	2015	2016
총자산	249	228	179	200	311	328
유형자산	76	74	2	1	9	7
무형자산	0	7	5	7	30	32
유가증권	—	10	13	7	70	67
총부채	149	116	116	67	141	91
총차입금	108	92	67	29	103	68
자본금	100	109	109	210	88	131
총자본	100	109	63	133	171	237
지배주주지분	100	109	63	133	171	237

기업가치 지표

항목	2011	2012	2013	2014	2015	2016
주가(최고/저)(천원)	9.0/2.8	5.0/2.7	8.4/3.2	4.8/2.7	3.9/2.2	3.8/1.5
PER(최고/저)(배)	29.7/9.2	—/—	—/—	—/—	—/—	—/—
PBR(최고/저)(배)	2.5/0.8	1.7/0.9	6.5/2.5	3.7/2.1	4.0/2.2	4.2/1.7
EV/EBITDA(배)	44.5			110.8		
EPS(원)	301	-26	-1,116	-688	-878	-426
BPS(원)	906	739	325	317	971	905
CFPS(원)	87	3	-268	-166	-854	-401
DPS(원)						
EBITDAPS(원)	28	-100	-137	-90	36	-252

재무 비율 〈단위 : %〉

연도	영업이익률	순이익률	부채비율	차입금비율	ROA	ROE	유보율	자기자본비율	EBITDA마진율
2016	-51.0	-78.3	38.4	28.6	-31.0	-48.7	81.0	72.3	-46.3
2015	1.2	-73.5	82.6	60.6	-49.1	-82.6	94.2	54.8	3.0
2014	-24.7	-44.3	일부잠식	일부잠식	-28.3	-54.9	-36.5	66.5	-23.0
2013	-17.4	-32.9	일부잠식	일부잠식	-30.0	-71.0	-35.0	35.0	-16.1

금양 (A001570)
Kum Yang

업 종 : 화학		시 장 : 거래소	
신용등급 : (Bond) BB+ (CP) —		기업규모 : 시가총액 소형주	
홈 페 이 지 : www.kyc.co.kr		연 락 처 : 051)316-5881	
본 사 : 부산시 사상구 낙동대로960번길 81 (감전동)			

설 립 일	1955.11.17	종 업 원 수	111명	대 표 이 사	류광지
상 장 일	1976.12.17	감사의견	적정 (한울)	계 열	
결 산 기	12월	보 통 주	4,191만주	총속회사수	
액 면 가	500원	우 선 주		구 상 호	

주주구성 (지분율,%)		출자관계 (지분율,%)		주요경쟁사 (외형,%)	
류광지	43.0	7his	33.8	금양	100
오토해운	0.8	패턴트인포	30.0	KPX그린케미칼	144
(외국인)	0.4	인타운	21.8	세우글로벌	25

매출구성		비용구성		수출비중	
발포제(제품)	50.0	매출원가율	81.5	수출	67.4
기 타(상품)	49.8	판관비율	11.3	내수	32.6
기 타(제품)	0.2				

회사 개요
동사는 발포제를 주력으로 하는 정밀화학 전문업체로서, 2009년 하반기부터 발포제 유관 각종 첨가제 및 화학제품의 TRADING 사업을 병행함. 발포제는 스폰지제품을 제조하기 위해 합성수지 또는 고무 등과 같은 고분자재료에 첨가되는 화공약품임. 매출액의 약 70%이상을 수출하고 있는 수출형 산업으로 분류되고 중국현지공장으로 이전하여 생산을 점차 확대하고 있음. 16년 말 기준으로 132억원 규모의 소송에 피항소된 상태임.

실적 분석
동사의 2016년 결산기준 매출액은 1,686.8억원으로 전년동기 대비 6.1% 증가하였으며, 매출총이익은 311.5억으로 전년 동기 대비 35.9% 증가함. 이에 따라 영업이익은 121.3억으로 전년 동기 대비 큰 폭으로 증가하였음. 비영업부문에 352억규모의 손해배상비용이 계상되며 손실이 383억으로 크게 발생하면서, 영업이익의 신장에도 불구하고 당기순이익은 적자전환한 205.3억원의 적자를 시현하였음.

현금 흐름		〈단위 : 억원〉
항목	2015	2016
영업활동	73	80
투자활동	-142	-254
재무활동	18	116
순현금흐름	-40	-78
기말현금	251	173

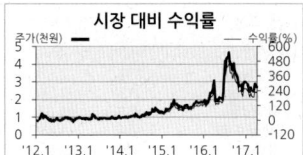
시장 대비 수익률

결산 실적					〈단위 : 억원〉	
항목	2011	2012	2013	2014	2015	2016
매출액	1,098	1,229	1,563	1,586	1,590	1,687
영업이익	57	66	56	52	69	121
당기순이익	30	37	7	-1	145	-205

분기 실적					〈단위 : 억원〉	
항목	2015.3Q	2015.4Q	2016.1Q	2016.2Q	2016.3Q	2016.4Q
매출액	380	434	416	442	484	345
영업이익	23	10	32	24	29	36
당기순이익	12	-15	29	7	26	-268

재무 상태					〈단위 : 억원〉	
항목	2011	2012	2013	2014	2015	2016
총자산	1,308	1,276	1,471	1,602	1,654	1,789
유형자산	421	430	421	372	378	510
무형자산	95	88	87	9	16	51
유가증권	4	4	3	2	12	13
총부채	856	820	1,016	1,158	1,075	1,444
총차입금	655	696	863	750	799	925
자본금	197	197	197	197	197	197
총자본	452	455	456	445	580	345
지배주주지분	452	448	448	437	571	338

기업가치 지표						
항목	2011	2012	2013	2014	2015	2016
주가(최고/저)(천원)	1.0/0.5	1.4/0.7	1.2/0.8	1.6/1.0	2.0/1.2	4.8/1.7
PER(최고/저)(배)	16.1/7.9	17.3/8.5	81.4/54.8	—/—	5.6/3.4	—/—
PBR(최고/저)(배)	1.0/0.5	1.3/0.7	1.1/0.8	1.4/0.9	1.3/0.8	5.1/1.8
EV/EBITDA(배)	11.5	11.0	12.1	9.2	10.0	11.7
EPS(원)	75	94	17	-3	367	-519
BPS(원)	1,237	1,229	1,227	1,199	1,541	947
CFPS(원)	101	133	112	104	461	-423
DPS(원)	25	35	45	60	60	
EBITDAPS(원)	170	207	238	238	268	404

재무 비율								〈단위 : %〉
연도	영업이익률	순이익률	부채비율	차입금비율	ROA	ROE	유보율	자기자본비율	EBITDA마진율
2016	7.2	-12.2	418.9	268.3	-11.9	-45.0	89.4	19.3	9.4
2015	4.3	9.1	185.4	137.8	8.9	28.7	208.2	35.0	6.6
2014	3.3	-0.1	260.2	168.6	-0.1	-0.3	139.9	27.8	5.9
2013	3.6	0.5	222.9	189.3	0.5	1.5	145.3	31.0	6.0

금오하이텍 (A165270)
KUMO HITECH CO

업 종 : 건축자재		시 장 : KONEX	
신용등급 : (Bond) — (CP) —		기업규모 :	
홈 페 이 지 : www.kos.co.kr		연 락 처 : 031)861-5300	
본 사 : 경기도 양주시 은현면 평화로1889번길 130-38			

설 립 일	2002.01.15	종 업 원 수	126명	대 표 이 사	이강염
상 장 일	2013.12.10	감사의견	적정 (대주)	계 열	
결 산 기	12월	보 통 주	551만주	총속회사수	
액 면 가	500원	우 선 주		구 상 호	

주주구성 (지분율,%)		출자관계 (지분율,%)		주요경쟁사 (외형,%)	
이강염	40.9	코스	55.0	금오하이텍	100
방정철	12.3	KUMOVIETNAM	100.0	프럼파스트	94
				제일테크노스	300

매출구성		비용구성		수출비중	
PVC FRAME(문틀,창틀)	41.2	매출원가율	84.1	수출	4.9
ABS SHEET(시트)	23.1	판관비율	12.0	내수	95.1
PVC/ABS DOOR(실내문)	19.3				

회사 개요
동사는 2002년 1월에 설립돼 플라스틱 창호제조업을 영위하며, 2013년 12월 코넥스 시장에 상장함. 건물을 시공하기 위해 사용되는 건축자재중 실내용 마감재로서 창호재를 생산하는 업체임. 창문뿐만 아니라 일반 건축물의 문틀, 창틀, 실내문 등을 포함하며, PVC레진, 경질 발포제 및 ABS합성수지 등 플라스틱 원재료를 가공하여 플라스틱 창호재를 생산하고 있음.

실적 분석
동사의 2016년 매출액은 481.5억원으로 전년 411.6억원보다 17% 증가하였음. 동사의 매출중 PVC FRAME 비중(39.33%)이 가장 크며, ABS SHEET(24.1%), PVC/ABS DOOR(19.9%) 순으로 비중이 큼. 보강재,가공자재 등은 13.25%를 차지함. 동사의 매출처는 해외직수출을 비롯하여 전국의 지역별 특판업체 및 전략특판(한샘, 동화기업/동화자연도어)과 총판, 일반적인 시판과 도소매 대리점등으로 구성됨.

현금 흐름	*IFRS 별도 기준	〈단위 : 억원〉
항목	2015	2016
영업활동	8	-13
투자활동	-36	-11
재무활동	19	25
순현금흐름	-9	2
기말현금	2	4

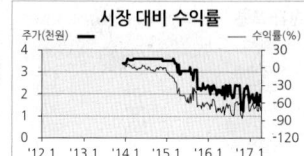
시장 대비 수익률

결산 실적					〈단위 : 억원〉	
항목	2011	2012	2013	2014	2015	2016
매출액	355	357	367	367	412	481
영업이익	23	20	22	16	18	19
당기순이익	12	7	6	-8	13	10

분기 실적	*IFRS 별도 기준				〈단위 : 억원〉	
항목	2015.3Q	2015.4Q	2016.1Q	2016.2Q	2016.3Q	2016.4Q
매출액	—	—	—	—	—	—
영업이익	—	—	—	—	—	—
당기순이익	—	—	—	—	—	—

재무 상태	*IFRS 별도 기준				〈단위 : 억원〉	
항목	2011	2012	2013	2014	2015	2016
총자산	277	389	426	519	563	604
유형자산	111	155	152	246	273	275
무형자산	-5	-3	1	0	0	0
유가증권	1	15	18			
총부채	178	222	260	366	377	411
총차입금	116	189	200	272	272	296
자본금	23	23	23	23	28	28
총자본	100	167	166	153	186	193
지배주주지분	100	167	166	153	186	193

기업가치 지표	*IFRS 별도 기준					
항목	2011	2012	2013	2014	2015	2016
주가(최고/저)(천원)	—/—	—/—	3.6/3.4	3.7/3.4	3.6/1.9	2.5/1.2
PER(최고/저)(배)	0.0/0.0	0.0/0.0	28.4/27.2	—/—	13.0/6.9	13.9/6.8
PBR(최고/저)(배)	0.0/0.0	0.0/0.0	1.0/0.9	1.1/1.0	1.1/0.6	0.7/0.4
EV/EBITDA(배)	2.7	5.0	9.5	14.6	11.0	10.2
EPS(원)	266	164	125	-165	277	177
BPS(원)	21,756	36,583	3,626	3,341	3,376	3,494
CFPS(원)	5,373	4,558	368	78	606	484
DPS(원)						
EBITDAPS(원)	7,812	7,257	716	596	707	644

재무 비율								〈단위 : %〉
연도	영업이익률	순이익률	부채비율	차입금비율	ROA	ROE	유보율	자기자본비율	EBITDA마진율
2016	3.9	2.0	213.4	153.5	1.7	5.2	598.8	31.9	7.4
2015	4.5	3.3	202.4	146.3	2.5	7.9	575.3	33.1	8.3
2014	4.4	-2.1	239.7	178.2	-1.6	-4.7	568.2	29.4	7.4
2013	5.9	1.6	156.8	120.7	1.4	3.4	625.1	39.0	8.9

금호산업 (A002990)
Kumho Industrial

업 종 : 건설
신용등급 : (Bond) — (CP) —
홈페이지 : www.kumhoenc.com
본 사 : 전남 나주시 시청길4

시 장 : 거래소
기업규모 : 시가총액 중형주
연 락 처 : 061)333-7612

설 립 일	1960.09.05	종 업 원 수	1,137명	대 표 이 사	원일우
상 장 일	1976.06.26	감 사 의 견	적정 (삼정)	계 열	
결 산 기	12월	보 통 주	3,585만주	종속회사수	
액 면 가	5,000원	우 선 주	29만주	구 상 호	

주주구성 (지분율,%)		출자관계 (지분율,%)		주요경쟁사 (외형,%)	
금호홀딩스	46.5	충주보라매	100.0	금호산업	100
호반건설	4.8	아시아나항공	33.5	아이에스동서	127
(외국인)	4.1	맑은김포	27.0	태영건설	152

매출구성		비용구성		수출비중	
토목	30.5	매출원가율	92.3	수출	—
건축	20.7	판관비율	4.6	내수	—
주택/개발	20.5				

회사 개요
동사는 1960년 9월에 설립됐으며, 1999년 2월 건설업과 운송업을 영위하는 금호건설(주)를 흡수합병하면서 금호산업(주)로 변경함. 2011년 11월 운송업을 금호고속(주)로 물적분할하여 건설업을 주력 사업으로 영위 중임. 종합건설업 시공능력은 2015년 기준 17위임. 회사는 '어울림'이라는 아파트 브랜드를 보유하고 있음. 현재 워크아웃 진행 중이며 경영정상화를 위해 노력함.

실적 분석
동사의 2016년도 연결기준 연간 매출액은 1조3,537.1억원으로 전년 대비 11.6% 감소함. 반면 매출원가율 하락에 따른 수익성 회복으로 영업이익은 418억원으로 전년 대비 101.2% 증가함. 당기순이익 또한 자산매각에 따른 처분이익 반영으로 360.4억원으로 흑자전환함. 해외에서도 주로 베트남 지역을 중심으로 도로, 상하수도 시설 등의 원조자금(ODA) 공사에도 참여하고 있으며, 점차 사업을 확대할 예정임.

현금 흐름 〈단위 : 억원〉

항목	2015	2016
영업활동	182	191
투자활동	446	222
재무활동	-1,186	-875
순현금흐름	-556	-465
기말현금	1,178	713

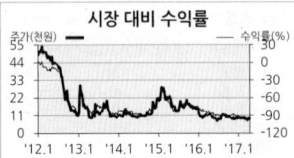
시장 대비 수익률

결산 실적 〈단위 : 억원〉

항목	2011	2012	2013	2014	2015	2016
매출액	16,848	14,999	14,345	15,235	15,310	13,537
영업이익	514	-1,648	589	398	208	418
당기순이익	-495	-7,279	526	1,058	-61	360

분기 실적 〈단위 : 억원〉

항목	2015.3Q	2015.4Q	2016.1Q	2016.2Q	2016.3Q	2016.4Q
매출액	3,869	4,234	2,659	3,114	3,282	4,482
영업이익	58	302	96	50	121	151
당기순이익	-54	438	247	104	534	-525

재무 상태 〈단위 : 억원〉

항목	2011	2012	2013	2014	2015	2016
총자산	36,812	19,322	17,664	15,044	13,100	12,746
유형자산	915	191	185	90	90	94
무형자산	198	66	63	62	61	46
유가증권	2,447	1,183	1,352	1,182	1,144	1,280
총부채	35,600	19,177	16,132	12,035	10,199	9,633
총차입금	18,668	6,661	4,769	4,356	3,345	2,689
자본금	5,643	8,627	1,614	1,715	1,755	1,769
총자본	1,212	145	1,532	3,009	2,902	3,113
지배주주지분	1,211	145	1,532	3,009	2,902	3,113

기업가치 지표

항목	2011	2012	2013	2014	2015	2016
주가(최고/저)(천원)	118/36.3	55.7/9.7	34.0/9.7	22.2/9.8	29.4/13.3	13.4/7.7
PER(최고/저)(배)	—/—	—/—	17.4/5.0	7.2/3.2	—/—	13.5/7.8
PBR(최고/저)(배)	16.2/5.0	94.8/16.5	7.4/2.1	2.6/1.2	3.7/1.7	1.6/0.9
EV/EBITDA(배)	26.2		8.6	24.3	33.2	10.6
EPS(원)	-3,331	-32,760	2,015	3,194	-176	1,021
BPS(원)	1,077	87	4,754	8,780	8,276	8,806
CFPS(원)	-132	-4,539	2,080	3,232	-142	1,055
DPS(원)						300
EBITDAPS(원)	805	-919	2,319	1,240	631	1,218

재무 비율 〈단위 : %〉

연도	영업이익률	순이익률	부채비율	차입금비율	ROA	ROE	유보율	자기자본비율	EBITDA마진율
2016	3.1	2.7	309.5	86.4	2.8	12.0	76.1	24.4	3.2
2015	1.4	-0.4	351.5	115.3	-0.4	-2.1	65.5	22.2	1.4
2014	2.6	6.9	400.1	144.8	6.5	46.6	75.6	20.0	2.7
2013	4.1	3.7	일부잠식	일부잠식	2.9	62.8	-4.9	8.7	4.2

금호석유화학 (A011780)
Kumho Petrochemical

업 종 : 화학
신용등급 : (Bond) A- (CP) —
홈페이지 : www.kkpc.com
본 사 : 서울시 중구 청계천로 100(수표동, 시그니쳐타워스 서울)

시 장 : 거래소
기업규모 : 시가총액 대형주
연 락 처 : 02)6961-1114

설 립 일	1970.12.28	종 업 원 수	1,315명	대 표 이 사	김성채,박찬구
상 장 일	1988.01.22	감 사 의 견	적정 (삼덕)	계 열	
결 산 기	12월	보 통 주	3,047만주	종속회사수	
액 면 가	5,000원	우 선 주	302만주	구 상 호	

주주구성 (지분율,%)		출자관계 (지분율,%)		주요경쟁사 (외형,%)	
국민연금공단	10.6	코리아에너지발전소	96.1	금호석유	100
박철완	10.0	금호피앤비	95.0	LG화학	520
(외국인)	24.1	금호피앤비화학	78.2	한화케미칼	233

매출구성		비용구성		수출비중	
SBR등(제품)	49.2	매출원가율	91.6	수출	63.0
ABS등(제품)	34.2	판관비율	4.4	내수	37.0
스팀, 전자소재 등(기타)	12.2				

회사 개요
동사는 1976년 설립돼 합성고무제품과 합성수지제품 등 석유화학제품을 제조 및 판매함. 매출은 합성고무 49.7%, 합성수지 33%, 정밀화학 3.9% 및 기타 13.4%로 구성돼 있음. 현재 페놀 세계 5위, BPA 세계 5위권의 생산능력을 보유하고 있으며, 수출비중은 약 47.04%임. 시장점유율은 국내 합성고무 시장의 50%, 합성수지 시장의 17%를 차지하고 있음. 주요 종속회사는 금호피앤비화학, 금호티앤엘 등임.

실적 분석
동사의 2016년 누적매출액은 3조9,704.4억원으로 전년 대비 0.9% 증가함. 매출원가와 판관비 증가로 영업이익은 전년보다 4.2% 줄어든 1,570.8억원을 기록했고, 당기순이익은 807.7억원으로 33.7% 감소함. 부타디엔 등 원재료 가격 상승이 올해 초까지 계속 이어지면서 실적 부진이 불가피할 전망임. 2017년 1분기 이후 합성고무와 페놀유도체 가격이 추가적으로 상승하면 실적 개선이 기대됨.

현금 흐름 〈단위 : 억원〉

항목	2015	2016
영업활동	4,832	2,968
투자활동	-3,913	-2,507
재무활동	-2,584	1,036
순현금흐름	-1,664	1,497
기말현금	473	1,970

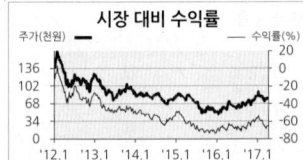
시장 대비 수익률

결산 실적 〈단위 : 억원〉

항목	2011	2012	2013	2014	2015	2016
매출액	64,574	58,837	51,321	47,657	39,345	39,704
영업이익	8,390	2,238	1,342	1,849	1,640	1,571
당기순이익	5,438	1,261	-427	883	1,219	808

분기 실적 〈단위 : 억원〉

항목	2015.3Q	2015.4Q	2016.1Q	2016.2Q	2016.3Q	2016.4Q
매출액	9,638	8,715	8,715	10,115	9,944	10,930
영업이익	450	-4	463	654	235	219
당기순이익	268	2	384	479	184	-240

재무 상태 〈단위 : 억원〉

항목	2011	2012	2013	2014	2015	2016
총자산	47,142	44,107	42,116	44,373	42,106	45,461
유형자산	19,224	21,296	22,217	22,610	25,057	25,648
무형자산	352	284	197	162	162	173
유가증권	4,144	4,059	3,167	3,484	2,513	2,322
총부채	31,572	27,524	26,519	27,957	25,468	28,182
총차입금	23,020	20,932	20,362	21,505	19,162	20,816
자본금	1,675	1,675	1,675	1,675	1,675	1,675
총자본	15,571	16,584	15,598	16,416	16,637	17,279
지배주주지분	14,477	15,477	14,746	15,594	15,565	16,197

기업가치 지표

항목	2011	2012	2013	2014	2015	2016
주가(최고/저)(천원)	232/82.7	168/89.9	130/74.0	90.6/66.8	89.6/49.3	82.2/47.4
PER(최고/저)(배)	16.8/6.0	46.9/25.0	—/—	34.0/25.1	25.9/14.2	38.0/21.9
PBR(최고/저)(배)	5.7/2.0	3.8/2.0	3.1/1.7	2.0/1.5	1.9/1.1	1.7/1.0
EV/EBITDA(배)	7.1	15.6	16.3	12.6	10.8	12.5
EPS(원)	15,097	3,869	-368	2,782	3,550	2,187
BPS(원)	44,423	47,407	45,236	47,764	47,677	49,559
CFPS(원)	19,712	8,644	4,840	8,085	8,804	8,337
DPS(원)	2,000	2,000	1,500	1,500	800	800
EBITDAPS(원)	29,667	11,458	9,216	10,823	10,149	10,840

재무 비율 〈단위 : %〉

연도	영업이익률	순이익률	부채비율	차입금비율	ROA	ROE	유보율	자기자본비율	EBITDA마진율
2016	4.0	2.0	163.1	120.5	1.8	4.6	891.2	38.0	9.1
2015	4.2	3.1	153.1	115.2	2.8	7.6	853.5	39.5	8.6
2014	3.9	1.9	170.3	131.0	2.0	6.1	855.3	37.0	7.6
2013	2.6	-0.8	170.0	130.6	-1.0	-0.8	804.7	37.0	6.0

금호에이치티 (A214330)
KUMHO HT

업 종 : 자동차부품	시 장 : 거래소
신용등급 : (Bond) — (CP) —	기업규모 : 시가총액 소형주
홈페이지 : www.kumhoht.co.kr	연 락 처 : 062)958-2700
본 사 : 광주시 광산구 용아로 717	

설 립 일 1989.07.01	종업원수 517명	대표이사 조석래
상 장 일 2015.11.11	감사의견 적정 (삼정)	계 열
결 산 기 12월	보 통 주 977만주	종속회사수
액 면 가 500원	우 선 주	구 상 호

주주구성 (지분율,%)
금호전기	37.0
TOSHIBA LIGHTING & TECHNOLOGY	8.5
(외국인)	8.9

출자관계 (지분율,%)
금호몰	12.6
루미마이크로	1.7
TIANJINKUMHOHTCO.,LTD	100.0

주요경쟁사 (외형,%)
금호에이치티	100
삼보모터스	409
트루원	16

매출구성
DRL	30.3
RCL	28.8
기타	18.9

비용구성
매출원가율	88.5
판관비율	4.7

수출비중
수출	39.5
내수	60.5

회사 개요
동사는 자동차의 조명과 실내 등에 사용하는 LED 모듈 등을 생산하는 기업으로, 1998년 최대주주인 금호전기와 일본 TLT사가 투자하여 설립하였음. 현재 양사의 동사 지분율은 각각 37%, 17%임. 금호전구에서 금호에이치티오토닉스로 사명을 변경하였다가 2008년부터 현재의 사명을 사용중임. 주 매출처는 에스엘그룹, 현대차 그룹 등이며, 연결대상 종속회사로 2013년 중국에 설립한 TIANJIN KUMHO HT를 보유하고 있음.

실적 분석
동사의 2016년 누적 매출액은 총 2085.8억원으로, 전년동기 대비 2.7% 증가한 실적을 시현하였음. 매출원가가 7.9% 늘어난 1,845.7억원에 달하면서 영업이익은 전년 동기 대비 29.7% 축소된 143억원에 그침. 비영업손익에서 19.5억원의 적자가 발생하고 법인세비용 39.9억원이 발생하여 당기순이익은 44.2% 감소한 83.5억원에 그침. 동사는 향후 사업다각화로 수익성 개선을 추진할 계획임.

현금 흐름 〈단위 : 억원〉
항목	2015	2016
영업활동	99	235
투자활동	-117	-364
재무활동	22	168
순현금흐름	4	39
기말현금	7	46

시장 대비 수익률
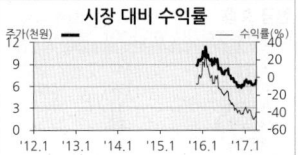

결산 실적 〈단위 : 억원〉
항목	2011	2012	2013	2014	2015	2016
매출액	853	1,064	1,240	1,792	2,031	2,086
영업이익	72	65	105	163	203	143
당기순이익	56	34	72	135	150	84

분기 실적 〈단위 : 억원〉
항목	2015.3Q	2015.4Q	2016.1Q	2016.2Q	2016.3Q	2016.4Q
매출액	464	554	504	527	482	573
영업이익	33	64	37	36	34	35
당기순이익	23	45	22	18	11	33

재무 상태 〈단위 : 억원〉
항목	2011	2012	2013	2014	2015	2016
총자산	626	763	906	1,108	1,239	1,566
유형자산	152	200	245	297	351	619
무형자산	—	—	—	0	0	2
유가증권	18	13	13	11	9	20
총부채	234	334	429	478	425	703
총차입금	117	154	176	267	247	439
자본금	23	23	23	23	49	49
총자본	391	428	476	630	814	863
지배주주지분	391	428	476	619	806	863

기업가치 지표
항목	2011	2012	2013	2014	2015	2016
주가(최고/저)(천원)	—/—	—/—	—/—	—/—	9.7/8.6	11.5/5.7
PER(최고/저)(배)	0.0/0.0	0.0/0.0	0.0/0.0	0.0/0.0	6.8/6.0	12.1/6.0
PBR(최고/저)(배)	0.0/0.0	0.0/0.0	0.0/0.0	0.0/0.0	1.2/1.1	1.3/0.7
EV/EBITDA(배)	0.2	0.9	0.7	1.3	4.5	4.6
EPS(원)	539	332	693	1,269	1,471	967
BPS(원)	170,099	186,191	207,090	13,455	8,257	8,836
CFPS(원)	34,606	28,234	49,371	3,963	2,125	1,777
DPS(원)					125	100
EBITDAPS(원)	41,804	41,336	63,652	4,657	2,603	2,274

재무 비율 〈단위 : %〉
연도	영업이익률	순이익률	부채비율	차입금비율	ROA	ROE	유보율	자기자본비율	EBITDA마진율
2016	6.9	4.0	81.5	50.9	6.0	11.3	1,667.2	55.1	10.7
2015	10.0	7.4	52.2	30.4	12.8	21.5	1,551.5	65.7	13.4
2014	9.1	7.5	75.9	42.4	13.4	24.0	2,591.1	56.9	12.0
2013	8.4	5.8	90.1	36.9	—	—	1,970.9	52.6	11.8

금호전기 (A001210)
KUMHO ELECTRIC

업 종 : 디스플레이 및 관련부품	시 장 : 거래소
신용등급 : (Bond) — (CP) —	기업규모 : 시가총액 소형주
홈페이지 : www.khe.co.kr	연 락 처 : 02)707-4000
본 사 : 서울시 마포구 마포대로4다길 41 마포타워빌딩	

설 립 일 1935.05.25	종업원수 192명	대표이사 박명구
상 장 일 1973.11.15	감사의견 적정 (삼정)	계 열
결 산 기 12월	보 통 주 692만주	종속회사수
액 면 가 5,000원	우 선 주	구 상 호

주주구성 (지분율,%)
박병구	14.3
박명구	13.1
(외국인)	2.7

출자관계 (지분율,%)
동경정밀	98.5
금호에이엠티	54.6
루미마이크로	38.2

주요경쟁사 (외형,%)
금호전기	100
탑엔지니어링	39
동부라이텍	18

매출구성
자동차용전구	59.7
LED용 부품 제조	28.1
BLU	19.3

비용구성
매출원가율	87.7
판관비율	10.5

수출비중
수출	—
내수	—

회사 개요
동사는 전문 조명제조업체로 일반조명부문(LED조명포함), IT&DISPLAY용 BLU부문, LED PKG제조부문 및 자동차용 전구부문으로 운영되고 있음. 일반/LED 조명부문의 시장 점유율은 2016년말 기준 15%에 달하고 있음. 동사는 주력사업인 LED조명 사업에서 스마트폰으로 손쉽게 조명을 제어할 수 있는 스마트 LED제어 시스템을 개발 중임. 이외에도 신규사업인 스마트테이블과 SiC히터 응용제품도 점점 완성도가 높아지고 있음.

실적 분석
동사의 2016년 누적 매출액은 4,152억원으로 전년 동기대비 4.8% 증가함. 매출원가가 2.4% 증가했지만, 판관비가 17.8%감소하여 영업이익은 73.8억원으로 흑자전환함. 자동차용 전구부문이 영업이익을 견인함. 비영업부문에서 금융손실 등이 발생하면서 당기순손실은 174.2억원을 기록하며 여전히 적자가 지속되고 있으나, 적자 폭은 전년 동기 대비 크게 감소하였음.

현금 흐름 〈단위 : 억원〉
항목	2015	2016
영업활동	-151	238
투자활동	-138	-81
재무활동	275	-127
순현금흐름	-11	28
기말현금	73	100

시장 대비 수익률

결산 실적 〈단위 : 억원〉
항목	2011	2012	2013	2014	2015	2016
매출액	3,153	3,798	3,867	4,475	3,963	4,152
영업이익	52	-142	-46	48	-126	74
당기순이익	3	-671	-181	-46	-564	-174

분기 실적 〈단위 : 억원〉
항목	2015.3Q	2015.4Q	2016.1Q	2016.2Q	2016.3Q	2016.4Q
매출액	911	1,049	979	993	1,013	1,166
영업이익	-39	-46	9	26	28	11
당기순이익	-80	-368	-33	-30	-28	-84

재무 상태 〈단위 : 억원〉
항목	2011	2012	2013	2014	2015	2016
총자산	5,493	5,093	5,327	5,157	4,756	4,605
유형자산	2,511	2,125	1,932	2,149	1,912	1,988
무형자산	200	135	152	179	124	92
유가증권	31	19	210	206	33	54
총부채	2,792	2,930	3,467	3,210	2,946	3,004
총차입금	2,175	2,352	2,645	2,628	2,465	2,357
자본금	346	346	346	346	346	346
총자본	2,701	2,163	1,859	1,946	1,810	1,601
지배주주지분	2,328	1,895	1,566	1,704	1,276	1,023

기업가치 지표
항목	2011	2012	2013	2014	2015	2016
주가(최고/저)(천원)	42.5/17.6	29.1/16.4	39.0/20.9	28.9/16.1	23.5/12.4	13.6/8.9
PER(최고/저)(배)	41.1/17.0	—/—	—/—	—/—	—/—	—/—
PBR(최고/저)(배)	1.1/0.5	0.9/0.5	1.5/0.8	1.0/0.6	1.0/0.5	0.7/0.5
EV/EBITDA(배)	13.2	33.4	26.0	15.9	44.0	13.6
EPS(원)	1,064	-8,134	-3,058	-844	-6,881	-3,057
BPS(원)	38,334	31,787	27,020	28,899	22,742	19,078
CFPS(원)	4,470	-4,538	20	2,107	-3,809	-485
DPS(원)	450	100	100			
EBITDAPS(원)	4,159	1,537	2,417	3,648	1,252	3,639

재무 비율 〈단위 : %〉
연도	영업이익률	순이익률	부채비율	차입금비율	ROA	ROE	유보율	자기자본비율	EBITDA마진율
2016	1.8	-4.2	187.6	147.2	-3.7	-18.4	281.6	34.8	6.1
2015	-3.2	-14.2	162.8	136.2	-11.4	-31.9	354.9	38.1	2.2
2014	1.1	-1.0	165.0	135.0	-0.9	-3.6	478.0	37.7	5.6
2013	-1.2	-4.7	186.5	142.3	-3.5	-12.2	440.4	34.9	4.3

금호타이어 (A073240)
Kumho TireInc

업　　종 : 자동차부품		시　　장 : 거래소	
신용등급 : (Bond) A-　(CP) —		기업규모 : 시가총액 중형주	
홈페이지 : www.kumhotire.co.kr		연락처 : 062)940-2114	
본　　사 : 광주시 광산구 어등대로 658 (소촌동)			

설 립 일	2003.06.30	종업원수	5,015명	대표이사	이한섭
상 장 일	2005.02.17	감사의견	적정 (한영)	계　　열	
결 산 기	12월	보 통 주	15,799만주	종속회사수	
액 면 가	5,000원	우 선 주		구 상 호	

주주구성 (지분율,%)		출자관계 (지분율,%)		주요경쟁사 (외형,%)	
Qingdao. Kingwave International Investment Co., Limited	42.0	대우건설	4.4	금호타이어	100
국민연금공단	10.8	쌍용자동차	0.1	한국타이어	225
(외국인)	4.3	KumhoTireH.K.Co.,Ltd	100.0	한국타이어월드와이드	23

매출구성		비용구성		수출비중	
타이어	98.8	매출원가율	74.7	수출	—
임대료	0.7	판관비율	21.2	내수	—
ATB, CMB 등	0.5				

회사 개요
동사는 2003년 금호산업 타이어산업부의 자산부채 현물출자 및 영업양수도를 통해 설립되었음. 동사는 한국, 중국, 베트남에 위치한 8개의 생산공장으로 글로벌 생산체계를 구축하고 전세계 8개 판매법인, 14개 지사를 통해 제품을 공급하고 있음. 국내 시장은 동사와 한국타이어, 넥센타이어가 90%이상 점유중이며, 세계시장은 미쉘린, 브릿지스톤, 굿이어 등 Big 3 업체의 매출액이 전체의 약 40%를 차지함.

실적 분석
동사의 2016년 누적 매출액은 2조 9,472억원으로서 전년동기 대비 3.1% 감소하며 외형축소됨. 수익성 또한 원가율 상승 영향으로 크게 하락한 상황. 영업이익 1,200억원으로 전년동기 대비 11.7% 감소하였으며, 당기순손실은 379억원으로 적자. 중국 중심의 신흥시장이 수요확대를 주도하는 가운데 생산판매에 있어서도 중국, 인도 등의 업체들이 고성장세를 보이고 있어 경쟁심화 우려됨. 고부가가치 제품 개발 노력 요구될 전망.

현금 흐름 〈단위 : 억원〉

항목	2015	2016
영업활동	2,250	1,883
투자활동	-5,817	-2,649
재무활동	3,907	56
순현금흐름	468	-804
기말현금	2,439	1,635

시장 대비 수익률

결산 실적 〈단위 : 억원〉

항목	2011	2012	2013	2014	2015	2016
매출액	39,159	40,706	36,985	34,379	30,404	29,472
영업이익	1,937	3,753	3,459	3,584	1,360	1,201
당기순이익	-269	1,306	1,010	1,316	-675	-379

분기 실적 〈단위 : 억원〉

항목	2015.3Q	2015.4Q	2016.1Q	2016.2Q	2016.3Q	2016.4Q
매출액	7,173	7,842	7,018	7,448	7,101	7,906
영업이익	-60	427	151	407	95	547
당기순이익	-554	-345	-154	-75	-320	170

재무 상태 〈단위 : 억원〉

항목	2011	2012	2013	2014	2015	2016
총자산	49,245	47,810	47,339	48,047	52,200	51,217
유형자산	24,310	23,364	23,948	25,097	29,976	29,518
무형자산	583	524	469	416	347	287
유가증권	1,924	1,823	1,354	1,085	1,030	929
총부채	43,550	38,509	35,957	34,787	39,592	39,076
총차입금	30,410	28,002	25,961	24,235	27,824	27,340
자본금	5,318	6,313	7,391	7,900	7,900	7,900
총자본	5,695	9,301	11,382	13,260	12,608	12,141
지배주주지분	4,488	8,104	10,172	12,090	11,429	11,022

기업가치 지표

항목	2011	2012	2013	2014	2015	2016
주가(최고/저)(천원)	19.0/9.7	15.9/9.8	12.9/10.0	14.4/9.6	10.3/5.6	11.2/6.0
PER(최고/저)(배)	—/—	15.6/9.7	20.3/15.7	17.8/11.8	—/—	—/—
PBR(최고/저)(배)	4.6/2.3	2.5/1.6	1.9/1.5	1.9/1.3	1.4/0.8	1.6/0.9
EV/EBITDA(배)	10.6	7.6	7.5	6.6	10.4	11.3
EPS(원)	-343	1,032	646	820	-439	-228
BPS(원)	4,219	6,418	6,882	7,652	7,234	6,976
CFPS(원)	1,525	2,549	1,906	1,998	856	1,191
DPS(원)						
EBITDAPS(원)	3,845	4,649	3,601	3,447	2,155	2,179

재무 비율 〈단위 : %〉

연도	영업이익률	순이익률	부채비율	차입금비율	ROA	ROE	유보율	자기자본비율	EBITDA마진율
2016	4.1	-1.3	321.9	225.2	-0.7	-3.2	39.5	23.7	11.7
2015	4.5	-2.2	314.0	220.7	-1.4	-5.9	44.7	24.2	11.2
2014	10.4	3.8	262.3	182.8	2.8	11.6	53.1	27.6	15.8
2013	9.4	2.7	315.9	228.1	2.1	10.4	37.6	24.0	14.4

금화피에스시 (A036190)
GEUMHWA PLANT SERVICE & CONSTRUCTION

업　　종 : 건설		시　　장 : KOSDAQ	
신용등급 : (Bond) —　(CP) —		기업규모 : 우량	
홈페이지 : www.geumhwa.co.kr		연락처 : 02)2186-6220	
본　　사 : 서울시 강남구 테헤란로25길 15-4 (역삼동 643-11)			

설 립 일	1981.05.13	종업원수	778명	대표이사	정도정
상 장 일	2000.12.26	감사의견	적정 (삼일)	계　　열	
결 산 기	12월	보 통 주	600만주	종속회사수	
액 면 가	500원	우 선 주		구 상 호	

주주구성 (지분율,%)		출자관계 (지분율,%)		주요경쟁사 (외형,%)	
김성기	16.9	맥스파워	100.0	금화피에스시	100
TETON CAPITAL PARTNERS, L.P.	13.2	안성전기	93.0	이테크건설	507
(외국인)	25.2	엔에스컴퍼니	41.1	아이콘트롤스	80

매출구성		비용구성		수출비중	
플랜트 및 기타공사	92.2	매출원가율	82.9	수출	13.5
해외도급공사	7.8	판관비율	4.5	내수	86.5

회사 개요
동사는 발전소 건설을 위한 플랜트 건설 및 설비의 유지보수를 위한 경상정비 등을 주로 하는 플랜트 전문건설업체임. 민간 발전소 경상정비 시장에서 경쟁사 대비 시장 점유율과 기술력에서 우위를 보이고 있으며, 2014년 마진율이 높은 계획예방정비 공사가 집중됨에 따라 큰 폭의 실적 개선이 기대됨. 국내 발전소 경상정비 시장은 한전KPS가 약 78%를 점유하고 있고 나머지 시장을 민간 정비업체 6개사가 차지하고 있음.

실적 분석
동사의 연결 재무제표 기준 2016년 매출액은 전년 2,359.7억원 대비 9억원(-0.4%) 감소한 2,350.2억을 달성하였음. 영업이익은 전기 276.8억원 대비 21억원(7.7%) 증가한 298.2억을 달성하였으며 당기순이익 또한 전기대비 12억원(5.6%) 증가한 239.2억원을 달성하였음. 매출 감소 원인은 신규 수주물량 감소이나 영업이익, 당기순이익의 증가의 원인은 매출원가 및 판매관리비의 감소에 따른 증가임.

현금 흐름 〈단위 : 억원〉

항목	2015	2016
영업활동	247	322
투자활동	-132	-236
재무활동	-31	-48
순현금흐름	86	40
기말현금	170	210

시장 대비 수익률
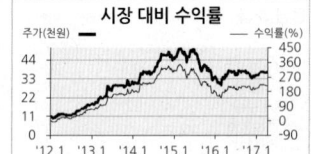

결산 실적 〈단위 : 억원〉

항목	2011	2012	2013	2014	2015	2016
매출액	827	1,082	1,661	1,896	2,360	2,350
영업이익	157	205	271	234	277	298
당기순이익	152	185	228	214	227	239

분기 실적 〈단위 : 억원〉

항목	2015.3Q	2015.4Q	2016.1Q	2016.2Q	2016.3Q	2016.4Q
매출액	507	780	537	619	487	707
영업이익	39	143	62	46	44	146
당기순이익	43	97	54	46	33	107

재무 상태 〈단위 : 억원〉

항목	2011	2012	2013	2014	2015	2016
총자산	942	1,055	1,429	1,581	1,890	2,150
유형자산	129	140	155	193	246	266
무형자산	18	19	163	161	142	117
유가증권	59	61	68	121	152	104
총부채	178	132	253	245	400	463
총차입금					23	29
자본금	30	30	30	30	30	30
총자본	763	923	1,176	1,335	1,491	1,687
지배주주지분	763	923	1,176	1,332	1,487	1,683

기업가치 지표

항목	2011	2012	2013	2014	2015	2016
주가(최고/저)(천원)	10.3/7.6	18.4/9.8	32.4/18.1	48.3/29.9	51.4/31.4	38.2/28.9
PER(최고/저)(배)	4.8/3.5	6.7/3.6	9.4/5.3	14.5/9.0	14.3/8.8	9.8/7.4
PBR(최고/저)(배)	0.9/0.7	1.3/0.7	1.8/1.0	2.3/1.4	2.2/1.3	1.4/1.1
EV/EBITDA(배)	0.7	2.7	4.8	8.6	4.8	3.8
EPS(원)	2,530	3,081	3,798	3,565	3,773	3,986
BPS(원)	12,939	15,599	19,603	22,194	24,780	28,057
CFPS(원)	2,702	3,289	4,127	4,229	4,162	4,308
DPS(원)	500	600	900	900	900	900
EBITDAPS(원)	2,783	3,617	4,847	4,572	5,002	5,291

재무 비율 〈단위 : %〉

연도	영업이익률	순이익률	부채비율	차입금비율	ROA	ROE	유보율	자기자본비율	EBITDA마진율
2016	12.7	10.2	27.5	1.7	11.8	15.1	5,511.4	78.5	13.5
2015	11.7	9.6	26.8	1.5	13.1	16.1	4,856.0	78.9	12.7
2014	12.4	11.3	18.4	0.0	14.2	17.1	4,338.9	84.5	14.5
2013	16.3	13.7	21.5	0.0	18.4	21.7	3,820.6	82.3	17.5

기가레인 (A049080)
GIGALANE

업　　종 : 반도체 및 관련장비		시　　장 : KOSDAQ	
신용등급 : (Bond) —　　(CP) —		기업규모 : 벤처	
홈 페 이 지 : www.gigalane.com		연 락 처 : 031)233-7325	
본　　사 : 경기도 화성시 삼성1로5길 46			

설 립 일	2000.01.31	총 업 원 수	352명	대 표 이 사	김정곤,장일준
상 장 일	2013.12.19	감 사 의 견	적정 (이촌)	계 열	
결 산 기	12월	보 통 주	1,935만주	종속회사수	
액 면 가	500원	우 선 주		구 상 호	

주주구성 (지분율,%)		출자관계 (지분율,%)		주요경쟁사 (외형,%)	
김정곤	27.4	기가레인	100		
구황섭	3.2	엘비세미콘	180		
(외국인)	1.1	에스엔텍	88		

매출구성		비용구성		수출비중	
LED/DRIE Etcher,Parts 등 (반도체장비 사업부)	45.9	매출원가율	98.7	수출	66.1
RF케이블 조립체 RF커넥터(RF통신부품 사업부)	43.5	판관비율	13.3	내수	33.9
검사부품 등 (기타 사업부)	10.6				

회사 개요
동사는 2000년 1월 31일 조은정보시스템 주식회사로 설립되어 주식회사 세미뱅크와의 합병 이후부터 반도체 장비 제조업을 영위하였음. 2012년 8월에는 합병 후 소멸 법인인 기가레인과의 합병을 통해 RF통신부품과 반도체 FPD솔루션 사업으로 사업 영역을 확장하였으며 2013년 12월 19일 코스닥시장 상장에 성공함. 동사의 주요제품은 RF통신부품과 반도체장비임.

실적 분석
동사의 2016년 연결 기준 매출과 영업손실은 755억원, 91억원으로 전년 대비 매출은 22.5% 늘었으나 적자를 지속함. 주력사업인 무선통신부품의 모바일용 RF 부품 및 국방용 RF 부품 사업인 국방 TICN 사업 양산 개시에 따른 매출증가, 장비사업분야의 LED용 장비 매출확대 등으로 매출이 증가함. 모바일용 RF 부품 사업의 베트남 제조 일원화에 따른 비용구조개선 및 장비사업분야의 매출증가로 전년대비 적자폭이 줄어듦.

현금 흐름		〈단위 : 억원〉
항목	2015	2016
영업활동	-30	-11
투자활동	-179	-157
재무활동	272	91
순현금흐름	62	-77
기말현금	169	92

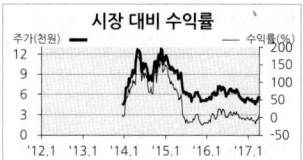
시장 대비 수익률

결산 실적
〈단위 : 억원〉

항목	2011	2012	2013	2014	2015	2016
매출액	106	560	948	957	616	754
영업이익	26	120	129	91	-189	-91
당기순이익	21	85	108	78	-134	-103

분기 실적
〈단위 : 억원〉

항목	2015.3Q	2015.4Q	2016.1Q	2016.2Q	2016.3Q	2016.4Q
매출액	176	104	175	273	121	185
영업이익	-41	-64	-15	5	-36	-44
당기순이익	-33	-37	-11	-11	-30	-71

재무 상태
〈단위 : 억원〉

항목	2011	2012	2013	2014	2015	2016
총자산	147	797	1,225	1,319	1,518	1,557
유형자산	28	380	507	664	725	726
무형자산	49	99	127	151	195	225
유가증권	0	1	4	2	3	5
총부채	96	532	601	564	860	981
총차입금	65	362	441	412	674	752
자본금	31	54	80	89	89	89
총자본	50	265	624	756	657	576
지배주주지분	50	265	624	756	647	571

기업가치 지표

항목	2011	2012	2013	2014	2015	2016
주가(최고/저)(천원)	—/—	—/—	4.6/4.2	13.3/4.5	12.2/4.5	7.3/4.8
PER(최고/저)(배)	0.0/0.0	0.0/0.0	5.1/4.8	30.4/10.4	—/—	—/—
PBR(최고/저)(배)	0.0/0.0	0.0/0.0	1.2/1.1	3.1/1.1	3.3/1.2	2.3/1.5
EV/EBITDA(배)	2.0	2.4	5.2	14.6		240.1
EPS(원)	411	1,088	902	439	-755	-560
BPS(원)	814	2,456	3,908	4,269	3,652	3,223
CFPS(원)	554	1,374	1,358	817	-239	-7
DPS(원)			50	50		
EBITDAPS(원)	642	1,825	1,535	893	-549	38

재무 비율
〈단위 : % 〉

연도	영업이익률	순이익률	부채비율	차입금비율	ROA	ROE	유보율	자기자본비율	EBITDA마진율
2016	-12.1	-13.7	170.4	130.6	-6.7	-16.3	544.5	37.0	0.9
2015	-30.6	-21.7	130.8	102.5	-9.4	-19.1	630.5	43.3	-15.8
2014	9.5	8.1	74.6	54.5	6.1	11.3	753.7	57.3	16.5
2013	13.7	11.4	96.4	70.6	10.7	24.4	681.6	50.9	19.4

기산텔레콤 (A035460)
Kisan Telecom

업　　종 : 통신장비		시　　장 : KOSDAQ	
신용등급 : (Bond) —　　(CP) —		기업규모 : 벤처	
홈 페 이 지 : www.kisantel.co.kr		연 락 처 : 02)3433-8200	
본　　사 : 서울시 송파구 오금로 111, 세기빌딩 11층 (방이동)			

설 립 일	1994.09.06	총 업 원 수	95명	대 표 이 사	박병기
상 장 일	1999.11.18	감 사 의 견	적정 (우리)	계 열	
결 산 기	12월	보 통 주	1,458만주	종속회사수	
액 면 가	500원	우 선 주		구 상 호	

주주구성 (지분율,%)		출자관계 (지분율,%)		주요경쟁사 (외형,%)	
박병기	30.8	와이티엔디엠비	3.3	기산텔레콤	100
연종숙	3.1			백금T&A	102
(외국인)	1.4			서화정보통신	22

매출구성		비용구성		수출비중	
중계기외	100.0	매출원가율	83.5	수출	19.3
		판관비율	21.4	내수	80.7

회사 개요
1994년에 설립된 동사는 통신장비 제조 및 판매 사업을 영위하고 있으며 군통신장비를 제조하는 현대제이콤, 항공통신장비를 제조하는 모피언스 등을 종속회사로 두고 있음. 동사와 종속회사는 서로 다른 제품과 용역을 제공하는 전략적인 사업단위임. 동사는 이동통신사에 14년간 중계장비를 공급해왔으며 유선 장비사업도 9년째를 맞아 안정화 수준을 유지하고 있음. 매출에서 통신부문이 차지하는 비중이 높음.

실적 분석
동사의 2016년 연간 매출은 591.7억원으로 전년대비 25.8% 감소, 영업손실은 29.1억원으로 전년대비 적자전환, 당기순손실은 26.4억원으로 전년대비 적자전환 시현. 국내 통신사의 설비투자 둔화 및 수요 부진 영향으로 매출이 감소하면서 고정비 부담이 가중됨. 2017년 내수경기의 점진적 회복되고 국내 통신사업자들의 투자 확대이어진다면 중계기 수요 증가, 항공통신장비 수요가 증가해 매출성장이 이루어질것으로 기대됨.

현금 흐름		〈단위 : 억원〉
항목	2015	2016
영업활동	90	-21
투자활동	-3	-92
재무활동	-1	45
순현금흐름	86	-67
기말현금	227	161

시장 대비 수익률

결산 실적
〈단위 : 억원〉

항목	2011	2012	2013	2014	2015	2016
매출액	657	743	795	745	797	592
영업이익	-104	17	51	19	16	-29
당기순이익	-121	-19	39	27	17	-26

분기 실적
〈단위 : 억원〉

항목	2015.3Q	2015.4Q	2016.1Q	2016.2Q	2016.3Q	2016.4Q
매출액	209	281	87	91	190	223
영업이익	4	13	-11	-22	39	-35
당기순이익	8	14	-12	-19	34	-29

재무 상태
〈단위 : 억원〉

항목	2011	2012	2013	2014	2015	2016
총자산	863	732	787	781	760	742
유형자산	137	25	20	23	20	23
무형자산	96	92	75	64	53	47
유가증권	114	25	18	15	14	13
총부채	524	417	422	395	338	343
총차입금	331	228	144	150	123	139
자본금	72	72	72	72	72	73
총자본	339	315	365	385	423	399
지배주주지분	302	293	336	354	388	366

기업가치 지표

항목	2011	2012	2013	2014	2015	2016
주가(최고/저)(천원)	3.8/1.7	2.5/1.7	2.7/1.8	2.8/1.7	5.2/1.8	4.4/2.5
PER(최고/저)(배)	—/—	—/—	11.4/7.7	16.4/10.0	50.6/17.1	—/—
PBR(최고/저)(배)	1.8/0.8	1.2/0.8	1.1/0.8	1.1/0.7	1.9/0.6	1.7/1.0
EV/EBITDA(배)		7.1	3.4	6.4	10.9	
EPS(원)	-794	-42	239	173	102	-171
BPS(원)	2,194	2,131	2,430	2,559	2,729	2,543
CFPS(원)	-518	176	422	349	278	-50
DPS(원)						
EBITDAPS(원)	-446	338	540	297	287	-78

재무 비율
〈단위 : % 〉

연도	영업이익률	순이익률	부채비율	차입금비율	ROA	ROE	유보율	자기자본비율	EBITDA마진율
2016	-4.9	-4.5	86.1	34.8	-3.5	-6.6	408.6	53.7	-1.9
2015	2.0	2.1	79.9	29.1	2.2	4.0	445.8	55.6	5.2
2014	2.4	3.7	102.7	38.9	3.5	7.2	411.8	49.3	5.7
2013	6.4	4.9	115.5	39.5	5.2	10.9	386.0	46.4	9.7

기신정기 (A092440)
KISHIN

업   종 : 기계
신용등급 : (Bond) — (CP) —
홈페이지 : www.kishin.com
본   사 : 인천시 남동구 은봉로 111 (논현동)
시   장 : 거래소
기업규모 : 시가총액 소형주
연 락 처 : 032)820-1600

설 립 일	1988.11.01	종 업 원 수	441명	대 표 이 사	윤현도
상 장 일	2007.10.30	감 사 의 견	적정 (삼일)	계 열	
결 산 기	03월	보 통 주	2,920만주	종속회사수	3개사
액 면 가	500원	우 선 주		구 상 호	

주주구성 (지분율,%)		출자관계 (지분율,%)		주요경쟁사 (외형,%)	
FUTABA CORPORATION	60.9	기신메가텍	100.0	기신정기	100
국민연금공단	4.9	한국단자공업	0.8	유지인트	44
(외국인)	64.7	동양	0.1	에버다임	299

매출구성		비용구성		수출비중	
몰드베이스(MOLD BASE)(기타)	82.3	매출원가율	77.9	수출	—
반제품외(기타)	7.8	판관비율	10.4	내수	—
정밀 플레이트(CORE PLATE)(기타)	6.5				

회사 개요
동사는 1988년 일본 후다바전자공업과 합작 설립됨 설립됨. 2007년 유가증권시장에 상장됨. 플라스틱 사출금형 제작용 몰드베이스 및 플라스틱 사출금형 형상가공 및 치공구 제작용 정밀 플레이트, 프레스 금형 제작용 다이 세트 및 프레스 금형용 가공 원판인 이너 플레이트를 제조·판매함. 기신메가텍, 기신정밀모구 등 3개의 연결대상 종속회사를 보유하고 있음.

실적 분석
3월 결산법인인 동사가 2016년 4월 1일부터 2016년 12월 31일까지 기록한 누적매출은 799.4억원, 영업이익은 72.6억원임. 동사가 속해있는 금형부품 및 소재산업은 궁극적으로 금형의 수요산업인 자동차, 정보통신기기, 가전, 반도체, 디스플레이 등의 업종 경기 변동에 영향을 받으며 금형부품 및 소재의 정밀도, 수명, 가격 등이 전방산업인 금형산업의 경쟁력을 좌우하는 중요한 기초산업으로서의 특성을 갖고 있음.

현금 흐름 〈단위 : 억원〉
항목	2015	2016.3Q
영업활동	170	141
투자활동	44	-232
재무활동	-59	-44
순현금흐름	153	-127
기말현금	282	155

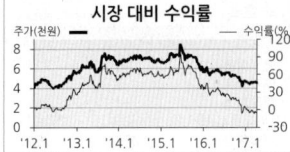
시장 대비 수익률

결산 실적 〈단위 : 억원〉
항목	2011	2012	2013	2014	2015	2016
매출액	1,006	1,138	1,191	1,227	1,129	—
영업이익	160	192	216	208	131	—
당기순이익	85	161	197	181	31	—

분기 실적 〈단위 : 억원〉
항목	2015.2Q	2015.3Q	2015.4Q	2016.1Q	2016.2Q	2016.3Q
매출액	265	262	305	266	261	273
영업이익	30	16	36	24	17	29
당기순이익	28	1	-40	20	-1	11

재무 상태 〈단위 : 억원〉
항목	2011	2012	2013	2014	2015	2016.3Q
총자산	2,043	2,207	2,306	2,440	2,423	2,418
유형자산	738	957	1,060	1,141	1,102	1,157
무형자산	30	29	28	28	17	13
유가증권	1	29	39	63	90	75
총부채	113	189	143	151	144	157
총차입금	3	50			—	1
자본금	146	146	146	146	146	146
총자본	1,930	2,018	2,164	2,288	2,279	2,262
지배주주지분	1,826	1,939	2,093	2,220	2,254	2,239

기업가치 지표
항목	2011	2012	2013	2014	2015	2016.3Q
주가(최고/저)(천원)	5.4/3.5	6.4/3.9	7.6/5.5	7.7/6.5	8.6/5.3	6.0/4.2
PER(최고/저)(배)	14.3/9.4	11.5/7.1	12.2/8.8	12.9/11.1	35.8/22.2	—/—
PBR(최고/저)(배)	1.0/0.7	1.1/0.7	1.2/0.9	1.1/0.9	1.2/0.7	0.8/0.6
EV/EBITDA(배)	3.9	5.5	5.5	6.4	5.3	—
EPS(원)	447	633	695	635	254	119
BPS(원)	6,253	6,639	7,168	7,604	7,719	7,667
CFPS(원)	708	870	945	898	545	313
DPS(원)	200	200	200	200	150	
EBITDAPS(원)	810	895	990	974	741	443

재무 비율 〈단위 : % 〉
연도	영업 이익률	순 이익률	부채 비율	차입금 비율	ROA	ROE	유보율	자기자본 비율	EBITDA 마진율
2015	11.6	2.7	6.3	0.0	1.3	3.3	1,443.7	94.1	19.2
2014	16.9	14.7	6.6	0.0	8.7	9.3	1,420.8	93.8	23.2
2013	18.1	16.5	6.6	0.0	8.7	10.1	1,333.7	93.8	24.3
2012	16.9	14.2	9.4	2.5	7.6	9.8	1,227.8	91.4	23.0

기아자동차 (A000270)
Kia Motors

업   종 : 자동차
신용등급 : (Bond) AA+ (CP) —
홈페이지 : www.kia.com
본   사 : 서울시 서초구 헌릉로 12
시   장 : 거래소
기업규모 : 시가총액 대형주
연 락 처 : 02)3464-1114

설 립 일	1944.12.11	종 업 원 수	34,015명	대 표 이 사	이형근
상 장 일	1973.07.21	감 사 의 견	적정 (안진)	계 열	
결 산 기	12월	보 통 주	40,536만주	종속회사수	
액 면 가	5,000원	우 선 주		구 상 호	

주주구성 (지분율,%)		출자관계 (지분율,%)		주요경쟁사 (외형,%)	
현대자동차	33.9	기아타이거즈	100.0	기아차	100
국민연금공단	7.1	현대다이모스	45.4	현대차	178
(외국인)	37.6	현대파워텍	37.6	쌍용차	7

매출구성		비용구성		수출비중	
RV(제품)	49.3	매출원가율	80.2	수출	60.2
승용(제품)	36.9	판관비율	15.1	내수	39.8
제품외 기타	7.5				

회사 개요
동사는 현대자동차그룹의 자회사로 현대차와 함께 국내 시장을 견인함. 동사는 1944년 설립되어 1973년 유가증권시장에 상장됨. 국내(소하리, 화성, 광주 등)와 미국, 슬로박 공장의 생산능력을 모두 합하면 연간 230만대 규모임. 2016년 출고판매 사업계획 물량을 멕시코 공장 신규 가동 및 중국 3공장 생산성 개선 등 추가 CAPA 확보를 반영, 전년 대비 2.3% 증가한 총 312만대로 수립함.

실적 분석
동사의 2016년 연결기준 매출액은 52조 7,129억원으로 전년동기대비 6.4% 증가함. 이는 상반기 매출 호조의 영향. 지난해 3분기는 신규 멕시코 공장 가동에도 불구하고, 국내 공장 파업 여파로 중국을 제외한 글로벌 공장 출하량이 감소하였음. 2016년 영업이익은 전년동기대비 4.6% 증가에 그침. 이에 따라 당기순이익은 전년동기대비 4.7% 증가를 시현함.

현금 흐름 〈단위 : 억원〉
항목	2015	2016
영업활동	33,752	32,759
투자활동	-56,138	-23,123
재무활동	9,064	9,454
순현금흐름	-13,735	19,593
기말현금	11,049	30,642

시장 대비 수익률

결산 실적 〈단위 : 억원〉
항목	2011	2012	2013	2014	2015	2016
매출액	431,909	472,429	475,979	470,970	495,214	527,129
영업이익	34,991	35,223	31,771	25,725	23,543	24,615
당기순이익	35,192	38,647	38,171	29,936	26,306	27,546

분기 실적 〈단위 : 억원〉
항목	2015.3Q	2015.4Q	2016.1Q	2016.2Q	2016.3Q	2016.4Q
매출액	131,109	127,918	126,494	144,500	126,989	129,147
영업이익	6,775	5,144	6,336	7,709	5,247	5,322
당기순이익	5,501	4,308	9,446	8,257	6,644	3,200

재무 상태 〈단위 : 억원〉
항목	2011	2012	2013	2014	2015	2016.3Q
총자산	302,552	323,983	361,820	410,442	459,801	508,893
유형자산	91,844	97,212	97,770	101,143	130,421	134,932
무형자산	15,173	15,240	17,157	18,888	21,338	22,953
유가증권	12,471	16,251	12,451	26,217	37,973	25,559
총부채	167,455	155,503	159,272	185,603	217,761	243,098
총차입금	56,248	38,762	33,405	47,041	63,179	80,702
자본금	21,325	21,393	21,393	21,393	21,393	21,393
총자본	135,097	168,481	202,548	224,839	242,040	265,794
지배주주지분	135,097	168,481	202,548	224,839	242,040	265,794

기업가치 지표
항목	2011	2012	2013	2014	2015	2016
주가(최고/저)(천원)	74.6/47.5	76.5/50.0	63.6/45.3	58.3/45.9	55.5/38.4	49.4/35.6
PER(최고/저)(배)	9.6/6.1	8.8/5.7	7.3/5.2	8.4/6.7	9.0/6.2	7.5/5.4
PBR(최고/저)(배)	2.5/1.6	2.0/1.3	1.4/1.0	1.1/0.9	1.0/0.7	0.8/0.6
EV/EBITDA(배)	6.4	4.9	4.5	4.8	5.5	3.7
EPS(원)	8,556	9,537	9,416	7,385	6,489	6,795
BPS(원)	33,501	41,623	50,027	55,685	60,290	66,103
CFPS(원)	11,038	12,163	12,380	10,684	9,999	10,956
DPS(원)	600	650	700	1,000	1,100	1,100
EBITDAPS(원)	11,247	11,318	10,801	9,645	9,317	10,233

재무 비율 〈단위 : % 〉
연도	영업 이익률	순 이익률	부채 비율	차입금 비율	ROA	ROE	유보율	자기자본 비율	EBITDA 마진율
2016	4.7	5.2	91.5	30.4	5.7	10.9	1,152.5	52.2	7.9
2015	4.8	5.3	90.0	26.1	6.1	11.3	1,042.4	52.6	7.5
2014	5.5	6.4	82.6	20.9	7.8	14.0	955.1	54.8	8.3
2013	6.7	8.0	78.6	16.5	11.1	20.6	847.9	56.0	9.2

까뮤이앤씨 (A013700)
CAMUS ENGINEERING & CONSTRUCTION

업 종 : 건설		시 장 : 거래소	
신용등급 : (Bond) — (CP) —		기업규모 : 시가총액 소형주	
홈페이지 : www.camusenc.com		연 락 처 : 031)633-9114	
본 사 : 경기도 이천시 대월면 경충대로 1937번길 57			

설 립 일 1978.12.22	종업원수 160명	대표이사 손병재	
상 장 일 1989.11.30	감사의견 적정 (한영)	계 열	
결 산 기 12월	보 통 주 452만주	종속회사수	
액 면 가 5,000원	우 선 주	구 상 호 삼환까뮤	

주주구성 (지분율,%)		출자관계 (지분율,%)		주요경쟁사 (외형,%)	
베이스에이치디	55.0	에스엠씨	9.9	까뮤이앤씨	100
신영자산운용	5.0	건설공제조합	0.1	범양건영	78
(외국인)	0.1			한국종합기술	143

매출구성		비용구성		수출비중	
건축(국내도급공사)	48.9	매출원가율	92.0	수출	0.0
P.C(국내도급공사)	42.5	판관비율	4.8	내수	100.0
토목(국내도급공사)	6.8				

회사 개요
동사는 건설업을 영위할 목적으로 1978년에 설립되어 도급공사 및 PC(Precast Concrete) 제작·임대사업을 영위중임. PC공법을 이용한 국내외 대형 건축물의 외관공사, 조립식 아파트 건설 및 공공건설 등을 수행하고, 서울 여의도동 사옥의 일부를 임대하는 임대사업도 영위중인 종합건설업체임. 2012년 워크아웃이 개시되었다가 2014년 3월 최대주주 변경과 함께 종결, 2015년 11월 (주)삼환까뮤에서 (주)까뮤이앤씨로 상호 변경됨.

실적 분석
동사의 2016년 수주는 전년대비 77% 증가한 2,018억원을 달성함. 특히 동사가 강점을 가진 PC사업부문에서 1,060억원을 달성해 기존 최대치인 2014년 705억원을 50% 초과한 실적을 기록. 2016년 매출액은 1,397.1억원을 달성하여 전년대비 5.5% 증가함. 영업이익은 10% 증가한 44.4억원을 실현하였음. 다만 당기순이익은 전년에 약 30억원의 일시적인 영업외수익 발생으로 상대적으로 37% 감소한 32.6억원에 그침.

현금 흐름 *IFRS 별도 기준 〈단위 : 억원〉

항목	2015	2016
영업활동	79	-97
투자활동	46	-40
재무활동	-136	107
순현금흐름	-11	-31
기말현금	32	1

시장 대비 수익률
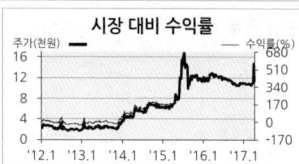

결산 실적 〈단위 : 억원〉

항목	2011	2012	2013	2014	2015	2016
매출액	900	910	836	1,236	1,324	1,397
영업이익	-1,207	43	-11	28	40	44
당기순이익	-1,158	-34	-120	23	52	33

분기 실적 *IFRS 별도 기준 〈단위 : 억원〉

항목	2015.3Q	2015.4Q	2016.1Q	2016.2Q	2016.3Q	2016.4Q
매출액	274	359	331	313	364	389
영업이익	4	16	20	16	9	9
당기순이익	1	46	15	14	6	-2

재무 상태 *IFRS 별도 기준 〈단위 : 억원〉

항목	2011	2012	2013	2014	2015	2016
총자산	2,489	2,057	1,676	1,296	1,295	1,430
유형자산	539	315	349	351	435	488
무형자산	5	2	2	2	6	7
유가증권	195	112	108	122	91	92
총부채	2,028	1,627	1,339	940	837	919
총차입금	1,266	1,097	940	330	199	333
자본금	226	226	226	226	226	226
총자본	461	430	337	357	458	511
지배주주지분	461	430	337	357	458	511

기업가치 지표 *IFRS 별도 기준

항목	2011	2012	2013	2014	2015	2016
주가(최고/저)(천원)	5.8/2.1	3.3/1.7	3.8/1.8	7.1/3.4	17.4/5.9	12.9/10.5
PER(최고/저)(배)	—/—	—/—	—/—	14.8/7.1	15.6/5.3	18.1/14.7
PBR(최고/저)(배)	0.6/0.2	0.4/0.2	0.5/0.3	1.0/0.5	1.8/0.6	1.1/0.9
EV/EBITDA(배)	—	20.6	—	17.5	14.6	14.9
EPS(원)	-25,651	-758	-2,668	506	1,145	721
BPS(원)	10,206	9,526	7,467	7,906	10,140	11,549
CFPS(원)	-25,299	-566	-2,587	589	1,263	866
DPS(원)					150	150
EBITDAPS(원)	-26,384	1,152	-160	714	1,010	1,129

재무 비율 〈단위 : % 〉

연도	영업이익률	순이익률	부채비율	차입금비율	ROA	ROE	유보율	자기자본비율	EBITDA마진율
2016	3.2	2.3	179.7	65.2	2.4	6.7	131.0	35.8	3.7
2015	3.0	3.9	182.8	43.4	4.0	12.7	102.8	35.4	3.5
2014	2.3	1.9	263.2	92.5	1.5	6.6	58.1	27.5	2.6
2013	-1.3	-14.4	397.2	278.9	-6.5	-31.4	49.3	20.1	-0.9

깨끗한나라 (A004540)
KleanNara

업 종 : 종이 및 목재		시 장 : 거래소	
신용등급 : (Bond) BBB+ (CP) —		기업규모 : 시가총액 소형주	
홈페이지 : www.kleannara.com		연 락 처 : 02)2270-9200	
본 사 : 서울시 중구 삼일대로6길 5, 신조양빌딩 8층			

설 립 일 1966.03.07	종업원수 621명	대표이사 최병민	
상 장 일 1975.06.25	감사의견 적정 (안진)	계 열	
결 산 기 12월	보 통 주 3,724만주	종속회사수	
액 면 가 5,000원	우 선 주 37만주	구 상 호	

주주구성 (지분율,%)		출자관계 (지분율,%)		주요경쟁사 (외형,%)	
최정규	16.0	보노아	51.0	깨끗한나라	100
최현수	7.7	서일물산	48.0	한국제지	92
(외국인)	2.1	청주방송	5.0	선창산업	78

매출구성		비용구성		수출비중	
[제품]백판지·화이트호스	44.2	매출원가율	80.8	수출	23.2
[제품]생활용품-깨끗한나라,보솜이,릴리안	40.3	판관비율	16.6	내수	76.8
[상품]생활용품-소비재	12.3				

회사 개요
1966년에 설립된 동사는 포장재로 사용되는 백판지와 미용티슈, 두루마리 화장지, 생리대, 기저귀 등 생활용품을 제조, 판매하는 사업을 영위하고 있음. 제지사업부는 주로 포장재를 판매하며, 생활용품사업부는 두루마리 화장지, 미용티슈류, 기저귀류, 생리대류 등을 제조, 판매함. 동사의 생활용품 브랜드는 깨끗한나라, 화이트호스, 여성생리대 순수한면, 릴리안, 기저귀 봄날 등임.

실적 분석
동사는 적극적인 마케팅과 더불어 신제품 출시 생산성 향상을 위한 노력, 원가절감 등으로 전년동기대비 4% 증가한 매출을 달성 7,060억원을 기록하였음. 그에 따라 영업이익도 크게 증가하여 전년동기대비 300% 이상 성장한 수치를 기록하였음. 그러나 내수시장 침체는 계속되고 있으므로 다양한 신제품 출시 및 계속되는 원가절감을 통해 수익성을 개선하기 위한 노력을 지속하고 있음.

현금 흐름 〈단위 : 억원〉

항목	2015	2016
영업활동	163	501
투자활동	-587	-251
재무활동	434	-217
순현금흐름	11	33
기말현금	36	68

시장 대비 수익률
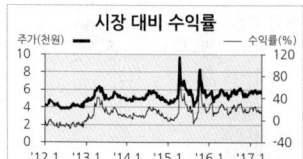

결산 실적 〈단위 : 억원〉

항목	2011	2012	2013	2014	2015	2016
매출액	5,878	6,334	6,474	6,565	6,786	7,060
영업이익	125	169	209	70	40	183
당기순이익	12	144	161	26	-14	76

분기 실적 〈단위 : 억원〉

항목	2015.3Q	2015.4Q	2016.1Q	2016.2Q	2016.3Q	2016.4Q
매출액	1,724	1,679	1,735	1,755	1,832	1,739
영업이익	2	2	20	53	40	70
당기순이익	-39	12	8	23	38	7

재무 상태 〈단위 : 억원〉

항목	2011	2012	2013	2014	2015	2016
총자산	4,420	4,239	4,500	4,698	5,191	5,225
유형자산	3,064	2,960	3,173	3,278	3,617	3,605
무형자산	10	14	11	14	11	8
유가증권	17	21	18	31	36	33
총부채	3,374	3,071	2,716	2,893	3,150	3,118
총차입금	1,904	1,620	1,354	1,602	1,822	1,646
자본금	1,232	1,232	1,636	1,637	1,880	1,880
총자본	1,047	1,168	1,784	1,805	2,041	2,106
지배주주지분	1,047	1,168	1,784	1,805	2,010	2,086

기업가치 지표

항목	2011	2012	2013	2014	2015	2016
주가(최고/저)(천원)	5.6/3.6	5.0/3.8	6.4/4.6	6.2/4.6	9.7/4.0	6.6/4.6
PER(최고/저)(배)	116.5/74.6	8.6/6.5	12.5/9.1	76.2/56.5	—/—	32.9/23.0
PBR(최고/저)(배)	1.3/0.8	1.1/0.8	1.2/0.8	1.1/0.8	1.8/0.8	1.2/0.8
EV/EBITDA(배)	8.8	7.1	5.9	8.7	12.2	8.6
EPS(원)	48	583	508	81	-40	201
BPS(원)	4,249	4,740	5,453	5,517	5,349	5,550
CFPS(원)	918	1,466	1,222	825	645	889
DPS(원)						
EBITDAPS(원)	1,377	1,570	1,373	960	792	1,181

재무 비율 〈단위 : % 〉

연도	영업이익률	순이익률	부채비율	차입금비율	ROA	ROE	유보율	자기자본비율	EBITDA마진율
2016	2.6	1.1	148.1	78.2	1.5	3.6	11.0	40.3	6.2
2015	0.6	-0.2	154.3	89.3	-0.3	-0.8	7.0	39.3	4.3
2014	1.1	0.4	160.2	88.7	0.6	1.5	10.3	38.4	4.7
2013	3.2	2.5	152.3	75.9	3.7	10.9	9.1	39.6	6.7

나노 (A187790)
NANO

업 종 : 화학		시 장 : KOSDAQ	
신용등급 : (Bond) — (CP) —		기업규모 : 벤처	
홈페이지 : www.nanoin.com		연 락 처 : (054)533-5887	
본 사 : 경북 상주시 청리면 마공공단로 60			

설 립 일	2013.10.18	종업원수	78명	대표이사	신동우
상 장 일	2014.05.08	감사의견	적정(태성)	계 열	
결 산 기	12월	보 통 주	3,923만주	종속회사수	
액 면 가	100원	우 선 주		구 상 호	유진스팩1호

주주구성 (지분율,%)		출자관계 (지분율,%)		주요경쟁사 (외형,%)	
신동우	9.0			나노	100
KTB 해외진출 Platform 펀드	1.8			진양화학	120
(외국인)	0.1			조비	123

매출구성		비용구성		수출비중	
SCR탈질촉매	49.5	매출원가율	103.9	수출	78.6
자동차부품	26.8	판관비율	25.5	내수	21.4
TiO2	23.7				

회사 개요
동사는 대기정화 사업을 주요사업으로 영위하고 있음. 대기정화 사업은 연소 후 발생하는 질소산화물을 암모니아와 함께 촉매층을 통과시켜 무해한 질소 혹은 수증기로 환원시키는 작업임. 종속기업으로 비상장회사인 나노환보과학기술(상해)유한공사를, 관계기업으로는 비상장회사인 NANO-Yufeida를 두고 있음. 매출 구성은 SCR탈질촉매 38.1%, 자동차부품 51.6% 이 대부분을 차지하고 있음.

실적 분석
동사의 2016년 연결기준 연간 매출액은 481.8억원으로 전년 대비 61.1% 증가함. 이는 해외법인의 정상화상황에 의한 매출증가임. 반면 고정비의 증가로 영업손실과 당기순손실은 각각 141.6억원, 243.9억원으로 적자지속됨. 동사는 최근 미국 사무소와 일본 사무소를 개소하여 미국과 일본 등에서 새로운 고객 확보에 주력하고 있으며, 선진 SCR 기술력을 통해 유럽뿐 아니라 미국, 일본 등에서 신규 고객 확보에 더욱 노력할 예정임.

현금 흐름
〈단위 : 억원〉

항목	2015	2016
영업활동	-163	0
투자활동	92	-56
재무활동	32	59
순현금흐름	-39	2
기말현금	32	34

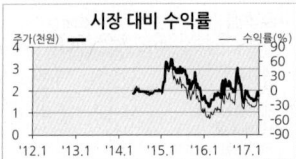

결산 실적
〈단위 : 억원〉

항목	2011	2012	2013	2014	2015	2016
매출액	104	205	628	383	299	482
영업이익	8	15	49	31	-85	-142
당기순이익	6	1	18	3	-90	-244

분기 실적
〈단위 : 억원〉

항목	2015.3Q	2015.4Q	2016.1Q	2016.2Q	2016.3Q	2016.4Q
매출액	68	128	128	130	115	109
영업이익	-9	-54	-10	-32	-28	-72
당기순이익	-8	-35	-14	-72	-14	-144

재무 상태
〈단위 : 억원〉

항목	2011	2012	2013	2014	2015	2016
총자산	375	413	594	736	995	834
유형자산	189	196	259	252	439	468
무형자산	11	12	11	16	19	17
유가증권	3	3	3	3	3	3
총부채	236	284	446	566	568	491
총차입금	222	270	366	473	421	352
자본금	13	13	13	10	24	29
총자본	139	129	148	170	427	343
지배주주지분	139	129	148	170	347	244

기업가치 지표

항목	2011	2012	2013	2014	2015	2016
주가(최고/저)(천원)	—/—	—/—	—/—	2.1/1.8	3.6/1.5	3.0/1.2
PER(최고/저)(배)	0.0/0.0	0.0/0.0	0.0/0.0	626.7/555.5	—/—	—/—
PBR(최고/저)(배)	0.0/0.0	0.0/0.0	0.0/0.0	2.0/1.8	2.5/1.1	3.8/1.6
EV/EBITDA(배)	7.2	6.3	4.1	8.8		
EPS(원)	44	7	119	3	-383	-738
BPS(원)	4,138	3,840	4,408	3,887	1,520	834
CFPS(원)	707	633	1,144	629	-235	-636
DPS(원)						
EBITDAPS(원)	751	1,053	2,077	1,331	-224	-350

재무 비율
〈단위 : % 〉

연도	영업이익률	순이익률	부채비율	차입금비율	ROA	ROE	유보율	자기자본비율	EBITDA마진율
2016	-29.4	-50.6	143.1	102.6	-26.7	-76.1	734.5	41.1	-21.1
2015	-28.3	-30.1	133.2	98.8	-10.4	-33.8	1,420.0	42.9	-16.3
2014	8.1	0.1	333.9	279.2	0.1	0.3	1,520.2	23.1	15.1
2013	7.8	2.8	301.0	246.7	3.5	12.6	1,040.5	24.9	11.1

나노바이오시스 (A214610)
NANOBIOSYS

업 종 : 의료 장비 및 서비스		시 장 : KONEX	
신용등급 : (Bond) — (CP) —		기업규모 : 벤처	
홈페이지 : www.nanobiosys.co.kr		연 락 처 : (02)2025-3019	
본 사 : 서울시 금천구 디지털로9길 47, 9층(가산동, 한신IT타워2차)			

설 립 일	2009.03.06	종업원수	47명	대표이사	김성우
상 장 일	2015.06.22	감사의견	적정(삼정)	계 열	
결 산 기	12월	보 통 주	413만주	종속회사수	
액 면 가	500원	우 선 주		구 상 호	

주주구성 (지분율,%)		출자관계 (지분율,%)		주요경쟁사 (외형,%)	
김성우	23.2			나노바이오시스	100
전태재	8.1			엑세스바이오	2,213
				나노엔텍	1,381

매출구성		비용구성		수출비중	
유전자 증폭장치	50.6	매출원가율	73.9	수출	40.5
핵산 추출기구	39.4	판관비율	343.3	내수	59.5
진단시약	9.1				

회사 개요
동사는 2009년 3월 설립돼 체외진단 의료기기 및 진단시약류 제조 및 판매를 주요 사업으로 영위하고 있음. 2015년 6월 22일 코넥스 시장에 상장됨. 소형화(Hand-held), 다중진단(Multiplex diagnosis), 무선통신 의료서비스(U-healthcare), 유전자증폭장치 및 핵산추출기구의 통합형(Integration) 분자 진단 시스템 개발을 목표로 하고 있음.

실적 분석
동사의 2016년 누적매출은 16.1억원으로 전년 대비 20.3% 감소함. 매출 축소에 판관비는 전년보다 27.6% 늘면서 51억원의 영업손실이 발생해 적자폭이 확대됨. 비영업손익이 흑자전환하면서 당기순손실은 48억원으로 적자폭이 줄듦. 글로벌 분자진단회사, 유통회사, 병원 검진센터에 기술이전, ODM, OEM 제품공급, 전략적 제휴 등의 다양한 글로벌 파트너링을 추진 중임.

현금 흐름
*IFRS 별도 기준 〈단위 : 억원〉

항목	2015	2016
영업활동	-40	-40
투자활동	-20	8
재무활동	58	32
순현금흐름	-2	-0
기말현금	1	1

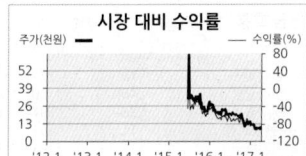

결산 실적
〈단위 : 억원〉

항목	2011	2012	2013	2014	2015	2016
매출액	—	6	6	11	20	16
영업이익	—	-10	-17	-25	-34	-51
당기순이익	—	-12	-17	-53	-67	-48

분기 실적
*IFRS 별도 기준 〈단위 : 억원〉

항목	2015.3Q	2015.4Q	2016.1Q	2016.2Q	2016.3Q	2016.4Q
매출액						
영업이익						
당기순이익						

재무 상태
*IFRS 별도 기준 〈단위 : 억원〉

항목	2011	2012	2013	2014	2015	2016
총자산		64	98	74	105	95
유형자산		5	39	42	44	43
무형자산		12	23	1	1	1
유가증권				0	0	0
총부채		23	50	180	56	57
총차입금		11	36	164	33	29
자본금		14	16	14	19	20
총자본		41	48	-106	49	38
지배주주지분		41	48	-106	49	38

기업가치 지표
*IFRS 별도 기준

항목	2011	2012	2013	2014	2015	2016
주가(최고/저)(천원)	—/—	—/—	—/—	—/—	63.1/18.0	28.2/10.8
PER(최고/저)(배)	0.0/0.0	0.0/0.0	0.0/0.0	0.0/0.0	—/—	—/—
PBR(최고/저)(배)	0.0/0.0	0.0/0.0	0.0/0.0	0.0/0.0	49.6/14.2	29.6/11.3
EV/EBITDA(배)		0.0				
EPS(원)	—	-487	-584	-1,577	-1,808	-1,212
BPS(원)		1,445	1,530	-3,093	1,271	953
CFPS(원)		-403	-463	-1,465	-1,696	-1,081
DPS(원)						
EBITDAPS(원)		-319	-462	-641	-806	-1,157

재무 비율
〈단위 : % 〉

연도	영업이익률	순이익률	부채비율	차입금비율	ROA	ROE	유보율	자기자본비율	EBITDA마진율
2016	-317.2	-298.5	147.8	76.1	-48.0	-110.0	90.7	40.4	-285.1
2015	-168.1	-330.9	114.5	66.4	-74.4	전기잠식	154.2	46.6	-147.6
2014	-237.8	-497.7	완전잠식	완전잠식			-831.9	-142.0	-202.4
2013	-285.1	-285.7	103.1	75.5	-21.5	-38.9	206.1	49.2	-226.0

*관리종목

나노스 (A151910)
NANOS

업 종 : 휴대폰 및 관련부품 | 시 장 : KOSDAQ
신용등급 : (Bond) —   (CP) — | 기업규모 : —
홈페이지 : www.nanosm.com | 연 락 처 : 031)250-5204
본 사 : 경기도 화성시 마도면 마도공단로2길 4

설립일	2004.12.02	종업원수	245명	대표이사	김종범
상장일	2012.08.02	감사의견	한정(감사범위제한)(안진)	계열	
결산기	12월	보통주	9,642만주	종속회사수	
액면가	500원	우선주		구상호	

주주구성 (지분율,%)
광림	53.6
베스트마스터1호투자조합	25.9
(외국인)	0.0

출자관계 (지분율,%)

주요경쟁사 (외형,%)
나노스	100
온다 엔터테인먼트	100
해성옵틱스	925

매출구성
| 광학필터(나노스) | 97.8 |
| 기타 | 2.2 |

비용구성
| 매출원가율 | 170.9 |
| 판관비율 | 61.8 |

수출비중
| 수출 | — |
| 내수 | — |

회사 개요
동사는 2004년 삼성전기의 VCR헤드 부문을 분사해 종업원 지주회사로 설립된 전자제품 설계제조회사임. 그러나 2006년 VCR 헤드사업은 정리하고 현재는 휴대폰 카메라 모듈용 광학필터 개발 및 제조를 주력 사업으로 하고 있으며, 휴대폰 카메라 모듈조립과 홀센서 사업을 영위하고 있음. 연태나노스유한공사, 천진나노스텍전유한공사, 나노스텍일렉트로닉스, Tianjin NanosTech Electronics등의 연결대상 종속법인을 보유함.

실적 분석
동사의 2016년 매출액은 연결기준으로 396.8억원으로 전기 대비 56.4% 감소하였는데, 법정관리로 인해 거래선과의 단가 협상에서 불리한 지위에 있었으며, 신규물량 수주가 크게 줄었기 때문. 매출원가가 매출액보다 677.9억원에 달하고 판관비도 245.3억원에 이르는 등 비용 부담으로 영업손실이 526.5억원에 달함. 2016년 감사인인 안진회계법인으로부터 감사범위 제한으로 인한 한정 의견을 받아 상장폐지 사유가 발생함.

현금 흐름 〈단위 : 억원〉
항목	2015	2016
영업활동	106	-226
투자활동	-157	176
재무활동	31	120
순현금흐름	-23	69
기말현금	49	118

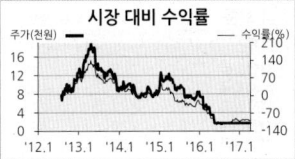
시장 대비 수익률

결산 실적 〈단위 : 억원〉
항목	2011	2012	2013	2014	2015	2016
매출액	548	1,321	2,305	936	909	397
영업이익	65	86	81	66	-502	-527
당기순이익	42	73	44	4	-1,023	244

분기 실적 〈단위 : 억원〉
항목	2015.3Q	2015.4Q	2016.1Q	2016.2Q	2016.3Q	2016.4Q
매출액	616	-133	129	119	95	55
영업이익	30	-586	-190	-485	-83	233
당기순이익	3	-1,019	-236	-530	-88	1,098

재무 상태 〈단위 : 억원〉
항목	2011	2012	2013	2014	2015	2016
총자산	592	1,108	1,791	1,958	1,219	802
유형자산	261	440	895	979	525	419
무형자산	5	10	30	33	—	0
유가증권		0			2	—
총부채	479	736	1,214	1,349	1,652	518
총차입금	271	384	760	972	1,044	150
자본금	20	41	55	60	60	482
총자본	113	372	577	609	-433	284
지배주주지분	113	372	577	609	-433	284

기업가치 지표
항목	2011	2012	2013	2014	2015	2016
주가(최고/저)(천원)	—/—	13.5/6.9	20.7/9.5	11.7/7.7	13.7/7.0	9.0/1.8
PER(최고/저)(배)	0.0/0.0	1.4/0.7	0.1/0.1	0.7/0.5	—/—	1.7/0.4
PBR(최고/저)(배)	0.0/0.0	0.0/0.0	0.0/0.0	0.0/0.0	—/—	28.2/5.7
EV/EBITDA(배)	2.7	13.3	10.8	10.3	—	—
EPS(원)	1,858	8,841	157,774	15,115	-3,351,075	4,824
BPS(원)	1,721	4,523	5,336	5,249	-3,398	294
CFPS(원)	1,029	1,533	1,192	1,081	-7,199	6,079
DPS(원)		100	150	150		
EBITDAPS(원)	1,407	1,715	1,548	1,606	-2,876	-9,164

재무 비율 〈단위 : % 〉
연도	영업이익률	순이익률	부채비율	차입금비율	ROA	ROE	유보율	자기자본비율	EBITDA마진율
2016	-132.7	61.5	일부잠식	일부잠식	24.1	전기잠식	-41.1	35.4	-116.7
2015	-55.2	-112.6	완전잠식	완전잠식	-64.4	당기잠식	-779.6	-35.5	-38.2
2014	7.0	0.5	221.5	159.6	0.2	0.8	949.7	31.1	20.0
2013	3.5	1.9	210.4	131.7	3.0	9.2	967.2	32.2	7.0

나노신소재 (A121600)
Advanced Nano Products

업 종 : 금속 및 광물 | 시 장 : KOSDAQ
신용등급 : (Bond) —   (CP) — | 기업규모 : 벤처
홈페이지 : www.anapro.com | 연 락 처 : 044)275-6966
본 사 : 세종시 부강면 금호안골길 78, 부용지방산업단지내

설립일	2000.03.15	종업원수	165명	대표이사	박장우
상장일	2011.02.09	감사의견	적정(신한)	계열	
결산기	12월	보통주	1,085만주	종속회사수	
액면가	500원	우선주	8만주	구상호	

주주구성 (지분율,%)
박장우	24.7
알리안츠글로벌인베스터스자산운용	5.0
(외국인)	2.1

출자관계 (지분율,%)

주요경쟁사 (외형,%)
나노신소재	100
고려아연	14,223
포스코켐텍	2,719

매출구성
[디스플레이소재]인듐계산화물 TCO 타겟 외	58.3
TRB paste외	29.8
CMP slurry	7.2

비용구성
| 매출원가율 | 56.6 |
| 판관비율 | 28.1 |

수출비중
| 수출 | 69.0 |
| 내수 | 31.0 |

회사 개요
동사는 디스플레이, 반도체, 태양전지 등의 소재 제조업을 목적으로 하며, 2000년 설립됨. 박막형 태양전지 및 디스플레이 패널, 반도체의 제조 공정에 쓰이는 재료를 주로 생산하고 있음. 금속 원재료를 매입해 나노파우더로 제조하고 이를 전기전도도가 우수한 전극용 재료 '타겟'과 반도체 평탄화 공정에 활용되는 소재 '슬러리' 등으로 제조함. 고도의 기술력을 요하고 제품 안정성 테스트를 1~2년간 거쳐야 하므로 시장 진입장벽이 높은 편임.

실적 분석
동사의 2016년 연결 기준 매출과 영업이익은 411억원, 63억원으로 전년 대비 각각 4.7%, 30.8% 감소함. 당기순이익은 59억원으로 전년 대비 22.4% 감소함. 동사의 자산총계는 842억원으로 전년 대비 8억원(0.9%) 증가함. 부채총계는 67억원으로 전년 대비 29억원(30.4%) 감소함. 자본총계는 776억원으로 전년 대비 37억원(5%) 감소함.

현금 흐름 〈단위 : 억원〉
항목	2015	2016
영업활동	117	66
투자활동	-52	-48
재무활동	10	-30
순현금흐름	76	-8
기말현금	137	129

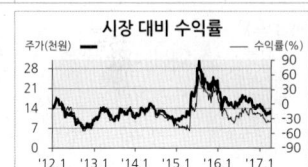
시장 대비 수익률

결산 실적 〈단위 : 억원〉
항목	2011	2012	2013	2014	2015	2016
매출액	335	236	270	279	431	411
영업이익	38	-7	14	37	91	63
당기순이익	47	-14	12	38	77	59

분기 실적 〈단위 : 억원〉
항목	2015.3Q	2015.4Q	2016.1Q	2016.2Q	2016.3Q	2016.4Q
매출액	144	107	95	94	88	134
영업이익	37	22	15	14	13	21
당기순이익	41	7	12	16	2	29

재무 상태 〈단위 : 억원〉
항목	2011	2012	2013	2014	2015	2016
총자산	731	684	675	717	834	842
유형자산	224	215	196	185	194	186
무형자산	19	26	28	21	16	15
유가증권	0					
총부채	149	118	97	101	96	67
총차입금	117	84	63	68	30	23
자본금	36	36	36	36	54	54
총자본	582	566	579	616	739	776
지배주주지분	582	566	579	616	739	776

기업가치 지표
항목	2011	2012	2013	2014	2015	2016
주가(최고/저)(천원)	14.6/6.1	18.2/6.7	14.4/9.1	16.1/8.5	30.9/9.7	22.4/13.5
PER(최고/저)(배)	33.8/14.1	—/—	136.7/86.8	47.0/24.9	44.4/13.9	41.4/25.0
PBR(최고/저)(배)	2.6/1.1	3.4/1.2	2.6/1.7	2.8/1.5	4.6/1.4	3.2/1.9
EV/EBITDA(배)	21.6	46.5	26.0	15.7	19.4	15.1
EPS(원)	441	-133	108	350	706	544
BPS(원)	8,457	8,236	8,411	8,925	6,811	7,144
CFPS(원)	1,032	216	600	1,004	1,029	855
DPS(원)				150	150	100
EBITDAPS(원)	913	320	631	991	1,162	888

재무 비율 〈단위 : % 〉
연도	영업이익률	순이익률	부채비율	차입금비율	ROA	ROE	유보율	자기자본비율	EBITDA마진율
2016	15.3	14.5	8.6	2.9	7.1	7.8	1,339.0	92.1	23.6
2015	21.1	17.8	12.9	4.1	9.9	11.3	1,262.2	88.5	29.2
2014	13.3	13.6	16.4	11.0	5.5	6.4	1,685.0	85.9	25.7
2013	5.2	4.3	16.7	10.9	1.7	2.0	1,582.2	85.7	16.9

나노엔텍 (A039860)
NanoenTek

업 종 : 의료 장비 및 서비스 시 장 : KOSDAQ
신용등급 : (Bond) — (CP) — 기업규모 : 벤처
홈 페 이 지 : www.nanoentek.com 연 락 처 : 02)6220-7728
본 사 : 서울시 구로구 디지털로26길 5, 에이스하이엔드타워1차 12층

설 립 일 1987.11.18	종 업 원 수 145명	대 표 이 사 정찬일	
상 장 일 2000.08.16	감 사 의 견 적정 (한영)	계 열	
결 산 기 12월	보 통 주 2,444만주	종속회사수	
액 면 가 500원	우 선 주	구 상 호	

주주구성 (지분율,%)		출자관계 (지분율,%)		주요경쟁사 (외형,%)	
에스케이텔레콤	28.5	NanoenTek,Inc	100.0	나노엔텍	100
장준근	3.8	Biofootprints Healthcare Pvt. Ltd.	41.6	엑세스바이오	160
(외국인)	0.6			파나진	31

매출구성		비용구성		수출비중	
기타	32.0	매출원가율	78.4	수출	80.6
리스테린 외	23.5	판관비율	65.2	내수	19.4
Rapid Kit	23.2				

회사 개요
동사는 1987년 정보보안을 주사업으로 하는 퓨처시스템으로 설립됐으며 2006년 8월 나노바이오 융복합기술을 주사업으로 영위하는 (주)디지털바이오테크놀러지와의 포괄적 주식교환 이후 상호를 나노엔텍으로 변경함. 동사는 나노바이오 융복합 기술, 즉 랩온어칩 (Lab-On-A-Chip) 기술을 기반으로 생명공학 (유전자전달시스템, 세포분석시스템)과 진단 의료기기를 개발, 생산, 판매하는 사업을 영위하고 있음.

실적 분석
동사의 2016년 누계매출액은 222.1억원으로 전년 대비 10.6% 감소함. 영업손실은 96.9억원으로 전년 72.1억원보다 적자폭이 커졌고, 당기순손실도 148억원으로 적자지속함. 현장진단의료기기는 최대주주인 SK텔레콤과의 전략적 제휴를 통해 해외시장을 공략하고 있고, 미국 FDA승인과 중국 CFDA승인 등 글로벌 공략에 박차를 가하고 있음. 지속적으로 발전하는 시장을 기반으로 하고 있고, 공격적인 마케팅을 통해 향후 수익개선이 기대됨.

현금 흐름 〈단위 : 억원〉
항목	2015	2016
영업활동	-35	-30
투자활동	-11	-42
재무활동	105	86
순현금흐름	58	13
기말현금	76	89

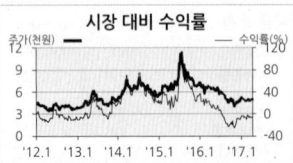
시장 대비 수익률

결산 실적 〈단위 : 억원〉
항목	2011	2012	2013	2014	2015	2016
매출액	132	134	191	195	248	222
영업이익	-80	-53	-5	-26	-72	-97
당기순이익	122	-59	-12	-75	-75	-148

분기 실적 〈단위 : 억원〉
항목	2015.3Q	2015.4Q	2016.1Q	2016.2Q	2016.3Q	2016.4Q
매출액	52	87	51	58	53	60
영업이익	-20	-27	-23	-22	-13	-39
당기순이익	-14	-37	-28	-30	-18	-72

재무 상태 〈단위 : 억원〉
항목	2011	2012	2013	2014	2015	2016
총자산	496	444	448	433	527	457
유형자산	98	131	126	119	148	154
무형자산	20	48	69	81	124	70
유가증권	9	1	1	1	1	1
총부채	209	215	212	78	143	201
총차입금	157	166	158	13	48	123
자본금	97	97	99	113	122	122
총자본	287	230	236	355	384	256
지배주주지분	287	230	236	355	384	256

기업가치 지표
항목	2011	2012	2013	2014	2015	2016
주가(최고/저)(천원)	7.3/3.6	4.6/3.4	6.2/3.8	8.1/5.0	12.1/5.6	7.8/3.9
PER(최고/저)(배)	—/—	—/—	—/—	—/—	—/—	—/—
PBR(최고/저)(배)	4.9/2.5	3.9/2.9	5.2/3.2	5.1/3.2	7.6/3.6	7.5/3.8
EV/EBITDA(배)			80.8			
EPS(원)	-641	-302	-63	-109	-314	-607
BPS(원)	1,478	1,181	1,193	1,573	1,578	1,047
CFPS(원)	-552	-238	27	-12	-195	-490
DPS(원)						
EBITDAPS(원)	-331	-209	66	-18	-192	-281

재무 비율 〈단위 : % 〉
연도	영업이익률	순이익률	부채비율	차입금비율	ROA	ROE	유보율	자기자본비율	EBITDA마진율
2016	-43.6	-66.6	78.7	48.0	-30.1	-46.3	109.3	56.0	-30.9
2015	-29.0	-30.1	37.2	12.5	-15.6	-19.7	215.6	72.9	-17.9
2014	-13.3	-12.6	21.9	3.6	-5.6	-8.3	214.6	82.1	-2.1
2013	-2.5	-6.5	90.0	66.9	-2.8	-5.3	138.7	52.6	6.8

나노캠텍 (A091970)
Nano Chem Tech

업 종 : 화학 시 장 : KOSDAQ
신용등급 : (Bond) — (CP) — 기업규모 : 중견
홈 페 이 지 : www.nanosbiz.com 연 락 처 : 031)671-9466
본 사 : 경기도 용인시 처인구 남사면 완장천로 42-34

설 립 일 1999.12.23	종 업 원 수 87명	대 표 이 사 손진곤	
상 장 일 2007.01.30	감 사 의 견 적정 (신한)	계 열	
결 산 기 12월	보 통 주 2,000만주	종속회사수	
액 면 가 500원	우 선 주	구 상 호	

주주구성 (지분율,%)		출자관계 (지분율,%)		주요경쟁사 (외형,%)	
We media International Limited	10.1	나노전자화학	100.0	나노캠텍	100
비용비산업	3.4	스타넥스	1.4	바이온	53
(외국인)	15.9			리켐	67

매출구성		비용구성		수출비중	
도전성 소재 - Nanos 외	63.4	매출원가율	84.3	수출	1.3
기능성ECO 소재 - Glassom 외	27.2	판관비율	22.1	내수	98.7
기타	9.4				

회사 개요
동사는 플라스틱 전도성 표면도포제 및 제품, 대전방지 합성수지, 전도성 테이프, 전자재료, 정밀화학 제조기술과 관련된 사업 등을 주사업으로 영위하고 있음. 또한 레이저 프린터에 들어가는 폴리우레탄 롤러를 개발해, 국내 롤러 생산 업체에 반가공 형태로 공급하고 있음. 다품종생산체제로 연간 약 180여가 제품을 생산함. 2016년 매출 비중은 도전성 소재 사업이 70%, 기능성ECO소재 사업이 25%, 기타 5%로 구성됨.

실적 분석
향후 수익성 개선을 위한 저마진사업 정리 등에 따라 동사의 2016년 누계매출액은 530.9억원으로 전년동기 대비 14.3% 감소함. 영업손실이 34억원으로 전년에 이어 적자가 지속되었으나 해외법인의 수익구조 개선으로 적자폭은 감소하였음. 당기순손실 45.8억원으로 적자가 지속됨. 2016년 6월 클래시컬 레전드 인터내셔널 리미티드 등에 주식 310만 주(지분율 27.7%)를 200억원에 넘기는 주식양수도 계약을 체결함.

현금 흐름 〈단위 : 억원〉
항목	2015	2016
영업활동	5	18
투자활동	-41	-102
재무활동	7	226
순현금흐름	-29	143
기말현금	30	173

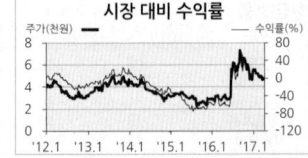
시장 대비 수익률

결산 실적 〈단위 : 억원〉
항목	2011	2012	2013	2014	2015	2016
매출액	674	761	883	749	620	531
영업이익	12	20	46	22	-73	-34
당기순이익	11	16	38	17	-96	-46

분기 실적 〈단위 : 억원〉
항목	2015.3Q	2015.4Q	2016.1Q	2016.2Q	2016.3Q	2016.4Q
매출액	175	130	121	121	134	155
영업이익	-1	-56	-2	-30	-6	4
당기순이익	-2	-79	-3	-39	-12	9

재무 상태 〈단위 : 억원〉
항목	2011	2012	2013	2014	2015	2016
총자산	607	703	782	834	684	849
유형자산	294	352	397	435	385	301
무형자산	0	0	3	24	4	1
유가증권	4	7	3	7	4	4
총부채	173	258	287	339	273	214
총차입금	78	157	189	237	191	144
자본금	50	50	50	50	50	100
총자본	434	446	495	495	411	635
지배주주지분	428	439	482	492	398	633

기업가치 지표
항목	2011	2012	2013	2014	2015	2016
주가(최고/저)(천원)	5.8/2.8	4.8/2.9	5.1/3.2	4.8/2.7	3.6/2.3	7.3/2.7
PER(최고/저)(배)	57.1/27.9	31.7/19.2	13.8/8.6	27.6/15.4	—/—	—/—
PBR(최고/저)(배)	1.4/0.7	1.1/0.7	1.1/0.7	1.0/0.5	0.9/0.6	2.3/0.8
EV/EBITDA(배)	14.0	11.9	8.4	9.7		
EPS(원)	104	155	378	175	-882	-346
BPS(원)	4,347	4,485	4,877	5,002	4,100	3,241
CFPS(원)	267	347	645	468	-535	-121
DPS(원)			50	30		
EBITDAPS(원)	285	387	722	515	-377	-58

재무 비율 〈단위 : % 〉
연도	영업이익률	순이익률	부채비율	차입금비율	ROA	ROE	유보율	자기자본비율	EBITDA마진율
2016	-6.4	-8.6	33.7	22.7	-6.0	-8.1	548.3	74.8	-1.3
2015	-11.8	-15.5	66.3	46.5	-12.6	-20.0	720.0	60.2	-6.1
2014	3.0	2.3	68.3	47.9	2.1	3.6	900.5	59.4	6.9
2013	5.2	4.3	57.8	38.1	5.1	8.3	875.3	63.4	8.3

나눔테크 (A244880)
NANOOMTECH

업　　종 : 의료 장비 및 서비스　　　　　시　　장 : KONEX
신용등급 : (Bond) ―　　　(CP) ―　　　기업규모 : ―
홈페이지 : www.nanoomtech.co.kr　　　연 락 처 : (062)955-8588
본　　사 : 광주시 북구 첨단벤처소로 57 (월출동)

설 립 일 2005.08.31	종업원수 명	대 표 이 사 최무진	
상 장 일 2016.06.01	감사의견 적정 (대주)	계　　　　열	
결 산 기 12월	보 통 주 400만주	종속회사수	
액 면 가 500원	우 선 주 96만주	구 상 호	

주주구성 (지분율,%)		출자관계 (지분율,%)		주요경쟁사 (외형,%)	
최무진	44.5	나눔테크	100		
최오진	10.5				

매출구성		비용구성		수출비중	
자동심장충격기	80.1	매출원가율	47.4	수출	―
기타	13.0	판관비율	49.4	내수	―
보관함	6.9				

회사 개요
동사는 의료기기 제조 및 판매 등을 사업목적으로 2005년 8월 설립. 2016년 6월 1일에 코넥스 상장해 매매가 개시됐음. 동사는 2008년 부터 자동심장충격기 분야를 중점적으로 연구, 개발함으로써 성인, 소아 공용 패드 기술을 국내 최초로 개발해 응급 상황시 신속한 대응은 물론 소모품 가격 경쟁력을 확보하고 있으며, 축적된 레퍼런스를 통해 품질의 우수성을 입증했다.

실적 분석
동사의 2016년 누적매출액은 78.4억원으로 전년 15억원에서 크게 증가함. 영업이익은 2.5억원으로 전년 2.9억원 영업손실에서 흑자전환에 성공했고, 당기순이익도 2.3억원을 기록하며 흑자전환함. 2017년 해외사업 계획은 자동심장충격기 3가지 모델의 기존 고객을 대상으로 판매확대를 유도하는 한편 신규 시장 발굴에 나설 계획임. 차세대 제품인 전신형골밀도측정기와 무릎고주파측정기는 해외규격인증(CE) 획득으로 사업을 추진 중임.

현금 흐름 *IFRS 별도 기준 〈단위 : 억원〉

항목	2015	2016
영업활동	2	10
투자활동	5	-5
재무활동	-3	-8
순현금흐름	4	-3
기말현금	10	7

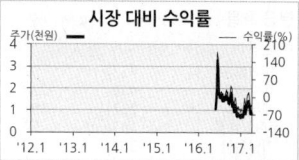
시장 대비 수익률

결산 실적 〈단위 : 억원〉

항목	2011	2012	2013	2014	2015	2016
매출액	―	―	41	50	65	78
영업이익	―	―	-6	0	-3	2
당기순이익	―	―	-4	0	-3	2

분기 실적 *IFRS 별도 기준 〈단위 : 억원〉

항목	2015.3Q	2015.4Q	2016.1Q	2016.2Q	2016.3Q	2016.4Q
매출액	―	―	―	―	―	―
영업이익	―	―	―	―	―	―
당기순이익	―	―	―	―	―	―

재무 상태 *IFRS 별도 기준 〈단위 : 억원〉

항목	2011	2012	2013	2014	2015	2016
총자산			85	80	75	70
유형자산			22	23	19	18
무형자산			0	1	1	1
유가증권			4	6	1	1
총부채			38	41	38	31
총차입금			34	34	31	23
자본금			13	12	12	25
총자본			47	40	37	39
지배주주지분			47	40	37	39

기업가치 지표 *IFRS 별도 기준

항목	2011	2012	2013	2014	2015	2016
주가(최고/저)(천원)	―/―	―/―	―/―	―/―	―/―	3.3/0.7
PER(최고/저)(배)	0.0/0.0	0.0/0.0	0.0/0.0	0.0/0.0	0.0/0.0	71.7/14.3
PBR(최고/저)(배)	0.0/0.0	0.0/0.0	0.0/0.0	0.0/0.0	0.0/0.0	4.2/0.8
EV/EBITDA(배)	0.0	0.0		6.0	7.0	6.6
EPS(원)	―	―	-84	5	-58	46
BPS(원)	―	―	36,493	31,990	29,687	790
CFPS(원)	―	―	-2,098	1,884	1,498	105
DPS(원)	―	―	―	―	―	―
EBITDAPS(원)	―	―	-3,090	1,778	1,480	108

재무 비율 〈단위 : % 〉

연도	영업이익률	순이익률	부채비율	차입금비율	ROA	ROE	유보율	자기자본비율	EBITDA마진율
2016	3.1	2.9	79.9	59.7	3.1	6.0	57.9	55.6	6.8
2015	-4.5	-4.4	102.8	85.3	-3.7	-7.6	196.9	49.3	2.8
2014	0.2	0.5	102.3	86.9	0.3	0.6	219.9	49.4	4.5
2013	-13.7	-10.5	79.4	70.6	0.0	0.0	264.9	55.7	-9.8

나라엠앤디 (A051490)
Nara Mold & Die

업　　종 : 기계　　　　　　　　　　시　　장 : KOSDAQ
신용등급 : (Bond) ―　　　(CP) ―　　　기업규모 : 우량
홈페이지 : www.naramnd.com　　　연 락 처 : (055)239-3600
본　　사 : 경남 창원시 성산구 공단로 675 (성주동 50-1)

설 립 일 1999.02.19	종업원수 253명	대 표 이 사 김영조	
상 장 일 2001.06.12	감사의견 적정 (현대)	계　　　　열	
결 산 기 12월	보 통 주 1,420만주	종속회사수	
액 면 가 500원	우 선 주	구 상 호	

주주구성 (지분율,%)		출자관계 (지분율,%)		주요경쟁사 (외형,%)	
엘지전자	12.6	나라플라테크	100.0	나라엠앤디	100
김영조	8.9	나라엠텍	83.1	아세아텍	79
(외국인)	3.9	쓰리에스엠케이	22.9	동일금속	45

매출구성		비용구성		수출비중	
PRESS금형, MOLD사출금형	76.9	매출원가율	89.6	수출	43.2
ESS / 자동차 부품, 가전 부품	23.1	판관비율	8.6	내수	56.8

회사 개요
동사는 1999년 LG전자 금형공장을 스핀오프 방식으로 분할하여 설립된 금형 전문 업체임. 금형은 자동차, 디스플레이, 휴대폰, 가전 등의 대량생산을 위한 필수장치임. 금형 제작 사업과 함께 금형을 이용한 부품 양상 사업도 영위 중임. 부품 부문에서는 자동차용 Pedal Assembly, Seat Rail 등을 생산 중임. 금형 제작 부문이 전체 매출의 76% 가량을 차지하며 수출 비중은 43% 가량임.

실적 분석
동사의 2016년 결산 매출액은 1,310억원으로 전년동기 대비 1% 증가하며 다소 정체된 모습. 외형 정체와 더불어 원가율 상승 영향으로 수익성은 크게 하락함. 23.5억원의 영업이익 시현하며 전년동기 대비 약 50% 감소. 전방 산업의 완만한 회복세를 나타낼으로서 기대되어 외형 회복 가능할 것으로 보이며, 오랜 흑자 기조에 힘입은 탄탄한 재무구조와 안정적 수익기반을 바탕으로 점진적 실적 회복 가능할 것으로 기대됨.

현금 흐름 〈단위 : 억원〉

항목	2015	2016
영업활동	34	184
투자활동	-75	-81
재무활동	64	-100
순현금흐름	22	3
기말현금	74	77

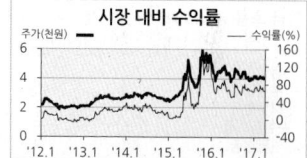
시장 대비 수익률

결산 실적 〈단위 : 억원〉

항목	2011	2012	2013	2014	2015	2016
매출액	1,324	1,322	1,241	1,365	1,297	1,310
영업이익	97	91	77	74	48	23
당기순이익	103	62	49	43	37	21

분기 실적 〈단위 : 억원〉

항목	2015.3Q	2015.4Q	2016.1Q	2016.2Q	2016.3Q	2016.4Q
매출액	252	398	264	334	317	395
영업이익	4	0	-2	6	12	8
당기순이익	6	2	-1	11	2	9

재무 상태 〈단위 : 억원〉

항목	2011	2012	2013	2014	2015	2016
총자산	1,322	1,395	1,371	1,569	1,601	1,704
유형자산	484	528	601	623	631	643
무형자산	24	23	23	23	24	32
유가증권	22	31	30	42	30	29
총부채	649	685	653	831	835	926
총차입금	253	352	372	455	519	461
자본금	72	72	72	72	72	72
총자본	673	710	719	738	766	778
지배주주지분	653	688	697	718	747	762

기업가치 지표

항목	2011	2012	2013	2014	2015	2016
주가(최고/저)(천원)	2.7/1.8	2.7/1.8	2.9/2.1	3.1/2.4	6.7/2.5	5.2/3.8
PER(최고/저)(배)	5.0/3.4	7.8/5.3	9.7/7.0	10.7/8.5	25.9/9.5	30.0/21.8
PBR(최고/저)(배)	0.7/0.5	0.6/0.4	0.7/0.5	0.6/0.5	1.3/0.5	1.0/0.7
EV/EBITDA(배)	4.1	4.5	5.6	5.9	11.2	10.3
EPS(원)	670	413	341	312	270	177
BPS(원)	4,731	4,975	5,072	5,236	5,347	5,456
CFPS(원)	879	738	723	746	724	657
DPS(원)	120	120	120	120	110	100
EBITDAPS(원)	893	969	928	956	791	645

재무 비율 〈단위 : % 〉

연도	영업이익률	순이익률	부채비율	차입금비율	ROA	ROE	유보율	자기자본비율	EBITDA마진율
2016	1.8	1.6	119.1	59.2	1.3	3.3	971.5	45.7	7.0
2015	3.7	2.8	109.1	67.8	2.4	5.0	950.3	47.8	8.7
2014	5.4	3.2	112.6	61.7	2.9	6.3	928.3	47.1	10.0
2013	6.2	4.0	90.8	51.7	3.5	7.0	896.1	52.4	10.6

나라케이아이씨 (A007460)
NARAKIC

업 종 : 금속 및 광물 　　　　 시 장 : 거래소
신용등급 : (Bond) — 　(CP) — 　 기업규모 : 시가총액 소형주
홈페이지 : www.kicltd.co.kr 　　 연 락 처 : 02)3440-3000
본 사 : 서울시 강남구 영동대로 719 (청담동) 나라빌딩

설 립 일	1971.11.15	종업원수	118명	대표이사	김정식
상 장 일	1995.07.08	감사의견	적정 (위드)	계 열	
결 산 기	12월	보통주	1,693만주	종속회사수	
액 면 가	500원	우선주		구 상 호	케이아이씨

주주구성 (지분율,%)		출자관계 (지분율,%)		주요경쟁사 (외형,%)	
나라에이스홀딩스	49.4	나라케이아이씨	100		
김종관	0.0	비엔씨컴퍼니	23		
(외국인)	1.0	상아알미늄	236		

매출구성		비용구성		수출비중	
Hardfacing	44.0	매출원가율	81.9	수출	31.7
이동기계등	29.2	판관비율	8.9	내수	68.3
보온, 보냉, 방음내화공사 등	11.8				

회사 개요
동사는 1971년에 설립되어 1995년에 유가증권시장에 상장한 가열로, 제철설비, 환경에너지 설비등 플랜트 설비의 제작과 하드페이싱 등의유지보수 전문기업임. 하드페이싱은 금속의 표면을 내열성, 내충격성 등이 강한 금속으로 용접하여 금속의 수명을 연장하고 염가로 고품질의 부품을 제작, 보수하는 것임. 제철소의 각종 ROLL에 대해 하드페이싱을 수행하고 있음. 플랜트 제작은 코크스 이동기계(제철소)의 비중이 가장 높음.

실적 분석
동사의 2016년 연결 기준 매출액과 영업이익은 548억원, 51억원으로 전년 대비 각각 16.8%, 15.8% 감소함. 당기순이익은 24억원으로 전년 대비 29% 감소함. 2016년에 동사는 회사채 44억원을 상환하는 등 부채규모가 2015년에 비해 22.2% 감소하였으며 부채총계가 약 353억원으로 부채비율이 2015년 180% 대비 2016년 122%로 재무구조가 대폭 개선됨.

현금 흐름 •IFRS 별도 기준 〈단위 : 억원〉

항목	2015	2016
영업활동	12	27
투자활동	-0	-13
재무활동	-7	-23
순현금흐름	5	-9
기말현금	13	4

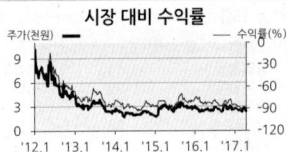
시장 대비 수익률

결산 실적 〈단위 : 억원〉

항목	2011	2012	2013	2014	2015	2016
매출액	1,156	1,707	1,030	765	659	548
영업이익	264	240	44	86	60	51
당기순이익	-723	-285	-511	124	34	24

분기 실적 •IFRS 별도 기준 〈단위 : 억원〉

항목	2015.3Q	2015.4Q	2016.1Q	2016.2Q	2016.3Q	2016.4Q
매출액	166	165	147	145	121	135
영업이익	25	-21	31	8	6	6
당기순이익	11	-14	22	9	-9	2

재무 상태 •IFRS 별도 기준 〈단위 : 억원〉

항목	2011	2012	2013	2014	2015	2016
총자산	1,635	3,424	1,145	930	865	786
유형자산	526	515	487	496	472	463
무형자산	9	5	3	3	4	4
유가증권	9	12	7	7	6	5
총부채	1,534	3,497	1,106	767	556	433
총차입금	1,152	997	766	471	397	361
자본금	79	144	52	52	80	85
총자본	101	-73	39	164	309	353
지배주주지분	101	-73	39	164	309	353

기업가치 지표 •IFRS 별도 기준

항목	2011	2012	2013	2014	2015	2016
주가(최고/저)(천원)	25.6/8.6	10.3/4.0	5.0/2.1	2.8/1.7	3.7/1.7	3.2/2.3
PER(최고/저)(배)	—/—	—/—	—/—	2.4/1.4	12.9/5.9	21.8/15.6
PBR(최고/저)(배)	9.2/3.1	-8.2/-3.1	13.6/5.6	1.8/1.1	1.9/0.9	1.5/1.1
EV/EBITDA(배)	35.2	4.3	13.6	5.9	9.2	10.7
EPS(원)	-24,804	-5,985	-5,986	1,194	288	148
BPS(원)	641	-254	370	1,570	1,933	2,086
CFPS(원)	-5,499	-1,085	-5,695	1,420	483	291
DPS(원)						
EBITDAPS(원)	240	1,107	807	1,051	706	454

재무 비율 〈단위 : % 〉

연도	영업이익률	순이익률	부채비율	차입금비율	ROA	ROE	유보율	자기자본비율	EBITDA마진율
2016	9.2	4.4	122.5	102.4	2.9	7.3	317.3	45.0	13.5
2015	9.1	5.1	180.2	128.6	3.8	14.4	286.6	35.7	12.6
2014	11.2	16.3	468.5	287.9	12.0	123.1	213.9	17.6	14.3
2013	4.3	-49.6	일부잠식	일부잠식	-22.4	-233.1	-26.0	3.4	6.7

나무가 (A190510)
NAMUGA CO

업 종 : 휴대폰 및 관련부품 　　 시 장 : KOSDAQ
신용등급 : (Bond) — 　(CP) — 　 기업규모 : 벤처
홈페이지 : www.namuga.co.kr 　　 연 락 처 : 031)7012-8477
본 사 : 경기도 성남시 중원구 사기막골로 124, 709호(상대원동, SKn테크노파크)

설 립 일	2004.10.14	종업원수	125명	대표이사	서정화
상 장 일	2015.11.12	감사의견	적정 (삼덕)	계 열	
결 산 기	12월	보통주	339만주	종속회사수	
액 면 가	500원	우선주		구 상 호	

주주구성 (지분율,%)		출자관계 (지분율,%)		주요경쟁사 (외형,%)	
서정화	24.7	나무서원	100.0	나무가	100
현대인베스트먼트자산운용	4.8	인스케이프	70.0	세코닉스	107
(외국인)	0.7	NAMUGA(Suzhou)Technologies	100.0	엠씨넥스	141

매출구성		비용구성		수출비중	
카메라 모듈	96.8	매출원가율	94.3	수출	97.5
무선 데이터 모듈	2.7	판관비율	6.0	내수	2.5
기타	0.5				

회사 개요
동사는 2004년 설립되어 컴퓨터 및 주변기기 관련 제조 및 판매, 공급을 영위하고 있으며, 2015년 11월말에 코스닥에 상장함. 5개의 연결 대상 종속기업을 보유하고 있으며, 2014년 벤처천억기업으로 선정된 바 있음. 주요 생산 제품은 스마트폰 카메라 모듈, 노트북 카메라 모듈, 무선 오디오 모듈, 3D 카메라 모듈이며, 카메라 모듈 제품은 삼성전자의 스마트폰, 태블릿, 노트북 등에 채용되고 있음.

실적 분석
동사의 2016년 연결기준 연간 매출액은 2,926.1억원으로 전년대비 27.5% 감소함. 국내 매출은 증가했으나, 아시아 지역 매출은 감소함. 스마트폰 시장 성장세 둔화와 제품 판매단가 하락에 따른 수익성이 저하되었고, 베트남 공장 투자 증가에 따른 비용이 증가함. 스마트카, 드론 등 신기술 개발로 차별화된 기술을 확보해 글로벌 전략 고객의 매출 비중을 확대할 예정임.

현금 흐름 〈단위 : 억원〉

항목	2015	2016
영업활동	433	97
투자활동	-479	-238
재무활동	232	191
순현금흐름	197	55
기말현금	368	423

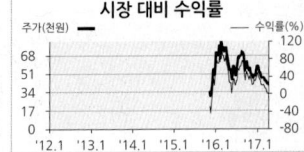
시장 대비 수익률

결산 실적 〈단위 : 억원〉

항목	2011	2012	2013	2014	2015	2016
매출액	616	855	2,193	2,183	4,038	2,926
영업이익	-18	36	54	18	257	-7
당기순이익	-16	11	21	18	85	-42

분기 실적 •IFRS 별도 기준 〈단위 : 억원〉

항목	2015.3Q	2015.4Q	2016.1Q	2016.2Q	2016.3Q	2016.4Q
매출액	1,290	980	881	746	662	637
영업이익	97	56	23	16	4	-49
당기순이익	91	-84	28	-28	-10	-33

재무 상태 〈단위 : 억원〉

항목	2011	2012	2013	2014	2015	2016
총자산	481	641	913	1,356	2,039	1,959
유형자산	84	110	177	374	478	589
무형자산	1	5	5	3	5	9
유가증권				2		5
총부채	374	623	745	1,162	1,436	1,242
총차입금	112	307	311	558	560	589
자본금	10	7	13	13	19	19
총자본	108	18	168	194	603	717
지배주주지분	108	18	168	194	603	716

기업가치 지표

항목	2011	2012	2013	2014	2015	2016
주가(최고/저)(천원)	—/—	—/—	—/—	—/—	58.0/30.4	82.9/44.6
PER(최고/저)(배)	0.0/0.0	0.0/0.0	0.0/0.0	0.0/0.0	19.8/10.4	—/—
PBR(최고/저)(배)	0.0/0.0	0.0/0.0	0.0/0.0	0.0/0.0	2.9/1.5	3.7/2.0
EV/EBITDA(배)	103.3	3.3	1.0	5.9	5.5	19.3
EPS(원)	-751	552	981	691	2,937	-1,241
BPS(원)	5,214	874	6,377	7,331	20,189	22,209
CFPS(원)	139	1,380	1,977	2,242	5,477	1,703
DPS(원)						
EBITDAPS(원)	21	2,594	3,446	2,226	11,424	2,744

재무 비율 〈단위 : % 〉

연도	영업이익률	순이익률	부채비율	차입금비율	ROA	ROE	유보율	자기자본비율	EBITDA마진율
2016	-0.2	-1.4	173.2	82.2	-2.1	-6.3	3,877.0	36.6	3.1
2015	6.4	2.1	238.2	92.9	5.0	21.3	3,509.9	29.6	8.2
2014	0.8	0.8	599.9	288.1	1.6	10.1	1,366.3	14.3	2.7
2013	2.4	1.0	444.8	185.8	2.8	23.1	1,175.3	18.4	3.4

나무기술 (A167380)
NAMU TECH CO

업 종 : IT 서비스		시 장 : KONEX	
신용등급 : (Bond) — (CP) —		기업규모 : —	
홈 페 이 지 : www.namutech.co.kr		연 락 처 : 031)8060-0200	
본 사 : 경기도 성남시 분당구 판교로 242, 에이동 4층 403호			

설 립 일 2001.11.13	종업원수 명	대 표 이 사	이수병
상 장 일 2016.11.28	감사의견 적정 (우리)	계 열	
결 산 기 12월	보 통 주 231만주	종속회사수	
액 면 가 500원	우 선 주	구 상 호	

주주구성 (지분율,%)
이수병	38.0
정충현	11.0

출자관계 (지분율,%)
아스펜스	51.0
아콘소프트	50.0
NANJINGNAMUTECH	100.0

주요경쟁사 (외형,%)
나무기술	100
동양네트웍스	285
신세계 I&C	898

매출구성
part	17.1
Simulia	14.4
Server	14.3

비용구성
매출원가율	83.4
판관비율	11.5

수출비중
수출	—
내수	—

회사 개요
2001년 11월 설립한 동사는 IT분야에서 네트워크 환경 인프라 구축(서버 및 스토리지 등)과 가상화 및 클라우드 솔루션, 시스템통합(SI) 및 유지보수 사업을 중심으로 사업을 영위. 사업 초기는 인프라 구축(정보통신 HW 위주수)을 사업을 진행하다 2010년 이후 부터는 가상화 및 클라우드 사업분야 위주로 사업을 확장. 최근 사업구조는 소프트웨어 개발 및 공급으로 전환하는 과정임.

실적 분석
동사의 2016년 연결기준 매출액은 330.1억원으로 전년 동기(318.8억원) 대비 소폭 상승. 매출 증가에 따라 고정비용 감소효과로 인해 영업이익은 16.7억원으로 전년 동기(5.4억원) 대비 3배 이상 증가함. 영업이익이 증가하면서 당기순이익도 13.5억원으로 전년 동기(5.3억원) 대비 큰 폭으로 증가함. 매출은 소폭 상승한 반면 수익성은 대폭 개선됐음.

현금 흐름
*IFRS 별도 기준 〈단위 : 억원〉
항목	2015	2016
영업활동	-1	-4
투자활동	-13	6
재무활동	13	-4
순현금흐름	-1	-2
기말현금	4	2

시장 대비 수익률
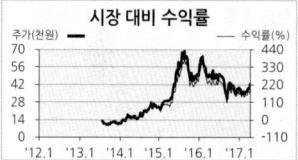

결산 실적
〈단위 : 억원〉
항목	2011	2012	2013	2014	2015	2016
매출액	209	248	293	326	319	330
영업이익	7	2	7	6	5	17
당기순이익	2	0	1	1	5	13

분기 실적
*IFRS 별도 기준 〈단위 : 억원〉
항목	2015.3Q	2015.4Q	2016.1Q	2016.2Q	2016.3Q	2016.4Q
매출액						
영업이익						
당기순이익						

재무 상태
*IFRS 별도 기준 〈단위 : 억원〉
항목	2011	2012	2013	2014	2015	2016
총자산	100	103	115	92	120	120
유형자산	4	4	4	4	4	1
무형자산	—	—	—	—	—	0
유가증권	0	4	2	2	5	8
총부채	83	86	98	73	90	71
총차입금	24	32	41	27	36	28
자본금	4	5	5	5	10	12
총자본	17	17	17	18	30	48
지배주주지분	17	17	17	18	30	48

기업가치 지표
*IFRS 별도 기준
항목	2011	2012	2013	2014	2015	2016
주가(최고/저)(천원)	—/—	—/—	—/—	—/—	—/—	9.0/6.5
PER(최고/저)(배)	0.0/0.0	0.0/0.0	0.0/0.0	0.0/0.0	0.0/0.0	14.0/10.1
PBR(최고/저)(배)	0.0/0.0	0.0/0.0	0.0/0.0	0.0/0.0	0.0/0.0	4.3/3.1
EV/EBITDA(배)	1.2	5.7	3.9	1.8	2.5	12.9
EPS(원)	185	21	72	84	353	643
BPS(원)	20,721	17,161	17,495	18,406	14,784	2,088
CFPS(원)	3,131	1,169	1,931	2,811	4,289	688
DPS(원)						
EBITDAPS(원)	9,399	3,009	8,437	7,983	4,387	845

재무 비율
〈단위 : %〉
연도	영업이익률	순이익률	부채비율	차입금비율	ROA	ROE	유보율	자기자본비율	EBITDA마진율
2016	5.1	4.1	147.9	58.0	11.2	34.3	317.6	40.3	5.4
2015	1.7	1.7	298.0	120.4	5.0	22.0	195.7	25.1	2.1
2014	1.9	0.4	398.5	144.0	1.1	6.4	268.1	20.1	2.5
2013	2.6	0.3	558.7	234.1	0.9	5.6	249.9	15.2	2.9

나스미디어 (A089600)
Nasmedia

업 종 : 미디어		시 장 : KOSDAQ	
신용등급 : (Bond) — (CP) —		기업규모 : 벤처	
홈 페 이 지 : www.nasmedia.co.kr		연 락 처 : 02)2188-7300	
본 사 : 서울시 강남구 도곡로1길 14 삼일프라자 4,5층			

설 립 일 2000.03.13	종업원수 276명	대 표 이 사	정기호
상 장 일 2013.07.17	감사의견 적정 (안진)	계 열	
결 산 기 12월	보 통 주 875만주	종속회사수	
액 면 가 500원	우 선 주	구 상 호	

주주구성 (지분율,%)
케이티	42.8
정기호	19.6
(외국인)	3.3

출자관계 (지분율,%)
엔서치마케팅	66.7
얼라이언스인터넷	19.1
ISU-kth콘텐츠투자조합	4.5

주요경쟁사 (외형,%)
나스미디어	100
SBS미디어홀딩스	721
현대에이치씨엔	418

매출구성
온라인 디스플레이	71.0
디지털사이니지	15.5
IPTV(디지털방송)	13.5

비용구성
매출원가율	0.0
판관비율	77.9

수출비중
수출	—
내수	—

회사 개요
동사는 KT기업집단에 편입된 국내 온라인 미디어랩 전문회사임. 매출비중은 온라인 71.5%, IPTV 7.6%, 디지털옥외 20.9%임. 2000년부터 시작된 인터넷 광고사업은 국내 주요 포털사를 고객으로 확보했고, 이를 기반으로 2007년 모바일광고 분야로 사업을 확대함. 인터넷 및 모바일광고 분야에서 국내 1위. 또한 2009년부터 진출한 IPTV광고 시장에서도 KT 고객을 기반으로 국내 시장점유율 1위 달성.

실적 분석
동사의 연결기준 2016년 영업수익, 영업이익, 당기순이익 모두 전년 대비 성장한 가운데 특히 영업수익은 주요 사업(온라인 광고, 디지털옥외광고)의 매출 성장과 엔서치마케팅의 연결재무제표 반영으로 인해 전년 대비 53.7% 증가한 699억원을 달성하였음. 온라인광고 사업부문은 동영상 및 SNS 광고 등의 매체 취급고가 증가하면서 지속적인 매출 성장을 달성한 반면 디지털방송광고 사업부문은 수수료율 하락으로 매출 감소, 처음으로 역성장을 기록함.

현금 흐름
*IFRS 별도 기준 〈단위 : 억원〉
항목	2015	2016
영업활동	195	119
투자활동	-75	-90
재무활동	-24	-30
순현금흐름	96	-0
기말현금	134	134

시장 대비 수익률

결산 실적
〈단위 : 억원〉
항목	2011	2012	2013	2014	2015	2016
매출액	217	235	248	299	455	699
영업이익	89	76	61	86	117	154
당기순이익	60	65	56	80	99	120

분기 실적
*IFRS 별도 기준 〈단위 : 억원〉
항목	2015.3Q	2015.4Q	2016.1Q	2016.2Q	2016.3Q	2016.4Q
매출액	112	131	125	155	153	184
영업이익	31	39	28	36	34	48
당기순이익	27	31	23	28	27	37

재무 상태
*IFRS 별도 기준 〈단위 : 억원〉
항목	2011	2012	2013	2014	2015	2016
총자산	924	907	971	975	1,417	1,923
유형자산	6	4	4	3	117	112
무형자산	14	10	10	11	10	12
유가증권	7	7	7	7	6	4
총부채	537	471	409	349	722	940
총차입금	—	—	—	—	—	—
자본금	20	38	43	43	43	46
총자본	386	436	562	626	695	982
지배주주지분	386	436	562	626	695	982

기업가치 지표
*IFRS 별도 기준
항목	2011	2012	2013	2014	2015	2016
주가(최고/저)(천원)	—/—	—/—	14.7/9.9	28.0/10.8	71.3/21.1	65.6/31.0
PER(최고/저)(배)	0.0/0.0	0.0/0.0	21.2/14.3	29.9/11.5	60.3/17.9	48.2/22.8
PBR(최고/저)(배)	0.0/0.0	0.0/0.0	2.3/1.5	3.8/1.5	8.6/2.6	5.9/2.8
EV/EBITDA(배)	—	—	9.6	18.5	31.2	21.5
EPS(원)	980	887	726	965	1,202	1,376
BPS(원)	10,619	5,994	6,815	7,587	8,432	11,220
CFPS(원)	1,796	931	766	1,011	1,251	1,473
DPS(원)			170	290	360	390
EBITDAPS(원)	2,311	1,090	824	1,089	1,467	1,846

재무 비율
〈단위 : %〉
연도	영업이익률	순이익률	부채비율	차입금비율	ROA	ROE	유보율	자기자본비율	EBITDA마진율
2016	22.1	17.1	152.8	5.8	5.9	14.1	2,052.8	39.6	24.1
2015	25.7	21.8	103.8	0.0	8.3	15.0	1,515.7	49.1	26.6
2014	28.8	26.7	55.8	0.0	8.2	13.4	1,353.9	64.2	30.1
2013	24.5	22.7	72.9	0.0	6.0	11.3	1,205.8	57.9	25.7

나이벡 (A138610)
NIBEC

업 종 : 바이오		시 장 : KOSDAQ	
신용등급 : (Bond) — (CP) —		기업규모 : 신성장	
홈 페 이 지 : www.nibec.co.kr		연 락 처 : (043)532-7458	
본 사 : 충북 진천군 이월면 밤디길 116 이월전기전자농공1단지			

설 립 일 2004.02.20	종 업 원 수 57명	대 표 이 사 정종평	
상 장 일 2011.07.13	감 사 의 견 적정 (가렴)	계 열	
결 산 기 12월	보 통 주 546만주	종속회사수	
액 면 가 500원	우 선 주	구 상 호	

주주구성 (지분율,%)
정종평	20.9
박윤정	4.2
(외국인)	0.3

출자관계 (지분율,%)
나이벡	100
에이씨티	522
듀켐바이오	276

주요경쟁사 (외형,%)

매출구성
치과용 골이식재	46.5
치아미백제	30.3
화장품	15.8

비용구성
매출원가율	83.4
판관비율	68.7

수출비중
수출	75.8
내수	24.2

회사 개요
동사는 구강케어 관련제품과 조직재생용 바이오소재와 펩타이트 소재를 연구, 개발, 판매하는 업체임. 약물전달시스템, 조직재생용 바이오소재기술, 펩타이드 공학기술의 학문적 성과를 제품 개발에 응용하고자 2004년 1월 24일 설립됨. 조직재생용 바이오소재, 구강보건제품, 펩타이드 융합바이오 소재, 펩타이드 치료제의 개발 및 제품화를 목적으로 함. 항노화 기능성 화장품과 아토피증상 개선용 피부면역 증진 소재 함유 화장품 사업에 투자를 늘리고 있음.

실적 분석
동사의 2016년 누적 매출액은 48억원으로 전년 대비 15.1% 증가함. 매출은 늘었으나 원가율 악화와 판관비 증가로 영업손실이 25억원 발생하면서 적자폭이 확대됨. 당기순손실은 30.3억원으로 적자지속됨. 펩타이드 함유 골관절염 치료제, 류마티스 관절염 치료제 및 건선치료제의 임상 1상이나 임상 2상 시험을 완료하고 기술이전을 추진할 계획임. 지난 해 시베니 전세계 바이어들에게 호평을 받은 차폐막, 콜라겐 제품군 등으로 실적 개선이 기대됨.

현금 흐름 *IFRS 별도 기준 〈단위 : 억원〉
항목	2015	2016
영업활동	-21	-4
투자활동	-30	-28
재무활동	61	54
순현금흐름	9	23
기말현금	23	46

시장 대비 수익률
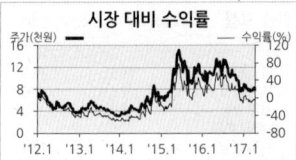

결산 실적 〈단위 : 억원〉
항목	2011	2012	2013	2014	2015	2016
매출액	27	39	23	48	42	48
영업이익	-18	-8	-26	-30	-16	-25
당기순이익	-18	-14	-38	-36	-24	-30

분기 실적 *IFRS 별도 기준 〈단위 : 억원〉
항목	2015.3Q	2015.4Q	2016.1Q	2016.2Q	2016.3Q	2016.4Q
매출액	10	11	12	12	10	13
영업이익	-4	-6	-4	-3	-7	-11
당기순이익	-5	-10	-4	-3	-10	-12

재무 상태 *IFRS 별도 기준 〈단위 : 억원〉
항목	2011	2012	2013	2014	2015	2016
총자산	174	165	171	141	194	230
유형자산	79	82	77	72	77	92
무형자산	26	33	38	34	33	44
유가증권					12	0
총부채	71	76	112	91	86	131
총차입금	42	47	82	71	56	95
자본금	17	17	17	20	26	27
총자본	103	89	58	51	108	98
지배주주지분	103	89	58	51	108	98

기업가치 지표 *IFRS 별도 기준
항목	2011	2012	2013	2014	2015	2016
주가(최고/저)(천원)	12.1/4.9	7.9/3.7	6.0/3.1	9.9/3.1	16.0/6.0	14.0/7.2
PER(최고/저)(배)	—/—	—/—	—/—	—/—	—/—	—/—
PBR(최고/저)(배)	4.1/1.7	3.1/1.4	3.6/1.8	8.2/2.6	7.7/2.9	7.7/4.0
EV/EBITDA(배)						
EPS(원)	-603	-406	-1,110	-1,011	-522	-563
BPS(원)	3,062	2,632	1,731	1,247	2,073	1,811
CFPS(원)	-420	-222	-873	-727	-275	-318
DPS(원)						
EBITDAPS(원)	-409	-44	-512	-556	-93	-220

재무 비율 〈단위 : % 〉
연도	영업이익률	순이익률	부채비율	차입금비율	ROA	ROE	유보율	자기자본비율	EBITDA마진율
2016	-52.0	-63.0	133.4	96.8	-14.3	-29.3	262.2	42.8	-24.6
2015	-38.0	-58.1	79.6	51.9	-14.5	-30.5	314.5	55.7	-10.4
2014	-63.2	-75.7	178.6	139.2	-23.2	-66.4	149.3	35.9	-40.4
2013	-116.1	-169.5	192.9	140.0	-23.0	-52.5	246.1	34.1	-75.9

나이스디앤비 (A130580)
NICE D&B

업 종 : 상업서비스		시 장 : KOSDAQ	
신용등급 : (Bond) — (CP) —		기업규모 : 중견	
홈 페 이 지 : www.nicednb.com		연 락 처 : 02)2122-2500	
본 사 : 서울시 마포구 마포대로 217 (아현동)			

설 립 일 2002.11.01	종 업 원 수 151명	대 표 이 사 홍우선	
상 장 일 2011.12.22	감 사 의 견 적정 (삼정)	계 열	
결 산 기 12월	보 통 주 1,540만주	종속회사수	
액 면 가 500원	우 선 주	구 상 호	

주주구성 (지분율,%)
NICE홀딩스	35.0
PHILLIP CAPITAL PTE LTD	26.6
(외국인)	45.5

출자관계 (지분율,%)
나이스데이터	100.0
GmbH	6.1

주요경쟁사 (외형,%)
나이스디앤비	100
아이마켓코리아	10,010
NICE평가정보	1,017

매출구성
신용인증 서비스	43.1
글로벌 기업정보 서비스	36.9
거래처관리 서비스 외	20.0

비용구성
매출원가율	0.0
판관비율	81.0

수출비중
수출	14.3
내수	85.7

회사 개요
동사는 신용정보의 이용 및 보호에 관한 법률에 근거, 신용조회 및 신용조사업 허가를 보유하고 있는 기업신용정보 전문기업. 국내외 기업신용정보제공서비스, 기업신용인증서비스, 신용평가시스템구축 컨설팅서비스 등을 제공하고 있음. 글로벌 기업정보 서비스 부문 매출이 전체의 41.2%, 신용인증 서비스가 47.9%, 거래처관리 서비스와 기타를 합쳐 10.9%를 차지함.

실적 분석
동사의 2016년 매출액은 339.7억원으로 전년 대비 32.3% 증가함. 영업이익은 64.7억원으로 전년 대비 30.8% 증가함. 당기순이익은 57.3억원으로 31.2% 증가함. 기업신용정보 사업은 정부 및 공공기관, 대기업 등의 발주량 증가, 무역업의 증가 등 경제규모의 성장에 따라 시장규모는 증가될 것으로 예상됨. 글로벌 업체인 D&B 월드와이드 네트워크의 국내 유일한 멤버로서 D&B 서비스를 독점적으로 제공하는 것도 장점임.

현금 흐름 〈단위 : 억원〉
항목	2015	2016
영업활동	53	66
투자활동	-5	-32
재무활동	-11	-25
순현금흐름	37	9
기말현금	63	73

시장 대비 수익률
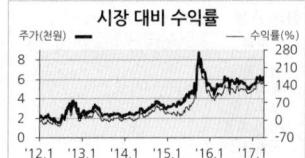

결산 실적 〈단위 : 억원〉
항목	2011	2012	2013	2014	2015	2016
매출액	174	193	196	211	257	340
영업이익	28	32	33	41	49	65
당기순이익	25	30	30	36	44	57

분기 실적 〈단위 : 억원〉
항목	2015.3Q	2015.4Q	2016.1Q	2016.2Q	2016.3Q	2016.4Q
매출액	51	69	74	115	72	79
영업이익	4	5	11	41	5	5
당기순이익	5	1	10	33	5	5

재무 상태 〈단위 : 억원〉
항목	2011	2012	2013	2014	2015	2016
총자산	226	248	271	311	372	405
유형자산	3	3	3	2	7	10
무형자산	10	9	9	10	14	20
유가증권	—	—	5	5	49	65
총부채	42	43	43	57	73	67
총차입금	—	—	—	—	—	—
자본금	77	77	77	77	77	77
총자본	184	205	228	254	299	337
지배주주지분	184	205	228	254	287	337

기업가치 지표
항목	2011	2012	2013	2014	2015	2016
주가(최고/저)(천원)	2.9/2.3	4.6/1.5	3.4/2.0	3.9/2.2	9.0/3.1	7.1/4.4
PER(최고/저)(배)	15.1/12.1	25.6/8.6	18.8/10.9	17.3/10.0	32.7/11.3	19.7/12.3
PBR(최고/저)(배)	2.7/2.2	3.8/1.3	2.5/1.4	2.5/1.4	5.0/1.7	3.3/2.1
EV/EBITDA(배)	7.4	6.3	4.2	4.9	11.5	7.9
EPS(원)	214	196	196	235	283	366
BPS(원)	1,198	1,333	1,482	1,650	1,862	2,190
CFPS(원)	231	210	211	254	309	405
DPS(원)	49	59	59	71	84	84
EBITDAPS(원)	263	222	231	285	347	459

재무 비율 〈단위 : % 〉
연도	영업이익률	순이익률	부채비율	차입금비율	ROA	ROE	유보율	자기자본비율	EBITDA마진율
2016	19.0	16.9	20.0	0.0	14.8	18.1	338.1	83.4	20.8
2015	19.3	17.0	24.3	0.0	12.8	16.1	272.4	80.4	20.8
2014	19.4	17.2	22.3	0.0	12.5	15.0	229.9	81.8	20.7
2013	16.9	15.4	18.9	0.0	11.6	13.9	196.4	84.1	18.1

나이스정보통신 (A036800)
Nice Information & Telecommunication

업 종 : 상업서비스	시 장 : KOSDAQ
신용등급 : (Bond) — (CP) —	기업규모 : 우량
홈 페 이 지 : www.nicevan.co.kr	연 락 처 : 02)2187-2700
본 사 : 서울시 마포구 마포대로 217 크레디트센터빌딩	

설 립 일	1988.05.12	종 업 원 수	150명	대 표 이 사	홍우선
상 장 일	2000.05.03	감 사 의 견	적정 (안진)	계	열
결 산 기	12월	보 통 주	1,000만주	종속회사수	
액 면 가	500원	우 선 주		구 상 호	

주주구성 (지분율,%)
한국신용정보	42.7
NTAsian Discovery Master Fund	11.0
(외국인)	29.7

출자관계 (지분율,%)
NICE페이먼츠	100.0
단골플러스	100.0
후퍼	25.0

주요경쟁사 (외형,%)
나이스정보통신	100
아이마켓코리아	1,072
NICE평가정보	109

매출구성
카드조회서비스	77.6
전자지불결제대행	19.8
카드조회단말기	2.6

비용구성
매출원가율	66.5
판관비율	18.6

수출비중
수출	0.0
내수	100.0

회사 개요
동사는 밴(VAN) 사업과 PG(온라인지불결제 서비스) 사업, 그에 따른 단말기 임대 및 판매를 주요사업으로 영위함. 13개사 VAN 사업자 중 1위를 달림. 2016년 7월 PG부문을 물적분할해 독립적인 PG전문기업을 설립함으로써 온라인 지급결제 시장의 변화에 대한 능동적 대응력을 확보함. 오프라인 지급결제와의 시너지를 창출해 O2O 지급결제 시장을 선도하는 사업자로 탈바꿈하려는 계획임.

실적 분석
동사의 2016년 매출액은 3,170.7억원으로 전년 대비 20.2% 증가함. 영업이익은 472.1억원으로 38.2% 증가함. 당기순이익은 303.2억원으로 0.7% 감소함. 현금보다는 카드 사용 선호도가 높은 전자상거래의 활성화, 모바일결제에서 신용카드 사용량 증대로 VAN 사업이 지속적으로 확대되고 있음. PG 사업도 모바일 기기의 확산 및 O2O결제의 활성화, 현금없는 사회를 지향하는 정부 정책 등에 힘입어 커지고 있음.

현금 흐름 〈단위 : 억원〉
항목	2015	2016
영업활동	237	675
투자활동	-615	-272
재무활동	127	-59
순현금흐름	-250	350
기말현금	601	951

시장 대비 수익률
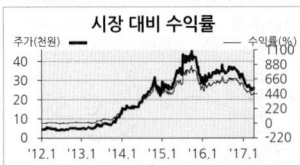

결산 실적 〈단위 : 억원〉
항목	2011	2012	2013	2014	2015	2016
매출액	1,501	1,781	2,007	2,255	2,639	3,171
영업이익	150	147	203	212	342	472
당기순이익	115	105	193	300	305	303

분기 실적 〈단위 : 억원〉
항목	2015.3Q	2015.4Q	2016.1Q	2016.2Q	2016.3Q	2016.4Q
매출액	734	—	—	805	797	
영업이익	109	—	—	134	126	
당기순이익	87	—	—	51	102	

재무 상태 〈단위 : 억원〉
항목	2011	2012	2013	2014	2015	2016
총자산	1,127	1,510	1,887	2,461	2,909	3,769
유형자산	186	201	191	217	265	250
무형자산	34	26	26	41	347	319
유가증권	98	112	170	29	76	92
총부채	671	960	1,119	1,503	1,670	2,252
총차입금	197	197	130	100	250	220
자본금	50	50	50	50	50	50
총자본	455	550	767	958	1,240	1,517
지배주주지분	455	550	767	958	1,240	1,517

기업가치 지표
항목	2011	2012	2013	2014	2015	2016
주가(최고/저)(천원)	4.7/3.3	5.8/3.9	13.0/4.5	31.9/12.8	47.6/24.1	38.5/27.9
PER(최고/저)(배)	4.7/3.3	6.0/4.1	7.0/2.4	11.0/4.4	15.9/8.0	12.9/9.3
PBR(최고/저)(배)	1.2/0.8	1.1/0.8	1.8/0.6	3.4/1.4	3.9/2.0	2.6/1.9
EV/EBITDA(배)	1.9	1.5	2.8	4.6	5.2	3.5
EPS(원)	1,153	1,049	1,929	2,998	3,053	3,031
BPS(원)	4,584	5,531	7,701	9,606	12,425	15,204
CFPS(원)	2,158	2,170	3,165	4,354	4,764	5,011
DPS(원)	200	200	230	240	300	350
EBITDAPS(원)	2,504	2,589	3,269	3,480	5,127	6,701

재무 비율 〈단위 : % 〉
연도	영업이익률	순이익률	부채비율	차입금비율	ROA	ROE	유보율	자기자본비율	EBITDA마진율
2016	14.9	9.6	148.4	14.5	9.1	22.0	2,940.8	40.3	21.1
2015	13.0	11.6	134.7	20.2	11.4	27.8	2,385.1	42.6	19.4
2014	9.4	13.3	157.0	10.4	13.8	34.8	1,821.1	38.9	15.4
2013	10.1	9.6	145.9	17.0	11.4	29.3	1,440.2	40.7	16.3

나이스평가정보 (A030190)
NICE Information Service

업 종 : 상업서비스	시 장 : KOSDAQ
신용등급 : (Bond) — (CP) —	기업규모 : 우량
홈 페 이 지 : www.niceinfo.co.kr	연 락 처 : 02)2122-4000
본 사 : 서울시 영등포구 국회대로74길 4(여의도동)	

설 립 일	1985.02.28	종 업 원 수	519명	대 표 이 사	심의영
상 장 일	2000.05.16	감 사 의 견	적정 (안진)	계	열
결 산 기	12월	보 통 주	6,071만주	종속회사수	
액 면 가	500원	우 선 주		구 상 호	

주주구성 (지분율,%)
NICE홀딩스	43.0
미래에셋자산운용투자자문	5.0
(외국인)	12.5

출자관계 (지분율,%)
동부모바일부동산투자신탁제11호	50.0
오픈메이트우선주	12.0
오픈메이트보통주	12.0

주요경쟁사 (외형,%)
NICE평가정보	100
아이마켓코리아	984
나이스정보통신	92

매출구성
[CB사업]개인신용정보 제공 및 컨설팅 외	66.4
[자산관리사업]채권추심, 신용조사	17.0
[기업정보사업]기업정보 제공, 컨설팅, TCB 외	15.6

비용구성
매출원가율	0.0
판관비율	88.7

수출비중
수출	0.5
내수	99.5

회사 개요
동사는 기업정보 제공 및 컨설팅, 개인신용정보, 자산관리부문에서 수익을 창출함. 개인신용정보사업 및 기업정보사업 성장세가 지속되고 있고 개인신용정보사업에서는 기존 사업영역 지배력 강화 및 신규시장 발굴에 노력하고 있음. 동사는 채권회수 대행 등의 자산관리사업과 개인신용정보 및 솔루션 관련 매출이 전체 사업의 대부분을 차지함. 국내업체 중 유일하게 개인신용정보와 기업신용정보 사업을 모두 영위함.

실적 분석
동사의 2016년 매출액은 3,455.5억원으로 전년 대비 2.2% 증가함. 영업이익은 392.1억원으로 39.5% 증가함. 당기순이익은 283.1억원으로 27.4% 증가함. 개인신용정보 시장은 본인 신용관리 중요성 및 개인정보 보호 인식 강화에 따른 개인 회원의 지속적인 유입으로 꾸준한 성장세 기록함. 기업정보서비스 시장은 급격한 매출 신장을 기대하기는 어려우나 과점 체제의 시장 상황으로 안정적인 매출 성장이 전망.

현금 흐름 〈단위 : 억원〉
항목	2015	2016
영업활동	312	368
투자활동	-250	-58
재무활동	-62	-73
순현금흐름	-0	237
기말현금	435	672

시장 대비 수익률

결산 실적 〈단위 : 억원〉
항목	2011	2012	2013	2014	2015	2016
매출액	1,636	1,845	2,222	2,792	3,381	3,455
영업이익	178	194	221	228	281	392
당기순이익	154	112	155	178	222	283

분기 실적 〈단위 : 억원〉
항목	2015.3Q	2015.4Q	2016.1Q	2016.2Q	2016.3Q	2016.4Q
매출액	830	830	837	921	847	851
영업이익	69	19	93	141	96	62
당기순이익	53	13	75	108	72	29

재무 상태 〈단위 : 억원〉
항목	2011	2012	2013	2014	2015	2016
총자산	1,295	1,454	1,477	1,678	1,901	2,187
유형자산	166	149	243	82	95	153
무형자산	415	309	279	279	278	276
유가증권	0	0	6	6	103	119
총부채	376	473	402	501	565	633
총차입금	0			1		
자본금	304	304	304	304	304	304
총자본	919	981	1,076	1,177	1,336	1,553
지배주주지분	918	982	1,076	1,177	1,336	1,553

기업가치 지표
항목	2011	2012	2013	2014	2015	2016
주가(최고/저)(천원)	2.7/2.0	2.5/1.7	3.0/2.2	5.0/2.7	14.1/4.8	9.7/6.5
PER(최고/저)(배)	12.4/9.3	14.6/10.4	12.5/9.3	18.1/9.7	39.6/13.6	21.2/14.2
PBR(최고/저)(배)	2.1/1.5	1.7/1.2	1.8/1.3	2.7/1.5	6.6/2.3	3.9/2.6
EV/EBITDA(배)	4.9	4.8	4.6	7.3	15.2	7.3
EPS(원)	252	187	256	294	366	466
BPS(원)	15,127	3,236	1,773	1,939	2,202	2,559
CFPS(원)	3,592	647	390	430	512	602
DPS(원)	800	180	90	100	120	130
EBITDAPS(원)	4,008	912	498	512	609	782

재무 비율 〈단위 : % 〉
연도	영업이익률	순이익률	부채비율	차입금비율	ROA	ROE	유보율	자기자본비율	EBITDA마진율
2016	11.4	8.2	40.8	0.0	13.9	19.6	411.8	71.0	13.7
2015	8.3	6.6	42.3	0.0	12.4	17.7	340.4	70.3	10.9
2014	8.2	6.4	42.5	0.1	11.3	15.8	287.9	70.2	11.1
2013	9.9	7.0	37.3	0.0	10.6	15.1	254.5	72.8	13.6

나이스홀딩스 (A034310)
NICE Holdings

업   종 : 상업서비스
신용등급 : (Bond) —   (CP) —
홈페이지 : www.nice.co.kr
본   사 : 서울시 영등포구 국회대로74길 4 (여의도동) 나이스그룹 3사옥

시   장 : 거래소
기업규모 : 시가총액 중형주
연 락 처 : 02)2122-4000

설 립 일	1986.09.11	종 업 원 수	32명	대 표 이 사	김광수
상 장 일	2004.02.04	감 사 의 견	적정 (안진)	계 열	
결 산 기	12월	보 통 주	3,788만주	종속회사수	
액 면 가	500원	우 선 주		구 상 호	

주주구성 (지분율,%)		출자관계 (지분율,%)		주요경쟁사 (외형,%)	
김광수	29.9	나이스인프라	100.0	NICE	100
에스투비네트워크	18.1	나이스인베스트먼트	100.0	한국항공우주	230
(외국인)	7.4	나이스신용평가	100.0	에스원	136

매출구성		비용구성		수출비중	
신용카드 VAN	41.7	매출원가율	0.0	수출	—
기업 및 개인신용정보	25.6	판관비율	90.6	내수	—
CD/ATM	15.0				

회사 개요
1986년 한국신용정보 주식회사로 출발해 2004년 2월 유가증권시장에 상장됨. 2010년 11월 투자사업부문과 신용조회사업부문을 인적분할했으며, 동일자로 동사의 투자사업부문을 존속법인으로 해 한국신용평가정보(주)로부터 인적분할된 투자사업부문을 흡수합병하고 상호를 한국신용정보 주식회사에서 주식회사 나이스홀딩스로 변경했음. 현재 27개 종속회사를 두고 있으며, 종속회사 및 기타 투자회사로부터의 배당수익, 상표권 사용수익 등으로 수익을 올림.

실적 분석
동사의 2016년 매출액은 1조 3464.1억원으로 전년 대비 23.4% 증가함. 영업이익은 1269.3억원으로 전년 대비 39.1% 증가함. 당기순이익은 907.8억원으로 전년 대비 44.3% 증가함. 동사는 회사채 및 기업어음 등에 대한 신용평가사업, 기업정보 및 개인신용정보사업, 자산관리 사업, CD 및 ATM 관리 사업 등 주요 종속회사의 사업 포트폴리오가 다양하게 구성되어 있어 안정적인 사업 기반을 갖추고 있음.

현금 흐름 〈단위 : 억원〉
항목	2015	2016
영업활동	866	1,396
투자활동	-1,920	-253
재무활동	856	-3
순현금흐름	-195	1,154
기말현금	2,055	3,209

시장 대비 수익률
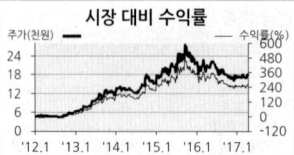

결산 실적 〈단위 : 억원〉
항목	2011	2012	2013	2014	2015	2016
매출액	1,934	5,002	7,533	9,285	10,908	13,464
영업이익	463	618	728	710	912	1,269
당기순이익	338	553	637	537	629	908

분기 실적 〈단위 : 억원〉
항목	2015.3Q	2015.4Q	2016.1Q	2016.2Q	2016.3Q	2016.4Q
매출액	3,059	2,864	3,241	3,541	3,252	3,430
영업이익	310	129	326	513	304	127
당기순이익	214	75	241	325	277	64

재무 상태 〈단위 : 억원〉
항목	2011	2012	2013	2014	2015	2016
총자산	4,276	7,907	8,655	11,910	12,425	14,083
유형자산	634	2,158	1,885	3,293	2,649	2,495
무형자산	123	852	756	1,186	1,856	1,809
유가증권	351	451	722	649	730	965
총부채	1,053	2,755	2,946	5,239	5,471	6,350
총차입금	255	792	720	2,212	2,446	2,662
자본금	173	189	189	189	189	189
총자본	3,223	5,151	5,708	6,671	6,954	7,732
지배주주지분	3,000	3,867	4,245	4,468	4,703	5,106

기업가치 지표
항목	2011	2012	2013	2014	2015	2016
주가(최고/저)(천원)	6.1/4.7	6.2/4.5	13.5/6.3	18.2/11.6	28.7/15.1	23.0/15.8
PER(최고/저)(배)	7.9/6.1	5.1/3.7	13.2/6.1	22.9/14.6	39.5/20.8	16.8/11.6
PBR(최고/저)(배)	0.6/0.5	0.6/0.4	1.2/0.6	1.5/0.9	2.2/1.2	1.6/1.1
EV/EBITDA(배)	2.6	2.5	3.3	5.5	6.3	3.8
EPS(원)	826	1,264	1,056	811	737	1,379
BPS(원)	103,805	106,332	11,631	12,660	13,279	14,342
CFPS(원)	11,748	24,152	2,415	2,419	2,580	3,424
DPS(원)	650	1,300	110	110	120	130
EBITDAPS(원)	16,890	29,351	3,282	3,482	4,252	5,396

재무 비율 〈단위 : %〉
연도	영업이익률	순이익률	부채비율	차입금비율	ROA	ROE	유보율	자기자본비율	EBITDA마진율
2016	9.4	6.7	82.1	34.4	6.9	10.7	2,768.4	54.9	15.2
2015	8.4	5.8	78.7	35.2	5.2	6.1	2,555.8	56.0	14.8
2014	7.6	5.8	78.5	33.2	5.2	7.1	2,431.9	56.0	14.2
2013	9.7	8.5	51.6	12.6	7.7	9.9	2,226.2	66.0	16.5

남광토건 (A001260)
Nam-Kwang Engineering & Construction

업   종 : 건설
신용등급 : (Bond) —   (CP) —
홈페이지 : www.namkwang.co.kr
본   사 : 경기도 용인시 기흥구 흥덕중앙로 120(영덕동, 흥덕유타워)

시   장 : 거래소
기업규모 : 시가총액 소형주
연 락 처 : 02)3011-0114

설 립 일	1954.08.05	종 업 원 수	171명	대 표 이 사	최장식
상 장 일	1976.12.28	감 사 의 견	적정 (삼일)	계 열	
결 산 기	12월	보 통 주	980만주	종속회사수	
액 면 가	5,000원	우 선 주		구 상 호	

주주구성 (지분율,%)		출자관계 (지분율,%)		주요경쟁사 (외형,%)	
세운건설	22.5	남광엔케이	100.0	남광토건	100
금광기업	20.4			KT서브마린	46
(외국인)	0.2			계룡건설	1,067

매출구성		비용구성		수출비중	
토목(국내)	54.8	매출원가율	100.6	수출	—
건축(국내)	24.3	판관비율	4.5	내수	—
토목(해외)	15.4				

회사 개요
동사는 1947년 설립된 건설 업체로서 현재 회생 노력 중임. 민간 도급공사 채권의 대규모 부실, 과도한 시행사 연대보증 및 대여금 증가에 따른 자금 부담, 워크아웃 절차 진행에 따른 수주 및 매출 감소 등에 대한 자금 사정이 급격하게 악화되고 2012년 12월 회생계획안 인가를 결정 받은 바 있음. 2015년 11월 세운 건설 컨소시엄을 우선협상대상자로 선정하고 회생절차를 진행해 2016년 초 회생계획안 확정된 채권의 93.4%를 변제 완료함.

실적 분석
동사의 2016년 연결기준 매출액은 전년보다 39.3% 감소한 1,836.0억원에 그침. 다만 원가율 하락으로 영업손익이 개선되면서 영업적자 폭이 크게 줄어들었음. 2016년 연결기준 동사의 유동비율은 96.8%, 부채비율은 332.7%, 자기자본비율은 23.1% 등으로 동사의 강도높은 원가개선 노력이 점차 결실을 맺어가고 있음. 전반적인 건설경기 위축으로 국내외 도급공사 실적이 감소하고 있어 동사는 수익성 확보되는 수주역량 강화에 힘쓸 계획임.

현금 흐름 〈단위 : 억원〉
항목	2015	2016
영업활동	73	-46
투자활동	-278	334
재무활동	268	-293
순현금흐름	64	-4
기말현금	275	271

시장 대비 수익률
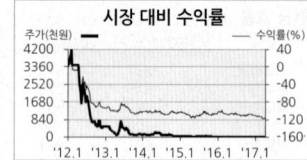

결산 실적 〈단위 : 억원〉
항목	2011	2012	2013	2014	2015	2016
매출액	6,729	3,935	2,845	2,786	3,024	1,836
영업이익	-1,170	-1,490	-233	-404	-509	-93
당기순이익	-1,597	-3,001	-419	-1,060	-770	-21

분기 실적 〈단위 : 억원〉
항목	2015.3Q	2015.4Q	2016.1Q	2016.2Q	2016.3Q	2016.4Q
매출액	777	889	461	405	510	460
영업이익	30	-255	-53	-23	38	-54
당기순이익	-29	-237	-53	24	48	-41

재무 상태 〈단위 : 억원〉
항목	2011	2012	2013	2014	2015	2016
총자산	8,837	4,369	4,579	5,256	2,392	1,759
유형자산	336	310	292	285	281	21
무형자산	118	100	68	54	44	20
유가증권	443	126	253	231	431	305
총부채	9,494	3,900	4,298	5,915	1,998	1,352
총차입금	4,567	1,122	1,921	4,169	469	180
자본금	1,731	2,816	386	414	490	490
총자본	-657	469	281	-659	394	407
지배주주지분	-659	467	280	-661	394	407

기업가치 지표
항목	2011	2012	2013	2014	2015	2016
주가(최고/저)(천원)	11,548/2,869	4,199/406	778/105	246/38.9	78.1/14.1	15.0/7.1
PER(최고/저)(배)	—/—	—/—	—/—	—/—	—/—	—/—
PBR(최고/저)(배)	-0.2/-0.1	15.7/1.5	5.1/0.7	-0.8/-0.1	19.4/3.5	3.6/1.7
EV/EBITDA(배)						
EPS(원)	-124,746,643	-23,482,421	-224,694	-531,867	-50,329	-219
BPS(원)	-1,905	829	3,795	-7,813	4,030	4,167
CFPS(원)	-4,538	-72,351	-5,399	-13,016	-49,670	-188
DPS(원)						
EBITDAPS(원)	-3,306	-35,664	-2,928	-4,844	-32,611	-918

재무 비율 〈단위 : %〉
연도	영업이익률	순이익률	부채비율	차입금비율	ROA	ROE	유보율	자기자본비율	EBITDA마진율
2016	-5.1	-1.2	일부잠식	일부잠식	-1.0	-5.4	-16.7	23.1	-4.9
2015	-16.8	-25.5	일부잠식	일부잠식	-20.1	전기잠식	-19.4	16.5	-16.5
2014	-14.5	-38.0	완전잠식	완전잠식	-21.6	당기잠식	-256.3	-12.5	-14.0
2013	-8.2	-14.7	일부잠식	일부잠식	-9.4	-112.0	-24.1	6.1	-7.7

남선알미늄 (A008350)
Namsun Aluminum

업 종 : 금속 및 광물		시 장 : 거래소	
신용 등급 : (Bond) — (CP) —		기업규모 : 시가총액 소형주	
홈 페 이 지 : www.namsun.co.kr		연 락 처 : 053)610-5200	
본 사 : 대구시 달성군 논공읍 논공중앙로 288			

설 립 일	1973.01.04	종 업 원 수	600명	대 표 이 사	박기재,이상일
상 장 일	1978.05.22	감 사 의 견	적정 (안진)	계	열
결 산 기	12월	보 통 주	11,018만주	종속회사수	
액 면 가	500원	우 선 주	31만주	구 상 호	

주주구성 (지분율,%)		출자관계 (지분율,%)		주요경쟁사 (외형,%)	
진덕산업	16.7	ADM21	34.0	남선알미늄	100
하이플러스카드	9.9	에스엠티케미칼	28.7	고려아연	1,459
(외국인)	5.6	경남모직	23.8	포스코켐텍	279

매출구성		비용구성		수출비중	
범퍼[제품]	37.7	매출원가율	88.3	수출	33.4
AL형재[반제품]	30.0	판관비율	5.7	내수	66.6
기타	14.2				

회사 개요
동사의 주력사업은 알루미늄 샷시, PVC 창호를 생산하여 건설회사에 주로 납품하는 알미늄 부문과 Bumper 등 자동차용 내외장 Plastic 부품을 생산하여 한국지엠에 납품하는 자동차 부문으로 구성됨. 방폭창과 태양광사업으로 매출 다각화를 진행하고 있음. 2010년 세계 1위 태양전지 기업인 샤프전자와 태양광 모듈 프레임 첫 수주계약 이후 꾸준히 추가물량을 납품하고 있음.

실적 분석
2016년 4/4분기 누적 매출액은 4,007.3억원으로 전년동기 대비 14.4% 증가함. 매출원가 부담은 증가하였으나 판관비 절감효과에 힘입어 영업이익은 전년동기 대비 41.4% 증가한 241.8억원을 기록함. 예년에 비하여 알루미늄 부문의 수익성은 다소 증가하였으나 자동차사업부의 수익성은 하락한 모습임. 기존 사업부문의 질적 성장 견인 노력과 그룹내 건설사와의 시너지를 위해 2014년부터 주택분양업에 진출하여 신규사업을 본격화하고 있음

현금 흐름 *IFRS 별도 기준 〈단위 : 억원〉

항목	2015	2016
영업활동	-143	413
투자활동	-44	-156
재무활동	259	-338
순현금흐름	72	-82
기말현금	91	9

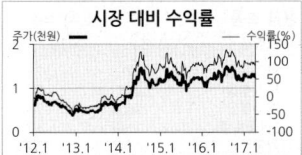
시장 대비 수익률

결산 실적 〈단위 : 억원〉

항목	2011	2012	2013	2014	2015	2016
매출액	3,024	3,085	3,534	3,413	3,503	4,007
영업이익	49	-39	136	139	171	242
당기순이익	247	-165	97	176	149	204

분기 실적 *IFRS 별도 기준 〈단위 : 억원〉

항목	2015.3Q	2015.4Q	2016.1Q	2016.2Q	2016.3Q	2016.4Q
매출액	864	919	834	1,077	979	1,118
영업이익	54	42	53	97	44	48
당기순이익	21	54	51	95	55	3

재무 상태 *IFRS 별도 기준 〈단위 : 억원〉

항목	2011	2012	2013	2014	2015	2016
총자산	2,596	2,367	2,376	2,403	2,861	2,834
유형자산	712	684	671	673	651	641
무형자산	6	4	2	1	1	1
유가증권	4	4	4	3	35	60
총부채	1,853	1,754	1,667	1,529	1,830	1,608
총차입금	876	938	810	734	995	666
자본금	552	552	552	552	552	552
총자본	742	613	708	875	1,031	1,226
지배주주지분	742	613	708	875	1,031	1,226

기업가치 지표 *IFRS 별도 기준

항목	2011	2012	2013	2014	2015	2016
주가(최고/저)(천원)	1.3/0.5	0.9/0.4	0.7/0.4	1.5/0.6	1.4/0.9	1.5/1.0
PER(최고/저)(배)	5.3/1.9	—/—	8.0/4.9	9.2/3.7	10.6/6.8	8.2/5.4
PBR(최고/저)(배)	2.0/0.7	1.5/0.7	1.1/0.7	1.8/0.8	1.5/1.0	1.4/0.9
EV/EBITDA(배)	16.1	85.4	7.7	10.5	10.0	6.7
EPS(원)	246	-150	87	159	135	185
BPS(원)	672	555	641	792	933	1,109
CFPS(원)	297	-99	137	210	186	233
DPS(원)	—	—	—	—	—	—
EBITDAPS(원)	93	15	173	177	206	267

재무 비율 〈단위 : % 〉

연도	영업이익률	순이익률	부채비율	차입금비율	ROA	ROE	유보율	자기자본비율	EBITDA마진율
2016	6.0	5.1	131.2	54.4	7.2	18.1	121.9	43.3	7.4
2015	4.9	4.3	177.6	96.5	5.7	15.6	86.6	36.0	6.5
2014	4.1	5.2	174.8	84.0	7.4	22.2	58.3	36.4	5.7
2013	3.9	2.7	235.4	114.3	4.1	14.6	28.2	29.8	5.4

남성 (A004270)
Namsung

업 종 : 전자 장비 및 기기		시 장 : 거래소	
신용 등급 : (Bond) — (CP) —		기업규모 : 시가총액 소형주	
홈 페 이 지 : www.namsung.com		연 락 처 : 02)2109-1550	
본 사 : 서울시 구로구 디지털로 31길 20 크라운프라자 13층			

설 립 일	1965.06.10	종 업 원 수	63명	대 표 이 사	윤남철,윤봉수,윤성호
상 장 일	1989.11.14	감 사 의 견	적정 (한영)	계	열
결 산 기	12월	보 통 주	3,621만주	종속회사수	
액 면 가	500원	우 선 주		구 상 호	

주주구성 (지분율,%)		출자관계 (지분율,%)		주요경쟁사 (외형,%)	
윤남철	14.3	엔에스에너지	100.0	남성	100
윤종호	8.7	남성전자	49.9	비에이치	444
(외국인)	0.1	천안역사	12.0	액트	73

매출구성		비용구성		수출비중	
MOBILE AUDIO/VIDEO(상품)	73.2	매출원가율	73.5	수출	92.4
MOBILE SPEAKER/AMP(상품)	15.3	판관비율	21.0	내수	7.6
쇼핑몰 운영 및 임대(기타)	8.1				

회사 개요
동사는 1965년 설립된 Digital A/V 제품 전문생산 업체임. 현재 "DUAL" 브랜드로 Mobile Audio, Video기기, DVD, XM위성 수신 Radio 등을 수출하고 있음. 주력인 디지털 전자사업 부문이 전체매출의 90% 가량을 차지하며 대부분을 미국, 캐나다에 수출 중임. 또한 멕시코 등 중남미 시장에도 진출함. 유통 및 임대사업 부문에는 서울 금천구 소재 남성프라자와 카멜리아 쇼핑몰, 구로구 크라운프라자 등을 운영 중임.

실적 분석
동사의 연결 재무제표 기준 2016년 결산 매출액은 전년 대비 10.4% 증가한 837.2억원 기록. 매출원가율 및 판관비의 안정적 관리로 영업이익 45.6억원을 기록하며 전년 동기 대비 63.6% 증가한 수치 기록. 이에 따라 당기순이익은 13.3억원을 기록하며 흑자전환에 성공함. 향후 중국 및 미국 경기의 회복세에 따라 동사의 실적도 긍정적인 개선이 있을 것으로 기대됨.

현금 흐름 〈단위 : 억원〉

항목	2015	2016
영업활동	-81	69
투자활동	2	37
재무활동	74	-98
순현금흐름	-5	8
기말현금	23	31

시장 대비 수익률

결산 실적 〈단위 : 억원〉

항목	2011	2012	2013	2014	2015	2016
매출액	662	680	731	691	759	837
영업이익	-2	-0	20	16	28	46
당기순이익	-18	-69	-7	-40	-5	13

분기 실적 〈단위 : 억원〉

항목	2015.3Q	2015.4Q	2016.1Q	2016.2Q	2016.3Q	2016.4Q
매출액	185	208	234	190	209	204
영업이익	13	-6	18	11	16	0
당기순이익	3	-17	8	3	5	-2

재무 상태 〈단위 : 억원〉

항목	2011	2012	2013	2014	2015	2016
총자산	2,229	2,214	2,001	1,955	2,017	2,045
유형자산	84	82	80	80	77	78
무형자산	8	10	10	11	11	11
유가증권	128	123	99	90	87	85
총부채	1,365	1,415	1,219	1,229	1,307	1,311
총차입금	1,030	1,028	764	881	976	895
자본금	181	181	181	181	181	181
총자본	864	799	782	726	710	734
지배주주지분	866	803	786	731	716	741

기업가치 지표

항목	2011	2012	2013	2014	2015	2016
주가(최고/저)(천원)	0.7/0.6	0.8/0.6	0.9/0.6	1.2/0.8	2.9/1.1	2.3/1.6
PER(최고/저)(배)	—/—	—/—	—/—	—/—	—/—	61.6/42.3
PBR(최고/저)(배)	0.3/0.3	0.4/0.3	0.4/0.3	0.6/0.4	1.3/0.5	1.0/0.7
EV/EBITDA(배)	74.3	68.7	24.1	33.9	33.1	22.3
EPS(원)	-46	-183	-18	-109	-12	38
BPS(원)	26,212	24,467	24,001	22,460	2,204	2,253
CFPS(원)	49	-1,345	293	-623	35	84
DPS(원)	400	250	250	250	25	25
EBITDAPS(원)	455	475	1,041	907	124	173

재무 비율 〈단위 : % 〉

연도	영업이익률	순이익률	부채비율	차입금비율	ROA	ROE	유보율	자기자본비율	EBITDA마진율
2016	5.5	1.6	178.7	122.0	0.7	1.9	350.7	35.9	7.5
2015	3.7	-0.7	184.2	137.4	-0.3	-0.6	340.9	35.2	5.9
2014	2.3	-5.8	169.2	121.3	-2.0	-5.2	349.2	37.2	4.8
2013	2.8	-1.0	155.9	97.7	-0.4	-0.8	380.0	39.1	5.2

남양유업 (A003920)
Namyang Dairy Products

업　　종 : 식료품　　　　　　　시　　장 : 거래소
신용등급 : (Bond) —　　(CP) —　　기업규모 : 시가총액 중형주
홈페이지 : www.namyangi.com　　연 락 처 : 02)2010-6423
본　　사 : 서울시 강남구 도산대로 240

설 립 일	1964.03.13	종 업 원 수	2,502명	대 표 이 사	이원구
상 장 일	1978.06.24	감 사 의 견	적정 (안진)	계　　열	
결 산 기	12월	보 통 주	72만주	종속회사수	
액 면 가	5,000원	우 선 주	17만주	구 상 호	

주주구성 (지분율,%)		출자관계 (지분율,%)		주요경쟁사 (외형,%)	
홍원식	51.7	금양홍업	100.0	남양유업	100
신영자산운용	6.7	남양에프앤비	100.0	빙그레	66
(외국인)	20.2			매일유업	132

매출구성		비용구성		수출비중	
맛있는우유GT 外	48.6	매출원가율	72.8	수출	5.6
몸이가벼워지는시간17차 外	26.5	판관비율	23.8	내수	94.4
XO FiveSolution 外	24.9				

회사 개요
동사는 분유, 시유, 발효유, 치즈 등 유가공제품 및 카페믹스, 음료제품 등을 생산판매. 제품 형태에 따라 우유류, 분유류, 기타 유제품 사업, 음료생산 및 OEM, 부동산경영 및 임대업을 영위하고 있음. 매출은 우유류가 절반 가까이 차지하는 가운데 분유와 기타 등으로 구성. 매출의 상당 부분을 차지하고 있는 우유류 제품의 경우 원유 과잉생산 및 소비심리 위축으로 인해 우유와 탈지분유 재고부담이 가중되고 있는 상황.

실적 분석
동사의 2016년 연결기준 연간 누적 매출액은 1조2391.7억원으로 전년 대비 소폭 증가함. 매출은 증가했지만 판관비 축소 영향으로 영업이익은 전년 동기 대비 107.8% 증가한 418.3억원을 시현함. 비영업손익 부문에서 흑자 폭이 감소했음에도 영업이익이 대폭 늘어나면서 당기순이익은 전년 동기 대비 39.5% 증가한 371.8억원을 기록함. 수익성은 개선됐지만 우유 시장이 줄고 있다는 점은 향후 성장에 걸림돌이 될 전망.

현금 흐름 〈단위 : 억원〉
항목	2015	2016
영업활동	794	1,221
투자활동	-842	-794
재무활동	7	-9
순현금흐름	-40	419
기말현금	546	965

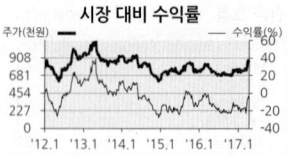
시장 대비 수익률

결산 실적 〈단위 : 억원〉
항목	2011	2012	2013	2014	2015	2016
매출액	12,328	13,650	12,299	11,517	12,150	12,392
영업이익	553	637	-175	-261	201	418
당기순이익	480	611	-455	2	267	372

분기 실적 〈단위 : 억원〉
항목	2015.3Q	2015.4Q	2016.1Q	2016.2Q	2016.3Q	2016.4Q
매출액	3,091	3,023	2,923	3,213	3,113	3,142
영업이익	50	66	52	140	120	106
당기순이익	30	163	50	115	90	116

재무 상태 〈단위 : 억원〉
항목	2011	2012	2013	2014	2015	2016
총자산	10,121	10,333	9,755	9,632	9,941	10,415
유형자산	2,084	2,852	3,490	3,347	3,177	3,196
무형자산	72	70	77	73	73	56
유가증권	1,140	1,188	553	634	1,315	1,690
총부채	1,931	1,625	1,490	1,393	1,450	1,522
총차입금	—	0	3			
자본금	44	44	44	44	44	44
총자본	8,190	8,708	8,265	8,239	8,491	8,893
지배주주지분	8,190	8,708	8,265	8,239	8,491	8,893

기업가치 지표
항목	2011	2012	2013	2014	2015	2016
주가(최고/저)(천원)	901/651	1,027/604	1,159/793	959/600	862/625	826/652
PER(최고/저)(배)	16.8/12.1	15.0/8.8	—/—	5,197.1/3,254.3	28.7/20.9	19.7/15.6
PBR(최고/저)(배)	1.0/0.7	1.0/0.6	1.2/0.8	1.0/0.6	0.9/0.6	0.8/0.6
EV/EBITDA(배)	3.2	4.9	55.6	21.9	6.5	3.0
EPS(원)	54,109	68,879	-51,361	185	30,064	41,928
BPS(원)	948,113	1,008,204	958,192	955,307	983,744	1,029,018
CFPS(원)	79,170	97,159	-21,128	46,533	76,229	84,108
DPS(원)	1,000	1,000	1,000	1,000	1,000	1,000
EBITDAPS(원)	87,423	100,156	10,550	16,959	68,869	89,355

재무 비율 〈단위 : %〉
연도	영업이익률	순이익률	부채비율	차입금비율	ROA	ROE	유보율	자기자본비율	EBITDA마진율
2016	3.4	3.0	17.1	0.0	3.7	4.3	20,480.4	85.4	6.4
2015	1.7	2.2	17.1	0.0	2.7	3.2	19,574.9	85.4	5.0
2014	-2.3	0.0	16.9	0.0	0.0	0.0	19,006.1	85.5	1.3
2013	-1.4	-3.7	18.0	0.0	-4.5	-5.4	19,063.9	84.7	0.8

남영비비안 (A002070)
Namyeung Vivien

업　　종 : 섬유 및 의복　　　시　　장 : 거래소
신용등급 : (Bond) —　　(CP) —　　기업규모 : 시가총액 소형주
홈페이지 : www.namyeung.co.kr　　연 락 처 : 02)3780-1114
본　　사 : 서울시 용산구 서빙고로 51길 52(서빙고동)

설 립 일	1957.06.14	종 업 원 수	456명	대 표 이 사	남석우
상 장 일	1976.07.13	감 사 의 견	적정 (광교)	계　　열	
결 산 기	12월	보 통 주	687만주	종속회사수	
액 면 가	1,000원	우 선 주		구 상 호	

주주구성 (지분율,%)		출자관계 (지분율,%)		주요경쟁사 (외형,%)	
남석우	23.8	남영나이론	100.0	남영비비안	100
남영산업	17.5	훼미모드	60.0	우노앤컴퍼니	20
(외국인)	1.5	GROUPEBARBARAS.A.S	100.0	좋은사람들	64

매출구성		비용구성		수출비중	
여성용 파운데이션, 란제리	78.2	매출원가율	45.2	수출	7.3
스타킹	20.4	판관비율	55.8	내수	92.7
카바링사	1.3				

회사 개요
1957년에 설립된 국내 최대의 여성란제리 전문기업으로 'VIVIEN', 'SONORE' 등 다양한 상품을 출시함. 여성 내의류는 내수 비중이 높고, 신규업체의 시장 진입 장벽이 낮은 산업으로 신규업체들이 해외 브랜드의 수입을 통해 시장진입을 시도하고 있어 경쟁이 치열해짐. 동사는 2011년 프랑스 고급 란제리인 '바바라'를 인수해 명품 란제리 사업도 강화함. 주요 종속회사인 청도남남유한공사는 스타킹, 카바링사의 생산을 주력으로 하고 있음.

실적 분석
소비자들이 지갑을 잘 열지 않는데다 SPA(제조·유통 일괄형) 및 해외 브랜드들이 속속 시장에 진출해 경쟁이 격화됨에 따라 2016년 연결기준 매출액은 전년동기 대비 소폭 감소함. 원가율이 일부 개선되고 인건비 등 판관비를 축소하였으나, 외형감소에 따른 고정비용 부담으로 영업이익은 적자를 지속함. 2015년 재무구조 개선을 위해 문래동 토지와 건물을 미래도건설에 매각함. 영업외에서는 이자비용이 줄어들고 외환차익과 잡이익이 증가함.

현금 흐름 〈단위 : 억원〉
항목	2015	2016
영업활동	-75	-28
투자활동	269	50
재무활동	-201	-3
순현금흐름	-8	17
기말현금	44	62

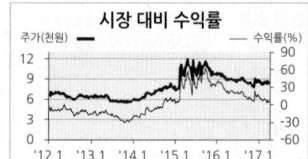
시장 대비 수익률

결산 실적 〈단위 : 억원〉
항목	2011	2012	2013	2014	2015	2016
매출액	2,352	2,385	2,327	2,167	2,003	1,981
영업이익	55	-14	-60	-152	-76	-21
당기순이익	53	-13	-53	-2	67	-24

분기 실적 〈단위 : 억원〉
항목	2015.3Q	2015.4Q	2016.1Q	2016.2Q	2016.3Q	2016.4Q
매출액	503	440	462	527	496	495
영업이익	-33	-28	-15	-5	2	-4
당기순이익	-30	-59	-8	-8	-9	1

재무 상태 〈단위 : 억원〉
항목	2011	2012	2013	2014	2015	2016
총자산	2,131	2,244	2,291	1,942	1,780	1,728
유형자산	515	676	665	639	482	462
무형자산	37	34	53	67	70	73
유가증권	22	17	8	7	8	11
총부채	591	754	876	552	331	327
총차입금	261	436	491	283	93	95
자본금	69	69	69	69	69	69
총자본	1,540	1,490	1,414	1,390	1,449	1,401
지배주주지분	1,528	1,478	1,407	1,387	1,449	1,415

기업가치 지표
항목	2011	2012	2013	2014	2015	2016
주가(최고/저)(천원)	8.6/6.1	7.2/5.9	6.6/5.5	8.3/5.9	13.4/7.4	10.0/7.8
PER(최고/저)(배)	13.2/9.3	—/—	—/—	355.9/251.7	13.8/7.6	—/—
PBR(최고/저)(배)	0.5/0.3	0.4/0.3	0.4/0.3	0.4/0.3	0.7/0.4	0.5/0.4
EV/EBITDA(배)	9.0	45.4				11,648.3
EPS(원)	796	-139	-719	25	1,012	-342
BPS(원)	22,588	21,838	20,893	20,666	21,669	21,113
CFPS(원)	1,251	333	-286	404	1,372	-31
DPS(원)	300	250	400	200	200	200
EBITDAPS(원)	1,257	268	-446	-1,840	-745	1

재무 비율 〈단위 : %〉
연도	영업이익률	순이익률	부채비율	차입금비율	ROA	ROE	유보율	자기자본비율	EBITDA마진율
2016	-1.1	-1.2	23.3	6.8	-1.4	-1.6	2,011.3	81.1	0.0
2015	-3.8	3.3	22.8	6.4	3.6	4.9	2,066.9	81.4	-2.6
2014	-7.0	-0.1	39.7	20.3	-0.1	0.1	1,966.6	71.6	-5.8
2013	-2.6	-2.3	62.0	34.7	-2.4	-3.4	1,989.3	61.7	-1.3

남해화학 (A025860)
Namhae Chemical

업 종 : 화학		시 장 : 거래소	
신용등급 : (Bond) — (CP) —		기업규모 : 시가총액 중형주	
홈페이지 : www.nhchem.co.kr		연 락 처 : 061)688-5354	
본 사 : 서울시 강남구 테헤란로113길 15(삼성동)			

설 립 일	1947.05.08	종업원수	425명	대표이사	전기식
상 장 일	1995.11.10	감사의견	적정 (한영)	계 열	
결 산 기	12월	보 통 주	4,968만주	종속회사수	
액 면 가	1,000원	우 선 주		구 상 호	

주주구성 (지분율,%)		출자관계 (지분율,%)		주요경쟁사 (외형,%)	
농협경제지주	56.0	바이오필드	70.0	남해화학	100
국민연금공단	7.0	여수그린에너지	49.0	한국쉘석유	19
(외국인)	5.1	낫소남해아그로	25.0	동성코퍼레이션	78

매출구성		비용구성		수출비중	
석유류(상품)	38.7	매출원가율	91.5	수출	18.3
복합비료(제품)	29.6	판관비율	7.4	내수	81.7
암모니아(제품)	15.8				

회사 개요
동사는 1974년 정부의 중화학공업 육성정책으로 설립돼 국내 최대의 비료 생산설비를 갖추고 있음. 현재 비료와 3대 농자재 중 하나인 유류사업을 영위해 2003년부터 자영, 농협 및 직영주유소를 운영하고 있음. 동사의 비료부문은 수요량보다 많은 생산능력으로 인해 수출비중이 커지고 있음. 동사의 최대주주는 농협경제지주(주)로 지분율은 56%임. 2016년 6월 기준 동사의 비료시장 국내 점유율은 49.3%임.

실적 분석
동사의 2016년 결산 매출액은 1조 965억원으로 전년동기 대비 6.7% 감소함. 영업이익은 127.4억원으로 47.2% 감소하였고, 당기순이익 또한 약 30% 감소한 144억에 그침. 비료/화학과 유류 부문 모두 매출이 역성장하였고, 유류사업은 고정비 부담으로 영업적자 상태임. 농지면적 감소로 인해 매년 비료수요가 감소하고 있고, 매입단가가 하락으로 비료화학제품의 판매단가가 하락 중임. 2019년 열병합발전소를 건립할 예정임.

현금 흐름 〈단위 : 억원〉

항목	2015	2016
영업활동	703	519
투자활동	-27	-323
재무활동	-198	-200
순현금흐름	479	2
기말현금	926	927

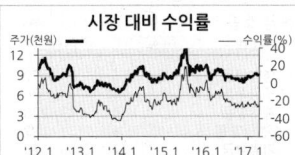

시장 대비 수익률

결산 실적 〈단위 : 억원〉

항목	2011	2012	2013	2014	2015	2016
매출액	15,101	14,688	13,916	12,518	11,751	10,965
영업이익	153	-391	208	182	241	127
당기순이익	-84	-249	129	182	205	144

분기 실적 〈단위 : 억원〉

항목	2015.3Q	2015.4Q	2016.1Q	2016.2Q	2016.3Q	2016.4Q
매출액	2,501	2,455	2,921	2,982	2,523	2,540
영업이익	49	-121	52	116	55	-95
당기순이익	19	-69	46	102	62	-66

재무 상태 〈단위 : 억원〉

항목	2011	2012	2013	2014	2015	2016
총자산	6,310	5,631	5,041	5,200	5,162	5,304
유형자산	1,662	1,584	1,496	1,472	1,532	1,702
무형자산	19	18	17	17	14	16
유가증권	86	82	86	78	53	2
총부채	2,639	2,218	1,497	1,518	1,306	1,325
총차입금	1,535	1,811	937	656	465	257
자본금	497	497	497	497	497	497
총자본	3,672	3,413	3,543	3,682	3,856	3,980
지배주주지분	3,672	3,413	3,543	3,682	3,856	3,976

기업가치 지표

항목	2011	2012	2013	2014	2015	2016
주가(최고/저)(천원)	18.2/8.9	11.5/7.1	8.5/6.4	10.6/6.7	13.3/8.3	10.7/7.9
PER(최고/저)(배)	—/—	—/—	33.4/25.2	29.5/18.7	32.6/20.4	36.8/27.1
PBR(최고/저)(배)	2.5/1.2	1.7/1.0	1.2/0.9	1.4/0.9	1.7/1.1	1.3/1.0
EV/EBITDA(배)	23.3		12.2	15.1	12.3	13.2
EPS(원)	-168	-502	261	366	412	292
BPS(원)	7,543	7,023	7,284	7,565	7,915	8,157
CFPS(원)	93	-232	524	626	675	569
DPS(원)	30	30	50	60	60	45
EBITDAPS(원)	569	-518	682	627	749	534

재무 비율 〈단위 : %〉

연도	영업이익률	순이익률	부채비율	차입금비율	ROA	ROE	유보율	자기자본비율	EBITDA마진율
2016	1.2	1.3	33.3	6.5	2.8	3.7	715.7	75.0	2.4
2015	2.1	1.7	33.9	12.1	4.0	5.4	691.5	74.7	3.2
2014	1.5	1.5	41.2	17.8	3.6	5.0	656.5	70.8	2.5
2013	1.5	0.9	42.3	26.4	2.4	3.7	628.4	70.3	2.4

남화토건 (A091590)
Nam Hwa Construction

업 종 : 건설		시 장 : KOSDAQ	
신용등급 : (Bond) — (CP) —		기업규모 : 우량	
홈페이지 : www.namhwaconst.co.kr		연 락 처 : 061)374-4409	
본 사 : 전남 화순군 화순읍 벽라1길 40			

설 립 일	1959.08.22	종업원수	104명	대표이사	최재훈
상 장 일	2012.01.31	감사의견	적정 (승일)	계 열	
결 산 기	12월	보 통 주	1,174만주	종속회사수	
액 면 가	500원	우 선 주		구 상 호	

주주구성 (지분율,%)		출자관계 (지분율,%)		주요경쟁사 (외형,%)	
시유	13.9	남화개발	68.6	남화토건	100
최상준	11.2	KCTV광주방송	41.8	성도이엔지	659
(외국인)	1.2	남화산업	29.1	희림	216

매출구성		비용구성		수출비중	
국내도급공사(건축)	74.4	매출원가율	88.3	수출	—
국내도급공사(토목)	21.8	판관비율	6.4	내수	—
기타(조경, 전기 등)	3.8				

회사 개요
동사는 1958년 설립되어 토목공사, 건축공사, 조경공사, 전기도급공사 등을 시행하는 종합건설사로, 2012년 1월 코스닥시장에 상장됨. 약 70%의 지분을 보유한 남화개발을 종속회사로 보유하고 있음. 토목과 건축공사가 총 매출의 90% 이상을 차지함. 2016년 대한건설협회에서 발표한 시공능력평가액은 1669.1억원으로 국내 건설사 중 126위를 기록한 중견 건설업체임. 2015년까지 100위 안에 들었으나 2016년 순위가 밀려남.

실적 분석
최근 건설시장은 정부의 정책사업 발주 증가와 부동산 대책 수립등의 시장개입에도 불구하고 지속적인 부동산 경기 침체와 금융여건 회복의 지연으로 민간사업이 크게 위축되었음. 동사는 2016년 양질의 수주에 총력을 기울여 전년대비 28.1% 증가한 645.6억원의 매출액을 기록함. 2015년 15.1억원 손실을 극복하여 2016년 34.3억원의 영업이익을 달성하였으며 당기순이익은 전년 대비 166% 증가한 59.5억원을 실현함.

현금 흐름 〈단위 : 억원〉

항목	2015	2016
영업활동	73	64
투자활동	-82	-47
재무활동	-12	-6
순현금흐름	-20	11
기말현금	95	106

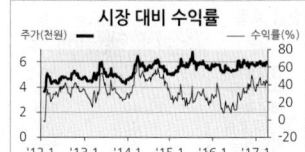

시장 대비 수익률

결산 실적 〈단위 : 억원〉

항목	2011	2012	2013	2014	2015	2016
매출액	863	873	897	952	504	646
영업이익	88	51	31	31	-15	34
당기순이익	75	72	61	59	22	60

분기 실적 〈단위 : 억원〉

항목	2015.3Q	2015.4Q	2016.1Q	2016.2Q	2016.3Q	2016.4Q
매출액	108	93	111	203	144	188
영업이익	-6	-19	3	11	6	15
당기순이익	-6	-8	6	21	14	18

재무 상태 〈단위 : 억원〉

항목	2011	2012	2013	2014	2015	2016
총자산	1,206	1,324	1,382	1,381	1,394	1,504
유형자산	35	37	36	35	33	33
무형자산	0	0	0	0	0	0
유가증권	50	64	60	64	48	109
총부채	245	209	221	172	172	231
총차입금	23	—	1	0	—	2
자본금	44	59	59	59	59	59
총자본	961	1,115	1,161	1,209	1,222	1,273
지배주주지분	918	1,069	1,112	1,158	1,169	1,218

기업가치 지표

항목	2011	2012	2013	2014	2015	2016
주가(최고/저)(천원)	—/—	5.4/3.6	6.4/4.2	6.4/4.5	6.8/4.9	6.3/5.2
PER(최고/저)(배)	0.0/0.0	9.9/6.7	13.7/9.1	13.7/9.7	39.6/28.5	13.2/10.8
PBR(최고/저)(배)	0.0/0.0	0.7/0.4	0.7/0.5	0.7/0.5	0.7/0.5	0.6/0.5
EV/EBITDA(배)	0.0/0.0	4.8	8.7	6.7	—	10.3
EPS(원)	830	599	496	493	178	485
BPS(원)	10,502	9,103	9,470	9,866	9,960	10,373
CFPS(원)	855	622	520	518	202	506
DPS(원)	75	150	100	100	70	100
EBITDAPS(원)	1,031	464	288	293	-104	313

재무 비율 〈단위 : %〉

연도	영업이익률	순이익률	부채비율	차입금비율	ROA	ROE	유보율	자기자본비율	EBITDA마진율
2016	5.3	9.2	18.2	0.2	4.1	4.8	1,974.7	84.6	5.7
2015	-3.0	4.4	14.1	1.6	1.8	1.8	1,892.1	87.6	-2.4
2014	3.3	6.2	14.2	4.3	4.3	5.1	1,873.3	87.6	3.6
2013	3.5	6.8	19.1	4.5	4.5	5.3	1,793.9	84.0	3.8

내츄럴엔도텍 (A168330)
Naturalendo Tech

업 종 : 바이오		시 장 : KOSDAQ	
신용등급 : (Bond) — (CP) —		기업규모 : 우량	
홈페이지 : www.naturalendo.co.kr		연락처 : (070)4601-3152	
본 사 : 경기도 성남시 분당구 판교로 255번길 58, 씨즈타워 A동 3층			

설 립 일	2001.05.31	종업원수	63명	대표이사	김재수
상 장 일	2013.10.31	감사의견	적정(삼정)	계 열	
결 산 기	12월	보 통 주	1,948만주	종속회사수	
액 면 가	500원	우 선 주		구 상 호	

주주구성 (지분율,%)		출자관계 (지분율,%)		주요경쟁사 (외형,%)	
김재수	18.6	엔도더마	25.0	내츄럴엔도텍	100
(유)엔에이치씨	8.7	안덕태(북경)생물과기	100.0	씨젠	1,124
(외국인)	3.5			프로스테믹스	216

매출구성		비용구성		수출비중	
백수오 여성호르몬제	69.9	매출원가율	64.8	수출	11.2
기타 등	23.1	판관비율	178.4	내수	88.8
백수오등 복합추출물	7.0				

회사 개요
동사는 2001년 5월 물리, 화학 및 생물학 연구개발사업을 주요사업 목적으로 설립됐으며, 현재 헬스케어 신소재 연구개발 전문 바이오 기업임. 특히 호르몬 관련 임상 치료용 소재의 연구개발에 주력하고 있으며, 폐경기 증상 개선용 제품 백수오 여성호르몬제를 주력 품목으로 제조하고 있음. 매출 비중은 백수오 여성호르몬제가 49.08%, 백수오 등 복합추출물이 16.31%, 웰뮨 등 다이어트 소재가 34.62%임. 북미 및 유럽등지에 제품 런칭 예정.

실적 분석
2016년 결산 기준 매출액이 65.6억원으로 전년동기 대비 85.3% 감소함. 영업손실은 93.9억원, 당기순손실은 131.8억원으로 적자지속됨. 가짜 백수오 파동으로 생산을 중단하면서 실적이 급격히 악화됨. 8월 24일 생산을 재개했으나 홈쇼핑 등 판로 확보는 아직까지 불투명한 상태임. 백수오 제품에 대한 소비자들의 신뢰를 회복하는 것이 급선무임. 코스트코 등의 유통채널을 통해 판매 중이며, 유럽 수출관련 승인 절차 진행 중임.

현금 흐름
〈단위 : 억원〉

항목	2015	2016
영업활동	-73	-183
투자활동	28	-118
재무활동	-40	398
순현금흐름	-85	97
기말현금	66	163

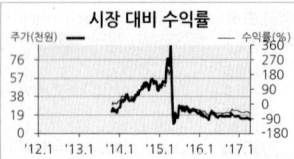

시장 대비 수익률

결산 실적
〈단위 : 억원〉

항목	2011	2012	2013	2014	2015	2016
매출액	112	216	841	1,241	445	66
영업이익	24	51	241	259	-109	-94
당기순이익	22	44	193	208	-156	-132

분기 실적
〈단위 : 억원〉

항목	2015.3Q	2015.4Q	2016.1Q	2016.2Q	2016.3Q	2016.4Q
매출액	5	5	14	23	9	19
영업이익	-48	-14	-9	-23	-14	-48
당기순이익	-19	-20	-7	-43	-18	-65

재무 상태
〈단위 : 억원〉

항목	2011	2012	2013	2014	2015	2016
총자산	81	159	683	887	694	859
유형자산	19	15	108	453	320	312
무형자산	6	9	12	16	10	10
유가증권	2			15	7	92
총부채	38	69	175	171	190	386
총차입금	16	11		12	28	328
자본금	20	22	26	97	97	97
총자본	43	90	508	716	505	473
지배주주지분	43	90	508	716	505	473

기업가치 지표

항목	2011	2012	2013	2014	2015	2016
주가(최고/저)(천원)	—/—	—/—	27.3/20.3	58.2/26.1	91.0/8.6	23.6/13.4
PER(최고/저)(배)	0.0/0.0	0.0/0.0	24.3/18.1	53.8/24.2	—/—	—/—
PBR(최고/저)(배)	0.0/0.0	0.0/0.0	10.2/7.6	15.7/7.1	31.5/3.0	8.6/4.9
EV/EBITDA(배)			19.6	32.4		
EPS(원)	155	286	1,123	1,081	-798	-677
BPS(원)	1,080	2,065	9,635	3,710	2,893	2,731
CFPS(원)	570	1,043	4,061	1,121	-743	-607
DPS(원)						
EBITDAPS(원)	612	1,213	5,072	1,388	-505	-413

재무 비율
〈단위 : % 〉

연도	영업이익률	순이익률	부채비율	차입금비율	ROA	ROE	유보율	자기자본비율	EBITDA마진율
2016	-143.3	-201.0	81.6	69.4	-17.0	-27.0	446.2	55.1	-122.7
2015	-24.5	-35.2	37.6	5.6	-19.8	-25.4	478.7	72.7	-22.1
2014	20.9	16.7	23.8	1.6	26.5	33.9	642.0	80.8	21.5
2013	28.7	22.9	34.5	0.8	45.8	64.6	1,827.1	74.4	28.8

네오디안테크놀로지 (A072770)
Neodian Technology

업 종 : 인터넷 서비스		시 장 : KOSDAQ	
신용등급 : (Bond) — (CP) —		기업규모 : 중견	
홈페이지 : www.neodian.co.kr		연락처 : (02)2028-2800	
본 사 : 서울시 서초구 방배로34길 8, 301(방배동, 다원빌딩)			

설 립 일	1998.03.03	종업원수	53명	대표이사	이현진
상 장 일	2007.07.25	감사의견	적정(성도)	계 열	
결 산 기	12월	보 통 주	3,031만주	종속회사수	
액 면 가	500원	우 선 주		구 상 호	아로마소프트

주주구성 (지분율,%)		출자관계 (지분율,%)		주요경쟁사 (외형,%)	
이현진	17.1			네오디안테크놀로지	100
수성에셋투자자문	2.5			이지웰페어	86
(외국인)	0.6			소리바다	65

매출구성		비용구성		수출비중	
[상품]EMC 솔루션과 Dell Software	48.8	매출원가율	86.2	수출	0.0
[용역]EMC 솔루션과 Dell Software	46.6	판관비율	12.0	내수	100.0
[용역]무선인터넷플랫폼	2.9				

회사 개요
동사는 임베디드 소프트웨어 개발 및 공급업체로, 임베디드 시스템이란 각종 기기에 내장되어 고유한 목적과 기능을 수행하는 컴퓨터를 말함. 동사의 제품은 이 중 무선인터넷 서비스 환경의 일부인 모바일 미들웨어 플랫폼으로 사용되고 있음. 백업과 스토리지 분야의 장비 및 유지보수 전문 기업인 네오디안테크놀로지와 7월 31일자로 합병하고 네오디안테크놀로지로 사명을 변경, 기술적으로 빅데이터 처리를 위한 수직계열화를 구축하여 고객층을 넓힐 예정.

실적 분석
2016년 누적 매출액과 영업이익은 전년동기 대비 각각 67% 증가, 흑자전환한 608억원, 11.2억원을 기록함. 매출의 약 8%를 차지했던 무선인터넷 플랫폼 외형이 1/4배로 축소하였음에도 EMC 솔루션과 Dell Software 부문의 매출이 증가하며 외형성장함. 사이버 보안, 모바일 컴퓨팅으로 요약되는 기술적 변화로 인해 스토리지 산업의 시장규모는 완만한 성장을 지속할 것으로 전망.

현금 흐름
〈단위 : 억원〉

항목	2015	2016
영업활동	-6	-72
투자활동	-4	-74
재무활동	-4	229
순현금흐름	4	82
기말현금	42	124

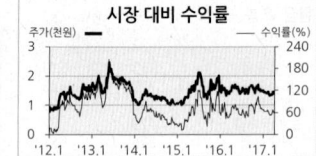

시장 대비 수익률

결산 실적
〈단위 : 억원〉

항목	2011	2012	2013	2014	2015	2016
매출액	72	60	58	425	365	608
영업이익	21	16	11	7	-3	11
당기순이익	37	2	2	-4	2	11

분기 실적
〈단위 : 억원〉

항목	2015.3Q	2015.4Q	2016.1Q	2016.2Q	2016.3Q	2016.4Q
매출액	93	133	83	101	197	227
영업이익	-2	0	-8	-3	7	15
당기순이익	-1	3	-11	-6	9	20

재무 상태
〈단위 : 억원〉

항목	2011	2012	2013	2014	2015	2016
총자산	237	205	302	284	243	538
유형자산	49	46	57	46	21	21
무형자산	18	23	40	36	44	39
유가증권	27	5	12	8	2	1
총부채	131	97	154	139	111	244
총차입금	113	80	41	36	32	115
자본금	56	57	80	80	80	152
총자본	106	108	148	145	132	295
지배주주지분	74	77	136	131	130	293

기업가치 지표

항목	2011	2012	2013	2014	2015	2016
주가(최고/저)(천원)	1.3/0.6	1.8/0.7	2.5/1.2	1.6/1.0	2.3/1.0	1.7/1.3
PER(최고/저)(배)	5.7/2.9	71.5/28.2	118.5/54.9	—/—	263.0/114.2	43.1/31.8
PBR(최고/저)(배)	2.1/1.1	3.1/1.2	3.3/1.5	2.2/1.4	3.2/1.4	1.8/1.3
EV/EBITDA(배)	5.1	11.8	12.5	11.1		18.6
EPS(원)	220	26	21	-33	9	40
BPS(원)	661	676	853	820	818	967
CFPS(원)	285	71	65	23	28	64
DPS(원)						
EBITDAPS(원)	229	180	117	103	-3	63

재무 비율
〈단위 : % 〉

연도	영업이익률	순이익률	부채비율	차입금비율	ROA	ROE	유보율	자기자본비율	EBITDA마진율
2016	1.8	1.9	82.7	39.0	2.9	5.4	93.4	54.7	2.9
2015	-0.9	0.4	84.2	24.3	0.6	1.2	63.6	54.3	-0.1
2014	1.6	-1.0	96.2	24.7	-1.5	-4.4	63.9	51.0	3.9
2013	18.5	3.1	104.2	27.7	0.7	3.2	70.5	49.0	28.6

네오오토 (A212560)
NEOOTO CO

업 종 : 자동차부품		시 장 : KOSDAQ	
신용등급 : (Bond) — (CP) —		기업규모 : 중견	
홈페이지 : www.neooto.kr		연 락 처 : 02)732-2871	
본 사 : 서울시 중구 세종대로21길 49 오양수산빌딩 201호			

설 립 일	2010.01.01	종업원수	95명	대표이사	김홍직
상 장 일	2015.11.18	감사의견	적정 (안진)	계 열	
결 산 기	12월	보 통 주	787만주	종속회사수	
액 면 가	500원	우 선 주		구 상 호	

주주구성 (지분율,%)		출자관계 (지분율,%)		주요경쟁사 (외형,%)	
김선현	26.7			네오오토	100
오토인더스트리	5.3			오리엔트정공	51
(외국인)	0.1			대우부품	38

매출구성		비용구성		수출비중	
피니언기어	69.8	매출원가율	88.5	수출	54.3
디프어셈블리	23.3	판관비율	4.4	내수	45.7
대형 기어등	6.7				

회사 개요
동사는 2010년 오토인더스트리로부터 물적분할을 통해 자동차부품 가공 및 제조를 주된 사업 목적으로 설립했음. 주로 자동차 변속기에 사용되는 피니언 기어, T/F 드라이브, 드리븐 기어 등 기어류 부품을 생산하고 있음. 주요 매출업체로는 현대파워텍(78.36%), 기아자동차(6.61%), 현대자동차(3.71%) 등으로 구성되어 있음. 제품 품목별 매출 비중은 피니언기어 58.62%, 디프어셈블리 16.94%, 대형 기어등 24.22%를 차지함.

실적 분석
동사의 2016년 누적매출액은 1,405.4억원으로 전년 동기 대비 21.8% 증가함. 대형 기어의 매출액이 전년 동기대비 대폭 증가했고, 피니언기어의 매출액 또한 소폭 증가하여 영업이익은 전년 동기대비 8.9% 증가한 100.5억원을 기록함. 2016년에 변속기 구동의 핵심부품인 4대기어, 어널러스기어를 국내 기어가공업계 최초로 생산하여 향후 동사의 중요매출 비중을 차지할 것으로 예상중임.

현금 흐름
*IFRS 별도 기준 〈단위 : 억원〉

항목	2015	2016
영업활동	231	195
투자활동	-421	-301
재무활동	189	66
순현금흐름	3	-39
기말현금	182	143

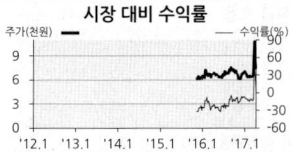
시장 대비 수익률

결산 실적
〈단위 : 억원〉

항목	2011	2012	2013	2014	2015	2016
매출액	1,040	1,063	1,173	1,088	1,154	1,405
영업이익	87	28	100	83	92	101
당기순이익	56	18	92	68	77	79

분기 실적
*IFRS 별도 기준 〈단위 : 억원〉

항목	2015.3Q	2015.4Q	2016.1Q	2016.2Q	2016.3Q	2016.4Q
매출액	266	296	327	389	366	324
영업이익	6	27	24	33	21	23
당기순이익	6	21	18	17	17	27

재무 상태
*IFRS 별도 기준 〈단위 : 억원〉

항목	2011	2012	2013	2014	2015	2016
총자산	669	682	954	909	1,205	1,349
유형자산	515	507	602	510	801	948
무형자산	0	1	2	6	5	5
유가증권	—	—	—	10	—	—
총부채	546	543	612	488	591	658
총차입금	343	390	394	307	384	450
자본금	14	14	14	14	26	26
총자본	122	139	343	422	613	690
지배주주지분	122	139	343	422	613	690

기업가치 지표
*IFRS 별도 기준

항목	2011	2012	2013	2014	2015	2016
주가(최고/저)(천원)	—/—	—/—	—/—	—/—	6.5/5.9	7.7/6.1
PER(최고/저)(배)	0.0/0.0	0.0/0.0	0.0/0.0	0.0/0.0	5.8/5.3	7.9/6.2
PBR(최고/저)(배)	0.0/0.0	0.0/0.0	0.0/0.0	0.0/0.0	0.9/0.8	0.9/0.7
EV/EBITDA(배)	1.5	2.0	1.1	0.5	2.8	3.0
EPS(원)	1,129	278	1,465	1,084	1,156	1,001
BPS(원)	43,724	49,722	122,326	14,766	11,686	13,152
CFPS(원)	83,212	60,001	93,309	7,689	5,115	4,972
DPS(원)						150
EBITDAPS(원)	97,190	63,867	96,017	8,201	5,473	5,385

재무 비율
〈단위 : % 〉

연도	영업이익률	순이익률	부채비율	차입금비율	ROA	ROE	유보율	자기자본비율	EBITDA마진율
2016	7.2	5.6	95.3	65.2	6.2	12.1	2,530.5	51.2	20.1
2015	8.0	6.6	96.4	62.6	7.2	14.8	2,237.2	50.9	20.9
2014	7.6	6.3	115.6	72.9	7.3	17.9	2,853.2	46.4	21.1
2013	8.5	7.9	178.7	115.1			2,346.5	35.9	22.9

네오위즈게임즈 (A095660)
NEOWIZ GAMES

업 종 : 게임 소프트웨어		시 장 : KOSDAQ	
신용등급 : (Bond) — (CP) —		기업규모 : 우량	
홈페이지 : www.neowizgames.com		연 락 처 : 031)8023-6600	
본 사 : 경기도 성남시 분당구 대왕판교로 645번길 14 네오위즈판교타워			

설 립 일	2007.04.26	종업원수	414명	대표이사	이기원
상 장 일	2007.07.02	감사의견	적정 (삼일)	계 열	
결 산 기	12월	보 통 주	2,192만주	종속회사수	
액 면 가	500원	우 선 주		구 상 호	

주주구성 (지분율,%)		출자관계 (지분율,%)		주요경쟁사 (외형,%)	
네오위즈	29.4	게임온	100.0	네오위즈게임즈	100
나성균	5.2	네오위즈아이엔에스	100.0	넥슨지티	32
(외국인)	6.5	네오위즈씨알에스	100.0	위메이드	57

매출구성		비용구성		수출비중	
피망 유료아이템	96.8	매출원가율	47.3	수출	27.7
광고 등	3.2	판관비율	40.4	내수	72.3

회사 개요
동사는 2007년 네오위즈홀딩스에서 인적분할 방식으로 설립된 업체로, 온라인 게임포털 피망 및 피망플러스 서비스 운영 및 온라인/모바일 게임 콘텐츠 개발과 퍼블리싱 사업 영위하는 업체임. 연결대상 종속법인으로는 네오위즈씨알에스와 게임온을 포함하여 총 11개의 자회사를 보유함. 당기 중 ㈜네오위즈모바일은 ㈜네오위즈에이블스튜디오로 사명이 변경됨. 주요 사업부문은 프리미엄서비스 게임유료 아이템 부문, 광고 부문, 서비스대행 부문으로 나뉘어짐.

실적 분석
동사의 2016년 매출액은 1,910.4억원으로 전년대비 0.5% 소폭 증가함. 영업이익은 234.7억원으로 전년대비 49.7% 성장함. 상반기 영업이익은 성장한데 반해 하반기 영업이익은 전년 동기 대비 절반이상 감소함. 이는 '크로스파이어' 계약 만료로 인해 매출이 줄었던 것의 영향임. 2017년에는 신작 출시를 통한 매출 확대 및 수익성 개선이 기대됨.

현금 흐름
〈단위 : 억원〉

항목	2015	2016
영업활동	156	304
투자활동	249	382
재무활동	-213	-681
순현금흐름	212	38
기말현금	628	665

시장 대비 수익률

결산 실적
〈단위 : 억원〉

항목	2011	2012	2013	2014	2015	2016
매출액	6,677	6,753	4,428	1,950	1,901	1,910
영업이익	1,340	1,150	963	301	157	235
당기순이익	725	57	469	-82	-219	99

분기 실적
*IFRS 별도 기준 〈단위 : 억원〉

항목	2015.3Q	2015.4Q	2016.1Q	2016.2Q	2016.3Q	2016.4Q
매출액	489	481	571	519	424	396
영업이익	53	-23	123	104	26	-18
당기순이익	2	-275	78	84	-14	-49

재무 상태
*IFRS 별도 기준 〈단위 : 억원〉

항목	2011	2012	2013	2014	2015	2016
총자산	6,262	5,978	5,068	4,233	3,744	3,174
유형자산	1,171	1,103	1,058	54	35	49
무형자산	942	419	309	322	75	77
유가증권	250	218	110	933	774	228
총부채	3,533	3,350	2,110	1,385	1,101	464
총차입금	1,913	1,897	1,406	806	604	4
자본금	110	110	110	110	110	110
총자본	2,729	2,628	2,958	2,848	2,643	2,711
지배주주지분	2,487	2,620	2,953	2,838	2,650	2,717

기업가치 지표

항목	2011	2012	2013	2014	2015	2016
주가(최고/저)(천원)	72.4/43.2	44.5/17.8	25.8/14.2	25.8/14.5	25.0/14.3	19.2/10.3
PER(최고/저)(배)	21.7/13.0	130.1/51.9	12.0/6.6	—/—	—/—	40.6/21.9
PBR(최고/저)(배)	5.1/3.1	3.5/1.4	1.8/1.0	1.9/1.1	2.0/1.1	1.4/0.8
EV/EBITDA(배)	6.9	4.3	3.7	10.5	10.8	5.4
EPS(원)	3,333	342	2,140	-347	-940	471
BPS(원)	14,143	12,628	14,148	13,537	12,671	13,338
CFPS(원)	4,319	1,742	2,829	129	-563	708
DPS(원)						
EBITDAPS(원)	7,099	6,645	5,086	1,849	1,093	1,307

재무 비율
〈단위 : % 〉

연도	영업이익률	순이익률	부채비율	차입금비율	ROA	ROE	유보율	자기자본비율	EBITDA마진율
2016	12.3	5.2	17.1	0.2	2.9	3.9	2,567.7	85.4	15.0
2015	8.3	-11.5	41.7	22.9	-5.5	-7.5	2,434.3	70.6	12.6
2014	15.4	-4.2	48.6	28.3	-1.8	-2.6	2,607.5	67.3	20.8
2013	21.8	10.6	71.3	47.5	8.5	16.8	2,729.7	58.4	25.2

네오위즈홀딩스 (A042420)
Neowiz Holdings

업　　종 : 게임 소프트웨어	시　　장 : KOSDAQ
신용등급 : (Bond) —　　(CP) —	기업규모 : 우량
홈페이지 : www.neowiz.com	연 락 처 : 031)8023-6600
본　　사 : 경기도 성남시 분당구 대왕판교로 645번길 14 네오위즈판교타워	

설 립 일	1997.06.06	종업원수	4명	대표이사	나성균
상 장 일	2000.06.27	감사의견	적정(삼일)	계　　열	
결 산 기	12월	보 통 주	886만주	종속회사수	
액 면 가	500원	우 선 주		구 상 호	네오위즈

주주구성 (지분율,%)		출자관계 (지분율,%)		주요경쟁사 (외형,%)	
나성균	42.4	네오위즈인베스트먼트	100.0	네오위즈홀딩스	100
한국투자신탁운용	4.5	네오위즈	29.4	액토즈소프트	36
(외국인)	11.9	엑스엘게임즈	6.3	액션스퀘어	2

매출구성		비용구성		수출비중	
Brand Royalty(기타)	81.6	매출원가율	48.0	수출	—
지주사업(기타)	18.4	판관비율	40.9	내수	—

회사 개요
동사는 컴퓨터 설비 자문업, 소프트웨어 자문 및 개발업을 목적으로 1997년 6월에 설립되어 2000년 6월에 코스닥시장에 상장한 업체로 현재는 지주회사로서 온라인, 모바일 게임 컨텐츠 개발과 퍼블리싱을 주요 사업으로 영위하고 있음. 또한 종속회사를 통하여 온라인, 모바일 게임 제작 및 해외 퍼블리싱 사업도 진행중임. 2016년 말 현재 네오위즈게임즈를 포함해 총 17개의 연결 자회사를 두고 있음.

실적 분석
동사의 2016년 연간 매출액은 2,017억원을 기록, 전년대비 1.1% 증가함. 매출 증가율은 미미함에도 불구하고 영업이익은 비용 효율화에 힘입어 전년대비 56.1% 증가한 223.6억원을 기록함. 매출 중 게임사업의 매출이 95% 이상으로 가장 높은 비중을 차지하고 있음. 2016년 7월 자회사의 '크로스파이어' 중국 퍼블리싱 계약 만료로 인한 일시적 매출 감소가 있었으나 2016년 연간 당기순손실은 83.9억원을 기록하며 적자전환함.

현금 흐름
〈단위 : 억원〉

항목	2015	2016
영업활동	164	148
투자활동	-247	-36
재무활동	-29	-151
순현금흐름	-92	-7
기말현금	696	690

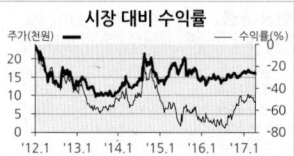
시장 대비 수익률

결산 실적
〈단위 : 억원〉

항목	2011	2012	2013	2014	2015	2016
매출액	7,272	7,437	5,043	2,022	1,995	2,017
영업이익	1,375	1,129	1,030	288	143	224
당기순이익	765	137	599	575	500	-84

분기 실적
〈단위 : 억원〉

항목	2015.3Q	2015.4Q	2016.1Q	2016.2Q	2016.3Q	2016.4Q
매출액	515	509	597	546	453	422
영업이익	46	-22	121	100	24	-22
당기순이익	6	-303	96	81	-12	-249

재무 상태
〈단위 : 억원〉

항목	2011	2012	2013	2014	2015	2016
총자산	6,999	6,677	5,885	5,740	5,709	5,334
유형자산	959	890	859	93	40	54
무형자산	1,319	761	633	634	338	340
유가증권	211	154	116	1,880	2,523	2,187
총부채	3,249	3,022	1,723	1,065	780	544
총차입금	1,376	1,347	833	223	7	12
자본금	47	47	47	47	47	47
총자본	3,750	3,655	4,162	4,675	4,929	4,790
지배주주지분	1,602	1,660	1,885	2,429	3,085	2,891

기업가치 지표

항목	2011	2012	2013	2014	2015	2016
주가(최고/저)(천원)	39.8/11.1	24.9/10.4	15.4/9.0	21.5/10.8	20.4/13.0	16.7/12.7
PER(최고/저)(배)	17.5/4.9	21.6/9.0	6.6/3.8	3.5/1.7	3.0/1.9	—/—
PBR(최고/저)(배)	2.3/0.7	1.4/0.6	0.8/0.5	0.8/0.4	0.6/0.4	0.5/0.4
EV/EBITDA(배)	2.3	1.8	2.0	3.7	1.8	3.7
EPS(원)	2,364	1,203	2,437	6,499	6,996	-1,636
BPS(원)	17,838	18,471	20,925	26,866	34,025	32,958
CFPS(원)	4,947	4,707	4,073	7,638	7,936	-1,036
DPS(원)					330	
EBITDAPS(원)	17,602	15,839	12,883	4,286	2,504	3,054

재무 비율
〈단위 : %〉

연도	영업이익률	순이익률	부채비율	차입금비율	ROA	ROE	유보율	자기자본비율	EBITDA마진율
2016	11.1	-4.2	11.4	0.3	-1.5	-5.0	6,173.0	89.8	13.8
2015	7.2	25.1	15.8	0.1	8.7	23.2	6,595.4	86.3	11.5
2014	14.3	28.4	22.8	4.8	9.9	27.6	5,186.6	81.5	19.4
2013	20.4	11.9	41.4	20.0	9.5	12.6	4,017.5	70.7	23.4

네오티스 (A085910)
NEO TECHNICAL SYSTEM

업　　종 : 자동차부품	시　　장 : KOSDAQ
신용등급 : (Bond) —　　(CP) —	기업규모 : 중견
홈페이지 : www.neotis.co.kr	연 락 처 : 031)671-0170
본　　사 : 경기도 안성시 죽산면 용대길 38-9, 두교산업단지	

설 립 일	2000.08.18	종업원수	215명	대표이사	권은영
상 장 일	2007.10.01	감사의견	적정(삼일)	계　　열	
결 산 기	12월	보 통 주	1,101만주	종속회사수	
액 면 가	500원	우 선 주		구 상 호	

주주구성 (지분율,%)		출자관계 (지분율,%)		주요경쟁사 (외형,%)	
권은영	26.5	네오디에스	51.7	네오티스	100
김현미	7.2	알트론	38.5	오리엔트정공	177
(외국인)	9.9	서울생주조	11.9	대우부품	133

매출구성		비용구성		수출비중	
Shaft	52.6	매출원가율	78.8	수출	47.2
Router & Endmill Bit	29.7	판관비율	14.9	내수	52.8
Drill Bit	14.3				

회사 개요
동사는 2000년 8월에 설립되어 PCB의 가공에 사용되는 초정밀 공구인 마이크로비트와 자동차용 모터용 샤프트의 제조 및 판매 등을 영위함. 총매출의 약 40%를 차지하는 마이크로비트 시장은 국내에서 동사와 인곡산업이 경쟁 중이며, 국내에서 활동하고 있는 해외 판매 업체로는 일본의 Union Tool, 대만의 TCT, Topoint 등이 있음. 자회사 네오디에스를 통해 초정밀 가공 Tool 및 특수가공 Tool의 연구개발을 진행하고 있음.

실적 분석
동사의 2016년도 결산 누적 매출액은 401.6억원으로 전년동기 대비 12.4% 증가함. 영업이익은 25.3억원을 기록하여 전년동기 대비 26.0% 증가하였으나 당기순손실은 16.0억원을 기록하며 적자 지속. 동사는 국내시장의 60%~70%를 점유하는 라우터비트의 인지도를 바탕으로 특수 드릴비트 개발에 매진중이며 다이아몬드 휠 성형 및 연마 능력에 대한 노하우를 향후 성장동력으로 삼을 예정임.

현금 흐름
〈단위 : 억원〉

항목	2015	2016
영업활동	54	18
투자활동	-12	-36
재무활동	31	4
순현금흐름	73	-14
기말현금	84	69

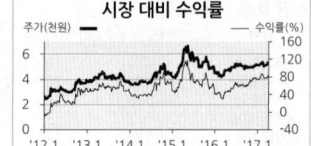
시장 대비 수익률

결산 실적
〈단위 : 억원〉

항목	2011	2012	2013	2014	2015	2016
매출액	292	350	361	377	357	402
영업이익	33	39	34	40	20	25
당기순이익	40	43	24	31	-36	-16

분기 실적
〈단위 : 억원〉

항목	2015.3Q	2015.4Q	2016.1Q	2016.2Q	2016.3Q	2016.4Q
매출액	85	100	101	96	95	110
영업이익	4	9	13	6	5	1
당기순이익	2	-38	7	2	-0	-4

재무 상태
〈단위 : 억원〉

항목	2011	2012	2013	2014	2015	2016
총자산	682	709	852	846	849	849
유형자산	222	358	371	342	324	300
무형자산	18	17	16	22	21	21
유가증권	56	15	13	59	52	45
총부채	92	102	245	207	250	285
총차입금	27	44	189	139	180	192
자본금	47	47	47	50	52	55
총자본	591	607	607	640	599	563
지배주주지분	591	601	600	629	589	556

기업가치 지표

항목	2011	2012	2013	2014	2015	2016
주가(최고/저)(천원)	3.2/1.8	4.0/2.4	4.7/3.7	5.4/3.5	6.9/4.1	5.3/4.2
PER(최고/저)(배)	10.6/6.0	11.7/6.9	24.2/18.5	21.9/14.3	—/—	—/—
PBR(최고/저)(배)	0.7/0.4	0.8/0.5	0.9/0.7	0.9/0.6	1.3/0.8	1.0/0.8
EV/EBITDA(배)	3.6	6.3	6.1	7.7	10.4	10.4
EPS(원)	426	462	243	286	-348	-147
BPS(원)	6,779	6,896	6,807	6,684	5,951	5,349
CFPS(원)	674	735	553	612	-6	186
DPS(원)	200	350	350	350	350	350
EBITDAPS(원)	600	691	677	748	537	568

재무 비율
〈단위 : %〉

연도	영업이익률	순이익률	부채비율	차입금비율	ROA	ROE	유보율	자기자본비율	EBITDA마진율
2016	6.3	-4.0	50.7	34.1	-1.9	-2.8	969.7	66.4	15.2
2015	5.6	-10.1	41.8	30.1	-4.2	-5.9	1,090.2	70.5	15.5
2014	10.6	8.1	32.3	21.8	3.6	4.4	1,236.8	75.6	18.8
2013	9.5	6.7	40.5	31.1	3.1	3.8	1,261.3	71.2	17.5

네오팜 (A092730)
Neopharm

업　　　종 : 개인생활용품　　　　　　　시　　　장 : KOSDAQ
신용등급 : (Bond) —　　(CP) —　　기업규모 : 벤처
홈페이지 : www.neopharm.co.kr　　　연 락 처 : 042)864-0038
본　　　사 : 대전시 유성구 테크노2로 309-8

설 립 일	2000.07.01	종 업 원 수	98명	대 표 이 사	이대열
상 장 일	2007.01.30	감사의견	적정(삼덕)	계　　열	
결 산 기	12월	보 통 주	746만주	종속회사수	
액 면 가	500원	우 선 주		구 상 호	

주주구성 (지분율,%)		출자관계 (지분율,%)		주요경쟁사 (외형,%)	
한불화장품	29.3	Neopharm(Huzhou)TradeCo.,Ltd	100.0	네오팜	100
Templeton Asian Smaller Companies Fund	4.9			코리아나	293
(외국인)	7.3			보령메디앙스	321

매출구성		비용구성		수출비중	
화장품	93.7	매출원가율	24.8	수출	8.3
피부외용제(OEM외)	3.8	판관비율	52.7	내수	91.7
화장품원료외 용역외	2.2				

회사 개요
동사는 2000년에 설립되어 2007년에 코스닥시장에 상장하였으며 화장품(보습제), 의약품의 개발, 제조 및 판매 사업을 영위함. 주요 제품은 병원용 아토피 보습제와 물티슈, 화장품원료, 피부외용제 등임. 2016년 6월 안용찬외 7명에서 한불화장품(주)외 3명으로 최대주주 변동이 확정됨. 2016년 말 현재 연결 종속기업으로 NEOPARM(HUZHOU) TRADE CO., LTD을 보유중임.

실적 분석
동사의 2016년 연결기준 매출액은 전년대비 17.8% 성장한 423.7억원을 기록함. 외형 성장과 원가율 개선으로 영업이익 95.5억원, 당기순이익 77.4억원을 보이며 전년대비 이익 규모 및 수익성이 개선됨. 전방산업의 현재 시장 상황은 작으나 향후 소비자 인식의 재고와 환경오염 및 스트레스의 증가 등으로 민감성 피부용 보습제에 의한 관리가 필요한 인구의 증가가 예상되고 있어 성장가능성이 높음.

현금 흐름　〈단위 : 억원〉
항목	2015	2016
영업활동	61	92
투자활동	-27	-79
재무활동	-21	-18
순현금흐름	13	-4
기말현금	80	76

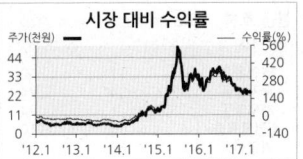
시장 대비 수익률

결산 실적　〈단위 : 억원〉
항목	2011	2012	2013	2014	2015	2016
매출액	169	188	201	256	360	424
영업이익	12	2	21	50	63	96
당기순이익	9	6	19	26	34	77

분기 실적　〈단위 : 억원〉
항목	2015.3Q	2015.4Q	2016.1Q	2016.2Q	2016.3Q	2016.4Q
매출액	73	—	—	95	84	
영업이익	11	—	—	22	21	
당기순이익	13	—	—	18	18	

재무 상태　〈단위 : 억원〉
항목	2011	2012	2013	2014	2015	2016
총자산	340	341	348	358	404	465
유형자산	101	95	90	84	83	86
무형자산	59	51	41	28	11	12
유가증권	26	16	76	43	73	31
총부채	41	42	44	47	78	79
총차입금	6	5	9	4	0	1
자본금	37	37	37	37	37	37
총자본	299	299	303	311	326	386
지배주주지분	299	299	303	311	326	386

기업가치 지표
항목	2011	2012	2013	2014	2015	2016
주가(최고/저)(천원)	9.1/4.0	8.7/4.9	7.0/4.5	15.9/4.3	50.6/13.0	39.4/23.6
PER(최고/저)(배)	81.4/35.6	107.5/61.1	29.1/19.0	48.1/12.9	113.2/29.1	38.5/23.0
PBR(최고/저)(배)	2.4/1.1	2.3/1.3	1.7/1.1	3.7/1.0	10.9/2.8	7.2/4.3
EV/EBITDA(배)	22.0	32.8	8.9	15.6	34.2	16.4
EPS(원)	121	87	254	344	457	1,038
BPS(원)	4,093	4,100	4,291	4,533	4,731	5,529
CFPS(원)	250	208	385	469	581	1,149
DPS(원)	75	75	100	250	250	350
EBITDAPS(원)	293	149	419	795	963	1,392

재무 비율　〈단위 : %〉
연도	영업이익률	순이익률	부채비율	차입금비율	ROA	ROE	유보율	자기자본비율	EBITDA마진율
2016	22.6	18.3	20.6	0.2	17.8	21.8	1,005.7	82.9	24.5
2015	17.4	9.5	23.9	0.1	8.9	10.9	846.3	80.7	20.0
2014	19.5	10.0	15.1	1.3	7.3	8.4	806.7	86.9	23.2
2013	10.7	9.4	14.6	3.1	5.5	6.3	758.2	87.3	15.5

네오피델리티 (A101400)
NEOFIDELITY

업　　　종 : 반도체 및 관련장비　　　　시　　　장 : KOSDAQ
신용등급 : (Bond) —　　(CP) —　　기업규모 : 벤처
홈페이지 : www.neofidelity.com　　연 락 처 : 031)8038-4810
본　　　사 : 경기도 성남시 분당구 판교로255번길 35(삼평동, 실리콘파크 A동 9층)

설 립 일	2000.04.04	종 업 원 수	36명	대 표 이 사	김성우
상 장 일	2009.03.31	감사의견	적정(대영)	계　　열	
결 산 기	12월	보 통 주	1,376만주	종속회사수	
액 면 가	500원	우 선 주		구 상 호	

주주구성 (지분율,%)		출자관계 (지분율,%)		주요경쟁사 (외형,%)	
티알에스	14.8	바이오닉스	46.5	네오피델리티	100
티알-리치 1호조합	6.9	하임바이오텍	20.0	GST	217
(외국인)	0.3	이지함화장품	11.1	다우인큐브	60

매출구성		비용구성		수출비중	
FPD TV용 완전 디지털 오디오 앰프칩	58.9	매출원가율	77.6	수출	91.3
FPD TV용 스피커	41.1	판관비율	22.4	내수	8.7

회사 개요
디지털 오디오 신호처리(DSP: Digital Signal Processor) 기술을 보유한 음향공학 출신의 반도체 설계 전문 인력들에 의해 설립된 반도체 설계 제조 전문기업임. 오디오 DSP 설계기술을 기반으로 FPD(Flat Panel Display) TV용 완전 디지털 오디오 앰프(Full Digital Audio Amplifier) 솔루션 제품을 주력으로 생산하여 공급하고 있음. 연결대상 해외 자회사로 중국, 홍콩 등에 4개사가 있음.

실적 분석
헬스케어 부문의 매출 발생에도 불구하고 스피커 제품의 국내외 판매 부진으로 2016년 매출액은 전년동기 대비 26.0% 감소함. 제품가격 하락이 마무리되면서 원가율이 일부 개선되고, 인건비, 연구개발비 등 판관비를 축소하여 영업이익은 소폭의 흑자로 전환됨. 금융비용 및 종속회사의 재고자산 폐기손실로 인하여 당기순손실이 지속됨. 자체 개발한 복합광파장 제품 '로완'이 국내외 유통망을 통해 활발히 판매되면서 실적 회복을 이끌고 있음.

현금 흐름　〈단위 : 억원〉
항목	2015	2016
영업활동	-3	-3
투자활동	-55	-43
재무활동	21	53
순현금흐름	-34	2
기말현금	12	14

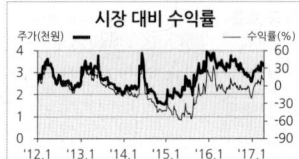
시장 대비 수익률

결산 실적　〈단위 : 억원〉
항목	2011	2012	2013	2014	2015	2016
매출액	476	493	400	632	565	418
영업이익	35	2	-87	-45	-34	0
당기순이익	23	5	-113	-37	-75	-13

분기 실적　〈단위 : 억원〉
항목	2015.3Q	2015.4Q	2016.1Q	2016.2Q	2016.3Q	2016.4Q
매출액	168	141	119	102	95	102
영업이익	-10	2	0	-7	1	5
당기순이익	-9	-35	1	-10	-4	5

재무 상태　〈단위 : 억원〉
항목	2011	2012	2013	2014	2015	2016
총자산	425	435	375	397	327	346
유형자산	120	127	133	30	31	23
무형자산	84	92	46	49	43	38
유가증권	0	1	0	2	17	27
총부채	177	181	234	293	203	224
총차입금	141	149	186	199	132	175
자본금	42	42	42	42	67	69
총자본	248	253	141	104	124	122
지배주주지분	248	253	141	104	124	122

기업가치 지표
항목	2011	2012	2013	2014	2015	2016
주가(최고/저)(천원)	5.1/2.0	3.8/2.1	3.9/2.0	4.0/1.6	4.2/1.6	3.9/2.5
PER(최고/저)(배)	14.2/5.7	45.0/25.5	—/—	—/—	—/—	—/—
PBR(최고/저)(배)	1.7/0.7	1.2/0.7	2.2/1.1	2.9/1.2	4.2/1.6	4.1/2.6
EV/EBITDA(배)	4.4	7.8	—	—	391,929.3	18.3
EPS(원)	361	83	-1,337	-437	-639	-96
BPS(원)	3,069	3,132	1,792	1,356	999	961
CFPS(원)	733	442	-750	-16	-349	101
DPS(원)	30					
EBITDAPS(원)	912	382	-443	-116	0	197

재무 비율　〈단위 : %〉
연도	영업이익률	순이익률	부채비율	차입금비율	ROA	ROE	유보율	자기자본비율	EBITDA마진율
2016	0.0	-3.1	182.9	142.8	-3.9	-10.7	92.2	35.3	6.5
2015	-6.0	-13.3	163.6	106.3	-20.8	-66.0	99.7	37.9	0.0
2014	-7.2	-5.8	282.2	191.4	-9.5	-30.1	171.1	26.2	-1.5
2013	-21.6	-28.1	166.7	132.0	-27.8	-57.1	258.3	37.5	-9.3

네이버 (A035420)
Naver

업 종 : 인터넷 서비스		시 장 : 거래소	
신용등급 : (Bond) AA (CP) —		기업규모 : 시가총액 대형주	
홈 페 이 지 : www.navercorp.com		연 락 처 : 1588-3830	
본 사 : 경기도 성남시 분당구 불정로 6, 그린팩토리 (정자동)			

설 립 일 1999.06.02	종 업 원 수 2,568명	대 표 이 사 김상헌	
상 장 일 2008.11.28	감 사 의 견 적정 (삼일)	계 열	
결 산 기 12월	보 통 주 3,296만주	종속회사수	
액 면 가 500원	우 선 주	구 상 호 NHN	

주주구성 (지분율,%)		출자관계 (지분율,%)		주요경쟁사 (외형,%)	
국민연금공단	10.8	네이버비즈니스플랫폼	100.0	NAVER	100
이해진	4.6	캠프모바일	100.0	카카오	36
(외국인)	60.8	네이버아이앤에스	100.0	KTH	5

매출구성		비용구성		수출비중	
광고	71.4	매출원가율	0.0	수출	35.6
콘텐츠	26.2	판관비율	72.6	내수	64.4
기타	2.4				

회사 개요
동사는 국내 최대 인터넷 포털 서비스업체임. 주요 서비스는 인터넷포털서비스 '네이버(한국, 일본)'와 글로벌 메신저 'LINE(라인)', 온라인 기부포털 '해피빈', 소셜네트워크서비스인 'BAND(밴드)' 등이 있음. 이를 기반으로 검색광고, 디스플레이광고 등의 온라인광고 사업을 통해 수익을 얻고 있음. 온라인광고사업은 2014년 7월부터 동사 검색본부가 운영하며, 일본 온라인 포털 및 LINE 사업은 LINE Corp.이 운영함.

실적 분석
동사의 2016년 연결기준 누적매출액은 4조226.3억원으로 전년 동기 대비 23.6% 증가함. 이는 네이버 쇼핑 및 모바일 검색쿼리 증가에 따른 모바일 광고 성장, 일본 라인광고 매출성장에 따른 영향임. 매출 확대로 영업실적도 크게 개선되어 영업이익은 전년대비 32.7% 증가하는 모습. 기존 사업부문의 고른 성장세와 자회사 스노우주식회사의 앱 '스노우'의 폭발적인 인기로 가파른 성장세가 지속될 것으로 기대됨.

현금 흐름 〈단위 : 억원〉
항목	2015	2016
영업활동	8,514	11,640
투자활동	-7,859	-9,417
재무활동	59	6,978
순현금흐름	909	9,128
기말현금	8,134	17,262

시장 대비 수익률
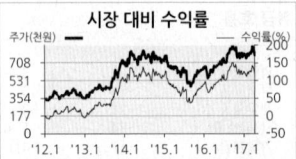

결산 실적 〈단위 : 억원〉
항목	2011	2012	2013	2014	2015	2016
매출액	21,213	17,987	22,591	27,585	32,539	40,226
영업이익	6,604	5,212	5,065	7,582	8,302	11,020
당기순이익	4,521	5,444	18,953	4,518	5,170	7,591

분기 실적 〈단위 : 억원〉
항목	2015.3Q	2015.4Q	2016.1Q	2016.2Q	2016.3Q	2016.4Q
매출액	8,405	8,914	9,373	9,873	10,131	10,850
영업이익	2,213	2,252	2,568	2,727	2,823	2,903
당기순이익	1,168	1,415	1,650	2,132	1,980	1,828

재무 상태 〈단위 : 억원〉
항목	2011	2012	2013	2014	2015	2016
총자산	23,727	29,273	26,977	33,945	43,859	63,706
유형자산	3,839	5,656	7,916	9,010	8,638	8,633
무형자산	1,388	1,216	1,340	1,208	1,033	1,121
유가증권	4,799	5,248	4,845	5,480	6,390	7,758
총부채	7,948	10,237	12,224	15,970	21,163	22,410
총차입금	2,221	3,302	3,517	4,558	6,677	3,773
자본금	241	241	165	165	165	165
총자본	15,779	19,036	14,753	17,974	22,696	41,296
지배주주지분	15,775	18,964	14,713	17,960	21,245	35,947

기업가치 지표
항목	2011	2012	2013	2014	2015	2016
주가(최고/저)(천원)	395/271	452/325	736/345	849/656	787/460	899/555
PER(최고/저)(배)	42.8/29.3	40.1/28.9	16.3/7.6	61.9/47.8	50.2/29.3	39.6/24.5
PBR(최고/저)(배)	8.0/5.5	7.8/5.6	11.5/5.4	10.5/8.1	8.2/4.8	6.0/3.7
EV/EBITDA(배)	12.4	15.7	36.4	24.9	20.7	18.2
EPS(원)	9,350	11,346	45,425	13,787	15,737	22,732
BPS(원)	49,703	58,637	64,165	81,551	96,527	150,192
CFPS(원)	11,184	13,571	48,578	18,158	20,470	27,676
DPS(원)	536	616	734	782	1,100	1,131
EBITDAPS(원)	15,555	13,054	15,279	27,373	29,919	38,377

재무 비율 〈단위 : % 〉
연도	영업이익률	순이익률	부채비율	차입금비율	ROA	ROE	유보율	자기자본비율	EBITDA 마진율
2016	27.4	18.9	54.3	9.1	14.1	26.2	29,938.4	64.8	31.5
2015	25.5	15.9	93.3	29.4	13.3	26.5	19,205.4	51.8	30.3
2014	27.5	16.4	88.9	25.4	14.8	27.8	16,210.3	53.0	32.7
2013	22.4	83.9	82.9	23.8	67.4	112.7	12,732.9	54.7	28.3

네이블커뮤니케이션즈 (A153460)
Nable Communications

업 종 : 일반 소프트웨어		시 장 : KOSDAQ	
신용등급 : (Bond) — (CP) —		기업규모 : 벤처	
홈 페 이 지 : www.nablecomm.com		연 락 처 : 070)7780-9918	
본 사 : 서울시 강남구 학동로 401, 15층 (청담동, 금하빌딩)			

설 립 일 2003.01.29	종 업 원 수 173명	대 표 이 사 심재희,이준원	
상 장 일 2012.07.19	감 사 의 견 적정 (삼정)	계 열	
결 산 기 12월	보 통 주 653만주	종속회사수	
액 면 가 500원	우 선 주	구 상 호	

주주구성 (지분율,%)		출자관계 (지분율,%)		주요경쟁사 (외형,%)	
엔텔스	18.1	리니어허브	13.2	네이블	100
한국차량공업	6.7	로디스컴퍼니	4.8	한컴지엠디	70
(외국인)	1.9	유스페이스	1.9	엠로	126

매출구성		비용구성		수출비중	
FMC, RCS솔루션 외	81.6	매출원가율	48.9	수출	2.0
SBC 외	15.8	판관비율	50.2	내수	98.0
기타	2.7				

회사 개요
동사는 2003년 1월 29일 설립되어 유무선 융합통신 솔루션 및 ALL-IP 통신 보안 솔루션의 개발 및 공급을 主업을 영위하고 있음. 주 고객군은 통신사업자, 단말제조사, 기업 및 관공서 등임. 동사는 유무선 융합 통신 분야에서 텔코웨어, 필링크 등과 경쟁하고 있으며, ALL-IP 분야에선 Acme Packet, 나온웍스,SMEC 등과 경쟁하면서 시장을 형성하고 있음. 2014년 (주)엔텔스가 동사 지분을 인수하며 최대주주가 되었음.

실적 분석
2016년 기준 동사가 보유한 연결대상 종속회사는 없음. 2016년에는 전기 대비 5.5% 감소한 215.9억원의 매출을 시현함. 주요 거래처인 통신사업자의 신규투자 축소로 주요 사업부문인 유무선융합통신솔루션 및 ALL-IP통신보안 솔루션 매출이 감소했기 때문임. 매출 감소에 따라 영업이익은 전기 대비 감소한 2억원을 시현하였고, 금융원가 등이 증가하며 당기순이익은 1.5억원에 그침.

현금 흐름 *IFRS 별도 기준 〈단위 : 억원〉
항목	2015	2016
영업활동	11	60
투자활동	4	-24
재무활동	1	74
순현금흐름	16	110
기말현금	62	172

시장 대비 수익률
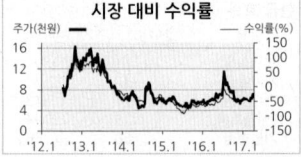

결산 실적 〈단위 : 억원〉
항목	2011	2012	2013	2014	2015	2016
매출액	208	285	219	237	229	216
영업이익	39	51	0	5	3	2
당기순이익	37	58	12	5	4	2

분기 실적 *IFRS 별도 기준 〈단위 : 억원〉
항목	2015.3Q	2015.4Q	2016.1Q	2016.2Q	2016.3Q	2016.4Q
매출액	42	114	30	37	55	94
영업이익	1	27	-12	-6	-0	21
당기순이익	1	26	-12	-6	1	18

재무 상태 *IFRS 별도 기준 〈단위 : 억원〉
항목	2011	2012	2013	2014	2015	2016
총자산	190	332	293	303	307	381
유형자산	8	82	80	79	77	75
무형자산	3	4	3	2	3	3
유가증권	24	6	13	8	9	1
총부채	68	97	44	56	53	50
총차입금	9	2	1			
자본금	19	22	24	24	25	33
총자본	122	235	249	247	254	330
지배주주지분	122	235	249	247	254	330

기업가치 지표 *IFRS 별도 기준
항목	2011	2012	2013	2014	2015	2016
주가(최고/저)(천원)	—/—	16.2/6.4	16.0/6.5	10.7/4.4	6.9/4.0	13.7/5.0
PER(최고/저)(배)	0.0/0.0	13.2/5.2	68.2/27.6	111.4/45.7	89.0/51.5	474.4/174.3
PBR(최고/저)(배)	0.0/0.0	3.5/1.4	3.2/1.3	2.1/0.9	1.3/0.8	2.7/1.0
EV/EBITDA(배)	—	9.0	32.7	27.7	20.2	17.5
EPS(원)	857	1,234	234	96	77	29
BPS(원)	2,913	4,880	5,146	5,285	5,362	5,188
CFPS(원)	987	1,426	382	242	229	173
DPS(원)						
EBITDAPS(원)	1,049	1,280	145	169	201	182

재무 비율 〈단위 : % 〉
연도	영업이익률	순이익률	부채비율	차입금비율	ROA	ROE	유보율	자기자본비율	EBITDA 마진율
2016	0.9	0.7	15.2	0.0	0.5	0.7	937.6	86.8	4.4
2015	1.1	1.7	20.8	0.0	1.3	1.6	972.3	82.8	4.3
2014	0.6	2.1	22.7	0.0	1.6	2.1	956.8	81.5	3.5
2013	0.2	5.4	17.6	0.2	3.8	4.9	929.2	85.0	3.2

네이처셀 (A007390)
NATURECELL COLTD

업 종 : 음료	시 장 : KOSDAQ
신용등급 : (Bond) — (CP) —	기업규모 : 중견
홈 페 이 지 : www.naturecell.co.kr	연 락 처 : 02)545-4137
본 사 : 서울시 영등포구 국회대로 76길 10, 5층	

설 립 일 1971.08.06	종 업 원 수 94명	대 표 이 사 권순미
상 장 일 1992.11.30	감사의견 적정 (진성)	계 열
결 산 기 12월	보 통 주 5,081만주	종속회사수
액 면 가 500원	우 선 주	구 상 호 알앤엘삼미

주주구성 (지분율,%)	출자관계 (지분율,%)	주요경쟁사 (외형,%)
바이오스타코리아 21.3	R-JAPAN 31.9	네이처셀 100
알바이오 3.9	케이엠디씨 9.3	홍국에프엔비 154
(외국인) 0.3	가온아이 5.0	큐로홀딩스 54

매출구성	비용구성	수출비중
OEM 임가공제품(용역) 56.5	매출원가율 85.3	수출 40.6
제품수출(제품) 29.1	판관비율 28.2	내수 59.4
자사제품(제품) 6.6		

회사 개요
동사는 1971년 산업용보일러 제작 등을 목적으로 설립되었으며, 2008년 삼미식품과의 합병을 통해 음료사업을 주된 사업영역으로 확대하였음. 2013년 3월 알앤엘삼미에서 네이처셀로 회사명 재차 변경함. 과실 캔 음료를 주로 생산 중임. 음료 산업은 비교적 경기변동의 영향을 덜 받고 하절기 보다 동절기 매출이 감소하는 등 주로 계절적 요인에 의해 민감하게 반응함. 2014년 줄기세포사업부문을 추가하여 첨단 바이오기업으로 변모를 추진 중임.

실적 분석
음료 OEM가공 매출의 호조와 화장품, 줄기세포 매출의 가세에도 2016년 연결기준 결산 매출액은 267.9억원으로 전년동기 대비 12.3% 감소하였고, 228.5억원의 원가와 판관비가 73.6% 증가함에 따라 36.3억원의 영업손실을 내며 적자가 지속됨. 당기순손실 32.2억원을 기록하며 적자 지속됨. 환율변동과 금융위기, 유가 및 원자재 가격의 상승 등으로 경기가 향후 지금 보다 더 악화될 위험이 존재함.

현금 흐름
*IFRS 별도 기준 〈단위 : 억원〉

항목	2015	2016
영업활동	10	-21
투자활동	-164	-49
재무활동	185	48
순현금흐름	32	-22
기말현금	56	34

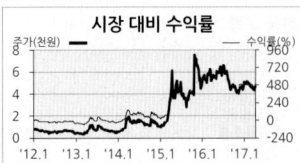

시장 대비 수익률

결산 실적
〈단위 : 억원〉

항목	2011	2012	2013	2014	2015	2016
매출액	228	272	292	254	306	268
영업이익	-9	-5	11	-13	-12	-36
당기순이익	-16	-19	-35	19	-13	-32

분기 실적
*IFRS 별도 기준 〈단위 : 억원〉

항목	2015.3Q	2015.4Q	2016.1Q	2016.2Q	2016.3Q	2016.4Q
매출액	83	70	65	70	70	63
영업이익	-1	-1	-5	-5	-4	-22
당기순이익	-1	-5	-3	-4	-6	-20

재무 상태
*IFRS 별도 기준 〈단위 : 억원〉

항목	2011	2012	2013	2014	2015	2016
총자산	262	248	230	245	460	527
유형자산	89	96	97	97	93	108
무형자산					6	51
유가증권	8	9	9	8	63	67
총부채	182	162	122	108	143	186
총차입금	112	102	73	66	68	85
자본금	126	146	185	194	246	254
총자본	80	86	108	137	317	340
지배주주지분	80	86	108	137	317	340

기업가치 지표
*IFRS 별도 기준

항목	2011	2012	2013	2014	2015	2016
주가(최고/저)(천원)	1.3/0.3	0.8/0.4	1.2/0.3	2.1/0.5	8.6/1.0	7.9/3.5
PER(최고/저)(배)	—/—	—/—	—/—	42.4/11.0	—/—	—/—
PBR(최고/저)(배)	1.4/0.4	1.3/0.7	4.1/1.1	5.9/1.5	13.3/1.6	11.7/5.2
EV/EBITDA(배)			19.2			
EPS(원)	-66	-70	-113	50	-29	-64
BPS(원)	953	630	291	355	645	670
CFPS(원)	-55	-60	-104	57	-21	-53
DPS(원)						
EBITDAPS(원)	-24		46	-27	-18	-61

재무 비율
〈단위 : %〉

연도	영업이익률	순이익률	부채비율	차입금비율	ROA	ROE	유보율	자기자본비율	EBITDA마진율
2016	-13.6	-12.0	54.8	25.1	-6.5	-9.8	33.9	64.6	-11.5
2015	-3.8	-4.4	45.1	21.5	-3.8	-5.9	28.9	68.9	-2.6
2014	-5.1	7.5	일부잠식	일부잠식	8.0	15.5	-29.0	56.0	-4.0
2013	3.9	-12.0	일부잠식	일부잠식	-14.7	-36.2	-41.8	46.8	4.9

네추럴에프앤피 (A086220)
Natural F&P

업 종 : 바이오	시 장 : KONEX
신용등급 : (Bond) — (CP) —	기업규모 : 중소
홈 페 이 지 : www.naturalfnp.com	연 락 처 : 043)211-1056
본 사 : 충북 청원군 오창읍 양청송대길 39(송대리)	

설 립 일 1992.12.29	종 업 원 수 129명	대 표 이 사 문지성
상 장 일 2015.07.09	감사의견 적정 (삼덕)	계 열
결 산 기 12월	보 통 주 861만주	종속회사수
액 면 가 500원	우 선 주 29만주	구 상 호

주주구성 (지분율,%)	출자관계 (지분율,%)	주요경쟁사 (외형,%)
넥스트비티 61.8	바이오프로젠 25.5	네추럴FNP 100
SBi-성장사다리 코넥스 활성화펀드 10.3	나노바이오텍 21.5	진매트릭스 13
	메디코프 1.1	메디젠휴먼케어 4

매출구성	비용구성	수출비중
홍삼원골드외 95.9	매출원가율 87.2	수출 16.0
상품 3.2	판관비율 7.7	내수 84.0
퓨어스킨 0.9		

회사 개요
동사는 1992년 설립됐으며, 건강기능식품 및 기능성화장품 제조업을 주력으로 하고 있는 바이오 벤처기업임. 건강기능식품과 기능성화장품 이외에도 기능성원료개발 및 신약개발 분야에 적극적인 연구개발 및 투자를 진행하고 있음. 주력 품목은 홍삼 가공제품, 녹용활력 등의 건강음료, 프로바이오틱스 유산균 등이며, 이외에도 비타민, 칼슘 등 영양 보충용 식품에서 글루코사민, 생식, 다이어트식이섬유, 오메가3 등약 30여가지 제품군을 보유하고 있음.

실적 분석
동사의 2016년 연간 매출액은 397.4억원으로 전년 대비 1.1% 증가함. 판관비 감소로 영업이익은 전년비 20.1% 증가한 20.3억원을 기록함. 비영업손실이 전년 42억원에서 13.5억원으로 줄면서 당기순이익 6.9억원을 내며 흑자전환함. 동사의 건강기능식품은 약 110개 이상의 안정적인 B2B 판매처를 확보하고 있음. 천연물 유래 항암제 개발 및 B형 간염 등 각종 성인병 관련 예방 및 치료제를 개발 중임.

현금 흐름
*IFRS 별도 기준 〈단위 : 억원〉

항목	2015	2016
영업활동	10	41
투자활동	-16	-17
재무활동	12	-8
순현금흐름	5	16
기말현금	18	33

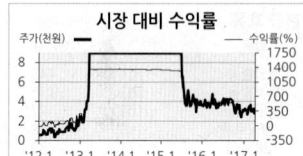

시장 대비 수익률

결산 실적
〈단위 : 억원〉

항목	2011	2012	2013	2014	2015	2016
매출액	298	359	318	381	393	397
영업이익	27	24	24	20	17	20
당기순이익	8	5	-4	-3	-20	7

분기 실적
*IFRS 별도 기준 〈단위 : 억원〉

항목	2015.3Q	2015.4Q	2016.1Q	2016.2Q	2016.3Q	2016.4Q
매출액						
영업이익						
당기순이익						

재무 상태
*IFRS 별도 기준 〈단위 : 억원〉

항목	2011	2012	2013	2014	2015	2016
총자산	527	395	399	393	377	401
유형자산	246	241	229	217	211	220
무형자산	16	15	14	12	10	8
유가증권	5	5	3	16	13	13
총부채	371	352	362	274	272	290
총차입금	288	288	272	195	181	182
자본금	42	28	28	37	38	38
총자본	156	43	38	118	105	110
지배주주지분	156	43	38	118	105	110

기업가치 지표
*IFRS 별도 기준

항목	2011	2012	2013	2014	2015	2016
주가(최고/저)(천원)	3.7/0.6	2.2/0.4	9.5/2.0	—/—	8.1/3.1	6.0/2.2
PER(최고/저)(배)	35.6/5.8	32.5/5.6	0.0/0.0	—/—	—/—	62.5/23.1
PBR(최고/저)(배)	1.9/0.3	2.7/0.5	13.1/2.8	0.0/0.0	5.6/2.2	3.9/1.5
EV/EBITDA(배)	7.9	9.8	19.6	5.0	13.9	11.0
EPS(원)	98	64	-69	-57	-265	90
BPS(원)	1,852	778	681	1,602	1,362	1,438
CFPS(원)	256	280	221	231	-64	289
DPS(원)						
EBITDAPS(원)	481	542	726	644	421	463

재무 비율
〈단위 : %〉

연도	영업이익률	순이익률	부채비율	차입금비율	ROA	ROE	유보율	자기자본비율	EBITDA마진율
2016	5.1	1.7	263.1	165.0	1.8	6.4	187.5	27.5	9.0
2015	4.3	-5.2	260.4	172.5	-5.3	-18.2	172.4	27.7	8.2
2014	5.3	-0.9	232.0	164.6	-0.8	-4.2	220.5	30.1	9.5
2013	7.6	-1.2	960.4	722.4	-1.0	-9.4	36.2	9.4	12.6

네패스 (A033640)
Nepes

업　　　종 : 반도체 및 관련장비　　　시　　　장 : KOSDAQ
신용등급 : (Bond) —　　(CP) —　　기업규모 : 중견
홈 페 이 지 : www.nepes.co.kr　　연 락 처 : 043)877-3040
본　　　사 : 충북 음성군 삼성면 금일로 965번길 105

설 립 일	1990.12.27	종 업 원 수	628명	대 표 이 사	이병구
상 장 일	1999.12.14	감 사 의 견	적정 (대주)	계	열
결 산 기	12월	보 통 주	2,183만주	종속회사수	
액 면 가	500원	우 선 주	10만주	구 상 호	

주주구성 (지분율,%)		출자관계 (지분율,%)		주요경쟁사 (외형,%)	
이병구	19.5	네패스디스플레이	97.1	네패스	100
랜드마크자산운용	4.5	이리도스	50.0	아이에이	30
(외국인)	16.6	네패스엘디	37.5	에스에이엠티	418

매출구성		비용구성		수출비중	
Driver IC Bumping,WLP 외(제품)	70.0	매출원가율	81.5	수출	72.2
Chemical 외(제품)	20.4	판관비율	15.3	내수	27.8
Chemical 외(기타)	8.2				

회사 개요
2011년 웨이퍼레벨패키지(WLP) 시장에서 비약적인 매출 성장과 고객선 확대가 이루어짐. 범핑기술력을 기반으로 사업 다각화가 주력중임. 디스플레이시장의 소비 심리 회복에 따라 중국시장을 비롯해 높은 성장성이 전망되고 있음. 사업분야는 플립칩 Bumping기술을 근간으로 디스플레이용 구동 칩 및 휴대폰용 다양한 기능을 구현하는 Chip-set 사업을 추진하는 반도체사업을 주력으로 함. 사업 제휴등을 통해 IoT 시장을 꾀하고 있음.

실적 분석
동사의 2016년 연결 기준 매출과 영업이익은 2,545억원, 82억원으로 전년 대비 매출은 8.8% 감소했으나 영업이익은 112.6% 증가함. 동사는 중국 Jiangsu nepes의 JV계약서 변경으로 이사회 의결에 관한 실질지배력을 상실함. 종속회사 네패스디스플레이의 경영실적 개선으로 영업이익이 급증했으며 당기순이익은 네패스디스플레이 전환상환우선주에 대한 무상감자를 시행해 채무면제이익이 발생, 179억원을 기록함.

현금 흐름 〈단위 : 억원〉

항목	2015	2016
영업활동	369	443
투자활동	-563	-275
재무활동	-105	-77
순현금흐름	-289	18
기말현금	471	489

시장 대비 수익률

결산 실적 〈단위 : 억원〉

항목	2011	2012	2013	2014	2015	2016
매출액	2,761	3,102	3,630	3,288	2,792	2,545
영업이익	190	257	8	69	39	82
당기순이익	-23	141	-458	-116	-163	180

분기 실적 〈단위 : 억원〉

항목	2015.3Q	2015.4Q	2016.1Q	2016.2Q	2016.3Q	2016.4Q
매출액	659	676	609	626	647	663
영업이익	-10	10	15	32	27	9
당기순이익	-27	-28	36	152	-10	2

재무 상태 〈단위 : 억원〉

항목	2011	2012	2013	2014	2015	2016
총자산	3,197	3,801	3,951	3,855	3,559	2,986
유형자산	1,927	2,360	2,236	1,940	2,087	1,484
무형자산	67	66	44	74	123	51
유가증권	10	4	4	3	3	3
총부채	1,763	2,174	2,785	2,361	2,178	1,828
총차입금	1,263	1,526	1,863	1,842	1,749	1,353
자본금	110	110	110	110	110	110
총자본	1,434	1,626	1,166	1,494	1,381	1,158
지배주주지분	1,379	1,605	1,272	1,206	1,115	1,308

기업가치 지표

항목	2011	2012	2013	2014	2015	2016
주가(최고/저)(천원)	22.1/10.2	20.7/10.8	19.1/6.5	10.0/5.0	11.2/5.6	8.5/5.1
PER(최고/저)(배)	—/—	29.1/15.2	—/—	—/—	—/—	10.1/6.1
PBR(최고/저)(배)	3.5/1.6	2.8/1.5	3.2/1.1	1.7/0.9	2.1/1.0	1.4/0.8
EV/EBITDA(배)	10.0	7.3	8.7	7.5	6.9	5.5
EPS(원)	-105	728	-1,532	-382	-398	845
BPS(원)	6,433	7,608	6,106	5,822	5,409	6,292
CFPS(원)	1,123	2,187	-13	1,276	1,306	2,549
DPS(원)	50	100			50	
EBITDAPS(원)	2,100	2,638	1,554	1,972	1,882	2,082

재무 비율 〈단위 : % 〉

연도	영업이익률	순이익률	부채비율	차입금비율	ROA	ROE	유보율	자기자본비율	EBITDA마진율
2016	3.2	7.1	157.8	116.8	5.5	15.2	1,146.9	38.8	17.9
2015	1.4	-5.9	157.7	126.6	-4.4	-7.5	971.9	38.8	14.7
2014	2.1	-3.5	158.0	123.3	-3.0	-6.7	1,053.8	38.8	13.1
2013	0.2	-12.6	238.9	159.8	-11.8	-23.2	1,110.1	29.5	9.4

네패스신소재 (A087730)
NEPES Advanced Materials

업　　　종 : 반도체 및 관련장비　　　시　　　장 : KOSDAQ
신용등급 : (Bond) —　　(CP) —　　기업규모 : 벤처
홈 페 이 지 : www.nepesamc.co.kr　　연 락 처 : 063)900-7202
본　　　사 : 전북 익산시 석암로 99(팔봉동 841)

설 립 일	2000.02.10	종 업 원 수	102명	대 표 이 사	이병구,고영욱
상 장 일	2008.04.04	감 사 의 견	적정 (대주)	계	열
결 산 기	12월	보 통 주	286만주	종속회사수	
액 면 가	500원	우 선 주		구 상 호	

주주구성 (지분율,%)		출자관계 (지분율,%)		주요경쟁사 (외형,%)	
네패스	31.5	네패스	0.5	네패스신소재	100
에이티넘팬아시아조합	7.1			피에스엠씨	223
(외국인)	1.1			에이디칩스	138

매출구성		비용구성		수출비중	
EMC	89.2	매출원가율	79.2	수출	64.4
CMC	10.0	판관비율	31.6	내수	35.6
기타	0.8				

회사 개요
동사는 2000년에 LG화학의 EMC 사업부를 네패스가 인수하여 설립되었으며, 반도체 칩 외부를 밀봉하는 재료인 에폭시 몰딩 컴파운드(EMC)와 LED 칩을 보호하는 소재 클리어 몰딩 컴파운드(CMC)를 생산하는 전문화학소재 기업임. 최근 LED Packaging 및 Lighting의 제조, 판매업체인 네패스LED를 자회사로 설립하여 하이파워 LED 형광등 사업으로의 진출을 추진 중에 있음.

실적 분석
동사의 2016년 결산 연결기준 매출액은 183억원으로 전년동기 대비 19.4% 감소하였음. 외형 급감 대비 원가의 감소 폭은 미미하였고 판관비는 상승하여 19.9원의 영업손실, 6.7억원의 당기순손실을 기록함. 합성수지 및 기타 플라스틱물질 제조업은 반도체 재료로 사용되기 때문에 반도체 경기에 매우 민감하게 반응함. 반도체용 EMC 및 LED용 CMC는 전기, 전자재료의 다른부문에서와 마찬가지로 일본업체들이 세계시장을 지배하고 있음.

현금 흐름 •IFRS 별도 기준 〈단위 : 억원〉

항목	2015	2016
영업활동	19	-7
투자활동	-14	-6
재무활동	30	1
순현금흐름	36	-12
기말현금	72	60

시장 대비 수익률
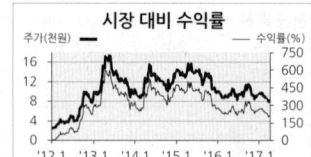

결산 실적 〈단위 : 억원〉

항목	2011	2012	2013	2014	2015	2016
매출액	127	186	208	248	227	183
영업이익	-17	17	22	42	25	-20
당기순이익	-15	22	21	36	25	-7

분기 실적 •IFRS 별도 기준 〈단위 : 억원〉

항목	2015.3Q	2015.4Q	2016.1Q	2016.2Q	2016.3Q	2016.4Q
매출액	58	49	49	41	50	42
영업이익	8	0	0	-5	-5	-10
당기순이익	0	1	2	-1	-3	-5

재무 상태 •IFRS 별도 기준 〈단위 : 억원〉

항목	2011	2012	2013	2014	2015	2016
총자산	87	123	143	207	237	224
유형자산	25	22	23	81	86	83
무형자산	5	4	3	2	2	1
유가증권	—	—	3	10	7	9
총부채	21	36	40	72	86	81
총차입금	4	8	6	9	38	36
자본금	14	14	14	14	14	14
총자본	65	86	103	135	151	143
지배주주지분	65	86	103	135	151	143

기업가치 지표 •IFRS 별도 기준

항목	2011	2012	2013	2014	2015	2016
주가(최고/저)(천원)	3.7/2.2	10.4/2.5	17.6/8.4	16.0/8.6	16.5/9.3	12.0/8.3
PER(최고/저)(배)	—/—	14.4/3.4	24.8/11.8	13.3/7.1	19.6/11.1	—/—
PBR(최고/저)(배)	1.7/1.0	3.6/0.9	5.1/2.4	3.5/1.9	3.2/1.8	2.4/1.7
EV/EBITDA(배)		8.6	8.1	7.9		
EPS(원)	-511	759	738	1,243	857	-236
BPS(원)	2,290	3,015	3,594	4,710	5,266	4,998
CFPS(원)	-138	1,061	1,051	1,524	1,140	50
DPS(원)		100	100	150	100	
EBITDAPS(원)	-238	881	1,088	1,734	1,143	-410

재무 비율 〈단위 : % 〉

연도	영업이익률	순이익률	부채비율	차입금비율	ROA	ROE	유보율	자기자본비율	EBITDA마진율
2016	-10.9	-3.7	56.6	25.4	-2.9	-4.6	899.7	63.9	-6.4
2015	10.8	10.8	57.1	25.3	11.1	17.2	953.2	63.7	14.4
2014	16.7	14.3	53.6	6.8	20.3	29.9	842.0	65.1	20.0
2013	10.7	10.2	39.0	5.6	15.9	22.3	618.8	72.0	15.0

96

넥센 (A005720)
Nexen

업 종 : 자동차부품
신용등급 : (Bond) — (CP) —
홈페이지 : www.nexencorp.co.kr
본 사 : 경남 김해시 김해대로 2595번지
시 장 : 거래소
기업규모 : 시가총액 중형주
연 락 처 : 055)320-7370

설 립 일	1968.09.10	종업원수	839명	대 표 이 사	강병중,강호찬
상 장 일	1987.12.19	감사의견	적정 (안경)	계 열	
결 산 기	12월	보 통 주	5,088만주	종속회사수	
액 면 가	500원	우 선 주	360만주	구 상 호	

주주구성 (지분율,%)
강호찬	50.5
한국투자밸류자산운용	16.0
(외국인)	7.0

출자관계 (지분율,%)
넥센디앤에스	100.0
넥센테크	42.2
넥센테크	34.8

주요경쟁사 (외형,%)
넥센	100
넥센타이어	2,060
한국타이어월드와이드	215

매출구성
고무사업부문 튜브 류	45.1
고무사업부문 기타	24.2
기타사업부문 기타	18.5

비용구성
매출원가율	55.7
판관비율	10.3

수출비중
수출	—
내수	—

회사 개요
2013년 4월 넥센그룹의 지주회사로 전환하였으며, 자회사는 주력 계열사인 넥센타이어를 비롯해 넥센테크, KNN, 넥센디앤에스 등 모두 4개사임. 넥센타이어를 비롯한 국내 3개 업체가 세계 튜브 시장 점유율의 50% 이상을 차지하고 있으며, 넥센타이어는 한국 수출 물량의 42% 가량을 점유함. 넥센디앤에스에는 서초구 방배동에 위치한 파맥스스포츠프라자 빌딩 및 주변 상가와 경기도 시흥시에 위치한 공장부지에 대해 임대사업을 수행하고 있음.

실적 분석
동사의 2016년 연결기준 결산매출액은 3,214.1억원으로 전년 대비 5.0% 증가하였음. 원가재 값 하락으로 원가율이 대폭 개선되어 영업이익은 전년 대비 대폭(27.2%) 증가한 1,090.7억원을 기록하였음. 영업이익의 증가와 비영업손익의 흑자전환으로 인해 당기순이익은 전년 동기대비 27.8% 증가한 993.9억원을 기록하였음. 이는 전방위산업의 실적 개선에따른 동반 상승효과가 있었던 것으로 분석됨.

현금 흐름 〈단위 : 억원〉
항목	2015	2016
영업활동	898	1,055
투자활동	-562	-960
재무활동	-256	-184
순현금흐름	67	-90
기말현금	310	220

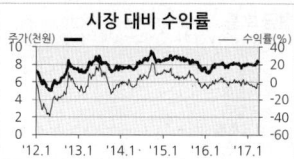

시장 대비 수익률

결산 실적 〈단위 : 억원〉
항목	2011	2012	2013	2014	2015	2016
매출액	2,810	3,487	3,799	3,543	3,061	3,214
영업이익	153	882	843	882	858	1,091
당기순이익	392	744	691	789	778	994

분기 실적 〈단위 : 억원〉
항목	2015.3Q	2015.4Q	2016.1Q	2016.2Q	2016.3Q	2016.4Q
매출액	691	770	800	836	777	801
영업이익	159	231	276	305	267	242
당기순이익	136	247	237	274	234	249

재무 상태 〈단위 : 억원〉
항목	2011	2012	2013	2014	2015	2016
총자산	5,220	7,209	7,872	8,372	8,831	9,706
유형자산	1,001	1,087	1,100	1,249	1,230	1,193
무형자산	34	44	45	49	49	50
유가증권	319	266	281	296	270	241
총부채	2,025	1,944	1,938	1,797	1,582	1,498
총차입금	1,301	1,041	953	936	735	602
자본금	152	272	272	272	272	272
총자본	3,195	5,264	5,934	6,576	7,249	8,208
지배주주지분	3,195	5,211	5,868	6,576	7,249	8,208

기업가치 지표
항목	2011	2012	2013	2014	2015	2016
주가(최고/저)(천원)	8.6/5.5	8.6/4.9	9.1/6.9	9.5/7.4	9.1/7.2	8.3/7.0
PER(최고/저)(배)	6.9/4.4	6.0/3.5	7.5/5.7	6.8/5.3	6.5/5.1	4.6/3.9
PBR(최고/저)(배)	0.9/0.6	0.9/0.5	0.9/0.7	0.8/0.6	0.7/0.6	0.6/0.5
EV/EBITDA(배)	13.9	5.0	5.0	5.3	4.7	3.8
EPS(원)	1,292	1,485	1,246	1,435	1,428	1,824
BPS(원)	105,231	95,678	107,748	120,732	133,088	15,069
CFPS(원)	14,760	16,064	13,818	15,801	15,634	1,952
DPS(원)	350	400	500	550	550	75
EBITDAPS(원)	6,868	18,807	16,832	17,652	17,099	2,130

재무 비율 〈단위 : % 〉
연도	영업이익률	순이익률	부채비율	차입금비율	ROA	ROE	유보율	자기자본비율	EBITDA마진율
2016	33.9	30.9	18.3	7.3	10.7	12.9	2,913.8	84.6	36.1
2015	28.0	25.4	21.8	10.1	9.0	11.3	2,561.8	82.1	30.4
2014	24.9	22.3	27.3	14.2	9.7	12.6	2,314.6	78.5	27.1
2013	22.2	18.2	32.7	16.1	9.2	12.3	2,055.0	75.4	24.1

넥센타이어 (A002350)
Nexen Tire

업 종 : 자동차부품
신용등급 : (Bond) A+ (CP) A2+
홈페이지 : www.nexentire.com
본 사 : 경남 양산시 충렬로 355 (유산동)
시 장 : 거래소
기업규모 : 시가총액 중형주
연 락 처 : 055)370-5114

설 립 일	1958.04.11	종업원수	4,246명	대 표 이 사	강병중,강호찬
상 장 일	1976.05.19	감사의견	적정 (한영)	계 열	
결 산 기	12월	보 통 주	9,642만주	종속회사수	
액 면 가	500원	우 선 주	650만주	구 상 호	

주주구성 (지분율,%)
넥센	42.2
강병중	20.7
(외국인)	15.6

출자관계 (지분율,%)
누리네트웍스	72.1
넥센L&C	50.0
대전방송	1.5

주요경쟁사 (외형,%)
넥센타이어	100
한국타이어	349
한국타이어월드와이드	36

매출구성
타이어	98.9
운송보관	0.9
임대매출	0.2

비용구성
매출원가율	63.8
판관비율	23.2

수출비중
수출	—
내수	—

회사 개요
동사는 한국타이어, 금호타이어와 함께 3대 타이어 회사로 1958년 설립됨. 1976년 유가증권시장에 상장됨. 국내 본사를 거점으로 중국, 미국, 유럽 등 글로벌 판매 네트워크를 통해 타이어 제조, 판매를 하고 있음. 사업영역은 타이어부문과 운송 보관, 비타이어부문(금형)으로 나뉨. 중국산 타이어의 반덤핑 제소에 따른 관세부과등으로 줄던 비중을 차지하고 있던 북미쪽 매출이 신장, 유럽시장 광고 확대 및 메이저리그 3개 팀과 파트너십 체결.

실적 분석
2016년도 누적 매출액은 1조 8,947억원으로 전년 동기 대비 3.1% 증가하였음. 영업이익은 2,480억원으로 전년 동기대비 10.3% 증가하였음. 전년 동기대비 대비 영업부문에서의 적자폭이 감소되면서 당기순이익은 큰 폭으로 증가한 1,759.6억원을 시현함. 렌탈 등 새 사업분야 개척과 중국산 타이어 관세(세이프가드)에 따른 반사이익 지속. 마곡지구에 신규 R&D 센터 건립예정.

현금 흐름 〈단위 : 억원〉
항목	2015	2016
영업활동	3,208	3,832
투자활동	-1,421	-1,264
재무활동	-1,156	-2,374
순현금흐름	519	212
기말현금	1,049	1,261

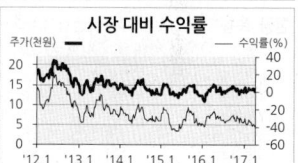

시장 대비 수익률

결산 실적 〈단위 : 억원〉
항목	2011	2012	2013	2014	2015	2016
매출액	14,300	17,062	17,282	17,588	18,375	18,947
영업이익	1,120	1,802	1,770	2,086	2,249	2,480
당기순이익	878	1,343	1,240	1,298	1,271	1,760

분기 실적 〈단위 : 억원〉
항목	2015.3Q	2015.4Q	2016.1Q	2016.2Q	2016.3Q	2016.4Q
매출액	4,703	4,561	4,580	4,932	4,702	4,734
영업이익	517	662	579	695	654	551
당기순이익	207	415	419	439	468	433

재무 상태 〈단위 : 억원〉
항목	2011	2012	2013	2014	2015	2016
총자산	19,022	20,521	22,998	25,273	25,809	26,179
유형자산	10,837	12,779	14,822	17,024	16,920	16,472
무형자산	61	55	79	131	140	152
유가증권	575	541	431	400	356	518
총부채	13,372	13,715	15,028	15,940	15,468	14,152
총차입금	9,338	10,149	11,404	11,719	10,788	8,411
자본금	527	527	527	535	535	535
총자본	5,650	6,806	7,970	9,334	10,340	12,027
지배주주지분	5,650	6,778	7,930	9,280	10,266	11,932

기업가치 지표
항목	2011	2012	2013	2014	2015	2016
주가(최고/저)(천원)	21.5/8.2	21.2/14.3	17.3/11.6	16.9/12.4	15.4/11.7	15.3/10.8
PER(최고/저)(배)	25.7/9.8	16.6/11.2	14.7/9.8	13.7/10.0	12.9/9.7	9.1/6.4
PBR(최고/저)(배)	4.0/1.5	3.3/2.2	2.3/1.5	1.9/1.4	1.6/1.2	1.3/0.9
EV/EBITDA(배)	15.6	9.4	8.6	7.3	5.8	4.8
EPS(원)	865	1,314	1,209	1,255	1,217	1,689
BPS(원)	5,601	6,713	7,848	9,046	10,004	11,622
CFPS(원)	1,378	2,118	2,196	2,278	2,573	3,095
DPS(원)	60	60	65	75	80	100
EBITDAPS(원)	1,617	2,581	2,733	3,061	3,542	3,817

재무 비율 〈단위 : % 〉
연도	영업이익률	순이익률	부채비율	차입금비율	ROA	ROE	유보율	자기자본비율	EBITDA마진율
2016	13.1	9.3	117.7	69.9	6.8	15.7	2,137.5	45.9	20.7
2015	12.2	6.9	149.6	104.3	5.0	12.8	1,826.0	40.1	19.8
2014	11.9	7.4	170.8	125.6	5.4	14.9	1,641.5	36.9	17.8
2013	10.2	7.2	188.6	143.1	5.7	16.7	1,410.0	34.7	16.0

넥센테크 (A073070)
NEXEN TECH CORP

업 종 : 자동차부품		시 장 : KOSDAQ	
신용등급 : (Bond) — (CP) —		기업규모 : 벤처	
홈 페 이 지 : www.nexentech.co.kr		연 락 처 : 052)259-8300	
본 사 : 울산시 울주군 웅촌면 웅비공단길91-1			

설 립 일 1994.02.01	종 업 원 수 127명	대 표 이 사 송응석
상 장 일 2004.01.28	감 사 의 견 적정 (성도)	계 열
결 산 기 12월	보 통 주 1,450만주	종속회사수
액 면 가 500원	우 선 주	구 상 호

주주구성 (지분율,%)	출자관계 (지분율,%)	주요경쟁사 (외형,%)
넥센 34.8	청도넥센전장유한공사 100.0	넥센테크 100
강병중 34.8		동국실업 766
(외국인) 0.0		디와이파워 281

매출구성	비용구성	수출비중
자동차용 WIRE HARNESS(제품) 95.4	매출원가율 85.1	수출 0.0
기타 2.6	판관비율 8.5	내수 100.0
자동차용 WIRE HARNESS(상품) 2.0		

회사 개요
동사는 1994년 설립돼 자동차용 와이어링 하네스 부품 생산업체임. 완성차 업체와 장기 공급 계약을 맺어 부품 협력업체로서 사업을 영위함. 와이어링 하네스는 동사와 함께 유라코퍼레이션, 경신 등 몇몇 업체가 과점을 하는 구조임. 이 부품은 자동차 전기, 전자적 신호체계를 전달하는 역할을 함. 신규 차종의 개발 시 완성차 업체와 공동으로 개발, 설계가 이뤄져 생산 후 전량 완성차 업체로 공급되는 장점을 가짐.

실적 분석
와이어하네스 Assy부문에서 매출이 폭발적으로 성장하였으나 자동차용 와이어하네스 매출이 대폭 축소된 영향으로 2016년 누적 매출액은 전년동기대비 12.5% 감소한 816.9억원을 기록함. 영업이익은 매출액 감소 영향에도 불구하고 전년동기대비 13%가 증가한 52.3억원을 기록함. 협력업체의 품질 및 가격경쟁력 강화를 통해 판매 증대를 위해 힘쓰고 있음. 향후 수익성 개선이 기대됨.

현금 흐름 〈단위 : 억원〉

항목	2015	2016
영업활동	71	114
투자활동	-19	-60
재무활동	-53	-17
순현금흐름	-3	36
기말현금	55	92

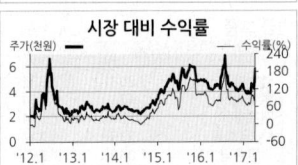
시장 대비 수익률

결산 실적 〈단위 : 억원〉

항목	2011	2012	2013	2014	2015	2016
매출액	844	667	591	720	934	817
영업이익	22	10	20	36	46	52
당기순이익	18	43	20	62	36	53

분기 실적 〈단위 : 억원〉

항목	2015.3Q	2015.4Q	2016.1Q	2016.2Q	2016.3Q	2016.4Q
매출액	196	236	228	194	167	227
영업이익	6	-0	15	8	13	17
당기순이익	3	0	11	5	14	23

재무 상태 〈단위 : 억원〉

항목	2011	2012	2013	2014	2015	2016
총자산	585	513	529	622	606	673
유형자산	189	195	188	187	179	166
무형자산	2	2	4	4	10	8
유가증권	132	48	44	—	—	—
총부채	190	124	127	194	154	186
총차입금	42	21	19	37	5	2
자본금	73	73	73	73	73	73
총자본	395	389	401	428	452	487
지배주주지분	395	389	401	428	452	487

기업가치 지표

항목	2011	2012	2013	2014	2015	2016
주가(최고/저)(천원)	3.0/1.8	6.6/1.9	3.2/2.3	3.4/2.2	6.1/3.4	6.9/4.0
PER(최고/저)(배)	26.8/15.8	24.5/7.1	24.4/17.5	8.5/5.5	26.0/14.3	19.5/11.2
PBR(최고/저)(배)	1.3/0.7	2.7/0.8	1.2/0.9	1.2/0.8	2.1/1.1	2.1/1.2
EV/EBITDA(배)	9.1	12.7	9.6	9.3	10.5	7.4
EPS(원)	127	299	140	427	247	364
BPS(원)	2,723	2,685	2,768	2,951	3,119	3,358
CFPS(원)	218	398	235	531	352	452
DPS(원)	35	50	35	75	100	125
EBITDAPS(원)	246	170	231	353	423	449

재무 비율 〈단위 : % 〉

연도	영업이익률	순이익률	부채비율	차입금비율	ROA	ROE	유보율	자기자본비율	EBITDA마진율
2016	6.4	6.5	38.2	0.4	8.3	11.2	571.6	72.4	8.0
2015	4.9	3.8	34.0	1.0	5.8	8.1	523.8	74.7	6.6
2014	5.0	8.6	45.3	8.6	10.8	14.9	490.2	68.8	7.1
2013	3.3	3.4	31.7	4.7	3.9	5.1	453.5	75.9	5.7

넥솔론 (A110570)
Nexolon

업 종 : 에너지 시설 및 서비스		시 장 : 거래소	
신용등급 : (Bond) — (CP) —		기업규모 : 시가총액 소형주	
홈 페 이 지 : www.nexolon.com		연 락 처 : 063)720-2000	
본 사 : 전북 익산시 서동로 291(신흥동)			

설 립 일 2007.07.18	종 업 원 수 589명	대 표 이 사 이우정
상 장 일 2011.10.14	감 사 의 견 거절(불확실성) (상향)	계 열
결 산 기 12월	보 통 주	종속회사수
액 면 가 —	우 선 주	구 상 호

주주구성 (지분율,%)	출자관계 (지분율,%)	주요경쟁사 (외형,%)
		넥솔론 100
(외국인) 0.3		S&TC 164
		신성이엔지 140

매출구성	비용구성	수출비중
멀티 웨이퍼 52.8	매출원가율 126.2	수출 52.0
모노 웨이퍼 39.8	판관비율 2.1	내수 48.0
기타 7.4		

회사 개요
동사는 2007년 설립되어 태양광 잉곳 및 태양광 발전용 웨이퍼 전문제조업체임. 태양광시장은 전통적으로 계절적 경기 변동에 매우 민감하게 반응하는 시장임. 최근 동사는 유럽 재정위기와 글로벌 경기 침체를 극복하기 위해 미국 시장 공략을 강화하고 있음. 최근 동사는 미국 텍사스주의 샌 안토니오에 태양광셀, 모듈 공장 기공식을 열었음. 제 3자 인수 추진을 위한 공시 및 재무구조 개선을 위한 약 300만주(액면 500원)의 유상증자를 결정함.

실적 분석
동사의 2016년 연간 매출액은 1,547억원으로 전년과 비슷한 실적을 기록함. 반면 태양광 산업 업황 회복 지연에 따른 영향으로 영업손실은 437억원으로 적자지속됨. 채무조정이익 줄어들어, 비영업부문의 적자폭이 커지면서 당기순손실 또한 663.1억원으로 적자전환됨. 동사는 기존에 생산하고 있는 태양광 웨이퍼 제품의 원가절감 및 신기술개발에 역량을 집중할 계획임.

현금 흐름 *IFRS 별도 기준 〈단위 : 억원〉

항목	2015	2016
영업활동	-144	-58
투자활동	112	59
재무활동	-20	—
순현금흐름	-51	2
기말현금	89	90

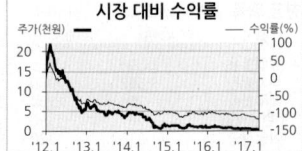
시장 대비 수익률

결산 실적 〈단위 : 억원〉

항목	2011	2012	2013	2014	2015	2016
매출액	5,882	3,769	3,318	2,619	1,543	1,547
영업이익	-226	-1,001	-411	-786	-525	-437
당기순이익	-241	-1,542	-553	-4,189	2,651	-663

분기 실적 *IFRS 별도 기준 〈단위 : 억원〉

항목	2015.3Q	2015.4Q	2016.1Q	2016.2Q	2016.3Q	2016.4Q
매출액	352	458	551	486	328	182
영업이익	-83	-158	-13	-54	-204	-166
당기순이익	-205	-243	-110	-134	-312	-107

재무 상태 *IFRS 별도 기준 〈단위 : 억원〉

항목	2011	2012	2013	2014	2015	2016
총자산	10,783	9,684	8,867	5,641	4,927	4,300
유형자산	7,078	6,869	6,420	4,255	3,918	3,589
무형자산	22	18	14	10	4	3
유가증권	5	5	5	—	—	—
총부채	8,891	8,723	8,641	9,265	4,775	4,808
총차입금	6,361	5,953	6,087	5,819	—	—
자본금	395	574	610	672	804	806
총자본	1,892	961	226	-3,624	151	-508
지배주주지분	1,892	961	226	-3,624	151	-508

기업가치 지표 *IFRS 별도 기준

항목	2011	2012	2013	2014	2015	2016
주가(최고/저)(천원)	22.1/13.2	22.2/4.6	7.2/3.3	4.9/0.5	1.7/0.7	1.3/0.5
PER(최고/저)(배)	—/—	—/—	—/—	—/—	0.9/0.4	—/—
PBR(최고/저)(배)	2.1/1.2	4.7/1.0	6.6/3.1	-0.3/0.0	18.4/7.6	-4.3/-1.5
EV/EBITDA(배)	113.9		56.8			
EPS(원)	-3,296	-8,084	-4,036	-19,346	1,855	-412
BPS(원)	2,120	769	171	-2,509	94	-315
CFPS(원)	126	-976	-236	-2,581	2,107	-189
DPS(원)	—	—	—	—	—	—
EBITDAPS(원)	127	-516	88	-185	-115	-48

재무 비율 〈단위 : % 〉

연도	영업이익률	순이익률	부채비율	차입금비율	ROA	ROE	유보율	자기자본비율	EBITDA마진율
2016	-28.3	-42.9	완전잠식	0.0	-14.4	당기잠식	-163.1	-11.8	-5.0
2015	-34.0	171.8	일부잠식	0.0	50.2	전기잠식	-81.2	3.1	-10.7
2014	-30.0	-160.0	완전잠식	완전잠식	-57.0	당기잠식	-639.8	-64.3	-10.0
2013	-12.4	-16.7	일부잠식	일부잠식	-5.8	-85.7	-32.3	4.6	3.5

넥스턴 (A089140)
NEXTURN COLTD

업 종 : 기계		시 장 : KOSDAQ	
신 용 등 급 : (Bond) — (CP) —		기 업 규 모 : 중견	
홈 페 이 지 : www.nexturn.co.kr		연 락 처 : 031)288-2021	
본 사 : 경기도 용인시 기흥구 기흥단지로 121번길 35			

설 립 일 2000.07.18	종 업 원 수 60명	대 표 이 사 장영화	
상 장 일 2006.11.01	감 사 의 견 적정 (이경)	계 열	
결 산 기 12월	보 통 주 1,185만주	종 속 회 사 수	
액 면 가 500원	우 선 주	구 상 호	

주주구성 (지분율,%)		출자관계 (지분율,%)		주요경쟁사 (외형,%)	
대호테크	24.5	넥스턴	100		
우아	5.9	SIMPAC	359		
(외국인)	1.5	영풍정밀	81		

매출구성		비용구성		수출비중	
CNC자동선반	95.2	매출원가율	66.9	수출	91.0
상품	4.3	판관비율	7.2	내수	9.0
기타	0.6				

회사 개요
동사는 자동차, 항공기, 선박, 의료기기를 포함한 기계류의 부품제작에 사용되는 주축 이동형 CNC자동선반을 전문적으로 생산하는 업체로 2000년 '케이엠티'라는 상호로 설립됨. 이후 2004년 넥스턴으로 상호가 변경되었음. 국산 장비 시장은 화천기계와 동사가 과점하고 있으며 동사의 점유율은 약 37%로 추산됨. 2016년 스마트폰 커버 유리를 구부려 엿찟 글래스를 만드는 유리 열성형 장비 사업을 새롭게 시작함.

실적 분석
2016년 연결기준 매출액은 743.7억원. 전년 대비 161.8억원 대비 359.6% 증가함. 판매비와 관리비는 증가하나 매출이 늘고 매출원가율이 감소해 영업이익이 전년도에 비해 1,100.8% 증가한 192.9억원을 시현함. 비 영업부문 이익이 전년도 1.1억원에서 2016년 27.6억원으로 증가함. 이에 힘입어 법인세 비용이 증가했음에도 당기순이익이 전년 대비 1,162.4% 늘어난 171.7억원 기록함.

현금 흐름
*IFRS 별도 기준 〈단위 : 억원〉

항목	2015	2016
영업활동	19	153
투자활동	-28	-401
재무활동	-5	427
순현금흐름	-13	185
기말현금	91	276

시장 대비 수익률
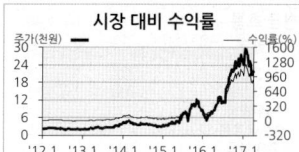

결산 실적
〈단위 : 억원〉

항목	2011	2012	2013	2014	2015	2016
매출액	274	213	220	205	162	744
영업이익	43	34	35	41	16	193
당기순이익	31	24	28	32	14	172

분기 실적
*IFRS 별도 기준 〈단위 : 억원〉

항목	2015.3Q	2015.4Q	2016.1Q	2016.2Q	2016.3Q	2016.4Q
매출액	34	45	30	36	382	295
영업이익	0	2	1	-8	114	86
당기순이익	3	2	2	-2	74	98

재무 상태
*IFRS 별도 기준 〈단위 : 억원〉

항목	2011	2012	2013	2014	2015	2016
총자산	308	284	306	335	332	985
유형자산	79	77	74	71	78	85
무형자산	6	5	4	4	3	3
유가증권	—	—	—	—	—	—
총부채	70	42	41	44	32	86
총차입금	22	0	0	0	0	0
자본금	29	29	29	29	29	59
총자본	238	242	265	291	300	899
지배주주지분	238	242	265	291	300	899

기업가치 지표
*IFRS 별도 기준

항목	2011	2012	2013	2014	2015	2016
주가(최고/저)(천원)	3.5/1.6	2.6/1.9	4.0/2.0	5.1/2.8	12.5/3.0	27.5/5.2
PER(최고/저)(배)	10.4/4.9	9.4/6.9	11.9/6.1	13.5/7.3	76.5/18.5	15.6/2.9
PBR(최고/저)(배)	1.2/0.6	0.8/0.6	1.1/0.6	1.3/0.7	3.1/0.7	3.5/0.7
EV/EBITDA(배)	3.2	3.1	7.3	3.1	31.9	12.3
EPS(원)	373	294	344	387	165	1,774
BPS(원)	4,504	4,828	5,243	5,696	5,862	7,925
CFPS(원)	611	490	556	614	281	1,793
DPS(원)	100	100	100	100	60	150
EBITDAPS(원)	830	650	663	762	324	2,012

재무 비율
〈단위 : % 〉

연도	영업이익률	순이익률	부채비율	차입금비율	ROA	ROE	유보율	자기자본비율	EBITDA마진율
2016	25.9	23.1	9.6	0.0	26.1	28.6	1,485.1	91.2	26.2
2015	9.9	8.4	10.6	0.1	4.1	4.6	1,072.4	90.5	11.6
2014	19.8	15.6	15.2	0.1	10.0	11.5	1,039.1	86.8	21.5
2013	15.7	12.9	15.7	0.1	9.6	11.2	948.6	86.5	17.5

넥스트리밍 (A139670)
NexStreaming

업 종 : 일반 소프트웨어		시 장 : KOSDAQ	
신 용 등 급 : (Bond) — (CP) —		기 업 규 모 : 벤처	
홈 페 이 지 : www.nexstreaming.com		연 락 처 : 02)2194-5300	
본 사 : 서울시 서초구 바우뫼로37길 56 건영빌딩 3층			

설 립 일 2002.09.09	종 업 원 수 96명	대 표 이 사 임일택	
상 장 일 2011.12.02	감 사 의 견 적정 (대주)	계 열	
결 산 기 12월	보 통 주 702만주	종 속 회 사 수	
액 면 가 500원	우 선 주	구 상 호	

주주구성 (지분율,%)		출자관계 (지분율,%)		주요경쟁사 (외형,%)	
임일택	13.5	BEIJINGNEXSTREAMINGTECHNOLOGYCO.,LTD.	100.0	넥스트리밍	100
솔본	13.4	NEXSTREAMINGUSA,INC.	100.0	포시에스	150
(외국인)	0.9	NEXSTREAMINGEUROPESLU	100.0	한컴시큐어	155

매출구성		비용구성		수출비중	
[멀티미디어응용소프트웨어개발및공급]NextPlaye	61.8	매출원가율	0.0	수출	85.5
[멀티미디어응용소프트웨어개발및공급]NextPlaye	28.8	판관비율	153.2	내수	14.5
기타	9.5				

회사 개요
동사는 모바일기기를 중심으로 하는 멀티미디어 환경에서 독자기술로 개발한 모바일 멀티미디어 소프트웨어를 글로벌 기업 및 콘텐츠업체에게 개발/제공하는 업체임. 주요 제품은 모바일 디바이스에 탑재 또는 설치되는 동영상 플레이어임. 특히 삼성전자, LG전자 등 글로벌 휴대폰 제조업체를 고객으로 확보하고 있으며, NexPlayerSDK등을 sbs콘텐츠허브에 공급. 제품별 매출비중은 NexPlayer 65.1%. 최대주주가 솔본 및 관계인으로 변경됨.

실적 분석
동사의 2016년 결산 기준 매출액은 93.4억원을 기록하면서 전년동기 127.1억원 대비 26.5% 감소함. 스마트폰 제조사에 공급하는 NexPlayer의 매출 일부 감소와 신규인력 채용 및 마케팅 비용 증가에 따라 영업비용이 증가하면서 영업손실은 전년동기 21.8억원 적자대비 적자폭을 늘리며 49.7억원의 영업손실을 시현하였음. 당기순손실은 전년동기 11.9억원 대비 적자폭을 확대한 52.6억원의 손실을 시현함.

현금 흐름
〈단위 : 억원〉

항목	2015	2016
영업활동	23	-53
투자활동	-3	-69
재무활동	-11	—
순현금흐름	10	-121
기말현금	230	109

시장 대비 수익률
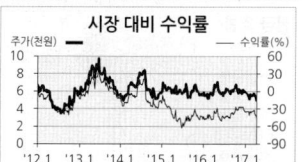

결산 실적
〈단위 : 억원〉

항목	2011	2012	2013	2014	2015	2016
매출액	120	153	183	173	127	93
영업이익	31	44	45	23	-22	-50
당기순이익	28	39	41	25	-12	-53

분기 실적
〈단위 : 억원〉

항목	2015.3Q	2015.4Q	2016.1Q	2016.2Q	2016.3Q	2016.4Q
매출액	31	27	24	26	22	21
영업이익	-6	-10	-14	-10	-11	-14
당기순이익	-2	-6	-10	-14	-15	-14

재무 상태
〈단위 : 억원〉

항목	2011	2012	2013	2014	2015	2016
총자산	192	216	271	301	282	218
유형자산	4	7	6	5	4	7
무형자산	6	6	7	8	6	5
유가증권	0	0	0	0	0	2
총부채	22	33	48	61	53	39
총차입금	0	0	0	6	0	0
자본금	33	35	35	35	35	35
총자본	170	183	223	240	228	179
지배주주지분	170	183	223	240	228	179

기업가치 지표

항목	2011	2012	2013	2014	2015	2016
주가(최고/저)(천원)	7.0/4.7	7.5/3.5	9.7/5.2	8.5/4.9	8.5/5.2	7.5/5.1
PER(최고/저)(배)	16.3/11.0	13.9/6.5	16.9/9.1	24.2/13.8	—/—	—/—
PBR(최고/저)(배)	3.0/2.0	2.7/1.2	2.9/1.6	2.3/1.3	2.3/1.4	2.6/1.7
EV/EBITDA(배)	6.7	5.9	3.9	6.7	—	—
EPS(원)	448	556	589	355	-170	-750
BPS(원)	2,564	2,899	3,446	3,765	3,634	2,937
CFPS(원)	503	601	646	418	-102	-684
DPS(원)	95	70	70	50	—	—
EBITDAPS(원)	550	670	705	389	-243	-642

재무 비율
〈단위 : % 〉

연도	영업이익률	순이익률	부채비율	차입금비율	ROA	ROE	유보율	자기자본비율	EBITDA마진율
2016	-53.2	-56.3	21.8	0.0	-21.1	-25.8	487.4	82.1	-48.2
2015	-17.2	-9.4	23.3	0.0	-4.1	-5.1	626.9	81.1	-13.4
2014	13.2	14.4	25.7	2.3	8.7	10.8	653.0	79.6	15.8
2013	24.9	22.6	21.7	0.0	17.0	20.4	589.1	82.2	27.0

넥스트바이오홀딩스 (A051980)
NEXTBIO HOLDINGS

업 종 : 통신장비		시 장 : KOSDAQ	
신용등급 : (Bond) — (CP) —		기업규모 :	
홈 페 이 지 : www.nextbio-holdings.com		연 락 처 : 070)5153-3200	
본 사 : 경기도 안양시 동안구 학의로 282 (관양동,금강펜테리움IT타워 B동 617호)			

설 립 일 1999.04.23	종 업 원 수 14명	대 표 이 사 임호	
상 장 일 2001.07.31	감 사 의 견 적정 (삼일)	계 열	
결 산 기 12월	보 통 주 1,959만주	종속회사수	
액 면 가 500원	우 선 주	구 상 호 휴림스	

주주구성 (지분율,%)	출자관계 (지분율,%)	주요경쟁사 (외형,%)
제이엔케이인베스트먼트 7.2	넥스트메디컬 100.0	넥스트바이오홀딩스 100
머큐리 3.5		텔콘 167
(외국인) 3.0		디티앤씨 226

매출구성		비용구성		수출비중	
[제품]SCAN-WM	75.9	매출원가율	86.2	수출	—
상품·용역	15.7	판관비율	26.3	내수	—
[제품]MSPP	4.9				

회사 개요

1994년에 설립된 동사는 전기적 통신신호 (오디오+비디오+데이터)를 광원(빛)으로 변환하여 수백㎞까지 송수신하는 전송장비와 망구조로 연계하여 최적의 전송시스템을 구축하는 광통신장비를 주요 통신사업자에 공급하는 네트워크 장비 전문기업임. 동사의 주력제품은 SCAN-WM, OADM, MWDM, MSPP 등임. 내부 자회사인 지피시스의 사업부문은 네트워크망, 유무선통신기기 제조로 SKB를 주요 매출처로 하고 있음9

실적 분석

동사의 2016년 연간 매출은 178.5억원으로 전년대비 5.2% 감소, 영업이익은 -22.3억원으로 적자지속, 당기순이익은 -37억원으로 전년대비 적자지속 시현. 세계적인 통신부문 투자 축소로 기존 주력제품인 SCAN-WM을 비롯한 네트워크 장비의 판매가 감소함. 내부적인 원가개선과 고정비 축소 노력으로 적자 규모는 전년대비 감소세를 보임. 2017년 3월에 자금조달을 위한 주식관련 사채발생을 검토하였으나 중단함

현금 흐름 〈단위 : 억원〉

항목	2015	2016
영업활동	-62	6
투자활동	9	-35
재무활동	96	-29
순현금흐름	43	-57
기말현금	103	46

시장 대비 수익률

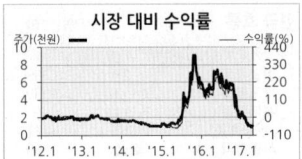

결산 실적 〈단위 : 억원〉

항목	2011	2012	2013	2014	2015	2016
매출액	388	536	289	205	188	179
영업이익	37	36	-44	-46	-91	-22
당기순이익	36	38	-70	-95	-217	-37

분기 실적 〈단위 : 억원〉

항목	2015.3Q	2015.4Q	2016.1Q	2016.2Q	2016.3Q	2016.4Q
매출액	30	67	41	87	11	39
영업이익	-15	-46	-1	2	-7	-16
당기순이익	-14	-81	-3	1	-9	-26

재무 상태 〈단위 : 억원〉

항목	2011	2012	2013	2014	2015	2016
총자산	711	690	610	397	288	194
유형자산	107	43	39	35	34	8
무형자산	80	163	141	127	19	0
유가증권	4	3	4	2	—	17
총부채	330	230	189	80	181	71
총차입금	52	138	62	23	113	36
자본금	87	90	95	95	95	100
총자본	381	460	421	318	107	123
지배주주지분	462	506	391	298	100	117

기업가치 지표

항목	2011	2012	2013	2014	2015	2016
주가(최고/저)(천원)	2.2/1.2	2.3/1.7	2.3/1.5	1.7/1.0	9.1/1.0	8.4/2.0
PER(최고/저)(배)	10.3/5.7	11.7/8.4	—/—	—/—	—/—	—/—
PBR(최고/저)(배)	0.7/0.4	0.8/0.5	1.1/0.7	1.0/0.6	15.3/1.7	12.9/3.0
EV/EBITDA(배)	4.6	6.4				
EPS(원)	211	197	-829	-455	-1,112	-182
BPS(원)	2,929	3,078	2,129	1,671	598	652
CFPS(원)	316	301	-735	-383	-1,086	-151
DPS(원)						
EBITDAPS(원)	326	314	-158	-177	-467	-83

재무 비율 〈단위 : % 〉

연도	영업이익률	순이익률	부채비율	차입금비율	ROA	ROE	유보율	자기자본비율	EBITDA마진율
2016	-12.5	-20.7	57.2	28.8	-15.4	-32.8	27.1	63.6	-9.1
2015	-48.2	-115.4	168.1	104.9	-63.4	-103.1	16.5	37.3	-45.7
2014	-22.3	-46.2	25.1	7.2	-18.8	-24.4	225.3	79.9	-15.9
2013	-15.3	-24.3	44.8	14.6	-10.8	-32.6	314.5	69.0	-9.6

넥스트비티 (A065170)
NEXT BT

업 종 : 식료품		시 장 : KOSDAQ	
신용등급 : (Bond) — (CP) —		기업규모 : 중견	
홈 페 이 지 : www.nextbt.co.kr		연 락 처 : 043)878-8851	
본 사 : 충북 음성군 삼성면 대양로 193-12			

설 립 일 1995.02.17	종 업 원 수 41명	대 표 이 사 이효림	
상 장 일 2002.11.19	감 사 의 견 적정 (한영)	계 열	
결 산 기 12월	보 통 주 3,974만주	종속회사수	
액 면 가 500원	우 선 주	구 상 호 엔알디	

주주구성 (지분율,%)	출자관계 (지분율,%)	주요경쟁사 (외형,%)
문원국 16.0	넥스트에스앤엘 100.0	넥스트BT 100
에너텍 1.5	NRDMGLLLC 100.0	뉴트리바이오텍 163
(외국인) 0.1	네추럴에프앤피 57.7	코스맥스비티아이 361

매출구성		비용구성		수출비중	
다이어트,비타민,홍삼외	96.4	매출원가율	65.6	수출	—
마스크팩외	3.6	판관비율	31.9	내수	—

회사 개요

동사는 2008년 7월 31일 회사 분할후 종속기업인 (주)네추럴에프앤피의 기존 제조사업의 안정적인 기반위에 유통사업부, 해외사업부로 세분하여 운영중임. 유통사업부에서는 TV홈쇼핑과 인터넷쇼핑을 통해 건강기능식품은 물론 생활, 미용제품에서 무형상품에 이르기 까지 현재 유통되지 않는 상품에 대해서도 개발, 유통에 관한 전체적인 전략을 수립하며 해외사업부에서는 건강식품 및 화장품의 해외수출업무를 담당중임.

실적 분석

동사의 2016년 결산 연결기준 누적 매출액은 739.6억원으로 전년 동기 대비 29.4%의 큰 성장세를 보임. 이는 주로 건강식품부문에서의 매출과 화장품사업부문에서의 매출이 영향을 미침. 매출은 증가했지만 매출원가와 판관비는 전년 동기 대비 각각 30.2%, 17.9% 늘어남. 영업이익은 18.2억원을 시현하며 흑자전환하였으나 비영업부문에서 적자가 지속되면서 당기순손실 49.9억원을 기록해 적자 지속.

현금 흐름 〈단위 : 억원〉

항목	2015	2016
영업활동	10	23
투자활동	-45	-102
재무활동	37	114
순현금흐름	2	35
기말현금	36	71

시장 대비 수익률

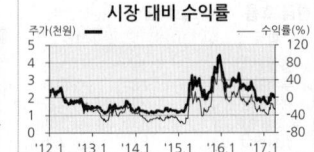

결산 실적 〈단위 : 억원〉

항목	2011	2012	2013	2014	2015	2016
매출액	541	613	507	616	571	740
영업이익	44	23	19	20	-2	18
당기순이익	6	-25	-40	-13	-78	-50

분기 실적 〈단위 : 억원〉

항목	2015.3Q	2015.4Q	2016.1Q	2016.2Q	2016.3Q	2016.4Q
매출액	149	141	162	220	186	171
영업이익	-2	-11	6	6	3	-1
당기순이익	-2	-80	4	-24	1	-31

재무 상태 〈단위 : 억원〉

항목	2011	2012	2013	2014	2015	2016
총자산	751	712	654	658	632	734
유형자산	266	262	249	236	242	277
무형자산	67	66	75	73	67	65
유가증권	38	25	36	41	47	31
총부채	383	357	346	292	305	444
총차입금	297	302	249	202	192	289
자본금	130	136	150	172	190	199
총자본	368	355	309	366	326	290
지배주주지분	284	274	284	312	279	241

기업가치 지표

항목	2011	2012	2013	2014	2015	2016
주가(최고/저)(천원)	5.6/1.6	2.7/1.3	1.8/1.1	1.4/1.1	5.0/1.2	4.0/1.7
PER(최고/저)(배)	822.8/242.7	—/—	—/—	—/—	—/—	—/—
PBR(최고/저)(배)	5.1/1.5	2.6/1.3	1.9/1.2	1.6/1.2	6.9/1.6	6.6/2.8
EV/EBITDA(배)	13.7	18.3	16.5	16.1	116.8	26.7
EPS(원)	7	-99	-109	-33	-177	-130
BPS(원)	1,096	1,004	945	907	734	605
CFPS(원)	64	-38	-50	1	-132	-86
DPS(원)						
EBITDAPS(원)	235	146	126	116	41	90

재무 비율 〈단위 : % 〉

연도	영업이익률	순이익률	부채비율	차입금비율	ROA	ROE	유보율	자기자본비율	EBITDA마진율
2016	2.5	-6.7	152.8	99.7	-7.3	-19.6	21.0	39.6	4.8
2015	-0.3	-13.6	93.6	58.9	-12.1	-22.0	46.7	51.7	2.6
2014	3.2	-2.2	79.7	55.3	-2.0	-3.5	81.4	55.7	6.0
2013	3.7	-8.0	112.0	80.5	-5.9	-11.0	89.0	47.2	7.0

넥스트아이 (A137940)
NextEye

업 종 : 디스플레이 및 관련부품	시 장 : KOSDAQ
신용등급 : (Bond) — (CP) —	기업규모 : 벤처
홈 페 이 지 : www.nexteye.com	연 락 처 : 031)389-2299
본 사 : 경기도 안양시 동안구 동편로13번길65 넥스트아이빌딩	

설 립 일 1998.09.07	종 업 원 수 111명	대 표 이 사 진광	
상 장 일 2011.06.14	감 사 의 견 적정 (삼일)	계 열	
결 산 기 12월	보 통 주 1,370만주	종속회사수	
액 면 가 500원	우 선 주	구 상 호	

주주구성 (지분율,%)		출자관계 (지분율,%)		주요경쟁사 (외형,%)	
Aesthetic International Beauty Chain Group Limited	23.3	실로닉스	100.0	넥스트아이	100
화용보영투자관리유한공사	16.6	사사면세점	85.0	루멘스	1,021
(외국인)	17.0	이노메트리	60.0	상아프론테크	396

매출구성		비용구성		수출비중	
LCD필름검사장비(제품)	54.8	매출원가율	72.3	수출	49.3
3차원측정기외 기타(제품)	26.1	판관비율	18.3	내수	50.7
X-RAY(제품)	14.3				

회사 개요
동사는 머신비전(Machine Vision) 기술을 활용하여, 각종 첨단 제품 또는 관련 부품의 외관검사를 하는 장비를 제조하고 판매하는 것을 주요 사업으로 영위하고 있음. 주요 제품인 평광필름검사장비, BLU검사장비, 유리모서리 깨짐 검사장비(GECD) 등은 LCD제품 또는 부품의 제조공정에서 활용되고 있으며, 전방산업은 TFT-LCD산업 및 TFT-LCD부품산업분야임.

실적 분석
동사의 2016년 결산기준 누적 매출액은 전년동기대비 48.5% 상승한 394.4억원을 기록하였음. 비용면에서 전년동기대비 매출원가는 증가 하였으며 인건비도 증가, 광고선전비가 크게 증가, 기타판매비와관리비는 크게 증가. 그에 따라 매출액 하락 등에 의해 전년동기대비 영업이익은 37억원으로 34.8% 상승하였음. 최종적으로 전년동기대비 당기순이익은 상승하여 35.4억원을 기록함.

현금 흐름 〈단위 : 억원〉

항목	2015	2016
영업활동	20	36
투자활동	5	-309
재무활동	-18	424
순현금흐름	6	152
기말현금	53	205

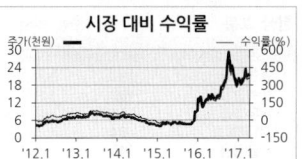
시장 대비 수익률

결산 실적 〈단위 : 억원〉

항목	2011	2012	2013	2014	2015	2016
매출액	178	257	279	292	266	394
영업이익	50	69	53	38	27	37
당기순이익	44	48	43	35	30	35

분기 실적 〈단위 : 억원〉

항목	2015.3Q	2015.4Q	2016.1Q	2016.2Q	2016.3Q	2016.4Q
매출액	68	106	78	97	64	155
영업이익	9	23	13	17	-8	15
당기순이익	6	19	11	12	-4	16

재무 상태 〈단위 : 억원〉

항목	2011	2012	2013	2014	2015	2016
총자산	265	341	406	444	463	989
유형자산	58	77	66	112	116	132
무형자산	9	18	9	9	6	14
유가증권	0	17	55	62	47	266
총부채	24	47	69	77	76	335
총차입금			30	24	17	217
자본금	29	42	42	42	42	62
총자본	241	294	337	367	387	654
지배주주지분	241	287	331	362	379	605

기업가치 지표

항목	2011	2012	2013	2014	2015	2016
주가(최고/저)(천원)	5.1/2.8	7.1/3.9	8.8/6.2	7.9/4.1	11.2/4.0	30.5/10.5
PER(최고/저)(배)	9.3/5.2	12.3/6.8	17.2/12.2	17.9/9.2	33.4/11.8	141.9/48.8
PBR(최고/저)(배)	1.6/0.9	1.9/1.0	2.1/1.5	1.7/0.9	2.3/0.8	5.9/2.0
EV/EBITDA(배)	4.4	6.4	7.9	5.1	18.8	46.2
EPS(원)	568	598	528	451	339	216
BPS(원)	4,849	3,893	4,389	4,729	5,026	5,235
CFPS(원)	859	639	576	542	433	284
DPS(원)	50	50	75	50	50	75
EBITDAPS(원)	966	885	700	555	439	396

재무 비율 〈단위 : %〉

연도	영업이익률	순이익률	부채비율	차입금비율	ROA	ROE	유보율	자기자본비율	EBITDA마진율
2016	9.4	9.0	51.1	33.1	4.9	4.9	910.6	66.2	11.3
2015	10.3	11.4	19.6	4.4	6.7	7.3	853.6	83.7	13.1
2014	12.9	12.0	21.0	6.6	8.2	10.6	797.1	82.7	15.5
2013	19.0	15.3	20.6	8.9	11.4	13.9	753.6	82.9	20.5

넥스트엔터테인먼트월드 (A160550)
Next Entertainment World

업 종 : 미디어	시 장 : KOSDAQ
신용등급 : (Bond) — (CP) —	기업규모 : 우량
홈 페 이 지 : www.its-new.co.kr	연 락 처 : 02)3490-9300
본 사 : 서울시 강남구 언주로 726 두산빌딩 8층	

설 립 일 2008.06.25	종 업 원 수 54명	대 표 이 사 김우택	
상 장 일 2014.12.23	감 사 의 견 적정 (삼일)	계 열	
결 산 기 12월	보 통 주 2,741만주	종속회사수	
액 면 가 500원	우 선 주	구 상 호 뉴	

주주구성 (지분율,%)		출자관계 (지분율,%)		주요경쟁사 (외형,%)	
김우택	37.2	스튜디오앤뉴	78.0	NEW	100
HUACE MEDIA (HONG KONG) INVESTMENT LIMITED	13.0	콘텐츠판다	70.9	SBS미디어홀딩스	401
(외국인)	14.3	뮤직앤뉴	58.4	현대에이치씨엔	232

매출구성		비용구성		수출비중	
영화	90.0	매출원가율	79.5	수출	6.7
드라마	9.5	판관비율	15.2	내수	93.3
기타	0.5				

회사 개요
동사는 도메오홀딩스와 경영합리화, 기업의 경쟁력 제고를 위하여 2012년 1월 11일 간이흡수합병을 통하여 넥스트엔터테인먼트월드를 합병하였으며, 합병소멸법인의 상호인 넥스트엔터테인먼트월드로 상호를 변경함. 동사는 영화, 비디오물 및 방송 프로그램 배급업을 주요 사업으로 영위하며 종속회사인 뮤직앤뉴는 음반 기획/제작 및 매니지먼트업, 콘텐츠판다는 영상 콘텐츠에 대한 부가판권 유통업, 쇼앤뉴는 공연 기획 및 제작업을 영위.

실적 분석
드라마 '태양의 후예', 영화 '부산행' 흥행 및 뮤직앤뉴 등 종속회사 실적개선에 따라 동사의 연결기준 2016년 매출액은 1,257억원으로 전년동기 대비 52%증가하였음. 매출원가와 판관비가 각각 35.3%, 70% 증가하였지만 영업이익은 66.4억원으로 전년대비 흑자전환 하였음. 금융이익과 외환이익이 줄었으나 당기순이익은 288.7% 크게 증가한 35.7억원을 기록함. 2대 주주인 중국 화책미디어와 JV를 통해 중국진출을 도모하고 있음.

현금 흐름 〈단위 : 억원〉

항목	2015	2016
영업활동	-194	39
투자활동	-210	-267
재무활동	101	38
순현금흐름	-301	-190
기말현금	771	581

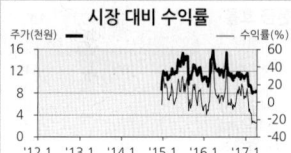
시장 대비 수익률

결산 실적 〈단위 : 억원〉

항목	2011	2012	2013	2014	2015	2016
매출액	—	443	1,264	620	826	1,257
영업이익	—	39	191	61	-25	66
당기순이익	—	39	189	31	9	36

분기 실적 〈단위 : 억원〉

항목	2015.3Q	2015.4Q	2016.1Q	2016.2Q	2016.3Q	2016.4Q
매출액	312	226	240	152	536	329
영업이익	34	-52	-22	-15	118	-15
당기순이익	29	-38	-27	-31	130	-36

재무 상태 〈단위 : 억원〉

항목	2011	2012	2013	2014	2015	2016
총자산	—	797	1,175	1,793	2,004	2,305
유형자산		5	5	10	8	422
무형자산		13	10	14	14	16
유가증권		62	81	100	141	158
총부채		683	861	501	675	939
총차입금		181	258	129	198	235
자본금		36	37	69	137	137
총자본		113	314	1,292	1,330	1,367
지배주주지분		114	312	1,292	1,311	1,354

기업가치 지표

항목	2011	2012	2013	2014	2015	2016
주가(최고/저)(천원)	—/—	—/—	—/—	9.1/8.7	15.4/9.6	16.2/9.3
PER(최고/저)(배)	0.0/0.0	0.0/0.0	0.0/0.0	59.5/56.7	304.9/190.0	100.8/57.8
PBR(최고/저)(배)	0.0/0.0	0.0/0.0	0.0/0.0	1.9/1.8	3.2/2.0	3.3/1.9
EV/EBITDA(배)	0.0			22.1		34.2
EPS(원)		338	1,116	153	50	160
BPS(원)		13,172	3,081	9,428	4,783	4,940
CFPS(원)		6,927	1,989	334	69	192
DPS(원)		—	—	—	—	—
EBITDAPS(원)		5,943	2,001	620	-73	274

재무 비율 〈단위 : %〉

연도	영업이익률	순이익률	부채비율	차입금비율	ROA	ROE	유보율	자기자본비율	EBITDA마진율
2016	5.3	2.8	68.7	17.2	1.7	3.3	888.0	59.3	6.0
2015	-3.1	1.1	50.8	14.9	0.5	1.1	856.6	66.3	-2.4
2014	9.8	4.9	38.8	10.0	2.1	3.8	1,785.5	72.0	10.5
2013	15.1	14.9	274.4	82.2	19.1	89.3	751.9	26.7	15.6

넥스트칩 (A092600)
NEXTCHIP

업   종 : 보안장비
신용등급 : (Bond) —   (CP) —
홈 페 이 지 : www.nextchip.com
본   사 : 경기도 성남시 분당구 판교로 323 (삼평동)

시   장 : KOSDAQ
기 업 규 모 : 벤처
연 락 처 : 02)3460-4700

설 립 일	1997.05.13	종 업 원 수	120명	대 표 이 사	김경수
상 장 일	2007.06.26	감 사 의 견	적정 (삼일)	계	열
결 산 기	12월	보 통 주	1,345만주	종속회사수	
액 면 가	500원	우 선 주		구 상 호	

주주구성 (지분율,%)		출자관계 (지분율,%)		주요경쟁사 (외형,%)	
김경수	22.3	앤커넥트	85.4	넥스트칩	100
김동욱	16.6	앤씨비아이티	72.0	아이디스홀딩스	689
(외국인)	0.5	베이다스	60.2	아이디스	202

매출구성		비용구성		수출비중	
영상보안시장향, 영상처리칩	94.0	매출원가율	65.1	수출	86.2
Camera 부품 등	5.6	판관비율	36.9	내수	13.8
영상처리칩 개발	0.4				

회사 개요
동사는 영상보안시장 멀티미디어 반도체 제품의 제조 및 판매를 주 사업으로 영위하고 있음. 설립이래 영상보안시장용 영상처리칩을 개발하기 위해 많은 노력을 해왔으며, 현재 주력 매출이 영상보안 시장에서 발생함. 영상처리칩이 매출액의 91%를 차지하며, 매출 중 대만과 중국으로의 수출 물량이 상당량을 차지하고 있음. 향후 중국이 세계 영상보안 기기 생산에 있어 주도적인 국가로 자리매김할 것이 예상되므로 중국에 대한 영업력을 강화하고 있음.

실적 분석
동사의 2016년 매출액은 640.6억원으로 전년과 비슷한 수준을 기록했으며 매출원가는 7.6% 늘며 매출총이익은 전년 대비 8.4% 줄어든 223.5억원을 기록함. 판매비와 관리비가 전년 대비 43.6% 증가했는데 이는 경상개발비가 67.4% 늘어난 결과임. 그 결과 영업손실 12.9억원이 나면서 적자전환했으며 비영업이익 21억원이 추가되면서 당기순이익은 8.1억원 흑자를 기록했으나 이 역시 전년 대비 90.3% 줄어든 수치임.

현금 흐름 〈단위 : 억원〉

항목	2015	2016
영업활동	49	-41
투자활동	-39	39
재무활동	8	-28
순현금흐름	19	-27
기말현금	102	75

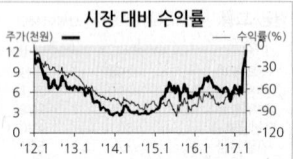
시장 대비 수익률

결산 실적 〈단위 : 억원〉

항목	2011	2012	2013	2014	2015	2016
매출액	458	531	367	359	632	641
영업이익	51	3	-119	-27	79	-13
당기순이익	63	34	-186	-19	84	8

분기 실적 〈단위 : 억원〉

항목	2015.3Q	2015.4Q	2016.1Q	2016.2Q	2016.3Q	2016.4Q
매출액	173	171	192	185	130	134
영업이익	16	20	7	-1	-14	-6
당기순이익	14	22	8	12	-9	-2

재무 상태 〈단위 : 억원〉

항목	2011	2012	2013	2014	2015	2016
총자산	743	777	576	562	675	653
유형자산	10	11	10	7	6	31
무형자산	56	31	18	13	40	51
유가증권	40	39	57	54	71	57
총부채	91	101	91	91	119	94
총차입금	64	59	65	43	52	39
자본금	66	66	66	66	66	67
총자본	652	676	485	469	556	559
지배주주지분	652	676	485	469	553	557

기업가치 지표

항목	2011	2012	2013	2014	2015	2016
주가(최고/저)(천원)	14.9/7.2	12.4/6.2	7.0/2.5	4.1/2.6	7.6/3.3	8.5/4.4
PER(최고/저)(배)	32.3/15.6	50.4/25.4	—/—	—/—	12.2/5.3	101.6/52.4
PBR(최고/저)(배)	3.1/1.5	2.5/1.3	2.0/0.7	1.2/0.8	1.9/0.8	2.0/1.1
EV/EBITDA(배)	16.6	25.3			5.8	
EPS(원)	476	252	-1,400	-143	637	84
BPS(원)	4,924	5,087	3,647	3,526	4,162	4,195
CFPS(원)	639	406	-1,313	-93	682	127
DPS(원)	80	80			50	
EBITDAPS(원)	546	174	-811	-152	642	-54

재무 비율 〈단위 : % 〉

연도	영업이익률	순이익률	부채비율	차입금비율	ROA	ROE	유보율	자기자본비율	EBITDA마진율
2016	-2.0	1.3	16.8	7.0	1.2	2.0	739.1	85.6	-1.1
2015	12.6	13.3	21.5	9.3	13.6	16.6	732.4	82.3	13.5
2014	-7.5	-5.3	19.8	9.2	-3.4	-4.0	605.1	83.5	-5.6
2013	-32.5	-50.7	18.7	13.4	-27.5	-32.1	629.5	84.3	-29.4

넥슨지티 (A041140)
Nexon GT CO

업   종 : 게임 소프트웨어
신용등급 : (Bond) —   (CP) —
홈 페 이 지 : www.nexon-gt.com
본   사 : 경기도 성남시 분당구 판교로 256번길 25 (삼평동, 판교테크노밸리 씨3-7비동)

시   장 : KOSDAQ
기 업 규 모 : 우량
연 락 처 : 031)779-2500

설 립 일	1993.11.08	종 업 원 수	336명	대 표 이 사	김정준
상 장 일	2000.07.25	감 사 의 견	적정 (삼일)	계	열
결 산 기	12월	보 통 주	3,537만주	종속회사수	
액 면 가	500원	우 선 주		구 상 호	게임하이

주주구성 (지분율,%)		출자관계 (지분율,%)		주요경쟁사 (외형,%)	
넥슨코리아	63.2	넥슨레드	100.0	넥슨지티	100
최성학	4.8	레드덕	5.3	위메이드	177
(외국인)	3.7			선데이토즈	126

매출구성		비용구성		수출비중	
서든어택	85.9	매출원가율	29.1	수출	1.0
클래식 RPG	6.3	판관비율	41.8	내수	99.0
기타, 서비스	6.1				

회사 개요
동사는 국내 최대 온라인 게임 개발사인 넥슨의 자회사로 1993년 11월에 설립되었으며, 2000년 7월에 코스닥시장에 상장한 온라인 게임 개발 및 판매 전문 업체임. 2014년 2월 온라인게임 업체인 넥스토릭과 합병을 실시함. 연결대상 종속회사로 웰게임즈가 있음. 현재 슈퍼판타지워(S-RPG), 서든어택(FPS) 등을 공급하고 있으며 넥슨코리아에서 퍼블리싱 담당하고 있음. 주요 매출 유형은 퍼블리셔 로열티로 아이템 판매수익 등으로 구성됨.

실적 분석
동사의 연결재무제표 기준 2016년 결산 영업수익은 전년동기 대비 1.8% 증가한 611.8억원을 기록함. 반면 영업이익은 원가율 하락에도 불구하고, 대손상각비 및 기타 판관비의 급증으로 전년동기 대비 11.7% 감소한 177.9억원을 시현하는 등 수익성 다소 하락한 모습. 지난해 상반기 출시한 신작 게임 서든어택2가 선정성 문제로 9월 서비스 종료되어 향후 실적 개선의 리스크 요인이 될 것으로 보임.

현금 흐름 〈단위 : 억원〉

항목	2015	2016
영업활동	181	242
투자활동	-102	-38
재무활동	14	-113
순현금흐름	94	91
기말현금	145	237

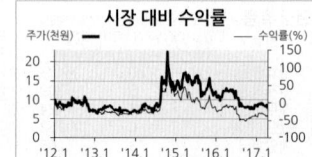
시장 대비 수익률

결산 실적 〈단위 : 억원〉

항목	2011	2012	2013	2014	2015	2016
매출액	413	531	553	633	601	612
영업이익	199	288	228	206	201	178
당기순이익	22	154	198	97	179	158

분기 실적 〈단위 : 억원〉

항목	2015.3Q	2015.4Q	2016.1Q	2016.2Q	2016.3Q	2016.4Q
매출액	111	—	—	134	194	—
영업이익	26	—	—	22	82	—
당기순이익	27	—	—	17	67	—

재무 상태 〈단위 : 억원〉

항목	2011	2012	2013	2014	2015	2016
총자산	801	906	1,097	1,326	1,499	1,517
유형자산	7	17	28	15	14	11
무형자산	5	17	24	19	12	217
유가증권	47	6	—	13	37	28
총부채	228	176	156	210	196	125
총차입금	1		67	73	90	73
자본금	170	170	170	177	177	177
총자본	573	730	942	1,116	1,303	1,392
지배주주지분	573	730	942	1,116	1,303	1,392

기업가치 지표

항목	2011	2012	2013	2014	2015	2016
주가(최고/저)(천원)	15.1/7.6	11.7/6.9	8.9/6.5	22.8/6.8	17.6/10.3	13.2/7.4
PER(최고/저)(배)	237.4/119.7	25.9/15.2	15.4/11.1	82.9/24.7	34.7/20.4	29.5/16.5
PBR(최고/저)(배)	9.0/4.5	5.5/3.2	3.2/2.3	7.2/2.2	4.8/2.8	3.2/1.8
EV/EBITDA(배)	13.8	6.4	6.8	14.7	13.9	8.6
EPS(원)	63	452	581	275	505	448
BPS(원)	1,681	2,142	2,762	3,154	3,685	4,184
CFPS(원)	110	487	695	377	582	583
DPS(원)						
EBITDAPS(원)	632	879	783	685	646	638

재무 비율 〈단위 : % 〉

연도	영업이익률	순이익률	부채비율	차입금비율	ROA	ROE	유보율	자기자본비율	EBITDA마진율
2016	29.1	25.9	9.0	5.3	10.5	11.8	736.7	91.7	36.9
2015	33.5	29.7	15.0	6.9	12.7	14.8	636.9	86.9	38.0
2014	32.5	15.3	18.9	6.5	8.0	9.4	530.8	84.1	38.2
2013	41.2	35.8	16.5	7.1	19.8	23.7	452.4	85.8	48.3

넵튠 (A217270)
Neptune

업   종 : 게임 소프트웨어　　　　　시   장 : KOSDAQ
신용등급 : (Bond) —　　(CP) —　　　기업규모 : 중견
홈 페 이 지 : www.neptunegames.co.kr　연 락 처 : 031)698-3498
본   사 : 경기도 성남시 분당구 성남대로 331번길 8 13층(정자동, 킨스타워)

설 립 일 2015.03.19	종 업 원 수 1명	대 표 이 사 김지훈	
상 장 일 2015.06.18	감 사 의 견 적정 (안진)	계 열	
결 산 기 12월	보 통 주 9,474만주	종속회사수	
액 면 가 100원	우 선 주 —	구 상 호 대신밸런스제1호스팩	

주주구성 (지분율,%)
정욱	12.9
손호준	12.2
(외국인)	—

출자관계 (지분율,%)
에이치앤씨게임즈	100.0
팰릭스랩	100.0
아크베어즈	69.2

주요경쟁사 (외형,%)
넵튠	100
한빛소프트	168
파티게임즈	172

매출구성 / 비용구성 / 수출비중
매출구성	비용구성	수출비중
	매출원가율 0.0	수출 86.9
	판관비율 117.0	내수 13.1

회사 개요
동사는 2012년에 설립되어 2016년 12월 코스닥시장에 상장한 모바일 게임 개발사임. 동사의 첫 게임은 '프로야구마스터'로 최초의 스마트폰용 정통 야구 시뮬레이션 게임임. 2013년 애플 앱스토어 최고 매출 8위까지 올랐고, 2012년 10월 출시해서 2013년 8월까지 누적 매출 70억 원 기록. 최근 카카오, 라인 등 IP를 활용한 사천성 게임으로 주목 받고 있음.

실적 분석
동사의 2016년 매출액은 183.4억원 기록, 전년 대비 83.3% 증가함. 판관비와 관리비는 214.5억원 기록, 전년 대비 두배 가까이 큰 폭으로 증가함. 외형 성장에도 불구하고 비용 증가로 인해 영업손실은 31.2억원을 기록하며 적자전환함. 당기순손실 역시 39.9억원 기록하며 적자 전환함. 향후 신규 IP 활용한 사천성 게임 출시를 통한 실적 개선이 기대됨.

현금 흐름
*IFRS 별도 기준　　〈단위 : 억원〉
항목	2015	2016
영업활동	30	9
투자활동	-2	14
재무활동	-0	-5
순현금흐름	27	18
기말현금	31	49

시장 대비 수익률
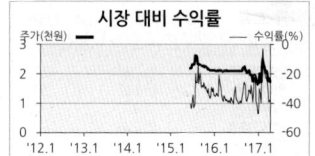

결산 실적
〈단위 : 억원〉
항목	2011	2012	2013	2014	2015	2016
매출액	—	—	—	16	100	183
영업이익	—	—	—	-10	28	-31
당기순이익	—	—	—	-37	29	-40

분기 실적
*IFRS 별도 기준　　〈단위 : 억원〉
항목	2015.3Q	2015.4Q	2016.1Q	2016.2Q	2016.3Q	2016.4Q
매출액						
영업이익						
당기순이익						

재무 상태
*IFRS 별도 기준　　〈단위 : 억원〉
항목	2011	2012	2013	2014	2015	2016
총자산	—	—	—	26	341	439
유형자산	—	—	—	1	2	3
무형자산	—	—	—	0	0	0
유가증권	—	—	—	3	3	3
총부채	—	—	—	71	32	18
총차입금	—	—	—	65	8	5
자본금	—	—	—	2	81	88
총자본	—	—	—	-45	309	421
지배주주지분	—	—	—	-45	309	421

기업가치 지표
*IFRS 별도 기준
항목	2011	2012	2013	2014	2015	2016
주가(최고/저)(천원)	—/—	—/—	—/—	—/—	2.6/2.1	2.4/1.6
PER(최고/저)(배)	0.0/0.0	0.0/0.0	0.0/0.0	0.0/0.0	43.1/34.4	—/—
PBR(최고/저)(배)	0.0/0.0	0.0/0.0	0.0/0.0	0.0/0.0	7.3/5.9	4.9/3.4
EV/EBITDA(배)	0.0	0.0	0.0	—	2.2	—
EPS(원)				-423	306	-123
BPS(원)				-9,075	32,481	484
CFPS(원)				-7,393	5,565	-23
DPS(원)				—	—	—
EBITDAPS(원)				-1,843	5,562	-11

재무 비율
〈단위 : % 〉
연도	영업이익률	순이익률	부채비율	차입금비율	ROA	ROE	유보율	자기자본비율	EBITDA마진율
2016	-17.0	-21.8	6.8		-9.5	-10.2	363.6	81.3	-8.4
2015	28.5	28.5	18.3	3.8	14.7	전기잠식	277.6	84.5	31.4
2014	-61.0	-235.9	완전잠식	완전잠식	0.0	0.0	-2,010.4	-150.1	-58.1
2013	0.0	0.0	0.0	0.0	0.0	0.0	0.0	0.0	0.0

노루페인트 (A090350)
Noroo Paint & Coatings

업   종 : 건축자재　　　　　　　시   장 : 거래소
신용등급 : (Bond) A-　(CP) —　　기업규모 : 시가총액 소형주
홈 페 이 지 : www.noroopaint.com　연 락 처 : 031)467-6114
본   사 : 경기도 안양시 만안구 박달로 351

설 립 일 2006.06.02	종 업 원 수 800명	대 표 이 사 한영재	
상 장 일 2006.07.03	감 사 의 견 적정 (안진)	계 열	
결 산 기 12월	보 통 주 2,000만주	종속회사수	
액 면 가 500원	우 선 주 46만주	구 상 호	

주주구성 (지분율,%)
노루홀딩스	50.5
국민연금공단	6.4
(외국인)	3.9

출자관계 (지분율,%)
노루코일코팅	100.0
칼라메이트	100.0
NOROOVinaCo.,Ltd	100.0

주요경쟁사 (외형,%)
노루페인트	100
노루홀딩스	144
삼화페인트	101

매출구성 / 비용구성 / 수출비중
매출구성	비용구성	수출비중
[건축도료]노루페인트 43.9	매출원가율 73.2	수출 —
[기타]노루페인트, 칼라메이트 19.1	판관비율 20.3	내수 —
[PCM강판용도료]PCM강판용 17.8		

회사 개요
동사는 노루홀딩스에서 2006년 인적분할됨. 도료는 타 산업의 중간재로 건설, 철강, 금속, 선박, 자동차, 전기전자 등의 광범위한 마감 소재로 사용됨. 동사의 시장점유율은 15%로 국내 시장 여건은 매출액 상위 5개사가 약 80%의 과점체제를 형성하고 있음. 국내 페인트 시장은 포화상태에서 꾸준히 4% 내외의 성장률을 기록함. 다양한 Supply Chain System을 구현하여, 효율적인 경영활동 중임.

실적 분석
동사의 연결기준 2016년 매출액은 전년대비 3.8% 증가한 4,789.4억원을 시현하였음. 주요 매출액 구성비로는 건축용 도료 38.8%, 공업용 도료 15.1%, 자보용 도료 10.8%, PCM강판용도료 16.7% 등으로 구성됨. 매출 증가요인으로는 고품질/고가격 제품에 대한 선호도가 상승됨에 따른 시장점유율 확대, 신규거래선 확보, 신축완공물량, 신규 유통채널 증가에 따른 도료 수요 증가 등에 기인함.

현금 흐름
〈단위 : 억원〉
항목	2015	2016
영업활동	289	445
투자활동	-92	-258
재무활동	-138	-139
순현금흐름	57	48
기말현금	131	179

시장 대비 수익률
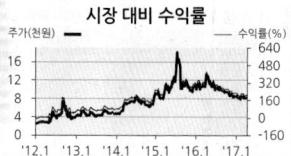

결산 실적
〈단위 : 억원〉
항목	2011	2012	2013	2014	2015	2016
매출액	3,871	4,186	4,335	4,581	4,616	4,789
영업이익	137	174	210	270	307	312
당기순이익	90	46	118	153	327	95

분기 실적
〈단위 : 억원〉
항목	2015.3Q	2015.4Q	2016.1Q	2016.2Q	2016.3Q	2016.4Q
매출액	1,205	1,138	1,043	1,324	1,216	1,207
영업이익	101	68	53	107	98	54
당기순이익	54	36	31	10	37	17

재무 상태
〈단위 : 억원〉
항목	2011	2012	2013	2014	2015	2016
총자산	4,893	5,275	5,289	5,442	5,729	5,706
유형자산	2,443	2,596	2,636	2,686	2,687	2,725
무형자산	77	96	91	91	77	200
유가증권	11	12	11	4	2	1
총부채	2,668	3,048	2,982	3,030	3,017	2,941
총차입금	1,240	1,692	1,532	1,483	1,385	1,285
자본금	102	102	102	102	102	102
총자본	2,225	2,227	2,306	2,413	2,712	2,765
지배주주지분	2,225	2,227	2,306	2,413	2,712	2,765

기업가치 지표
항목	2011	2012	2013	2014	2015	2016
주가(최고/저)(천원)	3.0/2.1	8.0/2.5	5.7/3.9	8.7/4.5	19.2/8.0	13.4/8.3
PER(최고/저)(배)	8.3/5.9	41.2/13.0	11.0/7.6	12.1/6.4	12.5/5.2	29.5/18.2
PBR(최고/저)(배)	0.3/0.2	0.9/0.3	0.6/0.4	0.8/0.4	1.5/0.6	1.0/0.6
EV/EBITDA(배)	7.4	9.2	8.4	8.7	8.4	6.8
EPS(원)	442	225	577	750	1,600	464
BPS(원)	10,871	10,883	11,271	11,790	13,253	13,510
CFPS(원)	789	605	1,003	1,237	2,135	975
DPS(원)	200	200	200	200	200	200
EBITDAPS(원)	1,016	1,229	1,452	1,805	2,035	2,035

재무 비율
〈단위 : % 〉
연도	영업이익률	순이익률	부채비율	차입금비율	ROA	ROE	유보율	자기자본비율	EBITDA마진율
2016	6.5	2.0	106.4	46.5	1.7	3.5	2,602.0	48.5	8.7
2015	6.7	7.1	111.2	51.1	5.9	12.8	2,550.6	47.3	9.0
2014	5.9	3.4	125.6	61.5	2.9	6.5	2,258.0	44.3	8.1
2013	4.9	2.7	129.3	66.4	2.2	5.2	2,154.3	43.6	6.9

노루홀딩스 (A000320)
NorooHoldings

업 종 : 건축자재		시 장 : 거래소	
신용등급 : (Bond) — (CP) —		기업규모 : 시가총액 소형주	
홈페이지 : www.norooholdings.co.kr		연 락 처 : 031)467-6114	
본 사 : 경기도 안양시 만안구 박달로 351			

설 립 일 1945.11.01	종 업 원 수 99명	대 표 이 사 한영재
상 장 일 1973.08.10	감 사 의 견 적정 (안진)	계 열
결 산 기 12월	보 통 주 1,320만주	종속회사수
액 면 가 500원	우 선 주 28만주	구 상 호

주주구성 (지분율,%)		출자관계 (지분율,%)		주요경쟁사 (외형,%)	
한영재	35.3	노루케미칼	100.0	노루홀딩스	100
한화자산운용	6.1	더기반	100.0	삼화페인트	70
(외국인)	1.3	노루기반	100.0	강남제비스코	48

매출구성		비용구성		수출비중	
공업용도료, 건축용도료	77.8	매출원가율	71.9	수출	—
자동차도료	23.9	판관비율	24.8	내수	—
PCM, 강판용도료	18.1				

회사 개요
동사는 사업지주회사로서 노루페인트, 노루케미칼, 아이피게이, 노루오토코팅 등의 자회사를 보유하고 있으며, 이들 자회사 및 기타 투자회사로부터의 배당금수익(지분법이익)과 동사 산하 연구소의 신기술 연구 및 개발기술의 이전과 지원을 통한 로열티 수입을 주된 수익원으로 하고 있음. 사업부문은 생산하는 제품의 성격에 따라 4개의 부문(건축/공업용 도료, 자동차용 도료, PCM용 도료, 기타)으로 구분되어 있음.

실적 분석
동사의 2016년 연결기준 4/4분기 누적 매출액은 전년동기 대비 1.0% 증가한 6,901.4억원을 기록하였음. 판관비 증가로 인하여 영업이익은 전년동기 272.3억원 대비 16.6% 감소한 227.0억원 시현에 그쳤음. 2016년4/4분기 누적 매출은 건축/공업용 도료 65.1%, 자동차용 도료 18.1%, PMC용 도료 16.0%, 기타 부문 0.8%로 구성됨. 주요 자회사 중 노루페인트만이 전년동기 대비 누적 매출이 신장됨.

현금 흐름 〈단위 : 억원〉
항목	2015	2016
영업활동	371	364
투자활동	685	-440
재무활동	-261	-371
순현금흐름	784	-431
기말현금	1,526	1,094

시장 대비 수익률
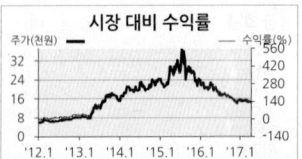

결산 실적 〈단위 : 억원〉
항목	2011	2012	2013	2014	2015	2016
매출액	5,480	5,856	6,132	6,700	6,835	6,901
영업이익	132	171	228	337	272	227
당기순이익	169	189	360	371	882	209

분기 실적 〈단위 : 억원〉
항목	2015.3Q	2015.4Q	2016.1Q	2016.2Q	2016.3Q	2016.4Q
매출액	1,752	1,714	1,595	1,821	1,693	1,793
영업이익	79	60	45	97	76	9
당기순이익	108	50	112	23	42	32

재무 상태 〈단위 : 억원〉
항목	2011	2012	2013	2014	2015	2016
총자산	7,871	8,359	8,524	8,999	9,865	9,702
유형자산	3,885	3,797	3,834	3,841	3,894	3,995
무형자산	119	136	138	142	129	178
유가증권	20	21	41	21	19	33
총부채	4,244	4,640	4,500	4,600	4,651	4,367
총차입금	2,550	2,857	2,585	2,472	2,290	2,021
자본금	85	85	85	85	85	85
총자본	3,628	3,719	4,025	4,398	5,214	5,335
지배주주지분	2,357	2,434	2,672	2,811	3,422	3,492

기업가치 지표
항목	2011	2012	2013	2014	2015	2016
주가(최고/저)(천원)	7.1/4.5	8.4/5.8	18.4/7.8	24.5/14.9	38.7/20.9	22.9/13.7
PER(최고/저)(배)	11.8/7.5	8.5/5.9	10.2/4.3	14.5/8.9	8.4/4.5	28.8/17.1
PBR(최고/저)(배)	0.5/0.3	0.5/0.4	1.0/0.4	1.2/0.7	1.6/0.8	0.9/0.5
EV/EBITDA(배)	13.9	13.2	13.2	12.2	11.8	10.5
EPS(원)	722	1,113	1,959	1,790	4,846	820
BPS(원)	18,120	18,691	20,453	21,487	26,020	26,537
CFPS(원)	2,021	2,486	3,387	3,342	6,499	2,450
DPS(원)	400	350	400	400	400	450
EBITDAPS(원)	2,292	2,657	3,145	4,091	3,701	3,337

재무 비율 〈단위 : %〉
연도	영업이익률	순이익률	부채비율	차입금비율	ROA	ROE	유보율	자기자본비율	EBITDA마진율
2016	3.3	3.0	81.9	37.9	2.1	3.2	4,107.2	55.0	6.4
2015	4.0	12.9	89.2	43.9	9.4	20.7	4,025.3	52.9	7.2
2014	5.0	5.5	104.6	56.2	4.2	8.7	3,306.7	48.9	8.1
2013	3.7	5.9	111.8	64.2	4.3	10.2	3,142.7	47.2	6.8

노브메타파마 (A229500)
NovMetaPharma

업 종 : 제약		시 장 : KONEX	
신용등급 : (Bond) — (CP) —		기업규모 :	
홈페이지 : www.novmeta.com		연 락 처 : 02)538-1893	
본 사 : 서울시 강남구 언주로 727 13층 (논현동, 트리스빌딩)			

설 립 일 2010.11.04	종 업 원 수 5명	대 표 이 사 황선욱
상 장 일 2015.10.28	감 사 의 견 적정 (삼일)	계 열
결 산 기 12월	보 통 주 778만주	종속회사수
액 면 가 500원	우 선 주	구 상 호

주주구성 (지분율,%)		출자관계 (지분율,%)		주요경쟁사 (외형,%)	
송문진 (ALBERT MOONJIN)	10.3	아이컴포넌트	0.5	노브메타파마	100
황선욱	8.8			선바이오	39
				대봉엘에스	2,443

매출구성		비용구성		수출비중	
PRO-Z	56.2	매출원가율	56.7	수출	2.2
PRO-Z골드	40.5	판관비율	189.5	내수	97.8
아라지	3.3				

회사 개요
동사는 포도당, 지방, 단백질 등의 대사 이상에 기인한 질병인 대사질환(Metabolic disease)과 관련한 신약 개발(인슐린, 당뇨치료제, 면역치료제, 비만치료제, 골다공증치료제, 알츠하이머 등) 및 건강기능식품의 개발과 판매를 영위하는 기업으로 2010년 11월에 설립되었음. 2015년 4월에 노브메타파마 (구 피엔씨메타팜)로 사명을 변경하였으며 2015년 10월에 코넥스시장에 상장됨.

실적 분석
동사의 연결 기준 2016년 매출액은 전년 대비 84.8% 증가한 29.1억원임. 신규 음료(식초) 매출 24.9억원의 반영 때문임. 매출원가는 16.5억원으로 매출총이익은 12.6억원을 시현함. 인건비 9.9억원, 경상개발비 23.0억원 등 판매비와관리비는 55.1억원임. 그 결과 영업이익은 42.5억원의 적자를 나타냈으며 당기순이익도 41.3억원의 적자임.

현금 흐름 *IFRS 별도 기준 〈단위 : 억원〉
항목	2015	2016
영업활동	-6	-32
투자활동	-62	29
재무활동	73	-0
순현금흐름	4	-2
기말현금	29	27

시장 대비 수익률
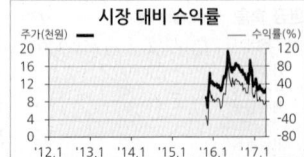

결산 실적 〈단위 : 억원〉
항목	2011	2012	2013	2014	2015	2016
매출액	—	4	11	13	16	29
영업이익	—	-3	0	-2	-6	-43
당기순이익	—	-3	0	3	-5	-41

분기 실적 *IFRS 별도 기준 〈단위 : 억원〉
항목	2015.3Q	2015.4Q	2016.1Q	2016.2Q	2016.3Q	2016.4Q
매출액						
영업이익						
당기순이익						

재무 상태 *IFRS 별도 기준 〈단위 : 억원〉
항목	2011	2012	2013	2014	2015	2016
총자산		9	23	55	124	67
유형자산		0	0	1	2	2
무형자산		1	1	0	24	4
유가증권					6	5
총부채		1	1	1	3	6
총차입금						0
자본금		7	15	17	29	39
총자본		9	22	53	121	60
지배주주지분		9	22	53	121	60

기업가치 지표 *IFRS 별도 기준
항목	2011	2012	2013	2014	2015	2016
주가(최고/저)(천원)	—/—	—/—	—/—	—/—	14.8/6.7	19.4/10.3
PER(최고/저)(배)	0.0/0.0	0.0/0.0	0.0/0.0	0.0/0.0	—/—	—/—
PBR(최고/저)(배)	0.0/0.0	0.0/0.0	0.0/0.0	0.0/0.0	9.6/4.3	25.1/13.3
EV/EBITDA(배)	0.0					
EPS(원)	—	-63	4	50	-73	-552
BPS(원)	—	633	742	1,560	2,095	776
CFPS(원)	—	-213	18	109	-83	-542
DPS(원)	—					
EBITDAPS(원)	—	-209	28	-59	-94	-562

재무 비율 〈단위 : %〉
연도	영업이익률	순이익률	부채비율	차입금비율	ROA	ROE	유보율	자기자본비율	EBITDA마진율
2016	-146.2	-141.9	11.0	0.0	-42.7	-45.2	59.5	90.1	-143.5
2015	-35.1	-31.6	3.2	0.0	-5.5	-5.7	319.0	96.9	-30.1
2014	-18.0	23.0	3.9	0.0	7.6	7.9	212.1	96.3	-14.3
2013	4.5	1.8	5.9	0.0	1.2	1.3	48.4	94.4	7.5

녹십자 (A006280)
Green Cross

업 종: 제약		시 장: 거래소	
신용등급: (Bond) AA- (CP) —		기업규모: 시가총액 중형주	
홈페이지: www.greencross.com		연 락 처: 031)260-9300	
본 사: 경기도 용인시 기흥구 이현로30번길 107 (보정동)			

설립일	1969.11.01	종업원수	1,929명	대표이사	허은철
상장일	1989.08.01	감사의견	적정 (한영)	계 열	
결산기	12월	보통주	1,169만주	종속회사수	
액면가	5,000원	우선주		구 상 호	

주주구성 (지분율,%)		출자관계 (지분율,%)		주요경쟁사 (외형,%)	
녹십자홀딩스	50.1	인백팜	92.5	녹십자	100
국민연금공단	8.1	녹십자지놈	54.4	녹십자홀딩스	113
(외국인)	23.7	메디진바이오	50.0	제일약품	52

매출구성		비용구성		수출비중	
혈액제제류(상품및제품)	39.2	매출원가율	70.6	수출	19.7
백신제제류(상품및제품)	28.9	판관비율	22.8	내수	80.3
일반제제류(상품및제품)	21.3				

회사 개요
의약품을 제조 및 판매하는 업체로 혈액제제와 백신 제제에 특화된 사업을 영위하고 있음. 2008년말 전남 화순에 독감백신 생산 설비를 구축하고 계절독감백신이 2011년 세계보건기구 WHO의 PQ(Pre-Qualification) 승인을 받음. 현재 WHO 산하 기관 등의 공급계약 체결은 물론 향후 남미, 아시아, 중동 지역으로의 개별적 수출 확대 진행 중임.

실적 분석
국내 전 사업부문의 고른 성장에 따라 국내 매출이 전년대비 17.3% 성장함에 따라 연결매출액은 전년 대비 14.3% 증가함. 해외사업의 경우 전년 수준을 유지하였음. 효율적인 판매관리비 및 연구개발비 집행을 하였으나 글로벌 경쟁력을 위한 지속적인 R&D 투자 확대로 전년대비 14.4% 감소하였음. 당기순이익은 일회성 주식처분으로 인한 일회성 이익의 반영으로 전년대비 31.9% 감소함.

현금 흐름 〈단위 : 억원〉
항목	2015	2016
영업활동	452	-17
투자활동	78	-1,111
재무활동	-276	1,106
순현금흐름	257	-8
기말현금	577	569

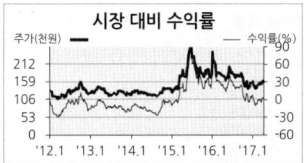
시장 대비 수익률

결산 실적 〈단위 : 억원〉
항목	2011	2012	2013	2014	2015	2016
매출액	7,679	8,118	8,882	9,753	10,478	11,979
영업이익	854	744	788	970	917	785
당기순이익	576	556	720	868	957	652

분기 실적 〈단위 : 억원〉
항목	2015.3Q	2015.4Q	2016.1Q	2016.2Q	2016.3Q	2016.4Q
매출액	2,950	2,700	2,458	3,035	3,276	3,210
영업이익	482	6	109	240	346	90
당기순이익	579	-49	64	169	229	189

재무 상태 〈단위 : 억원〉
항목	2011	2012	2013	2014	2015	2016
총자산	8,604	9,544	11,043	13,304	14,151	15,506
유형자산	2,516	3,008	3,681	4,089	5,004	5,540
무형자산	307	384	449	546	602	736
유가증권	557	1,248	1,025	683	260	261
총부채	2,301	2,691	2,649	4,097	4,174	4,916
총차입금	377	822	483	1,605	1,396	2,614
자본금	507	507	584	584	584	584
총자본	6,303	6,852	8,394	9,206	9,977	10,590
지배주주지분	6,181	6,718	8,231	8,927	9,568	9,931

기업가치 지표
항목	2011	2012	2013	2014	2015	2016
주가(최고/저)(천원)	162/101	157/103	145/112	141/114	265/125	248/133
PER(최고/저)(배)	32.9/20.5	33.0/21.7	24.2/18.8	20.2/16.4	33.2/15.7	46.3/24.9
PBR(최고/저)(배)	3.0/1.9	2.6/1.7	2.1/1.6	1.9/1.5	3.3/1.5	2.8/1.5
EV/EBITDA(배)	14.7	16.3	15.1	14.1	18.4	18.7
EPS(원)	5,208	4,970	6,201	7,183	8,126	5,388
BPS(원)	61,071	66,369	71,622	77,574	83,063	88,031
CFPS(원)	6,854	6,841	7,831	9,196	10,559	8,047
DPS(원)	1,500	1,250	1,250	1,250	1,750	1,250
EBITDAPS(원)	9,861	8,885	8,605	10,310	10,277	9,372

재무 비율 〈단위 : % 〉
연도	영업이익률	순이익률	부채비율	차입금비율	ROA	ROE	유보율	자기자본비율	EBITDA마진율
2016	6.6	5.4	46.4	24.7	4.4	6.5	1,660.6	68.3	9.1
2015	8.8	9.1	41.8	14.0	7.0	10.3	1,561.3	70.5	11.5
2014	9.9	8.9	44.5	17.4	7.1	9.8	1,451.5	69.2	12.4
2013	8.9	8.1	31.6	5.8	7.2	9.4	1,332.4	76.0	11.0

녹십자랩셀 (A144510)
Green Cross Lab Cell

업 종: 바이오		시 장: KOSDAQ	
신용등급: (Bond) — (CP) —		기업규모: 중견	
홈페이지: www.gclabcell.com		연 락 처: 031)260-9300	
본 사: 경기도 용인시 기흥구 이현로30번길 107			

설립일	2011.06.21	종업원수	359명	대표이사	박대우
상장일	2016.06.23	감사의견	적정 (한영)	계 열	
결산기	12월	보통주	1,055만주	종속회사수	
액면가	500원	우선주		구 상 호	

주주구성 (지분율,%)		출자관계 (지분율,%)		주요경쟁사 (외형,%)	
녹십자	38.7			녹십자랩셀	100
황유경	0.2			셀트리온	1,581
(외국인)	0.5			바이로메드	16

매출구성		비용구성		수출비중	
검체검사 서비스	92.4	매출원가율	75.8	수출	0.9
제대혈보관	6.0	판관비율	19.5	내수	99.1
기타 BL외	1.6				

회사 개요
동사는 세포치료제 연구 및 개발사업 및 수탁검사를 위한 검체 운반 및 영업에 관한 사업을 목적으로 2011년 6월 21일에 설립된 법인으로 NK면역세포치료제를 연구개발하는 것을 주요사업으로 영위하고 있음. 그 외 목적사업으로는 세포치료제 연구 및 개발사업, 바이오신약 개발, 제조 및 판매업, 수탁검사를 위한 검체 운반 및 영업에 관한 사업, 진단검사중개업 등을 가짐.

실적 분석
동사는 2016년 결산기준 누적매출액은 전년동기 23% 성장하여 424.2억원을 기록하였음. 그러나 매출원가도 그에 따라 상승하였으며 인건비 및 경상개발비, 관리비가 증가하여 영업이익은 전년동기대비 38% 감소한 20억원을 달성함. 동사는 2016년에 간암에 대한 임상 2상을 진행중이고 백혈병, 림프종 등에 대한 연구자 임상을 계획중에 있음. 그 외 검체검사서비스사업도 시장 전망이 밝아 향후 관련 수익이 증가할 것이라 기대하고 있음.

현금 흐름 *IFRS 별도 기준 〈단위 : 억원〉
항목	2015	2016
영업활동	15	-3
투자활동	-20	-364
재무활동	5	368
순현금흐름	0	1
기말현금	1	2

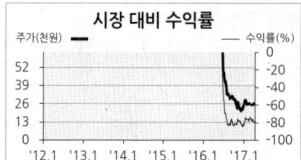
시장 대비 수익률

결산 실적 *IFRS 별도 기준 〈단위 : 억원〉
항목	2011	2012	2013	2014	2015	2016
매출액	—	—	276	309	345	424
영업이익	—	—	21	29	32	20
당기순이익	—	—	13	17	23	23

분기 실적 *IFRS 별도 기준 〈단위 : 억원〉
항목	2015.3Q	2015.4Q	2016.1Q	2016.2Q	2016.3Q	2016.4Q
매출액	87	91	90	102	112	120
영업이익	7	11	8	9	7	-4
당기순이익	4	8	7	4	9	3

재무 상태 *IFRS 별도 기준 〈단위 : 억원〉
항목	2011	2012	2013	2014	2015	2016
총자산	—	—	120	142	169	545
유형자산	—	—	27	25	29	31
무형자산	—	—	22	23	24	19
유가증권	—	—				
총부채	—	—	72	78	79	64
총차입금	—	—				
자본금	—	—	40	40	43	53
총자본	—	—	47	64	90	481
지배주주지분	—	—	47	64	90	481

기업가치 지표 *IFRS 별도 기준
항목	2011	2012	2013	2014	2015	2016
주가(최고/저)(천원)	—/—	—/—	—/—	—/—	—/—	62.3/20.9
PER(최고/저)(배)	0.0/0.0	0.0/0.0	0.0/0.0	0.0/0.0	0.0/0.0	257.5/86.3
PBR(최고/저)(배)	0.0/0.0	0.0/0.0	0.0/0.0	0.0/0.0	0.0/0.0	13.7/4.6
EV/EBITDA(배)	0.0	0.0				86.0
EPS(원)			157	208	274	243
BPS(원)			592	796	1,054	4,557
CFPS(원)			207	265	339	306
DPS(원)			—	—	—	75
EBITDAPS(원)			308	416	455	272

재무 비율 〈단위 : % 〉
연도	영업이익률	순이익률	부채비율	차입금비율	ROA	ROE	유보율	자기자본비율	EBITDA마진율
2016	4.7	5.5	13.3	0.0	6.5	8.2	811.4	88.2	6.1
2015	9.2	6.6	88.2	0.0	14.6	29.5	110.8	53.1	10.9
2014	9.3	5.4	122.7	0.0	12.8	30.0	59.2	44.9	10.8
2013	7.5	4.6	152.7	0.0		18.4	39.6	8.9

녹십자셀 (A031390)
GREEN CROSS CELL

업 종 : 전자 장비 및 기기		시 장 : KOSDAQ	
신용등급 : (Bond) — (CP) —		기업규모 : 중견	
홈페이지 : www.greencrosscell.com		연 락 처 : 02)2101-0600	
본 사 : 서울시 금천구 벚꽃로 278 (가산동, SJ테크노빌 6층)			

설 립 일	1992.09.17	종업원수	89명	대표이사	한상훈
상 장 일	1998.09.25	감사의견	적정 (대성)	계 열	
결 산 기	12월	보 통 주	1,170만주	종속회사수	
액 면 가	500원	우 선 주		구 상 호	이노셀

주주구성 (지분율,%)		출자관계 (지분율,%)		주요경쟁사 (외형,%)	
녹십자	25.0			녹십자셀	100
녹십자홀딩스	5.0			아트라스BX	1,950
(외국인)	2.8			대덕전자	1,725

매출구성		비용구성		수출비중	
항암세포치료제 등	96.6	매출원가율	75.9	수출	30.5
시험용역매출 외	3.4	판관비율	21.4	내수	69.5

회사 개요

동사는1992년 수도권무선호출 사업자로 선정되며 IT회사로 설립된 후, 2005년 2월에 비상장회사인 (주)바이오메디칼홀딩스의 BT사업 영업권을 양수하였음. 2013년 3월 사명을 이노셀에서 녹십자셀로 변경하고, 현재는 BT사업 부문인 항암면역세포치료제사업, 면역세포은행사업, 제대혈은행 사업을 주로 영위하고 있으며, 종속회사를 통해 IT 사업을 영위하고 있음. 항암면역세포치료제 사업의 경우 간암치료제 이뮨셀-엘씨를 제조판매하고 있음.

실적 분석

동사의 연결대상 종속법인은 전자부품 제조업을 영위하는 코리아하이테크 외 중국 및 폴란드에 소재한 3개의 해외법인이 있음. 연결기준 2016년 누적 매출액은 284.6억원으로 전년동기 대비 4.4% 감소하였음. 자회사 코리아하이테크 IT제품의 매출부진 때문. 영업이익은 7.7억원으로, 전기 18.8억원 대비 58.9% 감소한 실적을 시현함. 비영업손익면에서 7억원의 적자를 시현하며 당기순손익 0.9억원을 시현하며 적자전환함.

현금 흐름		〈단위 : 억원〉
항목	2015	2016
영업활동	42	29
투자활동	0	-59
재무활동	-24	-3
순현금흐름	24	-34
기말현금	52	18

시장 대비 수익률

결산 실적 〈단위 : 억원〉

항목	2011	2012	2013	2014	2015	2016
매출액	274	460	299	438	298	285
영업이익	-81	23	-41	11	19	8
당기순이익	-93	-112	-77	-23	30	-1

분기 실적 〈단위 : 억원〉

항목	2015.3Q	2015.4Q	2016.1Q	2016.2Q	2016.3Q	2016.4Q
매출액	77	76	71	71	70	73
영업이익	8	2	5	4	1	-2
당기순이익	24	-1	3	0	-1	-3

재무 상태 〈단위 : 억원〉

항목	2011	2012	2013	2014	2015	2016
총자산	583	725	543	557	517	517
유형자산	108	94	87	88	128	215
무형자산	138	61	26	10	12	39
유가증권	12	56	99	171	151	104
총부채	200	258	153	190	123	126
총차입금	108	100	89	110	85	83
자본금	421	577	58	58	58	58
총자본	383	467	390	367	394	392
지배주주지분	381	467	390	367	394	392

기업가치 지표

항목	2011	2012	2013	2014	2015	2016
주가(최고/저)(천원)	52.5/10.1	84.2/9.6	48.8/21.5	42.1/19.4	77.4/26.3	51.6/25.3
PER(최고/저)(배)	—/—	—/—	—/—	—/—	302.7/102.7	—/—
PBR(최고/저)(배)	11.6/2.2	20.8/2.4	14.5/6.4	13.4/6.2	22.9/7.8	15.3/7.5
EV/EBITDA(배)		114.3		156.9	190.4	193.3
EPS(원)	-1,131	-1,160	-659	-193	256	-8
BPS(원)	454	406	3,366	3,161	3,387	3,370
CFPS(원)	-84	-99	-569	-121	328	65
DPS(원)						50
EBITDAPS(원)	-71	41	-262	166	232	139

재무 비율 〈단위 : %〉

연도	영업이익률	순이익률	부채비율	차입금비율	ROA	ROE	유보율	자기자본비율	EBITDA마진율
2016	2.7	-0.3	32.1	21.3	-0.2	-0.2	574.0	75.7	5.7
2015	6.3	10.1	31.2	21.6	5.6	7.9	577.3	76.2	9.1
2014	2.5	-5.1	51.7	30.0	-4.1	-5.9	532.2	65.9	4.4
2013	-13.7	-25.7	39.2	22.8	-12.1	-17.9	573.2	71.8	-10.2

녹십자엠에스 (A142280)
Green Cross Medical Science

업 종 : 바이오		시 장 : KOSDAQ	
신용등급 : (Bond) — (CP) —		기업규모 : 우량	
홈페이지 : www.greencrossms.com		연 락 처 : 031)260-9300	
본 사 : 경기도 용인시 기흥구 이현로30번길 107			

설 립 일	2003.12.30	종업원수	169명	대표이사	김영필
상 장 일	2014.12.17	감사의견	적정 (한영)	계 열	
결 산 기	12월	보 통 주	956만주	종속회사수	
액 면 가	500원	우 선 주		구 상 호	

주주구성 (지분율,%)		출자관계 (지분율,%)		주요경쟁사 (외형,%)	
녹십자	42.1			녹십자엠에스	100
허일섭	17.2			바이오니아	25
(외국인)	0.6			이수앱지스	22

매출구성		비용구성		수출비중	
기타	55.8	매출원가율	85.5	수출	14.5
NAT(상품)	18.3	판관비율	16.7	내수	85.5
혈액백(제품)	11.4				

회사 개요

동사는 2003년 12월 29일 설립되어 체외진단용의료기기, 의료기기의약품 및 의약부외품 제조판매를 주요사업으로 영위하고 있음. 최대주주는 녹십자로 전체 지분의 68.16%를 보유하고 있음. 2011년부터 녹십자의 진단시약 및 혈액백 영업부문을 인수하여 영위하고 있음. 동사의 사업부문은 크게 진단시약, 혈액백, 혈액투석액 3개 사업부문으로 매출 비중은 각각 16%, 23%, 9%임.

실적 분석

동사의 2016년 결산 기준 매출액은 상품 매출 일부 감소로 인하여 전년대비 3.5% 감소한 861.6억원임. 효율적인 판매관리비 및 연구개발비 집행을 하였으나 글로벌 경쟁력을 위한 인원 충원 및 지속적인 R&D 투자 확대로 영업손실 19.4억원으로 적자전환함. 당기순손실 역시 25.6억원으로 전년동기대비 적자전환하였음. 시장의 다변화를 위하여 해외시장 진출에 노력하고 있으며, 수출의 비중을 지속적으로 넓혀가고 있는 상황임.

현금 흐름		〈단위 : 억원〉
항목	2015	2016
영업활동	-54	102
투자활동	-71	-29
재무활동	133	-69
순현금흐름	8	5
기말현금	11	16

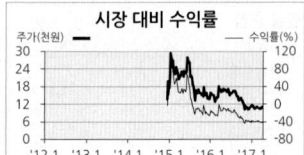

시장 대비 수익률

결산 실적 〈단위 : 억원〉

항목	2011	2012	2013	2014	2015	2016
매출액	550	651	620	813	893	862
영업이익	56	36	28	44	14	-19
당기순이익	44	27	22	37	6	-26

분기 실적 〈단위 : 억원〉

항목	2015.3Q	2015.4Q	2016.1Q	2016.2Q	2016.3Q	2016.4Q
매출액	235	226	200	233	207	221
영업이익	6	-12	3	1	-5	-18
당기순이익	7	-20	1	-5	-11	-11

재무 상태 〈단위 : 억원〉

항목	2011	2012	2013	2014	2015	2016
총자산	267	336	430	521	726	636
유형자산	29	48	67	81	126	122
무형자산	3	10	25	29	79	75
유가증권	6	6	0	1	1	0
총부채	152	198	267	206	396	333
총차입금	37	92	111	34	215	148
자본금	38	38	38	48	48	48
총자본	115	138	163	315	330	303
지배주주지분	115	138	163	315	289	268

기업가치 지표

항목	2011	2012	2013	2014	2015	2016
주가(최고/저)(천원)	—/—	—/—	—/—	20.5/10.3	29.5/12.6	22.6/10.0
PER(최고/저)(배)	0.0/0.0	0.0/0.0	0.0/0.0	42.2/21.2	386.0/165.2	—/—
PBR(최고/저)(배)	0.0/0.0	0.0/0.0	0.0/0.0	6.3/3.1	9.8/4.2	8.1/3.5
EV/EBITDA(배)	0.3	1.8	2.6	28.4	45.9	169.7
EPS(원)	612	360	290	488	76	-198
BPS(원)	1,531	1,836	2,167	3,295	3,020	2,808
CFPS(원)	676	446	399	666	296	79
DPS(원)				50		
EBITDAPS(원)	839	564	482	763	367	74

재무 비율 〈단위 : %〉

연도	영업이익률	순이익률	부채비율	차입금비율	ROA	ROE	유보율	자기자본비율	EBITDA마진율
2016	-2.3	-3.0	109.9	48.7	-3.8	-6.8	461.7	47.7	0.8
2015	1.6	0.7	120.3	65.3	1.0	2.4	503.9	45.4	4.3
2014	5.5	4.6	65.4	10.9	7.8	15.6	559.1	60.5	7.1
2013	4.5	3.5	164.3	68.0	5.7	14.5	333.4	37.8	5.8

녹십자홀딩스 (A005250)
Green Cross Holdings

업 종 : 제약	시 장 : 거래소
신용등급 : (Bond) — (CP) —	기업규모 : 시가총액 중형주
홈 페 이 지 : www.greencross.com	연 락 처 : 031)260-9300
본 사 : 경기도 용인시 기흥구 이현로30번길 107 (보정동)	

설 립 일 1967.10.05	종 업 원 수 182명	대 표 이 사 허일섭	
상 장 일 1978.08.28	감 사 의 견 적정 (한영)	계 열	
결 산 기 12월	보 통 주 4,703만주	총속회사수	
액 면 가 500원	우 선 주 251만주	구 상 호	

주주구성 (지분율,%)		출자관계 (지분율,%)		주요경쟁사 (외형,%)	
허일섭	11.6	녹십자이엠	100.0	녹십자홀딩스	100
목암생명공학연구소	9.8	녹십자헬스케어	94.6	한미사이언스	49
(외국인)	6.4	녹십자	50.1	제일약품	46

매출구성		비용구성		수출비중	
기타영업수익(기타)	55.0	매출원가율	71.0	수출	—
임대료수익(기타)	19.5	판관비율	21.7	내수	—
배당금수익(기타)	16.6				

회사 개요
동사는 생명공학 및 헬스케어 관련 기업을 사업자회사로 둔 지주회사임. 전체 경영전략 수립과 조정, 출자자산 포트폴리오 관리 등을 담당하고 있으며, 의약품의 제조 판매 등 실제 사업은 각 자회사가 수행하고 있음. 2016년도 12월 기준 약 360건의 국내 상표 및 180건의 국내 서비스표를 보유하고 있으며, 주로 혈액응고 인자, B형간염 바이러스 중화 항체, AT-III 등 혈장 유래 의약품에 관한 특허들을 보유 중.

실적 분석
동사의 2016년 결산 연결기준 매출액은 1조 3,544.7억원으로 전년 동기 대비 19.6% 증가하였음. 이는 국내 전 사업부문의 고른 성장에 따른 것으로 보이며 국내 매출이 전년대비 17.3% 성장하였음. 해외사업의 경우 어려운 경영환경에서도 전년수준을 유지. 다만 영업이익과 당기순이익은 각 전년동기 대비 7.8%, 34.2% 감소한 992.6억원, 742.6억원을 기록하며 수익성이 다소 하락함.

현금 흐름 〈단위 : 억원〉
항목	2015	2016
영업활동	70	-8
투자활동	-201	-1,995
재무활동	1,263	1,438
순현금흐름	1,156	-497
기말현금	1,632	1,136

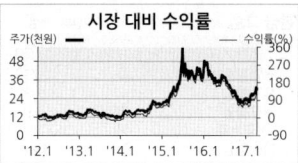
시장 대비 수익률

결산 실적 〈단위 : 억원〉
항목	2011	2012	2013	2014	2015	2016
매출액	8,180	8,566	9,383	10,448	11,329	13,545
영업이익	1,058	890	949	1,152	1,076	993
당기순이익	571	901	808	1,015	1,128	743

분기 실적 〈단위 : 억원〉
항목	2015.3Q	2015.4Q	2016.1Q	2016.2Q	2016.3Q	2016.4Q
매출액	3,079	3,003	2,731	3,432	3,554	3,827
영업이익	526	45	135	257	363	238
당기순이익	595	-7	41	173	205	325

재무 상태 〈단위 : 억원〉
항목	2011	2012	2013	2014	2015	2016
총자산	46,032	14,463	16,241	17,909	20,587	22,493
유형자산	3,998	4,561	5,394	5,945	7,204	8,524
무형자산	736	413	479	586	667	809
유가증권	1,276	2,268	1,937	1,393	942	980
총부채	37,075	4,735	5,245	6,098	7,513	8,723
총차입금	3,441	1,651	1,966	2,550	3,449	4,982
자본금	266	266	266	266	266	266
총자본	8,958	9,728	10,997	11,811	13,074	13,770
지배주주지분	5,593	6,218	6,732	7,047	7,322	7,716

기업가치 지표
항목	2011	2012	2013	2014	2015	2016
주가(최고/저)(천원)	17.6/9.7	16.1/11.1	17.2/11.4	24.0/11.8	56.7/19.6	49.1/20.0
PER(최고/저)(배)	34.1/18.8	13.6/9.4	20.0/13.2	21.0/10.3	42.3/14.6	50.4/20.6
PBR(최고/저)(배)	1.7/0.9	1.3/0.9	1.3/0.9	1.7/0.8	3.8/1.3	3.1/1.3
EV/EBITDA(배)	10.3	11.6	10.1	11.6	19.6	15.5
EPS(원)	568	1,286	910	1,186	1,367	985
BPS(원)	11,670	12,976	13,883	14,525	15,148	15,944
CFPS(원)	982	1,641	1,337	1,730	2,025	1,719
DPS(원)	250	450	250	300	300	300
EBITDAPS(원)	2,586	2,214	2,410	2,950	2,906	2,806

재무 비율 〈단위 : %〉
연도	영업이익률	순이익률	부채비율	차입금비율	ROA	ROE	유보율	자기자본비율	EBITDA마진율
2016	7.3	5.5	63.3	36.2	3.5	6.3	2,871.9	61.2	9.9
2015	9.5	10.0	57.5	26.4	5.9	9.1	2,723.5	63.5	12.3
2014	11.0	9.7	51.6	21.6	5.9	8.2	2,607.3	66.0	13.5
2013	10.1	8.6	47.7	17.9	5.3	6.7	2,487.8	67.7	12.3

농심 (A004370)
NongShim

업 종 : 식료품	시 장 : 거래소
신용등급 : (Bond) — (CP) —	기업규모 : 시가총액 대형주
홈 페 이 지 : www.nongshim.com	연 락 처 : 02)820-7114
본 사 : 서울시 동작구 여의대방로 112 (신대방동)	

설 립 일 1965.09.18	종 업 원 수 4,932명	대 표 이 사 박준,신동원	
상 장 일 1976.06.30	감 사 의 견 적정 (한영)	계 열	
결 산 기 12월	보 통 주 608만주	총속회사수	
액 면 가 5,000원	우 선 주	구 상 호	

주주구성 (지분율,%)		출자관계 (지분율,%)		주요경쟁사 (외형,%)	
농심홀딩스	32.7	농심기획	90.0	농심	100
국민연금공단	11.0	한국카레하우스	10.0	오뚜기	91
(외국인)	19.3	농심켈로그	8.3	농심홀딩스	22

매출구성		비용구성		수출비중	
라면	74.6	매출원가율	67.8	수출	6.2
스낵	16.0	판관비율	28.1	내수	93.8
기타(상품+반제품등+식음료)+기타)	11.3				

회사 개요
동사의 주력인 라면 사업은 원재료 비중이 차지하는 비율이 높아 환율이나 국제 곡물이나 팜유 시세 변동에 의한 원가변동 요인에 민감함. 2016년 동사의 라면류 시장점유율은 약 56%로 과반 이상 점유율을 보이고 있지만 경쟁사 신제품 영향으로 점유율 감소 추세임. 신성장 동력 확보를 위해 '태풍냉면', '육개장라면', '볶음쌀면', '우육탕면', '짜왕'과 같이 소비자 니즈에 부합하는 신제품을 지속적으로 출시 중.

실적 분석
동사의 2016년 연결기준 연간 누적 매출액은 2조2,170.2억원으로 전년 동기 대비 1.6% 증가함. 매출은 소폭 증가했지만 매출 원가 상승과 함께 판매비와 관리비의 급격한 증가로 영업이익은 897억원을 시현, 전년 동기 대비 24.2% 감소함. 영업이익이 줄었지만 라면가격 담합 혐의에서 벗어나 과징금 약 1000억원을 돌려 받는 등 비영업손익이 증가해 당기순이익은 1,992.9억원으로 전년 동기 대비 69.8% 증가함.

현금 흐름 〈단위 : 억원〉
항목	2015	2016
영업활동	2,019	2,210
투자활동	-1,677	-1,345
재무활동	183	-772
순현금흐름	535	105
기말현금	1,688	1,794

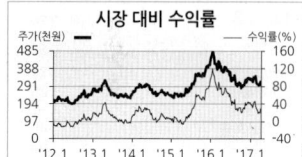
시장 대비 수익률

결산 실적 〈단위 : 억원〉
항목	2011	2012	2013	2014	2015	2016
매출액	21,709	21,757	20,867	20,417	21,816	22,170
영업이익	1,016	969	926	735	1,183	897
당기순이익	839	-92	869	645	1,174	1,992

분기 실적 〈단위 : 억원〉
항목	2015.3Q	2015.4Q	2016.1Q	2016.2Q	2016.3Q	2016.4Q
매출액	5,460	5,662	5,681	5,272	5,477	5,739
영업이익	375	289	324	124	228	221
당기순이익	292	283	1,437	148	231	176

재무 상태 〈단위 : 억원〉
항목	2011	2012	2013	2014	2015	2016
총자산	22,703	21,513	22,154	22,241	24,187	24,813
유형자산	10,873	10,722	10,590	10,881	11,330	10,925
무형자산	352	312	355	345	568	587
유가증권	255	221	68	70	333	580
총부채	7,510	6,920	6,987	6,707	7,722	6,789
총차입금	1,203	1,026	953	954	1,521	991
자본금	304	304	304	304	304	304
총자본	15,192	14,593	15,167	15,535	16,465	18,024
지배주주지분	14,972	14,408	14,991	15,347	16,350	17,899

기업가치 지표
항목	2011	2012	2013	2014	2015	2016
주가(최고/저)(천원)	248/184	266/191	340/221	305/238	434/224	528/280
PER(최고/저)(배)	19.4/14.4	—/—	24.6/16.0	29.6/23.1	22.8/11.9	16.3/8.7
PBR(최고/저)(배)	1.0/0.8	1.1/0.8	1.4/0.9	1.2/0.9	1.6/0.8	1.7/0.9
EV/EBITDA(배)	5.8	7.4	6.4	7.5	11.4	8.6
EPS(원)	13,938	-1,115	14,533	10,687	19,291	32,764
BPS(원)	259,430	250,158	259,740	265,581	282,078	307,539
CFPS(원)	26,227	12,145	28,180	24,008	32,431	46,812
DPS(원)	4,000	4,000	4,000	4,000	4,000	4,000
EBITDAPS(원)	28,984	29,189	28,872	25,412	32,587	28,796

재무 비율 〈단위 : %〉
연도	영업이익률	순이익률	부채비율	차입금비율	ROA	ROE	유보율	자기자본비율	EBITDA마진율
2016	4.1	9.0	37.7	5.5	8.1	11.6	6,050.8	72.6	7.9
2015	5.4	5.4	46.9	9.2	5.1	7.4	5,541.6	68.1	9.1
2014	3.6	3.2	43.2	6.1	2.9	4.3	5,211.6	69.9	7.6
2013	4.4	4.2	46.1	6.3	4.0	6.0	5,094.8	68.5	8.4

농심홀딩스 (A072710)
Nongshimholdings

업　　　종 : 식료품　　　　　　　　　시　　　장 : 거래소
신용등급 : (Bond) AA　　(CP) —　기업규모 : 시가총액 중형주
홈 페 이 지 : www.nongshimholdings.co.kr　연 락 처 : 02)820-7820
본　　　사 : 서울시 동작구 여의대방로 112 (신대방동 370 농심빌딩)

설 립 일	2003.07.01	종 업 원 수	6명	대 표 이 사	신동원
상 장 일	2003.07.30	감사의견	적정 (한영)	계　　열	
결 산 기	12월	보 통 주	464만주	종속회사수	
액 면 가	5,000원	우 선 주		구 상 호	

주주구성 (지분율,%)		출자관계 (지분율,%)		주요경쟁사 (외형,%)	
신동원	36.9	태경농산	100.0	농심홀딩스	100
신동윤	19.7	농심엔지니어링	100.0	오뚜기	404
(외국인)	5.4	농심개발	96.9	롯데푸드	354

매출구성		비용구성		수출비중	
[율촌화학㈜]포장사업부문	69.5	매출원가율	73.5	수출	—
[율촌화학㈜]전자소재사업부문	27.7	판관비율	9.0	내수	—
[농심엔지니어링㈜]용역매출액	22.3				

회사 개요
동사는 농심을 인적 분할하여 설립되었고 율촌화학, 태경농산 등 6개 회사를 자회사로 두고 있음. 자산총액 대부분을 자회사 주식가액의 합계액이 차지하는 등 자회사의 영업과 산업 특성에 영향을 크게 받음. 주요 자회사인 농심은 원재료 비중이 높아 환율이나 국제곡물 및 팜유 시세 변동에 의한 원가변동요인이 있음. 태경농산은 농수산물 가공 및 스프 제조를 주요 사업으로 매출의 90%가 농심으로부터 발생함.

실적 분석
동사의 2016년 연결기준 연간 누적 매출액은 4978.3억원으로 전년 동기 대비 10.9% 감소함. 매출 증가에 따른 고정 비용이 상대적으로 감소하면서 영업이익은 전년 동기 대비 56% 증가한 868.5억원을 기록. 비영업손익 부문에서 금융손실 등의 영향으로 적자가 지속됐지만 적자 규모가 줄어 당기순이익은 793.9억원으로 전년 동기 대비 66.7% 증가함. 매출 증가에 이익 또한 견조한 성장세를 보이고 있음.

현금 흐름 〈단위 : 억원〉

항목	2015	2016
영업활동	48	171
투자활동	-61	-125
재무활동	2	-1
순현금흐름	-11	45
기말현금	59	104

시장 대비 수익률
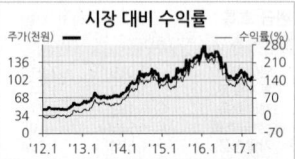

결산 실적 〈단위 : 억원〉

항목	2011	2012	2013	2014	2015	2016
매출액	3,616	2,889	3,570	3,874	4,491	4,978
영업이익	509	175	527	317	557	869
당기순이익	426	152	489	256	476	794

분기 실적 〈단위 : 억원〉

항목	2015.3Q	2015.4Q	2016.1Q	2016.2Q	2016.3Q	2016.4Q
매출액	1,154	1,128	1,467	1,217	1,112	1,182
영업이익	140	145	546	100	126	96
당기순이익	109	129	514	88	115	77

재무 상태 〈단위 : 억원〉

항목	2011	2012	2013	2014	2015	2016
총자산	9,893	9,683	10,273	10,345	10,847	11,719
유형자산	1,814	1,834	2,045	2,223	2,171	2,124
무형자산	6	12	12	55	53	44
유가증권	138	136	137	145	147	161
총부채	2,896	2,734	2,994	2,943	3,052	3,304
총차입금	938	906	1,244	1,260	1,356	1,449
자본금	232	232	232	232	232	232
총자본	6,997	6,949	7,280	7,402	7,795	8,415
지배주주지분	6,946	6,896	7,268	7,390	7,783	8,402

기업가치 지표

항목	2011	2012	2013	2014	2015	2016
주가(최고/저)(천원)	55.8/41.0	58.8/45.1	78.9/56.1	123/75.2	151/97.1	173/99.3
PER(최고/저)(배)	7.1/5.2	20.7/15.8	8.1/5.7	23.4/14.3	15.1/9.7	10.3/5.9
PBR(최고/저)(배)	0.4/0.3	0.4/0.3	0.5/0.4	0.8/0.5	0.9/0.6	1.0/0.6
EV/EBITDA(배)	5.7	14.8	8.0	14.6	12.6	7.0
EPS(원)	9,051	3,167	10,516	5,530	10,264	17,111
BPS(원)	149,777	148,700	156,712	159,349	167,826	181,174
CFPS(원)	10,422	4,720	12,163	7,580	12,719	19,572
DPS(원)	2,000	2,000	2,000	2,000	2,000	2,000
EBITDAPS(원)	12,339	5,335	13,008	8,885	14,461	21,188

재무 비율 〈단위 : %〉

연도	영업이익률	순이익률	부채비율	차입금비율	ROA	ROE	유보율	자기자본비율	EBITDA마진율
2016	17.5	16.0	39.3	17.2	7.0	9.8	3,523.5	71.8	19.7
2015	12.4	10.6	39.2	17.4	4.5	6.3	3,256.5	71.9	14.9
2014	8.2	6.6	39.8	17.0	2.5	3.5	3,087.0	71.6	10.6
2013	14.8	13.7	41.1	17.1	4.9	6.9	3,034.2	70.9	16.9

농우바이오 (A054050)
Nong Woo Bio

업　　　종 : 바이오　　　　　　　　　시　　　장 : KOSDAQ
신용등급 : (Bond) —　　(CP) —　　기업규모 : 우량
홈 페 이 지 : www.nongwoobio.co.kr　연 락 처 : 031)218-1116
본　　　사 : 경기도 수원시 영통구 센트럴타운로 114-8 (이의동)

설 립 일	1990.06.05	종 업 원 수	434명	대 표 이 사	최유현
상 장 일	2002.04.02	감사의견	적정 (삼정)	계　　열	
결 산 기	12월	보 통 주	1,430만주	종속회사수	
액 면 가	500원	우 선 주		구 상 호	

주주구성 (지분율,%)		출자관계 (지분율,%)		주요경쟁사 (외형,%)	
농협경제지주	52.8	에이씨피씨	13.9	농우바이오	100
KB자산운용	4.5	남안동농협	3.4	셀트리온	650
(외국인)	2.6	유원미디어	1.4	바이로메드	7

매출구성		비용구성		수출비중	
빅스타고추 외	30.4	매출원가율	45.8	수출	—
케이드림당근 외	29.8	판관비율	41.2	내수	—
멋진맛동무 외	15.1				

회사 개요
동사는 국내외 작물 재배자들을 대상으로 종자를 개발, 생산, 판매하는 사업을 영위하는 업체로 1981년에 설립됐고, 종자와 상토 사업을 영위하고 있음. 국내 종자 시장 규모는 국내 1500억원, 상토 시장규모는 1400억원으로 추산됨. 국내 종자시장에는 총 50여개의 종자업체가 있으며 동사와 동부팜한농, 사카다, 신젠타, 코레곤 5개사가 전체 종자시장의 80%를 점유하고 있음. 동사는 국내 시장점유율 25%로 1위를 차지하고 있음.

실적 분석
동사의 2016년 결산기준 누적매출은 전년동기대비 6.5% 성장한 1,030억원을 달성하였음. 매출원가도 전년동기대비 17.6% 상승하였고 인건비도 크게 상승하였으나 이는 늘어난 매출에 대한 반작용으로 보이며 매출액이 크게 늘었기 때문에 영업이익은 전년동기대비 7.5% 증가한 134.7억원을 기록하였음. 다양한 종자개발을 통해 수익 성장을 견인하고 있으며 해외시장 확대와 계속적인 기술개발을 통해 이후 수익도 안정적으로 성장할 것이라 기대함.

현금 흐름 〈단위 : 억원〉

항목	2015	2016
영업활동	48	77
투자활동	-142	3
재무활동	76	-69
순현금흐름	-12	12
기말현금	133	141

시장 대비 수익률
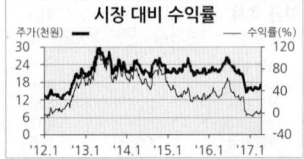

결산 실적 〈단위 : 억원〉

항목	2011	2012	2013	2014	2015	2016
매출액	729	778	817	893	968	1,031
영업이익	143	187	119	152	125	135
당기순이익	142	183	115	143	162	-75

분기 실적 〈단위 : 억원〉

항목	2015.3Q	2015.4Q	2016.1Q	2016.2Q	2016.3Q	2016.4Q
매출액	220	328	285	237	244	265
영업이익	42	85	73	10	40	11
당기순이익	52	90	57	11	27	-170

재무 상태 〈단위 : 억원〉

항목	2011	2012	2013	2014	2015	2016
총자산	1,467	1,636	1,748	1,869	2,164	2,212
유형자산	662	614	675	740	657	616
무형자산	36	37	36	32	34	32
유가증권	23	24	22	22	22	21
총부채	196	150	196	221	358	534
총차입금	1	1	13	0	115	73
자본금	72	72	72	72	72	72
총자본	1,271	1,487	1,552	1,648	1,806	1,679
지배주주지분	1,271	1,486	1,551	1,648	1,805	1,678

기업가치 지표

항목	2011	2012	2013	2014	2015	2016
주가(최고/저)(천원)	11.8/8.8	19.1/11.4	30.9/18.8	26.1/19.4	26.3/20.2	26.7/14.5
PER(최고/저)(배)	12.8/9.5	15.7/9.4	40.4/24.6	27.1/20.2	23.9/18.4	—/—
PBR(최고/저)(배)	1.4/1.1	1.9/1.2	3.0/1.8	2.4/1.8	2.1/1.7	2.3/1.3
EV/EBITDA(배)	8.6	12.1	21.5	18.1	18.6	12.2
EPS(원)	991	1,279	804	1,000	1,130	-528
BPS(원)	9,034	10,394	10,845	11,523	12,623	11,735
CFPS(원)	1,223	1,491	1,043	1,274	1,435	-201
DPS(원)	250	250	250	250	250	
EBITDAPS(원)	1,234	1,521	1,074	1,340	1,181	1,269

재무 비율 〈단위 : %〉

연도	영업이익률	순이익률	부채비율	차입금비율	ROA	ROE	유보율	자기자본비율	EBITDA마진율
2016	13.1	-7.3	31.8	4.3	-3.5	-4.4	2,247.0	75.9	17.6
2015	12.9	16.7	19.8	6.4	8.0	9.4	2,424.7	83.5	17.4
2014	17.1	16.0	13.4	0.0	7.9	8.9	2,204.6	88.2	21.5
2013	14.6	14.0	12.6	0.9	6.8	7.6	2,069.1	88.8	18.8

누리텔레콤 (A040160)
Nuri Telecom

업 종 : 일반 소프트웨어		시 장 : KOSDAQ	
신용등급 : (Bond) — (CP) —		기업규모 : 벤처	
홈페이지 : www.nuritelecom.co.kr		연 락 처 : 02)781-0700	
본 사 : 서울시 서초구 사평대로16 누리빌딩 (방배동)			

설 립 일	1994.04.18	종업원수	174명	대표이사	조송만
상 장 일	2000.08.29	감사의견	적정 (리안)	계 열	
결 산 기	12월	보통주	1,206만주	종속회사수	
액 면 가	500원	우선주		구 상 호	

주주구성 (지분율,%)		출자관계 (지분율,%)		주요경쟁사 (외형,%)	
조송만	31.4	누리비스타	100.0	누리텔레콤	100
김영덕	5.2	누리빌	100.0	MDS테크	293
(외국인)	2.9			이니텍	451

매출구성		비용구성		수출비중	
AMI(스마트그리드)상품	37.9	매출원가율	52.7	수출	41.0
AMI(스마트그리드)제품	34.5	판관비율	32.0	내수	59.0
RFID 제품군	16.3				

회사 개요

유/무선 검침용 통신모뎀, 집중기 등 통신장치, 양방향 원격검침시스템 플랫폼 소프트웨어, 인터넷 전자고지 서비스 등 스마트그리드 AMI(지능형 검침 인프라) 토탈 솔루션을 제공함. 일본 전력재판매 업체인 알테리아 네크웍스와 EMS구축 사업을 추진함. 2015년 나노소재 사업을 추진하고 있는 종속회사인 누리비스타를 메탈사업부문과 세라믹사업부문으로 인적분할해 세라믹사업부문을 흡수 합병함. 2016년 9월 게임개발업체인 누리스타 덕소도 흡수합병함.

실적 분석

AMI 발주의 공백과 기나 등 기존 해외수주 건의 납기 지연으로 2016년 매출액 및 영업이익은 전년 대비 10% 이상 감소하였음. 영업외에서 무형자산손상차손이 크게 줄어들어 순이익은 47.0% 증가함. 올해는 노르웨이 소리아프로젝트와 베트남, 기나 프로젝트 등의 본격적 매출 반영이 시작되어 역대 최대 실적이 기대됨. 작년 말 나주 혁신산업단지 입주효과로 과세연도부터 5년간 법인세와 소득세가 50% 감면되어 수익성도 제고될 전망임.

현금 흐름		〈단위 : 억원〉
항목	2015	2016
영업활동	-12	173
투자활동	-56	-88
재무활동	-12	43
순현금흐름	-80	133
기말현금	57	190

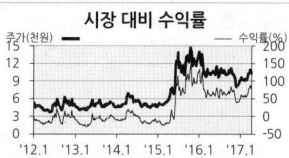
시장 대비 수익률

결산 실적					〈단위 : 억원〉	
항목	2011	2012	2013	2014	2015	2016
매출액	633	296	374	389	584	513
영업이익	3	-56	21	13	88	79
당기순이익	-8	-113	69	15	44	65

분기 실적					〈단위 : 억원〉	
항목	2015.3Q	2015.4Q	2016.1Q	2016.2Q	2016.3Q	2016.4Q
매출액	141	164	104	126	57	226
영업이익	31	18	30	25	-24	47
당기순이익	32	-21	25	21	-28	46

재무 상태					〈단위 : 억원〉	
항목	2011	2012	2013	2014	2015	2016
총자산	934	831	622	633	688	815
유형자산	301	333	262	216	202	210
무형자산	107	68	75	91	80	86
유가증권	39	34	1	1	1	2
총부채	308	312	242	238	203	265
총차입금	191	201	144	172	112	139
자본금	56	57	60	60	60	60
총자본	626	518	381	395	484	550
지배주주지분	438	314	380	395	484	550

기업가치 지표						
항목	2011	2012	2013	2014	2015	2016
주가(최고/저)(천원)	6.8/3.4	6.5/3.6	6.5/4.0	7.2/4.4	14.7/4.6	14.5/8.0
PER(최고/저)(배)	—/—	—/—	11.8/7.2	57.7/35.8	39.9/12.6	26.9/14.9
PBR(최고/저)(배)	1.7/0.8	2.2/1.2	1.9/1.1	2.0/1.2	3.5/1.1	3.1/1.7
EV/EBITDA(배)	25.5		10.1	17.6	15.8	10.5
EPS(원)	-236	-1,151	553	124	368	538
BPS(원)	4,113	2,961	3,517	3,636	4,204	4,747
CFPS(원)	12	-882	844	298	536	682
DPS(원)						
EBITDAPS(원)	275	-227	470	279	895	796

재무 비율								〈단위 : % 〉	
연도	영업이익률	순이익률	부채비율	차입금비율	ROA	ROE	유보율	자기자본비율	EBITDA마진율
2016	15.3	12.7	48.2	25.3	8.6	12.6	849.3	67.5	18.7
2015	15.0	7.6	42.0	23.1	6.7	10.1	740.8	70.4	18.5
2014	3.3	3.8	60.4	43.5	2.3	3.9	627.2	62.4	8.7
2013	5.6	18.4	63.4	37.9	9.5	18.6	603.5	61.2	14.7

누리플랜 (A069140)
Nuriplan

업 종 : 상업서비스		시 장 : KOSDAQ	
신용등급 : (Bond) — (CP) —		기업규모 : 벤처	
홈페이지 : www.nuriplan.com		연 락 처 : 031)997-9097	
본 사 : 경기도 김포시 대곶면 대곶로202번길 191			

설 립 일	1994.03.04	종업원수	77명	대표이사	이규홍
상 장 일	2010.10.26	감사의견	적정 (창)	계 열	
결 산 기	12월	보통주	454만주	종속회사수	
액 면 가	500원	우선주		구 상 호	

주주구성 (지분율,%)		출자관계 (지분율,%)		주요경쟁사 (외형,%)	
이상우	42.9			누리플랜	100
누리플랜우리사주조합	6.7			아이씨케이	72
				SCI평가정보	103

매출구성		비용구성		수출비중	
LED조명기구 외 (제품 및 상품)	66.5	매출원가율	81.5	수출	0.0
경관조명 외 (공사)	31.9	판관비율	16.4	내수	100.0
설계용역 (용역수입)	1.6				

회사 개요

동사는 조명 등 경관 시설 전문업체임. 주요 제품은 방음벽, 차량방호울타리, LED조명기구, 난간휀스 등임. 업계에서 유일하게 디자인, 설계, 제작, 시공, 사후관리까지 제공하고 있음. 한편 사업다각화를 지속적으로 추진하고 있으며, 이미 군사 및 국가주요시설에 대한 한전자판 차단시설을 제작, 설치하는 EMP 방호사업과 전기저장장치사업 및 안개소산장치 사업도 영위 중임.

실적 분석

동사의 2016년 매출액은 344.1억원으로 전년 대비 7.1% 증가함. 영업이익은 7.3억원으로 40.9% 감소함. 당기순이익은 22.6억원으로 전년 대비 129.9% 증가함. 동사는 관급 경관조명시장에서 시장 점유율을 점차 늘려가고 있음. 안개소산장치, 파워글라스 등의 신규 사업도 진행하고 있음. 안개소산장치 시스템의 성능을 개선하는 데 주력 중임. 파워글라스는 2개의 투명 유리판에 무선으로 LED를 부착시켜 빛을 발하는 특수 판유리 제품임.

현금 흐름 *IFRS 별도 기준		〈단위 : 억원〉
항목	2015	2016
영업활동	-7	-21
투자활동	25	5
재무활동	-13	17
순현금흐름	5	16
기말현금	27	43

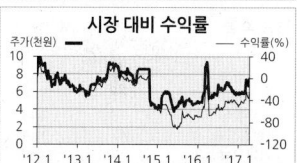
시장 대비 수익률

결산 실적					〈단위 : 억원〉	
항목	2011	2012	2013	2014	2015	2016
매출액	595	451	394	306	321	344
영업이익	37	-18	-38	-74	12	7
당기순이익	33	-12	-32	-87	10	23

분기 실적 *IFRS 별도 기준					〈단위 : 억원〉	
항목	2015.3Q	2015.4Q	2016.1Q	2016.2Q	2016.3Q	2016.4Q
매출액	62	106	58	137	45	105
영업이익	-6	11	-1	8	-11	11
당기순이익	-5	9	7	32	-14	-3

재무 상태 *IFRS 별도 기준					〈단위 : 억원〉	
항목	2011	2012	2013	2014	2015	2016
총자산	550	546	522	336	331	358
유형자산	151	157	155	149	82	126
무형자산	10	10	9	5	15	14
유가증권	4	4	6	5	7	18
총부채	274	278	270	169	153	160
총차입금	140	171	170	93	74	87
자본금	22	22	23	23	23	23
총자본	276	268	251	167	178	198
지배주주지분	276	268	251	167	178	198

기업가치 지표 *IFRS 별도 기준						
항목	2011	2012	2013	2014	2015	2016
주가(최고/저)(천원)	13.4/5.7	10.9/5.8	9.5/5.5	9.0/4.1	6.4/3.8	9.9/4.7
PER(최고/저)(배)	14.9/6.3	—/—	—/—	—/—	29.5/17.5	19.8/9.4
PBR(최고/저)(배)	2.1/0.9	1.7/0.9	1.7/1.0	2.3/1.1	1.6/0.9	2.2/1.0
EV/EBITDA(배)	9.0				15.5	25.2
EPS(원)	907	-307	-735	-1,910	217	498
BPS(원)	6,511	6,411	5,725	3,844	4,085	4,529
CFPS(원)	1,011	-196	-612	-1,800	313	590
DPS(원)	70					
EBITDAPS(원)	1,085	-283	-744	-1,527	367	252

재무 비율								〈단위 : % 〉	
연도	영업이익률	순이익률	부채비율	차입금비율	ROA	ROE	유보율	자기자본비율	EBITDA마진율
2016	2.1	6.6	80.9	44.1	6.6	12.1	805.8	55.3	3.3
2015	3.8	3.1	86.1	41.7	3.0	5.7	716.9	53.7	5.2
2014	-24.3	-28.3	101.4	55.6	-20.2	-41.5	668.9	49.7	-22.7
2013	-9.7	-8.2	107.5	67.7	-6.1	-12.5	1,045.0	48.2	-8.3

뉴로스 (A126870)
NEUROS

업 종 : 기계		시 장 : KOSDAQ	
신용등급 : (Bond) — (CP) —		기업규모 : 벤처	
홈 페 이 지 : www.neuros.co.kr		연 락 처 : 042)865-7300	
본 사 : 대전시 유성구 테크노2로 274 (탑립동)			

설 립 일	2000.05.09	종 업 원 수	138명	대 표 이 사	김승우
상 장 일	2012.02.15	감 사 의 견	적정 (리안)	계 열	
결 산 기	12월	보 통 주	1,419만주	종속회사수	
액 면 가	500원	우 선 주		구 상 호	

주주구성 (지분율,%)
김승우	17.8
디에스투자자문	3.9
(외국인)	0.4

출자관계 (지분율,%)
뉴로스정밀	100.0
Nuerosturbomachinery	100.0

주요경쟁사 (외형,%)
뉴로스	100
로보스타	344
스맥	278

매출구성
터보블러워(NX,NC)	79.8
종속회사	14.0
용역	4.6

비용구성
매출원가율	62.2
판관비율	34.1

수출비중
수출	70.1
내수	29.9

회사 개요
동사는 블로워로 불리우는 오폐수 처리용 송풍기 전문 제조업체임. 블로워 산업은 설비투자 및 건설산업에 큰 영향을 받기 때문에 경기변동에 민감한 편임. 주요 판매처는 크게 국내, 미국, 유럽, 일본, 중국 시장으로 나눌 수 있음. 공기베어링 방식의 터보블로워가 우리나라에서 세계 최초로 개발된 이래 세계시장에서의 채택이 점차 증가하고 동사의 경우 수출이 전체 매출에서 차지하는 비중이 크게 높음.

실적 분석
동사의 2016년도 결산 매출액 441억원, 영업이익 16.4억원, 당기순이익 10.9억원으로 매출액은 전년 대비 4.3%으로 소폭 증가하였으나, 영업이익은 201.99% 증가하였고, 당기순이익은 전년 대비 85.53% 증가함. 2016년도에는 다소 부진하였던 국내 블로워 제품 매출이 개선되었으며 향후 기업들의 설비투자 계획의 증가로 매출 확대가 기대됨. 신규사업 추진에 따른 간접비의 상승으로 판매비와 일반관리비 부문이 19.24% 상승하였음.

현금 흐름 〈단위 : 억원〉
항목	2015	2016
영업활동	12	82
투자활동	-67	-173
재무활동	13	143
순현금흐름	-42	54
기말현금	17	70

시장 대비 수익률
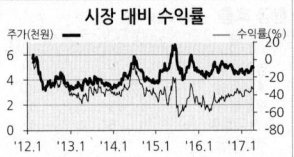

결산 실적 〈단위 : 억원〉
항목	2011	2012	2013	2014	2015	2016
매출액	364	321	369	350	423	441
영업이익	56	55	48	-1	5	16
당기순이익	43	27	29	3	6	11

분기 실적 〈단위 : 억원〉
항목	2015.3Q	2015.4Q	2016.1Q	2016.2Q	2016.3Q	2016.4Q
매출액	96	132	103	106	113	119
영업이익	1	0	8	2	3	3
당기순이익	13	-11	2	3	-9	15

재무 상태 〈단위 : 억원〉
항목	2011	2012	2013	2014	2015	2016
총자산	471	565	664	800	803	1,032
유형자산	112	150	171	191	206	386
무형자산	7	9	8	10	11	12
유가증권	0	—	2			
총부채	265	248	312	411	301	536
총차입금	193	171	222	311	212	405
자본금	18	25	25	28	36	71
총자본	206	317	352	389	502	497
지배주주지분	206	317	352	389	502	497

기업가치 지표
항목	2011	2012	2013	2014	2015	2016
주가(최고/저)(천원)	—/—	6.4/3.1	4.3/3.2	5.8/3.2	6.8/3.6	5.6/4.1
PER(최고/저)(배)	0.0/0.0	22.5/11.1	14.7/10.9	204.9/113.5	148.9/78.9	73.0/54.1
PBR(최고/저)(배)	0.0/0.0	1.9/1.0	1.2/0.9	1.7/0.9	1.8/1.0	1.5/1.1
EV/EBITDA(배)	2.6	7.0	9.2	72.1	48.3	29.8
EPS(원)	539	283	292	29	46	77
BPS(원)	4,598	6,431	6,911	6,945	7,339	3,793
CFPS(원)	1,197	785	753	235	262	188
DPS(원)						
EBITDAPS(원)	1,513	1,347	1,123	169	255	227

재무 비율 〈단위 : %〉
연도	영업이익률	순이익률	부채비율	차입금비율	ROA	ROE	유보율	자기자본비율	EBITDA마진율
2016	3.7	2.5	107.9	81.5	1.2	2.2	658.7	48.1	7.3
2015	1.3	1.4	59.9	42.3	0.7	1.3	1,367.9	62.5	4.0
2014	-0.2	0.9	105.6	80.0	0.4	0.8	1,289.0	48.7	2.6
2013	13.0	7.9	88.7	63.0	4.8	8.7	1,282.3	53.0	15.5

뉴보텍 (A060260)
Nuvotec

업 종 : 건축자재		시 장 : KOSDAQ	
신용등급 : (Bond) — (CP) —		기업규모 : 벤처	
홈 페 이 지 : www.nuvotec.co.kr		연 락 처 : 033)734-6001	
본 사 : 강원도 원주시 태장공단길 42-6			

설 립 일	1990.11.01	종 업 원 수	105명	대 표 이 사	한거희
상 장 일	2002.02.05	감 사 의 견	적정 (세일)	계 열	
결 산 기	12월	보 통 주	2,461만주	종속회사수	
액 면 가	500원	우 선 주		구 상 호	

주주구성 (지분율,%)
한거희	9.1
유환미디어	4.0
(외국인)	1.1

출자관계 (지분율,%)
디자인허브	49.0

주요경쟁사 (외형,%)
뉴보텍	100
대림B&Co	582
정산애강	192

매출구성
고강성 PVC 이중벽관(PVC DC)	48.6
기타	24.1
메가오수받이	9.7

비용구성
매출원가율	66.7
판관비율	31.1

수출비중
수출	—
내수	—

회사 개요
동사는 플라스틱 하수도관 및 상수도관과 그 부속 자재들을 생산하여 전국 상하수도사업소, 전국 지방자치단체, 대형건설사를 주요 고객으로 동사의 제품을 공급하는 수질환경 전문기업임. 동사는 사업의 확장을 위해 2008년 일본 세키스이화학공업과 함께 투자해 세키스이뉴보텍화학을 설립했고, 이 업체의 지분 33%를 보유하다가 자산 유동화를 목적으로 보유지분 전량을 2014년 3월 일본 세키스이화학공업에 매각함

실적 분석
동사의 연결기준 2016년 누적매출액은 전년 동기 대비 2.4% 늘어난 359억원을 시현함. 매출원가는 줄고 판관비가 크게 증가하였고, 같은 기간 영업이익은 27.6% 감소한 7.8억원을 기록. 당기순이익은 7.9% 감소하여 6.1억원을 기록하였음. 도심의 상하수도관 교체문제가 사회적 이슈로 대두되고, 가뭄문제를 해결할 방안으로 상수도관 교체 및 빗물저류조 설치에 대한 사관심이 집중되고 있음.

현금 흐름 *IFRS 별도 기준 〈단위 : 억원〉
항목	2015	2016
영업활동	46	12
투자활동	-18	-13
재무활동	-1	8
순현금흐름	27	7
기말현금	53	60

시장 대비 수익률
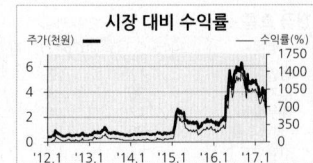

결산 실적 〈단위 : 억원〉
항목	2011	2012	2013	2014	2015	2016
매출액	365	347	349	307	351	359
영업이익	-27	5	4	-6	11	8
당기순이익	-31	3	3	-7	7	6

분기 실적 *IFRS 별도 기준 〈단위 : 억원〉
항목	2015.3Q	2015.4Q	2016.1Q	2016.2Q	2016.3Q	2016.4Q
매출액	81	114	64	112	83	100
영업이익	4	6	-2	6	2	3
당기순이익	4	6	-3	5	2	2

재무 상태 *IFRS 별도 기준 〈단위 : 억원〉
항목	2011	2012	2013	2014	2015	2016
총자산	291	252	265	261	274	299
유형자산	106	94	86	82	82	79
무형자산	1	1	4	6	9	8
유가증권	2		2	2	1	1
총부채	148	104	114	109	116	135
총차입금	85	65	66	59	58	66
자본금	114	114	114	123	123	123
총자본	143	148	152	152	158	164
지배주주지분	143	148	152	152	158	164

기업가치 지표 *IFRS 별도 기준
항목	2011	2012	2013	2014	2015	2016
주가(최고/저)(천원)	1.3/0.4	0.9/0.4	1.2/0.5	0.8/0.6	2.8/0.7	6.7/1.3
PER(최고/저)(배)	—/—	61.1/26.5	93.7/41.7	—/—	104.5/26.5	272.0/53.8
PBR(최고/저)(배)	2.0/0.6	1.4/0.6	1.8/0.8	1.3/0.9	4.4/1.1	10.1/2.0
EV/EBITDA(배)		8.7	7.5	30.0	17.3	68.1
EPS(원)	-134	15	13	-29	27	25
BPS(원)	624	647	663	616	640	666
CFPS(원)	-72	75	70	21	65	62
DPS(원)						
EBITDAPS(원)	-55	82	75	25	82	69

재무 비율 〈단위 : %〉
연도	영업이익률	순이익률	부채비율	차입금비율	ROA	ROE	유보율	자기자본비율	EBITDA마진율
2016	2.2	1.7	82.4	40.0	2.1	3.8	33.3	54.8	4.7
2015	3.1	1.9	73.6	36.6	2.5	4.3	28.1	57.6	5.8
2014	-1.9	-2.2	72.0	38.7	-2.5	-4.4	23.1	58.2	1.9
2013	1.2	0.8	75.0	43.8	1.1	1.9	32.6	57.2	4.9

뉴인텍 (A012340)
NUINTEK

업 종 : 전기장비		시 장 : KOSDAQ	
신용등급 : (Bond) — (CP) —		기업규모 : 벤처	
홈페이지 : www.nuin.co.kr		연 락 처 : (041)541-8100	
본 사 : 충남 아산시 음봉면 음봉로 243			

설 립 일 1977.06.29	종 업 원 수 146명	대 표 이 사 장기수
상 장 일 1997.02.12	감 사 의 견 적정(삼정)	계 열
결 산 기 12월	보 통 주 4,913만주	종속회사수
액 면 가 500원	우 선 주	구 상 호

주주구성 (지분율,%)		출자관계 (지분율,%)		주요경쟁사 (외형,%)	
장기수	16.0	뉴인텍	100	서울전자통신	186
뉴인텍우리사주조합	2.0			비츠로테크	216
(외국인)	0.2				

매출구성		비용구성		수출비중	
금속증착필름	52.1	매출원가율	101.7	수출	67.7
AC용 콘덴서	23.7	판관비율	17.6	내수	32.3
원부자재매매등	12.8				

회사 개요
동사는 생활가전, 전력용, 신재생에너지용 등 다양한 분야의 전기전자 제품에 사용되는 콘덴서 및 콘덴서의 원재료인 증착필름을 제조·판매하는 업체임. 축전기 부분의 매출액이 총 매출액의 24.4%, 축전기 원재료로 사용되는 증착필름부분이 51.7%를 차지함. 그 외에 미래형 자동차 및 태양광발전 시장이 새로이 열리면서 전력전자용 콘덴서의 매출 비중이 10% 수준임. 은성산업, 디지털텍 등과 시장에서 경쟁을 하고 있음.

실적 분석
동사의 2016년 누적 매출액은 479억원으로 전년 대비 4.4% 감소함. 매출 축소와 함께 원가율 악화, 판관비 상승의 영향으로 영업손실이 92.7억원을 기록하며 적자폭이 확대됨. 당기순손실은 96.5억원으로 적자지속함. 2016년 6월부터 친환경자동차용 콘덴서를 아이오닉 일렉트릭 및 아이오닉 플러그인하이브리드에 독점 공급 하고 있음. 한전에 고압진상용 커패시터를 납품한 경험을 바탕으로 동남아 시장 진출을 준비 중이나 아직 성과는 미미함.

현금 흐름		〈단위 : 억원〉
항목	2015	2016
영업활동	55	-18
투자활동	-40	-25
재무활동	-23	50
순현금흐름	-8	8
기말현금	8	16

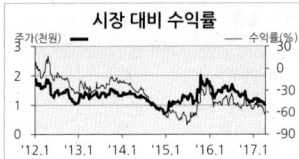
시장 대비 수익률

결산 실적					〈단위 : 억원〉	
항목	2011	2012	2013	2014	2015	2016
매출액	583	520	559	574	501	479
영업이익	16	-59	-18	-44	-8	-93
당기순이익	-2	-91	-31	-33	-17	-97

분기 실적					〈단위 : 억원〉	
항목	2015.3Q	2015.4Q	2016.1Q	2016.2Q	2016.3Q	2016.4Q
매출액	103	124	133	130	105	112
영업이익	-9	-3	-1	-9	-18	-65
당기순이익	-9	-5	-2	-11	-24	-60

재무 상태					〈단위 : 억원〉	
항목	2011	2012	2013	2014	2015	2016
총자산	720	598	587	552	515	446
유형자산	219	208	200	187	201	192
무형자산	26	22	19	15	13	12
유가증권	1	1	1	1	0	0
총부채	435	391	409	366	343	255
총차입금	311	293	274	247	224	153
자본금	165	173	173	191	191	246
총자본	285	207	179	187	172	191
지배주주지분	285	207	179	187	172	191

기업가치 지표						
항목	2011	2012	2013	2014	2015	2016
주가(최고/저)(천원)	2.2/1.0	2.0/1.0	1.7/1.1	1.5/0.6	2.0/0.7	1.8/1.0
PER(최고/저)(배)	—/—	—/—	—/—	—/—	—/—	—/—
PBR(최고/저)(배)	2.7/1.2	3.6/1.8	3.4/2.2	3.2/1.4	4.8/1.7	4.7/2.6
EV/EBITDA(배)	21.7	—	73.0	—	57.3	—
EPS(원)	-7	-250	-84	-85	-41	-219
BPS(원)	862	598	516	490	452	389
CFPS(원)	63	-187	-10	-2	20	-162
DPS(원)	—	—	—	—	—	—
EBITDAPS(원)	119	-93	27	-32	43	-154

재무 비율								〈단위 : % 〉	
연도	영업이익률	순이익률	부채비율	차입금비율	ROA	ROE	유보율	자기자본비율	EBITDA마진율
2016	-19.4	-20.2	일부잠식	일부잠식	-20.1	-53.2	-22.3	42.8	-14.2
2015	-1.6	-3.3	일부잠식	일부잠식	-3.1	-9.2	-9.7	33.4	3.3
2014	-7.7	-5.7	일부잠식	일부잠식	-5.8	-18.1	-2.0	33.8	-2.1
2013	-3.2	-5.5	229.0	153.5	-5.2	-16.0	3.2	30.4	1.7

뉴트리바이오텍 (A222040)
NUTRIBIOTECH COLTD

업 종 : 식료품		시 장 : KOSDAQ	
신용등급 : (Bond) — (CP) —		기업규모 : 중견	
홈페이지 : www.nutribiotech.co.kr		연 락 처 : (02)3474-8527	
본 사 : 서울시 강남구 테헤란로 145, 1001호(역삼동, 우신빌딩)			

설 립 일 2002.01.02	종 업 원 수 385명	대 표 이 사 권진혁
상 장 일 2015.12.16	감 사 의 견 적정(삼덕)	계 열
결 산 기 12월	보 통 주 2,063만주	종속회사수
액 면 가 500원	우 선 주	구 상 호

주주구성 (지분율,%)		출자관계 (지분율,%)		주요경쟁사 (외형,%)	
코스맥스비티아이	37.3	뉴트리원	70.0	뉴트리바이오텍	100
권진혁	12.1	뉴트리사이언스	54.0	코스맥스비티아이	221
(외국인)	18.2	닥터디앤에이	28.6	넥스트BT	61

매출구성		비용구성		수출비중	
건강지향식품	53.7	매출원가율	70.0	수출	51.0
[건강기능식품]면역력	23.9	판관비율	14.4	내수	49.0
기타	12.8				

회사 개요
동사는 건강기능식품 산업에서 기능성 원료 및 성분을 연구하는 연구개발 사업, 건강기능식품 및 건강지향식품을 생산하는 제조업, 건강기능식품을 판매하는 유통사업을 주요사업으로 하는 건강기능식품업을 영위할 목적으로 2002년 1월 2일 설립되었음. 화장품용 ODM으로 유명한 코스맥스그룹 계열사 중 하나로 동일한 산업군의 코스맥스바이오과 함께 코스맥스비티아이의 자회사임.

실적 분석
2016년 연결기준 누적 매출액과 영업이익은 1,207.8억원(+56%), 187.7억원(+74%)을 기록함. 2016년 4분기부터 해외 네트워크 가 축소하였으나, 견조한 외형성장 달성함. 2017년 미국2공장, 호주공장을 통한 본격적 생산 원년에 돌입하기 때문에 성장 매력 확보하고 있음. 해외 확장 본격화와 더불어 CAPA확대를 기반, 국내에서의 성장도 견조할 것으로 전망됨.

현금 흐름		〈단위 : 억원〉
항목	2015	2016
영업활동	135	95
투자활동	-415	-322
재무활동	517	262
순현금흐름	235	32
기말현금	248	280

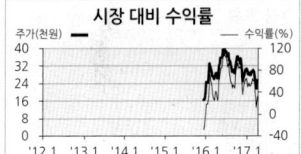
시장 대비 수익률

결산 실적					〈단위 : 억원〉	
항목	2011	2012	2013	2014	2015	2016
매출액	217	308	392	469	775	1,208
영업이익	13	21	30	35	108	188
당기순이익	6	13	20	22	86	171

분기 실적					〈단위 : 억원〉	
항목	2015.3Q	2015.4Q	2016.1Q	2016.2Q	2016.3Q	2016.4Q
매출액	209	213	272	327	347	262
영업이익	38	27	44	58	65	22
당기순이익	30	22	33	43	45	50

재무 상태					〈단위 : 억원〉	
항목	2011	2012	2013	2014	2015	2016
총자산	200	220	334	453	1,144	1,830
유형자산	126	147	222	301	514	978
무형자산	0	0	3	0	1	8
유가증권	0	0	0	0	0	0
총부채	136	144	231	330	502	1,005
총차입금	83	84	146	214	306	572
자본금	41	41	41	41	52	52
총자본	64	76	103	124	642	825
지배주주지분	64	76	103	123	640	815

기업가치 지표						
항목	2011	2012	2013	2014	2015	2016
주가(최고/저)(천원)	—/—	—/—	—/—	—/—	39.7/29.0	81.3/38.9
PER(최고/저)(배)	0.0/0.0	0.0/0.0	0.0/0.0	0.0/0.0	38.7/28.3	48.7/23.3
PBR(최고/저)(배)	0.0/0.0	0.0/0.0	0.0/0.0	0.0/0.0	6.4/4.7	10.3/4.9
EV/EBITDA(배)	2.9	2.3	3.0	3.6	29.1	28.8
EPS(원)	35	76	125	135	513	834
BPS(원)	1,548	1,845	2,494	2,994	6,203	7,904
CFPS(원)	428	612	872	1,039	1,372	2,085
DPS(원)	—	—	—	—	—	—
EBITDAPS(원)	600	825	1,109	1,341	1,635	2,236

재무 비율								〈단위 : % 〉	
연도	영업이익률	순이익률	부채비율	차입금비율	ROA	ROE	유보율	자기자본비율	EBITDA마진율
2016	15.5	14.2	121.8	69.3	11.5	23.7	1,480.8	45.1	19.1
2015	13.9	11.1	78.3	47.6	10.7	22.5	1,140.6	56.1	17.6
2014	7.4	4.8	266.0	173.0	5.7	19.6	199.4	27.3	11.8
2013	7.7	5.2	225.3	141.7			149.4	30.8	11.6

뉴파워프라즈마 (A144960)
New Power Plasma

업　　종 : 반도체 및 관련장비　　　　시　　장 : KOSDAQ
신용등급 : (Bond) —　　(CP) —　　기업규모 : 벤처
홈 페 이 지 : www.newpower.co.kr　　연 락 처 : 031)612-7600
본　　사 : 경기도 수원시 영통구 신원로 176

설 립 일	1999.10.07	종 업 원 수	명	대 표 이 사	위순임
상 장 일	2016.11.30	감 사 의 견	적정 (삼일)	계	열
결 산 기	12월	보 통 주	811만주	종속회사수	
액 면 가	500원	우 선 주		구 상 호	

주주구성 (지분율,%)		출자관계 (지분율,%)		주요경쟁사 (외형,%)	
최대규	25.1	플라스포	18.6	뉴파워프라즈마	100
위순임	10.5	조은샘교육	17.8	제우스	431
(외국인)	4.1			아이에이	113

매출구성		비용구성		수출비중	
RPG	59.8	매출원가율	52.0	수출	1.2
수리매출	17.8	판관비율	29.3	내수	98.8
RFG	14.6				

회사 개요
동사는 1993년 12월 '뉴파워'로 설립하여 1999년 10월 ㈜뉴파워 프라즈마 법인으로 전환하였으며, 2002년 세계에서 2번째로 반도체 및 FPD의 CVD 공정에서 챔버 내에 잔류하는 이물질을 제거하는 Remote Plasma Generator를 개발한 회사임. 박막공정의 장비에 사용되는 RPG는 박막공정 진행 후 공정 내 잔존하는 부산물에 대한 Plasma Cleaning를 실시하는 핵심 모듈임.

실적 분석
동사의 2016년 연결 기준 매출은 674억원으로 전년대비 33% 성장하였고, 연결영업이익은 125억원으로 전년대비 58% 증가함. 연결당기순이익도 110억원으로 전년대비 36% 증가함. 현금은 전년대비 영업활동을 통하여 65억원 감소하였는데 이는 매출확대에 따른 채권증가와 재고자산 증가가 주요 원인임. 투자활동 현금흐름 211억원 감소는 여유현금의 단기금융상품 가입이 주요 원인임.

현금 흐름　*IFRS 별도 기준　〈단위 : 억원〉

항목	2015	2016
영업활동	148	80
투자활동	-119	-340
재무활동	60	249
순현금흐름	88	-11
기말현금	95	85

시장 대비 수익률

결산 실적　〈단위 : 억원〉

항목	2011	2012	2013	2014	2015	2016
매출액	256	243	321	358	505	674
영업이익	39	25	54	60	80	126
당기순이익	22	25	55	55	81	110

분기 실적　*IFRS 별도 기준　〈단위 : 억원〉

항목	2015.3Q	2015.4Q	2016.1Q	2016.2Q	2016.3Q	2016.4Q
매출액						
영업이익						
당기순이익						

재무 상태　*IFRS 별도 기준　〈단위 : 억원〉

항목	2011	2012	2013	2014	2015	2016
총자산	560	574	623	668	815	1,274
유형자산	277	283	285	267	276	323
무형자산	2	2	4	10	11	31
유가증권	108	37	37	67	141	147
총부채	190	176	174	220	276	272
총차입금	128	128	107	119	167	98
자본금	31	32	33	30	31	41
총자본	370	398	449	448	539	1,002
지배주주지분	370	398	449	448	539	1,002

기업가치 지표　*IFRS 별도 기준

항목	2011	2012	2013	2014	2015	2016
주가(최고/저)(천원)	—/—	—/—	—/—	—/—	—/—	22.8/14.9
PER(최고/저)(배)	0.0/0.0	0.0/0.0	0.0/0.0	0.0/0.0	0.0/0.0	12.9/8.5
PBR(최고/저)(배)	0.0/0.0	0.0/0.0	0.0/0.0	0.0/0.0	0.0/0.0	1.8/1.2
EV/EBITDA(배)	2.0	—		0.5	—	9.3
EPS(원)	358	392	853	772	1,336	1,768
BPS(원)	5,910	6,144	6,902	7,053	8,759	12,363
CFPS(원)	543	583	1,058	772	1,550	2,076
DPS(원)						130
EBITDAPS(원)	817	576	1,037	918	1,614	2,326

재무 비율　〈단위 : %〉

연도	영업이익률	순이익률	부채비율	차입금비율	ROA	ROE	유보율	자기자본비율	EBITDA마진율
2016	18.6	16.3	27.7	10.2	10.5	14.3	2,359.5	78.3	21.6
2015	15.8	16.1	51.7	31.0	10.9	16.9	1,652.4	65.9	18.4
2014	16.8	15.3	50.4	26.7	—	1,365.4	66.5	20.4	
2013	16.8	17.2	38.8	23.8	9.2	13.1	1,280.4	72.1	20.9

뉴프라이드 (A900100)
New Pride

업　　종 : 자동차부품　　　　시　　장 : KOSDAQ
신용등급 : (Bond) —　　(CP) —　　기업규모 :
홈 페 이 지 : www.newpridecorporation.com　　연 락 처 : +1-310-631-7000
본　　사 : 2757 E. Del Amo Blvd. Rancho Dominguez, California, USA

설 립 일	1978.05.01	종 업 원 수	144명	대 표 이 사	EdwardEKim)
상 장 일	2010.04.21	감 사 의 견	적정 (우리)	계	열
결 산 기	12월	보 통 주	5,014만주	종속회사수	
액 면 가	—	우 선 주		구 상 호	

주주구성 (지분율,%)		출자관계 (지분율,%)		주요경쟁사 (외형,%)	
SRV ENTERPRISES(CYPRUS) LTD	7.1	뉴프라이드모터스	100.0	뉴프라이드	100
김은규	2.2	뉴프라이드코리아	100.0	평화정공	1,650
(외국인)	7.8	뉴프라이드엔터테인먼트	51.0	서연	4,303

매출구성		비용구성		수출비중	
		매출원가율	0.0	수출	—
		판관비율	0.0	내수	—

회사 개요
동사는 1978년 설립돼 2007년 뉴프라이드 코퍼레이션으로 사명 변경했으며, 자회사는 총 3개임. IMS와 SM은 미국에 위치한 자회사로 각각 100% 지분을 보유하고 있음. 동사는 컨테이너 선박과, 트레일러트럭 운송 간의 환적에 사용되는 차량과 장비의 운용과 관리에 요구되는 모든 서비스를 미국전역에 걸쳐 통합적으로 제공함. 신규사업인 화장품사업은 중국 정저우시 중원복탑의 면세점을 직접 운영함.

실적 분석
동사의 2016년 연결기준 매출액은 전년대비 17.1% 감소한 53.1백만 USD를 기록함. 매출액 감소로 원가율은 큰 폭으로 상승하여 영업손실 13.5백만 USD, 당기순손실 15.6백만 USD를 보이며 적자 규모가 확대됨. 중국의 반덤핑문제로 매출액이 감소했으며 신규사업 진출에 따라 손실이 증가함. 향후 신규사업으로 중국 지역에서의 화장품 사업 확대를 도모할 계획임.

현금 흐름　〈단위 : 억원〉

항목	2015	2016
영업활동	-34	—
투자활동	-268	—
재무활동	337	—
순현금흐름	29	—
기말현금	43	—

시장 대비 수익률
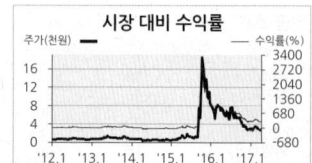

결산 실적　〈단위 : 억원〉

항목	2011	2012	2013	2014	2015	2016
매출액	1,097	930	700	662	741	—
영업이익	-41	1	-28	1	-42	—
당기순이익	-79	-6	-126	24	-56	—

분기 실적　〈단위 : 억원〉

항목	2015.3Q	2015.4Q	2016.1Q	2016.2Q	2016.3Q	2016.4Q
매출액	179	201	171	157	161	
영업이익	6	-51	-9	-51	-42	
당기순이익	6	-64	6	-51	-52	

재무 상태　〈단위 : 억원〉

항목	2011	2012	2013	2014	2015	2016
총자산	496	451	337	329	702	—
유형자산	106	91	81	74	191	—
무형자산	37	35	11	11	55	—
유가증권					28	—
총부채	358	326	330	289	541	—
총차입금	267	238	260	215	424	—
자본금	0	0	1	1	1	—
총자본	138	124	7	40	161	—
지배주주지분	139	125	7	40	157	—

기업가치 지표

항목	2011	2012	2013	2014	2015	2016
주가(최고/저)(천원)	1.4/0.5	1.1/0.6	1.6/0.7	0.8/0.4	18.5/0.6	9.7/2.6
PER(최고/저)(배)	—/—	—/—	8.0/3.8	—/—	0.0/0.0	
PBR(최고/저)(배)	2.2/0.7	1.9/1.0	46.2/20.3	4.8/2.2	41.3/1.2	0.0
EV/EBITDA(배)		17.6		16.5		0.0
EPS(원)	-369	-29	-601	105	-178	
BPS(원)	1,985	1,786	35	177	447	
CFPS(원)	-861	151	-520	182	-120	
DPS(원)						
EBITDAPS(원)	-335	246	-51	79	-76	

재무 비율　〈단위 : %〉

연도	영업이익률	순이익률	부채비율	차입금비율	ROA	ROE	유보율	자기자본비율	EBITDA마진율
2016	0.0	0.0	—	—			—	—	0.0
2015	-5.7	-7.6	336.3	263.6	-10.9	-57.2	12,605.3	22.9	-3.2
2014	0.1	3.6	714.0	532.0	7.2	100.2	5,274.0	12.3	2.7
2013	-4.0	-18.1	4,441.0	3,492.6	-32.1	-190.9	990.3	2.2	-1.5

뉴프렉스 (A085670)
Newflex Technolgy

업　　종 : 전자 장비 및 기기
신용등급 : (Bond) —　　(CP) —
홈페이지 : www.newflex.co.kr
본　　사 : 경기도 안산시 단원구 만해로 181, 반월공단 603블럭 4로트
시　　장 : KOSDAQ
기업규모 : 중견
연 락 처 : 031)494-9325

설 립 일	2000.06.22	종 업 원 수	432명
상 장 일	2006.01.17	감 사 의 견	적정 (신우)
결 산 기	12월	보 통 주	1,348만주
액 면 가	500원	우 선 주	

대 표 이 사 임우현
계　　열
종속회사수
구 상 호

주주구성 (지분율,%)		출자관계 (지분율,%)		주요경쟁사 (외형,%)	
임우현	33.4	뉴크리텍	60.0	뉴프렉스	100
한국증권금융	3.5	이엑스엔디	20.0	로보쓰리	0
(외국인)	0.5	Newflex Technology VinaCompany Limited	100.0	S&K폴리텍	44

매출구성		비용구성		수출비중	
FPCB	91.5	매출원가율	92.4	수출	56.2
LED PCB	6.3	판관비율	7.0	내수	43.8
기타	2.2				

회사 개요
동사는 FPCB가 주요 제품이고, Metal PCB도 생산하고 있음. FPCB 비중은 약 90%이고, Metal PCB는 5% 수준임. 매출액 성장은 FPCB가 주도하고 있음. 스마트폰 시장 부진에 따라 외형 성장이 쉽지 않은 국면이지만 거래선 다변화를 통해서 경쟁사에 비해서 양호한 실적을 보이고 있음. Metal PCB 매출액은 LCD TV 시장 둔화에 따라 외형 성장이 제한적일 것으로 예상됨.

실적 분석
동사의 연결기준 2016년 매출액은 1,452.2억원으로 전년 대비 20.4% 증가하였음. 판관비를 줄이며 8.9억원의 영업이익을 기록, 흑자전환에 성공함. 다만 비영업부문 손실이 40.0억원으로 확대되었으며 이는 당기순손실로 이어짐. FPCB 제품 특성상 소량 다품종 생산방식으로 인해 경기변동에 민감해 스마트폰시장이 포화에 달하며 성숙기에 달해 이익률 증가에 부진을 면했으나 비영업손실 개선 필요.

현금 흐름 〈단위 : 억원〉
항목	2015	2016
영업활동	-12	146
투자활동	-64	-73
재무활동	77	-75
순현금흐름	1	-2
기말현금	25	23

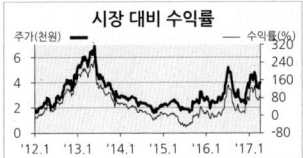

결산 실적 〈단위 : 억원〉
항목	2011	2012	2013	2014	2015	2016
매출액	692	1,152	1,353	1,378	1,206	1,452
영업이익	11	41	14	38	-12	9
당기순이익	-7	22	-36	23	-16	-25

분기 실적 〈단위 : 억원〉
항목	2015.3Q	2015.4Q	2016.1Q	2016.2Q	2016.3Q	2016.4Q
매출액	348	364	371	336	454	292
영업이익	5	8	-7	3	24	-11
당기순이익	8	-3	-12	-18	5	-0

재무 상태 〈단위 : 억원〉
항목	2011	2012	2013	2014	2015	2016
총자산	832	946	1,016	1,013	1,203	1,071
유형자산	432	431	475	488	542	529
무형자산	30	34	33	30	40	33
유가증권	—	—	0	0	0	0
총부채	474	567	671	646	796	672
총차입금	235	254	398	400	473	386
자본금	61	61	61	61	61	61
총자본	358	379	345	367	408	399
지배주주지분	357	379	345	365	404	394

기업가치 지표
항목	2011	2012	2013	2014	2015	2016
주가(최고/저)(천원)	2.8/1.2	4.8/1.6	7.0/2.6	3.2/1.6	3.9/1.6	5.2/1.9
PER(최고/저)(배)	—/—	26.0/8.6	—/—	18.6/9.3	—/—	—/—
PBR(최고/저)(배)	0.9/0.4	1.5/0.5	2.5/0.9	1.1/0.5	1.2/0.5	1.6/0.6
EV/EBITDA(배)	7.5	9.7	11.6	6.4	14.6	9.7
EPS(원)	-51	184	-295	171	-146	-214
BPS(원)	2,947	3,123	2,839	3,005	3,324	3,218
CFPS(원)	244	534	113	670	393	435
DPS(원)						
EBITDAPS(원)	382	692	523	813	441	722

재무 비율 〈단위 : %〉
연도	영업이익률	순이익률	부채비율	차입금비율	ROA	ROE	유보율	자기자본비율	EBITDA마진율
2016	0.6	-1.7	168.7	97.0	-2.2	-6.6	543.7	37.2	6.1
2015	-1.0	-1.4	195.1	116.0	-1.5	-4.6	564.9	33.9	4.4
2014	2.8	1.6	176.2	109.2	2.2	5.9	501.1	36.2	7.2
2013	1.0	-2.7	194.6	115.4	-3.7	-9.9	467.9	33.9	4.7

능률교육 (A053290)
Neungyule Education

업　　종 : 교육
신용등급 : (Bond) —　　(CP) —
홈페이지 : www.neungyule.com
본　　사 : 서울시 마포구 월드컵북로 21, 풍성빌딩 6층
시　　장 : KOSDAQ
기업규모 : 중견
연 락 처 : 02)2014-7114

설 립 일	1994.06.28	종 업 원 수	270명
상 장 일	2002.12.10	감 사 의 견	적정 (안진)
결 산 기	12월	보 통 주	1,155만주
액 면 가	500원	우 선 주	

대 표 이 사 황도순
계　　열
종속회사수
구 상 호

주주구성 (지분율,%)		출자관계 (지분율,%)		주요경쟁사 (외형,%)	
한국야쿠르트	48.0	능률에듀폰	100.0	능률교육	100
한국증권금융	4.4			에이원앤	30
(외국인)	1.3			메가엠디	123

매출구성		비용구성		수출비중	
영어 학습서 등 (출판사업 제품)	82.1	매출원가율	30.9	수출	2.7
이러닝, 전화 화상영어, 저작권 등 (교육 서비스)	16.1	판관비율	54.7	내수	97.3
영어 학습서 등 (출판사업 상품)	1.8				

회사 개요
동사는 초중고 및 성인용 영어학습교재를 개발, 출판해 온 영어교육출판 전문회사로 최근에는 이러닝교육 및 전화영어, 영어캠프사업, 스마트러닝 사업, 방과후교실 사업 등으로 그 사업영역을 확대해 나가고 있음. 이 중 영어학습교재의 제품매출이 전체매출의 83% 이상을 차지하는 핵심사업부문임. 동사 외에 9개의 계열사를 보유 중이며, 이 중 연결대상 종속회사는 능률에듀폰 1개 사임.

실적 분석
동사의 2016년 연결기준 매출액은 534.9억원으로 전년 대비 0.7% 늘어나 전년과 비슷한 수준을 유지함. 매출원가 부담은 늘어나면서 매출총이익은 4% 줄어든 369.4억원을 기록함. 판관비는 전년과 비슷한 수준이며 그 결과 영업이익은 전년 대비 16.9% 줄어든 76.7억원을 기록했음. 비영업부문에서 9.3억원 손실이 발생했으나 전년에 기록한 손실보다는 손실 폭이 줄면서 당기순이익은 전년 대비 1.6% 늘어난 52.6억원을 기록했음.

현금 흐름 〈단위 : 억원〉
항목	2015	2016
영업활동	92	59
투자활동	-78	-82
재무활동	-5	40
순현금흐름	9	18
기말현금	89	106

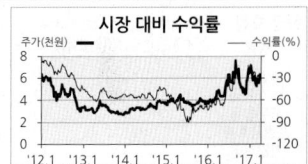

결산 실적 〈단위 : 억원〉
항목	2011	2012	2013	2014	2015	2016
매출액	482	517	556	529	531	535
영업이익	52	17	64	85	92	77
당기순이익	44	1	45	28	52	53

분기 실적 〈단위 : 억원〉
항목	2015.3Q	2015.4Q	2016.1Q	2016.2Q	2016.3Q	2016.4Q
매출액	110	191	149	82	103	201
영업이익	2	55	31	-7	-1	54
당기순이익	1	22	24	-5	-0	33

재무 상태 〈단위 : 억원〉
항목	2011	2012	2013	2014	2015	2016
총자산	552	502	580	604	656	737
유형자산	28	29	25	25	23	23
무형자산	46	151	162	122	129	160
유가증권	32	2	1	1	1	—
총부채	103	127	163	173	180	171
총차입금	1	0	1	0	—	—
자본금	58	58	58	58	58	58
총자본	450	375	417	432	477	566
지배주주지분	450	375	417	432	477	566

기업가치 지표
항목	2011	2012	2013	2014	2015	2016
주가(최고/저)(천원)	8.2/2.5	6.9/2.9	4.1/2.7	4.0/2.8	4.5/3.4	8.5/3.7
PER(최고/저)(배)	23.5/7.1	1,199.6/504.8	11.4/7.5	17.2/12.1	10.5/7.8	18.8/8.2
PBR(최고/저)(배)	2.2/0.7	1.8/0.8	1.0/0.7	0.9/0.7	1.0/0.7	1.6/0.7
EV/EBITDA(배)	7.8	12.3	2.7	3.0	2.6	5.5
EPS(원)	387	6	387	243	448	456
BPS(원)	4,204	4,070	4,429	4,560	4,947	5,346
CFPS(원)	523	141	674	601	862	801
DPS(원)	140		100	50	100	70
EBITDAPS(원)	585	281	843	1,095	1,213	1,010

재무 비율 〈단위 : %〉
연도	영업이익률	순이익률	부채비율	차입금비율	ROA	ROE	유보율	자기자본비율	EBITDA마진율
2016	14.4	9.8	30.2		7.6	10.1	969.1	76.8	21.8
2015	17.4	9.7	37.7	0.0	8.2	11.4	889.4	72.6	26.4
2014	16.1	5.3	40.0		4.8	6.6	812.0	71.4	23.9
2013	11.6	8.0	39.1	0.3	8.3	11.3	785.9	71.9	17.5

닉스테크 (A222810)
NICSTECH

업   종 : 일반 소프트웨어
신용등급 : (Bond) —   (CP) —
홈페이지 : www.nicstech.com
본   사 : 서울시 성동구 왕십리로 58, 10층 1001호~1012호(성수동 1가, 포휴)
시   장 : KOSDAQ
기업규모 : 벤처
연 락 처 : (02)3497-8900

설 립 일	2015.06.08	종 업 원 수	101명	대 표 이 사	이상덕
상 장 일	2015.08.13	감 사 의 견	적정 (한울)	계 열	
결 산 기	12월	보 통 주	1,566만주	종속회사수	
액 면 가	100원	우 선 주		구 상 호	교보4호스팩

주주구성 (지분율,%)		출자관계 (지분율,%)		주요경쟁사 (외형,%)	
박동훈	36.6	닉스테크	100	닉스테크	100
닉스테크	6.1	포시에스	95		
(외국인)	1.1	한컴시큐어	98		

매출구성		비용구성		수출비중	
		매출원가율	84.2	수출	1.0
		판관비율	37.1	내수	99.0

회사 개요
동사는 1995년 설립하여 소프트웨어 자문 개발 및 공급업, 소프트웨어 제조 및 도, 소매업, 정보처리 기술 컨설팅 서비스업 등을 주요 사업으로 영위하고 있음. 동사의 대표 주력상품인 PC보안 솔루션 SafePC Enterpirse는 DLP시장의 No. 1 제품. 교보4호스팩과 합병을 통하여 코스닥 이전 상장을 함. 최근 이상징후탐지 및 대응 시스템 'ADS플러스'를 보유한 시큐플러스와 합병.

실적 분석
동사의 2016년 연결기준 매출액은 147.6억원으로 전년동기 대비 10.2% 감소했음. 매출이 감소한 가운데 판관비가 23.9% 증가함에 따라 31.4억원의 영업손실을 기록. 비영업부문에서 15.7억원의 손실이 발생해 당기순손실은 36.4원으로 적자전환. 판관비 중 인건비, 경상개발비의 증가로 영억손실 폭이 확대. 최근 이상징후탐지 및 대응 시스템 상품을 보여준 시큐플러스와 합병됨으로써 네트워크 보안 사업의 시너지효과 기대.

현금 흐름 *IFRS 별도 기준 〈단위 : 억원〉

항목	2015	2016
영업활동	12	-10
투자활동	-37	7
재무활동	3	6
순현금흐름	-22	7
기말현금	24	31

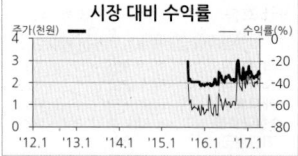

결산 실적 〈단위 : 억원〉

항목	2011	2012	2013	2014	2015	2016
매출액	127	139	157	151	164	148
영업이익	7	9	16	14	14	-31
당기순이익	7	8	14	10	22	-36

분기 실적 *IFRS 별도 기준 〈단위 : 억원〉

항목	2015.3Q	2015.4Q	2016.1Q	2016.2Q	2016.3Q	2016.4Q
매출액	25	81	19	27	22	79
영업이익	-6	25	-12	-8	-8	-4
당기순이익	-6	32	-26	-9	-1	6

재무 상태 *IFRS 별도 기준 〈단위 : 억원〉

항목	2011	2012	2013	2014	2015	2016
총자산	120	127	146	169	211	255
유형자산	24	24	22	39	35	89
무형자산	19	26	24	15	19	14
유가증권	2	2	3	2	1	11
총부채	56	55	61	75	96	113
총차입금	30	34	32	31	35	40
자본금	28	28	28	28	28	15
총자본	64	71	85	94	116	142
지배주주지분	64	71	85	94	116	142

기업가치 지표 *IFRS 별도 기준

항목	2011	2012	2013	2014	2015	2016
주가(최고/저)(천원)	—/—	—/—	—/—	—/—	3.0/1.9	3.1/1.9
PER(최고/저)(배)	0.0/0.0	0.0/0.0	14.8/5.9	47.3/22.3	19.7/12.3	—/—
PBR(최고/저)(배)	0.0/0.0	0.0/0.0	2.5/1.0	5.0/2.3	3.6/2.3	3.0/1.8
EV/EBITDA(배)	1.4	0.5	3.9	6.4	1.8	—
EPS(원)	50	54	101	70	151	-239
BPS(원)	1,141	1,274	1,538	1,705	2,103	1,052
CFPS(원)	255	280	395	317	513	-177
DPS(원)	—	—	—	—	—	—
EBITDAPS(원)	245	302	417	385	375	-144

재무 비율 〈단위 : % 〉

연도	영업이익률	순이익률	부채비율	차입금비율	ROA	ROE	유보율	자기자본비율	EBITDA마진율
2016	-21.3	-24.6	79.4	28.2	-15.6	-28.2	951.6	55.8	-14.9
2015	8.4	13.1	82.5	30.2	11.4	20.6	320.5	54.8	12.8
2014	9.2	6.6	80.1	33.4	—	—	241.0	55.5	14.3
2013	10.0	9.2	71.7	37.1	10.6	18.5	207.6	58.3	14.8

다나와 (A119860)
Danawa

업   종 : 온라인쇼핑
신용등급 : (Bond) —   (CP) —
홈페이지 : www.danawa.com
본   사 : 서울시 양천구 목동동로 233-1, 501호 (현대드림타워)
시   장 : KOSDAQ
기업규모 : 벤처
연 락 처 : (02)1688-2450

설 립 일	2002.06.21	종 업 원 수	253명	대 표 이 사	손윤환,안징현
상 장 일	2011.01.24	감 사 의 견	적정 (삼화)	계 열	
결 산 기	12월	보 통 주	1,307만주	종속회사수	
액 면 가	500원	우 선 주		구 상 호	

주주구성 (지분율,%)		출자관계 (지분율,%)		주요경쟁사 (외형,%)	
성장현	30.0	다나와컴퓨터	100.0	다나와	100
손윤환	11.3			인터파크	724
(외국인)	6.1			엔에스쇼핑	685

매출구성		비용구성		수출비중	
제품 등	35.7	매출원가율	0.0	수출	0.5
광고사업	24.8	판관비율	86.7	내수	99.5
제휴쇼핑	17.2				

회사 개요
동사는 디지털카메라 및 컴퓨터에 관한 가격비교정보제공을 목적으로 2000년에 개인사업자로 설립되어, 다양한 상품의 가격비교서비스 및 쇼핑정보 제공을 목적으로 2002년 법인으로 전환, 2011년 1월 코스닥시장에 상장함. 동사는 가격비교서비스 제공을 근간으로 한 거래연계 수수료와 온라인 사이트를 통한 광고수익을 주사업으로 영위중임. 컴퓨터 및 주변기기의 제조 및 유통 등의 사업을 영위 중인 다나와컴퓨터를 종속회사로 보유하고 있음.

실적 분석
동사의 2016년 연결기준 누적매출액은 644.1억원으로 전년 동기대비 41.6% 증가하면서 꾸준한 외형성장을 지속하는 모습을 보임. 조달사업부문 등 전반적인 매출 증가로 영업이익 및 당기순이익 또한 전년 동기대비 증가함. PC 및 가전분야 판매 부문의 높은 고객 충성도를 바탕으로 생활용품, 스포츠/레저제품 등으로 상품 카테고리를 확대하는, 소셜커머스 비즈니스 적용과 모바일 버전으로의 사업역량 집중으로 향후 지속적인 외형 성장이 기대됨.

현금 흐름 〈단위 : 억원〉

항목	2015	2016
영업활동	41	87
투자활동	-14	-52
재무활동	-21	-19
순현금흐름	3	16
기말현금	33	49

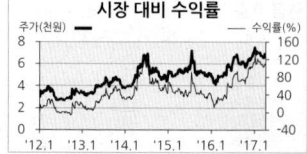

결산 실적 〈단위 : 억원〉

항목	2011	2012	2013	2014	2015	2016
매출액	212	254	266	352	455	644
영업이익	37	52	55	52	57	85
당기순이익	44	53	56	49	61	89

분기 실적 〈단위 : 억원〉

항목	2015.3Q	2015.4Q	2016.1Q	2016.2Q	2016.3Q	2016.4Q
매출액	91	156	171	160	150	164
영업이익	9	19	26	16	22	21
당기순이익	9	23	33	15	20	20

재무 상태 〈단위 : 억원〉

항목	2011	2012	2013	2014	2015	2016
총자산	466	523	581	605	640	731
유형자산	8	7	6	6	16	14
무형자산	18	26	27	27	30	29
유가증권	10	10	12	26	88	87
총부채	24	57	54	66	64	79
총차입금	1	10	10	8	5	2
자본금	33	33	33	33	33	33
총자본	441	465	527	539	576	652
지배주주지분	441	465	527	539	576	652

기업가치 지표

항목	2011	2012	2013	2014	2015	2016
주가(최고/저)(천원)	9.5/2.6	4.0/2.6	5.0/3.1	7.7/3.8	7.2/4.5	7.0/4.1
PER(최고/저)(배)	32.9/9.0	11.2/7.3	13.0/8.1	22.0/10.9	16.6/10.3	10.6/6.3
PBR(최고/저)(배)	3.3/0.9	1.2/0.8	1.4/0.9	2.0/1.0	1.7/1.1	1.4/0.8
EV/EBITDA(배)	2.6	2.3	2.2	3.4	4.9	5.4
EPS(원)	339	408	427	382	464	683
BPS(원)	6,684	7,278	7,984	8,434	8,993	10,137
CFPS(원)	740	892	943	858	1,016	1,434
DPS(원)	150	200	220	220	250	300
EBITDAPS(원)	637	872	927	889	963	1,374

재무 비율 〈단위 : % 〉

연도	영업이익률	순이익률	부채비율	차입금비율	ROA	ROE	유보율	자기자본비율	EBITDA마진율
2016	13.3	13.9	12.2	0.3	13.0	14.6	1,927.4	89.1	14.1
2015	12.6	13.4	11.1	0.9	9.7	10.9	1,698.6	90.0	14.0
2014	14.7	14.0	12.2	1.6	8.3	9.4	1,586.8	89.1	16.7
2013	20.6	21.0	10.3	1.9	10.1	11.2	1,496.8	90.7	23.0

다날 (A064260)
Danal

업   종 : 인터넷 서비스
신용등급 : (Bond) —   (CP) —
홈 페 이 지 : www.danal.co.kr
본   사 : 경기도 성남시 분당구 분당로 55 퍼스트타워 9층
시   장 : KOSDAQ
기업규모 : 벤처
연 락 처 : 031)697-1004
설 립 일 1997.07.04	종업원수 146명	대 표 이 사 최병우	
상 장 일 2004.07.23	감사의견 적정(삼일)	계 열	
결 산 기 12월	보 통 주 4,539만주	종속회사수	
액 면 가 500원	우 선 주	구 상 호	

주주구성 (지분율,%)		출자관계 (지분율,%)		주요경쟁사 (외형,%)	
박성찬	18.6	다날게임즈	86.7	다날	100
이동현	3.0	바이오페이	64.0	KG이니시스	525
(외국인)	0.8	다날엔터테인먼트	44.9	NHN한국사이버결제	204

매출구성		비용구성		수출비중	
다날 유무선 결제시스템	97.9	매출원가율	0.0	수출	—
게임 퍼블리싱 및 여행	2.1	판관비율	96.1	내수	—

회사 개요
동사는 1997년에 설립된 휴대폰결제서비스 업체로 경쟁사인 KG모빌리언스와 함께 국내 시장의 90% 이상을 점유하고 있음. 동사의 사업모델은 온라인콘텐츠를 구매하거나, 전 자상거래를 할 때 휴대폰으로 결제하고, 결제 대금이 휴대폰요금에 합산되는 형태임. 최근 바코드 결제 어플리케이션 "바통"을 개발하여 서비스 하고 있으며, 카카오의 '카카오페이'와 중국 텐센트 그룹의 모바일 메신저 "WeChat"에도 국내 바코드 결제 솔루션 제공중임.

실적 분석
동사의 2016년 연간 매출액은 결제한도 증액 및 실물거래액의 증가로 1,334.8억원으로 전 년대비 18.2% 성장함. 동사 영업성장의 영향으로 52.3억원을 기록, 488.5% 크게 증가함. 결제한도 상승, 결제시스템 고도화에 따른 거래 성공율의 증가 등이 실적 호조를 이 끈 것으로 보이나, 최근 미국법인의 결제사업 부문 매각관련 비용반영으로 당기순손실은 39.1억원을 기록하며 적자가 지속됨.

현금 흐름		〈단위 : 억원〉
항목	2015	2016
영업활동	163	-241
투자활동	-153	-339
재무활동	44	705
순현금흐름	54	125
기말현금	387	512

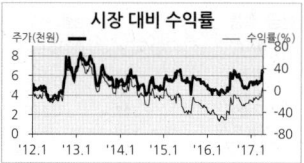
시장 대비 수익률

결산 실적 〈단위 : 억원〉
항목	2011	2012	2013	2014	2015	2016
매출액	935	1,017	1,181	985	1,129	1,335
영업이익	-19	-21	45	41	9	52
당기순이익	-64	-116	2	3	-26	-39

분기 실적 〈단위 : 억원〉
항목	2015.3Q	2015.4Q	2016.1Q	2016.2Q	2016.3Q	2016.4Q
매출액	301	319	304	301	363	367
영업이익	-8	11	6	8	5	33
당기순이익	25	-34	-1	-25	-6	-1

재무 상태 〈단위 : 억원〉
항목	2011	2012	2013	2014	2015	2016
총자산	2,235	2,614	2,857	2,686	3,005	3,878
유형자산	28	20	17	13	13	22
무형자산	438	372	310	285	212	102
유가증권	202	109	114	229	524	759
총부채	1,529	1,941	2,013	1,791	1,925	2,447
총차입금	967	1,234	1,201	924	793	1,121
자본금	88	92	102	105	108	212
총자본	706	673	843	895	1,080	1,431
지배주주지분	721	691	899	970	1,152	1,505

기업가치 지표
항목	2011	2012	2013	2014	2015	2016
주가(최고/저)(천원)	7.5/3.0	8.6/3.3	8.4/4.6	6.8/4.0	7.1/4.1	7.3/4.0
PER(최고/저)(배)	—/—	—/—	94.3/51.4	82.0/48.4	984.3/561.4	—/—
PBR(최고/저)(배)	2.8/1.1	3.5/1.4	3.0/1.6	2.3/1.4	2.2/1.3	2.2/1.2
EV/EBITDA(배)	59.8	164.0	27.9	28.7	49.4	38.9
EPS(원)	-109	-277	89	83	7	-14
BPS(원)	4,463	4,102	4,709	4,899	5,313	3,547
CFPS(원)	111	-251	329	270	139	13
DPS(원)	—	—	—	—	—	35
EBITDAPS(원)	182	92	407	332	168	164

재무 비율 〈단위 : %〉
연도	영업 이익률	순 이익률	부채 비율	차입금 비율	ROA	ROE	유보율	자기자본 비율	EBITDA 마진율
2016	3.9	-2.9	170.9	78.3	-1.1	-0.5	609.5	36.9	4.7
2015	0.8	-2.3	178.3	73.4	-0.9	0.2	962.6	35.9	3.2
2014	4.2	0.3	200.0	103.1	0.1	3.0	879.8	33.3	6.9
2013	3.9	0.2	238.8	142.4	0.1	3.7	841.9	29.5	7.0

다린 (A204690)
DARIN CO

업   종 : 개인생활용품
신용등급 : (Bond) —   (CP) —
홈 페 이 지 : www.darin.co.kr
본   사 : 경남 창원시 마산회원구 자유무역3길 111(양덕동)
시   장 : KONEX
기업규모 :
연 락 처 : 055)294-8801

설 립 일 1996.12.05	종업원수 153명	대 표 이 사 김홍길	
상 장 일 2014.09.18	감사의견 적정(삼정)	계 열	
결 산 기 12월	보 통 주 793만주	종속회사수	
액 면 가 500원	우 선 주	구 상 호	

주주구성 (지분율,%)		출자관계 (지분율,%)		주요경쟁사 (외형,%)	
선창산업	80.0	곤산C&S소료제품유한공사	100.0	다린	100
김정수	20.0	C.K.DESPENSERCO.,LTD	48.7	유니더스	32
				케이엠제약	33

매출구성		비용구성		수출비중	
HD (펌프 디스펜서)	48.0	매출원가율	81.7	수출	7.6
기타	20.6	판관비율	10.1	내수	92.4
SN (펌프 디스펜서)	19.8				

회사 개요
동사는 플라스틱 포장용기 Plastic Pump Dispenser 와 Plastic Hand Trigger Sprayer 의 제조판매 등을 영위할 목적으로 1996년 12월 5일 설립되었음. 아모레퍼시픽·LG생활건강·유니베라·애경·존슨앤존슨 등에 세정제·화장품 용기 펌프캡을 납품하며 국내 점유율 92%를 차지하는 업계 선두 업체임. 2014년 9월 코넥스 시장에 상장됨. 2015년 3월 합판업체 선창산업이 다린의 지분 80%를 인수함.

실적 분석
동사는 지속적인 경영활동과 설비투자로 인하여 올해는 전년 대비 매출액이 약 13.5% 증가했으나, 설비 투자 증가 및 인건비 상승 등의 사유로 전기 대비 약 17.8% 감소한 39.7억원의 영업이익을 달성했음. 이자비용 감소와 외화환산손실 감소로 인한 영업외비용 63% 감소로 당기순이익은 전년 대비 약 1% 감소한 40.1억원을 기록해 영업이익 감소 대비 양호한 실적을 기록했음.

현금 흐름 *IFRS 별도 기준		〈단위 : 억원〉
항목	2015	2016
영업활동	63	57
투자활동	-25	-46
재무활동	-15	-4
순현금흐름	23	8
기말현금	59	67

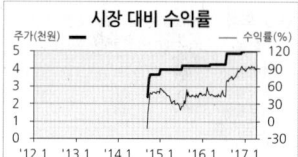
시장 대비 수익률

결산 실적 〈단위 : 억원〉
항목	2011	2012	2013	2014	2015	2016
매출액	318	381	402	400	427	484
영업이익	28	46	51	38	48	40
당기순이익	19	29	25	33	41	40

분기 실적 *IFRS 별도 기준 〈단위 : 억원〉
항목	2015.3Q	2015.4Q	2016.1Q	2016.2Q	2016.3Q	2016.4Q
매출액						
영업이익						
당기순이익						

재무 상태 *IFRS 별도 기준 〈단위 : 억원〉
항목	2011	2012	2013	2014	2015	2016
총자산	262	278	303	288	311	344
유형자산	82	81	109	107	118	143
무형자산	0	0	0	0	0	0
유가증권	56	56	40	—	—	—
총부채	138	126	120	97	85	81
총차입금	78	69	65	40	25	23
자본금	40	40	40	40	40	40
총자본	123	152	182	191	226	263
지배주주지분	123	152	182	191	226	263

기업가치 지표 *IFRS 별도 기준
항목	2011	2012	2013	2014	2015	2016
주가(최고/저)(천원)	—/—	—/—	—/—	3.7/2.3	4.2/3.7	5.0/4.2
PER(최고/저)(배)	0.0/0.0	0.0/0.0	0.0/0.0	8.9/5.6	8.2/7.2	9.9/8.3
PBR(최고/저)(배)	0.0/0.0	0.0/0.0	0.0/0.0	1.5/1.0	1.5/1.3	1.5/1.3
EV/EBITDA(배)	1.8	0.6	0.3	5.6	4.6	5.6
EPS(원)	239	360	317	414	512	506
BPS(원)	15,552	19,156	22,971	2,401	2,847	3,311
CFPS(원)	3,513	5,214	4,833	592	709	792
DPS(원)	—	—	—	—	25	20
EBITDAPS(원)	4,649	7,366	8,144	654	807	788

재무 비율 〈단위 : %〉
연도	영업 이익률	순 이익률	부채 비율	차입금 비율	ROA	ROE	유보율	자기자본 비율	EBITDA 마진율
2016	8.2	8.3	30.8	8.8	12.3	16.4	562.2	76.4	12.9
2015	11.3	9.5	37.8	11.1	13.6	19.5	469.4	72.6	15.0
2014	9.4	8.3	51.0	21.1	11.1	17.6	380.3	66.2	13.0
2013	12.8	6.3	66.1	35.4	8.7	15.0	359.4	60.2	16.1

다믈멀티미디어 (A093640)
Tamul Multimedia

업　　종 : 반도체 및 관련장비　　시　　장 : KOSDAQ
신용등급 : (Bond) —　　(CP) —　　기업규모 : 벤처
홈페이지 : www.tamulm.com　　연 락 처 : 031)380-6950
본　　사 : 경기도 안양시 동안구 시민대로 161, 안양무역센터 10층

설 립 일	1998.12.18	종 업 원 수	63명	대 표 이 사	정연홍
상 장 일	2007.10.19	감 사 의 견	적정 (삼정)	계　　열	
결 산 기	12월	보 통 주	653만주	종속회사수	
액 면 가	500원	우 선 주		구 상 호	

주주구성 (지분율,%)		출자관계 (지분율,%)		주요경쟁사 (외형,%)	
정연홍	8.2	지투지솔루션	16.7	다믈멀티미디어	100
현윤종	8.0	글로벌트로닉스	5.9	에이디테크놀로지	88
(외국인)	0.5			제너셈	69

매출구성		비용구성		수출비중	
Multimedia IC	41.5	매출원가율	72.2	수출	88.6
기타(DAB 등)	33.9	판관비율	27.1	내수	11.4
Optical IC	18.6				

회사 개요
동사는 삼성전자 연구원들이 설립한 기능형 반도체 설계전문회사로서 멀티미디어 반도체의 제조와 판매 등을 영위할 목적으로 1998년에 설립됨. 전통적인 홈 멀티미디어기기 시장과 자동차용 멀티미디어기기를 주요 목표시장으로 하며, 일본 산요전기에 초저전력 오디오 디코딩 기술을 라이센스하여 Portable 기기 시장에도 간접 진출중임. 스마트폰과 연계한 차량용 Link SYSTEM의 신규개발을 진행중에 있음.

실적 분석
동사의 2016년 누적 연결 기준 매출액은 전년 동기대비 6% 증가한 256.6억원을 기록함. 이는 사업부문 다변화에 따른 매출 구조 개선에 기인하며, 전방산업의 활성화에 신규사업 매출이익이 증가, 영업이익은 흑자전환함. 전기대비 무형자산 손상차손이 감소하며 당기순이익 또한 흑자전환에 성공함. 적극적 기술지원 및 개발을 통해 시장을 선점하고, 원가 절감을 통해 실적 개선을 꾀하는 중임.

현금 흐름 *IFRS 별도 기준 〈단위 : 억원〉

항목	2015	2016
영업활동	4	13
투자활동	-21	-13
재무활동	44	1
순현금흐름	29	1
기말현금	30	31

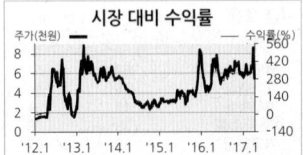
시장 대비 수익률

결산 실적 〈단위 : 억원〉

항목	2011	2012	2013	2014	2015	2016
매출액	251	284	245	265	242	257
영업이익	-16	11	6	6	-11	2
당기순이익	-22	5	3	5	-14	1

분기 실적 *IFRS 별도 기준 〈단위 : 억원〉

항목	2015.3Q	2015.4Q	2016.1Q	2016.2Q	2016.3Q	2016.4Q
매출액	59	53	60	59	63	74
영업이익	-5	-7	-1	-2	-1	5
당기순이익	-5	-9	-2	-1	-2	6

재무 상태 *IFRS 별도 기준 〈단위 : 억원〉

항목	2011	2012	2013	2014	2015	2016
총자산	125	117	111	116	139	149
유형자산	2	1	1	0	1	1
무형자산	24	14	6	11	5	10
유가증권	5	—		5	10	10
총부채	82	66	55	53	65	68
총차입금	29	21	12	10	33	30
자본금	31	31	32	32	32	33
총자본	43	51	56	63	74	81
지배주주지분	43	51	56	63	74	81

기업가치 지표 *IFRS 별도 기준

항목	2011	2012	2013	2014	2015	2016
주가(최고/저)(천원)	2.7/1.0	8.2/1.3	8.8/2.1	5.8/2.3	8.7/2.5	8.3/4.1
PER(최고/저)(배)	—/—	96.4/15.3	188.7/45.3	71.9/28.6	—/—	651.6/319.5
PBR(최고/저)(배)	3.2/1.2	8.5/1.3	8.5/2.0	5.1/2.0	7.5/2.2	6.7/3.3
EV/EBITDA(배)	128.0	4.6	21.3	18.6		90.4
EPS(원)	-364	85	47	80	-216	13
BPS(원)	848	972	1,037	1,132	1,152	1,240
CFPS(원)	-97	308	177	103	-174	42
DPS(원)						
EBITDAPS(원)	11	396	231	111	-132	56

재무 비율 〈단위 : % 〉

연도	영업이익률	순이익률	부채비율	차입금비율	ROA	ROE	유보율	자기자본비율	EBITDA마진율
2016	0.7	0.3	84.3	36.9	0.6	1.1	148.1	54.3	1.4
2015	-4.6	-5.7	88.2	44.2	-10.9	-20.3	130.4	53.1	-3.5
2014	2.1	1.9	84.4	16.5	4.5	8.6	126.4	54.2	2.7
2013	2.6	1.2	98.8	22.2	2.6	5.5	107.4	50.3	6.0

다산네트웍스 (A039560)
DASAN Networks

업　　종 : 통신장비　　시　　장 : KOSDAQ
신용등급 : (Bond) —　　(CP) —　　기업규모 : 중견
홈페이지 : www.dasannetworks.com　　연 락 처 : 070)7010-1000
본　　사 : 경기도 성남시 분당구 대왕판교로644번길 49 다산타워 10층

설 립 일	1993.03.04	종 업 원 수	94명	대 표 이 사	남민우
상 장 일	2000.06.22	감 사 의 견	한정(GAAP위반) (삼정)	계　　열	
결 산 기	12월	보 통 주	2,163만주	종속회사수	
액 면 가	500원	우 선 주		구 상 호	

주주구성 (지분율,%)		출자관계 (지분율,%)		주요경쟁사 (외형,%)	
다산인베스트	25.3	팬더미디어	90.0	다산네트웍스	100
신영자산운용	10.9	디티에스	82.0	텔콘	13
(외국인)	2.1	에이블	62.0	디티앤씨	18

매출구성		비용구성		수출비중	
사출(제품)	28.4	매출원가율	72.6	수출	—
기타	27.3	판관비율	33.4	내수	—
Ethernet Switch	26.7				

회사 개요
네트워크 통신장비를 개발 공급하는 기업으로 주요 제품은 이더넷 스위치, FTTx 솔루션, TPS 솔루션 등이 있고, 장비 매출과 용역 매출로 구성되어 있음. 장비 매출의 비중이 약 80%를 차지하며, 장비 매출 중에서는 FTTx와 이더넷 스위치가 메인 제품임. 2016년 글로벌 사업 본격 확대에 따른 그룹 구조개편을 위해 디엠씨 주식 전량을 처분하였으며, 890억원을 투자하여 미국 통신장비 기업이자 나스닥상장사인 존테크놀로지를 인수 합병함.

실적 분석
기존 주력사업인 네트워크사업 부문의 일본 매출이 다소 부진하였으나, 열 교환기와 자동차 부품 및 자동화 솔루션 부문의 호조에 힘입어 2016년 매출액은 전년동기 대비 23.4% 증가함. 그러나 인건비, 개발비 등 판관비가 크게 늘었으며, 영업권상각, 투자회사평가차손 등을 반영하여 영업이익과 순이익은 적자를 지속함. 인도·프랑스에서는 지난해부터 이후 매출이 발생하고 있고, 일본 통신사로의 신규 공급도 진행 중이어서 해외매출이 크게 늘어날 전망임.

현금 흐름 〈단위 : 억원〉

항목	2015	2016
영업활동	137	-156
투자활동	-316	31
재무활동	317	266
순현금흐름	138	152
기말현금	245	397

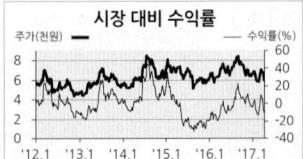
시장 대비 수익률

결산 실적 〈단위 : 억원〉

항목	2011	2012	2013	2014	2015	2016
매출액	1,441	1,339	1,427	1,640	1,806	2,228
영업이익	11	60	57	24	-41	-133
당기순이익	-34	-115	32	-27	-33	-381

분기 실적 〈단위 : 억원〉

항목	2015.3Q	2015.4Q	2016.1Q	2016.2Q	2016.3Q	2016.4Q
매출액	331	657	747	530	425	527
영업이익	-39	51	-28	0	-58	-47
당기순이익	-31	35	-31	28	-83	-295

재무 상태 〈단위 : 억원〉

항목	2011	2012	2013	2014	2015	2016
총자산	2,470	2,136	2,410	2,590	3,555	3,747
유형자산	413	402	424	431	798	615
무형자산	187	147	135	119	150	206
유가증권	92	83	144	164	98	109
총부채	1,036	797	1,026	1,253	2,186	2,236
총차입금	708	460	640	778	1,434	1,412
자본금	105	105	105	105	112	120
총자본	1,434	1,339	1,385	1,337	1,370	1,511
지배주주지분	1,423	1,338	1,367	1,334	1,276	1,140

기업가치 지표

항목	2011	2012	2013	2014	2015	2016
주가(최고/저)(천원)	11.9/4.1	7.2/4.3	7.2/4.4	8.7/5.1	8.1/5.1	8.5/5.8
PER(최고/저)(배)	—/—	—/—	96.5/59.1	—/—	—/—	—/—
PBR(최고/저)(배)	1.5/0.5	1.0/0.6	0.9/0.6	1.2/0.7	1.1/0.7	1.4/1.0
EV/EBITDA(배)	16.7	6.8	10.8	24.2	73.1	—
EPS(원)	-141	-533	74	-148	-266	-1,524
BPS(원)	7,987	7,526	7,684	7,505	7,193	6,010
CFPS(원)	92	-189	309	73	116	-1,150
DPS(원)						
EBITDAPS(원)	290	668	546	350	167	-243

재무 비율 〈단위 : % 〉

연도	영업이익률	순이익률	부채비율	차입금비율	ROA	ROE	유보율	자기자본비율	EBITDA마진율
2016	-6.0	-17.1	148.0	93.5	-10.4	-27.3	979.4	40.3	-2.4
2015	-2.3	-1.8	159.6	104.7	-1.1	-3.9	1,181.0	38.5	1.8
2014	1.5	-1.7	93.8	58.2	-1.1	-2.0	1,224.8	51.6	3.9
2013	4.0	2.3	74.1	46.2	1.4	1.0	1,256.4	57.5	7.1

다우기술 (A023590)
Daou Tech

업   종 : IT 서비스
시   장 : 거래소

업   종 : IT 서비스 　　　　시   장 : 거래소
신용등급 : (Bond) A 　(CP) — 　기업규모 : 시가총액 중형주
홈페이지 : www.daou.co.kr 　연 락 처 : 070)8707-1000
본   사 : 경기도 용인시 수지구 디지털벨리로 81 디지털스퀘어 6층

설 립 일 1986.01.09	총 업 원 수 481명	대 표 이 사 김윤덕	
상 장 일 1997.08.27	감 사 의 견 적정 (한영)	계 열	
결 산 기 12월	보 통 주 4,487만주	종 속 회 사 수	
액 면 가 500원	우 선 주	구 상 호	

주주구성 (지분율,%)		출자관계 (지분율,%)		주요경쟁사 (외형,%)	
다우데이타시스템	37.9	키다리이엔티	100.0	다우기술	100
국민연금공단	7.9	키다리스튜디오	100.0	오상자이엘	5
(외국인)	25.9	다우재팬	100.0	현대정보기술	15

매출구성		비용구성		수출비중	
증권 브로커리지	50.1	매출원가율	58.4	수출	—
SI, 인터넷 서비스	24.1	판관비율	19.7	내수	
선물/옵션	17.0				

회사 개요
동사는 차별화된 기술력과 솔루션으로 국내를 대표하는 IT 서비스 전문기업임. 대형 SI업체와 차별화를 이루기 위해 전문 솔루션분야에 대한 System Integration, Solution integration 사업에 주력하고 있음. '다우데이타', '다우인큐브', '키움증권' 등 24개의 계열회사를 보유하고 있으며, 중점 추진 사업분야는 가상화, SaaS 솔루션(클라우드 컴퓨팅), 스마트프로세스, 전자결제 사업임.

실적 분석
동사의 2016년 연결기준 누적 매출액은 1.15조원으로 전년 동기 대비 11% 증가함. 저수익성 사업 매각과 공공부문의 수익성 저하에 따른 신규수주 감소 영향으로 영업이익은 전년동기대비 소폭(-3%) 감소한 2,534억원을 기록함. 소규모 데이터 센터 자체 구축하여 서버가상화 사업 확대가 진행되고 있는 중으로 클라우드사업, O2O사업, 자체 솔루션 확대로 수익성 개선이 지속될 것으로 전망함.

현금 흐름 〈단위 : 억원〉

항목	2015	2016
영업활동	10,889	2,046
투자활동	-16,257	-19,576
재무활동	5,618	17,210
순현금흐름	202	-301
기말현금	1,862	1,561

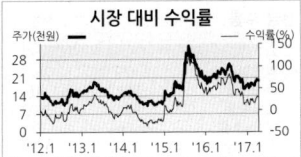

결산 실적 〈단위 : 억원〉

항목	2011	2012	2013	2014	2015	2016
매출액	7,607	7,592	7,522	7,830	10,385	11,534
영업이익	1,736	1,042	812	1,202	2,605	2,534
당기순이익	1,213	970	541	849	2,026	1,920

분기 실적 〈단위 : 억원〉

항목	2015.3Q	2015.4Q	2016.1Q	2016.2Q	2016.3Q	2016.4Q
매출액	2,962	2,645	3,079	2,575	2,582	3,298
영업이익	628	307	773	544	585	632
당기순이익	491	277	566	390	447	518

재무 상태 〈단위 : 억원〉

항목	2011	2012	2013	2014	2015	2016
총자산	42,351	48,485	48,495	53,385	68,347	95,446
유형자산	1,200	1,589	1,988	2,514	2,460	2,275
무형자산	353	363	874	931	985	991
유가증권	18,640	22,858	22,973	23,336	39,420	59,803
총부채	31,572	37,043	36,733	40,884	53,871	79,370
총차입금	7,263	10,282	9,047	9,261	14,443	30,812
자본금	224	224	224	224	224	224
총자본	10,778	11,442	11,761	12,501	14,476	16,076
지배주주지분	6,402	7,049	7,214	7,601	8,507	9,310

기업가치 지표

항목	2011	2012	2013	2014	2015	2016
주가(최고/저)(천원)	11.6/7.0	16.6/9.9	19.6/12.2	16.1/9.9	33.3/12.1	26.6/15.6
PER(최고/저)(배)	9.1/5.5	11.9/7.1	32.0/19.9	16.6/10.2	14.8/5.4	12.4/7.3
PBR(최고/저)(배)	0.9/0.5	1.1/0.7	1.3/0.8	1.0/0.6	1.8/0.6	1.3/0.8
EV/EBITDA(배)						
EPS(원)	1,363	1,464	638	1,000	2,297	2,173
BPS(원)	14,547	15,916	16,284	17,145	19,164	20,954
CFPS(원)	1,784	1,912	1,189	1,707	3,054	2,942
DPS(원)	130	130	130	130	150	250
EBITDAPS(원)	4,291	2,769	2,361	3,387	6,563	6,417

재무 비율 〈단위 : % 〉

연도	영업이익률	순이익률	부채비율	차입금비율	ROA	ROE	유보율	자기자본비율	EBITDA마진율
2016	22.0	16.6	493.7	191.7	2.3	11.0	4,090.7	16.8	25.0
2015	25.1	19.5	372.2	99.8	3.3	14.3	3,732.7	21.2	28.4
2014	15.4	10.9	327.1	74.1	1.7	6.1	3,329.0	23.4	19.4
2013	10.8	7.2	312.3	76.9	1.1	4.0	3,156.7	24.3	14.1

다우데이타 (A032190)
Daou Data

업   종 : 일반 소프트웨어 　　　시   장 : KOSDAQ
신용등급 : (Bond) — 　(CP) — 　기업규모 : 우량
홈페이지 : www.daoudata.co.kr 　연 락 처 : 02)3410-5100
본   사 : 서울시 마포구 독막로 311 재화스퀘어 5층 & 11층

설 립 일 1992.06.10	총 업 원 수 135명	대 표 이 사 김익래,이인복	
상 장 일 1999.12.21	감 사 의 견 적정 (한영)	계 열	
결 산 기 12월	보 통 주 3,830만주	종 속 회 사 수	
액 면 가 500원	우 선 주	구 상 호	

주주구성 (지분율,%)		출자관계 (지분율,%)		주요경쟁사 (외형,%)	
김익래	40.6	다우인큐브	49.3	다우데이타	100
이머니	20.5	다우기술	37.9	더존비즈온	13
(외국인)	6.9	미래테크놀로지	33.9	안랩	10

매출구성		비용구성		수출비중	
금융영업수익	62.5	매출원가율	60.0	수출	—
상품 및 용역매출	31.1	판관비율	20.9	내수	
부가통신매출	3.8				

회사 개요
동사는 프로그램미디어 제조, 컴퓨터 조직 및 프로그램 개발, 컴퓨터 정보처리 관련 교육 및 자문, 전자기기 조립, 판매 및 용역업 등을 영위할 목적으로 1992년 6월 10일에 설립됨. 1999년 12월 21일자로 코스닥 시장에 상장되어 코스닥시장에서 매매가 개시됨. 한편 2013년 11월 30일 VAN 사업자인 스타밴스코리아를 흡수합병하여 VAN 사업을 시작하였음.

실적 분석
동사의 2016년 연간 매출액은 전년대비 7.1% 증가한 13,783.7억원을 기록하였음. 매출액의 증가에도 불구하고 매출원가 상승(전년대비 11.2% 상승) 및 판관비 증가(전년대비 6.9% 증가)로 영업이익은 전년대비 3.7% 감소한 2,641.7억원을 시현함. 당기순이익은 영업이익이 감소하고 비영업손익이 적자로 전환함에 따라 1,740.6억원을 기록하며 전년대비 32.4% 감소함.

현금 흐름 〈단위 : 억원〉

항목	2015	2016
영업활동	10,506	2,377
투자활동	-14,726	-20,143
재무활동	4,306	17,818
순현금흐름	39	72
기말현금	2,140	2,211

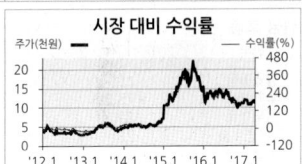

결산 실적 〈단위 : 억원〉

항목	2011	2012	2013	2014	2015	2016
매출액	8,477	9,149	9,742	10,371	12,868	13,784
영업이익	1,768	1,028	966	1,374	2,744	2,642
당기순이익	1,141	693	649	981	2,574	1,741

분기 실적 〈단위 : 억원〉

항목	2015.3Q	2015.4Q	2016.1Q	2016.2Q	2016.3Q	2016.4Q
매출액	3,680	3,222	3,649	3,095	3,182	3,857
영업이익	720	298	803	575	630	634
당기순이익	625	152	581	303	465	392

재무 상태 〈단위 : 억원〉

항목	2011	2012	2013	2014	2015	2016
총자산	43,619	50,509	50,775	55,931	71,334	99,012
유형자산	1,334	1,811	2,342	2,888	2,907	2,702
무형자산	383	749	1,244	1,323	1,260	1,242
유가증권	18,223	22,278	22,196	21,319	37,416	57,328
총부채	33,012	39,037	38,631	42,867	55,922	81,852
총차입금	24,058	28,052	31,859	35,094	48,935	75,056
자본금	179	179	179	179	179	192
총자본	10,607	11,472	12,143	13,065	15,412	17,160
지배주주지분	2,253	2,538	2,703	2,893	3,881	4,340

기업가치 지표

항목	2011	2012	2013	2014	2015	2016
주가(최고/저)(천원)	3.5/2.1	5.4/2.8	6.2/3.0	7.4/4.7	22.2/6.9	15.2/9.9
PER(최고/저)(배)	8.2/5.0	15.7/8.0	12.6/6.2	10.6/6.7	9.3/2.9	25.9/16.9
PBR(최고/저)(배)	0.6/0.4	0.8/0.4	0.8/0.4	0.9/0.6	2.1/0.6	1.4/0.9
EV/EBITDA(배)	3.6	4.5	5.1	4.1	3.4	4.5
EPS(원)	462	365	513	716	2,431	591
BPS(원)	6,413	7,208	7,670	8,202	10,871	11,332
CFPS(원)	1,018	1,045	1,490	1,994	3,745	1,948
DPS(원)	60	50	70	110	100	100
EBITDAPS(원)	5,508	3,560	3,684	5,127	9,000	8,711

재무 비율 〈단위 : % 〉

연도	영업이익률	순이익률	부채비율	차입금비율	ROA	ROE	유보율	자기자본비율	EBITDA마진율
2016	19.2	12.6	477.0	437.4	2.0	5.2	2,166.5	17.3	22.7
2015	21.3	20.0	362.9	317.5	4.1	25.6	2,074.1	21.6	25.0
2014	13.3	9.5	328.1	268.6	1.8	9.1	1,540.5	23.4	17.7
2013	9.9	6.7	318.1	262.4	1.3	7.0	1,433.9	23.9	13.5

다우인큐브 (A020120)
Daouincube

업 종 : 반도체 및 관련장비
신용등급 : (Bond) — (CP) —
홈 페 이 지 : www.daouincube.com
본 사 : 서울시 마포구 독막로 311(염리동, 재화스퀘어)

시 장 : 거래소
기업규모 : 시가총액 소형주
연 락 처 : 02)6320-8510

설 립 일	1987.07.29	종 업 원 수	39명	대 표 이 사	서근옥
상 장 일	1996.07.03	감 사 의 견	적정 (이현)	계	열
결 산 기	12월	보 통 주	1,583만주	종속회사수	
액 면 가	500원	우 선 주		구 상 호	인큐브테크

주주구성 (지분율,%)		출자관계 (지분율,%)		주요경쟁사 (외형,%)	
다우데이타시스템	49.3	이매진스	41.7	다우인큐브	100
이머니	9.2			GST	360
(외국인)	0.3			한양디지텍	349

매출구성		비용구성		수출비중	
반도체	54.6	매출원가율	86.9	수출	—
미디어콘텐츠	20.3	판관비율	12.1	내수	—
전자책서비스(바로북)	17.7				

회사 개요

동사는 1987년 설립된 IT 업체로서, 반도체, 디스플레이 및 미디어콘텐츠 사업을 영위함. 인쇄편집 디자인 전문소프트웨어인 QuarkXPress 국내 최초로 독점 공급함. 출판 및 디자인 업계와의 인연을 바탕으로 현재는 고품질의 디지털 출판시장 확대와 멀티미디어 기능이 가미된 디지털 콘텐츠 활성화를 위한 전자책 비즈니스에 주력하고 있음. QuarkXPress파일을 국제 전자책 표준 포맷으로 자동 변환시켜 주는 기술을 주요 기술로 보유 중임.

실적 분석

동사의 2016년 연결 기준 매출과 영업이익은 253억원, 2억원으로 전년 대비 각각 10.8%, 51% 감소함. 미디어콘텐츠 사업부문은 원천 기술력의 증대와 기술력에 대한 시장 수요 증가로 사업신장과 수익 개선이 기대됨. 동사는 자회사인 ㈜바로북과의 합병 및 교원연수서비스를 통해 콘텐츠 사업자로의 전환을 계획하고 있음. 반도체 사업부문은 고객 및 파트너사와 공동개발을 통해 수율관리(향상)솔루션과 제품수명주기관리 솔루션 사업을 추진할 계획임.

현금 흐름　〈단위 : 억원〉

항목	2015	2016
영업활동	-15	-28
투자활동	75	19
재무활동	-89	0
순현금흐름	-28	-9
기말현금	28	19

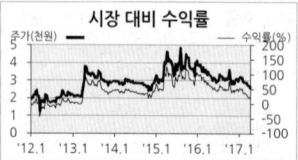

시장 대비 수익률

결산 실적　〈단위 : 억원〉

항목	2011	2012	2013	2014	2015	2016
매출액	42	92	222	224	283	253
영업이익	-31	-34	10	20	5	2
당기순이익	-17	-31	7	39	86	-62

분기 실적　〈단위 : 억원〉

항목	2015.3Q	2015.4Q	2016.1Q	2016.2Q	2016.3Q	2016.4Q
매출액	70	78	75			
영업이익	2	-4	-2			
당기순이익	3	11	-2			

재무 상태　〈단위 : 억원〉

항목	2011	2012	2013	2014	2015	2016
총자산	101	276	280	379	423	214
유형자산	8	9	6	4	5	2
무형자산	4	12	11	51	46	24
유가증권	8	111	111	119	105	—
총부채	47	127	129	151	120	46
총차입금	30	65	68	70	18	18
자본금	43	79	79	79	79	79
총자본	53	148	151	228	303	168
지배주주지분	53	148	151	205	303	168

기업가치 지표

항목	2011	2012	2013	2014	2015	2016
주가(최고/저)(천원)	2.3/1.1	2.7/1.3	3.8/2.0	3.1/2.4	5.2/2.8	4.0/2.8
PER(최고/저)(배)	—/—	—/—	90.1/46.3	14.5/11.3	9.4/5.1	—/—
PBR(최고/저)(배)	3.8/1.8	2.5/1.2	3.5/1.8	2.2/1.8	2.6/1.4	3.4/2.4
EV/EBITDA(배)			32.8	18.7	46.9	52.7
EPS(원)	-224	-274	43	219	559	-393
BPS(원)	622	1,105	1,106	1,413	2,033	1,181
CFPS(원)	-174	-239	76	270	616	-359
DPS(원)				30	20	—
EBITDAPS(원)	-349	-272	98	176	87	49

재무 비율　〈단위 : % 〉

연도	영업이익률	순이익률	부채비율	차입금비율	ROA	ROE	유보율	자기자본비율	EBITDA마진율
2016	0.9	-24.7	27.6	10.8	-19.5	-26.5	136.2	78.3	3.1
2015	1.7	30.5	39.4	5.8	21.5	34.9	306.6	71.7	4.9
2014	8.8	17.3	66.0	30.6	11.7	19.5	182.7	60.2	12.4
2013	4.6	3.1	85.8	45.0	2.5	4.6	121.1	53.8	7.0

다원시스 (A068240)
DAWONSYS

업 종 : 전기장비
신용등급 : (Bond) — (CP) —
홈 페 이 지 : www.dawonsys.com
본 사 : 경기도 안산시 단원구 시화호수로 485 (성곡동)

시 장 : KOSDAQ
기업규모 : 우량
연 락 처 : 031)8085-3012

설 립 일	1996.01.15	종 업 원 수	272명	대 표 이 사	박선순
상 장 일	2010.09.14	감 사 의 견	적정 (우리)	계	열
결 산 기	12월	보 통 주	2,430만주	종속회사수	
액 면 가	500원	우 선 주		구 상 호	

주주구성 (지분율,%)		출자관계 (지분율,%)		주요경쟁사 (외형,%)	
박선순	20.3	마루투자자문	10.0	다원시스	100
미래에셋자산운용투자자문	10.7	로원	3.6	대한전선	1,852
(외국인)	3.4			LS	12,968

매출구성		비용구성		수출비중	
전동차(제품)	29.1	매출원가율	69.0	수출	6.4
정류기외 기타(제품)	24.5	판관비율	18.5	내수	93.6
핵심합(제품)	20.6				

회사 개요

동사는 특수전원장치사업과 전자유도가열사업 그리고 철도사업을 주요 사업으로 영위중임. 특수전원장치사업부문의 주요제품은 핵융합전원장치, 플라즈마전원장치, 태양광 CVD전원장치, 철도전원장치 등으로 구분될 수 있으며, 전자유도가열사업부문은 유도가열장치와 유도용해장치로 구분됨. 국내 핵융합발전소인 KStar 1호기에 동사의 전원공급장치가 적용되는 등 기술력을 인정받은 바 동사가 추진 중인 신규사업 시장 안착 가능성은 높을 것으로 판단됨.

실적 분석

동사의 연결기준 2016년 매출액은 741.9억원으로 전년 대비 10.7% 증가함. 매출액 증가는 노후화된 전동차의 전장품 교체 수요 증대가 유효했으며 수출보다는 내수에 의한 매출이 증가하였음. 매출원가가 상승하였음에도 판관비 절감 노력을 통해 영업이익은 16.4% 증가, 92.4억원을 시현하였음. 다만 비영업 부문에서 손실이 발생하였으며 이에 따라 당기순이익은 18% 감소한 67.6억원을 기록함.

현금 흐름　〈단위 : 억원〉

항목	2015	2016
영업활동	-79	-252
투자활동	-561	16
재무활동	676	269
순현금흐름	66	30
기말현금	154	185

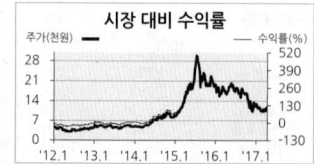

시장 대비 수익률

결산 실적　〈단위 : 억원〉

항목	2011	2012	2013	2014	2015	2016
매출액	396	476	514	530	670	742
영업이익	49	71	72	70	79	92
당기순이익	37	53	56	60	82	68

분기 실적　〈단위 : 억원〉

항목	2015.3Q	2015.4Q	2016.1Q	2016.2Q	2016.3Q	2016.4Q
매출액	245	192	126	136	236	243
영업이익	36	19	14	15	30	34
당기순이익	38	11	11	14	18	26

재무 상태　〈단위 : 억원〉

항목	2011	2012	2013	2014	2015	2016
총자산	828	838	880	1,230	1,990	2,380
유형자산	159	224	283	431	542	578
무형자산	90	83	92	99	139	285
유가증권	4	3		3	75	94
총부채	441	405	354	593	668	989
총차입금	235	316	272	451	540	778
자본금	50	50	54	60	79	120
총자본	387	433	525	637	1,322	1,391
지배주주지분	387	433	525	632	1,291	1,364

기업가치 지표

항목	2011	2012	2013	2014	2015	2016
주가(최고/저)(천원)	6.3/2.8	5.0/2.9	5.4/4.0	9.9/4.6	32.0/8.8	20.4/10.4
PER(최고/저)(배)	27.6/12.4	14.9/8.7	16.0/12.0	30.0/13.7	76.2/21.0	69.7/35.5
PBR(최고/저)(배)	2.6/1.2	1.8/1.1	1.7/1.3	2.9/1.3	5.9/1.6	3.6/1.8
EV/EBITDA(배)	9.2	8.9	10.4	19.1	44.2	27.7
EPS(원)	237	345	344	335	422	294
BPS(원)	3,870	4,357	4,881	5,318	8,185	5,705
CFPS(원)	518	703	696	683	797	418
DPS(원)	60	60	60	60	50	50
EBITDAPS(원)	644	884	844	756	756	509

재무 비율　〈단위 : % 〉

연도	영업이익률	순이익률	부채비율	차입금비율	ROA	ROE	유보율	자기자본비율	EBITDA마진율
2016	12.5	9.1	71.1	55.9	3.1	5.3	1,041.0	58.4	16.4
2015	11.9	12.3	50.6	40.9	5.1	8.8	1,537.0	66.4	15.2
2014	13.2	11.3	93.1	70.9	5.7	10.2	963.6	51.8	16.8
2013	14.0	11.0	67.5	51.8	6.6	11.8	876.3	59.7	17.5

대경기계기술 (A015590)
Daekyung Machinery & Engineering

업   종 : 기계
신용등급 : (Bond) —   (CP) —
홈페이지 : www.dkme.com
본   사 : 울산시 남구 처용로 260-37 (부곡동 125-2)

시   장 : 거래소
기업규모 : 시가총액 소형주
연 락 처 : 052)278-9000

설립일	1981.09.30	종업원수	474명	대표이사	박규홍
상장일	1989.05.27	감사의견	적정 (대성)	계	열
결산기	12월	보통주	9,074만주	종속회사수	
액면가	500원	우선주		구상호	

주주구성 (지분율,%)
국민연금(07-17)(금융조세조정통합CP(2호)	40.8
김석기	1.4
(외국인)	3.2

출자관계 (지분율,%)
국일인트토트	4.3

주요경쟁사 (외형,%)
대경기계	100
비에이치아이	164
TPC	48

매출구성
열교환기 압력용기 TOWER 등	64.0
HRSG,BOILER 등	29.0
대경인다중공업	7.7

비용구성
매출원가율	97.3
판관비율	8.8

수출비중
수출	80.9
내수	19.1

회사 개요
석유화학산업에 필요한 열교환기, 압력용기, 저장탱크 등과 발전산업에 필요한 HRSG, 보일러 등을 생산하는 업체임. 에너지 산업 부문 매출 비율은 36.47%, 화공기기 매출 비율은 63.53%임. 석유화학 플랜트(화공기기 부문) 부문의 경우 해외 시장에 주력하며 상위권 점유율을 유지하고 있음. HRSG와 보일러 부문 (에너지사업 부문)은 해외와 국내 시장 모두 진출해있음.

실적 분석
동사의 2016년 연결기준 매출액은 1,913.6 억원으로 전년도 대비 14.5% 감소함. 영업 이익은 115.1억원의 손실을 기록했으나 전년 도 대비 적자폭이 줄어듦. 판매비와 관리비가 24.2% 감소한 데 기인함. 당기순손실은 193.1억원으로 전년도에 이어 적자를 기록 함. 화공기기 부문은 석유화학업계 경기에 영향을 많이 받는 업종임. 2015년부터 지속된 유가하락으로 신규투자가 급감했으며 저가수 주경쟁에 시장 환경이 좋지 않았음.

현금 흐름
*IFRS 별도 기준 〈단위 : 억원〉
항목	2015	2016
영업활동	-185	287
투자활동	81	-22
재무활동	125	-283
순현금흐름	0	-15
기말현금	30	15

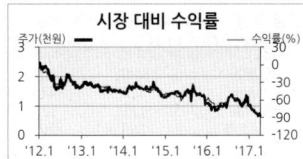
시장 대비 수익률

결산 실적
〈단위 : 억원〉
항목	2011	2012	2013	2014	2015	2016
매출액	2,528	2,829	2,400	2,973	2,237	1,914
영업이익	-270	201	165	50	-123	-115
당기순이익	-208	68	95	3	-151	-193

분기 실적
*IFRS 별도 기준 〈단위 : 억원〉
항목	2015.3Q	2015.4Q	2016.1Q	2016.2Q	2016.3Q	2016.4Q
매출액	555	644	463	488	480	482
영업이익	30	-65	26	4	-42	-102
당기순이익	32	-85	18	6	-89	-128

재무 상태
*IFRS 별도 기준 〈단위 : 억원〉
항목	2011	2012	2013	2014	2015	2016
총자산	2,712	2,509	2,549	2,957	2,764	2,359
유형자산	951	938	911	983	886	811
무형자산	5	4	4	4	3	3
유가증권	6	16	16	16	17	17
총부채	2,119	1,828	1,774	2,177	2,122	1,793
총차입금	1,136	1,063	893	1,118	1,132	729
자본금	274	274	274	274	274	354
총자본	593	681	774	780	643	567
지배주주지분	593	681	774	780	643	567

기업가치 지표
*IFRS 별도 기준
항목	2011	2012	2013	2014	2015	2016
주가(최고/저)(천원)	3.8/1.9	2.5/1.5	1.9/1.4	1.8/1.3	1.7/1.0	1.5/0.8
PER(최고/저)(배)	—/—	23.9/14.6	14.2/10.9	383.2/270.1	—/—	—/—
PBR(최고/저)(배)	3.9/2.0	2.2/1.4	1.5/1.1	1.4/1.0	1.6/1.0	1.9/1.1
EV/EBITDA(배)		8.7	9.4	18.9		
EPS(원)	-335	103	132	5	-247	-269
BPS(원)	1,083	1,244	1,415	1,425	1,174	801
CFPS(원)	-300	192	225	96	-190	-222
DPS(원)						
EBITDAPS(원)	-410	424	336	182	-140	-108

재무 비율
〈단위 : %〉
연도	영업이익률	순이익률	부채비율	차입금비율	ROA	ROE	유보율	자기자본비율	EBITDA마진율
2016	-6.0	-10.1	316.5	128.6	-7.5	-31.9	60.2	24.0	-3.9
2015	-5.5	-6.7	330.1	176.1	-5.3	-21.2	134.8	23.3	-3.4
2014	1.7	0.1	279.1	143.3	0.1	0.4	184.6	26.4	3.4
2013	6.9	4.0	228.7	117.5	3.6	12.7	191.8	30.4	9.0

대교 (A019680)
Daekyo

업   종 : 교육
신용등급 : (Bond) —   (CP) —
홈페이지 : www.daekyo.com
본   사 : 서울시 관악구 보라매로 3길 23(보라매동 729-21) 대교타워

시   장 : 거래소
기업규모 : 시가총액 중형주
연 락 처 : 02)829-1114

설립일	1986.12.20	종업원수	2,509명	대표이사	조영완
상장일	2004.02.03	감사의견	적정 (삼일)	계	열
결산기	12월	보통주	8,470만주	종속회사수	
액면가	500원	우선주	1,943만주	구상호	

주주구성 (지분율,%)
대교홀딩스	54.5
강영중	5.5
(외국인)	9.7

출자관계 (지분율,%)
현대어드밴티지사모주식회사제5호	100.0
트러스톤사모쿰퍼자산탁제4호	100.0
대교문고	100.0

주요경쟁사 (외형,%)
대교	100
웅진씽크빅	76
멀티캠퍼스	23

매출구성
국내교육서비스 및 출판사업	93.9
교육기관사업	3.7
해외교육사업	2.4

비용구성
매출원가율	79.8
판관비율	15.0

수출비중
수출	2.5
내수	97.5

회사 개요
동사는 1976년 한국공문수학연구회로 설립 되어, 1991년 1월 대교로 상호변경함. 주간 학습지 시장의 대표 브랜드인 '눈높이'를 주 력으로 하는 교육문화기업으로 눈높이 학습 지 사업을 비롯한 유아교육사업, 교육출판사 업, 학원사업, 홈스쿨사업, 온라인교육, 방과 후교실사업 등 다양한 제품과 교육서비스사 업을 영위하고 있음. 동사의 매출은 국내 교 육서비스 및 출판사업이 90% 이상을 차지하 고 있음.

실적 분석
동사의 2016년 연결기준 매출액은 8207.2 억원으로 전년 대비 0.9% 늘었음. 매출총이 익이 1% 늘어났으며 판매비와 관리비는 1.5% 늘었음. 무형자산상각비는 소폭 줄었으나 광 고선전비가 22.7% 늘었음. 그 결과 영업이 익은 428.5억원으로 전년 대비 0.5% 소폭 감소했음. 비영업손익이 107.6억원으로 전 년대비 36.8% 줄었으며 그 결과 당기순이익 은 전년 대비 9.3% 줄어든 417.9억원을 기 록함.

현금 흐름
〈단위 : 억원〉
항목	2015	2016
영업활동	722	717
투자활동	-368	-504
재무활동	-419	-255
순현금흐름	-62	-44
기말현금	1,012	968

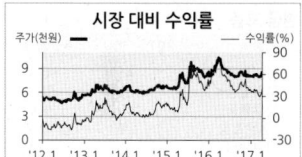
시장 대비 수익률

결산 실적
〈단위 : 억원〉
항목	2011	2012	2013	2014	2015	2016
매출액	9,080	8,695	8,396	8,106	8,132	8,207
영업이익	612	317	317	307	430	428
당기순이익	504	208	322	382	461	418

분기 실적
*IFRS 별도 기준 〈단위 : 억원〉
항목	2015.3Q	2015.4Q	2016.1Q	2016.2Q	2016.3Q	2016.4Q
매출액	2,030	2,009	2,091	2,043	2,037	2,036
영업이익	112	108	97	108	114	110
당기순이익	50	115	123	58	83	154

재무 상태
*IFRS 별도 기준 〈단위 : 억원〉
항목	2011	2012	2013	2014	2015	2016
총자산	8,585	8,141	8,423	8,422	8,206	8,481
유형자산	1,499	1,478	1,415	1,532	1,606	1,909
무형자산	982	836	755	607	505	402
유가증권	3,237	3,047	2,561	2,804	2,839	2,966
총부채	2,147	1,922	1,957	2,013	1,767	1,853
총차입금	215	242	286	357	286	293
자본금	521	521	521	521	521	521
총자본	6,438	6,219	6,465	6,408	6,440	6,628
지배주주지분	6,377	6,156	6,385	6,289	6,353	6,548

기업가치 지표
항목	2011	2012	2013	2014	2015	2016
주가(최고/저)(천원)	5.9/4.2	6.3/4.7	6.9/5.6	7.2/5.8	10.1/6.4	10.7/7.9
PER(최고/저)(배)	13.8/10.1	33.0/25.0	23.1/18.5	19.9/16.5	24.5/15.8	26.9/19.7
PBR(최고/저)(배)	1.1/0.8	1.1/0.9	1.2/0.9	1.2/1.0	1.6/1.0	1.6/1.2
EV/EBITDA(배)	3.9	5.5	6.8	6.7	7.9	7.3
EPS(원)	506	220	339	388	430	409
BPS(원)	6,586	6,443	6,717	6,683	6,813	7,017
CFPS(원)	969	712	807	812	814	746
DPS(원)	260	210	210	230	240	240
EBITDAPS(원)	1,050	796	773	718	797	748

재무 비율
〈단위 : %〉
연도	영업이익률	순이익률	부채비율	차입금비율	ROA	ROE	유보율	자기자본비율	EBITDA마진율
2016	5.2	5.1	28.0	4.4	5.0	6.6	1,303.4	78.2	9.5
2015	5.3	5.7	27.4	4.4	5.5	7.1	1,262.7	78.5	10.2
2014	3.8	4.7	31.4	5.6	4.5	6.4	1,236.6	76.1	9.2
2013	3.8	3.8	30.3	4.4	3.9	5.6	1,243.5	76.8	9.6

대구백화점 (A006370)
DAEGU DEPARTMENT STORE

업 종 : 백화점		시 장 : 거래소	
신용등급 : (Bond) — (CP) —		기업규모 : 시가총액 소형주	
홈페이지 : www.debec.co.kr		연락처 : 053)423-1234	
본 사 : 대구시 중구 동성로 30			

설 립 일	1969.12.26	종업원수	407명	대표이사	구정모
상 장 일	1988.10.10	감사의견	적정 (세일)	계 열	
결 산 기	03월	보 통 주	1,082만주	종속회사수	2개사
액 면 가	5,000원	우 선 주	만주	구 상 호	

주주구성 (지분율,%)		출자관계 (지분율,%)		주요경쟁사 (외형,%)	
구정모	12.9	이니컴	16.6	대구백화점	100
씨앤에이치캐피탈	9.3	그린바이오텍	10.3	신세계	1,862
(외국인)	6.6	티비씨	6.3	광주신세계	133

매출구성		비용구성		수출비중	
의류잡화등의도소매외(상품)	85.2	매출원가율	36.0	수출	0.0
임대사업외(기타)	14.9	판관비율	63.6	내수	100.0

회사 개요
동사는 지역 유통 전문기업으로 백화점 사업을 주력으로 하고 있으며, 인터넷 쇼핑몰 및 체인 마트 사업도 함께 영위함. 지배회사인 동사는 대구지역에 유통부문 사업을 영위하고 있으며, 연결종속회사인 대백저축은행은 저축은행업을 통한 금융부문의 사업을 영위하고 있음. 2015년 7월 30일 주요종속회사로 편입된 인성씨앤에스는 부동산업 및 건물시설관리 등을 주력 사업으로 영위해왔으나 사업전환을 통해 도심형 아울렛사업을 주력사업으로 현재 준비 중임.

실적 분석
동사의 2016년 3분기 누적 연결기준 매출액은 1075.3억원으로 전년 대비 8.1% 줄었음. 매출원가는 9.8%, 매출총이익은 7.2% 줄어들어 각각 380.9억원, 694.4억원을 기록함. 판관비가 총 1.7% 줄었으나 전체적인 비용구조가 악화되면서 영업이익은 -33.6억원을 기록하며 적자로 전환하는 모습. 영업이익 적자에 비영업 부문 손실 1.6억원이 더해지면서 당기순이익도 31.2억원 적자를 기록함.

현금 흐름 〈단위 : 억원〉

항목	2015	2016.3Q
영업활동	45	-113
투자활동	83	-363
재무활동	-119	463
순현금흐름	9	-13
기말현금	35	22

시장 대비 수익률
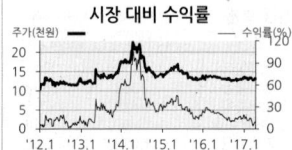

결산 실적 〈단위 : 억원〉

항목	2011	2012	2013	2014	2015	2016
매출액	1,739	1,730	1,711	1,582	1,583	
영업이익	192	45	44	13	7	
당기순이익	176	63	57	34	64	

분기 실적 〈단위 : 억원〉

항목	2015.2Q	2015.3Q	2015.4Q	2016.1Q	2016.2Q	2016.3Q
매출액	388	417	413	362	355	358
영업이익	-10	22	-1	-6	-25	-2
당기순이익	-2	70	-10	-3	-23	-5

재무 상태 〈단위 : 억원〉

항목	2011	2012	2013	2014	2015	2016.3Q
총자산	4,976	6,687	6,401	6,231	6,260	6,724
유형자산	3,019	3,016	3,003	3,001	3,802	4,371
무형자산	11	15	9	8	14	13
유가증권	1,309	1,180	1,166	1,194	926	865
총부채	1,022	2,626	2,268	2,502	2,494	3,063
총차입금	—	—	1,344	1,531	1,531	2,046
자본금	541	541	541	541	541	541
총자본	3,954	4,061	4,133	3,728	3,766	3,661
지배주주지분	3,954	3,988	4,061	3,650	3,677	3,565

기업가치 지표

항목	2011	2012	2013	2014	2015	2016.3Q
주가(최고/저)(천원)	14.3/8.8	13.2/11.2	18.4/11.6	22.8/13.1	17.2/12.6	13.8/12.5
PER(최고/저)(배)	10.5/6.5	21.2/18.0	38.5/24.2	97.5/56.2	36.0/26.5	—/—
PBR(최고/저)(배)	0.4/0.3	0.4/0.3	0.5/0.3	0.7/0.4	0.5/0.4	0.4/0.4
EV/EBITDA(배)	2.3	4.2	13.0	16.7	19.3	
EPS(원)	1,627	721	539	256	505	-362
BPS(원)	37,854	38,218	38,844	37,810	38,072	37,034
CFPS(원)	2,591	1,802	1,602	1,141	1,380	194
DPS(원)	400	400	600	600	400	
EBITDAPS(원)	2,736	1,499	1,465	1,004	936	245

재무 비율 〈단위 : % 〉

연도	영업이익률	순이익률	부채비율	차입금비율	ROA	ROE	유보율	자기자본비율	EBITDA마진율
2015	0.4	4.0	66.2	40.7	1.0	1.5	661.5	60.2	6.4
2014	0.8	2.2	67.1	41.1	0.5	0.7	656.2	59.8	6.9
2013	2.5	3.4	54.9	32.5	0.9	1.5	676.9	64.6	9.3
2012	2.6	3.7	64.7	0.0	1.1	2.0	664.4	60.7	9.4

대덕전자 (A008060)
Daeduck Electronics

업 종 : 전자 장비 및 기기		시 장 : 거래소	
신용등급 : (Bond) — (CP) —		기업규모 : 시가총액 중형주	
홈페이지 : www.daeduck.com		연락처 : 031)599-8829	
본 사 : 경기도 시흥시 소망공원로 335			

설 립 일	1972.08.11	종업원수	1,103명	대표이사	김영재
상 장 일	1989.01.26	감사의견	적정 (한영)	계 열	
결 산 기	12월	보 통 주	4,880만주	종속회사수	
액 면 가	500원	우 선 주		구 상 호	

주주구성 (지분율,%)		출자관계 (지분율,%)		주요경쟁사 (외형,%)	
김영재	9.7	대덕GDS	9.0	대덕전자	100
국민연금공단	9.7	삼성벤처투자(SVIC30호)	2.1		
(외국인)	24.1	삼성벤처투자(SVIC18호)	2.0		

매출구성		비용구성		수출비중	
휴대폰, 반도체용 PCB(제품)	99.8	매출원가율	89.9	수출	35.9
휴대폰, 반도체용 PCB(상품)	0.2	판관비율	4.2	내수	64.1

회사 개요
동사는 1972년에 설립, 인쇄회로기판(PCB)을 주요 생산 및 판매하는 전자부품 전문회사임. 통신사업부와 반도체 사업부로 구분되어 있으며 통신은 핸드폰용 기판과 통신장비용 기판을 주로 생산하고 있으며, 반도체 사업부는 Substrate Package와 메모리 모듈로 구성되어 있음. Package 매출은 CSP가 성장을 주도 하고 있음. 향후 성장동력으로 예상되는 사물인터넷 및 웨어러블 관련 제품 개발을 진행 중.

실적 분석
2016년 동사의 매출은 내수 8%, Local 수출 56%, 직접수출 36%로 구성, 연간 매출액은 4,909억원으로 전년 대비 4.2% 감소하였고 영업이익은 287.6억원으로 전년 대비 7.3% 증가하였음. 매출 원가율이 개선되었고 판매비와 관리비를 절감하였으나, 외환이익이 대폭 감소하였고 법인세비용이 크게 증가하여 당기순이익은 233.7억원으로 전년 대비 23.6% 감소하였음.

현금 흐름 *IFRS 별도 기준 〈단위 : 억원〉

항목	2015	2016
영업활동	989	447
투자활동	-726	-479
재무활동	-125	-125
순현금흐름	149	-150
기말현금	397	246

시장 대비 수익률
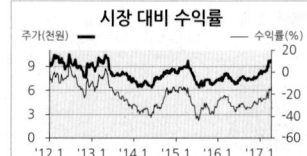

결산 실적 〈단위 : 억원〉

항목	2011	2012	2013	2014	2015	2016
매출액	6,565	7,511	7,372	6,909	5,126	4,909
영업이익	526	564	10	242	268	288
당기순이익	463	486	84	302	306	234

분기 실적 *IFRS 별도 기준 〈단위 : 억원〉

항목	2015.3Q	2015.4Q	2016.1Q	2016.2Q	2016.3Q	2016.4Q
매출액	1,374	1,177	1,037	1,168	1,286	1,418
영업이익	125	76	23	44	112	109
당기순이익	139	85	34	49	92	58

재무 상태 *IFRS 별도 기준 〈단위 : 억원〉

항목	2011	2012	2013	2014	2015	2016
총자산	5,125	5,427	5,306	5,473	5,254	5,577
유형자산	2,238	2,025	2,174	1,961	1,913	1,718
무형자산	47	90	79	63	40	39
유가증권	587	677	214	313	538	391
총부채	1,271	1,166	1,018	1,093	692	909
총차입금	—	—	2	-0	-0	-0
자본금	244	244	244	244	244	244
총자본	3,853	4,261	4,288	4,380	4,562	4,669
지배주주지분	3,853	4,261	4,288	4,380	4,562	4,669

기업가치 지표 *IFRS 별도 기준

항목	2011	2012	2013	2014	2015	2016
주가(최고/저)(천원)	10.0/5.0	10.6/7.5	10.5/7.0	8.8/6.3	9.6/6.3	8.2/6.8
PER(최고/저)(배)	14.1/7.1	12.8/9.1	70.6/46.8	15.8/11.4	16.6/10.9	17.8/14.7
PBR(최고/저)(배)	1.4/0.7	1.3/0.9	1.3/0.8	1.0/0.7	1.0/0.7	0.8/0.7
EV/EBITDA(배)	5.9	3.9	4.3	4.2	2.2	3.6
EPS(원)	865	981	172	619	627	479
BPS(원)	8,802	9,638	9,692	9,881	10,254	10,472
CFPS(원)	1,684	2,115	1,520	1,887	1,724	1,385
DPS(원)	300	300	300	300	300	300
EBITDAPS(원)	1,843	2,335	1,369	1,764	1,646	1,495

재무 비율 〈단위 : % 〉

연도	영업이익률	순이익률	부채비율	차입금비율	ROA	ROE	유보율	자기자본비율	EBITDA마진율
2016	5.9	4.8	19.5		4.3	5.1	1,994.5	83.7	14.9
2015	5.2	6.0	15.2		5.7	6.8	1,950.8	86.8	15.7
2014	3.5	4.4	25.0		5.6	7.0	1,876.1	80.0	12.5
2013	0.1	1.1	23.7		1.6	2.0	1,838.5	80.8	9.1

대덕지디에스 (A004130)
DAEDUCK GDS

업 종 : 전자 장비 및 기기		시 장 : 거래소	
신용등급 : (Bond) — (CP) —		기업규모 : 시가총액 소형주	
홈페이지 : www.daeduckgds.com		연 락 처 : 031)8040-8072	
본 사 : 경기도 안산시 단원구 산단로 63			

설 립 일 1965.01.13	총 업 원 수 675명	대 표 이 사 이희준	
상 장 일 1987.08.10	감사의견 적정(한영)	계 열	
결 산 기 12월	보 통 주 2,058만주	종속회사수	
액 면 가 500원	우 선 주 216만주	구 상 호	

주주구성 (지분율,%)		출자관계 (지분율,%)		주요경쟁사 (외형,%)	
신영자산운용	11.6	대덕전자	4.6	대덕GDS	100
김정식	9.2	TNP벤처투자조합	2.1	아트라스BX	120
(외국인)	29.5	대덕필리핀	100.0	녹십자셀	6

매출구성		비용구성		수출비중	
인쇄회로기판	98.2	매출원가율	94.1	수출	57.5
기타	3.1	판관비율	4.9	내수	42.5
내부거래등	-1.3				

회사 개요
동사는 PCB를 지속적으로 생산하고 있는 기술 경쟁력을 보유한 업체임. 주력제품인 PCB는 RF(Rigid-Flexible)기판이 성장의 핵심을 이루고 있으며, 이외에도 STH, Build-Up, MLB 등의 제품도 생산하고 있음. 2015년에 자동차용(전장용) PCB 사업을 확대하고 있고, LG전자가 전장사업을 확대하면서 카인포테인먼트향 PCB 매출이 향후 증가할 것으로 예상됨. Build Up과 High End 시장 진입 모색 중임.

실적 분석
스마트폰의 시장수요 감소와 엔저에 따른 일본업체들의 가격 경쟁력 회복으로 2016년 연결기준 누적매출액은 전년동기 대비 11.5% 감소한 4,632억원을 기록함. 원가 및 판관비의 감소에도 외형축소의 영향으로 영업이익은 48.6억원에 그침. 당기순이익도 전년동기 대비 54.2% 감소한 모습. 주요 고객사의 신규 모델 출시와 주력모델 및 중저가모델의 제품믹스 효과 등으로 실적 개선이 기대됨.

현금 흐름 〈단위 : 억원〉

항목	2015	2016
영업활동	565	312
투자활동	51	-684
재무활동	-115	-158
순현금흐름	512	-527
기말현금	689	163

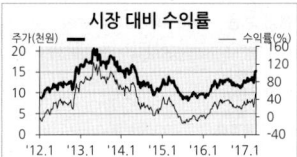
시장 대비 수익률

결산 실적 〈단위 : 억원〉

항목	2011	2012	2013	2014	2015	2016
매출액	5,027	5,427	6,164	5,898	5,231	4,632
영업이익	131	425	623	179	76	49
당기순이익	156	359	518	213	210	96

분기 실적 〈단위 : 억원〉

항목	2015.3Q	2015.4Q	2016.1Q	2016.2Q	2016.3Q	2016.4Q
매출액	1,461	1,233	1,264	1,114	1,077	1,176
영업이익	62	73	142	93	71	-257
당기순이익	88	53	118	88	32	-142

재무 상태 〈단위 : 억원〉

항목	2011	2012	2013	2014	2015	2016
총자산	4,748	4,778	5,382	5,366	5,263	5,131
유형자산	1,247	1,161	1,980	2,355	1,911	1,620
무형자산	19	24	27	40	26	31
유가증권	126	173	318	265	313	246
총부채	1,316	1,092	1,255	989	721	571
총차입금	275	181	130	149	105	66
자본금	114	114	114	114	114	114
총자본	3,433	3,686	4,127	4,377	4,543	4,560
지배주주지분	3,422	3,686	4,127	4,377	4,543	4,560

기업가치 지표

항목	2011	2012	2013	2014	2015	2016
주가(최고/저)(천원)	8.8/8.4	16.3/14.5	20.8/9.4	17.2/7.8	13.8/8.6	—/—
PER(최고/저)(배)	13.0/8.7	10.1/5.3	9.1/6.3	18.0/9.8	14.2/8.1	30.0/18.9
PBR(최고/저)(배)	0.7/0.4	1.1/0.6	1.2/0.9	1.0/0.5	0.7/0.4	0.7/0.4
EV/EBITDA(배)	4.5	3.5	2.9	4.2	1.8	4.8
EPS(원)	782	1,779	2,518	1,035	1,019	467
BPS(원)	15,461	16,644	18,583	19,345	20,074	20,373
CFPS(원)	1,706	2,950	3,879	2,909	2,963	2,089
DPS(원)	300	300	300	300	300	300
EBITDAPS(원)	1,561	3,235	4,388	2,744	2,313	1,858

재무 비율 〈단위 : % 〉

연도	영업이익률	순이익률	부채비율	차입금비율	ROA	ROE	유보율	자기자본비율	EBITDA마진율
2016	1.1	2.1	12.5	1.4	1.9	2.1	3,974.6	88.9	8.3
2015	1.5	4.0	15.9	2.3	3.9	4.7	3,914.7	86.3	9.1
2014	3.0	3.6	22.6	3.4	4.0	5.0	3,769.1	81.6	9.6
2013	10.1	8.4	30.4	3.2	10.2	13.3	3,616.6	76.7	14.7

대동고려삼 (A178600)
DAEDONG KOREA GINSENG COLTD

업 종 : 음료		시 장 : KONEX	
신용등급 : (Bond) — (CP) —		기업규모 : —	
홈페이지 : www.ddkorea.co.kr		연 락 처 : 041)753-8803	
본 사 : 충남 금산군 군북면 군북로 586			

설 립 일 2002.03.26	총 업 원 수 126명	대 표 이 사 최성근	
상 장 일 2013.12.20	감사의견 적정(대현)	계 열	
결 산 기 06월	보 통 주 440만주	종속회사수	
액 면 가 500원	우 선 주 148만주	구 상 호	

주주구성 (지분율,%)		출자관계 (지분율,%)		주요경쟁사 (외형,%)	
최성근	48.4			대동고려삼	100
최순	23.3			네이처셀	55
				홍국에프엔비	85

매출구성		비용구성		수출비중	
농축액	29.6	매출원가율	83.7	수출	5.8
기타	28.2	판관비율	8.6	내수	94.2
태극삼	18.9				

회사 개요
동사는 2002년 인삼가공식품 전문제조기업으로 설립됨. 주로 홍삼가공제품과 중간원료를 제조하며 홍삼가공완제품 업체에 납품하거나 '블로건'과 '더함'이라는 브랜드로 판매하고 있음. 동사가 제조하는 홍삼가공제품은 대표적인 건강기능식품으로 전체 건기식의 절반을 차지하고 있으며 매년 평균 6% 성장함. 태극삼 점유율은 3.1%, 홍삼 농축액과 홍삼류 점유율은 각각 0.8%, 0.6%임.

실적 분석
동사는 6월 결산법인으로 2016년 6월 실적(2015년 7월~2016년 6월)까지 공시됨. 동사의 2016년 연결기준 연간 누적 매출액은 488.1억원으로 전년 동기(361.9억원) 대비 약 30% 늘어남. 매출 증가에 따라 영업이익도 37.4억원으로 전년 동기(27.7억원) 대비 30% 이상 증가함. 당기순이익은 20.1억원으로 전년 동기(17.1억원) 대비 약 15% 증가하면서 꾸준한 성장세를 유지하고 있음.

현금 흐름 *IFRS 별도 기준 〈단위 : 억원〉

항목	2016	2017.2Q
영업활동	-10	
투자활동	-21	
재무활동	21	
순현금흐름	-10	
기말현금	37	

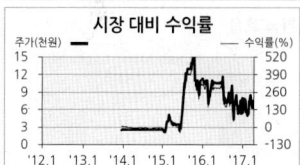
시장 대비 수익률

결산 실적 〈단위 : 억원〉

항목	2012	2013	2014	2015	2016	2017
매출액	203	229	260	362	488	—
영업이익	13	17	22	28	37	—
당기순이익	5	5	10	17	20	—

분기 실적 *IFRS 별도 기준 〈단위 : 억원〉

항목	2016.1Q	2016.2Q	2016.3Q	2016.4Q	2017.1Q	2017.2Q
매출액						
영업이익						
당기순이익						

재무 상태 *IFRS 별도 기준 〈단위 : 억원〉

항목	2012	2013	2014	2015	2016	2017.2Q
총자산	150	211	246	356	413	
유형자산	61	74	70	77	82	
무형자산	0	13	11	10	9	
유가증권		1	1	1	1	
총부채	112	147	172	219	248	
총차입금	88	120	143	166	180	
자본금	12	22	22	29	29	
총자본	37	63	74	137	165	
지배주주지분	37	63	74	137	165	

기업가치 지표 *IFRS 별도 기준

항목	2012	2013	2014	2015	2016	2017.2Q
주가(최고/저)(천원)	—/—	—/—	2.6/2.5	5.5/1.6	15.0/4.4	—/—
PER(최고/저)(배)	0.0/0.0	0.0/0.0	10.7/10.3	14.0/4.1	43.7/12.7	—/—
PBR(최고/저)(배)	0.0/0.0	0.0/0.0	1.5/1.5	1.8/0.5	5.4/1.6	0.0/0.0
EV/EBITDA(배)	4.9	4.8	8.3	7.7	12.9	
EPS(원)	224	214	237	391	343	
BPS(원)	15,437	14,401	1,677	3,122	2,800	
CFPS(원)	3,953	4,963	438	681	577	
DPS(원)						
EBITDAPS(원)	7,289	9,524	694	922	871	

재무 비율 〈단위 : % 〉

연도	영업이익률	순이익률	부채비율	차입금비율	ROA	ROE	유보율	자기자본비율	EBITDA마진율
2016	7.7	4.1	150.6	109.1	5.3	13.4	459.9	39.9	10.5
2015	7.7	4.8	159.4	120.9	5.7	16.3	380.9	38.6	11.2
2014	8.3	4.0	233.5	194.1	4.6	15.2	235.4	30.0	11.7
2013	7.4	2.4	232.8	189.5	3.0	10.8	188.0	30.1	10.5

대동공업 (A000490)
Daedong Industrial

업　　종 : 기계		시　　장 : 거래소	
신용등급 : (Bond) ─　(CP) ─		기업규모 : 시가총액 소형주	
홈페이지 : www.daedong.co.kr		연　락　처 : 053)610-3000	
본　　사 : 대구시 달성군 논공읍 논공중앙로 34길 35			

설 립 일 1947.05.20	종 업 원 수 792명	대 표 이 사	하창욱
상 장 일 1975.06.27	감 사 의 견 적정 (안경)	계　　　열	
결 산 기 12월	보 통 주 2,373만주	종속회사수	
액 면 가 1,000원	우 선 주	구 상 호	

주주구성 (지분율,%)		출자관계 (지분율,%)		주요경쟁사 (외형,%)	
김준식	21.2	제주대동	100.0	대동공업	100
박영옥	17.1	대동서천	100.0	와이지-원	57
(외국인)	1.9	대동금속	70.1	태광	42

매출구성		비용구성		수출비중	
트랙터외	74.7	매출원가율	79.3	수출	46.8
작업기외	15.1	판관비율	22.9	내수	53.2
실린더헤드외	10.2				

회사 개요

동사는 본사를 거점으로 한국, 미국, 중국, 유럽 등 제조 및 판매법인 7개의 동종업종을 영위하는 농기계를 전문으로 구성된 농기계 전문기업임. 기술제휴를 통한 다기통엔진개발 완료, 배기가스규제통과 및 전략형 중소형 트랙터의 개발 및 환경친화적인 엔진(Tier4) 개발 및 장착을 통한 수출 시장의 생산, 판매 증대를 기대함. 유럽현지법인을 통해 유럽시장에 진입하고 점차적인 매출신장이 예상됨.

실적 분석

동사의 2016년 연결기준 연간 매출액은 5,854.1억원으로 전년 대비 0.3% 소폭 증가함. 주요종속회사인 미국 소재 Deadong-USA의 매출신장에 따라 국내 본사 매출이 영향을 받고 있음. 수출 비중은 약 47%로, 전년 대비 수출 금액 감소 원인은 2015년부터 추진해오던 케냐 농기계 공급 프로젝트의 계획 차질로 인한 수출 부진에 기인함. 향후 신시장 및 파생 트랙터 개발을 통한 수출시장의 규모가 확대될 것으로 기대됨.

현금 흐름 〈단위 : 억원〉

항목	2015	2016
영업활동	154	3
투자활동	-190	-114
재무활동	35	70
순현금흐름	-1	-40
기말현금	112	71

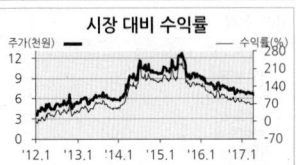
시장 대비 수익률

결산 실적 〈단위 : 억원〉

항목	2011	2012	2013	2014	2015	2016
매출액	6,191	5,635	5,812	6,032	5,835	5,854
영업이익	115	7	59	65	54	-130
당기순이익	63	-14	-10	50	35	-180

분기 실적 〈단위 : 억원〉

항목	2015.3Q	2015.4Q	2016.1Q	2016.2Q	2016.3Q	2016.4Q
매출액	1,255	1,120	1,621	1,682	1,355	1,197
영업이익	-54	6	51	30	-55	-156
당기순이익	-69	29	36	6	-83	-139

재무 상태 〈단위 : 억원〉

항목	2011	2012	2013	2014	2015	2016
총자산	5,683	5,544	5,778	7,070	6,883	6,672
유형자산	2,531	2,523	2,462	2,517	2,474	2,370
무형자산	149	193	178	173	172	172
유가증권	15	24	22	23	23	22
총부채	3,334	3,240	3,519	4,766	4,552	4,521
총차입금	1,692	1,733	1,626	2,278	2,405	2,605
자본금	237	237	237	237	237	237
총자본	2,349	2,304	2,259	2,304	2,331	2,151
지배주주지분	2,297	2,252	2,207	2,251	2,278	2,100

기업가치 지표

항목	2011	2012	2013	2014	2015	2016
주가(최고/저)(천원)	5.5/3.1	6.6/3.6	6.9/5.1	11.8/5.7	13.6/8.7	9.2/6.6
PER(최고/저)(배)	23.3/13.1	─/─	─/─	58.2/27.9	98.2/62.6	─/─
PBR(최고/저)(배)	0.6/0.3	0.7/0.4	0.7/0.5	1.2/0.6	1.4/0.9	1.0/0.7
EV/EBITDA(배)	7.7	13.1	9.8	14.4	14.5	36.8
EPS(원)	249	-62	-46	207	141	-755
BPS(원)	9,929	9,737	9,547	9,735	9,847	9,096
CFPS(원)	1,145	901	983	1,263	1,225	282
DPS(원)	50	50	50	60	50	40
EBITDAPS(원)	1,382	991	1,279	1,328	1,314	491

재무 비율 〈단위 : % 〉

연도	영업이익률	순이익률	부채비율	차입금비율	ROA	ROE	유보율	자기자본비율	EBITDA마진율
2016	-2.2	-3.1	210.1	121.1	-2.7	-8.2	809.6	32.3	2.0
2015	0.9	0.6	195.3	103.2	0.5	1.5	884.7	33.9	5.3
2014	1.1	0.8	206.9	98.9	0.8	2.2	873.5	32.6	5.2
2013	1.0	-0.2	155.8	72.0	-0.2	-0.5	854.7	39.1	5.2

대동금속 (A020400)
Daedong Metals

업　　종 : 자동차부품		시　　장 : KOSDAQ	
신용등급 : (Bond) ─　(CP) ─		기업규모 : 중견	
홈페이지 : www.daedongmetals.co.kr		연　락　처 : 053)610-5000	
본　　사 : 대구시 달성군 논공읍 논공로 602			

설 립 일 1987.12.29	종 업 원 수 113명	대 표 이 사	이성태
상 장 일 1993.07.30	감 사 의 견 적정 (안경)	계　　　열	
결 산 기 12월	보 통 주 48만주	종속회사수	
액 면 가 5,000원	우 선 주	구 상 호	

주주구성 (지분율,%)		출자관계 (지분율,%)		주요경쟁사 (외형,%)	
대동공업	70.1			대동금속	100
김형국	6.3			태양기계	50
				한중엔시에스	119

매출구성		비용구성		수출비중	
(제품)산업용기계 외	59.2	매출원가율	92.7	수출	7.9
실린더헤드	40.1	판관비율	6.2	내수	92.1
(상품)기타	0.7				

회사 개요

동사는 1987년 대동공업과 미국 Intermet사의 합작 계약 체결로 설립됐다가 1993년 독자 법인으로 전환함. 1993년 코스닥 시장에 상장됨. 동사는 연 4만톤의 주물생산능력을 보유하고 있는 주물 제품 생산업체임. 농기계용 주물 제품은 모기업인 대동공업과 가족사인 대동기어에 생산해 납품 중임. 자동차 엔진용 실린더 헤드류는 현대차에 납품하고 있음. 산업용 기계 등이 매출의 60% 넘게 차지하고, 상용차용 실린더헤드가 30% 이상을 차지함.

실적 분석

동사의 2016년 매출액은 611.0억원으로 전년동기 598.2억원 대비 2.1% 증가하였음. 또한 판매비와 관리비는 38.2억원으로 12.1% 감소하였음. 그리고 매출총이익은 44.4억원으로 30.7% 감소하였음. 이에따라 영업이익은 6.3억원으로 큰 폭 감소하였음. 최종적으로 당기순손실은 2.5억원으로 적자 전환하였음. 동사는 기계 및 자동차 생산업체의 2차 협력업체 형태를 취하고 있어 1차 협력사의 경영 상태에 영향을 받음.

현금 흐름 *IFRS 별도 기준 〈단위 : 억원〉

항목	2015	2016
영업활동	73	21
투자활동	-26	-11
재무활동	-47	-10
순현금흐름	0	1
기말현금	0	1

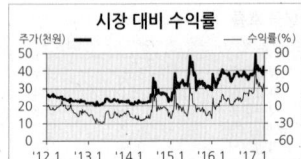
시장 대비 수익률

결산 실적 〈단위 : 억원〉

항목	2011	2012	2013	2014	2015	2016
매출액	668	603	590	605	598	611
영업이익	23	8	9	11	21	6
당기순이익	13	2	4	3	15	-3

분기 실적 *IFRS 별도 기준 〈단위 : 억원〉

항목	2015.3Q	2015.4Q	2016.1Q	2016.2Q	2016.3Q	2016.4Q
매출액	134	164	146	152	128	186
영업이익	-2	9	4	1	-7	8
당기순이익	-4	6	2	-1	-6	3

재무 상태 *IFRS 별도 기준 〈단위 : 억원〉

항목	2011	2012	2013	2014	2015	2016
총자산	527	522	480	569	645	654
유형자산	334	337	334	373	486	471
무형자산	9	8	8	7	6	6
유가증권	0	0	─	─	─	─
총부채	354	348	303	392	375	390
총차입금	183	187	150	212	173	171
자본금	24	24	24	24	24	24
총자본	174	174	177	177	270	264
지배주주지분	174	174	177	177	270	264

기업가치 지표 *IFRS 별도 기준

항목	2011	2012	2013	2014	2015	2016
주가(최고/저)(천원)	27.0/21.8	26.9/21.3	24.6/20.2	35.9/20.7	53.1/23.3	44.2/29.1
PER(최고/저)(배)	10.6/8.6	60.8/48.1	31.3/25.7	55.2/31.9	34.5/15.1	─/─
PBR(최고/저)(배)	0.8/0.7	0.8/0.6	0.7/0.6	1.0/0.6	1.0/0.4	0.8/0.5
EV/EBITDA(배)	7.1	9.2	8.4	9.3	6.9	10.5
EPS(원)	2,731	468	818	669	1,568	-528
BPS(원)	36,150	36,285	36,853	36,950	56,168	54,896
CFPS(원)	7,130	5,417	5,555	5,666	6,924	5,083
DPS(원)	400	300	300	300	300	250
EBITDAPS(원)	9,276	6,663	6,557	7,345	9,672	6,914

재무 비율 〈단위 : % 〉

연도	영업이익률	순이익률	부채비율	차입금비율	ROA	ROE	유보율	자기자본비율	EBITDA마진율
2016	1.0	-0.4	148.1	64.8	-0.4	-1.0	997.9	40.3	5.4
2015	3.5	1.3	139.2	64.1	1.2	3.4	1,023.4	41.8	7.8
2014	1.9	0.5	220.8	119.3	0.6	1.8	639.0	31.2	5.8
2013	1.5	0.7	171.4	84.9	0.8	2.2	637.1	36.8	5.3

대동기어 (A008830)
Dae Dong Gear

업 종 : 기계　　　　시 장 : KOSDAQ
신용등급 : (Bond) —　(CP) —　　기업규모 : 중견
홈페이지 : www.daedonggear.com
본 사 : 경남 사천시 사남면 공단1로 42

설 립 일	1973.05.29	종 업 원 수	165명	대 표 이 사	이우태
상 장 일	1991.05.17	감 사 의 견	적정 (안정)	계 열	
결 산 기	12월	보 통 주	90만주	종속회사수	
액 면 가	5,000원	우 선 주		구 상 호	

주주구성 (지분율,%)		출자관계 (지분율,%)		주요경쟁사 (외형,%)	
대동공업	31.7	카이오티골프	20.0	대동기어	100
김형철	13.1	대동공업	0.6	수성	30
(외국인)	0.1			흥국	68

매출구성		비용구성		수출비중	
동력전달장치부품 및 조합품(농기계용)	63.6	매출원가율	96.9	수출	24.4
동력전달장치부품 및 조합품(자동차용)	30.6	판관비율	6.3	내수	75.6
동력전달장치부품 및 조합품(산업용)	5.8				

회사 개요
동사는 농업기계, 선박기, 원동기, 자동차, 공작기계기어와 부품제조 및 판매를 목적으로 1973년 설립됨. 농기계용이 매출의 53.1%, 자동차용 39.8%, 산업용이 7.1%를 차지함. 2016년 매출의 약 75.6%는 국내에서, 24.4%는 해외 시장에서 거둬들임. 농기계용기계조립체 대동공업과 철강주조업체인 대동금속 등 총 10개 업체를 계열회사로 두고 있음.

실적 분석
동사의 2016년 연결기준 매출액은 928.7억원을 시현함. 이는 전년도 매출 1,148.5억원에서 19.1% 감소한 금액임. 매출감소와 매출원가율 상승으로 전년도 2.6억원이었던 영업이익은 29.7억원의 손실을 내며 적자전환함. 금융손실폭이 커지면서 비영업부문 이익도 적자로 돌아섬. 이에 따라 전년도 8.9억원이었던 당기순이익도 30.7억원의 손실을 기록하며 적자로 전환됨.

현금 흐름 *IFRS 별도 기준 〈단위 : 억원〉

항목	2015	2016
영업활동	100	-13
투자활동	-110	-58
재무활동	7	71
순현금흐름	-3	0
기말현금	1	1

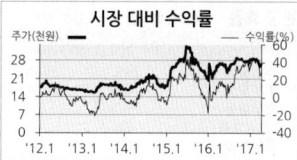
시장 대비 수익률

결산 실적 〈단위 : 억원〉

항목	2011	2012	2013	2014	2015	2016
매출액	1,323	1,151	1,180	1,275	1,149	929
영업이익	14	-34	4	3	3	-30
당기순이익	12	-29	1	1	9	-31

분기 실적 *IFRS 별도 기준 〈단위 : 억원〉

항목	2015.3Q	2015.4Q	2016.1Q	2016.2Q	2016.3Q	2016.4Q
매출액	190	337	288	244	185	211
영업이익	-13	8	0	-3	-10	-17
당기순이익	-13	20	-3	-4	-8	-15

재무 상태 *IFRS 별도 기준 〈단위 : 억원〉

항목	2011	2012	2013	2014	2015	2016
총자산	1,217	1,112	1,340	1,445	1,666	1,646
유형자산	678	678	751	790	1,027	1,071
무형자산	2	2	—	—	—	—
유가증권	10	11	19	26	14	11
총부채	675	601	834	941	1,026	1,047
총차입금	282	325	471	480	506	599
자본금	45	45	45	45	45	45
총자본	542	511	506	504	639	598
지배주주지분	542	511	506	504	639	598

기업가치 지표 *IFRS 별도 기준

항목	2011	2012	2013	2014	2015	2016
주가(최고/저)(천원)	21.0/15.5	20.1/16.4	20.1/15.4	23.3/16.3	34.6/17.7	29.9/20.4
PER(최고/저)(배)	16.7/12.4	—/—	255.7/195.5	154.3/108.0	35.8/18.3	—/—
PBR(최고/저)(배)	0.4/0.3	0.4/0.3	0.4/0.3	0.4/0.3	0.5/0.3	0.5/0.3
EV/EBITDA(배)	10.7		18.8	17.6	16.3	62.7
EPS(원)	1,369	-3,209	83	157	987	-3,414
BPS(원)	60,252	56,842	56,310	56,072	71,153	66,574
CFPS(원)	4,698	10	3,353	3,937	5,279	1,373
DPS(원)	300	250	300	300	300	200
EBITDAPS(원)	4,992	-585	3,680	4,058	4,578	1,488

재무 비율 〈단위 : % 〉

연도	영업이익률	순이익률	부채비율	차입금비율	ROA	ROE	유보율	자기자본비율	EBITDA마진율
2016	-3.2	-3.3	175.1	100.1	-1.9	-5.0	1,231.5	36.4	1.4
2015	0.2	0.8	160.5	79.2	0.6	1.6	1,323.1	38.4	3.6
2014	0.2	0.1	186.8	95.2	0.1	0.3	1,021.4	34.9	2.9
2013	0.3	0.1	164.7	93.2	0.1	0.2	1,026.2	37.8	2.8

대동스틸 (A048470)
DaeDongSteel

업 종 : 금속 및 광물　　　시 장 : KOSDAQ
신용등급 : (Bond) —　(CP) —　　기업규모 : 중견
홈페이지 : www.daedongsteel.co.kr
본 사 : 인천시 남구 앵고개로622번길 29 남동공단 165B-1L

설 립 일	1973.08.14	종 업 원 수	52명	대 표 이 사	임형기,임주희
상 장 일	2002.01.10	감 사 의 견	적정 (삼정)	계 열	
결 산 기	12월	보 통 주	1,000만주	종속회사수	
액 면 가	500원	우 선 주		구 상 호	

주주구성 (지분율,%)		출자관계 (지분율,%)		주요경쟁사 (외형,%)	
임형기	20.1			대동스틸	100
오수복	11.9			세기리텍	97
(외국인)	3.2			그린플러스	56

매출구성		비용구성		수출비중	
열연박판(제품)	57.7	매출원가율	89.0	수출	0.0
후판(상품)	34.7	판관비율	4.6	내수	100.0
기타	3.6				

회사 개요
동사는 토목, 건설, 자동차, 조립금속, 조선 등에 사용되는 열연제품 및 후판 등의 제조 및 판매 업체로 POSCO의 8개 열연제품 지정판매점 중 점유율 순 중상위권을 차지하고 있음. 가장 수요가 많은 지역인 서울을 비롯하여 경기도를 주요 사업영역으로 하여 영업을 하고 있음. 원재료 매입의 80% 이상을 차지하는 POSCO 열연제품 변동가격에 따라 실적에 큰 영향을 받고 있음.

실적 분석
동사의 2016년 연결 기준 매출과 영업이익은 682억원, 44억원으로 전년 대비 매출은 26.2% 감소하였지만 영업이익 흑자전환함. 당기순이익도 43억원으로 전년비 흑자전환함. 이는 중국 철강업 구조조정에 따른 단가 상승에 기인함. 2017에는 자동차 및 조선업 부진이 지속될 것으로 예상되며, 전년도 호조세를 보였던 건설부문도 둔화가 예상되나 중국 구조조정에 따른 공급량 축소로 철강재 가격은 상당기간 기존가격을 유지할 것으로 예상됨

현금 흐름 *IFRS 별도 기준 〈단위 : 억원〉

항목	2015	2016
영업활동	218	-22
투자활동	-4	9
재무활동	-192	-5
순현금흐름	22	-17
기말현금	72	55

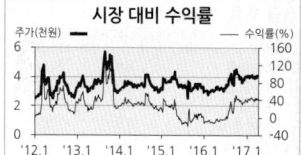
시장 대비 수익률

결산 실적 〈단위 : 억원〉

항목	2011	2012	2013	2014	2015	2016
매출액	1,554	1,886	1,306	1,096	923	682
영업이익	46	-18	22	9	-16	44
당기순이익	31	-4	6	4	-48	43

분기 실적 *IFRS 별도 기준 〈단위 : 억원〉

항목	2015.3Q	2015.4Q	2016.1Q	2016.2Q	2016.3Q	2016.4Q
매출액	180	193	154	203	140	185
영업이익	-5	-4	5	31	-0	7
당기순이익	-7	-34	4	30	-0	10

재무 상태 *IFRS 별도 기준 〈단위 : 억원〉

항목	2011	2012	2013	2014	2015	2016
총자산	1,072	964	778	892	581	627
유형자산	120	111	109	125	121	116
무형자산	10	12	12	9	9	9
유가증권	166	152	143	119	78	123
총부채	489	403	189	321	60	42
총차입금	308	228	96	189	—	—
자본금	50	50	50	50	50	50
총자본	584	561	589	570	520	585
지배주주지분	584	561	589	570	520	585

기업가치 지표 *IFRS 별도 기준

항목	2011	2012	2013	2014	2015	2016
주가(최고/저)(천원)	3.7/2.1	4.9/2.4	5.8/2.9	4.2/2.9	4.6/2.5	4.8/2.8
PER(최고/저)(배)	12.9/7.2	—/—	104.2/51.8	101.3/70.4	—/—	11.1/6.5
PBR(최고/저)(배)	0.7/0.4	0.9/0.4	1.0/0.5	0.8/0.5	0.9/0.4	0.8/0.5
EV/EBITDA(배)	9.6		10.7	31.7		6.7
EPS(원)	313	-39	58	43	-479	432
BPS(원)	5,994	5,771	5,889	5,704	5,207	5,875
CFPS(원)	412	59	154	93	-419	493
DPS(원)	80	30	30	30	30	50
EBITDAPS(원)	559	-83	318	136	-104	497

재무 비율 〈단위 : % 〉

연도	영업이익률	순이익률	부채비율	차입금비율	ROA	ROE	유보율	자기자본비율	EBITDA마진율
2016	6.4	6.3	7.2	0.0	7.2	7.8	1,075.1	93.3	7.3
2015	-1.8	-5.2	11.5	0.0	-6.5	-8.8	941.5	89.7	-1.1
2014	0.8	0.4	56.3	33.2	0.5	0.7	1,040.9	64.0	1.2
2013	1.7	0.4	32.1	16.3	0.7	1.0	1,077.7	75.7	2.4

대동전자 (A008110)
Daidong Electronics

업 종 : 전자 장비 및 기기		시 장 : 거래소	
신용등급 : (Bond) — (CP) —		기업규모 : 시가총액 소형주	
홈페이지 : www.daidong.com		연 락 처 : 02)868-5121~2	
본 사 : 서울시 금천구 가산디지털1로 33			

설 립 일 1972.10.10	종 업 원 수 118명	대 표 이 사 김명성	
상 장 일 1990.06.05	감사의견 적정 (삼일)	계 열	
결 산 기 03월	보 통 주 1,049만주	종속회사수 5개사	
액 면 가 500원	우 선 주 —	구 상 호	

주주구성 (지분율,%)		출자관계 (지분율,%)		주요경쟁사 (외형,%)	
DAIMEI SHOUJI (SINGAPORE) PTE LTD.	29.9	DAIDONGELECTRONICSTHAILANDCO.,LTD.	100.0	대동전자	100
강경우	28.1	DAIDONGENGINEERINGMALAYSIASDN BHD	100.0	상신이디피	202
(외국인)	39.7	P.T.DAIDONGELECTRONICSINDONESIA	99.0	크로바하이텍	158

매출구성		비용구성		수출비중	
금형(TV 및 소형 금형)	84.4	매출원가율	80.4	수출	—
용역(TV 및 소형 금형)	11.3	판관비율	26.9	내수	—
성형(TV 및 소형 금형)	2.9				

회사 개요
동사는 1972년 설립되어 전자제품의 부품을 생산하는 업체임. 원유에서 추출된 RESIN을 사용하여 만든 플라스틱 제품에 도장, 인쇄 등 후처리를 하여 각종 전자제품에 사용되는 내외장품을 만들거나 각종 제품의 디자인 및 설계를 주력 사업으로 영위함. 디지털TV를 주로 생산했으나, 최근에는 카오디오, 디지털 카메라 등으로 사업 영역을 확대하고 있음. 금형 비중이 44.9%, 성형 매출 비중은 51.4%임.

실적 분석
동사의 2016년 누적 매출액은 311.4억원으로 전년 대비 13.6% 증가함. 영업이익은 15.4억원으로 전년 8.6억원 손실에서 흑자전환했고, 당기순이익도 0.9억원에서 26.5억원으로 늘었음. 동사는 주로 전자제품의 내외장 부분을 생산하고 있으며 해외 수출이 대부분을 차지하는데, 전방산업 부진을 극복하기 위해 기술집약적인 소형, 정밀금형, 자동차금형 등 신규 제품 영업활동에 주력하고 있음.

현금 흐름 〈단위 : 억원〉
항목	2015	2016.3Q
영업활동	43	11
투자활동	-80	-68
재무활동	22	—
순현금흐름	-15	-56
기말현금	292	236

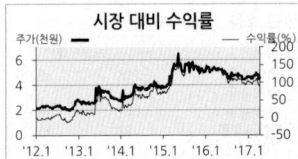

시장 대비 수익률

결산 실적 〈단위 : 억원〉
항목	2011	2012	2013	2014	2015	2016
매출액	526	471	410	423	380	—
영업이익	-20	-10	-31	-29	-28	—
당기순이익	-31	133	66	3	-21	—

분기 실적 〈단위 : 억원〉
항목	2015.2Q	2015.3Q	2015.4Q	2016.1Q	2016.2Q	2016.3Q
매출액	83	111	106	81	91	140
영업이익	-3	-3	-19	7	-0	9
당기순이익	1	-2	-22	15	-15	27

재무 상태 〈단위 : 억원〉
항목	2011	2012	2013	2014	2015	2016.3Q
총자산	1,457	1,443	1,394	1,572	1,661	1,684
유형자산	398	268	236	435	470	465
무형자산	24	22	20	19	19	18
유가증권	3	3	—	3	3	3
총부채	361	278	290	256	373	343
총차입금	82	5	6	—	—	—
자본금	52	52	52	52	52	52
총자본	1,096	1,165	1,104	1,316	1,288	1,341
지배주주지분	1,008	1,094	1,049	1,255	1,224	1,268

기업가치 지표
항목	2011	2012	2013	2014	2015	2016.3Q
주가(최고/저)(천원)	2.6/2.1	2.9/2.0	3.9/2.5	5.4/3.1	7.3/4.9	5.3/4.4
PER(최고/저)(배)	—/—	2.8/1.9	7.7/4.9	—/—	—/—	—/—
PBR(최고/저)(배)	0.3/0.2	0.3/0.2	0.4/0.3	0.4/0.3	0.6/0.4	0.4/0.4
EV/EBITDA(배)				4.6	0.2	—
EPS(원)	-149	1,111	540	-46	-218	221
BPS(원)	9,659	10,611	10,621	12,583	12,288	12,706
CFPS(원)	463	1,685	927	297	124	468
DPS(원)	100	50		350		
EBITDAPS(원)	424	479	95	70	77	394

재무 비율 〈단위 : %〉
연도	영업이익률	순이익률	부채비율	차입금비율	ROA	ROE	유보율	자기자본비율	EBITDA마진율
2015	-7.3	-5.5	28.9	0.0	-1.3	-1.8	2,357.7	77.6	2.1
2014	-6.8	0.7	19.5	0.0	0.2	-0.4	2,416.7	83.7	1.7
2013	-7.5	16.0	26.3	0.5	4.6	5.3	2,024.1	79.2	2.4
2012	-2.1	28.2	23.9	0.5	9.2	11.1	2,022.2	80.7	10.7

대륙제관 (A004780)
DAERYUK CAN CO

업 종 : 용기 및 포장		시 장 : KOSDAQ	
신용등급 : (Bond) — (CP) —		기업규모 : 우량	
홈페이지 : www.drcc.co.kr		연 락 처 : 02)6003-0600	
본 사 : 서울시 강남구 역삼로 221 (역삼동)			

설 립 일 1966.12.24	종 업 원 수 429명	대 표 이 사 박봉국,박봉준	
상 장 일 1994.12.29	감사의견 적정 (성도)	계 열	
결 산 기 12월	보 통 주 1,590만주	종속회사수	
액 면 가 500원	우 선 주 —	구 상 호	

주주구성 (지분율,%)		출자관계 (지분율,%)		주요경쟁사 (외형,%)	
박봉국	9.8	대양코리아	19.0	대륙제관	100
박봉준	8.1	한국제관공업조합	11.0	락앤락	228
(외국인)	2.7			연우	126

매출구성		비용구성		수출비중	
에어졸관	62.2	매출원가율	83.0	수출	0.0
일 반 관	34.9	판관비율	6.8	내수	100.0
기타	2.8				

회사 개요
동사는 1966년 대륙제관공업주식회사로 설립되었으며, 1989년 4월에 현재 상호인 주식회사 대륙제관으로 변경. 주요제품은 일반관과 연료관인 휴대용 부탄가스, 헤어스프레이관, 스프레이식 살충제관 등과 연료관에 부착되는캡 등의 사출물, 각종 제관 기계를 제작·판매하고 있음. 휴대용 부탄연료의 경우 1994년부터 자체브랜드로 생산·판매하고 있으며, 전기 전자부품을 제조 생산하는 주식회사 대양코리아를 인수하는 등 사업다각화를 추진 중임.

실적 분석
2016년 연결기준 매출액은 전년대비 9.2% 감소한 1,862.2억원을 기록함. 매출 감소의 주요 원인은 제품단가 인하에 기인함. 매출 감소에도 불구하고 매출원가율은 개선되었으며 판관비는 전년과 유사한 수준을 유지하여 수익성이 개선됨. 영업이익은 전년대비 13.2% 증가한 189.7억원을 시현함. 당기순이익 또한 전년대비 12.7% 증가한 145.1억원을 기록함. 외형이 축소되는 상황에서도 수익성이 개선되는 모습을 보이고 있음.

현금 흐름 *IFRS 별도 기준 〈단위 : 억원〉
항목	2015	2016
영업활동	249	230
투자활동	-103	-147
재무활동	-90	-35
순현금흐름	56	49
기말현금	192	241

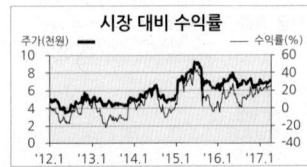

시장 대비 수익률

결산 실적 〈단위 : 억원〉
항목	2011	2012	2013	2014	2015	2016
매출액	1,769	1,879	2,011	2,053	2,051	1,862
영업이익	73	67	90	98	168	190
당기순이익	43	39	20	83	129	145

분기 실적 *IFRS 별도 기준 〈단위 : 억원〉
항목	2015.3Q	2015.4Q	2016.1Q	2016.2Q	2016.3Q	2016.4Q
매출액	506	500	437	510	445	470
영업이익	41	39	34	54	48	53
당기순이익	33	29	26	39	36	43

재무 상태 *IFRS 별도 기준 〈단위 : 억원〉
항목	2011	2012	2013	2014	2015	2016
총자산	1,168	1,233	1,290	1,309	1,362	1,485
유형자산	370	400	398	417	434	504
무형자산	15	17	17	12	17	19
유가증권	28	19	19	14	14	14
총부채	600	632	677	624	562	552
총차입금	290	322	348	331	260	246
자본금	80	80	80	80	80	80
총자본	568	601	613	686	800	933
지배주주지분	568	601	613	686	800	933

기업가치 지표 *IFRS 별도 기준
항목	2011	2012	2013	2014	2015	2016
주가(최고/저)(천원)	6.4/3.0	5.9/3.4	5.4/3.8	6.6/4.6	9.3/5.4	8.0/6.0
PER(최고/저)(배)	25.2/11.7	25.6/14.4	44.4/31.5	13.1/9.2	11.9/6.9	8.9/6.7
PBR(최고/저)(배)	1.9/0.9	1.7/0.9	1.5/1.1	1.6/1.1	1.9/1.1	1.4/1.0
EV/EBITDA(배)	9.5	9.2	7.4	7.0	5.2	4.3
EPS(원)	272	247	128	522	810	912
BPS(원)	3,573	3,781	3,856	4,310	5,029	5,864
CFPS(원)	554	557	467	848	1,144	1,306
DPS(원)	50	50	50	60	90	120
EBITDAPS(원)	745	733	907	941	1,388	1,586

재무 비율 〈단위 : %〉
연도	영업이익률	순이익률	부채비율	차입금비율	ROA	ROE	유보율	자기자본비율	EBITDA마진율
2016	10.2	7.8	59.2	26.4	10.2	16.8	1,072.8	62.8	13.5
2015	8.2	6.3	70.3	32.5	9.6	17.3	905.9	58.7	10.8
2014	4.8	4.1	91.0	48.3	6.4	12.8	762.1	52.4	7.3
2013	4.5	1.0	110.4	56.8	1.6	3.4	671.2	47.5	7.2

대림비앤코 (A005750)
DAELIM B&Co

업   종 : 건축자재
신용등급 : (Bond) —   (CP) —
홈페이지 : www.daelimbath.com
본   사 : 경남 창원시 성산구 공단로 52 (양곡동)

시   장 : 거래소
기업규모 : 시가총액 소형주
연 락 처 : 055)280-8400

설 립 일	1968.09.20	종업원수	823명	대표이사	강태식
상 장 일	1992.12.23	감사의견	적정 (안진)	계 열	
결 산 기	12월	보 통 주	1,667만주	종속회사수	
액 면 가	1,000원	우 선 주		구 상 호	

주주구성 (지분율,%)		출자관계 (지분율,%)		주요경쟁사 (외형,%)	
이해영	33.4	대림수전	100.0	대림B&Co	100
이해서	9.8	대림케어	100.0	뉴보텍	17
(외국인)	4.6	아도바이오	59.0	정산애강	33

매출구성		비용구성		수출비중	
수전금구 제조, 욕실관련 상품 및 렌탈, 서비스	69.3	매출원가율	76.7	수출	2.2
위생도기	30.7	판관비율	16.5	내수	97.8

회사 개요
1968년 정부산하기관인 요업센터로 시작되어 44년 동안 대한민국의 욕실 문화를 선도하는 기업으로 위생도기, 기타 욕실 건자재 및 서비스 (비데, 수전금구, 타일본드, 부속,욕실리모델링, 욕실관련제품 랜탈 및 클린서비스) 등을 제조, 판매하는 사업을 영위하고 있음. 동사의 종속회사인 대림수전(주)는 2011년 설립된 신설법인으로 수전금구 제조 및 판매를 영위하고 있음.

실적 분석
부동산 및 건설경기의 영향을 많이 받는 산업의 특성상 부진한 건설경기 영향에도 불구하고 2016년 결산 매출액은 전년동기 대비 15.6% 증가한 2,091억원을 기록함. 안정적인 외형성장과 더불어 수익성 개선되는 모습을 나타내며 전년동기 대비 18.3% 증가한 143.5억원의 영업이익을 시현하였으나, 비영업손익 악화로 당기순이익은 6.8% 감소한 73.6억원 시현에 그침. 영업수익성이 지속적으로 개선되고 있는 점이 긍정적임.

현금 흐름 〈단위 : 억원〉

항목	2015	2016
영업활동	-12	108
투자활동	40	-55
재무활동	-23	56
순현금흐름	6	110
기말현금	27	137

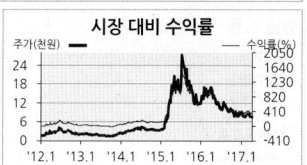

시장 대비 수익률

결산 실적 〈단위 : 억원〉

항목	2011	2012	2013	2014	2015	2016
매출액	886	1,015	1,163	1,475	1,809	2,091
영업이익	8	-36	14	80	121	143
당기순이익	12	-46	-30	33	79	74

분기 실적 〈단위 : 억원〉

항목	2015.3Q	2015.4Q	2016.1Q	2016.2Q	2016.3Q	2016.4Q
매출액	443	505	445	541	521	584
영업이익	28	45	22	32	39	50
당기순이익	18	36	11	20	26	17

재무 상태 〈단위 : 억원〉

항목	2011	2012	2013	2014	2015	2016
총자산	2,342	2,405	2,532	2,661	2,817	3,005
유형자산	1,108	1,154	1,162	1,182	1,214	1,230
무형자산	35	34	28	27	33	28
유가증권	3	5	4	14	5	5
총부채	854	986	1,147	1,263	1,359	1,461
총차입금	445	547	648	700	682	724
자본금	150	150	150	152	155	167
총자본	1,487	1,419	1,385	1,398	1,458	1,544
지배주주지분	1,487	1,419	1,385	1,398	1,455	1,545

기업가치 지표

항목	2011	2012	2013	2014	2015	2016
주가(최고/저)(천원)	1.8/1.3	4.2/1.5	2.5/1.4	4.5/2.2	28.3/3.5	17.3/7.4
PER(최고/저)(배)	26.9/18.4	—/—	—/—	21.9/10.8	54.8/6.7	35.2/15.0
PBR(최고/저)(배)	0.2/0.1	0.5/0.2	0.3/0.2	0.5/0.3	3.1/0.4	1.9/0.8
EV/EBITDA(배)	17.7	—	17.3	9.8	15.0	9.2
EPS(원)	78	-308	-197	216	530	499
BPS(원)	9,915	9,460	9,231	9,215	9,389	9,266
CFPS(원)	274	-70	62	499	852	870
DPS(원)	100		67	100	130	130
EBITDAPS(원)	250	-2	356	815	1,108	1,295

재무 비율 〈단위 : % 〉

연도	영업이익률	순이익률	부채비율	차입금비율	ROA	ROE	유보율	자기자본비율	EBITDA마진율
2016	6.9	3.5	94.7	46.9	2.5	5.2	826.6	51.4	9.6
2015	6.7	4.4	93.2	46.8	2.9	5.4	838.9	51.8	9.5
2014	5.4	2.2	90.4	50.1	1.3	2.3	821.5	52.5	8.3
2013	1.2	-2.5	82.9	46.8	-1.2	-2.1	823.1	54.7	4.6

대림산업 (A000210)
Daelim Industrial

업   종 : 건설
신용등급 : (Bond) A+   (CP) A2+
홈페이지 : www.daelim.co.kr
본   사 : 서울시 종로구 종로1길 36 대림빌딩

시   장 : 거래소
기업규모 : 시가총액 대형주
연 락 처 : 02)2011-7114

설 립 일	1939.10.10	종업원수	5,466명	대표이사	강영국,김재율,김한기,이해욱
상 장 일	1976.02.02	감사의견	적정 (안진)	계 열	
결 산 기	12월	보 통 주	3,480만주	종속회사수	
액 면 가	5,000원	우 선 주	380만주	구 상 호	

주주구성 (지분율,%)		출자관계 (지분율,%)		주요경쟁사 (외형,%)	
대림코퍼레이션	21.7	오라관광	100.0	대림산업	100
국민연금공단	13.5	송도파워	100.0	현대건설	190
(외국인)	33.4	에코솔이홀	100.0	현대산업	48

매출구성		비용구성		수출비중	
플랜트공사 건설용역	38.9	매출원가율	90.1	수출	—
건축공사 건설용역,부동산 관련서비스	28.5	판관비율	5.6	내수	—
토목공사 건설용역, 철구조물 제작/설치용역	15.8				

회사 개요
1939년 부림상회라는 상호로 설립된 후 1947년 대림산업으로 상호 변경하면서 법인 전환함 (1976년 유가증권시장에 상장). 토목, 건축, 플랜트 등의 종합건설업을 영위하는 건설사업부와 석유화학제품을 생산하는 석유화학사업부로 구성됨. 이밖에 관광, 레저업을 일부 영위함. 중동지역 플랜트 발주에 따라 해외 매출이 달라지는데 최근 이라크, 리비아 내전, 서방국가와 러시아 관계 악화에 따른 발주 및 수주 여건 불확실성이 고조되고 있는 상황임.

실적 분석
동사의 2016년 연결기준 누적매출액은 9조 8,537.7억원으로 전년 대비 3.6% 증가함. 이는 건설부문, 유화부문의 매출 증가와 지분법 대상인 YNCC의 실적 개선에 기인함. 판관비 부담에도 원가율이 개선되면서 영업이익은 54.3% 증가한 4,193.9억원을 시현했고, 금융손실 발생으로 비영업수익이 크게 축소됐음도 당기순이익 역시 전년 대비 35.1% 개선된 모습.

현금 흐름 〈단위 : 억원〉

항목	2015	2016
영업활동	3,849	1,470
투자활동	-1,020	-6,994
재무활동	5,107	-463
순현금흐름	7,955	-5,907
기말현금	21,679	15,772

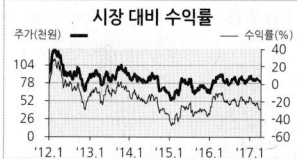

시장 대비 수익률

결산 실적 〈단위 : 억원〉

항목	2011	2012	2013	2014	2015	2016
매출액	79,881	102,533	98,469	92,947	95,137	98,538
영업이익	4,375	4,861	397	-2,702	2,718	4,194
당기순이익	3,798	4,008	-103	-4,405	2,170	2,932

분기 실적 〈단위 : 억원〉

항목	2015.3Q	2015.4Q	2016.1Q	2016.2Q	2016.3Q	2016.4Q
매출액	23,992	26,986	22,537	25,638	24,574	25,789
영업이익	680	720	908	1,362	1,307	618
당기순이익	727	145	310	1,198	1,091	333

재무 상태 〈단위 : 억원〉

항목	2011	2012	2013	2014	2015	2016
총자산	107,646	110,065	107,830	105,967	120,649	123,915
유형자산	16,349	15,172	14,022	13,417	18,316	19,642
무형자산	767	792	806	778	658	614
유가증권	2,684	2,627	2,705	2,920	3,244	4,645
총부채	61,272	60,879	59,127	61,315	72,591	72,461
총차입금	21,272	15,663	19,015	20,084	30,618	29,066
자본금	2,185	2,185	2,185	2,185	2,185	2,185
총자본	46,374	49,185	48,703	44,653	48,058	51,454
지배주주지분	44,169	47,787	47,141	42,281	43,448	46,109

기업가치 지표

항목	2011	2012	2013	2014	2015	2016
주가(최고/저)(천원)	140/69.3	127/66.5	107/72.7	93.0/64.4	87.3/53.0	93.3/63.1
PER(최고/저)(배)	15.0/7.4	12.7/6.7	—/—	—/—	16.4/10.0	13.6/9.2
PBR(최고/저)(배)	1.2/0.6	1.0/0.6	0.9/0.6	0.9/0.6	0.8/0.5	0.8/0.5
EV/EBITDA(배)	7.6	5.2	30.1			8.5
EPS(원)	9,473	10,133	-643	-11,762	5,357	6,873
BPS(원)	114,427	123,800	122,126	109,537	112,559	119,454
CFPS(원)	10,897	11,748	1,225	-9,710	7,614	9,681
DPS(원)	100	500	100	100	300	300
EBITDAPS(원)	12,757	14,207	2,896	-4,949	9,298	13,673

재무 비율 〈단위 : % 〉

연도	영업이익률	순이익률	부채비율	차입금비율	ROA	ROE	유보율	자기자본비율	EBITDA마진율
2016	4.3	3.0	140.8	56.5	2.4	5.9	2,010.3	41.5	5.4
2015	2.9	2.3	151.1	63.7	1.9	4.8	1,888.5	39.8	3.8
2014	-2.9	-4.7	137.3	45.0	-4.1	-10.2	1,835.1	42.1	-2.1
2013	0.4	-0.1	121.4	39.0	-0.1	-0.5	2,057.5	45.2	1.1

대림씨엔에스 (A004440)
DAELIM C&S

업　종 : 건축소재	시　장 : 거래소
신용등급 : (Bond) —　(CP) —	기업규모 : 시가총액 소형주
홈페이지 : www.daelimcns.co.kr	연락처 : 02)311-3300
본　사 : 서울시 중구 을지로5길 16 (을지로2가, 삼화타워 5층)	

설 립 일	1965.12.31	종 업 원 수	285명	대 표 이 사	송범
상 장 일	2016.03.30	감 사 의 견	적정 (안진)	계　　　열	
결 산 기	12월	보 통 주	1,273만주	종속회사수	
액 면 가	1,000원	우 선 주		구 상 호	

주주구성 (지분율,%)
대림산업	50.8
이부용	7.0
(외국인)	1.5

출자관계 (지분율,%)
한국피에이치씨파일협회	20.0
SG신성건설	0.1

주요경쟁사 (외형,%)
대림씨엔에스	100
쌍용양회	725
동양	155

매출구성
PHC 파일	59.4
강교 제작 및 설치	39.9
골재	0.7

비용구성
매출원가율	70.7
판관비율	9.7

수출비중
수출	0.0
내수	100.0

회사 개요
동사는 1965년 12월 31일 대림콩크리트공업으로설립되었으며, 2009년 11월 대림씨엔에스로 사명을 변경함. 동사는 건축, 플랜트 기반공사에 활용되는 콘크리트파일과 스틸 (강교)사업을 영위하고 있으며, 두 사업부문 모두 시장 1위 점유율을 차지하고 있음. 동사는 대림산업, 삼호, 고려개발 등 대림그룹 내 계열사향 매출 비중이 30~40%를 차지하며 안정적인 매출을 기록하고 있으며 3월 30일에 신규상장함.

실적 분석
동사의 2016년 연간 매출액은 2,840.9억원으로 전년 대비 3.8% 감소함. 반면 고정비의 감소로 영업이익은 556.8억원으로 전년 대비 2.8% 증가함. 강교사업은 2016년 상반기부터 제작 예정이었던 700억원 규모의 서해복선5공구와 300억원 규모의 이천~충주5공구 제작 시점이 2017년으로 이월되며 실적이 부진함. 2017년은 기존 계획된 수주물량과 2016년 이월된 대형 2건 공구 제작으로 인해 차질없이 매출 신장을 예상함.

현금 흐름 *IFRS 별도 기준 〈단위 : 억원〉
항목	2015	2016
영업활동	508	537
투자활동	-73	-120
재무활동	-348	177
순현금흐름	87	593
기말현금	99	692

시장 대비 수익률
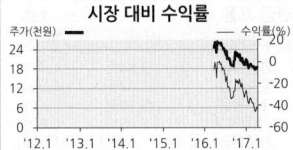

결산 실적 〈단위 : 억원〉
항목	2011	2012	2013	2014	2015	2016
매출액	2,057	2,442	2,550	2,579	2,955	2,841
영업이익	125	224	319	337	542	557
당기순이익	60	147	164	193	364	375

분기 실적 *IFRS 별도 기준 〈단위 : 억원〉
항목	2015.3Q	2015.4Q	2016.1Q	2016.2Q	2016.3Q	2016.4Q
매출액	750	850	695	729	682	735
영업이익	137	144	152	159	117	129
당기순이익	106	98	111	102	91	71

재무 상태 *IFRS 별도 기준 〈단위 : 억원〉
항목	2011	2012	2013	2014	2015	2016
총자산	2,768	3,322	3,235	3,050	3,386	3,789
유형자산	1,346	1,698	1,913	1,814	1,827	1,873
무형자산	399	403	357	307	262	222
유가증권	3	4	5	5	5	9
총부채	1,538	1,947	1,697	1,319	1,395	902
총차입금	647	788	890	682	433	90
자본금	129	129	129	129	129	127
총자본	1,230	1,375	1,538	1,730	1,991	2,887
지배주주지분	1,230	1,375	1,538	1,730	1,991	2,887

기업가치 지표 *IFRS 별도 기준
항목	2011	2012	2013	2014	2015	2016
주가(최고/저)(천원)	—/—	—/—	—/—	—/—	—/—	26.7/18.2
PER(최고/저)(배)	0.0/0.0	0.0/0.0	0.0/0.0	0.0/0.0	0.0/0.0	9.0/6.2
PBR(최고/저)(배)	0.0/0.0	0.0/0.0	0.0/0.0	0.0/0.0	0.0/0.0	1.2/0.8
EV/EBITDA(배)	4.0	2.8	2.3	1.7	0.6	3.0
EPS(원)	554	1,361	1,515	1,785	3,359	3,052
BPS(원)	50,877	53,195	62,832	66,954	80,347	22,677
CFPS(원)	3,534	6,991	8,010	9,664	16,413	3,633
DPS(원)						600
EBITDAPS(원)	6,097	9,968	14,013	15,213	23,316	5,111

재무 비율 〈단위 : %〉
연도	영업이익률	순이익률	부채비율	차입금비율	ROA	ROE	유보율	자기자본비율	EBITDA마진율
2016	19.6	13.2	31.3	3.1	10.5	15.4	2,167.7	76.2	22.1
2015	18.3	12.3	70.0	21.8	11.3	19.5	1,506.9	58.8	20.4
2014	13.1	7.5	76.2	39.4	6.2	11.8	1,239.1	56.7	15.2
2013	12.5	6.4	110.3	57.8	5.0	11.3	1,156.6	47.6	14.2

대림제지 (A017650)
Dae Lim Paper

업　종 : 종이 및 목재	시　장 : KOSDAQ
신용등급 : (Bond) —　(CP) —	기업규모 : 중견
홈페이지 : www.daelimpaper.co.kr	연락처 : 031)373-7670
본　사 : 경기도 오산시 황새로 169	

설 립 일	1984.03.04	종 업 원 수	70명	대 표 이 사	류창승
상 장 일	1994.11.07	감 사 의 견	적정 (대성)	계　　　열	
결 산 기	12월	보 통 주	4,500만주	종속회사수	
액 면 가	100원	우 선 주		구 상 호	

주주구성 (지분율,%)
유창승	22.5
유종우	15.4
(외국인)	0.9

출자관계 (지분율,%)
고려지지	40.0

주요경쟁사 (외형,%)
대림제지	100
한창제지	288
영풍제지	130

매출구성
골판지용 원지	100.0

비용구성
매출원가율	83.1
판관비율	6.3

수출비중
수출	2.1
내수	97.9

회사 개요
1984년 설립된 골판지 원지생산업체임. 골판지시장은 IT, 운송경기에 민감하며, 원가측면에서는 주원료로 사용되는 고지가격이 주요한 수익성 변동요인임. 건실한 고정적 대규모 기업체인 삼보판지, 동진판지, 한청, 삼화, 한덕판지, 성일판지 등 여러 업체를 주요 거래처로 확보하고 있어 안정적인 시장을 유지하고 있음. 2016년도 기준 시장점유율은 4.11%로 최근 몇 년간 감소하다 반등에 성공함.

실적 분석
동사의 2016년 연결기준 누적매출액은 674.3억원으로 전년 동기대비 23.2% 증가함. 매출원가 증가에도 불구하고, 매출단가 증가에 힘입어 영업이익은 71.9억원을 기록, 전년 동기대비 흑자전환함. 인터넷산업 활성화에 따른 택배산업의 급성장과 환경보호에 대한 규제강화로 제지 수요가 증가할 것으로 예상되고, 내수 뿐만 아니라 해외수출등 다양한 거래처의 수요 조건에 대응하며 향후 지속적 매출 증대가 기대됨.

현금 흐름 *IFRS 별도 기준 〈단위 : 억원〉
항목	2015	2016
영업활동	17	37
투자활동	-38	-60
재무활동	-1	44
순현금흐름	-22	20
기말현금	88	109

시장 대비 수익률
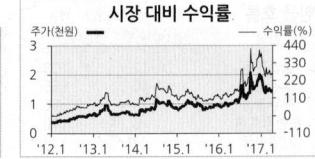

결산 실적 〈단위 : 억원〉
항목	2011	2012	2013	2014	2015	2016
매출액	785	769	613	574	547	674
영업이익	34	136	31	40	-16	72
당기순이익	32	126	71	65	-118	170

분기 실적 *IFRS 별도 기준 〈단위 : 억원〉
항목	2015.3Q	2015.4Q	2016.1Q	2016.2Q	2016.3Q	2016.4Q
매출액	139	155	142	149	187	197
영업이익	-3	0	1	0	48	22
당기순이익	4	-118	13	52	72	33

재무 상태 *IFRS 별도 기준 〈단위 : 억원〉
항목	2011	2012	2013	2014	2015	2016
총자산	1,051	1,009	1,046	1,098	1,044	1,216
유형자산	274	252	224	214	278	261
무형자산	1	1	1	2	2	1
유가증권	0	0	0	0	—	—
총부채	365	197	168	159	227	231
총차입금	252	58	33	22	25	69
자본금	45	45	45	45	45	45
총자본	686	812	878	940	816	986
지배주주지분	686	812	878	940	816	986

기업가치 지표 *IFRS 별도 기준
항목	2011	2012	2013	2014	2015	2016
주가(최고/저)(천원)	0.4/0.3	0.6/0.4	1.0/0.6	1.2/0.6	1.1/0.8	2.2/0.9
PER(최고/저)(배)	5.7/4.6	2.4/1.3	6.2/3.8	8.4/4.3	—/—	5.7/2.3
PBR(최고/저)(배)	0.3/0.2	0.4/0.2	0.5/0.3	0.6/0.3	0.6/0.4	1.0/0.4
EV/EBITDA(배)	6.8	1.5	4.0	4.1	40.0	7.7
EPS(원)	72	280	158	144	-263	377
BPS(원)	7,623	9,017	9,761	10,440	9,070	2,190
CFPS(원)	612	1,647	1,029	954	-1,029	446
DPS(원)			50	50		
EBITDAPS(원)	626	1,758	587	683	104	229

재무 비율 〈단위 : %〉
연도	영업이익률	순이익률	부채비율	차입금비율	ROA	ROE	유보율	자기자본비율	EBITDA마진율
2016	10.7	25.2	23.4	7.0	15.0	18.9	2,090.3	81.0	15.3
2015	-3.0	-21.6	27.9	3.1	-11.1	-13.5	1,714.0	78.2	1.7
2014	7.0	11.3	16.9	2.3	6.0	7.1	1,988.1	85.6	10.7
2013	5.1	11.6	19.1	3.8	6.9	8.4	1,852.2	84.0	8.6

대림통상 (A006570)
Daelim Trading

업　　종 : 건축자재		시　　장 : 거래소	
신용등급 : (Bond) ― 　(CP) ―		기업규모 : 시가총액 소형주	
홈페이지 : www.dltc.co.kr		연 락 처 : 02)730-9811	
본　　사 : 서울시 서대문구 연희로 142 (연희동 87-9)			

설 립 일 1970.04.01	종 업 원 수 320명	대 표 이 사 고은희	
상 장 일 1975.11.20	감 사 의 견 적정 (삼일)	계　　열	
결 산 기 12월	보 통 주 1,523만주	종속회사수	
액 면 가 1,000원	우 선 주	구 상 호	

주주구성 (지분율,%)		출자관계 (지분율,%)		주요경쟁사 (외형,%)	
디앤디파트너스	38.9	리빙스타	94.1	대림통상	100
이재우	22.8	PT.DLI	100.0	대림B&Co	120
(외국인)	1.3	D.B.M	100.0	뉴보텍	21

매출구성		비용구성		수출비중	
수도꼭지, 위생도기용 수전금구, 샤워부스 등	51.7	매출원가율	84.6	수출	―
기타	20.3	판관비율	12.9	내수	―
비데,감지기,샤워부스 등	18.6				

회사 개요

수전금구, 비데, 감지기, 샤워부스, 기타 건자재 등을 생산하여 수출·내수판매하는 건자재 종합업체임. 종속회사로는 양식기를 생산하는 PT.DLI와 수전금구 등 건축자재를 생산하는 D.B.M, 주방용품 도소매업체인 리빙스타가 있음. 국내 거래처로는 현대상사, 진운하우징 등이 있음. 수출비중이 전체 매출의 30~40% 가량을 차지함. 수출은 중고가품 중심으로 OEM 방식, 내수는 건설사에 대한 직접 납품과 대리점을 통한 도소매 판매를 병행함.

실적 분석

동사의 2016년 연결 기준 매출액은 전년 대비 4.0% 증가한 1,743.7억원을 기록함. 매출원가율 하락, 판관비 감소로 영업이익은 전년 대비 증가하여 43.2억원을 기록하며 흑자 전환하였음. 그러나 당기순이익은 비영업손실이 34.0억원 발생하여 3.4억원에 그침. 비데 부문은 제품 평균단가가 하락했음에도 불구하고 매출이 증가함. 전사 수준잔고는 984.8억원으로 전년대비 27.4% 증가함.

현금 흐름 〈단위 : 억원〉

항목	2015	2016
영업활동	42	133
투자활동	151	-59
재무활동	-165	-42
순현금흐름	28	35
기말현금	42	77

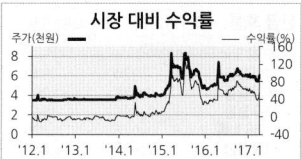

시장 대비 수익률

결산 실적 〈단위 : 억원〉

항목	2011	2012	2013	2014	2015	2016
매출액	1,742	1,648	1,608	1,664	1,677	1,744
영업이익	22	6	11	30	-23	43
당기순이익	-20	-74	-73	-16	-37	3

분기 실적 〈단위 : 억원〉

항목	2015.3Q	2015.4Q	2016.1Q	2016.2Q	2016.3Q	2016.4Q
매출액	419	455	403	432	435	474
영업이익	-4	-17	9	14	7	13
당기순이익	1	-33	-1	5	-17	17

재무 상태 〈단위 : 억원〉

항목	2011	2012	2013	2014	2015	2016
총자산	2,671	2,544	2,542	2,554	2,335	2,307
유형자산	1,488	1,445	1,408	1,216	1,216	1,206
무형자산	25	24	23	23	22	22
유가증권	1	6	5	5	5	6
총부채	1,193	1,157	1,226	1,290	1,150	1,141
총차입금	812	826	871	928	790	767
자본금	164	164	164	164	164	164
총자본	1,477	1,386	1,316	1,263	1,186	1,166
지배주주지분	1,476	1,385	1,315	1,263	1,185	1,165

기업가치 지표

항목	2011	2012	2013	2014	2015	2016
주가(최고/저)(천원)	4.0/3.3	4.6/3.4	4.0/3.5	5.0/3.7	8.7/4.0	7.4/4.6
PER(최고/저)(배)	―/―	―/―	―/―	―/―	―/―	354.4/219.3
PBR(최고/저)(배)	0.5/0.4	0.6/0.4	0.5/0.5	0.7/0.5	1.2/0.5	1.0/0.6
EV/EBITDA(배)	15.3	23.2	24.0	20.7	54.7	15.6
EPS(원)	-134	-485	-475	-104	-245	21
BPS(원)	9,692	9,097	8,638	8,292	7,781	7,649
CFPS(원)	311	-121	-154	199	88	418
DPS(원)	120	100	150	150	150	150
EBITDAPS(원)	590	404	396	498	183	681

재무 비율 〈단위 : % 〉

연도	영업이익률	순이익률	부채비율	차입금비율	ROA	ROE	유보율	자기자본비율	EBITDA마진율
2016	2.5	0.2	97.9	65.8	0.2	0.3	609.0	50.5	6.0
2015	-1.4	-2.2	97.0	66.6	-1.5	-3.0	621.2	50.8	1.7
2014	1.8	-1.0	102.1	73.4	-0.6	-1.2	668.7	49.5	4.6
2013	0.7	-4.5	93.1	66.1	-2.9	-5.4	700.7	51.8	3.8

대명 (A007720)
DAEMYUNG COLTD

업　　종 : 도소매		시　　장 : KOSDAQ	
신용등급 : (Bond) ― 　(CP) ―		기업규모 : 우량	
홈페이지 : www.daemyungcorporation.com		연 락 처 : 02)2222-7500	
본　　사 : 강원도 홍천군 서면 한치골길 262			

설 립 일 1972.03.11	종 업 원 수 304명	대 표 이 사 서준혁,유용회	
상 장 일 1994.01.06	감 사 의 견 적정 (대주)	계　　열	
결 산 기 12월	보 통 주 10,080만주	종속회사수	
액 면 가 500원	우 선 주	구 상 호 대명엔터프라이즈	

주주구성 (지분율,%)		출자관계 (지분율,%)		주요경쟁사 (외형,%)	
대명홀딩스	34.3	대명문화공장	100.0	대명코퍼레이션	100
엔브이에자산펀드사모투자전문회사	4.9	대명본웨딩	96.8	부방	118
(외국인)	1.4	씨앗과열매투자파트너스	27.0	영현무역	6

매출구성		비용구성		수출비중	
기업소모성자재 구매 외(기타)	88.1	매출원가율	79.6	수출	―
영상보안장비(DVR 외)(기타)	5.1	판관비율	20.2	내수	―
결혼중개(기타)	3.9				

회사 개요

동사는 1972년 설립되어 1994년 코스닥시장에 상장한 영상보안장비 제조, 영화관운영, 부동산업을 영위하는 업체임. 2013년 4월부로 영화관 운영업은 위탁운영방식에서 부동산임대차계약으로 전환됨에 따라 영업을 정지하였음. 당반기말 현재 연결대상 종속회사는 (주)대명문화공장, (주)대명위드윈, (주)대명본웨딩 등 3개사이며 사업부문별 매출비중은 도소매업 88.68%, 제조업 6.13%, 웨딩업 3.46% 및 영상공연투자 1.73%로 구성됨.

실적 분석

동사의 2016년 연결기준 매출액은 전녁 대비 5.8% 늘어난 2174.5억원을 기록함. 매출원가율 안정화, 판관비율 하락 등으로 영업이익은 2.5억원을 시현하며 흑자로 전환함. 다만 비영업부문에서 금융손실 3.9억원 관련기업 투자등 관련손실 0.2억원으로 총 9.3억원 손실을 기록하면서 당기순이익은 16억원 적자를 기록했음. 전년에 이어 당기순이익은 적자를 지속하는 모습.

현금 흐름 〈단위 : 억원〉

항목	2015	2016
영업활동	-42	39
투자활동	77	-57
재무활동	19	408
순현금흐름	53	391
기말현금	167	557

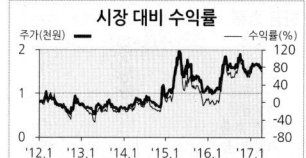

시장 대비 수익률

결산 실적 〈단위 : 억원〉

항목	2011	2012	2013	2014	2015	2016
매출액	241	137	1,706	1,790	2,055	2,175
영업이익	-49	-48	57	72	-46	3
당기순이익	-78	-171	55	119	-52	-16

분기 실적 〈단위 : 억원〉

항목	2015.3Q	2015.4Q	2016.1Q	2016.2Q	2016.3Q	2016.4Q
매출액	572	491	460	652	589	474
영업이익	-4	-7	-6	3	10	-5
당기순이익	-23	1	-4	1	1	-16

재무 상태 〈단위 : 억원〉

항목	2011	2012	2013	2014	2015	2016
총자산	1,095	991	967	1,202	1,130	1,490
유형자산	191	135	53	44	37	40
무형자산	21	130	116	179	156	142
유가증권	172	71	9	35	45	93
총부채	189	280	201	312	294	518
총차입금	143	103	0	1	21	274
자본금	504	504	504	504	504	504
총자본	906	711	766	890	836	972
지배주주지분	904	717	771	888	836	973

기업가치 지표

항목	2011	2012	2013	2014	2015	2016
주가(최고/저)(천원)	1.5/0.8	1.0/0.5	0.9/0.5	1.2/0.6	2.0/0.9	1.9/1.0
PER(최고/저)(배)	―/―	―/―	17.4/9.9	10.5/5.3	―/―	―/―
PBR(최고/저)(배)	1.5/0.8	1.3/0.6	1.1/0.6	1.3/0.6	2.2/1.0	2.0/1.0
EV/EBITDA(배)			2.5	6.1		28.2
EPS(원)	-88	-162	54	118	-50	-15
BPS(원)	993	4,035	861	977	926	965
CFPS(원)	-71	-741	84	148	-16	19
DPS(원)						
EBITDAPS(원)	-36	-169	87	101	-12	37

재무 비율 〈단위 : % 〉

연도	영업이익률	순이익률	부채비율	차입금비율	ROA	ROE	유보율	자기자본비율	EBITDA마진율
2016	0.1	-0.7	53.3	28.2	-1.2	-1.7	93.1	65.2	1.7
2015	-2.2	-2.6	35.1	2.5	-4.5	-5.9	85.1	74.0	-0.6
2014	4.0	6.6	35.1	0.1	11.0	14.4	95.5	74.0	5.7
2013	3.3	3.2	26.2	0.0	5.7	7.3	72.1	79.2	5.1

대봉엘에스 (A078140)
Deabongls

업　　종 : 제약
신용등급 : (Bond) —　　(CP) —
홈 페 이 지 : www.daebongls.co.kr
본　　사 : 인천시 남동구 능허대로 649번길 123 (고잔동)
시　　장 : KOSDAQ
기업규모 : 중견
연 락 처 : 032)712-8800

설 립 일	1986.07.08	종 업 원 수	116명
상 장 일	2005.12.23	감 사 의 견	적정 (한영)
결 산 기	12월	보 통 주	1,109만주
액 면 가	500원	우 선 주	

대 표 이 사	박종호,박진오				
계　　열					
종속회사수					
구 상 호					

주주구성 (지분율,%)
박종호	24.1
박진오	18.1
(외국인)	2.8

출자관계 (지분율,%)
피엔케이피부임상연구센타	83.3
코셀러코리아	75.3
대봉엘에프영어조합법인	35.7

주요경쟁사 (외형,%)
대봉엘에스	100
선바이오	2
동성제약	112

매출구성
Valsartan 외 생녹차수 외	47.5
Fluoxetine HCL 외	44.6
용역매출	7.8

비용구성
매출원가율	71.5
판관비율	12.8

수출비중
수출	1.3
내수	98.7

회사 개요
동사는 1986년 설립 이래 32여년간 쌓아온 아미노산 제조관련 핵심기술을 바탕으로 원가 및 품질경쟁력을 갖춘 원료의약품, 화장품 소재, 식품첨가물 원료등을 제조 공급하고 있음. 2010년 중앙대학교 의학연구소와 전략적 제휴를 통해피엔케이피부임상연구센터 설립. 2016년 수출 금액은 9.3억원으로 전체 매출의 1% 수준임. 제품 매출은 353.3억원으로 매출에서 차지하는 비중은 49.7%임.

실적 분석
2016년 매출액은 전년 대비 21.1% 증가한 710.4억원을 기록함. 천연소재를 함유한 청정제주화장품의 수요 증가 때문임. 매출원가는 16.7% 증가하여 매출총이익은 33.9% 증가한 202.7억원을 기록함. 판매비와관리비는 인건비와 경상개발비의 증가로 전년 대비 37.7% 증가한 90.8억원을 나타냄. 영업이익은 111.9억원으로 전년 대비 30.9% 증가하였음. 영업이익 증가에 힘입어 당기순이익도 전년 대비 17.5% 증가함.

현금 흐름 〈단위 : 억원〉
항목	2015	2016
영업활동	87	75
투자활동	-61	-64
재무활동	-2	-4
순현금흐름	25	8
기말현금	48	56

시장 대비 수익률

결산 실적 〈단위 : 억원〉
항목	2011	2012	2013	2014	2015	2016
매출액	380	444	438	522	586	710
영업이익	27	36	61	64	86	112
당기순이익	32	35	53	57	75	88

분기 실적 〈단위 : 억원〉
항목	2015.3Q	2015.4Q	2016.1Q	2016.2Q	2016.3Q	2016.4Q
매출액	135	155	174	191	173	172
영업이익	20	24	25	34	28	24
당기순이익	16	25	20	30	22	16

재무 상태 〈단위 : 억원〉
항목	2011	2012	2013	2014	2015	2016
총자산	438	465	510	566	655	754
유형자산	115	117	123	121	120	145
무형자산	5	6	6	5	5	4
유가증권	1	1		69	18	28
총부채	73	70	68	73	91	108
총차입금	3	3	2	3	7	9
자본금	55	55	55	55	55	55
총자본	366	395	442	494	563	646
지배주주지분	364	393	437	486	552	629

기업가치 지표
항목	2011	2012	2013	2014	2015	2016
주가(최고/저)(천원)	8.9/1.9	3.9/2.2	5.7/2.8	12.5/4.0	17.2/8.0	15.8/9.8
PER(최고/저)(배)	33.3/7.2	13.3/7.7	13.1/6.5	25.9/8.2	27.0/12.5	21.0/13.1
PBR(최고/저)(배)	2.9/0.6	1.1/0.7	1.5/0.7	2.9/0.9	3.5/1.6	2.8/1.7
EV/EBITDA(배)	6.9	6.4	5.6	12.5	10.3	9.4
EPS(원)	285	304	450	491	645	757
BPS(원)	3,290	3,541	3,941	4,383	4,978	5,676
CFPS(원)	328	358	520	572	726	858
DPS(원)	50	50	50	50	50	50
EBITDAPS(원)	291	374	621	654	853	1,111

재무 비율 〈단위 : % 〉
연도	영업이익률	순이익률	부채비율	차입금비율	ROA	ROE	유보율	자기자본비율	EBITDA마진율
2016	15.8	12.5	16.7	1.3	12.6	14.2	1,035.1	85.7	17.4
2015	14.6	12.7	16.1	1.3	14.1	13.8	895.6	86.0	16.1
2014	12.2	10.9	14.8	0.7	10.5	11.8	776.5	87.1	13.9
2013	14.0	12.0	15.3	0.5	10.8	12.0	688.3	86.7	15.7

대상 (A001680)
Daesang

업　　종 : 식료품
신용등급 : (Bond) A+　　(CP) —
홈 페 이 지 : www.daesang.com
본　　사 : 서울시 동대문구 천호대로 26 대상빌딩 (신설동 96-48)
시　　장 : 거래소
기업규모 : 시가총액 중형주
연 락 처 : 02)2220-9500

설 립 일	1956.01.31	종 업 원 수	4,010명
상 장 일	1970.04.01	감 사 의 견	적정 (한영)
결 산 기	12월	보 통 주	3,465만주
액 면 가	1,000원	우 선 주	137만주

대 표 이 사	명형섭
계　　열	
종속회사수	
구 상 호	

주주구성 (지분율,%)
대상홀딩스	39.5
국민연금공단	12.1
(외국인)	9.9

출자관계 (지분율,%)
정풍	100.0
복음자리	100.0
대상에프앤에프	100.0

주요경쟁사 (외형,%)
대상	100
동서	18
롯데푸드	62

매출구성
장류, 조미료등	68.9
바이오, 전분류등	29.6
물류용역등	1.6

비용구성
매출원가율	72.8
판관비율	23.3

수출비중
수출	19.6
내수	80.4

회사 개요
국내 최대 조미료 및 식품첨가물 생산능력을 보유한 회사로서 장류와 조미료 매출이 전체 매출액의 40% 이상을 차지함. 원재료인 농산물의 국내 자급도가 낮아 상당량을 수입에 의존함에 따라 국내 경기변동에는 비교적 둔감한 식품(내수)산업임. 2016년 12월에 경영효율화를 위하여 종속회사인 대상에프앤에프(주)를 흡수합병하고, 외식사업부문을 주요종속회사인 대상베스코코에 양도함.

실적 분석
동사의 2016년 누적 매출액은 소재산업의 매출증가에 힘입어 2조 8,550억원을 기록, 전년 동기대비 8.4% 증가함. 매출 증가와 함께 원가부담도 함께 증가하여 영업이익은 1,111억원으로 전년 동기 대비 1.1% 증가에 그침. 비영업이익 부문에서 금융손실이 230.9억원, 외환손실이 40.2억원이 발생하여 적자가 지속되었으나 법인세비용이 28.5%감소하여 관계기업투자주식 매각 등으로 순이익 600억원을 시현, 전년대비 27.3% 증가함.

현금 흐름 〈단위 : 억원〉
항목	2015	2016
영업활동	924	548
투자활동	-1,875	-2,203
재무활동	1,946	967
순현금흐름	976	-695
기말현금	2,537	1,842

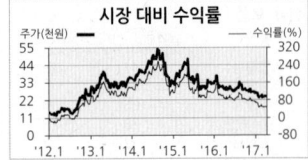

시장 대비 수익률

결산 실적 〈단위 : 억원〉
항목	2011	2012	2013	2014	2015	2016
매출액	21,638	24,518	25,423	25,888	26,350	28,550
영업이익	1,089	1,297	1,558	1,403	1,099	1,111
당기순이익	543	883	1,058	900	472	601

분기 실적 〈단위 : 억원〉
항목	2015.3Q	2015.4Q	2016.1Q	2016.2Q	2016.3Q	2016.4Q
매출액	6,973	6,509	6,843	7,106	7,508	7,093
영업이익	436	82	324	330	365	91
당기순이익	216	-21	210	191	285	-84

재무 상태 〈단위 : 억원〉
항목	2011	2012	2013	2014	2015	2016
총자산	15,656	16,213	17,389	18,148	21,046	23,085
유형자산	6,134	6,317	6,327	6,786	8,016	8,541
무형자산	954	1,028	1,154	1,131	1,131	1,395
유가증권	104	137	1,648	2,162	2,138	2,961
총부채	10,185	9,951	10,259	10,303	12,861	14,412
총차입금	6,797	6,487	6,586	6,229	8,242	9,576
자본금	360	360	360	360	360	360
총자본	5,471	6,262	7,130	7,845	8,185	8,673
지배주주지분	5,227	5,984	6,834	7,579	7,934	8,482

기업가치 지표
항목	2011	2012	2013	2014	2015	2016
주가(최고/저)(천원)	15.4/6.4	29.2/12.7	40.8/26.5	54.4/29.1	47.9/28.1	37.2/25.7
PER(최고/저)(배)	9.8/4.1	11.5/5.0	13.4/8.7	20.9/11.2	29.1/17.1	20.1/13.9
PBR(최고/저)(배)	1.1/0.5	1.8/0.8	2.2/1.5	2.7/1.4	2.2/1.3	1.6/1.1
EV/EBITDA(배)	6.2	7.1	7.8	7.2	8.8	7.8
EPS(원)	1,649	2,657	3,183	2,696	1,694	1,878
BPS(원)	14,513	16,613	18,974	21,042	22,027	23,549
CFPS(원)	3,444	4,441	4,913	4,525	3,659	4,099
DPS(원)	100	150	150	300	400	400
EBITDAPS(원)	5,030	5,552	6,258	5,907	5,158	5,449

재무 비율 〈단위 : % 〉
연도	영업이익률	순이익률	부채비율	차입금비율	ROA	ROE	유보율	자기자본비율	EBITDA마진율
2016	3.9	2.1	166.2	110.4	2.7	7.9	2,254.9	37.6	6.6
2015	4.2	1.8	157.1	100.7	2.4	7.5	2,102.7	38.9	6.7
2014	5.4	3.5	131.3	79.4	5.1	12.9	2,004.2	43.2	7.9
2013	6.1	4.2	143.9	92.4	6.3	17.1	1,797.4	41.0	8.5

대상홀딩스 (A084690)
Daesang Holdings

업   종 : 복합 산업
신용등급 : (Bond) —   (CP) —
홈 페 이 지 : 0
본   사 : 서울시 중구 세종대로9길 41 올리브타워 2층 (서소문동)
시   장 : 거래소
기업규모 : 시가총액 중형주
연 락 처 : 02)2211-6533

설 립 일	2005.08.01	종 업 원 수	15명
상 장 일	2005.08.17	감 사 의 견	적정 (한영)
결 산 기	12월	보 통 주	3,621만주
액 면 가	1,000원	우 선 주	91만주
대 표 이 사	김훈식,임창욱		
종속회사수			
구 상 호			

주주구성 (지분율,%)		출자관계 (지분율,%)		주요경쟁사 (외형,%)	
임상민	36.7	상암커뮤니케이션즈	100.0	대상홀딩스	100
임세령	20.4	동서건설	100.0	SK네트웍스	556
(외국인)	5.8	대상정보기술	100.0	코오롱	119

매출구성		비용구성		수출비중	
[대상㈜]외식품및소재	90.7	매출원가율	72.9	수출	—
[㈜초록마을]유기농식품	6.9	판관비율	23.0	내수	—
[동서건설㈜]관급및민간토목공사	4.3				

회사 개요
동사는 2005년 8월 대상으로부터 인적분할하여 사업부문은 대상에 존속시키고, 투자부문은 당사로 분리되어 설립된 순수 지주회사임. 동사는 지분법평가이익과 상표권 사용에 대한 대가로 얻는 로열티 수입이 수익의 원천으로 자회사들의 영업 및 경영의 특성에 큰 영향을 받는 구조임. 매출구성은 배당금수익 85.73%, 로열티수입 14.27% 등으로 구성됨. 그룹차원의 정책 및 전략을 개발하여 자회사간의 시너지효과와 경영효율을 극대화하는 데 주력하고 있음.

실적 분석
동사의 2016년 연결기준 매출액은 33,180.9억원으로 전년대비 8.7% 증가함. 매출증가에 따른 매출총이익 증가로 영업이익은 전년대비 2.3% 증가한 1,360.7억원을 기록함. 전년대비 비영업손실 감소와 영업이익 증가로 당기순이익은 전년대비 26.9% 증가한 672.2억원을 기록함. 우수한 시장 지배력을 바탕으로 양호한 실적이 지속됐으며, 향후에도 안정적인 실적 지속세는 유지될 전망임.

현금 흐름 〈단위 : 억원〉
항목	2015	2016
영업활동	1,165	782
투자활동	-2,251	-2,150
재무활동	1,861	903
순현금흐름	756	-468
기말현금	3,089	2,621

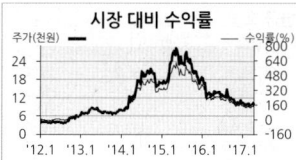
시장 대비 수익률

결산 실적 〈단위 : 억원〉
항목	2011	2012	2013	2014	2015	2016
매출액	2,831	27,309	28,419	29,591	30,517	33,181
영업이익	303	1,463	1,725	1,595	1,330	1,361
당기순이익	273	909	847	931	530	672

분기 실적 〈단위 : 억원〉
항목	2015.3Q	2015.4Q	2016.1Q	2016.2Q	2016.3Q	2016.4Q
매출액	8,048	7,657	7,927	8,353	8,572	8,328
영업이익	503	108	395	407	425	134
당기순이익	203	-1	247	223	282	-80

재무 상태 〈단위 : 억원〉
항목	2011	2012	2013	2014	2015	2016
총자산	5,770	19,782	20,895	21,801	24,804	26,893
유형자산	361	6,633	6,658	7,082	8,323	8,834
무형자산	202	1,239	1,393	1,418	1,426	1,679
유가증권	122	198	1,690	2,255	2,282	3,050
총부채	1,619	11,445	11,933	12,112	14,824	16,391
총차입금	928	7,808	7,394	7,073	9,113	10,407
자본금	371	371	371	371	371	371
총자본	4,151	8,338	8,962	9,690	9,980	10,502
지배주주지분	3,907	4,104	4,318	4,580	4,719	4,963

기업가치 지표
항목	2011	2012	2013	2014	2015	2016
주가(최고/저)(천원)	3.9/2.4	6.2/3.6	9.4/6.3	22.3/7.7	28.4/16.2	18.6/9.6
PER(최고/저)(배)	6.3/3.9	6.8/4.0	12.6/8.5	22.9/7.9	43.2/24.6	23.9/12.3
PBR(최고/저)(배)	0.4/0.3	0.6/0.4	0.9/0.6	1.9/0.7	2.3/1.3	1.4/0.7
EV/EBITDA(배)	4.4	5.1	4.4	5.9	7.6	6.4
EPS(원)	688	968	781	1,006	674	793
BPS(원)	10,524	11,056	11,631	12,335	12,712	13,368
CFPS(원)	821	2,801	2,581	2,932	2,767	3,122
DPS(원)	150	120	120	170	170	170
EBITDAPS(원)	969	5,873	6,565	6,331	5,767	6,086

재무 비율 〈단위 : %〉
연도	영업이익률	순이익률	부채비율	차입금비율	ROA	ROE	유보율	자기자본비율	EBITDA마진율
2016	4.1	2.0	156.1	99.1	2.6	5.9	1,236.8	39.1	6.6
2015	4.4	1.7	148.5	91.3	2.2	5.3	1,171.2	40.2	6.8
2014	5.4	3.2	125.0	73.0	4.4	8.2	1,133.5	44.5	7.8
2013	6.1	3.0	133.2	82.5	4.2	6.7	1,063.1	42.9	8.4

대성미생물연구소 (A036480)
DAESUNG MICROBIOLOGICAL LABS CO

업   종 : 제약
신용등급 : (Bond) —   (CP) —
홈 페 이 지 : www.dsmbio.com
본   사 : 경기도 의왕시 덕영대로 103
시   장 : KOSDAQ
기업규모 : 중견
연 락 처 : 031)461-7103

설 립 일	1966.02.04	종 업 원 수	140명
상 장 일	2000.04.04	감 사 의 견	적정 (우덕)
결 산 기	12월	보 통 주	38만주
액 면 가	5,000원	우 선 주	
대 표 이 사	조항원		
종속회사수			
구 상 호			

주주구성 (지분율,%)		출자관계 (지분율,%)		주요경쟁사 (외형,%)	
이동규	32.0			대성미생물	100
조항원	6.6			한국비엔씨	40
(외국인)	0.8			이-글 벳	94

매출구성		비용구성		수출비중	
기타	54.7	매출원가율	66.8	수출	17.7
대성 에프엠디 백신	34.0	판관비율	17.1	내수	82.3
대성 지속성PPS 주사	6.4				

회사 개요
동사는 우리나라 축산업의 태동기인 1968년 5월에 설립되어 지난 50년간 '성공축산을 향한 신뢰의 선택' 이라는 믿음을 바탕으로 양질의 동물용의약품만을 생산하며 대한민국 축산업 발전에 공헌해 온 동물용의약품 전문 기업임. 2000년 3월 코스닥시장에 상장한 주권상장법인으로서 현재 아시아, 유럽 등 10여개국에 동사의 제품을 수출하고 있음. 2016년 기준 내수 매출액은 253.4억원으로 전체 매출의 82.3%를 차지함.

실적 분석
동사의 2016년 매출액은 308.0억원으로 전년 대비 0.7% 감소하였음. 매출원가와 매출총이익은 각각 0.9%, 0.3% 감소하였음. 인건비 등의 증가로 판매비와관리비는 전년 대비 7.3% 증가한 52.7억원을 기록함. 그 결과 영업이익은 49.5억원으로 전년 대비 7.3% 감소하며 부진하였음. 영업이익의 감소로 당기순이익 또한 전년 대비 1.2% 감소한 45.0억원에 그침.

현금 흐름 *IFRS 별도 기준 〈단위 : 억원〉
항목	2015	2016
영업활동	77	35
투자활동	-13	-47
재무활동	-13	-10
순현금흐름	51	-21
기말현금	65	44

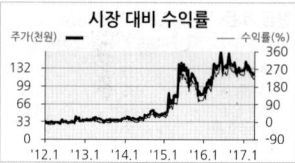
시장 대비 수익률

결산 실적 〈단위 : 억원〉
항목	2011	2012	2013	2014	2015	2016
매출액	171	163	216	253	310	308
영업이익	-7	3	13	24	53	49
당기순이익	-3	0	20	26	46	45

분기 실적 *IFRS 별도 기준 〈단위 : 억원〉
항목	2015.3Q	2015.4Q	2016.1Q	2016.2Q	2016.3Q	2016.4Q
매출액	57	84	78	80	76	74
영업이익	4	14	15	16	12	7
당기순이익	4	13	12	13	8	12

재무 상태 *IFRS 별도 기준 〈단위 : 억원〉
항목	2011	2012	2013	2014	2015	2016
총자산	266	256	289	278	324	356
유형자산	140	130	147	142	134	128
무형자산	8	8	8	8	10	12
유가증권	0	0	0	0	0	0
총부채	68	58	92	67	73	66
총차입금	52	40	54	30	20	14
자본금	19	19	19	19	19	19
총자본	198	197	197	211	251	290
지배주주지분	198	197	197	211	251	290

기업가치 지표 *IFRS 별도 기준
항목	2011	2012	2013	2014	2015	2016
주가(최고/저)(천원)	44.3/27.6	44.2/28.7	41.1/31.8	56.3/36.8	144/46.7	178/86.7
PER(최고/저)(배)	—/—	40.7/26.5	38.1/29.5	10.9/7.1	12.3/4.0	15.2/7.4
PBR(최고/저)(배)	0.9/0.6	0.9/0.6	0.8/0.7	1.1/0.7	2.2/0.7	2.4/1.1
EV/EBITDA(배)	30.8	10.1	7.1	5.1	4.0	6.4
EPS(원)	-810	1,174	1,141	5,375	11,975	11,828
BPS(원)	52,184	51,926	51,884	55,625	66,035	76,346
CFPS(원)	2,469	4,606	4,582	8,954	15,630	15,418
DPS(원)	850	850	850	850	1,000	1,000
EBITDAPS(원)	1,376	4,146	6,826	9,834	17,699	16,607

재무 비율 〈단위 : %〉
연도	영업이익률	순이익률	부채비율	차입금비율	ROA	ROE	유보율	자기자본비율	EBITDA마진율
2016	16.1	14.6	22.7	4.9	13.2	16.6	1,426.9	81.5	20.5
2015	17.2	14.7	29.2	8.0	15.1	19.7	1,220.7	77.4	21.7
2014	9.4	8.1	31.5	14.2	7.2	10.0	1,012.5	76.1	14.8
2013	6.0	2.0	46.8	27.3	1.6	2.2	937.7	68.1	12.0

대성산업 (A128820)
DAESUNG INDUSTRIAL

업 종 : 석유 및 가스		시 장 : 거래소	
신용등급 : (Bond) BB (CP) —		기업규모 : 시가총액 소형주	
홈페이지 : www.daesung.co.kr		연 락 처 : 02)2170-2160	
본 사 : 서울시 구로구 경인로 662 디큐브시티			

설 립 일	2010.06.30	종 업 원 수	757명	대 표 이 사	김영대,정광우
상 장 일	2010.07.30	감 사 의 견	적정 (삼정)	계 열	
결 산 기	12월	보 통 주	2,409만주	종속회사수	
액 면 가	5,000원	우 선 주	2,839만주	구 상 호	

주주구성 (지분율,%)		출자관계 (지분율,%)		주요경쟁사 (외형,%)	
대성합동지주	50.7	대성히트펌프	100.0	대성산업	100
김영대	0.6	한국물류용역	100.0	E1	510
(외국인)	0.5	에스필	100.0	리드코프	56

매출구성		비용구성		수출비중	
석유가스부문(기타)	71.5	매출원가율	86.7	수출	—
에너지사업부문(기타)	10.6	판관비율	15.9	내수	—
기타	9.6				

회사 개요
동사는 대성나찌유압공업 등 13개의 연결대상 종속회사를 거느린 지주회사로 2010년 6월에 설립됨. 석유가스 및 기계 판매, 해외자원개발을 주사업으로 영위하고 있으며, 주력부문인 석유가스판매부문은 주유소 35개소와 가스충전소 19개소를 설치 운영중임. 기계부문은 세계 유명메이커로부터 유공압기기, 일반산업기기의 수입 판매와 계열사 생산 제품인 유공압 밸브류 및 자체 생산품인 기어드모터를 판매 중.

실적 분석
2016년 동사의 연결기준 연간 누적 매출액은 7829.9억원으로 전년 대비 8.2% 감소함. 영업이익은 200.8억원 손실을 기록하며 적자를 지속했지만 전년 415.1억원 손실에 비해선 줄어듦. 건설, 유통, 기타 부문에서 지속적으로 영업손실이 발생하고 있음. 누적 당기순손실은 1340.5억원에 달함. 자회사인 대성쎌틱에너시스 지분 매각과 2017년 2월 대성합동지주에서 보유한 대성산업가스 주식 매각으로 3월 만기 회사채 1040억원 상환함.

현금 흐름 〈단위 : 억원〉

항목	2015	2016
영업활동	-354	121
투자활동	5,831	386
재무활동	-5,828	-492
순현금흐름	-351	14
기말현금	241	256

시장 대비 수익률

결산 실적 〈단위 : 억원〉

항목	2011	2012	2013	2014	2015	2016
매출액	12,765	13,204	11,779	11,202	8,527	7,830
영업이익	-284	-106	-2,040	-165	-415	-201
당기순이익	-585	-1,218	-3,072	-4,127	-1,260	-1,341

분기 실적 〈단위 : 억원〉

항목	2015.3Q	2015.4Q	2016.1Q	2016.2Q	2016.3Q	2016.4Q
매출액	2,048	1,811	2,137	2,085	1,905	1,704
영업이익	-20	-331	-11	-69	-11	-109
당기순이익	-146	-565	-230	-327	-97	-687

재무 상태 〈단위 : 억원〉

항목	2011	2012	2013	2014	2015	2016
총자산	24,220	26,681	22,687	18,708	10,763	9,491
유형자산	13,015	12,474	9,415	5,050	4,903	4,602
무형자산	579	586	520	505	592	236
유가증권	1,064	2,174	1,314	1,420	759	584
총부채	17,160	20,422	18,258	18,562	9,597	8,793
총차입금	14,257	17,902	15,514	15,187	6,854	5,910
자본금	289	289	1,431	2,124	2,124	2,624
총자본	7,060	6,259	4,429	146	1,166	698
지배주주지분	6,977	6,205	4,383	113	1,136	670

기업가치 지표

항목	2011	2012	2013	2014	2015	2016
주가(최고/저)(천원)	104/59.0	74.6/32.4	40.1/17.5	23.7/10.5	10.7/3.4	5.1/2.4
PER(최고/저)(배)	—/—	—/—	—/—	—/—	—/—	—/—
PBR(최고/저)(배)	0.2/0.1	0.2/0.1	0.4/0.2	9.9/4.4	3.7/1.2	3.5/1.6
EV/EBITDA(배)	803.6	57.5	—	390.9	—	—
EPS(원)	-44,170	-84,263	-108,810	-85,897	-3,345	-3,988
BPS(원)	120,926	107,337	15,322	2,801	2,908	1,466
CFPS(원)	-5,526	-15,073	-16,726	-95,808	-2,824	-3,450
DPS(원)	—	—	—	—	—	—
EBITDAPS(원)	341	4,740	-10,636	943	-581	-60

재무 비율 〈단위 : %〉

연도	영업이익률	순이익률	부채비율	차입금비율	ROA	ROE	유보율	자기자본비율	EBITDA마진율
2016	-2.6	-17.1	일부잠식	일부잠식	-13.2	-148.3	-70.7	7.4	-0.3
2015	-4.9	-14.8	일부잠식	일부잠식	-8.6	-201.7	-41.8	10.8	-2.6
2014	-1.5	-36.8	일부잠식	일부잠식	-19.9	-183.3	-44.0	0.8	0.3
2013	-17.3	-26.1	412.2	350.2	-12.5	-57.9	206.5	19.5	-15.2

대성에너지 (A117580)
DAESUNG ENERGY

업 종 : 가스		시 장 : 거래소	
신용등급 : (Bond) A+ (CP) —		기업규모 : 시가총액 소형주	
홈페이지 : www.daesungenergy.com		연 락 처 : 053)606-1000	
본 사 : 대구시 중구 명덕로 85(남산동)			

설 립 일	2009.10.01	종 업 원 수	433명	대 표 이 사	강석기,김영훈
상 장 일	2010.12.24	감 사 의 견	적정 (삼일)	계 열	
결 산 기	12월	보 통 주	2,750만주	종속회사수	
액 면 가	1,000원	우 선 주		구 상 호	

주주구성 (지분율,%)		출자관계 (지분율,%)		주요경쟁사 (외형,%)	
대성홀딩스	63.6	대구청정에너지	23.5	대성에너지	100
대성밸류인베스트먼트	9.1	대구그린에너지센터	18.0	예스코	142
(외국인)	3.1	비아이지	13.8	대성홀딩스	121

매출구성		비용구성		수출비중	
도시가스	97.8	매출원가율	83.8	수출	0.0
기타매출	2.2	판관비율	13.6	내수	100.0

회사 개요
1983년 설립 후 도시가스 사업을 영위함. 1995년 기존 LPG와 공기혼합방식의 도시가스를 한국가스공사로부터 천연가스를 인수해 공급하는 방식으로 변경함. 2009년 대성홀딩스로부터 물적분할함. 도시가스 사업은 삼천리, 서울가스, 코원ES, 경동가스 외 대형업체들이 전국 공급량의 41.2%(2016년 기준)를 차지하고 있으며, 동사는 4.8%의 시장점유율을 기록함. 대구광역시, 경상북도 일대에서 가스 공급함.

실적 분석
원료비 연동제에 따른 도시가스 판매단가 하락으로 동사의 2016년 누적 매출액은 7,385.6억원을 기록하며 전년대비 15.6% 감소함. 전국 도시가스 공급량은 3% 증가하였으며 동사의 판매량 증가율도 1% 이하임. 수익성은 개선되어, 영업이익은 전년 대비 26.4% 증가하며 192.8억원을 시현함. 당기순이익은 비영업수익 감소로 139.8억원을 시현함. 유틸리티 기업으로 안정적인 수익을 내고 있다는 점이 동사의 최대 장점임.

현금 흐름 *IFRS 별도 기준 〈단위 : 억원〉

항목	2015	2016
영업활동	352	514
투자활동	-541	-653
재무활동	2	-188
순현금흐름	-187	-326
기말현금	406	80

시장 대비 수익률
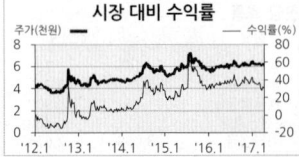

결산 실적 〈단위 : 억원〉

항목	2011	2012	2013	2014	2015	2016
매출액	8,797	9,797	10,195	10,669	8,754	7,386
영업이익	206	150	127	137	153	193
당기순이익	163	128	125	137	137	140

분기 실적 *IFRS 별도 기준 〈단위 : 억원〉

항목	2015.3Q	2015.4Q	2016.1Q	2016.2Q	2016.3Q	2016.4Q
매출액	1,175	2,342	3,128	1,180	905	2,173
영업이익	-46	77	234	-74	-84	117
당기순이익	-30	64	192	-63	-69	80

재무 상태 *IFRS 별도 기준 〈단위 : 억원〉

항목	2011	2012	2013	2014	2015	2016
총자산	5,822	6,446	6,530	6,838	6,274	6,223
유형자산	3,242	3,448	3,610	3,707	3,858	4,026
무형자산	47	43	40	36	31	27
유가증권	56	111	36	43	50	116
총부채	3,177	3,761	3,787	4,051	3,422	3,300
총차입금	668	882	923	898	973	859
자본금	275	275	275	275	275	275
총자본	2,645	2,685	2,743	2,788	2,852	2,923
지배주주지분	2,645	2,685	2,743	2,788	2,852	2,923

기업가치 지표 *IFRS 별도 기준

항목	2011	2012	2013	2014	2015	2016
주가(최고/저)(천원)	10.5/3.6	6.6/3.6	5.2/4.2	6.3/4.5	8.1/5.1	6.5/5.5
PER(최고/저)(배)	23.0/8.0	17.5/9.4	13.5/11.0	15.5/11.0	17.5/11.0	13.3/11.2
PBR(최고/저)(배)	1.4/0.5	0.8/0.5	0.6/0.5	0.7/0.5	0.8/0.5	0.6/0.5
EV/EBITDA(배)	4.0	4.9	5.0	5.1	5.0	4.5
EPS(원)	592	465	454	461	499	508
BPS(원)	9,618	9,763	9,976	10,137	10,370	10,629
CFPS(원)	1,290	1,242	1,311	1,363	1,469	1,551
DPS(원)	300	250	250	250	250	250
EBITDAPS(원)	1,449	1,323	1,320	1,399	1,525	1,744

재무 비율 〈단위 : %〉

연도	영업이익률	순이익률	부채비율	차입금비율	ROA	ROE	유보율	자기자본비율	EBITDA마진율
2016	2.6	1.9	112.9	29.4	2.2	4.8	962.9	47.0	6.5
2015	1.7	1.6	120.0	34.1	2.1	4.9	937.1	45.5	4.8
2014	1.3	1.3	145.3	32.2	1.9	4.6	913.7	40.8	3.6
2013	1.3	1.2	138.0	33.6	1.9	4.6	897.6	42.0	3.6

대성엘텍 (A025440)
DAESUNG ELTEC CO

업 종 : 자동차부품		시 장 : KOSDAQ	
신용등급 : (Bond) BB- (CP) —		기업규모 : 중견	
홈 페 이 지 : www.dseltec.co.kr		연 락 처 : 02)2102-3000	
본 사 : 서울시 금천구 벚꽃로 278			

설 립 일 1979.06.05	종 업 원 수 606명	대 표 이 사 박상규
상 장 일 1995.05.22	감 사 의 견 적정 (삼정)	계 열
결 산 기 12월	보 통 주 9,916만주	종속회사수
액 면 가 500원	우 선 주	구 상 호

주주구성 (지분율,%)		출자관계 (지분율,%)		주요경쟁사 (외형,%)	
STIC Private Equity Fund III L.P.	47.2	청도대성전자	100.0	대성엘텍	100
STIC Shariah Private Equity Fund III L.P.	8.7	천진대성전자	100.0	우수AMS	66
(외국인)	33.9			KB오토시스	46

매출구성		비용구성		수출비중	
AVN , Audio, F/ P	71.0	매출원가율	94.5	수출	—
AMP	19.0	판관비율	3.9	내수	—
기타	10.0				

회사 개요
동사는 1979년 대성정밀로 설립됐다가 1999년 대성엘텍으로 상호변경함. 1995년 코스닥 시장에 상장됨. 카오디오, 앰프 등 자동차용 멀티미디어 제품을 주력으로 생산함. 현대모비스와 일본 알파인, 르노삼성, GM코리아, 쌍용차에 제품을 공급 중임. 현대모비스에 납품한 제품은 최종적으로 현대기아차에 장착됨. 일본 알파인 납품 제품은 토요타 등에 공급됨. STIC Private Equity Fund III L.P.외3인으로 최대주주 변경함.

실적 분석
동사는 2016년 연결 기준 전년 동기 대비 3.2% 증가한 3666.9억원의 매출을 시현함. 매출총이익 역시 10.9% 증가하였으며, 영업이익은 전년 대비 38.1%증가한 57.1억원을 시현함. 당기순이익은 비영업부문의 손실발생에도 불구하고 전년 동기 대비 소폭 증가한 15.4억원을 시현함. 동사의 매출 구성 중 25%가 직수출이며 일본 등에 수출함. 동사가 현대모비스와 알파인 등에 공급하는 제품은 전체 제품의 90%에 달함.

현금 흐름
항목	2015	2016
영업활동	86	101
투자활동	-43	-91
재무활동	-34	-20
순현금흐름	11	-9
기말현금	32	23

〈단위 : 억원〉

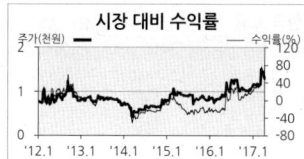

시장 대비 수익률

결산 실적
〈단위 : 억원〉

항목	2011	2012	2013	2014	2015	2016
매출액	2,544	2,657	3,187	3,926	3,552	3,667
영업이익	-78	34	-20	70	41	57
당기순이익	-134	-85	-240	20	14	15

분기 실적
〈단위 : 억원〉

항목	2015.3Q	2015.4Q	2016.1Q	2016.2Q	2016.3Q	2016.4Q
매출액	917	938	915	968	867	917
영업이익	4	21	14	25	7	11
당기순이익	10	-3	7	11	-9	7

재무 상태
〈단위 : 억원〉

항목	2011	2012	2013	2014	2015	2016
총자산	1,232	1,293	1,098	1,104	1,170	1,171
유형자산	539	554	491	491	451	455
무형자산	80	99	101	98	110	101
유가증권	0	3	3	0	0	3
총부채	968	1,030	836	835	890	679
총차입금	745	765	551	530	549	373
자본금	208	256	344	344	344	496
총자본	264	263	262	270	281	492
지배주주지분	264	263	262	270	281	492

기업가치 지표
항목	2011	2012	2013	2014	2015	2016
주가(최고/저)(천원)	1.0/0.6	1.3/0.7	0.9/0.6	0.8/0.4	1.1/0.7	1.4/0.7
PER(최고/저)(배)	—/—	—/—	—/—	28.0/13.2	53.0/35.5	88.0/47.7
PBR(최고/저)(배)	1.4/0.8	2.3/1.2	2.4/1.7	2.1/1.0	2.7/1.8	2.8/1.5
EV/EBITDA(배)	81.6	8.7	12.3	6.9	9.2	10.3
EPS(원)	-356	-215	-432	29	20	16
BPS(원)	633	513	382	392	408	496
CFPS(원)	-105	16	-249	151	138	98
DPS(원)	—	—	—	—	—	—
EBITDAPS(원)	29	288	147	223	178	140

재무 비율
〈단위 : % 〉

연도	영업이익률	순이익률	부채비율	차입금비율	ROA	ROE	유보율	자기자본비율	EBITDA마진율
2016	1.6	0.4	일부잠식	일부잠식	1.3	4.0	-0.7	42.0	3.8
2015	1.2	0.4	일부잠식	일부잠식	1.2	5.1	-18.4	24.0	3.4
2014	1.8	0.5	일부잠식	일부잠식	1.8	7.6	-21.6	24.4	3.9
2013	-0.6	-7.5	일부잠식	일부잠식	-20.1	-91.4	-23.7	23.9	2.6

대성창업투자 (A027830)
Daesung Private Equity

업 종 : 창업투자 및 종금		시 장 : KOSDAQ	
신용등급 : (Bond) — (CP) —		기업규모 : 벤처	
홈 페 이 지 : www.daesungpe.com		연 락 처 : 02)559-2900	
본 사 : 서울시 강남구 역삼로 165 해성빌딩 4층			

설 립 일 1987.08.22	종 업 원 수 21명	대 표 이 사 김영훈,강명구
상 장 일 1999.11.30	감 사 의 견 적정 (대주)	계 열
결 산 기 12월	보 통 주 4,000만주	종속회사수
액 면 가 500원	우 선 주	구 상 호

주주구성 (지분율,%)		출자관계 (지분율,%)		주요경쟁사 (외형,%)	
대성홀딩스	47.2	나라비젼	15.2	대성창투	100
김영훈	3.0	K-innovation수산전문투자조합	15.0	우리종금	1,726
(외국인)	1.0	아주하이텍	14.6	글로본	145

수익구성		비용구성		수출비중	
창업투자 및 기업구조조정 수익	92.8	이자비용	0.0	수출	—
기타영업수익	4.0	투자및금융비	0.0	내수	—
이자수익	1.9	판관비	0.0		

회사 개요
벤처캐피탈 도입초기였던 1987년에 설립되어 중소기업창업자 및 벤처기업에 대한 투자와 창업투자조합의 결성 및 업무의 집행 등을 주업무로 하고 있음. 대성그룹 계열사로서의 브랜드를 대외에 확고히 구축하고 대성그룹과의 협업을 통한 시너지 창출을 목적으로 2010년 3월 사명을 현재 사명으로 변경함. 부품소재, 에너지, 환경, IT산업과 문화콘텐츠 등에 특화된 창업투자회사로 도약하기 위한 노력중.

실적 분석
동사의 2016년 영업수익은 103억원. 투자조합수익은 전기대비 6억원이 감소함. 투자조합수익 중 조합관리보수는 전년 대비 5억원 감소, 조합지분법이익은 15억원 감소했으나, 조합성과보수 및 조합출자금처분이익이 각각 7억원, 8억원 발생함. 또한 기타의 영업수익이 7억원 증가했음. 한편 영업비용은 전년 대비 10억원이 증가. 이의 주원인은 조합지분법손실 6억원, 일반관리비 6억원 증가로 인한 것임.

현금 흐름
*IFRS 별도 기준
항목	2015	2016
영업활동	30	21
투자활동	-39	-3
재무활동	-12	-12
순현금흐름	-21	7
기말현금	58	65

〈단위 : 억원〉

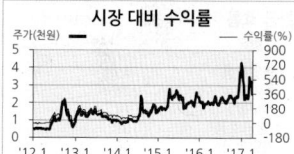

시장 대비 수익률

결산 실적
〈단위 : 억원〉

항목	2011	2012	2013	2014	2015	2016
영업수익	45	63	61	96	103	103
영업이익	-22	14	-9	38	38	28
당기순이익	-17	15	-6	33	35	23

분기 실적
*IFRS 별도 기준 〈단위 : 억원〉

항목	2015.3Q	2015.4Q	2016.1Q	2016.2Q	2016.3Q	2016.4Q
영업수익	28	1	31	19	35	18
영업이익	10	-18	17	2	21	-12
당기순이익	10	-15	18	-2	22	-15

재무 상태
*IFRS 별도 기준 〈단위 : 억원〉

항목	2011	2012	2013	2014	2015	2016
총자산	398	424	454	535	530	522
유형자산	4	2	1	2	7	6
무형자산	1	1	1	1	1	1
유가증권						
총부채	4	6	8	16	14	18
총차입금						
자본금	200	200	200	200	200	200
총자본	393	418	446	519	516	503
지배주주지분	393	418	446	519	516	503

기업가치 지표
*IFRS 별도 기준
항목	2011	2012	2013	2014	2015	2016
주가(최고/저)(천원)	0.6/0.5	2.2/0.5	1.7/0.8	2.4/0.8	2.9/1.5	3.9/1.7
PER(최고/저)(배)	—/—	61.3/13.0	—/—	30.1/9.8	34.8/17.3	67.9/29.4
PBR(최고/저)(배)	0.7/0.5	2.2/0.5	1.6/0.7	1.9/0.6	2.3/1.2	3.1/1.4
PSR(최고/저)(배)	6/4	15/3	12/5	10/3	12/6	15/7
EPS(원)	-41	38	-16	83	86	58
BPS(원)	995	1,045	1,116	1,297	1,290	1,258
CFPS(원)	-33	43	-12	85	90	63
DPS(원)	—	10	—	30	30	30
EBITDAPS(원)	-56	35	-21	95	95	71

재무 비율
〈단위 : % 〉

연도	계속사업이익률	순이익률	부채비율	차입금비율	ROA	ROE	유보율	자기자본비율	총자산증가율
2016	27.1	22.4	3.6		4.4	4.6	151.6	96.5	-1.7
2015	38.6	33.5	2.8		6.5	6.7	158.0	97.3	-0.8
2014	42.9	34.7	3.0		6.7	6.9	159.4	97.1	17.7
2013	-13.7	-10.4	1.8		-1.4	-1.5	123.1	98.2	7.1

대성파인텍 (A104040)
DAESUNG FINETEC CO

업 종 : 자동차부품		시 장 : KOSDAQ	
신용등급 : (Bond) — (CP) —		기업규모 : 벤처	
홈페이지 : www.dsfinetec.com		연 락 처 : 055)289-4885	
본 사 : 경남 창원시 성산구 성산패총로24번길 16(성산동)			

설 립 일	2000.01.04	종 업 원 수	150명	대 표 이 사	김병준
상 장 일	2009.01.23	감 사 의 견	적정 (태성)	계 열	
결 산 기	12월	보 통 주	2,820만주	종속회사수	
액 면 가	100원	우 선 주		구 상 호	

주주구성 (지분율,%)		출자관계 (지분율,%)		주요경쟁사 (외형,%)	
GMU홀딩스투자조합	20.5	에스브이엔베스트먼트	4.9	대성파인텍	100
티엠디네트웍스	11.4	태국대성파인텍	91.2	케이엔더블유	143
(외국인)	0.9			풍강	181

매출구성		비용구성		수출비중	
Door Lock	36.4	매출원가율	81.7	수출	25.0
Seat Recliner	28.1	판관비율	8.0	내수	75.0
기타	16.6				

회사 개요
철판 프레스 가공 시 후공정을 최소화할 수 있도록 절단면을 정밀하게 만드는 기술인 파인블랭킹 핵심기술을 보유하고 있음. 내수시장 위주로 영업활동을 했으나 2005년부터 세계 4위 자동차 부품 기업인 마그나와의 거래를 통해 수출이 점차 증가하여 현재 16개 업체에 수출을 하고 있음. 내수시장 주요 매출처는 현대기아차, 르노삼성차 등임. 태양열을 이용한 사업에 신규 진출하기 위해 태양열 온수기 제조업체인 강남을 흡수합병함.

실적 분석
금형 및 도어락, Seat Recliner, Mission 등 자동차 부품의 판매가 증가와 함께 신재생업도 외형확대 추세. 이에 따라 2016년 누적 매출액은 전년동기 대비 7.7% 증가함. 판관비율 소폭 증가로 영업이익은 8.2% 증가함, 당기순이익은 비영업손실 발생으로 전년대비 다소 감소함. 2013년 마그나사와 234억원 규모의 정밀 자동차 부품과 금형 공급계약을 체결하여 수출 비중이 지속적으로 늘어나는 추세임.

현금 흐름 〈단위 : 억원〉
항목	2015	2016
영업활동	49	60
투자활동	-26	-79
재무활동	14	54
순현금흐름	39	38
기말현금	106	144

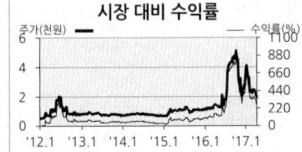

결산 실적 〈단위 : 억원〉
항목	2011	2012	2013	2014	2015	2016
매출액	325	351	356	389	443	477
영업이익	51	46	48	40	53	49
당기순이익	38	37	32	33	40	40

분기 실적 〈단위 : 억원〉
항목	2015.3Q	2015.4Q	2016.1Q	2016.2Q	2016.3Q	2016.4Q
매출액	97	134	121	112	109	134
영업이익	6	29	14	10	3	22
당기순이익	5	20	12	7	1	20

재무 상태 〈단위 : 억원〉
항목	2011	2012	2013	2014	2015	2016
총자산	407	392	418	525	591	678
유형자산	139	128	126	219	219	285
무형자산	3	4	5	5	3	3
유가증권	56	36	24	23	12	6
총부채	184	129	130	204	228	259
총차입금	101	57	59	120	135	177
자본금	26	26	26	27	27	28
총자본	223	263	288	320	363	419
지배주주지분	222	261	286	319	362	418

기업가치 지표
항목	2011	2012	2013	2014	2015	2016
주가(최고/저)(천원)	0.6/0.4	2.0/0.5	0.9/0.7	0.9/0.7	1.3/0.7	5.1/1.1
PER(최고/저)(배)	4.8/3.4	16.0/4.0	8.3/6.0	7.2/5.5	9.1/4.5	36.7/7.9
PBR(최고/저)(배)	0.8/0.6	2.2/0.5	0.9/0.6	0.7/0.6	1.0/0.5	3.5/0.7
EV/EBITDA(배)	2.4	3.6	2.5	3.8	4.5	11.5
EPS(원)	145	141	121	127	151	141
BPS(원)	4,450	5,207	5,691	6,167	6,905	1,494
CFPS(원)	1,039	1,007	884	972	1,080	205
DPS(원)	100	110	110	110	120	
EBITDAPS(원)	1,298	1,178	1,190	1,109	1,329	239

재무 비율 〈단위 : % 〉
연도	영업이익률	순이익률	부채비율	차입금비율	ROA	ROE	유보율	자기자본비율	EBITDA마진율
2016	10.3	8.3	61.7	42.2	6.2	10.2	1,394.0	61.8	14.1
2015	12.1	9.1	62.9	37.2	7.2	11.8	1,281.0	61.4	16.0
2014	10.4	8.5	63.8	37.6	7.0	11.0	1,133.4	61.1	15.0
2013	13.4	8.9	45.2	20.5	7.8	11.5	1,038.3	68.9	17.4

대성합동지주 (A005620)
Daesung Group Partners

업 종 : 석유 및 가스		시 장 : 거래소	
신용등급 : (Bond) — (CP) —		기업규모 : 시가총액 소형주	
홈페이지 : www.daesung.co.kr		연 락 처 : 02)2170-2181	
본 사 : 서울시 구로구 경인로 662 디큐브시티 18층			

설 립 일	1968.07.04	종 업 원 수	36명	대 표 이 사	김영대,차도윤
상 장 일	1976.12.28	감 사 의 견	적정 (삼일)	계 열	
결 산 기	12월	보 통 주	180만주	종속회사수	
액 면 가	5,000원	우 선 주		구 상 호	

주주구성 (지분율,%)		출자관계 (지분율,%)		주요경쟁사 (외형,%)	
김영대	46.8	대성계전	100.0	대성합동지주	100
김영훈	1.6	가하이엠씨	100.0	E1	469
		문경새재관광	100.0	리드코프	51

매출구성		비용구성		수출비중	
석유가스부문	68.3	매출원가율	86.8	수출	—
기타	10.6	판관비율	15.5	내수	—
에너지사업부문	10.0				

회사 개요
1968년 설립된 동사는 2010년 석유사업 및 건설사업 등 사업부문 일체를 인적분할을 통해 신설회사인 대성산업주식회사로 포괄이전하고 상호를 대성합동지주로 변경함. 차량 연료 도소매업을 영위하는 대성산업, 정밀 계량계측기기 제조 및 판매업의 대성계전, 산업용 공기필터 제조사인 한국캠브리지필터 등을 주요 계열사로 두고 있음. 동사는 자회사 등으로부터 받는 배당 수익과 상표권 수익을 주 수입원으로 함.

실적 분석
동사의 2016년 4분기 연결기준 누적 매출액은 전년대비 6.9% 감소한 8525.9억원을 기록. 영업손실은 198.1억원으로 전년(영업손실 427.2억원)에 이어 적자가 지속됐지만 그 폭은 줄어듬. 단 당기순손실은 1300.2억원을 기록하며 전년보다 180억원 가량 늘어남. 자회사였던 대성산업가스와 디큐브시티백화점을 매각하는 등 유동성 확보에 주력하고 있음.

현금 흐름 〈단위 : 억원〉
항목	2015	2016
영업활동	-401	197
투자활동	6,562	479
재무활동	-6,539	-643
순현금흐름	-378	33
기말현금	256	289

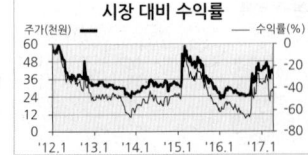

결산 실적 〈단위 : 억원〉
항목	2011	2012	2013	2014	2015	2016
매출액	17,164	17,485	12,165	11,782	9,156	8,526
영업이익	155	321	-1,305	-126	-427	-198
당기순이익	-417	-734	-3,305	-2,722	-1,129	-1,300

분기 실적 〈단위 : 억원〉
항목	2015.3Q	2015.4Q	2016.1Q	2016.2Q	2016.3Q	2016.4Q
매출액	2,218	1,970	2,284	2,288	2,080	1,874
영업이익	-18	-329	-12	-72	-7	-106
당기순이익	-166	-354	-241	-327	-71	-662

재무 상태 〈단위 : 억원〉
항목	2011	2012	2013	2014	2015	2016
총자산	34,392	39,519	34,090	21,066	12,360	11,220
유형자산	18,702	19,054	16,328	5,280	5,113	4,839
무형자산	629	658	635	506	594	237
유가증권	1,204	1,922	1,087	739	817	654
총부채	23,489	29,089	26,005	17,776	9,551	9,247
총차입금	19,129	24,712	21,523	13,921	6,577	6,133
자본금	90	90	90	90	90	90
총자본	10,904	10,431	8,085	3,290	2,809	1,983
지배주주지분	6,093	6,145	4,913	3,349	2,664	1,993

기업가치 지표
항목	2011	2012	2013	2014	2015	2016
주가(최고/저)(천원)	88.3/47.7	59.2/31.2	36.2/23.3	36.3/26.0	60.9/25.5	50.0/22.5
PER(최고/저)(배)	—/—	—/—	—/—	—/—	—/—	—/—
PBR(최고/저)(배)	0.3/0.1	0.2/0.1	0.1/0.1	0.2/0.1	0.4/0.2	0.4/0.2
EV/EBITDA(배)	24.2	19.4		20.9		654.2
EPS(원)	-11,834	-24,005	-102,742	-84,687	-43,961	-53,244
BPS(원)	349,067	351,932	282,324	195,380	157,299	120,017
CFPS(원)	30,711	31,218	-48,226	-44,615	-28,000	-41,681
DPS(원)	1,000	1,000				
EBITDAPS(원)	51,150	73,087	-18,003	33,089	-7,785	554

재무 비율 〈단위 : % 〉
연도	영업이익률	순이익률	부채비율	차입금비율	ROA	ROE	유보율	자기자본비율	EBITDA마진율
2016	-2.3	-15.3	466.3	309.3	-11.0	-41.1	2,300.3	17.7	0.1
2015	-4.7	-12.3	340.1	234.2	-6.8	-26.3	3,046.0	22.7	-1.5
2014	-1.1	-23.1	540.3	423.1	-9.9	-36.9	3,807.6	15.6	5.1
2013	-10.7	-27.2	321.6	266.2	-9.0	-33.4	5,546.5	23.7	-2.7

대성홀딩스 (A016710)
Daesung Holdings

업 종 : 가스	시 장 : 거래소
신용등급 : (Bond) A+ (CP) —	기업규모 : 시가총액 소형주
홈페이지 : www.daesung-holdings.com	연락처 : 053)606-1300
본 사 : 대구시 중구 명덕로 85 (남산동)	

설 립 일 1983.01.31	종 업 원 수 69명	대 표 이 사 김영훈
상 장 일 1999.12.22	감 사 의 견 적정 (삼일)	계 열
결 산 기 12월	보 통 주 1,609만주	종속회사수
액 면 가 1,000원	우 선 주	구 상 호

주주구성 (지분율,%)		출자관계 (지분율,%)		주요경쟁사 (외형,%)	
김영훈	39.9	대성글로벌네트워	100.0	대성홀딩스	100
대성인베스트먼트	16.8	대성에너지제2서비스	100.0	예스코	118
(외국인)	4.1	대성에너지제3서비스	100.0	서울가스	143

매출구성		비용구성		수출비중	
[IT사업부]통신매출	27.9	매출원가율	84.7	수출	—
[경영지원부문]배당금수익	26.0	판관비율	12.0	내수	—
기타	18.1				

회사 개요
동사는 도시가스 제조 및 공급을 영위할 목적으로 1983년 설립하였으며, 그룹 종속회사 및 계열사 경영 및 법무 컨설팅뿐만 아니라 자체 사업부인 IT사업부문과 교육컨텐츠사업부문이 있음. IT사업부문과 교육콘텐츠 사업부문을 통하여 시스템 통합, 소프트웨어 개발, 교육콘텐츠 개발 및 교육정보처리 사업을 영위하고 있음. 종속회사로는 대성에너, 대성이앤씨 등 국내 9개사, 해외 1개사를 보유하고 있음.

실적 분석
동사의 2016년 연결기준 결산 매출액은 전년대비 15.7% 감소한 8,902.1억원을 기록함. 매출 감소에도 불구하고 원가율 개선으로 영업이익은 전년대비 22.4% 증가한 294.3억원을 시현함. 비영업이익 감소로 당기순이익은 전년대비 15.6% 감소한 233.6억원을 기록함. 모바일 유통 등 자체사업 위축에도 불구하고 자회사들의 안정적인 실적으로 실적을 유지하고 있음. 특히 대성에너 등 도시가스 사업에서 양호한 영업성과를 보이고 있음.

현금 흐름 〈단위 : 억원〉

항목	2015	2016
영업활동	578	629
투자활동	-1,128	-889
재무활동	-51	-293
순현금흐름	-599	-552
기말현금	1,322	770

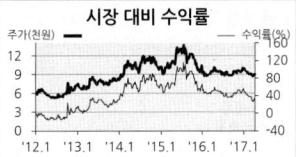
시장 대비 수익률

결산 실적 〈단위 : 억원〉

항목	2011	2012	2013	2014	2015	2016
매출액	10,710	11,842	12,739	12,694	10,560	8,902
영업이익	221	201	259	246	240	294
당기순이익	377	330	283	270	277	234

분기 실적 〈단위 : 억원〉

항목	2015.3Q	2015.4Q	2016.1Q	2016.2Q	2016.3Q	2016.4Q
매출액	1,546	2,808	3,594	1,525	1,211	2,572
영업이익	-31	74	266	-48	-71	148
당기순이익	-59	42	267	-22	-58	46

재무 상태 〈단위 : 억원〉

항목	2011	2012	2013	2014	2015	2016
총자산	9,368	10,578	11,392	11,902	11,394	11,284
유형자산	3,588	3,782	3,927	4,033	4,251	4,475
무형자산	86	82	78	66	60	54
유가증권	273	591	72	87	213	245
총부채	4,870	5,828	6,436	6,717	6,043	5,842
총차입금	1,915	2,398	2,777	2,763	2,785	2,600
자본금	161	161	161	161	161	161
총자본	4,498	4,750	4,956	5,185	5,351	5,443
지배주주지분	3,170	3,381	3,520	3,674	3,809	3,875

기업가치 지표

항목	2011	2012	2013	2014	2015	2016
주가(최고/저)(천원)	13.8/5.4	8.8/5.2	8.8/6.5	12.1/8.2	14.3/9.0	10.1/8.8
PER(최고/저)(배)	8.1/3.1	6.1/3.6	7.8/5.7	11.8/8.0	12.5/7.9	11.7/10.1
PBR(최고/저)(배)	0.8/0.3	0.5/0.3	0.4/0.3	0.6/0.4	0.6/0.4	0.4/0.4
EV/EBITDA(배)	6.9	7.2	6.3	7.0	7.0	6.1
EPS(원)	1,994	1,645	1,250	1,104	1,196	883
BPS(원)	19,705	21,016	21,878	22,836	23,671	24,082
CFPS(원)	3,422	3,180	2,983	2,899	3,131	2,881
DPS(원)	200	250	250	250	250	250
EBITDAPS(원)	2,804	2,785	3,345	3,325	3,430	3,827

재무 비율 〈단위 : % 〉

연도	영업이익률	순이익률	부채비율	차입금비율	ROA	ROE	유보율	자기자본비율	EBITDA마진율
2016	3.3	2.6	107.3	47.8	2.1	3.7	2,308.2	48.2	6.9
2015	2.3	2.6	112.9	52.1	2.4	5.2	2,267.1	47.0	5.2
2014	1.9	2.1	129.5	53.3	2.3	4.9	2,183.6	43.6	4.2
2013	2.0	2.2	129.9	56.1	2.6	5.8	2,087.8	43.5	4.2

대신정보통신 (A020180)
Daishin Information & Communications

업 종 : IT 서비스	시 장 : KOSDAQ
신용등급 : (Bond) — (CP) —	기업규모 : 중견
홈페이지 : www.dsic.co.kr	연락처 : 02)2107-5000
본 사 : 광주시 서구 상무중앙로 110 (치평동, 우체국보험광주회관)	

설 립 일 1987.08.28	종 업 원 수 429명	대 표 이 사 이재원
상 장 일 1995.10.06	감 사 의 견 적정 (삼정)	계 열
결 산 기 03월	보 통 주 3,843만주	종속회사수
액 면 가 500원	우 선 주	구 상 호

주주구성 (지분율,%)		출자관계 (지분율,%)		주요경쟁사 (외형,%)	
최갑순	8.1			대신정보통신	100
이재원	6.8			다우기술	767
(외국인)	2.3			오상자이엘	40

매출구성		비용구성		수출비중	
시스템구축	57.4	매출원가율	91.0	수출	2.9
H/W	18.5	판관비율	8.1	내수	97.1
기타IT서비스	13.2				

회사 개요
동사는 대신그룹 계열의 IT 전문기업으로서, 한국표준산업분류표 프로그래밍, 시스템 통합 및 관리업을 영위하고 있으며 주요제품으로는 공공분야, 금융분야, 물류분야의 시스템 구축, 네트워크 컨설팅, 모바일 솔루션, 프린팅 솔루션이 있음. SI산업은 지식과 기술 집약적인 고부가가치 산업으로 전세계적으로 연평균 10% 이상의 고도 성장을 거듭하고 있기 때문에 안정적인 시장이 형성되고 있음.

실적 분석
동사의 연결기준 2016년 결산 매출액은 전년대비 7.4% 증가한 1,328.8억원, 영업이익은 전년 대비 98.8% 증가하며 29.6억원을 기록함. 이는 매출 증가 및 비용 감소로 인해 수익성이 개선되었기 때문으로 보임. 순이익 역시 전년 대비 78.5% 성장한 24.4억원을 기록하였음. 향후 건강보험심사평가원 ICT 구축, 정부통합전산센터 통합구축 사업 등 수주로 실적 개선 기대하고 있음.

현금 흐름 *IFRS 별도 기준 〈단위 : 억원〉

항목	2015	2016.3Q
영업활동	66	176
투자활동	-4	-67
재무활동	-6	2
순현금흐름	56	112
기말현금	163	274

시장 대비 수익률

결산 실적 〈단위 : 억원〉

항목	2011	2012	2013	2014	2015	2016
매출액	900	1,007	1,079	1,411	1,504	—
영업이익	12	11	-8	13	13	—
당기순이익	9	10	-4	12	14	—

분기 실적 *IFRS 별도 기준 〈단위 : 억원〉

항목	2015.2Q	2015.3Q	2015.4Q	2016.1Q	2016.2Q	2016.3Q
매출액	392	574	266	254	323	752
영업이익	11	11	-2	-12	5	37
당기순이익	10	13	0	-11	6	29

재무 상태 *IFRS 별도 기준 〈단위 : 억원〉

항목	2011	2012	2013	2014	2015	2016.3Q
총자산	286	338	338	404	455	799
유형자산	64	76	86	86	81	86
무형자산	10	7	6	4	3	4
유가증권	2	4	4	4	4	15
총부채	86	128	131	187	229	554
총차입금	무	무	무	무	무	무
자본금	192	192	192	192	192	192
총자본	200	210	206	218	226	245
지배주주지분	200	210	206	218	226	245

기업가치 지표 *IFRS 별도 기준

항목	2011	2012	2013	2014	2015	2016.3Q
주가(최고/저)(천원)	0.6/0.3	1.4/0.4	1.0/0.5	0.9/0.6	1.6/0.7	2.9/1.2
PER(최고/저)(배)	28.0/14.4	53.3/17.1	—/—	29.4/19.6	45.5/21.0	—/—
PBR(최고/저)(배)	1.3/0.7	2.6/0.9	1.9/1.0	1.6/1.1	2.8/1.3	4.7/1.9
EV/EBITDA(배)	7.1	12.0	34.3	8.5	16.0	—/—
EPS(원)	24	27	-10	31	36	64
BPS(원)	520	547	537	567	588	637
CFPS(원)	57	61	22	65	66	82
DPS(원)				15	15	
EBITDAPS(원)	63	62	11	65	65	96

재무 비율 〈단위 : % 〉

연도	영업이익률	순이익률	부채비율	차입금비율	ROA	ROE	유보율	자기자본비율	EBITDA마진율
2015	0.9	0.9	101.5	0.0	3.2	6.2	17.6	49.6	1.7
2014	0.9	0.8	85.6	0.0	3.2	5.5	13.5	53.9	1.8
2013	-0.8	-0.4	63.8	0.0	-1.1	-1.9	7.4	61.1	0.4
2012	1.1	1.0	60.8	0.0	3.3	5.1	9.4	62.2	2.4

대신증권 (A003540)
Daishin Securities

업　　종 : 증권　　　　　　　　　　시　　장 : 거래소
신용등급 : (Bond) AA-　　(CP) A1　　기업규모 : 시가총액 중형주
홈페이지 : www.daishin.com　　　　연　락　처 : 02)769-2000
본　　사 : 서울시 중구 삼일대로 343

설 립 일	1962.07.27	종업원수	1,587명	대표이사	나재철
상 장 일	1975.10.01	감사의견	적정(삼일)	계　열	
결 산 기	12월	보 통 주	5,077만주	종속회사수	
액 면 가	5,000원	우 선 주	3,600만주	구 상 호	

주주구성 (지분율,%)		출자관계 (지분율,%)		주요경쟁사 (외형,%)	
양홍석	7.0	대신에프앤아이	100.0	대신증권	100
신영자산운용	5.0	대신저축은행	100.0	키움증권	106
(외국인)	21.0	대신자산운용	100.0	유안타증권	68

수익구성		비용구성		수출비중	
금융상품 관련이익	75.6	이자비용	5.7	수출	—
이자수익	11.6	파생상품손실	0.0	내수	—
수수료수익	9.0	판관비	9.0		

회사 개요
동사는 금융투자업을 주요 사업으로 영위하고 있으며, 주요 자회사는 대신F&I, 대신저축은행, 대신자산운용, 대신프라이빗에쿼티, 대신경제연구소 등. 전통적으로 강했던 주식중개업과 자회사를 중심으로 양호한 수익구조를 보유하고 있음. 2015년 1분기 주식 위탁매매 시장점유율은 3.36%로 중위권, 전년 연간 3.19% 대비 시장점유율이 소폭 상승. 일본 및 동남아시아 증권사들과 전략적 제휴를 맺음으로써 영업기반 확대를 위한 노력을 지속 중임.

실적 분석
동사의 2016년 연결 기준 영업수익은 4조 1,347억원, 영업이익은 833억원으로 전년 대비 매출은 20% 증가했으나 영업이익은 51% 감소함. 자기매매를 통한 영업손익은 주식운용이익 170억원(배당수익 포함), 채권운용이익 1,955억원(채권이자 포함), 집합투자증권운용이익 130억원(분배금수익 포함)를 기록함. 위탁매매 부문에서는 1,783억원의 수탁수수료를, 인수주선 수수료 수익은 144억원을 시현함.

현금 흐름		〈단위 : 억원〉
항목	2015	2016
영업활동	3,424	-7,944
투자활동	-347	1,953
재무활동	-3,092	7,190
순현금흐름	18	1,217
기말현금	1,859	3,075

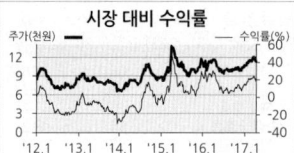

시장 대비 수익률

결산 실적
〈단위 : 억원〉

항목	2011	2012	2013	2014	2015	2016
순영업손익	4,719	3,620	2,447	4,107	5,268	4,463
영업이익	932	8	-117	478	1,701	833
당기순이익	899	32	151	437	1,362	740

분기 실적
〈단위 : 억원〉

항목	2015.3Q	2015.4Q	2016.1Q	2016.2Q	2016.3Q	2016.4Q
순영업손익	1,400	1,225	1,039	1,436	1,032	956
영업이익	493	268	173	431	176	53
당기순이익	420	184	172	267	194	107

재무 상태
〈단위 : 억원〉

항목	2011	2012	2013	2014	2015	2016
총자산	109,808	125,861	138,241	182,217	186,860	176,926
유형자산	2,986	4,164	3,808	3,694	3,892	2,763
무형자산	704	552	426	343	321	296
유가증권	56,281	73,052	82,815	87,785	89,125	83,004
총부채	92,475	109,280	121,895	165,788	169,545	159,145
총차입금	34,158	45,379	50,503	71,653	63,523	65,212
자본금	4,349	4,349	4,349	4,349	4,349	4,349
총자본	17,334	16,581	16,346	16,429	17,315	17,781
지배주주지분	17,333	16,581	16,345	16,428	17,314	17,780

기업가치 지표

항목	2011	2012	2013	2014	2015	2016
주가(최고/저)(천원)	11.9/7.5	9.6/6.8	8.8/6.6	10.9/6.6	14.2/8.0	12.0/9.4
PER(최고/저)(배)	10.0/6.3	214.3/150.0	39.8/29.8	17.0/10.3	6.9/3.9	10.4/8.1
PBR(최고/저)(배)	0.7/0.4	0.6/0.4	0.5/0.4	0.6/0.4	0.7/0.4	0.6/0.4
PSR(최고/저)(배)	2/1	2/1	2/2	2/1	2/1	2/1
EPS(원)	1,479	53	249	719	2,240	1,218
BPS(원)	21,532	20,904	20,535	20,824	22,097	22,589
CFPS(원)	2,100	664	678	1,136	2,575	1,514
DPS(원)	650	500	200	250	500	550
EBITDAPS(원)	1,534	13	-192	786	2,798	1,371

재무 비율
〈단위 : % 〉

연도	계속사업이익률	순이익률	부채비율	차입금비율	ROA	ROE	유보율	자기자본비율	총자산증가율
2016	19.3	16.6	895.1	366.8	0.4	4.2	350.7	10.1	-5.3
2015	34.3	25.9	979.2	366.9	0.7	8.1	340.9	9.3	2.6
2014	12.7	10.6	1,009.1	436.1	0.3	2.7	315.5	9.0	44.8
2013	9.2	6.2	745.7	309.0	0.1	0.9	309.8	11.8	9.8

대아티아이 (A045390)
Daea TI

업　　종 : 운송인프라　　　　　　　시　　장 : KOSDAQ
신용등급 : (Bond) —　　(CP) —　　기업규모 : 우량
홈페이지 : www.daeati.co.kr　　　연　락　처 : 032)680-0800
본　　사 : 경기도 부천시 오정구 수도로 139 (내동)

설 립 일	1995.09.12	종업원수	274명	대표이사	최진우
상 장 일	2001.05.17	감사의견	적정(위드)	계　열	
결 산 기	12월	보 통 주	7,115만주	종속회사수	
액 면 가	100원	우 선 주		구 상 호	

주주구성 (지분율,%)		출자관계 (지분율,%)		주요경쟁사 (외형,%)	
최진우	16.1	대아글로벌	100.0	대아티아이	100
경봉기술	7.0	코마스인터렉티브	70.0	현대로템	3,014
(외국인)	3.4	경봉티엔씨	36.0	서부T&D	56

매출구성		비용구성		수출비중	
소프트웨어(CTC)	60.2	매출원가율	71.9	수출	3.3
광고	31.0	판매비율	14.0	내수	96.7
기타	5.3				

회사 개요
동사는 1995년 설립돼 철도신호제어 시스템 개발과 공급업을 주사업으로 영위함. 코마스인터렉티브, 대아글로벌, 북경코마스광고유한공사 등 연결회사 종속회사 세 개를 보유하고 있음. 연결대상 종속회사들은 광고대행업과 철도신호관련 용역 사업을 영위함. 철도사업은 매출의 78.74%, 광고사업은 매출의 21.26%를 차지함. 광고사업부문 주요 고객으로는 SK, 롯데, G마켓 등이 있음.

실적 분석
동사는 2016년 연결기준 매출액 990.4억원을 시현함. 이는 전년도 매출 826.3억원 대비 19.9% 증가한 금액임. 영업이익은 전년도 대비 149.4% 상승한 140.4억원 기록. 매출원가율이 낮아지고 판매비와 관리비는 전년도 대비 0.4% 늘어나는 데 그친 게 영업이익 상승에 기여함. 전년도 51.8억원을 기록했던 당기순이익은 109.5% 증가한 108.5억원을 기록함.

현금 흐름		〈단위 : 억원〉
항목	2015	2016
영업활동	-23	198
투자활동	-51	-121
재무활동	1	-0
순현금흐름	-73	76
기말현금	50	126

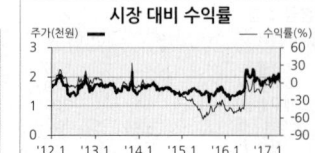

시장 대비 수익률

결산 실적
〈단위 : 억원〉

항목	2011	2012	2013	2014	2015	2016
매출액	648	562	641	849	826	990
영업이익	33	50	47	57	56	140
당기순이익	28	28	28	49	52	108

분기 실적
〈단위 : 억원〉

항목	2015.3Q	2015.4Q	2016.1Q	2016.2Q	2016.3Q	2016.4Q
매출액	192	313	203	210	249	329
영업이익	2	32	24	12	33	70
당기순이익	6	24	20	16	28	45

재무 상태
〈단위 : 억원〉

항목	2011	2012	2013	2014	2015	2016
총자산	737	902	952	925	1,022	1,146
유형자산	38	34	32	34	35	45
무형자산	82	84	70	122	118	120
유가증권	27	36	55	44	54	54
총부채	207	316	336	262	304	317
총차입금	53	112	57	1	0	0
자본금	70	70	70	71	71	71
총자본	530	586	616	663	718	830
지배주주지분	520	575	605	662	702	809

기업가치 지표

항목	2011	2012	2013	2014	2015	2016
주가(최고/저)(천원)	2.6/1.3	2.2/1.3	2.2/1.4	1.8/1.3	1.7/1.1	2.5/1.2
PER(최고/저)(배)	65.5/32.0	58.8/34.1	53.7/33.2	26.1/19.0	23.1/15.5	17.0/8.2
PBR(최고/저)(배)	3.4/1.7	2.8/1.6	2.5/1.6	1.9/1.4	1.7/1.2	2.2/1.1
EV/EBITDA(배)	26.5	17.3	13.6	11.1	12.9	7.3
EPS(원)	40	38	41	70	73	149
BPS(원)	763	816	859	935	987	1,138
CFPS(원)	53	59	63	96	100	175
DPS(원)						
EBITDAPS(원)	60	92	90	107	107	223

재무 비율
〈단위 : % 〉

연도	영업이익률	순이익률	부채비율	차입금비율	ROA	ROE	유보율	자기자본비율	EBITDA마진율
2016	14.2	11.0	38.2	0.0	10.0	14.0	1,037.7	72.4	16.0
2015	6.8	6.3	42.3	0.1	5.3	7.6	887.3	70.3	9.1
2014	6.7	5.8	39.4	0.1	5.3	7.8	834.9	71.7	8.9
2013	7.4	4.4	54.6	9.3	3.1	4.9	759.0	64.7	9.8

대양금속 (A009190)
DaiYang Metal

업 종 : 금속 및 광물		시 장 : 거래소	
신용등급 : (Bond) — (CP) —		기업규모 : 시가총액 소형주	
홈페이지 : www.daiyangmetal.co.kr		연 락 처 : 041)333-4675	
본 사 : 충남 예산군 신암면 추사로 146-8			

설 립 일 1973.08.22	종 업 원 수 199명	대 표 이 사 송윤순
상 장 일 1994.04.29	감 사 의 견 적정 (한영)	계 열
결 산 기 12월	보 통 주 1,232만주	종속회사수
액 면 가 500원	우 선 주 1,395만주	구 상 호

주주구성 (지분율,%)		출자관계 (지분율,%)		주요경쟁사 (외형,%)	
한국스탠다드차타드은행	23.1	대양금속	100		
KEB 하나은행	12.3	SIMPAC Metal	94		
(외국인)	0.0	원일특강	141		

매출구성		비용구성		수출비중	
스테인리스 강판 제품	98.2	매출원가율	88.7	수출	43.0
스테인리스 강판 부산물	1.4	판관비율	4.6	내수	57.0
스테인리스 강판 상품	0.3				

회사 개요
동사는 1973년 설립되어 스테인리스 냉간압연 제품 제조와 판매 사업을 영위하고 있으며 주 제품인 스테인리스 냉연강판은 스테인리스 Hot Coil을 외부 조달하여 자체 냉간압연공정을 거쳐 판매함. 내수 시장점유율은 약 3.0% 수준이며, 경쟁업체로는 포스코가 수위를 점하고 있고, BNG스틸, 현대제철, 대양금속 순으로 시장을 점유하고 있음. 주 수요업종인 건설, 조선 등의 경기 불확실성이 커지고 있어, 고부가가치 부문에 집중할 예정임.

실적 분석
동사의 2016년 기준 매출액은 전년대비 20.3% 성장한 1,462.5억원을 기록함. 매출액 성장과 원자재 가격 하락에 의한 원가 개선, 판관비의 통제 등으로 영업이익 98.4억원, 당기순이익 46.3억원을 보이며 각각 전년대비 흑자전환함. 동사와 채권금융기관의 회의와 경영정상화 계획 이행약정은 2017년 10월 4일까지이며 한국스탠다드차타드은행 등 채권단의 지분도 동기간 동안 보호예수됨.

현금 흐름 *IFRS 별도 기준 〈단위 : 억원〉

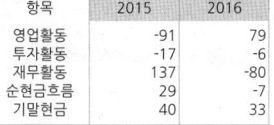

항목	2015	2016
영업활동	-91	79
투자활동	-17	-6
재무활동	137	-80
순현금흐름	29	-7
기말현금	40	33

시장 대비 수익률

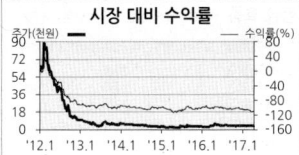

결산 실적 〈단위 : 억원〉

항목	2011	2012	2013	2014	2015	2016
매출액	1,463	1,051	1,137	1,223	1,216	1,462
영업이익	-239	-292	-41	-105	-68	98
당기순이익	-643	-714	-100	-181	-179	46

분기 실적 *IFRS 별도 기준 〈단위 : 억원〉

항목	2015.3Q	2015.4Q	2016.1Q	2016.2Q	2016.3Q	2016.4Q
매출액	321	310	326	381	364	391
영업이익	-3	-19	6	26	31	35
당기순이익	-20	-78	19	8	17	3

재무 상태 *IFRS 별도 기준 〈단위 : 억원〉

항목	2011	2012	2013	2014	2015	2016
총자산	2,169	1,048	1,018	1,049	985	1,001
유형자산	678	573	492	469	414	367
무형자산	—	—	—	—	0	0
유가증권	1	1	1	—	—	—
총부채	1,831	877	817	996	864	836
총차입금	1,494	720	636	752	721	683
자본금	271	229	308	338	131	131
총자본	339	170	200	53	121	165
지배주주지분	339	170	200	53	121	165

기업가치 지표 *IFRS 별도 기준

	2011	2012	2013	2014	2015	2016
주가(최고/저)(천원)	117/57.7	99.8/9.6	11.6/3.2	6.7/2.7	4.6/2.1	6.2/2.5
PER(최고/저)(배)	—/—	—/—	—/—	—/—	—/—	35.0/14.3
PBR(최고/저)(배)	3.6/1.8	53.8/5.2	7.1/2.0	17.2/6.9	9.9/4.6	9.8/4.0
EV/EBITDA(배)			74.0			8.2
EPS(원)	-63,205	-68,247	-887	-1,339	-1,314	176
BPS(원)	626	371	325	78	462	630
CFPS(원)	-1,110	-12,713	-79	-202	-995	336
DPS(원)						
EBITDAPS(원)	-348	-3,520	31	-89	-184	534

재무 비율 〈단위 : %〉

연도	영업이익률	순이익률	부채비율	차입금비율	ROA	ROE	유보율	자기자본비율	EBITDA마진율
2016	6.7	3.2	505.8	413.6	4.7	32.3	25.9	16.5	9.6
2015	-5.6	-14.7	일부잠식	일부잠식	-17.6	-205.3	-7.5	12.3	-2.1
2014	-8.6	-14.8	일부잠식	일부잠식	-17.5	-144.7	-84.4	5.0	-4.9
2013	-3.6	-8.8	일부잠식	일부잠식	-9.7	-53.9	-35.8	19.5	0.9

대양전기공업 (A108380)
DAEYANG ELECTRIC

업 종 : 조선		시 장 : KOSDAQ	
신용등급 : (Bond) — (CP) —		기업규모 : 우량	
홈페이지 : www.daeyang.co.kr		연 락 처 : 051)200-5331	
본 사 : 부산시 사하구 장평로 245			

설 립 일 1988.07.01	종 업 원 수 373명	대 표 이 사 서영우
상 장 일 2011.07.08	감 사 의 견 적정 (성도)	계 열
결 산 기 12월	보 통 주 957만주	종속회사수
액 면 가 500원	우 선 주	구 상 호

주주구성 (지분율,%)		출자관계 (지분율,%)		주요경쟁사 (외형,%)	
서영우	59.7	코세코	9.0	대양전기공업	100
KB자산운용	6.6			두산엔진	459
(외국인)	5.0			엔케이	94

매출구성		비용구성		수출비중	
[조명등기구]기타	40.4	매출원가율	81.9	수출	39.4
기타	18.7	판관비율	7.6	내수	60.6
전자시스템	18.6				

회사 개요
1977년 설립된 동사는 초기 산업용 조명등기구, 배전반, 송풍기 등을 제조했으나, 현재는 조선, 해양, 방위산업 분야로 사업을 다각화하고 있으며, LED조명, MEMS기술 등의 신사업을 추진 중임. 동사는 잠수함용 축전지를 제조하는 한국특수전지의 지분 100%를 소유해 종속회사로 두고 있음. 매출구성은 조명등기구 60.83%, 전자시스템 10.98%, 전기기구 25.25%, 자동차용센서 1.41%, 기타 1.53% 등으로 구성됨.

실적 분석
동사의 2016년 연결기준 매출액은 1,749.5억원으로 전년대비 13.4% 증가함. 원가율과 판관비 증가에도 외형성장에 힘입어 영업이익은 전년대비 2.2% 증가한 183.2억원을 기록함. 비영업손익 규모가 감소하면서 당기순이익은 전년대비 4.3% 감소한 163.8억원을 기록함. 전방산업인 조선업황에도 불구하고 육상용 조명 및 방방위산업으로 다각화와 고부가가치 조명제품의 전문화된 생산으로 꾸준한 외형성장세를 보이고 있음.

현금 흐름 〈단위 : 억원〉

항목	2015	2016
영업활동	39	304
투자활동	-95	-98
재무활동	-8	-9
순현금흐름	-64	198
기말현금	286	484

시장 대비 수익률

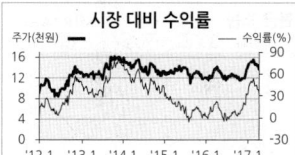

결산 실적 〈단위 : 억원〉

항목	2011	2012	2013	2014	2015	2016
매출액	924	1,391	1,456	1,399	1,542	1,749
영업이익	98	154	174	157	179	183
당기순이익	102	135	150	142	171	164

분기 실적 〈단위 : 억원〉

항목	2015.3Q	2015.4Q	2016.1Q	2016.2Q	2016.3Q	2016.4Q
매출액	437	506	347	568	373	462
영업이익	46	66	37	64	47	36
당기순이익	45	60	34	54	44	32

재무 상태 〈단위 : 억원〉

항목	2011	2012	2013	2014	2015	2016
총자산	1,246	1,526	1,664	1,907	2,051	2,276
유형자산	350	535	592	641	678	689
무형자산	25	117	122	131	145	150
유가증권	31	27	26	25	23	24
총부채	291	439	424	515	494	559
총차입금	0	1	7	7	5	2
자본금	47	47	47	48	48	48
총자본	956	1,087	1,240	1,392	1,556	1,717
지배주주지분	956	1,087	1,240	1,392	1,556	1,717

기업가치 지표

	2011	2012	2013	2014	2015	2016
주가(최고/저)(천원)	13.1/7.3	14.2/8.2	16.8/11.8	16.2/12.2	14.5/11.0	14.3/11.3
PER(최고/저)(배)	10.3/5.7	10.0/5.8	10.6/7.4	10.9/8.2	8.1/6.1	8.3/6.6
PBR(최고/저)(배)	1.3/0.7	1.2/0.7	1.3/0.9	1.1/0.8	0.9/0.7	0.8/0.6
EV/EBITDA(배)	4.1	4.7	4.5	3.3	2.6	2.3
EPS(원)	1,267	1,417	1,584	1,493	1,789	1,712
BPS(원)	10,110	11,515	13,127	14,612	16,398	18,115
CFPS(원)	1,403	1,634	1,884	1,783	2,067	2,009
DPS(원)						
EBITDAPS(원)	1,353	1,842	2,132	1,937	2,151	2,211

재무 비율 〈단위 : %〉

연도	영업이익률	순이익률	부채비율	차입금비율	ROA	ROE	유보율	자기자본비율	EBITDA마진율
2016	10.5	9.4	32.6	0.1	7.6	10.0	3,523.0	75.4	12.1
2015	11.6	11.1	31.8	0.3	8.7	11.6	3,179.5	75.9	13.3
2014	11.2	10.1	37.0	0.5	8.0	10.8	2,822.5	73.0	13.2
2013	12.0	10.3	34.2	0.6	9.4	12.9	2,525.3	74.5	13.9

대양제지공업 (A006580)
DAEYANG PAPER MFG CO

업　　종 : 종이 및 목재	시　　장 : KOSDAQ
신용등급 : (Bond) ―　　(CP) ―	기업규모 : 중견
홈페이지 : www.dygroup.co.kr	연락처 : 031)491-1641
본　　사 : 경기도 안산시 단원구 신원로 50 (신길동)	

설 립 일 1970.02.01	종업원수 101명	대표이사	권영,권혁용
상 장 일 1993.12.29	감사의견 적정 (대주)	계　　열	
결 산 기 12월	보 통 주 269만주	종속회사수	
액 면 가 5,000원	우 선 주	구 상 호	

주주구성 (지분율,%)
신대양제지	46.5
김순철	4.9

출자관계 (지분율,%)
대양판지	63.4
광신판지	39.0
대영포장	19.8

주요경쟁사 (외형,%)
대양제지	100
한창제지	100
영풍제지	45

매출구성
골판지용 원지	100.0

비용구성
매출원가율	88.8
판관비율	8.0

수출비중
수출	0.0
내수	100.0

회사 개요
동사는 1970년 설립 이래 골판지 원지를 생산, 공급하고 있음. 1995년 안산공장에서 4호기를 신설하였으며, 수차례의 증설을 통해 연간 34만톤의 생산체제를 유지하고 있음. 골판지 원지 시장에서는 관계회사인 신대양제지, 동일제지, 아세아제지가 10% 이상의 시장점유율을 차지하고 있으며, 동사(7.9%)를 비롯 고려제지 등이 7%대를 유지 중. 골판지 및 골판지상자제조업을 영위 중인 대양판지가 주요 계열사임.

실적 분석
동사의 2016년 연결 기준 누적 매출액은 1,951억원으로 전년 동기 대비 12.2% 증가. 매출원가(6.9%)와 판관비(17.8%) 부담이 전년보다 늘어났음에도 불구하고 외형확대로 인해 영업이익은 62.5억원, 당기순이익은 27.7억원을 기록하며 흑자전환에 성공함. 농산물의 골판지 포장화 정착과 택배산업 성장에 따른 2차 포장 수요의 증가가 성장세를 이끌 것으로 보임.

현금 흐름 〈단위 : 억원〉
항목	2015	2016
영업활동	70	-6
투자활동	-118	-153
재무활동	52	186
순현금흐름	4	26
기말현금	9	35

시장 대비 수익률
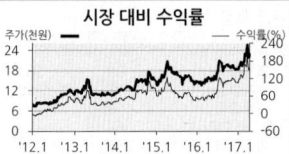

결산 실적 〈단위 : 억원〉
항목	2011	2012	2013	2014	2015	2016
매출액	2,127	1,929	1,849	1,770	1,740	1,951
영업이익	69	162	47	82	-14	63
당기순이익	32	117	41	61	-179	28

분기 실적 〈단위 : 억원〉
항목	2015.3Q	2015.4Q	2016.1Q	2016.2Q	2016.3Q	2016.4Q
매출액	452	447	412	464	528	547
영업이익	2	-12	3	4	58	-3
당기순이익	-7	-171	1	8	15	-2

재무 상태 〈단위 : 억원〉
항목	2011	2012	2013	2014	2015	2016
총자산	2,183	2,079	2,046	1,905	1,868	2,140
유형자산	1,240	1,237	1,212	1,126	1,132	1,240
무형자산	14	14	18	18	14	14
유가증권	9	10	13	13	10	2
총부채	1,208	1,014	952	769	921	1,147
총차입금	883	738	698	517	574	759
자본금	134	134	134	134	134	134
총자본	975	1,065	1,094	1,136	947	993
지배주주지분	819	929	943	995	810	859

기업가치 지표
항목	2011	2012	2013	2014	2015	2016
주가(최고/저)(천원)	8.9/5.8	12.4/7.3	15.4/9.9	17.7/11.1	21.1/13.6	21.0/13.6
PER(최고/저)(배)	6.7/4.3	3.1/1.8	11.3/7.3	7.7/4.8	—/—	17.3/11.2
PBR(최고/저)(배)	0.3/0.2	0.4/0.2	0.4/0.3	0.5/0.3	0.7/0.4	0.6/0.4
EV/EBITDA(배)	8.9	4.8	8.6	6.2	15.6	10.2
EPS(원)	155	446	142	233	1655	122
BPS(원)	32,179	36,277	36,782	38,730	31,836	33,674
CFPS(원)	4,039	7,346	4,598	5,602	-3,414	3,821
DPS(원)	500	500	375	250		
EBITDAPS(원)	5,073	8,913	4,937	6,316	2,630	4,932

재무 비율 〈단위 : % 〉
연도	영업이익률	순이익률	부채비율	차입금비율	ROA	ROE	유보율	자기자본비율	EBITDA마진율
2016	3.2	1.4	115.5	76.4	1.4	3.9	573.5	46.4	6.8
2015	-0.8	-10.3	97.3	60.6	-9.5	-19.5	536.7	50.7	4.1
2014	4.6	3.5	67.7	45.5	3.1	6.5	674.6	59.6	9.6
2013	2.6	2.2	87.1	63.8	2.0	4.1	635.6	53.5	7.2

대영포장 (A014160)
Dae Young Packaging

업　　종 : 용기 및 포장	시　　장 : 거래소
신용등급 : (Bond) ―　　(CP) ―	기업규모 : 시가총액 소형주
홈페이지 : www.dygroup.co.kr	연락처 : 031)490-9300
본　　사 : 경기도 안산시 단원구 산단로 265 (원시동, 대영포장(주))	

설 립 일 1979.06.01	종업원수 350명	대표이사	권영,권택환
상 장 일 1990.03.06	감사의견 적정 (대주)	계　　열	
결 산 기 12월	보 통 주 10,658만주	종속회사수	
액 면 가 500원	우 선 주	구 상 호	

주주구성 (지분율,%)
대양제지공업	19.3
진흥저축은행	2.0
(외국인)	5.5

출자관계 (지분율,%)
대양판지	12.8

주요경쟁사 (외형,%)
대영포장	100
율촌화학	166
태림포장	141

매출구성
골판지원단,상자 (제품)	96.9
골판지상자 (상품)	1.6
부설물 외	1.5

비용구성
매출원가율	86.7
판관비율	10.8

수출비중
수출	3.6
내수	96.4

회사 개요
동사는 1979년 설립돼 전자제품, 섬유 및 의약품, 농수산물 등의 포장재로 사용되는 골판지상자를 생산하는 업체임. 표면지, 중질지, 이면지 등을 매입해 골판지 원단과 상자를 제조함. 동사는 계열회사로 유가증권시장에 상장된 신대양제지(주)와 대영포장(주), 비상장사인 (주)광신판지, 신대양판지(주), 대양판지(주) 5개사를 두고 있음. 계열회사 모두 골판지 원단과 상자를 제조하는 업체임.

실적 분석
2016년 연결기준 매출액은 전년대비 9.4% 감소한 2,671.1억원을 기록. 매출증가에도 불구하고 원가율과 판관비 상승으로 영업이익은 전년대비 19.5% 감소해 67.3억원을 시현함. 당기순이익은 107.2억원으로 비영업 수지 개선으로 전년대비 흑자전환함. 동사는 구매고객의 요구에 부응, 다품종, 고품질로 계속적으로 시장점유율을 높이기 위한 노력을 진행하고 있음.

현금 흐름 *IFRS 별도 기준 〈단위 : 억원〉
항목	2015	2016
영업활동	130	72
투자활동	-154	36
재무활동	23	-100
순현금흐름	-1	8
기말현금	5	13

시장 대비 수익률
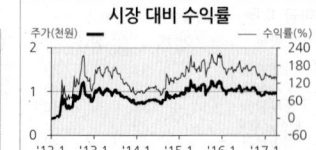

결산 실적 〈단위 : 억원〉
항목	2011	2012	2013	2014	2015	2016
매출액	2,286	2,342	2,236	2,466	2,442	2,671
영업이익	24	164	86	113	84	67
당기순이익	-17	123	67	60	-70	107

분기 실적 *IFRS 별도 기준 〈단위 : 억원〉
항목	2015.3Q	2015.4Q	2016.1Q	2016.2Q	2016.3Q	2016.4Q
매출액	632	645	584	645	681	761
영업이익	26	11	31	27	2	7
당기순이익	7	-111	24	99	-7	-8

재무 상태 *IFRS 별도 기준 〈단위 : 억원〉
항목	2011	2012	2013	2014	2015	2016
총자산	2,254	1,981	2,042	2,011	2,108	2,097
유형자산	1,458	1,406	1,378	1,448	1,489	1,430
무형자산	0	4	5	5	8	8
유가증권	16	15	15	15	15	14
총부채	1,258	862	842	755	860	716
총차입금	933	607	546	449	425	302
자본금	475	475	475	475	517	533
총자본	997	1,119	1,200	1,256	1,248	1,381
지배주주지분	997	1,119	1,200	1,256	1,248	1,381

기업가치 지표 *IFRS 별도 기준
항목	2011	2012	2013	2014	2015	2016
주가(최고/저)(천원)	0.5/0.3	1.4/0.4	1.1/0.7	1.0/0.7	1.3/0.9	1.2/0.9
PER(최고/저)(배)	—/—	10.6/2.9	16.1/10.1	16.2/11.0	—/—	11.8/8.7
PBR(최고/저)(배)	0.5/0.3	1.2/0.3	0.9/0.6	0.8/0.5	1.1/0.7	0.9/0.7
EV/EBITDA(배)	15.4	6.1	7.7	7.0	9.6	8.3
EPS(원)	-18	130	70	64	-71	102
BPS(원)	1,049	1,179	1,263	1,323	1,215	1,296
CFPS(원)	43	200	141	141	14	186
DPS(원)						
EBITDAPS(원)	86	242	162	196	171	148

재무 비율 〈단위 : % 〉
연도	영업이익률	순이익률	부채비율	차입금비율	ROA	ROE	유보율	자기자본비율	EBITDA마진율
2016	2.5	4.0	51.8	21.9	5.1	8.2	159.2	65.9	5.8
2015	3.4	-2.9	69.0	34.1	-3.4	-5.6	143.1	59.2	6.9
2014	4.6	2.5	60.1	35.8	3.0	4.9	164.5	62.5	7.6
2013	3.9	3.0	70.2	45.5	3.3	5.8	152.6	58.8	6.9

대우건설 (A047040)
Daewoo Engineering & Construction

업 종 : 건설		시 장 : 거래소	
신 용 등 급 : (Bond) A- (CP) A2-		기업규모 : 시가총액 대형주	
홈 페 이 지 : www.daewooenc.co.kr		연 락 처 : 02)2288-3114	
본 사 : 서울시 종로구 새문안로 75			

설 립 일 2000.12.27	종 업 원 수 6,201명	대 표 이 사 박영식	
상 장 일 2001.03.23	감 사 의 견 적정 (안진)	계 열	
결 산 기 12월	보 통 주 41,562만주	종속회사수	
액 면 가 5,000원	우 선 주	구 상 호	

주주구성 (지분율,%)		출자관계 (지분율,%)		주요경쟁사 (외형,%)	
케이디비밸류제6호유한회사	50.8	대우에스티	100.0	대우건설	100
에스비아이투자유한회사	12.3	대우송도호텔	100.0	현대건설	169
(외국인)	9.2	한국인프라관리	100.0	현대산업	43

매출구성		비용구성		수출비중	
주택공사	31.6	매출원가율	99.1	수출	30.8
기타	24.1	판관비율	5.1	내수	69.2
건축공사	18.4				

회사 개요
동사는 토목, 건축, 주택, 발전 등 다양한 사업을 영위하고 있는 국내 메이저 건설사 중 하나임. 알제리, 나이지리아, 리비아 등 아프리카 지역에서 풍부한 수주 경험을 보유하고 있으며, 발전 특히 원전 공사와 국내 아파트 사업에 강점을 보유함. 신규사업으로는 차세대 신성장사업인 민자발전사업을 추진하고자 포천 복합민자발전사업을 체결 및 현재 공사 진행 중, 신재생에너지 사업 참여 확대를 추진 중.

실적 분석
동사의 연결기준 2016년 매출액은 11조 1,059.3억원으로 전년 9조8,899.7억원보다 12.3% 증가하였음. 매출원가가 늘어나는 과정에서 매출총이익이 83% 감소, 950.6억원을 기록하였음. 판관비가 대폭 늘며 4,672.4억원의 영업손실이 발생, 적자전환 하였음. 해외 사업부문에서는 원가율이 여전히 100%를 넘고 다 미청구공사나 공사미수금의 비중도 다른 건설사보다 높은 편으로 위험요인이 있음.

현금 흐름 〈단위 : 억원〉

항목	2015	2016
영업활동	6,851	3,588
투자활동	-5,411	-2,618
재무활동	689	1,745
순현금흐름	2,134	2,777
기말현금	5,390	8,168

시장 대비 수익률

결산 실적 〈단위 : 억원〉

항목	2011	2012	2013	2014	2015	2016
매출액	70,196	82,234	87,822	99,950	98,900	111,059
영업이익	2,976	3,457	-2,447	4,270	1,689	-4,672
당기순이익	1,736	1,730	-7,180	1,297	1,046	-7,549

분기 실적 〈단위 : 억원〉

항목	2015.3Q	2015.4Q	2016.1Q	2016.2Q	2016.3Q	2016.4Q
매출액	25,653	25,533	25,699	30,284	28,177	26,899
영업이익	1,200	-1,136	605	1,060	976	-7,314
당기순이익	207	-149	-192	368	429	-8,154

재무 상태 〈단위 : 억원〉

항목	2011	2012	2013	2014	2015	2016
총자산	94,686	98,593	101,223	102,602	100,637	99,702
유형자산	7,739	6,978	6,981	7,976	9,363	7,313
무형자산	1,051	1,136	1,104	1,152	1,203	867
유가증권	7,732	7,543	6,136	4,958	4,934	5,107
총부채	60,564	64,483	74,687	75,346	72,704	79,003
총차입금	23,033	28,534	31,209	28,894	26,222	28,108
자본금	20,781	20,781	20,781	20,781	20,781	20,781
총자본	34,122	34,110	26,536	27,256	27,933	20,699
지배주주지분	33,441	33,535	25,962	26,297	27,355	20,316

기업가치 지표

항목	2011	2012	2013	2014	2015	2016
주가(최고/저)(천원)	15.4/8.0	12.0/8.1	10.3/6.8	10.2/5.5	9.2/5.2	6.7/5.1
PER(최고/저)(배)	36.2/18.9	28.1/19.0	—/—	32.0/17.4	36.0/20.2	—/—
PBR(최고/저)(배)	1.9/1.0	1.4/1.0	1.6/1.0	1.6/0.8	1.3/0.8	1.3/1.0
EV/EBITDA(배)	16.4	16.5	—	10.0	17.5	—
EPS(원)	426	426	-1,727	319	255	-1,770
BPS(원)	8,291	8,313	6,491	6,572	6,827	5,133
CFPS(원)	569	549	-1,585	458	427	-1,538
DPS(원)						
EBITDAPS(원)	859	955	-447	1,167	579	-892

재무 비율 〈단위 : %〉

연도	영업이익률	순이익률	부채비율	차입금비율	ROA	ROE	유보율	자기자본비율	EBITDA마진율
2016	-4.2	-6.8	일부잠식	일부잠식	-7.5	-30.9	2.7	20.8	-3.3
2015	1.7	1.1	260.3	93.9	1.0	4.0	36.5	27.8	2.4
2014	4.3	1.3	276.4	106.0	1.3	5.1	31.4	26.6	4.9
2013	-2.8	-8.2	281.5	117.6	-7.2	-24.1	29.8	26.2	-2.1

대우전자부품 (A009320)
Daewoo Electronic Components

업 종 : 자동차부품		시 장 : 거래소	
신 용 등 급 : (Bond) — (CP) —		기업규모 : 시가총액 소형주	
홈 페 이 지 : www.dwecc.com		연 락 처 : 063)530-8171	
본 사 : 전북 정읍시 공단2길 3 (망제동)			

설 립 일 1973.10.13	종 업 원 수 170명	대 표 이 사 서중호	
상 장 일 1989.08.25	감 사 의 견 적정 (안경)	계 열	
결 산 기 12월	보 통 주 4,765만주	종속회사수	
액 면 가 500원	우 선 주	구 상 호	

주주구성 (지분율,%)		출자관계 (지분율,%)		주요경쟁사 (외형,%)	
우신산업	13.9	대우전장	100.0	대우부품	100
아진산업	9.7			오리엔트정공	133
(외국인)	0.8	대우E&L	100.0	화신정공	383

매출구성		비용구성		수출비중	
자동차부문(제품) - HIC, A/P 등	84.2	매출원가율	81.1	수출	22.8
자동차부문(상품) - HIC, A/P 등	11.0	판관비율	13.8	내수	77.2
콘덴서부문(상품) - CE, TA, 기타콘덴서	4.7				

회사 개요
1973년 설립되어 과거에는 콘덴서 등의 전자부품생산을 주로 영위하였지만, 현재는 자동차 전장부품 생산으로 주력사업을 변경함. 전장부품은 전자제어부품으로서 자동차의 운행유지 등과 관련된 각종동작을 전자제어방식으로 조정하는 데 사용됨. 전장부품 부문이 주요 매출을 차지함. 동사는 자동차 전기차 및 연비개선에 효과가 있는 전장부품을 개발 양산 중. 또한 전장부품시장은 차량의 안전성 및 고객의 편의욕구, 연비개선 등과 맞물려 지속적 성장 중임.

실적 분석
동사의 2016년도 결산 연결기준 매출액은 535.7억원으로 전년동기 대비 10.4%의 외형 성장을 시현. 매출액 증가에 따라 매출원가, 판매비와 관리비도 각각 전년동기 대비 10.5%, 9.3% 증가함. 영업이익과 당기순이익은 각 27.1억원과 24.6억원을 시현하여 전년동기 대비 11.2%, 118.3% 증가하여 수익성 개선. 동사의 신규개발제품 대부분이 현대 및 기아자동차 신차에 적용하는 전장부품으로 향후 매출 증대 기대됨.

현금 흐름 〈단위 : 억원〉

항목	2015	2016
영업활동	40	50
투자활동	-45	-27
재무활동	19	-8
순현금흐름	14	15
기말현금	36	51

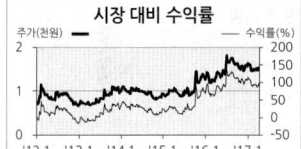
시장 대비 수익률

결산 실적 〈단위 : 억원〉

항목	2011	2012	2013	2014	2015	2016
매출액	227	242	238	318	485	536
영업이익	-33	-34	-17	15	24	27
당기순이익	-56	-33	-32	3	11	25

분기 실적 〈단위 : 억원〉

항목	2015.3Q	2015.4Q	2016.1Q	2016.2Q	2016.3Q	2016.4Q
매출액	128	148	142	132	118	143
영업이익	8	10	4	9	6	8
당기순이익	6	7	1	6	3	15

재무 상태 〈단위 : 억원〉

항목	2011	2012	2013	2014	2015	2016
총자산	412	420	445	559	639	667
유형자산	281	276	172	367	385	386
무형자산	4	11	9	19	18	14
유가증권	12	2	2	1	1	1
총부채	210	248	295	317	349	313
총차입금	144	148	205	236	228	191
자본금	190	190	190	190	216	238
총자본	202	172	150	243	290	354
지배주주지분	215	185	163	243	290	354

기업가치 지표

항목	2011	2012	2013	2014	2015	2016
주가(최고/저)(천원)	1.9/0.7	1.2/0.7	1.2/0.7	1.1/0.8	1.6/0.9	1.8/1.2
PER(최고/저)(배)	—/—	—/—	—/—	117.4/82.8	54.8/30.5	34.3/22.2
PBR(최고/저)(배)	3.4/1.2	2.5/1.4	2.7/1.5	1.7/1.2	2.3/1.3	2.5/1.6
EV/EBITDA(배)				13.7	14.9	14.9
EPS(원)	-179	-85	-84	9	29	53
BPS(원)	567	489	431	641	672	743
CFPS(원)	-106	-28	-44	75	96	124
DPS(원)						
EBITDAPS(원)	-29	-32	-5	106	129	129

재무 비율 〈단위 : %〉

연도	영업이익률	순이익률	부채비율	차입금비율	ROA	ROE	유보율	자기자본비율	EBITDA마진율
2016	5.1	4.6	88.3	53.9	3.8	7.6	48.6	53.1	11.1
2015	5.0	2.3	120.2	78.8	1.9	4.2	34.3	45.4	10.5
2014	4.7	1.0	130.4	97.2	0.7	1.8	28.1	43.4	12.6
2013	-7.3	-13.6	일부잠식	일부잠식	-7.5	-18.3	-13.8	33.6	-0.9

대우조선해양 (A042660)
Daewoo Shipbuilding & Marine Engineering

업 종 : 조선		시 장 : 거래소	
신용 등 급 : (Bond) B- (CP) B		기업규모 : 시가총액 중형주	
홈 페 이 지 : www.dsme.co.kr		연 락 처 : 055)735-2114	
본 사 : 경남 거제시 거제대로 3370 (아주동)			

설 립 일 2000.10.23	종 업 원 수 12,523명	대 표 이 사 정성립
상 장 일 2001.02.02	감 사 의 견 (2009(3)/사법위함인 1성립)	계 열
결 산 기 12월	보 통 주 6,558만주	종속회사수
액 면 가 5,000원	우 선 주	구 상 호

주주구성 (지분율,%)
한국산업은행	79.0
금융위원회	3.6
(외국인)	3.8

출자관계 (지분율,%)
웰리브	100.0
삼우중공업	100.0
대우조선해양건설	99.2

주요경쟁사 (외형,%)
대우조선해양	100
현대중공업	307
삼성중공업	81

매출구성
[해양 및 특수선]FPSO 외	54.9
[선박]LNGC,LPGC,TIV,CONTAINER 외	42.6
서비스, 해상 화물운송 등	6.1

비용구성
매출원가율	104.9
판관비율	7.0

수출비중
수출	—
내수	—

회사 개요
동사는 종합 조선·해양 전문회사로서 LNG선, 유조선, 컨테이너선, LPG선, 자동차운반선 등 각종 선박과 FPSO, RIG선, 고정식 플랫폼 등 해양제품과 잠수함, 구축함, 잠수함 구난함, 경비함 등 특수선을 건조함. 사업부문은 선박, 해양사업, 건설사업, 기타사업 등으로 구성되어 있음. 글로벌 금융위기 이후 찾아온 조선업의 장기 불황을 극복하지 못하며, 해양플랜트 사업 손실 등에 대한 분식회계 이슈까지 겹쳐 매우 어려운 상황임.

실적 분석
동사의 2016년 누적 매출액은 12조 8,192.2억원으로 전년동기 대비 17% 감소했으며, 영업이익과 당기순이익 역시 적자 지속 중. 자구계획에 따라 최대주주인 산업은행과 수출입은행이 신규 자금 지원 및 출자전환을 지원한 상황. 사채권자 집회에서 채무 재조정의 가결 여부에 따라 유동성 리스크 해소를 통한 회생이냐, 초단기 법정관리인 P플랜 가동이냐의 결정이 이루어질 전망

현금 흐름 〈단위 : 억원〉
항목	2015	2016
영업활동	-8,430	-5,310
투자활동	1,721	-2,827
재무활동	17,729	-2,009
순현금흐름	10,971	-10,117
기말현금	12,359	2,243

시장 대비 수익률
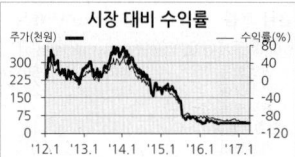

결산 실적 〈단위 : 억원〉
항목	2011	2012	2013	2014	2015	2016
매출액	139,033	140,578	147,244	154,553	154,436	128,192
영업이익	10,887	4,863	-7,731	-7,429	-21,245	-15,308
당기순이익	6,483	1,759	-6,834	-8,631	-22,092	-27,895

분기 실적 〈단위 : 억원〉
항목	2015.3Q	2015.4Q	2016.1Q	2016.2Q	2016.3Q	2016.4Q
매출액	32,516	43,224	35,321	33,880	30,531	28,460
영업이익	-6,462	-2,503	-263	-4,236	-1,413	-9,396
당기순이익	-11,498	-175	314	-12,209	-2,382	-13,618

재무 상태 〈단위 : 억원〉
항목	2011	2012	2013	2014	2015	2016
총자산	166,597	161,222	174,278	185,191	188,803	150,648
유형자산	65,037	62,186	62,331	62,330	58,383	51,979
무형자산	1,234	1,333	1,387	1,214	819	733
유가증권	2,146	3,415	3,266	2,098	1,466	974
총부채	121,577	115,680	135,738	155,773	182,615	144,055
총차입금	48,420	58,343	72,280	79,661	99,167	72,048
자본금	9,620	9,620	9,620	9,620	13,721	3,329
총자본	45,020	45,543	38,541	29,419	6,189	6,594
지배주주지분	45,817	46,716	40,028	31,515	9,291	10,269

기업가치 지표
항목	2011	2012	2013	2014	2015	2016
주가(최고/저)(천원)	45.7/19.1	35.1/20.7	37.8/23.2	36.9/15.7	21.6/5.1	6.2/4.0
PER(최고/저)(배)	10.4/4.4	24.3/14.3	—/—	—/—	—/—	—/—
PBR(최고/저)(배)	1.6/0.7	1.1/0.7	1.4/0.9	1.7/0.7	5.0/1.2	4.0/2.5
EV/EBITDA(배)	6.4	13.7				
EPS(원)	45,996	14,868	-43,974	-52,529	-139,240	-126,806
BPS(원)	24,096	24,566	21,071	16,623	3,398	15,660
CFPS(원)	4,822	2,510	-2,069	-2,759	-9,611	-117,315
DPS(원)	500	250	300	150		
EBITDAPS(원)	6,924	3,892	-2,680	-2,545	-9,751	-61,507

재무 비율 〈단위 : % 〉
연도	영업이익률	순이익률	부채비율	차입금비율	ROA	ROE	유보율	자기자본비율	EBITDA마진율
2016	-11.9	-21.8	2,184.7	1,092.7	-16.4	-279.6	208.5	4.4	-10.4
2015	-13.8	-14.3	일부잠식	일부잠식	-11.8	-102.8	-32.3	3.3	-12.2
2014	-4.8	-5.6	529.5	270.8	-4.8	-21.9	230.7	15.9	-3.2
2013	-5.3	-4.6	352.2	187.5	-4.1	-15.1	319.2	22.1	-3.5

대웅 (A003090)
Dae Woong

업 종 : 제약		시 장 : 거래소	
신용 등 급 : (Bond) — (CP) —		기업규모 : 시가총액 중형주	
홈 페 이 지 : www.daewoongholdings.com		연 락 처 : 031)741-7700~4	
본 사 : 경기도 성남시 중원구 갈마치로 244 (상대원동)			

설 립 일 1945.08.15	종 업 원 수 292명	대 표 이 사 윤재승
상 장 일 1973.06.26	감 사 의 견 적정 (삼정)	계 열
결 산 기 12월	보 통 주 1,163만주	종속회사수
액 면 가 2,500원	우 선 주	구 상 호

주주구성 (지분율,%)
윤재승	11.6
대웅재단	10.0
(외국인)	3.0

출자관계 (지분율,%)
대웅바이오	100.0
대웅개발	100.0
산웅개발	100.0

주요경쟁사 (외형,%)
대웅	100
동아쏘시오홀딩스	72
JW중외제약	46

매출구성
기타	75.1
알비스	6.6
우루사	6.2

비용구성
매출원가율	54.6
판관비율	39.4

수출비중
수출	—
내수	—

회사 개요
동사는1961년 1월 대한비타민산업주식회사로 설립되어1973년 6월 유가증권시장에 상장함. 1978년 2월 상호를 주식회사 대웅제약으로 변경함. 2002년 10월 1일 회사분할을 통하여 지주회사로 전환됨. 주요 자회사로는 의약품 제조 및 판매를 영위하는 대웅제약(지분율 40.7%), 원료의약품 전문 업체인 대웅바이오(지분율 100.0%)가 있음. 식품 가공업 및 판매업체인 대웅생명과학(지분율 76.8%)도 주요 자회사임.

실적 분석
동사의 연결 기준 2016년 매출액은 전년 대비 1.8%증가한 1조 149.7억으로 처음으로 매출 1조원을 넘었음. 영업이익은 609.9억원으로 23.4% 감소하며 부진하였음. 외형 정체 속에 경상개발비와 광고선전비 등 비용 증가가 있었기 때문임. 영업이익의 감소와 비영업손의의 적자 전환으로 당기순이익 또한 전년 대비 36.7% 감소한 345.7억원을 기록함.

현금 흐름 〈단위 : 억원〉
항목	2015	2016
영업활동	749	188
투자활동	-1,175	-1,818
재무활동	631	1,687
순현금흐름	216	52
기말현금	1,010	1,062

시장 대비 수익률

결산 실적 〈단위 : 억원〉
항목	2011	2012	2013	2014	2015	2016
매출액	2,943	8,226	8,433	8,940	9,968	10,150
영업이익	513	728	972	787	797	610
당기순이익	445	654	747	379	546	346

분기 실적 〈단위 : 억원〉
항목	2015.3Q	2015.4Q	2016.1Q	2016.2Q	2016.3Q	2016.4Q
매출액	2,622	2,525	2,416	2,462	2,565	2,706
영업이익	186	134	102	200	175	133
당기순이익	132	40	11	-1	105	123

재무 상태 〈단위 : 억원〉
항목	2011	2012	2013	2014	2015	2016
총자산	4,770	8,035	8,985	10,107	12,423	14,673
유형자산	1,325	3,536	3,645	3,891	4,414	5,607
무형자산	71	493	456	400	1,431	1,594
유가증권	101	343	804	1,822	1,673	1,789
총부채	1,409	1,835	2,114	3,020	4,138	6,027
총차입금	587	549	732	1,684	2,420	4,135
자본금	285	291	291	291	291	291
총자본	3,361	6,200	6,871	7,087	8,285	8,646
지배주주지분	3,240	3,607	3,980	4,304	4,654	4,858

기업가치 지표
항목	2011	2012	2013	2014	2015	2016
주가(최고/저)(천원)	15.9/12.3	21.7/13.2	39.3/22.1	53.0/36.0	110/41.2	70.7/42.4
PER(최고/저)(배)	4.8/3.7	6.0/3.7	11.7/6.6	26.7/18.1	33.7/12.7	41.9/25.2
PBR(최고/저)(배)	0.6/0.4	0.6/0.4	1.1/0.6	1.3/0.9	2.5/1.0	1.6/0.9
EV/EBITDA(배)	3.3	4.6	5.2	6.7	8.7	10.4
EPS(원)	744	762	701	410	664	341
BPS(원)	32,801	35,264	38,350	41,132	44,147	45,747
CFPS(원)	4,721	6,447	6,108	4,640	6,483	5,041
DPS(원)	550	550	500	500	500	500
EBITDAPS(원)	5,429	8,901	10,961	9,358	10,012	8,581

재무 비율 〈단위 : % 〉
연도	영업이익률	순이익률	부채비율	차입금비율	ROA	ROE	유보율	자기자본비율	EBITDA마진율
2016	6.0	3.4	69.7	47.8	2.6	4.2	1,729.9	58.9	9.8
2015	8.0	5.5	50.0	29.2	4.9	8.6	1,665.9	66.7	11.7
2014	8.8	4.2	42.6	23.8	4.0	5.8	1,545.3	70.1	12.2
2013	11.5	8.9	30.8	10.7	8.8	10.8	1,434.0	76.5	15.1

대웅제약 (A069620)
Daewoong Pharmaceutical

업 종 : 제약		시 장 : 거래소	
신용등급 : (Bond) A+ (CP) —		기업규모 : 시가총액 중형주	
홈 페 이 지 : www.daewoong.co.kr		연 락 처 : 031)741-7700~4	
본 사 : 경기도 성남시 중원구 갈마치로 244			

설 립 일	2002.10.02	종업원수	1,546명	대표이사	이종욱
상 장 일	2002.11.01	감사의견	적정 (삼정)	계 열	
결 산 기	12월	보 통 주	1,159만주	종속회사수	
액 면 가	2,500원	우 선 주		구 상 호	

주주구성 (지분율,%)		출자관계 (지분율,%)		주요경쟁사 (외형,%)	
대웅	40.7	힐리언스	68.0	대웅제약	100
대웅재단	8.6	엠디웰아이엔씨	50.0		51
(외국인)	4.6	한올바이오파마	30.0	종근당	94

매출구성		비용구성		수출비중	
기타	68.9	매출원가율	57.7	수출	12.0
[제품]알비스	8.2	판관비율	39.3	내수	88.0
[제품]우루사	7.7				

회사 개요
동사는 2002년 10월 1일을 기준일로 주식회사 대웅(분할 전 상호: 주식회사 대웅제약)이 사업부문을 인적분할하여 2002년 10월 2일자로 설립되었으며 지배기업은2002년 11월 1일자로 유가증권 시장에 상장하였음. 경기도 성남시와 화성군 향남공단 내에 정제의약품 생산 KGMP 기준에 부합하는 제조시설을 두고 의약품 생산 및 판매를 주요 사업으로 영위하고 있음.

실적 분석
동사의 연결 기준 2016년 매출액은 전년 대비 5.3% 증가한 8,839.2억원을 기록함. 매출원가는 5.0% 감소하였는데 이는 제조원가에서 반영하던연구개발비용의 일부를 판매비와관리비 계정으로 변경하였기 때문임. 이러한 연구개발비용의증가로 판매비와관리비는 전년 대비 34.3% 증가함. 영업이익은 전년 대비 40.6% 감소하며 부진하였음.영업이익의 감소로 당기순이익도 전년 대비 26.8% 감소한 261.3억원에 그침.

현금 흐름		〈단위 : 억원〉
항목	2015	2016
영업활동	359	154
투자활동	-1,086	-1,558
재무활동	679	1,592
순현금흐름	-37	183
기말현금	599	783

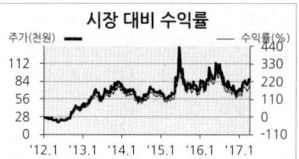
시장 대비 수익률

결산 실적					〈단위 : 억원〉	
항목	2011	2012	2013	2014	2015	2016
매출액	7,105	6,690	6,825	7,359	8,397	8,839
영업이익	593	369	714	519	436	259
당기순이익	507	335	580	305	357	261

분기 실적					〈단위 : 억원〉	
항목	2015.3Q	2015.4Q	2016.1Q	2016.2Q	2016.3Q	2016.4Q
매출액	2,269	2,150	2,112	2,159	2,205	2,362
영업이익	108	34	44	56	47	112
당기순이익	76	44	32	49	28	152

재무 상태					〈단위 : 억원〉	
항목	2011	2012	2013	2014	2015	2016
총자산	4,985	4,823	5,790	6,943	9,445	11,447
유형자산	1,080	1,149	1,326	1,601	2,558	3,671
무형자산	240	297	278	314	1,367	1,510
유가증권	197	167	144	107	130	64
총부채	1,360	958	1,410	2,388	3,643	5,401
총차입금	317	29	429	1,444	2,369	3,969
자본금	275	282	290	290	290	290
총자본	3,624	3,866	4,380	4,555	5,802	6,046
지배주주지분	3,585	3,832	4,337	4,431	4,801	4,995

기업가치 지표						
항목	2011	2012	2013	2014	2015	2016
주가(최고/저)(천원)	41.3/23.0	46.8/19.1	85.0/44.3	79.7/53.1	138/55.0	114/62.2
PER(최고/저)(배)	10.1/5.6	16.8/6.9	17.5/9.1	30.1/20.1	38.1/15.1	49.2/26.9
PBR(최고/저)(배)	1.3/0.7	1.3/0.6	2.1/1.1	2.0/1.3	3.1/1.2	2.4/1.3
EV/EBITDA(배)	4.1	9.3	9.2	10.8	15.1	21.2
EPS(원)	4,425	2,941	5,040	2,723	3,705	2,328
BPS(원)	36,689	37,937	41,305	42,117	45,310	46,986
CFPS(원)	6,130	4,610	6,609	4,239	5,699	4,728
DPS(원)	800	800	800	700	700	600
EBITDAPS(원)	6,860	4,859	7,729	6,000	5,754	4,635

재무 비율								〈단위 : %〉
연도	영업이익률	순이익률	부채비율	차입금비율	ROA	ROE	유보율	자기자본비율	EBITDA마진율
2016	2.9	3.0	89.4	65.7	2.5	5.5	1,779.5	52.8	6.1
2015	5.2	4.3	62.8	40.8	4.4	9.3	1,712.4	61.4	7.9
2014	7.1	4.1	52.4	31.7	4.8	7.2	1,584.7	65.6	9.5
2013	10.5	8.5	32.2	9.8	10.9	14.3	1,552.2	75.6	13.1

대원강업 (A000430)
Dae Won Kang Up

업 종 : 자동차부품		시 장 : 거래소	
신용등급 : (Bond) — (CP) —		기업규모 : 시가총액 소형주	
홈 페 이 지 : www.daewonspring.com		연 락 처 : 041)520-7582	
본 사 : 충남 천안시 서북구 성거읍 오송1길 114-41			

설 립 일	1946.09.20	종업원수	997명	대표이사	성열각,허승호,허재철
상 장 일	1977.06.22	감사의견	적정 (삼일)	계 열	
결 산 기	12월	보 통 주	6,200만주	종속회사수	
액 면 가	500원	우 선 주		구 상 호	

주주구성 (지분율,%)		출자관계 (지분율,%)		주요경쟁사 (외형,%)	
홍민철	12.6	삼원강재	50.0	대원강업	100
고려용접봉	9.0	콘티테크대원에어스프링시스템즈	49.0	S&T홀딩스	143
(외국인)	1.9	대원제강	28.7	S&T중공업	43

매출구성		비용구성		수출비중	
스프링	84.2	매출원가율	87.4	수출	37.4
시트	11.7	판관비율	7.1	내수	62.6
기타	4.1				

회사 개요
동사는 차량용 스프링 및 시트를 주력제품으로 생산하는 자동차 부품업체로서 스프링 76.2%, 시트 14.3%, 기타 9.5%의 매출비중을 가지고 있는 차량용 스프링 국내 시장점유율 1위 업체임. 국내 유일의 종합 스프링 메이커로 스프링 일괄 생산체제를 갖추고 있어 원가경쟁력에서도 경쟁사에 절대적인 우위를 갖추고 있음. 소재는 자회사인 삼원강재, 대원정밀 등에서 공급받고 있음

실적 분석
동사의 2016년 누적 매출액은 1조761억원으로 전년 동기 대비 6.2% 증가, 영업이익은 597억원으로 전년동기대비 13% 증가한 실적을 기록함. 국내 완성차 시장의 개별소비세 인하에 따른 내수 판매 증가와 신차 효과로 인한 외형 확대를 기록함. 해외 매출액은 전체 제품이 전년 동기 대비 큰 폭으로 증가함. 특히 러시아 법인 양산이 본격적으로 시작되며 해외시트제품 매출이 증가함.

현금 흐름		〈단위 : 억원〉
항목	2015	2016
영업활동	968	906
투자활동	-413	-875
재무활동	-488	200
순현금흐름	72	240
기말현금	342	582

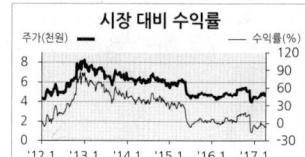
시장 대비 수익률

결산 실적					〈단위 : 억원〉	
항목	2011	2012	2013	2014	2015	2016
매출액	9,964	10,004	10,106	10,294	10,130	10,761
영업이익	634	627	638	371	528	597
당기순이익	424	488	378	184	263	461

분기 실적					〈단위 : 억원〉	
항목	2015.3Q	2015.4Q	2016.1Q	2016.2Q	2016.3Q	2016.4Q
매출액	2,383	2,690	2,586	2,791	2,457	2,928
영업이익	110	157	121	222	184	70
당기순이익	79	30	83	153	100	126

재무 상태					〈단위 : 억원〉	
항목	2011	2012	2013	2014	2015	2016
총자산	9,556	9,887	11,682	11,484	11,575	12,884
유형자산	5,270	5,870	6,985	6,883	6,973	7,419
무형자산	92	94	100	131	118	113
유가증권	109	128	186	255	213	297
총부채	5,486	5,357	6,820	6,578	6,471	7,342
총차입금	2,608	2,581	3,673	3,896	3,470	3,818
자본금	310	310	310	310	310	310
총자본	4,071	4,530	4,862	4,906	5,104	5,542
지배주주지분	3,519	3,851	4,142	4,152	4,194	4,491

기업가치 지표						
항목	2011	2012	2013	2014	2015	2016
주가(최고/저)(천원)	6.6/3.7	8.3/4.2	8.2/5.7	6.9/5.6	6.3/4.3	5.5/3.9
PER(최고/저)(배)	12.7/7.2	13.6/6.9	17.7/12.2	37.1/30.0	21.8/15.0	9.2/6.5
PBR(최고/저)(배)	1.3/0.7	1.5/0.7	1.3/0.9	1.1/0.9	1.0/0.7	0.8/0.6
EV/EBITDA(배)	6.2	9.3	8.9	10.1	7.1	6.4
EPS(원)	586	672	508	200	305	619
BPS(원)	5,719	6,211	6,680	6,698	6,764	7,279
CFPS(원)	1,085	1,109	1,053	876	1,034	1,411
DPS(원)	110	110	120	120	125	125
EBITDAPS(원)	1,522	1,447	1,574	1,274	1,581	1,755

재무 비율								〈단위 : %〉
연도	영업이익률	순이익률	부채비율	차입금비율	ROA	ROE	유보율	자기자본비율	EBITDA마진율
2016	5.6	4.3	132.5	68.9	3.8	8.8	1,355.8	43.0	10.1
2015	5.2	2.6	126.8	68.0	2.3	4.5	1,252.9	44.1	9.7
2014	3.6	1.8	134.1	79.4	1.6	3.0	1,239.5	42.7	7.7
2013	6.3	3.7	140.3	75.6	3.5	7.9	1,236.1	41.6	9.7

대원미디어 (A048910)
Daewon Media

업 종 : 레저용품		시 장 : KOSDAQ	
신용등급 : (Bond) — (CP) —		기업규모 : 중견	
홈 페 이 지 : www.daewonmedia.com		연 락 처 : 02)6373-3000	
본 사 : 서울시 용산구 한강대로15길 9-12 (한강로3가)			

설 립 일 1977.12.06	종 업 원 수 105명	대 표 이 사 정욱,정동훈
상 장 일 2001.07.31	감 사 의 견 적정 (지암)	계 열
결 산 기 12월	보 통 주 1,258만주	종속회사수
액 면 가 500원	우 선 주	구 상 호

주주구성 (지분율,%)
정욱	23.8
안정교	6.0
(외국인)	1.2

출자관계 (지분율,%)
대원씨아이	100.0
대원디에스티	80.0
더볼트	57.1

주요경쟁사 (외형,%)
대원미디어	100
손오공	136
오로라	151

매출구성
[제품매출]카드 등	59.8
[상품매출]게임기 등	40.0
[기타매출]기타	0.2

비용구성
매출원가율	75.1
판관비율	22.4

수출비중
수출	7.2
내수	92.8

회사 개요
동사는 만화영화의 제작 및 판매, 캐릭터 라이센싱 및 캐릭터 프랜차이즈업 등을 목적으로 1977년 12월 설립됐으며 2001년 7월 코스닥시장에 상장됨. 2001년, 2005년에 애니메이션 전문 위성 및 케이블 방송국을, 2007년에는 대원게임을 설립해 닌텐도DS 및 Wii를 판매하고 있음. 애니메이션 창작기획, 캐릭터 라이선스, 애니메이션 방송, DVD, 비디오, 잡지, 만화, 게임 등을 망라하는 사업의 수직 계열화를 달성함.

실적 분석
동사의 2016년 연결기준 누적 매출액은 949.9억원으로 전년 동기 대비 3.9% 증가함. 단 매출원가 부담과 판관비 증가로 영업이익은 전년보다 44.7% 감소한 23.8억원에 그침. 동사의 창작 애니메이션 'GON'이 중국 CCTV 아동채널(ch14)을 통해 방영 중. 향후 방송을 필두로 중·장기적인 사업을 전개해 중국 시장에서 'GON'의 고급 브랜드 이미지 구축과 현지 라이선스 사업 정착 노력 지속 중.

현금 흐름
<단위 : 억원>

항목	2015	2016
영업활동	101	62
투자활동	-86	-124
재무활동	-25	20
순현금흐름	-10	-43
기말현금	152	110

시장 대비 수익률
주가(천원) — 수익률(%)

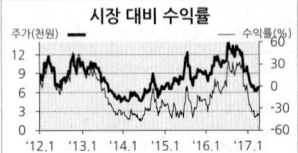

결산 실적
<단위 : 억원>

항목	2011	2012	2013	2014	2015	2016
매출액	1,002	750	770	802	914	950
영업이익	6	3	-51	17	43	24
당기순이익	-1	-17	-136	7	50	5

분기 실적
<단위 : 억원>

항목	2015.3Q	2015.4Q	2016.1Q	2016.2Q	2016.3Q	2016.4Q
매출액	214	260	230	209	212	299
영업이익	1	13	17	-3	8	1
당기순이익	20	20	14	-6	5	-8

재무 상태
<단위 : 억원>

항목	2011	2012	2013	2014	2015	2016
총자산	1,008	992	887	900	938	978
유형자산	86	157	157	154	159	168
무형자산	148	161	96	80	86	91
유가증권	50	34	139	77	41	37
총부채	319	340	377	352	275	234
총차입금	3	78	132	142	65	—
자본금	45	45	45	49	56	63
총자본	688	652	511	548	663	743
지배주주지분	556	524	387	412	512	581

기업가치 지표

항목	2011	2012	2013	2014	2015	2016
주가(최고/저)(천원)	8.1/3.3	12.1/6.5	11.1/4.5	9.0/4.6	12.4/6.5	15.5/7.2
PER(최고/저)(배)	—/—	—/—	—/—	—/—	41.6/21.7	—/—
PBR(최고/저)(배)	1.3/0.5	2.0/1.1	2.4/1.0	2.0/1.0	2.6/1.3	3.3/1.5
EV/EBITDA(배)	9.1	15.3	24.3	7.2	10.1	11.1
EPS(원)	-138	-215	-1,620	-120	298	-86
BPS(원)	6,424	6,063	4,547	4,498	4,797	4,759
CFPS(원)	635	433	-853	496	731	543
DPS(원)						
EBITDAPS(원)	834	681	197	798	825	823

재무 비율
<단위 : % >

연도	영업이익률	순이익률	부채비율	차입금비율	ROA	ROE	유보율	자기자본비율	EBITDA마진율
2016	2.5	0.5	31.5	0.0		-1.9	847.2	76.0	10.6
2015	4.7	5.5	41.6	9.8	5.4	7.1	854.2	70.6	9.9
2014	2.2	0.9	64.1	25.9	0.8	-2.9	794.0	60.9	9.4
2013	-6.7	-17.7	73.7	25.9	-14.5	-32.1	803.4	57.6	2.3

대원산업 (A005710)
DAE WON SAN UP CO

업 종 : 자동차부품		시 장 : KOSDAQ	
신용등급 : (Bond) — (CP) —		기업규모 : 우량	
홈 페 이 지 : www.dwsu.co.kr		연 락 처 : 031)495-2301	
본 사 : 경기도 안산시 단원구 원시로 179			

설 립 일 1968.09.10	종 업 원 수 510명	대 표 이 사 허재건,허재명
상 장 일 1993.06.21	감 사 의 견 적정 (천지)	계 열
결 산 기 12월	보 통 주 2,004만주	종속회사수
액 면 가 500원	우 선 주	구 상 호

주주구성 (지분율,%)
허재건	16.0
대원강업	9.8
(외국인)	9.4

출자관계 (지분율,%)
대영정밀	24.0
옥천산업	19.9
대원정밀	18.7

주요경쟁사 (외형,%)
대원산업	100
대유에이텍	124
SG&G	146

매출구성
자동차 시트(한국)	67.3
자동차 시트(중국)	21.8
자동차 시트(러시아)	10.9

비용구성
매출원가율	91.5
판관비율	3.6

수출비중
수출	40.3
내수	59.7

회사 개요
동사는 각종 시트 제작 판매업을 영위할 목적으로 1968년 설립되어 1993년 코스닥시장에 상장됨. 기아차에 전문적으로 시트를 납품하고 있음. 기아차 포르테, 모닝, 레이, 카니발, 프라이드 등의 카시트를 제조하고 있으며, 기아차 현지 공장인 중국, 러시아에도 생산 공장을 두고 있음. 주문에 의한 생산 및 납품을 하고 있으며, 내수 및 수출 판매에 있어 자동차 생산업체로 직판을 하고 있음.

실적 분석
동사의 2016년도 연결기준 누적 매출액은 전년동기 대비 소폭 증가한 8,235억원을 기록. 매출액의 증가와 원가율 개선으로 영업이익은 전년동기 대비 164.4% 급증한 404억원을 시현. 해외법인(대원루스) 환율변동에 따른 외환차익 발생으로 비영업수지 마저 큰 폭의 흑자를 기록하면서 당기순이익 역시 571.5% 증가한 428.1억원을 기록하는 등 호실적을 냈음.

현금 흐름
<단위 : 억원>

항목	2015	2016
영업활동	131	548
투자활동	-257	-337
재무활동	-105	6
순현금흐름	-231	262
기말현금	818	1,081

시장 대비 수익률
주가(천원) — 수익률(%)

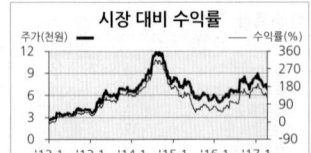

결산 실적
<단위 : 억원>

항목	2011	2012	2013	2014	2015	2016
매출액	5,652	6,467	6,713	7,130	7,735	8,236
영업이익	124	292	289	187	153	405
당기순이익	107	249	287	132	64	428

분기 실적
<단위 : 억원>

항목	2015.3Q	2015.4Q	2016.1Q	2016.2Q	2016.3Q	2016.4Q
매출액	1,738	2,144	1,826	2,151	1,869	2,390
영업이익	3	84	115	146	128	15
당기순이익	-47	30	111	126	63	129

재무 상태
<단위 : 억원>

항목	2011	2012	2013	2014	2015	2016
총자산	2,803	3,073	3,240	3,663	3,071	4,375
유형자산	603	729	687	675	642	809
무형자산	2	8	9	17	18	17
유가증권	35	68	61	52	138	133
총부채	1,582	1,642	1,533	1,862	1,208	2,161
총차입금	370	305	211	299	238	274
자본금	72	72	83	91	91	91
총자본	1,220	1,431	1,707	1,801	1,863	2,214
지배주주지분	1,220	1,431	1,707	1,801	1,863	2,214

기업가치 지표

항목	2011	2012	2013	2014	2015	2016
주가(최고/저)(천원)	3.3/1.9	4.7/2.9	7.9/4.0	13.2/7.1	9.3/5.8	9.4/5.4
PER(최고/저)(배)	6.2/3.6	3.7/2.3	5.3/2.7	19.1/10.2	27.3/17.0	4.1/2.3
PBR(최고/저)(배)	0.5/0.3	0.6/0.4	0.9/0.5	1.4/0.8	0.9/0.6	0.8/0.5
EV/EBITDA(배)	1.7	1.1	1.3	2.0	1.8	1.4
EPS(원)	533	1,241	1,430	658	318	2,137
BPS(원)	8,476	9,935	10,306	9,887	10,227	12,157
CFPS(원)	2,221	3,114	2,954	2,013	1,305	3,441
DPS(원)	125	75	75	125	125	100
EBITDAPS(원)	2,342	3,415	2,968	2,317	1,796	3,313

재무 비율
<단위 : % >

연도	영업이익률	순이익률	부채비율	차입금비율	ROA	ROE	유보율	자기자본비율	EBITDA마진율
2016	4.9	5.2	97.6	12.4	11.5	21.0	2,331.3	50.6	7.4
2015	2.0	0.8	64.8	12.8	1.9	3.5	1,945.3	60.7	4.2
2014	2.6	1.9	103.4	16.6	3.8	7.5	1,877.5	49.2	5.9
2013	4.3	4.3	89.8	12.4	9.1	18.3	1,961.1	52.7	7.3

대원전선 (A006340)
Daewon Cable

업 종 : 전기장비		시 장 : 거래소	
신용등급 : (Bond) — (CP) —		기업규모 : 시가총액 소형주	
홈 페 이 지 : www.daewoncable.co.kr		연 락 처 : 041)339-3400	
본 사 : 충남 예산군 고덕면 호음덕령길 92			

설 립 일 1969.11.29	종 업 원 수 193명	대 표 이 사 서명환	
상 장 일 1988.05.04	감 사 의 견 적정 (삼영)	계 열	
결 산 기 12월	보 통 주 6,811만주	종속회사수	
액 면 가 500원	우 선 주 262만주	구 상 호	

주주구성 (지분율,%)		출자관계 (지분율,%)		주요경쟁사 (외형,%)	
갑을물산	27.6	대원에코그린	100.0	대원전선	100
서명환	6.3	대명전선	51.0	삼영전자	51
(외국인)	1.5	케이비즈사모투자전문회사	21.4	일진전기	161

매출구성		비용구성		수출비중	
절연전선	41.0	매출원가율	95.8	수출	6.9
전력전선	39.1	판관비율	2.5	내수	93.1
나선	10.6				

회사 개요
동사는 전력 및 통신 케이블을 주력으로 각종 전선류를 제조하는 업체임. 한국전력, 케이티의 안정적인 수요로 성장세를 유지해 왔으나 최근 중소 전선업체 증가 및 국내 생산량 증가로 경쟁이 치열해지고 있음. 국내시장은 LS전선, 대한전선 등 대형 3사가 높은 시장점유율을 차지하고 있으며, 동사를 포함한 중견업체들이 중상위권에서 경쟁 중임. 수출이 전체매출의 15%가량을 차지함. 최근 종속회사인 대명전선을 통해 89억원 규모의 전선생산 공장을 인수함.

실적 분석
동사의 2016년 연결기준 누적 매출액은 4,223.7억원으로 전년 대비 4.8% 감소함. 주요 원자재인 구리의 가격이 하락하면서 원가율이 소폭 개선되고 판관비가 전년보다 0.5% 줄었으나, 매출 축소로 인해 영업이익은 전년 대비 26.5% 감소한 72.2억원을 기록함. 수도권에 집중되어 있는 판매망을 전국적인 판매망으로 확대하기 위해 지방 영업소를 설치하고 있고 자동차배선용 기기선 및 고압케이블 판매 등 내수 확장에 주력하고 있음.

현금 흐름 〈단위 : 억원〉

항목	2015	2016
영업활동	184	118
투자활동	-195	34
재무활동	6	-145
순현금흐름	-9	7
기말현금	6	13

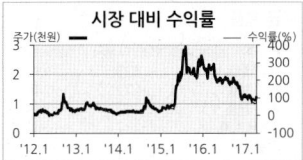

시장 대비 수익률

결산 실적 〈단위 : 억원〉

항목	2011	2012	2013	2014	2015	2016
매출액	4,846	4,489	4,792	4,147	4,437	4,224
영업이익	74	87	54	43	98	72
당기순이익	15	31	34	14	35	21

분기 실적 〈단위 : 억원〉

항목	2015.3Q	2015.4Q	2016.1Q	2016.2Q	2016.3Q	2016.4Q
매출액	1,112	1,164	950	1,083	1,028	1,163
영업이익	34	12	26	32	23	-8
당기순이익	4	2	18	4	8	-10

재무 상태 〈단위 : 억원〉

항목	2011	2012	2013	2014	2015	2016
총자산	2,164	2,155	2,227	2,109	2,145	2,232
유형자산	341	331	600	597	680	686
무형자산	14	14	14	14	14	20
유가증권	0	0	0	23	24	0
총부채	1,485	1,440	1,483	1,342	1,333	1,409
총차입금	400	577	696	663	671	527
자본금	354	354	354	354	354	354
총자본	679	715	744	767	812	823
지배주주지분	674	710	738	752	788	803

기업가치 지표

항목	2011	2012	2013	2014	2015	2016
주가(최고/저)(천원)	0.9/0.5	1.3/0.6	1.1/0.7	1.2/0.7	3.1/0.7	2.5/1.1
PER(최고/저)(배)	37.6/21.3	29.6/13.0	22.1/13.3	62.5/34.7	61.6/14.9	86.6/39.4
PBR(최고/저)(배)	0.9/0.5	1.3/0.6	1.0/0.6	1.2/0.6	2.8/0.7	2.2/1.0
EV/EBITDA(배)	5.4	9.0	12.6	14.8	16.8	12.6
EPS(원)	24	45	49	20	50	28
BPS(원)	973	1,003	1,044	1,063	1,114	1,135
CFPS(원)	57	75	84	65	105	86
DPS(원)	—	—	—	—	—	—
EBITDAPS(원)	138	153	111	106	194	159

재무 비율 〈단위 : %〉

연도	영업이익률	순이익률	부채비율	차입금비율	ROA	ROE	유보율	자기자본비율	EBITDA마진율
2016	1.7	0.5	171.1	64.0	1.0	2.5	127.1	36.9	2.7
2015	2.2	0.8	164.1	82.6	1.7	4.6	122.8	37.9	3.1
2014	1.0	0.3	174.9	86.4	0.6	1.9	112.7	36.4	1.8
2013	1.1	0.7	199.4	93.6	1.6	4.8	108.8	33.4	1.6

대원제약 (A003220)
Daewon Pharmaceutical

업 종 : 제약		시 장 : 거래소	
신용등급 : (Bond) — (CP) —		기업규모 : 시가총액 중형주	
홈 페 이 지 : www.daewonpharm.com		연 락 처 : 02)2204-7000	
본 사 : 서울시 성동구 천호대로 386 (용답동 229-3)			

설 립 일 1961.08.09	종 업 원 수 782명	대 표 이 사 백승열,백승호	
상 장 일 1999.12.15	감 사 의 견 적정 (삼정)	계 열	
결 산 기 12월	보 통 주 1,820만주	종속회사수	
액 면 가 500원	우 선 주	구 상 호	

주주구성 (지분율,%)		출자관계 (지분율,%)		주요경쟁사 (외형,%)	
백승호	15.5	딜라이트	64.4	대원제약	100
백승렬	14.3	대원바이오텍	20.0	삼진제약	99
(외국인)	22.3	약공법동조합	6.3	종근당홀딩스	139

매출구성		비용구성		수출비중	
기타	76.9	매출원가율	42.9	수출	5.8
상품	9.5	판관비율	45.0	내수	94.2
고지혈증치료제(의약품)	5.5				

회사 개요
동사는 치료제 전문 제네릭 의약품 제조 및 판매를 사업으로 영위하고 있음. 주요 매출처는 신약 / 개량신약 / 제네릭 의약품을 국내 병의원을 대상으로 공급하고 있음. 또한 우수한 cGMP생산시설을 확보함으로써 국내 유수의 제약기업에 동사제품을 납품하는 수탁사업과 중국 등 세계시장에 완제전문의약품을 수출하고 있지만 매출의 대부분이 국내 판매로 내수 의존도가 높음.

실적 분석
동사의 2016년 결산 매출액은 2,407.2억원으로 전년동기 대비 11.4% 증가하였음. 수출은 다소 감소하였지만 내수의약품 사업부문의 매출증가로 영업이익과 당기순이익 모두 큰 폭으로 증가함. 병의원에 특화된 영업정책으로 인하여 안정적인 영업활동을 전개하고 있음. 지속적인 연구개발 활동을 수행하고 있으며 환율 등 원료수급, 정책 등으로 수익구조가 변동될 수 있음. 중국, 동남아, 중남미, 중동 등 약 36개국에 제품을 직접 판매하고 있음.

현금 흐름 〈단위 : 억원〉

항목	2015	2016
영업활동	258	208
투자활동	-227	-202
재무활동	-53	-58
순현금흐름	-22	-51
기말현금	191	140

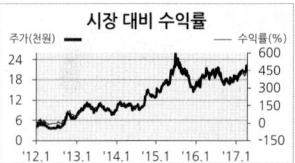

시장 대비 수익률

결산 실적 〈단위 : 억원〉

항목	2011	2012	2013	2014	2015	2016
매출액	1,389	1,382	1,589	1,820	2,162	2,407
영업이익	134	135	155	178	231	291
당기순이익	93	98	122	156	173	197

분기 실적 〈단위 : 억원〉

항목	2015.3Q	2015.4Q	2016.1Q	2016.2Q	2016.3Q	2016.4Q
매출액	499	601	581	617	552	657
영업이익	45	71	51	70	84	87
당기순이익	31	52	38	43	70	46

재무 상태 〈단위 : 억원〉

항목	2011	2012	2013	2014	2015	2016
총자산	1,404	1,471	1,601	1,806	1,947	2,147
유형자산	570	574	639	762	903	1,009
무형자산	113	97	82	68	87	93
유가증권	19	18	15	4	4	7
총부채	365	342	369	461	461	527
총차입금	62	30	30	30	—	—
자본금	65	71	78	82	86	88
총자본	1,039	1,129	1,233	1,345	1,487	1,620
지배주주지분	1,037	1,124	1,225	1,339	1,482	1,614

기업가치 지표

항목	2011	2012	2013	2014	2015	2016
주가(최고/저)(천원)	5.2/3.1	8.7/3.4	11.1/7.2	15.3/9.0	27.5/12.7	21.7/15.7
PER(최고/저)(배)	10.7/6.3	17.4/6.7	17.1/11.1	18.3/10.8	29.0/13.4	19.8/14.3
PBR(최고/저)(배)	1.0/0.6	1.5/0.6	1.7/1.1	2.2/1.3	3.4/1.6	2.4/1.8
EV/EBITDA(배)	3.5	6.2	7.1	9.7	9.6	9.0
EPS(원)	518	528	677	864	972	1,112
BPS(원)	8,080	7,964	7,896	8,220	8,665	9,333
CFPS(원)	998	944	1,050	1,226	1,379	1,567
DPS(원)	100	50	75	150	200	260
EBITDAPS(원)	1,303	1,218	1,256	1,353	1,693	2,071

재무 비율 〈단위 : %〉

연도	영업이익률	순이익률	부채비율	차입금비율	ROA	ROE	유보율	자기자본비율	EBITDA마진율
2016	12.1	8.2	32.5	0.0	9.6	13.1	1,766.7	75.5	15.2
2015	10.7	8.0	31.0	0.0	9.2	12.6	1,633.1	76.3	13.4
2014	9.8	8.6	34.3	2.2	9.2	12.3	1,544.1	74.5	12.2
2013	9.8	7.7	29.9	2.4	8.0	10.5	1,479.2	77.0	12.3

대원화성 (A024890)
Daewon Chemical

업　　종 : 섬유 및 의복　　　　　　시　　장 : 거래소
신용등급 : (Bond) —　　(CP) —　　기업규모 : 시가총액 소형주
홈페이지 : www.daewon21.co.kr　　연 락 처 : 02)2141-3533
본　　사 : 서울시 강남구 봉은사로 327 (논현동 278-19 궁도빌딩 13층)

설 립 일	1974.05.23	종 업 원 수	236명	대 표 이 사	강동엽
상 장 일	1997.10.28	감 사 의 견	적정 (삼덕)	계	열
결 산 기	12월	보 통 주	4,125만주	종속회사수	
액 면 가	500원	우 선 주		구 상 호	

주주구성 (지분율,%)		출자관계 (지분율,%)		주요경쟁사 (외형,%)	
강동엽	11.8	팜크린에너지	24.3	대원화성	100
강상엽	9.8	DaewonChemicalVinaCO.LTD.	100.0	형지엘리트	125
(외국인)	1.1			LS네트웍스	392

매출구성		비용구성		수출비중	
[합성피혁]신발/불용, 의류용	54.0	매출원가율	76.8	수출	53.3
[합성피혁]자동차내장원단	21.1	판관비율	13.2	내수	46.7
[벽지] 발포, 실크, 레자 외	17.8				

회사 개요
동사는 1974년 벽지 사업으로부터 출발한 합성피혁(PU) 업체로 현대, 기아차의 도어트림용 PU소재를 공급하고 있음. 사업 부문은 크게 벽지사업과 합성피혁 및 정제사업 부문으로 나뉨. 해외자원개발 사업진출을 위해 캐나다 몰리브덴 광구개발 사업을 추진 중임. 연결 대상 종속회사로 베트남 소재의 합성피혁 제조기업인 대원 케미칼 비나(Daewon Chemical Vina)가 있음.

실적 분석
동사의 2016년 매출액은 1,243.6억원으로 전년 대비 14% 감소함. 영업이익은 124.4억원으로 32.5% 감소. 당기순이익은 72.3억원으로 37.1% 감소함. 벽지와 합피 부문의 매출액이 전년 대비 감소한 것으로 보임. 자동차용 합성피혁은 현대기아차 신규 차종 추가, 정보기술(IT)용 백패드의 경우 LG화학 가동률 상승으로 외형 성장이 가능한 전망임. 화장품, 의류 사업에 신규 진출 계획임.

현금 흐름　〈단위 : 억원〉

항목	2015	2016
영업활동	63	89
투자활동	-26	2
재무활동	3	-8
순현금흐름	41	83
기말현금	50	134

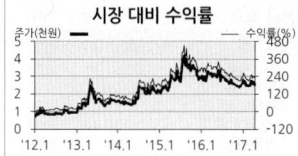
시장 대비 수익률

결산 실적　〈단위 : 억원〉

항목	2011	2012	2013	2014	2015	2016
매출액	1,202	1,205	1,082	1,316	1,446	1,244
영업이익	-21	9	52	141	184	124
당기순이익	-64	-50	-13	58	115	72

분기 실적　〈단위 : 억원〉

항목	2015.3Q	2015.4Q	2016.1Q	2016.2Q	2016.3Q	2016.4Q
매출액	343	363	333	297	277	337
영업이익	42	43	38	34	26	26
당기순이익	35	16	23	17	16	17

재무 상태　〈단위 : 억원〉

항목	2011	2012	2013	2014	2015	2016
총자산	1,084	1,096	1,092	1,177	1,268	1,349
유형자산	574	526	502	489	491	488
무형자산	13	31	25	21	19	12
유가증권	11	13	0	0	1	1
총부채	700	740	732	725	627	638
총차입금	461	503	478	453	387	386
자본금	156	156	161	181	206	206
총자본	384	356	360	452	642	711
지배주주지분	384	356	360	452	642	711

기업가치 지표

항목	2011	2012	2013	2014	2015	2016
주가(최고/저)(천원)	1.4/0.8	1.2/0.7	2.5/1.0	2.6/1.4	4.2/2.0	3.4/2.3
PER(최고/저)(배)	—/—	—/—	—/—	15.2/8.1	14.7/7.2	19.3/13.1
PBR(최고/저)(배)	1.1/0.6	1.0/0.6	2.0/0.8	1.9/1.0	2.7/1.3	2.0/1.3
EV/EBITDA(배)	290.8	18.5	11.5	7.0	7.1	8.6
EPS(원)	-206	-160	-42	172	284	175
BPS(원)	1,348	1,258	1,228	1,349	1,563	1,732
CFPS(원)	-131	-56	62	271	368	247
DPS(원)						
EBITDAPS(원)	8	133	270	514	540	374

재무 비율　〈단위 : %〉

연도	영업이익률	순이익률	부채비율	차입금비율	ROA	ROE	유보율	자기자본비율	EBITDA마진율
2016	10.0	5.8	89.7	54.2	5.5	10.7	246.3	52.7	12.4
2015	12.7	7.9	97.6	60.3	9.4	21.0	212.7	50.6	15.1
2014	10.7	4.4	160.3	100.2	5.1	14.4	169.8	38.4	13.2
2013	4.8	-1.2	203.5	132.7	-1.2	-3.7	145.7	33.0	7.8

대유에이텍 (A002880)
DAYOU A-TECH COLTD

업　　종 : 자동차부품　　　　　　시　　장 : 거래소
신용등급 : (Bond) —　　(CP) —　　기업규모 : 시가총액 소형주
홈페이지 : www.dayou.co.kr　　연 락 처 : 062)942-8611
본　　사 : 광주시 광산구 소촌로 123번길 40-11(소촌동)

설 립 일	1960.01.16	종 업 원 수	293명	대 표 이 사	라현근
상 장 일	1977.02.18	감 사 의 견	적정 (동명)	계	열
결 산 기	12월	보 통 주	9,178만주	종속회사수	
액 면 가	500원	우 선 주	1,501만주	구 상 호	

주주구성 (지분율,%)		출자관계 (지분율,%)		주요경쟁사 (외형,%)	
대유홀딩스	24.5	대유합금	100.0	대유에이텍	100
박영우	13.3	염성대유	100.0	대원산업	81
(외국인)	2.1	스마트홀딩스	95.0	SG&G	117

매출구성		비용구성		수출비중	
차량용의자 완제품	71.9	매출원가율	83.3	수출	—
주조품 및 AL INGOT	27.6	판관비율	14.5	내수	—
임대용역	0.5				

회사 개요
동사는 1960년 설립되어 1977년에 유가증권시장에 상장함. 자동차 시트 제조, 도소매, 수출입업, 비철금속 합금소재, 가공품 제조, 판매업, 부동산 임대업이 주 사업임. 특히 자동차 시트 사업부문에서 강점을 보임. 자동차용 의자 완제품을 제조 가공해 기아차 및 쌍용차에 납품하고 있음. 그러던 중 2014년 김치냉장고 "딤채"를 선보인 위니아만도(구 만도기계)를 인수하며 사업을 다각화하고 있음.

실적 분석
동사의 2016년 연결기준 누적 매출액은 1조 213.5억원으로 전년동기 대비 1% 감소함. 영업이익은 216.5억원, 당기순손실 67.4억원 기록하며 전년 대비 감소속함. 이는 원가율은 하락했으나, 판관비가 증가한 것에 기인함. 대유에이텍이 인수했던 대유위니아가 코스닥시장 상장을 하여 대유에이텍은 인수 자금 회수와 재무구조 개선 효과를 기대를 했으나, 아직은 가시화되지는 않고 있음.

현금 흐름　〈단위 : 억원〉

항목	2015	2016
영업활동	435	117
투자활동	-572	-741
재무활동	-6	565
순현금흐름	-137	-60
기말현금	245	185

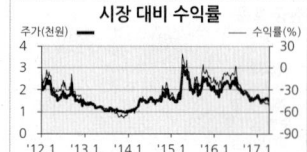
시장 대비 수익률

결산 실적　〈단위 : 억원〉

항목	2011	2012	2013	2014	2015	2016
매출액	4,695	5,055	5,552	7,375	10,311	10,213
영업이익	160	177	130	142	260	216
당기순이익	77	40	87	153	149	67

분기 실적　〈단위 : 억원〉

항목	2015.3Q	2015.4Q	2016.1Q	2016.2Q	2016.3Q	2016.4Q
매출액	2,505	3,333	1,924	2,191	2,401	3,698
영업이익	92	313	-142	-196	39	514
당기순이익	104	244	-146	-187	28	372

재무 상태　〈단위 : 억원〉

항목	2011	2012	2013	2014	2015	2016
총자산	3,625	3,857	4,387	7,493	7,642	8,486
유형자산	1,565	1,671	1,682	2,769	2,964	2,987
무형자산	295	270	249	825	857	875
유가증권	192	144	165	252	129	168
총부채	2,876	2,874	3,351	6,262	6,108	6,451
총차입금	1,177	1,137	1,326	2,363	2,265	2,461
자본금	319	422	422	433	496	496
총자본	749	983	1,036	1,232	1,534	2,035
지배주주지분	666	896	944	1,016	1,311	1,170

기업가치 지표

항목	2011	2012	2013	2014	2015	2016
주가(최고/저)(천원)	3.0/0.8	2.6/1.3	1.5/0.9	2.1/1.0	3.1/1.4	2.7/1.5
PER(최고/저)(배)	31.0/8.7	59.0/29.1	16.1/10.3	17.7/8.7	25.6/11.7	—/—
PBR(최고/저)(배)	3.4/1.0	2.7/1.3	1.4/0.9	1.9/0.9	2.6/1.2	2.5/1.4
EV/EBITDA(배)	13.9	8.5	8.5	12.7	7.7	9.1
EPS(원)	107	48	100	124	126	-0
BPS(원)	1,044	1,062	1,119	1,173	1,228	1,095
CFPS(원)	202	140	201	278	411	286
DPS(원)	20	30	30	50	40	15
EBITDAPS(원)	341	324	254	321	547	517

재무 비율　〈단위 : %〉

연도	영업이익률	순이익률	부채비율	차입금비율	ROA	ROE	유보율	자기자본비율	EBITDA마진율
2016	2.1	0.7	317.0	120.9	0.0	0.0	135.7	24.0	4.8
2015	2.5	1.4	398.3	147.7	2.0	10.7	164.6	20.1	5.3
2014	1.9	2.1	508.4	191.8	2.6	10.8	134.7	16.4	3.7
2013	2.3	1.6	323.6	128.1	2.1	9.2	123.7	23.6	3.9

대유위니아 (A071460)
DAYOU WINIA

업　　종 : 내구소비재　　　　　　　시　　장 : KOSDAQ
신용등급 : (Bond) —　　(CP) —　　　기업규모 : 중견
홈페이지 : www.dayou-winia.com　　연 락 처 : 041)530-6078
본　　사 : 충남 아산시 탕정면 선문로254번길 12

설 립 일	1999.10.06	종 업 원 수	634명	대 표 이 사	박성관
상 장 일	2016.07.14	감 사 의 견	적정 (동명)	계　　　열	
결 산 기	12월	보 통 주	2,411만주	종속회사수	
액 면 가	500원	우 선 주		구 상 호	

주주구성 (지분율,%)		출자관계 (지분율,%)		주요경쟁사 (외형,%)	
위니아대유	47.2	대유위니아서비스	100.0	대유위니아	100
26%컨서비스제약합작사물산상업삼성생명신문유기전환켜니	16.8			코웨이	532
(외국인)	0.5			쿠쿠전자	160

매출구성		비용구성		수출비중	
김치냉장고	49.2	매출원가율	73.7	수출	—
건강/생활가전	30.6	판관비율	24.5	내수	—
주방가전	20.2				

회사 개요	실적 분석
동사는 1999년 10월 충청남도 아산시에 설립된 가정용 기기 제조업체임. 주요제품으로는 김치냉장고, 에어컨, 냉장고 등이 있음. 자본금은 120억5500만원임. 4년간 100mm 포기가 넘는 김치로 수많은 시행착오를 거듭한 끝에 1995년 김치냉장고 '딤채'를 출시한 딤도기계 아산사업부가 모태임. 2015년 3월에는 물류서비스 전문업체인 대유위니아서비스가 출범함. 2016년 7월 코스닥에 상장함.	동사의 2016년 연결 기준 매출과 영업이익은 4,467억원, 78억원으로 전년 대비 매출은 2.8% 증가하였으나 영업이익은 52.3% 감소함. 신제품 출시 등으로 인하여 외형이 확장됐으나 신제품 광고비 등 영업비용 증가로 수익성은 감소함. 자산은 2,965억원으로 전년대비 42% 증가함. 부채는 1,988억원으로 전년 대비 25.3% 증가함. 자본은 978억원임.

현금 흐름　〈단위 : 억원〉

항목	2015	2016
영업활동	189	-235
투자활동	-174	-380
재무활동	-113	640
순현금흐름	-97	26
기말현금	38	64

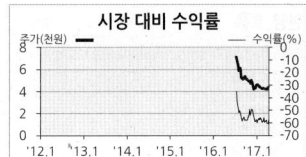
시장 대비 수익률

결산 실적　〈단위 : 억원〉

항목	2011	2012	2013	2014	2015	2016
매출액	3,796	3,395	4,127	3,825	4,345	4,467
영업이익	200	182	168	-196	164	78
당기순이익	127	130	111	-180	118	25

분기 실적　〈단위 : 억원〉

항목	2015.3Q	2015.4Q	2016.1Q	2016.2Q	2016.3Q	2016.4Q
매출액	1,107	—	516	—	1,204	
영업이익	67	—	-177	—	6	
당기순이익	62	—	-189	—	3	

재무 상태　〈단위 : 억원〉

항목	2011	2012	2013	2014	2015	2016
총자산	2,902	2,345	2,784	2,317	2,100	2,965
유형자산	853	847	870	834	836	990
무형자산	10	20	38	38	60	96
유가증권	—	—	—	—	1	2
총부채	2,529	1,862	2,185	1,921	1,586	1,988
총차입금	460	350	343	283	150	356
자본금	84	84	84	84	87	121
총자본	372	483	599	396	514	978
지배주주지분	372	483	599	396	514	978

기업가치 지표

항목	2011	2012	2013	2014	2015	2016
주가(최고/저)(천원)	—/—	—/—	—/—	—/—	—/—	7.7/4.2
PER(최고/저)(배)	0.0/0.0	0.0/0.0	0.0/0.0	0.0/0.0	0.0/0.0	62.3/34.2
PBR(최고/저)(배)	0.0/0.0	0.0/0.0	0.0/0.0	0.0/0.0	0.0/0.0	1.9/1.0
EV/EBITDA(배)					0.4	5.9
EPS(원)	757	773	662	-1,071	703	123
BPS(원)	2,217	2,875	3,570	2,359	2,943	4,054
CFPS(원)	1,500	1,438	1,470	-196	1,579	888
DPS(원)						
EBITDAPS(원)	1,935	1,749	1,810	-295	1,850	1,143

재무 비율　〈단위 : %〉

연도	영업이익률	순이익률	부채비율	차입금비율	ROA	ROE	유보율	자기자본비율	EBITDA마진율
2016	1.8	0.6	203.3	36.5	1.0	3.4	710.8	33.0	5.3
2015	3.8	2.7	308.6	32.4	5.4	26.0	488.7	24.5	7.2
2014	-5.1	-4.7	485.0	71.4	-7.1	-36.1	371.8	17.1	-1.3
2013	4.1	2.7	364.4	57.1	4.3	20.6	614.0	21.5	7.4

대유플러스 (A000300)
DAYOU PLUS CO

업　　종 : 자동차부품　　　　　　　시　　장 : 거래소
신용등급 : (Bond) —　　(CP) —　　　기업규모 : 시가총액 소형주
홈페이지 : www.dayouplus.co.kr　　연 락 처 : 031)737-7000
본　　사 : 광주시 서구 화운로230번길 28 (화정동)

설 립 일	1967.12.30	종 업 원 수	243명	대 표 이 사	박용길
상 장 일	1975.06.09	감 사 의 견	적정 (안세)	계　　　열	
결 산 기	12월	보 통 주	8,812만주	종속회사수	
액 면 가	500원	우 선 주		구 상 호	대유신소재

주주구성 (지분율,%)		출자관계 (지분율,%)		주요경쟁사 (외형,%)	
대유홀딩스	21.5	대유글로벌	100.0	대유플러스	100
대유에이텍	7.9	대유신소재	100.0	아진산업	117
(외국인)	2.6	스마트저축은행	41.5	에이엔피	24

매출구성		비용구성		수출비중	
스티어링휠	46.4	매출원가율	89.4	수출	65.7
알루미늄휠	41.1	판관비율	8.2	내수	34.3
기타(내부거래)	12.5				

회사 개요	실적 분석
동사는 자동차용 알루미늄휠과 스티어링휠 전문 제조 업체임. 2016년 2분기 기준 알루미늄휠 부문에서 국내 시장의 16.2%를 점유하고 있으며, 스티어링휠 부문에서 54.9%의 점유율을 보이고 있음. 완성차 시장이 전방 산업이며, 현대기아차, 한국지엠 등 안정적인 대형 거래처를 확보 중임. 최근 완성차 시장의 경량화 추세로 알루미늄휠 뿐 아니라 스티어링휠의 전환 및 지속적인 수요 증가가 기대됨.	북경대유자동차부품(유), 염성대유자동차부품(유)이 연결종속대상회사에서 제외되었고 대유글로벌매출부진으로 동사의 연결기준 2016년 누적 매출액은 전년 대비 12.4% 감소한 4,341.1억원에 그침. 매출원가율 하락 및 판관비 감소로 인해 영업이익은 전년대비 609.9% 증가함. 여전히 스티어링휠과 알루미늄휠의 수출 감소가 지속되어 자동차부품 부문은 영업적자가 확대됨. 금융업은 247.1억원의 영업이익을 시현하며 전사 영업이익을 견인함.

현금 흐름　〈단위 : 억원〉

항목	2015	2016
영업활동	-52	218
투자활동	-133	13
재무활동	94	-138
순현금흐름	-91	93
기말현금	61	154

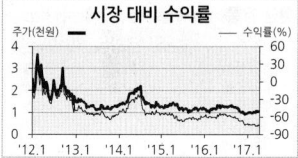
시장 대비 수익률

결산 실적　〈단위 : 억원〉

항목	2011	2012	2013	2014	2015	2016
매출액	3,349	3,794	4,236	5,017	4,958	4,341
영업이익	-6	-182	93	6	15	104
당기순이익	-46	-181	73	-39	-2	95

분기 실적　〈단위 : 억원〉

항목	2015.3Q	2015.4Q	2016.1Q	2016.2Q	2016.3Q	2016.4Q
매출액	1,078	1,278	1,053	1,189	955	1,144
영업이익	17	-19	47	36	-20	40
당기순이익	9	-34	82	3	-25	35

재무 상태　〈단위 : 억원〉

항목	2011	2012	2013	2014	2015	2016
총자산	6,054	6,094	6,392	7,067	7,845	9,452
유형자산	1,059	1,105	1,189	1,387	1,338	1,372
무형자산	301	323	321	323	325	356
유가증권	623	565	497	299	340	206
총부채	5,146	5,082	5,314	5,997	6,779	8,253
총차입금	4,005	4,086	4,058	4,356	5,350	6,954
자본금	295	436	436	441	441	441
총자본	908	1,012	1,078	1,069	1,066	1,199
지배주주지분	885	1,010	1,026	981	917	910

기업가치 지표

항목	2011	2012	2013	2014	2015	2016
주가(최고/저)(천원)	2.9/1.1	3.6/1.3	1.7/1.0	2.2/1.2	1.5/1.0	1.5/0.9
PER(최고/저)(배)	—/—	—/—	35.8/22.3	—/—	—/—	—/—
PBR(최고/저)(배)	2.2/0.8	3.1/1.1	1.4/0.9	2.0/1.1	1.4/1.0	1.4/0.9
EV/EBITDA(배)	42.1		14.6	25.8	27.5	21.5
EPS(원)	-49	-193	46	-86	-90	-42
BPS(원)	1,499	1,159	1,177	1,113	1,041	1,032
CFPS(원)	121	-45	186	82	92	132
DPS(원)	18					
EBITDAPS(원)	164	-95	246	175	199	291

재무 비율　〈단위 : %〉

연도	영업이익률	순이익률	부채비율	차입금비율	ROA	ROE	유보율	자기자본비율	EBITDA마진율
2016	2.4	2.2	688.4	580.0	1.1	-4.1	106.5	12.7	5.9
2015	0.3	0.0	636.0	501.9	0.0	-8.4	108.2	13.6	3.5
2014	0.1	-0.8	560.7	407.3	-0.6	-7.5	122.6	15.1	4.1
2013	2.2	1.7	493.0	376.4	1.2	4.0	135.5	16.9	5.1

대정화금 (A120240)
Daejung Chemicals & Metals

업 종 : 화학	시 장 : KOSDAQ
신용등급 : (Bond) — (CP) —	기업규모 : 우량
홈페이지 : www.daejung.kr	연 락 처 : 031)488-8822
본 사 : 경기도 시흥시 서해안로 186, 시화공단 1다 107호	

설 립 일	1986.11.13	종업원수	154명	대표이사	김용수,송영준
상 장 일	2010.12.20	감사의견	적정 (길인)	계	열
결 산 기	12월	보통주	605만주	종속회사수	
액 면 가	500원	우선주		구 상 호	

주주구성 (지분율,%)		출자관계 (지분율,%)		주요경쟁사 (외형,%)	
송기섭	32.0	대정화금	100		
송영준	10.0	KPX그린케미칼	400		
(외국인)	1.0	세우글로벌	70		

매출구성		비용구성		수출비중	
Acetone 18L(제품)	60.9	매출원가율	74.5	수출	3.2
Acetonitrile 4L(상품)	39.1	판관비율	11.7	내수	96.8
기타	0.0				

회사 개요
동사는 시험용약품 및 원료의약품을 생산하여 국내 및 해외에 수출하는 화학회사로 Alcohol, Hexane 등을 제조 및 판매하며, 약 2만여 품목의 재고를 보유함. 시약업종 시장 내 동사를 포함한 3개사가 40여 년간 과점 형태로 시장을 형성하고 있음. 2차전지 소재를 생산하는 대정이엠을 계열회사로 보유함. 주로 화학산업에서 시약이 사용되고 있지만, 녹색뉴딜이 본격화 된다면 바이오산업 뿐 아니라 환경산업까지 그 수요가 확대될 것으로 기대됨.

실적 분석
동사의 2016년 기준 연간 매출액은 전년대비 5.3% 성장한 609.4억원을 기록하였음. 매출원가가 소폭 상승하고 인건비,등도 올랐지만 매출성장에 힘입어 영업이익은 전년동기대비 3.6% 성장한 84.2억원을 기록하였음. 동사는 시약시장에서 해외수출 성과를 이루고 있으며 향후 HPLC 용매의 제조능력 신장에 따라 더욱 늘어날 것으로 기대하고 있음. 또한 다양한 품종 재고를 보유하고 있어 향후 성장이 기대됨.

현금 흐름 *IFRS 별도 기준 〈단위 : 억원〉

항목	2015	2016
영업활동	117	74
투자활동	7	-64
재무활동	-107	-15
순현금흐름	17	-4
기말현금	27	23

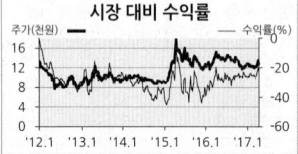

시장 대비 수익률

결산 실적 〈단위 : 억원〉

항목	2011	2012	2013	2014	2015	2016
매출액	562	553	577	606	579	609
영업이익	75	45	60	70	81	84
당기순이익	68	36	98	65	77	75

분기 실적 *IFRS 별도 기준 〈단위 : 억원〉

항목	2015.3Q	2015.4Q	2016.1Q	2016.2Q	2016.3Q	2016.4Q
매출액	142	151	145	154	147	164
영업이익	19	23	18	22	19	25
당기순이익	22	13	16	16	10	33

재무 상태 *IFRS 별도 기준 〈단위 : 억원〉

항목	2011	2012	2013	2014	2015	2016
총자산	706	682	894	987	1,002	1,122
유형자산	232	276	279	273	253	246
무형자산	5	6	6	9	9	8
유가증권	2	1	3	3	2	2
총부채	161	122	236	276	203	261
총차입금	40	22	112	116	2	2
자본금	29	29	29	29	30	30
총자본	546	560	658	711	799	861
지배주주지분	546	560	658	711	799	861

기업가치 지표 *IFRS 별도 기준

항목	2011	2012	2013	2014	2015	2016
주가(최고/저)(천원)	13.9/7.1	13.7/7.8	12.5/8.4	10.6/8.6	18.3/8.9	16.0/11.7
PER(최고/저)(배)	13.7/7.0	24.6/13.9	8.1/5.4	10.0/8.1	14.8/7.2	13.1/9.6
PBR(최고/저)(배)	1.7/0.9	1.6/0.9	1.2/0.8	0.9/0.7	1.4/0.7	1.1/0.8
EV/EBITDA(배)	7.4	6.3	4.9	5.4	6.0	5.8
EPS(원)	1,177	630	1,691	1,125	1,284	1,244
BPS(원)	9,421	9,673	11,365	12,274	13,216	14,239
CFPS(원)	1,324	898	1,913	1,318	1,463	1,382
DPS(원)	400	300	250	250	250	250
EBITDAPS(원)	1,448	1,047	1,259	1,396	1,543	1,530

재무 비율 〈단위 : % 〉

연도	영업이익률	순이익률	부채비율	차입금비율	ROA	ROE	유보율	자기자본비율	EBITDA마진율
2016	13.8	12.4	30.3	0.2	7.1	9.1	2,747.7	76.8	15.2
2015	14.0	13.2	25.4	0.3	7.7	10.1	2,543.1	79.8	15.9
2014	11.5	10.8	38.8	16.3	6.9	9.5	2,354.7	72.1	13.4
2013	10.4	17.0	35.9	17.0	12.4	16.1	2,173.0	73.6	12.7

대주산업 (A003310)
DAEJOO COLTD

업 종 : 식료품	시 장 : KOSDAQ
신용등급 : (Bond) — (CP) —	기업규모 : 중견
홈페이지 : www.daejooind.com	연 락 처 : 02)2201-8108
본 사 : 서울시 광진구 구의강변로 44, 남전빌딩	

설 립 일	1962.01.16	종업원수	127명	대표이사	김창종,정은섭
상 장 일	1992.08.01	감사의견	적정 (우리)	계	열
결 산 기	12월	보통주	3,539만주	종속회사수	
액 면 가	500원	우선주		구 상 호	

주주구성 (지분율,%)		출자관계 (지분율,%)		주요경쟁사 (외형,%)	
정은섭	31.6	코리아로터리서비스	0.3	대주산업	100
정석원	6.8			고려산업	203
(외국인)	5.0			한탑	151

매출구성		비용구성		수출비중	
배합사료	99.9	매출원가율	78.3	수출	0.0
고양이캔	0.1	판관비율	17.9	내수	100.0

회사 개요
동사는 사료산업을 영위하며 업종의 성격상 축산업에 생산재를 공급하는 기초 산업으로서 시설면에서는 장치산업으로 분류되고 있음. 축산업 경기는 가축의 광우병, 콜레라, 조류독감 등의 질병으로 인한 축산물 소비 감소와 국내 경기 변동에 따른 영향을 받으며 한정된 시장 내에서 시장 점유율을 넓혀가는 대기업 사료업체간의 과당경쟁과 농.축협 통합에 따른 시장 점유율 확보로 시장 경쟁은 더욱 심화되고 있는 추세임.

실적 분석
동사의 2016년 연결기준 연간 누적 매출액은 850.5억원으로 전년 동기 대비 0.8% 증가하였음. 매출은 비슷한 수준을 유지했지만 매출원가는 큰 폭으로 줄면서 영업이익은 전년 동기 대비 17.5% 증가한 32.3억원을 기록. 비영업손익 부문에서 적자 폭이 줄면서 당기순이익은 전년 동기 대비 40.4% 증가한 19.3억원을 시현함. 매출은 그대로지만 수익성은 조금씩 좋아지고 있음.

현금 흐름 〈단위 : 억원〉

항목	2015	2016
영업활동	13	74
투자활동	-17	-7
재무활동	-3	-73
순현금흐름	-7	-7
기말현금	20	13

시장 대비 수익률

결산 실적 〈단위 : 억원〉

항목	2011	2012	2013	2014	2015	2016
매출액	883	899	894	776	844	851
영업이익	5	6	20	25	27	32
당기순이익	3	-1	12	15	14	19

분기 실적 〈단위 : 억원〉

항목	2015.3Q	2015.4Q	2016.1Q	2016.2Q	2016.3Q	2016.4Q
매출액	207	215	225	215	191	219
영업이익	3	8	4	12	8	9
당기순이익	1	3	2	8	6	3

재무 상태 〈단위 : 억원〉

항목	2011	2012	2013	2014	2015	2016
총자산	829	830	813	799	793	768
유형자산	457	450	450	449	450	453
무형자산	10	10	10	10	7	6
유가증권	19	7	7	7	7	7
총부채	382	385	356	329	314	283
총차입금	226	227	191	139	137	73
자본금	187	187	187	187	187	187
총자본	447	445	458	470	479	485
지배주주지분	447	445	458	470	479	485

기업가치 지표

항목	2011	2012	2013	2014	2015	2016
주가(최고/저)(천원)	0.8/0.4	1.8/0.5	0.8/0.5	0.9/0.5	1.4/0.6	2.7/0.9
PER(최고/저)(배)	101.5/46.3	—/—	24.5/15.5	22.6/12.5	38.2/17.1	50.0/17.4
PBR(최고/저)(배)	0.7/0.3	1.5/0.4	0.6/0.4	0.7/0.4	1.1/0.5	2.0/0.7
EV/EBITDA(배)	26.9	29.2	11.8	9.8	15.7	20.1
EPS(원)	8	-3	33	43	39	55
BPS(원)	1,262	1,258	1,293	1,328	1,352	1,370
CFPS(원)	33	21	58	69	66	83
DPS(원)	—	—	—	—	25	25
EBITDAPS(원)	38	42	80	97	105	119

재무 비율 〈단위 : % 〉

연도	영업이익률	순이익률	부채비율	차입금비율	ROA	ROE	유보율	자기자본비율	EBITDA마진율
2016	3.8	2.3	58.4	15.0	2.5	4.0	159.4	63.1	5.0
2015	3.3	1.6	65.7	28.6	1.7	2.9	155.9	60.4	4.4
2014	3.3	2.0	70.0	29.7	1.9	3.3	151.4	58.8	4.4
2013	2.2	1.3	77.7	41.7	1.4	2.6	144.7	56.3	3.2

대주이엔티 (A114920)
Daejoo Energy INnovation Technology

업 종 : 금속 및 광물		시 장 : KONEX	
신용등급 : (Bond) — (CP) —		기업규모 : —	
홈 페 이 지 : www.daejooent.co.kr		연 락 처 : 070)7015-1323	
본 사 : 인천시 중구 신포로 4 4층(사동)			

설 립 일 1989.05.29	종 업 원 수 139명	대 표 이 사 황광수	
상 장 일 2013.07.01	감사의견 적정 (삼덕)	계 열	
결 산 기 12월	보 통 주 347만주	종속회사수	
액 면 가 500원	우 선 주	구 상 호	

주주구성 (지분율,%)		출자관계 (지분율,%)		주요경쟁사 (외형,%)	
박광수	23.1	대주이엔티	100		
박주봉	21.3	세기리텍	56		
		그린플러스	32		

매출구성		비용구성		수출비중	
엘리베이터가이드레일(제품)	49.3	매출원가율	93.1	수출	4.5
이중보온관	18.7	판관비율	5.4	내수	95.5
엘리베이터가이드레일	11.8				

회사 개요
동사는 1989년에 설립되어 단열 이중보온관 등을 제조 및 판매하고 있으며, 2002년 7월 1일에 관계회사인 대주중공업으로부터 엘리베이터 레일사업부를 인수하여 엘리베이터 레일의 제조 및 판매를 추가함. 2004년 신규사업으로 철골공사업을 추가했으며 2007년에는 ESCO사업과 승강기설치공사업, 2009년에는 토공사업외 5개 사업이 신규로 추가함. 매출구성은 이중보온관 19%, 엘리베이터가이드레일 32%, 배관공사 25%, 기타 24%임.

실적 분석
동사의 2016년 연결 기준 매출과 영업이익, 당기순이익은 1185억원, 18억원, 11억원으로, 전년 대비 각각 0.14%, 147.8% 증가하고 흑자전환함. 자산총계는 1158억원, 부채총계는 810억원, 자본총계는 348억원으로 전년 대비 각각 12.2%, 16.5%, 3.3% 증가함. 단기차입금은 433억원으로 전년 대비 31% 증가했지만 장기차입금은 169억원으로 전년 대비 2.7% 감소함.

현금 흐름 ·IFRS 별도 기준 〈단위 : 억원〉

항목	2015	2016
영업활동	-12	69
투자활동	-229	-164
재무활동	300	33
순현금흐름	59	-62
기말현금	79	17

시장 대비 수익률
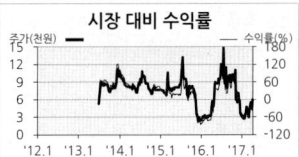

결산 실적 〈단위 : 억원〉

항목	2011	2012	2013	2014	2015	2016
매출액	1,026	1,193	1,230	1,447	1,183	1,185
영업이익	41	48	34	52	7	18
당기순이익	30	33	27	33	-8	11

분기 실적 ·IFRS 별도 기준 〈단위 : 억원〉

항목	2015.3Q	2015.4Q	2016.1Q	2016.2Q	2016.3Q	2016.4Q
매출액	—	—	—	—	—	—
영업이익	—	—	—	—	—	—
당기순이익	—	—	—	—	—	—

재무 상태 ·IFRS 별도 기준 〈단위 : 억원〉

항목	2011	2012	2013	2014	2015	2016
총자산	498	581	696	755	1,032	1,158
유형자산	39	52	93	119	315	296
무형자산	6	5	4	4	3	2
유가증권	103	84	84	77	77	82
총부채	243	296	384	410	696	811
총차입금	75	145	218	204	507	602
자본금	17	17	17	17	17	17
총자본	254	285	311	345	337	348
지배주주지분	254	285	311	345	337	348

기업가치 지표 ·IFRS 별도 기준

항목	2011	2012	2013	2014	2015	2016
주가(최고/저)(천원)	—/—	—/—	11.3/5.2	11.3/7.0	15.5/2.1	15.5/2.4
PER(최고/저)(배)	0.0/0.0	0.0/0.0	14.8/6.8	11.8/7.3	—/—	48.4/7.5
PBR(최고/저)(배)	0.0/0.0	0.0/0.0	1.3/0.6	1.1/0.7	1.6/0.2	1.6/0.2
EV/EBITDA(배)	0.7	1.5	11.7	4.8	11.6	11.2
EPS(원)	875	951	765	959	-227	320
BPS(원)	7,325	8,216	8,975	9,933	9,706	10,026
CFPS(원)	1,012	1,182	1,071	1,609	586	928
DPS(원)	25	25				
EBITDAPS(원)	1,320	1,613	1,284	2,140	1,021	1,123

재무 비율 〈단위 : % 〉

연도	영업이익률	순이익률	부채비율	차입금비율	ROA	ROE	유보율	자기자본비율	EBITDA마진율
2016	1.5	0.9	233.0	173.1	1.0	3.3	1,905.3	30.0	3.3
2015	0.6	-0.7	206.6	150.6	-0.9	-2.3	1,841.2	32.6	3.0
2014	3.6	2.3	119.0	59.2	4.6	10.1	1,886.7	45.7	5.1
2013	2.8	2.2	123.5	70.0	4.2	8.9	1,694.9	44.8	3.6

대주전자재료 (A078600)
Daejoo Electronic Materials

업 종 : 전자 장비 및 기기		시 장 : KOSDAQ	
신용등급 : (Bond) — (CP) —		기업규모 : 벤처	
홈 페 이 지 : www.daejoo.co.kr		연 락 처 : 031)498-2901	
본 사 : 경기도 시흥시 서해안로 148 (정왕동 시흥스마트 허브 1라 110)			

설 립 일 1981.07.06	종 업 원 수 152명	대 표 이 사 임일지,임중규	
상 장 일 2004.12.10	감사의견 적정 (성도)	계 열	
결 산 기 12월	보 통 주 1,329만주	종속회사수	
액 면 가 500원	우 선 주	구 상 호	

주주구성 (지분율,%)		출자관계 (지분율,%)		주요경쟁사 (외형,%)	
임무현	9.1	청도대주전자재료유한공사	100.0	대주전자재료	100
임일지	7.4	동관대주전자재료유한공사	97.8	이엠티	13
(외국인)	0.4	대주USLLC	90.0	삼신이디피	113

매출구성		비용구성		수출비중	
전도성 페이스트	29.3	매출원가율	72.7	수출	69.9
형광체	27.1	판관비율	21.3	내수	30.1
고분자재료	19.1				

회사 개요
동사는 전자제품에 필수적으로 사용되는 전자부품용 소재를 종합적으로 개발, 제조, 양산할 수 있는 전자재료 전문기업임. 2016년 기준 주요 제품은 전도성페이스트(33%), 태양전지 전극재료(12.2%), 고분자재료(11.6%), LED용 형광체(35.8%) 등 임. 전극페이스트는 국내는 삼성전기를 필두로 하여 칩부품용 전극재료의 수요가 증가하고 있으며 중국, 대만에서의 시장이 크게 확대되고 있음.

실적 분석
동사의 연결기준 2016년 매출액은 679.1억원으로 전년 대비 18.1% 증가함. 매출 증가는 형광체재료사업부의 LED매출이 전기대비 70% 증가하였으며 본사 전도성페이스트 부분 매출이 31% 증가하였기 때문. 매출원가와 판관비 부담이 적어짐에 따라 동사는 40.4억원의 영업이익을 기록, 흑자전환에 성공함. 비영업 부문에서 손실이 지속되었으나 최종적으로 동사는 7.1억원의 당기순이익을 실현하였으며 전년 대비 흑자전환함.

현금 흐름 〈단위 : 억원〉

항목	2015	2016
영업활동	-11	41
투자활동	-89	-69
재무활동	96	39
순현금흐름	-3	10
기말현금	99	109

시장 대비 수익률

결산 실적 〈단위 : 억원〉

항목	2011	2012	2013	2014	2015	2016
매출액	1,470	1,052	796	706	575	679
영업이익	97	85	14	3	-23	40
당기순이익	48	45	-10	-64	-49	7

분기 실적 〈단위 : 억원〉

항목	2015.3Q	2015.4Q	2016.1Q	2016.2Q	2016.3Q	2016.4Q
매출액	155	150	158	172	166	183
영업이익	1	-8	5	7	11	17
당기순이익	-4	-22	1	-1	4	3

재무 상태 〈단위 : 억원〉

항목	2011	2012	2013	2014	2015	2016
총자산	1,120	1,161	1,171	1,152	1,349	1,412
유형자산	478	622	611	704	877	874
무형자산	98	105	116	88	95	99
유가증권	0	—	—	—	—	—
총부채	725	700	688	728	819	828
총차입금	578	573	570	633	725	708
자본금	41	42	46	46	47	66
총자본	394	461	483	424	530	585
지배주주지분	376	446	470	410	517	572

기업가치 지표

항목	2011	2012	2013	2014	2015	2016
주가(최고/저)(천원)	16.4/5.4	9.5/6.0	9.4/6.5	8.0/3.9	6.5/3.8	4.4/3.0
PER(최고/저)(배)	34.4/11.5	20.7/13.0	—/—	—/—	—/—	73.2/49.3
PBR(최고/저)(배)	4.1/1.4	2.1/1.3	2.0/1.4	2.0/0.9	1.3/0.8	1.0/0.7
EV/EBITDA(배)	8.6	10.5	21.5	18.7	44.7	14.7
EPS(원)	480	465	-76	-572	-431	61
BPS(원)	4,953	5,605	5,685	5,022	6,055	4,594
CFPS(원)	1,166	1,162	483	-144	1	397
DPS(원)			100			
EBITDAPS(원)	1,754	1,621	735	590	272	683

재무 비율 〈단위 : % 〉

연도	영업이익률	순이익률	부채비율	차입금비율	ROA	ROE	유보율	자기자본비율	EBITDA마진율
2016	5.9	1.0	141.5	121.1	0.5	1.3	818.8	41.4	11.7
2015	-4.0	-8.5	154.4	136.6	-3.9	-10.4	1,111.1	39.3	4.3
2014	0.5	-9.0	171.9	149.4	-5.5	-14.4	904.4	36.8	7.6
2013	1.7	-1.2	142.3	118.0	-0.8	-1.8	1,036.9	41.3	8.0

대진디엠피 (A065690)
DAEJINDMPCOLTD

업 종 : 컴퓨터 및 주변기기		시 장 : KOSDAQ	
신용등급 : (Bond) — (CP) —		기업규모 : 중견	
홈 페 이 지 : www.daejindmp.co.kr		연 락 처 : 041)522-5361	
본 사 : 충남 천안시 서북구 성거읍 천흥리 316-4			

설 립 일	1987.06.23	종 업 원 수	165명	대 표 이 사	박창식
상 장 일	2002.07.16	감 사 의 견	적정 (인덕)	계 열	
결 산 기	12월	보 통 주	1,386만주	종속회사수	
액 면 가	500원	우 선 주		구 상 호	

주주구성 (지분율,%)		출자관계 (지분율,%)		주요경쟁사 (외형,%)	
박창식	21.5	위해대진전자유한공사	100.0	대진디엠피	100
박영태	7.5			엠젠플러스	82
(외국인)	0.8			아이리버	82

매출구성		비용구성		수출비중	
BLADE/ROLLER	58.9	매출원가율	81.6	수출	48.0
LED&LED LAMP	41.1	판관비율	11.8	내수	52.0

회사 개요
1970년 3월에 설립된 동사는 프린터 제품에 들어가는 핵심 고무 롤러류 및 블레이드류와 LED PKG, LAMP의 제조 및 판매를 주 영업목적으로 하고 있음. 동사는 프린터 부품 부문이 전체 매출의 52% 가량을 차지하고, 주요 거래선은 삼성전자임. 매출의 47%를 차지하는 LED 조명 부문에선 핸드폰에 들어가는 발광 chip LED 및 할로겐램프 대체용 LED 램프를 생산 중임. 최근에는 피부미용기기를 개발하며 사업다각화 추진 중

실적 분석
동사의 2016년 연결기준 결산 매출액은 전년 동기 대비 8.6% 감소한 638.6억원을 기록. 영업이익은 42.0억원을 기록하며 전년동기 대비 51.5% 성장. 당기순이익은 25.4억원을 기록하며 전년동기 대비 27.6% 감소. 지난 5월 유럽 CE인증을 신청한 피부미용기기 LPL(LED 광선조사기)가 연내 인증을 받으며 중국 및 동남아 진출. 가정용 LED브랜드인 오브라이트 매출이 증가해 LED사업 부문 매출 비중이 큰 폭 증가.

현금 흐름
〈단위 : 억원〉

항목	2015	2016
영업활동	83	114
투자활동	-43	-22
재무활동	19	11
순현금흐름	59	112
기말현금	161	272

시장 대비 수익률
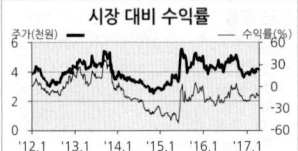

결산 실적
〈단위 : 억원〉

항목	2011	2012	2013	2014	2015	2016
매출액	822	890	753	659	699	639
영업이익	35	32	4	13	28	42
당기순이익	35	7	-48	32	35	25

분기 실적
〈단위 : 억원〉

항목	2015.3Q	2015.4Q	2016.1Q	2016.2Q	2016.3Q	2016.4Q
매출액	176	175	165	153	168	153
영업이익	7	4	12	12	7	11
당기순이익	1	8	1	13	-6	10

재무 상태
〈단위 : 억원〉

항목	2011	2012	2013	2014	2015	2016
총자산	965	971	937	923	933	1,008
유형자산	412	398	368	357	328	269
무형자산	5	7	7	16	14	6
유가증권	15	24	47	12	63	64
총부채	191	190	204	158	109	130
총차입금	82	106	94	80	76	56
자본금	59	59	59	59	63	68
총자본	774	780	733	765	824	878
지배주주지분	774	780	733	765	824	878

기업가치 지표

항목	2011	2012	2013	2014	2015	2016
주가(최고/저)(천원)	6.3/3.0	4.5/3.0	5.8/3.5	4.1/2.5	6.2/2.8	5.2/3.5
PER(최고/저)(배)	21.2/10.1	70.4/46.6	—/—	15.1/9.3	21.5/9.7	26.8/18.2
PBR(최고/저)(배)	0.9/0.4	0.6/0.4	0.9/0.5	0.6/0.4	0.9/0.4	0.8/0.5
EV/EBITDA(배)	4.0	4.7	5.9	2.6	5.2	1.2
EPS(원)	298	63	-409	272	287	194
BPS(원)	7,001	7,055	6,649	6,924	6,920	6,768
CFPS(원)	686	504	-29	622	646	510
DPS(원)	—	—	—	—	—	—
EBITDAPS(원)	688	710	411	462	586	637

재무 비율
〈단위 : % 〉

연도	영업이익률	순이익률	부채비율	차입금비율	ROA	ROE	유보율	자기자본비율	EBITDA마진율
2016	6.6	4.0	14.8	6.4	2.6	3.0	1,253.7	87.1	13.0
2015	4.0	5.0	13.2	9.2	3.8	4.4	1,284.1	88.4	10.3
2014	2.0	4.8	20.7	10.5	3.4	4.3	1,284.8	82.9	8.2
2013	0.5	-6.4	27.8	12.8	-5.0	-6.3	1,229.8	78.2	6.4

대창 (A012800)
Daechang

업 종 : 금속 및 광물		시 장 : 거래소	
신용등급 : (Bond) — (CP) —		기업규모 : 시가총액 소형주	
홈 페 이 지 : www.brassone.com		연 락 처 : 031)496-3000	
본 사 : 경기도 시흥시 공단1대로 391(정왕동), 시화공단4나 506호			

설 립 일	1974.04.16	종 업 원 수	355명	대 표 이 사	김옥렬,조시영
상 장 일	1989.12.05	감 사 의 견	적정 (삼경)	계 열	
결 산 기	12월	보 통 주	9,114만주	종속회사수	
액 면 가	500원	우 선 주	만주	구 상 호	

주주구성 (지분율,%)		출자관계 (지분율,%)		주요경쟁사 (외형,%)	
서원	27.9	아이엔스틸	80.9	대창	100
조시영	4.4	태우	78.4	포스코엠텍	33
(외국인)	3.5	에센테크	34.0	동양철관	16

매출구성		비용구성		수출비중	
황동봉(제품)	80.9	매출원가율	92.7	수출	34.6
건설부품등 소재	19.1	판관비율	3.6	내수	65.4

회사 개요
동사는 1974년 동합금계열 비철금속 등의 제조 및 판매를 목적으로 설립되어 제품을 생산하고 있음. 종속회사는 해외법인 4개사, 국내법인 2개사이며, 해외법인은 판매거점으로서의 역할을 수행함. 주사업은 황동봉 사업은 각종 제품의 제조에 필요한 기초소재로서 환경변화에 따른 새로운 합금소재의 변화가 꾸준히 진행되고 있음. 2014년 말 기준 시장점유율은 56%를 기록하는 등, 국내 및 아시아 시장에서 1위, 글로벌 5위 내 경쟁력을 갖춤.

실적 분석
동사의 2016년 연결 기준 누적 매출은 8,177억원으로 전년 동기 대비 20% 감소함. 주력 매출원인 황동봉 부문의 매출이 37% 감소하였고, 기타부문 매출도 감소한 결과임. 판관비 절감 노력으로 영업이익은 302.4억원을 기록하며 흑자전환함. 수요산업의 빠른 변화 및 신소재의 등장에 대응하기 위해 적극적인 R&D투자와 신제품 개발 등 지속적인 노력을 추진하고 있음.

현금 흐름
〈단위 : 억원〉

항목	2015	2016
영업활동	1,048	416
투자활동	-66	-60
재무활동	-653	-623
순현금흐름	329	-266
기말현금	400	134

시장 대비 수익률
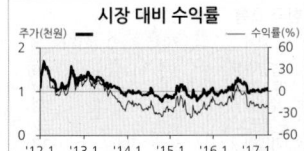

결산 실적
〈단위 : 억원〉

항목	2011	2012	2013	2014	2015	2016
매출액	8,686	7,813	7,549	13,237	10,167	8,177
영업이익	171	79	7	163	-320	302
당기순이익	-71	88	-186	-80	-509	120

분기 실적
〈단위 : 억원〉

항목	2015.3Q	2015.4Q	2016.1Q	2016.2Q	2016.3Q	2016.4Q
매출액	2,422	2,290	2,362	2,253	1,680	1,882
영업이익	-93	-170	103	71	-6	135
당기순이익	-209	-220	83	53	-19	3

재무 상태
〈단위 : 억원〉

항목	2011	2012	2013	2014	2015	2016
총자산	4,853	4,770	6,578	6,557	5,391	5,660
유형자산	1,367	1,447	1,988	1,968	2,081	2,162
무형자산	27	27	30	27	28	103
유가증권	18	58	34	2	0	16
총부채	3,040	2,877	4,724	4,877	3,900	3,867
총차입금	2,621	2,440	4,265	4,138	3,512	3,238
자본금	456	456	456	456	456	456
총자본	1,812	1,893	1,854	1,679	1,491	1,792
지배주주지분	1,791	1,870	1,662	1,579	1,427	1,473

기업가치 지표

항목	2011	2012	2013	2014	2015	2016
주가(최고/저)(천원)	2.6/1.0	1.7/1.0	1.5/0.9	1.1/0.8	1.2/0.8	1.3/0.9
PER(최고/저)(배)	—/—	18.3/10.7	—/—	—/—	—/—	13.2/8.9
PBR(최고/저)(배)	1.3/0.5	0.8/0.5	0.8/0.5	0.6/0.4	0.7/0.5	0.8/0.5
EV/EBITDA(배)	14.3	21.7	53.5	16.8	—	10.0
EPS(원)	-81	95	-206	-60	-491	101
BPS(원)	2,039	2,112	1,885	1,837	1,671	1,721
CFPS(원)	6	186	-109	83	-351	242
DPS(원)	—	30	—	—	—	—
EBITDAPS(원)	274	177	106	321	-211	473

재무 비율
〈단위 : % 〉

연도	영업이익률	순이익률	부채비율	차입금비율	ROA	ROE	유보율	자기자본비율	EBITDA마진율
2016	3.7	1.5	215.8	180.6	2.2	6.3	244.2	31.7	5.3
2015	-3.2	-5.0	261.6	235.6	-8.5	-29.8	234.1	27.7	-1.9
2014	1.2	-0.6	290.5	246.5	-1.2	-3.4	267.4	25.6	2.2
2013	0.1	-2.5	254.8	230.0	-3.3	-10.7	277.0	28.2	1.3

대창단조 (A015230)
Daechang Forging

업 종 : 기계		시 장 : 거래소	
신용등급 : (Bond) — (CP) —		기업규모 : 시가총액 소형주	
홈페이지 : www.dcf.co.kr		연 락 처 : 055)329-3911	
본 사 : 경남 김해시 생림면 봉림로 115-92			

설 립 일 1981.01.01	종업원수 118명	대표이사 박권일	
상 장 일 1989.07.25	감사의견 적정 (성도)	계 열	
결 산 기 12월	보 통 주 200만주	종속회사수	
액 면 가 5,000원	우 선 주	구 상 호	

주주구성 (지분율,%)
박권일	12.3
KB자산운용	11.2
(외국인)	5.4

출자관계 (지분율,%)
나전금속	92.0
대창중기	85.0
봉림금속	40.0

주요경쟁사 (외형,%)
대창단조	100
로보스타	71
스맥	58

매출구성
〈가공〉자동차중장비부품(제품)	82.9
〈단조〉자동차중장비부품(제품)	14.0
〈기타〉임가공(기타)	3.2

비용구성
매출원가율	85.0
판관비율	7.3

수출비중
수출	60.2
내수	39.8

회사 개요
동사는 건설 및 토목용 장비 전문 업체로 50년 이상 자동차, 중장비 부품의 단조 및 가공 사업을 전문적으로 영위해 옴. Trek Inc, 대창중기, 나전금속 등 총 3개의 연결대상 종속회사를 보유하고 있음. 매출의 29%는 내수, 71%는 수출에서 나옴. 내수는 볼보, 현대, 두산의 중장비 완성차 업체에 OEM 방식으로 납품해 매출을 거둬 들이고 수출 매출은 굴삭기 등 중장비용 글로벌 A/S시장과 해외 OEM 시장에서 나옴.

실적 분석
2016년 연결기준 동사의 매출액은 2,133.9억원임. 전년도 대비 7.8% 감소한 금액임. 매출 하락과 판매비와 관리비 증가로 인해 영업이익은 13% 감소한 164.7억원을 시현함. 비영업부문 이익도 31.2% 감소해 당기순이익이 11.3% 감소한 139.7억원을 기록함. 경기침체, 보호무역과 고립주의 확산, 미국 금리인상 기조 변화와 원소재가격 급등락 등으로 인해 시장 상황이 전반적으로 좋지 않았던 게 실적 부진 요인임.

현금 흐름
〈단위 : 억원〉
항목	2015	2016
영업활동	180	24
투자활동	-146	95
재무활동	-31	-109
순현금흐름	3	11
기말현금	87	98

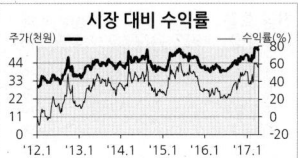
시장 대비 수익률 (주가(천원), 수익률(%))

결산 실적
〈단위 : 억원〉
항목	2011	2012	2013	2014	2015	2016
매출액	3,683	3,123	2,583	2,451	2,313	2,134
영업이익	316	306	225	183	189	165
당기순이익	227	233	181	181	158	140

분기 실적
〈단위 : 억원〉
항목	2015.3Q	2015.4Q	2016.1Q	2016.2Q	2016.3Q	2016.4Q
매출액	546	506	460	526	505	643
영업이익	38	43	32	63	37	33
당기순이익	26	42	23	52	20	45

재무 상태
〈단위 : 억원〉
항목	2011	2012	2013	2014	2015	2016
총자산	1,488	1,440	1,551	1,840	1,953	2,024
유형자산	411	401	390	547	665	633
무형자산	7	7	8	9	9	12
유가증권	6	163	1	2	12	10
총부채	651	399	352	460	437	392
총차입금	333	80	50	100	116	34
자본금	100	100	100	100	100	100
총자본	837	1,041	1,199	1,380	1,516	1,632
지배주주지분	783	991	1,150	1,315	1,437	1,553

기업가치 지표
항목	2011	2012	2013	2014	2015	2016
주가(최고/저)(천원)	39.9/20.2	47.3/28.8	46.1/34.2	52.9/38.3	54.8/38.8	49.4/38.0
PER(최고/저)(배)	4.4/2.2	4.7/2.9	5.8/4.3	6.3/4.6	7.4/5.2	7.2/5.6
PBR(최고/저)(배)	1.2/0.6	1.1/0.7	0.9/0.7	0.9/0.6	0.8/0.6	0.7/0.5
EV/EBITDA(배)	3.0	2.1	2.5	2.7	2.1	3.1
EPS(원)	10,884	11,700	8,989	9,275	7,858	6,972
BPS(원)	39,162	49,573	57,482	65,771	71,848	77,662
CFPS(원)	12,192	13,161	10,329	10,734	10,199	8,962
DPS(원)	1,000	1,000	1,000	2,000	1,300	1,300
EBITDAPS(원)	17,087	16,747	12,608	10,634	11,809	10,224

재무 비율
〈단위 : %〉
연도	영업이익률	순이익률	부채비율	차입금비율	ROA	ROE	유보율	자기자본비율	EBITDA마진율
2016	7.7	6.6	24.0	2.1	7.0	9.3	1,453.2	80.6	9.6
2015	8.2	6.8	28.9	7.6	8.3	11.4	1,337.0	77.6	10.2
2014	7.5	7.4	33.3	7.3	10.7	15.1	1,215.4	75.0	8.7
2013	8.7	7.0	29.4	4.2	12.1	16.8	1,049.6	77.3	9.8

대창솔루션 (A096350)
Daechang Solution

업 종 : 조선		시 장 : KOSDAQ	
신용등급 : (Bond) — (CP) —		기업규모 : 중견	
홈페이지 : www.dsol.co.kr		연 락 처 : 051)899-5555	
본 사 : 부산시 강서구 화전산단1로 155 (화전동)			

설 립 일 1977.10.27	종업원수 143명	대표이사 김대성,박정호	
상 장 일 2007.12.17	감사의견 적정 (한울)	계 열	
결 산 기 12월	보 통 주 1,120만주	종속회사수	
액 면 가 500원	우 선 주	구 상 호 대창메탈	

주주구성 (지분율,%)
박정호	20.9
박현정	7.7
(외국인)	0.2

출자관계 (지분율,%)
크리오스	98.7

주요경쟁사 (외형,%)
대창솔루션	100
에스앤더블유	86
인화정공	194

매출구성
박용품(Main Bearing Support)	67.4
기타(원자력 등 발전설비, 의료 및 산업기계 등)	32.6

비용구성
매출원가율	98.6
판관비율	13.7

수출비중
수출	37.3
내수	62.7

회사 개요
동사는 1953년 설립돼 선박용엔진부품과, 발전설비품, 플랜트등 산업기계 소재 등을 주로 생산하는 업체로서 동사의 제품은 현대중공업과 두산엔진, STX 등과 일본 등 해외시장에 납품하고 있음. 동사는 초저온 액화가스를 저장하는 탱크를 제조하는 크리오스의 지분 94%를 보유하며 계열회사로 두고 있음. 계열회사의 제품은 현대로템, 디섹 등에 납품하고 있음. 2015년 박정호, 김대성 각자대표 체제로 변경되었음

실적 분석
전방산업의 위축에 따른 자회사 매출 부진으로 동사의 연결기준 2016년 결산 기준 매출액은 전년동기 대비 17.3% 감소한 493.3억을 시현하였으며, 영업손실 60.5억원을 보이며 적자폭이 확대됨. 비영업부문에서도 손실이 발생함에 따라 당기순손실은 83.7억원을 시현함. 동사는 공장 일원화 및 고부가가치 제품생산을 위한 진공경련설비(LF/VOD) 추가 도입을 위해 160억원을 투자하였음.

현금 흐름
〈단위 : 억원〉
항목	2015	2016
영업활동	-5	-37
투자활동	-122	-51
재무활동	36	60
순현금흐름	-91	-28
기말현금	36	8

시장 대비 수익률 (주가(천원), 수익률(%))

결산 실적
〈단위 : 억원〉
항목	2011	2012	2013	2014	2015	2016
매출액	789	689	952	827	597	493
영업이익	29	11	-34	-70	-2	-60
당기순이익	21	-23	-7	-129	-22	-84

분기 실적
〈단위 : 억원〉
항목	2015.3Q	2015.4Q	2016.1Q	2016.2Q	2016.3Q	2016.4Q
매출액	152	166	114	104	125	151
영업이익	-5	21	-18	-22	13	-34
당기순이익	-11	16	-19	-24	47	-88

재무 상태
〈단위 : 억원〉
항목	2011	2012	2013	2014	2015	2016
총자산	1,406	1,708	1,677	1,537	1,540	1,465
유형자산	985	1,128	1,018	996	1,075	1,084
무형자산	65	126	113	62	58	53
유가증권	8	17	12	12	13	13
총부채	568	897	871	885	913	882
총차입금	416	616	617	672	695	730
자본금	56	56	56	56	56	56
총자본	838	811	806	652	627	583
지배주주지분	838	810	805	652	627	582

기업가치 지표
항목	2011	2012	2013	2014	2015	2016
주가(최고/저)(천원)	4.6/2.4	6.7/2.7	4.1/2.4	3.6/2.3	3.2/1.9	3.7/2.0
PER(최고/저)(배)	27.0/13.9	—/—	—/—	—/—	—/—	—/—
PBR(최고/저)(배)	0.7/0.3	1.0/0.4	0.6/0.3	0.6/0.4	0.6/0.3	0.7/0.4
EV/EBITDA(배)	11.0	22.0	249.4	—	28.9	—
EPS(원)	183	-206	-60	-1,116	-189	-747
BPS(원)	7,570	7,321	7,274	6,086	5,861	5,466
CFPS(원)	453	49	268	-798	120	-443
DPS(원)	50	50	30	30	30	—
EBITDAPS(원)	525	351	29	-304	296	-236

재무 비율
〈단위 : %〉
연도	영업이익률	순이익률	부채비율	차입금비율	ROA	ROE	유보율	자기자본비율	EBITDA마진율
2016	-12.3	-17.0	151.4	125.2	-5.6	-13.9	993.1	39.8	-5.4
2015	-0.3	-3.7	145.6	110.9	-1.4	-3.3	1,072.2	40.7	5.6
2014	-8.4	-15.6	135.7	103.1	-8.0	-17.2	1,117.2	42.4	-4.1
2013	-3.5	-0.8	108.0	76.5	-0.4	-0.8	1,354.9	48.1	0.3

대창스틸 (A140520)
DaeChang Steel CO

업 종 : 건축자재		시 장 : KOSDAQ	
신용등급 : (Bond) — (CP) —		기업규모 : 우량	
홈페이지 : www.dcsteel.com		연락처 : 032)816-7700	
본 사 : 인천시 남동구 아암대로 1213 (고잔동)			

설 립 일	1980.06.10	종업원수	134명	대표이사	문경석
상 장 일	2014.12.05	감사의견	적정 (삼일)	계 열	
결 산 기	12월	보 통 주	1,457만주	종속회사수	
액 면 가	500원	우 선 주		구 상 호	

주주구성 (지분율,%)		출자관계 (지분율,%)		주요경쟁사 (외형,%)	
문창복	38.7			대창스틸	100
김복녀	25.5			스페코	28
(외국인)	0.8			원하이텍	21

매출구성		비용구성		수출비중	
기타	37.4	매출원가율	95.0	수출	4.2
PO(철강사업부)	20.5	판관비율	5.5	내수	95.8
CR(철강사업부)	17.4				

회사 개요
동사는 1980년 설립되어 철강재 및 건축자재의 가공, 제조 및 판매를 주 사업 목적으로 하고 있으며 2006년 7월 상호를 대창스틸로 변경하였음. 동사는 창업하여 현재에 이르기까지 포스코의 냉연강판 Steel Service Center로서 자동차, 가전, 건설 및 산업용 등의 산업 원자재인 냉연코일을 자동화 기계설비를 통하여 수요자가 원하는 규격으로 절단 가공하여 공급하고 있는 전문 철강유통 서비스 회사임.

실적 분석
동사의 연결기준 2016년 매출액은 전년 대비 16.4% 증가한 3,026.6억원으로 외형이 크게 성장하였으나 거래선 기업회생 신청에 따른 대손상각비용 증가하고 주요종속회사인 대창에이티의 인수전 뉴알텍 장기미수채권 전액을 대손상각함에 따라 영업이익이 14.1억원을 기록하며 적전전환함. 금융손실이 확대되고 외환손익이 감소하는등 비영업부문 손실이 지속되어 45.3억원 규모의 당기순손실을 기록, 적자전환하였음.

현금 흐름 〈단위 : 억원〉

항목	2015	2016
영업활동	4	2
투자활동	-172	-16
재무활동	168	54
순현금흐름	-0	40
기말현금	7	47

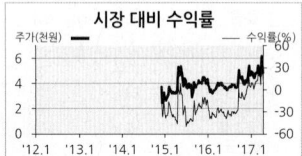

시장 대비 수익률

결산 실적 〈단위 : 억원〉

항목	2011	2012	2013	2014	2015	2016
매출액	3,749	3,693	3,343	2,661	2,601	3,027
영업이익	139	76	90	69	39	14
당기순이익	123	39	37	15	46	-45

분기 실적 〈단위 : 억원〉

항목	2015.3Q	2015.4Q	2016.1Q	2016.2Q	2016.3Q	2016.4Q
매출액	701	729	709	752	699	867
영업이익	-23	26	6	9	13	-42
당기순이익	-13	38	0	-5	5	-45

재무 상태 〈단위 : 억원〉

항목	2011	2012	2013	2014	2015	2016
총자산	2,938	2,855	2,449	2,243	2,945	2,949
유형자산	661	694	645	626	1,301	1,272
무형자산	31	26	26	17	20	19
유가증권	149	77	17	1	1	1
총부채	1,974	1,889	1,463	1,194	1,679	1,744
총차입금	1,346	1,278	946	823	1,204	1,275
자본금	60	60	60	73	73	73
총자본	963	966	986	1,049	1,267	1,205
지배주주지분	963	966	986	1,049	1,076	1,025

기업가치 지표

항목	2011	2012	2013	2014	2015	2016
주가(최고/저)(천원)	—/—	—/—	—/—	3.7/2.3	6.1/2.6	6.3/3.2
PER(최고/저)(배)	0.0/0.0	0.0/0.0	0.0/0.0	35.1/21.9	20.3/8.6	—/—
PBR(최고/저)(배)	0.0/0.0	0.0/0.0	0.0/0.0	0.6/0.4	0.9/0.4	0.9/0.5
EV/EBITDA(배)	8.3	13.0	8.3	13.4	27.1	55.9
EPS(원)	956	327	310	118	321	-235
BPS(원)	8,029	8,053	8,219	7,203	7,387	7,037
CFPS(원)	1,136	501	497	301	567	115
DPS(원)	—	—	—	150	150	150
EBITDAPS(원)	1,337	809	934	739	512	254

재무 비율 〈단위 : %〉

연도	영업이익률	순이익률	부채비율	차입금비율	ROA	ROE	유보율	자기자본비율	EBITDA마진율
2016	-0.5	-1.5	144.8	105.8	-1.5	-3.3	1,307.5	40.9	1.2
2015	1.5	1.8	132.5	95.0	1.8	4.4	1,377.4	43.0	2.9
2014	2.6	0.6	113.8	78.5	0.6	1.4	1,340.5	46.8	3.4
2013	2.7	1.1	148.3	96.0	1.4	3.8	1,543.7	40.3	3.4

대한과학 (A131220)
DAIHAN SCIENTIFIC

업 종 : 의료 장비 및 서비스		시 장 : KOSDAQ	
신용등급 : (Bond) — (CP) —		기업규모 : 벤처	
홈페이지 : www.daihan-sci.com		연락처 : 033)737-7500	
본 사 : 강원도 원주시 지정면 신평석화로 326			

설 립 일	1993.06.19	종업원수	133명	대표이사	서정구
상 장 일	2011.10.11	감사의견	적정 (삼일)	계 열	
결 산 기	12월	보 통 주	716만주	종속회사수	
액 면 가	500원	우 선 주		구 상 호	

주주구성 (지분율,%)		출자관계 (지분율,%)		주요경쟁사 (외형,%)	
서정구	8.8	올포랩	51.0	대한과학	100
서현정	5.0	싸이랩코리아	50.4	메디아나	116
(외국인)	1.4			유비케어	148

매출구성		비용구성		수출비중	
연구용소모품	44.3	매출원가율	74.8	수출	19.7
기타	24.9	판관비율	21.7	내수	80.3
가열/혼합기	13.4				

회사 개요
동사는 과학기술분야 R&D의 필수과정인 연구, 실험에 사용되는 연구용 실험기기를 유통 및 제조하는 국내 최대의 실험기기 종합 서비스 기업임. 또한 바이오메디컬 연구용 실험장비를 개발 및 제조하는 기술벤처기업으로서 2009년 삼백만불수출탑, 2010년 오백만불수출탑, 2012년 수출천만불탑을 수상하는 등 세계시장을 무대로 빠르게 성장하고 있음. 기존 제품들의 업그레이드와 제품 라인업 강화로 성장성 견인 중.

실적 분석
동사의 2016년도 결산 연결기준 매출액은 460.7억원으로 전년동기 대비 10.7%의 외형 성장을 이룸. 영업이익과 당기순이익은 각각 16.4억원과 22.5억원을 시현하며 흑자 전환함. 동사는 시장 성장율이 높은 신흥 국가들의 현지 영업파트너에 프랜차이즈대리점 형태로 DAIHAN Scientific의 상표권을 부여해 보다 전략적인 제휴를 진행 중임. 또한 국내 자회사 '싸이랩코리아', '올포랩'을 통한 시장 점유율 확대 중.

현금 흐름 〈단위 : 억원〉

항목	2015	2016
영업활동	8	39
투자활동	-7	8
재무활동	2	-29
순현금흐름	2	18
기말현금	14	31

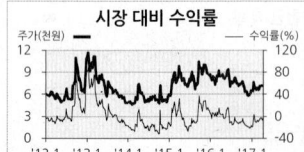

시장 대비 수익률

결산 실적 〈단위 : 억원〉

항목	2011	2012	2013	2014	2015	2016
매출액	344	392	397	391	416	461
영업이익	27	20	12	11	-2	16
당기순이익	20	13	7	9	-13	22

분기 실적 〈단위 : 억원〉

항목	2015.3Q	2015.4Q	2016.1Q	2016.2Q	2016.3Q	2016.4Q
매출액	101	130	109	117	106	129
영업이익	2	-4	2	5	4	6
당기순이익	2	-12	9	7	2	5

재무 상태 〈단위 : 억원〉

항목	2011	2012	2013	2014	2015	2016
총자산	309	325	377	408	406	408
유형자산	136	137	134	131	131	125
무형자산	3	10	17	14	14	12
유가증권		1	0	9	1	2
총부채	138	147	192	187	175	157
총차입금	75	86	121	112	92	63
자본금	28	28	30	32	36	36
총자본	171	178	186	221	231	251
지배주주지분	171	176	183	212	217	233

기업가치 지표

항목	2011	2012	2013	2014	2015	2016
주가(최고/저)(천원)	8.0/4.4	11.1/4.7	13.0/4.8	7.4/4.5	11.0/5.8	9.5/5.6
PER(최고/저)(배)	20.8/11.3	57.6/24.4	120.5/44.5	62.0/37.4	—/—	37.6/22.1
PBR(최고/저)(배)	3.1/1.7	4.1/1.7	4.6/1.7	2.4/1.5	3.7/1.9	2.9/1.7
EV/EBITDA(배)	13.5	26.2	18.1	19.7	55.7	16.1
EPS(원)	400	197	109	121	-217	255
BPS(원)	3,087	3,188	3,098	3,352	3,029	3,260
CFPS(원)	659	402	314	346	-14	466
DPS(원)	125	126	—	35	50	40
EBITDAPS(원)	809	533	397	393	181	440

재무 비율 〈단위 : %〉

연도	영업이익률	순이익률	부채비율	차입금비율	ROA	ROE	유보율	자기자본비율	EBITDA마진율
2016	3.6	4.9	62.4	24.9	5.5	8.1	552.0	61.6	6.8
2015	-0.4	-3.0	76.0	40.0	-3.1	-7.1	505.8	56.8	3.1
2014	2.8	2.2	84.3	50.4	2.2	4.0	570.5	54.3	6.1
2013	3.0	1.8	103.1	65.2	2.1	3.9	519.7	49.2	5.9

대한광통신 (A010170)
TAIHAN FIBER OPTICS CO

업 종 : 통신장비		시 장 : KOSDAQ	
신용등급 : (Bond) BB (CP) —		기업규모 : 중견	
홈 페 이 지 : www.tfo.co.kr		연 락 처 : 031)489-5113	
본 사 : 경기도 안산시 단원구 장자골로 49			

설 립 일 1974.09.02	총 업 원 수 211명	대 표 이 사 김영관	
상 장 일 1994.11.07	감 사 의 견 적정 (대현)	계 열	
결 산 기 12월	보 통 주 4,696만주	종속회사수	
액 면 가 500원	우 선 주	구 상 호 옴토매직	

주주구성 (지분율,%)		출자관계 (지분율,%)		주요경쟁사 (외형,%)	
큐피씨6호프로젝트사모투자전문회사	38.5	티에프오네트웍스	100.0	대한광통신	100
양귀애	4.3	TaihanFiberopticsAmerica,INC	100.0	AP위성	21
(외국인)	1.5			쏠리드	250

매출구성		비용구성		수출비중	
광케이블	47.0	매출원가율	87.9	수출	54.1
광섬유	30.8	판관비율	13.4	내수	45.9
OPGW	15.9				

회사 개요
동사는 광섬유, 광케이블 사업부로 구성되어 있으며 광섬유사업부 매출 비중은 12%, 광케이블 사업부는 통신선과 전력선을 포함해서 88%를 차지하고 있음. 동사는 전합성 제조공법을 바탕으로 뛰어난 기술력과 품질 및 가격경쟁력을 보유하고 있음. 국내 고객은 SK텔레콤, KT, LG U플러스 등이 있음. 광섬유는 수출비중이 높고, 광케이블은 내수 비중이 높은 상황임.

실적 분석
동사의 2016년 연결기준 연간 매출액은 1,164.7억원으로 전년 대비 6.9% 증가함. 이는 싱가폴 등 해외 신규 지역 매출 증가의 영향임. 매출 증가에도 불구하고 영업손실은 15.4억원으로 적자가 지속됨. 안산 공장 광케이블 부문 부동산 매각에 따른 유형자산 처분손실 발생으로 당기순손실 또한 125.9억원으로 적자지속중임. 동사는 지속적인 연구개발과 기술력을 바탕으로 국내시장은 물론 해외 시장도 적극적으로 공략하며 보급, 확대할 계획임.

현금 흐름 〈단위 : 억원〉

항목	2015	2016
영업활동	97	108
투자활동	93	130
재무활동	-62	-187
순현금흐름	130	48
기말현금	153	201

시장 대비 수익률
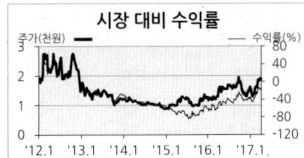

결산 실적 〈단위 : 억원〉

항목	2011	2012	2013	2014	2015	2016
매출액	633	1,017	1,064	1,060	1,090	1,165
영업이익	54	82	8	8	-44	-15
당기순이익	-6	-45	-339	-273	-13	-126

분기 실적 〈단위 : 억원〉

항목	2015.3Q	2015.4Q	2016.1Q	2016.2Q	2016.3Q	2016.4Q
매출액	268	323	234	289	291	350
영업이익	10	2	5	15	-20	-15
당기순이익	35	23	-4	-45	-53	-24

재무 상태 〈단위 : 억원〉

항목	2011	2012	2013	2014	2015	2016
총자산	1,893	2,121	1,838	1,580	1,525	1,271
유형자산	1,122	1,038	976	909	875	566
무형자산	3	5	2	9	9	8
유가증권	11	450	288	60	2	11
총부채	894	1,011	821	837	793	667
총차입금	625	730	496	551	509	345
자본금	113	170	235	235	235	235
총자본	999	1,110	1,017	744	732	604
지배주주지분	999	1,110	1,017	744	732	604

기업가치 지표

항목	2011	2012	2013	2014	2015	2016
주가(최고/저)(천원)	3.2/1.2	2.8/1.5	1.8/1.0	1.3/0.9	1.4/0.9	2.0/1.2
PER(최고/저)(배)	—/—	—/—	—/—	—/—	—/—	—/—
PBR(최고/저)(배)	0.7/0.3	0.9/0.5	0.8/0.5	0.8/0.6	0.9/0.6	1.6/0.9
EV/EBITDA(배)	5.8	7.0	13.4	11.8	34.2	14.4
EPS(원)	-36	-173	-739	-581	-29	-268
BPS(원)	4,436	3,269	2,165	1,584	1,558	1,286
CFPS(원)	351	117	-586	-430	125	-113
DPS(원)						
EBITDAPS(원)	741	609	170	168	59	122

재무 비율 〈단위 : %〉

연도	영업이익률	순이익률	부채비율	차입금비율	ROA	ROE	유보율	자기자본비율	EBITDA마진율
2016	-1.3	-10.8	110.4	57.1	-9.0	-18.9	157.3	47.5	4.9
2015	-4.1	-1.2	108.4	69.5	-0.9	-1.8	211.6	48.0	2.5
2014	0.8	-25.7	112.4	74.0	-16.0	-31.0	216.8	47.1	7.5
2013	0.7	-31.8	80.7	48.8	-17.1	-31.9	333.1	55.3	7.3

대한뉴팜 (A054670)
Daehan New Pharm

업 종 : 제약		시 장 : KOSDAQ	
신용등급 : (Bond) — (CP) —		기업규모 : 벤처	
홈 페 이 지 : www.dhnp.co.kr		연 락 처 : 031)353-6141~5	
본 사 : 경기도 화성시 향남읍 제약공단1길 66			

설 립 일 1984.10.20	총 업 원 수 305명	대 표 이 사 배건우	
상 장 일 2002.02.26	감 사 의 견 적정 (대주)	계 열	
결 산 기 12월	보 통 주 1,435만주	종속회사수	
액 면 가 500원	우 선 주	구 상 호	

주주구성 (지분율,%)		출자관계 (지분율,%)		주요경쟁사 (외형,%)	
이완진	34.9	BaverstockGmbH	30.0	대한뉴팜	100
최성숙	2.5			메지온	8
				비씨월드제약	42

매출구성		비용구성		수출비중	
페스틴정 외(상품및제품)	90.3	매출원가율	44.3	수출	9.9
킹사이드 외(상품및제품)	9.7	판관비율	45.2	내수	90.1

회사 개요
동사는 1984년 10월 설립된 후 동물약품 사업을 영위하다 1995년에 건강보조식품, 인체의약품, 창업사업으로 사업 영역을 확장함. 2007년에는 해외자원개발투자사업에 진출함. 2012년 11월에는 미래성장동력이면서 기존사업과 시너지효과가 큰 바이오사업에 진출함. 2014년 3월에는 의료기기 사업에도 진출함. 제약사업 부문은 주로 특화된 전문의 약품과 웰빙의약품을 판매하고 있음. 동물의약품 부문은 항생제 대체제, 면역증강제, 백신을 판매함.

실적 분석
동사의 2016년 결산 누적 매출액은 전년 동기대비 21.3% 증가한 1,094.0억원을 기록. 이는 창사 이래 최대 실적임. 영업이익 또한 15.1% 증가한 115.4억원을 시현함. 그러나 당기순이익은 56.7억원을 기록하며 적자전환함. 이는 해외투자사 바버스탁과 록시 간 양사가 동시에 보유한 또 다른 투자회사 에라곤의 주식교환계약에 따라 2월 27일 공시 시점에서 록시 주가로 평가하는 보수적 관점의 회계처리 기준이 반영된 것이 원인으로 보임.

현금 흐름 *IFRS 별도 기준 〈단위 : 억원〉

항목	2015	2016
영업활동	78	88
투자활동	-43	-15
재무활동	-24	-9
순현금흐름	11	63
기말현금	19	82

시장 대비 수익률
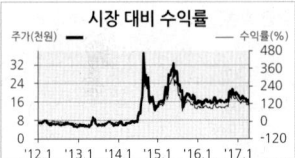

결산 실적 〈단위 : 억원〉

항목	2011	2012	2013	2014	2015	2016
매출액	445	480	567	719	902	1,094
영업이익	54	35	60	79	100	115
당기순이익	6	-55	-20	27	41	-57

분기 실적 *IFRS 별도 기준 〈단위 : 억원〉

항목	2015.3Q	2015.4Q	2016.1Q	2016.2Q	2016.3Q	2016.4Q
매출액	229	233	241	285	272	297
영업이익	25	27	26	30	30	30
당기순이익	13	2	13	16	14	-94

재무 상태 *IFRS 별도 기준 〈단위 : 억원〉

항목	2011	2012	2013	2014	2015	2016
총자산	1,266	1,268	1,310	1,305	1,326	1,307
유형자산	146	153	175	219	233	254
무형자산	39	36	29	32	29	17
유가증권	458	458	458	458	73	2
총부채	528	587	593	566	554	595
총차입금	396	479	440	393	369	360
자본금	67	67	72	72	72	72
총자본	738	681	716	739	772	712
지배주주지분	738	681	716	739	772	712

기업가치 지표 *IFRS 별도 기준

항목	2011	2012	2013	2014	2015	2016
주가(최고/저)(천원)	12.0/5.5	8.1/5.1	10.2/5.1	41.9/5.9	34.0/13.4	21.6/14.6
PER(최고/저)(배)	250.4/115.4	—/—	226.5/31.8	117.8/46.4	—/—	
PBR(최고/저)(배)	2.1/1.0	1.5/1.0	2.0/1.0	7.8/1.1	6.1/2.4	4.2/2.8
EV/EBITDA(배)	20.3	23.5	16.8	22.9	19.6	19.6
EPS(원)	48	-412	-141	185	289	-395
BPS(원)	5,725	5,303	5,205	5,361	5,592	5,174
CFPS(원)	105	-307	-23	335	496	-125
DPS(원)						50
EBITDAPS(원)	456	362	548	700	905	1,074

재무 비율 〈단위 : %〉

연도	영업이익률	순이익률	부채비율	차입금비율	ROA	ROE	유보율	자기자본비율	EBITDA마진율
2016	10.6	-5.2	83.6	50.5	-4.3	-7.6	934.9	54.5	14.1
2015	11.1	4.6	71.8	47.7	3.2	5.5	1,018.5	58.2	14.4
2014	11.0	3.7	76.6	53.3	2.0	3.7	972.3	56.6	14.0
2013	10.5	-3.5	82.8	61.5	-1.5	-2.8	941.1	54.7	13.4

대한방직 (A001070)
Taihan Textile

업 종 : 섬유 및 의복		시 장 : 거래소	
신용등급 : (Bond) BB+ (CP) —		기업규모 : 시가총액 소형주	
홈페이지 : www.thtc.co.kr		연 락 처 : 02)368-0114	
본 사 : 서울시 영등포구 국제금융로2길 17(여의도동)			

설 립 일	1953.08.10	종 업 원 수	548명	대 표 이 사	설범,설영기
상 장 일	1973.12.28	감 사 의 견	적정 (정동)	계 열	
결 산 기	12월	보 통 주	106만주	종 속 회 사 수	
액 면 가	5,000원	우 선 주		구 상 호	

주주구성 (지분율,%)		출자관계 (지분율,%)		주요경쟁사 (외형,%)	
설범	19.9	대한방직(상해)	100.0	대한방직	100
신명철	7.7	청도대한인염	100.0	진도	50
(외국인)	1.0			전방	82

매출구성		비용구성		수출비중	
사·포(방직부문)	47.1	매출원가율	92.7	수출	—
포류(방직부문)	41.6	판관비율	6.8	내수	—
사류(방직부문)	10.0				

회사 개요
동사는 원면 및 폴리에스테르 등의 단섬유를 원료로 하여 방적사를 제조하고, 방적사를 이용하여 직물을 제직하는 방직사업에 주력하고 있음. 주요 생산설비로는 방적사를 제조하고, 직물을 제직하는 전주공장과 직물을 염색 가공하는 2차 섬유제조업체에 공급하는 대구공장이 있음. 주로 계획생산을 통해 판매하고 있으나 염색 가공제품의 경우 거래처의 발주에 의한 주문생산 방식임. 내수 및 수출 매출액의 구성비는 약 4 대 6 수준임.

실적 분석
2016년 결산 매출액은 2,456억원으로 전기 대비 0.5% 증가하였으며, 영업이익은 12.1억원으로 전기 대비 71.9% 감소함. 당기순이익은 41.4억원의 손실 시현하였으나 손실 규모는 크게 축소된 모습. 매출액은 사류부문의 상품매출 증가로 소폭 증가하였으나, 전반적인 내수경기 침체에 따른 바이어의 재고 부담, 군관납 입찰 지연 등으로 원가부담 증가하여 영업수익성은 하락함. 반면 비영업손실 크게 축소되면서 경상수지는 다소 개선된 모습.

현금 흐름 〈단위 : 억원〉

항목	2015	2016
영업활동	-80	-68
투자활동	-12	162
재무활동	89	-97
순현금흐름	-7	11
기말현금	43	54

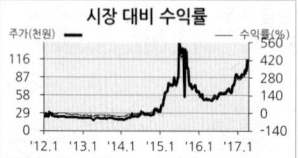
시장 대비 수익률

결산 실적 〈단위 : 억원〉

항목	2011	2012	2013	2014	2015	2016
매출액	2,917	2,751	2,854	2,444	2,444	2,456
영업이익	-94	-102	0	-84	43	12
당기순이익	-146	-168	19	-115	-71	-41

분기 실적 〈단위 : 억원〉

항목	2015.3Q	2015.4Q	2016.1Q	2016.2Q	2016.3Q	2016.4Q
매출액	611	617	573	654	629	600
영업이익	24	-4	6	6	1	-2
당기순이익	-28	-31	-8	-25	34	-43

재무 상태 〈단위 : 억원〉

항목	2011	2012	2013	2014	2015	2016
총자산	2,723	2,411	2,552	3,644	3,705	3,716
유형자산	1,037	998	968	2,400	2,352	2,553
무형자산	6	6	6	5	5	5
유가증권	14	28	24	20	13	15
총부채	1,857	1,708	1,833	1,931	2,068	1,926
총차입금	1,591	1,423	1,543	1,434	1,525	1,427
자본금	53	53	53	53	53	53
총자본	866	703	719	1,713	1,638	1,790
지배주주지분	863	702	719	1,713	1,638	1,791

기업가치 지표

항목	2011	2012	2013	2014	2015	2016
주가(최고/저)(천원)	37.9/22.2	28.4/20.2	22.0/17.3	36.0/17.5	155/30.5	95.8/48.5
PER(최고/저)(배)	—/—	—/—	11.8/9.3	—/—	—/—	—/—
PBR(최고/저)(배)	0.5/0.3	0.4/0.3	0.3/0.3	0.2/0.1	1.0/0.2	0.6/0.3
EV/EBITDA(배)			31.4		22.1	41.1
EPS(원)	-13,725	-15,720	1,854	-10,839	-6,627	-3,851
BPS(원)	81,440	66,231	67,837	161,631	154,537	169,005
CFPS(원)	-8,348	-10,512	6,919	-5,975	-1,614	350
DPS(원)						
EBITDAPS(원)	-3,450	-4,414	5,103	-3,078	9,064	5,341

재무 비율 〈단위 : %〉

연도	영업이익률	순이익률	부채비율	차입금비율	ROA	ROE	유보율	자기자본비율	EBITDA마진율
2016	0.5	-1.7	107.6	79.7	-1.1	-2.4	3,280.1	48.2	2.3
2015	1.8	-2.9	126.3	93.1	-1.9	-4.2	2,990.7	44.2	3.9
2014	-3.4	-4.7	112.7	83.7	-3.7	-9.5	3,132.6	47.0	-1.3
2013	0.0	0.7	254.8	214.4	0.8	2.8	1,256.8	28.2	1.9

대한약품공업 (A023910)
Daihan Pharmaceutical

업 종 : 제약		시 장 : KOSDAQ	
신용등급 : (Bond) — (CP) —		기업규모 : 우량	
홈페이지 : www.daihan.com		연 락 처 : 02)2678-8443	
본 사 : 서울시 영등포구 선유로 45길 3			

설 립 일	1963.05.11	종 업 원 수	602명	대 표 이 사	이윤우
상 장 일	1994.11.23	감 사 의 견	적정 (삼덕)	계 열	
결 산 기	12월	보 통 주	600만주	종 속 회 사 수	
액 면 가	500원	우 선 주		구 상 호	

주주구성 (지분율,%)		출자관계 (지분율,%)		주요경쟁사 (외형,%)	
이윤우	20.7			대한약품	100
브이아이피투자자문	8.8			테라젠이텍스	73
(외국인)	10.6			삼성제약	35

매출구성		비용구성		수출비중	
수액제품	80.6	매출원가율	68.7	수출	0.9
앰플 및 바이알제품	14.7	판관비율	15.7	내수	99.1
기타제품	4.2				

회사 개요
동사는 1994년 코스닥 시장에 상장함. 주로 병원 및 의원에서 필요로 하는 기초의약품인 수액제와 앰플제를 생산 판매하는 업체임. 영양 보급 및 치료용 수액제 매출 비중이 높은 편임. 또한 정부의 보험재정 건실화를 위한 약가 재평가 제도 및 지속적인 약가 사후관리, 한미 FTA협정에 따른 제네릭 제제 발매의 제한, 리베이트 투아웃제 등에 따른 외부환경 변화에 상당한 영향을 받을 것으로 예상됨.

실적 분석
동사의 2016년 매출액은 전년 대비 12.2% 증가한 1,394.4억원을 달성함. 수출은 12.2억원으로 매출의 1%도 되지 않는 내수 전문업체임. 매출원가는 13.5% 증가하여 매출총이익률은 소폭 떨어짐. 적절한 비용 관리도 판매비와관리비는 전년 대비 3.6% 증가한 219.0억원을 기록함. 그 결과 영업이익은 전년 대비 16.2% 증가한 217.2억원임. 영업이익의 증가와 비영업손익의 개선으로 당기순이익은 전년 대비 28.2% 신장함.

현금 흐름 *IFRS 별도 기준 〈단위 : 억원〉

항목	2015	2016
영업활동	180	279
투자활동	-38	-237
재무활동	-87	-46
순현금흐름	55	-5
기말현금	93	88

시장 대비 수익률

결산 실적 〈단위 : 억원〉

항목	2011	2012	2013	2014	2015	2016
매출액	852	966	1,068	1,117	1,243	1,394
영업이익	72	105	126	139	187	217
당기순이익	45	73	78	104	138	177

분기 실적 *IFRS 별도 기준 〈단위 : 억원〉

항목	2015.3Q	2015.4Q	2016.1Q	2016.2Q	2016.3Q	2016.4Q
매출액	315	313	342	351	343	359
영업이익	55	45	55	52	62	47
당기순이익	41	32	42	43	52	40

재무 상태 *IFRS 별도 기준 〈단위 : 억원〉

항목	2011	2012	2013	2014	2015	2016
총자산	907	1,011	1,187	1,316	1,388	1,603
유형자산	408	450	581	646	641	803
무형자산	3	2	4	4	4	4
유가증권	0	0	0	0	0	0
총부채	481	533	630	675	620	674
총차입금	161	150	235	259	181	146
자본금	30	30	30	30	30	30
총자본	426	478	557	641	768	929
지배주주지분	426	478	557	641	768	929

기업가치 지표 *IFRS 별도 기준

항목	2011	2012	2013	2014	2015	2016
주가(최고/저)(천원)	12.3/2.7	19.1/10.2	22.5/13.2	21.9/15.7	24.7/17.7	34.7/22.7
PER(최고/저)(배)	17.1/3.8	16.4/8.8	17.9/10.5	12.9/9.3	10.9/7.8	11.9/7.8
PBR(최고/저)(배)	1.8/0.4	2.5/1.3	2.5/1.5	2.1/1.5	2.0/1.4	2.3/1.5
EV/EBITDA(배)	7.4	7.4	8.4	7.7	6.0	6.3
EPS(원)	755	1,213	1,295	1,737	2,296	2,943
BPS(원)	7,099	8,088	9,277	10,683	12,806	15,491
CFPS(원)	1,247	1,694	1,883	2,401	3,045	3,788
DPS(원)	100	120	120	150	180	200
EBITDAPS(원)	1,693	2,224	2,685	2,988	3,863	4,466

재무 비율 〈단위 : %〉

연도	영업이익률	순이익률	부채비율	차입금비율	ROA	ROE	유보율	자기자본비율	EBITDA마진율
2016	15.6	12.7	72.5	15.7	11.8	20.8	2,998.1	58.0	19.2
2015	15.0	11.1	80.7	23.6	10.2	19.6	2,461.3	55.4	18.7
2014	12.5	9.3	105.3	40.5	8.3	17.4	2,036.6	48.7	16.1
2013	11.8	7.3	113.2	42.2	7.1	15.0	1,755.4	46.9	15.1

대한유화 (A006650)
KOREA PETROCHEMICAL IND CO

업　　　종 : 화학
신용등급 : (Bond) A　　(CP) —
홈페이지 : www.kpic.co.kr
본　　　사 : 서울시 종로구 자하문로 77 (유남빌딩)
시　　장 : 거래소
기업규모 : 시가총액 중형주
연　락　처 : 02)2122-1424

설 립 일	1970.06.02	종 업 원 수 769명	대 표 이 사 정영태
상 장 일	1999.08.11	감 사 의 견 적정 (대명)	계　　　열
결 산 기	12월	보 통 주 650만주	종속회사수
액 면 가	5,000원	우 선 주	구 상 호

주주구성 (지분율,%)		출자관계 (지분율,%)		주요경쟁사 (외형,%)	
케이피아이씨코포레이션	30.8	오드펠터미널코리아	43.6	대한유화	100
국민연금공단	10.0	한주	40.1	롯데케미칼	828
(외국인)	20.6	하나방송	30.0	태광산업	167

매출구성		비용구성		수출비중	
합성수지	62.6	매출원가율	75.2	수출	55.4
MC4등	33.1	판관비율	3.3	내수	44.6
기초유분	3.1				

회사 개요
동사는 에틸렌 등 기초 유분과 고밀도폴리에틸렌, 폴리프로필렌 등 합성수지 제품을 주력으로 생산하는 기업임. 동사의 제품별 매출 비중은 합성수지 63.54%, 합성수지 기초원재료 31.43%로 구성됨. 독립된 6개의 폴리머 공장을 운영하고 있어서 다품종 소량생산이 가능하며 시황에 따라 탄력적으로 생산량 조절이 가능함. 에틸렌, 프로필렌 생산능력은 각각 47만톤, 35만톤으로, 국내 시장점유율은 각각 6%, 5%대를 유지하고 있음.

실적 분석
동사는 저유가 지속에 따른 NCC 원가경쟁력 개선, 에틸렌 및 합성수지 스프레드 호조로 인해 2016년 연결 기준 매출액 1조 5,964억, 영업이익 3,430억원을 달성하여 2015년에 이어서 2016년에도 사상 최대의 영업이익을 시현함. 2017년은 유가의 완만한 상승세가 예상되는 가운데, 미국의 금리인상, 보호무역주의 강화 등 세계경제의 불확실성이 지속될 것으로 전망됨

현금 흐름　〈단위 : 억원〉
항목	2015	2016
영업활동	3,237	3,226
투자활동	-1,138	-2,780
재무활동	-1,359	-919
순현금흐름	741	-473
기말현금	1,344	870

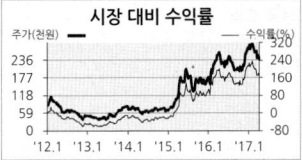

시장 대비 수익률

결산 실적　〈단위 : 억원〉
항목	2011	2012	2013	2014	2015	2016
매출액	20,246	20,829	19,660	20,534	17,270	15,964
영업이익	409	-48	179	699	2,712	3,430
당기순이익	302	-122	458	638	2,008	2,729

분기 실적　〈단위 : 억원〉
항목	2015.3Q	2015.4Q	2016.1Q	2016.2Q	2016.3Q	2016.4Q
매출액	4,420	4,053	3,944	4,047	3,606	4,367
영업이익	713	574	779	985	689	978
당기순이익	500	405	631	764	559	775

재무 상태　〈단위 : 억원〉
항목	2011	2012	2013	2014	2015	2016
총자산	12,717	12,781	13,545	14,404	15,291	17,636
유형자산	7,188	7,202	7,776	9,156	9,600	11,612
무형자산	56	70	61	61	50	53
유가증권	107	92	70	99	21	121
총부채	5,030	5,324	5,649	5,983	4,935	4,706
총차입금	2,858	3,156	2,999	3,856	2,603	1,865
자본금	410	410	410	410	410	410
총자본	7,687	7,457	7,896	8,421	10,356	12,931
지배주주지분	7,624	7,394	7,834	8,361	10,293	12,861

기업가치 지표
항목	2011	2012	2013	2014	2015	2016
주가(최고/저)(천원)	159/61.8	114/36.0	82.7/36.1	81.4/52.5	219/64.4	276/153
PER(최고/저)(배)	37.4/14.5	—/—	12.3/5.5	8.7/5.6	7.3/2.2	6.6/3.7
PBR(최고/저)(배)	1.5/0.6	1.1/0.3	0.7/0.3	0.7/0.4	1.4/0.4	1.4/0.8
EV/EBITDA(배)	8.3	14.0	14.2	7.4	3.7	4.6
EPS(원)	4,622	-1,902	7,071	9,864	30,846	41,867
BPS(원)	117,855	114,306	121,076	129,197	158,921	198,414
CFPS(원)	12,220	5,036	12,942	15,194	40,692	51,769
DPS(원)	1,500		1,000	1,500	3,000	4,000
EBITDAPS(원)	13,897	6,200	8,632	16,084	51,567	62,675

재무 비율　〈단위 : % 〉
연도	영업이익률	순이익률	부채비율	차입금비율	ROA	ROE	유보율	자기자본비율	EBITDA마진율
2016	21.5	17.1	36.4	14.4	16.6	23.5	3,045.6	73.3	25.5
2015	15.7	11.6	47.7	25.1	13.5	21.5	2,419.5	67.7	19.4
2014	3.4	3.1	71.1	45.8	4.6	7.9	1,948.3	58.5	5.1
2013	0.9	2.3	71.5	38.0	3.5	6.0	1,819.5	58.3	2.9

대한전선 (A001440)
Taihan Electric Wire

업　　　종 : 전기장비
신용등급 : (Bond) CCC　　(CP) —
홈페이지 : www.taihan.com
본　　　사 : 경기도 안양시 동안구 시민대로 317 대한스마트타워(관양동 1746-2)
시　　장 : 거래소
기업규모 : 시가총액 중형주
연　락　처 : 02)316-9114

설 립 일	1955.02.21	종 업 원 수 837명	대 표 이 사 최진용
상 장 일	1968.12.27	감 사 의 견 적정 (삼덕)	계　　　열
결 산 기	12월	보 통 주 85,647만주	종속회사수
액 면 가	500원	우 선 주	구 상 호

주주구성 (지분율,%)		출자관계 (지분율,%)		주요경쟁사 (외형,%)	
니케	70.1	티이씨파트너스	100.0	대한전선	100
KEB 하나은행	5.6	국민연금	99.5	LS	700
(외국인)	1.1	한서스우주파인스톤	71.1	LS산전	161

매출구성		비용구성		수출비중	
전선부문 - 나선 및 권선	39.7	매출원가율	88.9	수출	39.8
전선부문 - 전력 및 절연선	31.6	판관비율	7.6	내수	60.2
전선부문 - 상품	19.9				

회사 개요
동사는 1955년 설립되어 통신 및 전력부문으로 구성됨. 전력부문은 시장이 수년간 정체 상태를 보이면서 매출이 감소해 왔으나 전기 교체 수요의 증가, 중동 지역의 개발투자, 개발도상국의 인프라투자 등으로 초고압선 수요가 증가하고 있음. 2016년 5월 2일 기준으로 티이씨앤코와 합병하기로 결의했고, 티이씨앤코와 합병 비율은 1대 1.07주임. 동사는 2016년 6월 고내열 고내화(950℃) 소방용 케이블을 개발함.

실적 분석
동사의 2016년도 누적 매출액은 1조 3,740.1억원으로 전년 대비 18.6% 감소함. 매출 축소에도 불구하고 원가율 개선과 판관비 감소로 영업이익은 전년보다 73.4% 증가한 486.8억원을 기록함. 당기순손실은 158.8억원으로 전년 683.5억원 대비 크게 줄어듦. 최근 선진국 위주의 경기회복세, 사우디 및 카타르를 중심으로 한 중동지역의 신규발주 증가, 전력수요의 증가에 따른 각 국의 전력인프라 투자의 확대로 향후 전망은 긍정적임.

현금 흐름　〈단위 : 억원〉
항목	2015	2016
영업활동	-898	-125
투자활동	-1,327	1,363
재무활동	2,719	-363
순현금흐름	482	595
기말현금	962	1,557

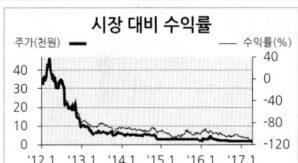

시장 대비 수익률

결산 실적　〈단위 : 억원〉
항목	2011	2012	2013	2014	2015	2016
매출액	31,064	25,272	25,135	21,179	16,887	13,740
영업이익	69	-646	-1,985	156	281	487
당기순이익	-3,086	-5,781	-5,934	-2,211	-683	-159

분기 실적　〈단위 : 억원〉
항목	2015.3Q	2015.4Q	2016.1Q	2016.2Q	2016.3Q	2016.4Q
매출액	3,796	3,816	3,284	3,251	3,206	4,000
영업이익	139	53	85	37	115	250
당기순이익	134	-871	12	-301	58	72

재무 상태　〈단위 : 억원〉
항목	2011	2012	2013	2014	2015	2016
총자산	35,229	28,803	22,550	18,735	15,528	13,158
유형자산	7,675	7,572	7,133	6,789	6,309	5,266
무형자산	459	396	225	257	195	171
유가증권	4,105	2,841	2,593	1,705	569	360
총부채	31,984	26,923	19,838	18,001	11,986	10,167
총차입금	24,574	19,986	12,634	11,598	7,864	6,822
자본금	3,899	2,628	4,916	5,196	4,195	4,282
총자본	3,245	1,881	2,711	734	3,542	2,991
지배주주지분	2,365	1,891	2,596	124	3,084	3,155

기업가치 지표
항목	2011	2012	2013	2014	2015	2016
주가(최고/저)(천원)	92.4/30.4	46.5/9.2	10.8/4.4	6.1/3.0	3.8/2.2	5.0/1.8
PER(최고/저)(배)	—/—	—/—	—/—	—/—	—/—	—/—
PBR(최고/저)(배)	2.7/0.9	4.0/0.8	2.6/1.0	7.1/3.4	10.3/5.9	13.4/4.9
EV/EBITDA(배)	68.8			28.0	41.8	27.1
EPS(원)	-31,183	-65,103	-25,722	-2,837	-155	-21
BPS(원)	1,830	2,312	1,595	319	368	375
CFPS(원)	-1,473	-13,201	-5,092	-901	-41	12
DPS(원)						
EBITDAPS(원)	243	-940	-1,533	232	211	90

재무 비율　〈단위 : % 〉
연도	영업이익률	순이익률	부채비율	차입금비율	ROA	ROE	유보율	자기자본비율	EBITDA마진율
2016	3.5	-1.2	일부잠식	일부잠식	-1.1	-5.8	-25.0	22.7	5.6
2015	1.7	-4.1	일부잠식	일부잠식	-4.0	-27.9	-26.4	22.8	3.6
2014	0.7	-10.4	일부잠식	일부잠식	-10.7	-159.6	-87.2	3.9	2.3
2013	-7.9	-23.6	일부잠식	일부잠식	-23.1	-259.6	-36.2	12.0	-6.6

대한제강 (A084010)
Daehan Steel

업　　종 : 금속 및 광물　　　　시　　장 : 거래소
신용등급 : (Bond) ―　　(CP) ―　기업규모 : 시가총액 소형주
홈 페 이 지 : www.idaehan.com　　연 락 처 : 1670-3300
본　　사 : 부산시 사하구 하신번영로 69

설 립 일	1954.06.10	종 업 원 수	565명	대 표 이 사	오치훈
상 장 일	2005.10.31	감 사 의 견	적정 (삼일)	계　　열	
결 산 기	12월	보 통 주	2,465만주	종속회사수	
액 면 가	1,000원	우 선 주		구 상 호	

주주구성 (지분율,%)		출자관계 (지분율,%)		주요경쟁사 (외형,%)	
오치훈	18.4	에코마이스터	9.3	대한제강	100
오완수	16.6			풍산홀딩스	33
(외국인)	18.7			한국주철관	37

매출구성		비용구성		수출비중	
[건설자재]철근	88.8	매출원가율	87.8	수출	2.7
[건설자재]Bar-in-Coil	4.8	판관비율	5.9	내수	97.3
[봉/형강 반제품]빌렛	3.3				

회사 개요
동사는 1954년 설립하여 2005년 유가증권 시장에 상장. 철스크랩을 원재료로 하여 빌렛을 생산하는 제강사업과 반제품인 빌렛을 원재료로 하여 철근을 생산하는 압연사업을 영위하고 있음. 연결대상 종속기업으로는 화물운송 사업을 영위하는 대한네트웍스와 부동산 개발 및 임대업을 영위하는 센텀사이언스파크를 보유하고 있으며, 싱가폴, 미국, 베트남에 각각 법인을 세워 글로벌 시장을 공략하고 있음.

실적 분석
동사의 2016년 연결 기준 매출과 영업이익은 8979억원, 563억원으로 전년 대비 각각 0.9%, 1% 증가함. 당기순이익은 398억원으로 전년 대비 10.9% 증가함. 동사의 주력 제품인 철근의 판매가 전년 대비 소폭 증가해 실적이 개선됨. 원가관리 등을 통하여 영업이익률이 전기(6.26%) 대비 0.1% 증가한 6.27%를 기록함. 부채비율은 52.1%로 전기(57%)에 비하여 낮아짐.

현금 흐름
〈단위 : 억원〉

항목	2015	2016
영업활동	1,118	409
투자활동	747	-129
재무활동	-1,427	-208
순현금흐름	438	77
기말현금	769	846

시장 대비 수익률
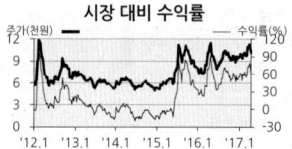

결산 실적
〈단위 : 억원〉

항목	2011	2012	2013	2014	2015	2016
매출액	9,053	10,492	10,423	10,441	8,897	8,979
영업이익	174	175	155	104	557	563
당기순이익	90	310	155	-8	359	398

분기 실적
〈단위 : 억원〉

항목	2015.3Q	2015.4Q	2016.1Q	2016.2Q	2016.3Q	2016.4Q
매출액	2,238	2,235	1,626	2,612	2,140	2,601
영업이익	193	217	93	271	105	94
당기순이익	137	113	63	198	61	76

재무 상태
〈단위 : 억원〉

항목	2011	2012	2013	2014	2015	2016
총자산	7,949	7,788	8,106	7,766	6,355	6,696
유형자산	2,824	2,831	2,780	2,665	2,416	2,180
무형자산	98	93	89	93	86	110
유가증권	150	174	162	131	81	131
총부채	4,656	4,146	4,359	4,041	2,309	2,294
총차입금	2,371	2,160	2,333	2,188	789	643
자본금	240	246	246	246	246	246
총자본	3,294	3,642	3,748	3,725	4,045	4,402
지배주주지분	3,294	3,642	3,748	3,725	4,045	4,386

기업가치 지표

항목	2011	2012	2013	2014	2015	2016
주가(최고/저)(천원)	9.5/4.3	13.8/5.5	7.5/5.0	6.7/4.9	12.2/5.1	11.5/7.2
PER(최고/저)(배)	29.4/13.3	12.3/4.9	13.2/8.8	―/―	8.9/3.7	7.3/4.6
PBR(최고/저)(배)	0.8/0.3	1.0/0.4	0.5/0.4	0.5/0.3	0.8/0.3	0.6/0.4
EV/EBITDA(배)	8.3	8.6	6.5	6.0	2.2	2.3
EPS(원)	373	1,273	630	-34	1,458	1,622
BPS(원)	14,564	15,597	16,040	15,949	17,247	18,674
CFPS(원)	1,238	2,349	1,714	1,066	2,547	2,633
DPS(원)	100	200	100	100	250	330
EBITDAPS(원)	1,592	1,793	1,710	1,522	3,350	3,294

재무 비율
〈단위 : % 〉

연도	영업이익률	순이익률	부채비율	차입금비율	ROA	ROE	유보율	자기자본비율	EBITDA마진율
2016	6.3	4.4	52.1	14.6	6.1	9.5	1,767.4	65.8	9.0
2015	6.3	4.0	57.1	19.5	5.1	9.3	1,624.7	63.7	9.3
2014	1.0	-0.1	108.5	58.7	-0.1	-0.2	1,494.9	48.0	3.6
2013	1.5	1.5	116.3	62.3	2.0	4.2	1,504.0	46.2	4.0

대한제당 (A001790)
TS

업　　종 : 식료품　　　　　　시　　장 : 거래소
신용등급 : (Bond) A-　(CP) ―　기업규모 : 시가총액 소형주
홈 페 이 지 : www.ts.co.kr　　연 락 처 : 032)770-1400
본　　사 : 인천시 중구 월미로 116 (북성동1가)

설 립 일	1956.07.06	종 업 원 수	544명	대 표 이 사	김영권
상 장 일	1968.12.27	감 사 의 견	적정 (대주)	계　　열	
결 산 기	12월	보 통 주	884만주	종속회사수	
액 면 가	2,500원	우 선 주	78만주	구 상 호	

주주구성 (지분율,%)		출자관계 (지분율,%)		주요경쟁사 (외형,%)	
설윤호	23.6	TS개발	100.0	대한제당	100
박선영	14.4	TS우인	100.0	팜스코	75
(외국인)	2.8	TS유업	100.0	이지바이오	111

매출구성		비용구성		수출비중	
제당식품 : 설탕 외	43.6	매출원가율	87.4	수출	24.5
사료 : 배합사료	29.9	판관비율	9.0	내수	75.5
기타 사업부문(골프장,서비스,연결조정 포함)	22.2				

회사 개요
동사는 설탕과 배합사료를 제조, 판매하는 업체임. 주 사업군인 제당식품과 사료 이외에 삼성상호저축은행, TS신용투자자문 등 자회사, 그리고 푸드림, 파파이스등의 외식업을 영위 중. 시장점유율은 설탕 약 20.1, 사료 2.8%로 중위권 수준. 돼지사육, 가공, 유통에 대한 일원화시스템을 구축 중. 2017년 3월 이후 김영권 단독대표 체제로에서 김영권, 조현 자 대표이사 체제로 변경하였음.

실적 분석
동사의 2016년 결산기준 매출액은 전년동기 대비 1.5% 증가한 12,642.5억원을 기록함. 영업이익은 447.9억원으로 전년동기 대비 95.6% 증가함. 영업부문의 실적 호조로 당기순이익 역시 흑자 전환한 226.0억원을 시현함. 동사는 최근 주력사업인 제당, 사료 사업 부문에 집중하기 위해 비주력 금융계열사인 TS저축은행 매각 제안을 받아, 보유한 주식 200만주(지분 100%)를 키움증권에 885억원에 처분하였음.

현금 흐름
〈단위 : 억원〉

항목	2015	2016
영업활동	-101	1,036
투자활동	-66	447
재무활동	95	-802
순현금흐름	-73	674
기말현금	703	1,377

시장 대비 수익률
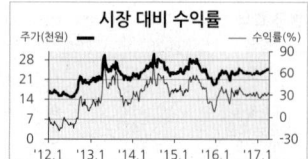

결산 실적
〈단위 : 억원〉

항목	2011	2012	2013	2014	2015	2016
매출액	14,353	15,139	13,897	13,459	12,458	12,642
영업이익	426	536	447	439	229	448
당기순이익	190	290	104	65	-176	226

분기 실적
〈단위 : 억원〉

항목	2015.3Q	2015.4Q	2016.1Q	2016.2Q	2016.3Q	2016.4Q
매출액	3,260	2,596	3,108	3,222	3,181	3,132
영업이익	64	-7	94	88	163	103
당기순이익		-148	38	46	127	15

재무 상태
〈단위 : 억원〉

항목	2011	2012	2013	2014	2015	2016
총자산	15,958	16,207	15,700	15,613	15,417	12,106
유형자산	4,470	4,522	4,464	4,532	4,489	4,253
무형자산	59	56	56	66	70	39
유가증권	708	652	546	351	363	540
총부채	11,826	11,865	11,261	11,138	11,168	7,608
총차입금	5,035	4,739	4,635	5,277	5,269	4,812
자본금	204	204	204	240	240	240
총자본	4,132	4,342	4,440	4,475	4,249	4,498
지배주주지분	4,125	4,337	4,438	4,473	4,246	4,495

기업가치 지표

항목	2011	2012	2013	2014	2015	2016
주가(최고/저)(천원)	22.9/13.9	22.2/14.7	29.9/19.8	30.2/21.0	28.7/19.1	24.9/19.4
PER(최고/저)(배)	12.5/7.6	7.7/5.1	27.4/18.1	44.8/31.1	―/―	10.2/7.9
PBR(최고/저)(배)	0.6/0.4	0.5/0.4	0.7/0.5	0.7/0.5	0.7/0.4	0.5/0.4
EV/EBITDA(배)	8.4	6.2	7.6	9.4	13.3	8.2
EPS(원)	2,086	3,244	1,194	724	-1,967	2,513
BPS(원)	52,285	54,887	56,125	47,964	45,602	47,733
CFPS(원)	4,360	5,954	3,496	2,585	-120	4,177
DPS(원)	375	625	500	550	450	650
EBITDAPS(원)	7,404	9,155	7,961	6,737	4,400	6,658

재무 비율
〈단위 : % 〉

연도	영업이익률	순이익률	부채비율	차입금비율	ROA	ROE	유보율	자기자본비율	EBITDA마진율
2016	3.5	1.8	169.1	107.0	1.6	5.2	1,809.3	37.2	4.7
2015	1.8	-1.4	262.9	124.0	-1.1	-4.1	1,724.1	27.6	3.3
2014	3.3	0.5	248.9	117.9	0.4	1.5	1,818.6	28.7	4.5
2013	3.2	0.8	253.6	104.4	0.7	2.5	2,145.0	28.3	4.4

대한제분 (A001130)
Daehan Flour Mills

업 종 : 식료품 시 장 : 거래소
신용등급 : (Bond) — (CP) — 기업규모 : 시가총액 소형주
홈페이지 : www.dhflour.co.kr 연 락 처 : 02)3455-0200
본 사 : 서울시 중구 세종대로 39

설 립 일 1953.11.28	총 업 원 수 346명	대 표 이 사 송영석	
상 장 일 1970.11.25	감 사 의 견 적정 (한영)	계 열	
결 산 기 12월	보 통 주 169만주	종속회사수	
액 면 가 5,000원	우 선 주	구 상 호	

주주구성 (지분율,%)		출자관계 (지분율,%)		주요경쟁사 (외형,%)	
디앤비컴퍼니	27.7	대한싸이로	100.0	대한제분	100
신영자산운용	6.1		100.0	오뚜기	249
(외국인)	13.0	디비에스	100.0	농심	275

매출구성		비용구성		수출비중	
소맥분 외 (제과, 빵, 라면, 사료용 등)	100.0	매출원가율	78.3	수출	0.6
		판관비율	16.2	내수	99.4

회사 개요
동사는 제분업 및 소맥분 판매업 등을 주요사업으로 영위하고 있음. 주요 제품영역으로 대표 브랜드인 '곰표' 밀가루와 튀김·부침가루 등이 있음. 한국제분협회에 등록돼 있는 제분회사는 8개사 총 10개 공장이 가동 중임. 원맥의 국내 생산량은 전체 소요량의 2% 미만으로 원자재의 대부분을 수입에 의존하기 때문에 국제가격 변동폭의 확대로 수입가격의 등락이 심하고, 원화 환율 또한 원재료 가격에 미치는 영향이 지대함.

실적 분석
동사의 2016년도 연결기준 연간 매출액은 8,075.2억원으로 전년 동기 대비 2.2% 감소함. 매출 감소와 함께 기타 판매비와 관리비 증가로 인해 영업이익도 전년 동기 대비 6.6% 감소한 441.6억원을 기록함. 비영업부문에서 손실이 지속되고 관련기업 투자에서 손실이 발생해 당기순이익은 274.3억원으로 전년 동기 대비 19.9% 감소함. 매출과 영업이익이 소폭 감소함.

현금 흐름 〈단위 : 억원〉

항목	2015	2016
영업활동	537	888
투자활동	-467	-307
재무활동	-313	-470
순현금흐름	-243	113
기말현금	806	919

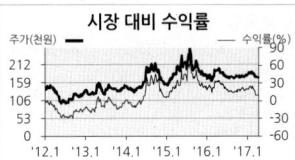

시장 대비 수익률

결산 실적 〈단위 : 억원〉

항목	2011	2012	2013	2014	2015	2016
매출액	7,517	8,901	8,647	8,697	8,258	8,075
영업이익	57	340	273	530	473	442
당기순이익	52	343	184	368	343	274

분기 실적 〈단위 : 억원〉

항목	2015.3Q	2015.4Q	2016.1Q	2016.2Q	2016.3Q	2016.4Q
매출액	2,019	2,086	2,004	2,005	2,025	2,040
영업이익	117	112	132	112	130	68
당기순이익	64	110	88	103	67	16

재무 상태 〈단위 : 억원〉

항목	2011	2012	2013	2014	2015	2016
총자산	8,452	8,997	8,973	9,004	8,954	8,675
유형자산	2,662	2,708	2,640	2,631	2,576	2,470
무형자산	60	223	220	209	201	190
유가증권	820	1,048	888	731	1,010	730
총부채	2,863	2,962	2,899	2,757	2,385	2,056
총차입금	1,775	1,796	1,769	1,620	1,380	1,030
자본금	85	85	85	85	85	85
총자본	5,588	6,035	6,074	6,247	6,569	6,619
지배주주지분	5,570	6,016	6,056	6,222	6,543	6,619

기업가치 지표

항목	2011	2012	2013	2014	2015	2016
주가(최고/저)(천원)	158/120	166/95.7	158/116	221/130	263/146	200/164
PER(최고/저)(배)	50.5/39.0	8.7/5.0	15.1/11.1	10.5/6.2	13.3/7.4	12.5/10.3
PBR(최고/저)(배)	0.5/0.4	0.5/0.3	0.5/0.3	0.6/0.4	0.7/0.4	0.5/0.4
EV/EBITDA(배)	10.2	4.2	4.6	2.5	3.3	2.3
EPS(원)	3,374	20,360	11,023	21,792	20,207	16,130
BPS(원)	330,279	356,562	359,019	368,857	387,971	394,270
CFPS(원)	15,192	34,126	25,781	36,343	34,772	30,171
DPS(원)	3,250	2,500	2,000	2,500	2,000	2,000
EBITDAPS(원)	15,219	33,898	30,887	45,893	42,545	40,173

재무 비율 〈단위 : % 〉

연도	영업이익률	순이익률	부채비율	차입금비율	ROA	ROE	유보율	자기자본비율	EBITDA마진율
2016	5.5	3.4	31.1	15.6	3.1	4.1	7,785.4	76.3	8.4
2015	5.7	4.2	36.3	21.0	3.8	5.4	7,629.2	73.4	8.7
2014	6.1	4.2	44.1	25.9	4.1	6.0	7,277.1	69.4	8.9
2013	3.2	2.1	47.7	29.1	2.1	3.1	7,080.4	67.7	6.0

대한항공 (A003490)
Korean Air Lines

업 종 : 항공운수 시 장 : 거래소
신용등급 : (Bond) BBB (CP) — 기업규모 : 시가총액 대형주
홈페이지 : www.koreanair.com 연 락 처 : 02)2656-7114
본 사 : 서울시 강서구 하늘길 260

설 립 일 1962.06.19	총 업 원 수 18,579명	대 표 이 사 이상균,조원태	
상 장 일 1966.03.18	감 사 의 견 적정 (안진)	계 열	
결 산 기 12월	보 통 주 9,484만주	종속회사수	
액 면 가 5,000원	우 선 주 111만주	구 상 호	

주주구성 (지분율,%)		출자관계 (지분율,%)		주요경쟁사 (외형,%)	
한진칼	29.9	왕산레저개발	100.0	대한항공	100
국민연금공단	7.6	항공종합서비스	100.0	한진칼	8
(외국인)	16.1	싸이버스카이	100.0	아시아나항공	49

매출구성		비용구성		수출비중	
국제선 여객	54.8	매출원가율	80.4	수출	0.1
화물	23.1	판관비율	10.0	내수	99.9
기타	9.8				

회사 개요
동사는 1962년 설립되어 1969년 민영으로 전환된 이래 국내 및 해외 각국 도시에 여객 및 화물 운송사업을 수행하고 있음. 이와 더불어 항공기 설계 및 제작, 민항기 및 군용기 정비, 위성체 등의 연구·개발을 수행하는 항공우주사업, 기내식 제조사업, 기내 면세품 판매사업 등의 연관 사업을 통해 시너지 효과를 창출. 2015년 중국에 4개 노선을 신규취항하고 델타항공과의 협력으로 장거리 노선확대를 기획.

실적 분석
동사의 2016년도 연결기준 결산 매출액은 11조7,318.5억원으로 전년동기 대비 1.6% 증가하였음. 영업이익은 26.9% 증가한 11,208.1억원 증가. 한진해운이 법정관리로 들어서면서 관련기업투자 관련손실이 -4,545.7억원을 기록함. 기내식·기내면세품사업 등에서 2,730.8억원을 기록하였고 법인세비용 또한 1,605.6억원을 기록해 당기순손실 5,568.4억원으로 적자 지속. 환손실로 인한 부채비율 급등으로 유상증자를 통해 재무구조 개선을 꾀함.

현금 흐름 〈단위 : 억원〉

항목	2015	2016
영업활동	27,280	28,063
투자활동	4,187	-8,735
재무활동	-29,966	-18,293
순현금흐름	1,709	1,224
기말현금	9,675	10,899

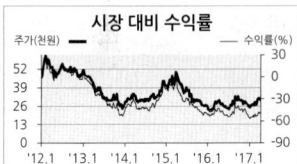

시장 대비 수익률

결산 실적 〈단위 : 억원〉

항목	2011	2012	2013	2014	2015	2016
매출액	122,457	123,418	118,487	119,097	115,448	117,319
영업이익	4,526	2,286	-196	3,953	8,831	11,208
당기순이익	-1,998	2,564	-3,836	-6,129	-5,630	-5,568

분기 실적 〈단위 : 억원〉

항목	2015.3Q	2015.4Q	2016.1Q	2016.2Q	2016.3Q	2016.4Q
매출액	29,726	29,150	28,670	28,177	31,179	29,292
영업이익	3,415	3,013	3,233	1,592	4,600	1,783
당기순이익	-5,075	1,571	-1,749	-2,508	5,108	-6,419

재무 상태 〈단위 : 억원〉

항목	2011	2012	2013	2014	2015	2016
총자산	223,883	229,734	229,204	234,657	241,804	239,565
유형자산	141,893	148,801	155,039	157,781	178,507	178,733
무형자산	3,428	3,146	3,492	3,312	2,947	4,050
유가증권	1,646	1,786	2,266	2,085	1,731	2,206
총부채	196,194	200,690	201,802	212,646	216,813	220,822
총차입금	139,414	146,550	144,362	151,483	150,567	145,927
자본금	3,668	3,668	2,989	2,989	3,698	3,698
총자본	27,690	29,044	27,402	22,012	24,990	18,744
지배주주지분	24,602	26,216	26,470	20,909	23,871	17,607

기업가치 지표

항목	2011	2012	2013	2014	2015	2016
주가(최고/저)(천원)	88.1/43.5	65.6/47.9	54.6/25.9	47.5/29.3	53.1/27.2	35.7/23.2
PER(최고/저)(배)	—/—	19.0/13.9	—/—	—/—	—/—	—/—
PBR(최고/저)(배)	2.6/1.3	1.8/1.3	1.2/0.6	1.4/0.8	1.6/0.8	1.4/0.9
EV/EBITDA(배)	8.8	9.2	9.1	8.5	6.3	5.4
EPS(원)	-2,881	3,244	-3,195	-10,080	-7,892	-7,639
BPS(원)	34,265	35,573	44,020	34,773	32,130	23,698
CFPS(원)	15,488	24,489	21,549	16,018	15,170	16,046
DPS(원)						
EBITDAPS(원)	24,817	24,241	24,628	33,258	35,398	38,841

재무 비율 〈단위 : % 〉

연도	영업이익률	순이익률	부채비율	차입금비율	ROA	ROE	유보율	자기자본비율	EBITDA마진율
2016	9.6	-4.8	1,178.1	778.5	-2.3	-27.2	376.2	7.8	24.5
2015	7.7	-4.9	867.6	602.5	-2.4	-25.2	545.6	10.3	22.0
2014	3.3	-5.2	966.1	688.2	-2.6	-26.8	599.5	9.4	16.7
2013	-0.2	-3.2	736.5	526.8	-1.7	-8.5	785.5	12.0	13.9

대한해운 (A005880)
Korea Line

<table>
<tr><td>업　　　종 : 해상운수</td><td>시　　　장 : 거래소</td></tr>
<tr><td>신용등급 : (Bond) BBB　(CP) —</td><td>기업규모 : 시가총액 중형주</td></tr>
<tr><td>홈페이지 : www.korealines.co.kr</td><td>연　락　처 : 02)3701-0114</td></tr>
<tr><td colspan="2">본　　　사 : 서울시 강서구 마곡중앙8로 78 에스엠알엔디센터</td></tr>
</table>

설 립 일 1968.12.12	총업원수 338명	대표이사 김용완
상 장 일 1992.04.23	감사의견 적정(한울)	계 열
결 산 기 12월	보 통 주 2,443만주	종속회사수
액 면 가 5,000원	우 선 주	구 상 호

주주구성 (지분율,%)		출자관계 (지분율,%)		주요경쟁사 (외형,%)	
케이엘홀딩스	16.4	코리아엘엔지트레이딩	36.0	대한해운	100
케이엘홀딩스이호	16.2	통영엘엔지	14.5	팬오션	347
(외국인)	8.7	한국선주상호보험	5.3		1,432

매출구성		비용구성		수출비중	
벌크선 해상화물운송	64.6	매출원가율	88.4	수출	—
LNG선 해상화물운송	24.1	판관비율	3.5	내수	—
기타 건설 등	7.6				

회사 개요
해운업은 식량, 에너지,원자재, 생필품 등을 수요와 공급의 원칙에 따라 원하는 시기에 필요한 장소로 수송하는 산업으로 생산의 모체인 선박을 확보하는데 대규모 자금이 투하되는 대표적인 자본집약적 산업이며 전세계를 상대로 산업 활동이 이루어지는 완전경쟁 산업임. 동사는 1968년 설립된 해운회사로서, 철광석, 천연가스, 원유 등의 원재료를 선박으로 운송하는 해상 화물운송 및 해운 대리점업을 주로 영위 중임.

실적 분석
동사의 2016년 결산 누적 매출액은 전년동기 대비 거의 동일한 5,403억원을 달성하였음. 그러나 매출원가가 상승하고 인건비 등 판관비가 증가하면서 영업이익은 전년동기대비 48.8% 하락한 440.7억원을 달성함. 작년 침체기였던 시장이 점진적으로 꾸준히 물동량을 회복하기 시작하고 있고 노후된 선박이 폐선되면서 상승세에 올라가고 있음. 이에 따라 수익이 점차 개선될 것이라 기대하고 있음.

현금 흐름　〈단위 : 억원〉
항목	2015	2016
영업활동	1,383	1,130
투자활동	-2,513	-3,666
재무활동	1,138	2,773
순현금흐름	141	280
기말현금	564	844

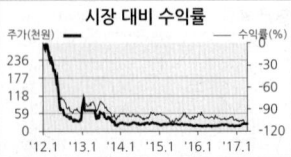
시장 대비 수익률

결산 실적　〈단위 : 억원〉
항목	2011	2012	2013	2014	2015	2016
매출액	8,009	5,956	5,355	5,803	5,317	5,403
영업이익	-2,300	-1,096	1,014	983	860	441
당기순이익	-11,548	-2,504	3,839	719	395	308

분기 실적　〈단위 : 억원〉
항목	2015.3Q	2015.4Q	2016.1Q	2016.2Q	2016.3Q	2016.4Q
매출액	1,284	1,213	1,147	1,337	1,324	1,595
영업이익	164	150	112	84	86	159
당기순이익	114	52	66	57	74	111

재무 상태　〈단위 : 억원〉
항목	2011	2012	2013	2014	2015	2016
총자산	17,253	14,194	12,224	13,007	15,179	22,045
유형자산	13,687	11,309	10,085	10,896	13,198	17,833
무형자산	28	73	53	46	33	131
유가증권	245	37	81	69	78	79
총부채	16,246	15,904	8,184	8,018	9,486	15,784
총차입금	14,563	13,820	7,523	7,035	8,823	13,938
자본금	662	916	1,198	1,221	1,221	1,221
총자본	1,007	-1,710	4,040	4,989	5,694	6,260
지배주주지분	771	-1,710	4,040	4,932	5,632	6,066

기업가치 지표
항목	2011	2012	2013	2014	2015	2016
주가(최고/저)(천원)	1,332/251	308/29.7	125/17.5	29.8/21.2	25.8/17.1	21.7/15.5
PER(최고/저)(배)	—/—	—/—	3.8/0.5	10.1/7.2	16.2/10.7	17.8/12.7
PBR(최고/저)(배)	20.5/3.9	-2.7/-0.3	7.4/1.0	1.5/1.1	1.1/0.7	0.9/0.6
EV/EBITDA(배)			6.7	6.7	7.6	13.4
EPS(원)	-2,981,553	-209,537	32,554	2,958	1,594	1,220
BPS(원)	4,300	-7,592	16,866	20,210	23,067	24,845
CFPS(원)	-181,318	-9,410	40,409	6,502	5,006	4,678
DPS(원)						
EBITDAPS(원)	-7,438	-1,608	16,454	7,597	6,934	5,262

재무 비율　〈단위 : % 〉
연도	영업이익률	순이익률	부채비율	차입금비율	ROA	ROE	유보율	자기자본비율	EBITDA마진율
2016	8.2	5.7	252.1	222.6	1.7	5.1	396.9	28.4	23.8
2015	16.2	7.4	166.6	155.0	2.8	7.4	361.3	37.5	31.9
2014	16.9	12.4	160.7	141.0	5.7	16.0	304.2	38.4	31.7
2013	18.9	71.7	202.6	186.2	29.1	전기잠식	237.3	33.1	36.2

대한화섬 (A003830)
DaeHan Synthetic Fiber

<table>
<tr><td>업　　　종 : 화학</td><td>시　　　장 : 거래소</td></tr>
<tr><td>신용등급 : (Bond) —　(CP) —</td><td>기업규모 : 시가총액 소형주</td></tr>
<tr><td>홈페이지 : www.daehansf.co.kr</td><td>연　락　처 : 02)3406-0300</td></tr>
<tr><td colspan="2">본　　　사 : 서울시 중구 동호로 310</td></tr>
</table>

설 립 일 1963.10.22	종업원수 142명	대표이사 이중호
상 장 일 1985.12.23	감사의견 적정(삼정)	계 열
결 산 기 12월	보 통 주 133만주	종속회사수
액 면 가 5,000원	우 선 주	구 상 호

주주구성 (지분율,%)		출자관계 (지분율,%)		주요경쟁사 (외형,%)	
한국도서보급	17.7	태광관광개발	45.0	대한화섬	100
이호진	15.4	예가람저축은행	22.2	동성화인텍	320
(외국인)	0.0	고려저축은행	20.2	동성화학	169

매출구성		비용구성		수출비중	
Polyester	94.9	매출원가율	94.5	수출	66.1
임대수익	5.1	판관비율	7.4	내수	33.9

회사 개요
동사는 1963년 대한합성유주식회사로 설립된 태광산업 계열의 화학섬유 제조업체로 동사를 포함한 총 29개의 계열사가 있음. 동사의 주력제품은 폴리에스터로 매출비중이 약 95%를 차지하고 있으며, 2015년 기준 FILAMENT 부문에서 9% 가량의 시장점유율을 보유하고 있음(효성, TK케미칼, 성안화섬, 휴비스에 이어 5위임). 원료인 PTA부터서부터 원사, 직물생산까지 수직계열화를 이루어 경쟁력을 제고함.

실적 분석
폴리에스터 범용제품의 내수판매 위축과 수출 급감으로 2016년 매출액은 전년동기 대비 22.7% 감소함. 국제유가 하락으로 주요 원재료인 PTA의 가격도 내려 원가율이 개선되었으며, 차별화 제품에 대한 영업력 집중으로 영업손실이 크게 줄어듬. 계열사로부터의 배당금 수입과 지분법평가이익이 크게 늘어나 순이익은 153.4억원의 흑자로 전환됨. 원사 수요 감소로 매출 부진이 지속되고 있으나, 시장 지배력을 고려하면 턴어라운드가 가능할 전망임.

현금 흐름　*IFRS 별도 기준　〈단위 : 억원〉
항목	2015	2016
영업활동	-50	157
투자활동	-1	33
재무활동	53	-178
순현금흐름	1	12
기말현금	2	14

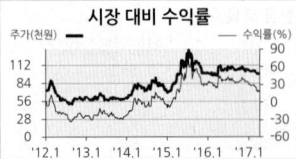
시장 대비 수익률

결산 실적　〈단위 : 억원〉
항목	2011	2012	2013	2014	2015	2016
매출액	2,345	3,449	2,164	1,431	1,354	1,046
영업이익	73	78	-56	-243	-128	-20
당기순이익	122	45	50	-146	-156	153

분기 실적　*IFRS 별도 기준　〈단위 : 억원〉
항목	2015.3Q	2015.4Q	2016.1Q	2016.2Q	2016.3Q	2016.4Q
매출액	322	280	262	253	244	287
영업이익	-48	-44	-1	1	-7	-12
당기순이익	-25	-149	54	62	25	12

재무 상태　*IFRS 별도 기준　〈단위 : 억원〉
항목	2011	2012	2013	2014	2015	2016
총자산	4,676	4,773	5,036	5,239	5,164	4,837
유형자산	1,160	1,036	908	756	497	476
무형자산	140	140	120	120	120	120
유가증권	1,335	1,429	1,627	1,947	2,137	1,844
총부채	1,189	1,151	1,056	1,109	1,027	833
총차입금	578	353	539	461	529	365
자본금	66	66	66	66	66	66
총자본	3,487	3,621	3,981	4,129	4,137	4,004
지배주주지분	3,487	3,621	3,981	4,129	4,137	4,004

기업가치 지표　*IFRS 별도 기준
항목	2011	2012	2013	2014	2015	2016
주가(최고/저)(천원)	106/70.3	88.9/51.2	69.1/56.6	92.0/59.9	137/69.1	113/95.0
PER(최고/저)(배)	12.0/7.9	26.6/15.3	18.5/15.1	—/—	—/—	9.7/8.2
PBR(최고/저)(배)	0.4/0.3	0.3/0.2	0.2/0.2	0.3/0.2	0.4/0.2	0.4/0.3
EV/EBITDA(배)	9.5	18.9	15.4		119.0	38.1
EPS(원)	9,190	3,424	3,785	-11,009	-11,765	11,549
BPS(원)	270,920	281,045	308,114	319,301	319,882	309,825
CFPS(원)	16,077	14,039	14,543	-226	-920	16,485
DPS(원)	750	750	750			
EBITDAPS(원)	12,377	4,723	6,577	-7,530	1,173	3,440

재무 비율　〈단위 : % 〉
연도	영업이익률	순이익률	부채비율	차입금비율	ROA	ROE	유보율	자기자본비율	EBITDA마진율
2016	-1.9	14.7	20.8	9.1	3.8	6,096	82.8	4.4	
2015	-9.5	-11.5	24.8	12.8	-3.0	-3.8	6,297.6	80.1	1.2
2014	-17.0	-10.2	26.9	11.2	-2.9	-3.6	6,286.0	78.8	-7.0
2013	-2.6	2.3	26.5	13.5	1.0	1.3	6,062.3	79.0	4.0

대현 (A016090)
DAEHYUN CO

업 종 : 섬유 및 의복	시 장 : 거래소
신용등급 : (Bond) — (CP) —	기업규모 : 시가총액 소형주
홈페이지 : www.daehyun.co.kr	연 락 처 : 02)3485-7000
본 사 : 서울시 서초구 강남대로51길 1, 대현블루타워	

설 립 일	1982.05.25	종 업 원 수	500명	대 표 이 사	신윤건
상 장 일	1990.09.20	감 사 의 견	적정 (안진)	계	열
결 산 기	12월	보 통 주	4,528만주	종속회사수	
액 면 가	500원	우 선 주		구 상 호	

주주구성 (지분율,%)		출자관계 (지분율,%)		주요경쟁사 (외형,%)	
신현균	26.5	한국패션유통물류	1.1	대현	100
신윤황	12.0	영풍	0.2	TBH글로벌	258
(외국인)	8.6			F&F	157

매출구성		비용구성		수출비중	
주크	23.9	매출원가율	43.7	수출	1.6
듀엘	21.4	판관비율	50.5	내수	98.4
모조에스핀	21.1				

회사 개요
동사는 1977년 페페 브랜드로 여성복 사업을 시작했음. 블루페페, 씨씨콜렉트, 주크, 모조에스핀, 듀엘, 엣플레이 등 6개 브랜드를 가지고 있음. 백화점 및 대리점 등 456개 유통망을 확보하고 있음. 부채비율은 83%로 재무안전성은 양호한 흐름임. 2000년부터 흑자경영을 지속했으며, 2014년 결산현금배당은 1주당 17억원임. 동사는 여성복 시장에 한섬, F&F, 신세계인터내셔날 등 주요 업체와 치열한 시장경쟁을 펼치고 있음.

실적 분석
동사의 2016년 결산기준 누적 매출액은 전년동기대비 7.9% 상승한 2,801.7억원을 기록하였음. 매출면에서 전년동기대비 매출원가는 증가 하였으며 인건비도 증가, 광고선전비는 감소 하였고 기타판매비와관리비는 증가함. 이와 같이 상승한 매출액 만큼 비용증가도 있었으나 매출액의 더 큰 상승에 힘입어 그에 따라 전년동기대비 영업이익은 160.6억원으로 59% 상승하였음. 최종적으로 전년동기대비 당기순이익은 크게 상승하여 468.8억원을 기록함.

현금 흐름 *IFRS 별도 기준 〈단위 : 억원〉

항목	2015	2016
영업활동	106	100
투자활동	-36	330
재무활동	-72	-292
순현금흐름	-2	137
기말현금	10	147

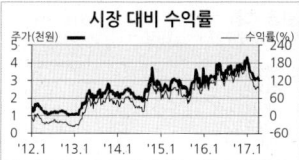

시장 대비 수익률

결산 실적 〈단위 : 억원〉

항목	2011	2012	2013	2014	2015	2016
매출액	1,962	2,169	2,453	2,454	2,596	2,802
영업이익	111	91	125	74	101	161
당기순이익	83	68	88	47	83	469

분기 실적 *IFRS 별도 기준 〈단위 : 억원〉

항목	2015.3Q	2015.4Q	2016.1Q	2016.2Q	2016.3Q	2016.4Q
매출액	514	860	733	604	568	896
영업이익	-14	81	46	23	7	84
당기순이익	-15	69	394	10	7	58

재무 상태 *IFRS 별도 기준 〈단위 : 억원〉

항목	2011	2012	2013	2014	2015	2016
총자산	1,737	1,988	2,162	2,257	2,257	2,497
유형자산	537	291	316	300	277	140
무형자산	4	4	4	5	20	21
유가증권	6	6	6	6	6	39
총부채	781	989	1,087	1,159	1,084	871
총차입금	196	257	298	341	277	—
자본금	269	269	269	269	269	269
총자본	956	999	1,075	1,098	1,172	1,626
지배주주지분	956	999	1,075	1,098	1,172	1,626

기업가치 지표 *IFRS 별도 기준

항목	2011	2012	2013	2014	2015	2016
주가(최고/저)(천원)	3.6/1.0	1.7/1.0	2.8/1.1	3.8/1.8	3.7/2.0	4.2/2.7
PER(최고/저)(배)	21.0/5.6	11.8/7.1	15.1/5.7	38.0/18.0	20.5/11.1	4.0/2.7
PBR(최고/저)(배)	1.8/0.5	0.8/0.5	1.2/0.5	1.6/0.8	1.4/0.8	1.2/0.8
EV/EBITDA(배)	5.6	5.2	7.0	10.9	11.4	6.4
EPS(원)	184	151	194	103	183	1,035
BPS(원)	2,136	2,231	2,398	2,449	2,613	3,615
CFPS(원)	277	268	346	268	338	1,159
DPS(원)	22	16	23	17	35	50
EBITDAPS(원)	337	318	428	328	378	478

재무 비율 〈단위 : % 〉

연도	영업이익률	순이익률	부채비율	차입금비율	ROA	ROE	유보율	자기자본비율	EBITDA마진율
2016	5.7	16.7	53.6	0.0	19.7	33.5	508.4	65.1	7.7
2015	3.9	3.2	92.5	23.6	3.7	7.3	339.8	52.0	6.6
2014	3.0	1.9	105.6	31.1	2.1	4.3	312.2	48.7	6.1
2013	5.1	3.6	101.2	27.7	4.2	8.5	303.6	49.7	7.9

대호에이엘 (A069460)
Daeho Al

업 종 : 금속 및 광물	시 장 : 거래소
신용등급 : (Bond) — (CP) —	기업규모 : 시가총액 소형주
홈페이지 : www.daeho-al.com	연 락 처 : 053)610-5400
본 사 : 대구시 달성군 논공읍 논공중앙로 211	

설 립 일	2002.10.01	종 업 원 수	168명	대 표 이 사	류재영,이현도
상 장 일	2002.11.11	감 사 의 견	적정 (정일)	계	열
결 산 기	12월	보 통 주	2,713만주	종속회사수	
액 면 가	500원	우 선 주		구 상 호	

주주구성 (지분율,%)		출자관계 (지분율,%)		주요경쟁사 (외형,%)	
대호하이텍	33.0			대호에이엘	100
KB자산운용	4.8			포스링크	7
(외국인)	2.4			피제이메탈	84

매출구성		비용구성		수출비중	
AL COIL	52.1	매출원가율	96.2	수출	32.8
AL CIRCLE	44.3	판관비율	3.9	내수	67.2
임가공	3.7				

회사 개요
동사는 2002년 남선알미늄의 판재사업부 분할로 설립되어, 알루미늄 판재의 제조 및 판매를 주요사업으로 영위하고 있음. 주로 알루미늄 코일(Coil), 판재(Sheet) 및 고품질 환절판(Circle Sheet)을 전문 생산하고 있음. 철도차량사업은 국가, 지방자치단체 등 관급으로 수주가 이뤄지고 있으며, 동사는 현대로템의 1차 협력업체로 임가공 수주로 나타나며 수요가 늘고있음. 2014년 기준 판매량은 3만 7,336톤으로 시장점유율은 5%임.

실적 분석
동사의 2016년 4분기 연결 기준 매출액은 전년동기 대비 3.2% 감소한 1,176.5억원을 기록함. 높은 원가율에 따라 1억원의 영업손실을 기록하며 전년동기대비 적자전환함. 외환손실 4.9억원 등에따라 비영업손실이 적자지속됨에 따라 당기순손실 22.1억원을 시현하며 적자지속됨. 차입금 상환 등으로 현금성자산이 감소해 전체 자산이 감소함. 시설물이용권 등 일부 채권의 손상으로 무형자산도 감소함.

현금 흐름 *IFRS 별도 기준 〈단위 : 억원〉

항목	2015	2016
영업활동	75	29
투자활동	-27	-20
재무활동	-196	-31
순현금흐름	-148	-23
기말현금	60	38

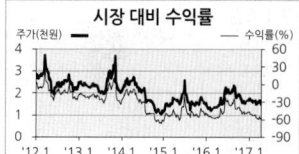

시장 대비 수익률

결산 실적 〈단위 : 억원〉

항목	2011	2012	2013	2014	2015	2016
매출액	1,793	1,562	1,391	1,317	1,216	1,176
영업이익	123	44	13	-11	26	-1
당기순이익	45	22	-6	-133	-10	-22

분기 실적 *IFRS 별도 기준 〈단위 : 억원〉

항목	2015.3Q	2015.4Q	2016.1Q	2016.2Q	2016.3Q	2016.4Q
매출액	274	295	278	292	297	309
영업이익	2	1	-6	4	2	-1
당기순이익	-22	1	-2	0	16	-36

재무 상태 *IFRS 별도 기준 〈단위 : 억원〉

항목	2011	2012	2013	2014	2015	2016
총자산	1,243	1,265	1,266	1,103	900	870
유형자산	299	300	468	311	307	496
무형자산	6	6	3	3	2	0
유가증권	0	1	0	0	0	0
총부채	815	824	931	847	660	648
총차입금	718	740	798	749	553	538
자본금	136	136	136	136	136	136
총자본	428	441	336	256	240	222
지배주주지분	428	441	336	256	240	222

기업가치 지표 *IFRS 별도 기준

항목	2011	2012	2013	2014	2015	2016
주가(최고/저)(천원)	4.6/2.0	3.7/1.9	4.2/2.0	2.8/1.0	2.6/1.1	2.8/1.2
PER(최고/저)(배)	15.1/6.6	45.2/22.7	—/—	—/—	—/—	—/—
PBR(최고/저)(배)	2.8/1.2	2.2/1.1	3.4/1.6	2.8/1.0	2.8/1.2	3.2/1.4
EV/EBITDA(배)	9.5	19.4	17.9	31.5	14.7	24.0
EPS(원)	302	82	-94	-489	-36	-82
BPS(원)	1,612	1,660	1,241	977	920	854
CFPS(원)	431	211	95	-352	100	69
DPS(원)						
EBITDAPS(원)	551	244	245	98	231	147

재무 비율 〈단위 : % 〉

연도	영업이익률	순이익률	부채비율	차입금비율	ROA	ROE	유보율	자기자본비율	EBITDA마진율
2016	-0.1	-1.9	291.5	242.0	-2.5	-9.6	70.9	25.6	-3.4
2015	2.1	-0.8	274.7	230.3	-1.0	-3.9	84.0	26.7	5.2
2014	-0.8	-10.1	331.3	293.1	-11.0	-40.9	95.5	23.2	2.0
2013	0.9	-0.4	233.7	200.0	-0.4	-1.6	191.5	30.0	4.8

대호피앤씨 (A021040)
DAEHO P&C COLTD

업　　종 : 금속 및 광물　　　시　　장 : KOSDAQ
신용등급 : (Bond) —　　(CP) —　　기업규모 : 중견
홈 페 이 지 : www.daehopnc.co.kr　　연 락 처 : 055)388-4001
본　　사 : 경남 양산시 산막공단 북4길 13 (산막동)

설 립 일	1988.09.02	종 업 원 수	240명	대 표 이 사	정경태
상 장 일	1996.08.27	감 사 의 견	적정 (한영)	계　　열	
결 산 기	12월	보 통 주	5,011만주	종속회사수	
액 면 가	500원	우 선 주	424만주	구 상 호	

주주구성 (지분율,%)		출자관계 (지분율,%)		주요경쟁사 (외형,%)	
디에스피	41.2	영구아트	2.4	대호피앤씨	100
포스코	15.6	NI스틸	62		
(외국인)	0.3	POSCO-MVWPC	30.0	EG	79

매출구성		비용구성		수출비중	
CHQ	95.8	매출원가율	88.0	수출	16.0
STS Wire	3.0	판관비율	5.6	내수	84.0
CD-BAR	1.0				

회사 개요
동사는 냉간압조용선을 제조 및 판매하는 업체로 선재부문과 강관부문, 마봉강부문, 스테인레스 선재부문 사업을 영위하고 있음. 선재부문은 자동차용품, 일반산업 기계부품 및 전자부품인 볼트, 너트, 베아링볼, 스크류 등의 냉간압조용선을 생산함. 강관부문에는 전 산업에 다양하게 분포되어 있는 파이프 및 철강재를 생산하고 있음. 동사는 2012년 11월 30일을 합병기일로 동방금속공업를 흡수 합병함.

실적 분석
동사의 2016년 결산 누적 매출액은 1,856.8억원으로 전년 동기 대비 7.6% 감소함. 동사는 최근 3년간 매출 감소세를 보이고 있음. 이는 세계 1위의 철강생산 국가인 중국의 공급과잉으로 내수와 수출부문 모두 악영향을 받은 것으로 보임. 다만 영업이익은 119.1억원을 기록하며 전년동기 대비 36.4% 성장. 당기순이익 또한 56.1억원을 시현하며 전년 동기 대비 124.5% 증가하며 수익성 개선됨.

현금 흐름 *IFRS 별도 기준 〈단위 : 억원〉

항목	2015	2016
영업활동	233	153
투자활동	-38	-12
재무활동	-179	-159
순현금흐름	17	-19
기말현금	32	13

시장 대비 수익률
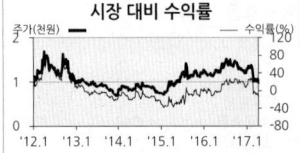

결산 실적 〈단위 : 억원〉

항목	2011	2012	2013	2014	2015	2016
매출액	2,138	2,204	2,487	2,221	2,009	1,857
영업이익	31	-14	84	105	87	119
당기순이익	-16	-104	-84	-16	25	56

분기 실적 *IFRS 별도 기준 〈단위 : 억원〉

항목	2015.3Q	2015.4Q	2016.1Q	2016.2Q	2016.3Q	2016.4Q
매출액	477	475	470	474	443	470
영업이익	6	25	21	31	32	34
당기순이익	0	-2	14	17	19	19

재무 상태 *IFRS 별도 기준 〈단위 : 억원〉

항목	2011	2012	2013	2014	2015	2016
총자산	1,187	2,285	2,098	1,692	1,542	1,412
유형자산	147	521	497	440	457	436
무형자산	126	314	232	222	207	178
유가증권	9	6	6	3	2	1
총부채	963	1,834	1,735	1,349	1,182	1,002
총차입금	728	1,440	1,332	1,096	918	759
자본금	163	272	272	272	272	272
총자본	223	452	364	342	360	410
지배주주지분	223	452	364	342	360	410

기업가치 지표 *IFRS 별도 기준

항목	2011	2012	2013	2014	2015	2016
주가(최고/저)(천원)	1.7/1.0	2.0/1.0	1.2/0.8	1.1/0.8	1.6/0.8	1.7/1.2
PER(최고/저)(배)	—/—	—/—	—/—	—/—	30.7/15.3	15.2/10.8
PBR(최고/저)(배)	2.2/1.2	2.1/1.1	1.5/1.0	1.5/1.1	2.1/1.0	2.0/1.4
EV/EBITDA(배)	22.6	1,448.6	13.0	10.5	12.6	9.2
EPS(원)	-50	-305	-155	-30	46	103
BPS(원)	730	857	695	656	689	779
CFPS(원)	-17	-260	-72	40	121	186
DPS(원)	—	—	—	—	—	—
EBITDAPS(원)	128	4	237	264	235	302

재무 비율 〈단위 : % 〉

연도	영업이익률	순이익률	부채비율	차입금비율	ROA	ROE	유보율	자기자본비율	EBITDA마진율
2016	6.4	3.0	244.7	185.4	3.8	14.6	55.9	29.0	8.8
2015	4.4	1.2	328.0	254.7	1.5	7.1	37.8	23.4	6.4
2014	4.8	-0.7	394.0	319.9	-0.9	-4.6	31.2	20.2	6.5
2013	3.4	-3.4	477.0	366.4	-3.8	-20.6	39.0	17.3	5.2

대화제약 (A067080)
DAEHWA PHARM COLTD

업　　종 : 제약　　　시　　장 : KOSDAQ
신용등급 : (Bond) —　　(CP) —　　기업규모 : 중견
홈 페 이 지 : www.dhpharm.co.kr　　연 락 처 : 033)342-5140
본　　사 : 강원도 횡성군 횡성읍 한우로 495

설 립 일	1989.01.19	종 업 원 수	325명	대 표 이 사	김은석,노병태
상 장 일	2003.02.14	감 사 의 견	적정 (새시대)	계　　열	
결 산 기	12월	보 통 주	1,822만주	종속회사수	
액 면 가	500원	우 선 주		구 상 호	

주주구성 (지분율,%)		출자관계 (지분율,%)		주요경쟁사 (외형,%)	
고준진	11.4	디에이치호림	63.2	대화제약	100
김수지	11.2	리독스바이오	59.6	동아쏘시오홀딩스	510
(외국인)	2.2	스페셜라이즈드메드	56.9	JW중외제약	329

매출구성		비용구성		수출비중	
기타	69.2	매출원가율	68.7	수출	3.0
OEM매출	20.5	판관비율	27.6	내수	97.0
진경제	5.0				

회사 개요
동사는 1984년 1월 의약품 및 의약부외품 제조 및 판매업을 주 영업 목적으로 설립되었으며 2003년 2월 코스닥시장에 상장됨. 사업부문별로는 의약품 및 의약부외품을 제조 및 판매하는 의약품 제조 판매부문과 완제의약품을 공급받아 유통하는 의약품 도매업 부문으로 구성됨. 지속적인 R&D 투자로 2012년 6월 혁신형제약기업 인증을 받고 2015년 6월 재인증됨.

실적 분석
2016년 누적 매출액과 영업이익은 전년동기대비 각각 2% 증가, 5% 감소한 1,422.9억원, 53.2억원을 기록함. 의약품 제조 판매부문의 매출이 성장한 영향으로 외형확대. 특히 의료정보시스템 부문의 성장이 돋보임. 외형성장을 기반으로 영업이익이 증가하였으나, 비영업손의 중 금융손실 발생 영향으로 당기순이익은 전년동기대비 9% 감소한 37.6억원을 기록함

현금 흐름 〈단위 : 억원〉

항목	2015	2016
영업활동	24	88
투자활동	-37	-256
재무활동	1	257
순현금흐름	-12	90
기말현금	29	118

시장 대비 수익률
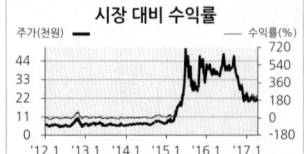

결산 실적 〈단위 : 억원〉

항목	2011	2012	2013	2014	2015	2016
매출액	1,420	1,432	1,280	1,349	1,391	1,423
영업이익	88	81	46	44	56	53
당기순이익	38	36	20	-11	41	38

분기 실적 *IFRS 별도 기준 〈단위 : 억원〉

항목	2015.3Q	2015.4Q	2016.1Q	2016.2Q	2016.3Q	2016.4Q
매출액	339	355	362	369	340	353
영업이익	-2	27	18	10	5	20
당기순이익	4	20	13	5	-1	19

재무 상태 〈단위 : 억원〉

항목	2011	2012	2013	2014	2015	2016
총자산	1,356	1,302	1,219	1,241	1,246	1,538
유형자산	542	525	497	493	496	702
무형자산	19	24	53	69	77	80
유가증권	1	0	0	0	0	0
총부채	786	688	598	656	629	804
총차입금	488	408	330	329	336	496
자본금	90	91	91	91	91	91
총자본	570	614	620	585	617	734
지배주주지분	561	601	604	580	611	662

기업가치 지표

항목	2011	2012	2013	2014	2015	2016
주가(최고/저)(천원)	5.8/2.4	10.2/4.8	8.0/5.4	9.0/6.0	51.1/7.1	47.8/19.3
PER(최고/저)(배)	32.5/13.7	61.9/29.2	90.0/60.9	—/—	239.1/33.3	234.6/94.6
PBR(최고/저)(배)	1.9/0.8	3.1/1.5	2.4/1.6	2.8/1.8	14.8/2.1	12.8/5.2
EV/EBITDA(배)	11.4	14.4	17.7	19.8	77.2	50.8
EPS(원)	191	173	92	-6	215	205
BPS(원)	3,315	3,446	3,438	3,300	3,467	3,747
CFPS(원)	343	350	277	178	410	417
DPS(원)	100	80	100	100	100	100
EBITDAPS(원)	649	622	435	428	503	505

재무 비율 〈단위 : % 〉

연도	영업이익률	순이익률	부채비율	차입금비율	ROA	ROE	유보율	자기자본비율	EBITDA마진율
2016	3.7	2.6	109.6	67.6	5.9	649.4	47.7	6.5
2015	4.0	2.9	101.9	54.5	3.3	6.6	593.4	49.5	6.6
2014	3.3	-0.9	112.1	56.2	-0.9	-0.2	559.9	47.2	5.8
2013	3.6	1.6	96.5	53.3	1.6	2.8	587.5	50.9	6.2

더블유게임즈 (A192080)
DoubleUGames

업 종 : 게임 소프트웨어		시 장 : KOSDAQ	
신용등급 : (Bond) — (CP) —		기업규모 : 중견	
홈페이지 : www.doubleugames.com		연 락 처 : 02)501-7216	
본 사 : 서울시 강남구 테헤란로 152, 강남파이낸스센터 16층(역삼동)			

설 립 일	2012.04.27	종 업 원 수	166명	대 표 이 사	김가람
상 장 일	2015.11.04	감 사 의 견	적정 (한영)	계 열	
결 산 기	12월	보 통 주	1,738만주	종속회사수	
액 면 가	500원	우 선 주		구 상 호	

주주구성 (지분율,%)		출자관계 (지분율,%)		주요경쟁사 (외형,%)	
김가람	42.6	디드래곤게임즈	100.0	더블유게임즈	100
한국투자 글로벌 프론티어펀드 제20호	6.1	디에이트게임즈	50.7	엔씨소프트	632
(외국인)	4.3	애피타이저게임즈	20.3	컴투스	330

매출구성		비용구성		수출비중	
PC게임	57.4	매출원가율	0.0	수출	99.7
모바일게임	42.7	판관비율	71.2	내수	0.3

회사 개요
동사는 북미를 중심으로 한 소셜카지노 게임 업체임. 동사가 운영하고 있는 DoubleU Casino는 페이스북을 기반으로 하는 PC게임 (2012년 5월 출시)과 모바일 게임(애플 2013년 9월 출시)으로 구성. 소셜카지노 게 임시장은 2015년 33억달러 수준에서 2017년까지 연평균 20% 이상의 성장세를 보일 것으로 전망됨. 당기 중 지분 추가 취득으로 디에이트게임즈를 관계기업에서 자회사로 편입함.

실적 분석
동사의 2016년 연결기준 매출액은 1,556.4억원을 기록함. 영업이익은 매출이 큰폭으로 증가함에 따라 448.6억원을 기록하였으며, 순이익은 487.2억원을 기록함. 페이스북 기반 매출은 소폭 감소한 반면 모바일은 ARPU 개선으로 성장세를 보임. 동사의 성장전략은 마케팅을 통한 더블유카지노 매출 극대화에서 신규 슬롯게임 출시에 따른 포트폴리오 다양화로 변화되고 있는 상황임.

현금 흐름
〈단위 : 억원〉

항목	2015	2016
영업활동	388	543
투자활동	-2,677	-1,059
재무활동	2,789	-64
순현금흐름	512	-575
기말현금	728	153

시장 대비 수익률
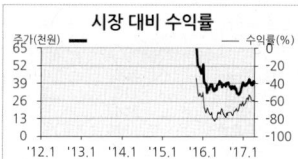

결산 실적
〈단위 : 억원〉

항목	2011	2012	2013	2014	2015	2016
매출액	—	—	453	713	1,224	1,556
영업이익	—	—	130	293	319	449
당기순이익	—	—	112	279	342	487

분기 실적
〈단위 : 억원〉

항목	2015.3Q	2015.4Q	2016.1Q	2016.2Q	2016.3Q	2016.4Q
매출액	—	—	382	376		
영업이익	—	—	125	101		
당기순이익	—	—	128	84		

재무 상태
〈단위 : 억원〉

항목	2011	2012	2013	2014	2015	2016
총자산	—	—	187	508	3,825	4,370
유형자산	—	—	3	2	10	11
무형자산	—	—	0	1	1	2
유가증권	—	—				1,485
총부채	—	—	54	94	143	587
총차입금	—	—				435
자본금	—	—	1	1	85	86
총자본	—	—	133	414	3,682	3,782
지배주주지분	—	—	133	414	3,682	3,782

기업가치 지표

항목	2011	2012	2013	2014	2015	2016
주가(최고/저)(천원)	—/—	—/—	—/—	—/—	67.2/45.5	53.8/29.9
PER(최고/저)(배)	0.0/0.0	0.0/0.0	0.0/0.0	0.0/0.0	27.0/18.3	19.2/10.7
PBR(최고/저)(배)					3.2/2.1	2.2/1.2
EV/EBITDA(배)	0.0	0.0			15.9	9.4
EPS(원)	—	—	916	2,192	2,527	2,847
BPS(원)	—	—	77,268	240,570	21,546	24,914
CFPS(원)	—	—	67,996	162,583	2,538	2,865
DPS(원)	—	—				650
EBITDAPS(원)	—	—	78,783	170,774	2,371	2,633

재무 비율
〈단위 : %〉

연도	영업이익률	순이익률	부채비율	차입금비율	ROA	ROE	유보율	자기자본비율	EBITDA마진율
2016	28.8	31.3	15.5	11.5	11.9	13.1	4,882.7	86.6	29.0
2015	26.1	27.9	3.9	0.0	15.8	16.7	4,209.3	96.3	26.2
2014	41.1	39.2	22.7	0.0	80.3	102.1	48,013.9	81.5	41.2
2013	28.6	24.7	41.0	0.0		0.0	15,353.6	71.0	28.7

더블유홀딩컴퍼니 (A052300)
W Holding

업 종 : 육상운수		시 장 : KOSDAQ	
신용등급 : (Bond) — (CP) —		기업규모 : 중견	
홈페이지 : www.wholdingcompany.co.kr		연 락 처 : 02)6237-9780	
본 사 : 서울시 강남구 언주로148길 19 청호빌딩 4층			

설 립 일	1995.08.17	종 업 원 수	33명	대 표 이 사	윤기태
상 장 일	2001.08.02	감 사 의 견	적정 (리안)	계 열	
결 산 기	12월	보 통 주	10,555만주	종속회사수	
액 면 가	100원	우 선 주		구 상 호	SH 홀딩스

주주구성 (지분율,%)		출자관계 (지분율,%)		주요경쟁사 (외형,%)	
오션인더블유	17.9	더블유투자금융	100.0	W홀딩컴퍼니	100
대안합명회사	10.7	일레븐나인	62.5	KCTC	1,973
(외국인)	0.5	에스씨에프앤비	50.0	동양고속	877

매출구성		비용구성		수출비중	
운송료(육상운송 등)	70.2	매출원가율	71.4	수출	—
방송프로그램 제작	11.5	판관비율	18.9	내수	—
할리스커피(커피/식음료)등	10.2				

회사 개요
동사는 1992년 설립되어 물류운송사업, 식음료 판매, CATV, IPTV 방영, 매니저 사업 부문을 영위하고 있는 업체임. 2010년 6월 기존 수입차 판매사업과 창고사업을 각각 엠앤엠 모터카와 마이트앤메인으로 물적 분할함. '프로젝트런웨이코리아', '도전슈퍼모델코리아', '지니어스게임' 등 해외 포맷의 대규모 프로그램을 다수 제작. 매출은 방송 20.43%, 물류 66.98%, 식음료 12.59% 등으로 구성됨.

실적 분석
동사의 2016년 연결 기준 누적 매출액은 전년대비 15.0% 증가한 177.3억원을 기록. 비용절감 노력으로 판매비와관리비가 전년비 29% 감소하여 영업이익은 17.2억원으로 흑자전환함. 물류운송사업을 주요사업으로 영위해 오던 중, 중·장기 사업전략에 따라 신규 사업진출을 다각적으로 모색하면서 2016년 더블유투자금융이 연결종속회사로 편입 하였으며, 현재 지분율 100%를 보유하고 있음.

현금 흐름
〈단위 : 억원〉

항목	2015	2016
영업활동	-18	1
투자활동	-37	-481
재무활동	192	347
순현금흐름	137	-133
기말현금	185	52

시장 대비 수익률
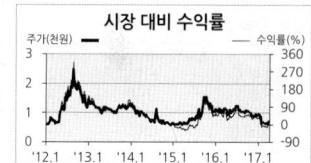

결산 실적
〈단위 : 억원〉

항목	2011	2012	2013	2014	2015	2016
매출액	227	261	633	467	154	177
영업이익	4	-4	28	-27	-35	17
당기순이익	-48	-35	5	-49	41	79

분기 실적
〈단위 : 억원〉

항목	2015.3Q	2015.4Q	2016.1Q	2016.2Q	2016.3Q	2016.4Q
매출액	33	38	30	57	39	51
영업이익	-8	-11	-1	11	3	5
당기순이익	3	45	4	21	31	24

재무 상태
〈단위 : 억원〉

항목	2011	2012	2013	2014	2015	2016
총자산	203	504	547	387	583	1,086
유형자산	25	11	14	7	4	50
무형자산	18	304	269	9	23	25
유가증권	16	12	10	139	267	104
총부채	41	265	314	75	143	337
총차입금	2	120	159	24	118	298
자본금	204	232	273	343	399	105
총자본	162	239	234	313	441	748
지배주주지분	162	176	177	301	439	749

기업가치 지표

항목	2011	2012	2013	2014	2015	2016
주가(최고/저)(천원)	1.0/0.3	2.5/0.5	1.5/1.0	1.3/0.6	1.6/0.6	1.3/0.9
PER(최고/저)(배)	—/—	—/—	—/—	—/—	28.8/10.7	13.2/9.1
PBR(최고/저)(배)	2.4/0.6	6.5/1.2	4.5/3.0	2.9/1.3	2.9/1.1	1.8/1.2
EV/EBITDA(배)	8.9	13.2	3.3	7.9		49.8
EPS(원)	-118	-94	-35	-100	55	96
BPS(원)	406	386	329	443	555	714
CFPS(원)	-101	34	337	20	60	99
DPS(원)						
EBITDAPS(원)	28	117	425	76	-42	23

재무 비율
〈단위 : %〉

연도	영업이익률	순이익률	부채비율	차입금비율	ROA	ROE	유보율	자기자본비율	EBITDA마진율
2016	9.7	44.5	45.0	39.8	9.5	13.7	614.4	69.0	11.2
2015	-22.7	26.7	32.3	26.7	8.5	11.2	11.0	75.6	-20.4
2014	-5.7	-10.6	일부잠식	일부잠식	-10.6	-25.2	-11.4	80.8	9.8
2013	4.4	0.8	일부잠식	일부잠식		-10.3	-34.2	42.7	35.1

157

더이앤엠 (A089230)
THE E&M

업 종 : 기계		시 장 : KOSDAQ	
신용등급 : (Bond) — (CP) —		기업규모 :	
홈페이지 : www.theenm.com		연 락 처 : 02)2088-8222	
본 사 : 서울시 금천구 디지털로9길 68 9층(가산동, 대륭포스트타워 5차)			

설 립 일	2002.07.08	종업원수	42명	대표이사	리전펑
상 장 일	2006.10.10	감사의견	적정 (대성)	계 열	
결 산 기	12월	보통주	1,837만주	종속회사수	
액 면 가	500원	우 선 주		구 상 호	용현BM

주주구성 (지분율,%)		출자관계 (지분율,%)		주요경쟁사 (외형,%)	
룽투코리아	55.5	코리아티이	100.0	THE E&M	100
현진소재	16.7			유지인트	323
(외국인)	0.6			기신정기	737

매출구성		비용구성		수출비중	
Seamless Pipe	63.5	매출원가율	52.7	수출	25.3
금속소재 단조품	29.0	판관비율	32.0	내수	74.7
금속소재 단조품 외 (상품)	4.3				

회사 개요
동사는 2002년 현진소재로부터 물적분할에 의해 설립되어, 2006년 코스닥에 상장한 기업임. 조선기계부품, 풍력발전부품 및 산업기계부품의 단조 제조업 및 판매업을 영위하고 있음. 전방산업인 조선 및 풍력발전 업황은 글로벌 금융위기 이후 회복국면에 진입, 매출 및 수익성이 개선될 것으로 기대됨. 또한 조선 및 풍력발전 등 자유단조산업에 집중되어 있는 사업구조에서 벗어나 원자력을 비롯한 항공우주, 방위산업 등 고부가가치 사업군에 진출함.

실적 분석
동사의 2016년 연간 연결기준 매출액은 전년 대비 38% 감소한 153.3억원을 시현함. 매출원가 및 판관비의 감소로 영업이익은 23.4억원으로 흑자전환됨. 이는 강관사업부문의 매출 감소로 전체 매출액은 감소하였으나, 합병으로 인한 인터넷사업부문의 편입으로 수익이 개선된 영향으로 볼 수 있음. 동사는 상반기까지 수익구조개선 및 신규사업 계획을 수립했다면 하반기엔 엔터테인먼트와 미디어를 주사업분야로서 집중 운영하며 재무적인 성과를 만들 예정임.

현금 흐름 〈단위 : 억원〉
항목	2015	2016
영업활동	-298	23
투자활동	148	-82
재무활동	215	10
순현금흐름	65	-49
기말현금	67	18

시장 대비 수익률
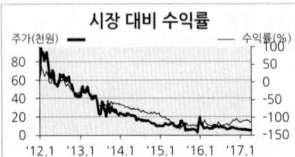

결산 실적 〈단위 : 억원〉
항목	2011	2012	2013	2014	2015	2016
매출액	1,163	1,383	628	6/6	247	153
영업이익	-119	34	-215	-442	-136	23
당기순이익	-200	-47	-280	-609	-247	38

분기 실적 〈단위 : 억원〉
항목	2015.3Q	2015.4Q	2016.1Q	2016.2Q	2016.3Q	2016.4Q
매출액	24	32	47	41	44	21
영업이익	-20	-50	1	7	24	-9
당기순이익	-86	-79	1	7	28	7

재무 상태 〈단위 : 억원〉
항목	2011	2012	2013	2014	2015	2016
총자산	2,369	2,462	2,138	1,069	667	683
유형자산	1,453	1,546	1,372	721	330	362
무형자산	2	2	—	—	180	175
유가증권	8	7	2	—	—	30
총부채	1,688	1,822	1,585	911	160	139
총차입금	1,393	1,382	1,202	703	81	91
자본금	41	41	96	209	92	92
총자본	681	640	553	158	507	544
지배주주지분	681	640	553	158	507	544

기업가치 지표
항목	2011	2012	2013	2014	2015	2016
주가(최고/저)(천원)	11.5/4.4	9.5/3.9	5.1/2.0	2.4/0.9	20.0/3.2	16.5/6.3
PER(최고/저)(배)	—/—	—/—	—/—	—/—	—/—	80.3/30.7
PBR(최고/저)(배)	1.7/0.6	1.5/0.6	1.9/0.7	6.6/2.6	7.2/1.2	5.6/2.1
EV/EBITDA(배)		15.0				34.5
EPS(원)	-20,742	-4,861	-24,333	-29,435	-5,578	205
BPS(원)	8,271	7,769	2,898	377	2,763	2,965
CFPS(원)	-1,802	377	-1,729	-2,597	-4,601	282
DPS(원)						
EBITDAPS(원)	-826	1,362	-1,157	-1,791	-2,096	204

재무 비율 〈단위 : %〉
연도	영업이익률	순이익률	부채비율	차입금비율	ROA	ROE	유보율	자기자본비율	EBITDA마진율
2016	15.3	24.6	25.5	16.6	5.6	7.2	493.0	79.7	24.5
2015	-55.0	-99.7	31.5	16.0	-28.4	-74.2	452.5	76.0	-37.5
2014	-65.4	-90.0	일부잠식	일부잠식	-38.0	-171.2	-24.6	14.8	-54.8
2013	-34.2	-44.6	286.5	217.4	-12.2	-47.0	479.6	25.9	-21.2

더존비즈온 (A012510)
DuzonBizon

업 종 : 일반 소프트웨어		시 장 : 거래소	
신용등급 : (Bond) — (CP) —		기업규모 : 시가총액 중형주	
홈페이지 : www.duzon.com		연 락 처 : 02)6233-3000	
본 사 : 강원도 춘천시 남산면 버들1길 130			

설 립 일	1977.08.20	종업원수	1,016명	대표이사	김용우
상 장 일	1988.10.28	감사의견	적정 (대주)	계 열	
결 산 기	12월	보통주	2,967만주	종속회사수	
액 면 가	500원	우 선 주		구 상 호	

주주구성 (지분율,%)		출자관계 (지분율,%)		주요경쟁사 (외형,%)	
더존다스	19.7	키컴	71.7	더존비즈온	100
김용우	16.5	모자이크넷	20.0	안랩	81
(외국인)	25.8	더존아이티네트워크	20.0	다우데이타	780

매출구성		비용구성		수출비중	
ERP	55.2	매출원가율	40.6	수출	1.5
D클라우드사업	22.3	판관비율	37.6	내수	98.5
보안 및 그룹웨어, 기타	19.5				

회사 개요
동사는 1991년 설립된 기업용 IT솔루션 제공업체로, 2000년 12월 코스닥에 상장. 동사는 ERP, 그룹웨어 등 기업정보화 분야에서 독적적인 시장지배력 보유하고 있음. D-클라우드사업 시작을 본격화하여 2013년 7월 출시한 Smart A는 거래자료 수집, 데이터 패턴 분석, 전표처리 자동화 등을 강화하여 고객들의 기장시간 단축 등 사용 편의성이 강화되었음.

실적 분석
동사의 2016년 결산기준 누적매출액은 전년 동기대비 12.1% 성장한 1,767.7억원을 기록하였음. 매출원가 및 판관비가 크게 상승하였으나 그럼에도 불구하고 매출상승의 견인에 힘입어 영업이익은 전년동기대비 32.5% 성장한 384.1억원을 달성하였음. 현재 클라우드 센터(공간) 및 회선, 서버 임대와 보안서비스(방화벽+실시간 관제) 데이터백업 서비스를 제공하고 있으며 향후 더욱 발전된 시스템으로 수익을 창출할 것으로 기대하고 있음.

현금 흐름 〈단위 : 억원〉
항목	2015	2016
영업활동	466	493
투자활동	-178	-241
재무활동	-216	-99
순현금흐름	72	155
기말현금	225	380

시장 대비 수익률
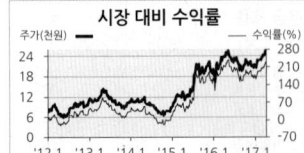

결산 실적 〈단위 : 억원〉
항목	2011	2012	2013	2014	2015	2016
매출액	1,157	1,249	1,296	1,364	1,577	1,768
영업이익	176	241	184	205	290	384
당기순이익	49	170	137	109	217	282

분기 실적 〈단위 : 억원〉
항목	2015.3Q	2015.4Q	2016.1Q	2016.2Q	2016.3Q	2016.4Q
매출액	371	485	422	423	404	519
영업이익	55	130	80	97	75	132
당기순이익	46	87	60	70	52	101

재무 상태 〈단위 : 억원〉
항목	2011	2012	2013	2014	2015	2016
총자산	1,674	1,923	1,934	2,106	2,135	2,365
유형자산	648	776	785	826	794	756
무형자산	213	220	240	407	361	310
유가증권	57	59	43	42	42	25
총부채	1,028	1,101	1,026	929	808	832
총차입금	651	765	676	507	353	317
자본금	148	148	148	148	148	148
총자본	647	822	907	1,177	1,328	1,533
지배주주지분	645	818	901	1,171	1,319	1,524

기업가치 지표
항목	2011	2012	2013	2014	2015	2016
주가(최고/저)(천원)	16.2/5.1	11.4/6.0	14.8/8.7	12.1/6.5	22.4/8.8	25.6/16.3
PER(최고/저)(배)	105.5/33.4	21.7/11.4	34.7/20.3	35.0/18.6	31.9/12.5	27.4/17.4
PBR(최고/저)(배)	5.9/1.9	3.5/1.8	4.1/2.4	3.2/1.7	5.2/2.0	5.1/3.2
EV/EBITDA(배)	9.5	11.2	11.8	8.4	13.5	11.1
EPS(원)	166	567	454	363	720	949
BPS(원)	2,959	3,542	3,823	3,947	4,445	5,135
CFPS(원)	462	944	905	869	1,255	1,466
DPS(원)		200	150	200	220	290
EBITDAPS(원)	891	1,189	1,070	1,197	1,512	1,812

재무 비율 〈단위 : %〉
연도	영업이익률	순이익률	부채비율	차입금비율	ROA	ROE	유보율	자기자본비율	EBITDA마진율
2016	21.7	16.0	54.3	20.7	12.6	19.8	927.0	64.8	30.4
2015	18.4	13.8	60.8	26.6	10.2	17.2	788.9	62.2	28.4
2014	15.1	8.0	79.0	43.1	5.4	10.4	689.4	55.9	26.1
2013	14.2	10.6	113.1	74.5	7.1	15.7	664.5	46.9	24.5

덕산네오룩스 (A213420)
DUK SAN NEOLUX COLTD

업 종 : 디스플레이 및 관련부품		시 장 : KOSDAQ	
신용등급 : (Bond) — (CP) —		기업규모 : 중견	
홈페이지 : www.dsneolux.co.kr		연락처 : 041)590-5400	
본 사 : 충남 천안시 서북구 입장면 쑥골길 21-32			

설 립 일	2014.12.31	종 업 원 수	115명	대 표 이 사	이준호,김병회
상 장 일	2015.02.06	감 사 의 견	적정(삼일)	계 열	
결 산 기	12월	보 통 주	1,201만주	종속회사수	
액 면 가	200원	우 선 주		구 상 호	

주주구성 (지분율,%)
덕산하이메탈	37.9
이준호	21.3
(외국인)	17.6

출자관계 (지분율,%)
덕산네오룩스	100
APS홀딩스	1,311
비아트론	181

주요경쟁사 (외형,%)

매출구성
AMOLED	100.0

비용구성
매출원가율	77.2
판관비율	13.6

수출비중
수출	89.1
내수	10.9

회사 개요
동사는 2014년 12월 30일(분할기일)에 덕산하이메탈로 부터 인적분할해 신설된 법인으로 전자부품 제조업을 주업종으로 하고 있고, 2015년 2월 6일 코스닥시장에 상장됨. 동사의 주요사업은 AMOLED 유기물 재료 및 반도체 공정용 화학제품을 제조/판매하는 화학소재사업임. 동사가 사업을 영위하고 있는 OLED는 기존 디스플레이 시장에서 LCD와 경쟁하며 구준히 성장하고 있음.

실적 분석
동사의 2016년 연결기준 연간 누적 매출액은 423.3억원으로 전년 동기 대비 5% 증가함. 매출이 늘면서 매출원가도 늘었지만 고정비용 감소 효과로 인해 영업이익은 전년 동기 대비 61.2% 증가한 39.3억원을 시현함. 비영업손익 부문에서도 이익이 개선되면서 당기순이익은 전년 동기 대비 무려 115.6% 증가한 46.7억원을 기록함. 매출 증가에 수익성도 견조한 상승세를 보이고 있음.

현금 흐름 *IFRS 별도 기준 〈단위 : 억원〉
항목	2015	2016
영업활동	54	84
투자활동	-131	-38
재무활동	305	18
순현금흐름	228	65
기말현금	228	293

시장 대비 수익률
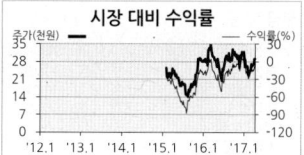

결산 실적 〈단위 : 억원〉
항목	2011	2012	2013	2014	2015	2016
매출액	—	—	—	403	403	423
영업이익	—	—	—		24	39
당기순이익	—	—	—		22	47

분기 실적 *IFRS 별도 기준 〈단위 : 억원〉
항목	2015.3Q	2015.4Q	2016.1Q	2016.2Q	2016.3Q	2016.4Q
매출액	121	125	132	99	89	103
영업이익	9	15	17	5	8	10
당기순이익	9	9	14	9	4	19

재무 상태 *IFRS 별도 기준 〈단위 : 억원〉
항목	2011	2012	2013	2014	2015	2016
총자산	—	—	—	1,084	1,142	1,181
유형자산				383	380	357
무형자산				290	291	293
유가증권						
총부채				61	100	96
총차입금				—	—	10
자본금				24	24	24
총자본				1,023	1,043	1,085
지배주주지분				1,023	1,043	1,085

기업가치 지표 *IFRS 별도 기준
항목	2011	2012	2013	2014	2015	2016
주가(최고/저)(천원)	—/—	—/—	—/—	—/—	31.4/14.0	35.5/19.5
PER(최고/저)(배)	0.0/0.0	0.0/0.0	0.0/0.0	0.0/0.0	174.0/77.6	91.2/50.1
PBR(최고/저)(배)	0.0/0.0	0.0/0.0	0.0/0.0	0.0/0.0	3.6/1.6	3.9/2.2
EV/EBITDA(배)	0.0	0.0	0.0	0.0	53.4	46.6
EPS(원)	—	—	—	—	181	389
BPS(원)	—	—	—	—	8,695	9,050
CFPS(원)	—	—	—	—	456	672
DPS(원)	—	—	—	—		
EBITDAPS(원)	—	—	—	—	479	609

재무 비율 〈단위 : % 〉
연도	영업이익률	순이익률	부채비율	차입금비율	ROA	ROE	유보율	자기자본비율	EBITDA마진율
2016	9.3	11.0	8.9	0.9	4.0	4.4	4,425.0	91.9	17.3
2015	6.0	5.4	9.6	0.0	2.0	2.1	4,247.3	91.3	14.3
2014	0.0	0.0	6.0	0.0	0.0	0.0	4,159.6	94.4	0.0
2013									

덕산하이메탈 (A077360)
DUKSAN HI METAL COLTD

업 종 : 반도체 및 관련장비		시 장 : KOSDAQ	
신용등급 : (Bond) — (CP) —		기업규모 : 우량	
홈페이지 : www.dshm.co.kr		연락처 : 052)283-9000	
본 사 : 울산시 북구 무룡1로 66(연암동)			

설 립 일	1999.05.06	종 업 원 수	151명	대 표 이 사	이준호
상 장 일	2005.10.14	감 사 의 견	적정(삼일)	계 열	
결 산 기	12월	보 통 주	2,272만주	종속회사수	
액 면 가	200원	우 선 주		구 상 호	

주주구성 (지분율,%)
덕산홀딩스	34.9
이준호	15.4
(외국인)	2.5

출자관계 (지분율,%)
덕산에스지	70.8
대성뉴텍	40.0
덕산네오룩스	37.9

주요경쟁사 (외형,%)
덕산하이메탈	100
피에스케이	381
미래산업	54

매출구성
솔더볼/파우더 外	100.0

비용구성
매출원가율	70.2
판관비율	17.3

수출비중
수출	61.3
내수	38.7

회사 개요
동사는 반도체 패키징 재료인 Solder Ball의 제조 및 판매와 AMOLED 유기물 재료 제조 및 판매사업을 주요사업으로 영위함. 세계 반도체용 솔더볼시장에서 점유율 약 40%를 차지함. 계열사로는 덕산유엠티, 덕산에스지가 있음. 3월 OLED 사업부를 인적분할을 통해 분리하며 덕산네오룩스로 신규 상장하는 5월 공개매수를 통해 사업지주회사 체제로 재편, 기업지배구조의 투명성과 경영효율성 및 경영안정성이 증대될 것으로 예상.

실적 분석
2016년 누적 매출액과 영업이익은 전년동기 대비 각각 17%, 44% 감소한 428.3억원, 53.5억원을 기록함. 덕산유엠티의 공정용 화학재료 매출이 전년동기대비 크게 증가하였으나, 솔더볼 부문에서 매출이 크게 줄어듦. 환율약세와 덕산에스지의 부진으로 수익성 악화되며 영업이익 감소함. 반도체용 솔더볼 시장 과점체제로 안정적 성장을 달성하며 덕산네오룩스 성장성이 부각되어 중장기적으로 실적 개선이 기대됨.

현금 흐름 〈단위 : 억원〉
항목	2015	2016
영업활동	118	82
투자활동	-128	-236
재무활동	-247	-6
순현금흐름	-253	-153
기말현금	322	169

시장 대비 수익률

결산 실적 〈단위 : 억원〉
항목	2011	2012	2013	2014	2015	2016
매출액	1,294	1,438	686	582	514	428
영업이익	393	417	167	57	96	54
당기순이익	346	419	311	412	-171	-167

분기 실적 〈단위 : 억원〉
항목	2015.3Q	2015.4Q	2016.1Q	2016.2Q	2016.3Q	2016.4Q
매출액	156	81	127	133	152	16
영업이익	7	72	-9	4	4	54
당기순이익	14	-201	-4	-122	3	-44

재무 상태 〈단위 : 억원〉
항목	2011	2012	2013	2014	2015	2016
총자산	1,518	1,985	2,465	1,996	2,185	1,835
유형자산	652	648	714	387	632	334
무형자산	351	342	729	411	251	14
유가증권	31	517	571	163	22	89
총부채	133	159	215	517	359	166
총차입금	28	18	34	82	225	105
자본금	59	59	59	35	45	45
총자본	1,385	1,826	2,250	1,479	1,827	1,669
지배주주지분	1,385	1,826	2,156	1,387	1,773	1,714

기업가치 지표
항목	2011	2012	2013	2014	2015	2016
주가(최고/저)(천원)	28.4/18.6	25.9/16.2	27.5/17.4	19.4/9.2	11.5/6.5	10.8/6.6
PER(최고/저)(배)	24.1/15.8	18.2/11.4	26.3/16.7	13.8/6.5	—/—	—/—
PBR(최고/저)(배)	5.2/3.4	3.7/2.3	3.4/2.2	2.2/1.0	1.4/0.8	1.3/0.8
EV/EBITDA(배)	17.0	11.9	20.6	19.0	14.7	15.7
EPS(원)	1,181	1,426	1,044	1,411	-586	-328
BPS(원)	5,457	6,956	8,078	8,899	8,509	8,253
CFPS(원)	1,300	1,624	1,301	1,723	-289	-94
DPS(원)						
EBITDAPS(원)	1,463	1,615	826	506	759	469

재무 비율 〈단위 : % 〉
연도	영업이익률	순이익률	부채비율	차입금비율	ROA	ROE	유보율	자기자본비율	EBITDA마진율
2016	12.5	-38.9	9.9	6.3	-8.3	-4.3	4,026.3	91.0	24.9
2015	18.6	-33.3	19.6	12.3	-8.2	-7.7	4,154.7	83.6	30.6
2014	9.7	70.7	34.9	5.5	18.5	23.4	4,349.6	74.1	25.5
2013	24.4	45.3	9.6	1.5	14.0	15.4	3,939.0	91.3	35.4

덕성 (A004830)
Duksung

업　　종 : 섬유 및 의복		시　　장 : 거래소	
신용등급 : (Bond) — (CP) —		기업규모 : 시가총액 소형주	
홈 페 이 지 : www.duksung21.com		연 락 처 : 031)204-0781	
본　　사 : 경기도 수원시 영통구 신원로 25			

설 립 일	1966.11.10	종 업 원 수	184명	대 표 이 사	이봉근
상 장 일	1987.09.25	감 사 의 견	적정 (안진)	계　　열	
결 산 기	12월	보 통 주	1,568만주	종속회사수	
액 면 가	500원	우 선 주	139만주	구 상 호	

주주구성 (지분율,%)		출자관계 (지분율,%)		주요경쟁사 (외형,%)	
이봉근	13.0	덕성피엔티	48.7	덕성	100
이혁종	4.3	덕성인코	15.0	TBH글로벌	696
(외국인)	2.0	바이오베터바이오로직스	12.5	F&F	423

매출구성		비용구성		수출비중	
합성피혁(제품)	53.4	매출원가율	87.1	수출	42.6
상품(상품)	22.5	판관비율	9.7	내수	57.4
합성수지(제품)	19.1				

회사 개요
동사는 1966년 설립된 국내 최초 합성피혁 전문생산 업체임. 수원, 인천, 오산, 평택, 중국(광주)에서 생산공장을 가동 중임. 2002년 한일월드컵 공인구 피버노바, 2006년 독일월드컵 공인구 팀가이스트, 2014년 브라질월드컵 공인구인 브라주카의 원단을 공급함은 물론 유로2004, 2008공인구의 원단도 아디다스에 독점공급함. IT 기기 관련 액세서리와 화장품류 소재 분체도 공급함.

실적 분석
동사의 2016년 매출액은 1,038.1억원으로 전년 대비 34.9% 증가함. 영업이익은 33.7억원으로 519.3% 증가함. 당기순이익은 29.4억원으로 463.1% 증가함. 전체 매출의 43%가 수출에서 발생함. 나이키, 리복, 아디다스 등 OEM 발주처가 주로 동남아, 중국 등에 산재해 있음. 이들 지역 수출은 주로 신발 소재, 지갑의 과당 경쟁, 중국 저가품 공세, 유가 상승 등에 맞서 신제품 개발, 원가절감 등으로 극복한다는 계획임.

현금 흐름 〈단위 : 억원〉

항목	2015	2016
영업활동	55	34
투자활동	-28	-70
재무활동	-35	54
순현금흐름	-8	18
기말현금	58	76

시장 대비 수익률
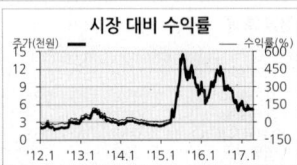

결산 실적 〈단위 : 억원〉

항목	2011	2012	2013	2014	2015	2016
매출액	910	915	974	823	769	1,038
영업이익	1	34	62	16	5	34
당기순이익	3	20	44	8	5	29

분기 실적 〈단위 : 억원〉

항목	2015.3Q	2015.4Q	2016.1Q	2016.2Q	2016.3Q	2016.4Q
매출액	208	193	251	258	270	259
영업이익	5	-4	15	14	14	-4
당기순이익	6	-5	6	8	7	9

재무 상태 〈단위 : 억원〉

항목	2011	2012	2013	2014	2015	2016
총자산	898	999	1,030	979	973	1,082
유형자산	196	228	240	242	237	270
무형자산	2	1	5	8	8	8
유가증권	54	59	78	69	93	99
총부채	328	413	403	353	338	423
총차입금	169	218	252	226	198	255
자본금	85	85	85	85	85	85
총자본	570	585	627	627	635	659
지배주주지분	570	585	627	627	635	659

기업가치 지표

항목	2011	2012	2013	2014	2015	2016
주가(최고/저)(천원)	3.8/1.4	3.3/1.7	5.1/2.5	3.3/2.3	15.1/2.4	12.6/4.8
PER(최고/저)(배)	250.7/93.2	27.7/14.1	19.1/9.5	70.2/49.4	457.7/71.7	67.4/25.7
PBR(최고/저)(배)	1.1/0.4	0.9/0.5	1.4/0.7	0.9/0.6	3.8/0.6	3.1/1.2
EV/EBITDA(배)	10.9	8.7	5.6	9.9	48.3	17.7
EPS(원)	16	126	280	48	33	188
BPS(원)	3,610	3,709	3,942	3,938	3,986	4,126
CFPS(원)	145	239	409	182	175	334
DPS(원)	20	45	45	45	20	45
EBITDAPS(원)	138	332	523	237	177	362

재무 비율 〈단위 : % 〉

연도	영업이익률	순이익률	부채비율	차입금비율	ROA	ROE	유보율	자기자본비율	EBITDA마진율
2016	3.3	2.8	64.2	38.8	2.9	4.6	725.2	60.9	5.5
2015	0.7	0.7	53.2	31.2	0.5	0.8	697.2	65.3	3.6
2014	2.0	0.9	56.3	36.0	0.8	1.2	687.6	64.0	4.5
2013	6.3	4.5	64.2	40.2	4.3	7.2	688.3	60.9	8.4

덕신하우징 (A090410)
Duckshin housing

업　　종 : 건축자재		시　　장 : KOSDAQ	
신용등급 : (Bond) — (CP) —		기업규모 : 중견	
홈 페 이 지 :		연 락 처 : 041)556-2600	
본　　사 : 충남 천안시 동남구 수신면 수신로 485-34			

설 립 일	1991.01.04	종 업 원 수	355명	대 표 이 사	김용회
상 장 일	2014.08.01	감 사 의 견	적정 (인덕)	계　　열	
결 산 기	12월	보 통 주	801만주	종속회사수	
액 면 가	500원	우 선 주		구 상 호	

주주구성 (지분율,%)		출자관계 (지분율,%)		주요경쟁사 (외형,%)	
김명한	26.9	DUCKSHINHOUSINGVIETNAMCO.,LTD	100.0	덕신하우징	100
허용순	6.0			이건창호	134
(외국인)	0.6			코리아에스이	12

매출구성		비용구성		수출비중	
일체형데크	97.5	매출원가율	96.0	수출	4.3
폼데크	1.4	판관비율	12.8	내수	95.7
상품	1.0				

회사 개요
1990년 11월에 설립된 동사는 건축용 자재인 데크플레이트 생산 및 시공을 주요 사업으로 영위하고 있음. 데크플레이트는 철골과 철골사이에 시공돼 평평한 바닥을 이루며 콘크리트 타설시 바닥 거푸집 역할을 하는 금속자재임. 일반건물, 대형고층건물, 교량 등의 시공 시 H-Beam위에 첫 번째로 설치되는 바닥재료임. 건설시장은 정부정책으로 일시적 회복세가 보이고 있으나 본격적인 회복에는 시일이 소요될 것으로 전망.

실적 분석
동사의 2016년 매출액은 전년대비 167.3억원(16.0%) 증가한 1,216.3억원을 기록했으나 계속되는 수주가의 하락으로 매출이익이 감소함. 또한 베트남 투자 관련 비용이 증가하였고 보수적인 관점에서 소송 충당금 및 매출채권 대손충당금 등을 추가 설정하여 106.5억원의 영업손실과 121.9억원의 당기순손실을 기록, 각각 적자전환하였음. 동사는 베트남 하이퐁 지역에 약38,000㎡ 규모의 부지를 확보하여 데크플레이트 공장을 설립 중.

현금 흐름 〈단위 : 억원〉

항목	2015	2016
영업활동	-5	-129
투자활동	-123	-107
재무활동	150	210
순현금흐름	25	-23
기말현금	46	23

시장 대비 수익률
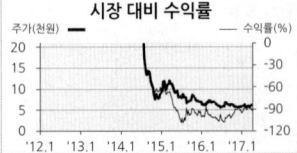

결산 실적 〈단위 : 억원〉

항목	2011	2012	2013	2014	2015	2016
매출액	977	953	1,044	906	1,049	1,216
영업이익	35	89	135	106	32	-106
당기순이익	32	65	117	70	11	-122

분기 실적 〈단위 : 억원〉

항목	2015.3Q	2015.4Q	2016.1Q	2016.2Q	2016.3Q	2016.4Q
매출액	264	304	294	333	251	338
영업이익	8	10	-30	-45	-37	6
당기순이익	2	1	-25	-32	-38	-28

재무 상태 〈단위 : 억원〉

항목	2011	2012	2013	2014	2015	2016
총자산	593	591	754	812	982	1,112
유형자산	128	159	280	331	389	489
무형자산	0	11	14	13	36	33
유가증권	3	3	4	4	17	17
총부채	421	325	374	117	299	568
총차입금	292	227	221	—	173	406
자본금	20	19	30	40	40	40
총자본	171	266	380	695	683	544
지배주주지분	171	266	380	695	683	544

기업가치 지표

항목	2011	2012	2013	2014	2015	2016
주가(최고/저)(천원)	—/—	—/—	—/—	20.7/7.2	12.2/6.3	7.3/5.4
PER(최고/저)(배)	0.0/0.0	0.0/0.0	0.0/0.0	20.6/7.2	86.3/44.3	—/—
PBR(최고/저)(배)	0.0/0.0	0.0/0.0	0.0/0.0	2.4/0.8	1.4/0.7	1.0/0.8
EV/EBITDA(배)	5.2	2.1	1.1	5.5	11.3	
EPS(원)	84	218	394	204	28	-304
BPS(원)	4,605	7,160	6,384	8,674	8,670	7,105
CFPS(원)	1,091	2,219	2,310	1,342	466	-1,293
DPS(원)				120		
EBITDAPS(원)	1,159	2,864	2,605	1,876	717	-1,100

재무 비율 〈단위 : % 〉

연도	영업이익률	순이익률	부채비율	차입금비율	ROA	ROE	유보율	자기자본비율	EBITDA마진율
2016	-8.8	-10.0	104.4	74.6	-11.6	-19.9	1,321.0	48.9	-7.3
2015	3.0	1.1	43.8	25.4	1.3	1.6	1,634.0	69.5	5.5
2014	11.7	7.7	16.9	0.0	8.9	13.0	1,634.8	85.6	14.1
2013	12.9	11.2	98.5	58.1	17.4	36.3	1,176.9	50.4	14.9

덕양산업 (A024900)
Duckyang Ind

업 종 : 자동차부품
신용등급 : (Bond) — (CP) —
홈페이지 : www.dyauto.kr
본 사 : 울산시 북구 효암로 366 (연암동)

시 장 : 거래소
기업규모 : 시가총액 소형주
연 락 처 : (052)219-1114

설 립 일 1977.07.11	종업원수 728명	대표이사 박용석	
상 장 일 1997.06.23	감사의견 적정 (한영)	계 열	
결 산 기 12월	보 통 주 3,256만주	종속회사수	
액 면 가 500원	우 선 주	구 상 호	

주주구성 (지분율,%)
윤성희	20.0
이국진	13.0
(외국인)	0.7

출자관계 (지분율,%)
북경덕양중차기차	60.0

주요경쟁사 (외형,%)
덕양산업	100
넥센테크	8
동국실업	60

매출구성
Crash Pad	76.6
기타	16.1
Door Trim	4.1

비용구성
매출원가율	98.0
판관비율	1.8

수출비중
수출	—
내수	—

회사 개요
동사는 자동차용 내장재인 Cockpit Module, Anti-Vibration Pad 등을 생산하는 자동차 부품 전문업체임. Cockpit Module은 속도계 계기판류와 오디오, 내비게이션 등 전장 부품류, 에어컨 등의 공조 부품류, 에어백 등 각종 안전보호 시스템류 등으로 구성됨. 동사의 주거래처는 완성차 업체인 현대기아자동차로서, 한국지엠을 주거래처로 하는 대의테크 등과 함께 국내 시장을 과점 중임.

실적 분석
동사의 2016년 매출액은 1조 501.7원으로 전년 대비 9.8% 증가. 그러나 매출원가 상승과 판관비 증가로 영업이익은 23.0억원을 기록하며 46.7% 감소함. 원자재 평균투입단가 상승에 매출원가 상승으로 인한 큰 원인인으로며 판관비 중에서는 인건비가 25.1% 큰 폭의 증가세를 보임. 덕양산업 별도 실적은 순손실 28.8억원을 기록한 반면, 북경중기차법인은 55.7억원의 순이익을 시현함.

현금 흐름 〈단위 : 억원〉
항목	2015	2016
영업활동	293	-46
투자활동	-472	-217
재무활동	496	-36
순현금흐름	335	-304
기말현금	567	263

시장 대비 수익률
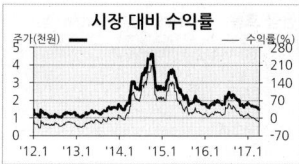

결산 실적 〈단위 : 억원〉
항목	2011	2012	2013	2014	2015	2016
매출액	8,147	9,063	8,366	8,119	9,567	10,502
영업이익	-3	-16	-13	15	43	23
당기순이익	70	41	13	33	27	-9

분기 실적 〈단위 : 억원〉
항목	2015.3Q	2015.4Q	2016.1Q	2016.2Q	2016.3Q	2016.4Q
매출액	2,285	3,075	2,575	2,854	1,967	3,106
영업이익	-17	62	-0	21	-77	79
당기순이익	-16	39	-9	12	-85	73

재무 상태 〈단위 : 억원〉
항목	2011	2012	2013	2014	2015	2016
총자산	2,540	2,323	2,281	2,170	4,194	4,103
유형자산	414	476	500	784	1,033	1,074
무형자산	18	16	16	15	584	573
유가증권	1	1	1	1	1	1
총부채	1,858	1,775	1,722	1,562	3,282	3,260
총차입금					640	632
자본금	163	163	163	163	163	163
총자본	682	547	558	608	913	843
지배주주지분	682	547	558	608	612	561

기업가치 지표
항목	2011	2012	2013	2014	2015	2016
주가(최고/저)(천원)	1.5/0.5	1.6/1.0	1.8/1.0	4.6/1.5	3.9/1.6	2.5/1.6
PER(최고/저)(배)	9.8/3.5	16.8/10.0	51.3/31.4	47.0/14.8	171.3/70.5	—/—
PBR(최고/저)(배)	1.0/0.4	1.2/0.7	1.2/0.7	2.6/0.8	2.1/0.9	1.4/0.9
EV/EBITDA(배)			1.5	8.5	5.8	6.7
EPS(원)	216	126	40	102	23	-97
BPS(원)	21,084	16,949	17,291	1,881	1,893	1,737
CFPS(원)	3,667	2,835	2,147	286	404	398
DPS(원)	4,945	628	3,876	40	20	—
EBITDAPS(원)	1,427	1,083	1,352	230	513	565

재무 비율 〈단위 : % 〉
연도	영업이익률	순이익률	부채비율	차입금비율	ROA	ROE	유보율	자기자본비율	EBITDA마진율
2016	0.2	-0.1	386.7	75.0	-0.2	-5.4	247.4	20.6	1.8
2015	0.5	0.5	359.6	70.1	0.9	4.0	278.7	21.8	1.7
2014	0.2	0.4	256.9	0.0	1.5	5.7	276.3	28.0	0.9
2013	-0.2	0.2	308.4	0.0	0.6	2.4	245.8	24.5	0.5

데브시스터즈 (A194480)
Devsisters

업 종 : 게임 소프트웨어
신용등급 : (Bond) — (CP) —
홈페이지 : www.devsisters.com
본 사 : 서울시 강남구 도산대로 327 데브시스터즈(주)

시 장 : KOSDAQ
기업규모 : 벤처
연 락 처 : 02)2148-0657

설 립 일 2007.05.30	종업원수 113명	대표이사 김종흔	
상 장 일 2014.10.06	감사의견 적정 (안진)	계 열	
결 산 기 12월	보 통 주 1,109만주	종속회사수	
액 면 가 500원	우 선 주	구 상 호	

주주구성 (지분율,%)
이지훈	26.5
엔에이치엔엔터테인먼트	16.1
(외국인)	1.2

출자관계 (지분율,%)
데브시스터즈벤처스	100.0
데브시스터즈1호투자조합	100.0
젤리팝게임즈	100.0

주요경쟁사 (외형,%)
데브시스터즈	100
넥슨지티	402
위메이드	709

매출구성
게임	90.6
로열티	5.1
상품	4.3

비용구성
매출원가율	0.0
판관비율	179.6

수출비중
수출	30.7
내수	69.3

회사 개요
동사는 2007년도 설립된 모바일 게임 전문 업체로 2009년 4월 소셜 파티 게임 'Obey!'의 출시를 시작으로 2013년 4월 '쿠키런 for Kakao'의 출시까지 10개 이상의 모바일 게임을 출시하였음. 3년간의 모바일게임 개발 및 출시를 통해 성공과 실패를 반복하면서 습득된 노하우는 현재의 '쿠키런 시리즈'를 성공리에 서비스 중임. 동사는 현재까지 약 누적 8천만건 이상에 이르는 글로벌 다운로드 기반을 갖고 있음.

실적 분석
동사의 2016년 연결기준 매출액은 전년대비 22.1% 감소한 152.2억원을 기록함. 영업수익 감소에도 영업비용은 증가하여 영업손실 121.2억원, 당기순손실 98.5억원 등 대규모 적자를 기록함. 다만 4분기에는 당기 중 발생한 영업수익의 50% 이상이 발생하여 분기별 성과의 편차가 크게 나타남. 제품별 매출비중은 게임 92.2% 및 기타로 구성됨. 향후 신규 게임 쿠키런2-오븐브레이크의 출시로 실적반등을 도모할 계획임.

현금 흐름 〈단위 : 억원〉
항목	2015	2016
영업활동	-44	-95
투자활동	441	95
재무활동	-390	13
순현금흐름	7	13
기말현금	16	29

시장 대비 수익률
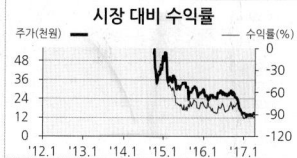

결산 실적 〈단위 : 억원〉
항목	2011	2012	2013	2014	2015	2016
매출액	—	8	613	695	195	152
영업이익	—	-25	241	330	-41	-121
당기순이익	—	-29	223	313	-9	-98

분기 실적 〈단위 : 억원〉
항목	2015.3Q	2015.4Q	2016.1Q	2016.2Q	2016.3Q	2016.4Q
매출액	37	28	27	25	23	80
영업이익	-20	-24	-28	-31	-31	-31
당기순이익	-13	-14	-22	-18	-29	-28

재무 상태 〈단위 : 억원〉
항목	2011	2012	2013	2014	2015	2016
총자산	—	11	303	2,035	1,579	1,497
유형자산	—	2	13	20	21	40
무형자산	—	0	1	6	21	22
유가증권	—		20	224	1,003	827
총부채	—	52	103	82	23	23
총차입금	—	46	30	—		
자본금	—	3	3	54	55	55
총자본	—	-41	200	1,953	1,556	1,474
지배주주지분	—	-41	200	1,953	1,556	1,474

기업가치 지표
항목	2011	2012	2013	2014	2015	2016
주가(최고/저)(천원)	—/—	—/—	—/—	61.0/32.0	55.4/23.3	29.5/14.3
PER(최고/저)(배)	0.0/0.0	0.0/0.0	0.0/0.0	17.1/9.0	—/—	—/—
PBR(최고/저)(배)	0.0/0.0	0.0/0.0	0.0/0.0	3.4/1.8	3.1/1.3	1.8/0.9
EV/EBITDA(배)	0.0			9.7		
EPS(원)		-356	2,756	3,562	-85	-893
BPS(원)		-5,075	24,752	18,087	17,802	16,821
CFPS(원)		-3,468	27,685	3,601	-29	-821
DPS(원)						
EBITDAPS(원)		-3,008	29,866	3,797	-324	-1,027

재무 비율 〈단위 : % 〉
연도	영업이익률	순이익률	부채비율	차입금비율	ROA	ROE	유보율	자기자본비율	EBITDA마진율
2016	-79.6	-64.7	1.6	—	-6.4	-6.5	3,264.3	98.5	-74.4
2015	-21.2	-4.7	1.5	0.0	-0.5	-0.5	3,460.4	98.6	-18.1
2014	47.5	45.0	4.2	0.0	26.8	29.1	3,517.4	96.0	48.0
2013	39.3	36.4	51.3	14.9	142.0	전기잠식	5,762.3	66.1	39.5

데이터스트림즈 (A199150)
Data Streams

업 종 : IT 서비스		시 장 : KONEX	
신용등급 : (Bond) — (CP) —		기업규모 : —	
홈페이지 : www.datastreams.co.kr		연 락 처 : 02)3473-9077	
본 사 : 서울시 서초구 사임당로 28 6층(서초동, 청호나이스)			

설 립 일 2001.09.13	종 업 원 수 151명	대 표 이 사 이영상	
상 장 일 2014.06.25	감 사 의 견 적정 (삼일)	계 열	
결 산 기 12월	보 통 주 408만주	종속회사수	
액 면 가 500원	우 선 주	구 상 호	

주주구성 (지분율,%)		출자관계 (지분율,%)		주요경쟁사 (외형,%)	
이영상	31.7	데이터스트림즈	100		
JAFCO ASIA TECHNOLOGY FUND IV	20.6				

매출구성		비용구성		수출비중	
용역수입	56.5	매출원가율	62.2	수출	0.7
유지보수(용역)	17.3	판관비율	45.0	내수	99.3
TeraStream(제품)	14.6				

회사 개요
동사는 2001년 9월에 설립됐으며, 소프트웨어 개발 및 공급업을 주 사업으로 영위하고 있음. 금융, 공공, 의료 및 제조/서비스분야 등 업종별로 목표시장을 구분하고 세부 제품별 전략을 수립하여 합리적인 비용의 고품질 서비스를 제공함. 제품 매출 대부분은 내수를 통해 이루어지고 있으나, 일부분 수출이 발생하고 있음. 향후 매출 규모 증대를 위해 중국 해외법인 활용 및 기타 해외업체와의 총판계약 체결을 통해 해외진출을 계획하고 있음.

실적 분석
동사의 2016년 연결기준 연간 매출액은 168.4억원으로 전년 대비 17.8% 증가. 매출 증가에 따른 고정비용 감소 효과, 매출원가율 하락 등으로 영업손실은 전년 적자규모에서 축소된 12.1억원을 시현. 인건비는 11.9% 상승하였으나 외형확대로 커버할 수 있는 수준으로 보임. 비영업손익 부문은 0.7억원으로 흑자 전환에 성공함. 법인세비용을 계상한 당기순이익은 -16.8억원을 기록하여 적자를 지속함.

현금 흐름 *IFRS 별도 기준 〈단위 : 억원〉

항목	2015	2016
영업활동	0	3
투자활동	-2	-6
재무활동		1
순현금흐름	-2	-1
기말현금	18	17

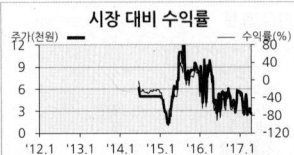

시장 대비 수익률

결산 실적 〈단위 : 억원〉

항목	2011	2012	2013	2014	2015	2016
매출액	133	128	189	183	143	168
영업이익	5	-0	-8	4	-19	-12
당기순이익	7	1	-9	3	-25	-1

분기 실적 *IFRS 별도 기준 〈단위 : 억원〉

항목	2015.3Q	2015.4Q	2016.1Q	2016.2Q	2016.3Q	2016.4Q
매출액						
영업이익						
당기순이익						

재무 상태 *IFRS 별도 기준 〈단위 : 억원〉

항목	2011	2012	2013	2014	2015	2016
총자산	109	120	118	124	103	104
유형자산	1	3	19	17	17	20
무형자산	1					8
유가증권	4	7	5	4	4	6
총부채	20	29	37	34	37	52
총차입금						
자본금	20	20	20	20	20	20
총자본	89	90	81	90	66	53
지배주주지분	89	90	81	90	66	53

기업가치 지표 *IFRS 별도 기준

항목	2011	2012	2013	2014	2015	2016
주가(최고/저)(천원)	—/—	—/—	—/—	8.0/5.0	12.0/1.3	11.3/2.6
PER(최고/저)(배)	0.0/0.0	0.0/0.0	0.0/0.0	117.1/73.2	—/—	—/—
PBR(최고/저)(배)	0.0/0.0	0.0/0.0	0.0/0.0	3.6/2.2	7.3/0.8	8.8/2.0
EV/EBITDA(배)	—	—	—	30.2	—	—
EPS(원)	163	36	-233	68	-617	-374
BPS(원)	2,207	2,250	2,015	2,232	1,642	1,289
CFPS(원)	198	87	-170	114	-576	-329
DPS(원)						
EBITDAPS(원)	167	43	-127	147	-431	-212

재무 비율 〈단위 : % 〉

연도	영업이익률	순이익률	부채비율	차입금비율	ROA	ROE	유보율	자기자본비율	EBITDA마진율
2016	-7.2	-10.0	99.6	0.0	-16.2	-28.4	156.6	50.1	-6.1
2015	-13.3	-17.3	56.6	0.0	-21.9	-31.9	228.3	63.8	-12.1
2014	2.2	1.5	37.9	0.0	2.3	3.2	346.3	72.5	3.2
2013	-4.1	-5.0	46.0	0.0	-7.9	-10.9	303.0	68.5	-2.7

데카시스템 (A183410)
Deca System

업 종 : 레저용품		시 장 : KONEX	
신용등급 : (Bond) — (CP) —		기업규모 : —	
홈페이지 : www.decasystem.co.kr		연 락 처 : 1644-8481	
본 사 : 경기도 성남시 분당구 야탑로 98, 신도리코빌딩 7,8층			

설 립 일 2003.12.10	종 업 원 수 22명	대 표 이 사 정승욱	
상 장 일 2013.11.12	감 사 의 견 적정 (이촌)	계 열	
결 산 기 12월	보 통 주 390만주	종속회사수	
액 면 가 500원	우 선 주 75만주	구 상 호	

주주구성 (지분율,%)		출자관계 (지분율,%)		주요경쟁사 (외형,%)	
정승욱	30.1	DecaInternational	100.0	데카시스템	100
장미애	2.1	GolfBuddyEurope	99.9	삼익악기	1,464
		GolfBuddyAustralia	99.9	TJ미디어	547

매출구성		비용구성		수출비중	
Hand Held Type	57.2	매출원가율	71.2	수출	77.9
Voice Type	40.8	판관비율	46.4	내수	22.1
기타(상품 및 A/S 등)	1.9				

회사 개요
동사는 GPS와 첨단 알고리즘을 이용해 골프장의 홀과 코스에 대한 거리 정보를 정확히 알려주는 휴대용 골프 거리측정기를 연구·개발, 판매하는 벤처투자기업으로 2003년 12월 10일에 설립함. 국내에 도입된 지 약 100여년이 흐른 국내 골프 산업은 최근 약 20여 년 동안 급속도로 발전해 왔음. 동사는 국내 골프 거리측정기 시장뿐만 아니라 미주, 유럽, 아시아, 호주 등 전 세계 골프거리측정기 시장을 노리고 수출에 중심을 두고 있음.

실적 분석
동사의 2016년 연간 누적 매출액은 142.5억원으로 전년 대비 30.3% 감소함. 누적 영업손실 25.1억원, 당기순손실은 28.9억원을 기록하며 각각 전년보다 적자폭이 확대됨. 수출, 내수시장 모두 판매 부진을 겪음. 동사는 신제품 개발 및 초기양산을 위한 운영자금을 외부에서 조달 중. 2017년 중 3~4개 신제품 모델 개발을 진행 중이며 상반기 양산돌입 예정인 점을 감안하면 부채비율 및 차입금의존도는 소폭 증가할 것으로 예상됨.

현금 흐름 *IFRS 별도 기준 〈단위 : 억원〉

항목	2015	2016
영업활동	-6	-9
투자활동	2	9
재무활동	7	-10
순현금흐름	-2	-0
기말현금	3	3

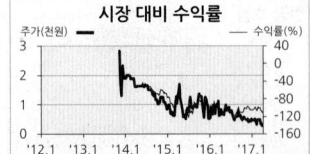

시장 대비 수익률

결산 실적 〈단위 : 억원〉

항목	2011	2012	2013	2014	2015	2016
매출액	199	237	218	211	204	143
영업이익	-29	11	7	-13	-7	-25
당기순이익	-35	6	7	-18	-13	-29

분기 실적 *IFRS 별도 기준 〈단위 : 억원〉

항목	2015.3Q	2015.4Q	2016.1Q	2016.2Q	2016.3Q	2016.4Q
매출액						
영업이익						
당기순이익						

재무 상태 *IFRS 별도 기준 〈단위 : 억원〉

항목	2011	2012	2013	2014	2015	2016
총자산	164	156	167	177	176	100
유형자산	4	2	1	1	0	0
무형자산	0	0			0	0
유가증권						
총부채	58	46	44	58	56	44
총차입금	47	30	30	38	45	35
자본금	21	23	23	23	23	23
총자본	106	110	124	119	120	56
지배주주지분	106	110	124	119	120	56

기업가치 지표 *IFRS 별도 기준

항목	2011	2012	2013	2014	2015	2016
주가(최고/저)(천원)	—/—	—/—	3.7/1.2	2.0/0.9	1.7/0.5	1.1/0.4
PER(최고/저)(배)	0.0/0.0	0.0/0.0	12.2/4.0	—/—	—/—	—/—
PBR(최고/저)(배)	0.0/0.0	0.0/0.0	1.4/0.4	0.8/0.3	0.7/0.2	0.9/0.3
EV/EBITDA(배)			0.3	5.6	11.8	
EPS(원)	-301	-353	303	-159	-17	-1,383
BPS(원)	2,582	2,435	2,732	2,596	2,616	1,216
CFPS(원)	-227	-311	331	-140	-4	-1,377
DPS(원)						
EBITDAPS(원)	-121	597	324	108	-48	-279

재무 비율 〈단위 : % 〉

연도	영업이익률	순이익률	부채비율	차입금비율	ROA	ROE	유보율	자기자본비율	EBITDA마진율
2016	-17.6	-20.3	97.3	66.6	-22.4	-41.2	140.5	50.7	-17.4
2015	-3.7	-6.5	75.3	52.9	-8.6	-14.6	268.2	57.0	-3.3
2014	-6.3	-8.3	65.2	39.8	-10.9	-16.9	320.2	60.5	-5.9
2013	3.1	3.2	47.3	26.8	4.4	6.5	390.7	67.9	3.9

데코앤이 (A017680)
DECO&E COLTD

업 종 : 섬유 및 의복		시 장 : KOSDAQ	
신용등급 : (Bond) — (CP) —		기업규모 : 중견	
홈페이지 : www.deco.co.kr		연 락 처 : 02)2145-1300	
본 사 : 서울시 송파구 위례성대로 22길 32			

설 립 일 1984.04.01	종 업 원 수 98명	대 표 이 사 정인견
상 장 일 1993.09.03	감 사 의 견 적정(삼일)	계 열
결 산 기 12월	보 통 주 7,130만주	종속회사수
액 면 가 500원	우 선 주	구 상 호 데코네티션

주주구성 (지분율,%)		출자관계 (지분율,%)		주요경쟁사 (외형,%)	
제이피어드바이저	11.2	쌤넷	50.4	데코앤이	100
웰메이드예당	2.9	브라이트유니온	5.0	동일방직	1,485
(외국인)	4.2	포인트코드	1.7	신영와코루	324

매출구성		비용구성		수출비중	
DECO	61.4	매출원가율	52.2	수출	—
기타	38.7	판관비율	62.4	내수	—

회사 개요
동사는 1984년 설립된 회사로 국내 의류 제조 및 도소매업 등을 영위함. 'DECO'라는 브랜드의 여성의류를 생산, 판매함. 20대 중반부터 40대 중반의 여성을 타겟으로 함. 1992년 EnC, 1996년 96NY 브랜드를 론칭했으며, 2010년 데코를 합병함. 숙녀복 시장은 경쟁자 증가와 소비자의 구매 패턴 다양화로 변화기를 맞이하고 있음. 2015년 1월 사업전문성을 위해 96NY, 안나 카프리, 디아 패션부문을 물적분할함.

실적 분석
동사의 2016년 매출액은 554억원으로 전년대비 13% 감소함. 영업손실은 81.3억원으로 적자 지속됨. 당기순손실도 86.8억원으로 적자 지속됨. 기존 패션 사업만으로는 한계가 있다고 보고 엔터테인먼트 사업을 결합하는 패션테인먼트 사업을 준비 중임. 스타마케팅부터 유통, 상품, 마케팅 등 소비자에게 즐거움을 주는 모든 활동 의미. 할인 판매 대신 정상 판매율을 높이기 위해 소비자 반응 생산방식으로 전환하고 유통망을 다르게 관리함.

현금 흐름 〈단위 : 억원〉

항목	2015	2016
영업활동	-107	-26
투자활동	-4	-24
재무활동	114	90
순현금흐름	3	40
기말현금	46	86

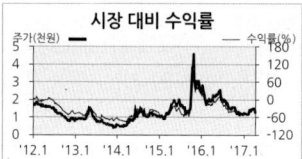
시장 대비 수익률

결산 실적 〈단위 : 억원〉

항목	2011	2012	2013	2014	2015	2016
매출액	1,905	1,660	1,326	1,071	637	554
영업이익	-118	-33	-49	-81	-34	-81
당기순이익	-12	-18	140	-65	-44	-87

분기 실적 〈단위 : 억원〉

항목	2015.3Q	2015.4Q	2016.1Q	2016.2Q	2016.3Q	2016.4Q
매출액	128	194	148	147	109	150
영업이익	-16	-13	-17	-7	-34	-23
당기순이익	-17	-20	-19	-9	-40	-19

재무 상태 〈단위 : 억원〉

항목	2011	2012	2013	2014	2015	2016
총자산	1,147	891	975	536	543	530
유형자산	62	54	32	14	14	23
무형자산	2	2	2	82	84	86
유가증권	3	3	3	3	3	18
총부채	972	715	659	276	223	186
총차입금	373	339	376	77	92	74
자본금	250	250	250	250	300	344
총자본	175	176	316	260	320	345
지배주주지분	175	176	316	260	320	345

기업가치 지표

항목	2011	2012	2013	2014	2015	2016
주가(최고/저)(천원)	2.0/0.8	2.0/0.8	1.5/0.4	1.6/0.5	4.7/0.9	2.9/1.1
PER(최고/저)(배)	—/—	—/—	5.4/1.5	—/—	—/—	—/—
PBR(최고/저)(배)	5.1/2.2	5.6/2.1	2.4/0.7	3.0/0.9	8.8/1.7	5.8/2.3
EV/EBITDA(배)			244.5			
EPS(원)	-25	-36	281	-130	-73	-126
BPS(원)	384	352	633	521	532	501
CFPS(원)	45	35	346	-93	-58	-111
DPS(원)						
EBITDAPS(원)	-167	5	-33	-125	-41	-103

재무 비율 〈단위 : % 〉

연도	영업이익률	순이익률	부채비율	차입금비율	ROA	ROE	유보율	자기자본비율	EBITDA마진율
2016	-14.7	-15.7	53.9	21.6	-16.2	-26.1		65.0	-12.8
2015	-5.3	-6.8	69.7	28.9	-8.1	-15.0	6.5	58.9	-3.9
2014	-7.6	-6.1	106.0	29.5	-8.6	-22.6	4.2	48.6	-5.8
2013	-3.7	10.6	208.4	118.8	15.0	57.0	26.7	32.4	-1.2

덱스터스튜디오 (A206560)
Dexter studios

업 종 : 미디어		시 장 : KOSDAQ	
신용등급 : (Bond) — (CP) —		기업규모 : 신성장	
홈페이지 : www.dexterstudios.com		연 락 처 : 02)6391-7000	
본 사 : 서울시 마포구 매봉산로 75 1801호, 1901호(상암동,디디엠씨)			

설 립 일 2011.12.29	종 업 원 수 336명	대 표 이 사 김용화
상 장 일 2015.12.22	감 사 의 견 적정(대주)	계 열
결 산 기 12월	보 통 주 2,187만주	종속회사수
액 면 가 500원	우 선 주	구 상 호

주주구성 (지분율,%)		출자관계 (지분율,%)		주요경쟁사 (외형,%)	
김용화	27.0			덱스터	100
WELL ALIKE LIMITED	8.2			키이스트	293
(외국인)	13.6			SBS콘텐츠허브	811

매출구성		비용구성		수출비중	
VFX 제작	100.0	매출원가율	68.4	수출	67.5
		판관비율	24.0	내수	32.5

회사 개요
동사는 '국가대표', '미스터 고' 등을 제작한 김용화 감독을 중심으로 2011년 12월 설립한 한국 최고의 영상제작물 시각특수효과(VFX) 전문기업으로 VFX의 디지털 사업 외에 광고 및 영화 관련 제작, 컨텐츠 개발 등 사업영역을 확장하기 위하여 덱스터디지털에서 덱스터로 상호를 변경함. 자체 개발 소프트웨어를 활용하여 동물 크리처, 디지털 휴먼, 메카닉 등 다양한 분야에 적용 가능한 제작 능력 확보한 국내 유일 업체임.

실적 분석
VFX의 국내외 수주가 증가하면서 2016년 매출액은 전년 대비 22.0% 증가하였으나, 인건비 등 원가율이 크게 높아져 영업이익은 46.9% 줄어듦. 사업영역 확대와 중국법인 확장으로 인한 실적 개선이 기대됨. VFX 기술은 영화 전체 예산의 50%를 차지하고, 적용 영역이 가상현실 게임 광고 캐릭터사업 등으로 커지고 있음. 2013년 이후 작업한 4편의 중국 영화가 높은 흥행순위를 기록했고, 7편의 중국 영화가 추가 개봉될 예정임.

현금 흐름 〈단위 : 억원〉

항목	2015	2016
영업활동	35	54
투자활동	-128	-383
재무활동	531	-20
순현금흐름	437	-350
기말현금	455	105

시장 대비 수익률

결산 실적 〈단위 : 억원〉

항목	2011	2012	2013	2014	2015	2016
매출액	—	—	136	187	261	318
영업이익	—	—	13	50	45	24
당기순이익	—	—	5	31	41	51

분기 실적 〈단위 : 억원〉

항목	2015.3Q	2015.4Q	2016.1Q	2016.2Q	2016.3Q	2016.4Q
매출액	67	73	61	82	85	89
영업이익	3	18	3	11	4	6
당기순이익	8	13	5	11	12	24

재무 상태 〈단위 : 억원〉

항목	2011	2012	2013	2014	2015	2016
총자산	—	—	133	184	801	857
유형자산	—	—	27	24	59	71
무형자산	—	—	14	13	11	11
유가증권	—	—	0	0	6	34
총부채			31	147	64	75
총차입금			20	120	26	—
자본금			11	7	54	108
총자본			101	37	737	782
지배주주지분			101	36	737	782

기업가치 지표

항목	2011	2012	2013	2014	2015	2016
주가(최고/저)(천원)	—/—	—/—	—/—	—/—	15.2/12.7	17.3/6.6
PER(최고/저)(배)	0.0/0.0	0.0/0.0	0.0/0.0	0.0/0.0	42.5/35.6	71.1/27.4
PBR(최고/저)(배)	0.0/0.0	0.0/0.0	0.0/0.0	0.0/0.0	4.4/3.7	4.7/1.8
EV/EBITDA(배)		0.0	0.0	1.5	35.1	29.4
EPS(원)	—	—	64	371	358	243
BPS(원)	—	—	47,119	16,539	6,879	3,653
CFPS(원)	—	—	9,163	21,414	1,110	399
DPS(원)						
EBITDAPS(원)			13,620	30,697	1,187	268

재무 비율 〈단위 : % 〉

연도	영업이익률	순이익률	부채비율	차입금비율	ROA	ROE	유보율	자기자본비율	EBITDA마진율
2016	7.6	16.2	9.6	0.0	6.2	6.9	630.7	91.3	18.2
2015	17.4	15.8	8.7	3.5	8.4	10.6	1,275.9	92.0	26.2
2014	27.1	16.8	400.0	325.5	—	—	420.7	20.0	35.3
2013	9.6	3.9	31.0	19.7	6.3	—	842.4	76.3	17.3

덴티움 (A145720)
Dentium

업 종 : 의료 장비 및 서비스		시 장 : 거래소	
신용등급 : (Bond) — (CP) —		기업규모 : —	
홈 페 이 지 : www.dentium.com		연 락 처 : 070)7098-9158	
본 사 : 서울시 강남구 테헤란로87길 21, 3층			

설 립 일	2000.06.07	종 업 원 수	명	대 표 이 사	강희택,김용근
상 장 일	2017.03.15	감 사 의 견	적정 (삼덕)	계 열	
결 산 기	12월	보 통 주	1,107만주	종속회사수	
액 면 가	500원	우 선 주		구 상 호	

주주구성 (지분율,%)
정성민	17.3
정경숙	0.5
(외국인)	3.4

출자관계 (지분율,%)
ImplantiumCO.,LTD	100.0
ImplantiumIndiaPvt.Ltd.	100.0
DentiumGuangzhouCo.,Ltd	100.0

주요경쟁사 (외형,%)
덴티움	100
오스템임플란트	287
디오	74

매출구성
임플란트	88.3
Regeneration	7.3
Digital Dentistry	2.7

비용구성
매출원가율	30.6
판관비율	45.6

수출비중
수출	59.3
내수	40.7

회사 개요
동사는 임플란트 제품을 주력으로 치과용 의료기기 및 생체재료를 개발, 생산, 판매하는 치과용 의료기기분야 전문업체임. 2017년 3월 유가증권시장에 상장함. 북경, 독일, 두바이 포함 17개의 해외법인과 현지 딜러 네트워크 영업망을 활용, 70여개 국가 내 판매 확대를 통한 사업성장 전략을 갖추고 있음. 국내 보험급여 적용연령 확대와 고령화 추세가 국내 임플란트 시장 규모확대에 있어 중요한 요인이 될 것임.

실적 분석
동사의 2016년 연결기준 연간 매출액은 1,200.3억원으로 전년대비 25.7% 증가함. 매출액 증가에 따른 고정비 증가, 비영업손익의 적자전환에도 불구하고 순이익은 전년대비 38% 증가한 200.0억을 시현함. 전년대비 중국, 두바이 지역의 매출이 증가했으며, 치과용임플란트, 치과용장비 제품이 꾸준히 증가하고 있음. 중국 시장 내 덴탈 클리닉 1위 그룹인 바이보(Bibo)와 향후 2년간 거래를 체결함.

현금 흐름 〈단위 : 억원〉
항목	2015	2016
영업활동	150	176
투자활동	-283	-191
재무활동	149	52
순현금흐름	15	37
기말현금	53	91

시장 대비 수익률
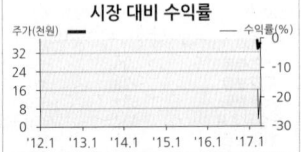

결산 실적 〈단위 : 억원〉
항목	2011	2012	2013	2014	2015	2016
매출액	694	629	738	824	955	1,200
영업이익	183	125	212	181	168	285
당기순이익	138	83	150	171	145	200

분기 실적 〈단위 : 억원〉
항목	2015.3Q	2015.4Q	2016.1Q	2016.2Q	2016.3Q	2016.4Q
매출액	243	—	—	306	312	—
영업이익	16	—	—	63	104	—
당기순이익	22	—	—	47	71	—

재무 상태 〈단위 : 억원〉
항목	2011	2012	2013	2014	2015	2016
총자산	806	784	855	1,138	1,506	1,874
유형자산	229	223	233	422	659	841
무형자산	7	7	31	26	29	22
유가증권	0	0	0	0	0	0
총부채	469	541	467	728	1,019	1,179
총차입금	246	333	241	542	698	779
자본금	56	61	61	62	62	62
총자본	337	243	388	410	488	694
지배주주지분	375	274	419	408	485	690

기업가치 지표
항목	2011	2012	2013	2014	2015	2016
주가(최고/저)(천원)	—/—	—/—	—/—	—/—	—/—	—/—
PER(최고/저)(배)	0.0/0.0	0.0/0.0	0.0/0.0	0.0/0.0	0.0/0.0	0.0/0.0
PBR(최고/저)(배)	0.0/0.0	0.0/0.0	0.0/0.0	0.0/0.0	0.0/0.0	0.0/0.0
EV/EBITDA(배)	0.9	1.7	0.7	2.4	3.1	2.1
EPS(원)	1,465	773	1,375	1,542	1,308	1,788
BPS(원)	3,822	4,472	5,786	7,200	7,897	9,747
CFPS(원)	1,646	967	1,571	1,777	1,627	2,146
DPS(원)						100
EBITDAPS(원)	2,068	1,418	2,136	1,875	1,834	2,935

재무 비율 〈단위 : % 〉
연도	영업이익률	순이익률	부채비율	차입금비율	ROA	ROE	유보율	자기자본비율	EBITDA마진율
2016	23.8	16.7	169.8	112.2	11.8	33.7	1,644.5	37.1	27.1
2015	17.6	15.2	208.9	143.1	10.8	32.4	1,313.3	32.4	21.3
2014	22.0	20.7	177.4	132.0	17.1	41.2	1,188.7	36.1	25.1
2013	28.7	20.3	120.5	62.2	18.3	43.4	934.2	45.4	31.6

도레이케미칼 (A008000)
Toray Chemical Korea

업 종 : 화학		시 장 : 거래소	
신용등급 : (Bond) — (CP) —		기업규모 : 시가총액 중형주	
홈 페 이 지 : www.toray-tck.com		연 락 처 : 054)469-4114	
본 사 : 경북 구미시 구미대로 102			

설 립 일	1972.07.01	종 업 원 수	1,061명	대 표 이 사	마츠무라마시히데,이영관,임회석
상 장 일	1977.06.30	감 사 의 견	적정 (한영)	계 열	
결 산 기	03월	보 통 주	4,636만주	종속회사수	8개사
액 면 가	5,000원	우 선 주		구 상 호	웅진케미칼

주주구성 (지분율,%)
도레이첨단소재	90.5
하나은행	4.8
(외국인)	0.5

출자관계 (지분율,%)
티씨케이텍스타일	100.0
티씨케이마이크로필터	100.0
삼광수기	35.0

주요경쟁사 (외형,%)
도레이케미칼	100
LG화학	2,412
한화케미칼	1,081

매출구성
PSF,PF 외	75.8
필터 외	24.2

비용구성
매출원가율	84.6
판관비율	9.7

수출비중
수출	63.8
내수	36.2

회사 개요
동사는 폴리에스터 섬유 및 관련제품의 제조 및 판매 등을 영위할 목적으로 설립됨. 2014년 일본 도레이의 한국 자회사인 도레이첨단소재에 웅진케미칼을 인수(지분율 56%)해 사명을 현재와 같이 변경함. 동사의 사업 구성은 원면, 원사, CHIP 등이 포함된 섬유부문과 정수용 역삼투 분리막, 산업소재 등의 비섬유부문으로 구성됨. 동사는 2015년 12월 마이크로필터 사업부에서 티씨케이마이크로필터(주)를 물적분할하여 신설함.

실적 분석
동사의 2016년도 3분기 연결기준 누적매출액은 6,583.1억원으로 전년동기 대비 0.5% 증가. 영업이익과 당기순이익은 각 전년동기 대비 15.5%, 11.3% 감소된 373.9억원, 254.2억원을 기록하며 수익성 악화. 동사는 자동차용 흡음재 및 침구/가구용 쿠션재 용도로 사용되는 LM 섬유 증설 투자 등을 계획 중. 이를 통해 고수익 제품 비중을 확대, 연간 약 8%씩 성장하는 글로벌 LM 섬유 시장에서 경쟁력을 확보할 계획임.

현금 흐름 〈단위 : 억원〉
항목	2015	2016.3Q
영업활동	646	381
투자활동	-591	-339
재무활동	-185	152
순현금흐름	-130	201
기말현금	315	517

시장 대비 수익률
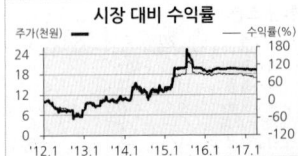

결산 실적 〈단위 : 억원〉
항목	2011	2012	2013	2014	2015	2016
매출액	11,662	11,104	10,329	9,538	8,565	—
영업이익	418	285	288	412	487	—
당기순이익	87	87	160	-236	219	—

분기 실적 〈단위 : 억원〉
항목	2015.2Q	2015.3Q	2015.4Q	2016.1Q	2016.2Q	2016.3Q
매출액	2,146	2,155	2,012	2,115	2,289	2,179
영업이익	141	182	44	159	114	101
당기순이익	82	107	-68	125	72	58

재무 상태 〈단위 : 억원〉
항목	2011	2012	2013	2014	2015	2016.3Q
총자산	7,754	7,763	8,159	7,602	7,138	7,746
유형자산	3,522	4,015	4,290	3,806	3,925	4,093
무형자산	301	382	348	304	274	259
유가증권	34	7	9	11	133	82
총부채	4,655	4,679	4,925	4,571	3,972	4,274
총차입금	2,812	2,949	3,254	3,113	2,630	2,841
자본금	2,372	2,372	2,372	2,372	2,372	2,372
총자본	3,099	3,084	3,234	3,031	3,166	3,473
지배주주지분	3,077	3,057	3,202	3,031	3,166	3,473

기업가치 지표
항목	2011	2012	2013	2014	2015	2016.3Q
주가(최고/저)(천원)	14.6/7.7	11.8/5.0	11.6/7.4	15.5/10.2	25.3/18.6	19.8/19.2
PER(최고/저)(배)	81.9/43.2	69.0/29.5	34.7/22.0	—/—	53.7/39.5	—/—
PBR(최고/저)(배)	2.1/1.1	1.8/0.8	1.7/1.1	2.4/1.6	3.7/2.7	2.6/2.6
EV/EBITDA(배)	9.3	9.7	11.5	10.1	13.2	—
EPS(원)	178	171	334	-509	471	548
BPS(원)	687	670	6,936	6,550	6,841	7,503
CFPS(원)	85	89	1,141	379	1,241	1,134
DPS(원)						
EBITDAPS(원)	158	133	1,427	1,776	1,819	1,393

재무 비율 〈단위 : % 〉
연도	영업이익률	순이익률	부채비율	차입금비율	ROA	ROE	유보율	자기자본비율	EBITDA마진율
2015	5.7	2.6	125.5	83.1	3.0	7.1	33.7	44.4	9.9
2014	4.3	-2.5	150.8	102.7	-3.0	-7.6	28.0	39.9	8.6
2013	2.8	1.6	152.3	100.6	2.0	5.0	35.6	39.6	6.4
2012	2.6	0.8	151.7	95.6	1.1	2.6	30.8	39.7	5.6

도이치모터스 (A067990)
DEUTSCH MOTORS

업　　종 : 자동차　　　　　　　　시　　장 : KOSDAQ
신용등급 : (Bond) —　　(CP) —　　기업규모 : 벤처
홈페이지 : www.deutschmotors.com　　연락처 : 1577-3456
본　　사 : 서울시 동대문구 천호대로 329 도이치모터스빌딩

설 립 일	2000.08.17	종 업 원 수	687명	대 표 이 사	권오수
상 장 일	2004.12.03	감 사 의 견	적정 (대주)	계　　　열	
결 산 기	12월	보 통 주	2,626만주	종속회사수	
액 면 가	500원	우 선 주		구 상 호	

주주구성 (지분율,%)		출자관계 (지분율,%)		주요경쟁사 (외형,%)	
권오수	27.7	디에이에프에스	100.0	도이치모터스	100
타이코2013사모투자전문회사	8.9	도이치오토월드	100.0	현대차	13,907
(외국인)	1.8	지카	85.7	기아차	7,828

매출구성		비용구성		수출비중	
기타	34.1	매출원가율	92.9	수출	0.0
BMW 5 Series	26.3	판관비율	7.4	내수	100.0
BMW X Series	15.4				

회사 개요
자동차 판매, 정비 및 수리업을 목적으로 2000년 설립된 BMW코리아의 딜러 회사임. BMQ코리아가 수입차 1위를 달리면서 동사 규모도 점차 커지고 있음. BMW가 전기차 시장으로 영역을 확대하면서 동사도 친환경차 시장에 대비하고 있음. 매출구성은 BMW사업부 약 65%, 미니사업부 20%임. 연결 대상 자회사로는 도이치파이낸셜(할부, 리스), 디에이에프에스(금융알선, 중고차 수입판매), 지카(수입차 온라인 정보제공), 도이치파트 등이 있음.

실적 분석
주력인 BMW 시리즈의 신차판매가 감소하였으나, 중고차와 A/S 부문이 호조세를 이어가고 MINI의 판매가 늘어나 2016년 매출액은 전년 수준을 유지함. 신차 판매 마케팅 비용 증가와 자회사 도이치파이낸셜 부실자산 대손처리 등 일시적 비용처리 탓에 적자로 전환됨. 2017년에는 7년만의 풀 체인지된 BMW 5시리즈 효과로 본업(신차판매 및 A/S)의 수익성이 대폭 개선될 전망임. 동시에 사업부지의 용도변경에 따른 자산가치 상승도 기대됨.

현금 흐름		〈단위 : 억원〉
항목	2015	2016
영업활동	-112	58
투자활동	27	-523
재무활동	179	621
순현금흐름	93	156
기말현금	414	570

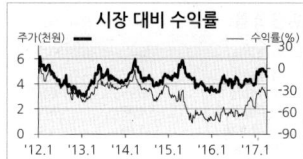
시장 대비 수익률

결산 실적 〈단위 : 억원〉
항목	2011	2012	2013	2014	2015	2016
매출액	3,422	3,947	4,370	5,348	6,623	6,734
영업이익	29	42	26	-4	49	-20
당기순이익	38	38	-13	-4	41	-26

분기 실적 〈단위 : 억원〉
항목	2015.3Q	2015.4Q	2016.1Q	2016.2Q	2016.3Q	2016.4Q
매출액	1,624	1,787	1,482	1,799	1,276	2,177
영업이익	11	32	-29	-20	0	29
당기순이익	12	27	-31	-4	-4	13

재무 상태 〈단위 : 억원〉
항목	2011	2012	2013	2014	2015	2016
총자산	1,092	1,380	2,060	3,698	3,911	4,333
유형자산	304	626	715	783	896	1,420
무형자산	52	52	30	48	55	50
유가증권	—	—	5	29	103	119
총부채	788	1,041	1,517	3,120	3,310	3,365
총차입금	631	807	1,091	2,388	2,836	2,904
자본금	100	100	121	131	131	131
총자본	303	340	543	578	601	968
지배주주지분	302	337	475	543	566	656

기업가치 지표
항목	2011	2012	2013	2014	2015	2016
주가(최고/저)(천원)	7.9/4.2	6.2/3.1	5.5/2.9	6.0/3.7	6.0/3.2	4.7/3.3
PER(최고/저)(배)	42.4/22.6	33.1/16.4	—/—	489.8/303.3	36.5/19.2	—/—
PBR(최고/저)(배)	4.8/2.5	3.3/1.7	2.6/1.4	2.8/1.7	2.6/1.4	1.8/1.2
EV/EBITDA(배)	32.7	20.5	27.8	30.9	15.0	65.4
EPS(원)	187	187	-48	12	164	-62
BPS(원)	1,672	1,848	2,103	2,199	2,342	2,683
CFPS(원)	279	309	90	250	437	172
DPS(원)	—	—	—	—	—	—
EBITDAPS(원)	234	328	254	220	458	160

재무 비율 〈단위 : %〉
연도	영업이익률	순이익률	부채비율	차입금비율	ROA	ROE	유보율	자기자본비율	EBITDA마진율
2016	-0.3	-0.4	347.7	300.1	-0.6	-2.7	436.6	22.3	0.6
2015	0.7	0.6	550.6	471.8	1.1	7.8	368.3	15.4	1.8
2014	-0.1	-0.1	539.9	413.3	-0.1	0.6	339.8	15.6	1.0
2013	0.6	-0.3	279.7	201.2	-0.7	-2.6	320.5	26.3	1.3

도화엔지니어링 (A002150)
DOHWA ENGINEERING

업　　종 : 건설　　　　　　　　시　　장 : 거래소
신용등급 : (Bond) A　　(CP) A2+　　기업규모 : 시가총액 소형주
홈페이지 : www.dohwa.co.kr　　연락처 : 02)6323-3032
본　　사 : 서울시 강남구 삼성로 438

설 립 일	1962.05.05	종 업 원 수	1,927명	대 표 이 사	노진명,박승우
상 장 일	2010.08.12	감 사 의 견	적정 (안진)	계　　　열	
결 산 기	12월	보 통 주	3,372만주	종속회사수	
액 면 가	500원	우 선 주		구 상 호	

주주구성 (지분율,%)		출자관계 (지분율,%)		주요경쟁사 (외형,%)	
곽영필	22.5	우진에너지일호	100.0	도화엔지니어링	100
유재소	12.6	울릉도진환경에너지자립섬	18.7	서희건설	331
(외국인)	0.5	건설기술용역공제조합	9.2	고려개발	192

매출구성		비용구성		수출비중	
인프라(용역)	24.1	매출원가율	0.0	수출	—
감리(용역)	22.1	판관비율	95.4	내수	—
기타	21.3				

회사 개요
동사는 1962년 도화종합기술공사로 설립되어 2011년 도화엔지니어링으로 사명을 변경함. 상하수도, 수자원개발, 도시계획, 조경, 도로교통, 교량, 터널, 항만, 철도, 환경 등 엔지니어링 전 분야에서 기획, 타당성조사, 설계, 분석, 시험, 감리, 시운전, 평가, 자문 및 지도 업무를 수행하는 종합건설엔지니어링 업체임. 국내시장점유율은 2015년 공시 기준으로 토목엔지니어링 업계 상위 10개사 중 동사의 비중이 22.4%로 가장 큼.

실적 분석
동사의 매출 분야는 설계, 감리, 공사로 나누어지며, 그중 설계는 다시 물산업, 도시사업, 환경사업, 수자원, 도로구조 등으로 세분화됨. 설계분야 매출이 2016년 기준 전체 매출의 약 78.4%이며, 매출액은 3,247.4억원으로 전기 대비 8.1% 확대됨. 매출 확대에 따라 영업이익도 전기대비 크게 늘어난 148.7억원을 시현함. 다만 당기에 세무조사로 105억원 상당의 세금 추징액이 발생하여 순이익은 12.6억원에 그침.

현금 흐름	*IFRS 별도 기준	〈단위 : 억원〉
항목	2015	2016
영업활동	153	93
투자활동	480	-15
재무활동	-588	-54
순현금흐름	44	26
기말현금	276	302

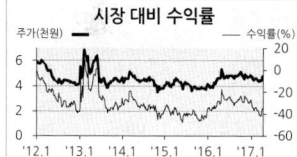
시장 대비 수익률

결산 실적 〈단위 : 억원〉
항목	2011	2012	2013	2014	2015	2016
매출액	2,821	2,827	2,702	2,296	2,750	3,247
영업이익	207	12	68	19	45	149
당기순이익	174	-87	55	31	178	13

분기 실적 *IFRS 별도 기준 〈단위 : 억원〉
항목	2015.3Q	2015.4Q	2016.1Q	2016.2Q	2016.3Q	2016.4Q
매출액	715	872	621	730	720	1,176
영업이익	3	41	24	28	-6	102
당기순이익	0	-15	20	24	-114	84

재무 상태 *IFRS 별도 기준 〈단위 : 억원〉
항목	2011	2012	2013	2014	2015	2016
총자산	3,718	3,467	3,376	3,336	3,134	3,085
유형자산	1,703	1,717	1,686	1,679	1,663	1,643
무형자산	34	34	62	54	47	42
유가증권	313	316	313	289	311	311
총부채	1,461	1,302	1,189	1,197	835	825
총차입금	754	704	556	551	5	5
자본금	84	84	169	169	169	169
총자본	2,258	2,166	2,187	2,139	2,299	2,261
지배주주지분	2,258	2,166	2,187	2,139	2,299	2,261

기업가치 지표 *IFRS 별도 기준
항목	2011	2012	2013	2014	2015	2016
주가(최고/저)(천원)	8.7/6.0	6.3/4.0	7.1/3.8	5.1/3.5	4.7/3.6	5.3/3.9
PER(최고/저)(배)	19.3/13.4	—/—	49.0/26.1	62.3/42.5	9.5/7.3	147.1/106.8
PBR(최고/저)(배)	1.5/1.0	1.1/0.7	1.2/0.7	0.9/0.6	0.7/0.6	0.8/0.6
EV/EBITDA(배)	10.6	46.4	18.3	25.4	13.4	7.2
EPS(원)	517	-259	163	91	528	37
BPS(원)	13,686	12,845	6,547	6,437	6,913	6,801
CFPS(원)	1,212	-340	272	239	642	145
DPS(원)	150	150	100	100	150	170
EBITDAPS(원)	1,404	249	310	206	249	548

재무 비율 〈단위 : %〉
연도	영업이익률	순이익률	부채비율	차입금비율	ROA	ROE	유보율	자기자본비율	EBITDA마진율
2016	4.6	0.4	36.5	0.2	0.4	0.6	1,260.2	73.3	5.7
2015	1.7	6.5	36.3	0.2	5.5	8.0	1,282.5	73.4	3.1
2014	0.8	1.3	56.0	25.8	0.9	1.4	1,187.5	64.1	3.0
2013	2.5	2.0	54.4	25.4	1.6	2.5	1,209.4	64.8	3.9

동국산업 (A005160)
DONGKUK INDUSTRIES CO

업 종 : 금속 및 광물		시 장 : KOSDAQ	
신용등급 : (Bond) BBB+ (CP) ―		기업규모 : 우량	
홈페이지 : www.dkis.co.kr		연 락 처 : 02)316-7500	
본 사 : 서울시 중구 다동길 46			

설 립 일 1967.09.01	종업원수 407명	대 표 이 사	안상철,장세희
상 장 일 1999.06.25	감사의견 적정(천지)	계	열
결 산 기 12월	보 통 주 5,424만주	종속회사수	
액 면 가 1,000원	우 선 주	구 상 호	

주주구성 (지분율,%)		출자관계 (지분율,%)		주요경쟁사 (외형,%)	
장세희	26.9	동국산업재팬	100.0	동국산업	100
장상건	7.0	동국S&C	50.0	풍산홀딩스	39
(외국인)	4.7	불이	45.0	한국주철관	44

매출구성		비용구성		수출비중	
철강부문(산세강판,냉연특수강)	49.7	매출원가율	86.1	수출	―
철강부문(칼라인쇄강판)	21.8	판관비율	7.3	내수	―
신재생에너지부문(WINDTOWER, 풍력발전)	20.9				

회사 개요
동사는 조선선재, 동국S&C 등 상장 5개사를 포함한 계열사의 실질적인 지주회사임. 철강제품은 100% 주문에 의해 생산되는 맞춤제품으로 협폭냉연강판과 산세강판 등으로 구분되며, 냉연특수강의 80% 이상이 자동차용 소재로 공급됨. 신안풍력발전 등 5개의 SPC 형태 자회사를 통해 정부의 2020년까지 12조 6000억원을 민관합동 투자로 육성하는 서남해 풍력, 태양광, 메탄가스 발전 등의 신재생에너지사업을 영위함.

실적 분석
동사의 2016년 연결 기준 매출과 영업이익은 7,549억원과 505억원으로 전년 대비 각각 2.6%, 37.6% 증가함. 냉연특수강 및 컬러강판을 생산하는 철강부문은 전세계 철강경기의 부진에도 불구하고 수요산업 등의 영향으로 매출은 5,480억원, 영업이익은 289억원을 달성함. 신재생에너지부문 및 건설부문은 미국 풍력시장과 일본 풍력시장의 수요 증대로 인해 매출은 2,068억원, 영업이익은 216억원을 시현함.

현금 흐름
〈단위 : 억원〉

항목	2015	2016
영업활동	433	422
투자활동	-166	203
재무활동	-453	-363
순현금흐름	-183	264
기말현금	143	408

시장 대비 수익률
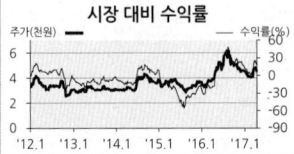

결산 실적
〈단위 : 억원〉

항목	2011	2012	2013	2014	2015	2016
매출액	5,081	5,019	4,898	6,790	7,361	7,549
영업이익	145	164	196	272	367	505
당기순이익	57	116	137	179	278	304

분기 실적
〈단위 : 억원〉

항목	2015.3Q	2015.4Q	2016.1Q	2016.2Q	2016.3Q	2016.4Q
매출액	1,946	1,581	1,745	2,031	1,892	1,881
영업이익	139	32	146	176	133	51
당기순이익	168	-7	96	129	45	34

재무 상태
〈단위 : 억원〉

항목	2011	2012	2013	2014	2015	2016
총자산	7,524	7,192	7,652	8,333	7,923	8,360
유형자산	2,492	2,938	3,063	3,437	3,371	3,398
무형자산	24	28	30	30	60	73
유가증권	191	218	213	161	170	177
총부채	3,434	3,083	3,574	4,026	3,402	3,215
총차입금	1,795	1,676	2,100	2,298	1,908	1,478
자본금	500	500	500	500	500	542
총자본	4,090	4,109	4,078	4,307	4,521	5,144
지배주주지분	3,095	3,095	3,168	3,231	3,337	3,586

기업가치 지표

항목	2011	2012	2013	2014	2015	2016
주가(최고/저)(천원)	4.2/2.4	4.2/2.5	3.4/2.8	4.4/3.0	4.0/2.8	6.2/3.2
PER(최고/저)(배)	24.2/13.9	26.0/15.6	18.8/15.6	16.0/10.8	11.4/7.9	15.3/7.9
PBR(최고/저)(배)	0.8/0.5	0.8/0.5	0.6/0.5	0.7/0.5	0.6/0.4	0.9/0.5
EV/EBITDA(배)	13.8	13.0	11.9	9.8	7.8	6.3
EPS(원)	209	190	205	305	376	419
BPS(원)	6,443	6,501	6,649	6,776	7,058	6,952
CFPS(원)	446	429	513	746	812	834
DPS(원)	120	120	120	120	140	150
EBITDAPS(원)	527	566	701	985	1,171	1,347

재무 비율
〈단위 : %〉

연도	영업이익률	순이익률	부채비율	차입금비율	ROA	ROE	유보율	자기자본비율	EBITDA마진율
2016	6.7	4.0	62.5	28.7	3.7	6.6	595.2	61.5	9.7
2015	5.0	3.8	75.2	42.2	3.4	5.7	605.8	57.1	8.0
2014	4.0	2.6	93.5	53.4	2.2	4.8	577.6	51.7	7.3
2013	4.0	2.8	87.7	51.5	1.8	3.3	564.9	53.3	7.2

동국실업 (A001620)
Dongkook Ind

업 종 : 자동차부품		시 장 : 거래소	
신용등급 : (Bond) ― (CP) ―		기업규모 : 시가총액 소형주	
홈페이지 : www.dongkook-ind.co.kr		연 락 처 : 02)754-2961	
본 사 : 서울시 용산구 한강대로 350			

설 립 일 1955.12.29	종업원수 363명	대 표 이 사	이근활
상 장 일 1990.09.15	감사의견 적정(한영)	계	열
결 산 기 12월	보 통 주 2,941만주	종속회사수	
액 면 가 500원	우 선 주	구 상 호	

주주구성 (지분율,%)		출자관계 (지분율,%)		주요경쟁사 (외형,%)	
박유상	12.7	에이스테크놀로지	98.3	동국실업	100
박효상	5.6	갑을산업개발	80.0	넥센테크	13
(외국인)	2.6	갑을합섬	26.8	디와이파워	37

매출구성		비용구성		수출비중	
자동차부품(제품)	88.8	매출원가율	89.5	수출	64.2
상품(상품)	11.0	판관비율	7.6	내수	35.8
임대(기타)	0.3				

회사 개요
동사는 1955년 설립됨. 유가증권시장에 1990년 상장함. 현대기아차 및 현대모비스 1차 부품 공급 협력사로 플라스틱 가스 사출성형, 콘솔, 크래쉬패드, 글로브박스 등 다양한 제품을 생산, 공급함. 동사는 갑을상사그룹에 속해있음. 2013년 독일 ICT사를 인수하여 유럽 자동차부품 시장에 진출, ICT사는 3년 연속 흑자달성. 중국 염성공장에 2만㎡ 부지를 추가 확보해 3공장을 신축함. 신차 출시 효과로 부품 납품량 증가.

실적 분석
2016년 결산 매출액은 6,260억원으로 전년 동기 대비 소폭 증가하였으나, 원가부담 축소로 영업이익은 전년동기 대비 41.5% 증가한 181.8억원을 시현하여 수익성 개선된 모습. 자동차부문의 제품 매출이 점진적으로 증가되고 있으며, 제네시스 EQ900 계약 증가에 따른 글로브박스등의 부품 납품 증가에 따른 영향으로 판단됨. 기아차의 하이브리드 SUV인 니로에 센터콘솔을 공급하며 향후 매출 전망이 긍정적임.

현금 흐름
〈단위 : 억원〉

항목	2015	2016
영업활동	377	62
투자활동	-699	-652
재무활동	498	460
순현금흐름	176	-130
기말현금	355	224

시장 대비 수익률
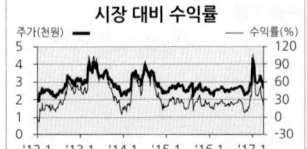

결산 실적
〈단위 : 억원〉

항목	2011	2012	2013	2014	2015	2016
매출액	3,426	3,934	4,652	6,723	6,223	6,260
영업이익	133	204	135	19	128	182
당기순이익	220	123	223	-48	49	156

분기 실적
〈단위 : 억원〉

항목	2015.3Q	2015.4Q	2016.1Q	2016.2Q	2016.3Q	2016.4Q
매출액	1,385	1,753	1,509	1,605	1,393	1,752
영업이익	11	47	27	60	13	81
당기순이익	-18	33	28	34	47	47

재무 상태
〈단위 : 억원〉

항목	2011	2012	2013	2014	2015	2016
총자산	2,932	3,145	4,853	5,164	5,707	6,310
유형자산	840	1,057	1,934	2,104	2,448	2,606
무형자산	55	58	249	185	142	153
유가증권	140	104	91	68	155	362
총부채	1,456	1,574	3,046	3,430	3,883	4,393
총차입금	221	353	1,161	1,414	1,905	2,341
자본금	132	132	132	132	132	132
총자본	1,476	1,571	1,807	1,734	1,824	1,917
지배주주지분	1,472	1,568	1,719	1,639	1,702	1,790

기업가치 지표

항목	2011	2012	2013	2014	2015	2016
주가(최고/저)(천원)	2.1/1.3	3.4/1.8	4.2/2.2	4.2/2.3	3.0/2.2	3.0/2.1
PER(최고/저)(배)	2.5/1.5	7.2/3.9	5.2/2.8	―/―	17.0/12.7	5.2/3.8
PBR(최고/저)(배)	0.4/0.2	0.6/0.3	0.7/0.3	0.7/0.4	0.5/0.3	0.4/0.3
EV/EBITDA(배)	2.3	3.2	5.5	6.4	5.2	5.3
EPS(원)	833	468	810	-242	174	572
BPS(원)	5,590	5,953	6,529	6,223	6,461	6,796
CFPS(원)	1,160	871	1,347	789	1,323	1,786
DPS(원)						
EBITDAPS(원)	833	1,178	1,051	1,103	1,638	1,904

재무 비율
〈단위 : %〉

연도	영업이익률	순이익률	부채비율	차입금비율	ROA	ROE	유보율	자기자본비율	EBITDA마진율
2016	2.9	2.5	229.2	122.1	2.6	8.6	1,259.1	30.4	8.0
2015	2.1	0.8	212.9	104.5	0.9	2.7	1,192.3	32.0	6.9
2014	0.3	-0.7	197.7	81.5	-1.0	-3.8	1,144.6	33.6	4.3
2013	2.9	4.8	168.5	64.3	5.6	13.0	1,205.8	37.2	6.0

동국알앤에스 (A075970)
DONGKUK REFRACTORIES & STEEL CO

업 종 : 금속 및 광물		시 장 : KOSDAQ	
신용등급 : (Bond) — (CP) —		기업규모 : 중견	
홈 페 이 지 : www.dkrns.co.kr		연 락 처 : 055)323-6589	
본 사 : 경남 김해시 상동면 상동로 375번길 26-29			

설 립 일 2004.01.01	종업원수 66명	대표이사 이강학	
상 장 일 2004.02.13	감사의견 적정 (신한)	계 열	
결 산 기 12월	보 통 주 1,840만주	종속회사수	
액 면 가 1,000원	우 선 주	구 상 호	

주주구성 (지분율,%)
동국S&C	22.4
장세희	12.1
(외국인)	1.8

출자관계 (지분율,%)
대한내화물공업현동조합	6.7
불이	5.0
동국산업	3.7

주요경쟁사 (외형,%)
동국알앤에스	100
나라케이아이씨	58
비엔씨컴퍼니	13

매출구성
내화물,세라믹	80.1
파이프,HGI강외	19.9

비용구성
매출원가율	83.9
판관비율	12.3

수출비중
수출	8.7
내수	91.3

회사 개요
동사는 동국산업으로부터 인적분할 후 설립된 동국산업 계열회사로 제철, 제강 및 기타 공업로용 내화물 제품을 생산, 판매하고 있으며 2004년 코스닥시장에 상장됨. 동사는 마산과 김해에 연간 7만1천톤 규모의 생산시설을 보유하고 제강용 내화물을 생산하여 국내외의 철강업체 등에 공급하고 있음. 동국산업의 계열회사로서 연결대상 종속회사로 동연에스텐티를 비롯한 4개회사가 있음.

실적 분석
동사의 2016년 연결 기준 매출과 영업이익은 945억원, 36억원으로 전년 대비 매출은 4.4% 감소했으나 영업이익은 564.7%로 급증. 재무상태는 자산총계 1,252억원으로 전기대비 6% 감소, 부채는 490억원으로 17% 감소, 자본총계는 762억원으로 2% 증가함. 유동비율 190%(전년대비 30% 증가), 부채비율 64%(전년대비 16% 감소)로 재무 건전성이 돋보임.

현금 흐름 〈단위 : 억원〉
항목	2015	2016
영업활동	51	72
투자활동	12	126
재무활동	-31	-131
순현금흐름	32	67
기말현금	56	123

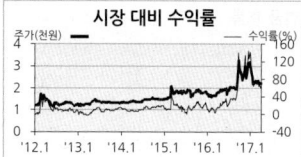

결산 실적 〈단위 : 억원〉
항목	2011	2012	2013	2014	2015	2016
매출액	1,237	1,299	1,173	1,093	989	945
영업이익	95	93	51	32	5	36
당기순이익	37	11	-8	18	-12	19

분기 실적 〈단위 : 억원〉
항목	2015.3Q	2015.4Q	2016.1Q	2016.2Q	2016.3Q	2016.4Q
매출액	228	220	231	270	225	220
영업이익	6	-15	7	16	18	-5
당기순이익	15	-37	6	15	9	-11

재무 상태 〈단위 : 억원〉
항목	2011	2012	2013	2014	2015	2016
총자산	1,909	1,561	1,471	1,416	1,337	1,252
유형자산	816	677	673	674	489	463
무형자산	9	19	18	18	18	18
유가증권	6	4	11	11	14	11
총부채	1,103	772	700	642	592	490
총차입금	792	479	416	355	350	240
자본금	184	184	184	184	184	184
총자본	806	788	771	774	744	762
지배주주지분	771	751	734	735	702	720

기업가치 지표
항목	2011	2012	2013	2014	2015	2016
주가(최고/저)(천원)	1.5/1.0	2.0/1.1	1.5/1.2	1.5/1.3	2.3/1.5	3.6/1.6
PER(최고/저)(배)	9.5/6.2	49.4/27.0	—/—	17.0/14.4	—/—	37.3/16.5
PBR(최고/저)(배)	0.5/0.3	0.6/0.3	0.4/0.3	0.4/0.4	0.6/0.4	0.9/0.4
EV/EBITDA(배)	8.0	5.7	7.9	8.3	14.3	10.6
EPS(원)	206	49	-45	97	-80	98
BPS(원)	4,189	4,081	3,987	3,996	3,816	3,913
CFPS(원)	415	260	153	347	146	264
DPS(원)	80	80	80	80		80
EBITDAPS(원)	724	715	476	423	255	361

재무 비율 〈단위 : % 〉
연도	영업이익률	순이익률	부채비율	차입금비율	ROA	ROE	유보율	자기자본비율	EBITDA마진율
2016	3.8	2.0	64.3	31.5	1.5	2.5	291.3	60.9	7.0
2015	0.6	-1.2	79.6	47.0	-0.8	-2.0	281.6	55.7	4.8
2014	2.9	1.6	83.0	45.8	1.2	2.4	299.6	54.7	7.1
2013	4.4	-0.7	90.7	54.0	-0.6	-1.1	298.7	52.4	7.5

동국에스엔씨 (A100130)
DONGKUK STRUCTURES & CONSTRUCTION

업 종 : 에너지 시설 및 서비스		시 장 : KOSDAQ	
신용등급 : (Bond) — (CP) —		기업규모 : 우량	
홈 페 이 지 : www.dongkuksnc.co.kr, www.wind		연 락 처 : 054)285-4500	
본 사 : 경북 포항시 남구 대송로 62 (장흥동)			

설 립 일 2001.07.02	종업원수 107명	대표이사 양승주	
상 장 일 2009.08.31	감사의견 적정 (천지)	계 열	
결 산 기 12월	보 통 주 5,714만주	종속회사수	
액 면 가 500원	우 선 주	구 상 호	

주주구성 (지분율,%)
동국산업	50.0
중도	4.9
(외국인)	0.9

출자관계 (지분율,%)
청안	100.0
신안풍력발전	100.0
디케이동신	61.5

주요경쟁사 (외형,%)
동국S&C	100
한전기술	132
씨에스윈드	81

매출구성
Wind Tower외	72.5
건설	27.1
신재생에너지, 사업개발	0.3

비용구성
매출원가율	85.8
판관비율	7.6

수출비중
수출	69.4
내수	30.6

회사 개요
동사는 철강사업부문, 칼라강판부문, 풍력산업, 건설업등을 주요 사업으로 영위하고 있으며, 풍력발전기용 WIND-TOWER등이 주력 제품임. 풍력산업은 전력수요의 증가와 경제성, 저탄소배출에 따른 환경친화성의 부각으로 기대와 수요가 증가하고 있음. 풍력타워 전문에서 더 나아가 해상풍력 타워와 부품, 중대형 해상 구조물 사업으로 영역을 확대하고 육상 및 해상 풍력단지 개발에도 뛰어들 계획임.

실적 분석
동사의 2016년도 누적 매출액은 3,838.8억원으로 전년도 대비 81.7% 증가함. 영업이익 또한 전년도 대비 68.3% 증가한 256.0억원을 기록함. 전년 동기 높은 비영업손익으로 인해 당기순이익은 전년 대비 32.8% 하락한 159.6억원을 기록함. 동사는 해상풍력 타워와 부품뿐 아니라 중대형 해상 구조물에도 사업을 확장하고 있으며, 서던 파워가 미국남부 지역에 신규 풍력발전단지를 건설할 것이라 발표하면서, 실적기대감이 커지고있음.

현금 흐름 〈단위 : 억원〉
항목	2015	2016
영업활동	-9	181
투자활동	-147	18
재무활동	-40	-80
순현금흐름	-197	122
기말현금	59	181

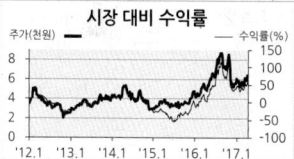

결산 실적 〈단위 : 억원〉
항목	2011	2012	2013	2014	2015	2016
매출액	1,169	1,396	1,409	2,031	2,113	3,839
영업이익	-224	27	92	126	152	256
당기순이익	-147	69	25	110	238	160

분기 실적 〈단위 : 억원〉
항목	2015.3Q	2015.4Q	2016.1Q	2016.2Q	2016.3Q	2016.4Q
매출액	630	332	885	1,065	990	900
영업이익	55	21	91	101	74	-10
당기순이익	141	24	74	86	36	-38

재무 상태 〈단위 : 억원〉
항목	2011	2012	2013	2014	2015	2016
총자산	3,041	2,821	3,004	3,058	4,019	4,346
유형자산	865	932	832	858	1,316	1,437
무형자산	3	3	2	2	65	69
유가증권	104	134	135	134	162	172
총부채	816	532	717	704	1,261	1,475
총차입금	54	48	35	17	504	481
자본금	286	286	286	286	286	286
총자본	2,226	2,289	2,286	2,353	2,758	2,871
지배주주지분	2,226	2,289	2,286	2,353	2,550	2,664

기업가치 지표
항목	2011	2012	2013	2014	2015	2016
주가(최고/저)(천원)	7.7/2.4	5.1/2.0	4.5/2.7	5.4/2.8	4.8/2.9	8.9/4.0
PER(최고/저)(배)	—/—	46.9/18.0	110.3/65.3	29.6/15.5	12.0/7.2	32.3/14.6
PBR(최고/저)(배)	2.1/0.7	1.3/0.5	1.2/0.7	1.3/0.7	1.1/0.6	1.9/0.8
EV/EBITDA(배)		17.6	16.5	8.1	16.7	10.7
EPS(원)	-257	121	44	193	416	282
BPS(원)	4,125	4,236	4,231	4,348	4,692	4,892
CFPS(원)	-216	166	94	252	476	389
DPS(원)		70	70	70	100	120
EBITDAPS(원)	-351	92	212	279	327	555

재무 비율 〈단위 : % 〉
연도	영업이익률	순이익률	부채비율	차입금비율	ROA	ROE	유보율	자기자본비율	EBITDA마진율
2016	6.7	4.2	51.4	16.7	3.8	6.2	878.4	66.1	8.3
2015	7.2	11.2	45.7	18.3	6.7	9.7	838.4	68.6	8.8
2014	6.2	5.4	29.9	0.7	3.6	4.8	769.6	77.0	7.9
2013	6.6	1.8	31.4	1.5	0.9	1.1	746.2	76.1	8.6

동국제강 (A001230)
Dongkuk Steel Mill

업 종 : 금속 및 광물		시 장 : 거래소	
신용등급 : (Bond) BB+ (CP) —		기업규모 : 시가총액 중형주	
홈페이지 : www.dongkuk.co.kr		연 락 처 : 02)317-1114	
본 사 : 서울시 중구 을지로 5길 19			

설 립 일	1954.07.07	종업원수	2,531명	대 표 이 사	남윤영,장세욱
상 장 일	1988.05.09	감사의견	적정 (삼일)	계	열
결 산 기	12월	보 통 주	9,543만주	종속회사수	
액 면 가	5,000원	우 선 주		구 상 호	

주주구성 (지분율,%)
JFE STEEL INTERNATIONAL EUROPE B.V.	14.1
장세주	13.8
(외국인)	30.9

출자관계 (지분율,%)
디케이유엔씨	100.0
동국	95.9
디케이아즈텍	86.4

주요경쟁사 (외형,%)
동국제강	100
POSCO	1,060
현대제철	333

매출구성
봉형강	46.8
후판	19.4
컬러강판	15.4

비용구성
매출원가율	87.0
판관비율	7.9

수출비중
수출	—
내수	—

회사 개요
동사는 철강제조기업으로 1971년 국내 최초로 후판사업에 진출하며 판재류와 봉형강류로 재편되었음. 철강부문에는 유니온스틸, 부서장강박판유한공사, 유니온스틸차이나를 보유하고 있으며 농기계 제조 및 판매부문에 국제종합기계, 운송부문에는 인터지스 등을 보유함. 동사의 주요 사업부문인 봉강, 후판, 형강의 시장점유율은 2016년 기준 각각 24%, 16%, 29%로 추정됨.

실적 분석
동사는 철강경기 침체로 2016년 결산 매출액이 다소 감소하였지만 영업이익은 51.4% 증가함. 고철 및 슬라브의 가격변동은 국제시세 및 환율 변동 등에 따라 원자재 및 제품 단가가 하락함. 포항2두부 매각, 당진사원 APT 유효화 등을 실시하며 비핵심자산을 양도하여 현금자산을 확보함. 해외 및 국내 소형선박 조선소 개발로 수요층을 확대 중임. 지분법 적용에 따라 대규모 순손실에서 벗어나 흑자전환에 성공함.

현금 흐름 〈단위 : 억원〉
항목	2015	2016
영업활동	9,566	8,864
투자활동	5,696	-993
재무활동	-14,759	-6,795
순현금흐름	516	1,009
기말현금	3,921	4,931

시장 대비 수익률
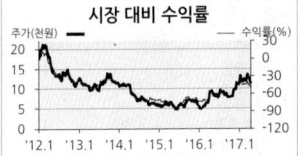

결산 실적 〈단위 : 억원〉
항목	2011	2012	2013	2014	2015	2016
매출액	88,419	76,791	66,909	60,685	52,663	50,066
영업이익	2,791	-693	811	-204	1,694	2,566
당기순이익	65	-2,351	-1,184	-2,925	-2,244	708

분기 실적 〈단위 : 억원〉
항목	2015.3Q	2015.4Q	2016.1Q	2016.2Q	2016.3Q	2016.4Q
매출액	14,871	9,174	12,248	14,245	13,797	9,776
영업이익	777	959	566	1,176	709	115
당기순이익	-2,498	355	848	1,296	423	-1,860

재무 상태 〈단위 : 억원〉
항목	2011	2012	2013	2014	2015	2016
총자산	101,529	93,207	91,098	88,537	68,959	63,247
유형자산	45,062	44,848	43,950	45,362	41,217	36,872
무형자산	916	1,178	1,364	1,009	1,010	972
유가증권	1,803	1,650	1,262	1,230	167	77
총부채	70,052	64,860	64,909	62,460	46,500	40,353
총차입금	54,557	50,607	52,201	52,185	37,444	31,069
자본금	4,212	4,212	4,212	5,562	5,889	5,892
총자본	31,477	28,347	26,189	26,078	22,459	22,893
지배주주지분	27,981	24,986	22,826	21,965	20,551	21,796

기업가치 지표
항목	2011	2012	2013	2014	2015	2016
주가(최고/저)(천원)	38.5/16.4	21.6/10.7	14.1/9.3	11.6/5.5	7.4/4.9	11.9/4.8
PER(최고/저)(배)	377.5/160.8	—/—	—/—	—/—	—/—	18.8/7.5
PBR(최고/저)(배)	1.0/0.4	0.6/0.3	0.4/0.3	0.5/0.2	0.3/0.2	0.5/0.2
EV/EBITDA(배)	10.0	22.7	14.2	21.9	9.0	7.3
EPS(원)	112	-3,351	-1,749	-3,533	-2,503	642
BPS(원)	45,606	40,762	37,267	24,970	21,821	23,123
CFPS(원)	4,554	1,008	2,659	-133	297	3,296
DPS(원)	750	500	150			150
EBITDAPS(원)	8,947	3,498	5,856	3,137	4,578	5,343

재무 비율 〈단위 : %〉
연도	영업이익률	순이익률	부채비율	차입금비율	ROA	ROE	유보율	자기자본비율	EBITDA마진율
2016	5.1	1.4	176.3	135.7	1.1	2.9	274.5	36.2	10.2
2015	3.2	-4.3	207.0	166.7	-2.9	-11.2	253.4	32.6	8.3
2014	-0.3	-4.8	239.5	200.1	-3.3	-12.3	298.8	29.5	4.0
2013	1.2	-1.8	247.8	199.3	-1.3	-4.9	447.0	28.8	5.4

동국제약 (A086450)
DongKook Pharmaceutical

업 종 : 제약		시 장 : KOSDAQ	
신용등급 : (Bond) — (CP) —		기업규모 : 우량	
홈페이지 : www.dkpharm.co.kr		연 락 처 : 02)2191-9800	
본 사 : 서울시 강남구 테헤란로 108길 7			

설 립 일	1968.10.15	종업원수	805명	대 표 이 사	오흥주
상 장 일	2007.05.29	감사의견	적정 (삼정)	계	열
결 산 기	12월	보 통 주	889만주	종속회사수	
액 면 가	2,500원	우 선 주		구 상 호	

주주구성 (지분율,%)
권기범	20.2
동국정밀화학	19.9
(외국인)	21.3

출자관계 (지분율,%)
디케이메디비전	70.0
나섬컨설팅	12.5
에이티지씨	4.9

주요경쟁사 (외형,%)
동국제약	100
JW홀딩스	221
아미코젠	22

매출구성
정제 (인사돌정, 훼라민큐정 등)	34.3
수액제 (파미레이, 포폴, 로렐린데포 등)	24.3
상품	16.7

비용구성
매출원가율	40.9
판관비율	43.9

수출비중
수출	16.0
내수	84.0

회사 개요
동사는 의약품 제조 및 판매 등을 영위할 목적으로 1968년 설립되어 2007년 5월 코스닥 시장에 상장됨. '인사돌', '오라메디', '마데카솔' 등 일반의약품과 조영제, 항암제 등의 전문의약품을 주력으로 하고 있음. 주력 제품인 잇몸질환치료제 '인사돌'은 높은 인지도를 바탕으로 고령화, 식습관 변화 등에 따른 복용연령층이 확대로 안정적으로 성장하고 있음. CT, MRI 등이 보편화하면서 조영제 시장도 꾸준히 성장하고 있음.

실적 분석
동사의 2016년 매출액은 전년 대비 19.1% 증가한 3,096.9억원으로 처음으로 매출 3천억원을 넘어섬. 매출원가는 13.6% 증가하여 매출총이익률은 개선됨. 인건비와 광고선전비 등의 증가로 판매비와관리비는 전년 대비 18.5% 증가함. 영업이익은 469.3억원으로 39.6% 신장함. 영업이익 증가에 힘입어 당기순이익도 49.5% 증가하여 호조세를 보였음. 2016년 연구개발비용은 104.2억원으로 전체 매출의 3.4%임.

현금 흐름 〈단위 : 억원〉
항목	2015	2016
영업활동	271	394
투자활동	-173	-156
재무활동	7	-45
순현금흐름	106	193
기말현금	370	564

시장 대비 수익률
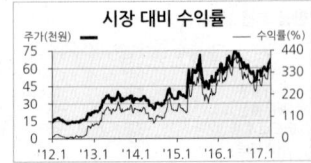

결산 실적 〈단위 : 억원〉
항목	2011	2012	2013	2014	2015	2016
매출액	1,603	1,803	2,131	2,260	2,599	3,097
영업이익	238	271	245	266	336	469
당기순이익	202	223	167	210	272	407

분기 실적 〈단위 : 억원〉
항목	2015.3Q	2015.4Q	2016.1Q	2016.2Q	2016.3Q	2016.4Q
매출액	692	724	699	812	784	801
영업이익	105	111	100	125	117	128
당기순이익	81	86	85	100	110	113

재무 상태 〈단위 : 억원〉
항목	2011	2012	2013	2014	2015	2016
총자산	1,812	1,921	2,183	2,442	2,748	3,251
유형자산	442	440	444	534	569	628
무형자산	35	40	56	50	51	53
유가증권	51	52	112	90	145	152
총부채	501	444	560	676	742	868
총차입금	68	19	36	61	84	56
자본금	222	222	222	222	222	222
총자본	1,310	1,477	1,622	1,766	2,006	2,383
지배주주지분	1,310	1,477	1,619	1,763	1,996	2,373

기업가치 지표
항목	2011	2012	2013	2014	2015	2016
주가(최고/저)(천원)	15.2/11.8	22.9/12.8	40.4/21.2	44.2/25.1	71.6/33.9	76.0/47.2
PER(최고/저)(배)	7.2/5.6	9.5/5.3	22.1/11.6	19.0/10.8	23.5/11.1	16.7/10.4
PBR(최고/저)(배)	1.1/0.9	1.4/0.8	2.3/1.2	2.2/1.3	3.2/1.5	2.8/1.8
EV/EBITDA(배)	3.4	5.4	9.3	8.5	11.8	8.1
EPS(원)	2,274	2,509	1,885	2,373	3,084	4,573
BPS(원)	14,845	16,724	18,225	20,165	22,802	27,042
CFPS(원)	2,810	3,118	2,469	2,863	3,720	5,219
DPS(원)	380	380	280	300	300	400
EBITDAPS(원)	3,215	3,651	3,342	3,477	4,416	5,924

재무 비율 〈단위 : %〉
연도	영업이익률	순이익률	부채비율	차입금비율	ROA	ROE	유보율	자기자본비율	EBITDA마진율
2016	15.2	13.1	36.4	2.4	13.6	18.6	981.7	73.3	17.0
2015	12.9	10.5	37.0	4.2	10.5	14.6	812.1	73.0	15.1
2014	11.8	9.3	38.3	3.5	9.1	12.5	706.6	72.3	13.7
2013	11.5	7.9	34.5	2.3	8.2	10.8	629.0	74.3	13.9

동남합성 (A023450)
Dongnam Chemical

업　　종 : 화학
신용등급 : (Bond) —　　(CP) —
홈페이지 : www.dongnamchem.com
본　　사 : 충남 공주시 탄천면 탄천산업단지길 80-61
시　　장 : 거래소
기업규모 : 시가총액 소형주
연　락　처 : 041)840-3100

설 립 일	1965.10.01	종 업 원 수	144명	대 표 이 사	양종상,이장훈
상 장 일	1996.12.24	감 사 의 견	적정 (삼정)	계　　　열	
결 산 기	12월	보 통 주	151만주	종속회사수	
액 면 가	5,000원	우 선 주		구 상 호	

주주구성 (지분율,%)		출자관계 (지분율,%)		주요경쟁사 (외형,%)	
미원상사	40.1	한국계면활성제공업	8.6	동남합성	100
미원화학	14.6	태광정밀화학	6.9	엔피케이	65
(외국인)	0.0	바이오니아	0.1	HRS	54

매출구성		비용구성		수출비중	
상품 등 (FMD,MBC 외)	84.6	매출원가율	84.7	수출	15.1
계면활성제 (EG,MONOPOL 외)	15.4	판관비율	7.5	내수	84.9

회사 개요
동사는 계면활성제를 제조, 판매하는 회사임. 계면활성제는 용매(물 또는 기름)에 녹였을때 빨리 용매에 녹아 표면장력을 현저하게 저하시켜 물체 표면의 여러 성질을 크게 변화시키는 특징을 가진 물질임. 세정, 살균, 침투, 분산, 대전방지 등 다양한 기능과 작용으로 나타내고 있어 세제, 섬유, 제지, 금속, 농약, 페인트, 피혁 등 전 산업에 걸쳐서 사용되고 있음. 동사는 다품종 소량생산의 생산구조를 가지고 있음.

실적 분석
동사의 2016년 연결기준 결산 매출액은 1,042.3억원으로 전년 대비 36.3% 증가함. 매출 증가에 힘입어 영업이익은 지난해 보다 99.9% 늘어난 80.5억원, 당기순이익은 104.6% 증가한 70.8억원을 기록. 신제품인 생분해성이 우수한 섬유용 유연제등 환경친화성 에너지 절약형, 환경오염의 최소화 같은 다양한 제품개발을 하고 있으며 순수 계면활성제 선두권을 유지 중.

현금 흐름 *IFRS 별도 기준 〈단위 : 억원〉

항목	2015	2016
영업활동	49	90
투자활동	-17	-44
재무활동	-28	-44
순현금흐름	4	3
기말현금	7	7

시장 대비 수익률
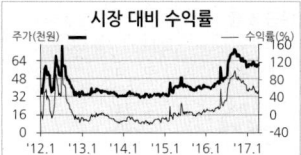

결산 실적 〈단위 : 억원〉

항목	2011	2012	2013	2014	2015	2016
매출액	598	620	606	761	765	1,042
영업이익	15	8	24	25	40	81
당기순이익	18	38	20	23	35	71

분기 실적 *IFRS 별도 기준 〈단위 : 억원〉

항목	2015.3Q	2015.4Q	2016.1Q	2016.2Q	2016.3Q	2016.4Q
매출액	195	201	202	226	270	344
영업이익	11	13	16	21	20	24
당기순이익	9	11	14	18	18	21

재무 상태 *IFRS 별도 기준 〈단위 : 억원〉

항목	2011	2012	2013	2014	2015	2016
총자산	623	547	566	676	683	917
유형자산	301	298	303	423	423	556
무형자산	2	2	5	6	6	6
유가증권	0	0	24	24	24	25
총부채	180	69	73	172	146	252
총차입금	113	—	15	98	72	113
자본금	64	64	64	64	64	79
총자본	443	478	494	503	536	665
지배주주지분	443	478	494	503	536	665

기업가치 지표 *IFRS 별도 기준

항목	2011	2012	2013	2014	2015	2016
주가(최고/저)(천원)	40.4/15.9	80.1/32.2	39.0/31.8	37.0/31.0	49.2/32.5	74.0/38.6
PER(최고/저)(배)	29.4/11.6	27.6/11.1	25.6/20.9	20.9/17.5	18.4/12.1	14.4/7.5
PBR(최고/저)(배)	1.1/0.5	2.1/0.8	1.0/0.8	0.9/0.7	1.1/0.7	1.7/0.9
EV/EBITDA(배)	24.5	22.9	12.3	13.8	9.3	8.8
EPS(원)	1,418	2,980	1,556	1,796	2,704	5,158
BPS(원)	36,456	39,744	41,019	42,363	44,943	44,008
CFPS(원)	1,988	3,833	2,435	2,865	4,531	7,389
DPS(원)	200	200	200	200	200	200
EBITDAPS(원)	1,738	1,446	2,751	3,002	4,976	8,101

재무 비율 〈단위 : %〉

연도	영업이익률	순이익률	부채비율	차입금비율	ROA	ROE	유보율	자기자본비율	EBITDA마진율
2016	7.7	6.8	38.0	17.1	8.9	11.8	744.9	72.5	10.7
2015	5.3	4.5	27.3	13.4	5.1	6.7	795.6	78.6	8.3
2014	3.3	3.0	34.2	19.6	3.7	4.6	747.3	74.5	5.0
2013	4.0	3.3	14.8	3.0	3.6	4.1	720.4	87.1	5.8

동방 (A004140)
Dongbang Transport Logistics

업　　종 : 운송인프라
신용등급 : (Bond) BBB-　　(CP) —
홈페이지 : www.dongbang.co.kr
본　　사 : 서울시 중구 남대문로 63 한진빌딩 23층
시　　장 : 거래소
기업규모 : 시가총액 소형주
연　락　처 : 02)2190-8100

설 립 일	1965.01.14	종 업 원 수	729명	대 표 이 사	이달근
상 장 일	1988.08.10	감 사 의 견	적정 (삼덕)	계　　　열	
결 산 기	12월	보 통 주	3,252만주	종속회사수	
액 면 가	1,000원	우 선 주	264만주	구 상 호	

주주구성 (지분율,%)		출자관계 (지분율,%)		주요경쟁사 (외형,%)	
김형곤	17.6	동방컨테이너터미널	100.0	동방	100
김용대	3.5	동방광양물류센터	90.0	서호전기	10
(외국인)	2.5	동방물류센터	76.0	경봉	7

매출구성		비용구성		수출비중	
일반 및 중량화물 도로운송	39.0	매출원가율	87.4	수출	0.0
수출입 및 일반화물창고관입	36.7	판관비율	9.1	내수	100.0
일반 및 중량화물 해상운송	21.5				

회사 개요
1965년에 설립된 동사는 전국의 주요 항만 및 물류거점을 통한 네트워크 시스템을 구축하고, 중량하역 및 육상·해상운송사업을 근간으로 초중량물 운송·설치와 3자물류(3PL), 컨테이너터미널, 물류센터 운영 등의 물류사업을 영위하고 있음. 동사는 동방그룹에 속해있으며 동방그룹은 국내 15개 계열사, 해외 3개 계열사를 두고 있음. 동사는 항만하역 분야에서 2015년 기준 7.57%의 점유율을 보이고 있음.

실적 분석
동사의 2016년 연결기준 매출액은 전년도 대비 8.7% 감소한 5,750.9억원을 시현함. 매출원가율은 소폭 감소했으나 판매비와 관리비가 15.2% 늘어 영업이익이 전년도 대비 17.4% 감소한 203.1억원 기록. 비영업손익 적자폭이 감소한 데 힘입어 당기순이익은 흑자전환해 145.7억원 시현함. 동사는 최근 주요 항만과 배후부지, 내륙 거점에 인프라 시설을 확대하며 하역설비와 특수장비, 선박을 도입하며 서비스 차별화에 나서고 있음.

현금 흐름 〈단위 : 억원〉

항목	2015	2016
영업활동	716	260
투자활동	-365	235
재무활동	-539	-358
순현금흐름	-197	143
기말현금	176	318

시장 대비 수익률
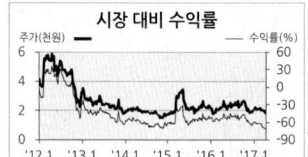

결산 실적 〈단위 : 억원〉

항목	2011	2012	2013	2014	2015	2016
매출액	5,855	6,194	6,354	6,163	6,298	5,751
영업이익	238	240	122	138	246	203
당기순이익	8	9	-192	-44	-172	146

분기 실적 〈단위 : 억원〉

항목	2015.3Q	2015.4Q	2016.1Q	2016.2Q	2016.3Q	2016.4Q
매출액	1,573	1,620	1,518	1,426	1,440	1,367
영업이익	68	69	72	58	57	16
당기순이익	24	31	23	178	23	-78

재무 상태 〈단위 : 억원〉

항목	2011	2012	2013	2014	2015	2016
총자산	5,860	7,051	6,562	6,518	6,309	5,885
유형자산	3,297	3,583	3,434	3,354	3,313	3,058
무형자산	221	308	302	301	297	203
유가증권	120	347	158	126	107	129
총부채	4,622	5,523	5,165	5,191	5,148	4,394
총차입금	3,254	4,143	3,878	3,831	3,580	3,055
자본금	215	242	242	242	268	378
총자본	1,237	1,528	1,397	1,327	1,160	1,491
지배주주지분	1,224	1,216	1,044	992	818	1,151

기업가치 지표

항목	2011	2012	2013	2014	2015	2016
주가(최고/저)(천원)	4.4/1.7	6.4/2.2	3.8/1.8	2.2/1.5	3.4/1.7	2.7/1.8
PER(최고/저)(배)	229.8/86.7	—/—	—/—	—/—	—/—	4.7/3.1
PBR(최고/저)(배)	0.8/0.3	1.4/0.5	0.9/0.4	0.6/0.4	1.1/0.5	0.8/0.5
EV/EBITDA(배)	9.3	9.5	11.0	10.1	8.2	8.0
EPS(원)	20	-4	-703	-112	-536	579
BPS(원)	5,758	5,095	4,377	4,160	3,444	3,313
CFPS(원)	1,010	1,255	401	1,011	554	1,625
DPS(원)	30	30	10	10	10	10
EBITDAPS(원)	2,089	2,374	1,648	1,700	2,143	1,862

재무 비율 〈단위 : %〉

연도	영업이익률	순이익률	부채비율	차입금비율	ROA	ROE	유보율	자기자본비율	EBITDA마진율
2016	3.5	2.5	294.8	204.9	2.4	14.6	208.1	25.3	8.1
2015	3.9	-2.7	443.7	308.5	-2.7	-15.1	210.4	18.4	8.2
2014	2.2	-0.7	391.3	288.8	-0.7	-2.8	316.0	20.4	6.7
2013	1.9	-3.0	369.8	277.6	-2.8	-15.9	337.7	21.3	6.3

동방선기 (A099410)
Dongbang Ship Machinery

업 종 : 조선		시 장 : KOSDAQ	
신용등급 : (Bond) — (CP) —		기업규모 : 중견	
홈페이지 : www.dongbangsm.co.kr		연 락 처 : 055)545-0882	
본 사 : 경남 창원시 진해구 명제로 73 (죽곡동)			

설 립 일	1994.07.06	종 업 원 수	123명	대 표 이 사	김성호
상 장 일	2009.11.10	감 사 의 견	적정 (성도)	계 열	
결 산 기	12월	보 통 주	1,354만주	종속회사수	
액 면 가	500원	우 선 주		구 상 호	

주주구성 (지분율,%)		출자관계 (지분율,%)		주요경쟁사 (외형,%)	
김성호	14.5	대련동방선기	100.0	동방선기	100
김운하	6.7			에스앤더블류	133
(외국인)	0.3			인화정공	303

매출구성		비용구성		수출비중	
PIPE PC'S SPOOL	93.3	매출원가율	86.0	수출	0.0
철의장	6.7	판관비율	10.9	내수	100.0

회사 개요
동사는 선박용 배관 및 Module Unit과 육상 및 해양플랜트 제작 및 생산을 비롯한 수리조선업, 도장(금속표면처리)을 영위하고 있음. 그간 조선업계는 전 세계적인 해운 수요의 감소로 발주가 급감하였으나 동사는 이를 타개하기 위하여 주요매출처 관리강화 및 신규 매출처 확보에 중점을 둔 영업전략을 추진하고 있음. 중국 대련동방선기유한공사와 부산 동방조선을 종속회사로 두고 있음.

실적 분석
동사의 2016년 연결기준 매출액은 316.5억원으로 전년대비 29.8% 감소함. 영업이익은 또한 전년대비 27.8% 감소한 9.7억원을 기록함. 부진한 영업이익에 더해 비영업손실 증가로 22.7억원의 당기순손실을 기록하며 전년대비 적자규모가 확대됨. 전방산업인 조선업황 부진에 따른 매출 부진과 실적 악화가 이어짐. 향후 조선산업의 전망에 따라 매출증감 및 실적 개선 여부가 결정될 것으로 예상됨.

현금 흐름 〈단위 : 억원〉

항목	2015	2016
영업활동	57	1
투자활동	-8	281
재무활동	-28	-302
순현금흐름	21	-20
기말현금	30	10

시장 대비 수익률
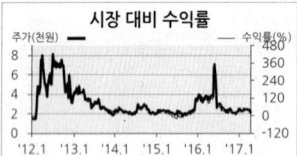

결산 실적 〈단위 : 억원〉

항목	2011	2012	2013	2014	2015	2016
매출액	555	386	242	355	451	317
영업이익	39	-40	-80	-18	13	10
당기순이익	20	-87	-79	-16	-9	-23

분기 실적 〈단위 : 억원〉

항목	2015.3Q	2015.4Q	2016.1Q	2016.2Q	2016.3Q	2016.4Q
매출액	104	144	82	72	77	86
영업이익	4	4	1	6	3	-1
당기순이익	4	-11	-3	-4	0	-16

재무 상태 〈단위 : 억원〉

항목	2011	2012	2013	2014	2015	2016
총자산	1,030	864	871	772	758	422
유형자산	369	368	351	548	546	241
무형자산	31	29	22	16	18	11
유가증권	21	2	1	2	2	0
총부채	611	517	502	424	413	49
총차입금	486	470	452	363	346	
자본금	30	30	55	55	55	68
총자본	419	347	369	348	346	374
지배주주지분	419	347	369	348	346	374

기업가치 지표

항목	2011	2012	2013	2014	2015	2016
주가(최고/저)(천원)	2.4/1.2	8.3/1.4	5.1/1.8	3.2/1.8	3.8/1.7	7.6/1.9
PER(최고/저)(배)	8.3/4.0	—/—	—/—	—/—	—/—	—/—
PBR(최고/저)(배)	0.4/0.2	1.7/0.3	1.5/0.5	1.0/0.6	1.2/0.6	2.7/0.7
EV/EBITDA(배)	8.8				23.4	10.3
EPS(원)	289	-1,229	-944	-143	-83	-206
BPS(원)	7,145	5,784	3,381	3,214	3,159	2,758
CFPS(원)	619	-1,155	-747	2	64	-87
DPS(원)	—	—	—	—	—	—
EBITDAPS(원)	928	-372	-755	-16	269	207

재무 비율 〈단위 : %〉

연도	영업이익률	순이익률	부채비율	차입금비율	ROA	ROE	유보율	자기자본비율	EBITDA마진율
2016	3.1	-7.2	13.1		-3.9	-6.3	451.7	88.5	7.2
2015	3.0	-2.0	119.5	100.3	-1.2	-2.6	531.8	45.6	6.5
2014	-5.0	-4.4	121.8	104.3	-1.9	-4.4	542.9	45.1	-0.5
2013	-33.0	-32.7	136.2	122.6	-9.2	-22.2	576.3	42.4	-26.2

동방아그로 (A007590)
Dongbang Agro

업 종 : 화학		시 장 : 거래소	
신용등급 : (Bond) — (CP) —		기업규모 : 시가총액 소형주	
홈페이지 : www.dongbangagro.co.kr		연 락 처 : 02)580-3600	
본 사 : 서울시 관악구 남부순환로 2028			

설 립 일	1971.12.31	종 업 원 수	229명	대 표 이 사	염병만
상 장 일	1977.06.29	감 사 의 견	적정 (제원)	계 열	
결 산 기	12월	보 통 주	1,362만주	종속회사수	
액 면 가	500원	우 선 주	만주	구 상 호	

주주구성 (지분율,%)		출자관계 (지분율,%)		주요경쟁사 (외형,%)	
염병만	13.5	나노바이오	65.1	동방아그로	100
스미토모상사주식회사	13.1			경농	176
(외국인)	28.1			효성오앤비	35

매출구성		비용구성		수출비중	
유액제[제품]	43.6	매출원가율	71.8	수출	0.9
입제[제품]	26.0	판관비율	23.0	내수	99.1
수화제[제품]	25.9				

회사 개요
동사는 1971년 설립되어 주움, 확시란, 베테랑, 일품 등의 농약과 비료를 생산 판매함. 주요 상표로 살림꾼, 일품, 싸이메트, 동방지오릭스, 스미렉스, 꼬끼시 등을 보유하고 있음. 농약산업은 기후, 병해충 등 외부환경에 의해 실적이 좌우됨. 원료물질의 수입 의존도가 높아 환율에도 민감하게 반응함. 동사는 화학제품, 금속분말 제조 및 판매사업, 수출입업, 도소매업을 목적으로 하는 연결자회사 나노바이오의 지분 65.07%를 보유함.

실적 분석
동사의 2016년 연결기준 매출액은 1,158.5억원으로 전년과 동일함. 매출성장이 정체된 상태에서 매출원가가 831.2억원으로 3.1% 증가하며 영업이익은 전년보다 27.9% 감소한 60.8억원을 기록함. 동사는 기술연구소 신축을 통해 GLP설비를 완비하고, 사용이 편리한 최신의 선호제형 및 다양한 혼합제 등 고부가가치 제품, 다기능 친환경 비료로 사업을 다각화 하는 등 성장동력 확보를 위해 노력 중임.

현금 흐름 〈단위 : 억원〉

항목	2015	2016
영업활동	29	22
투자활동	-25	-57
재무활동	-24	-26
순현금흐름	-20	-61
기말현금	389	328

시장 대비 수익률
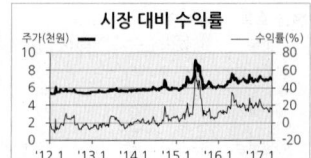

결산 실적 〈단위 : 억원〉

항목	2011	2012	2013	2014	2015	2016
매출액	1,041	1,054	1,092	1,146	1,158	1,158
영업이익	69	66	80	99	84	61
당기순이익	64	53	63	76	57	59

분기 실적 〈단위 : 억원〉

항목	2015.3Q	2015.4Q	2016.1Q	2016.2Q	2016.3Q	2016.4Q
매출액	103	65	669	292	109	90
영업이익	-47	-55	145	7	-43	-48
당기순이익	-47	-39	115	7	-33	-31

재무 상태 〈단위 : 억원〉

항목	2011	2012	2013	2014	2015	2016
총자산	1,499	1,524	1,534	1,615	1,701	1,698
유형자산	263	329	322	319	325	371
무형자산	20	26	22	20	19	16
유가증권	2	2	1	1	1	1
총부채	368	384	386	414	467	431
총차입금						
자본금	68	68	68	68	68	68
총자본	1,130	1,140	1,148	1,200	1,234	1,267
지배주주지분	1,126	1,136	1,143	1,195	1,229	1,262

기업가치 지표

항목	2011	2012	2013	2014	2015	2016
주가(최고/저)(천원)	5.8/5.1	6.1/5.3	5.9/5.5	7.3/5.7	9.9/5.6	7.6/6.0
PER(최고/저)(배)	15.1/13.3	18.4/16.0	14.7/13.5	14.4/11.2	25.2/14.2	18.3/14.5
PBR(최고/저)(배)	0.8/0.7	0.8/0.7	0.7/0.7	0.9/0.7	1.1/0.6	0.8/0.6
EV/EBITDA(배)	3.9	5.4	3.6	2.8	3.4	6.4
EPS(원)	463	386	458	556	419	431
BPS(원)	8,535	8,752	9,045	9,431	9,680	9,923
CFPS(원)	640	547	628	722	587	608
DPS(원)	185	185	200	200	200	250
EBITDAPS(원)	682	649	757	894	788	624

재무 비율 〈단위 : %〉

연도	영업이익률	순이익률	부채비율	차입금비율	ROA	ROE	유보율	자기자본비율	EBITDA마진율
2016	5.3	5.1	34.0		3.5	4.7	1,884.7	74.6	7.3
2015	7.3	4.9	37.8		3.5	4.7	1,835.9	72.6	9.3
2014	8.7	6.6	34.5		4.8	6.5	1,786.3	74.3	10.6
2013	7.3	5.7	33.7		4.1	5.5	1,709.1	74.8	9.4

동부 (A012030)
Dongbu

업　　종 : IT 서비스
신용등급 : (Bond) B　(CP) —
홈페이지 : www.dongbucni.co.kr
본　　사 : 서울시 강남구 삼성로 96길 23, 7층
시　　장 : 거래소
기업규모 : 시가총액 소형주
연 락 처 : 02)2136-6000

설 립 일	1977.03.15	종 업 원 수	364명	대 표 이 사	곽제동,이봉
상 장 일	1993.01.06	감사의견	적정 (안진)	계　　　열	
결 산 기	12월	보 통 주	18,213만주	종속회사수	
액 면 가	500원	우 선 주		구 상 호	동부CNI

주주구성 (지분율,%)		출자관계 (지분율,%)		주요경쟁사 (외형,%)	
김남호	18.6	동부전자재료	100.0	동부	100
김준기	12.4	동부하이텍	12.4	엑셈	13
(외국인)	2.1	동부라이텍	11.1	링네트	63

매출구성		비용구성		수출비중	
유지보수	50.6	매출원가율	86.5	수출	35.7
합금철 등	35.2	판관비율	8.2	내수	64.3
IT기기	9.8				

회사 개요
동사는 1977년 설립, 2010년 8월 바이오/작물보호 사업부문을 물적분할하고, 2010년 11월 동부CNI와의 합병에 따라 전자재료 및 글로벌사업부문과 동부CNI의 사업을 영위하는 동부그룹사임. 영위하는 업종의 2016년 12월말 현재 매출구성은 IT사업이 59.3%, 글로벌(무역)부문이 35.8%, 기타(컨설팅사업등) 4.9%이며, 글로벌(무역)사업 및 컨설팅/기타의 매출이 전년동기 대비 소폭 증가한 반면 IT 사업의 매출이 소폭 감소함.

실적 분석
동사의 연결기준 2016년 4/4분기 누적 매출액은 전년동기 대비 0.6% 증가한 2,048.1억원을 기록함. 더불어 원가율의 소폭 개선되면서 4/4분기 누적 영업이익은 전년동기 대비 11.7% 증가한 109.0억원을 실현하였음. 그러나 251.4억원의 금융손실을 기록하는 등 비영업부문에서 251.9억원의 손실을 기록하며 적자를 지속함에 따라 207.1억원의 당기순손실을 보이며 적자전환하였음.

현금 흐름 〈단위 : 억원〉

항목	2015	2016
영업활동	-137	139
투자활동	1,051	71
재무활동	-863	-183
순현금흐름	52	28
기말현금	89	117

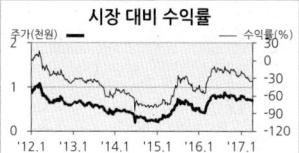

시장 대비 수익률

결산 실적 〈단위 : 억원〉

항목	2011	2012	2013	2014	2015	2016
매출액	5,111	5,445	4,429	2,542	2,037	2,048
영업이익	145	218	108	-134	98	109
당기순이익	51	30	-638	-1,245	132	-207

분기 실적 〈단위 : 억원〉

항목	2015.3Q	2015.4Q	2016.1Q	2016.2Q	2016.3Q	2016.4Q
매출액	447	542	457	589	511	491
영업이익	28	18	37	43	21	9
당기순이익	-21	-246	21	-225	10	-13

재무 상태 〈단위 : 억원〉

항목	2011	2012	2013	2014	2015	2016
총자산	6,867	6,933	6,384	3,659	2,762	2,150
유형자산	666	654	660	606	36	38
무형자산	501	506	498	242	208	200
유가증권	1,700	1,091	1,146	922	436	1,112
총부채	4,302	3,974	3,921	2,556	1,104	634
총차입금	2,883	2,514	2,565	1,299	453	288
자본금	455	911	911	911	911	911
총자본	2,565	2,959	2,463	1,102	1,658	1,515
지배주주지분	2,565	2,959	2,463	1,102	1,658	1,515

기업가치 지표

항목	2011	2012	2013	2014	2015	2016
주가(최고/저)(천원)	1.8/0.8	1.1/0.6	0.7/0.4	0.5/0.2	0.7/0.2	0.9/0.4
PER(최고/저)(배)	34.6/14.9	55.7/29.1	—/—	—/—	10.1/2.9	—/—
PBR(최고/저)(배)	0.6/0.3	0.6/0.3	0.5/0.2	0.7/0.3	0.7/0.2	0.9/0.4
EV/EBITDA(배)	21.1	13.1	20.0		9.3	11.5
EPS(원)	52	20	-350	-684	72	-114
BPS(원)	31,309	17,818	15,091	7,622	10,674	989
CFPS(원)	937	522	-3,215	-6,503	921	-102
DPS(원)	150	100				
EBITDAPS(원)	1,966	1,816	882	-402	733	72

재무 비율 〈단위 : %〉

연도	영업이익률	순이익률	부채비율	차입금비율	ROA	ROE	유보율	자기자본비율	EBITDA마진율
2016	5.3	-10.1	41.9	19.0	-8.4	-13.1	97.8	70.5	6.4
2015	4.8	6.5	66.6	27.3	4.1	9.6	113.5	60.0	6.6
2014	-5.3	-49.0	231.8	117.8	-24.8	-69.9	52.4	30.1	-2.9
2013	2.4	-14.4	159.2	104.2	-9.6	-23.5	201.8	38.6	3.6

동부건설 (A005960)
Dongbu

업　　종 : 건설
신용등급 : (Bond) —　(CP) —
홈페이지 : dbcon.dongbu.co.kr
본　　사 : 서울시 용산구 한강대로 372 센트레빌아스테리움서울
시　　장 : 거래소
기업규모 : 시가총액 소형주
연 락 처 : 02)3484-2114

설 립 일	1969.01.24	종 업 원 수	796명	대 표 이 사	김경진
상 장 일	1978.10.30	감사의견	적정 (신한)	계　　　열	
결 산 기	12월	보 통 주	2,083만주	종속회사수	
액 면 가	5,000원	우 선 주	23만주	구 상 호	

주주구성 (지분율,%)		출자관계 (지분율,%)		주요경쟁사 (외형,%)	
키스톤에코프라임	67.8	동부자산관리	100.0	동부건설	100
김준기	0.1	동부엔지니어링	100.0	KT서브마린	14
(외국인)	0.0	동부당진솔라	100.0	남광토건	31

매출구성		비용구성		수출비중	
국내도급(건축-관급)(공사)	46.0	매출원가율	88.8	수출	—
국내도급(토목-관급)(공사)	40.1	판관비율	8.4	내수	—
기타부대사업(공사)	7.6				

회사 개요
동사는 1969년에 미륭건설로 설립되어 1978년에 한국거래소의 유가증권시장에 상장된 법인으로서 1989년 상호를 동부건설 주식회사로 변경함. 동사는 크게 토목공사, 플랜트공사, 건물 및 아파트 신축공사 등의 건설부문과 택배사업을 하는 물류부문, 엔지니어링 및 발전업 등 기타부문의 사업을 영위하고 있음. 연결대상 종속회사는 4개사로 동부자산관리, 동부당진솔라가 추가로 당기 동사의 연결대상 종속회사에 포함되었음.

실적 분석
동사의 2016년 연결기준 매출은 회생절차 진행에 따른 수주부진과 준공사업장 증가로 전기 대비 16.14% 감소한 5,855억원임. 원가율이 좋지 않은 현장 정리 및 현장 원가율 절감 노력에 따라 영업이익은 161억원으로 흑자전환함. 당기순이익은 채무면제 이익이 포함된 금액으로 537억원임. 총자산은 전기대비 13.92% 증가한 6,821억원, 총부채는 전기대비 18.81% 감소한 4,291억원을 시현함.

현금 흐름 〈단위 : 억원〉

항목	2015	2016
영업활동	1,460	-100
투자활동	840	172
재무활동	-1,568	642
순현금흐름	732	714
기말현금	1,223	1,937

시장 대비 수익률

결산 실적 〈단위 : 억원〉

항목	2011	2012	2013	2014	2015	2016
매출액	23,492	24,847	10,643	8,929	6,982	5,855
영업이익	457	726	-1,342	-1,567	-356	161
당기순이익	-1,511	-39	-1,781	-2,342	-715	537

분기 실적 〈단위 : 억원〉

항목	2015.3Q	2015.4Q	2016.1Q	2016.2Q	2016.3Q	2016.4Q
매출액	1,876	1,977	1,355	1,516	1,325	1,660
영업이익	-246	11	11	100	28	22
당기순이익	1,206	-771	10	77	255	195

재무 상태 〈단위 : 억원〉

항목	2011	2012	2013	2014	2015	2016
총자산	25,709	29,186	25,122	8,526	5,988	6,821
유형자산	3,531	4,385	3,689	504	422	449
무형자산	1,914	2,004	1,995	305	25	13
유가증권	3,934	3,353	3,667	1,770	1,937	1,879
총부채	21,488	24,091	21,621	8,282	5,284	4,291
총차입금	12,932	14,992	13,263	3,664	3,056	2,244
자본금	1,257	1,797	1,935	2,669	441	1,051
총자본	4,221	5,095	3,501	244	703	2,531
지배주주지분	4,098	4,607	3,023	244	703	2,531

기업가치 지표

항목	2011	2012	2013	2014	2015	2016
주가(최고/저)(천원)	200/87.6	118/66.8	96.4/56.0	73.2/21.3	39.6/8.9	22.1/9.9
PER(최고/저)(배)	—/—	—/—	—/—	—/—	—/—	3.5/1.6
PBR(최고/저)(배)	1.8/0.8	1.0/0.6	1.3/0.7	12.5/3.6	2.4/0.6	1.8/0.8
EV/EBITDA(배)	17.1	13.4				11.9
EPS(원)	-40,784	-1,584	-44,714	-55,839	-12,600	6,261
BPS(원)	16,333	12,842	7,829	470	8,056	12,078
CFPS(원)	-4,984	1,158	-3,817	-4,736	-8,209	6,692
DPS(원)						
EBITDAPS(원)	2,921	3,892	-2,654	-3,148	-3,845	2,309

재무 비율 〈단위 : %〉

연도	영업이익률	순이익률	부채비율	차입금비율	ROA	ROE	유보율	자기자본비율	EBITDA마진율
2016	2.8	9.2	169.5	88.7	8.4	33.2	141.6	37.1	3.4
2015	-5.1	-10.3	751.4	434.5	-9.9	-151.1	61.1	11.7	-4.5
2014	-17.6	-26.2	일부잠식	일부잠식	-13.9	-143.2	-90.6	2.9	-17.1
2013	-12.6	-16.7	617.5	378.8	-6.6	-46.8	56.6	13.9	-9.5

동부라이텍 (A045890)
DONGBU LIGHTEC CO

업 종 : 디스플레이 및 관련부품	시 장 : KOSDAQ
신용등급 : (Bond) — (CP) —	기업규모 : 중견
홈 페 이 지 : www.dongbulightec.co.kr	연 락 처 : 032)670-3000
본 사 : 경기도 부천시 오정구 산업로 104번길 14(오정동)	

설 립 일	1999.07.15	종업원수	215명	대 표 이 사	이재형
상 장 일	2005.11.28	감사의견	적정 (대주)	계 열	
결 산 기	12월	보 통 주	2,597만주	종속회사수	
액 면 가	500원	우 선 주		구 상 호	

주주구성 (지분율,%)		출자관계 (지분율,%)		주요경쟁사 (외형,%)	
동부하이텍	15.4	에코센스	11.1	동부라이텍	100
동부CNI	11.1	동부대우전자	1.8	한국컴퓨터	311
(외국인)	0.6			케이맥	118

매출구성		비용구성		수출비중	
LumiDas	51.6	매출원가율	69.1	수출	32.2
CNC전용장비, 레이저조각기 등	28.6	판관비율	25.4	내수	67.8
LumiSheet	19.8				

회사 개요
동사는 1999년 7월 15일 설립되어 CNC전용장비, CNC레이저장비, LED조명의 제조 및 판매업을 주요사업으로 영위하고 있음. 매출 비중은 LED 조명사업부문이 대부분을 차지하고 있 나머지는 CNC사업부문으로 구성됨. LED 관련 국내외 60건의 특허 확보, 세계 60개국 250개의 판매 네트워크 보유. CNC 부문은 베트남, 중국 등에서 생산과 판매를 확대해 나가는 중.

실적 분석
동사의 2016년 결산 매출액은 756.6억원으로 전년동기 대비 10.8% 감소함. 원가 및 판관비 부담이 다소 완화되어 영업이익은 전년동기 수준을 기록함. 미국과 일본 등 선진국에서는 날로이 환경문제를 해결하기 위하여 국가적 과제로 LED 조명기술을 개발하고 있으며, 에너지절약정책의 일환으로 LED조명 사용을 권장하고 있음. 미주와 유럽 시장을 적극 공략 중.

현금 흐름 〈단위 : 억원〉

항목	2015	2016
영업활동	-2	71
투자활동	-30	-41
재무활동	30	-12
순현금흐름	-2	18
기말현금	9	27

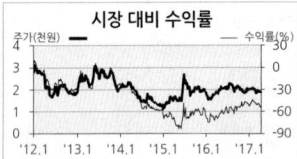
시장 대비 수익률

결산 실적 〈단위 : 억원〉

항목	2011	2012	2013	2014	2015	2016
매출액	562	719	884	827	848	757
영업이익	-287	-43	54	57	43	42
당기순이익	-326	-64	29	16	31	26

분기 실적 〈단위 : 억원〉

항목	2015.3Q	2015.4Q	2016.1Q	2016.2Q	2016.3Q	2016.4Q
매출액	200	195	178	217	161	201
영업이익	3	26	3	21	3	15
당기순이익	9	2	7	13	0	7

재무 상태 〈단위 : 억원〉

항목	2011	2012	2013	2014	2015	2016
총자산	1,093	982	1,040	1,092	1,109	1,107
유형자산	437	433	422	423	422	411
무형자산	42	44	48	54	44	57
유가증권	7	7	7	88	82	84
총부채	654	571	605	640	623	578
총차입금	516	401	476	439	460	440
자본금	127	127	127	127	127	130
총자본	440	411	434	452	486	529
지배주주지분	456	410	433	452	486	529

기업가치 지표

항목	2011	2012	2013	2014	2015	2016
주가(최고/저)(천원)	9.0/1.4	3.2/1.7	3.3/1.9	2.3/1.2	2.7/1.1	2.3/1.5
PER(최고/저)(배)	—/—	—/—	28.8/16.5	36.5/19.4	22.4/9.4	22.8/15.0
PBR(최고/저)(배)	4.1/0.7	1.6/0.8	1.6/0.9	1.1/0.6	1.2/0.5	1.0/0.6
EV/EBITDA(배)			11.5	7.8	11.8	11.7
EPS(원)	-1,336	-250	113	64	120	102
BPS(원)	2,190	2,009	2,101	2,175	2,308	2,431
CFPS(원)	-1,228	-157	224	190	239	222
DPS(원)						
EBITDAPS(원)	-1,095	-76	322	351	287	281

재무 비율 〈단위 : %〉

연도	영업이익률	순이익률	부채비율	차입금비율	ROA	ROE	유보율	자기자본비율	EBITDA마진율
2016	5.5	3.5	109.2	83.1	2.4	5.2	386.2	47.8	9.6
2015	5.0	3.6	128.2	94.6	2.8	6.5	361.5	43.8	8.6
2014	6.9	2.0	141.5	97.0	1.5	3.7	335.0	41.4	10.8
2013	6.1	3.3	139.4	109.7	2.9	6.9	320.3	41.8	9.3

동부제철 (A016380)
DONGBU STEEL

업 종 : 금속 및 광물	시 장 : 거래소
신용등급 : (Bond) CCC (CP) —	기업규모 : 시가총액 중형주
홈 페 이 지 : www.dongbusteel.co.kr	연 락 처 : 02)3450-8114
본 사 : 서울시 중구 후암로 98 LG서울역빌딩 22층	

설 립 일	1982.10.27	종업원수	701명	대 표 이 사	김창수
상 장 일	1986.02.03	감사의견	적정 (삼정)	계 열	
결 산 기	12월	보 통 주	2,500만주	종속회사수	
액 면 가	5,000원	우 선 주	16만주	구 상 호	

주주구성 (지분율,%)		출자관계 (지분율,%)		주요경쟁사 (외형,%)	
한국산업은행	37.6	동부인천스틸	100.0	동부제철	100
한국수출입은행	14.9	동부당진함만운영	100.0	포스코엠텍	11
(외국인)	0.5	동부철구	42.9	동양철관	6

매출구성		비용구성		수출비중	
칼라강판,냉연강판,아연도강판 등[제품]	92.6	매출원가율	87.3	수출	—
해외법인판매	17.2	판관비율	6.5	내수	—
공사,엔지니어링등	3.3				

회사 개요
동사는 1982년 10월 27일 철강재 및 비철금속제조를 주목적으로 하여 설립되었으며 철강재 및 비철금속 제조 및 판매 등의 사업을 영위하고 있음. 동사의 사업은 열연 및 냉연판재를 생산/판매하는 판재부문과 강관, 형강 및 PEB를 생산/판매하는 건재부문과 봉강, 선재제품의 생산 및 판매하는 선재부문으로 구성됨. 판재부문의 매출비중은 96% 수준이며, 전체 매출액 중 수출비중은 52.1% 수준임.

실적 분석
동사의 2016년 연결 기준 매출과 영업이익은 2조3280억원, 1436억원으로 전년 대비 각각 0.3%, 82.8% 증가함. 동사는 채권금융기관협의회의 출자전환 결의에 따라 기존주주가 보유하고 있는 보통주 및 우선주에 대하여 4대 1의 무상감자를 실시함. 채권금융기관협의회가 보유한 사채 및 차입금을 각각 899억원과 1101억원을 출자전환한 결과 자본금이 226억원, 자본총계가 1229억원 증가, 자본잠식이 해소돼 관리종목 지정이 해제됨.

현금 흐름 〈단위 : 억원〉

항목	2015	2016
영업활동	903	3,175
투자활동	2,024	-289
재무활동	-2,570	-2,163
순현금흐름	360	723
기말현금	752	1,475

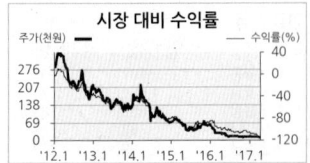
시장 대비 수익률

결산 실적 〈단위 : 억원〉

항목	2011	2012	2013	2014	2015	2016
매출액	42,595	39,441	33,647	30,244	23,208	23,280
영업이익	214	171	168	-1,601	786	1,436
당기순이익	-2,169	-1,101	-1,405	-12,812	-481	-727

분기 실적 〈단위 : 억원〉

항목	2015.3Q	2015.4Q	2016.1Q	2016.2Q	2016.3Q	2016.4Q
매출액	5,848	5,279	5,338	5,835	6,022	6,084
영업이익	397	99	370	635	295	136
당기순이익	78	107	-240	251	139	-877

재무 상태 〈단위 : 억원〉

항목	2011	2012	2013	2014	2015	2016
총자산	53,103	53,467	52,415	33,939	28,905	28,232
유형자산	36,598	36,327	35,405	20,657	20,498	19,574
무형자산	528	534	528	292	70	80
유가증권	1,073	1,352	855	349	310	233
총부채	38,210	38,740	39,148	33,244	28,871	26,970
총차입금	24,354	24,325	25,290	22,765	21,818	19,935
자본금	3,211	3,211	3,211	3,711	1,582	1,808
총자본	14,893	14,727	13,267	695	34	1,263
지배주주지분	14,844	13,739	12,239	515	16	1,244

기업가치 지표

항목	2011	2012	2013	2014	2015	2016
주가(최고/저)(천원)	515/274	356/160	219/116	216/65.9	87.2/35.5	60.6/12.0
PER(최고/저)(배)	—/—	—/—	—/—	—/—	—/—	—/—
PBR(최고/저)(배)	1.5/0.8	1.1/0.5	0.8/0.4	14.0/4.3	282.1/115.0	12.2/2.4
EV/EBITDA(배)	13.7	13.0	13.2	323.9	11.9	8.7
EPS(원)	-110,517	-57,028	-73,931	-573,424	-16,759	-3,924
BPS(원)	28,396	26,311	23,484	1,162	84	4,949
CFPS(원)	-880	1,282	753	-19,303	3,601	1,987
DPS(원)						
EBITDAPS(원)	3,825	3,829	3,949	125	11,030	13,659

재무 비율 〈단위 : %〉

연도	영업이익률	순이익률	부채비율	차입금비율	ROA	ROE	유보율	자기자본비율	EBITDA마진율
2016	6.2	-3.1	일부잠식	일부잠식	-2.6	-115.4	-31.1	4.5	10.9
2015	3.4	-2.1	일부잠식	일부잠식	-1.5	-174.0	-98.9	0.1	8.0
2014	-5.3	-42.4	일부잠식	일부잠식	-29.7	-199.9	-80.3	2.1	0.2
2013	0.5	-4.2	295.1	190.6	-2.7	-11.2	288.0	25.3	5.9

동부증권 (A016610)
Dongbu Securities

업 종 : 증권		시 장 : 거래소	
신용등급 : (Bond) A+ (CP) A2+		기업규모 : 시가총액 소형주	
홈페이지 : www.dongbuhappy.com		연락처 : 02)369-3000	
본 사 : 서울시 영등포구 국제금융로 8길 32 동부증권빌딩			

설 립 일 1982.12.20	종업원수 909명	대표이사 고원종	
상 장 일 1988.06.27	감사의견 적정 (안진)	계 열	
결 산 기 12월	보 통 주 4,245만주	종속회사수	
액 면 가 5,000원	우 선 주	구 상 호	

주주구성 (지분율,%)		출자관계 (지분율,%)		주요경쟁사 (외형,%)	
동부화재해상보험	19.9	동부자산운용	55.3	동부증권	100
동부증권우리사주조합	10.4	동부저축은행	50.0	부국증권	52
(외국인)	6.0	청진이삼자산관리	19.4	유화증권	8

수익구성		비용구성		수출비중	
금융상품 관련이익	72.1	이자비용	6.4	수출	—
이자수익	12.9	파생상품손실	0.0	내수	—
수수료수익	10.9	판관비	14.9		

회사 개요
동사는 1982년 단기금융업법에 따라 국민투자금융으로 설립돼 1988년 한국증권거래소에 상장됨. 1991년 동부증권으로 상호를 변경하고, 기업집단 동부그룹에 속한 중소형 증권사임. 2016년 12월 31일 현재 국내에 32개 지점을 설치 운영하고 있음. 금융투자업, 기업자문, 컨설팅 등의 사업을 영위하고 있으며 동사의 종속회사로는 동부자산운용, 동부저축은행 등이 있음.

실적 분석
동사의 2016년 연결 기준 영업이익은 97.9억원, 당기순이익은 64.5억원으로, 전년 대비 영업이익은 5.9% 감소했으나 당기순이익은 흑자전환함. 수익성지표인 ROE는 0.9%로 전년 대비 2.1%포인트 증가함. 브렉시트 및 미국 금리인상 등으로 금융·파생상품운용 실적이 악화되었으나, 기업금융,구조화금융, 대체자자 부문의 성장으로 수수료 손익이 증가함. 주요 자회사인 동부저축은행과 동부자산운용의 실적 개선이 흑자 전환의 주된 요인임.

현금 흐름 〈단위 : 억원〉
항목	2015	2016
영업활동	-169	3,077
투자활동	-101	35
재무활동	-239	-1,445
순현금흐름	-514	1,672
기말현금	1,631	3,302

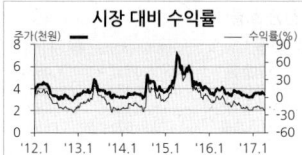

결산 실적 〈단위 : 억원〉
항목	2011	2012	2013	2014	2015	2016
순영업손익	1,957	2,939	1,302	2,113	2,110	2,059
영업이익	96	820	-87	213	104	98
당기순이익	68	585	-83	163	-85	64

분기 실적 〈단위 : 억원〉
항목	2015.3Q	2015.4Q	2016.1Q	2016.2Q	2016.3Q	2016.4Q
순영업손익	583	392	553	621	382	503
영업이익	91	-111	46	83	-107	76
당기순이익	76	-152	30	65	-104	74

재무 상태 〈단위 : 억원〉
항목	2011	2012	2013	2014	2015	2016
총자산	43,335	65,526	62,168	64,903	66,392	63,356
유형자산	337	1,101	1,067	1,029	1,048	1,041
무형자산	640	666	619	628	281	250
유가증권	29,982	38,651	35,707	36,001	34,106	30,542
총부채	37,133	58,487	55,366	57,953	59,541	56,396
총차입금	21,680	22,243	28,078	30,746	30,705	30,984
자본금	2,122	2,122	2,122	2,122	2,122	2,122
총자본	6,202	7,039	6,802	6,949	6,850	6,960
지배주주지분	6,031	6,187	5,971	6,110	6,027	6,081

기업가치 지표
항목	2011	2012	2013	2014	2015	2016
주가(최고/저)(천원)	6.3/3.2	4.5/2.8	4.9/3.1	5.5/3.1	7.4/3.7	4.2/3.1
PER(최고/저)(배)	47.7/24.1	3.5/2.2	—/—	16.0/9.0	—/—	1,690.2/1,264.1
PBR(최고/저)(배)	0.5/0.2	0.3/0.2	0.4/0.2	0.4/0.2	0.5/0.3	0.3/0.2
PSR(최고/저)(배)	2/1	1/0	2/1	1/1	1/1	1/1
EPS(원)	145	1,419	-161	352	-176	2
BPS(원)	14,376	14,754	14,245	14,573	14,376	14,504
CFPS(원)	448	1,756	68	639	107	194
DPS(원)	50	250		100		
EBITDAPS(원)	226	1,931	-206	503	245	231

재무 비율 〈단위 : %〉
연도	계속사업이익률	순이익률	부채비율	차입금비율	ROA	ROE	유보율	자기자본비율	총자산증가율
2016	6.1	3.1	810.3	445.2	0.1	0.0	190.1	11.0	-4.6
2015	-3.4	-4.0	869.2	448.2	-0.1	-1.2	187.5	10.3	2.3
2014	10.8	7.7	833.9	442.4	0.3	2.5	191.5	10.7	-1.0
2013	-5.8	-6.4	813.9	412.8	-0.1	-1.1	184.9	10.9	-5.1

동부하이텍 (A000990)
Dongbu HiTek

업 종 : 반도체 및 관련장비		시 장 : 거래소	
신용등급 : (Bond) — (CP) —		기업규모 : 시가총액 중형주	
홈페이지 : www.dongbuhitek.co.kr		연락처 : 02)3484-2888	
본 사 : 서울시 강남구 테헤란로 432(대치동), 동부금융센터			

설 립 일 1953.04.28	종업원수 2,076명	대표이사 최창식	
상 장 일 1975.12.12	감사의견 적정 (삼정)	계 열	
결 산 기 12월	보 통 주 4,437만주	종속회사수	
액 면 가 5,000원	우 선 주 14만주	구 상 호	

주주구성 (지분율,%)		출자관계 (지분율,%)		주요경쟁사 (외형,%)	
동부CNI	12.4	동부철구	49.7	동부하이텍	100
국민연금공단	8.4	동부메탈	24.8	SK하이닉스	2,224
(외국인)	22.4	부산정관에너지	24.3	이오테크닉스	40

매출구성		비용구성		수출비중	
Fab System-LSI Wafer 외	100.0	매출원가율	62.5	수출	44.1
		판관비율	15.2	내수	55.9

회사 개요
동사는 1953년에 설립되었으며, 2010년 농업사업부문을 동부팜한농으로 물적분할하고 반도체를 주사업부문으로 영위하고 있음. 동사의 주요 사업부문은 웨이퍼 수탁 생산 및 판매를 담당하는 Foundry 사업과 디스플레이 구동 및 Sensor IC 등 자사 제품을 설계, 판매하는 Brand 사업으로 구성되어 있음. 동사의 주요경쟁사로는 TSMC, UMC 등이 있음.

실적 분석
동사의 2016년 연결 기준 매출과 영업이익은 7,731억원, 1,724억원으로 전년 대비 각각 16%, 38% 증가함. 당기순이익은 883억원으로 30.3% 감소함. 동사는 스마트폰향 및 TV향 전력반도체 이미지센서 수주증가에 따른 가동률 상승과 생산성 향상, 원가절감 및 환율효과 등으로 실적이 증가함. 2016년말 총차입금은 장기차입금 상환의 영향으로 2015년 대비 1,158억원이 감소한 4,385억원임.

현금 흐름 〈단위 : 억원〉
항목	2015	2016
영업활동	1,527	2,483
투자활동	-122	-1,210
재무활동	-718	-1,185
순현금흐름	678	74
기말현금	1,081	1,156

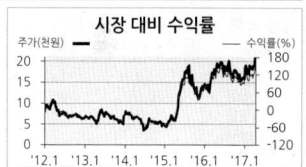

결산 실적 〈단위 : 억원〉
항목	2011	2012	2013	2014	2015	2016
매출액	5,522	5,908	4,938	5,677	6,666	7,731
영업이익	-354	-156	-96	456	1,250	1,724
당기순이익	-979	-313	-830	-770	1,267	883

분기 실적 〈단위 : 억원〉
항목	2015.3Q	2015.4Q	2016.1Q	2016.2Q	2016.3Q	2016.4Q
매출액	1,882	1,815	1,839	1,901	1,982	2,010
영업이익	487	301	407	442	458	417
당기순이익	313	89	272	198	289	124

재무 상태 〈단위 : 억원〉
항목	2011	2012	2013	2014	2015	2016
총자산	11,990	11,578	10,584	9,849	9,846	9,868
유형자산	7,589	6,854	6,360	5,918	5,331	5,477
무형자산	714	767	742	618	342	257
유가증권	351	913	51	55	165	323
총부채	8,910	8,669	8,536	8,642	7,306	6,449
총차입금	7,219	6,932	6,740	6,715	5,410	4,351
자본금	2,146	2,226	2,226	2,226	2,226	2,226
총자본	3,081	2,909	2,048	1,207	2,541	3,419
지배주주지분	3,081	2,909	2,048	1,207	2,541	3,419

기업가치 지표
항목	2011	2012	2013	2014	2015	2016
주가(최고/저)(천원)	18.5/6.3	10.9/6.1	8.8/5.0	8.2/3.4	19.0/4.4	20.7/12.7
PER(최고/저)(배)	—/—	—/—	—/—	—/—	6.7/1.5	10.4/6.4
PBR(최고/저)(배)	2.0/0.7	1.3/0.7	1.4/0.8	1.8/0.8	3.1/0.7	2.5/1.5
EV/EBITDA(배)	11.0	8.8	12.3	6.5	5.1	4.0
EPS(원)	-2,288	-706	-1,870	-1,734	2,854	1,990
BPS(원)	9,050	8,341	6,406	4,492	6,238	8,212
CFPS(원)	579	1,793	104	114	4,721	3,777
DPS(원)						
EBITDAPS(원)	2,040	2,147	1,759	2,875	4,681	5,670

재무 비율 〈단위 : %〉
연도	영업이익률	순이익률	부채비율	차입금비율	ROA	ROE	유보율	자기자본비율	EBITDA마진율
2016	22.3	11.4	188.6	127.2	9.0	29.7	64.2	34.7	32.6
2015	18.8	19.0	287.6	213.0	12.9	67.6	24.8	25.8	31.2
2014	8.0	-13.6	일부잠식	일부잠식	-7.5	-47.3	-10.2	12.3	22.5
2013	-2.0	-16.8	일부잠식	일부잠식	-7.5	-33.5	28.1	19.4	15.8

동부화재해상보험 (A005830)
Dongbu Insurance

업 종 : 보험 .		시 장 : 거래소	
신용등급 : (Bond) — (CP) —		기업규모 : 시가총액 대형주	
홈페이지 : www.idongbu.com		연 락 처 : 1588-0100	
본 사 : 서울시 강남구 테헤란로 432 동부금융센터			

설 립 일 1968.11.01	종업원수 4,606명	대표이사 김정남	
상 장 일 1973.06.28	감사의견 적정 (한영)	계 열	
결 산 기 12월	보 통 주 7,080만주	종속회사수	
액 면 가 500원	우 선 주	구 상 호	

주주구성 (지분율,%)		출자관계 (지분율,%)		주요경쟁사 (외형,%)	
김남호	9.0	동부MnS	100.0	동부화재	100
국민연금공단	8.2	금호사옥PFV주식	100.0	삼성생명	127
(외국인)	50.4	동부손사우선	100.0	삼성화재	141

수익구성		비용구성		수출비중	
장기	64.8	책임준비금전입	18.5	수출	—
자동차	21.5	보험금비용	27.9	내수	—
특종	6.1	사업비	8.4		

회사 개요
1962년 '한국자동차보험공영사'로 설립된 동사는 1983년 동부그룹의 경영권 인수로 1995년 동부화재해상보험으로 사명을 변경함. 국내 손보업계는 현재 31개의 보험사가 영업 중이며 동사는 시장점유율 15.8%로 업계 3위의 업체임. 동사가 소속된 기업집단 동부그룹엔 총53개의 국내 계열사를 두고 있음. 이 중 상장사는 동부제철, 동부하이텍, 동부증권 등 5개사이고, 비상장사는 대우전자, 동부메탈 등 총 21개가 있음.

실적 분석
동사의 2016년 연결 기준 보험료수익은 17조671억원, 영업이익은 7,260억원으로 전년 대비 보험료수익은 6.9%, 영업이익은 28.2% 증가함. 원수보험료는 12조924억원으로 전년 대비 6,045억 증가함. 손해율은 전년 대비 1.5%포인트 하락한 84.5%, 사업비율은 전년 대비 0.5%포인트 상승한 17.9%임. ROA와 ROE는 전년 대비 상승한 1.61%와 12.3%를 기록함.

현금 흐름 〈단위 : 억원〉

항목	2015	2016
영업활동	24,331	31,026
투자활동	-20,659	-30,135
재무활동	-812	-940
순현금흐름	2,896	63
기말현금	7,476	7,539

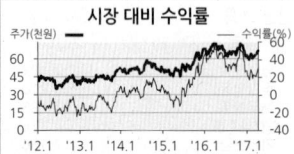

시장 대비 수익률

결산 실적 〈단위 : 억원〉

항목	2011	2012	2013	2014	2015	2016
보험료수익	89,798	96,273	85,476	118,371	126,359	132,422
영업이익	5,068	5,690	3,718	5,288	5,662	7,261
당기순이익	3,775	4,942	2,632	4,293	4,304	5,338

분기 실적 〈단위 : 억원〉

항목	2015.3Q	2015.4Q	2016.1Q	2016.2Q	2016.3Q	2016.4Q
보험료수익	31,464	32,754	32,571	32,886	32,755	34,209
영업이익	1,218	537	1,529	2,162	2,515	1,055
당기순이익	905	294	1,154	1,568	1,780	836

재무 상태 〈단위 : 억원〉

항목	2011	2012	2013	2014	2015	2016
총자산	176,643	282,500	303,135	349,321	400,184	448,634
유형자산	3,131	3,215	4,063	3,565	3,644	3,632
무형자산	732	4,639	4,137	5,091	3,838	3,188
유가증권	77,488	132,289	136,804	162,029	187,287	221,265
총부채	154,035	251,834	274,557	313,409	360,514	405,187
총차입금	330	2,166	2,836	2,478	3,897	3,937
자본금	354	354	354	354	354	354
총자본	22,608	30,666	28,578	35,912	39,669	43,447
지배주주지분	22,608	28,406	27,140	34,537	38,058	41,697

기업가치 지표

항목	2011	2012	2013	2014	2015	2016
주가(최고/저)(천원)	50.7/38.5	47.1/35.2	53.0/38.3	58.8/45.3	68.6/44.5	74.3/60.3
PER(최고/저)(배)	10.8/8.2	7.5/5.6	14.9/10.8	10.6/8.2	12.2/7.9	10.3/8.4
PBR(최고/저)(배)	1.8/1.4	1.3/1.0	1.5/1.1	1.3/1.0	1.3/0.9	1.3/1.0
PSR(최고/저)(배)	0/0	0/0	0/0	0/0	0/0	0/0
EPS(원)	5,331	6,981	3,814	5,961	5,915	7,396
BPS(원)	32,351	40,540	38,752	49,200	54,173	59,312
CFPS(원)	6,038	7,996	5,401	7,853	8,087	9,348
DPS(원)	1,200	1,250	1,000	1,450	1,550	1,650
EBITDAPS(원)	7,158	8,037	5,252	7,469	7,997	10,255

재무 비율 〈단위 : %〉

연도	계속사업이익률	순이익률	부채비율	차입금비율	ROA	ROE	유보율	자기자본증가율	총자산증가율
2016	5.3	4.0	932.6	9.1	1.3	13.1	11,762.5	9.7	12.1
2015	4.3	3.4	908.8	9.8	1.2	11.5	10,734.7	9.9	14.6
2014	4.5	3.6	872.7	6.9	1.3	13.7	9,739.9	10.3	23.7
2013	4.1	3.1	960.7	9.9	0.9	9.7	7,650.4	9.4	7.3

동서 (A026960)
DongSuh Companies

업 종 : 식료품 .		시 장 : 거래소	
신용등급 : (Bond) — (CP) —		기업규모 : 시가총액 대형주	
홈페이지 : www.dongsuh.com		연 락 처 : 02)701-5050	
본 사 : 서울시 마포구 독막로 324(도화동) 동서빌딩 10층			

설 립 일 1975.05.16	종업원수 256명	대표이사 김종원	
상 장 일 2016.07.15	감사의견 적정 (안진)	계 열	
결 산 기 12월	보 통 주 9,970만주	종속회사수	
액 면 가 500원	우 선 주	구 상 호	

주주구성 (지분율,%)		출자관계 (지분율,%)		주요경쟁사 (외형,%)	
김상헌	19.7	NH(지역농축협정기)예금리테일1호	100.0	동서	100
김석수	19.5	NH(지역농축협정기)예금리테일(2)	100.0	롯데푸드	343
(외국인)	11.8	동서물산	62.5	대상	556

매출구성		비용구성		수출비중	
식자재 등	56.9	매출원가율	83.2	수출	14.7
포장재, 다류, 동서물산	28.3	판관비율	7.9	내수	85.3
수출 및 대행	13.8				

회사 개요
동사는 식품사업, 포장사업, 다류사업, 수출입 및 구매대행업 등을 주요 사업으로 영위하고 있으며, 2015년 말 기준으로 커피사업 등을 영위하는 종속회사를 포함하여 총 8개 계열회사를 가지고 있음. 식품사업에서 전국에 걸친 안정적인 유통망 및 물류시스템, 품질관리, 브랜드 인지도 등의 강점을 지니고 있으며, 포장사업의 경우 고기능성 포장재 및 체계적인 품질관리 시스템 등에서 경쟁력을 지니고 있는 것으로 평가됨.

실적 분석
동사의 2016년 누적 연결기준 매출액은 5,137.9억원으로 전년동기 대비 0.9% 감소함. 매출은 전년동기 수준을 유지했지만 매출원가와 판관비가 전년동기 대비 소폭 증가하면서 영업이익은 전년 동기 대비 6.6% 감소한 456억원을 기록함. 비영업손익 부문에서 관련기업에 대한 지분법이익이 늘면서 영업이익 대비 순이익의 규모는 커졌지만 전년 동기 대비는 2.1% 감소한 모습.

현금 흐름 〈단위 : 억원〉

항목	2015	2016
영업활동	1,093	1,065
투자활동	-648	-437
재무활동	-613	-682
순현금흐름	-167	-54
기말현금	363	309

시장 대비 수익률

결산 실적 〈단위 : 억원〉

항목	2011	2012	2013	2014	2015	2016
매출액	4,432	4,597	4,704	5,027	5,094	5,138
영업이익	494	513	510	541	488	456
당기순이익	998	1,255	1,265	1,310	1,250	1,224

분기 실적 〈단위 : 억원〉

항목	2015.3Q	2015.4Q	2016.1Q	2016.2Q	2016.3Q	2016.4Q
매출액	1,240	1,349	1,269	1,269	1,194	1,406
영업이익	97	126	123	123	90	120
당기순이익	277	286	431	329	277	186

재무 상태 〈단위 : 억원〉

항목	2011	2012	2013	2014	2015	2016
총자산	9,515	10,270	11,128	11,758	12,564	13,270
유형자산	803	781	801	768	809	781
무형자산	18	31	25	24	21	18
유가증권	1,408	1,437	716	607	686	936
총부채	1,106	1,027	1,090	1,015	1,163	1,296
총차입금	0	0	0	0	0	0
자본금	149	296	499	499	499	499
총자본	8,409	9,243	10,038	10,743	11,401	11,974
지배주주지분	8,277	9,093	9,874	10,559	11,200	11,757

기업가치 지표

항목	2011	2012	2013	2014	2015	2016
주가(최고/저)(천원)	9.7/7.5	10.2/7.8	17.1/9.6	22.8/14.2	44.9/20.1	33.4/24.6
PER(최고/저)(배)	12.0/9.3	9.6/7.4	15.3/8.6	19.2/11.9	38.5/17.2	28.7/21.2
PBR(최고/저)(배)	1.4/1.1	1.3/1.0	1.9/1.1	2.3/1.4	4.2/1.9	2.9/2.1
EV/EBITDA(배)	12.1	11.9	21.6	29.4	47.1	41.9
EPS(원)	976	1,228	1,240	1,279	1,220	1,194
BPS(원)	27,807	15,383	9,914	10,601	11,244	11,802
CFPS(원)	3,533	2,191	1,305	1,340	1,282	1,263
DPS(원)	1,350	800	550	600	670	670
EBITDAPS(원)	1,926	989	576	604	552	527

재무 비율 〈단위 : %〉

연도	영업이익률	순이익률	부채비율	차입금비율	ROA	ROE	유보율	자기자본비율	EBITDA마진율
2016	8.9	23.8	10.8	0.0	9.5	10.4	2,260.5	90.2	10.2
2015	9.6	24.5	10.2	0.0	10.3	11.2	2,148.8	90.7	10.8
2014	10.8	26.1	9.5	0.0	11.5	12.5	2,020.2	91.4	12.0
2013	10.8	26.9	10.9	0.0	11.8	13.0	1,882.8	90.2	12.2

동성 (A102260)
Dongsung

업 종 : 화학	시 장 : 거래소
신용등급 : (Bond) — (CP) —	기업규모 : 시가총액 소형주
홈페이지 : www.dongsungcorp.co.kr	연 락 처 : 051)200-4500
본 사 : 부산시 사하구 신산로 99	

설 립 일	2008.05.14	종 업 원 수	293명	대 표 이 사	박춘열
상 장 일	2008.06.23	감 사 의 견	적정 (한영)	계 열	
결 산 기	12월	보 통 주	4,544만주	종 속 회 사 수	
액 면 가	1,000원	우 선 주		구 상 호	동성홀딩스

주주구성 (지분율,%)		출자관계 (지분율,%)		주요경쟁사 (외형,%)	
백정호	30.9	동성케멕스	100.0	동성코퍼레이션	100
백진우	11.8	동성빅썸	100.0	한국쉘석유	25
(외국인)	5.6	동성에코어	100.0	남해화학	129

매출구성		비용구성		수출비중	
동성코퍼레이션(기타)	100.0	매출원가율	81.7	수출	—
		판관비율	10.6	내수	—

회사 개요
동사는 2008년 동성화학을 인적분할하여 설립된 지주회사로서 2008년 유가증권시장에 상장됨. 2015년 7월에는 동성하이켐을 합병하고 상호를 동성코퍼레이션으로 변경함. 연결대상 종속회사의 사업으로는 동성화학, 동성화인텍 등 화학 부문, 중장비 및 항공부품 부문 및 바이오와 그린에너지 부문 등이 있음. 동사는 영업부문은 사업부문과 지주부문으로 구성되어 있으며 동성그룹 계열회사에 대한 경영자문활동 및 상표권 관리 등을 종합적으로 수행함.

실적 분석
동사의 2016년 연결기준 누적 매출액은 8,529.1억원으로 전년 대비 2.1% 감소함. 영업이익은 650.4억원으로 2.5% 증가한 반면, 비영업손익이 흑자 전환하면서 당기순이익은 전년보다 21.6% 증가한 529.8억원을 기록함. 동사는 석유·정밀화학부문 및 폴리우레탄(TPU) 부문에서 견조한 매출 성장세를 보임. 경쟁력 및 시너지 효과를 바탕으로 신사업 매출 본격화, 원재료 가격 하향 안정화 등을 통해 수익성 향상이 기대됨.

현금 흐름 〈단위 : 억원〉
항목	2015	2016
영업활동	498	783
투자활동	-333	-497
재무활동	-204	-178
순현금흐름	-39	104
기말현금	401	505

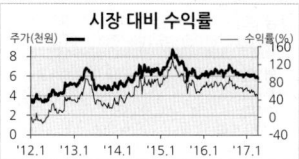

결산 실적 〈단위 : 억원〉
항목	2011	2012	2013	2014	2015	2016
매출액	5,821	6,540	8,234	9,054	8,712	8,529
영업이익	188	441	439	500	667	650
당기순이익	21	302	180	291	436	530

분기 실적 〈단위 : 억원〉
항목	2015.3Q	2015.4Q	2016.1Q	2016.2Q	2016.3Q	2016.4Q
매출액	2,238	2,222	2,307	2,134	1,872	2,216
영업이익	171	162	231	216	144	60
당기순이익	112	40	172	180	101	76

재무 상태 〈단위 : 억원〉
항목	2011	2012	2013	2014	2015	2016
총자산	5,884	7,240	7,356	8,092	8,017	8,721
유형자산	2,342	2,375	2,444	3,069	3,132	3,366
무형자산	433	421	428	498	455	424
유가증권	196	642	496	470	375	464
총부채	3,366	4,174	3,988	4,308	4,032	4,314
총차입금	2,253	2,848	2,348	2,388	2,424	2,392
자본금	241	274	351	362	454	454
총자본	2,518	3,066	3,367	3,783	3,985	4,406
지배주주지분	1,612	1,844	1,951	2,029	2,663	2,953

기업가치 지표
항목	2011	2012	2013	2014	2015	2016
주가(최고/저)(천원)	5.1/1.3	5.4/3.2	7.0/4.0	7.2/4.7	8.7/5.1	7.3/5.8
PER(최고/저)(배)	—/—	11.0/6.5	358.9/206.6	38.8/25.0	18.7/10.9	9.2/7.2
PBR(최고/저)(배)	0.9/0.2	0.9/0.5	1.4/0.8	1.4/0.9	1.5/0.9	1.1/0.9
EV/EBITDA(배)	10.1	8.2	6.8	8.4	6.8	6.5
EPS(원)	-75	554	22	203	496	824
BPS(원)	6,731	6,764	5,593	5,664	6,217	6,838
CFPS(원)	606	1,137	643	715	1,021	1,290
DPS(원)	—	100	100	170	200	200
EBITDAPS(원)	1,475	2,231	2,213	1,909	2,157	1,897

재무 비율 〈단위 : %〉
연도	영업이익률	순이익률	부채비율	차입금비율	ROA	ROE	유보율	자기자본비율	EBITDA마진율
2016	7.6	6.2	97.9	54.3	6.3	13.3	583.9	50.5	10.1
2015	7.7	5.0	101.2	60.8	5.4	8.7	521.7	49.7	10.1
2014	5.5	3.2	113.9	63.1	3.8	3.7	466.4	46.8	7.6
2013	5.3	2.2	118.4	69.7	2.5	0.3	459.3	45.8	7.4

동성제약 (A002210)
Dong Sung Bio Pharm

업 종 : 제약	시 장 : 거래소
신용등급 : (Bond) — (CP) —	기업규모 : 시가총액 소형주
홈페이지 : www.dongsung-pharm.co.kr	연 락 처 : 02)6911-3600
본 사 : 서울시 도봉구 도봉로 683	

설 립 일	1957.11.25	종 업 원 수	339명	대 표 이 사	이양구
상 장 일	1990.01.19	감 사 의 견	적정 (상록)	계 열	
결 산 기	12월	보 통 주	2,240만주	종 속 회 사 수	
액 면 가	1,000원	우 선 주		구 상 호	

주주구성 (지분율,%)		출자관계 (지분율,%)		주요경쟁사 (외형,%)	
이양구	17.4	퀀트와이즈투자자문	4.0	동성제약	100
이상구	3.7			선바이오	1
(외국인)	3.3			대봉엘에스	89

매출구성		비용구성		수출비중	
의약품 등	82.1	매출원가율	53.5	수출	—
화장품 등	17.9	판관비율	49.4	내수	—

회사 개요
동사는 1957년 11월에 설립되었으며, 1990년 1월 19일자로 유가증권시장에 상장되어 매매가 개시되었음. 의약품의 제조, 판매를 주요 사업으로 하고 있으며 수익을 창출하는 재화의 성격, 제품 및 제조공정의 특징, 시장 및 판매 방법의 특징, 사업부문 구분의 계속성을 고려하여 경영의 다각화에 반영할수 있도록 의약품 사업과 화장품 사업과 관계기업의 LED 사업으로 구분할 수 있음.

실적 분석
중국 홈쇼핑 시장 진출과 국내 신제품 염모제 출시로 소폭 매출 및 수익구조가 개선된 영향으로 동사의 2016년 결산기준 누적 매출액은 797.2억원으로 전년 746.6억원 대비 6.8% 증가하였으며, 판관비는 전년 352.8억원 대비 11.6% 증가한 393.8억원을 기록함. 매출 신장에도 불구하고 비용의 증가로 영업이익은 전년 12.0억원 대비 적자전환하며 22.9억원 손실을 기록하였음.

현금 흐름 *IFRS 별도 기준 〈단위 : 억원〉
항목	2015	2016
영업활동	-93	-33
투자활동	3	-9
재무활동	2	25
순현금흐름	-25	-17
기말현금	46	29

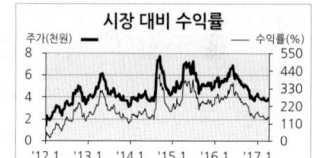

결산 실적 〈단위 : 억원〉
항목	2011	2012	2013	2014	2015	2016
매출액	784	846	752	732	747	797
영업이익	36	41	-20	-18	12	-23
당기순이익	17	32	-20	-109	5	-17

분기 실적 *IFRS 별도 기준 〈단위 : 억원〉
항목	2015.3Q	2015.4Q	2016.1Q	2016.2Q	2016.3Q	2016.4Q
매출액	183	188	204	203	196	194
영업이익	-14	15	5	-4	-9	-15
당기순이익	-6	-2	2	-13	-7	1

재무 상태 *IFRS 별도 기준 〈단위 : 억원〉
항목	2011	2012	2013	2014	2015	2016
총자산	1,246	1,336	1,271	1,343	1,241	1,254
유형자산	306	322	322	322	319	332
무형자산	12	8	8	5	11	10
유가증권	55	97	95	220	158	145
총부채	644	708	656	787	664	698
총차입금	351	382	394	401	395	409
자본금	211	211	218	218	224	224
총자본	602	629	615	556	577	556
지배주주지분	602	629	615	556	577	556

기업가치 지표 *IFRS 별도 기준
항목	2011	2012	2013	2014	2015	2016
주가(최고/저)(천원)	1.6/1.0	5.8/1.4	6.6/3.1	8.5/3.3	8.1/4.3	7.1/3.6
PER(최고/저)(배)	21.2/12.5	39.1/9.3	—/—	—/—	397.9/212.5	—/—
PBR(최고/저)(배)	0.6/0.3	1.9/0.4	2.2/1.1	3.2/1.2	3.0/1.6	2.7/1.4
EV/EBITDA(배)	10.2	17.1			45.4	
EPS(원)	81	151	-92	-503	20	-74
BPS(원)	3,043	3,170	3,013	2,689	2,707	2,613
CFPS(원)	152	226	-24	-432	92	-1
DPS(원)	30	30	30			
EBITDAPS(원)	225	269	-23	-13	126	-29

재무 비율 〈단위 : %〉
연도	영업이익률	순이익률	부채비율	차입금비율	ROA	ROE	유보율	자기자본비율	EBITDA마진율
2016	-2.9	-2.1	125.4	73.6	-1.3	-2.9	161.3	44.4	-0.8
2015	1.6	0.6	115.0	68.5	0.4	0.8	170.7	46.5	3.8
2014	-2.5	-15.0	141.5	72.0	-8.4	-18.7	168.9	41.4	-0.4
2013	-2.6	-2.6	106.7	64.1	-1.5	-3.2	201.3	48.4	-0.7

동성화인텍 (A033500)
DONGSUNG FINETEC

업 종 : 화학		시 장 : KOSDAQ	
신용등급 : (Bond) — (CP) —		기업규모 : 우량	
홈 페 이 지 : www.dsfinetec.co.kr		연 락 처 : 031)677-7000	
본 사 : 경기도 안성시 미양면 협동단지길 120(보체리) 동성화인텍			

설 립 일	1985.07.31	종업원수	488명	대표이사	류완수
상 장 일	1997.12.19	감사의견	적정 (삼일)	계 열	
결 산 기	12월	보 통 주	2,698만주	종속회사수	
액 면 가	500원	우 선 주		구 상 호	화인텍

주주구성 (지분율,%)		출자관계 (지분율,%)		주요경쟁사 (외형,%)	
동성홀딩스	39.3	캐파코리아	49.0	동성화인텍	100
베어링자산운용	4.7	DongsungFinetecVietnamCo.,Ltd	100.0	동성화학	53
(외국인)	2.5	DongsungFinetecAmericaLLC		대한화섬	31

매출구성		비용구성		수출비중	
R-PUF 외	94.0	매출원가율	86.8	수출	35.2
HCFC-22 외	6.1	판관비율	9.2	내수	64.8

회사 개요
동사는 화공품 수입알선 및 판매를 목적으로 1985년 설립됨. 동사의 사업영역은 크게 PU 단열재사업부문 및 가스사업부문으로 구성됨. PU단열재사업부문은 초저온보냉재, PU SYSTEM, 샌드위치판넬이며, 가스사업부문은 냉매, 방재시스템, SGC사업으로 구분됨. 매출구성은 PU단열재가 90% 이상을 차지함. LNG/LPG 수송선용 초저온보냉재 계약을 했으며, 미국 종합건축회사 등 해외 신규 수주물량이 증가추세임.

실적 분석
동사의 2016년 매출액은 3,350.1억원으로 전년 대비 3.5% 감소함.매출 축소에 판관비가 크게 늘면서 영업이익은 전년보다 34.7% 줄어든 133.4억원을 기록함. 당기순이익은 86.7억원으로 전년 대비 38.7% 감소함. 신규 발주처 확보 노력 및 건축자재로 쓰이는 보냉재 주문이 증가세에 있어 실적 개선이 기대됨. 또 2017년부터는 유가 회복으로 인한 지연된 LNG선 프로젝트와 셰일가스 운반용 LNG선 발주가 재개될 전망임.

현금 흐름 〈단위 : 억원〉
항목	2015	2016
영업활동	49	118
투자활동	-46	-48
재무활동	-46	-90
순현금흐름	-43	-21
기말현금	53	32

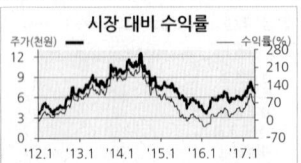

결산 실적 〈단위 : 억원〉
항목	2011	2012	2013	2014	2015	2016
매출액	1,776	2,394	4,095	4,208	3,471	3,350
영업이익	-17	155	205	255	204	133
당기순이익	-93	101	98	235	141	87

분기 실적 〈단위 : 억원〉
항목	2015.3Q	2015.4Q	2016.1Q	2016.2Q	2016.3Q	2016.4Q
매출액	914	929	1,030	838	655	826
영업이익	44	58	78	47	36	-27
당기순이익	25	36	51	38	15	-17

재무 상태 〈단위 : 억원〉
항목	2011	2012	2013	2014	2015	2016
총자산	2,090	2,967	2,984	2,806	2,824	2,800
유형자산	1,281	1,245	1,280	1,290	1,255	1,230
무형자산	19	19	19	21	21	12
유가증권	3	4	4	4	4	4
총부채	1,438	2,225	2,140	1,777	1,691	1,616
총차입금	1,137	1,652	1,276	1,125	1,116	1,061
자본금	138	138	138	138	138	138
총자본	652	741	845	1,030	1,133	1,185
지배주주지분	652	741	845	1,030	1,133	1,196

기업가치 지표
항목	2011	2012	2013	2014	2015	2016
주가(최고/저)(천원)	6.0/2.6	7.7/3.4	10.8/6.6	12.6/7.2	8.2/4.4	6.9/3.6
PER(최고/저)(배)	—/—	22.1/9.9	32.1/19.5	15.4/8.8	16.5/8.8	19.4/10.2
PBR(최고/저)(배)	2.7/1.2	3.0/1.4	3.7/2.3	3.4/2.0	2.0/1.1	1.6/0.8
EV/EBITDA(배)	33.2	15.5	14.5	9.8	8.8	12.8
EPS(원)	-345	376	363	871	524	362
BPS(원)	2,418	2,747	3,130	3,919	4,303	4,536
CFPS(원)	-45	662	646	1,115	762	605
DPS(원)	—	—	70	130	130	130
EBITDAPS(원)	236	861	1,044	1,188	994	738

재무 비율 〈단위 : %〉
연도	영업이익률	순이익률	부채비율	차입금비율	ROA	ROE	유보율	자기자본비율	EBITDA마진율
2016	4.0	2.6	136.4	89.6	3.1	8.4	785.6	42.3	5.9
2015	5.9	4.1	149.3	98.5	5.0	13.1	740.1	40.1	7.7
2014	6.1	5.6	172.6	109.2	8.1	25.1	665.0	36.7	7.6
2013	5.0	2.4	253.3	151.1	3.3	12.4	511.0	28.3	6.9

동성화학 (A005190)
Dong Sung Chemical

업 종 : 화학		시 장 : 거래소	
신용등급 : (Bond) — (CP) —		기업규모 : 시가총액 소형주	
홈 페 이 지 : www.dschem.com		연 락 처 : 051)200-4500	
본 사 : 부산시 사하구 신산로 99			

설 립 일	1967.09.16	종업원수	224명	대표이사	이경석
상 장 일	1988.07.01	감사의견	적정 (한영)	계 열	
결 산 기	12월	보 통 주	530만주	종속회사수	
액 면 가	1,000원	우 선 주		구 상 호	

주주구성 (지분율,%)		출자관계 (지분율,%)		주요경쟁사 (외형,%)	
동성홀딩스	51.5	VDS	100.0	동성화학	100
현대인베스트먼트자산운용	3.3	JDS	63.0	동성화인텍	189
(외국인)	2.8	JDS	50.0	대한화섬	59

매출구성		비용구성		수출비중	
원재료 VIXUM 등	44.4	매출원가율	75.8	수출	75.6
신발용PU(제품)	30.9	판관비율	12.6	내수	24.4
합성피혁용 PU	24.7				

회사 개요
동사는 신발용 폴리우레탄 수지, 합성 피혁용 표면처리제 등의 신발용 및 산업용 소재와 의료용 Casting 및 산업용 흡수 PU품을 생산하는 기업으로 1959년에 설립돼, 1988년 유가증권시장에 상장됨. 2005년 투자사업부문을 인적분할 방식으로 분할하여 신설법인인 동성홀딩스로 이전함. 3년간의 연구개발을 통해 최근 멜라민 폼의 국산화에 성공함으로서 자동차의 엔진커버와 철도차량 흡음재, 항공기 쿠션재와 같은 기존제품 대체 기반을 마련함.

실적 분석
동사의 2016년 누적매출액은 1,768억원으로 전년보다 2.2% 감소함. 매출 감소와 판관비 증가로 영업이익은 전년보다 3.7% 줄어든 204.7억원을 기록함. 비영업손익이 7.4억원으로 흑자전환하면서 당기순이익은 전년 대비 28.9% 증가한 152.5억원을 기록함. 최근 중동 등 신규시장을 발굴하여 수출물량을 늘리는 등 글로벌 PUS소재 시장 공략에 적극적으로 나서고 있음.

현금 흐름 〈단위 : 억원〉
항목	2015	2016
영업활동	163	262
투자활동	-125	-302
재무활동	56	39
순현금흐름	93	-8
기말현금	178	170

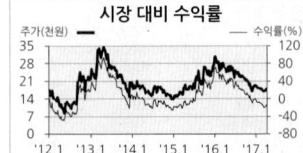

결산 실적 〈단위 : 억원〉
항목	2011	2012	2013	2014	2015	2016
매출액	1,304	1,259	1,469	1,760	1,808	1,768
영업이익	54	66	41	68	213	205
당기순이익	42	43	50	31	118	153

분기 실적 〈단위 : 억원〉
항목	2015.3Q	2015.4Q	2016.1Q	2016.2Q	2016.3Q	2016.4Q
매출액	462	462	434	437	414	483
영업이익	66	60	61	70	47	28
당기순이익	21	31	40	53	18	41

재무 상태 〈단위 : 억원〉
항목	2011	2012	2013	2014	2015	2016
총자산	979	1,102	1,353	1,416	1,588	1,972
유형자산	459	483	624	673	701	743
무형자산	60	53	61	59	53	45
유가증권	38	135	51	54	81	232
총부채	445	509	595	642	673	861
총차입금	141	210	248	292	325	395
자본금	39	40	51	51	53	55
총자본	534	593	758	774	915	1,111
지배주주지분	534	593	730	742	873	1,007

기업가치 지표
항목	2011	2012	2013	2014	2015	2016
주가(최고/저)(천원)	24.8/2.5	27.5/8.4	36.5/14.9	21.0/13.9	30.3/13.9	31.6/16.8
PER(최고/저)(배)	23.9/2.5	26.0/7.9	41.5/16.9	54.2/35.8	15.9/7.4	12.7/6.8
PBR(최고/저)(배)	1.9/0.2	1.9/0.6	2.6/1.1	1.5/1.0	1.8/0.9	1.7/0.9
EV/EBITDA(배)	10.1	10.5	15.9	8.3	6.7	4.0
EPS(원)	1,129	1,143	943	411	1,951	2,547
BPS(원)	14,247	15,642	14,967	15,222	16,947	19,211
CFPS(원)	1,786	1,711	1,640	1,276	2,845	3,432
DPS(원)	160	160	250	250	500	500
EBITDAPS(원)	2,121	2,309	1,604	2,251	5,186	4,750

재무 비율 〈단위 : %〉
연도	영업이익률	순이익률	부채비율	차입금비율	ROA	ROE	유보율	자기자본비율	EBITDA마진율
2016	11.6	8.6	77.5	35.6	8.6	14.4	1,752.9	56.4	14.2
2015	11.8	6.6	73.6	35.6	7.9	12.0	1,532.7	57.6	14.2
2014	3.8	1.8	82.9	37.7	2.3	2.7	1,363.4	54.7	6.2
2013	2.8	3.4	78.6	32.8	4.1	6.4	1,339.0	56.0	4.9

동신건설 (A025950)
DONGSHIN CONSTRUCTION INDUTSTRIAL CO

업 종 : 건설		시 장 : KOSDAQ	
신용등급 : (Bond) — (CP) —		기업규모 : 우량	
홈페이지 : 0		연락처 : (054)858-7811	
본 사 : 경북 안동시 서동문로 217			

설립일	1958.10.08	종업원수	82명	대표이사	김근한,김동한
상장일	1995.08.07	감사의견	적정 (성도)	계 열	
결산기	12월	보통주	840만주	종속회사수	
액면가	500원	우선주		구상호	

주주구성 (지분율,%)		출자관계 (지분율,%)		주요경쟁사 (외형,%)	
김근한	36.2	꿈나무	93.0	동신건설	100
김청한	31.1	인천김포간고속도로	7.8	삼일기업공사	43
(외국인)	0.9	갑을민자	6.5	신원종합개발	178

매출구성		비용구성		수출비중	
국내 도급공사 (토목)	81.0	매출원가율	87.6	수출	0.0
국내 도급공사 (건축)	15.7	판관비율	5.6	내수	100.0
기타	3.3				

회사 개요
동사는 사회간접자본 토목사업(도로, 항만, 상하수도, 택지개발, 댐, 철력구공사, 하수처리시설 가종 환경사업, 건축사업(관공서 건축, 주택사업, 대한주택공사 도급공사와 자체분양 아파트사업), 문화재공사, 전기, 환경, 소방공사 등을 영위하는 종합건설회사로 정부시책과 관련한 임대형 민자사업에 참여함. 수주환경 변화(최저가 낙찰제 확대), 원자재 비용에 따른 원가부담으로 부동산 경기가 전반적 위축상태에 있음.

실적 분석
동사는 217억원의 공사물량을 신규로 수주하였음. 전년 293억원 대비 약 26% 감소한 수준으로 다각도로 수주에 박차를 가하고 있음. 동사의 2016년 매출은 651.0억으로 전년동기 698.4억 대비 6.8% 감소하였음. 다만 판관비와 매출원가 감소로 영업이익은 전년 18.2억원보다 140% 증가한 43.9억원을 기록함. 모든 매출은 국내에서 발생하고 있음. 또한, 토목 공사 중 관급에서 가장 큰 시공 실적이 발생하고 있음.

현금 흐름 *IFRS 별도 기준 〈단위 : 억원〉
항목	2015	2016
영업활동	35	-22
투자활동	-175	212
재무활동	-8	-8
순현금흐름	-148	182
기말현금	199	380

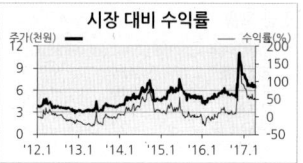
시장 대비 수익률

결산 실적 〈단위 : 억원〉
항목	2011	2012	2013	2014	2015	2016
매출액	462	421	872	505	698	651
영업이익	26	13	87	16	18	44
당기순이익	32	24	80	19	36	58

분기 실적 *IFRS 별도 기준 〈단위 : 억원〉
항목	2015.3Q	2015.4Q	2016.1Q	2016.2Q	2016.3Q	2016.4Q
매출액	162	173	126	146	157	222
영업이익	5	7	25	3	10	6
당기순이익	8	17	28	-1	10	22

재무 상태 *IFRS 별도 기준 〈단위 : 억원〉
항목	2011	2012	2013	2014	2015	2016
총자산	805	839	844	832	905	979
유형자산	10	2	2	2	3	3
무형자산	7	7	6	5	5	5
유가증권	48	103	255	198	189	188
총부채	199	217	151	136	182	206
총차입금	7	7	7	7	7	7
자본금	42	42	42	42	42	42
총자본	606	622	693	696	723	773
지배주주지분	606	622	693	696	723	773

기업가치 지표 *IFRS 별도 기준
항목	2011	2012	2013	2014	2015	2016
주가(최고/저)(천원)	8.3/3.2	4.8/2.9	4.7/3.0	7.3/3.9	7.8/4.4	11.1/4.1
PER(최고/저)(배)	25.2/9.8	19.6/11.8	5.5/3.5	33.6/17.9	18.9/10.6	16.2/6.0
PBR(최고/저)(배)	1.3/0.5	0.7/0.5	0.6/0.4	0.9/0.5	0.9/0.5	1.2/0.5
EV/EBITDA(배)	—	—	—	—	—	5.9
EPS(원)	384	280	954	229	426	691
BPS(원)	7,220	7,400	8,254	8,283	8,610	9,200
CFPS(원)	400	295	969	246	440	703
DPS(원)	100	100	200	100	100	100
EBITDAPS(원)	323	168	1,046	211	231	535

재무 비율 〈단위 : %〉
연도	영업이익률	순이익률	부채비율	차입금비율	ROA	ROE	유보율	자기자본비율	EBITDA마진율
2016	6.7	8.9	26.7	0.9	6.2	7.8	1,740.1	78.9	6.9
2015	2.6	5.1	25.2	0.9	4.1	5.1	1,621.9	79.9	2.8
2014	3.2	3.8	19.6	1.0	2.3	2.8	1,556.6	83.6	3.5
2013	9.9	9.2	21.8	1.0	9.5	12.2	1,550.8	82.1	10.1

동아쏘시오홀딩스 (A000640)
Dong-A Socio Holdings

업 종 : 제약		시 장 : 거래소	
신용등급 : (Bond) A (CP) —		기업규모 : 시가총액 중형주	
홈페이지 : www.donga.co.kr		연락처 : 02)920-8114	
본 사 : 서울시 동대문구 천호대로 64(용두동)			

설립일	1949.08.09	종업원수	253명	대표이사	강정석
상장일	1970.02.10	감사의견	적정 (삼정)	계 열	
결산기	12월	보통주	614만주	종속회사수	
액면가	5,000원	우선주		구상호	동아제약

주주구성 (지분율,%)		출자관계 (지분율,%)		주요경쟁사 (외형,%)	
강정석	26.7	수석	100.0	동아쏘시오홀딩스	100
국민연금공단	10.7	동아제약	100.0	JW중외제약	64
(외국인)	17.3	용마로지스	100.0	한올바이오파마	11

매출구성		비용구성		수출비중	
용역 및 브랜드사용료	55.4	매출원가율	61.0	수출	—
배당금수익	42.7	판관비율	28.5	내수	—
기타	1.9				

회사 개요
의약품 업체인 동아에스티를 비롯해 포장용기제조를 영위하는 수석, 운송 사업을 영위하는 용마로지스, 원료의약품 업체인 에스티팜을 주요 자회사로 두고 있는 지주회사임. 박카스를 비롯한 일반의약품 사업부문은 계속 영위하고 있으며 바이오시밀러 사업도 추진하고 있음. 제약 사업 비중은 54.0%로 가장 높음. 최대 매출품목은 박카스로 29.2%를 차지하고 있음. 운송서비스 사업 비중은 18.7%, 포장용기 사업부문은 10.2%를 차지하고 있음.

실적 분석
동사의 연결 재무제표 기준 2016년 연간 매출액은 7,261.7억원으로 전년 대비 3.0% 증가하였음. 같은 기간 매출원가 증가율은 1.1%로 매출총이익은 6.2% 증가하였음. 경상개발비의 23.0% 감소로 판매비와관리비는 2.4% 증가에 그쳐 영업이익은 760.0억원으로 전년 대비 18.1% 증가하였음. 당기순이익은 1,756.9억원을 기록하며 전년 동기 대비 163.7% 신장함. 영업이익의 증가와 관련기업투자손익 1,127.8억원 때문임.

현금 흐름 〈단위 : 억원〉
항목	2015	2016
영업활동	809	305
투자활동	-1,069	-409
재무활동	111	125
순현금흐름	-148	-241
기말현금	1,200	959

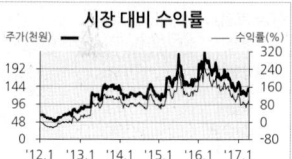
시장 대비 수익률

결산 실적 〈단위 : 억원〉
항목	2011	2012	2013	2014	2015	2016
매출액	10,557	4,848	5,709	6,306	7,047	7,262
영업이익	1,139	322	336	208	644	760
당기순이익	749	903	215	65	666	1,757

분기 실적 〈단위 : 억원〉
항목	2015.3Q	2015.4Q	2016.1Q	2016.2Q	2016.3Q	2016.4Q
매출액	2,005	1,826	1,674	2,352	1,694	1,542
영업이익	287	155	141	408	126	86
당기순이익	95	27	158	1,337	126	136

재무 상태 〈단위 : 억원〉
항목	2011	2012	2013	2014	2015	2016
총자산	14,932	17,231	9,883	10,811	12,235	14,022
유형자산	7,442	7,782	3,664	4,288	4,408	3,552
무형자산	202	180	123	139	225	184
유가증권	508	435	1,054	142	435	255
총부채	6,308	8,419	4,737	5,466	6,209	5,264
총차입금	3,742	6,059	3,428	4,206	4,300	3,614
자본금	557	557	217	224	233	303
총자본	8,624	8,812	5,146	5,345	6,026	8,759
지배주주지분	8,254	8,489	4,716	4,857	5,216	8,759

기업가치 지표
항목	2011	2012	2013	2014	2015	2016
주가(최고/저)(천원)	90.0/58.5	83.9/49.3	157/82.1	152/108	232/104	238/130
PER(최고/저)(배)	15.2/9.9	12.3/7.2	60.3/31.5	412.9/294.4	23.5/10.5	8.4/4.6
PBR(최고/저)(배)	1.3/0.9	1.2/0.7	1.6/0.8	1.5/1.1	2.2/1.0	1.7/0.9
EV/EBITDA(배)	8.0	21.0	14.8	20.7	13.0	11.7
EPS(원)	6,215	7,064	2,678	375	10,011	28,410
BPS(원)	70,887	72,907	103,808	104,039	107,667	144,762
CFPS(원)	9,259	10,173	6,464	5,092	15,511	33,631
DPS(원)	1,000	1,000	1,000	1,000	1,000	1,000
EBITDAPS(원)	13,272	5,759	9,573	9,272	18,956	19,707

재무 비율 〈단위 : %〉
연도	영업이익률	순이익률	부채비율	차입금비율	ROA	ROE	유보율	자기자본비율	EBITDA마진율
2016	10.5	24.2	60.1	41.3	13.4	21.3	2,795.3	62.5	14.2
2015	9.1	9.5	103.0	71.3	5.8	9.5	2,144.4	49.3	12.9
2014	3.3	1.0	102.3	78.7	0.6	0.4	2,077.0	49.4	6.7
2013	5.9	3.8	92.1	66.6	1.6	2.4	2,075.3	52.1	9.8

동아에스텍 (A058730)
Dang-A Steel Technology

업 종 : 운송인프라		시 장 : 거래소	
신용등급 : (Bond) — (CP) —		기업규모 : 시가총액 소형주	
홈 페 이 지 : www.dast.co.kr		연 락 처 : 061)370-2114	
본 사 : 전남 화순군 동면 동농공길 26-2			

설 립 일	1996.01.26	종 업 원 수	228명	대 표 이 사	한상원
상 장 일	2004.08.02	감 사 의 견	적정 (신한)	계 열	
결 산 기	12월	보 통 주	1,540만주	종속회사수	
액 면 가	500원	우 선 주		구 상 호	

주주구성 (지분율,%)		출자관계 (지분율,%)		주요경쟁사 (외형,%)	
한상원	29.9	Dong-ASteelTechnology(BISdnBhd	99.9	동아에스텍	100
박일선	10.4	동아세라믹	47.7	현대로템	1,899
(외국인)	0.8			서부T&D	36

매출구성		비용구성		수출비중	
데크(토목)	33.2	매출원가율	79.2	수출	0.0
기타	24.9	판관비율	10.7	내수	100.0
방음벽(건축)	23.5				

회사 개요
동사는 도로안전시설 전문기업으로 도로와 교량의 가드레일 시공이 주 사업영역임. 동사가 주력으로 영위하는 도로안전시설물 중 차량방호울타리 사업분야는 국가기간산업인 SOC사업과 밀접하게 관련되어 있어 SOC사업의 지속적인 성장에 비례하여 성장해 왔으며, 정부의 제4차 국토종합계획에 의하면 2020년까지의 전체 도로연장을 20만Km까지 확충할 계획을 가지고 있어 향후 수요도 안정적인 편임.

실적 분석
동사의 2016년 누적 매출액은 도로안전사업 및 데크플레이트 사업의 수주증대에 따라 1,571억원을 기록하며 전년대비 16.1% 증가함. 원자재가격 안정 및 방음벽사업의 개선으로 영업이익은 158.3억원을 기록하며 전년대비 52.6% 늘었고, 당기순이익은 46% 증가한 123.1억원을 기록함. 동사는 해외시장으로 수주대상을 확대하여 쿠웨이트 코즈웨이 교량방호책을 납품설치계약을 수주하게 되면서 국내시장 감소분을 해외시장에서 보충함.

현금 흐름		〈단위 : 억원〉
항목	2015	2016
영업활동	174	130
투자활동	-51	-294
재무활동	-13	144
순현금흐름	110	-21
기말현금	153	132

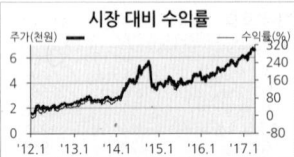

시장 대비 수익률

결산 실적
〈단위 : 억원〉

항목	2011	2012	2013	2014	2015	2016
매출액	813	1,018	1,082	1,115	1,354	1,571
영업이익	49	83	91	84	104	158
당기순이익	32	71	76	63	84	123

분기 실적
〈단위 : 억원〉

항목	2015.3Q	2015.4Q	2016.1Q	2016.2Q	2016.3Q	2016.4Q
매출액	411	364	286	315	424	546
영업이익	44	27	17	40	50	52
당기순이익	35	22	15	29	46	34

재무 상태
〈단위 : 억원〉

항목	2011	2012	2013	2014	2015	2016
총자산	909	894	1,078	1,062	1,288	1,571
유형자산	220	257	290	348	340	507
무형자산	66	35	37	37	40	26
유가증권	13	16	16	38	17	100
총부채	321	261	370	293	442	531
총차입금	136	145	170	136	147	221
자본금	64	64	65	67	67	80
총자본	588	634	707	769	845	1,040
지배주주지분	563	634	707	769	844	1,040

기업가치 지표

항목	2011	2012	2013	2014	2015	2016
주가(최고/저)(천원)	1.9/1.3	2.6/1.5	3.1/2.4	5.7/2.8	4.9/3.6	6.3/4.0
PER(최고/저)(배)	8.9/6.2	5.5/3.1	5.9/4.5	12.8/6.3	8.0/6.0	7.5/4.9
PBR(최고/저)(배)	0.5/0.4	0.6/0.4	0.6/0.5	1.1/0.5	0.8/0.6	0.9/0.6
EV/EBITDA(배)	5.6	4.7	4.2	5.7	4.6	5.1
EPS(원)	254	557	591	485	636	840
BPS(원)	4,690	5,256	5,784	6,123	6,683	6,835
CFPS(원)	380	706	793	715	910	1,078
DPS(원)	50	75	100	100	150	200
EBITDAPS(원)	513	803	917	879	1,062	1,318

재무 비율
〈단위 : %〉

연도	영업이익률	순이익률	부채비율	차입금비율	ROA	ROE	유보율	자기자본비율	EBITDA마진율
2016	10.1	7.8	51.0	21.2	8.6	13.1	1,215.7	66.2	12.3
2015	7.7	6.2	52.4	17.4	7.2	10.5	1,176.6	65.6	10.0
2014	7.5	5.7	38.2	17.8	5.9	8.6	1,069.5	72.4	9.9
2013	8.4	7.0	52.4	24.0	7.7	11.3	1,003.3	65.6	10.4

동아에스티 (A170900)
Dong-A ST

업 종 : 제약		시 장 : 거래소	
신용등급 : (Bond) A+ (CP) —		기업규모 : 시가총액 중형주	
홈 페 이 지 : www.donga-st.com		연 락 처 : 02)920-8111	
본 사 : 서울시 동대문구 천호대로 64 (용두동)			

설 립 일	2013.03.04	종 업 원 수	1,643명	대 표 이 사	강수형
상 장 일	2013.04.08	감 사 의 견	적정 (삼정)	계 열	
결 산 기	12월	보 통 주	844만주	종속회사수	
액 면 가	5,000원	우 선 주		구 상 호	

주주구성 (지분율,%)		출자관계 (지분율,%)		주요경쟁사 (외형,%)	
동아쏘시오홀딩스	22.1	호유코리아	20.0	동아에스티	100
국민연금공단	10.2	사이언스메딕	10.0	녹십자	214
(외국인)	21.3	TG바이오텍	6.4	녹십자홀딩스	242

매출구성		비용구성		수출비중	
기타	81.3	매출원가율	50.6	수출	26.2
스티렌	6.4	판관비율	46.7	내수	73.8
플라비톨	4.5				

회사 개요
동사는 구 동아제약에서 2013년 3월 1일 인적분할되어 설립. 기존 동아제약에서 영위하던 전문의약품, 수출, 의료기기, 진단 사업부문을 영위하고 있음. 일반의약품 부문은 홀딩스 사업부로 편입됨. 총 매출에서 전문의약품 부문이 32.6%를 차지하고 있고 수출이 약 26.2%를 차지하고 있음. 최대 매출 품목인 스티렌, 미국으로 기술 수출된 수퍼항생제 등 자체 신약 개발 능력 보유함.

실적 분석
동사의 2016년 연결기준 연간 매출액은 5,605.4억원으로 전년 대비 소폭 감소함. 영업이익은 전문의약품 매출 부진에 의한 원가율 상승과 글로벌 임상진행에 따른 연구개발비 증가로 전년 대비 72.4% 감소한 148.4억원을 시현함. 비영업비용의 증가로 당기순이익 또한 106.4억원으로 78.1% 감소함. 신제품의 매출 성장에 따른 ETC 사업부의 매출 증가로 실적 개선을 기대함.

현금 흐름		〈단위 : 억원〉
항목	2015	2016
영업활동	424	19
투자활동	210	458
재무활동	-704	-647
순현금흐름	27	-103
기말현금	2,962	2,859

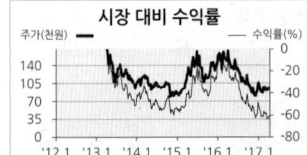

시장 대비 수익률

결산 실적
〈단위 : 억원〉

항목	2011	2012	2013	2014	2015	2016
매출액	—	—	5,010	5,786	5,679	5,605
영업이익	—	—	398	494	539	148
당기순이익	—	—	-657	375	486	106

분기 실적
〈단위 : 억원〉

항목	2015.3Q	2015.4Q	2016.1Q	2016.2Q	2016.3Q	2016.4Q
매출액	1,491	1,342	1,505	1,576	1,364	1,161
영업이익	156	94	121	92	16	-80
당기순이익	112	162	47	-30	-4	94

재무 상태
〈단위 : 억원〉

항목	2011	2012	2013	2014	2015	2016
총자산	—	—	9,317	10,819	10,635	10,666
유형자산	—	—	4,450	4,611	4,115	3,662
무형자산	—	—	130	145	201	158
유가증권	—	—	264	231	169	174
총부채	—	—	4,924	5,935	5,098	4,774
총차입금	—	—	3,567	4,493	3,728	2,927
자본금	—	—	368	385	402	422
총자본	—	—	4,394	4,883	5,538	5,892
지배주주지분	—	—	4,388	4,881	5,536	5,892

기업가치 지표

항목	2011	2012	2013	2014	2015	2016
주가(최고/저)(천원)	—/—	—/—	174/96.5	123/79.0	170/81.3	174/80.2
PER(최고/저)(배)	0.0/0.0	0.0/0.0	—/—	25.8/16.6	27.8/13.3	138.1/63.6
PBR(최고/저)(배)	0.0/0.0	0.0/0.0	3.1/1.7	2.0/1.3	2.5/1.2	2.5/1.2
EV/EBITDA(배)	0.0	0.0	15.6	11.3	16.1	24.7
EPS(원)	—	—	-8,532	4,858	6,187	1,267
BPS(원)	—	—	57,055	63,449	68,973	69,857
CFPS(원)	—	—	-5,883	8,093	9,242	3,832
DPS(원)	—	—	250	750	1,000	500
EBITDAPS(원)	—	—	7,815	9,645	9,917	4,334

재무 비율
〈단위 : %〉

연도	영업이익률	순이익률	부채비율	차입금비율	ROA	ROE	유보율	자기자본비율	EBITDA마진율
2016	2.7	1.9	81.0	49.7	1.0	1.9	1,297.1	55.2	6.5
2015	9.5	8.6	92.1	67.3	4.5	9.3	1,279.5	52.1	13.7
2014	8.5	6.5	121.5	92.0	3.7	8.1	1,169.0	45.1	12.8
2013	7.9	-13.1	112.1	81.2	0.0	0.0	1,095.6	47.2	12.0

동아엘텍 (A088130)
Dong A Eltek

업 종 : 디스플레이 및 관련부품		시 장 : KOSDAQ	
신용등급 : (Bond) — (CP) —		기업규모 : 우량	
홈 페 이 지 : www.dongaeltek.co.kr		연 락 처 : 031)345-1500	
본 사 : 경기도 안양시 동안구 시민대로327번길 12-24 (관양동) (주)동아엘텍 빌딩			

설 립 일 1999.04.14	종 업 원 수 102명	대 표 이 사 박재규,김재평	
상 장 일 2007.01.03	감 사 의 견 적정 (삼정)	계 열	
결 산 기 12월	보 통 주 1,115만주	종속회사수	
액 면 가 500원	우 선 주	구 상 호	

주주구성 (지분율,%)		출자관계 (지분율,%)		주요경쟁사 (외형,%)	
박재규	26.5	선익시스템	70.1	동아엘텍	100
한국증권금융	4.9	경기BK·STI얼리리장솔투자조합	5.0	HB테크놀러지	125
(외국인)	2.8	시너지아이비투자	4.4	DMS	115

매출구성		비용구성		수출비중	
[디스플레이 검사장비]검사기	78.1	매출원가율	72.7	수출	51.9
[디스플레이 검사장비]Part 및 기타	12.3	판관비율	11.7	내수	48.1
[디스플레이 검사장비]OLED 및 소형응용장비	9.6				

회사 개요
동사는 1990년에 법인전환되어 2007년에 코스닥시장에 상장하였으며 주요 사업목적은 LCD검사장비, OLED 검사장비 등 디스플레이 제조 공정상 주로 후공정의 검사장비 제조판매임임. 연결자회사인 선익시스템은 1990년에 창업되어 OLED 제조공정상 전공정의 증착장비 및 봉지장비를 제조판매하고 있음. 현재 전방산업은 중국 패널 업체들의 공격적인 투자 계획에 따라 중국 디스플레이 장비 시장이 급성장할 것으로 기대됨.

실적 분석
동사의 2016년 연결기준 매출액은 전년대비 80.6% 급증한 2,161.6억원을 기록함. 큰 폭의 외형성장과 원가율 개선으로 영업이익 336.3억원, 당기순이익 316.6억원을 보이며 전년대비 각각 큰 폭의 증가를 보임. 사업부문별 매출비중은 디스플레이 검사장비 34.18%, OLED제조장비 65.82%로 구성되며 OLED제조장비는 전공정의 핵심장비인 유기물질 증착장비 매출이 대부분을 차지함.

현금 흐름 〈단위 : 억원〉
항목	2015	2016
영업활동	154	159
투자활동	47	-8
재무활동	-58	18
순현금흐름	149	170
기말현금	425	595

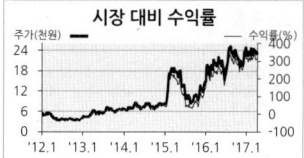
시장 대비 수익률

결산 실적 〈단위 : 억원〉
항목	2011	2012	2013	2014	2015	2016
매출액	642	674	912	1,190	1,197	2,162
영업이익	63	56	121	107	130	336
당기순이익	57	54	90	71	81	317

분기 실적 〈단위 : 억원〉
항목	2015.3Q	2015.4Q	2016.1Q	2016.2Q	2016.3Q	2016.4Q
매출액	330	202	212	770	536	644
영업이익	64	5	18	135	79	105
당기순이익	36	1	25	140	62	90

재무 상태 〈단위 : 억원〉
항목	2011	2012	2013	2014	2015	2016
총자산	679	899	1,257	1,356	1,260	2,016
유형자산	103	130	213	359	404	391
무형자산	65	77	61	35	24	16
유가증권	58	66	34	124	29	25
총부채	161	316	536	546	310	766
총차입금	45	140	279	259	142	174
자본금	33	35	40	42	56	56
총자본	518	583	721	778	949	1,250
지배주주지분	466	515	646	703	887	1,117

기업가치 지표
항목	2011	2012	2013	2014	2015	2016
주가(최고/저)(천원)	10.3/3.0	5.6/3.2	7.4/4.1	8.7/6.2	20.0/7.9	25.6/14.0
PER(최고/저)(배)	17.7/5.1	12.4/7.1	8.1/4.5	11.4/8.1	22.2/8.8	11.7/6.4
PBR(최고/저)(배)	1.9/0.5	0.9/0.5	1.0/0.6	1.1/0.8	2.5/1.0	2.5/1.4
EV/EBITDA(배)	3.9	2.4	3.1	5.5	9.6	6.9
EPS(원)	616	476	937	781	914	2,206
BPS(원)	7,060	7,430	8,112	8,450	8,138	10,204
CFPS(원)	899	803	1,224	1,072	1,095	2,395
DPS(원)	75	75	105	105	130	130
EBITDAPS(원)	1,108	1,059	1,746	1,511	1,424	3,205

재무 비율 〈단위 : % 〉
연도	영업이익률	순이익률	부채비율	차입금비율	ROA	ROE	유보율	자기자본비율	EBITDA마진율
2016	15.6	14.7	61.3	13.9	19.3	24.5	1,940.9	62.0	16.5
2015	10.8	6.8	32.7	15.0	6.2	12.0	1,527.5	75.4	12.4
2014	9.0	5.9	74.2	33.3	5.4	10.3	1,590.1	57.4	10.8
2013	13.3	9.9	74.4	38.7	8.3	13.8	1,522.4	57.4	14.9

동아지질 (A028100)
Dong-Ah Geological Engineering

업 종 : 건설		시 장 : 거래소	
신용등급 : (Bond) — (CP) —		기업규모 : 시가총액 소형주	
홈 페 이 지 : www.dage.co.kr		연 락 처 : 051)580-5550	
본 사 : 부산시 금정구 금샘로 347			

설 립 일 1973.11.30	종 업 원 수 371명	대 표 이 사 최재우	
상 장 일 2009.06.12	감 사 의 견 적정 (안진)	계 열	
결 산 기 12월	보 통 주 1,150만주	종속회사수	
액 면 가 500원	우 선 주	구 상 호	

주주구성 (지분율,%)		출자관계 (지분율,%)		주요경쟁사 (외형,%)	
이정우	30.5	부산바이오에너지	10.0	동아지질	100
동아지질우리사주조합	7.9	부산동서고속화도로주식회사	10.0	KT서브마린	26
(외국인)	8.6	한국지질조사탐사협동조합	8.6	남광토건	57

매출구성		비용구성		수출비중	
[국내도급]토목	57.6	매출원가율	93.5	수출	—
[해외도급]토목	40.8	판관비율	2.6	내수	—
[기타]	1.6				

회사 개요
동사는 건설업을 영위하고 있으며 주요 사업은 토목분야의 보링 그라우팅 공사, 수중공사, 상하수도설비 공사, 토공사, 비계 구조물 해체 공사, 미장 방수 조적 공사, 철근 콘크리트 공사 등임. 기계식 터널(TBM), 지반개량(DCM), 지하연속벽, 일반토목, 엔지니어링 부문으로 세부분류됨. 매출구성은 국내 토목 59.58%, 해외토목 39.74%, 기타 0.68%로 나뉨. 주요 매출처는 대우건설, SK건설 등이 있음.

실적 분석
동사의 2016년 연결기준 누적 매출액은 전년동기 대비 8.9% 증가한 3,231.8억원을 기록함. 외형축소에도 원가절감으로 인한 원가율 개선으로 영업이익은 전년 동기 대비 214.8% 증가한 125.3억원을 기록함. 외환손실의 발생으로 비영업수익의 감소에도 당기순이익은 전년동기 대비 152.5% 증가한 113.7억원을 시현. 작년 하반기에 확보한 홍콩향 지반개량 및 조사 부문 수주액이 올해 본격적으로 반영될 예정

현금 흐름 〈단위 : 억원〉
항목	2015	2016
영업활동	163	516
투자활동	-221	-347
재무활동	56	28
순현금흐름	-3	196
기말현금	549	745

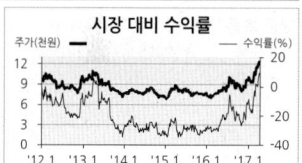
시장 대비 수익률

결산 실적 〈단위 : 억원〉
항목	2011	2012	2013	2014	2015	2016
매출액	2,538	2,834	3,299	3,057	2,967	3,232
영업이익	43	96	42	30	40	125
당기순이익	68	79	21	42	45	114

분기 실적 〈단위 : 억원〉
항목	2015.3Q	2015.4Q	2016.1Q	2016.2Q	2016.3Q	2016.4Q
매출액	707	717	697	759	722	1,054
영업이익	15	0	19	23	28	55
당기순이익	10	-3	15	20	33	45

재무 상태 〈단위 : 억원〉
항목	2011	2012	2013	2014	2015	2016
총자산	2,029	2,262	2,253	2,327	2,594	2,989
유형자산	432	454	400	484	716	788
무형자산	16	15	18	14	14	12
유가증권	71	72	77	75	74	79
총부채	764	926	924	970	1,210	1,494
총차입금	159	225	351	337	412	461
자본금	58	58	58	58	58	58
총자본	1,265	1,336	1,329	1,357	1,384	1,494
지배주주지분	1,265	1,336	1,329	1,358	1,384	1,494

기업가치 지표
항목	2011	2012	2013	2014	2015	2016
주가(최고/저)(천원)	14.9/8.2	11.5/7.7	11.3/7.2	9.6/7.0	8.9/6.9	11.5/7.0
PER(최고/저)(배)	28.3/15.5	18.5/12.5	67.5/42.7	27.5/20.1	23.3/18.1	11.8/7.2
PBR(최고/저)(배)	1.5/0.8	1.1/0.7	1.0/0.7	0.9/0.6	0.8/0.6	0.9/0.5
EV/EBITDA(배)	4.0	3.5	3.4	3.2	4.4	1.8
EPS(원)	595	685	183	371	397	989
BPS(원)	11,267	11,885	11,819	12,070	12,298	13,258
CFPS(원)	2,229	2,135	1,499	1,515	1,500	3,698
DPS(원)	175	175	175	175	175	200
EBITDAPS(원)	2,006	2,283	1,679	1,402	1,449	3,798

재무 비율 〈단위 : % 〉
연도	영업이익률	순이익률	부채비율	차입금비율	ROA	ROE	유보율	자기자본비율	EBITDA마진율
2016	3.9	3.5	100.0	30.8	4.1	7.9	2,551.7	50.0	13.5
2015	1.3	1.5	87.5	29.8	1.8	3.3	2,359.6	53.3	5.6
2014	1.0	1.4	71.5	24.8	1.8	3.2	2,313.9	58.3	5.3
2013	1.3	0.6	69.6	26.5	0.9	1.6	2,263.7	59.0	5.9

동아타이어공업 (A007340)
Dong Ah Tire & Rubber

업   종 : 자동차부품
신용등급 : (Bond) —   (CP) —
홈 페 이 지 : www.dongahtire.co.kr
본   사 : 경남 양산시 유산공단11길 11

시   장 : 거래소
기업규모 : 시가총액 중형주
연 락 처 : 055)389-0011

설 립 일	1971.06.23	종 업 원 수	923명	대 표 이 사	김만수
상 장 일	1988.09.24	감 사 의 견	적정 (안진)	계 열	
결 산 기	12월	보 통 주	2,373만주	종속회사수	
액 면 가	500원	우 선 주		구 상 호	

주주구성 (지분율,%)		출자관계 (지분율,%)		주요경쟁사 (외형,%)	
김만수	28.6	디티알	100.0	동아타이어	100
김상헌	22.8	동아전지	100.0	한국타이어	690
(외국인)	4.4	동남주택	75.5	한국타이어월드와이드	72

매출구성		비용구성		수출비중	
자동차용 부품	59.2	매출원가율	82.6	수출	—
자동차용 고무제품	24.5	판관비율	7.8	내수	
자동차용 축전지	14.3				

회사 개요
동사는 자동차용 고무제품, 자동차용 부품, 자동차용 축전지 등의 사업을 영위함. 자동차용 부품이 매출의 절반을 차지하고 있으며 자동차용 고무제품과 자동차용 축전지(배터리)도 각각 10~20%대를 차지하고 있음. 주력 자동차용 튜브, 고무제품은 과점적 성격이 강한데 동사는 자동차용 튜브 시장에서 넥센과 경쟁 관계를 이루며 성장하고 있음. 국내 충전지 시장은 2조 3,000억원 규모에 달함

실적 분석
2016년 연결 기준 매출액은 전년대비 증가한 9,590.3원(+5.3%)을 시현하며 외형 성장함. 영업이익 또한 921.5억원을 기록하며 전년대비 8.5% 증가함. 자동차용 부품과 축전지 부문의 성장이 주요 성장동력인 것으로 보임. 주력 상품인 자동차용 부품의 경우 우수한 연구개발능력을 보유하고 있는 지배기업과 다년간 국내외 완성차 업계와 협업체계를 구축, 세계 완성차 및 모듈업체에 제품을 납품하는 등 제품 우수성을 유지하기 위한 노력을 지속함.

현금 흐름 〈단위 : 억원〉
항목	2015	2016
영업활동	1,105	1,386
투자활동	-1,212	-743
재무활동	-27	-251
순현금흐름	-131	398
기말현금	776	1,175

시장 대비 수익률
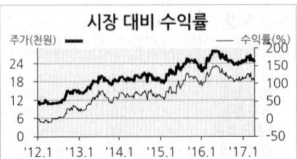

결산 실적 〈단위 : 억원〉
항목	2011	2012	2013	2014	2015	2016
매출액	5,628	6,328	6,665	7,220	9,105	9,590
영업이익	518	413	520	453	849	922
당기순이익	528	580	485	448	747	840

분기 실적 〈단위 : 억원〉
항목	2015.3Q	2015.4Q	2016.1Q	2016.2Q	2016.3Q	2016.4Q
매출액	2,246	2,438	2,477	2,481	2,242	2,390
영업이익	178	294	278	263	190	191
당기순이익	179	268	258	256	161	165

재무 상태 〈단위 : 억원〉
항목	2011	2012	2013	2014	2015	2016
총자산	7,401	7,306	7,983	9,716	10,645	11,155
유형자산	1,683	2,104	2,461	3,362	3,410	3,443
무형자산	84	109	134	268	272	265
유가증권	2,122	1,447	1,545	1,450	2,371	2,701
총부채	2,344	1,711	2,002	3,213	3,391	3,251
총차입금	1,615	691	985	1,649	1,614	1,474
자본금	119	119	119	119	119	119
총자본	5,056	5,595	5,981	6,503	7,254	7,905
지배주주지분	5,015	5,535	5,972	6,415	7,150	7,767

기업가치 지표
항목	2011	2012	2013	2014	2015	2016
주가(최고/저)(천원)	11.4/7.9	15.5/10.3	20.2/13.6	21.1/18.0	25.9/17.6	28.3/21.0
PER(최고/저)(배)	5.3/3.7	6.6/4.4	10.3/6.9	11.4/9.7	8.7/5.9	8.5/6.3
PBR(최고/저)(배)	0.6/0.4	0.7/0.5	0.8/0.6	0.8/0.7	0.9/0.6	0.9/0.6
EV/EBITDA(배)	4.3		6.1	6.4	7.2	5.2	4.8
EPS(원)	2,247	2,448	2,046	1,915	3,066	3,372
BPS(원)	21,524	23,727	25,565	27,427	30,527	33,125
CFPS(원)	2,778	3,214	2,946	3,032	4,578	4,937
DPS(원)	100	75	100	150	250	350
EBITDAPS(원)	2,715	2,506	3,093	3,025	5,093	5,448

재무 비율 〈단위 : %〉
연도	영업이익률	순이익률	부채비율	차입금비율	ROA	ROE	유보율	자기자본비율	EBITDA마진율
2016	9.6	8.8	41.1	18.7	7.7	10.7	6,525.0	70.9	13.5
2015	9.3	8.2	46.7	22.2	7.3	10.7	6,005.4	68.2	13.3
2014	6.3	6.2	49.4	25.4	5.1	7.3	5,385.5	66.9	9.9
2013	7.8	7.3	33.5	16.5	6.4	8.4	5,013.1	74.9	11.0

동아화성 (A041930)
Dong-A Hwa Sung

업   종 : 화학
신용등급 : (Bond) —   (CP) —
홈 페 이 지 : www.dacm.com
본   사 : 경남 김해시 유하로 154-9

시   장 : KOSDAQ
기업규모 : 우량
연 락 처 : 055)313-1800

설 립 일	1974.11.18	종 업 원 수	349명	대 표 이 사	성락제,임경식
상 장 일	2001.12.26	감 사 의 견	적정 (신우)	계 열	
결 산 기	12월	보 통 주	1,580만주	종속회사수	
액 면 가	500원	우 선 주		구 상 호	

주주구성 (지분율,%)		출자관계 (지분율,%)		주요경쟁사 (외형,%)	
임경식	40.7			동아화성	100
케이머스원	10.0	DONG-AINDIAAUTOMOTIVEPVT.LTD	100.0	경농	85
(외국인)	0.4	DONG-AHWASUNGVINA.,LTD	100.0	효성오앤비	17

매출구성		비용구성		수출비중	
자동차부문	52.4	매출원가율	86.6	수출	31.6
가전부문	47.6	판관비율	7.3	내수	68.4

회사 개요
동사의 주력제품은 자동차 엔진 및 각종 부품을 연결하는 인테크 호스와 드럼세탁기 도어의 누수방지 고무제품인 도어가스켓임. 동사의 경쟁력은 원재료인 합성고무에 카본, 충진제, 활성제 등 첨가제를 배합한 고무소재(CMB)를 직접 생산하는 것임. 주력 매출처는 삼성전자와 LG전자, 현대기아차 그룹으로 주요 매출처 내 점유율이 기업별로 70~90%에 달하고 있음.

실적 분석
동사는 자동차 및 가전 부문의 판매 증가로 외형이 성장함. 2016년 결산 매출액은 전년동기 대비 13.6% 증가한 2,401억원을 기록하였으나, 원가율 상승 및 판관비 부담 증가가 여파로 영업이익은 전년동기 대비 소폭 감소한 145.5억원을 시현하는데 그침. 향후 경기 회복시 소비심리 상승으로 가전제품 및 자동차 등의 수요 확대되어 자동차용 가스켓, 드럼세탁기용 가스켓 등의 판매가 늘어날 것으로 기대되며, 원가율 관리에 힘써야 할 듯.

현금 흐름 〈단위 : 억원〉
항목	2015	2016
영업활동	-12	197
투자활동	-219	-253
재무활동	242	94
순현금흐름	12	39
기말현금	71	110

시장 대비 수익률
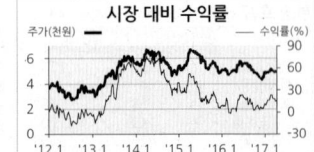

결산 실적 〈단위 : 억원〉
항목	2011	2012	2013	2014	2015	2016
매출액	1,683	1,807	1,951	1,941	2,114	2,401
영업이익	25	106	210	222	148	146
당기순이익	-33	80	147	107	46	151

분기 실적 〈단위 : 억원〉
항목	2015.3Q	2015.4Q	2016.1Q	2016.2Q	2016.3Q	2016.4Q
매출액	535	583	538	580	565	718
영업이익	44	21	50	17	23	56
당기순이익	-10	-14	31	38	1	82

재무 상태 〈단위 : 억원〉
항목	2011	2012	2013	2014	2015	2016
총자산	1,276	1,210	1,186	1,436	1,779	2,069
유형자산	512	456	427	507	570	811
무형자산	14	13	13	14	14	28
유가증권	0	0	0	0	28	48
총부채	818	712	529	677	973	1,140
총차입금	581	482	258	391	637	763
자본금	80	80	80	80	80	80
총자본	457	498	657	759	806	929
지배주주지분	440	480	637	738	783	905

기업가치 지표
항목	2011	2012	2013	2014	2015	2016
주가(최고/저)(천원)	4.5/1.8	4.2/2.7	6.4/3.0	6.8/4.5	6.7/4.8	5.9/4.2
PER(최고/저)(배)	—/—	9.1/5.8	7.5/3.5	10.6/7.0	24.5/17.5	6.3/4.5
PBR(최고/저)(배)	1.8/0.7	1.5/0.9	1.7/0.8	1.5/1.0	1.4/1.0	1.0/0.7
EV/EBITDA(배)	13.7	5.8	4.3	4.0	5.9	6.1
EPS(원)	-220	500	914	670	283	949
BPS(원)	2,786	3,148	4,030	4,720	4,954	5,855
CFPS(원)	133	871	1,277	1,080	717	1,472
DPS(원)	50	60	80	80	60	100
EBITDAPS(원)	514	1,041	1,696	1,817	1,372	1,445

재무 비율 〈단위 : %〉
연도	영업이익률	순이익률	부채비율	차입금비율	ROA	ROE	유보율	자기자본비율	EBITDA마진율
2016	6.1	6.3	122.6	82.1	7.9	17.8	1,056.4	44.9	9.5
2015	7.0	2.2	120.8	79.0	2.9	5.9	878.3	45.3	10.3
2014	11.5	5.5	89.1	51.6	8.2	15.4	832.2	52.9	14.8
2013	10.8	7.5	80.5	39.3	12.3	25.9	696.0	55.4	13.7

동양 (A001520)
TONGYANG

업 종 : 건축소재	시 장 : 거래소
신용 등급 : (Bond) BBB- (CP) —	기업규모 : 시가총액 중형주
홈 페 이 지 : www.tongyanginc.co.kr	연 락 처 : 02)3770-3000
본 사 : 서울시 중구 청계천로 100, 서관(수표동, 시그니쳐타워)	

설 립 일 1955.08.25	종 업 원 수 423명	대 표 이 사 김용건
상 장 일 1976.06.25	감 사 의 견 적정 (대주)	계 열
결 산 기 12월	보 통 주 23,868만주	종속회사수
액 면 가 500원	우 선 주 103만주	구 상 호

주주구성 (지분율,%)
유진기업	22.8
유진투자증권	4.8
(외국인)	6.5

출자관계 (지분율,%)
티와이강원	100.0
한성레미콘	100.0
동양홀딩스	100.0

주요경쟁사 (외형,%)
동양	100
쌍용양회	468
한일시멘트	328

매출구성
[건재]레미콘	54.0
[섬유]스판본드, 아크릴원사	38.4
[건설]건설공사	13.8

비용구성
매출원가율	87.8
판관비율	10.5

수출비중
수출	—
내수	—

회사 개요
동사는 2014년 회생계획의 승인에 따라 부채의 출자전환에 따른 채무조정이익 5,826억 동양매직처분이익 1,541억 동양파워 처분이익 734억 등으로 자본잠식을 벗어나 건전한 회사로 변모하였음. 2014년 동양매직과 동양파워를 회생계획에 따라 처분하여 동사 회생채권 현금변제액의 49.5%를 조기변제하였고 2015년 동양시멘트 매각에 따른 처분이익으로 회생채권을 전액 조기변제하였음. 동사는 2016년 법정관리를 졸업하였음.

실적 분석
동사의 2016년 매출액은 전년도에 비하여 472억 증가한 4,399.0억원을 기록하였으나 영업이익은 274억 감소한 76.5억원을 기록하는 데 그침. 당기순이익 또한 전년보다 대폭 줄어든 244.6억원에 그침. 영업실적 악화의 주요 원인은 건설사업부문의 영업손실, 우리사주 조합의 무상출연 등 판관비 증가 등임. 하지만 건설사업부문의 손실 및 판관비의 증가는 일회성 비용으로 향후 영업에 영향을 주지 않을 것으로 보임.

현금 흐름 〈단위 : 억원〉
항목	2015	2016
영업활동	378	-522
투자활동	4,533	-420
재무활동	-2,918	-1,269
순현금흐름	1,992	-2,208
기말현금	2,505	297

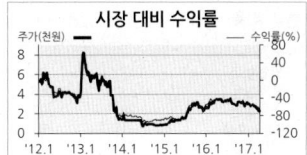

시장 대비 수익률

결산 실적 〈단위 : 억원〉
항목	2011	2012	2013	2014	2015	2016
매출액	14,919	8,498	5,676	3,812	3,927	4,399
영업이익	110	1,341	-141	242	351	77
당기순이익	-938	-1,436	-6,753	6,320	6,073	245

분기 실적 〈단위 : 억원〉
항목	2015.3Q	2015.4Q	2016.1Q	2016.2Q	2016.3Q	2016.4Q
매출액	950	989	960	1,133	1,057	1,250
영업이익	111	0	-24	73	51	-23
당기순이익	3,513	621	87	102	48	8

재무 상태 〈단위 : 억원〉
항목	2011	2012	2013	2014	2015	2016
총자산	36,335	34,014	11,246	8,304	11,842	10,047
유형자산	17,255	16,128	2,252	2,206	2,171	2,646
무형자산	3,980	3,929	153	112	106	99
유가증권	621	583	1,663	2,030	36	1,707
총부채	32,798	31,668	16,061	4,555	2,242	1,420
총차입금	26,694	26,500	11,850	2,683	49	22
자본금	1,277	1,277	1,277	1,183	1,196	1,199
총자본	3,537	2,346	-4,815	3,750	9,600	8,627
지배주주지분	2,640	1,348	-4,818	3,739	9,601	8,628

기업가치 지표
항목	2011	2012	2013	2014	2015	2016
주가(최고/저)(천원)	13.3/3.5	7.1/2.8	8.9/1.4	1.9/0.7	3.2/0.9	3.6/2.4
PER(최고/저)(배)	—/—	—/—	—/—	0.6/0.2	1.3/0.4	35.7/24.2
PBR(최고/저)(배)	1.0/0.3	0.9/0.4	-0.5/-0.1	1.1/0.4	0.8/0.2	0.9/0.6
EV/EBITDA(배)	24.6	10.2	9.7	12.8	1.3	23.8
EPS(원)	-3,753	-5,636	-25,250	3,441	2,617	102
BPS(원)	1,264	758	-1,644	1,839	4,050	4,059
CFPS(원)	203	10	-1,926	3,480	2,643	129
DPS(원)	—	—	—	—	100	50
EBITDAPS(원)	627	1,108	484	169	173	59

재무 비율 〈단위 : %〉
연도	영업이익률	순이익률	부채비율	차입금비율	ROA	ROE	유보율	자기자본비율	EBITDA마진율
2016	1.7	5.6	16.5	0.3	2.2	2.7	711.8	85.9	3.2
2015	9.0	154.7	23.4	0.5	60.3	93.4	711.6	81.1	10.5
2014	6.3	165.8	121.5	71.6	64.7	전기잠식	268.7	45.2	8.2
2013	-2.5	-119.0	완전잠식	완전잠식	-29.8	당기잠식	-428.7	-42.8	20.9

동양고속 (A084670)
Dongyang Express

업 종 : 육상운수	시 장 : 거래소
신용 등급 : (Bond) — (CP) —	기업규모 : 시가총액 소형주
홈 페 이 지 : www.dyexpress.co.kr	연 락 처 : 031)458-9201
본 사 : 경기도 안양시 동안구 흥안대로 67 (호계동)	

설 립 일 2005.07.04	종 업 원 수 773명	대 표 이 사 백남근
상 장 일 2005.07.25	감 사 의 견 적정 (대명)	계 열
결 산 기 12월	보 통 주 275만주	종속회사수
액 면 가 5,000원	우 선 주	구 상 호

주주구성 (지분율,%)
최성원	25.7
이자영	12.3
(외국인)	2.0

출자관계 (지분율,%)
동양고속산업	100.0
서광	90.0
미자리온	90.0

주요경쟁사 (외형,%)
동양고속	100
KCTC	225
W홀딩컴퍼니	11

매출구성
운송수입	96.9
기타수입	3.1

비용구성
매출원가율	80.0
판관비율	8.6

수출비중
수출	0.0
내수	100.0

회사 개요
동사는 주 사업인 고속버스운송과 고속버스의 기/종착지로 사용되는 터미널 운영 및 자가소유 터미널 내 임대 등의 부가적인 사업을 영위하고 있음. 고속버스 보유현황 측면에서 동사의 비중은 약 17.6%로 8개 고속버스회사 중 3위 업체임. 타 교통수단과 경쟁심화, 유류비 상승이 원가부담을 가중시킴. 주요 종속회사로 (주)동양고속산업과 (주)자이언트헌터가 있으며, (주)자이언트헌터를 통해 음악산업에 진출함.

실적 분석
동사의 2016년 연결기준 연간 매출액은 1,555.3억원으로 전년 대비 14.6% 증가함. 고정비 증가에도 불구하고 영업이익은 177.5억원으로 전년 대비 20.3% 증가함. 반면 연결재무제표상 주요종속회사의 소송관련 대손충당금 계상으로 당기순이익은 69.9억원으로 55.7% 감소함. 동사는 현재 지배회사인 동양고속에서 추진중인 아산 동양고속버스터미널 복합시설 신축공사와 관련한 부동산개발회사로서 사업활동을 진행중임.

현금 흐름 〈단위 : 억원〉
항목	2015	2016
영업활동	189	160
투자활동	-103	-92
재무활동	-44	-93
순현금흐름	42	-24
기말현금	191	167

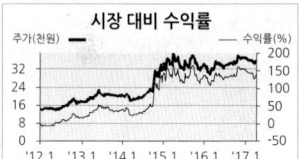

시장 대비 수익률

결산 실적 〈단위 : 억원〉
항목	2011	2012	2013	2014	2015	2016
매출액	1,131	1,155	1,271	1,363	1,358	1,555
영업이익	153	130	115	205	148	178
당기순이익	-19	69	68	117	158	70

분기 실적 〈단위 : 억원〉
항목	2015.3Q	2015.4Q	2016.1Q	2016.2Q	2016.3Q	2016.4Q
매출액	347	350	337	345	414	460
영업이익	59	-5	40	36	53	48
당기순이익	52	-12	35	25	-10	20

재무 상태 〈단위 : 억원〉
항목	2011	2012	2013	2014	2015	2016
총자산	2,908	2,091	2,148	2,241	2,404	2,379
유형자산	899	639	705	741	782	675
무형자산	85	79	126	126	126	126
유가증권	369	164	164	159	107	92
총부채	1,574	973	997	1,003	1,090	1,114
총차입금	1,066	700	650	653	666	691
자본금	133	133	133	133	133	133
총자본	1,334	1,119	1,150	1,238	1,314	1,265
지배주주지분	1,074	1,114	1,147	1,235	1,309	1,260

기업가치 지표
항목	2011	2012	2013	2014	2015	2016
주가(최고/저)(천원)	15.7/10.3	19.2/13.8	23.2/17.4	34.1/17.8	40.1/30.6	38.1/29.6
PER(최고/저)(배)	79.9/52.4	9.3/6.7	10.3/7.7	8.7/4.6	7.4/5.6	15.0/11.7
PBR(최고/저)(배)	0.5/0.3	0.6/0.4	0.6/0.5	0.8/0.4	0.9/0.7	0.8/0.6
EV/EBITDA(배)	6.5	5.6	6.5	5.0	6.1	5.7
EPS(원)	254	2,497	2,556	4,258	5,744	2,549
BPS(원)	40,502	42,021	43,261	46,588	49,370	49,476
CFPS(원)	2,161	4,606	4,829	6,804	8,747	5,713
DPS(원)	1,250	1,250	1,000	1,250	1,750	400
EBITDAPS(원)	7,679	6,918	6,512	10,118	8,352	9,762

재무 비율 〈단위 : %〉
연도	영업이익률	순이익률	부채비율	차입금비율	ROA	ROE	유보율	자기자본비율	EBITDA마진율
2016	11.4	4.5	88.1	54.6	2.9	5.5	889.5	53.2	16.7
2015	10.9	11.6	82.9	50.7	6.8	12.4	887.4	54.7	16.3
2014	15.1	8.6	81.0	52.7	5.3	9.8	831.8	55.3	19.7
2013	9.1	5.4	86.7	56.5	3.2	6.2	765.2	53.6	13.6

동양네트웍스 (A030790)
TONGYANG Networks

업　　종 : IT 서비스		시　　장 : 거래소	
신용등급 : (Bond) B　　(CP) —		기업규모 : 시가총액 소형주	
홈페이지 : www.tongyangnetworks.com		연 락 처 : 02)405-7700	
본　　사 : 서울시 송파구 백제고분로 69 (잠실동, 애플타워)			

설 립 일 1991.03.30	종 업 원 수 338명	대 표 이 사 김형겸
상 장 일 2010.11.02	감 사 의 견 적정 (삼화)	계　　열
결 산 기 12월	보 통 주 5,273만주	종속회사수
액 면 가 500원	우 선 주	구 상 호 동양시스템즈

주주구성 (지분율,%)		출자관계 (지분율,%)		주요경쟁사 (외형,%)	
KJ프리텍	15.5	동양네트웍스	100		
제이미원	13.5	신세계 I&C	315		
(외국인)	0.4	오픈베이스	166		

매출구성		비용구성		수출비중	
SI 및 Outsourcing	45.3	매출원가율	92.9	수출	0.0
원부자재등	24.0	판관비율	14.1	내수	100.0
상품매출	22.1				

회사 개요
동사는 IT 전문기업으로서, 시스템통합, 아웃소싱, 컨설팅, 솔루션 등의 서비스 사업을 주로 영위함. 2015년 3월 기준으로 회생절차가 종결됨. 동양그룹 계열이었으나 최대주주 변경으로 계열관계 해소됨. 제2금융권을 고객으로 한 금융솔루션 부문에 특화된 경쟁력을 보유하고 있음. 2010년에는 KTFDS를 합병, 은행시장 진출의 기반을 마련하는데 성공하였고, 같은 해 11월 코스닥시장에서 유가증권시장으로 이전 상장함.

실적 분석
동사의 2016년 연결기준 연간 누적 매출액은 940.9억원으로 전년 동기 대비 16.2% 감소함. 매출이 줄면서 매출원가와 판관비도 감소해 영업손실은 전년 동기와 비슷한 66.4억원을 기록. 매출 감소로 인해 수익성이 개선되지 않는 상황. 다만 금융 등 비영업손익 부문에서 흑자 전환에 성공하면서 당기순손실은 39.7억원으로 적자 규모가 절반으로 줄음. 고정비 부담 완화와 비용통제 노력 등이 수반되면서 적자 폭이 줄고 있음.

현금 흐름 〈단위 : 억원〉
항목	2015	2016
영업활동	2	-24
투자활동	361	-24
재무활동	-201	84
순현금흐름	160	84
기말현금	409	493

시장 대비 수익률
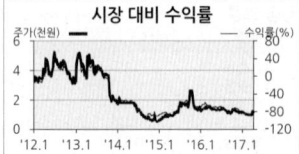

결산 실적 〈단위 : 억원〉
항목	2011	2012	2013	2014	2015	2016
매출액	1,599	3,220	4,917	1,430	1,123	941
영업이익	-0	-74	-742	8	-65	-66
당기순이익	7	-240	-1,661	1,435	-90	-40

분기 실적 〈단위 : 억원〉
항목	2015.3Q	2015.4Q	2016.1Q	2016.2Q	2016.3Q	2016.4Q
매출액	275	270	244	230	230	237
영업이익	-24	-35	-10	-21	-10	-25
당기순이익	-29	-17	-3	-3	1	-35

재무 상태 〈단위 : 억원〉
항목	2011	2012	2013	2014	2015	2016
총자산	1,138	3,563	2,238	1,278	975	964
유형자산	253	1,194	297	65	39	28
무형자산	163	315	103	53	46	37
유가증권	31	15	101	148	229	153
총부채	722	3,338	3,562	925	478	548
총차입금	240	2,135	2,271	512	172	268
자본금	136	160	208	157	263	264
총자본	416	225	-1,324	353	497	416
지배주주지분	416	243	-1,311	350	494	407

기업가치 지표
항목	2011	2012	2013	2014	2015	2016
주가(최고/저)(천원)	4.5/2.1	5.5/2.7	5.7/1.7	2.6/0.5	2.6/0.6	1.6/1.1
PER(최고/저)(배)	34.4/16.2	—/—	—/—	0.6/0.1	—/—	—/—
PBR(최고/저)(배)	0.5/0.2	1.2/0.6	-0.3/-0.1	2.8/0.6	2.8/0.6	2.0/1.4
EV/EBITDA(배)	8.3			9.2		
EPS(원)	135	-4,378	-22,498	4,703	-239	-77
BPS(원)	1,581	814	-3,108	1,119	938	772
CFPS(원)	109	-663	-3,831	5,708	-189	-51
DPS(원)	25					
EBITDAPS(원)	84	-134	-1,653	173	-123	-100

재무 비율 〈단위 : %〉
연도	영업이익률	순이익률	부채비율	차입금비율	ROA	ROE	유보율	자기자본비율	EBITDA마진율
2016	-7.1	-4.2	131.8	64.5	-4.1	-9.0	54.3	43.1	-5.6
2015	-5.8	-8.0	96.2	34.7	-8.0	-21.3	87.6	51.0	-4.1
2014	0.5	100.3	261.8	144.9	81.6	전기잠식	123.8	27.6	3.1
2013	-15.1	-33.8	완전잠식	완전잠식	-57.3	당기잠식	-721.7	-59.2	-13.7

동양물산기업 (A002900)
Tong Yang Moolsan

업　　종 : 기계		시　　장 : 거래소	
신용등급 : (Bond) —　　(CP) —		기업규모 : 시가총액 소형주	
홈페이지 : www.tym.co.kr		연 락 처 : 02)3014-2800	
본　　사 : 서울시 강남구 언주로133길 7, 대용빌딩 2,3층			

설 립 일 1960.02.01	종 업 원 수 700명	대 표 이 사 김희용
상 장 일 1973.06.26	감 사 의 견 적정 (새빛)	계　　열
결 산 기 12월	보 통 주 6,539만주	종속회사수
액 면 가 500원	우 선 주	구 상 호

주주구성 (지분율,%)		출자관계 (지분율,%)		주요경쟁사 (외형,%)	
김희용	15.0	셀파씨엔씨	29.7	동양물산	100
김식	6.4	케이에이엠홀딩스	27.1	신진에스엠	13
(외국인)	8.8	세일공업	8.3	수산중공업	24

매출구성		비용구성		수출비중	
트랙터 콤바인 이앙기 및 부품	75.9	매출원가율	82.8	수출	48.1
탄소복합필터 아세테이트필터	19.3	판관비율	16.3	내수	51.9
신문 서적 용역	4.3				

회사 개요
1960년 설립된 동사는 농기계사업과 담배필터사업을 주요사업으로 영위하고 있음. 농기계사업이 매출의 75%, 필터부문이 20%, 기타부문이 5%를 차지함. 국내에 3개, 해외에 4개 계열사를 두고 있음. 국내 농업기계 시장은 소형기종 대체수요 발생, 대형 기종 수요 증가, 과수·채소·축산 등 전작부문 기계화, 시설장비 현대화 등으로 당분간 성장세 이어갈 전망임.

실적 분석
2016년 연결기준 매출은 전년도 대비 5% 증가한 3754.8억원을 시현함. 농기계사업부문 매출액은 전년도 대비 4%, 필터사업부문은 13% 증가함. 그러나 매출원가율 상승 여파로 영업이익은 전년도 대비 35.3% 감소한 34.2억원을 기록. 영업외수지 흑자전환에 힘입어 당기순이익은 전년도 대비 36.1% 성장한 36.8억원을 기록함. 전체매출 75%를 차지하는 농기계사업부문 실적이 개선되고 있다는 점이 긍정적임.

현금 흐름 〈단위 : 억원〉
항목	2015	2016
영업활동	148	85
투자활동	-122	-266
재무활동	-28	99
순현금흐름	-1	-81
기말현금	297	216

시장 대비 수익률
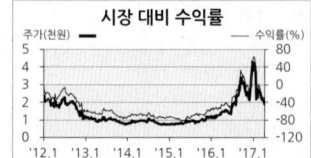

결산 실적 〈단위 : 억원〉
항목	2011	2012	2013	2014	2015	2016
매출액	3,419	3,667	3,736	3,274	3,575	3,755
영업이익	44	89	116	13	53	34
당기순이익	-49	-13	-15	-89	27	37

분기 실적 〈단위 : 억원〉
항목	2015.3Q	2015.4Q	2016.1Q	2016.2Q	2016.3Q	2016.4Q
매출액	997	717	1,103	961	1,010	680
영업이익	41	-66	65	13	28	-73
당기순이익	38	-66	42	-7	16	-13

재무 상태 〈단위 : 억원〉
항목	2011	2012	2013	2014	2015	2016
총자산	3,266	3,389	3,368	3,496	3,418	3,555
유형자산	1,078	1,077	1,034	1,006	986	997
무형자산	51	61	58	67	61	48
유가증권	35	26	24	22	30	31
총부채	1,837	1,961	1,967	2,207	2,117	2,228
총차입금	1,130	1,103	1,186	1,356	1,298	1,426
자본금	327	327	327	327	327	327
총자본	1,430	1,428	1,401	1,289	1,302	1,326
지배주주지분	1,430	1,428	1,401	1,289	1,302	1,326

기업가치 지표
항목	2011	2012	2013	2014	2015	2016
주가(최고/저)(천원)	2.8/1.3	2.6/1.0	1.2/0.8	1.1/0.7	1.3/0.7	4.1/1.1
PER(최고/저)(배)	—/—	—/—	—/—	—/—	30.7/17.8	72.1/19.0
PBR(최고/저)(배)	1.4/0.6	1.3/0.5	0.6/0.4	0.6/0.4	0.6/0.4	2.0/0.5
EV/EBITDA(배)	19.4	9.0	6.7	15.3	11.9	26.9
EPS(원)	-75	-20	-22	-136	41	56
BPS(원)	21,862	21,844	21,432	19,706	19,906	2,029
CFPS(원)	649	1,078	1,123	-53	1,866	211
DPS(원)	150	150	150	100	150	10
EBITDAPS(원)	2,069	2,643	3,117	1,507	2,261	207

재무 비율 〈단위 : %〉
연도	영업이익률	순이익률	부채비율	차입금비율	ROA	ROE	유보율	자기자본비율	EBITDA마진율
2016	0.9	1.0	168.0	107.5	1.1	2.8	305.7	37.3	3.6
2015	1.5	0.8	162.6	99.8	0.8	2.1	298.1	38.1	4.1
2014	0.4	-2.7	171.3	105.2	-2.6	-6.6	294.1	36.9	3.0
2013	3.1	-0.4	140.3	84.6	-0.4	-1.0	328.7	41.6	5.5

동양생명보험 (A082640)
TONG YANG LIFE INSURANCE

업 종 : 보험		시 장 : 거래소	
신용등급 : (Bond) — (CP) —		기업규모 : 시가총액 중형주	
홈페이지 : www.myangel.co.kr		연 락 처 : 1577-1004	
본 사 : 서울시 종로구 종로 33 (청진동)			

설 립 일	1989.07.01	종업원수	1,008명	대표이사	구한서
상 장 일	2009.10.08	감사의견	적정 (삼정)	계 열	
결 산 기	12월	보 통 주	16,136만주	종속회사수	
액 면 가	5,000원	우 선 주		구 상 호	

주주구성 (지분율,%)		출자관계 (지분율,%)		주요경쟁사 (외형,%)	
Anbang Life Insurance Co., Ltd.	42.0	동양자산운용	73.0	동양생명	100
Anbang Group Holdings Co. Limited	33.3	메리츠화재	20.0	코리안리	98
(외국인)	86.2	용인클린위터	15.0		110

수익구성		비용구성		수출비중	
[생명보험]생사혼합	42.0	책임준비금전입	53.8	수출	—
[생명보험]사 망	31.8	보험금비용	26.8	내수	—
[생명보험]특별계정	15.8	사업비	4.6		

회사 개요
동사는 생명보험업을 주업으로 1989년 한국의 동양과 미국의 Mutual Benefits Life Insurance가 공동출자하여 동양베네피트생명으로 설립된 후 외국인 지분이 정리됨에 따라 상호를 동양생명보험으로 변경함. 2000년 태평양생명보험을 흡수합병하였으며, 2013년 12월 동양그룹으로부터 계열 분리됨. 금융위의 대주주 승인으로 중국 안방보험이 동사를 인수하게 됨에 따라 최초로 중국 자본이 한국 보험사를 운영하게 됨.

실적 분석
동사의 2016년 연결기준 연간 누적 보험영업수익(매출액)은 7조4295.4억원으로 전년 동기(4조6985.3억원) 대비 약 50% 증가함. 매출이 큰 폭으로 확대됐지만 전반적인 비용이 증가하면서 영업손실은 298.1억원으로 전년 동기 대비 적자 전환함. 법인세비용이 흑자로 잡히면서 당기순이익은 147.9억원으로 흑자 유지했지만 전년 동기와 비교하면 흑자 폭은 크게 감소.

현금 흐름 〈단위 : 억원〉
항목	2015	2016
영업활동	9,221	40,166
투자활동	-9,586	-39,433
재무활동	-565	-641
순현금흐름	-929	92
기말현금	2,250	2,341

시장 대비 수익률
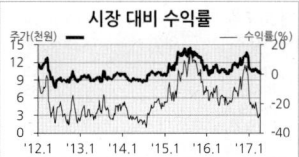

결산 실적 〈단위 : 억원〉
항목	2011	2012	2013	2014	2015	2016
보험료수익	31,269	40,427	26,193	32,625	35,631	61,019
영업이익	1,314	2,033	993	1,206	2,122	-298
당기순이익	984	1,580	761	1,670	1,605	148

분기 실적 〈단위 : 억원〉
항목	2015.3Q	2015.4Q	2016.1Q	2016.2Q	2016.3Q	2016.4Q
보험료수익	8,945	9,259	18,964	15,714	14,079	12,261
영업이익	296	213	933	925	600	-2,755
당기순이익	217	74	815	740	685	-2,092

재무 상태 〈단위 : 억원〉
항목	2011	2012	2013	2014	2015	2016
총자산	146,549	176,627	180,635	204,257	226,209	267,208
유형자산	1,044	1,065	1,084	853	816	762
무형자산	495	401	189	180	154	131
유가증권	67,719	90,738	94,177	105,159	121,202	168,407
총부채	134,735	160,521	167,097	186,198	206,282	248,851
총차입금						
자본금	5,379	5,379	5,379	5,379	5,379	5,379
총자본	11,814	16,106	13,538	18,060	19,927	18,357
지배주주지분	11,655	15,938	13,382	17,714	19,651	18,129

기업가치 지표
항목	2011	2012	2013	2014	2015	2016
주가(최고/저)(천원)	13.3/9.9	11.6/7.6	10.6/8.3	10.6/8.6	14.6/9.7	13.7/9.7
PER(최고/저)(배)	17.5/13.1	9.2/6.0	16.6/12.9	7.8/6.3	10.6/7.1	125.1/88.6
PBR(최고/저)(배)	1.4/1.1	0.9/0.6	0.9/0.7	0.7/0.6	0.8/0.6	0.8/0.6
PSR(최고/저)(배)	1/0	0/0	0/0	0/0	0/0	0/0
EPS(원)	904	1,460	720	1,529	1,468	112
BPS(원)	11,012	15,181	12,805	17,033	18,833	17,418
CFPS(원)	1,161	1,693	885	1,698	1,599	237
DPS(원)	350	350	200	550	620	200
EBITDAPS(원)	1,221	1,890	923	1,121	1,972	-277

재무 비율 〈단위 : % 〉
연도	계속사업이익률	순이익률	부채비율	차입금비율	ROA	ROE	유보율	자기자본비율	총자산증가율
2016	-0.5	0.2	1,355.6	0.0	0.1	0.6	248.4	6.9	18.1
2015	5.8	4.5	1,035.2	0.0	0.8	8.5	276.7	8.8	10.8
2014	6.5	5.1	1,031.0	0.0	1.0	10.6	240.7	8.8	15.6
2013	4.0	2.9	1,234.3	0.0	0.4	5.3	156.1	7.5	2.3

동양시멘트 (A038500)
TONGYANG Cement & Energy

업 종 : 건축소재		시 장 : KOSDAQ	
신용등급 : (Bond) — (CP) —		기업규모 : 우량	
홈페이지 : www.tycement.co.kr		연 락 처 : 033)571-7000	
본 사 : 강원도 삼척시 동양길 20 (사직동 114)			

설 립 일	1990.12.22	종업원수	798명	대표이사	이정수,최병길
상 장 일	2001.02.01	감사의견	적정 (삼덕)	계 열	
결 산 기	12월	보 통 주	10,736만주	종속회사수	
액 면 가	500원	우 선 주		구 상 호	동양시멘트

주주구성 (지분율,%)		출자관계 (지분율,%)		주요경쟁사 (외형,%)	
삼표시멘트	45.1	삼표자원개발	100.0	삼표시멘트	100
동양인터내셔널	19.1	삼척에너지	100.0	쌍용양회	334
(외국인)	1.0	삼표해운	100.0	동양	71

매출구성		비용구성		수출비중	
시멘트, 석회석, 플랜트(시멘트 사업)	100.0	매출원가율	78.3	수출	—
		판관비율	10.6	내수	—

회사 개요
동사는 2010년 7월 동양시멘트를 흡수 합병 후 사명을 골든오일에서 동양시멘트로 변경함. 주요 사업은 시멘트 제품의 제조, 연구 및 개발이며, 에너지 사업 부문에서는 석유자원개발을 주로 영위함. 비상장사인 동양레미콘, 한성레미콘과 함께 상장사인 동양의 계열회사임. 수년간 매년 수백억원 규모의 순손실을 시현. 포스코에너지에 동양파워 매각을 8월 29일부로 완료.

실적 분석
동사의 연결 기준 2016년도 매출액은 전년대비 9.24% 증가한 6,159.1억원이며, 매출원가가 이보다 적은 비율로 상승하면서 매출총이익이 25.7% 늘었음. 영업이익은 46.0% 증가한 685.4억원을 시현하였음. 2016년 시멘트 판매수량 증가로 영업이익이 증가하였으며, 금융비용이 감소하여 법인세비용차감전순이익이 증가하였음. 최종적으로 503.0억원의 당기순이익을 실현, 흑자전환에 성공하였음.

현금 흐름 〈단위 : 억원〉
항목	2015	2016
영업활동	668	1,030
투자활동	413	-1,671
재무활동	-1,676	712
순현금흐름	-592	72
기말현금	598	670

시장 대비 수익률
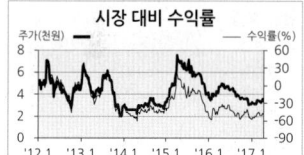

결산 실적 〈단위 : 억원〉
항목	2011	2012	2013	2014	2015	2016
매출액	5,845	6,354	6,097	5,536	5,638	6,159
영업이익	-213	303	-47	643	469	685
당기순이익	-865	-669	-2,555	3,270	-108	503

분기 실적 〈단위 : 억원〉
항목	2015.3Q	2015.4Q	2016.1Q	2016.2Q	2016.3Q	2016.4Q
매출액	1,439	1,592	1,211	1,646	1,490	1,812
영업이익	74	174	75	214	196	200
당기순이익	-157	264	43	43	90	326

재무 상태 〈단위 : 억원〉
항목	2011	2012	2013	2014	2015	2016
총자산	15,602	14,758	13,800	13,122	11,077	12,634
유형자산	9,600	9,057	8,466	7,630	6,924	7,642
무형자산	2,963	2,546	2,130	2,117	2,102	2,229
유가증권	36	21	15	82	46	29
총부채	10,271	10,138	11,226	7,422	5,585	6,666
총차입금	8,528	8,337	8,064	5,658	4,091	4,957
자본금	639	639	671	537	537	537
총자본	5,331	4,620	2,574	5,701	5,492	5,967
지배주주지분	5,331	4,610	2,481	5,701	5,492	5,967

기업가치 지표
항목	2011	2012	2013	2014	2015	2016
주가(최고/저)(천원)	4.5/1.4	7.1/2.6	7.5/2.0	3.7/2.2	7.6/3.1	5.0/3.1
PER(최고/저)(배)	—/—	—/—	—/—	1.2/0.7	—/—	10.6/6.5
PBR(최고/저)(배)	0.9/0.3	1.6/0.6	3.2/0.9	0.7/0.4	1.5/0.6	0.9/0.6
EV/EBITDA(배)	18.8	9.9	13.9	5.2	6.6	5.6
EPS(원)	-846	-653	-2,279	3,045	-101	468
BPS(원)	4,173	3,607	1,849	5,310	5,116	5,558
CFPS(원)	-48	94	-1,256	3,730	585	1,057
DPS(원)						
EBITDAPS(원)	463	853	532	1,284	1,123	1,227

재무 비율 〈단위 : % 〉
연도	영업이익률	순이익률	부채비율	차입금비율	ROA	ROE	유보율	자기자본비율	EBITDA마진율
2016	11.1	8.2	111.7	83.1	4.2	8.8	1,011.7	47.2	21.4
2015	8.3	-1.9	101.7	74.5	-0.9	-1.9	923.1	49.6	21.4
2014	11.6	59.1	130.2	99.3	24.3	79.9	962.1	43.4	24.9
2013	-0.8	-41.9	436.1	313.3	-17.9	-68.4	269.8	18.7	11.6

동양에스텍 (A060380)
DONGYANG S·TEC

업 종 : 금속 및 광물		시 장 : KOSDAQ	
신용등급 : (Bond) — (CP) —		기업규모 : 중견	
홈페이지 : www.dystec.co.kr		연 락 처 : (042)221-6900	
본 사 : 대전시 중구 중앙로 164번길 20(은행동)			

설 립 일 1981.11.12	종 업 원 수 67명	대 표 이 사 조은구
상 장 일 2002.02.05	감 사 의 견 적정 (예교)	계 열
결 산 기 12월	보 통 주 1,000만주	종속회사수
액 면 가 500원	우 선 주	구 상 호

주주구성 (지분율,%)		출자관계 (지분율,%)		주요경쟁사 (외형,%)	
조은구	41.2	파워엠앤씨	4.3	동양에스텍	100
박은희	10.5	한국프랜지공업	1.0	세기리텍	43
(외국인)	0.3	아이에스동서	0.5	그린플러스	25

매출구성		비용구성		수출비중	
(지배회사/도매) 열연 외	63.3	매출원가율	91.7	수출	0.3
(지배회사/제조) 열연 외	27.3	판관비율	5.7	내수	99.7
(지배회사/기타) 코일 외	7.9				

회사 개요

동사는 철강제품 제조, 판매 등의 목적으로 (주)동양철강으로 설립되었고 2001년 4월에 동양에스텍으로 상호를 변경하였음. 동사는 (주)포스코의 가공센터로서 포스코가 생산하는 제품을 전·절단 및 가공하여 판매하는 회사임. 동사의 2015년 기준 점유율은 8.8%이며 동사의 계열회사는 건설폐기물 처리를 하는 동양알디 1곳이 있음. 동사는 국내 최초로 22mm shear line을 도입한 포항 제2공장을 준공해 운영하고 있음.

실적 분석

철강부문은 전년 기저효과로 별도 기준으로 8.5% 성장. 이에 따라 동사의 2016년 매출액은 전년대비 13.6% 증가한 1,519.7원을 시현. 연결종속기업 3사 모두 매출 증가. 영업이익과 당기순이익은 각각 39.0억원, 41.5억원을 기록함. 향후 중국 정부의 환경규제 정책에 따라 중국 철강사들의 생산량 감산으로 국내 열연 내수 가격 또한 점차 상승할 것으로 전망됨.

현금 흐름 〈단위 : 억원〉

항목	2015	2016
영업활동	107	8
투자활동	-36	-139
재무활동	-68	122
순현금흐름	5	1
기말현금	19	21

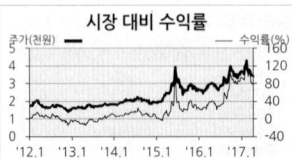

시장 대비 수익률

결산 실적 〈단위 : 억원〉

항목	2011	2012	2013	2014	2015	2016
매출액	2,168	2,055	2,243	1,742	1,338	1,520
영업이익	37	-16	44	21	17	39
당기순이익	13	-42	24	-35	-19	42

분기 실적 〈단위 : 억원〉

항목	2015.3Q	2015.4Q	2016.1Q	2016.2Q	2016.3Q	2016.4Q
매출액	374	337	331	368	351	469
영업이익	16	-0	6	18	3	11
당기순이익	14	-36	9	12	12	8

재무 상태 〈단위 : 억원〉

항목	2011	2012	2013	2014	2015	2016
총자산	1,423	1,334	1,197	1,061	927	1,202
유형자산	185	231	215	221	242	380
무형자산	11	11	11	11	12	12
유가증권	255	244	225	193	129	208
총부채	858	835	693	570	466	681
총차입금	598	610	410	344	286	471
자본금	50	50	50	50	50	50
총자본	565	499	505	491	460	521
지배주주지분	565	499	505	491	459	503

기업가치 지표

항목	2011	2012	2013	2014	2015	2016
주가(최고/저)(천원)	2.2/1.5	2.1/1.4	1.9/1.6	2.3/1.8	4.0/1.9	4.2/2.5
PER(최고/저)(배)	21.1/14.3	—/—	9.3/7.8	—/—	—/—	10.0/5.8
PBR(최고/저)(배)	0.5/0.3	0.5/0.3	0.4/0.4	0.5/0.4	0.9/0.4	0.9/0.5
EV/EBITDA(배)	16.9	—	11.0	15.9	18.2	14.1
EPS(원)	134	-416	238	-353	-195	437
BPS(원)	5,675	5,018	5,070	4,937	4,614	5,057
CFPS(원)	233	-302	339	-233	-73	637
DPS(원)	100	100	100	100	100	100
EBITDAPS(원)	468	-42	544	330	297	590

재무 비율 〈단위 : %〉

연도	영업이익률	순이익률	부채비율	차입금비율	ROA	ROE	유보율	자기자본비율	EBITDA마진율
2016	2.6	2.7	130.7	90.4	3.9	9.1	911.4	43.4	3.9
2015	1.3	-1.5	101.3	62.1	-2.0	-4.1	822.9	49.7	2.2
2014	1.2	-2.0	116.0	70.1	-3.1	-7.1	887.3	46.3	1.9
2013	2.0	1.1	137.3	81.3	1.9	4.8	914.1	42.1	2.4

동양이엔피 (A079960)
DONGYANG E&P

업 종 : 전자 장비 및 기기		시 장 : KOSDAQ	
신용등급 : (Bond) — (CP) —		기업규모 : 우량	
홈페이지 : www.dyenp.com		연 락 처 : 031)370-6631	
본 사 : 경기도 평택시 진위면 진위산단로 76, 진위산업단지			

설 립 일 1987.03.27	종 업 원 수 407명	대 표 이 사 김재수,김재만
상 장 일 2005.02.01	감 사 의 견 적정 (대성)	계 열
결 산 기 12월	보 통 주 786만주	종속회사수
액 면 가 500원	우 선 주	구 상 호

주주구성 (지분율,%)		출자관계 (지분율,%)		주요경쟁사 (외형,%)	
에스디와이	19.1			동양이엔피	100
신동양홀딩스	14.0			옵트론텍	31
(외국인)	17.8			에스씨디	31

매출구성		비용구성		수출비중	
SMPS	100.0	매출원가율	90.3	수출	—
		판관비율	6.1	내수	—

회사 개요

동사는 SMPS(Switching-Mode Power Supply), 충전기, 파워써플라이, 아답터등 전원공급장치 제조업을 영위하고 있음. 동사의 취급 품목은 크게 휴대폰용 충전기와 디지털가전용 SMPS, O/A 및 통신장 비용 SMPS로 구분되어 있으며 최근 태양열전지 등의 친환경제품과 LED 조명에 쓰이는 SMPS 등의 개발에도 주력을 다하며 빠르게 변화하는 시장에 신속히 대응하고자 노력하고 있음.

실적 분석

주문량 감소에 따라 동사의 2016년 연결 기준 매출액은 4,405.6억원으로 이는 전년 대비 5.1% 감소한 실적임. 외형이 축소되며 영업이익은 전년보다 12.9% 감소한 160.0억원을 기록하는데 그침. 최종적으로 당기순이익은 151.5억원으로 전년 대비 13.9% 감소하였음. 동사는 기존 전자기기 부문 시장지배력을 높이며 태양열전지와 LED(발광다이오드)조명 등으로 외연을 확대하는 데 힘을 줄 것이란 관측.

현금 흐름 〈단위 : 억원〉

항목	2015	2016
영업활동	265	155
투자활동	29	-335
재무활동	-33	-1
순현금흐름	251	-184
기말현금	708	524

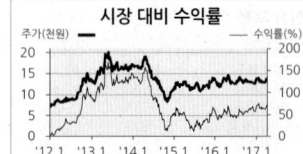

시장 대비 수익률

결산 실적 〈단위 : 억원〉

항목	2011	2012	2013	2014	2015	2016
매출액	4,746	5,523	5,958	4,774	4,641	4,406
영업이익	229	268	315	125	184	160
당기순이익	232	120	271	105	176	151

분기 실적 〈단위 : 억원〉

항목	2015.3Q	2015.4Q	2016.1Q	2016.2Q	2016.3Q	2016.4Q
매출액	1,395	1,115	1,079	1,067	1,249	1,011
영업이익	77	37	33	32	41	55
당기순이익	101	10	32	23	2	95

재무 상태 〈단위 : 억원〉

항목	2011	2012	2013	2014	2015	2016
총자산	2,606	2,151	2,542	2,322	2,564	2,611
유형자산	571	559	657	682	758	666
무형자산	19	22	47	48	46	39
유가증권	3	53	53	53	46	44
총부채	1,322	879	999	697	769	702
총차입금	111	70	73	20	11	46
자본금	39	39	39	39	39	39
총자본	1,284	1,271	1,543	1,625	1,794	1,909
지배주주지분	1,127	1,271	1,543	1,625	1,783	1,902

기업가치 지표

항목	2011	2012	2013	2014	2015	2016
주가(최고/저)(천원)	11.0/5.1	15.6/7.0	21.9/11.7	19.0/8.2	14.5/10.1	14.8/11.6
PER(최고/저)(배)	4.3/2.0	10.1/4.6	6.9/3.7	15.2/6.6	6.7/4.7	7.7/6.0
PBR(최고/저)(배)	0.9/0.4	1.0/0.5	1.2/0.6	1.0/0.4	0.7/0.5	0.6/0.5
EV/EBITDA(배)	1.7	2.2	2.5	1.1	1.4	0.8
EPS(원)	2,947	1,717	3,449	1,340	2,249	1,971
BPS(원)	14,611	16,891	19,910	20,949	22,967	24,475
CFPS(원)	3,705	3,036	4,472	2,561	3,617	3,277
DPS(원)	300	300	300	300	300	300
EBITDAPS(원)	3,669	4,734	5,031	2,807	3,705	3,342

재무 비율 〈단위 : %〉

연도	영업이익률	순이익률	부채비율	차입금비율	ROA	ROE	유보율	자기자본비율	EBITDA마진율
2016	3.6	3.4	36.8	2.4	5.9	8.4	4,795.0	73.1	6.0
2015	4.0	3.8	42.9	2.7	7.2	10.4	4,493.4	70.0	6.3
2014	2.6	2.2	42.9	1.2	4.3	6.7	4,089.8	70.0	4.6
2013	5.3	4.6	64.7	4.7	11.6	19.3	3,882.0	60.7	6.6

동양철관 (A008970)
Dong Yang Steel Pipe

업 종 : 금속 및 광물		시 장 : 거래소	
신용등급 : (Bond) — (CP) —		기업규모 : 시가총액 소형주	
홈 페 이 지 : www.dysp.co.kr		연 락 처 : 041)578-5511	
본 사 : 충남 천안시 동남구 풍세면 풍세로 515			

설 립 일 1973.08.01	종업원수 171명	대표이사 김익성	
상 장 일 1977.03.05	감사의견 적정 (삼정)	계 열	
결 산 기 12월	보 통 주 8,558만주	종속회사수	
액 면 가 500원	우 선 주 2만주	구 상 호	

주주구성 (지분율,%)		출자관계 (지분율,%)		주요경쟁사 (외형,%)	
동국실업	19.1	갑을알로이	100.0	동양철관	100
케이비텍	3.7	신이피엔씨	0.8	포스코엠텍	206
(외국인)	1.6	KBREMICONL.L.C	8.3	휴스틸	282

매출구성		비용구성		수출비중	
[제품]나관, 도복관 외	74.8	매출원가율	98.3	수출	37.6
[상품]나관 외	20.7	판관비율	11.0	내수	62.4
[기타]부산물	3.4				

회사 개요

동사는 1973년에 설립되어, 수도용 강관 및 주물의 제조 및 판매 등을 주요 사업으로 영위하고 있으며, 연결대상 종속기업으로 동특수합금을 생산 판매하는 갑을알로이(주)를 보유하고 있음. 동사의 주력제품인 가스관, 강관말뚝, 각종 배관 등은 거시경제 변수에 많은 영향을 받고 있으며 특히, 건설경기 성장율 및 SOC투자와 밀접한 관계를 가지고 있고 연결회사의 주요 제품인 동특수합금은 세계 자동차산업의 성장률과 밀접한 관계가 있음.

실적 분석

동사의 2016년 연결 기준 매출과 영업손실은 1,293억원, 120억원으로 매출은 24.5% 감소하고 적자전환함. 동사는 매출액이 크게 감소하였지만 인원감축, 구조조정, 생산효율성 증대 노력을 다졌음. 동사와 시장에서의 브랜드 가치증가와 매출증대, 신규거래선 발굴 등의 노력도 지속하고 있음. 불량률 감소 및 설비 합리화 등으로 생산성 향상을 꾀했으나 전방 및 후방산업 침체에 따라 수익성이 나빠짐.

현금 흐름 〈단위 : 억원〉

항목	2015	2016
영업활동	86	59
투자활동	-31	0
재무활동	-11	-84
순현금흐름	43	-25
기말현금	53	28

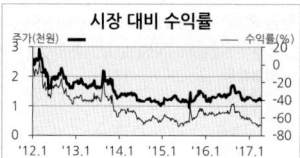

시장 대비 수익률

결산 실적 〈단위 : 억원〉

항목	2011	2012	2013	2014	2015	2016
매출액	2,261	2,564	2,226	1,998	1,713	1,293
영업이익	24	35	-61	-85	32	-120
당기순이익	26	26	-88	-124	23	-147

분기 실적 〈단위 : 억원〉

항목	2015.3Q	2015.4Q	2016.1Q	2016.2Q	2016.3Q	2016.4Q
매출액	387	489	297	264	291	442
영업이익	9	1	-20	-25	-25	-50
당기순이익	-6	20	-26	-23	-48	-49

재무 상태 〈단위 : 억원〉

항목	2011	2012	2013	2014	2015	2016
총자산	2,004	2,123	2,167	1,858	1,775	1,598
유형자산	941	1,111	1,051	996	967	914
무형자산	7	11	10	9	7	6
유가증권	5	3	5	2	2	2
총부채	944	1,041	1,172	993	891	792
총차입금	352	590	559	631	587	448
자본금	407	407	407	407	407	428
총자본	1,060	1,082	995	865	884	805
지배주주지분	1,060	1,082	995	865	884	805

기업가치 지표

항목	2011	2012	2013	2014	2015	2016
주가(최고/저)(천원)	3.5/0.8	3.0/1.5	2.2/1.3	1.5/1.0	1.6/0.9	1.7/1.1
PER(최고/저)(배)	109.3/25.7	94.9/48.6	—/—	—/—	57.6/33.1	—/—
PBR(최고/저)(배)	2.7/0.6	2.3/1.2	1.8/1.0	1.4/1.0	1.5/0.9	1.8/1.2
EV/EBITDA(배)	27.8	19.3	88.4		14.9	
EPS(원)	32	32	-108	-152	28	-171
BPS(원)	1,303	1,328	1,221	1,062	1,085	941
CFPS(원)	106	116	-12	-59	119	-86
DPS(원)						
EBITDAPS(원)	104	127	20	-12	130	-54

재무 비율 〈단위 : % 〉

연도	영업이익률	순이익률	부채비율	차입금비율	ROA	ROE	유보율	자기자본비율	EBITDA마진율
2016	-9.3	-11.3	98.4	55.7	-8.7	-17.4	88.2	50.4	-3.6
2015	1.9	1.4	100.7	66.4	1.3	2.7	117.1	49.8	6.2
2014	-4.3	-6.2	114.8	73.0	-6.2	-13.3	112.4	46.6	-0.5
2013	-2.8	-3.9	117.9	56.2	-4.1	-8.4	144.2	45.9	0.7

동양파일 (A228340)
TONGYANG PILE

업 종 : 건축소재		시 장 : KOSDAQ	
신용등급 : (Bond) — (CP) —		기업규모 : 중견	
홈 페 이 지 : www.tongyangphc.com		연 락 처 : 041)538-7320	
본 사 : 충남 아산시 염치읍 아산온천로 16-127			

설 립 일 2013.06.12	종업원수 37명	대표이사 김시년,한웅걸	
상 장 일 2016.04.06	감사의견 적정 (호연)	계 열	
결 산 기 12월	보 통 주 2,000만주	종속회사수	
액 면 가 500원	우 선 주	구 상 호	

주주구성 (지분율,%)		출자관계 (지분율,%)		주요경쟁사 (외형,%)	
한림건설	40.0			동양파일	100
케이에이치디	20.0			아세아시멘트	377
(외국인)	2.2			현대시멘트	313

매출구성		비용구성		수출비중	
PHC파일 제품	99.5	매출원가율	56.4	수출	0.0
임대	0.4	판관비율	11.8	내수	100.0
PHC파일 상품	0.1				

회사 개요

동사는 콘크리트관 및 기타구조용 콘크리트 제품 제조업을 목적사업으로 하며 2013년 6월 12일 설립되었으며 2014년 한림건설의 동양 지분 인수와 함께 대주주가 변경됨. 동사는 건축물 등의 지반 강화를 위한 필수제품인 PHC파일 업계 2위 업체로 아산, 익산, 함안에 3개 공장을 가지고 있으며 연 생산능력은 92만톤가량임. 현재 초고강도 시장은 성장초입으로 시장확대가 기대됨. 동사는 4월 6일 코스닥시장에 상장됨.

실적 분석

동사의 2016년 연결기준 결산 매출액은 1,209.4억원으로 전년동기 대비 4.6% 증가하였음. 이에 따라 영업이익은 384.5억원으로 10.2% 증가하였음. 최종적으로 당기순이익은 284.7억원으로 전년동기 대비 15.0% 증가. 건설투자가 16년 전년동기 대비 8.3%이 증가하면서 매출 증대. 고강도파일 외 수익성이 양호한 이음파일, 선단확장 파일, 초고강도 파일 등의 특수파일 판매증대로 영업이익률 증가 노력 중.

현금 흐름 *IFRS 별도 기준 〈단위 : 억원〉

항목	2015	2016
영업활동	231	328
투자활동	-14	-18
재무활동	-10	-44
순현금흐름	207	267
기말현금	303	570

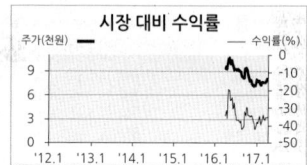

시장 대비 수익률

결산 실적 〈단위 : 억원〉

항목	2011	2012	2013	2014	2015	2016
매출액	—	—	333	1,052	1,156	1,209
영업이익	—	—	63	258	349	384
당기순이익	—	—	20	97	248	285

분기 실적 *IFRS 별도 기준 〈단위 : 억원〉

항목	2015.3Q	2015.4Q	2016.1Q	2016.2Q	2016.3Q	2016.4Q
매출액	272		320	257		
영업이익	83		107	73		
당기순이익	57		80	53		

재무 상태 *IFRS 별도 기준 〈단위 : 억원〉

항목	2011	2012	2013	2014	2015	2016
총자산	—	—	1,347	1,431	1,631	1,887
유형자산	—	—	655	637	641	578
무형자산	—	—	295	295	295	246
유가증권	—	—	—	1	2	2
총부채	—	—	938	923	875	451
총차입금	—	—	748	700	690	250
자본금	—	—	4	4	80	100
총자본	—	—	409	507	756	1,437
지배주주지분	—	—	409	507	756	1,437

기업가치 지표 *IFRS 별도 기준

항목	2011	2012	2013	2014	2015	2016
주가(최고/저)(천원)	—/—	—/—	—/—	—/—	—/—	11.0/6.8
PER(최고/저)(배)	0.0/0.0	0.0/0.0	0.0/0.0	0.0/0.0	0.0/0.0	7.6/4.7
PBR(최고/저)(배)	0.0/0.0	0.0/0.0	0.0/0.0	0.0/0.0	0.0/0.0	1.6/1.0
EV/EBITDA(배)	0.0		9.9	2.1	1.0	2.9
EPS(원)	—	—	282	607	1,548	1,498
BPS(원)	—	—	49,903	61,898	4,725	7,185
CFPS(원)	—	—	8,854	15,370	1,743	1,670
DPS(원)	—	—				250
EBITDAPS(원)	—	—	21,073	34,972	2,377	2,195

재무 비율 〈단위 : % 〉

연도	영업이익률	순이익률	부채비율	차입금비율	ROA	ROE	유보율	자기자본비율	EBITDA마진율
2016	31.8	23.5	31.4	17.4	16.2	26.0	1,336.9	76.1	34.5
2015	30.2	21.4	115.8	91.3	16.2	39.2	844.9	46.3	32.9
2014	24.5	9.2	182.0	138.0	7.0	21.2	12,279.7	35.5	27.3
2013	18.9	5.9	229.3	182.9	0.0	0.0	9,880.6	30.4	22.5

동양피엔에프 (A104460)
DONGYANG P&F

업 종 : 기계	시 장 : KOSDAQ
신용등급 : (Bond) — (CP) —	기업규모 : 중견
홈 페 이 지 : www.dypnf.com	연 락 처 : 02)2106-8000
본 사 : 서울시 금천구 가산디지털1로 88, 17층,18층(가산동, 아이티프리미어타워)	

설 립 일 1999.07.01	종 업 원 수 135명	대 표 이 사 이계안	
상 장 일 2009.12.22	감 사 의 견 적정 (삼정)	계 열	
결 산 기 12월	보 통 주 1,071만주	종속회사수	
액 면 가 500원	우 선 주	구 상 호	

주주구성 (지분율,%)
조좌진	44.6
동양피엔에프글로벌서비스	4.7
(외국인)	0.9

출자관계 (지분율,%)
동양피엔에프자동화사업부	55.5
더이한에스티이	28.2
동양피엔에스	18.3

주요경쟁사 (외형,%)
동양피엔에프	100
아세아텍	112
나라엠앤디	142

매출구성
메카니컬 컨베잉시스템	64.3
뉴메틱 컨베잉시스템	30.1
기타	5.6

비용구성
매출원가율	89.2
판관비율	9.0

수출비중
수출	59.7
내수	40.3

회사 개요
1999년 설립된 동사는 분체이송시스템의 설계, 제작, 설치 및 시운전을 주사업으로 하는 전문 엔지니어링 업체로 2002년 코스닥시장에 상장함. 최근 캐나다 Enersul사와 협력하여 유황 분체이송사업을 위한 시장 개척을 진행하고 있으며 석탄발전소 관련사업(Coal/Ash Handling System)을 수주하여 진행중임. 동사의 매출구성은 메카니컬 컨베잉 시스템 45.6%, 뉴메틱 컨베잉 시스템 45.7%, 기타 8.3%으로 구성됨

실적 분석
2016년 동사의 매출액은 전년 동기 대비 15.1% 증가한 923억원을 시현. 영업이익과 당기순이익은 투자손실 등 1회성비용의 반영에 따른 영향으로 영업이익은 전년 동기 대비 47.3% 감소한 16억원, 당기순손실 3.6억원을 나타냄. 재무비율 측면에서 자기자본비율이 전기대비 4.8% 감소한 56.0%, 부채비율이 전기대비 14.1% 증가한 78.6%로 안정적인 재무구조를 지속적으로 유지하였음.

현금 흐름 〈단위 : 억원〉
항목	2015	2016
영업활동	69	14
투자활동	-33	40
재무활동	-2	-38
순현금흐름	35	18
기말현금	125	142

시장 대비 수익률
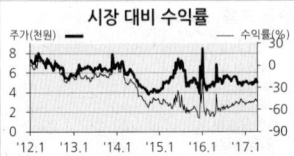

결산 실적 〈단위 : 억원〉
항목	2011	2012	2013	2014	2015	2016
매출액	537	558	713	767	802	923
영업이익	95	28	22	48	31	16
당기순이익	76	18	7	37	15	-4

분기 실적 〈단위 : 억원〉
항목	2015.3Q	2015.4Q	2016.1Q	2016.2Q	2016.3Q	2016.4Q
매출액	205	227	209	206	180	328
영업이익	13	5	2	1	-7	20
당기순이익	5	1	0	1	-8	4

재무 상태 〈단위 : 억원〉
항목	2011	2012	2013	2014	2015	2016
총자산	793	746	917	842	943	1,011
유형자산	152	134	109	116	102	199
무형자산	11	11	10	4	64	4
유가증권	29	27	29	29	44	26
총부채	230	219	389	274	370	445
총차입금	11	19	36	123	131	97
자본금	51	51	54	54	54	54
총자본	562	527	528	568	574	566
지배주주지분	562	527	528	562	573	579

기업가치 지표
항목	2011	2012	2013	2014	2015	2016
주가(최고/저)(천원)	10.0/5.8	8.0/5.2	8.1/5.6	7.8/3.8	7.9/3.8	8.4/4.2
PER(최고/저)(배)	15.5/9.0	52.2/34.3	135.3/93.5	23.6/11.5	35.4/17.1	233.4/115.9
PBR(최고/저)(배)	2.1/1.2	1.7/1.1	1.6/1.1	1.5/0.7	1.4/0.7	1.5/0.7
EV/EBITDA(배)	6.5	14.4	20.1	6.4	16.8	19.8
EPS(원)	709	165	64	353	233	37
BPS(원)	5,500	5,458	5,319	5,634	5,744	5,795
CFPS(원)	795	232	121	407	293	89
DPS(원)	200	25	50	120	120	100
EBITDAPS(원)	976	337	259	505	347	203

재무 비율 〈단위 : % 〉
연도	영업이익률	순이익률	부채비율	차입금비율	ROA	ROE	유보율	자기자본비율	EBITDA마진율
2016	1.8	-0.4	78.6	17.1	-0.4	0.7	1,059.1	56.0	2.4
2015	3.8	1.9	64.4	22.8	1.7	4.4	1,048.7	60.8	4.6
2014	6.3	4.8	48.3	21.6	4.2	6.9	1,026.8	67.4	7.1
2013	3.0	1.0	73.8	6.9	0.8	1.3	963.8	57.5	3.9

동우팜투테이블 (A088910)
DONGWOO FARM TO TABLE

업 종 : 식료품	시 장 : KOSDAQ
신용등급 : (Bond) — (CP) —	기업규모 : 우량
홈 페 이 지 : www.e-dongwoo.com	연 락 처 : 063)450-2000
본 사 : 전북 군산시 서수면 동군산로 1095	

설 립 일 1993.02.17	종 업 원 수 472명	대 표 이 사 이계창	
상 장 일 2006.06.23	감 사 의 견 적정 (바른)	계 열	
결 산 기 12월	보 통 주 2,386만주	종속회사수	
액 면 가 500원	우 선 주	구 상 호	

주주구성 (지분율,%)
군산도시가스	23.4
김동수	18.6
(외국인)	2.8

출자관계 (지분율,%)
다농	47.5
나농	45.0
가농	45.0

주요경쟁사 (외형,%)
동우	100
하림	350
마니커	97

매출구성
도계육(육계)	44.0
기타 생계 외	17.7
도계육(부분육)	16.5

비용구성
매출원가율	89.4
판관비율	6.5

수출비중
수출	0.0
내수	100.0

회사 개요
동사는 1993년 설립됐으며, 2006년 6월 코스닥시장에 상장함. 동사가 영위하는 사업영역은 양계, 축산물의 제조 및 가공부문으로 해당 사업의 매출이 전체 매출액의 100%를 점하고 있음. 동사는 계열화사업본부의 기반시설을 통하여 병아리 및 생계를 생산하고 있고, 생산시설을 통하여 통닭(육계), 삼계, 토종닭), 염장육, 부분육, 부산물(닭발, 근위, 염통 등), 단미사료(도계과정 중 발생된 우모, 내장 등을 사료화한 제품)등을 생산함.

실적 분석
2016년 누적 매출액과 영업이익은 각각 2% 감소, 65%,증가한 2,357.5억원, 97.1억원을 기록함. 토종닭 신규 매출이 발생하였으나, 도계육외 상품 매출이 감소하며 전체 외형은 축소됨. 조리의 간편화, 고급화 추구로 변화하는 소비자 성향에 발맞추어 HACCP인증 획득, 최고급화 생산설비 설치를 완료. 브랜드 부각을 위한 예찬맘 브랜드네임 개발을 통해 판매다각화와 시장개척에 박차를 가하고 있음.

현금 흐름 *IFRS 별도 기준 〈단위 : 억원〉
항목	2015	2016
영업활동	38	151
투자활동	6	-89
재무활동	-72	16
순현금흐름	-28	78
기말현금	73	151

시장 대비 수익률
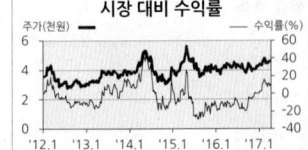

결산 실적 〈단위 : 억원〉
항목	2011	2012	2013	2014	2015	2016
매출액	2,187	2,143	2,517	2,198	2,397	2,358
영업이익	89	-13	125	65	59	97
당기순이익	92	24	105	17	83	129

분기 실적 *IFRS 별도 기준 〈단위 : 억원〉
항목	2015.3Q	2015.4Q	2016.1Q	2016.2Q	2016.3Q	2016.4Q
매출액	658	549	514	563	684	597
영업이익	-17	7	-29	20	56	49
당기순이익	-22	26	-26	25	88	43

재무 상태 *IFRS 별도 기준 〈단위 : 억원〉
항목	2011	2012	2013	2014	2015	2016
총자산	1,348	1,496	1,523	1,581	1,627	1,736
유형자산	248	243	237	225	219	207
무형자산	0	0	0	0	0	0
유가증권	48	26	25	12	17	9
총부채	262	398	308	350	313	297
총차입금	60	132	117	141	49	73
자본금	114	114	114	114	114	115
총자본	1,086	1,097	1,215	1,231	1,314	1,439
지배주주지분	1,086	1,097	1,215	1,231	1,314	1,439

기업가치 지표 *IFRS 별도 기준
항목	2011	2012	2013	2014	2015	2016
주가(최고/저)(천원)	6.3/2.9	4.3/2.8	4.1/3.0	5.5/2.9	5.8/3.4	4.7/3.7
PER(최고/저)(배)	16.1/7.4	42.4/27.2	9.3/6.6	76.7/41.3	16.2/9.6	8.4/6.6
PBR(최고/저)(배)	1.4/0.6	0.9/0.6	0.8/0.6	1.0/0.6	1.0/0.6	0.8/0.6
EV/EBITDA(배)	2.9	21.6	4.2	6.8	7.8	4.6
EPS(원)	404	104	458	73	364	566
BPS(원)	4,755	4,802	5,316	5,387	5,750	6,272
CFPS(원)	510	212	576	180	458	653
DPS(원)					50	
EBITDAPS(원)	494	51	664	392	352	511

재무 비율 〈단위 : % 〉
연도	영업이익률	순이익률	부채비율	차입금비율	ROA	ROE	유보율	자기자본비율	EBITDA마진율
2016	4.1	5.5	20.6	5.1	7.9	9.4	1,154.3	82.9	5.0
2015	2.5	3.5	23.8	3.8	5.2	6.5	1,050.0	80.8	3.4
2014	3.0	0.8	28.4	11.5	1.1	1.4	977.3	77.9	4.1
2013	5.0	4.2	25.4	9.6	6.9	9.1	963.3	79.8	6.0

동운아나텍 (A094170)
DONGWOON ANATECH COLTD

업 종 : 반도체 및 관련장비		시 장 : KOSDAQ	
신용등급 : (Bond) — (CP) —		기업규모 : 벤처	
홈 페 이 지 : www.dwanatech.com		연 락 처 : 02)3465-8765	
본 사 : 서울시 서초구 남부순환로 2351 (서초동, 아리랑타워 9층)			

설 립 일	2006.07.01	종업원수	135명	대표이사	김동철
상 장 일	2015.06.30	감사의견	적정 (한영)	계 열	
결 산 기	12월	보 통 주	599만주	종속회사수	
액 면 가	500원	우 선 주		구 상 호	

주주구성 (지분율,%)		출자관계 (지분율,%)		주요경쟁사 (외형,%)	
김동철	17.5			동운아나텍	100
스틱팬아시아테크놀로지펀드	9.7			SKC 솔믹스	173
(외국인)	1.4			프로텍	173

매출구성		비용구성		수출비중	
AF Driver IC	91.3	매출원가율	70.0	수출	73.2
Display Driver IC	7.0	판관비율	27.3	내수	26.8
LED 조명 Driver IC	1.7				

회사 개요
동사는 휴대폰, 태블릿, 기타 전자기기에 들어가는 아날로그(Analog) 반도체를 회로설계, 개발 및 일괄 외주생산 상용화하여 고객사에 판매하는 팹리스(Fabless) 아날로그 반도체회사. Auto Focus Driver IC, 모바일 디스플레이 전원 IC, LED 조명 Driver IC 반도체 제품들을 국내외 IT제조사에 공급하고 있음. 주요 제품인 휴대용 카메라용 AF Driver IC는 시장점유율 세계 1위 제품임.

실적 분석
2016년 매출액과 영업이익은 전년 대비 각각 3.9%, 82.3% 감소한 546.7억원, 14.7억원을 기록함. 기존 제품에 대한 주요 고객의 단가인하가 이어지며 환율하락에 따른 손익 발생, 신규 제품 개발을 위한 인원증가에 따른 판관비 증가가 반영되며 영업익 급감함. 2017년 신제품인 OIS 지원제품, 홍체인식 IR 필터 체인IR, 듀얼카메라용 제품 등 매출 가시화되며 성장 견인할 전망.

현금 흐름	*IFRS 별도 기준	〈단위 : 억원〉
항목	2015	2016
영업활동	92	-1
투자활동	-61	-17
재무활동	10	-8
순현금흐름	47	-29
기말현금	105	76

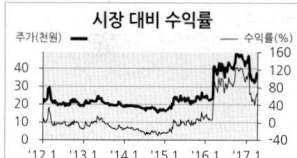
시장 대비 수익률

결산 실적
〈단위 : 억원〉

항목	2011	2012	2013	2014	2015	2016
매출액	253	304	465	445	569	547
영업이익	18	28	74	55	83	15
당기순이익	13	14	53	57	80	13

분기 실적
*IFRS 별도 기준 〈단위 : 억원〉

항목	2015.3Q	2015.4Q	2016.1Q	2016.2Q	2016.3Q	2016.4Q
매출액	165	158	130	141	130	146
영업이익	19	28	10	5	-6	5
당기순이익	23	25	8	7	-13	11

재무 상태
*IFRS 별도 기준 〈단위 : 억원〉

항목	2011	2012	2013	2014	2015	2016
총자산	199	263	262	329	434	428
유형자산	5	5	3	4	4	6
무형자산	48	53	36	39	44	64
유가증권	1	1	1	0	0	3
총부채	126	178	111	127	81	100
총차입금	88	128	65	62		30
자본금	24	24	25	25	30	30
총자본	73	85	151	202	354	328
지배주주지분	73	85	151	202	354	328

기업가치 지표
*IFRS 별도 기준

항목	2011	2012	2013	2014	2015	2016
주가(최고/저)(천원)	—/—	—/—	—/—	—/—	14.9/8.4	13.9/9.1
PER(최고/저)(배)	0.0/0.0	0.0/0.0	0.0/0.0	0.0/0.0	10.7/6.0	62.5/40.9
PBR(최고/저)(배)	0.0/0.0	0.0/0.0	0.0/0.0	0.0/0.0	2.6/1.4	2.3/1.5
EV/EBITDA(배)	1.6	2.1	0.2	0.0	5.2	22.7
EPS(원)	223	255	968	1,072	1,412	222
BPS(원)	1,266	1,497	2,817	3,767	5,904	5,964
CFPS(원)	577	534	1,263	1,299	1,647	437
DPS(원)	—	—	—	—	140	30
EBITDAPS(원)	673	770	1,649	1,248	1,695	460

재무 비율
〈단위 : % 〉

연도	영업이익률	순이익률	부채비율	차입금비율	ROA	ROE	유보율	자기자본비율	EBITDA마진율
2016	2.7	2.4	30.5	9.2	3.1	3.9	1,092.8	76.6	5.0
2015	14.6	14.1	22.8		21.0	28.9	1,080.9	81.4	16.9
2014	12.3	12.9	63.0	30.7	19.5	32.6	698.0	61.3	15.1
2013	15.8	11.3	73.2	42.8	20.1	44.7	496.7	57.7	19.3

동원 (A003580)
Dong Won

업 종 : 건축소재		시 장 : 거래소	
신용등급 : (Bond) — (CP) —		기업규모 : 시가총액 소형주	
홈 페 이 지 : www.dongwoncorp.com		연 락 처 : 02)6925-4450	
본 사 : 강원도 정선군 사북읍 동탄길 38-13			

설 립 일	1962.09.24	종업원수	38명	대표이사	남을진
상 장 일	1990.03.23	감사의견	적정 (우리)	계 열	
결 산 기	12월	보 통 주	128만주	종속회사수	
액 면 가	5,000원	우 선 주		구 상 호	

주주구성 (지분율,%)		출자관계 (지분율,%)		주요경쟁사 (외형,%)	
더블유투자금융주식투자조합제4호	18.1	더블유투자금융주식투자조합제10호	40.0	동원	100
이전배	11.3	동원빌딩	19.8	유니온	506
(외국인)	0.9	이에스에이제2호투자조합	19.3	서산	617

매출구성		비용구성		수출비중	
해사(기타)	100.0	매출원가율	65.1	수출	0.0
		판관비율	23.6	내수	100.0

회사 개요
동사는 해사채취 전문 기업으로서, 해상의 허가된 광구에서 특수선박을 이용하여 해사를 채취, 육상으로 이송하여 특수 세척설비를 이용, 염분을 제거한 후 건축용 레미콘과 토목공사용 아스콘, 그리고 매립용으로 공급판매하는 사업을 영위하고 있음. 해사채취 부문은 2016년 인천항 내 기준 약 7.27% 점유로 업계 5위임. 태안군, 옹진군 허가물량 채취 및 EEZ 등 해사를 구매, 생산하며 골재수요가 있는 레미콘업체에 직접 판매하고 있음.

실적 분석
동사의 매출액은 전기 대비 19% 증가한 182억원이며, 영업이익은 20억원으로 전기 대비 65% 증가하였음. 이는 전기 국내 건설경기가 호조세를 지속하고 공급대비 수요 폭증으로 인하여 골재가격이 전년대비 30%가량 인상되면서 매출증대와 영업이익이 증가하는 효과를 가져왔음. 한편 당기순이익은 전기 대비 적자로 돌아섰으며 회사내 장기간 적체되어 있던 자산등의 처분으로 인한 손실임.

현금 흐름	*IFRS 별도 기준	〈단위 : 억원〉
항목	2015	2016
영업활동	10	-20
투자활동	47	-75
재무활동	-82	115
순현금흐름	-25	21
기말현금	26	47

시장 대비 수익률

결산 실적
〈단위 : 억원〉

항목	2011	2012	2013	2014	2015	2016
매출액	234	216	196	229	153	183
영업이익	-24	-38	-32	-2	12	21
당기순이익	-101	-49	-91	-12	2	-21

분기 실적
*IFRS 별도 기준 〈단위 : 억원〉

항목	2015.3Q	2015.4Q	2016.1Q	2016.2Q	2016.3Q	2016.4Q
매출액	43	36	37	46	49	52
영업이익	-3	5	0	2	9	9
당기순이익	-6	29	-1	0	6	-28

재무 상태
*IFRS 별도 기준 〈단위 : 억원〉

항목	2011	2012	2013	2014	2015	2016
총자산	538	509	464	568	584	578
유형자산	147	37	30	108	17	14
무형자산	5	4	4	4	4	4
유가증권	35	33	34	35	22	162
총부채	175	171	199	307	208	143
총차입금	135	135	158	239	76	108
자본금	236	236	236	236	236	64
총자본	363	338	266	261	375	435
지배주주지분	363	338	266	261	375	435

기업가치 지표
*IFRS 별도 기준

항목	2011	2012	2013	2014	2015	2016
주가(최고/저)(천원)	42.7/20.7	29.6/18.8	24.9/18.8	20.4/15.2	28.2/16.1	48.2/22.4
PER(최고/저)(배)	—/—	—/—	—/—	—/—	122.8/70.1	—/—
PBR(최고/저)(배)	1.1/0.5	0.8/0.5	0.9/0.7	0.7/0.6	0.7/0.4	1.4/0.7
EV/EBITDA(배)				7.1	15.4	20.0
EPS(원)	-9,366	-2,643	-7,674	-1,308	230	-1,783
BPS(원)	7,699	7,173	5,635	5,540	7,959	34,037
CFPS(원)	-1,718	-365	-1,374	632	170	-1,403
DPS(원)						
EBITDAPS(원)	-204	-231	-22	1,057	389	2,140

재무 비율
〈단위 : % 〉

연도	영업이익률	순이익률	부채비율	차입금비율	ROA	ROE	유보율	자기자본비율	EBITDA마진율
2016	11.3	-11.4	32.9	24.8	-3.6	-5.2	580.7	75.2	13.7
2015	8.2	1.4	55.5	20.2	0.4	0.7	59.2	64.3	12.0
2014	-0.8	-5.4	117.5	91.6	-2.1	-2.6	9.8	46.0	17.6
2013	-16.2	-46.7	113.5	89.8	-14.8	-26.4	2.0	46.8	10.2

동원개발 (A013120)
DongWon Development

업　　　종 : 건설　　　　　　　　　　시　　　장 : KOSDAQ
신용등급 : (Bond) —　　(CP) —　　기업규모 : 우량
홈 페 이 지 : www.dongwonapt.co.kr　　연 락 처 : 051)645-3113
본　　　사 : 부산시 동구 조방로 39, 8층

설 립 일	1978.03.31	종 업 원 수	136명	대 표 이 사	장복만
상 장 일	1994.12.29	감 사 의 견	적정 (안경)	계	열
결 산 기	12월	보 통 주	9,081만주	종속회사수	
액 면 가	500원	우 선 주		구 상 호	

주주구성 (지분율,%)		출자관계 (지분율,%)		주요경쟁사 (외형,%)	
동원주택	32.5	동원관광개발	10.0	동원개발	100
장호익	15.5			아이에스동서	323
(외국인)	10.6			태영건설	385

매출구성		비용구성		수출비중	
자체공사(공사)	80.8	매출원가율	72.9	수출	0.0
건축(공사)	15.4	판관비율	2.6	내수	100.0
토목(공사)	3.7				

회사 개요
동사는 건설업 및 주택공급업 등을 영위할 목적으로 1978년에 설립되었으며, 1994년 코스닥시장에 상장됨. 주택전문 1군종합건설기업으로서 학교, 빌딩, 도로, 교량 등 토목,건축 공사업 및 주택(APT)공급업을 영위하고 있음. 주요 영업지역은 부산, 경남, 수도권 지역이며, 자체 주택사업 및 재개발, 재건축시장이 주요 목표시장임. 2016년 동사의 시공능력평가액은 7,984억원으로 전국 34위 수준임.

실적 분석
동사의 2016년 연결기준 매출액은 전년대비 3.8% 성장한 5,343.9억원을 기록함. 외형성장 정체에도 원가율 하락으로 영업이익은 전년대비 12.0%, 당기순이익은 8.7% 증가한 1,311.5억원과 979.8억원을 시현함. 국내 건설 투자 확대 및 부산 동원로얄듀크 분양인식, 자체공사 확대가 기대되며 풍부한 수주잔고 확보되고 있는 바 매출 성장 및 양호한 수익성이 유지될 전망임. 2016년 말 기준 수주잔고는 5,702.6억원임.

현금 흐름　*IFRS 별도 기준　〈단위 : 억원〉

항목	2015	2016
영업활동	274	554
투자활동	-145	-441
재무활동	-46	-77
순현금흐름	83	36
기말현금	834	870

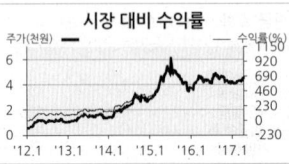

결산 실적　〈단위 : 억원〉

항목	2011	2012	2013	2014	2015	2016
매출액	2,164	3,849	3,183	3,401	5,150	5,344
영업이익	259	418	443	772	1,171	1,311
당기순이익	178	345	328	590	902	980

분기 실적　*IFRS 별도 기준　〈단위 : 억원〉

항목	2015.3Q	2015.4Q	2016.1Q	2016.2Q	2016.3Q	2016.4Q
매출액	1,339	1,443	1,416	1,329	1,325	1,273
영업이익	295	385	353	266	350	343
당기순이익	223	296	269	207	260	244

재무 상태　*IFRS 별도 기준　〈단위 : 억원〉

항목	2011	2012	2013	2014	2015	2016
총자산	3,257	4,198	3,871	4,335	5,460	6,540
유형자산	10	9	10	10	10	10
무형자산	2	2	2	2	0	0
유가증권	32	33	31	32	33	162
총부채	1,161	1,774	1,149	1,055	1,325	1,497
총차입금	146	501	329	34	27	27
자본금	454	454	454	454	454	454
총자본	2,096	2,423	2,722	3,279	4,135	5,043
지배주주지분	2,096	2,423	2,722	3,279	4,135	5,043

기업가치 지표　*IFRS 별도 기준

항목	2011	2012	2013	2014	2015	2016
주가(최고/저)(천원)	0.8/0.5	1.3/0.6	1.7/1.0	3.2/1.4	6.1/2.7	4.9/3.5
PER(최고/저)(배)	4.7/3.0	4.0/1.7	5.3/3.1	5.4/2.3	6.6/2.9	4.7/3.4
PBR(최고/저)(배)	0.4/0.3	0.6/0.3	0.6/0.4	1.0/0.4	1.4/0.6	0.9/0.7
EV/EBITDA(배)	2.7	3.0	3.4	2.6	2.2	1.9
EPS(원)	196	380	362	650	993	1,079
BPS(원)	23,085	26,683	29,971	36,115	4,554	5,553
CFPS(원)	1,977	3,828	3,631	6,511	994	1,080
DPS(원)	200	400	450	650	100	140
EBITDAPS(원)	2,869	4,638	4,892	8,513	1,291	1,445

재무 비율　〈단위 : % 〉

연도	영업이익률	순이익률	부채비율	차입금비율	ROA	ROE	유보율	자기자본비율	EBITDA마진율
2016	24.5	18.3	29.7	0.5	16.3	21.4	1,010.6	77.1	24.6
2015	22.7	17.5	32.1	0.7	18.4	24.3	810.7	75.7	22.8
2014	22.7	17.4	32.2	1.0	14.4	19.7	622.3	75.7	22.7
2013	13.9	10.3	42.2	12.1	8.1	12.8	499.4	70.3	14.0

동원금속 (A018500)
Dongwon Metal

업　　　종 : 자동차부품　　　　　　　시　　　장 : 거래소
신용등급 : (Bond) —　　(CP) —　　기업규모 : 시가총액 소형주
홈 페 이 지 : www.dwmic.com　　연 락 처 : 053)859-2311
본　　　사 : 경북 경산시 진량읍 북리 1길 69

설 립 일	1985.12.14	종 업 원 수	706명	대 표 이 사	서정덕,이은우
상 장 일	1995.11.10	감 사 의 견	적정 (안경)	계	열
결 산 기	03월	보 통 주	3,512만주	종속회사수	7개사
액 면 가	500원	우 선 주		구 상 호	

주주구성 (지분율,%)		출자관계 (지분율,%)		주요경쟁사 (외형,%)	
이은우	30.5	동원파이프	100.0	동원금속	100
손면완	30.2	디에이케이	80.0	유라테크	46
(외국인)	0.9	DONGWONCZ,s.r.o.	100.0	엔브이에이치코리아	124

매출구성		비용구성		수출비중	
제품자동차부품(DOOR FRAME 외)	90.0	매출원가율	83.4	수출	74.0
제품강관(산업용 강관 외)	7.2	판관비율	13.6	내수	26.0
기타	1.0				

회사 개요
동사는 자동차 DOOR FRAME 류를 비롯한 각종 CHANNEL, IMPACT BEAM, BUMPER BEAM, COWL CROSS MEMBER등 자동차 부품 생산에만 전력을 기울여온 자동차 부품 전문기업임. 현대·기아자동차 및 한국지엠과 회사의 창립 초기부터 현재에 이르기까지 자동차 설계 단계부터 개발, 생산, A/S에 이르기까지 유기적인 협조체제로 참여하고 있으며 50PPM을 통해 제품의 품질 및 기술 경쟁력의 기반을 공고히 다져옴.

실적 분석
동사의 2016년 연결 매출액은 3641억원으로 전년동기 대비 9.2% 증가함. 자동차부품 부문의 매출이 전체의 92.2%를 구성하고, 강관부문이 나머지 7.8%를 구성함. 유럽 등 해외 매출이 증가하고 멕시코 지역 매출이 신규로 발생함. 광고비, 운반비 등 고정비의 감소로 영업이익은 31.7% 증가함. 안정적인 판로 확보와 납품소요시간 단축, 물류비용 감소 등을 통한 경쟁력 확보와 수익구조 개선이 기대됨.

현금 흐름　〈단위 : 억원〉

항목	2015	2016.3Q
영업활동	667	760
투자활동	-1,072	-468
재무활동	328	-241
순현금흐름	-77	52
기말현금	211	263

결산 실적　〈단위 : 억원〉

항목	2011	2012	2013	2014	2015	2016
매출액	3,824	4,214	4,197	4,087	4,609	—
영업이익	273	178	170	122	136	—
당기순이익	153	46	79	16	3	—

분기 실적　*IFRS 별도 기준　〈단위 : 억원〉

항목	2015.2Q	2015.3Q	2015.4Q	2016.1Q	2016.2Q	2016.3Q
매출액	996	1,170	1,273	1,141	1,281	1,219
영업이익	22	60	1	62	77	38
당기순이익	34	-14	-41	26	9	23

재무 상태　〈단위 : 억원〉

항목	2011	2012	2013	2014	2015	2016.3Q
총자산	3,561	3,532	3,593	4,167	4,932	5,317
유형자산	1,857	1,835	1,916	2,227	2,998	3,270
무형자산	82	85	85	88	104	109
유가증권	32	25	24	24	23	23
총부채	3,065	3,050	3,070	3,629	4,294	4,613
총차입금	1,782	1,984	2,082	2,329	2,748	2,686
자본금	134	134	134	146	171	176
총자본	496	483	523	537	638	704
지배주주지분	496	483	523	537	638	704

기업가치 지표

항목	2011	2012	2013	2014	2015	2016.3Q
주가(최고/저)(천원)	2.2/1.1	1.7/1.3	1.7/1.3	1.8/1.6	2.7/1.7	3.5/2.5
PER(최고/저)(배)	4.7/2.3	11.8/8.9	6.5/5.1	36.2/30.9	337.1/219.3	—/—
PBR(최고/저)(배)	1.5/0.7	1.1/0.8	1.0/0.8	1.1/1.0	1.5/1.0	1.8/1.3
EV/EBITDA(배)	4.3	5.2	5.5	6.3	7.3	—/—
EPS(원)	572	170	294	57	8	167
BPS(원)	1,852	1,801	1,953	1,838	1,861	2,006
CFPS(원)	1,445	1,156	1,298	1,080	1,050	1,006
DPS(원)	50	50	50	100	100	
EBITDAPS(원)	1,891	1,651	1,637	1,456	1,462	1,344

재무 비율　〈단위 : % 〉

연도	영업이익률	순이익률	부채비율	차입금비율	ROA	ROE	유보율	자기자본비율	EBITDA마진율
2015	3.0	0.1	672.8	430.6	0.1	0.5	272.2	12.9	10.3
2014	3.0	0.4	675.6	433.5	0.4	3.0	267.7	12.9	10.4
2013	4.0	1.9	586.7	397.9	2.2	15.7	290.6	14.6	10.5
2012	4.2	1.1	632.0	411.1	1.3	9.3	260.2	13.7	10.5

동원산업 (A006040)
Dongwon Industries

업 종 : 식료품	시 장 : 거래소
신용등급 : (Bond) AA- (CP) A1	기업규모 : 시가총액 중형주
홈 페 이 지 : www.dwml.co.kr	연 락 처 : 02)589-3333
본 사 : 서울시 서초구 마방로 68 (양재동)	

설 립 일 1969.04.16	종 업 원 수 780명	대 표 이 사 이명우
상 장 일 1989.03.07	감사의견 적정 (삼일)	계 열
결 산 기 12월	보 통 주 336만주	종속회사수
액 면 가 5,000원	우 선 주	구 상 호

주주구성 (지분율,%)
동원엔터프라이즈	59.2
국민연금공단	10.2
(외국인)	6.7

출자관계 (지분율,%)
동원로엑스	85.0
여수문화방송	29.0
한국수산신보	7.3

주요경쟁사 (외형,%)
동원산업	100
동원F&B	142
신라교역	19

매출구성
참치횟감외	66.6
참치원어외	17.2
임대수입외	15.6

비용구성
매출원가율	80.8
판관비율	9.6

수출비중
수출	70.0
내수	30.0

회사 개요
동사는 현재 참치선망선과 참치연승선, 운반선, 트롤선 등 수십 척 선박을 보유. 국내 최대 선망선단을 운영하고 있는 동사는 주 조업지역이 중서부 태평양으로서 연간 약 14~15만 톤 정도 물량의 참치를 어획하고 있음. 인도양과 대서양 등 조업지역을 다변화 하면서 수확 물량을 늘리고 있음. 세계 최대의 선단을 보유한 수산유통 기업으로 물류사업 확대를 위해 이팜 계열사를 흡수함.

실적 분석
동사의 2016년 연결기준 매출액은 1조 5,763.9억원으로 전년 동기 대비 15.9% 증가. 중국 내 참치 소비 증가가 늘어나고 있으나 판매비와 관리비는 오히려 감소. 원가 부담이 줄면서 영업이익은 전년 대비 무려 164.1% 증가한 1,514.5억원을 기록함. 비영업손익 부문에서도 적자 폭을 줄이는데 성공함으로써 당기순이익은 774.1억원으로 전년 동기 대비 1,003.8% 기록적인 성장.

현금 흐름 〈단위 : 억원〉
항목	2015	2016
영업활동	560	2,100
투자활동	-575	-1,182
재무활동	732	945
순현금흐름	729	1,889
기말현금	1,190	3,079

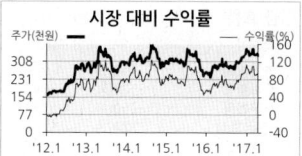

시장 대비 수익률

결산 실적 〈단위 : 억원〉
항목	2011	2012	2013	2014	2015	2016
매출액	13,272	15,436	14,438	13,839	13,597	15,764
영업이익	968	1,398	1,113	812	573	1,514
당기순이익	657	1,027	839	586	70	774

분기 실적 〈단위 : 억원〉
항목	2015.3Q	2015.4Q	2016.1Q	2016.2Q	2016.3Q	2016.4Q
매출액	3,618	3,208	3,790	4,008	3,980	3,986
영업이익	306	80	187	452	451	424
당기순이익	164	-86	130	215	313	117

재무 상태 〈단위 : 억원〉
항목	2011	2012	2013	2014	2015	2016
총자산	13,068	13,807	12,780	14,649	16,180	19,003
유형자산	4,716	4,959	5,064	5,416	5,775	5,766
무형자산	807	731	702	714	744	753
유가증권	177	25	24	308	4	4
총부채	8,100	7,990	6,463	7,754	9,091	11,092
총차입금	6,273	5,845	4,735	5,795	6,932	8,232
자본금	168	168	168	168	168	168
총자본	4,968	5,817	6,316	6,895	7,089	7,911
지배주주지분	4,715	5,559	6,305	6,904	7,129	7,925

기업가치 지표
항목	2011	2012	2013	2014	2015	2016
주가(최고/저)(천원)	191/131	310/159	386/260	386/279	374/243	364/240
PER(최고/저)(배)	10.0/6.8	10.6/5.4	17.5/11.8	21.9/15.8	110.3/71.6	16.3/10.9
PBR(최고/저)(배)	1.5/1.0	2.0/1.0	2.1/1.4	1.9/1.4	1.8/1.2	1.5/1.0
EV/EBITDA(배)	7.3	6.7	8.3	10.6	11.7	7.6
EPS(원)	20,331	30,497	22,794	18,034	3,451	22,300
BPS(원)	140,208	165,295	187,471	205,268	211,974	235,636
CFPS(원)	35,644	49,155	41,577	35,986	22,375	42,657
DPS(원)	3,000	3,000	3,000	2,000	2,000	3,000
EBITDAPS(원)	44,088	60,214	51,889	42,087	35,975	65,387

재무 비율 〈단위 : % 〉
연도	영업이익률	순이익률	부채비율	차입금비율	ROA	ROE	유보율	자기자본비율	EBITDA마진율
2016	9.6	4.9	140.2	104.1	4.4	10.0	4,612.7	41.6	14.0
2015	4.2	0.5	128.2	97.8	0.5	1.0	4,139.5	43.8	8.9
2014	5.9	4.2	112.5	84.1	4.3	9.2	4,005.4	47.1	10.2
2013	7.7	5.8	102.3	75.0	6.3	12.9	3,649.4	49.4	12.1

동원수산 (A030720)
Dong Won Fisheries

업 종 : 식료품	시 장 : 거래소
신용등급 : (Bond) — (CP) —	기업규모 : 시가총액 소형주
홈 페 이 지 : www.dongwonfish.co.kr	연 락 처 : 02)528-8000
본 사 : 서울시 강남구 테헤란로 8길 8 동주빌딩 6층	

설 립 일 1970.05.05	종 업 원 수 209명	대 표 이 사 왕기철
상 장 일 1996.11.22	감사의견 적정 (안진)	계 열
결 산 기 12월	보 통 주 406만주	종속회사수
액 면 가 5,000원	우 선 주	구 상 호

주주구성 (지분율,%)
왕기철	13.8
박경임	3.4
(외국인)	0.5

출자관계 (지분율,%)
윤국식품	100.0
와이케이푸드서비스	60.0
유왕	43.8

주요경쟁사 (외형,%)
동원수산	100
사조대림	716
사조씨푸드	243

매출구성
트롤 및 참치연승	56.4
수산물외	34.0
빵가루, 냉동냉장료,임대료외	9.6

비용구성
매출원가율	89.9
판관비율	9.1

수출비중
수출	50.2
내수	49.8

회사 개요
동사는 원양어업을 통한 어획물, 수산물 판매 전문 기업으로서, 참치 관련 매출이 주를 이룸. 중국 내 참치 소비 증가 및 경쟁국의 대규모 선박 감척에 의한 공급 부족으로 동사의 수요 전망은 양호한 편임. 식품사업 부문에서는 생산라인 증설 및 설비 현대화를 완료, 본격적으로 가동 중임. 수출이 전체 매출의 70% 가량을 차지함. 동시장은 수요처 집중에 따라 국내 및 경기보다는 미국, 일본 등 선진국의 경기변동에 큰 영향을 받는 특징이 있음.

실적 분석
동사의 2016년 연결기준 결산 매출액은 1,331억원으로 전년동기 대비 12.4% 증가함. 중국 내 참치 소비 증가 및 경쟁국의 대규모 선박 감척에 의한 공급 부족으로 매출 확대 및 원가율 하락에도 불구하고 인건비 및 광고선전비 상승 등 판관비의 급증으로 인해 영업이익은 전년동기 대비 40.5% 감소한 13.4억원 시현에 그침. 당기순이익은 외환수익 발생 등 비영업손익 개선에 힘입어 전년동기 대비 흑자전환에 성공하며 5.4억원을 시현함.

현금 흐름 〈단위 : 억원〉
항목	2015	2016
영업활동	-45	27
투자활동	-4	-29
재무활동	-25	6
순현금흐름	-74	5
기말현금	31	35

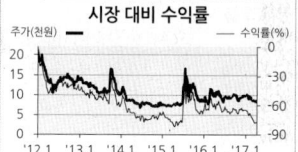

시장 대비 수익률

결산 실적 〈단위 : 억원〉
항목	2011	2012	2013	2014	2015	2016
매출액	1,141	1,181	1,170	1,102	1,185	1,331
영업이익	42	19	-107	-118	23	13
당기순이익	50	16	-79	-75	-7	5

분기 실적 〈단위 : 억원〉
항목	2015.3Q	2015.4Q	2016.1Q	2016.2Q	2016.3Q	2016.4Q
매출액	327	369	258	434	316	323
영업이익	7	3	6	0	13	-6
당기순이익	-11	-0	1	-1	16	-11

재무 상태 〈단위 : 억원〉
항목	2011	2012	2013	2014	2015	2016
총자산	1,071	1,088	1,215	997	936	942
유형자산	195	216	323	295	273	305
무형자산	5	12	13	10	2	2
유가증권	69	86	99	5	5	6
총부채	625	636	775	655	600	606
총차입금	453	463	634	478	466	464
자본금	153	153	187	203	203	203
총자본	446	452	440	342	336	336
지배주주지분	422	421	404	341	337	336

기업가치 지표
항목	2011	2012	2013	2014	2015	2016
주가(최고/저)(천원)	27.8/7.4	23.5/10.4	18.9/10.0	13.7/6.8	16.6/7.1	11.7/7.7
PER(최고/저)(배)	20.4/5.4	36.2/16.0	—/—	—/—	—/—	55.1/36.4
PBR(최고/저)(배)	2.1/0.6	1.7/0.8	1.8/0.9	1.6/0.8	2.0/0.9	1.4/0.9
EV/EBITDA(배)	12.4	17.6	—	—	15.7	21.5
EPS(원)	1,417	660	-2,588	-1,910	-93	212
BPS(원)	13,759	13,750	10,789	8,395	8,312	8,284
CFPS(원)	2,159	1,538	-1,646	-1,111	507	784
DPS(원)	500	250				
EBITDAPS(원)	2,118	1,485	-2,403	-2,289	1,155	902

재무 비율 〈단위 : % 〉
연도	영업이익률	순이익률	부채비율	차입금비율	ROA	ROE	유보율	자기자본비율	EBITDA마진율
2016	1.0	0.4	180.0	138.1	0.6	2.6	65.7	35.7	2.8
2015	1.9	-0.6	178.7	138.1	-0.7	-1.1	66.2	35.9	4.0
2014	-10.7	-6.8	191.3	139.7	-6.8	-19.5	67.9	34.3	-7.9
2013	-9.2	-6.7	176.2	144.3	-6.8	-20.1	115.8	36.2	-6.6

동원시스템즈 (A014820)
DONGWON SYSTEMS CORP

업　　종 : 복합 산업　　　　　　　　　시　　장 : 거래소
신용등급 : (Bond) —　　(CP) —　　기업규모 : 시가총액 중형주
홈페이지 : www.dongwonsys.co.kr　　연 락 처 : 02)589-4700
본　　사 : 경기도 성남시 중원구 둔촌대로 541번길 46 (상대원동)

설 립 일	1980.05.10	종 업 원 수	499명	대 표 이 사	조점근
상 장 일	1994.03.29	감 사 의 견	적정 (한영)	계	열
결 산 기	12월	보 통 주	2,408만주	종속회사수	
액 면 가	5,000원	우 선 주	27만주	구 상 호	

주주구성 (지분율,%)		출자관계 (지분율,%)		주요경쟁사 (외형,%)	
동원엔터프라이즈	85.5	동원건설산업	100.0	동원시스템즈	100
김호랑	0.3	한진피앤씨	56.6	삼성물산	2,160
(외국인)	0.9	테크팩솔루션	56.6	LG	825

매출구성		비용구성		수출비중	
연포장재, 유리병, 공관, PET 등 (상품및제품)	69.5	매출원가율	84.8	수출	—
아파트 건축 등	20.3	판관비율	5.4	내수	—
부동산관리 및 임대	5.4				

회사 개요
동사는 1980년 설립된 동원건설산업(주) 외 11개의 종속기업을 보유하고 있습니다. 주요 사업으로 각종 포장재와 알미늄을 제조, 가공 및 판매하고 있음. 포장사업 부문은 국내 최초로 식료용 DRD 캔을 개발했고, PET를 국내 생산하여 수입을 대체하고 있으며, 수출 상품으로 육성하고 있음. 인쇄사업부는 전 공정 자동화 인쇄공장을 준공해 품질향상과 원가절감 효과를 가져옴. 높은 기술력을 바탕으로 안정적인 수익을 확보하고 있음.

실적 분석
2016년 연결기준 매출액은 전년대비 6.8% 증가한 1조 3,007.6억원을 기록함. 매출증가에 따른 매출총이익 증가와 판관비 감소로 영업이익은 전년대비 28.8% 증가한 1,268.8억원을 기록함. 또한 영업이익 증가와 비영업손실 감소로 당기순이익은 전년대비 74.8% 증가한 805.9억원을 시현함. 포장/통신사업 부문뿐만 아니라 성형 및 공간 포장 매출액이 증가하고 있으며 국내 시장뿐만 아니라 대만, 캐나다, 미국향 매출이 모두 증가함.

현금 흐름　〈단위 : 억원〉

항목	2015	2016
영업활동	1,669	1,100
투자활동	-863	-32
재무활동	217	-1,067
순현금흐름	1,032	2
기말현금	1,587	1,589

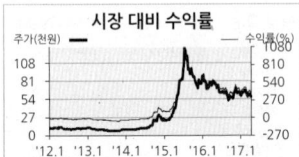
시장 대비 수익률

결산 실적　〈단위 : 억원〉

항목	2011	2012	2013	2014	2015	2016
매출액	4,658	4,181	5,493	7,546	12,183	13,008
영업이익	241	163	166	267	985	1,269
당기순이익	-267	-11	94	4	461	806

분기 실적　〈단위 : 억원〉

항목	2015.3Q	2015.4Q	2016.1Q	2016.2Q	2016.3Q	2016.4Q
매출액	3,198	3,189	3,003	3,179	3,320	3,506
영업이익	288	240	271	307	377	314
당기순이익	137	81	206	181	285	134

재무 상태　〈단위 : 억원〉

항목	2011	2012	2013	2014	2015	2016
총자산	4,509	4,179	5,419	11,224	12,724	13,087
유형자산	377	393	736	3,460	4,007	3,974
무형자산	60	50	52	1,471	2,104	2,075
유가증권	97	139	148	205	168	229
총부채	3,603	3,286	3,362	8,768	9,609	9,222
총차입금	1,929	2,042	1,394	5,836	6,460	5,685
자본금	616	616	1,217	1,217	1,217	1,217
총자본	906	893	2,057	2,456	3,114	3,865
지배주주지분	860	851	2,025	1,755	2,188	2,709

기업가치 지표

항목	2011	2012	2013	2014	2015	2016
주가(최고/저)(천원)	16.0/8.6	13.2/9.1	11.7/6.4	31.3/8.2	131/22.0	94.4/51.7
PER(최고/저)(배)	—/—	—/—	24.7/13.6	349.0/91.6	103.6/17.4	39.9/21.8
PBR(최고/저)(배)	2.3/1.3	1.9/1.3	1.3/0.7	4.4/1.2	14.7/2.5	8.5/4.7
EV/EBITDA(배)	9.5	14.4	11.5	27.3	20.4	11.5
EPS(원)	-2,209	-34	481	91	1,274	2,376
BPS(원)	698	695	8,868	7,210	8,989	11,127
CFPS(원)	-180	50	882	758	2,656	4,096
DPS(원)	—	—	—	250	250	250
EBITDAPS(원)	241	188	1,168	1,763	5,428	6,931

재무 비율　〈단위 : % 〉

연도	영업이익률	순이익률	부채비율	차입금비율	ROA	ROE	유보율	자기자본비율	EBITDA마진율
2016	9.8	6.2	238.6	147.1	6.2	23.6	122.5	29.5	13.0
2015	8.1	3.8	308.6	207.4	3.9	15.7	79.8	24.5	10.9
2014	3.5	0.1	357.0	237.6	0.1	1.2	44.2	21.9	5.7
2013	3.0	1.7	163.5	67.8	2.0	7.3	77.4	38.0	4.6

동원에프앤비 (A049770)
Dongwon F&B

업　　종 : 식료품　　　　　　　　　　시　　장 : 거래소
신용등급 : (Bond) A+　　(CP) A1　　기업규모 : 시가총액 중형주
홈페이지 : www.dongwonfnb.com　　연 락 처 : 02)589-3000
본　　사 : 서울시 서초구 마방로 68 (양재동, 동원산업빌딩)

설 립 일	2000.11.01	종 업 원 수	2,524명	대 표 이 사	김재옥
상 장 일	2000.11.23	감 사 의 견	적정 (한영)	계	열
결 산 기	12월	보 통 주	386만주	종속회사수	
액 면 가	5,000원	우 선 주		구 상 호	

주주구성 (지분율,%)		출자관계 (지분율,%)		주요경쟁사 (외형,%)	
동원엔터프라이즈	71.3	동원홈푸드	100.0	동원F&B	100
국민연금공단	6.0	동원팜스	100.0	동원산업	70
(외국인)	4.5	동원에프앤비개성	100.0	신라교역	14

매출구성		비용구성		수출비중	
참치통조림외(국내)	67.9	매출원가율	73.9	수출	2.6
소스류 및 유통 사업 외(국내)	24.8	판관비율	22.9	내수	97.4
참치통조림외(해외)	3.2				

회사 개요
동사는 일반식품, 유통, 조미식품, 유제품, 사료 등을 주로 판매함. 일반식품(참치캔) 등에서는 시장점유율이 70%가 넘으며 1위 사업자 지위를 견고히 함. 김, 냉동만두, 캔 햄 등에서도 시장점유율이 10~30%를 기록함. 2015년 동사의 경영목표는 '기본으로 돌아가서 다시 기초를 튼튼히 하는 것'임. 1위 제품도 보유하고 있지만 경쟁이 치열해진 만큼 중국 시장 개척, 식자재 전용제품 개발, 온라인 채널 유통 확대를 위한 투자를 지속함.

실적 분석
동사의 2016년 결산 매출액은 내수시장 호조로 2조 2,413억원을 기록하며 지난해 같은 기간에 비해 16.1% 증가함. 반면 견조한 외형 성장에도 불구하고, 원가율 상승 및 판관비율 여파로 수익성 하락한 모습. 영업이익 및 당기순이익 각각 전년동기 대비 4.9%, 5.5% 감소한 733억원, 537.2억원을 시현하는데 그쳤으나, 안정적인 흑자기조 유지하고 있는 모습. 조미식품의 B2C 시장 확대에 주력하고 있는 모습 긍정적.

현금 흐름　〈단위 : 억원〉

항목	2015	2016
영업활동	890	1,046
투자활동	-571	-544
재무활동	-250	-174
순현금흐름	71	330
기말현금	354	684

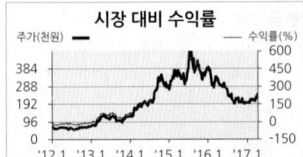
시장 대비 수익률

결산 실적　〈단위 : 억원〉

항목	2011	2012	2013	2014	2015	2016
매출액	15,632	16,628	16,886	17,949	19,310	22,413
영업이익	589	344	586	823	771	733
당기순이익	378	212	366	592	568	537

분기 실적　〈단위 : 억원〉

항목	2015.3Q	2015.4Q	2016.1Q	2016.2Q	2016.3Q	2016.4Q
매출액	5,576	4,495	5,637	5,104	6,350	5,322
영업이익	358	0	278	117	282	56
당기순이익	256	3	203	81	224	29

재무 상태　〈단위 : 억원〉

항목	2011	2012	2013	2014	2015	2016
총자산	9,102	9,673	9,149	8,971	9,524	10,923
유형자산	3,287	3,468	3,597	3,653	3,815	3,880
무형자산	211	215	212	217	538	752
유가증권	109	87	84	76	153	146
총부채	5,243	5,697	4,879	4,185	4,302	5,317
총차입금	2,898	3,536	2,527	1,839	1,862	1,950
자본금	193	193	193	193	193	193
총자본	3,859	3,976	4,271	4,786	5,222	5,606
지배주주지분	3,856	3,973	4,267	4,784	5,221	5,604

기업가치 지표

항목	2011	2012	2013	2014	2015	2016
주가(최고/저)(천원)	68.9/38.3	72.1/55.3	135/70.0	354/124	550/263	395/192
PER(최고/저)(배)	7.8/4.3	14.0/10.7	14.9/7.7	23.7/8.3	38.0/18.2	28.7/14.0
PBR(최고/저)(배)	0.8/0.4	0.7/0.6	1.3/0.7	2.9/1.0	4.1/2.0	2.8/1.3
EV/EBITDA(배)	5.9	8.1	7.5	10.6	14.6	7.9
EPS(원)	9,793	5,484	9,471	15,350	14,731	13,901
BPS(원)	99,907	102,961	110,581	123,964	135,283	145,215
CFPS(원)	17,731	13,689	17,991	24,410	24,302	23,941
DPS(원)	2,500	1,500	2,000	3,000	2,500	2,500
EBITDAPS(원)	23,205	17,112	23,692	30,379	29,541	29,034

재무 비율　〈단위 : % 〉

연도	영업이익률	순이익률	부채비율	차입금비율	ROA	ROE	유보율	자기자본비율	EBITDA마진율
2016	3.3	2.4	94.8	34.8	5.3	9.9	2,804.3	51.3	5.0
2015	4.0	2.9	82.4	35.7	6.2	11.4	2,605.7	54.8	5.9
2014	4.6	3.3	87.4	38.4	6.5	13.1	2,379.3	53.4	6.5
2013	3.5	2.2	114.2	59.2	3.9	8.9	2,111.6	46.7	5.4

동일고무벨트 (A163560)
DRB Industrial

업 종 : 자동차부품		시 장 : 거래소	
신용등급 : (Bond) — (CP) —		기업규모 : 시가총액 소형주	
홈 페 이 지 : www.drbworld.com		연 락 처 : 051)520-9000	
본 사 : 부산시 금정구 공단동로 55번길 28			

설 립 일 2012.10.05	종 업 원 수 597명	대 표 이 사 박진삼
상 장 일 2012.10.19	감 사 의 견 적정 (이정)	계 열
결 산 기 12월	보 통 주 1,264만주	종속회사수
액 면 가 500원	우 선 주	구 상 호

주주구성 (지분율,%)		출자관계 (지분율,%)		주요경쟁사 (외형,%)	
DRB동일	44.1	DRB유니온벨티노 100.0		동일고무벨트	100
김세연	15.8			삼원강재	114
(외국인)	3.9			코프라	56

매출구성		비용구성		수출비중	
전동벨트, 컨베어벨트	62.2	매출원가율	77.6	수출	52.2
크롤러, 언더캐리지외	37.9	판관비율	13.2	내수	47.8

회사 개요
동사는 2012년 동일고무벨트주식회사에서 인적분할돼 설립된 회사로, DRB동일에 속한 계열회사임. 동력 전달에 널리 쓰이는 전동벨트 및 운반라인의 효율성을 극대화하는 컨베이어 벨트를 생산하는 고무벨트 부문과 크롤러, 언더캐리지시스템 등을 제공하는 기타 고무제품 부문으로 구성됨. 동사는 주요 원재료의 가격 변화 위험에 노출됨. 천연고무, 합성고무 가격은 경제, 기후, 유가에 민감하고 이로 인해 매출, 손익에 영향을 끼칠 수 있음.

실적 분석
고무벨트는 일반제조업, 조선업, 건설업, 자동차산업 등 다양한 산업과 연관을 가지며 연관산업의 발전과 함께 매출성장을 하는 분야임. 내수의 정체속에 지속적인 수출확장을 통한 성장에 노력하고 있음. 동사의 연결기준 결산 매출액은 전년동기 7.8% 감소한 2,344.5억원임. 매출 규모 축소로 인하여 영업이익은 전년동기 5.6% 감소한 217.4억원이며, 당기순이익은 7.0% 감소한 178.9억원을 시현함.

현금 흐름 〈단위 : 억원〉
항목	2015	2016
영업활동	212	242
투자활동	-94	-124
재무활동	-7	-7
순현금흐름	111	112
기말현금	290	402

시장 대비 수익률
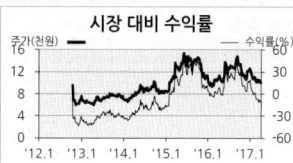

결산 실적 〈단위 : 억원〉
항목	2011	2012	2013	2014	2015	2016
매출액	—	565	2,234	2,491	2,544	2,344
영업이익	—	45	201	255	230	217
당기순이익	—	35	140	192	192	179

분기 실적 〈단위 : 억원〉
항목	2015.3Q	2015.4Q	2016.1Q	2016.2Q	2016.3Q	2016.4Q
매출액	603	559	604	570	578	592
영업이익	19	61	59	58	39	62
당기순이익	35	33	47	54	11	66

재무 상태 〈단위 : 억원〉
항목	2011	2012	2013	2014	2015	2016
총자산	—	1,994	2,143	2,367	2,486	2,769
유형자산	—	1,039	1,059	1,110	1,121	1,159
무형자산	—	2	4	3	3	3
유가증권	—	0	0	0	1	4
총부채	—	870	886	939	884	991
총차입금	—	343	340	348	361	368
자본금	—	54	56	58	59	61
총자본	—	1,124	1,257	1,428	1,602	1,778
지배주주지분	—	1,124	1,257	1,428	1,602	1,778

기업가치 지표
항목	2011	2012	2013	2014	2015	2016
주가(최고/저)(천원)	—/—	9.6/5.9	8.1/6.0	10.3/6.5	15.8/8.3	15.3/9.3
PER(최고/저)(배)	0.0/0.0	35.7/22.1	7.5/5.5	6.9/4.4	10.5/5.5	10.9/6.6
PBR(최고/저)(배)	0.0/0.0	1.1/0.7	0.8/0.6	0.9/0.6	1.3/0.7	1.1/0.7
EV/EBITDA(배)	0.0	23.6	5.0	4.5	5.8	5.8
EPS(원)	—	276	1,106	1,522	1,521	1,415
BPS(원)	—	10,502	11,320	12,421	13,478	14,492
CFPS(원)	—	372	1,422	1,874	1,867	1,719
DPS(원)	—	59	58	77	76	95
EBITDAPS(원)	—	462	1,976	2,421	2,187	2,033

재무 비율 〈단위 : % 〉
연도	영업이익률	순이익률	부채비율	차입금비율	ROA	ROE	유보율	자기자본비율	EBITDA마진율
2016	9.3	7.6	55.7	20.7	6.8	10.6	2,798.4	64.2	10.6
2015	9.1	7.6	55.1	22.5	7.9	12.7	2,595.5	64.5	10.2
2014	10.3	7.7	65.7	24.4	8.5	14.3	2,384.2	60.3	11.2
2013	9.0	6.3	70.5	27.1	6.8	11.8	2,164.1	58.6	9.8

동일금속 (A109860)
DONGIL METAL

업 종 : 기계		시 장 : KOSDAQ	
신용등급 : (Bond) — (CP) —		기업규모 : 우량	
홈 페 이 지 : www.dongilmetal.co.kr		연 락 처 : 054)333-5501	
본 사 : 경북 영천시 금호읍 금호로 6			

설 립 일 1984.12.20	종 업 원 수 70명	대 표 이 사 오길봉
상 장 일 2009.07.28	감 사 의 견 적정 (안경)	계 열
결 산 기 12월	보 통 주 700만주	종속회사수
액 면 가 500원	우 선 주	구 상 호

주주구성 (지분율,%)		출자관계 (지분율,%)		주요경쟁사 (외형,%)	
오길봉	30.4	동일산업	4.5	동일금속	100
오순택	20.1			아세아텍	175
(외국인)	1.7			나라엠앤디	222

매출구성		비용구성		수출비중	
크로라크레인 SHOE,가공품	65.9	매출원가율	91.0	수출	—
굴삭기용 아이들러, 트랙스프링 콘츄롤로드	27.4	판관비율	6.4	내수	—
굴삭기 BOOM류	4.4				

회사 개요
동사는 1984년 11월에 설립된 건설기계장비용 크롤러 크레인용 트랙슈 어셈블리, 텀블러, 아이들러 & 굴삭기용 아이들러 어셈블리, 트랙스프링 어셈블리 등 주강제품을 생산하는 기업임. 동사는 품질, 가격, 적기공급에 있어서 비교우위를 확보하고 있어, 2013년 기준 전세계(중국 제외) 점유율 57.75%를 확보하고 있음. 생산제품은 전량 수출하며, 전세계 건설경기 및 SOC투자와 밀접한 관련이 있음.

실적 분석
동사의 2016년 연결기준 결산 매출액은 590.2억원으로 전년 대비 22.0% 감소. 주요 원자재 가격 하락으로 인한 원가율의 개선과 판관비 개선 노력에도 불구하고, 매출의 대폭 감소 따라 수익성이 큰 폭으로 악화되며 영업이익은 전년 동기 대비 대폭(76.2%) 감소한 15.7억원을 기록하였음. 이에 따라 당기순이익 역시 전년 대비 54.0% 감소한 36.9억원을 기록하였음.

현금 흐름 〈단위 : 억원〉
항목	2015	2016
영업활동	74	50
투자활동	-66	-41
재무활동	-23	-25
순현금흐름	-15	-16
기말현금	44	28

시장 대비 수익률
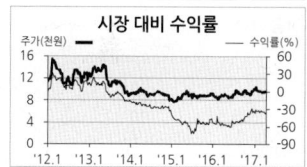

결산 실적 〈단위 : 억원〉
항목	2011	2012	2013	2014	2015	2016
매출액	1,009	1,090	872	733	757	590
영업이익	166	187	63	9	66	16
당기순이익	109	161	74	75	80	37

분기 실적 〈단위 : 억원〉
항목	2015.3Q	2015.4Q	2016.1Q	2016.2Q	2016.3Q	2016.4Q
매출액	178	160	153	166	135	136
영업이익	19	7	11	8	-1	-1
당기순이익	34	14	16	15	4	1

재무 상태 〈단위 : 억원〉
항목	2011	2012	2013	2014	2015	2016
총자산	943	1,082	1,035	1,161	1,189	1,204
유형자산	141	192	188	229	296	291
무형자산	5	38	29	29	28	51
유가증권	527	478	382	457	488	622
총부채	245	235	159	219	206	187
총차입금	40	63	41	78	85	90
자본금	35	35	35	35	35	35
총자본	698	847	875	943	983	1,016
지배주주지분	698	843	872	939	978	1,011

기업가치 지표
항목	2011	2012	2013	2014	2015	2016
주가(최고/저)(천원)	14.1/6.6	15.6/10.3	14.7/8.8	10.2/7.9	9.7/7.7	10.2/8.1
PER(최고/저)(배)	9.9/4.6	7.3/4.8	14.6/8.7	10.0/7.7	8.9/7.0	19.8/16.0
PBR(최고/저)(배)	1.5/0.7	1.4/0.9	1.2/0.7	0.8/0.6	0.7/0.6	0.7/0.5
EV/EBITDA(배)	3.4	3.3	5.9	15.1	4.6	16.9
EPS(원)	1,551	2,306	1,069	1,070	1,124	515
BPS(원)	9,988	12,061	12,547	13,516	14,350	15,099
CFPS(원)	1,696	2,482	1,285	1,327	1,396	921
DPS(원)	150	200	150	140	160	100
EBITDAPS(원)	2,512	2,854	1,114	386	1,215	631

재무 비율 〈단위 : % 〉
연도	영업이익률	순이익률	부채비율	차입금비율	ROA	ROE	유보율	자기자본비율	EBITDA마진율
2016	2.7	6.2	18.5	8.8	3.1	3.6	2,919.7	84.4	7.5
2015	8.7	10.6	21.0	8.6	6.8	8.2	2,770.1	82.7	11.2
2014	1.2	10.2	23.2	8.3	6.8	8.3	2,603.2	81.2	3.7
2013	7.2	8.5	18.2	4.7	7.0	8.7	2,409.3	84.6	8.9

동일기연 (A032960)
DONGIL TECHNOLOGY

업   종 : 전자 장비 및 기기　　시   장 : KOSDAQ
신용등급 : (Bond) —　　(CP) —　　기업규모 : 벤처
홈 페 이 지 : www.dongiltech.co.kr　　연 락 처 : 031)299-5500
본   사 : 경기도 화성시 남양읍 남양로 930번길 28 동일기연

설 립 일	1986.03.10	종업원수	147명	대 표 이 사	손동준
상 장 일	1997.07.18	감사의견	적정 (대주)	계　　　　열	
결 산 기	12월	보 통 주	596만주	종속회사수	
액 면 가	500원	우 선 주		구 상 호	

주주구성 (지분율,%)		출자관계 (지분율,%)		주요경쟁사 (외형,%)	
아침해	24.4	새한오존	84.3	동일기연	100
아침해의료기	13.9	동일비전	34.4	파크시스템스	86
(외국인)	0.0	위해동일기연전자		엔에스	105

매출구성		비용구성		수출비중	
전자부품(전자파 제거 등)	91.3	매출원가율	59.4	수출	51.2
산업용, 의료기	8.7	판관비율	36.7	내수	48.8
상품(전자부품)	0.0				

회사 개요

동사는 전자 제품 등에 사용되는 EMI필터 제조업을 영위하고 있음. 이는 전기·전자기기에서 발생하는 불필요한 유해전자파를 제거 또는 감쇄하여 제품의 전자파 장해(EMI)를 방지하고 전자파 적합성을 유지시켜주는 부품으로 모니터, 정보·통신기기, 산업용 기기 등 다양한 분야에 사용되고 있음. 또한 압전세라믹 트랜스포머를 사용한 제전기, 초음파 센서, 클러스터이온발생기 치과용 의료기기 등을 생산 판매하고 있음.

실적 분석

동사의 2016년 연결기준 결산 매출액은 282.8억원을 기록하며 전년 대비 소폭 (0.8%) 감소하였음. 매출원가, 판관비 등의 비용은 전년 대비 증가하였고 이에 따라 영업이익은 10.8억원을 기록하며 전년 대비 큰폭 (39.4%)의 감소를 기록하였음. 당기순이익은 비영업손익의 증가에 따라 53.2억원을 기록하며 전년동기 35.2억원 대비 51.6% 성장을 기록하였음.

현금 흐름　　　　〈단위 : 억원〉

항목	2015	2016
영업활동	21	37
투자활동	107	-30
재무활동	-104	2
순현금흐름	25	10
기말현금	78	87

시장 대비 수익률

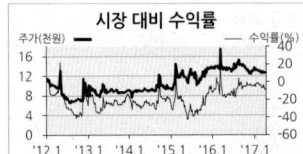

결산 실적　　　　〈단위 : 억원〉

항목	2011	2012	2013	2014	2015	2016
매출액	455	355	320	331	285	283
영업이익	70	37	31	31	18	11
당기순이익	71	63	45	41	35	53

분기 실적　　　　〈단위 : 억원〉

항목	2015.3Q	2015.4Q	2016.1Q	2016.2Q	2016.3Q	2016.4Q
매출액	73	73	65	72	73	72
영업이익	4	-2	6	10	1	-6
당기순이익	-1	3	25	12	8	8

재무 상태　　　　〈단위 : 억원〉

항목	2011	2012	2013	2014	2015	2016
총자산	593	595	635	667	599	658
유형자산	41	41	39	55	96	44
무형자산	6	5	5	5	6	11
유가증권	144	151	119	154	121	152
총부채	137	79	73	59	58	64
총차입금	42	1	—	—	—	2
자본금	42	43	43	44	45	46
총자본	456	517	562	608	541	594
지배주주지분	452	513	558	603	536	583

기업가치 지표

항목	2011	2012	2013	2014	2015	2016
주가(최고/저)(천원)	12.3/8.7	13.3/6.4	11.0/7.7	13.2/7.7	16.5/9.1	17.4/12.4
PER(최고/저)(배)	17.8/12.6	15.8/7.5	14.8/10.4	17.8/10.4	24.6/13.6	18.3/13.1
PBR(최고/저)(배)	1.4/1.0	1.3/0.6	1.0/0.7	1.1/0.6	1.3/0.7	1.3/0.9
EV/EBITDA(배)	10.5	11.8	4.3	4.6	22.4	24.6
EPS(원)	705	857	752	747	674	952
BPS(원)	10,959	12,702	13,126	13,471	13,700	14,279
CFPS(원)	967	1,092	939	910	812	1,107
DPS(원)	60	85	60	60	60	60
EBITDAPS(원)	950	677	678	663	413	312

재무 비율　　　　〈단위 : % 〉

연도	영업이익률	순이익률	부채비율	차입금비율	ROA	ROE	유보율	자기자본비율	EBITDA마진율
2016	3.8	18.8	10.8	0.3	8.5	10.1	1,678.3	90.3	6.4
2015	6.3	12.3	10.7	0.0	5.5	7.1	1,585.9	90.3	8.1
2014	9.4	12.5	9.6	0.0	6.4	7.7	1,533.8	91.2	10.8
2013	9.8	14.0	13.0	0.0	7.3	8.4	1,468.7	88.5	11.0

동일방직 (A001530)
DONG-IL

업   종 : 섬유 및 의복　　시   장 : 거래소
신용등급 : (Bond) —　　(CP) —　　기업규모 : 시가총액 소형주
홈 페 이 지 : www.dong-il.com　　연 락 처 : 02)2222-3071
본   사 : 서울시 강남구 테헤란로 516, 정헌빌딩 8층

설 립 일	1955.08.05	종업원수	469명	대 표 이 사	김인환,서민석
상 장 일	1964.01.04	감사의견	적정 (신한)	계　　　　열	
결 산 기	12월	보 통 주	234만주	종속회사수	
액 면 가	5,000원	우 선 주		구 상 호	

주주구성 (지분율,%)		출자관계 (지분율,%)		주요경쟁사 (외형,%)	
정헌재단	10.4	동일씨앤이	100.0	동일방직	100
서민석	6.8	디아이알	100.0	데코앤이	7
(외국인)	3.2	디아이비즈	100.0	신영와코루	22

매출구성		비용구성		수출비중	
상품류	62.2	매출원가율	76.2	수출	—
사 류	31.8	판관비율	21.7	내수	—
직물류	3.2				

회사 개요

동사는 1955년 설립되어 섬유제품의 제조, 가공 및 판매를 주요 사업으로 하고 있음. 그 외 의류제품 제조 및 판매업, 알루미늄박 및 열교환기 제조, 판매업 등도 영위 중임. 섬유제품 제조 시장에서 일신방직, 경방에 이어 국내 3위권의 시장점유율을 보이고 있음. 계열회사 중에서는 동사 외에 라코스테를 주요 브랜드로 하는 동일드방레, 전기전자부품용 알루미늄 제품을 생산하는 동일알루미늄 등의 매출기여도가 큼.

실적 분석

동사의 2016년 매출액은 8,224.1억원으로 전년 대비 6.2% 증가함. 영업이익은 172.7억원으로 65.7% 증가함. 당기순이익은 10.9억원으로 흑자 전환함. 장항공장은 2016년 4월 조업 중단하고 설비 중 컴팩트 정방기 2만 2,000추는 베트남 공장으로 이설. 컴팩트사 전문 2공장 건설은 2017년 연말 가동을 목표로 진행 중. 염가공 부문 시화, 안산, 반월공장은 염색기 및 와인딩기 일부 설비를 고품질 제품 생산을 위해 교체함.

현금 흐름　　　　〈단위 : 억원〉

항목	2015	2016
영업활동	257	86
투자활동	-223	5
재무활동	195	-87
순현금흐름	230	6
기말현금	442	449

시장 대비 수익률

결산 실적　　　　〈단위 : 억원〉

항목	2011	2012	2013	2014	2015	2016
매출액	7,762	7,523	7,731	7,646	7,741	8,224
영업이익	288	-12	280	141	104	173
당기순이익	174	-53	148	42	-75	11

분기 실적　　　　〈단위 : 억원〉

항목	2015.3Q	2015.4Q	2016.1Q	2016.2Q	2016.3Q	2016.4Q
매출액	1,807	1,867	2,006	2,223	1,991	2,005
영업이익	18	-35	-3	105	33	38
당기순이익	-24	-91	-51	59	-1	4

재무 상태　　　　〈단위 : 억원〉

항목	2011	2012	2013	2014	2015	2016
총자산	9,769	9,200	9,942	9,848	9,787	9,869
유형자산	5,393	5,349	5,722	5,795	5,889	5,538
무형자산	55	55	90	153	122	185
유가증권	495	367	477	418	386	200
총부채	3,905	3,589	4,257	4,241	4,321	4,445
총차입금	2,220	2,430	2,680	2,958	2,984	
자본금	111	111	111	111	113	115
총자본	5,864	5,611	5,685	5,608	5,466	5,424
지배주주지분	5,522	5,261	5,299	5,191	5,023	4,956

기업가치 지표

항목	2011	2012	2013	2014	2015	2016
주가(최고/저)(천원)	56.8/41.9	52.1/37.8	51.8/39.3	88.8/45.9	89.6/56.3	62.6/57.6
PER(최고/저)(배)	17.2/12.7	—/—	29.6/22.4	—/—	—/—	—/—
PBR(최고/저)(배)	0.3/0.2	0.2/0.2	0.2/0.2	0.4/0.2	0.4/0.3	0.3/0.3
EV/EBITDA(배)	6.4	14.3	6.9	11.9	12.4	10.8
EPS(원)	3,616	-7,123	1,827	-2,174	-6,317	-1,608
BPS(원)	258,852	247,452	249,943	246,118	235,095	228,023
CFPS(원)	12,804	2,143	11,497	8,097	4,360	8,240
DPS(원)	1,500	750	1,000	625	625	625
EBITDAPS(원)	21,989	9,122	22,233	16,745	15,530	17,404

재무 비율　　　　〈단위 : % 〉

연도	영업이익률	순이익률	부채비율	차입금비율	ROA	ROE	유보율	자기자본비율	EBITDA마진율
2016	2.1	0.1	82.0	55.0	0.2	-0.8	4,460.5	55.0	4.9
2015	1.4	-1.0	79.1	54.1	-0.9	-2.9	4,601.9	55.9	4.5
2014	1.8	0.6	75.6	47.8	0.4	-1.0	4,822.4	56.9	4.9
2013	3.6	1.9	74.9	42.7	1.5	0.8	4,898.9	57.2	6.4

동일산업 (A004890)
Dongil Industries

업 종 : 금속 및 광물 　　시 장 : 거래소
신용등급 : (Bond) — 　(CP) — 　기업규모 : 시가총액 소형주
홈페이지 : www.dongil.co.kr 　연 락 처 : 054)285-7251
본 사 : 경북 포항시 남구 괴동로 112 (장흥동)

설 립 일	1966.12.27	종 업 원 수	234명	대 표 이 사	오순택,오승민
상 장 일	2005.06.30	감 사 의 견	적정 (안경)	계 열	
결 산 기	12월	보 통 주	243만주	종속회사수	
액 면 가	5,000원	우 선 주		구 상 호	

주주구성 (지분율,%)		출자관계 (지분율,%)		주요경쟁사 (외형,%)	
오순택	26.1	희망경제기업구조조정조합1호	6.2	동일산업	100
디씨엠	5.2	SVIC30호신기술사업투자조합	5.3	세아특수강	220
(외국인)	6.2	SVIC25호신기술사업투자자3	3.0	유성티엔에스	145

매출구성		비용구성		수출비중	
봉강 외(제품)	58.2	매출원가율	91.0	수출	53.2
훼로망간 외(제품)	25.9	판관비율	5.0	내수	46.8
주강품(제품)	10.5				

회사 개요
동사는 1966년 주강, 특수강 및 합금철 등의 제조를 목적으로 설립된 후 1987년 7월 동일전공을 흡수합병했고, 1997년 10월 동일철강을 흡수합병함. 동사는 봉강사업부, 합금철사업부, 주조사업부 등 크게 3가지 사업부문으로 나뉨. 한봉, 미환봉 및 특수강을 생산하는 봉강사업부는 네옴 등에 납품하며, 합금철사업부는 포스코, 현대제철 등 대기업을 고객사로 확보함. 주강 및 특수강을 생산하는 주조사업부는 두산인프라코어 등에 납품함.

실적 분석
동사의 2016년 누적 매출액은 전년동기대비 -1.3% 소폭 변동한 3,043.6억원을 기록하였음. 비용면에서 전년동기대비 매출원가는 감소 하였으며 인건비는 증가 하였고 광고선전비도 크게 증가, 기타판매비와관리비는 감소함. 매출액은 하락하였으나 매출원가의 절감이 커 그에 따라 매출액 하락 등에 의해 전년동기대비 영업이익은 122.8억원으로 525.4% 크게 상승하였음. 최종적으로 전년동기대비 당기순이익은 크게 상승하여 134.3억원을 기록함.

현금 흐름		〈단위 : 억원〉
항목	2015	2016
영업활동	418	214
투자활동	-222	-276
재무활동	-53	-14
순현금흐름	143	-76
기말현금	319	242

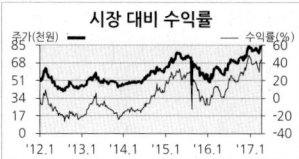

결산 실적 〈단위 : 억원〉
항목	2011	2012	2013	2014	2015	2016
매출액	5,111	4,386	3,799	3,642	3,082	3,044
영업이익	433	275	62	104	20	123
당기순이익	381	289	93	112	42	134

분기 실적 〈단위 : 억원〉
항목	2015.3Q	2015.4Q	2016.1Q	2016.2Q	2016.3Q	2016.4Q
매출액	733	756	666	812	691	875
영업이익	-4	-10	6	53	32	32
당기순이익	5	2	19	55	33	27

재무 상태 〈단위 : 억원〉
항목	2011	2012	2013	2014	2015	2016
총자산	3,718	3,619	3,601	3,569	3,475	3,714
유형자산	988	981	966	923	843	757
무형자산	14	14	14	12	4	10
유가증권	384	360	1,016	1,076	1,277	1,544
총부채	853	530	535	410	318	449
총차입금	164	57	17	10	—	—
자본금	121	121	121	121	121	121
총자본	2,865	3,089	3,065	3,159	3,157	3,265
지배주주지분	2,865	3,089	3,065	3,159	3,157	3,265

기업가치 지표
항목	2011	2012	2013	2014	2015	2016
주가(최고/저)(천원)	75.2/47.2	62.7/40.5	60.2/44.4	64.2/46.6	79.8/47.0	84.7/49.4
PER(최고/저)(배)	5.3/3.3	5.7/3.7	16.6/12.2	14.4/10.5	47.2/27.8	15.5/9.0
PBR(최고/저)(배)	0.7/0.4	0.5/0.3	0.5/0.4	0.5/0.4	0.6/0.4	0.6/0.4
EV/EBITDA(배)	1.8	1.4	0.5	2.4		1.7
EPS(원)	15,719	11,914	3,834	4,623	1,733	5,539
BPS(원)	119,783	129,580	129,469	133,689	134,451	139,076
CFPS(원)	19,111	16,058	8,191	9,056	5,949	9,395
DPS(원)	1,500	1,250	750	1,000	600	1,200
EBITDAPS(원)	21,265	15,479	6,911	8,729	5,025	8,918

재무 비율 〈단위 : % 〉
연도	영업이익률	순이익률	부채비율	차입금비율	ROA	ROE	유보율	자기자본비율	EBITDA마진율
2016	4.0	4.4	13.8	0.0	3.7	4.2	2,681.5	87.9	7.1
2015	0.6	1.4	10.1	0.0	1.2	1.3	2,589.0	90.9	4.0
2014	2.9	3.1	13.0	0.3	3.1	3.6	2,573.8	88.5	5.8
2013	1.6	2.5	17.5	0.6	2.6	3.0	2,489.4	85.1	4.4

동일제강 (A002690)
DONG IL STEEL MFG CO

업 종 : 금속 및 광물 　　시 장 : 거래소
신용등급 : (Bond) — 　(CP) — 　기업규모 : 시가총액 소형주
홈페이지 : www.dongil-steel.com 　연 락 처 : 031)677-1234
본 사 : 경기도 안성시 미양면 안성맞춤대로 474-40

설 립 일	1959.07.13	종 업 원 수	103명	대 표 이 사	김익중
상 장 일	2015.09.24	감 사 의 견	적정 (광교)	계 열	
결 산 기	12월	보 통 주	1,500만주	종속회사수	
액 면 가	500원	우 선 주		구 상 호	

주주구성 (지분율,%)		출자관계 (지분율,%)		주요경쟁사 (외형,%)	
에스폼알파	32.0	삼목	30.0	동일제강	100
김준년	6.7	삼목에스폼	3.7	경남스틸	280
(외국인)	1.9			부국철강	148

매출구성		비용구성		수출비중	
CDB	28.1	매출원가율	89.0	수출	7.9
SUS CDB	26.8	판관비율	5.2	내수	92.1
PC강연선	26.8				

회사 개요
동사는 1959년 설립되어 PC강선 및 강연선, 아연도 강선 및 강연선, 경강선, 마봉강 등을 제조, 판매 등을 영위함. 철강사업과 관련한 선재와 마봉강을 생산하고 있으나, 중장기적 관점에서 성장동력을 높이기 위해 자동차부품용 소재인 알루미늄 세경봉 생산을 위한 준비를 하고 있음. 2015년 9월 납입자본금 75억원으로 증가 후 한국거래소 유가증권시장에 신규 상장하였음.

실적 분석
동사의 2016년 연결 기준 매출과 영업이익은 948억원, 56억원으로 전년 대비 각각 11.3%, 32.2% 감소함. 동사는 서울, 경기권에 위치한 지역적인 장점을 활용하여 신속한 납기 대응 능력으로 국내 수도권 및 중부지방까지에 이르는 시장지배력이 높게 나타남. 마봉 부문에서는 CDM M/C 4line 증설(포항공장)로 생산 역량이 증가함. 포항, 부산지역 판매 확대로 마봉강 매출도 증가함.

현금 흐름	*IFRS 별도 기준	〈단위 : 억원〉
항목	2015	2016
영업활동	91	92
투자활동	-97	-204
재무활동	84	5
순현금흐름	78	-107
기말현금	176	68

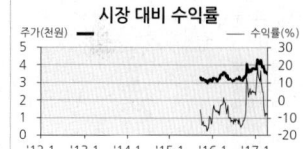

결산 실적 〈단위 : 억원〉
항목	2011	2012	2013	2014	2015	2016
매출액	1,493	1,530	1,243	1,222	1,068	947
영업이익	21	27	38	91	82	56
당기순이익	12	31	37	63	66	48

분기 실적 *IFRS 별도 기준 〈단위 : 억원〉
항목	2015.3Q	2015.4Q	2016.1Q	2016.2Q	2016.3Q	2016.4Q
매출액	241	239	229	255	227	236
영업이익	21	7	5	22	5	24
당기순이익	16	5	5	16	5	22

재무 상태 *IFRS 별도 기준 〈단위 : 억원〉
항목	2011	2012	2013	2014	2015	2016
총자산	1,462	1,327	1,219	1,375	1,446	1,468
유형자산	704	607	568	576	652	690
무형자산	2	2	2	2	1	1
유가증권	3	3	38	113	75	91
총부채	560	396	234	271	162	158
총차입금	377	217	59	65	3	7
자본금	25	25	25	50	75	75
총자본	902	931	985	1,104	1,284	1,310
지배주주지분	902	931	985	1,104	1,284	1,310

기업가치 지표 *IFRS 별도 기준
항목	2011	2012	2013	2014	2015	2016
주가(최고/저)(천원)	—/—	—/—	—/—	—/—	3.3/3.0	4.1/3.0
PER(최고/저)(배)	0.0/0.0	0.0/0.0	0.0/0.0	0.0/0.0	5.8/5.2	12.9/9.7
PBR(최고/저)(배)	0.0/0.0	0.0/0.0	0.0/0.0	0.0/0.0	0.4/0.4	0.5/0.4
EV/EBITDA(배)	2.9	2.0	0.5		2.8	4.7
EPS(원)	117	310	374	632	578	317
BPS(원)	180,309	186,165	196,971	110,375	8,562	8,734
CFPS(원)	23,806	22,116	17,743	8,529	766	521
DPS(원)					20	20
EBITDAPS(원)	25,710	21,304	17,913	11,351	908	575

재무 비율 〈단위 : % 〉
연도	영업이익률	순이익률	부채비율	차입금비율	ROA	ROE	유보율	자기자본비율	EBITDA마진율
2016	5.9	5.0	12.1	0.6	3.3	3.7	1,646.8	89.2	9.1
2015	7.7	6.2	12.6	0.2	4.7	5.5	1,612.4	88.8	9.7
2014	7.5	5.2	24.6	5.9	4.9	6.1	2,107.5	80.3	9.3
2013	3.1	3.0	23.8	6.0	2.9	3.9	3,839.4	80.8	7.2

동일철강 (A023790)
DONGIL STEEL

업　　종 : 금속 및 광물　　　　　　　　시　　장 : KOSDAQ
신용등급 : (Bond) —　　(CP) —　　　기업규모 :
홈페이지 : www.dongilsteel.com　　　연락처 : 051)316-5341
본　　사 : 부산시 사상구 가야대로 46

설 립 일 1967.07.12	종업원수 110명	대표이사 장재헌	
상 장 일 1994.11.07	감사의견 적정(삼정)	계　열	
결 산 기 12월	보통주 735만주	종속회사수	
액 면 가 500원	우선주	구상호	

주주구성 (지분율,%)		출자관계 (지분율,%)		주요경쟁사 (외형,%)	
장인화	26.4	화인베스틸	15.5	동일철강	100
화인인터내셔널	24.4			하이스틸	256
(외국인)	0.3			한국주강	46

매출구성		비용구성		수출비중	
마봉강	34.6	매출원가율	85.0	수출	3.6
부등변앵글	31.9	판관비율	8.7	내수	96.4
기타	12.3				

회사 개요
동사는 기계부품소재로 사용되는 봉강과 건설용 형강을 주로 생산하는 업체임. 봉강은 자동차 및 기계산업을, 형강은 건설 및 토목공사를 전방산업으로 함. 2008년까지는 조선업 호황과 국토효율형개발사업 본격화 등에 힘입어 큰 폭의 성장세를 시현하였으나, 이후 경기 침체에 따라 성장세가 둔화되고 있음. 2009년 8월 비상장법인 화인스틸과 합병하여 일반 형강 사업 부문에 진출함. 화인베스틸, 아부다비시멘트 등의 계열회사를 두고 있음.

실적 분석
동사의 2016년 누적 매출액은 전년동기대비 7.5% 상승한 581.5억원을 기록하였음. 비용면에서 전년동기대비 매출원가는 감소하였으나 인건비는 증가 하였고 광고선전비도 크게 증가, 기타판매비와관리비도 마찬가지로 증가함. 이와 같이 상승한 매출액 만큼 비용증가도 있었으나 매출액의 더 큰 상승에 힘입어 그에 따라 영업이익은 36.7억원으로 흑자전환하였음. 그러나 비영업손익의 적자지속으로 전년동기대비 당기순손실은 10.4억원을 기록함.

현금 흐름　*IFRS 별도 기준　〈단위 : 억원〉
항목	2015	2016
영업활동	60	-20
투자활동	36	25
재무활동	-90	-4
순현금흐름	5	1
기말현금	13	14

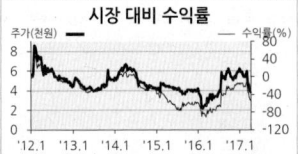
시장 대비 수익률

결산 실적　〈단위 : 억원〉
항목	2011	2012	2013	2014	2015	2016
매출액	1,040	827	368	395	541	582
영업이익	22	-48	-14	-74	-89	37
당기순이익	2	-48	4	-144	-106	-10

분기 실적　*IFRS 별도 기준　〈단위 : 억원〉
항목	2015.3Q	2015.4Q	2016.1Q	2016.2Q	2016.3Q	2016.4Q
매출액	128	111	144	149	124	164
영업이익	-1	-90	17	15	1	4
당기순이익	-10	-86	10	18	-5	-32

재무 상태　*IFRS 별도 기준　〈단위 : 억원〉
항목	2011	2012	2013	2014	2015	2016
총자산	957	791	802	998	784	1,226
유형자산	311	175	388	397	331	744
무형자산	7	7	14	14	4	8
유가증권	53	62	29	11	10	6
총부채	523	406	414	757	649	770
총차입금	479	367	380	665	575	572
자본금	37	37	37	37	37	37
총자본	433	385	388	242	135	456
지배주주지분	433	385	388	242	135	456

기업가치 지표　*IFRS 별도 기준
항목	2011	2012	2013	2014	2015	2016
주가(최고/저)(천원)	10.5/5.6	10.5/4.3	6.5/3.8	6.7/4.2	5.2/3.6	7.0/2.2
PER(최고/저)(배)	349.9/187.2	—/—	134.5/79.3	—/—	—/—	—/—
PBR(최고/저)(배)	1.3/0.7	1.5/0.6	0.9/0.5	1.3/0.8	1.4/0.9	0.9/0.3
EV/EBITDA(배)	23.6					18.7
EPS(원)	30	-649	48	-1,954	-1,437	-141
BPS(원)	7,875	7,217	7,260	5,270	3,813	8,180
CFPS(원)	222	-454	191	-1,658	-1,205	73
DPS(원)	—	—	—	—	—	—
EBITDAPS(원)	486	-455	-52	-717	-973	713

재무 비율　〈단위 : %〉
연도	영업이익률	순이익률	부채비율	차입금비율	ROA	ROE	유보율	자기자본비율	EBITDA마진율
2016	6.3	-1.8	169.0	125.5	-1.0	-3.5	1,536.1	37.2	9.0
2015	-16.4	-19.5	481.7	426.5	-11.8	-56.1	662.6	17.2	-13.2
2014	-18.9	-36.3	312.9	274.9	-15.9	-45.6	953.9	24.2	-13.3
2013	-3.9	1.0	106.8	97.9	0.5	0.9	1,351.9	48.4	-1.0

동진쎄미켐 (A005290)
Dongjin Semichem

업　　종 : 반도체 및 관련장비　　　　　시　　장 : KOSDAQ
신용등급 : (Bond) —　　(CP) —　　　기업규모 : 우량
홈페이지 : www.dongjin.com　　　　　연락처 : 032)578-5091
본　　사 : 인천시 서구 백범로 644

설 립 일 1973.07.10	종업원수 1,025명	대표이사 이부섭	
상 장 일 1999.12.21	감사의견 적정(정동)	계　열	
결 산 기 12월	보통주 5,013만주	종속회사수	
액 면 가 500원	우선주	구상호	

주주구성 (지분율,%)		출자관계 (지분율,%)		주요경쟁사 (외형,%)	
동진홀딩스	28.0	동진글로벌홀딩스	100.0	동진쎄미켐	100
이부섭	8.4	신양정유	69.6	원익머트리얼즈	23
(외국인)	4.6	하이셈	7.2	유진테크	18

매출구성		비용구성		수출비중	
국내전자재료	77.5	매출원가율	83.9	수출	61.0
해외전자재료	22.2	판관비율	10.2	내수	39.0
국내정계유	0.3				

회사 개요
동사는 1973년 7월에 법인설립되어 반도체 및 TFT-LCD, PDP등의 노광공정에 사용되는 Photoresist 관련 전자재료사업과 산업용 기초소재인 발포제사업을 주로 영위하고 있음. 동사는 인천광역시 서구 가좌동에 본점 및 경기도 화성시 및 경기도 시흥시에 제조시설을 가지고 있으며 인도네시아, 중국 및 대만에 현지법인을 두고 있음. 국내시장은 동사와 금양이 과점체제로 양분하고 있음.

실적 분석
동사의 2016년 결산기준 누적 매출액은 전년동기대비 7.9% 상승한 7,649.6억원을 기록하였음. 비용면에서 전년동기대비 매출원가는 증가 했으며 인건비도 증가, 광고선전비는 감소 하였고 기타판매비와관리비는 증가함. 이와 같이 상승한 매출액 대비 비용증가가 높아 그에 따라 전년동기대비 영업이익은 454억원으로 -22.3% 크게 하락하였음. 최종적으로 전년동기대비 당기순이익은 상승하여 263.8억원을 기록함.

현금 흐름　〈단위 : 억원〉
항목	2015	2016
영업활동	613	1,066
투자활동	-386	-692
재무활동	47	-307
순현금흐름	277	59
기말현금	560	618

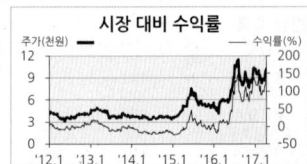
시장 대비 수익률

결산 실적　〈단위 : 억원〉
항목	2011	2012	2013	2014	2015	2016
매출액	4,574	5,712	6,544	6,696	7,093	7,650
영업이익	22	274	234	377	585	454
당기순이익	-67	72	38	106	199	264

분기 실적　〈단위 : 억원〉
항목	2015.3Q	2015.4Q	2016.1Q	2016.2Q	2016.3Q	2016.4Q
매출액	1,866	1,840	1,906	1,888	1,926	1,930
영업이익	182	169	167	100	91	96
당기순이익	46	57	100	43	42	79

재무 상태　〈단위 : 억원〉
항목	2011	2012	2013	2014	2015	2016
총자산	5,538	5,947	6,211	6,277	6,557	6,576
유형자산	2,837	3,217	3,441	3,410	3,341	3,199
무형자산	263	265	267	238	210	195
유가증권	31	32	39	37	43	86
총부채	4,199	4,605	4,826	4,889	4,852	4,607
총차입금	3,709	3,973	4,148	4,141	4,084	3,732
자본금	210	210	210	210	234	237
총자본	1,339	1,341	1,385	1,388	1,705	1,969
지배주주지분	1,295	1,289	1,329	1,328	1,643	1,902

기업가치 지표
항목	2011	2012	2013	2014	2015	2016
주가(최고/저)(천원)	6.5/2.9	4.5/3.1	5.1/3.3	4.0/3.3	7.7/3.5	11.9/4.2
PER(최고/저)(배)	—/—	32.4/22.5	67.1/43.8	17.0/14.1	17.7/8.0	21.8/7.7
PBR(최고/저)(배)	2.3/1.0	1.6/1.1	1.7/1.1	1.3/1.1	2.2/1.0	3.0/1.1
EV/EBITDA(배)	15.2	9.9	9.9	7.5	6.6	6.6
EPS(원)	-176	147	80	242	443	550
BPS(원)	3,081	3,066	3,161	3,160	3,514	4,010
CFPS(원)	398	835	842	1,060	1,240	2,110
DPS(원)	25	60	60	60	60	60
EBITDAPS(원)	782	1,339	1,320	1,715	2,106	2,522

재무 비율　〈단위 : %〉
연도	영업이익률	순이익률	부채비율	차입금비율	ROA	ROE	유보율	자기자본비율	EBITDA마진율
2016	5.9	3.5	233.9	189.5	4.0	14.7	702.1	30.0	15.6
2015	8.2	2.8	284.6	239.6	3.1	13.3	602.7	26.0	13.3
2014	5.6	1.6	352.1	298.2	1.7	7.7	532.0	22.1	10.8
2013	3.6	0.6	348.5	299.5	0.6	2.6	532.2	22.3	8.5

동화기업 (A025900)
DONGWHA ENTERPRISE

업　　종 : 종이 및 목재　　　　　　　　시　　장 : KOSDAQ
신용등급 : (Bond) —　　(CP) —　　　　기업규모 : 우량
홈페이지 : www.dongwha.co.kr　　　　연 락 처 : 032)585-0728
본　　사 : 인천시 서구 가정로97번길 28(가좌동)

설 립 일	1948.04.02	종업원수	658명	대 표 이 사	김홍진
상 장 일	1995.08.07	감사의견	적정 (안진)	계　　　열	
결 산 기	12월	보 통 주	1,436만주	종속회사수	동화홀딩스
액 면 가	500원	우 선 주		구 상 호	

주주구성 (지분율,%)		출자관계 (지분율,%)		주요경쟁사 (외형,%)	
Dongwha international	45.8	한국일보사	60.0	동화기업	100
승은호	9.3	대성목재공업	58.0	한솔제지	222
(외국인)	34.1	동화엠파크홀딩스	31.0	한솔홀딩스	115

매출구성		비용구성		수출비중	
기타	47.1	매출원가율	72.0	수출	—
[하우징사업]해외(베트남)	16.5	판관비율	16.1	내수	—
[소재사업]MDF	14.7				

회사 개요
동사는 1948년 설립, 2003년에 지주회사(동아홀딩스)로 전환되었다가, 2013년에 자회사였던 동화기업과 동화자연마루를 흡수합병하여 다시 지주회사에서 탈피함. 2013년 10월 1일을 기일로 인적분할의 방법으로 목재사업과 자동차사업 부문으로 구조 개편을 실시하였으며, 동사는 현재 국내와 베트남, 호주에서 MDF, PB, MFB, 화학, 건장재 사업을 영위하고 있음. 자회사로는 대성목재공업(파티클보드), 한국일보 등이 있음.

실적 분석
국내 주택거래가 활발하면서 마감재로 주로 쓰이는 보드 제품인 파티클보드와 중밀도섬유판의 판매량이 증가함. 바닥재, 벽장재와 같은 건장재 부문에서는 특판 매출이 늘어남. 해외에서는 영업이익 30% 이상의 호실적을 유지하고 있는 베트남과 함께 제재목 제품을 생산하는 호주 법인의 매출도 전년 동기 대비 증가세를 나타내며 실적 호조를 뒷받침했음. 원료인 원목과 폐목의 가격이 크게 하락하여 원가율이 개선되었으며, 이자비용과 외환차손도 줄어듬.

현금 흐름		〈단위 : 억원〉
항목	2015	2016
영업활동	966	1,134
투자활동	-311	-1,048
재무활동	-448	8
순현금흐름	202	99
기말현금	387	485

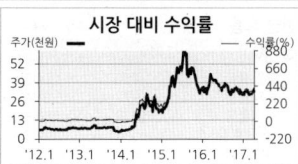
시장 대비 수익률

결산 실적
〈단위 : 억원〉

항목	2011	2012	2013	2014	2015	2016
매출액	4,331	4,021	4,236	5,652	6,747	6,907
영업이익	201	95	-22	562	787	828
당기순이익	-15	8	-156	364	500	585

분기 실적
〈단위 : 억원〉

항목	2015.3Q	2015.4Q	2016.1Q	2016.2Q	2016.3Q	2016.4Q
매출액	1,758	1,734	1,621	1,765	1,737	1,783
영업이익	203	162	185	264	208	171
당기순이익	110	123	143	159	178	106

재무 상태
〈단위 : 억원〉

항목	2011	2012	2013	2014	2015	2016
총자산	13,139	13,511	10,642	10,627	11,439	12,109
유형자산	8,718	9,754	7,444	7,187	7,012	7,577
무형자산	238	212	198	256	377	377
유가증권	28	49	24	70	108	141
총부채	6,539	7,012	6,118	5,691	5,734	5,814
총차입금	4,209	4,696	4,315	3,734	3,159	3,214
자본금	101	101	77	77	77	77
총자본	6,600	6,499	4,524	4,936	5,705	6,295
지배주주지분	5,794	5,756	3,531	3,788	4,245	4,604

기업가치 지표

항목	2011	2012	2013	2014	2015	2016
주가(최고/저)(천원)	9.7/5.9	8.1/6.1	9.6/5.1	30.6/5.3	65.7/17.8	45.0/29.8
PER(최고/저)(배)	—/—	99.8/74.5	—/—	21.5/3.7	38.7/10.5	19.1/12.6
PBR(최고/저)(배)	0.3/0.2	0.3/0.2	0.4/0.2	1.2/0.2	2.1/0.6	1.3/0.9
EV/EBITDA(배)	17.3	27.8	27.9	8.5	8.2	7.0
EPS(원)	-118	82	-791	1,441	1,713	2,378
BPS(원)	30,737	30,548	24,923	26,599	31,417	33,918
CFPS(원)	513	832	459	3,600	4,014	4,797
DPS(원)	—	—	—	—	—	300
EBITDAPS(원)	1,632	1,221	1,132	5,819	7,640	8,183

재무 비율
〈단위 : % 〉

연도	영업이익률	순이익률	부채비율	차입금비율	ROA	ROE	유보율	자기자본비율	EBITDA마진율
2016	12.0	8.5	92.4	51.1	5.0	7.7	6,241.8	52.0	17.0
2015	11.7	7.4	100.5	55.4	4.5	6.3	5,774.3	49.9	16.7
2014	9.9	6.5	115.3	75.7	3.4	6.1	5,219.9	46.5	15.8
2013	-0.5	-3.7	135.2	95.4	-1.3	-3.2	4,884.6	42.5	5.1

동화약품 (A000020)
Dong Wha Pharm

업　　종 : 제약　　　　　　　　　　　시　　장 : 거래소
신용등급 : (Bond) —　　(CP) —　　　　기업규모 : 시가총액 소형주
홈페이지 : www.dong-wha.co.kr　　　　연 락 처 : 02)2021-9300
본　　사 : 서울시 중구 후암로 98, 19층

설 립 일	1897.09.25	종업원수	675명	대 표 이 사	손지훈,윤도준
상 장 일	1976.03.24	감사의견	적정 (한영)	계　　　열	
결 산 기	12월	보 통 주	2,793만주	종속회사수	
액 면 가	1,000원	우 선 주		구 상 호	

주주구성 (지분율,%)		출자관계 (지분율,%)		주요경쟁사 (외형,%)	
동화지앤피	15.2	동화개발	33.8	동화약품	100
가송재단	6.4	흥진정공	29.6	알보젠코리아	76
(외국인)	9.0	태양당인쇄	10.0	유나이티드제약	74

매출구성		비용구성		수출비중	
기타	37.4	매출원가율	56.6	수출	0.9
상품(의약품,의약외품)	29.1	판관비율	38.7	내수	99.1
까스활명수큐	19.0				

회사 개요
1897년 9월 설립된 국내 최초의 제약 업체로 1976년 3월 유가증권시장에 상장됨. 2016년 기준으로 제품 매출 비중은 69.2%, 상품 매출 비중은 30.8%임. 소화제인 까스활명수큐가 전체 매출의 17.4%를 차지하는 최대 품목임. 피부질환제인 후시딘연고의 매출 비중은 8.0%, 종합감기약 판콜(에이,에스)의 매출 비중은 8.4%로 소비자 인지도가 높은 일반 의약품을 다수 보유하고 있음.

실적 분석
2016년 연간 매출액은 2,374.7억원으로 전년 대비 6.4% 증가하였음. 매출원가와 판매비와관리비는 각각 6.1%, 0.2% 증가해 그쳐 영업이익은 112.6억원으로 전년 대비 133.9% 증가하였음. 비용 통제가 잘 이루어진 결과임. 잡이익 251.7억원 반영으로 당기순이익은 전년 대비 368.1% 증가한 262.5억원을 기록함. 2016년 수출은 20.3억원으로 매출액 대비 1%도 되지 않아 내수 중심의 업체임.

현금 흐름	*IFRS 별도 기준	〈단위 : 억원〉
항목	2015	2016
영업활동	198	255
투자활동	-10	-304
재무활동	-66	-42
순현금흐름	123	-92
기말현금	449	357

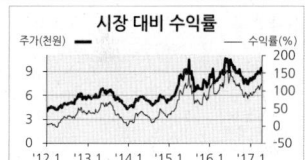
시장 대비 수익률

결산 실적
〈단위 : 억원〉

항목	2011	2012	2013	2014	2015	2016
매출액	2,346	2,234	2,202	2,135	2,232	2,375
영업이익	221	100	21	53	48	113
당기순이익	177	13	10	49	56	263

분기 실적
*IFRS 별도 기준 〈단위 : 억원〉

항목	2015.3Q	2015.4Q	2016.1Q	2016.2Q	2016.3Q	2016.4Q
매출액	559	577	592	625	574	584
영업이익	-11	23	66	21	21	5
당기순이익	-8	28	48	10	14	191

재무 상태
*IFRS 별도 기준 〈단위 : 억원〉

항목	2011	2012	2013	2014	2015	2016
총자산	3,394	3,243	3,162	3,131	3,172	3,246
유형자산	1,883	1,839	1,719	1,619	1,518	1,422
무형자산	52	42	83	71	64	64
유가증권	51	51	54	61	76	69
총부채	1,098	973	889	833	871	717
총차입금	286	101	60	40	22	2
자본금	279	279	279	279	279	279
총자본	2,296	2,270	2,272	2,297	2,301	2,529
지배주주지분	2,296	2,270	2,272	2,297	2,301	2,529

기업가치 지표
*IFRS 별도 기준

항목	2011	2012	2013	2014	2015	2016
주가(최고/저)(천원)	5.6/3.7	6.3/3.8	6.9/4.2	6.3/4.3	10.9/5.3	11.4/7.2
PER(최고/저)(배)	9.6/6.4	144.0/87.0	201.5/121.2	36.8/25.1	55.8/27.2	12.3/7.8
PBR(최고/저)(배)	0.7/0.5	0.8/0.5	0.9/0.5	0.8/0.5	1.4/0.7	1.3/0.8
EV/EBITDA(배)	3.1	6.5	6.7	6.9	10.7	7.0
EPS(원)	633	47	36	177	201	940
BPS(원)	8,221	8,127	8,135	8,225	8,309	9,125
CFPS(원)	1,079	484	485	629	626	1,360
DPS(원)	100	80	70	80	80	110
EBITDAPS(원)	1,237	795	523	644	597	824

재무 비율
〈단위 : % 〉

연도	영업이익률	순이익률	부채비율	차입금비율	ROA	ROE	유보율	자기자본비율	EBITDA마진율
2016	4.7	11.1	28.3	0.1	8.2	10.9	812.5	77.9	9.7
2015	2.2	2.5	37.8	1.0	1.8	2.4	730.9	72.6	7.5
2014	2.5	2.3	36.3	1.7	1.6	2.2	722.5	73.4	8.4
2013	0.9	0.5	39.1	2.6	0.3	0.5	713.5	71.9	6.6

195

두산 (A000150)
DOOSAN

업　　　종 : 복합 산업　　　　　　　시　　　장 : 거래소
신 용 등 급 : (Bond) A-　(CP) —　　기업규모 : 시가총액 대형주
홈 페 이 지 : www.doosan.com　　　연 락 처 : 02)3398-0114
본　　　사 : 서울시 중구 장충단로 275

설 립 일	1933.12.18	종 업 원 수	4,154명	대 표 이 사	박정원,이재경
상 장 일	1973.06.29	감 사 의 견	적정(삼일)	계　　　열	
결 산 기	12월	보 통 주	2,021만주	종속회사수	
액 면 가	5,000원	우 선 주	540만주	구 상 호	

주주구성 (지분율,%)		출자관계 (지분율,%)		주요경쟁사 (외형,%)	
박정원	6.6	두타몰	100.0	두산	100
국민연금공단	4.9	디아이피홀딩스	100.0	삼성물산	171
(외국인)	8.7	두산생물자원	100.0	LG	65

매출구성		비용구성		수출비중	
건설기계, 공작기계, 엔진 등(제품)	38.0	매출원가율	82.5	수출	—
주기(NSSS,T/G,BOILER), 보조기(배관지지대 등)(	35.6	판관비율	11.9	내수	—
기타	12.9				

회사 개요
동사는 1933년 12월 18일에 설립되었으며, 동사를 포함하여 두산중공업 등 24개 계열사를 포함하는 두산그룹의 모회사임과 동시에 전자BG, 모트롤BG, 산업차량BG, 정보통신BU 등의 자체사업부문을 영위하는 사업형 지주회사임. 주요 연결대상종속회사로는 두산중공업, 두산인프라코어, 두산건설 및 두산엔진 등이 있음. 매출구성은 건설기계 37.1%, 담수설비 34.2%, 건설 7.1%, CCL 5.1% 등으로 구성되어 있음

실적 분석
동사의 2016년 연결기준 매출액은 전년대비 2.9% 감소한 164,106.9억원을 기록함. 매출 감소에도 매출원가율 개선 및 판관비 축소로 영업이익은 전년대비 1,199.0% 증가한 9,172.4억원을 기록했으며, 당기순이익은 504.2억원으로 흑자전환에 성공함. 전자부문의 고부가제품 매출 증대와 원가절감으로 수익성이 개선되고, 자회사 지분 매각을 통한 재무구조 개선이 이루어진 결과로 2016년 순이익의 턴어라운드를 기록함

현금 흐름　〈단위 : 억원〉
항목	2015	2016
영업활동	-178	9,250
투자활동	-4,458	10,612
재무활동	11,137	-22,538
순현금흐름	6,416	-3,163
기말현금	23,326	20,163

시장 대비 수익률
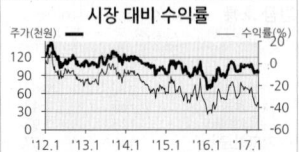

결산 실적　〈단위 : 억원〉
항목	2011	2012	2013	2014	2015	2016
매출액	38,844	243,523	216,161	203,124	169,024	164,107
영업이익	3,999	7,992	11,352	9,979	706	9,172
당기순이익	3,524	2,015	1,302	332	-17,008	504

분기 실적　〈단위 : 억원〉
항목	2015.3Q	2015.4Q	2016.1Q	2016.2Q	2016.3Q	2016.4Q
매출액	40,398	42,795	38,894	42,514	36,478	46,221
영업이익	633	-3,712	2,590	3,062	1,871	1,649
당기순이익	-3,483	-12,855	2,539	1,864	946	-4,845

재무 상태　〈단위 : 억원〉
항목	2011	2012	2013	2014	2015	2016
총자산	62,962	315,049	311,660	313,693	315,563	286,648
유형자산	14,499	75,126	86,600	85,835	87,961	80,770
무형자산	2,882	71,717	72,136	71,734	70,253	69,542
유가증권	2,092	4,477	3,706	4,318	5,842	5,125
총부채	28,072	244,270	221,081	224,670	231,628	207,639
총차입금	12,929	145,582	131,236	134,514	144,665	123,138
자본금	1,543	1,328	1,329	1,348	1,348	1,348
총자본	34,890	70,779	90,580	89,023	83,935	79,009
지배주주지분	31,931	27,078	30,385	28,894	25,770	23,915

기업가치 지표
항목	2011	2012	2013	2014	2015	2016
주가(최고/저)(천원)	139/86.5	146/102	131/103	122/90.7	115/83.2	114/67.1
PER(최고/저)(배)	14.6/9.1	42.0/29.2	26.9/21.3	46.9/34.6	—/—	13.5/7.9
PBR(최고/저)(배)	1.5/0.9	1.6/1.1	1.2/1.0	1.2/0.9	1.2/0.8	1.1/0.7
EV/EBITDA(배)	10.3	12.7	11.0	11.4	25.5	11.4
EPS(원)	11,685	4,163	5,652	2,975	-17,579	8,850
BPS(원)	114,378	110,851	124,714	119,600	110,105	106,038
CFPS(원)	15,034	29,954	34,616	33,296	13,363	37,692
DPS(원)	3,000	3,500	3,500	4,000	4,550	5,100
EBITDAPS(원)	18,660	60,663	80,894	75,753	34,114	70,141

재무 비율　〈단위 : %〉
연도	영업이익률	순이익률	부채비율	차입금비율	ROA	ROE	유보율	자기자본비율	EBITDA마진율
2016	5.6	0.3	262.8	155.9	0.2	7.9	1,913.5	27.6	9.5
2015	0.4	-10.1	276.0	172.4	-5.4	-14.3	2,077.6	26.6	4.5
2014	4.9	0.2	252.4	151.1	0.1	2.2	2,265.4	28.4	8.2
2013	5.3	0.6	244.1	144.9	0.4	4.3	2,366.1	29.1	8.2

두산건설 (A011160)
Doosan Engineering & Construction

업　　　종 : 건설　　　　　　　　　시　　　장 : 거래소
신 용 등 급 : (Bond) BB+　(CP) B+　기업규모 : 시가총액 소형주
홈 페 이 지 : www.doosanenc.com　연 락 처 : 02)510-3114
본　　　사 : 서울시 강남구 언주로 726 (논현동)

설 립 일	1976.04.07	종 업 원 수	1,164명	대 표 이 사	이병화
상 장 일	1996.01.30	감 사 의 견	적정(삼정)	계　　　열	
결 산 기	12월	보 통 주	6,111만주	종속회사수	
액 면 가	500원	우 선 주	2,742만주	구 상 호	

주주구성 (지분율,%)		출자관계 (지분율,%)		주요경쟁사 (외형,%)	
두산중공업	76.1	네오트랜스	42.9	두산건설	100
박정원	0.5	대전천변도시고속화도로	33.3	아이에스동서	135
(외국인)	0.2	신분당선	29.0	태영건설	162

매출구성		비용구성		수출비중	
[국내]토 목(국내)	33.0	매출원가율	91.1	수출	—
[국내]건 축(국내)	30.1	판관비율	7.9	내수	—
[해외]화공기기 등(해외)	16.7				

회사 개요
동사는 건설(토목, 건축, 주택) 및 레미콘 제조·판매 사업, 화공 기자재 및 HRSG(배열회수보일러)를 제작하는 플랜트 기자재 제조사업을 영위함. 아파트 브랜드로 제니스와 위브를 두고 있음. 두산큐벡스를 종속회사로 가지고 있음. 매출 구성은 인프라와 건축BG 사업 부문 69.05%, 플랜트 기자재 제조사업 부문이 30.74%를 차지함.

실적 분석
2016년 연결 기준 누적 매출액은 전년동기대비 8% 증가한 1.3조원을 기록함. 영업이익은 구조조정에 따른 인건비 등 판관비 절감 영향으로 전년동기대비 흑자전환한 128억원을 기록함. 2014년부터 시작된 신규수주 증대 (2016년 4분기 기준 누적 2.1조원)와 기반사업의 내실화, 사업 포트폴리오의 고도화 전략을 실행하여 안정적인 이익 확보와 성장을 추진할 계획임.

현금 흐름　〈단위 : 억원〉
항목	2015	2016
영업활동	2,150	-1,005
투자활동	977	5,374
재무활동	-3,722	-4,653
순현금흐름	-593	-283
기말현금	1,082	799

시장 대비 수익률

결산 실적　〈단위 : 억원〉
항목	2011	2012	2013	2014	2015	2016
매출액	27,833	23,772	23,552	22,080	11,853	12,746
영업이익	-3,087	-4,491	574	1,328	-1,279	128
당기순이익	-2,942	-6,541	-603	-686	-5,207	-3,570

분기 실적　〈단위 : 억원〉
항목	2015.3Q	2015.4Q	2016.1Q	2016.2Q	2016.3Q	2016.4Q
매출액	2,950	1,806	4,240	3,114	3,210	2,182
영업이익	-78	-1,368	245	103	23	-243
당기순이익	-588	-3,754	-712	-320	-380	-2,159

재무 상태　〈단위 : 억원〉
항목	2011	2012	2013	2014	2015	2016
총자산	50,882	40,657	49,504	51,331	42,257	30,300
유형자산	8,722	8,786	10,662	10,622	7,986	2,939
무형자산	259	213	3,326	3,274	3,149	58
유가증권	2,175	2,299	1,476	1,456	1,313	1,411
총부채	38,220	34,580	29,350	31,705	28,114	19,654
총차입금	19,904	18,747	15,521	17,108	14,207	9,070
자본금	8,773	8,773	28,829	3,996	4,206	543
총자본	12,662	6,078	20,154	19,626	14,143	10,647
지배주주지분	12,662	6,078	20,154	19,626	14,143	10,647

기업가치 지표
항목	2011	2012	2013	2014	2015	2016
주가(최고/저)(천원)	60.3/24.5	32.4/18.1	28.2/13.1	16.6/8.9	13.1/4.8	6.1/3.5
PER(최고/저)(배)	—/—	—/—	—/—	—/—	—/—	—/—
PBR(최고/저)(배)	0.8/0.3	0.9/0.5	1.1/0.5	0.7/0.4	0.8/0.3	0.5/0.3
EV/EBITDA(배)	—	—	20.6	9.4	—	31.0
EPS(원)	-20,269	-37,375	-902	-880	-6,342	-4,220
BPS(원)	7,299	3,504	3,528	25,190	17,346	12,279
CFPS(원)	-1,867	-3,638	-69	-457	-5,955	-4,007
DPS(원)				100		
EBITDAPS(원)	-1,967	-2,457	184	2,128	-1,170	364

재무 비율　〈단위 : %〉
연도	영업이익률	순이익률	부채비율	차입금비율	ROA	ROE	유보율	자기자본비율	EBITDA마진율
2016	1.0	-28.0	184.6	85.2	-9.8	-28.8	1,903.2	35.1	2.4
2015	-10.8	-43.9	198.8	100.5	-11.1	-30.8	238.7	33.5	-8.1
2014	6.0	-3.1	161.6	87.2	-1.4	-3.5	391.2	38.2	7.5
2013	2.4	-2.6	일부잠식	일부잠식	-1.3	-4.6	-29.7	40.7	3.6

두산밥캣 (A241560)
Doosan Bobcat

업 종 : 기계		시 장 : 거래소	
신용등급 : (Bond) — (CP) —		기업규모 : 시가총액 대형주	
홈페이지 : 0		연 락 처 : 02)3398-0993	
본 사 : 서울시 중구 장충단로 275 (을지로6가, 두산타워빌딩)			

설 립 일	2014.04.25	종 업 원 수	명	대 표 이 사	스캇성철박,김종선
상 장 일	2016.11.18	감 사 의 견	적정 (안진)	계 열	
결 산 기	12월	보 통 주	10,025만주	종속회사수	
액 면 가	500원	우 선 주		구 상 호	

주주구성 (지분율,%)
두산인프라코어	59.3
HSD엔진	10.6
(외국인)	22.2

출자관계 (지분율,%)
ClarkEquipmentCo.	100.0
DoosanHoldingEuropeLtd.	100.0
DoosanInternationalSouthEastAsiaPte.Ltd.	100.0

주요경쟁사 (외형,%)
두산밥캣	100
두산중공업	352
현대엘리베이	45

매출구성
SSL, CTL, MEX 등	75.5
굴삭기, 휠로더 등	17.5
Air Compressor, Generators 등	7.0

비용구성
매출원가율	77.7
판관비율	11.8

수출비중
수출	—
내수	—

회사 개요
동사는 2014년 두산인프라코어밥캣홀딩스로 설립돼 2015년 두산밥캣으로 사명을 변경함. 북미, 오세아니아, 유럽, 중동, 아프리카, 아시아, 라틴아메리카 지역에 연결대상 종속회사 27개를 보유하고 있는 외국기업지배지주회사임. 종속회사를 통해 건설기계 생산과 판매를 영위하고 있음. 사업부문별 매출 비중은 Compact 건설기계 75.4%, Heavy 건설기계 17.5%, Portable Power 7.1%로 구성됨.

실적 분석
동사의 2016년 연결기준 연간 누적 매출액은 3조9499.3억원으로 전년도 대비 2.3% 하락함. 반면 영업이익은 인건비, 광고선전비 감소로 전년도 대비 7.4% 증가한 4140.1억원 기록. 당기순이익은 전년도 1481.3억원에서 21.7% 증가한 1803.3억원을 시현함. 비영업손실폭은 커졌으나 법인세비율이 27.2% 감소한 게 당기순이익 증가 요인이 됨.

현금 흐름 〈단위 : 억원〉
항목	2015	2016
영업활동	3,420	3,269
투자활동	-632	-901
재무활동	-120	-3,028
순현금흐름	2,397	-699
기말현금	4,204	3,636

시장 대비 수익률
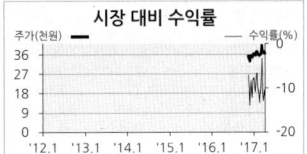

결산 실적 〈단위 : 억원〉
항목	2011	2012	2013	2014	2015	2016
매출액	—	—	—	29,303	40,408	39,499
영업이익	—	—	—	2,802	3,856	4,140
당기순이익	—	—	—	560	1,481	1,803

분기 실적 〈단위 : 억원〉
항목	2015.3Q	2015.4Q	2016.1Q	2016.2Q	2016.3Q	2016.4Q
매출액				11,909		
영업이익				1,512		
당기순이익				677		

재무 상태 〈단위 : 억원〉
항목	2011	2012	2013	2014	2015	2016
총자산				62,563	63,649	63,261
유형자산				3,837	4,287	4,471
무형자산				42,135	41,589	42,302
유가증권				—	1	1
총부채				32,045	32,395	29,742
총차입금				17,243	18,546	16,126
자본금				1	1	521
총자본				30,519	31,255	33,518
지배주주지분				26,529	27,428	33,518

기업가치 지표
항목	2011	2012	2013	2014	2015	2016
주가(최고/저)(천원)	—/—	—/—	—/—	—/—	—/—	36.3/32.8
PER(최고/저)(배)	0.0/0.0	0.0/0.0	0.0/0.0	0.0/0.0	0.0/0.0	20.8/18.8
PBR(최고/저)(배)	0.0/0.0	0.0/0.0	0.0/0.0	0.0/0.0	0.0/0.0	1.1/1.0
EV/EBITDA(배)	0.0	0.0	0.0	5.5	3.7	9.2
EPS(원)				678	1,370	1,779
BPS(원)				265,292,421	271,992,670	33,435
CFPS(원)				13,581,135	21,474,012	2,963
DPS(원)						700
EBITDAPS(원)				35,672,506	43,265,112	5,544

재무 비율 〈단위 : % 〉
연도	영업이익률	순이익률	부채비율	차입금비율	ROA	ROE	유보율	자기자본비율	EBITDA마진율
2016	10.5	4.6	88.7	48.1	2.8	5.5	6,335.8	53.0	13.3
2015	9.5	3.7	103.7	59.3	2.4	5.1	4,963,747.8	49.1	12.2
2014	9.6	1.9	105.0	56.5	0.0	0.0	5,159,023.0	48.8	12.2
2013	0.0	0.0	0.0	0.0	0.0	0.0			

두산엔진 (A082740)
Doosan Engine

업 종 : 조선		시 장 : 거래소	
신용등급 : (Bond) BBB+ (CP) —		기업규모 : 시가총액 소형주	
홈페이지 : www.doosanengine.com		연 락 처 : 055)260-6000	
본 사 : 경남 창원시 성산구 공단로 21번길 18			

설 립 일	1999.12.30	종 업 원 수	824명	대 표 이 사	김동철,김일도
상 장 일	2011.01.04	감 사 의 견	적정 (안진)	계 열	
결 산 기	12월	보 통 주	6,950만주	종속회사수	
액 면 가	1,000원	우 선 주		구 상 호	

주주구성 (지분율,%)
두산중공업	42.7
두산엔진우리사주조합	4.1
(외국인)	3.9

출자관계 (지분율,%)
두산건설전환우선주	17.1
두산엔진	10.6
한국조선기자재공업협동조합	8.1

주요경쟁사 (외형,%)
두산엔진	100
엔케이	20
세진중공업	53

매출구성
선박용 디젤엔진	93.9
육상용 디젤엔진	5.3
기타	0.8

비용구성
매출원가율	94.8
판관비율	4.7

수출비중
수출	—
내수	—

회사 개요
동사는 선박용 엔진 위주의 엔진 전문메이커로서 선박용 엔진 및 이에 부수되는 부품을 공급하고 있음. 세계 2위의 저속엔진은 약 20% 시장점유율을 유지하고 있으며, 한국 3개 엔진업체가 전세계 엔진의 평균 50% 이상을 생산하여 선박에 탑재하고 있음. 중속엔진은 2007년 사업을 시작하여, 세계 시장 점유율 10~15% 확보를 목표로 하고 있으며, 장기적으로 연간 1,000대 생산 물량 확보할 계획임.

실적 분석
동사의 2016년 누적 매출액은 8,029억원으로 전년동기 대비 15.8% 증가함. 외형성장, 원가율 개선, 판관비 감소효과에 따라 영업이익은 42.4억원으로 흑자로 전환됨. 그러나 보유자산에 대한 손상차손 인식 등으로 인하여 당기순손실이 확대되며 1,812억원 적자를 기록. 전년에 이어 적자가 지속됨. 인원 감소에 따른 인건비 절감 및 자산효율화에 따른 고정비용 감소등의 효과가 일부 나타나고 있음.

현금 흐름 〈단위 : 억원〉
항목	2015	2016
영업활동	-441	45
투자활동	149	414
재무활동	296	-187
순현금흐름	5	273
기말현금	455	728

시장 대비 수익률
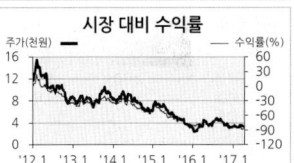

결산 실적 〈단위 : 억원〉
항목	2011	2012	2013	2014	2015	2016
매출액	20,074	13,788	7,439	8,888	6,936	8,029
영업이익	2,994	698	7	-396	-638	42
당기순이익	2,248	1,904	-52	-422	-1,254	-1,812

분기 실적 〈단위 : 억원〉
항목	2015.3Q	2015.4Q	2016.1Q	2016.2Q	2016.3Q	2016.4Q
매출액	1,660	2,183	1,654	2,097	1,907	2,372
영업이익	-268	-185	17	18	8	-0
당기순이익	-234	-958	52	1,374	-2,713	-524

재무 상태 〈단위 : 억원〉
항목	2011	2012	2013	2014	2015	2016
총자산	20,498	17,862	16,626	15,403	14,060	13,564
유형자산	5,701	5,929	6,274	6,071	5,060	4,982
무형자산	149	188	250	417	285	78
유가증권		79	71	71	1	3,977
총부채	14,761	10,384	8,726	8,396	8,314	8,222
총차입금	3,822	3,702	3,734	3,590	3,895	3,565
자본금	695	695	695	695	695	695
총자본	5,737	7,478	7,900	7,007	5,747	5,343
지배주주지분	5,737	7,478	7,900	7,007	5,747	5,343

기업가치 지표
항목	2011	2012	2013	2014	2015	2016
주가(최고/저)(천원)	29.6/11.2	15.5/7.5	10.7/6.8	9.9/5.6	7.9/3.1	4.8/2.4
PER(최고/저)(배)	9.1/3.5	5.6/2.7	—/—	—/—	—/—	—/—
PBR(최고/저)(배)	3.6/1.4	1.4/0.7	0.9/0.6	1.0/0.6	1.0/0.4	0.6/0.3
EV/EBITDA(배)	2.0	6.6	26.9			19.7
EPS(원)	3,234	2,739	-75	-608	-1,805	-2,608
BPS(원)	8,254	10,759	11,367	10,082	8,269	7,687
CFPS(원)	3,621	3,134	307	-234	-1,442	-2,323
DPS(원)						
EBITDAPS(원)	4,695	1,398	392	-196	-555	345

재무 비율 〈단위 : % 〉
연도	영업이익률	순이익률	부채비율	차입금비율	ROA	ROE	유보율	자기자본비율	EBITDA마진율
2016	0.5	-22.6	153.9	66.7	-13.1	-32.7	668.7	39.4	3.0
2015	-9.2	-18.1	144.7	67.8	-8.5	-19.7	726.9	40.9	-5.6
2014	-4.5	-4.8	119.8	51.2	-2.6	-5.7	908.2	45.5	-1.5
2013	0.1	-0.7	110.5	47.3	-0.3	-0.7	1,036.7	47.5	3.7

두산인프라코어 (A042670)
Doosan Infracore

업　　종 : 기계
신용등급 : (Bond) BBB-　(CP) A3
홈 페 이 지 : www.doosaninfracore.com
본　　사 : 인천시 동구 인중로 489 (화수동)

시　　장 : 거래소
기업규모 : 시가총액 중형주
연 락 처 : 032)211-1114

설 립 일	2000.10.23	종 업 원 수	2,591명	대 표 이 사	손동연,최형희
상 장 일	2001.02.02	감 사 의 견	적정 (안진)	계　　　열	
결 산 기	12월	보 통 주	20,746만주	종속회사수	
액 면 가	5,000원	우 선 주		구 상 호	

주주구성 (지분율,%)
두산중공업	36.4
국민연금공단	6.6
(외국인)	14.5

출자관계 (지분율,%)
두산밥캣	59.3
두산큐벡스	19.9
캐스코드	19.4

주요경쟁사 (외형,%)
두산인프라코어	100
두산중공업	242
현대엘리베이	31

매출구성
| 굴삭기, 휠로더, SSL 등 | 74.5 |
| 엔진, 발전기, 공작기계, A/S부품 등 | 25.5 |

비용구성
| 매출원가율 | 76.9 |
| 판관비율 | 14.6 |

수출비중
| 수출 | 62.0 |
| 내수 | 38.0 |

회사 개요
동사의 사업은 엔진, 동력전달장치, 유압장치 등 다양한 부품의 가공 조립산업인 건설기계 사업, 자동차, 항공기, 선박을 포함한 기계류의 부품을 제작하는 공작기계사업, 차량용과 산업용 엔진을 생산하는 엔진사업으로 구성됨. 굴삭기 국내시장에서는 동사가 현대중공업, 볼보와 함께 3강 체제를 구축하고 있으며, 중국에서는 Sany와 Komatsu와 함께 상위의 시장점유율을 보이고 있음.

실적 분석
동사의 2016년 연결기준 매출액은 전년도 대비 4% 감소함. 이는 유가 하락, 중동 지역 정세 불안으로 인한 엔진 시장 위축에 기인함. 반면 영업이익은 중국법인과 두산밥캣 실적 호조에 4908.2억원을 기록하며 흑자전환함. 영업이익 증가와 비영업부문 적자폭 축소에 힘입어 전년도 8595.1억원의 적자를 기록한 당기순이익 또한 1159.9억원으로 흑자전환함.

현금 흐름 〈단위 : 억원〉
항목	2015	2016
영업활동	2,367	5,130
투자활동	-969	9,096
재무활동	820	-14,544
순현금흐름	1,970	-214
기말현금	5,600	5,386

시장 대비 수익률

결산 실적 〈단위 : 억원〉
항목	2011	2012	2013	2014	2015	2016
매출액	84,631	81,584	77,368	76,886	59,649	57,296
영업이익	6,796	3,624	3,695	4,530	-951	4,908
당기순이익	3,108	3,933	-1,009	240	-8,595	1,160

분기 실적 〈단위 : 억원〉
항목	2015.3Q	2015.4Q	2016.1Q	2016.2Q	2016.3Q	2016.4Q
매출액	14,301	13,824	14,336	16,183	13,021	13,755
영업이익	-155	-1,939	1,112	1,735	1,058	1,003
당기순이익	-2,121	-6,130	796	2,278	357	-2,272

재무 상태 〈단위 : 억원〉
항목	2011	2012	2013	2014	2015	2016
총자산	117,037	115,450	114,815	119,574	113,832	100,268
유형자산	19,073	20,237	22,566	22,826	22,541	18,231
무형자산	50,381	47,546	47,399	46,326	44,237	44,407
유가증권	37	92	92	953	983	1,512
총부채	94,185	85,362	79,325	86,691	82,802	65,784
총차입금	60,679	61,600	56,458	61,062	60,472	44,247
자본금	8,428	8,433	10,373	10,373	10,373	10,373
총자본	22,852	30,088	35,490	32,883	31,030	34,484
지배주주지분	18,451	24,572	29,869	27,991	20,214	20,605

기업가치 지표
항목	2011	2012	2013	2014	2015	2016
주가(최고/저)(천원)	31.1/15.0	24.3/15.3	17.6/10.3	14.4/9.4	13.4/4.7	9.7/3.4
PER(최고/저)(배)	17.6/8.5	12.0/7.6	—/—	70.9/46.7	—/—	31.8/11.2
PBR(최고/저)(배)	2.8/1.4	1.7/1.1	1.2/0.7	1.1/0.7	1.4/0.5	1.0/0.3
EV/EBITDA(배)	9.6	14.4	12.5	10.4	35.6	9.3
EPS(원)	1,770	2,018	-596	202	-3,948	305
BPS(원)	10,946	14,569	14,398	13,493	9,744	9,932
CFPS(원)	3,085	3,483	1,010	1,590	-2,520	1,545
DPS(원)						
EBITDAPS(원)	5,348	3,614	3,771	3,571	970	3,606

재무 비율 〈단위 : % 〉
연도	영업이익률	순이익률	부채비율	차입금비율	ROA	ROE	유보율	자기자본비율	EBITDA마진율
2016	8.6	2.0	190.8	128.3	1.1	3.1	98.6	34.4	13.1
2015	-1.6	-14.4	266.9	194.9	-7.4	-34.0	94.9	27.3	3.4
2014	5.9	0.3	263.6	185.7	0.2	1.5	169.9	27.5	9.6
2013	4.8	-1.3	223.5	159.1	-0.9	-3.7	188.0	30.9	8.3

두산중공업 (A034020)
Doosan Heavy Industries & Construction

업　　종 : 기계
신용등급 : (Bond) A-　(CP) —
홈 페 이 지 : www.doosanheavy.com
본　　사 : 경남 창원시 성산구 두산볼보로 22 (귀곡동)

시　　장 : 거래소
기업규모 : 시가총액 대형주
연 락 처 : 055)278-6114

설 립 일	1962.09.20	종 업 원 수	7,714명	대 표 이 사	박지원,정지택
상 장 일	2000.10.25	감 사 의 견	적정 (안진)	계　　　열	
결 산 기	12월	보 통 주	10,646만주	종속회사수	
액 면 가	5,000원	우 선 주	1,290만주	구 상 호	

주주구성 (지분율,%)
두산	41.3
국민연금공단	9.4
(외국인)	13.0

출자관계 (지분율,%)
두산건설상환전환우선주	100.0
두산에이엠씨	100.0
두산건설보통주	80.4

주요경쟁사 (외형,%)
두산중공업	100
현대엘리베이	13
두산인프라코어	41

매출구성
건설기계, 공작기계, 엔진 등	44.5
원자력, 화력, 복합화력, 열병합 등	32.7
아파트, 주상복합, 상업용, 주거용건축물 등	10.2

비용구성
| 매출원가율 | 82.6 |
| 판관비율 | 11.7 |

수출비중
| 수출 | 60.7 |
| 내수 | 39.3 |

회사 개요
동사는 1962년 현대양행으로 설립됐으며 1980년 중화학공업 구조조정의 일환으로 정부에 귀속돼 중공업인 한국중공업으로 변경됨. 이후 정부의 민영화 방침에 따라 두산그룹에 인수돼 2001년 사명이 두산중공업으로 변경됨. 동사는 원자력, 화력 등의 발전설비를 제작하는 발전부문, 해수 담수화 플랜트와 수처리 설비를 제작하는 Water부문, 토목과 건설 사업을 수행하는 건설부문 등으로 구성됨.

실적 분석
동사의 2016년 연결기준 연간 누적 매출액은 13조8926.8억원으로 전년도 대비 4% 감소함. 국내 원전 발주 지연 등이 매출 정체 원인이 됨. 영업이익은 원가율이 개선되고 광고선전비, 인건비 등이 줄어 7911.7억원을 기록해 흑자전환함. 당기순손실은 2155.3억원을 기록함. 영업이익 증가와 비영업부문 적자폭 축소로 전년도 당기순손실 1조509억원에 비해 크게 줄었음.

현금 흐름 〈단위 : 억원〉
항목	2015	2016
영업활동	-744	9,676
투자활동	-3,797	8,048
재무활동	10,586	-22,516
순현금흐름	5,954	-5,235
기말현금	18,930	13,695

시장 대비 수익률

결산 실적 〈단위 : 억원〉
항목	2011	2012	2013	2014	2015	2016
매출액	84,955	212,741	192,082	179,716	144,705	138,927
영업이익	5,262	5,862	9,581	8,781	-273	7,912
당기순이익	2,617	975	187	-855	-17,509	-2,155

분기 실적 〈단위 : 억원〉
항목	2015.3Q	2015.4Q	2016.1Q	2016.2Q	2016.3Q	2016.4Q
매출액	34,198	36,092	33,085	35,984	30,592	39,266
영업이익	161	-3,254	2,276	2,624	1,544	1,467
당기순이익	-3,604	-12,765	898	1,307	743	-5,103

재무 상태 〈단위 : 억원〉
항목	2011	2012	2013	2014	2015	2016
총자산	135,892	279,143	277,255	275,519	272,601	248,326
유형자산	26,896	61,557	72,318	71,901	72,066	63,815
무형자산	11,579	68,744	69,246	68,633	66,578	66,462
유가증권	1,000	2,909	2,121	2,193	1,909	4,277
총부채	87,922	219,278	198,137	198,749	202,340	180,097
총차입금	41,421	131,793	118,546	120,098	128,303	104,799
자본금	5,292	5,293	5,308	5,968	5,968	5,968
총자본	47,969	59,865	79,118	76,770	70,261	68,228
지배주주지분	47,706	38,187	47,266	46,594	35,807	34,757

기업가치 지표
항목	2011	2012	2013	2014	2015	2016
주가(최고/저)(천원)	75.7/43.9	67.9/35.3	44.0/28.6	33.9/20.0	30.3/16.0	29.2/14.2
PER(최고/저)(배)	33.5/19.4	191.7/99.8	75.3/49.0	—/—	—/—	—/—
PBR(최고/저)(배)	1.9/1.1	2.0/1.1	1.1/0.7	0.9/0.5	1.0/0.5	1.0/0.5
EV/EBITDA(배)	14.1	15.1	10.9	10.3	28.3	11.1
EPS(원)	2,596	402	653	-793	-8,701	-1,431
BPS(원)	47,033	38,035	45,375	40,510	31,472	29,806
CFPS(원)	4,290	5,160	5,716	3,987	-3,796	3,029
DPS(원)	750	750	750	750	850	550
EBITDAPS(원)	6,666	10,296	14,104	12,137	4,676	11,088

재무 비율 〈단위 : % 〉
연도	영업이익률	순이익률	부채비율	차입금비율	ROA	ROE	유보율	자기자본비율	EBITDA마진율
2016	5.7	-1.6	264.0	153.6	-0.8	-4.8	496.7	27.5	9.5
2015	-0.2	-12.1	288.0	182.6	-6.4	-25.2	529.4	25.8	3.9
2014	4.9	-0.5	258.9	156.4	-0.3	-2.0	710.2	27.9	8.1
2013	5.0	0.1	250.4	149.8	0.1	1.6	807.5	28.5	7.8

두올 (A016740)
DUAL

업 종 : 자동차부품   시 장 : 거래소
신용등급 : (Bond) — (CP) —   기업규모 : 시가총액 소형주
홈 페 이 지 : www.idual.co.kr   연 락 처 : 02)6922-7132
본 사 : 서울시 강남구 영동대로96길 20 대화빌딩 2층

설 립 일 1983.02.11	종 업 원 수 556명	대 표 이 사 조인회	
상 장 일 2016.07.29	감 사 의 견 적정 (삼덕)	계 열	
결 산 기 12월	보 통 주 1,776만주	종속회사수	
액 면 가 2,500원	우 선 주 48만주	구 상 호	

주주구성 (지분율,%)		출자관계 (지분율,%)		주요경쟁사 (외형,%)	
아이에이치씨	31.7	두올	100		
조전기	22.7	SG&G	406		
(외국인)	0.6	대유에이텍	345		

매출구성		비용구성		수출비중	
시트	70.6	매출원가율	83.2	수출	—
원단	18.5	판관비율	10.6	내수	—
에어백	10.9				

회사 개요
동사는 1983년 주식회사 두오올로 설립되어 2016년 상장한 자동차용 내장재(원단, 시트 커버링, 에어백쿠션) 제조 사업 영위 업체임. 원단사업부문 생산을 담당하고 있는 강화공장을 1986년 준공하였으며, 1998년 시트부단 연관 사업인 시트커버링 사업을 영위하는 두올상사(주), 두올실업(주)을 설립하였고 2012년 두올상사를 합병함. 주요 고객사는 현대기아자동차 및 Tier 1 부품업체임.

실적 분석
동사의 2016년 연결기준 매출액은 전년대비 19.2% 감소한 2,959.3억원을 기록함. 매출액 감소는 주로 승용차용 시트부문의 실적 부진에 기인함. 매출액 감소에도 매출원가율은 개선되며 판관비율 상승으로 영업이익과 당기순이익은 전년대비 각각 29.5%,38.9% 감소함. 제품별 매출비중은 원단 19.7%, 시트 68.7%, 에어백 11.6%로 구성됨.

현금 흐름 〈단위 : 억원〉

항목	2015	2016
영업활동	91	118
투자활동	-132	-75
재무활동	44	-21
순현금흐름	2	18
기말현금	86	103

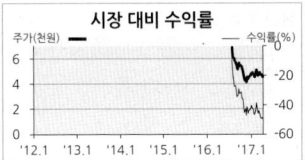

결산 실적 〈단위 : 억원〉

항목	2011	2012	2013	2014	2015	2016
매출액	945	901	1,701	3,168	3,663	2,959
영업이익	89	71	56	184	261	184
당기순이익	46	109	122	124	209	127

분기 실적 〈단위 : 억원〉

항목	2015.3Q	2015.4Q	2016.1Q	2016.2Q	2016.3Q	2016.4Q
매출액	731	—	783		613	
영업이익	23	—	65		27	
당기순이익	25	—	56		8	

재무 상태 〈단위 : 억원〉

항목	2011	2012	2013	2014	2015	2016
총자산	757	1,226	1,437	2,090	2,303	2,206
유형자산	273	195	251	479	554	559
무형자산	2	2	1	106	110	107
유가증권	0	4	4	1	0	0
총부채	654	940	1,028	1,648	1,416	989
총차입금	432	602	710	878	600	369
자본금	177	279	279	279	383	456
총자본	103	286	409	442	887	1,217
지배주주지분	103	286	409	443	885	1,212

기업가치 지표

항목	2011	2012	2013	2014	2015	2016
주가(최고/저)(천원)	—/—	—/—	—/—	—/—	—/—	6.9/4.1
PER(최고/저)(배)	0.0/0.0	0.0/0.0	0.0/0.0	0.0/0.0	0.0/0.0	9.5/5.7
PBR(최고/저)(배)	0.0/0.0	0.0/0.0	0.0/0.0	0.0/0.0	0.0/0.0	1.1/0.6
EV/EBITDA(배)	3.5	7.4	9.4	3.1	1.5	4.4
EPS(원)	650	1,353	1,091	808	1,346	743
BPS(원)	292	539	760	599	1,176	6,733
CFPS(원)	195	289	247	218	347	1,097
DPS(원)						115
EBITDAPS(원)	317	193	130	296	418	1,461

재무 비율 〈단위 : %〉

연도	영업이익률	순이익률	부채비율	차입금비율	ROA	ROE	유보율	자기자본비율	EBITDA마진율
2016	6.2	4.3	81.3	30.4	5.7	11.8	169.3	55.2	8.2
2015	7.1	5.7	159.7	67.7	9.5	31.0	135.2	38.5	8.7
2014	5.8	3.9	372.7	198.6	—	64.2	21.2	7.2	
2013	3.3	7.2	251.2	173.5	9.2	35.1	52.0	28.5	4.3

두올산업 (A078590)
DUAL INDUSTRIAL

업 종 : 자동차부품   시 장 : KOSDAQ
신용등급 : (Bond) — (CP) —   기업규모 : 중견
홈 페 이 지 : www.idual.co.kr   연 락 처 : 055)352-4860
본 사 : 경남 밀양시 산내면 산내로 670-21

설 립 일 1993.08.25	종 업 원 수 111명	대 표 이 사 조인회	
상 장 일 2005.10.27	감 사 의 견 적정 (세림)	계 열	
결 산 기 12월	보 통 주 1,288만주	종속회사수	
액 면 가 500원	우 선 주	구 상 호	

주주구성 (지분율,%)		출자관계 (지분율,%)		주요경쟁사 (외형,%)	
아이에이치씨	35.1			두올산업	100
금호종합금융	3.7			팬스타엔터프라이즈	72
(외국인)	0.7			체시스	133

매출구성		비용구성		수출비중	
[상품]기 타	39.8	매출원가율	83.8	수출	—
MD CARPET	17.7	판관비율	10.9	내수	—
기타	16.3				

회사 개요
동사는 1993년 설립이래 자동차 내장 카페트 및 소재만을 개발, 생산하고 있는 전문기업임. 2005년 코스닥 시장에 상장됨. 동사는 현대기아차 1차 협력회사이며, 현대차 중대형 트럭에 친환경소재(TPO)를 납품 중임. 또한 동사는 일본 닛산자동차와 한국 르노삼성자동차 개발예정 모델인 SUV 차종 내장 카페트 공동개발 진행하는 등 해외 완성차 업체와의 공동개발 진행으로 사업구조 다각화를 진행중임.

실적 분석
동사의 2016년 연결기준 누적매출액은 391억원으로 전년 동기대비 1.3% 감소함. 카페트 제품 부문에선 매출 증가가 일어났으나, 카페트 상품 부문에서 2015년 연간 매출을 감안할 때 부진한 실적을 기록함. 하지만 원가절감으로 매출원가가 감소하며 영업이익은 전년 동기대비 47% 증가한 20.9억원을 기록함. 저유가 지속, 완성차 업계의 신차 출시 등이 매출에 긍정적인 영향을 끼칠 것으로 전망됨.

현금 흐름 *IFRS 별도 기준 〈단위 : 억원〉

항목	2015	2016
영업활동	28	35
투자활동	-29	-9
재무활동	12	—
순현금흐름	11	27
기말현금	25	52

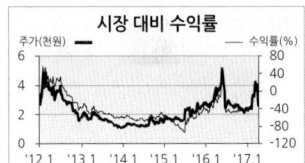

결산 실적 〈단위 : 억원〉

항목	2011	2012	2013	2014	2015	2016
매출액	363	335	313	367	396	391
영업이익	12	5	4	6	14	21
당기순이익	24	4	-7	7	13	25

분기 실적 *IFRS 별도 기준 〈단위 : 억원〉

항목	2015.3Q	2015.4Q	2016.1Q	2016.2Q	2016.3Q	2016.4Q
매출액	90	111	93	104	75	118
영업이익	8	3	7	7	-2	9
당기순이익	5	1	9	8	1	7

재무 상태 *IFRS 별도 기준 〈단위 : 억원〉

항목	2011	2012	2013	2014	2015	2016
총자산	150	168	152	167	189	216
유형자산	53	70	67	69	87	86
무형자산	2	8	8	8	6	6
유가증권	0	0	0	0	0	0
총부채	90	99	92	96	69	73
총차입금	28	37	23	23	—	—
자본금	48	48	48	50	64	64
총자본	60	69	60	71	120	143
지배주주지분	60	69	60	71	120	143

기업가치 지표 *IFRS 별도 기준

항목	2011	2012	2013	2014	2015	2016
주가(최고/저)(천원)	3.9/1.9	5.5/1.4	2.4/1.1	1.9/1.1	2.8/1.5	5.2/2.1
PER(최고/저)(배)	15.0/7.5	65.7/17.2	—/—	27.8/16.1	26.4/13.6	27.0/10.7
PBR(최고/저)(배)	6.1/3.1	7.6/2.0	3.8/1.8	2.7/1.6	3.1/1.6	4.7/1.9
EV/EBITDA(배)	17.0	18.2	11.9	12.2	15.2	7.7
EPS(원)	256	84	-76	70	108	194
BPS(원)	633	722	626	714	931	1,110
CFPS(원)	308	141	-14	141	175	282
DPS(원)						
EBITDAPS(원)	181	109	107	130	183	251

재무 비율 〈단위 : %〉

연도	영업이익률	순이익률	부채비율	차입금비율	ROA	ROE	유보율	자기자본비율	EBITDA마진율
2016	5.3	6.4	50.8	0.0	12.3	19.0	122.1	66.3	8.3
2015	3.6	3.3	57.5	0.0	7.4	13.8	86.1	63.5	5.7
2014	1.6	1.8	135.3	32.4	4.2	10.4	42.9	42.5	3.4
2013	1.4	-2.3	155.8	38.6	-4.5	-11.3	25.2	39.1	3.3

듀켐바이오 (A176750)
DUCHEMBIO

업　　종: 바이오		시　　장: KONEX	
신용등급: (Bond) — 　(CP) —		기업규모: —	
홈페이지: www.duchembio.com		연 락 처: 02)332-4868	
본　　사: 서울시 서대문구 경기대로 47, 4층 (충정로2가 190-3)			

설 립 일 2003.03.01	종 업 원 수 55명	대 표 이 사 김영배,김종우	
상 장 일 2014.12.29	감 사 의 견 적정 (정현)	계　　　열	
결 산 기 12월	보 통 주 526만주	종속회사수	
액 면 가 500원	우 선 주 96만주	구 상 호	

주주구성 (지분율,%)		출자관계 (지분율,%)		주요경쟁사 (외형,%)	
김종우	50.4	케이헬스코리아	35.0	듀켐바이오	100
키움성장12호일자리창출투자조합	13.3	KHEALTHCORPORATION	25.0	에이씨티	189
				디엔에이링크	87

매출구성		비용구성		수출비중	
FDG(제품)	51.7	매출원가율	100.5	수출	0.0
기타	41.2	판관비율	33.5	내수	100.0
FP-CIT(상품)	4.6				

회사 개요

동사는 2002년 11월 메딕보스라는 사명으로 설립되어 설립 초기에는 주로 기능성 식품 등의 판매에 주력했음. 2007년 현재의 사명인 듀켐바이오로 변경해 방사성의약품의 제조 및 판매에 주력하고 있음. 국내 방사성의약품 시장은 2006년 8월 건강보험에 암환자의 PET 촬영이 포함되면서 급격한 성장세를 보이고 있음. 동사는 하반기 중 기술성 평가를 신청하고 연내 코스닥 상장을 추진할 계획임.

실적 분석

동사의 2016년 매출액은 132.4억원으로 전년 123.8억원 대비 소폭 증가함. 영업손실은 45억원으로 전년 37억원에서 적자폭이 커졌고, 당기순손실도 88.3억원으로 적자지속함. 동사는 전국 주요 5개 거점에 방사성의약품 일괄생산시설을 구축함. 최근 암/치매 진단의약품 원료인 산소-18 농축수 상용화 설비를 갖추고 본격 생산에 돌입. 선진국 대비 생산단가를 반 이하로 낮춰 가격경쟁력을 확보할 전망임.

현금 흐름
*IFRS 별도 기준 〈단위 : 억원〉

항목	2015	2016
영업활동	-18	12
투자활동	21	-11
재무활동	-4	2
순현금흐름	-1	2
기말현금	2	4

시장 대비 수익률
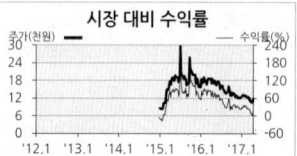

결산 실적
〈단위 : 억원〉

항목	2011	2012	2013	2014	2015	2016
매출액	96	121	128	280	238	132
영업이익	20	18	16	19	-51	-45
당기순이익	8	8	7	2	-116	-88

분기 실적
*IFRS 별도 기준 〈단위 : 억원〉

항목	2015.3Q	2015.4Q	2016.1Q	2016.2Q	2016.3Q	2016.4Q
매출액						
영업이익						
당기순이익						

재무 상태
*IFRS 별도 기준 〈단위 : 억원〉

항목	2011	2012	2013	2014	2015	2016
총자산	278	349	442	461	349	291
유형자산	240	249	310	290	236	202
무형자산	—	0	5	4	3	2
유가증권	3	3	3	3	1	1
총부채	215	259	344	357	317	317
총차입금	195	244	280	338	297	270
자본금	24	26	26	29	34	35
총자본	63	91	98	104	32	-25
지배주주지분	63	91	98	104	32	-25

기업가치 지표
*IFRS 별도 기준

항목	2011	2012	2013	2014	2015	2016
주가(최고/저)(천원)	—/—	—/—	—/—	9.0/8.0	31.8/8.3	21.8/11.4
PER(최고/저)(배)	0.0/0.0	0.0/0.0	0.0/0.0	254.8/226.5	—/—	—/—
PBR(최고/저)(배)	0.0/0.0	0.0/0.0	0.0/0.0	4.3/3.8	59.0/15.4	-53.4/-28.0
EV/EBITDA(배)	4.9	5.6	6.1	13.2	466.1	—
EPS(원)	168	163	129	35	-1,946	-1,459
BPS(원)	13,306	17,471	1,889	2,087	539	-407
CFPS(원)	5,817	6,217	691	751	-1,286	-915
DPS(원)						
EBITDAPS(원)	8,257	8,174	863	982	39	-199

재무 비율
〈단위 : % 〉

연도	영업이익률	순이익률	부채비율	차입금비율	ROA	ROE	유보율	자기자본비율	EBITDA마진율
2016	-33.9	-66.7	완전잠식	완전잠식	-23.6	당기잠식	-172.7	-8.7	-9.1
2015	-21.6	-48.7	일부잠식	일부잠식	-22.6	-171.0	-4.3	7.0	2.1
2014	6.9	0.6	410.2	370.7	0.4	1.8	262.5	19.6	25.4
2013	12.2	5.2	350.7	285.8	1.7	7.1	277.8	22.2	34.9

드래곤플라이 (A030350)
Dragonfly GF

업　　종: 게임 소프트웨어		시　　장: KOSDAQ	
신용등급: (Bond) — 　(CP) —		기업규모: 중견	
홈페이지: www.dragonflygame.com		연 락 처: 02)2017-7800	
본　　사: 서울시 강남구 논현로139길 24, 드래곤플라이엔에이치센터 (논현동)			

설 립 일 1990.03.22	종 업 원 수 185명	대 표 이 사 박철우	
상 장 일 1997.11.10	감 사 의 견 적정 (세림)	계　　　열	
결 산 기 12월	보 통 주 1,484만주	종속회사수	
액 면 가 500원	우 선 주 —	구 상 호	

주주구성 (지분율,%)		출자관계 (지분율,%)		주요경쟁사 (외형,%)	
박철우	22.8	AP스튜디오	70.0	드래곤플라이	100
박철승	19.2	미디어웹	1.7	파티게임즈	287
(외국인)	0.7			한빛소프트	281

매출구성		비용구성		수출비중	
온라인게임	98.4	매출원가율	0.0	수출	47.5
모바일게임	1.5	판관비율	85.6	내수	52.5
기타	0.1				

회사 개요

동사는 인터넷이 연결된 PC상에서 접속하여 즐길 수 있는 게임을 개발하고 서비스함. 넷마블(CJ E&M 게임즈), 피망(네오위즈게임즈)과 일본, 중국, 대만, 태국, 유럽 등에 게임을 서비스하고 있음. 동사가 보유한 다수의 마케팅 채널 및 게임 개발력을 바탕으로 국내외 온라인게임을 배급하는 배급업으로 사업확장을 기획하고 있으며 전문 엔터테인먼트회사로 발전을 모색하고 있음.

실적 분석

전반적으로 온라인 게임시장이 침체되고 있는 시기이며 신규 온라인 게임의 시장 진입도 어려워지고 있음. 이에 따른 영향으로 동사의 2016년 결산기준 누적매출액은 전년동기대비 33.8% 하락한 109.4억원을 달성하였음. 인건비 및 경상개발비 등의 절감노력으로 손실을 줄이고자 하고 있으나 영업이익은 전년동기대비 57.5% 하락한 15.7억원을 달성한 상태임. 향후 VR, 모바일 게임시장 등으로 시장을 확대하여 수익 개선을 이룰 것이라 기대함.

현금 흐름
〈단위 : 억원〉

항목	2015	2016
영업활동	12	17
투자활동	-15	-53
재무활동	-7	78
순현금흐름	-11	41
기말현금	21	63

시장 대비 수익률
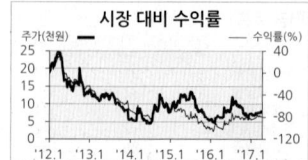

결산 실적
〈단위 : 억원〉

항목	2011	2012	2013	2014	2015	2016
매출액	368	340	230	196	165	109
영업이익	84	41	2	28	37	16
당기순이익	67	-75	-334	-93	-78	-3

분기 실적
〈단위 : 억원〉

항목	2015.3Q	2015.4Q	2016.1Q	2016.2Q	2016.3Q	2016.4Q
매출액	34	59	31	29	26	24
영업이익	2	25	7	6	3	-0
당기순이익	-9	-66	10	5	1	-19

재무 상태
〈단위 : 억원〉

항목	2011	2012	2013	2014	2015	2016
총자산	1,118	1,206	893	769	628	673
유형자산	356	507	544	525	506	489
무형자산	282	294	151	124	44	82
유가증권	6	5	5	5	4	4
총부채	343	535	569	490	398	356
총차입금	182	330	362	343	306	299
자본금	70	70	70	70	70	74
총자본	775	671	324	279	229	317
지배주주지분	779	675	329	285	240	328

기업가치 지표

항목	2011	2012	2013	2014	2015	2016
주가(최고/저)(천원)	31.0/10.6	24.6/12.3	14.2/5.5	12.8/4.5	15.2/5.2	12.5/4.6
PER(최고/저)(배)	62.8/21.4	—/—	—/—	—/—	—/—	—/—
PBR(최고/저)(배)	4.7/1.6	4.2/2.1	4.0/1.6	5.1/1.8	6.9/2.4	5.6/2.1
EV/EBITDA(배)	18.8	22.2	15.7	14.7	14.3	37.0
EPS(원)	502	-536	-2,366	-653	-516	-20
BPS(원)	6,668	5,958	3,514	2,519	2,201	2,221
CFPS(원)	877	-123	-1,884	-192	-257	111
DPS(원)	200	100				
EBITDAPS(원)	979	708	499	657	522	238

재무 비율
〈단위 : % 〉

연도	영업이익률	순이익률	부채비율	차입금비율	ROA	ROE	유보율	자기자본비율	EBITDA마진율
2016	14.4	-2.8	112.5	94.5	-0.5	-1.1	344.2	47.1	32.2
2015	22.4	-47.2	173.8	133.4	-11.2	-27.6	340.2	36.5	44.5
2014	14.1	-47.3	175.3	122.9	-11.2	-29.9	403.8	36.3	47.2
2013	1.0	-144.9	175.3	111.7	-31.8	-66.3	602.7	36.3	30.5

드림시큐리티 (A203650)
Dream Security

업 종 : 일반 소프트웨어		시 장 : KOSDAQ	
신용등급 : (Bond) — (CP) —		가입규모 : 벤처	
홈페이지 : www.dreamsecurity.com		연 락 처 : 02)2233-5533	
본 사 : 서울시 송파구 중대로8길 8 서경빌딩 3,5,6,7층			

설 립 일	2014.06.25	종 업 원 수	명	대 표 이 사	이원배
상 장 일	2014.10.13	감 사 의 견	적정 (세림)	계 열	
결 산 기	12월	보 통 주	3,431만주	종속회사수	
액 면 가	100원	우 선 주		구 상 호	신한제2호SPAC

주주구성 (지분율,%)
범진규	50.6
나명자	3.6
(외국인)	0.1

출자관계 (지분율,%)

주요경쟁사 (외형,%)
드림시큐리티	100
SGA솔루션즈	241
인프라웨어	64

매출구성	비용구성		수출비중	
	매출원가율	65.7	수출	—
	판관비율	17.1	내수	—

회사 개요
동사는 1998년 설립되어 최고의 정보화 인력과 기술력을 바탕으로 PKI기반의 보안·인증 솔루션 서비스를 제공하는 IT 인증보안 전문기업임. IT 환경, 스마트환경, 클라우드등 빠르고 다양하게 변화하는 IT 환경에서도 최고의 보안 솔루션 및 서비스를 안전하고 편리하게 제공하는 것을 목표로 하고 있음. 매출액의 대부분은 보안 소프트웨어의 판매로부터 발생함.

실적 분석
동사는 2016년 영업이익 35.6억원을 기록해 전년 동기대비 66.9% 증가함. 당기순이익 역시 35.1억원을 기록해 전년 동기대비 28.1% 증가함. 초경량 저전력 암호모듈 및 기기인증 기술을 통해 사물인터넷(IoT) 생태계 기반을 조성하고 있으며 FIDO기반의 생체인증, 행동분석을 통한 액티브X 대체 인증 수단 등을 시장에 제공하고 있음. 4차 산업혁명 시대에 필요한 보안 플랫폼 사업 전략을 통한 성장이 기대됨.

현금 흐름 *IFRS 별도 기준 〈단위 : 억원〉
항목	2015	2016
영업활동	3	18
투자활동	-31	-12
재무활동	-7	8
순현금흐름	-36	14
기말현금	6	20

시장 대비 수익률

결산 실적 〈단위 : 억원〉
항목	2011	2012	2013	2014	2015	2016
매출액	—	—	—	143	144	206
영업이익	—	—	—	3	21	36
당기순이익	—	—	—	3	27	35

분기 실적 *IFRS 별도 기준 〈단위 : 억원〉
항목	2015.3Q	2015.4Q	2016.1Q	2016.2Q	2016.3Q	2016.4Q
매출액						
영업이익						
당기순이익						

재무 상태 *IFRS 별도 기준 〈단위 : 억원〉
항목	2011	2012	2013	2014	2015	2016
총자산	—	—	—	102	117	168
유형자산				6	6	5
무형자산				2	2	1
유가증권				2	31	6
총부채				65	52	72
총차입금				27	20	29
자본금				16	16	16
총자본				37	65	96
지배주주지분				37	65	96

기업가치 지표 *IFRS 별도 기준
항목	2011	2012	2013	2014	2015	2016
주가(최고/저)(천원)	—/—	—/—	—/—	2.2/2.0	2.4/2.0	2.1/2.0
PER(최고/저)(배)	0.0/0.0	0.0/0.0	0.0/0.0	144.7/131.2	30.1/25.0	22.5/20.7
PBR(최고/저)(배)	0.0/0.0	0.0/0.0	0.0/0.0	20.4/18.5	12.7/10.6	7.6/7.0
EV/EBITDA(배)	0.0		0.0	16.8	3.8	3.2
EPS(원)				15	80	95
BPS(원)				1,182	2,065	3,082
CFPS(원)				341	973	1,131
DPS(원)						
EBITDAPS(원)				330	778	1,146

재무 비율 〈단위 : % 〉
연도	영업이익률	순이익률	부채비율	차입금비율	ROA	ROE	유보율	자기자본비율	EBITDA마진율
2016	17.3	17.1	91.0	41.0	22.9	42.9	532.9	52.4	19.1
2015	14.8	19.0	80.8	31.6	25.0	53.9	313.0	55.3	16.9
2014	1.8	2.0	176.3	74.4	0.0	0.0	136.4	36.2	3.9
2013	0.0	0.0	0.0	0.0	0.0	0.0	0.0	0.0	0.0

드림티엔터테인먼트 (A220110)
Dream T Entertainment

업 종 : 미디어		시 장 : KONEX	
신용등급 : (Bond) — (CP) —		기업규모 : —	
홈페이지 : www.dreamteaent.co.kr		연 락 처 : 02)3452-2525	
본 사 : 서울시 용산구 녹사평대로26길 36 C&C빌딩 2층 (이태원동)			

설 립 일	2009.07.28	종 업 원 수	9명	대 표 이 사	이종석
상 장 일	2015.06.24	감 사 의 견	적정 (한영)	계 열	
결 산 기	12월	보 통 주	723만주	종속회사수	
액 면 가	200원	우 선 주		구 상 호	

주주구성 (지분율,%)
제미니밸류2호조합	32.1
아리온테크놀로지	31.0

출자관계 (지분율,%)
와이엠씨엔터테인먼트	80.0

주요경쟁사 (외형,%)
드림티엔터테인먼트	100
래몽래인	78
제이웨이	41

매출구성		비용구성		수출비중	
매니지먼트	48.0	매출원가율	81.2	수출	3.2
기타	40.2	판관비율	13.7	내수	96.8
음반/음원	11.9				

회사 개요
동사는 2009년 설립돼, 음반 및 각종 영상 매체의 기획, 제작 및 유통, 연예인 매니지먼트 사업을 영위하고 있음. 대표적인 아티스트인 '걸스데이'는 국내 대표적인 걸그룹으로 성장하였고 있음. 국내의 성공을 바탕으로 해외시장 진출을 준비하고 있으며, 일본, 중국을 중심으로 한 해외시장 활동이 예정되어 있음. 다양한 콘텐츠 상품 개발과 해외 진출을 통해 아티스트의 부가가치 강화가 기대됨.

실적 분석
동사의 2016년 연간 매출액은 매니지먼트매출의 증가와 공연매출 발생으로 전년대비 71.5% 증가한 182.5억원을 시현하였음. 아티스트 라인업 확대 및 관리를 위해 5인조 보이그룹 'A-Prince'(가칭)와 신규 아티스트의 발굴 및 트레이닝을 진행하고 있어 신규 수익원이 기대됨. 또한, 관계회사인 공연기획사 쇼이십일과 함께 대규모 전국 순회 콘서트를 기획하고 있으며, 이에 따른 수익이 기대됨.

현금 흐름 *IFRS 별도 기준 〈단위 : 억원〉
항목	2015	2016
영업활동	17	4
투자활동	-137	83
재무활동	121	-84
순현금흐름	-0	3
기말현금	19	21

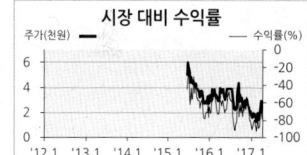
시장 대비 수익률

결산 실적 〈단위 : 억원〉
항목	2011	2012	2013	2014	2015	2016
매출액	—	9	32	63	106	182
영업이익	—	-7	9	21	12	9
당기순이익	—	-7	9	18	8	-5

분기 실적 *IFRS 별도 기준 〈단위 : 억원〉
항목	2015.3Q	2015.4Q	2016.1Q	2016.2Q	2016.3Q	2016.4Q
매출액						
영업이익						
당기순이익						

재무 상태 *IFRS 별도 기준 〈단위 : 억원〉
항목	2011	2012	2013	2014	2015	2016
총자산	—	2	19	42	176	113
유형자산		0	1	0	13	2
무형자산		0	0	4	10	12
유가증권					15	—
총부채		11	9	25	138	36
총차입금		4	10	2	109	—
자본금		10	10	1	14	14
총자본		-9	0	16	38	77
지배주주지분		-9	0	16	38	77

기업가치 지표 *IFRS 별도 기준
항목	2011	2012	2013	2014	2015	2016
주가(최고/저)(천원)	—/—	—/—	—/—	—/—	6.1/2.4	4.3/2.0
PER(최고/저)(배)	0.0/0.0	0.0/0.0	0.0/0.0	0.0/0.0	63.0/24.7	—/—
PBR(최고/저)(배)	0.0/0.0	0.0/0.0	0.0/0.0	0.0/0.0	9.0/3.5	4.1/1.8
EV/EBITDA(배)	0.0		0.2		18.1	19.8
EPS(원)		-134	175	370	97	-156
BPS(원)		-4,432	-48	8,235	681	1,069
CFPS(원)		-3,219	4,546	9,663	141	-57
DPS(원)						
EBITDAPS(원)		-3,207	4,593	10,734	226	101

재무 비율 〈단위 : % 〉
연도	영업이익률	순이익률	부채비율	차입금비율	ROA	ROE	유보율	자기자본비율	EBITDA마진율
2016	5.1	-3.0	106.5	0.0	-2.9	-19.6	324.7	48.4	9.7
2015	11.4	7.7	824.5	414.9	5.6	37.1	106.6	10.8	14.7
2014	32.6	29.2	152.9	9.3	61.1	전기잠식	64.7	39.5	33.9
2013	27.7	27.4	완전잠식	완전잠식	0.0	-101.0	-0.5	28.7

디비케이 (A073190)
DBK

업　　종 : 내구소비재　　　　　　　시　　　장 : KOSDAQ
신용등급 : (Bond) BBB- (CP) —　　기업규모 : 중견
홈 페 이 지 : www.duoback.co.kr　　연 락 처 : 032)816-4814
본　　사 : 인천시 서구 가좌로 32번길 27 (가좌동)

설 립 일	1987.05.01	종 업 원 수	212명	대 표 이 사	정관영
상 장 일	2004.02.06	감 사 의 견	적정 (성도)	계	열
결 산 기	12월	보 통 주	1,197만주	종속회사수	
액 면 가	500원	우 선 주		구 상 호	듀오백코리아

주주구성 (지분율,%)		출자관계 (지분율,%)		주요경쟁사 (외형,%)	
정관영	35.3	디비케이에듀케이션	79.0	디비케이	100
듀오백코리아우리사주조합	4.1	에스케이	35.0	한국가구	177
(외국인)	0.5	코오롱2011신성장투자조합	10.0	코아스	299

매출구성		비용구성		수출비중	
듀오백 의자(내수)	86.2	매출원가율	74.7	수출	—
듀오백 의자(수출)	13.8	판관비율	40.9	내수	—

회사 개요
듀오백이라는 가정 및 사무용 의자를 생산, 판매하는 전문기업으로 1995년 독일에서 Duoback 이론을 도입하여 한국인의 신체와 체형에 맞는 의자를 제조하고 있음. 2004년 Duoback 이론의 특허권을 취득하여 국내뿐만 아니라 해외 시장에도 진출함. 일산과 합정, 분당 등에 직영매장을 열고 영업에 들어갔으며, 고객들이 손쉽게 제품을 만날 수 있도록 온라인 직영 쇼핑몰도 오픈함. DBK에듀케이션이라는 자회사를 설립해 교육사업에도 진출함.

실적 분석
동사의 2016년 누적 연결 기준 매출과 영업손실, 당기순손실은 각각 324.8억원, 50.7억원, 55.2억원으로 전년 동기 대비 모두 손실폭이 증가한 모습. 적자확대는 광고선전비 등의 판관비 증가로 영업손실이 증가했고, 투자자산 감액으로 인한 영업외비용이 발생한 것에 기인함. 특히 '리얼컴포트' 매장 출점을 추진하는 등 헬스케어 기업으로 체질 개선을 꾀하면서 성장통이 지속되고 있음.

현금 흐름 〈단위 : 억원〉

항목	2015	2016
영업활동	-19	-41
투자활동	14	31
재무활동	—	—
순현금흐름	-7	-10
기말현금	31	21

시장 대비 수익률
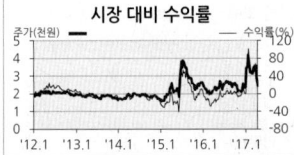

결산 실적 〈단위 : 억원〉

항목	2011	2012	2013	2014	2015	2016
매출액	433	387	404	417	348	325
영업이익	11	-14	1	-35	-39	-51
당기순이익	22	-1	-9	-42	-35	-55

분기 실적 〈단위 : 억원〉

항목	2015.3Q	2015.4Q	2016.1Q	2016.2Q	2016.3Q	2016.4Q
매출액	75	95	104	76	78	67
영업이익	-10	-10	-9	-14	-14	-13
당기순이익	-9	-14	-8	-15	-18	-14

재무 상태 〈단위 : 억원〉

항목	2011	2012	2013	2014	2015	2016
총자산	559	515	516	466	434	381
유형자산	90	101	102	97	92	95
무형자산	39	39	38	21	16	14
유가증권	125	115	136	109	86	35
총부채	76	49	65	55	64	62
총차입금	23	10	11	5	5	4
자본금	60	60	60	60	60	60
총자본	483	466	450	411	370	319
지배주주지분	475	455	443	408	370	319

기업가치 지표

항목	2011	2012	2013	2014	2015	2016
주가(최고/저)(천원)	2.4/1.5	2.4/1.8	2.0/1.7	2.1/1.7	4.1/1.6	2.7/2.0
PER(최고/저)(배)	12.8/8.0	—/—	—/—	—/—	—/—	—/—
PBR(최고/저)(배)	0.6/0.4	0.6/0.5	0.5/0.4	0.6/0.4	1.2/0.5	0.9/0.7
EV/EBITDA(배)	0.3		3.6			
EPS(원)	203	-10	-65	-315	-283	-465
BPS(원)	8,548	8,206	8,016	7,425	3,398	2,971
CFPS(원)	569	214	158	-338	-152	-330
DPS(원)	240	150				
EBITDAPS(원)	351	-4	302	-284	-193	-289

재무 비율 〈단위 : %〉

연도	영업이익률	순이익률	부채비율	차입금비율	ROA	ROE	유보율	자기자본비율	EBITDA마진율
2016	-15.6	-17.0	19.3	1.4	-13.5	-16.1	494.3	83.8	-10.7
2015	-11.2	-9.9	17.2	1.3	-7.7	-8.7	579.6	85.3	-6.6
2014	-8.3	-10.0	13.4	1.2	-8.5	-8.9	642.5	88.2	-4.1
2013	0.2	-2.3	14.5	2.4	-1.8	-1.7	701.6	87.3	4.5

디스플레이테크 (A066670)
DISPLAYTECH

업　　종 : 휴대폰 및 관련부품　　　시　　　장 : KOSDAQ
신용등급 : (Bond) — (CP) —　　　기업규모 : 우량
홈 페 이 지 : www.displaytech.co.kr　연 락 처 : 031)776-7502
본　　사 : 경기도 안성시 공단1로 10

설 립 일	1998.08.04	종 업 원 수	45명	대 표 이 사	박윤민
상 장 일	2002.12.30	감 사 의 견	적정 (삼덕)	계	열
결 산 기	12월	보 통 주	1,869만주	종속회사수	
액 면 가	500원	우 선 주		구 상 호	

주주구성 (지분율,%)		출자관계 (지분율,%)		주요경쟁사 (외형,%)	
박윤민	25.9	전자신문사	13.1	디스플레이텍	100
아이원벤처캐피탈	4.4	스틱해외진출플랫폼펀드	3.1	육일씨엔에쓰	48
(외국인)	3.2			이엘케이	196

매출구성		비용구성		수출비중	
LCD모듈	92.2	매출원가율	89.1	수출	94.7
용역	7.8	판관비율	5.8	내수	5.3
원재료	0.1				

회사 개요
동사는 LCD모듈 등의 개발, 제조 및 판매를 주요 사업으로 영위함. 제품의 대부분은 이동통신단말기 제조사에 공급되고 있으며 기타 LCD 모듈이 장착되는 MP3, PDA, DMB폰, 네비게이션, 넷북, 게임기 등에도 공급 중임. 휴대폰 시장의 성장에 따라 이동통신단말기용 LCD 모듈에 주력하고 있음. 수출이 전체 매출의 80% 이상을 차지함. 환율 등 외부 요인에 의한 실적 변동이 큰 편임.

실적 분석
동사의 2016년 매출은 891.8억원으로 전년 대비 72.0% 감소, 영업이익과 당기순이익은 각각 45.1억원, 39.7억으로 전년대비 69.2%, 73.5% 감소함. 전방산업인 휴대폰의 성장 둔화, 가격 경쟁으로 ASP가 큰 폭으로 하락하여 외형 및 영업이익이 감소함. 글로벌 경기 회복 기대감이 낮아지고 거래선 다변화가 쉽지 않아 외형, 수익성 개선이 어려울 것으로 보임.

현금 흐름　*IFRS 별도 기준 〈단위 : 억원〉

항목	2015	2016
영업활동	498	101
투자활동	-196	-106
재무활동	-283	-124
순현금흐름	20	-127
기말현금	205	77

시장 대비 수익률
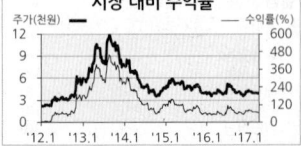

결산 실적 〈단위 : 억원〉

항목	2011	2012	2013	2014	2015	2016
매출액	1,806	2,937	5,353	4,296	3,180	892
영업이익	87	222	337	215	146	45
당기순이익	60	170	266	157	150	40

분기 실적　*IFRS 별도 기준 〈단위 : 억원〉

항목	2015.3Q	2015.4Q	2016.1Q	2016.2Q	2016.3Q	2016.4Q
매출액	799	486	261	192	210	229
영업이익	35	17	15	5	9	16
당기순이익	37	16	11	7	6	16

재무 상태　*IFRS 별도 기준 〈단위 : 억원〉

항목	2011	2012	2013	2014	2015	2016
총자산	1,300	1,840	3,041	2,661	1,982	1,803
유형자산	589	530	607	557	324	310
무형자산	0	0	1	4	3	2
유가증권	30	13	104	159	176	383
총부채	568	946	1,895	1,362	559	358
총차입금	235	412	799	525	271	169
자본금	88	88	88	93	93	93
총자본	732	894	1,146	1,299	1,423	1,445
지배주주지분	732	894	1,146	1,299	1,423	1,445

기업가치 지표　*IFRS 별도 기준

항목	2011	2012	2013	2014	2015	2016
주가(최고/저)(천원)	4.3/1.4	6.6/2.1	12.0/5.2	8.6/3.3	5.9/3.8	5.3/3.6
PER(최고/저)(배)	14.0/4.6	7.4/2.4	8.7/3.7	10.8/4.1	7.7/4.9	25.1/17.0
PBR(최고/저)(배)	1.1/0.4	1.3/0.4	1.9/0.8	1.3/0.5	0.8/0.5	0.7/0.5
EV/EBITDA(배)	4.8	4.1	5.5	3.7	2.0	3.9
EPS(원)	338	966	1,504	853	802	213
BPS(원)	4,399	5,318	6,745	7,189	7,852	7,968
CFPS(원)	433	1,088	1,678	1,074	1,038	431
DPS(원)	50	50	100	150	100	50
EBITDAPS(원)	586	1,382	2,081	1,387	1,018	460

재무 비율 〈단위 : %〉

연도	영업이익률	순이익률	부채비율	차입금비율	ROA	ROE	유보율	자기자본비율	EBITDA마진율
2016	5.1	4.5	24.8	11.7	2.1	2.8	1,493.6	80.1	9.6
2015	4.6	4.7	39.3	19.0	6.5	11.0	1,470.5	71.8	6.0
2014	5.0	3.7	104.8	40.4	5.5	12.8	1,337.9	48.8	5.9
2013	6.3	5.0	165.3	69.7	10.9	26.0	1,249.0	37.7	6.9

디씨엠 (A024090)
DCM

업   종 : 금속 및 광물
신용등급 : (Bond) —   (CP) —
홈 페 이 지 : www.dcmcorp.co.kr
본   사 : 경남 양산시 웅상농공단지길 55

시   장 : 거래소
기업규모 : 시가총액 소형주
연 락 처 : 055)366-9991

설 립 일	1972.03.04	종 업 원 수	136명	대 표 이 사	정연택
상 장 일	1999.08.18	감 사 의 견	적정 (삼일)	계 열	
결 산 기	12월	보 통 주	1,170만주	종속회사수	
액 면 가	500원	우 선 주		구 상 호	

주주구성 (지분율,%)		출자관계 (지분율,%)		주요경쟁사 (외형,%)	
정연택	17.8	디씨엠	100		
정동우	9.5	세아특수강	520		
(외국인)	1.8	유성티엔에스	343		

매출구성		비용구성		수출비중	
LAMINATED 칼라강판(TON)	83.7	매출원가율	78.9	수출	67.0
PET, 고광택,메탈론 FILM(천M)	17.4	판관비율	6.0	내수	33.0
산업용 FILM(TON)	7.0				

회사 개요
동사는 1972년 설립돼, 주요 사업으로 칼라코팅강판과 산업용 필름 제조 및 판매, 칼라필름 생산을 주 영업목적으로 하고 있음. 주요 거래업체는 삼성전자, LG전자, 동부대우전자 등이 있음. 라이네이팅 강판은 주로 냉장고, 세탁기, 에어컨, 김치냉장고 등 가전제품 외 장강판 제조에 쓰이고, 산업계분 분야에서는 고급소재로 사용됨. ABS, PP 등 복합수지의 임가공매출과 농업용 필름 기능성 첨가제 생산판매 매출이 주를 이루고 있음.

실적 분석
동사의 2016년 연결 기준 매출과 영업이익은 1,285억원, 194억원으로 전년 대비 각각 21.1%, 211% 증가함. 동사는 수출물량 증가으로 매출이 증가하며 환율상승 및 내부 원가절감으로 영업이익이 증가함. 법인세차감전순이익과 당기순이익은 전기 대비 각각 393.8%, 368% 증가함. 자산총계는 전기 대비 11.5% 증가한 1,819억원이며, 부채는 11.5% 증가한 275억원, 자본총계는 11.5%가 증가한 1,544억원을 시현함

현금 흐름
〈단위 : 억원〉

항목	2015	2016
영업활동	181	159
투자활동	-133	-86
재무활동	-30	-66
순현금흐름	18	8
기말현금	133	140

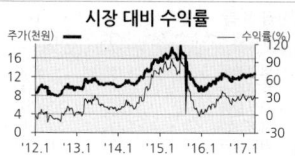
시장 대비 수익률

결산 실적
〈단위 : 억원〉

항목	2011	2012	2013	2014	2015	2016
매출액	1,748	1,582	1,267	1,122	1,062	1,285
영업이익	244	106	8	-10	63	194
당기순이익	166	113	28	2	45	208

분기 실적
〈단위 : 억원〉

항목	2015.3Q	2015.4Q	2016.1Q	2016.2Q	2016.3Q	2016.4Q
매출액	264	274	318	333	328	306
영업이익	7	30	49	57	44	44
당기순이익	-20	9	49	44	52	64

재무 상태
〈단위 : 억원〉

항목	2011	2012	2013	2014	2015	2016
총자산	1,681	1,958	1,617	1,568	1,632	1,820
유형자산	229	307	297	278	313	309
무형자산	1	1	1	1	9	1
유가증권	420	326	328	373	441	428
총부채	294	529	230	212	246	275
총차입금	72	205	47	51	40	31
자본금	60	60	60	60	60	60
총자본	1,387	1,430	1,387	1,356	1,386	1,545
지배주주지분	1,331	1,382	1,340	1,312	1,337	1,483

기업가치 지표

항목	2011	2012	2013	2014	2015	2016
주가(최고/저)(천원)	13.9/6.3	10.4/7.8	11.7/9.2	15.8/9.9	19.2/9.0	13.0/8.8
PER(최고/저)(배)	12.5/5.7	11.8/8.9	49.1/38.7	491.2/306.1	59.8/28.1	8.0/5.5
PBR(최고/저)(배)	1.4/0.7	1.0/0.7	1.1/0.8	1.4/0.9	1.7/0.8	1.0/0.7
EV/EBITDA(배)	3.1	7.5	22.8	78.0	7.9	4.3
EPS(원)	1,349	1,005	259	34	337	1,672
BPS(원)	11,712	12,169	11,846	11,706	11,922	13,500
CFPS(원)	1,493	1,176	486	271	604	1,913
DPS(원)	600	600	200	200	200	400
EBITDAPS(원)	2,228	1,079	298	155	801	1,903

재무 비율
〈단위 : %〉

연도	영업이익률	순이익률	부채비율	차입금비율	ROA	ROE	유보율	자기자본비율	EBITDA마진율
2016	15.1	16.2	17.8	2.0	12.1	13.9	2,532.4	84.9	17.3
2015	5.9	4.2	17.8	2.9	2.8	3.0	2,224.8	84.9	8.8
2014	-0.9	0.2	15.7	3.7	0.1	0.1	2,182.7	86.5	1.6
2013	0.7	2.2	16.6	3.4	1.6	2.2	2,210.0	85.8	2.8

디아이 (A003160)
DI

업   종 : 반도체 및 관련장비
신용등급 : (Bond) —   (CP) —
홈 페 이 지 : www.di.co.kr
본   사 : 서울시 강남구 논현로 703

시   장 : 거래소
기업규모 : 시가총액 소형주
연 락 처 : 02)546-5501

설 립 일	1961.03.16	종 업 원 수	122명	대 표 이 사	박원호,장일선
상 장 일	1996.07.31	감 사 의 견	적정 (태성)	계 열	
결 산 기	12월	보 통 주	3,150만주	종속회사수	
액 면 가	500원	우 선 주		구 상 호	

주주구성 (지분율,%)		출자관계 (지분율,%)		주요경쟁사 (외형,%)	
박원덕	10.9	두성산업	100.0	디아이	100
박원호	10.0	디아이엔바이로	80.0	아이에이	69
(외국인)	4.8	디지털프론티어	73.0	에스에이엠티	969

매출구성		비용구성		수출비중	
기타	33.8	매출원가율	66.4	수출	32.8
반도체검사보드	32.3	판관비율	28.6	내수	67.2
반도체검사장비	27.5				

회사 개요
동사는 1955년 과학기기 수입 판매업으로 출범하여 반도체 검사장비 등 초정밀 시험장비의 제조 및 수입업을 영위하고 있으며, 50년간 축적된 경험, 전문기술로 반도체공정상 필수적인 전공정 장비, 조립장비 등 해외의 국부가 반도체장비 공급과 검사장비의 국산화에 매진하고 있음. 반도체 검사장비 제조 및 판매 등의 반도체 검사장비 사업부문, 전자파차폐체(EMC) 등을 제조하는 전자부품 사업부문 및 기타 수(水)처리 관련 환경사업으로 구분함.

실적 분석
동사의 2016년 결산기준 누적 매출액은 전년동기대비 4% 상승한 1,097.3억원을 기록하였음. 비용면에서 전년동기대비 매출원가는 감소 하였으며 인건비는 증가 하였고 광고선전비도 크게 증가, 기타판매비와관리비는 감소함. 이처럼 매출액 상승과 더불어 비용절감에도 힘을 기울였음. 그에 따라 전년동기대비 영업이익은 54.8억원으로 254% 크게 상승하였음. 최종적으로 전년동기대비 당기순이익은 상승하여 17억원을 기록함.

현금 흐름
〈단위 : 억원〉

항목	2015	2016
영업활동	-32	115
투자활동	-211	-98
재무활동	-13	5
순현금흐름	-254	22
기말현금	238	260

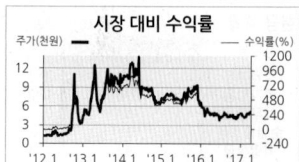
시장 대비 수익률

결산 실적
〈단위 : 억원〉

항목	2011	2012	2013	2014	2015	2016
매출액	870	939	1,069	1,340	1,055	1,097
영업이익	-58	11	70	88	15	55
당기순이익	-144	25	27	32	14	17

분기 실적
〈단위 : 억원〉

항목	2015.3Q	2015.4Q	2016.1Q	2016.2Q	2016.3Q	2016.4Q
매출액	247	234	201	215	347	334
영업이익	-3	-15	4	-2	25	27
당기순이익	3	-12	0	-3	19	1

재무 상태
〈단위 : 억원〉

항목	2011	2012	2013	2014	2015	2016
총자산	1,883	1,880	1,845	1,794	1,717	1,796
유형자산	493	380	391	378	477	583
무형자산	128	184	163	132	146	141
유가증권	87	119	39	29	26	12
총부채	795	805	705	624	562	644
총차입금	455	567	426	355	369	395
자본금	171	172	172	172	172	172
총자본	1,088	1,075	1,140	1,171	1,155	1,152
지배주주지분	1,053	1,045	1,108	1,137	1,124	1,119

기업가치 지표

항목	2011	2012	2013	2014	2015	2016
주가(최고/저)(천원)	2.1/1.1	12.7/1.2	13.8/3.8	13.8/6.3	10.9/6.1	6.5/3.8
PER(최고/저)(배)	—/—	245.7/23.3	182.6/50.4	148.8/67.5	247.2/139.4	207.5/121.0
PBR(최고/저)(배)	0.6/0.3	3.7/0.4	3.8/1.1	3.7/1.7	2.9/1.7	1.8/1.0
EV/EBITDA(배)		38.9	32.4	16.8	42.9	15.6
EPS(원)	-413	53	78	95	45	32
BPS(원)	3,600	3,547	3,734	3,826	3,785	3,769
CFPS(원)	-340	123	157	184	150	176
DPS(원)				75	50	50
EBITDAPS(원)	-113	105	303	368	154	318

재무 비율
〈단위 : %〉

연도	영업이익률	순이익률	부채비율	차입금비율	ROA	ROE	유보율	자기자본비율	EBITDA마진율
2016	5.0	1.6	55.9	34.3	1.0	0.9	588.3	64.1	9.1
2015	1.5	1.4	48.6	32.0	0.8	1.3	591.1	67.3	4.6
2014	6.6	2.4	53.3	30.3	1.8	2.7	598.6	65.3	8.7
2013	6.6	2.5	61.9	37.4	1.4	2.3	581.8	61.8	8.9

디아이씨 (A092200)
DAE-IL

업   종 : 자동차부품
신용등급 : (Bond) —   (CP) —
홈 페 이 지 : www.dicorp.co.kr
본   사 : 울산시 울주군 두동면 봉계농공길 8 (주)디아이씨

시   장 : 거래소
기업규모 : 시가총액 소형주
연 락 처 : (052)255-0500

설 립 일	1976.08.03	종 업 원 수	864명	대 표 이 사	김성문,김정렬
상 장 일	2007.10.18	감 사 의 견	적정 (성도)	계 열	
결 산 기	12월	보 통 주	2,176만주	종속회사수	
액 면 가	500원	우 선 주		구 상 호	

주주구성 (지분율,%)		출자관계 (지분율,%)		주요경쟁사 (외형,%)	
김성문	21.0	디아이씨글로벌	100.0	디아이씨	100
충원기계공업	12.3	대호기계공업	47.9	우리산업홀딩스	58
(외국인)	1.8	대일이노텍	44.4	세종공업	207

매출구성		비용구성		수출비중	
자동차부품[제품]	76.1	매출원가율	86.3	수출	52.2
충장비부품[제품]	14.0	판관비율	7.5	내수	47.8
Motorcycle부품[상품]	7.3				

회사 개요
동사는 자동차 부품, 중장비 부품 등의 기어 및 SHAFT, T/M ASS'Y 등 제작 및 판매 등을 영위함. 매출의 70%이상을 차지하는 자동차 부품은 현대자동차, 기아자동차, 한국GM 및 대형 부품 조립업체에 납품하고 미국, 호주 등 해외에 직접 수출하고 있으며 경승용차용 Transmission을 조립하여 공급함. 대표적 수출인 Motorcycle용 6단 Transmission을 세계 최초로 자체 기술력으로 개발하여 기술력을 인정받고 있음.

실적 분석
중국 현지법인인 대일기배유한공사의 매출증가에 따라 동사의 2016년도 연결기준 매출액은 5575억원으로 전년 대비 7.3% 증가함. 더불어 전사적인 원가절감 노력에 따른 수익구조 개선으로 영업이익은 348억원으로 전년 동기 대비 12% 증가함. 반면 대규모 연결 외화환산손실 반영으로 당기순이익은 111억원으로 전년 동기 대비 17.7% 감소함. 동사는 향후 수익구조 개선이 기대됨.

현금 흐름 〈단위 : 억원〉
항목	2015	2016
영업활동	382	213
투자활동	-296	-1,180
재무활동	-59	1,061
순현금흐름	11	92
기말현금	62	154

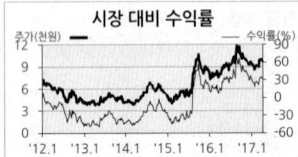

결산 실적 〈단위 : 억원〉
항목	2011	2012	2013	2014	2015	2016
매출액	5,191	5,049	5,036	5,020	5,194	5,575
영업이익	201	159	171	141	311	348
당기순이익	92	33	47	38	135	111

분기 실적 〈단위 : 억원〉
항목	2015.3Q	2015.4Q	2016.1Q	2016.2Q	2016.3Q	2016.4Q
매출액	1,227	1,374	1,263	1,374	1,328	1,610
영업이익	64	89	83	90	80	96
당기순이익	55	-1	29	16	2	65

재무 상태 〈단위 : 억원〉
항목	2011	2012	2013	2014	2015	2016
총자산	5,284	5,468	5,536	5,635	5,858	7,338
유형자산	2,963	3,105	3,273	3,408	3,458	4,218
무형자산	37	46	51	56	60	77
유가증권	23	12	14	13	11	9
총부채	3,626	3,837	3,840	3,949	4,102	5,305
총차입금	2,419	2,758	2,780	2,935	2,990	3,884
자본금	109	109	109	109	109	109
총자본	1,658	1,631	1,697	1,686	1,756	2,033
지배주주지분	1,419	1,373	1,432	1,395	1,477	1,716

기업가치 지표
항목	2011	2012	2013	2014	2015	2016
주가(최고/저)(천원)	9.8/5.3	7.2/3.9	5.4/3.7	6.9/3.9	10.7/4.1	11.9/7.2
PER(최고/저)(배)	51.6/27.8	417.7/226.0	56.8/38.7	1,220.3/688.1	22.6/8.5	36.1/21.9
PBR(최고/저)(배)	1.6/0.8	1.2/0.6	0.8/0.6	1.1/0.6	1.6/0.6	1.5/0.9
EV/EBITDA(배)	10.4	10.0	8.9	10.2	8.2	9.0
EPS(원)	197	18	97	6	478	331
BPS(원)	6,538	6,337	6,620	6,451	6,902	8,002
CFPS(원)	1,082	1,072	1,308	1,291	1,852	1,818
DPS(원)	50	50	50			50
EBITDAPS(원)	1,811	1,788	1,999	1,935	2,807	3,093

재무 비율 〈단위 : %〉
연도	영업이익률	순이익률	부채비율	차입금비율	ROA	ROE	유보율	자기자본비율	EBITDA마진율
2016	6.3	2.0	260.9	191.0	1.7	4.5	1,500.4	27.7	12.0
2015	6.0	2.6	233.7	170.3	2.4	7.2	1,280.4	30.0	11.7
2014	2.8	0.8	234.2	174.1	0.7	0.1	1,190.2	29.9	8.4
2013	3.4	0.9	226.3	163.9	0.9	1.5	1,224.0	30.7	8.6

디알비동일 (A004840)
DRB Holding

업   종 : 자동차부품
신용등급 : (Bond) —   (CP) —
홈 페 이 지 : www.drbworld.com
본   사 : 부산시 금정구 공단동로 55번길 28

시   장 : 거래소
기업규모 : 시가총액 소형주
연 락 처 : (051)520-9000

설 립 일	1945.09.30	종 업 원 수	360명	대 표 이 사	박동원
상 장 일	1976.05.21	감 사 의 견	적정 (이정)	계 열	
결 산 기	12월	보 통 주	1,900만주	종속회사수	
액 면 가	500원	우 선 주		구 상 호	동일벨트

주주구성 (지분율,%)		출자관계 (지분율,%)		주요경쟁사 (외형,%)	
김세연	47.7	DRB인터내셔널	100.0	DRB동일	100
김형수	14.2	세일기업	100.0	평화정공	201
(외국인)	3.8	DRB파텍	100.0	서연	523

매출구성		비용구성		수출비중	
전동벨트, 컨베이어벨트 등	52.3	매출원가율	73.7	수출	55.5
자동차용고무부품, 토건 등	37.0	판관비율	15.2	내수	44.5
기타	10.7				

회사 개요
동사는 1945년 동일화학공업소로 창업. 1976년 동일고무벨트 주식회사로 상장됨. 자동차 고무 부품(창고무), 토목건축자재, 면진 제진시스템 등을 제공하는 종합고무부품과 동력 전달에 널리 쓰이는 전동벨트, 운반라인의 효율성을 극대화시키는 컨베이어벨트를 생산하는 산업용 고무제품 부문으로 나뉨. 전동벨트, 컨베이어벨트 등 산업용고무제품 매출 비중이 50.0%로 높음. 2015년 7월 DRB Chongqing(중국)을 설립함.

실적 분석
동사의 2016년 연결 기준 매출액은 6,095억원으로 전년동기 대비 10.3%의 외형 축소를 보임. 영업이익은 674억원으로 전년동기 대비 8.5% 축소, 당기순이익 또한 489억원으로 전년동기 대비 7% 감소하며 수익성 하락. 동사는 국내자동차메이커의 해외생산기지 구축을 계기로 해외 생산기지를 통한 경쟁력 향상을 꾀하며 지속적인 성장을 추구하고 있음. 향후 신 성장동력 확보 여부가 관건.

현금 흐름 〈단위 : 억원〉
항목	2015	2016
영업활동	635	623
투자활동	-365	-664
재무활동	-135	107
순현금흐름	123	60
기말현금	1,162	1,221

결산 실적 〈단위 : 억원〉
항목	2011	2012	2013	2014	2015	2016
매출액	2,884	3,361	4,211	5,851	6,796	6,095
영업이익	169	279	339	692	737	675
당기순이익	282	299	303	483	526	489

분기 실적 〈단위 : 억원〉
항목	2015.3Q	2015.4Q	2016.1Q	2016.2Q	2016.3Q	2016.4Q
매출액	1,581	1,833	1,392	1,381	1,212	2,111
영업이익	86	277	163	163	75	272
당기순이익	94	156	124	124	29	212

재무 상태 〈단위 : 억원〉
항목	2011	2012	2013	2014	2015	2016
총자산	5,221	3,690	5,671	6,172	6,391	7,012
유형자산	2,263	1,324	2,382	2,424	2,594	3,042
무형자산	43	47	56	52	59	73
유가증권	99	102	77	79	65	68
총부채	2,951	2,209	2,776	2,830	2,540	2,708
총차입금	1,685	1,251	1,570	1,567	1,433	1,542
자본금	110	61	85	88	90	93
총자본	2,270	1,481	2,895	3,343	3,851	4,304
지배주주지분	2,281	1,481	2,193	2,560	2,958	3,317

기업가치 지표
항목	2011	2012	2013	2014	2015	2016
주가(최고/저)(천원)	4.9/2.1	6.5/2.7	8.1/5.1	16.3/6.4	16.3/11.3	14.9/10.6
PER(최고/저)(배)	4.7/2.0	5.2/2.2	4.1/2.6	8.1/3.1	7.6/5.3	7.2/5.2
PBR(최고/저)(배)	0.6/0.3	0.6/0.3	0.7/0.4	1.2/0.5	1.1/0.7	0.9/0.6
EV/EBITDA(배)	11.2	3.9	4.6	4.0	3.9	4.2
EPS(원)	1,061	1,267	2,008	2,057	2,171	2,072
BPS(원)	10,566	12,232	13,059	14,763	16,551	18,045
CFPS(원)	1,808	1,979	3,039	2,998	3,139	3,058
DPS(원)	54	57	75	74		94
EBITDAPS(원)	1,293	1,882	3,359	4,722	4,943	4,576

재무 비율 〈단위 : %〉
연도	영업이익률	순이익률	부채비율	차입금비율	ROA	ROE	유보율	자기자본비율	EBITDA마진율
2016	11.1	8.0	62.9	35.8	7.3	12.6	3,508.9	61.4	13.9
2015	10.9	7.7	65.9	37.2	8.4	15.0	3,210.2	60.3	13.1
2014	11.8	8.3	84.7	46.9	8.2	16.5	2,852.5	54.2	14.1
2013	8.1	7.2	95.9	54.2	6.5	16.2	2,511.8	51.0	10.5

디알텍 (A214680)
DRTECH

업 종 : 의료 장비 및 서비스		시 장 : KOSDAQ	
신용 등급 : (Bond) — (CP) —		기업규모 : 중견	
홈 페 이 지 : www.drtech.co.kr		연 락 처 : 031)730-6800	
본 사 : 경기도 성남시 중원구 둔촌대로 541번길 29 상대원동 3층			

설 립 일 2015.02.03	종업원수 1명	대표이사 임재헌	
상 장 일 2015.04.20	감사의견 적정 (한영)	계 열	
결 산 기 12월	보 통 주 4,048만주	종속회사수	
액 면 가 100원	우 선 주	구 상 호	

주주구성 (지분율,%)		출자관계 (지분율,%)		주요경쟁사 (외형,%)	
윤정기	13.7			디알텍	100
JW홀딩스	7.4	DRTECHShanghaiCo.,Ltd. 100.0		원익	177
(외국인)	0.3			루트로닉	231

매출구성		비용구성		수출비중	
		매출원가율	52.4	수출	65.0
		판관비율	40.9	내수	35.0

회사 개요
동사는 2000년 3월 29일 주식회사 디알텍으로 설립되었으며, 2016년 12월 5일 한국거래소 코스닥시장에 신규 상장(SPAC합병상장)되었음. 전세계 업계에서는 유일하게 직접·간접 방식 디텍터 기술을 모두 제공하는 기업으로 X-ray 진단영상 시스템의 핵심 장비인 디지털 X-ray 디텍터의 개발 및 생산과 함께 영상처리 엔진과 소프트웨어를 Total 솔루션으로 개발하여 전세계에 판매하고 있음.

실적 분석
동사의 2016년 결산기준 누적매출액은 366.4억원으로 전년동기대비 21.3% 성장하였음. 매출원가 및 판관비가 상승하였으나 매출액 성장에 힘입어 영업이익은 전년동기 대비 63.9% 상승한 24.5억원을 달성함. 동사는 직접방식 위주로 사업을 진행하면서 미국 동물용시장에서 1위를 유지하고 있었으며 2014년 2분기부터 간접방식 후발주자로 진입, 2015년말에는 차별화된 여성유방 촬영용 제품 출시로 고성장기에 진입하였음.

현금 흐름 *IFRS 별도 기준 〈단위 : 억원〉

항목	2015	2016
영업활동	8	-69
투자활동	-7	61
재무활동	3	7
순현금흐름	4	-2
기말현금	11	9

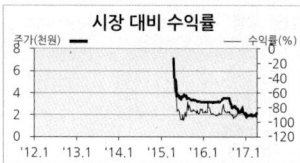
시장 대비 수익률

결산 실적 〈단위 : 억원〉

항목	2011	2012	2013	2014	2015	2016
매출액	212	264	236	242	302	366
영업이익	20	31	14	7	15	24
당기순이익	17	16	7	10	26	-4

분기 실적 *IFRS 별도 기준 〈단위 : 억원〉

항목	2015.3Q	2015.4Q	2016.1Q	2016.2Q	2016.3Q	2016.4Q
매출액						
영업이익						
당기순이익						

재무 상태 *IFRS 별도 기준 〈단위 : 억원〉

항목	2011	2012	2013	2014	2015	2016
총자산	188	186	266	210	237	380
유형자산	24	33	91	29	26	34
무형자산	2	8	7	6	6	12
유가증권	1	1	3	3	3	0
총부채	62	117	189	126	122	103
총차입금	24	41	120	84	87	60
자본금	30	23	23	21	26	40
총자본	126	69	78	84	115	277
지배주주지분	126	69	78	84	115	277

기업가치 지표 *IFRS 별도 기준

항목	2011	2012	2013	2014	2015	2016
주가(최고/저)(천원)	—/—	—/—	—/—	—/—	7.3/3.1	3.5/1.9
PER(최고/저)(배)	0.0/0.0	0.0/0.0	0.0/0.0	0.0/0.0	82.6/35.5	—/—
PBR(최고/저)(배)	0.0/0.0	0.0/0.0	0.0/0.0	0.0/0.0	18.8/8.1	5.1/2.8
EV/EBITDA(배)	0.1	0.2	4.3	3.9	6.2	22.2
EPS(원)	56	54	23	32	88	-1
BPS(원)	2,335	1,348	1,535	1,743	2,536	689
CFPS(원)	434	475	341	432	818	38
DPS(원)						
EBITDAPS(원)	478	759	476	371	572	114

재무 비율 〈단위 : % 〉

연도	영업이익률	순이익률	부채비율	차입금비율	ROA	ROE	유보율	자기자본비율	EBITDA마진율
2016	6.7	-1.2	37.8	22.1	-1.4	-2.2	577.9	72.6	10.4
2015	4.9	8.7	105.9	75.6	11.8	26.4	341.5	48.6	8.8
2014	2.7	4.0	148.9	99.1	—	—	304.0	40.2	7.7
2013	5.8	2.9	243.3	155.2	3.0	9.3	241.5	29.1	10.2

디에스씨인베스트먼트 (A241520)
DSC Investment

업 종 : 창업투자 및 종금		시 장 : KOSDAQ	
신용 등급 : (Bond) — (CP) —		기업규모 : 중견	
홈 페 이 지 : www.dscinvestment.com		연 락 처 : 02)3453-3190	
본 사 : 서울시 강남구 역삼로 180, 4층(역삼동, 마루180)			

설 립 일 2012.01.18	종업원수 명	대표이사 윤건수	
상 장 일 2016.12.19	감사의견 적정 (삼덕)	계 열	
결 산 기 12월	보 통 주 1,750만주	종속회사수	
액 면 가 500원	우 선 주	구 상 호	

주주구성 (지분율,%)		출자관계 (지분율,%)		주요경쟁사 (외형,%)	
윤건수	22.5			DSC인베스트먼트	100
하태훈	6.3			SBI인베스트먼트	389
(외국인)	0.2			우리종금	4,140

수익구성		비용구성		수출비중	
투자조합 관리보수	73.8	이자비용	1.9	수출	0.0
투자조합 지분법이익	22.1	투자및금융비	0.0	내수	0.0
사모투자전문회사지분법이익	2.6	판관비	0.0		

회사 개요
동사는 중소·벤처기업에 대한 투자금융을 제공하는 벤처캐피탈(Venture Capital, VC)로 중소기업창업투자조합 등 조합결성을 통한 창업초기 기업 투자를 주력 사업으로 영위하고 있음. 1986년 제정된 '중소기업창업지원법'에 근거하여 설립되었으며, 2009년 2월 4일부터 시행된 '자본시장과 금융투자에 관한 법률'을 따라 2012년 1월 18일 설립됨.

실적 분석
2016년 동사의 별도기준 경영성과를 살펴보면, 영업수익은 43억원, 영업이익은 14억원으로 전년 대비 각각 2.9%, 15.8% 감소함. 영업수익 중 주요 수익은 투자조합의 관리보수 및 지분법이익으로 약 41억원임. 당기순이익은 10억원으로 3년 연속 흑자를 달성함. 동사의 총자산은 약 169억원으로 전년대비 52% 증가하였으며 총부채는 약 9억원으로 전년대비 68% 감소함. 자기자본총액은 160억원임.

현금 흐름 *IFRS 별도 기준 〈단위 : 억원〉

항목	2015	2016
영업활동	-13	-21
투자활동	-0	-30
재무활동	14	58
순현금흐름	1	7
기말현금	8	15

시장 대비 수익률

결산 실적 〈단위 : 억원〉

항목	2011	2012	2013	2014	2015	2016
영업수익	—	—	—	23	44	43
영업이익	—	—	—	5	16	14
당기순이익	—	—	—	3	13	10

분기 실적 *IFRS 별도 기준 〈단위 : 억원〉

항목	2015.3Q	2015.4Q	2016.1Q	2016.2Q	2016.3Q	2016.4Q
영업수익	13		14	13		
영업이익	7		6	6		
당기순이익	6		5			

재무 상태 *IFRS 별도 기준 〈단위 : 억원〉

항목	2011	2012	2013	2014	2015	2016
총자산				65	111	169
유형자산				1	1	1
무형자산						
유가증권						
총부채				2	28	9
총차입금						
자본금				65	65	88
총자본				63	83	160
지배주주지분				63	83	160

기업가치 지표 *IFRS 별도 기준

항목	2011	2012	2013	2014	2015	2016
주가(최고/저)(천원)	—/—	—/—	—/—	—/—	—/—	4.1/3.3
PER(최고/저)(배)	0.0/0.0	0.0/0.0	0.0/0.0	0.0/0.0	0.0/0.0	52.0/42.7
PBR(최고/저)(배)	0.0/0.0	0.0/0.0	0.0/0.0	0.0/0.0	0.0/0.0	4.5/3.7
PSR(최고/저)(배)	0/0	0/0	0/0	0/0	0/0	12/10
EPS(원)	—	—	—	24	100	78
BPS(원)	—	—	—	4,857	6,396	915
CFPS(원)	—	—	—	264	1,024	81
DPS(원)						
EBITDAPS(원)	—	—	—	383	1,269	105

재무 비율 〈단위 : % 〉

연도	계속사업이익률	순이익률	부채비율	차입금비율	ROA	ROE	유보율	자기자본비율	총자산증가율
2016	31.8	23.6	5.6	0.0	7.4	8.5	82.9	94.7	52.0
2015	36.7	29.3	33.8	0.0	14.8	17.8	27.9	74.7	71.7
2014	16.8	13.0	일부잠식	0.0	—	-2.9	97.4	0.0	0.0
2013	0.0	0.0	0.0	0.0	0.0	0.0	0.0	0.0	0.0

디에스알 (A155660)
DSR CORP

업 종 : 금속 및 광물		시 장 : 거래소	
신용등급 : (Bond) — (CP) —		기업규모 : 시가총액 소형주	
홈페이지 : www.dsr.com		연 락 처 : 051)979-0500	
본 사 : 부산시 강서구 녹산산업중로 192번길 7			

설 립 일 1965.04.01	종 업 원 수 161명	대 표 이 사 홍석빈	
상 장 일 2013.05.15	감 사 의 견 적정 (삼일)	계 열	
결 산 기 12월	보 통 주 1,600만주	종속회사수	
액 면 가 500원	우 선 주	구 상 호	

주주구성 (지분율,%)		출자관계 (지분율,%)		주요경쟁사 (외형,%)	
DSR제강	31.8	DSR제강	3.2	DSR	100
홍하종	8.6	DSRVINACO.,Ltd	100.0	NI스틸	57
(외국인)	0.8	청도DSR제강유한공사	92.3	EG	73

매출구성		비용구성		수출비중	
스테인리스 와이어 외(한국)	33.7	매출원가율	83.3	수출	—
와이어로프 외(중국)	27.8	판관비율	10.0	내수	—
합성섬유로프 외(한국)	23.2				

회사 개요

대성제강공업주식회사로 1965년에 설립된 와이어로프 및 경강선 제조업체로 중국 청도에 합성로프 및 와이어로프를 제조하는 청도 DSR제강유한공사와 미국 뉴욕에 판매법인인 DSR International Corp.을 자회사로 보유하고 있음. 동사의 사업구조는 합성섬유로프부문과 스테인리스와이어부문으로 구성되어 있음. 전체 매출비중은 한국내 사업이 60%, 중국내 사업이 27%, 미국내 사업이 17%를 차지하며 내수 비중이 소폭 증가.

실적 분석

동사의 2016년 연결기준 매출액은 2,010.6억원으로 전년동기 대비 6.4% 감소했음. 영업이익은 133.6억원으로 전년대비 4.8% 증가를 시현. 비영업부문에서 13.4억원의 이익을 기록하며 당기순이익은 전년동기 대비 7.6% 증가한 107.4억원을 시현함. 해외부문 매출 절대액은 지속적으로 커지는 추세임. 최근 전남도에서 개최한 51회 '무역의 날'에서 동사는 '1억불 수출탑'을 수상하며 견조한 실적 지속.

현금 흐름 〈단위 : 억원〉

항목	2015	2016
영업활동	282	105
투자활동	-134	-125
재무활동	-115	48
순현금흐름	34	29
기말현금	48	77

시장 대비 수익률

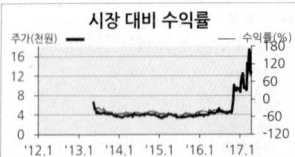

결산 실적 〈단위 : 억원〉

항목	2011	2012	2013	2014	2015	2016
매출액	2,127	2,044	2,011	2,198	2,148	2,011
영업이익	114	119	86	89	127	134
당기순이익	88	92	66	68	100	107

분기 실적 〈단위 : 억원〉

항목	2015.3Q	2015.4Q	2016.1Q	2016.2Q	2016.3Q	2016.4Q
매출액	542	520	488	516	498	508
영업이익	49	25	33	36	31	34
당기순이익	37	20	26	31	21	30

재무 상태 〈단위 : 억원〉

항목	2011	2012	2013	2014	2015	2016
총자산	1,456	1,449	1,680	1,838	1,773	1,957
유형자산	516	494	532	564	579	595
무형자산	—	—	—	—	—	—
유가증권	59	31	109	157	279	383
총부채	695	615	623	712	550	622
총차입금	464	387	367	434	324	359
자본금	60	60	80	80	80	80
총자본	762	834	1,057	1,126	1,223	1,335
지배주주지분	748	820	1,043	1,112	1,207	1,320

기업가치 지표

항목	2011	2012	2013	2014	2015	2016
주가(최고/저)(천원)	—/—	—/—	6.4/3.5	4.2/3.4	4.1/3.3	10.2/3.7
PER(최고/저)(배)	0.0/0.0	0.0/0.0	14.7/8.0	10.2/8.2	6.8/5.4	15.3/5.5
PBR(최고/저)(배)	0.0/0.0	0.0/0.0	1.0/0.6	0.6/0.5	0.6/0.4	1.3/0.5
EV/EBITDA(배)	2.7		2.3	6.2	6.3	4.2	8.4
EPS(원)	727	758	451	423	621	672
BPS(원)	62,305	6,837	6,520	6,948	7,546	8,252
CFPS(원)	10,376	1,086	739	698	913	969
DPS(원)			30	30	50	50
EBITDAPS(원)	12,637	1,316	879	832	1,088	1,132

재무 비율 〈단위 : %〉

연도	영업이익률	순이익률	부채비율	차입금비율	ROA	ROE	유보율	자기자본비율	EBITDA마진율
2016	6.6	5.3	46.6	26.9	5.8	8.5	1,550.5	68.2	9.0
2015	5.9	4.7	45.0	26.5	5.5	8.6	1,409.2	69.0	8.1
2014	4.1	3.1	63.3	38.6	3.9	6.3	1,289.5	61.3	6.1
2013	4.3	3.3	59.0	34.7	4.2	7.1	1,203.9	62.9	6.4

디에스알제강 (A069730)
DSR Wire

업 종 : 금속 및 광물		시 장 : 거래소	
신용등급 : (Bond) — (CP) —		기업규모 : 시가총액 소형주	
홈페이지 : www.dsr.com		연 락 처 : 061)729-3500	
본 사 : 전남 순천시 서면 산단1길 15			

설 립 일 1971.09.01	종 업 원 수 131명	대 표 이 사 홍하종	
상 장 일 2003.01.28	감 사 의 견 적정 (안진)	계 열	
결 산 기 12월	보 통 주 1,440만주	종속회사수	
액 면 가 500원	우 선 주	구 상 호	

주주구성 (지분율,%)		출자관계 (지분율,%)		주요경쟁사 (외형,%)	
홍하종	26.5	DSR	31.8	DSR제강	100
홍석빈	18.4	청도DSR제강유한공사	7.7	대양금속	85
(외국인)	1.1			SIMPAC Metal	80

매출구성		비용구성		수출비중	
경강선 외(제품)	44.7	매출원가율	87.1	수출	—
와이어로프(제품)	30.8	판관비율	8.4	내수	—
와이어로프 외(상품)	24.4				

회사 개요

동사는 와이어로프, 경강선 등 선재 전문 생산업체임. 선재는 자동차, 광산, 선박, 기계 등 이용범위가 매우 넓고 산업현장에 투입되는 중간재적 성격을 지니고 있어 수요가 매우 광범위함. 반면 조립금속산업 및 산업전반의 경기변동에 영향을 크게 받음. 동사의 국내 시장 점유율은 2016년 3분기 실적 기준으로 28.9% 정도임. 동사시장은 중국 등 후발국의 저가공세로 수출수요가 정체 내지는 감소하는 추세임.

실적 분석

동사의 2016년 연결기준 누적 매출액과 영업이익은 전년동기대비 각각 6%, 24% 감소한 1,725.4억원, 76.6억원을 기록함. 경강선 제품 외외한 모든 부문에서 매출이 감소한 영향으로 외형축소. 매출 비중은 수출 비중이 65%로 높아 해외시장의 경기변동에 따라 판매 실적이 영향을 받는데 그 중 각각 30%를 차지하는 북미와 유럽 경기가 개선되면 이익이 개선되는 구조임.

현금 흐름 *IFRS 별도 기준 〈단위 : 억원〉

항목	2015	2016
영업활동	333	139
투자활동	-65	-64
재무활동	-256	-68
순현금흐름	13	7
기말현금	26	34

시장 대비 수익률

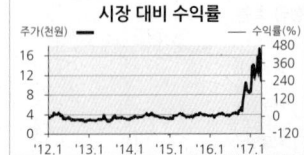

결산 실적 〈단위 : 억원〉

항목	2011	2012	2013	2014	2015	2016
매출액	1,600	1,691	1,795	2,018	1,827	1,725
영업이익	77	-14	46	93	101	77
당기순이익	94	12	18	73	99	87

분기 실적 *IFRS 별도 기준 〈단위 : 억원〉

항목	2015.3Q	2015.4Q	2016.1Q	2016.2Q	2016.3Q	2016.4Q
매출액	447	438	405	447	417	456
영업이익	36	13	15	26	16	20
당기순이익	34	18	19	24	16	21

재무 상태 *IFRS 별도 기준 〈단위 : 억원〉

항목	2011	2012	2013	2014	2015	2016
총자산	2,043	2,003	2,039	2,021	1,843	1,902
유형자산	850	809	808	746	707	642
무형자산	—	—	—	—	—	—
유가증권	6	2	2	1	1	14
총부채	1,041	1,000	1,025	933	662	638
총차입금	781	752	717	677	422	366
자본금	72	72	72	72	72	72
총자본	1,002	1,003	1,014	1,088	1,181	1,264
지배주주지분	1,002	1,003	1,014	1,088	1,181	1,264

기업가치 지표 *IFRS 별도 기준

항목	2011	2012	2013	2014	2015	2016
주가(최고/저)(천원)	4.7/3.0	4.7/2.6	3.9/2.5	4.5/3.0	4.4/3.1	10.6/3.4
PER(최고/저)(배)	7.6/4.8	57.8/31.4	32.0/20.5	9.1/6.1	6.5/4.6	17.6/5.6
PBR(최고/저)(배)	0.7/0.5	0.7/0.4	0.6/0.4	0.6/0.4	0.6/0.4	1.2/0.4
EV/EBITDA(배)	8.5	14.0	7.9	5.5	4.5	8.6
EPS(원)	655	86	126	507	685	603
BPS(원)	6,957	6,964	7,038	7,555	8,199	8,780
CFPS(원)	1,124	763	812	1,263	1,450	1,341
DPS(원)	30	30	30	30	40	50
EBITDAPS(원)	1,001	579	1,008	1,404	1,465	1,270

재무 비율 〈단위 : %〉

연도	영업이익률	순이익률	부채비율	차입금비율	ROA	ROE	유보율	자기자본비율	EBITDA마진율
2016	4.4	5.0	50.4	29.0	4.6	7.1	1,656.0	66.5	10.6
2015	5.5	5.4	56.1	35.8	5.1	8.7	1,539.9	64.1	11.6
2014	4.6	3.6	85.8	62.2	3.6	7.0	1,411.0	53.8	10.0
2013	2.6	1.0	101.2	70.8	0.9	1.8	1,307.6	49.7	8.1

디에스케이 (A109740)
DSK

업 종 : 디스플레이 및 관련부품		시 장 : KOSDAQ	
신용등급 : (Bond) — (CP) —		기업규모 : 벤처	
홈페이지 : www.dsk.co.kr		연 락 처 : 031)416-9100	
본 사 : 경기도 안산시 상록구 안산테콤1길 21 (사동동)			

설 립 일 1995.02.03	종 업 원 수 92명	대 표 이 사 박광철
상 장 일 2009.09.23	감 사 의 견 적정 (안진)	계 열
결 산 기 12월	보 통 주 1,450만주	종속회사수
액 면 가 500원	우 선 주	구 상 호

주주구성 (지분율,%)		출자관계 (지분율,%)		주요경쟁사 (외형,%)	
프로토스1호조합	16.1	알티하이텍	100.0	디에스케이	100
김태구	10.9	프로토스	51.6	루멘스	677
				넥스트아이	66

매출구성		비용구성		수출비중	
FPD용 PCB Bonding System 및 In-line System	81.4	매출원가율	70.7	수출	56.7
Linear System & 기타	18.5	판관비율	19.3	내수	43.3
임대수익 외	0.1				

회사 개요
동사의 주요 제품은 FPD용 PCB Bonding System과 Linear System으로 구성되며 매출 비중은 2014년 1분기 기준 PCB Bonding System이 68.8%로절대적임. 세계적으로 일본과 국내 일부 업체들만이 이러한 제품을 생산할 수 있는 기술을 보유하고 있으며, 동사의 기술은 차세대 디스플레이 및 신재생에너지 관련 사업의 기반 기술로도 활용할 수 있어 미래에 대한 기술적 가치가 높은 산업임.

실적 분석
전방산업의 설비투자 증대의 영향으로 동사의 2016년 연결기준 누적매출액은 전년동기 대비 5.4% 증가한 595.4억원을 시현함. 원가율 개선에도 판관비가 큰 폭으로 증가하면서 영업이익은 전년대비 43.2% 감소한 59.6억원, 당기순이익 역시 58.8%감소한 38.8억원에 그침. 최근 자회사인 프로토스를 통해 미용 필러 시장에 본격적으로 진출하였으며, 이로 인한 일시적인 판관비의 급증이 수익성 부진의 원인임.

현금 흐름		〈단위 : 억원〉	
항목	2015	2016	
영업활동	11	28	
투자활동	-11	-383	
재무활동	4	633	
순현금흐름	4	285	
기말현금	118	403	

시장 대비 수익률
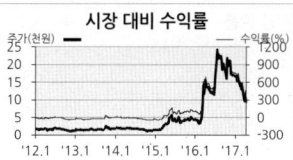

결산 실적					〈단위 : 억원〉	
항목	2011	2012	2013	2014	2015	2016
매출액	379	196	320	350	565	595
영업이익	48	-7	21	30	105	60
당기순이익	48	-10	26	25	94	39

분기 실적					〈단위 : 억원〉	
항목	2015.3Q	2015.4Q	2016.1Q	2016.2Q	2016.3Q	2016.4Q
매출액	174	69	91	99	137	269
영업이익	44	2	16	16	6	21
당기순이익	36	2	13	14	-10	22

재무 상태					〈단위 : 억원〉	
항목	2011	2012	2013	2014	2015	2016
총자산	408	369	361	460	550	1,797
유형자산	82	85	78	75	74	284
무형자산	7	7	7	7	6	484
유가증권	6	1	1	1	1	55
총부채	125	98	60	139	138	883
총차입금	34	28	1	5	10	563
자본금	33	33	33	33	33	33
총자본	283	271	301	321	412	914
지배주주지분	283	271	301	321	412	564

기업가치 지표						
항목	2011	2012	2013	2014	2015	2016
주가(최고/저)(천원)	2.1/0.9	2.1/1.1	2.7/1.3	2.3/1.2	6.6/1.4	24.4/3.3
PER(최고/저)(배)	6.0/2.5	—/—	14.2/6.7	11.9/6.4	9.2/2.0	57.8/7.8
PBR(최고/저)(배)	1.0/0.4	1.0/0.5	1.2/0.6	0.9/0.5	2.1/0.5	5.6/0.8
EV/EBITDA(배)	3.1		4.6	0.5	3.6	38.4
EPS(원)	373	-76	200	195	723	423
BPS(원)	4,483	4,292	4,690	4,993	6,393	8,679
CFPS(원)	830	-66	487	477	1,524	983
DPS(원)	50		50	50	100	50
EBITDAPS(원)	828	-29	418	542	1,692	1,054

재무 비율								〈단위 : % 〉	
연도	영업이익률	순이익률	부채비율	차입금비율	ROA	ROE	유보율	자기자본비율	EBITDA마진율
2016	10.0	6.5	96.6	61.6	3.3	11.3	1,635.8	50.9	11.5
2015	18.6	16.7	33.6	2.5	18.6	25.7	1,178.7	74.9	19.5
2014	8.4	7.2	43.4	1.7	6.2	8.1	898.6	69.8	10.1
2013	6.7	8.1	19.8	2.4	7.1	9.1	838.1	83.5	8.5

디에스티로봇 (A090710)
DST ROBOT

업 종 : 기계		시 장 : KOSDAQ	
신용등급 : (Bond) — (CP) →		기업규모 : 중견	
홈페이지 : www.dstrobot.com		연 락 처 : 041)590-1700	
본 사 : 충남 천안시 서북구 직산읍 4산단6길 27			

설 립 일 1998.11.29	종 업 원 수 97명	대 표 이 사 천징,최명규
상 장 일 2006.12.05	감 사 의 견 적정 (한미)	계 열
결 산 기 12월	보 통 주 5,393만주	종속회사수
액 면 가 200원	우 선 주	구 상 호 동부로봇

주주구성 (지분율,%)		출자관계 (지분율,%)		주요경쟁사 (외형,%)	
Beijing Linksun Technology Co., Ltd.	3.9	다사전자기계기술(상해)유한공사	100.0	디에스티로봇	100
대덕뉴비즈1호조합	3.7			에이테크솔루션	508
(외국인)	28.2			부스타	191

매출구성		비용구성		수출비중	
직각좌표로봇 외	82.2	매출원가율	82.3	수출	—
로봇응용시스템외	15.5	판관비율	14.1	내수	—
서비스용로봇	2.2				

회사 개요
동사는 산업용 로봇 및 지능형 로봇을 생산공급할 목적으로 1999년에 설립됨. 2010년 7월 동부그룹으로 인수되었다가 2015년 3월 최대주주가 동부CNI 외 1인에서 베이징 링크선테크놀로지로 변경되었으며 상호도 디에스티로봇으로 변경함. 중국과 동남아 시장 수출 비중을 매출의 40%까지 끌어올리겠단 목표를 갖고 있고, 특히 제조업용로봇과 서비스용로봇 분야에서 중국 시장 점유율을 늘리는 데 박차를 가할 계획임.

실적 분석
동사의 2016년 연결기준 매출액은 450.9억원으로 전년도 대비 66.1% 증가함. 영업이익 또한 전년도보다 12.5% 늘어남. 그러나 당기순이익은 14.6% 감소함. 비영업부문에서 적자가 늘어난 게 주요 원인임. 실적 개선을 위해 디스플레이를 포함한 반도체, 자동차, 3D프린터 등으로 제품 판매처를 다양화하고 있음. 이어 진공로봇 세계 3대 메이커로 도약하기 위해 박차를 가하고 있음.

현금 흐름		〈단위 : 억원〉	
항목	2015	2016	
영업활동	15	-18	
투자활동	8	6	
재무활동	-21	39	
순현금흐름	1	21	
기말현금	9	30	

시장 대비 수익률
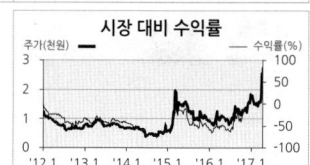

결산 실적					〈단위 : 억원〉	
항목	2011	2012	2013	2014	2015	2016
매출액	502	311	424	315	272	451
영업이익	14	-43	-33	-75	14	16
당기순이익	13	-51	-54	-145	13	11

분기 실적					〈단위 : 억원〉	
항목	2015.3Q	2015.4Q	2016.1Q	2016.2Q	2016.3Q	2016.4Q
매출액	79	78	77	105	75	193
영업이익	5	13	4	4	-9	19
당기순이익	4	15	2	4	-14	21

재무 상태					〈단위 : 억원〉	
항목	2011	2012	2013	2014	2015	2016
총자산	536	491	448	312	262	426
유형자산	98	97	95	87	76	73
무형자산	66	67	59	16	19	16
유가증권	1	0	31	19	0	0
총부채	290	251	259	264	159	292
총차입금	170	164	175	177	78	97
자본금	35	44	44	44	47	49
총자본	246	239	190	48	103	135
지배주주지분	246	239	190	48	103	135

기업가치 지표						
항목	2011	2012	2013	2014	2015	2016
주가(최고/저)(천원)	4.1/1.8	3.1/1.5	2.5/1.6	1.9/1.0	5.1/1.4	4.6/1.9
PER(최고/저)(배)	42.1/18.3	—/—	—/—	—/—	73.2/20.4	81.7/34.5
PBR(최고/저)(배)	2.4/1.1	2.3/1.1	2.3/1.5	6.9/3.4	9.2/2.6	6.7/2.8
EV/EBITDA(배)	14.5				19.7	31.3
EPS(원)	39	-133	-124	-331	28	22
BPS(원)	3,549	2,752	2,181	560	1,095	1,372
CFPS(원)	521	-312	-256	-1,367	258	261
DPS(원)						
EBITDAPS(원)	540	-204	-13	-566	276	316

재무 비율								〈단위 : % 〉	
연도	영업이익률	순이익률	부채비율	차입금비율	ROA	ROE	유보율	자기자본비율	EBITDA마진율
2016	3.6	2.4	216.7	72.5	3.2	9.2	174.4	31.6	6.8
2015	5.3	4.7	154.5	76.0	4.5	17.0	119.0	39.3	9.4
2014	-23.7	-46.0	553.2	370.1	-38.1	-121.9	12.0	15.3	-15.7
2013	-7.8	-12.8	136.4	92.4	-11.6	-25.3	336.2	42.3	-0.3

디에이치피코리아 (A131030)
DHP KOREACo

업　　종 : 제약		시　　장 : KOSDAQ	
신용등급 : (Bond) — (CP) —		기업규모 : 중견	
홈페이지 : www.dhpkorea.co.kr		연락처 : (043)239-3303	
본　　사 : 충북 청주시 흥덕구 오송읍 오송생명6로 50			

설 립 일	2010.07.27	종업원수	167명	대표이사	여대훈
상 장 일	2010.12.03	감사의견	적정 (신한)	계　　열	
결 산 기	12월	보 통 주	1,656만주	종속회사수	
액 면 가	500원	우 선 주		구 상 호	하이제1호스팩

주주구성 (지분율,%)		출자관계 (지분율,%)		주요경쟁사 (외형,%)	
삼천당제약	38.4	디에이치피코리아	100	대한뉴팜	245
국민연금공단	7.2			메지온	20
(외국인)	2.9				

매출구성		비용구성		수출비중	
[제품]점안제	95.5	매출원가율	43.8	수출	0.7
[제품]기타	2.4	판관비율	30.7	내수	99.3
[상품]기타	1.5				

회사 개요
동사는 점안제와 안과용제 제조 전문기업으로 충청북도 청주시 흥덕구 오송읍 오송생명과학단지 내에 생산시설을 두고 있음. 오송공장에서는 일회용 점안제와 안과용제 생산과 더불어 개발팀내에 제품개발팀에서 품질개선과 연구개발을 함께 진행하고 있음. 연간 252백만개의 일회용 점안제 생산 능력을 보유하고 있음. 고령화에 따른 노인 인구의 증가와 스마트폰 등 IT 제품의 사용 확대로 인공 눈물 수요가 늘어 매출 증가세 이어질 전망.

실적 분석
동사의 2016년 결산기준 누적 매출액은 전년동기대비 16% 상승한 447.2억원을 기록하였음. 비용면에서 전년동기대비 매출원가율은 증가 하였으며 인건비도 증가, 광고선전비도 증가, 기타판매비와관리비도 마찬가지로 증가함. 이와 같이 상승한 매출액 만큼 비용증가도 있었으나 매출액의 더 큰 상승에 힘입어 그에 따라 전년동기대비 영업이익은 113.8억원으로 10.3% 상승하였음. 최종적으로 전년동기대비 당기순이익은 상승하여 115억원을 기록함.

현금 흐름 *IFRS 별도 기준 〈단위 : 억원〉

항목	2015	2016
영업활동	111	120
투자활동	-81	34
재무활동	-19	-16
순현금흐름	11	138
기말현금	282	420

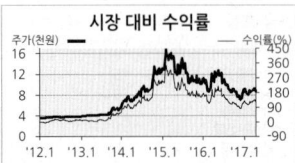

결산 실적 〈단위 : 억원〉

항목	2011	2012	2013	2014	2015	2016
매출액	—	219	268	326	386	447
영업이익	—	43	68	91	103	114
당기순이익	—	13	14	95	103	115

분기 실적 *IFRS 별도 기준 〈단위 : 억원〉

항목	2015.3Q	2015.4Q	2016.1Q	2016.2Q	2016.3Q	2016.4Q
매출액	111	97	98	110	118	121
영업이익	31	22	25	29	31	30
당기순이익	32	23	24	30	30	31

재무 상태 *IFRS 별도 기준 〈단위 : 억원〉

항목	2011	2012	2013	2014	2015	2016
총자산	—	302	539	674	731	838
유형자산	—	218	210	238	283	272
무형자산	—	1	3	3	—	—
유가증권	—	2	—	30	30	—
총부채	—	228	90	109	77	86
총차입금	—	188	57	27	20	20
자본금	—	13	76	82	83	83
총자본	—	75	449	565	655	753
지배주주지분	—	75	449	565	655	753

기업가치 지표 *IFRS 별도 기준

항목	2011	2012	2013	2014	2015	2016
주가(최고/저)(천원)	3.9/3.3	3.9/3.6	5.8/3.9	14.1/5.5	16.8/9.4	12.9/7.0
PER(최고/저)(배)	0.0/0.0	32.8/30.4	57.9/38.9	24.6/9.7	27.6/15.5	18.8/10.2
PBR(최고/저)(배)	0.0/0.0	5.7/5.3	2.0/1.3	4.1/1.6	4.3/2.4	2.8/1.5
EV/EBITDA(배)	0.0	8.1	8.3	17.7	12.4	7.6
EPS(원)	—	123	104	588	622	694
BPS(원)	—	2,141	3,027	3,525	4,017	4,606
CFPS(원)	—	780	226	692	763	863
DPS(원)	—	—	—	100	100	100
EBITDAPS(원)	—	1,605	616	668	764	856

재무 비율 〈단위 : % 〉

연도	영업이익률	순이익률	부채비율	차입금비율	ROA	ROE	유보율	자기자본비율	EBITDA마진율
2016	25.5	25.7	11.4	2.7	14.7	16.3	821.3	89.8	31.7
2015	26.8	26.7	11.7	3.1	14.7	16.9	703.3	89.5	32.8
2014	28.1	29.2	19.3	4.8	15.7	18.8	604.9	83.8	33.2
2013	25.3	5.3	20.0	12.7	3.4	5.4	505.4	83.4	31.6

디에이테크놀로지 (A196490)
DA Technology

업　　종 : 전자 장비 및 기기		시　　장 : KOSDAQ	
신용등급 : (Bond) — (CP) —		기업규모 : 벤처	
홈페이지 : www.dat21.co.kr		연락처 : 031)369-8800	
본　　사 : 경기도 화성시 비봉면 쌍학길 15(쌍학리 882)			

설 립 일	2000.05.03	종업원수	133명	대표이사	박명관,신영천
상 장 일	2014.11.19	감사의견	적정 (길인)	계　　열	
결 산 기	12월	보 통 주	604만주	종속회사수	
액 면 가	500원	우 선 주		구 상 호	

주주구성 (지분율,%)		출자관계 (지분율,%)		주요경쟁사 (외형,%)	
박명관	11.6	NanJingDATradingCo.,Ltd.	100.0	디에이테크놀로지	100
휴스틸	7.5			비에이치	496
(외국인)	0.0			액트	81

매출구성		비용구성		수출비중	
기타	45.9	매출원가율	88.7	수출	65.0
FPD 검사기	28.3	판관비율	7.3	내수	35.0
NOTCHING	14.9				

회사 개요
동사는 2000년 5월에 설립되어 2차전지 설비 제조 및 판매업을 주요 사업으로 영위하고 있음. 사업부문별로는 2차전지 생산 자동화 설비, FPD 검사설비 및 기타 산업용 자동화설비 등 크게 3개의 사업을 영위하고 있으며, 2016년 누적매출 기준으로 2차전지 사업부문이 전체매출의 약 87.49%를 차지함. FPD 관련 매출은 약 10.63%임. 현재 중국 현지법인인 Nan Jing DA Trading을 연결자회사로 보유함.

실적 분석
동사의 2016년 연결기준 누적매출액은 신규 거래선 확보 및 제품다변화 등에 힘입어 749.2억원으로 전년 동기대비 23.9% 증가함. 매출액 증가에도 불구하고 인건비 상승으로 영업이익은 전년 동기대비 5.8% 감소한 30.2억원을 기록함. 2차전지 제조설비 부문에 대한 수주잔고가 남아있어, 지속적인 매출이 기대되며, 설비의 생산속도 향상 및 불량률 감소를 위한 연구개발로 추가적인 수주를 위해 노력중임.

현금 흐름 〈단위 : 억원〉

항목	2015	2016
영업활동	20	-91
투자활동	-135	-67
재무활동	31	210
순현금흐름	-84	53
기말현금	77	130

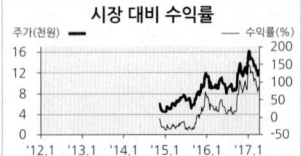

결산 실적 〈단위 : 억원〉

항목	2011	2012	2013	2014	2015	2016
매출액	228	200	289	403	605	749
영업이익	26	26	27	49	32	30
당기순이익	22	18	21	28	34	40

분기 실적 〈단위 : 억원〉

항목	2015.3Q	2015.4Q	2016.1Q	2016.2Q	2016.3Q	2016.4Q
매출액	183	154	184	154	237	175
영업이익	14	12	9	5	11	6
당기순이익	14	10	9	5	3	22

재무 상태 〈단위 : 억원〉

항목	2011	2012	2013	2014	2015	2016
총자산	145	177	224	345	468	736
유형자산	50	40	40	39	132	214
무형자산	8	13	10	15	18	26
유가증권	1	—	—	—	23	0
총부채	91	104	130	68	167	382
총차입금	46	57	63	10	51	244
자본금	9	9	9	30	30	30
총자본	54	73	94	277	301	353
지배주주지분	54	73	94	277	301	353

기업가치 지표

항목	2011	2012	2013	2014	2015	2016
주가(최고/저)(천원)	—/—	—/—	—/—	6.5/4.4	12.1/4.3	14.5/8.0
PER(최고/저)(배)	0.0/0.0	0.0/0.0	0.0/0.0	9.9/6.6	21.7/7.8	22.2/12.2
PBR(최고/저)(배)	0.0/0.0	0.0/0.0	0.0/0.0	1.5/1.0	2.4/0.9	2.4/1.3
EV/EBITDA(배)	1.1	0.8	1.1	2.2	17.4	24.7
EPS(원)	635	509	586	676	562	660
BPS(원)	30,686	35,988	46,144	4,586	5,089	6,010
CFPS(원)	15,406	11,532	12,834	802	660	780
DPS(원)	—	—	—	50	50	50
EBITDAPS(원)	17,385	12,593	16,055	1,302	628	619

재무 비율 〈단위 : % 〉

연도	영업이익률	순이익률	부채비율	차입금비율	ROA	ROE	유보율	자기자본비율	EBITDA마진율
2016	4.0	5.3	108.3	69.1	6.6	12.2	1,102.1	48.0	5.0
2015	5.3	5.6	55.7	17.0	8.4	11.8	917.9	64.2	6.3
2014	12.1	6.9	24.5	3.6	9.8	15.1	817.1	80.4	13.4
2013	9.5	7.2	139.2	67.4	10.4	25.0	962.6	41.8	11.3

디에이피 (A066900)
DAP

업　　종 : 휴대폰 및 관련부품　　　　시　　장 : KOSDAQ
신용등급 : (Bond) —　　(CP) —　　기업규모 : 우량
홈페이지 : www.dap.co.kr　　　　연 락 처 : 031)677-0005
본　　사 : 경기도 안성시 미양면 안성맞춤대로 474-22

설 립 일	1987.11.28	종 업 원 수	1,087명	대 표 이 사	최봉윤
상 장 일	2004.05.14	감 사 의 견	적정 (신한)	계	열
결 산 기	12월	보 통 주	2,274만주	종속회사수	
액 면 가	500원	우 선 주		구 상 호	

주주구성 (지분율,%)		출자관계 (지분율,%)		주요경쟁사 (외형,%)	
대명화학	45.5	디에이피	100		
푸르덴셜 자산운용	1.9	이엠텍	92		
(외국인)	0.8	우주일렉트로	88		

매출구성		비용구성		수출비중	
PCB	97.6	매출원가율	93.8	수출	88.6
부산물 기타	2.4	판관비율	4.2	내수	11.4

회사 개요
동사는 이동통신단말기의 인쇄회로기판 (PCB)를 주력으로 생산, 판매하고 있으며 이외에도 캠코더, 시디폼, 디지털카메라, MP3 등의 다양한 전자제품용 PCB을 생산, 판매하고 있음. PCB가 동사의 매출에서 97% 가량을 차지함. PCB는 반도체, 디스플레이, 2차전지와 더불어 전자제품의 4대 부품으로 휴대폰용 PCB는 제품의 고성능화, 경박단소화, 부품의 패키지화 추세로서 기술력을 요구하는 제품으로 분류됨.

실적 분석
동사의 2016년 연간 매출은 2,478억원으로 전년대비 3.2% 감소세 시현. 영업이익은 49.4억원으로 전년대비 60.3% 감소, 당기순이익은 24.4억원으로 68% 감소 시현. 국내 전략거래선의 스마트폰 출하량 감소, HDI 부문의 경쟁심화로 가격하락이 지속되면서 전체적으로 고정비 부담이 가중되는 상황. 2017년 전략 거래선의 신모델 출시 효과, 점유율 증가 기대로 매출 증가 예상. 내부적인 원가개선도 기대

현금 흐름　*IFRS 별도 기준　　〈단위 : 억원〉

항목	2015	2016
영업활동	731	166
투자활동	-242	-52
재무활동	-376	-227
순현금흐름	113	-113
기말현금	113	0

시장 대비 수익률
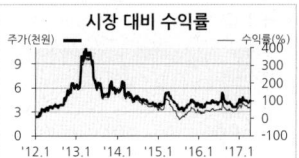

결산 실적　　〈단위 : 억원〉

항목	2011	2012	2013	2014	2015	2016
매출액	2,191	3,096	3,044	2,167	2,561	2,478
영업이익	34	277	271	58	124	49
당기순이익	26	209	206	-17	76	24

분기 실적　*IFRS 별도 기준　　〈단위 : 억원〉

항목	2015.3Q	2015.4Q	2016.1Q	2016.2Q	2016.3Q	2016.4Q
매출액	741	645	708	564	614	592
영업이익	69	26	57	2	3	-13
당기순이익	44	16	37	-9	11	-14

재무 상태　*IFRS 별도 기준　　〈단위 : 억원〉

항목	2011	2012	2013	2014	2015	2016
총자산	1,995	2,194	2,288	2,841	2,516	2,390
유형자산	1,424	1,640	1,685	2,025	1,830	1,688
무형자산	17	12	4	3	4	4
유가증권				30	30	
총부채	1,445	1,508	1,454	2,044	1,642	1,494
총차입금	908	746	867	1,522	1,157	932
자본금	114	114	114	114	114	114
총자본	550	686	834	796	873	895
지배주주지분	550	686	834	796	873	895

기업가치 지표　*IFRS 별도 기준

항목	2011	2012	2013	2014	2015	2016
주가(최고/저)(천원)	3.3/1.5	6.7/2.3	11.6/4.9	6.9/3.7	5.7/3.1	5.4/3.5
PER(최고/저)(배)	28.4/12.8	7.3/2.5	12.8/5.4	—/—	16.8/9.2	50.6/32.2
PBR(최고/저)(배)	1.2/0.6	1.9/0.7	2.7/1.1	1.6/0.9	1.2/0.7	1.2/0.7
EV/EBITDA(배)	6.1	4.3	4.0	6.5	4.8	5.8
EPS(원)	115	920	906	-75	336	107
BPS(원)	2,649	3,446	4,350	4,235	4,574	4,653
CFPS(원)	984	1,935	2,092	1,282	1,607	1,325
DPS(원)						
EBITDAPS(원)	1,018	2,231	2,379	1,610	1,819	1,434

재무 비율　　〈단위 : %〉

연도	영업이익률	순이익률	부채비율	차입금비율	ROA	ROE	유보율	자기자본비율	EBITDA마진율
2016	2.0	1.0	166.9	104.1	1.0	2.8	830.6	37.5	13.2
2015	4.9	3.0	188.0	132.5	2.9	9.2	814.9	34.7	16.2
2014	2.7	-0.8	256.8	191.2	-0.7	-2.1	746.9	28.0	16.9
2013	8.9	6.8	174.3	104.0	9.2	27.1	770.0	36.5	17.8

디엔에이링크 (A127120)
DNA LINK

업　　종 : 바이오　　　　시　　장 : KOSDAQ
신용등급 : (Bond) —　　(CP) —　　기업규모 : 신성장
홈페이지 : www.dnalink.com　　　　연 락 처 : 02)3153-1500
본　　사 : 서울시 서대문구 북아현로150 산학협력관 2층 DNA Link,Inc.

설 립 일	2000.03.15	종 업 원 수	69명	대 표 이 사	이종은
상 장 일	2011.12.26	감 사 의 견	적정 (한영)	계	열
결 산 기	12월	보 통 주	628만주	종속회사수	
액 면 가	500원	우 선 주		구 상 호	

주주구성 (지분율,%)		출자관계 (지분율,%)		주요경쟁사 (외형,%)	
이종은	10.9	DNALinkUSA,Inc	100.0	디엔에이링크	100
인터베스트바이오전문투자조합	3.8			에이씨티	218
(외국인)	0.8			듀켐바이오	115

매출구성		비용구성		수출비중	
유전체분석(EGIS)	96.5	매출원가율	96.4	수출	5.7
DNA GPS(내수)	2.1	판관비율	58.9	내수	94.3
기타	1.4				

회사 개요
동사는 2000년 3월 설립돼 유전체 분석을 통한 고품질 데이터 생성 및 결과 해석을 포함하는 유전체 분석사업과 유전자 분자진단용 키트, 개인유전체 분석서비스를 포함하는 맞춤의학사업을 영위하고 있음. 유전체분석 사업이 동사의 매출의 대부분을 차지하고 있는 것은 유전체분석 사업이며, 향후 동사의 주요 성장동력이 될 개인유전체 분석서비스는 4만여의 한국인 데이터베이스 보유 및 가격 경쟁력, 국책사업으로 맺어진 종합병원과의 관계가 강점임.

실적 분석
동사의 2016년 결산 연결기준 매출액은 전년동기 94.2억원에서 21.9% 증가한 114.8억원을 기록. 판매비와 관리비가 증가하며 영업손실 63.4억원을 기록하였으나, 전년 동기대비 적자폭이 다소 축소되었음. 당기순손실 역시 98.1억원을 기록하여 적자지속을 시현. 손익분기점에 미달하는 외형으로 인해 영업이익을 기록하지 못하며 적자 상태 지속.

현금 흐름　　〈단위 : 억원〉

항목	2015	2016
영업활동	-37	-38
투자활동	-131	-8
재무활동	209	16
순현금흐름	40	-30
기말현금	60	30

시장 대비 수익률
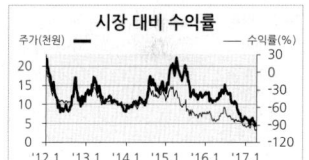

결산 실적　　〈단위 : 억원〉

항목	2011	2012	2013	2014	2015	2016
매출액	92	100	67	87	94	115
영업이익	14	5	-63	-43	-80	-63
당기순이익	15	4	-72	-45	-91	-98

분기 실적　　〈단위 : 억원〉

항목	2015.3Q	2015.4Q	2016.1Q	2016.2Q	2016.3Q	2016.4Q
매출액	20	30	15	28	32	40
영업이익	-8	-53	-21	-23	-21	1
당기순이익	-10	-60	-25	-27	-26	-20

재무 상태　　〈단위 : 억원〉

항목	2011	2012	2013	2014	2015	2016
총자산	205	301	224	205	327	259
유형자산	61	90	87	66	73	47
무형자산	0	0	1	16	15	19
유가증권				2	42	47
총부채	90	125	114	127	215	240
총차입금	73	107	102	97	187	217
자본금	21	25	25	25	31	31
총자본	115	175	110	77	112	18
지배주주지분	115	175	110	77	112	18

기업가치 지표

항목	2011	2012	2013	2014	2015	2016
주가(최고/저)(천원)	17.9/16.4	22.3/7.5	17.3/8.1	17.4/8.0	23.5/10.8	15.9/5.5
PER(최고/저)(배)	48.3/44.3	258.2/86.5	—/—	—/—	—/—	—/—
PBR(최고/저)(배)	7.1/6.5	6.5/2.2	8.0/3.8	11.4/5.3	13.1/6.0	54.8/19.2
EV/EBITDA(배)	35.1	30.1				
EPS(원)	370	86	-1,418	-877	-1,529	-1,563
BPS(원)	2,516	3,449	2,155	1,521	1,784	289
CFPS(원)	529	366	-1,035	-370	-1,023	-1,074
DPS(원)						
EBITDAPS(원)	506	382	-865	-329	-839	-522

재무 비율　　〈단위 : %〉

연도	영업이익률	순이익률	부채비율	차입금비율	ROA	ROE	유보율	자기자본비율	EBITDA마진율
2016	-55.2	-85.4	일부잠식	일부잠식	-33.5	-150.8	-42.2	7.0	-28.5
2015	-84.6	-96.1	192.2	166.6	-34.0	-95.6	256.8	34.2	-52.7
2014	-48.7	-51.1	164.8	125.7	-20.8	-47.7	204.1	37.8	-19.2
2013	-95.2	-108.2	104.5	93.0	-27.5	-50.6	331.0	48.9	-66.0

디엔에프 (A092070)
DNF

업　　종 : 반도체 및 관련장비　　시　　장 : KOSDAQ
신용등급 : (Bond) —　　(CP) —　　기업규모 : 우량
홈 페 이 지 : www.dnfsolution.com　　연 락 처 : (042)932-7939
본　　사 : 대전시 대덕구 대화동 132번길 142 (대화동)

설 립 일	2001.01.05	종 업 원 수	211명	대 표 이 사	김명운
상 장 일	2007.11.16	감사의견	적정 (현대)	계　　열	
결 산 기	12월	보 통 주	1,076만주	종속회사수	
액 면 가	500원	우 선 주		구 상 호	

주주구성 (지분율,%)		출자관계 (지분율,%)		주요경쟁사 (외형,%)	
KB자산운용	20.9	대덕벤처타운	27.8	디엔에프	100
김명운	18.3	켐이	21.5	유니테스트	201
(외국인)	6.5			에스앤에스텍	93

매출구성		비용구성		수출비중	
DPT 제품	43.5	매출원가율	57.7	수출	6.3
High-k 제품	25.7	판관비율	21.6	내수	93.7
HCDS 제품	18.5				

회사 개요
반도체 및 디스플레이 산업의 핵심소재로 사용되는 유기금속화합물의 개발 등 반도체화학소재 사업을 주로 영위함. 주력 제품은 반도체 박막 재료임. 반도체 칩 메이커인 삼성전자, 하이닉스, TSMC 등의 업체에 납품 중이며, 수출이 전체 매출의 20% 이상을 차지함. 동 시장은 그래픽D램, 모바일D램과 같은 고가 제품의 비중이 늘어나는 등 업황의 질적 개선이 이루어지고 있음. 공장 추가 건설을 위해 대전 대덕 소재 토지와 건물을 115억원에 양수함.

실적 분석
동사의 2016년 연결 기준 매출과 영업이익은 582억원, 121억원으로 전년 대비 각각 18.%, 38.2% 감소함. 기존 제품의 납품 단가 인하로 인해 매출총이익은 전년대비 22.31% 감소함. 판매비와 관리비는 전년대비 3.17% 증가함. 경상연구개발비, 지급수수료, 복리후생비 등이 증가되었고, 퇴직급여, 운반비, 소모품비, 판매촉진비 등이 감소함. 외환차익 감소 등으로 금융수익은 31.87% 감소함.

현금 흐름　•IFRS 별도 기준　〈단위 : 억원〉

항목	2015	2016
영업활동	174	127
투자활동	-118	-202
재무활동	-35	65
순현금흐름	21	-9
기말현금	79	69

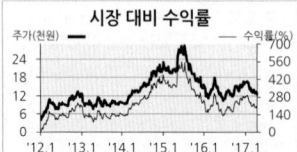
시장 대비 수익률

결산 실적　〈단위 : 억원〉

항목	2011	2012	2013	2014	2015	2016
매출액	253	272	206	616	715	582
영업이익	21	10	-88	150	196	121
당기순이익	19	5	-134	102	173	104

분기 실적　•IFRS 별도 기준　〈단위 : 억원〉

항목	2015.3Q	2015.4Q	2016.1Q	2016.2Q	2016.3Q	2016.4Q
매출액	182	157	142	137	149	155
영업이익	53	42	22	31	29	39
당기순이익	40	34	22	31	22	30

재무 상태　•IFRS 별도 기준　〈단위 : 억원〉

항목	2011	2012	2013	2014	2015	2016
총자산	551	683	578	677	794	939
유형자산	331	415	384	374	431	540
무형자산	42	43	30	27	22	8
유가증권	0	0	0	0	0	0
총부채	260	378	405	250	187	227
총차입금	215	334	365	157	110	176
자본금	47	47	47	54	54	54
총자본	291	305	173	427	607	711
지배주주지분	291	305	173	427	607	711

기업가치 지표　•IFRS 별도 기준

항목	2011	2012	2013	2014	2015	2016
주가(최고/저)(천원)	5.0/2.0	13.7/3.9	13.0/7.6	22.9/8.9	28.9/14.0	17.9/10.4
PER(최고/저)(배)	25.9/10.4	279.8/78.7	—/—	24.6/9.6	18.3/8.9	18.8/10.9
PBR(최고/저)(배)	1.6/0.7	4.3/1.2	6.8/4.0	5.7/2.2	5.1/2.5	2.7/1.6
EV/EBITDA(배)	12.7		37.1		12.2	10.5
EPS(원)	197	50	-1,424	945	1,605	970
BPS(원)	3,119	3,250	1,950	4,062	5,802	6,771
CFPS(원)	478	380	-1,009	1,342	2,050	1,469
DPS(원)	—	—	—	—	—	—
EBITDAPS(원)	499	437	-521	1,791	2,262	1,622

재무 비율　〈단위 : %〉

연도	영업이익률	순이익률	부채비율	차입금비율	ROA	ROE	유보율	자기자본비율	EBITDA마진율
2016	20.8	17.9	31.9	24.7	12.0	15.8	1,254.2	75.8	30.0
2015	27.4	24.2	30.9	18.2	23.5	33.4	1,060.3	76.4	34.0
2014	24.3	16.5	58.5	36.7	16.2	33.9	712.5	63.1	31.3
2013	-42.9	-65.3	233.6	210.9	-21.3	-56.2	290.0	30.0	-23.9

디엠씨 (A101000)
Dongnam Marine Crane

업　　종 : 조선　　시　　장 : KOSDAQ
신용등급 : (Bond) —　　(CP) —　　기업규모 : 벤처
홈 페 이 지 : www.dongnam-crane.co.kr　　연 락 처 : (055)720-3000
본　　사 : 경남 김해시 한림면 김해대로 1102-171

설 립 일	2004.06.03	종 업 원 수	137명	대 표 이 사	김영채
상 장 일	2009.11.06	감사의견	적정 (대주)	계　　열	
결 산 기	12월	보 통 주	2,786만주	종속회사수	
액 면 가	500원	우 선 주		구 상 호	

주주구성 (지분율,%)		출자관계 (지분율,%)		주요경쟁사 (외형,%)	
지앰씨	21.0	큐테크	100.0	디엠씨	100
배영달	3.3	스틸플로워	50.0	STX중공업	324
				삼영이엔씨	28

매출구성		비용구성		수출비중	
CRANE	36.6	매출원가율	80.0	수출	85.4
ENGINE CASING & FUNNEL	29.5	판관비율	8.2	내수	14.6
MOORING류, WINCH류	23.9				

회사 개요
2004년에 설립된 동사는 선박용 크레인, 선박구성부품 및 선박의장품 등의 제조 및 판매를 주요사업으로 영위하고 있음. 지배회사인 세진중공업은 선박용과 해양플랜트용 크레인, 데크머시너리 등의 전문 제조사임. 종속회사 큐테크는 엔진케이싱(Engine Casing), 펀넬(Funnel), 윙브릿지(Wing Bridge) 등의 전문 제조사임. 동사의 제품은 매출액 기준으로 80% 이상을 현대삼호중공업, 현대미포조선, 현대중공업에 판매되고 있음.

실적 분석
2016년 연결기준 매출액은 해운, 조선 전방산업 부진에도 불구하고 1,284.4억원을 기록하며 전년동기 대비 4.9% 외형이 확대됨. 매출원가율 하락으로 영업이익은 151.1억원을 시현하였으며, 기저효과로 전년 대비 2배 가량 신장하는 모습을 보임. 동사는 신조선 발주급감, 중국 조선소의 약진 등의 어려운 시황을 원가절감, 매출 포트폴리오 다양화 등의 비상경영체제를 통해 돌파하고 있음.

현금 흐름　〈단위 : 억원〉

항목	2015	2016
영업활동	55	155
투자활동	-53	-214
재무활동	11	9
순현금흐름	13	-51
기말현금	101	50

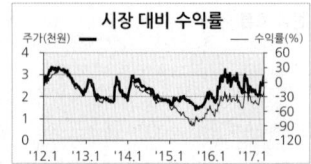
시장 대비 수익률

결산 실적　〈단위 : 억원〉

항목	2011	2012	2013	2014	2015	2016
매출액	404	510	674	1,302	1,224	1,284
영업이익	-102	-71	33	45	73	151
당기순이익	-136	-71	60	38	57	95

분기 실적　〈단위 : 억원〉

항목	2015.3Q	2015.4Q	2016.1Q	2016.2Q	2016.3Q	2016.4Q
매출액	325	329	345	395	233	310
영업이익	38	0	38	48	32	33
당기순이익	22	8	34	31	16	15

재무 상태　〈단위 : 억원〉

항목	2011	2012	2013	2014	2015	2016
총자산	821	867	976	1,138	1,114	1,321
유형자산	383	486	554	573	588	807
무형자산	6	4	4	5	9	7
유가증권	10	4	14	1	0	0
총부채	610	729	703	831	756	872
총차입금	353	502	502	593	614	703
자본금	50	50	64	64	64	128
총자본	211	138	273	307	358	449
지배주주지분	210	140	271	305	345	449

기업가치 지표

항목	2011	2012	2013	2014	2015	2016
주가(최고/저)(천원)	4.9/2.4	3.4/2.1	2.9/1.7	3.0/1.8	2.4/1.4	3.3/1.7
PER(최고/저)(배)	—/—	—/—	11.3/6.8	20.9/12.5	11.7/7.1	9.2/4.8
PBR(최고/저)(배)	5.1/2.9	5.4/3.3	2.8/1.7	2.5/1.5	1.7/1.1	1.9/1.0
EV/EBITDA(배)			17.0	15.0	11.6	7.1
EPS(원)	-625	-317	263	145	205	358
BPS(원)	2,086	1,389	2,125	2,386	2,752	1,757
CFPS(원)	-1,252	-471	723	451	578	446
DPS(원)				25	30	20
EBITDAPS(원)	-930	-499	504	514	737	679

재무 비율　〈단위 : %〉

연도	영업이익률	순이익률	부채비율	차입금비율	ROA	ROE	유보율	자기자본비율	EBITDA마진율
2016	11.8	7.4	194.4	156.8	7.8	23.0	251.5	34.0	13.5
2015	5.9	4.7	211.2	171.7	5.1	16.1	450.4	32.1	7.7
2014	3.5	2.9	270.4	193.1	3.6	12.9	377.2	27.0	5.0
2013	4.9	9.0	257.9	184.1	6.6	27.7	325.0	27.9	8.1

디엠에스 (A068790)
DMS

업 종 : 디스플레이 및 관련부품		시 장 : KOSDAQ	
신용등급 : (Bond) BB (CP) —		기업규모 : 중견	
홈페이지 : www.dms21.co.kr		연 락 처 : 031)8031-1133	
본 사 : 경기도 화성시 팔탄면 터넉골로 211			

설 립 일	1999.07.08	종 업 원 수	179명	대 표 이 사	박용석
상 장 일	2004.10.01	감 사 의 견	적정 (안진)	계 열	
결 산 기	12월	보 통 주	2,257만주	종속회사수	
액 면 가	500원	우 선 주		구 상 호	

주주구성 (지분율,%)
박용석	22.5
한국투자신탁운용	3.8
(외국인)	9.7

출자관계 (지분율,%)
김천풍력발전	100.0
보성풍력발전	100.0
안좌풍력발전	100.0

주요경쟁사 (외형,%)
DMS	100
HB테크놀러지	109
동아엘텍	87

매출구성
디스플레이 장비(제품)	99.4
풍력발전 등(기타)	0.6

비용구성
매출원가율	73.0
판관비율	13.5

수출비중
수출	76.5
내수	23.5

회사 개요
동사의 주력제품은 TFT-LCD 패널 제조용 핵심 공정장비인 고집적 세정장비, 습식 식각장비, 감광액 박리장비 등임. 주요 종속회사인 디엠에스플렉스는 스마트폰 및 각종 소형 가전제품 등에 사용되는 FCCL 기판용 부품을 생산 중임. 반도체 및 디스플레이 업황 개선 추세에 따라 제품 수요가 점차 확대될 전망임. 최근 수출 비중이 빠른 속도로 확대되는 양상을 보이며 전체 매출의 절반 가량을 차지함. 태양전지 제조장비 사업 등 사업영역 확대 중임.

실적 분석
동사의 2016년 연결 기준 연간 누적 매출액은 2,489억원으로 전년 동기 대비 37.5% 증가함. 매출이 급격히 증가하면서 영업이익 또한 전년 동기 대비 106.1% 증가한 334.2억원을 시현함. 법인세 비용이 늘었음에도 당기순이익은 전년 동기 대비 209.2% 증가한 361.1억원을 기록. 국내외 디스플레이 업체들의 투자 증가에 따른 제조장비 매출증가, 차입금 감소에 따른 이자 비용 감소 등으로 실적이 대폭 개선됨.

현금 흐름 〈단위 : 억원〉
항목	2015	2016
영업활동	248	116
투자활동	-15	-30
재무활동	-285	-137
순현금흐름	-51	-51
기말현금	78	27

시장 대비 수익률
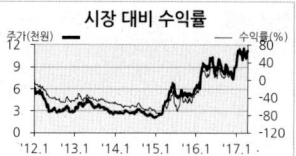

결산 실적 〈단위 : 억원〉
항목	2011	2012	2013	2014	2015	2016
매출액	2,302	915	1,093	1,044	1,809	2,488
영업이익	145	-123	-19	-81	162	334
당기순이익	-56	-437	-105	-361	117	361

분기 실적 〈단위 : 억원〉
항목	2015.3Q	2015.4Q	2016.1Q	2016.2Q	2016.3Q	2016.4Q
매출액	624	541	436	597	652	803
영업이익	82	58	71	70	90	103
당기순이익	99	4	55	55	20	231

재무 상태 〈단위 : 억원〉
항목	2011	2012	2013	2014	2015	2016
총자산	3,914	2,823	2,748	2,198	2,320	2,683
유형자산	1,034	790	723	652	662	544
무형자산	328	278	250	103	39	41
유가증권	86	113	59	65	9	38
총부채	2,335	1,671	1,705	1,505	1,408	1,366
총차입금	1,886	1,208	1,202	1,219	846	695
자본금	99	99	99	99	112	113
총자본	1,579	1,151	1,043	693	912	1,317
지배주주지분	1,579	1,127	1,036	692	912	1,317

기업가치 지표
항목	2011	2012	2013	2014	2015	2016
주가(최고/저)(천원)	12.6/3.4	6.2/2.6	4.6/2.5	3.4/2.1	6.9/2.2	10.3/5.6
PER(최고/저)(배)	—/—	—/—	—/—	—/—	13.2/4.2	6.5/3.5
PBR(최고/저)(배)	1.5/0.4	1.0/0.4	0.8/0.4	0.9/0.6	1.7/0.5	1.8/1.0
EV/EBITDA(배)	10.4		15.1	36.5	8.6	7.6
EPS(원)	-191	-2,237	-496	-1,809	524	1,608
BPS(원)	8,474	6,199	5,743	3,900	4,093	5,842
CFPS(원)	363	-1,759	110	-1,203	894	1,731
DPS(원)						50
EBITDAPS(원)	1,282	-140	512	201	1,094	1,611

재무 비율 〈단위 : %〉
연도	영업이익률	순이익률	부채비율	차입금비율	ROA	ROE	유보율	자기자본비율	EBITDA마진율
2016	13.4	14.5	103.7	52.8	14.4	32.4	1,068.3	49.1	14.5
2015	8.9	6.5	154.3	92.7	5.2	14.6	718.6	39.3	13.5
2014	-7.7	-34.5	217.2	175.9	-14.6	-41.6	679.9	31.5	3.8
2013	-1.7	-9.6	163.5	115.3	-3.8	-9.1	1,048.6	38.0	9.3

디엠티 (A134580)
Digital Multimedia Technology

업 종 : 셋톱 박스		시 장 : KOSDAQ	
신용등급 : (Bond) — (CP) —		기업규모 : 벤처	
홈페이지 : www.dmt.kr		연 락 처 : 031)420-7500	
본 사 : 경기도 안양시 동안구 흥안대로 439번길 70, 2층 (관양동)			

설 립 일	2007.02.01	종 업 원 수	84명	대 표 이 사	신재호
상 장 일	2013.11.26	감 사 의 견	적정 (현대)	계 열	
결 산 기	12월	보 통 주	1,125만주	종속회사수	
액 면 가	500원	우 선 주		구 상 호	

주주구성 (지분율,%)
이희기	31.7
홈캐스트	29.6
(외국인)	11.9

출자관계 (지분율,%)
부머스	80.9
캐비지스튜디오	39.5
한토리	19.5

주요경쟁사 (외형,%)
디엠티	100
가온미디어	565
토필드	25

매출구성
제품(디지털 셋톱박스)	96.4
상품	3.3
기타	0.3

비용구성
매출원가율	80.8
판관비율	28.6

수출비중
수출	56.6
내수	43.4

회사 개요
동사는 2008년 설립돼 위성방송 수신기개발, 방송장비 개발, 디지털 비디오 레코딩 시스템 소프트웨어개발 및 제조판매를 목적사업으로 영위하고 있음. 동사의 주요 영업전략은 목표 시장에 진입해 동사의 기술력과 제품의 안정성에 대해 인정받은 후, 고객사의 니즈를 파악 니즈에 맞는 제품을 개발하는 전략임. 국내 위성방송사업자인 KT스카이라이프를 매출처로 확보하여 안정적 성장의 기반을 다져왔으며, 미국, 아시아 및 유럽 시장 확대를 위해 노력하고 있음.

실적 분석
동사의 2016년 연결기준 연간 누적 매출액은 773.6억원으로 전년 동기 대비 28.3% 감소함. 매출이 큰 폭으로 줄면서 매출원가도 감소했으나 워낙 매출 감소폭이 커 영업손실은 72.8억원으로 적자 전환. 비영업손익 부문도 금융손실 등으로 적자전환하면서 당기순이익은 66.8억원으로 적자 전환함. 전반적인 외형 축소로 인해 수익성 악화가 점점 심화되고 있음.

현금 흐름 〈단위 : 억원〉
항목	2015	2016
영업활동	184	-66
투자활동	-63	-5
재무활동	-12	-13
순현금흐름	119	-86
기말현금	204	118

시장 대비 수익률
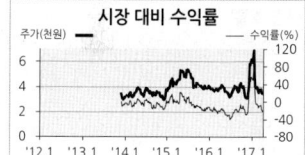

결산 실적 〈단위 : 억원〉
항목	2011	2012	2013	2014	2015	2016
매출액	545	903	709	926	1,078	774
영업이익	43	96	53	43	46	-73
당기순이익	35	84	49	39	54	-67

분기 실적 〈단위 : 억원〉
항목	2015.3Q	2015.4Q	2016.1Q	2016.2Q	2016.3Q	2016.4Q
매출액	216	232	120	199	239	215
영업이익	7	6	-10	-9	-7	-46
당기순이익	16	5	-9	-5	-19	-34

재무 상태 〈단위 : 억원〉
항목	2011	2012	2013	2014	2015	2016
총자산	386	469	537	683	615	569
유형자산	7	6	4	5	44	46
무형자산	15	5	8	14	25	21
유가증권	8	10	10	8	7	3
총부채	148	149	112	224	114	150
총차입금	46	5	5	—	—	—
자본금	32	32	38	38	56	56
총자본	238	319	425	460	501	419
지배주주지분	238	319	425	460	501	418

기업가치 지표
항목	2011	2012	2013	2014	2015	2016
주가(최고/저)(천원)	—/—	—/—	3.8/2.8	4.1/3.0	5.5/3.6	6.5/3.0
PER(최고/저)(배)	0.0/0.0	0.0/0.0	8.0/6.0	12.3/9.0	11.7/7.8	—/—
PBR(최고/저)(배)	0.0/0.0	0.0/0.0	1.1/0.8	1.0/0.8	1.2/0.8	1.7/0.8
EV/EBITDA(배)	—	—	2.2	6.7	4.5	—
EPS(원)	368	874	500	347	480	-587
BPS(원)	3,704	4,963	5,671	6,127	4,509	3,842
CFPS(원)	759	1,553	840	620	571	-494
DPS(원)			100	70	65	
EBITDAPS(원)	881	1,743	893	679	501	-554

재무 비율 〈단위 : %〉
연도	영업이익률	순이익률	부채비율	차입금비율	ROA	ROE	유보율	자기자본비율	EBITDA마진율
2016	-9.4	-8.6	35.9	0.0	-11.3	-14.4	668.4	73.6	-8.1
2015	4.3	5.0	22.8	0.0	8.3	11.3	801.9	81.4	5.2
2014	4.7	4.2	48.7	0.0	6.4	8.8	1,125.4	67.3	5.5
2013	7.4	6.9	26.3	1.2	9.8	13.2	1,034.3	79.2	8.3

디오 (A039840)
DIO

<table>
<tbody>
<tr><td>업 종 : 의료 장비 및 서비스</td><td>시 장 : KOSDAQ</td></tr>
<tr><td>신용등급 : (Bond) — (CP) —</td><td>기업규모 : 벤처</td></tr>
<tr><td>홈페이지 : www.dio.co.kr</td><td>연 락 처 : 051)745-7777</td></tr>
<tr><td colspan="2">본 사 : 부산시 해운대구 센텀서로 66</td></tr>
</tbody>
</table>

설 립 일 1988.01.25	종 업 원 수 259명	대 표 이 사 김진철,김진백
상 장 일 2000.06.29	감 사 의 견 적정 (대주)	계 열
결 산 기 12월	보 통 주 1,517만주	종 속 회 사 수
액 면 가 500원	우 선 주	구 상 호

주주구성 (지분율,%)		출자관계 (지분율,%)		주요경쟁사 (외형,%)	
DENTSPLY GERMANY INVESTMENTS GMBH	12.7	디오	100		
김진철	7.8	오스템임플란트	390		
(외국인)	18.6	바텍	270		

매출구성		비용구성		수출비중	
치과용장비, 스텐트	64.6	매출원가율	34.9	수출	46.5
치과용임플란트,치 약	35.4	판관비율	35.9	내수	53.5

회사 개요
자동포장기계의 생산을 영위할 목적으로 1988년 설립됨. 현재는 인공치아용 임플란트 및 치과용 장비 등을 주로 생산하고 있음. 2014년 7월부터 75세 이상 어른니 치아 임플란트 2개 보험 적용이 시행되어 내수 시장의 성장이 예상됨. 최근 국내 임플란트 업체 최초로 중국에 합작법인을 설립한데 이어 일본에서도 합작법인을 설립함으로써 아시아 시장에서 확실한 주도권을 잡을 것으로 기대됨.

실적 분석
동사의 2016년 매출액은 884억원으로 전년 대비 20.3% 증가함. 인건비, 마케팅비, 연구개발비 등 판관비도 크게 늘었으나, 외형 확대에 따른 고정비용 부담의 감소로 원가율이 개선되어 영업이익은 258.5억원으로 전년보다 18.2% 증가했고, 당기순이익은 86.3% 증가한 201.9억원을 기록함. 3D 프린트 브라켓에 부착된 와이어를 이용해 교정기간을 단축시켜 높은 소비자 만족도를 내면서 수익성 개선에 기여할 것으로 기대됨.

현금 흐름 〈단위 : 억원〉

항목	2015	2016
영업활동	141	115
투자활동	-5	-90
재무활동	-132	24
순현금흐름	2	48
기말현금	21	69

시장 대비 수익률
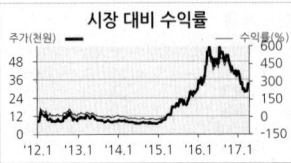

결산 실적 〈단위 : 억원〉

항목	2011	2012	2013	2014	2015	2016
매출액	513	534	668	654	735	884
영업이익	95	90	-8	55	219	259
당기순이익	50	-22	-66	-19	108	202

분기 실적 〈단위 : 억원〉

항목	2015.3Q	2015.4Q	2016.1Q	2016.2Q	2016.3Q	2016.4Q
매출액	183	231	211	238	241	193
영업이익	48	93	70	83	82	22
당기순이익	40	42	33	68	51	50

재무 상태 〈단위 : 억원〉

항목	2011	2012	2013	2014	2015	2016
총자산	1,095	1,025	1,091	1,205	1,258	1,531
유형자산	344	375	381	440	440	515
무형자산	61	30	13	9	6	5
유가증권	112	42	35	37	36	19
총부채	601	550	675	750	447	401
총차입금	482	443	507	590	198	117
자본금	60	60	60	60	76	76
총자본	495	475	416	455	811	1,130
지배주주지분	495	475	415	454	813	1,096

기업가치 지표

항목	2011	2012	2013	2014	2015	2016
주가(최고/저)(천원)	11.7/6.2	20.1/7.1	13.2/7.9	9.4/6.7	30.3/7.3	59.7/32.0
PER(최고/저)(배)	27.7/14.8	—/—	—/—	—/—	39.7/9.6	45.8/24.6
PBR(최고/저)(배)	2.5/1.4	4.6/1.6	3.4/2.0	2.2/1.6	5.1/1.2	7.4/4.0
EV/EBITDA(배)	10.7	15.0	141.6	18.1	19.5	21.1
EPS(원)	422	-186	-543	-152	762	1,304
BPS(원)	4,611	4,415	3,908	4,239	5,881	8,098
CFPS(원)	551	-49	-386	43	915	1,493
DPS(원)						
EBITDAPS(원)	922	894	90	654	1,665	1,894

재무 비율 〈단위 : % 〉

연도	영업이익률	순이익률	부채비율	차입금비율	ROA	ROE	유보율	자기자본비율	EBITDA마진율
2016	29.3	22.8	35.5	10.3	14.5	20.7	1,519.6	73.8	32.5
2015	29.8	14.8	55.2	24.4	8.8	17.4	1,076.1	64.4	32.8
2014	8.4	-2.9	165.0	129.9	-1.7	-4.2	747.8	37.7	11.9
2013	-1.2	-9.9	162.2	121.8	-6.2	-14.6	681.5	38.1	1.6

디오메디칼 (A212310)
DIOMEDICAL

<table>
<tbody>
<tr><td>업 종 : 의료 장비 및 서비스</td><td>시 장 : KONEX</td></tr>
<tr><td>신용등급 : (Bond) — (CP) —</td><td>기업규모 : —</td></tr>
<tr><td>홈페이지 : www.diomedical.com</td><td>연 락 처 : 031)776-3690</td></tr>
<tr><td colspan="2">본 사 : 경기도 성남시 중원구 사기막골로 124, 101~105호(상대원동, 에스케이엔테크노파크 메가센터동)</td></tr>
</tbody>
</table>

설 립 일 2006.11.10	종 업 원 수 명	대 표 이 사 김종우
상 장 일 2016.07.26	감 사 의 견 적정 (정동)	계 열
결 산 기 12월	보 통 주 203만주	종 속 회 사 수
액 면 가 500원	우 선 주 24만주	구 상 호

주주구성 (지분율,%)		출자관계 (지분율,%)		주요경쟁사 (외형,%)	
김종우	44.5	DioMedical,Corp.	100.0	디오메디칼	100
김종운	17.1			엘앤케이바이오	396
				제이브이엠	1,129

매출구성		비용구성		수출비중	
척추 임플란트	75.6	매출원가율	47.9	수출	68.5
OEM	12.1	판관비율	50.8	내수	31.5
기타 상품	12.0				

회사 개요
동사는 정형외과와 신경외과에서 주로 사용되는 척추 임플란트, 척추 수술용 기구를 제조, 판매하는 의료기기 전문기업임. 척추의 퇴행, 협착, 외부충격 또는 종양으로 인한 척추 불안정성을 치료하기 위한 수술 척추 임플란트 제품을 주요 제품으로 제조, 판매 및 수출하고 있음. 3D프린터를 개발하여 생체흡수성소재를 이용한 신경외과 및 정형외과 시술용 제품을 개발해 올해 출시 예정임

실적 분석
동사의 2016년 누적 매출액은 86.9억원, 매출총이익은 45.3억원임. 최근 3년간 28.95%, 0.53%, 15.94%의 매출성장률을 기록함. 해외매출 가운데 특히 미국법인은 설립 초기 단계를 거쳐 본격적인 매출 증가로 성장세가 이어짐. 2015년 척추 관련 제품의 라인업 확대로 인해 지속적인 매출 증가가 예상됨. 3D 프린터를 이용해 기존의 신경외과 및 정형외과 골고정용 임플란트 수요를 대체할 수 있을 것으로 기대됨.

현금 흐름 *IFRS 별도 기준 〈단위 : 억원〉

항목	2015	2016
영업활동	-8	-23
투자활동	-38	-20
재무활동	63	15
순현금흐름	18	-28
기말현금	44	16

시장 대비 수익률
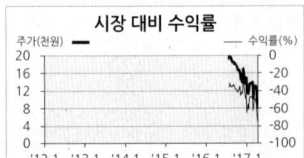

결산 실적 〈단위 : 억원〉

항목	2011	2012	2013	2014	2015	2016
매출액	—	—	61	61	71	87
영업이익	—	—	14	11	9	1
당기순이익	—	—	11	8	8	-2

분기 실적 *IFRS 별도 기준 〈단위 : 억원〉

항목	2015.3Q	2015.4Q	2016.1Q	2016.2Q	2016.3Q	2016.4Q
매출액	—	—	11	—	—	—
영업이익	—	—	-3	—	—	—
당기순이익	—	—	-4	—	—	—

재무 상태 *IFRS 별도 기준 〈단위 : 억원〉

항목	2011	2012	2013	2014	2015	2016
총자산	—	—	72	117	166	166
유형자산	—	—	9	11	30	28
무형자산	—	—	0	0	0	1
유가증권	—	—	7	10	0	0
총부채	—	—	41	74	84	88
총차입금	—	—	28	59	66	65
자본금	—	—	8	8	11	11
총자본	—	—	31	43	83	78
지배주주지분	—	—	31	43	83	78

기업가치 지표 *IFRS 별도 기준

항목	2011	2012	2013	2014	2015	2016
주가(최고/저)(천원)	—/—	—/—	—/—	—/—	—/—	20.0/12.9
PER(최고/저)(배)	0.0/0.0	0.0/0.0	0.0/0.0	0.0/0.0	0.0/0.0	—/—
PBR(최고/저)(배)	0.0/0.0	0.0/0.0	0.0/0.0	0.0/0.0	0.0/0.0	5.8/3.7
EV/EBITDA(배)	0.0	0.0	1.5	2.5	1.5	46.5
EPS(원)	—	—	702	492	477	-99
BPS(원)	—	—	19,343	26,466	3,833	3,464
CFPS(원)	—	—	7,705	6,346	779	188
DPS(원)						
EBITDAPS(원)	—	—	9,392	8,044	797	340

재무 비율 〈단위 : % 〉

연도	영업이익률	순이익률	부채비율	차입금비율	ROA	ROE	유보율	자기자본비율	EBITDA마진율
2016	1.4	-2.5	112.0	83.4	-1.3	-2.7	592.8	47.2	8.6
2015	12.4	11.9	101.4	79.7	6.0	13.5	666.6	49.7	19.9
2014	17.2	12.8	172.9	137.2	8.3	21.4	429.3	36.6	20.9
2013	22.7	18.3	132.6	92.2	0.0	0.0	287.1	43.0	24.5

디와이 (A013570)
DY

업 종 : 기계		시 장 : 거래소	
신용등급 : (Bond) — (CP) —		기업규모 : 시가총액 소형주	
홈페이지 : www.dy.co.kr		연 락 처 : 032)810-4100	
본 사 : 인천시 남동구 남동서로 362번길 36(남촌동)			

설 립 일	1978.10.05	종 업 원 수	286명	대 표 이 사	김용진,조병호
상 장 일	1989.05.30	감 사 의 견	적정 (안진)	계 열	
결 산 기	12월	보 통 주	2,632만주	종속회사수	동양기전
액 면 가	500원	우 선 주		구 상 호	

주주구성 (지분율,%)
조병호	40.4
국민연금공단	10.8
(외국인)	15.9

출자관계 (지분율,%)
디와이오토	100.0
에이치에스테크놀로지	98.9
나누리	75.0

주요경쟁사 (외형,%)
디와이	100
유지인트	7
기신정기	16

매출구성
[제품]크레인, 세차기, C.P.T., 골프카 외	78.5
[지주사업]경영자문 등	10.3
[상품]P/TUBE 외	7.9

비용구성
매출원가율	84.6
판관비율	10.4

수출비중
수출	—
내수	—

회사 개요
동사는 자동차용 전장부품, 유압기기, 산업기계 등의 생산을 주력으로 하는 업체로서 한국GM, 두산인프라코어, 건설업사, 주유소 등이 주요 고객임. 자동차부품 부문에서는 최근의 경기 회복세와 저비용구조 실현 및 신흥국 시장 집중 개척, 현대기아차로부터의 파워윈도우모터 수주 증가 등에 힘입어 성장세가 이어지고 있으며, 유압기기 사업부문 역시 내수의 성수기 진입과 수출경기 회복으로 전망이 밝은 편임.

실적 분석
동사의 2016년 결산기준 매출액은 전년동기 대비 12.6% 성장한 7,233.7원을 기록하였음. 매출원가가 소폭 상승하였고 인건비 및 개발비, 판관비 등이 크게 상승하였으나 영업이익은 전년동기 대비 44.2% 성장한 363.5억원을 달성하였음. 이는 크게 상승한 매출액이 견인한 것으로 보임. 신규 골프장 증가에 따른 신규수요 및 기존 대체수요가 증가할 것으로 기대되므로 향후 수익은 지속적으로 성장할 것으로 기대됨.

현금 흐름 〈단위 : 억원〉
항목	2015	2016
영업활동	449	621
투자활동	-382	-370
재무활동	108	-102
순현금흐름	157	150
기말현금	1,088	1,238

시장 대비 수익률

결산 실적 〈단위 : 억원〉
항목	2011	2012	2013	2014	2015	2016
매출액	7,280	7,329	6,120	6,035	6,424	7,234
영업이익	633	462	230	185	252	363
당기순이익	421	415	319	520	162	220

분기 실적 〈단위 : 억원〉
항목	2015.3Q	2015.4Q	2016.1Q	2016.2Q	2016.3Q	2016.4Q
매출액	1,460	1,814	1,832	1,820	1,656	1,925
영업이익	66	43	128	123	44	68
당기순이익	10	58	91	69	33	27

재무 상태 〈단위 : 억원〉
항목	2011	2012	2013	2014	2015	2016
총자산	5,513	5,735	6,157	4,833	7,004	7,224
유형자산	2,149	2,256	2,410	1,651	2,976	3,001
무형자산	84	76	75	55	91	103
유가증권	56	46	37	99	4	3
총부채	2,537	2,592	2,758	2,059	3,082	3,183
총차입금	1,675	1,724	1,781	1,095	2,011	1,919
자본금	158	158	158	103	132	132
총자본	2,976	3,142	3,399	2,774	3,922	4,041
지배주주지분	2,975	3,142	3,399	2,774	3,242	3,308

기업가치 지표
항목	2011	2012	2013	2014	2015	2016
주가(최고/저)(천원)	15.6/8.8	12.9/6.5	10.6/7.8	9.1/6.2	8.2/4.8	7.6/5.4
PER(최고/저)(배)	13.1/7.4	10.8/5.4	11.4/8.4	5.7/3.9	10.4/6.1	13.7/9.8
PBR(최고/저)(배)	1.8/1.0	1.4/0.7	1.0/0.8	0.7/0.5	0.7/0.4	0.6/0.4
EV/EBITDA(배)	6.6	6.2	9.9	6.6	7.5	5.2
EPS(원)	1,331	1,311	1,008	1,689	815	565
BPS(원)	9,500	10,366	11,177	13,894	12,666	12,917
CFPS(원)	1,802	1,961	1,684	2,355	1,699	1,509
DPS(원)	200	200	150	230	110	140
EBITDAPS(원)	2,469	2,109	1,403	1,266	2,038	2,325

재무 비율 〈단위 : %〉
연도	영업이익률	순이익률	부채비율	차입금비율	ROA	ROE	유보율	자기자본비율	EBITDA마진율
2016	5.0	3.0	78.8	47.5	3.1	4.5	2,483.4	55.9	8.5
2015	3.9	2.5	78.6	51.3	2.7	5.9	2,433.1	56.0	6.9
2014	3.1	8.6	74.2	39.5	9.5	16.9	2,678.8	57.4	6.5
2013	3.8	5.2	81.1	52.4	5.4	9.8	2,135.5	55.2	7.3

디와이파워 (A210540)
DY POWER

업 종 : 자동차부품		시 장 : 거래소	
신용등급 : (Bond) — (CP) —		기업규모 : 시가총액 소형주	
홈페이지 : power.dy.co.kr		연 락 처 : 055)278-0800	

설 립 일	2014.12.03	종 업 원 수	381명	대 표 이 사	김지현
상 장 일	2015.01.15	감 사 의 견	적정 (안진)	계 열	
결 산 기	12월	보 통 주	1,104만주	종속회사수	
액 면 가	500원	우 선 주		구 상 호	

주주구성 (지분율,%)
디와이	37.7
국민연금공단	6.1
(외국인)	10.5

출자관계 (지분율,%)
Dongyang Mechatronics Jiangyin Co.,Ltd.	100.0
DYPOWERINDIAPvt.	100.0

주요경쟁사 (외형,%)
디와이파워	100
넥센테크	36
동국실업	273

매출구성
유압실린더	100.0

비용구성
매출원가율	82.3
판관비율	11.6

수출비중
수출	70.5
내수	29.5

회사 개요
동사는 건설기계장비에 적용되는 유압실린더에 대한 제조 및 판매를 영위하는 회사로, 2014년 12월 동양기전 유압기기사업부에서 인적분할을 통해 설립되어, 2015년 유가증권 시장에 주식을 상장하였음. 주요거래처로는 두산인프라코어, 현대중공업, GENIE 등이 있음. 연결대상 종속회사로 유압기기 제조업 등을 영위하는 중국 소재의 Dongyang Mechatronics Jiangyin 및 인도 소재의 DY POWER INDIA를 보유하고 있음.

실적 분석
전방산업인 건설업, 산업차량 부진, 특히 저조한 국내 토목사업으로 인해 동사의 2016년 매출액은 전년 대비 7.8% 감소한 2,291.5억원을 시현함. 판관비는 소폭 증가하였으나 매출원가율 하락으로 영업이익은 전년 39.0% 증가하며 140.1억원을 달성함. 비영업이익손실 감소로 당기순이익은 96.0억원을 기록하며 전년 14.6억원에서 큰 폭의 증가세를 보임.

현금 흐름 〈단위 : 억원〉
항목	2015	2016
영업활동	295	324
투자활동	-119	-119
재무활동	123	-225
순현금흐름	293	-21
기말현금	400	379

시장 대비 수익률
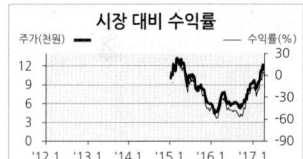

결산 실적 〈단위 : 억원〉
항목	2011	2012	2013	2014	2015	2016
매출액	—	—	—	248	2,485	2,291
영업이익	—	—	—	13	101	140
당기순이익	—	—	—	10	15	96

분기 실적 〈단위 : 억원〉
항목	2015.3Q	2015.4Q	2016.1Q	2016.2Q	2016.3Q	2016.4Q
매출액	544	445	600	593	512	586
영업이익	20	-11	40	38	29	32
당기순이익	-33	-7	29	15	32	19

재무 상태 〈단위 : 억원〉
항목	2011	2012	2013	2014	2015	2016
총자산	—	—	—	2,231	2,224	2,282
유형자산	—	—	—	908	961	1,001
무형자산	—	—	—	19	17	17
유가증권	—	—	—			
총부채	—	—	—	1,326	1,298	1,277
총차입금	—	—	—	908	1,086	837
자본금	—	—	—	55	55	55
총자본	—	—	—	905	926	1,005
지배주주지분	—	—	—	900	926	1,005

기업가치 지표
항목	2011	2012	2013	2014	2015	2016
주가(최고/저)(천원)	—/—	—/—	—/—	—/—	13.6/5.8	9.3/4.4
PER(최고/저)(배)	0.0/0.0	0.0/0.0	0.0/0.0	0.0/0.0	91.9/39.4	10.8/5.1
PBR(최고/저)(배)	0.0/0.0	0.0/0.0	0.0/0.0	0.0/0.0	1.7/0.7	1.0/0.5
EV/EBITDA(배)	0.0/0.0			41.1	7.9	6.9
EPS(원)	—	—	—	92	152	870
BPS(원)	—	—	—	8,159	8,390	9,108
CFPS(원)	—	—	—	145	795	1,509
DPS(원)	—	—	—		100	120
EBITDAPS(원)	—	—	—	170	1,556	1,908

재무 비율 〈단위 : %〉
연도	영업이익률	순이익률	부채비율	차입금비율	ROA	ROE	유보율	자기자본비율	EBITDA마진율
2016	6.1	4.2	127.0	83.3	4.3	10.0	1,721.7	44.1	9.2
2015	4.1	0.6	140.2	117.3	0.7	1.8	1,578.0	41.6	6.9
2014	5.2	3.9	146.6	100.4	0.0	0.0	1,531.8	40.6	7.6
2013	—	—	—	—	—	—	—	—	—

디이엔티 (A079810)
DE&T

업　　종 : 디스플레이 및 관련부품　　　시　　장 : KOSDAQ
신용등급 : (Bond) —　　(CP) —　　　기업규모 : 중견
홈페이지 : www.i-det.com　　　　연 락 처 : 041)529-3456
본　　사 : 충남 천안시 동남구 수신면 장산동길 32

설 립 일	2001.08.01	종업원수	181명	대 표 이 사	김영길
상 장 일	2005.01.26	감사의견	적정(태성)	계　　열	
결 산 기	12월	보 통 주	884만주	종속회사수	
액 면 가	500원	우 선 주		구 상 호	

주주구성 (지분율,%)		출자관계 (지분율,%)		주요경쟁사 (외형,%)	
AP시스템	26.0	코닉이앤씨	100.0	디이엔티	100
심상균	16.4	디앤에이드	15.3	이엘피	68
(외국인)	0.4	제니스월드	3.1	세진티엔에스	72

매출구성		비용구성		수출비중	
Gross Tester	62.5	매출원가율	98.3	수출	24.3
MAC/MIC	18.1	판관비율	14.9	내수	75.7
Probe Unit	10.1				

회사 개요
동사는 2001년 설립되어 2005년에 코스닥 시장에 상장한 회사로 FPD(Flat Panel Display) 장비 및 관련 장치 제조 판매 등을 영위하는 업체임. 현재 LCD, PDP, OLED 제조용 검사 장비를 전문적으로 제조 및 판매하고 있음. OLED 제조장비의 수요 및 신규사업 확대에 따라 오산시 가장동에 117.5억원의 시설투자를 진행할 계획임.

실적 분석
동사의 2016년 연결기준 매출액은 전년대비 5.1% 감소한 455.1억원을 기록함. 외형 축소와 원가율 상승 등으로 영업손실 60.0억원, 당기순손실 59.6억원을 보이며 전년대비 적자전환함. 2016년 기준 제품별 매출비중은 Gross Tester 등 제품 90.5%, 상품인 Probe Unit 9.5%로 구성됨. 2016년 말 수주잔고는 227.8억원, 보고서 제출일 현재 수주잔고는 1,033억원임.

현금 흐름　〈단위 : 억원〉

항목	2015	2016
영업활동	8	-161
투자활동	-59	-24
재무활동	65	145
순현금흐름	14	-40
기말현금	75	35

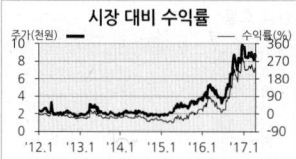
시장 대비 수익률

결산 실적　〈단위 : 억원〉

항목	2011	2012	2013	2014	2015	2016
매출액	451	304	408	251	480	455
영업이익	-10	1	-3	-26	28	-60
당기순이익	-10	10	-15	-22	37	-60

분기 실적　〈단위 : 억원〉

항목	2015.3Q	2015.4Q	2016.1Q	2016.2Q	2016.3Q	2016.4Q
매출액	114	233	90	76	94	196
영업이익	14	28	-21	-17	-14	-7
당기순이익	17	28	-22	-17	-17	-4

재무 상태　〈단위 : 억원〉

항목	2011	2012	2013	2014	2015	2016
총자산	325	320	289	254	412	606
유형자산	51	46	49	52	41	141
무형자산	12	9	10	10	30	46
유가증권	11	75	80	87	89	11
총부채	71	56	43	30	153	397
총차입금	2	—	—	—	68	217
자본금	42	42	42	42	42	42
총자본	255	264	247	223	259	209
지배주주지분	255	264	247	223	259	209

기업가치 지표

항목	2011	2012	2013	2014	2015	2016
주가(최고/저)(천원)	4.5/1.7	3.3/1.6	3.2/1.8	2.5/1.7	3.8/1.8	9.9/3.0
PER(최고/저)(배)	—/—	27.1/13.6	—/—	—/—	8.5/4.0	—/—
PBR(최고/저)(배)	1.4/0.6	1.0/0.5	1.0/0.6	0.9/0.6	1.2/0.6	3.8/1.2
EV/EBITDA(배)			9.4		5.2	
EPS(원)	-124	121	-181	-264	446	-718
BPS(원)	3,162	3,272	3,066	2,783	3,210	2,606
CFPS(원)	-54	188	-119	-206	513	-630
DPS(원)						
EBITDAPS(원)	-52	85	23	-260	409	-634

재무 비율　〈단위 : %〉

연도	영업이익률	순이익률	부채비율	차입금비율	ROA	ROE	유보율	자기자본비율	EBITDA마진율
2016	-13.2	-13.1	190.3	104.1	-11.7	-25.5	421.3	34.5	-11.6
2015	5.9	7.7	59.3	26.3	11.1	15.4	542.0	62.8	7.1
2014	-10.5	-8.7	13.6	0.0	-8.1	-9.3	456.5	88.0	-8.6
2013	-0.8	-3.7	17.2	0.0	-4.9	-5.9	513.3	85.3	0.5

디젠스 (A113810)
Dgenx

업　　종 : 자동차부품　　　　　시　　장 : KOSDAQ
신용등급 : (Bond) —　　(CP) —　　　기업규모 : 중견
홈페이지 : www.dgenx.com　　　연 락 처 : 041)906-2100
본　　사 : 충남 아산시 음봉면 연암율금로 288-7

설 립 일	2006.02.01	종업원수	233명	대 표 이 사	이석우
상 장 일	2012.11.22	감사의견	적정(삼덕)	계　　열	
결 산 기	12월	보 통 주	2,163만주	종속회사수	
액 면 가	500원	우 선 주		구 상 호	

주주구성 (지분율,%)		출자관계 (지분율,%)		주요경쟁사 (외형,%)	
디에이치코리아	52.4	DHHONGKONGCO.,LIMITED	100.0	디젠스	100
한국산업은행	2.4	DONGWONTECHINDIAPRIVATELIMITED	100.0	광진윈텍	88
(외국인)	2.6	Dgenx(shanghai)TechnologyCo.,Ltd.	100.0	에스제이케이	11

매출구성		비용구성		수출비중	
Muffler	100.0	매출원가율	84.7	수출	—
		판관비율	11.3	내수	—

회사 개요
동사는 자동차용 소음기(머플러)를 제조, 판매하는 회사로 2006년 디에이치코리아에서 물적분할됨. 소음기는 자동차 환경 유해 배기가스를 정화하고 소음, 진동을 줄이는 배기계 시스템의 주요 구성품임. 주요 거래처는 한국GM, 상하이GM 등 임. 동사 매출은 수주를 기반으로 하되 1개 차종별 평균 5개년간 확정 매출이 발생하기 때문에 시장 변동에 큰 영향을 받지 않음. 배기계시스템의 경우 자동차부품 중 진입장벽이 높은 분야임.

실적 분석
동사의 2016년 결산기준 누적매출액은 전년동기대비 16.2% 성장한 1,199.5억원을 달성함. 매출원가도 그에 따라 크게 상승하였고 인건비도 증가하였으나 관리비를 크게 절감시켜 영업이익은 전년대비대비 25.6% 상승한 47.4억원을 달성하였음. 동사는 한국GM과 오랜 거래로 인해 글로벌GM으로 사업영역을 확장하여 국내시장에 국한되어 있지 않음. 세계 자동차 시장의 수급에 영향을 받긴하나 5년 단위로 수주를 받으므로 안정적임.

현금 흐름　〈단위 : 억원〉

항목	2015	2016
영업활동	41	110
투자활동	-61	-64
재무활동	30	-47
순현금흐름	13	0
기말현금	80	80

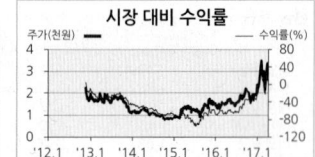
시장 대비 수익률

결산 실적　〈단위 : 억원〉

항목	2011	2012	2013	2014	2015	2016
매출액	1,135	1,050	799	663	1,032	1,199
영업이익	66	41	-28	-64	38	47
당기순이익	50	30	-21	-59	18	22

분기 실적　〈단위 : 억원〉

항목	2015.3Q	2015.4Q	2016.1Q	2016.2Q	2016.3Q	2016.4Q
매출액	215	345	271	317	297	314
영업이익	2	19	8	14	24	1
당기순이익	-3	10	4	6	11	1

재무 상태　〈단위 : 억원〉

항목	2011	2012	2013	2014	2015	2016
총자산	788	788	808	930	963	1,015
유형자산	340	358	358	359	365	398
무형자산	10	8	8	30	21	32
유가증권			0	0	—	—
총부채	584	453	497	667	680	684
총차입금	301	245	304	403	432	353
자본금	60	91	96	96	97	108
총자본	204	335	311	262	284	330
지배주주지분	204	335	311	262	284	330

기업가치 지표

항목	2011	2012	2013	2014	2015	2016
주가(최고/저)(천원)	—/—	2.2/1.6	2.1/1.1	1.3/0.8	1.8/0.8	2.4/1.2
PER(최고/저)(배)	0.0/0.0	10.6/7.8	—/—	—/—	19.5/9.2	23.1/11.9
PBR(최고/저)(배)	0.0/0.0	1.3/1.0	1.3/0.7	1.0/0.6	1.3/0.6	1.6/0.8
EV/EBITDA(배)	2.8	7.6	96.7		9.1	8.0
EPS(원)	416	225	-115	-306	95	105
BPS(원)	1,698	1,836	1,621	1,365	1,458	1,528
CFPS(원)	674	445	60	-139	271	293
DPS(원)		75			25	
EBITDAPS(원)	811	530	27	-168	372	418

재무 비율　〈단위 : %〉

연도	영업이익률	순이익률	부채비율	차입금비율	ROA	ROE	유보율	자기자본비율	EBITDA마진율
2016	4.0	1.8	207.2	106.8	2.2	7.0	205.5	32.6	7.2
2015	3.7	1.8	239.8	152.3	1.9	6.7	191.5	29.4	6.9
2014	-9.7	-8.9	254.5	153.6	-6.8	-20.5	173.1	28.2	-4.9
2013	-3.4	-2.7	159.6	97.6	-2.7	-6.6	224.3	38.5	0.6

디지비금융지주 (A139130)
DGB Financial Group

업 종 : 상업은행		시 장 : 거래소	
신용등급 : (Bond) AAA (CP) —		기업규모 : 시가총액 중형주	
홈페이지 : www.dgbfg.co.kr		연 락 처 : 053)740-7900	
본 사 : 대구시 북구 옥산로 111 대구은행 제2본점 9층			

설 립 일	2011.05.17	종 업 원 수 61명	대 표 이 사	박인규
상 장 일	2011.06.07	감 사 의 견 적정 (삼정)	계	열
결 산 기	12월	보 통 주 16,915만주	종속회사수	
액 면 가	5,000원	우 선 주	구 상 호	

주주구성 (지분율,%)		출자관계 (지분율,%)		주요경쟁사 (외형,%)	
국민연금공단	9.1	대구은행	100.0	DGB금융지주	100
삼성생명보험	7.0	DGB캐피탈	100.0	BNK금융지주	187
(외국인)	60.8	DGB자산운용	100.0	JB금융지주	94

수익구성		비용구성		수출비중	
		이자비용	16.4	수출	—
		파생상품손실	0.3	내수	—
		판관비	19.6		

회사 개요
동사는 2011년 5월 17일에 ㈜대구은행, ㈜DGB신용정보, ㈜카드넷을 자회사로 하는 주식의 포괄적 이전 방식에 의해 설립됐음. 그리고 2012년에 ㈜DGB캐피탈과 ㈜DGB데이터시스템을 자회사에 추가, 2013년㈜카드넷과 (주)DGB유페이의 합병, 2015년 1월 DGB생명보험(주)을 자회사로 편입하였으며, 2016년 10월 6일 DGB자산운용(주)를 자회사로 편입했음.

실적 분석
동사는 기준금리 인하 등 영향으로 NIM(순이자마진)감소하였으나, 안정적인 자산성장으로 이자이익이 전년 대비 416억원 증가하였으며, 선제적 리스크관리 및 우량자산 위주의 자산성장으로 충당금 전입액이 전년 대비 271억 감소해 영업이익은 전년대비 12.8% 증가한 3869억을 시현했음. 전기 휴면예금 및 휴면보험금관련 법인세비용 감소 기저효과로 인해 연결당기순이익은 전년대비 2.2% 감소한 2877억원을 시현했음.

현금 흐름 〈단위 : 억원〉

항목	2015	2016
영업활동	1,006	326
투자활동	-9,156	-5,454
재무활동	11,031	5,253
순현금흐름	3,387	205
기말현금	9,097	9,302

시장 대비 수익률

결산 실적 〈단위 : 억원〉

항목	2011	2012	2013	2014	2015	2016
이자수익	12,845	17,162	16,826	17,113	17,767	17,390
영업이익	2,802	3,730	3,390	3,239	3,430	3,869
당기순이익	2,051	2,741	2,445	2,438	3,083	3,019

분기 실적 〈단위 : 억원〉

항목	2015.3Q	2015.4Q	2016.1Q	2016.2Q	2016.3Q	2016.4Q
이자수익	4,395	4,371	4,334	4,340	4,324	4,391
영업이익	679	151	1,312	1,135	946	476
당기순이익	847	161	1,050	852	739	378

재무 상태 〈단위 : 억원〉

항목	2011	2012	2013	2014	2015	2016
총자산	312,940	344,627	375,778	410,097	511,444	534,624
유형자산	2,991	3,114	3,179	3,360	3,767	4,290
무형자산	804	737	829	855	996	1,114
유가증권	59,802	68,070	73,565	73,388	121,929	124,522
총부채	290,026	319,313	345,793	377,982	473,673	494,901
총차입금	55,355	53,155	54,915	56,460	64,753	72,823
자본금	6,703	6,703	6,703	6,703	8,453	8,453
총자본	22,914	25,314	29,985	32,115	37,772	39,723
지배주주지분	22,914	25,314	27,090	29,220	34,866	36,807

기업가치 지표

항목	2011	2012	2013	2014	2015	2016
주가(최고/저)(천원)	14.0/9.5	14.7/10.3	14.9/12.2	16.0/10.6	12.6/9.1	9.9/7.6
PER(최고/저)(배)	11.0/7.5	8.4/5.9	9.6/7.9	10.5/6.8	7.6/5.5	6.0/4.6
PBR(최고/저)(배)	1.0/0.7	0.9/0.6	0.8/0.7	0.8/0.5	0.7/0.5	0.5/0.4
PSR(최고/저)(배)	2/1	1/1	1/1	1/1	1/1	1/1
EPS(원)	1,479	1,976	1,718	1,656	1,757	1,702
BPS(원)	17,093	18,883	20,208	21,797	20,624	21,773
CFPS(원)	1,800	2,423	2,175	2,145	2,174	2,056
DPS(원)	350	330	280	320	280	300
EBITDAPS(원)	2,090	2,782	2,529	2,416	2,049	2,289

재무 비율 〈단위 : % 〉

연도	계속사업이익률	순이익률	부채비율	차입금비율	ROA	ROE	유보율	자기자본비율	총자산증가율
2016	22.3	17.4	1,245.9	183.3	0.6	8.0	335.5	7.4	4.5
2015	19.3	17.4	1,254.1	171.4	0.7	9.2	312.5	7.4	24.7
2014	18.5	14.3	1,176.9	175.8	0.6	8.0	335.9	7.8	9.1
2013	19.6	14.5	1,153.2	183.1	0.7	9.1	304.2	8.0	9.0

디지아이 (A043360)
DIGITAL GRAPHICSORPORATION

업 종 : 컴퓨터 및 주변기기		시 장 : KOSDAQ	
신용등급 : (Bond) — (CP) —		기업규모 : 벤처	
홈페이지 : www.dgi-net.com		연 락 처 : 031)820-8900	
본 사 : 경기도 양주시 청담로 52 (고읍동)			

설 립 일	1991.11.28	종 업 원 수 74명	대 표 이 사	최동호
상 장 일	2001.07.20	감 사 의 견 적정 (안진)	계	열
결 산 기	12월	보 통 주 900만주	종속회사수	
액 면 가	500원	우 선 주	구 상 호	

주주구성 (지분율,%)		출자관계 (지분율,%)		주요경쟁사 (외형,%)	
최관수	26.6	팜테크놀로지	9.1	디지아이	100
최동호	13.9	쏘닉스	0.4	잉크테크	389
(외국인)	2.1			미래테크놀로지	116

매출구성		비용구성		수출비중	
INK	39.9	매출원가율	73.3	수출	70.5
TEXTILE PRINTER	34.8	판관비율	35.5	내수	29.5
INKJET PLOTTER	17.6				

회사 개요
동사는 1985년 설립되어 커팅플로터와 잉크젯플로터를 자체 기술로 자체 브랜드를 개발하여 상품화에 성공한 이후, 내수 시장뿐만 아니라 세계 60여개국에 수출하는 기업임. 섬유소재 프린팅이 가능한 Textile Printer 출시로 확대 성장하고 있는 Digital Printing 시장에 새롭게 진입함. 또한, FABRIJET 및 잉크젯기술을 접목 시켜 도로표지판용으로 활용하는 조명용 LED Module 사업도 영위하고 있음.

실적 분석
동사의 2016년 연간 매출은 189.8억원으로 전년대비 15.1% 감소, 영업이익은 -16.7억원으로 전년대비 적자지속, 당기순이익은 -22.3억원으로 적자지속 시현. 국내 경기 둔화 지속과 경쟁 심화 영향으로 전체 외형은 감소세 시현. 고정비 부담 지속으로 수익성 부진은 지속. 그동안의 기술력을 다른 첨단산업에 활용함으로서 신 성장동력을 마련하고자 노력하고 있으며 향후 수익의 점진적 개선을 기대하고 있음.

현금 흐름 *IFRS 별도 기준 〈단위 : 억원〉

항목	2015	2016
영업활동	-8	0
투자활동	23	-6
재무활동	-8	-5
순현금흐름	7	-11
기말현금	14	4

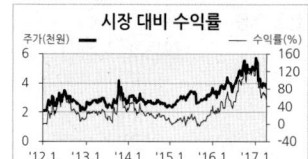
시장 대비 수익률

결산 실적 〈단위 : 억원〉

항목	2011	2012	2013	2014	2015	2016
매출액	270	308	245	259	223	190
영업이익	-10	-4	-27	0	-21	-17
당기순이익	2	9	-14	16	-2	-22

분기 실적 *IFRS 별도 기준 〈단위 : 억원〉

항목	2015.3Q	2015.4Q	2016.1Q	2016.2Q	2016.3Q	2016.4Q
매출액	58	45	56	48	54	31
영업이익	-3	-11	-2	1	-0	-16
당기순이익	3	-12	-3	2	-4	-18

재무 상태 *IFRS 별도 기준 〈단위 : 억원〉

항목	2011	2012	2013	2014	2015	2016
총자산	588	602	569	565	563	526
유형자산	107	103	98	105	139	128
무형자산	12	11	8	6	5	5
유가증권	0	0	0	0	0	0
총부채	67	76	61	46	51	40
총차입금	7	13	8	8	4	4
자본금	45	45	45	45	45	45
총자본	521	526	508	519	512	486
지배주주지분	521	526	508	519	512	486

기업가치 지표 *IFRS 별도 기준

항목	2011	2012	2013	2014	2015	2016
주가(최고/저)(천원)	3.0/1.5	3.8/1.8	4.2/2.2	3.3/2.3	3.5/2.3	6.0/3.0
PER(최고/저)(배)	197.6/98.8	42.3/20.0	—/—	19.7/14.0	—/—	—/—
PBR(최고/저)(배)	0.6/0.3	0.7/0.3	0.8/0.4	0.6/0.4	0.6/0.4	1.1/0.6
EV/EBITDA(배)		2.9		9.7		
EPS(원)	17	96	-150	173	-27	-248
BPS(원)	5,857	5,904	5,705	5,829	5,759	5,461
CFPS(원)	90	174	-77	245	39	-188
DPS(원)	50	50	50	50	50	50
EBITDAPS(원)	-43	81	-222	74	-169	-125

재무 비율 〈단위 : % 〉

연도	영업이익률	순이익률	부채비율	차입금비율	ROA	ROE	유보율	자기자본비율	EBITDA마진율
2016	-8.8	-11.8	8.3	0.8	-4.1	-4.5	992.3	92.4	-5.9
2015	-9.5	-1.1	9.9	0.8	-0.4	-0.5	1,051.5	91.0	-6.8
2014	0.1	6.0	8.9	1.6	2.8	3.1	1,066.6	91.9	2.6
2013	-10.8	-5.5	12.0	1.6	-2.3	-2.6	1,040.9	89.3	-8.1

디지캡 (A197140)
DigiCAP

업　　종 : 일반 소프트웨어　　시　　장 : KONEX
신용등급 : (Bond) —　　(CP) —　　기업규모 : —
홈페이지 : www.digicaps.com　　연 락 처 : 02)3477-2101
본　　사 : 서울시 마포구 매봉산로 37 DMC 산학협력연구센터 8층

설 립 일	2000.04.01	종 업 원 수	88명	대 표 이 사	한승우
상 장 일	2014.05.30	감 사 의 견	적정 (삼정)	계　　열	
결 산 기	12월	보 통 주	315만주	종속회사수	
액 면 가	500원	우 선 주		구 상 호	

주주구성 (지분율,%)		출자관계 (지분율,%)		주요경쟁사 (외형,%)	
신용태	22.6	디지캡	100		
수성자산운용	8.2				

매출구성		비용구성		수출비중	
방송서비스 솔루션	39.2	매출원가율	68.7	수출	1.7
N-스크린 솔루션	31.9	판관비율	26.0	내수	98.3
콘텐츠보안 솔루션	23.6				

회사 개요

2000년 4월 설립된 콘텐츠 보안 솔루션, 방송서비스, N-스크린 솔루션 등의 사업을 영위하는 회사임. 2014년 5월 코넥스 시장에 상장. 국내 최초로 CAS 제품 상용화에 성공하며 500만명의 이용자를 확보하였음. SK텔레콤의 BTV의 다시보기 및 실시간 방송 보기, 주문형비디오(VOD) 등을 개발한 바 있음. 2010년에는 유럽연합 DMB 기구인 IDAG의 CAS 사업자로 선정되기도 하였음.

실적 분석

동사의 2016년 연간 매출액은 112.1억원으로 전년대비 1.8% 증가함. 매출총이익은 전년대비 14.1% 감소한 35.1억원을 기록함. 영업이익은 6억원으로 전년대비 48.1% 감소함. 당기순이익은 7.6억원을 기록하며 전년대비 24.4% 감소함. 동사의 주요 사업영역인 방송서비스솔루션과 N-스크린 솔루션의 실적 향상 덕분이며 향후에도 관련 매출이 지속적으로 증가할 것으로 기대됨.

현금 흐름 　*IFRS 별도 기준 　〈단위 : 억원〉

항목	2015	2016
영업활동	-1	9
투자활동	-20	-44
재무활동	-37	33
순현금흐름	-58	-2
기말현금	28	26

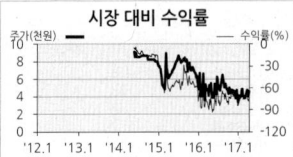

시장 대비 수익률

결산 실적 　〈단위 : 억원〉

항목	2011	2012	2013	2014	2015	2016
매출액	85	82	109	97	110	112
영업이익	10	10	17	8	12	6
당기순이익	10	10	19	5	10	8

분기 실적 　*IFRS 별도 기준 　〈단위 : 억원〉

항목	2015.3Q	2015.4Q	2016.1Q	2016.2Q	2016.3Q	2016.4Q
매출액						
영업이익						
당기순이익						

재무 상태 　*IFRS 별도 기준 　〈단위 : 억원〉

항목	2011	2012	2013	2014	2015	2016
총자산	102	123	157	158	124	171
유형자산	2	1	2	1	9	56
무형자산	3	6	11	10	9	14
유가증권	5	3	5	10	—	—
총부채	29	41	48	45	37	76
총차입금	—	—	—	—	—	33
자본금	15	15	15	16	16	16
총자본	73	82	109	113	87	95
지배주주지분	73	82	109	113	87	95

기업가치 지표 　*IFRS 별도 기준

항목	2011	2012	2013	2014	2015	2016
주가(최고/저)(천원)	—/—	—/—	—/—	9.1/7.6	9.0/4.4	7.7/3.4
PER(최고/저)(배)	0.0/0.0	0.0/0.0	0.0/0.0	60.4/50.4	28.3/13.8	32.3/14.0
PBR(최고/저)(배)	0.0/0.0	0.0/0.0	0.0/0.0	2.5/2.1	2.3/1.1	1.8/0.8
EV/EBITDA(배)				13.6	6.6	9.9
EPS(원)	334	325	609	151	317	240
BPS(원)	2,352	2,651	3,524	3,581	3,922	4,191
CFPS(원)	412	379	690	226	397	316
DPS(원)						
EBITDAPS(원)	402	380	643	335	446	266

재무 비율 　〈단위 : % 〉

연도	영업이익률	순이익률	부채비율	차입금비율	ROA	ROE	유보율	자기자본비율	EBITDA마진율
2016	5.4	6.8	79.7	35.0	5.1	8.3	738.1	55.7	7.5
2015	10.5	9.1	43.0	0.0	7.1	10.0	684.4	70.0	12.8
2014	8.4	4.9	39.6	0.0	3.0	4.3	616.2	71.6	10.8
2013	15.9	17.3	43.8	0.0			604.8	69.5	18.2

디지탈옵틱 (A106520)
DIGITAL OPTICS

업　　종 : 휴대폰 및 관련부품　　시　　장 : KOSDAQ
신용등급 : (Bond) —　　(CP) —　　기업규모 : 중견
홈페이지 : www.digitaloptics.co.kr　　연 락 처 : 031)365-5650
본　　사 : 경기도 화성시 동탄면 동탄산단2길 47 4층

설 립 일	2000.03.14	종 업 원 수	278명	대 표 이 사	문석중,정광용
상 장 일	2012.07.13	감 사 의 견	적정 (신한)	계　　열	
결 산 기	12월	보 통 주	2,360만주	종속회사수	
액 면 가	500원	우 선 주		구 상 호	

주주구성 (지분율,%)		출자관계 (지분율,%)		주요경쟁사 (외형,%)	
케이피엠인베스트먼트	12.4	디지털헬스케어	100.0	디지탈옵틱	100
계신국제그룹	8.7	함박재바이오팜	74.7	바이오로그디바이스	108
(외국인)	1.1	씨아이비엔케이	72.7	온다 엔터테인먼트	62

매출구성		비용구성		수출비중	
광학렌즈류(제품)	93.4	매출원가율	97.7	수출	33.0
광학렌즈외(상품)	5.9	판관비율	38.1	내수	67.0
광학렌즈류(용역)	0.7				

회사 개요

동사는 2000년 설립되어 휴대폰용 카메라렌즈에 적용되는 이미지용 광학계, 프로젝터에 적용되는 TV나 프로젝터에 적용되는 투사용 광학계, CD 및 DVD 등에 적용되는 Laser(LED) 시스템 광학계 등 모든 응용 시스템의 광학 설계가 가능한 광학전문 업체임. 또한 비구면 광학 렌즈 원천 설계 및 양산기술을 동시 보유한 전문회사로서 주력 제품인 휴대폰용 카메라렌즈를 개발 및 판매. 2017년 정광용·문석중 각자 대표이사 체제로 변경되었음.

실적 분석

동사의 2016년 연결기준 결산 기준 매출액은 636.6억원으로 전년동기 대비 10% 감소, 영업손실은 228.4억원으로 전년 대비 적자폭 확대하였음. 당기순손실은 503.8억원으로 적자가 지속됨. 글로벌 휴대폰 시장 둔화, 전시장의 위축, 경쟁 심화 영향으로 매출 감소. 외형 축소로 고정비 및 판관비 부담으로 영업이익 적자 지속. 2017년 케이피엠인베스트먼트가 제3차배정 유상증자 참여를 통해 최대주주로 등극함.

현금 흐름 　〈단위 : 억원〉

항목	2015	2016
영업활동	-61	-130
투자활동	-147	-153
재무활동	385	200
순현금흐름	55	-59
기말현금	74	15

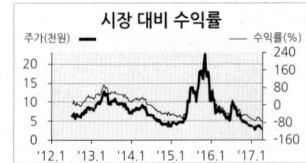

시장 대비 수익률

결산 실적 　〈단위 : 억원〉

항목	2011	2012	2013	2014	2015	2016
매출액	584	856	1,538	772	707	637
영업이익	85	109	225	20	-132	-228
당기순이익	55	79	172	-47	-108	-504

분기 실적 　〈단위 : 억원〉

항목	2015.3Q	2015.4Q	2016.1Q	2016.2Q	2016.3Q	2016.4Q
매출액	185	200	168	165	160	144
영업이익	-28	-65	-38	-30	-52	-109
당기순이익	-43	-24	-42	-106	-47	-309

재무 상태 　〈단위 : 억원〉

항목	2011	2012	2013	2014	2015	2016
총자산	526	912	1,295	1,042	1,618	1,241
유형자산	166	314	448	411	487	407
무형자산	37	44	41	20	110	30
유가증권	19	15	14	213	255	231
총부채	327	485	685	491	751	561
총차입금	136	245	404	349	528	398
자본금	20	27	27	28	86	103
총자본	199	428	609	550	867	680
지배주주지분	199	428	609	550	799	638

기업가치 지표

항목	2011	2012	2013	2014	2015	2016
주가(최고/저)(천원)	—/—	17.3/11.0	25.0/13.2	18.1/7.0	22.5/3.6	13.2/3.6
PER(최고/저)(배)	0.0/0.0	10.5/6.7	8.0/4.2			
PBR(최고/저)(배)	0.0/0.0	2.3/1.4	2.3/1.2	1.8/0.7	4.7/0.8	4.3/1.2
EV/EBITDA(배)	0.5	6.1	2.7	7.6		
EPS(원)	708	862	1,614	-433	-665	-2,301
BPS(원)	4,955	7,841	11,146	10,297	4,803	3,084
CFPS(원)	1,971	2,525	4,219	277	-226	-1,979
DPS(원)			100	150		
EBITDAPS(원)	2,704	3,159	5,189	1,483	-393	-790

재무 비율 　〈단위 : % 〉

연도	영업이익률	순이익률	부채비율	차입금비율	ROA	ROE	유보율	자기자본비율	EBITDA마진율
2016	-35.9	-79.1	82.5	58.5	-35.2	-65.8	516.7	54.8	-25.5
2015	-18.7	-15.2	86.6	60.8	-8.1	-15.6	860.6	53.6	-8.8
2014	2.6	-6.1	89.3	63.5	-4.0	-8.1	1,959.4	52.8	10.7
2013	14.6	11.2	112.4	66.3	15.6	33.1	2,129.2	47.1	18.4

디지털대성 (A068930)
Digital Daesung

업 종 : 교육		시 장 : KOSDAQ	
신용등급 : (Bond) — (CP) —		기업규모 : 중견	
홈페이지 : www.digitaldaesung.com		연 락 처 : 02)2104-8600	
본 사 : 서울시 서초구 방배로 181, 단우빌딩 6층~8층			

설 립 일 2000.03.11	종 업 원 수 219명	대 표 이 사 김희선
상 장 일 2003.10.17	감 사 의 견 적정 (대주)	계 열
결 산 기 12월	보 통 주 2,224만주	종속회사수
액 면 가 500원	우 선 주	구 상 호

주주구성 (지분율,%)		출자관계 (지분율,%)		주요경쟁사 (외형,%)	
대성출판	11.1	한우리열린교육 68.9		디지털대성	100
강남대성학원	9.8			에이원엔	19
(외국인)	1.6			메가엠디	79

매출구성		비용구성		수출비중	
동영상강의, 교재	62.2	매출원가율	50.9	수출	—
학원수강료 등	27.4	판관비율	39.7	내수	—
월회비, 가맹비	4.5				

회사 개요
직영학원 및 '대성N스쿨' 등 교육프랜차이즈 사업 영위하는 업체로 2000년 설립되고, 2003년 코스닥시장에 상장됨. 매출구성은 동영상강의 43.78%, 학원 13.21%, 교육프랜차이즈 제품공급 35.41% 등이며, 향후 직영학원부문이 수익구조 개선 및 안정적인 성장을 통해 동사의 주 매출원으로 자리잡을 것으로 전망. 수능 전후로 활성화되는 교육정보 서비스부문은 각종 대학입시관련 데이터베이스를 바탕으로 경쟁력을 확보하고 있음.

실적 분석
학령인구의 감소로 학원 수강인원의 감소현상을 보이는 반면, 온라인 교육서비스와 교육 프랜차이즈 제품(교습용 교재)의 매출이 신장함에 따라 2016년 누적 매출액은 전년동기 대비 38.7% 증가한 835.1억원을 시현함. 큰 폭의 외형성장으로 인해 원가 및 판관비가 큰 폭으로 증가했음에도 영업이익은 전년동기 대비 32.2% 증가함. 비영업부문에서도 7.9억원의 이익을 달성함에 따라 당기순이익은 전년동기 대비 48.8% 증가한 79.8억원을 시현함.

현금 흐름
〈단위 : 억원〉

항목	2015	2016
영업활동	70	141
투자활동	-21	-50
재무활동	-36	-45
순현금흐름	13	46
기말현금	50	96

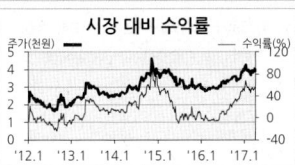
시장 대비 수익률

결산 실적
〈단위 : 억원〉

항목	2011	2012	2013	2014	2015	2016
매출액	499	525	580	575	602	835
영업이익	21	40	60	56	60	79
당기순이익	24	32	47	50	54	80

분기 실적
〈단위 : 억원〉

항목	2015.3Q	2015.4Q	2016.1Q	2016.2Q	2016.3Q	2016.4Q
매출액	180	179	159	203	249	223
영업이익	44	7	-25	32	55	16
당기순이익	36	8	-19	30	53	16

재무 상태
〈단위 : 억원〉

항목	2011	2012	2013	2014	2015	2016
총자산	552	595	606	674	923	946
유형자산	19	16	18	21	149	142
무형자산	195	224	207	182	361	338
유가증권	33	106	78	132	138	141
총부채	77	84	60	92	300	271
총차입금	—	—	—	—	86	70
자본금	107	108	109	110	111	111
총자본	475	512	546	582	624	675
지배주주지분	475	512	546	582	610	646

기업가치 지표

항목	2011	2012	2013	2014	2015	2016
주가(최고/저)(천원)	2.0/1.1	2.9/1.6	3.5/2.0	4.6/2.5	4.0/2.8	4.0/2.8
PER(최고/저)(배)	22.0/12.3	23.9/13.3	19.3/10.6	22.9/12.3	18.7/12.9	13.1/9.2
PBR(최고/저)(배)	1.1/0.6	1.4/0.8	1.6/0.9	1.9/1.0	1.5/1.1	1.4/1.0
EV/EBITDA(배)	12.4	7.3	5.8	8.0	7.1	6.7
EPS(원)	113	148	217	230	236	316
BPS(원)	2,350	2,499	2,637	2,770	2,873	3,025
CFPS(원)	167	233	351	380	399	489
DPS(원)	—	100	120	160	160	160
EBITDAPS(원)	153	275	412	408	434	529

재무 비율
〈단위 : % 〉

연도	영업이익률	순이익률	부채비율	차입금비율	ROA	ROE	유보율	자기자본비율	EBITDA마진율
2016	9.5	9.6	40.1	10.4	8.5	11.1	505.0	71.4	14.1
2015	9.9	8.9	48.1	13.9	6.7	8.7	474.6	67.5	15.9
2014	9.8	8.7	15.8	0.0	7.8	8.9	454.1	86.4	15.5
2013	10.4	8.1	11.0	0.0	7.8	8.9	427.4	90.1	15.4

디지틀조선일보 (A033130)
DIGITAL CHOSUN

업 종 : 미디어		시 장 : KOSDAQ	
신용등급 : (Bond) — (CP) —		기업규모 : 중견	
홈페이지 : www.chosun.com, pr.dizzo.com		연 락 처 : 02)3701-2114	
본 사 : 서울시 중구 세종대로21길 52 (태평로1가)			

설 립 일 1995.10.02	종 업 원 수 224명	대 표 이 사 김영수
상 장 일 1997.08.06	감 사 의 견 적정 (안진)	계 열
결 산 기 12월	보 통 주 3,712만주	종속회사수
액 면 가 500원	우 선 주	구 상 호

주주구성 (지분율,%)		출자관계 (지분율,%)		주요경쟁사 (외형,%)	
스포츠조선	9.0	골프조선	40.0	디지틀조선	100
에스케이텔레콤	7.8	한미에셋	28.1	지투알	1,042
(외국인)	2.9	조선일보일본어판	25.0	세븐스타웍스	61

매출구성		비용구성		수출비중	
인터넷사업부문	35.3	매출원가율	74.5	수출	—
SI 사업 부문	25.7	판관비율	13.7	내수	—
네트워크서비스부문	25.4				

회사 개요
동사는 인터넷 신문인 chosun.com, 케이블 방송인 Business& TV, 그리고 시티비전(옥외 전광판)을 운영하고 있으며, CTS/SI사업, 온·오프라인 교육(캐나다문화학원, 조선닷컴 교육센터)와 토플 TPO사업 등의 교육서비스를 제공하고 있음. 최근 모바일조선서비스 정착돼 웹과 모바일 아우르는 다양한 뉴스전달 수단 확충. 조선닷컴은 최근 트래픽 증가로 광고 매출 및 다양한 사업제휴로 인한 인터넷 비즈니스 확대 기대.

실적 분석
동사의 결산 영업수익은 기업들의 추가 비용 집행 억제에도 불구하고 활발한 영업활동을 전개하여 전년동기 대비 11.5% 증가한 391.3억원을 기록함. 또한 판관비 절감 노력 및 효율적인 원가관리로 전년동기 대비 24.8% 증가한 46.4억원의 영업이익 시현. 당기순이익은 지난해 발생한 중단영업이익 영향으로 전년동기 대비 6.9% 감소한 상황. 국내경기의 점진적 회복세 이어질 것으로 기대하며, 추가적인 실적 개선 기대함.

현금 흐름
〈단위 : 억원〉

항목	2015	2016
영업활동	54	71
투자활동	-54	-56
재무활동	-15	-15
순현금흐름	-15	0
기말현금	48	48

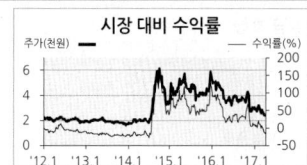
시장 대비 수익률

결산 실적
〈단위 : 억원〉

항목	2011	2012	2013	2014	2015	2016
매출액	411	422	363	341	351	391
영업이익	39	55	39	34	37	46
당기순이익	42	64	42	36	50	47

분기 실적
〈단위 : 억원〉

항목	2015.3Q	2015.4Q	2016.1Q	2016.2Q	2016.3Q	2016.4Q
매출액	83	101	85	86	97	123
영업이익	8	11	11	10	14	12
당기순이익	8	8	11	11	12	12

재무 상태
〈단위 : 억원〉

항목	2011	2012	2013	2014	2015	2016
총자산	599	589	621	649	697	718
유형자산	38	31	41	42	47	38
무형자산	21	16	36	23	12	12
유가증권	74	59	30	32	30	30
총부채	112	49	54	60	73	63
총차입금	3					
자본금	186	186	186	186	186	186
총자본	487	540	567	588	623	655
지배주주지분	487	540	567	588	623	655

기업가치 지표

항목	2011	2012	2013	2014	2015	2016
주가(최고/저)(천원)	3.4/1.6	2.4/1.8	2.3/1.6	6.7/1.7	5.9/3.3	5.7/2.5
PER(최고/저)(배)	33.1/15.2	14.8/11.4	20.9/15.1	72.0/18.2	44.8/24.7	46.1/20.3
PBR(최고/저)(배)	2.8/1.3	1.8/1.4	1.6/1.1	4.4/1.1	3.6/2.0	3.3/1.4
EV/EBITDA(배)	11.3	7.5	6.4	16.0	31.1	12.9
EPS(원)	112	173	114	97	135	125
BPS(원)	1,311	1,454	1,527	1,584	1,678	1,764
CFPS(원)	182	236	204	189	193	158
DPS(원)	30	40	40	40	40	40
EBITDAPS(원)	176	212	197	184	158	158

재무 비율
〈단위 : % 〉

연도	영업이익률	순이익률	부채비율	차입금비율	ROA	ROE	유보율	자기자본비율	EBITDA마진율
2016	11.9	11.9	9.6	0.0	6.6	7.3	252.8	91.2	15.0
2015	10.6	14.3	11.7	0.0	7.4	8.3	235.7	89.5	16.7
2014	10.0	10.5	10.3	0.0	5.7	6.2	216.8	90.7	20.0
2013	10.8	11.6	9.5	0.0	7.0	7.6	205.5	91.3	20.1

디케이디앤아이 (A033310)
DK D&I

업　　　종 : 용기 및 포장　　　　　　시　　　장 : KOSDAQ
신용등급 : (Bond) —　　(CP) —　　기업규모 : 중견
홈 페 이 지 : www.dkdni.co.kr　　연 락 처 : 02)2636-2431
본　　　사 : 서울시 영등포구 여의대로 14 16층,(여의도동,KT빌딩)

설 립 일	1965.12.15	종 업 원 수	68명	대 표 이 사	서홍민
상 장 일	1997.11.10	감 사 의 견	적정 (우리)	계　　　열	
결 산 기	12월	보 통 주	2,197만주	종속회사수	
액 면 가	500원	우 선 주		구 상 호	

주주구성 (지분율,%)		출자관계 (지분율,%)		주요경쟁사 (외형,%)	
디케이마린	27.6	리드코프	13.0	디케이디앤아이	100
서홍민	16.6	디케이씨에스	10.9	금비	403
(외국인)	0.2	디케이씨	4.6	승일	278

매출구성		비용구성		수출비중	
드럼, 자동차부품 外	98.0	매출원가율	82.8	수출	—
기타	1.1	판관비율	10.9	내수	—
드럼, 철강재 外	0.9				

회사 개요
동사는 석유화학제품을 포장하는 철강계 포장용기인 스틸드럼을 주로 생산하는 업체임. 열연강판 생산 등 철강산업도 영위함. 드럼부문이 전체 매출의 98%를 차지하며, 국내 시장 2위권의 시장점유율을 보유 중임(점유율 23%). 드럼부문은 2010년 이후 석유화학산업 성장에 힘입어 꾸준한 판매량을 유지함. 매출 주요 시장은 전남지역 82%를 차지함. 곤산대경가차배건유한공사를 계열회사로 보유하고 있음.

실적 분석
2016년 연결기준 누적 매출액과 영업이익은 각각 3%, 22% 하락한 497.3억원, 32억원을 기록함. 외형축소에 더해 판관비가 증가하며 영업이익 감소함. 드럼사업부의 한국 바스프와의 납품계약체결로 전년동기대비 판매량이 4% 증가하였으나, 판매처의 단가인하 요구에 따라 매출액 감소한 영향. 주 거래처인 전남지역 외에 경남지역 추가물량 확보로 지역별 매출비율 편차 최소화를 통한 향후 물량 증대 효과를 기대.

현금 흐름 〈단위 : 억원〉

항목	2015	2016
영업활동	42	53
투자활동	-21	-12
재무활동	-14	-3
순현금흐름	8	34
기말현금	39	73

시장 대비 수익률
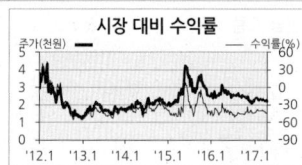

결산 실적 〈단위 : 억원〉

항목	2011	2012	2013	2014	2015	2016
매출액	548	432	393	390	510	497
영업이익	31	42	64	54	40	32
당기순이익	5	50	67	74	64	53

분기 실적 〈단위 : 억원〉

항목	2015.3Q	2015.4Q	2016.1Q	2016.2Q	2016.3Q	2016.4Q
매출액	127	117	119	125	130	123
영업이익	6	5	8	11	9	4
당기순이익	12	14	16	17	14	6

재무 상태 〈단위 : 억원〉

항목	2011	2012	2013	2014	2015	2016
총자산	733	557	553	726	785	856
유형자산	182	93	96	120	120	122
무형자산	7	2	2	9	8	7
유가증권	0	5	5	56	56	56
총부채	541	333	268	336	331	361
총차입금	466	294	213	216	201	209
자본금	110	110	110	110	110	110
총자본	192	224	285	389	454	495
지배주주지분	192	224	285	355	412	448

기업가치 지표

항목	2011	2012	2013	2014	2015	2016
주가(최고/저)(천원)	3.2/0.9	4.8/1.2	2.2/1.2	2.5/1.5	4.6/1.9	3.2/2.0
PER(최고/저)(배)	142.2/42.6	22.1/5.5	7.6/4.3	7.6/4.5	18.4/7.6	15.2/9.6
PBR(최고/저)(배)	2.4/0.7	3.3/0.8	1.3/0.7	1.2/0.7	2.0/0.8	1.3/0.8
EV/EBITDA(배)	28.6	11.1	8.5	10.4	13.7	15.8
EPS(원)	23	226	303	337	260	212
BPS(원)	1,354	1,502	1,796	2,112	2,375	2,535
CFPS(원)	58	259	334	374	321	263
DPS(원)	—	—	—	—	50	—
EBITDAPS(원)	174	226	323	285	244	194

재무 비율 〈단위 : % 〉

연도	영업이익률	순이익률	부채비율	차입금비율	ROA	ROE	유보율	자기자본비율	EBITDA마진율
2016	6.3	10.7	73.1	42.3	6.5	10.8	407.1	57.8	8.6
2015	7.9	12.6	72.9	44.3	8.5	14.9	375.0	57.8	10.5
2014	14.0	19.1	86.4	55.4	11.7	23.1	322.5	53.6	16.1
2013	16.3	17.0	94.0	74.8	12.0	26.2	259.3	51.6	18.0

디케이락 (A105740)
DK-Lok

업　　　종 : 기계　　　　　　　　시　　　장 : KOSDAQ
신용등급 : (Bond) —　　(CP) —　　기업규모 : 우량
홈 페 이 지 : www.dklok.com　　연 락 처 : 055)338-0114
본　　　사 : 경남 김해시 주촌면 골든루트로 129번길 7

설 립 일	1992.01.20	종 업 원 수	255명	대 표 이 사	노은식
상 장 일	2010.11.12	감 사 의 견	적정 (한영)	계　　　열	
결 산 기	12월	보 통 주	786만주	종속회사수	
액 면 가	500원	우 선 주		구 상 호	

주주구성 (지분율,%)		출자관계 (지분율,%)		주요경쟁사 (외형,%)	
노은식	37.4			디케이락	100
에이티넘팬아시아조합	12.2			서암기계공업	61
(외국인)	1.2			에이치케이	119

매출구성		비용구성		수출비중	
[Fitting] DK-LOK	46.0	매출원가율	77.1	수출	62.2
[Valve] D-Pro	26.1	판관비율	17.8	내수	37.8
[Fitting] 기타	11.2				

회사 개요
동사의 주요 제품인 계장용 Fittings&Valve는 조선, 해양 플랜트, 원자력, 화력, 수력 발전설비, CNG 및 수소용 자동차 산업, 해외 정유시설의 대형 플랜트 등에 주요 사용됨. 계장용 Fitting & Valve는 모든 산업 기반에 없어서는 안 될 요소이며 산업 규모 역시 성장하고 있음. Exxon Mobil, 현대중공업, 두산엔진 등 300여개 거래처에 자체브랜드로 제품을 공급하고 있음. 전체 매출의 62%가 수출임.

실적 분석
글로벌 경기침체 및 전방산업 불황으로 동사의 2016년 연간 매출액은 520.0억원으로 전년대비 4.3% 감소함. 국내를 제외한 해외 시장의 매출이 감소함. 매출 비중은 Fitting 50.2%, Valve 25.4%, 기타 등으로 구성됨. 자체 기술연구소를 두어 신제품개발, 신규장비개발, 프로젝트 연구 등을 수행하고 있으며, 고객의 사양에 맞는 제품 설계, 제작이 매출의 기반이 되고 있음.

현금 흐름 *IFRS 별도 기준 〈단위 : 억원〉

항목	2015	2016
영업활동	-24	87
투자활동	-15	-10
재무활동	-41	-16
순현금흐름	-81	62
기말현금	17	79

시장 대비 수익률
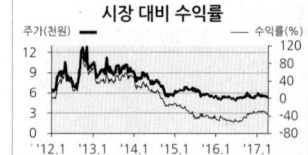

결산 실적 〈단위 : 억원〉

항목	2011	2012	2013	2014	2015	2016
매출액	504	469	546	591	543	520
영업이익	108	100	69	69	45	27
당기순이익	79	75	54	57	40	26

분기 실적 *IFRS 별도 기준 〈단위 : 억원〉

항목	2015.3Q	2015.4Q	2016.1Q	2016.2Q	2016.3Q	2016.4Q
매출액	139	145	119	139	125	138
영업이익	14	5	9	10	9	-2
당기순이익	15	5	7	9	9	1

재무 상태 *IFRS 별도 기준 〈단위 : 억원〉

항목	2011	2012	2013	2014	2015	2016
총자산	670	823	884	984	971	977
유형자산	244	341	424	424	425	420
무형자산	5	5	11	21	23	19
유가증권	4	0	0	0	0	11
총부채	224	186	205	245	210	202
총차입금	92	36	80	95	72	72
자본금	31	39	39	39	39	39
총자본	445	637	679	739	761	775
지배주주지분	445	637	679	739	761	775

기업가치 지표 *IFRS 별도 기준

항목	2011	2012	2013	2014	2015	2016
주가(최고/저)(천원)	6.4/4.2	12.9/6.0	11.2/8.1	9.3/5.3	7.1/5.3	6.0/4.9
PER(최고/저)(배)	5.7/3.8	14.5/6.8	17.8/12.9	13.8/7.9	14.6/10.7	18.6/14.9
PBR(최고/저)(배)	1.0/0.7	1.7/0.8	1.4/1.0	1.1/0.6	0.8/0.6	0.6/0.5
EV/EBITDA(배)	3.2	7.3	9.3	5.3	7.4	9.0
EPS(원)	1,254	979	687	725	512	332
BPS(원)	7,227	8,231	8,766	9,403	9,684	9,863
CFPS(원)	1,367	1,077	856	936	732	565
DPS(원)	100	100	100	200	150	100
EBITDAPS(원)	1,839	1,398	1,049	1,088	795	573

재무 비율 〈단위 : % 〉

연도	영업이익률	순이익률	부채비율	차입금비율	ROA	ROE	유보율	자기자본비율	EBITDA마진율
2016	5.1	5.0	26.1	9.3	2.7	3.4	1,872.7	79.3	8.7
2015	8.3	7.4	27.6	9.5	4.1	5.4	1,836.8	78.4	11.5
2014	11.7	9.6	33.2	12.8	6.1	8.0	1,780.6	75.1	14.5
2013	12.7	9.9	30.3	11.9	6.3	8.2	1,653.3	76.8	15.1

디티앤씨 (A187220)
DT&C

<table>
<tr><td>업 종 : 통신장비</td><td>시 장 : KOSDAQ</td></tr>
<tr><td>신용등급 : (Bond) — (CP) —</td><td>기업규모 : 벤처</td></tr>
<tr><td>홈페이지 : www.dtnc.co.kr</td><td>연 락 처 : 031)321-2664</td></tr>
<tr><td colspan="2">본 사 : 경기도 용인시 처인구 유림로154번길 42 (유방동)</td></tr>
</table>

설 립 일	2000.10.18	종업원수	219명	대표이사 박채규
상 장 일	2014.12.17	감사의견 적정 (한미)	계 열
결 산 기	12월	보 통 주 985만주	종속회사수
액 면 가	500원	우 선 주	구 상 호

주주구성 (지분율,%)
박채규	45.3
트러스톤자산운용	4.5
(외국인)	0.9

출자관계 (지분율,%)
디티앤베스트먼트	100.0
DCJ	90.0
디티앤에스	72.0

주요경쟁사 (외형,%)
디티앤씨	100
텔콘	74
다산네트웍스	552

매출구성
정보통신기기	57.6
자동차전장기기	16.0
기타	9.2

비용구성
| 매출원가율 | 60.7 |
| 판관비율 | 31.7 |

수출비중
| 수출 | 5.9 |
| 내수 | 94.1 |

회사 개요
동사는 2000년 10월 전자파 시험인증 사업을 영위할 목적으로 설립되었으며, 시험인증 사업을 전문적으로 하는 기업으로 정보통신기기, 의료기기, 자동차 전장기기를 비롯한 다양한 분야에 인증 서비스를 제공하고 있음. 동사는 주력인 정보통신, 의료기기 및 자동차 전장 외 우주항공, 원자력, 선급 등의 사업 영역 확장을 추진중에 있으며, 이 분야 진출에 필수적인 신뢰성 및 환경 시험을 전담하는 시험센터를 설립함.

실적 분석
동사의 2016년 누적매출은 403.9억원으로 전년동기대비 27.1% 증가, 영업이익은 30.6억원으로 전년대비 8.5% 증가, 순이익은 24.1억원으로 전년대비 33.1% 감소. 전방산업인 IT부문의 매출 정체로 고정비 부담이 증가하여 수익성이 부진하였던 것으로 평가됨. 동사는 기존 IT중심의 사업분야를 원자력과, 항공/우주, 방위산업 등으로 확장해나갈 것으로 전망됨. 해당 사업군은 현재 상당규모의 인증 대기수요가 존재하고 있음.

현금 흐름 〈단위 : 억원〉
항목	2015	2016
영업활동	27	37
투자활동	-302	-180
재무활동	64	122
순현금흐름	-211	-20
기말현금	133	113

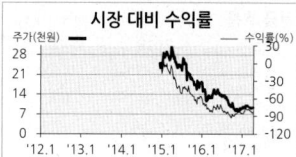
시장 대비 수익률

결산 실적 〈단위 : 억원〉
항목	2011	2012	2013	2014	2015	2016
매출액	90	134	202	275	318	404
영업이익	19	27	53	93	28	31
당기순이익	9	22	43	72	36	24

분기 실적 〈단위 : 억원〉
항목	2015.3Q	2015.4Q	2016.1Q	2016.2Q	2016.3Q	2016.4Q
매출액	103	71	90	92	102	119
영업이익	27	-14	7	1	11	11
당기순이익	24	-7	5	-2	5	17

재무 상태 〈단위 : 억원〉
항목	2011	2012	2013	2014	2015	2016
총자산	139	155	318	812	935	1,107
유형자산	106	117	198	380	574	656
무형자산	2	1	2	3	16	24
유가증권	—	—	—	—	67	105
총부채	104	106	207	173	259	399
총차입금	88	89	179	136	203	315
자본금	6	7	30	49	49	49
총자본	34	49	112	639	677	708
지배주주지분	34	49	112	639	675	705

기업가치 지표
항목	2011	2012	2013	2014	2015	2016
주가(최고/저)(천원)	—/—	—/—	—/—	26.6/21.5	30.6/15.5	18.1/7.9
PER(최고/저)(배)	0.0/0.0	0.0/0.0	0.0/0.0	28.5/23.1	82.8/41.8	74.9/32.7
PBR(최고/저)(배)	0.0/0.0	0.0/0.0	0.0/0.0	4.1/3.3	4.5/2.3	2.5/1.1
EV/EBITDA(배)	2.8	2.0	1.5	18.4	25.6	11.5
EPS(원)	193	459	761	930	370	242
BPS(원)	29,147	34,956	1,461	6,482	6,845	7,158
CFPS(원)	15,220	28,953	1,046	1,243	817	867
DPS(원)	—	—	—	—	—	—
EBITDAPS(원)	23,336	33,070	1,230	1,506	733	936

재무 비율 〈단위 : %〉
연도	영업이익률	순이익률	부채비율	차입금비율	ROA	ROE	유보율	자기자본비율	EBITDA마진율
2016	7.6	6.0	56.3	44.5	2.4	3.5	1,331.7	64.0	22.8
2015	8.9	11.3	38.2	30.1	4.1	5.6	1,269.0	72.4	22.7
2014	33.8	26.4	27.2	21.2	12.8	19.3	1,196.3	78.6	42.7
2013	26.4	21.3	184.5	160.1			274.3	35.2	34.3

디피씨 (A026890)
Digital Power Communications

<table>
<tr><td>업 종 : 내구소비재</td><td>시 장 : 거래소</td></tr>
<tr><td>신용등급 : (Bond) — (CP) —</td><td>기업규모 : 시가총액 소형주</td></tr>
<tr><td>홈페이지 : www.dpc.co.kr</td><td>연 락 처 : 031)599-0100</td></tr>
<tr><td colspan="2">본 사 : 경기도 안산시 단원구 산단로 19번길 145(목내동)</td></tr>
</table>

설 립 일	1982.06.25	종업원수	47명	대표이사 도용환
상 장 일	1997.11.25	감사의견 적정 (삼일)	계 열
결 산 기	12월	보 통 주 4,168만주	종속회사수
액 면 가	500원	우 선 주	구 상 호

주주구성 (지분율,%)
도용환	13.2
SC제일은행	5.8
(외국인)	2.4

출자관계 (지분율,%)
스틱인베스트먼트	100.0
에너솔	97.9
알티에스	4.9

주요경쟁사 (외형,%)
디피씨	100
코웨이	1,700
쿠쿠전자	513

매출구성
[제품외]HVT외(기타)	97.4
투자조합수익	10.3
기타영업수익	8.6

비용구성
| 매출원가율 | 66.9 |
| 판관비율 | 21.6 |

수출비중
| 수출 | — |
| 내수 | — |

회사 개요
동사의 사업부문은 제조부문과 투자부문으로 나누어져 있음. 제조 부문은 전자레인지용 고압 변성기 등을 중국 현지법인과 말레이시아 현지법인을 통해 납품하고 있으며, 투자부문은 창업투자가 주력임. 제조부문은 파워부문이 주력이며, 전자레인지의 주요 부품인 HVT를 생산함. 전자레인지가 성숙기 산업임에도 불구하고 중국 및 동남아 시장의 확대로 중국 및 말레이시아 해외생산기지 구축을 완료하였음. 매출비중은 파워 66%, 창업투자 30% 등으로 구성됨.

실적 분석
동사의 2016년 연결 기준 매출과 영업이익은 1,398억원, 162억원으로 전년 대비 각각 4.8%, 35% 증가함. 제조부문의 물량증가 및 종속회사의 투자수익 증가 영향으로 매출이 증가함. 당기순이익은 전기 영업외수익에는 조세심판원 결정에 따른 종속회사 부가가치세 부과처분 취소분이 포함되어 있어, 전기 수준인 141억원을 기록함. 자산은 전년 대비 125억원 증가한 1,880억원, 부채는 60억원 증가한 518억원을 기록함.

현금 흐름 〈단위 : 억원〉
항목	2015	2016
영업활동	127	25
투자활동	-98	-20
재무활동	-58	-2
순현금흐름	-28	5
기말현금	165	170

시장 대비 수익률

결산 실적 〈단위 : 억원〉
항목	2011	2012	2013	2014	2015	2016
매출액	1,795	1,722	1,587	1,452	1,334	1,398
영업이익	106	209	61	120	120	162
당기순이익	92	157	15	91	142	141

분기 실적 〈단위 : 억원〉
항목	2015.3Q	2015.4Q	2016.1Q	2016.2Q	2016.3Q	2016.4Q
매출액	337	343	327	365	331	375
영업이익	31	38	30	68	39	24
당기순이익	23	30	30	50	28	33

재무 상태 〈단위 : 억원〉
항목	2011	2012	2013	2014	2015	2016
총자산	1,571	1,552	1,634	1,678	1,755	1,880
유형자산	236	230	213	196	177	159
무형자산	86	86	61	62	58	60
유가증권	68	79	36	31	1	8
총부채	527	520	554	528	458	518
총차입금	251	275	258	271	237	254
자본금	208	208	208	208	208	208
총자본	1,045	1,032	1,079	1,150	1,296	1,362
지배주주지분	940	1,010	1,058	1,129	1,275	1,340

기업가치 지표
항목	2011	2012	2013	2014	2015	2016
주가(최고/저)(천원)	2.4/1.0	3.2/1.3	4.5/2.5	3.8/2.7	7.1/3.5	4.9/3.1
PER(최고/저)(배)	13.6/5.6	9.4/3.9	207.5/113.6	18.8/13.3	22.0/10.8	15.3/9.8
PBR(최고/저)(배)	1.0/0.4	1.2/0.5	1.7/1.0	1.3/1.0	2.2/1.1	1.4/0.9
EV/EBITDA(배)	3.7	5.4	12.0	8.7	10.0	5.9
EPS(원)	193	360	23	210	332	325
BPS(원)	2,593	2,760	2,793	2,962	3,311	3,459
CFPS(원)	255	436	94	277	397	385
DPS(원)	50	50	50	50	50	70
EBITDAPS(원)	318	578	217	354	353	448

재무 비율 〈단위 : %〉
연도	영업이익률	순이익률	부채비율	차입금비율	ROA	ROE	유보율	자기자본비율	EBITDA마진율
2016	11.6	10.1	38.1	18.6	7.8	10.4	591.8	72.4	13.3
2015	9.0	10.6	35.4	18.3	8.3	11.5	562.3	73.9	11.0
2014	8.2	6.3	45.9	23.6	5.5	8.0	492.4	68.5	10.2
2013	3.8	0.9	51.4	23.9	0.9	0.9	458.5	66.1	5.7

디피앤케이 (A189700)
Design Power & Korea

업 종 : 섬유 및 의복		시 장 : KONEX	
신용등급 : (Bond) — (CP) —		기업규모 :	
홈 페 이 지 : www.dpnk.co.kr		연 락 처 : 02)461-7067	
본 사 : 서울시 광진구 동일로 334			

설 립 일 2007.07.02	종 업 원 수 22명	대 표 이 사 이창세
상 장 일 2014.06.10	감 사 의 견 적정 (이현)	계 열
결 산 기 12월	보 통 주 729만주	종 속 회 사 수
액 면 가 500원	우 선 주	구 상 호

주주구성 (지분율,%)
권의령	18.9
엘도라도어패럴	11.2

출자관계 (지분율,%)
디피앤케이	100
진도	739
대한방직	1,476

주요경쟁사 (외형,%)

매출구성
의류	94.7
샌들	4.9
기타 (임대료 등)	0.3

비용구성
매출원가율	71.9
판관비율	48.3

수출비중
수출	—
내수	—

회사 개요
동사는 2007년 설립돼 홈쇼핑을 주요 유통채널로 여러 브랜드를 출시함. 30~50대의 여성층을 주요 타겟층으로 하는 제품을 생산함. 주력 브랜드로는 막스포라(by 마담포라), 노튼, 벤츄라, 라무리나 등이 있음. 홈쇼핑이 주 거래처라 대금 지급이 즉시적임. 동사는 소비트렌드를 파악하기 위해 시장조사를 직접 수행함. 이러한 시장조사를 반영해 동사 디자인연구소에서 디자인을 기획함.

실적 분석
동사는 2016년 매출액이 166.3억원으로 전년 대비 27% 증가함. 영업손실은 33.6억원으로 적자지속됨. 당기순손실은 43.9억원으로 적자지속됨. 패션 시장의 경쟁력이 치열해 동사 수익성이 악화된 것으로 보임. 다만 판매처 및 물량이나 가격 등 판매조건이 비교적 안정적임. 동사는 주력 제품인 막스포라에 집중된 매출을 분산시키기 위해 유통채널 확대를 꾀하고 있음. 해외시장으로도 판로를 개척할 계획임.

현금 흐름 *IFRS 별도 기준 〈단위 : 억원〉
항목	2015	2016
영업활동	-24	11
투자활동	-52	-1
재무활동	77	-12
순현금흐름	2	-2
기말현금	2	0

시장 대비 수익률
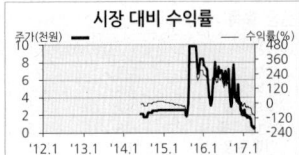

결산 실적 〈단위 : 억원〉
항목	2011	2012	2013	2014	2015	2016
매출액	—	80	78	125	131	166
영업이익	—	2	5	18	-12	-34
당기순이익	—	0	4	13	-10	-44

분기 실적 *IFRS 별도 기준 〈단위 : 억원〉
항목	2015.3Q	2015.4Q	2016.1Q	2016.2Q	2016.3Q	2016.4Q
매출액	—	—	—	—	—	—
영업이익	—	—	—	—	—	—
당기순이익	—	—	—	—	—	—

재무 상태 *IFRS 별도 기준 〈단위 : 억원〉
항목	2011	2012	2013	2014	2015	2016
총자산	—	49	73	100	173	134
유형자산	—	25	20	19	75	51
무형자산	—	—	1	1	1	1
유가증권	—	—	—	—	—	—
총부채	—	32	51	49	120	125
총차입금	—	28	32	34	99	86
자본금	—	9	9	24	36	36
총자본	—	18	22	50	53	9
지배주주지분	—	18	22	50	53	9

기업가치 지표 *IFRS 별도 기준
항목	2011	2012	2013	2014	2015	2016
주가(최고/저)(천원)	—/—	—/—	—/—	2.6/1.8	9.9/1.3	9.1/2.0
PER(최고/저)(배)	0.0/0.0	0.0/0.0	0.0/0.0	12.1/8.4	—/—	—/—
PBR(최고/저)(배)	0.0/0.0	0.0/0.0	0.0/0.0	3.5/2.4	13.5/1.8	73.0/15.8
EV/EBITDA(배)	0.0		11.9	6.1	11.7	—
EPS(원)	—	7	73	212	-134	-602
BPS(원)	—	983	1,238	1,056	728	125
CFPS(원)	—	54	231	318	-120	-585
DPS(원)	—	—	—	—	—	—
EBITDAPS(원)	—	122	291	421	-155	-444

재무 비율 〈단위 : % 〉
연도	영업이익률	순이익률	부채비율	차입금비율	ROA	ROE	유보율	자기자본비율	EBITDA마진율
2016	-20.2	-26.4	일부잠식	일부잠식	-28.5	-141.3	-75.1	6.8	-19.4
2015	-9.3	-7.4	226.9	186.0	-7.1	-18.8	45.6	30.6	-8.6
2014	14.5	10.8	98.8	68.5	15.6	37.3	111.2	50.3	15.0
2013	6.0	4.6	230.5	145.3	—	147.6	30.3	6.7	

딜리 (A131180)
DILLI ILLUSTRATE

업 종 : 컴퓨터 및 주변기기		시 장 : KOSDAQ	
신용등급 : (Bond) — (CP) —		기업규모 : 벤처	
홈 페 이 지 : www.dilli.co.kr		연 락 처 : 031)860-5500	
본 사 : 경기도 동두천시 강변로 702번길 30			

설 립 일 1996.02.15	종 업 원 수 99명	대 표 이 사 최근수
상 장 일 2011.01.31	감 사 의 견 적정 (한영)	계 열
결 산 기 12월	보 통 주 2,935만주	종 속 회 사 수
액 면 가 100원	우 선 주	구 상 호

주주구성 (지분율,%)
최근수	35.5
Agfa Graphics NV	15.0
(외국인)	15.5

출자관계 (지분율,%)
딜리멕시코	97.0
딜리과기(상해)유한공사	100.0
딜리S.A.	99.0

주요경쟁사 (외형,%)
딜리	100
빅솔론	227
메디프론	34

매출구성
UV프린터[ODM]	44.1
UV프린터[직판]	35.7
부품[ODM]	9.6

비용구성
매출원가율	64.8
판관비율	25.5

수출비중
수출	76.3
내수	23.7

회사 개요
1996년 일리정공으로 설립된 동사는 2010년 사명을 딜리로 바꾸고, 2011년 코스닥시장에 상장됨. 동사가 생산하는 디지털 잉크젯 UV프린터는 주로 산업용으로 사용되며 자외선을 통해 순간경화로 잉크가 번지지 않고, 유리, 목재, 플라스틱, 금속, 캔버스 등 소재를 가리지 않고 출력이 가능함. 또한 잉크에서 발생하는 유해물질을 차단해주는 장점이 있음. 디지털 UV프린터 세계시장에서 동사의 제품이 차지하는 점유율이 업계 추산으로 10% 정도임.

실적 분석
UV프린터(제품)의 국내 판매는 늘었으나, 유럽에 대한 수출은 부진하였음. 그리고 UV잉크(상품)의 국내외 매출이 감소함에 따라 2016년 매출액은 전년 대비 9.1% 줄어듦. 외형축소에 따른 고정비용 부담으로 영업이익은 27.2% 감소하였으며, 이자비용, 외환손실 등 영업외수지도 악화됨. UV프린터의 장점인 인쇄 매체의 제한이 적은 범용성으로 인해 유리, 가구, 악세사리, 인테리어 등 응용분야가 확대됨에 따라 수요가 증가할 것으로 기대됨.

현금 흐름 〈단위 : 억원〉
항목	2015	2016
영업활동	56	11
투자활동	-58	34
재무활동	19	-53
순현금흐름	18	-6
기말현금	86	80

시장 대비 수익률
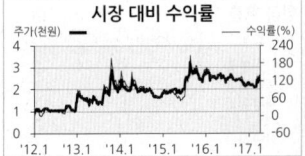

결산 실적 〈단위 : 억원〉
항목	2011	2012	2013	2014	2015	2016
매출액	289	329	328	340	425	386
영업이익	34	29	25	25	51	37
당기순이익	40	35	32	34	56	41

분기 실적 〈단위 : 억원〉
항목	2015.3Q	2015.4Q	2016.1Q	2016.2Q	2016.3Q	2016.4Q
매출액	106	85	108	86	93	99
영업이익	14	-5	18	8	10	2
당기순이익	18	0	16	8	6	12

재무 상태 〈단위 : 억원〉
항목	2011	2012	2013	2014	2015	2016
총자산	448	481	500	522	606	583
유형자산	98	89	92	94	98	104
무형자산	8	8	13	12	12	12
유가증권	3	5	1	1	1	2
총부채	24	33	32	33	75	28
총차입금	3	5	4	1	36	0
자본금	29	29	29	29	29	29
총자본	424	448	468	489	531	555
지배주주지분	424	448	468	489	531	555

기업가치 지표
항목	2011	2012	2013	2014	2015	2016
주가(최고/저)(천원)	1.5/0.8	1.4/0.8	3.1/1.3	2.5/1.6	3.3/1.8	3.0/2.1
PER(최고/저)(배)	12.5/6.7	12.8/8.1	30.9/12.5	23.4/14.6	17.7/9.6	21.9/15.0
PBR(최고/저)(배)	1.2/0.6	1.0/0.6	2.1/0.9	1.6/1.0	1.9/1.0	1.6/1.1
EV/EBITDA(배)	1.8	6.7	14.5	10.6	11.0	11.0
EPS(원)	140	118	109	116	192	141
BPS(원)	7,296	1,541	1,609	1,681	1,823	1,904
CFPS(원)	736	128	121	128	204	155
DPS(원)	180	42	45	50	60	50
EBITDAPS(원)	642	109	98	95	187	142

재무 비율 〈단위 : % 〉
연도	영업이익률	순이익률	부채비율	차입금비율	ROA	ROE	유보율	자기자본비율	EBITDA마진율
2016	9.7	10.7	5.0	0.1	7.0	7.6	1,804.4	95.2	10.8
2015	12.1	13.3	14.2	6.7	10.0	11.1	1,722.8	87.6	12.9
2014	7.3	10.1	6.7	0.3	6.7	7.1	1,580.7	93.7	8.2
2013	7.7	9.8	6.9	0.9	6.5	7.0	1,509.4	93.6	8.8

라온시큐어 (A042510)
RaonSecure

업　　종 : 일반 소프트웨어	시　　장 : KOSDAQ
신용등급 : (Bond) — 　(CP) —	기업규모 : 벤처
홈페이지 : www.raonsecure.com	연 락 처 : 02)561-4545
본　　사 : 서울시 강남구 테헤란로145, 11,12,13층(역삼동, 우신빌딩)	

설 립 일	1998.04.16	종업원수	129명	대표이사	이순형
상 장 일	2001.01.03	감사의견	적정 (한길)	계　　열	
결 산 기	12월	보 통 주	3,181만주	종속회사수	
액 면 가	500원	우 선 주		구 상 호	테라움

주주구성 (지분율,%)		출자관계 (지분율,%)		주요경쟁사 (외형,%)	
이순형	21.2	라온화이트햇	100.0	라온시큐어	100
장만호	4.2			알서포트	128
(외국인)	1.0			SGA	654

매출구성		비용구성		수출비중	
TouchEn mTransKey등	34.7	매출원가율	40.2	수출	0.2
TouchEn Firewall 등	24.9	판관비율	48.3	내수	99.8
모비싸인, 컨설팅,연구과제 등	23.5				

회사 개요
동사는 1998년 설립된 유무선 접속 장비 개발 업체임. 국내에서는 유일하게 모바일 보안 분야의 종합 보안솔루션(모바일단말관리, 암호인증, 모바일백신, 가상키패드)을 모두 보유하며, 모바일 보안 위협에 따른 핵심 솔루션 시장에서 국내 보안기술 및 시장을 선도.매출구성은 모바일 보안 40%, PC보안 20%임. 연결대상 종속회사로는 지분 100%를 보유한 교육기업 라온화이트햇이 있음.

실적 분석
동사의 2016년 연간 매출액은 167억원으로 전년대비 34.2% 증가함. 영업이익은 전년대비 151.6% 증가한 19.1억원을 기록함. 동사는 카카오페이에 지문인증 등 생체인증 서비스를 공급하고 있음. 국내 FIDO 도입 업체 수를 기준으로 동사의 국내 시장점유율은 약 90% 수준임. 인터넷전문은행의 출범과 함께 비대면 인증의 필요성이 높아진 시장상황과 더불어 인증 솔루션 분야 국내 최고 기술력을 보유한 동사의 성장이 기대됨.

현금 흐름 〈단위 : 억원〉

항목	2015	2016
영업활동	23	34
투자활동	-2	-16
재무활동	-2	-4
순현금흐름	19	13
기말현금	46	59

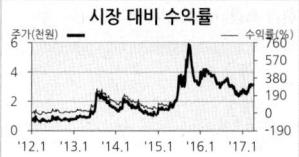
시장 대비 수익률

결산 실적 〈단위 : 억원〉

항목	2011	2012	2013	2014	2015	2016
매출액	72	139	165	112	125	167
영업이익	24	17	-17	-27	8	19
당기순이익	4	24	-4	-15	7	17

분기 실적 〈단위 : 억원〉

항목	2015.3Q	2015.4Q	2016.1Q	2016.2Q	2016.3Q	2016.4Q
매출액	28	52	32	38	39	58
영업이익	-2	21	-5	3	6	15
당기순이익	-2	20	-5	3	6	13

재무 상태 〈단위 : 억원〉

항목	2011	2012	2013	2014	2015	2016
총자산	85	295	164	149	162	166
유형자산	2	4	4	3	2	7
무형자산	6	15	20	21	24	23
유가증권	—	—	1	1	—	—
총부채	52	185	52	49	55	42
총차입금	38	125	15	18	18	17
자본금	10	152	157	159	159	159
총자본	33	110	112	100	107	124
지배주주지분	33	110	112	100	107	124

기업가치 지표

항목	2011	2012	2013	2014	2015	2016
주가(최고/저)(천원)	3.7/0.6	1.0/0.6	2.7/0.8	2.2/1.0	5.9/1.1	4.3/2.1
PER(최고/저)(배)	43.8/7.2	5.4/3.0	—/—	—/—	271.5/51.9	79.9/40.0
PBR(최고/저)(배)	6.3/1.0	2.9/1.6	7.5/2.1	7.0/3.2	17.5/3.3	11.0/5.5
EV/EBITDA(배)	2.5	18.1				79.8	30.3
EPS(원)	84	194	-14	-46	22	54
BPS(원)	579	361	357	315	336	390
CFPS(원)	100	213	-1	-30	39	74
DPS(원)						
EBITDAPS(원)	473	157	-42	-71	41	81

재무 비율 〈단위 : % 〉

연도	영업이익률	순이익률	부채비율	차입금비율	ROA	ROE	유보율	자기자본비율	EBITDA마진율
2016	11.5	10.2	일부잠식	일부잠식	10.4	14.8	-22.0	74.7	15.4
2015	6.1	5.5	일부잠식	일부잠식	4.5	6.7	-32.7	66.2	10.5
2014	-24.4	-13.0	일부잠식	일부잠식	-9.3	-13.7	-37.1	67.3	-19.9
2013	-10.3	-2.6	일부잠식	일부잠식	-1.9	-3.8	-28.6	68.3	-7.9

라온테크 (A232680)
RAONTECH

업　　종 : 기계	시　　장 : KONEX
신용등급 : (Bond) — 　(CP) —	기업규모 : —
홈페이지 : www.naontec.com	연 락 처 : 031)201-0000
본　　사 : 경기도 수원시 권선구 산업로156번길 88-4	

설 립 일	2000.03.14	종업원수	43명	대표이사	김원경
상 장 일	2015.12.15	감사의견	적정 (신정)	계　　열	
결 산 기	12월	보 통 주	230만주	종속회사수	
액 면 가	500원	우 선 주		구 상 호	나온테크

주주구성 (지분율,%)		출자관계 (지분율,%)		주요경쟁사 (외형,%)	
김원경	30.2			라온테크	100
최정윤	12.2			이에스산업	73
				씨케이컴퍼니	44

매출구성		비용구성		수출비중	
Platform	71.2	매출원가율	77.9	수출	0.3
Cluster Tool	8.1	판관비율	17.8	내수	99.7
기타	8.0				

회사 개요
2000년 3월에 설립된 제조업용 로봇과 자동화 시스템을 개발·공급하는 기업임. 주요 사업은 반도체 제조라인에서 웨이퍼를 이송하는 반도체 로봇과 자동화 모듈, LCD와 OLED 제조라인에서 글라스를 이송하는 FPD 로봇과 자동화 시스템, 식품, 화장품, 의약품 제조라인에서 사용되는 제조업용 로봇과 자동화 시스템임. 현재 국내 산업용 로봇시장 규모는 약 1조원 규모이며 국제로봇연맹은 2019년까지 연평균 5% 성장할 것으로 전망함.

실적 분석
동사는 코넥스 상장기업으로 분반기 실적 공개 의무가 없음. 2016년 매출액은 187.9억원을 기록함. 전년도 매출액 140.7억원 대비 33.6% 증가한 금액임. 영업이익은 8억원을 시현함. 전년도 영업이익 9.1억원에 비해 12% 가량 감소한 금액임. 당기순이익은 15.8억원을 시현함. 전년도엔 3.2억원의 손실을 냈으나 외형성장에 힘입어 흑자 전환에 성공함.

현금 흐름 　*IFRS 별도 기준 〈단위 : 억원〉

항목	2015	2016
영업활동	-20	-8
투자활동	-60	-17
재무활동	74	27
순현금흐름	-6	3
기말현금	1	4

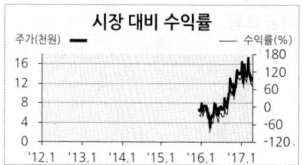
시장 대비 수익률

결산 실적 〈단위 : 억원〉

항목	2011	2012	2013	2014	2015	2016
매출액	67	105	45	60	141	188
영업이익	6	2	-3	5	9	8
당기순이익	5	1	5	-3	-3	16

분기 실적 　*IFRS 별도 기준 〈단위 : 억원〉

항목	2015.3Q	2015.4Q	2016.1Q	2016.2Q	2016.3Q	2016.4Q
매출액						
영업이익						
당기순이익						

재무 상태 　*IFRS 별도 기준 〈단위 : 억원〉

항목	2011	2012	2013	2014	2015	2016
총자산	96	105	110	111	181	260
유형자산	35	36	35	35	87	106
무형자산	27	31	32	20	20	20
유가증권	—	—	—	—	—	—
총부채	79	61	66	80	154	216
총차입금	61	47	49	43	114	137
자본금	9	11	11	11	11	11
총자본	16	44	45	31	28	44
지배주주지분	16	44	45	31	28	44

기업가치 지표 　*IFRS 별도 기준

항목	2011	2012	2013	2014	2015	2016
주가(최고/저)(천원)	—/—	—/—	—/—	—/—	7.0/4.6	15.8/3.0
PER(최고/저)(배)	0.0/0.0	0.0/0.0	0.0/0.0	0.0/0.0	—/—	22.4/4.3
PBR(최고/저)(배)	0.0/0.0	0.0/0.0	0.0/0.0	0.0/0.0	5.6/3.7	8.3/1.6
EV/EBITDA(배)	6.2		6.3	24.0	5.4	18.6	37.9
EPS(원)	108	282	45	230	-146	707
BPS(원)	928	1,985	2,030	1,407	1,261	1,895
CFPS(원)	343	543	280	303	-67	869
DPS(원)						
EBITDAPS(원)	563	363	85	291	494	519

재무 비율 〈단위 : % 〉

연도	영업이익률	순이익률	부채비율	차입금비율	ROA	ROE	유보율	자기자본비율	EBITDA마진율
2016	4.2	8.4	495.8	315.3	7.2	44.3	279.0	16.8	6.2
2015	6.5	-2.3	555.2	411.9	-2.2	-10.9	152.3	15.3	7.7
2014	8.0	8.4	258.5	139.8	4.6	13.4	181.4	27.9	10.7
2013	-7.3	2.2	147.6	109.4	0.9	2.3	306.1	40.4	4.1

라이브플렉스 (A050120)
LIVEPLEX

업 종 : 레저용품		시 장 : KOSDAQ
신용등급 : (Bond) — (CP) —		기업규모 : 중견
홈 페 이 지 : www.liveplex.co.kr		연 락 처 : 02)3446-4872
본 사 : 서울시 강남구 언주로 702 8층 (논현동)		

설 립 일 1977.06.20	종 업 원 수 30명	대 표 이 사 김병진
상 장 일 2002.04.25	감 사 의 견 적정 (대현)	계 열
결 산 기 12월	보 통 주 8,324만주	종속회사수
액 면 가 500원	우 선 주	구 상 호

주주구성 (지분율,%)		출자관계 (지분율,%)		주요경쟁사 (외형,%)	
김병진	32.2	플렉스인베스트먼트	100.0	라이브플렉스	100
에이티넘팬아시아조합	5.3	소셜큐브네트웍스	100.0	손오공	377
(외국인)	2.8			오로라	418

매출구성		비용구성		수출비중	
텐트사업(제품)	84.8	매출원가율	71.3	수출	—
게임사업(게임매출)	13.5	판관비율	22.4	내수	—
모바일액세서리사업(제품매출)	1.5				

회사 개요
동사는 1977년에 설립, 2002년에 코스닥 시장에 상장된 기업으로 현재 6개의 연결대상 종속법인을 보유하고 있음. 종속회사인 중국의 청도경조여유용품, 고밀화신여유용품, 위방진호여외용품, 베트남의 LIVE OUTDOOR를 통해 레저 및 기능성 텐트를 생산하여 Snowpeak, Cabela's 등에 수출하는 ODM 사업을 영위하고 있음. 또한 소셜큐브네트웍스를 통한 온라인 게임사업과 플렉스인베스트먼트를 통한 축산 관련 사업도 영위하고 있음.

실적 분석
동사의 2016년 연결기준 연간 누적 매출액은 342.9억원으로 전년대비 18.7% 감소하며 부진함. 단 외형축소에 따라 매출가와 판관비도 각각 19.6%, 51.4% 크게 줄어들며 같은 기간 누적 영업이익은 21.6억원으로 준수한 실적 올림. 전년 영업손실 40.6억원에서 흑자전환 성공. 2016년 3월 매각한 로켓모바일 지분을 처분함에 따라 종속기업 투자주식처분액이 307.5억원 발생하며 당기순이익 215.4억원을 시현함.

현금 흐름 〈단위 : 억원〉

항목	2015	2016
영업활동	-28	12
투자활동	4	-230
재무활동	29	378
순현금흐름	10	48
기말현금	265	313

시장 대비 수익률
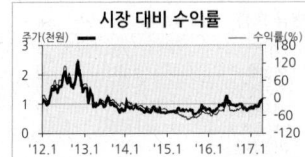

결산 실적 〈단위 : 억원〉

항목	2011	2012	2013	2014	2015	2016
매출액	534	560	586	445	422	343
영업이익	-37	1	-12	2	-41	22
당기순이익	-48	-4	-165	-6	-23	215

분기 실적 〈단위 : 억원〉

항목	2015.3Q	2015.4Q	2016.1Q	2016.2Q	2016.3Q	2016.4Q
매출액	113	76	138	91	71	44
영업이익	-15	-33	10	7	4	1
당기순이익	5	-44	200	8	1	7

재무 상태 〈단위 : 억원〉

항목	2011	2012	2013	2014	2015	2016
총자산	555	463	471	566	556	1,052
유형자산	43	32	22	23	20	71
무형자산	154	193	46	54	55	1
유가증권	17	37	45	31	48	62
총부채	162	64	48	70	60	335
총차입금	1	2	2	27	19	298
자본금	116	117	182	182	182	208
총자본	392	399	424	496	497	717
지배주주지분	380	392	417	418	425	717

기업가치 지표

항목	2011	2012	2013	2014	2015	2016
주가(최고/저)(천원)	2.5/1.4	5.1/1.9	3.2/1.4	2.2/1.4	2.2/1.2	2.6/1.4
PER(최고/저)(배)	—/—	1,148.6/416.8	—/—	164.6/102.9	122.6/66.0	4.8/2.6
PBR(최고/저)(배)	1.7/0.9	3.4/1.2	2.8/1.2	1.9/1.2	1.9/1.0	1.5/0.8
EV/EBITDA(배)	70.9		13.1	10.1	13.8	22.1
EPS(원)	-94	2	-253	7	9	273
BPS(원)	1,636	1,676	1,143	1,145	1,166	1,723
CFPS(원)	-26	234	-375	62	44	563
DPS(원)						
EBITDAPS(원)	23	233	95	54	-85	71

재무 비율 〈단위 : % 〉

연도	영업이익률	순이익률	부채비율	차입금비율	ROA	ROE	유보율	자기자본비율	EBITDA마진율
2016	6.3	62.8	46.7	41.6	26.8	38.1	244.5	68.2	8.2
2015	-9.6	-5.5	12.1	3.9	-4.1	1.6	133.2	89.3	-7.4
2014	0.4	-1.4	14.1	5.4	-1.2	1.2	128.9	87.7	4.4
2013	-2.0	-28.1	11.3	0.4	-35.2	-40.5	128.6	89.9	5.3

라이온켐텍 (A171120)
Lion Chemtech

업 종 : 건축소재		시 장 : KOSDAQ
신용등급 : (Bond) (CP) —		기업규모 : 우량
홈 페 이 지 : www.lctkorea.com		연 락 처 : 042)930-3300
본 사 : 대전시 대덕구 대덕대로1277번길 36		

설 립 일 1982.11.24	종 업 원 수 209명	대 표 이 사 박희원,박서영
상 장 일 2013.11.19	감 사 의 견 적정 (신우)	계 열
결 산 기 12월	보 통 주 1,539만주	종속회사수
액 면 가 500원	우 선 주	구 상 호

주주구성 (지분율,%)		출자관계 (지분율,%)		주요경쟁사 (외형,%)	
박희원	44.2			라이온켐텍	100
신영자산운용	6.0			아세아시멘트	378
(외국인)	4.3			현대시멘트	314

매출구성		비용구성		수출비중	
인조대리석(트라이스톤)	76.6	매출원가율	71.9	수출	—
합성왁스(L-C WAX)	20.4	판관비율	12.6	내수	—
기타	3.0				

회사 개요
동사는 1973년 3월 새한화학공업사로 설립되어 1982년 11월 24일 화학물질 및 화학제품 제조 기업으로 법인전환되었으며, 건축 내외장재로 사용되는 인조대리석 및 플라스틱의 물성 개선을 위해 첨가되는 합성왁스를 생산하고 있음. 국내 인조대리석 시장에서 동사의 경쟁사는 LG하우시스, 제일모직, 한화L&C, 듀폰 총 4개 업체가 있으며, 2015년 동사의 매출액의 25.6%가 왁스사업부에서, 74.4%가 대리석사업부에서 발생함.

실적 분석
동사의 2016년 결산기준 누적 매출액은 전년동기대비 4.9% 상승한 1,206억원을 기록하였음. 비용면에서 전년동기대비 매출원가는 증가 했으며 인건비도 증가, 광고선전비도 증가, 기타판매비와관리비도 마찬가지로 증가함. 이와 같이 상승한 매출액 대비 비용증가가 높아 그에 따라 전년동기대비 영업이익은 187.3억원으로 -11.5% 하락하였음. 최종적으로 전년동기대비 당기순이익은 하락하여 165.4억원을 기록하였음.

현금 흐름 *IFRS 별도 기준 〈단위 : 억원〉

항목	2015	2016
영업활동	256	194
투자활동	-234	-47
재무활동	18	-39
순현금흐름	44	109
기말현금	154	264

시장 대비 수익률

결산 실적 〈단위 : 억원〉

항목	2011	2012	2013	2014	2015	2016
매출액	801	933	1,031	1,140	1,151	1,207
영업이익	125	201	184	182	212	187
당기순이익	93	148	146	100	179	165

분기 실적 *IFRS 별도 기준 〈단위 : 억원〉

항목	2015.3Q	2015.4Q	2016.1Q	2016.2Q	2016.3Q	2016.4Q
매출액	293	305	277	303	299	328
영업이익	61	56	59	50	44	33
당기순이익	56	42	45	42	23	56

재무 상태 *IFRS 별도 기준 〈단위 : 억원〉

항목	2011	2012	2013	2014	2015	2016
총자산	386	548	836	879	1,114	1,275
유형자산	175	310	338	432	591	551
무형자산	3	6	9	8	13	13
유가증권			1	3	3	30
총부채	167	184	90	87	182	208
총차입금	87	116	5	11	68	66
자본금	41	41	51	51	77	77
총자본	219	363	747	792	932	1,067
지배주주지분	219	363	747	792	932	1,067

기업가치 지표 *IFRS 별도 기준

항목	2011	2012	2013	2014	2015	2016
주가(최고/저)(천원)	—/—	—/—	13.6/10.2	23.2/11.6	23.1/12.7	21.3/11.6
PER(최고/저)(배)	0.0/0.0	0.0/0.0	12.4/9.3	36.8/18.4	20.5/11.3	20.1/10.9
PBR(최고/저)(배)	0.0/0.0	0.0/0.0	2.9/2.2	4.5/2.3	3.7/2.0	2.9/1.6
EV/EBITDA(배)	0.4	0.3	9.7	11.5	8.4	13.1
EPS(원)	750	1,196	1,138	648	1,153	1,075
BPS(원)	53,743	4,461	7,346	8,098	6,448	7,325
CFPS(원)	23,974	1,888	1,850	1,204	1,342	1,311
DPS(원)			200	110	200	200
EBITDAPS(원)	31,807	2,541	2,305	2,010	1,556	1,454

재무 비율 〈단위 : % 〉

연도	영업이익률	순이익률	부채비율	차입금비율	ROA	ROE	유보율	자기자본비율	EBITDA마진율
2016	15.5	13.7	19.5	6.2	13.8	16.5	1,365.1	83.7	18.5
2015	18.4	15.5	19.6	7.3	17.9	20.7	1,189.5	83.6	20.9
2014	16.0	8.8	11.0	1.4	11.7	13.1	1,519.7	90.1	17.9
2013	17.9	14.1	12.0	0.7	21.1	26.3	1,369.3	89.3	18.8

라이트론 (A069540)
LIGHTRON

업 종 : 통신장비		시 장 : KOSDAQ	
신용등급 : (Bond) — (CP) —		기업규모 : 벤처	
홈 페 이 지 : www.lightron.co.kr		연 락 처 : 042)930-7700	
본 사 : 대전시 대덕구 문평동로 68			

설 립 일 1998.10.27	종업원수 142명	대 표 이 사 오중건,임영규
상 장 일 2004.02.13	감사의견 적정 (성문)	계 열
결 산 기 12월	보 통 주 734만주	종속회사수
액 면 가 500원	우 선 주	구 상 호 빛과전자

주주구성 (지분율,%)		출자관계 (지분율,%)		주요경쟁사 (외형,%)	
오중건	6.3	라이트론코퍼레이션	100.0	라이트론	100
한국증권금융	3.6	울프만브라더스	100.0	서화정보통신	32
(외국인)	0.2	세영기술	90.0	빛샘전자	141

매출구성		비용구성		수출비중	
ODL(네트워크용 광부품)	67.2	매출원가율	81.9	수출	—
FTTH(광송수신 모듈)	28.6	판관비율	16.7	내수	—
(기타	3.3				

회사 개요
동사는 광송수신용 모듈 및 광소자부품 등을 제조 및 판매하는 업체임. RFoG 광 모듈 시장에서는 약 30% 정도의 시장 점유율이 추정되고, Video 전송 광 모듈은 10% 수준의 시장점유율이 예상됨. 광 통신 전송 장비에 사용되는 Telecom/Datacom용 광 모듈은 전세계 시장규모인 2010년 약 US$30억 달러에 이르러 동사가 차지하는 비율은 미미함.

실적 분석
동사의 2016년 결산기준 누적 매출액은 전년 동기대비 39.8% 상승한 415억원을 기록하였음. 비용면에서 전년동기대비 매출원가는 증가 하였으며 인건비도 증가, 광고선전비도 증가, 기타판매비와관리비도 마찬가지로 증가함. 이와 같이 상승한 매출액 만큼 비용증가도 있었으나 매출액의 더 큰 상승에 힘입어 그에 따라 전년동기대비 영업이익은 5.7억원으로 흑자전환하였음. 최종적으로 전년동기대비 당기순이익은 흑자전환하여 5.3억원을 기록함.

현금 흐름 〈단위 : 억원〉

항목	2015	2016
영업활동	-36	-72
투자활동	8	-20
재무활동	-18	105
순현금흐름	-45	11
기말현금	40	51

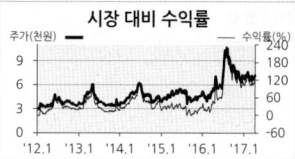

시장 대비 수익률

결산 실적 〈단위 : 억원〉

항목	2011	2012	2013	2014	2015	2016
매출액	376	440	437	517	297	415
영업이익	40	37	16	25	-50	6
당기순이익	48	53	25	32	-44	5

분기 실적 〈단위 : 억원〉

항목	2015.3Q	2015.4Q	2016.1Q	2016.2Q	2016.3Q	2016.4Q
매출액	54	47	40	58	119	198
영업이익	-17	-16	-18	-12	9	27
당기순이익	-14	-17	-17	-5	9	22

재무 상태 〈단위 : 억원〉

항목	2011	2012	2013	2014	2015	2016
총자산	390	484	522	542	459	609
유형자산	126	121	125	125	118	114
무형자산	2	2	5	5	4	7
유가증권	55	15	11	10	10	66
총부채	101	146	159	144	99	194
총차입금	21	46	58	65	50	100
자본금	32	32	32	32	32	36
총자본	289	338	363	399	359	415
지배주주지분	288	337	362	398	358	415

기업가치 지표

항목	2011	2012	2013	2014	2015	2016
주가(최고/저)(천원)	5.0/2.6	5.0/2.7	6.3/3.3	6.4/3.4	5.5/3.6	10.9/3.9
PER(최고/저)(배)	6.5/3.4	5.9/3.2	15.5/8.2	12.5/6.7	—/—	119.5/43.2
PBR(최고/저)(배)	1.1/0.5	0.9/0.5	1.1/0.6	1.0/0.5	0.9/0.6	1.8/0.7
EV/EBITDA(배)	2.6	3.5	6.8	3.6	—	25.4
EPS(원)	758	842	402	511	-693	91
BPS(원)	4,733	5,508	5,909	6,471	5,848	5,938
CFPS(원)	905	1,010	622	768	-425	318
DPS(원)						
EBITDAPS(원)	782	761	479	658	-531	315

재무 비율 〈단위 : %〉

연도	영업이익률	순이익률	부채비율	차입금비율	ROA	ROE	유보율	자기자본비율	EBITDA마진율
2016	1.4	1.3	46.8	24.2	1.0	1.4	1,087.7	68.1	5.0
2015	-17.0	-14.8	27.6	13.8	-8.8	-11.6	1,069.6	78.4	-11.3
2014	4.9	6.2	36.0	16.4	6.1	8.5	1,194.3	73.5	8.0
2013	3.7	5.7	43.8	15.9	4.9	7.3	1,081.7	69.6	6.9

락앤락 (A115390)
LOCK&LOCK

업 종 : 용기 및 포장		시 장 : 거래소	
신용등급 : (Bond) — (CP) —		기업규모 : 시가총액 중형주	
홈 페 이 지 : www.locknlock.com		연 락 처 : 041)538-2300	
본 사 : 충남 아산시 선장면 삽교천로 104			

설 립 일 2005.12.29	종업원수 412명	대 표 이 사 김성태,김준일
상 장 일 2010.01.28	감사의견 적정 (삼정)	계 열
결 산 기 12월	보 통 주 5,500만주	종속회사수
액 면 가 500원	우 선 주	구 상 호

주주구성 (지분율,%)		출자관계 (지분율,%)		주요경쟁사 (외형,%)	
김준일	52.8	LIVING&LIFEVINACO.,LTD	100.0	락앤락	100
김창호	10.8	LOCK&LOCKVINACO.,Ltd.	100.0	연우	55
(외국인)	9.3	LOCK&LOCKHOUSEWARE(SUZHOU)CO.,Ltd	100.0	삼광글라스	70

매출구성		비용구성		수출비중	
저장용품(밀폐용기등)	55.5	매출원가율	51.9	수출	—
기타(리빙용품등)	26.3	판관비율	33.9	내수	—
음료용기(아쿠아,핫앤쿨등)	20.3				

회사 개요
동사는 밀폐용기와 기타 주방용품을 생산 중이며 한국, 중국과 동남아의 해외법인등 19개의 동종업종을 영위하는 종속회사로 구성된 글로벌 주방생활용품 업체임. 1998년 업계 최초 4면 결착 방식의 Lock Type 제품을 출시하여 밀폐용기 시장에서 혁신적인 제품으로 인정받으며, 밀폐용기 시장에서 해외 유수의 대기업들과 어깨를 나란히 하게 되었음. 2013년 중국에서 유아용품 전문 브랜드 '헬로베베' 출시 등 사업영역을 넓혀가고 있음.

실적 분석
중국에서의 온라인 및 모바일 판매 호조와 베트남 등 동남아시장에서 주방용품이 선전한 덕분에 2016년 매출액은 전년동기 대비 4.4% 증가함. 2016년 3분기부터는 미주지역 수출이 강세를 보이고, 국내법인의 홈쇼핑, 인터넷 판매도 확대되고 있음. 할인점, 대리점, 직영점 등 오프라인 위주에서 온라인유통으로 주력을 전환한 결과 마케팅비용, 각종 관리비용 등이 줄어듦. 마케팅비용을 포함한 판관비가 줄어듦에 따라 영업이익은 70.5% 급증함.

현금 흐름 〈단위 : 억원〉

항목	2015	2016
영업활동	722	830
투자활동	-150	-21
재무활동	-490	-629
순현금흐름	87	181
기말현금	1,179	1,360

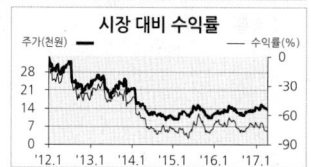

시장 대비 수익률

결산 실적 〈단위 : 억원〉

항목	2011	2012	2013	2014	2015	2016
매출액	4,761	5,084	5,017	4,216	4,071	4,251
영업이익	779	721	709	273	353	602
당기순이익	506	598	450	150	125	470

분기 실적 〈단위 : 억원〉

항목	2015.3Q	2015.4Q	2016.1Q	2016.2Q	2016.3Q	2016.4Q
매출액	1,036	1,099	1,040	1,018	994	1,199
영업이익	65	132	139	143	137	183
당기순이익	14	38	85	99	62	224

재무 상태 〈단위 : 억원〉

항목	2011	2012	2013	2014	2015	2016
총자산	7,214	7,579	7,970	7,957	7,565	7,509
유형자산	2,330	2,869	2,956	2,999	2,898	2,814
무형자산	109	142	93	102	101	92
유가증권	1,130	330	467	160	135	141
총부채	1,587	1,729	1,817	1,654	1,165	789
총차입금	938	1,158	1,109	1,111	736	217
자본금	275	275	275	275	275	275
총자본	5,627	5,850	6,153	6,304	6,399	6,720
지배주주지분	5,625	5,848	6,152	6,303	6,398	6,716

기업가치 지표

항목	2011	2012	2013	2014	2015	2016
주가(최고/저)(천원)	45.0/26.9	35.3/18.9	27.5/17.1	22.8/9.6	16.1/9.5	15.2/11.2
PER(최고/저)(배)	49.8/29.7	34.8/18.6	35.9/22.3	88.9/37.6	74.2/43.9	18.4/13.5
PBR(최고/저)(배)	4.6/2.8	3.5/1.9	2.5/1.6	2.0/0.9	1.4/0.8	1.2/0.9
EV/EBITDA(배)	21.4	12.4	12.6	10.9	9.5	7.5
EPS(원)	975	1,089	820	273	228	854
BPS(원)	10,484	10,979	11,604	11,880	12,053	12,630
CFPS(원)	1,279	1,531	1,280	738	718	1,295
DPS(원)	160	80	100	150	200	500
EBITDAPS(원)	1,805	1,754	1,750	962	1,132	1,537

재무 비율 〈단위 : %〉

연도	영업이익률	순이익률	부채비율	차입금비율	ROA	ROE	유보율	자기자본비율	EBITDA마진율
2016	14.2	11.1	11.7	3.2	6.2	7.2	2,426.0	89.5	19.9
2015	8.7	3.1	18.2	11.5	1.6	2.0	2,310.6	84.6	15.3
2014	6.5	3.6	26.2	17.6	1.9	2.4	2,275.9	79.2	12.6
2013	14.1	9.0	29.5	18.0	5.8	7.5	2,220.8	77.2	19.2

래몽래인 (A200350)
Raemong Raein

업　　종 : 미디어　　　　　　　　시　　장 : KONEX
신용등급 : (Bond) —　　(CP) —　　기업규모 : —
홈 페 이 지 : www.raemongraein.co.kr　　연 락 처 : 02)761-9978
본　　사 : 서울시 강남구 봉은사로 214레드페이스 빌딩 5층

설 립 일	2007.03.02	종 업 원 수	12명	대 표 이 사	김동래
상 장 일	2014.12.24	감 사 의 견	적정 (한영)	계	열
결 산 기	12월	보 통 주	189만주	총속회사수	
액 면 가	500원	우 선 주	14만주	구 상 호	

주주구성 (지분율,%)		출자관계 (지분율,%)		주요경쟁사 (외형,%)	
김동래	44.4	래몽래인재팬	100.0	래몽래인	100
센트럴융합콘텐츠기술투자조합	6.8	아경관일지문화산업전문회사	100.0	제이웨이	53
		래몽래인씨앤씨	61.3	세기상사	39

매출구성		비용구성		수출비중	
드라마	98.2	매출원가율	79.1	수출	31.7
매니지먼트(기타)	1.8	판관비율	17.2	내수	68.3

회사 개요
동사는 2007년 3월에 설립된 드라마 제작사로 기존의 드라마 제작사업과 함께 음반 및 매니지먼트 사업을 신사업으로 영위하고 있음. 동사의 매출은 공중파 및 종편, 케이블TV를 통해 방영되는 드라마를 제작하는 드라마 제작사업과 동사 소속 연예인의 매니지먼트를 담당하는 매니지먼트사업으로 구분됨. 동사 소속 가수로는 남성 3인조 밴드인 'EDEN'이 있음. 동사의 작품 중 하나인 '성균관 스캔들'의 경우 해외 18개국에 수출되었음.

실적 분석
동사의 2016년 매출액은 141.9억원으로 전년 153.9억원보다 7.9% 감소세를 보임. 원가부담이 줄어든 반면 인건비, 무형자산상각비 등 판관비가 늘어난 탓에 영업이익은 5.2억원, 전년 수준을 유지하는 데 그침. 동사는 하류 흐름을 타고 화된 매출이 늘고 있으며 2014년 12월 코넥스에 상장했고, 현재 코스닥 이전 상장을 추진 중임. 최종적으로 동사는 6.5억원의 당기순이익을 기록, 흑자전환에 성공함.

현금 흐름 *IFRS 별도 기준　〈단위 : 억원〉

항목	2015	2016
영업활동	-26	-41
투자활동	-4	-9
재무활동	30	43
순현금흐름	-0	-7
기말현금	27	20

시장 대비 수익률
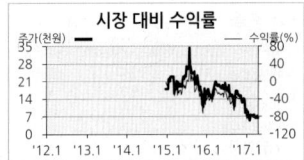

결산 실적　〈단위 : 억원〉

항목	2011	2012	2013	2014	2015	2016
매출액	63	65	52	148	154	142
영업이익	-1	-5	1	19	7	5
당기순이익	2	-18	9	15	179	6

분기 실적 *IFRS 별도 기준　〈단위 : 억원〉

항목	2015.3Q	2015.4Q	2016.1Q	2016.2Q	2016.3Q	2016.4Q
매출액						
영업이익						
당기순이익						

재무 상태 *IFRS 별도 기준　〈단위 : 억원〉

항목	2011	2012	2013	2014	2015	2016
총자산	57	26	35	81	125	240
유형자산	1	0	0	0	0	0
무형자산	0	0	1	1	2	5
유가증권			2	2	2	3
총부채	45	27	27	39	32	130
총차입금	41	16	23	26	13	41
자본금	1	5	5	6	9	9
총자본	12	-1	8	42	94	110
지배주주지분	12	-1	8	42	94	110

기업가치 지표 *IFRS 별도 기준

항목	2011	2012	2013	2014	2015	2016
주가(최고/저)(천원)	—/—	—/—	—/—	18.0/18.0	34.5/10.9	22.3/8.5
PER(최고/저)(배)	0.0/0.0	0.0/0.0	0.0/0.0	14.6/14.6	193.3/60.8	39.9/15.1
PBR(최고/저)(배)	0.0/0.0	0.0/0.0	0.0/0.0	5.2/5.2	6.9/2.2	4.1/1.6
EV/EBITDA(배)	—	—	5.8	8.8	32.7	18.6
EPS(원)	1,741	-4,380	904	1,233	179	559
BPS(원)	122,112	-1,342	7,701	3,442	4,999	5,437
CFPS(원)	19,325	-43,293	9,325	1,292	219	624
DPS(원)						
EBITDAPS(원)	-6,185	-10,779	1,515	1,651	449	547

재무 비율　〈단위 : % 〉

연도	영업이익률	순이익률	부채비율	차입금비율	ROA	ROE	유보율	자기자본비율	EBITDA마진율
2016	3.7	4.6	121.4	38.5	3.6	6.6	979.3	45.2	4.6
2015	4.8	2.1	33.7	13.9	3.1	4.8	899.7	74.8	5.3
2014	13.1	10.2	93.3	61.2	26.0	60.6	588.3	51.7	13.6
2013	2.4	17.3	350.0	298.3	29.9	전기잠식	54.0	22.2	2.9

램테크놀러지 (A171010)
RAM TECHNOLOGY CO

업　　종 : 반도체 및 관련장비　　　시　　장 : KOSDAQ
신용등급 : (Bond) —　　(CP) —　　기업규모 : 벤처
홈 페 이 지 : www.ramtech.co.kr　　연 락 처 : 031)323-1119
본　　사 : 경기도 용인시 처인구 양지면 주북로 285

설 립 일	2001.10.25	종 업 원 수	64명	대 표 이 사	길준영
상 장 일	2013.11.18	감 사 의 견	적정 (삼영)	계	열
결 산 기	12월	보 통 주	1,138만주	총속회사수	
액 면 가	500원	우 선 주		구 상 호	

주주구성 (지분율,%)		출자관계 (지분율,%)		주요경쟁사 (외형,%)	
길준영	35.6			램테크놀러지	100
엘엠에스신성장동력벤처펀드다시모죠사전문회사	15.4			아진엑스텍	71
(외국인)	0.4			하이셈	64

매출구성		비용구성		수출비중	
식각액	44.0	매출원가율	95.9	수출	64.4
세정액	22.2	판관비율	12.8	내수	35.6
박리액	21.8				

회사 개요
동사는 반도체 공정용 화학 소재 & 산화막 절연체, 디스플레이 공정용 화학 소재 및 기타시장 등의 IT 산업 핵심 유무기 케미컬을 제조하는 회사임. 동사는 Package 기술의 한축인 TSV(Through Silicone Via)공정용 박리액 및 세정액을 SK하이닉스와 공동 개발 중에 있으며, 차세대 적층 기술을 위한 BSI(Back Side Illumination) 용 박리액 및 세정액을 또한 개발 중임.

실적 분석
동사의 2016년 결산기준 누적 매출액은 전년동기대비 -6% 하락한 248.6억원을 기록하였음. 비용면에서 전년동기대비 매출원가는 증가 하였으며 인건비는 크게 감소 하였고 광고선전비도 크게 감소, 기타판매비와관리비 도 마찬가지로 감소함. 그에 따라 매출액 하락 등에 의해 전년동기대비 영업손실은 21.8억원으로 적자지속하였음. 최종적으로 전년동기대비 당기순손실은 적자지속하여 32.5억원을 기록함.

현금 흐름　〈단위 : 억원〉

항목	2015	2016
영업활동	14	33
투자활동	-21	5
재무활동	-3	-33
순현금흐름	-9	5
기말현금	9	14

시장 대비 수익률

결산 실적　〈단위 : 억원〉

항목	2011	2012	2013	2014	2015	2016
매출액	307	423	430	238	264	249
영업이익	19	36	35	-28	-9	-22
당기순이익	4	27	21	-36	-21	-33

분기 실적　〈단위 : 억원〉

항목	2015.3Q	2015.4Q	2016.1Q	2016.2Q	2016.3Q	2016.4Q
매출액	68	72	72	65	55	58
영업이익	1	-7	1	-9	-5	-9
당기순이익	-1	-13	-1	-11	-9	-12

재무 상태　〈단위 : 억원〉

항목	2011	2012	2013	2014	2015	2016
총자산	359	444	519	579	567	495
유형자산	234	258	334	427	413	384
무형자산	16	15	17	19	18	14
유가증권	4	5	3	3	5	3
총부채	264	275	266	360	365	324
총차입금	230	228	245	338	335	304
자본금	16	19	44	44	57	57
총자본	95	169	254	219	202	171
지배주주지분	95	169	254	219	202	171

기업가치 지표

항목	2011	2012	2013	2014	2015	2016
주가(최고/저)(천원)	—/—	—/—	4.5/3.6	5.7/2.3	5.2/2.7	4.4/2.3
PER(최고/저)(배)	0.0/0.0	0.0/0.0	17.9/14.5	—/—	—/—	—/—
PBR(최고/저)(배)	0.0/0.0	0.0/0.0	2.0/1.6	3.0/1.2	2.9/1.5	3.0/1.5
EV/EBITDA(배)	5.9	3.3	11.4	176.2	22.9	66.0
EPS(원)	52	354	250	-320	-181	-286
BPS(원)	2,703	4,036	2,897	2,503	1,776	1,499
CFPS(원)	648	1,305	726	-53	137	7
DPS(원)						
EBITDAPS(원)	1,088	1,540	942	41	242	101

재무 비율　〈단위 : % 〉

연도	영업이익률	순이익률	부채비율	차입금비율	ROA	ROE	유보율	자기자본비율	EBITDA마진율
2016	-8.8	-13.1	189.8	178.1	-6.1	-17.5	199.8	34.5	4.7
2015	-3.3	-7.8	180.7	165.8	-3.6	-9.8	255.1	35.7	10.4
2014	-11.8	-15.3	164.3	154.1	-6.6	-15.4	400.5	37.8	1.5
2013	8.2	4.9	104.7	96.5	4.3	9.9	479.4	48.9	14.5

랩지노믹스 (A084650)
LabGenomics

업　　　종 : 바이오　　　　　　　　　시　　　장 : KOSDAQ
신용등급 : (Bond) —　　　(CP) —　　기업규모 : 벤처
홈 페 이 지 : www.labgenomics.co.kr　연 락 처 : 031)628-0702
본　　　사 : 경기도 성남시 분당구 대왕판교로 700, 코리아바이오파크 B동 6층

설 립 일	2002.03.29	종업원수 216명	대표이사 진승현
상 장 일	2014.12.16	감사의견 적정 (대현)	계 열
결 산 기	12월	보 통 주 853만주	종속회사수
액 면 가	500원	우 선 주	구 상 호

주주구성 (지분율,%)		출자관계 (지분율,%)		주요경쟁사 (외형,%)	
진승현	14.5	비브로스	6.8	랩지노믹스	100
케이메이드	4.7			팬젠	6
(외국인)	0.5			툴젠	6

매출구성		비용구성		수출비중	
일반진단 검체분석 등 용역	53.8	매출원가율	55.3	수출	0.0
분자진단검사 서비스	34.2	판관비율	43.8	내수	100.0
유전자분석 서비스	11.8				

회사 개요
동사는 체외진단서비스 및 체외진단제품의 개발 및 공급업을 영위할 목적으로 2002년 3월 29일 설립. 2013년 7월 1일 코넥스 시장에 상장됨. 동사의 체외진단검사 서비스는 인체 내 각종 건강지표를 측정하는 일반진단검사는 물론 암 유전자 검사, 염색체 이상 검사, 산전기형 검사 등 다양한 분자진단검사를 포함하고 있음. DNA칩 바이오센서, POCT, 진단 키트 등 다양한 분자진단 제품을 출시함.

실적 분석
동사의 2016년 연결기준 누적 매출액은 240.6억원으로 전년 대비 2% 증가함. 매출 확대에도 불구하고 원가율 상승과 판관비 증가로 인해 영업이익은 전년보다 78.7% 줄어든 2.2억원을 기록함. 당기순이익은 7.2억원으로 전년 대비 55.5% 감소함. 신규사업으로 추진 중인 차세대염기서열분석 기술을 활용한 진단 키트의 개발이 완료되고 상용화가 시작되면 추후 동사의 새로운 성장동력으로 작용할 것으로 기대함.

현금 흐름 *IFRS 별도 기준 〈단위 : 억원〉

항목	2015	2016
영업활동	24	25
투자활동	-50	-53
재무활동	-13	111
순현금흐름	-39	84
기말현금	13	97

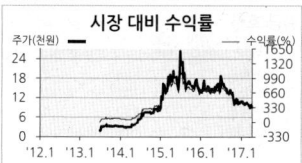
시장 대비 수익률

결산 실적 〈단위 : 억원〉

항목	2011	2012	2013	2014	2015	2016
매출액	136	150	170	232	236	241
영업이익	13	11	16	26	10	2
당기순이익	10	10	13	24	16	7

분기 실적 *IFRS 별도 기준 〈단위 : 억원〉

항목	2015.3Q	2015.4Q	2016.1Q	2016.2Q	2016.3Q	2016.4Q
매출액	58	68	59	62	56	63
영업이익	3	4	1	3	-2	-2
당기순이익	4	7	6	3	0	-2

재무 상태 *IFRS 별도 기준 〈단위 : 억원〉

항목	2011	2012	2013	2014	2015	2016
총자산	173	184	227	311	317	432
유형자산	57	59	63	67	64	64
무형자산	29	27	28	39	62	82
유가증권	0	0	—	—	20	30
총부채	69	71	95	99	95	182
총차입금	26	26	43	35	26	122
자본금	17	17	17	21	21	43
총자본	104	113	132	212	222	250
지배주주지분	104	113	132	212	222	250

기업가치 지표 *IFRS 별도 기준

항목	2011	2012	2013	2014	2015	2016
주가(최고/저)(천원)	—/—	—/—	3.8/1.7	9.0/2.8	26.3/8.5	19.2/9.8
PER(최고/저)(배)	0.0/0.0	0.0/0.0	20.8/9.4	27.7/8.6	137.4/44.4	225.9/115.5
PBR(최고/저)(배)	0.0/0.0	0.0/0.0	2.0/0.9	3.5/1.1	9.3/3.0	6.3/3.2
EV/EBITDA(배)	0.9	0.9	9.3	15.0	39.8	35.6
EPS(원)	149	143	181	326	192	85
BPS(원)	3,112	3,370	3,667	5,155	5,642	3,041
CFPS(원)	472	648	744	1,077	868	352
DPS(원)						
EBITDAPS(원)	553	683	828	1,128	728	293

재무 비율 〈단위 : % 〉

연도	영업이익률	순이익률	부채비율	차입금비율	ROA	ROE	유보율	자기자본비율	EBITDA마진율
2016	0.9	3.0	72.6	48.7	1.9	3.1	508.1	57.9	10.4
2015	4.4	6.9	43.1	11.9	5.2	7.5	1,028.4	69.9	13.1
2014	11.3	10.4	46.4	16.7	9.0	14.1	931.0	68.3	18.5
2013	9.2	7.4	72.0	32.2	6.1	10.3	664.6	58.2	17.4

럭스피아 (A092590)
Luxpia

업　　　종 : 디스플레이 및 관련부품　　시　　　장 : KONEX
신용등급 : (Bond) —　　　(CP) —　　기업규모 : —
홈 페 이 지 : www.luxpialed.com　　연 락 처 : 070)8671-2400
본　　　사 : 경기도 수원시 영통구 광교로 109

설 립 일	2000.04.11	종업원수 72명	대표이사 성석종
상 장 일	2015.10.30	감사의견 적정 (대성)	계 열
결 산 기	12월	보 통 주 729만주	종속회사수
액 면 가	500원	우 선 주	구 상 호

주주구성 (지분율,%)		출자관계 (지분율,%)		주요경쟁사 (외형,%)	
성석종	48.6	엠더스	28.6	럭스피아	100
미래나노텍	11.8			세진티에스	316
				파인디앤씨	1,719

매출구성		비용구성		수출비중	
LED Package	87.1	매출원가율	75.9	수출	22.0
LED Module	12.1	판관비율	18.5	내수	78.0
상품	0.8				

회사 개요
동사는 2000년 4월 11일에 설립된 이후 LED가 적용되는 모든 제품의 핵심부품인 LED Chip과 Phosphor를 사용하여 LED Package를 개발하고 제조하는 전문 기업임. TV, 조명, Display, 자동차 등 LED 광원이 사용되는 관련 산업에 대한 사업 영역을 확장하고 있음. 사물인터넷(IoT) 개발, 생산, 판매에 관한 사업관련. 전자상거래 사업, 전기, 전자 하드웨어 제조 및 도/소매업 등을 영위 함.

실적 분석
동사는 코넥스 상장 기업으로 2016년 연결기준 연간 누적 매출액은 전년 동기(93.7억원) 대비 소폭 증가한 103.3억원을 기록. 매출이 증가하면서 매출원가와 판관비 등 기타 부대 비용도 크게 늘어 영업이익은 오히려 전년 동기(6.1억원) 대비 소폭 감소한 5.8억원을 시현함. 비영업손익 부문에서 적자가 발생하면서 당기순이익은 4.2억원으로 전년 동기 대비 소폭 감소함.

현금 흐름 *IFRS 별도 기준 〈단위 : 억원〉

항목	2015	2016
영업활동	14	16
투자활동	-6	-9
재무활동	-8	—
순현금흐름	0	7
기말현금	12	19

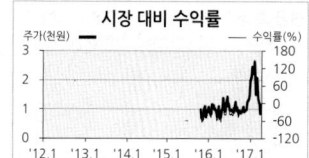
시장 대비 수익률

결산 실적 〈단위 : 억원〉

항목	2011	2012	2013	2014	2015	2016
매출액	201	88	101	101	94	103
영업이익	8	-10	-5	4	6	6
당기순이익	3	-11	-9	5	6	4

분기 실적 *IFRS 별도 기준 〈단위 : 억원〉

항목	2015.3Q	2015.4Q	2016.1Q	2016.2Q	2016.3Q	2016.4Q
매출액						
영업이익						
당기순이익						

재무 상태 *IFRS 별도 기준 〈단위 : 억원〉

항목	2011	2012	2013	2014	2015	2016
총자산	167	143	111	98	89	93
유형자산	35	27	24	24	26	27
무형자산	0	0	0	0	0	1
유가증권	2	2	1	1	—	—
총부채	78	66	43	24	8	8
총차입금	54	42	24	8	—	—
자본금	36	36	36	36	36	36
총자본	89	77	69	74	81	85
지배주주지분	89	77	69	74	81	85

기업가치 지표 *IFRS 별도 기준

항목	2011	2012	2013	2014	2015	2016
주가(최고/저)(천원)	—/—	—/—	—/—	—/—	1.2/0.6	1.5/0.7
PER(최고/저)(배)	0.0/0.0	0.0/0.0	0.0/0.0	0.0/0.0	14.0/6.9	25.9/12.4
PBR(최고/저)(배)	0.0/0.0	0.0/0.0	0.0/0.0	0.0/0.0	1.1/0.5	1.3/0.6
EV/EBITDA(배)	2.1	—	4.6	—	5.3	6.6
EPS(원)	37	-151	-121	72	87	58
BPS(원)	1,216	1,063	942	1,013	1,105	1,169
CFPS(원)	217	-47	-38	133	159	165
DPS(원)						
EBITDAPS(원)	295	-34	8	118	156	186

재무 비율 〈단위 : % 〉

연도	영업이익률	순이익률	부채비율	차입금비율	ROA	ROE	유보율	자기자본비율	EBITDA마진율
2016	5.6	4.1	9.5	0.0	4.6	5.1	133.8	91.3	13.1
2015	6.5	6.8	10.3	0.0	6.8	8.2	121.0	90.6	12.1
2014	4.0	5.2	32.2	10.5	4.7	7.3	102.7	75.6	8.5
2013	-5.4	-8.8	62.1	35.1	-6.9	-12.1	88.4	61.7	0.6

레고켐바이오사이언스 (A141080)
LegoChem Biosciences

업 종 : 바이오		시 장 : KOSDAQ	
신용등급 : (Bond) — (CP) —		기업규모 : 신성장	
홈페이지 : www.legochembio.com		연락처 : 042)861-0688	
본 사 : 대전시 대덕구 문평서로 8-26 (문평동)			

설 립 일	2006.05.02	종업원수	84명	대표이사	김용주
상 장 일	2013.05.10	감사의견	적정(한울)	계 열	
결 산 기	12월	보 통 주	995만주	종속회사수	
액 면 가	500원	우 선 주		구 상 호	

주주구성 (지분율,%)		출자관계 (지분율,%)		주요경쟁사 (외형,%)	
김용주	12.5	레고켐바이오	100		
장일태	5.5	오리엔트바이오	631		
(외국인)	1.4	파미셀	167		

매출구성		비용구성		수출비중	
[신약연구개발]기술이전	35.6	매출원가율	74.8	수출	83.1
[의약사업부문]의료소모품	31.7	판관비율	86.2	내수	16.9
[의약사업부문]의료기기	18.7				

회사 개요
동사는 합성신약 연구개발 목적으로 2006년 5월 2일에 설립되었으며 2013년 5월 10일 코스닥시장에 상장됨. 의약화학 기술(LegoChemistry)과 신약평가 기술(early ADME/T)을 축으로 항생제, 항응혈제, 항암제 3개 분야에 집중하고 있으며, 차세대 신약개발 원천기술로 기대되는 ADC(Antibody-Drug onjugate: 항체-약물 복합체)기술을 개발 중에 있음.

실적 분석
동사의 전년대비 매출은 약 148억, 831.3% 증함. 이는 중국 Fosun,RMX사와의 기술이전 계약 체결과 칸메드와의 합병으로 인한 신규 사업인 의약사업부문의 매출 추가에 따른 증가임. 지속적인 기술이전 활발한 전개로 해외학회, 컨퍼런스 참가, 해외IR 비용과 합병으로 인한 의약사업부문의 인원증가로 비용이 증가되어 판관비는 143.7억으로 전년대비 57.1%가 증가함. 당기순손실은 전년대비 증가하였으며, 이는 합병에 따른 영업권 상각 때문임

현금 흐름		〈단위 : 억원〉
항목	2015	2016
영업활동	-89	-131
투자활동	91	-204
재무활동	4	340
순현금흐름	8	5
기말현금	24	30

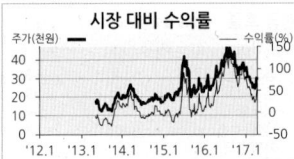

결산 실적 〈단위 : 억원〉

항목	2011	2012	2013	2014	2015	2016
매출액	1	7	8	9	18	167
영업이익	-31	-33	-63	-85	-80	-102
당기순이익	-31	-27	-58	-87	-82	-147

분기 실적 〈단위 : 억원〉

항목	2015.3Q	2015.4Q	2016.1Q	2016.2Q	2016.3Q	2016.4Q
매출액	2	13	46	42	36	42
영업이익	-18	-17	-17	-33	-24	-28
당기순이익	-19	-18	-17	-27	-21	-82

재무 상태 〈단위 : 억원〉

항목	2011	2012	2013	2014	2015	2016
총자산	66	69	232	338	684	896
유형자산	2	2	11	12	35	69
무형자산	0	0	1	1	329	268
유가증권	—	—	—	—	10	39
총부채	25	36	51	137	253	295
총차입금	1	0	11	91	116	140
자본금	18	28	36	38	45	50
총자본	41	34	181	200	432	601
지배주주지분	41	34	181	200	432	601

기업가치 지표

항목	2011	2012	2013	2014	2015	2016
주가(최고/저)(천원)	—/—	—/—	22.4/11.7	26.7/14.7	42.7/17.5	49.0/22.7
PER(최고/저)(배)	0.0/0.0	0.0/0.0	—/—	—/—	—/—	—/—
PBR(최고/저)(배)	0.0/0.0	0.0/0.0	8.8/4.6	10.2/5.6	8.9/3.7	8.1/3.8
EV/EBITDA(배)						
EPS(원)	-640	-497	-890	-1,192	-1,067	-1,550
BPS(원)	1,158	607	2,535	2,618	4,774	6,042
CFPS(원)	-929	-483	-856	-1,145	-1,016	-1,324
DPS(원)						
EBITDAPS(원)	-926	-590	-921	-1,113	-992	-844

재무 비율 〈단위 : %〉

연도	영업이익률	순이익률	부채비율	차입금비율	ROA	ROE	유보율	자기자본비율	EBITDA마진율
2016	-61.1	-88.4	49.1	23.4	-18.6	-28.5	1,108.3	67.1	-48.2
2015	-450.0	-460.6	58.5	26.9	-16.1	-26.1	854.8	63.1	-428.0
2014	-972.0	-998.3	68.4	45.3	-30.5	-45.6	423.6	59.4	-932.5
2013	-745.4	-694.8	28.0	5.8	-38.8	-54.4	407.0	78.1	-719.0

레드로버 (A060300)
Redrover

업 종 : 미디어		시 장 : KOSDAQ	
신용등급 : (Bond) — (CP) —		기업규모 : 중견	
홈페이지 : www.redrover.co.kr		연락처 : 031)5171-3800	
본 사 : 경기도 성남시 분당구 판교역로146번길 20 현대백화점 판교오피스 12-13층			

설 립 일	1996.06.15	종업원수	145명	대표이사	하회진
상 장 일	2002.01.10	감사의견	적정(정일)	계 열	
결 산 기	12월	보 통 주	4,279만주	종속회사수	
액 면 가	500원	우 선 주		구 상 호	

주주구성 (지분율,%)		출자관계 (지분율,%)		주요경쟁사 (외형,%)	
Suning Universal Media Co., Ltd.	19.9	스튜디오레드우드	100.0	레드로버	100
하회진	4.2	IBK캐피탈콘텐츠투자조합	25.0	SBS미디어홀딩스	1,204
(외국인)	4.7	ToonboxEntertainment	19.8	현대에이치씨엔	697

매출구성		비용구성		수출비중	
콘텐츠제작 외(제품)	100.0	매출원가율	77.1	수출	7.1
		판관비율	18.4	내수	92.9

회사 개요
동사는 애니메이션 및 영상콘텐츠의 제작, 판매, 캐릭터 라이선스 및 상품화 사업을 영위 중임. 특수영상관 제작 및 전시문화 사업도 영위함. 2010년 인크루트와 합병을 통해 코스닥시장에 상장되었으며 이후 인크루트의 사업부문인 HR사업부문을 물적분할 방식으로 분할하여 전량 매각하였음. 중국 2위 민영그룹인 쑤닝이 인수해 중국시장으로 진출해 시각특수효과 및 시장 및 캐릭터 사업 다각화.

실적 분석
동사의 연결기준 2016년 매출액은 전년보다 8.6% 증가한 419.0억원임. 매출원가가 줄어든 덕분에 매출총이익이 전년보다 88.1% 증가하였으며 18.6억원의 영업이익을 기록, 흑자전환에 성공하였음. 넷잡2를 헐리우드 주요 배급사와 계약 체결, 상영시키면서 영업이익이 크게 상승함. 또한 중국 2위 민영그룹 쑤닝이 인수한 이후 상하이영화제에 캐릭터 VR팝업스토어를 운영하고 중국 VFX(시각특수효과) 시장 진출 준비하며 사업 다각화 중.

현금 흐름		〈단위 : 억원〉
항목	2015	2016
영업활동	-24	-134
투자활동	-305	-309
재무활동	317	445
순현금흐름	-16	2
기말현금	39	41

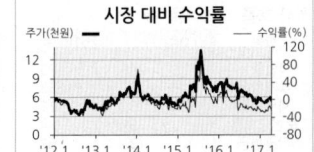

결산 실적 〈단위 : 억원〉

항목	2011	2012	2013	2014	2015	2016
매출액	313	177	331	555	386	419
영업이익	40	-51	55	90	-26	19
당기순이익	-27	-105	22	22	-89	7

분기 실적 〈단위 : 억원〉

항목	2015.3Q	2015.4Q	2016.1Q	2016.2Q	2016.3Q	2016.4Q
매출액	100	83	108	97	95	119
영업이익	9	-6	6	3	6	3
당기순이익	1	-34	4	-1	3	1

재무 상태 〈단위 : 억원〉

항목	2011	2012	2013	2014	2015	2016
총자산	465	635	963	915	1,182	1,650
유형자산	21	20	29	21	12	22
무형자산	10	13	15	13	24	22
유가증권	24	69	77	92	147	202
총부채	138	150	318	236	176	203
총차입금	118	138	302	223	164	179
자본금	38	111	123	124	170	213
총자본	327	486	645	678	1,006	1,448
지배주주지분	327	486	645	678	1,006	1,448

기업가치 지표

항목	2011	2012	2013	2014	2015	2016
주가(최고/저)(천원)	5.9/3.0	5.9/3.2	7.9/3.8	9.7/4.5	13.5/4.9	9.1/4.6
PER(최고/저)(배)	—/—	—/—	96.7/46.4	123.3/56.9	—/—	489.0/248.7
PBR(최고/저)(배)	3.4/1.7	3.2/1.7	3.5/1.7	4.1/1.9	4.8/1.7	2.7/1.4
EV/EBITDA(배)	22.5		34.0	14.4		62.4
EPS(원)	-146	-495	81	79	-279	19
BPS(원)	4,282	2,179	2,628	2,739	2,959	3,396
CFPS(원)	-269	-498	170	170	-242	68
DPS(원)						
EBITDAPS(원)	609	-203	311	443	-34	98

재무 비율 〈단위 : %〉

연도	영업이익률	순이익률	부채비율	차입금비율	ROA	ROE	유보율	자기자본비율	EBITDA마진율
2016	4.4	1.7	14.0	12.4	0.5	0.6	579.1	87.7	9.0
2015	-6.7	-23.2	17.4	16.3	-8.5	-10.6	491.8	85.2	-2.7
2014	16.2	4.1	34.8	32.8	2.4	3.4	447.8	74.2	19.6
2013	16.6	6.6	49.4	46.9	2.8	3.9	425.6	66.9	21.9

레드캡투어 (A038390)
RedcapTour

업 종 : 호텔 및 레저		시 장 : KOSDAQ	
신용등급 : (Bond) — (CP) A3+		기업규모 : 우량	
홈페이지 : ir.redcaptour.com		연 락 처 : 02)2001-4563	
본 사 : 서울시 중구 을지로 100 파인에비뉴 비동 19층			

설 립 일 1996.07.30	종업원수 467명	대표이사 표명수	
상 장 일 2000.02.01	감사의견 적정(삼정)	계 열	
결 산 기 12월	보 통 주 859만주	종속회사수	
액 면 가 500원	우 선 주	구 상 호	

주주구성 (지분율,%)		출자관계 (지분율,%)		주요경쟁사 (외형,%)	
구본호	38.4	PT.REDCAPINDONESIA	100.0	레드캡투어	100
조원희	36.0			골프존뉴딘	104
(외국인)	13.9			이월드	13

매출구성		비용구성		수출비중	
차량대여	62.3	매출원가율	73.4	수출	—
계약만기차량 매각	19.7	판관비율	17.8	내수	—
항공권, 여행상품 등	18.1				

회사 개요
동사는 일반여행알선, 항공운송대리점과 관련된 여행사업과 자동차대여, 중고차판매와 관련된 렌터카사업을 영위 중임. 법인비즈니스에 강점을 보유한 회사로, 사업부문별 매출비중은 렌터카사업 83.7%, 여행사업 16.3%임. 동사의 렌터카 사업부문은 주로 법인대상의 장기 대여를 위주로 차량보유대수 기준 업계 5위를 기록하고 있음. 여행사업부문은 BSP 발권 판매금액 기준으로 2016년 말 업계 7위를 차지하고 있음.

실적 분석
동사의 연결기준 2016년 연간 누적 매출액은 전년 동기 대비 13.7% 증가한 2,339.6억원임. 렌터카 사업의 고객기반 확대로 렌탈계약과 중고차매각이 증가했고, 해외출장 및 해외여행 수요가 늘어나며 외형 성장. 단 같은 기간 영업이익은 전년 대비 10.5% 감소한 206.2억원을 기록함. 비용이 증가하고 비영업 부문의 적자폭이 확대된 결과 당기순이익은 17.6% 감소, 114억원을 기록함.

현금 흐름
〈단위 : 억원〉

항목	2015	2016
영업활동	1,178	1,503
투자활동	-1,650	-1,755
재무활동	555	180
순현금흐름	83	-73
기말현금	123	50

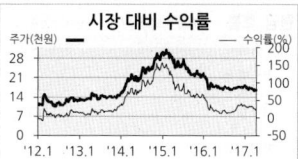

시장 대비 수익률

결산 실적
〈단위 : 억원〉

항목	2011	2012	2013	2014	2015	2016
매출액	1,395	1,564	1,763	1,937	2,058	2,340
영업이익	294	239	241	265	230	206
당기순이익	193	151	159	169	138	114

분기 실적
〈단위 : 억원〉

항목	2015.3Q	2015.4Q	2016.1Q	2016.2Q	2016.3Q	2016.4Q
매출액	486	523	599	591	561	588
영업이익	56	36	61	62	52	30
당기순이익	32	13	36	35	33	10

재무 상태
〈단위 : 억원〉

항목	2011	2012	2013	2014	2015	2016
총자산	2,255	2,251	2,549	3,195	3,786	4,188
유형자산	1,914	1,860	2,161	2,750	3,254	3,595
무형자산	18	18	38	32	46	35
유가증권	79	81	83	72	10	10
총부채	1,305	1,212	1,402	1,928	2,472	2,830
총차입금	882	791	942	1,427	2,070	2,319
자본금	43	43	43	43	43	43
총자본	950	1,039	1,147	1,267	1,315	1,358
지배주주지분	950	1,039	1,147	1,267	1,315	1,358

기업가치 지표

항목	2011	2012	2013	2014	2015	2016
주가(최고/저)(천원)	14.5/8.0	15.0/10.3	15.5/12.4	30.3/14.9	31.7/20.8	22.6/16.7
PER(최고/저)(배)	7.8/4.3	9.9/6.8	9.4/7.5	16.6/8.2	20.8/13.7	17.6/13.0
PBR(최고/저)(배)	1.5/0.9	1.4/1.0	1.3/1.0	2.2/1.1	2.1/1.4	1.4/1.0
EV/EBITDA(배)	2.5	2.2	2.4	3.9	3.4	3.0
EPS(원)	2,247	1,761	1,846	1,966	1,611	1,327
BPS(원)	11,311	12,558	13,828	15,149	16,140	16,872
CFPS(원)	8,117	8,745	9,615	10,884	12,496	13,620
DPS(원)	500	550	600	600	600	600
EBITDAPS(원)	9,290	9,765	10,571	12,005	13,567	14,693

재무 비율
〈단위 : % 〉

연도	영업이익률	순이익률	부채비율	차입금비율	ROA	ROE	유보율	자기자본비율	EBITDA마진율
2016	8.8	4.9	208.5	170.9	2.9	8.5	3,274.3	32.4	53.9
2015	11.2	6.7	188.0	157.4	4.0	10.7	3,127.9	34.7	56.6
2014	13.7	8.7	152.1	112.6	5.9	14.0	2,929.8	39.7	53.2
2013	13.7	9.0	122.3	82.1	6.6	14.5	2,665.6	45.0	51.5

레이언스 (A228850)
RAYENCE COLTD

업 종 : 의료 장비 및 서비스		시 장 : KOSDAQ	
신용등급 : (Bond) — (CP) —		기업규모 : 중견	
홈페이지 : www.rayence.com		연 락 처 : 031)8015-6420	
본 사 : 경기도 화성시 삼성1로1길 14 (석우동)			

설 립 일 2011.05.02	종업원수 231명	대표이사 현정훈	
상 장 일 2016.04.11	감사의견 적정(한영)	계 열	
결 산 기 12월	보 통 주 1,659만주	종속회사수	
액 면 가 500원	우 선 주	구 상 호	

주주구성 (지분율,%)		출자관계 (지분율,%)		주요경쟁사 (외형,%)	
바텍이우홀딩스	31.6	Rayence Inc.	100.0	레이언스	100
바텍	28.7	OSKO Inc.	80.7	차바이오텍	456
(외국인)	0.6	OSKOMEXS.A.DECV	50.0	인바디	81

매출구성		비용구성		수출비중	
TFT Detector	44.7	매출원가율	59.0	수출	#VALUE!
CMOS Detector	31.6	판관비율	22.7	내수	#VALUE!
I/O Sensor	15.1				

회사 개요
동사는 2011년 5월 2일 바텍의 DR(Digital Radiography) 사업본부가 물적분할하여 설립된 회사로, 현재까지 X-ray Detector를 연구개발, 설계, 제조, 판매하는 의료용 장비 제조회사임. 동사는 Inter-Oral 센서(2~4개의 치아를 촬영하기 위한 구강내 X-Ray 영상센서) 시장에서 세계 1위로 국내 유일업체며 중국, 인도 등 신흥국 시장의 수요가 증가하고 있음. 2016년 4월 11일 코스닥 시장에 상장함.

실적 분석
동사의 2016년 결산기준 매출액은 전년 대비 13.7% 성장한 984.6억원을 기록하였음. 그러나 매출원가가 크게 상승했고 인건비 및 광고비, 관리비 등이 증가하여 영업이익은 9.0% 하락한 179.8억원을 기록함. 동사는 의료용 Detector와 산업용 Detector을 판매 확대하는 사업 전략을 수립하여 진행하고 있음. 그에 따라 개발비가 상승하여 이익률이 낮아진 상황이므로 안정화되면 매출 성장세가 가속화될 것으로 기대함.

현금 흐름
〈단위 : 억원〉

항목	2015	2016
영업활동	93	84
투자활동	-68	-950
재무활동	20	800
순현금흐름	46	-67
기말현금	157	91

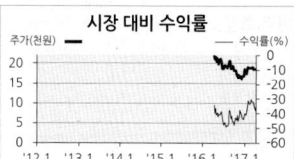

시장 대비 수익률

결산 실적
〈단위 : 억원〉

항목	2011	2012	2013	2014	2015	2016
매출액	240	477	692	779	866	985
영업이익	10	43	71	111	197	180
당기순이익	14	20	184	32	145	147

분기 실적
〈단위 : 억원〉

항목	2015.3Q	2015.4Q	2016.1Q	2016.2Q	2016.3Q	2016.4Q
매출액	223	234	223	245	238	279
영업이익	58	50	43	49	50	38
당기순이익	45	41	30	34	36	47

재무 상태
〈단위 : 억원〉

항목	2011	2012	2013	2014	2015	2016
총자산	149	483	779	797	941	1,904
유형자산	22	75	228	245	283	345
무형자산	27	47	66	45	96	183
유가증권	—	6				—
총부채	80	239	348	336	341	243
총차입금	26	107	184	178	197	79
자본금	50	63	63	63	63	83
총자본	69	244	431	461	600	1,660
지배주주지분	69	244	431	461	600	1,654

기업가치 지표

항목	2011	2012	2013	2014	2015	2016
주가(최고/저)(천원)	—/—	—/—	—/—	—/—	—/—	23.4/15.5
PER(최고/저)(배)	0.0/0.0	0.0/0.0	0.0/0.0	0.0/0.0	0.0/0.0	25.2/16.7
PBR(최고/저)(배)	0.0/0.0	0.0/0.0	0.0/0.0	0.0/0.0	0.0/0.0	2.3/1.5
EV/EBITDA(배)	0.9	1.1	0.7	0.4	0.2	9.0
EPS(원)	304	294	1,464	256	1,150	948
BPS(원)	689	1,938	3,423	3,662	4,767	10,271
CFPS(원)	216	468	1,659	565	1,447	1,281
DPS(원)						300
EBITDAPS(원)	174	806	761	1,188	1,865	1,489

재무 비율
〈단위 : % 〉

연도	영업이익률	순이익률	부채비율	차입금비율	ROA	ROE	유보율	자기자본비율	EBITDA마진율
2016	18.3	14.9	14.6	4.8	10.3	13.1	1,954.2	87.2	23.5
2015	22.8	16.7	56.8	32.8	16.7	27.3	853.4	63.8	27.1
2014	14.2	4.1	73.0	38.6	4.1	7.2	632.4	57.8	19.2
2013	10.3	26.7	80.7	42.6	29.2	54.6	584.6	55.3	13.8

레이젠 (A047440)
Raygen

업   종 : 디스플레이 및 관련부품
신용등급 : (Bond) — (CP) —
홈페이지 : www.raygen.co.kr
본   사 : 경북 칠곡군 왜관읍 공단로5길 18-24
시   장 : KOSDAQ
기업규모 : 중견
연 락 처 : (054)979-5000

설 립 일	1994.04.26	종 업 원 수	208명	대 표 이 사	하광운
상 장 일	2001.11.20	감 사 의 견	적정 (지암)	계 열	
결 산 기	12월	보 통 주	2,792만주	종속회사수	
액 면 가	500원	우 선 주		구 상 호	

주주구성 (지분율,%)		출자관계 (지분율,%)		주요경쟁사 (외형,%)	
픽솔1호 투자조합	10.2	비즈바이오젠	100.0	레이젠	100
				신화인터텍	216
(외국인)	1.2			에스엔유	58

매출구성		비용구성		수출비중	
Mobile BLU(BLU 사업부문)	56.3	매출원가율	95.7	수출	—
압출원판(전자부품사업부문)	22.0	판관비율	15.9	내수	—
LGP(전자부품사업부문)	21.5				

회사 개요
동사는 1981년 금형 제작 전문 현대전주로 설립되어 2000년에 레이젠으로 상호변경하였음. 동사는 TV나 모니터, 노트북 PC등에 들어가는 BLU를 주로 생산하고 있으며, LG디스플레이, LG전자 등을 거래처로 함. 전자부품 부문은 압출 및 사출 도광판을 삼성전자 등에 납품 중임. 연결대상 종속회사로 4개의 홍콩, 중국 등 현지법인과 당기중 추가된 비즈바이오젠(주)를 보유함. 전기 연결대상이던 레이몰드는 지분감소로 연결대상에서 제외됨.

실적 분석
동사 제품은 국내 3개 사업장과 기술연구소, 계열사, 해외 중국현지법인에서 생산되어 국내 및 해외현지법인의 삼성전자와 LG디스플레이, LG이노텍에 대부분 판매됨. 동사의 전기 매출액은 998.2억원으로 전기 대비 25.4% 감소한 실적을 시현함. 외형 축소에 따른 원가 부담으로 영업손실 115.8억원을 시현하며 전기 21.3억원 대비 적자 확대됨. 금융적자 등 영업외손실이 발생하며 당기순손실은 177.1억원을 시현하며 적자 전환됨.

현금 흐름 〈단위 : 억원〉

항목	2015	2016
영업활동	50	-45
투자활동	-40	15
재무활동	-9	-9
순현금흐름	5	-55
기말현금	156	101

시장 대비 수익률
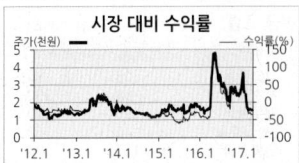

결산 실적 〈단위 : 억원〉

항목	2011	2012	2013	2014	2015	2016
매출액	1,574	1,205	1,064	1,398	1,337	998
영업이익	-5	-15	-23	37	-21	-116
당기순이익	-7	-29	-32	16	-23	-177

분기 실적 〈단위 : 억원〉

항목	2015.3Q	2015.4Q	2016.1Q	2016.2Q	2016.3Q	2016.4Q
매출액	282	300	253	293	232	221
영업이익	-23	-12	-21	-27	-39	-29
당기순이익	-13	-23	-28	-40	-73	-36

재무 상태 〈단위 : 억원〉

항목	2011	2012	2013	2014	2015	2016
총자산	1,242	1,131	1,212	1,392	1,276	851
유형자산	574	580	661	626	602	410
무형자산	32	34	32	26	22	7
유가증권	0	0	0	0	0	1
총부채	611	537	604	765	631	446
총차입금	352	340	444	512	469	333
자본금	83	83	83	83	83	83
총자본	631	594	609	627	644	405
지배주주지분	631	594	540	558	584	405

기업가치 지표

항목	2011	2012	2013	2014	2015	2016
주가(최고/저)(천원)	3.5/0.9	1.9/1.1	2.5/1.2	1.9/1.1	2.1/1.2	5.0/1.4
PER(최고/저)(배)	—/—	—/—	—/—	22.5/13.8	—/—	—/—
PBR(최고/저)(배)	0.9/0.3	0.5/0.3	0.8/0.4	0.6/0.3	0.6/0.4	2.2/0.6
EV/EBITDA(배)	5.9	8.5	16.3	6.2	13.6	
EPS(원)	-40	-157	-152	83	-79	-967
BPS(원)	4,222	3,999	3,579	3,690	3,521	2,442
CFPS(원)	333	220	244	527	365	-674
DPS(원)						
EBITDAPS(원)	346	303	271	659	324	-307

재무 비율 〈단위 : %〉

연도	영업이익률	순이익률	부채비율	차입금비율	ROA	ROE	유보율	자기자본비율	EBITDA마진율
2016	-11.6	-17.7	110.3	82.3	-16.7	-35.8	388.4	47.6	-5.1
2015	-1.6	-1.7	98.0	72.8	-1.7	-2.5	604.3	50.5	4.0
2014	2.7	1.2	122.1	81.6	1.3	2.8	638.0	45.0	7.8
2013	-2.2	-3.0	99.2	73.0	-2.7	-4.9	615.7	50.2	4.2

로고스바이오시스템스 (A238120)
Logos Biosystems

업   종 : 의료 장비 및 서비스
신용등급 : (Bond) — (CP) —
홈페이지 : www.logosbio.com
본   사 : 경기도 안양시 동안구 흥안대로 415
시   장 : KOSDAQ
기업규모 : 신성장
연 락 처 : 031)478-4185

설 립 일	2008.10.02	종 업 원 수	명	대 표 이 사	정연철
상 장 일	2016.11.03	감 사 의 견	적정 (한영)	계 열	
결 산 기	12월	보 통 주	356만주	종속회사수	
액 면 가	500원	우 선 주		구 상 호	

주주구성 (지분율,%)		출자관계 (지분율,%)		주요경쟁사 (외형,%)	
정연철	19.3			로고스바이오	100
스트라타컨설팅	10.1			지노믹트리	12
(외국인)	0.2			나노바이오시스	34

매출구성		비용구성		수출비중	
자동 세포 카운팅 시스템	55.9	매출원가율	46.5	수출	79.2
디지털 세포 이미징 시스템	22.2	판관비율	87.4	내수	20.8
생체조직 투명화 시스템	21.9				

회사 개요
동사는 2008년 10월 생명과학 및 진단장비 (Life Science Tools & Diagnostics)를 개발, 제조, 판매하는 회사로 안양에 위치함. 해외 수출을 확대하기 위하여 미국 Virginia주 Annandale에 현지 법인으로서 자회사를 운영하고 있음. 주요 품목으로는 자동 세포 카운팅 시스템, 생체조직 투명화 시스템, 디지털 세포 이미징 시스템으로 분류됨. 자동 세포 카운팅 시스템분야의 시장점유율은 30%로 추정됨.

실적 분석
동사의 2016년 연결기준 연간 매출액은 47.1억원으로 전년 대비 15% 증가함. R&D 및 해외 마케팅 역량강화를 위한 인력충원 및 투자비용 증가로 영업손실은 16억원으로 적자지속중임. 동사는 2016년 프랑스법인을 설립하여, 북미 및 유럽지역 유통망 관리 및 마케팅 거점으로 활용하고 있음. 2016년 12월 미생물 검출, 동정 또는 계수 방법 및 이를 이용한 시스템에 대한 특허권을 취득하였음.

현금 흐름 *IFRS 별도 기준 〈단위 : 억원〉

항목	2015	2016
영업활동	-4	-14
투자활동	5	-130
재무활동		200
순현금흐름	1	57
기말현금	31	87

시장 대비 수익률
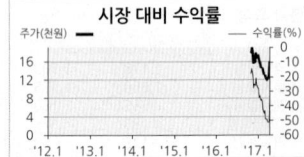

결산 실적 〈단위 : 억원〉

항목	2011	2012	2013	2014	2015	2016
매출액	—	—	—	23	41	47
영업이익	—	—	—	-9	-4	-16
당기순이익	—	—	—	-8	-3	-16

분기 실적 *IFRS 별도 기준 〈단위 : 억원〉

항목	2015.3Q	2015.4Q	2016.1Q	2016.2Q	2016.3Q	2016.4Q
매출액						
영업이익						
당기순이익						

재무 상태 *IFRS 별도 기준 〈단위 : 억원〉

항목	2011	2012	2013	2014	2015	2016
총자산				71	70	261
유형자산				3	5	4
무형자산				5	6	10
유가증권						
총부채				16	8	15
총차입금				10		
자본금				13	14	18
총자본				55	62	246
지배주주지분				55	62	246

기업가치 지표 *IFRS 별도 기준

항목	2011	2012	2013	2014	2015	2016
주가(최고/저)(천원)	—/—	—/—	—/—	—/—	—/—	21.4/15.2
PER(최고/저)(배)	0.0/0.0	0.0/0.0	0.0/0.0	0.0/0.0	0.0/0.0	—/—
PBR(최고/저)(배)	0.0/0.0	0.0/0.0	0.0/0.0	0.0/0.0	0.0/0.0	3.1/2.2
EV/EBITDA(배)	0.0	0.0	0.0	0.0	0.0	
EPS(원)	—	—	—	-310	-93	-434
BPS(원)	—	—	—	2,108	2,284	6,904
CFPS(원)	—	—	—	-250	-5	-329
DPS(원)	—	—	—			
EBITDAPS(원)	—	—	—	-269	-42	-350

재무 비율 〈단위 : %〉

연도	영업이익률	순이익률	부채비율	차입금비율	ROA	ROE	유보율	자기자본비율	EBITDA마진율
2016	-33.9	-33.0	6.9	0.0	-9.5	-10.3	1,257.9	93.5	-27.4
2015	-8.7	-6.4	13.1	0.0	-3.8	-4.6	349.1	88.4	-2.9
2014	-36.7	-34.8	29.4	18.5	0.0	0.0	314.8	77.3	-30.5
2013	0.0	0.0	0.0	0.0	0.0	0.0	0.0	0.0	0.0

로보스타 (A090360)
ROBOSTAR

업 종 : 기계		시 장 : KOSDAQ	
신용등급 : (Bond) — (CP) —		기업규모 : 중견	
홈 페 이 지 : www.robostar.co.kr		연 락 처 : 031)400-3600	
본 사 : 경기도 안산시 상록구 수인로 700 (사사동119-38)			

설 립 일	1999.02.26	종 업 원 수	264명	대 표 이 사	김정호
상 장 일	2011.10.17	감사의견	적정 (한울)	계	열
결 산 기	12월	보 통 주	780만주	종속회사수	
액 면 가	500원	우 선 주		구 상 호	

주주구성 (지분율,%)		출자관계 (지분율,%)		주요경쟁사 (외형,%)	
김정호	12.5	로보메디	80.0	로보스타	100
강귀덕	7.9	키스타	49.0	스맥	81
(외국인)	6.6	딥스	16.4	뉴로스	29

매출구성		비용구성		수출비중	
[제조용로봇]직각좌표 로봇 외	70.8	매출원가율	82.5	수출	35.0
[FPD장비]정밀Stage	14.7	판관비율	13.1	내수	65.0
[IT부품 제조장비]전자부품장비	12.8				

회사 개요
동사는 1999년 2월 26일에 산업용 로봇 제조업 등을 주 목적으로 설립된 기업이다. 동사는 자동화 작업을 수행하기 위해 활용되는 제조용로봇과 초정밀 생산 및 검사 등 다양한 공정장비의 기초장비인 FPD장비, 그리고 시스템 장비 성격인 IT부품 제조장비 등을 제조 및 판매를 주요 사업으로 하고 있다. 계열회사인 로보스타(상해)법인과 (주)로보스타 충청지사는 산업용 로봇 및 전자전기 제품의 제조, 도매업을 주요사업으로 영위하고 있음.

실적 분석
동사의 2016년 4분기 연결기준 매출액은 1,517.3억원으로 전년 동기 1,305.5억원 대비 16.2% 증가함. 매출원가율이 개악되는 제조경상개발비 증가 등으로 판관비 또한 증가하여 영업이익은 67.5억원으로 전년 동기 대비 34.7% 감소했음. 비영업부문에서 1.2억원의 이익이 발생하여 당기순이익은 67.9억원으로 전년 동기 93.4억원 대비 27.4% 감소함. 판매 다각화는 향후 긍정적으로 작용할 전망.

현금 흐름
〈단위 : 억원〉

항목	2015	2016
영업활동	52	61
투자활동	-101	-27
재무활동	65	-24
순현금흐름	19	7
기말현금	153	160

시장 대비 수익률
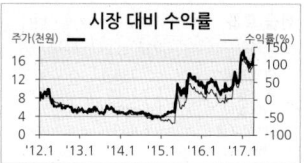

결산 실적
〈단위 : 억원〉

항목	2011	2012	2013	2014	2015	2016
매출액	968	716	1,034	970	1,306	1,517
영업이익	58	-27	21	20	103	68
당기순이익	63	-34	11	19	93	68

분기 실적
〈단위 : 억원〉

항목	2015.3Q	2015.4Q	2016.1Q	2016.2Q	2016.3Q	2016.4Q
매출액	337	307	284	284	362	587
영업이익	22	40	17	8	20	22
당기순이익	25	27	14	9	11	35

재무 상태
〈단위 : 억원〉

항목	2011	2012	2013	2014	2015	2016
총자산	689	674	828	787	1,033	1,340
유형자산	111	159	167	161	250	257
무형자산	28	25	35	33	31	29
유가증권	23	10	10	11	6	3
총부채	387	414	556	492	648	901
총차입금	181	192	212	191	203	183
자본금	39	39	39	39	39	39
총자본	302	261	272	294	385	439
지배주주지분	299	256	267	292	384	438

기업가치 지표

항목	2011	2012	2013	2014	2015	2016
주가(최고/저)(천원)	11.6/6.3	10.2/4.4	6.5/4.5	5.5/3.4	13.8/3.7	17.8/8.7
PER(최고/저)(배)	12.9/7.0	—/—	46.5/32.2	19.9/12.5	11.4/3.1	20.6/10.1
PBR(최고/저)(배)	3.1/1.7	3.1/1.4	1.9/1.3	1.5/0.9	2.8/0.8	3.2/1.6
EV/EBITDA(배)	8.7		10.8	8.2	7.6	15.4
EPS(원)	912	-454	140	276	1,229	864
BPS(원)	3,831	3,280	3,426	3,744	4,921	5,612
CFPS(원)	1,140	-235	434	568	1,492	1,174
DPS(원)	50				70	50
EBITDAPS(원)	1,081	-131	557	549	1,588	1,176

재무 비율
〈단위 : % 〉

연도	영업이익률	순이익률	부채비율	차입금비율	ROA	ROE	유보율	자기자본비율	EBITDA마진율
2016	4.5	4.5	205.3	41.6	5.7	16.4	1,022.5	32.8	6.0
2015	7.9	7.2	168.1	52.6	10.3	28.4	884.2	37.3	9.5
2014	2.1	2.0	167.2	65.0	2.3	7.7	648.9	37.4	4.4
2013	2.0	1.1	204.4	77.9	1.5	4.2	585.1	32.9	4.2

로보쓰리 (A238500)
Robo3

업 종 : 전자장비 및 기기		시 장 : KONEX	
신용등급 : (Bond) — (CP) —		기업규모 : —	
홈 페 이 지 : www.robo3.com		연 락 처 : 02)544-9145	
본 사 : 서울시 강남구 논현로 605, 5층			

설 립 일	2003.09.17	종 업 원 수	명	대 표 이 사	김준형
상 장 일	2016.04.20	감사의견	적정 (대주)	계	열
결 산 기	12월	보 통 주	445만주	종속회사수	
액 면 가	500원	우 선 주		구 상 호	

주주구성 (지분율,%)		출자관계 (지분율,%)		주요경쟁사 (외형,%)	
김준형	22.3			로보쓰리	100
김명호	10.8			S&K폴리텍	113,270
				뉴프렉스	259,314

매출구성		비용구성		수출비중	
도면설계 등	72.0	매출원가율	396.7	수출	0.0
Module	24.3	판관비율	1090.0	내수	100.0
기타 제품	3.7				

회사 개요
동사는 2003년 설립되어, 산업용 로봇, 교육용 로봇, 완구용 로봇 등의 제작 및 판매사업을 영위하고 있으며, 2014년 4월 코넥스 시장에 상장했음. 목표시장은 국내 및 해외 서비스로봇 시장이고, 최우선적으로 국내 및 해외 퍼스널 모빌리티 시장임. 정부의 지능형 로봇 정책 등에 힘입어 국내 로봇생산이 확대될 전망이며, 국내 유일의 2 wheel balancing 원천기술을 보유하고 있음.

실적 분석
동사의 2016년 매출액은 5648만원에 그쳐 전년 8.9억원에서 대폭 감소하였음. 2016년 6월 기업설명회 개최결과 공시에 따르면 동사의 2016년 예상 매출액은 29.5억원이었으나 2016년 실적은 이에 크게 못미침. 이에 비해 판관비가 전년보다 크게 증가하였고 이에 따라 1.7억원의 영업손실이 발생, 적자전환하였으며 6.7억원의 당기순손실이 발생하였음.

현금 흐름
*IFRS 별도 기준 〈단위 : 억원〉

항목	2015	2016
영업활동	-2	-6
투자활동	-4	-23
재무활동	20	28
순현금흐름	14	-1
기말현금	14	14

시장 대비 수익률
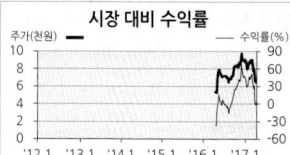

결산 실적
〈단위 : 억원〉

항목	2011	2012	2013	2014	2015	2016
매출액	—	—	5	5	9	1
영업이익	—	—	0	0	1	-8
당기순이익	—	—	0	0	1	-7

분기 실적
*IFRS 별도 기준 〈단위 : 억원〉

항목	2015.3Q	2015.4Q	2016.1Q	2016.2Q	2016.3Q	2016.4Q
매출액						
영업이익						
당기순이익						

재무 상태
*IFRS 별도 기준 〈단위 : 억원〉

항목	2011	2012	2013	2014	2015	2016
총자산	—	—	15	14	32	53
유형자산	—	—	0	1	1	2
무형자산	—	—	6	6	6	12
유가증권	—	—	0	0	0	0
총부채	—	—	7	6	3	2
총차입금	—	—	4	5	1	1
자본금	—	—	10	10	10	22
총자본	—	—	8	8	30	51
지배주주지분	—	—	8	8	30	51

기업가치 지표
*IFRS 별도 기준

항목	2011	2012	2013	2014	2015	2016
주가(최고/저)(천원)	—/—	—/—	—/—	—/—	—/—	9.7/5.0
PER(최고/저)(배)	0.0/0.0	0.0/0.0	0.0/0.0	0.0/0.0	0.0/0.0	—/—
PBR(최고/저)(배)	0.0/0.0	0.0/0.0	0.0/0.0	0.0/0.0	0.0/0.0	8.5/4.4
EV/EBITDA(배)	0.0		16.6	39.8		
EPS(원)	—	—	8	4	21	-155
BPS(원)	—	—	3,767	3,810	7,566	1,142
CFPS(원)	—	—	103	62	288	-146
DPS(원)	—	—				
EBITDAPS(원)	—	—	115	56	291	-172

재무 비율
〈단위 : % 〉

연도	영업이익률	순이익률	부채비율	차입금비율	ROA	ROE	유보율	자기자본비율	EBITDA마진율
2016	-1,386.6	-1,187.5	4.1	2.6	-15.7	-16.7	128.5	96.1	-1,317.0
2015	7.6	6.3	9.7	4.4	2.4	3.0	51.3	91.2	8.8
2014	1.4	1.7	일부잠식	일부잠식	0.6	1.1	-23.8	56.1	2.1
2013	3.8	3.3	일부잠식	일부잠식	0.0	0.0	-24.7	53.9	4.8

로스웰 (A900260)
Rothwell International

업 종 : 자동차부품		시 장 : KOSDAQ	
신용등급 : (Bond) — (CP) —		기업규모 :	
홈 페 이 지 : www.rothwell.com.cn		연 락 처 : 86-514-876338757	
본 사 : Unit 402, 4th Floor, Fairmont House, No. 8 Cotton Tree Drive, Admiralty Hong Kong			

설 립 일	2014.02.05	종 업 원 수	490명	대 표 이 사	저우샹동
상 장 일	2016.06.30	감 사 의 견	적정 (신한)	계	열
결 산 기	12월	보 통 주	9,078만주	종속회사수	
액 면 가		우 선 주		구 상 호	

주주구성 (지분율,%)		출자관계 (지분율,%)		주요경쟁사 (외형,%)	
ZHOU XIANG DONG	35.2	로스웰	100		
ZHONG JIA HONG	18.0	동국실업	656		
(외국인)	66.5	넥센테크	86		

매출구성	비용구성		수출비중	
	매출원가율	0.0	수출	—
	판관비율	0.0	내수	—

회사 개요
동사는 2014년 2월 홍콩에 설립된 기업으로 2016년 6월 코스닥시장에 상장됨. 동사가 생산하고 있는 자동차 부품은 크게 CAN 제어시스템을 기반으로 한 전자제품과 차량용 공조설비로 구분됨. CAN(Controller Area Network)은 1986년 독일 BOSCH사에 의해 개발되었고 자동차의 각종 계측제어 장비들 간의 디지털 직렬 통신을 제공하기 위한 차량용 네트워크 시스템. 자동차 공조설비는 자동차 쾌적성을 결정짓는 중요한 부품임.

실적 분석
2017년 3월말 현재 동사의 금융감독원을 통한 사업보고서 공시자료가 없어 회계감사인인 신한회계법인의 <외국법인등의 연결감사보고서>를 기초로 분석함. 2016년도 양주보싱 등 4개 종속회사 연결기준 매출액은 전년대비 74% 증가한 9.25RMB, 영업이익은 전년대비 65% 성장한 2,079.25RMB를 시현하였고, 당기순이익은 1.79RMB로 전년대비 81% 증가하였다고 보고함.

현금 흐름 〈단위 : 억원〉
항목	2015	2016
영업활동	-29	
투자활동	-3	
재무활동	32	
순현금흐름	-1	
기말현금	92	

시장 대비 수익률

결산 실적 〈단위 : 억원〉
항목	2011	2012	2013	2014	2015	2016
매출액	—	—	—	822	955	
영업이익	—	—	—	204	225	
당기순이익	—	—	—	161	177	

분기 실적 〈단위 : 억원〉
항목	2015.3Q	2015.4Q	2016.1Q	2016.2Q	2016.3Q	2016.4Q
매출액	224	218	265	351	493	
영업이익	52	40	60	.79	111	
당기순이익	41	31	48	66	92	

재무 상태 〈단위 : 억원〉
항목	2011	2012	2013	2014	2015	2016
총자산				845	1,056	
유형자산				113	104	
무형자산				2	2	
유가증권						
총부채				379	404	
총차입금				227	259	
자본금				0	260	
총자본				466	652	
지배주주지분				466	652	

기업가치 지표
항목	2011	2012	2013	2014	2015	2016
주가(최고/저)(천원)	—/—	—/—	—/—	—/—	—/—	3.7/2.4
PER(최고/저)(배)	0.0/0.0	0.0/0.0	0.0/0.0	0.0/0.0	0.0/0.0	0.0/0.0
PBR(최고/저)(배)	0.0/0.0	0.0/0.0	0.0/0.0	0.0/0.0	0.0/0.0	0.0/0.0
EV/EBITDA(배)	0.0	0.0	0.0	0.6	0.7	0.0
EPS(원)	—	—	—	1,246,289	526	
BPS(원)	—	—	—	465,945	1,086	
CFPS(원)	—	—	—	1,354,228	560	
DPS(원)	—	—	—			
EBITDAPS(원)	—	—	—	1,687,187	700	

재무 비율 〈단위 : %〉
연도	영업이익률	순이익률	부채비율	차입금비율	ROA	ROE	유보율	자기자본비율	EBITDA마진율
2016	0.0	0.0	0.0	0.0	0.0	0.0	0.0	0.0	0.0
2015	23.6	18.6	62.0	39.8	18.7	31.7	150.9	61.7	24.8
2014	24.9	19.6	81.4	48.8	0.0	0.0	329,679.0	55.1	26.6
2013	0.0	0.0	0.0	0.0	0.0	0.0			0.0

로엔엔터테인먼트 (A016170)
LOEN ENTERTAINMENT

업 종 : 미디어		시 장 : KOSDAQ	
신용등급 : (Bond) — (CP) —		기업규모 : 우량	
홈 페 이 지 : www.iloen.com		연 락 처 : 02)2280-7700	
본 사 : 서울시 강남구 삼성동 테헤란로103길 17 (삼성동, 정석빌딩)			

설 립 일	1982.07.07	종 업 원 수	338명	대 표 이 사	신원수
상 장 일	2001.01.11	감 사 의 견	적정 (삼일)	계	열
결 산 기	12월	보 통 주	2,529만주	종속회사수	
액 면 가	500원	우 선 주		구 상 호	

주주구성 (지분율,%)		출자관계 (지분율,%)		주요경쟁사 (외형,%)	
카카오	67.7	엠텍크루	100.0	로엔	100
NH투자증권	6.0	페이브엔터테인먼트	80.0	CJ E&M	341
(외국인)	15.4	크래커엔터테인먼트	80.0	CJ CGV	318

매출구성		비용구성		수출비중	
음원제공 및 온라인음원서비스	86.4	매출원가율	0.0	수출	2.9
기타매출	7.5	판관비율	82.3	내수	97.1
[상품]CD 외	4.3				

회사 개요
동사는 음반의 기획, 제작 및 판매와 온라인 음원 서비스를 주요 사업으로 영위하고 있음. 2013년 9월 최대주주 변경으로 SK그룹 계열에서 제외되었으며 2013년 12월 스타쉽엔터테인먼트 지분 70%을 인수. 동사의 멜론 서비스는 지속적인 매출 신장이 이어지며 디지털 음원유통시장 내 브랜드 인지도 1위, 시장점유율 1위를 차지. 최근 오프라인 음반시장의 규모는 축소되고 있으나 온라인 음원시장의 성장이 전체 음악시장 규모를 견인하고 있음.

실적 분석
동사의 2016년 결산기준 누적 매출액은 전년동기대비 26% 상승한 4,506.5억원을 기록하였음. 인건비는 증가 하였고 광고선전비도 증가, 기타판매비와관리비도 마찬가지로 증가함. 이와 같이 상승한 매출액 만큼 비용증가도 있었으나 매출액의 더 큰 상승에 힘입어 그에 따라 전년동기대비 영업이익은 799.1억원으로 26% 상승하였음. 최종적으로 전년동기대비 당기순이익은 상승하여 621.4억원을 기록함.

현금 흐름 〈단위 : 억원〉
항목	2015	2016
영업활동	785	970
투자활동	-150	-895
재무활동	-180	15
순현금흐름	455	90
기말현금	831	921

시장 대비 수익률

결산 실적 〈단위 : 억원〉
항목	2011	2012	2013	2014	2015	2016
매출액	1,672	1,850	2,526	3,233	3,576	4,506
영업이익	294	301	373	585	634	799
당기순이익	214	238	341	458	503	621

분기 실적 〈단위 : 억원〉
항목	2015.3Q	2015.4Q	2016.1Q	2016.2Q	2016.3Q	2016.4Q
매출액	916	1,001	965	1,104	1,106	1,332
영업이익	168	180	184	206	207	202
당기순이익	135	135	148	162	160	151

재무 상태 〈단위 : 억원〉
항목	2011	2012	2013	2014	2015	2016
총자산	1,571	1,731	2,372	3,039	3,628	4,539
유형자산	84	101	115	127	117	367
무형자산	178	180	363	340	467	435
유가증권	2	454	820	1,259	1,201	1,575
총부채	484	450	768	981	1,168	1,515
총차입금						
자본금	126	126	126	126	126	126
총자본	1,087	1,281	1,604	2,058	2,460	3,024
지배주주지분	1,087	1,281	1,570	2,021	2,374	2,928

기업가치 지표
항목	2011	2012	2013	2014	2015	2016
주가(최고/저)(천원)	20.7/5.6	16.8/9.6	17.2/12.1	48.4/16.5	95.6/41.7	90.3/64.6
PER(최고/저)(배)	25.9/7.0	18.6/10.6	13.2/9.3	27.7/9.5	48.9/21.3	36.9/26.4
PBR(최고/저)(배)	5.1/1.4	3.5/2.0	2.9/2.0	6.2/2.1	10.3/4.5	7.9/5.7
EV/EBITDA(배)	7.0	6.8	6.6	12.4	23.6	16.6
EPS(원)	846	943	1,349	1,801	1,983	2,477
BPS(원)	4,299	5,064	6,206	7,993	9,386	11,579
CFPS(원)	1,238	1,384	1,897	2,519	2,742	3,343
DPS(원)	170	189		711		1,004
EBITDAPS(원)	1,555	1,632	2,025	3,031	3,267	4,026

재무 비율 〈단위 : %〉
연도	영업이익률	순이익률	부채비율	차입금비율	ROA	ROE	유보율	자기자본비율	EBITDA마진율
2016	17.7	13.8	50.1	0.0	15.2	23.6	2,215.7	66.6	22.6
2015	17.7	14.1	47.5	0.0	15.1	22.8	1,777.2	67.8	23.1
2014	18.1	14.2	47.6	0.0	16.9	25.4	1,498.5	67.7	23.7
2013	14.8	13.5	47.9	0.0	16.6	23.9	1,141.1	67.6	20.3

로지시스 (A067730)
LOGISYS

업   종 : 통신장비
신용등급 : (Bond) —   (CP) —
홈페이지 : www.logisys.co.kr
본   사 : 서울시 마포구 독막로 281

시   장 : KOSDAQ
기업규모 : 중견
연 락 처 : 02)2125-6300

설 립 일	1996.07.04	종 업 원 수	421명	대 표 이 사	이규현
상 장 일	2015.07.29	감 사 의 견	적정 (삼일)	계	열
결 산 기	12월	보 통 주	934만주	종속회사수	
액 면 가	500원	우 선 주		구 상 호	

주주구성 (지분율,%)		출자관계 (지분율,%)		주요경쟁사 (외형,%)	
한국컴퓨터지주	64.5			로지시스	100
				기산텔레콤	165
(외국인)	1.1			백금T&A	168

매출구성		비용구성		수출비중	
전산장비 유지보수	45.7	매출원가율	91.6	수출	0.0
전산장비(상품)	29.4	판관비율	7.0	내수	100.0
VAN 대행관리	23.9				

회사 개요
동사는 1996년 7월 4일 컴퓨터 및 주변기기 제조 및 판매, 임대 및 서비스, 소프트웨어, 프로그램의 개발 및 제조판매, 수출입업, 유선 통신장비 및 부대장비의 제조판매 및 임대 서비스업, 전기통신공사업 등을 사업목적으로 설립.현재 영위하는 사업을 대분류로 구분하면, ① 전산장비 유지보수 용역, ② 전산장비 판매, ③ VAN서비스 대행용역 사업임. 향후 10년 이상의 장기적인 비전을 위하여 무인경비 서비스 사업에 진출할 계획임.

실적 분석
동사의 2016년 연간 매출은 359.4억원으로 전년대비 4% 증가, 영업이익은 5.1억원으로 전년대비 2.1% 증가, 당기순이익은 5.8억원으로 전년대비 3.4% 감소 시현 .전방산업인 컴퓨터 및 주변기기 시장이 부진하였으나 신규 사업의 매출 가세로 전체 외형은 전년대비 성장세를 시현. 다만 고정비 부담 가중과 경쟁 심화 영향으로 수익성 개선은 제한적이었던 것으로 평가. 동사는 장기적인 성장분야로 무인경비 서비스 사업에 진출할 계획

현금 흐름   *IFRS 별도 기준   〈단위 : 억원〉

항목	2015	2016
영업활동	29	-1
투자활동	-10	7
재무활동	40	-3
순현금흐름	59	3
기말현금	132	135

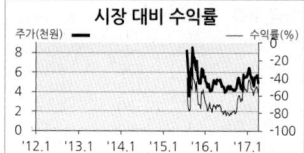
시장 대비 수익률

결산 실적   〈단위 : 억원〉

항목	2011	2012	2013	2014	2015	2016
매출액	209	215	320	320	346	359
영업이익	18	16	19	19	5	5
당기순이익	17	12	17	17	6	6

분기 실적   *IFRS 별도 기준   〈단위 : 억원〉

항목	2015.3Q	2015.4Q	2016.1Q	2016.2Q	2016.3Q	2016.4Q
매출액	107	117	75	63	107	115
영업이익	3	-4	1	-0	3	2
당기순이익	3	-3	1	1	3	2

재무 상태   *IFRS 별도 기준   〈단위 : 억원〉

항목	2011	2012	2013	2014	2015	2016
총자산	144	143	166	167	218	241
유형자산	28	27	12	11	10	9
무형자산	2	1	3	3	2	2
유가증권	10	6	0	0	0	0
총부채	33	29	51	52	60	78
총차입금						
자본금	36	36	36	36	47	47
총자본	111	113	115	115	158	163
지배주주지분	111	113	115	115	158	163

기업가치 지표   *IFRS 별도 기준

항목	2011	2012	2013	2014	2015	2016
주가(최고/저)(천원)	—/—	—/—	—/—	—/—	9.5/3.3	6.0/3.8
PER(최고/저)(배)	0.0/0.0	0.0/0.0	0.0/0.0	0.0/0.0	131.2/45.1	97.3/62.0
PBR(최고/저)(배)	0.0/0.0	0.0/0.0	0.0/0.0	0.0/0.0	5.8/2.0	3.5/2.2
EV/EBITDA(배)	—	—	—	—	47.4	48.0
EPS(원)	236	174	233	244	74	62
BPS(원)	15,444	15,840	16,094	16,101	1,693	1,750
CFPS(원)	3,040	2,322	2,884	2,931	113	92
DPS(원)					60	60
EBITDAPS(원)	3,192	2,793	3,262	3,168	101	84

재무 비율   〈단위 : % 〉

연도	영업이익률	순이익률	부채비율	차입금비율	ROA	ROE	유보율	자기자본비율	EBITDA마진율
2016	1.4	1.6	47.5	0.0	2.5	3.6	250.0	67.8	2.2
2015	1.5	1.7	38.1	0.0	3.1	4.4	238.6	72.4	2.4
2014	6.0	5.5	44.8	0.0	10.5	15.1	222.0	69.1	7.1
2013	6.1	5.2	44.3	0.0			221.9	69.3	7.3

로체시스템즈 (A071280)
Rorze Systems

업   종 : 반도체 및 관련장비
신용등급 : (Bond) —   (CP) —
홈페이지 : www.rorze.co.kr
본   사 : 경기도 용인시 처인구 경안천로 364

시   장 : KOSDAQ
기업규모 : 벤처
연 락 처 : 031)335-9100

설 립 일	1997.11.01	종 업 원 수	192명	대 표 이 사	박기환
상 장 일	2003.11.14	감 사 의 견	적정 (안진)	계	열
결 산 기	12월	보 통 주	1,530만주	종속회사수	
액 면 가	500원	우 선 주		구 상 호	

주주구성 (지분율,%)		출자관계 (지분율,%)		주요경쟁사 (외형,%)	
Rorze International Pte. Ltd.	40.1	윈텔	18.2	로체시스템즈	100
박기환	5.6	에이마크	14.2	아진엑스텍	18
(외국인)	41.1			하이셈	16

매출구성		비용구성		수출비중	
LCD Cassette Station	55.3	매출원가율	85.3	수출	17.8
Wafer Cassette Station	25.3	판관비율	10.1	내수	82.2
GCM	11.1				

회사 개요
동사는 TFT-LCD 및 반도체 제조업체에 반도체용 Clean Robot을 비롯하여 LCD용 Clean Robot, Indexer, EFEM, Laser를 이용한 Glass Cutting System 등의 최첨단 고기능의 장비를 개발, 공급하고 있음. 태양광사업과 관련하여 레이저를 이용해 태양전지를 일정한 크기로 자르는 절단장비를 개발하고, 일본업체와 PCB 검사장비도 개발 중에 있음.

실적 분석
동사의 2016년 4/4분기 매출규모는 전년동기 대비 32.0% 증가한 988.6억원을 시현하였음. 매출성장의 영향으로 매출원가와 판관비가 전년동기 대비 큰 폭으로 상승했음에도 전년동기 대비 31.9% 상승한 45.6억원의 영업이익을 시현했음. 비영업부문에서도 3.8억원의 이익을 시현해 당기순이익은 전년동기 대비 134.9% 증가했음. 매출은 FPD 66.10%, 반도체 13.84%, GCM 15.45%, 기타 상품 및 용역 4.61%로 구성됨

현금 흐름   *IFRS 별도 기준   〈단위 : 억원〉

항목	2015	2016
영업활동	11	-0
투자활동	-22	-42
재무활동	30	41
순현금흐름	19	-1
기말현금	85	84

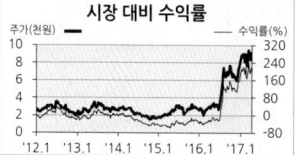
시장 대비 수익률

결산 실적   〈단위 : 억원〉

항목	2011	2012	2013	2014	2015	2016
매출액	573	410	661	352	749	989
영업이익	41	3	52	-38	35	46
당기순이익	34	8	40	-27	17	41

분기 실적   *IFRS 별도 기준   〈단위 : 억원〉

항목	2015.3Q	2015.4Q	2016.1Q	2016.2Q	2016.3Q	2016.4Q
매출액	270	248	89	74	394	432
영업이익	34	2	-18	-12	25	50
당기순이익	15	2	-14	-9	18	46

재무 상태   *IFRS 별도 기준   〈단위 : 억원〉

항목	2011	2012	2013	2014	2015	2016
총자산	563	526	642	514	566	886
유형자산	247	240	251	242	243	247
무형자산	13	9	5	8	7	8
유가증권	7	6	1	1	1	1
총부채	158	115	185	95	130	403
총차입금	43	54	41	30	60	90
자본금	40	40	41	41	41	41
총자본	405	410	457	420	435	484
지배주주지분	405	410	457	420	435	484

기업가치 지표   *IFRS 별도 기준

항목	2011	2012	2013	2014	2015	2016
주가(최고/저)(천원)	3.4/1.4	3.6/1.9	3.5/2.0	3.0/1.5	3.6/1.7	8.0/2.0
PER(최고/저)(배)	12.1/4.9	53.0/27.8	11.2/6.2	—/—	25.8/12.4	24.6/6.3
PBR(최고/저)(배)	1.0/0.4	1.1/0.6	1.0/0.5	0.9/0.4	1.0/0.5	2.1/0.5
EV/EBITDA(배)	5.2	15.4	5.1	—	7.4	18.1
EPS(원)	281	70	321	-217	138	325
BPS(원)	5,063	5,164	5,590	5,181	5,372	5,917
CFPS(원)	594	255	644	-192	336	640
DPS(원)			50			50
EBITDAPS(원)	681	183	784	-322	546	701

재무 비율   〈단위 : % 〉

연도	영업이익률	순이익률	부채비율	차입금비율	ROA	ROE	유보율	자기자본비율	EBITDA마진율
2016	4.6	4.1	83.2	18.5	5.6	8.8	1,083.4	54.6	5.8
2015	4.6	2.3	29.9	13.8	3.2	4.0	974.4	77.0	6.0
2014	-10.7	-7.7	22.6	7.2	-4.7	-6.2	936.3	81.6	-7.5
2013	7.8	6.1	40.6	9.0	6.9	9.3	1,018.1	71.1	9.8

롯데관광개발 (A032350)
Lotte Tour Development

업 종 : 호텔 및 레저		시 장 : 거래소	
신용등급 : (Bond) — (CP) —		기업규모 : 시가총액 중형주	
홈페이지 : www.lottetour.com		연 락 처 : 1577-3000	
본 사 : 서울시 종로구 세종대로 149 광화문빌딩 (세종로)			

설 립 일	1971.05.24	종 업 원 수	300명	대 표 이 사	백현
상 장 일	2006.06.08	감 사 의 견	적정 (삼덕)	계 열	
결 산 기	12월	보 통 주	4,540만주	종속회사수	
액 면 가	500원	우 선 주		구 상 호	

주주구성 (지분율,%)
김기병	43.6
동화투자개발	34.2
(외국인)	0.1

출자관계 (지분율,%)
LT크루즈홀리데이	100.0
용산역세권개발	70.1
마이데일리	58.5

주요경쟁사 (외형,%)
롯데관광개발	100
하나투어	1,182
모두투어	471

매출구성
여행수입	68.3
수수료수입	14.8
운수수입	6.7

비용구성
매출원가율	45.9
판관비율	47.5

수출비중
수출	0.0
내수	100.0

회사 개요
동사는 일반 및 국제 여행사업을 영위하는 업체임. 여행업은 다른 산업과 비교해 볼 때 투자자본이 적고, 생산과 동시에 소비가 이루어지는 상품의 특성 상 재고자산이 발생하지 않으며, 현금의 유동성이 좋고 외상거래의 빈도가 낮아 위험부담이 상대적으로 적은 산업임. 동사는 지자체와 협업하여 특화된 상품 출시로 재래시장 및 지역경제 활성화에 동참하고 있으며 철도권 판매, 직영 전세버스 등 영업을 전개하고 있음.

실적 분석
동사의 연결기준 2016년 누적매출액은 전년동기 대비 12.8% 증가한 503.8억원을 시현함. 영업이익은 전년동기보다 두 배 이상 늘어난 32.9억원을 기록하였으며 15.2억원의 당기순이익을 기록하며 흑자전환에 성공함. 동사는 향후 제주도에서 복합리조트 사업을 영위할 계획이며 월드클래스로 조성되는 드림타워 복합리조트에는 관광·일반호텔, 외국인 전용카지노, 쇼핑몰 등이 들어서며 2019년 7월 오픈할 예정.

현금 흐름 〈단위 : 억원〉
항목	2015	2016
영업활동	-2	31
투자활동	-20	-87
재무활동	9	109
순현금흐름	-13	53
기말현금	70	123

시장 대비 수익률
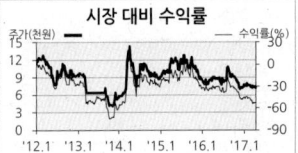

결산 실적 〈단위 : 억원〉
항목	2011	2012	2013	2014	2015	2016
매출액	579	573	451	423	447	504
영업이익	9	12	16	-5	15	33
당기순이익	-104	-805	-38	8	-499	15

분기 실적 〈단위 : 억원〉
항목	2015.3Q	2015.4Q	2016.1Q	2016.2Q	2016.3Q	2016.4Q
매출액	104	111	105	139	139	120
영업이익	-5	7	-6	21	14	3
당기순이익	-4	-251	-6	20	12	-11

재무 상태 〈단위 : 억원〉
항목	2011	2012	2013	2014	2015	2016
총자산	2,248	1,428	1,388	1,453	2,490	3,622
유형자산	22	22	15	11	1,021	2,017
무형자산	56	56	41	44	45	44
유가증권	1,786	1,023	1,009	1,023	1,023	1,013
총부채	1,348	1,342	243	302	838	1,961
총차입금	1,086	1,083	5	8	17	127
자본금	55	55	123	123	151	227
총자본	900	86	1,145	1,151	1,652	1,661
지배주주지분	886	72	1,129	1,135	1,635	1,645

기업가치 지표
항목	2011	2012	2013	2014	2015	2016
주가(최고/저)(천원)	19.0/11.3	12.7/7.7	10.0/4.0	14.3/5.5	13.3/7.7	11.0/6.8
PER(최고/저)(배)	—/—	—/—	—/—	682.6/259.7	—/—	324.9/201.5
PBR(최고/저)(배)	3.5/2.1	29.4/17.9	3.3/1.3	4.7/1.8	3.7/2.1	3.0/1.9
EV/EBITDA(배)	96.4	96.1	72.3	988.7	164.3	79.4
EPS(원)	-639	-4,885	-144	21	-1,296	34
BPS(원)	8,058	650	4,588	4,610	5,404	3,623
CFPS(원)	-801	-7,216	-155	66	-1,914	54
DPS(원)						
EBITDAPS(원)	240	219	147	14	90	93

재무 비율 〈단위 : %〉
연도	영업이익률	순이익률	부채비율	차입금비율	ROA	ROE	유보율	자기자본비율	EBITDA마진율
2016	6.5	3.0	118.0	7.6	0.5	0.9	624.6	45.9	8.4
2015	3.4	-111.7	50.7	1.0	-25.3	-36.1	980.8	66.4	5.2
2014	-1.2	2.0	26.2	0.7	0.6	0.7	822.0	79.2	0.8
2013	3.5	-8.4	21.2	0.4	-2.7	-6.5	817.6	82.5	5.9

롯데손해보험 (A000400)
Lotte Non-Life Insurance

업 종 : 보험		시 장 : 거래소	
신용등급 : (Bond) — (CP) —		기업규모 : 시가총액 중형주	
홈페이지 : www.lotteins.co.kr		연 락 처 : 1588-3344	
본 사 : 서울시 중구 소월로 3 (남창동) 롯데손해보험빌딩			

설 립 일	1946.05.20	종 업 원 수	1,567명	대 표 이 사	김현수
상 장 일	1971.04.16	감 사 의 견	적정 (안진)	계 열	
결 산 기	12월	보 통 주	13,428만주	종속회사수	
액 면 가	1,000원	우 선 주		구 상 호	

주주구성 (지분율,%)
호텔롯데	23.7
대홍기획	16.2
(외국인)	8.3

출자관계 (지분율,%)
퀀텀i제일호사모투자전문회사	14.9
유니슨캐피탈사모투자전문회사	9.8
롯데렌탈	4.9

주요경쟁사 (외형,%)
롯데손해보험	100
메리츠화재	268
코리안리	298

수익구성
기타	43.5
[손해보험]장기	37.5
[손해보험]자동차	13.4

비용구성
책임준비금전입	21.8
보험금비용	26.8
사업비	7.5

수출비중
수출	—
내수	—

회사 개요
동사는 손해보험업 등을 영위할 목적으로 1946년에 설립됨. 손해보험업과 경영 가능한 자산운용 등을 주요 사업으로 하고 있음. 점포 현황은 지역단 19개, 지점 106개, 보상지원단 6개의 조직을 운영하고 있음. 그룹 시너지 활용을 통해 시장 저변을 확대하고 있으며, 새로운 계열사로 편입된 롯데렌탈과의 시너지 극대화를 통해 매출 증대 및 손익개선에서 성과를 시현하고자 노력하고 있음.

실적 분석
동사의 2016년 영업수익은 3조 269억원으로 전년동기 대비 큰 폭 증가함. 주요 수익원인 보험료수익, 이자수익 등을 포함한 영업수익이 증가하는 등 전반적인 비용 구조 개선으로 당기순이익 또한 290억원으로 전년 대비 큰 폭 개선되었음. 업계 최초의 단종보험 상품인 EW 상품 런칭과 웨딩보험 출시 등 향후 차별화되는 신상품, 영업채널 발굴을 통해 성장할 것으로 예상됨.

현금 흐름 *IFRS 별도 기준 〈단위 : 억원〉
항목	2015	2016
영업활동	4,729	8,352
투자활동	-6,142	-11,811
재무활동	1,500	1,197
순현금흐름	95	-2,257
기말현금	3,986	1,730

시장 대비 수익률
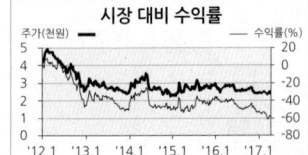

결산 실적 〈단위 : 억원〉
항목	2011	2012	2013	2014	2015	2016
보험료수익	17,567	19,481	14,939	20,367	21,803	22,432
영업이익	148	-172	-8	70	116	358
당기순이익	128	-138	-1	25	99	291

분기 실적 *IFRS 별도 기준 〈단위 : 억원〉
항목	2015.3Q	2015.4Q	2016.1Q	2016.2Q	2016.3Q	2016.4Q
보험료수익	5,557	5,561	5,374	5,625	5,752	5,682
영업이익	77	-59	150	173	-160	194
당기순이익	69	-51	118	136	-124	160

재무 상태 *IFRS 별도 기준 〈단위 : 억원〉
항목	2011	2012	2013	2014	2015	2016
총자산	34,674	44,853	52,450	67,278	87,783	110,975
유형자산	644	627	628	619	649	680
무형자산	152	166	212	200	188	175
유가증권	14,246	18,088	20,614	22,359	27,644	38,170
총부채	32,554	41,899	49,803	64,233	83,353	105,961
총차입금	—	498	896	897	897	1,576
자본금	421	673	673	673	1,343	1,343
총자본	2,120	2,954	2,648	3,045	4,430	5,014
지배주주지분	2,120	2,954	2,648	3,045	4,430	5,014

기업가치 지표 *IFRS 별도 기준
항목	2011	2012	2013	2014	2015	2016
주가(최고/저)(천원)	5.8/4.1	4.7/2.5	3.2/2.4	3.9/2.3	3.3/2.3	3.0/2.4
PER(최고/저)(배)	22.4/15.8	—/—	—/—	113.3/65.3	35.5/24.8	13.9/11.0
PBR(최고/저)(배)	1.3/0.9	1.2/0.6	0.9/0.7	1.0/0.5	1.0/0.7	0.8/0.6
PSR(최고/저)(배)	0/0	0/0	0/0	0/0	0/0	0/0
EPS(원)	262	-245	-1	35	92	216
BPS(원)	5,089	4,421	3,952	4,542	3,308	3,742
CFPS(원)	490	-105	91	170	170	282
DPS(원)						10
EBITDAPS(원)	351	-334	-11	104	108	267

재무 비율 〈단위 : %〉
연도	계속사업이익률	순이익률	부채비율	차입금비율	ROA	ROE	유보율	자기자본비율	총자산증가율
2016	1.6	1.3	2,113.4	31.4	0.3	6.2	274.2	4.5	26.4
2015	0.6	0.5	1,881.5	20.3	0.1	2.6	230.8	5.1	30.5
2014	0.4	0.1	2,109.7	29.5	0.0	0.9	354.2	4.5	50.0
2013	-0.1	0.0	1,880.9	33.9	0.0	0.0	295.2	5.1	16.9

롯데쇼핑 (A023530)
Lotte Shopping

업 종 : 백화점		시 장 : 거래소	
신용등급 : (Bond) AA+ (CP) A1		기업규모 : 시가총액 대형주	
홈 페 이 지 : www.lotteshopping.com		연 락 처 : 02)771-2500	
본 사 : 서울시 중구 남대문로 81 (소공동)			

설 립 일 1970.07.02	종업원수 26,163명	대표이사 신격호
상 장 일 2006.02.09	감사의견 적정 (삼정)	계 열
결 산 기 12월	보 통 주 3,149만주	종속회사수
액 면 가 5,000원	우 선 주	구 상 호

주주구성 (지분율,%)		출자관계 (지분율,%)		주요경쟁사 (외형,%)	
신동빈	13.5	롯데백화점마산	100.0	롯데쇼핑	100
호텔롯데	8.8	롯데김해개발	100.0	현대백화점	6
(외국인)	18.6	엔씨에프	99.8	신세계	10

매출구성		비용구성		수출비중	
할인점	28.6	매출원가율	68.4	수출	86.9
백화점	27.6	판관비율	28.4	내수	13.1
기타	19.1				

회사 개요
동사는 지배회사로서 백화점, 마트, 슈퍼 등 종합 유통업을 영위하는 법인으로 국내 백화점 시장 점유율 1위 업체임. 백화점 사업부문, 할인점 사업부문, 금융 사업부문, 전자제품 전문점 사업부문, 기타 사업부문을 영위하고 있음. 아웃렛 사업과 복합쇼핑몰 사업 등의 신규사업을 추진 중임. 국내뿐만 아니라 러시아, 중국, 인도네시아, 베트남에서 대형 할인점과 백화점을 운영하고 있음.

실적 분석
동사의 연결기준 2016년 누적매출액은 29조 5,264.1억원으로 전년동기 대비 1.4% 증가 함. 판관비 증가에도 원가부담이 줄면서 영업이익은 전년대비 10.2% 증가한 9,403.6억원을 시현. 직전 사업연도에 반영되었던 영업권 손상차손 등의 기타요인이 줄면서 비영업 손실 개선의 영향으로 당기순이익은 흑자전환함. 국내 부문의 실적 부진이 지속되고 있고, 사드영향에 따른 중국사업의 불확실성 지속되고 있음

현금 흐름 〈단위 : 억원〉

항목	2015	2016
영업활동	13,673	22,273
투자활동	-22,459	-17,320
재무활동	6,923	219
순현금흐름	-1,769	5,179
기말현금	17,513	22,692

시장 대비 수익률

결산 실적 〈단위 : 억원〉

항목	2011	2012	2013	2014	2015	2016
매출액	222,531	250,437	282,117	280,996	291,277	295,264
영업이익	16,949	14,675	14,853	11,884	8,537	9,404
당기순이익	10,126	11,576	8,806	6,157	-3,455	2,469

분기 실적 〈단위 : 억원〉

항목	2015.3Q	2015.4Q	2016.1Q	2016.2Q	2016.3Q	2016.4Q
매출액	74,840	74,803	71,789	72,304	75,751	75,421
영업이익	1,953	1,890	2,081	1,710	1,756	3,856
당기순이익	257	-5,823	660	823	782	203

재무 상태 〈단위 : 억원〉

항목	2011	2012	2013	2014	2015	2016
총자산	330,611	368,570	389,726	400,723	406,934	419,159
유형자산	132,850	148,259	157,885	159,010	157,591	159,322
무형자산	27,070	44,084	43,414	41,561	35,784	33,567
유가증권	74,435	77,864	81,113	82,110	87,410	94,805
총부채	183,821	211,387	220,473	225,284	236,055	246,519
총차입금	102,141	122,968	129,019	128,523	141,745	145,877
자본금	1,452	1,452	1,575	1,575	1,575	1,575
총자본	146,790	157,183	169,252	175,439	170,878	172,640
지배주주지분	139,662	148,784	162,237	167,258	162,475	163,045

기업가치 지표

항목	2011	2012	2013	2014	2015	2016
주가(최고/저)(천원)	513/303	376/268	403/327	400/268	288/201	275/191
PER(최고/저)(배)	16.6/9.8	10.4/7.4	16.6/13.4	24.5/16.3	—/—	52.0/36.1
PBR(최고/저)(배)	1.1/0.7	0.8/0.5	0.8/0.7	0.8/0.5	0.6/0.4	0.5/0.4
EV/EBITDA(배)	5.0	7.0	7.3	5.8	6.0	5.4
EPS(원)	32,084	37,195	25,048	16,724	-12,164	5,341
BPS(원)	480,875	512,281	515,186	531,131	515,941	517,811
CFPS(원)	51,362	62,132	51,127	45,284	19,152	36,244
DPS(원)	1,500	1,500	1,500	2,000	2,000	2,000
EBITDAPS(원)	77,636	75,464	73,263	66,297	58,427	60,764

재무 비율 〈단위 : % 〉

연도	영업이익률	순이익률	부채비율	차입금비율	ROA	ROE	유보율	자기자본비율	EBITDA마진율
2016	3.2	0.8	142.8	84.5	0.6	1.0	10,256.2	41.2	6.5
2015	2.9	-1.2	138.1	83.0	-0.9	-2.3	10,218.8	42.0	6.3
2014	4.2	2.2	128.4	73.3	1.6	3.2	10,522.6	43.8	7.4
2013	5.3	3.1	130.3	76.2	2.3	5.1	10,203.7	43.4	8.2

롯데정밀화학 (A004000)
LOTTE Fine Chemical

업 종 : 화학		시 장 : 거래소	
신용등급 : (Bond) A+ (CP) —		기업규모 : 시가총액 중형주	
홈 페 이 지 : www.lottefinechem.com		연 락 처 : 052)270-6114	
본 사 : 울산시 남구 여천로 217번길 19 (여천동)			

설 립 일 1964.08.27	종업원수 809명	대표이사 성인희
상 장 일 1976.04.15	감사의견 적정 (삼일)	계 열
결 산 기 12월	보 통 주 2,580만주	종속회사수
액 면 가 5,000원	우 선 주	구 상 호 삼성정밀화학

주주구성 (지분율,%)		출자관계 (지분율,%)		주요경쟁사 (외형,%)	
롯데케미칼	31.1	에스엔폴	100.0	롯데정밀화학	100
국민연금공단	8.2	한덕화학	50.0	롯데케미칼	1,191
(외국인)	17.9	롯데비피화학	49.0	대한유화	144

매출구성		비용구성		수출비중	
기타	31.1	매출원가율	85.3	수출	52.0
[상품]암모니아	28.2	판관비율	12.0	내수	48.0
[제품]메셀로스	17.0				

회사 개요
동사는 2016년 2월 롯데케미칼에 매각돼 삼성정밀화학에서 롯데정밀화학으로 사명이 변경됨. 동사의 사업부는 정밀화학부문, 일반화학부문, 전자재료부문 등 크게 3가지 제품군으로 나뉨. 정밀화학제품은 경쟁력 있는 고부가 제품을 주로 생산함. 생분해성 수지와 2차 전지 활물질을 신규 사업으로 개발 중임. 동사의 제품 중 메셀로스의 시장점유율은 66%로 관련 시장 1위를 차지함. ECH, 염화메탄 원료도 각각 43%, 50%등 높은 시장점유율을 기록함.

실적 분석
2016년도 결산 연결기준 누적 매출액은 전년 대비 4.4% 감소한 11,107.0억원으로 소폭 외형 감소. 영업이익은 297.5억원을 기록하며 전년동기 대비 1,064.7%의 큰 성장세를 보임. 다만 당기순이익은 435.5억원을 기록하여 적자 전환. 이는 환율 하락 및 원자재 약세에 따른 판가 하락으로 인한 것으로 보임. 동사는 현장경영 강화로 비용절감과 공정개선을 통해 원가를 혁신하고 유록스, 토너 등의 매출확대와 수익개선할 예정.

현금 흐름 〈단위 : 억원〉

항목	2015	2016
영업활동	590	993
투자활동	912	-472
재무활동	-280	-613
순현금흐름	1,222	-92
기말현금	2,193	2,101

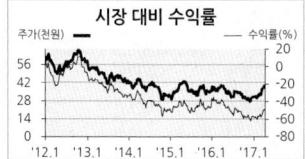
시장 대비 수익률

결산 실적 〈단위 : 억원〉

항목	2011	2012	2013	2014	2015	2016
매출액	13,336	14,312	13,141	12,105	11,619	11,107
영업이익	746	556	-203	-244	26	297
당기순이익	734	733	33	587	900	-435

분기 실적 〈단위 : 억원〉

항목	2015.3Q	2015.4Q	2016.1Q	2016.2Q	2016.3Q	2016.4Q
매출액	3,171	2,747	2,856	2,926	2,849	2,476
영업이익	190	-167	-212	245	100	164
당기순이익	644	-91	-769	220	87	26

재무 상태 〈단위 : 억원〉

항목	2011	2012	2013	2014	2015	2016
총자산	14,005	16,079	19,001	18,460	16,842	15,309
유형자산	4,786	6,774	9,290	9,274	7,609	7,171
무형자산	248	433	426	377	336	241
유가증권	2,730	2,568	2,351	2,447	1,084	264
총부채	3,117	4,545	7,736	6,502	5,206	4,193
총차입금	191	1,427	4,922	4,300	3,171	3,014
자본금	1,290	1,290	1,290	1,290	1,290	1,290
총자본	10,887	11,534	11,265	11,958	11,636	11,117
지배주주지분	10,887	11,533	11,265	11,867	11,636	11,117

기업가치 지표

항목	2011	2012	2013	2014	2015	2016
주가(최고/저)(천원)	80.4/36.6	67.3/48.1	59.6/39.6	47.3/28.1	43.3/29.1	41.0/26.8
PER(최고/저)(배)	30.0/13.7	24.9/17.8	478.8/317.8	20.6/12.2	12.2/8.2	—/—
PBR(최고/저)(배)	2.0/0.9	1.6/1.1	1.4/0.9	1.1/0.6	1.0/0.7	1.0/0.6
EV/EBITDA(배)	10.3	13.7	40.2	25.8	13.4	7.7
EPS(원)	2,846	2,840	129	2,371	3,638	-1,688
BPS(원)	42,605	45,068	44,027	46,358	45,463	43,451
CFPS(원)	5,349	5,406	2,419	5,096	6,479	1,473
DPS(원)	650	650	300	300	500	300
EBITDAPS(원)	5,395	4,720	1,501	1,780	2,939	4,314

재무 비율 〈단위 : % 〉

연도	영업이익률	순이익률	부채비율	차입금비율	ROA	ROE	유보율	자기자본비율	EBITDA마진율
2016	2.7	-3.9	37.7	27.1	-2.7	-3.8	769.0	72.6	10.0
2015	0.2	7.7	44.8	27.3	5.1	8.0	809.3	69.1	6.5
2014	-2.0	4.9	54.4	36.0	3.1	5.3	827.2	64.8	3.8
2013	-1.6	0.3	68.7	43.7	0.2	0.3	780.5	59.3	3.0

롯데제과 (A004990)
Lotte Confectionery

업　　　종 : 식료품		시　　장 : 거래소	
신용등급 : (Bond) AA+　(CP) A1		기업규모 : 시가총액 대형주	
홈 페 이 지 : www.lotteconf.co.kr		연 락 처 : 02)2670-6114	
본　　　사 : 서울시 영등포구 양평로21길 10 (양평동5가)			

설 립 일	1967.03.24	종 업 원 수	4,808명	대 표 이 사	김용수,신동빈
상 장 일	1974.02.16	감사의견	적정 (삼일)	계　　　열	
결 산 기	12월	보 통 주	1,421만주	종속회사수	
액 면 가	500원	우 선 주		구 상 호	

주주구성 (지분율,%)		출자관계 (지분율,%)		주요경쟁사 (외형,%)	
롯데알미늄	15.3	스위트위드	100.0	롯데제과	100
LOTTE CO.,LTD	9.9	롯데자이언츠	30.0	CJ	1,065
(외국인)	33.8	(보통주)롯데칠성음료	19.3	오리온	106

매출구성		비용구성		수출비중	
기타	31.6	매출원가율	63.9	수출	11.4
초코렛	21.3	판관비율	30.4	내수	88.6
제품기타	17.7				

회사 개요
동사는 식품 제조, 가공, 판매 및 수입 판매업 등을 영위할 목적으로 1967년 설립됨. 껌, 캔디, 초콜릿, 비스킷 분야에서 강점을 갖고 있음. 매년 신제품을 운영해 라인 기계설비 신규투자가 이뤄지고, 건과, 빙과 시설 등 노후 설비 보수를 통해 생산성 향상과 원가 절감을 하고 있음. 국내 소비자의 기호에 맞춘 제품 연구와 설비 투자, 영업력의 강점을 기반으로 대형 4사가 시장을 주도하고 있음.

실적 분석
2016년 연결기준 누적 매출액은 2조 2,482.6억원을 기록, 전년대비 소폭(-0.4%) 감소함. 영업이익 또한 전년동기대비 11.6% 감소함. 카자흐스탄과 한국 매출이 호전되었음에도 중국과 러시아 구조조정과 관련된 일회성 요인에 영향을 받은 것으로 분석. 또한 환율과 원재료비 상승으로 원가율이 악화되며 수익성 하락. 2017년에는 카자흐스탄과 파키스탄의 실적 향상, 국내 기저 부담도 벗어날 것으로 예상되어 견조한 외형 성장이 기대됨.

현금 흐름 〈단위 : 억원〉
항목	2015	2016
영업활동	2,184	1,162
투자활동	-2,571	-591
재무활동	1,757	-1,386
순현금흐름	1,375	-805
기말현금	2,470	1,665

시장 대비 수익률
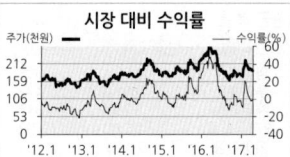

결산 실적 〈단위 : 억원〉
항목	2011	2012	2013	2014	2015	2016
매출액	18,542	18,645	19,764	22,248	22,579	22,483
영업이익	1,732	1,154	915	1,148	1,445	1,278
당기순이익	1,004	898	552	17	792	752

분기 실적 〈단위 : 억원〉
항목	2015.3Q	2015.4Q	2016.1Q	2016.2Q	2016.3Q	2016.4Q
매출액	5,945	5,550	5,316	5,495	5,933	5,738
영업이익	550	252	278	292	519	189
당기순이익	232	-40	298	76	431	-52

재무 상태 〈단위 : 억원〉
항목	2011	2012	2013	2014	2015	2016
총자산	39,013	40,244	44,322	39,979	43,259	39,918
유형자산	12,316	12,245	13,525	13,875	14,022	13,934
무형자산	751	1,108	1,320	1,242	1,084	1,032
유가증권	15,083	16,721	18,781	15,748	16,593	14,453
총부채	12,863	12,228	14,657	13,777	16,233	14,298
총차입금	4,065	3,337	5,129	5,373	7,404	6,308
자본금	71	71	71	71	71	71
총자본	26,150	28,016	29,665	26,202	27,025	25,621
지배주주지분	25,307	27,056	28,124	24,829	25,872	24,426

기업가치 지표
항목	2011	2012	2013	2014	2015	2016
주가(최고/저)(천원)	182/131	181/139	197/145	229/167	227/170	279/161
PER(최고/저)(배)	27.1/19.5	28.6/22.0	56.2/41.2	-/-	43.1/32.4	57.2/33.0
PBR(최고/저)(배)	1.0/0.8	1.0/0.7	1.0/0.7	1.3/1.0	1.3/0.9	1.6/0.9
EV/EBITDA(배)	10.8	13.2	17.5	15.0	15.4	13.7
EPS(원)	6,872	6,446	3,569	-201	5,293	4,911
BPS(원)	1,784,827	1,907,881	1,982,995	1,751,163	1,820,200	171,843
CFPS(원)	118,034	116,923	97,312	61,985	120,216	11,679
DPS(원)	4,000	4,000	4,000	5,200	11,270	1,130
EBITDAPS(원)	171,196	133,646	126,023	144,735	168,976	15,756

재무 비율 〈단위 : % 〉
연도	영업이익률	순이익률	부채비율	차입금비율	ROA	ROE	유보율	자기자본비율	EBITDA마진율
2016	5.7	3.4	55.8	24.6	1.8	2.8	34,268.7	64.2	10.0
2015	6.4	3.5	60.1	27.4	1.9	3.0	36,304.0	62.5	10.6
2014	5.2	0.1	52.6	20.5	0.0	-0.1	34,923.3	65.5	9.3
2013	4.6	2.8	49.4	17.3	1.3	1.8	39,559.9	66.9	9.1

롯데칠성음료 (A005300)
Lotte Chilsung Beverage

업　　　종 : 음료		시　　장 : 거래소	
신용등급 : (Bond) AA+　(CP) A1		기업규모 : 시가총액 중형주	
홈 페 이 지 : company.lottechilsung.co.kr		연 락 처 : 02)3479-9114	
본　　　사 : 서울시 서초구 서초대로70길 15			

설 립 일	1967.11.29	종 업 원 수	5,883명	대 표 이 사	이재혁
상 장 일	1973.06.21	감사의견	적정 (삼일)	계　　　열	
결 산 기	12월	보 통 주	124만주	종속회사수	
액 면 가	5,000원	우 선 주	12만주	구 상 호	

주주구성 (지분율,%)		출자관계 (지분율,%)		주요경쟁사 (외형,%)	
롯데제과	19.3	롯데베버리지홀딩스	100.0	롯데칠성	100
국민연금공단	10.0	충북소주	100.0	하이트진로	80
(외국인)	19.0	씨에이치음료	100.0	무학	11

매출구성		비용구성		수출비중	
소주, 맥주外	34.6	매출원가율	56.3	수출	5.9
탄산음료	27.0	판관비율	37.4	내수	94.1
기타	15.9				

회사 개요
동사는 1950년 설립된 롯데그룹의 주요 계열사로 탄산음료 및 주스 등 음료 제품 및 소주 등 주류 제품을 보유한 종합 음료회사임. 동사의 제품은 대형할인매장 및 편의점 뿐 아니라 소매점 등에서 판매됨. 지난해 맥주 '클라우드'를 선보여 돌풍을 일으킨 동사는 소주 '순하리 처음처럼'으로 후발주자인 소주 시장에서도 점유율 확보에 나서는 중임. 술시장 수요 감소로 착즙주스 등 새로운 시장 확대

실적 분석
동사의 기준 2016년 연결 기준 결산 매출액은 전년 대비 3.1% 증가한 2조 3,694.8억원 기록. 영업이익은 1,487.9억원을 시현하며 전년동기 대비 4.1% 증가. 그러나 181억원의 금융손실로 당기순이익은 691.4억을 시현하며 전년동기 대비 31.1% 감소함. 주류사업부영업이익이 내수 부진으로 10% 이상 줄어듬. 미얀마 법인 영업이익이 전기 140억에서 당기 200억으로 증가하고 미국 또한 10% 이상 증가.

현금 흐름 〈단위 : 억원〉
항목	2015	2016
영업활동	2,739	1,913
투자활동	-3,215	-3,413
재무활동	1,504	2,656
순현금흐름	952	1,163
기말현금	2,034	3,197

시장 대비 수익률
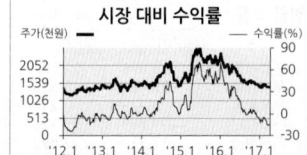

결산 실적 〈단위 : 억원〉
항목	2011	2012	2013	2014	2015	2016
매출액	20,872	21,986	22,159	21,841	22,992	23,695
영업이익	1,752	1,500	1,724	930	1,429	1,488
당기순이익	771	830	1,035	206	1,003	691

분기 실적 〈단위 : 억원〉
항목	2015.3Q	2015.4Q	2016.1Q	2016.2Q	2016.3Q	2016.4Q
매출액	6,455	5,141	5,428	6,285	6,659	5,322
영업이익	540	37	380	507	564	37
당기순이익	342	-219	263	290	393	-254

재무 상태 〈단위 : 억원〉
항목	2011	2012	2013	2014	2015	2016
총자산	35,992	37,505	39,585	41,000	43,820	46,505
유형자산	15,107	15,073	16,299	18,539	19,881	22,186
무형자산	3,921	3,771	3,558	4,110	3,776	3,515
유가증권	7,160	7,963	8,543	6,513	6,471	6,191
총부채	14,552	14,820	15,326	17,834	20,194	22,778
총차입금	6,208	6,924	7,101	9,786	11,491	14,311
자본금	68	68	68	68	68	68
총자본	21,439	22,684	24,259	23,166	23,626	23,727
지배주주지분	21,398	22,643	24,149	22,737	23,361	23,467

기업가치 지표
항목	2011	2012	2013	2014	2015	2016
주가(최고/저)(천원)	1,437/867	1,490/1,179	1,693/1,293	2,212/1,392	2,722/1,445	2,409/1,422
PER(최고/저)(배)	25.9/15.6	24.8/19.6	23.1/17.7	163.0/102.6	37.5/19.9	47.5/28.0
PBR(최고/저)(배)	0.9/0.6	0.9/0.7	1.0/0.7	1.3/0.8	1.6/0.9	1.4/0.8
EV/EBITDA(배)	8.5	9.3	8.7	12.5	13.2	10.1
EPS(원)	56,670	61,201	74,438	13,763	73,398	51,074
BPS(원)	1,576,619	1,668,321	1,779,294	1,675,276	1,721,282	1,729,103
CFPS(원)	128,759	139,572	153,989	104,025	171,560	152,311
DPS(원)	3,000	3,500	3,750	4,900	9,200	10,000
EBITDAPS(원)	201,192	188,920	206,566	158,784	203,435	210,868

재무 비율 〈단위 : % 〉
연도	영업이익률	순이익률	부채비율	차입금비율	ROA	ROE	유보율	자기자본비율	EBITDA마진율
2016	6.3	2.9	96.0	60.3	1.5	3.0	34,482.1	51.0	12.1
2015	6.2	4.4	85.5	48.6	2.4	4.3	34,325.7	53.9	12.0
2014	4.3	0.9	77.0	42.2	0.5	0.8	33,405.5	56.5	9.9
2013	7.8	4.7	63.2	29.3	2.7	4.3	35,485.9	61.3	12.7

롯데케미칼 (A011170)
LOTTE CHEMICAL

업 종 : 화학		시 장 : 거래소	
신용등급 : (Bond) AA+ (CP) A1		기업규모 : 시가총액 대형주	
홈 페 이 지 : www.lottechem.com		연 락 처 : 02)829-4114	
본 사 : 서울시 동작구 보라매로 5길 51 롯데타워 11층			

설 립 일	1976.03.16	종업원수	2,812명	대 표 이 사	신동빈,허수영
상 장 일	1991.05.30	감사의견	적정 (한영)	계 열	
결 산 기	12월	보 통 주	3,428만주	종속회사수	
액 면 가	5,000원	우 선 주		구 상 호	호남석유

주주구성 (지분율,%)		출자관계 (지분율,%)		주요경쟁사 (외형,%)	
롯데물산	31.3	롯데첨단소재	100.0	롯데케미칼	100
호텔롯데	12.7	케이피켐텍	100.0	대한유화	12
(외국인)	31.7	데크항공	100.0	태광산업	20

매출구성		비용구성		수출비중	
고밀도 폴리에틸렌, 저밀도 폴리에틸렌 등	57.8	매출원가율	75.3	수출	—
스타이렌모노머, 부타디엔, 에틸렌옥사이드역덕	29.5	판관비율	5.5	내수	—
에틸렌, 프로필렌, 올소자일렌 등	16.0				

회사 개요
동사는 1976년 3월 16일 석유화학제품의 제조/판매업을 영위할 목적으로 설립됨. 2009년 1월 1일 롯데대산유화, 2012년 12월 27일 케이피케미칼을 흡수합병하고 사명을 호남석유화학에서 롯데케미칼로 변경함. 벤젠, 톨루엔, 자일렌 등의 방향족계 제품 및 이들 기초유분을 원료로 하여 합성수지, 합성원료, 합성고무 등을 생산함. 주요 자회사로 말레이시아 타이탄케미칼(지분율 100%), 대산 MMA(50%) 등이 있음.

실적 분석
동사의 2016년 연결기준 누적매출액은 13조 2,235.4억원으로 전년 대비 12.9% 증가함. 매출원가와 판관비 증가에도 불구하고 영업이익은 전년보다 57.9% 늘어난 2조 5,442.5억원을 기록함, 당기순이익도 1조 8,371.9억원으로 85.5% 증가함. 2016년 2분기 삼성그룹 화학계열사 3곳 인수를 성공적으로 마무리하면서 규모의 경제를 통해 수익성이 개선됨.

현금 흐름 〈단위 : 억원〉

항목	2015	2016
영업활동	25,846	26,821
투자활동	-12,693	-35,787
재무활동	-3,270	11,331
순현금흐름	9,929	2,607
기말현금	19,422	22,029

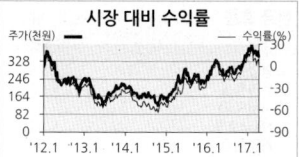

시장 대비 수익률

결산 실적 〈단위 : 억원〉

항목	2011	2012	2013	2014	2015	2016
매출액	156,994	159,028	164,389	148,590	117,133	132,235
영업이익	14,701	3,717	4,874	3,509	16,111	25,443
당기순이익	11,326	3,161	2,858	1,437	9,907	18,372

분기 실적 〈단위 : 억원〉

항목	2015.3Q	2015.4Q	2016.1Q	2016.2Q	2016.3Q	2016.4Q
매출액	30,347	27,004	26,845	34,411	34,266	36,714
영업이익	4,845	3,089	4,736	6,939	6,432	7,335
당기순이익	2,394	1,713	3,457	4,603	4,514	5,798

재무 상태 〈단위 : 억원〉

항목	2011	2012	2013	2014	2015	2016
총자산	107,466	103,723	106,877	103,227	114,678	158,668
유형자산	43,078	44,209	41,865	39,758	39,649	55,467
무형자산	394	330	238	236	376	17,924
유가증권	1,030	1,136	1,054	1,878	2,560	3,448
총부채	45,888	42,882	43,932	38,537	39,122	64,660
총차입금	18,601	19,756	25,128	26,282	24,153	41,882
자본금	1,593	1,714	1,714	1,714	1,714	1,714
총자본	61,578	60,841	62,945	64,690	75,556	94,008
지배주주지분	54,626	60,434	62,561	64,371	75,248	93,631

기업가치 지표

항목	2011	2012	2013	2014	2015	2016
주가(최고/저)(천원)	439/220	381/184	253/124	220/120	294/139	369/239
PER(최고/저)(배)	14.9/7.5	40.1/19.4	31.1/15.2	52.9/28.7	10.4/4.9	6.9/4.5
PBR(최고/저)(배)	2.7/1.3	2.2/1.1	1.4/0.7	1.2/0.7	1.4/0.7	1.4/0.9
EV/EBITDA(배)	5.5	10.7	9.3	8.1	3.8	4.5
EPS(원)	30,701	9,862	8,400	4,285	28,957	53,561
BPS(원)	171,456	176,320	182,525	187,805	219,538	273,173
CFPS(원)	42,585	24,285	23,193	18,628	43,185	71,916
DPS(원)	1,750	1,000	1,000	1,000	2,500	4,000
EBITDAPS(원)	58,026	26,079	29,014	24,582	61,233	92,585

재무 비율 〈단위 : % 〉

연도	영업이익률	순이익률	부채비율	차입금비율	ROA	ROE	유보율	자기자본비율	EBITDA마진율
2016	19.2	13.9	68.8	44.6	13.4	21.7	5,363.5	59.3	24.0
2015	13.8	8.5	51.8	32.0	9.1	14.2	4,290.8	65.9	17.9
2014	2.4	1.0	59.6	40.6	1.4	2.3	3,656.1	62.7	5.7
2013	3.0	1.7	69.8	39.9	2.7	4.7	3,550.5	58.9	6.1

롯데푸드 (A002270)
LOTTE FOODS COLTD

업 종 : 식료품		시 장 : 거래소	
신용등급 : (Bond) AA (CP) A1		기업규모 : 시가총액 중형주	
홈 페 이 지 : www.lottefoods.co.kr		연 락 처 : 02)3469-3114	
본 사 : 서울시 영등포구 양평로21길 10			

설 립 일	1958.01.10	종업원수	2,047명	대 표 이 사	이영호
상 장 일	1973.05.09	감사의견	적정 (삼일)	계 열	
결 산 기	12월	보 통 주	137만주	종속회사수	
액 면 가	5,000원	우 선 주		구 상 호	롯데삼강

주주구성 (지분율,%)		출자관계 (지분율,%)		주요경쟁사 (외형,%)	
국민연금공단	12.8	롯데네슬레코리아	50.0	롯데푸드	100
롯데칠성음료	9.3	대홍기획	10.0	동서	29
(외국인)	7.3	롯데역사	7.5	대상	162

매출구성		비용구성		수출비중	
유지식품-그랜드마아가린 등	42.3	매출원가율	79.6	수출	2.4
육가공 등-로스팜 등	30.9	판관비율	15.9	내수	97.6
빙과 등-구구콘, 빠삐코 등	26.8				

회사 개요
동사는 유지식품, 빙과 등, 육가공 등을 생산 판매함. 동사가 영위하는 식품가공 산업은 원재료의 수입의존도가 높아 국내경기변동에는 비교적 영향을 적게 받으나, 국외경기 및 환율, 국제 원재료 수급 상황에 민감하게 반응함. 주요 제품으로는 빠삐코, 돼지바, 롯데햄로스팜, 후레쉬우유 930, 전주비빔삼각김밥 등이 있음. 현재 종합식품기업으로 변화하는 과정에 있음.

실적 분석
동사의 2016년 연결기준 연간 누적 매출액은 1조 7,624.1억원으로 전년 동기 대비 3.3% 소폭 증가함. 매출이 소폭 증가했지만 판매비와 관리비는 전년과 거의 비슷한 수준을 유지하면서 영업이익은 전년 대비 15.3% 증가한 798.3억원을 시현함. 비영업손익 부문에서 적자 폭이 감소했지만 법인세비용은 증가. 당기순이익은 전년 동기 대비 15.7% 증가한 581.7억원을 기록함.

현금 흐름 *IFRS 별도 기준 〈단위 : 억원〉

항목	2015	2016
영업활동	1,246	898
투자활동	-422	-1,277
재무활동	135	-397
순현금흐름	960	-776
기말현금	1,143	367

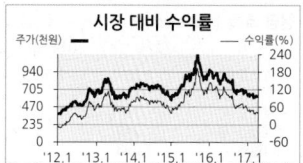

시장 대비 수익률

결산 실적 〈단위 : 억원〉

항목	2011	2012	2013	2014	2015	2016
매출액	9,469	10,072	15,683	16,330	17,062	17,624
영업이익	668	594	738	659	692	798
당기순이익	481	614	1,139	599	503	582

분기 실적 *IFRS 별도 기준 〈단위 : 억원〉

항목	2015.3Q	2015.4Q	2016.1Q	2016.2Q	2016.3Q	2016.4Q
매출액	4,696	3,887	4,229	4,522	4,796	4,078
영업이익	301	15	197	242	335	24
당기순이익	189	23	153	156	228	44

재무 상태 *IFRS 별도 기준 〈단위 : 억원〉

항목	2011	2012	2013	2014	2015	2016
총자산	8,569	8,979	11,286	11,932	12,876	13,362
유형자산	3,698	3,883	5,070	5,139	5,016	5,651
무형자산	526	520	554	595	565	526
유가증권	760	841	1,318	1,301	1,478	1,728
총부채	3,337	2,885	3,563	3,612	3,950	3,935
총차입금	1,502	1,074	1,113	1,295	1,544	1,212
자본금	63	65	68	68	68	68
총자본	5,232	6,094	7,724	8,320	8,926	9,426
지배주주지분	5,232	6,094	7,724	8,320	8,926	9,426

기업가치 지표 *IFRS 별도 기준

항목	2011	2012	2013	2014	2015	2016
주가(최고/저)(천원)	437/229	741/367	862/573	800/572	1,172/551	986/643
PER(최고/저)(배)	11.7/6.2	15.7/7.8	10.6/7.0	18.6/13.3	32.4/15.2	23.4/15.3
PBR(최고/저)(배)	1.1/0.6	1.6/0.8	1.6/1.0	1.3/1.0	1.8/0.9	1.5/0.9
EV/EBITDA(배)	6.5	9.7	9.1	8.1	11.3	7.5
EPS(원)	38,210	48,326	83,216	43,721	36,712	42,479
BPS(원)	415,498	467,329	564,019	607,536	651,806	688,336
CFPS(원)	63,753	75,193	114,505	77,166	71,632	78,408
DPS(원)	1,250	1,250	1,500	2,500	4,780	6,000
EBITDAPS(원)	79,005	73,607	85,153	81,600	85,472	94,223

재무 비율 〈단위 : % 〉

연도	영업이익률	순이익률	부채비율	차입금비율	ROA	ROE	유보율	자기자본비율	EBITDA마진율
2016	4.5	3.3	41.8	12.9	4.4	6.3	13,666.7	70.6	7.3
2015	4.1	2.9	44.3	17.3	4.1	5.8	12,936.1	69.3	6.9
2014	4.0	3.7	43.4	15.6	5.2	7.5	12,050.7	69.7	6.8
2013	4.7	7.3	46.1	14.4	11.3	16.5	11,180.4	68.4	7.4

롯데하이마트 (A071840)
LOTTE Himart

업　　종	도소매	시　　장	거래소
신용등급	(Bond) AA-　(CP) A1	기업규모	시가총액 중형주
홈페이지	www.himart.co.kr/index.jsp	연락처	02)1588-0070
본　　사	서울시 강남구 삼성로 156 롯데하이마트빌딩		

설립일	1987.07.01	종업원수	3,773명	대표이사	이동우
상장일	2011.06.29	감사의견	적정(삼정)	계　　열	
결산기	12월	보통주	2,361만주	종속회사수	
액면가	5,000원	우선주		구상호	하이마트

주주구성 (지분율,%)
롯데쇼핑	65.3
국민연금공단	5.0
(외국인)	10.8

출자관계 (지분율,%)
롯데렌탈	4.9
오마이뉴스	2.9

주요경쟁사 (외형,%)
롯데하이마트	100
BGF리테일	128
이마트	375

매출구성
상품	99.6
상품 외	0.4

비용구성
매출원가율	74.3
판관비율	21.3

수출비중
수출	0.0
내수	100.0

회사 개요
매출액 및 점포네트워크 면에서 국내 최대 가전제품 소매업체임. 국내 전자제품 및 가전제품 전문 유통업체 총 매출액의 약 47%를 차지하고 있으며, 국내외 1000여 개 공급 업체와 450여 개 브랜드들로 구성된 1만여종의 다양한 제품을 판매하고 있음. 롯데쇼핑이 동사를 인수한 후 차입금 리파이낸싱, 롯데카드와의 제휴 등을 비롯해 롯데쇼핑의 디지털 사업부와의 제휴, 판매상품 다변화, 공동 마케팅 진행 등 시너지효과가 나타나고 있음.

실적 분석
동사의 2016년 연결기준 매출액은 전년 대비 1.1% 증가한 3조9394.4억원. 매출원가는 소폭 줄어 매출총이익이 5.2% 늘었음. 판관비는 4.4% 늘었으며 영업이익은 9% 늘어난 1,745.4억원을 시현함. 비영업부문에서 금융손실, 외환손실 등으로 총 120억원 손실을 기록했으며 이는 전년도에 비해 손실 폭이 줄어든 것. 그 결과 당기순이익은 전년 대비 13.9% 늘어난 1214.3억원을 기록함.

현금 흐름　*IFRS 별도 기준　〈단위 : 억원〉
항목	2015	2016
영업활동	1,234	2,368
투자활동	-848	-779
재무활동	-137	-1,308
순현금흐름	249	282
기말현금	1,298	1,580

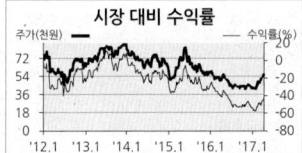
시장 대비 수익률

결산 실적　〈단위 : 억원〉
항목	2011	2012	2013	2014	2015	2016
매출액	34,106	32,211	35,191	37,543	38,961	39,394
영업이익	2,508	1,615	1,848	1,444	1,602	1,745
당기순이익	1,407	696	1,291	964	1,066	1,214

분기 실적　*IFRS 별도 기준　〈단위 : 억원〉
항목	2015.3Q	2015.4Q	2016.1Q	2016.2Q	2016.3Q	2016.4Q
매출액	10,633	10,058	8,877	9,507	11,215	9,796
영업이익	562	265	280	408	664	393
당기순이익	395	140	190	288	457	279

재무 상태　*IFRS 별도 기준　〈단위 : 억원〉
항목	2011	2012	2013	2014	2015	2016
총자산	27,671	26,047	27,554	27,746	29,052	30,049
유형자산	3,838	3,903	4,207	4,345	4,217	4,130
무형자산	16,875	16,902	16,918	16,936	17,046	17,039
유가증권	4	5		4	519	603
총부채	13,389	11,281	11,604	10,895	11,224	11,092
총차입금	8,658	8,592	8,013	7,325	7,540	6,490
자본금	1,180	1,180	1,180	1,180	1,180	1,180
총자본	14,282	14,766	15,950	16,851	17,828	18,957
지배주주지분	14,282	14,766	15,950	16,851	17,828	18,957

기업가치 지표　*IFRS 별도 기준
항목	2011	2012	2013	2014	2015	2016
주가(최고/저)(천원)	89.8/49.2	80.5/45.6	88.1/62.3	87.5/62.3	82.4/50.6	59.7/41.5
PER(최고/저)(배)	14.2/7.8	27.5/15.5	16.6/11.7	21.9/15.6	18.6/11.4	11.7/8.2
PBR(최고/저)(배)	1.6/0.9	1.3/0.8	1.3/1.0	1.3/0.9	1.1/0.7	0.8/0.5
EV/EBITDA(배)	8.6		11.7	12.1	11.2	9.5	6.5
EPS(원)	6,572	3,023	5,469	4,085	4,515	5,144
BPS(원)	60,498	62,547	67,564	71,381	75,519	80,298
CFPS(원)	8,472	4,873	7,433	6,334	6,734	7,364
DPS(원)	880	250	250	330	430	500
EBITDAPS(원)	13,604	8,719	9,792	8,366	9,004	9,613

재무 비율　〈단위 : % 〉
연도	영업이익률	순이익률	부채비율	차입금비율	ROA	ROE	유보율	자기자본비율	EBITDA마진율
2016	4.4	3.1	58.5	34.2	4.1	6.6	1,506.0	63.1	5.8
2015	4.1	2.7	63.0	42.3	3.8	6.2	1,410.4	61.4	5.5
2014	3.9	2.6	64.7	43.5	3.5	5.9	1,327.6	60.7	5.3
2013	5.3	3.7	72.8	50.2	4.8	8.4	1,251.3	57.9	6.6

루멘스 (A038060)
Lumens

업　　종	디스플레이 및 관련부품	시　　장	KOSDAQ
신용등급	(Bond) —　(CP) —	기업규모	우량
홈페이지	www.lumensleds.com	연락처	031)8033-1200
본　　사	경기도 용인시 기흥구 원고매로 12		

설립일	1996.06.17	종업원수	242명	대표이사	유태경
상장일	2006.08.08	감사의견	적정(대주)	계　　열	
결산기	12월	보통주	4,728만주	종속회사수	
액면가	500원	우선주		구상호	

주주구성 (지분율,%)
루멘스홀딩스	10.1
알리안츠글로벌인베스터스자산운용	4.6
(외국인)	17.9

출자관계 (지분율,%)
골든바우	100.0
토파즈	39.7
엘아이씨티	26.4

주요경쟁사 (외형,%)
루멘스	100
넥스트아이	10
상아프론테크	39

매출구성
LED모듈 외	84.5
LED	10.5
LED 외	3.3

비용구성
매출원가율	83.2
판관비율	15.5

수출비중
수출	83.3
내수	16.7

회사 개요
동사는 LED소자를 비롯하여, LED소자를 이용한 모듈 제품 군, 일반 조명 군 등의 각종 어플리케이션에 이르는 제품 군을 생산, 판매하고 있음. 자동차의 내, 외장조명 및 기존의 산업분야에 사용되는 공장등 및 가로등과 일반 형광등 및 백열전구를 대체하는 LED 형광등까지 LED를 이용한 모든 광원분야 뿐만 아니라 모바일용 LED부터 LCD TV용 LED BLU, 노트북용 LED BLU에서의 폭넓은 제품포트폴리오를 보유하고 있음

실적 분석
동사의 2016년 연결기준 누적매출액은 4,028.4억원으로 전년대비 5.4% 감소. 외형과 함께 원가도 감소했지만 판관비는 오히려 늘면서 영업이익은 전년대비 14.7% 감소한 52.5억원을 시현하는데 그림. 외환손실 및 관계기업 투자손실은 전년대비 줄었으나, 80억원이 넘는 금융손실이 비영업수지를 악화시키면서 당기순이익 역시 62.3억원의 손실을 시현하며 적자 지속함

현금 흐름　〈단위 : 억원〉
항목	2015	2016
영업활동	346	257
투자활동	-308	-374
재무활동	1	117
순현금흐름	42	10
기말현금	671	681

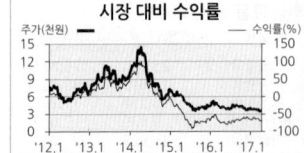
시장 대비 수익률

결산 실적　〈단위 : 억원〉
항목	2011	2012	2013	2014	2015	2016
매출액	3,449	4,950	6,142	5,245	4,256	4,028
영업이익	225	316	525	201	61	52
당기순이익	219	195	324	117	-79	-62

분기 실적　〈단위 : 억원〉
항목	2015.3Q	2015.4Q	2016.1Q	2016.2Q	2016.3Q	2016.4Q
매출액	1,316	1,252	958	912	1,042	1,117
영업이익	40	71	16	21	-27	42
당기순이익	36	-54	19	11	-60	-33

재무 상태　〈단위 : 억원〉
항목	2011	2012	2013	2014	2015	2016
총자산	2,606	3,042	3,343	3,525	3,400	3,499
유형자산	780	806	739	680	769	873
무형자산	80	85	64	64	41	44
유가증권	17	3	52	195	143	147
총부채	1,337	1,538	1,270	1,231	1,207	1,360
총차입금	744	740	255	327	441	582
자본금	201	204	225	236	236	236
총자본	1,268	1,504	2,073	2,293	2,193	2,139
지배주주지분	1,266	1,500	2,073	2,273	2,216	2,169

기업가치 지표
항목	2011	2012	2013	2014	2015	2016
주가(최고/저)(천원)	10.7/3.9	8.4/4.9	12.2/6.8	14.5/5.2	7.3/3.5	5.2/3.6
PER(최고/저)(배)	19.5/7.0	17.0/9.9	16.6/9.2	57.8/20.6	—/—	—/—
PBR(최고/저)(배)	3.3/1.2	2.2/1.3	2.6/1.5	2.9/1.0	1.5/0.7	1.1/0.8
EV/EBITDA(배)	7.9	6.4	4.9	6.6	6.1	5.9
EPS(원)	552	494	737	251	-129	-113
BPS(원)	3,266	3,757	4,680	4,999	4,878	4,780
CFPS(원)	833	957	1,396	746	257	317
DPS(원)				25		
EBITDAPS(원)	842	1,246	1,846	924	516	541

재무 비율　〈단위 : % 〉
연도	영업이익률	순이익률	부채비율	차입금비율	ROA	ROE	유보율	자기자본비율	EBITDA마진율
2016	1.3	-1.6	63.6	27.2	-1.8	-2.4	856.0	61.1	6.4
2015	1.4	-1.9	55.0	20.1	-2.3	-2.7	875.6	64.5	5.7
2014	3.8	2.2	53.7	14.3	3.4	5.4	899.8	65.1	8.2
2013	8.6	5.3	61.2	12.3	10.2	18.3	836.0	62.0	13.3

루미마이크로 (A082800)
LUMIMICRO CO

업 종 : 디스플레이 및 관련부품		시 장 : KOSDAQ	
신용 등급 : (Bond) — (CP) —		기업규모 : 중견	
홈 페 이 지 : www.lumimicro.com		연 락 처 : 031)210-1917	
본 사 : 경기도 용인시 처인구 남사면 봉무로 309			

설 립 일 2002.08.22	종업원수 106명	대 표 이 사 이진수
상 장 일 2005.11.18	감사의견 적정 (안진)	계 열
결 산 기 12월	보 통 주 3,794만주	종속회사수
액 면 가 500원	우 선 주	구 상 호

주주구성 (지분율,%)		출자관계 (지분율,%)		주요경쟁사 (외형,%)	
금호전기	38.2	금호에이엠티	33.5	루미마이크로	100
알에프텍	14.7	세타폼	15.0	사파이어테크놀로지	21
(외국인)	0.6	KUMHOLDC@DONGGUANICO.,LTD	49.0	쎄미시스코	18

매출구성		비용구성		수출비중	
Module&기타	76.1	매출원가율	92.0	수출	77.4
LED PKG	23.9	판관비율	7.2	내수	22.6
임대수익	0.1				

회사 개요
동사는 화합물 반도체 제조 및 판매업 등을 영위할 목적으로 2002년 8월 설립, 2005년 11월 코스닥 시장에 상장함. 동사는 LED 사업 및 부동산임대업을 영위하고 있음. 수직계열화 형성에 따른 시너지 효과 창출의 결과로 동사의 최대 주주이자 주요 고객인 금호전기에 TV용 LED 및 조명용 LED를 납품하게 되면 금호전기가 완성품을 판매하는 협력을 통한 영업 경쟁력 강화 전략을 추구함.

실적 분석
동사의 2016년 결산 매출액은 682.1억원으로 전년동기 대비 24% 감소하였지만 이는 LED 조명제품 판가하락에 따른 매출액 감소임. 판관비 축소로 영업이익은 흑자전환 순손실 폭은 감소됨. 선진국에서는 에너지 및 환경 문제를 해결하기 위하여 국가적 과제로 LED 조명기술을 개발하고 있으며, 에너지절약정책의 일환으로LED조명 사용을 권장하고 있음. 국내는 2020년 까지 국내 조명 60%를 LED조명으로 대체하는 LED 조명 2060정책이 있음.

현금 흐름 *IFRS 별도 기준 〈단위 : 억원〉

항목	2015	2016
영업활동	28	59
투자활동	-42	-8
재무활동	16	-46
순현금흐름	2	5
기말현금	12	17

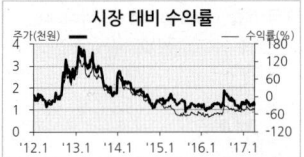

시장 대비 수익률

결산 실적 〈단위 : 억원〉

항목	2011	2012	2013	2014	2015	2016
매출액	474	1,177	1,339	1,200	897	682
영업이익	-19	87	41	-30	-85	5
당기순이익	-94	11	-25	-13	-97	-18

분기 실적 *IFRS 별도 기준 〈단위 : 억원〉

항목	2015.3Q	2015.4Q	2016.1Q	2016.2Q	2016.3Q	2016.4Q
매출액	214	230	167	178	168	169
영업이익	-11	-26	0	2	-1	3
당기순이익	-7	-42	1	-17	-2	1

재무 상태 *IFRS 별도 기준 〈단위 : 억원〉

항목	2011	2012	2013	2014	2015	2016
총자산	554	678	789	535	487	420
유형자산	171	129	153	100	65	56
무형자산	8	6	25	45	42	31
유가증권	7	5	7	14	13	10
총부채	286	399	435	196	241	192
총차입금	205	268	210	123	140	94
자본금	165	165	190	190	190	190
총자본	268	279	354	339	247	227
지배주주지분	268	279	354	339	247	227

기업가치 지표 *IFRS 별도 기준

항목	2011	2012	2013	2014	2015	2016
주가(최고/저)(천원)	2.7/0.7	3.3/1.1	4.0/1.6	3.0/1.0	1.7/0.9	1.9/0.9
PER(최고/저)(배)	—/—	104.6/34.6	—/—	—/—	—/—	—/—
PBR(최고/저)(배)	3.5/1.0	4.1/1.3	4.3/1.7	3.3/1.2	2.6/1.4	3.2/1.6
EV/EBITDA(배)	19.4	7.5	10.0	24.0		13.6
EPS(원)	-275	32	-71	-34	-256	-47
BPS(원)	813	844	933	894	650	599
CFPS(원)	-113	208	62	114	-113	45
DPS(원)						
EBITDAPS(원)	115	438	249	70	-81	105

재무 비율 〈단위 : % 〉

연도	영업이익률	순이익률	부채비율	차입금비율	ROA	ROE	유보율	자기자본비율	EBITDA마진율
2016	0.7	-2.6	84.5	41.4	-3.9	-7.5	19.9	54.2	5.8
2015	-9.5	-10.8	97.6	56.6	-19.0	-33.1	30.0	50.6	-3.4
2014	-2.5	-1.1	57.9	36.4	-2.0	-3.8	78.7	63.3	2.2
2013	3.1	-1.9	123.0	59.4	-3.5	-8.1	86.6	44.9	6.6

루트로닉 (A085370)
Lutronic

업 종 : 의료 장비 및 서비스		시 장 : KOSDAQ	
신용 등급 : (Bond) — (CP) —		기업규모 : 벤처	
홈 페 이 지 : www.lutronic.com		연 락 처 : 070)4714-6013	
본 사 : 경기도 고양시 덕양구 소원로 219 루트로닉센터			

설 립 일 1997.07.08	종업원수 253명	대 표 이 사 황해령
상 장 일 2006.07.04	감사의견 적정 (일신)	계 열
결 산 기 12월	보 통 주 2,148만주	종속회사수
액 면 가 500원	우 선 주 400만주	구 상 호

주주구성 (지분율,%)		출자관계 (지분율,%)		주요경쟁사 (외형,%)	
황해령	25.5	강스템바이오텍	9.6	루트로닉	100
디와이홀딩스	3.1	LUTRONICAesthetics,INC	100.0	인피니트헬스케어	85
(외국인)	4.0	LUTRONICJAPANCO.,LTD	100.0	솔본	93

매출구성		비용구성		수출비중	
레이저 의료기기 外	86.2	매출원가율	44.5	수출	69.7
기타	13.8	판관비율	47.6	내수	30.3

회사 개요
레이저의료기기사업 등을 영위할 목적으로 1997년 7월 설립되어 코스닥 시장에는 2006년 7월 상장됨. Lutronic Vision, INC 안과사업은, Lutronic Shanghai, LTD은 의료기기 및 화장품 판매, Lutronic Aesthetics, INC와 Lutronic Japan Co., LTD는 레이저 의료기기를 영위하고 있어 미국 및 상하이, 일본 등에 해외 현지 법인 지분을 취득하여 사업을 영위하고 있음.

실적 분석
동사의 2016년 연결기준 결산 매출액은 전년 대비 17.2% 증가한 845.0억원을 기록. 영업이익은 26.7% 늘어난 66.7억원을 시현. 비영업이익 8.8억원이 더해지면서 당기순이익은 전년 동기 대비 0.8% 늘어난 53.0억원을 시현. 유상증자 이슈로 자기자본 확대를 통해 에스테틱 및 안과 사업의 전략적 투자를 꾀함. 국내 최초로 개발한 망막치료 레이저 '알겐' 상용 가능성으로 주가가 상승하며 매출 진작을 위한 영업 개시.

현금 흐름 〈단위 : 억원〉

항목	2015	2016
영업활동	78	56
투자활동	-269	-661
재무활동	197	620
순현금흐름	7	68
기말현금	28	96

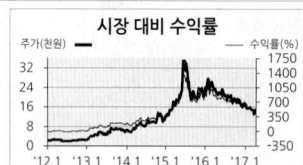

시장 대비 수익률

결산 실적 〈단위 : 억원〉

항목	2011	2012	2013	2014	2015	2016
매출액	420	461	522	651	721	845
영업이익	-1	0	11	28	53	67
당기순이익	-24	0	-7	9	53	53

분기 실적 *IFRS 별도 기준 〈단위 : 억원〉

항목	2015.3Q	2015.4Q	2016.1Q	2016.2Q	2016.3Q	2016.4Q
매출액	176	222	211	215	188	231
영업이익	12	32	22	23	11	10
당기순이익	16	16	14	47	4	-14

재무 상태 *IFRS 별도 기준 〈단위 : 억원〉

항목	2011	2012	2013	2014	2015	2016
총자산	568	680	728	805	1,295	1,917
유형자산	165	212	218	230	239	260
무형자산	112	143	203	232	300	332
유가증권	1	1	1	1	181	161
총부채	246	364	400	479	546	563
총차입금	171	272	278	323	282	317
자본금	51	51	52	54	54	65
총자본	322	316	328	325	749	1,354
지배주주지분	322	316	334	338	768	1,372

기업가치 지표

항목	2011	2012	2013	2014	2015	2016
주가(최고/저)(천원)	5.6/3.2	5.5/3.7	14.7/4.8	26.6/10.7	70.1/22.8	54.4/31.4
PER(최고/저)(배)	—/—	1,375.2/923.0	—/—	185.4/74.6	128.7/41.8	106.8/61.7
PBR(최고/저)(배)	1.7/1.0	1.7/1.1	4.3/1.4	7.8/3.1	9.8/3.2	5.0/2.9
EV/EBITDA(배)	14.0	15.1	30.0	35.9	50.8	34.7
EPS(원)	-135	2	-25	73	278	260
BPS(원)	3,332	3,346	3,442	3,466	7,213	10,960
CFPS(원)	183	469	354	551	941	923
DPS(원)				25	50	75
EBITDAPS(원)	436	452	506	674	884	1,018

재무 비율 〈단위 : % 〉

연도	영업이익률	순이익률	부채비율	차입금비율	ROA	ROE	유보율	자기자본비율	EBITDA마진율
2016	7.9	6.3	41.6	23.4	3.3	5.3	2,092.0	70.6	13.3
2015	7.3	7.3	73.0	37.7	5.0	10.6	1,342.7	57.8	13.1
2014	4.3	1.3	147.4	99.3	1.1	4.5	593.3	40.4	10.8
2013	2.0	-1.3	122.1	84.8	-1.0	-1.6	588.4	45.0	10.0

룽투코리아 (A060240)
LONGTU KOREA

업 종 : 게임 소프트웨어		시 장 : KOSDAQ	
신용등급 : (Bond) — (CP) —		기업규모 : 중견	
홈 페 이 지 : www.longtukorea.com		연 락 처 : 02)2640-3557	
본 사 : 서울시 금천구 가산디지털1로 137(아이티캐슬2차 13층)			

설 립 일	1993.07.15	종 업 원 수	80명	대 표 이 사	양성휘
상 장 일	2002.01.04	감 사 의 견	적정 (대성)	계 열	
결 산 기	12월	보 통 주	2,170만주	종속회사수	
액 면 가	500원	우 선 주		구 상 호	아이넷스쿨

주주구성 (지분율,%)
LONGTUGAME HK LIMITED	42.6
RICHWISE HONG KONG DEVELOPMENT LIMITED	6.1
(외국인)	0.0

출자관계 (지분율,%)
더이엔엠	55.5
LantuGamesLimited	50.0
타이곤모바일	44.6

주요경쟁사 (외형,%)
룽투코리아	100
선데이토즈	108
넥슨지티	86

매출구성
온라인 강의	99.6
학원 오프라인	0.4

비용구성
매출원가율	25.4
판관비율	65.1

수출비중
수출	4.5
내수	95.5

회사 개요
동사는 1999년 CTI(컴퓨터 통신 통합) 관련 솔루션 회사로 설립되었으며 현재는 온라인 교육서비스를 주 사업으로 영위하는 기업으로, 초/중/고등학생을 대상으로 교육 컨텐츠를 제공하고 있음. 2009년 디지털온넷과의 인수합병을 통해 코스닥 시장에 상장하였으며, 현재 최대주주는 LONGTUGAME HK LIMITED(44.53%)임. 2015년 4월 상호를 아이넷스쿨에서 룽투코리아로 변경함.

실적 분석
2016년 기준 동사의 연결대상 종속회사로는 강관제조기업 더이앤엠과 소프트웨어 기업 타이곤모바일 및 중국과 홍콩 소재의 해외법인 3개가 있음. 교육서비스 영위업체인 스터디맴의 지분은 전략 매각하여 연결대상에서 제외됨. 당기 매출액은 전기 대비 365% 증가한 714.5원을 시현함. 게임사업에서 검과 마법의 성공에 힘입어 영업이익 67.9억원을 시현하며 흑자전환함. 비영업손익에서는 41.8억원의 적자가 발생하여 순이익은 19억원을 시현함.

현금 흐름 〈단위 : 억원〉
항목	2015	2016
영업활동	-42	27
투자활동	-135	-266
재무활동	378	198
순현금흐름	27	-41
기말현금	92	50

시장 대비 수익률
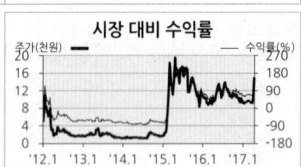

결산 실적 〈단위 : 억원〉
항목	2011	2012	2013	2014	2015	2016
매출액	211	247	185	129	154	715
영업이익	-47	10	-11	-22	-26	68
당기순이익	-80	8	-14	-30	8	19

분기 실적 〈단위 : 억원〉
항목	2015.3Q	2015.4Q	2016.1Q	2016.2Q	2016.3Q	2016.4Q
매출액	32	53	92	151	284	188
영업이익	-4	-10	5	19	43	1
당기순이익	-3	25	-7	0	43	-17

재무 상태 〈단위 : 억원〉
항목	2011	2012	2013	2014	2015	2016
총자산	234	244	184	183	986	1,256
유형자산	33	29	20	18	349	420
무형자산	44	34	20	13	189	364
유가증권	11	11	0			33
총부채	198	162	111	104	455	553
총차입금	47	22	5	2	243	377
자본금	187	32	33	45	95	97
총자본	36	82	73	79	531	704
지배주주지분	39	82	73	80	309	414

기업가치 지표
항목	2011	2012	2013	2014	2015	2016
주가(최고/저)(천원)	9.4/2.5	12.4/1.6	3.5/1.2	2.7/1.1	20.5/1.8	15.2/8.8
PER(최고/저)(배)	—/—	59.3/7.6	—/—	—/—	410.6/35.2	420.5/242.9
PBR(최고/저)(배)	4.4/1.2	5.8/0.8	2.9/0.9	2.6/1.1	11.9/1.0	6.9/4.0
EV/EBITDA(배)		3.1	8.2			24.7
EPS(원)	-2,001	209	-242	-424	50	36
BPS(원)	213	2,139	1,231	1,017	1,721	2,203
CFPS(원)	-137	586	34	-217	103	163
DPS(원)						
EBITDAPS(원)	-69	620	76	-102	-104	492

재무 비율 〈단위 : %〉
연도	영업이익률	순이익률	부채비율	차입금비율	ROA	ROE	유보율	자기자본비율	EBITDA마진율
2016	9.5	2.7	78.5	53.6	1.7	1.9	324.8	56.0	12.8
2015	-16.7	5.3	85.7	45.7	1.4	4.2	231.6	53.9	-11.0
2014	-16.9	-23.2	131.5	2.9	-16.4	-39.2	87.7	43.2	-5.6
2013	-6.2	-7.7	152.7	7.2	-6.6	-17.8	120.3	39.6	2.3

르네코 (A042940)
Leneco

업 종 : 건설		시 장 : KOSDAQ	
신용등급 : (Bond) — (CP) —		기업규모 :	
홈 페 이 지 : www.leneco.com		연 락 처 : 031)995-7800	
본 사 : 경기도 고양시 일산동구 호수로 358-39 동문굿모닝타워1차 6층			

설 립 일	1979.06.21	종 업 원 수	50명	대 표 이 사	신동걸
상 장 일	2000.10.19	감 사 의 견	적정 (우리)	계 열	
결 산 기	12월	보 통 주	1,465만주	종속회사수	
액 면 가	500원	우 선 주		구 상 호	

주주구성 (지분율,%)
씨지아이홀딩스	8.0
이제이레저	6.8
(외국인)	0.3

출자관계 (지분율,%)

주요경쟁사 (외형,%)
르네코	100
엄지하우스	1,313
청광종건	2,072

매출구성
공사	88.0
홈네트워크	11.2
용역수입	0.8

비용구성
매출원가율	112.3
판관비율	86.3

수출비중
수출	—
내수	—

회사 개요
동사는 ITS, 전기, 기계설비, 홈네트워크, 정보통신망구축업 등의 주사업으로 하며, 국내 주요 건설사 및 각 지방경찰청 등을 대상으로 영업활동을 진행하고 있음. ITS 구축은 대부분 국제가주도로 이루어지기 때문에 안정적인 사업이 가능하다는 특징이 있음. 전기, 기계설비 공사분야의 비중이 매출의 약 80%를 차지하고 있음. 신규사업으로 LCD 및 LED사업을 추진하기 위하여 2010년 아이디에스 지분 25%를 취득함.

실적 분석
동사의 연결 기준 2016년 결산 매출액은 급격한 수주 절벽으로 인해 전년동기 대비 76.8% 감소한 59.1억원을 기록함. 외형 축소와 더불어 원가율 상승 및 판관비중 증가 등으로 전년동기 대비 적자 전환하여 58.2억원의 영업손실을 시현하는데 그침. 당기순이익 역시 적자 지속되고 있으며 손실 폭 크게 확대된 상황. 단기간내 급격한 실적회복 어려울 전망. 원가부담 완화 및 비용구조 개선 시급한 상황.

현금 흐름 *IFRS 별도 기준 〈단위 : 억원〉
항목	2015	2016
영업활동	-36	6
투자활동	-4	-51
재무활동	32	117
순현금흐름	-8	72
기말현금	2	74

시장 대비 수익률
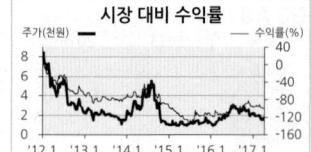

결산 실적 〈단위 : 억원〉
항목	2011	2012	2013	2014	2015	2016
매출액	318	212	167	223	255	59
영업이익	-56	-89	-69	-45	1	-58
당기순이익	-203	-215	7	-66	-29	-76

분기 실적 *IFRS 별도 기준 〈단위 : 억원〉
항목	2015.3Q	2015.4Q	2016.1Q	2016.2Q	2016.3Q	2016.4Q
매출액	78	39	35	5	11	9
영업이익	5	15	-8	-15	-8	-27
당기순이익	4	-15	-8	-29	-9	-31

재무 상태 *IFRS 별도 기준 〈단위 : 억원〉
항목	2011	2012	2013	2014	2015	2016
총자산	440	304	279	221	146	206
유형자산	16	15	13	12	12	13
무형자산	4	1	1	1	1	1
유가증권	7	10	10	14	11	11
총부채	269	212	153	151	75	180
총차입금	188	142	72	39	46	132
자본금	204	76	91	101	65	73
총자본	171	91	126	69	71	26
지배주주지분	171	91	126	69	71	26

기업가치 지표 *IFRS 별도 기준
항목	2011	2012	2013	2014	2015	2016
주가(최고/저)(천원)	11.6/5.7	8.9/2.3	2.9/1.1	5.8/1.0	2.2/0.9	3.2/1.0
PER(최고/저)(배)	—/—	—/—	36.3/13.5	—/—	—/—	—/—
PBR(최고/저)(배)	2.6/1.3	6.6/1.7	1.9/0.7	8.4/1.5	4.1/1.6	18.6/5.4
EV/EBITDA(배)				112.7		
EPS(원)	-6,508	-4,256	79	-720	-248	-590
BPS(원)	444	669	743	344	551	175
CFPS(원)	-644	-2,112	47	-354	-242	-582
DPS(원)						
EBITDAPS(원)	-173	-867	-398	-239	16	-441

재무 비율 〈단위 : %〉
연도	영업이익률	순이익률	부채비율	차입금비율	ROA	ROE	유보율	자기자본비율	EBITDA마진율
2016	-98.6	-128.5	일부잠식	일부잠식	-43.2	-156.7	-64.8	12.5	-96.8
2015	0.5	-11.5	104.9	64.3	-16.0	-41.6	10.2	48.8	0.7
2014	-20.3	-29.8	일부잠식	일부잠식	-26.6	-68.1	-31.1	31.4	-19.8
2013	-41.2	4.0	122.0	57.4	2.3	6.1	48.5	45.1	-40.4

리노공업 (A058470)
Leeno Industrial

업 종 : 반도체 및 관련장비		시 장 : KOSDAQ	
신용등급 : (Bond) — (CP) —		기업규모 : 우량	
홈페이지 : www.leeno.co.kr		연 락 처 : 051)831-3232	
본 사 : 부산시 강서구 미음산단로 105번길 10			

설 립 일	1996.12.20	종 업 원 수	379명	대 표 이 사	이채윤
상 장 일	2001.12.18	감 사 의 견	적정 (성도)	계 열	
결 산 기	12월	보 통 주	1,524만주	종 속 회 사 수	
액 면 가	500원	우 선 주		구 상 호	

주주구성 (지분율,%)		출자관계 (지분율,%)		주요경쟁사 (외형,%)	
이채윤	34.7	세일이엔에스	19.0	리노공업	100
국민연금공단	13.0	브리지	14.2	SK하이닉스	15,248
(외국인)	24.8	엠투엔	9.6	이오테크닉스	273

매출구성		비용구성		수출비중	
LEENO PIN 류	47.8	매출원가율	56.5	수출	66.2
IC TEST SOCKET 류	46.7	판관비율	8.6	내수	33.8
기타	5.5				

회사 개요
동사는 반도체 검사 장비 전문 업체로서, 전량 수입에 의존하던 PCB회로기판 검사용 PROBE와 반도체 검사용 소모성 소켓을 자체브랜드로 개발하여 제조 판매 중임. 주력제품인 LEENO PIN과 TEST SOCKET은 반도체 칩의 최종 테스트 공정에 사용되는 테스트 장비가 다양한 반도체 칩과 호환되어 테스트가 이루어지도록 연결해 주는 소모성 부품으로서 다품종 소량 주문 생산됨. 수출이 전체 매출의 60% 가량을 차지함.

실적 분석
동사의 2016년 연결 기준 매출과 영업이익은 1128억원, 393억원으로 전년 대비 각각 13.4%, 9.2% 증가함. 당기순이익은 전년 대비 8.5% 증가한 354억을 기록함. 이는 핵심 경쟁력인 조립, 초정밀가공, 도금기술과 빠른 납기, 자체기술력을 바탕으로 전문성을 강화한 덕분으로 분석됨. 동사는 삼성전자, 퀄컴, NVIDIA 등 전 세계 약 1400개 업체를 고객사로 확보하고 있음. 매월 약 500개 업체에 관련 제품을 공급함.

현금 흐름 *IFRS 별도 기준 〈단위 : 억원〉

항목	2015	2016
영업활동	392	414
투자활동	-290	-24
재무활동	-108	-121
순현금흐름	1	283
기말현금	219	502

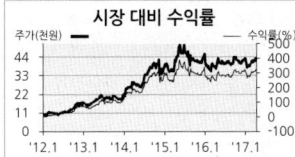

시장 대비 수익률

결산 실적 〈단위 : 억원〉

항목	2011	2012	2013	2014	2015	2016
매출액	660	752	806	934	995	1,128
영업이익	234	277	288	327	360	393
당기순이익	193	249	262	309	326	354

분기 실적 *IFRS 별도 기준 〈단위 : 억원〉

항목	2015.3Q	2015.4Q	2016.1Q	2016.2Q	2016.3Q	2016.4Q
매출액	286	218	266	317	312	233
영업이익	106	69	99	120	105	69
당기순이익	95	63	82	116	71	85

재무 상태 *IFRS 별도 기준 〈단위 : 억원〉

항목	2011	2012	2013	2014	2015	2016
총자산	1,123	1,303	1,479	1,666	1,883	2,167
유형자산	256	346	460	563	637	686
무형자산	9	10	10	15	15	16
유가증권	118	117	165	168	198	202
총부채	79	87	84	103	102	158
총차입금						
자본금	40	40	76	76	76	76
총자본	1,044	1,216	1,394	1,563	1,781	2,009
지배주주지분	1,044	1,216	1,394	1,563	1,781	2,009

기업가치 지표 *IFRS 별도 기준

	2011	2012	2013	2014	2015	2016
주가(최고/저)(천원)	11.4/7.1	17.4/9.4	22.0/15.3	43.6/21.1	52.0/34.4	44.8/35.7
PER(최고/저)(배)	10.4/6.5	11.8/6.4	13.8/9.7	22.8/11.0	25.2/16.7	19.7/15.7
PBR(최고/저)(배)	1.9/1.2	2.4/1.3	2.6/1.8	4.4/2.1	4.5/3.0	3.4/2.7
EV/EBITDA(배)	4.1	7.1	8.7	13.4	15.1	11.9
EPS(원)	1,264	1,631	1,718	2,025	2,141	2,322
BPS(원)	13,016	15,157	9,148	10,568	12,016	13,510
CFPS(원)	2,843	3,553	1,972	2,357	2,516	2,757
DPS(원)	900	1,000	550	700	800	900
EBITDAPS(원)	3,363	3,912	2,146	2,478	2,737	3,014

재무 비율 〈단위 : % 〉

연도	영업이익률	순이익률	부채비율	차입금비율	ROA	ROE	유보율	자기자본비율	EBITDA마진율
2016	34.9	31.4	7.9	0.0	17.5	18.7	2,602.0	92.7	40.7
2015	36.2	32.8	5.7	0.0	18.4	19.5	2,303.2	94.6	41.9
2014	35.0	33.0	6.6	0.0	19.6	20.9	2,013.6	93.8	40.4
2013	35.8	32.5	6.1	0.0	18.8	20.1	1,729.6	94.3	40.6

리노스 (A039980)
Leenos

업 종 : IT 서비스		시 장 : KOSDAQ	
신용등급 : (Bond) — (CP) —		기업규모 : 우량	
홈페이지 : www.leenos.co.kr		연 락 처 : 02)3489-6800	
본 사 : 서울시 서초구 효령로 317 대한건축사협회 5~6층			

설 립 일	1991.02.01	종 업 원 수	247명	대 표 이 사	이웅상
상 장 일	2002.08.13	감 사 의 견	적정 (안진)	계 열	
결 산 기	12월	보 통 주	3,600만주	종 속 회 사 수	
액 면 가	500원	우 선 주		구 상 호	

주주구성 (지분율,%)		출자관계 (지분율,%)		주요경쟁사 (외형,%)	
스페스유한회사	30.3	에스유알코리아	66.7	리노스	100
한국증권금융	5.2	이관희프로덕션	30.0	케이사인	32
(외국인)	1.9			유엔젤	30

매출구성		비용구성		수출비중	
FnB사업부문 (리노스)	75.1	매출원가율	57.3	수출	—
IT사업부문 (리노스)	24.8	판관비율	38.6	내수	—
기 타 (리노스)	0.1				

회사 개요
동사는 1991년 컴퓨터 하드웨어 제조 및 판매를 목적으로 설립되어 2002년 8월 코스닥 시장에 상장됨. 동사는 키플링, 이스트팩의 국내유통 및 라이선스 사업을 전개하는 FnB 사업부문과 무선통신 및 SI 기술력을 바탕으로 최적의 정보통신기술을 공급하는 IT 사업부문의 두 가지 사업을 영위중. 종속회사인 에스유알코리아는 직매입 방식을 통한 홈쇼핑 및 오프라인에 화장품 유통 채널을 확보, 전국 450여개의 드러그스토어에 입점중임.

실적 분석
동사의 2016년 결산 매출액은 1,003.0억원으로 전년 대비 6.8% 증가함. 영업이익은 41.1억원으로 전년 대비 42.4% 감소. 당기순이익 또한 28.3억원으로 81.3% 감소함. 동사는 2016년말 기준 백화점(70개), 아울렛(18개), 면세점(17개), 온라인(3개) 등 총 108개의 이스트팩, 키플링 매장을 운영 중임. 한국 내 특화된 마케팅 전략을 통하여 지속적인 매출 및 수익성 신장을 꾀하는 중임.

현금 흐름 〈단위 : 억원〉

항목	2015	2016
영업활동	25	-12
투자활동	-3	114
재무활동	3	-25
순현금흐름	25	80
기말현금	112	192

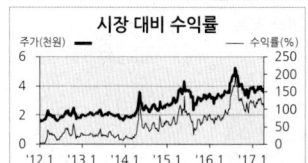

시장 대비 수익률

결산 실적 〈단위 : 억원〉

항목	2011	2012	2013	2014	2015	2016
매출액	721	1,039	811	1,050	939	1,003
영업이익	76	78	43	86	71	41
당기순이익	56	64	28	58	151	28

분기 실적 〈단위 : 억원〉

항목	2015.3Q	2015.4Q	2016.1Q	2016.2Q	2016.3Q	2016.4Q
매출액	272	158	—	279	244	—
영업이익	21	15	—	12	2	—
당기순이익	103	19	—	9	7	—

재무 상태 〈단위 : 억원〉

항목	2011	2012	2013	2014	2015	2016
총자산	577	763	640	859	988	1,051
유형자산	5	12	18	33	30	28
무형자산	14	23	26	103	21	43
유가증권	66	59	46	31	53	41
총부채	185	307	190	290	314	360
총차입금	17		85	167	187	201
자본금	180	180	180	180	180	180
총자본	392	456	450	569	674	690
지배주주지분	392	456	450	538	674	687

기업가치 지표

	2011	2012	2013	2014	2015	2016
주가(최고/저)(천원)	2.7/1.4	2.6/1.5	2.4/1.7	3.6/1.8	4.4/2.4	5.4/2.8
PER(최고/저)(배)	18.6/9.5	16.0/9.1	32.6/22.0	25.7/12.5	10.5/5.7	67.7/35.0
PBR(최고/저)(배)	2.4/1.2	2.0/1.2	1.8/1.2	2.4/1.2	2.3/1.2	2.8/1.4
EV/EBITDA(배)	4.6	5.1	12.4	10.5	12.4	22.9
EPS(원)	156	177	78	148	424	80
BPS(원)	1,236	1,414	1,398	1,559	1,935	1,971
CFPS(원)	166	188	97	184	464	120
DPS(원)	—	100	—	50	50	30
EBITDAPS(원)	222	228	139	276	238	154

재무 비율 〈단위 : % 〉

연도	영업이익률	순이익률	부채비율	차입금비율	ROA	ROE	유보율	자기자본비율	EBITDA마진율
2016	4.1	2.8	52.2	29.1	2.8	4.2	294.2	65.7	5.5
2015	7.6	16.1	46.6	27.8	16.4	25.2	286.9	68.2	9.1
2014	8.2	5.6	51.0	29.3	7.8	10.8	211.8	66.2	9.5
2013	5.4	3.5	42.2	18.9	4.0	6.2	179.6	70.3	6.2

리더스코스메틱 (A016100)
LEADERS COSMETICS CO

업　　　종 : 개인생활용품　　　　시　　　장 : KOSDAQ
신용등급 : (Bond) —　　(CP) —　　기업규모 : 벤처
홈페이지 : www.leaderscosmetics.com　　연락처 : 02)3453-8768
본　　　사 : 서울시 광진구 능동로 90 더클래식 500 씨 404호

설 립 일 1986.12.24	종 업 원 수 156명	대 표 이 사 김진구
상 장 일 2003.01.15	감 사 의 견 적정 (천지)	계　　　열
결 산 기 12월	보 통 주 1,794만주	종속회사수
액 면 가 500원	우 선 주	구 상 호 산성앨엔에스

주주구성 (지분율,%)		출자관계 (지분율,%)		주요경쟁사 (외형,%)	
김판길	22.5	산성피앤씨	100.0	리더스코스메틱	100
에프씨비파미셀	4.1	프로스테믹스	30.3	케어젠	26
(외국인)	4.3	리더스화장품(베트남)	100.0	콜마비앤에이치	141

매출구성		비용구성		수출비중	
마스크 팩,기초화장품,혼합액,포장재	58.5	매출원가율	62.8	수출	20.1
양면골판지,이중양면골판지,편면골판지	29.8	판관비율	26.4	내수	79.9
화장품	9.6				

회사 개요
동사는 1986년 골판지 및 골판지 박스의 제조와 판매, 인쇄업을 주요 사업목적으로 설립되었으며 2002년 사명을 산성에서 산성앨엔에스로 변경하고 2003년 코스닥 시장에 상장함. 동사는 골판지 이외 마스크팩, 기초화장품도 영위하고 있음. 매출 비중은 골판지가 41%, 화장품이 59% 정도임. 동사가 골판지 시장에서 차지하는 점유율은 2.6% 가량임. 동사의 계열회사는 줄기세포 전문회사인 프로스테믹스와 한산취국제미용유한공사임.

실적 분석
동사의 2016년 연결기준 결산 매출액은 전년동기 대비 4.9% 증가한 1,813억원을 기록함. 반면 외형성장에도 불구하고 판매관리비가 급등하고 판관비 또한 크게 증가하면서 영업이익은 전년동기 대비 43.5% 감소한 194.4억원 시현하며 수익성 크게 하락한 모습. 다만 비영업부문에서는 손실액이 크게 줄어들면서 당기순이익은 지난해 같은 기간 대비 비교적 소폭 감소한 77.2억원을 시현함.

현금 흐름　〈단위 : 억원〉

항목	2015	2016
영업활동	-57	270
투자활동	-255	-265
재무활동	378	-53
순현금흐름	69	-46
기말현금	221	176

시장 대비 수익률
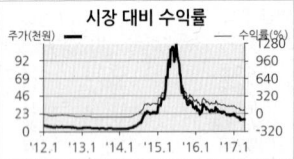

결산 실적　〈단위 : 억원〉

항목	2011	2012	2013	2014	2015	2016
매출액	451	589	731	1,200	1,728	1,813
영업이익	3	9	22	221	344	194
당기순이익	148	-51	-22	171	89	77

분기 실적　〈단위 : 억원〉

항목	2015.3Q	2015.4Q	2016.1Q	2016.2Q	2016.3Q	2016.4Q
매출액	255	428	422	487	479	426
영업이익	27	21	44	83	75	-7
당기순이익	-123	-8	32	34	63	-18

재무 상태　〈단위 : 억원〉

항목	2011	2012	2013	2014	2015	2016
총자산	693	744	752	970	1,809	1,906
유형자산	300	412	408	471	650	698
무형자산	7	14	13	14	17	26
유가증권	209	110	60	20	218	27
총부채	204	296	289	330	723	705
총차입금	106	223	185	135	508	419
자본금	90	90	90	90	90	90
총자본	489	448	462	640	1,085	1,202
지배주주지분	489	428	429	588	830	896

기업가치 지표

항목	2011	2012	2013	2014	2015	2016
주가(최고/저)(천원)	13.2/3.9	8.7/3.9	5.3/3.1	26.3/3.3	117/24.4	36.1/19.5
PER(최고/저)(배)	15.5/4.6	—/—	—/—	30.3/3.8	139.5/29.0	139.4/75.3
PBR(최고/저)(배)	4.7/1.4	3.5/1.6	2.1/1.2	7.7/1.0	24.7/5.1	7.1/3.8
EV/EBITDA(배)	116.7	27.9	12.6	16.4	14.6	16.8
EPS(원)	854	-270	-191	866	840	259
BPS(원)	2,783	2,508	2,516	3,401	4,749	5,118
CFPS(원)	909	-135	-10	1,075	1,088	548
DPS(원)						
EBITDAPS(원)	74	183	303	1,443	2,167	1,373

재무 비율　〈단위 : % 〉

연도	영업이익률	순이익률	부채비율	차입금비율	ROA	ROE	유보율	자기자본비율	EBITDA마진율
2016	10.7	4.3	58.6	34.9	4.2	5.4	923.5	63.0	13.6
2015	19.9	5.2	66.7	46.8	6.4	21.3	849.9	60.0	22.5
2014	18.5	14.2	51.6	21.2	19.8	30.6	580.2	66.0	21.6
2013	3.0	-3.0	62.6	39.9	-2.9	-8.0	403.2	61.5	7.5

리드 (A197210)
LEED

업　　　종 : 디스플레이 및 관련부품　　　시　　　장 : KOSDAQ
신용등급 : (Bond) —　　(CP) —　　기업규모 : 중견
홈페이지 : www.leed1.com　　연락처 : 031)324-0200
본　　　사 : 경기도 화성시 향남읍 발안공단로4길 118

설 립 일 2000.03.23	종 업 원 수 75명	대 표 이 사 박동규
상 장 일 2015.11.20	감 사 의 견 적정 (신한)	계　　　열
결 산 기 12월	보 통 주 3,330만주	종속회사수
액 면 가 500원	우 선 주 만주	구 상 호

주주구성 (지분율,%)		출자관계 (지분율,%)		주요경쟁사 (외형,%)	
아스팩투자조합	89.0			리드	100
아스팩오일	30.3				5
(외국인)	0.7			제이엠아이	316

매출구성		비용구성		수출비중	
Inline System	84.0	매출원가율	85.9	수출	96.5
T.C.U	9.0	판관비율	12.3	내수	3.5
부품	4.5				

회사 개요
동사는 2000년 3월 설립된 LCD 및 OLED 등 디스플레이 패널 제조관련 솔루션 공급 기업임. 구체적으로 자동화 설비 운영인 PLC S/W 및 CIM S/W를 공급하는 공장 자동화 토탈 솔루션을 제조함. 2015년 11월 코넥스 시장에서 코스닥시장으로 이전 상장함. 주요 매출처인 BOE 및 LG디스플레이의 설비투자 계획에 따라 동사의 실적이 연동되며, 95% 이상을 수출하는 기업이기 때문에 결제통화인 달러의 가치 변화에도 영향을 받음.

실적 분석
동사의 2016년 연결기준 누적 매출액은 353.9억원으로 전년 동기대비 17.0% 감소함. 이는 수주지연에 따른 매출액 감소에 기인한 것으로, 매출액 감소의 영향으로 영업이익은 전년 동기대비 61.4% 감소한 6.5억원을 기록함. 동사의 주요 고객인 BOE, CSOT, Tianma 등 중국 업체와의 원만하고 지속적인 수주계약이 향후 매출에 영향을 끼칠 것으로 보임.

현금 흐름　〈단위 : 억원〉

항목	2015	2016
영업활동	55	-12
투자활동	-52	-52
재무활동	-46	92
순현금흐름	2	27
기말현금	9	36

시장 대비 수익률
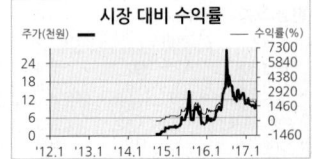

결산 실적　〈단위 : 억원〉

항목	2011	2012	2013	2014	2015	2016
매출액	302	38	366	405	426	354
영업이익	12	-40	33	17	17	6
당기순이익	4	-44	10	19	15	14

분기 실적　〈단위 : 억원〉

항목	2015.3Q	2015.4Q	2016.1Q	2016.2Q	2016.3Q	2016.4Q
매출액	130	—	50	25	18	261
영업이익	-5	—	-2	-12	-16	37
당기순이익	—	—	-4	-11	-24	43

재무 상태　〈단위 : 억원〉

항목	2011	2012	2013	2014	2015	2016
총자산	115	70	119	293	272	516
유형자산	11	7	7	6	9	7
무형자산	2	2	2	1	2	8
유가증권	2	2				3
총부채	88	88	174	273	174	378
총차입금	27	37	121	161	62	119
자본금	14	14	8	14	23	27
총자본	26	-18	-56	20	98	138
지배주주지분	26	-18	-56	20	98	138

기업가치 지표

항목	2011	2012	2013	2014	2015	2016
주가(최고/저)(천원)	—/—	—/—	—/—	3.7/0.7	14.7/2.5	29.3/4.6
PER(최고/저)(배)	0.0/0.0	0.0/0.0	0.0/0.0	25.2/4.7	189.1/31.9	2,057.1/321.2
PBR(최고/저)(배)	0.0/0.0	0.0/0.0	0.0/0.0	24.5/4.5	34.8/5.9	56.5/8.8
EV/EBITDA(배)	1.0		3.1	13.2	12.9	56.1
EPS(원)	25	-316	56	101	78	14
BPS(원)	9,409	-6,392	-14,523	523	2,120	2,591
CFPS(원)	2,327	-14,841	3,538	568	462	154
DPS(원)						
EBITDAPS(원)	5,178	-13,139	9,517	496	499	210

재무 비율　〈단위 : % 〉

연도	영업이익률	순이익률	부채비율	차입금비율	ROA	ROE	유보율	자기자본비율	EBITDA마진율
2016	1.8	1.0	274.7	86.4	0.9	3.1	418.2	26.7	3.0
2015	3.9	3.6	177.6	63.8	5.4	25.9	324.0	36.0	4.6
2014	4.1	4.8	1,374.9	812.0	9.4	전기잠식	41.7	6.8	4.7
2013	8.9	2.8	완전잠식	완전잠식			-824.5	-46.8	9.6

리드코프 (A012700)
The Leadcorp

업 종 : 석유 및 가스		시 장 : KOSDAQ	
신용등급 : (Bond) BBB (CP) A3		기업규모 : 우량	
홈페이지 : www.leadcorp.co.kr		연 락 처 : 02)2126-5000	
본 사 : 서울시 영등포구 은행로 25, 안원빌딩 6층			

설 립 일	1977.09.19	종 업 원 수	353명	대 표 이 사	김철우
상 장 일	1996.01.19	감 사 의 견	적정 (삼일)	계 열	
결 산 기	12월	보 통 주	2,675만주	종속회사수	
액 면 가	500원	우 선 주		구 상 호	

주주구성 (지분율,%)		출자관계 (지분율,%)		주요경쟁사 (외형,%)	
KB자산운용	23.2	앤알캐피탈대부	100.0	리드코프	100
디케이디앤아이(05130)	13.0	채권추심전문엘씨대부	100.0	E1	911
(외국인)	2.8	캡스톤에듀	8.8	에이치알비파워	7

매출구성		비용구성		수출비중	
소비자금융	54.5	매출원가율	53.3	수출	0.0
유류	42.4	판관비율	35.0	내수	100.0
기타	1.6				

회사 개요
동사는 1977년 설립되어 석유, 휴게소, 소비자금융 사업 등 총 3가지 부문을 영위 중임. 석유사업은 S-OIL과 석유류 공급계약을 체결하여 대리점 사업 등을 영위 중이며, 휴게소사업으로는 경부고속도로 하행선 천안휴게소의 위탁운영권을 획득하여 운영 중임. 소비자금융사업은 2003년 대부업 등록 및 자금 조달 이후 인지도를 높여가며 현재 업계 상위권의 점유율을 시현함. 앤알캐피탈대부, 채권추심전문 엘씨대부가 연결대상 종속회사로 편입되어 있음.

실적 분석
동사의 2016년 결산 연결기준 매출액은 4,384.7억원으로 전년동기 대비 17.9% 증가함. 그러나 원가 및 판관비가 전년동기 대비 크게 상승하며 영업이익은 510.9억원으로 전년동기 대비 3.7% 감소하였음. 더불어 법인세비용이 대폭 증가하며 당기순이익은 전년동기 대비 19.2% 감소한 329.9억원을 기록함. 매출은 상품 46.6%(석유류 1,425억원, 휴게소 46억원), 기타 53.4%(임대수익 1,745억원)로 구성되어 있음.

현금 흐름		〈단위 : 억원〉
항목	2015	2016
영업활동	-949	-1,185
투자활동	11	-29
재무활동	930	1,301
순현금흐름	-8	88
기말현금	168	256

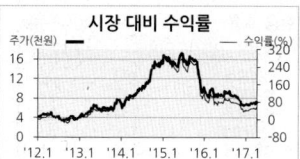
시장 대비 수익률

결산 실적					〈단위 : 억원〉	
항목	2011	2012	2013	2014	2015	2016
매출액	2,188	2,649	2,843	3,492	3,719	4,385
영업이익	321	360	453	499	531	511
당기순이익	239	253	349	390	408	330

분기 실적					〈단위 : 억원〉	
항목	2015.3Q	2015.4Q	2016.1Q	2016.2Q	2016.3Q	2016.4Q
매출액	872	1,229	981	1,152	1,082	1,169
영업이익	129	156	147	137	120	106
당기순이익	99	120	113	104	68	45

재무 상태					〈단위 : 억원〉	
항목	2011	2012	2013	2014	2015	2016
총자산	3,598	4,655	5,112	6,397	7,794	9,461
유형자산	97	103	77	84	84	74
무형자산	21	57	56	61	62	66
유가증권	16	21	21	17	15	14
총부채	2,341	3,182	3,318	4,238	5,244	6,614
총차입금	2,132	2,990	3,097	3,978	4,939	6,291
자본금	138	138	138	138	138	138
총자본	1,257	1,473	1,794	2,159	2,550	2,847
지배주주지분	1,257	1,473	1,794	2,159	2,550	2,847

기업가치 지표						
항목	2011	2012	2013	2014	2015	2016
주가(최고/저)(천원)	4.4/2.6	5.0/3.3	7.9/4.1	16.3/6.0	17.5/9.1	10.3/6.3
PER(최고/저)(배)	5.4/3.2	5.7/3.7	6.3/3.3	11.6/4.3	11.9/6.2	8.6/5.2
PBR(최고/저)(배)	1.0/0.6	1.0/0.6	1.2/0.7	2.1/0.8	1.9/1.0	1.0/0.6
EV/EBITDA(배)	0.7	0.3	1.2	4.6	1.3	
EPS(원)	893	946	1,304	1,457	1,527	1,233
BPS(원)	4,705	5,511	6,713	8,076	9,539	10,650
CFPS(원)	948	997	1,355	1,513	1,590	1,301
DPS(원)	100	100	100	100	150	150
EBITDAPS(원)	1,258	1,396	1,767	1,922	2,047	1,978

재무 비율								〈단위 : % 〉	
연도	영업이익률	순이익률	부채비율	차입금비율	ROA	ROE	유보율	자기자본비율	EBITDA마진율
2016	11.7	7.5	232.3	221.0	3.8	12.2	1,967.6	30.1	12.1
2015	14.3	11.0	205.6	193.7	5.8	17.3	1,752.1	32.7	14.7
2014	14.3	11.2	196.3	184.3	6.8	19.7	1,467.9	33.8	14.7
2013	15.9	12.3	185.0	172.6	7.1	21.4	1,203.2	35.1	16.6

리젠 (A038340)
REGEN

업 종 : 교육		시 장 : KOSDAQ	
신용등급 : (Bond) — (CP) —		기업규모 : 중견	
홈페이지 : www.regengroup.co.kr		연 락 처 : 02)3438-6900	
본 사 : 서울시 서초구 강남대로 373 (청담동, 홍우빌딩 10층)			

설 립 일	1967.04.07	종 업 원 수	78명	대 표 이 사	김우정
상 장 일	2001.11.22	감 사 의 견	적정 (성운)	계 열	
결 산 기	12월	보 통 주	1,107만주	종속회사수	
액 면 가	500원	우 선 주		구 상 호	에이치에이엠 미디어

주주구성 (지분율,%)		출자관계 (지분율,%)		주요경쟁사 (외형,%)	
머큐리어드바이저	4.4			리젠	100
더포티스퀘어	2.1			메가엠디	284
(외국인)	0.8			에이원앤	69

매출구성		비용구성		수출비중	
캐패시터	47.5	매출원가율	51.1	수출	—
화장품사업	30.9	판관비율	47.4	내수	—
유류	17.0				

회사 개요
동사는 캐패시터 제조를 목적으로 1967년에 설립됨. 매출역량 강화를 위해 2016년 02월 교육서비스·입시학원 등 교육사업 관련의 사업을 운영하는 세정에듀(주) 및 (주)평촌다수인학원의 지분을 각각 100% 인수하여 2016년 1분기부터 신규사업으로 영위하고 있음. 2016년 12월 29일 교육사업 역량 집중을 위하여 유통사업인 화장품사업, 전자사업을 중단하였으며, 2017년 1월 17일 유류사업을 중단하였음.

실적 분석
동사의 2016년 누적매출액은 231.8억원으로 전년 대비 290.5% 증가함. 신규사업인 교육사업 매출이 인식되며 외형이 크게 성장함. 판관비가 대폭 증가했음에도 영업이익이 3.5억원으로 흑자전환함. 비영업손익이 발생해 당기순손실은 120.5억원을 기록함. 캐패시터 산업은 최근 디지털 가전산업의 빠른 성장과 신규제품의 시장형성으로 인하여 고부가가치 부품에 대한 수요가 증가하고 있음. 교육사업도 우수 강사진을 바탕으로 꾸준한 성장이 기대됨.

현금 흐름		〈단위 : 억원〉
항목	2015	2016
영업활동	-51	60
투자활동	-56	-154
재무활동	94	93
순현금흐름	-13	1
기말현금	2	3

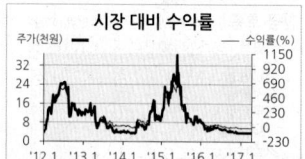
시장 대비 수익률

결산 실적					〈단위 : 억원〉	
항목	2011	2012	2013	2014	2015	2016
매출액	324	351	1,295	247	59	232
영업이익	-9	-17	-35	-31	-16	4
당기순이익	-383	-39	-70	-80	-63	-120

분기 실적					〈단위 : 억원〉	
항목	2015.3Q	2015.4Q	2016.1Q	2016.2Q	2016.3Q	2016.4Q
매출액	15	-56	75	65	70	22
영업이익	-12	5	-5	4	1	3
당기순이익	-20	-10	-6	-2	-35	-77

재무 상태					〈단위 : 억원〉	
항목	2011	2012	2013	2014	2015	2016
총자산	322	375	346	262	243	299
유형자산	147	151	49	46	43	56
무형자산	5	55	83	69	35	110
유가증권	0	1	3	12	30	5
총부채	259	275	294	83	60	156
총차입금	214	215	202	35	19	86
자본금	48	51	63	195	224	271
총자본	64	100	52	178	183	143
지배주주지분	64	100	55	174	178	143

기업가치 지표						
항목	2011	2012	2013	2014	2015	2016
주가(최고/저)(천원)	2.9/0.5	5.2/0.7	3.2/0.7	3.7/0.7	7.5/1.4	1.7/0.7
PER(최고/저)(배)	—/—	—/—	—/—	—/—	—/—	—/—
PBR(최고/저)(배)	2.8/0.5	5.0/0.7	7.3/1.6	8.2/1.5	18.7/3.6	6.5/2.7
EV/EBITDA(배)						24.6
EPS(원)	-4,906	-1,983	-3,146	-1,685	-716	-1,267
BPS(원)	1,062	1,044	443	446	398	265
CFPS(원)	-930	-354	-557	-304	-130	-228
DPS(원)						
EBITDAPS(원)	-39	-134	-256	-97	-24	33

재무 비율								〈단위 : % 〉	
연도	영업이익률	순이익률	부채비율	차입금비율	ROA	ROE	유보율	자기자본비율	EBITDA마진율
2016	1.5	-52.0	일부잠식	일부잠식	-44.4	-73.9	-47.1	48.0	6.7
2015	-27.7	-106.0	일부잠식	일부잠식	-24.9	-35.7	-20.5	75.2	-18.1
2014	-12.6	-32.5	일부잠식	일부잠식	-26.4	-70.5	-10.9	68.2	-9.4
2013	-2.7	-5.4	일부잠식	일부잠식	-19.5	-86.4	-12.2	15.1	-2.1

ㄹ

리켐 (A131100)
Leechem

업　　　종 : 화학		시　　　장 : KOSDAQ	
신 용 등 급 : (Bond) ― 　(CP) ―		기 업 규 모 :	
홈 페 이 지 : www.leechem.net		연 락 처 : 041)751-8630	
본　　　사 : 충남 금산군 추부면 금산로 2423-16 (추정리271-4)			

설 립 일	2007.03.14	종 업 원 수	76명	대 표 이 사	이남석
상 장 일	2011.06.14	감 사 의 견	한정(감사범위제한)	계　　열	
결 산 기	12월	보 통 주	1,654만주	종속회사수	
액 면 가	500원	우 선 주		구 상 호	

주주구성 (지분율,%)		출자관계 (지분율,%)		주요경쟁사 (외형,%)	
와이에이치2호조합	10.0	와이즈플래닛	66.7	리켐	100
연구개발특구 일자리창출투자펀드	3.9	비비마스크	26.0	바이온	79
(외국인)	0.8	비케이	17.9	웹스	77

매출구성		비용구성		수출비중	
[제품]기타	31.3	매출원가율	103.3	수출	15.9
상품	28.7	판관비율	22.2	내수	84.1
[제품]전해액소재	24.0				

회사 개요
동사는 1999년에 설립되어 2011년에 코스닥에 상장된 기업으로, 연결실체는 기초화합물과 첨단 디스플레이 검사장비 제조·판매업 및 외식 및 음료서비스업, 자동차검사정비업을 주목적사업으로 하고 있음. 동사의 2016년 기준 연결대상 종속회사는 OLED 플랙시블 검사장비 제조기업인 와이즈플래닛(주)와 외식 및 음료서비스업을 영위하는 (주)퍼슨앤네이쳐와 자동차 정비업을 영위하는 새한현대서비스 등 3개사임.

실적 분석
동사의 2016년 누적 매출액은 354.7억원으로 전년 대비 30.3% 감소함. 판관비 개선으로 영업손실은 90.7억원으로 전년 89.9억원과 비슷한 수준에 그침. 비영업손실 확대로 당기순손실은 263.3억원으로 적자지속함. 와이즈플래닛 매출이 크게 줄면서 실적이 악화됨. 연결기업 중 새한현대서비스의 매출액이 지속적으로 증가하고 있고, 이익을 시현 중이라 실적 개선이 기대됨.

현금 흐름 〈단위 : 억원〉
항목	2015	2016
영업활동	-2	-24
투자활동	75	44
재무활동	-97	-21
순현금흐름	-25	-2
기말현금	5	3

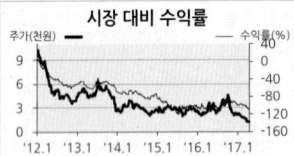
시장 대비 수익률

결산 실적 〈단위 : 억원〉
항목	2011	2012	2013	2014	2015	2016
매출액	561	519	541	546	509	355
영업이익	61	3	-19	-49	-90	-91
당기순이익	45	-6	-19	-64	-108	-263

분기 실적 〈단위 : 억원〉
항목	2015.3Q	2015.4Q	2016.1Q	2016.2Q	2016.3Q	2016.4Q
매출액	138	82	122	121	105	7
영업이익	-17	-17	-19	-20	-23	-29
당기순이익	-23	-29	-21	-24	-30	-188

재무 상태 〈단위 : 억원〉
항목	2011	2012	2013	2014	2015	2016
총자산	641	867	1,013	1,235	1,024	610
유형자산	374	512	647	664	558	361
무형자산	5	32	32	68	62	1
유가증권	―	9	18	―	6	2
총부채	205	424	578	799	677	402
총차입금	166	375	534	696	591	357
자본금	29	29	29	39	63	83
총자본	436	443	435	436	346	207
지배주주지분	436	443	435	434	346	207

기업가치 지표
항목	2011	2012	2013	2014	2015	2016
주가(최고/저)(천원)	14.7/7.5	10.2/3.6	6.5/2.7	4.0/2.0	3.4/1.9	4.6/1.8
PER(최고/저)(배)	27.2/13.9	―/―	―/―	―/―	―/―	―/―
PBR(최고/저)(배)	3.2/1.6	2.2/0.8	1.4/0.6	1.1/0.5	1.2/0.7	3.6/1.5
EV/EBITDA(배)	11.0	14.2	24.7	121.4	―	―
EPS(원)	538	-62	-201	-537	-845	-1,805
BPS(원)	7,665	7,638	7,492	5,564	2,790	1,253
CFPS(원)	1,368	631	501	-49	-307	-1,373
DPS(원)						
EBITDAPS(원)	1,671	786	502	107	-175	-190

재무 비율 〈단위 : %〉
연도	영업이익률	순이익률	부채비율	차입금비율	ROA	ROE	유보율	자기자본비율	EBITDA마진율
2016	-25.6	-74.2	194.2	172.5	-32.2	-95.1	150.6	34.0	-7.8
2015	-17.7	-21.3	195.5	170.6	-9.6	-27.3	457.9	33.8	-4.3
2014	-9.0	-11.7	183.4	159.6	-5.7	-14.1	1,012.9	35.3	1.5
2013	-3.6	-3.6	133.0	122.8	-2.1	-4.4	1,398.3	42.9	5.4

링네트 (A042500)
RingNet

업　　　종 : IT 서비스		시　　　장 : KOSDAQ	
신 용 등 급 : (Bond) ― 　(CP) ―		기 업 규 모 : 중견	
홈 페 이 지 : www.ringnet.co.kr		연 락 처 : 02)6675-1500	
본　　　사 : 서울시 구로구 디지털로 306, 418호 (구로동, 대륭포스트타워2차 4층)			

설 립 일	2000.04.01	종 업 원 수	262명	대 표 이 사	이주석
상 장 일	2002.01.10	감 사 의 견	적정 (삼덕)	계　　열	
결 산 기	12월	보 통 주	1,479만주	종속회사수	
액 면 가	500원	우 선 주		구 상 호	

주주구성 (지분율,%)		출자관계 (지분율,%)		주요경쟁사 (외형,%)	
이주석	10.8	링네트플러스	100.0	링네트	100
민병숙	7.5	GuangzhouRINGNETChinaCo.,LTD	100.0	동부	159
(외국인)	1.7	RINGNETSPOLKAZ.o.o	100.0	엑셈	21

매출구성		비용구성		수출비중	
네트워크구축용역,네트워크유지보수-일반기업	65.3	매출원가율	89.4	수출	1.6
네트워크구축용역,네트워크유지보수-공공	17.8	판관비율	7.0	내수	98.4
네트워크구축용역,네트워크유지보수-교육기관	16.9				

회사 개요
동사는 2000년에 설립되어 컴퓨터 네트워크의 설계, 통신 장비공급, 설치 및 유지보수 NI사업과 화상회의시스템, Storage 시스템(저장장치), IP Telephony(인터넷전화)등의 사업을 주력으로 하고 있음. 무선 LAN의 고객 환경에 최적의 제품을 제안하거나 자체 솔루션을 개발 및 발굴하고 있음. 매출구성은 일반 기업 부문이 상당 부분을 차지하는 가운데 공공과 교육 기관 부문에서도 매출 발생.

실적 분석
동사의 2016년 연결기준 연간 누적 매출액은 1289.4억원으로 전년 동기 대비 28.6% 증가함. 매출이 늘어나면서 매출원가도 큰 폭으로 늘었지만 판매비와 관리비가 감소하면서 영업이익은 46.8억원으로 전년 동기 대비 14.9% 증가함. 외환 비영업손익 부문에서 적자전환하면서 당기순이익은 32.8억원으로 전년 동기 대비 17% 감소함. 매출은 크게 늘었지만 순이익은 감소.

현금 흐름 〈단위 : 억원〉
항목	2015	2016
영업활동	172	-61
투자활동	-11	-35
재무활동	-34	9
순현금흐름	126	-86
기말현금	196	110

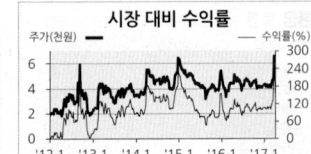
시장 대비 수익률

결산 실적 〈단위 : 억원〉
항목	2011	2012	2013	2014	2015	2016
매출액	718	788	971	1,147	1,002	1,289
영업이익	40	41	57	61	41	47
당기순이익	22	41	56	51	39	33

분기 실적 〈단위 : 억원〉
항목	2015.3Q	2015.4Q	2016.1Q	2016.2Q	2016.3Q	2016.4Q
매출액	244	358	214	357	307	411
영업이익	6	17	3	10	6	27
당기순이익	3	17	4	9	4	15

재무 상태 〈단위 : 억원〉
항목	2011	2012	2013	2014	2015	2016
총자산	550	618	684	762	797	873
유형자산	6	7	7	7	9	8
무형자산	3	3	5	5	6	5
유가증권	63	95	93	119	189	216
총부채	347	331	340	331	328	366
총차입금	123	121	45	39	5	7
자본금	59	66	66	73	73	74
총자본	203	287	344	431	468	507
지배주주지분	203	287	344	429	467	507

기업가치 지표
항목	2011	2012	2013	2014	2015	2016
주가(최고/저)(천원)	2.2/1.5	6.5/1.7	5.1/2.2	6.2/3.2	6.7/3.0	5.2/3.4
PER(최고/저)(배)	12.6/8.5	19.7/5.3	12.2/5.2	18.2/9.4	25.9/11.5	22.6/14.6
PBR(최고/저)(배)	1.3/0.8	2.9/0.8	1.9/0.8	2.1/1.1	2.0/0.9	1.5/1.0
EV/EBITDA(배)	1.9	1.3	4.3	9.9	8.0	5.6
EPS(원)	178	330	417	343	259	231
BPS(원)	1,837	2,285	2,715	3,038	3,295	3,523
CFPS(원)	202	357	445	363	280	251
DPS(원)						
EBITDAPS(원)	360	354	448	446	300	340

재무 비율 〈단위 : %〉
연도	영업이익률	순이익률	부채비율	차입금비율	ROA	ROE	유보율	자기자본비율	EBITDA마진율
2016	3.6	2.5	72.1	1.4	3.9	7.0	604.6	58.1	3.9
2015	4.1	3.9	70.1	1.0	5.1	8.4	559.1	58.8	4.4
2014	5.3	4.5	76.7	9.0	7.1	12.7	507.6	56.6	5.6
2013	5.9	5.8	98.9	13.1	8.7	17.9	443.0	50.3	6.1

링크제니시스 (A219420)
Linkgenesis

업 종 : 일반 소프트웨어		시 장 : KONEX	
신용등급 : (Bond) — (CP) —		기업규모 :	
홈 페 이 지 : www.linkgenesis.co.kr		연 락 처 : 031)422-3581	
본 사 : 경기도 안양시 동안구 시민대로 401 319호(관양동, 대륭테크노타운15차)			

설 립 일	2003.12.12	종 업 원 수	명	대 표 이 사	정성우
상 장 일	2016.07.29	감 사 의 견	적정 (한미)	계 열	
결 산 기	12월	보 통 주	203만주	종속회사수	
액 면 가	100원	우 선 주	10만주	구 상 호	

주주구성 (지분율,%)		출자관계 (지분율,%)		주요경쟁사 (외형,%)	
정성우	24.2	큐렉스	100.0	링크제니시스	100
김원태	13.1	힐러리어스	35.0	시큐브	209
				포시에스	137

매출구성		비용구성		수출비중	
개발 SI	57.3	매출원가율	73.4	수출	3.7
테스팅 SI	15.5	판관비율	10.0	내수	96.3
Xgem	11.9				

회사 개요
2003년 설립된 소프트웨어(SW) 개발 및 공급업체임. SW 테스트 자동화 솔루션인 'MAT' 등을 개발함. 2016년 7월 코넥스 시장에 신규 상장함. 최대주주인 정성우 대표 외 3인이 지분 53.81%를 보유 중임. 사업의 세부내용으로는 테스트 자동화 솔루션(MAT™) 개발, 테스트 자동화 컨설팅, 임베디드 소프트웨어 R&D, 반도체, LCD, LED, Solar 생산 정보 자동화 시스템 제품 개발 및 판매 등이 있음.

실적 분석
동사의 2016년 매출액은 102억원, 영업이익은 16.9억원, 당기순이익은 17억원을 기록함. 동사는 국내 소프트웨어 테스트 자동화 서비스 시장의 약 6.6%, 생산 정보 자동화 시장의 약 83.7%를 점유하고 있는 것으로 추정됨. 향후 성장 전략은 AVN 제조사인 H사와의 단계적 실차 적용을 통해 실차 자동화 커버리지 노하우를 확보하는 것임. 더불어 해외, 국내 Agent 발굴 및 전시회 참가를 통한 홍보로 실적 개선 기대됨.

현금 흐름 *IFRS 별도 기준 〈단위 : 억원〉
항목	2015	2016
영업활동	9	27
투자활동	-4	-35
재무활동	-14	18
순현금흐름	-9	11
기말현금	14	25

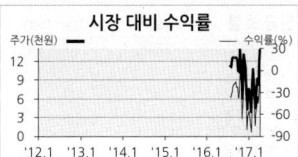

결산 실적 〈단위 : 억원〉
항목	2011	2012	2013	2014	2015	2016
매출액	—	—	52	61	90	102
영업이익	—	—	4	7	10	17
당기순이익	—	—	6	14	10	17

분기 실적 *IFRS 별도 기준 〈단위 : 억원〉
항목	2015.3Q	2015.4Q	2016.1Q	2016.2Q	2016.3Q	2016.4Q
매출액						
영업이익						
당기순이익						

재무 상태 *IFRS 별도 기준 〈단위 : 억원〉
항목	2011	2012	2013	2014	2015	2016
총자산			31	82	86	122
유형자산			8	19	18	21
무형자산			0	0	0	0
유가증권			0	0	2	34
총부채			11	22	11	19
총차입금			4	14	—	8
자본금			1	2	2	2
총자본			20	60	76	103
지배주주지분			20	60	76	103

기업가치 지표 *IFRS 별도 기준
항목	2011	2012	2013	2014	2015	2016
주가(최고/저)(천원)	—/—	—/—	—/—	—/—	—/—	17.0/4.3
PER(최고/저)(배)	0.0/0.0	0.0/0.0	0.0/0.0	0.0/0.0	0.0/0.0	19.6/5.0
PBR(최고/저)(배)	0.0/0.0	0.0/0.0	0.0/0.0	0.0/0.0	0.0/0.0	2.8/0.7
EV/EBITDA(배)	0.0					3.9
EPS(원)	—	—	567	1,233	539	867
BPS(원)	—	—	101,273	222,075	261,575	6,150
CFPS(원)	—	—	34,060	59,971	29,303	958
DPS(원)	—	—	—	—	—	—
EBITDAPS(원)	—	—	25,844	33,338	29,567	953

재무 비율 〈단위 : % 〉
연도	영업이익률	순이익률	부채비율	차입금비율	ROA	ROE	유보율	자기자본비율	EBITDA마진율
2016	16.6	16.7	18.6	7.8	16.4	19.1	6,050.1	84.3	18.3
2015	11.4	11.3	14.3	0.0	12.1	15.0	5,131.5	87.5	13.0
2014	11.8	22.2	36.7	23.9	24.2	34.1	4,341.5	73.2	13.1
2013	7.8	10.9	53.8	22.1	0.0	0.0	1,925.5	65.0	10.0

마니커 (A027740)
Maniker

업 종 : 식료품		시 장 : 거래소	
신용등급 : (Bond) BB (CP) —		기업규모 : 시가총액 소형주	
홈 페 이 지 : www.maniker.co.kr		연 락 처 : 031)281-5300	
본 사 : 경기도 용인시 기흥구 용구대로 2219번길 3(신갈동)			

설 립 일	1985.09.27	종 업 원 수	566명	대 표 이 사	이창우
상 장 일	2002.10.29	감 사 의 견	적정 (광교)	계 열	
결 산 기	12월	보 통 주	11,673만주	종속회사수	
액 면 가	500원	우 선 주		구 상 호	

주주구성 (지분율,%)		출자관계 (지분율,%)		주요경쟁사 (외형,%)	
이지바이오	22.8	에스앤마니커	55.0	마니커	100
금호영농조합법인	13.5	마니커농산	51.0	하림	359
(외국인)	0.7	삼화육종	10.0	동우	103

매출구성		비용구성		수출비중	
닭고기(통닭)	32.5	매출원가율	92.3	수출	0.0
닭고기(부분육)	21.7	판관비율	9.2	내수	100.0
생계	21.3				

회사 개요
동사는 도계 및 제조 부문과 축산 부문으로 크게 나뉨. 1985년 대연식료품으로 설립돼 1998년 대상마니커를 인수하면서 지금의 상호로 변경됨. 2008년 마니커 육가공 사업 전문 마니커F&G를 설립시킴. 2011년 배합사료제조업과 양돈업을 영위하는 이지바이오그룹에 매각됨. 국내 닭고기 시장은 40여개의 업체가 경쟁 상태를 이룸. 소규모 업체들도 난립함. 동사는 용인 및 동두천에 기반을 두고 있어 대량 소비처에 대한 접근성에서 우위.

실적 분석
동사의 2016년 연결기준 연간 누적 매출액은 2,298.3억원으로 전년 동기 대비 16.3% 감소함. 매출이 줄면서 매출원가도 큰 폭으로 감소하고 판관비가 줄면서 영업손실은 35억원으로 전년 동기 적자 지속됐지만 적자 규모는 줄어들었음. 비영업손익 부문에서 흑자를 기록해 당기순이익은 11.5억원으로 흑자전환에 성공. 매출은 감소했지만 순이익이 흑자로 돌아섰다는 점은 고무적.

현금 흐름 〈단위 : 억원〉
항목	2015	2016
영업활동	134	19
투자활동	-83	36
재무활동	99	-200
순현금흐름	150	-146
기말현금	179	33

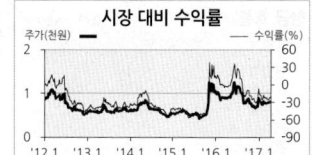

결산 실적 〈단위 : 억원〉
항목	2011	2012	2013	2014	2015	2016
매출액	3,708	3,650	3,518	3,399	2,745	2,298
영업이익	62	-147	-2	-90	-97	-35
당기순이익	-19	-221	-25	-185	-139	11

분기 실적 〈단위 : 억원〉
항목	2015.3Q	2015.4Q	2016.1Q	2016.2Q	2016.3Q	2016.4Q
매출액	707	644	551	608	600	539
영업이익	-25	-53	-41	-17	23	-0
당기순이익	-35	-68	-48	-31	13	77

재무 상태 〈단위 : 억원〉
항목	2011	2012	2013	2014	2015	2016
총자산	2,814	3,019	2,913	2,261	2,228	2,120
유형자산	961	1,245	1,488	1,263	1,338	1,324
무형자산	23	22	21	12	9	103
유가증권	31	37	37	35	33	107
총부채	1,931	2,180	2,099	1,436	1,425	1,147
총차입금	1,314	1,611	1,508	1,127	1,110	891
자본금	235	360	360	360	417	584
총자본	883	839	814	825	803	973
지배주주지분	866	786	769	720	710	877

기업가치 지표
항목	2011	2012	2013	2014	2015	2016
주가(최고/저)(천원)	1.3/0.8	1.1/0.5	0.7/0.5	0.9/0.5	1.4/0.4	1.4/0.7
PER(최고/저)(배)	—/—	—/—	—/—	—/—	—/—	159.3/76.2
PBR(최고/저)(배)	0.8/0.5	1.1/0.5	0.7/0.5	0.9/0.5	1.7/0.5	1.8/0.9
EV/EBITDA(배)	12.2		21.4		265.8	41.5
EPS(원)	-37	-344	-21	-236	-173	9
BPS(원)	1,885	1,119	1,095	1,027	876	768
CFPS(원)	89	-229	96	-137	-40	97
DPS(원)	—	—	—	—	—	—
EBITDAPS(원)	262	-122	116	-11	9	51

재무 비율 〈단위 : % 〉
연도	영업이익률	순이익률	부채비율	차입금비율	ROA	ROE	유보율	자기자본비율	EBITDA마진율
2016	-1.5	0.5	117.9	91.6	0.5	1.0	53.7	45.9	2.1
2015	-3.5	-5.1	177.4	138.2	-6.2	-18.6	75.2	36.1	0.3
2014	-2.7	-5.4	174.1	136.6	-7.2	-24.4	105.5	36.5	-0.2
2013	-0.1	-0.7	257.7	185.2	-0.8	-2.1	119.1	28.0	2.4

마이크로컨텍솔루션 (A098120)
Micro Contact Solution

업　　종 : 반도체 및 관련장비　　　시　장 : KOSDAQ
신용등급 : (Bond) —　　(CP) —　　　기업규모 : 벤처
홈페이지 : www.mcsgroup.co.kr　　연락처 : 041)621-4331
본　　사 : 충남 천안시 서북구 성거읍 오송2길 15-21

설립일	1999.12.28	종업원수	109명	대표이사	양승은
상장일	2008.09.23	감사의견	적정 (신한)	계열	
결산기	12월	보통주	831만주	종속회사수	
액면가	500원	우선주		구상호	

주주구성 (지분율,%)		출자관계 (지분율,%)		주요경쟁사 (외형,%)	
양승은	18.1	에이케이이노텍	35.6	마이크로컨텍솔	100
KYOUEI CO.,LTD.	10.6			매커스	249
(외국인)	13.8			엑시콘	166

매출구성		비용구성		수출비중	
[제품]B/I Socket외	65.4	매출원가율	88.5	수출	90.6
[제품]Module/SSDSocket	24.7	판관비율	13.9	내수	9.4
[상품]IC Socket외	5.4				

회사 개요
동사는 1999년에 설립되어 2008년에 코스닥 시장에 상장된 제조기업으로, 반도체 검사용 소모품인 IC소켓을 위주로 각종 반도체 및 통신기기 접속부품을 제조하는 단일 사업부문을 영위하고 있음. 연결대상 종속법인으로는 중국 소재의 반도체 검사용 커넥터 부품 수리밸류체인 Suzhou Micro Contact Solution과 국내 소재의 전기회로장치 제조업인 비티케이, 일본소재의 Shotoku Kohsan이 있음.

실적 분석
2016년에 일본 Shotoku Kohsan의 지분을 100% 인수하여 종속회사로 신규 편입시킴. 당분기 IC소켓 업계 가격경쟁 및 판가 하락으로 매출이 줄어들면서 연결기준 총 매출액은 전년동기 대비 23.9% 축소된 272.2억원에 그침. 매출 감소에 따른 원가부담으로 이익률은 하락함. 영업이익은 전기 40.6억원 대비 적자전환하며 6.5억원의 적자를 시현하였고, 순이익도 전기 33.2억원 대비 적자전환하며 2.5억원 손실을 시현함.

현금 흐름 〈단위 : 억원〉

항목	2015	2016
영업활동	34	-2
투자활동	-51	2
재무활동	-0	-10
순현금흐름	-17	-10
기말현금	50	39

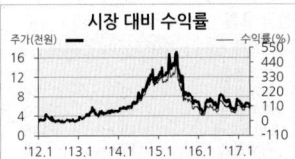

시장 대비 수익률

결산 실적 〈단위 : 억원〉

항목	2011	2012	2013	2014	2015	2016
매출액	271	281	312	457	358	272
영업이익	57	58	59	104	41	-6
당기순이익	50	54	54	83	33	-2

분기 실적 〈단위 : 억원〉

항목	2015.3Q	2015.4Q	2016.1Q	2016.2Q	2016.3Q	2016.4Q
매출액	99	77	61	71	71	70
영업이익	9	3	2	-1	1	-9
당기순이익	8	2	1	3	-4	-3

재무 상태 〈단위 : 억원〉

항목	2011	2012	2013	2014	2015	2016
총자산	264	313	381	487	481	447
유형자산	97	104	126	135	140	142
무형자산	4	6	23	24	24	23
유가증권	1	1	4	8	8	12
총부채	39	41	60	89	60	37
총차입금	4	2	16	13	11	7
자본금	42	42	42	42	42	42
총자본	225	272	321	397	421	410
지배주주지분	225	272	319	394	414	406

기업가치 지표

항목	2011	2012	2013	2014	2015	2016
주가(최고/저)(천원)	3.1/1.4	4.5/2.7	5.9/3.1	14.6/4.9	18.8/6.2	9.1/4.5
PER(최고/저)(배)	5.8/2.5	7.5/4.6	9.5/5.1	14.9/5.0	45.4/15.0	—/—
PBR(최고/저)(배)	1.3/0.6	1.5/0.9	1.6/0.9	3.2/1.1	3.8/1.3	1.9/0.9
EV/EBITDA(배)	3.2	2.9	5.1	7.9	8.6	81.2
EPS(원)	596	644	653	1,008	421	-20
BPS(원)	2,704	3,276	3,840	4,735	4,984	4,885
CFPS(원)	681	708	733	1,123	555	125
DPS(원)	77	85	100	160	80	20
EBITDAPS(원)	772	756	795	1,372	623	68

재무 비율 〈단위 : %〉

연도	영업이익률	순이익률	부채비율	차입금비율	ROA	ROE	유보율	자기자본비율	EBITDA마진율
2016	-2.4	-0.9	9.1	1.6	-0.5	-0.4	877.0	91.7	2.1
2015	11.3	9.3	14.2	2.5	6.9	8.7	896.8	87.6	14.5
2014	22.8	18.2	22.5	3.4	19.1	23.5	847.0	81.7	24.9
2013	19.1	17.4	18.6	5.0	15.6	18.4	668.0	84.4	21.2

마이크로프랜드 (A147760)
Micro Friend

업　　종 : 반도체 및 관련장비　　　시　장 : KOSDAQ
신용등급 : (Bond) —　　(CP) —　　　기업규모 : 벤처
홈페이지 : www.microfriend.co.kr　　연락처 : 02)944-6400
본　　사 : 서울시 노원구 공릉로 232, 10층(공릉동, 서울테크노파크)

설립일	2004.05.12	종업원수	명	대표이사	조병호
상장일	2016.12.12	감사의견	적정 (한영)	계열	
결산기	12월	보통주	1,064만주	종속회사수	
액면가	500원	우선주		구상호	

주주구성 (지분율,%)		출자관계 (지분율,%)		주요경쟁사 (외형,%)	
임동준	6.6			마이크로프랜드	100
조병호	6.4			테크윙	317
(외국인)	0.2			이엔에프테크놀로지	747

매출구성		비용구성		수출비중	
반도체 검사용 프로브 카드	99.5	매출원가율	76.7	수출	23.8
기타	0.5	판관비율	11.3	내수	76.2

회사 개요
2004년 5월 설립한 동사는 반도체 검사관련 마이크로시스템 기술을 연구하고 개발 및 제조하는 사업을 영위하고 있음. 메모리반도체 웨이퍼테스트에 필요한 프로브 카드 제작업체. 서버용 SSD 등은 물론 4차산업혁명이 진행되면서 낸드플래시 시장은 크게 성장할 전망. 최근 동사의 주력 고객사의 낸드 생산량이 증가하고 신규 고객 확보로 인해 향후 성장 가능성이 높아 낸드 시장 확대에 따른 수혜 예상.

실적 분석
동사의 2016년 연결기준 연간 누적 매출액은 447.8억원으로 전년 동기 대비 22.5% 증가함. 매출이 크게 늘면서 매출원가 비용과 판관비 또한 증가했지만 고정비용 감소 효과로 인해 영업이익은 전년 동기 대비 116.6% 증가한 54.1억원을 시현함. 법인세 비용이 큰 폭 늘었지만 영업이익이 워낙 증가하면서 당기순이익은 전년 동기 대비 105.4% 증가한 46.5억원을 기록함.

현금 흐름 ＊IFRS 별도 기준 〈단위 : 억원〉

항목	2015	2016
영업활동	10	76
투자활동	-19	17
재무활동	-4	131
순현금흐름	-13	225
기말현금	46	271

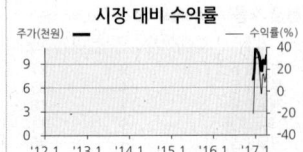

시장 대비 수익률

결산 실적 〈단위 : 억원〉

항목	2011	2012	2013	2014	2015	2016
매출액	331	138	497	534	366	448
영업이익	12	-97	53	76	25	54
당기순이익	12	-97	10	49	23	47

분기 실적 ＊IFRS 별도 기준 〈단위 : 억원〉

항목	2015.3Q	2015.4Q	2016.1Q	2016.2Q	2016.3Q	2016.4Q
매출액	85				156	
영업이익	4				36	
당기순이익					29	

재무 상태 ＊IFRS 별도 기준 〈단위 : 억원〉

항목	2011	2012	2013	2014	2015	2016
총자산	262	218	270	328	353	552
유형자산	64	60	48	65	65	63
무형자산	5	5	5	6	26	26
유가증권						
총부채	102	156	416	124	124	131
총차입금	69	83	352	48	45	33
자본금	41	41	21	42	42	53
총자본	160	62	-146	204	229	422
지배주주지분	160	62	-146	204	229	422

기업가치 지표 ＊IFRS 별도 기준

항목	2011	2012	2013	2014	2015	2016
주가(최고/저)(천원)	—/—	—/—	—/—	—/—	—/—	9.2/6.0
PER(최고/저)(배)	0.0/0.0	0.0/0.0	0.0/0.0	0.0/0.0	0.0/0.0	17.1/11.1
PBR(최고/저)(배)	0.0/0.0	0.0/0.0	0.0/0.0	0.0/0.0	0.0/0.0	2.3/1.5
EV/EBITDA(배)	0.2		3.8			9.4
EPS(원)	141	-1,178	124	588	268	535
BPS(원)	1,932	755	-1,764	2,413	2,705	3,963
CFPS(원)	446	-857	441	819	556	814
DPS(원)						
EBITDAPS(원)	453	-851	957	1,145	584	901

재무 비율 〈단위 : %〉

연도	영업이익률	순이익률	부채비율	차입금비율	ROA	ROE	유보율	자기자본비율	EBITDA마진율
2016	12.1	10.4	31.0	7.8	10.3	14.3	692.6	76.3	17.5
2015	6.8	6.4	54.3	19.7	6.7	10.5	440.9	64.8	13.5
2014	14.2	9.1	60.6	23.7	16.3	전기잠식	382.7	62.3	17.8
2013	10.6	2.1	완전잠식	완전잠식		—	-786.7	-53.9	15.9

마제스타 (A035480)
Majestar

업　　종 : 호텔 및 레저	시　　장 : KOSDAQ
신용등급 : (Bond) —　　(CP) —	기업규모 : 중견
홈페이지 : www.majestar.asia	연 락 처 : (064)730-1100
본　　사 : 제주도 서귀포시 중문관광로72번길 75	

설 립 일 1998.04.15	종 업 원 수 268명	대 표 이 사	장훈철,우성덕
상 장 일 1999.11.18	감 사 의 견 적정(참)	계　　열	
결 산 기 12월	보 통 주 4,541만주	종속회사수	
액 면 가 500원	우 선 주	구 상 호	제이비어뮤즈먼트

주주구성 (지분율,%)		출자관계 (지분율,%)		주요경쟁사 (외형,%)	
NHT컨소시엄	25.2	마제스타투어	15.0	마제스타	100
서준성	4.0	마제스타투어	15.0	강원랜드	6,940
(외국인)	1.1	메딕션	14.3	호텔신라	15,199

매출구성		비용구성		수출비중	
카지노	99.0	매출원가율	110.4	수출	0.0
디지털방송장비	1.0	판관비율	66.9	내수	100.0

회사 개요

동사는 1998년에 설립되어 1999년 11월에 코스닥시장에 상장되었음. 카지노업을 중심으로 디지털방송장비 제조 및 판매업을 영위했으나 2016년 5월에 카지노사업에 주력하기 위해 STB사업을 중단함. 2016년 기준 동사의 카지노 시장 점유율(입장객 기준)은 제주도에서 15.5%이며 국내 전체 외국인 전용 카지노시장에서는 1.4%를 차지하고 있음. 동사는 2016년에 운영자금 확보를 위한 수차례의 유상증자를 단행함.

실적 분석

동사의 2016년 매출액은 전년대비 30.5% 감소한 244.4억원을 시현함. 매출 급감에 따른 고정비 부담으로 매출원가율은 110%를 상회하였고 판관비율도 66.9%에 이름. 이에 따라 영업손실 188.9억원, 당기순손실 222.8억원을 보이며 대규모 적자를 기록함. 동사는 신규사업으로 2017년 하반기에 소셜카지노게임의 글로벌 런칭 마케팅 및 아시아 국가 게임서비스 진출을 계획중임.

현금 흐름　*IFRS 별도 기준　〈단위 : 억원〉

항목	2015	2016
영업활동	-104	-71
투자활동	-15	-415
재무활동	63	464
순현금흐름	-56	-22
기말현금	102	80

시장 대비 수익률

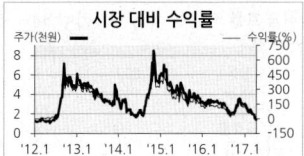

결산 실적　〈단위 : 억원〉

항목	2011	2012	2013	2014	2015	2016
매출액	459	454	477	461	352	244
영업이익	10	-75	-66	84	23	-189
당기순이익	2	-98	-224	17	-32	-223

분기 실적　*IFRS 별도 기준　〈단위 : 억원〉

항목	2015.3Q	2015.4Q	2016.1Q	2016.2Q	2016.3Q	2016.4Q
매출액	59	165	77	57	65	45
영업이익	-33	80	-24	-74	-38	-52
당기순이익	-36	31	-25	-87	-41	-70

재무 상태　*IFRS 별도 기준　〈단위 : 억원〉

항목	2011	2012	2013	2014	2015	2016
총자산	480	817	407	543	533	801
유형자산	4	10	12	46	55	37
무형자산	7	5	3	176	181	179
유가증권	5	5	10	10	1	226
총부채	237	582	332	192	114	232
총차입금	139	458	249	84	3	103
자본금	69	72	97	129	155	227
총자본	242	235	75	351	419	569
지배주주지분	242	235	75	351	419	569

기업가치 지표　*IFRS 별도 기준

항목	2011	2012	2013	2014	2015	2016
주가(최고/저)(천원)	1.5/0.8	8.0/1.1	6.1/2.7	8.5/1.6	7.0/3.0	3.7/1.8
PER(최고/저)(배)	89.6/50.0	—/—	—/—	107.6/20.5	—/—	—/—
PBR(최고/저)(배)	0.7/0.4	4.9/0.7	15.8/6.9	6.3/1.2	5.2/2.2	3.0/1.5
EV/EBITDA(배)	18.0			14.0	22.6	—
EPS(원)	16	-539	-1,627	79	-108	-689
BPS(원)	2,118	1,636	386	1,362	1,351	1,254
CFPS(원)	60	-498	-1,596	161	-55	-618
DPS(원)						
EBITDAPS(원)	120	-374	-535	478	133	-513

재무 비율　〈단위 : %〉

연도	영업이익률	순이익률	부채비율	차입금비율	ROA	ROE	유보율	자기자본비율	EBITDA마진율
2016	-77.3	-91.1	40.7	18.0	-33.4	-45.1	150.8	71.1	-67.9
2015	6.6	-9.0	27.2	0.8	-5.9	-8.2	170.2	78.6	11.0
2014	18.2	3.6	54.5	23.9	2.7	6.5	172.4	64.7	21.9
2013	-13.8	-47.0	180.7	105.3	-29.2	-127.2	12.5	35.6	-10.7

마크로젠 (A038290)
Macrogen

업　　종 : 바이오	시　　장 : KOSDAQ
신용등급 : (Bond) —　　(CP) —	기업규모 : 우량
홈페이지 : www.macrogen.co.kr	연 락 처 : (02)2113-7000
본　　사 : 서울시 금천구 벚꽃로 254, 10층 (가산동, 월드메르디앙벤처센터)	

설 립 일 1997.06.05	종 업 원 수 321명	대 표 이 사	정현용
상 장 일 2000.02.22	감 사 의 견 적정(삼일)	계　　열	
결 산 기 12월	보 통 주 943만주	종속회사수	
액 면 가 500원	우 선 주	구 상 호	

주주구성 (지분율,%)		출자관계 (지분율,%)		주요경쟁사 (외형,%)	
서정선	9.6	젠스토리	50.0	마크로젠	100
미래에셋자산운용투자자문	4.8	엠지메드	26.8	오리엔트바이오	115
(외국인)	6.0	쓰리빌리언	19.5	파미셀	31

매출구성		비용구성		수출비중	
DNA Sequencing	90.0	매출원가율	67.2	수출	69.7
Oligo / PCR	5.2	판관비율	29.3	내수	30.3
Microarray 등	3.2				

회사 개요

동사는 1997년 유전자 이식과 유전자 적중동물 개발과 판매를 주요 사업목적으로 설립되어 2000년 코스닥시장에 상장함. DNA 염기서열 분석 서비스, DNA chip 개발 및 판매, 유전자 이식 및 적중 마우스 공급 서비스, 유전자합성, 올리고 DNA 제작 분야 등을 대상으로 사업을 영위하고 있음. 바이오에서 유전자 분석 전문업체로 사업 범위를 확장하고 있으며, 엠지메드, MCL 등을 포함하여 6개의 계열회사를 두고 있음.

실적 분석

동사의 2016년 4/4분기 연결기준 누적매출액은 911.1억원으로 전년동기 대비 14.6% 증가함. 그러나 매출원가와 판관비가 전년동기 대비 각각 14.8%, 21.3% 상승함에 따라 영업이익은 전년동기 대비 24.6% 감소한 31.4억원을 시현하는데 그침. 비영업손익도 전년동기 49.7억원에서 25.47억원으로 감소해 당기순이익은 전년동기 대비 56.1% 감소한 44.3억원 시현에 그쳤음.

현금 흐름　〈단위 : 억원〉

항목	2015	2016
영업활동	71	190
투자활동	-70	-103
재무활동	-6	103
순현금흐름	-5	192
기말현금	78	271

시장 대비 수익률

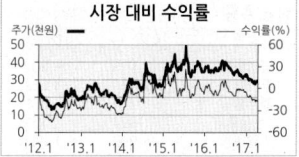

결산 실적　〈단위 : 억원〉

항목	2011	2012	2013	2014	2015	2016
매출액	324	441	481	541	795	911
영업이익	53	52	36	26	42	31
당기순이익	31	34	65	30	101	44

분기 실적　〈단위 : 억원〉

항목	2015.3Q	2015.4Q	2016.1Q	2016.2Q	2016.3Q	2016.4Q
매출액	230	234	230	213	205	263
영업이익	20	18	16	5	3	8
당기순이익	22	64	14	22	-35	44

재무 상태　〈단위 : 억원〉

항목	2011	2012	2013	2014	2015	2016
총자산	578	821	877	1,162	1,343	1,595
유형자산	202	270	241	393	389	433
무형자산	0	0	1	2	6	5
유가증권	181	280	272	7	8	14
총부채	146	304	277	490	569	757
총차입금	7	136	131	295	307	433
자본금	28	28	29	29	45	45
총자본	431	517	600	671	775	839
지배주주지분	427	514	598	668	761	826

기업가치 지표

항목	2011	2012	2013	2014	2015	2016
주가(최고/저)(천원)	32.5/7.6	28.0/12.9	28.7/16.0	39.7/17.4	49.4/26.4	41.1/30.7
PER(최고/저)(배)	83.0/19.4	68.0/31.2	38.4/21.4	117.3/51.4	43.1/23.1	85.2/63.6
PBR(최고/저)(배)	6.3/1.5	4.6/2.1	4.2/2.3	5.2/2.3	5.5/3.0	4.3/3.2
EV/EBITDA(배)	19.7	14.3	13.9	21.3	22.3	19.5
EPS(원)	391	412	746	339	1,145	482
BPS(원)	7,696	9,045	10,281	11,448	8,915	9,577
CFPS(원)	1,301	1,492	2,035	1,750	2,169	1,740
DPS(원)						
EBITDAPS(원)	1,716	1,798	1,538	1,684	1,493	1,611

재무 비율　〈단위 : %〉

연도	영업이익률	순이익률	부채비율	차입금비율	ROA	ROE	유보율	자기자본비율	EBITDA마진율
2016	3.5	4.9	90.2	51.6	5.4	1,815.5	52.6	15.8
2015	5.2	12.7	73.4	39.6	8.1	14.2	1,683.1	57.7	16.7
2014	4.8	5.6	73.1	43.9	3.0	4.7	2,189.6	57.8	18.3
2013	7.4	13.4	46.1	21.8	7.6	11.6	1,956.2	68.5	18.4

만도 (A204320)
Mando

업 종 : 자동차부품		시 장 : 거래소	
신용등급 : (Bond) — (CP) —		기업규모 : 시가총액 대형주	
홈 페 이 지 : www.mando.com		연 락 처 : 031)680-6114	
본 사 : 경기도 평택시 포승읍 하만호길 32			

설 립 일	2014.09.02	종 업 원 수	4,291명	대 표 이 사	성일모,정경호
상 장 일	2014.10.06	감 사 의 견	적정 (삼일)	계 열	
결 산 기	12월	보 통 주	939만주	종속회사수	
액 면 가	5,000원	우 선 주		구 상 호	

주주구성 (지분율,%)		출자관계 (지분율,%)		주요경쟁사 (외형,%)	
한라홀딩스	30.3	만도차이나홀딩스	100.0	만도	100
국민연금공단	9.9	만도브로제	50.0	현대모비스	652
(외국인)	41.2	한라에스브이사모투자전문회사	40.8	한온시스템	97

매출구성		비용구성		수출비중	
자동차 샤시부품	100.0	매출원가율	85.3	수출	—
		판관비율	9.5	내수	—

회사 개요

동사는 2014년 한라홀딩스의 제조업 부문이 인적분할되면서 설립됨. 자동차 제동장치, 조향장치, 현가장치 등을 생산하는 자동차 샤시부품 전문 제조회사임. 현대차 부품업체와 함께 세계적인 부품 회사로 커나가고 있음. 2014년 미국 Automotive News 기준으로 동사는 45위를 기록함. 주요 매출처는 현대차, 기아차 및 현대모비스, 현대위아임. 현대차그룹이 전체 매출액의 약 60%를 차지함. GM은 약 20%의 비중임.

실적 분석

동사의 2016년 연결기준 매출액은 5조 8,663억원으로 전년동기 대비 10.7% 증가함. 외형성장으로 원가 및 판관비가 증가했음에도 영업이익은 전년동기 대비 14.8% 증가한 3,050억원을 시현함. 비영업부문에서도 손실폭이 전년동기 크게 축소됨에 따라 당기순이익은 전년동기 대비 62% 증가한 2,100억원을 시현함. 동사는 설비사업, 친환경자동차사업 등 기타 사업부문에서 신성장동력 발굴을 꾀하고 있음.

현금 흐름 〈단위 : 억원〉

항목	2015	2016
영업활동	2,176	3,502
투자활동	-2,486	-3,662
재무활동	711	39
순현금흐름	394	-151
기말현금	1,998	1,847

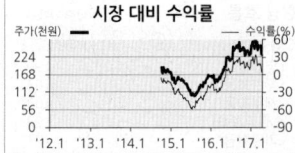

시장 대비 수익률

결산 실적 〈단위 : 억원〉

항목	2011	2012	2013	2014	2015	2016
매출액	—	—	—	17,214	52,992	58,664
영업이익	—	—	—	793	2,656	3,050
당기순이익	—	—	—	479	1,296	2,101

분기 실적 〈단위 : 억원〉

항목	2015.3Q	2015.4Q	2016.1Q	2016.2Q	2016.3Q	2016.4Q
매출액	12,781	14,314	13,664	14,400	13,568	17,032
영업이익	630	774	559	648	749	1,094
당기순이익	264	371	413	453	450	785

재무 상태 〈단위 : 억원〉

항목	2011	2012	2013	2014	2015	2016
총자산	—	—	—	38,465	41,598	44,644
유형자산	—	—	—	17,104	17,842	19,004
무형자산	—	—	—	1,276	1,571	1,966
유가증권	—	—	—	307	266	254
총부채	—	—	—	27,483	27,941	29,493
총차입금	—	—	—	13,171	12,493	12,984
자본금	—	—	—	470	470	470
총자본	—	—	—	10,981	13,658	15,151
지배주주지분	—	—	—	10,578	13,219	14,647

기업가치 지표

항목	2011	2012	2013	2014	2015	2016
주가(최고/저)(천원)	—/—	—/—	—/—	192/169	174/97.1	281/139
PER(최고/저)(배)	0.0/0.0	0.0/0.0	0.0/0.0	40.2/35.4	13.6/7.6	13.5/6.7
PBR(최고/저)(배)	0.0/0.0	0.0/0.0	0.0/0.0	1.8/1.6	1.3/0.7	1.8/0.9
EV/EBITDA(배)	0.0	0.0	0.0	18.4	5.3	6.3
EPS(원)				5,061	13,395	21,243
BPS(원)				113,193	141,318	156,515
CFPS(원)				12,713	37,321	45,584
DPS(원)				2,000	4,800	5,000
EBITDAPS(원)				16,091	52,212	56,818

재무 비율 〈단위 : %〉

연도	영업이익률	순이익률	부채비율	차입금비율	ROA	ROE	유보율	자기자본비율	EBITDA마진율
2016	5.2	3.6	194.7	85.7	4.9	14.3	3,030.3	33.9	9.1
2015	5.0	2.5	204.6	91.5	3.2	10.6	2,726.4	32.8	9.3
2014	4.6	2.8	250.3	119.9	0.0	0.0	2,163.9	28.6	8.8
2013	0.0	0.0	0.0	0.0	0.0	0.0	0.0	0.0	0.0

만호제강 (A001080)
Manho Rope & Wire

업 종 : 금속 및 광물		시 장 : 거래소	
신용등급 : (Bond) — (CP) —		기업규모 : 시가총액 소형주	
홈 페 이 지 : www.manhorope.com		연 락 처 : 051)601-0351	
본 사 : 부산시 강서구 녹산화전로 71(송정동)			

설 립 일	1953.09.04	종 업 원 수	190명	대 표 이 사	김상환
상 장 일	1977.06.18	감 사 의 견	적정 (신한)	계 열	
결 산 기	06월	보 통 주	415만주	종속회사수	1개사
액 면 가	1,000원	우 선 주		구 상 호	

주주구성 (지분율,%)		출자관계 (지분율,%)		주요경쟁사 (외형,%)	
하나유비에스자산운용	13.4	동대금속	100.0	만호제강	100
김상환	7.0			황금에스티	105
(외국인)	3.4			GMR 머티리얼즈	31

매출구성		비용구성		수출비중	
와이어로프,경강선,PC강선,스프링와사 등	83.2	매출원가율	89.2	수출	—
섬유로프	16.0	판관비율	7.9	내수	—
기타	0.8				

회사 개요

동사는 와이어로프, 섬유로프를 생산하는 철강선 제조업체로, 동아제강이 전신이었으며 1984년 부국제강을 흡수하며 현재에 이름. 매출액 비중은 와이어로프, 경강선, PC강선, 섬유로프 등 95% 이상을 차지함. 와이어로프 및 섬유로프는 수산, 조선, 건설업종에서 주로 사용되고, PC강선, 하이본 등은 건설 및 사회간접자본시설 확충에 사용되고 있으며, 경강선, 스텐레스강선 등은 자동차산업, 전자산업 등에서 다양하게 사용됨.

실적 분석

동사는 6월 결산 법인으로, 당기 (2016.07~2016.2) 기준 스트링와사 제조기업인 동대금속(주)을 연결대상 종속회사로 보유하고 있음. 동사의 당기순 매출액은 1,036.0억원으로 전년 동기 대비 3.8% 감소 하였음. 매출액 감소로 영업이익은 전기 29.5억원 대비 60.8% 감소한 11.6억원을 시현하였음. 비영업손익면에서 1.2억원 흑자가 발생하였고 당기순이익은 전년 동기 대비 55.3% 축소된 9.5억원을 시현함.

현금 흐름 〈단위 : 억원〉

항목	2016	2017.2Q
영업활동	202	32
투자활동	-140	200
재무활동	-72	-198
순현금흐름	-9	34
기말현금	31	65

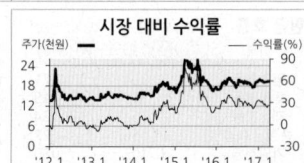

시장 대비 수익률

결산 실적 〈단위 : 억원〉

항목	2012	2013	2014	2015	2016	2017
매출액	2,450	2,455	2,557	2,321	2,149	—
영업이익	117	35	41	68	54	—
당기순이익	97	52	53	71	40	—

분기 실적 〈단위 : 억원〉

항목	2016.1Q	2016.2Q	2016.3Q	2016.4Q	2017.1Q	2017.2Q
매출액	534	543	511	561	508	528
영업이익	12	17	4	20	8	3
당기순이익	6	15	1	17	9	1

재무 상태 〈단위 : 억원〉

항목	2012	2013	2014	2015	2016	2017.2Q
총자산	2,562	2,694	2,637	2,723	2,700	2,493
유형자산	817	835	776	718	663	634
무형자산	12	11	11	10	10	10
유가증권	20	404	45	69	67	47
총부채	499	569	459	479	437	239
총차입금	251	300	253	237	209	16
자본금	42	42	42	42	42	42
총자본	2,063	2,125	2,178	2,244	2,264	2,253
지배주주지분	2,063	2,125	2,178	2,244	2,264	2,253

기업가치 지표

항목	2012	2013	2014	2015	2016	2017.2Q
주가(최고/저)(천원)	23.1/13.1	16.1/13.4	16.0/13.7	26.0/15.1	25.8/16.3	—/—
PER(최고/저)(배)	10.3/5.8	13.3/11.0	12.9/11.1	15.5/9.0	26.9/17.0	—/—
PBR(최고/저)(배)	0.5/0.3	0.3/0.3	0.3/0.3	0.5/0.3	0.4/0.3	0.3/0.3
EV/EBITDA(배)	3.2	4.2	3.8	3.4	1.0	
EPS(원)	2,348	1,259	1,271	1,703	967	229
BPS(원)	53,510	54,919	56,224	59,244	59,156	59,152
CFPS(원)	3,797	3,086	3,035	3,422	2,625	1,039
DPS(원)	180	150	150	150	150	
EBITDAPS(원)	4,268	2,677	2,744	3,365	2,952	1,089

재무 비율 〈단위 : %〉

연도	영업이익률	순이익률	부채비율	차입금비율	ROA	ROE	유보율	자기자본비율	EBITDA마진율
2016	2.5	1.9	19.3	9.3	1.5	1.8	5,815.6	83.8	5.7
2015	2.9	3.1	21.3	10.6	2.6	3.2	5,824.4	82.4	6.0
2014	1.6	2.1	21.1	11.6	2.0	2.5	5,522.4	82.6	4.5
2013	1.4	2.1	26.8	14.1	2.0	2.5	5,391.9	78.9	4.5

매일유업 (A005990)
Maeil Dairies

업 종 : 식료품	시 장 : KOSDAQ
신용등급 : (Bond) A+ (CP) A2+	기업규모 : 우량
홈페이지 : www.maeil.com	연락처 : 02)2127-2113
본 사 : 서울시 종로구 종로1길 50 더 케이 트윈타워 A동	

설 립 일 1969.02.14	종 업 원 수 2,091명	대 표 이 사 김선희	
상 장 일 1999.05.14	감 사 의 견 적정 (삼일)	계 열	
결 산 기 12월	보 통 주 1,364만주	종속회사수	
액 면 가 500원	우 선 주	구 상 호	

주주구성 (지분율,%)		출자관계 (지분율,%)		주요경쟁사 (외형,%)	
김정완	15.9	엠즈씨드	100.0	매일유업	100
진암복지법인	9.9	엠즈푸드시스템	100.0	빙그레	50
(외국인)	10.7	레뱅드매일	100.0	남양유업	76

매출구성		비용구성		수출비중	
매일우유, 퓨어, 까페라떼 등	66.8	매출원가율	65.0	수출	4.2
페레로, 플로리다 등	21.7	판관비율	31.7	내수	95.8
알로앤루, 알퐁소, 궁중비책 등	11.5				

회사 개요
동사는 1969년 한국낙농가공주식회사로 설립돼 1999년 코스닥 시장에 상장됨. 분유, 시유, 발효유, 음료 및 기타, 유아동 의류 및 용품으로 분류됨. 치즈, 가공유, 커피 등 음료 및 기타 부문 사업부문에서 올리는 매출 비중이 가장 크다고 볼 수 있음. 2010년 대 접어들면서 동사는 우유 등 유류 제품에서 유아동 의류 제품, 커피 등으로 사업 영역을 확대하고 있음.

실적 분석
동사의 2016년 연결기준 연간 누적매출액은 1조6347.2억원으로 전년 동기 대비 6% 증가했음. 매출원가와 판매비와 관리비가 늘었지만 매출 또한 늘면서 영업이익은 525.7억원으로 전년 동기 대비 44.5% 크게 증가함. 비영업손실이 늘고 법인세 비용 증가했지만 영업이익 증가 폭이 커 당기순이익 또한 전년 동기 대비 29.2% 증가한 336.7억원을 기록. 우유 외 다른 제품이 선전하면서 지속적으로 성장하고 있는 모습.

현금 흐름 〈단위 : 억원〉

항목	2015	2016
영업활동	655	659
투자활동	-513	-693
재무활동	162	24
순현금흐름	311	-4
기말현금	1,033	1,028

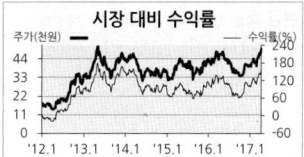

결산 실적 〈단위 : 억원〉

항목	2011	2012	2013	2014	2015	2016
매출액	9,759	10,723	13,644	14,479	15,422	16,347
영업이익	137	266	347	287	364	526
당기순이익	47	206	230	239	261	337

분기 실적 〈단위 : 억원〉

항목	2015.3Q	2015.4Q	2016.1Q	2016.2Q	2016.3Q	2016.4Q
매출액	3,924	4,077	3,932	4,071	4,169	4,176
영업이익	139	149	88	83	191	164
당기순이익	118	86	72	20	101	144

재무 상태 〈단위 : 억원〉

항목	2011	2012	2013	2014	2015	2016
총자산	6,121	6,277	7,242	7,751	8,355	8,856
유형자산	2,268	2,190	2,129	2,223	2,473	2,497
무형자산	43	59	101	123	135	171
유가증권	100	87	28	50	54	37
총부채	3,321	3,216	3,549	3,874	4,304	4,512
총차입금	1,716	1,445	1,412	1,678	1,956	1,981
자본금	67	67	67	67	67	68
총자본	2,800	3,061	3,694	3,877	4,051	4,344
지배주주지분	2,787	3,042	3,320	3,465	3,644	3,996

기업가치 지표

항목	2011	2012	2013	2014	2015	2016
주가(최고/저)(천원)	21.9/9.6	36.9/13.6	54.5/30.8	48.0/31.1	44.2/30.8	49.1/33.0
PER(최고/저)(배)	60.7/26.7	23.6/8.7	34.2/19.3	26.9/17.5	22.3/15.5	16.7/11.2
PBR(최고/저)(배)	1.0/0.5	1.6/0.6	2.2/1.2	1.8/1.2	1.6/1.1	1.6/1.1
EV/EBITDA(배)	8.4	8.9	10.1	9.6	9.7	6.8
EPS(원)	370	1,593	1,619	1,805	2,001	2,964
BPS(원)	21,685	23,329	25,351	26,735	28,280	30,988
CFPS(원)	2,797	3,982	4,173	4,440	4,712	5,980
DPS(원)	125	125	125	125	125	250
EBITDAPS(원)	3,446	4,372	5,141	4,775	5,426	6,897

재무 비율 〈단위 : %〉

연도	영업이익률	순이익률	부채비율	차입금비율	ROA	ROE	유보율	자기자본비율	EBITDA마진율
2016	3.2	2.1	103.9	45.6	3.9	10.5	6,097.5	49.1	5.7
2015	2.4	1.7	106.3	48.3	3.2	7.5	5,556.0	48.5	4.7
2014	2.0	1.7	99.9	43.3	3.2	7.1	5,247.1	50.0	4.4
2013	2.5	1.7	96.1	38.2	3.4	6.8	4,970.1	51.0	5.1

매직마이크로 (A127160)
MAGICMICRO CO

업 종 : 반도체 및 관련장비	시 장 : KOSDAQ
신용등급 : (Bond) — (CP) —	기업규모 : 신성장
홈페이지 : www.magicmicro.co.kr	연락처 : 070)8680-3792
본 사 : 부산시 해운대구 센텀중앙로 48, 에이스하이테크21 207호	

설 립 일 2006.08.11	종 업 원 수 170명	대 표 이 사 양경철	
상 장 일 2015.11.19	감 사 의 견 적정 (현대)	계 열	
결 산 기 12월	보 통 주 622만주	종속회사수	
액 면 가 500원	우 선 주	구 상 호	

주주구성 (지분율,%)		출자관계 (지분율,%)		주요경쟁사 (외형,%)	
매직디스플레이	25.4	매직비나	100.0	매직마이크로	100
한길구	13.9	매직엘앤피	51.0	네패스신소재	28
(외국인)	0.8	매직엘시디	7.9	피에스엠씨	63

매출구성		비용구성		수출비중	
리드프레임	73.9	매출원가율	99.7	수출	38.0
LED PKG	21.0	판관비율	9.7	내수	62.0
기타	5.1				

회사 개요
동사는 LED용 및 반도체용 리드프레임 등의 전자제품 및 부품류 제조판매업 등을 영위할 목적으로 2006년 8월 11일 설립되었음. 2008년 4월 LS전선의 리드프레임 사업부를 양수하며 사업을 진행하였고, 2009년부터 본격적으로 LED 리드프레임을 생산하기 시작하였음. SK하이닉스, 하나마이크론 등 꾸준한 고객관리로 안정적 매출 창출에 노력하고 있음. 동사의 관계회사는 매직엘이디를 비롯하여 총 6개사가 있음.

실적 분석
동사의 2016년도 누적 매출액은 648.2억원으로 전년 대비 0.8% 감소함. 영업이익은 61.1억원 손실로 적자가 계속되었으며, 당기순이익 또한 65.1억원 손실로 적자가 계속됨. 매출이 전년도와 비슷하게 유지됐음에도 불구하고, 베트남으로 생산시설 이전에 따라 매출원가가 크게 증가하여, 매출총이익이 크게 감소함. 매출채권 손상처리 및 외환차손 확대로 인해 영업손실 및 당기순손실 폭을 키움.

현금 흐름 〈단위 : 억원〉

항목	2015	2016
영업활동	-9	-25
투자활동	-63	-31
재무활동	57	107
순현금흐름	-14	50
기말현금	37	87

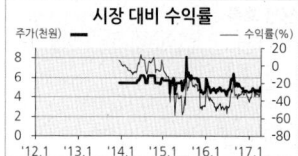

결산 실적 〈단위 : 억원〉

항목	2011	2012	2013	2014	2015	2016
매출액	523	575	584	533	653	648
영업이익	22	24	46	27	-12	-61
당기순이익	13	15	37	34	-24	-65

분기 실적 〈단위 : 억원〉

항목	2015.3Q	2015.4Q	2016.1Q	2016.2Q	2016.3Q	2016.4Q
매출액	154	206	172	159	154	164
영업이익	-20	-16	-15	-8	-30	-8
당기순이익	-9	-40	-13	-9	-38	-6

재무 상태 〈단위 : 억원〉

항목	2011	2012	2013	2014	2015	2016
총자산	399	418	432	461	941	952
유형자산	244	231	229	278	533	520
무형자산	3	4	2	8	25	21
유가증권	3	3			27	20
총부채	304	309	269	215	559	621
총차입금	190	154	200	142	381	474
자본금	4	4	20	20	31	31
총자본	96	110	163	245	382	332
지배주주지분	96	110	163	245	382	332

기업가치 지표

항목	2011	2012	2013	2014	2015	2016
주가(최고/저)(천원)	—/—	—/—	10.0/10.0	11.5/9.7	8.1/3.7	6.5/4.0
PER(최고/저)(배)	0.0/0.0	0.0/0.0	5.8/5.8	7.4/6.2	—/—	—/—
PBR(최고/저)(배)	0.0/0.0	0.0/0.0	1.3/1.3	1.0/0.9	1.3/0.6	1.2/0.8
EV/EBITDA(배)	1.9	1.7	4.5	5.4	9.3	40.1
EPS(원)	62	77	186	170	-105	-206
BPS(원)	2,375	2,723	4,050	6,092	6,137	5,343
CFPS(원)	1,919	1,980	2,543	2,615	1,227	217
DPS(원)						
EBITDAPS(원)	2,159	2,185	2,766	2,432	1,492	266

재무 비율 〈단위 : %〉

연도	영업이익률	순이익률	부채비율	차입금비율	ROA	ROE	유보율	자기자본비율	EBITDA마진율
2016	-9.4	-10.0	187.1	142.7	-6.9	-18.0	968.6	34.8	2.6
2015	-1.8	-3.6	146.4	99.8	-3.4	-7.6	1,127.5	40.6	10.3
2014	5.0	6.4	87.8	57.9	—	—	1,118.3	53.2	18.4
2013	8.0	6.4	164.8	122.5	8.8	27.5	710.1	37.8	19.1

매커스 (A093520)
Makus

업   종 : 반도체 및 관련장비
신용등급 : (Bond) —   (CP) —
홈 페 이 지 : www.makus.co.kr
본   사 : 서울시 강남구 봉은사로 44길 73

시   장 : KOSDAQ
기업규모 : 중견
연 락 처 : 02)3490-9500

설 립 일	2006.12.14	종 업 원 수	36명	대 표 이 사	신동철
상 장 일	2007.02.12	감 사 의 견	적정 (대영)	계 열	
결 산 기	12월	보 통 주	1,616만주	종속회사수	
액 면 가	500원	우 선 주		구 상 호	

주주구성 (지분율,%)		출자관계 (지분율,%)		주요경쟁사 (외형,%)	
신동철	5.1	매커스인베스트먼트	100.0	매커스	100
한국증권금융	4.0	매커스시스템즈	79.8	엑시콘	67
(외국인)	3.7	세찬파워	41.4	테스나	45

매출구성		비용구성		수출비중	
비메모리 반도체 등 (상품)	100.0	매출원가율	81.8	수출	0.0
기타매출 (기타)	0.0	판관비율	13.0	내수	100.0

회사 개요
동사는 비메모리반도체인 PLD(Programmable Logic Device) 반도체와 아날로그 반도체 등을 판매하는 비메모리 반도체 솔루션 업체임. 동사는 자일링스와 인터실 등 반도체 업체들의 제품을 수입하여 유통하지만 다른 업체들과는 달리 고객의 제품 사양에 맞는 반도체를 선정하여 최적의 반도체 솔루션 및 기술지원도 제공하고 있음. 3분기말 기준 매커스인베스트먼트, 매커스시스템즈, 등 2개의 종속회사를 보유하고 있음.

실적 분석
동사의 2016년 연결 기준 매출과 영업이익은 677억원, 35억원으로 전년 대비 각각 7.9%, 48.2% 감소함. 동사는 주력제품인 자일링스의 FPGA 반도체와 인터실 등의 아날로그 반도체 시장 점유율을 증가시키는 전략을 펴고 있음. 2016년 경영성과에 따른 이익잉여금 증가로자산총계가 전년 대비 3.6% 증가하고 자본총계가 5.5% 증가함. 부채총계는 전년 대비 1.4% 증가함.

현금 흐름 〈단위 : 억원〉
항목	2015	2016
영업활동	157	-34
투자활동	20	-44
재무활동	-85	5
순현금흐름	93	-72
기말현금	166	94

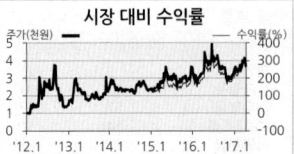
시장 대비 수익률

결산 실적 〈단위 : 억원〉
항목	2011	2012	2013	2014	2015	2016
매출액	497	501	646	635	735	677
영업이익	41	42	59	72	67	35
당기순이익	24	42	45	51	48	16

분기 실적 〈단위 : 억원〉
항목	2015.3Q	2015.4Q	2016.1Q	2016.2Q	2016.3Q	2016.4Q
매출액	135	192	128	170	171	209
영업이익	12	17	6	5	15	9
당기순이익	4	15	6	0	14	-5

재무 상태 〈단위 : 억원〉
항목	2011	2012	2013	2014	2015	2016
총자산	358	513	605	621	790	803
유형자산	49	48	50	45	44	71
무형자산	0	0	1	1	1	1
유가증권	21	16	14	36	12	60
총부채	121	234	274	241	385	393
총차입금	30	77	17	82	17	32
자본금	79	79	81	81	81	81
총자본	236	279	332	380	406	411
지배주주지분	236	279	332	380	406	414

기업가치 지표
항목	2011	2012	2013	2014	2015	2016
주가(최고/저)(천원)	1.6/0.7	3.9/1.0	3.3/1.5	3.1/2.1	3.7/2.3	5.0/2.7
PER(최고/저)(배)	11.0/4.7	15.3/3.9	12.5/5.5	10.4/7.0	13.2/8.1	49.3/26.9
PBR(최고/저)(배)	1.1/0.5	2.2/0.6	1.7/0.7	1.4/0.9	1.4/0.9	1.9/1.0
EV/EBITDA(배)	1.5	3.0	1.2	3.0	5.5	10.2
EPS(원)	157	267	281	316	295	104
BPS(원)	1,570	1,835	2,119	2,418	2,703	2,749
CFPS(원)	161	272	286	326	305	113
DPS(원)	—	—	—	—	80	100
EBITDAPS(원)	267	272	372	456	427	226

재무 비율 〈단위 : % 〉
연도	영업이익률	순이익률	부채비율	차입금비율	ROA	ROE	유보율	자기자본비율	EBITDA마진율
2016	5.2	2.3	95.6	7.9	2.0	4.1	449.7	51.1	5.4
2015	9.2	6.5	94.8	4.2	6.8	12.1	440.6	51.3	9.4
2014	11.4	8.0	63.6	21.6	8.3	14.4	383.6	61.1	11.6
2013	9.1	7.0	82.6	5.1	8.1	14.8	323.9	54.8	9.2

맥스로텍 (A141070)
MAXROTEC

업   종 : 기계
신용등급 : (Bond) B   (CP) —
홈 페 이 지 : www.maxrotec.com
본   사 : 대구시 달서구 성서4차 첨단로25(대천동)

시   장 : KOSDAQ
기업규모 : 벤처
연 락 처 : 053)584-6540

설 립 일	1995.08.03	종 업 원 수	136명	대 표 이 사	김인환
상 장 일	2012.11.16	감 사 의 견	적정 (삼덕)	계 열	
결 산 기	12월	보 통 주	2,398만주	종속회사수	
액 면 가	500원	우 선 주	136만주	구 상 호	

주주구성 (지분율,%)		출자관계 (지분율,%)		주요경쟁사 (외형,%)	
김인환	21.7	아이마트	49.0	맥스로텍	100
유빅 2015 Hidden Opportunity 투자조합	5.7			카스	328
(외국인)	0.9			에너토크	65

매출구성		비용구성		수출비중	
[제품]자동화시스템	78.2	매출원가율	97.9	수출	39.9
[임가공 용역]실린더 블록	15.1	판관비율	10.9	내수	60.1
[제품]공작기계 등	6.7				

회사 개요
동사는 1995년에 금속 공작기계 전문 기업으로 설립되었으며, 현재는 갠트리로봇을 포함한 공장자동화시스템 제조와 자동차용 엔진 실린더블록 임가공을 주요 사업으로 영위함. 갠트리로봇 시스템은 자동차 엔진, 미션 부품 또는 차체 부품 등에서 가공 공정간 물류 이송을 담당하는 로봇이며, 무선 갠트리로봇 시스템은 일본의 Giken사와 동사 2개사만이 생산함. 2012년 11월 코스닥 시장에 상장됨.

실적 분석
동사는 연결대상 종속법인을 보유하고 있지 않음. 동사의 매출은 크게 자동화시스템과 실린더블록, 기타매출로 구분되며, 2016년 매출액은 400.9억원으로 전기 354.2억원 대비 13.2% 증가하였으나 수익면에서는 적자 지속 중임. 전기 대비 매출총이익이 늘고 판관비가 감소하며 영업손실은 전기 56.3억원에서 35.1억원으로 축소됨. 이연법인세자산 감액 영향으로 비영업손익에서 30.9억원 적자가 발생하여 당기순손실은 87.6억원을 시현함.

현금 흐름 *IFRS 별도 기준 〈단위 : 억원〉
항목	2015	2016
영업활동	-18	38
투자활동	-119	-67
재무활동	139	38
순현금흐름	2	10
기말현금	25	35

시장 대비 수익률

결산 실적 〈단위 : 억원〉
항목	2011	2012	2013	2014	2015	2016
매출액	459	409	226	370	354	401
영업이익	91	45	-8	32	-56	-35
당기순이익	58	32	-31	2	-59	-88

분기 실적 *IFRS 별도 기준 〈단위 : 억원〉
항목	2015.3Q	2015.4Q	2016.1Q	2016.2Q	2016.3Q	2016.4Q
매출액	112	86	129	142	92	36
영업이익	-1	-32	7	2	-16	-28
당기순이익	-5	-24	3	-4	-18	-72

재무 상태 *IFRS 별도 기준 〈단위 : 억원〉
항목	2011	2012	2013	2014	2015	2016
총자산	588	697	645	741	865	794
유형자산	299	357	355	397	544	548
무형자산	19	26	29	31	26	22
유가증권	—	5	6	6	5	2
총부채	409	423	414	499	597	450
총차입금	281	322	347	344	439	319
자본금	24	29	29	29	66	127
총자본	179	274	231	242	268	343
지배주주지분	179	274	231	242	268	343

기업가치 지표 *IFRS 별도 기준
항목	2011	2012	2013	2014	2015	2016
주가(최고/저)(천원)	—/—	3.8/2.5	3.3/1.8	2.1/1.6	2.5/1.6	4.1/1.5
PER(최고/저)(배)	0.0/0.0	13.8/9.1	—/—	129.2/98.1	—/—	—/—
PBR(최고/저)(배)	0.0/0.0	1.9/1.2	1.8/1.0	1.1/0.9	1.4/0.9	3.1/1.1
EV/EBITDA(배)	2.8	8.8	24.8	8.3	—	40.4
EPS(원)	659	283	-237	17	-447	-483
BPS(원)	3,787	4,794	4,157	4,403	2,021	1,356
CFPS(원)	1,652	1,238	3	616	-135	-199
DPS(원)	—	60	—	30	—	—
EBITDAPS(원)	1,933	1,517	412	1,135	-110	91

재무 비율 〈단위 : % 〉
연도	영업이익률	순이익률	부채비율	차입금비율	ROA	ROE	유보율	자기자본비율	EBITDA마진율
2016	-8.8	-21.9	131.1	92.7	-10.6	-28.7	171.2	43.3	4.1
2015	-15.9	-16.7	222.8	163.7	-7.4	-23.2	304.1	31.0	-3.6
2014	8.6	0.6	206.5	142.3	0.3	0.9	780.5	32.6	17.5
2013	-3.4	-13.8	179.2	150.2	-4.6	-12.3	731.4	35.8	10.4

멀티캠퍼스 (A067280)
Multicampus

업 종 : 교육		시 장 : KOSDAQ	
신용등급 : (Bond) — (CP) —		기업규모 : 우량	
홈페이지 : www.multicampus.com		연락처 : 02)6262-9114	
본 사 : 서울시 강남구 언주로 508 서울상록회관 17층			

설립일 2000.05.04	종업원수 693명	대표이사 김대희	
상장일 2006.11.16	감사의견 적정 (안진)	계 열	
결산기 12월	보통주 593만주	종속회사수	
액면가 500원	우선주	구상호 크레듀	

주주구성 (지분율,%)		출자관계 (지분율,%)		주요경쟁사 (외형,%)	
삼성에스디에스	47.2	LTIInc	82.4	멀티캠퍼스	100
삼성경제연구소	15.2			대교	440
(외국인)	1.7			웅진씽크빅	335

매출구성		비용구성		수출비중	
HRD BPO, 금융교육 BPO, 러닝플랫폼 , HRD 컨설	56.1	매출원가율	63.5	수출	0.0
OPIc 평가, 외국어교육 BPO 등	28.4	판관비율	26.9	내수	100.0
지식 컨텐츠 등	15.5				

회사 개요
동사는 2000년 설립돼 기업, 공공기관을 대상으로 한 HR 컨설팅, 컨텐츠 개발 및 교육 운영, 교육 플랫폼 구축 등 기업교육서비스를 제공하고 있음. 외국어 평가와 교육을 제공하는 지식서비스를 제공하며, 연결종속회사인 미국, 일본 등 글로벌 시장에서 OPIc 등 외국어평가 시행 및 채점 서비스를 수행하고 있음. 삼성경제연구소 연구진과 국내외 전문가들을 기반으로 경쟁력 있는 지식서비스를 제공함.

실적 분석
사업 양수에 따른 교육서비스의 확대로 2016년 연결기준 연간 매출액은 전년 대비 37.6% 증가한 1,864.8억원을 시현함. 사업부문별 매출은 기업교육서비스 67.4%, 외국어서비스 21.3%, 지식서비스 11.3%로 구성됨. 최근의 연구개발실적으로 삼성그룹 온라인 외국어 교육체계를 수립했으며, 다양한 러닝플랫폼을 개설하고 꾸준히 컨설팅 실적을 올리고 있음. OPIc 평가는 일본, 중국 등 글로벌 시장 진출 확대를 확대하고 있음.

현금 흐름 〈단위 : 억원〉
항목	2015	2016
영업활동	67	175
투자활동	42	-143
재무활동	-37	-15
순현금흐름	73	18
기말현금	157	174

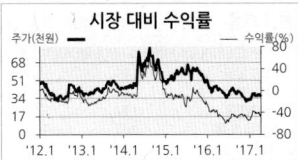

시장 대비 수익률

결산 실적 〈단위 : 억원〉
항목	2011	2012	2013	2014	2015	2016
매출액	631	804	1,086	1,286	1,356	1,865
영업이익	42	47	61	117	119	178
당기순이익	52	90	63	104	105	129

분기 실적 〈단위 : 억원〉
항목	2015.3Q	2015.4Q	2016.1Q	2016.2Q	2016.3Q	2016.4Q
매출액	340	379	396	495	450	523
영업이익	40	28	24	54	34	66
당기순이익	32	27	16	38	28	47

재무 상태 〈단위 : 억원〉
항목	2011	2012	2013	2014	2015	2016
총자산	927	1,009	1,319	1,406	909	1,084
유형자산	20	21	30	25	25	54
무형자산	53	169	268	227	208	229
유가증권	2	35	35	2	2	2
총부채	84	106	222	223	258	303
총차입금	—	—	—	—	—	—
자본금	28	28	30	30	30	30
총자본	843	903	1,096	1,183	651	780
지배주주지분	843	888	1,081	1,166	633	761

기업가치 지표
항목	2011	2012	2013	2014	2015	2016
주가(최고/저)(천원)	65.6/32.2	51.2/32.6	51.9/36.4	84.5/43.5	67.6/46.8	50.8/30.8
PER(최고/저)(배)	72.5/35.6	32.8/20.9	48.6/34.1	48.9/25.2	39.0/27.0	23.7/14.3
PBR(최고/저)(배)	4.5/2.2	3.3/2.1	2.9/2.0	4.4/2.3	6.2/4.3	3.9/2.4
EV/EBITDA(배)	35.7	23.8	19.8	12.1	17.5	7.3
EPS(원)	932	1,604	1,091	1,759	1,754	2,162
BPS(원)	14,978	15,773	18,233	19,682	11,050	13,210
CFPS(원)	1,252	2,034	1,745	2,673	2,532	2,942
DPS(원)	150	200	200	250	250	250
EBITDAPS(원)	1,060	1,259	1,722	2,894	2,792	3,789

재무 비율 〈단위 : %〉
연도	영업이익률	순이익률	부채비율	차입금비율	ROA	ROE	유보율	자기자본비율	EBITDA마진율
2016	9.6	6.9	38.9	0.0	13.0	18.4	2,541.9	72.0	12.0
2015	8.8	7.7	39.6	0.0	9.1	11.6	2,110.0	71.6	12.2
2014	9.1	8.1	18.9	0.0	7.6	9.3	3,836.4	84.1	13.3
2013	5.6	5.8	20.3	0.0	5.4	6.3	3,546.6	83.1	9.0

메가스터디 (A072870)
Megastudy

업 종 : 교육		시 장 : KOSDAQ	
신용등급 : (Bond) — (CP) —		기업규모 : 우량	
홈페이지 : www.megastudy.co.kr		연락처 : 02)6350-8400	
본 사 : 서울시 마포구 상암산로 34, 15층(상암동, 디지털큐브)			

설립일 2000.07.12	종업원수 115명	대표이사 구우진	
상장일 2004.12.21	감사의견 적정 (안진)	계 열	
결산기 12월	보통주 402만주	종속회사수	
액면가 500원	우선주	구상호	

주주구성 (지분율,%)		출자관계 (지분율,%)		주요경쟁사 (외형,%)	
손주은	26.5	메가푸드앤서비스	100.0	메가스터디	100
신영자산운용	18.2	성북메가스터디	100.0	대교	546
(외국인)	34.1	메가인베스트먼트	99.0	웅진씽크빅	415

매출구성		비용구성		수출비중	
부동산개발	54.2	매출원가율	48.6	수출	0.0
학원강의	23.6	판관비율	53.2	내수	100.0
교재	11.9				

회사 개요
동사는 2000년 7월 온라인 교육정보 제공업 및 학원사업 등을 영위할 목적으로 설립함. 주요 사업으로 교육사업, 급식사업, 기타사업 등으로 구분됨. 영·유아, 초·중·고교생부터 대학생 및 일반 성인에 이르기까지 모든 고객을 주 대상으로 하고 있으며, 해외에서 발생하는 수익은 미미한 수준임. 2015년도에 교육용역사업을 영위하는 메가스터디교육을 신설법인으로 인적분할함.

실적 분석
동사의 2016년 연결기준 매출액은 전년대비 39.8% 감소한 1,502.2억원을 기록함. 매출액 감소의 대부분은 투자사업의 축소에 기인함. 매출원가율은 하락했으나 판관비는 오히려 증가하여 영업손실 26.7억원, 당기순손실 16.7억원을 보이며 전년대비 적자전환함. 동사는 현재 계열회사의 체계적인 성장전략의 수립, 추진에 집중하면서 미래 성장성 있는 신규 사업 발굴을 통해 사업영역 확대를 추진중임.

현금 흐름 〈단위 : 억원〉
항목	2015	2016
영업활동	763	145
투자활동	255	-376
재무활동	-524	13
순현금흐름	495	-218
기말현금	786	568

시장 대비 수익률

결산 실적 〈단위 : 억원〉
항목	2011	2012	2013	2014	2015	2016
매출액	3,436	3,279	3,168	1,367	2,494	1,502
영업이익	816	592	502	103	286	-27
당기순이익	712	537	412	401	1,206	-17

분기 실적 〈단위 : 억원〉
항목	2015.3Q	2015.4Q	2016.1Q	2016.2Q	2016.3Q	2016.4Q
매출액	339	1,393	371	396	415	320
영업이익	23	158	4	32	19	-82
당기순이익	17	164	15	20	21	-74

재무 상태 〈단위 : 억원〉
항목	2011	2012	2013	2014	2015	2016
총자산	4,422	4,653	4,867	5,747	3,544	3,601
유형자산	905	1,295	1,482	1,123	253	270
무형자산	231	311	290	429	179	275
유가증권	855	422	896	1,014	552	591
총부채	983	951	940	1,518	667	785
총차입금	—	—	25	568	122	180
자본금	32	32	32	32	20	20
총자본	3,439	3,701	3,927	4,228	2,877	2,816
지배주주지분	3,354	3,586	3,755	4,024	2,502	2,426

기업가치 지표
항목	2011	2012	2013	2014	2015	2016
주가(최고/저)(천원)	90.6/45.0	53.7/27.2	36.5/26.0	40.0/24.6	46.9/25.3	40.6/30.8
PER(최고/저)(배)	10.0/5.0	7.7/3.9	6.7/4.8	7.1/4.4	2.0/1.1	—/—
PBR(최고/저)(배)	1.9/1.0	1.0/0.5	0.7/0.5	0.7/0.4	0.7/0.4	0.7/0.5
EV/EBITDA(배)	5.5	4.6	5.7	10.9	2.1	9.1
EPS(원)	10,771	8,008	5,999	6,064	24,593	-290
BPS(원)	56,039	59,708	62,375	66,603	65,460	63,572
CFPS(원)	12,449	10,043	8,093	8,451	26,885	2,431
DPS(원)	4,000	3,000	2,000	2,200	600	700
EBITDAPS(원)	14,552	11,379	10,009	4,019	8,516	2,057

재무 비율 〈단위 : %〉
연도	영업이익률	순이익률	부채비율	차입금비율	ROA	ROE	유보율	자기자본비율	EBITDA마진율
2016	-1.8	-1.1	27.9	6.4	-0.5	-0.5	12,614.3	78.2	5.5
2015	11.5	48.3	23.2	4.2	26.0	34.6	12,991.9	81.2	15.7
2014	7.6	29.3	35.9	13.4	7.6	9.9	13,220.6	73.6	18.6
2013	15.8	13.0	23.9	0.6	8.7	10.4	12,374.9	80.7	20.0

메가스터디교육 (A215200)
MegaStudyEdu

업 종 : 교육	시 장 : KOSDAQ
신용등급 : (Bond) — (CP) —	기업규모 : 중견
홈페이지 : corp.megastudy.net	연 락 처 : 02)3489-8200
본 사 : 서울시 서초구 효령로 321 (서초동, 덕원빌딩)	

설 립 일	2015.04.03	종 업 원 수	919명	대 표 이 사	손성은
상 장 일	2015.05.04	감 사 의 견	적정 (삼정)	계 열	
결 산 기	12월	보 통 주	232만주	종속회사수	
액 면 가	500원	우 선 주		구 상 호	

주주구성 (지분율,%)
신영자산운용	17.7
손주은	12.5
(외국인)	32.1

출자관계 (지분율,%)
메가스터디수학교육	70.0

주요경쟁사 (외형,%)
메가스터디교육	100
정상제이엘에스	48
영인프런티어	17

매출구성
[고등사업부문]강의	77.2
[초중등사업부문]강의	15.3
[고등사업부문]도서	3.8

비용구성
매출원가율	43.7
판관비율	54.4

수출비중
수출	0.0
내수	100.0

회사 개요
동사는 2000년 7월에 설립되었으며, 메가스터디 주식회사의 인적분할로 인해 2015년 5월 4일 코스닥시장에 재상장됨. 주요 사업은 초중등 및 고등학생을 대상으로 한 학원과 온라인 교육컨텐츠 제공임. 온라인교육 컨텐츠 제공에 있어서는 민간사업자 중 동사의 매출액이 가장 큰 것으로 파악되고 있으며, 전문적인 입시 분석 능력, 입시 상담, 강사 확보, 철저한 학생 관리 시스템 등의 경쟁력이 확보되어야 함.

실적 분석
동사의 2016년 매출액은 1,745.2억원을 시현. 영업이익과 당기순이익은 각각 34.5억원, 30.2억원을 기록. 전 사업부문 매출증가에도 불구하고 원가 및 인건비 급증으로 수익성은 하락함. 고등사업부문 영업이익률이 크게 하락했고, 초중등사업부문은 7.5억원 영업적자 상태임. 2016년 11월 학원사업을 영위하는 자회사 엠베스트교육을 흡수합병함. 고등사업부문에서 7개의 러셀학원(오프라인)을 운영 중.

현금 흐름 〈단위 : 억원〉
항목	2015	2016
영업활동	176	113
투자활동	-251	-129
재무활동	-3	3
순현금흐름	-78	-13
기말현금	22	9

시장 대비 수익률
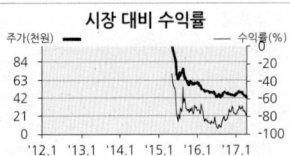

결산 실적 〈단위 : 억원〉
항목	2011	2012	2013	2014	2015	2016
매출액	—	—	—	—	1,252	1,745
영업이익	—	—	—	—	84	35
당기순이익	—	—	—	—	80	30

분기 실적 〈단위 : 억원〉
항목	2015.3Q	2015.4Q	2016.1Q	2016.2Q	2016.3Q	2016.4Q
매출액	495	305	394	468	531	351
영업이익	83	-66	-42	54	90	-68
당기순이익	67	-39	-31	45	72	-56

재무 상태 〈단위 : 억원〉
항목	2011	2012	2013	2014	2015	2016
총자산	—	—	—	—	2,287	2,318
유형자산	—	—	—	—	1,407	1,265
무형자산	—	—	—	—	216	164
유가증권	—	—	—	—	39	13
총부채	—	—	—	—	569	601
총차입금	—	—	—	—		28
자본금	—	—	—	—	12	12
총자본	—	—	—	—	1,718	1,717
지배주주지분	—	—	—	—	1,718	1,715

기업가치 지표
항목	2011	2012	2013	2014	2015	2016
주가(최고/저)(천원)	—/—	—/—	—/—	—/—	110/57.0	60.0/40.9
PER(최고/저)(배)	0.0/0.0	0.0/0.0	0.0/0.0	0.0/0.0	33.3/17.3	45.2/30.8
PBR(최고/저)(배)	0.0/0.0	0.0/0.0	0.0/0.0	0.0/0.0	1.6/0.8	0.8/0.6
EV/EBITDA(배)	0.0	0.0	0.0	0.0	7.0	5.7
EPS(원)	—	—	—	—	3,444	1,357
BPS(원)	—	—	—	—	74,040	73,893
CFPS(원)	—	—	—	—	8,028	7,745
DPS(원)	—	—	—	—	1,200	1,000
EBITDAPS(원)	—	—	—	—	8,216	7,872

재무 비율 〈단위 : % 〉
연도	영업이익률	순이익률	부채비율	차입금비율	ROA	ROE	유보율	자기자본비율	EBITDA마진율
2016	2.0	1.7	35.0	1.6	1.3	1.8	14,678.7	74.1	10.5
2015	6.7	6.4	33.1	0.0	0.0	0.0	14,708.0	75.1	15.3
2014	0.0	0.0	0.0	0.0	0.0	0.0	0.0	0.0	0.0
2013	0.0	0.0	0.0	0.0	0.0	0.0	0.0	0.0	0.0

메가엠디 (A133750)
MegaMD

업 종 : 교육	시 장 : KOSDAQ
신용등급 : (Bond) — (CP) —	기업규모 : 중견
홈페이지 : www.megamd.co.kr	연 락 처 : 02)3489-8346
본 사 : 서울시 서초구 효령로 321(서초동)	

설 립 일	2004.01.19	종 업 원 수	274명	대 표 이 사	임수아
상 장 일	2015.12.18	감 사 의 견	적정 (삼정)	계 열	
결 산 기	12월	보 통 주	2,237만주	종속회사수	
액 면 가	500원	우 선 주		구 상 호	

주주구성 (지분율,%)
메가스터디	45.2
손성은	5.8
(외국인)	0.3

출자관계 (지분율,%)
지케이에듀	80.0
엠디엔피	50.0
아이비김영	12.4

주요경쟁사 (외형,%)
메가엠디	100
에이원앤	24
와이비엠넷	104

매출구성
M/DEET,PEET(학원/온라인강의)	75.1
LEET 등(학원/온라인강의)	10.3
도서판매	7.9

비용구성
매출원가율	37.1
판관비율	61.6

수출비중
수출	0.0
내수	100.0

회사 개요
동사는 메가스터디의 계열회사로 2004년 '온라인교육 정보 제공업 및 학원사업'을 주요 사업목적으로 설립된 전문대학원(약학/치의학/법학) 입시교육시장 1위 사업자로서, 2015년 기준 시장점유율 59.9%를 차지하고 있음. 현재 5개의 온라인 교육 사이트(M/DEET&PEET, LEET, 변호사 시험, 원격평생교육원, 메가CST)와 25개 직영 학원을 운영하고 있으며, 경찰공무원 및 검찰직 시험사업까지 분야를 넓히고 있음.

실적 분석
동사의 2016년 연결기준 누적 매출액은 657.4억원으로 전년 동기 669.4억원 대비 1.8% 감소함. 신규사업 진출 및 시설투자 증가에 따라 영업이익은 전년 동기대비 92.0% 감소한 8.3억원에 그침. 지속적인 취업난으로 성인교육시장의 지속적 성장세가 예상되는 가운데, 원격평생교육원과 일반공무원 사업 등 신규 성인교육시장 진출을 위한 투자 계획중으로, 사업다각화를 통한 신규 매출이 예상됨.

현금 흐름 〈단위 : 억원〉
항목	2015	2016
영업활동	182	52
투자활동	-64	-210
재무활동	124	-6
순현금흐름	242	-163
기말현금	261	98

시장 대비 수익률
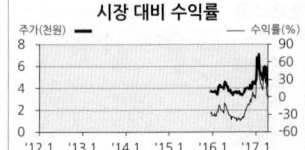

결산 실적 〈단위 : 억원〉
항목	2011	2012	2013	2014	2015	2016
매출액	357	489	617	648	669	657
영업이익	58	101	95	72	104	8
당기순이익	48	82	80	42	83	12

분기 실적 〈단위 : 억원〉
항목	2015.3Q	2015.4Q	2016.1Q	2016.2Q	2016.3Q	2016.4Q
매출액	170	95	182	178	179	118
영업이익	32	-37	28	28	10	-58
당기순이익	25	-31	25	22	10	-45

재무 상태 〈단위 : 억원〉
항목	2011	2012	2013	2014	2015	2016
총자산	287	397	368	615	897	918
유형자산	29	68	84	92	118	128
무형자산	3	4	17	27	25	119
유가증권	—	4	11	17	54	43
총부채	130	160	178	202	283	292
총차입금					19	
자본금	78	78	84	84	102	112
총자본	157	237	368	413	614	626
지배주주지분	155	235	352	403	608	630

기업가치 지표
항목	2011	2012	2013	2014	2015	2016
주가(최고/저)(천원)	—/—	—/—	—/—	—/—	3.8/3.6	4.8/3.3
PER(최고/저)(배)	0.0/0.0	0.0/0.0	0.0/0.0	0.0/0.0	7.5/7.1	54.4/37.7
PBR(최고/저)(배)	0.0/0.0	0.0/0.0	0.0/0.0	0.0/0.0	1.3/1.2	1.7/1.2
EV/EBITDA(배)					3.4	19.1
EPS(원)	307	521	535	265	516	90
BPS(원)	9,942	15,049	21,024	23,974	2,980	2,819
CFPS(원)	3,582	5,909	6,258	3,836	640	248
DPS(원)						100
EBITDAPS(원)	4,219	7,170	6,791	5,446	735	197

재무 비율 〈단위 : % 〉
연도	영업이익률	순이익률	부채비율	차입금비율	ROA	ROE	유보율	자기자본비율	EBITDA마진율
2016	1.3	1.8	46.7	0.0	3.0	463.7	68.2	6.3	
2015	15.5	12.4	46.1	3.1	11.0	17.3	496.1	68.5	18.6
2014	11.0	6.4	48.9	0.0	7.2	11.8	379.5	67.2	14.1
2013	15.4	12.9	48.4	0.0	16.9	29.5	320.5	67.4	17.8

메디쎄이 (A200580)
MEDYSSEY

업 종 : 의료 장비 및 서비스
신용등급 : (Bond) — (CP) —
홈페이지 : www.medyssey.co.kr
본 사 : 충북 제천시 한방엑스포로 129 (왕암동)

시 장 : KONEX
기업규모 : —
연 락 처 : 043)716-1014

설 립 일	2003.10.14	종 업 원 수	90명	대 표 이 사	장종욱
상 장 일	2015.10.20	감 사 의 견	적정 (인덕)	계 열	
결 산 기	12월	보 통 주	348만주	종속회사수	
액 면 가	500원	우 선 주	46만주	구 상 호	

주주구성 (지분율,%)		출자관계 (지분율,%)		주요경쟁사 (외형,%)	
장종욱	46.0	MedysseyUSAInc	100.0	메디쎄이	100
김호정	12.2	MedysseySPA	100.0	엘앤케이바이오	300
		MedysseyS.A.deC.V	99.0	셀루메드	85

매출구성		비용구성		수출비중	
정형외과용 임플란트	92.1	매출원가율	50.7	수출	44.3
상품(기타)	7.2	판관비율	47.5	내수	55.7
임대	0.7				

회사 개요
동사는 척추 임플란트 제조회사로 국내에서 유일하게 3D장비를 이용한 환자 맞춤형 인공뼈 개발을 영위하고 있음. 현재 척추관련 국내 실용신안 3건과 미국 외 특허 7건을 보유하고 있으며 식품의약품안전처(MFDS)로부터 추간체고정형체 등 다양한 품목의 정형/신경외과용 인체삽입의료기기의 제조품목허가를 받아 자체 생산하여 국내 및 해외에 수출하고 있음. 지난 2015년 10월 20일에 코넥스시장에 상장함.

실적 분석
동사의 2016년 매출액은 114.9억원, 매출총이익은 56.6억원이고 영업이익은 2.1원을 기록함. 동사의 매출액 성장률은 지난 2010년부터 2015년까지 연평균 9.63%를 기록했으며, 안정적인 외형 성장에 따라 영업이익과 당기순이익도 2010년부터 2014년까지 각각 연평균 141.61%, 83.36% 증가함. 해외진출을 위해 북미/남미 지역과 중국에 현지법인을 설립하고 독자적인 영업 및 자사 브랜드 이미지를 구축 중임.

현금 흐름 *IFRS 별도 기준 〈단위 : 억원〉

항목	2015	2016
영업활동	10	-15
투자활동	-44	-92
재무활동	52	77
순현금흐름	18	-30
기말현금	36	7

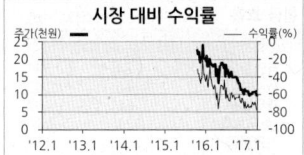
시장 대비 수익률

결산 실적 〈단위 : 억원〉

항목	2011	2012	2013	2014	2015	2016
매출액	—	111	71	106	113	115
영업이익	—	5	3	21	1	2
당기순이익	—	2	9	19	2	2

분기 실적 *IFRS 별도 기준 〈단위 : 억원〉

항목	2015.3Q	2015.4Q	2016.1Q	2016.2Q	2016.3Q	2016.4Q
매출액	—	—	—	—	—	—
영업이익	—	—	—	—	—	—
당기순이익	—	—	—	—	—	—

재무 상태 *IFRS 별도 기준 〈단위 : 억원〉

항목	2011	2012	2013	2014	2015	2016
총자산	—	99	119	177	227	309
유형자산	—	33	29	36	70	97
무형자산	—	1	0	0	0	2
유가증권	—	—	3	3	4	29
총부채	—	33	45	46	65	104
총차입금	—	20	28	30	33	68
자본금	—	7	7	9	19	20
총자본	—	66	75	131	162	205
지배주주지분	—	66	75	131	162	205

기업가치 지표 *IFRS 별도 기준

항목	2011	2012	2013	2014	2015	2016
주가(최고/저)(천원)	—/—	—/—	—/—	—/—	26.9/18.6	22.7/10.0
PER(최고/저)(배)	0.0/0.0	0.0/0.0	0.0/0.0	0.0/0.0	412.2/284.8	370.9/163.4
PBR(최고/저)(배)	0.0/0.0	0.0/0.0	0.0/0.0	0.0/0.0	6.2/4.3	4.4/1.9
EV/EBITDA(배)	—	1.0	1.7	—	94.8	29.7
EPS(원)	—	80	316	632	65	61
BPS(원)	—	4,653	5,285	7,531	4,361	5,196
CFPS(원)	—	1,107	1,189	1,673	250	391
DPS(원)	—	—	—	—	—	—
EBITDAPS(원)	—	1,516	779	1,796	211	384

재무 비율 〈단위 : % 〉

연도	영업이익률	순이익률	부채비율	차입금비율	ROA	ROE	유보율	자기자본비율	EBITDA마진율
2016	1.8	2.1	50.8	33.1	0.9	1.3	939.2	66.3	12.9
2015	0.8	2.0	39.9	18.7	1.1	1.5	772.2	71.5	6.4
2014	19.4	17.6	35.4	23.0	12.6	18.2	1,406.2	73.9	26.0
2013	4.4	12.6	60.0	37.8	8.2	12.7	957.1	62.5	15.5

메디아나 (A041920)
MEDIANA

업 종 : 의료 장비 및 서비스
신용등급 : (Bond) — (CP) —
홈페이지 : www.mediana.co.kr
본 사 : 강원도 원주시 문막읍 동화공단로 132

시 장 : KOSDAQ
기업규모 : 벤처
연 락 처 : 033)742-5400

설 립 일	1995.06.19	종 업 원 수	236명	대 표 이 사	김응석
상 장 일	2014.10.07	감 사 의 견	적정 (삼정)	계 열	
결 산 기	12월	보 통 주	865만주	종속회사수	
액 면 가	500원	우 선 주		구 상 호	

주주구성 (지분율,%)		출자관계 (지분율,%)		주요경쟁사 (외형,%)	
길문종	40.6	메디게이트	100.0	메디아나	100
김응석	5.5	루시드코리아	18.1	유비케어	128
(외국인)	1.6	김포빅데이터	14.2	대한과학	86

매출구성		비용구성		수출비중	
Pulse Oximeter	42.9	매출원가율	63.9	수출	78.4
기타	21.0	판관비율	20.0	내수	21.6
Patient Monitor	17.3				

회사 개요
동사는 핵심 브랜드 사업인 환자감시장치 및 제세동기를 제조, 판매하는 사업을 영위함. 상품영업, ODM 사업, 자사 브랜드 영업을 통해 구축한 내부 인프라를 바탕으로 제품 개발에서 판매까지 구축함. 미국 Covidien 사의 사업을 통해 ODM 거래선을 확보하여 사업기반의 안정화를 이룸. 세계적인 의료기기 회사인 Covidien, Omron 등과의 수출계약 및 해외 대리점 계약 등을 통해 해외 수출을 지속적으로 확대하고 있음.

실적 분석
동사의 2016년도 연결기준 누적매출액은 534억원으로 전년 대비 14.2% 증가함. 영업이익은 85.8억원으로 8.2% 늘었고, 당기이익은 전년보다 12.3% 증가한 79.6억원을 기록함. 기존 사업군의 연구개발을 지속하여 새로운 신제품 모델을 개발하고 있으며, 이와 별도로 PICC 사업(카테터), 체성분분석기 사업영역에서 제품 개발을 진행 중임. ODM 방식의 사업구조를 통해 안정적 사업기반을 유지하면서 해외진출에 적극적으로 나설 계획임.

현금 흐름 〈단위 : 억원〉

항목	2015	2016
영업활동	80	74
투자활동	-64	-63
재무활동	-28	6
순현금흐름	-12	19
기말현금	94	113

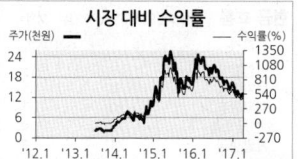
시장 대비 수익률

결산 실적 〈단위 : 억원〉

항목	2011	2012	2013	2014	2015	2016
매출액	273	295	337	384	467	534
영업이익	18	7	37	43	79	86
당기순이익	5	12	32	36	71	80

분기 실적 〈단위 : 억원〉

항목	2015.3Q	2015.4Q	2016.1Q	2016.2Q	2016.3Q	2016.4Q
매출액	108	149	116	144	121	152
영업이익	17	32	18	25	17	26
당기순이익	18	27	16	23	10	31

재무 상태 〈단위 : 억원〉

항목	2011	2012	2013	2014	2015	2016
총자산	309	286	273	370	444	543
유형자산	95	53	51	51	87	117
무형자산	39	38	33	32	37	58
유가증권	18	5	6	5	6	6
총부채	185	166	119	97	95	115
총차입금	126	96	54	31	2	14
자본금	14	29	29	36	36	43
총자본	124	120	154	273	349	427
지배주주지분	124	120	154	273	349	427

기업가치 지표

항목	2011	2012	2013	2014	2015	2016
주가(최고/저)(천원)	—/—	—/—	3.6/1.7	11.6/3.4	26.6/6.9	25.6/13.7
PER(최고/저)(배)	0.0/0.0	0.0/0.0	7.6/3.6	23.4/6.8	32.5/11.4	27.8/14.9
PBR(최고/저)(배)	0.0/0.0	0.0/0.0	1.6/0.8	3.6/1.1	6.5/2.3	5.1/2.8
EV/EBITDA(배)	3.2	2.3	5.5	13.9	13.6	12.7
EPS(원)	70	184	467	495	819	920
BPS(원)	4,471	2,090	2,688	3,834	4,888	4,989
CFPS(원)	581	481	818	823	1,169	1,115
DPS(원)	—	—	235	—	—	—
EBITDAPS(원)	1,072	391	905	929	1,285	1,186

재무 비율 〈단위 : % 〉

연도	영업이익률	순이익률	부채비율	차입금비율	ROA	ROE	유보율	자기자본비율	EBITDA마진율
2016	16.1	14.9	27.0	3.4	16.1	20.5	897.9	78.8	19.2
2015	17.0	15.2	27.3	0.6	17.4	22.8	877.7	78.5	19.9
2014	11.2	9.5	35.6	11.2	11.3	17.0	666.9	73.7	14.8
2013	11.0	9.5	77.4	35.2	11.5	23.4	437.7	56.4	15.4

메디젠휴먼케어 (A236340)
Medizen Humancare

업　　종 : 바이오		시　　장 : KONEX	
신용등급 : (Bond) — 　(CP) —		기업규모 : —	
홈페이지 : www.medizencare.com		연 락 처 : 02)555-9808	
본　　사 : 서울시 강남구 테헤란로 223(역삼동, 큰길타워) 20층			

설 립 일 2012.07.20	종 업 원 수 21명	대 표 이 사 신동직	
상 장 일 2016.01.26	감 사 의 견 적정 (정진)	계　　　열	
결 산 기 12월	보 통 주 230만주	종속회사수	
액 면 가 500원	우 선 주 32만주	구 상 호	

주주구성 (지분율,%)	출자관계 (지분율,%)	주요경쟁사 (외형,%)
신동직　　　36.7	메디젠헬스케어　100.0	메디젠휴먼케어　100
하재기　　　16.0		진매트릭스　　313
		네추럴FNP　2,450

매출구성		비용구성		수출비중	
M-CHECK	96.9	매출원가율	29.7	수출	0.0
기타(연구과제)	3.1	판관비율	153.0	내수	100.0

회사 개요
동사는 유전정보 분석기반 헬스케어 기업으로 2016년 1월 26일 코넥스 시장에 상장됨. 개인별 맞춤형 질병예측 서비스인 '엠체크 (M-Check)' 등 다양한 서비스를 제공하고 있음. 국내 최다의 한국인과 동양인 DB를 보유하고 있으며 분석의 정확성을 위해 한 질병 당 분석 유전자수를 최대로 활용함. 건강검진용을 비롯해 약 200여 종류의 분석 패키지를 시장에 선보이고 있음.

실적 분석
동사의 2016년 매출액은 16.2억원으로 전년 10.2억원 대비 58.8% 증가함. 영업손실은 13.4억원으로 전년 13.5억원보다 적자폭이 줄어듬. 2016년 대만의 바이오 업체 코아시아 바이오텍과 'M-체크' 및 '멜시'에 대한 독점 공급 계약을 체결함. 올해 암 진단 키트 출시 및 상용화를 통해 초기 투자비용 회수와 흑자 전환이 기대됨. 분석 가격은 항목별로 10~200만원 수준이며, 일반인들의 접근성을 높이기 위해 저가의 패키지도 있음.

현금 흐름　*IFRS 별도 기준　〈단위 : 억원〉

항목	2015	2016
영업활동	-10	-12
투자활동	4	-1
재무활동	20	-1
순현금흐름	13	-14
기말현금	21	7

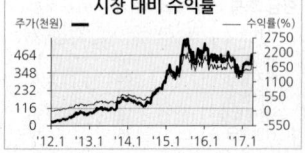

결산 실적　〈단위 : 억원〉

항목	2011	2012	2013	2014	2015	2016
매출액	—	0	1	6	10	16
영업이익	—	-3	-11	-16	-14	-13
당기순이익	—	-3	-12	-17	-19	-16

분기 실적　*IFRS 별도 기준　〈단위 : 억원〉

항목	2015.3Q	2015.4Q	2016.1Q	2016.2Q	2016.3Q	2016.4Q
매출액						
영업이익						
당기순이익						

재무 상태　*IFRS 별도 기준　〈단위 : 억원〉

항목	2011	2012	2013	2014	2015	2016
총자산	—	11	3	38	41	27
유형자산	—	5	3	11	7	5
무형자산	—					0
유가증권	—					1
총부채	—	5	18	14	25	26
총차입금	—	5	18	13	22	22
자본금	—	7	8	13	12	12
총자본	—	6	-3	24	16	0
지배주주지분	—	6	-3	24	16	0

기업가치 지표　*IFRS 별도 기준

항목	2011	2012	2013	2014	2015	2016
주가(최고/저)(천원)	—/—	—/—	—/—	—/—	—/—	19.5/7.3
PER(최고/저)(배)	0.0/0.0	0.0/0.0	0.0/0.0	0.0/0.0	0.0/0.0	—/—
PBR(최고/저)(배)	0.0/0.0	0.0/0.0	0.0/0.0	0.0/0.0	0.0/0.0	1,388.4/517.6
EV/EBITDA(배)	0.0					
EPS(원)		-272	-769	-776	-820	-656
BPS(원)		418	-180	1,021	670	14
CFPS(원)		-187	-613	-523	-650	-519
DPS(원)						
EBITDAPS(원)		-187	-589	-505	-414	-424

재무 비율　〈단위 : % 〉

연도	영업이익률	순이익률	부채비율	차입금비율	ROA	ROE	유보율	자기자본비율	EBITDA마진율
2016	-82.7	-96.6	일부잠식	일부잠식	-46.3	-191.8	-97.2	1.3	-62.5
2015	-132.6	-186.3	156.2	134.7	-48.4	-96.2	34.0	39.0	-94.0
2014	-282.3	-288.8	59.4	54.7	-64.1	전기잠식	104.2	62.7	-188.1
2013	-1,178.2	-1,216.0	완전잠식	완전잠식	-87.8	당기잠식	-136.0	-18.5	-932.2

메디톡스 (A086900)
Medy-Tox

업　　종 : 제약		시　　장 : KOSDAQ	
신용등급 : (Bond) — 　(CP) —		기업규모 : 우량	
홈페이지 : www.medy-tox.co.kr		연 락 처 : 043)217-1555	
본　　사 : 충북 청주시 청원구 오창읍 각리1길 78			

설 립 일 2000.05.02	종 업 원 수 340명	대 표 이 사 정현호	
상 장 일 2009.01.16	감 사 의 견 적정 (한영)	계　　　열	
결 산 기 12월	보 통 주 566만주	종속회사수	
액 면 가 500원	우 선 주	구 상 호	

주주구성 (지분율,%)	출자관계 (지분율,%)	주요경쟁사 (외형,%)
정현호　　　18.5	메디톡스코리아　100.0	메디톡스　100
Wasatch Advisors, Inc.　6.2	MDTInternational　100.0	한미사이언스　499
(외국인)　　44.0		한미약품　662

매출구성		비용구성		수출비중	
메디톡신, Neuronox, Siax, 뉴라미스	87.4	매출원가율	18.1	수출	—
기술이전 계약금 등	12.2	판관비율	25.5	내수	—
뉴라젯, 뉴라펜	0.4				

회사 개요
동사는 의약품 관련 기술 및 제품의 제조업, 보툴리눔 독소단백질 치료제 제조업 등을 영위할 목적으로 2000년 5월 설립됨. 2009년 1월 코스닥시장에 상장됨. 주력 제품인 보툴리눔 A형 독소 의약품 메디톡신® (Neuronox®)는 동사가 세계 4번째 독자적인 원천기술로 개발한 제품임. 기존의 메디톡신과 함께 미용시장에서 경쟁력을 가질 수 있는 HA 필러를 개발하여 국내외매출을 확대하고 있다.

실적 분석
동사의 연결 기준 2016년 매출액은 전년 대비 50.6% 증가한 1,332.6억원을 기록함. 메디톡신, 이노톡스 등 보툴리눔 독신 제제와 함께 히알루론산 필러 '뉴라미스'가 매출 호조세를 보여주고 있기 때문임. 매출원가는 70.0% 증가하여 매출총이익률은 소폭 낮아짐. 판매비와 관리비는 광고선전비의 증가 등으로 전년 대비 50.0% 증가함. 영업이익은 751.7억원으로 45.5% 신장함. 당기순이익은 592.3억원으로 40.1% 증가함.

현금 흐름　*IFRS 별도 기준　〈단위 : 억원〉

항목	2015	2016
영업활동	224	541
투자활동	-75	-1,143
재무활동	68	492
순현금흐름	221	-114
기말현금	272	158

결산 실적　〈단위 : 억원〉

항목	2011	2012	2013	2014	2015	2016
매출액	217	363	391	759	885	1,333
영업이익	86	170	168	500	517	752
당기순이익	74	154	143	436	423	592

분기 실적　*IFRS 별도 기준　〈단위 : 억원〉

항목	2015.3Q	2015.4Q	2016.1Q	2016.2Q	2016.3Q	2016.4Q
매출액	230	248	288	315	330	400
영업이익	125	140	164	188	178	221
당기순이익	105	115	136	159	146	151

재무 상태　*IFRS 별도 기준　〈단위 : 억원〉

항목	2011	2012	2013	2014	2015	2016
총자산	529	705	794	1,685	2,036	3,240
유형자산	148	206	358	510	810	1,506
무형자산	71	85	78	99	103	193
유가증권	1	1	2	1	2	2
총부채	118	153	187	869	901	1,764
총차입금	80	78	85	84	251	1,015
자본금	28	28	28	28	28	28
총자본	411	552	607	816	1,135	1,477
지배주주지분	411	552	607	816	1,135	1,477

기업가치 지표

항목	2011	2012	2013	2014	2015	2016
주가(최고/저)(천원)	28.1/16.4	94.5/23.4	182/79.2	317/117	595/306	554/315
PER(최고/저)(배)	22.4/13.0	35.5/8.8	73.3/32.0	41.5/15.4	80.3/41.3	53.2/30.2
PBR(최고/저)(배)	3.6/2.1	9.1/2.3	14.7/6.4	17.0/6.3	24.1/12.4	16.5/9.4
EV/EBITDA(배)	12.5	24.8	51.0	32.8	51.3	26.1
EPS(원)	1,303	2,729	2,529	7,713	7,477	10,471
BPS(원)	8,233	10,684	12,601	18,843	24,870	33,713
CFPS(원)	1,579	3,040	2,859	8,218	8,157	11,311
DPS(원)	300	500	1,000	1,500	1,700	2,000
EBITDAPS(원)	1,794	3,323	3,293	9,337	9,813	14,129

재무 비율　〈단위 : % 〉

연도	영업이익률	순이익률	부채비율	차입금비율	ROA	ROE	유보율	자기자본비율	EBITDA마진율
2016	56.4	44.5	119.4	68.7	22.5	45.4	6,642.6	45.6	60.0
2015	58.4	47.8	79.4	22.1	22.7	43.4	4,874.0	55.8	62.7
2014	65.8	57.5	106.5	10.4	35.2	61.3	3,668.6	48.4	69.6
2013	42.8	36.5	30.9	14.0	19.1	24.7	2,420.3	76.4	47.6

메디포스트 (A078160)
Medipost

업　　종 : 바이오		시　　장 : KOSDAQ	
신용등급 : (Bond) ― 　(CP) ―		기업규모 : 벤처	
홈페이지 : www.medi-post.co.kr		연 락 처 : 02)3465-6677	
본　　사 : 경기도 성남시 분당구 대왕판교로 644번길21			

설 립 일 2000.06.26	종업원수 202명	대표이사 양윤선	
상 장 일 2005.07.29	감사의견 적정 (다산)	계　　열	
결 산 기 12월	보통주 786만주	종속회사수	
액 면 가 500원	우선주	구 상 호	

주주구성 (지분율,%)
양윤선	6.4
알리안츠글로벌인베스터스자산운용	3.4
(외국인)	3.2

출자관계 (지분율,%)
EVASTEMCORPORATION	50.0
에임메드	33.4
랩지노믹스	1.4

주요경쟁사 (외형,%)
메디포스트	100
셀트리온	2,340
바이로메드	24

매출구성
제대혈 보관 및 조혈모세포 이식 등	63.8
멀티 비타민, 미네랄 건강기능식품	11.2
동종줄기세포치료제	11.0

비용구성
매출원가율	45.2
판관비율	87.3

수출비중
수출	1.8
내수	98.2

회사 개요
동사는 줄기세포치료제 개발, 제대혈 보관, 조혈모세포이식 및 건강기능식품 판매의 사업을 영위함. 매출의 60% 이상을 차지하는 제대혈보관사업은 주로 병원에서 산모를 대상으로 한 계약에 의해 이루어짐. 동종줄기세포치료제인 카티스템은 2012년에 세계최초로 국내에서 품목허가를 받았고 동아에스티에 국내 독점판매권을 부여함. 건강기능식품사업은 임산부의 건강관리에 필요한 영양보충제품을 산부인과를 통하여 임산부에게 판매하고 있음.

실적 분석
동사의 2016년 연결기준 누적매출액은 286.5억원으로 전년 대비 23.7% 감소함. 매출 부진과 판관비 증가로 93.2억원의 영업손실이 발생하며 전년 2.1억원에서 적자폭이 확대됐고, 당기순손실은 53.7억원으로 적자전환함. 줄기세포 치료제 카티스템에 대한 의료진과 환자들의 신뢰도가 점점 높아지면서 판매가 증가하는 추세이고, 최근 알츠하이머·파킨슨병 등에 활용 가능한 특허권을 취득하는 등 실적 개선에 긍정적인 신호가 감지됨.

현금 흐름　〈단위 : 억원〉
항목	2015	2016
영업활동	-60	-44
투자활동	-54	-190
재무활동	55	80
순현금흐름	-67	-153
기말현금	254	101

시장 대비 수익률
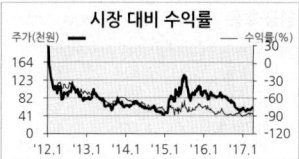

결산 실적　〈단위 : 억원〉
항목	2011	2012	2013	2014	2015	2016
매출액	355	408	415	414	376	287
영업이익	42	-12	-2	-18	-2	-93
당기순이익	50	19	11	-18	27	-54

분기 실적　〈단위 : 억원〉
항목	2015.3Q	2015.4Q	2016.1Q	2016.2Q	2016.3Q	2016.4Q
매출액	90	77	80	72	66	68
영업이익	-12	-2	-13	-24	-25	-32
당기순이익	-10	-5	-6	-21	-14	-11

재무 상태　〈단위 : 억원〉
항목	2011	2012	2013	2014	2015	2016
총자산	1,318	1,374	1,458	1,860	1,829	1,793
유형자산	98	176	386	476	459	442
무형자산	340	355	409	458	456	511
유가증권	15	98	69	127	116	119
총부채	168	202	283	686	365	360
총차입금	5	6	78	447	179	157
자본금	36	36	36	36	39	39
총자본	1,150	1,172	1,174	1,173	1,465	1,433
지배주주지분	1,143	1,164	1,164	1,166	1,465	1,433

기업가치 지표
항목	2011	2012	2013	2014	2015	2016
주가(최고/저)(천원)	216/28.0	210/74.0	101/53.9	73.9/42.0	166/46.2	103/49.9
PER(최고/저)(배)	327.8/42.5	886.7/312.6	726.9/387.9	—/—	466.3/129.3	—/—
PBR(최고/저)(배)	13.4/1.7	12.8/4.5	6.1/3.2	4.5/2.5	8.7/2.4	5.5/2.7
EV/EBITDA(배)	252.7	1,110.4	166.4	238.5	163.5	—
EPS(원)	660	237	139	-257	357	-683
BPS(원)	16,138	16,435	16,612	16,542	19,149	18,570
CFPS(원)	740	471	529	181	967	-82
DPS(원)						
EBITDAPS(원)	714	67	362	192	583	-585

재무 비율　〈단위 : % 〉
연도	영업이익률	순이익률	부채비율	차입금비율	ROA	ROE	유보율	자기자본비율	EBITDA마진율
2016	-32.5	-18.7	25.1	10.9	-3.0	-3.7	3,614.1	79.9	-16.0
2015	-0.6	7.2	24.9	12.3	1.5	2.1	3,729.7	80.1	12.1
2014	-4.3	-4.4	58.5	38.1	-1.1	-1.6	3,208.3	63.1	3.3
2013	-0.5	2.7	24.1	6.6	0.8	0.9	3,222.5	80.6	6.3

메디프론디비티 (A065650)
Medifron DBT

업　　종 : 컴퓨터 및 주변기기		시　　장 : KOSDAQ	
신용등급 : (Bond) ―　(CP) ―		기업규모 : 중견	
홈페이지 : www.medifron.com		연 락 처 : 02)545-9277	
본　　사 : 서울시 강서구 양천로 583, A동 1401호(염창동, 우림블루나인비즈니스센터)			

설 립 일 1997.03.18	종업원수 21명	대표이사 김영호	
상 장 일 2003.01.21	감사의견 적정 (삼덕)	계　　열	
결 산 기 12월	보통주 2,658만주	종속회사수	
액 면 가 500원	우선주	구 상 호	

주주구성 (지분율,%)
묵인희	2.7
이현환	2.3
(외국인)	0.4

출자관계 (지분율,%)
브레인케어	42.0

주요경쟁사 (외형,%)
메디프론	100
빅솔론	669
제이스테판	259

매출구성
LCD모니터, 공유기,게임기기 외	82.7
정보제공수수료	15.4
비마약성 강력진통제,치매치료제,치매진단키트	2.0

비용구성
매출원가율	88.5
판관비율	15.3

수출비중
수출	0.0
내수	100.0

회사 개요
동사의 사업부문은 3가지로서, 유무선 통신사 및 포탈사이트, 커뮤니티 사이트에 컨텐츠를 제공하는 부문과, LCD모니터 및 마우스, 외장하드 등의 유통 부문, 알츠하이머성 치매치료제, 비마약성 강력진통제 등 중추신경계 질병치료 신약을 개발하는 부문 등임. IT기기 유통부문이 전체 매출의 대부분을 차지함. 2006년 의약품 연구개발, 2007년 IT 기기 유통 등 사업목적 추가하며 사업 다각화 노력 지속 중임.

실적 분석
동사의 2016년 연간 매출은 131억원으로 전년대비 59.4% 증가, 영업이익은 -5.0억원으로 적자전환, 당기순이익은 -39.6억원으로 적자지속을 시현함. IT 유통부문과 신약의 매출 증가에도 불구하고 원가율 상승, 판매 관리비 증가로 영업이익은 적자전환 시현함. 신규벤처프랜계 유도체 인지기능장애로 인한 알츠하이머 치료제 물질에 대한 특허를 취득하는 등 신약 부문의 R&D 강화, 신규 거래선 개척으로 신성장 확보에 주력하고 있음

현금 흐름　＊IFRS 별도 기준　〈단위 : 억원〉
항목	2015	2016
영업활동	-2	-12
투자활동	-48	16
재무활동	60	0
순현금흐름	10	4
기말현금	17	22

시장 대비 수익률
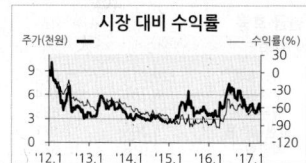

결산 실적　〈단위 : 억원〉
항목	2011	2012	2013	2014	2015	2016
매출액	132	88	113	54	82	131
영업이익	7	-22	-16	-26	3	-5
당기순이익	7	-21	-20	-85	-17	-40

분기 실적　＊IFRS 별도 기준　〈단위 : 억원〉
항목	2015.3Q	2015.4Q	2016.1Q	2016.2Q	2016.3Q	2016.4Q
매출액	19	27	23	26	35	46
영업이익	1	2	-0	-1	0	1
당기순이익	-0	-15	-4	-4	-4	-31

재무 상태　＊IFRS 별도 기준　〈단위 : 억원〉
항목	2011	2012	2013	2014	2015	2016
총자산	386	365	347	265	308	278
유형자산	2	2	1	0	0	0
무형자산	276	275	275	212	196	165
유가증권	0	0	0	0	36	16
총부채	8	10	12	15	70	22
총차입금					57	―
자본금	123	123	123	123	123	133
총자본	378	355	335	249	238	256
지배주주지분	378	355	335	249	238	256

기업가치 지표　＊IFRS 별도 기준
항목	2011	2012	2013	2014	2015	2016
주가(최고/저)(천원)	10.5/4.2	10.1/3.0	6.0/3.0	3.7/2.5	6.5/2.5	7.7/3.2
PER(최고/저)(배)	378.7/152.7	—/—	—/—	—/—	—/—	—/—
PBR(최고/저)(배)	6.9/2.8	7.0/2.1	4.4/2.2	3.6/2.4	6.8/2.6	8.0/3.3
EV/EBITDA(배)	254.2				304.0	
EPS(원)	28	-87	-82	-345	-69	-149
BPS(원)	1,532	1,437	1,357	1,011	965	962
CFPS(원)	32	-84	-77	-339	-68	-148
DPS(원)						
EBITDAPS(원)	31	-84	-61	-101	12	-18

재무 비율　〈단위 : % 〉
연도	영업이익률	순이익률	부채비율	차입금비율	ROA	ROE	유보율	자기자본비율	EBITDA마진율
2016	-3.8	-30.3	8.5	0.0	-13.5	-16.1	92.4	92.2	-3.7
2015	3.1	-20.8	29.6	24.2	-6.0	-7.0	92.9	77.2	3.5
2014	-48.7	-157.2	6.2	0.0	-27.8	-29.1	102.2	94.2	-45.9
2013	-14.5	-17.8	3.7	0.0	-5.7	-5.9	171.4	96.4	-13.4

메리츠금융지주 (A138040)
Meritz Financial Group

업 종 : 보험		시 장 : 거래소
신용등급 : (Bond) AA (CP) A1		기업규모 : 시가총액 중형주
홈페이지 : www.meritzgroup.com		연락처 : 02)2018-6868
본 사 : 서울시 강남구 강남대로 382(역삼동)		

설 립 일 2011.03.28	종업원수 16명	대표이사 김용범	
상 장 일 2011.05.13	감사의견 적정 (한영)	계 열	
결 산 기 12월	보통주 14,289만주	종속회사수	
액 면 가 500원	우선주	구 상 호	

주주구성 (지분율,%)		출자관계 (지분율,%)		주요경쟁사 (외형,%)	
조정호	67.7	메리츠캐피탈	100.0	메리츠금융지주	100
KB자산운용	6.4	메리츠금융서비스	100.0	코리안리	600
(외국인)	6.2	메리츠자산운용	100.0	동양생명	548

수익구성		비용구성		수출비중	
		이자비용	2.8	수출	—
		파생상품손실	1.1	내수	—
		판관비	9.9		

회사 개요
동사는 2011년 금융지주회사의 설립을 목적으로 메리츠화재와 메리츠금융지주로 회사 인적분할에 따라 설립됨. 국내 최초의 보험지주회사로 설립된 이래 유럽 재정위기, 글로벌 금융시장의 불확실성 확대로 어려운 경영환경이 지속되고 있지만 지주체제를 통해 그룹 리스크 및 대응 프로세스를 보다 견고히 하고 비상경영체제를 통해 강도 높은 비용 절감을 추진하고 있음. 동사는 금융 자회사 경영 관리를 주 목적으로 함.

실적 분석
동사의 2016년 연결기준 연간 누적 보험영업수익은 12조3,515.7원으로 전년 동기(10조1,894) 대비 약 20% 증가함. 영업수익이 증가하면서 전반적인 비용 또한 큰 폭으로 증가했지만 영업수익 증가율이 높아 영업이익은 6,884.3억원으로 전년 동기(6,168.3억원) 대비 약 10% 늘어남. 영업이익이 늘어나면서 당기순이익 또한 증가해 전년 동기 대비 약 20% 가까이 늘어난 5,219.5억원을 시현함.

현금 흐름 〈단위 : 억원〉

항목	2015	2016
영업활동	-20,317	-3,025
투자활동	-8,787	-17,444
재무활동	30,409	22,633
순현금흐름	1,308	2,171
기말현금	7,916	10,087

시장 대비 수익률

결산 실적 〈단위 : 억원〉

항목	2011	2012	2013	2014	2015	2016
이자수익	1,218	5,549	4,628	7,948	9,366	11,137
영업이익	1,357	1,883	2,001	2,726	6,168	6,884
당기순이익	3,096	1,372	1,531	2,374	4,421	5,220

분기 실적 〈단위 : 억원〉

항목	2015.3Q	2015.4Q	2016.1Q	2016.2Q	2016.3Q	2016.4Q
이자수익	2,389	2,448	2,721	2,678	2,882	2,855
영업이익	1,159	1,326	1,396	2,129	1,978	1,381
당기순이익	864	939	1,060	1,606	1,476	1,078

재무 상태 〈단위 : 억원〉

항목	2011	2012	2013	2014	2015	2016
총자산	97,479	195,640	211,075	267,625	320,263	375,437
유형자산	4,303	5,673	5,742	5,967	6,005	5,604
무형자산	17,675	16,120	14,655	12,523	10,632	8,945
유가증권	40,163	91,699	92,362	132,449	154,572	181,266
총부채	81,806	173,866	189,509	237,629	283,969	335,571
총차입금	2,095	35,230	43,620	70,195	97,641	121,868
자본금	574	574	574	714	714	714
총자본	15,673	21,774	21,566	29,997	36,293	39,866
지배주주지분	8,449	9,564	9,425	13,636	15,566	17,587

기업가치 지표

항목	2011	2012	2013	2014	2015	2016
주가(최고/저)(천원)	4.9/1.7	4.0/2.1	6.1/3.5	9.0/6.1	16.1/8.8	12.6/10.1
PER(최고/저)(배)	1.8/0.6	9.0/4.6	10.9/6.3	10.4/7.1	11.7/6.4	7.3/5.9
PBR(최고/저)(배)	0.7/0.3	0.5/0.3	0.8/0.5	1.0/0.7	1.5/0.8	1.0/0.8
PSR(최고/저)(배)	4/1	1/0	2/1	2/1	3/1	2/1
EPS(원)	2,983	477	590	912	1,426	1,769
BPS(원)	7,663	8,634	8,364	9,664	11,015	12,429
CFPS(원)	4,846	3,062	2,541	3,043	3,296	3,185
DPS(원)	—	75	90	85	155	300
EBITDAPS(원)	1,508	1,641	1,744	2,138	4,317	4,818

재무 비율 〈단위 : %〉

연도	계속사업이익률	순이익률	부채비율	차입금비율	ROA	ROE	유보율	자기자본비율	총자산증가율
2016	61.7	46.9	841.8	305.7	1.5	15.3	2,385.8	10.6	17.2
2015	65.5	47.2	782.4	269.0	1.5	14.0	2,102.9	11.3	19.7
2014	38.6	29.9	792.2	234.0	1.0	10.1	1,832.8	11.2	36.8
2013	44.3	33.1	878.8	202.3	0.8	7.6	1,572.8	10.2	7.9

메리츠종합금융증권 (A008560)
Meritz Securities

업 종 : 증권		시 장 : 거래소
신용등급 : (Bond) AA- (CP) A1		기업규모 : 시가총액 중형주
홈페이지 : home.imeritz.com		연락처 : 02)785-6611
본 사 : 서울시 영등포구 국제금융로6길 15 (여의도동)		

설 립 일 1973.02.24	종업원수 1,478명	대표이사 최희문	
상 장 일 1992.01.15	감사의견 적정 (한영)	계 열	
결 산 기 12월	보통주 49,664만주	종속회사수	
액 면 가 1,000원	우선주	구 상 호	

주주구성 (지분율,%)		출자관계 (지분율,%)		주요경쟁사 (외형,%)	
메리츠금융지주	32.4	오라클1호자조합	37.7	메리츠종금증권	100
국민연금공단	10.1	역삼오피스PFV	20.0		74
(외국인)	9.2	서초동복합시설PFV	17.6	삼성증권	123

수익구성		비용구성		수출비중	
금융상품 관련이익	61.9	이자비용	5.3	수출	—
이자수익	12.3	파생상품손실	0.0	내수	—
수수료수익	11.4	판관비	6.9		

회사 개요
동사는 2010년 4월 메리츠종합금융과의 합병으로 2020년 3월까지 유일하게 종합금융업을 영위할 수 있음. 이에 따라 기존 증권업 외에 종금대출업 등으로 사업포트폴리오를 다각화 했으며, 아울러 메리츠자산운용, 메리츠금융서비스, 메리츠캐피탈 등 계열회사와의 시너지 창출에 성공하고 있는 것으로 판단. 아울러 동사는 6월 아이엠투자증권과의 합병을 완료하였으며, 최근 4,100억원 규모의 유상증자를 성공적으로 완료하였음.

실적 분석
동사의 2016년 연결 기준 영업수익은 4조9466억원, 영업이익은 3269억원으로 전년 대비 영업수익은 52.6% 늘었으나 영업이익은 19.3% 감소함. 동사는 수수료 수지가 3,136억원으로 전기 대비 3.7%인 119억원 감소하였으며, 금융상품평가및처분수지는 -39억으로 1,610억원 감소함. 대출채권평가 및처분수지도 -31억으로 135억원 감소함. 파생상품평가및거래수지는 624억으로 514억원 증가함.

현금 흐름 〈단위 : 억원〉

항목	2015	2016
영업활동	-22,628	-3,989
투자활동	-625	-9,962
재무활동	24,396	15,052
순현금흐름	1,145	1,110
기말현금	5,462	6,572

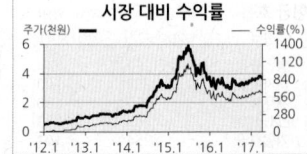
시장 대비 수익률

결산 실적 〈단위 : 억원〉

항목	2011	2012	2013	2014	2015	2016
순영업손익	2,540	2,725	2,186	3,919	8,003	6,465
영업이익	700	764	682	1,443	4,051	3,269
당기순이익	531	586	516	1,447	2,873	2,538

분기 실적 〈단위 : 억원〉

항목	2015.3Q	2015.4Q	2016.1Q	2016.2Q	2016.3Q	2016.4Q
순영업손익	1,865	1,450	1,321	2,042	1,615	1,486
영업이익	939	817	680	1,092	814	682
당기순이익	709	581	502	832	630	575

재무 상태 〈단위 : 억원〉

항목	2011	2012	2013	2014	2015	2016
총자산	73,714	84,658	86,837	117,838	144,287	172,678
유형자산	793	730	697	1,040	1,013	996
무형자산	294	506	459	484	405	357
유가증권	29,302	40,006	36,860	64,687	77,067	90,435
총부채	66,940	77,584	79,693	107,066	127,101	153,895
총차입금	24,168	32,311	33,788	53,688	73,650	89,746
자본금	3,089	3,092	3,095	3,118	4,966	4,966
총자본	6,774	7,073	7,145	10,771	17,186	18,783
지배주주지분	6,770	7,073	7,145	8,998	17,186	18,783

기업가치 지표

항목	2011	2012	2013	2014	2015	2016
주가(최고/저)(천원)	0.7/0.5	1.1/0.5	1.5/1.1	3.7/1.3	5.9/3.0	3.7/2.9
PER(최고/저)(배)	5.9/3.8	7.8/3.8	10.9/8.0	9.9/3.5	9.1/4.7	7.7/6.0
PBR(최고/저)(배)	0.5/0.3	0.7/0.3	0.8/0.6	1.6/0.6	1.9/1.0	1.0/0.8
PSR(최고/저)(배)	1/1	1/0	3/2	4/1	3/2	3/2
EPS(원)	160	177	156	434	726	511
BPS(원)	2,192	2,288	2,340	2,917	3,480	3,802
CFPS(원)	231	256	216	510	760	538
DPS(원)	75	85	70	145	230	200
EBITDAPS(원)	227	247	221	464	993	658

재무 비율 〈단위 : %〉

연도	계속사업이익률	순이익률	부채비율	차입금비율	ROA	ROE	유보율	자기자본비율	총자산증가율
2016	51.5	39.3	819.3	477.8	1.6	14.1	280.2	10.9	19.7
2015	50.8	35.9	739.6	428.6	2.2	22.6	248.0	11.9	22.5
2014	45.6	36.9	994.0	498.4	1.4	17.9	191.7	9.1	39.2
2013	32.3	23.6	1,115.4	472.9	0.6	7.3	134.0	8.2	2.6

메리츠화재해상보험 (A000060)
Meritz Fire & Marine Insurance

업 종 : 보험		시 장 : 거래소	
신용등급 : (Bond) — (CP) —		기업규모 : 시가총액 중형주	
홈페이지 : www.meritzfire.com		연 락 처 : 1566-7711	
본 사 : 서울시 강남구 강남대로 382			

설 립 일 1922.10.01	종업원수 1,832명	대표이사 김용범	
상 장 일 1956.07.02	감사의견 적정 (한영)	계 열	
결 산 기 12월	보통주 11,034만주	종속회사수	
액 면 가 500원	우선주	구상호	

주주구성 (지분율,%)
메리츠금융지주	52.0
한국투자밸류자산운용	5.5
(외국인)	17.1

출자관계 (지분율,%)
메리츠코린도	51.0
스틱세컨더리유한회사투자전문회사	47.9
매도가능금융자산	36.0

주요경쟁사 (외형,%)
메리츠화재	100
코리안리	111
동양생명	102

수익구성
장기	77.9
자동차	12.6
특종	5.7

비용구성
책임준비금전입	23.0
보험금비용	30.0
사업비	9.2

수출비중
수출	—
내수	—

회사 개요
동사는 1922년 10월 조선화재해상보험주식회사라는 상호로 설립된 후 1950년에 동양화재해상보험으로 사명을 변경했으며, 2005년 메리츠화재해상보험이 됨. 동사가 소속된 메리츠금융지주엔 동사와 지주사, 메리츠종금증권 등 상장 금융사 3개, 메리츠자산운용, 메리츠캐피탈, 메리츠금융서비스 등 비상장 금융사 3개, 해외법인과 기타법인 3개 등 9개 계열회사가 있음. 동사는 손해보험업계에서 약 8%의 점유율을 기록하고 있음.

실적 분석
동사의 연결기준 2016년 영업수익은 7조 1,520억원으로 전년동기 대비 소폭 상승함. 같은 기간 당기순이익은 2,372억원으로 전년동기 대비 큰 폭 증가함. 이는 최근 인력 구조조정 등 고정비용을 지속적으로 줄여온 것이 반영된 결과임. 보험업 성장 정체 속에서도 전년동기 대비 성장세를 시현하였음. 보험료 자율화에 따른 손해율 개선과 구조조정 효과 등이 맞물려 양호한 실적을 이어갈 것으로 보임.

현금 흐름 〈단위 : 억원〉
항목	2015	2016
영업활동	9,596	8,700
투자활동	-9,357	-8,430
재무활동	-53	0
순현금흐름	188	271
기말현금	1,491	1,762

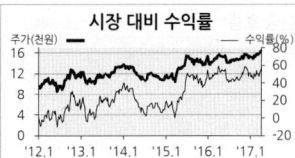

시장 대비 수익률

결산 실적 〈단위 : 억원〉
항목	2011	2012	2013	2014	2015	2016
보험료수익	42,366	47,687	37,178	51,967	56,658	60,019
영업이익	2,099	1,813	1,748	1,566	2,247	3,143
당기순이익	1,604	1,356	1,337	1,149	1,690	2,372

분기 실적 〈단위 : 억원〉
항목	2015.3Q	2015.4Q	2016.1Q	2016.2Q	2016.3Q	2016.4Q
보험료수익	14,178	14,686	14,682	15,094	14,847	15,396
영업이익	642	517	621	927	1,012	583
당기순이익	482	389	489	702	748	434

재무 상태 〈단위 : 억원〉
항목	2011	2012	2013	2014	2015	2016
총자산	86,636	101,728	110,526	130,474	148,325	165,737
유형자산	4,320	4,550	4,607	4,776	4,617	4,419
무형자산	859	1,198	1,241	1,031	805	591
유가증권	39,650	50,695	55,970	65,046	75,884	88,146
총부채	77,629	90,832	100,098	116,452	133,513	149,351
총차입금	—	—	2,451	2,452	2,852	2,853
자본금	484	484	507	530	530	552
총자본	9,007	10,895	10,428	14,022	14,811	16,385
지배주주지분	8,985	10,862	10,393	13,976	14,762	16,326

기업가치 지표
항목	2011	2012	2013	2014	2015	2016
주가(최고/저)(천원)	11.5/8.0	13.6/8.6	14.0/10.0	13.9/10.5	15.6/10.4	16.0/13.2
PER(최고/저)(배)	7.7/5.6	11.2/7.1	12.0/8.6	13.9/10.6	10.7/7.1	7.8/6.4
PBR(최고/저)(배)	1.4/1.0	1.4/0.9	1.5/1.1	1.2/0.9	1.2/0.8	1.1/0.9
PSR(최고/저)(배)	0/0	0/0	0/0	0/0	0/0	0/0
EPS(원)	1,732	1,404	1,311	1,119	1,590	2,175
BPS(원)	9,293	11,234	10,381	13,303	13,989	14,895
CFPS(원)	2,016	1,726	1,657	1,665	2,108	2,643
DPS(원)	550	300	320	380	570	830
EBITDAPS(원)	2,273	1,875	1,727	1,530	2,121	2,891

재무 비율 〈단위 : % 〉
연도	계속사업이익률	순이익률	부채비율	차입금비율	ROA	ROE	유보율	자기자본비율	총자산증가율
2016	5.2	4.0	911.5	17.4	1.5	15.2	2,878.9	9.9	11.7
2015	3.9	3.0	901.4	19.3	1.2	11.7	2,697.7	10.0	13.7
2014	3.0	2.2	830.5	17.5	1.0	9.4	2,560.6	10.8	28.3
2013	4.7	3.6	959.9	23.5	1.3	12.5	1,976.3	9.4	8.7

메이슨캐피탈 (A021880)
MASON CAPITAL

업 종 : 소비자 금융		시 장 : KOSDAQ	
신용등급 : (Bond) — (CP) —		기업규모 : 중견	
홈페이지 : www.mason-capital.co.kr		연 락 처 : 063)287-5305	
본 사 : 전북 전주시 완산구 기린대로 213, 전주대우빌딩 13층			

설 립 일 1989.09.01	종업원수 12명	대표이사 김병양	
상 장 일 1996.09.02	감사의견 적정 (유진)	계 열	
결 산 기 03월	보통주 8,045만주	종속회사수 1개사	
액 면 가 500원	우선주	구상호 씨엑스씨종합캐피탈	

주주구성 (지분율,%)
제이디글로벌에셋조합	19.9
디케이알인베스트먼트	17.0
(외국인)	0.2

출자관계 (지분율,%)
코아신용정보	40.4
도부라이프텍	19.4
온다컴	19.0

주요경쟁사 (외형,%)
메이슨캐피탈	100
삼성카드	24,676
KB캐피탈	1,937

수익구성
이자수익	55.1
대출채권 등 평가 및 처분이익	39.7
금융상품 관련이익	3.0

비용구성
이자비용	17.6
파생상품손실	0.0
판관비	37.5

수출비중
수출	—
내수	—

회사 개요
동사는 1989년 설립되어 여신전문금융법에 근거하여 시설대여업, 신기술사업금융업, 여신성 금융업, 기업구조조정 업무 등을 영위하고 있으며 종속회사는 채권추심, 신용조사 등의 신용조사업을 영위하고 있음. 2012년 진흥저축은행에서 CXC로 최대주주가 변경되면서 CXC 그룹이 보유하고 있는 고객들을 대상으로 Auto Financing 사업을 강화하면서 리스자산 위주의 우량자산 build-up에 집중할 계획임.

실적 분석
동사는 3월 결산법인임. 2016년 4월부터 2016년 12월까지(3분기) 영업수익이 총 171억원을 기록했으며, 이자수익이나 당기손익인식금융상품관련 수익이 전년 동기에 비해 소폭 늘었음. 그러나 영업비용이 207.7억원 발생하면서 결과적으로 영업손익은 36.7억원 손실을 기록했음. 영업외손익도 -1.1억원을 기록해 당기순손실 37.8억원을 기록하며 전년 동기에 이어 적자를 지속하는 모습.

현금 흐름 〈단위 : 억원〉
항목	2015	2016.3Q
영업활동	82	-525
투자활동	-163	-26
재무활동	125	497
순현금흐름	45	-54
기말현금	82	28

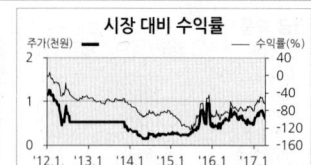

시장 대비 수익률

결산 실적 〈단위 : 억원〉
항목	2011	2012	2013	2014	2015	2016
순영업손익	-305	-122	19	29	114	—
영업이익	-362	-172	-96	-83	23	—
당기순이익	-282	-258	-114	-90	25	—

분기 실적 〈단위 : 억원〉
항목	2015.2Q	2015.3Q	2015.4Q	2016.1Q	2016.2Q	2016.3Q
순영업손익	29	17	47	24	2	9
영업이익	8	-13	33	2	-18	-21
당기순이익	4	-10	30	2	-18	-21

재무 상태 〈단위 : 억원〉
항목	2011	2012	2013	2014	2015	2016.3Q
총자산	947	449	438	364	532	991
유형자산	4	7	6	3	3	4
무형자산	4	1	18	15	10	9
유가증권	225	10	5	6	39	69
총부채	358	111	159	176	211	619
총차입금	341	96	100	100	118	526
자본금	615	615	206	206	286	366
총자본	589	338	279	188	321	372
지배주주지분	588	337	243	152	278	331

기업가치 지표
항목	2011	2012	2013	2014	2015	2016.3Q
주가(최고/저)(천원)	1.7/1.0	1.0/0.5	0.5/0.2	0.3/0.2	1.0/0.2	0.9/0.5
PER(최고/저)(배)	—/—	—/—	—/—	—/—	24.6/5.5	—/—
PBR(최고/저)(배)	0.9/0.5	0.9/0.4	0.7/0.3	0.6/0.3	2.0/0.4	2.0/1.0
PSR(최고/저)(배)	0/0	0/0	11/4	5/2	4/1	0/0
EPS(원)	-756	-691	-286	-219	39	49.0
BPS(원)	1,092	686	1,586	1,146	486	452
CFPS(원)	-454	-416	-556	-425	44	-48
DPS(원)						
EBITDAPS(원)	-588	-279	-496	-404	47	-51

재무 비율 〈단위 : % 〉
연도	계속사업이익률	순이익률	부채비율	차입금비율	ROA	ROE	유보율	자기자본비율	총자산증가율
2015	23.7	22.2	65.8	36.7	5.6	8.8	-2.9	60.3	46.2
2014	-312.4	-312.8	일부잠식	일부잠식	-22.5	-45.9	14.6	51.8	-16.8
2013	-502.2	-603.3	57.0	35.9	-25.7	-38.4	58.6	63.7	-2.5
2012	147.4	212.1	일부잠식	일부잠식	-37.0	-55.7	-31.4	75.4	-52.6

메지온 (A140410)
Mezzion Pharma

업　종 : 제약　　　　　　　　　　시　장 : KOSDAQ
신용등급 : (Bond) —　　(CP) —　　기업규모 : 중견
홈페이지 : www.mezzion.co.kr　　연락처 : 02)560-8000
본　사 : 서울시 강남구 테헤란로 87길 35 C&H빌딩 3층

설 립 일	2002.09.25	종 업 원 수	25명	대 표 이 사	박동현
상 장 일	2012.01.20	감 사 의 견	적정 (삼영)	계 열	
결 산 기	12월	보 통 주	816만주	종속회사수	
액 면 가	500원	우 선 주		구 상 호	동아팜텍

주주구성 (지분율,%)		출자관계 (지분율,%)		주요경쟁사 (외형,%)	
CCE Investment Inc	12.5	MezzionInternationalLLC	100.0	메지온	100
박동현	10.0			대한뉴팜	1,250
(외국인)	20.7			비씨월드제약	522

매출구성		비용구성		수출비중	
[발기부전치료제]Milestone	57.7	매출원가율	43.3	수출	55.8
[국내 의료기기]Stent	40.9	판관비율	139.2	내수	44.2
[발기부전치료제]상품매출	1.3				

회사 개요
동사는 의약품제조업과 판매업을 주사업목적으로 설립된 글로벌 신약개발 전문기업임. 발기부전치료제로 개발한 신약물질 Udenafil을 미국, 캐나다, 멕시코, 러시아에서 발기부전 및 전립선비대증에 대한 치료제 개발을 진행하고 있음. 폰탄수술환자 치료제의 미국 임상 3상 직접 수행과 최종허가를 현지에서 직접 수행하고, 향후 상용화와 판매 마케팅을 위해서 자회사를 설립함. 전립선암치료제, 치매치료제를 신규후보물질로 도입 검토중임.

실적 분석
동사의 2016년 연결기준 누적매출액은 전년 동기대비 41.4% 감소한 87.5억원을 기록함. 이는 동사의 폰탄임상 3상 진행에 따른 연구개발비 증가에 기인함. 현재 발기부전치료제 위탁생산기관인 인도 닥터레디사가 미국 의약품품질관리기준을 충족하지 못하여 손해배상소송을 제기한 상태임. 이를 대비하여 타사와 원료 공급과 완제품 공급 계약을 체결함. 향후, 폰탄수술 환자 치료제 임상실험 완료, 스텐트 사업 지속을 꾀하는 중임.

현금 흐름　　〈단위 : 억원〉

항목	2015	2016
영업활동	18	-64
투자활동	-10	-368
재무활동	249	-15
순현금흐름	261	-447
기말현금	653	206

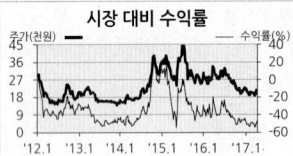
시장 대비 수익률

결산 실적　　〈단위 : 억원〉

항목	2011	2012	2013	2014	2015	2016
매출액	51	86	44	49	149	88
영업이익	29	17	-25	-49	-27	-72
당기순이익	32	24	-8	-26	42	-130

분기 실적　　〈단위 : 억원〉

항목	2015.3Q	2015.4Q	2016.1Q	2016.2Q	2016.3Q	2016.4Q
매출액	15	15	11	24	13	40
영업이익	-29	-22	-17	-36	-16	-4
당기순이익	43	-31	-29	-47	-47	-6

재무 상태　　〈단위 : 억원〉

항목	2011	2012	2013	2014	2015	2016
총자산	316	673	633	779	1,031	959
유형자산	2	2	1	3	7	2
무형자산	10	11	11	30	25	3
유가증권	120	108	49	19	67	270
총부채	34	40	12	117	405	431
총차입금	1	6			356	383
자본금	30	40	40	41	41	41
총자본	282	633	622	662	625	528
지배주주지분	282	633	622	662	625	528

기업가치 지표

항목	2011	2012	2013	2014	2015	2016
주가(최고/저)(천원)	—/—	29.7/14.2	23.4/13.7	40.3/14.8	46.6/23.2	34.2/19.6
PER(최고/저)(배)	0.0/0.0	99.8/47.8	—/—	—/—	89.8/44.7	—/—
PBR(최고/저)(배)	0.0/0.0	3.1/1.5	2.5/1.5	4.4/1.6	4.8/2.4	4.0/2.3
EV/EBITDA(배)		59.9				
EPS(원)	530	298	-103	-317	519	-1,592
BPS(원)	4,655	9,572	9,429	9,228	9,727	8,535
CFPS(원)	536	304	-97	-299	561	-1,541
DPS(원)		25				
EBITDAPS(원)	490	216	-300	-589	-294	-834

재무 비율　　〈단위 : % 〉

연도	영업이익률	순이익률	부채비율	차입금비율	ROA	ROE	유보율	자기자본비율	EBITDA마진율
2016	-82.5	-148.4	81.6	72.5	-13.1	-22.5	1,606.9	55.1	-77.8
2015	-18.3	28.3	64.8	56.9	4.7	6.6	1,845.4	60.7	-16.0
2014	-101.2	-52.9	17.7	0.0	-3.6	-4.0	1,745.6	84.9	-98.1
2013	-56.2	-18.9	1.9	0.0	-1.3	-1.3	1,785.8	98.2	-55.1

메타바이오메드 (A059210)
Metabiomed

업　종 : 의료 장비 및 서비스　　시　장 : KOSDAQ
신용등급 : (Bond) —　　(CP) —　　기업규모 : 벤처
홈페이지 : www.meta-biomed.com　　연락처 : 043)218-1981
본　사 : 충북 청주시 흥덕구 오송읍 오송생명1로 270

설 립 일	1999.07.01	종 업 원 수	193명	대 표 이 사	오석송
상 장 일	2008.04.15	감 사 의 견	적정 (안진)	계 열	
결 산 기	12월	보 통 주	2,187만주	종속회사수	
액 면 가	500원	우 선 주		구 상 호	

주주구성 (지분율,%)		출자관계 (지분율,%)		주요경쟁사 (외형,%)	
오석송	21.6	한국디지털병원수출사업협동조합	2.6	메타바이오메드	100
한국증권금융	3.2			오스템임플란트	524
(외국인)	1.7			디오	134

매출구성		비용구성		수출비중	
[통신장비]디지털 도어록 외	40.3	매출원가율	63.9	수출	61.4
[봉합사]Mepfil 외	24.7	판관비율	30.0	내수	38.6
기타	13.3				

회사 개요
동사는 치과용재료 및 기기, 생분해성 봉합원사, 정형외과 및 치과용골수복재 제품을 생산하여 판매하고 있음. 매출 구성은 덴탈부문이 전체 매출의 약 30%, 수술용 봉합원사 25~30%, 통신장비 30~40%를 차지함. 미국 판매법인인 'MetaBiomed, Inc'와 캄보디아 생산, 판매 법인 및 통신장비제조사, 공사를 영위하는 '메타네트웍스' 등 9개사를 계열사로 보유하고 있음.

실적 분석
동사의 2016년 누적 매출액은 657.8억원으로 전년 대비 4.1% 감소함. 판관율은 하락하였으나 판관비 증가와 매출 감소로 영업이익은 40.2억원을 기록해 전년보다 43.8% 줄어듦. 통신장비부문의 매출 감소와 수익성 저하가 전사 실적을 악화시킨 요인임. 봉합사 부문은 진입장벽이 높아 경쟁력을 유지하기가 수월하고 덴탈 부문은 지속적인 수요 확대가 예상됨.

현금 흐름　　〈단위 : 억원〉

항목	2015	2016
영업활동	49	50
투자활동	15	-62
재무활동	-53	31
순현금흐름	9	21
기말현금	14	35

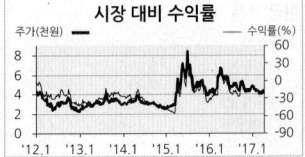
시장 대비 수익률

결산 실적　　〈단위 : 억원〉

항목	2011	2012	2013	2014	2015	2016
매출액	271	442	635	614	686	658
영업이익	35	47	45	-2	72	40
당기순이익	11	22	22	-48	10	7

분기 실적　　〈단위 : 억원〉

항목	2015.3Q	2015.4Q	2016.1Q	2016.2Q	2016.3Q	2016.4Q
매출액	153	184	165	171	137	186
영업이익	11	28	11	11	18	1
당기순이익	4	-5	5	11	11	-20

재무 상태　　〈단위 : 억원〉

항목	2011	2012	2013	2014	2015	2016
총자산	539	1,034	1,168	1,151	1,138	1,201
유형자산	284	517	516	524	529	464
무형자산	38	91	95	77	85	87
유가증권	3	3	3	3	2	2
총부채	148	625	722	709	618	672
총차입금	121	507	612	594	494	535
자본금	86	86	86	95	108	109
총자본	390	409	445	442	520	528
지배주주지분	379	398	435	429	509	516

기업가치 지표

항목	2011	2012	2013	2014	2015	2016
주가(최고/저)(천원)	5.9/1.7	4.7/2.1	4.1/2.4	4.1/2.5	8.4/2.6	6.9/4.0
PER(최고/저)(배)	87.1/24.5	35.1/15.9	32.8/19.3	—/—	215.6/65.6	234.2/135.3
PBR(최고/저)(배)	2.7/0.8	2.0/0.9	1.6/1.0	1.8/1.1	3.5/1.1	2.8/1.6
EV/EBITDA(배)	13.3	11.9	13.2	31.5	12.6	19.6
EPS(원)	69	136	127	-283	39	29
BPS(원)	2,219	2,358	2,572	2,294	2,387	2,419
CFPS(원)	206	303	316	-88	216	200
DPS(원)	15	15	15	10	10	10
EBITDAPS(원)	341	441	452	186	524	355

재무 비율　　〈단위 : % 〉

연도	영업이익률	순이익률	부채비율	차입금비율	ROA	ROE	유보율	자기자본비율	EBITDA마진율
2016	6.1	1.1	127.3	101.2	0.6	1.3	383.8	44.0	11.8
2015	10.4	1.4	118.8	95.0	0.9	1.7	377.4	45.7	15.7
2014	-0.3	-7.8	160.3	134.4	-4.1	-11.5	358.8	38.4	5.3
2013	7.1	3.5	162.2	137.4	2.0	5.2	414.5	38.1	12.2

멕아이씨에스 (A058110)
MEKICS

업 종 : 의료 장비 및 서비스	시 장 : KOSDAQ
신용등급 : (Bond) — (CP) —	기업규모 : 신성장
홈페이지 : www.mek-ics.com	연 락 처 : (070)7119-2500
본 사 : 경기도 파주시 상지석길 21	

설 립 일 1998.11.26	종 업 원 수 61명	대 표 이 사 김종철	
상 장 일 2015.12.14	감 사 의 견 적정 (리안)	계 열	
결 산 기 12월	보 통 주 536만주	종속회사수	
액 면 가 500원	우 선 주	구 상 호	

주주구성 (지분율,%)		출자관계 (지분율,%)		주요경쟁사 (외형,%)	
김종철	24.8	멕헬스케어	90.9	멕아이씨에스	100
엔에이치엔인베스트먼트	5.0	연대세종의료기계유한공사	100.0	메디아나	674
(외국인)	0.5			유비케어	862

매출구성		비용구성		수출비중	
인공호흡기	58.2	매출원가율	57.5	수출	51.0
환자감시장치	17.8	판관비율	61.2	내수	49.0
상품 및 기타	16.7				

회사 개요
동사는 1998년 11월 설립된 응급실 및 중환자실에 필수적으로 사용되는 인공호흡기 및 환자감시장치를 설계, 제조, 판매하는 중환자용 의료기기 전문 제조업체로서 국내에서 유일하게 인공호흡기 자체 생산이 가능함. 동사의 기술을 기반으로 제조된 인공호흡기 및 호흡치료기는 국내의 요양병원, 로컬병원 및 대형 종합병원에 공급되고 있으며 BRICs를 중심으로 한 이머징 마켓을 포함해 전세계 20개 국에 수출되고 있음.

실적 분석
동사의 2016년 매출액은 79.2억원으로 전년 동기 대비 12.0% 감소하였음. 매출원가는 6.2% 감소에 그쳤고, 판매비와 관리비는 48.5억원으로 5.8% 증가하여 영업적자 14.8억원을 기록함. 당기순손실도 이와 비슷한 수준인 18.1억원을 기록함. 외형 감소의 원인은 수출 부진에서 비롯됨. 동사는 해외판매 네트워크 확보 및 중국 현지생산을 통한 해외영업 확대를 꾀하고 있음.

현금 흐름 〈단위 : 억원〉

항목	2015	2016
영업활동	1	-22
투자활동	-19	-3
재무활동	25	50
순현금흐름	8	25
기말현금	29	54

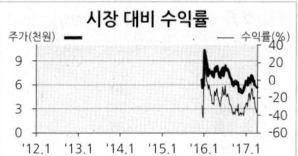
시장 대비 수익률

결산 실적 〈단위 : 억원〉

항목	2011	2012	2013	2014	2015	2016
매출액	—	—	97	85	90	79
영업이익	—	—	9	3	-4	-15
당기순이익	—	—	5	-0	26	-18

분기 실적 〈단위 : 억원〉

항목	2015.3Q	2015.4Q	2016.1Q	2016.2Q	2016.3Q	2016.4Q
매출액	17	21	17	20	14	28
영업이익	-6	-1	-6	-6	-5	1
당기순이익	16	-1	-6	-6	-6	-1

재무 상태 〈단위 : 억원〉

항목	2011	2012	2013	2014	2015	2016
총자산	—	—	113	202	217	250
유형자산	—	—	34	121	122	121
무형자산	—	—	0	0	1	1
유가증권	—	—	0	0	0	0
총부채	—	—	94	184	114	152
총차입금	—	—	78	159	105	138
자본금	—	—	15	15	27	27
총자본	—	—	19	18	103	99
지배주주지분	—	—	19	18	103	98

기업가치 지표

항목	2011	2012	2013	2014	2015	2016
주가(최고/저)(천원)	—/—	—/—	—/—	—/—	7.1/5.6	11.7/4.7
PER(최고/저)(배)	0.0/0.0	0.0/0.0	0.0/0.0	0.0/0.0	12.8/10.2	—/—
PBR(최고/저)(배)	0.0/0.0	0.0/0.0	0.0/0.0	0.0/0.0	3.7/2.9	6.4/2.6
EV/EBITDA(배)	0.0	0.0	4.1	24.8		
EPS(원)	—	—	108	-7	551	-333
BPS(원)	—	—	408	398	1,912	1,836
CFPS(원)	—	—	164	48	629	-251
DPS(원)	—	—	—	—	—	—
EBITDAPS(원)	—	—	243	119	-15	-194

재무 비율 〈단위 : %〉

연도	영업이익률	순이익률	부채비율	차입금비율	ROA	ROE	유보율	자기자본비율	EBITDA마진율
2016	-18.7	-22.9	153.8	139.6	-7.8	-17.8	267.1	39.4	-13.2
2015	-4.8	28.9	111.6	102.5	12.4	43.0	282.5	47.3	-0.8
2014	3.5	-0.4	1,008.5	873.7	-0.2	-1.7	21.9	9.0	6.4
2013	8.9	5.1	504.0	419.1	0.0	0.0	25.0	16.6	11.6

멜파스 (A096640)
Melfas

업 종 : 휴대폰 및 관련부품	시 장 : KOSDAQ
신용등급 : (Bond) — (CP) —	기업규모 : 중견
홈페이지 : www.melfas.com	연 락 처 : 031)707-2280
본 사 : 경기도 성남시 분당구 판교역로 225-14 멜파스 빌딩	

설 립 일 2000.02.02	종 업 원 수 176명	대 표 이 사 민동진	
상 장 일 2009.12.18	감 사 의 견 적정 (세림)	계 열	
결 산 기 12월	보 통 주 2,126만주	종속회사수	
액 면 가 500원	우 선 주	구 상 호	

주주구성 (지분율,%)		출자관계 (지분율,%)		주요경쟁사 (외형,%)	
강서연창규국투자유한공사	15.4	멜파스디자인센터	100.0	멜파스	100
민동진	9.2	엠알씨랩	81.8	에스맥	167
(외국인)	1.3	시이오파트너스	35.1	젬백스테크놀러지	97

매출구성		비용구성		수출비중	
Touch Screen Module	61.1	매출원가율	76.4	수출	94.9
Touch Control IC	38.9	판관비율	22.4	내수	5.1

회사 개요
정전용량방식 터치센싱기술을 바탕으로 터치스크린 모듈 및 터치키 모듈을 공급하는 터치솔루션 기업임. 동사의 제품은 크게 터치센서 칩과 이를 장착하여 제조한 터치키 모듈 및 터치스크린 모듈의 3가지로 구분됨. 최근 중국 기업을 대상으로 180억원의 3자배정 증자를 실시하여 최대주주 변경됨. 중국 지방정부 및 민간기업과 공동으로 아날로그 반도체를 생산을 전문으로 하는 합작기업(동사 지분 20%)을 설립함.

실적 분석
동사의 2016년 연간 매출은 833.3억원으로 전년대비 42.1% 감소, 영업이익은 9.6억원으로 흑자전환, 당기순이익은 13.4억원으로 전년대비 흑자전환 시현. 전방산업인 스마트 경기 둔화로 외형이 감소세를 보였으나 내부적인 원가개선과 고부가 중심의 매출 구조 변화로 수익성은 전년대비 개선, 흑자전환 시현. 지문인식 센서칩, 터치디스플레이 드라이버 칩, 중대형 사이즈용 터치 반도체 등 신규 칩을 출시하여 이익 성장이 본격화될 전망임.

현금 흐름 *IFRS 별도 기준 〈단위 : 억원〉

항목	2015	2016
영업활동	-30	36
투자활동	-60	-75
재무활동	-163	-9
순현금흐름	-250	-46
기말현금	76	30

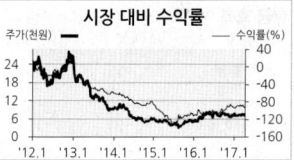
시장 대비 수익률

결산 실적 〈단위 : 억원〉

항목	2011	2012	2013	2014	2015	2016
매출액	2,562	3,833	7,943	2,719	1,438	833
영업이익	158	238	32	-215	-123	10
당기순이익	149	139	-161	-275	-399	13

분기 실적 *IFRS 별도 기준 〈단위 : 억원〉

항목	2015.3Q	2015.4Q	2016.1Q	2016.2Q	2016.3Q	2016.4Q
매출액	440	328	249	202	209	173
영업이익	10	6	2	3	7	-2
당기순이익	0	-278	-2	3	8	3

재무 상태 *IFRS 별도 기준 〈단위 : 억원〉

항목	2011	2012	2013	2014	2015	2016
총자산	2,063	3,376	3,231	2,182	1,541	1,524
유형자산	938	1,095	1,112	758	569	501
무형자산	13	11	11	15	14	12
유가증권	75	22	4	21	28	30
총부채	657	1,775	1,769	996	779	575
총차입금	249	772	983	804	670	481
자본금	86	89	90	90	90	106
총자본	1,406	1,601	1,462	1,186	762	948
지배주주지분	1,406	1,601	1,462	1,186	762	948

기업가치 지표 *IFRS 별도 기준

항목	2011	2012	2013	2014	2015	2016
주가(최고/저)(천원)	50.1/15.4	28.8/16.6	27.4/8.8	11.4/4.6	6.5/3.0	8.9/4.9
PER(최고/저)(배)	57.6/17.7	36.7/21.1	—/—	—/—	—/—	132.1/73.1
PBR(최고/저)(배)	5.9/1.8	3.1/1.8	3.3/1.1	1.7/0.7	1.4/0.6	1.9/1.0
EV/EBITDA(배)	19.6	14.8	12.7	—	—	73.3
EPS(원)	877	788	-895	-1,532	-2,217	67
BPS(원)	8,607	9,292	8,393	6,858	4,668	4,823
CFPS(원)	1,297	1,429	-68	-858	-2,012	150
DPS(원)	100	100	—	—	—	—
EBITDAPS(원)	1,351	1,993	1,004	-519	-479	131

재무 비율 〈단위 : %〉

연도	영업이익률	순이익률	부채비율	차입금비율	ROA	ROE	유보율	자기자본비율	EBITDA마진율
2016	1.2	1.6	60.7	50.7	0.9	1.6	864.6	62.2	3.1
2015	-8.5	-27.7	102.2	87.8	-21.4	-40.9	833.6	49.5	-6.0
2014	-7.9	-10.1	84.0	67.8	-10.2	-20.8	1,271.5	54.4	-3.4
2013	0.4	-2.0	121.0	67.2	-4.9	-10.5	1,578.6	45.2	2.3

명문제약 (A017180)
MYUNGMOON PHARM

업 종 : 제약		시 장 : 거래소	
신용등급 : (Bond) — (CP) —		기업규모 : 시가총액 소형주	
홈페이지 : www.mmpharm.co.kr		연락처 : 031)350-4000	
본 사 : 경기도 화성시 향남읍 제약공단2길 26			

설 립 일	1983.09.01	종 업 원 수	491명	대 표 이 사	우석민,이규혁
상 장 일	2008.07.10	감 사 의 견	적정 (도원)	계 열	
결 산 기	12월	보 통 주	2,404만주	종속회사수	
액 면 가	500원	우 선 주		구 상 호	

주주구성 (지분율,%)		출자관계 (지분율,%)		주요경쟁사 (외형,%)	
우석민	24.5	바이오알앤디	23.1	명문제약	100
박방홍	3.0	한국제약협동조합	6.6	유유제약	49
(외국인)	0.8			씨트리	14

매출구성		비용구성		수출비중	
기타	86.9	매출원가율	46.4	수출	2.2
[순환기 및 소화기약물]씨앤유캡슐	4.9	판관비율	46.5	내수	97.8
[근골격계 및 마취약물군]에페신정	3.0				

회사 개요
의약품 제조 및 판매 등을 영위할 목적으로 1983년 설립되어 2008년 7월 한국거래소 유가증권시장에 상장됨. Surgery, 마취, 소화기 약물을 중심으로 성장을 하였으나 시장의 변화에 맞추어 순환기 및 소화기 약물의 시장에 집중하고 있음. 또한 일반의약품으로 특화된 멀미약과 성기능개선제는 꾸준한 시장점유율을 기록함. 종속회사로는 경기도 이천의 9홀 규모의 대중골프장을 운영하는 명문투자개발을 두고 있음.

실적 분석
동사의 연결 기준 2016년 매출액은 전년 대비 13.7% 증가한 1,421.8억원을 기록함. 씨앤유캡슐 및 에페신정 등 주요 품목의 매출 증가 때문임. 매출원가는 전년 대비 5.7% 증가에 그쳐 매출총이익은 전년 대비 761.8억원을 기록함.대손상각비의 큰 폭 감소로 판매비와관리비는 전년 대비 1.5% 증가함. 그 결과 영업이익은 100.6억원으로 흑자 전환하였음. 영업이익의 호조로 당기순이익도 흑자전환에 성공함.

현금 흐름 〈단위 : 억원〉

항목	2015	2016
영업활동	-55	56
투자활동	-8	-47
재무활동	39	142
순현금흐름	-24	151
기말현금	25	176

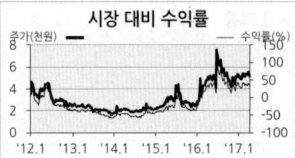
시장 대비 수익률

결산 실적 〈단위 : 억원〉

항목	2011	2012	2013	2014	2015	2016
매출액	1,256	1,005	1,037	1,054	1,251	1,422
영업이익	112	-37	41	37	-25	101
당기순이익	41	-127	2	-0	-179	65

분기 실적 〈단위 : 억원〉

항목	2015.3Q	2015.4Q	2016.1Q	2016.2Q	2016.3Q	2016.4Q
매출액	336	325	334	357	372	359
영업이익	23	-32	24	35	21	20
당기순이익	12	-162	21	25	11	8

재무 상태 〈단위 : 억원〉

항목	2011	2012	2013	2014	2015	2016
총자산	2,025	1,883	1,924	1,907	1,994	2,211
유형자산	751	753	779	780	981	1,058
무형자산	113	104	103	87	33	18
유가증권	6	19	23	26	31	1
총부채	1,194	1,155	1,192	1,175	1,323	1,264
총차입금	889	875	912	874	916	837
자본금	82	85	85	88	91	116
총자본	831	729	732	732	671	947
지배주주지분	776	673	685	690	632	910

기업가치 지표

항목	2011	2012	2013	2014	2015	2016
주가(최고/저)(천원)	3.6/1.8	4.7/2.3	2.7/1.7	2.7/1.7	4.7/2.1	7.8/2.5
PER(최고/저)(배)	15.3/7.5	—/—	54.6/34.2	73.0/48.0	—/—	25.7/8.4
PBR(최고/저)(배)	1.0/0.5	1.5/0.7	0.8/0.5	0.8/0.5	1.6/0.7	2.1/0.7
EV/EBITDA(배)	11.8		19.0	20.4		16.1
EPS(원)	244	-599	50	37	-788	305
BPS(원)	4,877	3,982	4,054	3,965	3,514	3,939
CFPS(원)	458	-589	193	175	-779	409
DPS(원)	51		31	35	35	68
EBITDAPS(원)	902	-87	374	344	-25	564

재무 비율 〈단위 : % 〉

연도	영업이익률	순이익률	부채비율	차입금비율	ROA	ROE	유보율	자기자본비율	EBITDA마진율
2016	7.1	4.6	133.5	88.4	3.1	8.8	687.7	42.8	8.5
2015	-2.0	-14.3	197.1	136.4	-9.2	-24.4	602.9	33.7	-0.4
2014	3.5	0.0	160.6	119.4	0.0	1.1	692.9	38.4	5.7
2013	4.0	0.2	162.9	124.6	0.1	1.5	710.9	38.0	6.1

모나리자 (A012690)
Monalisa

업 종 : 가정생활용품		시 장 : 거래소	
신용등급 : (Bond) — (CP) —		기업규모 : 시가총액 소형주	
홈페이지 : www.monalisa.co.kr		연락처 : 02)829-8800	
본 사 : 서울시 동작구 보라매로5길 15, 전문건설회관 21층			

설 립 일	1977.11.01	종 업 원 수	172명	대 표 이 사	노유호
상 장 일	1988.10.14	감 사 의 견	적정 (안진)	계 열	
결 산 기	12월	보 통 주	3,657만주	종속회사수	
액 면 가	500원	우 선 주		구 상 호	

주주구성 (지분율,%)		출자관계 (지분율,%)		주요경쟁사 (외형,%)	
엠에스에스홀딩스	66.0			모나리자	100
KTB13호03-4기업구조조정조합	4.9			LG생활건강	5,020
(외국인)	1.0			KCI	36

매출구성		비용구성		수출비중	
두루마리류 화장지외(제품)	72.2	매출원가율	74.7	수출	0.8
두루마리류 화장지외(상품)	15.7	판관비율	19.1	내수	99.2
원 지(반제품)	11.7				

회사 개요
제지산업은 인쇄용지, 산업용지, 골판지, 위생용지로 분류되며, 동사는 위생용지 중 화장지 제조업을 영위하고 있음. 위생용지산업은 국민소득 증가에 따라 수요량이 증가하고 고급제품 비중이 높아지고 있어, 초기 투자비용 부담이 커 후발업체의 진입이 용이하지 못한 특징이 있음. 펄프와 고지가격이 수익성을 결정하는 주요요소이며, 생산시설을 확대시킨 동사는 규모의 경제를 유지할 수 있어 외부변수에 대한 노출도가 낮게 이어질 전망임.

실적 분석
동사의 2016년 매출액은 2015년(1,249.7억원)에 비해 2.9% 줄어든 1,214억원을 기록함. 판매비와 관리비는 전년도와 큰 차이가 없으나, 매출원가가 전년 대비 5.1% 줄면서 결과적으로 영업이익이 전년 대비 21.3% 늘어난 75.7억원을 시현함. 비영업부문의 손이 -5.2억원을 기록하면서 영업이익을 소폭 깎아먹는 결과는 낳았으며 결과적으로 당기순이익은 전년 대비 11.9% 늘어난 54.4억원을 기록했음.

현금 흐름 *IFRS 별도 기준 〈단위 : 억원〉

항목	2015	2016
영업활동	63	64
투자활동	-89	8
재무활동	0	-18
순현금흐름	-26	54
기말현금	94	149

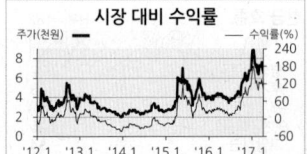
시장 대비 수익률

결산 실적 〈단위 : 억원〉

항목	2011	2012	2013	2014	2015	2016
매출액	1,219	1,328	1,260	1,248	1,250	1,214
영업이익	69	114	92	84	62	76
당기순이익	53	94	59	57	49	54

분기 실적 *IFRS 별도 기준 〈단위 : 억원〉

항목	2015.3Q	2015.4Q	2016.1Q	2016.2Q	2016.3Q	2016.4Q
매출액	299	322	324	309	278	303
영업이익	15	19	14	24	18	19
당기순이익	12	14	10	20	15	10

재무 상태 *IFRS 별도 기준 〈단위 : 억원〉

항목	2011	2012	2013	2014	2015	2016
총자산	593	640	695	750	787	806
유형자산	335	344	389	369	374	374
무형자산	0	0	1	1	2	2
유가증권	0	0	37	0	20	0
총부채	185	151	150	148	137	119
총차입금	57	25	5	5	5	5
자본금	189	189	189	189	189	189
총자본	408	488	545	602	650	686
지배주주지분	408	488	545	602	650	686

기업가치 지표 *IFRS 별도 기준

항목	2011	2012	2013	2014	2015	2016
주가(최고/저)(천원)	3.3/0.6	6.3/2.6	4.5/1.9	3.6/2.0	7.2/2.6	7.0/3.5
PER(최고/저)(배)	23.9/4.6	25.2/10.6	28.6/12.3	23.8/13.2	55.3/19.8	47.3/23.5
PBR(최고/저)(배)	3.1/0.6	4.8/2.0	3.1/1.3	2.3/1.3	4.1/1.5	3.8/1.9
EV/EBITDA(배)	12.5	9.3	6.0	7.1	13.8	20.6
EPS(원)	146	257	162	156	133	149
BPS(원)	1,116	1,336	1,490	1,645	1,778	1,877
CFPS(원)	192	320	226	235	224	248
DPS(원)	70	25			50	75
EBITDAPS(원)	235	375	315	310	262	306

재무 비율 〈단위 : % 〉

연도	영업이익률	순이익률	부채비율	차입금비율	ROA	ROE	유보율	자기자본비율	EBITDA마진율
2016	6.2	4.5	17.4	0.7	6.8	8.1	263.5	85.2	9.2
2015	5.0	3.9	21.1	0.7	6.3	7.8	244.4	82.6	7.7
2014	6.8	4.6	24.7	0.8	7.9	9.9	218.6	80.2	9.1
2013	7.3	4.7	27.6	0.9	8.9	11.5	188.5	78.4	9.1

모나미 (A005360)
Monami

업　　　종 : 상업서비스　　　　시　　　장 : 거래소
신용등급 : (Bond) —　(CP) —　　기업규모 : 시가총액 소형주
홈페이지 : www.monami.com　　연 락 처 : 031)216-0153
본　　　사 : 경기도 용인시 수지구 손곡로 17(동천동)

설 립 일	1967.12.28	종업원수 161명	대 표 이 사 송하경
상 장 일	1974.06.26	감사의견 적정 (정동)	계 열
결 산 기	12월	보 통 주 1,890만주	종속회사수
액 면 가	1,000원	우 선 주	구 상 호

주주구성 (지분율,%)		출자관계 (지분율,%)		주요경쟁사 (외형,%)	
송하경	13.8	모나미이미징솔루션즈	100.0	모나미	100
최명숙	5.1	항소	94.5	양지사	35
(외국인)	3.9	플라맥스	21.5	KTcs	680

매출구성		비용구성		수출비중	
문구류	81.5	매출원가율	62.5	수출	20.6
컴퓨터소모품류	25.7	판관비율	30.3	내수	79.4
기 타	8.2				

회사 개요
동사는 사무필기구류 '모나미'와 팬시문구류 '에버그린' 브랜드를 운영함. 문서 자동화 및 인구 감소로 필기 수요가 감소하고 있지만 디자인 및 품질 강화를 통한 제품 고부가가치화로 위기 극복에 나섬. 고급 필기류, 생활마카, 산업마카와 같은 특성화된 제품 개발에도 나섬. 시장 확대를 위해 해외 시장 진출에도 적극 나서고 있음. 동사의 2015년 기준 시장 점유율은 41%로 1위 자리를 유지함.

실적 분석
동사의 2016년 매출액은 1401.7억원으로 전년 대비 1.9% 감소함. 영업이익은 100.9억원으로 4.4% 증가함. 당기순이익은 57.2억원으로 11.2% 증가함. 효율성 증대를 위한 지속적인 적정 인력 유지 및 원가 절감 노력에 기인한 것으로 보임. 연결 부채비율은 2016년 말 121%로 재무구조가 개선된 것으로 보임. 중국 현지법인인 상해모나미를 통해 중국 시장 공략 중임. 2015년 11월 오픈한 모나미 컨셉스토어도 새로운 시도임.

현금 흐름 〈단위 : 억원〉
항목	2015	2016
영업활동	45	76
투자활동	29	-41
재무활동	-59	-34
순현금흐름	15	0
기말현금	46	47

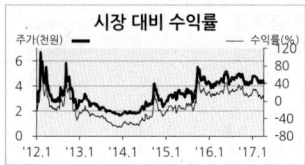
시장 대비 수익률

결산 실적 〈단위 : 억원〉
항목	2011	2012	2013	2014	2015	2016
매출액	2,819	2,625	1,676	1,501	1,429	1,402
영업이익	128	95	-12	93	97	101
당기순이익	22	-25	-48	32	51	57

분기 실적 〈단위 : 억원〉
항목	2015.3Q	2015.4Q	2016.1Q	2016.2Q	2016.3Q	2016.4Q
매출액	325	367	379	347	324	351
영업이익	12	26	42	24	10	24
당기순이익	6	6	28	15	6	8

재무 상태 〈단위 : 억원〉
항목	2011	2012	2013	2014	2015	2016
총자산	2,121	1,978	1,734	1,683	1,623	1,662
유형자산	580	732	375	341	404	406
무형자산	81	39	27	25	23	21
유가증권	3	3	2	6	7	6
총부채	1,483	1,371	1,185	1,109	905	908
총차입금	1,173	1,064	946	858	706	693
자본금	138	139	139	139	189	189
총자본	638	607	549	574	718	753
지배주주지분	607	577	515	537	695	729

기업가치 지표
항목	2011	2012	2013	2014	2015	2016
주가(최고/저)(천원)	3.6/1.1	7.1/2.0	3.6/1.7	4.6/1.7	5.6/2.6	5.3/3.8
PER(최고/저)(배)	29.9/9.1	—/—	—/—	25.4/9.6	20.9/9.9	18.3/13.1
PBR(최고/저)(배)	1.0/0.3	2.0/0.6	1.1/0.5	1.3/0.5	1.6/0.7	1.4/1.0
EV/EBITDA(배)	8.2	9.0	36.7	8.4	10.6	9.8
EPS(원)	134	-168	-344	188	275	297
BPS(원)	4,403	4,193	3,752	3,908	3,709	3,943
CFPS(원)	476	133	-82	475	478	482
DPS(원)	50	50	50	50	60	70
EBITDAPS(원)	1,261	999	204	945	764	719

재무 비율 〈단위 : %〉
연도	영업이익률	순이익률	부채비율	차입금비율	ROA	ROE	유보율	자기자본비율	EBITDA마진율
2016	7.2	4.1	120.6	92.0	3.5	7.9	294.3	45.3	9.7
2015	6.8	3.6	126.1	98.3	3.1	7.7	270.9	44.2	9.2
2014	6.2	2.1	193.1	149.4	1.9	5.3	290.8	34.1	8.8
2013	-0.7	-2.8	215.8	172.3	-2.6	-9.4	275.2	31.7	1.7

모다이노칩 (A080420)
Moda-InnoChips

업　　　종 : 전자 장비 및 기기　　시　　　장 : KOSDAQ
신용등급 : (Bond) —　(CP) —　　기업규모 : 우량
홈페이지 : www.moda-innochips.com　연 락 처 : 031)8040-0014
본　　　사 : 경기도 안산시 단원구 동산로 27번길 42-7 (원시동)

설 립 일	2000.04.24	종업원수 633명	대 표 이 사 박인길,최용석
상 장 일	2005.12.06	감사의견 적정 (신한)	계 열
결 산 기	12월	보 통 주 3,986만주	종속회사수
액 면 가	500원	우 선 주	구 상 호 이노칩

주주구성 (지분율,%)		출자관계 (지분율,%)		주요경쟁사 (외형,%)	
대명화학	75.1	모다아울렛	100.0	모다이노칩	100
박인길	3.6	씨에프네트웍스	80.0	에코프로	93
(외국인)	3.9	모다	42.0	자화전자	163

매출구성		비용구성		수출비중	
제품(CMF/CMEF, ESD Filter, Chip Varistor 외)	73.7	매출원가율	41.0	수출	88.1
상품(Flash Wafer, SRAM, 필름)	25.9	판관비율	45.5	내수	11.9
재처리품 외	0.4				

회사 개요
동사는 세라믹 소재를 기반으로 한 전자기기 부품 제조, 판매를 주사업으로 하고 있고 도심 외곽형 아울렛 사업인 유통부문이 2016년 7월 1일 흡수합병으로 목적사업에 추가됨. 전자부문 전자기기에 적용되어 정전기(ESD) 및 전자파(EMI)를 방지하는 부품을 제조,판매하고 있으며 매출의 85%를 차지하고 있음. 스마트 기기 시장의 확대로 CMF/CMEF 물량이 빠르게 성장하고 있으며 최근 중국 스마트폰 업체로 공급량이 증가하고 있는 추세임.

실적 분석
2016년 7월 1일 지배기업이 의료제조 및 판매업을 주요사업으로 하는 주식회사 모다를 흡수합병함에 따라 전자부문과 유통부문으로 사업분야 분리됨. 신사업 추가로 인해 2016년 연결기준 누적 매출액은 전년동기대비 104% 증가한 1,830.4억원을 기록하였으며, 영업이익 또한 전년대비 2배이상 증가한 248억원을 기록. 전자부문 외형성장과 더불어 유통부문의 합세로 향후 성장이 예상됨.

현금 흐름 〈단위 : 억원〉
항목	2015	2016
영업활동	285	668
투자활동	-129	-352
재무활동	-86	-119
순현금흐름	77	276
기말현금	157	433

시장 대비 수익률

결산 실적 〈단위 : 억원〉
항목	2011	2012	2013	2014	2015	2016
매출액	703	722	952	1,077	896	1,830
영업이익	172	187	212	209	117	248
당기순이익	177	143	186	184	112	217

분기 실적 〈단위 : 억원〉
항목	2015.3Q	2015.4Q	2016.1Q	2016.2Q	2016.3Q	2016.4Q
매출액	247	181	165	154	646	865
영업이익	32	2	22	14	55	157
당기순이익	34	5	22	12	65	119

재무 상태 〈단위 : 억원〉
항목	2011	2012	2013	2014	2015	2016
총자산	1,010	1,056	1,147	1,291	1,245	5,879
유형자산	354	369	444	523	477	2,315
무형자산	18	4	8	7	6	66
유가증권	—	—	15	30	31	708
총부채	301	231	129	208	106	3,372
총차입금	210	146	40	65	30	2,023
자본금	75	75	75	75	75	199
총자본	710	824	1,018	1,083	1,139	2,506
지배주주지분	710	824	1,018	1,083	1,139	2,478

기업가치 지표
항목	2011	2012	2013	2014	2015	2016
주가(최고/저)(천원)	10.2/4.1	14.2/8.6	18.4/10.6	14.8/10.4	17.5/9.8	13.6/7.1
PER(최고/저)(배)	9.2/3.7	15.7/9.4	15.5/9.0	12.5/8.8	23.8/13.4	17.2/8.9
PBR(최고/저)(배)	1.7/0.7	2.1/1.3	2.4/1.4	1.7/1.2	1.8/1.0	2.0/1.0
EV/EBITDA(배)	5.4	6.8	4.9	5.9	4.2	11.8
EPS(원)	1,184	960	1,246	1,233	752	804
BPS(원)	6,303	7,151	8,199	9,285	9,883	7,056
CFPS(원)	1,524	1,443	1,893	2,042	1,771	1,326
DPS(원)	120	150	150	200	100	—
EBITDAPS(원)	1,494	1,734	2,071	2,209	1,801	1,432

재무 비율 〈단위 : %〉
연도	영업이익률	순이익률	부채비율	차입금비율	ROA	ROE	유보율	자기자본비율	EBITDA마진율
2016	13.6	11.9	134.6	80.7	6.1	12.1	1,311.2	42.6	21.3
2015	13.0	12.5	9.3	2.6	8.8	10.1	1,876.7	91.5	30.0
2014	19.4	17.1	19.2	6.0	15.1	17.5	1,757.0	83.9	30.6
2013	22.3	19.5	12.7	3.9	16.9	20.2	1,539.9	88.8	32.4

모다정보통신 (A149940)
MODACOM

업 종 : 통신장비	시 장 : KOSDAQ
신용등급 : (Bond) — (CP) —	기업규모 : 벤처
홈페이지 : www.modacom.co.kr	연락처 : 02)523-7677
본 사 : 서울시 서초구 마방로 60 트러스트타워 13,14층	

설 립 일 1991.12.02	종 업 원 수 120명	대 표 이 사 김종세
상 장 일 2012.09.25	감 사 의 견 적정 (대현)	계 열
결 산 기 12월	보 통 주 1,446만주	종속회사수
액 면 가 500원	우 선 주	구 상 호

주주구성 (지분율,%)	출자관계 (지분율,%)	주요경쟁사 (외형,%)
대신에셋파트너스 11.5	니즈텔레콤 100.0	모다정보통신 100
대신에셋파트너스 2호 5.0	코코아비전 100.0	유비쿼스홀딩스 128
(외국인) 1.9	나임 100.0	웨이브일렉트로 48

매출구성	비용구성	수출비중
[제품매출]모바일라우터 59.7	매출원가율 52.0	수출 11.9
[제품매출]M2M Gateway&Module 23.8	판관비율 42.4	내수 88.1
[제품매출]Module 7.8		

회사 개요
동사는 1991년 설립된 소프트웨어 개발전문 기업으로 무선데이터 통신단말기를 주력제품으로 하고 있으며 2012년 9월 코스닥시장에 상장함. 2006년부터 국내 모바일 와이맥스 사업자로 선정된 KT와 모바일 와이맥스 단말기 개발관련 협정을 체결하여 2007년도 세계 최초로 모바일 와이맥스 단말기 개발에 성공하였음. 2009년에는 일본시장에 진출하였고 중국, 서남아 등의 시장에도 진출해 있음.

실적 분석
동사의 M2M Gateway의 매출이 신장되어 2016년 4분기 연결기준 누적매출액은 전년동기대비 322.9% 증가한 939.5억원을 시현함. 외형확대 및 원가율 개선으로 판관비 증가에도 불구하고 52.7억원의 영업이익을 기록하며 흑자전환함. 그러나 비영업부문에서 12.6억원의 손실을 기록함에 따라 이익폭이 축소되어 31.5억원의 당기순이익을 기록하는데 그쳤으나 흑자전환에는 성공.

현금 흐름 〈단위 : 억원〉

항목	2015	2016
영업활동	-59	134
투자활동	0	-624
재무활동	54	600
순현금흐름	-4	111
기말현금	20	131

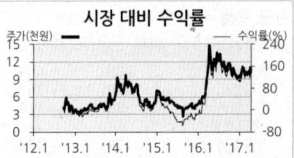

결산 실적 〈단위 : 억원〉

항목	2011	2012	2013	2014	2015	2016
매출액	540	374	340	193	222	939
영업이익	85	12	9	-69	-35	53
당기순이익	65	12	7	-64	-31	32

분기 실적 〈단위 : 억원〉

항목	2015.3Q	2015.4Q	2016.1Q	2016.2Q	2016.3Q	2016.4Q
매출액	38	—	—	93	353	
영업이익	-14	—	-5	49		
당기순이익	-11	—	-2	28		

재무 상태 〈단위 : 억원〉

항목	2011	2012	2013	2014	2015	2016
총자산	207	243	243	270	290	2,248
유형자산	31	29	29	28	26	123
무형자산	18	25	26	41	40	825
유가증권	0	1	1	1	1	1
총부채	80	34	27	98	138	1,544
총차입금	22	—		58	110	725
자본금	18	25	49	49	49	62
총자본	127	209	216	172	152	704
지배주주지분	127	209	216	172	152	298

기업가치 지표

항목	2011	2012	2013	2014	2015	2016
주가(최고/저)(천원)	—/—	6.0/3.2	6.8/3.1	10.0/4.1	7.5/2.6	15.0/4.7
PER(최고/저)(배)	0.0/0.0	43.5/23.6	93.0/42.7	—/—	—/—	—/—
PBR(최고/저)(배)	0.0/0.0	2.8/1.5	3.1/1.4	5.7/2.4	4.7/1.6	6.2/1.9
EV/EBITDA(배)	—	10.3	19.9	—	—	19.6
EPS(원)	946	137	73	-653	-320	-30
BPS(원)	3,171	4,257	2,203	1,750	1,595	2,429
CFPS(원)	2,329	623	234	-455	-89	297
DPS(원)						
EBITDAPS(원)	2,909	623	255	-509	-124	771

재무 비율 〈단위 : %〉

연도	영업이익률	순이익률	부채비율	차입금비율	ROA	ROE	유보율	자기자본비율	EBITDA마진율
2016	5.6	3.4	219.3	103.0	2.5	-1.6	385.8	31.3	9.8
2015	-15.7	-14.2	91.2	72.2	-11.3	-19.5	219.0	52.3	-5.5
2014	-36.0	-33.3	56.9	34.0	-25.0	-33.1	250.0	63.7	-25.9
2013	2.7	2.1	12.3	0.0	2.9	3.4	340.6	89.0	7.4

모두투어네트워크 (A080160)
ModetournetworkInc

업 종 : 호텔 및 레저	시 장 : KOSDAQ
신용등급 : (Bond) — (CP) —	기업규모 : 우량
홈페이지 : www.modetour.com	연락처 : 02)728-8000
본 사 : 서울시 중구 을지로 16 백남빌딩 5층	

설 립 일 1989.02.14	종 업 원 수 1,228명	대 표 이 사 우종웅
상 장 일 2005.07.26	감 사 의 견 적정 (이촌)	계 열
결 산 기 12월	보 통 주 1,260만주	종속회사수
액 면 가 500원	우 선 주	구 상 호

주주구성 (지분율,%)	출자관계 (지분율,%)	주요경쟁사 (외형,%)
우종웅 10.7	모두스테이 100.0	모두투어 100
국민연금공단 9.9	모두관광개발 100.0	하나투어 251
(외국인) 32.3	서울호텔관광전문학교 100.0	롯데관광개발 21

매출구성	비용구성	수출비중
해외여행알선수입 82.6	매출원가율 4.7	수출 —
항공권판매수수료 8.8	판관비율 86.8	내수 —
기타알선수입 8.6		

회사 개요
동사는 1989년 해외 여행 자유화가 시작된 직후 해외여행상품을 기획해 전국의 여행 대리점에 공급시키는 국내 최초의 여행 도매업체로 출범함. 충성도가 높고 거래실적이나 영업능력이 우수한 소매 여행사들을 대상으로 모두투어 전문판매 베스트 파트너 대리점 자격을 주어 모두 CRS, 모두 플래너 등의 프로그램을 제공하며 우량 고객을 확보하고 있음. 저가 항공사들이 좌석 공급을 확대하고 있어 우호적인 사업환경이 펼쳐지고 있음.

실적 분석
동사의 연결기준 2016년 결산 매출액은 전년대비 16.0% 늘어난 2,370.8억원을 기록하며 안정적인 외형 성장세를 보임. 매출원가 상승폭이 크고 판관비가 14.5% 증가했지만, 매출의 큰폭 성장에 힘입어 영업이익은 22.3% 성장한 201.3억원을 기록하였음. 비영업부문의 이익도 85.8% 성장함에 따라 당기순이익은 전년 대비 23.8% 성장한 158.8억원을 기록하였음.

현금 흐름 〈단위 : 억원〉

항목	2015	2016
영업활동	-30	317
투자활동	-55	-61
재무활동	-21	-119
순현금흐름	-106	137
기말현금	446	583

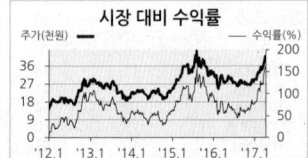

결산 실적 〈단위 : 억원〉

항목	2011	2012	2013	2014	2015	2016
매출액	1,250	1,379	1,470	1,647	2,043	2,371
영업이익	162	213	158	166	165	201
당기순이익	138	176	153	140	128	159

분기 실적 〈단위 : 억원〉

항목	2015.3Q	2015.4Q	2016.1Q	2016.2Q	2016.3Q	2016.4Q
매출액	515	529	595	543	642	591
영업이익	33	17	43	37	83	38
당기순이익	30	2	33	33	68	25

재무 상태 〈단위 : 억원〉

항목	2011	2012	2013	2014	2015	2016
총자산	1,356	1,488	1,523	2,243	1,825	2,104
유형자산	14	102	100	134	147	219
무형자산	11	12	13	43	49	56
유가증권	5	27	27	23	31	8
총부채	621	646	626	1,152	828	1,077
총차입금	129	3	14	351	51	55
자본금	42	63	63	63	63	63
총자본	735	842	898	1,091	997	1,027
지배주주지분	719	830	894	987	996	1,034

기업가치 지표

항목	2011	2012	2013	2014	2015	2016
주가(최고/저)(천원)	25.8/13.7	30.1/14.3	29.7/18.7	25.1/18.1	43.6/24.2	32.9/24.6
PER(최고/저)(배)	26.8/14.2	23.6/11.2	25.1/15.7	21.8/15.6	42.8/23.7	25.3/18.8
PBR(최고/저)(배)	4.5/2.4	4.4/2.1	3.9/2.4	3.0/2.1	4.7/2.6	3.2/2.4
EV/EBITDA(배)	8.1	13.3	12.2	13.5	18.4	11.7
EPS(원)	1,076	1,395	1,278	1,218	1,051	1,330
BPS(원)	9,517	7,438	8,274	8,962	9,539	10,475
CFPS(원)	1,745	1,501	1,382	1,387	1,295	1,553
DPS(원)	500	450	500	510	390	600
EBITDAPS(원)	2,055	1,794	1,357	1,488	1,550	1,820

재무 비율 〈단위 : %〉

연도	영업이익률	순이익률	부채비율	차입금비율	ROA	ROE	유보율	자기자본비율	EBITDA마진율
2016	8.5	6.7	104.9	5.3	8.1	16.5	1,995.0	48.8	9.7
2015	8.1	6.3	83.1	5.1	6.3	13.4	1,807.7	54.6	9.6
2014	10.1	8.5	105.7	32.1	7.5	16.3	1,692.5	48.6	11.4
2013	10.8	10.4	69.7	1.5	10.1	18.7	1,554.8	58.9	11.6

모바일리더 (A100030)
Mobileleader

업 종 : IT 서비스		시 장 : KOSDAQ	
신용등급 : (Bond) — (CP) —		기업규모 : 중견	
홈 페 이 지 : www.mobileleader.com		연 락 처 : 02)523-4151	
본 사 : 서울시 강남구 강남대로 330 (역삼동, 우덕빌딩 5층)			

설 립 일 2000.02.23	종 업 원 수 74명	대 표 이 사 정정기	
상 장 일 2010.05.25	감 사 의 견 적정 (서우)	계 열	
결 산 기 12월	보 통 주 328만주	종속회사수	
액 면 가 500원	우 선 주	구 상 호	

주주구성 (지분율,%)		출자관계 (지분율,%)		주요경쟁사 (외형,%)	
정정기	33.1	이그램	90.0	모바일리더	100
이성균	5.0	인지소프트	66.4	케이사인	240
(외국인)	0.6			유엔젤	226

매출구성		비용구성		수출비중	
이미지 정보화솔루션(제품)	52.2	매출원가율	65.5	수출	—
싱크 및 융합솔루션, 클라우드 서비스(제품)	31.0	판관비율	28.4	내수	—
ECM 솔루션(제품)	16.8				

회사 개요
동사는 자체 개발한 이미지 프로세싱 기술을 바탕으로 금융권, 민간 및 공공기관에 솔루션 공급을 주사업으로 하고 있음. 주요 솔루션으로는 이미지 처리, 인식, 보안, 관리서버, 전자서식 등이 있으며, 솔루션 공급 사업과 함께 솔루션 기반의 시스템 구축 사업도 수행함. 2016년 1월 인터넷전문은행 K뱅크 준비법인의 지분을 취득하였으며, 이를 기반으로 솔루션 기반의 ITO 사업을 추진 중임. 자회사로는 인지소프트와 이그램이 있음.

실적 분석
2016년 결산 기준 매출액은 전년동기 대비 6.2% 감소한 134.2억원, 영업이익은 8.3억원을 시현하며 전년 동기대비 흑자전환함. 당기순이익은 1.4억원을 시현하면서 흑자 유지. 싱크솔루션 및 클라우드 매출 감소로 외형 감소. 매출원가율 및 판관비 증가로 영업적자 악화. 향후 금융권 솔루션 사업 위주로 핀테크 영역 진출 전망. 케이뱅크 준비법인 지분 취득으로 새로운 분야로의 진출을 모색하고 있으며, 비대면 본인인증관련 핵심기술 개발.

현금 흐름 〈단위 : 억원〉

항목	2015	2016
영업활동	-3	27
투자활동	21	-46
재무활동	-10	0
순현금흐름	9	-19
기말현금	41	22

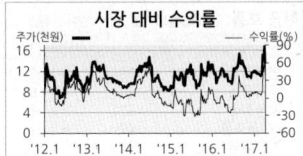
시장 대비 수익률

결산 실적 〈단위 : 억원〉

항목	2011	2012	2013	2014	2015	2016
매출액	100	101	166	136	143	134
영업이익	8	14	31	1	-9	8
당기순이익	21	19	39	12	1	1

분기 실적 〈단위 : 억원〉

항목	2015.3Q	2015.4Q	2016.1Q	2016.2Q	2016.3Q	2016.4Q
매출액	36	53	23	32	34	45
영업이익	-1	14	-8	1	3	13
당기순이익	4	12	-7	3	3	2

재무 상태 〈단위 : 억원〉

항목	2011	2012	2013	2014	2015	2016
총자산	267	340	354	348	341	340
유형자산	3	3	3	2	2	2
무형자산	2	33	38	61	57	41
유가증권	191	187	202	187	183	229
총부채	10	48	36	22	26	22
총차입금		15	7	—	—	—
자본금	16	16	16	16	16	16
총자본	256	292	319	326	315	318
지배주주지분	256	272	299	304	295	298

기업가치 지표

항목	2011	2012	2013	2014	2015	2016
주가(최고/저)(천원)	14.3/4.9	13.8/6.6	14.5/8.5	14.9/8.0	16.1/8.2	15.5/9.6
PER(최고/저)(배)	22.3/7.7	23.8/11.3	12.6/7.4	39.1/20.9	1,219.8/623.2	688.5/426.5
PBR(최고/저)(배)	1.7/0.6	1.6/0.7	1.5/0.9	1.4/0.8	1.5/0.8	1.5/0.9
EV/EBITDA(배)	12.1	12.8	12.8	5.0	32.3	20.1
EPS(원)	654	593	1,176	381	13	22
BPS(원)	8,444	9,057	10,135	10,422	10,458	10,513
CFPS(원)	747	685	1,274	506	205	197
DPS(원)			170			
EBITDAPS(원)	342	510	1,040	155	-79	426

재무 비율 〈단위 : % 〉

연도	영업이익률	순이익률	부채비율	차입금비율	ROA	ROE	유보율	자기자본비율	EBITDA마진율
2016	6.2	1.1	7.0	0.0	0.4	0.3	2,002.6	93.5	10.4
2015	-6.2	0.5	8.3	0.0	0.2	0.1	1,991.5	92.3	-1.8
2014	0.7	9.2	6.7	0.0	3.6	4.2	1,984.4	93.7	3.7
2013	18.6	23.4	11.2	2.4	11.2	13.5	1,927.0	90.0	20.5

모바일어플라이언스 (A087260)
MOBILE APPLIANCE

업 종 : 자동차부품		시 장 : KOSDAQ	
신용등급 : (Bond) — (CP) —		기업규모 : 벤처	
홈 페 이 지 : www.mobileappliance.co.kr		연 락 처 : 031)421-8071	
본 사 : 경기도 안양시 동안구 시민대로 401			

설 립 일 2004.04.16	종 업 원 수 명	대 표 이 사 이재신	
상 장 일 2017.02.24	감 사 의 견 적정 (삼일)	계 열	
결 산 기 12월	보 통 주 1,500만주	종속회사수	
액 면 가 500원	우 선 주	구 상 호	

주주구성 (지분율,%)		출자관계 (지분율,%)		주요경쟁사 (외형,%)	
이재신	17.3	텔레컨스	26.8	모바일어플라이언스	100
엔투원	7.8	엠피온	16.7	파인디지털	125
(외국인)	1.5			미동앤씨네마	46

매출구성		비용구성		수출비중	
블랙박스(제품)	53.4	매출원가율	79.1	수출	33.0
내비게이션(제품)	30.8	판관비율	12.9	내수	67.0
기타(상품)	7.0				

회사 개요
지난 2004년 설립된 모바일어플라이언스는 내비게이션, 블랙박스 등 운전 보조장치와 스마트·자율주행차 관련 솔루션 전문기업. 내비게이션으로 시작해 2009년 블랙박스 시장에 진출. 2013년부터는 헤드업디스플레이(HUD), 운전자보조시스템(ADAS) 등 스마트·자율주행차 관련 제품을 생산 중. 주요 고객은 현대모비스와 아우디 등 글로벌 완성차 업체들. 매출액은 2014년 528억원, 2015년 537억원을 기록.

실적 분석
동사의 2016년 연결 기준 누적 매출액은 621억원으로 전년 동기 대비 15.7% 증가. 이 기간 영업이익은 49.7억원으로 163% 증가, 순이익도 47.5억원으로 큰 폭 증가. 모바일어플라이언스의 블랙박스 사업은 전체 매출액의 절반 이상을 차지하고 있는 만큼 현재의 수익성을 지켜낼 수 있을지는 지켜볼 필요가 있어 보임. 현재까지는 매출액 등이 적지만 HUD, ADAS 등 신규 사업에서 매출처를 확대해야 한다는 점은 과제.

현금 흐름 〈단위 : 억원〉

항목	2015	2016
영업활동	39	25
투자활동	-75	-29
재무활동	49	-27
순현금흐름	11	-30
기말현금	53	23

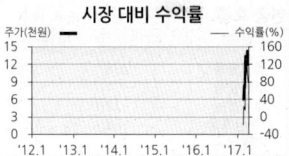
시장 대비 수익률

결산 실적 〈단위 : 억원〉

항목	2011	2012	2013	2014	2015	2016
매출액	320	302	517	528	537	622
영업이익	-27	4	50	46	19	50
당기순이익	-43	-33	40	1	17	47

분기 실적 〈단위 : 억원〉

항목	2015.3Q	2015.4Q	2016.1Q	2016.2Q	2016.3Q	2016.4Q
매출액	136				132	
영업이익	4				9	
당기순이익	7				9	

재무 상태 〈단위 : 억원〉

항목	2011	2012	2013	2014	2015	2016
총자산	173	163	194	279	341	364
유형자산	16	11	11	9	54	56
무형자산	42	37	40	34	44	49
유가증권					5	7
총부채	203	224	214	282	261	161
총차입금	136	139	137	223	202	98
자본금	39	40	40	39	53	69
총자본	-30	-61	-20	-3	80	203
지배주주지분	-30	-61	-20	-3	80	203

기업가치 지표

항목	2011	2012	2013	2014	2015	2016
주가(최고/저)(천원)	—/—	—/—	—/—	—/—	—/—	—/—
PER(최고/저)(배)	0.0/0.0	0.0/0.0	0.0/0.0	0.0/0.0	0.0/0.0	0.0/0.0
PBR(최고/저)(배)	0.0/0.0	0.0/0.0	0.0/0.0	0.0/0.0	0.0/0.0	0.0/0.0
EV/EBITDA(배)		7.9	1.8	2.5	3.6	1.1
EPS(원)	-1,075	-413	508	15	163	343
BPS(원)	-383	-763	-255	-28	580	1,466
CFPS(원)	-703	-254	745	268	369	459
DPS(원)						
EBITDAPS(원)	-286	208	863	805	390	475

재무 비율 〈단위 : % 〉

연도	영업이익률	순이익률	부채비율	차입금비율	ROA	ROE	유보율	자기자본비율	EBITDA마진율
2016	8.0	7.6	79.4	48.4	13.5	33.5	193.2	55.8	10.6
2015	3.5	3.1	325.3	251.4	5.4	전기잠식	52.7	23.5	7.5
2014	8.7	0.2	완전잠식	완전잠식	—	—	-107.2	-1.0	12.7
2013	9.6	7.8	완전잠식	완전잠식	22.6	잠식지속	-151.0	-10.5	13.3

모베이스 (A101330)
MOBASE

업　　종 : 휴대폰 및 관련부품　　　　시　　장 : KOSDAQ
신용등급 : (Bond) ―　　(CP) ―　　　기업규모 : 우량
홈 페 이 지 : www.mobase.com　　　연 락 처 : (032)529-4200
본　　사 : 인천시 부평구 부평대로313번길 77 (청천동), 2층

설 립 일	1999.03.17	종 업 원 수	195명	대 표 이 사	손병준,김낙순
상 장 일	2010.02.04	감 사 의 견	적정 (태성)	계	열
결 산 기	12월	보 통 주	1,999만주	종속회사수	
액 면 가	500원	우 선 주		구 상 호	

주주구성 (지분율,%)		출자관계 (지분율,%)		주요경쟁사 (외형,%)	
손병준	30.8	썬스타	100.0	모베이스	100
조해숙	14.0	소프트모션앤로보틱스	26.3	슈피겐코리아	63
(외국인)	8.0	MOBASEINDIA	100.0	이랜텍	211

매출구성		비용구성		수출비중	
휴대폰 케이스	91.3	매출원가율	78.7	수출	―
산업용 재봉기 및 자수기	7.0	판관비율	9.5	내수	―
기타	1.8				

회사 개요
동사는 1999년 설립되어, 2010년에 코스닥 시장에 상장한 휴대폰용케이스 및 넷북케이스 등 전자부품의 제작 및 판매회사임. 연결대상 종속회사로 중국(쑤저우) 소재의 모베이스전자유한공사와 태국(방콕)의 Son&Arrk Electronics Thailand, 베트남 박닌성 이엔풍공단의 Mobase Vietnam Joint Stock Company가 있으며, 연간 3,600백만대 휴대폰 케이스 생산규모를 보유함.

실적 분석
동사의 2016년 연간 매출은 2,854억원으로 전년대비 11.9% 증가, 영업이익은 336.6억원으로 전년대비 67.8% 증가. 당기순이익은 315.3억원으로 전년대비 6.9% 증가 시현. 전방산업의 부진에도 불구하고 전략 거래선 내 점유율 증가, 고부가 중심의 매출 구조 변화로 매출대비 수익성 개선이 상대적으로 높음. 2017년 주요 거래선 다변화 추진과 내부적인 원가 개선 노력 지속 등으로 외형, 수익성 개선 추세가 예상

현금 흐름　〈단위 : 억원〉

항목	2015	2016
영업활동	238	384
투자활동	-301	-211
재무활동	-22	-13
순현금흐름	-88	183
기말현금	252	435

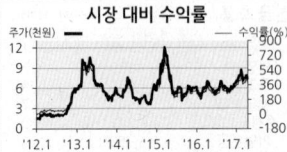

시장 대비 수익률

결산 실적　〈단위 : 억원〉

항목	2011	2012	2013	2014	2015	2016
매출액	1,287	2,017	2,760	3,731	2,550	2,854
영업이익	66	211	319	463	201	337
당기순이익	38	185	243	346	295	315

분기 실적　〈단위 : 억원〉

항목	2015.3Q	2015.4Q	2016.1Q	2016.2Q	2016.3Q	2016.4Q
매출액	659	755	580	610	879	785
영업이익	48	125	46	48	111	132
당기순이익	49	217	44	41	87	144

재무 상태　〈단위 : 억원〉

항목	2011	2012	2013	2014	2015	2016
총자산	1,262	1,318	1,677	1,809	2,000	2,477
유형자산	499	532	844	899	905	1,191
무형자산	11	4	13	16	19	19
유가증권	12	5	2	1	1	0
총부채	590	480	607	389	269	406
총차입금	313	170	225	27	4	15
자본금	45	45	45	54	78	78
총자본	672	838	1,070	1,419	1,731	2,072
지배주주지분	672	838	1,070	1,419	1,717	2,051

기업가치 지표

항목	2011	2012	2013	2014	2015	2016
주가(최고/저)(천원)	3.3/1.1	7.9/1.8	14.2/5.2	10.1/4.5	15.6/5.3	9.2/5.7
PER(최고/저)(배)	14.0/4.8	6.9/1.6	9.4/3.5	4.7/2.1	8.5/2.9	4.7/2.9
PBR(최고/저)(배)	0.8/0.3	1.5/0.4	2.1/0.8	1.1/0.5	1.4/0.5	0.7/0.4
EV/EBITDA(배)	2.0	3.9	2.8	1.2	2.3	1.9
EPS(원)	192	924	1,218	1,729	1,466	1,575
BPS(원)	7,467	9,312	11,884	13,176	11,066	13,214
CFPS(원)	1,114	2,805	3,477	4,300	2,579	2,769
DPS(원)			200	100		200
EBITDAPS(원)	1,425	3,095	4,321	5,385	1,984	2,909

재무 비율　〈단위 : % 〉

연도	영업이익률	순이익률	부채비율	차입금비율	ROA	ROE	유보율	자기자본비율	EBITDA마진율
2016	11.8	11.1	19.6	0.8	14.1	16.7	2,542.8	83.6	15.9
2015	7.9	11.6	15.5	0.2	15.5	18.7	2,113.3	86.6	12.1
2014	12.4	9.3	27.4	1.9	19.8	27.8	2,535.2	78.5	15.6
2013	11.6	8.8	56.8	21.0	16.3	25.5	2,276.9	63.8	14.1

모비스 (A250060)
Hana Financial eighth Special Purpose Acquisition

업　　종 : IT 서비스　　　　　　　시　　장 : KOSDAQ
신용등급 : (Bond) ―　　(CP) ―　　　기업규모 : 벤처
홈 페 이 지 : www.mobiis.com　　　연 락 처 : 02)3463-1300
본　　사 : 서울시 서초구 남부순환로356길 100

설 립 일	2016.07.01	종 업 원 수	2명	대 표 이 사	김지현
상 장 일	2016.09.08	감 사 의 견	적정 (한울)	계	열
결 산 기	12월	보 통 주	2,823만주	종속회사수	
액 면 가	100원	우 선 주		구 상 호	하나금융8호스팩

주주구성 (지분율,%)		출자관계 (지분율,%)		주요경쟁사 (외형,%)	
김지현	29.7	윈게임즈	3.2	모비스	100
이의재	9.3			유엔젤	666
(외국인)	0.1			케이사인	706

매출구성		비용구성		수출비중	
		매출원가율	50.8	수출	―
		판관비율	32.8	내수	―

회사 개요
동사는 2000년 4월 설립되었으며, 설립초기에는 우수 인력을 바탕으로 삼성전자 등 대기업 IT솔루션 제공업체로서 멀티미디어 통신단말기 등을 공급하였음. 2008년 국내 최초로 영상단말기 10만대를 KT에 공급하는 등 IT분야에서 지속적인 성과를 달성함. 2010년에 기존의 IT 사업에서 기초과학 기반 빅사이언스 분야의 특수 정밀제어 분야로 주력 업종을 확장하였음.

실적 분석
동사는 주력 업종의 확장 이후 2년간 약 30억원을 연구개발에 투입하여 2011년 가속기용 LLRF 제어 시스템 개발에 첫 성공함. 수입에 의존하던 가속기 핵심장비인 LLRF를 국산화에 첫 성공하여 국내 시장을 독점하고 있으며, 포항 4세대 방사광가속기에서 성능을 검증받음. 동사는 포항가속기연구소, 기초과학연구원, 국제 핵융합 에너지 연구소, 국가핵융합연구소 등 국내외 연구기관들과 프로젝트를 진행중임.

현금 흐름　*IFRS 별도 기준　〈단위 : 억원〉

항목	2015	2016
영업활동	19	-8
투자활동	-11	9
재무활동	33	-3
순현금흐름	42	-2
기말현금	42	40

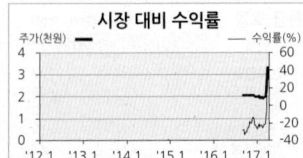

시장 대비 수익률

결산 실적　〈단위 : 억원〉

항목	2011	2012	2013	2014	2015	2016
매출액	―	―	18	31	54	46
영업이익	―	―	-2	8	9	7
당기순이익	―	―	-2	10	12	7

분기 실적　*IFRS 별도 기준　〈단위 : 억원〉

항목	2015.3Q	2015.4Q	2016.1Q	2016.2Q	2016.3Q	2016.4Q
매출액		54				
영업이익		9				
당기순이익		12				

재무 상태　*IFRS 별도 기준　〈단위 : 억원〉

항목	2011	2012	2013	2014	2015	2016
총자산	―	―	18	27	92	82
유형자산	―	―	1	1	1	1
무형자산	―	―	0	0	0	0
유가증권	―	―	0	0	0	0
총부채	―	―	7	7	42	21
총차입금	―	―	3	3	12	11
자본금	―	―	6	6	6	7
총자본	―	―	11	21	50	62
지배주주지분	―	―	11	21	50	62

기업가치 지표　*IFRS 별도 기준

항목	2011	2012	2013	2014	2015	2016
주가(최고/저)(천원)	―/―	―/―	―/―	―/―	―/―	2.1/2.0
PER(최고/저)(배)	0.0/0.0	0.0/0.0	0.0/0.0	0.0/0.0	0.0/0.0	73.9/71.4
PBR(최고/저)(배)	0.0/0.0	0.0/0.0	0.0/0.0	0.0/0.0	0.0/0.0	8.6/8.3
EV/EBITDA(배)			0.0		0.1	12.4
EPS(원)	―	―	-8	47	50	28
BPS(원)	―	―	8,901	16,964	3,281	4,047
CFPS(원)	―	―	-702	8,407	925	487
DPS(원)	―	―				
EBITDAPS(원)	―	―	-801	7,270	739	519

재무 비율　〈단위 : % 〉

연도	영업이익률	순이익률	부채비율	차입금비율	ROA	ROE	유보율	자기자본비율	EBITDA마진율
2016	16.4	15.3	33.4	18.6			767.6	75.0	17.4
2015	17.2	21.8	84.9	23.8	19.7	33.5	634.4	54.1	18.1
2014	27.1	31.5	32.2	14.5	43.4	62.4	239.3	75.6	28.4
2013	-9.5	-8.8	65.1	27.6			78.0	60.6	-5.5

모아텍 (A033200)
Moatech

업 종 : 전자 장비 및 기기		시 장 : KOSDAQ	
신용등급 : (Bond) — (CP) —		기업규모 : 중견	
홈 페 이 지 : www.moatech.com		연 락 처 : 032)810-9000	
본 사 : 인천시 남동구 인주대로 698 (구월동)			

설 립 일 1989.03.06	종업원수 102명	대표이사 유석권	
상 장 일 1997.10.13	감사의견 적정 (삼덕)	계 열	
결 산 기 12월	보 통 주 1,433만주	종속회사수	
액 면 가 500원	우 선 주	구 상 호	

주주구성 (지분율,%)		출자관계 (지분율,%)		주요경쟁사 (외형,%)	
Minebea Co., Ltd.	50.9	세피스	19.8	모아텍	100
국민연금공단	3.8	MOATECHMANUFACTURINGPHILIPPINES,INC	100.0	S&K폴리텍	112
(외국인)	51.7	MOATECHREALTY,INC	39.0	대동전자	67

매출구성		비용구성		수출비중	
STEPPINGMOTOR	95.5	매출원가율	83.4	수출	55.3
유류 외	3.4	판관비율	16.7	내수	44.7
개발용역	1.2				

회사 개요
동사의 주력 제품은 Stepping Motor임. Stepping Motor는 주로 CD-ROM/DVD에 주로 사용되는데 PC용 Stepping Motor는 세계 시장 점유율 1위임. PC업황 부진으로 산업 성장은 주춤하지만 Slim형 개발 등 자구책으로 성장세는 유지 중에 있음. 자회사 하이소닉은 AF 액츄에이터를 생산하고 있음. 최근 AF 액츄에이터 시장 내 공급업체가 늘어나고 있음.

실적 분석
동사의 2016년 연결기준 연간 매출액은 566.4억원으로 전년 대비 11.3% 감소함. 이는 세계 PC 시장 침체의 영향임. 원가개선 및 비용 절감에도 불구하고 영업손실은 0.8억원으로 적자지속됨. 반면 매각예정자산처분이익, 매도가능증권처분이익의 영향으로 당기순이익은 28.5억원으로 흑자전환됨. 동사는 자진 상장폐지를 결정함. 최대주주인 미네바 아미쓰미 주식회사는 코스닥 상장폐지 신청을 위한 절차 개시를 요청함.

현금 흐름 〈단위 : 억원〉

항목	2015	2016
영업활동	75	34
투자활동	-71	370
재무활동	53	-122
순현금흐름	55	290
기말현금	209	499

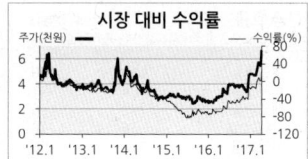
시장 대비 수익률

결산 실적 〈단위 : 억원〉

항목	2011	2012	2013	2014	2015	2016
매출액	1,763	1,476	936	807	638	566
영업이익	39	-16	-56	-53	-37	-1
당기순이익	32	-43	-113	-74	-18	29

분기 실적 〈단위 : 억원〉

항목	2015.3Q	2015.4Q	2016.1Q	2016.2Q	2016.3Q	2016.4Q
매출액	156	189	174	146	115	131
영업이익	-16	-2	9	-22	3	10
당기순이익	-11	9	16	-15	25	2

재무 상태 〈단위 : 억원〉

항목	2011	2012	2013	2014	2015	2016
총자산	1,578	1,732	1,638	1,197	1,262	1,132
유형자산	429	523	517	271	293	160
무형자산	59	51	42	6	6	6
유가증권	31	12	34	61	69	1
총부채	373	314	356	163	241	81
총차입금	100	109	153	65	122	
자본금	72	77	77	77	77	77
총자본	1,205	1,418	1,282	1,034	1,020	1,051
지배주주지분	1,012	1,188	1,100	1,032	1,018	1,043

기업가치 지표

항목	2011	2012	2013	2014	2015	2016
주가(최고/저)(천원)	7.2/3.4	6.4/3.5	6.8/3.4	5.7/2.8	3.3/2.3	4.8/2.5
PER(최고/저)(배)	38.3/18.1	—/—	—/—	—/—	—/—	29.8/15.4
PBR(최고/저)(배)	0.8/0.4	0.8/0.4	0.9/0.4	0.8/0.4	0.5/0.3	0.7/0.3
EV/EBITDA(배)	4.2	4.7	13.9	—	—	2.7
EPS(원)	190	-496	-516	-492	-126	161
BPS(원)	8,841	8,287	7,674	7,202	7,104	7,280
CFPS(원)	706	-3	82	-301	1	232
DPS(원)	60					
EBITDAPS(원)	809	378	209	-177	-132	65

재무 비율 〈단위 : % 〉

연도	영업이익률	순이익률	부채비율	차입금비율	ROA	ROE	유보율	자기자본비율	EBITDA마진율
2016	-0.1	5.0	7.7	0.0	2.4	2.2	1,261.0	92.9	1.7
2015	-5.8	-2.8	23.7	12.0	-1.5	-1.8	1,228.1	80.9	-3.0
2014	-6.6	-9.2	15.8	6.3	-5.2	-6.6	1,246.4	86.4	-3.2
2013	-5.9	-12.0	27.7	11.9	-6.7	-6.5	1,334.7	78.3	3.2

모토닉 (A009680)
Motonic

업 종 : 자동차부품		시 장 : 거래소	
신용등급 : (Bond) — (CP) —		기업규모 : 시가총액 소형주	
홈 페 이 지 : www.motonic.co.kr		연 락 처 : 02)730-8711	
본 사 : 서울시 종로구 종로1길 50 에이동 10층(중학동, 중학오피스 빌딩)			

설 립 일 1974.03.07	종업원수 344명	대표이사 신현돈	
상 장 일 1994.01.14	감사의견 적정 (한영)	계 열	
결 산 기 12월	보 통 주 3,300만주	종속회사수	
액 면 가 500원	우 선 주	구 상 호	

주주구성 (지분율,%)		출자관계 (지분율,%)		주요경쟁사 (외형,%)	
김영봉	25.1	채널에이	0.3	모토닉	100
김영목	14.9	NIKKI	2.0	S&T홀딩스	787
(외국인)	17.7	북경모토닉	100.0	S&T중공업	240

매출구성		비용구성		수출비중	
기타	43.2	매출원가율	91.2	수출	29.5
LPI SYSTEM	22.1	판관비율	7.6	내수	70.5
P/CLUTCH	14.3				

회사 개요
동사는 1974년 자동차용 기화기 제조 판매를 영업목적으로 설립됨. 1974년 유가증권 시장에 상장됨. 자동차 엔진에 LPG 연료를 분사하는 LPI 시스템과 엔진 부하 등 조건에 따라 실린더 밸브 열림량을 조절하는 장치인 CVVL, 변속기에 장착되는 피스톤 클러치 등을 생산하는 자동차 엔진 및 변속기 주요 부품 전문 생산업체임. 현대차, 기아차에 공급 중임. 중국 북경과 인도에 현지 공장을 두고 있음.

실적 분석
동사의 2016년 연결기준 매출액은 1,953억원으로 전년동기 대비 3.9% 감소하였고, 영업이익은 24억원으로 전년동기 대비 62.3% 감소함. 당기순이익은 217억원을 시현하였음. 영업이익은 매출감소 및 신규투자 증가에 따른 감가상각비 증가 등으로 전기대비 감소하였으나, 당기순이익은 대구1공장 매각이익과 이에 따른 피합병법인에 대한 이연법인세의 실현으로 전기대비 증가 하였음.

현금 흐름 〈단위 : 억원〉

항목	2015	2016
영업활동	208	93
투자활동	-534	-8
재무활동	-63	-103
순현금흐름	-388	-18
기말현금	376	357

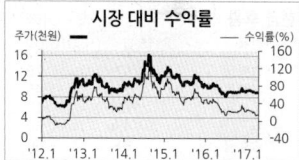
시장 대비 수익률

결산 실적 〈단위 : 억원〉

항목	2011	2012	2013	2014	2015	2016
매출액	2,582	2,404	2,182	2,172	2,033	1,953
영업이익	227	261	193	135	63	24
당기순이익	270	279	202	175	92	217

분기 실적 〈단위 : 억원〉

항목	2015.3Q	2015.4Q	2016.1Q	2016.2Q	2016.3Q	2016.4Q
매출액	498	467	482	506	457	508
영업이익	13	11	7	6	8	2
당기순이익	24	13	123	15	13	66

재무 상태 〈단위 : 억원〉

항목	2011	2012	2013	2014	2015	2016
총자산	4,232	4,506	4,561	4,294	4,293	4,331
유형자산	539	535	582	736	941	966
무형자산	20	17	16	14	13	14
유가증권	121	142	17	73	125	118
총부채	694	760	662	541	497	414
총차입금	43	42	45	11	5	
자본금	165	165	165	165	165	165
총자본	3,538	3,746	3,899	3,753	3,796	3,917
지배주주지분	3,301	3,497	3,642	3,753	3,796	3,917

기업가치 지표

항목	2011	2012	2013	2014	2015	2016
주가(최고/저)(천원)	9.5/5.6	11.7/6.1	12.8/8.6	16.9/9.9	13.9/9.8	10.8/8.1
PER(최고/저)(배)	14.3/8.4	16.5/8.6	24.2/16.3	35.3/20.7	52.3/36.9	16.8/12.6
PBR(최고/저)(배)	1.1/0.6	1.2/0.6	1.2/0.8	1.5/0.9	1.2/0.9	0.9/0.7
EV/EBITDA(배)	—	4.2	2.4	6.4	6.7	1.8
EPS(원)	771	791	582	513	279	659
BPS(원)	10,362	10,951	11,390	11,724	11,853	12,323
CFPS(원)	1,027	1,014	823	765	476	951
DPS(원)	250	250	250	250	280	250
EBITDAPS(원)	943	1,014	826	663	386	363

재무 비율 〈단위 : % 〉

연도	영업이익률	순이익률	부채비율	차입금비율	ROA	ROE	유보율	자기자본비율	EBITDA마진율
2016	1.2	11.1	10.6	0.0	5.0	5.6	2,364.6	90.4	6.1
2015	3.1	4.5	13.1	0.1	2.2	2.4	2,270.7	88.4	6.3
2014	6.2	8.1	14.4	0.3	4.0	4.6	2,244.8	87.4	10.1
2013	8.9	9.3	17.0	1.1	4.5	5.4	2,178.1	85.5	12.5

모헨즈 (A006920)
Mohenz

<table>
<tr><td>업　　종 : 건축소재</td><td>시　　장 : KOSDAQ</td></tr>
<tr><td>신용등급 : (Bond) ―　　(CP) ―</td><td>기업규모 : 중견</td></tr>
<tr><td>홈페이지 : www.imohenz.com</td><td>연 락 처 : 041)578-7202</td></tr>
<tr><td colspan="2">본　　사 : 충남 천안시 동남구 풍세면 남관리 195</td></tr>
</table>

설 립 일 1970.11.24	종 업 원 수 74명	대 표 이 사 이기명	
상 장 일 1989.01.05	감 사 의 견 적정 (성신)	계　　　　열	
결 산 기 12월	보 통 주 1,092만주	종속회사수	
액 면 가 500원	우 선 주	구 상 호	

주주구성 (지분율,%)
김기수	32.0
한국증권금융	3.6
(외국인)	0.7

출자관계 (지분율,%)
덕원산업	63.5
코모텍	44.3

주요경쟁사 (외형,%)
모헨즈	100
유니온	82
서산	100

매출구성
레미콘	98.7
시멘트 외	1.3

비용구성
매출원가율	91.4
판관비율	5.3

수출비중
수출	0.0
내수	100.0

회사 개요
동사는 레미콘 제조 및 판매 등을 주요 목적사업으로 하여 1970년 11월 24일 설립되어 1989년 1월 5일 한국거래소가 개설하는 코스닥시장에 주식을 상장하였음. 또한 동사는 2000년 9월 8일자로 한일흥업 주식회사에서 주식회사 모헨즈로 상호를 변경하였음. 현재 레미콘 제조 및 판매업, 용접사업을 주사업으로 하는 덕원산업과 자동차부품 제조 및 판매업을 영위하는 코모텍을 계열회사로 두고 있음.

실적 분석
동사의 2016년 연결기준 매출액은 전년 동기대비 소폭 증가한 1,122.4억원을 시현함. 레미콘사업 부문의 매출수량의 증가로 인한 매출액이 증가한 반면 종속회사의 용접사업부문 및 자동차 부품사업의 매출액은 다소 감소한 모습. 퇴직급여 및 대손상각비의 증가로 전년대비 영업이익은 17% 감소. 무형자산(회원권)손상차손 및 매도가능증권 처분손실의 증가로 당기순이익 역시 전년대비 49.1% 감소한 18.4억원에 그침

현금 흐름 〈단위 : 억원〉
항목	2015	2016
영업활동	92	26
투자활동	-26	-45
재무활동	-20	-12
순현금흐름	45	-30
기말현금	81	50

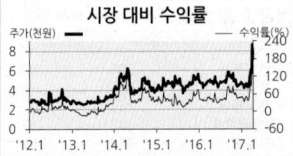
시장 대비 수익률

결산 실적 〈단위 : 억원〉
항목	2011	2012	2013	2014	2015	2016
매출액	639	702	789	985	1,050	1,122
영업이익	16	24	38	49	45	37
당기순이익	10	21	28	39	36	18

분기 실적 〈단위 : 억원〉
항목	2015.3Q	2015.4Q	2016.1Q	2016.2Q	2016.3Q	2016.4Q
매출액	262	284	207	318	270	328
영업이익	14	12	-8	23	12	10
당기순이익	14	6	-7	18	7	1

재무 상태 〈단위 : 억원〉
항목	2011	2012	2013	2014	2015	2016
총자산	583	552	608	718	759	797
유형자산	224	250	267	278	270	286
무형자산	8	8	8	13	15	14
유가증권	6	4	3	3	4	5
총부채	427	380	407	482	492	511
총차입금	139	115	92	102	81	70
자본금	55	55	55	55	55	55
총자본	156	173	200	236	267	286
지배주주지분	101	112	131	156	175	188

기업가치 지표
항목	2011	2012	2013	2014	2015	2016
주가(최고/저)(천원)	7.9/2.0	4.4/2.4	3.6/2.4	6.3/3.6	5.9/3.7	6.2/4.1
PER(최고/저)(배)	137.7/34.4	35.7/19.3	19.5/13.1	25.2/14.3	27.0/16.8	54.3/36.1
PBR(최고/저)(배)	8.6/2.1	4.3/2.3	3.0/2.0	4.4/2.5	3.7/2.3	3.6/2.4
EV/EBITDA(배)	14.8	11.2	9.2	8.2	10.3	10.1
EPS(원)	57	122	184	248	217	114
BPS(원)	923	1,022	1,202	1,426	1,604	1,724
CFPS(원)	197	273	348	434	417	322
DPS(원)	―	―	―	―	―	―
EBITDAPS(원)	282	374	513	637	611	548

재무 비율 〈단위 : %〉
연도	영업이익률	순이익률	부채비율	차입금비율	ROA	ROE	유보율	자기자본비율	EBITDA마진율
2016	3.3	1.6	178.4	24.3	2.4	6.9	244.8	35.9	5.3
2015	4.3	3.4	184.5	30.5	4.9	14.3	220.8	35.2	6.4
2014	5.0	4.0	204.3	43.1	5.9	18.9	185.2	32.9	7.1
2013	4.8	3.6	203.7	45.8	4.9	16.5	140.3	32.9	7.1

무림에스피 (A001810)
Moorim SP

<table>
<tr><td>업　　종 : 종이 및 목재</td><td>시　　장 : KOSDAQ</td></tr>
<tr><td>신용등급 : (Bond) A-　　(CP) ―</td><td>기업규모 : 우량</td></tr>
<tr><td>홈페이지 : www.moorim.co.kr</td><td>연 락 처 : 02)512-3672</td></tr>
<tr><td colspan="2">본　　사 : 서울시 강남구 강남대로 656</td></tr>
</table>

설 립 일 1956.07.26	종 업 원 수 205명	대 표 이 사 김석만	
상 장 일 2000.01.04	감 사 의 견 적정 (한영)	계　　　　열	
결 산 기 12월	보 통 주 2,214만주	종속회사수	
액 면 가 500원	우 선 주	구 상 호	

주주구성 (지분율,%)
이도균	21.4
이동욱	20.8
(외국인)	0.9

출자관계 (지분율,%)
무림로지텍	94.9
무림켐텍	90.0
무림오피스웨이	78.2

주요경쟁사 (외형,%)
무림SP	100
무림페이퍼	546
페이퍼코리아	204

매출구성
기 타	42.2
C.C.P지	30.3
L.W.C,컴퓨터지,신문용지 등	17.3

비용구성
매출원가율	85.3
판관비율	9.9

수출비중
수출	12.3
내수	87.7

회사 개요
동사는 산업활동 및 문화생활을 위해 필수불가결한 제품인 아트지, 백상지, 기타 특수지 등의 인쇄용지를 전문적으로 생산하여 국내외로 판매하고 있음. 특히 카탈로그, 화장품케이스 등에 사용되는 C.C.P지의 시장점유율은 78.4%이며 종속회사로는 무림오피스웨이와 무림켐텍이 있음. 제지업종의 특성상 완전경쟁체제이며 막대한 시설자금의 소요로 시장진입은 매우 어려운 상태임.

실적 분석
동사의 2016년 결산기준 누적매출액은 전년동기대비 2% 소폭 하락한 2,070.8억원을 기록하였음. 그러나 매출원가 및 판관비가 일부 감소하여 영업이익은 98.7억원을 달성함. 법인세비용의 감소에 힘입어 당기순이익은 전년동기대비 39.8% 성장한 25.8억원을 기록함. IT기술 향상으로 다양한 기능들이 출현하면서 특수지의 시장규모가 점차 커지고 있고 원가절감 및 관리효율 극대화를 위해 지속적으로 노력하고 있으므로 향후 수익 성장이 기대됨.

현금 흐름 〈단위 : 억원〉
항목	2015	2016
영업활동	150	190
투자활동	-84	-31
재무활동	-72	-176
순현금흐름	-6	-16
기말현금	272	256

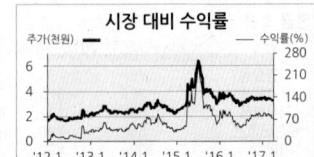
시장 대비 수익률

결산 실적 〈단위 : 억원〉
항목	2011	2012	2013	2014	2015	2016
매출액	1,558	1,506	2,238	2,142	2,114	2,071
영업이익	96	83	107	124	96	99
당기순이익	53	61	95	-12	18	26

분기 실적 〈단위 : 억원〉
항목	2015.3Q	2015.4Q	2016.1Q	2016.2Q	2016.3Q	2016.4Q
매출액	502	545	511	525	496	539
영업이익	17	11	8	35	36	20
당기순이익	-11	-11	7	7	32	-25

재무 상태 〈단위 : 억원〉
항목	2011	2012	2013	2014	2015	2016
총자산	2,505	2,687	2,781	2,982	2,958	2,838
유형자산	615	617	629	782	796	782
무형자산	8	23	25	79	77	77
유가증권	31	34	37	29	20	20
총부채	883	1,047	1,034	1,144	1,140	996
총차입금	482	582	570	630	617	461
자본금	111	111	111	111	111	111
총자본	1,622	1,641	1,747	1,838	1,818	1,842
지배주주지분	1,622	1,640	1,747	1,803	1,810	1,830

기업가치 지표
항목	2011	2012	2013	2014	2015	2016
주가(최고/저)(천원)	2.2/1.4	2.8/1.6	2.8/2.1	3.3/2.2	6.6/2.3	3.9/2.8
PER(최고/저)(배)	10.4/6.7	11.1/6.4	6.9/5.1	―/―	88.9/30.9	33.7/24.4
PBR(최고/저)(배)	0.3/0.2	0.4/0.2	0.4/0.3	0.4/0.3	0.8/0.3	0.5/0.3
EV/EBITDA(배)	6.7	8.0	7.2	5.8	8.3	7.1
EPS(원)	240	276	437	-55	76	117
BPS(원)	7,326	7,407	7,892	8,143	8,175	8,266
CFPS(원)	344	387	568	92	232	269
DPS(원)	100	80	50	35	35	30
EBITDAPS(원)	536	487	612	707	590	598

재무 비율 〈단위 : %〉
연도	영업이익률	순이익률	부채비율	차입금비율	ROA	ROE	유보율	자기자본비율	EBITDA마진율
2016	4.8	1.3	54.1	25.1	0.9	1.4	1,553.2	64.9	6.4
2015	4.5	0.9	62.7	33.9	0.6	0.9	1,534.9	61.5	6.2
2014	5.8	-0.5	62.2	34.3	-0.4	-0.7	1,528.7	61.6	7.3
2013	4.8	4.3	59.2	32.6	3.5	5.7	1,478.4	62.8	6.1

무림페이퍼 (A009200)
Moorim Paper

업　　종 : 종이 및 목재　　　　시　　장 : 거래소
신용등급 : (Bond) A-　(CP) A2-　　기업규모 : 시가총액 소형주
홈페이지 : www.moorim.co.kr　　연 락 처 : 055)751-1234
본　　사 : 경남 진주시 남강로 1003

설 립 일	1973.08.29	종 업 원 수	386명	대 표 이 사	김석만
상 장 일	1990.06.09	감 사 의 견	적정 (삼일)	계 열	
결 산 기	12월	보 통 주	4,161만주	종속회사수	
액 면 가	2,500원	우 선 주		구 상 호	

주주구성 (지분율,%)		출자관계 (지분율,%)		주요경쟁사 (외형,%)	
무림에스피	19.7	무림파워텍	85.6	무림페이퍼	100
이동욱	18.9	무림P&P	67.3	페이퍼코리아	37
(외국인)	5.7	무림오피스웨이	11.8	이건산업	26

매출구성		비용구성		수출비중	
백상지, 아트지, 기타지	97.5	매출원가율	87.1	수출	52.1
LWC 외	1.7	판관비율	9.2	내수	47.9
원료매출	0.8				

회사 개요
동사는 1973년 설립되어 백상지, 아트지 등 인쇄용지를 전문적으로 생산해 국내외에 판매하는 사업을 영위하고 있음. 2008년 무림동해펄프를 인수해 무림P&P로 사명을 바꿈. 2011년 무림P&P 울산공장 옆에 제지공장을 완공해 목재칩-펄프-제지로 이어지는 국내 유일의 일관화 공장을 설립함. 무림P&P를 통해 필요한 펄프의 42%를 조달하고 있으며, 인쇄용지 시장점유율은 30.5%로 국내 제지업계 선두권을 형성.

실적 분석
동사의 2016년 연결기준 매출액은 1조 1,314.5억원으로 전년 동기대비 2.2% 감소함. 당기순손실 14.4억원을 기록하며 적자전환함. 영업이익이 전년 724.2억원에서 420.6억원으로 41.9% 감소했지만 법인세 비용이 95.3% 줄어들어 순손실 폭이 크진 않았음. 제지 수요는 GDP 성장과 비례하여 증가하는 특징이 있고, 우리나라 1인당 지류 소비량은 주요 선진국의 80% 수준이기에 점진적으로 수요가 증가할 것으로 보임.

현금 흐름　〈단위 : 억원〉

항목	2015	2016
영업활동	881	1,719
투자활동	-800	102
재무활동	-192	-2,042
순현금흐름	-107	-213
기말현금	1,386	1,173

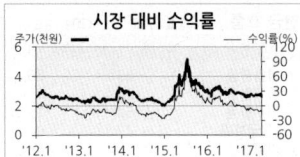

시장 대비 수익률

결산 실적　〈단위 : 억원〉

항목	2011	2012	2013	2014	2015	2016
매출액	10,284	10,793	11,363	11,780	11,568	11,315
영업이익	512	447	759	294	724	421
당기순이익	-10	47	249	-412	1	-14

분기 실적　〈단위 : 억원〉

항목	2015.3Q	2015.4Q	2016.1Q	2016.2Q	2016.3Q	2016.4Q
매출액	2,934	3,015	3,247	2,821	2,822	2,425
영업이익	212	121	188	147	-17	103
당기순이익	-70	22	89	-13	40	-131

재무 상태　〈단위 : 억원〉

항목	2011	2012	2013	2014	2015	2016
총자산	22,576	22,249	22,796	21,579	21,703	19,045
유형자산	12,617	12,414	12,121	11,530	11,514	10,977
무형자산	644	645	636	691	679	666
유가증권	245	580	591	863	1,610	615
총부채	16,041	15,902	16,162	15,584	15,741	13,130
총차입금	13,715	13,905	13,810	13,322	12,745	10,872
자본금	1,040	1,040	1,040	1,040	1,040	1,040
총자본	6,536	6,347	6,635	5,995	5,961	5,915
지배주주지분	3,577	3,304	3,537	3,712	3,831	3,848

기업가치 지표

항목	2011	2012	2013	2014	2015	2016
주가(최고/저)(천원)	4.1/2.4	3.1/2.3	3.2/2.2	3.3/2.0	5.3/2.0	3.4/2.6
PER(최고/저)(배)	—/—	—/—	15.9/10.7	—/—	—/—	616.1/466.9
PBR(최고/저)(배)	0.5/0.3	0.4/0.3	0.4/0.3	0.4/0.2	0.6/0.2	0.4/0.3
EV/EBITDA(배)	16.1	13.2	11.3	12.5	8.3	10.0
EPS(원)	-244	-284	206	-943	-107	5
BPS(원)	8,596	7,941	8,500	8,920	9,207	9,248
CFPS(원)	1,041	1,352	1,959	916	1,758	1,845
DPS(원)	200	—	25	—	—	—
EBITDAPS(원)	2,517	2,711	3,576	2,565	3,605	2,851

재무 비율　〈단위 : %〉

연도	영업이익률	순이익률	부채비율	차입금비율	ROA	ROE	유보율	자기자본비율	EBITDA마진율
2016	3.7	-0.1	222.0	183.8	-0.1	0.1	269.9	31.1	10.5
2015	6.3	0.0	264.1	213.8	0.0	-1.2	268.3	27.5	13.0
2014	2.5	-3.5	260.0	222.2	-1.9	-10.8	256.8	27.8	9.1
2013	6.7	2.2	243.6	208.2	1.1	2.5	240.0	29.1	13.1

무림피앤피 (A009580)
Moorim P&P

업　　종 : 종이 및 목재　　　　시　　장 : 거래소
신용등급 : (Bond) A-　(CP) —　　기업규모 : 시가총액 소형주
홈페이지 : www.moorim.co.kr　　연 락 처 : 052)231-7031
본　　사 : 울산시 울주군 온산읍 우봉길 3-36

설 립 일	1974.01.14	종 업 원 수	639명	대 표 이 사	김석만
상 장 일	1989.06.20	감 사 의 견	적정 (삼일)	계 열	
결 산 기	12월	보 통 주	6,237만주	종속회사수	
액 면 가	2,500원	우 선 주		구 상 호	

주주구성 (지분율,%)		출자관계 (지분율,%)		주요경쟁사 (외형,%)	
무림페이퍼	67.3	대승케미칼	100.0	무림P&P	100
KB자산운용	4.2	무림캐피탈	30.0	동화기업	115
(외국인)	3.4	울산방송	2.0	한솔제지	256

매출구성		비용구성		수출비중	
아트지(제지부문-인쇄용지)	72.2	매출원가율	90.3	수출	39.9
활엽수표백화학펄프	27.0	판관비율	7.5	내수	60.1
톱밥 등(기타)	0.8				

회사 개요
동사는 1974년 설립된 국내 유일의 표백화학펄프 제조업체로서 표백화학펄프 단일종목을 생산하고 있음. 아트지, 백상지 등 인쇄용지를 주로 생산하는 제지 사업과 표백화학펄프를 생산하는 펄프 사업, 수산화마그네슘의 제조하는 기타 부문을 영위함. 1993년 제2공장을 건설해 연간 생산능력을 종전 16만톤에서 45만톤으로 증대함. 2011년엔 펄프-제지 일관화공장을 완공함.

실적 분석
동사의 2016년 결산 연결기준 매출액은 5,986.2억원으로 전년 대비 4.8% 감소함. 제지부문 수출과 펄프부문 내수시장 부진에 따른 결과. 영업이익은 전년보다 62.9% 줄어든 135.9억원을 기록함. 7.9억원의 순손실을 기록하며 적자전환함. 원가경쟁력 확보를 위해 인도네시아 지역 조림지에 펄프생산용 조림투자를 진행중이며, 수입 목재칩의 수입 가격절감을 통해 수익개선 효과가 기대됨.

현금 흐름　〈단위 : 억원〉

항목	2015	2016
영업활동	554	883
투자활동	-484	-112
재무활동	-9	-868
순현금흐름	59	-95
기말현금	584	489

시장 대비 수익률

결산 실적　〈단위 : 억원〉

항목	2011	2012	2013	2014	2015	2016
매출액	4,630	5,968	6,459	6,394	6,285	5,986
영업이익	319	328	517	131	366	136
당기순이익	133	292	302	-103	116	-8

분기 실적　〈단위 : 억원〉

항목	2015.3Q	2015.4Q	2016.1Q	2016.2Q	2016.3Q	2016.4Q
매출액	1,605	1,556	1,610	1,449	1,426	1,501
영업이익	127	76	58	19	-4	62
당기순이익	-39	78	35	12	52	-85

재무 상태　〈단위 : 억원〉

항목	2011	2012	2013	2014	2015	2016
총자산	12,188	12,376	12,311	11,497	11,680	10,953
유형자산	9,022	8,948	8,770	8,380	8,346	7,988
무형자산	69	80	75	139	134	131
유가증권	19	—	—	—	6	6
총부채	6,705	6,782	6,564	6,028	6,217	5,612
총차입금	5,438	5,456	5,082	4,748	4,905	4,227
자본금	1,559	1,559	1,559	1,559	1,559	1,559
총자본	5,483	5,594	5,747	5,469	5,463	5,341
지배주주지분	5,483	5,594	5,747	5,469	5,463	5,339

기업가치 지표

항목	2011	2012	2013	2014	2015	2016
주가(최고/저)(천원)	6.5/3.6	4.9/2.7	5.6/2.9	5.1/3.5	6.3/3.6	4.8/3.8
PER(최고/저)(배)	39.6/22.1	13.0/7.1	13.4/6.9	—/—	36.0/20.7	—/—
PBR(최고/저)(배)	1.0/0.5	0.7/0.4	0.7/0.4	0.6/0.5	0.8/0.4	0.6/0.5
EV/EBITDA(배)	13.1	9.6	8.2	10.2	8.4	9.6
EPS(원)	213	468	484	-156	186	-13
BPS(원)	8,791	8,970	9,215	8,770	8,759	8,562
CFPS(원)	704	1,183	1,264	694	1,025	813
DPS(원)	250	250	250	175	200	125
EBITDAPS(원)	1,003	1,242	1,608	1,061	1,425	1,043

재무 비율　〈단위 : %〉

연도	영업이익률	순이익률	부채비율	차입금비율	ROA	ROE	유보율	자기자본비율	EBITDA마진율
2016	2.3	-0.1	105.1	79.1	-0.1	-0.2	242.5	48.8	10.9
2015	5.8	1.9	113.8	89.8	1.0	2.1	250.4	46.8	14.1
2014	2.1	-1.6	110.2	86.8	-0.9	-1.7	250.8	47.6	10.4
2013	8.0	4.7	114.2	88.4	2.5	5.3	268.6	46.7	15.5

무학 (A033920)
Muhak

업　　종 : 음료　　　　　　　　　　　　시　　　장 : 거래소
신용등급 : (Bond) ―　　(CP) ―　　　　기업규모 : 시가총액 중형주
홈페이지 : www.muhak.co.kr, www.joeunday.com　　연 락 처 : 070)7576-2045
본　　사 : 경남 창원시 마산회원구 봉암공단2길 6

설 립 일 1973.10.01	종 업 원 수 672명	대 표 이 사 강민철,이수능
상 장 일 2010.07.20	감 사 의 견 적정 (안경)	계　　　열
결 산 기 12월	보 통 주 2,850만주	종속회사수
액 면 가 200원	우 선 주	구 상 호

주주구성 (지분율,%)		출자관계 (지분율,%)		주요경쟁사 (외형,%)	
최재호	49.8	무학스틸	100.0	무학	100
FID Low Priced Stock Fund	9.5	좋은데이디엔에프	100.0	롯데칠성	877
(외국인)	15.3	무학위드	100.0	하이트진로	700

매출구성		비용구성		수출비중	
회석식소주외	94.3	매출원가율	52.3	수출	92.8
제덕만토지매각	5.7	판관비율	28.4	내수	7.2

회사 개요
동사는 동남권을 대표하는 주류제조 및 판매기업으로 주력상품인 "좋은데이" 및 "화이트" 소주로 소주시장에서 확고한 위치를 차지하고 있음. 소주시장에 파란을 일으키고 있는 16.9도 초저도소주 '좋은데이' 판매신장과 더불어 소주시장 점유비가 2010년 10%, 2011년 12.9%, 2012년 14.0%, 2013년 (1~2월) 15.1%로 총 판매량은 소주업계에서 3위를 유지하고 있음.

실적 분석
동사의 2016년 결산기준 누적 매출액은 전년동기대비 -8.7% 하락한 2,701.7억원을 기록하였음. 비용면에서 전년동기대비 매출원가는 감소 하였으며 인건비는 증가 했고 광고선전비도 증가, 기타판매비와관리비도 마찬가지로 증가함. 그에 따라 매출액 하락 등에 의해 전년동기대비 영업이익은 519.6억원으로 -20.9% 크게 하락하였음. 그러나 비영업손익의 흑자전환으로 전년동기대비 당기순이익은 614.8억원을 기록함.

현금 흐름 〈단위 : 억원〉

항목	2015	2016
영업활동	783	528
투자활동	-649	-257
재무활동	-82	-116
순현금흐름	53	155
기말현금	284	439

시장 대비 수익률
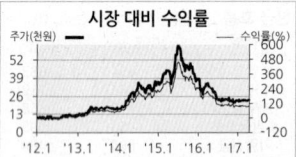

결산 실적 〈단위 : 억원〉

항목	2011	2012	2013	2014	2015	2016
매출액	2,025	2,181	2,401	2,901	2,958	2,702
영업이익	446	463	598	814	657	520
당기순이익	414	345	550	829	288	615

분기 실적 〈단위 : 억원〉

항목	2015.3Q	2015.4Q	2016.1Q	2016.2Q	2016.3Q	2016.4Q
매출액	734	864	660	699	642	700
영업이익	162	191	114	149	124	133
당기순이익	-233	260	64	135	349	67

재무 상태 〈단위 : 억원〉

항목	2011	2012	2013	2014	2015	2016
총자산	3,256	3,766	4,413	5,342	5,568	6,037
유형자산	1,181	1,588	1,747	1,905	2,070	2,078
무형자산	6	6	6	6	6	4
유가증권	922	1,188	1,604	2,600	2,684	3,024
총부채	951	821	949	1,192	1,209	1,128
총차입금	2	2	2	―	―	―
자본금	52	53	54	55	56	57
총자본	2,304	2,945	3,464	4,151	4,359	4,910
지배주주지분	2,304	2,945	3,464	4,151	4,359	4,910

기업가치 지표

항목	2011	2012	2013	2014	2015	2016
주가(최고/저)(천원)	12.6/6.6	12.9/9.5	18.7/12.5	37.8/16.8	63.4/34.6	39.8/21.1
PER(최고/저)(배)	8.9/4.7	10.9/8.0	9.9/6.6	13.3/5.9	64.1/35.0	18.7/9.9
PBR(최고/저)(배)	1.6/0.8	1.3/0.9	1.6/1.1	2.6/1.2	4.1/2.3	2.3/1.2
EV/EBITDA(배)	4.6	5.6	5.8	9.9	11.4	7.3
EPS(원)	1,453	1,210	1,928	2,908	1,011	2,157
BPS(원)	8,983	11,111	12,870	15,233	15,934	17,640
CFPS(원)	2,045	1,863	2,750	3,862	1,992	3,180
DPS(원)	53	53	4	4	253	350
EBITDAPS(원)	2,168	2,307	2,929	3,811	3,304	2,846

재무 비율 〈단위 : %〉

연도	영업이익률	순이익률	부채비율	차입금비율	ROA	ROE	유보율	자기자본비율	EBITDA마진율
2016	19.2	22.8	23.0	0.0	10.6	13.3	8,719.8	81.3	30.0
2015	22.2	9.7	27.7	0.0	5.3	6.8	7,867.1	78.3	31.4
2014	28.1	28.6	28.7	0.0	17.0	21.8	7,516.3	77.7	36.1
2013	24.9	22.9	27.4	0.1	13.4	17.2	6,335.1	78.5	32.9

문배철강 (A008420)
Moon Bae Steel

업　　종 : 금속 및 광물　　　　　　　　시　　　장 : 거래소
신용등급 : (Bond) ―　　(CP) ―　　　　기업규모 : 시가총액 소형주
홈페이지 : www.moonbaesteel.co.kr　　연 락 처 : 02)758-6600
본　　사 : 서울시 중구 세종대로 23 창화빌딩 9층

설 립 일 1973.01.22	종 업 원 수 68명	대 표 이 사 배종민
상 장 일 1994.11.05	감 사 의 견 적정 (신한)	계　　　열
결 산 기 12월	보 통 주 2,050만주	종속회사수
액 면 가 500원	우 선 주	구 상 호

주주구성 (지분율,%)		출자관계 (지분율,%)		주요경쟁사 (외형,%)	
배종민	15.1	GE에너지	47.4	문배철강	100
배승준	14.3	NI스틸	38.2	대양금속	113
(외국인)	2.9	창화철강	22.6	SIMPAC Metal	106

매출구성		비용구성		수출비중	
제조(제품)	67.6	매출원가율	89.9	수출	0.0
도매(상품)	30.3	판관비율	5.9	내수	100.0
서비스(임가공)	2.1				

회사 개요
동사는 1973년 설립되어 40여년간 포스코 지정 판매점을 영위하고 있으며, 1994년 한국거래소에 상장됨. 포스코의 판매점 운영체제와 동사의 영업력을 기반으로 다수의 고정 거래처를 확보하고 있고, 지속적인 성장을 통해 철강유통업계의 선두주자로 위치하고 있음. 동사는 1차금속 부문의 철강제품제조 및 판매업만을 영위하는 단일사업 구조임. 주요구매처인 포스코의 원재료 수급정책에 큰 영향을 받음.

실적 분석
동사의 2016년 4/4분기 매출액은 전년동기대비 12.8% 증가한 1,299.3억원을 기록함. 매출신장에 힘입어 영업이익은 전년동기 대비 410.4% 증가한 54.5억원을 시현함. 2016년 4분기 각 부문별 매출비중은 철강생산이 66.8%, 철강도매가 31.9%, 기타 1.3%로 구성됨. 동사는 중국산 저가제품에 대응하여 원가부담을 개선하기 위한 설비자동화로 생산성 향상을 지향하고, 품질개발과 판매망 확충을 꾀하고 있음.

현금 흐름 *IFRS 별도 기준 〈단위 : 억원〉

항목	2015	2016
영업활동	59	85
투자활동	32	23
재무활동	-54	-15
순현금흐름	37	94
기말현금	50	144

시장 대비 수익률
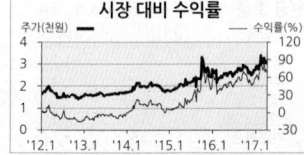

결산 실적 〈단위 : 억원〉

항목	2011	2012	2013	2014	2015	2016
매출액	1,418	1,575	1,476	1,323	1,152	1,299
영업이익	30	14	31	30	11	54
당기순이익	34	26	47	27	57	54

분기 실적 *IFRS 별도 기준 〈단위 : 억원〉

항목	2015.3Q	2015.4Q	2016.1Q	2016.2Q	2016.3Q	2016.4Q
매출액	273	321	294	321	300	384
영업이익	3	4	5	20	2	27
당기순이익	4	5	13	20	10	32

재무 상태 *IFRS 별도 기준 〈단위 : 억원〉

항목	2011	2012	2013	2014	2015	2016
총자산	1,297	1,258	1,198	1,126	1,042	1,165
유형자산	73	72	71	69	70	67
무형자산	14	13	14	15	15	16
유가증권	179	161	112	92	31	19
총부채	482	443	359	291	197	250
총차입금	345	269	208	102	62	61
자본금	103	103	103	103	103	103
총자본	815	814	839	835	845	915
지배주주지분	815	814	839	835	845	915

기업가치 지표 *IFRS 별도 기준

항목	2011	2012	2013	2014	2015	2016
주가(최고/저)(천원)	2.3/1.4	2.1/1.4	1.7/1.5	2.2/1.7	3.3/1.8	3.0/2.1
PER(최고/저)(배)	16.5/10.1	19.0/12.6	8.3/7.2	17.4/13.6	12.3/6.5	8.6/6.0
PBR(최고/저)(배)	0.7/0.4	0.6/0.4	0.5/0.4	0.6/0.4	0.8/0.4	0.7/0.5
EV/EBITDA(배)	20.5	33.9	16.5	13.8	33.6	7.7
EPS(원)	164	125	228	133	280	362
BPS(원)	4,021	4,020	4,139	4,122	4,303	4,643
CFPS(원)	184	143	248	153	300	383
DPS(원)	50	50	50	50	50	50
EBITDAPS(원)	168	89	171	167	73	287

재무 비율 〈단위 : %〉

연도	영업이익률	순이익률	부채비율	차입금비율	ROA	ROE	유보율	자기자본비율	EBITDA마진율
2016	4.2	5.7	27.3	6.6	6.7	8.4	828.7	78.6	4.5
2015	0.9	5.0	23.3	7.3	5.3	6.8	760.6	81.1	1.3
2014	2.3	2.1	34.9	12.2	2.4	3.3	724.4	74.2	2.6
2013	2.1	3.2	42.8	24.8	3.8	5.7	727.8	70.0	2.4

미동앤씨네마 (A161570)
Midong & Cinema

업 종 : 자동차부품		시 장 : KOSDAQ	
신용등급 : (Bond) — (CP) —		기업규모 : 중견	
홈 페 이 지 : www.mdncinema.com		연 락 처 : 070)7425-0614	
본 사 : 서울시 서초구 동산로 23, 베델회관 702호			

설 립 일	2009.06.24	종업원수	38명	대 표 이 사	진걸
상 장 일	2013.11.13	감사의견	적정 (삼일)	계 열	
결 산 기	12월	보 통 주	1,379만주	종속회사수	
액 면 가	500원	우 선 주		구 상 호	

주주구성 (지분율,%)		출자관계 (지분율,%)		주요경쟁사 (외형,%)	
상해 유펑 인베스트먼트	33.0	미동씨네마리미티드	100.0	미동앤씨네마	100
세코 매니지먼트 리미티드	10.7	채널브라더스	26.5	팅크웨어	641
(외국인)	31.0	미소전자통신	10.1	이에스브이	114

매출구성		비용구성		수출비중	
제품(유라이브 알바트로스 등)	68.1	매출원가율	96.4	수출	8.4
상품 외	31.9	판관비율	25.2	내수	91.6

회사 개요
동사는 2009년 전자, 정보통신기기 관련 제조, 판매업을 목적으로 설립됨. 차량용 영상저장장치(블랙박스)가 주력 제품임. 동사는 자체 브랜드인 유라이브 모델과 ODM 방식을 통해 판매가 이뤄지는 ODM 브랜드가 있음. 2012년 이후 자체 브랜드 매출이 급격히 증가해 자체 브랜드 매출 비중이 90% 이상을 차지하고 있음. 2015년 10월 최대주주가 중국계 펀드인 상해유펑 인베스트먼트로 변경되었음.

실적 분석
동사의 2016년 연결기준 매출액은 전년대비 29.1% 감소한 288.7억원을 기록함. 매출액 감소에 따른 고정비 부담으로 영업손실 62.5억원, 당기순손실 31.0억원을 보이며 적자전환함. 당기 중 제품별 매출비중은 유라이브 등 제품 69.63%, 상품 외 30.37%로 구성됨. 동사는 당기중 83.3억원 규모의 제3자배정유상증자를 단행함. 향후 해외 블랙박스 시장 개척, 중국 2~4선 도시의 영화관 인수 및 신설 등을 계획중임.

현금 흐름
<단위 : 억원>

항목	2015	2016
영업활동	10	-40
투자활동	-189	252
재무활동	203	-17
순현금흐름	24	194
기말현금	46	240

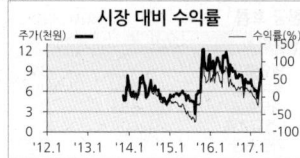

시장 대비 수익률

결산 실적
<단위 : 억원>

항목	2011	2012	2013	2014	2015	2016
매출액	139	423	419	368	407	289
영업이익	20	55	33	7	1	-62
당기순이익	20	75	37	18	6	-31

분기 실적
<단위 : 억원>

항목	2015.3Q	2015.4Q	2016.1Q	2016.2Q	2016.3Q	2016.4Q
매출액	101	76	—	71	67	—
영업이익	-4	2	—	-8	-12	—
당기순이익	-2	4	—	-1	-10	—

재무 상태
<단위 : 억원>

항목	2011	2012	2013	2014	2015	2016
총자산	50	216	362	381	584	535
유형자산	1	2	2	4	3	3
무형자산	—	0	0	0	0	0
유가증권	—	11	16	21	20	116
총부채	28	65	41	45	137	41
총차입금	—	—	—	—	100	—
자본금	1	1	45	45	64	69
총자본	22	151	321	336	447	494
지배주주지분	22	151	321	336	447	494

기업가치 지표

항목	2011	2012	2013	2014	2015	2016
주가(최고/저)(천원)	—/—	—/—	8.3/4.1	8.3/4.1	15.8/2.7	12.5/6.2
PER(최고/저)(배)	0.0/0.0	0.0/0.0	16.3/8.1	42.5/21.2	257.3/43.3	—/—
PBR(최고/저)(배)	0.0/0.0	0.0/0.0	2.4/1.2	2.2/1.1	4.4/0.7	3.4/1.7
EV/EBITDA(배)	—	—	13.5	21.1	474.4	—
EPS(원)	333	1,242	518	198	61	-238
BPS(원)	108,732	65,822	3,570	3,750	3,571	3,654
CFPS(원)	100,367	37,394	525	209	74	-230
DPS(원)				50		
EBITDAPS(원)	98,474	27,822	468	89	27	-473

재무 비율
<단위 : % >

연도	영업이익률	순이익률	부채비율	차입금비율	ROA	ROE	유보율	자기자본비율	EBITDA마진율
2016	-21.6	-10.7	8.2	0.0	-5.5	-6.6	630.7	92.4	-21.3
2015	0.4	1.5	30.6	22.4	1.2	1.5	614.2	76.6	0.7
2014	1.9	4.8	13.4	0.1	4.8	5.4	650.0	88.2	2.2
2013	7.9	8.9	12.7	0.0	12.9	15.8	614.1	88.8	8.1

미래나노텍 (A095500)
MNtech

업 종 : 디스플레이 및 관련부품		시 장 : KOSDAQ	
신용등급 : (Bond) — (CP) —		기업규모 : 중견	
홈 페 이 지 : www.mntech.co.kr		연 락 처 : 043)710-1100	
본 사 : 충북 청주시 청원군 옥산면 과학산업1로 16			

설 립 일	2002.08.01	종업원수	348명	대 표 이 사	김철영
상 장 일	2007.10.01	감사의견	적정 (삼일)	계 열	
결 산 기	12월	보 통 주	2,329만주	종속회사수	
액 면 가	500원	우 선 주		구 상 호	

주주구성 (지분율,%)		출자관계 (지분율,%)		주요경쟁사 (외형,%)	
김철영	22.5	미래에쿼티파트너스	100.0	미래나노텍	100
현대기술투자	4.1	미래티엔에스	100.0	신화인터텍	69
(외국인)	5.7	미래나노텍글로벌	100.0	에스엔유	18

매출구성		비용구성		수출비중	
광학필름	78.5	매출원가율	80.5	수출	66.2
윈도우필름 WF	10.7	판관비율	15.4	내수	33.8
멀티코팅필름	5.5				

회사 개요
동사는 한국 본사를 거점으로 중국 및 대만 계열회사 포함 총 8개의 계열회사로 구성된 디스플레이 부품소재 전문기업임. 사업부문별로 보면 LCD광학필름을 생산하는 광학사업부문(60%), 차량/건물에 부착하는 윈도우필름 사업(10%), 메탈메쉬 타입의 전도성필름을 적용한 터치패널 사업 부문(1%), 도로교통 표지판용 반사필름을 생산하는 재귀반사필름부문(2%)으로 구성.

실적 분석
동사의 2016년 연결기준 결산 매출액은 3,145.5억원으로 전년동기 대비 34.9% 증가했음. 매출증가에 힘입어 영업이익은 127.8로 전년동기 흑자전환하는 쾌거를 이룸. 그러나 비영업손실은 107.2억원으로 당기순손실은 8.9억원을 기록. 광학필름사업의 원재료 비중이 66%를 차지해 Base Film의 가격변동에 민감. 최근 퀀텀닷(양자점) 기반의 OLED TV 시장 확대로 인해 디스플레이용 퀀텀닷 기술 개발 회사들의 매출이 증대됨.

현금 흐름
<단위 : 억원>

항목	2015	2016
영업활동	224	363
투자활동	-183	-207
재무활동	-296	-3
순현금흐름	-256	155
기말현금	484	639

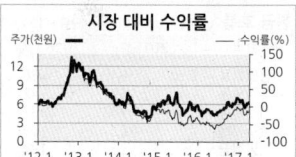

시장 대비 수익률

결산 실적
<단위 : 억원>

항목	2011	2012	2013	2014	2015	2016
매출액	2,743	3,337	2,789	2,231	2,331	3,145
영업이익	88	340	-92	-322	-14	128
당기순이익	71	254	-54	-429	-1	-9

분기 실적
<단위 : 억원>

항목	2015.3Q	2015.4Q	2016.1Q	2016.2Q	2016.3Q	2016.4Q
매출액	688	487	697	765	983	700
영업이익	48	-13	-7	43	112	-21
당기순이익	-32	45	-26	48	83	-114

재무 상태
<단위 : 억원>

항목	2011	2012	2013	2014	2015	2016
총자산	2,688	3,450	3,417	2,739	2,867	2,984
유형자산	760	1,058	1,065	941	1,000	609
무형자산	82	169	163	97	180	168
유가증권	168	167	212	179	296	339
총부채	984	1,443	1,601	1,346	1,329	1,476
총차입금	607	854	1,214	1,088	887	1,030
자본금	116	116	116	116	116	116
총자본	1,704	2,007	1,816	1,393	1,538	1,509
지배주주지분	1,696	1,932	1,772	1,373	1,367	1,357

기업가치 지표

항목	2011	2012	2013	2014	2015	2016
주가(최고/저)(천원)	11.4/4.1	13.7/5.4	12.8/5.7	7.8/3.8	8.0/4.3	7.2/4.1
PER(최고/저)(배)	33.8/12.1	12.1/4.8	—/—	—/—	297.8/160.0	162.2/93.0
PBR(최고/저)(배)	1.6/0.6	1.6/0.6	1.5/0.7	1.2/0.6	1.2/0.6	1.0/0.6
EV/EBITDA(배)	5.3	5.7	18.0	—	11.0	6.7
EPS(원)	344	1,145	-112	-1,709	27	44
BPS(원)	7,420	8,783	8,461	6,774	6,938	6,891
CFPS(원)	885	1,799	691	-839	762	765
DPS(원)	60	110				
EBITDAPS(원)	904	2,103	407	-513	675	1,270

재무 비율
<단위 : % >

연도	영업이익률	순이익률	부채비율	차입금비율	ROA	ROE	유보율	자기자본비율	EBITDA마진율
2016	4.1	-0.3	97.8	68.2	-0.3	0.8	1,278.3	50.6	9.4
2015	-0.6	-0.0	86.4	57.7	0.0	0.5	1,287.5	53.7	6.7
2014	-14.4	-19.3	96.6	78.1	-14.0	-25.3	1,254.9	50.9	-5.4
2013	-3.3	-1.9	88.2	66.8	-1.6	-1.4	1,592.3	53.1	3.4

미래산업 (A025560)
Mirae

업　　　종 : 반도체 및 관련장비　　　시　　　장 : 거래소
신용등급 : (Bond) —　(CP) —　　기업규모 : 시가총액 소형주
홈 페 이 지 : www.mirae.co.kr　　　연 락 처 : 041)621-5070
본　　　사 : 충남 천안시 서북구 백석공단7로 65 (백석동)

설 립 일 1991.01.01	종 업 원 수 165명	대 표 이 사 이권휴	
상 장 일 1996.11.22	감 사 의 견 적정 (태성)	계　　　열	
결 산 기 12월	보 통 주 63,082만주	종속회사수	
액 면 가 100원	우 선 주	구 상 호	

주주구성 (지분율,%)		출자관계 (지분율,%)		주요경쟁사 (외형,%)	
에이세븐1호조합	2.8	아론테크	100.0	미래산업	100
미래산업우리사주조합	2.8	미래라이팅	98.1	피에스케이	700
(외국인)	1.0	코리아인터넷닷컴	87.4	덕산하이메탈	184

매출구성		비용구성		수출비중	
Test Handler	58.1	매출원가율	84.5	수출	61.6
Chip Mounter	41.9	판관비율	52.2	내수	38.4

회사 개요
동사는 반도체 장비 및 Chip Mounter의 제조, 판매를 주요사업으로 영위하고 있음. 반도체 검사장비 시장은 동사와 일본 등의 수입업체들이 경쟁하고 있으며, 반도체장비 산업은 반도체 설비투자 및 Device Type의 변화와 Device 생산량에 영향을 받는 산업으로 반도체 산업의 성장은 반도체 검사장비 산업의 성장으로 이어짐. 연결대상 종속회사로 '미래온라인', '코리아인터넷닷컴' 등 7개사를 보유하고 있음.

실적 분석
2016년 연결기준 누적 매출액은 233.1억원으로 전년동기대비 9% 감소, 외형축소에 판관비 부담을 줄이지 못하며 영업손실은 86억원으로 적자폭 늘리며 적자지속. SMT(Chip Mounter)사업부 매출액이 증가하였으나 ATE사업부의 외형축소규모가 컸음. 당기순이익 또한 적자전환하며 95억원의 당기순실을 기록. 신규사업 계획을 발표 신성장 동력의 발판으로 마련하는 노력 중.

현금 흐름　〈단위 : 억원〉

항목	2015	2016
영업활동	-84	-86
투자활동	29	-42
재무활동	78	237
순현금흐름	22	109
기말현금	25	134

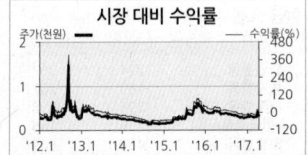
시장 대비 수익률

결산 실적　〈단위 : 억원〉

항목	2011	2012	2013	2014	2015	2016
매출액	738	338	348	241	255	233
영업이익	-104	-138	-14	-91	-24	-86
당기순이익	-182	-286	-74	-130	22	-95

분기 실적　〈단위 : 억원〉

항목	2015.3Q	2015.4Q	2016.1Q	2016.2Q	2016.3Q	2016.4Q
매출액	43	41	59	45	60	70
영업이익	-8	-11	-9	-33	-21	-23
당기순이익	-3	-14	-11	-33	-28	-23

재무 상태　〈단위 : 억원〉

항목	2011	2012	2013	2014	2015	2016
총자산	1,261	962	760	648	701	845
유형자산	369	377	218	209	207	203
무형자산	202	141	139	101	86	65
유가증권	7	6	6	7	16	0
총부채	754	582	454	269	219	114
총차입금	488	384	242	112	110	5
자본금	239	301	301	445	501	631
총자본	507	380	306	379	483	731
지배주주지분	507	380	306	379	482	731

기업가치 지표

항목	2011	2012	2013	2014	2015	2016
주가(최고/저)(천원)	0.4/0.2	1.7/0.2	0.5/0.2	0.3/0.1	0.7/0.1	0.5/0.3
PER(최고/저)(배)	—/—	—/—	—/—	—/—	162.9/35.8	—/—
PBR(최고/저)(배)	2.5/1.1	15.0/1.9	5.4/2.6	3.0/1.5	6.9/1.5	3.8/2.1
EV/EBITDA(배)			88.6			
EPS(원)	-60	-90	-21	-33	4	-17
BPS(원)	222	134	109	90	101	120
CFPS(원)	-62	-93	-15	-25	8	-14
DPS(원)						
EBITDAPS(원)	-29	-40	5	-15	-1	-13

재무 비율　〈단위 : % 〉

연도	영업이익률	순이익률	부채비율	차입금비율	ROA	ROE	유보율	자기자본비율	EBITDA마진율
2016	-36.7	-40.7	15.6	0.7	-12.3	-15.7	19.6	86.5	-30.6
2015	-9.6	8.4	일부잠식	일부잠식	3.2	4.9	0.9	68.8	-2.6
2014	-37.6	-54.0	일부잠식	일부잠식	-18.5	-38.0	-9.6	58.5	-23.8
2013	-4.1	-21.2	148.6	79.3	-8.6	-21.5	9.4	40.2	3.9

미래아이앤지 (A007120)
MiraeINGCo

업　　　종 : IT 서비스　　　　　시　　　장 : 거래소
신용등급 : (Bond) —　(CP) —　　기업규모 : 시가총액 소형주
홈 페 이 지 : www.miraeing.co.kr　연 락 처 : 02)3470-4400
본　　　사 : 서울시 강남구 도산대로 509(청담동)

설 립 일 1971.03.01	종 업 원 수 45명	대 표 이 사 김학수	
상 장 일 1999.11.26	감 사 의 견 적정 (제원)	계　　　열	
결 산 기 12월	보 통 주 6,359만주	종속회사수	
액 면 가 500원	우 선 주	구 상 호 디올메디바이오	

주주구성 (지분율,%)		출자관계 (지분율,%)		주요경쟁사 (외형,%)	
고려포리머	20.7	마코컴퍼니	40.0	미래아이앤지	100
코마스	2.1	엠아이	20.0	신세계 I&C	3,015
(외국인)	0.2	온누리투어	19.2	오픈베이스	1,593

매출구성		비용구성		수출비중	
SWIFT	54.8	매출원가율	70.0	수출	11.7
자주포부품류, DVR	25.7	판관비율	46.7	내수	88.3
기타	19.5				

회사 개요
동사는 솔루션사업, 방산보안사업, 바이오사업을 주요 사업으로 영위. 솔루션사업은 동사 매출의 약 60%를 차지하는데 은행권의 외환업무와 관련된 IT 제품의 구축 및 유지보수가 사업영역임. 방산사업으로는 2010년에 보급형, 실속형, 고급형 9기종에 이르는 다양한 H.264 DVR 모델을 출시했고 2013년 상반기부터 HD급의 DVR을 출시하며 고해상도를 요구하는 고속도로관제시스템, 카지노, 은행 등의 CCTV 수요에 대응해 왔음.

실적 분석
동사의 2016년 연결기준 매출액은 전년대비 7.3% 성장한 98.3억원을 기록함. 매출 성장에도 매출원가율이 상승하며 영업손실 16.5억원을 보임. 비영업손익도 전년대비 적자전환하며 당기순손실 23.4억원을 시현함. 동사는 당기 중 운영자금 조달을 위해 3차에 걸친 제3자배정유상증자를 실행하였으며 결산기 이후 수차례의 경영권분쟁소송 및 판결결정 등을 공시함.

현금 흐름　〈단위 : 억원〉

항목	2015	2016
영업활동	2	-35
투자활동	292	-249
재무활동	-35	73
순현금흐름	260	-211
기말현금	283	72

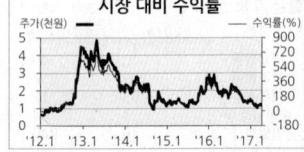
시장 대비 수익률

결산 실적　〈단위 : 억원〉

항목	2011	2012	2013	2014	2015	2016
매출액	257	350	268	188	92	98
영업이익	23	14	-44	-60	-15	-16
당기순이익	20	4	-122	-187	12	-23

분기 실적　〈단위 : 억원〉

항목	2015.3Q	2015.4Q	2016.1Q	2016.2Q	2016.3Q	2016.4Q
매출액	11	44	17	30	22	29
영업이익	-6	-3	-3	-0	-5	-8
당기순이익	-4	-1	1	-5	-19	-19

재무 상태　〈단위 : 억원〉

항목	2011	2012	2013	2014	2015	2016
총자산	412	374	333	488	480	521
유형자산	108	86	59	40	42	41
무형자산	99	99	50	27	25	25
유가증권	8	13	18	15	33	43
총부채	171	122	150	110	30	29
총차입금	104	70	116	83		
자본금	115	115	118	268	291	318
총자본	241	252	182	378	450	492
지배주주지분	240	251	182	378	450	491

기업가치 지표

항목	2011	2012	2013	2014	2015	2016
주가(최고/저)(천원)	0.9/0.5	4.9/0.6	5.0/1.8	2.9/0.9	2.8/1.0	2.9/1.2
PER(최고/저)(배)	10.5/5.8	290.4/35.4	—/—	—/—	137.7/49.9	—/—
PBR(최고/저)(배)	0.8/0.4	3.9/0.5	5.4/2.0	4.0/1.3	3.6/1.3	3.6/1.6
EV/EBITDA(배)	6.4	63.7				
EPS(원)	86	17	-518	-682	21	-40
BPS(원)	1,196	1,243	911	723	789	797
CFPS(원)	99	29	-480	-650	25	-35
DPS(원)						
EBITDAPS(원)	115	72	-150	-187	-21	-23

재무 비율　〈단위 : % 〉

연도	영업이익률	순이익률	부채비율	차입금비율	ROA	ROE	유보율	자기자본비율	EBITDA마진율
2016	-16.7	-23.9	5.8	0.0	-4.7	-5.0	59.3	94.5	-13.9
2015	-16.0	12.9	6.6	0.0	2.4	2.9	57.8	93.8	-12.9
2014	-31.9	-99.5	29.2	21.9	-45.5	-66.7	44.6	77.4	-27.2
2013	-16.6	-45.6	82.5	63.9	-34.5	-56.4	82.2	54.8	-13.2

미래에셋대우 (A006800)
MIRAE ASSET DAEWOO COLTD

업 종 : 증권		시 장 : 거래소	
신용등급 : (Bond) AA (CP) A1		기업규모 : 시가총액 대형주	
홈페이지 : www.miraeassetdaewoo.com		연 락 처 : 02)3774-1700	
본 사 : 서울시 중구 을지로5길 26(수하동, 미래에셋센터원빌딩 이스트타워)			

설 립 일 1970.09.23	종 업 원 수 2,927명	대 표 이 사 최현만	
상 장 일 1975.09.30	감 사 의 견 적정(안건)	계 열	
결 산 기 12월	보 통 주 66,632만주	종속회사수	
액 면 가 5,000원	우 선 주 1,408만주	구 상 호 대우증권	

주주구성 (지분율,%)		출자관계 (지분율,%)		주요경쟁사 (외형,%)	
미래에셋캐피탈	21.3	DSIT원터치	100.0	미래에셋대우	100
국민연금공단	8.6	미래에셋벤처투자	76.8		60
(외국인)	12.2	MAVI신성장홀론기업투자조합2호	64.3	삼성증권	100

수익구성		비용구성		수출비중	
금융상품 관련이익	69.6	이자비용	4.9	수출	—
이자수익	12.6	파생상품손실	0.0	내수	—
수수료수익	11.2	판관비	10.1		

회사 개요
동사는 전통적으로 브로커리지 수익은 물론 종합자산관리 잔고, 자산유동화증권(ABS) 및 주가연계증권(ELS) 발행시장 점유율, 세일즈앤트레이딩 손익 등 거의 전 사업부문에 걸쳐 업계 리딩 증권사임. 2016년 1분기 말 기준 금융상품판매잔고는 67.7조원으로 동사 최고치를 경신하였으며, 2015년에는 장기 전략 사업인 개인연금 부문이 계좌 수 기준 전년 대비 1,000% 성장, 퇴직연금 적립금 1조원을 돌파하며 잔고 기준 25%의 성장을 보임.

실적 분석
동사의 2016년 연결 기준 영업수익은 7조 8340억원, 영업이익은 32억원으로 전년 대비 영업수익은 86.9% 늘었으나 영업이익은 97% 급감함. 동사는 2015년 말 대우증권 인수 확정 후 무형자산에 대한 투자액이 크게 증가함. 2016년 3분기까지 개발비와 소프트웨어 등에 대한 무형자산 취득액은 106억원으로, 전년 동기 대비 494.4% 증가함. 국내 시장의 온라인·모바일 의존도가 높아지면서 HTS, MTS에 대한 투자가 증가한 때문임.

현금 흐름 〈단위 : 억원〉

항목	2015	2016
영업활동	-38,435	50,146
투자활동	-36	-540
재무활동	41,128	-33,635
순현금흐름	2,719	16,150
기말현금	3,910	20,060

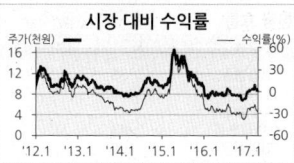

결산 실적 〈단위 : 억원〉

항목	2011	2012	2013	2014	2015	2016
순영업손익	7,743	7,111	3,629	7,987	4,769	7,960
영업이익	2,114	1,634	-354	2,708	1,485	32
당기순이익	1,669	1,437	-287	2,058	1,746	157

분기 실적 〈단위 : 억원〉

항목	2015.3Q	2015.4Q	2016.1Q	2016.2Q	2016.3Q	2016.4Q
순영업손익	2,188	-3,575	1,955	1,938	2,051	2,017
영업이익	818	-2,296	691	536	632	-1,827
당기순이익	555	-1,103	534	440	518	-1,336

재무 상태 〈단위 : 억원〉

항목	2011	2012	2013	2014	2015	2016
총자산	224,634	254,374	260,050	306,133	284,160	572,678
유형자산	2,578	2,496	2,446	2,491	109	3,478
무형자산	781	785	752	619	266	2,581
유가증권	127,974	155,384	165,921	196,029	195,875	351,674
총부채	184,905	213,858	220,905	264,390	249,640	506,020
총차입금	81,021	97,848	100,416	110,818	114,508	219,221
자본금	17,039	17,039	17,039	17,039	16,981	34,020
총자본	39,729	40,517	39,145	41,743	34,520	66,658
지배주주지분	39,729	40,517	39,080	41,671	34,287	66,389

기업가치 지표

항목	2011	2012	2013	2014	2015	2016
주가(최고/저)(천원)	19.9/7.9	12.6/9.1	10.8/8.1	11.3/7.5	17.2/9.0	9.1/6.6
PER(최고/저)(배)	34.9/13.9	32.1/23.4	—/—	20.1/13.3	36.0/18.9	79.5/58.3
PBR(최고/저)(배)	1.8/0.7	1.1/0.8	1.0/0.7	1.0/0.6	1.8/0.9	0.9/0.7
PSR(최고/저)(배)	8/3	6/5	11/8	5/3	13/7	4/3
EPS(원)	620	422	-86	602	498	115
BPS(원)	12,042	12,260	11,826	12,571	10,195	9,889
CFPS(원)	744	510	-18	657	536	232
DPS(원)	160	120		250	330	50
EBITDAPS(원)	786	479	-104	795	436	9

재무 비율 〈단위 : %〉

연도	계속사업이익률	순이익률	부채비율	차입금비율	ROA	ROE	유보율	자기자본비율	총자산증가율
2016	2.6	2.0	759.1	328.9	0.0	0.8	97.8	11.6	101.5
2015	47.4	36.6	723.2	331.7	0.6	4.5	104.6	12.2	-7.2
2014	34.3	25.8	633.4	265.5	0.7	5.1	151.4	13.6	20.4
2013	-9.9	-7.9	564.3	256.5	-0.1	-0.7	136.5	15.1	2.2

미래에셋생명보험 (A085620)
Mirae Asset Life Insurance

업 종 : 보험		시 장 : 거래소	
신용등급 : (Bond) — (CP) —		기업규모 : 시가총액 중형주	
홈페이지 : life.miraeasset.com		연 락 처 : 1588-0220	
본 사 : 서울시 영등포구 국제금융로 56 (미래에셋대우빌딩)			

설 립 일 1988.03.07	종 업 원 수 1,234명	대 표 이 사 최현만	
상 장 일 2015.07.08	감 사 의 견 적정(삼정)	계 열	
결 산 기 12월	보 통 주 14,518만주	종속회사수	
액 면 가 5,000원	우 선 주 2,113만주	구 상 호	

주주구성 (지분율,%)		출자관계 (지분율,%)		주요경쟁사 (외형,%)	
미래에셋대우	25.4	미래에셋모바일	100.0	미래에셋생명	100
미래에셋캐피탈	13.5	미래에셋금융서비스	100.0	메리츠화재	262
(외국인)	10.0	수원학교사랑	85.0	코리안리	292

수익구성		비용구성		수출비중	
특별계정	57.5	책임준비금전입	27.1	수출	—
생존	17.9	보험금비용	35.9	내수	—
사망	15.3	사업비	8.0		

회사 개요
동사는 보험상품과 더불어 펀드, 신탁, 퇴직연금 등 상품을 제공하고 있음. 동사는 펀드를 판매하는 8개 생명보험사 중 하나이며, 퇴직연금을 판매하는 15개 생명보험사 중 하나임. 신탁상품은 단 5개 회사만 판매하고 있음. 동사는 전통적인 보험상품과 함께 다양한 금융상품과 서비스를 고객에게 원스톱으로 제공할 수 있는 장점을 가지고 있는 선두권 보험사 중 하나로 평가됨.

실적 분석
동사의 2016년 연결기준 연간 누적 영업수익(매출액)은 4조1701.6억원으로 전년 동기(4조2719.5억원) 대비 소폭 감소함. 매출이 전반적으로 감소하면서 영업이익은 1167.9억원으로 전년 동기(1228.1억원) 대비 소폭 줄어. 영업이익 감소에 법인세 비용은 증가하면서 당기순이익은 전년 동기 대비 소폭 줄어든 909.9억원을 시현함. 보험업은 새 회계기준 도입에 따른 자본금 확충 부담으로 외형 및 이익 성장에 한계를 보임.

현금 흐름 〈단위 : 억원〉

항목	2015	2016
영업활동	19,970	13,503
투자활동	-19,923	-14,664
재무활동	459	712
순현금흐름	546	-448
기말현금	3,374	2,926

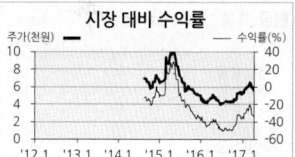

결산 실적 〈단위 : 억원〉

항목	2011	2012	2013	2014	2015	2016
보험료수익	27,888	28,003	18,910	25,025	26,259	22,868
영업이익	1,595	869	420	1,517	1,228	1,168
당기순이익	1,195	637	287	1,210	1,224	910

분기 실적 〈단위 : 억원〉

항목	2015.3Q	2015.4Q	2016.1Q	2016.2Q	2016.3Q	2016.4Q
보험료수익	7,035	6,425	5,983	5,698	5,611	5,576
영업이익	224	802	186	468	-9	523
당기순이익	168	615	137	365	14	394

재무 상태 〈단위 : 억원〉

항목	2011	2012	2013	2014	2015	2016
총자산	171,207	201,607	215,195	246,811	272,203	286,571
유형자산	2,811	1,441	1,401	668	941	488
무형자산	298	211	267	218	232	165
유가증권	65,392	94,873	100,535	125,201	137,500	144,498
총부채	161,999	189,113	205,505	231,830	253,630	267,639
총차입금	3,118	2,815	3,074	1,728	1,606	1,360
자본금	6,315	6,315	6,315	6,315	8,315	8,315
총자본	9,209	12,494	9,689	14,981	18,573	18,932
지배주주지분	9,204	12,490	9,687	14,978	18,570	18,932

기업가치 지표

항목	2011	2012	2013	2014	2015	2016
주가(최고/저)(천원)	—/—	—/—	—/—	7.7/5.8	10.2/5.0	5.4/3.9
PER(최고/저)(배)	0.0/0.0	0.0/0.0	0.0/0.0	8.7/6.5	13.1/6.3	10.3/7.3
PBR(최고/저)(배)	0.0/0.0	0.0/0.0	0.0/0.0	0.7/0.5	1.0/0.5	0.5/0.3
PSR(최고/저)(배)	0/0	0/0	0/0	1/0	1/0	0/0
EPS(원)	907	478	216	907	798	536
BPS(원)	6,902	9,366	7,264	11,232	10,771	11,445
CFPS(원)	1,071	652	338	1,018	918	686
DPS(원)					55	55
EBITDAPS(원)	1,212	652	315	1,137	801	688

재무 비율 〈단위 : %〉

연도	계속사업이익률	순이익률	부채비율	차입금비율	ROA	ROE	유보율	자기자본비율	총자산증가율
2016	5.4	4.0	1,413.7	7.2	0.3	4.9	128.9	6.6	5.3
2015	4.8	4.7	1,365.6	8.7	0.5	7.3	124.6	6.8	10.3
2014	6.3	4.8	1,547.5	11.5	0.5	9.8	137.2	6.1	22.4
2013	2.2	1.5	2,121.0	31.7	0.1	2.6	53.4	4.5	6.7

미래자원엠엘 (A233190)
MILAE RESOURCES ML

업   종 : 식료품 시   장 : KONEX
신용등급 : (Bond) —   (CP) —   기업규모 : —
홈페이지 : www.milaeml.com   연 락 처 : 02)2203-7397
본   사 : 서울시 송파구 오금로11길 7, 7층

설 립 일 1998.03.02	종업원수 29명	대표이사	김성진
상 장 일 2015.12.24	감사의견 적정 (신성)	계 열	
결 산 기 12월	보통주 300만주	종속회사수	
액 면 가 100원	우 선 주	구 상 호	

주주구성 (지분율,%)		출자관계 (지분율,%)		주요경쟁사 (외형,%)	
김성진	77.5	미래자원엠엘	100		
최병렬	2.3	고려산업	418		
		대주산업	206		

매출구성		비용구성		수출비중	
기타	59.3	매출원가율	83.4	수출	30.6
콘플러스	16.6	판관비율	10.3	내수	69.4
소이플러스	11.3				

회사 개요
동사는 1998년 2월 28일에 설립돼 동물용 사료 및 조제식품 제조업 사업을 영위하고 있음. 주요 제품으로는 단미사료에는 콘플러스, 소이플러스, 오트베이스, 미래베이스 등의 제품이 있으며, 보조사료에는 동사가 개발하고 생산, 판매하는 ML-F1, 슈자임(Suzyme)등이 있음. 동사는 주요 제품이외에도 50여 종류의 상품과 제품을 보유하고 있으며 면역계, 효소제, 지방유화제 등 다양한 종류의 제품을 판매하고 있음.

실적 분석
동사의 2016년 연결기준 연간 누적 매출액은 412.3억원으로 전년 동기 대비 16.2% 증가함. 매출 증가에 따라 매출원가가 부담도 늘었지만 판매비와 관리비는 오히려 감소하면서 영업이익은 전년 대비 무려 432.3% 증가한 25.7억원을 기록함. 비영업손익 부문에서 외환 등 일부 손실이 발생했음에도 영업이익이 크게 증가해 당기순이익은 16.9억원으로 전년 동기 대비 192.9% 증가함.

현금 흐름 *IFRS 별도 기준 〈단위 : 억원〉

항목	2015	2016
영업활동	41	9
투자활동	-19	0
재무활동	-17	3
순현금흐름	5	13
기말현금	48	61

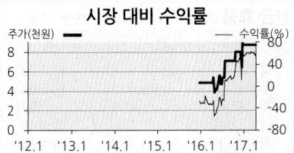

결산 실적 〈단위 : 억원〉

항목	2011	2012	2013	2014	2015	2016
매출액	215	297	256	242	251	412
영업이익	20	21	18	16	5	26
당기순이익	17	19	14	13	5	17

분기 실적 *IFRS 별도 기준 〈단위 : 억원〉

항목	2015.3Q	2015.4Q	2016.1Q	2016.2Q	2016.3Q	2016.4Q
매출액	—	—	—	—	—	—
영업이익	—	—	—	—	—	—
당기순이익	—	—	—	—	—	—

재무 상태 *IFRS 별도 기준 〈단위 : 억원〉

항목	2011	2012	2013	2014	2015	2016
총자산	146	203	165	202	190	214
유형자산	12	11	11	11	22	30
무형자산	—	—	—	—	—	—
유가증권	3	4	3	3	7	—
총부채	46	83	32	55	53	54
총차입금	24	61	7	34	30	35
자본금	3	3	3	3	3	3
총자본	100	120	134	146	136	160
지배주주지분	100	120	134	146	136	160

기업가치 지표 *IFRS 별도 기준

항목	2011	2012	2013	2014	2015	2016
주가(최고/저)(천원)	—/—	—/—	—/—	—/—	4.9/4.9	9.0/3.9
PER(최고/저)(배)	0.0/0.0	0.0/0.0	0.0/0.0	0.0/0.0	90.0/90.0	16.0/6.9
PBR(최고/저)(배)	0.0/0.0	0.0/0.0	0.0/0.0	0.0/0.0	1.0/1.0	1.6/0.7
EV/EBITDA(배)	0.1	1.8	—	—	20.1	8.2
EPS(원)	577	648	460	427	54	562
BPS(원)	167,282	199,727	222,672	244,039	4,935	5,734
CFPS(원)	30,829	34,385	24,096	22,936	96	610
DPS(원)	—	—	—	—	—	—
EBITDAPS(원)	35,486	36,171	30,727	28,744	195	906

재무 비율 〈단위 : % 〉

연도	영업이익률	순이익률	부채비율	차입금비율	ROA	ROE	유보율	자기자본비율	EBITDA마진율
2016	6.2	4.1	42.7	29.8	8.0	11.3	5,727.4	70.1	6.6
2015	1.8	0.7	39.2	21.8	0.8	1.2	4,835.0	71.8	2.3
2014	6.8	5.3	37.6	23.1	7.0	9.2	4,780.8	72.7	7.1
2013	6.9	5.4	23.7	5.3	7.5	10.9	4,353.4	80.8	7.2

미래컴퍼니 (A049950)
MeereCompany

업   종 : 디스플레이 및 관련부품 시   장 : KOSDAQ
신용등급 : (Bond) —   (CP) —   기업규모 : 벤처
홈페이지 : www.meerecompany.com   연 락 처 : 031)350-9997
본   사 : 경기도 화성시 양감면 정문송산로 69-12

설 립 일 1992.12.30	종업원수 251명	대표이사	김준홍
상 장 일 2005.01.04	감사의견 적정 (삼일)	계 열	
결 산 기 12월	보통주 766만주	종속회사수	
액 면 가 500원	우 선 주	구 상 호	

주주구성 (지분율,%)		출자관계 (지분율,%)		주요경쟁사 (외형,%)	
김준구	23.2	미래디피	100.0	미래컴퍼니	100
김준홍	22.4	익스톨	35.7	오성엘에스티	56
(외국인)	0.2			제이스텍	188

매출구성		비용구성		수출비중	
디스플레이 제조장비	84.6	매출원가율	72.4	수출	43.8
부품(Touch Panel)	10.6	판관비율	20.5	내수	56.2
부품(Display 제조장비)	4.8				

회사 개요
동사는 1984년 미래엔지니어링으로 설립된 후 2004년 (주)미래컴퍼니로 사명을 변경하고, 2005년 1월 코스닥증권시장에 주권을 상장함. 동사는 디스플레이 제조장비를 생산하는 사업을 주력으로 영위하고 있고, 신규사업으로 3D 센서모듈 및 복강경 수술로봇 사업을 추진하고 있음. 연결대상 종속법인으로는 터치패널 제조 및 판매업을 영위하는 (주)미래디피가 있음.

실적 분석
동사의 2016년 연결기준 매출액은 804.2억원으로 전기 624.0억원 대비 28.9% 증가했음. 전방 산업의 설비투자 증가로 기존 주력 장비를 비롯해 레이저 가공 장비와 OLED 검사 장비 등 신규 장비의 매출이 증가했기 때문. 매출총이익이 증가하고 판관비는 10.4%만 증가하여, 영업이익 57.1억원을 달성하며 전기 34억원 대비 68% 이익이 확대됨. 순이익도 전년동기 33.2억원에서 73.2억원으로 크게 확대됨.

현금 흐름 〈단위 : 억원〉

항목	2015	2016
영업활동	-35	-0
투자활동	-9	-7
재무활동	-1	-27
순현금흐름	-44	-34
기말현금	109	75

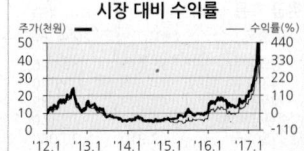

결산 실적 〈단위 : 억원〉

항목	2011	2012	2013	2014	2015	2016
매출액	1,079	964	637	448	624	804
영업이익	122	157	-27	-66	34	57
당기순이익	136	128	-12	-73	33	73

분기 실적 〈단위 : 억원〉

항목	2015.3Q	2015.4Q	2016.1Q	2016.2Q	2016.3Q	2016.4Q
매출액	175	190	201	197	169	238
영업이익	10	12	17	21	10	8
당기순이익	16	7	9	22	13	28

재무 상태 〈단위 : 억원〉

항목	2011	2012	2013	2014	2015	2016
총자산	1,025	1,115	886	832	894	996
유형자산	318	312	294	286	287	291
무형자산	34	13	12	28	55	52
유가증권	5	4	4	9	2	2
총부채	429	405	195	216	247	282
총차입금	232	247	46	85	83	60
자본금	38	38	38	38	38	38
총자본	596	709	691	616	647	713
지배주주지분	596	709	691	616	647	713

기업가치 지표

항목	2011	2012	2013	2014	2015	2016
주가(최고/저)(천원)	11.1/3.8	25.1/9.0	16.8/5.3	8.1/5.1	12.1/6.2	19.8/10.5
PER(최고/저)(배)	6.5/2.2	15.5/5.5	—/—	—/—	28.4/14.5	20.9/11.1
PBR(최고/저)(배)	1.3/0.5	2.5/0.9	1.7/0.6	0.9/0.6	1.3/0.7	2.0/1.0
EV/EBITDA(배)	6.9	7.5	—	—	17.1	22.3
EPS(원)	1,807	1,673	-150	-956	433	955
BPS(원)	8,842	10,162	9,918	9,005	9,405	10,274
CFPS(원)	1,967	1,909	52	-801	579	1,071
DPS(원)	150	150	—	—	100	170
EBITDAPS(원)	1,749	2,280	-156	-701	590	861

재무 비율 〈단위 : % 〉

연도	영업이익률	순이익률	부채비율	차입금비율	ROA	ROE	유보율	자기자본비율	EBITDA마진율
2016	7.1	9.1	39.6	8.4	7.8	10.8	1,954.8	71.6	8.2
2015	5.5	5.3	38.3	12.8	3.8	5.3	1,781.0	72.3	7.2
2014	-14.7	-16.4	35.1	13.9	-8.5	-11.2	1,701.0	74.0	-12.0
2013	-4.3	-1.8	28.3	6.7	-1.2	-1.6	1,883.6	78.0	-1.9

미래테크놀로지 (A213090)
MIRAE TECHNOLOGY CO

업 종 : 컴퓨터 및 주변기기		시 장 : KOSDAQ	
신용등급 : (Bond) — (CP) —		기업규모 : 중견	
홈 페 이 지 : www.mirae-tech.co.kr		연 락 처 : 02)830-4474	
본 사 : 서울시 구로구 디지털로27길 36 (구로동, 이스페이스 813호)			

설 립 일	1997.06.25	종 업 원 수	23명	대 표 이 사	정균태
상 장 일	2015.12.01	감 사 의 견	적정 (한영)	계 열	
결 산 기	12월	보 통 주	550만주	종 속 회 사 수	
액 면 가	500원	우 선 주		구 상 회 사	

주주구성 (지분율,%)		출자관계 (지분율,%)		주요경쟁사 (외형,%)	
다우데이타시스템	33.9	미래정보대우통신사외7개사&4세분디&데투자조합 8.0		미래테크놀로지	100
이머니	29.7			엠젠플러스	239
(외국인)	0.4			아이리버	238

매출구성		비용구성		수출비중	
기본형OTP(H/W)	75.9	매출원가율	66.8	수출	1.0
카드형OTP(H/W)	12.5	판관비율	13.8	내수	99.0
보안형OTP(H/W)	5.3				

회사 개요
동사는 1997년 6월 25일 설립되어 OTP(One Time Password : 일회용 비밀번호)제품을 주요사업으로 영위하고 있음. 2015년 10월 20일 기준 동사를 포함하여 상장 6개사, 비상장 19개사 총 25개의 계열회사가 있으며 금융권에서 "스마트OTP" 도입방침에 따라 우리은행, 기업은행 등 금융권과 "스마트OTP" 개발을 진행하고 있음. 동사는 2015년 8월 4일 주당 10,000원에서 500원으로 액면분할을 실시함.

실적 분석
동사의 2016년 결산기준 누적 매출액은 전년동기대비 -0.4% 소폭 변동한 219.5억원을 기록하였음. 비용면에서 전년동기대비 매출원가는 증가 했으며 인건비도 증가, 광고선전비는 크게 감소 하였고 기타판매비와관리비는 증가함. 그에 따라 매출액 하락 등에 의해 전년동기대비 영업이익은 42.7억원으로 -17.5% 하락하였음. 최종적으로 전년동기대비 당기순이익은 하락하여 40.5억원을 기록함.

현금 흐름 *IFRS 별도 기준   〈단위 : 억원〉

항목	2015	2016
영업활동	40	43
투자활동	-148	-67
재무활동	233	-14
순현금흐름	125	-38
기말현금	174	136

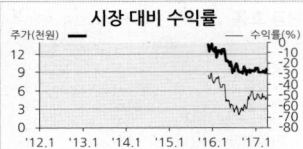

시장 대비 수익률

결산 실적   〈단위 : 억원〉

항목	2011	2012	2013	2014	2015	2016
매출액	—	—	119	174	220	220
영업이익	—	—	34	47	52	43
당기순이익	—	—	29	39	43	41

분기 실적 *IFRS 별도 기준   〈단위 : 억원〉

항목	2015.3Q	2015.4Q	2016.1Q	2016.2Q	2016.3Q	2016.4Q
매출액	47	58	53	60	52	55
영업이익	11	8	9	11	11	12
당기순이익	10	7	8	10	10	13

재무 상태 *IFRS 별도 기준   〈단위 : 억원〉

항목	2011	2012	2013	2014	2015	2016
총자산	—	—	115	170	450	476
유형자산	—	—	4	4	4	3
무형자산	—	—	3	4	4	4
유가증권	—	—	0	4	10	43
총부채	—	—	12	16	20	16
총차입금	—	—				
자본금	—	—	3	20	28	28
총자본	—	—	103	154	429	460
지배주주지분	—	—	103	154	429	460

기업가치 지표 *IFRS 별도 기준

항목	2011	2012	2013	2014	2015	2016
주가(최고/저)(천원)	—/—	—/—	—/—	—/—	13.9/11.8	14.1/8.6
PER(최고/저)(배)	0.0/0.0	0.0/0.0	0.0/0.0	0.0/0.0	13.5/11.4	19.4/11.8
PBR(최고/저)(배)	0.0/0.0	0.0/0.0	0.0/0.0	0.0/0.0	1.8/1.5	1.7/1.0
EV/EBITDA(배)			0.0	0.0	7.4	2.3
EPS(원)	—	—	840	1,138	1,044	737
BPS(원)	—	—	342,556	76,970	7,809	8,498
CFPS(원)	—	—	97,908	23,246	1,074	761
DPS(원)	—	—			80	100
EBITDAPS(원)	—	—	115,445	27,695	1,277	801

재무 비율   〈단위 : % 〉

연도	영업이익률	순이익률	부채비율	차입금비율	ROA	ROE	유보율	자기자본비율	EBITDA마진율
2016	19.5	18.5	3.6	0.0	8.8	9.1	1,599.6	96.6	20.1
2015	23.5	19.7	4.7	0.0	14.0	14.9	1,461.7	95.5	24.1
2014	26.8	22.4	10.5	0.0	27.4	30.4	669.7	90.5	27.3
2013	28.5	24.1	11.6	0.0	0.0	0.0	3,325.6	89.6	29.1

미스터블루 (A207760)
Mr Blue

업 종 : 미디어		시 장 : KOSDAQ	
신용등급 : (Bond) — (CP) —		기업규모 : 중견	
홈 페 이 지 : www.mrbluecorp.com		연 락 처 : 02)337-0610	
본 사 : 서울시 마포구 월드컵북로6길 18 (동교동, 미스터블루빌딩)			

설 립 일	2014.10.10	종 업 원 수	87명	대 표 이 사	조승진
상 장 일	2014.12.12	감 사 의 견	적정 (이촌)	계 열	
결 산 기	12월	보 통 주	2,416만주	종 속 회 사 수	
액 면 가	100원	우 선 주		구 상 회 사	동부스팩2호

주주구성 (지분율,%)		출자관계 (지분율,%)		주요경쟁사 (외형,%)	
조승진	56.8	더블플러스	63.0	미스터블루	100
최진아	3.6			한국경제TV	313
(외국인)	0.1			투윈글로벌	75

매출구성		비용구성		수출비중	
온라인만화 제작유통	86.9	매출원가율	0.0	수출	5.6
만화출판	11.8	판관비율	80.4	내수	94.4
기타	1.3				

회사 개요
동사는 2002년에 설립되어 온라인 만화 콘텐츠 서비스 제공 및 만화 출판 등의 사업을 영위하는 회사임. 2014년 기준 전체 온라인만화 매출은 네이버, 다음 등의 포털과 카카오톡, 투니버스의 뒤를 이은 5위를 기록 중. 2015년 5월기준 동사의 플랫폼 가입자는 약 225만명에 이르고 있으며, 이중 약 5만여명이 유료회원으로 활동하고 있음. 동사는 동부스팩2호와의 합병을 통해 2015년 11월 스팩합병을 통해 코스닥 시장에 신규 상장함.

실적 분석
동사의 2016년 결산기준 누적 매출액은 240.3억원으로 전년 대비 40.6% 증가하였음. 또한 판매비와 관리비는 193.1억원으로 44.1% 증가하였으며 영업이익은 28.1% 증가한 47.2억원을 시현함. 최종적으로 당기순이익은 40.0억원으로 전년 대비 흑자전환에 성공하였음. 동사는 2010년 이후 모바일 기기의 발전과 함께 가파른 성장세를 이어오고 있음.

현금 흐름 *IFRS 별도 기준   〈단위 : 억원〉

항목	2015	2016
영업활동	33	19
투자활동	27	-108
재무활동	45	-15
순현금흐름	104	-105
기말현금	139	34

시장 대비 수익률

결산 실적   〈단위 : 억원〉

항목	2011	2012	2013	2014	2015	2016
매출액	—	—	107	137	171	240
영업이익	—	—	27	35	37	47
당기순이익	—	—	22	30	-61	40

분기 실적 *IFRS 별도 기준   〈단위 : 억원〉

항목	2015.3Q	2015.4Q	2016.1Q	2016.2Q	2016.3Q	2016.4Q
매출액	44				59	
영업이익	8				9	
당기순이익	7				8	

재무 상태 *IFRS 별도 기준   〈단위 : 억원〉

항목	2011	2012	2013	2014	2015	2016
총자산	—	—	75	102	300	345
유형자산	—	—	2	1	69	73
무형자산	—	—	3	19	41	122
유가증권	—	—	9	11	7	9
총부채	—	—	21	18	86	79
총차입금	—	—	1		55	31
자본금	—	—	15	15	23	24
총자본	—	—	55	84	214	266
지배주주지분	—	—	55	84	214	266

기업가치 지표

항목	2011	2012	2013	2014	2015	2016
주가(최고/저)(천원)	—/—	—/—	—/—	2.4/2.4	7.1/2.4	4.6/3.2
PER(최고/저)(배)	0.0/0.0	0.0/0.0	0.0/0.0	18.5/18.2	—/—	28.6/20.1
PBR(최고/저)(배)	0.0/0.0	0.0/0.0	0.0/0.0	6.5/6.4	7.5/2.5	4.1/2.9
EV/EBITDA(배)	0.0		0.0	2.0	22.9	16.9
EPS(원)	—	—	751	131	-267	162
BPS(원)	—	—	18,241	28,036	944	1,120
CFPS(원)	—	—	58,237	10,110	-260	189
DPS(원)	—	—				25
EBITDAPS(원)	—	—	70,988	12,028	170	222

재무 비율   〈단위 : % 〉

연도	영업이익률	순이익률	부채비율	차입금비율	ROA	ROE	유보율	자기자본비율	EBITDA마진율
2016	19.6	16.7	29.6	11.5	12.4	16.3	1,019.7	77.2	22.3
2015	21.6	-35.4	40.3	25.5	-30.1	-40.6	844.5	71.3	22.5
2014	25.8	21.6	20.9	0.0	33.6	42.8	460.7	82.7	26.3
2013	25.3	20.6	37.6	1.0	0.0	0.0	264.8	72.7	25.8

미애부 (A225850)
Miev

업 종: 개인생활용품	시 장: KONEX
신용등급: (Bond) — (CP) —	기업규모: —
홈페이지: www.miev.co.kr	연락처: 1577-1401

본 사: 경기도 성남시 중원구 갈마치로 215, 금강펜테리움IT타워 에이동-808 (상대원동)

설 립 일 2003.10.06	종업원수 115명	대표이사 김기수
상 장 일 2015.12.08	감사의견 적정 (삼화)	계 속 열
결 산 기 12월	보 선 주 305만주	종속회사수
액 면 가 500원	우 선 주	구 상 호

주주구성 (지분율,%)		출자관계 (지분율,%)		주요경쟁사 (외형,%)	
미애부생명과학	57.9	MievJapan	100.0	미애부	100
김규종	5.4			한국화장품	269
				한국화장품제조	109

매출구성		비용구성		수출비중	
기초화장품	39.6	매출원가율	20.4	수출	0.0
건강기능식품	29.4	판관비율	73.9	내수	100.0
기타	22.4				

회사 개요
동사는 2003년 10월 10일 화장품업을 영위할 목적으로 설립되었음. 2003년 가정에서 피부미용 민간요법으로 흔히 사용되는 요구르트를 원료로 이용하여 유산균 발효화장품을 개발, 출시하여 2003년 10월 최초로 '비용'이라는 발효화장품을 선보임. 또한 화장품 성분에서 합성화학 성분을 배제하여 2008년 10월 무항성의 'Mie V'를 출시했고 2009년 10월 'Botanic-MieV', 2011년 4월 '미애부 시그니처' 라인을 출시함.

실적 분석
동사의 2016년 매출액은 전년 대비 15.4% 감소한 596.9억원을 기록했음. 매출감소 요인은 판매방식 변경에 따른 판매조직의 과도기적 현상에 따라 2016년 1분기 매출액이 일시적으로 급감한데 기인한 것. 동사의 2016년 영업이익은 전년 대비 135.58% 상승한 33.9억원을 기록했음. 영업이익의 증가 요인은 2016년 1월 1일부터 시행한 판매보상정책 변경에 따른 판매수수료율 인하에 기인함.

현금 흐름 •IFRS 별도 기준 〈단위 : 억원〉
항목	2015	2016
영업활동	106	-62
투자활동	-14	-18
재무활동	-13	12
순현금흐름	79	-69
기말현금	92	23

시장 대비 수익률
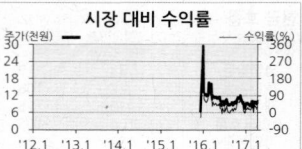

결산 실적 〈단위 : 억원〉
항목	2011	2012	2013	2014	2015	2016
매출액	683	796	679	717	706	597
영업이익	24	-0	3	7	14	34
당기순이익	18	1	2	1	4	21

분기 실적 •IFRS 별도 기준 〈단위 : 억원〉
항목	2015.3Q	2015.4Q	2016.1Q	2016.2Q	2016.3Q	2016.4Q
매출액	—	—	—	—	—	—
영업이익	—	—	—	—	—	—
당기순이익	—	—	—	—	—	—

재무 상태 •IFRS 별도 기준 〈단위 : 억원〉
항목	2011	2012	2013	2014	2015	2016
총자산	284	375	415	439	517	368
유형자산	14	15	19	42	114	109
무형자산	5	4	3	3	25	23
유가증권	5	10	41	34	—	10
총부채	278	371	403	424	481	311
총차입금	9	4	4	4	13	34
자본금	6	3	9	9	15	15
총자본	6	4	12	14	36	57
지배주주지분	6	4	12	14	36	57

기업가치 지표 •IFRS 별도 기준
항목	2011	2012	2013	2014	2015	2016
주가(최고/저)(천원)	—/—	—/—	—/—	—/—	29.4/4.8	25.0/7.3
PER(최고/저)(배)	0.0/0.0	0.0/0.0	0.0/0.0	0.0/0.0	170.8/27.8	36.7/10.7
PBR(최고/저)(배)	0.0/0.0	0.0/0.0	0.0/0.0	0.0/0.0	24.9/4.1	13.4/3.9
EV/EBITDA(배)					33.2	5.3
EPS(원)	1,610	208	309	79	172	681
BPS(원)	5,877	7,634	7,024	8,212	1,181	1,863
CFPS(원)	25,531	16,021	13,695	5,625	575	1,006
DPS(원)						
EBITDAPS(원)	31,436	13,770	15,238	8,740	996	1,436

재무 비율 〈단위 : % 〉
연도	영업이익률	순이익률	부채비율	차입금비율	ROA	ROE	유보율	자기자본비율	EBITDA마진율
2016	5.7	3.5	548.2	59.8	4.7	44.8	272.5	15.4	7.3
2015	2.0	0.6	1,335.4	35.3	0.9	16.6	136.3	7.0	3.4
2014	1.0	0.2	2,972.0	28.0	0.3	10.4	64.3	3.3	2.1
2013	0.5	0.3	3,300.7	49.7	0.5	25.7	40.5	2.9	1.5

미원상사 (A002840)
Miwon Commercial

업 종: 화학	시 장: 거래소
신용등급: (Bond) — (CP) —	기업규모: 시가총액 소형주
홈페이지: www.mwc.co.kr	연락처: 031)8084-8300

본 사: 경기도 안산시 단원구 원시로 49 (목내동)

설 립 일 1959.11.03	종업원수 392명	대표이사 조진욱
상 장 일 1989.09.25	감사의견 적정 (삼정)	계 속 열
결 산 기 12월	보 선 주 87만주	종속회사수
액 면 가 5,000원	우 선 주	구 상 호

주주구성 (지분율,%)		출자관계 (지분율,%)		주요경쟁사 (외형,%)	
김정돈	18.3	계동청운	100.0	미원상사	100
미원상사우리사주조합	17.4	동남합성	40.1	한국카본	85
(외국인)	4.0	태광정밀화학	35.1	NPC	125

매출구성		비용구성		수출비중	
MICOLIN 외	37.7	매출원가율	83.2	수출	47.1
DermaPep 외, CB-23 외	26.9	판관비율	9.3	내수	52.9
MIPHOTO 외	22.8				

회사 개요
동사는 황산 및 분말유황을 주축으로 하는 기초화학회사로 출발하여 현재는 계면활성제, 자외선안정제, 산화방지제, 고무첨가제, 전자재료 등 첨단화학제품을 생산하는 회사로 성장함. 동사의 연결대상 종속회사들은 계면활성제와 도료첨가제의 중간체 제조/판매업(계동청운정세화공유한공사), EO/PO 부가물 제조업(미원EOD), 타이어첨가제등 제조업(태광정밀화학) 등의 사업을 영위하고 있음.

실적 분석
동사의 2016년 매출액은 3,017.5억원으로 전년 대비 26.0% 증가함. 영업이익은 227.9억원으로 전년보다 23.5% 늘었고, 당기순이익도 55.4% 증가한 263.7억원을 기록함. 매출 증가에 따른 수익성 개선이 뚜렷함. 생활수준의 향상과 함께 고부가가치의 친환경, 저자극, 폴리머형 계면활성제의 수요가 증가하고 있음. 태광정밀화학의 주력 제품인 타이어 첨가제도 꾸준한 투자와 판매 확대로 지속적인 성장이 기대됨.

현금 흐름 〈단위 : 억원〉
항목	2015	2016
영업활동	364	305
투자활동	-117	-133
재무활동	-216	-64
순현금흐름	33	108
기말현금	93	201

시장 대비 수익률
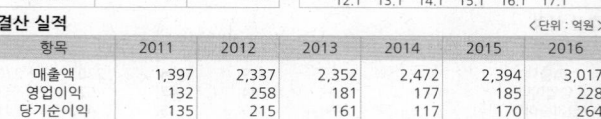

결산 실적 〈단위 : 억원〉
항목	2011	2012	2013	2014	2015	2016
매출액	1,397	2,337	2,352	2,472	2,394	3,017
영업이익	132	258	181	177	185	228
당기순이익	135	215	161	117	170	264

분기 실적 〈단위 : 억원〉
항목	2015.3Q	2015.4Q	2016.1Q	2016.2Q	2016.3Q	2016.4Q
매출액	616	607	663	669	777	909
영업이익	62	30	72	65	61	30
당기순이익	54	27	61	62	57	84

재무 상태 〈단위 : 억원〉
항목	2011	2012	2013	2014	2015	2016
총자산	1,483	2,106	2,264	2,286	2,312	3,296
유형자산	572	874	961	978	879	1,343
무형자산	23	20	21	20	20	23
유가증권	104	229	274	245	269	306
총부채	646	926	904	834	676	904
총차입금	385	560	474	468	266	318
자본금	76	77	78	78	79	79
총자본	836	1,180	1,361	1,453	1,636	2,392
지배주주지분	836	1,059	1,222	1,297	1,461	1,835

기업가치 지표
항목	2011	2012	2013	2014	2015	2016
주가(최고/저)(천원)	120/86.5	147/89.9	215/141	189/156	198/158	248/175
PER(최고/저)(배)	8.0/5.8	7.1/4.4	13.8/9.1	17.2/14.2	12.4/9.9	10.0/7.1
PBR(최고/저)(배)	1.3/0.9	1.2/0.8	1.5/1.0	1.3/1.1	1.2/1.0	1.2/0.8
EV/EBITDA(배)	5.9	5.2	7.2	6.4	6.0	6.6
EPS(원)	15,493	20,822	15,512	10,997	15,949	24,740
BPS(원)	97,717	122,383	139,703	147,955	166,153	211,688
CFPS(원)	23,670	33,019	29,272	26,554	31,367	42,095
DPS(원)	2,200	1,800				
EBITDAPS(원)	23,384	41,774	34,250	35,386	36,015	43,145

재무 비율 〈단위 : % 〉
연도	영업이익률	순이익률	부채비율	차입금비율	ROA	ROE	유보율	자기자본비율	EBITDA마진율
2016	7.6	8.7	37.8	13.3	9.4	13.3	2,246.2	72.6	12.6
2015	7.7	7.1	41.3	16.2	7.4	10.4	1,789.8	70.8	13.5
2014	7.2	4.7	57.4	32.2	5.1	7.8	1,604.1	63.5	12.8
2013	7.7	6.8	66.4	34.8	7.4	12.0	1,502.0	60.1	12.9

미원스페셜티케미칼 (A107590)
Miwon Specialty Chemical

업 종 : 화학	시 장 : 거래소
신용등급 : (Bond) — (CP) —	기업규모 : 시가총액 중형주
홈페이지 : www.miramer.co.kr	연 락 처 : 063)260-1500
주 소 : 전북 완주군 봉동읍 완주산단1로 167	

설 립 일 2009.02.02	종 업 원 수 320명	대 표 이 사 김형웅,임한순
상 장 일 2009.03.02	감 사 의 견 적정 (삼정)	계 열
결 산 기 12월	보 통 주 70만주	종속회사수
액 면 가 5,000원	우 선 주	구 상 호

주주구성 (지분율,%)
김정돈	15.6
미원에스씨우리사주조합	9.7
(외국인)	2.6

출자관계 (지분율,%)
동남합성	0.2
MiwonSpainS.L.U	100.0
MiwonEuropeGmbH	100.0

주요경쟁사 (외형,%)
미원에스씨	100
후성	67
유니드	257

매출구성
에너지경화수지 및 기타(MIRAMER 외)	100.0

비용구성
매출원가율	75.7
판관비율	10.2

수출비중
수출	73.8
내수	26.2

회사 개요
2009년 미원상사로부터 인적분할한 동사는 UV경화에 사용되는 핵심원료를 생산, 판매하고 있음. 주요 내수 매출처는 LG전자, 코오롱 등이며, 해외 매출처의 경우는 RAHN AG, TOYO Chemical 등이 있음. 에너지경화수지는 Solvent System의 대체재로 에너지 효율 증대의 장점을 바탕으로 건설, 자동차, 핸드폰 등의 다양한 산업분야에서 사용됨. 시장점유율은 국내 50% 이상, 전세계 10% 이상으로 추정됨.

실적 분석
에너지경화수지 관련 제품의 내수판매가 위축되고 있으나, 비중이 큰 수출이 8.7% 늘어남으로써 2016년 매출액은 전년 대비 6.4% 증가함. 인건비 등 판관비가 15.1% 증가하였으나, 원가율 개선으로 영업이익은 9.7% 늘었음. R&D 강화를 위해 120억원을 투자함. 광교지구 연구소를 신축하며, 충주공장 에너지경화수지 생산시설의 증설에 200억원을 투자할 계획임. 에너지경화수지 사업부문을 물적분할하고, 주식도 10대1로 분할할 예정임.

현금 흐름 〈단위 : 억원〉
항목	2015	2016
영업활동	404	554
투자활동	-185	-248
재무활동	-101	-118
순현금흐름	120	188
기말현금	270	458

시장 대비 수익률
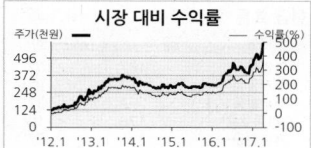

결산 실적 〈단위 : 억원〉
항목	2011	2012	2013	2014	2015	2016
매출액	2,026	2,388	2,633	2,739	2,704	2,878
영업이익	204	355	382	334	369	405
당기순이익	160	279	310	261	306	345

분기 실적 〈단위 : 억원〉
항목	2015.3Q	2015.4Q	2016.1Q	2016.2Q	2016.3Q	2016.4Q
매출액	728	650	732	736	714	696
영업이익	123	91	113	124	113	55
당기순이익	108	78	83	114	54	94

재무 상태 〈단위 : 억원〉
항목	2011	2012	2013	2014	2015	2016
총자산	1,186	1,479	1,825	2,035	2,243	2,548
유형자산	355	515	633	684	777	923
무형자산	22	21	20	19	18	36
유가증권	—	—	—	—	21	4
총부채	286	289	312	311	319	383
총차입금	32	8	6	7	10	13
자본금	36	36	36	36	36	37
총자본	900	1,190	1,513	1,725	1,924	2,165
지배주주지분	900	1,190	1,513	1,724	1,924	2,165

기업가치 지표
항목	2011	2012	2013	2014	2015	2016
주가(최고/저)(천원)	160/114	271/123	374/239	351/278	322/278	469/296
PER(최고/저)(배)	7.3/5.2	7.1/3.2	8.9/5.7	10.0/7.8	7.8/6.7	9.8/6.2
PBR(최고/저)(배)	1.3/0.9	1.7/0.8	1.8/1.2	1.5/1.2	1.2/1.0	1.4/0.9
EV/EBITDA(배)	3.4	4.7	5.3	4.6	4.1	5.3
EPS(원)	22,675	39,282	43,293	36,265	42,266	48,422
BPS(원)	126,755	166,110	210,065	242,722	284,671	328,827
CFPS(원)	29,027	46,521	54,447	49,811	56,311	63,511
DPS(원)	—	—	—	2,500	2,500	5,500
EBITDAPS(원)	35,218	57,122	64,515	59,885	64,962	71,920

재무 비율 〈단위 : % 〉
연도	영업이익률	순이익률	부채비율	차입금비율	ROA	ROE	유보율	자기자본비율	EBITDA마진율
2016	14.1	12.0	17.7	0.6	14.4	16.9	6,208.0	85.0	17.8
2015	13.6	11.3	16.6	0.5	14.3	16.8	5,593.4	85.8	17.4
2014	12.2	9.5	18.0	0.4	13.5	16.1	4,754.5	84.7	15.8
2013	14.5	11.8	20.6	0.4	18.4	23.0	4,101.3	82.9	17.6

미원화학 (A134380)
Miwon Chemicals

업 종 : 화학	시 장 : 거래소
신용등급 : (Bond) — (CP) —	기업규모 : 시가총액 소형주
홈페이지 : www.miwonchemicals.com	연 락 처 : 052)261-7988
주 소 : 울산시 남구 장생포로 247	

설 립 일 2011.01.03	종 업 원 수 155명	대 표 이 사 김정만,정규식
상 장 일 2011.02.15	감 사 의 견 적정 (바른)	계 열
결 산 기 12월	보 통 주 218만주	종속회사수
액 면 가 1,000원	우 선 주	구 상 호

주주구성 (지분율,%)
미성통상	29.5
미원상사우리사주조합	8.1
(외국인)	5.7

출자관계 (지분율,%)
동남합성	15.2
선광	2.8
바이오니아	0.3

주요경쟁사 (외형,%)
미원화학	100
동성화인텍	239
동성화학	126

매출구성
계면활성제	61.6
분향및황산	26.3
상품등	12.1

비용구성
매출원가율	78.7
판관비율	9.8

수출비중
수출	59.1
내수	40.9

회사 개요
동사는 2011년 2월 미원상사에서 인적분할을 통해 유가증권시장에 신규상장한 기업임. 각종 기능성 화학제품인 고무가황, PCB, 도금 약품 등에 사용되는 유황 관련 제품(구황, 분황, 황산, 발연황산, 정제황산), 세제원료인 설폰산, 알코올설페이트 제품, 에탄올아민 등 각종 화학상품류를 생산, 판매하고 있음. 국내시장에서 계면활성제 중 설폰산은 20%, 분황 및 황산 중 분말유황은 60%, 정제황산은 70%의 시장점유율을 차지하고 있음.

실적 분석
동사의 2016년 연결기준 결산 매출액은 전년 동기 4.0% 감소한 1,399.0원을 시현. 이는 내수 571억원, 수출 828억원으로 구성됨. 외형의 축소에도 불구하고 원가 감소로 인하여 영업이익은 전년 대비 17.2% 증가한 160.3억원을 기록. 당기순이익은 16.8% 증가한 137.4억원을 기록. 유동비율은 1,042.1%, 부채비율은 11.2%로써 건실한 재무안정성을 계속 유지하고 있음.

현금 흐름 *IFRS 별도 기준 〈단위 : 억원〉
항목	2015	2016
영업활동	147	126
투자활동	-82	-33
재무활동	-16	-121
순현금흐름	50	-28
기말현금	160	131

시장 대비 수익률
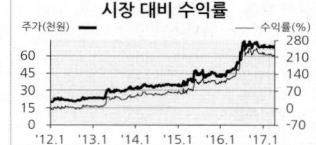

결산 실적 〈단위 : 억원〉
항목	2011	2012	2013	2014	2015	2016
매출액	1,212	1,213	1,442	1,518	1,457	1,399
영업이익	118	89	131	108	137	160
당기순이익	97	78	105	89	118	137

분기 실적 *IFRS 별도 기준 〈단위 : 억원〉
항목	2015.3Q	2015.4Q	2016.1Q	2016.2Q	2016.3Q	2016.4Q
매출액	370	345	358	355	345	340
영업이익	40	22	48	51	46	16
당기순이익	37	18	39	42	38	18

재무 상태 *IFRS 별도 기준 〈단위 : 억원〉
항목	2011	2012	2013	2014	2015	2016
총자산	731	739	821	909	964	982
유형자산	347	278	289	330	371	382
무형자산	6	5	6	6	5	4
유가증권	104	139	126	126	145	174
총부채	271	223	207	211	136	99
총차입금	117	74	30	19	10	9
자본금	23	23	23	23	24	24
총자본	460	515	614	698	828	884
지배주주지분	460	515	614	698	828	884

기업가치 지표 *IFRS 별도 기준
항목	2011	2012	2013	2014	2015	2016
주가(최고/저)(천원)	37.1/17.0	24.6/20.3	33.0/23.1	36.5/31.0	48.1/33.1	76.6/42.0
PER(최고/저)(배)	9.2/4.2	7.7/6.4	7.7/5.4	10.0/8.5	10.0/6.9	13.0/7.1
PBR(최고/저)(배)	2.0/0.9	1.2/1.0	1.3/0.9	1.3/1.1	1.4/1.0	2.0/1.1
EV/EBITDA(배)	4.3	4.4	4.0	4.8	4.8	6.6
EPS(원)	4,233	3,364	4,526	3,826	5,016	5,993
BPS(원)	19,960	22,239	26,331	29,715	35,341	39,838
CFPS(원)	4,880	4,888	6,168	5,512	6,762	8,106
DPS(원)	—	—	—	400	1,250	1,000
EBITDAPS(원)	5,783	5,371	7,301	6,302	7,576	9,106

재무 비율 〈단위 : % 〉
연도	영업이익률	순이익률	부채비율	차입금비율	ROA	ROE	유보율	자기자본비율	EBITDA마진율
2016	11.5	9.8	11.2	1.0	14.1	16.1	3,605.1	90.0	14.9
2015	9.4	8.1	16.4	1.2	12.6	15.4	3,399.0	85.9	12.2
2014	7.1	5.9	30.3	2.8	10.3	13.6	2,871.5	76.8	9.7
2013	9.1	7.3	33.7	4.9	13.5	18.6	2,533.1	74.8	11.7

미창석유공업 (A003650)
Michang Oil Ind

업 종: 화학	시 장: 거래소
신용등급: (Bond) — (CP) —	기업규모: 시가총액 소형주
홈페이지: www.michang.co.kr	연락처: 051)403-6441
본 사: 부산시 영도구 해양로 241 (동삼동)	

설 립 일	1962.12.27	종 업 원 수	84명	대 표 이 사	유재순
상 장 일	1989.09.27	감 사 의 견	적정 (삼정)	계 열	
결 산 기	12월	보 통 주	174만주	종속회사수	
액 면 가	5,000원	우 선 주		구 상 호	

주주구성 (지분율,%)
유재순	28.6
최명희	10.5
(외국인)	34.7

출자관계 (지분율,%)
비앤피씨	100.0
스타자동차	30.1
크린어스	4.2

주요경쟁사 (외형,%)
미창석유	100
경인양행	98
한국알콜	67

매출구성
D-ATF SP	68.7
PROCESS OIL	19.3
윤활유(상품)	4.9

비용구성
매출원가율	88.3
판관비율	5.8

수출비중
수출	47.9
내수	52.1

회사 개요
동사는 자동차용, 선박용, 산업용 윤활유와 전기절연유, 고무배합유, 유동파라핀 등을 주력으로 생산하며, 일본석유와의 제휴를 통해 향상된 기술력을 보유하고 있음. 생산능력은 총 27만3,600 리터로 국내 윤활유 시장의 8.6%를 점유하고 있음. 소품종 대규모 윤활유를 생산하는 정유사 대비 다품종 소량 생산 형태의 사업 구조를 보유해 안정적인 이익 창출이 가능함. 사업 특성상 국제유가 및 환율의 변동에 따라 수익이 유동적임.

실적 분석
동사의 2016년 누계 매출액은 2,806억원으로 전년 대비 9.3% 감소함. 매출 감소로 영업이익은 전년보다 24.6% 줄어든 166.8억원을 기록함. 비영업손익은 238.8억원으로 크게 늘면서 당기순이익은 전년 대비 22.4% 증가한 307.3억원을 기록함. 국내업체들의 윤활유 생산과 매출은 꾸준히 증가 중임. 동사는 국내윤활유 시장의 경쟁 심화에 따라 특수유 생산에 주력하여 제품의 고급화 및 신제품 개발에 전념할 예정임.

현금 흐름 *IFRS 별도 기준 〈단위 : 억원〉
항목	2015	2016
영업활동	402	286
투자활동	-338	-239
재무활동	-31	-36
순현금흐름	33	14
기말현금	164	178

시장 대비 수익률
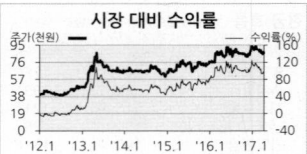

결산 실적 〈단위 : 억원〉
항목	2011	2012	2013	2014	2015	2016
매출액	3,977	4,106	3,703	3,557	3,093	2,806
영업이익	221	314	233	185	221	167
당기순이익	209	247	174	160	251	307

분기 실적 *IFRS 별도 기준 〈단위 : 억원〉
항목	2015.3Q	2015.4Q	2016.1Q	2016.2Q	2016.3Q	2016.4Q
매출액	766	732	679	737	660	729
영업이익	57	66	37	53	32	45
당기순이익	62	59	179	52	32	45

재무 상태 *IFRS 별도 기준 〈단위 : 억원〉
항목	2011	2012	2013	2014	2015	2016
총자산	1,941	2,031	2,069	2,157	2,517	2,802
유형자산	345	405	444	455	477	289
무형자산	—	—	—	—	—	—
유가증권	21	92	81	259	66	185
총부채	458	351	252	214	358	364
총차입금	126	34	16			
자본금	87	87	87	87	87	87
총자본	1,483	1,680	1,817	1,943	2,159	2,438
지배주주지분	1,483	1,680	1,817	1,943	2,159	2,438

기업가치 지표 *IFRS 별도 기준
항목	2011	2012	2013	2014	2015	2016
주가(최고/저)(천원)	48.3/36.6	49.7/39.3	87.2/47.7	73.2/60.0	79.8/63.4	94.6/74.2
PER(최고/저)(배)	4.8/3.7	4.1/3.2	9.6/5.3	8.6/7.1	5.8/4.6	5.4/4.3
PBR(최고/저)(배)	0.7/0.5	0.6/0.5	0.9/0.5	0.7/0.6	0.7/0.5	0.7/0.5
EV/EBITDA(배)	3.9	2.6	4.4	4.0	2.7	1.9
EPS(원)	12,021	14,183	10,025	9,188	14,431	17,665
BPS(원)	85,345	96,665	104,559	111,792	124,212	140,278
CFPS(원)	12,582	14,747	10,800	10,399	15,747	19,049
DPS(원)	2,000	2,300	1,900	1,800	2,100	2,200
EBITDAPS(원)	13,257	18,616	14,145	11,826	14,039	10,971

재무 비율 〈단위 : % 〉
연도	영업이익률	순이익률	부채비율	차입금비율	ROA	ROE	유보율	자기자본비율	EBITDA마진율
2016	5.9	11.0	14.9	0.0	11.6	13.4	2,705.6	87.0	6.8
2015	7.2	8.1	16.6	0.0	10.7	12.2	2,384.2	85.8	7.9
2014	5.2	4.5	11.0	0.0	7.6	8.5	2,135.8	90.1	5.8
2013	6.3	4.7	13.8	0.9	8.5	10.0	1,991.2	87.8	6.6

미코 (A059090)
MiCo

업 종: 반도체 및 관련장비	시 장: KOSDAQ
신용등급: (Bond) BB- (CP) —	기업규모: 중견
홈페이지: www.mico.kr	연락처: 031)8056-5500
본 사: 경기도 안성시 공단로 100	

설 립 일	1999.07.16	종 업 원 수	258명	대 표 이 사	최성학
상 장 일	2002.01.15	감 사 의 견	적정 (다산)	계 열	
결 산 기	12월	보 통 주	3,085만주	종속회사수	
액 면 가	500원	우 선 주		구 상 호	코미코

주주구성 (지분율,%)
전선규	16.4
정소영	2.2
(외국인)	0.7

출자관계 (지분율,%)
미코로지스	100.0
미코에스앤피	100.0
미코바이오메드	80.2

주요경쟁사 (외형,%)
미코	100
오디텍	40
원팩	25

매출구성
세정, 코팅 외	61.3
ESC, Heater 및 세라믹 부품 외	35.6
센서,복합진단기 및 혈당측정기 등	3.1

비용구성
매출원가율	55.1
판관비율	31.7

수출비중
수출	—
내수	—

회사 개요
1999년 7월에 설립된 동사는 종속회사 10개사를 포함하여 주요 사업으로 부품사업과 세정사업 등을 영위하고 있음. 반도체 및 LCD 장비를 구성하는 부품을 제작하는 부품사업부문과 반도체 및 엘씨디 장비를 구성하는 부품의 세정과 코팅을 영위하는 세정사업부문, 기타사업부문으로는 프로브카드와 센서, 복합진단기, 빈혈측정기 등 의료기기 제작함. 반도체 공정 중 발생하는 미세오염을 제어하는 정밀 세정 사업을 주로 영위함.

실적 분석
동사의 2016년 연결 기준 매출과 영업이익은 1,409.6억원, 186억원으로 전년 대비 각각 16%, 61.6% 증가함. 휴대용 복합진단기 등을 제조, 판매하는 미코바이오메드는 손실이 지속되고 있으나 그 폭은 점점 줄어들고 있음. 2015년 체결한 각종 계약들의 발주가 나오기 시작함에 따라 창사 이래 최초로 90억원이 넘는 매출이 발생함. 해외 ODM 공급 및 동사 자체 브랜드(VERI-Q) 공급의 투트랙 전략 등을 통해 해외시장을 개척 중임.

현금 흐름 〈단위 : 억원〉
항목	2015	2016
영업활동	187	107
투자활동	-17	-82
재무활동	-2	-37
순현금흐름	176	-10
기말현금	298	287

시장 대비 수익률
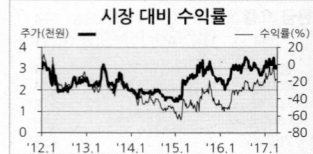

결산 실적 〈단위 : 억원〉
항목	2011	2012	2013	2014	2015	2016
매출액	1,243	1,304	1,236	1,360	1,215	1,410
영업이익	70	104	-141	53	115	186
당기순이익	-37	41	-270	4	66	56

분기 실적 *IFRS 별도 기준 〈단위 : 억원〉
항목	2015.3Q	2015.4Q	2016.1Q	2016.2Q	2016.3Q	2016.4Q
매출액	309	299	315	361	315	418
영업이익	33	23	34	50	28	74
당기순이익	18	-30	11	29	-5	22

재무 상태 *IFRS 별도 기준 〈단위 : 억원〉
항목	2011	2012	2013	2014	2015	2016
총자산	1,548	1,555	1,629	1,531	1,597	1,670
유형자산	892	896	919	839	820	822
무형자산	97	134	48	46	42	42
유가증권	5	5	3	55	63	51
총부채	1,089	1,054	1,195	979	947	881
총차입금	851	834	917	703	668	573
자본금	120	120	120	120	130	140
총자본	459	501	434	552	650	789
지배주주지분	461	495	397	478	510	603

기업가치 지표
항목	2011	2012	2013	2014	2015	2016
주가(최고/저)(천원)	4.4/1.6	3.3/1.8	3.2/1.9	2.1/1.5	3.5/1.4	3.8/2.0
PER(최고/저)(배)	—/—	22.5/12.4	—/—	—/—	37.9/15.1	78.1/41.8
PBR(최고/저)(배)	2.0/0.7	1.4/0.8	1.9/1.1	1.0/0.7	1.8/0.7	1.7/0.9
EV/EBITDA(배)	10.5	6.8		6.3	5.5	4.8
EPS(원)	-97	148	-1,026	-9	93	48
BPS(원)	2,220	2,361	1,661	2,042	2,003	2,184
CFPS(원)	186	491	-585	417	458	361
DPS(원)						
EBITDAPS(원)	576	780	-147	639	821	992

재무 비율 〈단위 : % 〉
연도	영업이익률	순이익률	부채비율	차입금비율	ROA	ROE	유보율	자기자본비율	EBITDA마진율
2016	13.2	4.0	111.7	72.6	3.4	2.4	336.8	47.2	19.3
2015	9.5	5.4	145.7	102.7	4.8	4.8	300.6	40.7	17.1
2014	3.9	0.3	177.2	127.2	0.2	0.9	308.5	36.1	11.2
2013	-11.4	-21.8	275.3	211.2	-16.9	-55.0	232.2	26.6	-2.8

미투온 (A201490)
ME2ON CO

업　　종 : 게임 소프트웨어	시　　장 : KOSDAQ
신용등급 : (Bond) —　　(CP) —	기업규모 : 벤처
홈페이지 : www.me2on.com	연 락 처 : 02)515-2864
본　　사 : 서울시 강남구 학동로31길 12 2층(논현동, 벤처캐슬빌딩)	

설 립 일	2010.05.26	종업원수	51명	대표이사	손창욱
상 장 일	2016.10.10	감사의견	적정 (우리)	계　　열	
결 산 기	12월	보 통 주	3,013만주	종속회사수	
액 면 가	500원	우 선 주		구 상 호	

주주구성 (지분율,%)		출자관계 (지분율,%)		주요경쟁사 (외형,%)	
손창욱	16.7	퍼플캣	62.9	미투온	100
Signeo Limited	14.2	아이플레이엔터테인먼트	50.0	파티게임즈	185
		레이월드	39.5	한빛소프트	180

매출구성		비용구성		수출비중	
게임 매출	100.0	매출원가율	41.5	수출	85.2
		판관비율	40.7	내수	14.8

회사 개요
동사는 소프트웨어 개발과 공급서비스를 주요 목적사업으로 하고 있으며 단일 영업부문으로 구성되어 있음. 주식회사 미투온은 웹/모바일 게임 개발 및 서비스를, Memoriki Limited는 게임서비스를 수행하고 있음. 동사의 2016년 4분기말 연결대상 종속회사는 Memoriki Holdings Limited, Memoriki Limited, Memoriki China Limited, Offerme2 Limited1 등 총 4개사임.

실적 분석
동사의 2016년 연결기준 누적매출액은 170.4억원으로 전년동기 168.0억원 대비 1.5% 증가했음. 외형성장에도 매출원가가 전년동기 대비 48.8% 증가함에 따라 영업이익은 전년동기 대비 46.1% 감소한 30.4억원을 시현했음. 비영업이익도 전년동기 대비 큰 폭으로 감소함에 따라 당기순이익은 전년동기 대비 39.0% 감소한 31.0억원을 시현하는 데 그침.

현금 흐름 〈단위 : 억원〉
항목	2015	2016
영업활동	49	18
투자활동	-39	-298
재무활동	6	262
순현금흐름	17	-18
기말현금	36	19

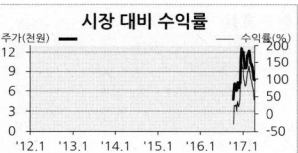

결산 실적 〈단위 : 억원〉
항목	2011	2012	2013	2014	2015	2016
매출액	—	26	33	84	168	170
영업이익	—	7	12	11	56	30
당기순이익	—	-230	11	2	51	31

분기 실적 〈단위 : 억원〉
항목	2015.3Q	2015.4Q	2016.1Q	2016.2Q	2016.3Q	2016.4Q
매출액	41				43	
영업이익	14				5	
당기순이익	12				1	

재무 상태 〈단위 : 억원〉
항목	2011	2012	2013	2014	2015	2016
총자산		36	48	116	186	473
유형자산		1	1	2	3	2
무형자산		0	0	35	32	28
유가증권		3	10		3	223
총부채		5	5	104	31	18
총차입금		2	2	82	2	—
자본금		7	38	31	114	151
총자본		32	42	12	155	455
지배주주지분		32	42	14	155	455

기업가치 지표
항목	2011	2012	2013	2014	2015	2016
주가(최고/저)(천원)	—/—	—/—	—/—	—/—	—/—	13.3/4.4
PER(최고/저)(배)	0.0/0.0	0.0/0.0	0.0/0.0	0.0/0.0	0.0/0.0	105.4/35.4
PBR(최고/저)(배)	0.0/0.0	0.0/0.0	0.0/0.0	0.0/0.0	0.0/0.0	8.8/2.9
EV/EBITDA(배)	0.0			1.8		93.5
EPS(원)	—	-2,097	59	11	229	126
BPS(원)	—	2,565	618	247	136	1,510
CFPS(원)	—	-30,767	179	82	50	144
DPS(원)	—					
EBITDAPS(원)	—	1,021	194	204	55	142

재무 비율 〈단위 : % 〉
연도	영업이익률	순이익률	부채비율	차입금비율	ROA	ROE	유보율	자기자본비율	EBITDA마진율
2016	17.8	18.2	4.0	0.0	9.4	10.2	202.1	96.1	20.5
2015	33.5	30.2	20.3	1.3	33.6	60.3	36.1	83.1	36.1
2014	13.5	2.0	일부잠식	일부잠식		-39.8	10.5	14.2	18.4
2013	36.5	33.4	13.0	4.7	26.6	30.2	23.7	88.5	38.1

민앤지 (A214180)
Minwise

업　　종 : IT 서비스	시　　장 : KOSDAQ
신용등급 : (Bond) —　　(CP) —	기업규모 : 중견
홈페이지 : www.minwise.co.kr	연 락 처 : 02)929-4463
본　　사 : 서울시 강남구 테헤란로34길 6 태광타워1 13층	

설 립 일	2009.03.25	종업원수	64명	대표이사	이경민
상 장 일	2015.06.30	감사의견	적정 (삼일)	계　　열	
결 산 기	12월	보 통 주	1,189만주	종속회사수	
액 면 가	500원	우 선 주	159만주	구 상 호	

주주구성 (지분율,%)		출자관계 (지분율,%)		주요경쟁사 (외형,%)	
이경민	26.9	더넥스트씨	55.1	민앤지	100
스틱팬아시아테크놀로지펀드	4.7	제이앤피게임즈	55.0	아이오케이	33
(외국인)	11.2	크라이오메가프로젝트1호조합	50.0	브리지텍	136

매출구성		비용구성		수출비중	
휴대폰번호도용방지	78.6	매출원가율	0.0	수출	0.0
로그인플러스	17.2	판관비율	61.0	내수	100.0
간편결제매니저	2.7				

회사 개요
동사는 2009년 3월 설립되어 개인정보 보안 관련 서비스로 휴대폰번호도용방지서비스와 로그인플러스 서비스를 제공. 개인정보 불법 도용의 피해를 차단하는 사업을 주력으로 영위하고 있으며 이 외에 금융정보기술 융합형 사업(간편결제매니저), 오피스솔루션사업(에스메모) 등의 서비스를 제공하고 있음. 또한 라이프솔루션사업(주식투자노트, 공공정보활용사업=등기사건알림 제공서비스)이 런칭하여 서비스를 제공 중에 있음.

실적 분석
동사의 2016년 결산 연결기준 매출액은 406.9억원으로 전년 동기 대비 52.8% 증가함. 매출 증가에 따라 판관비도 전년 동기 대비 58.9% 증가. 영업이익은 전년 동기 대비 44.2% 증가한 158.6억원을 시현, 당기순이익 또한 전년 동기 대비 30.2% 증가한 114.6억원을 기록. 동사의 산업은 외부 인프라 측면에서 인터넷과 이동통신기기의 발달과 동반성장이 필연적인 모바일 비즈니스로 앞으로도 호실적이 기대됨.

현금 흐름 〈단위 : 억원〉
항목	2015	2016
영업활동	113	143
투자활동	-102	-330
재무활동	214	230
순현금흐름	225	43
기말현금	295	339

결산 실적 〈단위 : 억원〉
항목	2011	2012	2013	2014	2015	2016
매출액	—	—	102	177	266	407
영업이익	—	—	23	60	110	159
당기순이익	—	—	20	53	88	115

분기 실적 〈단위 : 억원〉
항목	2015.3Q	2015.4Q	2016.1Q	2016.2Q	2016.3Q	2016.4Q
매출액	67				91	
영업이익	26				39	
당기순이익	23				31	

재무 상태 〈단위 : 억원〉
항목	2011	2012	2013	2014	2015	2016
총자산			114	183	509	1,608
유형자산			2	5	6	84
무형자산			5	16	50	727
유가증권			1	1	4	147
총부채			59	74	39	436
총차입금			50	55	—	51
자본금			3	20	29	34
총자본			56	109	470	1,172
지배주주지분			56	109	470	770

기업가치 지표
항목	2011	2012	2013	2014	2015	2016
주가(최고/저)(천원)	—/—	—/—	—/—	—/—	43.7/30.2	34.4/26.5
PER(최고/저)(배)	0.0/0.0	0.0/0.0	0.0/0.0	0.0/0.0	26.9/18.6	19.1/14.7
PBR(최고/저)(배)	0.0/0.0	0.0/0.0	0.0/0.0	0.0/0.0	5.2/3.6	2.8/2.2
EV/EBITDA(배)	0.0			0.0	12.9	9.9
EPS(원)	—	—	214	550	835	916
BPS(원)	—	—	9,261	2,276	8,581	12,504
CFPS(원)	—	—	3,606	1,156	1,770	2,102
DPS(원)	—	—			350	450
EBITDAPS(원)	—	—	4,035	1,311	2,188	2,903

재무 비율 〈단위 : % 〉
연도	영업이익률	순이익률	부채비율	차입금비율	ROA	ROE	유보율	자기자본비율	EBITDA마진율
2016	39.0	28.2	37.2	4.4	10.8	17.8	2,400.8	72.9	43.0
2015	41.3	33.1	8.3	0.0	25.5	30.4	1,616.1	92.3	43.3
2014	34.1	29.9	67.5	50.0	35.6	64.1	446.2	59.7	35.6
2013	22.3	19.8	105.8	89.2	0.0	0.0	2,122.6	48.6	23.4

바디텍메드 (A206640)
Boditech Med

업 종 : 의료 장비 및 서비스　　시 장 : KOSDAQ
신용등급 : (Bond) —　　(CP) —　　기업규모 : 벤처
홈페이지 : www.boditech.co.kr　　연 락 처 : 033)243-1400
본 사 : 강원도 춘천시 동내면 거두단지 1길 43

설 립 일	2014.09.30	종 업 원 수	296명	대 표 이 사	최의열
상 장 일	2014.12.29	감 사 의 견	적정 (안진)	계　　　열	
결 산 기	12월	보 통 주	2,329만주	종속회사수	
액 면 가	1,000원	우 선 주		구 상 호	엔에이치스팩2호

주주구성 (지분율,%)		출자관계 (지분율,%)		주요경쟁사 (외형,%)	
최의열	23.4	한국디지털병원수출사업협동조합	36.5	바디텍메드	100
김재학	8.4	팍스젠바이오	17.3	차바이오텍	817
(외국인)	2.3	라메디텍	15.0	인바디	145

매출구성		비용구성		수출비중	
면역진단카트리지	89.5	매출원가율	37.2	수출	98.0
면역진단기기	7.3	판관비율	40.2	내수	2.0
기타	2.7				

회사 개요
1998년 설립된 동사는 체외진단 중 현장진단 검사(POCT) 분야에 특화된 제조 및 판매사로 5종의 체외진단기기와 29종의 진단시약을 제조, 판매 중. 전체 매출의 60% 이상을 중국 시장에 올리고 있는 동사는 2012년 이후 중국 반응성 단백질(CRP) 시장에서 점유율 1위를 유지하고 있음. 후발 주자와의 격차를 벌이기 위하여 연구개발 경쟁력과 영업력을 갖춘 중국 기업을 인수합병할 계획을 가지고 있음.

실적 분석
바디텍메드 본사의 신규 진단기기 및 진단시약 출시로 인한 신제품 매출 증가와 미국 Immunostics사의 인수로 인한 북미 지역 매출 증대효과로 동사의 2016년 매출은 550억원 기록하며 전년대비 38% 증가함. 미국 Immunostics사 인수관련 비용, 중국 광서공장 설립비용, FDA 인허가 신청비용의 증가로 전년대비 판관비가 55%증가하여 영업이익은 작년수준인 124억원을 시현하고 123억원의 당기순이익을 기록하며 흑자전환함.

현금 흐름　〈단위 : 억원〉

항목	2015	2016
영업활동	96	118
투자활동	-30	-166
재무활동	16	14
순현금흐름	82	-34
기말현금	164	130

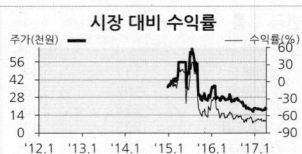

시장 대비 수익률

결산 실적　〈단위 : 억원〉

항목	2011	2012	2013	2014	2015	2016
매출액	109	181	230	307	398	550
영업이익	15	56	55	89	124	124
당기순이익	13	55	54	86	-20	123

분기 실적　〈단위 : 억원〉

항목	2015.3Q	2015.4Q	2016.1Q	2016.2Q	2016.3Q	2016.4Q
매출액	111	102	101	157	149	142
영업이익	40	31	26	43	40	16
당기순이익	-37	-29	31	37	34	21

재무 상태　〈단위 : 억원〉

항목	2011	2012	2013	2014	2015	2016
총자산	131	201	418	485	717	908
유형자산	33	39	97	117	197	254
무형자산	5	5	13	18	27	207
유가증권	11	6		0	15	16
총부채	47	23	111	77	122	133
총차입금	26	—	78	24	56	33
자본금	33	35	36	205	210	212
총자본	84	178	307	408	595	775
지배주주지분	84	178	306	406	594	752

기업가치 지표

항목	2011	2012	2013	2014	2015	2016
주가(최고/저)(천원)	—/—	—/—	—/—	39.8/39.8	76.2/26.5	40.8/25.7
PER(최고/저)(배)	0.0/0.0	0.0/0.0	0.0/0.0	95.2/95.2	—/—	68.8/31.0
PBR(최고/저)(배)	0.0/0.0	0.0/0.0	0.0/0.0	20.2/20.2	26.7/9.3	11.1/5.0
EV/EBITDA(배)					54.4	28.9
EPS(원)	63	265	253	383	-85	543
BPS(원)	1,257	2,558	4,143	5,537	288	3,696
CFPS(원)	299	926	894	1,330	-2	712
DPS(원)						100
EBITDAPS(원)	333	944	905	1,370	67	701

재무 비율　〈단위 : % 〉

연도	영업이익률	순이익률	부채비율	차입금비율	ROA	ROE	유보율	자기자본비율	EBITDA마진율
2016	22.5	22.4	17.2	4.3	15.2	18.8	269.6	85.4	27.0
2015	31.1	-5.0	20.5	9.4	-3.3	-3.9	187.8	83.0	35.1
2014	29.1	28.0	19.0	5.8	19.0	24.3	102.8	84.1	33.1
2013	23.9	23.4	36.2	25.4	—	—	744.1	73.4	27.8

바른손 (A018700)
Barunson

업 종 : 호텔 및 레저　　시 장 : KOSDAQ
신용등급 : (Bond) —　　(CP) —　　기업규모 : 중견
홈페이지 : www.barunson.co.kr　　연 락 처 : 02)585-0771
본 사 : 경기도 성남시 분당구 판교로 253, 201호(삼평동, 이노밸리A동)

설 립 일	1985.12.27	종 업 원 수	42명	대 표 이 사	이상민
상 장 일	1994.03.18	감 사 의 견	적정 (선진)	계　　　열	
결 산 기	03월	보 통 주	1,390만주	종속회사수	4개사
액 면 가	1,000원	우 선 주		구 상 호	

주주구성 (지분율,%)		출자관계 (지분율,%)		주요경쟁사 (외형,%)	
바른손이앤에이	20.2	바른손누보	82.6	바른손	100
다날	4.0	바른손크리에이티브	64.0	현대그린푸드	15,228
		바른손홈쿡	57.3	MPK	913

매출구성		비용구성		수출비중	
외식사업부(베니건스)	88.6	매출원가율	57.3	수출	0.0
영화외 기타사업부	11.5	판관비율	53.5	내수	100.0

회사 개요
동사는 지난 28년간 다품종의 문구 및 생활제품을 생산하여 온오프라인으로 판매하고 있으며 각종 캐릭터 제품의 개발, 엔터테인먼트, 영화사업을 통해 복합문화 사업을 영위하고 있음. 지난 2010년 라이즈온을 합병하여 베니건스의 브랜드로 서양식 레스토랑 사업에 진출함. 각 사업부별 매출비중은 지난해 상반기 기준 외식사업부문 53.3%, 영화사업부문이 46.7%를 차지함. 2015년보다 외식사업 비중이 줄고 영화사업 비중이 증가함.

실적 분석
3월 결산법인인 동사의 2016년 3분기 연결기준 누적매출액은 45.9억원으로 전년동기 대비 68.3% 감소하였음. 급격한 외형 축소 여파로 영업손실 21.6억원을 기록하며 적자규모 크게 확대되었음. 다만, 비영업손익의 개선으로 순손실 규모는 지난해 대비 축소된 4억원을 시현함. 영화사업부의 양호한 성장과 소비경기 개선에 따른 외식 수요 증가가 기대되나, 외식사업부의 경쟁력 저하로 외형 회복은 다소 제한적일 것으로 보임.

현금 흐름　〈단위 : 억원〉

항목	2015	2016.3Q
영업활동	-29	-64
투자활동	59	102
재무활동	-26	136
순현금흐름	3	178
기말현금	7	185

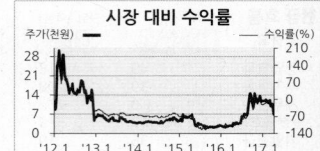

시장 대비 수익률

결산 실적　〈단위 : 억원〉

항목	2011	2012	2013	2014	2015	2016
매출액	772	642	367	293	166	—
영업이익	-88	-129	-74	-103	-18	—
당기순이익	-127	-158	-113	-203	83	—

분기 실적　〈단위 : 억원〉

항목	2015.2Q	2015.3Q	2015.4Q	2016.1Q	2016.2Q	2016.3Q
매출액	70	36	21	24	12	13
영업이익	0	-5	-13	-3	-13	-8
당기순이익	-3	-8	100	26	-11	-19

재무 상태　〈단위 : 억원〉

항목	2011	2012	2013	2014	2015	2016.3Q
총자산	720	602	552	267	290	414
유형자산	118	106	88	46	17	13
무형자산	22	13	8	6	1	24
유가증권	64	60	57	22	188	139
총부채	319	310	301	184	103	46
총차입금	139	166	100	56	32	8
자본금	235	255	317	334	115	139
총자본	401	292	252	83	188	368
지배주주지분	408	307	270	104	210	391

기업가치 지표

항목	2011	2012	2013	2014	2015	2016.3Q
주가(최고/저)(천원)	36.9/3.2	27.8/4.8	6.8/3.7	6.9/3.7	7.9/1.8	15.1/2.6
PER(최고/저)(배)	—/—	—/—	—/—	—/—	10.5/2.4	—/—
PBR(최고/저)(배)	7.1/0.6	7.7/1.3	2.6/1.4	7.2/3.9	4.3/1.0	5.3/0.9
EV/EBITDA(배)						—/—
EPS(원)	-1,669	-1,796	-1,196	-1,815	748	13
BPS(원)	1,744	1,213	857	317	1,843	2,825
CFPS(원)	-362	-467	-283	-524	846	62
DPS(원)						
EBITDAPS(원)	-218	-384	-146	-236	-61	-127

재무 비율　〈단위 : % 〉

연도	영업이익률	순이익률	부채비율	차입금비율	ROA	ROE	유보율	자기자본비율	EBITDA마진율
2015	-10.8	50.4	54.8	17.1	29.9	54.0	84.4	64.6	-4.2
2014	-35.3	-69.5	일부잠식	일부잠식	-49.7	-105.7	31.0	31.0	-26.3
2013	-20.1	-30.8	일부잠식	일부잠식	-19.6	-39.0	-14.3	45.6	-11.2
2012	-20.1	-24.7	106.4	57.0	-23.9	-41.9	21.3	48.5	-15.0

바른손이앤에이 (A035620)
Barunson Entertainment & Arts

업 종	게임 소프트웨어	시 장	KOSDAQ
신용등급	(Bond) — (CP) —	기업규모	중견
홈페이지	www.barunsonena.com	연락처	070)7609-1404
본 사	서울시 강남구 봉은사로 509 수당빌딩4층		

설립일	1996.12.20	종업원수	34명	대표이사	윤용기
상장일	1999.08.13	감사의견	적정(대주)	계 열	
결산기	12월	보통주	6,738만주	종속회사수	
액면가	500원	우선주		구상호	바른손게임즈

주주구성 (지분율,%)		출자관계 (지분율,%)		주요경쟁사 (외형,%)	
문양권	20.7	투썸게임스	76.4	바른손이앤에이	100
다날	5.8	스튜디오8	59.8	액토즈소프트	174
(외국인)	0.9	영화사버들	40.0	액션스퀘어	10

매출구성		비용구성		수출비중	
모바일 게임 (히트 등)	72.4	매출원가율	0.0	수출	30.9
영화 제작	19.0	판관비율	64.0	내수	69.1
로열티 수입(라스트카오스)	4.9				

회사 개요
2010년 6월 엔터테인먼트사업부를 분할하여 현재는 온라인 및 모바일게임을 개발, 배급하는 사업을 영위하고 있음. 매출 구성은 2015년 11월 출시한 모바일 게임 '히트'가 72.37%로 가장 크고, 라스트카오스 4.86%, 라그하임 3.26% 등임. 라스트카오스는 지난 2월 국내 서비스가 종료됨. 최근에는 빠르게 변화하는 게임 시장의 트렌드에 맞춰 신규 성장 동력으로 각광받는 스마트폰 기반 모바일 게임 개발에 집중하고 있음.

실적 분석
동사 2016년 결산기준 누적 매출액은 전년동기대비 165%이상 크게 성장하여 416.5억원을 달성하였음. 성장한 매출액만큼 광고선전비, 관리비, 인건비 등이 크게 올라갔으나 매출 성장에 힘입어 영업이익은 전년동기대비 293.8% 성장한 149.8억원을 달성함. 현재 매출을 견인하는 HIT의 꾸준한 성장뿐 아니라 차기작 준비, 가상현실에 기반한 콘텐츠 개발 등으로 지속적인 수익 성장을 견인할 예정임.

현금 흐름 〈단위 : 억원〉

항목	2015	2016
영업활동	-18	173
투자활동	-91	-146
재무활동	98	137
순현금흐름	-12	147
기말현금	6	153

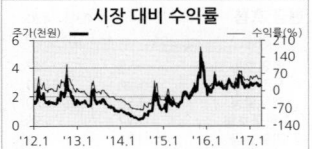
시장 대비 수익률

결산 실적 〈단위 : 억원〉

항목	2011	2012	2013	2014	2015	2016
매출액	100	65	41	21	157	417
영업이익	23	-27	-51	-68	38	150
당기순이익	-6	64	-82	-240	-5	334

분기 실적 〈단위 : 억원〉

항목	2015.3Q	2015.4Q	2016.1Q	2016.2Q	2016.3Q	2016.4Q
매출액	13	135	125	67	100	125
영업이익	-12	84	35	11	43	60
당기순이익	-22	79	26	244	55	9

재무 상태 〈단위 : 억원〉

항목	2011	2012	2013	2014	2015	2016
총자산	346	415	437	344	478	688
유형자산	6	31	50	35	20	26
무형자산	149	180	191	138	253	262
유가증권	13	30	26	30	3	5
총부채	131	99	177	137	183	235
총차입금	53	19	91	69	110	145
자본금	149	166	171	304	330	335
총자본	215	316	261	207	295	452
지배주주지분	203	286	235	187	246	327

기업가치 지표

항목	2011	2012	2013	2014	2015	2016
주가(최고/저)(천원)	2.3/1.3	4.0/1.4	2.5/0.9	2.5/0.4	5.2/1.0	3.9/2.1
PER(최고/저)(배)	—/—	32.2/11.6	—/—	—/—	—/—	9.0/4.9
PBR(최고/저)(배)	3.4/1.9	4.9/1.8	3.8/1.4	6.8/1.2	12.3/2.3	7.2/3.9
EV/EBITDA(배)	13.9	—	—	—	43.9	11.8
EPS(원)	-1	123	-194	-497	-48	426
BPS(원)	786	958	779	359	419	535
CFPS(원)	32	176	-177	-476	-39	442
DPS(원)						
EBITDAPS(원)	113	-54	-100	-124	67	241

재무 비율 〈단위 : % 〉

연도	영업이익률	순이익률	부채비율	차입금비율	ROA	ROE	유보율	자기자본비율	EBITDA마진율
2016	36.0	80.3	52.1	32.1	57.3	99.0	7.0	65.8	38.5
2015	24.2	-2.9	일부잠식	일부잠식	-1.1	-14.5	-16.2	61.7	27.9
2014	-325.3	-1,141.3	일부잠식	일부잠식	-61.5	-111.0	-28.3	60.1	-277.8
2013	-126.3	-200.3	67.8	34.9	-19.1	-29.7	55.8	59.6	-82.8

바른전자 (A064520)
Barun Electronics

업 종	반도체 및 관련장비	시 장	KOSDAQ
신용등급	(Bond) — (CP) —	기업규모	우량
홈페이지	www.bec.co.kr	연락처	031)8020-6000
본 사	경기도 화성시 동탄면 경기동로 548		

설립일	1998.02.17	종업원수	405명	대표이사	김태섭
상장일	2002.12.04	감사의견	적정(현대)	계 열	
결산기	12월	보통주	6,488만주	종속회사수	
액면가	500원	우선주		구상호	

주주구성 (지분율,%)		출자관계 (지분율,%)		주요경쟁사 (외형,%)	
김태섭	5.5	바른테크놀로지	3.4	바른전자	100
케이디씨	4.2	바른전자강소유한공사	100.0	피에스케이	68
(외국인)	0.6			덕산하이메탈	18

매출구성		비용구성		수출비중	
반도체 Sensor, 메모리카드, COB USB	98.5	매출원가율	92.7	수출	81.2
LCD/LED TV 관련 Module	1.5	판관비율	6.3	내수	18.8

회사 개요
동사는 1998년 설립된 종합반도체 전문업체로서 반도체 후공정 제조부문인 SIP(system in a package)사업과 비메모리 반도체 영업 마케팅 부문인 Solutions사업을 주요사업으로 영위하고 있음. 특히 SIP 사업부문의 제조기술과 Solutions 사업부문의 글로벌 마케팅 능력간 시너지 발생이 가능하다는 측면에서 경쟁력을 보유함. 이외에 종속회사로는 반도체 유통을 담당하는 바른전자홍콩이 있음.

실적 분석
동사의 2016년 누적 매출액은 2,416억원으로 전년대비 7.2% 증가함. 하지만 주요 원자재가격 상승 및 신제품 출시 초기비용 증가로 인하여 매출원가와 판매비와 관리비가 전년대비 각각 8.7%, 10.7% 증가하면서 매출총이익이 177.1억원으로 8.9% 감소함. 영업이익은 24.1억원을 시현하여 전년대비 57% 감소하고 당기순이익은 61.3% 감소한 16.6억원을 기록함.

현금 흐름 〈단위 : 억원〉

항목	2015	2016
영업활동	95	-107
투자활동	-103	-21
재무활동	118	78
순현금흐름	110	-49
기말현금	145	96

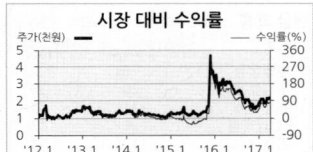
시장 대비 수익률

결산 실적 〈단위 : 억원〉

항목	2011	2012	2013	2014	2015	2016
매출액	2,026	2,091	2,320	1,986	2,255	2,416
영업이익	-28	101	75	95	56	24
당기순이익	-318	-73	30	11	43	17

분기 실적 〈단위 : 억원〉

항목	2015.3Q	2015.4Q	2016.1Q	2016.2Q	2016.3Q	2016.4Q
매출액	573	491	531	609	616	660
영업이익	16	17	5	10	6	3
당기순이익	11	25	3	5	-6	15

재무 상태 〈단위 : 억원〉

항목	2011	2012	2013	2014	2015	2016
총자산	1,109	905	1,005	1,061	1,224	1,248
유형자산	343	352	368	399	396	384
무형자산	44	14	15	20	21	27
유가증권	96	25	24	11	22	17
총부채	855	715	785	743	654	602
총차입금	507	529	548	483	404	420
자본금	178	178	178	199	291	324
총자본	255	190	220	318	570	646
지배주주지분	255	190	220	318	570	646

기업가치 지표

항목	2011	2012	2013	2014	2015	2016
주가(최고/저)(천원)	2.4/0.8	1.7/0.9	1.8/1.1	1.5/1.0	5.2/1.1	3.9/1.4
PER(최고/저)(배)	—/—	—/—	21.1/12.9	50.1/33.2	60.9/13.1	152.5/56.1
PBR(최고/저)(배)	3.4/1.1	3.2/1.7	2.9/1.8	1.9/1.3	5.3/1.1	4.0/1.5
EV/EBITDA(배)	71.0	6.1	7.1	5.4	16.9	15.6
EPS(원)	-1,093	-204	84	30	85	26
BPS(원)	716	534	620	799	980	996
CFPS(원)	-961	-60	249	203	217	121
DPS(원)						
EBITDAPS(원)	36	428	375	425	243	133

재무 비율 〈단위 : % 〉

연도	영업이익률	순이익률	부채비율	차입금비율	ROA	ROE	유보율	자기자본비율	EBITDA마진율
2016	1.0	0.7	93.2	65.0	1.4	2.7	99.1	51.8	3.5
2015	2.5	1.9	114.7	70.8	3.8	9.7	96.1	46.6	5.5
2014	4.8	0.6	233.5	151.9	1.1	4.3	59.8	30.0	8.1
2013	3.2	1.3	356.0	248.6	3.1	14.6	24.0	21.9	5.8

바른테크놀로지 (A029480)
BARUN Technology

업　　종 : IT 서비스		시　　장 : KOSDAQ	
신용등급 : (Bond) ― 　(CP) ―		기업규모 : 중견	
홈페이지 : www.baruntechnology.co.kr		연 락 처 : 02)3459-0500	
본　　사 : 서울시 강남구 강남대로 262, 18층(도곡동, 캠코양재타워)			

설 립 일 1972.07.25	종 업 원 수 110명	대 표 이 사 김동섭
상 장 일 1996.08.27	감 사 의 견 적정 (광교)	계　　　　열
결 산 기 12월	보 통 주 2,320만주	종 속 회 사 수
액 면 가 500원	우 선 주 ―	구 상 호 케이디씨

주주구성 (지분율,%)		출자관계 (지분율,%)		주요경쟁사 (외형,%)	
케이디씨네트웍스	3.9	아이스테이션	21.0	바른테크놀로지	100
바른전자	3.4	캄텔코리아	8.6	쌍용정보통신	831
(외국인)	1.9	디지프렌즈	8.3	케이엘넷	133

매출구성		비용구성		수출비중	
제품매출	46.2	매출원가율	82.3	수출	0.0
유지보수	28.4	판관비율	12.8	내수	100.0
장비임대	24.6				

회사 개요
동사는 3D 입체영상사업을 영위하는 업체로 극장용 디지털입체영상시스템 및 편광안경, 무안경식 3D 패널, 디지털스페이스사업 등을 주요 사업으로 하고 있으며, NI(Network Integration)/ SI(System Integration) 사업의 Network Consulting, 기획, 설계, 구축, 감리, 유지보수 등을 제공하고 있음. 리어스코프를 연결대상 종속회사로 보유 중임.

실적 분석
동사의 2016년 연결기준 연간 누적 매출액은 264.3억원으로 전년 동기 대비 49.8% 큰 폭으로 증가함. 매출이 늘면서 매출원가는 늘었지만 판매비와 관리비는 오히려 감소하면서 영업이익은 12.9억원으로 흑자 전환에 성공함. 비영업손익 부문에서 적자가 지속됐지만 적자 규모가 줄어 당기순이익은 1억원으로 흑자 전환에 성공함. 매출이 큰 폭 늘면서 수익성이 개선되고 있는 상황임.

현금 흐름　*IFRS 별도 기준　〈단위 : 억원〉

항목	2015	2016
영업활동	-6	2
투자활동	20	-30
재무활동	-21	71
순현금흐름	-6	42
기말현금	12	54

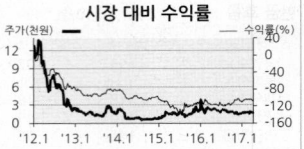
시장 대비 수익률

결산 실적　〈단위 : 억원〉

항목	2011	2012	2013	2014	2015	2016
매출액	503	412	205	384	176	264
영업이익	-73	-58	-139	14	-6	13
당기순이익	-526	-107	-287	-9	-27	1

분기 실적　*IFRS 별도 기준　〈단위 : 억원〉

항목	2015.3Q	2015.4Q	2016.1Q	2016.2Q	2016.3Q	2016.4Q
매출액	44	68	64	57	67	77
영업이익	-1	3	3	3	3	4
당기순이익	0	-4	3	3	0	-3

재무 상태　*IFRS 별도 기준　〈단위 : 억원〉

항목	2011	2012	2013	2014	2015	2016
총자산	858	602	354	279	211	291
유형자산	175	123	110	87	81	81
무형자산	12	8	2	2	2	1
유가증권	37	133	53	37	23	15
총부채	365	236	266	194	134	210
총차입금	232	170	150	117	75	144
자본금	627	65	94	94	113	113
총자본	493	365	88	85	77	81
지배주주지분	493	365	88	85	77	81

기업가치 지표　*IFRS 별도 기준

항목	2011	2012	2013	2014	2015	2016
주가(최고/저)(천원)	41.0/11.2	15.7/1.7	3.2/1.1	2.6/0.6	2.8/0.8	4.0/1.4
PER(최고/저)(배)	―/―	―/―	―/―	―/―	―/―	948.3/330.3
PBR(최고/저)(배)	10.1/2.8	5.3/0.6	5.7/2.0	5.5/1.2	7.9/2.2	11.0/3.8
EV/EBITDA(배)	―	―	―	8.3	282.9	23.0
EPS(원)	-5,859	-1,178	-1,853	-46	-121	4
BPS(원)	407	2,960	560	461	352	365
CFPS(원)	-557	-963	-1,710	31	-85	30
DPS(원)	―	―	―	―	―	―
EBITDAPS(원)	-51	-223	-754	152	9	84

재무 비율　〈단위 : % 〉

연도	영업이익률	순이익률	부채비율	차입금비율	ROA	ROE	유보율	자기자본비율	EBITDA마진율
2016	4.9	0.4	일부잠식	일부잠식	0.4	1.2	-26.9	27.7	7.1
2015	-3.5	-15.5	일부잠식	일부잠식	-11.1	-33.6	-29.7	36.7	1.1
2014	3.7	-2.2	일부잠식	일부잠식	-2.7	-9.9	-7.8	30.5	7.5
2013	-67.7	-139.9	일부잠식	일부잠식	-63.0	-150.0	12.0	24.8	-56.9

바이넥스 (A053030)
BinexCo

업　　종 : 제약		시　　장 : KOSDAQ	
신용등급 : (Bond) ― 　(CP) ―		기업규모 : 중견	
홈페이지 : www.bi-nex.com		연 락 처 : 051)790-4403	
본　　사 : 부산시 사하구 다대로 368-3			

설 립 일 1985.06.05	종 업 원 수 377명	대 표 이 사 이혁종
상 장 일 2001.08.07	감 사 의 견 적정 (삼덕)	계　　　　열
결 산 기 12월	보 통 주 3,131만주	종 속 회 사 수
액 면 가 500원	우 선 주 ―	구 상 호

주주구성 (지분율,%)		출자관계 (지분율,%)		주요경쟁사 (외형,%)	
바이넥스홀딩스	8.7	라이노스자산운용	55.0	바이넥스	100
(앵커에쿼티파트너스에쿼티세컨드코리아리미티드등임의지분포함)		바이젠	50.0	JW홀딩스	842
바른전자	3.8	제넨메드	23.4	아미코젠	85
(외국인)	3.4				

매출구성		비용구성		수출비중	
기타	33.7	매출원가율	65.6	수출	4.6
바이오의약품 위탁생산	31.7	판관비율	39.5	내수	95.4
점안제	15.5				

회사 개요
동사는 의약품 생산 및 생산품의 판매, 최근 제약산업의 신성장동력으로 주목을 받고 있는 바이오의약품의 연구개발, 바이오의약품 생산대행을 하는 CDMO 사업을 주된 목적사업으로 영위. 따라서 동사의 사업영역은 의약품 제조 및 판매 사업부문과 바이오의약품의 위탁생산 및 연구개발 위탁 사업, 세포조직공학연구소를 기반으로한 셀뱅크 사업의 세 부문으로 구분할 수 있으며, 의약품 제조 및 판매 사업부문의 매출이 약 70%를 차지함.

실적 분석
2016년 결산 매출액은 주력 사업부문에서 양호한 성장세를 시현하며 전년동기 대비 14.4% 증가한 813.6억원을 기록하였으나, 급격한 원가율 상승 여파로 41.2억원의 영업손실 시현하며 적자 전환된 모습. 반면, 비영업수지 개선된 영향으로 당기순이익은 전년동기 대비 손실폭 축소된 47.2억원의 순손실 시현함. 바이오부문의 시장 확대를 위해 바이오시밀러 시장 진출 및 바이오 의약품 기술 개발에 역량을 집중하고 있음.

현금 흐름　〈단위 : 억원〉

항목	2015	2016
영업활동	-56	47
투자활동	-620	-124
재무활동	558	20
순현금흐름	-117	-56
기말현금	121	65

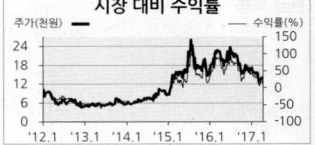
시장 대비 수익률

결산 실적　〈단위 : 억원〉

항목	2011	2012	2013	2014	2015	2016
매출액	535	548	595	599	711	814
영업이익	36	-1	-41	24	61	-41
당기순이익	33	-81	-26	104	-68	-47

분기 실적　〈단위 : 억원〉

항목	2015.3Q	2015.4Q	2016.1Q	2016.2Q	2016.3Q	2016.4Q
매출액	188	204	206	181	215	211
영업이익	23	24	6	-26	-5	-16
당기순이익	14	-90	2	-27	-6	-16

재무 상태　〈단위 : 억원〉

항목	2011	2012	2013	2014	2015	2016
총자산	1,007	1,438	1,233	1,302	1,808	1,789
유형자산	307	302	305	310	933	939
무형자산	188	328	293	253	174	123
유가증권	95	140	124	36	12	119
총부채	301	520	244	171	322	344
총차입금	170	417	166	104	240	266
자본금	94	119	124	133	155	156
총자본	706	918	990	1,131	1,486	1,445
지배주주지분	686	898	983	1,131	1,486	1,432

기업가치 지표

항목	2011	2012	2013	2014	2015	2016
주가(최고/저)(천원)	9.7/3.6	10.6/4.5	8.4/4.6	10.8/5.4	26.1/8.4	24.0/15.1
PER(최고/저)(배)	53.5/19.7	―/―	―/―	26.8/13.5	―/―	―/―
PBR(최고/저)(배)	2.6/1.0	2.8/1.2	2.2/1.2	2.5/1.3	5.4/1.7	5.1/3.2
EV/EBITDA(배)	28.6	35.6	81.9	24.5	41.1	138.1
EPS(원)	181	-352	-100	402	-228	-154
BPS(원)	3,765	3,842	3,901	4,340	4,845	4,715
CFPS(원)	326	-176	144	642	-16	106
DPS(원)	―	―	―	―	―	―
EBITDAPS(원)	338	171	76	332	416	127

재무 비율　〈단위 : % 〉

연도	영업이익률	순이익률	부채비율	차입금비율	ROA	ROE	유보율	자기자본비율	EBITDA마진율
2016	-5.1	-5.8	23.8	18.5	-2.6	-3.3	843.1	80.8	4.9
2015	8.5	-9.6	21.7	16.1	-4.4	-5.2	869.0	82.2	17.4
2014	3.9	17.3	15.2	9.2	8.2	9.8	767.9	86.8	14.3
2013	-6.9	-4.3	24.6	16.8	-1.9	-2.6	680.1	80.3	3.1

바이로메드 (A084990)
ViroMed

업 종 : 바이오		시 장 : KOSDAQ	
신용등급 : (Bond) — (CP) —		기업규모 : 신성장	
홈 페 이 지 : www.viromed.co.kr		연 락 처 : 02)2102-7200	
본 사 : 서울시 관악구 관악로1 서울대학교 자연과학대학 기초과학연구동 203동			

설 립 일	1996.11.21	종 업 원 수	55명	대 표 이 사	김용수
상 장 일	2005.12.29	감 사 의 견	적정 (이정)	계 열	
결 산 기	12월	보 통 주	1,596만주	종속회사수	
액 면 가	500원	우 선 주		구 상 호	

주주구성 (지분율,%)		출자관계 (지분율,%)		주요경쟁사 (외형,%)	
김선영	10.8			바이로메드	100
미래에셋자산운용투자자문	4.4			셀트리온	9,798
(외국인)	3.6			제넥신	166

매출구성		비용구성		수출비중	
VM202	41.9	매출원가율	7.9	수출	1.4
기타	18.5	판관비율	87.6	내수	98.6
PG201	18.2				

회사 개요

1996년 서울대학교 최초 학내 벤처 기업으로 설립된 동사는 유전자 기반 바이오의약품과 천연물 신약 개발을 목표로 하고 있음. 현재까지 건강기능식품 매출과 신약 후보 물질의 조기 기술 수출을 통하여 신약 개발 관련 비용을 충당해 오고 있음. 현재 임상 2상을 진행 중인 VM202 등의 임상 결과가 올해는 가시화되어 기술이전 논의가 활발히 이루어질 것으로 보여짐. 그외 바이오베터, 천연물신약도 다양한 파이프라인을 보유하고 있음.

실적 분석

동사의 2016년 누적매출액은 68.4억원으로 전년 대비 11.1% 감소함. 영업이익은 3억원으로 전년보다 71.7% 줄었으나, 비영업손익이 2.5억원으로 흑자전환하면서 당기순이익은 전년 대비 114% 증가한 5.5억원을 기록함. 바이오의약품 사업의 경우 승인된 제품은 없으나 혈소판감소증 치료제, 항암 유전자 치료제 등 다수의 임상개발단계 제품을 보유하고 있으며, 향후 기술료 수입과 연구용역 수입으로 매출 증대가 기대됨.

현금 흐름 *IFRS 별도 기준   〈단위 : 억원〉

항목	2015	2016
영업활동	11	-3
투자활동	-7	-1,515
재무활동	-1	1,566
순현금흐름	3	50
기말현금	10	60

시장 대비 수익률

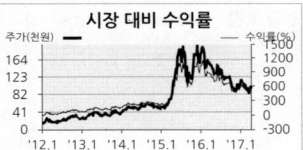

결산 실적   〈단위 : 억원〉

항목	2011	2012	2013	2014	2015	2016
매출액	38	39	57	61	77	68
영업이익	-31	-17	4	2	11	3
당기순이익	-101	-46	3	2	3	6

분기 실적 *IFRS 별도 기준   〈단위 : 억원〉

항목	2015.3Q	2015.4Q	2016.1Q	2016.2Q	2016.3Q	2016.4Q
매출액	23	39	6	30	17	16
영업이익	7	19	-10	14	1	-1
당기순이익	0	20	-8	16	2	-5

재무 상태 *IFRS 별도 기준   〈단위 : 억원〉

항목	2011	2012	2013	2014	2015	2016
총자산	601	680	696	704	706	2,275
유형자산	9	6	6	5	5	78
무형자산	402	450	491	533	600	749
유가증권	97	91	65	52	24	362
총부채	104	35	27	33	34	71
총차입금	88	21	10	12	10	47
자본금	65	69	71	71	71	80
총자본	498	644	670	671	672	2,204
지배주주지분	498	644	670	671	672	2,204

기업가치 지표 *IFRS 별도 기준

항목	2011	2012	2013	2014	2015	2016
주가(최고/저)(천원)	12.5/5.9	34.3/12.1	43.7/24.6	60.5/38.5	212/47.1	207/87.5
PER(최고/저)(배)	—/—	—/—	2,351.3/1,325.2	5,484.7/3,494.3	11,879.0/2,636.7	5,535.3/2,343.4
PBR(최고/저)(배)	3.0/1.4	7.5/2.7	9.4/5.3	13.0/8.3	45.4/10.1	15.0/6.3
EV/EBITDA(배)			576.9	917.2	1,620.6	2,633.4
EPS(원)	-822	-335	19	11	18	37
BPS(원)	4,246	4,638	4,717	4,724	4,733	13,815
CFPS(원)	-763	-280	59	51	56	58
DPS(원)	—	—	—	—	—	—
EBITDAPS(원)	-182	-63	67	57	113	42

재무 비율   〈단위 : % 〉

연도	영업이익률	순이익률	부채비율	차입금비율	ROA	ROE	유보율	자기자본비율	EBITDA마진율
2016	4.4	8.0	3.2	2.1	0.4	0.4	2,663.0	96.9	9.0
2015	13.9	3.3	5.1	1.5	0.4	0.4	846.6	95.2	20.9
2014	4.0	2.6	4.9	1.8	0.2	0.2	844.7	95.3	13.1
2013	6.6	4.6	4.0	1.4	0.4	0.4	843.4	96.2	16.5

바이오니아 (A064550)
BIONEER

업 종 : 바이오		시 장 : KOSDAQ	
신용등급 : (Bond) — (CP) —		기업규모 : 신성장	
홈 페 이 지 : www.bioneer.co.kr		연 락 처 : 042)936-8500	
본 사 : 대전시 대덕구 문평서로 8-11			

설 립 일	1992.08.28	종 업 원 수	324명	대 표 이 사	박한오
상 장 일	2005.12.29	감 사 의 견	적정 (우리)	계 열	
결 산 기	12월	보 통 주	1,612만주	종속회사수	
액 면 가	500원	우 선 주		구 상 호	

주주구성 (지분율,%)		출자관계 (지분율,%)		주요경쟁사 (외형,%)	
박한오	21.1			바이오니아	100
유한양행	8.2			이수앱지스	88
(외국인)	2.5			녹십자엠에스	397

매출구성		비용구성		수출비중	
올리고DNA/RNA 및 유전자 시약(제품)	81.5	매출원가율	46.8	수출	24.6
생명공학연구용 장비 및 소모품(상품)	13.4	판관비율	108.7	내수	75.4
유전자분석 및 진단 장비(제품)	5.2				

회사 개요

동사는 1992년 국내 바이오벤처1호로 창업한 이래 연매출액의 30% 이상을 연구개발비로 투자한 유전자 기술전문기업임. 국내 최초로 올리고DNA/RNA와 PCR용 효소를 국산화했음. 올리고DNA/RNA 및 유전자 시약, 분자진단키트가 매출의 84.4%를 차지하고, 유전자 분석 및 진단장비가 2.7%, 생명공학연구용 장비가 12.9%임. DNA 합성 분야에서 기초원료부터 초고속 DNA자동합성 시스템 장비까지 자체 개발해 프로세스를 운영 중임.

실적 분석

동사의 2016년 결산기준 누적 매출액은 전년동기대비 4.2% 상승한 217억원을 기록하였음. 비용면에서 전년동기대비 매출원가는 증가 하였으며 인건비도 증가, 광고선전비는 감소 하였으며 기타판매비와관리비는 증가함. 이와 같이 상승한 매출액 대비 비용증가가 높아 그에 따라 전년동기대비 영업손실은 120.5억원으로 적자지속하였음. 최종적으로 전년동기대비 당기순손실은 적자지속하여 144.2억원을 기록함.

현금 흐름   〈단위 : 억원〉

항목	2015	2016
영업활동	4	-25
투자활동	-31	-83
재무활동	86	-5
순현금흐름	59	-62
기말현금	91	29

시장 대비 수익률

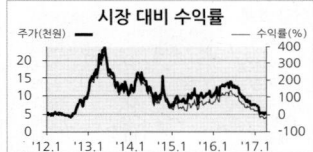

결산 실적   〈단위 : 억원〉

항목	2011	2012	2013	2014	2015	2016
매출액	228	205	239	179	208	217
영업이익	-50	-43	-36	-86	-37	-120
당기순이익	-56	-80	-72	-136	-54	-144

분기 실적 *IFRS 별도 기준   〈단위 : 억원〉

항목	2015.3Q	2015.4Q	2016.1Q	2016.2Q	2016.3Q	2016.4Q
매출액	57	60	45	57	51	65
영업이익	-0	-10	-24	-31	-39	-27
당기순이익	-2	-14	-29	-40	-59	-17

재무 상태   〈단위 : 억원〉

항목	2011	2012	2013	2014	2015	2016
총자산	706	681	699	674	720	637
유형자산	264	239	216	201	189	198
무형자산	155	173	176	191	200	198
유가증권	1	1	1	1	1	1
총부채	328	367	404	372	375	376
총차입금	246	276	297	264	257	249
자본금	63	63	65	70	77	81
총자본	378	314	295	302	345	261
지배주주지분	378	314	295	302	345	261

기업가치 지표

항목	2011	2012	2013	2014	2015	2016
주가(최고/저)(천원)	5.2/2.8	9.7/4.0	24.6/9.8	17.0/7.0	13.7/7.0	14.3/7.4
PER(최고/저)(배)	—/—	—/—	—/—	—/—	—/—	—/—
PBR(최고/저)(배)	1.7/0.9	3.9/1.6	10.8/4.3	7.9/3.2	6.1/3.1	8.8/4.6
EV/EBITDA(배)			289.6			
EPS(원)	-463	-640	-564	-992	-374	-927
BPS(원)	3,018	2,506	2,271	2,155	2,251	1,620
CFPS(원)	-129	-300	-230	-750	-149	-640
DPS(원)	—	—	—	—	—	—
EBITDAPS(원)	-78	-7	46	-390	-29	-488

재무 비율   〈단위 : % 〉

연도	영업이익률	순이익률	부채비율	차입금비율	ROA	ROE	유보율	자기자본비율	EBITDA마진율
2016	-55.5	-66.4	144.0	95.3	-21.3	-47.6	223.9	41.0	-34.9
2015	-17.5	-25.8	108.5	74.5	-7.7	-16.6	350.2	48.0	-2.0
2014	-48.4	-76.0	123.0	87.3	-19.8	-45.4	331.1	44.8	-29.9
2013	-15.3	-29.9	136.8	100.7	-10.4	-23.5	354.2	42.2	2.5

바이오로그디바이스 (A208710)
BIOLOG DEVICE

업　종 : 휴대폰 및 관련부품		시　장 : KOSDAQ	
신용등급 : (Bond) ―　　(CP) ―		기업규모 : 중견	
홈페이지 : www.biologdevice.com		연락처 : 031)831-3696	
본　사 : 경기도 화성시 동탄면 동탄기흥로 64-10,3층			

설　립　일	2014.10.23	종업원수	39명	대표이사	윤형진,이재선
상　장　일	2014.12.24	감사의견	적정 (대주)	계　　열	
결　산　기	12월	보통주	2,740만주	종속회사수	
액　면　가	100원	우선주		구　상　호	교보3호스팩

주주구성 (지분율,%)		출자관계 (지분율,%)		주요경쟁사 (외형,%)	
이재선	14.9	비엘디	100.0	바이오로그디바이스	100
해성옵틱스	9.4	비엔에스코리아	50.0	디지털옵틱	93
(외국인)	0.2	BLDELECTRONICSPHILS.INC.	100.0	온다 엔터테인먼트	58

매출구성		비용구성		수출비중	
OIS	53.1	매출원가율	76.9	수출	99.5
AF	34.0	판관비율	11.7	내수	0.5
ISM	12.9				

회사 개요
동사는 천진보리달전자가 전신으로 2008년에 설립되어, 사업 초기에 모바일 디바이스에 탑재되는 배터리의 PCM SMT를 주로 수행함. ISM 임가공과 VCM 제조 등 카메라 모듈 제품의 풍부한 양산 경험을 바탕으로 신사업 분야 발굴 및 신제품 개발에 투자를 진행하고 있음. 사물인터넷 환경에 기반한 IoT용 소형 휴대용 카메라 및 서비스 플랫폼 개발을 진행하고 있고, 아울러 지문인식센서 개발에도 회사 연구역량을 집중하고 있음.

실적 분석
동사의 2016년 연결기준 연간 매출액은 686.2억원으로 전년대비 52.9% 증가함. AF와 OIS부문이 적용된 스마트폰 모델 증가와 최종 수요고객의 다변화로 해당 품목의 판매가 증가함. 필리핀 생산법인 인수에 따른 거래처 증가와 제품 다양화도 매출 증가에 영향을 미쳤으며, 필리핀과 베트남 지역도 매출이 크게 증가함. 15년에 발생했던 합병비용 미발생으로 비영업손익은 적자폭을 감소하여 순이익은 65.1억원을 시현함.

현금 흐름
<단위 : 억원>

항목	2015	2016
영업활동	137	16
투자활동	20	-98
재무활동	-47	-15
순현금흐름	109	-90
기말현금	114	24

시장 대비 수익률
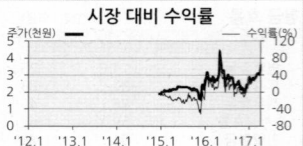

결산 실적
< 단위 : 억원 >

항목	2011	2012	2013	2014	2015	2016
매출액	―	83	401	397	449	686
영업이익	―	17	64	74	57	78
당기순이익	―	14	57	55	35	65

분기 실적
< 단위 : 억원 >

항목	2015.3Q	2015.4Q	2016.1Q	2016.2Q	2016.3Q	2016.4Q
매출액	127	115	174	145	153	213
영업이익	18	12	36	15	13	14
당기순이익	22	-14	28	13	1	23

재무 상태
< 단위 : 억원 >

항목	2011	2012	2013	2014	2015	2016
총자산	―	55	125	316	424	526
유형자산	―	23	106	173	230	
무형자산	―	2	2	11	11	
유가증권	―					
총부채		40	48	185	135	160
총차입금		7		87	74	48
자본금		1	1	1	26	27
총자본		15	77	131	289	366
지배주주지분		15	72	131	289	366

기업가치 지표

항목	2011	2012	2013	2014	2015	2016
주가(최고/저)(천원)	―/―	―/―	―/―	1.9/1.9	3.0/1.5	4.5/1.9
PER(최고/저)(배)	0.0/0.0	0.0/0.0	0.0/0.0	2.8/2.8	15.1/7.6	18.8/8.0
PBR(최고/저)(배)	0.0/0.0	0.0/0.0	0.0/0.0	1.2/1.2	2.6/1.3	3.3/1.4
EV/EBITDA(배)		0.0	0.4	2.0	6.0	5.6
EPS(원)		168	677	671	198	237
BPS(원)		75,016	362,251	654,837	1,145	1,349
CFPS(원)		70,016	314,720	370,533	351	407
DPS(원)						
EBITDAPS(원)		85,368	353,035	460,308	473	455

재무 비율
< 단위 : % >

연도	영업이익률	순이익률	부채비율	차입금비율	ROA	ROE	유보율	자기자본비율	EBITDA마진율
2016	11.4	9.5	43.8	13.2	13.7	19.9	1,248.6	69.6	18.2
2015	12.8	7.9	46.8	25.6	9.6	16.9	1,044.5	68.1	18.3
2014	18.6	14.0	141.5	66.5	25.1	54.9	12,996.7	41.4	23.2
2013	16.0	14.3	62.0	7.1	―	―	7,145.0	61.8	17.6

바이오리더스 (A142760)
Bioleaders

업　종 : 바이오		시　장 : KOSDAQ	
신용등급 : (Bond) ―　　(CP) ―		기업규모 : 신성장	
홈페이지 : www.bioleaders.co.kr		연락처 : 042)934-7671	
본　사 : 대전시 유성구 테크노8로 13			

설　립　일	1999.12.30	종업원수	29명	대표이사	김상석,성문희
상　장　일	2016.07.07	감사의견	적정 (삼정)	계　　열	
결　산　기	12월	보통주	1,565만주	종속회사수	
액　면　가	500원	우선주		구　상　호	

주주구성 (지분율,%)		출자관계 (지분율,%)		주요경쟁사 (외형,%)	
한국티씨엠	10.5	다인바이오	2.1	바이오리더스	100
성문희	7.7			씨젠	2,947
(외국인)	0.3			내츄럴엔도텍	262

매출구성		비용구성		수출비중	
바이오소재(화장품)	42.7	매출원가율	69.0	수출	8.8
바이오소재(건강기능식품)	29.6	판관비율	271.0	내수	91.2
제품(기타)	25.8				

회사 개요
동사는 백신디스플레이 기술과 γ-PGA 면역기술에 대한 세계적 원천특허를 근간으로 1999년 12월 설립됨. 2014년 11월 코넥스 시장을 거쳐 2016년 7월 코스닥에 상장됨. 동사는 바이오신약, 바이오소재, 바이러스연구 사업을 영위함. 바이오신약 사업으로 비임상 단계의 백신 아쥬반트와 근육질환 치료백신 등이 있고, 바이오소재 사업은 항바이러스제, 건강기능식품 등이 있음. 최근 자궁경부전암 치료제에 대한 임상(1/2a)을 성공적으로 종료함.

실적 분석
국내고객 수주증가에 따라 동사의 2016년 누적 매출액은 전년대비 69.2% 증가한 25억원을 기록하였으나, 연구개발비 및 인건비 등 비용을 충당하기엔 아직 손익분기점에 미치지 못하는 매출수준임. 영업이익은 전년에 이어 60억원 적자가 지속됨. 전년도의 전환우선주에 대한 금융부채평가손실이 당기에 발생하지 않은 기저효과로 전년대비 적자폭은 축소되었으나 59억원의 당기순손실을 기록함.

현금 흐름
*IFRS 별도 기준　　<단위 : 억원>

항목	2015	2016
영업활동	-55	-62
투자활동	-18	-77
재무활동	34	168
순현금흐름	-39	29
기말현금	25	54

시장 대비 수익률
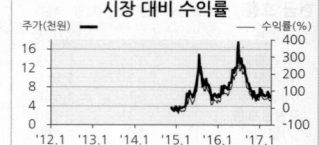

결산 실적
< 단위 : 억원 >

항목	2011	2012	2013	2014	2015	2016
매출액	22	21	16	12	15	25
영업이익	-24	-26	-27	-35	-50	-60
당기순이익	-32	-27	-32	-78	-186	-59

분기 실적
*IFRS 별도 기준　　< 단위 : 억원 >

항목	2015.3Q	2015.4Q	2016.1Q	2016.2Q	2016.3Q	2016.4Q
매출액	3	―	2		4	
영업이익	-14		-13		-19	
당기순이익	-16		-12		-19	

재무 상태
*IFRS 별도 기준　　< 단위 : 억원 >

항목	2011	2012	2013	2014	2015	2016
총자산	113	114	101	108	95	216
유형자산	50	59	56	4	5	15
무형자산	28	22	16	7	7	8
유가증권	1	0	0	5	5	20
총부채	71	71	89	209	40	42
총차입금	42	41	58	185	―	―
자본금	37	38	38	32	56	62
총자본	43	43	12	-102	56	175
지배주주지분	43	43	12	-102	56	175

기업가치 지표
*IFRS 별도 기준

항목	2011	2012	2013	2014	2015	2016
주가(최고/저)(천원)	―/―	―/―	―/―	3.9/2.9	14.9/2.9	17.7/4.8
PER(최고/저)(배)	0.0/0.0	0.0/0.0	0.0/0.0	―/―	―/―	―/―
PBR(최고/저)(배)	0.0/0.0	0.0/0.0	0.0/0.0	-3.8/-2.8	29.9/5.9	12.5/3.4
EV/EBITDA(배)						
EPS(원)	-472	-369	-421	-938	-1,767	-502
BPS(원)	585	556	151	-1,048	499	1,413
CFPS(원)	-387	-266	-323	-866	-1,720	-466
DPS(원)						
EBITDAPS(원)	-276	-245	-258	-354	-430	-475

재무 비율
< 단위 : % >

연도	영업이익률	순이익률	부채비율	차입금비율	ROA	ROE	유보율	자기자본비율	EBITDA마진율
2016	-240.0	-235.8	23.8	0.0	-37.9	-51.2	182.7	80.8	-222.9
2015	-341.1	-1,261.0	일부잠식	일부잠식	-183.7	전기잠식	-0.1	58.2	-307.1
2014	-302.7	-666.6	완전잠식	완전잠식	―	-413.0	-94.4	-251.7	
2013	-172.4	-204.3	일부잠식	일부잠식	-30.0	-119.0	-69.8	11.5	-125.1

바이오스마트 (A038460)
BioSmart

업 종 : 전자 장비 및 기기　　　시 장 : KOSDAQ
신용등급 : (Bond) —　(CP) —　　기업규모 : 벤처
홈페이지 : www.bio-smart.com　　연락처 : 02)3218-9000
본 사 : 서울시 성동구 광나루로 172 (성수동1가) 린하우스

설 립 일	1985.12.30	종업원수	150명	대표이사	윤호권
상 장 일	2000.06.22	감사의견	적정 (삼화)	계 열	
결 산 기	12월	보통주	1,743만주	종속회사수	
액 면 가	500원	우 선 주		구 상 호	

주주구성 (지분율,%)		출자관계 (지분율,%)		주요경쟁사 (외형,%)	
박혜린	15.9	바이오스마트	100		
한국증권금융	6.1	써니전자	33		
(외국인)	1.3	광전자	271		

매출구성		비용구성		수출비중	
카드등	91.0	매출원가율	78.1	수출	11.5
신용카드관련 기자재(발급장비등)	8.0	판관비율	20.3	내수	88.5
서비스수입 및 기타	1.0				

회사 개요
동사는 신용카드 제조, 카드발급기, 카드발급 용역, Mailing System 등의 서비스를 제공하는 업체임. 신용카드 시장은 최근 IC형 카드로 빠르게 전환되고 있으며, 대기업, 학교, 각 정부 기관단체 등에서 스마트카드를 도입하면서 사원증, 출입패스, 개인인증, 근태관리, 구내식당, 주차 쿠폰까지 전 영역에 걸쳐 확대되고 있어 수요는 지속적으로 증가될 것으로 예상됨. 자회사로 한생, 라미화장품이 있음.

실적 분석
동사의 2016년 연결기준 누적매출액은 629.9억원으로 전년 대비 16.3% 증가함. 매출 확대에도 불구하고 원가율 악화와 판관비 증가 등 비용 증가로 영업이익은 전년보다 42.9% 줄어든 10.3억원을 기록함. 당기순손실은 5.1억원으로 적자전환함. 최근 민간 사업자들이 본격적인 IC카드 상품 출시에 나섰으며, 정부에서도 IC카드 관련 프로젝트를 잇따라 내놓고 있어, 카드 전체 시장에 주요 변수로 떠오르고 있음.

현금 흐름　　〈단위 : 억원〉
항목	2015	2016
영업활동	-5	-31
투자활동	-19	-162
재무활동	37	226
순현금흐름	13	33
기말현금	52	85

시장 대비 수익률
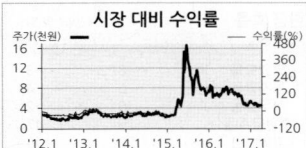

결산 실적　　〈단위 : 억원〉
항목	2011	2012	2013	2014	2015	2016
매출액	337	424	403	415	542	630
영업이익	33	78	25	16	18	10
당기순이익	-1	22	33	2	23	-5

분기 실적　　〈단위 : 억원〉
항목	2015.3Q	2015.4Q	2016.1Q	2016.2Q	2016.3Q	2016.4Q
매출액	138	145	123	153	167	187
영업이익	7	-4	3	5	-3	6
당기순이익	10	0	2	-2	1	-6

재무 상태　　〈단위 : 억원〉
항목	2011	2012	2013	2014	2015	2016
총자산	690	690	721	678	746	1,122
유형자산	228	218	214	126	141	232
무형자산	29	44	52	54	46	137
유가증권	67	47	20	41	35	81
총부채	338	307	256	173	173	548
총차입금	276	220	181	95	89	369
자본금	55	57	64	72	83	87
총자본	352	383	465	505	573	573
지배주주지분	347	381	467	511	588	592

기업가치 지표
항목	2011	2012	2013	2014	2015	2016
주가(최고/저)(천원)	4.0/1.8	2.9/1.6	3.7/2.1	3.4/2.1	18.7/2.4	9.4/4.2
PER(최고/저)(배)	118.8/53.5	11.3/6.3	11.5/6.5	63.1/38.5	94.2/11.9	259.2/116.2
PBR(최고/저)(배)	1.3/0.6	0.9/0.5	1.0/0.6	1.0/0.6	5.3/0.7	2.8/1.2
EV/EBITDA(배)	8.4	4.0	10.4	14.7	44.7	52.2
EPS(원)	34	260	318	54	199	36
BPS(원)	3,160	3,361	3,650	3,557	3,541	3,396
CFPS(원)	230	415	430	121	256	108
DPS(원)						
EBITDAPS(원)	526	863	315	181	171	132

재무 비율　　〈단위 : % 〉
연도	영업이익률	순이익률	부채비율	차입금비율	ROA	ROE	유보율	자기자본비율	EBITDA마진율
2016	1.6	-0.8	95.6	64.4	-0.5	1.1	579.2	51.1	3.6
2015	3.3	4.2	30.2	15.6	3.2	5.7	608.1	76.8	5.0
2014	3.8	0.5	34.3	18.8	0.3	1.5	611.5	74.5	6.0
2013	6.3	8.2	55.0	38.9	4.7	9.3	630.1	64.5	9.7

바이오씨앤디 (A217950)
BIOCND

업 종 : 제약　　　　시 장 : KONEX
신용등급 : (Bond) —　(CP) —　　기업규모 :
홈페이지 : www.biocnd.com　　연락처 : 031)628-4300
본 사 : 경기도 성남시 분당구 대왕판교로 660, 유스페이스1, B동 1201호

설 립 일	2009.10.28	종업원수	15명	대표이사	송동호
상 장 일	2015.11.05	감사의견	적정 (한경)	계 열	
결 산 기	12월	보통주	345만주	종속회사수	
액 면 가	500원	우 선 주		구 상 호	

주주구성 (지분율,%)		출자관계 (지분율,%)		주요경쟁사 (외형,%)	
송동호	26.5	원진비씨디	39.9	바이오씨앤디	100
장덕수	8.5			큐브스	2,601
				KPX생명과학	29,063

매출구성		비용구성		수출비중	
컨설팅L/O	100.0	매출원가율	5.3	수출	6.0
		판관비율	3666.9	내수	94.0

회사 개요
동사는 2009년 10월 설립되어 주로 바이오시밀러 제품을 연구, 개발하는 의약품 개발 전문회사임. 2015년 11월 코넥스시장에 상장하였음. 컨설팅을 통한 매출과 라이센싱 아웃을 통한 매출로 사업을 영위하고 있음. 류마티스 관절염 치료제 휴미라의 바이오시밀러인 BCD100은 현재 임상 1상이 완료되었음. 2016년 12월 황반변성 치료제루센티스의 바이오시밀러인 BCD300은 임상 1상 IND 승인을 받음.

실적 분석
동사의 2016년 매출액은 1.5억원에 그쳐 부진하였음. 매출원가는 0.1억원으로 매출총이익은 1.4억원임. 인건비 16.5억원, 경상개발비 17.5억원 등 판매비와관리비는 54.6억원을 기록함. 영업이익은 53.1억원의 적자를 기록함. 영업이익 적자로 당기순이익도 44.6억원의 적자임. 연구 개발 단계에 있어 대규모 기술 수출이 이루어지지 않으면 의미 있는 수익성 개선은 힘든 상황임.

현금 흐름　*IFRS 별도 기준　〈단위 : 억원〉
항목	2015	2016
영업활동	-17	-25
투자활동	-97	7
재무활동	127	34
순현금흐름	13	16
기말현금	17	34

시장 대비 수익률
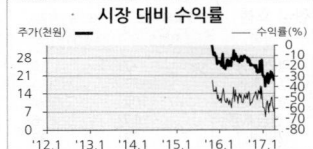

결산 실적　　〈단위 : 억원〉
항목	2011	2012	2013	2014	2015	2016
매출액	—	5	3	1	21	1
영업이익	—	-1	-2	-6	2	-53
당기순이익	—	-1	-2	-7	-8	-45

분기 실적　*IFRS 별도 기준
항목	2015.3Q	2015.4Q	2016.1Q	2016.2Q	2016.3Q	2016.4Q
매출액	—	—	—	—	—	—
영업이익	—	—	—	—	—	—
당기순이익	—	—	—	—	—	—

재무 상태　*IFRS 별도 기준
항목	2011	2012	2013	2014	2015	2016
총자산	—	1	9	5	128	108
유형자산	—	0	0	4	0	36
무형자산	—	0	0	0	0	0
유가증권	—	0	0	0	0	0
총부채	—	2	11	14	6	26
총차입금	—	1	10	10	0	19
자본금					16	16
총자본	—	-1	-2	-8	122	82
지배주주지분	—	-1	-2	-8	122	82

기업가치 지표　*IFRS 별도 기준
항목	2011	2012	2013	2014	2015	2016
주가(최고/저)(천원)	—/—	—/—	—/—	—/—	35.5/24.0	31.2/19.6
PER(최고/저)(배)	0.0/0.0	0.0/0.0	0.0/0.0	0.0/0.0	—/—	—/—
PBR(최고/저)(배)	0.0/0.0	0.0/0.0	0.0/0.0	0.0/0.0	9.3/6.3	12.2/7.7
EV/EBITDA(배)	0.0				307.6	
EPS(원)	—	-55	-129	-317	-279	-1,387
BPS(원)	—	-5,791	-4,539	-21,105	3,799	2,554
CFPS(원)	—	-2,979	-7,148	-17,766	-270	-1,353
DPS(원)	—					
EBITDAPS(원)	—	-2,994	-6,119	-15,445	83	-1,620

재무 비율　　〈단위 : % 〉
연도	영업이익률	순이익률	부채비율	차입금비율	ROA	ROE	유보율	자기자본비율	EBITDA마진율
2016	-3,572.2	-2,996.7	31.6	23.1	-37.7	-43.7	410.9	76.0	-3,499.5
2015	10.2	-38.8	5.0	0.0	-12.4	전기잠식	659.8	95.2	11.6
2014	-464.9	-534.4	완전잠식	완전잠식	-100.6	잠식지속	-522.1	-163.8	-462.3
2013	-65.8	-76.7	완전잠식	완전잠식	-51.1	잠식지속	-190.8	-20.1	-64.8

바이오코아 (A216400)
BIOCORE CO

업 종 : 바이오		시 장 : KONEX	
신용등급 : (Bond) — (CP) —		기업규모 : —	
홈페이지 : www.bio-core.com		연락처 : 02)2027-6200	
본 사 : 서울시 금천구 디지털로9길 33, IT미래타워 8층			

설 립 일	2001.05.30	종업원수	92명	대표이사	최형식,황승용
상 장 일	2015.06.29	감사의견	적정 (우리)	계 열	
결 산 기	12월	보통주	688만주	종속회사수	
액 면 가	500원	우선주		구 상 호	

주주구성 (지분율,%)		출자관계 (지분율,%)		주요경쟁사 (외형,%)	
HONGKONG DIAN BIOTECHNOLOGY CO., LIMITED	20.1			바이오코아	100
SBI-성장사다리 코넥스 활성화펀드	13.4			팬젠	6
				랩지노믹스	99

매출구성		비용구성		수출비중	
CRO 용역	61.7	매출원가율	77.8	수출	0.8
기타	21.8	판관비율	14.7	내수	99.2
유전체분석	11.9				

회사 개요
동사는 신약개발 과정 중 주요 단계인 생체시료 중의 약물분석과 초기임상 시험을 지원하는 CRO(시험수탁 기관)로, 주요 고객층은 신약 및 제네릭 약물 등을 개발하는 제약회사임. 세계적으로 제약계의 R&D 생산성이 저하되면서 아웃소싱의 중요성이 높아지고 있음. 과거와 달리 훨씬 강화된 절차 및 신뢰성 확보로 인해 임상시험조건을 통과하기가 어려워져 전문적 CRO의 역할에 대한 필요성 부각되고 있음.

실적 분석
동사의 2016년 누적 매출액은 243.9억원으로 전년 212.4억원 대비 14.8% 증가함. 영업이익은 18.3억원으로 전년 8.5억원보다 늘었고, 당기순이익도 25.5억원으로 증가함. 동사는 국내 주요 제약사를 포함하는 90개 이상 회사를 클라이언트로 두고 있으며 화이자, 퀸타일스, 인텔시어스 등 다국적 기업과 파트너십이 체결되어 있음. 2016년 CRO 용역 및 유전체진단 시장의 점유율은 동사가 업계 1위임.

현금 흐름 *IFRS 별도 기준 〈단위 : 억원〉

항목	2015	2016
영업활동	-7	10
투자활동	-77	-11
재무활동	102	-4
순현금흐름	17	-6
기말현금	38	33

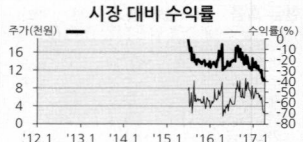

결산 실적 〈단위 : 억원〉

항목	2011	2012	2013	2014	2015	2016
매출액	—	—	131	170	212	244
영업이익	—	—	10	12	8	18
당기순이익	—	—	8	7	8	26

분기 실적 *IFRS 별도 기준 〈단위 : 억원〉

항목	2015.3Q	2015.4Q	2016.1Q	2016.2Q	2016.3Q	2016.4Q
매출액						
영업이익						
당기순이익						

재무 상태 *IFRS 별도 기준 〈단위 : 억원〉

항목	2011	2012	2013	2014	2015	2016
총자산			61	117	238	280
유형자산			10	7	26	32
무형자산			0	27	56	63
유가증권			0	0	5	0
총부채			77	95	99	114
총차입금			28	26	21	17
자본금			12	22	34	34
총자본			-17	23	139	166
지배주주지분			-17	23	139	166

기업가치 지표 *IFRS 별도 기준

항목	2011	2012	2013	2014	2015	2016
주가(최고/저)(천원)	—/—	—/—	—/—	—/—	20.0/11.0	18.7/11.7
PER(최고/저)(배)	0.0/0.0	0.0/0.0	0.0/0.0	0.0/0.0	148.5/81.3	50.0/31.3
PBR(최고/저)(배)	0.0/0.0	0.0/0.0	0.0/0.0	0.0/0.0	9.3/5.1	7.4/4.6
EV/EBITDA(배)	0.0	0.0	1.4		41.4	31.2
EPS(원)	—	—	336	262	135	374
BPS(원)	—	—	-689	520	2,145	2,530
CFPS(원)	—	—	499	470	361	563
DPS(원)	—	—				
EBITDAPS(원)	—	—	579	680	366	457

재무 비율 〈단위 : % 〉

연도	영업이익률	순이익률	부채비율	차입금비율	ROA	ROE	유보율	자기자본비율	EBITDA마진율
2016	7.5	10.5	68.8	10.5	9.9	16.7	406.1	59.2	12.8
2015	4.0	3.8	70.8	14.8	4.6	10.1	328.9	58.5	10.9
2014	7.1	3.9	421.4	115.9	7.5	전기잠식	4.0	19.2	10.2
2013	7.7	6.2	완전잠식	완전잠식	0.0	0.0	-237.8	-27.4	10.7

바이오톡스텍 (A086040)
Biotoxtech

업 종 : 바이오		시 장 : KOSDAQ	
신용등급 : (Bond) — (CP) —		기업규모 : 벤처	
홈페이지 : www.biotoxtech.com		연락처 : 043)210-7777	
본 사 : 충북 청주시 청원구 오창읍 연구단지로53			

설 립 일	2000.08.23	종업원수	166명	대표이사	강종구
상 장 일	2007.09.21	감사의견	적정 (송강)	계 열	
결 산 기	12월	보통주	1,442만주	종속회사수	
액 면 가	500원	우선주	만주	구 상 호	

주주구성 (지분율,%)		출자관계 (지분율,%)		주요경쟁사 (외형,%)	
강종구	14.1	세종벤처파트너스	100.0	바이오톡스텍	100
셀트리온	11.3	스카스비티티바이오애널리시스	51.0	팬젠	7
(외국인)	1.0	세종농식품바이오투자조합1호	4.4	랩지노믹스	108

매출구성		비용구성		수출비중	
안전성평가	94.4	매출원가율	66.9	수출	16.4
유효성평가 등	3.4	판관비율	23.2	내수	83.6
임대료	2.0				

회사 개요
동사는 의약품, 농약, 식품, 화장품, 생활용품 및 화학물질의 안전성 및 유효성 평가목적으로 2000년 8월에 설립됐고, 세종벤처파트너스를 종속회사로 두고 있음. 주요 종속회사였던 스카스비티티 바이오애널리시스는 자산총액 100분의 5 미만에 해당돼 주요 종속회사에서 탈피함. 동사는 스카스비티티의 지분 51%를 그대로 보유하고 있음. 동사가 영위하는 비임상CRO 분야 경쟁자는 정부출연기관 1곳, 민간CRO 2곳임.

실적 분석
동사의 2016년 연결기준 누적 매출액은 222.6억원으로 전년 대비 33.5% 증가함. 매출 확대에도 불구하고 판관비가 전년보다 23.4% 줄면서 영업이익은 22억원으로 흑자 전환함. 당기순이익도 11.6억원을 기록해 흑자전환에 성공함. 화평법 본격 시행에 따른 시장 확대로 수주가 늘면서 실적이 개선됨. 정부의 글로벌 신약 100개 이상 확보 전략에 따라 독성시장 성장은 장기간 지속될 것으로 기대됨.

현금 흐름 〈단위 : 억원〉

항목	2015	2016
영업활동	-8	53
투자활동	-6	-4
재무활동	-6	-2
순현금흐름	-19	47
기말현금	59	106

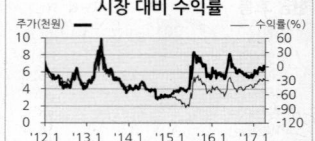

결산 실적 〈단위 : 억원〉

항목	2011	2012	2013	2014	2015	2016
매출액	231	177	173	151	167	223
영업이익	51	3	-18	-46	-37	22
당기순이익	31	11	-6	-49	-37	12

분기 실적 〈단위 : 억원〉

항목	2015.3Q	2015.4Q	2016.1Q	2016.2Q	2016.3Q	2016.4Q
매출액	44	48	45	52	58	67
영업이익	-4	-14	-2	5	7	13
당기순이익	-3	-16	-2	4	5	5

재무 상태 〈단위 : 억원〉

항목	2011	2012	2013	2014	2015	2016
총자산	442	447	463	478	454	480
유형자산	228	233	226	216	208	201
무형자산	37	35	36	32	22	18
유가증권	13	9	18	13	18	17
총부채	225	188	207	212	218	224
총차입금	163	122	142	147	141	135
자본금	48	56	56	72	72	72
총자본	217	259	256	267	236	256
지배주주지분	200	244	240	260	227	245

기업가치 지표

항목	2011	2012	2013	2014	2015	2016
주가(최고/저)(천원)	8.2/2.2	7.6/3.9	10.0/3.5	5.0/2.9	8.8/3.1	8.2/5.1
PER(최고/저)(배)	24.3/6.6	66.3/34.1	—/—	—/—	—/—	112.5/70.4
PBR(최고/저)(배)	4.2/1.2	3.6/1.9	4.8/1.7	2.7/1.5	5.4/1.9	4.8/3.0
EV/EBITDA(배)	11.6	29.9	1,305.9			22.6
EPS(원)	336	114	-7	-365	-271	72
BPS(원)	2,075	2,260	2,228	1,869	1,641	1,713
CFPS(원)	567	274	159	-223	-156	178
DPS(원)						
EBITDAPS(원)	767	174	3	-233	-142	258

재무 비율 〈단위 : % 〉

연도	영업이익률	순이익률	부채비율	차입금비율	ROA	ROE	유보율	자기자본비율	EBITDA마진율
2016	9.9	5.2	87.8	52.8	2.5	4.4	242.6	53.3	16.7
2015	-22.2	-22.3	92.4	59.8	-8.0	-16.1	228.2	52.0	-12.3
2014	-30.8	-32.4	79.3	55.0	-10.4	-18.1	273.8	55.8	-19.1
2013	-10.6	-3.2	80.8	55.6	-1.2	-0.3	345.6	55.3	0.2

바이오프로테크 (A199290)
BIO PROTECH

업 종 : 의료 장비 및 서비스	시 장 : KONEX
신용등급 : (Bond) — (CP) —	기업규모 : —
홈 페 이 지 : www.protechsite.com	연 락 처 : (033)735-7720
본 사 : 강원도 원주시 문막읍 동화공단로 151-3(동화첨단의료기기산업단지)	

설 립 일 2000.05.19	종업원수 명	대표이사 박익로	
상 장 일 2016.12.08	감사의견 한정(불확실성)(서린)	계 열	
결 산 기 12월	보 통 주 248만주	종속회사수	
액 면 가 500원	우 선 주 177만주	구 상 호	

주주구성 (지분율,%)
박익로	45.4
한국산업은행	13.5

출자관계 (지분율,%)
바이오프로테크	100
원익	305
루트로닉	398

주요경쟁사 (외형,%)

매출구성
심전도 전극	43.1
기타	34.2
전기자극기용 전극	14.7

비용구성
매출원가율	78.8
판관비율	28.7

수출비중
수출	94.5
내수	5.5

회사 개요
동사는 의료용 전극제품을 전문으로 제조 판매하는 벤처기업임. 동사는 심전도 전극, 저주파 자극전극, 고주파 수술칼, 고주파 접지전극, 혈중 산소포화도 측정센서, 근전도전극, 뇌전도전극 등 주요 제품과 관련하여 원자재부터 완제품까지 생산라인을 구축함으로써 시장경쟁력을 확보하고 있으며, GE Healthcare, Cardinal Health, Medline 등 해외 굴지의 고객들을 확보하여 고품질의 제품을 안정적으로 판매하고 있음.

실적 분석
동사의 2016년 결산기준 누적매출액은 212.4억원을 달성하였으나 영업이익은 15.9억원의 적자를 기록함. 동사는 현재 제조설비를 갖춘 사업본부를 중국 현지 2곳에 설립하여 개발, 제조, 판매 및 유통구조의 효율성을 높여 나가고 있으며 경쟁력 있는 가격과 다변화 판매방식으로 미국시장을 공략하고 있음. 미국의 건강보험 및 시장여건에 맞춘 제품개선과 신제품 개발도 추진하고 있어 향후 점진적 수익 개선이 기대되고 있음.

현금 흐름 *IFRS 별도 기준   〈단위 : 억원〉
항목	2015	2016
영업활동	-0	1
투자활동	-20	-22
재무활동	11	26
순현금흐름	-9	4
기말현금	0	4

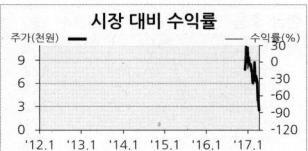

시장 대비 수익률

결산 실적   〈단위 : 억원〉
항목	2011	2012	2013	2014	2015	2016
매출액	169	180	181	186	206	212
영업이익	14	21	-6	9	13	-16
당기순이익	7	11	-14	1	6	-26

분기 실적 *IFRS 별도 기준   〈단위 : 억원〉
항목	2015.3Q	2015.4Q	2016.1Q	2016.2Q	2016.3Q	2016.4Q
매출액	—	—	—	—	—	—
영업이익	—	—	—	—	—	—
당기순이익	—	—	—	—	—	—

재무 상태 *IFRS 별도 기준   〈단위 : 억원〉
항목	2011	2012	2013	2014	2015	2016
총자산	271	318	324	353	392	365
유형자산	77	105	113	114	116	107
무형자산	25	25	29	34	34	33
유가증권	22	22	29	33	39	
총부채	155	177	203	209	238	238
총차입금	113	123	156	171	179	180
자본금	14	19	19	21	21	23
총자본	116	141	121	143	154	127
지배주주지분	116	141	121	143	154	127

기업가치 지표 *IFRS 별도 기준
항목	2011	2012	2013	2014	2015	2016
주가(최고/저)(천원)	—/—	—/—	—/—	—/—	—/—	11.2/6.8
PER(최고/저)(배)	0.0/0.0	0.0/0.0	0.0/0.0	0.0/0.0	0.0/0.0	3.7/2.3
PBR(최고/저)(배)	0.0/0.0	0.0/0.0	0.0/0.0	0.0/0.0	0.0/0.0	3.7/2.3
EV/EBITDA(배)	5.2	4.0	18.0	8.2	7.2	
EPS(원)	257	384	-412	42	145	-669
BPS(원)	4,046	4,566	3,782	3,931	4,030	2,993
CFPS(원)	475	647	-4	343	457	-339
DPS(원)						
EBITDAPS(원)	720	981	238	560	646	-77

재무 비율   〈단위 : % 〉
연도	영업이익률	순이익률	부채비율	차입금비율	ROA	ROE	유보율	자기자본비율	EBITDA마진율
2016	-7.5	-12.3	187.2	141.5	-6.9	-18.7	446.5	34.8	-1.4
2015	6.2	2.7	154.9	116.7	1.5	3.7	628.7	39.2	11.9
2014	4.8	0.8	145.9	119.3	0.4	1.1	610.4	40.7	10.4
2013	-3.2	-7.9	168.3	128.9	-4.4	-10.8	574.8	37.3	4.6

바이온 (A032980)
BYON

업 종 : 화학	시 장 : KOSDAQ
신용등급 : (Bond) B- (CP) —	기업규모 : 중견
홈 페 이 지 : www.by-on.co.kr	연 락 처 : (043)213-2722
본 사 : 충북 청원군 북이면 신대석성로 144	

설 립 일 1983.11.01	종업원수 27명	대표이사 이성규,이성민	
상 장 일 1997.08.06	감사의견 적정 (한길)	계 열	
결 산 기 12월	보 통 주 2,578만주	종속회사수	
액 면 가 500원	우 선 주 —	구 상 호 폴리비전	

주주구성 (지분율,%)
더블유글로벌1호조합	4.1
엠아이1호조합	3.3
(외국인)	2.1

출자관계 (지분율,%)
로엘비케이	100.0
바이온아이앤씨	100.0
폴리플로어	81.4

주요경쟁사 (외형,%)
바이온	100
리켐	127
웹스	98

매출구성
타포린, 배너플렉스	47.4
PRP, PDRN 등	24.5
기초/색조 화장품	18.8

비용구성
매출원가율	84.7
판관비율	11.5

수출비중
수출	10.8
내수	89.2

회사 개요
동사는 배너/타포린 공정 부문의 생산설비를 완료하고 LG하우시스에 배너플렉스 제품을 100% 납품하는 업체임. 미국 직수출을 시작으로 해외 매출처의 다변화를 꾀하는 등 수익성 개선을 시도하고 있음. 해외자원개발을 위한 광산 선광설비(선광장)를 구축하는 데에도 주력 중. 사업부문별 순매출실적 비중은 자동차부품부문이 46.34%, 건강식품 등 바이오부문이 26.3%, 화장품이 6.38%, 타포린과 배너플렉스 등 산업재가 -4.52%를 차지함.

실적 분석
동사의 2016년 매출액은 279.3억원으로 전년 대비 67.1% 증가함. 영업이익은 10.5억원으로 전년보다 102.5% 늘었으나, 비영업손실이 39.3억원으로 증가하면서 당기순손실이 20.0억원을 기록하며 적자지속함. 동사는 2017년 1월 중국소재 자동차용부품 제조업을 영위하고 있는 북경원일차식유한공사의 지분 47%를 취득함. 또 화장품 용기류의 부자재생산과 일본현지법인설립을 통한 화장품류의 일본내 제조/판매사업을 진행 중임.

현금 흐름 *IFRS 별도 기준   〈단위 : 억원〉
항목	2015	2016
영업활동	-30	10
투자활동	-7	-208
재무활동	49	204
순현금흐름	7	5
기말현금	10	15

시장 대비 수익률

결산 실적   〈단위 : 억원〉
항목	2011	2012	2013	2014	2015	2016
매출액	169	140	139	130	167	279
영업이익	-33	-12	-29	-21	5	10
당기순이익	-35	1	-118	-90	-22	-20

분기 실적   〈단위 : 억원〉
항목	2015.3Q	2015.4Q	2016.1Q	2016.2Q	2016.3Q	2016.4Q
매출액	33	59	50	66	69	94
영업이익	-6	18	3	1	2	5
당기순이익	-5	8	0	-11	-1	-9

재무 상태   〈단위 : 억원〉
항목	2011	2012	2013	2014	2015	2016
총자산	219	215	137	251	265	457
유형자산	106	101	84	79	74	74
무형자산	2	2	0	12	14	37
유가증권	6	11	3	6	22	29
총부채	106	82	41	53	81	215
총차입금	70	73	23	37	53	183
자본금	66	72	111	88	104	118
총자본	113	133	95	198	184	242
지배주주지분	110	131	94	190	189	240

기업가치 지표
항목	2011	2012	2013	2014	2015	2016
주가(최고/저)(천원)	19.7/5.3	9.6/3.7	5.8/2.0	5.1/1.1	2.6/1.1	3.2/1.6
PER(최고/저)(배)	—/—	541.9/210.9	—/—	—/—	—/—	—/—
PBR(최고/저)(배)	7.8/2.1	3.5/1.4	4.5/1.6	4.7/1.0	2.9/1.3	3.1/1.6
EV/EBITDA(배)					39.4	38.4
EPS(원)	-841	18	-1,926	-653	-87	-88
BPS(원)	841	909	424	1,078	910	1,016
CFPS(원)	-232	47	-610	-620	-65	-69
DPS(원)						
EBITDAPS(원)	-44	-40	-129	-123	50	65

재무 비율   〈단위 : % 〉
연도	영업이익률	순이익률	부채비율	차입금비율	ROA	ROE	유보율	자기자본비율	EBITDA마진율
2016	3.8	-7.2	88.9	75.5	-5.5	-9.5	103.3	53.0	5.4
2015	3.1	-13.1	43.7	28.6	-8.0	-9.5	82.1	69.6	5.7
2014	-16.0	-69.8	26.9	18.9	-46.7	-61.3	115.5	78.8	-12.6
2013	-21.2	-84.7	일부잠식	일부잠식	-66.9	-103.9	-15.1	69.9	-17.0

바이옵트로 (A222160)
Bioptro

업 종 : 반도체 및 관련장비	시 장 : KONEX
신용등급 : (Bond) — (CP) —	기업규모 : —
홈 페 이 지 : www.bioptro.co.kr	연 락 처 : 031)8005-5155
본 사 : 경기도 용인시 기흥구 탑실로58번길 14	

설 립 일 2000.07.06	종 업 원 수 35명	대 표 이 사 김완수	
상 장 일 2016.03.10	감 사 의 견 적정(신아)	계 열	
결 산 기 03월	보 통 주 553만주	종속회사수	
액 면 가 500원	우 선 주 87만주	구 상 호	

주주구성 (지분율,%)
김완수	39.8
한국산업은행	8.5

출자관계 (지분율,%)

주요경쟁사 (외형,%)
바이옵트로	100
제이티	192
성우테크론	251

매출구성
PCB전기검사기	73.8
Car Audio	14.9
기타(Screw자동 체결기)	6.3

비용구성
매출원가율	63.7
판관비율	31.7

수출비중
수출	11.5
내수	88.5

회사 개요
동사는 광부품제조장비와 측정장비 및 Vision 기술을 이용한 검사장비 등 공장자동화(FA)장비에 대한 Total Solution의 제공을 목적으로 2000년 07월 06일 설립됨. 2016년 3월 10일 코넥스 시장에 상장됨. 주요 사업은 산업처리 자동측정 및 제어장비 제조업, 소프트웨어 자문, 개발 및 공급업, 전기전자 및 통신관련 엔지니어링 서비스업 등을 영위함.

실적 분석
동사의 2015년 4월부 2016년 3월까지 영업 실적은 매출액은 전기 대비 21억원(22.5%) 증가한 116억원이며 영업이익은 2.7% 감소한 5억원, 당기순이익은 100% 증가한 8억원을 기록함. 금융기관차입금에 대한 이자비용은 1.6억원으로 영업이익 5.1억원에 대한 이자보상배율은 약 3배 수준임. 유동비율은 96.58%이며 차입금의존도는 89.54%임. 동사의 매출은 대부분 현금으로 결제되며 채권회수 기간은 평균 60일로 짧은 편임.

현금 흐름 *IFRS 별도 기준 〈단위 : 억원〉
항목	2015	2016.3Q
영업활동	-20	
투자활동	-6	
재무활동	20	
순현금흐름	-5	
기말현금	3	

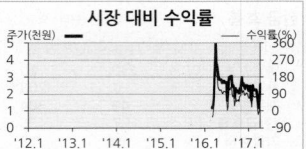
시장 대비 수익률

결산 실적 〈단위 : 억원〉
항목	2011	2012	2013	2014	2015	2016
매출액	—	94	158	95	116	—
영업이익	—		53	5	5	—
당기순이익	—	6	33	4	8	—

분기 실적 *IFRS 별도 기준 〈단위 : 억원〉
항목	2015.2Q	2015.3Q	2015.4Q	2016.1Q	2016.2Q	2016.3Q
매출액						
영업이익						
당기순이익						

재무 상태 *IFRS 별도 기준 〈단위 : 억원〉
항목	2011	2012	2013	2014	2015	2016.3Q
총자산	—	98	126	152	175	
유형자산	—	28	28	52	54	
무형자산	—	4	2	2	1	
유가증권	—					
총부채	—	82	79	101	114	
총차입금	—	57	69	83	100	
자본금	—	12	12	25	25	
총자본	—	16	48	51	61	
지배주주지분	—	16	48	51	61	

기업가치 지표 *IFRS 별도 기준
항목	2011	2012	2013	2014	2015	2016.3Q
주가(최고/저)(천원)	—/—	—/—	—/—	—/—	3.1/1.0	5.0/1.2
PER(최고/저)(배)	0.0/0.0	0.0/0.0	0.0/0.0	0.0/0.0	19.7/6.5	—/—
PBR(최고/저)(배)	0.0/0.0	0.0/0.0	0.0/0.0	0.0/0.0	3.2/1.1	0.0/0.0
EV/EBITDA(배)	0.0	6.0	0.6	9.3	35.4	
EPS(원)	—	116	644	80	158	
BPS(원)	—	5,156	15,162	8,135	967	
CFPS(원)	—	1,846	11,244	914	187	
DPS(원)	—					
EBITDAPS(원)	—	2,128	18,072	1,136	130	

재무 비율 〈단위 : % 〉
연도	영업이익률	순이익률	부채비율	차입금비율	ROA	ROE	유보율	자기자본비율	EBITDA마진율
2015	4.6	6.9	187.4	164.3	4.9	14.3	145.8	34.8	5.9
2014	5.5	4.2	196.4	162.5	2.9	8.0	106.8	33.7	6.7
2013	33.5	20.6	164.2	144.9	29.1	101.8	285.8	37.9	35.4
2012	0.0	6.2	502.6	350.7	0.0	0.0	30.8	16.6	7.1

바텍 (A043150)
Value Added Technology

업 종 : 의료 장비 및 서비스	시 장 : KOSDAQ
신용등급 : (Bond) — (CP) —	기업규모 : 우량
홈 페 이 지 : www.vatechcorp.co.kr	연 락 처 : 031)679-2000
본 사 : 경기도 화성시 삼성1로 2길 13(석우동)	

설 립 일 1992.04.04	종 업 원 수 597명	대 표 이 사 노창준,안상욱	
상 장 일 2006.09.29	감 사 의 견 적정(한영)	계 열	
결 산 기 12월	보 통 주 1,485만주	종속회사수	
액 면 가 500원	우 선 주	구 상 호	

주주구성 (지분율,%)
바텍이우홀딩스	46.4
노창준	6.3
(외국인)	13.6

출자관계 (지분율,%)
바텍코리아	100.0
레이언스	42.8

주요경쟁사 (외형,%)
바텍	100
오스템임플란트	145
디오	37

매출구성
덴탈 이미징 사업부문	76.2
디텍터 사업부문	23.8

비용구성
매출원가율	52.4
판관비율	28.6

수출비중
수출	77.2
내수	22.8

회사 개요
치과용 디지털 엑스레이 및 CT를 제조하여 자회사인 바텍코리아와 바텍글로벌을 통해 국내외에 판매하는 업체임. 치과용 디지털 엑스레이 시장의 경우 북미, 유럽, 일본 등 선진국 시장이 전체 시장의 80%를 차지하고 있으나, 소득 증대에 따라 중국, 브라질, 러시아 등 이미징 마켓의 규모가 점차 커지고 있음. 국내 덴탈 이미징 시장의 78% 점유율을 차지하고 있어 사실상 독점적인 지위에 올라 있음. 글로벌 시장에서는 약 10%의 점유율을 차지함.

실적 분석
덴탈이미징사업의 성장으로 동사의 2016년 누적 매출액은 전년 대비 9.7% 증가한 2,383.4억원을 기록함. 매출증가 및 원가율 개선에 따라 영업이익은 453.2억원으로 전년 대비 10.6% 늘었고, 당기순이익 역시 16% 증가한 333.3억원을 기록함. 동사는 현재 해외시장에서의 시장점유율을 높여가고 있으며 유통구조의 다변화를 통해 수익성을 개선할 계획임.

현금 흐름 〈단위 : 억원〉
항목	2015	2016
영업활동	293	322
투자활동	-334	-1,145
재무활동	115	742
순현금흐름	75	-78
기말현금	333	255

시장 대비 수익률

결산 실적 〈단위 : 억원〉
항목	2011	2012	2013	2014	2015	2016
매출액	1,496	1,758	1,715	1,948	2,174	2,383
영업이익	1	124	153	316	410	453
당기순이익	16	53	141	116	287	333

분기 실적 *IFRS 별도 기준 〈단위 : 억원〉
항목	2015.3Q	2015.4Q	2016.1Q	2016.2Q	2016.3Q	2016.4Q
매출액	502	639	518	645	538	682
영업이익	81	133	84	155	100	115
당기순이익	69	86	56	111	50	116

재무 상태 〈단위 : 억원〉
항목	2011	2012	2013	2014	2015	2016
총자산	1,711	2,000	2,277	2,400	2,702	3,902
유형자산	278	423	480	564	759	907
무형자산	94	111	149	117	192	304
유가증권	11	11	11	3	3	3
총부채	964	1,133	1,230	1,269	1,362	1,331
총차입금	485	663	692	719	890	725
자본금	74	74	74	74	74	74
총자본	747	867	1,047	1,130	1,340	2,570
지배주주지분	755	758	829	876	1,015	1,468

기업가치 지표
항목	2011	2012	2013	2014	2015	2016
주가(최고/저)(천원)	13.0/5.3	13.6/5.8	19.1/8.6	30.8/11.0	42.4/21.8	50.2/30.9
PER(최고/저)(배)	98.3/39.8	34.6/14.7	50.7/23.0	47.5/17.0	29.8/15.3	30.2/18.6
PBR(최고/저)(배)	2.6/1.1	2.7/1.1	3.4/1.5	5.3/1.9	6.2/3.2	5.1/3.1
EV/EBITDA(배)	28.7	12.2	9.8	11.4	13.5	10.7
EPS(원)	138	405	382	653	1,433	1,667
BPS(원)	5,234	5,290	5,732	5,895	6,831	9,884
CFPS(원)	434	765	863	1,178	1,986	2,421
DPS(원)	100	100	100	100	100	100
EBITDAPS(원)	306	1,196	1,511	2,655	3,312	3,804

재무 비율 〈단위 : % 〉
연도	영업이익률	순이익률	부채비율	차입금비율	ROA	ROE	유보율	자기자본비율	EBITDA마진율
2016	19.0	14.0	51.8	28.2	10.1	20.0	1,876.8	65.9	23.7
2015	18.9	13.2	101.6	66.4	11.3	22.5	1,266.1	49.6	22.6
2014	16.3	6.0	112.3	63.6	5.0	11.4	1,078.9	47.1	20.3
2013	8.9	8.2	117.4	66.1	6.6	7.2	1,046.5	46.0	13.1

방림 (A003610)
Pangrim

업 종 : 섬유 및 의복		시 장 : 거래소	
신용등급 : (Bond) — (CP) —		기업규모 : 시가총액 소형주	
홈페이지 : www.pangrim.com		연 락 처 : 02)2085-2114	
본 사 : 서울시 마포구 월드컵북로 402 KGIT상암센터 18층			

설 립 일 1962.12.05	종업원수 287명	대표이사 서재희
상 장 일 1989.05.30	감사의견 적정 (신한)	계 열
결 산 기 09월	보 통 주 423만주	종속회사수 1개사
액 면 가 5,000원	우 선 주	구 상 호

주주구성 (지분율,%)
서재희	37.0
조문원	5.6
(외국인)	1.6

출자관계 (지분율,%)
방림네오텍스	100.0

주요경쟁사 (외형,%)
방림	100
형지I&C	85
에스마크	19

매출구성
면방(제품)	70.0
면방(상품)	28.0
면방(기타)	2.1

비용구성
매출원가율	88.0
판관비율	8.0

수출비중
수출	74.9
내수	25.1

회사 개요
동사는 면직물, 염색가공원단의 제조 및 판매 등의 사업을 영위함. 1989년 유가증권시장에 상장됨. 1992년 베트남에 방직공장을 세워 방직, 직포 및 가공의 일괄생산체계를 구축함. 방림에서 파견된 25명의 관리, 영업직 직원과 베트남 현지인을 합치면 1850명의 임원이 근무하고 있음. 미 트럼프 대통령의 TPP 탈퇴 방침으로 베트남 공장의 방림네오텍스의 관세절감 혜택을 통한 미주지역 수출 확대 전망이 불투명해질 것으로 예상됨.

실적 분석
동사의 2016년 매출액은 401.4억원으로 전년 대비 7.4% 감소함. 영업이익은 29.3억원으로 전년 대비 32.2% 감소함. 당기순이익은 23.3억원으로 57.9% 증가함. 증가 배경은 투자 상품의 평가손 감소 및 원달러 환율 상승에 따른 외화자산 환차익 등으로 영향 때문임. 의류, 침장용 등 가공직물이 전체 매출의 68%를 차지함. 베트남 수출 등 원면 매출 비중이 29.8%임. 내수 시장의 매출 비중이 약 40%임.

현금 흐름 〈단위 : 억원〉
항목	2016	2017.1Q
영업활동	237	32
투자활동	-101	-13
재무활동	-124	-37
순현금흐름	12	-18
기말현금	86	69

시장 대비 수익률
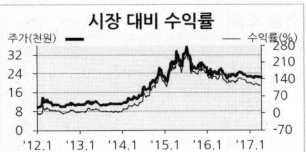

결산 실적 〈단위 : 억원〉
항목	2012	2013	2014	2015	2016	2017
매출액	2,059	1,938	1,614	1,615	1,507	
영업이익	-96	36	44	65	79	
당기순이익	-70	15	34	67	50	

분기 실적 〈단위 : 억원〉
항목	2015.4Q	2016.1Q	2016.2Q	2016.3Q	2016.4Q	2017.1Q
매출액	399	434	356	359	359	401
영업이익	6	43	11	18	7	29
당기순이익	-5	15	20	2	13	23

재무 상태 〈단위 : 억원〉
항목	2012	2013	2014	2015	2016	2017.1Q
총자산	2,779	2,808	2,610	2,592	2,495	2,516
유형자산	740	748	738	745	587	602
무형자산	22	10	13	13	11	11
유가증권	255	471	396	565	685	696
총부채	1,084	1,095	880	805	670	706
총차입금	837	875	676	602	481	502
자본금	212	212	212	212	212	212
총자본	1,695	1,713	1,730	1,787	1,825	1,810
지배주주지분	1,695	1,713	1,730	1,787	1,825	1,810

기업가치 지표
항목	2012	2013	2014	2015	2016	2017.1Q
주가(최고/저)(천원)	13.7/9.0	12.3/9.0	21.5/10.3	35.7/10.9	30.1/19.4	—/—
PER(최고/저)(배)	—/—	37.6/31.4	27.9/14.3	23.3/12.6	25.8/18.3	—/—
PBR(최고/저)(배)	0.4/0.2	0.3/0.3	0.5/0.3	0.9/0.5	0.7/0.5	0.6/0.5
EV/EBITDA(배)		8.2	10.8	9.4	5.5	—/—
EPS(원)	-1,651	347	792	1,577	1,188	551
BPS(원)	41,114	41,093	41,499	42,831	43,736	43,977
CFPS(원)	-926	949	1,649	2,605	2,294	826
DPS(원)	300	250	250	300	380	
EBITDAPS(원)	-1,534	1,443	1,888	2,564	2,965	968

재무 비율 〈단위 : % 〉
연도	영업이익률	순이익률	부채비율	차입금비율	ROA	ROE	유보율	자기자본비율	EBITDA마진율
2016	5.2	3.3	36.7	26.3	2.0	2.8	774.7	73.2	8.3
2015	4.0	4.1	45.1	33.7	2.6	3.8	756.6	68.9	6.7
2014	2.7	2.1	50.9	39.1	1.2	2.0	730.0	66.3	5.0
2013	1.8	0.8	63.9	51.1	0.5	0.9	721.9	61.0	3.2

백광산업 (A001340)
Paik Kwang Industiral

업 종 : 화학		시 장 : 거래소	
신용등급 : (Bond) — (CP) —		기업규모 : 시가총액 소형주	
홈페이지 : www.pkic.co.kr		연 락 처 : 063)450-1700	
본 사 : 전북 군산시 임해로 494-16			

설 립 일 1954.11.25	종업원수 122명	대표이사 김성훈
상 장 일 1976.06.10	감사의견 적정 (인덕)	계 열
결 산 기 12월	보 통 주 4,492만주	종속회사수
액 면 가 500원	우 선 주	구 상 호

주주구성 (지분율,%)
김성훈	22.3
상원상공	7.1
(외국인)	1.3

출자관계 (지분율,%)

주요경쟁사 (외형,%)
백광산업	100
경농	151
효성오앤비	30

매출구성
가성소다(화공사업)	94.8
기타	5.2

비용구성
매출원가율	78.7
판관비율	17.3

수출비중
수출	3.8
내수	96.2

회사 개요
동사는 전해조 설비를 통하여 가성소다, 염산, 액체염소등의 무기화학제품과 솔비톨을 제조하는 업체임. 가성소다가 전체 매출의 절반 가량을 차지함. 라이신사업은 가격하락으로 적자가 계속되어 2015년 11월에 대상에 매각함(매각대금 1,207억원). 2009년 현물출자로 매수한 반도체 세정업체인 나노원의 지분도 2016년 1월 전량 매각했음. 서울공장에 골프연습장과 아이스링크장을 건설하여 2013년 11월에 영업을 개시함.

실적 분석
가동율 증가와 솔비톨 및 고순도염소의 판매 호조로 2016년 실적이 크게 개선. 2017년 가성소다와 염산의 국제가격이 오르면서 이익이 늘어날 전망. 국제 가성소다 가격은 지난해 1월 톤당 338달러에서 올 3월 417달러로 39% 상승. 중국 화학기업이 석탄을 원료로 PVC와 부산물인 가성소다를 생산하는데 석탄가격이 오르면서 경제성을 상실하여 가성소다 공급이 위축됨. 유니드의 인천공장 이전으로 염산 20만톤을 생산하지 못해 염산가격도 상승함.

현금 흐름 *IFRS 별도 기준 〈단위 : 억원〉
항목	2015	2016
영업활동	200	181
투자활동	869	182
재무활동	-1,098	-348
순현금흐름	-30	15
기말현금	23	38

시장 대비 수익률
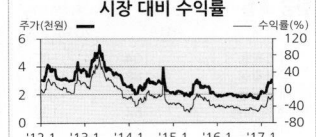

결산 실적 〈단위 : 억원〉
항목	2011	2012	2013	2014	2015	2016
매출액	3,844	4,040	3,841	1,426	1,292	1,347
영업이익	167	130	-382	66	33	54
당기순이익	81	12	-394	-340	-165	24

분기 실적 *IFRS 별도 기준 〈단위 : 억원〉
항목	2015.3Q	2015.4Q	2016.1Q	2016.2Q	2016.3Q	2016.4Q
매출액	330	-66	380	351	352	264
영업이익	20	12	15	19	3	17
당기순이익	-68	49	3	-7	-6	34

재무 상태 *IFRS 별도 기준 〈단위 : 억원〉
항목	2011	2012	2013	2014	2015	2016
총자산	4,224	4,857	5,026	4,492	3,073	2,688
유형자산	2,835	3,430	3,596	3,350	2,428	2,338
무형자산	40	14	11	9	1	0
유가증권	11	18	22	22	25	6
총부채	2,178	2,828	3,394	3,207	1,909	1,483
총차입금	1,456	2,109	2,659	2,585	1,434	1,071
자본금	142	149	156	156	225	225
총자본	2,046	2,029	1,632	1,285	1,164	1,205
지배주주지분	2,046	2,029	1,632	1,285	1,164	1,205

기업가치 지표 *IFRS 별도 기준
항목	2011	2012	2013	2014	2015	2016
주가(최고/저)(천원)	4.5/2.7	4.5/2.9	5.5/2.5	4.4/2.0	3.0/1.8	2.1/1.7
PER(최고/저)(배)	19.0/11.5	132.8/86.7	—/—	—/—	—/—	39.6/32.0
PBR(최고/저)(배)	0.8/0.5	0.8/0.5	1.2/0.5	1.2/0.5	1.0/0.6	0.7/0.6
EV/EBITDA(배)	7.4	8.5		8.4	9.8	10.8
EPS(원)	237	34	-1,153	-993	-408	53
BPS(원)	72,312	6,842	5,256	4,145	2,927	2,961
CFPS(원)	8,380	875	-269	-60	87	327
DPS(원)	275	40				
EBITDAPS(원)	11,187	1,271	-228	1,240	577	394

재무 비율 〈단위 : % 〉
연도	영업이익률	순이익률	부채비율	차입금비율	ROA	ROE	유보율	자기자본비율	EBITDA마진율
2016	4.0	1.8	123.1	88.9	0.8	2.0	492.1	44.8	13.1
2015	2.6	-12.8	164.1	123.2	-4.4	-13.5	485.4	37.9	18.0
2014	4.6	-23.8	249.4	201.1	-7.1	-23.3	728.9	28.6	27.1
2013	-9.9	-10.3	207.9	162.9	-8.0	-21.6	951.2	32.5	-1.9

백광소재 (A014580)
Baek Kwang Mineral Products

업 종 : 건축소재		시 장 : 거래소	
신용등급 : (Bond) — (CP) —		기업규모 : 시가총액 소형주	
홈페이지 : www.bkmp.co.kr		연락처 : 02)3661-8018	
본 사 : 서울시 강서구 공항대로 467(등촌동) 송원빌딩 6층			

설 립 일	1980.01.22	종업원수	328명	대 표 이 사	문희철
상 장 일	1991.03.07	감사의견	적정 (삼덕)	계 열	
결 산 기	12월	보 통 주	2,758만주	종속회사수	
액 면 가	500원	우 선 주		구 상 호	

주주구성 (지분율,%)
태경산업	49.5
신영자산운용	7.4
(외국인)	0.4

출자관계 (지분율,%)
태경화학	40.0
남영전구	31.9
에스비씨	17.5

주요경쟁사 (외형,%)
백광산업	100
보광산업	28
일신석재	25

매출구성
생석회분말	26.0
기타	23.6
담배,유류외	22.9

비용구성
매출원가율	77.1
판관비율	17.9

수출비중
수출	2.8
내수	97.2

회사 개요
동사는 1980년에 설립되어 1991년에 한국 거래소에 주식을 상장한 석회석 전문 제조 업체로서, 석회석을 가공하여 생석회, 소석회, 수산화칼슘 등의 각종 석회 제품을 생산 중임. 이외에도 2005년부터 휴게소 운영업을 영위하고 있으며, 2016년에 탄산가스 판매업을 영위하는 태경화학의 지분 추가매입으로 탄산가스 사업부문이 추가되었으며, 연결대상 종속회사로 태경화학, 태경가스기술, 태경그린가스 등 3개사가 편입됨.

실적 분석
2016년 태경화학(주)에 대한 지분율이 40%가 됨에 따라 연결 재무제표를 작성하고, 전년 동기 및 전기 실적은 연결전 기준으로 작성됨. 태경화학 추가로 매출액이 전기 대비 51.1% 증가한 1,715.3억원이 되었고 영업이익은 전기 51.5억원 대비 64.7% 증가한 84.8억원을 시현함. 비영업손익면에서는 금융손실 등의 영향으로 16.6억원의 적자가 발생함. 당기순이익은 53.3억원을 시현하며 전기 대비 93% 증가함.

현금 흐름 〈단위 : 억원〉
항목	2015	2016
영업활동	104	47
투자활동	-188	-117
재무활동	20	204
순현금흐름	-64	134
기말현금	36	170

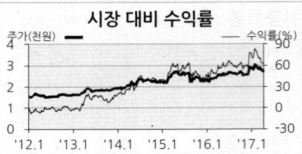

시장 대비 수익률

결산 실적 〈단위 : 억원〉
항목	2011	2012	2013	2014	2015	2016
매출액	1,280	1,262	1,252	1,218	1,135	1,715
영업이익	103	59	85	65	51	85
당기순이익	110	87	64	46	28	53

분기 실적 〈단위 : 억원〉
항목	2015.3Q	2015.4Q	2016.1Q	2016.2Q	2016.3Q	2016.4Q
매출액	301	267	283	425	464	543
영업이익	16	7	10	20	30	24
당기순이익	20	-3	13	12	16	12

재무 상태 〈단위 : 억원〉
항목	2011	2012	2013	2014	2015	2016
총자산	1,651	1,698	1,790	1,785	1,825	2,788
유형자산	510	558	623	639	696	1,210
무형자산	99	136	136	148	135	136
유가증권	33	35	50	60	84	340
총부채	673	665	668	640	673	1,124
총차입금	262	281	266	283	331	632
자본금	138	138	138	138	138	138
총자본	978	1,033	1,122	1,144	1,152	1,665
지배주주지분	978	1,033	1,122	1,144	1,152	1,115

기업가치 지표
항목	2011	2012	2013	2014	2015	2016
주가(최고/저)(천원)	2.0/1.4	1.7/1.5	2.0/1.6	2.4/1.9	2.7/2.2	3.0/2.2
PER(최고/저)(배)	6.4/4.5	6.6/5.8	10.0/8.2	16.3/12.9	29.2/23.2	20.8/15.5
PBR(최고/저)(배)	0.7/0.5	0.6/0.5	0.6/0.5	0.7/0.5	0.7/0.6	0.8/0.6
EV/EBITDA(배)	4.2	5.1	4.9	5.9	7.6	9.2
EPS(원)	397	316	231	166	100	149
BPS(원)	35,474	37,457	40,674	41,485	4,175	4,066
CFPS(원)	5,923	5,703	4,966	4,596	374	551
DPS(원)	1,000	1,000	1,000	1,000	100	100
EBITDAPS(원)	5,698	4,687	5,724	5,303	461	710

재무 비율 〈단위 : % 〉
연도	영업이익률	순이익률	부채비율	차입금비율	ROA	ROE	유보율	자기자본비율	EBITDA마진율
2016	4.9	3.1	67.5	37.9	2.4	3.6	713.2	59.7	11.4
2015	4.5	2.4	58.5	28.7	1.5	2.4	735.0	63.1	11.2
2014	5.4	3.8	56.0	24.7	2.6	4.0	729.7	64.1	12.0
2013	6.8	5.1	59.5	23.7	3.7	5.9	713.5	62.7	12.6

백금티앤에이 (A046310)
BG T&A

업 종 : 통신장비		시 장 : KOSDAQ	
신용등급 : (Bond) — (CP) —		기업규모 : 중견	
홈페이지 : www.bgtna.com		연락처 : 031)488-7900	
본 사 : 경기도 군포시 엘에스로 153-18, L&C타워 5~6층			

설 립 일	1996.12.17	종업원수	47명	대 표 이 사	임학규
상 장 일	2002.02.05	감사의견	적정 (삼덕)	계 열	
결 산 기	12월	보 통 주	1,431만주	종속회사수	
액 면 가	500원	우 선 주		구 상 호	

주주구성 (지분율,%)
임학규	25.6
박태신	2.3
(외국인)	2.2

출자관계 (지분율,%)
엠티오메가	81.8
넥스커뮤니케이션	71.8
BGTECHInternational.Ltd	100.0

주요경쟁사 (외형,%)
백금T&A	100
기산텔레콤	98
서화정보통신	22

매출구성
무전기	34.4
PDA	26.0
Navi/블랙박스/RDVR콤보	20.6

비용구성
매출원가율	78.3
판관비율	25.4

수출비중
수출	77.4
내수	22.6

회사 개요
1996년 설립된 동사는 통신기기 제조업을 영위하고 있으며 주요 제품군은 4가지로 Radar Detecter, 무전기(TWR), 산업용 PDA, 네비게이션 등임. 동사는 내비게이션 개발하는 엠티오메가, PDA 개발하는 포인트모바일, TWR 개발하는 넥스커뮤니케이션 등 총 6개의 계열회사를 두고 있음. 동사는 레이더 기술을 응용한 스마트폰, GPS기술을 더한 야외 레저활동 용품, 포켓형 산업용 PDA 등을 신규 사업으로 추진 중임.

실적 분석
동사의 2016년 연간 매출은 602.2억원으로 전년대비 35% 감소, 영업이익은 -22.4억원으로 적자전환, 당기순이익은 -19.5억원으로 적자전환을 시현. 전방산업인 통신시장의 위축, 투자 축소 영향으로 매출이 감소하여 고정비 부담 증가 등으로 수익성은 부진하였던 것으로 분석. 글로벌 LTE 투자 축소는 부담이나 5G 투자가 본격화될 시에 관련 매출 발생으로 수혜가 예상. 통신 인프라 변화로 매출 증가도 기대됨.

현금 흐름 〈단위 : 억원〉
항목	2015	2016
영업활동	-22	41
투자활동	57	-132
재무활동	-42	87
순현금흐름	-3	-6
기말현금	71	65

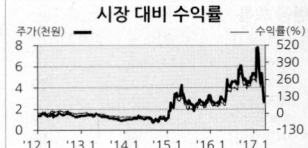

시장 대비 수익률

결산 실적 〈단위 : 억원〉
항목	2011	2012	2013	2014	2015	2016
매출액	1,045	1,060	811	943	926	602
영업이익	-2	22	-41	7	11	-22
당기순이익	-3	21	-53	3	1	-20

분기 실적 〈단위 : 억원〉
항목	2015.3Q	2015.4Q	2016.1Q	2016.2Q	2016.3Q	2016.4Q
매출액	324	193	127	162	134	179
영업이익	21	22	-12	3	-1	-12
당기순이익	22	11	-6	3	-9	-8

재무 상태 〈단위 : 억원〉
항목	2011	2012	2013	2014	2015	2016
총자산	731	775	729	745	554	650
유형자산	59	60	67	64	31	30
무형자산	51	53	64	72	82	100
유가증권						
총부채	403	437	449	439	323	348
총차입금	316	296	320	299	241	232
자본금	35	35	35	57	57	72
총자본	328	338	280	306	231	301
지배주주지분	290	278	212	226	222	292

기업가치 지표
항목	2011	2012	2013	2014	2015	2016
주가(최고/저)(천원)	2.4/1.0	1.8/1.2	1.6/0.9	1.4/0.7	4.3/1.0	6.6/2.4
PER(최고/저)(배)	—/—	—/—	—/—	—/—	—/—	—/—
PBR(최고/저)(배)	0.7/0.3	0.5/0.4	0.6/0.4	0.7/0.4	2.4/0.5	3.2/1.2
EV/EBITDA(배)	9.5	5.1	—	9.4	11.9	86.0
EPS(원)	-260	-75	-707	-141	-174	-151
BPS(원)	4,463	4,284	3,334	2,145	1,936	2,043
CFPS(원)	77	337	-437	248	126	104
DPS(원)	50					
EBITDAPS(원)	385	746	-109	474	411	78

재무 비율 〈단위 : % 〉
연도	영업이익률	순이익률	부채비율	차입금비율	ROA	ROE	유보율	자기자본비율	EBITDA마진율
2016	-3.7	-3.2	115.6	77.1	-3.3	-7.5	308.6	46.4	1.7
2015	1.2	0.1	139.8	104.1	0.1	-9.5	287.2	41.7	5.1
2014	0.7	0.3	143.1	97.6	0.3	-6.1	329.1	41.1	4.4
2013	-5.0	-6.6	160.3	114.3	-7.1	-25.9	566.8	38.4	-0.9

백산 (A035150)
Baiksan

업 종 : 섬유 및 의복		시 장 : 거래소	
신 용 등 급 : (Bond) — (CP) —		기 업 규 모 : 시가총액 소형주	
홈 페 이 지 : www.baiksan.co.kr		연 락 처 : 031)499-0044	
본 사 : 경기도 시흥시 공단1대로27번길 47 (정왕동)			

설 립 일 1986.08.16	종 업 원 수 261명	대 표 이 사	김상화,김한준
상 장 일 1999.08.11	감 사 의 견 적정 (한영)	계 열	
결 산 기 12월	보 통 주 2,420만주	종 속 회 사 수	
액 면 가 500원	우 선 주	구 상 호	

주주구성 (지분율,%)		출자관계 (지분율,%)		주요경쟁사 (외형,%)	
김한준	16.4	와이비아이	60.0	백산	100
김상화	13.2	백산모바일	30.0	TBH글로벌	360
(외국인)	7.8	이플텍	30.0	F&F	219

매출구성		비용구성		수출비중	
제품	86.9	매출원가율	77.4	수출	79.5
임가공매출	10.0	판관비율	8.8	내수	20.5
DMF 외	2.5				

회사 개요
동사는 1986년 10월 6일 백산화성으로 설립된 후, 1994년 4월 백산으로 상호를 변경하였음. 1999년 8월 11일 유가증권 시장에 상장됨. 2010년 12월 31일 중소기업으로 분류되었으며 폴리우레탄 합성수지와 부직포 등의 기포제를 사용하여 합성피혁을 제조 및 판매하고 있음. 설립 이후 합성피혁 부문에서 BRAND(NIKE, ADIDAS, REEBOK) 시장점유율 25%를 차지할 정도로 꾸준히 성장하고 있음.

실적 분석
동사의 2016년 연결기준 연간 매출액은 2,007.9억원으로 전년 대비 16.7% 증가함. 이는 신발용 고부가가치제품 및 차량용제품 매출 증가 영향임. 매출 증가와 더불어 영업이익은 276.4억원으로 전년 대비 55.1% 증가함. 차량내장재 부문은 아직 매출비중은 크지 않지만 차량 내 적용부위가 확대되고, 적용차 종도 늘어나게 되면서 차량내장재 부문이 장기적으로 동사의 성장축이 될 전망임.

현금 흐름 〈단위 : 억원〉

항목	2015	2016
영업활동	42	220
투자활동	-21	-70
재무활동	-7	-138
순현금흐름	13	10
기말현금	126	136

시장 대비 수익률
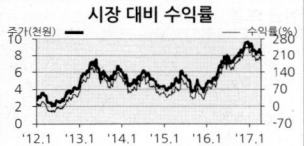

결산 실적 〈단위 : 억원〉

항목	2011	2012	2013	2014	2015	2016
매출액	1,781	1,840	1,772	1,698	1,721	2,008
영업이익	148	210	132	112	178	276
당기순이익	56	103	77	-26	154	216

분기 실적 〈단위 : 억원〉

항목	2015.3Q	2015.4Q	2016.1Q	2016.2Q	2016.3Q	2016.4Q
매출액	452	479	527	450	501	530
영업이익	56	48	86	47	81	61
당기순이익	-18	37	75	34	64	43

재무 상태 〈단위 : 억원〉

항목	2011	2012	2013	2014	2015	2016
총자산	1,533	1,564	1,526	1,630	1,706	1,868
유형자산	633	625	592	465	456	493
무형자산	11	10	21	20	40	46
유가증권	53	62	50	56	48	26
총부채	699	682	571	710	670	637
총차입금	526	465	382	423	442	305
자본금	140	140	140	140	140	140
총자본	834	882	954	920	1,036	1,231
지배주주지분	834	882	954	920	1,036	1,221

기업가치 지표

항목	2011	2012	2013	2014	2015	2016
주가(최고/저)(천원)	5.0/2.2	4.3/2.0	7.5/4.2	6.2/3.9	6.2/3.5	9.9/4.4
PER(최고/저)(배)	23.7/10.3	10.9/5.1	24.7/13.8	—/—	10.0/5.7	11.1/4.9
PBR(최고/저)(배)	1.6/0.7	1.3/0.6	2.0/1.1	1.7/1.1	1.5/0.8	1.9/0.9
EV/EBITDA(배)	4.9	5.1	10.4	8.2	6.0	7.1
EPS(원)	232	425	320	-106	638	903
BPS(원)	3,481	3,680	3,944	3,802	4,318	5,156
CFPS(원)	398	581	476	48	782	1,064
DPS(원)	80	120	80	60	60	90
EBITDAPS(원)	777	1,024	702	616	880	1,302

재무 비율 〈단위 : % 〉

연도	영업이익률	순이익률	부채비율	차입금비율	ROA	ROE	유보율	자기자본비율	EBITDA마진율
2016	13.8	10.8	51.8	24.8	12.1	19.4	791.3	65.9	15.7
2015	10.4	9.0	64.7	42.6	9.3	15.8	646.4	60.7	12.4
2014	6.6	-1.5	77.1	46.0	-1.6	-2.7	557.3	56.5	8.8
2013	7.5	4.4	59.9	40.0	5.0	8.4	581.7	62.6	9.6

버추얼텍 (A036620)
Virtualtek

업 종 : 종이 및 목재		시 장 : KOSDAQ	
신 용 등 급 : (Bond) B (CP) —		기 업 규 모 : 중견	
홈 페 이 지 : www.virtualtek.co.kr		연 락 처 : 02)3140-1000	
본 사 : 서울시 마포구 마포대로 25 신한DM빌딩 12층			

설 립 일 1994.07.28	종 업 원 수 11명	대 표 이 사	서지현
상 장 일 2000.01.11	감 사 의 견 적정 (우리)	계 열	
결 산 기 12월	보 통 주 1,746만주	종 속 회 사 수	
액 면 가 500원	우 선 주	구 상 호	

주주구성 (지분율,%)		출자관계 (지분율,%)		주요경쟁사 (외형,%)	
진선기업	17.2	나투라금속	47.0	버추얼텍	100
서지현	11.8	페이퍼코리아	15.6	한솔PNS	1,951
				세하	1,328

매출구성		비용구성		수출비중	
고지(상품)	68.7	매출원가율	88.5	수출	0.0
전기	27.5	판관비율	20.7	내수	100.0
핸드폰 등	2.0				

회사 개요
동사의 주요 사업은 고지의 수입 판매로, 해외에서 신문 폐품을 수입해 국내 신문 용지 제조사에 납품함. 그 외 SI 사업으로서 SAP ERP의 유지보수 사업을 영위 중이며, 신규 사업의 일환으로 보조 배터리 판매, 연료 전지를 통한 발전 사업 등도 영위함. 고지 판매 매출이 전체 매출의 대부분을 차지하나, 보조배터리 부문과 나투라파워 합병을 통해 본격화한 연료전지 발전 부문에서도 매출이 본격적으로 발생하고 있음.

실적 분석
동사의 결산 매출액은 주력제품인 고지부문과 신규 사업부문인 연료전지 발전부문의 동반부진으로 120억원을 기록하는데 그치며 전년동기 대비 29.5% 감소한 부진한 모습을 시현함. 원가율 상승과 더불어 판관비 증가가 여파로 수익성 또한 크게 악화된 모습. 영업이익은 전년동기 대비 적자전환되며 11억원의 손실 시현함. 반면 대규모 관련기업투자수익 발생으로 90.3억원의 당순이익 시현하며 흑자로 전환함.

현금 흐름 *IFRS 별도 기준 〈단위 : 억원〉

항목	2015	2016
영업활동	2	-9
투자활동	1	-14
재무활동	5	25
순현금흐름	8	2
기말현금	12	14

시장 대비 수익률

결산 실적 〈단위 : 억원〉

항목	2011	2012	2013	2014	2015	2016
매출액	166	85	84	115	170	120
영업이익	-11	-15	-19	3	2	-11
당기순이익	-140	-12	-69	-110	-140	90

분기 실적 *IFRS 별도 기준 〈단위 : 억원〉

항목	2015.3Q	2015.4Q	2016.1Q	2016.2Q	2016.3Q	2016.4Q
매출액	41	41	23	34	27	36
영업이익	1	0	0	1	-4	-8
당기순이익	-48	-50	117	-2	0	-25

재무 상태 *IFRS 별도 기준 〈단위 : 억원〉

항목	2011	2012	2013	2014	2015	2016
총자산	478	461	398	558	406	340
유형자산	0	0	67	64	61	
무형자산	16	10	7	19	17	5
유가증권	4	4	4	4	4	192
총부채	125	115	123	227	221	217
총차입금	114	94	99	197	193	179
자본금	65	65	65	71	74	87
총자본	353	346	275	331	185	123
지배주주지분	353	346	275	331	185	123

기업가치 지표 *IFRS 별도 기준

항목	2011	2012	2013	2014	2015	2016
주가(최고/저)(천원)	1.9/0.8	2.4/0.9	2.9/1.2	2.1/1.2	3.2/1.3	4.8/1.5
PER(최고/저)(배)	—/—	—/—	—/—	—/—	—/—	7.7/2.3
PBR(최고/저)(배)	0.6/0.3	0.8/0.3	1.2/0.5	0.8/0.5	2.2/0.9	5.5/1.7
EV/EBITDA(배)				71.0	78.4	
EPS(원)	-1,069	-95	-524	-802	-960	569
BPS(원)	2,925	2,761	2,213	2,441	1,347	796
CFPS(원)	-1,066	-91	-521	-784	-932	594
DPS(원)						
EBITDAPS(원)	-81	-110	-139	40	44	-44

재무 비율 〈단위 : % 〉

연도	영업이익률	순이익률	부채비율	차입금비율	ROA	ROE	유보율	자기자본비율	EBITDA마진율
2016	-9.2	75.2	175.7	144.9	24.2	59.3	59.3	36.3	-5.9
2015	1.3	-82.4	119.4	104.4	-29.1	-54.3	169.5	45.6	3.8
2014	2.6	-95.2	68.4	59.4	-22.9	-36.2	388.2	59.4	4.8
2013	-22.3	-82.1	44.8	36.1	-16.0	-22.1	342.7	69.1	-21.7

범양건영 (A002410)
Pumyang Construction

업 종: 건설		시 장: 거래소	
신용등급: (Bond) — (CP) —		기업규모: 시가총액 소형주	
홈페이지: www.iby.co.kr		연락처: 041)573-5631	
본 사: 충남 천안시 서북구 검은들1길 7, 4층(불당동, 포인트프라자)			

설립일	1958.08.21	종업원수	120명	대표이사	강병주
상장일	1988.05.25	감사의견	적정(한울)	계 열	
결산기	12월	보통주	475만주	종속회사수	
액면가	5,000원	우선주		구상호	

주주구성 (지분율,%)		출자관계 (지분율,%)		주요경쟁사 (외형,%)	
플라스코앤비	26.8	키스톤에코프라임PEF	12.5	범양건영	100
플라스코에스	20.4	충북참교육	10.3	한국종합기술	183
		서울개봉동뉴스테이위탁관리부동산투자회사	3.8	까뮤이앤씨	128

매출구성		비용구성		수출비중	
토목(공사)	50.3	매출원가율	93.0	수출	0.0
건축(공사)	49.4	판관비율	5.9	내수	100.0
기타	0.3				

회사 개요
1958년 설립된 건설회사로, 2011년 10월 서울지방법원에 회생절차 개시 신청을 하여, 11월 개시 결정을 받은 이후, 정상화 노력 이어 옴. 2011년 시공능력 기준으로 50위권에 있었으나 점차 하락하여 2015년에는 200위권 밖에 있음. 2016년 기준 183위. 침체된 국내 시장 상황을 타개하기 위해 해외 공공 사업 공사 수주라는 신시장 개척으로 활로를 모색하고 있으며 신성장 동력의 일환으로 2010년부터 해외 자원 재생사업에 진출.

실적 분석
동사의 연결기준 2016년 누적 매출액은 1,089.5억원으로 전년동기 대비 66.3% 급증함. 양호한 외형확대와 함께 판관비율 하락으로 영업이익은 12.0억원 시현. 영업이익은 여전히 미미한 수준이나 전년 동기 0.6억원에 비하면 수익성이 크게 개선된 모습임. 2014년 5월 법원으로부터 회생절차 종결 결정을 받았음. 다만 아직도 대규모 결손금을 나타내고 있어 이를 해소하기까지는 시간이 조금 더 필요해 보임.

현금 흐름 〈단위 : 억원〉

항목	2015	2016
영업활동	-22	-48
투자활동	-198	-215
재무활동	215	304
순현금흐름	-6	41
기말현금	22	64

시장 대비 수익률
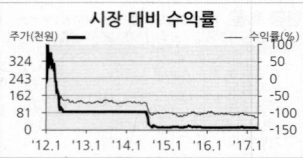

결산 실적 〈단위 : 억원〉

항목	2011	2012	2013	2014	2015	2016
매출액	1,497	701	492	484	655	1,090
영업이익	-461	-254	-89	-24	1	12
당기순이익	-2,028	-824	-489	-46	87	-11

분기 실적 〈단위 : 억원〉

항목	2015.3Q	2015.4Q	2016.1Q	2016.2Q	2016.3Q	2016.4Q
매출액	167	259	146	268	285	391
영업이익	2	0	3	2	2	5
당기순이익	3	83	-3	-0	-1	-12

재무 상태 〈단위 : 억원〉

항목	2011	2012	2013	2014	2015	2016
총자산	2,974	1,801	337	281	792	1,219
유형자산	374	340	2	2	333	333
무형자산	3	2	1	9	8	8
유가증권	25	695	22	58	60	179
총부채	2,951	1,711	149	146	357	794
총차입금	1,397	1	10	38	141	446
자본금	570	51	131	133	238	238
총자본	23	90	188	134	435	426
지배주주지분	23	109	188	134	435	426

기업가치 지표

항목	2011	2012	2013	2014	2015	2016
주가(최고/저)(천원)	804/129	424/84.5	84.5/84.5	97.0/10.9	22.7/11.8	15.6/10.9
PER(최고/저)(배)	—/—	—/—	—/—	—/—	8.6/4.5	—/—
PBR(최고/저)(배)	2.9/0.5	3.2/0.6	13.1/13.1	21.3/2.4	2.5/1.3	1.7/1.2
EV/EBITDA(배)					228.7	44.7
EPS(원)	-24,255,467	-3,546,132	-258,500	-1,581	2,647	-228
BPS(원)	202	10,553	7,176	5,046	9,147	8,958
CFPS(원)	-17,642	-275,569	-284,951	-1,725	2,717	-87
DPS(원)						
EBITDAPS(원)	-3,905	-83,516	-50,109	-894	88	393

재무 비율 〈단위 : %〉

연도	영업이익률	순이익률	부채비율	차입금비율	ROA	ROE	유보율	자기자본비율	EBITDA마진율
2016	1.1	-1.0	186.4	104.7	-1.1	-2.5	79.2	34.9	1.7
2015	0.1	13.3	82.2	32.5	16.3	30.6	83.0	54.9	0.4
2014	-5.0	-9.6	108.7	27.9	-15.0	-28.7	0.9	47.9	-4.9
2013	-18.0	-99.4	79.2	5.3	-45.8	-330.1	43.5	55.8	-17.4

베셀 (A177350)
Vessel

업 종: 디스플레이 및 관련부품		시 장: KOSDAQ	
신용등급: (Bond) — (CP) —		기업규모: 신성장	
홈페이지: www.vessel21.com		연락처: 031)683-3953	
본 사: 경기도 수원시 권선구 산업로155번길 281			

설립일	2004.06.17	종업원수	166명	대표이사	서기만
상장일	2015.06.19	감사의견	적정(한울)	계 열	
결산기	12월	보통주	1,119만주	종속회사수	
액면가	500원	우선주		구상호	

주주구성 (지분율,%)		출자관계 (지분율,%)		주요경쟁사 (외형,%)	
서기만	22.7			베셀	100
양인석	5.5			사파이어테크놀로지	32
(외국인)	0.3			쎄미시스코	28

매출구성		비용구성		수출비중	
LCD In-Line 장비 외	90.6	매출원가율	77.1	수출	—
TSP장비 In-Line 장비 외	6.2	판관비율	18.0	내수	—
기타 (부품 및 개조등)	3.2				

회사 개요
동사는 코스닥 상장기업으로 2004년 LCD용 장비 등의 개발 및 국산화를 목표로 설립한 후 LCD용 자동제어장치 설비 및 관련 하드웨어/소프트웨어 자체 개발에 성공하였으며 LGD에 장비를 납품하며 기술력 인정받음. 주요 제품으로는 LCD in-line시스템, Bake Oven, OLED In-line 시스템, TSP Direct Bonding 등으로 전방산업인 디스플레이 산업의 환경 변화에 맞추어 다양한 제품을 개발 및 판매하고 있음.

실적 분석
중국 시장 진출을 위한 디스플레이 투자가 계속되고 있다는 점은 향후 동사 실적에 긍정적 영향을 끼칠 것으로 예상됨. 동사의 연결 재무제표 기준 2016년 결산 매출액은 전년 동기 527.5억원 대비 16.6% 감소한 440.0억원 기록. 매출액이 크게 감소하며 영업이익 21.8억원을 기록, 전년 동기 79.4억원의 영업이익 대비 72.6% 감소함. 당기순이익 역시 41.9억원을 기록하며 전년동기 대비 41.7% 감소하였음.

현금 흐름 〈단위 : 억원〉

항목	2015	2016
영업활동	17	-57
투자활동	-71	-108
재무활동	91	63
순현금흐름	36	-101
기말현금	109	7

시장 대비 수익률
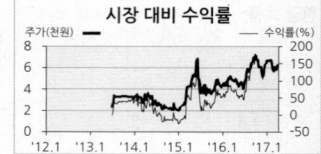

결산 실적 〈단위 : 억원〉

항목	2011	2012	2013	2014	2015	2016
매출액	495	380	514	572	528	440
영업이익	19	15	37	75	79	22
당기순이익	13	-1	10	61	72	42

분기 실적 〈단위 : 억원〉

항목	2015.3Q	2015.4Q	2016.1Q	2016.2Q	2016.3Q	2016.4Q
매출액	118	172	72	112	69	188
영업이익	25	24	-4	5	-3	25
당기순이익	36	10	-3	7	-21	58

재무 상태 〈단위 : 억원〉

항목	2011	2012	2013	2014	2015	2016
총자산	269	306	380	502	673	762
유형자산	49	63	85	84	151	119
무형자산	9	12	16	25	36	50
유가증권	1	1				1
총부채	144	175	307	368	296	338
총차입금	72	132	188	178	104	159
자본금	19	19	14	14	27	56
총자본	125	131	73	134	376	424
지배주주지분	125	131	73	134	376	424

기업가치 지표

항목	2011	2012	2013	2014	2015	2016
주가(최고/저)(천원)	—/—	—/—	3.4/2.4	3.7/2.0	7.0/2.0	7.9/4.0
PER(최고/저)(배)	0.0/0.0	0.0/0.0	23.6/16.4	4.1/2.2	9.4/2.7	21.1/10.8
PBR(최고/저)(배)	0.0/0.0	0.0/0.0	3.1/2.2	1.9/1.0	2.1/0.6	2.1/1.1
EV/EBITDA(배)	1.8	4.3	7.6	2.6	5.8	29.5
EPS(원)	217	-16	147	914	753	379
BPS(원)	3,277	3,409	1,912	3,501	6,892	3,787
CFPS(원)	485	62	381	1,736	1,545	446
DPS(원)						100
EBITDAPS(원)	655	482	1,103	2,119	1,699	265

재무 비율 〈단위 : %〉

연도	영업이익률	순이익률	부채비율	차입금비율	ROA	ROE	유보율	자기자본비율	EBITDA마진율
2016	5.0	9.5	79.8	37.5	5.8	10.5	657.4	55.6	6.7
2015	15.1	13.6	78.8	27.6	12.2	28.2	1,278.4	55.9	15.9
2014	13.2	10.6	274.1	133.1	13.7	58.5	858.0	26.7	14.2
2013	7.3	1.9	419.7	256.1	—	—	423.0	19.2	8.2

벽산 (A007210)
BYUCK SAN

업 종 : 건축자재		시 장 : 거래소	
신용등급 : (Bond) — (CP) —		기업규모 : 시가총액 소형주	
홈페이지 : www.byucksan.com		연 락 처 : 02)2260-6114	
본 사 : 서울시 중구 퇴계로 307, 광희빌딩 (광희동1가)			

설 립 일 1971.04.09	종 업 원 수 342명	대 표 이 사 김성식	
상 장 일 1972.01.04	감 사 의 견 적정 (대영)	계 열	
결 산 기 12월	보 통 주 6,856만주	종속회사수	
액 면 가 500원	우 선 주	구 상 호	

주주구성 (지분율,%)		출자관계 (지분율,%)		주요경쟁사 (외형,%)	
김희철	8.8	벽산페인트	90.3	벽산	100
벽산엘티씨엔터프라이즈	5.0	하츠	46.3	KCC	787
(외국인)	12.5	인희	28.0	LG하우시스	660

매출구성		비용구성		수출비중	
제품(내화단열재, 천장재 등)	57.4	매출원가율	78.0	수출	0.5
상품등(내장재, 바닥재 등)	42.6	판관비율	14.1	내수	99.5

회사 개요

동사는 1971년 설립되어 이듬해에 한국거래소에 상장된 기업으로 단열재, 외장재, 천장재 등 건축자재와 도료의 제조 및 판매사업을 영위하고 있으며, 익산공장을 비롯한 6개 공장에서 다양한 종류의 천장재, 단열재, 외장재 등 양질의 건축자재를 생산하며 본사를 비롯한 부산, 대구, 대전, 광주의 전국 4개 지점과 영업소를 통해 전국의 유통망을 확보하고 있음. 벽산페인트와 하츠를 연결대상 종속회사로 보유중임.

실적 분석

동사의 결산 매출액은 4,438억원으로 전기 대비 0.2% 증가하였음. 3분기까지는 다소 부진한 모습이었으나, 주력인 벽산(건재부문)의 매출이 4분기들어 다소 호전된 결과임. 하츠(주방기기/환기부문)의 상승세가 도료부문의 부진을 만회하는 모습. 동기간 중 영업이익은 351.5억원으로 전기 대비 11.9% 감소하였으며, 당기순이익 또한 전기 대비 19.4% 줄어든 110.6억원을 기록하였음. 원가율 상승 및 비영업손익 악화에 기인함.

현금 흐름 〈단위 : 억원〉

항목	2015	2016
영업활동	408	386
투자활동	-115	-220
재무활동	-54	-94
순현금흐름	239	98
기말현금	1,010	1,108

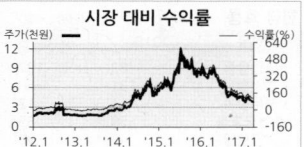
시장 대비 수익률

결산 실적 〈단위 : 억원〉

항목	2011	2012	2013	2014	2015	2016
매출액	3,368	3,903	3,994	4,284	4,428	4,438
영업이익	224	127	204	316	399	352
당기순이익	161	31	104	214	303	244

분기 실적 〈단위 : 억원〉

항목	2015.3Q	2015.4Q	2016.1Q	2016.2Q	2016.3Q	2016.4Q
매출액	1,131	1,157	952	1,107	1,127	1,251
영업이익	100	85	78	100	95	78
당기순이익	76	68	61	50	68	65

재무 상태 〈단위 : 억원〉

항목	2011	2012	2013	2014	2015	2016
총자산	3,393	3,865	3,984	4,000	4,295	4,584
유형자산	918	1,413	1,412	1,429	1,423	1,720
무형자산	12	58	49	47	52	46
유가증권	28	316	231	187	291	215
총부채	1,771	1,664	1,711	1,568	1,621	1,781
총차입금	824	767	669	578	567	562
자본금	343	343	343	343	343	343
총자본	1,622	2,201	2,273	2,432	2,674	2,803
지배주주지분	1,594	1,673	1,755	1,899	2,121	2,235

기업가치 지표

항목	2011	2012	2013	2014	2015	2016
주가(최고/저)(천원)	2.0/1.5	3.1/1.6	2.7/1.6	6.9/2.5	12.5/5.5	9.2/4.2
PER(최고/저)(배)	9.7/7.3	48.5/25.2	17.3/10.5	25.0/9.0	31.1/13.8	28.4/13.1
PBR(최고/저)(배)	0.9/0.7	1.3/0.7	1.0/0.6	2.4/0.9	3.8/1.7	2.6/1.2
EV/EBITDA(배)	5.4	8.7	7.8	10.4	12.3	7.4
EPS(원)	235	72	163	284	407	328
BPS(원)	25,617	2,677	2,796	3,005	3,329	3,568
CFPS(원)	3,424	204	256	379	499	414
DPS(원)	—	130	56	68	65	35
EBITDAPS(원)	4,339	316	392	555	674	599

재무 비율 〈단위 : %〉

연도	영업이익률	순이익률	부채비율	차입금비율	ROA	ROE	유보율	자기자본비율	EBITDA마진율
2016	7.9	5.5	63.6	20.1	5.5	10.3	613.7	61.1	9.3
2015	9.0	6.8	60.6	21.2	7.3	13.9	565.8	62.3	10.4
2014	7.4	5.0	64.5	23.8	5.4	10.7	501.0	60.8	8.9
2013	5.1	2.6	75.3	29.4	2.6	6.5	459.1	57.1	6.7

보광산업 (A225530)
BoKwang Industry

업 종 : 건축소재		시 장 : KOSDAQ	
신용등급 : (Bond) — (CP) —		기업규모 : 중견	
홈페이지 : www.bokwangindustry.co.kr		연 락 처 : 053)384-0883	
본 사 : 대구시 북구 유통단지로3길 40			

설 립 일 2004.08.27	종 업 원 수 74명	대 표 이 사 박병윤	
상 장 일 2015.12.17	감 사 의 견 적정 (안경)	계 열	
결 산 기 12월	보 통 주 3,447만주	종속회사수	
액 면 가 500원	우 선 주	구 상 호	

주주구성 (지분율,%)		출자관계 (지분율,%)		주요경쟁사 (외형,%)	
홈센타홀딩스	41.2	홈센타홀딩스	41.2	보광산업	100
박병준	7.9	보광산업개발	20.0	일신석재	88
(외국인)	0.2	보광세라믹스	18.3	쎄니트	243

매출구성		비용구성		수출비중	
[제품]골재	60.6	매출원가율	66.9	수출	0.0
[제품]레미콘	25.0	판관비율	8.8	내수	100.0
[제품]아스콘 일반	10.9				

회사 개요

2004년 8월 설립된 동사는 대구, 경북지역에서 골재 사업, 아스콘 사업, 레미콘 사업을 영위하고 있음. 산업의 특성상 제품의 생산과 소비가 거의 동시에 일어나기 때문에 타 지역 경쟁사가 진입하기 힘든 사업 환경에 노출되어 있으며 동사의 매출은 골재 사업(44.7%), 아스콘 사업(13.6%), 레미콘 사업(41.3%)으로 구성되어 있으며 골재 산업의 환경 변화로 인해 골재 사업의 높은 수익성은 유지될 가능성이 큼.

실적 분석

레미콘 사업부 매출 반영에 따라 동사의 2016년 연간 매출액은 477억원으로 전년 대비 18.5% 증가함. 반면 산업 원재료와 판관비의 증가로 영업이익은 115.9억원으로 전년 대비 12.2% 감소됨. 비영업손실의 흑자전환으로 당기순이익은 102.1억원으로 소폭 증가함. 계속되는 건설경기의 호조로 인한 수급상승, 레미콘 사업 신규진출, 생산효율성 증대 등의 요인으로 설립이래 최고의 실적을 기록함.

현금 흐름 *IFRS 별도 기준 〈단위 : 억원〉

항목	2015	2016
영업활동	113	116
투자활동	-250	-100
재무활동	237	-92
순현금흐름	99	-75
기말현금	105	30

시장 대비 수익률

결산 실적 〈단위 : 억원〉

항목	2011	2012	2013	2014	2015	2016
매출액	381	423	421	315	403	477
영업이익	26	22	69	100	132	116
당기순이익	14	12	49	39	101	102

분기 실적 *IFRS 별도 기준 〈단위 : 억원〉

항목	2015.3Q	2015.4Q	2016.1Q	2016.2Q	2016.3Q	2016.4Q
매출액	113	128	100	134	115	128
영업이익	34	41	22	37	20	36
당기순이익	23	30	16	34	20	32

재무 상태 *IFRS 별도 기준 〈단위 : 억원〉

항목	2011	2012	2013	2014	2015	2016
총자산	225	264	473	464	848	878
유형자산	102	155	259	245	463	489
무형자산	6	10	—	—	—	—
유가증권	32	23	110	117	151	127
총부채	182	216	401	272	409	333
총차입금	131	148	273	154	261	192
자본금	11	11	11	14	57	115
총자본	44	48	72	192	439	545
지배주주지분	44	48	72	192	439	545

기업가치 지표 *IFRS 별도 기준

항목	2011	2012	2013	2014	2015	2016
주가(최고/저)(천원)	—/—	—/—	—/—	—/—	2.1/1.5	13.6/1.7
PER(최고/저)(배)	0.0/0.0	0.0/0.0	0.0/0.0	0.0/0.0	5.2/3.9	46.2/5.8
PBR(최고/저)(배)	0.0/0.0	0.0/0.0	0.0/0.0	0.0/0.0	1.7/1.2	8.7/1.1
EV/EBITDA(배)	3.3	—	2.8	1.1	4.5	24.5
EPS(원)	76	66	263	201	406	296
BPS(원)	39,919	43,497	65,453	135,138	3,821	2,370
CFPS(원)	25,839	24,585	67,894	57,707	1,590	602
DPS(원)	—	—	—	—	—	300
EBITDAPS(원)	36,376	33,708	85,936	110,529	1,962	663

재무 비율 〈단위 : %〉

연도	영업이익률	순이익률	부채비율	차입금비율	ROA	ROE	유보율	자기자본비율	EBITDA마진율
2016	24.3	21.4	61.1	35.3	11.8	20.8	374.1	62.1	31.9
2015	32.8	25.1	93.2	59.4	15.4	32.0	664.3	51.8	40.4
2014	31.9	12.5	141.3	80.1	8.4	29.7	1,251.4	41.4	40.6
2013	16.3	11.6	557.0	379.5			554.5	15.2	22.4

보락 (A002760)
Bolak

업　　　종 : 화학　　　　　　　　　　　　　　　시　　　장 : 거래소
신용등급 : (Bond) —　　(CP) —　　　　　　　기업규모 : 시가총액 소형주
홈페이지 : www.bolak.co.kr　　　　　　　　　연 락 처 : 031)352-6455
본　　　사 : 경기도 화성시 양감면 초록로 720-37

설 립 일	1959.08.08	종 업 원 수	120명	대 표 이 사	정기련
상 장 일	1989.11.30	감사의견	적정 (한울)	계　　열	
결 산 기	12월	보 통 주	1,198만주	종속회사수	
액 면 가	1,000원	우 선 주		구 상 호	

주주구성 (지분율,%)		출자관계 (지분율,%)		주요경쟁사 (외형,%)	
정기련	26.2	해태제과식품	0.1	보락	100
최경애	7.9			코오롱머티리얼	949
(외국인)	2.3			씨큐브	106

매출구성		비용구성		수출비중	
파인애플엔센스외(제품)	66.4	매출원가율	83.6	수출	7.0
보락씨엠씨칼슘외(제품)	20.2	판관비율	10.7	내수	93.0
삭카린 나트륨 외(상품)	11.1				

회사 개요
1959년 설립된 동사는 식품첨가물 및 원료의약품사업 등을 영위하고 있음. 매출비중은 식품첨가물이 약 70%, 원료의약품이 20%를 보이고 있음. 엘지생활건강, 에스트라, 해태제과, 동아오츠카, 동아제약 등이 주요 매출처로 안정적 외형을 보이고 있으며, 소비자 기호에 영향을 받는 제품의 특성상 제품의 수명이 대체로 짧은 편이므로 소비자의 기호와 욕구에 맞는 다양하고 기능성 식품의 개발이 관건임.

실적 분석
동사의 2016년 결산기준 누적 매출액은 전년동기대비 14.9% 상승한 357.1억원을 기록하였음. 비용면에서 전년동기대비 매출원가는 증가 하였으며 인건비증가, 기타판매비와관리비도 마찬가지로 증가함. 이와 같이 상승한 매출액 만큼 비용증가도 있었으나 매출액의 더 큰 상승에 힘입어 그에 따라 전년동기대비 영업이익은 20.3억원으로 58.8% 상승하였음. 최종적으로 전년동기대비 당기순이익은 흑자전환하여 30.3억원을 기록함.

현금 흐름 *IFRS 별도 기준 〈단위 : 억원〉

항목	2015	2016
영업활동	32	55
투자활동	-41	-3
재무활동	-9	-11
순현금흐름	-18	41
기말현금	12	53

시장 대비 수익률
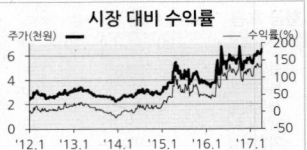

결산 실적 〈단위 : 억원〉

항목	2011	2012	2013	2014	2015	2016
매출액	253	314	307	312	311	357
영업이익	5	20	8	8	13	20
당기순이익	1	19	7	21	-2	30

분기 실적 *IFRS 별도 기준 〈단위 : 억원〉

항목	2015.3Q	2015.4Q	2016.1Q	2016.2Q	2016.3Q	2016.4Q
매출액	68	81	92	96	86	83
영업이익	7	3	9	9	5	-2
당기순이익	1	-8	6	22	4	-2

재무 상태 *IFRS 별도 기준 〈단위 : 억원〉

항목	2011	2012	2013	2014	2015	2016
총자산	465	494	497	515	495	531
유형자산	225	243	242	252	258	309
무형자산	3	2	2	2	1	1
유가증권	8	8	8	8	8	3
총부채	96	109	104	104	95	104
총차입금	17	26	37	25	24	17
자본금	120	120	120	120	120	120
총자본	369	385	393	411	400	427
지배주주지분	369	385	393	411	400	427

기업가치 지표 *IFRS 별도 기준

항목	2011	2012	2013	2014	2015	2016
주가(최고/저)(천원)	2.8/1.9	3.4/2.4	3.5/2.2	3.3/2.3	6.2/2.9	7.3/3.4
PER(최고/저)(배)	289.2/192.3	22.9/15.8	61.0/39.3	19.6/14.0	—/—	29.1/13.7
PBR(최고/저)(배)	1.0/0.7	1.1/0.8	1.1/0.7	1.0/0.7	1.9/0.9	2.1/1.0
EV/EBITDA(배)	15.4	11.1	12.6	14.2	16.2	18.4
EPS(원)	2	32	12	35	-3	51
BPS(원)	3,077	3,215	3,276	3,434	3,340	3,568
CFPS(원)	136	283	188	314	126	382
DPS(원)		40	20	70	30	70
EBITDAPS(원)	164	293	190	208	247	299

재무 비율 〈단위 : % 〉

연도	영업이익률	순이익률	부채비율	차입금비율	ROA	ROE	유보율	자기자본비율	EBITDA마진율
2016	5.7	8.5	24.3	3.9	5.9	7.3	256.8	80.5	10.0
2015	4.1	-0.6	23.8	6.0	-0.3	-0.4	234.0	80.8	9.5
2014	2.6	6.7	25.2	6.0	4.1	5.2	243.4	79.9	8.0
2013	2.4	2.3	26.6	9.5	1.5	1.9	227.6	79.0	7.4

보령메디앙스 (A014100)
Boryung Medience

업　　　종 : 개인생활용품　　　　　　　　　시　　　장 : KOSDAQ
신용등급 : (Bond) —　　(CP) —　　　　　　　기업규모 : 우량
홈페이지 : www.medience.co.kr　　　　　　연 락 처 : 02)708-8357
본　　　사 : 서울시 종로구 창경궁로 136 (원남동 66-21 보령빌딩)

설 립 일	1979.04.28	종 업 원 수	204명	대 표 이 사	김은정,박세권
상 장 일	1995.01.03	감사의견	적정 (삼정)	계　　열	
결 산 기	12월	보 통 주	1,140만주	종속회사수	
액 면 가	500원	우 선 주		구 상 호	

주주구성 (지분율,%)		출자관계 (지분율,%)		주요경쟁사 (외형,%)	
김은정	28.7	비알엠로지스틱스	20.0	보령메디앙스	100
보령	12.5	보령제약	5.4	코리아나	91
(외국인)	2.1	보령메디앙스천진	100.0	네오팜	31

매출구성		비용구성		수출비중	
B & B 등	33.6	매출원가율	47.4	수출	18.1
I - MOM 외 다수	24.9	판관비율	47.6	내수	81.9
쇼콜라 외	19.5				

회사 개요
동사는 스킨케어, 수유용품, 완구발육용품에서 패션에 이르기까지 육아에 필요한 제품을 만드는 회사임. 주요 제품으로는 아동 스킨케어 제품인 퓨어가닉, 닥터아토, 누크, 수유용품인 유피스, 누크수유용품, 생활건강 제품인 닥터아토, B&B, 완구제품 피셔프라이스, 아동패션브랜드 쇼콜라 등이 있음. 2009년에는 친환경 제품에 관심을 보이는 소비자 니즈에 부응하기 위해 대표적인 친환경 브랜드인 '오가닉코튼' 브랜드를 인수함.

실적 분석
동사의 2016년 매출액은 1359.4억원으로 전년 대비 0.6% 소폭 줄었음. 매출총이익은 4.4% 줄어든 715.1억원을 기록했으며, 판매비와 관리비도 5.2% 줄어들었음. 광고선전비, 기타판관비가 10.7%, 7.4% 씩 줄어든 결과임. 영업이익은 4.1% 늘어난 67.5억원을 기록했음. 다만 금융손실, 외환손실 등 비영업부문에서 손실 총 16.7억원을 내면서 당기순이익은 전년 대비 51.8% 줄어든 26.9억원을 기록했음.

현금 흐름 〈단위 : 억원〉

항목	2015	2016
영업활동	83	107
투자활동	-131	-60
재무활동	-11	12
순현금흐름	-59	55
기말현금	42	98

시장 대비 수익률
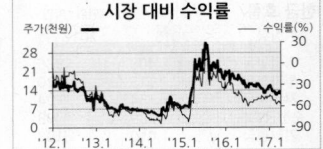

결산 실적 〈단위 : 억원〉

항목	2011	2012	2013	2014	2015	2016
매출액	1,817	1,778	1,543	1,453	1,367	1,359
영업이익	-27	6	-39	57	65	67
당기순이익	-11	7	-38	53	56	27

분기 실적 〈단위 : 억원〉

항목	2015.3Q	2015.4Q	2016.1Q	2016.2Q	2016.3Q	2016.4Q
매출액	333	364	336	356	330	338
영업이익	20	18	22	26	18	1
당기순이익	18	16	16	24	12	-26

재무 상태 〈단위 : 억원〉

항목	2011	2012	2013	2014	2015	2016
총자산	829	905	860	879	918	976
유형자산	103	101	135	135	228	217
무형자산	22	16	11	9	12	21
유가증권	3	3	3	3	3	4
총부채	484	555	545	511	493	560
총차입금	130	189	243	201	188	240
자본금	50	51	52	53	54	55
총자본	345	350	314	368	425	416
지배주주지분	345	350	314	368	425	416

기업가치 지표

항목	2011	2012	2013	2014	2015	2016
주가(최고/저)(천원)	23.7/4.4	22.0/6.7	13.5/6.2	11.9/4.5	35.2/7.3	21.4/12.7
PER(최고/저)(배)	—/—	352.1/106.6	—/—	25.5/9.6	72.0/14.8	90.5/53.9
PBR(최고/저)(배)	7.8/1.5	7.2/2.2	4.9/2.3	3.7/1.4	9.4/1.9	5.4/3.2
EV/EBITDA(배)		42.6		11.9	29.8	19.9
EPS(원)	-93	63	-332	466	490	236
BPS(원)	3,450	3,438	3,039	3,493	3,954	4,091
CFPS(원)	144	329	-118	701	713	469
DPS(원)					10	
EBITDAPS(원)	-22	316	-129	734	796	838

재무 비율 〈단위 : % 〉

연도	영업이익률	순이익률	부채비율	차입금비율	ROA	ROE	유보율	자기자본비율	EBITDA마진율
2016	5.0	2.0	134.6	57.7	2.8	6.4	718.2	42.6	6.8
2015	4.7	4.1	116.2	44.3	6.2	14.1	690.7	46.3	6.3
2014	3.9	3.7	138.7	54.5	6.1	15.6	598.5	41.9	5.4
2013	-2.5	-2.5	173.4	77.4	-4.3	-11.4	507.8	36.6	-0.9

보령제약 (A003850)
Boryung Pharmaceutical

업　　　종 : 제약	시　　　장 : 거래소
신용등급 : (Bond) —　　(CP) —	기업규모 : 시가총액 중형주
홈 페 이 지 : www.boryung.co.kr	연 락 처 : 02)708-8000
본　　　사 : 서울시 종로구 창경궁로 136 보령빌딩	

설 립 일 1963.11.11	종 업 원 수 1,148명	대 표 이 사 김은선
상 장 일 1988.10.24	감 사 의 견 적정 (안진)	계　　　열
결 산 기 12월	보 통 주 884만주	종속회사수
액 면 가 2,500원	우 선 주	구 상 호

주주구성 (지분율,%)
보령홀딩스	30.2
김은선	12.2
(외국인)	7.1

출자관계 (지분율,%)
바이젠셀	32.8
금정프로젝트금융투자	10.0

주요경쟁사 (외형,%)
보령제약	100
신풍제약	47
광동제약	258

매출구성
기타	72.4
임가공수입금 외	12.0
카나브	8.3

비용구성
매출원가율	56.8
판관비율	37.8

수출비중
수출	8.4
내수	91.6

회사 개요
동사는 1963년에 설립되어 의약품의 제조, 매매 및 소분업, 무역업, 무역대리업, 부동산 매매 및 임대업 등을 영위하고 있으며 1988년 10월 한국거래소에 상장됨. 제약산업은 다른 산업에 비하여 수요탄력성이 낮고 경제 흐름의 영향을 덜 받는 특성이 있음. 또한 신약 개발을 통해 확보한 원천기술 및 헬스케어산업으로의 사업다각화를 통해 성장성을 확보할 수 있는 분야임. 당기 겔포스 등 제품 매출 비중은 57.25%를 기록함.

실적 분석
동사의 2016년 기준 매출액은 전년대비 1.9% 성장한 4,091.4억원을 기록함. 매출 성장은 정체되었으나 판관비율의 상승으로 영업이익은 전년대비 20.1% 감소한 220.1억원, 당기순이익은 72.4% 감소한 56.1억원을 기록함. 대폭 축소된 당기순이익은 대규모 법인세추납금의 발생에 기인함. 동사는 카나브 단일제와 복합제 및 글로벌 제약사의 우수의약품 도입과 개량신약의 개발 등 성장동력 확보를 진행중임.

현금 흐름　*IFRS 별도 기준　〈단위 : 억원〉
항목	2015	2016
영업활동	171	94
투자활동	-205	324
재무활동	191	-385
순현금흐름	159	42
기말현금	221	263

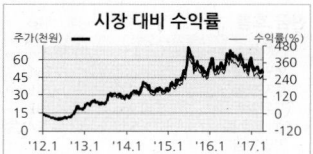

시장 대비 수익률

결산 실적　〈단위 : 억원〉
항목	2011	2012	2013	2014	2015	2016
매출액	3,080	3,121	3,273	3,595	4,014	4,091
영업이익	65	34	191	244	276	220
당기순이익	62	94	141	216	203	56

분기 실적　*IFRS 별도 기준　〈단위 : 억원〉
항목	2015.3Q	2015.4Q	2016.1Q	2016.2Q	2016.3Q	2016.4Q
매출액	1,120	1,017	889	1,053	1,173	977
영업이익	58	87	43	100	65	12
당기순이익	55	41	32	87	32	-95

재무 상태　*IFRS 별도 기준　〈단위 : 억원〉
항목	2011	2012	2013	2014	2015	2016
총자산	2,624	2,730	2,676	2,824	3,309	3,979
유형자산	678	678	644	681	800	893
무형자산	133	166	175	167	185	178
유가증권	5	5	5	5	5	21
총부채	1,244	1,272	1,076	1,051	1,350	2,026
총차입금	538	522	317	370	573	255
자본금	166	174	183	192	201	211
총자본	1,380	1,458	1,600	1,774	1,959	1,953
지배주주지분	1,380	1,458	1,600	1,774	1,959	1,953

기업가치 지표　*IFRS 별도 기준
항목	2011	2012	2013	2014	2015	2016
주가(최고/저)(천원)	24.9/10.1	20.7/9.3	32.1/18.8	40.9/26.9	71.0/34.1	68.1/49.5
PER(최고/저)(배)	36.7/14.9	19.9/8.9	20.4/12.0	16.9/11.2	31.1/14.9	107.6/78.2
PBR(최고/저)(배)	1.6/0.7	1.3/0.6	1.8/1.0	2.0/1.3	3.2/1.5	2.9/2.1
EV/EBITDA(배)	10.6	15.4	9.4	10.0	12.7	14.7
EPS(원)	699	1,063	1,598	2,442	2,297	635
BPS(원)	21,203	21,484	22,426	23,797	24,994	24,377
CFPS(원)	2,330	2,851	3,375	4,267	4,115	2,483
DPS(원)	100	150	150	200	200	200
EBITDAPS(원)	2,381	1,986	4,060	4,638	5,017	4,429

재무 비율　〈단위 : % 〉
연도	영업이익률	순이익률	부채비율	차입금비율	ROA	ROE	유보율	자기자본비율	EBITDA마진율
2016	5.4	1.4	103.7	13.1	1.5	2.9	875.1	49.1	9.1
2015	6.9	5.1	68.9	29.3	6.6	10.9	899.8	59.2	10.1
2014	6.8	6.0	59.2	20.9	7.9	12.8	851.9	62.8	9.9
2013	5.9	4.3	67.3	19.8	5.2	9.2	797.0	59.8	9.1

보루네오가구 (A004740)
Borneo International Furniture

업　　　종 : 내구소비재	시　　　장 : 거래소
신용등급 : (Bond) —　　(CP) —	기업규모 : 시가총액 소형주
홈 페 이 지 : www.bif.co.kr	연 락 처 : 032)430-8352
본　　　사 : 인천시 남동구 논고개로 101(논현동, 아름다운타워)	

설 립 일 1966.09.03	종 업 원 수 115명	대 표 이 사 송달석,안섭
상 장 일 1988.09.22	감 사 의 견 적정 (대영)	계　　　열
결 산 기 12월	보 통 주 7,193만주	종속회사수
액 면 가 100원	우 선 주	구 상 호

주주구성 (지분율,%)
전용진	17.8
신용보증기금	5.0
(외국인)	0.1

출자관계 (지분율,%)

주요경쟁사 (외형,%)
보루네오	100
한샘	5,965
현대리바트	2,268

매출구성
기타	39.5
옷장류	20.7
소파류	17.6

비용구성
매출원가율	77.7
판관비율	70.1

수출비중
수출	8.0
내수	92.0

회사 개요
동사는 가정용, 사무용, 아파트, 주방용을 비롯한 주거생활에 필요한 모든 가구를 생산, 판매하고 있으며, 가정용 가구 부문에서 10% 안팎의 시장 점유율을 보이고 있음. 가정용 가구는 내구소비재로서 제품의 수명주기가 길고 고가 제품에 해당하여 결혼시즌과 이사철에 수요가 집중되는 계절적인 특징이 있으며, 사무용 가구는 경영활동에 맞추어져 인간공영과 지식경영을 전개할 수 있는 커뮤니티 공간으로 발전, 진화되고 있음.

실적 분석
동사의 결산 매출은 324.3억원으로 전년동기 대비 25.9% 감소함. 원가율 하락에도 불구하고 영업손실, 순손실 각각 154.8억원, 143.4억원을 시현하는데 그침. 지난해 2월 횡령 배임혐의가 발생하면서 상장적격성실질심사 대상에 올랐으나, 작성일 현재 매매거래가 정지된 상황임. 지속적으로 판매부진 상품을 대폭 축소하고, 온라인 마케팅을 강화한 판매 전략으로 실적 개선을 도모 중.

현금 흐름　*IFRS 별도 기준　〈단위 : 억원〉
항목	2015	2016
영업활동	-26	-104
투자활동	-95	65
재무활동	117	-7
순현금흐름	-4	-46
기말현금	68	22

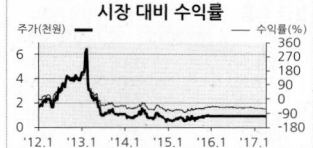

시장 대비 수익률

결산 실적　〈단위 : 억원〉
항목	2011	2012	2013	2014	2015	2016
매출액	1,530	1,343	940	541	438	324
영업이익	-3	-144	-193	-152	-135	-155
당기순이익	-6	-254	-317	-104	-136	-143

분기 실적　*IFRS 별도 기준　〈단위 : 억원〉
항목	2015.3Q	2015.4Q	2016.1Q	2016.2Q	2016.3Q	2016.4Q
매출액	102	116	88	80	79	77
영업이익	-33	-33	-30	-56	-30	-39
당기순이익	-27	-39	-22	-54	-29	-38

재무 상태　*IFRS 별도 기준　〈단위 : 억원〉
항목	2011	2012	2013	2014	2015	2016
총자산	1,505	1,226	934	474	432	304
유형자산	705	664	83	56	48	45
무형자산	13	21	13	9	3	3
유가증권	4	2	1	4	4	4
총부채	794	770	590	237	205	219
총차입금	361	367	283	11	10	31
자본금	481	160	113	113	200	200
총자본	711	456	344	237	227	85
지배주주지분	711	456	344	237	227	85

기업가치 지표
항목	2011	2012	2013	2014	2015	2016
주가(최고/저)(천원)	4.2/2.0	7.3/2.6	10.8/1.5	2.6/0.8	1.9/0.9	1.6/1.6
PER(최고/저)(배)	—/—	—/—	—/—	—/—	—/—	—/—
PBR(최고/저)(배)	0.8/0.4	2.1/0.8	8.9/1.3	3.1/1.0	3.4/1.5	7.6/7.6
EV/EBITDA(배)	19.4					
EPS(원)	-26	-1,153	-1,274	-219	-240	-215
BPS(원)	7,400	1,421	1,526	1,053	570	213
CFPS(원)	255	-702	-2,418	-359	-348	-332
DPS(원)						
EBITDAPS(원)	287	-357	-1,369	-571	-343	-361

재무 비율　〈단위 : % 〉
연도	영업이익률	순이익률	부채비율	차입금비율	ROA	ROE	유보율	자기자본비율	EBITDA마진율
2016	-47.7	-44.2	일부잠식	일부잠식	-38.9	-91.7	-57.4	28.0	-44.5
2015	-30.8	-31.1	90.2	4.3	-30.1	-58.7	13.9	52.6	-26.8
2014	-28.0	-19.2	99.9	4.8	-14.8	-35.8	110.5	50.0	-23.8
2013	-20.5	-33.7	171.8	82.4	-29.4	-79.4	205.2	36.8	-17.2

보성파워텍 (A006910)
Bosung Power Technology

업 종 : 전기장비	시 장 : KOSDAQ
신용등급 : (Bond) — (CP) —	기업규모 : 벤처
홈페이지 : www.bosungpower.co.kr	연 락 처 : 043)857-0311
본 사 : 충북 충주시 주덕읍 대창길 70	

설 립 일 1970.11.21	종업원수 134명	대표이사 임재황	
상 장 일 1994.09.07	감사의견 적정(대주)	계 열	
결 산 기 12월	보 통 주 4,585만주	종속회사	
액 면 가 500원	우 선 주	구 상 호	

주주구성 (지분율,%)		출자관계 (지분율,%)		주요경쟁사 (외형,%)	
임도수	6.7	보성갈바텍	20.0	보성파워텍	100
임재황	6.3	비에스피건설	16.0	대한전선	1,908
(외국인)	2.5	토러스투자증권	1.0	LS	13,361

매출구성		비용구성		수출비중	
기타	44.6	매출원가율	96.5	수출	14.9
철구조물	29.7	판관비율	8.8	내수	85.1
상품	11.1				

회사 개요
동사는 전력산업 기자재생산 전문업체로 중전기기류, 송배전자재류, 철구조물 등을 개발, 생산 및 판매사업을 영위하고 있음. 전력산업은 국가 기간산업으로서 국내외의 경기동향에 많은 영향을 받는 등 산업연관효과가 큼. 정부의 육성정책과 내수시장 보호정책으로 고도의 성장을 해왔으며, 이로 인해 안정적인 사업분야로 인식되어 점차 경쟁업체가 증가하고 있음. 경제성장에 따른 설비투자증가 및 전력수요증가 요인과 연계됨.

실적 분석
동사는 전반적인 내수경기 부진으로 인한 주력제품의 판매가 감소하여 2016년 결산 매출액은 전년동기 대비 5.9% 감소하였음. 매출원가는 전기와 비슷한 수준을 기록, 판관비 증가에 따른 영업손실 발생, 당기순이익이 감소함. 제품 매출의 대부분은 한국전력공사에 의존하고 있으며 제품의 종류 및 규격이 다양하여 대량생산체계 구축이 어려워 동사를 비롯한 대부분의 동종업체가 다품종소량생산방식을 채택함.

현금 흐름 〈단위 : 억원〉

항목	2015	2016
영업활동	24	-49
투자활동	-59	22
재무활동	65	331
순현금흐름	31	304
기말현금	37	341

시장 대비 수익률
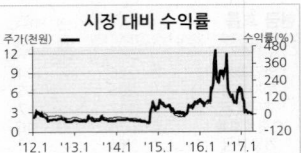

결산 실적 〈단위 : 억원〉

항목	2011	2012	2013	2014	2015	2016
매출액	746	1,050	1,032	896	765	720
영업이익	-29	31	11	-43	18	-38
당기순이익	-31	9	-19	-48	7	5

분기 실적 〈단위 : 억원〉

항목	2015.3Q	2015.4Q	2016.1Q	2016.2Q	2016.3Q	2016.4Q
매출액	81	302	149	149	142	280
영업이익	-6	20	6	-9	-9	-28
당기순이익	-6	15	3	-9	-11	21

재무 상태 〈단위 : 억원〉

항목	2011	2012	2013	2014	2015	2016
총자산	808	976	925	845	935	1,287
유형자산	298	349	345	337	361	381
무형자산	26	24	22	19	17	17
유가증권	37	47	48	51	59	93
총부채	441	598	568	500	455	348
총차입금	284	317	324	318	232	111
자본금	154	154	154	159	189	229
총자본	367	378	357	345	480	939
지배주주지분	366	377	356	344	478	937

기업가치 지표

항목	2011	2012	2013	2014	2015	2016
주가(최고/저)(천원)	3.7/1.5	3.2/1.5	2.4/1.5	4.6/1.2	5.5/2.4	13.8/3.9
PER(최고/저)(배)	—/—	114.5/52.1	—/—	—/—	343.6/147.2	1,268.5/363.0
PBR(최고/저)(배)	3.3/1.4	2.8/1.3	2.2/1.4	4.5/1.2	4.6/2.0	6.7/1.9
EV/EBITDA(배)		16.6	25.9		56.8	
EPS(원)	-95	28	-58	-146	16	11
BPS(원)	1,201	1,237	1,167	1,089	1,272	2,051
CFPS(원)	-47	89	5	-88	67	58
DPS(원)						
EBITDAPS(원)	-41	159	103	-71	97	-42

재무 비율 〈단위 : % 〉

연도	영업이익률	순이익률	부채비율	차입금비율	ROA	ROE	유보율	자기자본비율	EBITDA마진율
2016	-5.3	0.7	37.1	11.9	0.4	0.7	310.1	72.9	-2.5
2015	2.3	0.9	94.8	48.3	0.8	1.6	154.4	51.3	4.8
2014	-4.8	-5.4	145.1	92.3	-5.4	-13.7	117.8	40.8	-2.4
2013	1.1	-1.8	159.1	90.9	-2.0	-5.2	133.5	38.6	3.1

보타바이오 (A026260)
Bota Bio

업 종 : 바이오	시 장 : KOSDAQ
신용등급 : (Bond) — (CP) —	기업규모 :
홈페이지 : www.idn.co.kr	연 락 처 : 02)546-6200
본 사 : 서울시 강남구 언주로 620 (논현동, 현대인텔렉스빌딩 8층)	

설 립 일 1990.06.27	종업원수 34명	대표이사 김성태	
상 장 일 1996.09.24	감사의견 적정(동서)	계 열	
결 산 기 12월	보 통 주 4,566만주	종속회사	
액 면 가 500원	우 선 주	구 상 호 아이디엔	

주주구성 (지분율,%)		출자관계 (지분율,%)		주요경쟁사 (외형,%)	
유한회사 우민	11.8	인스피아	100.0	보타바이오	100
(유)씨에스월드	7.1	아이디엔솔루션즈	91.0	바이오니아	71
		카바라인	70.0	이수앱지스	62

매출구성		비용구성		수출비중	
건강기능식품외	72.2	매출원가율	37.4	수출	6.8
통신 서비스 용역,임대수익	23.6	판관비율	105.6	내수	93.2
인터넷 서비스	4.2				

회사 개요
동사는 2014년 11월 사업목적 변경과 상호변경을 의결하여 바이오 제약사업과 산업안전솔루션 사업, 인터넷서비스 및 통신사업을 주요사업으로 영위함. 2015년 7월 화장품유통사업을 위한 (주)드림스킨코리아 와 (주)카바라인의 지분을 취득하여 종속회사로 편입. 매출구조는 바이오 사업부문이 대부분을 차지하며 통신서비스 등 기타부문과 인터넷워드 부문이 나머지를 차지하고 있음.

실적 분석
동사의 2016년 결산 매출액은 306.3억원을 기록하며 전년동기 대비 27.6% 증가함. 외형확대 대비 매출원가는 감소하여 높은 매출총이익을 기록하였지만 인건비 상승 및 대손상각비로 인하여 판관비가 급격하게 상승, 영업손실의 폭이 확대됨. 비영업손실 중 무형자산손상차손이 크게 증가하여 당기순이익 494.9억원을 기록. 2017.03.27 기준 최대주주가 유한회사 우민, 보유지분 9.91%로 변경됨.

현금 흐름 〈단위 : 억원〉

항목	2015	2016
영업활동	-138	-161
투자활동	-107	-145
재무활동	195	292
순현금흐름	-51	-14
기말현금	22	8

시장 대비 수익률
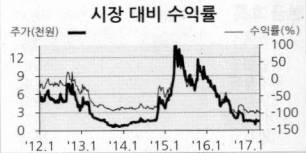

결산 실적 〈단위 : 억원〉

항목	2011	2012	2013	2014	2015	2016
매출액	88	92	77	67	240	306
영업이익	-28	-37	-4	-36	-46	-132
당기순이익	-42	-129	-23	-79	-213	-495

분기 실적 〈단위 : 억원〉

항목	2015.3Q	2015.4Q	2016.1Q	2016.2Q	2016.3Q	2016.4Q
매출액	65	77	56	41	122	87
영업이익	-4	-23	-10	-57	-20	-45
당기순이익	-6	-186	-23	-132	-7	-333

재무 상태 〈단위 : 억원〉

항목	2011	2012	2013	2014	2015	2016
총자산	206	134	118	220	420	392
유형자산	27	25	18	14	44	24
무형자산	53	16	18	6	60	116
유가증권	30	20	2	38	39	12
총부채	111	107	42	41	287	370
총차입금	73	55	15	11	210	250
자본금	115	178	53	107	122	177
총자본	95	26	75	179	133	21
지배주주지분	88	22	70	171	139	17

기업가치 지표

항목	2011	2012	2013	2014	2015	2016
주가(최고/저)(천원)	20.8/4.8	8.5/3.1	5.4/0.6	5.5/0.8	14.9/3.4	9.1/1.2
PER(최고/저)(배)	—/—	—/—	—/—	—/—	—/—	—/—
PBR(최고/저)(배)	5.4/1.3	13.4/4.9	8.2/0.9	6.9/1.0	26.0/6.0	184.8/24.5
EV/EBITDA(배)			10.2			
EPS(원)	-2,424	-5,084	-527	-592	-706	-1,709
BPS(원)	383	63	664	797	572	49
CFPS(원)	-144	-473	-361	-542	-607	-1,664
DPS(원)						
EBITDAPS(원)	-84	-111	72	-226	-96	-425

재무 비율 〈단위 : % 〉

연도	영업이익률	순이익률	부채비율	차입금비율	ROA	ROE	유보율	자기자본비율	EBITDA마진율
2016	-43.0	-161.6	일부잠식	일부잠식	-122.0	-611.0	-90.1	5.5	-38.9
2015	-19.2	-88.7	215.8	158.0	-66.6	-107.7	14.4	31.7	-9.4
2014	-53.8	-117.6	22.8	6.0	-46.7	-64.2	59.3	81.4	-44.0
2013	-5.6	-30.2	55.7	19.9	-18.5	-52.1	32.8	64.2	4.3

보해양조 (A000890)
BOHAE BREWERY

업 종 : 음료		시 장 : 거래소	
신용등급 : (Bond) — (CP) —		기업규모 : 시가총액 소형주	
홈페이지 : www.bohae.co.kr		연 락 처 : 061)240-5700	
본 사 : 전남 목포시 호남로68번길 36			

설 립 일 1952.11.11	종 업 원 수 407명	대 표 이 사 임지선,채원영
상 장 일 1988.09.23	감 사 의 견 적정(승일)	계 열
결 산 기 12월	보 통 주 9,657만주	종속회사수
액 면 가 500원	우 선 주 3만주	구 상 호

주주구성 (지분율,%)		출자관계 (지분율,%)		주요경쟁사 (외형,%)	
창해에탄올	31.0	님과함께	100.0	보해양조	100
임성우	1.8	보해매실농원	90.0	롯데칠성	2,051
(외국인)	0.9	상해순보해	100.0	하이트진로	1,636

매출구성		비용구성		수출비중	
잎 새 주	60.4	매출원가율	62.0	수출	—
보해복분자, 부라더#소다	29.2	판관비율	43.2	내수	—
매원외	5.6				

회사 개요
동사는 천년의 아침, 잎새주 등 브랜드로 광주/전남에서 소주 시장의 약75% 점유율을 유지하고 있음. 보해복분자주, 매취순, 순희 등은 전국적인 판매망을 확보해 유통하고 있음. 최근 출시한 저도주 소주 시장점유율 확대를 위한 마케팅비용 지출 증가, 주류업체들간의 과당경쟁이 영업비용 상승으로 이어져 영업환경에 어려움이 있음. 2001년 일본 아사히맥주와 공동개발한 소주 보해(寶海)를 일본에 수출하고 있음.

실적 분석
경제성장률이 낮아지고 민간소비가 줄어듦에 따라 매출에 영향을 주고 있어 매출액은 1,155.2억원을 달성, 전년동기대비 6.7% 감소하였음. 적극적인 상황 타개를 위해 신제품을 출시하고 있으나 경쟁이 심화되면서 광고선전비가 크게 증가해 영업이익은 적자전환함. 사회적 규제가 강화되고 소비가 위축될 수 있는 제도가 발휘되면 따라 수익이 약화될 우려가 존재하나 신제품 개발 및 마케팅 강화로 수익성 개선 노력을 지속하고 있음.

현금 흐름 〈단위 : 억원〉
항목	2015	2016
영업활동	305	-100
투자활동	-186	-152
재무활동	-131	237
순현금흐름	-11	-15
기말현금	24	9

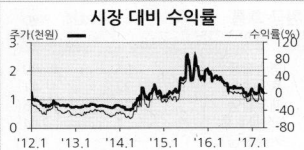
시장 대비 수익률

결산 실적 〈단위 : 억원〉
항목	2011	2012	2013	2014	2015	2016
매출액	1,303	1,209	1,197	1,224	1,238	1,155
영업이익	41	87	87	93	82	-60
당기순이익	5,570	-48	24	49	88	-73

분기 실적 〈단위 : 억원〉
항목	2015.3Q	2015.4Q	2016.1Q	2016.2Q	2016.3Q	2016.4Q
매출액	298	338	342	292	295	226
영업이익	17	4	-1	-18	-11	-30
당기순이익	8	9	-4	-17	-15	-36

재무 상태 〈단위 : 억원〉
항목	2011	2012	2013	2014	2015	2016
총자산	2,442	2,357	2,130	2,099	2,185	2,189
유형자산	1,016	1,001	995	1,032	1,100	1,234
무형자산	22	20	17	14	13	14
유가증권	27	97	94	115	74	82
총부채	1,929	1,902	1,614	1,298	1,150	1,195
총차입금	1,190	1,206	1,030	720	436	659
자본금	220	220	239	414	469	479
총자본	513	456	515	801	1,035	994
지배주주지분	527	456	516	799	1,033	994

기업가치 지표
항목	2011	2012	2013	2014	2015	2016
주가(최고/저)(천원)	1.7/0.8	1.4/0.7	0.8/0.7	1.5/0.6	2.7/1.0	2.1/1.1
PER(최고/저)(배)	0.2/0.1	—/—	16.5/13.8	21.2/8.7	28.3/11.0	—/—
PBR(최고/저)(배)	1.3/0.6	1.2/0.6	0.7/0.6	1.6/0.7	2.5/1.0	2.1/1.0
EV/EBITDA(배)	12.6	8.1	7.4	7.9	11.4	34.0
EPS(원)	7,875	-104	51	72	95	-75
BPS(원)	1,332	1,172	1,201	965	1,102	1,037
CFPS(원)	8,428	104	269	216	211	46
DPS(원)	—	—	—	—	—	—
EBITDAPS(원)	425	409	406	278	204	58

재무 비율 〈단위 : %〉
연도	영업이익률	순이익률	부채비율	차입금비율	ROA	ROE	유보율	자기자본비율	EBITDA마진율
2016	-5.2	-6.3	120.2	66.3	-3.3	-7.1	107.5	45.4	4.8
2015	6.6	7.1	111.2	42.1	4.1	9.6	120.3	47.4	15.2
2014	7.6	4.0	162.0	89.9	2.3	7.6	93.1	38.2	15.9
2013	7.3	2.0	313.2	199.9	1.1	5.0	140.2	24.2	15.6

본느 (A242420)
Bonne

업 종 : 개인생활용품		시 장 : KONEX	
신용등급 : (Bond) — (CP) —		기업규모 :	
홈페이지 : www.bonne.co.kr		연 락 처 : 031)707-4111	
본 사 : 경기도 성남시 분당구 대왕판교로 670, A동 5층 504호(삼평동, 유스페이스2)			

설 립 일 2009.03.09	종 업 원 수 명	대 표 이 사 임성기
상 장 일 2016.05.16	감 사 의 견 적정(태영)	계 열
결 산 기 12월	보 통 주 255만주	종속회사수
액 면 가 500원	우 선 주 69만주	구 상 호

주주구성 (지분율,%)		출자관계 (지분율,%)		주요경쟁사 (외형,%)	
임성기	52.0			본느	100
임예원	13.0			한국화장품	1,070
				한국화장품제조	432

매출구성		비용구성		수출비중	
기초화장용 제품류(제품)	35.2	매출원가율	66.7	수출	—
눈화장용 제품류	32.9	판관비율	17.3	내수	—
색조화장용 제품류	23.0				

회사 개요
2009년 3월 설립된 화장품 개발 및 제조기업으로 현재 OEM 및 ODM 사업과 자체 BRAND를 통한 화장품 제조업을 영위. 설립 이후 해외 Retail PB브랜드 및 색조화장품 Brand ODM(OEM) 사업을 통해 성장, 그 간의 경험으로 제품의 기획 및 생산에 대한 노하우를 축적. 동사는 이러한 경험을 바탕으로 2012년부터 자체브랜드사업을 개시해 현재 관계사로 100% 지분을 보유한 터치인솔 외 메디솔, 컬러비킷 지분 보유

실적 분석
동사의 매출액 성장률은 지난 2014년부터 2016년까지 연평균 59.65%. 동사는 2016년 전년 대비 매출률은 34% 증가한 150.3억원을 기록. 매출총이익 35% 증가 영업이익은 76% 증가했음. 다만 재고자산 평가충당금 및 지분법 손실에 따른 영업외손실과 전년 대비 증가한 법인세비용에 따라 당기순이익은 42% 감소했음. 영업이익과 당기순이익이 각각 24억원, 10.5억원을 기록함.

현금 흐름 *IFRS 별도 기준 〈단위 : 억원〉
항목	2015	2016
영업활동	7	-0
투자활동	-12	-6
재무활동	33	-3
순현금흐름	28	-9
기말현금	30	21

시장 대비 수익률

결산 실적 〈단위 : 억원〉
항목	2011	2012	2013	2014	2015	2016
매출액	—	—	52	59	112	150
영업이익	—	—	1	4	14	24
당기순이익	—	—	1	3	18	10

분기 실적 *IFRS 별도 기준 〈단위 : 억원〉
항목	2015.3Q	2015.4Q	2016.1Q	2016.2Q	2016.3Q	2016.4Q
매출액						
영업이익						
당기순이익						

재무 상태 *IFRS 별도 기준 〈단위 : 억원〉
항목	2011	2012	2013	2014	2015	2016
총자산	—	—	20	21	81	93
유형자산	—	—	1	0	1	1
무형자산	—	—	0	0	0	0
유가증권	—	—				
총부채	—	—	20	17	29	31
총차입금	—	—	12	5	8	6
자본금	—	—	1	4	5	16
총자본	—	—	-1	3	52	62
지배주주지분	—	—	-1	3	52	62

기업가치 지표 *IFRS 별도 기준
항목	2011	2012	2013	2014	2015	2016
주가(최고/저)(천원)	—/—	—/—	—/—	—/—	—/—	19.0/6.5
PER(최고/저)(배)	0.0/0.0	0.0/0.0	0.0/0.0	0.0/0.0	0.0/0.0	46.7/16.0
PBR(최고/저)(배)	0.0/0.0	0.0/0.0	0.0/0.0	0.0/0.0	0.0/0.0	9.9/3.4
EV/EBITDA(배)	—	—	20.3	0.7	—	6.7
EPS(원)	—	—	187	143	709	407
BPS(원)	—	—	-5,721	4,038	47,744	1,915
CFPS(원)	—	—	5,613	5,611	19,484	426
DPS(원)	—	—	—	—	—	—
EBITDAPS(원)	—	—	5,640	8,376	14,716	952

재무 비율 〈단위 : %〉
연도	영업이익률	순이익률	부채비율	차입금비율	ROA	ROE	유보율	자기자본비율	EBITDA마진율
2016	16.0	7.0	50.6	9.2	12.0	18.4	282.9	66.4	16.3
2015	12.1	16.2	56.6	16.0	35.9	66.0	854.9	63.9	12.6
2014	7.6	4.6	일부잠식	일부잠식	13.6	전기잠식	-19.2	16.7	9.0
2013	1.1	1.1	완전잠식	완전잠식	0.0	0.0	-214.4	-2.9	1.1

볼빅 (A206950)
VolvikInc

업 종 : 레저용품		시 장 : KONEX	
신용등급 : (Bond) — (CP) —		기업규모 :	
홈 페 이 지 : www.volvik.co.kr		연 락 처 : 043)877-1916	
본 사 : 충북 음성군 대소면 대금로 628			

설 립 일 2008.12.01	종업원수 174명	대표이사 문경안			
상 장 일 2015.12.30	감사의견 적정 (안진)	계 열			
결 산 기 12월	보 통 주 401만주	종속회사수			
액 면 가 500원	우 선 주 174만주	구 상 호			

주주구성 (지분율,%)		출자관계 (지분율,%)		주요경쟁사 (외형,%)	
엠스하이	34.6	아이진	3.7	볼빅	100
문경안	21.7			삼익악기	664
				TJ미디어	248

매출구성		비용구성		수출비중	
골프공(제품)	88.8	매출원가율	49.0	수출	21.4
골프용품(상품)	10.2	판관비율	48.4	내수	78.6
기타(로열티 외)	1.1				

회사 개요
동사는 2008년 12월 3일 설립된 회사로 골프공 제조업을 주요 사업으로 영위하는 중소기업임. 소득 수준 증가와 주 5일제 도입으로 레저 스포츠에 대한 관심이 크게 증가하면서 자연스럽게 골프에 대한 관심도 높아지고 있음. 2016년 기준 골프공 매출은 동사 전체 매출의 78.7%를 차지. 골프공업계 1위인 타이틀리스트 (점유율 48%)에 이어 시장 점유율 28%를 기록하며 양강구도를 형성함.

실적 분석
동사의 2016년 연간 누적 매출액은 314.3억원으로 전년 대비 9.3% 증가함. 반면 영업이익은 매출원가와 판관비 증가로 인해 감소함. 7.9억원의 영업익을 기록하며 전년대비 42.5% 감소한 모습을 보임. 단 매도가능증권처분이익과 외환차익 등 영업외수익이 급증하며 당기순이익은 전년보다 6.6억원 가량 오른 8억원을 시현. 당기 중 두 차례 유상증자로 자본잉여금이 62.5억원 증가함.

현금 흐름 *IFRS 별도 기준 〈단위 : 억원〉

항목	2015	2016
영업활동	-34	-44
투자활동	-15	-9
재무활동	56	51
순현금흐름	7	-2
기말현금	21	19

시장 대비 수익률
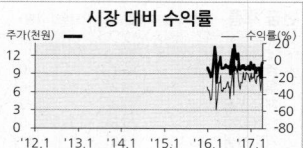

결산 실적 〈단위 : 억원〉

항목	2011	2012	2013	2014	2015	2016
매출액	222	267	303	322	288	314
영업이익	13	-11	17	25	13	8
당기순이익	9	-8	10	16	1	8

분기 실적 *IFRS 별도 기준 〈단위 : 억원〉

항목	2015.3Q	2015.4Q	2016.1Q	2016.2Q	2016.3Q	2016.4Q
매출액	—	—	—	—	—	—
영업이익	—	—	—	—	—	—
당기순이익	—	—	—	—	—	—

재무 상태 *IFRS 별도 기준 〈단위 : 억원〉

항목	2011	2012	2013	2014	2015	2016
총자산	186	288	367	450	537	589
유형자산	54	77	81	79	78	82
무형자산	1	6	8	13	18	21
유가증권	1	4	25	43	63	43
총부채	100	160	210	263	284	277
총차입금	57	106	143	186	191	180
자본금	20	23	23	23	25	29
총자본	86	127	156	186	253	311
지배주주지분	86	127	156	186	253	311

기업가치 지표 *IFRS 별도 기준

항목	2011	2012	2013	2014	2015	2016
주가(최고/저)(천원)	—/—	—/—	—/—	—/—	10.0/10.0	15.7/6.4
PER(최고/저)(배)	0.0/0.0	0.0/0.0	0.0/0.0	0.0/0.0	289.3/289.3	108.0/44.2
PBR(최고/저)(배)	0.0/0.0	0.0/0.0	0.0/0.0	0.0/0.0	2.0/2.0	2.9/1.2
EV/EBITDA(배)	1.6	438.1	3.7	4.3	22.3	27.0
EPS(원)	234	-201	252	386	35	145
BPS(원)	21,459	27,946	34,288	40,917	4,993	5,420
CFPS(원)	4,726	684	5,107	6,328	324	371
DPS(원)	—	—	—	—	—	—
EBITDAPS(원)	5,555	28	6,619	8,326	617	369

재무 비율 〈단위 : % 〉

연도	영업이익률	순이익률	부채비율	차입금비율	ROA	ROE	유보율	자기자본비율	EBITDA마진율
2016	2.5	2.6	89.1	57.7	1.4	2.8	984.1	52.9	6.5
2015	4.7	0.5	111.9	75.5	0.3	0.7	898.6	47.2	8.8
2014	7.7	4.9	141.2	100.0	3.8	9.2	718.4	41.5	11.8
2013	5.7	3.4	134.6	91.7	3.1	7.2	585.8	42.6	10.0

부광약품 (A003000)
Bukwang PharmCo

업 종 : 제약		시 장 : 거래소	
신용등급 : (Bond) — (CP) —		기업규모 : 시가총액 중형주	
홈 페 이 지 : www.bukwang.co.kr		연 락 처 : 02)828-8114	
본 사 : 서울시 동작구 상도로 7(대방동)			

설 립 일 1960.10.17	종업원수 614명	대표이사 김상훈			
상 장 일 1988.08.05	감사의견 적정 (삼일)	계 열			
결 산 기 12월	보 통 주 4,456만주	종속회사수			
액 면 가 500원	우 선 주	구 상 호			

주주구성 (지분율,%)		출자관계 (지분율,%)		주요경쟁사 (외형,%)	
김동연	17.7	안트로젠	21.4	부광약품	100
정창수	12.1	연합뉴스티브이	0.8	녹십자	864
(외국인)	6.0	환인제약	0.2	녹십자홀딩스	977

매출구성		비용구성		수출비중	
기타 [제품]	42.5	매출원가율	45.0	수출	—
기타	30.7	판관비율	48.9	내수	—
레가론	10.0				

회사 개요
동사는 1960년 10월 설립된 전문의약품 전문 제조 업체로 1988년 8월 한국거래소에 상장됨. 전문의약품과 일반의약품을 판매하고 있음. 대표 품목으로는 치옥타시드, 레가론, 아젭틴 등을 보유하고 있음. B형 간염치료제 레보비르를 개발하는 등 꾸준히 신약 개발에도 도전하고 있음. 현재는 표적항암제 아파티닙 메실레이트를 개발하고 있음. 연구개발이 강화되고 있어 R&D 투자도 증가가 예상됨. 대부분의 매출은 내수시장에서 발생하고 있음.

실적 분석
동사의 2016년 결산기준 누적 매출액은 전년 동기대비 -2.5% 소폭 변동한 1,386.2억원을 기록하였음. 비용면에서 전년동기대비 매출원가는 증가 했으며 인건비는 감소 하였고 광고선전비는 증가 했으나 기타판매비와관리비도 마찬가지로 증가함. 그에 따라 매출액 하락 등에 의해 전년동기대비 영업이익은 85.4억원으로 -63.3% 크게 하락하였음. 최종적으로 전년동기대비 당기순이익은 크게 하락하여 158.1억원을 기록함.

현금 흐름 *IFRS 별도 기준 〈단위 : 억원〉

항목	2015	2016
영업활동	95	-80
투자활동	32	41
재무활동	-128	-226
순현금흐름	-1	-264
기말현금	675	411

시장 대비 수익률

결산 실적 〈단위 : 억원〉

항목	2011	2012	2013	2014	2015	2016
매출액	1,012	1,475	1,308	1,417	1,421	1,386
영업이익	86	214	230	284	233	85
당기순이익	64	165	195	236	251	158

분기 실적 *IFRS 별도 기준 〈단위 : 억원〉

항목	2015.3Q	2015.4Q	2016.1Q	2016.2Q	2016.3Q	2016.4Q
매출액	360	377	329	378	347	332
영업이익	61	47	28	54	-4	7
당기순이익	101	42	149	45	-8	-27

재무 상태 *IFRS 별도 기준 〈단위 : 억원〉

항목	2011	2012	2013	2014	2015	2016
총자산	2,581	2,479	2,282	2,368	2,537	2,376
유형자산	731	682	645	627	618	609
무형자산	132	110	86	119	108	120
유가증권	10	38	44	62	227	211
총부채	670	517	271	268	285	230
총차입금	400	277				
자본금	135	142	148	155	170	187
총자본	1,910	1,962	2,011	2,100	2,252	2,146
지배주주지분	1,910	1,962	2,011	2,100	2,252	2,146

기업가치 지표

항목	2011	2012	2013	2014	2015	2016
주가(최고/저)(천원)	10.1/5.7	9.8/5.9	10.3/7.7	14.9/8.8	28.2/13.0	33.5/19.3
PER(최고/저)(배)	81.1/45.7	30.5/18.4	26.0/19.4	30.2/17.9	52.2/24.1	96.2/55.5
PBR(최고/저)(배)	2.4/1.4	2.2/1.4	2.2/1.6	3.0/1.8	5.2/2.4	6.2/3.6
EV/EBITDA(배)	26.7	12.8	12.0	15.4	31.1	79.8
EPS(원)	144	371	439	531	565	355
BPS(원)	7,961	7,957	7,762	7,699	7,470	6,532
CFPS(원)	451	843	915	942	889	576
DPS(원)	225	525	525	550	750	600
EBITDAPS(원)	533	1,017	1,032	1,094	834	381

재무 비율 〈단위 : % 〉

연도	영업이익률	순이익률	부채비율	차입금비율	ROA	ROE	유보율	자기자본비율	EBITDA마진율
2016	6.2	11.4	10.7	0.0	6.4	7.2	1,206.3	90.3	10.3
2015	16.4	17.7	12.7	0.0	10.3	11.6	1,393.9	88.8	20.0
2014	20.0	16.7	12.8	0.0	10.2	11.5	1,439.7	88.7	24.0
2013	17.6	14.9	13.5	0.0	8.2	9.8	1,452.4	88.1	23.4

부국증권 (A001270)
BOOKOOK SECURITIES

업 종 : 증권		시 장 : 거래소	
신용등급 : (Bond) A (CP) A2+		기업규모 : 시가총액 소형주	
홈페이지 : www.bookook.co.kr		연 락 처 : 02)368-9200	
본 사 : 서울시 영등포구 국제금융로 6길 17			

설 립 일	1954.08.25	종업원수	205명	대표이사	전평
상 장 일	1988.07.19	감사의견	적정 (대성)	계 열	
결 산 기	12월	보통주	1,037만주	종속회사수	
액 면 가	5,000원	우선주	300만주	구상호	

주주구성 (지분율,%)		출자관계 (지분율,%)		주요경쟁사 (외형,%)	
리딩투자증권	15.5	용인시싱갈파데브브여(비상장)종중문류	100.0	부국증권	100
김중건	12.2	용인시싱갈파데브브여(비상장)종중문류	100.0	SK증권	159
(외국인)	0.8	인천글로벌캠퍼스	100.0	HMC투자증권	171

수익구성		비용구성		수출비중	
자기매매부문	89.3	이자비용	3.5	수출	—
기타부문	8.6	파생상품손실	43.0	내수	
위탁매매부문	2.1	판관비	10.0		

회사 개요
1954년 설립된 동사는 유가증권, 수익증권 등을 취급하는 중소형 증권사로 1988년 증권거래소에 상장됨. 연결대상 종속회사로 자산규모가 2,864억원인 유리자산운용이 있음. 금융투자업은 경기와 금융시장 동향에 민감함. 금융투자업의 시장 진입장벽은 갈수록 낮아지고, 위탁매매 수수료 경쟁이 치열해져 경쟁상황은 치열해지고 있음. 동사는 중소형 증권사로서, 전문화 특성화를 통해 브로커리지 기반의 수익구조에서 다변화된 수익구조로 다변화하고 있음.

실적 분석
동사의 2016년 연결기준 매출액은 7,537억원으로 전년 동기 대비 소폭 증가함. 수수료수익, 금융상품처분이익, 이자수익이 증가한 덕분. 같은 기간 영업이익은 352억원으로 전년 동기 대비 큰 폭 증가함. 비용이 감소함에 따라 순이익 또한 277억원으로 증가함. 동사는 IB, 채권영업 등으로 수익성 제고 중이며, 저 수익 부분의 과감한 축소 등을 수행하고 있음.

현금 흐름 〈단위 : 억원〉
항목	2015	2016
영업활동	-616	1,383
투자활동	98	-169
재무활동	834	-724
순현금흐름	316	490
기말현금	350	840

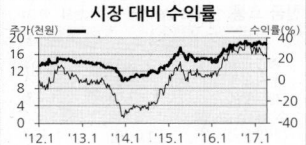
시장 대비 수익률

결산 실적 〈단위 : 억원〉
항목	2011	2012	2013	2014	2015	2016
순영업손익	940	821	752	757	1,065	1,070
영업이익	220	105	65	207	302	353
당기순이익	175	59	45	154	248	278

분기 실적 〈단위 : 억원〉
항목	2015.3Q	2015.4Q	2016.1Q	2016.2Q	2016.3Q	2016.4Q
순영업손익	344	219	313	309	235	214
영업이익	126	37	145	115	81	12
당기순이익	97	37	115	94	68	1

재무 상태 〈단위 : 억원〉
항목	2011	2012	2013	2014	2015	2016
총자산	7,388	6,479	6,557	8,958	12,078	14,334
유형자산	341	369	339	315	292	612
무형자산	188	183	162	150	163	172
유가증권	3,989	2,639	2,643	5,336	7,279	9,127
총부채	3,417	2,648	2,792	4,985	7,837	9,751
총차입금	1,077	649	221	2,375	3,296	2,691
자본금	668	668	668	668	668	668
총자본	3,971	3,831	3,765	3,973	4,240	4,583
지배주주지분	3,956	3,804	3,763	3,971	4,226	4,570

기업가치 지표
항목	2011	2012	2013	2014	2015	2016
주가(최고/저)(천원)	14.9/12.5	15.5/13.7	14.2/9.7	13.9/10.6	18.6/13.1	19.4/13.6
PER(최고/저)(배)	14.4/12.2	42.6/37.3	49.6/33.7	13.8/10.5	11.5/8.1	9.9/7.0
PBR(최고/저)(배)	0.6/0.5	0.6/0.5	0.6/0.4	0.5/0.4	0.6/0.4	0.6/0.4
PSR(최고/저)(배)	3/2	3/3	3/2	3/2	3/2	3/2
EPS(원)	1,316	441	336	1,150	1,855	2,077
BPS(원)	31,502	30,911	30,606	32,163	34,068	36,645
CFPS(원)	1,561	723	699	1,485	2,191	2,201
DPS(원)	1,000	500	350	1,000	1,200	1,200
EBITDAPS(원)	1,646	785	486	1,545	2,260	2,639

재무 비율 〈단위 : % 〉
연도	계속사업이익률	순이익률	부채비율	차입금비율	ROA	ROE	유보율	자기자본비율	총자산증가율
2016	34.9	25.9	212.8	58.7	2.1	6.5	632.9	32.0	18.7
2015	30.8	23.3	184.8	77.7	2.4	6.1	581.4	35.1	84.2
2014	27.3	20.3	125.5	59.8	2.0	4.0	543.3	44.4	36.6
2013	8.1	6.0	74.2	5.9	0.7	1.2	512.1	57.4	1.2

부국철강 (A026940)
Bookook Steel

업 종 : 금속 및 광물		시 장 : 거래소	
신용등급 : (Bond) — (CP) —		기업규모 : 시가총액 소형주	
홈페이지 : www.bks.co.kr		연 락 처 : 062)950-7757	
본 사 : 광주시 광산구 하남산단9번로 90			

설 립 일	1976.08.23	종업원수	68명	대표이사	남상규,손일호
상 장 일	2008.10.14	감사의견	적정 (삼정)	계 열	
결 산 기	12월	보통주	2,000만주	종속회사수	
액 면 가	500원	우선주		구상호	

주주구성 (지분율,%)		출자관계 (지분율,%)		주요경쟁사 (외형,%)	
남상규	24.1	부국개발	35.2	부국철강	100
남상오	17.7			경남스틸	189
(외국인)	6.2			스틸플라워	66

매출구성		비용구성		수출비중	
[원재료]코일	30.5	매출원가율	94.4	수출	0.0
[제품]스켈프	23.9	판관비율	3.7	내수	100.0
[제품]강관	21.2				

회사 개요
동사는 포스코로부터 원재료(열연코일, 냉연코일 등)를 공급받아 1차 가공하여 호남지역 철강재 소요처(자동차, 가전, 농협 등)에 납품하는 업체임. 포스코의 열연 및 냉연판매대리점들의 2015년 시장 점유율 기준 13.1%(4위)를 차지하고 있으며, 포스코의 원재료 수급정책에 따라 매출의 변동성이 큼. 사업부문별 매출은 1차금속제조업(약 60%)과 기타판매대리점업(40%)로 구성됨.

실적 분석
동사의 2016년 기준 매출과 영업이익은 1,401.8억원, 25.8억원으로 전년 대비 각각 15.4%, 8.8% 감소함. 동사의 2016년 생산량은 20만718톤이며, 제품 판매량은 전년 대비 2만3252톤 감소한 23만2099톤을 달성함. 2016년 말 총자산은 1,215.4억원으로 전년 대비 13.2억원 증가함. 부채는 매입채무 감소 등으로 전년 대비 14.4억원 감소한 114.0억원을 기록함.

현금 흐름 *IFRS 별도 기준 〈단위 : 억원〉
항목	2015	2016
영업활동	147	38
투자활동	-102	-147
재무활동	-15	-15
순현금흐름	30	-124
기말현금	390	266

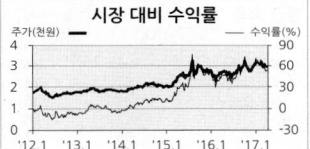
시장 대비 수익률

결산 실적 〈단위 : 억원〉
항목	2011	2012	2013	2014	2015	2016
매출액	2,795	2,987	2,449	1,842	1,656	1,402
영업이익	81	61	25	21	30	26
당기순이익	74	61	35	31	1	32

분기 실적 *IFRS 별도 기준 〈단위 : 억원〉
항목	2015.3Q	2015.4Q	2016.1Q	2016.2Q	2016.3Q	2016.4Q
매출액	377	389	355	372	314	362
영업이익	6	1	7	14	2	3
당기순이익	6	-29	6	17	5	3

재무 상태 *IFRS 별도 기준 〈단위 : 억원〉
항목	2011	2012	2013	2014	2015	2016
총자산	1,443	1,401	1,378	1,259	1,202	1,215
유형자산	114	108	103	109	103	99
무형자산	1	1	1	1	1	1
유가증권	97	82	65	57	90	156
총부채	440	356	311	186	129	114
총차입금	154					
자본금	100	100	100	100	100	100
총자본	1,003	1,045	1,067	1,073	1,073	1,101
지배주주지분	1,003	1,045	1,067	1,073	1,073	1,101

기업가치 지표 *IFRS 별도 기준
항목	2011	2012	2013	2014	2015	2016
주가(최고/저)(천원)	2.3/1.4	2.0/1.5	2.0/1.7	2.2/1.8	3.6/2.0	3.2/2.3
PER(최고/저)(배)	7.6/4.7	7.7/5.7	12.7/11.3	15.6/12.5	714.2/389.9	21.0/14.6
PBR(최고/저)(배)	0.6/0.4	0.5/0.3	0.4/0.4	0.5/0.4	0.7/0.4	0.6/0.4
EV/EBITDA(배)	6.2	3.8	5.5	2.8	4.8	6.7
EPS(원)	370	305	173	154	5	158
BPS(원)	5,016	5,227	5,334	5,365	5,367	5,507
CFPS(원)	397	333	197	181	39	184
DPS(원)	75	75	75	75	75	75
EBITDAPS(원)	430	332	149	133	186	155

재무 비율 〈단위 : % 〉
연도	영업이익률	순이익률	부채비율	차입금비율	ROA	ROE	유보율	자기자본비율	EBITDA마진율
2016	1.8	2.3	10.4	0.0	2.6	2.9	1,001.4	90.6	2.2
2015	1.8	0.1	12.0	0.0	0.1	0.1	973.4	89.3	2.2
2014	1.2	1.7	17.3	0.0	2.3	2.9	972.9	85.3	1.4
2013	1.0	1.4	29.2	0.0	2.5	3.3	966.9	77.4	1.2

부방 (A014470)
Bubang COLTD

업 종 : 도소매 　　　　　시 장 : KOSDAQ
신용등급 : (Bond) — 　(CP) — 　기업규모 : 우량
홈 페 이 지 : www.bubang.com 　연 락 처 : 02)2008-7272
본 　　사 : 서울시 강남구 삼성로 528 (삼성동, 부방빌딩)

설 립 일 1976.04.15	종 업 원 수 48명	대 표 이 사 박주원	
상 장 일 1994.02.25	감 사 의 견 적정 (삼정)	계 　　열	
결 산 기 12월	보 통 주 4,729만주	종 속 회 사 수	
액 면 가 500원	우 선 주	구 상 호 리홈쿠첸	

주주구성 (지분율,%)		출자관계 (지분율,%)		주요경쟁사 (외형,%)	
이대희	34.9	부방	100		
제이원인베스트먼트	6.8			BGF리테일	1,966
(외국인)	1.5			이마트	5,750

매출구성		비용구성		수출비중	
유통	94.3	매출원가율	69.3	수출	—
SMD외(통신기 등의 가전제품부품)	3.9	판관비율	26.2	내수	—
투자	1.9				

회사 개요
동사는 1979년 12월 설립됐으며, 생활가전 제조 및 판매, 종합 도소매업, 전자부품 제조 판매업을 주요사업으로 영위하고 있음. 쿠첸으로 알려진 전기밥솥 제조 및 판매하는 리빙사업부는 전기밥솥시장의 약 40%의 점유율을 기록함으로써 국내 밥솥시장에서 중요한 위치를 차지하고 있음. 동사는 부방이라는 이름으로 지주사로 전환하였으며, 리빙사업부는 분할하여 쿠첸으로 재상장함.

실적 분석
동사의 2016년 연결기준 매출액은 전년 대비 110.7% 늘어난 2,570.1억원. 매출총이익은 131.2% 늘어난 789.5억원을 기록했으며 판관비가 인건비, 광고선전비 증가로 116% 늘어났으나 비용 구조가 개선되면서 영업이익은 전년 대비 289.9% 늘어난 116.4억원을 시현함. 비영업부문 손익 7.2억원이 발생함. 당기순이익은 전년 2670.4억원을 기록했던 것에 비해 96.3% 늘어난 99.9억원을 기록했음.

현금 흐름 　〈단위 : 억원〉

항목	2015	2016
영업활동	95	96
투자활동	-151	-18
재무활동	-31	-96
순현금흐름	-87	-18
기말현금	95	77

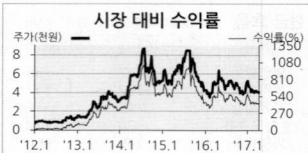

시장 대비 수익률

결산 실적 　〈단위 : 억원〉

항목	2011	2012	2013	2014	2015	2016
매출액	3,347	3,290	3,721	1,237	1,220	2,570
영업이익	109	119	200	16	30	116
당기순이익	69	107	180	150	2,670	100

분기 실적 　〈단위 : 억원〉

항목	2015.3Q	2015.4Q	2016.1Q	2016.2Q	2016.3Q	2016.4Q
매출액	332	289	344	316	850	1,060
영업이익	10	12	14	7	26	70
당기순이익	2,557	39	9	13	22	56

재무 상태 　〈단위 : 억원〉

항목	2011	2012	2013	2014	2015	2016
총자산	2,297	2,157	2,219	2,346	2,267	2,751
유형자산	1,307	1,242	1,204	1,174	742	1,252
무형자산	23	17	28	37	37	57
유가증권	11	11	7	9	89	191
총부채	1,007	761	653	650	321	809
총차입금	341	159	—	—	1	109
자본금	175	175	175	175	181	236
총자본	1,290	1,396	1,566	1,697	1,946	1,942
지배주주지분	1,288	1,390	1,566	1,697	1,945	1,570

기업가치 지표

항목	2011	2012	2013	2014	2015	2016
주가(최고/저)(천원)	1.4/0.7	1.5/0.7	4.2/1.3	8.8/3.0	8.6/4.2	6.4/3.5
PER(최고/저)(배)	7.6/3.6	5.1/2.5	8.1/2.6	20.5/7.0	1.0/0.5	33.6/18.4
PBR(최고/저)(배)	0.4/0.2	0.4/0.2	0.9/0.3	1.8/0.6	1.6/0.8	1.7/1.0
EV/EBITDA(배)	4.2	5.5	8.0	38.7	16.0	16.1
EPS(원)	186	295	512	429	8,559	189
BPS(원)	3,863	4,154	4,657	5,028	5,494	3,658
CFPS(원)	383	487	707	636	8,728	304
DPS(원)	—	—	—	—	—	—
EBITDAPS(원)	509	531	766	252	265	400

재무 비율 　〈단위 : % 〉

연도	영업이익률	순이익률	부채비율	차입금비율	ROA	ROE	유보율	자기자본비율	EBITDA마진율
2016	4.5	3.9	41.7	5.6	4.0	4.4	631.6	70.6	6.4
2015	2.5	218.9	16.5	0.1	115.8	146.7	998.8	85.8	6.8
2014	1.3	12.1	38.3	0.0	6.6	9.2	905.6	72.3	7.1
2013	5.4	4.9	41.7	0.0	8.2	12.1	831.3	70.6	7.2

부산도시가스 (A015350)
Busan City Gas

업 종 : 가스 　　　　　시 장 : 거래소
신용등급 : (Bond) — 　(CP) — 　기업규모 : 시가총액 중형주
홈 페 이 지 : www.busangas.co.kr 　연 락 처 : 051)607-1178
본 　　사 : 부산시 수영구 황령대로 513(남천동)

설 립 일 1981.03.04	종 업 원 수 317명	대 표 이 사 한치우	
상 장 일 1997.06.23	감 사 의 견 적정 (삼일)	계 　　열	
결 산 기 12월	보 통 주 1,100만주	종 속 회 사 수	
액 면 가 5,000원	우 선 주	구 상 호	

주주구성 (지분율,%)		출자관계 (지분율,%)		주요경쟁사 (외형,%)	
에스케이이엔에스	67.3	부산그린에너지	28.5	부산가스	100
동일고무벨트	4.8	세정21	1.0	한국가스공사	2,380
(외국인)	1.4			서울가스	143

매출구성		비용구성		수출비중	
[상품매출]LNG	98.9	매출원가율	85.1	수출	0.0
[기타]임대 등	0.6	판관비율	10.8	내수	100.0
[상품매출]기타	0.4				

회사 개요
동사는 1981년 도시가스 제조, 배관공급을 목적으로 설립됐으며, 부산광역시 전역에 도시가스를 공급하고 있으며 매출의 대부분을 차지하고 있음. 2016년 12월말 기준 공급실적은 1,325천 세대이며, 총 매출량은 전년동기 대비 4.2% 증가한 58,252백만MJ을 기록함. 롯데백화점, 현대백화점, 노보텔호텔 등 주요 영업점에 공급하고 있음. 도시가스는 경기변동의 영향이 적으며, 단가가 정부 및 자치단체의 통제하에 있음.

실적 분석
동사의 2016년 연간 매출액은 8,868.8억원으로 전년 대비 15.9% 감소함. LNG 매출이 전체 매출의 99%를 차지하고 있으며, 내수 100% 매출로 구성됨. 전년동기 대비 LNG 매출액의 감소는 한국가스공사에서 구매하는 도매원가의 하락에 기인함. 명지지구 집단에너지 사업에 총 818억원 규모를 투자했으며, 명지지구 및 오션시티에 친환경 열원을 공급할 예정임.

현금 흐름 *IFRS 별도 기준 　〈단위 : 억원〉

항목	2015	2016
영업활동	1,184	462
투자활동	-395	-361
재무활동	-69	-50
순현금흐름	721	50
기말현금	1,280	1,330

시장 대비 수익률

결산 실적 　〈단위 : 억원〉

항목	2011	2012	2013	2014	2015	2016
매출액	10,501	11,882	12,099	12,778	10,542	8,869
영업이익	421	449	374	382	310	359
당기순이익	332	373	368	351	416	497

분기 실적 　*IFRS 별도 기준 　〈단위 : 억원〉

항목	2015.3Q	2015.4Q	2016.1Q	2016.2Q	2016.3Q	2016.4Q
매출액	1,514	2,741	3,667	1,606	1,190	2,405
영업이익	0	44	217	61	10	71
당기순이익	21	-18	211	88	198	1

재무 상태 　*IFRS 별도 기준 　〈단위 : 억원〉

항목	2011	2012	2013	2014	2015	2016
총자산	6,870	7,648	7,926	7,527	8,042	8,406
유형자산	3,068	3,102	3,116	3,231	3,485	3,724
무형자산	20	20	22	23	22	21
유가증권	9	9	56	56	31	4
총부채	3,036	3,544	3,561	2,931	3,041	2,962
총차입금	128	127	130	19	—	—
자본금	550	550	550	550	550	550
총자본	3,833	4,104	4,366	4,596	5,001	5,444
지배주주지분	3,833	4,104	4,366	4,596	5,001	5,444

기업가치 지표 　*IFRS 별도 기준

항목	2011	2012	2013	2014	2015	2016
주가(최고/저)(천원)	17.7/15.2	20.2/16.0	36.6/19.1	43.6/33.9	37.5/31.0	35.7/30.5
PER(최고/저)(배)	6.9/6.0	6.7/5.3	11.4/6.1	14.3/11.0	10.2/8.4	8.0/6.8
PBR(최고/저)(배)	0.6/0.5	0.6/0.5	0.9/0.5	1.0/0.8	0.8/0.7	0.7/0.6
EV/EBITDA(배)	2.1	1.7	4.6	5.2	3.8	4.1
EPS(원)	3,020	3,388	3,346	3,187	3,778	4,517
BPS(원)	36,849	39,310	41,690	43,786	47,466	51,495
CFPS(원)	5,138	5,606	5,677	5,526	6,215	6,945
DPS(원)	1,000	1,000	1,000	500	500	500
EBITDAPS(원)	5,944	6,303	5,733	5,814	5,256	5,691

재무 비율 　〈단위 : % 〉

연도	영업이익률	순이익률	부채비율	차입금비율	ROA	ROE	유보율	자기자본비율	EBITDA마진율
2016	4.1	5.6	54.4	0.0	6.0	9.5	929.9	64.8	7.1
2015	2.9	3.9	60.8	0.0	5.3	8.7	849.3	62.2	5.5
2014	3.0	2.7	63.8	0.4	4.5	7.8	775.7	61.1	5.0
2013	3.1	3.0	81.6	3.0	4.7	8.7	733.8	55.1	5.2

부산산업 (A011390)
Busan Industrial

업 종 : 건축소재		시 장 : 거래소	
신용등급 : (Bond) — (CP) —		기업규모 : 시가총액 소형주	
홈 페 이 지 : www.busanind.co.kr		연 락 처 : (051)315-8331	
본 사 : 부산시 사상구 장인로 35			

설 립 일 1976.05.15	종 업 원 수 44명	대 표 이 사 이종산
상 장 일 1990.09.14	감 사 의 견 적정 (신우)	계 열
결 산 기 12월	보 통 주 106만주	종속회사수
액 면 가 5,000원	우 선 주	구 상 호

주주구성 (지분율,%)		출자관계 (지분율,%)		주요경쟁사 (외형,%)	
김영일	51.8	부산산업	100		
한강엠앤에이인베스트먼트	6.1	유니온	75		
(외국인)	0.3	서산	92		

매출구성		비용구성		수출비중	
레미콘(제품)	96.7	매출원가율	79.1	수출	0.0
레미콘(상품)	3.3	판관비율	10.3	내수	100.0

회사 개요
동사는 레미콘 제조 및 판매를 영위함. 주요 사업부분인 레미콘제품은 시멘트, 모래, 자갈 등의 원재료를 이용하여 제조공정을 거친 후 레미콘 트럭으로 제한된 시간 내에 건설현장 까지 운송해야 하는 지역형 산업의 특성을 지님. 경쟁우위 요소로써 최신식 전자동 시스템을 갖추고 있으며, 특수레미콘 생산인증 획득 등으로 최고의 품질과 공급능력을 꼽을 수 있 어 부산·경남지역에서 신뢰성을 바탕으로 동종업계 우위를 지속적으로 점유하고 있음.

실적 분석
동사의 2016년 매출액은 태명실업의 콘크리 트침목, 세그멘트 부문 약진으로 전년대비 12.5% 증가한 1,229.5억원을 달성함. 매출 증가와 판관비 감소로 영업이익과 당기순이 익은 각각 전년대비 16.3%, 13.7% 증가한 129.6억원, 92.0억원을 시현함. 호남고속철 도 이후 대규모 프로젝트가 없어서 공공사업 수주가 어려운 상황임. 당해년도는 시멘트부 문 매출이 역신장함.

현금 흐름		〈단위 : 억원〉
항목	2015	2016
영업활동	193	139
투자활동	-58	-80
재무활동	-107	-50
순현금흐름	27	9
기말현금	80	89

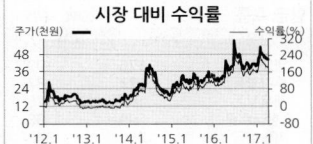

시장 대비 수익률

결산 실적
〈단위 : 억원〉

항목	2011	2012	2013	2014	2015	2016
매출액	757	601	1,092	906	1,093	1,229
영업이익	20	-12	94	65	111	130
당기순이익	-0	-23	77	47	81	92

분기 실적
〈단위 : 억원〉

항목	2015.3Q	2015.4Q	2016.1Q	2016.2Q	2016.3Q	2016.4Q
매출액	234	284	266	255	357	352
영업이익	30	25	28	25	44	33
당기순이익	19	23	21	16	33	22

재무 상태
〈단위 : 억원〉

항목	2011	2012	2013	2014	2015	2016
총자산	1,082	1,032	1,142	1,140	1,142	1,226
유형자산	619	659	663	668	664	666
무형자산	10	5	7	6	6	6
유가증권	3	3	4	4	4	5
총부채	675	648	687	645	576	576
총차입금	304	357	282	258	158	118
자본금	53	53	53	53	53	53
총자본	407	384	455	494	566	650
지배주주지분	311	303	343	374	419	473

기업가치 지표

항목	2011	2012	2013	2014	2015	2016
주가(최고/저)(천원)	19.4/12.1	33.5/12.8	20.4/12.7	41.8/17.2	36.5/20.6	66.4/28.3
PER(최고/저)(배)	—/—	—/—	5.1/3.2	15.7/6.4	8.1/4.5	12.5/5.4
PBR(최고/저)(배)	0.7/0.4	1.2/0.5	0.6/0.4	1.2/0.5	0.9/0.5	1.5/0.6
EV/EBITDA(배)	11.6	39.2	3.4	4.8	3.1	2.9
EPS(원)	-892	-884	4,121	2,740	4,604	5,326
BPS(원)	29,455	28,739	32,507	35,432	39,680	44,757
CFPS(원)	1,053	1,605	7,691	6,830	11,362	13,332
DPS(원)				250	250	250
EBITDAPS(원)	3,860	1,369	12,438	10,247	17,316	20,281

재무 비율
〈단위 : % 〉

연도	영업이익률	순이익률	부채비율	차입금비율	ROA	ROE	유보율	자기자본비율	EBITDA마진율
2016	10.5	7.5	88.6	18.2	7.8	12.6	795.1	53.0	17.4
2015	10.2	7.4	101.9	27.9	7.1	12.3	693.6	49.5	16.7
2014	7.2	5.2	130.7	52.2	4.1	8.1	608.6	43.4	12.0
2013	8.6	7.0	150.8	61.9	7.1	13.5	550.1	39.9	12.0

부산주공 (A005030)
Pusan Cast Iron

업 종 : 자동차부품		시 장 : 거래소	
신용등급 : (Bond) BB- (CP) —		기업규모 : 시가총액 소형주	
홈 페 이 지 : www.pci21c.com		연 락 처 : (052)231-3881	
본 사 : 울산시 울주군 온산읍 회학1길 54			

설 립 일 1967.04.27	종 업 원 수 340명	대 표 이 사 장세훈
상 장 일 1975.12.26	감 사 의 견 적정 (삼덕)	계 열
결 산 기 12월	보 통 주 2,260만주	종속회사수
액 면 가 500원	우 선 주	구 상 호

주주구성 (지분율,%)		출자관계 (지분율,%)		주요경쟁사 (외형,%)	
세연아이엠	14.7			부산주공	100
세연문화재단	9.5			팬스타엔터프라이즈	16
(외국인)	1.3			두올산업	22

매출구성		비용구성		수출비중	
자동차부품(제품)	89.0	매출원가율	94.6	수출	50.1
자동차부품외(상품)	9.4	판관비율	8.5	내수	49.9
원자재(기타)	1.6				

회사 개요
제동, 엔진, 동력전달소재 등 자동차부품용 주물 제조업체. 자동차부품공업은 완성차업 계의 영업상황에 직접적인 영향을 받는 업종 으로써 완성차업계의 지속적인 신차종 출시 및 다각적인 마케팅을 통해 내수와 수출의 꾸 준한 성장에 힘입어 계속적인 성장세를 더해 갈 것으로 보임. 안정적 경영전략의 일환으로 수출 비중을 50% 수준으로 유지하고자 노력 중. 지난해 말 기준 수출비중은 약 45% 수준 임.

실적 분석
동사의 2016년 연결기준 결산 매출액은 전년 대비 6.5% 감소한 1,759.9억원을 기록하였 음. 원가율 개선(매출원가 전년 대비 2.2% 감소) 노력에도 불구하고 매출감소와 판관비 의 증가(전년동기 대비 1.8% 증가)에 따라 영업이익은 전년 대비 적자전환한 54.9억원 손실을 기록하였으며, 당기순이익은 전년 대 비 적자를 지속하며 88.4억원의 손실을 기록 하였음.

현금 흐름	*IFRS 별도 기준	〈단위 : 억원〉
항목	2015	2016
영업활동	147	175
투자활동	-181	-262
재무활동	33	92
순현금흐름	0	6
기말현금	0	6

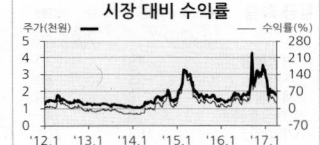

시장 대비 수익률

결산 실적
〈단위 : 억원〉

항목	2011	2012	2013	2014	2015	2016
매출액	1,788	1,980	1,942	2,024	1,921	1,796
영업이익	58	39	-3	71	34	-55
당기순이익	29	-20	-43	10	-9	-88

분기 실적
*IFRS 별도 기준 〈단위 : 억원〉

항목	2015.3Q	2015.4Q	2016.1Q	2016.2Q	2016.3Q	2016.4Q
매출액	438	487	474	473	395	454
영업이익	5	24	6	-7	-16	-37
당기순이익	-0	6	3	-15	-23	-54

재무 상태
*IFRS 별도 기준 〈단위 : 억원〉

항목	2011	2012	2013	2014	2015	2016
총자산	2,150	2,227	2,351	2,560	2,614	2,775
유형자산	1,205	1,319	1,358	1,614	1,731	1,968
무형자산	10	10	9	10	8	7
유가증권	21	21	3	10	25	24
총부채	1,687	1,725	1,893	2,094	2,069	2,283
총차입금	1,137	1,302	1,440	1,614	1,555	1,619
자본금	66	66	66	66	113	113
총자본	464	502	458	466	545	492
지배주주지분	464	502	458	466	545	492

기업가치 지표
*IFRS 별도 기준

항목	2011	2012	2013	2014	2015	2016
주가(최고/저)(천원)	2.1/1.1	1.9/1.2	1.3/1.1	2.1/1.0	3.3/1.4	4.6/1.3
PER(최고/저)(배)	8.8/4.7	—/—	—/—	33.7/16.2	—/—	—/—
PBR(최고/저)(배)	0.7/0.4	0.6/0.4	0.4/0.4	0.7/0.3	1.3/0.6	2.1/0.6
EV/EBITDA(배)	9.5	9.8	13.0	9.4	12.1	52.2
EPS(원)	252	-131	-281	64	-56	-391
BPS(원)	3,629	3,923	3,584	3,650	2,467	2,177
CFPS(원)	1,069	683	543	941	679	48
DPS(원)	70	40		50		
EBITDAPS(원)	1,361	1,131	848	1,409	955	196

재무 비율
〈단위 : % 〉

연도	영업이익률	순이익률	부채비율	차입금비율	ROA	ROE	유보율	자기자본비율	EBITDA마진율
2016	-3.1	-4.9	464.0	329.0	-3.3	-17.1	335.4	17.7	2.5
2015	1.8	-0.5	379.6	285.4	-0.3	-1.7	393.3	20.9	7.8
2014	3.5	0.5	448.9	346.2	0.4	2.1	630.0	18.2	9.1
2013	-0.2	-2.2	413.6	314.7	-1.9	-9.0	616.8	19.5	5.7

부-스타 (A008470)
BOOSTER

업　　　종 : 기계　　　　　　　　　　　　　시　　　장 : KOSDAQ
신용등급 : (Bond) —　　(CP) —　　　　　기업규모 : 벤처
홈페이지 : www.booster.co.kr　　　　　　연 락 처 : 043)536-9107
본　　　사 : 충북 진천군 이월면 고등2길 18

설 립 일 1973.01.26	종업원수 179명	대표이사 유승협
상 장 일 2011.02.23	감사의견 적정 (한길)	계　　　열
결 산 기 12월	보 통 주 840만주	종속회사수
액 면 가 500원	우 선 주	구 상 호

주주구성 (지분율,%)		출자관계 (지분율,%)		주요경쟁사 (외형,%)	
유동근	27.6	북경부스타	45.4	부스타	100
부스타우리사주조합	10.4			에이테크솔루션	265
(외국인)	1.6			디에스티로봇	52

매출구성		비용구성		수출비중	
유지보수 등(용역)	40.8	매출원가율	79.6	수출	1.2
관류보일러(제품)	34.4	판관비율	12.9	내수	98.8
진공보일러(제품)	15.5				

회사 개요
동사는 1973년 보일러제조 및 난방기판매를 목적으로 설립되어 산업용 보일러를 생산 및 판매하는 업체임. 한국미우라공업 등과 경쟁 업체로 꼽히며 중국, 러시아, 미국 등에도 제품을 수출하지만 수출비율은 1.2%임. 국내 매출이 98.8%에 달함. 2015년 기준 동사의 국내시장 점유율은 22%로 추산됨. 산업용 보일러 산업은 경기에 민감하고 여름에 비해 겨울에 수요가 증가하는 계절성을 띔. 그러나 수요층이 넓고 대체 수요도 꾸준히 발생함.

실적 분석
동사의 2016년 연결기준 매출액은 863.1억원. 전년도 매출액 770.4억원 대비 12% 증가함. 매출이 늘고 매출원가율이 소폭 감소하는데 힘입어 판매비와 관리비가 8% 늘었음에도 영업이익이 전년도에 비해 37.3% 증가한 64.9억원을 기록함. 비영업부문 비영업부문이익도 늘어 당기순이익은 전년도 50.1억원에서 25.1% 증가한 62.7억원을 기록함.

현금 흐름　•IFRS 별도 기준　〈단위 : 억원〉

항목	2015	2016
영업활동	73	70
투자활동	-55	-20
재무활동	-8	-6
순현금흐름	10	45
기말현금	157	201

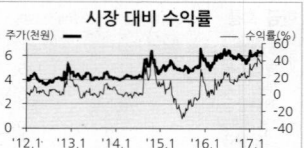
시장 대비 수익률

결산 실적　〈단위 : 억원〉

항목	2011	2012	2013	2014	2015	2016
매출액	624	670	680	722	770	863
영업이익	34	33	39	33	47	65
당기순이익	31	36	42	38	50	63

분기 실적　•IFRS 별도 기준　〈단위 : 억원〉

항목	2015.3Q	2015.4Q	2016.1Q	2016.2Q	2016.3Q	2016.4Q
매출액	193	224	176	223	222	242
영업이익	14	14	2	28	14	21
당기순이익	13	16	2	24	11	26

재무 상태　•IFRS 별도 기준　〈단위 : 억원〉

항목	2011	2012	2013	2014	2015	2016
총자산	583	615	649	699	758	829
유형자산	131	125	120	119	124	119
무형자산	8	5	4	5	5	4
유가증권	108	55	59	71	133	126
총부채	124	133	124	*138	155	169
총차입금						
자본금	41	41	41	42	42	42
총자본	459	482	526	561	603	659
지배주주지분	459	482	526	561	603	659

기업가치 지표　•IFRS 별도 기준

항목	2011	2012	2013	2014	2015	2016
주가(최고/저)(천원)	11.0/3.5	5.4/3.6	4.8/3.9	6.4/3.9	6.7/4.5	6.6/4.8
PER(최고/저)(배)	32.1/10.1	13.3/8.8	10.1/8.3	14.3/8.7	11.5/7.8	9.0/6.6
PBR(최고/저)(배)	2.2/0.7	1.0/0.7	0.8/0.7	1.0/0.6	1.0/0.7	0.9/0.6
EV/EBITDA(배)	3.4	3.7	2.1	2.6	4.7	3.0
EPS(원)	388	447	512	469	601	746
BPS(원)	5,631	5,903	6,441	6,730	7,229	7,846
CFPS(원)	517	581	644	590	716	860
DPS(원)	120	100	100	90	100	100
EBITDAPS(원)	556	544	608	520	682	887

재무 비율　〈단위 : % 〉

연도	영업이익률	순이익률	부채비율	차입금비율	ROA	ROE	유보율	자기자본비율	EBITDA마진율
2016	7.5	7.3	25.7	0.0	7.9	9.9	1,469.2	79.6	8.6
2015	6.1	6.5	25.6	0.0	6.9	8.6	1,345.9	79.6	7.4
2014	4.5	5.3	24.6	0.0	5.9	7.1	1,246.0	80.3	5.9
2013	5.7	6.1	23.6	0.0	6.6	8.3	1,188.2	80.9	7.3

뷰웍스 (A100120)
Vieworks

업　　　종 : 의료 장비 및 서비스　　　　시　　　장 : KOSDAQ
신용등급 : (Bond) —　　(CP) —　　　　　기업규모 : 우량
홈페이지 : www.vieworks.com　　　　　연 락 처 : 070)7011-6161
본　　　사 : 경기도 안양시 동안구 부림로 170번길 41-3(관양동)

설 립 일 1999.09.18	종업원수 233명	대표이사 김후식
상 장 일 2009.04.10	감사의견 적정 (중앙)	계　　　열
결 산 기 12월	보 통 주 1,000만주	종속회사수
액 면 가 500원	우 선 주	구 상 호

주주구성 (지분율,%)		출자관계 (지분율,%)		주요경쟁사 (외형,%)	
김후식	14.6	센소허브	100.0	뷰웍스	100
이수길	5.0	이노이미징	78.0	차바이오텍	383
(외국인)	41.2	원솔루션	30.0	인바디	68

매출구성		비용구성		수출비중	
FP Type DR용 Detector	67.7	매출원가율	48.7	수출	71.3
산업용 이미징 솔루션	21.3	판관비율	25.4	내수	28.7
R/F용 Table용 Detector	7.3				

회사 개요
동사는 삼성테크윈에서 디지털 카메라분야에 종사하던 핵심 인력들이 국내 의료기기 시장의 디지털화를 선도하고자 하는 목적으로 1999년에 설립함. 2009년 하반기부터 패널 검사 장비 업체들을 통해 국내 주요 디스플레이 회사에 패널 검사용 카메라 공급 중임. 2011년 세계 최초로 2억6000만 화소급 산업용 카메라 개발 성공했고 후공정에 주로 사용되는 고해상도 VNP 시리즈가 주력 제품으로, 국내 산업용 카메라 시장의 25%를 점유하고 있음.

실적 분석
동사의 2016년 연간 매출액은 1,173.0억원으로 전년 대비 25.5% 증가함. 의료용 X-ray 장비의 디지털 전환에 따른 FP-DR 시장확대, 북미와 유럽 세트업체로의 공급량 증가, 산업용 카메라 부문 회복 등에 힘입어 매출이 확대됨. 영업이익은 전년보다 65.8% 늘어난 304.7억원을 기록함. OELD 투자확대에 따른 FP-DR의 고성장세, TDI 카메라와 동영상용 FP-DR 출시에 따른 신제품 효과로 양호한 실적이 지속될 전망임.

현금 흐름　〈단위 : 억원〉

항목	2015	2016
영업활동	176	199
투자활동	-23	-87
재무활동	-60	-25
순현금흐름	99	98
기말현금	250	348

시장 대비 수익률

결산 실적　〈단위 : 억원〉

항목	2011	2012	2013	2014	2015	2016
매출액	356	468	665	708	934	1,173
영업이익	75	75	128	133	184	305
당기순이익	66	55	94	106	158	269

분기 실적　•IFRS 별도 기준　〈단위 : 억원〉

항목	2015.3Q	2015.4Q	2016.1Q	2016.2Q	2016.3Q	2016.4Q
매출액	228	296	239	236	322	377
영업이익	59	67	48	55	78	123
당기순이익	64	39	40	53	47	129

재무 상태　•IFRS 별도 기준　〈단위 : 억원〉

항목	2011	2012	2013	2014	2015	2016
총자산	540	583	764	843	970	1,299
유형자산	75	89	195	298	295	315
무형자산	122	116	98	72	48	30
유가증권	45	48	0	0	0	0
총부채	48	47	145	134	123	196
총차입금	4	1	72	72	27	17
자본금	50	50	50	50	50	50
총자본	492	536	620	709	847	1,104
지배주주지분	488	533	619	707	846	1,103

기업가치 지표

항목	2011	2012	2013	2014	2015	2016
주가(최고/저)(천원)	14.3/5.4	22.4/7.2	27.5/13.6	38.0/24.0	44.8/27.0	67.9/41.3
PER(최고/저)(배)	21.8/8.2	40.3/12.9	29.5/14.5	36.6/23.1	28.3/17.1	25.3/15.4
PBR(최고/저)(배)	3.0/1.1	4.3/1.4	4.5/2.2	5.4/3.4	5.3/3.2	6.1/3.7
EV/EBITDA(배)	8.8	18.5	14.7	19.9	19.1	16.4
EPS(원)	675	566	946	1,048	1,589	2,697
BPS(원)	4,880	5,332	6,184	7,068	8,508	11,138
CFPS(원)	811	834	1,252	1,393	1,952	3,049
DPS(원)	100	100	100	100	100	200
EBITDAPS(원)	894	1,018	1,587	1,671	2,200	3,397

재무 비율　〈단위 : % 〉

연도	영업이익률	순이익률	부채비율	차입금비율	ROA	ROE	유보율	자기자본비율	EBITDA마진율
2016	26.0	22.9	17.7	1.6	23.7	27.7	2,127.7	84.9	29.0
2015	19.7	16.9	14.5	3.2	17.4	20.5	1,601.6	87.3	23.6
2014	18.7	15.0	19.0	10.2	13.2	15.8	1,313.7	84.1	23.6
2013	19.3	14.2	23.4	11.6	14.0	16.4	1,136.9	81.1	23.9

브레인콘텐츠 (A066980)
Brain Contents CO

업 종: 디스플레이 및 관련부품		시 장: KOSDAQ	
신용등급: (Bond) — (CP) —		기업규모: 중견	
홈 페 이 지: www.braincontents.kr		연 락 처: 02)2017-7993	
본 사: 서울시 강남구 테헤란로 325 어반벤치빌딩 12층			

설 립 일 1998.09.24	종업원수 24명	대표이사 장대용
상 장 일 2003.01.17	감사의견 적정(대주)	계 열
결 산 기 12월	보 통 주 15,126만주	종속회사수
액 면 가 500원	우 선 주	구 상 호

주주구성 (지분율,%)		출자관계 (지분율,%)		주요경쟁사 (외형,%)	
문양근	27.1	스토리태그	100.0	브레인콘텐츠	100
김하경	3.9	넷크루즈	63.6	휘닉스소재	183
(외국인)	1.1	글로벌텍스프리	35.7	스킨앤스킨	163

매출구성		비용구성		수출비중	
TSM	49.0	매출원가율	0.0	수출	0.0
BLS	47.8	판관비율	79.2	내수	100.0
임대외	2.5				

회사 개요
1998년 하이산업(주)로 설립되었으며, Digital Media기기 부품 제조 전문회사로 도약하기 위하여 2002년 하이쎌(주)로 상호를 변경함. 이후 2016년 (주)리치커뮤니케이션즈와 합병을 통하여 콘텐츠 전문기업으로 도약하고자 상호를 (주)브레인콘텐츠로 변경함. 연결실체는 LCD 제조업, 터치스크린 모듈 제조업, 세금환급 서비스업, 소프트웨어 개발, 포털서비스 등을 영위하며 종속기업은 국내외 7개사가 있음.

실적 분석
2016년 12월 28일 리치커뮤니케이션과 합병하였으며, 합병시 회계상 리치커뮤니케이션즈가 하이쎌을 매수하는 역합병 형태로 결합하여 연결 재무제표의 전기 재무정보는 리치커뮤니케이션즈의 재무정보임. 이에 따라 동사의 당기 매출액은 전기 대비 55.7% 증가한 234.8억원, 영업이익은 145.1% 증가한 48.8억원을 각각 시현함. 비영업손익 면에서 38.7억원의 손실이 발생하여 당기순이익은 16.3억원에 그침.

현금 흐름 〈단위 : 억원〉
항목	2015	2016
영업활동	62	87
투자활동	-13	-30
재무활동	-38	1
순현금흐름	11	627
기말현금	11	638

시장 대비 수익률
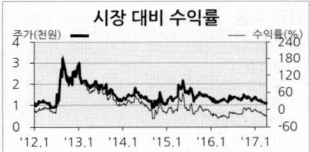

결산 실적 〈단위 : 억원〉
항목	2011	2012	2013	2014	2015	2016
매출액	458	430	590	507	151	235
영업이익	-19	-59	15	-137	20	49
당기순이익	-29	-76	26	-256	21	16

분기 실적 〈단위 : 억원〉
항목	2015.3Q	2015.4Q	2016.1Q	2016.2Q	2016.3Q	2016.4Q
매출액	120	-256	113	142	144	-163
영업이익	-25	74	-6	12	21	22
당기순이익	-29	101	-28	3	6	35

재무 상태 〈단위 : 억원〉
항목	2011	2012	2013	2014	2015	2016
총자산	502	396	689	674	187	2,008
유형자산	184	187	221	263	2	201
무형자산	4	3	71	84	2	820
유가증권	20		10	1	6	23
총부채	254	228	296	232	122	611
총차입금	131	156	216	112	7	312
자본금	128	139	194	351	304	752
총자본	248	168	393	442	66	1,397
지배주주지분	248	168	393	406	66	1,043

기업가치 지표
항목	2011	2012	2013	2014	2015	2016
주가(최고/저)(천원)	1.5/0.7	3.4/0.9	3.0/1.2	1.9/0.9	2.3/1.1	1.7/1.1
PER(최고/저)(배)	—/—	—/—	39.6/15.9	—/—	83.9/37.8	149.6/97.4
PBR(최고/저)(배)	1.8/0.8	6.6/1.7	3.3/1.3	3.2/1.5	29.5/13.3	2.2/1.4
EV/EBITDA(배)			21.2		53.6	23.4
EPS(원)	-95	-238	75	-552	28	11
BPS(원)	970	608	1,012	580	79	772
CFPS(원)	-74	-234	125	-517	29	13
DPS(원)	—	—	—	—	—	—
EBITDAPS(원)	-35	-169	87	-249	27	57

재무 비율 〈단위 : % 〉
연도	영업이익률	순이익률	부채비율	차입금비율	ROA	ROE	유보율	자기자본비율	EBITDA마진율
2016	20.8	6.9	43.7	22.3	1.5	1.8	54.4	69.6	21.2
2015	13.2	14.2	일부잠식	일부잠식	5.0	9.1	-78.4	35.1	13.8
2014	-27.1	-50.4	52.6	25.4	-37.6	-66.7	16.0	65.5	-23.7
2013	2.5	4.5	75.3	54.9	4.9	9.4	102.4	57.1	4.7

브리지텍 (A064480)
BRIDGETEC

업 종: IT 서비스		시 장: KOSDAQ	
신용등급: (Bond) — (CP) —		기업규모: 벤처	
홈 페 이 지: www.bridgetec.co.kr		연 락 처: 02)3430-4114	
본 사: 서울시 영등포구 여의나루로 27 사학연금회관 14,15층			

설 립 일 1995.03.31	종업원수 180명	대표이사 이상호
상 장 일 2008.06.04	감사의견 적정(한울)	계 열
결 산 기 12월	보 통 주 1,195만주	종속회사수
액 면 가 500원	우 선 주	구 상 호

주주구성 (지분율,%)		출자관계 (지분율,%)		주요경쟁사 (외형,%)	
이상호	34.2	케이스카이비	9.3	브리지텍	100
김영민	5.2	케이뱅크은행	2.4	민앤지	74
(외국인)	6.4			아이오케이	24

매출구성		비용구성		수출비중	
콜센터 솔루션	75.7	매출원가율	77.6	수출	9.0
클라우드 콜센터, 유지보수	13.0	판관비율	7.7	내수	91.0
IP기반 유무선 멀티미디어 서비스	11.3				

회사 개요
동사는 콜센터와 인터넷전화 멀티미디어 부가서비스 장비 관련 소프트웨어를 개발하고, 어플리케이션 임대서비스를 제공하는 업체임. 금융, 통신, 공공기관, 지방자치단체 등을 대상으로 콜센터 구축 및 운영업무를 제공하고 있음. 콜센터의 유지보수 및 ASP사업과 법인고객을 대상으로 전화통화관리 프로그램 임대사업 등을 제공하고 있음. 일정 규모 이상 콜센터 구축 솔루션으로는 동사가 독보적임.

실적 분석
동사의 2016년 연결기준 연간 누적 매출액은 552.1억원으로 전년 동기 대비 5.3% 증가함. 매출이 증가하면서 고정 비용 부담이 상대적으로 줄어 영업이익은 전년 동기 대비 30.9% 증가한 81.6억원을 기록함. 법인세 비용 부담이 다소 증가했지만 영업이익 증가폭이 워낙 컸던 탓에 당기순이익은 전년 동기 대비 25.2% 늘어난 79.3억원을 기록함. 매출이 늘면서 수익성도 개선되고 있음.

현금 흐름 *IFRS 별도 기준 〈단위 : 억원〉
항목	2015	2016
영업활동	-7	188
투자활동	42	-55
재무활동	-14	-19
순현금흐름	20	115
기말현금	200	316

시장 대비 수익률

결산 실적 〈단위 : 억원〉
항목	2011	2012	2013	2014	2015	2016
매출액	281	354	423	402	525	552
영업이익	12	57	65	30	62	82
당기순이익	21	55	62	38	63	79

분기 실적 *IFRS 별도 기준 〈단위 : 억원〉
항목	2015.3Q	2015.4Q	2016.1Q	2016.2Q	2016.3Q	2016.4Q
매출액	75	269	93	138	128	194
영업이익	3	55	11	17	15	40
당기순이익	5	46	12	16	15	36

재무 상태 *IFRS 별도 기준 〈단위 : 억원〉
항목	2011	2012	2013	2014	2015	2016
총자산	311	370	468	515	619	626
유형자산	4	4	3	3	5	5
무형자산	51	55	58	65	69	67
유가증권		2	2	2	2	53
총부채	72	88	107	133	188	135
총차입금						
자본금	45	45	62	62	62	62
총자본	239	281	362	382	431	491
지배주주지분	239	281	362	382	431	491

기업가치 지표 *IFRS 별도 기준
항목	2011	2012	2013	2014	2015	2016
주가(최고/저)(천원)	2.0/1.3	2.6/1.5	3.4/2.0	4.9/2.4	6.7/3.1	7.2/4.7
PER(최고/저)(배)	15.4/9.6	6.8/3.9	7.6/4.4	16.8/8.3	13.3/6.2	11.1/7.3
PBR(최고/저)(배)	1.2/0.8	1.3/0.7	1.3/0.8	1.7/0.8	2.0/0.9	1.8/1.2
EV/EBITDA(배)	7.3	2.1	1.6	4.6	5.4	4.9
EPS(원)	170	460	519	319	530	664
BPS(원)	3,023	3,519	3,026	3,195	3,605	4,109
CFPS(원)	321	769	614	439	638	814
DPS(원)	150	180	150	120	160	200
EBITDAPS(원)	216	791	635	374	630	833

재무 비율 〈단위 : % 〉
연도	영업이익률	순이익률	부채비율	차입금비율	ROA	ROE	유보율	자기자본비율	EBITDA마진율
2016	14.8	14.4	27.5	0.0	12.7	17.2	695.2	78.5	18.0
2015	11.9	12.1	43.6	0.0	11.2	15.6	597.7	69.6	14.4
2014	7.6	9.5	34.8	0.0	7.8	10.3	518.4	74.2	11.1
2013	15.3	14.7	29.5	0.0	14.8	19.3	485.6	77.2	17.9

블루콤 (A033560)
BLUECOM

업 종 : 휴대폰 및 관련부품		시 장 : KOSDAQ	
신용등급 : (Bond) — (CP) —		기업규모 : 우량	
홈페이지 : www.bluec.co.kr		연락처 : 032)810-0500	
본 사 : 인천시 연수구 벤처로 116 (송도동)			

설 립 일	1991.10.07	종 업 원 수	182명	대 표 이 사	김종규
상 장 일	2011.01.26	감 사 의 견	적정 (신한)	계 열	
결 산 기	12월	보 통 주	1,920만주	종속회사수	
액 면 가	500원	우 선 주		구 상 호	

주주구성 (지분율,%)		출자관계 (지분율,%)		주요경쟁사 (외형,%)	
김종규	38.0	미디어젠	19.3	블루콤	100
베어링자산운용	7.0	TIANJINBLUECOM	100.0	KH바텍	158
(외국인)	10.9	BLUECOMVINA	100.0	서원인텍	150

매출구성		비용구성		수출비중	
제품	95.8	매출원가율	76.3	수출	—
기타	4.2	판관비율	12.4	내수	—

회사 개요
동사는 휴대폰용 마이크로 스피커와 리니어 진동모터, 블루투스 헤드셋 등 휴대폰 부품 및 엑세서리를 제조, 판매하고 있음. 동사는 제품 개발과 마케팅을 담당하고 있으며, 종속회사인 천진부록통신기술유한공사는 제품의 생산 및 중국 내수판매의 역할을 담당하고 있음. 휴대폰 부품 및 엑세서리 산업은 휴대폰의 내외장형 부품과 관련된 제품으로, 전방산업인 휴대폰 제조업의 경기와 연동, 기술적인 진입장벽이 높은 특성을 가지고 있음.

실적 분석
동사의 2016년 연간 매출은 2,388억원으로 전년대비 10% 증가, 영업이익은 270억원으로 전년대비 16.5% 감소 시현. 당기순이익은 233.7억원으로 전년대비 24.6% 감소 기록. 전체 외형이 증가했음에도 불구하고 원가 상승, 판매관리비 증가 영향으로 이익 규모는 전년대비 감소 시현. 동사는 하만카돈과 거래하고 있는 제품으로 블루투스 헤드셋을 보유하고 있음. 블루투스 헤드셋 시장이 고음질을 중심으로 성장, 수혜 예상

현금 흐름 〈단위 : 억원〉

항목	2015	2016
영업활동	448	260
투자활동	-139	-29
재무활동	-53	-126
순현금흐름	261	124
기말현금	556	681

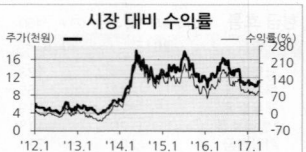
시장 대비 수익률

결산 실적 〈단위 : 억원〉

항목	2011	2012	2013	2014	2015	2016
매출액	412	568	855	1,965	2,171	2,388
영업이익	1	63	136	335	323	270
당기순이익	11	37	123	285	310	234

분기 실적 〈단위 : 억원〉

항목	2015.3Q	2015.4Q	2016.1Q	2016.2Q	2016.3Q	2016.4Q
매출액	572	546	381	858	645	504
영업이익	91	65	40	98	74	58
당기순이익	82	58	31	80	34	89

재무 상태 〈단위 : 억원〉

항목	2011	2012	2013	2014	2015	2016
총자산	1,078	1,040	1,199	1,618	1,859	1,978
유형자산	305	282	262	504	572	551
무형자산	25	25	24	66	82	82
유가증권	18	28	28	28	28	102
총부채	92	58	90	257	259	251
총차입금	9	—		0	23	0
자본금	48	48	48	96	96	96
총자본	985	982	1,108	1,362	1,600	1,726
지배주주지분	985	982	1,108	1,362	1,600	1,726

기업가치 지표

항목	2011	2012	2013	2014	2015	2016
주가(최고/저)(천원)	7.2/3.4	6.6/3.8	7.0/3.3	19.3/6.4	18.3/10.7	16.7/9.6
PER(최고/저)(배)	137.0/64.6	37.5/21.9	11.7/5.6	13.8/4.6	11.8/6.9	13.8/7.9
PBR(최고/저)(배)	1.6/0.7	1.4/0.8	1.3/0.6	2.9/1.0	2.3/1.3	1.8/1.0
EV/EBITDA(배)	15.2	5.4	5.2	5.8	3.8	3.2
EPS(원)	59	194	642	1,485	1,615	1,217
BPS(원)	10,300	10,450	11,596	7,196	8,439	9,235
CFPS(원)	514	800	1,645	1,658	1,882	1,663
DPS(원)	100	120	300	400	400	50
EBITDAPS(원)	410	1,068	1,774	1,919	1,952	1,853

재무 비율 〈단위 : % 〉

연도	영업이익률	순이익률	부채비율	차입금비율	ROA	ROE	유보율	자기자본비율	EBITDA마진율
2016	11.3	9.8	14.6	0.0	12.2	14.1	1,747.0	87.3	14.9
2015	14.9	14.3	16.2	1.5	17.8	20.9	1,587.7	86.1	14.9
2014	17.1	14.5	18.9	0.0	20.2	23.1	1,339.2	84.1	18.8
2013	15.9	14.4	8.2	0.0	11.0	11.8	2,219.2	92.5	19.9

비나텍 (A126340)
VINA TECH

업 종 : 전기장비		시 장 : KONEX	
신용등급 : (Bond) — (CP) —		기업규모 :	
홈페이지 : www.vina.co.kr		연락처 : 063)715-3020	
본 사 : 전북 전주시 덕진구 운암로 15 (팔복동2가)			

설 립 일	1999.07.26	종 업 원 수	119명	대 표 이 사	성도경
상 장 일	2013.07.01	감 사 의 견	적정 (상록)	계 열	
결 산 기	12월	보 통 주	281만주	종속회사수	
액 면 가	500원	우 선 주	47만주	구 상 호	

주주구성 (지분율,%)		출자관계 (지분율,%)		주요경쟁사 (외형,%)	
성도경	47.9			비나텍	100
엘지전자	7.4			선도전기	466
				서전기전	249

매출구성		비용구성		수출비중	
초고용량 커패시터	79.0	매출원가율	68.8	수출	68.6
커패시터 등	20.7	판관비율	23.2	내수	31.4
수수료수입	0.3				

회사 개요
동사는 초고용량 커패시터를 제조, 탄탈커패시터 및 IT 상품을 판매하는 회사임. 동사의 제품은 휴대폰, 오디오 등 전자제품뿐만 아니라 산업용 로봇, 하이브리드 자동차 등 다양한 산업군에서 사용됨. 제품 매출 비중은 79.0%, 상품 매출은 20.7%를 차지하고 있음. 주요 제품은 초고용량 커패시터임. 세계 최초로 기존 최고 사양이던 2.7V보다 11% 용량을 향상시킨 3V제품을 2010년 11월에 개발하여 판매를 개시하였음

실적 분석
2016년 동사의 매출액은 201.6억원이며 각각 16.1억원, 4.0억원의 영업이익과 당기순이익을 시현. 동사는 2011년 전주시 팔복동의 친환경복합단지로 본사 및 연구소, 공장을 이전하였음. 2012년 기계장치를 비롯한 추가 투자에서 비롯한 감가상각비의 증가로 2013년 210억 매출과 4억의 영업손실을 기록하였으나 초고용량 커패시터의 시장 확대 및 공장 가동률 향상으로 2014년 부터 2016년까지 꾸준히 영업이익이 증가하였음.

현금 흐름 *IFRS 별도 기준 〈단위 : 억원〉

항목	2015	2016
영업활동	21	55
투자활동	-4	-48
재무활동	-17	-4
순현금흐름	0	3
기말현금	2	5

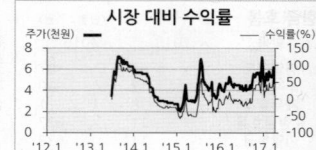
시장 대비 수익률

결산 실적 〈단위 : 억원〉

항목	2011	2012	2013	2014	2015	2016
매출액	192	186	210	220	202	202
영업이익	8	8	-4	8	11	16
당기순이익	5	5	-9	4	5	4

분기 실적 *IFRS 별도 기준 〈단위 : 억원〉

항목	2015.3Q	2015.4Q	2016.1Q	2016.2Q	2016.3Q	2016.4Q
매출액	—	—	—	—	—	—
영업이익	—	—	—	—	—	—
당기순이익	—	—	—	—	—	—

재무 상태 *IFRS 별도 기준 〈단위 : 억원〉

항목	2011	2012	2013	2014	2015	2016
총자산	187	236	245	273	263	272
유형자산	64	92	84	83	71	86
무형자산	42	51	60	77	82	81
유가증권	0	0	0	—	—	—
총부채	112	158	177	181	184	193
총차입금	79	131	147	156	153	156
자본금	16	16	16	18	18	18
총자본	76	78	68	91	79	80
지배주주지분	76	78	68	91	79	80

기업가치 지표 *IFRS 별도 기준

항목	2011	2012	2013	2014	2015	2016
주가(최고/저)(천원)	—/—	—/—	7.2/3.5	6.0/2.7	7.6/1.9	7.3/3.8
PER(최고/저)(배)	0.0/0.0	0.0/0.0	—/—	49.1/22.2	58.4/14.6	59.6/30.9
PBR(최고/저)(배)	0.0/0.0	0.0/0.0	3.4/1.7	2.3/1.0	3.2/0.8	3.0/1.6
EV/EBITDA(배)	3.5	7.2	13.1	7.7	8.4	9.2
EPS(원)	165	139	-287	122	130	123
BPS(원)	23,451	24,100	2,110	2,593	2,398	2,440
CFPS(원)	5,962	4,202	496	708	733	769
DPS(원)	418	418	—	—	—	—
EBITDAPS(원)	6,683	5,286	654	816	901	1,141

재무 비율 〈단위 : % 〉

연도	영업이익률	순이익률	부채비율	차입금비율	ROA	ROE	유보율	자기자본비율	EBITDA마진율
2016	8.0	2.0	241.8	195.7	1.5	5.1	341.3	29.3	18.4
2015	5.3	2.3	234.4	195.3	1.7	5.4	342.2	29.9	15.9
2014	3.4	1.8	198.2	170.5	1.6	5.1	418.7	33.5	12.3
2013	-2.0	-4.4	261.5	216.5	-3.9	-12.8	322.1	27.7	10.1

비디아이 (A148140)
BDI CO

업 종 : 에너지 시설 및 서비스		시 장 : KONEX	
신용등급 : (Bond) — (CP) —		기업규모 :	
홈 페 이 지 : www.bdindustry.co.kr		연 락 처 : 031)352-7365	
본 사 : 경기도 화성시 팔탄면 서해로 1155			

설 립 일 1992.06.18	종 업 원 수 명	대 표 이 사 안승만	
상 장 일 2017.01.16	감 사 의 견 적정 (송강)	계 열	
결 산 기 12월	보 통 주 416만주	종속회사수	
액 면 가 500원	우 선 주 8만주	구 상 호	

주주구성 (지분율,%)		출자관계 (지분율,%)		주요경쟁사 (외형,%)	
안승만	58.9	비디아이	100		
LB크로스보더펀드II	23.1	한솔신텍	160		
		S&TC	253		

매출구성		비용구성		수출비중	
플랜트	99.5	매출원가율	89.2	수출	30.4
기타	0.5	판관비율	4.0	내수	69.6

회사 개요
동사는 1992년 6월 18일 설립되었으며, 2017년 1월 16일 코넥스시장에 상장된 회사임. 동사는 화력 발전소 플랜트 보조기기를 설계하고 제작 및 시공 그리고 시운전을 주사업으로 영위하고 있음. 동사의 주요 제품은 회처리 설비, 회정제 설비, 석탄이송설비, 석회석 이송설비 등임. 동사의 주요 매출처는 신규 발전소를 설립하는 한국전력 자회사와 건설사임. 전력 산업과 밀접한 연관을 맺고 있으며, 사업 구조 측면에서는 발전플랜에 속함.

실적 분석
동사의 2016년 연결기준 매출액은 1,005.6억원으로 전년대비 7.9% 증가함. 매출 증가에도 불구 원가율 상승으로 매출총이익이 감소함. 영업이익은 전년대비 37.2% 감소한 68.2억원을 기록함. 영업이익 감소로 당기순이익은 전년대비 51.9% 감소한 39.5억원을 기록함. 동사의 주요 사업인 석탄화력발전소의 회처리설비, 회정제설비 등 부문은 진입장벽이 존재하는 시장으로 과점이 형성되어 있음. 화력발전 건설 확대로 동사의 안정적인 매출이 기대됨.

현금 흐름 *IFRS 별도 기준 〈단위 : 억원〉

항목	2015	2016
영업활동	-84	-188
투자활동	-7	-5
재무활동	15	204
순현금흐름	-75	11
기말현금	5	15

시장 대비 수익률
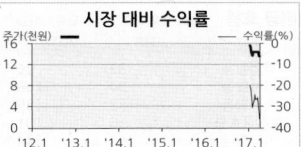

결산 실적 〈단위 : 억원〉

항목	2011	2012	2013	2014	2015	2016
매출액	175	293	674	768	932	1,006
영업이익	19	49	-11	14	108	68
당기순이익	12	3	-53	-28	82	40

분기 실적 *IFRS 별도 기준 〈단위 : 억원〉

항목	2015.3Q	2015.4Q	2016.1Q	2016.2Q	2016.3Q	2016.4Q
매출액	—	—	—	—	—	—
영업이익	—	—	—	—	—	—
당기순이익	—	—	—	—	—	—

재무 상태 *IFRS 별도 기준 〈단위 : 억원〉

항목	2011	2012	2013	2014	2015	2016
총자산	316	372	342	424	468	734
유형자산	102	102	114	134	135	133
무형자산	2	1	0	0	0	5
유가증권	94	78	49	27	22	24
총부채	205	258	340	452	334	561
총차입금	140	219	267	256	187	257
자본금	16	16	1	16	21	21
총자본	112	115	1	-28	133	173
지배주주지분	112	115	1	-28	133	173

기업가치 지표 *IFRS 별도 기준

항목	2011	2012	2013	2014	2015	2016
주가(최고/저)(천원)	—/—	—/—	—/—	—/—	—/—	—/—
PER(최고/저)(배)	0.0/0.0	0.0/0.0	0.0/0.0	0.0/0.0	0.0/0.0	0.0/0.0
PBR(최고/저)(배)	0.0/0.0	0.0/0.0	0.0/0.0	0.0/0.0	0.0/0.0	0.0/0.0
EV/EBITDA(배)	6.1	4.2	—	9.6	1.6	3.3
EPS(원)	360	81	-1,664	-870	2,498	949
BPS(원)	69,695	71,745	880	-14,334	62,947	4,069
CFPS(원)	9,279	3,448	-31,213	-12,906	44,007	1,049
DPS(원)						
EBITDAPS(원)	14,026	32,172	-4,869	9,071	57,451	1,736

재무 비율 〈단위 : % 〉

연도	영업이익률	순이익률	부채비율	차입금비율	ROA	ROE	유보율	자기자본비율	EBITDA마진율
2016	6.8	3.9	325.4	149.0	6.6	25.8	729.5	23.5	7.2
2015	11.6	8.8	250.5	139.9	18.5	전기잠식	541.6	28.5	12.0
2014	1.9	-3.7	완전잠식	완전잠식	-7.4	당기잠식	-273.8	-6.6	2.3
2013	-1.7	-7.9	일부잠식	일부잠식		-91.2	0.4	-1.2

비상교육 (A100220)
Visang Education

업 종 : 교육		시 장 : 거래소	
신용등급 : (Bond) — (CP) —		기업규모 : 시가총액 소형주	
홈 페 이 지 : company.visang.com		연 락 처 : 02)6970-6012	
본 사 : 서울시 구로구 디지털로33길 48 (구로동, 대륭포스트타워 7차 19층)			

설 립 일 2002.01.21	종 업 원 수 558명	대 표 이 사 양태회	
상 장 일 2008.06.30	감 사 의 견 적정 (삼정)	계 열	
결 산 기 12월	보 통 주 1,300만주	종속회사수	
액 면 가 500원	우 선 주	구 상 호	

주주구성 (지분율,%)		출자관계 (지분율,%)		주요경쟁사 (외형,%)	
양태회	45.2	비상캠퍼스	100.0	비상교육	100
비유와상싱우리사주조합	3.1	티스쿨이앤씨	100.0	대교	570
(외국인)	11.5	비상키즈	98.9	웅진씽크빅	434

매출구성		비용구성		수출비중	
출판사업	84.3	매출원가율	46.1	수출	0.0
온라인 사업	13.0	판관비율	29.2	내수	100.0
오프라인학원사업	2.3				

회사 개요
동사는 학습교재 출판, 온오프라인 교육 서비스 사업 등을 영위할 목적으로 1997년 설립됨. 2002년 법인으로 전환하면서 2008년 유가증권시장에 상장함. 초등, 중등, 고등학교 교과서 발행사업, 학습교재 출판, 학력평가, 컨설팅업을 주요 사업으로 영위함. 2016년 5월 경희대 국제교육원과 업무협약을 통해 한국어 교육 사이트인 마스터코리안을 오픈하는 등 성인교육 시장에도 진출함.

실적 분석
온라인사업과 육아교육사업이 다소 부진하였으나, 출판과 오프라인 학원사업이 호조세를 보이면서 2016년 매출액은 전년 수준을 유지함. 출판부문의 제품가격 인상과 인건비 축소를 통해 영업이익은 24.7% 신장함. 대손상각비, 금융자산손상차손 등 영업외비용도 줄어듦. 중국 1위 교육 그룹인 신동방그룹과 손잡고 중국 유아 영어교육 시장에 진출하였으며, 초등학교 국정교과서를 납품을 시작함에 따라 안정적인 성장이 예상됨.

현금 흐름 〈단위 : 억원〉

항목	2015	2016
영업활동	402	512
투자활동	-130	-209
재무활동	-267	-224
순현금흐름	4	79
기말현금	136	215

시장 대비 수익률
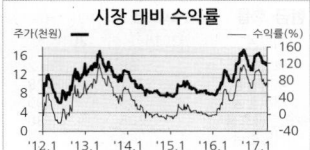

결산 실적 〈단위 : 억원〉

항목	2011	2012	2013	2014	2015	2016
매출액	1,394	1,446	1,349	1,369	1,438	1,439
영업이익	156	214	190	167	284	355
당기순이익	131	169	134	105	169	256

분기 실적 *IFRS 별도 기준 〈단위 : 억원〉

항목	2015.3Q	2015.4Q	2016.1Q	2016.2Q	2016.3Q	2016.4Q
매출액	247	680	285	307	231	616
영업이익	-19	314	50	13	283	
당기순이익	-19	219	3	29	13	210

재무 상태 〈단위 : 억원〉

항목	2011	2012	2013	2014	2015	2016
총자산	1,797	2,128	2,459	2,457	2,352	2,397
유형자산	229	409	443	436	444	431
무형자산	260	334	400	323	312	434
유가증권	65	48	60	32	20	18
총부채	555	742	945	899	630	449
총차입금	151	320	548	490	230	30
자본금	59	65	65	65	65	65
총자본	1,242	1,386	1,514	1,558	1,722	1,948
지배주주지분	1,241	1,386	1,524	1,561	1,725	1,951

기업가치 지표

항목	2011	2012	2013	2014	2015	2016
주가(최고/저)(천원)	9.4/4.3	13.8/5.7	17.2/10.2	12.7/7.2	10.5/7.1	17.6/7.6
PER(최고/저)(배)	10.5/4.8	11.4/4.7	17.5/10.4	16.0/9.1	8.5/5.7	9.1/3.9
PBR(최고/저)(배)	1.0/0.5	1.3/0.5	1.5/0.9	1.0/0.6	0.8/0.5	1.1/0.5
EV/EBITDA(배)	3.5	2.6	6.7	7.7	2.8	4.0
EPS(원)	1,008	1,309	1,057	842	1,294	1,970
BPS(원)	11,373	11,459	12,492	13,012	14,270	16,007
CFPS(원)	1,701	1,914	1,693	1,749	2,218	2,817
DPS(원)	220	110	130	130	200	330
EBITDAPS(원)	1,913	2,258	2,096	2,191	3,112	3,576

재무 비율 〈단위 : % 〉

연도	영업이익률	순이익률	부채비율	차입금비율	ROA	ROE	유보율	자기자본비율	EBITDA마진율
2016	24.7	17.8	23.1	1.5	10.8	13.9	3,101.4	81.3	32.3
2015	19.8	11.7	36.6	13.4	7.0	10.2	2,754.0	73.2	28.1
2014	12.2	7.7	57.7	31.5	4.3	7.1	2,502.4	63.4	20.8
2013	14.1	10.0	62.5	36.2	5.9	9.4	2,398.4	61.6	20.2

비씨월드제약 (A200780)
BCWORLD PHARM COLTD

업 종 : 제약	시 장 : KOSDAQ
신용 등급 : (Bond) — (CP) —	기 업 규 모 : 벤처
홈 페 이 지 : www.bcwp.co.kr	연 락 처 : 031)881-6800
본 사 : 경기도 여주시 가남읍 여주남로 872-23	

설 립 일 1980.03.19	종 업 원 수 256명	대 표 이 사 홍성한	
상 장 일 2014.12.15	감 사 의 견 적정 (대현)	계 열	
결 산 기 12월	보 통 주 731만주	종속회사수	
액 면 가 200원	우 선 주 6만주	구 상 호	

주주구성 (지분율,%)		출자관계 (지분율,%)		주요경쟁사 (외형,%)	
홍성한	33.9	에스브이앤베스트먼트 2.4		비씨월드제약	100
최헌두	2.7			대한뉴팜	240
(외국인)	1.1			메지온	19

매출구성		비용구성		수출비중	
마취통증약	28.7	매출원가율	49.9	수출	4.7
항생제	25.0	판관비율	34.9	내수	95.3
기타처방약	23.6				

회사 개요
동사는 1980년 3월 의약품의 제조 및 판매, 의약품 수출입 등을 주 영업 목적으로 하여 설립되었으며 2014년 12월 코스닥시장에 상장됨. 2007년 회사의 명칭을 극동제약에서 비씨월드제약으로 변경함. 의약품 제조 및 판매, 국내 CMO사업, 해외수출(해외 CMO포함), 라이센싱아웃 사업을 영위하고 있음. 특히 의약품 제조 및 판매 분야에선 R&D 개발력을 기반으로 마취통증약, 순환계약물, 항생제 등에 강점이 있음

실적 분석
동사의 연결 재무제표 기준 2016년 결산 매출액은 전년 동기 414.2억원 대비 10.2% 증가한 456.6억원 기록. 매출액 증대와 더불어 효율적인 매출원가율 관리를 통해 영업이익 69.1억원을 기록, 전년 동기 66.2억원 대비 4.5% 증가한 수치를 기록함. 당기순이익은 같은 기간 2.3% 증가한 64.8억원을 기록. 마취통증약이 전체 매출에서 가장 높은 비중을 차지하고 있으며 순환계약의 매출 비중이 높아지는 추세를 나타냄.

현금 흐름 *IFRS 별도 기준 〈단위 : 억원〉
항목	2015	2016
영업활동	88	2
투자활동	-261	-128
재무활동	-35	95
순현금흐름	-208	-30
기말현금	43	12

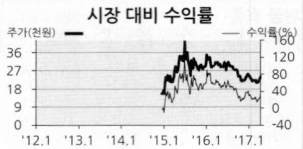

시장 대비 수익률

결산 실적 〈단위 : 억원〉
항목	2011	2012	2013	2014	2015	2016
매출액	267	255	304	357	414	457
영업이익	34	29	40	53	66	69
당기순이익	26	35	33	37	63	65

분기 실적 *IFRS 별도 기준 〈단위 : 억원〉
항목	2015.3Q	2015.4Q	2016.1Q	2016.2Q	2016.3Q	2016.4Q
매출액	108	106	103	117	114	123
영업이익	18	18	14	18	18	19
당기순이익	17	16	14	19	19	13

재무 상태 *IFRS 별도 기준 〈단위 : 억원〉
항목	2011	2012	2013	2014	2015	2016
총자산	315	386	424	748	794	964
유형자산	55	108	129	216	454	561
무형자산	6	12	13	13	13	14
유가증권	0	0	0	0	5	5
총부채	108	159	165	131	120	225
총차입금	89	121	115	60	32	127
자본금	10	8	8	13	13	13
총자본	207	227	259	617	674	739
지배주주지분	207	227	259	617	674	739

기업가치 지표 *IFRS 별도 기준
항목	2011	2012	2013	2014	2015	2016
주가(최고/저)(천원)	—/—	—/—	—/—	16.2/13.8	41.6/15.4	34.9/20.8
PER(최고/저)(배)	0.0/0.0	0.0/0.0	0.0/0.0	24.0/20.4	48.3/17.8	39.7/23.6
PBR(최고/저)(배)	0.0/0.0	0.0/0.0	0.0/0.0	1.9/1.6	4.5/1.7	3.5/2.1
EV/EBITDA(배)	0.5	1.4	1.4	14.0	27.6	22.8
EPS(원)	493	655	622	683	866	883
BPS(원)	104,097	114,074	130,437	9,280	10,132	11,000
CFPS(원)	23,488	23,793	22,996	1,083	1,154	1,225
DPS(원)	—	—	—	100	—	120
EBITDAPS(원)	27,423	20,522	26,587	1,382	1,198	1,291

재무 비율 〈단위 : % 〉
연도	영업이익률	순이익률	부채비율	차입금비율	ROA	ROE	유보율	자기자본비율	EBITDA마진율
2016	15.1	14.2	30.5	17.2	7.4	9.2	5,451.2	76.6	18.9
2015	16.0	15.3	17.7	4.7	8.2	9.8	4,966.1	84.9	19.3
2014	14.7	10.5	21.3	9.7	6.4	8.5	4,539.8	82.5	19.6
2013	13.3	11.0	63.7	44.5	8.2	13.7	3,023.0	61.1	17.4

비아트론 (A141000)
Viatron Technologies

업 종 : 디스플레이 및 관련부품	시 장 : KOSDAQ
신용 등급 : (Bond) — (CP) —	기 업 규 모 : 벤처
홈 페 이 지 : www.viatrontech.com	연 락 처 : 070)4016-3200
본 사 : 경기도 수원시 권선구 산업로 155번길 139(고색동)	

설 립 일 2001.12.26	종 업 원 수 139명	대 표 이 사 김형준	
상 장 일 2012.05.04	감 사 의 견 적정 (신한)	계 열	
결 산 기 12월	보 통 주 1,211만주	종속회사수	
액 면 가 500원	우 선 주	구 상 호	

주주구성 (지분율,%)		출자관계 (지분율,%)		주요경쟁사 (외형,%)	
김형준	14.0	인터밸류파트너스 100.0		비아트론	100
LAZ EMSCTR	6.5	서울투자청년창업벤처조합 10.0		APS홀딩스	726
(외국인)	33.7	소스트 4.2		덕산네오룩스	55

매출구성		비용구성		수출비중	
LTPS LCD 열처리장비	74.5	매출원가율	70.0	수출	66.0
Oxide TFT 열처리장비	19.9	판관비율	11.6	내수	34.0
AMOLED 열처리장비	3.3				

회사 개요
동사는 2001년 반도체 및 평판디스플레이 제조용 기계제조업 등을 목적으로 설립됨. AMOLED, LTPS LCD, Oxide TFT, Flexible Display 등 디스플레이 패널 제작을 위한 장비 중 전 공정 장비에 속하는 backplane 제조 관련 열처리장비가 주요 제품임. 각종 국책과제 및 삼성전자, 삼성모바일디스플레이, LG디스플레이 등과의 연구과제 수행을 통해 꾸준히 열처리 장비 기술개발을 진행하여 우수한 경쟁력을 확보함.

실적 분석
이미 수주된 장비 공급과 지속되고 있는 국내외 디스플레이업체들의 OLED 투자 확대에 의한 장비 수주 증가로 2016년 매우 양호한 실적을 기록함. 국내 디스플레이 업체들이 디스플레이 시장 지배력을 강화하기 위해 전년에 이어 2017년에도 플렉서블 OLED에 대한 투자를 확대할 계획이며, TV시장의 저성장을 해소하기 위한 디스플레이 업체들의 OLED 투자와 중국 업체들의 OLED 시장 진출로 동사는 사상 최대의 실적을 달성할 수 있을 전망임.

현금 흐름 *IFRS 별도 기준 〈단위 : 억원〉
항목	2015	2016
영업활동	32	96
투자활동	94	-158
재무활동	-133	155
순현금흐름	-6	101
기말현금	243	344

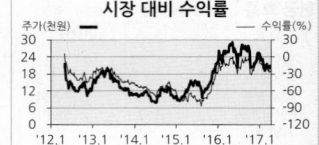

시장 대비 수익률

결산 실적 〈단위 : 억원〉
항목	2011	2012	2013	2014	2015	2016
매출액	471	532	327	328	451	764
영업이익	106	104	40	8	83	140
당기순이익	102	102	39	20	70	132

분기 실적 *IFRS 별도 기준 〈단위 : 억원〉
항목	2015.3Q	2015.4Q	2016.1Q	2016.2Q	2016.3Q	2016.4Q
매출액	121	129	121	161	224	256
영업이익	19	37	24	32	41	43
당기순이익	13	31	19	30	19	63

재무 상태 *IFRS 별도 기준 〈단위 : 억원〉
항목	2011	2012	2013	2014	2015	2016
총자산	314	706	852	803	813	1,284
유형자산	44	97	200	196	190	188
무형자산	4	28	32	22	11	7
유가증권	12	49	336	219	122	149
총부채	76	194	287	223	109	293
총차입금	14	2	211	186	4	5
자본금	44	51	53	54	56	61
총자본	238	512	565	580	703	990
지배주주지분	238	512	565	580	703	990

기업가치 지표 *IFRS 별도 기준
항목	2011	2012	2013	2014	2015	2016
주가(최고/저)(천원)	—/—	21.5/10.1	20.1/9.7	13.6/7.4	22.1/8.1	30.3/18.5
PER(최고/저)(배)	0.0/0.0	20.9/9.8	54.3/26.3	74.7/40.7	34.6/12.7	27.5/16.7
PBR(최고/저)(배)	0.0/0.0	4.2/2.0	3.7/1.8	2.4/1.3	3.4/1.3	3.7/2.3
EV/EBITDA(배)	—	22.0	30.3	21.3	16.9	
EPS(원)	1,178	1,038	374	184	643	1,109
BPS(원)	2,712	5,120	5,487	5,668	6,518	8,173
CFPS(원)	1,246	1,102	510	355	815	1,195
DPS(원)	—	—	—	—	100	100
EBITDAPS(원)	1,292	1,125	518	248	937	1,262

재무 비율 〈단위 : % 〉
연도	영업이익률	순이익률	부채비율	차입금비율	ROA	ROE	유보율	자기자본비율	EBITDA마진율
2016	18.4	17.3	29.6	0.6	12.6	15.6	1,535.7	77.2	19.7
2015	18.5	15.5	15.5	0.6	8.7	10.9	1,203.6	86.6	22.6
2014	2.5	6.0	38.4	32.1	2.4	3.5	1,033.6	72.2	8.1
2013	12.2	12.0	50.8	37.4	5.0	7.3	997.4	66.3	16.6

비앤에스미디어 (A156170)
B&S MEDIA CO

업 종 : 교육		시 장 : KONEX	
신용등급 : (Bond) — (CP) —		기업규모 : —	
홈 페 이 지 : www.bsmedia.co.kr		연 락 처 : 02)588-3323	
본 사 : 서울시 구로구 디지털로26길 111 제이앤케이디지털타워 703호			

설 립 일 2003.01.05	종업원수 35명	대표이사 백윤기	
상 장 일 2013.07.01	감사의견 적정 (지암)	계 열	
결 산 기 12월	보 통 주 320만주	종속회사수	
액 면 가 500원	우 선 주 40만주	구 상 호	

주주구성 (지분율,%)
백윤기	44.8
오현수	18.3

출자관계 (지분율,%)
크리쉬소프트	100.0

주요경쟁사 (외형,%)
비앤에스미디어	100
유비온	239
피엠디아카데미	123

매출구성
디지털 강의시스템(H/W)	91.7
디지털 강의 솔루션(S/W)	8.3

비용구성
매출원가율	89.0
판관비율	35.4

수출비중
수출	19.9
내수	80.1

회사 개요
동사는 2002년 설립 후 전자칠판과 전자교탁 사업을 주된 사업으로 영위함. 2005년 성균관대 전자교탁을 공동 개발해 첨단 교육시스템 구축에 성공함. 이후 전자칠판과 전자교탁 등 하드웨어와 솔루션을 제조 생산하며 민간과 공공 시장에서 실적을 내고 있음. 해외 진출에도 나섬. 현재 주요 대학과 초중교 영어체험 학습실, 컴퓨터 수업실 등 전국 9000여개 학교에 스마트 교육 솔루션을 제공 중임.

실적 분석
동사는 2016년 매출이 84.8억원을 기록했으며 매출원가율이 급격히 증가하면서 매출총이익은 전년에 비해 3분의 1수준으로 줄어든 9.3억원을 기록함. 판매비와관리비는 크게 늘어난 30억원을 기록하면서 그 결과 영업손실 20.6억원을 기록했음. 당기순이익도 -24.7억원으로 적자 전환했음. 동사는 수출 비중이 약 18%로 환율의 불확실성이 앞으로의 매출, 수익, 자산, 부채에 영향 미칠 수 있음.

현금 흐름 *IFRS 별도 기준 〈단위 : 억원〉
항목	2015	2016
영업활동	23	-1
투자활동	3	8
재무활동	-28	-10
순현금흐름	-2	-4
기말현금	4	1

시장 대비 수익률
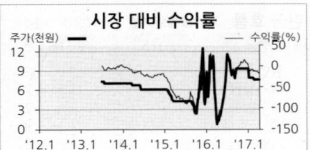

결산 실적 〈단위 : 억원〉
항목	2011	2012	2013	2014	2015	2016
매출액	160	168	145	141	123	85
영업이익	7	8	-31	4	6	-21
당기순이익	6	5	-34	3	3	-25

분기 실적 *IFRS 별도 기준 〈단위 : 억원〉
항목	2015.3Q	2015.4Q	2016.1Q	2016.2Q	2016.3Q	2016.4Q
매출액	—	—	—	—	—	—
영업이익	—	—	—	—	—	—
당기순이익	—	—	—	—	—	—

재무 상태 *IFRS 별도 기준 〈단위 : 억원〉
항목	2011	2012	2013	2014	2015	2016
총자산	97	126	123	153	127	98
유형자산	20	28	27	30	12	7
무형자산	10	13	14	16	23	20
유가증권	0	0	0	0	0	0
총부채	44	66	98	127	98	93
총차입금	25	44	82	110	82	72
자본금	7	18	18	18	18	18
총자본	52	60	25	26	29	4
지배주주지분	52	60	25	26	29	4

기업가치 지표 *IFRS 별도 기준
항목	2011	2012	2013	2014	2015	2016
주가(최고/저)(천원)	—/—	—/—	7.3/7.0	7.0/6.1	12.5/2.3	13.6/0.7
PER(최고/저)(배)	0.0/0.0	0.0/0.0	—/—	215.4/187.7	158.2/29.5	—/—
PBR(최고/저)(배)	0.0/0.0	0.0/0.0	10.4/10.0	9.5/8.3	15.4/2.9	110.1/6.1
EV/EBITDA(배)	0.6	1.8		31.7	20.1	
EPS(원)	225	166	-1,053	33	79	-685
BPS(원)	35,691	39,613	702	734	810	123
CFPS(원)	7,815	6,765	-855	194	272	-479
DPS(원)			250			
EBITDAPS(원)	9,023	8,652	-752	260	357	-368

재무 비율 〈단위 : % 〉
연도	영업이익률	순이익률	부채비율	차입금비율	ROA	ROE	유보율	자기자본비율	EBITDA마진율
2016	-24.4	-29.1	일부잠식	일부잠식	-22.0	-146.7	-75.4	4.5	-15.6
2015	4.8	2.3	334.2	282.1	2.0	10.2	62.1	23.0	10.5
2014	2.5	0.8	480.5	417.6	0.9	4.5	46.9	17.2	6.6
2013	-21.2	-23.5	388.0	324.1	-27.2	-79.5	40.4	20.5	-16.8

비에이치 (A090460)
Bh

업 종 : 전자 장비 및 기기		시 장 : KOSDAQ	
신용등급 : (Bond) — (CP) —		기업규모 : 우량	
홈 페 이 지 : www.bhe.co.kr		연 락 처 : 032)510-2644	
본 사 : 인천시 부평구 평천로 199번길 25			

설 립 일 1999.03.10	종업원수 896명	대표이사 이경환	
상 장 일 2007.01.26	감사의견 적정 (안진)	계 열	
결 산 기 12월	보 통 주 1,563만주	종속회사수	
액 면 가 500원	우 선 주	구 상 호	

주주구성 (지분율,%)
이경환	23.1
한국증권금융	5.1
(외국인)	9.3

출자관계 (지분율,%)
대경전자	100.0
디케이티	42.0
비에이치디스플레이	39.0

주요경쟁사 (외형,%)
비에이치	100
액트	16
남성	23

매출구성
FPCB 양면제품	40.1
FPCB 다층제품	27.6
FPCB RF, BU	26.7

비용구성
매출원가율	99.9
판관비율	7.0

수출비중
수출	18.9
내수	81.1

회사 개요
동사는 1999년 설립되었으며, 2007년부터 코스닥시장에 상장되어 거래되고 있음. 첨단 IT산업의 핵심부품인 FPCB와 그 응용부품을 전문적으로 제조, 공급하는 회사로서 전문 FPCB 벤처 중소기업임. FPCB는 스마트폰, 태블릿 PC 및 휴대폰, LCD, PDP TV 등의 부품으로 들어감. 삼성전자와 LG전자, KT-Tech, 등이 주요 고객이며, 삼성전자 내 입지가 강화되면서 매출액이 증가한 것으로 추정됨.

실적 분석
동사의 2016년 연결기준 연간 매출액은 3,719.5억원으로 전년 대비 소폭 증가함. FPCB 사업부문에서 다층, RF 기판의 매출액이 가장 큰 폭으로 증가함. 국내 매출은 감소했으나, 중국 및 베트남 지역 법인을 기반으로 한 매출이 증가함. 생산능력향상을 위한 신규 건설과 증설을 계획 중임. 동종업계 경쟁심화로 인한 손익구조 악화로 순이익은 전년 대비 적자전환함.

현금 흐름 〈단위 : 억원〉
항목	2015	2016
영업활동	-189	6
투자활동	-237	-123
재무활동	375	53
순현금흐름	-45	-59
기말현금	164	105

시장 대비 수익률

결산 실적 〈단위 : 억원〉
항목	2011	2012	2013	2014	2015	2016
매출액	1,529	2,298	3,791	3,159	3,646	3,720
영업이익	130	247	314	190	94	-258
당기순이익	86	141	221	127	87	-245

분기 실적 〈단위 : 억원〉
항목	2015.3Q	2015.4Q	2016.1Q	2016.2Q	2016.3Q	2016.4Q
매출액	1,022	1,042	1,105	875	949	790
영업이익	21	4	-18	-83	-25	-131
당기순이익	24	-11	-15	-87	-53	-89

재무 상태 〈단위 : 억원〉
항목	2011	2012	2013	2014	2015	2016
총자산	1,480	1,816	2,310	2,639	3,319	3,106
유형자산	666	762	1,156	1,367	1,425	1,453
무형자산	21	26	35	24	38	29
유가증권	21	8	25	29	32	27
총부채	881	1,109	1,419	1,623	2,244	2,046
총차입금	677	790	1,018	1,203	1,604	1,504
자본금	70	75	78	78	78	78
총자본	599	707	891	1,016	1,076	1,060
지배주주지분	599	707	891	1,016	1,076	1,060

기업가치 지표
항목	2011	2012	2013	2014	2015	2016
주가(최고/저)(천원)	6.8/3.1	12.2/5.6	14.6/9.5	12.9/5.7	10.3/5.2	17.0/4.4
PER(최고/저)(배)	9.5/4.3	12.8/5.9	10.1/6.6	15.8/7.0	18.4/9.4	—/—
PBR(최고/저)(배)	1.6/0.7	2.4/1.1	2.3/1.5	1.8/0.8	1.3/0.7	2.5/0.6
EV/EBITDA(배)	7.7	7.8	5.0	5.5	7.7	
EPS(원)	721	954	1,440	813	556	-1,567
BPS(원)	4,294	5,017	6,377	7,325	7,717	6,888
CFPS(원)	1,207	1,458	2,855	2,133	1,798	-364
DPS(원)						
EBITDAPS(원)	1,574	2,178	3,460	2,535	1,846	-446

재무 비율 〈단위 : % 〉
연도	영업이익률	순이익률	부채비율	차입금비율	ROA	ROE	유보율	자기자본비율	EBITDA마진율
2016	-6.9	-6.6	193.0	141.9	-7.6	-22.9	1,277.6	34.1	-1.9
2015	2.6	2.4	208.6	149.2	2.9	8.3	1,443.5	32.4	7.9
2014	6.0	4.0	159.7	118.3	5.1	13.3	1,365.0	38.5	12.6
2013	8.3	5.8	159.2	114.2	10.7	27.7	1,175.4	38.6	14.0

비에이치아이 (A083650)
BHI

업 종 : 기계		시 장 : KOSDAQ	
신용등급 : (Bond) — (CP) —		기업규모 : 중견	
홈페이지 : www.bhi.co.kr		연락처 : 055)585-3800	
본 사 : 경남 함안군 군북면 장백로 122			

설 립 일 1998.06.12	종업원수 470명	대표이사 조원래		
상 장 일 2005.12.02	감사의견 적정 (안진)	계 열		
결 산 기 12월	보통주 2,600만주	종속회사수		
액 면 가 500원	우선주	구 상 호		

주주구성 (지분율,%)
우종인	22.8
박은미	21.3
(외국인)	1.7

출자관계 (지분율,%)
남인	19.6
스마트파워	16.1
경일워터이엔지	15.0

주요경쟁사 (외형,%)
비에이치아이	100
대경기계	61
TPC	29

매출구성
HRSG(Heat Recovery Steam Generator)	50.5
보일러(Boiler)	24.5
B.O.P(Balance of Plant)	15.8

비용구성
매출원가율	85.1
판관비율	10.2

수출비중
수출	62.2
내수	37.8

회사 개요
동사는 발전용, 제철용, 화공용 산업설비 전문기업임. 주 고객으로는 한전을 비롯한 전력회사와 발전사업자, 대형건설사, 포스코를 포함한 제철회사 등이 있음. 동사 생산 발전설비는 주기기의 하나인 각종 보일러(Boiler)류, 보일러(Boiler)와 터빈(Turbine)/발전기(Generator)를 연결하여주는 보조기기인 복수기(Condenser), 열교환기(Heat Exchanger), 탈기기(Deaerator)등이 있음.

실적 분석
동사의 2016년 결산 기준 매출액은 3,131.8억원으로 전년동기 대비 12.1% 감소함. 매출은 감소했지만 매출원가도 전년동기 대비 27.3% 감소한 2,664.3억원을 기록하면서 영업이익은 149.4억원으로 전년동기 대비 흑자 전환함. 비영업손실도 전년동기 대비 적자폭을 줄이며, 당기순이익은 전년동기 672.4억원 손실 대비 101.3억원 수익으로 흑자 전환에 성공함. 복합화력 발전설비 및 GGH설비 분야에서 수주 지속중.

현금 흐름 〈단위 : 억원〉
항목	2015	2016
영업활동	251	147
투자활동	-108	24
재무활동	-101	-199
순현금흐름	41	-27
기말현금	126	99

시장 대비 수익률

결산 실적 〈단위 : 억원〉
항목	2011	2012	2013	2014	2015	2016
매출액	2,444	5,021	6,213	4,970	3,564	3,132
영업이익	162	251	247	-6	-411	149
당기순이익	85	240	178	-192	-672	101

분기 실적 〈단위 : 억원〉
항목	2015.3Q	2015.4Q	2016.1Q	2016.2Q	2016.3Q	2016.4Q
매출액	757	364	626	953	660	893
영업이익	-95	-314	16	54	32	47
당기순이익	-375	-257	2	50	21	28

재무 상태 〈단위 : 억원〉
항목	2011	2012	2013	2014	2015	2016
총자산	3,699	5,863	5,700	5,353	4,554	4,464
유형자산	1,229	1,683	1,658	1,709	2,072	2,048
무형자산	191	275	256	240	218	191
유가증권	65	127	204	213	232	143
총부채	2,726	4,487	4,140	4,036	3,665	3,467
총차입금	1,690	2,850	2,921	2,590	2,553	2,205
자본금	65	65	65	65	130	130
총자본	973	1,375	1,560	1,318	890	997
지배주주지분	973	1,364	1,553	1,310	888	997

기업가치 지표
항목	2011	2012	2013	2014	2015	2016
주가(최고/저)(천원)	11.4/6.9	16.4/10.5	15.2/6.7	9.2/5.7	7.0/2.4	3.7/2.3
PER(최고/저)(배)	35.6/21.5	17.8/11.4	21.9/9.7	—/—	—/—	9.5/6.0
PBR(최고/저)(배)	3.0/1.8	3.1/2.0	2.6/1.1	1.8/1.1	1.9/0.7	0.9/0.6
EV/EBITDA(배)	16.9	18.4	14.6	48.2	—	12.7
EPS(원)	327	937	701	-740	-2,609	392
BPS(원)	7,745	10,734	11,949	10,396	3,647	4,064
CFPS(원)	1,058	2,377	2,037	-787	-2,263	731
DPS(원)	70	210	140	—	—	—
EBITDAPS(원)	1,645	2,431	2,532	635	-1,233	914

재무 비율 〈단위 : % 〉
연도	영업이익률	순이익률	부채비율	차입금비율	ROA	ROE	유보율	자기자본비율	EBITDA마진율
2016	4.8	3.2	347.8	221.2	2.3	10.8	712.9	22.3	7.6
2015	-11.5	-18.9	411.9	286.9	-13.6	-61.7	629.3	19.5	-9.0
2014	-0.1	-3.9	306.3	196.5	-3.5	-13.4	1,979.2	24.6	1.7
2013	4.0	2.9	265.5	187.3	3.1	12.5	2,289.8	27.4	5.3

비엔디생활건강 (A215050)
B&D Life Health COLTD

업 종 : 가정생활용품		시 장 : KONEX	
신용등급 : (Bond) (CP) —		기업규모 :	
홈페이지 : www.e-seje.com		연락처 : 02)552-8481	
본 사 : 인천 부평구 서달로 298번길 73			

설 립 일 2012.01.05	종업원수 23명	대표이사 이다니엘	
상 장 일 2015.03.30	감사의견 적정 (영앤진)	계 열	
결 산 기 12월	보통주 212만주	종속회사수	
액 면 가 100원	우선주 21만주	구 상 호	

주주구성 (지분율,%)
이다니엘	44.0
장경아	21.2

출자관계 (지분율,%)
비엔디통상	40.0

주요경쟁사 (외형,%)
비엔디생활건강	100
LG생활건강	24,665
모나리자	491

매출구성
세제혁명 지엘	40.0
세제혁명	37.4
이젠드라이	21.9

비용구성
매출원가율	34.5
판관비율	59.4

수출비중
수출	1.9
내수	98.1

회사 개요
동사는 2012년에 설립된 세탁용 세제를 제조·판매하는 중소기업으로, 설립 3년만인 2015년에 코넥스 시장에 주권을 상장함. 친환경 세제 전문기업으로 전제품 로하스 인증을 취득하였고, 기존의 세제시장과는 차별적인 전략을 추구하며 성장중임. 주요 생산품으로 다목적분말세제 "세제혁명"을 포함해 액체세제 "세제혁명 지엘", 홈드라이 전용세제 "이젠드라이"와 "얼룩제거제" 등을 보유함.

실적 분석
동사는 2016년 전년 대비 10.3% 늘어난 247.1억원 매출액을 기록했음. 매출총이익은 5.1% 줄면서 영업이익이 전년도 -6.5억원에서 14.9억원으로 흑자전환함. 비영업부문에서 금융손실 0.7억원이 났지만 법인세비용 2.5억원을 발생시키고도 당기순이익은 12억원을 기록해 전년도 8억원 당기순손실에서 탈피, 흑자전환하는 모습.

현금 흐름 *IFRS 별도 기준 〈단위 : 억원〉
항목	2015	2016
영업활동	-9	8
투자활동	-59	2
재무활동	64	-1
순현금흐름	-5	9
기말현금	1	9

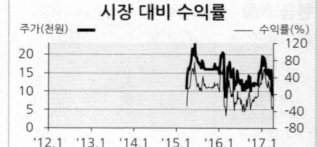
시장 대비 수익률

결산 실적 〈단위 : 억원〉
항목	2011	2012	2013	2014	2015	2016
매출액	—	—	168	177	224	247
영업이익	—	—	23	18	-6	15
당기순이익	—	—	20	13	-8	12

분기 실적 *IFRS 별도 기준 〈단위 : 억원〉
항목	2015.3Q	2015.4Q	2016.1Q	2016.2Q	2016.3Q	2016.4Q
매출액						
영업이익						
당기순이익						

재무 상태 *IFRS 별도 기준 〈단위 : 억원〉
항목	2011	2012	2013	2014	2015	2016
총자산			48	41	95	103
유형자산			8	11	53	56
무형자산						
유가증권						
총부채			27	25	68	60
총차입금			0	6	51	46
자본금			2	2	2	2
총자본			21	15	27	43
지배주주지분			21	15	27	43

기업가치 지표 *IFRS 별도 기준
항목	2011	2012	2013	2014	2015	2016
주가(최고/저)(천원)	—/—	—/—	—/—	—/—	25.8/9.0	25.0/8.5
PER(최고/저)(배)	0.0/0.0	0.0/0.0	0.0/0.0	0.0/0.0	—/—	48.7/16.6
PBR(최고/저)(배)	0.0/0.0	0.0/0.0	0.0/0.0	0.0/0.0	22.0/7.7	13.5/4.6
EV/EBITDA(배)	0.0	0.0	—	—	—	20.3
EPS(원)	—	—	1,318	672	-344	513
BPS(원)	—	—	1,037	1,524	1,174	1,848
CFPS(원)	—	—	1,359	714	-278	636
DPS(원)	—	—	—	200	—	—
EBITDAPS(원)	—	—	1,594	944	-210	763

재무 비율 〈단위 : % 〉
연도	영업이익률	순이익률	부채비율	차입금비율	ROA	ROE	유보율	자기자본비율	EBITDA마진율
2016	6.0	4.8	139.3	106.9	12.0	33.9	1,932.8	41.8	7.2
2015	-2.9	-3.6	248.3	187.2	-11.8	-37.5	1,216.4	28.7	-2.2
2014	10.2	7.6	163.0	39.1	—	—	1,423.8	38.0	10.7
2013	13.9	11.8	132.3	2.2	—	—	936.9	43.1	14.2

비엔케이금융지주 (A138930)
BNK Financial Group

업 종 : 상업은행	시 장 : 거래소
신용등급 : (Bond) AAA (CP) —	기업규모 : 시가총액 대형주
홈페이지 : www.bnkfg.com	연 락 처 : 051)620-3000
본 사 : 부산시 남구 문현금융로 30 (문현동)	

설 립 일	2011.03.15	종업원수	95명	대 표 이 사	성세환
상 장 일	2011.03.30	감사의견	적정 (안진)	계 열	
결 산 기	12월	보 통 주	32,594만주	종속회사수	
액 면 가	5,000원	우 선 주		구 상 호	BS금융지주

주주구성 (지분율,%)		출자관계 (지분율,%)		주요경쟁사 (외형,%)	
국민연금공단	12.2	부산은행	100.0	BNK금융지주	100
파크랜드	5.1	경남은행	100.0	DGB금융지주	53
(외국인)	48.5	BNK캐피탈	100.0	JB금융지주	50

수익구성	비용구성		수출비중	
	이자비용	26.6	수출	—
	파생상품손실	14.4	내수	—
	판관비	26.7		

회사 개요
동사는 2011년 부산은행, BNK투자증권, BNK신용정보, BNK캐피탈이 공동으로 주식의 포괄적 이전 방식에 의해 설립한 지주회사임. 같은 해 BNK정보시스템과 BNK저축은행을 설립해 자회사로 편입함. 자회사에 대한 경영관리업무와 자금지원 등을 위한 자금 조달 업무 등을 주요 사업으로 하고 있음. 자회사는 은행업과 금융투자업, 여신전문업, 상호저축은행업으로 구분됨.

실적 분석
전년 대비 경남은행 NIM의 큰 폭 상승, 부산은행의 선제적 리스크관리를 기반으로 한 이자수익자산의 증가 등의 결과로 그룹 연결 이자부문이익은 전년대비 1064억원 증가. 비이자부문이익은 지속적인 수익구조 다각화 노력으로 증가했으나, 전년도에 발생한 일회성이익(대한주택보증 주식매각익 492억원 등)의 소멸 영향으로 소폭 감소. 그 결과 전년대비 2.3% 감소한 5181.1억원의 당기순이익을 시현.

현금 흐름 <단위 : 억원>
항목	2015	2016
영업활동	7,464	-11,258
투자활동	-8,555	-3,719
재무활동	4,361	11,978
순현금흐름	3,663	-2,853
기말현금	11,439	8,586

시장 대비 수익률
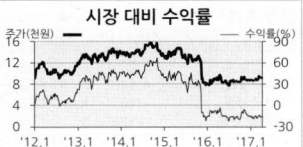

결산 실적 <단위 : 억원>
항목	2011	2012	2013	2014	2015	2016
이자수익	18,450	21,654	21,176	24,958	33,192	32,565
영업이익	5,363	4,936	4,127	9,411	6,962	7,123
당기순이익	4,003	3,659	3,055	8,197	5,305	5,181

분기 실적 <단위 : 억원>
항목	2015.3Q	2015.4Q	2016.1Q	2016.2Q	2016.3Q	2016.4Q
이자수익	8,250	8,163	8,058	8,146	8,158	8,202
영업이익	2,098	439	2,157	2,052	2,023	890
당기순이익	1,521	220	1,631	1,566	1,498	486

재무 상태 <단위 : 억원>
항목	2011	2012	2013	2014	2015	2016
총자산	393,587	431,633	469,169	840,501	902,795	934,822
유형자산	4,126	4,164	5,087	7,934	7,959	8,010
무형자산	241	772	918	3,720	3,241	2,989
유가증권	73,396	79,998	78,338	122,264	131,031	140,099
총부채	364,037	399,017	433,160	785,861	840,889	863,950
총차입금	82,561	82,669	90,398	139,427	141,682	148,951
자본금	9,669	9,669	9,669	11,719	12,797	16,297
총자본	29,549	32,616	36,009	54,639	61,907	70,872
지배주주지분	29,549	32,616	35,010	47,657	58,862	67,826

기업가치 지표
항목	2011	2012	2013	2014	2015	2016
주가(최고/저)(천원)	13.7/8.4	12.4/9.0	14.8/11.5	16.1/13.0	15.0/7.9	9.7/7.6
PER(최고/저)(배)	8.1/5.0	7.8/5.6	10.8/8.4	4.7/3.8	8.3/4.3	6.4/5.0
PBR(최고/저)(배)	1.1/0.7	0.9/0.6	0.9/0.7	0.9/0.7	0.7/0.4	0.5/0.4
PSR(최고/저)(배)	2/1	1/1	1/1	2/1	1/1	1/1
EPS(원)	1,932	1,766	1,470	3,618	1,898	1,556
BPS(원)	15,289	16,875	18,104	20,333	23,000	20,810
CFPS(원)	2,299	2,267	1,767	4,103	2,512	1,989
DPS(원)	350	330	280	200	150	230
EBITDAPS(원)	2,773	2,553	2,134	4,357	2,820	2,210

재무 비율 <단위 : %>
연도	계속사업이익률	순이익률	부채비율	차입금비율	ROA	ROE	유보율	자기자본비율	총자산증가율
2016	21.1	15.9	1,219.0	210.2	0.6	7.9	316.2	7.6	3.6
2015	21.1	16.0	1,358.3	228.9	0.6	9.1	360.0	6.9	7.4
2014	36.8	32.8	1,438.3	255.2	1.3	19.6	306.7	6.5	79.2
2013	19.0	14.4	1,202.9	251.0	0.7	9.0	262.1	7.7	8.7

비엠티 (A086670)
BMT

업 종 : 기계	시 장 : KOSDAQ
신용등급 : (Bond) — (CP) —	기업규모 : 벤처
홈페이지 : www.superlok.com	연 락 처 : 055)783-1000
본 사 : 경남 양산시 산막공단남 11길 35	

설 립 일	2000.07.26	종업원수	234명	대 표 이 사	윤종찬
상 장 일	2007.11.02	감사의견	적정 (신정)	계 열	
결 산 기	12월	보 통 주	815만주	종속회사수	
액 면 가	500원	우 선 주		구 상 호	

주주구성 (지분율,%)		출자관계 (지분율,%)		주요경쟁사 (외형,%)	
윤종찬	50.0	파워쿨	70.4	비엠티	100
비엠티우리사주조합	4.8			맥스로텍	97
(외국인)	0.6			카스	320

매출구성		비용구성		수출비중	
FITTING	59.9	매출원가율	75.7	수출	37.6
차단기외	18.5	판관비율	27.1	내수	62.4
VALVE	17.1				

회사 개요
동사는 1988년 경풍기계공업사로 설립하여 2000년에 비엠티로 법인전환 후 2007년 코스닥시장에 상장함. 주요 사업은 산업용 정밀 Fitting 및 Valve와 전기분전반을 생산판매하는 사업임. 배관자재는 국내외 조선·해양플랜트, 원자력 발전, 석유가스, 반도체 플랜트 건설 설비에 공급하고 있으며, 전기자재는 원자력·화력 발전소로 주로 공급되고 있음. 하이닉스, 삼성전자, 현대중공업, 두산중공업 등이 주요 거래처이며 해외 수출도 증가중임.

실적 분석
2016년 기준 연결대상 법인으로는 박막전자부품 제조 기업인 파워쿨(구.노바마그네틱스)이 있음. 2016년 매출액은 FITTING, VALVE, MCPD등의 매출이 감소하면서, 전기 대비 25.4% 축소된 411.3억원을 시현하였음. 원가 부담이 지속되고 판관비가 증가하면서 동기에 11.6억원의 적자를 시현하며 적자전환함. 비영업손익 면에서도 0.1억원의 적자가 발생하며 당기순손실 11.9억원을 시현하며 순이익도 적자전환됨.

현금 흐름 <단위 : 억원>
항목	2015	2016
영업활동	24	68
투자활동	-19	-18
재무활동	1	-7
순현금흐름	6	43
기말현금	85	128

시장 대비 수익률

결산 실적 <단위 : 억원>
항목	2011	2012	2013	2014	2015	2016
매출액	455	422	512	600	551	411
영업이익	41	47	69	57	22	-12
당기순이익	32	12	33	41	24	-12

분기 실적 <단위 : 억원>
항목	2015.3Q	2015.4Q	2016.1Q	2016.2Q	2016.3Q	2016.4Q
매출액	105	121	94	103	87	128
영업이익	-7	1	-8	1	-7	3
당기순이익	2	-2	-9	-1	-15	13

재무 상태 <단위 : 억원>
항목	2011	2012	2013	2014	2015	2016
총자산	729	725	932	966	944	943
유형자산	324	320	362	388	381	375
무형자산	15	14	11	8	6	8
유가증권	—	—	—	1	4	2
총부채	322	309	404	399	372	390
총차입금	248	244	312	307	326	326
자본금	32	32	41	41	41	41
총자본	407	416	527	567	573	553
지배주주지분	403	415	531	572	580	564

기업가치 지표
항목	2011	2012	2013	2014	2015	2016
주가(최고/저)(천원)	6.1/3.4	5.3/3.6	7.2/4.9	7.2/5.0	6.3/4.3	9.4/3.5
PER(최고/저)(배)	12.4/7.0	23.0/15.8	16.4/11.1	14.4/9.9	21.0/14.5	—/—
PBR(최고/저)(배)	1.1/0.6	0.9/0.6	1.2/0.8	1.1/0.7	0.9/0.6	1.3/0.5
EV/EBITDA(배)	8.3	8.0	7.5	8.8	13.2	94.1
EPS(원)	545	250	472	527	309	-124
BPS(원)	6,473	6,673	6,634	7,083	7,293	7,099
CFPS(원)	860	565	729	797	582	132
DPS(원)	50	100	100	100	100	100
EBITDAPS(원)	962	1,065	1,153	971	547	115

재무 비율 <단위 : %>
연도	영업이익률	순이익률	부채비율	차입금비율	ROA	ROE	유보율	자기자본비율	EBITDA마진율
2016	-2.8	-2.9	70.6	59.0	-1.3	-1.8	1,319.8	58.6	2.3
2015	4.1	4.3	64.9	56.8	2.5	4.4	1,358.6	60.7	8.1
2014	9.5	6.8	70.4	54.2	4.3	7.8	1,316.6	58.7	13.2
2013	13.5	6.4	76.7	59.1	3.9	7.7	1,226.7	56.6	17.3

비와이씨 (A001460)
BYC

업 종 : 섬유 및 의복			시 장 : 거래소	
신용 등급 : (Bond) — (CP) —			기업규모 : 시가총액 소형주	
홈 페 이 지 : www.byc.co.kr			연 락 처 : 02)840-3114	
본 사 : 서울시 영등포구 도림천로21길 3				

설 립 일 1955.05.13	종 업 원 수 779명	대 표 이 사 김병석		
상 장 일 1975.06.02	감 사 의 견 적정 (대성)	계	열	
결 산 기 12월	보 통 주 62만주	종속회사수		
액 면 가 5,000원	우 선 주 22만주	구 상 호		

주주구성 (지분율,%)		출자관계 (지분율,%)		주요경쟁사 (외형,%)	
남호섬유	13.4	바이콤광고	100.0	BYC	100
신한방	12.4	신한봉제	18.3	일신방직	226
(외국인)	1.4	전주방송	5.5	에프티이앤이	21

매출구성		비용구성		수출비중	
봉제품	61.2	매출원가율	68.1	수출	4.4
양품류	19.1	판관비율	24.2	내수	95.6
임대	14.8				

회사 개요
동사는 제조업(도소매 포함), 건설, 임대사업을 영위하고 있으며, 이중 제조업 분야의 매출이 전체 매출의 대부분을 차지하고 있음. 제조업은 내의 제품을 주로 제조하여 판매하고 있으며, BYC, 스콜피오 등의 속옷 제품 및 상품 매출의 구조로 이루어짐. 국내 내의시장의 연간 시장규모는 약 1.4조원 규모로 추정되며 BYC, 쌍방울, 좋은사람들, 신영와코루, 남영비비안이 포함된 상위 5개 기업이 전체의 50% 이상의 점유율을 보이고 있음.

실적 분석
동사의 2016년 결산기준 누적 매출액은 전년동기대비 16.3% 상승한 2118.6억원을 기록하였음. 비용면에서 전년동기대비 매출원가는 증가 했으나 인건비는 거의 동일했고 광고선전비는 증가 했고 기타판매비와관리비도 마찬가지로 증가함. 이와 같이 상승한 매출액 대비 비용증가가 높아 그에 따라 전년동기대비 영업이익은 161.5억원으로 -23.6% 크게 하락하였음. 그러나 비영업손익의 흑자전환으로 전년동기대비 당기순이익은 175.4억원을 기록함.

현금 흐름 〈단위 : 억원〉

항목	2015	2016
영업활동	281	439
투자활동	-837	-379
재무활동	591	181
순현금흐름	34	240
기말현금	53	293

시장 대비 수익률

결산 실적 〈단위 : 억원〉

항목	2011	2012	2013	2014	2015	2016
매출액	2,021	2,170	1,824	1,769	1,822	2,119
영업이익	362	334	251	279	211	162
당기순이익	270	247	155	191	132	175

분기 실적 〈단위 : 억원〉

항목	2015.3Q	2015.4Q	2016.1Q	2016.2Q	2016.3Q	2016.4Q
매출액	460	549	446	661	473	539
영업이익	32	70	43	53	18	47
당기순이익	3	62	44	51	4	77

재무 상태 〈단위 : 억원〉

항목	2011	2012	2013	2014	2015	2016
총자산	4,779	5,055	5,252	6,084	6,915	7,330
유형자산	500	579	694	873	659	667
무형자산	12	10	8	11	11	3
유가증권	40	16	16	16	16	16
총부채	1,691	1,721	1,772	2,430	3,133	3,392
총차입금	869	852	832	1,418	2,014	2,205
자본금	42	42	42	42	42	42
총자본	3,088	3,333	3,479	3,654	3,781	3,939
지배주주지분	3,088	3,332	3,479	3,654	3,781	3,938

기업가치 지표

항목	2011	2012	2013	2014	2015	2016
주가(최고/저)(천원)	171/136	205/147	238/175	301/183	498/245	607/395
PER(최고/저)(배)	5.4/4.3	7.1/5.1	13.0/9.5	13.4/8.1	31.9/15.7	29.1/19.0
PBR(최고/저)(배)	0.5/0.4	0.5/0.4	0.6/0.4	0.7/0.4	1.1/0.6	1.3/0.8
EV/EBITDA(배)	4.6	5.2	6.3	9.4	16.7	17.2
EPS(원)	32,153	29,352	18,564	22,685	15,694	20,872
BPS(원)	368,006	397,103	414,562	435,396	450,529	469,264
CFPS(원)	39,389	38,304	28,724	32,573	27,915	34,666
DPS(원)	850	850	750	800	850	800
EBITDAPS(원)	50,276	48,716	40,062	43,104	37,377	33,025

재무 비율 〈단위 : % 〉

연도	영업이익률	순이익률	부채비율	차입금비율	ROA	ROE	유보율	자기자본비율	EBITDA마진율
2016	7.6	8.3	86.1	56.0	2.5	4.5	9,285.3	53.7	13.1
2015	11.6	7.2	82.9	53.3	2.0	3.6	8,910.6	54.7	17.2
2014	15.8	10.8	66.5	38.8	3.4	5.3	8,607.9	60.1	20.5
2013	13.8	8.5	50.9	23.9	3.0	4.6	8,191.2	66.3	18.4

비지에프리테일 (A027410)
BGF Retail

업 종 : 도소매			시 장 : 거래소	
신용 등급 : (Bond) — (CP) —			기업규모 : 시가총액 대형주	
홈 페 이 지 : www.bgfretail.com			연 락 처 : 1577-3663	
본 사 : 서울시 강남구 테헤란로 405(삼성동)				

설 립 일 1994.12.01	종 업 원 수 1,794명	대 표 이 사 박재구		
상 장 일 2014.05.19	감 사 의 견 적정 (삼정)	계	열	
결 산 기 12월	보 통 주 4,955만주	종속회사수		
액 면 가 1,000원	우 선 주	구 상 호		

주주구성 (지분율,%)		출자관계 (지분율,%)		주요경쟁사 (외형,%)	
홍석조	31.8	비지에프로지스	100.0	BGF리테일	100
홍석현	7.1	비지에프네트웍스	100.0	이마트	292
(외국인)	32.3	비지에프휴먼넷	100.0	GS리테일	146

매출구성		비용구성		수출비중	
[편의점]직영/가맹점 상품 판매	85.7	매출원가율	80.1	수출	—
[편의점]용역(가맹점),임대료,기타수수료	14.3	판관비율	15.6	내수	—

회사 개요
동사는 1990년 가락시영점을 오픈하여 편의점 체인화사업을 시작했으며, 물류, POS시스템, 서비스상품 등 편의점 체인화사업을 위한 네트워크를 확립함. 수익성 위주의 점포 확장정책에 따라 점포수 증가폭은 둔화되었으나, 수익성 중심의 점포 개발과 가맹점 수익성 향상을 목표로 내실경영 체계를 공고히 할 예정임. 종속기업인 (주)비지에프캐시넷을 통해 현금영수증 사업을 추진하고, 사업 다각화로 수익 안정성을 확보할 예정임.

실적 분석
동사의 2016년 연결기준 연간 매출액은 전년대비 16.6% 증가한 5조 526억원을 시현함. 인프라 구축에 따른 고정비 성격의 비용이 증가했으나, 매출 증대에 힘입어 순이익은 20.8% 증가함. 전체 매출의 97.8%를 차지하는 편의점 사업의 점포 수 증가, 점포당 일매출 신장이 매출 증가에 기인함. 다양한 PB상품, 서비스 상품을 개발하고, 운영 편리성 중심의 점포 개발과 가맹점 수익성 향상을 목표로 함.

현금 흐름 〈단위 : 억원〉

항목	2015	2016
영업활동	3,067	2,948
투자활동	-4,448	-1,604
재무활동	795	-1,853
순현금흐름	-586	-508
기말현금	1,522	1,014

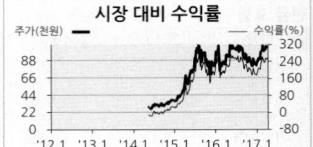

시장 대비 수익률

결산 실적 〈단위 : 억원〉

항목	2011	2012	2013	2014	2015	2016
매출액	25,138	29,122	31,300	33,680	43,343	50,526
영업이익	928	638	1,050	1,241	1,836	2,172
당기순이익	774	355	700	1,015	1,528	1,846

분기 실적 〈단위 : 억원〉

항목	2015.3Q	2015.4Q	2016.1Q	2016.2Q	2016.3Q	2016.4Q
매출액	12,062	11,339	10,923	12,725	13,722	13,157
영업이익	544	356	277	627	712	555
당기순이익	439	346	300	524	569	453

재무 상태 〈단위 : 억원〉

항목	2011	2012	2013	2014	2015	2016
총자산	8,227	10,542	11,599	13,385	16,216	19,176
유형자산	2,717	4,070	3,880	3,692	3,743	5,774
무형자산	384	598	504	470	515	858
유가증권	119	64	60	645	1,249	1,017
총부채	4,926	8,934	9,569	7,664	8,479	9,754
총차입금	25	3,571	3,794	1,129	678	563
자본금	240	246	246	246	248	495
총자본	3,300	1,608	2,030	5,721	7,737	9,422
지배주주지분	3,300	1,495	1,937	5,590	7,732	9,240

기업가치 지표

항목	2011	2012	2013	2014	2015	2016
주가(최고/저)(천원)	—/—	—/—	—/—	38.6/26.1	114/35.1	112/75.3
PER(최고/저)(배)	0.0/0.0	0.0/0.0	0.0/0.0	19.2/13.0	37.7/11.6	30.6/20.5
PBR(최고/저)(배)	0.0/0.0	0.0/0.0	0.0/0.0	3.4/2.3	7.4/2.3	6.1/4.1
EV/EBITDA(배)	—	1.4	0.5	6.7	12.4	10.4
EPS(원)	1,615	726	1,398	2,063	3,072	3,704
BPS(원)	68,829	30,331	7,860	23,190	31,213	18,650
CFPS(원)	30,611	27,803	7,194	8,384	10,509	5,996
DPS(원)				600	1,200	800
EBITDAPS(원)	33,826	33,721	8,660	9,296	11,803	6,675

재무 비율 〈단위 : % 〉

연도	영업이익률	순이익률	부채비율	차입금비율	ROA	ROE	유보율	자기자본비율	EBITDA마진율
2016	4.3	3.7	103.5	6.0	10.4	21.6	1,765.0	49.1	6.6
2015	4.2	3.5	109.6	8.8	10.3	22.8	3,021.3	47.7	6.7
2014	3.7	3.0	134.0	19.7	8.1	27.0	2,219.0	42.7	6.8
2013	3.4	2.2	471.5	186.9	6.3	40.2	686.0	17.5	6.8

비츠로셀 (A082920)
VITZROCELL

업　　종 : 전자 장비 및 기기　　　　시　　장 : KOSDAQ
신용등급 : (Bond) —　　(CP) —　　　기업규모 : 우량
홈페이지 : www.vitzrocell.com　　　연 락 처 : 041)330-0236
본　　사 : 충남 예산군 신암면 추사로 235-35

설 립 일	1987.10.31	종 업 원 수	377명	대 표 이 사	장승국
상 장 일	2009.10.28	감사의견	적정 (한울)	계　　　열	
결 산 기	06월	보 통 주	1,633만주	종속회사수	1개사
액 면 가	500원	우 선 주		구 상 호	

주주구성 (지분율,%)		출자관계 (지분율,%)		주요경쟁사 (외형,%)	
비츠로테크	35.1			비츠로셀	100
하이자산운용	4.4			엘앤에프	274
(외국인)	19.1	VITZROCELLUSAInc	100.0	에스티큐브	17

매출구성		비용구성		수출비중	
Li/SOCl2 Bobbin(제품)	63.1	매출원가율	72.6	수출	68.7
Li/SOCl2 Wound(제품)	27.5	판관비율	14.3	내수	31.3
기타제품 외	6.6				

회사 개요

동사는 1987년 설립, 88년 미국 Greatbatch사로부터 기술제휴를 한 이후로 20년 이상 리튬일차전지만을 연구, 개발해왔으며 1991년 이후로 양산을 시작하여 현재까지 양산설비를 자체개발, 그 기간동안 전지 제조 및 품질 관리의 기술을 축적함. Energy 산업, Security 산업, Mobile Data/Active RFID 산업, Electronics 산업 분야 등 4개 시장을 주요 목표시장으로 하고 있음.

실적 분석

6월 결산 법인인 동사는 제품 다각화와 사용처 확장으로 매출액이 꾸준히 늘고 있음. 연결기준 2016년 2분기(2016년 7월~12월) 누적매출액은 571.6억원으로 전년 동기 대비 30.5% 증가하였음. 같은 기간 영업이익과 당기순이익은 각각 71%, 84.1%씩 증가함. 이같은 실적은 국내 산업용시장에 높은 점유율, 십수년간 독점해온 국내 군수시장의 안정된 매출과 고부가가치 제품의 매출 증대 및 설비 자동화를 통한 원가 절감에 기인함.

현금 흐름
〈단위 : 억원〉

항목	2016	2017.2Q
영업활동	64	60
투자활동	-103	-20
재무활동	6	-4
순현금흐름	-31	37
기말현금	72	109

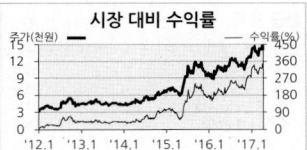

결산 실적
〈단위 : 억원〉

항목	2012	2013	2014	2015	2016	2017
매출액	615	706	140	822	910	
영업이익	77	73	16	108	161	
당기순이익	72	62	9	101	141	

분기 실적
〈단위 : 억원〉

항목	2016.1Q	2016.2Q	2016.3Q	2016.4Q	2017.1Q	2017.2Q
매출액	167	271	205	267	250	321
영업이익	19	48	25	69	49	67
당기순이익	22	37	20	62	35	73

재무 상태
〈단위 : 억원〉

항목	2012	2013	2014	2015	2016	2017.2Q
총자산	686	763	751	980	1,139	1,194
유형자산	243	311	325	379	413	418
무형자산	69	77	80	88	94	92
유가증권	20	21	21	16	19	9
총부채	82	124	113	225	235	186
총차입금	10	27	19	24	16	16
자본금	64	64	64	64	74	82
총자본	604	639	639	754	904	1,008
지배주주지분	604	639	639	754	904	1,008

기업가치 지표

항목	2012	2013	2014	2015	2016	2017.2Q
주가(최고/저)(천원)	5.6/2.7	5.3/3.5	5.4/4.1	9.6/4.4	12.5/5.1	—/—
PER(최고/저)(배)	12.8/8.0	14.1/10.8	97.8/80.8	15.7/8.3	14.5/10.2	—/—
PBR(최고/저)(배)	1.5/1.0	1.3/1.0	1.3/1.1	2.1/1.1	2.3/1.6	2.1/1.6
EV/EBITDA(배)	7.0		6.7	34.0	9.9	8.6	
EPS(원)	445	385	55	617	866	661
BPS(원)	4,764	5,146	5,146	5,961	6,094	6,178
CFPS(원)	736	705	125	1,058	1,274	841
DPS(원)	60	60	—	45	75	
EBITDAPS(원)	779	790	182	1,116	1,406	886

재무 비율
〈단위 : % 〉

연도	영업이익률	순이익률	부채비율	차입금비율	ROA	ROE	유보율	자기자본비율	EBITDA마진율
2016	17.7	15.5	25.9	1.8	13.3	17.0	1,118.9	79.4	22.9
2015	13.2	12.3	29.9	3.1	11.6	14.5	1,092.1	77.0	17.5
2014	11.6	6.4	17.6	3.0	1.2	1.4	929.2	85.0	16.7
2013	10.4	8.8	19.5	4.2	8.6	10.0	929.2	83.7	14.3

비츠로시스 (A054220)
VitzroSys

업　　종 : 상업서비스　　　　　시　　장 : KOSDAQ
신용등급 : (Bond) —　　(CP) —　　　기업규모 : 벤처
홈페이지 : www.vitzrosys.com　　　연 락 처 : 02)460-2000
본　　사 : 서울시 성동구 성덕정길 151 (성수동 2가)

설 립 일	1989.11.04	종 업 원 수	188명	대 표 이 사	김형진,이상호
상 장 일	2001.12.26	감사의견	적정 (한울)	계　　　열	
결 산 기	03월	보 통 주	4,366만주	종속회사수	
액 면 가	500원	우 선 주		구 상 호	

주주구성 (지분율,%)		출자관계 (지분율,%)		주요경쟁사 (외형,%)	
장태수	18.1	비츠로미디어	19.0	비츠로시스	100
비츠로씨앤씨	8.1			양지사	78
(외국인)	0.7			KTcs	1,501

매출구성		비용구성		수출비중	
DCS,ITS,SCADA,UV	99.5	매출원가율	77.1	수출	0.0
가스터빈	0.5	판관비율	19.1	내수	100.0

회사 개요

동사는 1989년 11월 프랑스 클레메시(CLEMESSY)와 기술협력을 맺고 한불자동화 주식회사로 출범해 1991년 1월 주식회사 광명제어로, 2000년 7월 주식회사 비츠로시스로 상호를 변경함. 2001년 12월 코스닥 시장에 상장함. 관련 사업으로는 IT융복합, 신재생에너지, 첨단그린도시, 해외 사업 등이 있음. 대부분의 매출은 스마트 인프라 사업부문에서 발생함.

실적 분석

전력자동화시스템, 스마트그리드, 공공용 사회안전시스템, 차세대 무선통신 및 센서네트워크 등 IT융복합사업 부문의 수주가 회복되면서 2016년 누적 매출액은 전년동기 대비 0.9% 증가함. 원가율이 다소 악화되었으나, 인건비 등 판관비를 크게 축소했으나 영업이익은 2.6% 감소. 이자비용이 증가하면서 영업외 수지는 크게 악화되었음. 송산그린시티 동측지구 내 스마트 시티 구축 사업을 진행하고 있는 동사는 해외시장 진출을 추진 중임.

현금 흐름
〈단위 : 억원〉

항목	2015	2016.3Q
영업활동	-128	60
투자활동	79	
재무활동	25	
순현금흐름	-25	
기말현금	3	

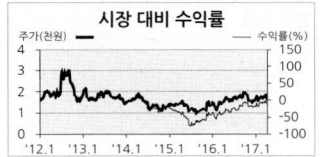

결산 실적
〈단위 : 억원 〉

항목	2011	2012	2013	2014	2015	2016
매출액	1,216	1,343	973	855	635	
영업이익	63	59	-16	-160	24	
당기순이익	26	9	-69	-147	13	

분기 실적
〈단위 : 억원 〉

항목	2015.2Q	2015.3Q	2015.4Q	2016.1Q	2016.2Q	2016.3Q
매출액	164	189	135	—	—	—
영업이익	8	9	6	—	—	—
당기순이익	2	5	3	—	—	—

재무 상태
〈단위 : 억원 〉

항목	2011	2012	2013	2014	2015	2016.3Q
총자산	1,149	1,366	1,390	1,433	1,147	—
유형자산	156	181	180	177	162	—
무형자산	27	64	80	92	95	—
유가증권	39	223	224	219	96	—
총부채	618	686	773	831	529	—
총차입금	265	244	434	348	356	—
자본금	69	110	111	201	201	—
총자본	532	680	617	602	618	—
지배주주지분	530	680	617	601	618	—

기업가치 지표

항목	2011	2012	2013	2014	2015	2016.3Q
주가(최고/저)(천원)	2.2/1.1	3.2/1.5	2.4/1.4	1.9/1.1	1.7/1.0	2.1/1.4
PER(최고/저)(배)	16.6/7.9	74.2/34.4	—/—	—/—	52.9/30.5	—/—
PBR(최고/저)(배)	0.9/0.4	1.3/0.6	1.1/0.6	1.3/0.7	1.1/0.6	0.0/0.0
EV/EBITDA(배)	8.1	10.7			22.8	
EPS(원)	135	44	-250	-438	31	
BPS(원)	3,869	3,101	2,776	1,492	1,535	
CFPS(원)	257	91	-250	-393	67	
DPS(원)						
EBITDAPS(원)	554	339	-8	-433	95	

재무 비율
〈단위 : % 〉

연도	영업이익률	순이익률	부채비율	차입금비율	ROA	ROE	유보율	자기자본비율	EBITDA마진율
2015	3.8	2.0	85.5	57.6	1.0	2.1	206.9	53.9	6.1
2014	-18.7	-17.2	138.1	57.8	-10.4	-24.1	198.5	42.0	-17.0
2013	-1.6	-7.1	125.3	70.4	-5.0	-10.7	455.1	44.4	-0.2
2012	4.4	0.7	100.8	35.8	0.7	1.8	520.1	49.8	4.9

비츠로테크 (A042370)
VITZRO TECH

업 종 : 전기장비		시 장 : KOSDAQ	
신용등급 : (Bond) — (CP) —		기업규모 : 중견	
홈페이지 : www.vitzrotech.com		연 락 처 : 031)489-2000	
본 사 : 경기도 안산시 단원구 별망로 327			

설 립 일 1968.01.30	종 업 원 수 382명	대 표 이 사 유병언,이병호
상 장 일 2000.08.03	감 사 의 견 적정 (한울)	계 열
결 산 기 06월	보 통 주 2,235만주	종속회사수 4개사
액 면 가 500원	우 선 주 —	구 상 호

주주구성 (지분율,%)		출자관계 (지분율,%)		주요경쟁사 (외형,%)	
장순상	48.5	비츠로테크	100		
장태수	8.4	서울전기통신	86		
(외국인)	1.4	뉴인텍	46		

매출구성		비용구성		수출비중	
플라즈마폐액처리 및 초정밀접합	33.9	매출원가율	88.6	수출	—
고압개폐기외	29.5	판관비율	10.5	내수	—
수배전반	14.6				

회사 개요
동사는 1968년 01월 30일 설립되어 2000년 8월 3일 코스닥증권시장에 등록한 법인으로서 전기제어장치제조 및 판매를 주요사업으로 영위하고 있음. 고저압 차단기 및 개폐기, 플라즈마 응용, 진공상태 초정밀접합을 하는 특수사업으로 구분할 수 있으며, 차단기 및 개폐기, 수배전반을 판매하는 전력기기사업을 주된 사업으로 영위. 매출비중은 플라즈마폐액처리 및 초정밀 접합 비중이 가장 높음.

실적 분석
동사는 6월 결산법인으로 제51기 반기 매출액은 1,133.2억원으로 동기동기 대비 100% 증가, 영업이익 및 당기순이익은 흑자전환함. 기존에 영위하던 전력부문이 크게 성장했고 특수부문은 무난한 실적을 기록 중. 지분취득으로 연결회사에 포함된 전지사업부문의 실적이 반영됨. 티뮴일차전지는 고전압, 고에너지 밀도, 광범위한 온도 대역, 장기 저장능력 등 다양한 장점을 보유하고 있음.

현금 흐름 〈단위 : 억원〉

항목	2016	2017.2Q
영업활동	32	143
투자활동	-40	-53
재무활동	-12	-23
순현금흐름	-20	137
기말현금	4	141

시장 대비 수익률
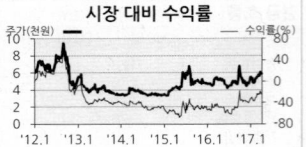

결산 실적 〈단위 : 억원〉

항목	2012	2013	2014	2015	2016	2017
매출액	854	979	218	1,199	1,032	
영업이익	14	19	6	10	-71	
당기순이익	31	22	4	22	-55	

분기 실적 〈단위 : 억원〉

항목	2016.1Q	2016.2Q	2016.3Q	2016.4Q	2017.1Q	2017.2Q
매출액	268	299			391	742
영업이익	-5	-19			23	100
당기순이익	1	-14			185	183

재무 상태 〈단위 : 억원〉

항목	2012	2013	2014	2015	2016	2017.2Q
총자산	913	893	881	1,043	989	2,699
유형자산	249	243	262	286	290	792
무형자산	14	10	14	24	25	541
유가증권	2	7	6	8	8	18
총부채	398	361	346	488	490	828
총차입금	85	114	112	175	166	215
자본금	67	67	67	67	67	112
총자본	515	532	535	555	499	1,871
지배주주지분	515	532	535	555	499	1,215

기업가치 지표

항목	2012	2013	2014	2015	2016	2017.2Q
주가(최고/저)(천원)	9.5/3.0	4.9/4.0	4.2/3.4	6.5/3.7	6.8/3.3	—/—
PER(최고/저)(배)	41.5/17.5	30.3/20.8	142.5/124.1	39.0/20.1	—/—	—/—
PBR(최고/저)(배)	2.5/1.0	1.2/0.9	1.1/0.9	1.6/0.8	1.8/1.2	1.3/0.8
EV/EBITDA(배)	18.3	15.9	55.6	25.2	—	—
EPS(원)	228	161	29	166	-409	1,625
BPS(원)	3,819	3,946	3,969	4,117	3,703	5,437
CFPS(원)	379	321	66	338	-220	1,821
DPS(원)	—	—	—	—	—	—
EBITDAPS(원)	253	299	80	249	-340	832

재무 비율 〈단위 : % 〉

연도	영업이익률	순이익률	부채비율	차입금비율	ROA	ROE	유보율	자기자본비율	EBITDA마진율
2016	-6.9	-5.3	98.1	33.3	-5.4	-10.5	640.6	50.5	-4.4
2015	0.9	1.9	87.9	31.5	2.3	4.1	723.5	53.2	2.8
2014	2.6	1.8	64.7	20.9	0.5	0.7	693.7	60.7	4.9
2013	1.9	2.2	67.8	21.4	2.4	4.2	689.3	59.6	4.1

비트컴퓨터 (A032850)
Bit Computer

업 종 : 의료 장비 및 서비스		시 장 : KOSDAQ	
신용등급 : (Bond) — (CP) —		기업규모 : 벤처	
홈페이지 : www.bit.kr		연 락 처 : 02)3486-1234	
본 사 : 서울시 서초구 서초대로74길 33 (서초동)			

설 립 일 1988.08.15	종 업 원 수 130명	대 표 이 사 전진옥,조현정
상 장 일 1997.07.04	감 사 의 견 적정 (삼정)	계 열
결 산 기 12월	보 통 주 1,662만주	종속회사수
액 면 가 500원	우 선 주 —	구 상 호

주주구성 (지분율,%)		출자관계 (지분율,%)		주요경쟁사 (외형,%)	
조현정	25.2	비트인테크	100.0	비트컴퓨터	100
한화자산운용	4.8	비타임	100.0	하이로닉	44
(외국인)	2.3	코펠비트	50.0	우리들휴브레인	32

매출구성		비용구성		수출비중	
의료정보사업(S/W 및 H/W)	64.6	매출원가율	72.1	수출	7.7
U-Healthcare 사업(S/W 및 H/W)	18.9	판관비율	13.6	내수	92.3
교육사업	14.1				

회사 개요
동사는 의료정보소프트웨어 개발, U-Healthcare 사업 및 IT교육사업을 영위하는 업체임. 의료정보소프트웨어 분야에서는 병원급 의료기관에 통합의료정보솔루션인 bitnixHIS를 판매하고 있음. 헬스케어 분야에서는 노인 및 만성 질환자의 건강관리 서비스인 드림케어TV 등을 운영하고 있음. 비트인테크, 코펠비트, 비트플렉스, BIT Healthcare, Inc 등 4개의 계열사를 보유하고 있음.

실적 분석
동사의 2016년 매출액은 355.3억원을 기록하며 전년동기 373.1억원 대비 4.8% 감소함. 매출액과 비슷한 수준으로 원가 또한 감소하여 동사 영업이익은 전년과 비슷한 수준인 50.8억원을 달성. 순이익 또한 54.0억원을 시현하며 전년대비 16.5% 증가함. 원격의료 허용을 담은 의료법 개정안의 국회 통과가 지부진해짐에 따라 동사 주가 기대감도 잦아들고 있는 상황임.

현금 흐름 〈단위 : 억원〉

항목	2015	2016
영업활동	50	47
투자활동	-30	-26
재무활동	-21	-25
순현금흐름	-1	-4
기말현금	56	52

시장 대비 수익률

결산 실적 〈단위 : 억원〉

항목	2011	2012	2013	2014	2015	2016
매출액	307	328	354	347	373	355
영업이익	28	13	13	26	50	51
당기순이익	27	4	-5	13	46	54

분기 실적 〈단위 : 억원〉

항목	2015.3Q	2015.4Q	2016.1Q	2016.2Q	2016.3Q	2016.4Q
매출액	101	90	85	96	89	85
영업이익	15	16	17	10	13	10
당기순이익	11	19	14	11	12	17

재무 상태 〈단위 : 억원〉

항목	2011	2012	2013	2014	2015	2016
총자산	544	540	548	514	500	523
유형자산	158	154	150	147	177	154
무형자산	14	22	15	11	11	11
유가증권	30	21	13	11	7	27
총부채	232	237	248	202	141	111
총차입금	133	132	113	101	79	53
자본금	83	83	83	83	83	83
총자본	312	303	300	313	359	411
지배주주지분	312	303	300	313	359	411

기업가치 지표

항목	2011	2012	2013	2014	2015	2016
주가(최고/저)(천원)	5.3/2.2	9.8/3.9	5.9/3.5	5.9/3.6	8.9/4.8	9.3/4.4
PER(최고/저)(배)	33.3/14.2	464.0/185.9	—/—	75.3/46.5	32.5/17.5	29.0/13.8
PBR(최고/저)(배)	2.7/1.2	5.2/2.1	3.2/1.9	3.1/1.9	4.1/2.2	3.7/1.8
EV/EBITDA(배)	26.5	41.3	33.5	26.3	22.4	14.9
EPS(원)	161	21	-27	79	279	325
BPS(원)	2,020	1,900	1,881	1,957	2,237	2,552
CFPS(원)	205	60	7	110	310	354
DPS(원)	60					73
EBITDAPS(원)	216	119	114	185	332	335

재무 비율 〈단위 : % 〉

연도	영업이익률	순이익률	부채비율	차입금비율	ROA	ROE	유보율	자기자본비율	EBITDA마진율
2016	14.3	15.2	27.0	12.9	10.6	14.0	410.3	78.7	15.7
2015	13.4	12.4	39.3	22.0	9.1	13.8	347.5	71.8	14.9
2014	7.4	3.8	64.5	32.3	2.5	4.3	291.3	60.8	8.9
2013	3.8	-1.3	82.6	37.8	-0.8	-1.5	276.2	54.8	5.4

비플라이소프트 (A148780)
BFLYSOFT.COLTD

업 종 : IT 서비스		시 장 : KONEX	
신용등급 : (Bond) — (CP) —		기업규모 : —	
홈 페 이 지 : www.bflysoft.co.kr		연 락 처 : 02)3487-0215	
본 사 : 서울시 광진구 강변역로 2, 6층(구의동, 광진우체국)			

설 립 일 1998.08.25	종업원수 명	대 표 이 사 임경환
상 장 일 2016.11.16	감사의견 적정 (우리)	계 열
결 산 기 12월	보 통 주 95만주	종속회사수
액 면 가 500원	우 선 주	구 상 호

주주구성 (지분율,%)		출자관계 (지분율,%)		주요경쟁사 (외형,%)	
임경환	53.9	비플라이소프트	100		
김병건	26.0	모바일리더	112		
		케이사인	268		

매출구성		비용구성		수출비중	
아이서퍼	92.5	매출원가율	66.4	수출	0.0
기타	6.1	판관비율	25.0	내수	100.0
e-NIE	1.4				

회사 개요
동사는 1998년에 설립됐으며 미디어 빅데이터 및 소프트웨어개발을 기반으로 뉴스 미디어 정보 서비스업을 영위하고 있음. 뉴스저작권 신탁기관인 한국언론진흥재단의 뉴스저작권 공식 유통사. 미디어 빅데이터 서비스 플랫폼 기반 기술을 개발 구축하여 뉴스 컨텐츠 유통 사업을 주력 사업으로 신문 지면PDF 스크랩 서비스 및 관련 솔루션 등을 제공함. 전 매출이 국내에서 발생하며 80% 이상이 B2B 서비스임.

실적 분석
동사의 2016년 연결기준 연간 누적 매출액은 119.8억원으로 전년 동기(95억원) 대비 약 20% 가량 증가함. 매출이 크게 늘면서 고정비용 감소 효과로 인해 영업이익은 10.4억원으로 전년 동기(-2.3억원) 대비 흑자전환에 성공함. 비영업손익 부문에서 소폭 손실이 있었지만 영업이익 증가로 인해 당기순이익은 8.5억원으로 전년 동기(-17.7억원) 대비 흑자 전환에 성공.

현금 흐름
*IFRS 별도 기준 〈단위 : 억원〉

항목	2015	2016
영업활동	19	5
투자활동	-17	-3
재무활동	-0	1
순현금흐름	1	4
기말현금	23	26

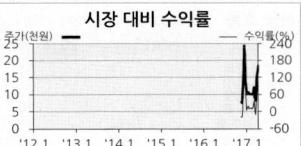
시장 대비 수익률

결산 실적
〈단위 : 억원〉

항목	2011	2012	2013	2014	2015	2016
매출액	—	—	80	103	95	120
영업이익	—	—	-14	4	-2	10
당기순이익	—	—	-15	3	-18	8

분기 실적
*IFRS 별도 기준 〈단위 : 억원〉

항목	2015.3Q	2015.4Q	2016.1Q	2016.2Q	2016.3Q	2016.4Q
매출액	—	—	—	—	—	—
영업이익	—	—	—	—	—	—
당기순이익	—	—	—	—	—	—

재무 상태
*IFRS 별도 기준 〈단위 : 억원〉

항목	2011	2012	2013	2014	2015	2016
총자산	—	—	61	73	52	55
유형자산	—	—	1	2	1	1
무형자산	—	—	26	19	9	8
유가증권	—	—	0	1	0	—
총부채	—	—	34	43	40	30
총차입금	—	—	27	22	21	18
자본금	—	—	25	25	29	5
총자본	—	—	27	30	12	24
지배주주지분	—	—	27	30	12	24

기업가치 지표
*IFRS 별도 기준

항목	2011	2012	2013	2014	2015	2016
주가(최고/저)(천원)	—/—	—/—	—/—	—/—	—/—	30.0/6.6
PER(최고/저)(배)	0.0/0.0	0.0/0.0	0.0/0.0	0.0/0.0	0.0/0.0	30.6/6.8
PBR(최고/저)(배)	0.0/0.0	0.0/0.0	0.0/0.0	0.0/0.0	0.0/0.0	11.6/2.6
EV/EBITDA(배)	—	—	—	—	—	9.3
EPS(원)	—	—	-643	128	-1,711	978
BPS(원)	—	—	551	602	210	2,578
CFPS(원)	—	—	-149	222	-143	1,137
DPS(원)	—	—	—	—	—	—
EBITDAPS(원)	—	—	-124	247	128	1,358

재무 비율
〈단위 : % 〉

연도	영업이익률	순이익률	부채비율	차입금비율	ROA	ROE	유보율	자기자본비율	EBITDA마진율
2016	8.7	7.1	123.3	75.3	15.9	46.2	415.6	44.8	9.8
2015	-2.4	-18.7	일부잠식	일부잠식	-28.3	-83.9	-58.1	23.4	7.7
2014	4.0	2.8	143.3	71.7	4.3	10.1	20.3	41.1	11.8
2013	-17.8	-19.3	124.6	99.6	0.0	0.0	10.2	44.5	-7.6

빅솔론 (A093190)
Bixolon

업 종 : 컴퓨터 및 주변기기		시 장 : KOSDAQ	
신용등급 : (Bond) — (CP) —		기업규모 : 우량	
홈 페 이 지 : www.bixolon.com		연 락 처 : 031)218-5500	
본 사 : 경기도 성남시 분당구 판교역로241번길 20, 7층, 8층(삼평동, 미래에셋벤처타워)			

설 립 일 2002.11.14	종업원수 85명	대 표 이 사 김장환,김형근
상 장 일 2007.08.20	감사의견 적정 (세진)	계 열
결 산 기 12월	보 통 주 1,020만주	종속회사수
액 면 가 500원	우 선 주	구 상 호

주주구성 (지분율,%)		출자관계 (지분율,%)		주요경쟁사 (외형,%)	
김형근	34.4	메타베스트	100.0	빅솔론	100
한국투자밸류자산운용	9.8	에버린트	100.0	메디프론	15
(외국인)	10.1	엔베스터킹메이커2호투자조합	50.0	제이스테판	39

매출구성		비용구성		수출비중	
POS프린터	47.5	매출원가율	64.8	수출	—
Mobile프린터	19.0	판관비율	20.6	내수	—
프린팅Mechanism	13.6				

회사 개요
판매정보관리시스템(POS)용 영수증 프린터, 라벨, 모바일 프린터 등을 생산하는 미니 프린터 전문회사임. 공장 자동화, 배달 서비스 사업 등의 발전으로 수익성이 높은 라벨프린팅 및 모바일 프린팅 수요의 지속적인 증대가 기대됨. 국내 POS프린터 시장 점유율 40%, 프린팅 Mechanism 시장점유율 60%로 국내 1위이며, 수출 비중이 약 80%임. 2015년 100억원을 투자해 신기술금융회사인 메타베스트를 설립함.

실적 분석
주력제품인 POS프린터가 주요 수출 지역인 북미 지역의 경기호조와 신흥국 수요 증가로 성장세를 보여 2016년 매출액은 전년 대비 4.4% 증가함. 제품가격 하락으로 원가율이 악화되어 영업이익은 15.0% 감소함. 단기금융자산평가이익의 감소와 외환 관련 손실로 영업외수지도 악화됨. 태블릿 기반 POS프린터와 IT기기를 활용한 모바일 프린터에 대한 수요 증가, 공장자동화, 택배 등에 사용되는 스티커 발급용 라벨 프린터의 추세적인 성장이 예상됨.

현금 흐름
〈단위 : 억원〉

항목	2015	2016
영업활동	96	108
투자활동	-51	-82
재무활동	-44	-55
순현금흐름	1	-28
기말현금	73	45

시장 대비 수익률

결산 실적
〈단위 : 억원〉

항목	2011	2012	2013	2014	2015	2016
매출액	793	749	840	789	839	876
영업이익	112	105	151	130	150	132
당기순이익	120	120	170	129	194	144

분기 실적
〈단위 : 억원〉

항목	2015.3Q	2015.4Q	2016.1Q	2016.2Q	2016.3Q	2016.4Q
매출액	230	200	209	231	215	220
영업이익	50	24	35	42	36	19
당기순이익	55	44	30	43	42	29

재무 상태
〈단위 : 억원〉

항목	2011	2012	2013	2014	2015	2016
총자산	733	819	1,002	1,112	1,279	1,373
유형자산	93	95	105	94	93	112
무형자산	5	7	11	12	12	10
유가증권	300	361	495	580	680	757
총부채	124	111	144	149	160	172
총차입금	8	7	0	1	0	0
자본금	51	51	51	51	51	51
총자본	609	708	858	963	1,119	1,202
지배주주지분	609	708	858	963	1,119	1,193

기업가치 지표

항목	2011	2012	2013	2014	2015	2016
주가(최고/저)(천원)	5.1/3.2	6.5/4.4	15.0/6.1	14.4/8.6	15.6/10.1	14.9/12.0
PER(최고/저)(배)	4.8/3.1	6.2/4.2	9.8/4.0	12.2/7.3	8.6/5.6	10.9/8.8
PBR(최고/저)(배)	0.9/0.6	1.0/0.7	1.9/0.8	1.6/0.9	1.4/0.9	1.2/1.0
EV/EBITDA(배)	2.5	2.9	5.8	3.7	5.9	5.9
EPS(원)	1,177	1,176	1,667	1,267	1,905	1,398
BPS(원)	6,364	7,332	8,804	9,832	11,610	12,583
CFPS(원)	1,322	1,346	1,871	1,480	2,101	1,609
DPS(원)	150	170	200	200	400	300
EBITDAPS(원)	1,243	1,196	1,680	1,483	1,671	1,465

재무 비율
〈단위 : % 〉

연도	영업이익률	순이익률	부채비율	차입금비율	ROA	ROE	유보율	자기자본비율	EBITDA마진율
2016	15.1	16.4	14.3	0.0	10.8	12.3	2,416.5	87.5	17.1
2015	17.9	23.2	14.3	0.0	16.3	18.7	2,221.9	87.5	20.3
2014	16.4	16.4	15.5	0.0	12.2	14.2	1,866.3	86.6	19.2
2013	17.9	20.2	16.8	0.0	18.7	21.7	1,660.9	85.6	20.4

빅텍 (A065450)
Victek

업 종 : 상업서비스			시 장 : KOSDAQ		
신용등급 : (Bond) — (CP) —			기업규모 : 중견		
홈 페 이 지 : www.victek.co.kr			연 락 처 : 031)631-7301		
본 사 : 경기도 이천시 마장면 덕이로 180-31					

설 립 일 1996.01.09	종 업 원 수 162명	대 표 이 사 박승운,이용국
상 장 일 2003.02.05	감 사 의 견 적정 (중앙)	계 열
결 산 기 12월	보 통 주 2,450만주	종속회사수
액 면 가 200원	우 선 주	구 상 회

주주구성 (지분율,%) / 출자관계 (지분율,%) / 주요경쟁사 (외형,%)

주주구성		출자관계		주요경쟁사	
박승운	33.1	피알에프	40.0	빅텍	100
한국증권금융	4.5	멘토스	10.0	퍼스텍	395
(외국인)	2.1			KC그린홀딩스	1,020

매출구성 / 비용구성 / 수출비중

매출구성		비용구성		수출비중	
피아식별기	49.1	매출원가율	94.3	수출	—
전원공급기, 기타방산제품	20.0	판관비율	8.0	내수	—
전자전시스템 방향탐지장치	18.9				

회사 개요
동사는 전원공급 · 제어장치 개발 및 유 · 무선 통신기기 제조 및 판매 등을 영위함. 주요 사업은 전자전시스템, 전원공급장치 및 RFID, USN,신재생에너지사업을 하고 있음. 특히 21년간의 방산 기술 개발 및 생산을 통하여 자주국방실현에 기여해 왔으며, 진행 사업에 있어 경쟁우위를 확보하고 있음. 미국 현지법인이 국내 중소·벤처 기업 중에서는 처음으로 미국의 SBIR(중소기업 혁신연구) 프로그램 지원 대상으로 선정됨.

실적 분석
동사의 2016년 매출액은 383.5억원으로 전년 대비 5.6% 감소함. 영업손실은 8.9억원으로 적자전환함. 당기순손익도 8.2억원으로 적자전환함. 동사는 공공자전거 무인대여시스템 사업에 대한 연구개발 투자를 통해 다수의 특허를 보유하고 있음. 다만 아직까지 수익 창출로 이어지지 않고 있음. 관련 사업 수주 및 구축을 통해 사업 경쟁력을 확보한다는 방침임.

현금 흐름 *IFRS 별도 기준 〈단위 : 억원〉

항목	2015	2016
영업활동	-13	-59
투자활동	-112	-15
재무활동	93	43
순현금흐름	-32	-30
기말현금	55	25

시장 대비 수익률
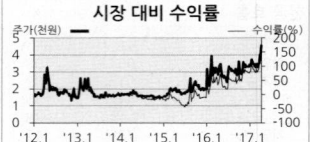

결산 실적 〈단위 : 억원〉

항목	2011	2012	2013	2014	2015	2016
매출액	309	278	325	345	406	384
영업이익	-36	-44	11	16	15	-9
당기순이익	-25	-52	12	18	15	-8

분기 실적 *IFRS 별도 기준 〈단위 : 억원〉

항목	2015.3Q	2015.4Q	2016.1Q	2016.2Q	2016.3Q	2016.4Q
매출액	109	128	75	96	94	118
영업이익	5	5	-7	-2	-2	2
당기순이익	2	6	-5	-2	0	-1

재무 상태 *IFRS 별도 기준 〈단위 : 억원〉

항목	2011	2012	2013	2014	2015	2016
총자산	475	416	462	507	588	618
유형자산	163	93	82	97	191	184
무형자산	41	33	55	75	75	73
유가증권	16	8	20	26	29	21
총부채	169	128	152	188	260	266
총차입금	9	25	23	28	126	134
자본금	49	49	49	49	49	49
총자본	305	288	310	320	329	353
지배주주지분	305	288	310	320	329	353

기업가치 지표 *IFRS 별도 기준

항목	2011	2012	2013	2014	2015	2016
주가(최고/저)(천원)	2.8/1.1	3.5/1.3	3.0/1.5	2.1/1.4	2.6/1.5	4.0/2.0
PER(최고/저)(배)	—/—	—/—	63.4/30.8	28.3/19.5	44.0/25.3	—/—
PBR(최고/저)(배)	2.0/0.8	2.8/1.1	2.3/1.1	1.5/1.1	1.8/1.1	2.8/1.4
EV/EBITDA(배)			12.1	9.2	16.8	37.9
EPS(원)	-102	-213	47	73	59	-34
BPS(원)	1,409	1,239	1,302	1,366	1,423	1,439
CFPS(원)	-2	-123	120	143	130	100
DPS(원)						
EBITDAPS(원)	-45	-88	117	133	134	98

재무 비율 〈단위 : % 〉

연도	영업이익률	순이익률	부채비율	차입금비율	ROA	ROE	유보율	자기자본비율	EBITDA마진율
2016	-2.3	-2.1	75.4	37.9	-1.4	-2.4	619.5	57.0	6.2
2015	3.8	3.6	78.9	38.4	2.7	4.5	611.7	55.9	8.1
2014	4.5	5.2	58.7	8.8	3.7	5.7	582.9	63.0	9.5
2013	3.4	3.6	49.1	7.4	2.6	3.9	551.2	67.1	8.9

빅토리콘텐츠 (A210120)
Victory Contents

업 종 : 미디어			시 장 : KONEX		
신용등급 : (Bond) — (CP) —			기업규모 : —		
홈 페 이 지 : www.vicpd.co.kr			연 락 처 : 02)786-2245		
본 사 : 서울시 영등포구 국제금융로 70 1205호(여의도동, 미원빌딩)					

설 립 일 2003.04.04	종 업 원 수 10명	대 표 이 사 조윤정
상 장 일 2014.12.16	감 사 의 견 적정 (삼일)	계 열
결 산 기 12월	보 통 주 190만주	종속회사수
액 면 가 500원	우 선 주	구 상 회 이김프로덕션

주주구성 (지분율,%) / 출자관계 (지분율,%) / 주요경쟁사 (외형,%)

주주구성		출자관계		주요경쟁사	
조윤정	36.7			빅텐츠	100
PROMETHEUS CAPITAL (INTERNATIONAL) CO., LTD	15.5			팬엔터테인먼트	94
				에프엔씨애드컬쳐	30

매출구성 / 비용구성 / 수출비중

매출구성		비용구성		수출비중	
방송프로그램제작(드라마)	98.0	매출원가율	84.9	수출	27.9
방송프로그램제작(OST)	2.0	판관비율	6.1	내수	72.1

회사 개요
동사는 다수의 방송프로그램(드라마)을 제작하여 방송국 및 해외시장에 공급하는 방송프로그램제작 및 공급업을 영위하는 회사로, 2003년 4월 4일 설립됨. 동사의 주요 작품으로는 설립작품인 2004년 '발리에서 생긴 일'을 비롯하여 '쩐의 전쟁', '대물', '기황후' 등 20% 이상의 시청률을 기록한 화제작이 있음. 동사는 기업 이미지 제고를 위해 2016년 7월 29일 상호를 '이김프로덕션'에서 '빅토리콘텐츠'로 변경함.

실적 분석
동사는 2004년 이후 매년 2~3편의 드라마 제작하며 꾸준한 성장세를 시현해왔으나 2015년 매출액이 전년 대비 76.2% 감소하며 85.1억원을 기록하였음. 다만 2016년 다시 373.9억원까지 매출액을 끌어올림. 매출원가 부담과 판관비 부담이 늘면서 영업이익은 12.8억원가량 늘어나는데 그쳤음. 최종적으로 당기순이익은 26.9억원을 기록하였음. 일본 위주의 수출대상국도 대만, 중국을 비롯해 동남아시아, 중남미, 중동 등으로 확대하는 중.

현금 흐름 *IFRS 별도 기준 〈단위 : 억원〉

항목	2015	2016
영업활동	-7	31
투자활동	-1	-15
재무활동	-7	40
순현금흐름	-14	56
기말현금	5	61

시장 대비 수익률
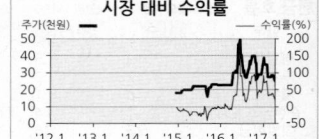

결산 실적 〈단위 : 억원〉

항목	2011	2012	2013	2014	2015	2016
매출액	138	216	295	357	85	374
영업이익	16	33	21	29	20	33
당기순이익	10	27	18	20	16	27

분기 실적 *IFRS 별도 기준 〈단위 : 억원〉

항목	2015.3Q	2015.4Q	2016.1Q	2016.2Q	2016.3Q	2016.4Q
매출액	—	—	—	—	—	—
영업이익	—	—	—	—	—	—
당기순이익	—	—	—	—	—	—

재무 상태 *IFRS 별도 기준 〈단위 : 억원〉

항목	2011	2012	2013	2014	2015	2016
총자산	114	128	153	136	175	191
유형자산	0	0	1	1	2	4
무형자산	0	0	0	0	0	1
유가증권						6
총부채	76	96	103	68	91	32
총차입금						
자본금	1	1	1	9	9	9
총자본	38	33	50	68	85	158
지배주주지분	38	33	50	68	85	158

기업가치 지표 *IFRS 별도 기준

항목	2011	2012	2013	2014	2015	2016
주가(최고/저)(천원)	—/—	—/—	—/—	18.1/15.8	23.0/13.8	50.0/22.9
PER(최고/저)(배)	0.0/0.0	0.0/0.0	0.0/0.0	15.2/13.2	24.2/14.5	33.9/15.5
PBR(최고/저)(배)	0.0/0.0	0.0/0.0	0.0/0.0	4.5/3.9	4.6/2.8	6.0/2.7
EV/EBITDA(배)				9.9	18.3	17.0
EPS(원)	580	1,640	1,075	1,193	949	1,477
BPS(원)	37,917	32,519	50,344	4,006	4,987	8,360
CFPS(원)	9,840	27,236	17,864	1,208	978	1,515
DPS(원)						
EBITDAPS(원)	16,651	33,219	21,516	1,763	1,234	1,866

재무 비율 〈단위 : % 〉

연도	영업이익률	순이익률	부채비율	차입금비율	ROA	ROE	유보율	자기자본비율	EBITDA마진율
2016	8.9	7.2	20.5	0.0	14.7	22.2	1,572.0	83.0	9.1
2015	24.1	19.0	106.9	0.0	10.4	21.1	897.4	48.3	24.7
2014	8.1	5.5	100.0	0.0	13.7	33.4	701.2	50.0	8.2
2013	7.2	6.0	204.5	—		—	9,968.9	32.8	7.3

빙그레 (A005180)
Binggrae

업　　종 : 식료품	시　　장 : 거래소
신용등급 : (Bond) AA-　(CP) —	기업규모 : 시가총액 중형주
홈페이지 : www.bing.co.kr	연 락 처 : 031)560-8009
본　　사 : 경기도 남양주시 미금로 65번길 45 (도농동)	

설 립 일 1967.09.13	종업원수 1,662명	대 표 이 사	박영준
상 장 일 1978.08.31	감사의견 적정 (한영)	계　　　열	
결 산 기 12월	보 통 주 985만주	종속회사수	
액 면 가 5,000원	우 선 주	구 상 호	

주주구성 (지분율,%)		출자관계 (지분율,%)		주요경쟁사 (외형,%)	
김호연	33.8	크라운제과	5.1	빙그레	100
국민연금공단	7.3			매일유업	201
(외국인)	25.3			남양유업	152

매출구성		비용구성		수출비중	
아이스크림, 기타	57.8	매출원가율	69.7	수출	5.8
우유 및 유음료 외	42.2	판관비율	25.7	내수	94.2

회사 개요
동사는 1967년 대일양행으로 출발해 1982년 빙그레로 상호를 변경함. 우유처리 가공 및 동제품 판매업을 주된 영업목적으로 함. 아이스크림 부문에서는 롯데제과, 롯데푸드, 해태제과와 경쟁하고 있으며, 우유 부문은 서울우유, 매일유업, 남양유업과 경쟁하고 있음. 동사의 주력 품목은 바나나맛우유와 요플레, 아카페라 등이 있음. 우유 부문의 매출액이 전체 매출액의 54%를 차지함.

실적 분석
올 상반기 처음으로 선보인 '멜로우카페'로 '바나나우유' 중흥기를 맞았음에도 불구하고 빙과류 부문 매출의 부진으로 2016년 연결기준 누적매출은 전년대비 1.7% 증가한 8,131.7억원을 시현하는데 그침. 매출 정체 속에 원가부담이 소폭 개선되며 영업이익은 전년동기 대비 17.5% 증가한 372.4억원을 기록. 바나나맛우유 매출이 꾸준히 증가하고 있고, 빙과류도 권장소비자가 표기 등 실적 개선의 여지가 존재함

현금 흐름 〈단위 : 억원〉
항목	2015	2016
영업활동	647	656
투자활동	-419	-500
재무활동	-138	-112
순현금흐름	89	45
기말현금	167	211

시장 대비 수익률
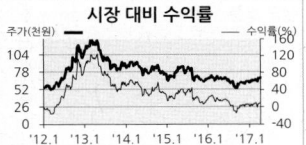

결산 실적 〈단위 : 억원〉
항목	2011	2012	2013	2014	2015	2016
매출액	7,213	7,900	8,060	8,200	7,996	8,132
영업이익	502	666	507	417	317	372
당기순이익	420	507	379	376	247	287

분기 실적 〈단위 : 억원〉
항목	2015.3Q	2015.4Q	2016.1Q	2016.2Q	2016.3Q	2016.4Q
매출액	2,423	1,578	1,676	2,328	2,486	1,642
영업이익	135	-49	21	126	248	-23
당기순이익	112	-63	27	100	189	-28

재무 상태 〈단위 : 억원〉
항목	2011	2012	2013	2014	2015	2016
총자산	4,939	5,456	5,643	5,789	6,170	6,238
유형자산	1,927	2,032	2,183	2,297	2,277	2,264
무형자산	23	22	22	21	25	26
유가증권	141	173	230	165	459	265
총부채	969	1,071	967	948	998	1,020
총차입금	99	97	39	28	1	
자본금	498	498	498	498	498	498
총자본	3,970	4,385	4,676	4,840	5,172	5,218
지배주주지분	3,941	4,385	4,647	4,840	5,172	5,218

기업가치 지표
항목	2011	2012	2013	2014	2015	2016
주가(최고/저)(천원)	60.1/41.4	122/50.7	130/79.2	93.4/72.6	93.0/61.9	72.2/53.2
PER(최고/저)(배)	15.6/10.7	25.5/10.7	36.0/22.0	25.6/19.6	38.4/25.6	25.2/18.6
PBR(최고/저)(배)	1.6/1.1	2.8/1.2	2.8/1.7	1.9/1.5	1.8/1.2	1.3/1.0
EV/EBITDA(배)	6.7	10.9	10.9	8.9	8.5	6.6
EPS(원)	4,266	5,156	3,846	3,843	2,512	2,916
BPS(원)	42,286	46,507	49,457	51,414	54,779	55,245
CFPS(원)	6,296	7,305	6,161	6,325	5,157	5,514
DPS(원)	1,200	1,400	1,250	1,250	1,250	1,250
EBITDAPS(원)	7,128	8,908	7,465	6,715	5,863	6,378

재무 비율 〈단위 : % 〉
연도	영업이익률	순이익률	부채비율	차입금비율	ROA	ROE	유보율	자기자본비율	EBITDA마진율
2016	4.6	3.5	19.6	0.0	4.6	5.5	993.8	83.7	7.7
2015	4.0	3.1	19.3	0.0	4.1	4.9	984.6	83.8	7.2
2014	5.1	4.6	19.6	0.6	6.6	8.0	918.0	83.6	8.1
2013	6.3	4.7	20.7	0.8	6.8	8.4	879.2	82.9	9.1

빛샘전자 (A072950)
Vissem Electronics

업　　종 : 통신장비	시　　장 : KOSDAQ
신용등급 : (Bond) —　(CP) —	기업규모 : 벤처
홈페이지 : www.vissem.com	연 락 처 : 031)288-3420
본　　사 : 경기도 용인시 기흥구 언동로53-11 (청덕동)	

설 립 일 1998.11.03	종업원수 95명	대 표 이 사	강만준
상 장 일 2012.03.21	감사의견 적정 (안세)	계　　　열	
결 산 기 12월	보 통 주 600만주	종속회사수	
액 면 가 500원	우 선 주	구 상 호	

주주구성 (지분율,%)		출자관계 (지분율,%)		주요경쟁사 (외형,%)	
강만준	22.0	동양텔레콤	90.9	빛샘전자	100
강명구	9.0			라이트론	71
(외국인)	0.1			서화정보통신	22

매출구성		비용구성		수출비중	
통신기기 등	37.2	매출원가율	82.7	수출	10.3
LED 디스플레이 및 경관조명 등	25.5	판관비율	12.6	내수	89.7
광접속 함체 및 분배반 등	22.7				

회사 개요
1998년 11월 3일에 LED표시모듈의 제조 및 판매 등을 목적으로 설립되었으며, 2012년 3월 21일 코스닥시장에 상장됨. 현재 LED 소자 및 디스플레이 연관 사업, 광통신 부품사업, 경부고속철도차량(K-TGV)관련 산업전자 부품사업을 3가지 사업을 영위하고 있음. LED시장은 연평균 20%이상으로 성장을 거듭하고 있으며, 초고속 광통신망 시장이 증가함에 따라 광선로 부품 시장 또한 크게 성장할 것으로 기대됨.

실적 분석
동양텔레콤 M&A로 인한 매출증대 및 PCB 및 트랜스 부품의 매출 비중이 증가하면서 동사의 2016년 4분기 매출액은 전년동기 대비 8.6% 증가한 585.5억원을 시현함. 외형확대에 따라 영업이익은 전년동기 대비 21.1% 증가한 28.1억원을 기록함. 동사의 2016년 4분기 매출구성은 통신사업부문 55.7%, LED사업부문 26.3%, PCB사업부문 18.0%이며 통신사업부문의 비중이 커지고 있음.

현금 흐름 〈단위 : 억원〉
항목	2015	2016
영업활동	44	48
투자활동	-18	24
재무활동	-2	-12
순현금흐름	25	60
기말현금	63	122

시장 대비 수익률
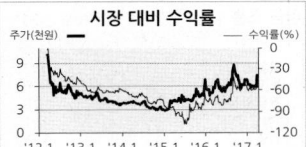

결산 실적 〈단위 : 억원〉
항목	2011	2012	2013	2014	2015	2016
매출액	323	313	290	282	539	586
영업이익	44	33	15	10	23	28
당기순이익	39	30	13	63	28	30

분기 실적 〈단위 : 억원〉
항목	2015.3Q	2015.4Q	2016.1Q	2016.2Q	2016.3Q	2016.4Q
매출액	115	193	109	147	162	167
영업이익	6	7	1	9	9	9
당기순이익	8	8	3	8	9	10

재무 상태 〈단위 : 억원〉
항목	2011	2012	2013	2014	2015	2016
총자산	346	383	392	576	628	630
유형자산	123	123	129	268	251	255
무형자산	0	0	1	1	1	1
유가증권	2	0	2	7	6	6
총부채	59	41	44	102	134	109
총차입금	7	1	—	10	10	10
자본금	21	25	24	30	30	30
총자본	287	343	348	474	494	521
지배주주지분	287	343	348	456	479	505

기업가치 지표
항목	2011	2012	2013	2014	2015	2016
주가(최고/저)(천원)	—/—	12.1/4.4	5.3/3.5	4.3/2.9	6.9/2.8	8.8/4.7
PER(최고/저)(배)	0.0/0.0	25.6/9.3	25.5/16.9	4.3/2.9	15.4/6.3	18.6/10.0
PBR(최고/저)(배)	0.0/0.0	2.3/0.8	1.0/0.6	0.6/0.4	0.9/0.4	1.0/0.6
EV/EBITDA(배)	—	3.8	3.0	5.5	8.1	6.2
EPS(원)	772	519	224	1,046	462	482
BPS(원)	6,798	6,852	7,040	7,773	8,152	8,593
CFPS(원)	1,120	829	491	1,230	694	780
DPS(원)		100	100		200	100
EBITDAPS(원)	1,233	879	513	355	619	766

재무 비율 〈단위 : % 〉
연도	영업이익률	순이익률	부채비율	차입금비율	ROA	ROE	유보율	자기자본비율	EBITDA마진율
2016	4.8	5.1	20.8	1.9	4.7	5.9	1,618.6	82.8	7.8
2015	4.3	5.2	27.1	2.0	4.6	5.9	1,530.4	78.7	6.9
2014	3.7	22.5	21.5	2.1	13.1	15.6	1,454.5	82.3	7.6
2013	5.0	4.6	12.6	0.0	3.5	3.9	1,308.0	88.8	8.8

사람인에이치알 (A143240)
SaraminHR

업 종 : 상업서비스		시 장 : KOSDAQ	
신용등급 : (Bond) — (CP) —		기업규모 : 우량	
홈페이지 : www.saraminhr.co.kr		연 락 처 : 02)2025-4733	
본 사 : 서울시 구로구 디지털로34길 43 201(코오롱싸이언스밸리 1차, 201호)			

설립일	2005.10.07	종업원수	342명	대표이사	이정근
상장일	2012.02.21	감사의견	적정 (한영)	계 열	
결산월	12월	보통주	1,163만주	종속회사수	
액면가	500원	우선주		구 상 호	

주주구성 (지분율,%)		출자관계 (지분율,%)		주요경쟁사 (외형,%)	
다우기술	32.2	키움코어인덱스사모부동산투자신탁제1호	50.0	사람인에이치알	100
다우데이타시스템	6.3	미래창조펀드	12.0	아이마켓코리아	4,613
(외국인)	4.6			NICE평가정보	469

매출구성		비용구성		수출비중	
[취업포털사업]LOGO광고 및 채용솔루션	53.5	매출원가율	38.1	수출	0.0
[오프라인사업]인재파견	45.3	판관비율	43.7	내수	100.0
[오프라인사업]취업지원, 헤드헌팅 등	1.2				

회사 개요
동사는 2005년에 설립된 HR서비스 기업으로, 2012년 2월에 코스닥시장에 상장됨. 다우기술을 모회사로 두고 있으며, 온라인 기반의 취업포털 사업과 오프라인 기반의 HR사업을 영위하고 있음. 주요 사업인 취업포털 사업부문은 잡코리아, 인크루트, 커리어 등과 함께 국내시장의 약 70%를 점유하는 과점 시장을 형성함. 2016년 동사는 시장점유율 25%로 2위를 차지함.

실적 분석
동사의 2016년 매출액은 737억원으로 전년 대비 7.6% 증가함. 영업이익은 133.9억원으로 30.5% 증가함. 당기순이익은 104.2억원으로 19.9% 증가함. 모바일 매출의 증가에 기반한 매칭플랫폼의 성장세가 지속될 전망이고, 경쟁 완화에 따르는 영업이익률의 추가 상승이 예상되며, 신상품 출시를 통한 매출액 증가가 예상됨에 따라 2017년에도 지속적인 성장을 할 것으로 예상.

현금 흐름 〈단위 : 억원〉
항목	2015	2016
영업활동	110	132
투자활동	-57	-0
재무활동	-45	-10
순현금흐름	8	121
기말현금	55	177

시장 대비 수익률
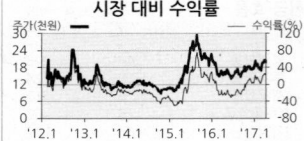

결산 실적 〈단위 : 억원〉
항목	2011	2012	2013	2014	2015	2016
매출액	419	488	522	553	685	737
영업이익	70	56	62	42	103	134
당기순이익	51	48	49	33	87	104

분기 실적 〈단위 : 억원〉
항목	2015.3Q	2015.4Q	2016.1Q	2016.2Q	2016.3Q	2016.4Q
매출액	164	194	—	177	174	—
영업이익	21	32	—	38	29	—
당기순이익	18	25	—	25	22	—

재무 상태 〈단위 : 억원〉
항목	2011	2012	2013	2014	2015	2016
총자산	228	374	667	660	722	830
유형자산	65	70	78	76	79	98
무형자산	5	13	16	19	39	63
유가증권	—	—	70	86	13	21
총부채	103	81	54	63	80	92
총차입금	22	9	—	4	—	—
자본금	32	44	58	58	58	58
총자본	126	294	612	598	642	737
지배주주지분	126	294	612	598	642	737

기업가치 지표
항목	2011	2012	2013	2014	2015	2016
주가(최고/저)(천원)	—/—	25.6/10.2	19.3/10.0	13.6/8.7	29.8/9.6	22.2/14.1
PER(최고/저)(배)	0.0/0.0	51.0/20.4	44.0/22.8	49.6/31.9	40.4/13.0	25.0/15.8
PBR(최고/저)(배)	0.0/0.0	8.7/3.5	3.8/2.0	2.6/1.6	5.0/1.6	3.2/2.1
EV/EBITDA(배)		16.8	11.3	16.1	21.8	12.0
EPS(원)	744	516	452	279	747	896
BPS(원)	1,977	3,304	5,262	5,442	6,097	6,915
CFPS(원)	951	674	542	378	856	1,041
DPS(원)			100	80	90	120
EBITDAPS(원)	1,248	762	666	464	992	1,297

재무 비율 〈단위 : % 〉
연도	영업이익률	순이익률	부채비율	차입금비율	ROA	ROE	유보율	자기자본비율	EBITDA마진율
2016	18.2	14.1	12.5	0.0	13.4	15.1	1,282.9	88.9	20.5
2015	15.0	12.7	12.5	0.0	12.6	14.0	1,119.3	88.9	16.8
2014	7.7	5.9	10.5	0.7	4.9	5.4	988.4	90.5	9.8
2013	11.9	9.4	8.9	0.0	9.4	10.8	952.5	91.9	13.8

사조대림 (A003960)
SAJODAERIM

업 종 : 식료품		시 장 : 거래소	
신용등급 : (Bond) — (CP) —		기업규모 : 시가총액 소형주	
홈페이지 : www.sajodr.co.kr		연 락 처 : 02)3470-6000	
본 사 : 서울시 서초구 남부순환로 2159			

설립일	1964.05.01	종업원수	605명	대표이사	이인우
상장일	1976.09.16	감사의견	적정 (삼일)	계 열	
결산월	12월	보통주	596만주	종속회사수	
액면가	5,000원	우선주	만주	구 상 호	

주주구성 (지분율,%)		출자관계 (지분율,%)		주요경쟁사 (외형,%)	
사조해표	27.0	사조에프에스	100.0	사조대림	100
사조산업	22.5	사조농산	90.0	사조씨푸드	34
(외국인)	0.7	사조오양	54.9	한성기업	34

매출구성		비용구성		수출비중	
[상품]OEM, 명태, 대구 등	46.1	매출원가율	82.5	수출	3.3
[식품제조]햄소시지류	25.1	판관비율	13.7	내수	96.7
[축산]육계등	18.8				

회사 개요
동사는 1964년에 설립된 어묵, 맛살 및 햄, 소세지 등의 가공식품 제조업 및 수산업과 도매업을 영위하는 업체임. 사조남부햄, 사조농산, 제일푸드서비스, 중일종합식품의 4개 종속법인이 있음. 매출구성은 상품(OEM, 명태, 대구)과 식품 제조가 약 80% 차지하고 있음. 냉장식품의 카테고리 강화 및 신선식품의 전문브랜드화를 통한 동사의 신규 성장동력을 개발하는 신규사업을 전개하고 있음.

실적 분석
동사의 2016년 연결기준 연간 매출액은 9,535.6억원으로 전년 동기 대비 33.4% 증가함. 매출이 큰 폭으로 증가하면서 판관비와 매출원가 등이 상승했음에도 불구하고 영업이익은 364.4억원으로 전년 동기 대비 104.7% 증가함. 영업이익이 큰 폭 증가했지만 금융과 외환 등 비영업손실이 늘면서 당기순이익은 전년 동기 대비 오히려 28.8% 감소한 100.2억원을 기록.

현금 흐름 〈단위 : 억원〉
항목	2015	2016
영업활동	183	605
투자활동	19	-373
재무활동	-163	-183
순현금흐름	39	50
기말현금	67	117

시장 대비 수익률
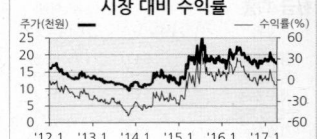

결산 실적 〈단위 : 억원〉
항목	2011	2012	2013	2014	2015	2016
매출액	4,187	4,542	5,081	5,436	7,151	9,535
영업이익	135	85	148	119	178	364
당기순이익	98	-10	-4	66	141	100

분기 실적 〈단위 : 억원〉
항목	2015.3Q	2015.4Q	2016.1Q	2016.2Q	2016.3Q	2016.4Q
매출액	2,268	2,145	2,065	2,625	2,411	2,434
영업이익	63	66	37	63	154	110
당기순이익	32	33	16	39	81	-36

재무 상태 〈단위 : 억원〉
항목	2011	2012	2013	2014	2015	2016
총자산	3,585	3,623	3,537	3,633	6,570	6,717
유형자산	1,164	1,148	1,156	1,163	2,461	2,417
무형자산	162	202	202	211	346	302
유가증권	145	143	92	102	114	116
총부채	2,079	2,191	2,128	2,162	4,078	4,126
총차입금	1,154	1,228	1,243	1,266	2,552	2,356
자본금	298	298	298	298	298	298
총자본	1,506	1,432	1,409	1,472	2,493	2,592
지배주주지분	1,486	1,420	1,392	1,451	1,757	1,829

기업가치 지표
항목	2011	2012	2013	2014	2015	2016
주가(최고/저)(천원)	29.2/12.8	18.1/12.6	13.9/8.9	15.5/10.3	25.7/11.1	22.4/15.9
PER(최고/저)(배)	16.6/7.3	—/—	—/—	15.1/10.1	12.6/5.4	19.7/14.0
PBR(최고/저)(배)	1.2/0.5	0.8/0.5	0.6/0.4	0.7/0.4	0.9/0.4	0.7/0.5
EV/EBITDA(배)	9.5	11.5	7.9	9.4	14.1	7.6
EPS(원)	1,819	-219	-144	1,049	2,052	1,147
BPS(원)	24,912	23,800	23,341	24,329	29,465	30,659
CFPS(원)	2,653	1,089	1,015	2,244	3,929	3,877
DPS(원)	200		200			100
EBITDAPS(원)	3,397	2,922	3,644	3,189	4,862	8,840

재무 비율 〈단위 : % 〉
연도	영업이익률	순이익률	부채비율	차입금비율	ROA	ROE	유보율	자기자본비율	EBITDA마진율
2016	3.8	1.1	159.2	90.9	1.5	3.8	513.2	38.6	5.5
2015	2.5	2.0	163.6	102.4	2.8	7.6	489.3	37.9	4.1
2014	2.2	1.2	146.9	86.1	1.9	4.4	386.6	40.5	3.5
2013	2.9	-0.1	151.0	88.2	-0.1	-0.6	366.8	39.8	4.3

사조동아원 (A008040)
SAJODONGAONE

업　　종 : 식료품		시　　장 : 거래소	
신용등급 : (Bond) CCC　(CP) —		기업규모 : 시가총액 소형주	
홈페이지 : www.dongaone.com		연 락 처 : 02)789-9556	
본　　사 : 서울시 서초구 방배천로2길 12 사조빌딩			

설 립 일 1972.07.26	종 업 원 수 366명	대 표 이 사 이인우
상 장 일 1989.06.24	감 사 의 견 적정 (한영)	계　　열
결 산 기 12월	보 통 주 6,518만주	종속회사수
액 면 가 500원	우 선 주 —	구 상 호 동아원

주주구성 (지분율,%)		출자관계 (지분율,%)		주요경쟁사 (외형,%)	
한국제분	35.0	농업회사법인천안팜	85.0	사조동아원	100
사조씨푸드	10.1	하나에너지	84.0	팜스코	229
(외국인)	1.6	한국산업	73.0	이지바이오	338

매출구성		비용구성		수출비중	
고급건면용 등	38.8	매출원가율	83.7	수출	—
양계, 양돈 등	35.1	판관비율	9.9	내수	—
소맥분상품 외	11.1				

회사 개요
동사는 1972년 설립되 배합사료 제조 및 판매사업을 영위하고 있음. 2008년 소맥분 제조 및 판매사업을 영위할 목적으로 설립된 동아제분과 합병함. 현재 원맥을 수입 가공해 판매하는 제분사업과 가축 및 양식 어류의 사료를 제조 판매하는 생물자원사업으로 나뉨. 제분 부문은 대기업 등이 주요 수요처로 시장 규모가 일정하게 유지되는 장점이 있음. 반면 사료 시장은 업체간 경쟁이 치열해 수익을 크게 내기 어려움.

실적 분석
동사의 2016년 연결기준 연간 누적 매출액은 전년 동기 대비 15.6% 감소한 4146억원을 시현. 매출이 큰 폭으로 줄었음에도 매출원가가 또한 크게 감소했고 판매비와 관리비가 줄면서 영업이익은 전년 동기 대비 757.8% 늘어난 265.1억원을 시현. 비영업손실이 계속됐지만 적자 폭이 줄면서 당기순이익은 48.5억원으로 흑자전환에 성공. 매출은 줄었지만 수익성은 오히려 개선되고 있음.

현금 흐름 〈단위 : 억원〉

항목	2015	2016
영업활동	121	458
투자활동	559	301
재무활동	-685	-796
순현금흐름	-3	-37
기말현금	78	41

시장 대비 수익률
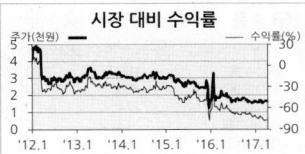

결산 실적 〈단위 : 억원〉

항목	2011	2012	2013	2014	2015	2016
매출액	5,229	6,110	6,375	5,069	4,914	4,146
영업이익	-30	76	9	-214	31	265
당기순이익	-240	10	-136	-744	-346	48

분기 실적 〈단위 : 억원〉

항목	2015.3Q	2015.4Q	2016.1Q	2016.2Q	2016.3Q	2016.4Q
매출액	1,317	1,182	966	1,041	1,083	1,056
영업이익	33	15	27	73	66	100
당기순이익	-184	-43	7	6	48	-13

재무 상태 〈단위 : 억원〉

항목	2011	2012	2013	2014	2015	2016
총자산	6,659	7,205	7,227	7,262	5,393	4,675
유형자산	3,118	3,284	3,629	3,820	2,732	2,568
무형자산	448	439	438	443	413	323
유가증권	150	160	138	97	65	40
총부채	4,820	5,390	5,676	6,445	4,780	3,956
총차입금	4,367	4,656	4,795	5,645	4,094	3,301
자본금	313	326	326	326	326	326
총자본	1,839	1,815	1,551	817	613	719
지배주주지분	1,691	1,673	1,422	697	497	592

기업가치 지표

항목	2011	2012	2013	2014	2015	2016
주가(최고/저)(천원)	4.2/2.4	5.0/2.6	3.8/2.7	3.5/2.8	3.3/1.0	3.4/1.5
PER(최고/저)(배)	—/—	97.7/50.4	—/—	—/—	—/—	51.0/22.4
PBR(최고/저)(배)	1.6/0.9	1.9/1.0	1.6/1.2	2.8/2.2	4.0/1.2	3.7/1.6
EV/EBITDA(배)	88.8	32.1	46.3		30.3	11.7
EPS(원)	-351	52	-176	-1,124	-508	67
BPS(원)	2,698	2,644	2,385	1,268	812	911
CFPS(원)	-186	239	31	-892	-297	245
DPS(원)	20	30	30	—	—	—
EBITDAPS(원)	117	309	220	-96	259	585

재무 비율 〈단위 : % 〉

연도	영업이익률	순이익률	부채비율	차입금비율	ROA	ROE	유보율	자기자본비율	EBITDA마진율
2016	6.4	1.1	550.3	459.2	1.0	8.0	82.1	15.4	9.2
2015	0.6	-7.0	779.5	667.5	-5.5	-55.5	62.4	11.4	3.4
2014	-4.2	-14.7	788.5	690.6	-10.3	-69.2	153.6	11.3	-1.2
2013	0.1	-2.1	366.0	309.2	-1.9	-7.4	376.9	21.5	2.3

사조산업 (A007160)
Sajo Industries

업　　종 : 식료품		시　　장 : 거래소	
신용등급 : (Bond) —　(CP) —		기업규모 : 시가총액 중형주	
홈페이지 : ind.sajo.co.kr		연 락 처 : 02)3277-1600	
본　　사 : 서울시 서대문구 통일로 107-39 사조산업빌딩 5층			

설 립 일 1971.03.19	종 업 원 수 682명	대 표 이 사 김정수
상 장 일 1989.07.25	감 사 의 견 적정 (안진)	계　　열
결 산 기 12월	보 통 주 500만주	종속회사수
액 면 가 5,000원	우 선 주 —	구 상 호

주주구성 (지분율,%)		출자관계 (지분율,%)		주요경쟁사 (외형,%)	
사조시스템즈	23.8	동화농산	100.0	사조산업	100
주진우	14.9	캐슬 렉스서울	79.5	CJ프레시웨이	332
(외국인)	3.8	사조씨푸드	62.1	신세계푸드	152

매출구성		비용구성		수출비중	
육가공, 양돈 외 연결조정	37.8	매출원가율	86.2	수출	30.2
참치, 명태 등	22.7	판관비율	6.8	내수	69.8
수산물 가공	19.9				

회사 개요
사조그룹 계열사로 도축업, 식육가공업, 식품제조업, 도소매업 등으로 사업영역을 확장하고 있음. 그룹 계열사를 통해 원양, 수산, 축산업 등 1차 산업의 수평 계열화로 영업력을 강화했으며 골프장 운영을 통한 레저산업까지 사업영역 확장해 새로운 성장을 모색하고 있음. 연결대상 종속회사에는 원양어업, 식품, 양돈, 레저부문 등 총 9개 법인이 포함됨. 참치와 장류 부문에서 가격경쟁력 향상과 트렌드에 맞춘 신제품 개발에 열을 올리고 있음.

실적 분석
동사의 2016년 연결기준 연간 누적 매출액은 7,021.1억원으로 전년 동기 대비 22.4% 감소. 영업이익은 줄면서 매출원가와 판매비, 관리비 등이 큰 폭으로 줄어 오히려 수익성은 개선. 영업이익은 전년 동기 대비 44.5% 증가한 492.4억원을 기록함. 금융 손실 폭이 커져 비영업손익 부문이 적자로 전환했지만 영업이익 증가로 인해 당기순이익 또한 300.6억원으로 전년 동기 대비 23.3% 증가함.

현금 흐름 〈단위 : 억원〉

항목	2015	2016
영업활동	374	463
투자활동	69	-1,152
재무활동	-471	646
순현금흐름	-26	-44
기말현금	95	50

시장 대비 수익률
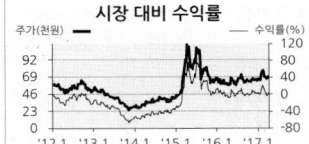

결산 실적 〈단위 : 억원〉

항목	2011	2012	2013	2014	2015	2016
매출액	10,215	15,544	15,670	13,050	9,052	7,021
영업이익	738	487	286	578	341	492
당기순이익	564	158	-118	317	244	301

분기 실적 〈단위 : 억원〉

항목	2015.3Q	2015.4Q	2016.1Q	2016.2Q	2016.3Q	2016.4Q
매출액	1,730	1,753	1,512	1,626	1,816	2,066
영업이익	141	45	87	114	206	85
당기순이익	407	-230	61	50	162	27

재무 상태 〈단위 : 억원〉

항목	2011	2012	2013	2014	2015	2016
총자산	11,384	14,602	14,588	12,125	9,031	10,107
유형자산	4,487	5,579	5,661	4,903	3,903	4,110
무형자산	423	612	633	592	51	47
유가증권	214	107	21	21	82	193
총부채	7,985	10,166	10,227	7,820	5,253	6,030
총차입금	5,143	6,678	6,954	5,139	3,273	3,927
자본금	250	250	250	250	250	250
총자본	3,399	4,436	4,360	4,304	3,778	4,077
지배주주지분	2,845	2,576	2,533	2,844	3,096	3,361

기업가치 지표

항목	2011	2012	2013	2014	2015	2016
주가(최고/저)(천원)	63.7/43.9	64.3/47.0	55.5/24.4	42.6/26.4	114/40.5	71.9/57.6
PER(최고/저)(배)	6.1/4.2	33.3/24.4	—/—	9.8/6.1	29.8/10.6	13.7/10.9
PBR(최고/저)(배)	1.1/0.8	1.2/0.9	1.1/0.5	0.7/0.5	1.8/0.7	1.1/0.9
EV/EBITDA(배)	9.2	14.9	13.8	17.2	13.3	11.8
EPS(원)	10,558	1,934	-855	4,348	3,821	5,282
BPS(원)	57,550	52,994	52,134	57,531	61,951	67,257
CFPS(원)	14,099	6,792	4,180	9,107	7,419	8,241
DPS(원)	200	—	—	—	—	150
EBITDAPS(원)	18,295	14,593	10,749	16,318	10,414	12,808

재무 비율 〈단위 : % 〉

연도	영업이익률	순이익률	부채비율	차입금비율	ROA	ROE	유보율	자기자본비율	EBITDA마진율
2016	7.0	4.3	147.9	96.3	3.1	8.2	1,245.1	40.3	9.1
2015	3.8	2.7	139.1	86.7	2.3	6.4	1,139.0	41.8	5.8
2014	4.4	2.4	181.7	119.4	2.4	8.1	1,050.6	35.5	6.3
2013	1.8	-0.8	234.6	159.5	-0.8	-1.7	942.7	29.9	3.4

사조씨푸드 (A014710)
SAJO SEA FOOD

업 종 : 식료품		시 장 : 거래소	
신용등급 : (Bond) — (CP) —		기업규모 : 시가총액 소형주	
홈 페 이 지 : www.sajosf.co.kr		연 락 처 : 02)721-6555	
본 사 : 서울시 서대문구 통일로 107-39 사조산업빌딩 5층			

설 립 일 1980.03.27	종 업 원 수 289명	대 표 이 사 최창욱	
상 장 일 2012.06.29	감 사 의 견 적정 (삼정)	계	열
결 산 기 12월	보 통 주 1,722만주	종 속 회 사 수	
액 면 가 1,000원	우 선 주	구 상 호	

주주구성 (지분율,%)		출자관계 (지분율,%)		주요경쟁사 (외형,%)	
사조산업	62.1	한국제분	35.6	사조씨푸드	100
트러스톤자산운용	4.9	캐슬렉스서울	20.0	사조대림	295
(외국인)	2.4	사조화인코리아	19.9	한성기업	99

매출구성		비용구성		수출비중	
횟감용참치	37.2	매출원가율	90.7	수출	31.0
일반수산물	32.7	판관비율	4.5	내수	69.0
김, 팝콘	19.6				

회사 개요
동사는 1980년에 수산물 도소매업을 영위하는 사조냉장으로 설립되어, 현재는 참치 어획에서부터 가공, 수출, 부가식품 개발, 판매까지 하는 수산물 가공유통 전문기업임. 참치시장에서 일본으로의 진출을 위해 2010년 일본소재의 신사조를 인수하였으나 2016년중 청산됨. 사업분야는 크게 횟감용 참치를 다루는 수산물가공유통, 김 등 식품사업, 원양어업을 하는 수산부문, 임대업 등 기타분야로 구분됨.

실적 분석
동사의 연결대상 회사였던 일본소재의 신사조(주)가 있었으나 당기중 청산되어 2016년말 기준 연결기업은 없음. 참치와 일반수산물 매출 증가로 수산물가공유통 분야 매출이 확대되고, 조미김의 지속적 중국 수출 증가에 힘입어 식품사업 매출도 크게 확대되어 총매출 3,234억원을 달성하며 전기 대비 14.5% 확대된 외형을 시현함. 매출확대에 힘입어 영업이익은 전기 대비 62.9% 확대된 154.5억원을 시현함.

현금 흐름 〈단위 : 억원〉

항목	2015	2016
영업활동	110	22
투자활동	-114	-603
재무활동	-18	580
순현금흐름	-23	-0
기말현금	5	5

시장 대비 수익률
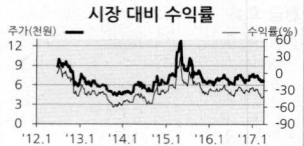

결산 실적 〈단위 : 억원〉

항목	2011	2012	2013	2014	2015	2016
매출액	2,808	2,820	2,537	2,632	2,826	3,234
영업이익	279	208	95	119	95	155
당기순이익	178	112	51	93	60	76

분기 실적 〈단위 : 억원〉

항목	2015.3Q	2015.4Q	2016.1Q	2016.2Q	2016.3Q	2016.4Q
매출액	742	765	773	807	837	817
영업이익	29	49	33	46	45	30
당기순이익	13	11	15	29	52	-21

재무 상태 〈단위 : 억원〉

항목	2011	2012	2013	2014	2015	2016
총자산	2,494	2,894	2,764	2,460	2,553	3,229
유형자산	977	938	939	902	878	857
무형자산	20	21	21	22	24	22
유가증권	291	180	149	163	240	328
총부채	1,468	1,357	1,200	799	765	1,394
총차입금	1,110	1,045	925	486	457	1,047
자본금	130	172	172	172	172	172
총자본	1,025	1,537	1,564	1,662	1,787	1,835
지배주주지분	1,025	1,537	1,564	1,662	1,787	1,835

기업가치 지표

항목	2011	2012	2013	2014	2015	2016
주가(최고/저)(천원)	—/—	10.3/5.7	7.9/4.4	7.4/4.5	13.2/5.9	8.1/6.0
PER(최고/저)(배)	0.0/0.0	14.1/7.8	26.6/14.7	13.8/8.4	37.8/16.8	18.5/13.8
PBR(최고/저)(배)	0.0/0.0	1.2/0.7	0.9/0.5	0.8/0.5	1.3/0.6	0.8/0.6
EV/EBITDA(배)	3.5	6.7	9.6	9.3	10.5	11.7
EPS(원)	1,372	737	298	541	351	439
BPS(원)	7,887	8,924	9,083	9,650	10,381	10,656
CFPS(원)	1,658	1,029	555	788	587	656
DPS(원)						50
EBITDAPS(원)	2,435	1,664	809	938	787	1,115

재무 비율 〈단위 : % 〉

연도	영업이익률	순이익률	부채비율	차입금비율	ROA	ROE	유보율	자기자본비율	EBITDA마진율
2016	4.8	2.3	76.0	57.1	2.6	4.2	965.6	56.8	5.9
2015	3.4	2.1	42.8	25.6	2.4	3.5	938.1	70.0	4.8
2014	4.5	3.5	48.1	29.3	3.6	5.8	865.0	67.5	6.1
2013	3.8	2.0	76.7	59.1	1.8	3.3	808.3	56.6	5.5

사조오양 (A006090)
Oyang

업 종 : 식료품		시 장 : 거래소	
신용등급 : (Bond) — (CP) —		기업규모 : 시가총액 소형주	
홈 페 이 지 : www.sajooy.com		연 락 처 : 02)3470-6030	
본 사 : 서울시 서초구 남부순환로 2159(방배동)			

설 립 일 1969.06.09	종 업 원 수 624명	대 표 이 사 김일식	
상 장 일 1986.12.24	감 사 의 견 적정 (삼정)	계	열
결 산 기 12월	보 통 주 942만주	종 속 회 사 수	
액 면 가 5,000원	우 선 주	구 상 호	

주주구성 (지분율,%)		출자관계 (지분율,%)		주요경쟁사 (외형,%)	
사조대림	54.9	사조바이오피드	50.0	사조오양	100
주지홍	5.1	사조화인코리아	44.9	동원F&B	803
(외국인)	2.8	사조팜스	30.0	동원산업	565

매출구성		비용구성		수출비중	
맛살 등 식품가공	60.4	매출원가율	85.8	수출	4.7
참치,명태 등 수산물 어획 및 판매	38.3	판관비율	6.2	내수	95.3
임대수익	1.3				

회사 개요
동사의 사업영역은 크게 수산, 식품제조, 기타로 나뉨. 매출액 구성비는 TUNA, 명태 등 수산물 어획 및 판매하는 수산부분이 약 23%, 맛살 등 식품가공부문이 약 75%, 임대사업 등 기타가 약 2%로 구성. 식품제조부문은 맛살 및 젓갈 부문에 대한 브랜드우위를 수년간 유지하고 있으며 연육 제품시장 점유율 1위인 관계회사 사조대림의 다양한 영업전략을 접목시킴으로써 부문내 유일하게 매출 증가세를 기록함.

실적 분석
동사의 2016년 연결기준 연간 누적 매출액은 2791.1억원으로 전년 동기 대비 43.2% 증가함. 매출이 늘어난 만큼 매출원가와 판매비, 관리비 등도 증가했지만 워낙 매출이 큰 폭으로 성장하면서 영업이익은 전년 동기 대비 106% 증가한 223.6억원을 시현함. 영업이익은 큰 폭 증가했지만 금융과 외환 등 비영업손익 부문에서 손실이 늘면서 당기순이익은 전년 동기 대비 20.1% 증가한 113.5억원을 기록함.

현금 흐름 *IFRS 별도 기준 〈단위 : 억원〉

항목	2015	2016
영업활동	182	271
투자활동	-94	-61
재무활동	-74	-203
순현금흐름	14	7
기말현금	17	24

시장 대비 수익률
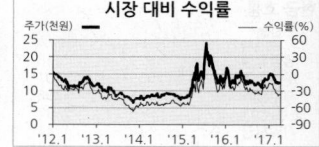

결산 실적 〈단위 : 억원〉

항목	2011	2012	2013	2014	2015	2016
매출액	1,373	1,272	1,098	1,118	1,949	2,791
영업이익	132	115	10	-58	109	224
당기순이익	65	6	42	-30	94	113

분기 실적 *IFRS 별도 기준 〈단위 : 억원〉

항목	2015.3Q	2015.4Q	2016.1Q	2016.2Q	2016.3Q	2016.4Q
매출액	663	679	620	602	738	831
영업이익	63	23	50	47	93	34
당기순이익	31	5	20	42	73	-22

재무 상태 *IFRS 별도 기준 〈단위 : 억원〉

항목	2011	2012	2013	2014	2015	2016
총자산	1,726	1,742	1,726	1,733	2,825	2,924
유형자산	392	467	493	569	1,100	1,120
무형자산	3	3	3	3	119	119
유가증권	141	62	53	51	55	56
총부채	1,046	1,022	966	994	1,653	1,641
총차입금	821	821	739	808	1,221	1,058
자본금	218	218	218	218	471	471
총자본	680	720	760	739	1,172	1,283
지배주주지분	680	720	760	739	1,172	1,283

기업가치 지표 *IFRS 별도 기준

항목	2011	2012	2013	2014	2015	2016
주가(최고/저)(천원)	21.0/13.5	15.7/10.6	12.3/6.5	9.8/7.4	24.2/7.9	16.8/10.7
PER(최고/저)(배)	14.1/9.1	119.7/80.7	12.8/6.8	—/—	18.1/5.9	14.1/9.0
PBR(최고/저)(배)	1.4/0.9	1.0/0.6	0.7/0.4	0.6/0.4	2.0/0.6	1.2/0.8
EV/EBITDA(배)	7.7	7.0	26.6	—	15.5	7.6
EPS(원)	1,496	132	962	-684	1,342	1,204
BPS(원)	15,590	16,514	17,420	16,952	12,441	13,616
CFPS(원)	2,123	773	1,617	1	2,093	2,048
DPS(원)						100
EBITDAPS(원)	3,666	3,290	895	-647	2,294	3,217

재무 비율 〈단위 : % 〉

연도	영업이익률	순이익률	부채비율	차입금비율	ROA	ROE	유보율	자기자본비율	EBITDA마진율
2016	8.0	4.1	127.9	82.5	4.0	9.2	172.3	43.9	10.9
2015	5.6	4.9	141.0	104.2	4.1	9.9	148.8	41.5	8.3
2014	-5.2	-2.7	134.5	109.3	-1.7	-4.0	239.1	42.6	-2.5
2013	1.0	3.8	127.2	97.3	2.4	5.7	248.4	44.0	3.6

사조해표 (A079660)
SAJOHAEPYO

업 종 : 식료품		시 장 : 거래소	
신용등급 : (Bond) — (CP) —		기업규모 : 시가총액 소형주	
홈페이지 : www.sajohp.com		연락처 : 02)2007-3000	
본 사 : 서울시 서초구 남부순환로 2159 (방배동, 3층)			

설 립 일 2004.09.01	종 업 원 수 372명	대 표 이 사 이인우	
상 장 일 2004.09.21	감사의견 적정 (우리)	계 열	
결 산 기 12월	보 통 주 716만주	종속회사수	
액 면 가 5,000원	우 선 주	구 상 호	

주주구성 (지분율,%)		출자관계 (지분율,%)		주요경쟁사 (외형,%)	
사조산업	23.9	삼아벤처	100.0	사조해표	100
씨제이올리브영	12.6	사조씨앤씨	50.0	신송홀딩스	31
(외국인)	2.2	사조대림	26.9	아시아종묘	3

매출구성		비용구성		수출비중	
기타	45.9	매출원가율	85.9	수출	10.9
대두박(제품)	21.2	판관비율	13.4	내수	89.1
대두유(제품)	16.4				

회사 개요
동사는 2004년 9월 (구)신동방에서 인적분할을 통해 설립되어 대두 및 식물성 유지를 수입, 가공, 정제해 식용유와 포도씨유, 올리브유등의 유지를 생산하는 업체. 대두에서 식용유를 정제하고 남은 대두박은 전량 사료업체들에게 판매하며 그외 기타사업부문은 사조그룹내의 참치캔, 김동에 대한 판매를 맡고 있음. 원재료 수입의존도가 높아 수입국의 작물 현황 및 환율에 민감한 구조임. 매출비중은 식용유 약 32%, 대두박 약 22% 수준임.

실적 분석
동사의 2016년 연결 기준 4분기 누적 매출액은 6,739.1억원으로 전년 동기 6,645.5억원 대비 1.4% 증가했음. 매출 증가에도 유가의 증가로 인해 영업이익은 46.8억원을 기록해 전년 동기 183.4억원 대비 74.5% 감소했음. 영업손실 23.3억원을 시현하며 적자전환함. 당기순이익은 11.8억원으로 전년 동기 203.1억원 대비 94.2% 감소함. 경기 변동에 덜 민감하기 때문에 꾸준한 실적 유지 예상됨.

현금 흐름
〈단위 : 억원〉

항목	2015	2016
영업활동	219	-3
투자활동	1	-295
재무활동	-226	300
순현금흐름	-7	1
기말현금	17	18

시장 대비 수익률
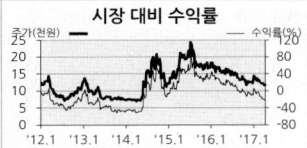

결산 실적
〈단위 : 억원〉

항목	2011	2012	2013	2014	2015	2016
매출액	5,407	5,980	6,218	6,448	6,645	6,739
영업이익	35	18	-100	158	183	47
당기순이익	28	30	-168	114	203	12

분기 실적
〈단위 : 억원〉

항목	2015.3Q	2015.4Q	2016.1Q	2016.2Q	2016.3Q	2016.4Q
매출액	1,908	1,481	1,789	1,496	1,944	1,510
영업이익	71	5	41	-10	61	-45
당기순이익	89	7	48	-19	93	-110

재무 상태
〈단위 : 억원〉

항목	2011	2012	2013	2014	2015	2016
총자산	3,309	3,245	2,984	3,031	3,294	3,695
유형자산	842	821	803	871	910	904
무형자산	14	14	7	6	10	10
유가증권	284	251	147	198	284	243
총부채	2,075	2,042	2,026	1,920	1,948	2,356
총차입금	1,280	1,181	1,150	1,045	818	1,125
자본금	358	358	358	358	358	358
총자본	1,234	1,203	958	1,111	1,346	1,339
지배주주지분	1,211	1,203	958	1,111	1,346	1,339

기업가치 지표

항목	2011	2012	2013	2014	2015	2016
주가(최고/저)(천원)	20.5/8.8	14.6/7.0	13.7/7.3	22.1/6.9	25.7/11.6	18.8/11.4
PER(최고/저)(배)	55.0/23.7	37.9/18.2	—/—	13.9/4.3	9.0/4.1	113.7/68.9
PBR(최고/저)(배)	1.2/0.5	0.9/0.4	1.0/0.5	1.4/0.4	1.4/0.6	1.0/0.6
EV/EBITDA(배)	31.2	36.4		9.0	9.0	22.1
EPS(원)	373	384	-2,340	1,588	2,837	165
BPS(원)	16,912	16,806	13,389	15,519	18,803	18,705
CFPS(원)	840	882	-1,881	2,028	3,366	746
DPS(원)						
EBITDAPS(원)	963	755	-932	2,647	3,091	1,234

재무 비율
〈단위 : % 〉

연도	영업이익률	순이익률	부채비율	차입금비율	ROA	ROE	유보율	자기자본비율	EBITDA마진율
2016	0.7	0.2	176.0	84.0	0.3	0.9	274.1	36.2	1.3
2015	2.8	3.1	144.7	60.8	6.4	16.5	276.1	40.9	3.3
2014	2.5	1.8	172.8	94.0	3.8	11.0	210.4	36.7	2.9
2013	-1.6	-2.7	211.4	120.0	-5.4	-15.5	167.8	32.1	-1.1

사파이어테크놀로지 (A123260)
Sapphire Technology

업 종 : 디스플레이 및 관련부품		시 장 : KOSDAQ	
신용등급 : (Bond) B- (CP) —		기업규모 : 중견	
홈페이지 : www.sapphiretek.com		연락처 : 031)297-3551	
본 사 : 경기도 화성시 향남읍 발안공단로4길 65			

설 립 일 2000.07.03	종 업 원 수 52명	대 표 이 사 이희춘	
상 장 일 2011.12.05	감사의견 적정 (대성)	계 열	
결 산 기 12월	보 통 주 833만주	종속회사수	
액 면 가 500원	우 선 주	구 상 호	

주주구성 (지분율,%)		출자관계 (지분율,%)		주요경쟁사 (외형,%)	
이희춘	17.6	에스티에이	81.5	사파이어테크놀로지	100
최이식	4.3	제이티비씨	0.1	쎄미시스코	89
(외국인)	1.7			에이치엔에스하이텍	239

매출구성		비용구성		수출비중	
[제품]기타(사파이어부품 및 기판)	88.6	매출원가율	290.7	수출	12.5
[제품]LED기판용 사파이어 단결정	8.4	판관비율	16.0	내수	87.5
[기타]기타 수익 유	3.1				

회사 개요
2000년 설립이후 2011년 코스닥시장에 상장함. 동사는 공업용 사파이어 단결정 및 기판을 생산하는 회사임. 최근 LED가 고효율, 친환경 광원으로 각광받으며 전통적인 광원을 대체해감에 따라 LED 기판용 사파이어에 대한 수요가 급증하고 있음. 동사는 현재 자체적인 추산으로는 전세계 사파이어 시장의 최소 25%이상(Open Market 기준)을 점유하고 있을 것으로 예상. 종속회사인 에스티에이를 통해 LED용 사파이어 기판 사업에 진출함.

실적 분석
동사의 2016년 결산 기준 매출액은 140.3억원으로 전년 대비 56% 감소함. 영업손실은 290.1억원을 시현하였음. 비영업 부문에서도 127.7억원의 손실이 발생하면서, 당기순손실은 486.6억원을 시현하며 전년 동기대비 적자폭을 늘림. 신공정 도입으로 수익성이 개선될 것으로 보이지만, 전방 산업 시장 상황에 따라 향후 전망 달라질 수 있음. 전년 대비 대표 제품인 LED기판용 사파이어 단결정의 가격이 크게 하락한 점이 부진의 원인임.

현금 흐름
〈단위 : 억원〉

항목	2015	2016
영업활동	-37	-4
투자활동	-44	74
재무활동	8	-107
순현금흐름	-73	-36
기말현금	44	8

시장 대비 수익률

결산 실적
〈단위 : 억원〉

항목	2011	2012	2013	2014	2015	2016
매출액	773	315	536	* 517	319	140
영업이익	340	-252	-275	-265	-59	-290
당기순이익	284	-270	-255	-290	-306	-487

분기 실적
〈단위 : 억원〉

항목	2015.3Q	2015.4Q	2016.1Q	2016.2Q	2016.3Q	2016.4Q
매출액	66	19	30	30	38	43
영업이익	9	-69	-35	-58	-45	-152
당기순이익	-6	-223	-46	-164	-57	-220

재무 상태
〈단위 : 억원〉

항목	2011	2012	2013	2014	2015	2016
총자산	1,749	1,769	1,757	1,470	1,198	618
유형자산	801	869	836	689	579	328
무형자산	36	45	74	90	55	19
유가증권	34	26	37	55	42	17
총부채	428	663	848	782	599	509
총차입금	335	542	746	692	549	451
자본금	31	40	41	41	42	42
총자본	1,321	1,107	909	688	599	109
지배주주지분	1,305	1,102	923	725	666	213

기업가치 지표

항목	2011	2012	2013	2014	2015	2016
주가(최고/저)(천원)	49.8/36.8	65.8/25.8	49.0/25.9	48.5/12.2	21.2/10.1	10.6/4.5
PER(최고/저)(배)	8.8/6.5	—/—	—/—	—/—	—/—	—/—
PBR(최고/저)(배)	2.3/1.7	4.6/1.8	4.1/2.2	5.5/1.4	2.7/1.3	4.1/1.8
EV/EBITDA(배)	5.4				16.7	
EPS(원)	5,649	-3,426	-2,903	-3,276	-3,340	-5,387
BPS(원)	21,814	14,321	12,024	8,863	7,994	2,558
CFPS(원)	7,236	-1,987	-1,273	-1,369	-1,672	-4,240
DPS(원)						
EBITDAPS(원)	8,135	-1,913	-1,749	-1,339	962	-2,337

재무 비율
〈단위 : % 〉

연도	영업이익률	순이익률	부채비율	차입금비율	ROA	ROE	유보율	자기자본비율	EBITDA마진율
2016	-206.7	-346.8	469.4	415.9	-53.6	-102.1	411.6	17.6	-138.7
2015	-18.3	-95.9	99.9	91.6	-23.0	-39.8	1,498.6	50.0	25.0
2014	-51.4	-56.2	113.7	100.6	-18.0	-32.5	1,672.6	46.8	-21.2
2013	-51.4	-47.7	93.4	82.1	-14.5	-23.4	2,304.7	51.7	-26.6

삼강엠앤티 (A100090)
SAMKANG M&T

업 종 : 금속 및 광물			시 장 : KOSDAQ	
신용 등 급 : (Bond) — (CP) —			기업규모 : 중견	
홈 페 이 지 : www.sam-kang.com			연 락 처 : 055)673-7014	
본 사 : 경남 고성군 동해면 내산3길 51-1				

설 립 일	1996.11.01	종 업 원 수	316명	대 표 이 사	송무석
상 장 일	2008.08.01	감 사 의 견	적정 (이촌)	계 열	
결 산 기	12월	보 통 주	1,685만주	종속회사수	
액 면 가	500원	우 선 주		구 상 호	

주주구성 (지분율,%)
송무석	21.7
송정석	20.5
(외국인)	0.5

출자관계 (지분율,%)
삼강엠앤티	100
황금에스티	130
GMR 머티리얼즈	39

주요경쟁사 (외형,%)

매출구성
BLOCK 외	77.6
해양구조용,송유관용 파이프, 기타 파이프(제품)	20.1
기타	2.2

비용구성
매출원가율	88.7
판관비율	5.2

수출비중
수출	75.0
내수	25.0

회사 개요
동사는 1996년 동원이란 사명으로 설립돼 2007년 지금의 사명으로 변경했고, 해양구조용 파이프(API 2B), 송유관용 파이프(API 5L), 건축토목용 파이프를 제조 판매함. 전체 매출액의 25% 가량을 수출이 차지하고 있으며, 주요 내수 판매처는 현대중공업, 삼성중공업, 대우조선해양 등임. 동사는 후육강관을 최초 국산화했고, 세계 최장인 18m 길이 파이프를 이음없이 한번에 생산할 수 있는 기술력을 보유하고 있음.

실적 분석
전방산업 부진에 인해 동사의 2016년 연간 매출액은 1,730.5억원으로 전년대비 10% 감소함. 후육강관 부문 매출액은 감소했으나, 고성공장에서 거래처로 직판하는 조선해양 부문의 수출 실적이 크게 증가함. 이란 국영조선소 건설 및 설비제작공사(9월)와 일본 LNG 블록 제작공사 계약(12월)을 체결함. 조선시장의 수요는 신개념 선박을 위한 IT 기자재 비율이 성장할 것으로 기대됨.

현금 흐름 *IFRS 별도 기준 〈단위 : 억원〉
항목	2015	2016
영업활동	65	116
투자활동	-39	-22
재무활동	-34	-50
순현금흐름	-8	45
기말현금	13	57

시장 대비 수익률
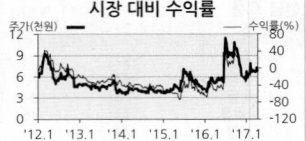

결산 실적 〈단위 : 억원〉
항목	2011	2012	2013	2014	2015	2016
매출액	1,927	2,064	1,462	1,717	1,924	1,731
영업이익	176	80	-62	104	150	105
당기순이익	71	-6	-145	37	78	32

분기 실적 *IFRS 별도 기준 〈단위 : 억원〉
항목	2015.3Q	2015.4Q	2016.1Q	2016.2Q	2016.3Q	2016.4Q
매출액	464	701	605	508	288	330
영업이익	51	65	71	30	2	2
당기순이익	26	55	52	11	-11	-21

재무 상태 *IFRS 별도 기준 〈단위 : 억원〉
항목	2011	2012	2013	2014	2015	2016
총자산	2,151	2,569	2,550	2,464	2,639	2,383
유형자산	1,742	2,146	2,108	2,123	2,053	1,989
무형자산	10	8	8	7	16	13
유가증권	1	1	1			
총부채	1,795	2,008	2,133	2,013	2,075	1,653
총차입금	1,099	1,399	1,416	1,396	1,332	1,152
자본금	32	64	64	64	68	84
총자본	357	561	417	452	564	730
지배주주지분	357	561	417	452	564	730

기업가치 지표 *IFRS 별도 기준
항목	2011	2012	2013	2014	2015	2016
주가(최고/저)(천원)	6.0/3.5	9.7/4.5	5.5/3.5	4.7/3.4	7.1/3.6	11.5/3.9
PER(최고/저)(배)	10.7/6.3	—/—	—/—	16.4/11.8	11.9/6.1	53.3/18.1
PBR(최고/저)(배)	2.1/1.3	2.2/1.0	1.7/1.1	1.3/1.0	1.7/0.9	2.6/0.9
EV/EBITDA(배)	7.1	12.2	61.0	9.6	8.0	10.8
EPS(원)	557	-49	-1,131	287	592	215
BPS(원)	5,574	4,383	3,260	3,529	4,130	4,331
CFPS(원)	2,284	617	-405	994	1,262	783
DPS(원)						
EBITDAPS(원)	3,924	1,292	241	1,522	1,806	1,281

재무 비율 〈단위 : % 〉
연도	영업이익률	순이익률	부채비율	차입금비율	ROA	ROE	유보율	자기자본비율	EBITDA마진율
2016	6.1	1.8	226.4	157.9	1.3	4.9	766.3	30.6	10.9
2015	7.8	4.1	367.7	236.1	3.1	15.4	726.1	21.4	12.4
2014	6.1	2.1	445.6	309.0	1.5	8.5	605.8	18.3	11.4
2013	-4.3	-9.9	511.2	339.3	-5.7	-29.6	552.1	16.4	2.1

삼광글라스 (A005090)
Sam Kwang Glass CO

업 종 : 용기 및 포장			시 장 : 거래소	
신용 등 급 : (Bond) — (CP) —			기업규모 : 시가총액 중형주	
홈 페 이 지 : www.glasslock.co.kr			연 락 처 : 02)489-8000	
본 사 : 서울시 서초구 양재대로 246 (염곡동, 송암빌딩 2.3층)				

설 립 일	1967.07.01	종 업 원 수	518명	대 표 이 사	이도행,이복영
상 장 일	1993.01.06	감 사 의 견	적정 (안진)	계 열	
결 산 기	12월	보 통 주	485만주	종속회사수	
액 면 가	5,000원	우 선 주		구 상 호	삼광유리

주주구성 (지분율,%)
이복영	22.0
이원준	8.8
(외국인)	4.5

출자관계 (지분율,%)
에스지개발	45.6
이테크건설	30.7
오덱	30.0

주요경쟁사 (외형,%)
삼광글라스	100
락앤락	143
연우	79

매출구성
일반병(제품)	33.1
식기 등(제품)	26.8
2PC캔(제품)	25.3

비용구성
매출원가율	88.5
판관비율	11.0

수출비중
수출	20.3
내수	79.7

회사 개요
동사는 1967년에 설립되어 유리병, 유리식기, 알루미늄캔 등을 제조, 판매하고 있으며 1993년을 기준으로, 공정거래법상 OCI 기업집단에 속해있는 23개 계열사 중 하나임. 주요 사업부문은 2016년 기준으로 유리사업(61.8%), 캔사업(28.6%), 석영 및 기타사업(9.7%)으로 구성되며 동 기간 중 수출비중은 21.4%임. 동사는 '내열강화유리 제조기술'을 바탕으로 글라스락 유리밀폐용기를 출시하여 현재 80여 개 국에 수출하고 있음.

실적 분석
2016년 연결기준 매출액은 캔사업부문 매출 감소로 인해 전년 대비 4.1% 역성장함. 게다가 석영사업부문의 적자확대 및 유리사업부문의 이익감소로 전사 영업이익은 14.3억원을 기록하며 전년 대비 90.5% 감소. 당기순이익은 비영업이익 182.3억원 발생으로 144.1억원을 기록함. 글라스락 내수는 당분간 회복되기 어려운 전망. 해외매출 증가로 내수부진을 얼마나 상쇄할 수 있을지가 동사 성장의 관건임.

현금 흐름 〈단위 : 억원〉
항목	2015	2016
영업활동	167	143
투자활동	-175	-220
재무활동	41	50
순현금흐름	34	-25
기말현금	75	51

시장 대비 수익률
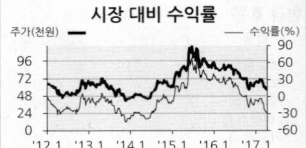

결산 실적 〈단위 : 억원〉
항목	2011	2012	2013	2014	2015	2016
매출액	2,807	2,852	2,900	2,978	3,103	2,975
영업이익	127	116	147	89	150	14
당기순이익	222	152	89	184	193	144

분기 실적 〈단위 : 억원〉
항목	2015.3Q	2015.4Q	2016.1Q	2016.2Q	2016.3Q	2016.4Q
매출액	815	789	714	755	758	747
영업이익	70	18	35	28	18	-67
당기순이익	67	-0	57	48	6	33

재무 상태 〈단위 : 억원〉
항목	2011	2012	2013	2014	2015	2016
총자산	5,347	6,297	7,667	8,133	8,412	8,543
유형자산	2,297	2,894	2,699	2,632	2,504	2,455
무형자산	7	14	15	15	16	18
유가증권	67	80	66	70	73	70
총부채	3,144	3,896	5,023	5,264	5,228	5,244
총차입금	2,376	3,109	4,279	4,487	4,393	4,481
자본금	243	243	243	243	243	243
총자본	2,202	2,400	2,644	2,869	3,184	3,299
지배주주지분	2,202	2,400	2,402	2,587	2,844	2,986

기업가치 지표
항목	2011	2012	2013	2014	2015	2016
주가(최고/저)(천원)	76.6/52.5	70.0/45.2	73.3/39.8	70.4/41.9	117/59.4	93.6/55.2
PER(최고/저)(배)	18.0/12.3	23.6/15.3	39.8/21.6	16.4/9.8	25.4/12.9	24.3/14.3
PBR(최고/저)(배)	1.8/1.2	1.5/1.0	1.5/0.8	1.3/0.8	2.0/1.0	1.5/0.9
EV/EBITDA(배)	17.7	20.5	16.5	20.2	20.3	24.8
EPS(원)	4,565	3,138	1,930	4,421	4,699	3,893
BPS(원)	45,936	49,445	50,143	53,981	58,580	61,520
CFPS(원)	8,298	7,109	7,133	10,395	10,996	10,254
DPS(원)	750	750	750	750	750	750
EBITDAPS(원)	6,347	6,363	8,226	7,817	9,381	6,654

재무 비율 〈단위 : % 〉
연도	영업이익률	순이익률	부채비율	차입금비율	ROA	ROE	유보율	자기자본비율	EBITDA마진율
2016	0.5	4.9	159.0	135.8	1.7	6.5	1,130.4	38.6	10.9
2015	4.8	6.2	164.2	138.0	2.3	8.4	1,071.6	37.9	14.7
2014	3.0	6.2	183.5	156.4	2.3	8.6	979.6	35.3	12.7
2013	5.1	3.1	190.0	161.9	1.3	3.9	902.9	34.5	13.8

삼기오토모티브 (A122350)
SAMKEE AUTOMOTIVE

업 종 : 자동차부품		시 장 : KOSDAQ	
신용등급 : (Bond) — (CP) —		기업규모 : 우량	
홈페이지 : www.samkee.com		연 락 처 : 031)491-0341	
본 사 : 경기도 평택시 포승읍 평택항로 268번길 147			

설 립 일 2009.12.24	종 업 원 수 543명	대 표 이 사 김남곤,김치환	
상 장 일 2010.03.19	감 사 의 견 적정 (신우)	계 열	
결 산 기 12월	보 통 주 3,083만주	종속회사수	
액 면 가 100원	우 선 주	구 상 호	

주주구성 (지분율,%)
김치환	37.4
미래에셋자산용투자자문	6.5
(외국인)	0.8

출자관계 (지분율,%)
산동삼기기차배건유한공사	100.0

주요경쟁사 (외형,%)
삼기오토모티브	100
삼원강재	88
코프라	43

매출구성
변속기 부품	56.2
엔진부품	31.4
합금	12.4

비용구성
매출원가율	85.1
판관비율	7.9

수출비중
수출	—
내수	—

회사 개요
1984년 2월에 설립하여 2008년 6월 현재의 주식회사 삼기오토모티브로 상호를 변경. 자동차 제조 및 판매 등을 주 영업목적으로 하며, 2012년 3월 28일 현대드림투게더 기업인수목적(주)와 합병하여 4월 12일 한국거래소 코스닥시장에 상장됨. Timing Chain Cover, Ladder Frame 등의 엔진부품과 변속기 Valve Body 등 변속기 부품을 생산하여 현대/기아차, 쌍용차 등 완성차 업체와 계열사에 납품하는 회사.

실적 분석
동사의 2016년 연결기준 연간 매출액은 전년대비 10.3% 증가한 3,044.8억원을 기록함. 이는 현대차그룹 7속 DCT, 폭스바겐향 DSG 매출 증가의 영향임. 반면 수주에 따른 설비 투자액의 증가와 그에 따른 감가상각비 증가로 영업이익은 213.5억원으로 전년 대비 10% 감소함. 폭스바겐으로부터 플러그인 하이브리드용 7속 DSG 밸브바디와 밸브블록에 대한 공급계약을 체결하면서 세계 자동차 트렌드에 맞춰 친환경차 라인업을 확대중임.

현금 흐름 〈단위 : 억원〉
항목	2015	2016
영업활동	304	534
투자활동	-513	-553
재무활동	153	37
순현금흐름	-56	17
기말현금	9	26

시장 대비 수익률
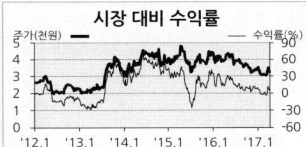

결산 실적 〈단위 : 억원〉
항목	2011	2012	2013	2014	2015	2016
매출액	1,353	1,875	2,042	2,439	2,761	3,045
영업이익	195	181	170	196	237	214
당기순이익	113	108	126	142	161	125

분기 실적 〈단위 : 억원〉
항목	2015.3Q	2015.4Q	2016.1Q	2016.2Q	2016.3Q	2016.4Q
매출액	651	801	789	729	701	825
영업이익	52	80	63	48	39	63
당기순이익	44	41	13	45	32	35

재무 상태 〈단위 : 억원〉
항목	2011	2012	2013	2014	2015	2016
총자산	1,426	1,686	2,061	2,471	2,857	3,083
유형자산	1,109	1,326	1,558	1,867	2,167	2,357
무형자산	16	12	12	14	52	50
유가증권	1	1	1	1	1	0
총부채	1,105	1,049	1,294	1,586	1,830	1,966
총차입금	895	781	964	1,318	1,505	1,577
자본금	53	15	15	31	31	31
총자본	321	638	766	886	1,027	1,117
지배주주지분	321	638	749	886	1,027	1,117

기업가치 지표
항목	2011	2012	2013	2014	2015	2016
주가(최고/저)(천원)	3.3/2.3	3.0/2.0	4.2/2.0	4.6/3.0	4.9/3.1	4.5/3.2
PER(최고/저)(배)	6.8/4.8	9.4/6.0	11.7/5.4	10.7/6.8	9.9/6.2	11.3/8.1
PBR(최고/저)(배)	3.0/2.2	1.5/0.9	1.8/0.8	1.7/1.1	1.6/1.0	1.3/0.9
EV/EBITDA(배)	4.0	5.4	5.9	6.3	6.2	5.2
EPS(원)	526	353	389	462	522	407
BPS(원)	30,534	4,546	5,052	2,873	3,332	3,624
CFPS(원)	18,389	1,390	1,977	1,110	1,271	1,347
DPS(원)	—	70	70	70	90	90
EBITDAPS(원)	26,211	1,858	2,306	1,285	1,518	1,633

재무 비율 〈단위 : % 〉
연도	영업이익률	순이익률	부채비율	차입금비율	ROA	ROE	유보율	자기자본비율	EBITDA마진율
2016	7.0	4.1	175.9	141.1	4.2	11.7	3,524.4	36.2	16.5
2015	8.6	5.8	178.1	146.5	6.1	16.8	3,231.5	36.0	16.6
2014	8.1	5.8	179.0	148.8	6.3	17.4	2,772.7	35.8	16.2
2013	8.3	6.2	168.9	125.8	6.7	17.2	4,952.2	37.2	17.4

삼룡물산 (A014970)
SAMRYOONG

업 종 : 용기 및 포장		시 장 : KOSDAQ	
신용등급 : (Bond) — (CP) —		기업규모 : 중견	
홈페이지 : www.srpack.com		연 락 처 : 031)321-0091	
본 사 : 경기도 파주시 월롱면 통일로 644번길 35			

설 립 일 1980.08.25	종 업 원 수 81명	대 표 이 사 조홍로	
상 장 일 1992.12.29	감 사 의 견 적정 (한영)	계 열	
결 산 기 12월	보 통 주 1,513만주	종속회사수	
액 면 가 500원	우 선 주	구 상 호	

주주구성 (지분율,%)
조낙교	37.6
조홍로	27.2
(외국인)	0.1

출자관계 (지분율,%)
에스알테크노팩	100.0
에스알케미칼	40.0

주요경쟁사 (외형,%)
삼룡물산	100
율촌화학	439
태림포장	374

매출구성
제품(우유팩)	92.7
임대(물류창고외)	7.3

비용구성
매출원가율	81.4
판관비율	5.6

수출비중
수출	—
내수	—

회사 개요
동사는 액체음료 용기로 사용되는 위생용포장용기 전문 제조업체로 주요제품은 카톤팩임. 카톤팩은 우유나 주스 또는 청량음료를 담을 수 있는 포장용기의 일종으로서 수요면에서 특히 우유 소비량과 밀접한 관계에 있음. 국내 우유 업계가 낮은 수익성에 직면함에 따라 동시장 영업환경도 다소 부정적인 상황임. 국내 카톤팩 시장은 동사와 더불어 에버그린패키징코리아, 한국팩키지 등 4사가 점유하고 있으며 동사는 수위권의 시장점유율을 보유 중임.

실적 분석
동사의 2016년 연결기준 매출액은 1,011.3억원으로 전년대비 9.3% 증가함. 매출증가와 원가율 개선으로 매출총이익이 개선됨. 또한 판관비감소로 영업이익은 전년대비 30.4% 증가한 131.2억원을 기록함. 영업이익 개선과 비영업손실 감소로 당기이익률은 전년대비 40.8% 개선된 92.2억원을 기록함. 비교적 안정적인 사업구조를 확보하고 있으며, 원가부담 완화로 수익성이 크게 개선되고 있음.

현금 흐름 〈단위 : 억원〉
항목	2015	2016
영업활동	79	175
투자활동	-40	-102
재무활동	-34	-21
순현금흐름	5	56
기말현금	94	150

시장 대비 수익률

결산 실적 〈단위 : 억원〉
항목	2011	2012	2013	2014	2015	2016
매출액	384	918	876	878	925	1,011
영업이익	45	82	74	51	101	131
당기순이익	35	45	42	16	65	92

분기 실적 〈단위 : 억원〉
항목	2015.3Q	2015.4Q	2016.1Q	2016.2Q	2016.3Q	2016.4Q
매출액	245	232	244	265	266	237
영업이익	29	21	34	36	37	23
당기순이익	16	15	25	27	29	10

재무 상태 〈단위 : 억원〉
항목	2011	2012	2013	2014	2015	2016
총자산	807	1,098	1,099	1,158	1,191	1,280
유형자산	121	391	434	519	516	561
무형자산		89	75	61	58	51
유가증권	5	1	1	1	1	1
총부채	355	607	572	631	608	624
총차입금	289	456	421	480	447	430
자본금	76	76	76	76	76	76
총자본	452	491	527	528	583	656
지배주주지분	450	489	527	528	585	660

기업가치 지표
항목	2011	2012	2013	2014	2015	2016
주가(최고/저)(천원)	2.0/1.2	2.5/1.5	3.6/2.1	3.4/2.4	7.9/2.9	9.0/4.7
PER(최고/저)(배)	9.3/5.6	8.4/5.1	13.0/7.6	28.6/20.4	18.0/6.5	14.7/7.7
PBR(최고/저)(배)	0.7/0.5	0.8/0.5	1.1/0.6	1.0/0.7	2.0/0.7	2.1/1.1
EV/EBITDA(배)	5.0	6.0	5.8	8.4	7.6	7.1
EPS(원)	237	310	292	121	445	616
BPS(원)	2,976	3,233	3,482	3,540	3,925	4,420
CFPS(원)	369	600	592	442	775	1,003
DPS(원)	50	50	50	50	50	50
EBITDAPS(원)	428	834	789	658	995	1,255

재무 비율 〈단위 : % 〉
연도	영업이익률	순이익률	부채비율	차입금비율	ROA	ROE	유보율	자기자본비율	EBITDA마진율
2016	13.0	9.1	95.0	65.5	7.5	15.0	784.0	51.3	18.8
2015	10.9	7.1	104.4	76.8	5.6	12.1	685.1	48.9	16.3
2014	5.8	1.8	119.6	91.0	1.4	3.5	607.9	45.5	11.3
2013	8.5	4.8	108.7	79.9	3.9	8.7	596.4	47.9	13.6

삼목에스폼 (A018310)
SAMMOK S-FORM

업 종 : 건축자재	시 장 : KOSDAQ
신용등급 : (Bond) — (CP) —	기업규모 : 우량
홈페이지 : www.sammok.co.kr	연 락 처 : 02)561-0941
본 사 : 경기도 안성시 미양면 안성맞춤대로 474-40	

설 립 일	1985.06.07	종업원수	267명	대표이사	김준년,엄석호
상 장 일	1996.05.03	감사의견	적정 (광교)	계 열	
결 산 기	12월	보 통 주	1,470만주	종속회사수	
액 면 가	500원	우 선 주		구 상 호	삼목정공

주주구성 (지분율,%)		출자관계 (지분율,%)		주요경쟁사 (외형,%)	
에스폼	30.3	삼목에스폼	100		
김준년	12.8	KCC	1,302		
(외국인)	3.9	LG하우시스	1,093		

매출구성		비용구성		수출비중	
알루미늄폼	78.1	매출원가율	74.3	수출	0.0
갱폼	18.9	판관비율	8.5	내수	100.0
특수폼외	2.7				

회사 개요
동사는 건축용 거푸집류인 알루미늄폼, 갱폼, 유로폼류 등의 제조를 주요 사업으로 영위함. 알루미늄 거푸집(알폼)업계로 국내 시장점유율 35%를 차지함. 주요 제품인 알폼(매출 비중 80%)은 15층 이상의 아파트 시공시 기존 합판 거푸집을 대체하고 있음. 이는 시공의 편리성과 공기 단축, 품질 향상, 원가 절감이 가능하기 때문임. 하이테크시스템 및 거푸집자동인양시스템을 개발하여 수입 대체 효과와 건설현장의 정밀시공에 크게 기여하였음.

실적 분석
동사의 2016년 연결기준 매출액은 2,680.3억원으로 전년보다 76.8억원(3%) 증가함. 주택공급물량의 확대로 인한 수주물량이 증가한 덕분임. 영업이익은 12.2% 증가한 461.9억원을 시현하였으며 매출액 대비 영업이익률은 17.23%로, 전년보다 개선됨. 분양시장의 확대에 힘 입어 매출이 성장했으나 정부의 신규주택물량 감소 정책으로 시장상황이 어려울 전망. 동사는 비효율적인 사업부문의 구조조정을 통하여 수익성을 재고할 계획.

현금 흐름 *IFRS 별도 기준 〈단위 : 억원〉

항목	2015	2016
영업활동	519	731
투자활동	-401	-1,389
재무활동	-8	634
순현금흐름	109	-24
기말현금	271	248

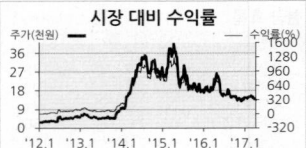

시장 대비 수익률

결산 실적 〈단위 : 억원〉

항목	2011	2012	2013	2014	2015	2016
매출액	1,272	1,460	2,179	2,515	2,604	2,680
영업이익	43	68	257	498	412	462
당기순이익	30	50	212	403	333	378

분기 실적 *IFRS 별도 기준 〈단위 : 억원〉

항목	2015.3Q	2015.4Q	2016.1Q	2016.2Q	2016.3Q	2016.4Q
매출액	710	640	655	678	674	674
영업이익	142	101	100	98	143	120
당기순이익	112	82	81	82	114	101

재무 상태 *IFRS 별도 기준 〈단위 : 억원〉

항목	2011	2012	2013	2014	2015	2016
총자산	1,265	1,511	1,919	2,122	2,426	3,499
유형자산	850	1,034	1,478	1,497	1,704	2,283
무형자산	1	1	1	1	1	2
유가증권	0	0	1	1	1	21
총부채	355	555	738	543	527	607
총차입금	41	203	250	—	—	—
자본금	49	49	49	49	49	74
총자본	910	956	1,181	1,579	1,899	2,892
지배주주지분	910	956	1,181	1,579	1,899	2,892

기업가치 지표 *IFRS 별도 기준

항목	2011	2012	2013	2014	2015	2016
주가(최고/저)(천원)	4.8/2.1	5.8/2.8	9.3/4.1	35.0/9.1	42.3/16.8	26.3/12.3
PER(최고/저)(배)	17.7/7.8	12.9/6.1	4.7/2.1	9.4/2.4	13.7/5.5	8.6/4.0
PBR(최고/저)(배)	0.6/0.3	0.7/0.3	0.9/0.4	2.4/0.6	2.4/1.0	1.4/0.6
EV/EBITDA(배)	1.5	3.2	2.9	4.4	2.9	1.8
EPS(원)	285	468	1,994	3,782	3,122	3,094
BPS(원)	9,390	9,864	12,052	16,111	19,375	19,672
CFPS(원)	2,229	2,262	3,981	5,676	5,355	5,151
DPS(원)	50	50	50	100	100	100
EBITDAPS(원)	2,357	2,449	4,438	6,647	6,163	5,836

재무 비율 〈단위 : % 〉

연도	영업이익률	순이익률	부채비율	차입금비율	ROA	ROE	유보율	자기자본비율	EBITDA마진율
2016	17.2	14.1	21.0	0.0	12.8	15.8	3,834.5	82.7	26.6
2015	15.8	12.8	27.8	0.0	14.6	19.1	3,775.0	78.3	23.2
2014	19.8	16.0	34.4	0.0	20.0	29.2	3,122.3	74.4	25.9
2013	11.8	9.8	62.5	21.2	12.4	19.9	2,310.4	61.5	20.0

삼보모터스 (A053700)
Sambo Motos

업 종 : 자동차부품	시 장 : KOSDAQ
신용등급 : (Bond) — (CP) —	기업규모 : 우량
홈페이지 : www.sambomotors.com	연 락 처 : 053)582-9230
본 사 : 대구시 달서구 성서로 142 (월암동)	

설 립 일	1987.09.25	종업원수	451명	대표이사	이재하
상 장 일	2001.11.06	감사의견	적정 (삼정)	계 열	
결 산 기	12월	보 통 주	1,425만주	종속회사수	
액 면 가	500원	우 선 주		구 상 호	삼보모토스

주주구성 (지분율,%)		출자관계 (지분율,%)		주요경쟁사 (외형,%)	
이재하	11.1	프라코	94.7	삼보모터스	100
이연성	10.6	나전	43.2	트루윈	4
		대경창투	7.5	인지컨트롤스	73

매출구성		비용구성		수출비중	
BUMPER,I/P,PILLAR 등	62.5	매출원가율	89.9	수출	38.8
Water/Heater 등(Pipe Part)	18.8	판관비율	7.2	내수	61.2
Plate	9.4				

회사 개요
동사는 자동차 자동변속기를 구성하는 부품 및 자동차 내부의 air, water, oil 등이 이동하는 통로가 되는 파이프류 제품을 생산, 판매하고 있음. 동사의 주력제품은 현대자동차뿐 아니라, 일본의 닛산, 도요다, 혼다 계열의 오토미션 제조업체인 JATCO, DYNAX, NSK WARNER 등으로, 미국완성차업체인 GM, CHRYSLER, 자동차부품 회사인 EATON에 수출되고 있음. 2013년 2월 삼보홀딩스 설립 후 프라코 외 2개사 인수.

실적 분석
동사의 연결재무제표 기준 2016년 누적매출액은 수출과 내수 물량 확대로 4.2% 증가한 8,539.2억원을 기록. 특히 Pipe와 플라스틱 부문의 매출 신장이 두드러짐. 영업이익은 인건비와 감가상각비 증가 등으로 전년 대비 19.5% 감소한 243.3억원을 기록. 중국이 베이징을 시작으로 배기가스 규제를 실시할 것으로 예상돼, 글로벌 OEM에 대한 직수출 비중이 앞으로 더욱 확대될 것으로 전망됨.

현금 흐름 〈단위 : 억원〉

항목	2015	2016
영업활동	966	195
투자활동	-952	-687
재무활동	219	200
순현금흐름	229	-295
기말현금	650	354

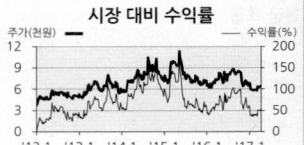

시장 대비 수익률

결산 실적 〈단위 : 억원〉

항목	2011	2012	2013	2014	2015	2016
매출액	1,877	2,220	6,560	7,496	8,198	8,539
영업이익	74	120	260	334	302	243
당기순이익	30	39	412	242	221	213

분기 실적 〈단위 : 억원〉

항목	2015.3Q	2015.4Q	2016.1Q	2016.2Q	2016.3Q	2016.4Q
매출액	1,988	2,350	2,156	2,159	1,812	2,412
영업이익	39	126	61	85	-5	102
당기순이익	51	61	42	46	-49	174

재무 상태 〈단위 : 억원〉

항목	2011	2012	2013	2014	2015	2016
총자산	1,285	1,596	5,339	5,606	6,215	6,664
유형자산	440	535	2,759	2,863	3,371	3,658
무형자산	12	16	54	54	53	59
유가증권	66	47	85	82	104	75
총부채	805	1,096	3,740	3,880	4,262	4,845
총차입금	496	733	2,365	2,385	2,562	3,106
자본금	48	48	49	54	61	61
총자본	480	500	1,599	1,726	1,953	1,820
지배주주지분	480	500	960	1,192	1,386	1,740

기업가치 지표

항목	2011	2012	2013	2014	2015	2016
주가(최고/저)(천원)	7.2/3.6	5.9/3.7	8.0/4.8	11.0/5.6	11.3/6.4	8.9/6.2
PER(최고/저)(배)	24.0/12.0	14.9/9.5	2.3/1.4	6.9/3.5	8.1/4.6	6.9/4.8
PBR(최고/저)(배)	1.3/0.6	1.0/0.6	0.8/0.5	1.0/0.5	1.0/0.6	0.6/0.4
EV/EBITDA(배)	3.8	3.3	4.4	4.7	4.9	5.6
EPS(원)	311	410	3,611	1,630	1,421	1,309
BPS(원)	5,899	6,213	10,449	11,555	11,813	14,725
CFPS(원)	1,113	1,200	7,029	4,962	4,748	4,726
DPS(원)	—	50	50	50	50	70
EBITDAPS(원)	1,579	2,048	6,060	6,515	5,963	5,415

재무 비율 〈단위 : % 〉

연도	영업이익률	순이익률	부채비율	차입금비율	ROA	ROE	유보율	자기자본비율	EBITDA마진율
2016	2.9	2.5	266.3	170.7	3.3	10.2	2,845.0	27.3	7.7
2015	3.7	2.7	218.2	131.2	3.7	12.7	2,262.6	31.4	8.3
2014	4.5	3.2	224.8	138.2	4.4	15.9	2,210.9	30.8	9.1
2013	4.0	6.3	233.9	147.9	11.9	48.7	1,989.9	30.0	9.1

삼보산업 (A009620)
Sambo Industrial

업 종: 금속 및 광물	시 장: KOSDAQ
신용등급: (Bond) — (CP) —	기업규모: 중견
홈페이지: www.samboind.kr	연락처: 055)552-7130
본 사: 경남 창원시 진해구 남의로 21번길 36 (남양동)	

설 립 일 1974.02.08	종업원수 423명	대표이사 이태용
상 장 일 1993.12.07	감사의견 적정 (성도)	계 열
결 산 기 12월	보통주 140만주	종속회사수
액 면 가 500원	우 선 주	구 상 호

주주구성 (지분율,%)
이태용	42.1
이정용	15.6

출자관계 (지분율,%)
씨맥스커뮤니케이션즈	27.5

주요경쟁사 (외형,%)
삼보산업	100
세기리텍	19
그린플러스	11

매출구성
알루미늄합금괴(알루미늄합금)	97.6
가공료수익(알루미늄합금)	0.9
부산물(알루미늄합금)	0.7

비용구성
매출원가율	97.1
판관비율	3.4

수출비중
수출	16.2
내수	83.8

회사 개요
동사는 1974년 설립돼 알루미늄합금 및 자동차 부품의 제조 판매하는 업체임. 알루미늄합금산업은 대표적인 재활용 산업으로, 재용해를 통해 생산된 합금제품은 대부분 자동차 부품 소재용으로 사용되고 있으며, 그 외 전자 및 철강업계 등으로 생산 제품을 공급하고 있음. 알루미늄 합금 제조 원재료는 국내 공급부족으로 수입에 많이 의존하고 있음. 종속회사인 삼토오토주식회사를 통해 자동차부품 중 다이캐스팅 분야를 영위함.

실적 분석
동사의 2016년 연결 기준 매출과 영업손실은 3,400억원, 17억원으로 매출은 6.4% 감소하고 적자전환함. 매출감소의 주요원인은 원자재가격 하락으로 인한 판매가격 하락임. 2016년 하반기 들어 알루미늄 비철 가격은 소폭 상승하였으나 시장의 판매가격 상승은 시차가 있어 원자재상승 대비 판매가격 하락과 원가부담으로 인한 손실 폭이 컸음. 또한, 환율변동의 불확실성으로 인한 금융비용도 증가함.

현금 흐름 〈단위 : 억원〉
항목	2015	2016
영업활동	364	235
투자활동	-159	-173
재무활동	-188	-66
순현금흐름	17	-4
기말현금	23	19

시장 대비 수익률
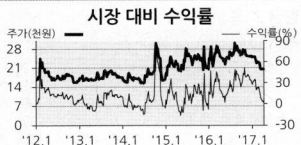

결산 실적 〈단위 : 억원〉
항목	2011	2012	2013	2014	2015	2016
매출액	3,043	2,984	3,111	3,730	3,633	3,399
영업이익	53	56	10	23	84	-17
당기순이익	22	24	65	-34	7	-73

분기 실적 〈단위 : 억원〉
항목	2015.3Q	2015.4Q	2016.1Q	2016.2Q	2016.3Q	2016.4Q
매출액	939	878	780	849	756	1,014
영업이익	12	17	3	11	-4	-28
당기순이익	-36	22	-7	-10	-17	-39

재무 상태 〈단위 : 억원〉
항목	2011	2012	2013	2014	2015	2016
총자산	1,419	1,366	2,175	2,680	2,587	2,764
유형자산	429	448	1,161	1,153	1,272	1,456
무형자산	6	6	6	6	10	9
유가증권	14	34	5	5	7	9
총부채	1,172	1,096	1,688	2,232	2,134	2,387
총차입금	966	984	1,467	2,032	1,931	1,952
자본금	7	7	7	7	7	7
총자본	248	271	487	448	453	377
지배주주지분	248	271	321	283	286	223

기업가치 지표
항목	2011	2012	2013	2014	2015	2016
주가(최고/저)(천원)	38.3/14.5	25.4/15.2	23.0/15.9	30.5/15.0	33.3/16.6	30.3/20.0
PER(최고/저)(배)	24.4/9.2	14.9/8.9	6.1/4.2	—/—	110.4/55.1	—/—
PBR(최고/저)(배)	2.2/0.8	1.3/0.8	1.0/0.7	1.5/0.7	1.6/0.8	1.9/1.3
EV/EBITDA(배)	17.4	15.9	27.6	24.1	13.4	24.7
EPS(원)	1,570	1,697	3,765	-2,365	301	-4,303
BPS(원)	17,704	19,322	22,964	20,248	20,455	15,945
CFPS(원)	2,574	2,972	7,793	3,127	6,778	3,957
DPS(원)						
EBITDAPS(원)	4,824	5,294	4,711	7,125	12,481	7,015

재무 비율 〈단위 : % 〉
연도	영업이익률	순이익률	부채비율	차입금비율	ROA	ROE	유보율	자기자본비율	EBITDA마진율
2016	-0.5	-2.2	633.3	518.0	-2.7	-23.6	3,089.1	13.6	2.9
2015	2.3	0.2	470.6	425.9	0.3	1.5	3,991.0	17.5	4.8
2014	0.6	-0.9	498.3	453.6	-1.4	-11.0	3,949.5	16.7	2.7
2013	0.3	2.1	346.3	301.0	3.7	17.8	4,492.7	22.4	2.1

삼보판지 (A023600)
SAMBO CORRUGATED BOARD

업 종: 용기 및 포장	시 장: KOSDAQ
신용등급: (Bond) — (CP) —	기업규모: 중견
홈페이지: www.isambo.com	연락처: 031)319-6523
본 사: 경기도 시흥시 공단1대로28번길 120 (정왕동)	

설 립 일 1981.07.23	종업원수 237명	대표이사 류진호
상 장 일 1996.05.29	감사의견 적정 (대성)	계 열
결 산 기 12월	보통주 1,400만주	종속회사수
액 면 가 500원	우 선 주	구 상 호

주주구성 (지분율,%)
류진호	21.9
유동원	15.2
(외국인)	0.8

출자관계 (지분율,%)
삼화판지	100.0
한청판지	100.0
동진판지	100.0

주요경쟁사 (외형,%)
삼보판지	100
율촌화학	136
태림포장	116

매출구성
골판지 및 원지	98.5
기타	1.5

비용구성
매출원가율	82.1
판관비율	12.6

수출비중
수출	—
내수	—

회사 개요
동사는 공산품, 식품, 의약품 및 농수산물 등 각종 제품의 외부포장에 사용되는 골판지 및 골판지 상자만을 전량 주문에 의한 생산, 판매하고 있는 업체임. 원재료의 98% 정도를 국내에서 조달하고 있으며 매입처 중 고려제지와 대림제지는 계열회사 및 관계회사로서 총 매입액의 약 90%를 차지하고 있음. 약 4%의 시장점유율을 차지하고 있으며, 고려제지 등 4개의 연결대상 종속회사를 보유 중임.

실적 분석
골판지 원지의 수출이 확대되고 임대료 수입 등 기타 매출이 소폭 증가하면서 동사의 2016년 연결기준 누적 매출액은 전년 동기 대비 8% 증가한 3,266.9억원을 시현함. 외형 확대로 영업이익 역시 전년동기 대비 40.9% 증가한 173.9억원을 기록함. 영업실적의 개선과 함께 유형자산처분이익의 영향으로 비영업수지도 큰 폭으로 개선되면서 당기순이익 역시 크게 증가하며 흑자전환함.

현금 흐름 〈단위 : 억원〉
항목	2015	2016
영업활동	258	91
투자활동	-48	-409
재무활동	-232	367
순현금흐름	-22	51
기말현금	88	139

시장 대비 수익률
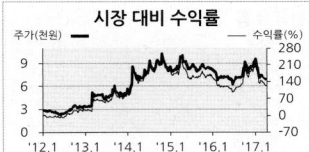

결산 실적 〈단위 : 억원〉
항목	2011	2012	2013	2014	2015	2016
매출액	3,090	2,916	3,019	3,032	3,025	3,267
영업이익	129	236	173	202	123	174
당기순이익	52	157	139	154	-325	403

분기 실적 〈단위 : 억원〉
항목	2015.3Q	2015.4Q	2016.1Q	2016.2Q	2016.3Q	2016.4Q
매출액	771	784	730	795	847	895
영업이익	32	35	24	47	75	28
당기순이익	18	-397	30	287	63	23

재무 상태 〈단위 : 억원〉
항목	2011	2012	2013	2014	2015	2016
총자산	5,066	5,184	5,130	5,440	5,316	5,749
유형자산	3,138	3,407	3,389	3,825	3,548	3,956
무형자산	36	35	34	33	32	31
유가증권	2	2	2	2	81	53
총부채	2,245	2,207	2,020	2,189	2,409	2,449
총차입금	1,427	1,473	1,254	1,406	1,188	1,568
자본금	70	70	70	70	70	70
총자본	2,822	2,977	3,110	3,252	2,908	3,299
지배주주지분	2,296	2,435	2,548	2,653	2,358	2,658

기업가치 지표
항목	2011	2012	2013	2014	2015	2016
주가(최고/저)(천원)	3.3/2.3	3.6/2.3	6.0/3.3	11.6/5.1	10.8/7.8	9.6/6.2
PER(최고/저)(배)	11.1/7.9	3.6/2.3	7.3/4.0	14.1/6.2	—/—	4.4/2.8
PBR(최고/저)(배)	0.2/0.2	0.2/0.1	0.3/0.2	0.6/0.3	0.7/0.5	0.5/0.3
EV/EBITDA(배)	7.3	5.5	6.5	8.5	9.9	9.9
EPS(원)	302	1,005	840	836	-1,975	2,211
BPS(원)	163,981	173,926	18,197	18,952	16,841	18,985
CFPS(원)	15,476	22,682	2,224	1,983	-894	3,300
DPS(원)				50	50	50
EBITDAPS(원)	21,644	29,477	2,623	2,589	1,963	2,331

재무 비율 〈단위 : % 〉
연도	영업이익률	순이익률	부채비율	차입금비율	ROA	ROE	유보율	자기자본비율	EBITDA마진율
2016	5.3	12.3	74.2	47.5	7.3	12.3	3,696.9	57.4	10.0
2015	4.1	-10.7	82.8	40.9	-6.0	-11.0	3,268.3	54.7	9.1
2014	6.7	5.1	67.3	43.3	2.9	4.5	3,690.5	59.8	12.0
2013	5.8	4.6	64.9	40.3	2.7	4.7	3,539.3	60.6	12.2

삼본정밀전자 (A111870)
SAMBON PRECISION & ELECTRONICS

업 종 : 내구소비재		시 장 : KOSDAQ	
신용등급 : (Bond) — (CP) —		기업규모 : 우량	
홈페이지 : www.esambon.com		연 락 처 : 032)683-7300	
본 사 : 경기도 부천시 오정구 삼작로 107번길 52(삼정동)			

설 립 일 1988.02.22	종 업 원 수 47명	대 표 이 사 김동윤,장준택	
상 장 일 2010.11.05	감사의견 적정 (삼일)	계 열	
결 산 기 12월	보 통 주 950만주	종속회사수	
액 면 가 500원	우 선 주	구 상 호	

주주구성 (지분율,%)		출자관계 (지분율,%)		주요경쟁사 (외형,%)	
삼본정밀전자홀딩스투자목적회사	58.6	래드손	14.3	삼본정밀전자	100
블루사이드	55.5	삼본(홍콩)전자유한공사	100.0	에스텍	508
(외국인)	2.0	SAMBONP&EPHILS.CORP	100.0	아남전자	293

매출구성		비용구성		수출비중	
이어폰,헤드폰외	98.7	매출원가율	71.6	수출	99.8
샘플	1.3	판관비율	19.9	내수	0.2

회사 개요
이어폰을 비롯 헤드폰과 블루투스 등을 제조하는 음향기기 전문 제조업체로 1988년 설립됨. 2008년에는 새롬아이티를 인수, 합병하여 휴대폰용 키패드 제조사업에 진출함. 2010년 10월부터 홍채인식 알고리즘을 개발하는 미국 아이리테크와 기술제휴를 맺고 휴대용 홍채인식기를 개발함. 음향기기 사업부문은 고사양 헤드폰과 이어폰을 생산하여 주로 일본 JVC에 ODM 형태로 납품함. 스마트폰의 확대에 따른 수요감소로 키패드사업 영업정지를 결정함.

실적 분석
동사의 2016년 연결 기준 매출과 영업이익은 572억원, 49억원으로 전년 대비 각각 4.5%, 9.8% 감소함. 매출원가와 판매비와 관리비가 개선되고, 비영업손익 부문에서 36.8억원을 시현, 8.8% 증가하여 당기순이익은 70억원으로 12.8% 증가함. 주 고객사인 JKC 내부의 공급업체 점유율 조정에 따라 실적이 감소함. 자산 943억원으로 전기 대비 0.3% 증가하였고, 부채는 91억원으로 16.7% 감소함.

현금 흐름
〈단위 : 억원〉

항목	2015	2016
영업활동	42	120
투자활동	4	-15
재무활동	-22	-33
순현금흐름	26	73
기말현금	159	232

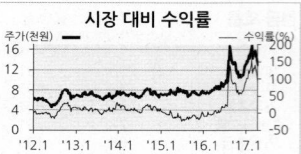
시장 대비 수익률

결산 실적
〈단위 : 억원〉

항목	2011	2012	2013	2014	2015	2016
매출액	774	623	673	534	600	572
영업이익	126	101	82	30	54	49
당기순이익	90	68	56	16	62	70

분기 실적
〈단위 : 억원〉

항목	2015.3Q	2015.4Q	2016.1Q	2016.2Q	2016.3Q	2016.4Q
매출액	173	167	117	161	153	142
영업이익	15	20	3	15	14	17
당기순이익	11	19	15	18	11	25

재무 상태
〈단위 : 억원〉

항목	2011	2012	2013	2014	2015	2016
총자산	853	853	913	899	940	943
유형자산	108	101	44	46	57	68
무형자산	7	10	10	9	10	9
유가증권	32	52	85	281	333	297
총부채	126	79	106	103	109	91
총차입금	1	—	—	—	8	16
자본금	48	48	48	48	48	48
총자본	727	774	807	796	831	852
지배주주지분	727	774	807	796	831	852

기업가치 지표

항목	2011	2012	2013	2014	2015	2016
주가(최고/저)(천원)	7.8/4.3	8.2/4.6	7.7/6.0	8.3/6.4	8.4/6.8	17.2/7.2
PER(최고/저)(배)	10.2/5.6	13.8/7.8	15.3/11.8	55.6/42.9	14.1/11.3	24.0/10.1
PBR(최고/저)(배)	1.2/0.7	1.2/0.7	1.0/0.8	1.1/0.8	1.0/0.8	1.9/0.8
EV/EBITDA(배)	1.6	2.5	3.1	5.6	3.6	11.1
EPS(원)	947	717	589	170	653	737
BPS(원)	7,967	8,462	8,807	8,696	9,062	9,283
CFPS(원)	1,006	830	671	244	729	822
DPS(원)	200	250	250	300	500	400
EBITDAPS(원)	1,385	1,171	946	385	645	597

재무 비율
〈단위 : % 〉

연도	영업이익률	순이익률	부채비율	차입금비율	ROA	ROE	유보율	자기자본비율	EBITDA마진율
2016	8.5	12.2	10.6	1.9	7.4	8.3	1,756.5	90.4	9.9
2015	9.0	10.4	13.1	1.0	6.8	7.6	1,712.3	88.4	10.2
2014	5.5	3.0	12.9	0.0	1.8	2.0	1,639.1	88.6	6.8
2013	12.2	8.3	13.2	0.0	6.3	7.1	1,661.4	88.4	13.4

삼부토건 (A001470)
Sambu Construction

업 종 : 건설		시 장 : 거래소	
신용등급 : (Bond) — (CP) —		기업규모 : 시가총액 소형주	
홈페이지 : www.sambu.co.kr		연 락 처 : 02)3706-2114	
본 사 : 서울시 중구 퇴계로 63 삼부빌딩			

설 립 일 1955.05.14	종 업 원 수 382명	대 표 이 사 남금석	
상 장 일 1976.06.26	감사의견 적정 (삼덕)	계 열	
결 산 기 12월	보 통 주 978만주	종속회사수	
액 면 가 5,000원	우 선 주	구 상 호	

주주구성 (지분율,%)		출자관계 (지분율,%)		주요경쟁사 (외형,%)	
동부생명보험	8.3	남우관광	100.0	삼부토건	100
동부증권	3.4	보문관광	100.0	국보디자인	52
(외국인)	0.9	신라밀레니엄	100.0	한라	469

매출구성		비용구성		수출비중	
국내사업부문	94.2	매출원가율	100.2	수출	—
스틸사업부문	3.9	판관비율	8.7	내수	—
기타사업부문	1.2				

회사 개요
동사는 1948년 설립, 1976년 유가증권시장에 상장함. 60여년간의 토목시공 경험을 바탕으로 항만, 댐, 도로, 지하철, 발전소 공사 및 리조트 건설 등을 주 사업으로 삼음. PF 대출원리금 연체 및 르네상스호텔 매각에 실패하며 법정관리를 신청함. 이후 기업회생절차가 개시됨. 벨레상스 서울호텔 및 삼부오피스빌딩에 대해 공개매각을 진행해, 매각이 완료됨.

실적 분석
2015년 회생절차 개시결정 이후 동사는 2016년 매출액 3,903억원, 당기순이익 2,614억원을 기록하였음. 매출액은 전년대비 12.6% 감소하였고 재무면제이익 등으로 당기순이익이 발생하였음. 영업이익은 적자가 지속되었으나 그 폭이 줄어들었음. 또한 동사는 회생계획안에 따른 출자전환 및 주요 자산매각등을 통한 회생채무 변제로 재무구조 개선을 진행하고 있으며, 조속한 시일내에 M&A를 완료하여 회사 정상화를 꾀할 계획임.

현금 흐름
〈단위 : 억원〉

항목	2015	2016
영업활동	149	979
투자활동	964	979
재무활동	-1,030	-1,300
순현금흐름	82	657
기말현금	279	936

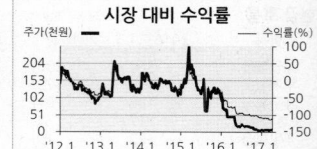
시장 대비 수익률

결산 실적
〈단위 : 억원〉

항목	2011	2012	2013	2014	2015	2016
매출액	6,646	6,138	5,984	5,955	4,468	3,903
영업이익	-1,316	-283	-247	-672	-726	-351
당기순이익	-2,645	-283	-1,766	-2,826	-6,330	2,614

분기 실적
〈단위 : 억원〉

항목	2015.3Q	2015.4Q	2016.1Q	2016.2Q	2016.3Q	2016.4Q
매출액	826	1,195	833	1,150	800	1,121
영업이익	-242	-328	-71	-65	-170	-45
당기순이익	-321	-1,849	5,111	-526	-451	-1,520

재무 상태
〈단위 : 억원〉

항목	2011	2012	2013	2014	2015	2016
총자산	16,082	16,294	23,908	22,171	17,861	4,257
유형자산	3,619	3,029	12,413	3,438	3,136	174
무형자산	46	39	44	36	29	17
유가증권	490	557	588	595	641	548
총부채	15,079	14,971	17,426	18,434	20,458	3,191
총차입금	10,689	10,782	11,434	11,392	10,936	1,196
자본금	400	400	400	400	440	488
총자본	1,003	1,323	6,482	3,737	-2,596	1,066
지배주주지분	1,685	2,006	7,117	4,441	-1,746	2,191

기업가치 지표

항목	2011	2012	2013	2014	2015	2016
주가(최고/저)(천원)	538/126	207/85.0	228/102	200/106	254/61.3	101/4.7
PER(최고/저)(배)	—/—	—/—	—/—	—/—	—/—	2.1/0.1
PBR(최고/저)(배)	0.4/0.1	0.1/0.1	0.0/0.0	0.1/0.0	-0.2/-0.1	4.5/0.2
EV/EBITDA(배)	—/—					
EPS(원)	-1,811,377	-198,067	-1,251,698	-1,989,842	-4,223,500	49,432
BPS(원)	21,418	25,418	88,979	55,495	-19,832	22,474
CFPS(원)	-28,186	-1,031	-19,603	-32,477	-71,068	49,814
DPS(원)						
EBITDAPS(원)	-13,522	-1,169	-1,197	-6,704	-7,031	-6,160

재무 비율
〈단위 : % 〉

연도	영업이익률	순이익률	부채비율	차입금비율	ROA	ROE	유보율	자기자본비율	EBITDA마진율
2016	-9.0	67.0	299.3	112.2	23.6	전기잠식	349.5	25.0	-8.5
2015	-16.3	-141.7	완전잠식	완전잠식	-31.6	당기잠식	-496.6	-14.5	-13.9
2014	-11.3	-47.5	493.3	304.8	-12.3	-47.3	1,009.9	16.9	-9.0
2013	-4.1	-29.5	268.8	176.4	-8.8	-37.7	1,679.6	27.1	-1.6

삼성공조 (A006660)
Samsung Climate Control

업 종 : 자동차부품		시 장 : 거래소	
신용등급 : (Bond) — (CP) —		기업규모 : 시가총액 소형주	
홈페이지 : www.samsungcc.co.kr		연 락 처 : 055)280-2700	
본 사 : 경남 창원시 성산구 연덕로 176			

설 립 일	1970.06.11	종 업 원 수	253명	대 표 이 사	고호곤
상 장 일	1987.11.28	감 사 의 견	적정 (안경)	계 열	
결 산 기	12월	보 통 주	813만주	종 속 회 사 수	
액 면 가	500원	우 선 주		구 상 호	

주주구성 (지분율,%)
고호곤	34.7
고태일	8.7
(외국인)	12.9

출자관계 (지분율,%)
이송	100.0
고산전자	100.0
삼성유통	100.0

주요경쟁사 (외형,%)
삼성공조	100
현대공업	252
에코플라스틱	1,291

매출구성
라디에터	57.3
오일쿨러	18.9
변속기	15.0

비용구성
매출원가율	91.0
판관비율	6.8

수출비중
수출	21.3
내수	78.7

회사 개요
동사는 1970년 설립된 내연기관 방열기, 자동차부속품 제조 판매업, 부동산임대업, 수출입업, 기타 부대사업을 영위함. 주요 제품으로는 라디에터, 오일쿨러, 변속기 등이 있음. 주요고객은 현대자동차, 두산인프라코어, DEERE&COMPANY 등이 있음. 총 매출액의 14.3%는 직수출이며, 연결실체의 직수출은 미국의 경기호조와 환율효과 등에 힘입어 전년동기 대비 10.2% 증가함.

실적 분석
동사의 2016년 연결기준 매출액은 846억원으로 전년동기 대비 8.4% 감소함. 삼성발레오써멀시스템스의 지분법이익이 반영되었으나, 매출액 감소와 고정비 부담 증가의 영향으로 순이익은 7.8% 감소한 77.5억원을 시현함. 내수시장의 자동차보급이 성숙단계에 들어서면서, 주 생산품인 라디에터, 오일쿨러 등의 매출은 감소하고, 해외수출 이륜차용 부품판매 증가로 기타자동차부품 매출은 증가함.

현금 흐름 〈단위 : 억원〉
항목	2015	2016
영업활동	86	92
투자활동	-50	-6
재무활동	-12	-15
순현금흐름	23	73
기말현금	106	179

시장 대비 수익률
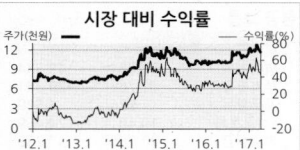

결산 실적 〈단위 : 억원〉
항목	2011	2012	2013	2014	2015	2016
매출액	1,674	1,283	1,071	1,006	924	847
영업이익	91	54	36	8	31	19
당기순이익	65	33	135	97	84	78

분기 실적 〈단위 : 억원〉
항목	2015.3Q	2015.4Q	2016.1Q	2016.2Q	2016.3Q	2016.4Q
매출액	204	238	214	207	194	232
영업이익	3	4	8	4	-0	8
당기순이익	14	4	25	23	8	20

재무 상태 〈단위 : 억원〉
항목	2011	2012	2013	2014	2015	2016
총자산	2,600	2,491	2,506	2,527	2,441	2,527
유형자산	526	321	332	315	304	276
무형자산	31	24	24	24	—	—
유가증권	32	105	728	1,087	943	277
총부채	967	836	725	684	519	540
총차입금	385	387	140	125	119	112
자본금	41	41	41	41	41	41
총자본	1,633	1,655	1,781	1,843	1,922	1,987
지배주주지분	1,605	1,636	1,759	1,827	1,909	1,973

기업가치 지표
항목	2011	2012	2013	2014	2015	2016
주가(최고/저)(천원)	8.0/6.0	8.7/6.9	8.2/6.8	13.3/7.6	12.4/9.1	12.0/9.5
PER(최고/저)(배)	11.3/8.5	18.7/14.8	5.5/4.6	10.8/6.2	11.9/8.8	12.8/10.1
PBR(최고/저)(배)	0.4/0.3	0.5/0.4	0.4/0.3	0.6/0.4	0.5/0.4	0.5/0.4
EV/EBITDA(배)	—	—	—	—	—	—
EPS(원)	743	483	1,540	1,269	1,061	948
BPS(원)	19,809	20,195	21,711	22,539	23,551	24,340
CFPS(원)	1,480	1,180	2,040	1,780	1,539	1,389
DPS(원)	65	60	50	80	100	90
EBITDAPS(원)	1,858	1,368	946	610	862	670

재무 비율 〈단위 : % 〉
연도	영업이익률	순이익률	부채비율	차입금비율	ROA	ROE	유보율	자기자본비율	EBITDA마진율
2016	2.2	9.2	27.2	5.6	3.1	4.0	4,768.0	78.6	6.4
2015	3.4	9.1	27.0	6.2	3.4	4.6	4,610.1	78.7	7.6
2014	0.8	9.6	37.1	6.8	3.8	5.8	4,407.7	72.9	4.9
2013	3.4	12.6	40.7	7.9	5.4	7.4	4,242.2	71.1	7.2

삼성물산 (A028260)
SAMSUNG C&T

업 종 : 복합 산업		시 장 : 거래소	
신용등급 : (Bond) — (CP) —		기업규모 : 시가총액 대형주	
홈페이지 : www.samsungcnt.com		연 락 처 : 02)2145-5114	
본 사 : 서울시 송파구 올림픽로35길 123			

설 립 일	1963.12.23	종 업 원 수	10,691명	대 표 이 사	김신,김봉영,최치훈
상 장 일	2014.12.18	감 사 의 견	적정 (삼일)	계 열	
결 산 기	12월	보 통 주	18,969만주	종 속 회 사 수	
액 면 가	100원	우 선 주	163만주	구 상 호	제일모직

주주구성 (지분율,%)
이재용	17.2
케이씨씨	9.0
(외국인)	9.5

출자관계 (지분율,%)
서울레이크사이드	100.0
삼성웰스토리	100.0
삼우종합건축사사무소	100.0

주요경쟁사 (외형,%)
삼성물산	100
LG	38
효성	42

매출구성
건설, 주택사업	31.8
에너지 환경, 산업소재, 자원	26.5
기타	16.0

비용구성
매출원가율	88.1
판관비율	11.4

수출비중
수출	—
내수	—

회사 개요
동사는 1963년 동화부동산주식회사로 시작하여, 2014년 제일모직주식회사로 사명을 변경함. 또한 삼성물산주식회사와의 합병을 통하여 2015년 9월 2일 삼성물산주식회사로 사명을 변경함. 사업부문별로 건축·토목·소방·조경공사 및 ESCO사업을 하는 건설사업부문과 전문급식 및 식자재유통사업을 영위하는 급식·식자재유통사업부문(삼성웰스토리)과 테마파크·골프장을 운영하는 레저사업부문 그리고 의류제품 제조 및 판매사업 등을 패션사업부문으로 구성됨.

실적 분석
동사의 2016년 연결기준 매출액은 281,026.8억원으로 전년 대비 110.6%로 큰 폭으로 증가함. 큰 폭의 외형성장과 함께 영업이익 또한 전년대비 275.7% 증가한 1,395.3억원을 기록함. 2015년 9월 합병 이후 본격적인 합병 시너지와 함께 삼성 바이오로믹스 손실 감소와 상장에 따른 상장이익 등이 반영되면서 전년대비 큰 폭의 이익 성장을 이룸. 삼성전자 등 핵심 계열사의 관계사 매출 지속 등 우수한 수익성은 지속될 전망임.

현금 흐름 〈단위 : 억원〉
항목	2015	2016
영업활동	-623	13,554
투자활동	23,686	-8,121
재무활동	-5,274	1,224
순현금흐름	17,617	6,321
기말현금	20,664	26,985

시장 대비 수익률
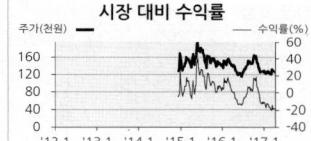

결산 실적 〈단위 : 억원〉
항목	2011	2012	2013	2014	2015	2016
매출액	26,872	27,026	32,261	51,296	133,447	281,027
영업이익	2,211	692	1,111	2,134	371	1,395
당기순이익	2,960	1,406	452	4,551	26,857	208

분기 실적 〈단위 : 억원〉
항목	2015.3Q	2015.4Q	2016.1Q	2016.2Q	2016.3Q	2016.4Q
매출액	35,392	72,211	64,870	70,507	66,215	79,434
영업이익	812	-891	-4,348	1,768	1,867	2,108
당기순이익	28,623	-1,617	-5,166	1,346	1,446	2,583

재무 상태 〈단위 : 억원〉
항목	2011	2012	2013	2014	2015	2016
총자산	59,080	66,423	85,539	95,114	423,614	444,585
유형자산	16,221	17,442	21,177	21,318	51,343	52,812
무형자산	303	1,594	2,377	2,748	18,402	16,013
유가증권	31,714	37,065	40,858	45,690	159,767	174,992
총부채	21,337	28,371	46,048	42,261	240,475	233,528
총차입금	1,496	9,105	23,300	17,599	80,547	71,654
자본금	125	125	125	135	191	191
총자본	37,743	38,052	39,491	52,853	183,139	211,057
지배주주지분	37,743	38,043	39,464	52,831	165,017	183,016

기업가치 지표
항목	2011	2012	2013	2014	2015	2016
주가(최고/저)(천원)	—/—	—/—	—/—	157/112	195/123	168/114
PER(최고/저)(배)	0.0/0.0	0.0/0.0	0.0/0.0	43.5/31.1	11.1/7.0	301.2/203.2
PBR(최고/저)(배)	0.0/0.0	0.0/0.0	0.0/0.0	3.6/2.6	2.1/1.3	1.6/1.1
EV/EBITDA(배)	—	—	12.7	63.6	107.9	47.0
EPS(원)	2,368	1,127	362	3,632	17,749	561
BPS(원)	1,509,701	1,721,592	1,855,672	44,266	93,863	105,657
CFPS(원)	142,714	56,358	57,813	4,780	19,565	3,173
DPS(원)	—	—	—	—	500	550
EBITDAPS(원)	112,772	27,698	84,164	2,849	2,056	3,341

재무 비율 〈단위 : % 〉
연도	영업이익률	순이익률	부채비율	차입금비율	ROA	ROE	유보율	자기자본비율	EBITDA마진율
2016	0.5	0.1	110.7	34.0	0.1	0.6	105,557.3	47.5	2.3
2015	0.3	20.1	131.3	44.0	10.4	25.2	93,762.6	43.2	2.4
2014	4.2	8.9	80.0	33.3	5.0	9.9	44,165.9	55.6	7.0
2013	3.4	1.4	116.6	59.0	0.6	1.2	37,013.5	46.2	6.5

삼성바이오로직스 (A207940)
SAMSUNG BIOLOGICS

업 종 : 바이오		시 장 : 거래소	
신용등급 : (Bond) — (CP) —		기업규모 : 시가총액 대형주	
홈페이지 : www.samsungbiologics.com		연락처 : 032)455-3710	
본 사 : 인천시 연수구 송도바이오대로 300			

설 립 일	2011.04.22	종업원수	명	대표이사	김태한
상 장 일	2016.11.10	감사의견	적정 (안진)	계 열	
결 산 기	12월	보 통 주	6,617만주	종속회사수	
액 면 가	2,500원	우 선 주		구 상 호	

주주구성 (지분율,%)		출자관계 (지분율,%)		주요경쟁사 (외형,%)	
삼성물산	43.4	삼성바이오에피스	93.3	삼성바이오로직스	100
삼성전자	31.5	ArchigenBiotechLtd	50.0	셀트리온	228
(외국인)	12.0			바이로메드	2

매출구성		비용구성		수출비중	
항체의약품	80.0	매출원가율	91.0	수출	—
기타 서비스	20.0	판관비율	19.3	내수	—

회사 개요
동사는 2011년 4월에 설립된 삼성그룹의 계열사로 삼성물산과 삼성전자가 주요주주임. 국내외 제약회사의 첨단 바이오의약품을 위탁 생산하는CMO(Contract Manufacturing Organization) 사업을 영위하고 있으며, 동사의 주요 자회사인 삼성바이오에피스는 바이오시밀러 의약품을 연구개발 및 상업화하는 사업을 진행 중임. 2018년에 3공장이 완공되면, 현재의 두 배 수준인 36.2만리터 규모의 동물세포 배양 설비를 확보하게 됨.

실적 분석
동사는 1공장 완전가동 및 2공장 생산개시와 점진적인 가동률 상승으로 매출 및 영업실적이 큰 폭으로 개선. 또한 원료의약품 및 완제의약품 신규 수주를 확보했을 뿐만 아니라, FDA, EMA, PMDA 등 규제기관 승인을 추가로 확보함. 3공장이 계획대로 완공하면 생산규모 기준으로 전 세계 1위 CMO사가 될 것으로 전망됨. 삼성바이오에피스는 마일스톤 수익과 SB4 등의 상업판매가 증가하였으나, 초기 마케팅비용 부담으로 적자를 지속하고 있음.

현금 흐름 ▪IFRS 별도 기준 〈단위 : 억원〉

항목	2015	2016
영업활동	-2,655	-627
투자활동	-4,295	-13,728
재무활동	6,332	16,313
순현금흐름	-618	1,958
기말현금	345	2,303

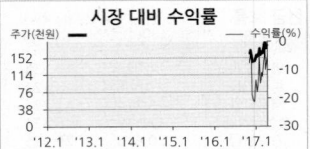
시장 대비 수익률

결산 실적 〈단위 : 억원〉

항목	2011	2012	2013	2014	2015	2016
매출액	—	—	437	1,054	913	2,946
영업이익	-123	-834	-1,464	-1,052	-2,036	-304
당기순이익	-79	-744	-1,408	-839	19,049	-1,768

분기 실적 ▪IFRS 별도 기준 〈단위 : 억원〉

항목	2015.3Q	2015.4Q	2016.1Q	2016.2Q	2016.3Q	2016.4Q
매출액	—	—	—	—	—	—
영업이익	—	—	—	—	—	—
당기순이익	—	—	—	—	—	—

재무 상태 ▪IFRS 별도 기준 〈단위 : 억원〉

항목	2011	2012	2013	2014	2015	2016
총자산	1,843	5,387	6,777	13,557	59,605	75,330
유형자산	818	2,501	3,405	7,613	8,903	10,910
무형자산	10	47	50	3,122	143	140
유가증권						
총부채	423	786	2,085	7,250	31,857	34,506
총차입금	58	442	1,230	4,757	25,123	27,175
자본금	150	514	594	1,018	1,378	1,654
총자본	1,420	4,602	4,692	6,307	27,748	40,824
지배주주지분	1,420	4,602	4,692	6,307	27,748	40,824

기업가치 지표 ▪IFRS 별도 기준

항목	2011	2012	2013	2014	2015	2016
주가(최고/저)(천원)	—/—	—/—	—/—	—/—	—/—	176/142
PER(최고/저)(배)	0.0/0.0	0.0/0.0	0.0/0.0	0.0/0.0	0.0/0.0	—/—
PBR(최고/저)(배)	0.0/0.0	0.0/0.0	0.0/0.0	0.0/0.0	0.0/0.0	2.8/2.3
EV/EBITDA(배)						387.1
EPS(원)	-2,004	-2,063	-2,763	-2,921	38,520	-3,115
BPS(원)	47,335	44,795	39,472	30,969	100,652	61,700
CFPS(원)	-3,933	-3,977	-4,884	-4,298	78,723	-2,055
DPS(원)						
EBITDAPS(원)	-6,137	-4,540	-5,102	-5,462	-6,552	524

재무 비율 〈단위 : % 〉

연도	영업이익률	순이익률	부채비율	차입금비율	ROA	ROE	유보율	자기자본비율	EBITDA마진율
2016	-10.3	-60.0	84.5	66.6	-2.6	-5.2	2,368.0	54.2	10.1
2015	-223.1	2,087.0	114.8	90.5	52.1	112.0	1,913.0	46.6	-177.5
2014	-99.8	-79.6	105.0	71.9	-8.4	-16.5	515.2	48.8	-74.8
2013	-334.6	-321.8	63.3	30.7	-23.0	-32.5	519.7	61.2	-307.1

삼성생명보험 (A032830)
Samsung Life Insurance

업 종 : 보험		시 장 : 거래소	
신용등급 : (Bond) — (CP) —		기업규모 : 시가총액 대형주	
홈페이지 : www.samsunglife.com		연락처 : 1588-3114	
본 사 : 서울시 서초구 서초대로74길 11 (서초동)			

설 립 일	1957.04.24	종업원수	5,335명	대표이사	김창수
상 장 일	2010.05.12	감사의견	적정 (삼일)	계 열	
결 산 기	12월	보 통 주	20,000만주	종속회사수	
액 면 가	500원	우 선 주		구 상 호	

주주구성 (지분율,%)		출자관계 (지분율,%)		주요경쟁사 (외형,%)	
이건희	20.8	삼성자산운용	100.0	삼성생명	100
삼성물산	19.3	삼성생명금융서비스보험대리점	100.0	삼성화재	111
(외국인)	15.6	삼성SRA자산운용	100.0	한화생명	78

수익구성		비용구성		수출비중	
[생명보험]사망보험	74.4	책임준비금전입	31.4	수출	—
[생명보험]생존보험	17.8	보험금비용	36.0	내수	—
[생명보험]생체보험	3.0	사업비	5.2		

회사 개요
1957년에 설립된 동사는 국내 최대규모의 개인연금과 퇴직연금 적립금을 보유하고 있음. 시장점유율 약 25%로 국내 생보업계 선두 위치를 견지하는 중. 동사는 부유층 시장을 공략하기 위해 FP센터, 수익증권영업부, 패밀리오피스를 통합한 WM사업부를 신설함. 또한 부유층을 대상으로 한 'WM보드'를 출범해 맞춤형 재무설계를 돕고 있음. 동사는 꾸준히 신용평가사로부터 좋은 평가를 얻고 있음

실적 분석
동사의 2016년 연결기준 연간 누적 영업수익(매출액)은 30조4286.3원으로 전년 동기(27조7059.2억원) 대비 약 10% 증가함. 매출이 증가했지만 각종 제반 비용이 늘고 손실율이 증가하면서 영업이익은 9865.2억원으로 전년 동기(1조 1484.9억원) 대비 약 10% 감소함. 영업이익이 감소했지만 각종 영업외수익이 늘어나면서 당기순이익은 전년 동기(1조2095.7억원) 대비 크게 증가한 2조1499.5억원을 시현함.

현금 흐름 〈단위 : 억원〉

항목	2015	2016
영업활동	52,881	48,344
투자활동	-71,766	-29,341
재무활동	-526	5,529
순현금흐름	-19,401	24,469
기말현금	22,766	47,235

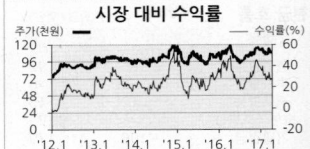
시장 대비 수익률

결산 실적 〈단위 : 억원〉

항목	2011	2012	2013	2014	2015	2016
보험료수익	147,262	220,513	125,674	174,616	173,541	167,683
영업이익	10,612	12,346	5,426	14,055	11,485	9,865
당기순이익	9,474	10,062	5,844	13,370	12,096	21,500

분기 실적 〈단위 : 억원〉

항목	2015.3Q	2015.4Q	2016.1Q	2016.2Q	2016.3Q	2016.4Q
보험료수익	42,393	42,042	41,536	42,240	42,199	41,707
영업이익	2,555	-486	5,604	4,365	3,971	-4,074
당기순이익	2,712	320	12,683	3,526	5,143	147

재무 상태 〈단위 : 억원〉

항목	2011	2012	2013	2014	2015	2016
총자산	1,610,724	1,861,489	1,929,394	2,144,337	2,303,629	2,646,538
유형자산	16,358	16,990	17,835	18,007	17,569	14,541
무형자산	1,885	1,852	1,938	4,514	5,208	8,765
유가증권	953,713	1,130,095	1,140,090	1,272,504	1,346,242	1,405,804
총부채	1,429,592	1,643,679	1,739,090	1,921,490	2,066,412	2,363,454
총차입금			10,280	18,406	25,467	141,876
자본금	1,000	1,000	1,000	1,000	1,000	1,000
총자본	181,132	217,810	190,304	222,847	237,217	283,084
지배주주지분	180,630	216,688	189,702	222,049	236,458	266,442

기업가치 지표

항목	2011	2012	2013	2014	2015	2016
주가(최고/저)(천원)	95.9/74.2	104/86.0	105/92.1	122/88.3	117/89.8	120/93.8
PER(최고/저)(배)	21.8/16.9	21.9/18.1	37.5/32.7	19.0/13.8	19.9/15.2	11.8/9.2
PBR(최고/저)(배)	1.1/0.9	1.0/0.8	1.1/1.0	1.1/0.8	1.0/0.7	0.8/0.7
PSR(최고/저)(배)	1/1	1/1	2/2	1/1	1/1	1/1
EPS(원)	4,742	5,034	2,935	6,687	6,056	10,271
BPS(원)	91,694	111,125	99,245	116,426	126,071	143,773
CFPS(원)	5,474	5,828	3,587	7,652	7,108	11,786
DPS(원)	2,000	1,500	850	1,800	1,800	1,200
EBITDAPS(원)	5,306	6,173	2,713	7,028	5,742	4,933

재무 비율 〈단위 : % 〉

연도	계속사업이익률	순이익률	부채비율	차입금비율	ROA	ROE	유보율	자기자본비율	총자산증가율
2016	15.6	12.8	834.9	50.1	0.9	8.2	28,654.6	10.7	14.9
2015	7.9	7.0	871.1	10.7	0.5	5.3	25,114.2	10.3	7.4
2014	9.2	7.7	862.2	8.3	0.7	6.5	23,185.2	10.4	15.2
2013	6.0	4.7	913.9	5.4	0.3	2.9	19,748.9	9.9	3.7

삼성에스디아이 (A006400)
SAMSUNG SDI

업 종 : 전자 장비 및 기기		시 장 : 거래소	
신용등급 : (Bond) AA (CP) A1		기업규모 : 시가총액 대형주	
홈페이지 : www.samsungsdi.co.kr		연 락 처 : 031)8006-3100	
본 사 : 경기도 용인시 기흥구 공세로 150-20			

설 립 일 1970.01.20	종 업 원 수 9,374명	대 표 이 사 조남성
상 장 일 1979.02.27	감 사 의 견 적정 (삼정)	계 열
결 산 기 12월	보 통 주 6,876만주	종속회사수
액 면 가 5,000원	우 선 주 162만주	구 상 회

주주구성 (지분율,%)
삼성전자	19.6
국민연금공단	8.2
(외국인)	38.0

출자관계 (지분율,%)
에스티엠	100.0
신기술투자조합15호	99.0
신기술투자조합24호	99.0

주요경쟁사 (외형,%)
삼성에스디아이	100

매출구성
소형전지 등	43.8
ABS, PC 및 기능성수지 등	34.5
EMC 등	21.7

비용구성
매출원가율	85.6
판관비율	32.2

수출비중
수출	89.0
내수	11.0

회사 개요
동사는 소형전지, 자동차전지 등을 생산/판매하는 에너지솔루션 사업부문과, 반도체 및 디스플레이 소재 등을 생산/판매하는 전자재료 사업부문을 영위하고 있음. 동사의 기존 케미칼 사업부문을 물적분할하여 분할신설회사를 설립 (2016년 2월1일)하고, 분할신설회사의 주식 90%를 롯데케미칼 주식회사에 처분하였음(2016년 4월 29일). 사업부 매각으로 충분한 현금 보유 중. 이를 전지 사업 확대에 집중.

실적 분석
동사의 2016년 연결 재무제표 기준 매출액은 전년 대비 5% 증가한 5조 2,008.2억원을 시현함. 매출원가 증가로 영업손실은 9,263.3억원을 기록하며 전년동기 대비 적자 폭이 확대됨. 매출원가의 증가는 소형전지 품질 이슈에 따른 일회성비용의 증가에 기인함. 영업실적 부진에도 케미칼 사업의 처분이익 및 영업손익이 중단사업손익으로 반영되면서 당기순이익은 전년대비 721.9% 증가한 2,111.1억원을 시현.

현금 흐름
〈단위 : 억원〉
항목	2015	2016
영업활동	8,811	-13,095
투자활동	1,153	18,543
재무활동	-3,547	-8,187
순현금흐름	6,604	-2,763
기말현금	12,880	10,117

시장 대비 수익률
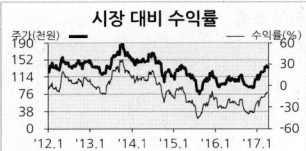

결산 실적
〈단위 : 억원〉
항목	2011	2012	2013	2014	2015	2016
매출액	54,439	57,712	34,285	54,742	49,549	52,008
영업이익	1,100	1,869	-113	708	-2,675	-9,263
당기순이익	3,511	14,868	1,479	-803	257	2,111

분기 실적
〈단위 : 억원〉
항목	2015.3Q	2015.4Q	2016.1Q	2016.2Q	2016.3Q	2016.4Q
매출액	13,208	12,579	12,907	13,172	12,900	13,029
영업이익	-479	-1,274	-7,038	-542	-1,104	-580
당기순이익	5,025	-2,314	-7,172	9,558	-352	77

재무 상태
〈단위 : 억원〉
항목	2011	2012	2013	2014	2015	2016
총자산	85,274	108,951	105,557	159,685	162,253	149,003
유형자산	18,272	19,711	17,880	33,249	32,290	25,038
무형자산	1,403	1,710	1,671	12,789	12,776	9,417
유가증권	20,292	19,796	16,089	24,485	11,997	14,979
총부채	22,129	33,306	30,133	41,416	49,721	39,362
총차입금	7,614	11,331	11,842	17,778	17,496	9,698
자본금	2,407	2,407	2,407	3,567	3,567	3,567
총자본	63,145	75,645	75,424	118,269	112,532	109,641
지배주주지분	61,181	73,732	73,781	115,864	110,120	107,221

기업가치 지표
항목	2011	2012	2013	2014	2015	2016
주가(최고/저)(천원)	190/94.5	161/123	192/118	169/101	142/75.4	123/86.6
PER(최고/저)(배)	29.6/14.7	5.4/4.1	71.7/44.3	—/—	189.5/100.4	39.8/28.0
PBR(최고/저)(배)	1.5/0.8	1.1/0.8	1.2/0.8	1.1/0.6	0.9/0.5	0.8/0.6
EV/EBITDA(배)	11.5	11.4		14.0	20.5	
EPS(원)	6,785	31,192	2,768	-1,426	765	3,117
BPS(원)	133,305	159,857	159,933	164,775	156,614	155,915
CFPS(원)	16,083	40,827	11,895	7,632	10,191	9,582
DPS(원)	1,500	1,500	1,500	1,000	1,000	1,000
EBITDAPS(원)	11,629	13,596	8,887	10,262	5,626	-6,697

재무 비율
〈단위 : %〉
연도	영업이익률	순이익률	부채비율	차입금비율	ROA	ROE	유보율	자기자본비율	EBITDA마진율
2016	-17.8	4.1	35.9	8.8	1.4	2.0	2,976.3	73.6	-9.1
2015	-5.4	0.5	44.2	15.6	0.2	0.5	2,990.1	69.4	8.0
2014	1.3	-1.5	35.0	15.0	-0.6	-0.9	3,151.2	74.1	11.0
2013	-0.3	4.3	40.0	15.7	1.4	1.8	3,034.9	71.5	12.2

삼성에스디에스 (A018260)
SAMSUNG SDS COLTD

업 종 : IT 서비스		시 장 : 거래소	
신용등급 : (Bond) AA+ (CP) —		기업규모 : 시가총액 대형주	
홈페이지 : www.sds.samsung.co.kr		연 락 처 : 02)6155-3114	
본 사 : 서울시 송파구 올림픽로 35길 125 (신천동)			

설 립 일 1985.05.01	종 업 원 수 13,412명	대 표 이 사 전동수
상 장 일 2014.11.14	감 사 의 견 적정 (안진)	계 열
결 산 기 12월	보 통 주 7,738만주	종속회사수
액 면 가 500원	우 선 주	구 상 회 삼성SDS

주주구성 (지분율,%)
삼성전자	22.6
삼성물산	17.1
(외국인)	8.7

출자관계 (지분율,%)
오픈핸즈	100.0
SVIC31호신기술사업투자조합	99.0
미라콤아이앤씨	83.6

주요경쟁사 (외형,%)
삼성에스디에스	100
포스코 ICT	11
큐로컴	0

매출구성
애플리케이션아웃소싱/인프라서비스	45.0
물류BPO 서비스	33.2
컨설팅/SI 서비스	21.8

비용구성
매출원가율	82.7
판관비율	9.7

수출비중
수출	47.2
내수	52.8

회사 개요
동사는 시스템통합구축서비스와 소프트웨어의 개발 및 정보처리기술에 관한 전문적인 서비스와 교육훈련 등을 사업목적으로 하여 1985년 설립된 회사임. 2014년 11월 14일 유가증권 시장에 상장됨. 동사의 사업은 IT서비스 부문과 물류BPO 부문으로 구성되어 있으며 동사가 제공하는 IT서비스는 크게 컨설팅/SI와 아웃소싱 서비스로 구분됨. 물류BPO 사업은 글로벌 통합 물류를 실행하는 제4자 물류(4PL) 사업임.

실적 분석
동사의 2016년 누적 매출액은 8조1,801.9억원으로 전년 대비 4.2% 증가함. 영업이익은 6,270.9억원으로 6.6% 늘었고, 당기순이익은 전년보다 9.5% 증가한 5,143.3억원을 기록함. 국내 IT서비스 시장의 1위 사업자로서 다양한 업종 경험과 솔루션을 보유하고 있음. 최근 화두로 떠오른 IoT, 클라우드, 빅데이터, 보안 등의 트렌드를 접목해 차별화된 솔루션 및 서비스 제공에 주력할 계획임. 홈네트워크사업 매각을 검토 중임.

현금 흐름
〈단위 : 억원〉
항목	2015	2016
영업활동	8,648	6,228
투자활동	-7,824	-2,539
재무활동	-481	-443
순현금흐름	401	3,334
기말현금	8,568	11,902

시장 대비 수익률
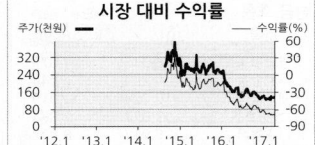

결산 실적
〈단위 : 억원〉
항목	2011	2012	2013	2014	2015	2016
매출액	47,652	61,059	70,468	78,977	78,535	81,802
영업이익	4,137	5,580	5,056	5,934	5,883	6,271
당기순이익	3,350	4,072	3,260	4,343	4,698	5,143

분기 실적
〈단위 : 억원〉
항목	2015.3Q	2015.4Q	2016.1Q	2016.2Q	2016.3Q	2016.4Q
매출액	18,737	21,048	17,450	20,521	20,012	23,819
영업이익	1,202	1,739	1,245	1,684	1,706	1,636
당기순이익	1,095	1,413	1,361	1,362	1,101	1,320

재무 상태
〈단위 : 억원〉
항목	2011	2012	2013	2014	2015	2016
총자산	40,639	44,654	53,001	55,460	63,317	68,420
유형자산	9,289	9,997	10,587	11,377	12,289	10,520
무형자산	8,974	9,072	10,575	11,006	11,006	10,414
유가증권	957	1,038	877	114	36	75
총부채	11,285	12,205	14,167	13,320	15,548	15,509
총차입금	215	424	533	202	108	67
자본금	361	361	387	387	387	387
총자본	29,354	32,449	38,834	42,140	47,769	52,911
지배주주지분	28,443	31,840	38,027	41,123	45,888	51,407

기업가치 지표
항목	2011	2012	2013	2014	2015	2016
주가(최고/저)(천원)	—/—	—/—	—/—	424/237	333/226	260/124
PER(최고/저)(배)	0.0/0.0	0.0/0.0	0.0/0.0	80.2/44.9	59.0/40.1	43.5/20.9
PBR(최고/저)(배)	0.0/0.0	0.0/0.0	0.0/0.0	8.1/4.5	5.7/3.8	3.9/1.9
EV/EBITDA(배)				21.4	18.3	8.6
EPS(원)	4,523	5,478	4,312	5,336	5,674	5,995
BPS(원)	39,384	44,086	49,166	53,166	59,324	66,457
CFPS(원)	7,970	9,741	9,856	10,461	10,695	10,711
DPS(원)				500	500	750
EBITDAPS(원)	9,172	11,986	12,524	12,794	12,624	12,820

재무 비율
〈단위 : %〉
연도	영업이익률	순이익률	부채비율	차입금비율	ROA	ROE	유보율	자기자본비율	EBITDA마진율
2016	7.7	6.3	29.3	0.1	7.8	9.5	13,191.4	77.3	12.1
2015	7.5	6.0	32.6	0.2	7.9	10.1	11,764.8	75.4	12.4
2014	7.5	5.5	31.6	0.5	8.0	10.4	10,533.2	76.0	12.5
2013	7.2	4.6	36.5	1.4	6.7	8.9	9,733.1	73.3	12.9

삼성엔지니어링 (A028050)
Samsung Engineering (SECL)

업　　　종 : 건설		시　　　장 : 거래소	
신용등급 : (Bond) BBB+　(CP) —		기업규모 : 시가총액 대형주	
홈페이지 : www.samsungengineering.co.kr		연 락 처 : 02)2053-3000	
본　　　사 : 서울시 강동구 상일로6길 26			

설 립 일 1978.10.19	종 업 원 수 5,457명	대 표 이 사 박중흠	
상 장 일 1996.12.24	감 사 의 견 적정 (안진)	계　　　열	
결 산 기 12월	보 통 주 19,600만주	종속회사수	
액 면 가 5,000원	우 선 주	구 상 호	

주주구성 (지분율,%)		출자관계 (지분율,%)		주요경쟁사 (외형,%)	
삼성에스디아이	11.7	천안환경에너지	29.0	삼성엔지니어링	100
국민연금공단	8.2	삼성벨올라인된환경	20.0	현대건설	267
(외국인)	14.0	용인클린워터	20.0	현대산업	68

매출구성		비용구성		수출비중	
해외도급공사(공사)	79.0	매출원가율	93.1	수출	61.5
국내도급공사(공사)	21.0	판관비율	5.9	내수	38.5

회사 개요
동사는 파이낸싱, 설계, 구매, 시공, 시운전, O&M에 이르는 엔지니어링 전 분야에서 종합 솔루션을 제공할 수 있는 삼성그룹의 글로벌 엔지니어링 전문기업으로, 특히 석유화학플랜트에 강점을 보유하고 있음. 엔지니어링 상품 부문에 따라 에너지 사업부, 화공 사업부, I&I사업부를 보유하고 있음. 2016년도 기준 지역별 매출 비중은 국내 38.5%, 해외 61.5%이며 특히 중동 및 아시아의 지역 비중이 높음.

실적 분석
동사의 연결기준 2016년 매출액은 전년 대비 8.8% 증가한 7조 94.3억원을 기록함. 판관비는 12.8% 늘었지만 매출원가가 13.3% 감소하여 영업이익은 700.6억원으로 전년도 큰 폭의 적자에서 흑자로 전환함. 금융손익의 흑자전환에도 불구, 비영업 부문은 적자전환하고 당기순이익은 94.3억원으로 흑자 전환함. 이는 현안이 되어오던 프로젝트 비중의 감소 및 단기 프로젝트의 매출인식 증가 등으로 전년 대비 손익구조가 개선된 영향임.

현금 흐름 〈단위 : 억원〉

항목	2015	2016
영업활동	-8,335	1,879
투자활동	204	944
재무활동	10,724	-1,019
순현금흐름	3,077	1,864
기말현금	6,957	8,822

시장 대비 수익률

결산 실적 〈단위 : 억원〉

항목	2011	2012	2013	2014	2015	2016
매출액	92,982	114,402	98,063	89,115	64,413	70,094
영업이익	6,264	7,368	-10,280	1,618	-14,543	701
당기순이익	5,145	5,245	-7,087	564	-13,043	94

분기 실적 〈단위 : 억원〉

항목	2015.3Q	2015.4Q	2016.1Q	2016.2Q	2016.3Q	2016.4Q
매출액	8,569	19,691	14,741	18,800	16,309	20,244
영업이익	-15,127	174	266	36	532	-133
당기순이익	-13,342	162	83	23	21	-33

재무 상태 〈단위 : 억원〉

항목	2011	2012	2013	2014	2015	2016
총자산	51,886	56,736	59,288	61,519	56,308	55,201
유형자산	7,003	7,333	7,154	6,899	6,865	6,568
무형자산	342	398	525	592	503	957
유가증권	631	1,248	778	789	504	597
총부채	38,753	39,848	50,231	51,985	59,437	45,239
총차입금	452	3,826	16,323	15,994	28,749	14,858
자본금	2,000	2,000	2,000	2,000	2,000	9,800
총자본	13,134	16,888	9,057	9,533	-3,129	9,962
지배주주지분	13,506	16,882	9,065	9,527	-3,145	10,109

기업가치 지표

항목	2011	2012	2013	2014	2015	2016
주가(최고/저)(천원)	169/103	156/87.2	108/34.6	53.8/23.6	29.0/8.0	13.6/9.2
PER(최고/저)(배)	17.2/10.4	15.2/8.5	—/—	49.3/21.7	—/—	93.4/62.8
PBR(최고/저)(배)	5.4/3.3	4.1/2.3	4.6/1.5	2.2/1.0	-49.0/-13.5	2.6/1.8
EV/EBITDA(배)	11.0	8.2		10.2		16.6
EPS(원)	10,183	10,459	-14,028	1,091	-25,896	146
BPS(원)	40,887	49,324	29,779	30,934	-746	5,158
CFPS(원)	13,792	14,681	-15,870	3,393	-30,531	590
DPS(원)	3,000	3,000				
EBITDAPS(원)	16,620	19,920	-23,894	6,065	-34,258	840

재무 비율 〈단위 : % 〉

연도	영업이익률	순이익률	부채비율	차입금비율	ROA	ROE	유보율	자기자본비율	EBITDA마진율
2016	1.0	0.1	454.1	149.1	0.2	전기잠식	3.2	18.1	2.1
2015	-22.6	-20.3	완전잠식	완전잠식	-22.1	당기잠식	-114.9	-5.6	-21.3
2014	1.8	0.6	545.3	167.8	0.9	5.9	518.7	15.5	2.7
2013	-10.5	-7.2	554.6	180.2	-12.2	-54.5	495.6	15.3	-9.8

삼성전기 (A009150)
Samsung Electro-Mechanics

업　　　종 : 전자 장비 및 기기		시　　　장 : 거래소	
신용등급 : (Bond) —　(CP) —		기업규모 : 시가총액 대형주	
홈페이지 : www.samsungsem.co.kr		연 락 처 : 031)210-5114	
본　　　사 : 경기도 수원시 영통구 매영로 150 (매탄동)			

설 립 일 1973.08.08	종 업 원 수 10,796명	대 표 이 사 이윤태	
상 장 일 1979.02.27	감 사 의 견 적정 (한영)	계　　　열	
결 산 기 12월	보 통 주 7,469만주	종속회사수	
액 면 가 5,000원	우 선 주 291만주	구 상 호	

주주구성 (지분율,%)		출자관계 (지분율,%)		주요경쟁사 (외형,%)	
삼성전자	23.7	삼성벤처투자조합	99.0	삼성전기	100
국민연금공단	10.7	스템코	30.0	삼성SDI	86
(외국인)	18.0	삼성경제연구소	23.8	LG이노텍	95

매출구성		비용구성		수출비중	
카메라모듈, 통신모듈	42.7	매출원가율	83.0	수출	92.6
수동소자(MLCC, Chip Inductor, Chip Resistor)	32.5	판관비율	16.6	내수	7.4
반도체패키지기판, 고밀도다층기판	24.8				

회사 개요
동사는 1973년 설립되어 '79년에 한국거래소에 상장한 각종 전자부품의 종합 제조판매 전문 기업임. 사업부문은 크게 DM, LCR, ACI 등으로 구성되고 소재, 다층박막성형, 고주파회로설계 등 3대 대표기술을 심화하고 있으며 카메라모듈, 통신모듈, 수동소자, 기판 사업을 글로벌 초일류로 육성중임. 현재 연결대상 회사 16개, 손자회사 2개 등 18개의 연결대상 종속기업을 보유함. 최대주주는 삼성전자로 지분율은 23.69%임.

실적 분석
동사의 2016년 연결기준 매출액은 전년대비 2.3% 감소한 6조 330.4억원을 기록함. 외형 축소에 따른 고정비 부담으로 원가율은 대폭 상승하여 영업이익은 244.0억원을 보이며 전년대비 91.9% 축소됨. 다만 2015년에는 3천억원 이상의 중단영업손실이 있어 직접비교는 큰 의미가 없음. 비영업이익 축소를 반영한 당기순이익은 전년과 유사한 229.1억원을 보임. 사업부별 매출비중은 DM 46.3%, LCR 31.7%, ACI 22.0%임.

현금 흐름 〈단위 : 억원〉

항목	2015	2016
영업활동	5,555	6,776
투자활동	-2,189	-11,866
재무활동	96	2,835
순현금흐름	3,472	-2,394
기말현금	10,353	7,958

시장 대비 수익률

결산 실적 〈단위 : 억원〉

항목	2011	2012	2013	2014	2015	2016
매출액	60,318	79,128	82,566	61,004	61,763	60,330
영업이익	2,778	5,805	4,640	649	3,013	244
당기순이익	3,924	4,520	3,457	5,089	206	229

분기 실적 〈단위 : 억원〉

항목	2015.3Q	2015.4Q	2016.1Q	2016.2Q	2016.3Q	2016.4Q
매출액	16,095	13,620	16,043	16,164	14,673	13,451
영업이익	1,015	206	429	152	128	-465
당기순이익	-72	-175	365	194	39	-369

재무 상태 〈단위 : 억원〉

항목	2011	2012	2013	2014	2015	2016
총자산	73,289	68,915	71,853	77,186	72,695	76,626
유형자산	22,784	25,862	29,498	29,259	32,984	37,144
무형자산	506	2,454	2,247	1,039	912	922
유가증권	12,002	13,330	12,261	9,402	7,999	7,454
총부채	34,531	29,258	29,273	30,758	29,541	33,250
총차입금	15,901	15,211	16,059	17,131	20,416	24,436
자본금	3,880	3,880	3,880	3,880	3,880	3,880
총자본	38,758	39,656	42,580	46,428	43,154	43,376
지배주주지분	35,074	38,944	41,741	45,534	42,221	42,401

기업가치 지표

항목	2011	2012	2013	2014	2015	2016
주가(최고/저)(천원)	128/56.0	105/75.4	96.9/69.1	71.7/38.8	80.4/48.8	61.0/44.9
PER(최고/저)(배)	30.1/13.2	19.5/14.0	23.7/16.9	11.4/6.2	567.4/344.4	325.0/239.3
PBR(최고/저)(배)	3.0/1.3	2.2/1.6	1.9/1.3	1.3/0.7	1.5/0.9	1.1/0.8
EV/EBITDA(배)	7.7	7.6	6.0	6.4	7.3	8.4
EPS(원)	4,503	5,680	4,256	6,478	144	190
BPS(원)	45,295	50,214	53,812	58,690	56,299	56,531
CFPS(원)	13,055	12,367	12,236	14,986	6,512	8,029
DPS(원)	750	1,000	750	750	500	500
EBITDAPS(원)	12,132	14,167	13,959	9,345	10,251	8,154

재무 비율 〈단위 : % 〉

연도	영업이익률	순이익률	부채비율	차입금비율	ROA	ROE	유보율	자기자본비율	EBITDA마진율
2016	0.4	0.4	76.7	56.3	0.3	0.4	1,030.6	56.6	10.5
2015	4.9	0.3	68.5	47.3	0.3	0.5	1,026.0	59.4	12.9
2014	1.1	8.3	66.3	36.9	6.8	11.5	1,073.8	60.2	11.9
2013	5.6	4.2	68.8	37.7	4.9	8.2	976.2	59.3	13.1

삼성전자 (A005930)
Samsung Electronics

업 종 : 휴대폰 및 관련부품		시 장 : 거래소	
신용등급 : (Bond) — (CP) —		기업규모 : 시가총액 대형주	
홈페이지 : www.samsung.com/sec		연 락 처 : 031)200-1114	
본 사 : 경기도 수원시 영통구 삼성로 129 (매탄동)			

설 립 일	1969.01.13	종업원수	95,374명	대표이사	권오현
상 장 일	1975.06.11	감사의견	적정 (삼일)	계 열	
결 산 기	12월	보통주	13,966만주	종속회사수	
액 면 가	5,000원	우선주	2,026만주	구 상 호	

주주구성 (지분율,%)		출자관계 (지분율,%)		주요경쟁사 (외형,%)	
국민연금공단	9.0	삼성전자판매	100.0	삼성전자	
삼성생명보험	7.9	삼성전자로지텍	100.0	LG전자	
(외국인)	50.3	에스프린팅솔루션	100.0	SK하이닉스	

매출구성		비용구성		수출비중	
HHP, 네트워크시스템, 컴퓨터, 디지털카메라 등	51.6	매출원가율	59.6	수출	89.5
DRAM, NAND Flash, 모바일AP 등	23.7	판관비율	25.9	내수	10.5
TV, 모니터, 냉장고, 세탁기, 에어컨, 프린터 등	23.4				

회사 개요
동사는 본사를 거점으로 한국 및 해외 9개 총괄 생산/판매하는 169개의 종속회사로 구성된 글로벌 IT업체임. 디지털TV를 비롯한 모니터, 에어컨 등을 생산/판매하는 CE사업, 네트워크 등을 담당하는 IM사업의 DMC부문과 반도체 및 LCD를 생산/판매하는 DS부문으로 구성되어 있음. 본사는 수원사업장을 비롯하여 구미, 기흥, 화성, 천안 및 탕정, 광주 등으로 구성되어 있으며 해외는 미주, 아시아, 아프리카 등지에 자회사로 운영하고 있음.

실적 분석
동사의 2016년 연결기준 연간 매출액은 201.8조원으로 전년 대비 0.6% 소폭 증가함. 메모리, TV, 스마트폰 등 손익 개선이 있었음. NAND와 Flexible OLED의 경쟁사 대비 앞선 기술력을 확보하였고, DRAM과 NAND 사업 성장으로 DS 부문의 매출은 전년 대비 약 4.2% 증가함. 중소형 OLED 패널 사업의 경우 제품 Mix 개선과 고객 기반 확대로 수익성 개선이 기대됨.

현금 흐름 〈단위 : 억원〉

항목	2015	2016
영업활동	400,618	473,856
투자활동	-271,678	-296,587
재무활동	-65,735	-86,695
순현금흐름	57,960	94,747
기말현금	226,367	321,114

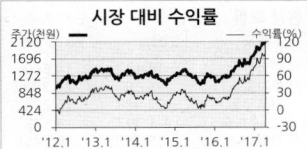

시장 대비 수익률

결산 실적 〈단위 : 억원〉

항목	2011	2012	2013	2014	2015	2016
매출액	1,650,018	2,011,036	2,286,927	2,062,060	2,006,535	2,018,667
영업이익	156,443	290,493	367,850	250,251	264,134	292,407
당기순이익	137,590	238,453	304,748	233,944	190,601	227,261

분기 실적 〈단위 : 억원〉

항목	2015.3Q	2015.4Q	2016.1Q	2016.2Q	2016.3Q	2016.4Q
매출액	516,836	533,155	497,823	509,371	478,156	533,317
영업이익	73,934	61,428	66,758	81,440	52,001	92,208
당기순이익	54,586	32,235	52,528	58,474	45,379	70,880

재무 상태 〈단위 : 억원〉

항목	2011	2012	2013	2014	2015	2016
총자산	1,558,003	1,810,716	2,140,750	2,304,230	2,421,795	2,621,743
유형자산	620,440	684,847	754,964	808,730	864,771	914,730
무형자산	33,552	37,297	39,806	47,855	53,963	53,440
유가증권	38,796	64,880	77,269	159,543	129,600	104,427
총부채	544,866	595,914	640,590	623,348	631,197	692,113
총차입금	146,466	148,952	111,605	112,655	128,740	152,824
자본금	8,975	8,975	8,975	8,975	8,975	8,975
총자본	1,013,136	1,214,802	1,500,160	1,680,882	1,790,598	1,929,630
지배주주지분	970,904	1,170,941	1,444,426	1,621,817	1,728,768	1,864,243

기업가치 지표

항목	2011	2012	2013	2014	2015	2016
주가(최고/저)(천원)	1,010/633	1,435/951	1,483/1,145	1,397/1,030	1,450/1,030	1,796/1,104
PER(최고/저)(배)	13.8/8.6	11.3/7.5	9.0/6.9	10.8/8.0	13.7/9.7	13.3/8.2
PBR(최고/저)(배)	1.8/1.1	2.1/1.4	1.8/1.4	1.5/1.1	1.4/1.0	1.5/0.9
EV/EBITDA(배)	5.6	5.1	3.5	4.1	3.3	4.3
EPS(원)	78,660	136,278	175,282	135,673	109,883	136,760
BPS(원)	614,990	731,458	892,045	1,002,811	1,095,140	1,217,019
CFPS(원)	158,551	228,101	271,944	241,787	232,909	263,133
DPS(원)	5,500	8,000	14,300	20,000	21,000	28,500
EBITDAPS(원)	171,844	262,568	312,876	253,205	278,279	304,773

재무 비율 〈단위 : % 〉

연도	영업이익률	순이익률	부채비율	차입금비율	ROA	ROE	유보율	자기자본비율	EBITDA마진율
2016	14.5	11.3	35.9	7.9	9.0	12.5	21,757.6	73.6	24.8
2015	13.2	9.5	35.3	7.2	8.1	11.2	20,659.5	73.9	23.6
2014	12.1	11.4	37.1	6.7	10.5	15.1	18,909.3	73.0	20.9
2013	16.1	13.3	42.7	7.4	15.4	22.8	16,809.6	70.1	23.3

삼성제약 (A001360)
SAMSUNG PHARM

업 종 : 제약		시 장 : 거래소	
신용등급 : (Bond) — (CP) —		기업규모 : 시가총액 소형주	
홈페이지 : www.sspharm.co.kr		연 락 처 : 031)353-6681	
본 사 : 경기도 화성시 향남읍 제약공단2길 35			

설 립 일	1929.08.15	종업원수	192명	대표이사	김상재,서영운
상 장 일	1975.07.04	감사의견	적정 (신한)	계 열	
결 산 기	12월	보통주	3,971만주	종속회사수	
액 면 가	500원	우선주		구 상 호	

주주구성 (지분율,%)		출자관계 (지분율,%)		주요경쟁사 (외형,%)	
젬백스앤카엘	8.6	삼성메디코스	100.0	삼성제약	100
젬백스테크놀러지	5.9	삼성제약헬스케어	100.0	테라젠이텍스	210
(외국인)	1.8			대한약품	289

매출구성		비용구성		수출비중	
기타	54.1	매출원가율	84.2	수출	9.5
항생제(콤비신주)	13.9	판관비율	35.7	내수	90.5
상품(상품)	12.8				

회사 개요
동사는 까스명수, 쓸기담, 우황청심원현탁액 등을 중심으로 비교적 안정적인 매출기반을 구축한 가운데 신제품 개발과 신규 전문의약품 출시도 꾸준히 추진하고 있음. 2015년도 이후 연결자회사를 통하여 화장품(삼성메디코스)과 건강식품(삼성제약헬스케어) 제조 판매업으로 사업 다각화를 추진함. 2016년도에 화장품사업과 건강식품사업은 각각 대규모 국내 자체 생산시설 확보와 해외 공급계약을 체결함.

실적 분석
동사의 2016년 연결기준 매출액은 전년대비 14.4% 증가한 482.2억원을 기록함. 매출액 성장에도 원가율이 급격하게 상승하여 영업손실 95.9억원, 당기순손실 216.2억원을 보이며 전년대비 적자규모가 확대됨. 비영업손실은 주로 단기매매금융자산평가손실, 무형자산손상차손, 잡손실 등에서 비롯됨. 사업부문별 매출비중은 의약품사업 83.70%, 화장품사업 13.96%, 건강식품사업 2.35%으로 구성됨.

현금 흐름 〈단위 : 억원〉

항목	2015	2016
영업활동	-54	-101
투자활동	-503	-282
재무활동	713	241
순현금흐름	165	-142
기말현금	196	54

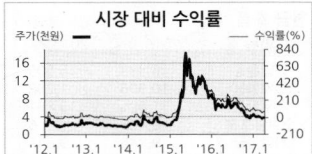

시장 대비 수익률

결산 실적 〈단위 : 억원〉

항목	2011	2012	2013	2014	2015	2016
매출액	441	473	469	303	422	482
영업이익	5	5	-114	-198	-19	-96
당기순이익	-17	-31	-185	-237	-10	-216

분기 실적 〈단위 : 억원〉

항목	2015.3Q	2015.4Q	2016.1Q	2016.2Q	2016.3Q	2016.4Q
매출액	98	160	124	106	128	125
영업이익	-21	4	-4	-21	-29	-42
당기순이익	-44	-19	-23	-35	-45	-113

재무 상태 〈단위 : 억원〉

항목	2011	2012	2013	2014	2015	2016
총자산	875	1,030	802	574	1,302	1,383
유형자산	309	322	328	305	424	724
무형자산	1	1	4	3	91	42
유가증권	4	13	13	4	199	70
총부채	541	683	614	341	840	559
총차입금	297	478	384	260	747	442
자본금	38	50	58	114	138	199
총자본	334	347	187	233	462	824
지배주주지분	334	347	187	233	462	824

기업가치 지표

항목	2011	2012	2013	2014	2015	2016
주가(최고/저)(천원)	5.7/1.8	4.6/1.7	2.8/1.6	4.2/1.7	19.2/2.2	8.9/3.5
PER(최고/저)(배)	—/—	—/—	—/—	—/—	—/—	—/—
PBR(최고/저)(배)	1.3/0.4	1.4/0.5	1.8/1.0	4.2/1.7	12.0/1.3	4.3/1.7
EV/EBITDA(배)	27.5	39.9			458.2	
EPS(원)	-220	-352	-1,571	-1,244	-37	-622
BPS(원)	4,427	3,512	1,623	1,034	1,682	2,078
CFPS(원)	-82	-238	-1,525	-1,224	58	-500
DPS(원)						
EBITDAPS(원)	207	194	-895	-1,008	24	-153

재무 비율 〈단위 : % 〉

연도	영업이익률	순이익률	부채비율	차입금비율	ROA	ROE	유보율	자기자본비율	EBITDA마진율
2016	-19.9	-44.8	67.9	53.6	-16.1	-33.6	315.6	59.6	-11.0
2015	-4.4	-2.4	181.6	161.5	-1.1	-2.9	236.4	35.5	1.4
2014	-65.4	-78.4	146.5	111.8	-34.5	-113.0	105.1	40.6	-60.6
2013	-24.3	-39.4	327.8	204.8	-20.2	-69.2	224.7	23.4	-21.4

삼성중공업 (A010140)
Samsung Heavy Industries

업 종 : 조선		시 장 : 거래소	
신용등급 : (Bond) BBB+ (CP) A3+		기업규모 : 시가총액 대형주	
홈페이지 : www.samsungshi.com		연 락 처 : 031)5171-6106	
본 사 : 경기도 성남시 분당구 판교로227번길 23			

설 립 일	1974.08.05	종업원수	12,179명	대표이사	박대영
상 장 일	1994.01.28	감사의견	적정 (삼일)	계 열	
결 산 기	12월	보 통 주	39,000만주	종속회사수	
액 면 가	5,000원	우 선 주	11만주	구 상 호	

주주구성 (지분율,%)		출자관계 (지분율,%)		주요경쟁사 (외형,%)	
삼성전자	16.9	SVIC13호신기술투자조합	99.0	삼성중공업	100
삼성생명보험	3.4	대정해상품력발전	50.1	현대중공업	378
(외국인)	19.0	삼성벤처투자	17.0	현대미포조선	41

매출구성		비용구성		수출비중	
LNG선, 드릴쉽, 초대형컨테이너선 등	98.9	매출원가율	95.4	수출	—
토목,건축 등	1.1	판관비율	6.0	내수	—

회사 개요
동사는 삼성그룹 계열회사로 1974년 설립되었으며 조선해양부문과 E&I부문 사업을 영위하고 있음. 사업부문은 선박, 해양플랫폼 등의 판매업을 영위하는 조선해양 부문과 건축 및 토목공사를 영위하는 E&I 사업부문으로 구분됨. 조선부문은 세계경제 및 해운 경기에 직접적인 영향을 받음. E&I부문은 건설업체 급증으로 업체당 평균수주액이 격감하고 있고, 공공부문의 턴키시장에 중견업체 참여가 많아져 업체간 수주경쟁이 더욱 치열해지고 있음.

실적 분석
2016년 연결기준 매출액은 전년대비 7.2% 증가한 104,141.9억원을 기록함. 매출 성장에 기인해 매출총이익은 전년대비 흑자전환함. 그럼에도 불구하고 영업이익은 -1,472.0억원으로 전년대비 적자가 지속되고 있음. 영업이익 적자로 인해 당기순이익 또한 -1,387.8억원으로 적자가 지속되고 있음. 다만, 전년도에 비해서 영업적자 및 당기순손실 규모는 큰 폭으로 감소함. 동사는 전년도에 1.1조원의 유상증자를 성공적으로 실행함

현금 흐름
<단위 : 억원>

항목	2015	2016
영업활동	6,333	-15,505
투자활동	-10,996	1,288
재무활동	11,096	13,881
순현금흐름	6,426	6
기말현금	9,835	9,841

시장 대비 수익률
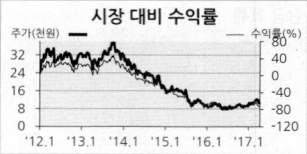

결산 실적
<단위 : 억원>

항목	2011	2012	2013	2014	2015	2016
매출액	133,918	144,895	148,345	128,791	97,144	104,142
영업이익	10,826	12,057	9,142	1,830	-15,019	-1,472
당기순이익	8,511	7,964	6,322	1,473	-12,121	-1,388

분기 실적
<단위 : 억원>

항목	2015.3Q	2015.4Q	2016.1Q	2016.2Q	2016.3Q	2016.4Q
매출액	24,364	32,287	25,301	27,208	27,778	23,855
영업이익	-100	299	61	-2,838	841	464
당기순이익	-250	-429	159	-2,124	1,286	-709

재무 상태
<단위 : 억원>

항목	2011	2012	2013	2014	2015	2016
총자산	164,139	166,350	174,271	171,222	173,016	172,175
유형자산	54,083	52,780	52,538	52,730	55,828	64,424
무형자산	863	380	1,368	1,285	1,017	961
유가증권	1,748	1,494	1,453	978	611	853
총부채	117,700	113,520	115,814	115,491	130,358	109,422
총차입금	42,625	46,512	46,621	49,199	63,465	64,711
자본금	11,550	11,550	11,550	11,550	11,550	19,506
총자본	46,440	52,829	58,458	55,732	42,657	62,753
지배주주지분	46,436	52,826	58,458	55,375	42,374	62,643

기업가치 지표

항목	2011	2012	2013	2014	2015	2016
주가(최고/저)(천원)	40.6/18.9	35.0/23.5	38.5/25.5	32.7/17.3	17.9/8.7	11.2/7.2
PER(최고/저)(배)	12.8/6.0	11.6/7.8	15.9/10.5	56.4/29.4	—/—	—/—
PBR(최고/저)(배)	2.1/1.0	1.6/1.0	1.5/1.0	1.3/0.7	0.9/0.4	0.6/0.4
EV/EBITDA(배)	5.3	7.1	9.2	16.9		44.6
EPS(원)	3,355	3,139	2,492	588	-4,751	-448
BPS(원)	22,956	25,714	28,146	28,173	22,545	18,545
CFPS(원)	5,296	4,753	3,958	1,876	-3,904	722
DPS(원)	500	500	500	250		
EBITDAPS(원)	6,297	6,525	5,179	2,023	-5,187	626

재무 비율
<단위 : %>

연도	영업이익률	순이익률	부채비율	차입금비율	ROA	ROE	유보율	자기자본비율	EBITDA마진율
2016	-1.4	-1.3	174.4	103.1	-0.8	-2.3	270.9	36.5	1.6
2015	-15.5	-12.5	305.6	148.8	-7.0	-24.7	350.9	24.7	-12.3
2014	1.4	1.1	207.2	88.3	0.9	2.6	463.5	32.6	3.6
2013	6.2	4.3	198.1	79.8	3.7	11.4	462.9	33.5	8.1

삼성증권 (A016360)
Samsung Securities

업 종 : 증권		시 장 : 거래소	
신용등급 : (Bond) AA+ (CP) A1		기업규모 : 시가총액 대형주	
홈페이지 : www.samsungpop.com		연 락 처 : 02)1544-1544	
본 사 : 서울시 서초구 서초대로 74길 11 (삼성전자빌딩)			

설 립 일	1982.10.19	종업원수	2,237명	대표이사	윤용암
상 장 일	1988.03.28	감사의견	적정 (안진)	계 열	
결 산 기	12월	보 통 주	8,930만주	종속회사수	
액 면 가	5,000원	우 선 주		구 상 호	

주주구성 (지분율,%)		출자관계 (지분율,%)		주요경쟁사 (외형,%)	
삼성생명보험	29.4	삼성선물	100.0	삼성증권	100
국민연금공단	8.4	마스턴제칠호리츠	24.0		60
(외국인)	19.6	싸이로드	16.8	미래에셋대우	100

수익구성		비용구성		수출비중	
금융상품 관련이익	62.8	이자비용	4.8	수출	—
이자수익	15.4	파생상품손실	0.0	내수	—
수수료수익	15.3	판관비	13.8		

회사 개요
동사는 업계 최대 고객기반과 차별화된 자산관리 역량 및 인프라를 바탕으로 자산관리 시장의 패러다임을 선도하는 리딩 증권사임. 포트폴리오 영업 및 Fee 기반의 금융상품 판매 확대와 더불어, 트레이딩 및 IB 부문에서도 금융상품 공급을 통해 안정적이고 다각화된 수익구조를 확보함. 위탁매매, 기업금융, 자기매매, 기업영업, 자산운용, 선물중개업 그리고 해외영업의 7개 영업부문으로 구성되어 있음.

실적 분석
동사의 2016년 연결 기준 영업수익은 전년 대비 12.4% 오른 4조4285억원, 당기순이익은 전년 대비 36.6% 증가한 1742억원을 기록함. 동사의 2016년 말 리테일 고객 예탁자산은 161조1000억원으로 전년말 대비 7.4% 감소함. 인건비 및 판매관리비는 5.9% 감소한 5,485억원을 기록함. 영업수지율은 136.3%로 전년 대비 24.5%포인트 하락함. 자기자본이익률(ROE)은 2015년 7.9%에서 4.7%로 하락함.

현금 흐름
<단위 : 억원>

항목	2015	2016
영업활동	-14,172	14,669
투자활동	-8,397	-25,339
재무활동	23,933	15,222
순현금흐름	1,397	4,578
기말현금	5,767	10,345

시장 대비 수익률
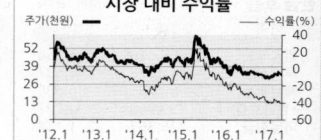

결산 실적
<단위 : 억원>

항목	2011	2012	2013	2014	2015	2016
순영업손익	11,833	9,678	4,545	7,685	9,959	7,942
영업이익	2,910	2,375	-4	1,670	3,767	2,117
당기순이익	1,925	1,807	240	2,366	2,750	1,742

분기 실적
<단위 : 억원>

항목	2015.3Q	2015.4Q	2016.1Q	2016.2Q	2016.3Q	2016.4Q
순영업손익	2,037	1,893	2,059	2,200	2,055	1,628
영업이익	598	306	622	680	654	161
당기순이익	451	221	464	524	500	255

재무 상태
<단위 : 억원>

항목	2011	2012	2013	2014	2015	2016
총자산	167,705	194,809	205,356	257,747	309,944	332,299
유형자산	971	817	668	582	576	512
무형자산	1,101	1,277	1,303	1,147	1,006	1,010
유가증권	87,950	121,139	137,847	173,230	202,527	220,379
총부채	133,901	159,984	170,984	223,479	274,706	294,030
총차입금	49,912	56,257	73,490	94,983	120,675	134,542
자본금	3,942	3,942	3,942	3,942	3,942	3,942
총자본	33,804	34,825	34,372	34,268	35,238	38,270
지배주주지분	32,465	33,427	32,958	34,268	35,238	38,269

기업가치 지표

항목	2011	2012	2013	2014	2015	2016
주가(최고/저)(천원)	79.9/39.7	53.1/41.2	49.4/40.0	47.7/32.4	61.7/37.7	40.0/30.0
PER(최고/저)(배)	37.2/18.5	27.6/21.4	376.1/304.4	17.5/11.9	18.6/11.4	18.6/13.9
PBR(최고/저)(배)	2.1/1.0	1.3/1.0	1.2/1.0	1.1/0.8	1.3/0.8	0.8/0.6
PSR(최고/저)(배)	5/3	5/4	5/4	9/7	5/3	4/3
EPS(원)	2,334	2,066	139	2,896	3,471	2,199
BPS(원)	43,885	45,120	44,505	47,220	50,123	50,068
CFPS(원)	3,104	2,778	632	3,589	4,143	2,816
DPS(원)	700	650	100	650	1,000	650
EBITDAPS(원)	4,104	3,108	-5	2,185	4,928	2,769

재무 비율
<단위 : %>

연도	계속사업이익률	순이익률	부채비율	차입금비율	ROA	ROE	유보율	자기자본비율	총자산증가율
2016	28.9	21.9	768.3	351.6	0.5	4.7	870.9	11.5	7.2
2015	36.6	27.6	779.6	342.5	1.0	7.9	872.0	11.4	20.3
2014	21.2	30.8	652.1	277.2	1.0	6.8	815.7	13.3	32.3
2013	-0.6	5.3	497.5	213.8	0.1	0.3	763.1	16.7	5.4

삼성출판사 (A068290)
Samsung Publishing

업 종 : 레저용품		시 장 : 거래소	
신용등급 : (Bond) — (CP) —		기업규모 : 시가총액 소형주	
홈페이지 : www.samsungbooks.com		연 락 처 : 02)3470-6800	
본 사 : 서울시 서초구 명달로 94(서초동)			

설 립 일	2002.07.03	종 업 원 수	148명	대 표 이 사	김진용
상 장 일	2002.08.05	감 사 의 견	적정 (대성)	계 열	
결 산 기	12월	보 통 주	1,000만주	종속회사수	
액 면 가	500원	우 선 주		구 상 호	

주주구성 (지분율,%)
김진용	47.4
김민석	6.5
(외국인)	0.6

출자관계 (지분율,%)
스마트앤디미어	95.3
아트박스	46.5
와이즈캠프닷컴	30.3

주요경쟁사 (외형,%)
삼성출판사	100
손오공	79
오로라	88

매출구성
문구 및 패션디자인제품 제조 및 유통	69.3
유아동 도서,성인교양물 등	17.0
국밥,호도과자,커피 등	7.3

비용구성
매출원가율	51.5
판관비율	41.0

수출비중
수출	—
내수	—

회사 개요
출판업을 주업으로 하고 고속도로휴게소업, 임대업을 영위하고 있으며 종속회사는 초등 온라인 교육 서비스사업 등을 운영하고 있음. 주로 서점과 할인점 서적코너를 통해 판매되며, 유/아동 단행본 시장에서 독보적인 위치를 점하고 있음. 이외에 홈쇼핑 및 인터넷서점 등을 통한 다양한 매출채널 확보에 활발한 투자가 이루어지고 있음. 출판 및 문구 사업이 전체 매출의 80%가량이며, 온라인교육, 휴게소, 임대사업 순으로 매출비중이 차지하고 있음.

실적 분석
동사의 2016년 결산 기준 매출액은 1,633.0억원으로 전년동기 대비 12.2% 증가했음. 외형성장으로 인해 매출원가 및 판관비가 전년동기 대비 각각 8.1%, 12.1% 증가했에도 불구하고 영업이익은 전년동기 대비 53.5% 증가한 122.4억원을 시현했음. 당기순이익은 전년동기 대비 47.3% 증가한 99.1억원을 시현했음. 문구 및 팬시 전문 자회사 아트박스의 성장세가 두드러지며 연결 기준 실적 호조세 지속됨.

현금 흐름 〈단위 : 억원〉
항목	2015	2016
영업활동	129	114
투자활동	-110	-214
재무활동	-23	64
순현금흐름	-9	-36
기말현금	123	87

시장 대비 수익률
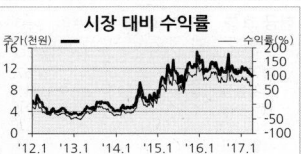

결산 실적 〈단위 : 억원〉
항목	2011	2012	2013	2014	2015	2016
매출액	750	1,331	1,390	1,388	1,455	1,633
영업이익	48	67	68	95	80	122
당기순이익	64	55	56	69	67	99

분기 실적 〈단위 : 억원〉
항목	2015.3Q	2015.4Q	2016.1Q	2016.2Q	2016.3Q	2016.4Q
매출액	351	421	421	378	395	439
영업이익	11	32	37	16	25	44
당기순이익	11	24	27	16	26	30

재무 상태 〈단위 : 억원〉
항목	2011	2012	2013	2014	2015	2016
총자산	858	1,236	1,305	1,557	1,551	1,765
유형자산	76	191	187	314	351	385
무형자산	25	81	75	66	34	32
유가증권	14	53	49	47	19	19
총부채	152	359	378	577	537	667
총차입금	20	179	196	338	340	420
자본금	50	50	50	50	50	50
총자본	706	878	927	980	1,014	1,098
지배주주지분	681	714	742	774	801	844

기업가치 지표
항목	2011	2012	2013	2014	2015	2016
주가(최고/저)(천원)	7.1/2.7	7.7/3.4	5.9/3.3	9.6/4.0	15.2/6.6	14.8/10.4
PER(최고/저)(배)	13.4/5.2	22.7/10.1	20.7/11.7	21.8/9.1	41.9/18.1	26.6/18.8
PBR(최고/저)(배)	1.1/0.4	1.2/0.5	0.9/0.5	1.3/0.5	1.9/0.8	1.8/1.2
EV/EBITDA(배)	8.8	5.6	5.6	7.1	12.8	8.5
EPS(원)	583	370	304	453	370	560
BPS(원)	6,832	7,162	7,421	7,735	8,009	8,443
CFPS(원)	789	872	878	1,023	1,050	1,320
DPS(원)	100	100	100	100	130	110
EBITDAPS(원)	688	1,175	1,255	1,519	1,477	1,983

재무 비율 〈단위 : % 〉
연도	영업이익률	순이익률	부채비율	차입금비율	ROA	ROE	유보율	자기자본비율	EBITDA마진율
2016	7.5	6.1	60.7	38.2	6.6	6.8	1,588.6	62.2	12.1
2015	5.5	4.6	53.0	33.6	4.6	4.3	1,501.9	65.4	10.2
2014	6.8	5.0	58.9	34.4	4.9	6.0	1,447.1	63.0	10.9
2013	4.9	4.0	40.8	21.1	4.4	4.2	1,384.3	71.0	9.0

삼성카드 (A029780)
Samsung Card

업 종 : 소비자 금융		시 장 : 거래소	
신용등급 : (Bond) AA+ (CP) A1		기업규모 : 시가총액 대형주	
홈페이지 : www.samsungcard.com		연 락 처 : 1588-8700	
본 사 : 서울시 중구 세종대로 67			

설 립 일	1983.03.24	종 업 원 수	2,210명	대 표 이 사	원기찬
상 장 일	2007.06.27	감 사 의 견	적정 (안진)	계 열	
결 산 기	12월	보 통 주	11,586만주	종속회사수	
액 면 가	5,000원	우 선 주		구 상 호	

주주구성 (지분율,%)
삼성생명보험	71.9
한국투자신탁운용	4.9
(외국인)	11.5

출자관계 (지분율,%)
삼성카드고객서비스	100.0
르노삼성자동차	19.9
에스지아이신용정보	15.0

주요경쟁사 (외형,%)
삼성카드	100
KB캐피탈	8
아주캐피탈	8

수익구성
기타 금융자산 관련이익	84.1
리스 및 렌탈관련수익	10.1
수수료수익	4.1

비용구성
이자비용	0.0
파생상품손실	0.2
판관비	78.2

수출비중
수출	—
내수	—

회사 개요
동사는 1983년 설립된 신용카드, 시설대여, 할부금융업 등을 영위하는 여신전문금융회사임. 현재 1,008만명의 신용카드회원, 221만여 개의 가맹점을 보유함. 2015년 기준 신용카드 판매실적은 89.3조원으로 신한카드에 이어 업계 2위를 기록. 동사는 2016년 한국표준협회 주관 'KS-SQI(한국서비스 품질지수) 신용카드 부문' 3년 연속 1위에 선정되었으며 한국능률협회컨설팅 주관 'KSQI(한국서비스 품질지수) 우수콜센터'에 선정됨.

실적 분석
동사 자산은 상품자산 증가로 전년 대비 2조8,335억원 증가한 21조9,045억원. 부채는 차입부채 증가 등으로 전년 대비 2조9,061억원 증가한 15조2,888억원. 영업수익은 취급고 증가 등으로 전년 대비 1,679억원 증가한 3조4,701억원을 기록. 그 중 신용판매 수익은 전년 대비 1,559억원 증가한 2조188억원. 영업비용은 판매비, 일반관리비 등의 증가로 전년 대비 1,212억원 증가한 3조392원을 기록함.

현금 흐름 〈단위 : 억원〉
항목	2015	2016
영업활동	-4,041	-11,038
투자활동	-865	-720
재무활동	5,218	14,341
순현금흐름	311	2,583
기말현금	5,510	8,092

시장 대비 수익률

결산 실적 〈단위 : 억원〉
항목	2011	2012	2013	2014	2015	2016
순영업손익	24,650	30,103	21,867	28,075	26,390	28,088
영업이익	3,862	9,889	3,610	8,654	3,842	4,309
당기순이익	3,752	7,499	2,732	6,560	3,337	3,494

분기 실적 〈단위 : 억원〉
항목	2015.3Q	2015.4Q	2016.1Q	2016.2Q	2016.3Q	2016.4Q
순영업손익	6,646	7,163	6,854	6,922	7,110	7,202
영업이익	1,081	456	1,336	1,096	1,204	673
당기순이익	820	760	1,021	837	980	657

재무 상태 〈단위 : 억원〉
항목	2011	2012	2013	2014	2015	2016
총자산	161,353	162,878	165,609	177,366	190,710	219,045
유형자산	697	587	506	813	901	729
무형자산	1,347	1,138	1,482	2,121	2,541	2,351
유가증권	18,101	8,571	8,906	3,397	4,540	5,001
총부채	100,039	103,573	103,583	113,463	123,827	152,888
총차입금	79,949	83,275	80,298	90,957	98,254	118,061
자본금	6,148	6,148	6,148	6,148	6,148	6,148
총자본	61,314	59,306	62,027	63,903	66,883	66,157
지배주주지분	61,314	59,306	62,027	63,903	66,883	66,157

기업가치 지표
항목	2011	2012	2013	2014	2015	2016
주가(최고/저)(천원)	52.8/33.0	38.6/26.1	37.4/31.2	47.3/29.3	40.3/28.2	52.4/27.7
PER(최고/저)(배)	20.3/12.7	7.3/4.9	18.0/15.0	9.3/5.7	15.2/10.6	18.0/9.5
PBR(최고/저)(배)	1.2/0.8	0.9/0.6	0.8/0.7	1.0/0.6	0.8/0.5	0.9/0.5
PSR(최고/저)(배)	3/2	2/1	2/2	2/1	2/1	2/1
EPS(원)	3,051	6,127	2,358	5,662	2,880	3,016
BPS(원)	49,920	51,241	53,590	55,210	57,782	59,681
CFPS(원)	3,946	6,867	3,178	6,656	4,412	4,863
DPS(원)	700	700	700	1,000	1,500	1,500
EBITDAPS(원)	3,141	8,079	3,116	7,469	3,316	3,719

재무 비율 〈단위 : % 〉
연도	계속사업이익률	순이익률	부채비율	차입금비율	ROA	ROE	유보율	자기자본비율	총자산증가율
2016	16.2	12.4	231.1	178.5	1.7	5.3	1,024.7	30.2	14.9
2015	16.1	12.7	185.1	146.9	1.8	5.1	988.9	35.1	7.5
2014	30.8	23.4	177.6	142.3	3.8	10.4	940.4	36.0	7.1
2013	16.5	12.5	167.0	129.5	1.7	4.5	909.9	37.5	1.7

삼성화재해상보험 (A000810)
Samsung Fire & Marine Insurance

업 종 : 보험	시 장 : 거래소
신용등급 : (Bond) — (CP) —	기업규모 : 시가총액 대형주
홈 페 이 지 : www.samsungfire.com	연 락 처 : 1588-5114
본 사 : 서울시 중구 을지로 29	

설 립 일	1952.01.26	종 업 원 수	5,946명	대 표 이 사	안민수
상 장 일	1975.06.30	감 사 의 견	적정 (삼정)	계 열	
결 산 기	12월	보 통 주	4,737만주	종속회사수	
액 면 가	500원	우 선 주	319만주	구 상 호	

주주구성 (지분율,%)
삼성생명보험	15.0
국민연금공단	9.1
(외국인)	46.7

출자관계 (지분율,%)
삼성재금융서비스보험대리점	100.0
삼성화재에니카손해사정	100.0
삼성화재서비스손해사정	100.0

주요경쟁사 (외형,%)
삼성화재	100
삼성생명	90
한화생명	70

수익구성
장기	55.9
자동차	22.5
개인연금	11.5

비용구성
책임준비금전입	17.6
보험금비용	30.3
사업비	11.3

수출비중
수출	—
내수	—

회사 개요
1952년 한국안보화재재보험주식회사로 설립된 동사는 국내에서 가장 규모가 큰 손해보험사임. 시장점유율은 2016년도 1분기 기준 23.5%로 2위 업체에 비해 7.2%포인트 가까이 높음. 동사는 손해보험업과 관계법령에 의거해 개인연금, 퇴직연금 등 다양한 금융상품을 판매하고 있으며 자본시장과 금융투자업에 관한 법률에서 허용하는 사업도 영위하고 있음. 2015년 7월 손해보험사로는 최초로 신탁업 인가를 취득함.

실적 분석
동사는 2016년도 21조 6,861억원의 영업수익을 기록하였음. 이는 전년동기 대비 소폭 감소한 수치임. 2016년 순이익은 전년동기 대비 소폭 증가한 8,606억원을 시현. 2016년 말 기준 총자산 규모는 68조 2175억원이며, 2014년 이후 안정적인 보험수익증가율을 기록하고 있음. 2016년 2월 판매자회사인 '삼성화재금융서비스보험대리점'의 설립을 결정, 5월 영업개시로 자회사를 설립하였음.

현금 흐름 〈단위 : 억원〉
항목	2015	2016
영업활동	27,012	16,462
투자활동	-23,575	-11,416
재무활동	-5,203	-4,177
순현금흐름	-1,758	846
기말현금	6,880	7,725

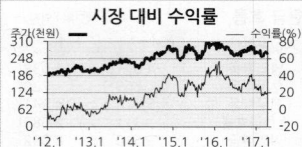

시장 대비 수익률

결산 실적 〈단위 : 억원〉
항목	2011	2012	2013	2014	2015	2016
보험료수익	148,740	169,163	132,445	179,063	183,464	186,652
영업이익	10,892	10,324	6,812	11,166	10,851	10,712
당기순이익	7,992	7,906	5,151	8,382	8,138	8,606

분기 실적 〈단위 : 억원〉
항목	2015.3Q	2015.4Q	2016.1Q	2016.2Q	2016.3Q	2016.4Q
보험료수익	46,183	46,273	45,356	47,686	47,425	46,185
영업이익	2,431	1,213	3,637	2,622	3,038	1,415
당기순이익	1,897	708	2,814	2,407	2,432	952

재무 상태 〈단위 : 억원〉
항목	2011	2012	2013	2014	2015	2016
총자산	391,408	461,486	494,420	581,836	632,336	682,175
유형자산	8,401	8,773	9,202	9,238	9,303	7,539
무형자산	1,475	1,684	1,704	1,724	1,635	1,407
유가증권	211,594	269,224	282,676	327,767	355,755	376,155
총부채	313,980	371,796	415,535	486,448	531,483	572,093
총차입금	1,390	40	—	—	600	—
자본금	265	265	265	265	265	265
총자본	77,427	89,690	78,885	95,388	100,853	110,082
지배주주지분	77,229	89,458	78,675	95,254	100,701	109,908

기업가치 지표
항목	2011	2012	2013	2014	2015	2016
주가(최고/저)(천원)	231/181	225/184	247/195	296/212	316/235	312/249
PER(최고/저)(배)	16.0/12.6	15.5/12.7	25.8/20.4	18.9/13.6	20.5/15.2	18.8/15.0
PBR(최고/저)(배)	1.6/1.3	1.3/1.1	1.5/1.2	1.5/1.1	1.5/1.1	1.3/1.0
PSR(최고/저)(배)	1/1	1/1	1/1	1/1	1/1	1/1
EPS(원)	15,719	15,553	10,124	16,530	16,043	16,967
BPS(원)	154,577	185,093	170,920	207,503	225,804	246,689
CFPS(원)	17,713	17,434	11,693	18,835	18,686	19,476
DPS(원)	3,750	3,750	2,750	4,500	5,150	6,100
EBITDAPS(원)	21,539	20,416	13,471	22,082	21,459	21,183

재무 비율 〈단위 : % 〉
연도	계속사업이익률	순이익률	부채비율	차입금비율	ROA	ROE	유보율	자기자본비율	총자산증가율
2016	6.0	4.6	519.7	0.0	1.3	8.2	47,020.0	16.1	7.9
2015	5.8	4.4	527.0	0.6	1.3	8.3	43,030.8	16.0	8.7
2014	6.2	4.7	510.0	0.0	1.6	9.6	39,535.1	16.4	26.1
2013	5.1	3.9	526.8	0.0	1.1	6.1	32,547.4	16.0	7.1

삼아알미늄 (A006110)
Sam-A Aluminium

업 종 : 금속 및 광물	시 장 : 거래소
신용등급 : (Bond) — (CP) —	기업규모 : 시가총액 소형주
홈 페 이 지 : www.sama-al.com	연 락 처 : 031)467-6800
본 사 : 경기도 평택시 포승읍 평택항로 92 삼아알미늄 주식회사	

설 립 일	1969.06.25	종 업 원 수	265명	대 표 이 사	하상용,한남희
상 장 일	1980.12.05	감 사 의 견	적정 (안진)	계 열	
결 산 기	12월	보 통 주	1,100만주	종속회사수	
액 면 가	500원	우 선 주		구 상 호	

주주구성 (지분율,%)
TOYO ALUMINIUM K. K.	33.4
한남희	9.9
(외국인)	33.1

출자관계 (지분율,%)
퀀텀인더스트리	33.0
JTBC	0.2

주요경쟁사 (외형,%)
삼아알미늄	100
나라케이아이씨	42
비엔씨컴퍼니	10

매출구성
AL-FOIL 외	52.9
접착박지 외	47.2

비용구성
매출원가율	91.4
판관비율	5.8

수출비중
수출	49.8
내수	50.2

회사 개요
동사는 1969년 설립되어 일반포장재용, 전자용, 콘덴서용, 음극박재용 및 자동차용, 에어컨용 압연제품과 알미늄 박을 포함한 필름, 종이, 기타 소재로 만들어진 포장재와 관련된 가공제품을 생산판매하고 있음. 국내 박업계는 선발 3사(삼아알미늄(주), 롯데알미늄(주), 동원시스템즈)로 유지되어 왔으나 1990년대 초 후발 업체의 시장 참여로 현재는 5개사(선발 3사, 동일알루미늄(주), (주)한국알미늄)가 국내 시장을 분점하고 있는 상태임.

실적 분석
동사의 2016년 연결 기준 매출과 영업이익은 1,293억원, 36억원으로 전년 대비 매출은 4% 증가하고 흑자전환함. 동사는 견실한 재무구조를 바탕으로 원하는 시기에 저리에서 자금 조달이 가능함. 매출 대비 금융비용은 1.82%에서 1.8%로 감소하였으며 현재 동사는 78.7%의 부채비율로 건전한 재무구조를 유지중임. 2016년말 기준 총 차입금은 609억원으로 전년도 625억원에 비해 16억원이 감소함.

현금 흐름 *IFRS 별도 기준 〈단위 : 억원〉
항목	2015	2016
영업활동	56	67
투자활동	-68	-41
재무활동	9	-24
순현금흐름	-4	3
기말현금	41	44

시장 대비 수익률

결산 실적 〈단위 : 억원〉
항목	2011	2012	2013	2014	2015	2016
매출액	1,581	1,501	1,289	1,250	1,243	1,293
영업이익	62	50	12	2	-18	36
당기순이익	26	28	4	9	-33	10

분기 실적 *IFRS 별도 기준 〈단위 : 억원〉
항목	2015.3Q	2015.4Q	2016.1Q	2016.2Q	2016.3Q	2016.4Q
매출액	307	320	344	309	318	323
영업이익	9	-3	14	3	5	15
당기순이익	4	-10	9	-3	-7	15

재무 상태 *IFRS 별도 기준 〈단위 : 억원〉
항목	2011	2012	2013	2014	2015	2016
총자산	1,854	1,735	1,907	1,941	1,886	1,876
유형자산	833	823	1,055	1,191	1,197	1,182
무형자산	1	1	1	1	1	1
유가증권	5	5	8	5	4	1
총부채	769	640	814	854	839	826
총차입금	476	362	543	589	625	609
자본금	55	55	55	55	55	55
총자본	1,085	1,095	1,093	1,087	1,047	1,050
지배주주지분	1,085	1,095	1,093	1,087	1,047	1,050

기업가치 지표 *IFRS 별도 기준
항목	2011	2012	2013	2014	2015	2016
주가(최고/저)(천원)	3.6/2.0	3.0/2.2	2.9/2.4	3.2/2.5	4.0/2.7	4.6/2.9
PER(최고/저)(배)	17.7/10.0	13.5/9.8	92.1/76.1	42.1/32.6	—/—	51.4/32.3
PBR(최고/저)(배)	0.4/0.2	0.3/0.3	0.3/0.3	0.3/0.3	0.4/0.3	0.5/0.3
EV/EBITDA(배)	5.9		5.9	11.4	17.4	21.7	9.8
EPS(원)	237	251	34	80	-303	92
BPS(원)	9,860	9,953	9,940	9,886	9,522	9,543
CFPS(원)	737	766	575	516	257	702
DPS(원)	100	75	75	75	55	75
EBITDAPS(원)	1,066	972	646	454	397	936

재무 비율 〈단위 : % 〉
연도	영업이익률	순이익률	부채비율	차입금비율	ROA	ROE	유보율	자기자본비율	EBITDA마진율
2016	2.8	0.8	78.7	58.0	0.5	1.0	1,808.7	56.0	8.0
2015	-1.4	-2.7	80.1	59.7	-1.7	-3.1	1,804.3	55.5	3.5
2014	0.2	0.7	78.5	54.1	0.5	0.8	1,877.2	56.0	4.0
2013	0.9	0.3	74.4	49.7	0.2	0.3	1,888.0	57.3	5.5

삼아제약 (A009300)
Sam-A Pharm

업 종 : 제약		시 장 : KOSDAQ	
신용등급 : (Bond) — (CP) —		기업규모 : 우량	
홈 페 이 지 : www.samapharm.co.kr		연 락 처 : 033)769-8400	
본 사 : 강원도 원주시 문막읍 동화공단로 49(동화리 1676)			

설 립 일 1973.10.04	종 업 원 수 314명	대 표 이 사 허준	
상 장 일 2000.07.19	감 사 의 견 적정 (삼일)	계 열	
결 산 기 12월	보 통 주 637만주	종속회사수	
액 면 가 1,000원	우 선 주	구 상 호	

주주구성 (지분율,%) / 출자관계 (지분율,%) / 주요경쟁사 (외형,%)

주주구성		출자관계		주요경쟁사	
허준	44.4			삼아제약	100
허미애	13.1			선바이오	2
(외국인)	3.6			대봉엘에스	108

매출구성 / 비용구성 / 수출비중

매출구성		비용구성		수출비중	
호흡기계	54.7	매출원가율	38.5	수출	0.0
해열진통소염	15.0	판관비율	46.9	내수	100.0
항생제	11.7				

회사 개요
동사는 의약품의 제조를 목적으로 1945년 10월 보건제약소로 창립되어 1973년 10월 삼아약품공업주식회사로 법인화됨. 2000년 7월 코스닥시장에 상장되었으며 2007년 3월 삼아제약주식회사로 상호변경됨. 주력 품목으로 노마에프, 노마추정등과 같은 어린이 영양제품이 있음. 전문의약품에는 호흡기 계통의 진해거담제인 아토크정과 코네날정이 있음. 매출 비중은 호흡기계가 53.2%로 제일 높고, 해열진통소염계 15.4%, 항생제 11.9%임.

실적 분석
동사의 2016년 매출액은 전년 대비 10.4% 증가한 658.8억원을 기록함. 매출원가는 9.7% 증가하여 매출총이익률이 소폭 개선됨. 경상개발비의 감소 등으로 판매비와관리비는 전년 대비 1.5% 증가한 309.2억원에 그침. 그 결과 영업이익은 95.8억원으로 전년 대비 58.3% 신장함. 영업이익의 증가에 힘입어 당기순이익은 전년 대비 37.8% 증가한 98.7억원을 시현함.

현금 흐름 *IFRS 별도 기준 〈단위 : 억원〉

항목	2015	2016
영업활동	108	105
투자활동	51	-50
재무활동	-14	-13
순현금흐름	145	42
기말현금	175	217

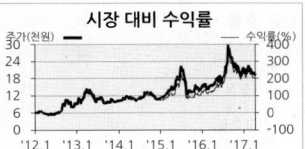

시장 대비 수익률

결산 실적 〈단위 : 억원〉

항목	2011	2012	2013	2014	2015	2016
매출액	569	566	546	568	597	659
영업이익	76	93	61	58	61	96
당기순이익	98	120	72	81	72	99

분기 실적 *IFRS 별도 기준 〈단위 : 억원〉

항목	2015.3Q	2015.4Q	2016.1Q	2016.2Q	2016.3Q	2016.4Q
매출액	125	170	167	168	142	181
영업이익	3	25	29	30	13	24
당기순이익	8	27	30	29	15	25

재무 상태 *IFRS 별도 기준 〈단위 : 억원〉

항목	2011	2012	2013	2014	2015	2016
총자산	1,379	1,448	1,470	1,459	1,529	1,623
유형자산	386	420	426	424	438	420
무형자산	54	48	71	79	78	73
유가증권	304	480	393	342	399	368
총부채	273	235	197	117	128	134
총차입금	149	125	89	3	1	—
자본금	64	64	64	64	64	64
총자본	1,106	1,213	1,273	1,342	1,401	1,489
지배주주지분	1,106	1,213	1,273	1,342	1,401	1,489

기업가치 지표 *IFRS 별도 기준

항목	2011	2012	2013	2014	2015	2016
주가(최고/저)(천원)	7.3/4.5	10.6/5.3	14.2/9.3	13.6/10.1	22.3/10.9	29.7/13.7
PER(최고/저)(배)	5.3/3.2	6.1/3.1	13.4/8.7	11.2/8.3	20.4/9.9	19.4/9.0
PBR(최고/저)(배)	0.5/0.3	0.6/0.3	0.8/0.5	0.7/0.5	1.0/0.5	1.3/0.6
EV/EBITDA(배)	2.6		3.4	6.3	4.5	6.3	8.2
EPS(원)	1,542	1,876	1,128	1,267	1,124	1,549
BPS(원)	17,597	19,284	20,225	21,297	22,228	23,615
CFPS(원)	1,844	2,187	1,459	1,594	1,467	1,927
DPS(원)	200	200	200	200	200	250
EBITDAPS(원)	1,491	1,766	1,281	1,240	1,293	1,881

재무 비율 〈단위 : % 〉

연도	영업이익률	순이익률	부채비율	차입금비율	ROA	ROE	유보율	자기자본비율	EBITDA마진율
2016	14.5	15.0	9.0	0.0	6.3	6.8	2,261.5	91.8	18.2
2015	10.1	12.0	9.2	0.1	4.8	5.2	2,122.8	91.6	13.8
2014	10.2	14.2	8.7	0.2	5.5	6.2	2,029.7	92.0	13.9
2013	11.1	13.2	15.5	7.0	4.9	5.8	1,922.5	86.6	14.9

삼양사 (A145990)
Samyang

업 종 : 식료품		시 장 : 거래소	
신용등급 : (Bond) AA- (CP) —		기업규모 : 시가총액 중형주	
홈 페 이 지 : www.samyangcorp.com		연 락 처 : 02)740-7114	
본 사 : 서울시 종로구 종로33길 31			

설 립 일 2011.11.03	종 업 원 수 1,257명	대 표 이 사 김정,문성환	
상 장 일 2011.12.05	감 사 의 견 적정 (한영)	계 열	
결 산 기 12월	보 통 주 1,029만주	종속회사수	
액 면 가 5,000원	우 선 주 37만주	구 상 호	

주주구성 (지분율,%) / 출자관계 (지분율,%) / 주요경쟁사 (외형,%)

주주구성		출자관계		주요경쟁사	
삼양홀딩스	62.0	크리켐	100.0	삼양사	100
국민연금공단	6.1	삼양패키징	51.0	CJ	1,197
(외국인)	4.8	네오아티잔	17.7	오리온	119

매출구성 / 비용구성 / 수출비중

매출구성		비용구성		수출비중	
엔지니어링 플라스틱, 산업자재용섬유 등	54.2	매출원가율	79.9	수출	27.2
설탕, 밀가루, 유지, 홈메이드 제품 등	48.3	판관비율	12.8	내수	72.8
기타(임대수익 등)	0.1				

회사 개요
동사의 사업부문은 크게 식품 및 화학부문이 있음. 식품부문의 주요 제품으로 설탕, 밀가루, 전분당 등이 있으며, 원료를 대부분 해외에서 수입, 가공하여 판매하기 때문에 국제 곡물가격의 영향을 많이 받음. 화학부문의 엔지니어링 플라스틱은 투명성, 내열성 및 기계적 특성이 우수하여 전기전자, 자동차, 기계부품 소재로 사용되고 있으며, 역시 국제원유가격의 영향을 많이 받음. 연결대상 종속회사는 삼양공정소료(상해) 등 5개사가 있음.

실적 분석
동사의 2016년 연결기준 누적 매출액은 2조8.9억원으로 전년 동기대비 39.1% 증가함. 삼양제넥스 흡수합병으로 매출규모가 확대됐으며, 시황호조로 식품부문 및 화학부문의 수익성이 모두 개선되며 영업이익은 전년 동기대비 94.4% 증가한 1,473.4억원을 기록함. 식품부문은 낮은 성장성으로 지속적인 신규 사업 탐색을 진행중이며, 화학부문 또한 기술개발 및 신제품 출시 등 R&D 활동을 통한 신규 시장 개척 매진중임.

현금 흐름 〈단위 : 억원〉

항목	2015	2016
영업활동	858	1,719
투자활동	-525	-93
재무활동	-847	-364
순현금흐름	-507	1,289
기말현금	713	2,002

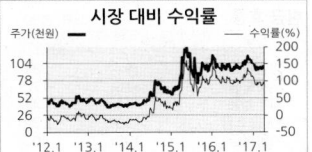

시장 대비 수익률

결산 실적 〈단위 : 억원〉

항목	2011	2012	2013	2014	2015	2016
매출액	2,320	13,667	13,453	13,551	14,389	20,009
영업이익	-59	162	209	372	758	1,473
당기순이익	-14	261	190	305	510	1,012

분기 실적 〈단위 : 억원〉

항목	2015.3Q	2015.4Q	2016.1Q	2016.2Q	2016.3Q	2016.4Q
매출액	4,017	3,824	4,910	5,161	5,164	4,774
영업이익	336	189	363	590	537	-16
당기순이익	186	167	259	409	373	-30

재무 상태 〈단위 : 억원〉

항목	2011	2012	2013	2014	2015	2016
총자산	9,219	8,269	7,809	10,814	14,378	20,638
유형자산	3,851	3,718	3,835	4,871	6,872	8,484
무형자산	62	48	53	79	1,927	2,043
유가증권	239	1,020	567	747	588	2,851
총부채	5,216	4,168	3,502	5,060	7,345	8,977
총차입금	2,513	1,887	1,279	2,625	4,638	5,314
자본금	221	221	236	315	315	533
총자본	4,003	4,101	4,307	5,754	7,034	11,660
지배주주지분	4,003	4,101	4,307	5,754	6,078	10,592

기업가치 지표

항목	2011	2012	2013	2014	2015	2016
주가(최고/저)(천원)	62.5/44.1	55.2/38.5	51.8/36.7	78.3/40.6	132/56.6	126/91.2
PER(최고/저)(배)	—/—	10.2/7.1	13.4/9.5	14.4/7.5	18.0/7.7	15.1/10.9
PBR(최고/저)(배)	0.8/0.5	0.6/0.4	0.6/0.4	0.9/0.5	1.4/0.6	1.3/0.9
EV/EBITDA(배)		9.1	6.2	8.8	10.0	6.4
EPS(원)	-315	5,903	4,152	5,727	7,544	8,456
BPS(원)	90,423	95,140	93,455	91,553	96,693	99,371
CFPS(원)	283	9,415	7,800	9,420	13,317	14,362
DPS(원)		500	1,000	1,500	1,500	1,500
EBITDAPS(원)	-733	7,177	8,212	10,691	17,802	19,774

재무 비율 〈단위 : % 〉

연도	영업이익률	순이익률	부채비율	차입금비율	ROA	ROE	유보율	자기자본비율	EBITDA마진율
2016	7.4	5.1	77.0	45.6	5.8	10.8	1,887.4	56.5	10.5
2015	5.3	3.6	104.4	65.9	4.1	8.0	1,833.9	48.9	7.8
2014	2.8	2.3	87.9	45.6	3.3	6.1	1,731.1	53.2	4.2
2013	1.6	1.4	81.3	29.7	2.4	4.5	1,769.1	55.2	2.8

삼양식품 (A003230)
Samyang Foods

업 종 : 식료품	시 장 : 거래소
신용등급 : (Bond) — (CP) —	기업규모 : 시가총액 중형주
홈페이지 : www.samyangfood.co.kr	연 락 처 : 02)940-3000
본 사 : 서울시 성북구 오패산로3길 104(하월곡동)	

설 립 일 1961.09.15	종 업 원 수 1,103명	대 표 이 사 전인장
상 장 일 1975.06.30	감 사 의 견 적정 (삼일)	계 열
결 산 기 12월	보 통 주 753만주	종 속 회 사 수
액 면 가 5,000원	우 선 주	구 상 호

주주구성 (지분율,%)		출자관계 (지분율,%)		주요경쟁사 (외형,%)	
삼양농수산	33.3	삼양티에이치에스	100.0	삼양식품	100
현대산업개발	17.0	나우아이비12호펀드	80.0	오뚜기	560
(외국인)	1.2	원주운수	72.3	농심	617

매출구성		비용구성		수출비중	
면	81.4	매출원가율	74.4	수출	25.9
유제품(제품 및 상품)	12.7	판관비율	18.6	내수	74.1
스낵 외	4.5				

회사 개요
동사는 1961년 유지공업과 식품도매업을 영위하기 위해 설립됨. 1963년 국내최초로 '삼양라면'이란 브랜드를 선보임. 원주, 문막, 익산 등의 공장에서 면류, 스낵류, 유제품, 조미소재류 등을 제조, 판매이며, 계열회사는 에코그린캠퍼스, 프루웰, 호면당, 제주우유 등을 포함 총 8개사임. 2015년에는 무슬림 시장 공략을 위해 할랄 인증을 획득하고, 동남아권 수출을 확대하며 해외 시장 진출에 집중하고 있음.

실적 분석
동사의 2016년 연결기준 매출액은 전년대비 23.5% 성장한 3,593.2억원을 기록함. 매출성장에 따른 원가율 개선과 판관비 통제로 영업이익은 전년대비 253.5%증가한 252.7억원, 당기순이익은 187.9억원을 보이며 흑자전환함. 전년대비 매출액 성장은 주로 식품제조분야에서 면 부문의 실적 개선에 기인하며 가동률을 전반적으로 상승시키는 요인으로 작용함. 향후 불닭볶음면 등의 브랜드 관리 및 확장을 계획 중임.

현금 흐름
〈단위 : 억원〉

항목	2015	2016
영업활동	92	381
투자활동	-70	-173
재무활동	14	-41
순현금흐름	38	172
기말현금	233	405

시장 대비 수익률
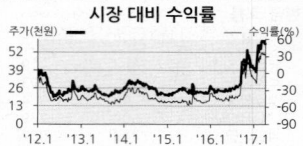

결산 실적
〈단위 : 억원〉

항목	2011	2012	2013	2014	2015	2016
매출액	2,987	3,258	3,027	3,146	2,909	3,593
영업이익	148	76	102	97	71	253
당기순이익	96	53	34	41	-34	188

분기 실적
〈단위 : 억원〉

항목	2015.3Q	2015.4Q	2016.1Q	2016.2Q	2016.3Q	2016.4Q
매출액	695	772	770	814	962	1,047
영업이익	13	38	38	45	73	98
당기순이익	2	-23	41	20	37	90

재무 상태
〈단위 : 억원〉

항목	2011	2012	2013	2014	2015	2016
총자산	3,218	2,905	2,986	2,996	2,965	3,267
유형자산	1,574	1,667	1,650	1,650	1,664	1,799
무형자산	34	23	44	54	50	41
유가증권	73	82	86	84	108	76
총부채	1,643	1,293	1,347	1,335	1,340	1,492
총차입금	727	538	534	535	534	522
자본금	377	377	377	377	377	377
총자본	1,575	1,612	1,639	1,661	1,625	1,775
지배주주지분	1,549	1,588	1,619	1,641	1,607	1,753

기업가치 지표

항목	2011	2012	2013	2014	2015	2016
주가(최고/저)(천원)	55.2/14.8	41.8/19.5	28.6/19.8	31.6/20.8	30.1/20.4	53.3/22.7
PER(최고/저)(배)	40.9/11.0	58.1/27.2	59.7/41.3	59.2/39.1	—/—	22.0/9.4
PBR(최고/저)(배)	2.7/0.7	2.0/0.9	1.4/0.9	1.5/1.0	1.4/1.0	2.3/1.0
EV/EBITDA(배)	15.7	15.7	12.8	12.0	17.5	10.0
EPS(원)	1,375	729	486	539	-418	2,431
BPS(원)	20,569	21,083	21,486	21,780	21,338	23,269
CFPS(원)	1,894	1,453	1,255	1,344	403	3,206
DPS(원)	150	—	100	100	50	150
EBITDAPS(원)	2,595	1,732	2,122	2,094	1,770	4,130

재무 비율
〈단위 : % 〉

연도	영업이익률	순이익률	부채비율	차입금비율	ROA	ROE	유보율	자기자본비율	EBITDA마진율
2016	7.0	5.2	84.0	29.4	6.0	10.9	365.4	54.3	8.7
2015	2.5	-1.2	82.5	32.9	-1.1	-1.9	326.8	54.8	4.6
2014	3.1	1.3	80.4	32.2	1.4	2.5	335.6	55.4	5.0
2013	3.4	1.1	82.2	32.6	1.1	2.3	329.7	54.9	5.3

삼양통상 (A002170)
SAMYANG TONGSANG

업 종 : 섬유 및 의복	시 장 : 거래소
신용등급 : (Bond) — (CP) —	기업규모 : 시가총액 소형주
홈페이지 : www.samyangts.com	연 락 처 : 02)3453-3961
본 사 : 서울시 강남구 테헤란로 301(역삼동) 삼정개발빌딩 6층	

설 립 일 1957.10.12	종 업 원 수 283명	대 표 이 사 허남각
상 장 일 1989.11.10	감 사 의 견 적정 (삼덕)	계 열
결 산 기 12월	보 통 주 300만주	종 속 회 사 수
액 면 가 5,000원	우 선 주	구 상 호

주주구성 (지분율,%)		출자관계 (지분율,%)		주요경쟁사 (외형,%)	
허남각	20.0	경원건설	14.9	삼양통상	100
조광피혁	5.1			데코앤이	28
(외국인)	6.5	청도삼양피혁	100.0	동일방직	420

매출구성		비용구성		수출비중	
우피혁류 (가죽부문 제품)	97.8	매출원가율	81.0	수출	36.1
기타 (잡매출 등)	2.2	판관비율	3.1	내수	63.9

회사 개요
가죽 원단 제품을 주력으로 생산하는 동사는 가죽사업과 야구글러브 등 운동용구 사업으로 대별됨. 가죽부문 매출이 약 97.3% 가량이며, 최근 자동차 시트, 가구용 가죽 등 고부가가치 제품 생산에 집중하고 있음. 시장점유율은 조광피혁에 이어 유니켐과 함께 시장 2위권을 형성하고 있음. 허망정 LG그룹 공동 창업주의 장남인 허정구 삼양통상 전 회장이 설립한 피혁원단 제조업체임.

실적 분석
동사의 2016년 연결기준 결산 매출액은 1,957.7억원으로 전년동기 대비 9.0% 감소했으나, 주요 원재료인 원피의 1매당 단가가 7만원 대로 크게 철하된 것이 영업이익 상승에 기여. 매출원가는 19% 이상 감소하면서 영업이익은 158.5% 증가한 311.1억원을 기록함. 당기순이익은 117.1% 증가한 228.5억원을 시현함. 피혁 부문에서 중국 및 동남아국가를 상대로 시장개척을 추진 중.

현금 흐름
〈단위 : 억원〉

항목	2015	2016
영업활동	-205	435
투자활동	116	83
재무활동	70	-451
순현금흐름	-19	67
기말현금	10	78

시장 대비 수익률
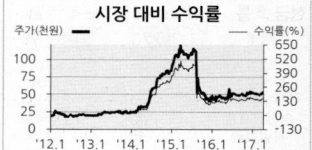

결산 실적
〈단위 : 억원〉

항목	2011	2012	2013	2014	2015	2016
매출액	1,639	1,625	1,664	1,991	2,150	1,958
영업이익	126	54	18	96	120	311
당기순이익	118	60	34	102	105	229

분기 실적
〈단위 : 억원〉

항목	2015.3Q	2015.4Q	2016.1Q	2016.2Q	2016.3Q	2016.4Q
매출액	502	549	501	494	489	473
영업이익	30	37	56	65	87	103
당기순이익	-5	37	39	52	69	69

재무 상태
〈단위 : 억원〉

항목	2011	2012	2013	2014	2015	2016
총자산	2,498	2,586	2,735	2,990	3,137	2,892
유형자산	410	412	430	454	481	470
무형자산	12	10	10	10	10	10
유가증권	33	39	42	12	12	12
총부채	419	456	591	765	831	393
총차입금	212	246	377	489	583	156
자본금	150	150	150	150	150	150
총자본	2,079	2,129	2,144	2,225	2,306	2,499
지배주주지분	2,079	2,129	2,144	2,225	2,306	2,499

기업가치 지표

항목	2011	2012	2013	2014	2015	2016
주가(최고/저)(천원)	21.3/18.0	26.8/17.7	26.0/19.4	84.8/24.3	121/38.4	57.9/42.3
PER(최고/저)(배)	6.2/5.2	14.9/9.8	24.6/18.4	25.9/7.4	35.5/11.3	7.7/5.6
PBR(최고/저)(배)	0.4/0.3	0.4/0.3	0.4/0.3	1.2/0.3	1.6/0.5	0.7/0.5
EV/EBITDA(배)	3.0	4.0	8.3	17.3	7.8	2.4
EPS(원)	3,939	1,998	1,130	3,405	3,509	7,618
BPS(원)	69,311	70,979	71,450	74,181	76,858	83,299
CFPS(원)	4,860	2,884	2,057	4,491	4,689	8,865
DPS(원)	750	750	750	750	825	750
EBITDAPS(원)	5,112	2,672	1,528	4,273	5,192	11,617

재무 비율
〈단위 : % 〉

연도	영업이익률	순이익률	부채비율	차입금비율	ROA	ROE	유보율	자기자본비율	EBITDA마진율
2016	15.9	11.7	15.7	6.2	7.6	9.5	1,566.0	86.4	17.8
2015	5.6	4.9	36.1	25.3	3.4	4.7	1,437.2	73.5	7.2
2014	4.8	5.1	34.4	22.0	3.6	4.7	1,383.6	74.4	6.4
2013	1.1	2.0	27.6	17.6	1.3	1.6	1,329.0	78.4	2.8

삼양홀딩스 (A000070)
Samyang Holdings

<table>
<tr><td>업　　종 : 식료품</td><td>시　　장 : 거래소</td></tr>
<tr><td>신용등급 : (Bond) AA- 　(CP) —</td><td>기업규모 : 시가총액 중형주</td></tr>
<tr><td>홈페이지 : www.samyang.com</td><td>연 락 처 : 02)740-7111</td></tr>
<tr><td colspan="2">본　　사 : 서울시 종로구 종로33길 31(연지동)</td></tr>
</table>

설 립 일 1924.10.01	종 업 원 수 157명	대 표 이 사 김량,김원,김윤
상 장 일 1968.12.27	감 사 의 견 적정 (한영)	계 　 열
결 산 기 12월	보 통 주 856만주	종속회사수
액 면 가 5,000원	우 선 주 30만주	구 상 호

주주구성 (지분율,%)
국민연금공단	13.5
알리안츠글로벌인베스터스자산운용	8.1
(외국인)	7.2

출자관계 (지분율,%)
삼양바이오팜	100.0
삼양데이타시스템	100.0
삼양에프앤비	100.0

주요경쟁사 (외형,%)
삼양홀딩스	100
CJ	1,036
오리온	103

매출구성
설탕, 밀가루, 식용유 등	51.9
엔지니어링 플라스틱, PET Bottle, 이온교환수지	45.4
봉합사, 항암주사제, 패취, 제지기계 등	7.0

비용구성
매출원가율	80.5
판관비율	13.4

수출비중
수출	—
내수	—

회사 개요
동사는 삼양그룹의 지주회사로서 지주사업과 무역 및 임대사업을 영위하고 있음. 지주회사의 일반적인 수입 원천인 배당금수익, 상표권사용수익, 임대수익 뿐만 아니라 상품무역 사업 영위를 통해 안정적인 수익 원천을 확보하고 있음. 동사에 소속된 자회사는 식료부문, 화학부문, 의약부문 이외 기타부문으로 구성되어 있으며, 대표적인 자회사로는 삼양사, 삼양제넥스, 삼남석유화학 등이 있음. 현재 8개의 자회사를 두고 있음.

실적 분석
동사의 2016년 결산기준 매출액은 전년동기 대비 6.5% 상승한 2조 3,114.7억원을 달성하였음. 제당산업은 성숙도가 높아 경쟁이 치열하지만 새로운 판매경로 및 다양한 성장을 통해 이루어낸 결과로 보임. 구매, 생산, 판매 및 사후관리에 이르는 마케팅활동을 강화하고 우량거래처확보 및 고부가가치 제품의 판매에 역점을 두고 있으며 원재료의 안정적 재고량이 유지되고 있어 수익성장은 지속될 것으로 기대됨.

현금 흐름 〈단위 : 억원〉
항목	2015	2016
영업활동	1,820	2,113
투자활동	-526	-680
재무활동	-1,773	-567
순현금흐름	-478	901
기말현금	1,479	2,380

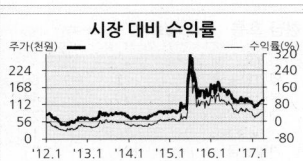
시장 대비 수익률

결산 실적 〈단위 : 억원〉
항목	2011	2012	2013	2014	2015	2016
매출액	11,808	18,641	23,291	22,134	21,696	23,115
영업이익	436	199	25	638	1,067	1,410
당기순이익	1,681	1,297	-262	210	780	651

분기 실적 〈단위 : 억원〉
항목	2015.3Q	2015.4Q	2016.1Q	2016.2Q	2016.3Q	2016.4Q
매출액	5,828	5,412	5,477	6,026	5,986	5,626
영업이익	464	127	384	570	514	-59
당기순이익	368	60	236	386	323	-294

재무 상태 〈단위 : 억원〉
항목	2011	2012	2013	2014	2015	2016
총자산	18,845	27,484	25,951	27,959	30,714	31,694
유형자산	5,646	9,376	9,562	9,646	11,731	11,558
무형자산	209	537	505	489	2,310	2,327
유가증권	1,269	1,510	1,811	6,431	5,886	5,960
총부채	5,868	10,854	9,369	11,416	12,751	13,188
총차입금	3,436	6,463	5,138	6,930	8,102	7,835
자본금	299	396	424	443	443	443
총자본	12,977	16,630	16,582	16,544	17,964	18,506
지배주주지분	10,043	12,163	12,936	13,151	13,421	13,526

기업가치 지표
항목	2011	2012	2013	2014	2015	2016
주가(최고/저)(천원)	115/50.0	83.7/44.9	88.3/61.7	88.5/63.2	292/80.5	188/116
PER(최고/저)(배)	8.1/3.5	5.4/2.9	—/—	311.8/222.6	57.2/15.8	74.9/46.1
PBR(최고/저)(배)	0.8/0.3	0.6/0.3	0.6/0.4	0.6/0.4	2.0/0.5	1.2/0.8
EV/EBITDA(배)	8.6	17.1	16.5	10.2	12.1	7.7
EPS(원)	15,838	16,766	-3,896	296	5,242	2,550
BPS(원)	169,614	154,663	153,828	149,417	152,461	153,653
CFPS(원)	20,432	22,929	3,018	6,667	13,136	11,873
DPS(원)	2,000	1,500	1,250	1,500	1,500	2,000
EBITDAPS(원)	9,097	9,046	7,209	13,870	19,928	25,224

재무 비율 〈단위 : % 〉
연도	영업이익률	순이익률	부채비율	차입금비율	ROA	ROE	유보율	자기자본비율	EBITDA마진율
2016	6.1	2.8	71.3	42.3	2.1	1.7	2,973.1	58.4	9.7
2015	4.9	3.6	71.0	45.1	2.7	3.5	2,949.2	58.5	8.2
2014	2.9	1.0	69.0	41.9	0.8	0.2	2,888.3	59.2	5.3
2013	0.1	-1.1	56.5	31.0	-1.0	-2.6	2,976.6	63.9	2.6

삼영무역 (A002810)
Samyung Trading

<table>
<tr><td>업　　종 : 화학</td><td>시　　장 : 거래소</td></tr>
<tr><td>신용등급 : (Bond) — 　(CP) —</td><td>기업규모 : 시가총액 소형주</td></tr>
<tr><td>홈페이지 : www.samyung.co.kr</td><td>연 락 처 : 02)320-4114</td></tr>
<tr><td colspan="2">본　　사 : 서울시 마포구 양화로 111</td></tr>
</table>

설 립 일 1959.10.16	종 업 원 수 73명	대 표 이 사 이승용
상 장 일 1988.03.28	감 사 의 견 적정 (신한)	계 　 열
결 산 기 12월	보 통 주 1,647만주	종속회사수
액 면 가 500원	우 선 주	구 상 호

주주구성 (지분율,%)
이승용	20.9
국민연금공단	7.5
(외국인)	14.8

출자관계 (지분율,%)
삼명정밀	100.0
삼한산업	100.0
에스와이티에탄올	100.0

주요경쟁사 (외형,%)
삼영무역	100
휴켐스	267
송원산업	310

매출구성
MEK외	83.4
안경렌즈	13.2
전자부품	3.4

비용구성
매출원가율	91.2
판관비율	6.5

수출비중
수출	19.7
내수	80.3

회사 개요
동사는 기초석유화학의 유도체인 MEK 등 화공약품을 국내외 제조업체에 공급하는 화공약품 판매사업과 관계사인 (주)케미글라스에서 생산한 플라스틱렌즈를 일본, 중국, 동남아, 유럽 등 해외시장에 수출하는 안경렌즈 판매사업을 영위하고 있음. 매출 비중은 화공부문 80%, 렌즈부문 15.9%, 기타 4.1%임. 관계사에서 대량생산하는 고굴절렌즈 제품은 각 지역별 판매가 늘고 있어 해외 시장에서의 안정적인 성장이 기대됨.

실적 분석
동사의 2016년 누적 매출액은 2,239.5억원으로 전년동기 대비 0.5% 감소함. 화공부문의 원가 감소로 영업이익은 지난해 같은 기간보다 77.2% 증가한 52.1억원을 기록함. 화공약품은 조선(해운), 건설 등 주력 산업의 부진과 가격경쟁 심화로 업황이 악화됨. 반면 안경렌즈 부문은 엔화강세와 중국, 동남아 등 신흥국 시장의 매출 증대로 판매량과 매출액이 모두 증가함. 신흥시장으로의 거래 확장을 통한 매출 성장이 기대됨.

현금 흐름 〈단위 : 억원〉
항목	2015	2016
영업활동	100	40
투자활동	-52	137
재무활동	-32	5
순현금흐름	17	180
기말현금	393	573

시장 대비 수익률

결산 실적 〈단위 : 억원〉
항목	2011	2012	2013	2014	2015	2016
매출액	2,806	2,745	2,664	2,646	2,250	2,240
영업이익	87	52	43	50	29	52
당기순이익	155	220	201	215	190	245

분기 실적 〈단위 : 억원〉
항목	2015.3Q	2015.4Q	2016.1Q	2016.2Q	2016.3Q	2016.4Q
매출액	572	549	530	556	548	605
영업이익	6	8	16	9	19
당기순이익	51	17	60	68	50	67

재무 상태 〈단위 : 억원〉
항목	2011	2012	2013	2014	2015	2016
총자산	2,403	2,502	2,744	2,963	3,029	3,351
유형자산	298	291	285	279	281	278
무형자산	21	11	21	21	20	20
유가증권	243	304	337	387	507	400
총부채	526	432	488	511	413	484
총차입금	91	10				
자본금	80	82	82	82	82	82
총자본	1,876	2,070	2,256	2,452	2,616	2,867
지배주주지분	1,870	2,065	2,250	2,446	2,610	2,861

기업가치 지표
항목	2011	2012	2013	2014	2015	2016
주가(최고/저)(천원)	6.2/4.5	11.1/5.3	20.5/8.8	23.9/14.9	23.8/17.4	24.0/16.5
PER(최고/저)(배)	7.1/5.2	8.8/4.2	17.5/7.6	19.0/11.8	21.2/15.5	16.4/11.3
PBR(최고/저)(배)	0.6/0.4	0.9/0.5	1.6/0.7	1.7/1.0	1.5/1.1	1.4/1.0
EV/EBITDA(배)	7.7	19.9	40.5	55.2	82.3	31.7
EPS(원)	940	1,337	1,221	1,306	1,152	1,487
BPS(원)	11,754	12,605	13,731	14,919	15,913	17,387
CFPS(원)	1,020	1,390	1,275	1,358	1,200	1,535
DPS(원)	65	125	125	200	275	275
EBITDAPS(원)	597	368	313	355	227	365

재무 비율 〈단위 : % 〉
연도	영업이익률	순이익률	부채비율	차입금비율	ROA	ROE	유보율	자기자본비율	EBITDA마진율
2016	2.3	11.0	16.9	0.0	7.7	9.0	3,377.4	85.6	2.7
2015	1.3	8.5	15.8	0.0	6.4	7.5	3,082.7	86.4	1.7
2014	1.9	8.1	20.8	0.0	7.5	9.2	2,883.9	82.8	2.2
2013	1.6	7.6	21.6	0.0	7.6	9.3	2,646.1	82.2	1.9

삼영엠텍 (A054540)
Samyoung M-Tek

업 종 : 기계		시 장 : KOSDAQ	
신용등급 : (Bond) — (CP) —		기업규모 : 중견	
홈 페 이 지 : www.symtek.co.kr		연 락 처 : 055)589-7700	
본 사 : 경남 함안군 칠서면 삼칠로 631-35			

설 립 일	1997.01.29	종업원수	139명	대표이사	강문식
상 장 일	2001.11.15	감사의견	적정 (대주)	계 열	
결 산 기	12월	보 통 주	1,300만주	종속회사수	
액 면 가	500원	우 선 주		구 상 호	

주주구성 (지분율,%)		출자관계 (지분율,%)		주요경쟁사 (외형,%)	
강문식	7.2	삼영영농	89.7	삼영엠텍	100
한국증권금융	5.2	대련삼영두산금속제품유한공사	89.2	우진플라임	318
(외국인)	9.4			웨이포트	288

매출구성		비용구성		수출비중	
플랜트 기자재	41.2	매출원가율	82.5	수출	—
선박엔진 구조재	33.7	판관비율	13.0	내수	—
구조물 구조재	18.7				

회사 개요
동사는 플랜트 기자재, 선박엔진 구조재 등 산업에 필요한 철강소재와 구조물 구조재 등 교량에 필요한 교좌장치를 생산 및 판매하고 있음. 국내외 주요 선박용 엔진제조사와 발전, 철강플랜트 제조사 그리고 건설회사 등에 제품을 공급하고 있음. 금속제조와 가공업을 영위하는 대련삼영두산금속제품유한공사, 농업을 영위하는 삼영영농 등 두 개의 비상장 계열회사를 보유하고 있음.

실적 분석
동사의 2016년 연결기준 매출액은 718.1억원임. 전년도 매출액인 971.8억원에 비해 26.1% 감소한 금액임. 판매비와 관리비가 14.5% 줄었지만 외형 축소로 인해 영업이익은 전년도 대비 36.1% 감소한 32.4억원을 기록함. 전년도 33.7억원의 손실을 낸 비영업 부문이 흑자로 전환한 데 힘입어 당기순이익은 전년도 대비 280.2% 증가한 25.5억원을 기록함.

현금 흐름 〈단위 : 억원〉
항목	2015	2016
영업활동	193	172
투자활동	61	-84
재무활동	-147	-116
순현금흐름	107	-30
기말현금	257	227

시장 대비 수익률
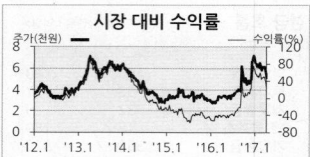

결산 실적 〈단위 : 억원〉
항목	2011	2012	2013	2014	2015	2016
매출액	1,260	1,158	1,032	1,070	972	718
영업이익	107	71	60	29	51	32
당기순이익	83	48	20	4	7	26

분기 실적 〈단위 : 억원〉
항목	2015.3Q	2015.4Q	2016.1Q	2016.2Q	2016.3Q	2016.4Q
매출액	180	264	138	170	213	197
영업이익	0	11	-1	16	20	-2
당기순이익	-9	-6	3	9	17	-2

재무 상태 〈단위 : 억원〉
항목	2011	2012	2013	2014	2015	2016
총자산	1,420	1,490	1,581	1,561	1,431	1,267
유형자산	482	566	583	561	490	451
무형자산	31	31	31	27	14	14
유가증권	27	17	20	104	81	167
총부채	707	760	803	799	678	511
총차입금	524	565	615	617	496	394
자본금	68	68	68	68	68	68
총자본	713	730	778	762	753	756
지배주주지분	673	700	749	731	723	730

기업가치 지표
항목	2011	2012	2013	2014	2015	2016
주가(최고/저)(천원)	6.0/3.0	4.5/3.1	7.2/4.2	6.4/2.7	4.1/2.9	7.2/2.8
PER(최고/저)(배)	10.8/5.4	12.4/8.5	50.0/29.1	296.1/123.7	57.7/41.0	34.4/13.5
PBR(최고/저)(배)	1.3/0.6	0.9/0.6	1.4/0.8	1.2/0.5	0.8/0.5	1.2/0.5
EV/EBITDA(배)	6.1		12.7	11.6	6.5	13.8
EPS(원)	615	395	151	23	73	208
BPS(원)	5,271	5,459	5,583	5,517	5,585	5,748
CFPS(원)	903	677	462	326	369	482
DPS(원)	100	120	80	—	80	90
EBITDAPS(원)	1,078	803	755	516	670	516

재무 비율 〈단위 : %〉
연도	영업이익률	순이익률	부채비율	차입금비율	ROA	ROE	유보율	자기자본비율	EBITDA마진율
2016	4.5	3.6	67.6	52.2	1.9	3.8	1,003.4	59.7	9.6
2015	5.2	0.7	90.1	66.0	0.5	1.4	1,017.0	52.6	9.3
2014	2.7	0.4	104.8	81.0	0.3	0.4	1,003.3	48.8	6.5
2013	5.8	1.9	103.2	79.0	1.3	2.8	1,016.7	49.2	9.9

삼영이엔씨 (A065570)
SAMYUNG ENC

업 종 : 조선		시 장 : KOSDAQ	
신용등급 : (Bond) — (CP) —		기업규모 : 중견	
홈 페 이 지 : www.samyungenc.com		연 락 처 : 051)601-6666	
본 사 : 부산시 영도구 상리로 69			

설 립 일	1995.02.06	종업원수	256명	대표이사	황원
상 장 일	2003.01.21	감사의견	적정 (동원)	계 열	
결 산 기	12월	보 통 주	880만주	종속회사수	
액 면 가	500원	우 선 주		구 상 호	

주주구성 (지분율,%)		출자관계 (지분율,%)		주요경쟁사 (외형,%)	
황원	31.0			삼영이엔씨	100
신영자산운용	8.9			STX중공업	1,162
(외국인)	4.6			디엠씨	358

매출구성		비용구성		수출비중	
선박통신 장비	30.2	매출원가율	53.8	수출	38.3
기타 장비	28.2	판관비율	26.5	내수	61.7
항해 장비	25.8				

회사 개요
동사는 국내 해양전자 통신장비 1위 업체로 상선, 어선, 특수선, 레저보트 등과 관련된 선박의 조난, 통신, 항해 및 어로에 사용되는 통신 및 항해장비를 생산하고 있음. 매출구성은 선박통신장비 36.8%, 항해장비 29.5%, 기타장비의 25.8%, 방산장비 7.9%로 구성됨. 전반적으로 수익성이 높고 안정적인 제품 포트폴리오를 구성함. 국내뿐만 아니라 해외 시장에서 제품다각화, 시장다변화 및 판매서비스망 확충을 통해 사업기반을 확대함.

실적 분석
동사의 2016년 연결기준 매출액은 358.4억원으로 전년대비 3.2% 증가하였음. 매출증가와 원가율 개선으로 매출총이익이 개선됨. 영업이익도 전년대비 18.4% 증가하면서 70.7억원을 기록함. 영업이익 개선과 비영업손익 흑자로 당기순이익은 전년대비 12.6% 증가한 68.4억원을 기록함. 선박의 전장화가 진행되고 있으며 신 법령 규제를 통한 국내외 선박 통신장비의 의무 장착에 따른 수요가 확대 중임.

현금 흐름 *IFRS 별도 기준 〈단위 : 억원〉
항목	2015	2016
영업활동	129	60
투자활동	-30	-44
재무활동	-23	-27
순현금흐름	76	-11
기말현금	121	111

시장 대비 수익률
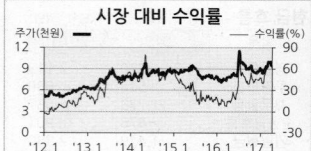

결산 실적 〈단위 : 억원〉
항목	2011	2012	2013	2014	2015	2016
매출액	440	434	449	428	347	358
영업이익	99	105	94	73	60	71
당기순이익	80	82	77	68	61	68

분기 실적 *IFRS 별도 기준 〈단위 : 억원〉
항목	2015.3Q	2015.4Q	2016.1Q	2016.2Q	2016.3Q	2016.4Q
매출액	91	93	77	109	92	80
영업이익	21	17	20	20	14	17
당기순이익	26	11	18	19	6	25

재무 상태 *IFRS 별도 기준 〈단위 : 억원〉
항목	2011	2012	2013	2014	2015	2016
총자산	648	722	790	884	900	936
유형자산	72	92	132	182	176	169
무형자산	80	83	87	92	101	115
유가증권	3		3	3	3	3
총부채	102	112	81	126	99	90
총차입금	32	49	33	54	46	36
자본금	44	44	44	44	44	44
총자본	546	610	709	759	801	846
지배주주지분	546	610	709	759	801	846

기업가치 지표 *IFRS 별도 기준
항목	2011	2012	2013	2014	2015	2016
주가(최고/저)(천원)	5.8/4.4	6.6/5.0	9.0/6.0	10.5/7.5	9.6/7.3	12.2/7.1
PER(최고/저)(배)	7.5/5.7	8.1/6.2	11.5/7.6	14.7/10.5	14.7/11.2	16.2/9.4
PBR(최고/저)(배)	1.1/0.8	1.0/0.8	1.2/0.8	1.3/0.9	1.1/0.9	1.3/0.8
EV/EBITDA(배)	4.4	5.0	6.4	8.4	7.8	7.5
EPS(원)	913	929	873	772	690	777
BPS(원)	6,498	7,228	8,060	8,622	9,102	9,614
CFPS(원)	1,149	1,175	1,129	1,038	957	1,048
DPS(원)	210	210	210	210	231	255
EBITDAPS(원)	1,356	1,445	1,320	1,095	945	1,075

재무 비율 〈단위 : %〉
연도	영업이익률	순이익률	부채비율	차입금비율	ROA	ROE	유보율	자기자본비율	EBITDA마진율
2016	19.7	19.1	10.6	4.2	7.5	8.3	1,822.8	90.4	26.4
2015	17.2	17.5	12.4	5.8	6.8	7.8	1,720.5	89.0	24.0
2014	17.1	15.9	16.6	7.2	8.1	9.3	1,624.4	85.8	22.5
2013	20.9	17.1	11.4	4.7	10.2	11.7	1,512.0	89.8	25.9

삼영전자공업 (A005680)
SAMYOUNG ELECTRONICS

업 종 : 전기장비		시 장 : 거래소	
신용등급 : (Bond) — (CP) —		기업규모 : 시가총액 소형주	
홈페이지 : www.samyoung.co.kr		연 락 처 : 031)743-6701	
본 사 : 경기도 성남시 중원구 사기막골로 47			

설 립 일	1968.08.20	종 업 원 수	712명	대 표 이 사	변동준
상 장 일	1976.12.28	감 사 의 견	적정 (삼화)	계 열	
결 산 기	12월	보 통 주	2,000만주	종속회사수	
액 면 가	500원	우 선 주		구 상 호	

주주구성 (지분율,%)		출자관계 (지분율,%)		주요경쟁사 (외형,%)	
일본케미콘	33.4	성남전기공업	40.9	삼영전자	100
변동준	14.7	일렉트로피아	8.1	일진전기	315
(외국인)	45.7	알펫	3.9	삼화콘덴서	80

매출구성		비용구성		수출비중	
콘덴서	106.3	매출원가율	85.1	수출	—
콘덴서자재	19.6	판관비율	10.4	내수	—
기타	0.9				

회사 개요
동사는 본사 및 청도삼영전자유한공사에서 콘덴서 및 콘덴서자재 등을 생산하여 판매하고 있음. 신규사업으로 녹색기술산업의 기초부품인 태양광 에너지용 초고압 콘덴서와 LED 조명용 장수명 콘덴서에 주력중임. 원자재 수급불균형에 따른 원자재가격 변동, 환율변동, 전반적인 경기침체 등 국내외의 불안요인에도 불구하고 재료사업의 기술개발 및 매출증대, 원가 절감 등의 노력을 통해 수익성 개선에 노력하고 있음.

실적 분석
동사의 2016년 결산 매출액은 전기대비 63억원으로 전년 동기 대비 2.9% 감소한 2,149억원임. 매출부진으로 인하여 영업이익 전년동기 대비 17.3% 감소한 97억원, 당기순이익은 전기대비 4.5% 감소한 132억원으로 전체적으로 다소 감소하였음. 자산 및 자본의 증가원인은 불확실한 환경변화에 대응하기 위하여 현금 등 유동자산 확보를 추진할 결과이며, 부채비율은 5.11%로 견고한 재무구조를 유지하고 있음.

현금 흐름 〈단위 : 억원〉

항목	2015	2016
영업활동	309	217
투자활동	-444	-114
재무활동	-39	-41
순현금흐름	-170	56
기말현금	248	304

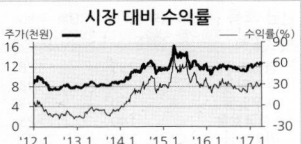

결산 실적 〈단위 : 억원〉

항목	2011	2012	2013	2014	2015	2016
매출액	3,221	2,871	2,714	2,510	2,213	2,149
영업이익	231	115	108	142	117	97
당기순이익	201	86	129	185	138	132

분기 실적 〈단위 : 억원〉

항목	2015.3Q	2015.4Q	2016.1Q	2016.2Q	2016.3Q	2016.4Q
매출액	567	519	515	553	555	526
영업이익	19	27	23	47	23	3
당기순이익	25	33	28	52	28	24

재무 상태 〈단위 : 억원〉

항목	2011	2012	2013	2014	2015	2016
총자산	4,693	4,562	4,670	4,815	4,868	4,926
유형자산	2,020	1,898	1,751	1,637	1,567	1,542
무형자산	9	9	10	9	8	8
유가증권	40	38	59	64	55	55
총부채	420	299	298	286	235	239
총차입금	2	—	6	1	3	1
자본금	100	100	100	100	100	100
총자본	4,273	4,263	4,372	4,529	4,633	4,686
지배주주지분	4,273	4,263	4,372	4,529	4,633	4,686

기업가치 지표

항목	2011	2012	2013	2014	2015	2016
주가(최고/저)(천원)	11.3/6.7	10.0/7.2	8.9/7.7	13.1/8.8	16.3/11.1	12.5/10.3
PER(최고/저)(배)	12.7/7.5	25.5/18.3	14.9/12.8	14.9/9.9	24.3/16.6	19.2/15.9
PBR(최고/저)(배)	0.6/0.4	0.5/0.4	0.4/0.4	0.6/0.4	0.7/0.5	0.5/0.5
EV/EBITDA(배)	1.6	1.3	0.9	1.6	1.8	1.1
EPS(원)	1,004	431	644	925	691	660
BPS(원)	21,367	21,315	21,858	22,646	23,164	23,431
CFPS(원)	1,964	1,449	1,536	1,668	1,272	961
DPS(원)	200	200	200	200	200	200
EBITDAPS(원)	2,118	1,594	1,434	1,455	1,164	783

재무 비율 〈단위 : % 〉

연도	영업이익률	순이익률	부채비율	차입금비율	ROA	ROE	유보율	자기자본비율	EBITDA마진율
2016	4.5	6.2	5.1	0.0	2.7	2.8	4,586.3	95.1	7.3
2015	5.3	6.3	5.1	0.1	2.9	3.0	4,532.7	95.2	10.5
2014	5.7	7.4	6.3	0.0	3.9	4.2	4,429.2	94.1	11.6
2013	4.0	4.8	6.8	0.1	2.8	3.0	4,271.7	93.6	10.6

삼영화학공업 (A003720)
SAMYOUNG CHEMICAL

업 종 : 용기 및 포장		시 장 : 거래소	
신용등급 : (Bond) — (CP) —		기업규모 : 시가총액 소형주	
홈페이지 : www.sycc.co.kr		연 락 처 : 02)771-7670	
본 사 : 서울시 종로구 청계천로 35 관정빌딩 13층			

설 립 일	1959.04.10	종 업 원 수	210명	대 표 이 사	이병호
상 장 일	1976.06.30	감 사 의 견	적정 (바른)	계 열	
결 산 기	12월	보 통 주	3,400만주	종속회사수	
액 면 가	500원	우 선 주		구 상 호	

주주구성 (지분율,%)		출자관계 (지분율,%)		주요경쟁사 (외형,%)	
이석준	20.0	삼영중공업	37.5	삼영화학	100
신영자산운용	8.2	대련삼영화학	100.0	수출포장	201
(외국인)	3.5			한국팩키지	52

매출구성		비용구성		수출비중	
기타	35.8	매출원가율	94.8	수출	28.7
[캐파시타필름]PPC	21.0	판관비율	10.8	내수	71.3
[이축연신필름]BOPP	16.7				

회사 개요
동사는 필름형 박막 콘덴서(전류안정화장치, 축전기) 소재인 캐파시타 필름을 국내에서 유일하게 생산하는 업체임. 주력제품인 캐파시타 필름의 국내시장은 90%가량을 점유하고 있고, BOPP와 PVC는 국내 시장에서 20% 내외의 점유율을 차지함. 이 외에도 WRAP, PE WRAP, 합성지 등을 생산하고 있음. 동사는 삼영중공업과 대련삼영화학(유)를 계열회사로 두고 있음

실적 분석
동사의 2016년 결산기준 누적매출액은 1,136.4억원으로 9.9% 감소하였음. 매출원가 축소 및 판관비 절감노력을 통해 영업이익의 적자폭을 줄이기위해 노력하였으나 아직 적자지속중에 있으며 최종적으로 당기순이익은 107.4억원의 손실을 달성함. 현재의 포장재 필름의 업계 현황은 공급과잉 상태에 있고 중국 수입물품에 따라 상황은 더욱 악화될 우려가 있으므로 이에 따른 대책으로 적극적인 해외 시장 개척을 진행하고 있음

현금 흐름 〈단위 : 억원〉

항목	2015	2016
영업활동	50	85
투자활동	-50	-20
재무활동	-5	-51
순현금흐름	-5	14
기말현금	13	27

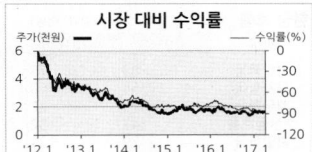

결산 실적 〈단위 : 억원〉

항목	2011	2012	2013	2014	2015	2016
매출액	2,410	2,157	1,838	1,594	1,261	1,136
영업이익	262	69	-76	-109	-125	-64
당기순이익	187	51	-85	-172	-128	-107

분기 실적 〈단위 : 억원〉

항목	2015.3Q	2015.4Q	2016.1Q	2016.2Q	2016.3Q	2016.4Q
매출액	291	300	307	303	276	251
영업이익	-26	-78	-9	-4	-16	-43
당기순이익	-24	-79	-12	-9	-15	-71

재무 상태 〈단위 : 억원〉

항목	2011	2012	2013	2014	2015	2016
총자산	2,223	2,079	1,987	1,865	1,702	1,566
유형자산	1,144	1,170	1,257	1,231	1,133	1,035
무형자산	23	20	18	18	19	18
유가증권	0	0	0	1	1	1
총부채	830	715	619	663	626	603
총차입금	442	378	258	369	364	313
자본금	170	170	170	170	170	170
총자본	1,394	1,364	1,368	1,202	1,077	963
지배주주지분	1,278	1,258	1,152	997	884	808

기업가치 지표

항목	2011	2012	2013	2014	2015	2016
주가(최고/저)(천원)	6.2/2.1	6.2/3.0	3.5/2.0	2.5/1.5	2.2/1.4	2.1/1.4
PER(최고/저)(배)	10.8/3.7	35.1/17.2	—/—	—/—	—/—	—/—
PBR(최고/저)(배)	1.7/0.6	1.7/0.8	1.0/0.6	0.8/0.5	0.8/0.6	0.9/0.6
EV/EBITDA(배)	6.6	11.6	36.2	201.1	48.2	17.5
EPS(원)	591	180	-202	-473	-340	-206
BPS(원)	3,759	3,701	3,388	2,933	2,601	2,377
CFPS(원)	810	332	107	-136	97	145
DPS(원)	150	50				
EBITDAPS(원)	991	354	87	16	70	164

재무 비율 〈단위 : % 〉

연도	영업이익률	순이익률	부채비율	차입금비율	ROA	ROE	유보율	자기자본비율	EBITDA마진율
2016	-5.6	-9.5	62.7	32.5	-6.6	-8.3	375.4	61.5	4.9
2015	-9.9	-10.2	58.1	33.8	-7.2	-12.3	420.2	63.2	1.9
2014	-6.9	-10.8	55.1	30.7	-8.9	-15.0	486.6	64.5	0.3
2013	-4.1	-4.6	45.2	18.8	-4.2	-5.7	577.5	68.9	1.6

삼우엠스 (A082660)
SamwooEms

업 종 : 휴대폰 및 관련부품		시 장 : KOSDAQ	
신용등급 : (Bond) — (CP) —		기업규모 : 중견	
홈페이지 : www.samwooems.com		연 락 처 : 053)605-8500	
본 사 : 대구시 달서구 성서공단북로 77-20			

설 립 일 2001.06.20	종 업 원 수 93명	대 표 이 사 안건준
상 장 일 2005.10.05	감 사 의 견 적정 (세영)	계 열
결 산 기 12월	보 통 주 2,009만주	종속회사수
액 면 가 500원	우 선 주	구 상 호 크루셜엠스

주주구성 (지분율,%)		출자관계 (지분율,%)		주요경쟁사 (외형,%)	
크루셜텍	27.8	천진삼우엠스유한공사 100.0		삼우엠스	100
아이디어브릿지자산운용	4.7	SamwooemsVinaCo.,Ltd. 100.0		알에프세미	31
(외국인)	0.4			인포마크	31

매출구성		비용구성		수출비중	
휴대폰ASS'Y	76.2	매출원가율	93.1	수출	81.2
해외(현지)법인 원.부자재 등	22.5	판관비율	5.7	내수	18.8
제품기타(개발 SAMPLE 진행 및 기술용역 등)	1.3				

회사 개요
동사는 모바일 케이스 제조, 판매를 주요 사업으로 하고 있는 기업으로 최근 생체인식 모듈 패키징과 베젤 제조 등 신규 사업에도 진출하여 매출이 발생되고 있음. 제품매출 중 휴대폰 케이스 부문은 주로 삼성전자 갤럭시 시리즈를 대상으로 하고 있으며 전체 매출의 42.8%를 차지함. 모바일용 지문인식 트랙패드는 매출의 38.7%를 차지함. 동사는 삼성전자 중국공장에 원활한 납품을 위해 중국 천진에 천진크루셜엠스유한공사를 설립해 계열회사로 두고 있음.

실적 분석
2016년 연결기준 누적 매출액은 약 2,072.7억원으로 전년동기대비 21% 감소, 영업이익은 약 24억원으로 전년동기대비 55% 감소함. 주력사업인 모바일 사출 시장 위축과 환율 하락의 영향으로 전체 실적이 감소함. 생체인식모듈 부문은 신규로 발생하며 별도기준 매출액은 전년대비 증가하였으나, 연결회사 실적 부진으로 외형 축소함. 원가절감 및 생산성 향상을 위해 BTP 전공정 라인의 베트남 이전도 진행 중에 있음.

현금 흐름 〈단위 : 억원〉

항목	2015	2016
영업활동	83	75
투자활동	-55	-50
재무활동	19	27
순현금흐름	47	52
기말현금	79	131

시장 대비 수익률
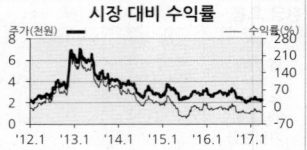

결산 실적 〈단위 : 억원〉

항목	2011	2012	2013	2014	2015	2016
매출액	419	1,446	3,296	3,402	2,636	2,073
영업이익	-124	39	87	112	53	24
당기순이익	-140	7	67	59	9	-65

분기 실적 〈단위 : 억원〉

항목	2015.3Q	2015.4Q	2016.1Q	2016.2Q	2016.3Q	2016.4Q
매출액	727	790	546	553	504	470
영업이익	20	22	13	17	11	-17
당기순이익	13	4	-6	5	3	-67

재무 상태 〈단위 : 억원〉

항목	2011	2012	2013	2014	2015	2016
총자산	559	1,139	1,832	1,797	1,935	1,972
유형자산	468	621	788	903	964	908
무형자산	4	6	9	7	19	118
유가증권	—	1		5	—	—
총부채	346	831	1,412	1,266	1,336	1,280
총차입금	268	529	773	702	782	698
자본금	32	45	54	55	58	100
총자본	213	308	420	531	599	693
지배주주지분	213	308	420	531	592	693

기업가치 지표

항목	2011	2012	2013	2014	2015	2016
주가(최고/저)(천원)	2.8/1.3	7.1/2.0	7.1/3.6	4.2/2.5	3.8/2.2	3.4/1.9
PER(최고/저)(배)	—/—	82.6/23.0	11.9/6.1	8.4/4.9	374.1/222.6	—/—
PBR(최고/저)(배)	1.0/0.5	2.2/0.6	2.0/1.0	0.9/0.5	0.8/0.5	1.0/0.6
EV/EBITDA(배)		14.9	9.4	5.5	8.0	9.0
EPS(원)	-1,885	86	592	501	10	-475
BPS(원)	3,377	3,451	3,880	4,898	5,236	3,524
CFPS(원)	-1,663	566	1,101	1,101	689	114
DPS(원)	—	—	—	—	—	—
EBITDAPS(원)	-1,414	960	1,297	1,599	1,133	762

재무 비율 〈단위 : % 〉

연도	영업이익률	순이익률	부채비율	차입금비율	ROA	ROE	유보율	자기자본비율	EBITDA마진율
2016	1.1	-3.1	184.7	100.8	-3.3	-10.1	604.9	35.1	5.0
2015	2.0	0.4	223.2	130.6	0.5	0.2	947.2	30.9	5.0
2014	3.3	1.7	238.6	132.2	3.2	12.3	879.6	29.5	5.1
2013	2.7	2.0	336.4	184.1	4.5	18.4	676.1	22.9	4.1

삼원강재 (A023000)
SAMWONSTEEL

업 종 : 자동차부품		시 장 : 거래소	
신용등급 : (Bond) — (CP) —		기업규모 : 시가총액 소형주	
홈페이지 : www.samwon-steel.co.kr		연 락 처 : 054)289-1983	
본 사 : 경북 포항시 남구 대송면 철강산단로66번길 40			

설 립 일 1992.07.21	종 업 원 수 275명	대 표 이 사 장범석,허재철
상 장 일 2011.07.22	감 사 의 견 적정 (원진)	계 열
결 산 기 12월	보 통 주 4,000만주	종속회사수
액 면 가 500원	우 선 주	구 상 호

주주구성 (지분율,%)		출자관계 (지분율,%)		주요경쟁사 (외형,%)	
대원강업	50.0	DAEWONAMERICAINC. 18.0		삼원강재	100
포스코	14.3			코프라	48
(외국인)	0.9			쌍용머티리얼	40

매출구성		비용구성		수출비중	
소재가공 제품	50.1	매출원가율	89.9	수출	37.0
스프링 제품	47.9	판관비율	4.1	내수	63.0
기타	2.1				

회사 개요
동사는 1992년 평강 및 자동차용 판스프링의 제조, 판매를 목적으로 설립됨. 완제품인 판스프링과 스프링 제품의 중간재인 소재를 생산하는 회사로서 목표시장은 스프링부문과 소재가공부문임. 국내 스프링 소재시장에서 열간압연제품을 독점 유지하고 있음. 소가가공부문과 판스프링 부문은 동사와 더불어 대원강업, 삼목강업 3개사의 과점체제로 유지됨. 해외에서는 일본 기업과 경쟁하고 있으나 생산 측면에서 3배 수준의 우위를 겸함.

실적 분석
동사의 2016년 누적 매출액은 2684억원으로 소재가공 제품의 판매가 증가했음에도 스프링 제품의 판매 감소로 전년동기 소폭 감소한 수준을 유지함. 신제품 경량화, 고기능화 추세에 따른 지속적인 신규수요 창출로 파이프 및 고기능소재가 포함된 소재가공품의 성장이 기대됨. 또한, 지속적으로 생산성향상과 원가절감에 주력하고 있음. 연구개발을 통해 수주확대와 생산성 향상이 기대됨.

현금 흐름 *IFRS 별도 기준 〈단위 : 억원〉

항목	2015	2016
영업활동	235	126
투자활동	-45	-146
재무활동	-50	-3
순현금흐름	140	-23
기말현금	296	273

시장 대비 수익률
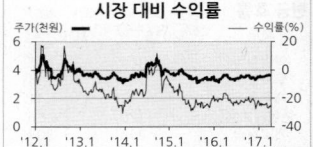

결산 실적 〈단위 : 억원〉

항목	2011	2012	2013	2014	2015	2016
매출액	3,470	3,494	3,134	2,829	2,723	2,684
영업이익	263	246	187	159	187	159
당기순이익	205	186	150	145	158	142

분기 실적 *IFRS 별도 기준 〈단위 : 억원〉

항목	2015.3Q	2015.4Q	2016.1Q	2016.2Q	2016.3Q	2016.4Q
매출액	661	709	680	678	620	705
영업이익	58	37	44	43	33	40
당기순이익	43	34	36	40	27	38

재무 상태 *IFRS 별도 기준 〈단위 : 억원〉

항목	2011	2012	2013	2014	2015	2016
총자산	2,178	2,058	2,039	2,112	2,235	2,343
유형자산	668	774	884	990	1,013	1,079
무형자산	5	7	7	6	6	6
유가증권	1	1	1	3	3	20
총부채	821	557	432	417	443	451
총차입금	27	15	15	15	12	59
자본금	200	200	200	200	200	200
총자본	1,357	1,501	1,607	1,695	1,791	1,892
지배주주지분	1,357	1,501	1,607	1,695	1,791	1,892

기업가치 지표 *IFRS 별도 기준

항목	2011	2012	2013	2014	2015	2016
주가(최고/저)(천원)	7.7/3.1	5.5/3.3	4.1/3.1	4.9/3.2	4.0/3.0	3.7/3.1
PER(최고/저)(배)	15.6/6.2	13.7/8.2	12.4/9.3	14.8/9.7	10.9/8.2	10.8/9.2
PBR(최고/저)(배)	2.7/1.1	1.7/1.0	1.2/0.9	1.3/0.8	1.0/0.7	0.8/0.7
EV/EBITDA(배)	5.7	6.4	5.4	7.1	4.9	5.4
EPS(원)	591	466	375	363	396	355
BPS(원)	3,392	3,753	4,019	4,238	4,478	4,730
CFPS(원)	714	570	493	485	524	511
DPS(원)	110	110	120	120	125	125
EBITDAPS(원)	883	720	585	521	596	554

재무 비율 〈단위 : % 〉

연도	영업이익률	순이익률	부채비율	차입금비율	ROA	ROE	유보율	자기자본비율	EBITDA마진율
2016	5.9	5.3	23.8	3.1	6.2	7.7	846.0	80.8	8.3
2015	6.9	5.8	24.8	0.7	7.3	9.1	795.7	80.2	8.8
2014	5.6	5.1	24.6	0.9	7.0	8.8	747.6	80.3	7.4
2013*	6.0	4.8	26.9	0.9	7.3	9.6	703.7	78.8	7.5

삼원테크 (A073640)
SAM WON TECHCo

업 종 : 기계		시 장 : KOSDAQ	
신용등급 : (Bond) — (CP) —		기업규모 :	
홈페이지 : www.samwon-tech.com		연락처 : 055)213-7000	
본 사 : 경남 창원시 성산구 창원대로 1144번길 78(성주동)			

설 립 일	1993.10.19	종업원수	78명	대표이사	이택우
상 장 일	2004.01.06	감사의견	적정 (안진)	계 열	
결 산 기	12월	보통주	2,831만주	종속회사수	
액 면 가	500원	우 선 주		구 상 호	

주주구성 (지분율,%)		출자관계 (지분율,%)		주요경쟁사 (외형,%)	
이택우	18.3	삼원테크	100		
새마을금고연합회	4.5	맥스로텍	177		
(외국인)	10.9	카스	581		

매출구성		비용구성		수출비중	
유압용 관이음쇠 37°type	30.6	매출원가율	96.1	수출	80.7
유압용 관이음쇠 30°type	26.2	판관비율	22.8	내수	19.3
유압용 관이음쇠 ORFS	24.0				

회사 개요
동사는 건설 및 산업용 관이음쇠 전문 생산 업체로서, 주로 건설중장비, 산업차량, 군장비, 농업용 기계 등에 사용되는 고압용 유압 관이음쇠를 생산 중임. 2009년에는 금융위기 여파로 전세계적 건설경기 침체가 지속되면서 동사의 영업환경도 악화되는 추세를 보임. 초기 내수 위주에서 시작하여 현재는 미국, 유럽 등지에 활발히 수출 중임. 연결대상 종속회사로 삼원USA를 보유 중임.

실적 분석
동사의 고압용 유압 관이음쇠는 대부분 건설 중장비에 사용되어 국내외 건설경기와 유사한 방향성을 갖는 바, 동사의 2016년 연간 매출규모는 전년동기 대비 21.7% 감소한 226.7억원을 시현함. 인건비 등 원가절감에도 불구하고 영업손실이 42.8억원으로 전년에 이어 적자가 지속되었으며, 당기순손실도 83.1억원으로 적자지속함. 동사의 수출 및 내수비중은 각각 80.69% 및 19.31%임.

현금 흐름 〈단위 : 억원〉

항목	2015	2016
영업활동	-86	-26
투자활동	473	36
재무활동	-399	-7
순현금흐름	-12	3
기말현금	6	10

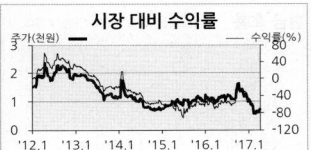

시장 대비 수익률

결산 실적 〈단위 : 억원〉

항목	2011	2012	2013	2014	2015	2016
매출액	542	469	324	341	289	227
영업이익	51	40	-44	-61	-95	-43
당기순이익	13	29	-54	-117	-291	-83

분기 실적 〈단위 : 억원〉

항목	2015.3Q	2015.4Q	2016.1Q	2016.2Q	2016.3Q	2016.4Q
매출액	83	53	68	75	70	13
영업이익	-21	-48	-6	-11	-3	-22
당기순이익	-14	-183	-7	-34	-11	-32

재무 상태 〈단위 : 억원〉

항목	2011	2012	2013	2014	2015	2016
총자산	1,433	1,404	1,449	1,401	590	460
유형자산	715	727	822	811	260	144
무형자산	1	1	1	1		1
유가증권	1	11	1	1	1	—
총부채	863	812	904	971	452	389
총차입금	651	682	757	754	363	315
자본금	90	90	90	135	135	142
총자본	570	592	545	430	138	70
지배주주지분	570	592	545	430	138	70

기업가치 지표

항목	2011	2012	2013	2014	2015	2016
주가(최고/저)(천원)	2.0/1.3	2.4/1.5	2.0/1.0	1.8/0.7	1.3/0.7	1.7/0.9
PER(최고/저)(배)	41.5/28.6	21.9/14.0	—/—	—/—	—/—	—/—
PBR(최고/저)(배)	0.9/0.6	1.0/0.7	0.9/0.5	1.1/0.4	2.1/1.2	6.8/3.7
EV/EBITDA(배)	15.1	20.2	—	—	—	—
EPS(원)	47	108	-201	-436	-1,080	-297
BPS(원)	3,302	3,425	3,162	1,689	604	248
CFPS(원)	145	251	-208	-376	-1,034	-281
DPS(원)	—	—	—	—	—	—
EBITDAPS(원)	361	312	-149	-167	-307	-137

재무 비율 〈단위 : % 〉

연도	영업이익률	순이익률	부채비율	차입금비율	ROA	ROE	유보율	자기자본비율	EBITDA마진율
2016	-18.9	-36.6	일부잠식	일부잠식	-15.8	-79.7	-50.5	15.3	-16.9
2015	-32.9	-100.4	326.9	262.8	-29.2	-102.3	20.9	23.4	-28.6
2014	-18.0	-34.4	225.8	175.3	-8.2	-24.1	237.8	30.7	-13.2
2013	-13.5	-16.7	166.0	139.0	-3.8	-9.5	532.4	37.6	-8.3

삼익악기 (A002450)
Samick Musical Instruments

업 종 : 레저용품		시 장 : 거래소	
신용등급 : (Bond) — (CP) —		기업규모 : 시가총액 소형주	
홈페이지 : www.samick.co.kr		연락처 : 1688-3151	
본 사 : 충북 음성군 소이면 소이로 313			

설 립 일	1958.09.01	종업원수	111명	대표이사	김종섭,이형국
상 장 일	1988.09.30	감사의견	적정 (삼일)	계 열	
결 산 기	12월	보통주	9,053만주	종속회사수	
액 면 가	500원	우 선 주		구 상 호	

주주구성 (지분율,%)		출자관계 (지분율,%)		주요경쟁사 (외형,%)	
김종섭	18.5	제이에스자산운용	100.0	삼익악기	100
스페코	13.0	글로벌에너지솔루션	100.0	TJ미디어	37
(외국인)	1.8	삼익뮤직스쿨	100.0	볼빅	15

매출구성		비용구성		수출비중	
업라이트피아노	39.8	매출원가율	64.5	수출	—
일반기타	24.1	판관비율	29.1	내수	—
기타	19.5				

회사 개요
동사는 1958년 설립된 국내 최대의 종합악기 회사로서 1998년 한국거래소에 상장됨. 국내 피아노 시장에서 독과점적인 지위, 세계 피아노 시장에서도 정상급의 위상을 보유하고 있음. 회사의 주요 사업부별 매출 품목군은 피아노, 기타, 현악기, 일반악기 등으로 구성. 생산 거점기지인 인도네시아 현지법인에서 생산한 제품을 본사에서 매입해 제국국으로 수출하는 중계무역 매출비중이 높음. 미국, 중국, 독일 등의 판매영업망을 통하여 안정적 판로를 확보함.

실적 분석
동사의 2016년 연결기준 누적 매출액은 전년 대비 29.8% 증가한 2,086.5억원을 기록함. 인천국제공항 면세사업권 운영사업 계약 체결로 면세부문 매출 발생. 계약기간은 2015년 12월부터 2020년 8월까지임. 매출총이익은 50.7% 늘어났지만 인건비 및 기타판매비와 관리비가 증가한 탓으로 영업이익은 133.7억원으로 전년보다 10% 감소함.

현금 흐름 〈단위 : 억원〉

항목	2015	2016
영업활동	39	-118
투자활동	-34	-159
재무활동	208	83
순현금흐름	232	-186
기말현금	740	554

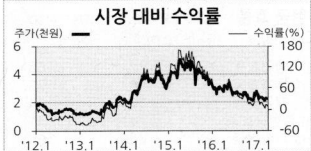

시장 대비 수익률

결산 실적 〈단위 : 억원〉

항목	2011	2012	2013	2014	2015	2016
매출액	1,647	1,556	1,584	1,551	1,607	2,086
영업이익	89	122	175	189	148	134
당기순이익	18	76	461	106	81	62

분기 실적 〈단위 : 억원〉

항목	2015.3Q	2015.4Q	2016.1Q	2016.2Q	2016.3Q	2016.4Q
매출액	425	379	541	531	554	461
영업이익	46	19	29	25	33	47
당기순이익	61	-36	16	26	-3	23

재무 상태 〈단위 : 억원〉

항목	2011	2012	2013	2014	2015	2016
총자산	3,518	3,230	3,448	3,788	4,085	4,140
유형자산	614	579	515	552	629	689
무형자산	26	25	22	32	36	35
유가증권	143	121	35	127	257	269
총부채	2,072	1,790	1,631	1,663	1,904	1,896
총차입금	1,624	1,410	1,118	1,061	1,305	1,502
자본금	353	353	353	419	419	419
총자본	1,446	1,440	1,817	2,125	2,181	2,244
지배주주지분	1,443	1,438	1,815	2,117	2,175	2,239

기업가치 지표

항목	2011	2012	2013	2014	2015	2016
주가(최고/저)(천원)	2.2/1.0	2.0/1.1	2.4/1.1	4.4/1.9	5.3/3.1	3.5/2.1
PER(최고/저)(배)	77.6/35.1	19.5/11.1	4.0/1.7	35.2/15.0	55.5/32.0	47.3/27.8
PBR(최고/저)(배)	1.2/0.5	1.0/0.6	1.0/0.4	1.8/0.8	2.0/1.2	1.3/0.8
EV/EBITDA(배)	20.8	12.3	5.9	12.8	17.9	16.3
EPS(원)	31	109	654	132	99	75
BPS(원)	2,045	2,039	2,715	2,644	2,712	2,789
CFPS(원)	97	172	765	181	147	132
DPS(원)	30		50	50	50	50
EBITDAPS(원)	193	236	309	282	225	216

재무 비율 〈단위 : % 〉

연도	영업이익률	순이익률	부채비율	차입금비율	ROA	ROE	유보율	자기자본비율	EBITDA마진율
2016	6.4	3.0	84.5	66.9	1.5	2.9	457.8	54.2	8.7
2015	9.2	5.1	87.3	59.8	2.1	3.9	442.4	53.4	11.8
2014	12.2	6.8	78.3	49.9	2.9	5.4	428.7	56.1	14.8
2013	11.1	29.1	89.7	61.6	13.8	28.4	442.9	52.7	13.8

삼익티에이치케이 (A004380)
Samick THK

업 종: 기계			시 장: 거래소		
신용등급: (Bond) — (CP) —			기업규모: 시가총액 소형주		
홈페이지: www.samickthk.co.kr			연 락 처: 053)665-7000		
본 사: 대구시 달서구 성서동로 163 (월암동)					

설 립 일 1960.05.10	종 업 원 수 531명	대 표 이 사 진영환
상 장 일 1989.09.26	감 사 의 견 적정 (삼정)	계 열
결 산 기 12월	보 통 주 2,100만주	종속회사수
액 면 가 500원	우 선 주	구 상 호

주주구성 (지분율,%)
T.H.K	33.3
진영환	8.1
(외국인)	34.8

출자관계 (지분율,%)
삼익키리우	38.1
삼익SDT	18.0
기업구조조정조합1호	3.7

주요경쟁사 (외형,%)
삼익THK	100
와이지-원	133
태광	97

매출구성
LM시스템	53.1
메카트로시스템	31.1
기타 상품	13.5

비용구성
매출원가율	80.1
판관비율	11.3

수출비중
수출	2.0
내수	98.0

회사 개요
동사는 수공용 줄을 생산, 판매할 목적으로 1965년 설립돼 1989년 유가증권시장에 상장됨. 산업설비 자동화, 반도체 제조장비 및 시험장비, 정밀 의료기기, 공작기계 등에 필수요소부품인 LM시스템과 LM가이드, 볼스크류, 서보모터, 감속기 등을 조합한 메카트로시스템 사업을 영위함. 2016년도 매출 성장은 주로 IT대기업의 반도체 및 OLED 생산설비 확충에 기인함.

실적 분석
동사의 2016년 기준 매출액은 전년대비 9.2% 성장한 2,510.8억원을 기록함. 외형성장에도 원가율은 소폭 악화되어 영업이익은 전년대비 11.8% 감소한 216.7억원, 당기순이익은 7.1% 감소한 165.4억원을 보임. 제품별 매출비중은 LM시스템 54.9%, 메카트로시스템 29.4% 및 기타로 구성되며 당기의 매출액 성장은 주로 LM시스템의 업황 호조에 기인함.

현금 흐름 *IFRS 별도 기준 〈단위 : 억원〉
항목	2015	2016
영업활동	221	-68
투자활동	-83	-78
재무활동	-179	104
순현금흐름	-41	-41
기말현금	206	165

시장 대비 수익률
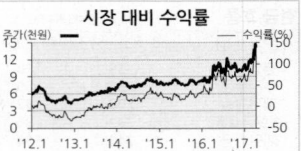

결산 실적 〈단위 : 억원〉
항목	2011	2012	2013	2014	2015	2016
매출액	2,765	1,868	1,967	1,885	2,300	2,511
영업이익	347	46	184	169	246	217
당기순이익	246	95	173	176	178	165

분기 실적 *IFRS 별도 기준 〈단위 : 억원〉
항목	2015.3Q	2015.4Q	2016.1Q	2016.2Q	2016.3Q	2016.4Q
매출액	689	533	421	580	655	855
영업이익	83	28	32	48	33	103
당기순이익	49	21	21	27	32	86

재무 상태 *IFRS 별도 기준 〈단위 : 억원〉
항목	2011	2012	2013	2014	2015	2016
총자산	2,665	2,011	2,057	2,162	2,193	2,625
유형자산	1,059	1,060	1,001	990	1,004	990
무형자산	12	12	12	12	13	13
유가증권	32	—	23	18	11	10
총부채	1,506	832	753	771	688	1,028
총차입금	796	579	337	308	199	365
자본금	105	105	105	105	105	105
총자본	1,158	1,180	1,304	1,391	1,505	1,598
지배주주지분	1,158	1,180	1,304	1,391	1,505	1,598

기업가치 지표 *IFRS 별도 기준
항목	2011	2012	2013	2014	2015	2016
주가(최고/저)(천원)	9.8/4.3	7.6/4.3	7.1/4.8	8.9/6.9	8.7/7.3	12.6/8.0
PER(최고/저)(배)	10.4/4.6	20.0/11.3	9.9/6.7	11.7/9.0	10.9/9.2	16.4/10.4
PBR(최고/저)(배)	2.2/1.0	1.6/0.9	1.3/0.9	1.5/1.1	1.3/1.1	1.7/1.1
EV/EBITDA(배)	4.7	11.4	6.6	7.1	5.5	8.0
EPS(원)	1,172	452	824	840	848	787
BPS(원)	5,560	5,662	6,255	6,669	7,211	7,653
CFPS(원)	1,554	893	1,267	1,263	1,232	1,214
DPS(원)	300	250	300	300	300	330
EBITDAPS(원)	2,036	661	1,320	1,229	1,554	1,458

재무 비율 〈단위 : % 〉
연도	영업이익률	순이익률	부채비율	차입금비율	ROA	ROE	유보율	자기자본비율	EBITDA마진율
2016	8.6	6.6	64.3	22.8	6.9	10.7	1,430.6	60.9	12.2
2015	10.7	7.7	45.7	13.2	8.2	12.3	1,342.2	68.6	14.2
2014	9.0	9.4	55.5	22.1	8.4	13.1	1,233.7	64.3	13.7
2013	9.4	8.8	57.7	25.8	8.5	13.9	1,151.0	63.4	14.1

삼일 (A032280)
SAMIL

업 종: 육상운수			시 장: KOSDAQ		
신용등급: (Bond) — (CP) —			기업규모: 중견		
홈페이지: www.samil31.co.kr			연 락 처: 054)289-1062		
본 사: 경북 포항시 남구 대송면 송덕로 125-15 (옥명리)					

설 립 일 1965.12.08	종 업 원 수 129명	대 표 이 사 이정식,안인수
상 장 일 1997.03.15	감 사 의 견 적정 (성문)	계 열
결 산 기 12월	보 통 주 1,621만주	종속회사수
액 면 가 1,000원	우 선 주	구 상 호

주주구성 (지분율,%)
티디홀딩스	9.3
(학)벽산학원	7.3
(외국인)	2.2

출자관계 (지분율,%)
제7부두운영	20.0
에스엘와이	19.0
포항스틸러스	16.7

주요경쟁사 (외형,%)
삼일	100
KCTC	378
동양고속	168

매출구성
사업수익(용역)	61.9
하역수익(용역)	32.4
유류수익(상품)	5.8

비용구성
매출원가율	88.3
판관비율	8.7

수출비중
수출	0.0
내수	100.0

회사 개요
동사는 1965년 설립된 육상 화물 운송 전문 기업임. 포스코 설립시부터 내수 제품의 최대 물류 협력 업체로 거래 중임. 포항지역 최대 화물터미널과 포항항 7, 8번 부두의 운영, 건설, 하역 등의 부대사업도 영위함. 자동화 창고 등 화물보관시설도 갖추고 있음. 포스코와 당진 제철소 등에서 생산되는 철강제품을 전국 각지 수요처로 운송하는 것이 주력 사업임. 매출 구성은 운송, 터미널 사업 62%, 하역 33%, 유류 5%로 구성됨.

실적 분석
동사의 2016년 연결기준 매출액은 925.5억원으로 전년도 매출액 951억원에서 2.7% 감소함. 매출은 줄었으나 매출원가율 개선과 판매비와 관리비 감소에 힘입어 영업이익은 전년도 대비 439.2% 증가한 27.7억원을 시현함. 그러나 당기순이익은 87.6% 감소한 25.4억원을 기록함. 비영업부문에서 거둬들인 이익이 98% 감소해 5.3억원을 기록하는 데 그친 게 주요 원인임.

현금 흐름 *IFRS 별도 기준 〈단위 : 억원〉
항목	2015	2016
영업활동	-54	-102
투자활동	439	78
재무활동	-362	8
순현금흐름	23	-15
기말현금	23	8

시장 대비 수익률
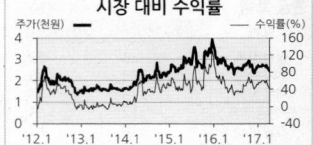

결산 실적 〈단위 : 억원〉
항목	2011	2012	2013	2014	2015	2016
매출액	883	857	929	999	951	925
영업이익	36	33	45	29	5	28
당기순이익	15	2	48	28	205	25

분기 실적 *IFRS 별도 기준 〈단위 : 억원〉
항목	2015.3Q	2015.4Q	2016.1Q	2016.2Q	2016.3Q	2016.4Q
매출액	234	234	234	240	223	229
영업이익	6	4	12	5	7	3
당기순이익	6	-53	9	9	5	2

재무 상태 *IFRS 별도 기준 〈단위 : 억원〉
항목	2011	2012	2013	2014	2015	2016
총자산	889	1,060	1,105	1,083	955	869
유형자산	708	821	820	643	653	662
무형자산	5	5	5	5	5	5
유가증권	3	4	4	5	5	4
총부채	613	784	781	735	372	272
총차입금	433	592	479	498	115	137
자본금	147	147	147	147	162	162
총자본	276	275	324	349	583	597
지배주주지분	276	275	324	349	583	597

기업가치 지표 *IFRS 별도 기준
항목	2011	2012	2013	2014	2015	2016
주가(최고/저)(천원)	2.0/1.3	2.9/1.3	1.8/1.4	3.0/1.6	4.0/2.3	3.7/2.3
PER(최고/저)(배)	20.0/13.1	212.3/99.0	5.8/4.4	16.1/8.6	3.2/1.9	23.7/14.9
PBR(최고/저)(배)	1.1/0.7	1.6/0.7	0.9/0.6	1.3/0.7	1.1/0.7	1.0/0.6
EV/EBITDA(배)	14.8	19.4	12.1	19.4	30.1	12.7
EPS(원)	104	14	329	190	1,267	157
BPS(원)	1,922	1,921	2,251	2,419	3,639	3,726
CFPS(원)	149	80	424	295	1,363	256
DPS(원)	—	—	—	—	70	50
EBITDAPS(원)	290	288	399	301	127	270

재무 비율 〈단위 : % 〉
연도	영업이익률	순이익률	부채비율	차입금비율	ROA	ROE	유보율	자기자본비율	EBITDA마진율
2016	3.0	2.8	45.5	22.9	2.8	4.3	272.6	68.7	4.7
2015	0.5	21.6	63.8	19.7	20.2	44.1	263.9	61.1	2.2
2014	2.9	2.8	210.7	142.8	2.6	8.3	141.9	32.2	4.4
2013	4.8	5.2	241.1	147.9	4.5	16.1	125.1	29.3	6.3

삼일기업공사 (A002290)
SAMIL ENTERPRISE

업 종 : 건설		시 장 : KOSDAQ	
신용등급 : (Bond) — (CP) —		기업규모 : 벤처	
홈페이지 : www.samilenter.com		연락처 : 02)564-3131	
본 사 : 서울시 강남구 언주로 329			

설 립 일 1958.02.05	종업원수 35명	대표이사 박종웅
상 장 일 1992.11.30	감사의견 적정(대주)	계 열
결 산 기 12월	보통주 1,240만주	종속회사수
액 면 가 500원	우 선 주	구 상 호

주주구성 (지분율,%)		출자관계 (지분율,%)		주요경쟁사 (외형,%)	
박종웅	41.0	삼일기업공사	100		
동양종합금융증권	5.7	신원종합개발	410		
(외국인)	3.0	동신건설	230		

매출구성		비용구성		수출비중	
건축(공사)	90.1	매출원가율	88.9	수출	—
토목(공사)	5.5	판관비율	10.9	내수	—
F.E.D.(기타)	4.0				

회사 개요
1958년 설립 이후 꾸준히 미육군 극동공병단(F.E.D) 발주공사를 수주해 오고 있는 종합건설업체로 2013년 기준 도급순위 148위임. 국내 건축공사 비중이 전체 매출의 약 85%, 토목공사가 10%, F.E.D공사가 5%를 차지하고 있으며, 건축공사의 경우 민간부문이 대부분이며, 토목공사는 관급공사의 비중이 민간공사에 비해 훨씬 큼. 2015년 말 부채비율은 19.2%, 유동비율 603%로 재무건전성은 매우 안정적인 수준임.

실적 분석
동사의 2016년 연결기준 결산 매출액은 전년대비 대폭(61.5%) 감소한 282.4억원을 기록하였고, 영업이익 역시 전년 대비 대폭(98.1%) 감소한 0.6억원을 시현하였음. 매출 감소와 비용의 증가 따라 수익성이 악화되었고 그로 인해 당기순이익 역시 6.9억원을 기록하여 전년 동기 대비 78.3% 감소를 기록하였음. 이는 민간 및 간급 토목공사의 실적이 감소하고 있기 때문으로 분석됨.

현금 흐름 *IFRS 별도 기준 〈단위 : 억원〉

항목	2015	2016
영업활동	48	20
투자활동	109	-7
재무활동	-2	-3
순현금흐름	155	10
기말현금	263	273

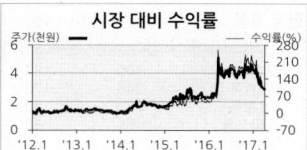

시장 대비 수익률

결산 실적 〈단위 : 억원〉

항목	2011	2012	2013	2014	2015	2016
매출액	387	529	314	650	733	282
영업이익	14	26	6	10	32	1
당기순이익	20	30	14	16	32	7

분기 실적 *IFRS 별도 기준 〈단위 : 억원〉

항목	2015.3Q	2015.4Q	2016.1Q	2016.2Q	2016.3Q	2016.4Q
매출액	170	217	98	61	38	86
영업이익	2	21	3	-2	-3	2
당기순이익	3	18	5	0	-1	3

재무 상태 *IFRS 별도 기준 〈단위 : 억원〉

항목	2011	2012	2013	2014	2015	2016
총자산	517	550	531	617	625	625
유형자산	41	40	40	40	40	43
무형자산	1	1	1	1	1	1
유가증권	17	18	17	19	19	22
총부채	75	80	50	122	101	97
총차입금	14	14	14			
자본금	62	62	62	62	62	62
총자본	443	470	481	495	524	528
지배주주지분	443	470	481	495	524	528

기업가치 지표 *IFRS 별도 기준

항목	2011	2012	2013	2014	2015	2016
주가(최고/저)(천원)	1.6/1.1	1.7/1.2	1.7/1.2	2.0/1.2	3.0/1.6	5.1/2.2
PER(최고/저)(배)	10.7/7.2	7.3/5.2	15.3/11.0	16.5/10.1	12.1/6.5	93.1/40.5
PBR(최고/저)(배)	0.5/0.3	0.5/0.3	0.5/0.3	0.5/0.3	0.7/0.4	1.2/0.5
EV/EBITDA(배)	—	—	—	—	—	41.4
EPS(원)	160	245	114	129	257	56
BPS(원)	35,694	37,898	38,791	3,993	4,225	4,256
CFPS(원)	1,684	2,541	1,228	138	266	67
DPS(원)	250	250	150	25	25	90
EBITDAPS(원)	1,230	2,147	574	87	271	16

재무 비율 〈단위 : % 〉

연도	영업이익률	순이익률	부채비율	차입금비율	ROA	ROE	유보율	자기자본비율	EBITDA마진율
2016	0.2	2.5	18.4	0.0	1.1	1.3	751.2	84.5	0.7
2015	4.4	4.4	19.2	0.0	5.1	6.3	745.0	83.9	4.6
2014	1.5	2.5	24.7	0.0	2.8	3.3	698.6	80.2	1.7
2013	1.9	4.5	10.4	2.9	2.6	3.0	675.8	90.6	2.3

삼일제약 (A000520)
Samil Pharmaceutical

업 종 : 제약		시 장 : 거래소	
신용등급 : (Bond) — (CP) —		기업규모 : 시가총액 소형주	
홈페이지 : www.samil-pharm.com		연락처 : 02)520-0300	
본 사 : 서울시 서초구 효령로 155(방배동,삼일제약 사옥)			

설 립 일 1947.10.07	종업원수 382명	대표이사 허강
상 장 일 1985.05.29	감사의견 적정(한영)	계 열
결 산 기 12월	보통주 550만주	종속회사수
액 면 가 1,000원	우 선 주	구 상 호

주주구성 (지분율,%)		출자관계 (지분율,%)		주요경쟁사 (외형,%)	
허강	11.8	삼일메디칼	100.0	삼일제약	100
허승범	11.1	MonSamil	49.9	한국비엔씨	13
(외국인)	1.5			이-글 벳	30

매출구성		비용구성		수출비중	
기타	35.0	매출원가율	57.2	수출	0.7
기 타 [제품]	28.2	판관비율	38.9	내수	99.3
글립타이드	13.6				

회사 개요
동사는 의약품 제조 및 판매를 주요사업으로 영위할 목적으로 1947년 10월 설립되어 1985년 5월 유가증권시장에 상장됨. 계열회사로는 의료기기 도소매업을 영위하는 삼일메디칼이 있음. 동사는 전문의약품 제조회사로서 병의원용 치료제 품목 및 일반의약품을 주로 생산 판매함. 어린이부루펜시럽, 티어실 원스 제품이 일반의약품의 대표적인 품목이며, 처방의약품은 포리부틴, 글립타이드, 리박트, 모빅 등이 있음.

실적 분석
동사의 2016년 결산 연결기준 누적 매출액은 967.6억원으로 9.8%의 외형 증대 시현. 매출가는 553.1억원으로 전년동기 대비 8.9% 증가, 판매비와 관리비는 376억원으로 5.2% 증가하였으며 영업이익은 38.5억원으로 전년동기 대비 140.5% 증가함. 당기순이익 또한 8.9억원으로 전년동기 대비 50.7% 증가하여 수익성이 개선됨. 이는 주요 제품 매출 증대를 위한 동사의 지속적인 노력으로 인한것으로 보임.

현금 흐름 〈단위 : 억원〉

항목	2015	2016
영업활동	29	56
투자활동	94	-29
재무활동	-102	-9
순현금흐름	21	28
기말현금	34	62

시장 대비 수익률

결산 실적 〈단위 : 억원〉

항목	2011	2012	2013	2014	2015	2016
매출액	945	914	892	855	881	968
영업이익	-88	-16	-20	-86	16	39
당기순이익	-68	-29	79	-112	6	9

분기 실적 〈단위 : 억원〉

항목	2015.3Q	2015.4Q	2016.1Q	2016.2Q	2016.3Q	2016.4Q
매출액	219	215	241	251	233	243
영업이익	4	3	9	6	6	17
당기순이익	2	-3	5	-2	3	2

재무 상태 〈단위 : 억원〉

항목	2011	2012	2013	2014	2015	2016
총자산	1,212	1,110	1,157	1,083	993	1,010
유형자산	372	361	353	394	384	392
무형자산	68	64	51	20	20	21
유가증권	3	0	0	27	11	11
총부채	546	481	457	529	449	481
총차입금	350	300	260	362	282	302
자본금	55	55	55	55	55	55
총자본	666	629	700	554	544	529
지배주주지분	666	629	700	554	544	529

기업가치 지표

항목	2011	2012	2013	2014	2015	2016
주가(최고/저)(천원)	4.7/3.5	4.8/3.5	5.3/4.0	6.0/5.0	11.6/5.1	11.0/6.9
PER(최고/저)(배)	—/—	—/—	4.1/3.1	—/—	113.1/50.3	69.2/43.4
PBR(최고/저)(배)	0.5/0.3	0.5/0.3	0.5/0.3	0.6/0.5	1.2/0.5	1.1/0.7
EV/EBITDA(배)	—	19.9	21.3	—	13.5	9.8
EPS(원)	-1,232	-527	1,442	-2,034	107	161
BPS(원)	12,451	11,773	13,074	10,542	10,359	10,079
CFPS(원)	-569	135	2,083	-1,414	660	733
DPS(원)	150	150	150	200	200	150
EBITDAPS(원)	-931	376	282	-946	844	1,273

재무 비율 〈단위 : % 〉

연도	영업이익률	순이익률	부채비율	차입금비율	ROA	ROE	유보율	자기자본비율	EBITDA마진율
2016	4.0	0.9	91.0	57.1	0.9	1.7	907.9	52.4	7.2
2015	1.8	0.7	82.5	51.8	0.6	1.1	935.9	54.8	5.3
2014	-10.1	-13.1	95.4	65.3	-10.0	-17.8	954.2	51.2	-6.1
2013	-2.2	8.9	65.2	37.1	7.0	11.9	1,207.4	60.5	1.7

삼정펄프 (A009770)
Sam Jung Pulp

업 종 : 가정생활용품		시 장 : 거래소	
신용등급 : (Bond) — (CP) —		기업규모 : 시가총액 소형주	
홈 페 이 지 : www.sjpulp.com		연 락 처 : 031)664-5377	
본 사 : 경기도 평택시 고덕면 고덕로 85			

설 립 일	1974.04.09	종 업 원 수	291명	대 표 이 사	전성오
상 장 일	2006.10.17	감 사 의 견	적정 (삼덕)	계 열	
결 산 기	12월	보 통 주	250만주	종속회사수	
액 면 가	5,000원	우 선 주		구 상 호	

주주구성 (지분율,%)		출자관계 (지분율,%)		주요경쟁사 (외형,%)	
전성오	24.5	SamjungPulpVietnam	100.0	삼정펄프	100
전성주	13.1			LG생활건강	4,008
(외국인)	2.5			모나리자	80

매출구성		비용구성		수출비중	
원지	68.5	매출원가율	86.3	수출	0.5
완제품	22.2	판관비율	5.9	내수	99.5
키친타올 티슈 외	9.3				

회사 개요
동사는 1974년 설립된 제지업체로서, 2006년에 상장됨. 화장지 원지 및 두루마리, 티슈 등의 제조, 판매를 주로 영위함. 제지산업은 원재료 투입에서 초지공정, 가공공정까지 일관 자동화가 요구되어 노동력의 수요는 적은 대신 고도의 기술과 대규모 설비투자가 필요한 자본집약적 장치산업임. 또한, 원재료 대부분을 수입에 의존함에 따라 국제 펄프가격 및 환율 변동에 민감하게 반응함.

실적 분석
동사의 2016년 연결기준 매출액은 2015년(1520.2억원)과 거의 비슷한 수준의 1520.7억원을 기록함. 매출원가는 전년 대비 3.1% 소폭 줄면서 매출총이익은 25.2%늘어난 208.4억원을 기록함. 인건비가 13.4% 늘어나고 광고선전비도 7.6% 늘었지만 감가상각비, 기타판매비와관리비가 줄면서 영업이익은 전년 대비 56.6% 늘어난 118.7억원을 기록했음. 당기순이익은 전년 대비 143.7% 늘어난 193.2억원을 기록함.

현금 흐름
<단위 : 억원>

항목	2015	2016
영업활동	185	252
투자활동	-115	-221
재무활동	6	-30
순현금흐름	75	0
기말현금	144	145

시장 대비 수익률
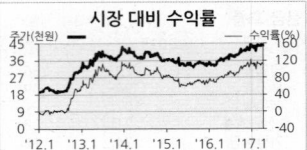

결산 실적
< 단위 : 억원 >

항목	2011	2012	2013	2014	2015	2016
매출액	1,639	1,612	1,450	1,454	1,520	1,521
영업이익	158	171	133	69	76	119
당기순이익	169	169	132	66	79	193

분기 실적
< 단위 : 억원 >

항목	2015.3Q	2015.4Q	2016.1Q	2016.2Q	2016.3Q	2016.4Q
매출액	377	—		382	366	
영업이익	15	—		41	31	
당기순이익	2	—		32	148	

재무 상태
< 단위 : 억원 >

항목	2011	2012	2013	2014	2015	2016
총자산	1,613	1,677	1,813	1,807	1,904	2,116
유형자산	470	601	757	716	636	533
무형자산	0	0	7	5	4	3
유가증권	332	256	271	287	294	559
총부채	349	256	289	243	285	338
총차입금	76	33	71	44	75	77
자본금	80	100	125	125	125	125
총자본	1,264	1,420	1,525	1,564	1,619	1,778
지배주주지분	1,264	1,420	1,525	1,564	1,619	1,778

기업가치 지표

항목	2011	2012	2013	2014	2015	2016
주가(최고/저)(천원)	22.2/17.5	31.3/18.9	43.9/30.7	42.8/35.4	38.4/31.9	44.9/32.8
PER(최고/저)(배)	3.9/3.1	5.3/3.2	9.3/6.5	17.9/14.8	13.0/10.8	5.9/4.4
PBR(최고/저)(배)	0.5/0.4	0.6/0.4	0.8/0.6	0.8/0.6	0.6/0.5	0.6/0.5
EV/EBITDA(배)	0.9	1.3	2.9	5.2	0.7	0.7
EPS(원)	6,752	6,746	5,293	2,626	3,172	7,729
BPS(원)	79,022	71,019	60,996	62,556	64,750	71,120
CFPS(원)	13,621	11,088	7,985	6,243	6,557	11,060
DPS(원)	1,200	800	1,000	1,000	1,250	1,650
EBITDAPS(원)	12,970	11,191	8,012	6,377	6,417	8,078

재무 비율
<단위 : % >

연도	영업이익률	순이익률	부채비율	차입금비율	ROA	ROE	유보율	자기자본비율	EBITDA마진율
2016	7.8	12.7	19.0	4.3	9.6	11.4	1,322.4	84.0	13.3
2015	5.0	5.2	17.6	4.6	4.3	5.0	1,195.0	85.0	10.6
2014	4.8	4.5	15.6	2.8	3.6	4.3	1,151.1	86.5	11.0
2013	9.2	9.1	18.9	4.7	7.6	9.0	1,119.9	84.1	13.8

삼지전자 (A037460)
Samji Electronics

업 종 : 통신장비		시 장 : KOSDAQ	
신용등급 : (Bond) — (CP) —		기업규모 : 벤처	
홈 페 이 지 : www.samji.com		연 락 처 : 02)850-8000	
본 사 : 서울시 금천구 가산디지털2로 169-21			

설 립 일	1981.07.24	종 업 원 수	107명	대 표 이 사	주동익,박두진
상 장 일	1999.12.16	감 사 의 견	적정 (새시대)	계 열	
결 산 기	12월	보 통 주	1,434만주	종속회사수	
액 면 가	500원	우 선 주		구 상 호	

주주구성 (지분율,%)		출자관계 (지분율,%)		주요경쟁사 (외형,%)	
이기남	25.1	뉴파워프라즈마	4.5	삼지전자	100
아이비케이캐피탈	3.8	큐렉소	3.3	AP위성	2
(외국인)	3.3	게임빌	0.1	쏠리드	26

매출구성		비용구성		수출비중	
무선통신장비, 전자부품 유통 등	96.2	매출원가율	94.1	수출	7.5
통신장비,네트워크 장비,충방전시스템	3.0	판관비율	3.0	내수	92.5
중계기 설치공사 및 중계기 유지보수 등	0.7				

회사 개요
무선이동통신용 중계장치와 네트워크 장비, 운영정보표시장치를 제조하는 통신사업과 중계기 설치 및 정보통신공사, 전기공사, 2차전지용 충방전시스템, ESS, 부동산 임대업을 하는 기타사업으로 구성됨. 멀티밴드 CPRI 중계기를 개발하여 상용화 진행중이며, 차세대 4G 이동 통신에 대응하기 위한 중계 기능을 지원하는 GTTH 장비를 개발 중임. 매출구성은 전자부품 유통부문이 97%, 통신부문이 2.5%임.

실적 분석
동사의 2016년 연간 매출은 11,015.8억원으로 전년대비 32.4% 증가, 영업이익은 313.4억원으로 전년대비 23.8% 증가가 시현. 당기순이익은 394.7억원으로 전년대비 46.6% 증가 기록. 국내 거래선향 주력 제품, 네트워크 관련 매출이 큰 폭으로 증가하면서 고정비 감소 효과를 보임. 양호한 재무구조를 바탕으로 R&D 투자 지속으로 네트워크 장비 부문에서 기술 리더쉽을 확보하고 있다고 판단. 향후 5G 투자시 수혜 예상.

현금 흐름
<단위 : 억원>

항목	2015	2016
영업활동	400	182
투자활동	-246	-178
재무활동	-220	-36
순현금흐름	-65	-33
기말현금	59	27

시장 대비 수익률
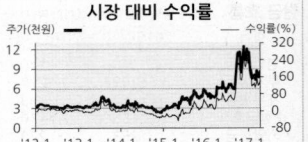

결산 실적
< 단위 : 억원 >

항목	2011	2012	2013	2014	2015	2016
매출액	631	715	592	343	8,318	11,016
영업이익	5	24	40	-38	253	313
당기순이익	-10	39	-34	-25	269	395

분기 실적
< 단위 : 억원 >

항목	2015.3Q	2015.4Q	2016.1Q	2016.2Q	2016.3Q	2016.4Q
매출액	3,008	2,631	2,773	2,703	2,937	2,604
영업이익	98	86	100	64	95	54
당기순이익	131	38	83	67	32	214

재무 상태
< 단위 : 억원 >

항목	2011	2012	2013	2014	2015	2016
총자산	902	879	836	944	3,319	3,767
유형자산	33	57	54	44	282	277
무형자산	10	19	25	19	172	182
유가증권	482	471	473	515	316	323
총부채	267	220	179	243	1,775	1,634
총차입금	97	75	94	165	1,082	789
자본금	63	63	65	66	71	73
총자본	635	658	657	701	1,544	2,133
지배주주지분	635	658	657	701	1,017	1,281

기업가치 지표

항목	2011	2012	2013	2014	2015	2016
주가(최고/저)(천원)	4.0/3.0	3.7/2.9	5.3/3.0	4.4/2.3	5.9/2.7	13.0/4.5
PER(최고/저)(배)	—/—	12.3/9.6	—/—	—/—	5.7/2.6	9.1/3.2
PBR(최고/저)(배)	0.8/0.6	0.7/0.5	0.9/0.6	0.8/0.4	0.8/0.4	1.4/0.5
EV/EBITDA(배)	12.9	3.3	1.7		8.2	9.5
EPS(원)	-80	312	-269	-196	1,033	1,422
BPS(원)	5,628	5,786	5,658	5,661	7,514	9,128
CFPS(원)	-26	381	-174	-88	1,148	1,532
DPS(원)	100	100	50	—	—	—
EBITDAPS(원)	94	265	414	-189	1,961	2,327

재무 비율
<단위 : % >

연도	영업이익률	순이익률	부채비율	차입금비율	ROA	ROE	유보율	자기자본비율	EBITDA마진율
2016	2.8	3.6	76.6	37.0	11.1	17.5	1,688.2	56.6	3.0
2015	3.0	3.2	115.0	70.1	12.6	16.5	1,371.1	46.5	3.2
2014	-11.1	-7.3	34.7	23.6	-2.8	-3.7	1,006.3	74.2	-7.1
2013	6.7	-5.7	27.3	14.4	-3.9	-5.1	1,005.4	78.6	8.7

삼진 (A032750)
Sam Jin

업 종: 내구소비재		시 장: KOSDAQ	
신용등급: (Bond) — (CP) —		기업규모: 중견	
홈페이지: www.samjin.com		연락처: 031)467-5848	
본 사: 경기도 안양시 만안구 안양천서로 81(안양동)			

설립일 1976.07.15	종업원수 110명	대표이사 김승철
상장일 1997.07.14	감사의견 적정 (서일)	계 열
결산기 12월	보통주 600만주	종속회사수
액면가 500원	우선주	구상호

주주구성 (지분율,%)		출자관계 (지분율,%)		주요경쟁사 (외형,%)	
김승철	33.0	QingdaoSamjinElectronicsCo.,LTD	100.0	삼진	100
박병서	4.9	PT.SAMJIN	99.0	LG전자	56,397
(외국인)	2.7	SSDPlasticINC	33.3	위닉스	217

매출구성		비용구성		수출비중	
REMOCON	53.4	매출원가율	84.4	수출	81.9
OCM	25.3	판관비율	11.3	내수	18.1
기타(스피커 및 온수매트외)	10.7				

회사 개요
동사는 디지털 TV 부품을 제조 및 공급하는 삼성전자의 협력업체로 자체 기술연구소를 비롯하여 ODM 체제 즉 전 공정을 일괄 처리할 수 있는 제조공정을 갖추고 있음. 특히 삼성전자의 고급형리모콘, 스마트-TV용, 쿼티리모콘, 음성인식기능 리모콘을 생산하여 공급하고 있으며, 휴대폰 키패드 형태의 리모콘, 고광택 사출적용 리모콘, 빽라이팅 기능 리모콘 등을 개발하여 해외기업으로부터도 그 기술력을 인정받음.

실적 분석
동사의 2016년 매출액은 981.7억원으로 전동기 대비 15.2% 감소함. 내수 판매실적이 크게 부진. 스피커 외 다른 제품은 모두 역성장. 영업이익은 전년과 비슷한 42.4억원을 기록함. 리모컨 사업은 소비둔화와 중국 업체와의 가격경쟁 등으로 외형축소가 불가피. 스피커 부문 신규 Item인 OCM은 2015년 1분기부터 지속적으로 양산 중이며 IoT 관련 B2B 초도 양산도 이미 시작함.

현금 흐름 〈단위 : 억원〉

항목	2015	2016
영업활동	125	100
투자활동	-22	1
재무활동	-61	-16
순현금흐름	42	91
기말현금	78	168

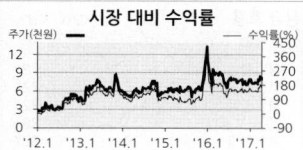

시장 대비 수익률

결산 실적 〈단위 : 억원〉

항목	2011	2012	2013	2014	2015	2016
매출액	883	1,373	1,463	1,374	1,157	982
영업이익	-1	73	58	59	42	42
당기순이익	4	35	36	67	51	58

분기 실적 〈단위 : 억원〉

항목	2015.3Q	2015.4Q	2016.1Q	2016.2Q	2016.3Q	2016.4Q
매출액	326	263	197	239	321	225
영업이익	21	-5	5	32	10	
당기순이익	25	7	1	10	17	30

재무 상태 〈단위 : 억원〉

항목	2011	2012	2013	2014	2015	2016
총자산	918	765	727	833	784	838
유동자산	460	423	396	418	400	362
무형자산	19	20	18	18	30	24
유가증권	16	19	16	12	16	19
총부채	518	339	256	299	202	210
총차입금	316	185	95	94	39	33
자본금	30	30	30	30	30	30
총자본	400	426	471	534	582	629
지배주주지분	400	427	471	534	582	628

기업가치 지표

항목	2011	2012	2013	2014	2015	2016
주가(최고/저)(천원)	6.9/1.9	5.7/2.5	9.1/4.2	7.9/5.0	13.4/4.8	13.1/6.5
PER(최고/저)(배)	104.4/28.7	10.5/4.6	16.0/7.4	7.4/4.7	16.0/5.8	13.8/6.8
PBR(최고/저)(배)	1.1/0.3	0.9/0.4	1.2/0.6	0.9/0.6	1.4/0.5	1.3/0.6
EV/EBITDA(배)	15.1	4.0	4.8	4.8	10.0	4.3
EPS(원)	72	583	601	1,110	854	965
BPS(원)	6,667	7,110	7,851	8,904	9,695	10,471
CFPS(원)	562	1,168	1,186	1,574	1,448	1,571
DPS(원)	50	100	100	100	120	120
EBITDAPS(원)	468	1,798	1,554	1,446	1,303	1,312

재무 비율 〈단위 : % 〉

연도	영업이익률	순이익률	부채비율	차입금비율	ROA	ROE	유보율	자기자본비율	EBITDA마진율
2016	4.3	5.9	33.3	5.3	7.2	9.6	1,994.1	75.0	8.0
2015	3.7	4.4	34.7	6.8	6.4	9.2	1,838.9	74.3	6.8
2014	4.3	4.9	55.9	17.7	8.6	13.3	1,680.9	64.1	6.3
2013	4.0	2.5	54.4	20.2	4.8	8.0	1,470.3	64.8	6.4

삼진엘앤디 (A054090)
Samjin LND

업 종: 디스플레이 및 관련부품		시 장: KOSDAQ	
신용등급: (Bond) — (CP) —		기업규모: 벤처	
홈페이지: www.samjin.co.kr		연락처: 031)379-2000	
본 사: 경기도 화성시 동탄면 동탄기흥로 64-17			

설립일 1987.01.06	종업원수 299명	대표이사 이경재,이명종
상장일 2004.02.06	감사의견 적정 (한영)	계 열
결산기 12월	보통주 2,286만주	종속회사수
액면가 500원	우선주	구상호

주주구성 (지분율,%)		출자관계 (지분율,%)		주요경쟁사 (외형,%)	
이경재	11.3	삼진광전유한공사	100.0	삼진엘앤디	100
이명종	6.2	SAMJINLNDVINACO.,LTD	100.0	탑엔지니어링	63
(외국인)	3.5	TRIMEKINC.	96.0	동부라이텍	29

매출구성		비용구성		수출비중	
Mold Frame, Gasket, PPcase	51.9	매출원가율	87.1	수출	—
FINISHER	26.7	판관비율	12.7	내수	—
LED조명	10.3				

회사 개요
동사는 1987년 1월에 설립되어 2004년 2월에 코스닥시장에 상장한 전기,전자기기 부품 및 정밀사출부품을 제조, 판매하는 업체임. 주력제품은 LCD 백라이트에 적용되는 몰드프레임이며 주요 거래선은 삼성전자로 거래선내 점유율은 2016년 기준 65~70%를 보이고 있음. 성장성 확보를 위해 LED 조명사업도 전개하고 있으며 중국 현지법인 등 총 5개의 연결자회사를 두고 있음.

실적 분석
동사의 2016년 연결기준 매출액은 전년대비 8.9% 감소한 2,565.8억원을 기록함. 외형축소에 따른 고정비 부담으로 원가율이 상승하여 영업이익 5.2억원, 당기순손실 21.7억원을 보이며 전년대비 각각 대폭 감소 및 적자전환함. 2016년 기준 제품별 매출비중은 몰드프레임 67.6%, FINISHER 20.2%, LED조명 8.4%, 금형 3.8% 등으로 구성됨.

현금 흐름 〈단위 : 억원〉

항목	2015	2016
영업활동	120	48
투자활동	-93	-132
재무활동	29	18
순현금흐름	66	-67
기말현금	224	157

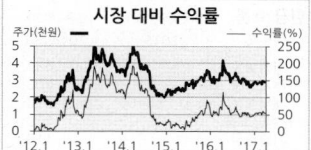

시장 대비 수익률

결산 실적 〈단위 : 억원〉

항목	2011	2012	2013	2014	2015	2016
매출액	2,566	2,691	2,479	2,300	2,815	2,566
영업이익	124	58	67	-19	127	5
당기순이익	36	76	20	-80	96	-22

분기 실적 〈단위 : 억원〉

항목	2015.3Q	2015.4Q	2016.1Q	2016.2Q	2016.3Q	2016.4Q
매출액	757	800	580	623	692	670
영업이익	42	31	-21	-16	26	17
당기순이익	66	-16	-33	-13	-18	42

재무 상태 〈단위 : 억원〉

항목	2011	2012	2013	2014	2015	2016
총자산	1,963	1,840	1,840	1,729	2,013	1,980
유동자산	827	744	698	685	697	665
무형자산	67	65	64	53	55	77
유가증권	2	4	0	0	0	0
총부채	1,175	1,017	913	844	992	992
총차입금	523	565	502	443	468	499
자본금	80	80	94	108	114	114
총자본	788	823	927	885	1,020	988
지배주주지분	782	818	920	878	1,013	981

기업가치 지표

항목	2011	2012	2013	2014	2015	2016
주가(최고/저)(천원)	2.7/1.2	3.6/1.5	5.4/2.2	5.0/2.0	3.7/2.1	4.2/2.5
PER(최고/저)(배)	9.3/4.1	8.3/3.4	56.7/23.5	—/—	8.8/4.9	—/—
PBR(최고/저)(배)	0.6/0.3	0.8/0.3	1.2/0.5	1.3/0.5	0.9/0.5	1.0/0.6
EV/EBITDA(배)	2.1	4.2	6.0	7.3	4.3	8.0
EPS(원)	319	463	99	-404	440	-93
BPS(원)	5,012	5,232	4,930	4,109	4,501	4,347
CFPS(원)	1,536	1,278	686	191	938	409
DPS(원)	—	70	50	—	50	—
EBITDAPS(원)	2,322	1,165	944	501	1,083	524

재무 비율 〈단위 : % 〉

연도	영업이익률	순이익률	부채비율	차입금비율	ROA	ROE	유보율	자기자본비율	EBITDA마진율
2016	0.2	-0.9	100.4	50.5	-1.1	-2.1	769.4	49.9	4.7
2015	4.5	3.4	97.2	45.9	5.1	10.1	800.2	50.7	8.3
2014	-0.8	-3.5	95.4	50.0	-4.5	-8.9	721.8	51.2	4.3
2013	2.7	0.8	98.6	54.2	1.1	2.2	886.0	50.4	7.1

삼진제약 (A005500)
Samjin Pharamaceutical

업 종 : 제약		시 장 : 거래소	
신용등급 : (Bond) — (CP) —		기업규모 : 시가총액 중형주	
홈페이지 : www.samjinpharm.co.kr		연 락 처 : 02)3140-0700	
본 사 : 서울시 마포구 와우산로 121			

설 립 일 1968.04.18	종업원수 639명	대표이사 조의환,최승주	
상 장 일 1988.06.18	감사의견 적정 (대주)	계 열	
결 산 기 12월	보 통 주 1,390만주	종속회사수	
액 면 가 1,000원	우 선 주	구 상 호	

주주구성 (지분율,%)
조의환	12.2
최승주	8.8
(외국인)	27.2

출자관계 (지분율,%)
한국제약협동조합	4.2
제이티비씨	0.6

주요경쟁사 (외형,%)
삼진제약	100
종근당홀딩스	140
이연제약	51

매출구성
플래리스, 게보린 등	67.6
오스테민, 타이록신 등	14.1
제티암, 세포라탐 등	13.3

비용구성
매출원가율	46.0
판관비율	36.5

수출비중
수출	1.3
내수	98.7

회사 개요
동사는 의약품 제조 및 판매의 단일사업부문으로 전문의약품과 일반의약품의 매출이 주를 이루고 있음. 해열진통제 '게보린'과 식욕촉진제 '트레스탄' 등은 꾸준한 매출세를 이어가고 있음. 정부 정책에 영향은 받겠지만 의약품 수요 확대로 인하여 향후 매출 증대가 예상되며 수출 및 오송 첨단 의약품원료(API) 합성공장 완공으로 원료의약품 매출 확대를 추진하고 있음.

실적 분석
동사의 2016년 결산 매출액은 2,393억원으로 전년대비 10.53% 증가하였고, 당기순이익은 전년대비 11.58% 증가한 302억원을 시현함. 전기의 성장세를 지속적으로 이어가는 안정적인 매출실적을 달성하게 되었으며, 주요 제품들의 고른 성장과 효율적인 경영을 통한 판매부대비용의 지속적인 절감을 바탕으로 매출액, 영업이익, 당기순이익 모든 측면에서 창사 이래 최대의 실적을 달성하였음

현금 흐름 · IFRS 별도 기준 〈단위 : 억원〉
항목	2015	2016
영업활동	189	487
투자활동	-101	-106
재무활동	-106	-270
순현금흐름	-18	110
기말현금	9	119

결산 실적 〈단위 : 억원〉
항목	2011	2012	2013	2014	2015	2016
매출액	2,018	1,857	1,920	2,013	2,165	2,393
영업이익	240	173	301	316	360	421
당기순이익	71	106	79	207	270	302

분기 실적 ·IFRS 별도 기준 〈단위 : 억원〉
항목	2015.3Q	2015.4Q	2016.1Q	2016.2Q	2016.3Q	2016.4Q
매출액	558	555	582	600	611	600
영업이익	102	64	107	108	119	86
당기순이익	73	60	81	83	91	47

재무 상태 ·IFRS 별도 기준 〈단위 : 억원〉
항목	2011	2012	2013	2014	2015	2016
총자산	2,081	2,042	2,039	2,093	2,207	2,276
유형자산	527	614	629	700	711	724
무형자산	23	22	21	29	39	39
유가증권	27	27	37	37	32	7
총부채	882	914	910	833	727	579
총차입금	444	430	475	330	290	90
자본금	139	139	139	139	139	139
총자본	1,199	1,127	1,130	1,260	1,481	1,697
지배주주지분	1,199	1,127	1,130	1,260	1,481	1,697

기업가치 지표 ·IFRS 별도 기준
항목	2011	2012	2013	2014	2015	2016
주가(최고/저)(천원)	9.8/6.0	11.5/6.8	14.9/9.2	26.4/13.1	30.1/19.9	35.5/22.1
PER(최고/저)(배)	22.5/13.7	17.0/10.0	28.9/17.8	19.0/9.4	16.2/10.7	16.7/10.4
PBR(최고/저)(배)	1.3/0.8	1.4/0.8	1.7/1.0	2.7/1.3	2.6/1.7	2.6/1.6
EV/EBITDA(배)	5.5		8.5	6.8	8.6	8.2	9.7
EPS(원)	508	765	567	1,490	1,946	2,171
BPS(원)	9,141	9,488	9,712	10,642	12,218	13,772
CFPS(원)	741	1,059	952	1,930	2,416	2,669
DPS(원)	220	300	400	500	600	700
EBITDAPS(원)	1,961	1,539	2,551	2,711	3,058	3,524

재무 비율 〈단위 : % 〉
연도	영업이익률	순이익률	부채비율	차입금비율	ROA	ROE	유보율	자기자본비율	EBITDA마진율
2016	17.6	12.6	34.1	5.3	13.5	19.0	1,277.2	74.6	20.5
2015	16.6	12.5	49.1	19.6	12.6	19.7	1,121.8	67.1	19.5
2014	15.7	10.3	66.1	26.2	10.0	17.3	964.2	60.2	18.7
2013	15.7	4.1	80.5	42.0	3.9	7.0	871.2	55.4	18.5

삼천당제약 (A000250)
SAM CHUN DANG PHARM

업 종 : 제약		시 장 : KOSDAQ	
신용등급 : (Bond) — (CP) —		기업규모 : 우량	
홈페이지 : www.scd.co.kr		연 락 처 : 031)350-7300	
본 사 : 경기도 화성시 향남읍 제약공단2길 71			

설 립 일 1943.12.29	종업원수 372명	대표이사 박천교	
상 장 일 2000.10.04	감사의견 적정 (신한)	계 열	
결 산 기 12월	보 통 주 2,211만주	종속회사수	
액 면 가 500원	우 선 주	구 상 호	

주주구성 (지분율,%)
소화	31.0
윤대인	7.2
(외국인)	2.8

출자관계 (지분율,%)
디에이치피코리아	38.4
CSTV	0.5

주요경쟁사 (외형,%)
삼천당제약	100
대한뉴팜	74
메지온	6

매출구성
기타	39.8
안과용제 기타	28.4
하메론	12.4

비용구성
매출원가율	46.3
판관비율	37.1

수출비중
수출	3.2
내수	96.8

회사 개요
동사는 의약품을 생산 및 판매 하는 업체로 1943년 설립됨. 안과용제, 항생제, 순환기 및 소화계 치료제 등에 주력하고 있음. 안과용제의 매출 비중이 49.9%로 가장 높음. 일회용 인공눈물 점안액 업체인 디에이치피코리아 인수 이후 안과용제의 매출이 증가하고 있음. 2015년 3월 점안제 EU GMP 인증(영국 MHRA)을 받았으며, 일상에서의 스마트기기 사용 증가에 따른 시력 저하로 점안제 매출 증가가 나타나고 있음.

실적 분석
동사의 2016년 연결 기준 총 매출액은 전년 대비 11.6% 증가한 1,473.7억원을 시현함. 수출액은 47.5억원으로 전체 매출의 3% 수준임. 영업이익은 243.6억원으로 전년 대비 17.3% 증가하며 영업이익률은 개선됨. 경상개발비의 27.5% 감소 등에 대한 비용 절감 효과임. 잡손실 16.5억원의 영향으로 당기순이익은 156.1억원으로 전년 대비 12.7% 감소함.

현금 흐름 〈단위 : 억원〉
항목	2015	2016
영업활동	173	178
투자활동	-138	-72
재무활동	-19	32
순현금흐름	18	138
기말현금	349	486

결산 실적 〈단위 : 억원〉
항목	2011	2012	2013	2014	2015	2016
매출액	776	767	1,045	1,189	1,321	1,474
영업이익	75	60	159	189	208	244
당기순이익	57	13	76	173	179	156

분기 실적 〈단위 : 억원〉
항목	2015.3Q	2015.4Q	2016.1Q	2016.2Q	2016.3Q	2016.4Q
매출액	343	352	342	369	369	393
영업이익	57	55	57	62	63	61
당기순이익	52	43	47	56	53	-1

재무 상태 〈단위 : 억원〉
항목	2011	2012	2013	2014	2015	2016
총자산	985	1,221	1,554	1,725	1,843	2,051
유형자산	268	497	496	546	593	579
무형자산	16	54	52	69	86	131
유가증권	51	118	150	208	229	212
총부채	144	354	361	328	299	341
총차입금		179	172	51	46	70
자본금	100	100	100	105	106	110
총자본	841	866	1,192	1,397	1,543	1,710
지배주주지분	841	821	931	1,054	1,143	1,252

기업가치 지표
항목	2011	2012	2013	2014	2015	2016
주가(최고/저)(천원)	3.2/1.7	3.1/1.8	5.2/2.5	12.7/4.3	13.1/8.1	12.1/7.5
PER(최고/저)(배)	12.0/6.4	47.8/28.3	12.3/5.8	22.6/7.6	24.1/14.8	29.8/18.5
PBR(최고/저)(배)	0.8/0.4	0.8/0.5	1.1/0.5	2.5/0.9	2.4/1.5	2.1/1.3
EV/EBITDA(배)	2.8	8.0	4.8	8.8	7.7	8.5
EPS(원)	283	67	436	574	551	408
BPS(원)	4,304	4,207	4,756	5,103	5,476	5,780
CFPS(원)	379	183	642	771	751	658
DPS(원)	50	50	50	75	50	50
EBITDAPS(원)	471	414	999	1,115	1,183	1,391

재무 비율 〈단위 : % 〉
연도	영업이익률	순이익률	부채비율	차입금비율	ROA	ROE	유보율	자기자본비율	EBITDA마진율
2016	16.5	10.6	20.0	4.1	8.0	7.3	1,055.9	83.4	20.2
2015	15.7	13.5	19.4	3.0	10.0	10.6	995.3	83.8	18.9
2014	15.9	14.5	23.5	3.7	10.5	11.9	920.6	81.0	19.4
2013	15.2	7.3	30.3	14.4	5.5	10.0	851.1	76.7	19.1

삼천리 (A004690)
Samchully

업　　종: 가스	시　　장: 거래소
신용등급: (Bond) AA+　(CP) A1	기업규모: 시가총액 중형주
홈페이지: www.samchully.co.kr	연 락 처: 02)368-3300
본　　사: 서울시 영등포구 국제금융로6길 42(여의도동, 삼천리빌딩)	

설 립 일 1966.07.07	종 업 원 수 752명	대 표 이 사 이찬의,한준호
상 장 일 1976.12.23	감사의견 적정 (안진)	계　　　　열
결 산 기 12월	보 통 주 406만주	종속회사수
액 면 가 5,000원	우 선 주	구 상 호

주주구성 (지분율,%)		출자관계 (지분율,%)		주요경쟁사 (외형,%)	
유상덕	12.3	삼천리이엔지	100.0	삼천리	100
신영자산운용	9.8	삼천리자산운용	100.0	한국가스공사	689
(외국인)	24.2	삼천리이에스	71.7	서울가스	42

매출구성		비용구성		수출비중	
[도시가스]상품	77.6	매출원가율	90.3	수출	0.0
[발전]제품	17.1	판관비율	7.7	내수	100.0
[플랜트]공사 및 용역	2.5				

회사 개요
동사는 도시가스공급업을 주요 사업으로 영위하고 있으며, 이 외에 지배회사와 종속회사를 통해 집단에너지사업, 자원개발사업, 플랜트사업, 신재생에너지사업, 자산운용업 및 물 사업 등 다양한 사업을 영위하고 있음. 동사는 경기도 서남부지역과 인천광역시 일부지역에 도시가스를 공급하고 있으며, 택지개발 및 산업단지 조성이 활발한 수도권 공급권역을 기반으로 단일 도시가스 회사로서 최대의 공급량을 확보하고 있음.

실적 분석
2016년 연결기준 매출액은 전년대비 16.5% 감소한 30,632.5억원을 기록함. 영업이익은 매출 감소에 따른 고정비 부담으로 전년대비 32.0% 감소한 605.8억원 시현함. 당기순이익 또한 전년대비 46.1% 감소한 200.6억원을 기록함. 동사의 주요 사업인 도시가스업의 안정적인 수익성에도 불구하고 에스파워의 적자지속으로 전년대비 수익성이 감소함. 사업 다각화가 교착상태에 있는 상황으로 낮은 수익성을 보이고 있음.

현금 흐름 〈단위 : 억원〉
항목	2015	2016
영업활동	1,932	3,288
투자활동	-2,666	-1,944
재무활동	411	-639
순현금흐름	-316	735
기말현금	694	1,429

시장 대비 수익률

결산 실적 〈단위 : 억원〉
항목	2011	2012	2013	2014	2015	2016
매출액	30,068	34,554	36,581	37,363	36,679	30,633
영업이익	423	430	525	273	891	606
당기순이익	306	357	403	116	372	201

분기 실적 〈단위 : 억원〉
항목	2015.3Q	2015.4Q	2016.1Q	2016.2Q	2016.3Q	2016.4Q
매출액	5,403	9,821	11,678	5,388	4,578	8,989
영업이익	-87	4	599	-1	-129	136
당기순이익	-153	-159	403	-58	-173	28

재무 상태 〈단위 : 억원〉
항목	2011	2012	2013	2014	2015	2016
총자산	24,458	27,753	27,477	36,598	35,435	36,902
유형자산	12,637	13,333	13,572	22,204	22,550	22,195
무형자산	565	721	626	578	257	276
유가증권	2,579	1,991	1,497	3,093	4,477	5,679
총부채	13,037	16,115	15,524	23,416	21,945	23,272
총차입금	3,352	3,190	5,649	11,837	12,349	11,979
자본금	203	203	203	203	203	203
총자본	11,421	11,638	11,952	13,182	13,491	13,630
지배주주지분	11,206	11,466	11,822	11,788	12,104	12,388

기업가치 지표
항목	2011	2012	2013	2014	2015	2016
주가(최고/저)(천원)	96.7/77.4	125/78.6	129/95.5	164/110	141/94.2	110/84.1
PER(최고/저)(배)	13.6/10.9	14.3/9.0	12.8/9.5	42.9/28.9	16.2/10.8	13.2/10.1
PBR(최고/저)(배)	0.4/0.3	0.5/0.3	0.5/0.3	0.6/0.4	0.5/0.3	0.4/0.3
EV/EBITDA(배)	3.2	3.6	5.6	14.1	6.4	6.0
EPS(원)	8,216	9,790	10,949	4,069	9,150	8,519
BPS(원)	288,734	295,152	303,922	303,094	310,873	317,890
CFPS(원)	22,830	26,154	29,910	23,424	37,026	36,424
DPS(원)	3,000	3,000	3,000	2,000	2,500	2,500
EBITDAPS(원)	25,033	26,961	31,912	26,094	49,853	42,845

재무 비율 〈단위 : % 〉
연도	영업이익률	순이익률	부채비율	차입금비율	ROA	ROE	유보율	자기자본비율	EBITDA마진율
2016	2.0	0.7	170.7	87.9	0.6	2.8	6,257.8	36.9	5.7
2015	2.4	1.0	162.7	91.5	1.0	3.1	6,117.5	38.1	5.4
2014	0.7	0.3	177.6	89.8	0.4	1.4	5,961.9	36.0	2.8
2013	1.4	1.1	129.9	47.3	1.5	3.4	5,978.4	43.5	3.5

삼천리자전거 (A024950)
Samchuly Bicycle

업　　종: 레저용품	시　　장: KOSDAQ
신용등급: (Bond) —　(CP) —	기업규모: 우량
홈페이지: www.samchuly.co.kr	연 락 처: 02)2194-3020
본　　사: 서울시 서초구 서초대로 274 (서초동, 3000타워)	

설 립 일 1979.03.23	종 업 원 수 142명	대 표 이 사 김석환
상 장 일 1995.01.04	감사의견 적정 (중앙)	계　　　　열
결 산 기 12월	보 통 주 1,327만주	종속회사수
액 면 가 500원	우 선 주	구 상 호

주주구성 (지분율,%)		출자관계 (지분율,%)		주요경쟁사 (외형,%)	
김석환	27.1	에이치케이코퍼레이션	100.0	삼천리자전거	100
박영옥	7.7	스마트	100.0	엔에스엔	13
(외국인)	16.5	에스앤씨애셋	100.0	참좋은레저	51

매출구성		비용구성		수출비중	
상품(자전거)	99.3	매출원가율	68.0	수출	0.0
가공매출(자전거)	0.7	판관비율	28.0	내수	100.0

회사 개요
동사는 일반 자전거를 제조하여 국내 대리점 및 유통점에 공급하는 업체임. 국내 완성자전거 시장은 삼천리자전거와 참좋은레저, 알톤스포츠 3개 사가 과점구조를 이루고 있으며, 동사는 약 1,400개의 대리점과 유통점을 보유하고 있음. 디자인과 기술개발 능력, Brand 인지도 등을 보유한 업체를 중심으로 공급 시장이 재편되고 있는 완성자전거 업계에서 동사는 선두적인 위치를 차지하고 있음.

실적 분석
동사의 2016년 연결기준 결산매출액은 1,427.7억원으로 전년 대비 12.7% 증가하였음. 이는 국내 자전거 산업이 레져 수요 증가에 힘입어 지속적인 성장을 하고 있기 때문으로 보여짐. 매출액 증가에도 불구하고 판관비의 증가로인해 영업이익은 전년 대비 61.3% 감소한 57.9억원을 시현하였으며 당기순이익 역시 전년 대비 48.4% 감소한 64.7억원을 기록하였음.

현금 흐름 〈단위 : 억원〉
항목	2015	2016
영업활동	139	-53
투자활동	-227	-3
재무활동	-24	89
순현금흐름	-112	32
기말현금	5	37

시장 대비 수익률
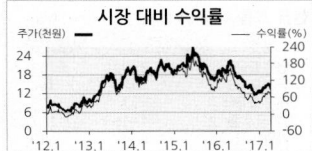

결산 실적 〈단위 : 억원〉
항목	2011	2012	2013	2014	2015	2016
매출액	898	1,090	1,108	1,219	1,267	1,428
영업이익	24	80	86	140	150	58
당기순이익	12	77	88	101	125	65

분기 실적 〈단위 : 억원〉
항목	2015.3Q	2015.4Q	2016.1Q	2016.2Q	2016.3Q	2016.4Q
매출액	359	123	417	548	314	148
영업이익	58	-30	24	73	10	-49
당기순이익	48	-27	29	65	20	-49

재무 상태 〈단위 : 억원〉
항목	2011	2012	2013	2014	2015	2016
총자산	879	946	1,000	1,188	1,294	1,608
유형자산	304	304	345	422	400	420
무형자산	18	17	12	23	18	90
유가증권	9	6	6	6	6	9
총부채	163	178	168	278	306	573
총차입금	79	82	56	150	166	423
자본금	66	66	66	66	66	66
총자본	716	768	832	910	987	1,035
지배주주지분	716	768	832	910	987	1,018

기업가치 지표
항목	2011	2012	2013	2014	2015	2016
주가(최고/저)(천원)	11.0/5.3	10.8/6.3	20.3/9.3	23.4/14.9	27.5/15.4	22.6/11.0
PER(최고/저)(배)	131.9/63.8	19.9/11.7	32.1/14.6	31.9/20.3	30.0/16.8	40.0/19.5
PBR(최고/저)(배)	2.1/1.0	1.9/1.1	3.3/1.5	3.4/2.2	3.6/2.0	2.8/1.4
EV/EBITDA(배)	33.3	15.1	27.4	16.9	14.9	30.1
EPS(원)	89	577	661	761	943	573
BPS(원)	5,520	5,993	6,477	7,064	7,766	8,186
CFPS(원)	146	632	720	829	1,019	660
DPS(원)	100	150	150	200	200	200
EBITDAPS(원)	235	660	704	1,121	1,203	524

재무 비율 〈단위 : % 〉
연도	영업이익률	순이익률	부채비율	차입금비율	ROA	ROE	유보율	자기자본비율	EBITDA마진율
2016	4.1	4.5	55.4	40.8	4.5	7.6	1,537.1	64.4	4.9
2015	11.8	9.9	31.0	16.8	10.1	13.2	1,453.3	76.3	12.6
2014	11.5	8.3	30.5	16.5	9.2	11.6	1,312.9	76.6	12.2
2013	7.7	7.9	20.1	6.7	9.0	11.0	1,195.4	83.2	8.4

삼현철강 (A017480)
Samhyun Steel

업　　종 : 금속 및 광물		시　　장 : KOSDAQ	
신용등급 : (Bond) —　(CP) —		기업규모 : 우량	
홈페이지 : www.samsteel.co.kr		연 락 처 : 055)252-6060	
본　　사 : 경남 창원시 성산구 중앙대로 60번길, 5층(상남동)			

설 립 일	1984.01.24	종업원수	95명	대표이사	조윤선
상 장 일	2001.01.09	감사의견	적정 (대신)	계　　열	
결 산 기	12월	보 통 주	1,570만주	종속회사수	
액 면 가	500원	우 선 주		구 상 호	

주주구성 (지분율,%)		출자관계 (지분율,%)		주요경쟁사 (외형,%)	
조수익	16.9	세정이십일	0.7	삼현철강	100
조윤선	15.9	창원컨트리클럽	0.1	NI스틸	81
(외국인)	1.0			EG	104

매출구성		비용구성		수출비중	
제품(철구조물제작, 강교구조물 등)	53.3	매출원가율	89.7	수출	0.0
상품(일반 철 구조물 제작용)	45.7	판관비율	4.8	내수	100.0
임가공	1.0				

회사 개요
동사는 코일 전·절단 가공업 및 판매업, 철판류 가공업 및 판매업, 형강류 가공업 및 판매업, 부동산 임대업 사업을 영위하고 있음. 포스코에서 생산하는 열연제품과 후판 등을 매입하여 가공 및 판매하고, 현대제철에서 생산되는 형강제품을 매입하여 판매함. 2013년에 광양2공장을 설치하였으며, 향후 건설중장비, 강교, 조선등의 가공품을 생산할 예정으로 가공분야의 경쟁력 강화를 모색하고 있음.

실적 분석
동사의 2016년 누적 매출은 경기불황으로 인한 판매량 감소와 판매단가 하락의 영향으로 1,405.7억원을 기록, 전년 대비 17.8% 감소함. 매출원가가 20% 감소하여, 영업이익 78.4억으로 전년대비 소폭 증가하고 당기순이익 96.8억으로 흑자 전환함. 재고자산의 평가손실충당금 환입과 매도가능증권(주식)의 처분이익 발생이 수익발생의 주요원인이었음.

현금 흐름 *IFRS 별도 기준 〈단위 : 억원〉

항목	2015	2016
영업활동	270	52
투자활동	-32	148
재무활동	-93	-23
순현금흐름	144	177
기말현금	364	540

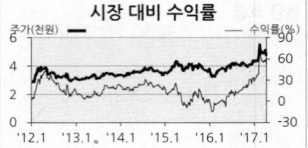
시장 대비 수익률

결산 실적 〈단위 : 억원〉

항목	2011	2012	2013	2014	2015	2016
매출액	2,123	2,473	2,451	2,231	1,709	1,406
영업이익	204	106	95	92	73	78
당기순이익	166	85	75	127	-9	97

분기 실적 *IFRS 별도 기준 〈단위 : 억원〉

항목	2015.3Q	2015.4Q	2016.1Q	2016.2Q	2016.3Q	2016.4Q
매출액	385	341	333	322	328	424
영업이익	15	21	27	16	9	27
당기순이익	-50	8	25	22	17	32

재무 상태 *IFRS 별도 기준 〈단위 : 억원〉

항목	2011	2012	2013	2014	2015	2016
총자산	1,625	1,687	1,727	1,644	1,417	1,532
유형자산	311	523	454	462	457	472
무형자산	21	18	12	11	9	8
유가증권	223	205	235	173	102	12
총부채	506	522	513	346	126	168
총차입금	170	170	170	70	—	—
자본금	86	86	86	86	86	86
총자본	1,119	1,164	1,215	1,297	1,291	1,364
지배주주지분	1,119	1,164	1,215	1,297	1,291	1,364

기업가치 지표 *IFRS 별도 기준

항목	2011	2012	2013	2014	2015	2016
주가(최고/저)(천원)	3.3/2.4	4.1/2.8	3.6/3.0	3.9/3.3	4.4/3.5	4.4/3.2
PER(최고/저)(배)	3.9/2.8	9.0/6.3	8.7/7.3	5.4/4.5	—/—	7.3/5.4
PBR(최고/저)(배)	0.6/0.4	0.7/0.5	0.5/0.5	0.5/0.4	0.6/0.5	0.5/0.4
EV/EBITDA(배)	2.2	4.5	4.2	3.8	2.4	1.3
EPS(원)	1,059	540	475	809	-55	617
BPS(원)	7,178	7,470	7,791	8,316	8,276	8,743
CFPS(원)	1,121	636	639	982	124	819
DPS(원)	125	125	150	150	150	150
EBITDAPS(원)	1,358	773	771	756	644	701

재무 비율 〈단위 : %〉

연도	영업이익률	순이익률	부채비율	차입금비율	ROA	ROE	유보율	자기자본비율	EBITDA마진율
2016	5.6	6.9	12.3	0.0	6.6	7.3	1,505.5	89.1	7.8
2015	4.3	-0.5	9.8	0.0	-0.6	-0.7	1,419.7	91.1	5.9
2014	4.1	5.7	26.7	5.4	7.5	10.1	1,427.1	78.9	5.3
2013	3.9	3.1	42.2	14.0	4.4	6.3	1,330.6	70.3	4.9

삼호 (A001880)
Samho International

업　　종 : 건설		시　　장 : 거래소	
신용등급 : (Bond) —　(CP) —		기업규모 : 시가총액 소형주	
홈페이지 : www.samho.co.kr		연 락 처 : 032)518-3535	
본　　사 : 인천시 남동구 미래로 14 (구월동)			

설 립 일	1974.04.09	종업원수	395명	대표이사	추문석
상 장 일	1977.12.22	감사의견	적정 (안진)	계　　열	
결 산 기	12월	보 통 주	1,518만주	종속회사수	
액 면 가	5,000원	우 선 주		구 상 호	

주주구성 (지분율,%)		출자관계 (지분율,%)		주요경쟁사 (외형,%)	
대림산업	41.8	김해동서터널	39.0	삼호	100
KB자산운용	11.7	걸포2산단	20.0	이테크건설	131
(외국인)	1.8	오선이차산업단지	20.0	아이콘트롤스	21

매출구성		비용구성		수출비중	
건축공사,건설용역[민간]	61.4	매출원가율	86.5	수출	0.0
토목공사,건설용역[관급]	19.8	판관비율	3.4	내수	100.0
건축공사,건설용역[관급]	13.1				

회사 개요
동사는 1956년 천광사라는 명칭으로 설립된 후 건설업 진출을 위해 1974년 삼호주택으로 상호를 변경함. 1981년 종합건설업체로 발돋움하면서 삼호로 바뀜. 무리한 회사 성장으로 우발채무가 늘면서 채권단과 경영정상화계획 이행을 위한 약정을 체결함. 비주택부문 역량 강화에 나서는 중임. 최근 한국토지주택공사로부터 477억 규모의 주택 건설 수주 및 한국토지신탁과 1205억대 E편한세상 시티 신축공사 수주 계약을 체결하였음.

실적 분석
동사의 2016년 결산기준 매출액은 9,112.9억원으로 전년 대비 2.1% 증가함. 영업이익은 921.3억원으로 전년 동기 대비 소폭 증가함. LH, 공공임대주택 계약 등으로 매출이 큰 폭으로 성장하였으며, 지속적으로 호텔 및 재건축 사업과 같은 대형 계약을 수주중임. 구조조정과 비용 절감에 따른 건축 부문 원가율 개선에 따라 이익이 좋아지고 있음. 전년도에 발생한 대규모 비영업손실의 해소로, 당기순이익은 749.1억원으로 87% 증가하였음.

현금 흐름 *IFRS 별도 기준 〈단위 : 억원〉

항목	2015	2016
영업활동	877	401
투자활동	-397	-225
재무활동	-306	-297
순현금흐름	175	-121
기말현금	1,836	1,714

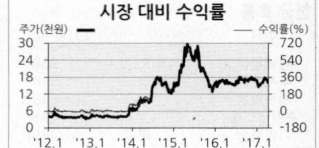
시장 대비 수익률

결산 실적 〈단위 : 억원〉

항목	2011	2012	2013	2014	2015	2016
매출액	5,160	5,062	6,469	8,609	8,929	9,113
영업이익	70	132	317	675	897	921
당기순이익	-464	-352	84	288	401	749

분기 실적 *IFRS 별도 기준 〈단위 : 억원〉

항목	2015.3Q	2015.4Q	2016.1Q	2016.2Q	2016.3Q	2016.4Q
매출액	1,841	2,741	1,746	2,396	2,309	2,662
영업이익	155	315	169	268	213	271
당기순이익	-28	137	117	196	141	296

재무 상태 *IFRS 별도 기준 〈단위 : 억원〉

항목	2011	2012	2013	2014	2015	2016
총자산	5,978	5,984	6,800	6,542	7,068	7,394
유형자산	14	15	16	16	15	19
무형자산	21	22	22	17	12	21
유가증권	324	339	325	360	348	367
총부채	5,216	5,575	5,656	5,118	5,237	4,811
총차입금	2,919	3,022	2,789	2,675	2,437	2,029
자본금	720	720	759	759	759	759
총자본	762	408	1,144	1,424	1,832	2,584
지배주주지분	762	408	1,144	1,424	1,832	2,584

기업가치 지표 *IFRS 별도 기준

항목	2011	2012	2013	2014	2015	2016
주가(최고/저)(천원)	9.8/3.4	5.7/3.1	7.0/3.4	18.3/6.0	30.2/12.5	18.5/14.7
PER(최고/저)(배)	—/—	—/—	4.5/2.2	9.6/3.2	11.4/4.7	3.8/3.0
PBR(최고/저)(배)	0.7/0.2	0.7/0.4	0.9/0.5	2.0/0.6	2.5/1.0	1.1/0.9
EV/EBITDA(배)	32.1	15.6	3.5	3.6	1.1	1.0
EPS(원)	-8,957	-6,795	1,564	1,898	2,639	4,935
BPS(원)	5,291	2,836	7,536	9,380	12,066	17,020
CFPS(원)	-3,205	-2,427	1,614	1,919	2,665	4,964
DPS(원)						
EBITDAPS(원)	504	932	5,961	4,468	5,937	6,098

재무 비율 〈단위 : %〉

연도	영업이익률	순이익률	부채비율	차입금비율	ROA	ROE	유보율	자기자본비율	EBITDA마진율
2016	10.1	8.2	186.2	78.5	10.4	33.9	240.4	34.9	10.2
2015	10.1	4.5	285.9	133.1	5.9	24.6	141.3	25.9	10.1
2014	7.8	3.4	359.5	187.9	4.3	22.4	87.6	21.8	7.9
2013	4.9	1.3	494.4	243.8	1.3	10.8	50.7	16.8	5.0

삼호개발 (A010960)
Samho Development

업　　종 : 건설		시　　장 : 거래소	
신용등급 : (Bond) — 　(CP) —		기업규모 : 시가총액 소형주	
홈페이지 : www.samhodev.co.kr		연 락 처 : 041)356-4588	
본　　사 : 충남 당진시 면천면 면천로 183			

설 립 일 1976.01.15	종업원수 2,020명	대표이사 백승한	
상 장 일 2005.05.12	감사의견 적정 (대주)	계　　열	
결 산 기 12월	보통주 2,500만주	종속회사수	
액 면 가 500원	우선주	구 상 호	

주주구성 (지분율,%)
이종호	27.7
Korea Value Opportunity Fund, LP	3.9
(외국인)	15.1

출자관계 (지분율,%)
삼호그린인베스트먼트	100.0
SGI-신성장메짜닌펀드	80.0
삼호코넨	54.5

주요경쟁사 (외형,%)
삼호개발	100
KT서브마린	31
남광토건	67

매출구성
토공사 및 터널 공사 등	96.4
골재매출, 부동산임대수익 등	2.3
조합관리보수 등	0.7

비용구성
매출원가율	88.7
판관비율	3.2

수출비중
수출	0.0
내수	100.0

회사 개요
동사는 1976년 설립되고 2002년 코스닥에 상장된 전문건설 업체로서 삼호씨앤엠, 삼호코넨 등 8개의 계열회사를 보유중임. 전문건설업 이외에도 일반건설업 면허를 취득하여 건축 및 토목공사업으로 사업분야를 넓혀가고 있으며, 사업의 확장 및 다각화를 위해 강구조물공사업 면허를 새로운 사업목적으로 추가하였음. 연결대상 종속법인으로는 창업투자회사인 삼호그린인베스트먼트, 건설업을 영위하는 삼호코넨, 창업투자조합인 SGI 신성장메짜닌펀드가 있음.

실적 분석
2016년 동사의 신규 수주액은 2,328억원, 매출액은 전기대비 75억원이 증가한 2,744.6억원을 실현하였음. 영업이익은 전년보다 80.4% 증가한 221.8억원을 기록하였으며 이는 신규현장을 포함한 공사 활성화 현장 수 증가와 수익성이 양호한 현장 소화금액 증대로 매출과 더불어 동반 증가한 것임. 판관비의 감소는 대손충당금 설정으로 비용처리한 채권이 일부 회수되었고 추가로 설정한 대손충당금 비용 또한 감소한 영향이 가장 큼.

현금 흐름 〈단위 : 억원〉
항목	2015	2016
영업활동	452	168
투자활동	-240	-348
재무활동	-69	72
순현금흐름	144	-109
기말현금	304	195

시장 대비 수익률
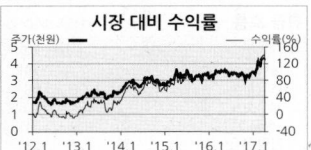

결산 실적 〈단위 : 억원〉
항목	2011	2012	2013	2014	2015	2016
매출액	1,852	2,131	2,370	2,108	2,669	2,745
영업이익	32	104	63	56	123	222
당기순이익	58	84	52	36	82	160

분기 실적 〈단위 : 억원〉
항목	2015.3Q	2015.4Q	2016.1Q	2016.2Q	2016.3Q	2016.4Q
매출액	760	793	614	690	654	786
영업이익	63	27	21	30	69	102
당기순이익	49	22	19	36	52	53

재무 상태 〈단위 : 억원〉
항목	2011	2012	2013	2014	2015	2016
총자산	1,978	2,073	2,030	1,984	2,347	2,454
유형자산	398	369	336	269	254	245
무형자산	15	19	19	18	10	11
유가증권	311	220	276	290	429	791
총부채	858	878	809	765	1,101	976
총차입금	209	156	176	95	76	75
자본금	125	125	125	125	125	125
총자본	1,119	1,195	1,221	1,218	1,246	1,478
지배주주지분	1,114	1,191	1,217	1,215	1,244	1,475

기업가치 지표
항목	2011	2012	2013	2014	2015	2016
주가(최고/저)(천원)	2.7/1.3	2.6/1.6	2.5/1.8	3.3/2.2	3.9/2.7	3.8/2.9
PER(최고/저)(배)	14.0/6.8	8.9/5.4	13.3/9.4	24.6/16.8	12.5/8.5	6.1/4.7
PBR(최고/저)(배)	0.7/0.4	0.6/0.4	0.6/0.4	0.7/0.5	0.8/0.5	0.7/0.5
EV/EBITDA(배)	4.6	1.3	5.0	5.9	1.8	0.6
EPS(원)	240	343	213	146	334	642
BPS(원)	4,553	4,863	4,952	5,023	5,242	5,898
CFPS(원)	326	451	328	249	409	715
DPS(원)	70	90	90	100	100	130
EBITDAPS(원)	214	525	365	325	567	959

재무 비율 〈단위 : % 〉
연도	영업이익률	순이익률	부채비율	차입금비율	ROA	ROE	유보율	자기자본비율	EBITDA마진율
2016	8.1	5.8	66.0	5.1	6.7	11.8	1,079.7	60.2	8.7
2015	4.6	3.1	88.4	6.1	3.8	6.8	948.4	53.1	5.3
2014	2.6	1.7	62.8	7.8	1.8	3.0	904.6	61.4	3.9
2013	2.6	2.2	66.2	14.4	2.6	4.4	890.3	60.2	3.9

삼화네트웍스 (A046390)
SAMHWA NETWORKS

업　　종 : 미디어		시　　장 : KOSDAQ	
신용등급 : (Bond) — 　(CP) —		기업규모 : 중견	
홈페이지 : www.shnetworks.co.kr		연 락 처 : 02)3454-1500	
본　　사 : 서울시 강남구 선릉로91길 8, 신아트스페이스빌딩 5층			

설 립 일 1991.10.12	종업원수 31명	대표이사 신상윤,안제현	
상 장 일 2001.01.11	감사의견 적정 (삼덕)	계　　열	
결 산 기 12월	보통주 4,278만주	종속회사수	
액 면 가 200원	우선주	구 상 호	

주주구성 (지분율,%)
신상윤	18.1
남숙자	13.0
(외국인)	3.1

출자관계 (지분율,%)
더블유에스엔터테인먼트	80.2
한류웍스	18.8
삼화픽쳐스	7.2

주요경쟁사 (외형,%)
삼화네트웍스	100
한국경제TV	165
투윈글로벌	39

매출구성
프로그램매출(드라마)	85.5
판권매출(드라마)	9.4
매니지먼트 (방송출연 외)	4.4

비용구성
매출원가율	73.8
판관비율	10.9

수출비중
수출	—
내수	—

회사 개요
동사는 연기자매출수익을 제외한 프로그램매출과 판권 및 음반매출 수익은 감소하는 등 외형 규모가 감소함. 프로그램매출원가와 연기자원가 상승하는 등 원가구조 악화로 판관비 절감에도 영업손실의 폭이 확대되는 등 적자가 지속됨. 비영업이익의 감소로 순이익 적자폭도 커짐. 종합편성채널 등 방송시장 경쟁체제 심화로 컨텐츠 조달 경쟁 등 자체 및 외주제작 수요 증가, 이에 수주 확대로 성장을 도모할 전망임.

실적 분석
동사의 2016년 결산 매출액은 457억원으로 전년동기 대비 131.4% 증가함. 프로그램매출원가 및 연기자원가 상승 등 높은 비용부담이 존재하지만 JTBC 금, 토 미니시리즈 〈욱씨남정기〉와 SBS 주말연속극 〈그래, 그런가〉를 통하여 영업이익을 확대시킴. 또한 KBS 수, 목 미니시리즈 〈함부로애틋하게〉를 통하여 드라마 프로그램 매출에 크게 기여함. SBS, MBC에 각각 〈낭만닥터 김사부〉, 〈아버님 제가 모실께요〉를 납품 예정.

현금 흐름 〈단위 : 억원〉
항목	2015	2016
영업활동	-3	143
투자활동	17	-138
재무활동	—	-5
순현금흐름	14	1
기말현금	39	40

시장 대비 수익률
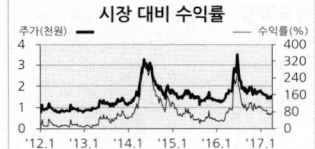

결산 실적 〈단위 : 억원〉
항목	2011	2012	2013	2014	2015	2016
매출액	258	168	438	328	198	457
영업이익	39	-8	29	-25	-26	70
당기순이익	-16	-43	34	-17	-21	77

분기 실적 〈단위 : 억원〉
항목	2015.3Q	2015.4Q	2016.1Q	2016.2Q	2016.3Q	2016.4Q
매출액	22	22	50	115	196	96
영업이익	-5	-12	-6	9	58	10
당기순이익	-4	-11	-6	10	58	15

재무 상태 〈단위 : 억원〉
항목	2011	2012	2013	2014	2015	2016
총자산	394	317	404	407	359	449
유형자산	5	5	4	2	1	9
무형자산	60	39	31	39	42	11
유가증권	72	51	46	62	65	62
총부채	75	42	72	65	37	57
총차입금	43					
자본금	75	75	84	86	86	86
총자본	319	275	331	342	322	393
지배주주지분	317	275	332	343	323	395

기업가치 지표
항목	2011	2012	2013	2014	2015	2016
주가(최고/저)(천원)	1.6/0.8	1.2/0.7	1.6/0.8	3.3/1.1	2.0/1.0	3.5/1.2
PER(최고/저)(배)	—/—	—/—	17.7/9.6	—/—	—/—	19.4/6.8
PBR(최고/저)(배)	1.8/0.9	1.6/1.0	1.8/1.0	4.0/1.3	2.5/1.3	3.6/1.3
EV/EBITDA(배)	5.4	18.1	2.9	27.4	—	3.9
EPS(원)	-44	-108	87	-41	-48	181
BPS(원)	868	757	854	840	795	971
CFPS(원)	-16	-46	267	65	-23	303
DPS(원)	—	—	—	—	—	—
EBITDAPS(원)	133	39	252	48	-35	286

재무 비율 〈단위 : % 〉
연도	영업이익률	순이익률	부채비율	차입금비율	ROA	ROE	유보율	자기자본비율	EBITDA마진율
2016	15.4	16.8	14.4	0.0	19.0	21.6	385.3	87.4	26.8
2015	-12.9	-10.8	11.6	0.0	-5.6	-6.1	297.3	89.6	-7.7
2014	-7.6	-5.2	19.0	0.0	-4.2	-5.2	320.0	84.0	6.2
2013	6.6	7.7	21.8	0.0	9.3	11.5	327.0	82.1	23.0

삼화왕관 (A004450)
Samhwa Crown & Closure

업 종 : 용기 및 포장		시 장 : 거래소	
신용등급 : (Bond) — (CP) —		기업규모 : 시가총액 소형주	
홈페이지 : www.samhwacrown.com		연 락 처 : 031)490-8400	
본 사 : 경기도 안산시 단원구 강촌로 140			

설 립 일 1965.05.02	종업원수 182명	대표이사 고기영	
상 장 일 1976.05.28	감사의견 적정 (한영)	계	
결 산 기 12월	보통주 215만주	종속회사수	열
액면가 5,000원	우선주	구상호	

주주구성 (지분율,%)		출자관계 (지분율,%)		주요경쟁사 (외형,%)	
금비	50.4	우천개발	35.0	삼화왕관	100
TCC동양	10.0	진로발효	5.0	락앤락	418
(외국인)	7.2	남영비비안	1.0	연우	231

매출구성		비용구성		수출비중	
[제품]Cap(주류, 음료, 외)	92.1	매출원가율	77.0	수출	4.2
[제품]금속인쇄(인쇄판)	5.3	판관비율	9.7	내수	95.8
[상품]비금속 Cap	2.2				

회사 개요
1965년 삼화왕관 공업사로 출범하여, 1976년 거래소에 상장되었으며 병마개 제조 및 판매업과 금속인쇄 및 제관업, 합성수지제품 제조 및 판매를 주요 사업으로 영위하는 기업임. 병마개 업체들 중 유일하게 비금속 Cap과 금속 Cap을 공급하는 종합 병마개 업체로 납세용 병마개는 국세청에서 지정된 제조자만이 생산 가능함. 매출구성은 CAP 94.62, 인쇄판 5.11%, 부품 외 0.27% 등으로 구성되어 있음.

실적 분석
동사의 2016년 연결기준 매출액은 1,016.3억원으로 전년대비 4.8% 증가하였으며, 영업이익은 135.2억원으로 전년대비 8.3%로 증가함. 4종류의 병마개를 생산하는 국내 업체는 동사를 포함하여 두 곳으로 높은 시장 내 지위를 통한 수주 증가로 안정적인 매출 성장세를 보이고 있음. 또한 납세병마개 제조, 공급업체로 재지정 되어 2018년 2월 28일까지 납세병마개를 제조로 향후 실적 개선 추세는 지속될 전망임.

현금 흐름   *IFRS 별도 기준   〈단위 : 억원〉
항목	2015	2016
영업활동	146	144
투자활동	-87	-66
재무활동	-18	-6
순현금흐름	41	72
기말현금	201	273

시장 대비 수익률

결산 실적   〈단위 : 억원〉
항목	2011	2012	2013	2014	2015	2016
매출액	913	931	936	963	970	1,016
영업이익	99	96	100	97	125	135
당기순이익	77	76	74	79	97	99

분기 실적   *IFRS 별도 기준   〈단위 : 억원〉
항목	2015.3Q	2015.4Q	2016.1Q	2016.2Q	2016.3Q	2016.4Q
매출액	252	240	237	260	266	254
영업이익	38	29	34	39	34	29
당기순이익	37	13	29	31	25	15

재무 상태   *IFRS 별도 기준   〈단위 : 억원〉
항목	2011	2012	2013	2014	2015	2016
총자산	1,227	1,260	1,350	1,421	1,516	1,622
유형자산	790	777	784	753	740	733
무형자산	60	56	56	57	49	50
유가증권		1	28	79	135	141
총부채	248	238	275	271	287	333
총차입금	36	39	73	64	69	86
자본금	108	108	108	108	108	108
총자본	979	1,022	1,075	1,150	1,229	1,289
지배주주지분	979	1,022	1,075	1,150	1,229	1,289

기업가치 지표   *IFRS 별도 기준
항목	2011	2012	2013	2014	2015	2016
주가(최고/저)(천원)	16.9/13.3	18.4/15.3	25.1/17.0	35.4/22.2	51.0/29.5	53.8/37.4
PER(최고/저)(배)	6.1/4.8	6.2/5.3	8.3/5.7	10.5/6.7	12.0/6.9	11.9/8.4
PBR(최고/저)(배)	0.5/0.4	0.4/0.4	0.5/0.4	0.7/0.4	0.9/0.5	0.9/0.6
EV/EBITDA(배)	3.0	2.8	3.4	4.1	4.6	4.1
EPS(원)	3,580	3,530	3,421	3,665	4,510	4,603
BPS(원)	48,510	50,502	52,968	56,469	60,118	62,887
CFPS(원)	4,652	4,975	5,479	6,089	6,680	6,787
DPS(원)	1,100	1,150	1,200	1,250	1,300	1,350
EBITDAPS(원)	5,685	5,899	6,696	6,905	7,961	8,458

재무 비율   〈단위 : %〉
연도	영업이익률	순이익률	부채비율	차입금비율	ROA	ROE	유보율	자기자본비율	EBITDA마진율
2016	13.3	9.8	25.9	6.7	6.3	7.9	1,157.8	79.5	17.9
2015	12.9	10.0	23.3	5.6	6.6	8.2	1,102.4	81.1	17.7
2014	10.0	8.2	23.5	5.5	5.7	7.1	1,029.4	81.0	15.5
2013	10.7	7.9	25.6	6.8	5.7	7.1	959.4	79.6	15.4

삼화전기 (A009470)
Samhwa Electric

업 종 : 전기장비		시 장 : 거래소	
신용등급 : (Bond) — (CP) —		기업규모 : 시가총액 소형주	
홈페이지 : www.samwha.co.kr/electric		연 락 처 : 043)261-0200	
본 사 : 충북 청주시 흥덕구 봉명로 3			

설 립 일 1973.12.10	종업원수 505명	대표이사 박종온,오영주	
상 장 일 1986.11.24	감사의견 적정 (삼정)	계	
결 산 기 12월	보통주 661만주	종속회사수	열
액면가 1,000원	우선주	구상호	

주주구성 (지분율,%)		출자관계 (지분율,%)		주요경쟁사 (외형,%)	
니찌콘	22.8	삼화텍콤	22.6	삼화전기	100
오영주	20.5	한국JCC	11.5	선도전기	47
(외국인)	23.4	삼화콘덴서공업	2.2	서전기전	25

매출구성		비용구성		수출비중	
전해콘덴서	70.6	매출원가율	87.3	수출	58.0
콘덴서및 자재외	17.0	판관비율	10.8	내수	42.0
전해콘덴서(칩형)	7.9				

회사 개요
동사는 콘덴서 제조 판매 전문의 삼화콘덴서 그룹의 계열사임. 가전 및 정보통신 분야를 주요 거래처로 전체 생산량의 약 60%를 수출함. 콘덴서는 전기를 저장(충전)하고 사용(방전)하는 부품으로, 배터리보다 규모가 훨씬 작은 규모의 전기 저장장치임. TV, 디지털카메라, 자동차, PC 등 대부분의 전기 제품에 사용됨. 동사의 매출은 전해콘덴서(65.3%), 전해콘덴서(칩형)(6.8%), Hi-Cap(0.02%), Green-Cap(2.9%)임.

실적 분석
동사의 2016년 누적 매출액은 1,995.9억원으로 전년 대비 16.5% 증가함. 매출액 증가와 효과적인 매출원가율 관리를 통해 영업이익이 37.5억원으로 흑자전환함. 당기순이익도 21.4억원으로 흑자 전환에 성공함. 전해콘덴서의 주원재료인 양극박, 전해액, 전해지는 대부분 수입에 의존하고 있어 국제 원자재(알루미늄) 가격의 변동과 환율에 의해 영향을 받음. 정보통신기기 시장 호조 지속여부와 가전 제품의 수요 회복 여부가 실적 개선의 관건임.

현금 흐름   *IFRS 별도 기준   〈단위 : 억원〉
항목	2015	2016
영업활동	75	75
투자활동	-33	5
재무활동	-51	-79
순현금흐름	-6	-1
기말현금	63	62

시장 대비 수익률

결산 실적   〈단위 : 억원〉
항목	2011	2012	2013	2014	2015	2016
매출액	1,757	1,815	1,863	1,686	1,713	1,996
영업이익	27	21	28	20	-37	38
당기순이익	-49	20	-9	-14	-48	21

분기 실적   *IFRS 별도 기준   〈단위 : 억원〉
항목	2015.3Q	2015.4Q	2016.1Q	2016.2Q	2016.3Q	2016.4Q
매출액	477	377	468	525	561	441
영업이익	16	-45	25	12	8	-8
당기순이익	10	-35	21	10	10	-19

재무 상태   *IFRS 별도 기준   〈단위 : 억원〉
항목	2011	2012	2013	2014	2015	2016
총자산	1,427	1,379	1,294	1,197	1,282	1,295
유형자산	639	526	490	468	430	407
무형자산	32	16	16	17	10	8
유가증권	48	45	44	42	61	62
총부채	1,035	992	927	830	932	938
총차입금	630	556	484	432	403	337
자본금	66	66	66	66	66	66
총자본	393	388	367	367	350	357
지배주주지분	269	267	245	242	210	209

기업가치 지표
항목	2011	2012	2013	2014	2015	2016
주가(최고/저)(천원)	7.0/3.3	4.4/2.7	10.5/2.9	8.6/3.9	6.1/3.5	6.2/3.7
PER(최고/저)(배)	—/—	19.9/12.3	—/—	—/—	—/—	56.3/33.2
PBR(최고/저)(배)	1.8/0.9	1.1/0.7	2.9/0.8	2.4/1.1	1.9/1.1	2.0/1.2
EV/EBITDA(배)	8.5	9.1	10.0	12.2	32.8	10.7
EPS(원)	-565	233	-147	-14	-659	111
BPS(원)	4,074	4,044	3,702	3,652	3,173	3,164
CFPS(원)	701	1,274	768	696	268	642
DPS(원)	50	50	50	50	30	50
EBITDAPS(원)	1,676	1,355	1,334	1,009	370	1,098

재무 비율   〈단위 : %〉
연도	영업이익률	순이익률	부채비율	차입금비율	ROA	ROE	유보율	자기자본비율	EBITDA마진율
2016	1.9	1.1	262.8	94.4	1.7	3.5	216.4	27.6	3.6
2015	-2.2	-2.8	266.1	115.0	-3.8	-19.3	217.3	27.3	1.4
2014	1.2	0.0	226.1	117.8	0.0	-0.4	265.2	30.7	4.0
2013	1.5	-0.5	252.5	131.9	-0.7	-3.8	270.2	28.4	4.7

삼화전자공업 (A011230)
Samwha Electronics

업 종 : 전기장비	시 장 : 거래소
신용등급 : (Bond) — (CP) —	기업규모 : 시가총액 소형주
홈 페 이 지 : www.samwha.co.kr/electronics	연 락 처 : 031)374-5501
본 사 : 경기도 용인시 처인구 남사면 경기동로 215	

설 립 일 1976.04.01	총 업 원 수 122명	대 표 이 사 송정권	
상 장 일 1987.05.25	감 사 의 견 적정 (삼화)	계 열	
결 산 기 12월	보 통 주 1,427만주	종 속 회 사 수	
액 면 가 1,000원	우 선 주	구 상 호	

주주구성 (지분율,%)		출자관계 (지분율,%)		주요경쟁사 (외형,%)	
오영주	22.1	삼화기업	45.1	삼화전자	100
한국JCC	11.4	삼화고신무역	14.5	선도전기	242
(외국인)	0.2	동양텔레콤	0.8	서전기전	129

매출구성		비용구성		수출비중	
FERRITE CORE	65.8	매출원가율	85.5	수출	—
상품	34.2	판관비율	14.7	내수	—

회사 개요
동사는 1976년 설립된 페라이트 코어 전문 제조업체로, 전자기기의 핵심 소재 부품인 페라이트 및 Magnetic Powder 코어는 LCD/LED, 통신기기뿐만 아니라, 반도체 장비, 태양광 모듈 등 모든 산업용 기기의 주요 부품이 됨. 최근 자동차 스마트그리드 페라이트 코어 수요가 확대되는 추세이며, 아이폰 등 무접점 충전기기에 사용되는 부품이 시제품으로 개발 완료되어 향후 수요가 늘 것으로 기대됨. MPC 수요도 증가할 전망.

실적 분석
동사의 2016년 4/4분기 연결기준 누적 매출액은 전년동기 대비 7.6% 증가한 388.2억원을 시현함. 매출원가 및 판관비가 전년대비 각각 6.6%, 28.6% 감소했음에도 여전히 매출 대비 높은 비용으로 인해 0.6억원의 영업손실을 기록하며 적자를 지속함. 비영업부문에서도 3.0억원의 손실을 기록함에 따라 손실폭이 확대되어 3.6억원의 당기순손실을 기록하며 적자를 지속함.

현금 흐름 〈단위 : 억원〉

항목	2015	2016
영업활동	-1	20
투자활동	22	-21
재무활동	-16	-6
순현금흐름	5	-7
기말현금	7	0

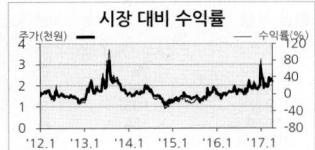

시장 대비 수익률

결산 실적 〈단위 : 억원〉

항목	2011	2012	2013	2014	2015	2016
매출액	516	483	442	439	361	388
영업이익	-53	-56	-6	-22	-74	-1
당기순이익	-77	-124	-25	-38	-80	-4

분기 실적 〈단위 : 억원〉

항목	2015.3Q	2015.4Q	2016.1Q	2016.2Q	2016.3Q	2016.4Q
매출액	77	99	96	95	104	92
영업이익	-29	-14	-3	-2	-6	11
당기순이익	-30	-14	-8	-8	-15	27

재무 상태 〈단위 : 억원〉

항목	2011	2012	2013	2014	2015	2016
총자산	868	691	680	771	693	682
유형자산	515	433	416	481	449	420
무형자산	1	1	1	1	21	20
유가증권	13	12	13	10	8	7
총부채	652	607	617	676	609	605
총차입금	448	445	441	461	401	394
자본금	116	116	116	116	143	143
총자본	217	84	63	94	83	77
지배주주지분	217	84	63	94	83	77

기업가치 지표

항목	2011	2012	2013	2014	2015	2016
주가(최고/저)(천원)	1.9/1.3	1.9/1.2	3.2/1.3	2.0/1.1	2.0/1.2	2.3/1.4
PER(최고/저)(배)	—/—	—/—	—/—	—/—	—/—	—/—
PBR(최고/저)(배)	1.0/0.7	2.6/1.6	6.0/2.4	2.5/1.3	3.4/2.0	4.4/2.6
EV/EBITDA(배)			14.9	24.0		15.3
EPS(원)	-667	-1,066	-218	-323	-659	-25
BPS(원)	1,864	727	539	812	585	539
CFPS(원)	-238	-598	193	86	-267	290
DPS(원)						
EBITDAPS(원)	-31	-10	360	218	-216	311

재무 비율 〈단위 : % 〉

연도	영업이익률	순이익률	부채비율	차입금비율	ROA	ROE	유보율	자기자본비율	EBITDA마진율
2016	-0.2	-0.9	일부잠식	일부잠식	-0.5	-4.5	-46.1	11.3	11.5
2015	-20.6	-22.3	일부잠식	일부잠식	-11.0	-90.6	-41.5	12.1	-7.3
2014	-5.1	-8.6	일부잠식	일부잠식	-5.2	-47.9	-18.8	12.2	5.8
2013	-1.4	-5.7	일부잠식	일부잠식	-3.7	-34.4	-46.1	9.2	9.5

삼화콘덴서공업 (A001820)
Samwha Capacitor

업 종 : 전기장비	시 장 : 거래소
신용등급 : (Bond) — (CP) —	기업규모 : 시가총액 소형주
홈 페 이 지 : www.samwha.co.kr/capacitor	연 락 처 : 031)332-6441
본 사 : 경기도 용인시 처인구 남사면 경기동로 227	

설 립 일 1956.08.14	총 업 원 수 356명	대 표 이 사 황호진	
상 장 일 1976.06.26	감 사 의 견 적정 (지평)	계 열	
결 산 기 12월	보 통 주 1,040만주	종 속 회 사 수	
액 면 가 1,000원	우 선 주	구 상 호	

주주구성 (지분율,%)		출자관계 (지분율,%)		주요경쟁사 (외형,%)	
오영주	16.2	삼화전자	12.4	삼화콘덴서	100
한국JCC	6.4	한국JCC	9.9	삼영전자	125
(외국인)	3.3	삼화전기	2.5	일진전기	393

매출구성		비용구성		수출비중	
MLCC	37.2	매출원가율	83.8	수출	61.8
기타	26.5	판관비율	10.7	내수	38.2
FC	21.1				

회사 개요
동사는 1956년 설립된 국내 유일의 콘덴서 종합 메이커로서 관계사인 삼화전기가 생산 중인 전해 콘덴서를 제외한 거의 모든 콘덴서를 생산 중임. 전력용 콘덴서, 세라믹 콘덴서, 적층 콘덴서 등이 주력 제품임. 국내 시장은 동사와 삼성전기, 동일전포 등이 경쟁 중임. 콘덴서는 핵심적이고 필수적인 전자부품의 일종으로서 가전시장 및 컴퓨터, 인터넷, 휴대폰 등의 정보통신산업을 전방산업으로 함. 수출이 전체 매출의 61.8%를 차지함.

실적 분석
동사의 2016년 연결기준 결산 매출액은 전년 동기 대비 8.6% 증가한 1,724.5억원을 기록함. 외형 확대에 힘입어 수익성이 개선되며 영업이익이 94.7억원으로 전년동기 대비 75.3% 증가함. MLCC의 전년동기 대비 21.9% 증가하며 전체 매출신장을 견인함. 동사는 하이브리드 부품 개발, 이차 리튬전지 소재산업 진출 등 신규사업 진출을 도모하고 있어 장래 매출성장에 긍정적일 것으로 보임.

현금 흐름 〈단위 : 억원〉

항목	2015	2016
영업활동	138	127
투자활동	-77	-53
재무활동	-77	-53
순현금흐름	-18	21
기말현금	44	65

시장 대비 수익률

결산 실적 〈단위 : 억원〉

항목	2011	2012	2013	2014	2015	2016
매출액	1,655	1,696	1,758	1,621	1,588	1,725
영업이익	59	60	42	-38	54	95
당기순이익	33	28	4	-60	29	57

분기 실적 〈단위 : 억원〉

항목	2015.3Q	2015.4Q	2016.1Q	2016.2Q	2016.3Q	2016.4Q
매출액	407	364	421	380	463	460
영업이익	23	21	27	11	33	24
당기순이익	13	9	15	6	25	11

재무 상태 〈단위 : 억원〉

항목	2011	2012	2013	2014	2015	2016
총자산	1,341	1,302	1,238	1,088	1,129	1,217
유형자산	702	631	573	486	428	391
무형자산	2	2	2	2	2	3
유가증권	57	53	59	56	84	87
총부채	814	756	700	629	657	683
총차입금	444	381	349	322	293	311
자본금	104	104	104	104	104	104
총자본	528	546	538	460	473	534
지배주주지분	516	533	526	447	465	526

기업가치 지표

항목	2011	2012	2013	2014	2015	2016
주가(최고/저)(천원)	12.1/5.0	7.4/5.1	7.9/5.1	6.2/3.7	11.7/3.7	15.5/8.1
PER(최고/저)(배)	43.0/17.7	31.3/21.8	328.0/211.0	—/—	45.8/14.4	28.9/15.0
PBR(최고/저)(배)	2.5/1.0	1.5/1.0	1.6/1.0	1.4/0.8	2.6/0.8	3.0/1.6
EV/EBITDA(배)	7.3	5.6	5.6	8.7	10.2	8.0
EPS(원)	295	245	25	-598	257	539
BPS(원)	5,095	5,265	5,197	4,433	4,603	5,190
CFPS(원)	1,197	1,365	1,185	510	1,134	1,244
DPS(원)	50	50	50	50	50	50
EBITDAPS(원)	1,468	1,701	1,567	738	1,397	1,617

재무 비율 〈단위 : % 〉

연도	영업이익률	순이익률	부채비율	차입금비율	ROA	ROE	유보율	자기자본비율	EBITDA마진율
2016	5.5	3.3	128.0	58.2	4.8	11.3	419.0	43.9	9.7
2015	3.4	1.8	139.0	62.0	2.6	5.9	360.3	41.8	9.1
2014	-2.4	-3.7	136.7	70.0	-5.2	-12.8	343.3	42.3	4.7
2013	2.4	0.2	130.2	64.9	0.3	0.7	419.7	43.5	9.3

삼화페인트공업 (A000390)
SamHwa Paints Industrial

업 종: 건축자재		시 장: 거래소	
신용등급: (Bond) A- (CP) —		기업규모: 시가총액 소형주	
홈페이지: www.spi.co.kr		연락처: 031)499-0394	
본 사: 경기도 안산시 단원구 별망로 178(성곡동)			

설 립 일	1946.04.09	종업원수	966명	대표이사	오진수
상 장 일	1993.09.10	감사의견	적정 (안진)	계 열	
결 산 기	12월	보 통 주	2,539만주	종속회사수	
액 면 가	500원	우 선 주		구 상 호	

주주구성 (지분율,%)
김장연	32.4
Chugoku Marine Paints, Ltd	8.8
(외국인)	11.0

출자관계 (지분율,%)
에스엠투네트웍스	100.0
홈앤톤즈	100.0
삼화로지텍	100.0

주요경쟁사 (외형,%)
삼화페인트	100
노루홀딩스	143
강남제비스코	69

매출구성
페인트(건축용, 공업용, PCM 외)	74.1
페인트(자동차용 외)	24.4
도료용역	1.0

비용구성
매출원가율	79.1
판관비율	17.0

수출비중
수출	0.0
내수	100.0

회사 개요
동사는 건축용 도료, 건축용 도료, 기타 도료 등 종합도료 제조사임. 오랜 업력을 바탕으로 국내 3위의 페인트 업체이며 특히 건축용 페인트는 국내 1위의 업체임. 동사는 창업 이래 본사를 거점으로 국내를 포함한 중국, 베트남, 말레이시아에 총 6개의 계열회사를 설립하여 풍부한 경험과 축적된 기술을 바탕으로 페인트 생산에 전념하는 글로벌 도료 제조업체로 성장함.

실적 분석
동사의 2016년 결산기준 누적매출액은 4,821.9억원으로 전년 5,071.9억원 대비 4.9% 감소하였으며 판매비와관리비는 821.3억원으로 전년 대비 0.1% 감소를 기록하였음. 당기순이익은 137.2억원으로 전년 247.6억원 대비 44.6% 감소를 기록하였는데, 이는 매출액의 감소와 금융손실 부분의 적자 지속으로 인한 이익의 폭 감소에 기인한 것으로 분석됨.

현금 흐름 〈단위 : 억원〉
항목	2015	2016
영업활동	291	108
투자활동	-314	-263
재무활동	-13	12
순현금흐름	-34	-143
기말현금	411	269

시장 대비 수익률
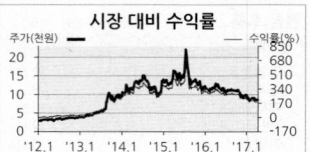

결산 실적 〈단위 : 억원〉
항목	2012	2013	2014	2015	2016
매출액	4,144	4,349	4,991	5,267	5,072	4,822
영업이익	192	226	435	458	317	189
당기순이익	130	160	292	355	248	137

분기 실적 〈단위 : 억원〉
항목	2015.3Q	2015.4Q	2016.1Q	2016.2Q	2016.3Q	2016.4Q
매출액	1,332	1,227	1,036	1,390	1,185	1,211
영업이익	101	72	40	93	29	27
당기순이익	86	47	25	77	22	14

재무 상태 〈단위 : 억원〉
항목	2011	2012	2013	2014	2015	2016
총자산	4,022	4,247	4,756	5,051	5,119	5,263
유형자산	1,511	1,677	1,875	2,048	2,238	2,335
무형자산	76	70	62	79	73	82
유가증권	8	8	8	5	6	7
총부채	1,925	2,030	2,247	2,254	2,241	2,306
총차입금	976	1,034	1,078	1,067	1,153	1,234
자본금	112	112	112	112	113	127
총자본	2,097	2,217	2,509	2,797	2,878	2,957
지배주주지분	2,097	2,217	2,507	2,795	2,875	2,950

기업가치 지표
항목	2011	2012	2013	2014	2015	2016
주가(최고/저)(천원)	3.3/2.4	3.8/2.8	10.6/3.8	15.4/9.2	22.4/10.6	13.3/9.3
PER(최고/저)(배)	7.4/5.2	6.4/4.7*	9.2/3.3	10.7/6.4	21.7/10.3	23.3/16.3
PBR(최고/저)(배)	0.4/0.3	0.5/0.3	1.1/0.4	1.3/0.8	1.8/0.9	1.1/0.8
EV/EBITDA(배)	6.1	5.7	5.8	6.9	8.4	10.8
EPS(원)	578	713	1,300	1,586	1,108	587
BPS(원)	9,649	10,080	11,298	12,582	13,246	12,442
CFPS(원)	833	998	1,642	2,034	1,583	1,137
DPS(원)	250	250	300	400	500	300
EBITDAPS(원)	1,112	1,293	2,283	2,493	1,889	1,357

재무 비율 〈단위 : % 〉
연도	영업이익률	순이익률	부채비율	차입금비율	ROA	ROE	유보율	자기자본비율	EBITDA마진율
2016	3.9	2.8	78.0	41.7	2.6	4.7	2,388.4	56.2	6.6
2015	6.3	4.9	77.9	40.1	4.9	8.8	2,549.2	56.2	8.4
2014	8.7	6.8	80.6	38.2	7.3	13.4	2,416.5	55.4	10.6
2013	8.7	5.8	89.6	43.0	6.5	12.3	2,159.7	52.8	10.3

상보 (A027580)
SANG BO

업 종: 디스플레이 및 관련부품		시 장: KOSDAQ	
신용등급: (Bond) — (CP) —		기업규모: 벤처	
홈페이지: www.sangbogroup.com		연락처: 031)987-9900	
본 사: 경기도 김포시 통진읍 대서명로 50			

설 립 일	1989.04.01	종업원수	320명	대표이사	김상근
상 장 일	2007.10.01	감사의견	적정 (삼덕)	계 열	
결 산 기	12월	보 통 주	2,715만주	종속회사수	
액 면 가	500원	우 선 주		구 상 호	

주주구성 (지분율,%)
김상근	20.8
김현철	0.3
(외국인)	0.8

출자관계 (지분율,%)
상보신소재료	100.0
SANGBOUSAINC.	100.0
소주상보무역유한공사	100.0

주요경쟁사 (외형,%)
상보	100
브레인콘텐츠	15
휘닉스소재	28

매출구성
광학필름	73.1
기타	13.4
윈도우필름	12.6

비용구성
매출원가율	93.8
판관비율	12.9

수출비중
수출	50.2
내수	49.8

회사 개요
동사는 1977년 7월에 설립되어 디스플레이 소재 필름인 광학필름, 차량 및 건축용 윈도우 필름, 미디어 필름, PP Sheet 필름, 산업재 특수 필름 사업 등을 영위하고 있음. 동사가 자체적으로 개발한 광학필름은 동사 매출의 75% 정도를 차지하며 국내 및 대만, 중국, 일본에 LED/LCD TV, 모니터, 노트북 제조에 공급하고 있으며 최근 경쟁 심화로 매출이 소폭 감소.

실적 분석
동사의 2016년 연결기준 연간 누적 매출액은 1,516.8억원으로 전년 동기 대비 15.1% 감소함. 매출원가와 판관비 등은 감소했지만 매출이 큰 폭 줄면서 영업손실은 101.5억원으로 전년 동기 대비 적자 폭이 크게 확대됨. 비영업부문 적자 폭도 크게 늘어나면서 당기순손실은 190억원으로 전년 동기 대비 적자 규모가 5배 이상 증가. 매출 감소와 수익성 악화가 반복되고 있음.

현금 흐름 〈단위 : 억원〉
항목	2015	2016
영업활동	-81	19
투자활동	-100	-57
재무활동	103	85
순현금흐름	-86	62
기말현금	247	308

시장 대비 수익률

결산 실적 〈단위 : 억원〉
항목	2011	2012	2013	2014	2015	2016
매출액	1,820	2,533	2,208	2,269	1,786	1,517
영업이익	123	222	93	10	-12	-101
당기순이익	72	80	88	-48	-34	-190

분기 실적 〈단위 : 억원〉
항목	2015.3Q	2015.4Q	2016.1Q	2016.2Q	2016.3Q	2016.4Q
매출액	453	470	420	364	410	323
영업이익	-4	-20	-20	-32	-23	-26
당기순이익	8	-28	-41	-28	-48	-73

재무 상태 〈단위 : 억원〉
항목	2011	2012	2013	2014	2015	2016
총자산	1,644	1,763	1,815	1,804	1,787	1,712
유형자산	575	610	759	699	699	652
무형자산	93	94	117	114	131	59
유가증권	10	12	1	0	0	0
총부채	1,234	1,117	1,094	1,142	1,168	1,088
총차입금	1,010	717	697	815	918	803
자본금	58	71	72	72	108	136
총자본	410	646	721	662	620	624
지배주주지분	410	646	721	662	620	624

기업가치 지표
항목	2011	2012	2013	2014	2015	2016
주가(최고/저)(천원)	6.6/3.2	9.2/6.3	11.1/7.1	8.2/3.9	6.4/3.5	5.6/3.0
PER(최고/저)(배)	16.6/8.1	23.1/15.6	27.9/17.8	—/—	—/—	—/—
PBR(최고/저)(배)	2.9/1.4	3.2/2.1	3.4/2.2	2.7/1.3	2.2/1.2	2.4/1.2
EV/EBITDA(배)	9.7	6.6	12.7	19.3	24.4	
EPS(원)	403	405	399	-215	-151	-776
BPS(원)	3,524	4,579	5,102	4,762	2,977	2,391
CFPS(원)	1,281	1,237	1,129	162	186	-454
DPS(원)		150				
EBITDAPS(원)	1,718	2,342	1,167	564	287	-92

재무 비율 〈단위 : % 〉
연도	영업이익률	순이익률	부채비율	차입금비율	ROA	ROE	유보율	자기자본비율	EBITDA마진율
2016	-6.7	-12.5	174.3	128.7	-10.9	-30.5	378.2	36.5	-1.5
2015	-0.7	-1.9	188.4	148.2	-1.9	-5.3	495.4	34.7	3.5
2014	0.4	-2.1	172.4	123.0	-2.7	-6.9	852.3	36.7	3.6
2013	4.2	4.0	151.8	96.7	4.9	12.9	920.4	39.7	7.5

상신브레이크 (A041650)
Sangsin Brake

업　　종 : 자동차부품　　　　　　시　　장 : 거래소
신용등급 : (Bond) —　　(CP) —　　기업규모 : 시가총액 소형주
홈페이지 : www.sangsin.com　　　연 락 처 : 053)616-9555
본　　사 : 대구시 달성군 논공읍 논공중앙로 33길 10

설 립 일	1975.08.13	종 업 원 수	643명	대 표 이 사	김효일
상 장 일	2004.10.27	감 사 의 견	적정 (삼정)	계	열
결 산 기	12월	보 통 주	2,147만주	종속회사수	
액 면 가	500원	우 선 주		구 상 호	

주주구성 (지분율,%)		출자관계 (지분율,%)		주요경쟁사 (외형,%)	
신영자산운용	16.8	에이비테크	86.3	상신브레이크	100
정성한	12.3	산도브레이크	85.0	우리산업홀딩스	85
(외국인)	3.1	산도테크	78.2	디아이씨	147

매출구성		비용구성		수출비중	
PAD	67.9	매출원가율	75.7	수출	50.8
기타(부산물 및 세탁기외)	23.9	판관비율	16.2	내수	49.2
BRAKE ASSEMBLY	14.3				

회사 개요
동사는 승용 및 상용차량용 브레이크 PAD, LINING, SHOE 및 BRAKE ASSEMLY 등을 주력제품으로 하는 브레이크 마찰재업체로서, 새론오토모티브, KB오토시스와 경쟁하고 있으며, 국내 시장점유율 44%의 1위 업체임. 매출구성은 OEM(신차 장착용), OES(A/S 순정부품용), 시중판매(대리점)을 통한 직거래), 수출시장으로 구성되어 주며, 매출처는 현대자동차, 타타대우자동차, 다이모스, 현대모비스, 한국델파이, 만도 등이 있음.

실적 분석
동사의 2016년 누적매출액은 3,795억원으로 4.6% 증가하였음. 또한 판매비와 관리비는 614억원으로 13% 증가하였음. 그리고 매출총이익은 923.9억원으로 2.2% 증가하였음. 그러나 영업이익은 309억원으로 14.1% 감소하였음. 최종적으로 당기순이익은 201.9억원으로 26.3% 감소하였음. 앞으로 해외시장 성장이 예견되면서 수익개선이 기대되고 있음

현금 흐름　〈단위 : 억원〉

항목	2015	2016
영업활동	387	324
투자활동	-378	-151
재무활동	27	-131
순현금흐름	33	43
기말현금	95	137

시장 대비 수익률

결산 실적　〈단위 : 억원〉

항목	2011	2012	2013	2014	2015	2016
매출액	2,560	2,863	3,053	3,365	3,630	3,796
영업이익	121	188	261	266	360	309
당기순이익	74	106	178	189	274	202

분기 실적　〈단위 : 억원〉

항목	2015.3Q	2015.4Q	2016.1Q	2016.2Q	2016.3Q	2016.4Q
매출액	914	986	886	929	907	1,073
영업이익	82	134	72	54	64	119
당기순이익	59	96	50	27	25	99

재무 상태　〈단위 : 억원〉

항목	2011	2012	2013	2014	2015	2016
총자산	2,209	2,339	2,677	3,013	3,344	3,531
유형자산	982	1,072	1,184	1,410	1,573	1,571
무형자산	43	47	44	52	68	58
유가증권	8	8	7	7	9	10
총부채	1,389	1,496	1,676	1,877	1,950	1,973
총차입금	916	1,016	1,038	1,202	1,279	1,185
자본금	107	107	107	107	107	107
자본본	820	843	1,001	1,136	1,393	1,558
지배주주지분	797	810	961	1,106	1,354	1,514

기업가치 지표

항목	2011	2012	2013	2014	2015	2016
주가(최고/저)(천원)	5.1/2.8	4.6/2.7	6.0/3.1	9.0/5.1	8.4/5.5	8.3/6.1
PER(최고/저)(배)	17.3/9.4	12.0/7.1	8.4/4.3	10.5/5.9	7.2/4.7	9.4/6.9
PBR(최고/저)(배)	1.4/0.8	1.2/0.7	1.3/0.7	1.7/1.0	1.3/0.9	1.1/0.8
EV/EBITDA(배)	7.8	5.4	5.3	6.0	5.2	5.2
EPS(원)	343	437	789	926	1,220	906
BPS(원)	4,108	4,237	4,940	5,618	6,771	7,519
CFPS(원)	892	1,047	1,464	1,647	2,041	1,739
DPS(원)	120	130	140	160	170	160
EBITDAPS(원)	1,114	1,486	1,890	1,961	2,495	2,272

재무 비율　〈단위 : % 〉

연도	영업이익률	순이익률	부채비율	차입금비율	ROA	ROE	유보율	자기자본비율	EBITDA마진율
2016	8.1	5.3	126.6	76.1	5.9	13.6	1,403.8	44.1	12.9
2015	9.9	7.5	140.0	91.8	8.6	21.3	1,254.1	41.7	14.8
2014	7.9	5.6	165.3	105.8	6.7	19.2	1,023.7	37.7	12.5
2013	8.5	5.8	167.5	103.7	7.1	19.1	888.1	37.4	13.3

상신이디피 (A091580)
SANGSIN ENERGY DISPLAY PRECISION

업　　종 : 전자 장비 및 기기　　　시　　장 : KOSDAQ
신용등급 : (Bond) —　　(CP) —　　기업규모 : 벤처
홈페이지 : www.ssedp.co.kr　　　연 락 처 : 031)205-9242
본　　사 : 경기도 수원시 영통구 덕영대로1483번길 36(망포동)

설 립 일	1992.01.28	종 업 원 수	181명	대 표 이 사	김일부
상 장 일	2007.05.23	감 사 의 견	적정 (이촌)	계	열
결 산 기	12월	보 통 주	1,130만주	종속회사수	
액 면 가	500원	우 선 주		구 상 호	

주주구성 (지분율,%)		출자관계 (지분율,%)		주요경쟁사 (외형,%)	
김일부	16.2			상신이디피	100
장태선	8.1			대주전자재료	88
(외국인)	2.1			이엠티	12

매출구성		비용구성		수출비중	
제품 CAN(각+원형)	47.7	매출원가율	88.6	수출	—
상품	25.2	판관비율	12.0	내수	—
제품 기타	20.6				

회사 개요
동사는 2차전지 부품 전문생산업체. 삼성SDI에서 진행중인 PHEV/EV용 2차전지CAN의 개발업체로 선정, 향후 xEV(전기자동차)용 제품의 수요로 수혜가 기대됨. 연결 매출에는 상신이디피, 대신전자, 상신에너텍이 포함됨. 상신이디피는 2차전지 CAN과 ASS'Y, 대신전자는 Pack과 ASS'Y, 상신에너텍은 원형 CAN을 생산하고 있음. 상신이디피가 63%, 대신전자 0.24%, 상신에너텍이 24.7%, 태화프라텍이 9.0%를 차지함.

실적 분석
동사의 연결기준 2016년 매출액은 전년보다 1.3% 감소한 768.3억원임. 동사는 전년 10.8억원의 영업손실을 기록한데 이어 2016년 4.0억원의 영업손실을 기록함. 최종적으로 10.2억원의 당기순손실을 기록하였으나 전년 23.8억원의 손실보다는 적자폭이 축소됨. 주요 거래선인 삼성SDI의 전기차 사업의 부진으로 하반기 성장에 대한 우려가 높음.

현금 흐름　〈단위 : 억원〉

항목	2015	2016
영업활동	10	52
투자활동	-140	-138
재무활동	88	55
순현금흐름	-46	-35
기말현금	141	105

시장 대비 수익률

결산 실적　〈단위 : 억원〉

항목	2011	2012	2013	2014	2015	2016
매출액	1,224	1,145	1,161	991	778	768
영업이익	91	33	37	42	-11	-4
당기순이익	58	5	5	25	-24	-10

분기 실적　〈단위 : 억원〉

항목	2015.3Q	2015.4Q	2016.1Q	2016.2Q	2016.3Q	2016.4Q
매출액	188	203	197	208	193	170
영업이익	-6	16	4	4	-8	-5
당기순이익	-11	9	5	3	-16	-2

재무 상태　〈단위 : 억원〉

항목	2011	2012	2013	2014	2015	2016
총자산	830	889	955	944	994	1,009
유형자산	469	545	549	531	593	644
무형자산	8	8	7	8	24	21
유가증권	4	5	3	2	1	—
총부채	423	478	545	517	607	642
총차입금	271	325	406	392	501	560
자본금	56	56	56	56	56	56
총자본	407	411	410	427	387	367
지배주주지분	407	411	410	427	387	367

기업가치 지표

항목	2011	2012	2013	2014	2015	2016
주가(최고/저)(천원)	4.3/2.1	4.7/3.3	7.8/3.3	6.6/3.8	5.0/2.4	4.6/3.0
PER(최고/저)(배)	8.8/4.3	108.0/75.6	183.8/76.5	31.3/18.2	—/—	—/—
PBR(최고/저)(배)	1.3/0.6	1.4/1.0	2.3/0.9	1.8/1.0	1.5/0.7	1.4/0.9
EV/EBITDA(배)	4.5	7.7	7.7	5.7	14.7	13.3
EPS(원)	519	46	45	217	-211	-91
BPS(원)	3,659	3,640	3,626	3,780	3,428	3,254
CFPS(원)	686	535	620	837	404	539
DPS(원)	60	50	50	50	50	50
EBITDAPS(원)	1,245	779	906	990	520	594

재무 비율　〈단위 : % 〉

연도	영업이익률	순이익률	부채비율	차입금비율	ROA	ROE	유보율	자기자본비율	EBITDA마진율
2016	-0.5	-1.3	174.6	152.5	-1.0	-2.7	550.7	36.4	8.7
2015	-1.4	-3.1	156.7	129.4	-2.5	-5.9	585.6	39.0	7.5
2014	4.2	2.5	121.0	91.8	2.6	5.9	656.1	45.3	11.3
2013	3.2	0.4	133.1	99.2	0.6	1.2	625.1	42.9	8.8

상아프론테크 (A089980)
SANG-A FLONTEC

업 종 : 디스플레이 및 관련부품		시 장 : KOSDAQ	
신용등급 : (Bond) — (CP) —		기업규모 : 우량	
홈 페 이 지 : www.sftc.co.kr		연 락 처 : (032)451-7781	
본 사 : 인천시 남동구 남동대로369번길 18, 남동공단 7블럭 4로트			

설 립 일 1986.03.21	종 업 원 수 558명	대 표 이 사 이경호,이상원
상 장 일 2011.07.21	감사의견 적정(삼일)	계 열
결 산 기 12월	보 통 주 1,330만주	종속회사수
액 면 가 500원	우 선 주	구 상 호

주주구성 (지분율,%)	출자관계 (지분율,%)	주요경쟁사 (외형,%)
이상원 23.0	상아프론테크 100	
이상열 8.7	루멘스 258	
(외국인) 1.4	넥스트아이 25	

매출구성	비용구성	수출비중
FPD CASSETTE, PTFE SHEET 28.2	매출원가율 78.6	수출 51.8
기타 24.6	판관비율 15.5	내수 48.2
CAP ASS'Y, GASKET 18.7		

회사 개요
동사는 LCD 공정 중 패널의 적재 및 이송용 장비인 LCD카세트, 컬러레이저 프린터/복합기의 중요부품인 전사벨트와 정착벨트, 2차 전지용 부품, 반도체 웨이퍼의 공정간 이송장비, PCB 기판 Drilling용 부자재인 Entry sheet, 자동차 부품 및 엔지니어링 플라스틱 소재를 이용한 전자부품 및 자동차 부품 제조업을 영위하고 있음. 종속회사는 OA기용 소형 성형제품의 생산 및 코팅과 전사벨트의 후공정을 담당하고 있음.

실적 분석
동사의 2016년 연결기준 연간 매출액은 1,563억원으로 전년 대비 8.7% 증가함. 이는 중요부품인 전사벨트 및 2차전지 및 반도체 패키징 신소재 사업 매출 증가의 영향임. 반면 PCB사업의 매출채권 대손충당금의 발생으로 영업이익은 90.9억원으로 전년 대비 9.6% 감소함. 또한 정기세무조사에 따른 법인세 추납에 따른 법인세비용 증가로 당기순이익은 54.7억원으로 전년 대비 30.4% 감소됨.

현금 흐름 〈단위 : 억원〉

항목	2015	2016
영업활동	72	5
투자활동	-189	-182
재무활동	143	139
순현금흐름	26	-39
기말현금	117	78

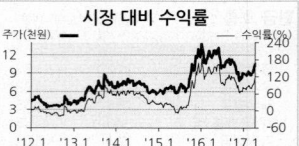
시장 대비 수익률

결산 실적 〈단위 : 억원〉

항목	2011	2012	2013	2014	2015	2016
매출액	1,064	940	1,078	1,284	1,437	1,563
영업이익	72	53	78	58	101	91
당기순이익	56	44	70	40	79	55

분기 실적 〈단위 : 억원〉

항목	2015.3Q	2015.4Q	2016.1Q	2016.2Q	2016.3Q	2016.4Q
매출액	360	349	380	468	365	350
영업이익	34	18	18	27	31	15
당기순이익	35	-0	-0	15	8	32

재무 상태 〈단위 : 억원〉

항목	2011	2012	2013	2014	2015	2016
총자산	1,128	1,200	1,436	1,548	1,808	2,020
유형자산	646	696	787	862	1,018	1,024
무형자산	6	6	7	15	16	15
유가증권	5	0	0	0	0	2
총부채	405	455	631	705	882	1,036
총차입금	244	302	402	488	634	778
자본금	61	61	61	63	65	67
총자본	723	744	805	843	926	984
지배주주지분	723	744	805	843	926	984

기업가치 지표

항목	2011	2012	2013	2014	2015	2016
주가(최고/저)(천원)	6.2/3.4	5.5/3.4	8.7/3.8	8.1/5.3	13.0/5.6	13.9/7.3
PER(최고/저)(배)	13.3/7.3	16.7/10.3	16.4/7.0	25.7/16.8	21.4/9.2	34.1/18.0
PBR(최고/저)(배)	1.2/0.6	1.0/0.6	1.4/0.6	1.2/0.8	1.9/0.8	1.9/1.0
EV/EBITDA(배)	5.6	6.6	7.7	8.2	11.8	10.7
EPS(원)	508	354	568	327	623	415
BPS(원)	5,885	6,139	6,637	6,805	7,225	7,437
CFPS(원)	986	817	1,087	903	1,220	1,010
DPS(원)	75	75	115	107	140	140
EBITDAPS(원)	1,134	894	1,150	1,042	1,395	1,285

재무 비율 〈단위 : % 〉

연도	영업이익률	순이익률	부채비율	차입금비율	ROA	ROE	유보율	자기자본비율	EBITDA마진율
2016	5.8	3.5	105.3	79.0	2.9	5.7	1,387.5	48.7	10.8
2015	7.0	5.5	95.3	68.5	4.7	8.9	1,345.0	51.2	12.2
2014	4.5	3.2	83.6	57.8	2.7	4.9	1,261.0	54.5	10.0
2013	7.2	6.5	78.3	50.0	5.3	9.0	1,227.4	56.1	13.1

새로닉스 (A042600)
Seronics

업 종 : 디스플레이 및 관련부품		시 장 : KOSDAQ	
신용등급 : (Bond) — (CP) —		기업규모 : 벤처	
홈 페 이 지 : www.seronics.co.kr		연 락 처 : (054)463-7945	
본 사 : 경북 구미시 수출대로 9길 36			

설 립 일 1968.12.21	종 업 원 수 114명	대 표 이 사 허제홍
상 장 일 2002.10.01	감사의견 적정(세영)	계 열
결 산 기 12월	보 통 주 1,242만주	종속회사수
액 면 가 500원	우 선 주	구 상 호

주주구성 (지분율,%)	출자관계 (지분율,%)	주요경쟁사 (외형,%)
허제홍 21.0	산코코리아 53.8	새로닉스 100
광성전자 19.6	제이에이치화학공업 33.2	한국컴퓨터 200
(외국인) 0.6	엘앤에프 17.4	케이맥 76

매출구성	비용구성	수출비중
기타 72.5	매출원가율 84.6	수출 —
(주)새로닉스/디바이스 11.5	판관비율 11.6	내수 —
(주)산코코리아/Photovoltaic Ribbon 10.3		

회사 개요
동사의 사업은 전자부품부문과 태양전지부품 부문으로 구분됨. LCD 백라이트 유닛(BLU)에 사용되는 광학시트 및 TV용 디바이스를 주로 생산·판매하고 있음. 최근 LCD업계는 CCFL 방식의 광원을 쓰는 방식에서 LED광원을 쓰는 방식으로 빠르게 전환이 되고 있으며, 다기능 모니터와 노트북, TV제품 등 대형화가 빠르게 진행되고 있음. 매출 대부분이 LCD 패널과 LCD TV 업체와 관련 있으므로 고객과 지속적 관계구축이 중요함.

실적 분석
동사의 2016년 연결기준 연간 누적 매출액은 1,178.6억원으로 전년 동기 대비 9.7% 감소함. 매출 감소에 따라 매출원가도 줄었지만 판매비와 관리비는 전년 동기와 비슷한 수준을 기록. 매출 감소에 따른 고정비용 증가로 영업이익은 44.8억원을 기록, 전년 동기 대비 51.7% 감소함. 비영업손익 부문에서 대폭 흑자 전환에 성공해 당기순이익은 오히려 전년 동기 대비 86.1% 증가한 116.9억원을 시현함.

현금 흐름 〈단위 : 억원〉

항목	2015	2016
영업활동	130	62
투자활동	-99	-99
재무활동	31	-54
순현금흐름	106	-86
기말현금	289	203

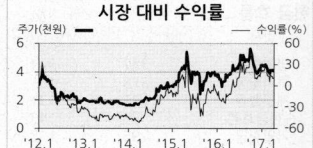
시장 대비 수익률

결산 실적 〈단위 : 억원〉

항목	2011	2012	2013	2014	2015	2016
매출액	906	1,231	1,172	1,348	1,306	1,179
영업이익	0	34	42	106	93	45
당기순이익	-20	-6	-9	91	63	117

분기 실적 〈단위 : 억원〉

항목	2015.3Q	2015.4Q	2016.1Q	2016.2Q	2016.3Q	2016.4Q
매출액	382	336	286	263	328	302
영업이익	23	18	6	5	19	15
당기순이익	33	6	77	1	15	23

재무 상태 〈단위 : 억원〉

항목	2011	2012	2013	2014	2015	2016
총자산	802	847	839	899	994	1,120
유형자산	387	406	385	360	327	300
무형자산	12	7	6	6	6	7
유가증권	12	12	8	8	7	13
총부채	301	376	360	324	344	351
총차입금	166	234	204	160	191	142
자본금	62	62	62	62	62	62
총자본	501	471	479	575	650	769
지배주주지분	471	445	440	529	589	699

기업가치 지표

항목	2011	2012	2013	2014	2015	2016
주가(최고/저)(천원)	8.2/2.4	4.2/1.8	2.4/1.6	3.3/1.6	5.5/2.4	5.9/3.0
PER(최고/저)(배)	—/—	—/—	—/—	5.2/2.6	12.6/5.4	6.7/3.4
PBR(최고/저)(배)	2.2/0.6	1.2/0.5	0.7/0.5	0.8/0.4	1.2/0.5	1.0/0.5
EV/EBITDA(배)	10.7	4.6	3.4	2.7	3.0	6.0
EPS(원)	-90	-38	-102	661	445	882
BPS(원)	3,915	3,705	3,569	4,283	4,770	5,659
CFPS(원)	245	326	267	1,006	834	1,265
DPS(원)				40	40	40
EBITDAPS(원)	338	637	706	1,199	1,135	744

재무 비율 〈단위 : % 〉

연도	영업이익률	순이익률	부채비율	차입금비율	ROA	ROE	유보율	자기자본비율	EBITDA마진율
2016	3.8	9.9	45.7	18.5	11.1	17.0	1,031.7	68.6	7.8
2015	7.1	4.8	52.9	29.4	6.6	9.9	854.0	65.4	10.8
2014	7.9	6.7	56.4	27.9	10.5	17.0	756.6	63.9	11.1
2013	3.6	-0.7	75.3	42.6	-1.0	-2.9	613.8	57.1	7.5

새론오토모티브 (A075180)
Saeron Automotive

업 종 : 자동차부품	시 장 : 거래소
신용등급 : (Bond) — (CP) —	기업규모 : 시가총액 소형주
홈페이지 : www.saeronauto.co.kr	연 락 처 : 041)560-4114
본 사 : 충남 천안시 동남구 병천면 가전5길 133	

설 립 일	1999.03.31	종 업 원 수	385명	대 표 이 사	니시하라코지,서인석
상 장 일	2005.10.21	감 사 의 견	적정 (삼일)	계 열	
결 산 기	12월	보 통 주	1,920만주	종 속 회 사 수	
액 면 가	500원	우 선 주		구 상 호	

주주구성 (지분율,%)
Nisshinbo Industries, INC.	65.0
새론오토모티브우리사주조합	6.0
(외국인)	67.9

출자관계 (지분율,%)
새론(복경)기차부건유한공사	100.0
닛신보새론(상해)기차부건유한공사	50.0

주요경쟁사 (외형,%)
새론오토모티브	100
우리산업홀딩스	162
디아이씨	282

매출구성
Brake Pad	91.9
Brake Lining	5.2
Rotor Facing	2.4

비용구성
매출원가율	78.8
판관비율	7.0

수출비중
수출	1.6
내수	98.4

회사 개요
동사는 자동차용 브레이크 패드, 라이닝을 주력으로 생산하는 국내 OE시장 1위의 마찰재 업체로서 만도, 현대모비스 등 브레이크시스템 업체에 납품하고 있으며, 상대적으로 수익성이 우수한 OE시장에 주력하고 있고, 특히 중국법인은 중국내의 1, 2, 3위 완성차업체에 마찰재를 납품하고 있음.

실적 분석
동사의 2016년 누적 매출액은 주력 제품인 브레이크 패드부문이 다소 부진한 모습을 보여 전년동기 수준을 소폭 하회하는 1,975억원을 기록함. 매출원가는 다소 감소한 1,556억원을 기록하였고, 판매비와 관리비는 소폭 증가하여 영업이익은 전년동기 대비 5.7% 감소한 280.4억원을 시현하는데 그침. 당기순이익은 전년 동기 대비 9% 감소한 225.6억원을 기록함.

현금 흐름 (단위 : 억원)
항목	2015	2016
영업활동	346	387
투자활동	-253	-223
재무활동	-38	-38
순현금흐름	57	120
기말현금	237	358

시장 대비 수익률
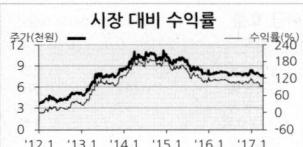

결산 실적 (단위 : 억원)
항목	2011	2012	2013	2014	2015	2016
매출액	1,631	1,763	1,928	1,991	2,027	1,975
영업이익	183	188	312	324	297	280
당기순이익	136	112	212	238	248	226

분기 실적 (단위 : 억원)
항목	2015.3Q	2015.4Q	2016.1Q	2016.2Q	2016.3Q	2016.4Q
매출액	460	544	491	494	455	536
영업이익	63	80	74	73	58	76
당기순이익	59	66	59	58	41	68

재무 상태 (단위 : 억원)
항목	2011	2012	2013	2014	2015	2016
총자산	1,813	1,807	2,028	2,194	2,460	2,637
유형자산	559	645	642	686	714	690
무형자산	33	32	41	32	31	27
유가증권	33	33	10	48	48	49
총부채	502	444	465	428	482	496
총차입금	35	69	36	1	1	1
자본금	96	96	96	96	96	96
총자본	1,311	1,363	1,563	1,766	1,978	2,141
지배주주지분	1,311	1,363	1,563	1,766	1,978	2,141

기업가치 지표
항목	2011	2012	2013	2014	2015	2016
주가(최고/저)(천원)	4.8/3.0	5.2/3.6	8.7/4.8	11.2/8.4	10.6/7.7	8.3/7.5
PER(최고/저)(배)	8.0/5.0	10.1/7.0	8.6/4.7	9.6/7.2	8.6/6.2	7.2/6.6
PBR(최고/저)(배)	0.8/0.5	0.8/0.6	1.2/0.6	1.3/1.0	1.1/0.8	0.8/0.7
EV/EBITDA(배)	1.9	3.1	3.2	3.6	2.2	1.7
EPS(원)	709	586	1,105	1,241	1,291	1,175
BPS(원)	6,916	7,184	8,138	9,198	10,301	11,153
CFPS(원)	1,081	1,066	1,619	1,781	1,841	1,734
DPS(원)	190	180	200	200	200	190
EBITDAPS(원)	1,327	1,458	2,140	2,230	2,100	2,019

재무 비율 (단위 : %)
연도	영업이익률	순이익률	부채비율	차입금비율	ROA	ROE	유보율	자기자본비율	EBITDA마진율
2016	14.2	11.4	23.2	0.1	8.9	11.0	2,130.6	81.2	19.6
2015	14.7	12.2	24.4	0.1	10.7	13.2	1,960.2	80.4	19.4
2014	16.3	12.0	24.2	0.1	11.3	14.3	1,739.7	80.5	21.5
2013	16.2	11.0	29.8	2.3	11.1	14.5	1,527.6	77.1	21.3

샘표 (A007540)
SEMPIO

업 종 : 식료품	시 장 : 거래소
신용등급 : (Bond) — (CP) —	기업규모 : 시가총액 소형주
홈페이지 : www.sempio.com	연 락 처 : 02)3393-5500
본 사 : 서울시 중구 충무로2 (필동1가 51-9)	

설 립 일	1971.12.09	종 업 원 수	3명	대 표 이 사	박진선
상 장 일	1976.06.29	감 사 의 견	적정 (삼경)	계 열	
결 산 기	12월	보 통 주	288만주	종 속 회 사 수	
액 면 가	1,000원	우 선 주		구 상 호	샘표식품

주주구성 (지분율,%)
박진선	33.7
박용학	4.8
(외국인)	4.5

출자관계 (지분율,%)
샘표아이에스피	100.0
조치원식품	75.0
양포식품	64.0

주요경쟁사 (외형,%)
샘표	100
동서	2,530
롯데푸드	8,677

매출구성
장류	58.1
장류 외	41.9

비용구성
매출원가율	36.7
판관비율	56.4

수출비중
수출	—
내수	—

회사 개요
2016년 7월 식품사업 부분을 분할 신설하고, 동사에는 투자사업 부문만 남아 지주회사로 전환함. 계열사로는 샘표식품, 조치원식품, 양포식품, 샘표ISP 등 6개사가 있음. 샘표식품은 1946년에 설립된 식품회사로 간장을 비롯 된장과 고추장 같은 전통 장류제품부터 소금, 식초, 물엿 등의 조미식품과 국수, 차, 통조림(깻잎 등) 등 가공식품, 프리미엄 서구식 식품 폰타나, 웰빙스낵 질러, 건강발효효초 백년동안 등 다양한 제품을 생산했음.

실적 분석
식품사업 부문과 지주회사 부문으로 분할한 다음 사업부문은 샘표식품으로 재상장하고, 투자부문은 샘표로 변경 상장함. 창업주인 박승복 회장의 별세에 따라 샘표와 샘표식품 모두 2세인 박진선 사장이 대표를 맡음. 공정거래위원회가 지주회사 기준 상향 적용시점 이전에 지주사로 전환하며 지주사전환에 대한 불확실성의 해소함. 샘표식품에 대한 지분을 확대하기 위한 자금마련을 목적으로 276억원 규모의 일반공모 유상증자를 실시함.

현금 흐름 (단위 : 억원)
항목	2015	2016
영업활동	-29	51
투자활동	-205	-120
재무활동	219	-71
순현금흐름	-19	-140
기말현금	189	49

시장 대비 수익률
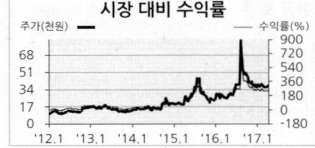

결산 실적 (단위 : 억원)
항목	2011	2012	2013	2014	2015	2016
매출액	2,379	2,394	2,498	2,502	4	203
영업이익	41	113	81	92	-7	14
당기순이익	36	84	73	70	140	16

분기 실적 (단위 : 억원)
항목	2015.3Q	2015.4Q	2016.1Q	2016.2Q	2016.3Q	2016.4Q
매출액	1	-629	654	31	78	-561
영업이익	-2	-29	27	2	8	-23
당기순이익	59	42	20	-9	-29	34

재무 상태 (단위 : 억원)
항목	2011	2012	2013	2014	2015	2016
총자산	2,358	2,341	2,438	2,352	2,573	1,186
유형자산	911	1,030	1,096	1,086	1,074	141
무형자산	6	4	6	5	11	2
유가증권	194	206	239	176	234	195
총부채	721	970	1,008	873	992	102
총차입금	243	489	542	351	580	18
자본금	44	44	44	44	44	22
총자본	1,637	1,371	1,430	1,479	1,581	1,084
지배주주지분	1,637	1,371	1,430	1,479	1,581	1,070

기업가치 지표
항목	2011	2012	2013	2014	2015	2016
주가(최고/저)(천원)	13.1/7.9	17.0/9.9	19.5/11.7	25.4/13.7	46.2/19.0	83.7/24.9
PER(최고/저)(배)	17.2/10.4	9.4/5.5	12.2/7.3	16.5/8.9	14.9/6.1	217.5/64.7
PBR(최고/저)(배)	0.4/0.2	0.5/0.3	0.5/0.3	0.6/0.3	1.1/0.5	1.5/0.4
EV/EBITDA(배)	6.2	8.1	7.2	8.6	22.8	9.6
EPS(원)	809	1,900	1,648	1,577	3,143	387
BPS(원)	36,826	38,357	39,691	40,803	43,089	57,091
CFPS(원)	2,565	3,691	3,743	3,648	5,274	1,707
DPS(원)	250	300	300	300	300	300
EBITDAPS(원)	2,681	4,339	3,920	4,134	1,977	1,743

재무 비율 (단위 : %)
연도	영업이익률	순이익률	부채비율	차입금비율	ROA	ROE	유보율	자기자본비율	EBITDA마진율
2016	6.9	8.0	9.4	1.7	0.9	1.0	5,609.2	91.4	28.4
2015	-191.6	3,923.3	62.8	36.7	5.7	9.1	4,208.9	61.4	2,467.6
2014	3.7	2.8	59.0	23.7	2.9	4.8	3,980.3	62.9	7.3
2013	3.3	2.9	70.5	37.9	3.1	5.2	3,869.1	58.7	7.0

샘표식품 (A248170)
SEMPIO FOODS

업 종 : 식료품		시 장 : 거래소	
신용등급 : (Bond) — (CP) —		기업규모 : 시가총액 소형주	
홈페이지 : www.sempio.com		연 락 처 : 02)3393-5500	
본 사 : 서울시 중구 충무로 2			

설 립 일 2016.07.04	종업원수 707명	대표이사 박진선	
상 장 일 2016.08.09	감사의견 적정 (삼경)	계 열	
결 산 기 12월	보 통 주 457만주	종속회사수	
액 면 가 500원	우 선 주	구 상 호	

주주구성 (지분율,%)		출자관계 (지분율,%)		주요경쟁사 (외형,%)	
샘표	49.4	선부(상해)상무	100.0	샘표식품	100
이정윤	7.6	'SFS	100.0	동서	380
(외국인)	1.0			롯데푸드	1,305

매출구성	비용구성		수출비중	
	매출원가율	55.5	수출	—
	판관비율	40.0	내수	—

회사 개요
1946년에 설립된 식품회사로 간장을 비롯 된 장과 고추장 같은 전통 장류제품부터 가공식품, 프리미엄 서구식 식품 폰타나, 웰빙스낵 질러, 건강발효흑초 백년동안 등 다양한 제품을 생산했음. 2016년 8월 식품사업 부분을 분할 신설하고, 식품사업 부분과 지주회사 부문으로 분할한 다음 사업부문은 샘표식품으로 재상장하고, 투자부문은 샘표로 변경 상장함. 샘표는 창업주 박승복 회장이, 샘표식품은 2세인 박진선 사장이 대표를 맡음.

실적 분석
샘표그룹에서 식품사업부문을 맡게 된 샘표식품은 크게 간장, 연두, 식초음료, 통조림, 스낵·안주류, 국수, 서양소스 사업 등을 영위하고 있음. 소득수준 향상에 따라 건강지향, 웰빙 경향에 맞춰 식품시장에서도 원재료, 성분 등 제품의 안전성 관심 증가 추세. 2016년 결산 매출액은 1,350.7억원, 영업이익은 60.4억원, 당기순이익은 57.5억원을 기록하였음.

현금 흐름		〈단위 : 억원〉
항목	2015	2016
영업활동	—	126
투자활동	—	-102
재무활동	—	-66
순현금흐름	—	-47
기말현금	—	73

시장 대비 수익률
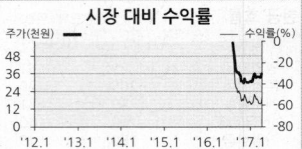

결산 실적					〈단위 : 억원〉	
항목	2011	2012	2013	2014	2015	2016
매출액	—	—	—	—	—	1,351
영업이익	—	—	—	—	—	60
당기순이익	—	—	—	—	—	58

분기 실적					〈단위 : 억원〉	
항목	2015.3Q	2015.4Q	2016.1Q	2016.2Q	2016.3Q	2016.4Q
매출액	—	—	—	—	701	650
영업이익	—	—	—	—	46	14
당기순이익	—	—	—	—	21	36

재무 상태					〈단위 : 억원〉	
항목	2011	2012	2013	2014	2015	2016
총자산	—	—	—	—	—	1,915
유형자산	—	—	—	—	—	1,037
무형자산	—	—	—	—	—	13
유가증권	—	—	—	—	—	—
총부채	—	—	—	—	—	878
총차입금	—	—	—	—	—	513
자본금	—	—	—	—	—	23
총자본	—	—	—	—	—	1,037
지배주주지분	—	—	—	—	—	1,037

기업가치 지표						
항목	2011	2012	2013	2014	2015	2016
주가(최고/저)(천원)	—/—	—/—	—/—	—/—	—/—	62.8/29.2
PER(최고/저)(배)	0.0/0.0	0.0/0.0	0.0/0.0	0.0/0.0	0.0/0.0	50.2/23.3
PBR(최고/저)(배)	0.0/0.0	0.0/0.0	0.0/0.0	0.0/0.0	0.0/0.0	2.8/1.3
EV/EBITDA(배)	0.0	—	—	—	—	16.6
EPS(원)	—	—	—	—	—	1,259
BPS(원)	—	—	—	—	—	22,718
CFPS(원)	—	—	—	—	—	2,355
DPS(원)	—	—	—	—	—	200
EBITDAPS(원)	—	—	—	—	—	2,419

재무 비율								〈단위 : % 〉
연도	영업이익률	순이익률	부채비율	차입금비율	ROA	ROE	유보율	자기자본비율	EBITDA마진율
2016	4.5	4.3	84.7	49.5	0.0	0.0	4,443.6	54.1	8.2
2015	0.0	0.0	0.0	0.0	0.0	0.0	—	—	0.0
2014	0.0	0.0	0.0	0.0	0.0	0.0	—	—	0.0
2013	0.0	0.0	0.0	0.0	0.0	0.0	—	—	0.0

서린바이오사이언스 (A038070)
Seoulin Bioscience

업 종 : 의료 장비 및 서비스		시 장 : KOSDAQ	
신용등급 : (Bond) — (CP) —		기업규모 : 중견	
홈페이지 : www.seoulin.co.kr		연 락 처 : 031)628-3000	
본 사 : 경기도 성남시 분당구 대왕판교로 700(삼평동), 코리아바이오파크 A동 4층			

설 립 일 1993.12.29	종업원수 94명	대표이사 황을문	
상 장 일 2005.10.25	감사의견 적정 (대명)	계 열	
결 산 기 12월	보 통 주 627만주	종속회사수	
액 면 가 500원	우 선 주	구 상 호	

주주구성 (지분율,%)		출자관계 (지분율,%)		주요경쟁사 (외형,%)	
황을문	29.8	제노자임	55.1	서린바이오	100
비전투자자문	4.1	서린메디케어	51.2	엑세스바이오	79
(외국인)	1.8	유비케이션	30.0	나노엔텍	49

매출구성		비용구성		수출비중	
[상품]시약	69.1	매출원가율	71.7	수출	5.2
[상품]소모품	14.8	판관비율	23.5	내수	94.8
[상품]기기	11.3				

회사 개요
1984년에 설립된 바이오 인프라 기업으로, 바이오시밀러·줄기세포 등 바이오 관련 연구 개발 및 생산 관련 기자재와 시약을 제공함. 독일 Sarstedt사 등 해외 50여개 기업과 판매 제휴를 통해 바이오 연구개발용품을 수입, 판매하고 있음. 자회사로는 피부미용기기 제조 업체인 서린메디케어과 2015년에 인수한 발효효모업체인 제노자임이 있음. 메디컬 에스테틱과 코스메틱 사업의 제조 시설 확장을 위해 동탄 첨단산업단지에 공장을 건설 중임.

실적 분석
지속적인 바이오인프라 시장에 대한 지배력 확장 및 헬스케어 사업의 성장세를 통해 2016년 매출액은 전년 대비 7.8% 증가함. 원가율 개선과 고정비용 부담 완화로 영업이익은 23.7% 늘어남. 영업외에서 고정자산처분이익 25.7억원이 발생함. 동사는 바이오 인프라 유통에서 바이오기초분석장비의 제조기업으로 변신하고 있으며, 자회사를 통한 메디컬 에스테틱과 코스메틱 분야로 사업영역을 확대하고 있는 점도 긍정적임.

현금 흐름		〈단위 : 억원〉
항목	2015	2016
영업활동	41	28
투자활동	-42	38
재무활동	12	-54
순현금흐름	11	11
기말현금	37	48

시장 대비 수익률
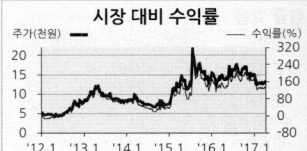

결산 실적					〈단위 : 억원〉	
항목	2011	2012	2013	2014	2015	2016
매출액	395	534	422	377	416	449
영업이익	43	55	43	27	18	22
당기순이익	33	48	42	27	18	42

분기 실적					〈단위 : 억원〉	
항목	2015.3Q	2015.4Q	2016.1Q	2016.2Q	2016.3Q	2016.4Q
매출액	96	117	97	125	105	123
영업이익	-0	4	2	6	1	13
당기순이익	-1	7	3	24	3	12

재무 상태					〈단위 : 억원〉	
항목	2011	2012	2013	2014	2015	2016
총자산	438	566	604	607	661	665
유형자산	113	112	133	132	160	200
무형자산	9	8	13	16	22	37
유가증권	5	158	206	197	4	4
총부채	130	193	188	176	198	168
총차입금	69	65	95	78	83	42
자본금	22	24	25	24	28	30
총자본	308	373	416	431	463	497
지배주주지분	308	373	411	427	453	486

기업가치 지표						
항목	2011	2012	2013	2014	2015	2016
주가(최고/저)(천원)	5.5/3.1	8.8/4.2	13.1/7.7	10.1/6.6	21.9/7.3	19.8/11.9
PER(최고/저)(배)	10.9/6.2	11.7/5.7	20.0/11.8	23.8/15.6	75.4/25.3	30.8/18.5
PBR(최고/저)(배)	1.1/0.6	1.5/0.7	2.0/1.2	1.5/1.0	3.1/1.0	2.6/1.6
EV/EBITDA(배)	5.5	6.5	8.1	9.1	30.5	28.5
EPS(원)	541	791	684	439	295	649
BPS(원)	7,526	8,109	8,222	8,208	7,991	8,150
CFPS(원)	879	1,200	961	668	473	812
DPS(원)	167	173	150	159	156	155
EBITDAPS(원)	1,117	1,361	984	674	461	495

재무 비율								〈단위 : % 〉
연도	영업이익률	순이익률	부채비율	차입금비율	ROA	ROE	유보율	자기자본비율	EBITDA마진율
2016	4.8	9.3	33.8	8.5	6.3	8.7	1,530.0	74.8	6.6
2015	4.2	4.2	42.7	17.9	2.8	4.2	1,498.2	70.1	6.2
2014	7.2	7.1	40.7	18.2	4.4	6.4	1,541.6	71.1	9.3
2013	10.1	9.9	45.3	22.9	7.1	10.6	1,544.5	68.8	11.7

서부티엔디 (A006730)
Seobu T&D

<table>
<tr><td>업　　종 : 운송인프라</td><td>시　　장 : KOSDAQ</td></tr>
<tr><td>신용등급 : (Bond) —　　(CP) —</td><td>기업규모 : 중견</td></tr>
<tr><td>홈페이지 : www.seobutnd.com</td><td>연락처 : 02)2689-0035</td></tr>
<tr><td>본　　사 : 서울시 양천구 신정로 167(신정동)</td><td></td></tr>
</table>

설 립 일	1979.07.12	종업원수	117명	대표이사	승만호
상 장 일	1995.10.06	감사의견	적정(참)	계 열	
결 산 기	12월	보통주	3,433만주	종속회사수	
액 면 가	500원	우선주		구 상 회	

주주구성 (지분율,%)
엠와이에이치	19.8
승만호	11.3
(외국인)	15.1

출자관계 (지분율,%)
오진교역	100.0
오진상사	2.8

주요경쟁사 (외형,%)
서부T&D	100
현대로템	5,340
선광	229

매출구성
판매수수료수입	40.5
임대관리수입외	25.6
유류 사업부문	17.3

비용구성
매출원가율	20.4
판관비율	56.1

수출비중
수출	—
내수	—

회사 개요
동사는 주요사업으로 쇼핑몰 운영업, 물류시설 운영업, 석유류 판매업, 임대사업을 영위하고 있으며 용산소재 부지에 호텔건물을 신축 중임. 2017년 하반기 영업 개시 예정임. 동사는 오진교역, 오진상사 등 계열사 총 6개를 보유하고 있으며 모두 비상장회사임. 주요 사업 매출 비율은 쇼핑몰 운영 73.79%, 물류시설 운영 11.07%, 석유류판매 14.5%, 임대사업과 기타 0.64%임.

실적 분석
2016년 연결기준 동사의 매출액은 559억원으로 전년도 매출액 550억원 대비 1.6% 증가함. 판매비와 관리비는 증가했으나 매출원가율 개선으로 영업이익은 전년도 대비 8.1% 증가한 131.1억원을 시현함. 비영업부문은 적자를 이어갔으나 손실폭이 줄어들었음. 이에 힘입어 당기순이익은 28.1억원을 기록하며 흑자전환함. 석유류판매업 매출은 감소세지만 쇼핑몰, 물류시설 운영 매출은 지속 증가하고 있음.

현금 흐름 *IFRS 별도 기준 〈단위 : 억원〉
항목	2015	2016
영업활동	-3	156
투자활동	-765	-1,554
재무활동	765	1,378
순현금흐름	-3	-21
기말현금	58	37

시장 대비 수익률
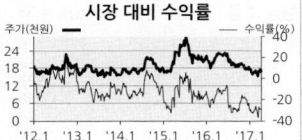

결산 실적 〈단위 : 억원〉
항목	2011	2012	2013	2014	2015	2016
매출액	334	283	508	546	550	559
영업이익	32	32	96	105	121	131
당기순이익	5	3	-205	2	-132	28

분기 실적 *IFRS 별도 기준 〈단위 : 억원〉
항목	2015.3Q	2015.4Q	2016.1Q	2016.2Q	2016.3Q	2016.4Q
매출액	144	145	133	133	146	146
영업이익	27	41	30	34	33	33
당기순이익	-81	-66	7	6	10	4

재무 상태 *IFRS 별도 기준 〈단위 : 억원〉
항목	2011	2012	2013	2014	2015	2016
총자산	7,231	8,438	8,164	8,580	8,786	11,099
유형자산	748	157	221	430	992	5,795
무형자산	2	3	6	5	4	3
유가증권	9	49	48	49	47	24
총부채	3,067	4,112	4,040	4,454	4,770	6,445
총차입금	1,614	2,130	2,240	2,434	3,300	4,878
자본금	131	131	143	157	172	172
총자본	4,163	4,326	4,125	4,127	4,016	4,654
지배주주지분	4,163	4,326	4,125	4,127	4,016	4,654

기업가치 지표 *IFRS 별도 기준
항목	2011	2012	2013	2014	2015	2016
주가(최고/저)(천원)	20.0/10.0	22.8/15.7	19.8/14.8	21.9/15.4	29.6/16.4	23.6/17.1
PER(최고/저)(배)	1,550.8/776.9	2,622.9/1,805.4	—/—	3,146.3/2,206.4	—/—	289.3/209.9
PBR(최고/저)(배)	1.5/0.8	1.7/1.2	1.6/1.2	1.7/1.2	2.4/1.3	1.7/1.2
EV/EBITDA(배)	146.7	132.6	43.9	48.4	55.6	53.8
EPS(원)	13	9	-596	7	-385	82
BPS(원)	17,311	17,402	15,179	13,865	12,334	14,271
CFPS(원)	85	130	-465	211	-193	277
DPS(원)		50	50	50		100
EBITDAPS(원)	192	240	585	540	545	577

재무 비율 〈단위 : % 〉
연도	영업이익률	순이익률	부채비율	차입금비율	ROA	ROE	유보율	자기자본비율	EBITDA마진율
2016	23.5	5.0	138.5	104.8	0.3	0.7	2,754.1	41.9	35.5
2015	22.1	-24.0	118.8	82.2	-1.5	-3.2	2,366.8	45.7	34.0
2014	19.3	0.5	107.9	59.0	0.0	0.1	2,674.1	48.1	31.0
2013	18.8	-40.3	97.9	54.3	-2.5	-4.8	2,937.0	50.5	32.9

서산 (A079650)
SEOSAN

<table>
<tr><td>업　　종 : 건축소재</td><td>시　　장 : KOSDAQ</td></tr>
<tr><td>신용등급 : (Bond) —　　(CP) —</td><td>기업규모 : 중견</td></tr>
<tr><td>홈페이지 : www.seo-san.co.kr</td><td>연락처 : 062)950-5000</td></tr>
<tr><td>본　　사 : 광주시 광산구 하남산단4번로 143 (장덕동)</td><td></td></tr>
</table>

설 립 일	1974.02.16	종업원수	118명	대표이사	염홍섭
상 장 일	2005.01.21	감사의견	적정(성지)	계 열	
결 산 기	12월	보통주	2,000만주	종속회사수	
액 면 가	100원	우선주		구 상 회	

주주구성 (지분율,%)
염종학	60.0
김수아	5.0
(외국인)	1.6

출자관계 (지분율,%)
성암	45.0
광주방송	6.4

주요경쟁사 (외형,%)
서산	100
유니온	82
동원	16

매출구성
레미콘, 흄관, 파일, 전주등	100.0

비용구성
매출원가율	67.1
판관비율	13.4

수출비중
수출	0.0
내수	100.0

회사 개요
동사는 시멘트를 주 원재료로 사용하여 콘크리트 제품 생산(제조)을 하는 회사임. 사업부문은 콘크리트제품 제조 단일사업부문으로 구성되어 있고 주요품목으로는 레미콘, 2차제품(흄관, 고강도파일, 한전주, 통신주)등이 있음. 100% 내수 위주의 매출 구조이며, 2016년 기준 레미콘과 고강도파일의 시장점유율은 각각 5.6%, 7.1%임. 레미콘 시장은 다수의 공급처가 별다른 진입장벽 없이 지역별로 치열한 경쟁을 벌이고 있음.

실적 분석
2016년 매출액과 영업이익은 전년 대비 각각 0.4% 감소, 3.3% 증가한 1,125.6억원, 219.6억원을 기록함. 고무링 외 상품 부문의 매출이 증가하였으나, 매출의 90% 이상을 차지하는 레미콘/파일/전주/흄관 매출액이 소폭 줄면서 외형은 전년과 비슷한 수준 유지함. 품질제고와 원가 절감을 위해 노력하고 있음. 고강도파일 및 흄관 시장의 경우 파일 매출은 좋을 것으로 예상되지만, 원거리로 인한 물류비용의 상승으로 이익감소가 예상됨.

현금 흐름 〈단위 : 억원〉
항목	2015	2016
영업활동	266	182
투자활동	-54	-93
재무활동	-3	-7
순현금흐름	209	82
기말현금	369	451

시장 대비 수익률
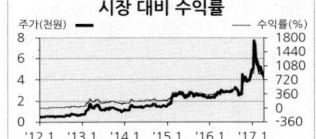

결산 실적 〈단위 : 억원〉
항목	2011	2012	2013	2014	2015	2016
매출액	587	839	900	996	1,130	1,126
영업이익	79	141	130	156	213	220
당기순이익	73	118	102	135	179	169

분기 실적 〈단위 : 억원〉
항목	2015.3Q	2015.4Q	2016.1Q	2016.2Q	2016.3Q	2016.4Q
매출액	290	280	316	343	225	242
영업이익	54	53	66	87	24	42
당기순이익	49	45	49	70	24	25

재무 상태 〈단위 : 억원〉
항목	2011	2012	2013	2014	2015	2016
총자산	514	649	730	885	1,104	1,230
유형자산	114	222	227	249	273	372
무형자산	8	8	11	11	10	7
유가증권	60	80	103	0	9	23
총부채	82	102	85	106	150	114
총차입금	—	—	—	—	—	—
자본금	20	20	20	20	20	20
총자본	432	547	646	779	954	1,116
지배주주지분	333	407	459	529	617	700

기업가치 지표
항목	2011	2012	2013	2014	2015	2016
주가(최고/저)(천원)	0.6/0.5	0.8/0.5	1.8/0.7	1.8/1.1	3.0/1.5	4.8/2.3
PER(최고/저)(배)	3.2/2.4	2.2/1.4	6.8/2.7	5.2/3.1	6.7/3.4	11.0/5.2
PBR(최고/저)(배)	0.4/0.3	0.4/0.3	0.8/0.3	0.7/0.4	1.0/0.5	1.4/0.7
EV/EBITDA(배)	0.7	1.1	1.9	1.7	1.7	3.4
EPS(원)	202	376	275	357	450	439
BPS(원)	83,151	101,851	114,816	132,144	154,128	175,057
CFPS(원)	12,668	21,681	19,151	24,166	28,921	29,762
DPS(원)		750	500	500	1,000	25
EBITDAPS(원)	22,265	38,001	37,929	45,367	59,611	62,744

재무 비율 〈단위 : % 〉
연도	영업이익률	순이익률	부채비율	차입금비율	ROA	ROE	유보율	자기자본비율	EBITDA마진율
2016	19.5	15.0	10.2	0.0	14.5	13.3	3,401.2	90.8	22.3
2015	18.8	15.8	15.7	0.0	18.0	15.7	2,982.6	86.4	21.1
2014	15.7	13.6	13.7	0.0	16.7	14.4	2,542.9	88.0	18.2
2013	14.5	11.4	13.1	0.0	14.9	12.7	2,196.3	88.4	16.9

서암기계공업 (A100660)
SEOAM MACHINERY INDUSTRY

업 종 : 기계		시 장 : KOSDAQ	
신용등급 : (Bond) — (CP) —		기업규모 : 중견	
홈페이지 : www.smiltd.co.kr		연락처 : 062)960-5000	
본 사 : 광주시 광산구 하남산단 8번로 127-15(안청동)			

설 립 일 1978.02.15	종업원수 129명	대표이사 권영열	
상 장 일 2011.12.19	감사의견 적정(승일)	계 열	
결 산 기 12월	보통주 1,260만주	종속회사수	
액 면 가 500원	우 선 주	구 상 호	

주주구성 (지분율,%)
화천기공	32.2
권영렬	14.2
(외국인)	2.3

출자관계 (지분율,%)
화천기계	0.7

주요경쟁사 (외형,%)
서암기계공업	100
디케이락	164
에이치케이	194

매출구성
기어	49.7
척&실린더	36.2
커빅 커플링	13.6

비용구성
매출원가율	87.1
판관비율	12.7

수출비중
수출	19.7
내수	80.3

회사 개요
동사는 1978년 설립된 공작기계 전문 회사로서 기어, 척, 실린더, 커빅커플링 등 공작기계에 사용되는 부품을 주로 생산함. 화천기계, 화천기공 등과 함께 화천기계그룹에 속함. 2004년이후 선박용엔진 기어, 풍력발전용 기어, 터보컴프레서 부품 등 비공작기계 부품군을 확대중이며, 터보컴프레서 분야는 독점적 지위 유지. 화천기공, 화천기계 뿐만 아니라 두산인프라코어, 현대위아, 삼성테크윈 등 국내 주요 공작기계 업체를 모두 고객사로 확보함.

실적 분석
동사의 2016년 결산 매출액은 전년동기 대비 7.7% 감소한 317.8억원을 기록하며 부진한 모습을 보임. 외형 부진과 함께 판관비 비중 상승 여파로 영업이익은 전년동기 대비 94.3% 감소한 0.4억원에 그침. 주문생산에 의존하는 수주형 산업으로 경기 의존적이나 제품의 기계적 기능적 향상에 따라 수입에 의존하던 품목의 국산화 지속 시도중임. 전량 수입품에 의존하던 철도차량 동력 전달장치용 기어 국산화 완료되어 향후 매출증대 기대됨.

현금 흐름 *IFRS 별도 기준 〈단위 : 억원〉
항목	2015	2016
영업활동	11	36
투자활동	-20	-11
재무활동	-9	-6
순현금흐름	-18	18
기말현금	34	52

시장 대비 수익률
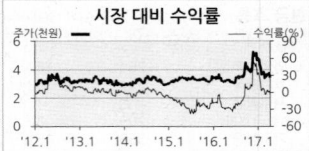

결산 실적 〈단위 : 억원〉
항목	2011	2012	2013	2014	2015	2016
매출액	461	409	319	326	344	318
영업이익	81	64	21	10	7	0
당기순이익	69	55	25	17	14	9

분기 실적 *IFRS 별도 기준
항목	2015.3Q	2015.4Q	2016.1Q	2016.2Q	2016.3Q	2016.4Q
매출액	84	77	77	86	75	80
영업이익	3	-4	2	3	-0	-4
당기순이익	5	-1	4	5	1	0

재무 상태 *IFRS 별도 기준 〈단위 : 억원〉
항목	2011	2012	2013	2014	2015	2016
총자산	620	609	613	636	630	642
유형자산	180	185	169	163	167	159
무형자산	1	3	3	3	3	3
유가증권	4	3	4	4	4	3
총부채	140	84	72	87	77	86
총차입금	16	10	—	—	—	—
자본금	63	63	63	63	63	63
총자본	481	525	541	549	553	555
지배주주지분	481	525	541	549	553	555

기업가치 지표 *IFRS 별도 기준
항목	2011	2012	2013	2014	2015	2016
주가(최고/저)(천원)	3.1/2.7	3.7/2.8	3.5/2.9	3.6/2.9	3.6/3.0	6.0/3.0
PER(최고/저)(배)	4.8/4.3	9.5/7.1	19.1/15.4	28.5/23.2	33.4/27.6	81.3/41.6
PBR(최고/저)(배)	0.9/0.8	1.0/0.7	0.9/0.7	0.9/0.7	0.8/0.7	1.4/0.7
EV/EBITDA(배)	1.2	1.7	1.5	1.3	3.8	11.3
EPS(원)	717	434	200	131	111	74
BPS(원)	3,814	4,169	4,296	4,356	4,388	4,408
CFPS(원)	921	594	371	306	288	243
DPS(원)	75	75	75	75	50	50
EBITDAPS(원)	1,050	666	336	252	231	172

재무 비율 〈단위 : % 〉
연도	영업이익률	순이익률	부채비율	차입금비율	ROA	ROE	유보율	자기자본비율	EBITDA마진율
2016	0.1	2.9	15.5	0.0	1.5	1.7	781.6	86.6	6.8
2015	2.0	4.1	14.0	0.0	2.2	2.5	777.6	87.7	8.5
2014	3.0	5.1	15.9	0.0	2.6	3.0	771.2	86.3	9.8
2013	6.5	7.9	13.3	0.0	4.1	4.7	759.2	88.3	13.3

서연 (A007860)
SEOYON

업 종 : 자동차부품		시 장 : 거래소	
신용등급 : (Bond) — (CP) —		기업규모 : 시가총액 소형주	
홈페이지 : www.seo-yon.com		연락처 : 031)420-3000	
본 사 : 경기도 안양시 동안구 부림로170번길 41-22			

설 립 일 1972.04.21	종업원수 20명	대표이사 유양석	
상 장 일 1989.09.09	감사의견 적정(삼정)	계 열	
결 산 기 12월	보통주 2,348만주	종속회사수	
액 면 가 500원	우 선 주	구 상 호 한일이화	

주주구성 (지분율,%)
유양석	44.4
신영자산운용	10.6
(외국인)	8.2

출자관계 (지분율,%)
서연씨엔에프	100.0
서연인테크	84.0
서연전자	50.1

주요경쟁사 (외형,%)
서연	100
평화정공	38
DRB동일	19

매출구성
자동차부품 - 중국	36.9
자동차부품 - 한국	31.8
자동차부품 - 북미	12.7

비용구성
매출원가율	89.2
판관비율	6.8

수출비중
수출	62.9
내수	37.1

회사 개요
2014년 7월 1일 舊 한일이화 인적분할 후의 존속법인이며, 지주사업과 경영컨설팅업을 영위하고 있음. 2015년 말 현재 자회사는 (주)서연이화(구, 한일이화(주)), (주)서연전자(구, (주)대동), (주)서연탑메탈(구, (주)탑금속), (주)서연인테크(구, 한일내장(주)), (주)서연씨엔에프(구, (주)한일씨엔에프) 5개사가 있음. 주력계열사인 서연이화는 자동차부품 전문업체로 승용차 내장제품, 상용차 시트를 전문으로 생산하는 회사임.

실적 분석
동사의 2016년 누적 기준 매출액은 3조 1,883억원으로 전년동기 대비 4% 증가. 영업이익은 1,268억원으로 전년동기 대비 7.6% 감소. 최근 세계 자동차 업계는 미래차 개발경쟁을 벌이며 친환경 및 지능형 자동차의 비중이 커짐. 이에 하이브리드차에 이어 전기차 및 수소연료전지차 등으로 점차 시장이 확대되고 있기 때문에 배터리나 모터 같은 친환경차 관련부품의 수요가 더욱 증가할 것으로 예상됨.

현금 흐름 〈단위 : 억원〉
항목	2015	2016
영업활동	1,799	1,266
투자활동	-4,274	-2,327
재무활동	2,206	1,188
순현금흐름	-256	76
기말현금	2,841	2,917

시장 대비 수익률

결산 실적 〈단위 : 억원〉
항목	2011	2012	2013	2014	2015	2016
매출액	13,728	21,677	27,151	19,702	30,658	31,883
영업이익	634	951	2,048	1,337	1,372	1,268
당기순이익	658	579	1,003	2,563	942	1,324

분기 실적 *IFRS 별도 기준
항목	2015.3Q	2015.4Q	2016.1Q	2016.2Q	2016.3Q	2016.4Q
매출액	6,925	8,366	7,724	8,141	7,110	8,908
영업이익	198	514	271	646	115	236
당기순이익	84	301	311	489	-88	612

재무 상태 〈단위 : 억원〉
항목	2011	2012	2013	2014	2015	2016
총자산	12,181	14,431	19,096	22,666	25,955	29,335
유형자산	4,379	5,197	6,991	8,242	10,407	11,375
무형자산	311	405	646	969	967	1,322
유가증권	195	638	41	46	373	476
총부채	7,775	9,112	12,363	13,807	16,147	18,615
총차입금	2,598	3,744	4,633	5,382	7,868	9,969
자본금	197	197	197	112	112	112
총자본	4,405	5,319	6,733	8,859	9,808	10,720
지배주주지분	3,555	4,141	5,416	4,296	4,724	5,445

기업가치 지표
항목	2011	2012	2013	2014	2015	2016
주가(최고/저)(천원)	6.7/2.8	5.3/3.0	11.1/3.3	21.2/7.2	17.9/10.4	13.1/9.6
PER(최고/저)(배)	5.1/2.1	4.8/2.7	6.2/1.8	2.7/0.9	10.2/5.9	3.9/2.9
PBR(최고/저)(배)	0.8/0.3	0.5/0.3	0.8/0.2	1.1/0.4	0.9/0.5	0.6/0.4
EV/EBITDA(배)	5.4	3.7	3.1	4.1	4.8	5.3
EPS(원)	1,440	1,190	1,897	8,153	1,805	3,394
BPS(원)	9,386	10,812	14,048	19,278	21,183	23,370
CFPS(원)	2,506	3,008	4,436	10,633	6,985	9,455
DPS(원)	120	150	150	150	150	150
EBITDAPS(원)	2,674	4,230	7,733	7,578	11,284	11,689

재무 비율 〈단위 : % 〉
연도	영업이익률	순이익률	부채비율	차입금비율	ROA	ROE	유보율	자기자본비율	EBITDA마진율
2016	4.0	4.2	173.6	93.0	4.8	15.0	4,574.0	36.5	8.3
2015	4.5	3.1	164.6	80.2	3.9	9.0	4,136.6	37.8	8.3
2014	6.8	13.0	155.8	60.8	12.3	44.0	3,755.6	39.1	10.1
2013	7.5	3.7	183.6	68.8	6.0	15.7	2,709.7	35.3	11.2

서연이화 (A200880)
SEOYON E-HWA COLTD

업　　종 : 자동차부품	시　　장 : 거래소
신용등급 : (Bond) — 　(CP) —	기업규모 : 시가총액 중형주
홈 페 이 지 : www.seoyoneh.com	연 락 처 : 02)3484-4100
본　　사 : 서울시 강남구 테헤란로 208, 11층(역삼동, 안제타워)	

설 립 일	2014.07.01	총 업 원 수	1,027명	대 표 이 사	김근식
상 장 일	2014.08.08	감 사 의 견	적정 (안진)	계　　　열	
결 산 기	12월	보 통 주	2,703만주	종속회사수	
액 면 가	500원	우 선 주		구 상 호	한일이화

주주구성 (지분율,%)		출자관계 (지분율,%)		주요경쟁사 (외형,%)	
서연	48.7	서연오토비젼	100.0	서연이화	100
유양석	5.5	서연인더스트리	100.0	한라홀딩스	42
(외국인)	22.0	한국자동차공업협동조합	1.8	세방전지	40

매출구성		비용구성		수출비중	
자동차부품	100.0	매출원가율	89.9	수출	70.0
		판관비율	5.6	내수	30.0

회사 개요
한일이화는 인적분할 방식을 통해 지주회사격인 존속법인 서연(대동, 한일C&F, 탑금속 등)과 신설법인인 사업회사 한일이화(도어, 시트사업부)로 분할 상장되었음. 자동차용 내장제품 및 상용차 시트 전문생산. 현대/기아차의 부품 협력업체로 생산품의 대부분을 현대/기아차에 공급하고 있음. 주요 생산품은 자동차용 도어트림, 소형상용차 SEAT가 있음. 현재 생산품 대부분은 현대 및 기아차에 납품 중임.

실적 분석
동사의 2016년 결산기준 누적매출액은 전년대비 5% 성장한 2조4,028.8억원을 달성함. 그러나 매출원가가 매출액과 거의 동일한 비율로 상승하고 판관비도 소폭 올라 영업이익은 전년동기대비 9% 하락한 1,078억원을 기록함. 소비심리가 위축된 시장환경에 따라 어려운 환경속에 있지만 선진국의 경기가 회복되고 있고 신흥국의 수요가 점차 확대되고 있음을 보아 향후 매출은 점진적으로 성장할 것으로 기대하고 있음.

현금 흐름　〈단위 : 억원〉
항목	2015	2016
영업활동	1,360	1,165
투자활동	-2,880	-1,459
재무활동	1,272	261
순현금흐름	-229	-81
기말현금	2,397	2,317

시장 대비 수익률
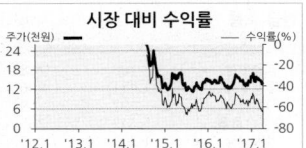

결산 실적　〈단위 : 억원〉
항목	2011	2012	2013	2014	2015	2016
매출액	—	—	—	11,250	22,894	24,029
영업이익	—	—	—	603	1,185	1,078
당기순이익	—	—	—	535	813	939

분기 실적　〈단위 : 억원〉
항목	2015.3Q	2015.4Q	2016.1Q	2016.2Q	2016.3Q	2016.4Q
매출액	5,197	6,578	5,883	6,083	5,330	6,733
영업이익	218	379	255	493	152	178
당기순이익	101	224	258	424	9	248

재무 상태　〈단위 : 억원〉
항목	2011	2012	2013	2014	2015	2016
총자산	—	—	—	14,654	17,040	18,018
유형자산	—	—	—	4,858	6,175	6,390
무형자산	—	—	—	357	371	299
유가증권	—	—	—	12	348	452
총부채	—	—	—	9,427	10,924	11,222
총차입금	—	—	—	3,470	4,956	5,259
자본금	—	—	—	135	135	135
총자본	—	—	—	5,227	6,115	6,796
지배주주지분	—	—	—	5,094	6,010	6,684

기업가치 지표
항목	2011	2012	2013	2014	2015	2016
주가(최고/저)(천원)	—/—	—/—	—/—	25.9/12.1	17.4/11.0	16.4/12.1
PER(최고/저)(배)	0.0/0.0	0.0/0.0	0.0/0.0	14.0/6.5	6.0/3.8	4.9/3.6
PBR(최고/저)(배)	0.0/0.0	0.0/0.0	0.0/0.0	1.4/0.7	0.8/0.5	0.7/0.5
EV/EBITDA(배)	0.0	0.0	0.0	4.9	3.3	3.3
EPS(원)	—	—	—	1,915	2,945	3,382
BPS(원)	—	—	—	18,853	22,242	24,734
CFPS(원)	—	—	—	3,140	5,342	6,331
DPS(원)	—	—	—	150	150	150
EBITDAPS(원)	—	—	—	3,455	6,780	6,938

재무 비율　〈단위 : % 〉
연도	영업이익률	순이익률	부채비율	차입금비율	ROA	ROE	유보율	자기자본비율	EBITDA마진율
2016	4.5	3.9	165.1	77.4	5.4	14.4	4,846.9	37.7	7.8
2015	5.2	3.6	178.6	81.0	5.1	14.3	4,348.5	35.9	8.0
2014	5.4	4.8	180.4	66.4	0.0	0.0	3,670.6	35.7	8.3
2013	0.0	0.0	0.0	0.0	0.0	0.0	0.0	0.0	0.0

서연전자 (A012860)
SEOYON ELECTRONICS CO

업　　종 : 자동차부품	시　　장 : KOSDAQ
신용등급 : (Bond) — 　(CP) —	기업규모 : 우량
홈 페 이 지 : www.seoyonelec.com	연 락 처 : 031)5174-3000
본　　사 : 경기도 수원시 권선구 산업로 156번길 100(고색동)	

설 립 일	1978.01.07	총 업 원 수	1,377명	대 표 이 사	김상기
상 장 일	1994.10.26	감 사 의 견	적정 (삼일)	계　　　열	
결 산 기	12월	보 통 주	2,700만주	종속회사수	
액 면 가	500원	우 선 주		구 상 호	대동

주주구성 (지분율,%)		출자관계 (지분율,%)		주요경쟁사 (외형,%)	
한일이화	50.1	우창전기	100.0	서연전자	100
東海理化電機製作所 (동해이화전기제작소)	4.2	신창코넥타	50.0	동원금속	63
(외국인)	1.9			유라테크	29

매출구성		비용구성		수출비중	
Switch	59.7	매출원가율	90.5	수출	44.2
Key Set	33.1	판관비율	7.2	내수	55.8
Mg D/C 제품	3.9				

회사 개요
동사는 자동차용 스마트 키 시스템, 키 세트, 파워 윈도우 스위치, 다기능 스위치, SRC, 안테나 등 각종 자동차용 전자 부품 및 전장 부품을 생산 공급함. 또한 휴대폰 케이스, 기타 전자제품 케이스 및 자동차용 마그네슘 부품도 생산함. 스위치 매출 비중이 59.7%로 가장 많고 키 세트도 33.1%로 2위를 차지함. 대부분 매출은 주문자 상표부착(OEM) 등에 의해 이뤄짐. 주요 고객은 현대와 기아차임.

실적 분석
동사의 2016년 매출액과 영업이익은 각각 전년동기대비 1.8%증가, 36.1% 감소한 7,311억원, 162억원을 기록함. 판관비 감소에도 불구하고 영업이익은 감소함. 중국 법인의 수익성이 하락하고 있는 가운데, 고객사 신차투입과 마케팅강화 및 북경현대 4/5공장 완료에 따라 2017년 이후부터 외형성장에 따른 이익규모 확대가 가능할 것으로 예상. 종속기업인 에스티에프를 흡수합병 완료하여 사업구조와 지배구조 조정함.

현금 흐름　〈단위 : 억원〉
항목	2015	2016
영업활동	429	112
투자활동	-1,007	-803
재무활동	522	727
순현금흐름	-59	34
기말현금	55	89

시장 대비 수익률

결산 실적　〈단위 : 억원〉
항목	2011	2012	2013	2014	2015	2016
매출액	5,201	5,745	6,756	7,050	7,180	7,312
영업이익	230	119	322	381	254	162
당기순이익	130	41	213	325	213	174

분기 실적　〈단위 : 억원〉
항목	2015.3Q	2015.4Q	2016.1Q	2016.2Q	2016.3Q	2016.4Q
매출액	1,593	2,029	1,746	1,881	1,618	2,067
영업이익	8	129	25	74	34	29
당기순이익	8	106	50	37	-0	87

재무 상태　〈단위 : 억원〉
항목	2011	2012	2013	2014	2015	2016
총자산	3,801	4,222	4,510	4,961	5,831	6,459
유형자산	1,329	1,455	1,656	1,798	2,323	2,410
무형자산	149	313	328	392	443	482
유가증권	11	10	2	2	2	0
총부채	2,571	3,036	3,168	3,340	4,057	4,576
총차입금	1,184	1,633	1,533	1,588	2,154	2,907
자본금	135	135	135	135	135	135
총자본	1,231	1,186	1,342	1,621	1,774	1,883
지배주주지분	1,122	1,047	1,175	1,413	1,569	1,713

기업가치 지표
항목	2011	2012	2013	2014	2015	2016
주가(최고/저)(천원)	3.7/1.4	4.2/1.7	5.9/1.7	7.3/4.0	6.0/2.8	4.1/2.8
PER(최고/저)(배)	9.4/3.5	—/—	12.6/3.6	8.5/4.7	10.5/4.9	7.0/4.9
PBR(최고/저)(배)	1.0/0.4	1.1/0.5	1.4/0.4	1.4/0.8	1.1/0.5	0.7/0.5
EV/EBITDA(배)	4.9	4.9	5.1	4.1	5.5	7.2
EPS(원)	427	-100	491	894	586	592
BPS(원)	4,174	3,896	4,368	5,252	5,830	6,363
CFPS(원)	1,188	773	1,483	1,995	1,823	1,937
DPS(원)	50	30	30	50	50	50
EBITDAPS(원)	1,972	1,312	2,184	2,510	2,177	1,946

재무 비율　〈단위 : % 〉
연도	영업이익률	순이익률	부채비율	차입금비율	ROA	ROE	유보율	자기자본비율	EBITDA마진율
2016	2.2	2.4	243.0	154.4	2.8	9.7	1,172.6	29.2	7.2
2015	3.5	3.0	228.6	121.4	4.0	10.6	1,066.1	30.4	8.2
2014	5.4	4.6	206.1	98.0	6.9	18.7	950.3	32.7	9.6
2013	4.8	3.2	236.0	114.2	4.9	11.9	773.6	29.8	8.7

서연탑메탈 (A019770)
SEOYON TOPMETAL CO

업 종 : 자동차부품		시 장 : KOSDAQ	
신용등급 : (Bond) — (CP) —		기업규모 : 우량	
홈페이지 : www.seoyontop.co.kr		연 락 처 : 032)820-3200	
본 사 : 인천시 남동구 청능대로410번길 40			

설 립 일 1987.02.05	종업원수 256명	대표이사 최원재
상 장 일 2011.06.24	감사의견 적정(선진)	계 열
결 산 기 12월	보 통 주 1,165만주	종속회사수
액 면 가 500원	우 선 주	구 상 호 탑금속

주주구성 (지분율,%)		출자관계 (지분율,%)		주요경쟁사 (외형,%)	
서연	37.5	SanheSeoyonTopMetalCo.,Ltd	100.0	서연탑메탈	100
유경내	9.8	SeoyonTopMetalMexicoS.A.deC.V	99.9	팬스타엔터프라이즈	14
(외국인)	0.4	HuanghuaSeoyonTopMetalWorksCo.,Ltd	70.0	두올산업	19

매출구성		비용구성		수출비중	
MAIN PNL ASSY	38.4	매출원가율	93.2	수출	55.1
CABIN류	22.2	판관비율	4.0	내수	44.9
사출금형	19.6				

회사 개요
동사는 자동차용 금형 사업과 건설용 중장비 부품 사업을 영위하고 있음. 프레스금형은 자동차 차체의 대량생산을 위한 장비이며, 사출금형은 내장재의 대량생산을 위한 설비로 현대/기아차의 협력업체인 한일이화로 대부분 납품 중임. 건설용 중장비 부품인 Cabin 등을 두산인프라코어, 볼보코리아 등에 납품하고 있음. 삼하탑금속 기차부건 유한공사를 연결대상 종속회사로 두고 있음.

실적 분석
동사의 2016년 결산기준 누적 매출액은 전년동기대비 26% 상승한 2,058.3억원을 기록하였음. 비용면에서 전년동기대비 매출원가는 증가 하였으며 인건비도 증가, 기타판매비와관리비도 마찬가지로 증가함. 이와 같이 상승한 매출액 만큼 비용증가도 있었으나 매출액의 더 큰 상승에 힘입어 그에 따라 전년동기대비 영업이익은 58.1억원으로 58.6% 상승 하였음. 그러나 비영업손익의 적자지속으로 전년동기대비 당기순손실은 9.7억원을 기록함.

현금 흐름 〈단위 : 억원〉

항목	2015	2016
영업활동	65	-93
투자활동	-379	-227
재무활동	486	205
순현금흐름	179	-120
기말현금	231	112

시장 대비 수익률
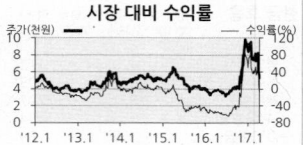

결산 실적 〈단위 : 억원〉

항목	2011	2012	2013	2014	2015	2016
매출액	1,165	1,315	1,673	1,782	1,633	2,058
영업이익	125	116	91	136	37	58
당기순이익	99	82	76	104	2	-10

분기 실적 〈단위 : 억원〉

항목	2015.3Q	2015.4Q	2016.1Q	2016.2Q	2016.3Q	2016.4Q
매출액	347	435	461	554	470	573
영업이익	7	-3	1	36	-2	24
당기순이익	-1	-18	-12	-5	-11	18

재무 상태 〈단위 : 억원〉

항목	2011	2012	2013	2014	2015	2016
총자산	814	952	1,127	1,311	1,784	2,049
유형자산	230	303	357	504	803	935
무형자산	18	18	17	14	27	24
유가증권	2	1	1	1	1	2
총부채	240	311	415	501	951	1,270
총차입금	34	103	104	180	637	865
자본금	58	58	58	58	58	58
총자본	574	641	713	810	833	778
지배주주지분	574	641	713	810	794	753

기업가치 지표

항목	2011	2012	2013	2014	2015	2016
주가(최고/저)(천원)	8.3/4.1	5.7/3.7	6.1/3.6	5.8/4.5	6.7/3.6	10.2/3.1
PER(최고/저)(배)	9.9/4.9	8.6/5.6	9.8/5.8	6.7/5.1	118.2/63.4	—/—
PBR(최고/저)(배)	1.8/0.9	1.1/0.7	1.0/0.6	0.9/0.7	1.0/0.5	1.6/0.5
EV/EBITDA(배)	3.8	4.0	5.2	4.2	11.4	16.2
EPS(원)	907	703	656	893	57	-66
BPS(원)	4,927	5,502	6,118	6,949	6,815	6,465
CFPS(원)	1,009	884	931	1,214	435	397
DPS(원)	75	75	75	80	40	40
EBITDAPS(원)	1,250	1,179	1,053	1,487	692	962

재무 비율 〈단위 : % 〉

연도	영업이익률	순이익률	부채비율	차입금비율	ROA	ROE	유보율	자기자본비율	EBITDA마진율
2016	2.8	-0.5	163.2	111.2	-0.5	-1.0	1,193.0	38.0	5.4
2015	2.2	0.1	114.2	76.4	0.1	0.8	1,263.1	46.7	4.9
2014	7.6	5.8	62.0	22.3	8.5	13.7	1,289.7	61.8	9.7
2013	5.4	4.6	58.3	14.6	7.4	11.3	1,123.6	63.2	7.3

서울도시가스 (A017390)
Seoul City Gas

업 종 : 가스		시 장 : 거래소	
신용등급 : (Bond) — (CP) —		기업규모 : 시가총액 중형주	
홈페이지 : www.seoulgas.co.kr		연 락 처 : 1588-5788	
본 사 : 서울시 강서구 공항대로 607(염창동)			

설 립 일 1983.11.28	종업원수 559명	대표이사 박근원,유승배
상 장 일 1995.08.18	감사의견 적정(안진)	계 열
결 산 기 12월	보 통 주 500만주	종속회사수
액 면 가 5,000원	우 선 주	구 상 호

주주구성 (지분율,%)		출자관계 (지분율,%)		주요경쟁사 (외형,%)	
서울도시개발	26.3	지알엠	100.0	서울가스	100
대구도시가스	22.6	지알이에스	100.0	한국가스공사	1,659
(외국인)	5.8	굿가든	96.3	삼천리	241

매출구성		비용구성		수출비중	
도시가스	98.9	매출원가율	88.1	수출	0.2
기타	0.9	판관비율	12.4	내수	99.8
해외유전	0.3				

회사 개요
동사는 대성그룹 계열사로 1983년에 설립되었으며, 한국가스공사에서 LNG를 공급받아 일반 수요자들에게 배관을 통해 도시가스를 공급하는 사업을 영위하고 있음. 또한 해외유전 콘소시움에 참여해 지분율에 의거 배당받는 형태의 사업도 전개 중임. 도시가스 시장은 영업용과 산업용을 제외하면 경기변동과 연관은 낮은 편이며 난방용의 경우 계절적 편차가 심함. 서울 강서, 동작, 은평 등 11개구 및 경기 고양시 등 3개시에 도시가스를 공급하고 있음.

실적 분석
동사의 2016년 누적 연결기준 매출액은 전년동기 대비 17.4% 감소한 1조 2,720.4억원을 기록함. 영업이익은 적자지속했으며, 관련 기업투자등 관련손익 감소로 당기순이익 또한 전년동기대비 감소함. 지역난방이 보급되어 기존 도시가스공급지역과 서로 경쟁관계가 형성되는 가운데, 매출의 대부분을 차지하는 도시가스공급 사업부문은 신규 택지개발 예정지역에 배관부설을 추진하여 수요개발 확대를 추진 중이며, 업무용으로는 다양한 판매경로를 개발 중임.

현금 흐름 〈단위 : 억원〉

항목	2015	2016
영업활동	103	768
투자활동	431	-986
재무활동	-97	-59
순현금흐름	442	-265
기말현금	1,301	1,036

시장 대비 수익률
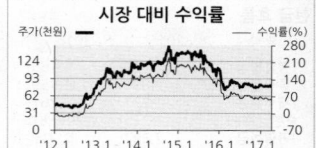

결산 실적 〈단위 : 억원〉

항목	2011	2012	2013	2014	2015	2016
매출액	17,063	19,283	21,397	20,329	15,403	12,720
영업이익	8	151	148	74	-25	-67
당기순이익	554	648	693	622	448	235

분기 실적 〈단위 : 억원〉

항목	2015.3Q	2015.4Q	2016.1Q	2016.2Q	2016.3Q	2016.4Q
매출액	1,751	3,515	5,836	1,849	1,248	3,789
영업이익	-163	-26	196	-40	-150	-73
당기순이익	-42	130	208	71	-37	-7

재무 상태 〈단위 : 억원〉

항목	2011	2012	2013	2014	2015	2016
총자산	13,182	15,195	15,329	16,267	14,366	14,666
유형자산	5,302	5,618	5,945	6,270	6,430	6,537
무형자산	460	538	413	249	136	126
유가증권	82	103	23	1,744	1,602	2,488
총부채	6,521	7,917	7,337	7,669	5,625	5,761
총차입금	464	523	444	377	126	138
자본금	350	350	350	350	350	350
총자본	6,661	7,278	7,992	8,598	8,741	8,905
지배주주지분	6,661	7,187	7,791	8,366	8,694	8,863

기업가치 지표

항목	2011	2012	2013	2014	2015	2016
주가(최고/저)(천원)	50.2/40.8	75.8/39.8	122/74.8	152/105	143/96.1	110/73.5
PER(최고/저)(배)	5.0/4.1	6.2/3.3	9.7/5.9	13.1/9.0	16.7/11.2	24.1/16.2
PBR(최고/저)(배)	0.4/0.3	0.5/0.3	0.8/0.5	0.9/0.6	0.8/0.5	0.6/0.4
EV/EBITDA(배)	2.5	3.8	6.2	9.4	8.0	—
EPS(원)	11,083	13,021	13,423	12,145	8,900	4,640
BPS(원)	142,016	152,789	164,867	176,372	182,924	186,315
CFPS(원)	17,438	20,080	21,323	19,728	14,952	10,802
DPS(원)	1,250	1,250	1,250	1,500	1,750	1,750
EBITDAPS(원)	6,524	10,074	10,866	9,068	5,557	4,822

재무 비율 〈단위 : % 〉

연도	영업이익률	순이익률	부채비율	차입금비율	ROA	ROE	유보율	자기자본비율	EBITDA마진율
2016	-0.5	1.9	64.7	1.6	1.6	2.6	2,561.6	60.7	1.9
2015	-0.2	2.9	64.4	1.4	2.9	5.2	2,513.2	60.8	1.8
2014	0.4	3.1	89.2	4.4	3.9	7.5	2,419.6	52.9	2.2
2013	0.7	3.2	91.8	5.6	4.5	9.0	2,255.2	52.1	2.5

서울리거 (A043710)
SEOULEAGUER

업　　종 : 게임 소프트웨어		시　　장 : KOSDAQ	
신용등급 : (Bond) — (CP) —		기업규모 : 중견	
홈페이지 : www.seouleaguer.net		연 락 처 : 02)2138-5281	
본　　사 : 서울시 강남구 논현로 163길 10, 4층(신사동, 베드로빌딩)			

설 립 일	1991.03.02	종 업 원 수	92명	대 표 이 사	하은환
상 장 일	2002.07.11	감 사 의 견	적정 (대현)	계　　　열	
결 산 기	12월	보 통 주	2,112만주	종 속 회 사 수	
액 면 가	500원	우 선 주		구 상 호	로켓모바일

주주구성 (지분율,%)		출자관계 (지분율,%)		주요경쟁사 (외형,%)	
미산파트너스	6.2	제네시스2호투자조합	54.0	서울리거	100
에이치에스비컴퍼니	4.1	씨에프코스메틱스	49.0	액토즈소프트	392
(외국인)	0.1	브랜드	15.0	액션스퀘어	21

매출구성		비용구성		수출비중	
앱컨텐츠(게임매출)	75.2	매출원가율	95.3	수출	0.0
용역외 (게임매출)	12.2	판관비율	6.1	내수	100.0
케이스, 충전기, 거치대 등(제품매출)	11.0				

회사 개요
동사는 1991년에 설립되어 2002년 코스닥 시장에 상장된 모바일 액세서리 제조기업으로, 휴대폰 외장 보호용 케이스 및 거치대 등에 PLEOMAX, MOB;C, FEELOOK 등의 상표를 부착하여 대형유통업체를 통해 최종소비자에게 판매하고 있음. 2015년 회사명을 플레이택에서 로켓모바일로 변경하고, 2016년 6월에 다시 서울리거로 변경함. 동사 최대주주는 2016년 3월 라이브플렉스가 지분을 처분하며 에이치에스비컴퍼니외 3명으로 변경됨.

실적 분석
2016년 기준 연결대상 종속법인으로 인테리어 회사인 메디자인이 있음. 로켓게임즈 지분은 매각, DELICHINA는 청산으로 연결 제외하였고, 엠씨펭귄은 흡수합병하여 연결대상에서 제외됨. 중단사업을 제외하고 ICT 사업 및 MSO 사업 추가로 매출액은 전년대비 7.2억원으로 크게 증가한 184.8억원을 시현함. 그러나 합병, 사업중단으로 인한 부담으로 영업손실 2.9억원, 당기순손실 24.7억원을 시현하며 전기에 이어 적자가 지속됨.

현금 흐름 〈단위 : 억원〉
항목	2015	2016
영업활동	-58	-83
투자활동	-86	18
재무활동	29	233
순현금흐름	-115	54
기말현금	69	123

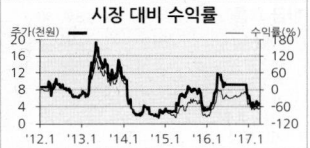
시장 대비 수익률

결산 실적 〈단위 : 억원〉
항목	2011	2012	2013	2014	2015	2016
매출액	210	414	370	78	7	185
영업이익	3	11	-65	-70	-31	-3
당기순이익	-11	12	-116	-74	-60	-25

분기 실적 〈단위 : 억원〉
항목	2015.3Q	2015.4Q	2016.1Q	2016.2Q	2016.3Q	2016.4Q
매출액	9	-13	9	21	61	94
영업이익	-24	6	-5	-6	-1	10
당기순이익	-8	-41	-4	2	-20	-2

재무 상태 〈단위 : 억원〉
항목	2011	2012	2013	2014	2015	2016
총자산	121	180	88	207	174	433
유형자산	13	23	7	4	2	29
무형자산	1	1	2	1	7	90
유가증권	5	20	6	4	46	56
총부채	27	70	78	37	32	37
총차입금	0	26	23	26	19	0
자본금	84	84	93	82	90	106
총자본	94	111	10	170	142	395
지배주주지분	94	111	10	170	142	395

기업가치 지표
항목	2011	2012	2013	2014	2015	2016
주가(최고/저)(천원)	10.8/6.5	13.2/6.0	20.6/6.2	11.2/1.5	8.8/2.7	12.8/3.0
PER(최고/저)(배)	—/—	35.8/16.4	—/—	—/—	—/—	—/—
PBR(최고/저)(배)	3.4/2.0	3.6/1.6	33.5/10.0	10.8/1.4	11.2/3.4	6.8/1.6
EV/EBITDA(배)	7.4	6.9				417.2
EPS(원)	-380	368	-3,449	-1,069	-334	-124
BPS(원)	637	736	123	1,036	787	1,872
CFPS(원)	-40	160	-572	-1,029	-321	-98
DPS(원)						
EBITDAPS(원)	55	153	-269	-977	-160	14

재무 비율 〈단위 : % 〉
연도	영업이익률	순이익률	부채비율	차입금비율	ROA	ROE	유보율	자기자본비율	EBITDA마진율
2016	-1.4	-13.4	9.5	0.1	-8.2	-9.2	274.3	91.4	1.5
2015	-432.4	-836.4	22.6	13.6	-31.4	-38.4	57.4	81.6	-399.4
2014	-90.4	-95.0	22.0	15.2	-50.0	-82.1	107.2	82.0	-86.8
2013	-17.6	-31.5	일부잠식	일부잠식	-86.8	-192.7	-75.4	11.3	-12.3

서울반도체 (A046890)
Seoul Semiconductor

업　　종 : 디스플레이 및 관련부품		시　　장 : KOSDAQ	
신용등급 : (Bond) — (CP) —		기업규모 : 우량	
홈페이지 : www.seoulsemicon.com		연 락 처 : 1566-2771	
본　　사 : 경기도 안산시 단원구 산단로 163번길 97-11			

설 립 일	1987.03.05	종 업 원 수	995명	대 표 이 사	이정훈
상 장 일	2002.01.17	감 사 의 견	적정 (삼정)	계　　　열	
결 산 기	12월	보 통 주	5,831만주	종 속 회 사 수	
액 면 가	500원	우 선 주		구 상 호	

주주구성 (지분율,%)		출자관계 (지분율,%)		주요경쟁사 (외형,%)	
이정훈	16.7	서울바이오시스	42.2	서울반도체	100
이민규	8.7	광명반도체유한공사	100.0	LG디스플레이	2,779
(외국인)	5.9	SeoulSemiconductorInc.	100.0	에스에프에이	138

매출구성		비용구성		수출비중	
LED(제품)	88.0	매출원가율	75.5	수출	—
LED(상품)	11.0	판관비율	18.5	내수	—
기타수익	0.7				

회사 개요
동사는 광범위한 분야에 적용되는 LED 제품을 생산 및 판매하는 종합 LED 기업. 2015년 LED inside 발표 자료에 따르면 글로벌 시장 점유율 기준 글로벌 5위 강이엄. 각국 에너지효율 정책과 환경정책이 맞물려 가시화됨에 따라 LED 조명에 대한 수요가 꾸준히 증가하고 있음. 빠른 교체수요와 이를 통한 주거용 LED조명 수요 촉진되고 있지만 중국 발 공급과잉도 우려되는 상황임.

실적 분석
동사의 2016년 연결기준 결산 매출액은 9,538.4억원으로 전년동기 대비 5.7% 감소함. 개발비, 광고선전비, 기타판관비의 감소로 영업이익은 전년동기 대비 26.2% 늘어난 575.4억원을 기록함. 영업실적의 개선은 차별화 제품 비중 증가에 따른 이익개선, 지속적인 수율개선과 원가절감 노력 등에 기인함. 영업수지 개선으로 당기순이익 역시 전년대비 40.3% 증가한 375.5억원을 시현

현금 흐름 〈단위 : 억원〉
항목	2015	2016
영업활동	2,683	947
투자활동	-678	-332
재무활동	-1,835	-700
순현금흐름	160	-88
기말현금	413	324

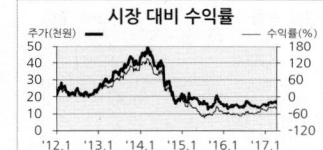
시장 대비 수익률

결산 실적 〈단위 : 억원〉
항목	2011	2012	2013	2014	2015	2016
매출액	7,498	8,587	10,321	9,393	10,112	9,538
영업이익	258	333	965	26	456	575
당기순이익	169	69	426	7	268	375

분기 실적 〈단위 : 억원〉
항목	2015.3Q	2015.4Q	2016.1Q	2016.2Q	2016.3Q	2016.4Q
매출액	2,763	2,555	2,346	2,323	2,455	2,415
영업이익	232	120	72	98	199	205
당기순이익	194	34	44	57	81	193

재무 상태 〈단위 : 억원〉
항목	2011	2012	2013	2014	2015	2016
총자산	8,758	11,434	11,087	11,803	11,360	10,906
유형자산	2,111	4,760	4,642	5,600	5,479	4,801
무형자산	277	447	406	484	442	489
유가증권	284	475	493	487	401	315
총부채	2,691	5,649	4,895	5,706	5,110	4,387
총차입금	1,960	4,471	3,204	4,231	2,580	2,031
자본금	292	292	292	292	292	292
총자본	6,066	5,785	6,192	6,097	6,250	6,519
지배주주지분	6,066	5,704	5,721	5,580	5,744	6,031

기업가치 지표
항목	2011	2012	2013	2014	2015	2016
주가(최고/저)(천원)	43.9/18.2	28.2/20.0	44.0/24.0	49.5/15.1	22.0/12.6	17.8/12.9
PER(최고/저)(배)	154.5/64.0	300.9/213.8	72.0/39.2	—/—	76.4/43.7	28.8/20.9
PBR(최고/저)(배)	4.3/1.8	2.9/2.1	4.6/2.5	5.2/1.6	2.2/1.3	1.7/1.2
EV/EBITDA(배)	21.9	13.7	13.6	14.3	7.0	6.4
EPS(원)	290	95	619	-118	291	621
BPS(원)	10,405	9,782	9,811	9,571	10,023	10,515
CFPS(원)	853	1,625	2,208	1,686	2,265	2,562
DPS(원)	119	31	146		75	81
EBITDAPS(원)	1,005	2,101	3,243	1,848	2,756	2,928

재무 비율 〈단위 : % 〉
연도	영업이익률	순이익률	부채비율	차입금비율	ROA	ROE	유보율	자기자본비율	EBITDA마진율
2016	6.0	3.9	67.3	31.2	3.4	6.2	2,003.0	59.8	17.9
2015	4.5	2.7	81.8	41.3	2.3	3.0	1,904.6	55.0	15.9
2014	0.3	0.1	93.6	69.4	0.1	-1.2	1,814.1	51.7	11.5
2013	9.4	4.1	79.1	51.7	3.8	6.3	1,862.3	55.9	18.3

서울식품공업 (A004410)
Seoul Food Industrial

업　　종 : 식료품		시　　장 : 거래소	
신용등급 : (Bond) — 　(CP) —		기업규모 : 시가총액 소형주	
홈페이지 : www.seoul-food.co.kr		연락처 : (043)720-7000	
본　　사 : 충북 충주시 충원대로 862			

설 립 일	1965.12.11	종업원수	210명	대표이사	서성훈
상 장 일	1973.12.28	감사의견	적정 (신아)	계　　열	
결 산 기	12월	보통주	1,350만주	종속회사수	
액 면 가	2,500원	우선주	9만주	구 상 호	

주주구성 (지분율,%)		출자관계 (지분율,%)		주요경쟁사 (외형,%)	
서성훈	11.5	띵크커피코리아 19.3		서울식품	100
크리에이티브테크놀로지	6.1			SPC삼립	4,261
(외국인)	1.1			조흥	295

매출구성		비용구성		수출비중	
냉동생지, 빵,	47.9	매출원가율	79.0	수출	4.9
스낵, 빵가루	33.3	판관비율	19.6	내수	95.1
건조외(위탁운영)	11.6				

회사 개요
서울식품은 냉동생지, 대형 할인업체 PB 스낵류, 음식물 쓰레기 플랜트 시공 및 운영 사업을 하는데 적자사업부인 양산빵 사업을 2011년 하반기 중단하고 냉동생지(얼린 반죽) 매출에 집중. 냉동생지는 국내 대형 호텔 및 체인점, 대형 할인마트인 코스트코에 독점 공급 중임. 환경사업은 음식물쓰레기를 처리하는 건조기 제작 및 동 시설의 위탁관리 업무를 위하며 지자체를 대상으로 계약이 이루어 지고 있음.

실적 분석
동사의 2016년 4/4분기 누적 매출액은 439.0억원으로 전년동기 대비 12.0% 감소. 전년동기 대비 원가 및 판관비가 각각 6.5%, 22.7% 감소했음에도 외형축소의 영향으로 영업이익은 6.5억원에 그치며 전년동기 대비 큰폭으로 감소함. 4/4분기 현재 매출구성은 제빵사업 87.5%, 환경사업 12.5%임. 띵크커피코리아에 대한 지분율이 19.32%로 하락함에 따라 지배력을 상실하여 2016년 9월말 현재 연결대상종속법인은 없음

현금 흐름
〈단위 : 억원〉

항목	2015	2016
영업활동	44	11
투자활동	-81	-70
재무활동	39	54
순현금흐름	2	-6
기말현금	7	1

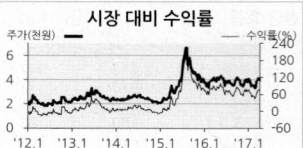

시장 대비 수익률

결산 실적
〈단위 : 억원〉

항목	2011	2012	2013	2014	2015	2016
매출액	366	394	430	435	499	439
영업이익	-7	17	16	12	17	7
당기순이익	-14	8	2	1	11	3

분기 실적
〈단위 : 억원〉

항목	2015.3Q	2015.4Q	2016.1Q	2016.2Q	2016.3Q	2016.4Q
매출액	124	136	120	—	—	—
영업이익	4	5	0	—	—	—
당기순이익	2	3	-1	—	—	—

재무 상태
〈단위 : 억원〉

항목	2011	2012	2013	2014	2015	2016
총자산	464	503	495	515	584	626
유형자산	320	316	333	346	406	423
무형자산	5	5	6	6	6	3
유가증권	0	0	14	0	21	9
총부채	237	262	248	268	325	358
총차입금	176	181	183	196	232	266
자본금	333	333	333	333	333	340
총자본	227	241	247	247	259	269
지배주주지분	222	238	245	247	259	269

기업가치 지표

항목	2011	2012	2013	2014	2015	2016
주가(최고/저)(천원)	2.9/1.6	2.8/1.8	3.3/2.2	2.9/2.0	7.7/2.1	4.7/3.4
PER(최고/저)(배)	—/—	38.3/24.3	52.2/34.0	93.1/65.7	73.3/19.6	215.9/155.1
PBR(최고/저)(배)	1.7/0.9	1.6/1.0	1.8/1.2	1.6/1.1	4.0/1.1	2.4/1.7
EV/EBITDA(배)	54.3	14.7	16.0	15.7	20.1	28.2
EPS(원)	-103	73	64	31	105	22
BPS(원)	1,670	1,792	1,842	1,854	1,944	1,977
CFPS(원)	7	187	182	164	260	184
DPS(원)	—	—	—	—	—	—
EBITDAPS(원)	60	239	235	222	285	211

재무 비율
〈단위 : % 〉

연도	영업이익률	순이익률	부채비율	차입금비율	ROA	ROE	유보율	자기자본비율	EBITDA마진율
2016	1.5	0.7	일부잠식	일부잠식	0.5	1.1	-20.9	42.9	6.4
2015	3.5	2.3	일부잠식	일부잠식	2.1	5.5	-22.3	44.3	7.6
2014	2.7	0.6	일부잠식	일부잠식	0.5	1.7	-25.8	47.9	6.8
2013	3.6	1.7	일부잠식	일부잠식	1.5	3.5	-26.3	49.9	7.3

서울옥션 (A063170)
Seoul Auction

업　　종 : 도소매		시　　장 : KOSDAQ	
신용등급 : (Bond) — 　(CP) —		기업규모 : 벤처	
홈페이지 : www.seoulauction.com		연락처 : (02)395-0330	
본　　사 : 서울시 종로구 평창30길 24 (평창동)			

설 립 일	1998.12.30	종업원수	55명	대표이사	이옥경
상 장 일	2008.07.01	감사의견	적정 (천지)	계　　열	
결 산 기	12월	보통주	1,692만주	종속회사수	
액 면 가	500원	우선주		구 상 호	

주주구성 (지분율,%)		출자관계 (지분율,%)		주요경쟁사 (외형,%)	
이호재	13.6	서울옥션블루	57.1	서울옥션	100
이정용	7.3	조선방송	0.1	BGF리테일	9,936
(외국인)	4.8	SeoulAuctionHongKongLimited	100.0	이마트	29,060

매출구성		비용구성		수출비중	
미술품 판매	67.5	매출원가율	63.0	수출	19.9
미술품 경매	12.1	판관비율	18.0	내수	80.1
미술품 중개	8.9				

회사 개요
동사는 소장자로부터 위탁받은 회화, 조각, 도자기 등 미술품을 경매나 중개를 통해 판매하거나, 직접 취득한 미술품을 개별 판매하는 사업을 영위하고 있음. 연회비, 미술품 전시 대행과 같은 기업 사업 또는 소장자의 미술품을 보관해주는 대가로 수수료를 수취하는 보관고 사업도 영위함. '가나아트갤러리', '아트인아트' 등 9개의 계열회사를 보유하고 있음. 국내 미술품 경매시장은 시장점유율 1위인 동사와 2위인 K옥션 위주의 과점체제를 유지하고 있음.

실적 분석
2016년 불안정한 정치환경과 위작이슈 등으로 인한 거래 위축으로 국내법인의 매출이 9.9% 하락함에 따라 2016년 전체 매출액은 전년 대비 7.1% 감소함. 외형축소에도 불구하고 인건비 등 판관비가 늘어남에 따라 영업이익과 당기순이익도 큰 폭으로 줄어들어 부진한 실적을 나타냄. 국내 경매 정상화 및 온라인 사업과 프린트베이커리 등 신사업 매출 확대로 고성장 추세를 이어갈 것으로 기대됨.

현금 흐름
〈단위 : 억원〉

항목	2015	2016
영업활동	-141	19
투자활동	-47	-32
재무활동	149	28
순현금흐름	-36	17
기말현금	54	71

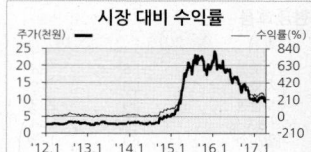

시장 대비 수익률

결산 실적
〈단위 : 억원〉

항목	2011	2012	2013	2014	2015	2016
매출액	151	194	149	238	548	509
영업이익	-34	21	30	51	151	96
당기순이익	-51	21	21	36	129	66

분기 실적
〈단위 : 억원〉

항목	2015.3Q	2015.4Q	2016.1Q	2016.2Q	2016.3Q	2016.4Q
매출액	50	273	103	158	94	154
영업이익	11	74	24	49	13	11
당기순이익	8	66	15	38	8	5

재무 상태
〈단위 : 억원〉

항목	2011	2012	2013	2014	2015	2016
총자산	724	685	702	816	1,256	1,316
유형자산	82	82	79	82	136	139
무형자산	18	14	14	10	12	18
유가증권	3	3	3	3	1	1
총부채	223	165	168	258	584	590
총차입금	89	112	89	90	252	301
자본금	84	85	85	85	85	85
총자본	501	520	534	558	673	726
지배주주지분	501	520	534	558	673	715

기업가치 지표

항목	2011	2012	2013	2014	2015	2016
주가(최고/저)(천원)	4.3/2.4	3.5/2.5	3.4/2.5	5.5/2.7	23.9/5.0	24.7/9.7
PER(최고/저)(배)	—/—	29.9/21.5	28.3/20.3	27.0/13.3	31.7/6.7	68.7/26.6
PBR(최고/저)(배)	1.5/0.8	1.2/0.8	1.1/0.8	1.7/0.8	5.9/1.2	5.6/2.2
EV/EBITDA(배)	—	19.7	—	15.0	14.3	24.8	18.4
EPS(원)	-305	125	127	212	764	363
BPS(원)	3,112	3,243	3,321	3,467	4,145	4,454
CFPS(원)	-274	156	150	228	784	392
DPS(원)	—	50	60	80	100	100
EBITDAPS(원)	-172	154	204	318	911	599

재무 비율
〈단위 : % 〉

연도	영업이익률	순이익률	부채비율	차입금비율	ROA	ROE	유보율	자기자본비율	EBITDA마진율
2016	19.0	13.0	81.2	41.4	5.2	8.9	790.7	55.2	19.9
2015	27.6	23.6	86.7	37.4	12.5	21.0	728.9	53.6	28.2
2014	21.5	15.1	46.2	16.1	4.7	6.6	593.5	68.4	22.6
2013	20.5	14.4	31.6	15.9	3.1	4.1	564.2	76.0	23.2

서울전자통신 (A027040)
SEOUL ELECTRONICS & TELECOM

업　　종 : 전기장비		시　　장 : KOSDAQ	
신용등급 : (Bond) — 　(CP) —		기업규모 : 중견	
홈페이지 : www.seoulset.co.kr		연락처 : 032)723-4109	
본　　사 : 인천시 부평구 새벌로 4사무동 4층 (청천동)			

설 립 일 1983.06.17	종 업 원 수 164명	대 표 이 사 김상열	
상 장 일 1999.12.03	감 사 의 견 적정 (안진)	계　　열	
결 산 기 12월	보 통 주 6,054만주	종속회사수	
액 면 가 500원	우 선 주	구 상 호	

주주구성 (지분율,%)		출자관계 (지분율,%)		주요경쟁사 (외형,%)	
김광수	40.4	지니틱스	14.2	서울전자통신	100
케이에이치바텍	5.0	아이티엠반도체	14.1	비츠로테크	116
(외국인)	0.1	엘엠에스	2.9	뉴인텍	54

매출구성		비용구성		수출비중	
Transformer 외	43.5	매출원가율	89.8	수출	30.2
Transformer 자재	43.1	판관비율	7.1	내수	69.8
설계, 경영자문 용역	13.5				

회사 개요
동사는 1983년 설립된 전자변성기 (Transformer) 제조업체임. 전자변성기는 TV, 냉장고, 세탁기, 휴대전화, 의료기기 등 전압변경이 필요한 모든 전자기기에 사용되는 부품이며, 동사 매출의 90% 이상을 차지하고 있음. 동사는 나이스그룹의 기업집단에 소속되어 있으며, 전자부품 제조, 이미지센서 제조, 터치스크린 제조 사업부문의 자회사가 있음. 지속적인 A/S 문제 등으로 인해 진입장벽이 상대적으로 높은 편임.

실적 분석
동사의 2016년 누적매출액은 891.2억원으로 전년 대비 90.4% 증가함. 매출 확대와 판관비 절감 노력에 힘입어 영업이익은 27.2억원으로 흑자전환함. 당기순이익은 72.7억원을 기록하며 흑자 전환에 성공함. 점차 강화되고 있는 가격인하 요구에 부응하고 수익성 개선을 위해 부품을 현지화하고 해외 생산비중을 높이는 생산전략을 추진 중임. 또 비용향기기용 Power Supply 시장을 적극적으로 공략해 신규 수요 창출에 나서고 있음.

현금 흐름 〈단위 : 억원〉

항목	2015	2016
영업활동	-20	-49
투자활동	22	-30
재무활동	-12	42
순현금흐름	-14	-34
기말현금	99	65

시장 대비 수익률

결산 실적 〈단위 : 억원〉

항목	2011	2012	2013	2014	2015	2016
매출액	1,157	1,145	520	450	468	891
영업이익	42	-20	-7	-7	-11	27
당기순이익	-70	-84	13	-337	-54	73

분기 실적 〈단위 : 억원〉

항목	2015.3Q	2015.4Q	2016.1Q	2016.2Q	2016.3Q	2016.4Q
매출액	157	75	183	265	246	198
영업이익	-2	-3	7	11	11	-2
당기순이익	-19	-19	40	10	21	2

재무 상태 〈단위 : 억원〉

항목	2011	2012	2013	2014	2015	2016
총자산	1,274	1,230	1,447	638	618	770
유형자산	185	346	442	116	90	91
무형자산	64	24	40	1	1	2
유가증권	29	41	52	191	198	264
총부채	643	691	905	334	347	407
총차입금	370	403	663	207	217	234
자본금	303	303	303	303	303	303
총자본	631	539	542	304	271	363
지배주주지분	567	497	358	309	279	363

기업가치 지표

항목	2011	2012	2013	2014	2015	2016
주가(최고/저)(천원)	0.9/0.4	0.7/0.5	1.2/0.5	1.1/0.4	1.6/0.5	1.7/1.0
PER(최고/저)(배)	—/—	—/—	98.5/42.1	—/—	—/—	14.0/8.2
PBR(최고/저)(배)	1.0/0.4	0.8/0.6	2.0/0.9	2.2/0.9	3.5/1.0	2.8/1.6
EV/EBITDA(배)	5.4	16.2	22.8	6.3	92.5	19.8
EPS(원)	-53	-96	12	-342	-84	120
BPS(원)	936	821	592	510	461	599
CFPS(원)	16	-6	105	-243	-54	151
DPS(원)	15					
EBITDAPS(원)	139	56	81	87	12	76

재무 비율 〈단위 : % 〉

연도	영업이익률	순이익률	부채비율	차입금비율	ROA	ROE	유보율	자기자본비율	EBITDA마진율
2016	3.1	8.2	112.4	64.5	10.5	22.7	19.8	47.1	5.2
2015	-2.3	-11.5	일부잠식	일부잠식	-8.6	-17.3	-7.9	43.9	1.6
2014	-1.6	-75.0	109.7	68.1	-32.4	-62.1	2.1	47.7	11.8
2013	-1.4	2.5	167.0	122.4	1.0	18.3	37.5	9.4	

서울제약 (A018680)
SEOUL PHARMA

업　　종 : 제약		시　　장 : KOSDAQ	
신용등급 : (Bond) BB-　(CP) —		기업규모 : 벤처	
홈페이지 : www.seoulpharma.com		연락처 : 031)497-1931	
본　　사 : 경기도 시흥시 경제로 59, 603(정왕동, 시화공단 1라)			

설 립 일 1985.12.23	종 업 원 수 221명	대 표 이 사 김정호	
상 장 일 2000.08.18	감 사 의 견 적정 (참)	계　　열	
결 산 기 12월	보 통 주 742만주	종속회사수	
액 면 가 500원	우 선 주	구 상 호	

주주구성 (지분율,%)		출자관계 (지분율,%)		주요경쟁사 (외형,%)	
황우성	23.4	시화제약사업협동조합	16.6	서울제약	100
전윤주	8.8			하이텍팜	119
(외국인)	0.6			우리들제약	156

매출구성		비용구성		수출비중	
정제외(제품)	60.9	매출원가율	46.3	수출	—
경질캅셀제	16.4	판관비율	47.2	내수	—
내용액제(제품)	10.9				

회사 개요
동사는 1985년 12월 의약품 제조 및 판매를 목적으로 설립되어 2000년 7월에 한국거래소 코스닥시장에 상장됨. 우수의약품 제조관리기준(KGMP) 적격업체로서 제약업체로의 전문성 제고와 우수 의약품 개발에 주력하고 있음. 구강붕해필름(Orally Disintegrating Film: ODF)을 생산하기 위한 신규 Platform technology (SmartFilm® Technology)를 확보하여 2012년부터 상업화하고 있음.

실적 분석
정제, 경질캅셀제, 내용액제 제품의 매출이 늘어난 영향으로 2016년 누적 매출액은 459.2억원으로 전년동기대비 2.7% 증가함. 외형확대를 기반으로 영업이익 또한 폭발적으로 증가한 29.7억원을 기록함. 구강붕해필름(ODF) 생산 기술을 확보하여 기존 ODT 시장 대체를 위해 노력하고 있음. 오송에 새로운 cGMP/EU-GMP 대응 가능한 공장을 건설하고, 20여개 SmartFilm® 제품을 2017년까지 세계시장에 출시 및 개개발완료 예정

현금 흐름 *IFRS 별도 기준 〈단위 : 억원〉

항목	2015	2016
영업활동	14	-19
투자활동	-14	-66
재무활동	55	89
순현금흐름	55	4
기말현금	94	97

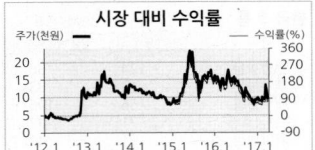

시장 대비 수익률

결산 실적 〈단위 : 억원〉

항목	2011	2012	2013	2014	2015	2016
매출액	438	464	420	438	447	459
영업이익	18	61	13	7	7	30
당기순이익	13	51	6	-7	-8	8

분기 실적 *IFRS 별도 기준 〈단위 : 억원〉

항목	2015.3Q	2015.4Q	2016.1Q	2016.2Q	2016.3Q	2016.4Q
매출액	103	123	103	119	98	139
영업이익	-7	10	1	1	8	19
당기순이익	-11	-1	-2	-7	5	12

재무 상태 *IFRS 별도 기준 〈단위 : 억원〉

항목	2011	2012	2013	2014	2015	2016
총자산	427	607	714	790	827	925
유형자산	201	367	456	479	475	514
무형자산	30	43	45	45	29	16
유가증권	3	3	3	3	3	3
총부채	223	353	392	479	491	505
총차입금	150	270	293	356	378	402
자본금	31	32	34	34	36	37
총자본	204	254	323	311	335	421
지배주주지분	204	254	323	311	335	421

기업가치 지표 *IFRS 별도 기준

항목	2011	2012	2013	2014	2015	2016
주가(최고/저)(천원)	6.6/2.0	13.4/3.6	17.4/9.6	13.8/7.7	26.3/8.3	18.1/7.9
PER(최고/저)(배)	31.7/9.7	16.8/4.5	189.6/104.7	—/—	—/—	164.0/71.3
PBR(최고/저)(배)	2.1/0.6	3.4/0.9	3.8/2.1	3.1/1.7	5.6/1.8	3.2/1.4
EV/EBITDA(배)	13.5	10.7	28.8	28.1	30.6	16.7
EPS(원)	213	812	93	-101	-111	110
BPS(원)	3,261	4,029	4,703	4,535	4,710	5,685
CFPS(원)	437	1,124	467	260	427	513
DPS(원)	60	60	50	35	25	15
EBITDAPS(원)	508	1,283	575	460	634	805

재무 비율 〈단위 : % 〉

연도	영업이익률	순이익률	부채비율	차입금비율	ROA	ROE	유보율	자기자본비율	EBITDA마진율
2016	6.5	1.8	120.0	95.5	0.9	2.2	1,036.9	45.5	13.0
2015	1.5	-1.8	146.6	112.7	-1.0	-2.4	842.1	40.6	10.0
2014	1.6	-1.6	154.0	114.6	-0.9	-2.2	807.0	39.4	7.2
2013	3.2	1.5	121.5	90.8	0.9	2.1	840.6	45.2	9.1

서원 (A021050)
Seowon

업 종 : 금속 및 광물	시 장 : 거래소
신용등급 : (Bond) —　　(CP) —	기업규모 : 시가총액 소형주
홈페이지 : www.swbrass.co.kr	연 락 처 : 031)365-8700
본 사 : 경기도 안산시 단원구 산단로67번길 94(목내동)	

설 립 일	1988.09.07	종 업 원 수	148명	대 표 이 사	조경호
상 장 일	1996.01.30	감 사 의 견	적정 (삼경)	계　　　열	
결 산 기	12월	보 통 주	4,747만주	종속회사수	
액 면 가	500원	우 선 주		구 상 호	

주주구성 (지분율,%)		출자관계 (지분율,%)		주요경쟁사 (외형,%)	
조시영	30.8	대창	27.9	서원	100
조정호	6.6	태우	13.1	일진다이아	44
(외국인)	0.5			CS홀딩스	50

매출구성		비용구성		수출비중	
동합금(잉고트,빌레트)	89.1	매출원가율	90.4	수출	48.6
동스크랩,아연	5.7	판관비율	4.5	내수	51.4
가공료 및 기타	5.2				

회사 개요
동사는 1988년에 설립된 기업으로 전 산업분야에 필수적 기초 소재인 황동빌레트, 잉고트 및 동합금 제품을 생산·공급하고 있음. 국내 유일의 KS마크 제품인 황동 잉고트를 필두로 내수시장에서 안정된 판매처를 확보하고 있으며, 동사는 동구공업체중에서 시장점유율로 업계 3위의 업체임. 2016년말 기준 총 1개의 종속회사와 4개의 계열회사를 보유하고 있음.

실적 분석
동사의 2016년 4/4분기 연결기준 누적 매출액은 전년동기 대비 3.3% 감소한 2,477.7억원임. 매출감소에도 불구하고 매출원가 및 판관비 등에서 원가절감노력이 효과를 거두어 동기간 영업이익은 126.3억원 및 당기순이익은 55.4억원을 시현하며 전년동기 대비 모두 흑자로 전환함. 2016년 말 동사의 매출은 동합금제품 90.6%, 황동제품 3.4%, 기타 6.0%로 구성됨.

현금 흐름　〈단위 : 억원〉

항목	2015	2016
영업활동	124	66
투자활동	12	83
재무활동	-66	-196
순현금흐름	71	-47
기말현금	91	43

시장 대비 수익률
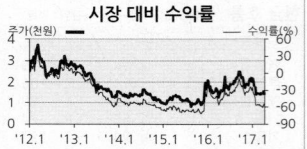

결산 실적　〈단위 : 억원〉

항목	2011	2012	2013	2014	2015	2016
매출액	7,088	7,892	9,161	3,286	2,562	2,478
영업이익	89	74	-48	68	-110	126
당기순이익	-47	89	-231	-114	-567	55

분기 실적　〈단위 : 억원〉

항목	2015.3Q	2015.4Q	2016.1Q	2016.2Q	2016.3Q	2016.4Q
매출액	640	532	557	584	575	761
영업이익	-30	-94	27	25	21	53
당기순이익	-291	-206	30	24	1	1

재무 상태　〈단위 : 억원〉

항목	2011	2012	2013	2014	2015	2016
총자산	3,888	4,566	2,982	2,875	2,450	2,236
유형자산	1,078	1,255	692	770	552	533
무형자산	15	15	15	15	15	15
유가증권	20	62	50	24	1	—
총부채	2,474	3,104	1,872	1,886	1,783	1,310
총차입금	2,116	2,718	1,703	1,734	1,644	1,233
자본금	140	140	140	140	140	237
총자본	1,414	1,462	1,110	989	667	926
지배주주지분	1,116	1,175	1,033	909	620	877

기업가치 지표

항목	2011	2012	2013	2014	2015	2016
주가(최고/저)(천원)	3.9/2.3	3.8/2.1	2.9/1.2	1.8/1.0	2.2/0.8	2.9/1.2
PER(최고/저)(배)	—/—	12.9/7.4	—/—	—/—	—/—	22.7/9.8
PBR(최고/저)(배)	1.2/0.7	1.0/0.6	0.9/0.4	0.6/0.3	1.1/0.4	1.5/0.7
EV/EBITDA(배)	27.2	28.8	109.5	21.7		14.5
EPS(원)	-31	297	-404	-359	-1,644	127
BPS(원)	3,991	4,285	3,800	3,357	2,322	1,909
CFPS(원)	63	548	-222	-311	-1,784	187
DPS(원)	35	50				10
EBITDAPS(원)	415	470	73	346	-275	370

재무 비율　〈단위 : % 〉

연도	영업이익률	순이익률	부채비율	차입금비율	ROA	ROE	유보율	자기자본비율	EBITDA마진율
2016	5.1	2.2	141.6	133.3	2.4	6.9	281.9	41.4	6.1
2015	-4.3	-22.1	267.3	246.5	-21.3	-69.6	364.4	27.2	-3.0
2014	2.1	-3.5	190.7	175.4	-3.9	-12.0	571.3	34.4	3.0
2013	-0.5	-2.5	168.7	153.5	-6.1	-11.8	660.1	37.2	0.2

서원인텍 (A093920)
SEOWONINTECH

업 종 : 휴대폰 및 관련부품	시 장 : KOSDAQ
신용등급 : (Bond) —　　(CP) —	기업규모 : 우량
홈페이지 : www.seowonintech.co.kr	연 락 처 : 031)428-9500
본 사 : 경기도 군포시 엘에스로115번길 69 (금정동)	

설 립 일	1983.08.15	종 업 원 수	534명	대 표 이 사	김재윤
상 장 일	2007.12.20	감 사 의 견	적정 (천지)	계　　　열	
결 산 기	12월	보 통 주	1,860만주	종속회사수	
액 면 가	500원	우 선 주		구 상 호	

주주구성 (지분율,%)		출자관계 (지분율,%)		주요경쟁사 (외형,%)	
김재윤	33.9	서원(남경)전자	100.0	서원인텍	100
김영환	13.0	서원(천진)전자유한공사	100.0	블루콤	67
(외국인)	7.0	하노이서원인텍	99.0	KH바텍	106

매출구성		비용구성		수출비중	
RUBBER, SPONGE외	44.5	매출원가율	90.2	수출	91.9
KEY-PAD	41.1	판관비율	5.5	내수	8.1
SCM	6.7				

회사 개요
동사는 1985년에 설립되어 전자 IT부품을 생산, 공급하고 있음. 삼성전자에 휴대폰 부품 및 악세사리 부품을 공급하고, LG화학에 SCM, PCM 등 보호회로를 공급하고 있으며, 신규사업으로 와이브로 단말 관련 사업을 영위중임. 최근 풀터치폰이 강세를 보임에 따라 키패드 매출 의존도를 낮추고 와이브로 단말과 2차전지 보호회로 등으로 수익구조를 다변화함. 연결기준 종속회사로는 중국과 베트남, 남경에 있는 3개의 현지법인이 있음.

실적 분석
동사의 2016년 연간 매출은 3,576억원으로 전년대비 3.3% 감소, 영업이익은 151.5억원으로 전년대비 27.5% 감소, 당기순이익은 192.6억원으로 전년대비 22.2% 감소 시현함. 최근 스마트폰의 하드웨어 경쟁에서 소프트웨어 경쟁으로 이동하면서 제품의 차별성 우위를 지속하기 어려워 졌으며, 중국 스마트폰 업체의 등장으로 기업들의 진입장벽과 점유율이 낮아진 것이 이유로 보임. 스마트폰의 방수/방진 기능 추가로 관련 매출 증가는 기대.

현금 흐름　〈단위 : 억원〉

항목	2015	2016
영업활동	421	128
투자활동	-341	-31
재무활동	31	-150
순현금흐름	125	-41
기말현금	505	464

시장 대비 수익률
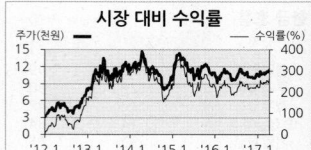

결산 실적　〈단위 : 억원〉

항목	2011	2012	2013	2014	2015	2016
매출액	2,301	2,392	3,580	3,939	3,696	3,576
영업이익	109	146	334	257	209	152
당기순이익	100	105	268	309	248	193

분기 실적　〈단위 : 억원〉

항목	2015.3Q	2015.4Q	2016.1Q	2016.2Q	2016.3Q	2016.4Q
매출액	1,079	802	965	991	936	683
영업이익	47	50	52	51	21	27
당기순이익	66	53	51	63	38	40

재무 상태　〈단위 : 억원〉

항목	2011	2012	2013	2014	2015	2016
총자산	1,200	1,341	1,764	2,009	2,222	2,272
유형자산	342	305	558	489	536	597
무형자산	29	22	22	9	10	9
유가증권	18	14	—			
총부채	311	388	578	591	646	623
총차입금	96	89	165	113	252	183
자본금	93	93	93	93	93	93
총자본	889	952	1,187	1,418	1,576	1,649
지배주주지분	889	952	1,186	1,418	1,575	1,648

기업가치 지표

항목	2011	2012	2013	2014	2015	2016
주가(최고/저)(천원)	4.0/2.0	7.9/2.8	13.7/7.6	14.8/7.7	14.8/9.6	11.7/9.2
PER(최고/저)(배)	9.4/4.8	16.8/6.0	11.4/6.3	10.4/5.4	12.4/8.1	12.1/9.5
PBR(최고/저)(배)	1.1/0.5	1.9/0.7	2.6/1.4	2.3/1.2	1.9/1.3	1.4/1.1
EV/EBITDA(배)	2.6	6.8	5.9	4.0	5.1	6.1
EPS(원)	537	564	1,439	1,659	1,327	1,028
BPS(원)	4,779	5,117	6,376	7,623	8,467	8,861
CFPS(원)	1,003	982	1,882	2,388	1,882	1,528
DPS(원)	150	200	400	500	600	660
EBITDAPS(원)	1,051	1,203	2,239	2,113	1,678	1,315

재무 비율　〈단위 : % 〉

연도	영업이익률	순이익률	부채비율	차입금비율	ROA	ROE	유보율	자기자본비율	EBITDA마진율
2016	4.2	5.4	37.8	11.1	8.6	11.9	1,672.3	72.6	6.8
2015	5.7	6.7	41.0	16.0	11.7	16.5	1,593.4	70.9	8.5
2014	6.5	7.8	41.7	8.0	16.4	23.7	1,424.7	70.6	10.0
2013	9.3	7.5	48.7	13.9	17.3	25.1	1,175.2	67.3	11.6

서전기전 (A189860)
SEOJEON ELECTRIC MACHINERY COLTD

업　　종 : 전기장비　　　　　　　　　시　　장 : KOSDAQ
신용등급 : (Bond) —　　(CP) —　　　기업규모 : 벤처
홈페이지 : www.sjem.co.kr　　　　　연 락 처 : 031)426-5506
본　　사 : 경기도 이천시 대월면 대월로 667번길 38-19

설 립 일	2011.11.18	종업원수	87명	대표이사	김한수
상 장 일	2014.12.24	감사의견	적정 (우리)	계	열
결 산 기	12월	보통주	485만주	종속회사수	
액 면 가	500원	우선주		구 상 호	

주주구성 (지분율,%)		출자관계 (지분율,%)		주요경쟁사 (외형,%)	
홍춘근	45.3	퓨처파워텍	100.0	서전기전	100
김명실	12.6			선도전기	187
(외국인)	2.1			삼화전기	398

매출구성		비용구성		수출비중	
[제품]고압 배전반 (Maxi HV)	38.8	매출원가율	72.7	수출	0.0
[제품]저압 배전반 (Maxi LV)	27.4	판관비율	23.3	내수	100.0
[제품]MCC(전동기제어반), 분전반 외	24.8				

회사 개요
동사는 1988년 9월 15일 유진전기로 설립된 이후, 1991년 11월 18일 주식회사 서전기전으로 법인 전환되었으며, 주요 목적사업은 고/저압 수배전반 및 자동제어반 제조 및 판매임. 동사는 중소기업의 판매전략인 중소기업청 성능인증, 조달청 우수제품지정, 기술표준원의 신제품인증을 획득하였고, 초고압개폐장치, DC대전반, 정류기 등 진일보한 개폐기/차단기분야로 기술력입증과 해외사업 진출 다각화 노력

실적 분석
동사의 2016년 연결기준 결산 매출액은 501.9억원으로 전년동기 대비 19.5% 증가했음. 영업이익은 20.0억원을 기록하며 흑자 전환하고 당기순이익은 13.9억원을 기록. 수배전반 사업은 한국전력의 설비계획에 의해 수요가 결정되는 구조. 16년 고압배전반의 단가 상승으로 매출 증대가 이익으로 연결되며 호실적 달성. 17년 3월 김한수 사장이 대표이사로 공식 선임되면서 초고압 GIS(가스절연 개폐장치) 등 신규 사업 확장 추진 의사를 발표

현금 흐름 〈단위 : 억원〉
항목	2015	2016
영업활동	32	34
투자활동	-59	-36
재무활동	-22	-4
순현금흐름	-49	-6
기말현금	57	51

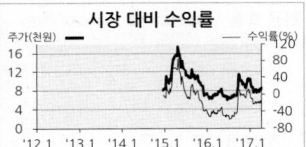
시장 대비 수익률

결산 실적 〈단위 : 억원〉
항목	2011	2012	2013	2014	2015	2016
매출액	389	462	548	563	420	502
영업이익	57	82	69	83	-4	20
당기순이익	36	66	57	98	1	14

분기 실적 〈단위 : 억원〉
항목	2015.3Q	2015.4Q	2016.1Q	2016.2Q	2016.3Q	2016.4Q
매출액	74	149	87	115	100	200
영업이익	-19	14	-6	7	-1	20
당기순이익	-16	15	-5	8	-1	13

재무 상태 〈단위 : 억원〉
항목	2011	2012	2013	2014	2015	2016
총자산	179	218	271	403	365	407
유형자산	73	120	111	119	174	190
무형자산	1	1	2	3	1	2
유가증권	1	1	1	1	1	1
총부채	91	91	123	79	62	93
총차입금	—	—	7	—	—	—
자본금	18	18	18	24	24	24
총자본	88	127	148	324	304	314
지배주주지분	88	127	148	324	304	314

기업가치 지표
항목	2011	2012	2013	2014	2015	2016
주가(최고/저)(천원)	—/—	—/—	—/—	8.5/8.0	17.4/6.8	12.8/6.0
PER(최고/저)(배)	0.0/0.0	0.0/0.0	0.0/0.0	3.4/3.1	552.1/214.0	45.3/21.0
PBR(최고/저)(배)	0.0/0.0	0.0/0.0	0.0/0.0	1.4/1.3	2.8/1.1	2.0/0.9
EV/EBITDA(배)	—		0.1	129.0	15.8	
EPS(원)	988	1,824	1,584	2,691	32	286
BPS(원)	24,553	35,259	41,095	6,685	6,262	6,473
CFPS(원)	11,521	19,395	16,959	2,794	156	436
DPS(원)				455	75	110
EBITDAPS(원)	17,545	23,795	20,377	2,368	48	562

재무 비율 〈단위 : % 〉
연도	영업이익률	순이익률	부채비율	차입금비율	ROA	ROE	유보율	자기자본비율	EBITDA마진율
2016	4.0	2.8	29.8	0.0	3.6	4.5	1,194.7	77.1	5.4
2015	-0.9	0.4	20.3	0.0	0.4	0.5	1,152.5	83.1	0.6
2014	14.7	17.4	24.4	0.0	29.1	41.6	1,237.0	80.4	15.3
2013	12.6	10.4	83.3	4.5	23.3	41.5	721.9	54.6	13.4

서진시스템 (A178320)
SEOJIN SYSTEM COLTD

업　　종 : 통신장비　　　　　　　　　시　　장 : KOSDAQ
신용등급 : (Bond) —　　(CP) —　　　기업규모 : 벤처
홈페이지 : www.sojinsystem.net　　　연 락 처 : 032)506-2760
본　　사 : 경기도 부천시 오정구 산업로 20-22

설 립 일	2007.10.30	종업원수	명	대표이사	전동규
상 장 일	2017.03.27	감사의견	적정 (예교)	계	열
결 산 기	12월	보통주	603만주	종속회사수	
액 면 가	500원	우선주		구 상 호	

주주구성 (지분율,%)		출자관계 (지분율,%)		주요경쟁사 (외형,%)	
전동규	43.7			서진시스템	100
프레스토제3호사무투자전문회사	17.1			삼지전자	664
(외국인)	0.4			AP위성	15

매출구성		비용구성		수출비중	
통신장비 부품	0.6	매출원가율	74.3	수출	38.1
핸드폰 부품	0.2	판관비율	11.0	내수	61.9
반도체장비 ? 부품	0.1				

회사 개요
동사는 금속가공 기술 및 시스템 설계 역량을 바탕으로 각종 통신장비, 핸드폰, 반도체장비 등의 함체, 구조물, 전기구동장치 등을 제조, 판매함. 2007년 10월 30일 주식회사 서진시스템으로 설립되었음. 동사는 현재 영위하고 있는 통신장비 함체 제조와 더불어 2015년 텍슨 인수와 함께 통신장비, 반도체, ESS 제품에도 진출하였으며, 2016년 상반기 삼성전자 스마트폰 SUB ASSEMBLE등의 추가적인 사업을 영위중임.

실적 분석
동사의 2016년 결산기준 누적 매출액은 전년동기대비 113.4% 이상 크게 상승한 1,658.7억원을 기록하였음. 비용면에서 전년동기대비 매출원가는 크게 증가 하였으며 인건비도 크게 증가, 기타판매비와관리비도 마찬가지로 증가함. 매출액의 큰 상승에 힘입어 그에 따라 전년동기대비 영업이익은 243.9억원으로 8.7% 상승하였음. 최종적으로 전년동기대비 당기순이익은 상승하여 196.3억원을 기록함.

현금 흐름 *IFRS 별도 기준 〈단위 : 억원〉
항목	2015	2016
영업활동	-128	260
투자활동	-242	-195
재무활동	364	-50
순현금흐름	-6	15
기말현금	3	18

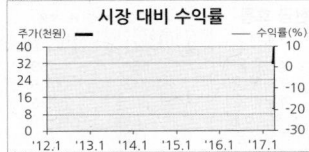
시장 대비 수익률

결산 실적 〈단위 : 억원〉
항목	2011	2012	2013	2014	2015	2016
매출액	159	329	348	492	777	1,659
영업이익	21	34	4	47	224	244
당기순이익	11	23	-3	10	182	196

분기 실적 *IFRS 별도 기준 〈단위 : 억원〉
항목	2015.3Q	2015.4Q	2016.1Q	2016.2Q	2016.3Q	2016.4Q
매출액	—	—	—	—	—	—
영업이익	—	—	—	—	—	—
당기순이익	—	—	—	—	—	—

재무 상태 *IFRS 별도 기준 〈단위 : 억원〉
항목	2011	2012	2013	2014	2015	2016
총자산	152	321	384	714	1,022	1,172
유형자산	118	133	166	293	274	227
무형자산	0	0	1	0	0	8
유가증권		23	23			
총부채	110	226	283	639	778	678
총차입금	94	154	235	373	627	411
자본금	17	17	17	15	15	22
총자본	42	96	102	75	244	494
지배주주지분	42	96	102	75	244	494

기업가치 지표 *IFRS 별도 기준
항목	2011	2012	2013	2014	2015	2016
주가(최고/저)(천원)	—/—	—/—	—/—	—/—	—/—	—/—
PER(최고/저)(배)	0.0/0.0	0.0/0.0	0.0/0.0	0.0/0.0	0.0/0.0	0.0/0.0
PBR(최고/저)(배)	0.0/0.0	0.0/0.0	0.0/0.0	0.0/0.0	0.0/0.0	0.0/0.0
EV/EBITDA(배)	3.3	2.9	9.0	4.9	4.6	1.8
EPS(원)	690	1,183	-100	183	2,140	1,310
BPS(원)	26,115	28,657	30,559	22,587	73,217	10,660
CFPS(원)	10,921	16,337	5,104	9,926	28,041	2,000
DPS(원)						
EBITDAPS(원)	16,869	21,158	7,143	21,565	32,351	1,787

재무 비율 〈단위 : % 〉
연도	영업이익률	순이익률	부채비율	차입금비율	ROA	ROE	유보율	자기자본비율	EBITDA마진율
2016	14.7	11.8	213.5	116.3	10.5	37.0	3,270.6	31.9	20.9
2015	28.9	23.5	333.0	255.9	17.0	94.4	2,149.2	23.1	37.1
2014	9.7	2.0	1,296.1	883.4	—	—	227.8	7.2	15.8
2013	1.1	-0.9	277.4	230.6	-0.9	-3.1	511.2	26.5	6.8

서진오토모티브 (A122690)
Seojin Automotive

업 종 : 자동차부품
신용등급 : (Bond) BBB- (CP) —
홈 페 이 지 : www.secoautomotive.com
본 사 : 경기도 시흥시 공단1대로 313

시 장 : KOSDAQ
기업규모 : 우량
연 락 처 : 031)496-1500

설 립 일	2010.01.19	종업원수	278명
상 장 일	2010.05.25	감사의견	적정 (안진)
결 산 기	12월	보 통 주	1,603만주
액 면 가	500원	우 선 주	300만주

대표이사 서영종,이희석
계 열
종속회사수
구 상 호 신한스팩1호

주주구성 (지분율,%)		출자관계 (지분율,%)		주요경쟁사 (외형,%)	
배석두	31.2	세코글로벌	100.0	서진오토모티브	100
서진캠	26.7	서진에프씨씨	50.0	영화금속	12
(외국인)	0.6	에코플라스틱	33.0	엠에스오토텍	58

매출구성		비용구성		수출비중	
[제품] CLUTCH	51.6	매출원가율	94.6	수출	72.0
[제품] A/T PARTS	15.5	판관비율	4.4	내수	28.0
[상품] 기타	14.8				

회사 개요
동사는 1990년 설립되었으며 2012년에 신한스팩1호와 합병하여 코스닥시장에 상장함. 주요사업은 자동차부품사업으로 차량용 구동품(Clutch, Flywheel,Drive plate, Auto Parts)등을 생산판매하고 있음. 주 거래처는 현대/기아자동차를 비롯하여 국내 완성차업체와 현대모비스, 국내시판, 해외수출 등 국내외 다양한 거래선과 거래하고 있음. 경쟁사는 국내 평화발레오, 해외는 LUK, SACHS, VALEO 등임.

실적 분석
동사의 2016년 결산 기준 누적매출액은 전년 대비 소폭 감소한 12,924.7억원을 기록함. 매출총이익도 6.3%감소하여 영업손실은 전년대비 21.7% 감소한 123.6억원을 시현함. 비영업부문에서도 손실이 발생하며 당기순손실은 전년 대비 31.8% 감소한 40.7억원을 시현하였음. 동사는 지속적인 연구개발 및 설비투자로 글로벌 경쟁력을 확보함과 동시에 해외시장의 확대로 시장장악력을 높이기 위해 해외 영업활동을 강화하고 있음.

현금 흐름 〈단위 : 억원〉

항목	2015	2016
영업활동	660	489
투자활동	-1,243	-746
재무활동	606	226
순현금흐름	26	-29
기말현금	112	83

시장 대비 수익률

결산 실적 〈단위 : 억원〉

항목	2011	2012	2013	2014	2015	2016
매출액	8,874	10,239	11,618	12,751	13,372	12,925
영업이익	165	118	162	200	158	124
당기순이익	193	50	66	105	60	41

분기 실적 〈단위 : 억원〉

항목	2015.3Q	2015.4Q	2016.1Q	2016.2Q	2016.3Q	2016.4Q
매출액	3,082	3,683	3,236	3,354	2,674	3,661
영업이익	1	46	9	37	-94	172
당기순이익	-8	16	-14	24	-107	138

재무 상태 〈단위 : 억원〉

항목	2011	2012	2013	2014	2015	2016
총자산	5,021	6,119	6,555	7,291	8,134	8,206
유형자산	2,764	3,710	4,027	4,459	4,850	5,067
무형자산	42	66	84	84	104	145
유가증권	0	7	7	7	3	14
총부채	3,545	4,230	4,565	5,263	6,064	6,081
총차입금	1,030	1,491	1,780	2,146	2,798	3,015
자본금	113	89	95	95	95	95
총자본	1,476	1,890	1,990	2,027	2,071	2,125
지배주주지분	731	1,150	1,234	1,208	1,215	1,228

기업가치 지표

항목	2011	2012	2013	2014	2015	2016
주가(최고/저)(천원)	5.5/4.3	4.7/2.4	3.3/2.1	5.7/2.5	9.5/3.0	7.6/4.7
PER(최고/저)(배)	8.1/6.4	35.8/18.3	11.0/7.2	13.9/6.0	45.0/14.1	64.8/40.4
PBR(최고/저)(배)	1.2/0.9	0.8/0.4	0.5/0.4	0.9/0.4	1.5/0.5	1.1/0.7
EV/EBITDA(배)	4.2	5.7	5.0	5.2	6.2	6.4
EPS(원)	729	140	315	428	215	117
BPS(원)	3,416	6,541	6,549	6,641	6,682	6,748
CFPS(원)	1,731	1,283	2,569	2,817	2,954	3,106
DPS(원)		50	60	60	60	30
EBITDAPS(원)	1,991	1,540	3,145	3,441	3,569	3,638

재무 비율 〈단위 : % 〉

연도	영업이익률	순이익률	부채비율	차입금비율	ROA	ROE	유보율	자기자본비율	EBITDA마진율
2016	1.0	0.3	286.1	141.8	0.5	1.8	1,249.6	25.9	5.4
2015	1.2	0.5	292.9	135.2	0.8	3.4	1,236.5	25.5	5.1
2014	1.6	0.8	259.6	105.9	1.5	6.7	1,228.1	27.8	5.1
2013	1.4	0.6	229.4	89.4	1.1	4.8	1,209.9	30.4	4.9

서플러스글로벌 (A140070)
SurplusGLOBAL

업 종 : 반도체 및 관련장비
신용등급 : (Bond) — (CP) —
홈 페 이 지 : www.surplusglobal.co.kr
본 사 : 경기도 오산시 경기대로 78-26

시 장 : KOSDAQ
기업규모 : 중견
연 락 처 : 031)615-6800

설 립 일	2000.03.27	종업원수	명
상 장 일	2017.01.25	감사의견	적정 (삼일)
결 산 기	12월	보 통 주	1,849만주
액 면 가	100원	우 선 주	

대표이사 김정웅
계 열
종속회사수
구 상 호

주주구성 (지분율,%)		출자관계 (지분율,%)		주요경쟁사 (외형,%)	
김정웅	35.2	SurplusGLOBALTaiwan,Inc.	100.0	서플러스글로벌	100
박병도	13.6	SurplusGLOBALChina,Inc.	100.0	에스에이엠티	1,062
(외국인)	0.5	SurplusGLOBALUSA,Inc.	100.0	아이에이	76

매출구성		비용구성		수출비중	
전공정	73.1	매출원가율	70.2	수출	—
후공정	12.4	판관비율	10.2	내수	—
기타 상품	8.9				

회사 개요
동사는 2011년에 설립된 반도체 전공정, 후공정 중고장비의 매입매각 전문업체로서, 전세계적인 네트워크를 기반으로 연간 수천대의 중고 장비를 거래하는 플랫폼 비즈니스를 수행하고 있음. 단순히 중고장비의 매입과 매각의 범위를 넘어서, 장비 대형서비스, 글로벌 소싱 서비스, 물류서비스 등을 제공할 뿐아니라 장비 가동 테스트, 보상판매, Reconfiguration, Refurbishment 등 제조 및A/S서비스도 제공함.

실적 분석
동사의 2016년 연결 기준 매출과 영업이익은 1,001억원, 196억원으로 전년 대비 각각 5%, 37.9% 증가함. 동사는 영업이익이 매년 급증하고 있으며 영업이익률을 2014년 13.29%, 2015년 14.76%, 2016년 19.77%로 수익성이 높아지고 있음. 그에 비해 임직원은 2014년 28명, 2015년 36명, 2016년 40명으로 크게 증가하지 않음에 따라 1인당 부가가치가 크게 확대됨.

현금 흐름 *IFRS 별도 기준 〈단위 : 억원〉

항목	2015	2016
영업활동	81	105
투자활동	-10	-26
재무활동	-70	-11
순현금흐름	1	69
기말현금	2	71

시장 대비 수익률
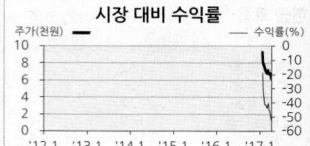

결산 실적 〈단위 : 억원〉

항목	2011	2012	2013	2014	2015	2016
매출액	701	539	701	574	954	1,001
영업이익	145	91	59	78	142	196
당기순이익	105	59	35	44	97	142

분기 실적 *IFRS 별도 기준 〈단위 : 억원〉

항목	2015.3Q	2015.4Q	2016.1Q	2016.2Q	2016.3Q	2016.4Q
매출액	—	—	—	—	—	—
영업이익	—	—	—	—	—	—
당기순이익	—	—	—	—	—	—

재무 상태 *IFRS 별도 기준 〈단위 : 억원〉

항목	2011	2012	2013	2014	2015	2016
총자산	428	536	629	767	830	928
유형자산	133	130	129	140	124	120
무형자산	0	0	5	4	12	12
유가증권	8	6	7	12	12	17
총부채	242	292	349	446	420	378
총차입금	193	253	297	352	291	280
자본금	2	2	2	2	2	14
총자본	186	245	280	320	409	550
지배주주지분	186	245	280	320	409	550

기업가치 지표 *IFRS 별도 기준

항목	2011	2012	2013	2014	2015	2016
주가(최고/저)(천원)	—/—	—/—	—/—	—/—	—/—	—/—
PER(최고/저)(배)	0.0/0.0	0.0/0.0	0.0/0.0	0.0/0.0	0.0/0.0	0.0/0.0
PBR(최고/저)(배)	0.0/0.0	0.0/0.0	0.0/0.0	0.0/0.0	0.0/0.0	0.0/0.0
EV/EBITDA(배)	1.1	2.6	4.7	4.2	2.0	1.0
EPS(원)	702	417	246	302	636	994
BPS(원)	462,304	607,154	693,229	794,157	1,014,963	3,896
CFPS(원)	251,688	156,255	94,049	118,701	237,900	1,032
DPS(원)						70
EBITDAPS(원)	345,615	235,433	154,092	202,007	359,796	1,431

재무 비율 〈단위 : % 〉

연도	영업이익률	순이익률	부채비율	차입금비율	ROA	ROE	유보율	자기자본비율	EBITDA마진율
2016	19.6	14.2	68.1	50.5	16.1	29.3	3,827.7	59.5	20.1
2015	14.9	10.1	101.9	70.4	12.1	26.4	20,379.1	49.5	15.6
2014	13.6	7.6	140.3	111.1	—		15,630.0	41.6	14.5
2013	8.4	5.0	124.8	106.4	6.0	13.2	13,764.6	44.5	8.9

서한 (A011370)
SEOHAN Const & Eng

업 종 : 건설		시 장 : KOSDAQ	
신용등급 : (Bond) — (CP) —		기업규모 : 중견	
홈 페 이 지 : www.seo-han.co.kr		연 락 처 : (053)741-9980	
본 사 : 대구시 수성구 명덕로 415 서한빌딩			

설 립 일	1976.05.12	종업원수	236명	대표이사	조종수
상 장 일	1994.05.24	감사의견	적정 (서일)	계 열	
결 산 기	12월	보 통 주	10,089만주	종속회사수	
액 면 가	500원	우 선 주		구 상 호	

주주구성 (지분율,%)
서한장학문화재단	10.0
정병양	9.5
(외국인)	19.2

출자관계 (지분율,%)
제네콘	50.0
대경문화관광개발	39.0

주요경쟁사 (외형,%)
서한	100
서희건설	215
고려개발	125

매출구성
분양공사	59.0
건축공사	31.9
토목공사	9.2

비용구성
매출원가율	78.6
판관비율	3.5

수출비중
수출	0.0
내수	100.0

회사 개요
동사는 대구광역시 수성구에 본사를 두고 있는 종합건설업체로서 1971년 대구주택공사로 설립되어 주택건설, 토목, 건축 공사업, 부동산임대업을 주요사업으로 영위하고 있음. 1994년에 코스닥시장에 상장되었으며, 정부 및 정부 투자기관이 발주하는 사회간접자본시설공사(SOC)등의 관급공사를 주력사업으로 하고 있음. LH로부터 부산명지지구, 청라국제도시, 세종행복도시 등 총 460억원 규모의 대행개발사업을 추진중임.

실적 분석
동사의 2016년 누적 매출액과 영업이익은 각각 전년동기대비 12%, 126% 상승한 4,995.5억원, 894.8억원을 기록하며 사상 최대 실적 갱신. 2014년 이후 분양된 자체사업장 준공되며 이익 개선을 견인함. 2017년에도 역외사업과 재건축으로 분양을 이어나갈 예정. 대형개발, 토목부분의 이익 개선과 융자확보 이점을 기반으로 성장동력이 확보되어 있는 상태임.

현금 흐름 *IFRS 별도 기준 〈단위 : 억원〉
항목	2015	2016
영업활동	155	868
투자활동	199	95
재무활동	121	-502
순현금흐름	475	462
기말현금	633	1,094

시장 대비 수익률
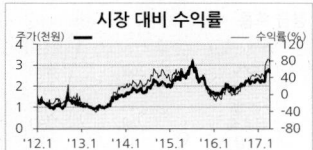

결산 실적 〈단위 : 억원〉
항목	2011	2012	2013	2014	2015	2016
매출액	1,276	1,481	2,959	4,735	4,481	4,996
영업이익	-56	56	146	351	396	895
당기순이익	-68	40	148	301	323	647

분기 실적 *IFRS 별도 기준 〈단위 : 억원〉
항목	2015.3Q	2015.4Q	2016.1Q	2016.2Q	2016.3Q	2016.4Q
매출액	1,058	1,151	1,059	1,312	1,304	1,321
영업이익	72	108	139	222	238	295
당기순이익	56	78	106	156	181	203

재무 상태 *IFRS 별도 기준 〈단위 : 억원〉
항목	2011	2012	2013	2014	2015	2016
총자산	1,406	1,523	2,049	3,260	4,000	4,127
유형자산	35	36	31	90	88	76
무형자산	17	17	17	10	10	10
유가증권	271	228	245	263	269	274
총부채	660	744	1,132	2,061	2,499	2,003
총차입금	159	259	341	783	919	445
자본금	504	504	504	504	504	504
총자본	746	778	917	1,199	1,501	2,124
지배주주지분	746	778	917	1,199	1,501	2,124

기업가치 지표 *IFRS 별도 기준
항목	2011	2012	2013	2014	2015	2016
주가(최고/저)(천원)	2.1/0.7	1.7/0.9	1.6/0.9	2.3/1.5	3.2/1.6	2.3/1.5
PER(최고/저)(배)	—/—	45.7/23.6	11.5/6.5	8.1/5.3	10.3/5.2	3.6/2.4
PBR(최고/저)(배)	3.0/0.9	2.4/1.2	1.9/1.1	2.0/1.3	2.2/1.1	1.1/0.7
EV/EBITDA(배)		19.3	10.2	7.4	4.3	1.7
EPS(원)	-73	40	146	299	320	641
BPS(원)	739	772	909	1,188	1,488	2,105
CFPS(원)	-70	42	148	300	322	643
DPS(원)		5	15	20	25	30
EBITDAPS(원)	-58	57	146	349	394	889

재무 비율 〈단위 : % 〉
연도	영업이익률	순이익률	부채비율	차입금비율	ROA	ROE	유보율	자기자본비율	EBITDA마진율
2016	17.9	13.0	94.3	21.0	15.9	35.7	321.1	51.5	18.0
2015	8.8	7.2	166.5	61.2	8.9	23.9	197.6	37.5	8.9
2014	7.4	6.4	171.9	65.3	11.4	28.5	137.7	36.8	7.5
2013	4.9	5.0	123.4	37.1	8.3	17.4	81.9	44.8	5.0

서호전기 (A065710)
Seoho Electric

업 종 : 운송인프라		시 장 : KOSDAQ	
신용등급 : (Bond) — (CP) —		기업규모 : 벤처	
홈 페 이 지 : www.seoho.com		연 락 처 : (031)468-6611	
본 사 : 경기도 안양시 동안구 귀인로 9 (호계동)			

설 립 일	1988.09.23	종업원수	110명	대표이사	김승남
상 장 일	2002.07.16	감사의견	적정 (서일)	계 열	
결 산 기	12월	보 통 주	515만주	종속회사수	
액 면 가	500원	우 선 주		구 상 호	

주주구성 (지분율,%)
이상호	55.3
Credit Suisse First Boston (Hong Kong) Ltd.	1.8
(외국인)	4.2

출자관계 (지분율,%)
청도서호전기유한공사	73.8
싱가폴서호	70.0

주요경쟁사 (외형,%)
서호전기	100
경봉	63
동방	969

매출구성
항만크레인제어시스템,인버터, 컨버터	100.0

비용구성
매출원가율	70.2
판관비율	16.5

수출비중
수출	83.1
내수	16.9

회사 개요
동사는 1981년 설립되어 항만 크레인 및 선소의 크레인을 구동 제어하는 전기제어시스템, AC인버터와 DC인버터를 단품으로 제조, 판매하는 사업을 영위하고 있음. 중국청도에 현지출자해 설립한 종속회사를 바탕으로한 수출이 전체의 83.1%를 차지하며 중국시장의 인버터 판로개척과 제조 및 판매에 역점을 두고 사업을 영위중임. 내수판매는 16.9%이며 안양에 본사를 두고 있음. 싱가폴 PSA의 개보수 물량이 확대됨에 따라 싱가폴 현지법인을 설립함.

실적 분석
동사의 2016년 연결기준 누적매출액은 593.7억원으로 전년 동기대비 12.5% 증가함. 이는 동사 매출의 대부분을 차지하고 있는 항만 하역용 크레인 제어분야의 수주가 증가한 것에 기인함. 매출 증가에도 불구하고 원가는 감소되어 영업이익은 78.7억원을 기록함. 최근 부산 신항만의 현대상선부두에 야드 무인 자동화 크레인 제어 시스템을 국내 최초 자체 기술로써 개발하여 향후 진행되는 대규모 수주에 유리한 입장에 위치한다고 판단중임.

현금 흐름 〈단위 : 억원〉
항목	2015	2016
영업활동	84	133
투자활동	-5	-147
재무활동	-13	-20
순현금흐름	67	-28
기말현금	134	106

시장 대비 수익률
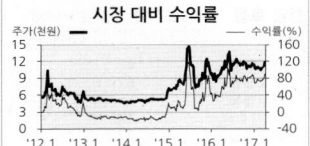

결산 실적 〈단위 : 억원〉
항목	2011	2012	2013	2014	2015	2016
매출액	226	265	273	346	528	594
영업이익	-6	4	12	24	33	79
당기순이익	6	9	16	24	29	88

분기 실적 〈단위 : 억원〉
항목	2015.3Q	2015.4Q	2016.1Q	2016.2Q	2016.3Q	2016.4Q
매출액	157	146	112	201	140	141
영업이익	9	8	18	16	36	8
당기순이익	11	5	11	16	13	48

재무 상태 〈단위 : 억원〉
항목	2011	2012	2013	2014	2015	2016
총자산	511	511	517	588	643	786
유형자산	149	148	149	148	149	147
무형자산	2	2	1	2	2	2
유가증권	3	3	2	2	2	2
총부채	48	42	37	90	134	211
총차입금					2	3
자본금	26	26	26	26	26	26
총자본	463	470	480	499	509	575
지배주주지분	460	466	477	496	507	574

기업가치 지표
항목	2011	2012	2013	2014	2015	2016
주가(최고/저)(천원)	12.4/5.0	10.3/4.6	6.7/4.6	7.7/4.6	15.6/6.7	13.7/8.4
PER(최고/저)(배)	134.6/54.5	72.2/32.0	26.2/17.7	17.8/11.0	30.6/13.1	8.5/5.2
PBR(최고/저)(배)	1.6/0.6	1.3/0.6	0.8/0.6	0.9/0.5	1.7/0.7	1.3/0.8
EV/EBITDA(배)		25.5	4.3	5.1	5.3	1.7
EPS(원)	109	170	301	478	565	1,715
BPS(원)	9,290	9,454	9,654	10,000	10,204	11,213
CFPS(원)	149	206	341	523	611	1,761
DPS(원)		100	100	300	500	700
EBITDAPS(원)	-75	112	274	515	696	1,573

재무 비율 〈단위 : % 〉
연도	영업이익률	순이익률	부채비율	차입금비율	ROA	ROE	유보율	자기자본비율	EBITDA마진율
2016	13.3	14.8	36.6	0.6	12.3	16.4	2,142.6	73.2	13.7
2015	6.3	5.4	26.4	0.3	4.6	5.8	1,940.8	79.1	6.8
2014	7.0	6.9	18.0		4.3	5.1	1,900.0	84.7	7.7
2013	4.4	5.7	7.8		3.0	3.3	1,830.8	92.8	5.2

서화정보통신 (A033790)
Seohwa

업 종: 통신장비		시 장: KOSDAQ	
신용등급: (Bond) — (CP) —		기업규모: 중견	
홈페이지: www.seohwa.co.kr		연락처: (031)345-5100	
본 사: 경기도 안양시 동안구 부림로 170번길 41-3(관양동,서화빌딩)			

설립일 1990.02.09	종업원수 37명	대표이사 정봉덕
상장일 2001.06.26	감사의견 적정 (도원)	계 열
결산기 12월	보통주 1,141만주	종속회사수
액면가 500원	우선주	구상호

주주구성 (지분율,%)		출자관계 (지분율,%)		주요경쟁사 (외형,%)	
Skywinds Technology Co., Ltd	27.8	파워텔티알에스	2.2	서화정보통신	100
에스제이엠	24.9	케이티파워텔	0.2	라이트론	317
(외국인)	4.5			빛샘전자	447

매출구성		비용구성		수출비중	
[상품]중계기류	49.6	매출원가율	96.3	수출	1.2
[제품]중계기류	40.7	판관비율	20.8	내수	98.8
중계기유지보수공사, 통신기기 부품등	5.7				

회사 개요

동사는 무선통신시스템용 중계기를 통신사업자에게 공급하고 있으며 주요 고객으로는 이동전화사업자인 SK텔레콤, 주파수공용통신사업자인 케이티파워텔, 디지털지상파방송사업자인 KBS를 비롯한 각 방송사 등이 있음. 매출은 중계기류가 약 74.6%, AP가 25..4%로 구성되어 있음. 시장 축소 및 경쟁 심화로 매출액은 감소세에 있음. 신제품 개발을 통한 성장 모색이 필요한 시점으로 판단됨.

실적 분석

동사의 2016년 연간 매출액은 130.9억원으로 전년 대비 43.2% 감소함. 이는 일본향 광DAS상품 해외수출의 감소에 따른 영향임. 국내 중계기시장 투자규모 축소 및 최저가 입찰에 따른 판매가격 하락으로 영업손실이 확대됨. 이에 따라, 영업손실은 22.3억원으로 적자지속중임. 해외 통신사업자들로부터의 DAS, ICS 등 중계기 시스템에 대한 수요가 증가하여 미국, 일본, 유럽 등으로 수출이 증가할 것으로 예상됨.

현금 흐름 ▪IFRS 별도 기준 〈단위 : 억원〉

항목	2015	2016
영업활동	48	-12
투자활동	-62	1
재무활동	—	—
순현금흐름	-14	-11
기말현금	27	17

시장 대비 수익률

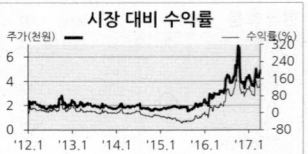

결산 실적 〈단위 : 억원〉

항목	2011	2012	2013	2014	2015	2016
매출액	263	140	95	209	230	131
영업이익	-12	-30	-18	9	-3	-22
당기순이익	2	-23	-12	12	-1	-21

분기 실적 ▪IFRS 별도 기준 〈단위 : 억원〉

항목	2015.3Q	2015.4Q	2016.1Q	2016.2Q	2016.3Q	2016.4Q
매출액	37	73	8	24	17	81
영업이익	-1	3	-7	-7	-6	-2
당기순이익	2	1	-3	-5	-5	-8

재무 상태 ▪IFRS 별도 기준 〈단위 : 억원〉

항목	2011	2012	2013	2014	2015	2016
총자산	292	269	258	292	302	285
유형자산	25	26	47	115	133	130
무형자산	4	4	1	1	1	1
유가증권	73	115	76	69	93	103
총부채	30	29	27	50	59	61
총차입금	—	—	—	30	30	30
자본금	57	57	57	57	57	57
총자본	262	240	231	242	243	223
지배주주지분	262	240	231	242	243	223

기업가치 지표 ▪IFRS 별도 기준

항목	2011	2012	2013	2014	2015	2016
주가(최고/저)(천원)	3.0/1.6	2.8/1.7	2.6/1.7	2.2/1.6	2.8/1.5	6.9/1.9
PER(최고/저)(배)	175.7/95.8	—/—	—/—	20.4/14.6	378.8/210.0	—/—
PBR(최고/저)(배)	1.3/0.7	1.3/0.8	1.2/0.8	1.0/0.7	1.3/0.7	3.5/1.0
EV/EBITDA(배)				9.4	147.1	
EPS(원)	17	-201	-103	108	7	-182
BPS(원)	2,320	2,129	2,051	2,146	2,159	1,986
CFPS(원)	47	-169	-82	126	47	-142
DPS(원)						
EBITDAPS(원)	-76	-232	-132	94	10	-156

재무 비율 〈단위 : % 〉

연도	영업이익률	순이익률	부채비율	차입금비율	ROA	ROE	유보율	자기자본비율	EBITDA마진율
2016	-17.1	-15.9	27.5	13.4	-7.1	-8.9	297.2	78.4	-13.6
2015	-1.5	0.4	24.4	12.3	0.3	0.3	331.9	80.4	0.5
2014	4.2	5.9	20.7	12.4	4.5	5.2	329.2	82.8	5.2
2013	-18.5	-12.5	11.5	0.0	-4.5	-5.0	310.3	89.7	-16.0

서흥 (A008490)
SUHEUNG

업 종: 제약		시 장: 거래소	
신용등급: (Bond) — (CP) —		기업규모: 시가총액 중형주	
홈페이지: www.suheung.com		연락처: (043)249-4100	
본 사: 충북 청주시 흥덕구 오송읍 오송생명로 61			

설립일 1973.01.30	종업원수 760명	대표이사 양주환
상장일 1990.03.27	감사의견 적정 (삼덕)	계 열
결산기 12월	보통주 1,157만주	종속회사수
액면가 500원	우선주	구상호 서흥캅셀

주주구성 (지분율,%)		출자관계 (지분율,%)		주요경쟁사 (외형,%)	
양주환	32.8	에프엠에스	100.0	서흥	100
국민연금공단	13.2	젤텍	42.8	JW홀딩스	201
(외국인)	6.7	엔도더마	13.4	아미코젠	20

매출구성		비용구성		수출비중	
하드캡슐	38.5	매출원가율	78.7	수출	39.5
건강기능식품	31.7	판관비율	9.5	내수	60.5
의약품	15.1				

회사 개요

동사는 1973년 1월 의약품 및 건강기능식품 등의 제조·판매를 영위할 목적으로 설립되어 1990년 3월 상장됨. 주요 사업은 캡슐부문과 젤라틴부문임. 캡슐부문에서는 하드공캡슐 제조와 함께 의약품 위수탁 수행 및 건강기능식품, 페인트볼 등을 생산함. 젤라틴부문에서는 캡슐의 주원료인 젤라틴과 콜라겐 제품을 생산, 해외로 제캡슐, 젤라틴 및 페인트볼을 수출하고 있음. 최근 베트남 공장 증설함으로써 매출액 향상을 꾀함.

실적 분석

동사의 2016년 연결 기준 매출액은 전년 대비 11.9% 증가한 3,403.6억원을 기록함. 매출원가는11.2% 증가하여 매출총이익률이 개선됨. 판매비와관리비는 10.2% 증가하여 판관비율은 소폭 하락함. 그 결과 영업이익은 18.6% 증가한 401.1억원을 기록함. 영업이익의 증가에 힘입어 당기순이익은 307.0억원으로 전년 대비 21.7% 증가함. 2016년 수출은 1,343.2억원으로 전체 매출의 39.5%를 차지함.

현금 흐름 〈단위 : 억원〉

항목	2015	2016
영업활동	262	530
투자활동	-484	-431
재무활동	246	-68
순현금흐름	28	33
기말현금	141	173

시장 대비 수익률

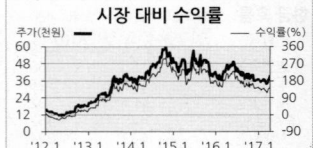

결산 실적 〈단위 : 억원〉

항목	2011	2012	2013	2014	2015	2016
매출액	1,879	2,070	2,700	2,911	3,041	3,404
영업이익	269	144	252	291	338	401
당기순이익	196	-24	138	222	252	307

분기 실적 〈단위 : 억원〉

항목	2015.3Q	2015.4Q	2016.1Q	2016.2Q	2016.3Q	2016.4Q
매출액	759	692	807	883	901	813
영업이익	80	70	91	120	108	82
당기순이익	74	15	63	101	72	71

재무 상태 〈단위 : 억원〉

항목	2011	2012	2013	2014	2015	2016
총자산	4,342	4,665	4,665	4,912	5,568	5,859
유형자산	3,115	2,781	2,839	2,981	3,173	3,295
무형자산	67	66	64	70	69	80
유가증권	6	4	4	0	176	199
총부채	2,254	2,665	2,483	2,539	2,937	2,975
총차입금	1,982	2,293	2,143	2,214	2,532	2,515
자본금	61	61	61	61	61	61
총자본	2,089	2,000	2,182	2,373	2,630	2,884
지배주주지분	1,877	1,772	1,941	2,130	2,365	2,589

기업가치 지표

항목	2011	2012	2013	2014	2015	2016
주가(최고/저)(천원)	15.2/6.9	19.4/11.2	41.0/17.9	60.2/33.3	57.1/38.2	49.6/35.5
PER(최고/저)(배)	10.3/4.7	—/—	39.7/17.4	33.3/18.4	29.3/19.7	21.2/15.2
PBR(최고/저)(배)	1.0/0.5	1.3/0.8	2.5/1.1	3.3/1.9	2.8/1.9	2.2/1.6
EV/EBITDA(배)	11.3	15.7	15.3	16.9	13.8	10.8
EPS(원)	1,551	-375	1,058	1,846	1,974	2,360
BPS(원)	16,336	15,435	16,781	18,410	20,444	22,378
CFPS(원)	2,225	907	2,659	3,475	3,766	4,403
DPS(원)	280	150	200	250	250	330
EBITDAPS(원)	3,000	2,529	3,775	4,147	4,717	5,510

재무 비율 〈단위 : % 〉

연도	영업이익률	순이익률	부채비율	차입금비율	ROA	ROE	유보율	자기자본비율	EBITDA마진율
2016	11.8	9.0	103.1	87.2	5.4	11.0	4,154.9	49.2	18.7
2015	11.1	8.3	111.7	96.2	4.8	10.2	3,787.1	47.3	17.9
2014	10.0	7.6	107.0	93.3	4.6	10.5	3,400.5	48.3	16.5
2013	9.3	5.1	113.8	98.2	3.0	6.6	3,090.7	46.8	16.2

서희건설 (A035890)
Seohee Construction

업 종 : 건설		시 장 : KOSDAQ	
신 용 등 급 : (Bond) BB (CP) —		기 업 규 모 : 중견	
홈 페 이 지 : www.seohee.co.kr		연 락 처 : 031)781-4242	
본 사 : 경기도 성남시 분당구 수내로46번길 4, 경동빌딩 8층			

설 립 일 1982.10.22	종 업 원 수 985명	대 표 이 사 곽선기,김팔수	
상 장 일 1999.12.24	감 사 의 견 적정 (대주)	계 열	
결 산 기 12월	보 통 주 17,347만주	종 속 회 사 수	
액 면 가 500원	우 선 주 178만주	구 상 호	

주주구성 (지분율,%)
유성티엔에스	17.2
이봉관	5.9
(외국인)	19.0

출자관계 (지분율,%)
김포골든밸리4피에프브이	40.0
성우건설	30.2
제주학사	30.0

주요경쟁사 (외형,%)
서희건설	100
고려개발	58
서한	47

매출구성
건축(국내도급공사)	80.2
기타	10.6
토목(국내도급공사)	5.3

비용구성
매출원가율	86.1
판관비율	6.3

수출비중
수출	0.0
내수	100.0

회사 개요
동사는 1982년 설립되어 운송업을 영위하다 1994년 건설업으로 전환하였음. 동사는 수주 안정성에 초점을 맞추고 있어 조달청, 한국토지주택공사 등이 발주하는 관급공사와 학교, 병원, 교회능 민간공사 수주에 주력하고 있고, SOC 민간투자사업 발주 시장에서도 꾸준한 수주 활동을 벌이고 있음. 국내 음식물, 폐기물 처리사업의 수행경험과 수주 경쟁력을 기반으로 중국 등 개발도상국을 대상으로 해외사업으로 진출을 모색중. 시장점유율은 28위를 차지.

실적 분석
동사는 2016년 건설업 전반의 어려움속에서도 전년도에 비해 당기순이익이 134억원 증가한 285억원의 흑자를 기록하였음. 매출액은 전년 대비 198억원 증가한 1조 737억원을 기록하였으며 영업이익은 전년 대비477억원 증가한 823억원을 기록하였음. 이는 지배기업의 수주증가에 따른 전년대비 약 2%의 매출 증가와 전 임직원의 원가개선에 대한 노력의 결과로 전년대비 2%의 원가율 개선과 본사 판매관리비의 23%감소에 기인한 것임.

현금 흐름
<단위 : 억원>
항목	2015	2016
영업활동	583	1,077
투자활동	262	-732
재무활동	-612	224
순현금흐름	321	569
기말현금	864	1,433

시장 대비 수익률
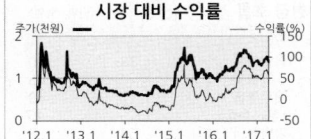

결산 실적
<단위 : 억원>
항목	2011	2012	2013	2014	2015	2016
매출액	9,658	9,151	8,326	9,418	10,539	10,737
영업이익	97	55	189	406	346	823
당기순이익	-53	-168	-659	62	151	285

분기 실적
<단위 : 억원>
항목	2015.3Q	2015.4Q	2016.1Q	2016.2Q	2016.3Q	2016.4Q
매출액	2,817	2,821	2,551	2,898	2,577	2,712
영업이익	77	144	96	246	238	244
당기순이익	29	57	54	98	65	69

재무 상태
<단위 : 억원>
항목	2011	2012	2013	2014	2015	2016
총자산	7,861	7,899	7,479	7,344	7,219	7,668
유형자산	271	482	76	73	67	29
무형자산	117	509	1,426	1,335	1,350	1,196
유가증권	550	546	397	539	610	561
총부채	5,544	5,446	5,679	5,487	5,207	5,374
총차입금	1,779	2,233	2,288	2,022	1,699	1,797
자본금	539	800	800	800	800	800
총자본	2,318	2,453	1,799	1,858	2,013	2,294
지배주주지분	2,253	2,414	1,759	1,826	1,925	2,189

기업가치 지표
항목	2011	2012	2013	2014	2015	2016
주가(최고/저)(천원)	1.4/0.6	2.3/0.7	1.0/0.6	0.8/0.6	1.8/0.7	1.7/0.9
PER(최고/저)(배)	—/—	—/—	—/—	18.9/13.2	24.6/9.2	10.5/5.6
PBR(최고/저)(배)	0.7/0.3	1.5/0.5	0.9/0.5	0.7/0.5	1.5/0.6	1.3/0.7
EV/EBITDA(배)	8.0	29.3	7.8	4.4	5.0	2.1
EPS(원)	-59	-114	-410	44	74	167
BPS(원)	2,079	1,509	1,104	1,145	1,219	1,382
CFPS(원)	47	-87	-339	112	147	236
DPS(원)	10	—	—	—	—	—
EBITDAPS(원)	219	65	187	318	288	578

재무 비율
<단위 : % >
연도	영업이익률	순이익률	부채비율	차입금비율	ROA	ROE	유보율	자기자본비율	EBITDA마진율
2016	7.7	2.7	234.3	78.3	3.8	13.1	179.5	29.9	8.7
2015	3.3	1.4	258.7	84.4	2.1	6.4	146.4	27.9	4.4
2014	4.3	0.7	295.4	108.8	0.8	4.0	131.6	25.3	5.5
2013	2.3	-7.9	315.6	127.2	-8.6	-31.8	123.2	24.1	3.6

선광 (A003100)
SUN KWANG

업 종 : 운송인프라		시 장 : KOSDAQ	
신 용 등 급 : (Bond) — (CP) —		기 업 규 모 : 중견	
홈 페 이 지 : www.sun-kwang.co.kr		연 락 처 : 032)880-6500	
본 사 : 인천시 중구 항동 7가 34-2			

설 립 일 1961.01.25	종 업 원 수 258명	대 표 이 사 심충식,이승민	
상 장 일 1999.12.21	감 사 의 견 적정 (삼일)	계 열	
결 산 기 12월	보 통 주 660만주	종 속 회 사 수	
액 면 가 1,000원	우 선 주	구 상 호	

주주구성 (지분율,%)
심충식	13.4
심장식	8.8
(외국인)	2.2

출자관계 (지분율,%)
선광신컨테이너터미널	100.0
선광종합물류	100.0
인천북항다목적부두	75.4

주요경쟁사 (외형,%)
선광	100
현대로템	2,331
서부T&D	44

매출구성
싸이로 하역	37.7
일반 하역	31.8
컨테이너 하역	24.7

비용구성
매출원가율	79.9
판관비율	9.7

수출비중
수출	0.0
내수	100.0

회사 개요
동사는 인천과 군산항에서 컨테이너 전용터미널, 63만톤 규모의 곡물싸이로 시설 등을 갖추고 항만하역, 운송, 보관업을 주요사업으로 하고 있음. 동종업종을 영위하는 3개의 종속회사, 20개의 개열사를 보유하고 있는 종합물류기업임. 매출 비중은 일반 하역 부문 29.7%, 싸이로 하역 31.7%, 컨테이너 하역 33.2%, 기타 사업부문 5.4%로 구성돼있음.

실적 분석
2016년 연결기준 매출액은 전년도 대비 25.7% 증가한 1280.4억원. 매출원가율이 소폭 상승했으나 판매비와 관리비가 7.7% 줄어 영업이익이 전년도에 비해 60.9% 증가한 133.3억원 기록. 비영업손익 개선에 힘입어 당기순이익 또한 전년도 대비 278.1% 증가한 208.4억원 기록. 동사는 인천항 최초로 원목하역 전용장비 엔진 그랩과 로크 로더, 벌크화물 전용 하역장비 전자그랩을 도입하는 등 작업방식 개선에 힘쓰고 있음.

현금 흐름
<단위 : 억원>
항목	2015	2016
영업활동	201	230
투자활동	193	-774
재무활동	-66	192
순현금흐름	328	-352
기말현금	415	63

시장 대비 수익률
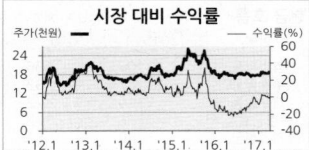

결산 실적
<단위 : 억원>
항목	2011	2012	2013	2014	2015	2016
매출액	1,325	1,310	1,126	841	1,018	1,280
영업이익	163	200	189	97	83	133
당기순이익	872	131	106	-467	55	208

분기 실적
<단위 : 억원>
항목	2015.3Q	2015.4Q	2016.1Q	2016.2Q	2016.3Q	2016.4Q
매출액	266	309	323	311	313	334
영업이익	-12	25	42	11	26	54
당기순이익	-34	1	28	99	9	73

재무 상태
<단위 : 억원>
항목	2011	2012	2013	2014	2015	2016
총자산	4,222	4,317	4,567	5,139	5,893	5,203
유형자산	1,572	1,625	2,042	2,906	3,285	3,830
무형자산	13	14	14	14	14	36
유가증권	154	108	112	435	430	309
총부채	1,225	1,100	1,298	2,296	3,025	2,198
총차입금	623	480	708	1,592	1,558	1,771
자본금	66	66	66	66	66	66
총자본	2,996	3,217	3,269	2,843	2,868	3,005
지배주주지분	2,961	3,181	3,250	2,832	2,856	2,990

기업가치 지표
항목	2011	2012	2013	2014	2015	2016
주가(최고/저)(천원)	18.6/11.7	20.9/14.2	22.2/15.4	21.0/16.2	26.9/17.6	19.0/16.7
PER(최고/저)(배)	1.6/1.0	11.7/8.0	15.2/10.5	—/—	34.1/22.3	6.3/5.5
PBR(최고/저)(배)	0.5/0.3	0.5/0.3	0.5/0.3	0.5/0.4	0.7/0.4	0.4/0.4
EV/EBITDA(배)	4.9	4.4	5.3	11.6	8.3	7.4
EPS(원)	13,176	1,985	1,597	-7,101	822	3,114
BPS(원)	44,987	48,332	49,372	43,041	43,401	45,438
CFPS(원)	14,854	3,692	3,367	-5,239	3,528	6,387
DPS(원)	400	400	400	500	350	400
EBITDAPS(원)	4,148	4,731	4,631	3,338	3,962	5,294

재무 비율
<단위 : % >
연도	영업이익률	순이익률	부채비율	차입금비율	ROA	ROE	유보율	자기자본비율	EBITDA마진율
2016	10.4	16.3	73.2	58.9	3.8	7.0	4,443.8	57.8	27.3
2015	8.1	5.4	105.5	54.3	1.0	1.9	4,240.1	48.7	25.7
2014	11.6	-55.6	80.8	56.0	-9.6	-15.4	4,204.1	55.3	26.2
2013	16.8	9.5	39.7	21.7	2.4	3.3	4,837.2	71.6	27.2

선데이토즈 (A123420)
SundayToz

업 종: 게임 소프트웨어		시 장: KOSDAQ	
신용등급: (Bond) — (CP) —		기업규모: 우량	
홈페이지: corp.sundaytoz.com		연락처: 070)8260-8000	
본 사: 경기도 성남시 분당구 황새울로 346			

설 립 일 2010.02.25	종 업 원 수 153명	대 표 이 사 이정웅
상 장 일 2010.11.10	감사의견 적정(삼덕)	계 열
결 산 기 12월	보 통 주 957만주	종속회사수
액 면 가 500원	우 선 주	구 상 호 하나그린스팩

주주구성 (지분율,%)
스마일게이트홀딩스	20.9
이정웅	20.4
(외국인)	7.7

출자관계 (지분율,%)
애니팡플러스	66.7
애니팡미래콘텐츠투자조합	30.0

주요경쟁사 (외형,%)
선데이토즈	100
넥슨지티	79
위메이드	140

매출구성
모바일게임(애니팡2,애니팡,사천성,등)	99.7
PC게임 및 기타 (애니팡,사천성,윷놀이 등)	0.3

비용구성
매출원가율	0.0
판관비율	77.5

수출비중
수출	2.5
내수	97.5

회사 개요
2009년 1월 설립된 소셜게임 전문개발회사. 2013년 10월 하나그린기업인수목적회사와의 합병을 통해 상장. 2014년 3월 최대주주의 지분 20.7%를 스마일게이트홀딩스에 매각하여 계열사로 편입됨. 2012년 애니팡, 2013년 애니팡2 사천성, 2014년 애니팡2를 출시하며 라인업 확충. 대한민국 애플 iOS 및 구글 플레이 게임 매출 합산 상위 기업 순위에서 6위, 동사의 애니팡2는 국내 게임 매출 합산 7위를 기록함.

실적 분석
동사의 2016년 결산 매출액은 전년동기 대비 3% 감소한 772.9억원, 영업이익은 31.7% 감소하였음. 신규인력 채용에 따른 인건비 증가 및 신작 마케팅 집행에 따른 광고선전비 증가로 이익 감소하였음. 기존 게임의 라이프 사이클이 장기화되며 매출 하락세를 보였지만 애니팡3가 출시된 이후 국내 구글플레이 매출 순위가 꾸준히 상승하며 12월말 기준 18위를 기록함.

현금 흐름 〈단위 : 억원〉
항목	2015	2016
영업활동	103	166
투자활동	-87	-152
재무활동	-10	-2
순현금흐름	6	12
기말현금	40	52

시장 대비 수익률
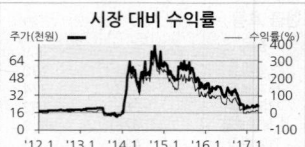

결산 실적 〈단위 : 억원〉
항목	2011	2012	2013	2014	2015	2016
매출액	11	238	476	1,441	797	773
영업이익	-5	87	173	610	255	174
당기순이익	-5	76	140	483	206	156

분기 실적 〈단위 : 억원〉
항목	2015.3Q	2015.4Q	2016.1Q	2016.2Q	2016.3Q	2016.4Q
매출액	169	166	168	155	212	238
영업이익	47	40	44	33	54	43
당기순이익	52	26	39	33	49	35

재무 상태 〈단위 : 억원〉
항목	2011	2012	2013	2014	2015	2016
총자산	34	155	494	1,096	1,153	1,340
유형자산	1	1	2	4	9	11
무형자산	1	0	1	1	2	3
유가증권	—	—	50	487	603	1,072
총부채	34	78	73	243	104	139
총차입금	30	33	—	—	—	—
자본금	1	7	32	32	32	48
총자본	1	76	421	853	1,050	1,201
지배주주지분	1	76	421	853	1,047	1,192

기업가치 지표
항목	2011	2012	2013	2014	2015	2016
주가(최고/저)(천원)	21.1/16.9	18.8/17.0	20.0/12.0	78.4/14.7	64.7/36.1	44.0/18.7
PER(최고/저)(배)	—/—	17.6/15.8	11.1/6.7	15.5/2.9	30.4/16.9	28.0/11.9
PBR(최고/저)(배)	2,848.1/2,271.1	17.4/15.7	4.6/2.8	8.4/1.6	5.7/3.2	3.4/1.5
EV/EBITDA(배)		1.5			11.6	4.9
EPS(원)	-73	1,085	1,822	5,054	2,131	1,570
BPS(원)	2,923	71,103	1,306	2,757	3,359	12,856
CFPS(원)	-27,172	70,659	573	1,506	640	1,609
DPS(원)	—	—	50	—	—	—
EBITDAPS(원)	-25,170	81,372	711	1,898	799	1,860

재무 비율 〈단위 : % 〉
연도	영업이익률	순이익률	부채비율	차입금비율	ROA	ROE	유보율	자기자본비율	EBITDA마진율
2016	22.5	20.2	11.6	0.0	12.5	13.4	2,471.2	89.6	23.0
2015	32.0	25.9	9.9	0.0	18.3	21.5	3,259.4	91.0	32.4
2014	42.3	33.5	28.5	0.0	60.8	75.9	2,656.7	77.8	42.5
2013	36.4	29.3	17.3	0.0	43.0	56.1	1,205.9	85.3	36.5

선도전기 (A007610)
Seondo Electric

업 종: 전기장비		시 장: 거래소	
신용등급: (Bond) — (CP) —		기업규모: 시가총액 소형주	
홈페이지: www.seondo.co.kr		연락처: 031)491-2284	
본 사: 경기도 안산시 단원구 원시로 86			

설 립 일 1972.01.22	종 업 원 수 190명	대 표 이 사 전동준
상 장 일 1989.11.30	감사의견 적정(선진)	계 열
결 산 기 12월	보 통 주 1,800만주	종속회사수
액 면 가 500원	우 선 주	구 상 호

주주구성 (지분율,%)
전동준	23.1
마진산업	7.4
(외국인)	2.6

출자관계 (지분율,%)

주요경쟁사 (외형,%)
선도전기	100
서전기전	53
삼화전기	212

매출구성
수배전반류(제품)	52.3
태양광(제품)	17.7
기타	14.9

비용구성
매출원가율	89.2
판관비율	8.4

수출비중
수출	7.7
내수	92.3

회사 개요
동사는 중전기기 전문업체로 발전, 송변전, 배전설비등 제반 산업용 플랜트의 전력설비에 공급되는 각종 전력변환기기류를 생산·판매하는 사업부문과 종속회사인 SD벤처캐피탈(주)는 창업자 및 벤처기업에 금융투자하는 사업부문으로 구성된 중견기업. 중전기기산업은 설비산업 투자 축소 및 지연, 건설경기 부진에 따른 물량감소 등 민수 부문의 침체와 한전 신규투자 및 대규모 민자 사업 지연 등 정부 부문 위축의 영향을 받고 있음.

실적 분석
동사 2016 결산기준 누적 매출액은 939.5억원으로 전년동기와 거의 동일한 수준을 유지하고 있음. 그러나 매출원가가 보다 증가하여 판관비 절감의 노력에도 영업이익은 전년동기대비 60% 감소한 22.6억원을 기록하였음. 국제유가의 급등, 금리 상승, 원재료 상승 등으로 불안전성 및 경쟁이 확대되고 있으나 다양한 시장개척을 통해 활로를 모색하고 있음. 향후 시장이 안정됨에 따라 설비산업 및 건설경기가 회복되면 수익이 안정될 것이라 기대됨.

현금 흐름 〈단위 : 억원〉
항목	2015	2016
영업활동	38	-70
투자활동	4	-45
재무활동	-17	69
순현금흐름	26	-46
기말현금	54	8

시장 대비 수익률
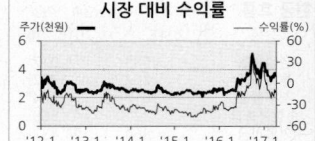

결산 실적 〈단위 : 억원〉
항목	2011	2012	2013	2014	2015	2016
매출액	674	572	1,101	910	940	939
영업이익	21	10	20	18	57	23
당기순이익	21	12	14	16	43	22

분기 실적 〈단위 : 억원〉
항목	2015.3Q	2015.4Q	2016.1Q	2016.2Q	2016.3Q	2016.4Q
매출액	228	261	142	272	246	279
영업이익	25	9	3	10	2	8
당기순이익	16	0	2	13	-0	7

재무 상태 〈단위 : 억원〉
항목	2011	2012	2013	2014	2015	2016
총자산	1,011	990	1,286	1,328	1,359	1,466
유형자산	203	197	222	359	354	352
무형자산	26	30	37	48	54	53
유가증권	414	451	484	446	435	483
총부채	278	251	512	559	573	651
총차입금	1	29	136	252	238	310
자본금	90	90	90	90	90	90
총자본	733	739	774	769	786	815
지배주주지분	732	737	773	768	785	813

기업가치 지표
항목	2011	2012	2013	2014	2015	2016
주가(최고/저)(천원)	2.8/1.7	3.9/2.1	3.4/2.3	2.9/2.2	2.7/2.1	5.6/2.2
PER(최고/저)(배)	24.4/14.7	58.8/32.0	43.6/30.1	33.5/25.6	11.5/9.0	46.8/18.6
PBR(최고/저)(배)	0.7/0.4	1.0/0.5	0.8/0.6	0.7/0.5	0.6/0.5	1.2/0.5
EV/EBITDA(배)	11.9	19.0	15.1	17.3	7.2	22.5
EPS(원)	119	68	79	87	235	120
BPS(원)	4,095	4,127	4,324	4,294	4,390	4,549
CFPS(원)	177	127	144	168	356	244
DPS(원)	25	10	10	10	20	20
EBITDAPS(원)	172	116	176	180	435	249

재무 비율 〈단위 : % 〉
연도	영업이익률	순이익률	부채비율	차입금비율	ROA	ROE	유보율	자기자본비율	EBITDA마진율
2016	2.4	2.3	79.9	38.1	1.5	2.7	809.8	55.6	4.8
2015	6.0	4.5	72.9	30.2	3.2	5.5	778.0	57.8	8.3
2014	2.0	1.7	72.8	32.8	1.2	2.0	758.8	57.9	3.6
2013	1.8	1.3	66.1	17.6	1.3	1.9	764.8	60.2	2.9

선바이오 (A067370)
SunBio

업　　종 : 제약　　　　　　　　　　　　　시　　장 : KONEX
신용등급 : (Bond) —　　(CP) —　　　　　기업규모 : —
홈페이지 : www.sunbio.com　　　　　　연락처 : 031)423-5467
본　　사 : 경기도 군포시 산본로 95

설립일	1997.06.10	종업원수	18명	대표이사	노광
상장일	2016.01.22	감사의견	적정 (삼정)	계	열
결산기	12월	보통주	765만주	종속회사수	
액면가	500원	우선주		구상호	

주주구성 (지분율,%)		출자관계 (지분율,%)		주요경쟁사 (외형,%)	
노광	39.7			선바이오	100
이수화학	6.5			대봉엘에스	6,242
				동성제약	7,005

매출구성		비용구성		수출비중	
P1PAL-20(제품)	40.4	매출원가율	52.0	수출	95.7
P2SP-3(제품)	28.2	판관비율	197.5	내수	4.3
기타	15.5				

회사 개요
동사는 1997년 7월 설립되었으며 PEGylation 기술 및 PEG 유도체를 이용한 의약품 연구 개발과 PEG 유도체를 생산 판매하는 업체임. 2016년 1월 코넥스 시장에 상장됨. 사업 영역은 두 가지로 연구 개발을 통한 PEG 유도체 및 PEGylation 기술의 라이센싱 아웃에 의한 로열티 및 기술 이전 사업과 PEG 유도체 합성 및 생산기술을 통한 PEG 유도체 사업임. 2016년 연구개발비용은 8.1억원임.

실적 분석
동사의 2016년 매출액은 전년 대비 32.2% 감소한 11.4억원에 그침. 매출 감소로 매출총이익은 5.5억원으로 전년 대비 42.6% 감소함. 인건비와경상개발비 등의 증가로 판매비와관리비는 전년 대비 21.3% 증가한 22.5억원을 기록함. 그 결과 영업이익은 17.0억원의 적자를 기록하며 실적 부진이 이어지고 있음. 당기순이익도 16.1억원의 적자를 기록함.

현금 흐름　*IFRS 별도 기준　〈단위 : 억원〉

항목	2015	2016
영업활동	-12	-7
투자활동	-25	15
재무활동	38	-3
순현금흐름	1	5
기말현금	2	7

시장 대비 수익률
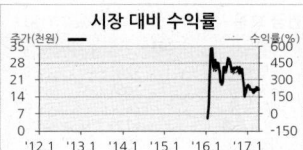

결산 실적　〈단위 : 억원〉

항목	2011	2012	2013	2014	2015	2016
매출액	22	21	21	22	17	11
영업이익	4	3	6	3	-9	-17
당기순이익	4	5	6	14	-11	-16

분기 실적　*IFRS 별도 기준　〈단위 : 억원〉

항목	2015.3Q	2015.4Q	2016.1Q	2016.2Q	2016.3Q	2016.4Q
매출액	—	—	—	—	—	—
영업이익	—	—	—	—	—	—
당기순이익	—	—	—	—	—	—

재무 상태　*IFRS 별도 기준　〈단위 : 억원〉

항목	2011	2012	2013	2014	2015	2016
총자산	35	42	45	49	79	70
유형자산	18	19	18	2	3	3
무형자산	1	0	0	0	0	0
유가증권				10		
총부채	11	13	11	4	3	7
총차입금	10	13	10			
자본금	19	19	19	19	38	38
총자본	24	28	33	45	77	63
지배주주지분	24	28	33	45	77	63

기업가치 지표　*IFRS 별도 기준

항목	2011	2012	2013	2014	2015	2016
주가(최고/저)(천원)	—/—	—/—	—/—	—/—	—/—	37.0/5.2
PER(최고/저)(배)	0.0/0.0	0.0/0.0	0.0/0.0	0.0/0.0	0.0/0.0	—/—
PBR(최고/저)(배)	0.0/0.0	0.0/0.0	0.0/0.0	0.0/0.0	0.0/0.0	43.4/6.1
EV/EBITDA(배)	—	—	—	—	—	—
EPS(원)	50	63	87	187	-144	-211
BPS(원)	639	759	895	1,219	1,002	851
CFPS(원)	120	150	198	389	-136	-198
DPS(원)						
EBITDAPS(원)	125	117	187	108	-112	-209

재무 비율　〈단위 : % 〉

연도	영업이익률	순이익률	부채비율	차입금비율	ROA	ROE	유보율	자기자본비율	EBITDA마진율
2016	-149.5	-141.6	10.8	0.0	-21.6	-23.1	70.3	90.2	-140.7
2015	-53.6	-64.7	3.5	0.4	-16.9	-17.8	100.3	96.6	-50.0
2014	16.1	64.2	8.4	0.0	29.6	35.4	143.9	92.2	18.6
2013	28.6	30.5	34.4	30.0			79.0	74.4	32.9

선진 (A136490)
Sunjin

업　　종 : 식료품　　　　　　　　　　　시　　장 : 거래소
신용등급 : (Bond) —　　(CP) —　　　　　기업규모 : 시가총액 소형주
홈페이지 : www.sj.co.kr　　　　　　　　연락처 : 031)637-1180
본　　사 : 경기도 이천시 대월면 사동로 76

설립일	2011.01.04	종업원수	309명	대표이사	이범권
상장일	2011.02.16	감사의견	적정 (삼정)	계	열
결산기	12월	보통주	1,628만주	종속회사수	
액면가	500원	우선주		구상호	

주주구성 (지분율,%)		출자관계 (지분율,%)		주요경쟁사 (외형,%)	
제일홀딩스	50.0	대성축산영농조합	42.7	선진	100
한국투자밸류자산운용	16.9	맥키코리아	20.0	CJ프레시웨이	361
(외국인)	12.3	여수문화방송	8.8	신세계푸드	166

매출구성		비용구성		수출비중	
돈육육	52.4	매출원가율	81.2	수출	0.0
배합사료, 사료원료	47.6	판관비율	12.3	내수	100.0

회사 개요
동사는 배합사료 및 축산물 제조, 판매를 주사업으로 하고 있으며 2011년 1월 인적분할되었음. 배합사료 사업부문이 총 매출액의 58.8%를 차지하고 있음. 총 매출의 약 60%를 점유하고 있는 배합사료부문은 전국 5개소에 물류센터를 운용하여 효과적인 판매체계 구축에 힘쓰고 있으며, 1992년 식육사업에 진출하며 선진포크라는 브랜드를 탄생시켜 현재 돈육브랜드육의 시장점유율 약 10% 이상으로 업계 1위로 자리매김하고 있음.

실적 분석
동사의 2016년도 연결기준 연간 매출액은 6,453.5억원으로 전년 대비 7% 증가함. 영업이익과 당기순이익은 각각 423억원, 327억원을 시현하며, 전년 대비 각각 51.8%, 71.3% 증가함. 이는 수익성 개선과 양돈사업부문의 연결범위 포함에 따른 영향으로 볼 수 있음. 현재 중국과 필리핀, 베트남, 미얀마 등에서 배합사료 사업을 펼치고 있음. 현재 중국과 필리핀, 베트남, 미얀마 등에서 배합사료 사업을 펼치고 있음.

현금 흐름　〈단위 : 억원〉

항목	2015	2016
영업활동	262	505
투자활동	-364	-1,077
재무활동	285	68
순현금흐름	191	-444
기말현금	641	197

시장 대비 수익률
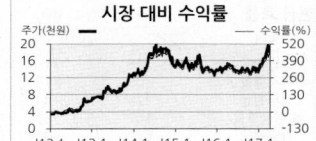

결산 실적　〈단위 : 억원〉

항목	2011	2012	2013	2014	2015	2016
매출액	3,547	4,355	5,221	5,954	6,034	6,453
영업이익	153	259	282	267	279	423
당기순이익	156	302	293	234	191	327

분기 실적　*IFRS 별도 기준　〈단위 : 억원〉

항목	2015.3Q	2015.4Q	2016.1Q	2016.2Q	2016.3Q	2016.4Q
매출액	1,523	1,668	1,593	1,579	1,538	1,744
영업이익	81	98	50	117	130	126
당기순이익	11	88	60	112	149	5

재무 상태　*IFRS 별도 기준　〈단위 : 억원〉

항목	2011	2012	2013	2014	2015	2016
총자산	2,399	2,697	2,835	3,831	4,373	5,437
유형자산	292	405	591	841	894	1,969
무형자산	26	26	26	32	35	61
유가증권	105	139	153	163	300	282
총부채	1,542	1,535	1,381	2,156	2,476	3,488
총차입금	1,213	1,109	806	1,644	1,975	2,805
자본금	41	41	41	41	41	41
총자본	858	1,162	1,454	1,674	1,897	1,948
지배주주지분	858	1,162	1,452	1,671	1,894	1,862

기업가치 지표

항목	2011	2012	2013	2014	2015	2016
주가(최고/저)(천원)	12.5/6.3	14.1/6.7	26.0/13.0	41.2/24.6	34.9/25.1	30.9/25.7
PER(최고/저)(배)	6.7/3.4	3.9/1.8	7.3/3.7	14.4/8.6	14.9/10.7	8.0/6.7
PBR(최고/저)(배)	1.2/0.6	1.0/0.5	1.5/0.7	2.0/1.2	1.5/1.1	1.4/1.1
EV/EBITDA(배)	5.5	5.7	7.7	10.3	9.7	8.8
EPS(원)	960	1,855	1,801	1,444	1,180	1,937
BPS(원)	10,537	14,277	17,835	20,525	23,267	22,877
CFPS(원)	2,056	3,831	3,782	3,179	2,850	5,147
DPS(원)	50	100	100	100	100	100
EBITDAPS(원)	2,018	3,308	3,645	3,568	3,913	6,469

재무 비율　〈단위 : % 〉

연도	영업이익률	순이익률	부채비율	차입금비율	ROA	ROE	유보율	자기자본비율	EBITDA마진율
2016	6.6	5.1	179.1	144.0	6.7	16.8	4,475.4	35.8	8.2
2015	4.6	3.2	130.5	104.1	4.7	10.8	4,553.3	43.4	5.3
2014	4.5	3.9	128.8	98.2	7.0	15.1	4,005.1	43.7	4.9
2013	5.4	5.6	95.0	55.4	10.6	22.4	3,466.9	51.3	5.7

선창산업 (A002820)
Sunchang

업 종 : 종이 및 목재		시 장 : 거래소	
신용등급 : (Bond) — (CP) —		기업규모 : 시가총액 소형주	
홈페이지 : www.sunwood.co.kr		연 락 처 : 032)770-3000	
본 사 : 인천시 중구 월미로 96 (북성동 1가)			

설 립 일	1959.10.17	종업원수	588명	대표이사	이윤영
상 장 일	1976.05.22	감사의견	적정 (삼일)	계 속	열
결 산 기	12월	보 통 주	1,261만주	종속회사수	
액 면 가	1,000원	우 선 주		구 상 호	

주주구성 (지분율,%)		출자관계 (지분율,%)		주요경쟁사 (외형,%)	
정연준	23.2	선창ITS	100.0	선창산업	100
신한비엔피파리바자산운용	7.2	동부흥산	100.0	깨끗한나라	128
(외국인)	2.5	다린	80.0	한국제지	118

매출구성		비용구성		수출비중	
기타	35.1	매출원가율	88.3	수출	7.6
[목재]합판	19.6	판관비율	9.2	내수	92.4
[목재]MDF	19.0				

회사 개요
동사는 합판, MDF, 제재목, PB, 빌트인 가구, 주방가구 등을 제조, 생산, 유통, 판매하는 종합목재 기업임. 합판의 경우 국내 업체들 가운데 1위를 유지하고 있음. 주력제품으로 건설용재, 건축용재, 인테리어용재, 창호목재 등으로 쓰이는 다양한 두께의 합판과 건축과 가구자재, 마루판재, 벽판넬재 등으로 쓰이는 MDF를 생산함. 현재 선창ITS, 동부흥산 등을 계열사로 두고 있음.

실적 분석
동사의 2016년 매출액은 5,512.1억원으로 전년과 비슷한 수준을 시현함. 하지만 B2B 물량 증가로 원가율이 개선됨에 따라 영업이익은 20.2% 증가한 139.1억원을 기록함. 금융비용 및 환손실로 비영업부문은 22.5억원 적자를 기록했으나, 전년 대비 손실폭이 축소됨. 이에 따라 80.3억원의 당기순이익을 기록함. 전방산업인 건설경기 회복이 지연되고 있어 가구부문의 매출이 역성장함.

현금 흐름
〈단위 : 억원〉

항목	2015	2016
영업활동	248	316
투자활동	-309	-218
재무활동	173	-34
순현금흐름	109	63
기말현금	527	590

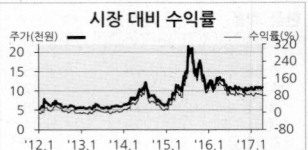
시장 대비 수익률

결산 실적
〈단위 : 억원〉

항목	2011	2012	2013	2014	2015	2016
매출액	3,381	3,336	4,035	4,804	5,514	5,512
영업이익	99	-44	45	25	116	139
당기순이익	59	-36	25	-17	50	80

분기 실적
〈단위 : 억원〉

항목	2015.3Q	2015.4Q	2016.1Q	2016.2Q	2016.3Q	2016.4Q
매출액	1,449	1,364	1,275	1,340	1,418	1,479
영업이익	51	60	32	43	54	11
당기순이익	31	46	19	29	34	-2

재무 상태
〈단위 : 억원〉

항목	2011	2012	2013	2014	2015	2016
총자산	4,943	4,541	5,192	5,240	5,636	5,779
유형자산	2,387	2,312	2,330	2,263	2,429	2,457
무형자산	18	18	35	40	174	181
유가증권	62	42	51	44	49	58
총부채	2,225	1,884	2,547	2,557	2,906	2,954
총차입금	1,443	1,138	1,604	1,511	1,769	1,797
자본금	102	104	105	123	124	126
총자본	2,718	2,657	2,646	2,683	2,729	2,825
지배주주지분	2,718	2,657	2,653	2,686	2,682	2,776

기업가치 지표

항목	2011	2012	2013	2014	2015	2016
주가(최고/저)(천원)	7.1/4.2	7.8/5.3	6.6/5.4	12.2/5.9	22.0/6.2	13.7/9.7
PER(최고/저)(배)	14.2/8.3	—/—	32.1/26.2	—/—	67.5/18.9	20.4/14.5
PBR(최고/저)(배)	0.3/0.2	0.4/0.2	0.3/0.2	0.6/0.3	1.1/0.3	0.6/0.5
EV/EBITDA(배)	5.6	14.9	10.0	11.0	10.6	8.5
EPS(원)	556	-330	219	-191	336	683
BPS(원)	26,798	25,891	25,506	22,140	21,791	22,232
CFPS(원)	1,954	1,014	1,496	1,046	1,524	1,974
DPS(원)	127	110	115	165	182	205
EBITDAPS(원)	2,348	942	1,694	1,457	2,114	2,394

재무 비율
〈단위 : % 〉

연도	영업이익률	순이익률	부채비율	차입금비율	ROA	ROE	유보율	자기자본비율	EBITDA마진율
2016	2.5	1.5	104.5	63.6	1.4	3.2	2,123.2	48.9	5.5
2015	2.1	0.9	106.5	64.8	0.9	1.6	2,079.2	48.4	4.8
2014	0.5	-0.4	95.3	56.3	-0.3	-0.9	2,114.0	51.2	3.5
2013	1.1	0.6	96.3	60.6	0.5	0.9	2,450.6	51.0	4.4

성광벤드 (A014620)
SUNG KWANG BEND

업 종 : 기계		시 장 : KOSDAQ	
신용등급 : (Bond) — (CP) —		기업규모 : 우량	
홈페이지 : www.skbend.com		연 락 처 : 051)3300-200	
본 사 : 부산시 강서구 녹산산단 262로 26			

설 립 일	1980.02.23	종업원수	361명	대표이사	안재일
상 장 일	2001.01.11	감사의견	적정 (한영)	계 속	열
결 산 기	12월	보 통 주	2,860만주	종속회사수	
액 면 가	500원	우 선 주		구 상 호	

주주구성 (지분율,%)		출자관계 (지분율,%)		주요경쟁사 (외형,%)	
안재일	26.6	화진피에프	100.0	성광벤드	100
안갑원	10.5	세정이십일	0.9	두산중공업	6,842
(외국인)	12.0			현대엘리베이	866

매출구성		비용구성		수출비중	
ELBOW, TEE, REDUCER, 기타(제품)	80.8	매출원가율	84.3	수출	62.9
ELBOW, TEE, REDUCER, 기타(상품)	14.4	판관비율	14.3	내수	37.1
ELBOW, TEE, REDUCER, 기타(기타매출)	4.8				

회사 개요
동사는 금속관 이음쇠 전문 기업임. 주력제품은 석유화학, 발전설비, 조선 등의 전방산업에 다양하게 사용되고 있음. 충동을 비롯한 주요 플랜트 발주 국가로의 수출이 전체매출의 절반 이상을 차지함. 글로벌 선두 주자로서 앞으로도 시장 지배력을 확대할 전망임. 국내 시장은 동사와 태광의 독과점적 상태가 계속 유지될 전망이며, 해외시장에서도 가장 큰 경쟁자인 이탈리아 업체들의 경영 악화로 인한 수혜가 예상됨.

실적 분석
동사의 2016년 연결기준 결산 매출액은 2,031억원으로 전년동기 대비 18.7% 감소함. 매출 감소와 고정비 부담 확대로 영업이익 또한 전년동기 대비 87.3% 감소한 28.9억원을 시현하는데 그침. 비영업손익 또한 악화되어 당기순이익 역시 76.6% 감소한 45.6억원 시현하는 등 수익성 하락세. 그동안 탄탄한 영업이익률을 바탕으로 성장해 왔으나, 전방산업의 침체로 외형 및 수익성의 급격한 회복은 쉽지 않을 전망.

현금 흐름
〈단위 : 억원〉

항목	2015	2016
영업활동	320	388
투자활동	-265	-49
재무활동	-240	-129
순현금흐름	-172	204
기말현금	387	591

시장 대비 수익률

결산 실적
〈단위 : 억원〉

항목	2011	2012	2013	2014	2015	2016
매출액	2,770	3,759	4,035	2,920	2,499	2,031
영업이익	308	763	903	537	228	29
당기순이익	246	555	687	441	195	46

분기 실적
〈단위 : 억원〉

항목	2015.3Q	2015.4Q	2016.1Q	2016.2Q	2016.3Q	2016.4Q
매출액	599	625	548	532	480	471
영업이익	58	39	28	17	0	-16
당기순이익	67	22	16	18	-19	31

재무 상태
〈단위 : 억원〉

항목	2011	2012	2013	2014	2015	2016
총자산	4,486	5,107	5,329	5,534	5,458	5,322
유형자산	1,678	1,821	2,338	2,436	2,678	2,523
무형자산	12	13	14	14	6	8
유가증권	17	0	6	12	11	10
총부채	1,281	1,389	982	1,014	802	632
총차입금	508	594	286	433	274	192
자본금	143	143	143	143	143	143
총자본	3,204	3,719	4,347	4,521	4,655	4,691
지배주주지분	3,104	3,609	4,234	4,521	4,655	4,691

기업가치 지표

항목	2011	2012	2013	2014	2015	2016
주가(최고/저)(천원)	24.6/10.9	26.0/16.2	29.9/20.6	25.6/12.5	15.3/7.2	12.9/7.5
PER(최고/저)(배)	32.6/14.5	14.5/9.0	13.2/9.1	17.5/8.6	23.2/11.0	82.5/48.0
PBR(최고/저)(배)	2.4/1.1	2.2/1.4	2.1/1.5	1.7/0.8	1.0/0.5	0.8/0.5
EV/EBITDA(배)	17.9	9.0	8.2	6.5	8.7	28.8
EPS(원)	803	1,901	2,386	1,533	680	160
BPS(원)	10,852	12,618	14,804	16,062	16,625	16,749
CFPS(원)	893	2,005	2,498	1,656	807	289
DPS(원)	150	150	150	150	150	150
EBITDAPS(원)	1,168	2,770	3,270	2,001	922	231

재무 비율
〈단위 : % 〉

연도	영업이익률	순이익률	부채비율	차입금비율	ROA	ROE	유보율	자기자본비율	EBITDA마진율
2016	1.4	2.3	13.5	4.1	0.9	1.0	3,249.8	88.1	3.3
2015	9.1	7.8	17.2	5.9	3.5	4.2	3,225.0	85.3	10.6
2014	18.4	15.1	22.4	9.6	8.1	10.0	3,112.4	81.7	19.6
2013	22.4	17.0	22.6	6.6	13.2	17.4	2,860.8	81.6	23.2

성도이엔지 (A037350)
SUNGDO ENGINEERING & CONSTRUCTION CO

업 종 : 건설		시 장 : KOSDAQ	
신용등급 : (Bond) — (CP) —		기업규모 : 우량	
홈 페 이 지 : www.sungdokorea.com		연 락 처 : 02)6244-5200	
본 사 : 서울시 강남구 영동대로 106길 42			

설 립 일	1988.05.13	종 업 원 수	237명	대 표 이 사	강창열,서인수
상 장 일	2000.01.11	감 사 의 견	적정 (대주)	계 열	
결 산 기	12월	보 통 주	1,547만주	종속회사수	
액 면 가	500원	우 선 주		구 상 호	

주주구성 (지분율,%)		출자관계 (지분율,%)		주요경쟁사 (외형,%)	
서인수	34.0	성도엘앤디	80.0	성도이엔지	100
Evolution Master Fund Ltd. SPC, Class "M" Shares	4.4	에스티아이	20.0	희림	33
(외국인)	10.4	대한설비건설조합	0.1	세보엠이씨	91

매출구성		비용구성		수출비중	
정유·석유화학, 발전소,환경산업 플랜트 시공	49.1	매출원가율	89.7	수출	44.4
IT, BT, ET 등 첨단산업의 크린룸 설비공사	30.8	판관비율	4.1	내수	55.6
주택 등 종합건설 시공	12.3				

회사 개요
동사는 하이테크산업설비 사업분야에서 엔지니어링, 구매, 시공, 시운전, 유지보수 및 사후관리까지 Total Turn-Key Service를 제공하고 있으며, 국내외 발전, 화공 플랜트 분야의 전문 시공사업을 주요사업으로 하고 있음. 수익을 창출하는 주된 사업내용에 따라 하이테크산업 설비부문과 플랜트사업부문, 종합건설시공부문, 부동산개발부문 그리고 중개무역 등을 포함하는 기타사업부문으로 연결실체를 세분화 할 수 있음.

실적 분석
동사는 주력사업인 하이테크 부문의 전방산업 투자 호조, 플랜트사업의 원가개선 노력으로 매출과 영업이익이 각각 전년대비 29%, 240% 증가한 4,255.8억원, 262.9억원을 시현하였음. 매출액 비중은 하이테크산업설비가 55%로 절반 이상을 찾음. 동사는 올해 2016년 수주액(132억달러)보다 32.5% 늘어난 175억달러를 수주할 전망으로 앞으로 안정적인 실적 상승이 기대됨.

현금 흐름 〈단위 : 억원〉

항목	2015	2016
영업활동	237	310
투자활동	-181	-326
재무활동	-60	-140
순현금흐름	26	-196
기말현금	431	235

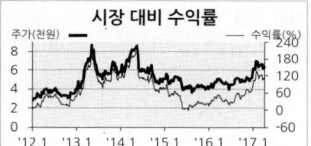

시장 대비 수익률

결산 실적 〈단위 : 억원〉

항목	2011	2012	2013	2014	2015	2016
매출액	1,935	4,130	4,581	3,573	3,292	4,256
영업이익	21	627	361	146	77	263
당기순이익	30	408	221	108	82	234

분기 실적 〈단위 : 억원〉

항목	2015.3Q	2015.4Q	2016.1Q	2016.2Q	2016.3Q	2016.4Q
매출액	932	909	747	1,063	1,053	1,393
영업이익	11	28	15	57	54	137
당기순이익	28	18	36	40	43	115

재무 상태 〈단위 : 억원〉

항목	2011	2012	2013	2014	2015	2016
총자산	3,518	3,697	3,680	2,896	3,053	3,497
유형자산	164	183	294	221	221	229
무형자산	38	43	51	49	50	59
유가증권	17	12	13	14	9	12
총부채	2,616	2,436	2,189	1,277	1,348	1,623
총차입금	376	573	464	329	270	185
자본금	75	75	75	77	77	77
총자본	902	1,261	1,491	1,620	1,705	1,874
지배주주지분	835	1,117	1,331	1,454	1,537	1,711

기업가치 지표

항목	2011	2012	2013	2014	2015	2016
주가(최고/저)(천원)	4.1/2.5	4.2/2.7	8.8/3.9	8.9/4.4	5.6/3.4	5.5/3.9
PER(최고/저)(배)	12.3/7.4	2.0/1.3	6.7/3.0	12.8/6.2	11.0/6.8	3.8/2.7
PBR(최고/저)(배)	0.8/0.5	0.6/0.4	1.0/0.5	1.0/0.5	0.6/0.4	0.5/0.4
EV/EBITDA(배)	12.9	1.4	2.7	4.8	5.3	1.6
EPS(원)	361	2,297	1,379	728	525	1,502
BPS(원)	5,573	7,456	8,884	9,586	10,175	11,316
CFPS(원)	426	2,376	1,492	845	628	1,629
DPS(원)	50	50	70	50	50	100
EBITDAPS(원)	203	4,258	2,523	1,085	605	1,834

재무 비율 〈단위 : % 〉

연도	영업이익률	순이익률	부채비율	차입금비율	ROA	ROE	유보율	자기자본비율	EBITDA마진율
2016	6.2	5.5	86.6	9.9	7.2	14.3	2,163.2	53.6	6.6
2015	2.4	2.5	79.1	15.8	2.8	5.4	1,935.1	55.8	2.8
2014	4.1	3.0	78.8	20.3	3.3	7.9	1,817.2	55.9	4.6
2013	7.9	4.8	146.8	31.1	6.0	16.9	1,676.7	40.5	8.3

성문전자 (A014910)
SUNGMOON ELECTRONICS

업 종 : 전기장비		시 장 : 거래소	
신용등급 : (Bond) (CP) —		기업규모 : 시가총액 소형주	
홈 페 이 지 : www.smec-korea.co.kr		연 락 처 : 031)650-2872	
본 사 : 경기도 평택시 세교산단로 61			

설 립 일	1980.07.11	종 업 원 수	127명	대 표 이 사	신동열
상 장 일	1990.03.24	감 사 의 견	적정 (한울)	계 열	
결 산 기	12월	보 통 주	1,655만주	종속회사수	
액 면 가	500원	우 선 주	60만주	구 상 호	

주주구성 (지분율,%)		출자관계 (지분율,%)		주요경쟁사 (외형,%)	
신동열	17.9	성문디엠	99.0	성문전자	100
한국증권금융	3.3	그린스타	4.0	가온전선	1,650
(외국인)	4.1	한국전화번호부	0.1	광명전기	213

매출구성		비용구성		수출비중	
ZN증착FILM	69.2	매출원가율	87.5	수출	—
Al증착FILM	26.5	판관비율	14.0	내수	—
기타 외	4.3				

회사 개요
동사는 1980년에 설립되어 '90년에 상장한 콘덴서용 금속증착필름 생산 전문 업체임. 콘덴서는 전자회로의 기본적인 필수부품 중 하나로 동사의 필름은 국내외 콘덴서 제조업체에 납품되며 연간 필름 생산량은 4,000여톤으로서 수가 추세에 있음. 세계시장 20%, 국내시장은 70% 가량의 시장 점유율을 확보함. 전체 매출의 90% 이상을 대만, 중국, 미국 등지에 직수출(Local 포함)하는 등 해외수요가 대부분임.

실적 분석
동사의 2016년 연결기준 매출액은 전년대비 5.8% 감소한 454.1억원을 기록함. 매출원가율 하락과 판관비 통제가 이뤄졌으나 외형 축소에 따라 영업손실 7.1억원, 당기순손실 10.7억원을 보이며 적자를 지속함. 당기 공장 가동률은 90%이상을 보였으며 매출액과 영업이익의 대부분이 콘덴서용금속증착필름사업부에서 나오고 있음. 동사는 성장동력 확보를 위해 하이브리드카에 적용되는 필름을 개발하여 양산판매하고 있음.

현금 흐름 〈단위 : 억원〉

항목	2015	2016
영업활동	8	25
투자활동	-27	4
재무활동	-44	-19
순현금흐름	-62	10
기말현금	31	41

시장 대비 수익률

결산 실적 〈단위 : 억원〉

항목	2011	2012	2013	2014	2015	2016
매출액	743	544	548	539	482	454
영업이익	62	-18	-35	-21	-13	-7
당기순이익	41	-23	-45	-20	-17	-11

분기 실적 〈단위 : 억원〉

항목	2015.3Q	2015.4Q	2016.1Q	2016.2Q	2016.3Q	2016.4Q
매출액	122	98	125	112	104	114
영업이익	-4	-6	5	-1	-8	-2
당기순이익	-1	-13	2	-1	-12	0

재무 상태 〈단위 : 억원〉

항목	2011	2012	2013	2014	2015	2016
총자산	552	432	498	516	453	441
유형자산	123	117	104	108	121	110
무형자산	12	11	10	10	7	7
유가증권	7	7	2	2	2	2
총부채	181	97	197	244	167	161
총차입금	108	48	126	168	97	69
자본금	71	71	71	71	82	86
총자본	371	335	301	272	286	280
지배주주지분	367	332	299	270	283	278

기업가치 지표

항목	2011	2012	2013	2014	2015	2016
주가(최고/저)(천원)	3.3/1.7	2.8/1.6	2.2/1.6	1.7/1.1	3.1/1.2	14.1/1.9
PER(최고/저)(배)	11.8/6.0	—/—	—/—	—/—	—/—	—/—
PBR(최고/저)(배)	1.3/0.7	1.2/0.7	1.0/0.7	0.9/0.6	1.7/0.7	8.3/1.1
EV/EBITDA(배)	4.5	50.9		197.1	178.6	165.1
EPS(원)	288	-162	-309	-138	-108	-62
BPS(원)	2,659	2,413	2,176	1,972	1,785	1,687
CFPS(원)	412	-0	-141	17	-2	47
DPS(원)	30	5				
EBITDAPS(원)	557	34	-79	9	19	67

재무 비율 〈단위 : % 〉

연도	영업이익률	순이익률	부채비율	차입금비율	ROA	ROE	유보율	자기자본비율	EBITDA마진율
2016	-1.6	-2.4	57.4	24.7	-2.4	-3.7	237.4	63.5	2.5
2015	-2.8	-3.5	58.5	33.8	-3.5	-6.1	257.0	63.1	0.6
2014	-3.8	-3.7	89.7	62.0	-3.9	-6.9	294.4	52.7	0.2
2013	-6.4	-8.1	65.3	41.8	-9.6	-14.0	335.2	60.5	-2.1

성보화학 (A003080)
Sung Bo Chemicals

업 종 : 화학
신용등급 : (Bond) — (CP) —
홈페이지 : www.sbcc.kr
본 사 : 경기도 고양시 덕양구 대덕산로 106 (덕은동)
시 장 : 거래소
기업규모 : 시가총액 소형주
연락처 : 02)3789-3800

설 립 일	1961.01.06	종업원수	144명
상 장 일	1976.12.23	감사의견	적정 (대주)
결 산 기	12월	보 통 주	2,002만주
액 면 가	500원	우 선 주	—

대표이사 박완순
계 열
종속회사수
구 상 호

주주구성 (지분율,%)
윤정선	29.9
윤태현	10.6
(외국인)	0.7

출자관계 (지분율,%)

주요경쟁사 (외형,%)
성보화학	100
동성화인텍	577
동성화학	305

매출구성
살충제(강타자외)	30.1
제초제(반벨외)	29.8
살균제(카스텔란외)	28.5

비용구성
매출원가율	74.4
판관비율	23.4

수출비중
수출	0.0
내수	100.0

회사 개요
동사는 1961년 설립돼 작물보호제 제조 및 판매를 영위하는 회사임. 1976년 유가증권시장에 상장됨. 동사는 작물보호제 제조에만 전념해오다 2006년 제2공장에 임대공장을 준공해 임대 사업을 병행하고 있음. 주요 매출 대상은 농민을 상대로 하는 도소매상임. 봄과 여름철 매출이 집중되는 계절적 특수성을 가짐. 2017년 3월 윤장섭 명예회장의 장손녀인 윤정선 부사장이 사장에 취임함.

실적 분석
동사의 2016년 연결기준 누적매출액은 580.1억원으로 전년 대비 3.5% 증가함. 원자재 가격 상승, 공장이전에 따른 임대수입 감소 등의 영향으로 영업이익은 전년보다 76.5% 줄어든 12.8억원을 기록함. 공장이전 보상으로 비영업손익이 965.8억원 발생하면서 당기순이익은 828.5억원으로 전년대비 2198.1% 증가함. 동사는 품질개선과 신제품 개발을 통해 시장개방과 작물보호제 원재 수입자유화 조치 등에 대비할 계획임.

현금 흐름
*IFRS 별도 기준 〈단위 : 억원〉
항목	2015	2016
영업활동	-11	-78
투자활동	-6	711
재무활동	-42	-39
순현금흐름	-58	593
기말현금	18	612

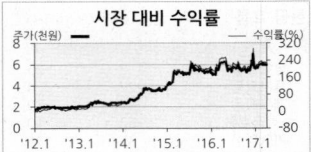
시장 대비 수익률

결산 실적
〈단위 : 억원〉
항목	2011	2012	2013	2014	2015	2016
매출액	412	453	497	545	560	580
영업이익	12	28	38	53	55	13
당기순이익	18	30	35	46	33	750

분기 실적
*IFRS 별도 기준 〈단위 : 억원〉
항목	2015.3Q	2015.4Q	2016.1Q	2016.2Q	2016.3Q	2016.4Q
매출액	21	24	349	110	107	14
영업이익	-26	-31	59	5	-5	-46
당기순이익	-22	-20	45	6	778	-78

재무 상태
*IFRS 별도 기준 〈단위 : 억원〉
항목	2011	2012	2013	2014	2015	2016
총자산	1,006	1,016	1,020	1,064	1,076	1,945
유형자산	392	389	387	383	381	242
무형자산	0	0	1	2	2	2
유가증권	21	18	18	23	23	233
총부채	146	141	130	155	179	340
총차입금	6	—	—	—	—	—
자본금	100	100	100	100	100	100
총자본	860	875	889	909	897	1,605
지배주주지분	860	875	889	909	897	1,605

기업가치 지표
*IFRS 별도 기준
항목	2011	2012	2013	2014	2015	2016
주가(최고/저)(천원)	2.1/1.6	2.1/1.7	2.6/2.0	3.9/2.4	6.2/3.8	7.0/5.0
PER(최고/저)(배)	30.3/23.6	18.5/14.5	18.4/14.3	19.1/12.1	42.2/26.1	2.0/1.4
PBR(최고/저)(배)	0.6/0.5	0.6/0.5	0.7/0.6	1.0/0.6	1.5/1.0	0.9/0.7
EV/EBITDA(배)	12.9	9.5	9.0	12.3	17.6	14.6
EPS(원)	89	149	174	231	163	3,748
BPS(원)	42,949	43,725	44,428	45,407	44,795	8,019
CFPS(원)	1,512	2,112	2,386	2,897	2,203	3,796
DPS(원)	600	1,000	1,500	2,000	2,200	440
EBITDAPS(원)	1,237	2,018	2,535	3,237	3,295	112

재무 비율
〈단위 : % 〉
연도	영업이익률	순이익률	부채비율	차입금비율	ROA	ROE	유보율	자기자본비율	EBITDA마진율
2016	2.2	129.4	21.2	0.0	49.7	60.0	1,503.9	82.5	3.9
2015	9.7	5.8	19.9	0.0	3.1	3.6	795.9	83.4	11.8
2014	9.7	8.5	17.0	0.0	4.4	5.1	808.1	85.4	11.9
2013	7.6	7.0	14.6	0.0	3.4	4.0	788.6	87.2	10.2

성신양회 (A004980)
Sungshin Cement

업 종 : 건축소재
신용등급 : (Bond) — (CP) —
홈페이지 : www.sungshincement.co.kr
본 사 : 서울시 종로구 인사동5길 29
시 장 : 거래소
기업규모 : 시가총액 소형주
연락처 : 02)3782-7000

설 립 일	1967.03.16	종업원수	712명
상 장 일	1976.06.30	감사의견	적정 (신우)
결 산 기	12월	보 통 주	2,401만주
액 면 가	5,000원	우 선 주	124만주

대표이사 김상규,김영준,김영찬
계 열
종속회사수
구 상 호

주주구성 (지분율,%)
김태현	12.6
김영준	11.6
(외국인)	8.6

출자관계 (지분율,%)
금호산업	0.5

주요경쟁사 (외형,%)
성신양회	100
아세아시멘트	66
현대시멘트	55

매출구성
[시 멘 트]제품	78.7
[레 미 콘]제품	20.8
[기타]제품, 상품(유류 외)	0.5

비용구성
매출원가율	79.1
판관비율	15.5

수출비중
수출	0.1
내수	99.9

회사 개요
동사는 1967년 설립되어 현재 단양과 부강에 크링커, 시멘트 생산공장을 보유하고 있으며, 전국 6개(수색, 의정, 논산, 춘천, 안동, 김해) 시멘트 출하공장, 4개(구리, 파주, 대전, 용인) 레미콘 생산공장을 운영하고 있음. 칼슘 용석회석 판매업 및 부산물 재활용업 등을 시멘트사업부문으로 재편성함. 동사는 하노이 지역을 중심으로 베트남 사업을 추진하고 있으며 영업역량 강화, 사회공헌 활동을 통해 베트남 시장에서의 경쟁력 확보에 있음.

실적 분석
동사의 2016년 연결기준 매출액은 전년과 유사한 6,866.0억원을 기록함. 원가율도 유사한 수준으로 유지되어 영업이익은 전년대비 4.5% 증가한 368.3억원, 당기순이익은 124.0억원으로 흑자전환함. 당기순이익은 주로 석화실의 대폭 축소에 따른 비영업손익 개선에 기인함. 동사는 결산 이후 과징금감액 취소건 및 레미콘사업장 일부 매각에 관한 조회공시에 대한 답변으로 미확정임을 공시함.

현금 흐름
*IFRS 별도 기준 〈단위 : 억원〉
항목	2015	2016
영업활동	1,227	1,121
투자활동	-346	-181
재무활동	-771	-1,075
순현금흐름	111	-135
기말현금	161	26

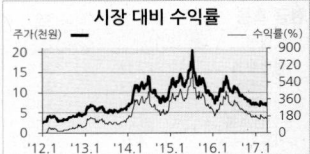
시장 대비 수익률

결산 실적
〈단위 : 억원〉
항목	2011	2012	2013	2014	2015	2016
매출액	4,859	5,465	6,017	6,137	6,787	6,866
영업이익	-433	160	449	444	353	368
당기순이익	-373	31	34	82	-340	124

분기 실적
*IFRS 별도 기준 〈단위 : 억원〉
항목	2015.3Q	2015.4Q	2016.1Q	2016.2Q	2016.3Q	2016.4Q
매출액	1,712	1,885	1,386	1,973	1,535	1,971
영업이익	109	-8	-34	269	106	28
당기순이익	63	-499	-77	386	-23	-162

재무 상태
*IFRS 별도 기준 〈단위 : 억원〉
항목	2011	2012	2013	2014	2015	2016
총자산	11,511	11,225	11,443	11,157	10,728	10,163
유형자산	7,729	6,839	6,966	6,787	6,514	6,250
무형자산	364	335	273	253	238	225
유가증권	123	34	108	125	38	32
총부채	8,157	7,937	7,961	7,690	7,675	6,985
총차입금	6,263	5,716	5,788	5,405	4,660	3,572
자본금	1,042	1,042	1,261	1,261	1,261	1,285
총자본	3,354	3,288	3,482	3,466	3,053	3,177
지배주주지분	3,372	3,288	3,486	3,464	3,052	3,178

기업가치 지표
항목	2011	2012	2013	2014	2015	2016
주가(최고/저)(천원)	4.7/2.2	5.0/2.3	7.2/4.6	14.1/6.5	20.7/9.0	14.0/6.9
PER(최고/저)(배)	—/—	28.4/13.0	41.1/26.0	39.5/18.2	—/—	26.8/13.2
PBR(최고/저)(배)	0.3/0.1	0.3/0.1	0.5/0.3	1.0/0.5	1.7/0.7	1.1/0.5
EV/EBITDA(배)	60.6	9.5	7.2	8.2	7.6	5.9
EPS(원)	-1,920	176	176	357	-1,421	522
BPS(원)	16,571	16,161	14,098	14,010	12,347	12,611
CFPS(원)	874	2,919	2,707	2,521	764	2,715
DPS(원)	—	—	—	—	—	—
EBITDAPS(원)	567	3,567	4,710	4,029	3,665	3,714

재무 비율
〈단위 : % 〉
연도	영업이익률	순이익률	부채비율	차입금비율	ROA	ROE	유보율	자기자본비율	EBITDA마진율
2016	5.4	1.8	219.8	112.4	1.2	4.1	147.8	31.3	13.1
2015	5.2	-5.0	251.4	152.6	-3.1	-10.4	142.5	28.5	12.9
2014	7.2	1.3	221.9	155.9	0.7	2.5	175.2	31.1	15.6
2013	7.5	0.6	228.6	166.2	0.3	1.1	176.9	30.4	16.2

성안 (A011300)
Seong An

업 종 : 섬유 및 의복			시 장 : 거래소		
신용등급 : (Bond) — (CP) —			기업규모 : 시가총액 소형주		
홈페이지 : www.startex.co.kr			연 락 처 : 053)382-4772		
본 사 : 대구시 북구 검단동로 35					

설 립 일 1976.04.20	종 업 원 수 154명	대 표 이 사 박상태
상 장 일 1995.11.10	감 사 의 견 적정 (안경)	계 열
결 산 기 12월	보 통 주 5,686만주	종속회사수
액 면 가 500원	우 선 주	구 상 호

주주구성 (지분율,%)		출자관계 (지분율,%)		주요경쟁사 (외형,%)	
박상태	10.6	성안합섬	62.9	성안	100
박상원	7.6	성안이집트	68.0	우노앤컴퍼니	20
(외국인)	1.6			좋은사람들	65

매출구성		비용구성		수출비중	
가공단	96.9	매출원가율	94.7	수출	95.7
임대료 및 관리비	2.0	판관비율	8.7	내수	4.3
원단 염료	1.1				

회사 개요
동사는 1976년에 설립되어 섬유제품 제조가공 및 판매업, 수출입업, 부동산 임대업을 주요 사업으로 하고 있음. 전통적 산업에 속하는 섬유 사업을 영위하며 수출 중심의 매출 구조를 가지고 있음. 주요 수출시장은 중동, 유럽, 아시아, 중남미, 북미, 기타지역 등 세계 각 지역이며, 바르샤바에 해외 사무소를 두어 영업 및 정보를 수집하고, 'STARTEX'와 'SOFSIL' 이라는 자체상표와 OEM을 약 7대 3의 비율로 수출 중임.

실적 분석
동사의 2016년 매출액은 1,957.2억원으로 전년 대비 0.6% 감소함. 영업손실은 67.1억원으로 적자가 지속됨. 당기순손실도 35.4억원으로 적자를 지속함. 경기 회복 둔화와 중국, 인도네시아 등 신흥 경쟁국의 약진, 섬유 쿼터제도 폐지로 수출 경쟁이 치열해지면서 영업 환경이 악화된 게 적자 배경임. 원자재 가격 상승도 불리한 시장 여건을 형성하고 있음.

현금 흐름 〈단위 : 억원〉

항목	2015	2016
영업활동	218	-6
투자활동	-87	-3
재무활동	-102	-6
순현금흐름	31	-13
기말현금	197	184

시장 대비 수익률
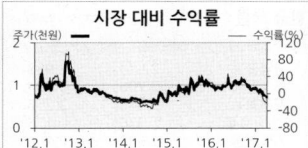

결산 실적 〈단위 : 억원〉

항목	2011	2012	2013	2014	2015	2016
매출액	2,850	2,718	2,629	2,265	1,969	1,957
영업이익	211	83	32	-0	-3	-67
당기순이익	51	56	43	-38	-55	-35

분기 실적 〈단위 : 억원〉

항목	2015.3Q	2015.4Q	2016.1Q	2016.2Q	2016.3Q	2016.4Q
매출액	433	488	542	486	416	514
영업이익	12	-43	-21	-4	-21	-21
당기순이익	-18	-39	56	-16	-38	-37

재무 상태 〈단위 : 억원〉

항목	2011	2012	2013	2014	2015	2016
총자산	3,075	2,982	2,883	2,629	2,599	2,567
유형자산	1,321	1,253	1,142	1,068	1,059	1,012
무형자산	3	4	5	4	3	3
유가증권	14	15	17	23	15	15
총부채	2,079	1,935	1,800	1,593	1,625	1,690
총차입금	1,519	1,440	1,332	1,150	1,083	1,131
자본금	284	284	284	284	284	284
총자본	996	1,047	1,083	1,036	975	876
지배주주지분	776	813	843	801	755	688

기업가치 지표

항목	2011	2012	2013	2014	2015	2016
주가(최고/저)(천원)	1.1/0.3	1.8/0.7	1.0/0.6	0.9/0.6	1.2/0.6	1.2/0.9
PER(최고/저)(배)	18.1/5.3	25.8/10.3	14.3/9.6	—/—	—/—	—/—
PBR(최고/저)(배)	0.8/0.3	1.3/0.5	0.6/0.4	0.6/0.4	0.9/0.5	1.0/0.7
EV/EBITDA(배)	5.0	7.3	7.8	14.1	13.4	27.0
EPS(원)	64	71	69	-68	-68	-11
BPS(원)	1,391	1,455	1,526	1,452	1,371	1,252
CFPS(원)	319	352	355	113	142	206
DPS(원)	—	—	—	—	10	—
EBITDAPS(원)	625	428	344	180	205	98

재무 비율 〈단위 : % 〉

연도	영업이익률	순이익률	부채비율	차입금비율	ROA	ROE	유보율	자기자본비율	EBITDA마진율
2016	-3.4	-1.8	192.9	129.1	-1.4	-0.9	150.4	34.1	2.9
2015	-0.1	-2.8	166.7	111.1	-2.1	-4.9	174.2	37.5	5.9
2014	0.0	-1.7	153.8	111.1	-1.4	-4.7	190.4	39.4	4.5
2013	1.2	1.6	166.2	123.0	1.4	4.7	205.2	37.6	7.4

성우전자 (A081580)
SUNGWOO ELECTRONICS

업 종 : 휴대폰 및 관련부품			시 장 : KOSDAQ		
신용등급 : (Bond) — (CP) —			기업규모 : 우량		
홈페이지 : www.swei.co.kr			연 락 처 : 031)362-3127		
본 사 : 경기도 안산시 단원구 번영로 68 (성곡동 715-8 시화공단 4마 606)					

설 립 일 1987.08.26	종 업 원 수 165명	대 표 이 사 조성면
상 장 일 2007.10.12	감 사 의 견 적정 (도원)	계 열
결 산 기 12월	보 통 주 1,551만주	종속회사수
액 면 가 500원	우 선 주	구 상 호

주주구성 (지분율,%)		출자관계 (지분율,%)		주요경쟁사 (외형,%)	
조성면	31.8	이에스텍주식회사	67.9	성우전자	100
조일현	7.0	위해고신성우전자유한공사	100.0	제주반도체	33
(외국인)	1.9	성우비나유한책임회사	100.0	한일진공	12

매출구성		비용구성		수출비중	
이동통신단말기 부문	82.2	매출원가율	86.7	수출	—
광학기기 부문	11.2	판관비율	8.5	내수	—
소프트웨어 개발부문	6.2				

회사 개요
동사는 현재 이동통신단말기 부문을 주력사업부문으로 프린터 부문, 반도체 부문, 광학기기 부문을 영위하고 있음. 현재 쉴드캔 점유율 1위 업체로 이동통신 단말기 사용시 전자파를 차폐하는 기능의 부품으로 사용되고 있음. 각 사업부문별로 휴대폰용 SHIELD CAN류, 프레스 물, Heat Sink, Shutter 등의 주요 부품을 제조하고 있으며 주요 거래처로는 삼성전자 및 LG이노텍등이 있음.

실적 분석
동사의 2016년 연간 매출은 1,728억원으로 전년대비 3.9% 증가, 영업이익은 83.1억으로 전년대비 1.8% 감소, 당기순이익은 125.5억원으로 전년대비 15.6% 증가 시현. 전방산업인 스마트폰 경기 둔화에도 불구하고 반도체, 광학기기 부문의 호조로 매출과 이익은 견조한 성장세 유지. 주력 품목인 쉴드캔(전자파차폐 소재)부문은 높은 점유율 유지. 최근 쉴드캔의 적용 범위가 넓어지고 있으며, 메탈케이스 매출 가시화 기대

현금 흐름 〈단위 : 억원〉

항목	2015	2016
영업활동	117	159
투자활동	-200	-242
재무활동	92	61
순현금흐름	11	-21
기말현금	120	99

시장 대비 수익률
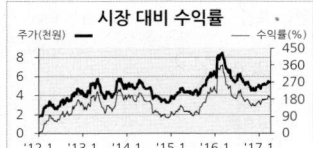

결산 실적 〈단위 : 억원〉

항목	2011	2012	2013	2014	2015	2016
매출액	910	1,033	1,480	1,555	1,663	1,727
영업이익	58	38	100	103	85	83
당기순이익	74	44	71	101	109	125

분기 실적 〈단위 : 억원〉

항목	2015.3Q	2015.4Q	2016.1Q	2016.2Q	2016.3Q	2016.4Q
매출액	459	358	519	423	391	394
영업이익	18	17	27	22	15	19
당기순이익	32	12	45	31	27	23

재무 상태 〈단위 : 억원〉

항목	2011	2012	2013	2014	2015	2016
총자산	769	904	1,017	1,053	1,264	1,422
유형자산	225	288	329	327	493	600
무형자산	28	120	81	53	59	59
유가증권	10	15	11	6	5	1
총부채	243	312	374	323	376	419
총차입금	49	151	123	101	146	225
자본금	37	73	73	73	78	78
총자본	526	591	644	729	888	1,002
지배주주지분	526	589	643	732	892	1,007

기업가치 지표

항목	2011	2012	2013	2014	2015	2016
주가(최고/저)(천원)	2.2/1.0	4.8/1.7	6.1/3.5	5.6/3.2	6.5/3.4	8.8/4.4
PER(최고/저)(배)	4.9/2.3	17.6/6.2	13.1/7.5	8.4/4.8	9.0/4.8	10.8/5.4
PBR(최고/저)(배)	0.6/0.3	1.3/0.5	1.5/0.8	1.2/0.7	1.2/0.6	1.4/0.7
EV/EBITDA(배)	0.8	9.2	4.5	1.6	5.7	3.2
EPS(원)	507	298	503	712	742	830
BPS(원)	7,631	4,033	4,474	5,150	5,755	6,491
CFPS(원)	1,253	462	758	1,010	1,068	1,417
DPS(원)	100	50	70	100	120	100
EBITDAPS(원)	1,032	424	940	1,004	897	1,122

재무 비율 〈단위 : % 〉

연도	영업이익률	순이익률	부채비율	차입금비율	ROA	ROE	유보율	자기자본비율	EBITDA마진율
2016	4.8	7.3	41.8	22.4	9.3	13.6	1,198.1	70.5	10.1
2015	5.1	6.5	42.4	16.5	9.4	13.5	1,051.0	70.2	8.0
2014	6.6	6.5	44.3	13.9	9.7	15.1	930.1	69.3	9.4
2013	6.8	4.8	58.1	19.0	7.1	11.9	794.8	63.3	9.3

성우테크론 (A045300)
Sungwoo Techron

업 종 : 반도체 및 관련장비		시 장 : KOSDAQ	
신용등급 : (Bond) — (CP) —		기업규모 : 중견	
홈페이지 : www.swmv.co.kr		연 락 처 : 055)279-8400	
본 사 : 경남 창원시 성산구 창원대로 1144번길 55			

설 립 일 1997.04.01	종 업 원 수 242명	대 표 이 사 박찬홍
상 장 일 2001.12.18	감 사 의 견 적정 (태영)	계 열
결 산 월 12월	보 통 주 880만주	종속회사수
액 면 가 500원	우 선 주	구 상 호

주주구성 (지분율,%)		출자관계 (지분율,%)		주요경쟁사 (외형,%)	
박찬홍	18.6	성우세미텍	86.8	성우테크론	100
하명주	6.7	성우미크론	35.0	네패스신소재	63
(외국인)	0.4			피에스엠씨	140

매출구성		비용구성		수출비중	
LOC임가공	37.6	매출원가율	82.5	수출	6.7
장비사업부	33.2	판관비율	8.2	내수	93.3
PCB최종검사	22.6				

회사 개요
동사의 주요사업 내용은 LOC사업부문, PCB사업부문, 장비사업부문으로 구성되어 있음. LOC사업부문은 반도체 구성 재료인 리드프레임 후공정가공 및 최종검사하는 사업부문으로 LOC, IC, FFC 등의 제품을 제조하고 있음. 리드프레임은 Chip과 외부회로와의 접속을, 발열, 외부로부터의 보호역할을 하는 구조재료로 반도체 패키지의 내부와 외부회로를 연결해 주는 전기도선의 역할과 반도체를 지지해 주는 버팀대의 역할을 함.

실적 분석
동사의 2016년 연결 기준 매출과 영업이익은 292억원, 27억원으로 전년 대비 각각 4.9%, 104.6% 증가함. 당기순이익은 34억원을 기록함. 이는 당초 목표 대비 매출액은 97% 달성했지만 당기순이익은 초과달성한 것임. 장비사업부의 매출액은 전년대비 27% 감소함. 스마트폰 시장의 포화상태로 검사기 투자가 위축된 때문임. 부품사업부 매출액은 전년대비 12억원 증가함. 전세계 반도체 경기 호황여파로 리드프레임 수요가 증가한 덕분임.

현금 흐름 〈단위 : 억원〉

항목	2015	2016
영업활동	26	57
투자활동	-24	-7
재무활동	-10	-5
순현금흐름	-8	45
기말현금	25	70

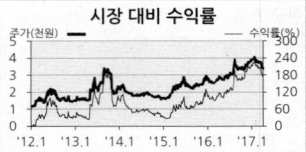
시장 대비 수익률

결산 실적 〈단위 : 억원〉

항목	2011	2012	2013	2014	2015	2016
매출액	213	220	246	232	278	292
영업이익	-8	-1	6	6	13	27
당기순이익	36	1	7	-11	2	34

분기 실적 〈단위 : 억원〉

항목	2015.3Q	2015.4Q	2016.1Q	2016.2Q	2016.3Q	2016.4Q
매출액	65	65	67	74	78	74
영업이익	3	2	6	9	8	4
당기순이익	-19	10	3	5	23	3

재무 상태 〈단위 : 억원〉

항목	2011	2012	2013	2014	2015	2016
총자산	502	519	603	581	563	623
유형자산	339	294	396	394	378	365
무형자산	2	1	1	1	1	1
유가증권	85	115	122	111	108	127
총부채	249	271	256	249	237	261
총차입금	205	218	174	169	160	159
자본금	34	35	36	38	40	42
총자본	253	249	346	332	326	363
지배주주지분	250	245	343	329	323	360

기업가치 지표

항목	2011	2012	2013	2014	2015	2016
주가(최고/저)(천원)	1.4/0.9	2.4/1.2	3.4/1.5	2.4/1.6	3.1/1.6	3.9/2.5
PER(최고/저)(배)	3.6/2.2	167.3/81.2	44.8/19.4	—/—	1,597.7/829.0	10.0/6.4
PBR(최고/저)(배)	0.5/0.3	0.9/0.4	0.9/0.4	0.6/0.4	0.8/0.4	0.9/0.6
EV/EBITDA(배)	11.4	9.6	8.1	6.3	7.8	6.6
EPS(원)	415	14	76	-131	2	391
BPS(원)	3,776	3,611	4,794	4,391	4,115	4,368
CFPS(원)	918	372	415	155	305	663
DPS(원)	90	45	50	25	25	28
EBITDAPS(원)	265	332	406	388	470	577

재무 비율 〈단위 : % 〉

연도	영업이익률	순이익률	부채비율	차입금비율	ROA	ROE	유보율	자기자본비율	EBITDA마진율
2016	9.4	11.8	71.9	43.9	5.8	10.1	773.6	58.2	16.5
2015	4.8	0.1	72.7	49.0	0.1	0.1	723.0	57.9	13.5
2014	2.7	-5.0	74.9	51.0	-1.9	-3.4	778.3	57.2	12.7
2013	2.5	2.7	74.0	50.3	1.2	2.3	858.8	57.5	12.0

성우하이텍 (A015750)
SUNGWOO HITECH CO

업 종 : 자동차부품		시 장 : KOSDAQ	
신용등급 : (Bond) A (CP) —		기업규모 : 우량	
홈페이지 : www.swhitech.co.kr		연 락 처 : 070)7477-5450	
본 사 : 부산시 기장군 정관면 농공길 2-9번지			

설 립 일 1977.08.15	종 업 원 수 1,642명	대 표 이 사 이문용
상 장 일 1995.11.04	감 사 의 견 적정 (안경)	계 열
결 산 월 12월	보 통 주 6,000만주	종속회사수
액 면 가 500원	우 선 주	구 상 호

주주구성 (지분율,%)		출자관계 (지분율,%)		주요경쟁사 (외형,%)	
성우하이텍선장	30.0	삼영핫스탬핑	100.0	성우하이텍	100
이명근	5.7	성우스마트랩	100.0	한라홀딩스	26
(외국인)	15.4	아산성우하이텍	54.8	세방전지	25

매출구성		비용구성		수출비중	
제품매출(제품)	113.0	매출원가율	90.1	수출	—
상품매출(상품)	8.3	판관비율	6.2	내수	—
기타매출(기타)	2.8				

회사 개요
동사는 1977년 설립되어 자동차부품 생산을 주력사업으로 하고 있으며, 현대자동차, 기아자동차, 한국지엠 등에 납품하고 있음. 특히 Bumper Rail의 경우 현대차에 독점 납품하고 있으며, 그외 주력제품인 Dash law와 Side member의 경우 자동차 차체부품 시장에서 20% 이상의 점유율을 보이고 있음. 다양한 자동차부품개발로 출시예정인 신차부품의 시장점유율을 확대해 나가고 있음.

실적 분석
동사의 2016년 누적 연결 기준 매출액은 전년 대비 9% 증가한 3.8조원을 기록함. 기아차 멕시코 공장 가동 기저효과와 BMW로의 제품공급으로 인한 매출액 성장임. 그러나 중국법인의 가동률 부진과 해외공장 초기가동 손실 등으로 영업이익은 전년동기대비 4% 감소함. 2017년에는 수년간 진행해 온 해외공장 투자회수와 연계된 사업 안정화가 확인되어야 할 것임.

현금 흐름 〈단위 : 억원〉

항목	2015	2016
영업활동	2,575	2,953
투자활동	-5,706	-5,004
재무활동	3,548	2,256
순현금흐름	376	176
기말현금	1,988	2,164

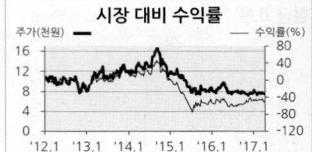
시장 대비 수익률

결산 실적 〈단위 : 억원〉

항목	2011	2012	2013	2014	2015	2016
매출액	25,839	30,106	31,059	32,727	35,215	38,343
영업이익	1,745	2,001	2,135	1,930	1,453	1,401
당기순이익	755	1,609	1,534	1,305	309	274

분기 실적 〈단위 : 억원〉

항목	2015.3Q	2015.4Q	2016.1Q	2016.2Q	2016.3Q	2016.4Q
매출액	7,645	10,549	8,391	9,230	9,757	10,964
영업이익	299	245	281	454	187	479
당기순이익	173	-260	249	66	-193	152

재무 상태 〈단위 : 억원〉

항목	2011	2012	2013	2014	2015	2016
총자산	22,386	22,596	22,634	26,121	32,291	34,452
유형자산	9,226	9,421	9,001	10,912	15,261	17,711
무형자산	64	148	76	288	285	285
유가증권	919	997	884	857	682	749
총부채	13,986	13,079	12,531	15,107	20,979	22,931
총차입금	8,907	8,493	7,797	9,526	13,054	15,571
자본금	250	250	250	300	300	300
총자본	8,400	9,517	10,102	11,014	11,312	11,520
지배주주지분	6,507	7,598	8,252	9,184	9,214	9,327

기업가치 지표

항목	2011	2012	2013	2014	2015	2016
주가(최고/저)(천원)	15.9/8.7	11.3/7.3	14.0/8.0	16.8/10.8	12.6/7.0	9.7/7.1
PER(최고/저)(배)	20.8/11.4	5.6/3.6	7.0/4.0	9.8/6.3	27.2/15.1	18.1/13.2
PBR(최고/저)(배)	1.6/0.9	1.0/0.6	1.1/0.6	1.2/0.8	0.9/0.5	0.6/0.5
EV/EBITDA(배)	5.2	4.0	4.1	4.4	5.5	5.6
EPS(원)	852	2,231	2,178	1,833	485	553
BPS(원)	13,014	15,196	16,504	15,309	15,359	15,547
CFPS(원)	3,262	5,325	5,307	4,362	3,444	4,027
DPS(원)	200	200	200	200	200	200
EBITDAPS(원)	5,731	6,649	6,964	5,746	5,381	5,809

재무 비율 〈단위 : % 〉

연도	영업이익률	순이익률	부채비율	차입금비율	ROA	ROE	유보율	자기자본비율	EBITDA마진율
2016	3.7	0.7	199.1	135.2	0.8	3.6	3,009.4	33.4	9.1
2015	4.1	0.9	185.5	115.4	1.1	3.2	2,971.8	35.0	9.2
2014	5.9	4.0	137.2	86.5	5.4	12.6	2,961.9	42.2	10.5
2013	6.9	4.9	124.0	77.2	6.8	16.5	3,200.9	44.6	11.2

성지건설 (A005980)
Sungjee Construction

업 종 : 건설		시 장 : 거래소	
신용등급 : (Bond) — (CP) —		기업규모 : 시가총액 소형주	
홈페이지 : www.sungjee.com		연 락 처 : 031)272-0972	
본 사 : 경기도 용인시 수지구 수지로296번길 51-9			

설 립 일 1969.02.01	종업원수 137명	대표이사 이관호	
상 장 일 1995.03.17	감사의견 적정 (한영)	계 열	
결 산 기 12월	보 통 주 9,748만주	종속회사수	
액 면 가 500원	우 선 주	구 상 호	

주주구성 (지분율,%)
아이비팜홀딩스	26.0
더블라스트컴퍼니	15.2
(외국인)	0.6

출자관계 (지분율,%)
서울리거	1.1
테크노빌리지	0.6
건설공제조합	0.1

주요경쟁사 (외형,%)
성지건설	100
국보디자인	186
한라	1,688

매출구성
국내도급공사-건축(관급)	39.9
국내도급공사-토목(관급)	31.1
국내도급공사-건축(민간)	27.9

비용구성
매출원가율	98.7
판관비율	7.8

수출비중
수출	0.0
내수	100.0

회사 개요
동사는 건축, 토목공사, 아파트 분양 등의 분야에서 건설업을 영위하고 있음. 2016년 국토해양부 시공능력 평가기준으로 시공능력 117위. 시공능력 평가액은 약 1,891억원 수준이며 매출구성은 국내도급공사(건축부문) 61%, 국내도급공사(토목부문) 39%로 구성되어 있음. 동사는 회생절차 개시 후 약 21개월만인 2012년 1월19일 법원의 회생절차 종결 결정. 아이팜 홀딩스의 인수 합병으로 지배구조 변화됨.

실적 분석
동사는 2016년 전년도보다 20.2% 감소한 1,085억원의 매출액을시현하였으며 이익 측면에서는 영업손실 폭이 줄었으며 법인세비용 차감전순익과 당기순이익은 전년대비 각각 감소하였음. 주 매출처인 국내 도급공사에서 건축분야는 매출이 증가하였으나 토목은 반대로 감소함. 국내외 건설시장 침체의 지속으로 어려운 경영환경이 지속될 것으로 전망되나, 바이오, 제약분야인 아이팜홀딩스의 인수합병으로 사업다각화를 추진하였으나 성과는 아직 미미함.

현금 흐름 *IFRS 별도 기준 〈단위 : 억원〉
항목	2015	2016
영업활동	102	-42
투자활동	46	12
재무활동	-112	-6
순현금흐름	36	-36
기말현금	61	25

시장 대비 수익률
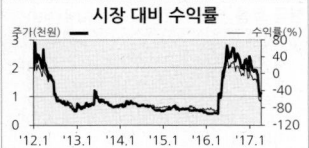

결산 실적 〈단위 : 억원〉
항목	2011	2012	2013	2014	2015	2016
매출액	899	798	1,247	1,675	1,360	1,085
영업이익	-59	16	57	24	-106	-71
당기순이익	574	97	32	3	-64	-115

분기 실적 *IFRS 별도 기준 〈단위 : 억원〉
항목	2015.3Q	2015.4Q	2016.1Q	2016.2Q	2016.3Q	2016.4Q
매출액	324	409	224	248	232	382
영업이익	-12	12	-23	-36	-3	-9
당기순이익	1	20	-15	-37	-2	-61

재무 상태 *IFRS 별도 기준 〈단위 : 억원〉
항목	2011	2012	2013	2014	2015	2016
총자산	1,310	1,210	1,346	1,293	979	936
유형자산	7	3	3	4	4	2
무형자산	0	0	0	0	2	2
유가증권	118	72	73	70	85	86
총부채	810	598	687	635	444	511
총차입금	446	252	258	217	77	81
자본금	482	487	487	487	487	487
총자본	499	612	659	658	536	425
지배주주지분	499	612	659	658	536	425

기업가치 지표 *IFRS 별도 기준
항목	2011	2012	2013	2014	2015	2016
주가(최고/저)(천원)	14.8/1.4	3.1/0.5	1.4/0.6	0.8/0.5	0.7/0.4	2.9/0.4
PER(최고/저)(배)	3.2/0.3	30.7/4.7	42.9/16.7	227.9/131.2	—/—	—/—
PBR(최고/저)(배)	28.5/2.8	4.9/0.8	2.1/0.8	1.3/0.7	1.3/0.8	6.6/0.9
EV/EBITDA(배)		21.5	12.4	22.3		
EPS(원)	4,648	100	33	4	-66	-118
BPS(원)	5,185	6,284	6,767	6,750	5,494	436
CFPS(원)	48,165	1,053	335	46	-651	-117
DPS(원)						
EBITDAPS(원)	-3,076	214	592	253	-1,078	-72

재무 비율 〈단위 : % 〉
연도	영업이익률	순이익률	부채비율	차입금비율	ROA	ROE	유보율	자기자본비율	EBITDA마진율
2016	-6.5	-10.6	일부잠식	일부잠식	-12.1	-24.0	-12.7	45.4	-6.4
2015	-7.8	-4.7	82.8	14.5	-5.6	-10.7	9.9	54.7	-7.7
2014	1.4	0.2	96.6	33.0	0.3	0.6	35.0	50.9	1.5
2013	4.6	2.6	104.2	39.2	2.5	5.0	35.3	49.0	4.6

성창기업지주 (A000180)
Sungchang Enterprise Holdings

업 종 : 종이 및 목재		시 장 : 거래소	
신용등급 : (Bond) — (CP) —		기업규모 : 시가총액 소형주	
홈페이지 : www.sce.co.kr		연 락 처 : 051)260-3333	
본 사 : 부산시 사하구 다대로 627(다대동)			

설 립 일 1916.11.20	종업원수 65명	대표이사 조재민	
상 장 일 1976.06.02	감사의견 적정 (삼일)	계 열	
결 산 기 12월	보 통 주 6,975만주	종속회사수	
액 면 가 500원	우 선 주	구 상 호	

주주구성 (지분율,%)
정해린	7.5
정연오	6.0
(외국인)	2.6

출자관계 (지분율,%)
성창기업	100.0
성창보드	100.0
지씨테크	100.0

주요경쟁사 (외형,%)
성창기업지주	100
동화기업	381
한솔제지	844

매출구성
자회사 경영지도 외	96.5
지급보증수수료 외	3.5

비용구성
매출원가율	84.2
판관비율	15.3

수출비중
수출	—
내수	—

회사 개요
1916년 정미업을 시작하면서 설립된 동사는 1931년 춘양목재주식회사를 인수하며 83년간 목재업 외길을 걸어왔고, 2008년 12월 회사 분할을 통해 지주회사로 전환함. 따라서 경영성과는 자회사인 성창기업, 성창보드, 지씨테크, 성창 디벨로퍼스 등 자회사의 영업실적에 따라 직접적인 영향을 받음. 자회사의 사업부문은 합판사업, 마루사업, PB(파티클보드)사업, 폐목재 재활용(우드칩) 사업으로 구분됨.

실적 분석
합판산업은 원자재의 해외의존도가 높아 수송비 및 보관비 등 외부 요인에 상당한 영향을 받음. 그와 더불어 최근 글로벌 경기침체가 지속되고 내수부진이 일어나며 부진한 경향을 보이고 있어 매출액은 전년동기 거의 동일한 1,813.7억원을 기록하였음. 판관비는 꾸준히 상승하고 있으므로 영업이익의 손실폭이 커졌으나 이를 만회하기 위해 반도체 산업등을 성장시키고 있으므로 이에 따른 수익 회복이 기대됨.

현금 흐름 〈단위 : 억원〉
항목	2015	2016
영업활동	153	126
투자활동	-132	-192
재무활동	223	-168
순현금흐름	245	-232
기말현금	362	130

시장 대비 수익률
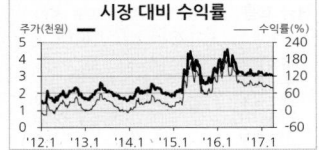

결산 실적 〈단위 : 억원〉
항목	2011	2012	2013	2014	2015	2016
매출액	1,485	1,612	1,508	1,635	1,773	1,814
영업이익	131	3	-21	-1	31	10
당기순이익	140	1,307	-43	-35	22	211

분기 실적 〈단위 : 억원〉
항목	2015.3Q	2015.4Q	2016.1Q	2016.2Q	2016.3Q	2016.4Q
매출액	455	444	454	459	429	472
영업이익	6	12	3	4	3	-1
당기순이익	2	18	3	3	6	200

재무 상태 〈단위 : 억원〉
항목	2011	2012	2013	2014	2015	2016
총자산	3,080	3,285	3,240	3,346	3,625	6,364
유형자산	2,341	2,192	2,284	2,329	2,326	5,126
무형자산	0	16	14	12	9	78
유가증권	1	1	84	84	171	208
총부채	1,781	711	706	849	836	1,327
총차입금	1,490	435	438	417	364	359
자본금	300	300	300	300	360	360
총자본	1,299	2,574	2,534	2,497	2,789	5,038
지배주주지분	1,299	2,574	2,534	2,497	2,789	5,030

기업가치 지표
항목	2011	2012	2013	2014	2015	2016
주가(최고/저)(천원)	1.5/0.9	2.4/1.4	2.6/1.5	2.6/1.6	4.5/1.8	5.1/2.9
PER(최고/저)(배)	6.8/4.1	1.2/0.7	—/—	—/—	125.8/50.4	17.0/9.7
PBR(최고/저)(배)	0.7/0.4	0.6/0.3	0.6/0.4	0.6/0.4	1.1/0.5	0.7/0.4
EV/EBITDA(배)	14.7	33.8	76.0	31.1	25.5	29.5
EPS(원)	220	2,056	-69	-58	36	303
BPS(원)	22,646	43,895	43,882	43,243	40,129	7,251
CFPS(원)	2,670	22,262	-87	170	1,199	401
DPS(원)	500				300	10
EBITDAPS(원)	2,516	532	279	765	1,336	112

재무 비율 〈단위 : % 〉
연도	영업이익률	순이익률	부채비율	차입금비율	ROA	ROE	유보율	자기자본비율	EBITDA마진율
2016	0.5	11.6	26.3	7.1	4.2	5.4	1,304.9	79.2	4.3
2015	1.7	1.4	30.0	13.1	0.6	0.8	677.5	76.9	4.6
2014	-0.1	-2.2	34.0	16.7	-1.1	-1.4	732.4	74.6	2.7
2013	-1.4	-2.8	27.9	17.3	-1.3	-1.7	744.7	78.2	1.1

성창오토텍 (A080470)
SUNGCHANG AUTOTECH

업 종 : 자동차부품		시 장 : KOSDAQ
신용등급 : (Bond) — (CP) —		기업규모 : 중견
홈 페 이 지 : www.sc-autotech.com		연 락 처 : 031)650-5400
본 사 : 경기도 안성시 원곡면 청원로 1785-14		

설 립 일	1996.10.18	종업원수	314명	대표이사	조봉관
상 장 일	2006.11.03	감사의견	적정(삼정)	계 열	
결 산 기	12월	보 통 주	730만주	종속회사수	
액 면 가	500원	우 선 주		구 상 호	성창에어텍

주주구성 (지분율,%)
고우종	33.7
고산	12.5
(외국인)	5.3

출자관계 (지분율,%)
중경고산기차공조	100.0
상해성창기차배건유한공사	100.0

주요경쟁사 (외형,%)
성창오토텍	100
구영테크	97
티에이치엔	192

매출구성
[제품]사출	59.1
[제품]에어필터	13.0
[상품]기타 외	11.1

비용구성
매출원가율	87.0
판관비율	11.3

수출비중
수출	—
내수	—

회사 개요
OEM납품을 주로하는 자동차부품 제조업체임. 연결대상 종속기업인 SCA Inc와 염성고산기차배건, 창리기차배건(중경) 모두 자동차부품 공급을 주요 사업으로 영위하고 있음. 에어필터, 클러스터이오나이저, 인버터, 사출류 등을 생산하여 한온시스템, 현대모비스, 한국델파이 등 자동차 종합부품업체를 통하여 현대차, 기아차 등 국내외 완성차 업체로 납품하고 있음. OEM매출의 증가는 둔화되지만, Filter의 교체수요 증가로 AS매출은 늘어나는 추세임.

실적 분석
국내 완성차 업계의 판매 부진으로 본사와 미국법인(SCA)의 자동차부품 OEM 매출이 시장의 기대에 미달하였으나, 중국법인(염성고산기차, 창리기차)의 실적호조로 2016년 누적 연결기준 매출액은 1572.2억원으로 전년 대비 8.4% 증가함. 완성차업계의 제품 단가 인하 압박이 있었으나, 원가율을 개선하여 영업이익도 증가함. 2016년 10월, 공장통합운영을 통한 효율성 증대를 위해 아산사업장 토지와 건물을 69억원에 처분함.

현금 흐름 〈단위 : 억원〉
항목	2015	2016
영업활동	33	89
투자활동	-37	21
재무활동	-17	-52
순현금흐름	-20	58
기말현금	70	128

시장 대비 수익률

결산 실적 〈단위 : 억원〉
항목	2011	2012	2013	2014	2015	2016
매출액	577	1,186	1,488	1,382	1,408	1,527
영업이익	50	87	53	10	16	26
당기순이익	45	72	40	22	12	15

분기 실적 〈단위 : 억원〉
항목	2015.3Q	2015.4Q	2016.1Q	2016.2Q	2016.3Q	2016.4Q
매출액	377	364	387	383	358	399
영업이익	7	-1	6	12	4	4
당기순이익	9	-2	2	10	-7	11

재무 상태 〈단위 : 억원〉
항목	2011	2012	2013	2014	2015	2016
총자산	522	931	1,067	1,126	1,155	1,177
유형자산	75	408	472	494	432	414
무형자산	11	17	16	24	19	12
유가증권	8	15	17	3	3	3
총부채	197	518	621	664	686	691
총차입금	0	234	266	269	278	242
자본금	37	37	37	37	37	37
총자본	324	413	446	462	468	485
지배주주지분	324	376	410	418	421	434

기업가치 지표
항목	2011	2012	2013	2014	2015	2016
주가(최고/저)(천원)	4.1/2.3	5.1/3.0	11.6/3.6	8.8/2.8	6.2/3.1	5.9/3.6
PER(최고/저)(배)	7.3/4.1	6.2/3.6	21.5/6.7	43.1/13.6	41.8/21.0	33.2/20.4
PBR(최고/저)(배)	1.0/0.6	1.1/0.6	2.2/0.7	1.6/0.5	1.1/0.6	1.0/0.6
EV/EBITDA(배)	3.4	4.5	9.2	8.7	9.9	5.8
EPS(원)	611	880	566	211	151	180
BPS(원)	4,442	5,145	5,610	5,721	5,763	5,944
CFPS(원)	720	1,239	1,077	836	874	958
DPS(원)	80	80	80	50	50	
EBITDAPS(원)	792	1,548	1,243	769	942	1,132

재무 비율 〈단위 : % 〉
연도	영업이익률	순이익률	부채비율	차입금비율	ROA	ROE	유보율	자기자본비율	EBITDA마진율
2016	1.7	1.0	142.5	49.9	1.3	3.1	1,088.9	41.3	5.4
2015	1.1	0.8	146.5	59.4	1.0	2.6	1,052.6	40.6	4.9
2014	0.8	1.6	143.8	58.3	2.0	3.7	1,044.3	41.0	4.1
2013	3.6	2.7	139.3	59.7	4.0	10.5	1,022.1	41.8	6.1

성호전자 (A043260)
SUNGHO ELECTRONICS CORP

업 종 : 전자 장비 및 기기		시 장 : KOSDAQ
신용등급 : (Bond) — (CP) —		기업규모 : 중견
홈 페 이 지 : www.sungho.net		연 락 처 : 02)2104-7530
본 사 : 서울시 금천구 가산디지털 1로 205-17		

설 립 일	1973.05.15	종업원수	81명	대표이사	박현남,박영준
상 장 일	2001.11.29	감사의견	적정(이촌)	계 열	
결 산 기	12월	보 통 주	2,951만주	종속회사수	
액 면 가	500원	우 선 주		구 상 호	

주주구성 (지분율,%)
박현남	12.8
허순영	7.5
(외국인)	3.4

출자관계 (지분율,%)
꽃피는아침마을	2.0

주요경쟁사 (외형,%)
성호전자	100
로보쓰리	0
S&K폴리텍	72

매출구성
PSU	68.4
필름콘덴서	25.6
증착필름	6.0

비용구성
매출원가율	83.8
판관비율	14.1

수출비중
수출	72.5
내수	27.5

회사 개요
동사는 1973년에 설립되어 2011년 코스닥 시장에 상장하였으며 현재 전자기기의 충전기와 전원공급장치 역할을 하는 스위칭 모듈인 SMPS 제조와 디스플레이용 필름 콘덴서 제조를 주요 사업으로 영위하고 있음. 동사는 SMPS 분야에서 프린터기 시장, 공기청정기 및 제습기 시장에서 높은 시장점유율을 유지해나가고 있음. 연결대상 종속회사로 중국 소재의 주해성호전자유한공사, 위해한성성호 자유한공사 등 2개사를 보유함.

실적 분석
동사의 2016년 연결기준 매출액은 해외 매출 확대에 힘입어 876.9억원으로 전기 대비 9.1% 확대된 실적을 시현함. 원가와 판관비 절감 노력으로 영업이익도 전기 1.5억원에서 당기 19억으로 확대됨. 금융비용 증대로 비영업손익 면에서는 16억원의 적자가 발생하였고, 법인세비용 4억원 환급으로 당기 순이익은 7억을 시현함. 전기 33억원의 적자에서 흑자로 전환된 실적임.

현금 흐름 〈단위 : 억원〉
항목	2015	2016
영업활동	-25	74
투자활동	29	-36
재무활동	-23	-57
순현금흐름	-18	-19
기말현금	35	15

시장 대비 수익률

결산 실적 〈단위 : 억원〉
항목	2011	2012	2013	2014	2015	2016
매출액	1,324	1,069	868	832	804	877
영업이익	29	-35	-27	-9	2	19
당기순이익	8	-52	-35	-40	-33	7

분기 실적 〈단위 : 억원〉
항목	2015.3Q	2015.4Q	2016.1Q	2016.2Q	2016.3Q	2016.4Q
매출액	223	204	207	207	232	231
영업이익	-1	12	2	5	7	10
당기순이익	-12	10	2	2	7	-3

재무 상태 〈단위 : 억원〉
항목	2011	2012	2013	2014	2015	2016
총자산	1,113	1,077	1,069	1,032	985	960
유형자산	439	432	456	474	462	435
무형자산	50	44	50	52	48	45
유가증권	4	21	4	9	5	6
총부채	572	595	587	580	560	546
총차입금	385	411	433	425	432	383
자본금	143	148	148	148	148	148
총자본	541	482	482	452	425	414
지배주주지분	541	482	482	452	425	414

기업가치 지표
항목	2011	2012	2013	2014	2015	2016
주가(최고/저)(천원)	2.4/1.0	1.6/1.0	1.4/1.0	1.4/1.0	1.1/0.7	1.5/0.7
PER(최고/저)(배)	82.8/36.8	—/—	—/—	—/—	—/—	64.3/29.9
PBR(최고/저)(배)	1.2/0.5	1.0/0.6	0.9/0.6	0.9/0.6	0.8/0.5	1.1/0.5
EV/EBITDA(배)	9.7	23.9	73.8	17.3	13.2	10.3
EPS(원)	28	-179	-120	-135	-112	24
BPS(원)	1,926	1,664	1,664	1,563	1,471	1,432
CFPS(원)	183	25	2	13	60	197
DPS(원)						
EBITDAPS(원)	256	85	32	118	177	237

재무 비율 〈단위 : % 〉
연도	영업이익률	순이익률	부채비율	차입금비율	ROA	ROE	유보율	자기자본비율	EBITDA마진율
2016	2.2	0.8	131.8	92.6	0.7	1.7	186.3	43.1	8.0
2015	0.2	-4.1	131.7	101.6	-3.3	-7.5	194.3	43.2	6.5
2014	-1.1	-4.8	128.4	93.9	-3.8	-8.5	212.6	43.8	4.2
2013	-3.1	-4.1	121.9	89.8	-3.3	-7.4	232.9	45.1	1.1

세기리텍 (A199870)
SEGI RECYCLING TECHNOLOGY

업 종 : 금속 및 광물		시 장 : KONEX	
신용등급 : (Bond) — (CP) —		기업규모 : —	
홈 페 이 지 : www.sgretech.com		연 락 처 : 054)334-8383	
본 사 : 경북 영천시 금호읍 오계공단길 1-67			

설 립 일	2010.11.17	종 업 원 수	62명	대 표 이 사	정찬두
상 장 일	2015.12.24	감 사 의 견	적정 (신한)	계 열	
결 산 기	12월	보 통 주	980만주	종속회사수	
액 면 가	500원	우 선 주	50만주	구 상 호	

주주구성 (지분율,%)		출자관계 (지분율,%)		주요경쟁사 (외형,%)	
정찬두	40.8	페녹스코리아	20.0	세기리텍	100
2014 성장사다리·IMM 벤처펀드	12.2	ATLASCO.,LTD	33.3	그린플러스	58
				대주이엔티	180

매출구성		비용구성		수출비중	
순연	74.5	매출원가율	100.2	수출	—
합금연	23.3	판관비율	3.1	내수	—
기타	2.2				

회사 개요
동사는 2010년 11월 17일에 설립되어 재생 연괴 제품과 관련된 사업을 영위하고 있음. 이는 납의 스크랩(주로 폐배터리)을 수거 또는 매입하여 파쇄, 전처리, 제련, 정련, 주조의 공정을 거쳐 괴(Ingot)형태로 순연(99.97% 이상), 안티모니 합금연, 칼슘 합금연을 생산하여 국내외 배터리 제조업체에 공급하는 사업임. 리튬전지 리사이클링 사업을 신규사업으로 계획 중임.

실적 분석
동사의 2016년 연결 기준 매출과 영업손실, 당기순손실은 658억원, 22억원, 33억원을 기록함. 동사는 2013년 이후 지속적인 성장세를 유지하였으나 2015년부터 이어진 LME 국제 납가격의 하락으로 인하여 실적이 감소함. 이는 글로벌 경제불안에 따른 원자재 수요의 감소 및 이에 따른 가격하락에 의한 것으로 판단됨. 단 2016년 4분기부터 LME 국제 납가격의 반등으로 향후 매출과 손익은 개선될 것으로 기대됨.

현금 흐름 *IFRS 별도 기준 〈단위 : 억원〉

항목	2015	2016
영업활동	1	31
투자활동	-33	-3
재무활동	34	-26
순현금흐름	2	1
기말현금	12	13

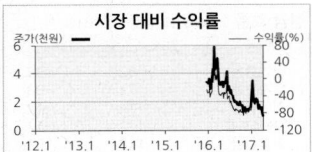

시장 대비 수익률

결산 실적 〈단위 : 억원〉

항목	2011	2012	2013	2014	2015	2016
매출액	36	620	791	916	859	658
영업이익	-14	-11	38	34	29	-22
당기순이익	-9	-20	18	16	7	-33

분기 실적 *IFRS 별도 기준 〈단위 : 억원〉

항목	2015.3Q	2015.4Q	2016.1Q	2016.2Q	2016.3Q	2016.4Q
매출액	—	—	—	—	—	—
영업이익	—	—	—	—	—	—
당기순이익	—	—	—	—	—	—

재무 상태 *IFRS 별도 기준 〈단위 : 억원〉

항목	2011	2012	2013	2014	2015	2016
총자산	270	273	282	392	454	400
유형자산	166	160	158	179	189	190
무형자산	0	0	0	0	2	1
유가증권				7	1	1
총부채	229	251	238	312	356	326
총차입금	196	236	200	274	295	269
자본금	45	45	45	50	52	52
총자본	41	21	44	81	98	74
지배주주지분	41	21	44	81	98	74

기업가치 지표 *IFRS 별도 기준

항목	2011	2012	2013	2014	2015	2016
주가(최고/저)(천원)	—/—	—/—	—/—	—/—	3.4/3.3	6.3/1.2
PER(최고/저)(배)	0.0/0.0	0.0/0.0	0.0/0.0	0.0/0.0	49.9/47.7	—/—
PBR(최고/저)(배)	0.0/0.0	0.0/0.0	0.0/0.0	0.0/0.0	3.6/3.5	8.7/1.7
EV/EBITDA(배)			3.8	5.9	14.3	
EPS(원)	-170	-219	197	178	69	-324
BPS(원)	4,573	2,388	4,913	807	949	718
CFPS(원)	-1,340	-1,018	3,174	297	197	-190
DPS(원)						
EBITDAPS(원)	-2,461	-1	5,386	486	420	-76

재무 비율 〈단위 : % 〉

연도	영업이익률	순이익률	부채비율	차입금비율	ROA	ROE	유보율	자기자본비율	EBITDA마진율
2016	-3.3	-5.1	439.8	362.8	-7.8	-38.8	43.7	18.5	-1.2
2015	3.4	0.8	364.1	301.4	1.6	7.8	89.8	21.6	4.9
2014	3.7	1.8	386.3	339.6	4.9	26.4	61.4	20.6	4.9
2013	4.8	2.2	일부잠식	일부잠식	6.4	54.1	-1.7	15.7	6.1

세기상사 (A002420)
The Century

업 종 : 미디어		시 장 : 거래소	
신용등급 : (Bond) — (CP) —		기업규모 : 시가총액 소형주	
홈 페 이 지 : www.daehancinema.com		연 락 처 : 02)3393-3500	
본 사 : 서울시 중구 퇴계로 212			

설 립 일	1958.08.21	종 업 원 수	41명	대 표 이 사	국정본
상 장 일	1968.12.27	감 사 의 견	적정 (대주)	계 열	
결 산 기	12월	보 통 주	41만주	종속회사수	
액 면 가	5,000원	우 선 주		구 상 호	

주주구성 (지분율,%)		출자관계 (지분율,%)		주요경쟁사 (외형,%)	
국정본	27.7			세기상사	100
김정희	22.1			래몽래인	260
(외국인)	1.4			제이웨이	137

매출구성		비용구성		수출비중	
영화상영	76.7	매출원가율	96.4	수출	0.0
매점판매	12.7	판관비율	16.9	내수	100.0
기타판매	10.7				

회사 개요
1958년 설립돼 1959년부터 충무로에 대한 극장을 직영하였으며, 2001년 동 극장을 철거하고 11개의 소극장이 집합된 멀티플렉스 영화관을 신축하여 운영하고 있음. 최근 대기업 중심의 대형 멀티플렉스 극장의 증가로 경쟁 구도가 심화됨에 따라 동사의 대한극장은 매출이 지속적으로 감소세를 보이고 있음. 이와 함께 스마트미디어 보급 및 온라인 다운로드, IPTV 서비스 확대 등으로 비우호적인 시장상황이 계속되고 있어 실적 전망이 매우 어두움.

실적 분석
동사의 2016년 결산기준 누적 매출액은 전년동기대비 -0.2% 소폭 변동한 54.7억원을 기록하였음. 비용면에서 전년동기대비 매출원가는 감소 하였으며 인건비도 감소, 기타판매비와관리비는 증가함. 그에 따라 매출액 하락에 의해 전년동기대비 영업이익은 -7.3억원으로 적자지속하였음. 최종적으로 전년동기대비 당기순이익은 적자지속하여 -11.4억원을 기록함.

현금 흐름 〈단위 : 억원〉

항목	2015	2016
영업활동	-6	-7
투자활동	7	11
재무활동	—	—
순현금흐름	1	5
기말현금	5	10

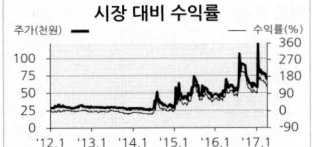

시장 대비 수익률

결산 실적 〈단위 : 억원〉

항목	2011	2012	2013	2014	2015	2016
매출액	60	61	52	55	55	55
영업이익	-4	-3	-11	-10	-9	-7
당기순이익	-7	-6	-21	-14	-13	-11

분기 실적 〈단위 : 억원〉

항목	2015.3Q	2015.4Q	2016.1Q	2016.2Q	2016.3Q	2016.4Q
매출액	17	14	14	12	16	14
영업이익	-2	-1	-2	-2	-2	-1
당기순이익	-3	-2	-3	-3	-3	-2

재무 상태 〈단위 : 억원〉

항목	2011	2012	2013	2014	2015	2016
총자산	523	516	478	465	451	439
유형자산	431	426	423	419	415	411
무형자산	—	—	—	—	—	—
유가증권	—	—	—	—	—	—
총부채	213	212	195	197	196	198
총차입금	123	123	123	123	122	123
자본금	20	20	20	20	20	20
총자본	310	304	283	268	255	241
지배주주지분	310	304	283	268	255	241

기업가치 지표

항목	2011	2012	2013	2014	2015	2016
주가(최고/저)(천원)	44.0/26.5	35.3/28.0	31.3/26.0	59.8/25.2	73.8/29.3	107/43.6
PER(최고/저)(배)	—/—	—/—	—/—	—/—	—/—	—/—
PBR(최고/저)(배)	0.6/0.4	0.5/0.4	0.5/0.4	0.9/0.4	1.2/0.5	1.8/0.7
EV/EBITDA(배)	55.0	60.2				
EPS(원)	-1,660	-1,432	-5,156	-3,502	-3,105	-2,802
BPS(원)	76,004	74,535	69,490	65,848	62,655	59,155
CFPS(원)	-20	10	-3,680	-1,954	-1,553	-1,277
DPS(원)						
EBITDAPS(원)	690	664	-1,184	-880	-634	-267

재무 비율 〈단위 : % 〉

연도	영업이익률	순이익률	부채비율	차입금비율	ROA	ROE	유보율	자기자본비율	EBITDA마진율
2016	-13.4	-20.9	82.1	50.8	-2.6	-4.6	1,083.1	54.9	-2.0
2015	-16.3	-23.1	76.7	47.9	-2.8	-4.8	1,153.1	56.6	-4.7
2014	-17.9	-25.8	73.3	45.6	-3.0	-5.2	1,217.0	57.7	-6.5
2013	-20.9	-40.5	68.9	43.3	-4.2	-7.2	1,289.8	59.2	-9.3

세동 (A053060)
SAEDONG

업 종 : 자동차부품		시 장 : KOSDAQ	
신용등급 : (Bond) — (CP) —		기업규모 : 중견	
홈 페이지 : www.saedong.co.kr		연 락 처 : 051)791-0601	
본 사 : 부산시 기장군 장안읍 장안산단 8로 8			

설 립 일	1986.02.04	종업원수	341명	대표이사	윤정상
상 장 일	2001.08.17	감사의견	적정 (삼정)	계 열	
결 산 기	12월	보통주	1,967만주	종속회사	
액 면 가	500원	우선주		구 상 호	

주주구성 (지분율,%)		출자관계 (지분율,%)		주요경쟁사 (외형,%)	
윤정상	22.7	북경세진기차영부건유한공사	100.0	세동	100
박영애	13.4	SAEDONGBRASILINDUSTRIA	100.0	이원컴포텍	30
(외국인)	1.4	북경세동룽운과기유한공사	50.0	영신금속	93

매출구성		비용구성		수출비중	
도어벨트	33.9	매출원가율	94.5	수출	13.2
기타	25.3	판관비율	8.9	내수	86.8
일반사출물	19.3				

회사 개요
동사는 현대자동차, 한국GM 등에 도어벨트 등의 자동차 부품을 제조, 납품하는 사업을 영위함. 자동차용 조립식 계측기 및 플라스틱 부품 생산 및 연구개발 사업을 영위하는 '북경세진기차영부건유한공사' 등을 연결대상 종속회사로 보유하고 있음. 국내최초로 PVC 금속 삽입 압출 방식의 제품을 개발하여 국내자동차 메이커에 공급하고 있으며, 도어벨트류 경량화 재질개발, 사출제품에는 고광택 소재 및 금형기술에 대한 신기술 프로젝트를 추진하고 있음.

실적 분석
동사는 도어벨트류 경량화 재질개발, 사출제품 광택 소재 및 금형기술에 대한 신기술 프로젝트를 추진중에 있으며 해외 법인의 품질 관리 등 지속적 성장을 위해 역량을 집중하고 있음. 동사의 연결 기준 2016년 누적 매출액은 전년 동기 1316억원 대비 4.6% 감소한 1255억원 기록. 매출액 감소와 더불어 매출원가율 개선 노력에도 불구하고 영업손실 42.5억원을 기록하며 적자폭 확대 되었음

현금 흐름 〈단위 : 억원〉

항목	2015	2016
영업활동	47	50
투자활동	-51	-22
재무활동	7	-15
순현금흐름	2	10
기말현금	11	21

시장 대비 수익률
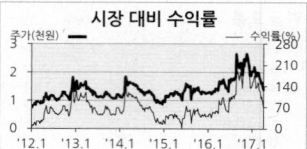

결산 실적 〈단위 : 억원〉

항목	2011	2012	2013	2014	2015	2016
매출액	922	1,039	1,188	1,210	1,316	1,255
영업이익	-11	16	17	-19	-34	-43
당기순이익	2	6	14	-18	-42	-26

분기 실적 〈단위 : 억원〉

항목	2015.3Q	2015.4Q	2016.1Q	2016.2Q	2016.3Q	2016.4Q
매출액	310	348	292	326	281	356
영업이익	-3	-12	-13	-3	-25	-2
당기순이익	-2	-12	-11	5	-26	5

재무 상태 〈단위 : 억원〉

항목	2011	2012	2013	2014	2015	2016
총자산	753	932	1,014	1,256	1,261	1,274
유형자산	363	521	583	737	722	711
무형자산	4	4	4	4	4	4
유가증권	10	2	6	7	6	6
총부채	526	710	779	983	1,037	1,081
총차입금	269	416	460	597	606	590
자본금	31	31	31	67	67	67
총자본	227	222	236	273	224	193
지배주주지분	227	222	236	273	224	193

기업가치 지표

항목	2011	2012	2013	2014	2015	2016
주가(최고/저)(천원)	1.8/0.8	2.2/0.8	2.0/1.2	2.3/1.0	1.8/1.1	3.4/1.4
PER(최고/저)(배)	133.3/56.8	42.8/16.2	15.9/9.8	—/—	—/—	—/—
PBR(최고/저)(배)	0.9/0.4	1.1/0.4	1.0/0.6	1.0/0.4	1.0/0.6	2.0/0.8
EV/EBITDA(배)	12.8	10.6	9.3	15.8	16.2	25.5
EPS(원)	12	44	106	-137	-312	-191
BPS(원)	3,711	3,622	3,850	2,028	1,662	1,431
CFPS(원)	630	772	1,074	346	299	374
DPS(원)	—	—	—	—	—	—
EBITDAPS(원)	424	937	1,123	343	360	250

재무 비율 〈단위 : %〉

연도	영업이익률	순이익률	부채비율	차입금비율	ROA	ROE	유보율	자기자본비율	EBITDA마진율
2016	-3.4	-2.1	560.9	306.1	-2.0	-12.4	186.2	15.1	2.7
2015	-2.6	-3.2	463.5	270.7	-3.3	-16.9	232.4	17.8	3.7
2014	-1.6	-1.5	360.0	218.6	-1.6	-7.2	305.6	21.7	3.8
2013	1.5	1.2	330.4	195.3	1.5	6.3	670.0	23.2	5.8

세명전기공업 (A017510)
SEMYUNG ELECTRIC MACHINERY

업 종 : 전기장비		시 장 : KOSDAQ	
신용등급 : (Bond) — (CP) —		기업규모 : 중견	
홈 페이지 : www.semyung-elec.com		연 락 처 : 051)316-6887	
본 사 : 부산시 사상구 대동로 188(학장동)			

설 립 일	1984.02.03	종업원수	84명	대표이사	권재기,권철현
상 장 일	1991.12.26	감사의견	적정 (안경)	계 열	
결 산 기	12월	보통주	1,525만주	종속회사	
액 면 가	500원	우선주		구 상 호	

주주구성 (지분율,%)		출자관계 (지분율,%)		주요경쟁사 (외형,%)	
권철현	15.7			세명전기	100
권태균	8.5			서울전자통신	536
(외국인)	1.3			비츠로테크	621

매출구성		비용구성		수출비중	
금구류(송·배전선로가설용 및 전차선로용)	83.0	매출원가율	71.3	수출	19.5
섹셔날빔(섬유직기용)	17.0	판관비율	8.3	내수	80.5

회사 개요
동사는 금속제품 제조, 판매사업을 영위함. 송·배·변전선로 가설용 금구류를 제조하여 한국전력공사 등에 공급하고 있으며, 전철용 금구류를 한국철도공사 및 지하철공사 등에 납품하고 있음. 전력난 해소를 위한 한국전력공사의 765kV, 345kV 송전선로 신설로 동사의 초고압송전선로용 금구류의 수주확대와 배전용 금구류의 연간 단가계약 물량확보로 관련 매출 증대가 예상되고 있음. 또한 개발도상국 고압송전선로용 금구류 수주 증가로 수출 확대가 기대됨.

실적 분석
동사의 2016년 누적 매출액은 166.4억원으로 전년 대비 17.2% 감소함. 영업이익은 33.9억원으로 35.2% 줄었고, 당기순이익은 전년보다 21.8% 감소한 31.6억원을 기록함. 철도시설공단의 철도공사 축소로 고속철도선로용 금구류의 수요가 크게 감소. 글로벌 경기침체로 섬유직기용 섹셔날 빔 매출도 소폭 감소함. 향후 국가 철도망 구축계획에 따라 동사의 전차선로자재가 지속 공급될 것이며, 신흥국 섹셔날 빔의 수주확대가 예상되고 있음.

현금 흐름 *IFRS 별도 기준 〈단위 : 억원〉

항목	2015	2016
영업활동	62	33
투자활동	71	-38
재무활동	-14	-12
순현금흐름	121	-17
기말현금	178	161

시장 대비 수익률
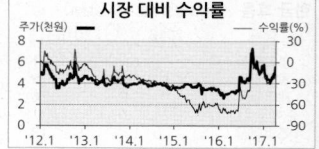

결산 실적 〈단위 : 억원〉

항목	2011	2012	2013	2014	2015	2016
매출액	194	187	229	197	201	166
영업이익	33	21	56	40	52	34
당기순이익	23	39	51	32	40	32

분기 실적 *IFRS 별도 기준 〈단위 : 억원〉

항목	2015.3Q	2015.4Q	2016.1Q	2016.2Q	2016.3Q	2016.4Q
매출액	35	48	43	63	29	31
영업이익	5	10	14	28	3	-10
당기순이익	5	9	15	25	3	-12

재무 상태 *IFRS 별도 기준 〈단위 : 억원〉

항목	2011	2012	2013	2014	2015	2016
총자산	616	652	675	673	714	731
유형자산	403	421	441	422	421	442
무형자산	4	4	4	4	4	4
유가증권	40	40	43	63	23	25
총부채	121	126	108	96	100	98
총차입금	25	26	4	3	1	2
자본금	76	76	76	76	76	76
총자본	496	526	567	577	614	634
지배주주지분	496	526	567	577	614	634

기업가치 지표 *IFRS 별도 기준

항목	2011	2012	2013	2014	2015	2016
주가(최고/저)(천원)	5.5/3.0	6.2/3.4	5.0/3.5	4.2/3.4	4.1/3.0	7.5/2.6
PER(최고/저)(배)	40.0/22.2	26.4/14.5	15.8/11.3	21.5/16.9	16.0/11.9	36.9/12.7
PBR(최고/저)(배)	1.9/1.0	2.0/1.1	1.4/1.0	1.2/0.9	1.1/0.8	1.8/0.6
EV/EBITDA(배)	18.8	24.5	8.4	10.2	6.3	18.3
EPS(원)	152	257	338	210	265	207
BPS(원)	3,251	3,451	3,717	3,783	4,030	4,157
CFPS(원)	196	298	376	244	293	237
DPS(원)	70	70	80	80	80	80
EBITDAPS(원)	262	176	408	300	372	252

재무 비율 〈단위 : %〉

연도	영업이익률	순이익률	부채비율	차입금비율	ROA	ROE	유보율	자기자본비율	EBITDA마진율
2016	20.4	19.0	15.4	0.3	4.4	5.1	731.3	86.7	23.1
2015	26.0	20.1	16.2	0.2	5.8	6.8	706.0	86.1	23.1
2014	20.5	16.2	16.7	0.5	4.7	5.6	656.6	85.7	23.2
2013	24.6	22.5	19.1	0.8	7.8	9.4	643.3	84.0	27.2

세미콘라이트 (A214310)
Semicon Light

업 종: 반도체 및 관련장비		시 장: KOSDAQ	
신용등급: (Bond) — (CP) —		기업규모:	
홈페이지: www.semiconlight.com		연 락 처: 031)282-6425	
본 사: 경기도 용인시 기흥구 원고매로 2번길 49			

설 립 일	2007.07.04	종업원수	201명	대표이사	박은현
상 장 일	2015.06.25	감사의견	거절(감사범위제한) (반김)	계 열	
결 산 기	12월	보 통 주	4,563만주	종속회사수	
액 면 가	100원	우 선 주		구 상 호	

주주구성 (지분율,%)		출자관계 (지분율,%)		주요경쟁사 (외형,%)	
한국증권금융	5.2	에스엘에쿼티	100.0	세미콘라이트	100
에스엘코리아	1.7	갤럭시인베스트먼트대부	100.0	에이디테크놀로지	38
(외국인)	6.2	지케이티팜	100.0	제너셈	30

매출구성		비용구성		수출비중	
SKY3535	97.2	매출원가율	77.1	수출	2.2
기타용역매출	2.2	판관비율	17.6	내수	97.8
SL4624	0.6				

회사 개요
동사는 2007년에 설립하여 2015년 6월 25일에 상장한 LED 플립칩 및 EPI wafer 전문 제조업체임. 현재 동사의 대주주인 루멘스를 통해 국내 주요 제조업체의 TV에 공급 중. 옥사이드 기반 플립칩을 최초로 개발하여 플립칩 시장 경쟁우위를 확보하고 있음. 2016년 1분기 기준 제품별 매출 비중은 플립칩 99.23%, 수평형칩 0.06%, 기타 0.71%를 차지함.

실적 분석
동사의 2016년 연결기준 연간 매출액은 593.3억원으로 전년 대비 소폭 증가함. 품질보증 비용 등 추가 보증비용 계상에 따라 영업이익은 31.3억원으로 전년 대비 53.2% 감소함. 지분투자에 따른 비용 증가 영향으로 당기순손실 또한 106.1억원으로 적자전환됨. 동사는 최근 사업연도의 재무제표에 대해 '감사범위제한으로 인한 의견거절' 의견을 받아 상폐사유가 발생함.

현금 흐름 〈단위 : 억원〉

항목	2015	2016
영업활동	63	66
투자활동	-169	-309
재무활동	104	291
순현금흐름	-2	48
기말현금	33	81

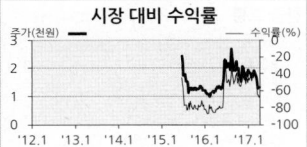
시장 대비 수익률

결산 실적 〈단위 : 억원〉

항목	2011	2012	2013	2014	2015	2016
매출액	—	123	219	481	572	593
영업이익	—	1	1	86	67	31
당기순이익	—	1	4	62	51	-106

분기 실적 〈단위 : 억원〉

항목	2015.3Q	2015.4Q	2016.1Q	2016.2Q	2016.3Q	2016.4Q
매출액	155	145	178	112	168	135
영업이익	21	18	20	9	19	-16
당기순이익	13	14	12	8	20	-146

재무 상태 〈단위 : 억원〉

항목	2011	2012	2013	2014	2015	2016
총자산	—	114	208	385	487	708
유형자산	—	48	84	194	203	184
무형자산	—	6	13	13	15	11
유가증권	—	—	—	0	16	56
총부채	—	49	139	194	149	387
총차입금	—	10	40	70	77	270
자본금	—	18	17	21	26	46
총자본	—	65	69	190	338	321
지배주주지분	—	65	69	185	333	315

기업가치 지표

항목	2011	2012	2013	2014	2015	2016
주가(최고/저)(천원)	—/—	—/—	—/—	—/—	12.1/5.1	14.0/4.9
PER(최고/저)(배)	0.0/0.0	0.0/0.0	0.0/0.0	0.0/0.0	16.5/6.9	—/—
PBR(최고/저)(배)	0.0/0.0	0.0/0.0	0.0/0.0	0.0/0.0	2.7/1.1	3.8/1.3
EV/EBITDA(배)	0.0		0.9	0.0	3.7	10.7
EPS(원)	—	3	16	231	147	-259
BPS(원)	—	1,796	1,913	4,496	6,772	3,677
CFPS(원)	—	369	569	2,539	2,243	-589
DPS(원)	—	—	—	—	—	—
EBITDAPS(원)	—	373	489	3,181	2,574	1,089

재무 비율 〈단위 : % 〉

연도	영업이익률	순이익률	부채비율	차입금비율	ROA	ROE	유보율	자기자본비율	EBITDA마진율
2016	5.3	-17.9	120.5	84.1	-17.8	-32.7	635.4	45.4	15.0
2015	11.7	9.0	44.0	22.7	11.8	19.8	1,254.5	69.5	21.2
2014	17.9	13.0	102.1	36.8	21.0	49.0	799.2	49.5	24.4
2013	0.5	1.8	200.4	57.7			299.3	33.3	8.1

세방 (A004360)
Sebang

업 종: 육상운수		시 장: 거래소	
신용등급: (Bond) — (CP) —		기업규모: 시가총액 소형주	
홈페이지: www.sebang.com		연 락 처: 051)630-5300	
본 사: 부산시 남구 북항로 141(감만동)			

설 립 일	1965.09.13	종업원수	720명	대표이사	박홍수
상 장 일	1977.05.19	감사의견	적정 (이현)	계 열	
결 산 기	12월	보 통 주	1,931만주	종속회사수	
액 면 가	500원	우 선 주	369만주	구 상 호	

주주구성 (지분율,%)		출자관계 (지분율,%)		주요경쟁사 (외형,%)	
이앤에스글로벌	18.5	세방익스프레스	100.0	세방	100
한국투자밸류자산운용	10.0	한국해운	100.0	현대글로비스	2,364
(외국인)	11.6	세방부산신항컨테이너데포	100.0	CJ대한통운	937

매출구성		비용구성		수출비중	
CON'T 및 BULK 화물의 국내운송	51.8	매출원가율	89.9	수출	0.0
수출입화물의 선적·양하	38.1	판관비율	7.1	내수	100.0
컨테이너CY 및 CFS의 조작·보관	8.9				

회사 개요
동사는 항만하역, 화물운송, 화물보관, 건설기계 대여업 등을 영위하는 기업으로서 항만하역 부문에서 업계의 선두주자임. 1960년대부터 쌓아온 기술과 노하우로 벌크 하역과 컨테이너 하역에 강점을 지니고 있음. 세방전지를 비롯한 23개의 계열사를 두고 있음. 사업부문별 매출 비율은 화물운송 49.9%, 항만하역 39.2%, 보관(CY/CFS외) 9.4%, 기타 1.5%임.

실적 분석
동사의 2016년 연결기준 매출액은 6,490.1억원으로 전년도 대비 2.5% 감소함. 매출이 줄고 판매비와 관리비가 10.6% 증가해 영업이익은 전년대비 24.1% 감소한 196.8억원을 기록. 법인세비용이 14.6% 줄었으나 금융손실 적자폭이 확대되고 관련기업 투자 등으로부터 거둔 이득이 줄어 당기순이익이 전년도 대비 소폭 감소한 423.4억원을 기록. 세계경제 침체에 따른 교역량과 항만 물동량 감소세가 실적 하락 주요 원인으로 파악됨.

현금 흐름 〈단위 : 억원〉

항목	2015	2016
영업활동	342	250
투자활동	8	-144
재무활동	-60	-222
순현금흐름	290	-114
기말현금	440	326

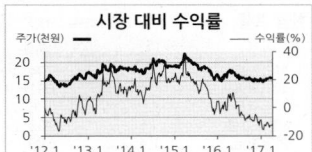
시장 대비 수익률

결산 실적 〈단위 : 억원〉

항목	2011	2012	2013	2014	2015	2016
매출액	7,646	7,180	6,465	6,652	6,659	6,490
영업이익	409	344	139	286	259	197
당기순이익	548	541	294	389	434	423

분기 실적 〈단위 : 억원〉

항목	2015.3Q	2015.4Q	2016.1Q	2016.2Q	2016.3Q	2016.4Q
매출액	1,647	1,635	1,621	1,592	1,638	1,639
영업이익	28	30	73	64	28	32
당기순이익	96	89	107	121	115	81

재무 상태 〈단위 : 억원〉

항목	2011	2012	2013	2014	2015	2016
총자산	9,086	9,032	9,007	8,908	9,184	9,398
유형자산	2,436	2,166	2,459	2,431	2,360	2,485
무형자산	196	174	172	156	134	158
유가증권	49	45	45	84	75	123
총부채	3,251	2,914	2,541	2,139	2,010	1,893
총차입금	1,245	1,081	817	407	385	272
자본금	115	115	115	115	115	115
총자본	5,835	6,118	6,466	6,768	7,174	7,505
지배주주지분	5,604	6,100	6,419	6,720	7,122	7,485

기업가치 지표

항목	2011	2012	2013	2014	2015	2016
주가(최고/저)(천원)	17.3/12.5	17.2/13.3	19.7/15.6	21.4/16.6	22.3/14.5	17.9/14.4
PER(최고/저)(배)	6.7/4.9	6.4/5.0	11.5/9.1	11.0/8.6	10.3/6.7	8.3/6.7
PBR(최고/저)(배)	0.8/0.6	0.7/0.5	0.7/0.6	0.8/0.6	0.7/0.5	0.6/0.5
EV/EBITDA(배)	6.1	7.8	15.6	10.4	8.8	8.4
EPS(원)	2,716	2,808	1,779	1,993	2,225	2,177
BPS(원)	24,369	26,523	27,913	29,220	30,968	32,548
CFPS(원)	3,541	3,457	2,446	2,520	2,767	2,705
DPS(원)	175	175	150	150	175	175
EBITDAPS(원)	2,942	2,433	1,387	2,008	1,885	1,547

재무 비율 〈단위 : % 〉

연도	영업이익률	순이익률	부채비율	차입금비율	ROA	ROE	유보율	자기자본비율	EBITDA마진율
2016	3.0	6.5	25.2	3.6	4.6	5.8	6,409.6	79.9	4.6
2015	3.9	6.5	28.0	5.4	4.8	6.2	6,093.6	78.1	5.5
2014	4.3	5.9	31.6	6.0	4.4	5.9	5,744.0	76.0	5.8
2013	2.2	4.5	39.3	12.6	3.3	5.5	5,482.7	71.8	4.1

세방전지 (A004490)
SEABANG GLOBAL BATTERY

업   종 : 자동차부품
신용등급 : (Bond) —　　(CP) —
홈페이지 : www.gbattery.com
본   사 : 서울시 강남구 선릉로 433 (역삼동)

시   장 : 거래소
기업규모 : 시가총액 중형주
연 락 처 : 02)3451-6201

설 립 일	1966.02.10	총 업 원 수	918명	대 표 이 사	박광희,이용준
상 장 일	1987.11.28	감 사 의 견	적정 (한영)	계 열	
결 산 기	12월	보 통 주	1,400만주	종속회사수	
액 면 가	500원	우 선 주		구 상 호	

주주구성 (지분율,%)		출자관계 (지분율,%)		주요경쟁사 (외형,%)	
세방	38.0	에스엘비	100.0	세방전지	100
지에스유아사인터내셔널	16.0	동양메탈	92.9	한라홀딩스	104
(외국인)	36.6	블루카이트	18.7	에스엘	169

매출구성		비용구성		수출비중	
차량용 (제품)	82.2	매출원가율	82.9	수출	67.8
산업용 (제품)	16.5	판관비율	9.4	내수	32.2
산업용 (상품)	1.0				

회사 개요
동사는 1952년 자동차용 및 산업용 축전지의 제조, 판매를 목적으로 설립됨. 1987년 유가증권시장에 상장됨. 동사를 포함한 계열회사는 총 25개사임. 동사는 축전지 제조업의 매출액이 총매출액의 90%를 초과, 당해부문의 영업손익의 절대값이 총 영업이익의 90%를 초과, 당해부문의 자산금액이 총자산의 90%를 초과하므로 축전지의 제조 및 판매가 지배적 단일사업부문으로 분류됨.

실적 분석
동사의 2016년도 연결 기준 결산 매출액은 9,597.8억원으로 전년동기 대비 0.4% 증가. 영업이익과 당기순이익은 각각 743.5억원, 627.8억원을 기록하며 전년동기 대비 22%, 20.2% 감소하여 수익성 부진. 이는 판매단가 하락분이 원인으로 보임. 동사는 2016년 세계 130여개국에 US$56,077만불의 수출을 시현하였으며, 21세기 세계 3대 축전지 업체로 발돋움하기 위하여 전사적으로 경영혁신운동 전개 중.

현금 흐름 〈단위 : 억원〉

항목	2015	2016
영업활동	678	794
투자활동	-140	-1,691
재무활동	7	136
순현금흐름	549	-763
기말현금	1,452	689

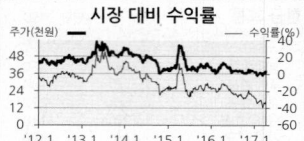

결산 실적 〈단위 : 억원〉

항목	2011	2012	2013	2014	2015	2016
매출액	9,539	8,463	9,188	9,556	9,563	9,598
영업이익	1,326	1,231	852	810	953	743
당기순이익	1,054	979	700	614	786	628

분기 실적 〈단위 : 억원〉

항목	2015.3Q	2015.4Q	2016.1Q	2016.2Q	2016.3Q	2016.4Q
매출액	2,501	2,589	2,249	2,288	2,289	2,772
영업이익	325	249	189	167	153	235
당기순이익	247	202	146	140	132	209

재무 상태 〈단위 : 억원〉

항목	2011	2012	2013	2014	2015	2016
총자산	7,126	7,726	8,702	9,277	10,014	10,865
유형자산	1,714	1,981	2,001	2,130	2,568	3,014
무형자산	35	28	27	35	69	64
유가증권	94	100	196	187	579	1,018
총부채	2,222	1,870	2,221	2,287	2,333	2,600
총차입금	940	754	902	1,014	1,132	1,370
자본금	70	70	70	70	70	70
총자본	4,904	5,855	6,480	6,990	7,681	8,265
지배주주지분	4,904	5,855	6,480	6,990	7,661	8,261

기업가치 지표

항목	2011	2012	2013	2014	2015	2016
주가(최고/저)(천원)	46.6/31.9	48.6/41.3	58.2/41.8	53.4/35.6	55.6/36.6	43.4/35.6
PER(최고/저)(배)	6.5/4.4	7.2/6.1	12.0/8.6	12.5/8.3	10.1/6.6	9.8/8.0
PBR(최고/저)(배)	1.4/1.0	1.2/1.0	1.3/0.9	1.1/0.7	1.0/0.7	0.7/0.6
EV/EBITDA(배)	3.4	3.2	5.0	2.9	2.7	2.8
EPS(원)	7,527	6,991	5,003	4,386	5,628	4,484
BPS(원)	35,030	41,823	46,495	50,272	55,502	59,791
CFPS(원)	8,522	8,364	6,648	6,187	7,743	7,012
DPS(원)	350	350	300	300	350	350
EBITDAPS(원)	10,468	10,170	7,731	7,588	8,924	7,839

재무 비율 〈단위 : % 〉

연도	영업이익률	순이익률	부채비율	차입금비율	ROA	ROE	유보율	자기자본비율	EBITDA마진율
2016	7.8	6.5	31.5	16.6	6.0	7.9	11,858.2	76.1	11.4
2015	10.0	8.2	30.4	14.7	8.2	10.8	11,000.5	76.7	13.1
2014	8.5	6.4	32.7	14.5	6.8	9.1	9,954.4	75.4	11.1
2013	9.3	7.6	34.3	13.9	8.5	11.4	9,199.0	74.5	11.8

세보엠이씨 (A011560)
SEBO MANUFACTURING ENGINEERING & CONSTRUCTION CORP

업   종 : 건설
신용등급 : (Bond) —　　(CP) —
홈페이지 : www.sebo21.co.kr
본   사 : 서울시 서초구 효령로 341 (서초동 1605-9 인산빌딩)

시   장 : KOSDAQ
기업규모 : 우량
연 락 처 : 02)2046-7922

설 립 일	1978.07.26	총 업 원 수	336명	대 표 이 사	김우영,김진호
상 장 일	1996.12.23	감 사 의 견	적정 (삼정)	계 열	
결 산 기	12월	보 통 주	1,053만주	종속회사수	
액 면 가	500원	우 선 주		구 상 호	

주주구성 (지분율,%)		출자관계 (지분율,%)		주요경쟁사 (외형,%)	
김우영	27.3	에스비테크	8.3	세보엠이씨	100
김종서	9.5	원캔네트웍스	5.0	성도이엔지	110
(외국인)	5.8	SEBOMECVIETNAM	100.0	희림	36

매출구성		비용구성		수출비중	
설비(공사)	92.3	매출원가율	91.4	수출	—
플랜트(공사)	7.3	판관비율	3.5	내수	—
기타	0.4				

회사 개요
1978년 설립 후 아파트, 오피스, 플랜트 설비, 반도체 클린룸 등의 공사에 필요한 배관 및 덕트 제품을 제작하고 각종 설비공사를 진행해 온 국내 설비업계 업체임. 기술축적과 경험을 토대로 현재 일반설비, 하이테크, 석유화학 및 발전플랜트 등의 시공분야에 상당한 위치를 차지하고 있으며, 주요 거래처로는 삼성, SK, 한양, 현대, 코오롱, 대림, 두산 등이 있음.

실적 분석
동사의 2016년 연결기준 결산 누적 매출액은 3,877.7억원으로 전년 동기 대비 26.8% 증가. 다만 매출원가가 27.4% 증가하고 판관비도 전년동기 대비 28.2% 증가하였으나 영업이익은 전년동기 대비 16.3% 증가한 197.4억원을 기록. 최종적으로 당기순이익은 140.7억원을 기록, 전년동기 대비 3% 증가. 이는 2016년 동사의 대한전문건설협회, 대한설비건설협회 등 계약건수 및 매출이 증가된 것이 영향을 미친것으로 보임.

현금 흐름 〈단위 : 억원〉

항목	2015	2016
영업활동	527	-58
투자활동	-33	-66
재무활동	-84	6
순현금흐름	412	-117
기말현금	445	328

결산 실적 〈단위 : 억원〉

항목	2011	2012	2013	2014	2015	2016
매출액	3,066	2,099	2,128	3,713	3,058	3,878
영업이익	111	86	85	99	170	197
당기순이익	80	71	56	80	137	141

분기 실적 〈단위 : 억원〉

항목	2015.3Q	2015.4Q	2016.1Q	2016.2Q	2016.3Q	2016.4Q
매출액	780	854	582	849	1,100	1,347
영업이익	45	39	20	41	55	81
당기순이익	38	35	21	38	39	43

재무 상태 〈단위 : 억원〉

항목	2011	2012	2013	2014	2015	2016
총자산	1,303	1,175	1,300	1,697	1,615	2,081
유형자산	283	269	266	278	288	290
무형자산	22	19	18	19	17	39
유가증권	30	2	63	13	53	59
총부채	534	363	448	775	568	908
총차입금		12	11	74	3	26
자본금	53	53	53	53	53	53
총자본	770	812	852	922	1,047	1,173
지배주주지분	769	812	850	919	1,040	1,168

기업가치 지표

항목	2011	2012	2013	2014	2015	2016
주가(최고/저)(천원)	3.2/2.1	3.3/2.3	4.5/3.0	5.8/4.0	8.5/4.9	10.0/5.4
PER(최고/저)(배)	5.1/3.3	5.6/3.8	9.4/6.4	8.4/5.7	7.0/4.1	7.6/4.1
PBR(최고/저)(배)	0.5/0.3	0.5/0.3	0.6/0.4	0.7/0.5	0.9/0.5	0.9/0.5
EV/EBITDA(배)	0.4	1.5	3.0	5.0	1.7	2.6
EPS(원)	756	681	521	744	1,264	1,347
BPS(원)	7,304	7,844	8,253	8,909	10,059	11,272
CFPS(원)	874	836	682	895	1,426	1,528
DPS(원)	150	125	100	125	175	200
EBITDAPS(원)	1,169	975	965	1,095	1,774	2,055

재무 비율 〈단위 : % 〉

연도	영업이익률	순이익률	부채비율	차입금비율	ROA	ROE	유보율	자기자본비율	EBITDA마진율
2016	5.1	3.6	77.4	2.2	7.6	12.9	2,154.5	56.4	5.6
2015	5.6	4.5	54.3	0.2	8.3	13.6	1,911.8	64.8	6.1
2014	2.7	2.2	84.0	8.0	5.4	8.9	1,681.9	54.4	3.1
2013	4.0	2.6	52.6	1.3	4.5	6.6	1,550.7	65.5	4.8

세븐스타웍스 (A121800)
Seven Star Works

업 종 : 미디어			시 장 : KOSDAQ		
신용등급 : (Bond) — (CP) —			기업규모 : —		
홈페이지 : www.tvlogic.co.kr			연락처 : (070)8668-6611		
본 사 : 서울시 금천구 가산디지털1로 84, 에이스하이엔드8차 12층					

설 립 일 2002.03.20	종업원수 117명	대표이사 YIJUCHEN,박승준	
상 장 일 2011.12.01	감사의견 한정(감사범위제한)(삼일)	계 열	
결 산 기 12월	보 통 주 1,855만주	종속회사수	
액 면 가 500원	우 선 주	구 상 호 티브이로직	

주주구성 (지분율,%)
비트갤럭시아 1호 투자조합	13.5
그로우스앤밸류5호 투자조합	5.1
(외국인)	0.5

출자관계 (지분율,%)
씽크브릿지	100.0
세븐스타웍스인터내셔널	100.0
에픽브이알	100.0

주요경쟁사 (외형,%)
세븐스타웍스	100
지투알	1,700
디지틀조선	163

매출구성
LVM Series	34.3
기타	30.6
AUR Series	16.5

비용구성
매출원가율	71.9
판관비율	53.6

수출비중
수출	64.8
내수	35.2

회사 개요
동사는 HD디지털 방송장비의 개발, 제조 및 판매를 주사업으로 영위하는 기업으로 2011년 신규 상장함. 동사 제품을 구입하여 사용하고 있는 세계 주요 방송국으로는 영국의 BBC, 미국의 CNN, NBC, ABC, Disney, FOX TV, ESPN, HBO, 이탈리아의 RAI, 독일의 ZDF 등 다수임. 세계 시장점유율은 소니, JVC, 파나소닉에 이어 4위를 차지하고 있음.

실적 분석
동사의 별도기준 매출은 수출 부진으로 역성장했으나 연결기준으로는 세븐스타웍스인터내셔널 매출 발생, 사업확장을 위해 지분을 인수한 씽크브릿지 매출 계상으로 전년 대비 5.8% 증가를 시현함. 주 사업이 다품종에 기술력을 뒷받침 되어야 하는 방송장비 부문이기 때문에 고정비 부담에서 벗어나기가 쉽지 않은 상황. 이에 61.1억원의 영업적자, 89.0억원의 당기순손실을 기록함.

현금 흐름 〈단위 : 억원〉
항목	2015	2016
영업활동	1	-62
투자활동	-97	-392
재무활동	178	431
순현금흐름	83	-26
기말현금	106	80

시장 대비 수익률
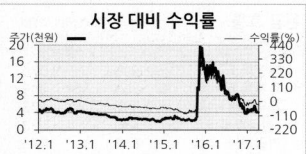

결산 실적 〈단위 : 억원〉
항목	2011	2012	2013	2014	2015	2016
매출액	240	311	263	290	227	240
영업이익	73	82	4	8	-22	-61
당기순이익	57	69	7	11	-42	-89

분기 실적 〈단위 : 억원〉
항목	2015.3Q	2015.4Q	2016.1Q	2016.2Q	2016.3Q	2016.4Q
매출액	59	57	53	84	54	50
영업이익	-1	-11	-10	2	-16	-37
당기순이익	-4	-27	20	-5	-23	-81

재무 상태 〈단위 : 억원〉
항목	2011	2012	2013	2014	2015	2016
총자산	323	526	545	543	704	1,064
유형자산	100	155	155	154	154	93
무형자산	27	39	54	56	43	85
유가증권	—	18	24	23	31	177
총부채	73	86	119	109	194	423
총차입금	47	53	89	83	163	371
자본금	21	53	53	53	64	86
총자본	250	440	426	434	510	641
지배주주지분	250	440	426	434	510	641

기업가치 지표
항목	2011	2012	2013	2014	2015	2016
주가(최고/저)(천원)	—/—	5.2/3.8	4.4/2.3	2.8/1.9	21.8/2.1	17.5/3.6
PER(최고/저)(배)	0.0/0.0	7.5/5.5	62.7/32.0	28.5/18.8	—/—	—/—
PBR(최고/저)(배)	0.0/0.0	1.3/0.9	1.0/0.5	0.7/0.4	5.5/0.5	4.7/1.0
EV/EBITDA(배)	0.0	3.6	9.8	8.0		
EPS(원)	673	710	71	100	-389	-575
BPS(원)	5,950	4,170	4,295	4,391	3,965	3,718
CFPS(원)	1,490	837	282	303	-204	-513
DPS(원)		100				
EBITDAPS(원)	1,832	971	248	278	-17	-335

재무 비율 〈단위 : % 〉
연도	영업이익률	순이익률	부채비율	차입금비율	ROA	ROE	유보율	자기자본비율	EBITDA마진율
2016	-25.5	-37.1	66.0	57.9	-10.1	-15.3	643.7	60.2	-21.4
2015	-9.5	-18.3	38.0	32.0	-6.7	-8.8	693.0	72.5	-0.8
2014	2.7	3.7	25.0	19.1	2.0	2.5	778.3	80.0	10.2
2013	1.5	2.9	28.1	21.0	1.4	1.8	759.0	78.1	10.0

세신버팔로 (A110660)
SESHIN BUFFALO CO

업 종 : 금속 및 광물			시 장 : KONEX
신용등급 : (Bond) — (CP) —			기업규모 : —
홈페이지 : www.seshinbuffalo.com			연락처 : (055)580-0600
본 사 : 경남 함안군 군북면 함안산단2길 9			

설 립 일 2005.11.02	종업원수 103명	대표이사 문병철	
상 장 일 2014.12.08	감사의견 적정(정일)	계 열	
결 산 기 12월	보 통 주 600만주	종속회사수	
액 면 가 500원	우 선 주	구 상 호	

주주구성 (지분율,%)
문병철	57.9
이갑섭	0.9

출자관계 (지분율,%)

주요경쟁사 (외형,%)
세신버팔로	100
	155
한국특수형강	1,006

매출구성

비용구성
매출원가율	78.8
판관비율	21.2

수출비중
수출	—
내수	—

회사 개요
동사는 수공구 제조 전문회사로서 수공구 제조기술을 기반으로 2005년 11월 02일에 설립되었으며 플라이어류, 몽키렌치류, 스패너류, 기타공구류 등 약 600여개의 생산품목 및 약 200여개의 OEM 상품을 판매하고 있음. 동사의 전방산업인 공구산업은 다품종 소량생산의 전형적인 중소기업형 업종(중소기업 비중 95%)으로 다품종 소량생산의 인건비 비중이 타 업종에 비해 높은 노동집약적 산업임.

실적 분석
동사의 2016년 연결기준 매출과 영업손실, 당기순이익은 246억원, 2000만원, 26억원을 기록함. 매출은 전년 대비 1.3% 증가했으나 적자를 지속함. 단 영업손실은 전년 10억원에서 적자폭이 크게 축소됨. 동사의 자산총계는 379억원, 부채총계는 312억원, 자본총계는 68억원임. 자산은 소폭 감소했으나 부채도 32억원 줄었고 자본은 24억원 증가함.

현금 흐름 *IFRS 별도 기준 〈단위 : 억원〉
항목	2015	2016
영업활동	-10	-13
투자활동	-4	50
재무활동	12	-35
순현금흐름	-3	2
기말현금	3	5

시장 대비 수익률

결산 실적 〈단위 : 억원〉
항목	2011	2012	2013	2014	2015	2016
매출액	247	251	187	253	242	246
영업이익	23	12	17	23	-10	-0
당기순이익	4	4	2	8	-24	26

분기 실적 *IFRS 별도 기준 〈단위 : 억원〉
항목	2015.3Q	2015.4Q	2016.1Q	2016.2Q	2016.3Q	2016.4Q
매출액	—	—	—	—	—	—
영업이익	—	—	—	—	—	—
당기순이익	—	—	—	—	—	—

재무 상태 *IFRS 별도 기준 〈단위 : 억원〉
항목	2011	2012	2013	2014	2015	2016
총자산	227	316	360	416	387	379
유형자산	88	141	137	164	159	155
무형자산	0	0	0	1	1	1
유가증권	3	3	3	1	1	1
총부채	168	253	295	317	343	312
총차입금	104	190	243	233	248	216
자본금	30	30	30	30	30	30
총자본	58	63	65	99	44	68
지배주주지분	58	63	65	99	44	68

기업가치 지표 *IFRS 별도 기준
항목	2011	2012	2013	2014	2015	2016
주가(최고/저)(천원)	—/—	—/—	—/—	2.1/1.7	1.9/0.4	0.6/0.2
PER(최고/저)(배)	0.0/0.0	0.0/0.0	0.0/0.0	19.6/16.4	—/—	1.5/0.6
PBR(최고/저)(배)	0.0/0.0	0.0/0.0	0.0/0.0	1.5/1.3	3.2/0.6	0.6/0.2
EV/EBITDA(배)	3.4	8.7	9.3	11.8		37.7
EPS(원)	70	62	35	128	-399	430
BPS(원)	970	1,052	1,087	1,656	729	1,125
CFPS(원)	187	187	174	251	-286	532
DPS(원)				33	33	
EBITDAPS(원)	499	331	429	509	-61	99

재무 비율 〈단위 : % 〉
연도	영업이익률	순이익률	부채비율	차입금비율	ROA	ROE	유보율	자기자본비율	EBITDA마진율
2016	-0.1	10.5	461.4	320.1	6.7	46.4	125.1	17.8	2.4
2015	-4.3	-9.9	785.3	567.8	-6.0	-33.4	45.7	11.3	-1.5
2014	9.2	3.0	319.0	234.3	2.0	9.3	231.2	23.9	12.1
2013	9.3	1.1	451.8	372.8	0.6	3.3	117.4	18.1	13.8

세아베스틸 (A001430)
SeAH Besteel

업 종 : 금속 및 광물			시 장 : 거래소		
신용등급 : (Bond) A+ (CP) A2+			기업규모 : 시가총액 중형주		
홈페이지 : www.seahbesteel.co.kr			연락처 : 02)6970-2028		
본 사 : 서울시 마포구 양화로 45 세아타워 28,29층					

설 립 일	1955.02.04	종업원수	1,515명	대표이사	윤기수,이승휘
상 장 일	1991.03.12	감사의견	적정(안진)	계 열	
결 산 기	12월	보통주	3,586만주	종속회사수	
액 면 가	5,000원	우선주		구상호	

주주구성 (지분율,%)
세아홀딩스	54.4
신영자산운용	8.4
(외국인)	10.0

출자관계 (지분율,%)
세아창원특수강	74.8
진양특수강	35.0
KB와이즈스타사모부동산신탁(펀드)	25.0

주요경쟁사 (외형,%)
세아베스틸	100
POSCO	2,097
현대제철	659

매출구성
제품-특수강봉강	92.9
제품-대형단조품	4.0
제품-자동차부품	1.8

비용구성
매출원가율	89.8
판관비율	4.6

수출비중
수출	14.4
내수	85.6

회사 개요
동사는 1955년에 설립, 탄소합금 특수강을 주력 생산하며, 스테인리스 특수강이 주사업인 세아창원특수강을 자회사로 둠. 특수강은 자동차, 선박, 산업기계, 건설기계 등을 생산하는 기업들에 주로 판매함. 동사는 2010년부터 대형단조사업을 시작하였으며 동사업부는 제강에서 단조·가공·열처리까지 생산 가능한 설비를 통해 원자력 발전품, 제철 설비, 화공기용 소재, 금형공구강 등을 판매하며, 사업 강화를 위하여 2015년 3월 포스코특수강 지분인수를 완료함.

실적 분석
동사의 2016년 연결 기준 매출과 영업이익은 2조 5,311억원, 1,435억원으로 전년 대비 매출은 0.2% 소폭 늘었으나, 영업이익은 35.5% 감소함. 2016년 국내 특수강 업계는 수요산업 회복이 지연되는 가운데, 조선업의 구조조정, 완성차업체의 파업 등이 겹쳐 전체 수요가 전년대비 2.8% 감소한 276만톤을 기록함. 동사는 적극적인 판매확대 정책으로 시장점유율 48.6%를 달성하였으나, 판매량으로는 2만톤이 감소함.

현금 흐름 〈단위 : 억원〉
항목	2015	2016
영업활동	3,537	2,552
투자활동	-4,424	-1,714
재무활동	-560	-1,791
순현금흐름	-1,446	-956
기말현금	1,178	222

시장 대비 수익률

결산 실적 〈단위 : 억원〉
항목	2011	2012	2013	2014	2015	2016
매출액	24,847	21,941	21,126	22,024	25,267	25,311
영업이익	3,019	1,718	1,439	1,753	2,223	1,435
당기순이익	2,266	1,192	1,040	1,237	1,650	1,047

분기 실적 〈단위 : 억원〉
항목	2015.3Q	2015.4Q	2016.1Q	2016.2Q	2016.3Q	2016.4Q
매출액	6,526	5,922	6,051	6,617	6,176	6,467
영업이익	550	311	355	494	259	326
당기순이익	377	125	288	359	196	204

재무 상태 〈단위 : 억원〉
항목	2011	2012	2013	2014	2015	2016
총자산	19,994	21,591	22,091	24,293	35,939	35,371
유형자산	11,098	12,691	12,616	12,026	23,170	23,282
무형자산	38	42	42	44	104	91
유가증권	110	298	303	407	291	334
총부채	7,114	8,094	7,860	9,254	16,773	15,428
총차입금	4,055	5,738	5,479	6,919	10,405	10,343
자본금	2,193	2,193	2,193	2,193	2,193	2,193
총자본	12,880	13,497	14,231	15,039	19,166	19,942
지배주주지분	12,880	13,497	14,231	15,039	14,732	17,378

기업가치 지표
항목	2011	2012	2013	2014	2015	2016
주가(최고/저)(천원)	57.0/29.7	46.6/19.9	30.5/21.6	35.2/19.5	43.0/25.3	29.8/22.5
PER(최고/저)(배)	10.9/5.7	16.5/7.1	12.0/8.5	11.3/6.2	10.9/6.4	12.4/9.4
PBR(최고/저)(배)	1.9/1.0	1.5/0.6	0.9/0.6	0.9/0.5	1.1/0.7	0.6/0.5
EV/EBITDA(배)	5.1	6.4	6.3	5.3	6.6	7.4
EPS(원)	6,317	3,323	2,900	3,449	4,208	2,473
BPS(원)	35,916	37,913	39,959	42,212	41,355	48,733
CFPS(원)	9,214	5,887	5,384	6,012	7,925	6,688
DPS(원)	1,200	900	900	1,000	1,000	800
EBITDAPS(원)	11,314	7,354	6,495	7,449	9,916	8,215

재무 비율 〈단위 : % 〉
연도	영업이익률	순이익률	부채비율	차입금비율	ROA	ROE	유보율	자기자본비율	EBITDA마진율
2016	5.7	4.1	77.4	51.9	2.9	5.5	696.9	56.4	11.6
2015	8.8	6.5	87.5	54.3	5.5	10.1	576.2	53.3	14.1
2014	8.0	5.6	61.5	46.0	5.3	8.5	590.3	61.9	12.1
2013	6.8	4.9	55.2	38.5	4.8	7.5	553.4	64.4	11.0

세아제강 (A003030)
SeAH Steel

업 종 : 금속 및 광물			시 장 : 거래소		
신용등급 : (Bond) A+ (CP) A2+			기업규모 : 시가총액 중형주		
홈페이지 : www.seahsteel.co.kr			연락처 : 02)6970-1000		
본 사 : 서울시 마포구 양화로 45					

설 립 일	1960.10.19	종업원수	865명	대표이사	권병기,이순형
상 장 일	1969.05.13	감사의견	적정(안진)	계 열	
결 산 기	12월	보통주	600만주	종속회사수	
액 면 가	5,000원	우선주		구상호	

주주구성 (지분율,%)
이태성	13.1
이순형	11.3
(외국인)	21.2

출자관계 (지분율,%)
KB와이즈스타사모부동산신탁제2호	31.3
스틸코트나노	29.2
티에스테크	10.0

주요경쟁사 (외형,%)
세아제강	100
세아홀딩스	224
제닉스	0

매출구성
강관	92.4
도매	17.4
판매	14.2

비용구성
매출원가율	86.9
판관비율	8.8

수출비중
수출	—
내수	—

회사 개요
동사는 1960년에 설립돼 강관과 판매 제조 및 판매 등의 사업을 영위하고 있음. 동사는 세아그룹 내 계열사 가운데 하나로 동사를 포함해 세아홀딩스, 세아베스티르, 세아특수강은 유가증권 시장에 상장됐고, 나머지는 비상장 회사임. 국내 강관업체 내수 판매량은 건설산업의 경기부진 등의 영향으로 2010년대 내내 300만톤 수준에서 유지되고 있음. 국내 강관업체 수출 판매량은 2012년 223만톤에서 2014년 310만톤으로 늘었음.

실적 분석
동사의 2016년 연결 기준 매출과 영업이익은 1조7,975억원, 773억원으로 전년 대비 각각 18%, 0.6% 감소함. 당기순이익은 653억원으로 전년 대비 42.7% 증가함. 2016년 말 기준 자산총계는 신규법인 설립으로 인해 전년 대비 958억원(4.6%)이 증가한 2조 1,697억원임. 부채와 자본은 각각 전년대비 309억원(3.6%)이 증가한 8,776억원, 649억원(5.3%) 증가한 1조 2,292억원임.

현금 흐름 〈단위 : 억원〉
항목	2015	2016
영업활동	2,694	1,070
투자활동	-763	-943
재무활동	-2,396	-123
순현금흐름	-439	38
기말현금	837	875

시장 대비 수익률
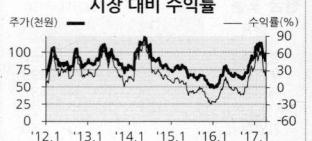

결산 실적 〈단위 : 억원〉
항목	2011	2012	2013	2014	2015	2016
매출액	21,474	24,704	22,192	24,531	21,917	17,975
영업이익	1,424	1,734	1,546	1,642	777	772
당기순이익	988	996	1,166	765	458	653

분기 실적 〈단위 : 억원〉
항목	2015.3Q	2015.4Q	2016.1Q	2016.2Q	2016.3Q	2016.4Q
매출액	5,440	5,152	4,276	4,358	4,313	5,028
영업이익	165	88	197	207	134	234
당기순이익	83	49	187	120	75	271

재무 상태 〈단위 : 억원〉
항목	2011	2012	2013	2014	2015	2016
총자산	19,326	20,304	19,956	22,850	20,739	21,697
유형자산	6,086	8,001	8,585	8,650	8,545	9,288
무형자산	75	101	93	615	591	544
유가증권	1,220	1,083	1,150	1,045	1,535	1,283
총부채	9,774	10,264	8,961	11,103	8,467	8,776
총차입금	5,895	6,166	5,578	7,178	4,945	4,906
자본금	300	300	300	300	300	300
총자본	9,552	10,039	10,994	11,747	12,271	12,921
지배주주지분	9,371	9,840	10,760	11,452	11,958	12,596

기업가치 지표
항목	2011	2012	2013	2014	2015	2016
주가(최고/저)(천원)	96.3/46.9	109/60.5	114/70.7	126/73.0	82.3/49.3	96.2/47.1
PER(최고/저)(배)	6.8/3.3	7.5/4.2	6.6/4.1	11.3/6.5	11.4/6.8	9.0/4.4
PBR(최고/저)(배)	0.7/0.3	0.7/0.4	0.7/0.4	0.7/0.4	0.4/0.3	0.5/0.2
EV/EBITDA(배)	4.7	4.4	4.2	5.1	5.6	7.5
EPS(원)	16,009	16,084	18,907	11,952	7,618	10,854
BPS(원)	156,600	164,386	179,719	191,258	199,688	210,321
CFPS(원)	19,668	21,180	25,170	19,745	15,871	19,292
DPS(원)	1,500	1,500	1,500	1,500	1,750	1,750
EBITDAPS(원)	27,389	34,004	32,032	35,155	21,203	21,313

재무 비율 〈단위 : % 〉
연도	영업이익률	순이익률	부채비율	차입금비율	ROA	ROE	유보율	자기자본비율	EBITDA마진율
2016	4.3	3.6	67.9	38.0	3.1	5.3	4,106.4	59.6	7.1
2015	3.6	2.1	69.0	40.3	2.1	3.9	3,893.8	59.2	5.8
2014	6.7	3.1	94.5	61.1	3.6	6.5	3,725.2	51.4	8.6
2013	7.0	5.3	81.5	50.7	5.8	11.0	3,494.4	55.1	8.7

세아특수강 (A019440)
SeAH SPECIAL STEEL

업 종 : 금속 및 광물		시 장 : 거래소	
신용등급 : (Bond) A- (CP) A2-		기업규모 : 시가총액 소형주	
홈페이지 : www.seahsp.co.kr		연락처 : 054)285-4771	
본 사 : 경북 포항시 남구 괴동로 40			

설 립 일 1986.11.01	종업원수 304명	대표이사 유을봉	
상 장 일 2011.06.01	감사의견 적정(한영)	계 열	
결 산 기 12월	보 통 주 857만주	종속회사수	
액 면 가 5,000원	우 선 주	구 상 호	

주주구성 (지분율,%)		출자관계 (지분율,%)		주요경쟁사 (외형,%)	
세아홀딩스	68.7	마이벤처파트너스	5.0	세아특수강	100
국민연금공단	6.0	POS-SeAHSteelWire(Tianjin)Co.,Ltd	100.0	유성티엔에스	66
(외국인)	2.5	POS-SeAHSteelWire(Nantong)Co.,Ltd	75.0	현대비앤지스틸	99

매출구성		비용구성		수출비중	
선재	67.9	매출원가율	90.0	수출	—
봉강	33.4	판관비율	3.9	내수	—
내부거래	-1.3				

회사 개요
동사는 1986년 냉간압조용 선재(CHQ WIRE) 및 마봉강(CD BAR)을 생산, 판매할 목적으로 설립됨. 자동차, 전자, 기계부품, 건설자재, 공구의 소재로 사용되는 냉간압조용 선재와 봉강을 생산하며 매출에서 내수 비중이 85% 이상을 차지함. 국내시장 점유율은 2016년 기준 CHQ WIRE 37.2%로 8개 생산업체 가운데 1위이고, CD BAR 43.4%를 차지함. 동사는 세아그룹의 계열사 중의 하나임.

실적 분석
동사의 2016년 연결기준 매출과 영업이익은 6688억원, 404억원으로 전년 대비 매출은 1.8% 줄었지만 영업이익은 15.8% 증가함. 국내 자동차산업의 수요 감소 및 비자동차산업의 침체와 동종업체 과당경쟁에 따른 판매단가 하락으로 매출이 감소함. 금융수익은 전년대비 11% 증가하였고 금융원가는 차입금 감소로 전년대비 12.9% 감소함. 총자산은 전년대비 3.3%, 165억원 증가하였고, 자본총계는 6.4%, 185억원 증가함.

현금 흐름
<단위 : 억원>

항목	2015	2016
영업활동	701	630
투자활동	-205	-227
재무활동	-431	-239
순현금흐름	68	163
기말현금	137	300

시장 대비 수익률
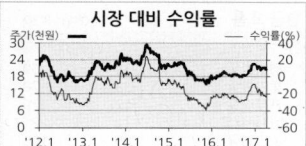

결산 실적
<단위 : 억원>

항목	2011	2012	2013	2014	2015	2016
매출액	6,917	7,121	7,643	7,506	6,813	6,688
영업이익	459	339	510	480	349	404
당기순이익	292	214	330	322	192	237

분기 실적
<단위 : 억원>

항목	2015.3Q	2015.4Q	2016.1Q	2016.2Q	2016.3Q	2016.4Q
매출액	1,568	1,630	1,638	1,675	1,570	1,806
영업이익	85	67	99	103	97	106
당기순이익	36	31	67	61	61	48

재무 상태
<단위 : 억원>

항목	2011	2012	2013	2014	2015	2016
총자산	4,746	4,850	4,862	5,301	5,003	5,168
유형자산	1,604	1,672	1,644	1,896	1,899	1,944
무형자산	39	37	37	53	56	47
유가증권	9	9	9	9	4	4
총부채	2,672	2,686	2,422	2,553	2,129	2,110
총차입금	1,896	2,014	1,602	1,761	1,412	1,211
자본금	429	429	429	429	429	429
총자본	2,074	2,164	2,441	2,748	2,874	3,059
지배주주지분	2,021	2,111	2,380	2,679	2,792	2,957

기업가치 지표

항목	2011	2012	2013	2014	2015	2016
주가(최고/저)(천원)	43.6/22.2	26.3/15.8	26.2/16.2	29.4/20.6	23.8/15.3	22.7/16.8
PER(최고/저)(배)	15.7/7.9	12.5/7.6	7.9/4.9	8.9/6.2	11.3/7.2	8.5/6.3
PBR(최고/저)(배)	2.2/1.1	1.2/0.7	1.1/0.7	1.0/0.7	0.8/0.5	0.7/0.5
EV/EBITDA(배)	7.0	7.3	5.8	5.7	5.3	4.8
EPS(원)	3,341	2,458	3,760	3,676	2,260	2,755
BPS(원)	23,579	25,110	28,324	31,424	32,914	34,856
CFPS(원)	4,900	4,323	5,823	5,874	4,702	5,191
DPS(원)	700	600	750	800	700	750
EBITDAPS(원)	6,909	5,817	8,012	7,803	6,512	7,149

재무 비율
<단위 : %>

연도	영업이익률	순이익률	부채비율	차입금비율	ROA	ROE	유보율	자기자본비율	EBITDA마진율
2016	6.0	3.5	69.0	39.6	4.7	8.2	597.1	59.2	9.2
2015	5.1	2.8	74.1	49.1	3.7	7.1	558.3	57.4	8.2
2014	6.4	4.3	92.9	64.1	6.3	12.5	528.5	51.8	8.9
2013	6.7	4.3	99.2	65.6	6.8	14.4	466.5	50.2	9.0

세아홀딩스 (A058650)
SeAH Holdings

업 종 : 금속 및 광물		시 장 : 거래소	
신용등급 : (Bond) A (CP) A2		기업규모 : 시가총액 중형주	
홈페이지 : www.seahholdings.co.kr.		연락처 : 02)6970-0110	
본 사 : 서울시 마포구 양화로 45			

설 립 일 2001.07.01	종업원수 45명	대표이사 서영범,이순형	
상 장 일 2001.07.30	감사의견 적정(안진)	계 열	
결 산 기 12월	보 통 주 400만주	종속회사수	
액 면 가 5,000원	우 선 주	구 상 호	

주주구성 (지분율,%)		출자관계 (지분율,%)		주요경쟁사 (외형,%)	
이태성	35.1	세아창원아이	100.0	세아홀딩스	100
이주성	18.0	S&GHoldingsLtd	100.0	제낙스	0
(외국인)	1.2	세아네트웍스	100.0	고려아연	145

매출구성		비용구성		수출비중	
배당금수익(기타)	80.9	매출원가율	90.8	수출	—
용역수익(용역)	12.2	판관비율	3.4	내수	—
임대수익(기타)	7.0				

회사 개요
동사는 2001년 7월에 세아제강의 투자사업부문과 임대사업부문이 인적분할 방식으로 신설되어, 한국거래소 유가증권시장에 재상장됨. 세아베스틸, 드림라인, 세아특수강 등의 자회사 지분을 통해 수익을 얻는 지주회사로 2016년 6월말 기준, 31의 국내외 연결회사를 가지고 있음. 자산 비중이 가장 큰 세아베스틸의 실적이 연결실체의 실적에 큰 영향을 미치는 구조를 지니며 세아베스틸은 현재 특수강, 대형단조, 자동차부품사업을 영위하고 있음.

실적 분석
동사의 2016년 연결 기준 매출과 영업이익은 4조343억원, 2348억원으로 전년 대비 각각 0.3%, 18.4% 감소함. 특수강 사업에서 자동차 업계 파업, 중국 수입재와의 경쟁 격화 등의 영향으로 전기대비 수익성이 저하됨. 동사의 재무상태는 자산총계 5조1779억원, 부채총계 2조2537억원, 자본총계 2조9241억원(지배기업의 소유주지분 1조7185억원)으로 부채비율 77.1%의 견실한 재무구조를 가지고 있음.

현금 흐름
<단위 : 억원>

항목	2015	2016
영업활동	5,009	3,825
투자활동	-4,807	-2,236
재무활동	-1,639	-2,216
순현금흐름	-1,435	-634
기말현금	1,930	1,296

시장 대비 수익률
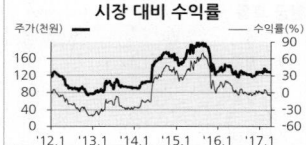

결산 실적
<단위 : 억원>

항목	2011	2012	2013	2014	2015	2016
매출액	39,581	36,988	36,622	38,961	40,482	40,343
영업이익	3,393	2,285	1,970	2,556	2,876	2,348
당기순이익	2,343	1,266	232	1,645	2,071	1,619

분기 실적
<단위 : 억원>

항목	2015.3Q	2015.4Q	2016.1Q	2016.2Q	2016.3Q	2016.4Q
매출액	10,149	9,641	9,585	10,395	9,859	10,504
영업이익	710	403	592	749	441	566
당기순이익	422	190	507	559	265	288

재무 상태
<단위 : 억원>

항목	2011	2012	2013	2014	2015	2016
총자산	38,451	40,088	39,147	41,411	51,915	51,779
유형자산	18,067	19,539	17,913	17,422	28,399	28,369
무형자산	575	657	406	419	477	519
유가증권	1,134	1,207	1,323	1,000	1,053	1,117
총부채	16,925	18,231	17,322	18,243	24,038	22,537
총차입금	9,875	13,236	12,226	13,112	15,515	14,973
자본금	200	200	200	200	200	200
총자본	21,526	21,857	21,825	23,167	27,877	29,241
지배주주지분	13,428	13,913	13,950	14,865	15,260	17,185

기업가치 지표

항목	2011	2012	2013	2014	2015	2016
주가(최고/저)(천원)	163/99.9	129/73.7	111/76.9	177/86.3	209/119	146/115
PER(최고/저)(배)	5.6/3.4	7.6/4.3	—/—	7.6/3.7	7.4/4.2	6.6/5.2
PBR(최고/저)(배)	0.5/0.3	0.4/0.2	0.3/0.2	0.5/0.2	0.6/0.3	0.3/0.3
EV/EBITDA(배)	4.1	5.4	5.7	6.4	6.6	7.0
EPS(원)	32,265	18,407	-120	24,345	28,983	22,514
BPS(원)	335,714	347,850	348,766	371,647	381,513	429,638
CFPS(원)	78,273	61,083	36,895	59,319	74,849	72,721
DPS(원)	1,750	1,750	1,750	1,800	1,750	1,750
EBITDAPS(원)	130,831	99,796	86,275	98,886	117,754	108,904

재무 비율
<단위 : %>

연도	영업이익률	순이익률	부채비율	차입금비율	ROA	ROE	유보율	자기자본비율	EBITDA마진율
2016	5.8	4.0	77.1	51.2	3.1	5.6	8,492.8	56.5	10.8
2015	7.1	5.1	86.2	55.7	4.4	7.7	7,530.3	53.7	11.6
2014	6.6	4.2	78.8	56.6	4.1	6.8	7,333.0	56.0	10.2
2013	5.4	0.6	79.4	56.0	0.6	0.0	6,875.3	55.8	9.4

세우글로벌 (A013000)
Sewoo Global

업　　　종 : 화학　　　　　　　　　　시　　장 : 거래소
신용등급 : (Bond) —　　(CP) —　　기업규모 : 시가총액 소형주
홈페이지 : www.sewoo21.co.kr　　연락처 : 032)868-1100
본　　　사 : 인천시 남구 염전로261번길 26-48(도화동)

설 립 일	1978.03.10	종 업 원 수	27명	대 표 이 사	안백순
상 장 일	1989.09.05	감 사 의 견	적정 (대주)	계 열	
결 산 기	12월	보 통 주	2,369만주	종속회사수	
액 면 가	500원	우 선 주	만주	구 상 호	

주주구성 (지분율,%)		출자관계 (지분율,%)		주요경쟁사 (외형,%)	
안백순	17.3	세우글로벌	100	KPX그린케미칼	575
새누리상호저축은행	4.8			대정화금	144
(외국인)	0.9				

매출구성		비용구성		수출비중	
엔지니어링 플라스틱 등(상품)	85.1	매출원가율	91.7	수출	—
SELAC 등(제품)	14.9	판관비율	6.4	내수	—
보관료(기타)	0.0				

회사 개요
동사는 1978년에 설립된 엔지니어링 플라스틱, 고기능수지, 범용 플라스틱 등의 플라스틱 전문 판매업체로 사빅 이노베이티브 플라스틱(Sabic Innovative Plastic) 국내대리점이며 바스프, 미쯔비시, 쉐브론 등에 플라스틱 재료를 공급함. 베트남에 지분율 100%의 자회사 SEWOO GLOBAL VIETNAM을 운영중임. 엔지니어링 프라스틱 부문은 소량 다품종으로 적기의 공급과 안정적인 원료 확보가 관건임.

실적 분석
동사의 2016년 연결기준 누적매출액은 423.8억원으로 전년 대비 7.1% 증가함. 원가율이 악화되면서 영업이익은 전년보다 50.5% 줄어든 7.9억원을 기록함. 당기순이익도 4.3억원으로 31.4% 감소함. PCB산업은 일본, 미국의 첨단 제품과 대만, 중국 및 동남아시아 범용제품으로 양분되는 시장에서 일본의 선진 기술과 중국 및 동남아시아의 저가공세를 받고 있음. 동사는 지속적인 기술 개발과 설비투자로 경쟁력 강화에 나설 계획임.

현금 흐름 〈단위 : 억원〉

항목	2015	2016
영업활동	12	-3
투자활동	-11	7
재무활동	-4	—
순현금흐름	-4	4
기말현금	70	73

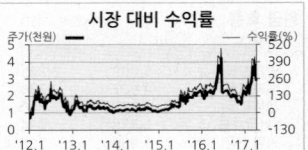

시장 대비 수익률

결산 실적 〈단위 : 억원〉

항목	2011	2012	2013	2014	2015	2016
매출액	301	347	408	445	396	424
영업이익	9	13	19	25	16	8
당기순이익	-14	14	11	3	6	4

분기 실적 〈단위 : 억원〉

항목	2015.3Q	2015.4Q	2016.1Q	2016.2Q	2016.3Q	2016.4Q
매출액	78	84	98	97	116	112
영업이익	3	-3	0	3	3	1
당기순이익	2	-8	1	2	2	-1

재무 상태 〈단위 : 억원〉

항목	2011	2012	2013	2014	2015	2016
총자산	312	325	335	362	370	392
유형자산	65	57	50	45	46	38
무형자산	1	—	5	5	5	7
유가증권	10	35	10	31	32	15
총부채	33	32	32	59	53	73
총차입금				4		
자본금	118	118	118	118	118	118
총자본	279	293	302	304	317	319
지배주주지분	279	293	302	304	317	319

기업가치 지표

항목	2011	2012	2013	2014	2015	2016
주가(최고/저)(천원)	0.9/0.6	2.5/0.7	1.9/1.0	1.4/1.0	2.6/1.0	5.2/1.5
PER(최고/저)(배)	—/—	42.8/11.7	38.9/21.1	124.6/95.1	98.6/39.4	286.1/83.4
PBR(최고/저)(배)	0.8/0.5	2.0/0.5	1.5/0.8	1.1/0.8	1.9/0.8	3.9/1.1
EV/EBITDA(배)	1.5	7.1	3.7	3.4	16.2	23.5
EPS(원)	-60	57	48	11	26	18
BPS(원)	1,177	1,235	1,277	1,282	1,337	1,346
CFPS(원)	-12	83	83	45	64	56
DPS(원)	—	—	—	—	—	—
EBITDAPS(원)	88	80	114	138	104	71

재무 비율 〈단위 : % 〉

연도	영업이익률	순이익률	부채비율	차입금비율	ROA	ROE	유보율	자기자본비율	EBITDA마진율
2016	1.9	1.0	23.0	0.0	1.1	1.4	169.2	81.3	4.0
2015	4.0	1.5	16.7	0.0	1.7	2.0	167.5	85.7	6.3
2014	5.6	0.6	19.3	1.4	0.7	0.9	156.4	83.8	7.4
2013	4.6	2.8	10.6	0.0	3.4	3.8	155.4	90.4	6.6

세운메디칼 (A100700)
SEWOONMEDICAL

업　　　종 : 의료 장비 및 서비스　　　　시　　장 : KOSDAQ
신용등급 : (Bond) —　　(CP) —　　기업규모 : 우량
홈페이지 : www.sewoonmedical.co.kr　　연락처 : 041)584-2903
본　　　사 : 충남 천안시 서북구 입장면 도림길 60

설 립 일	1982.08.06	종 업 원 수	209명	대 표 이 사	이길환
상 장 일	2008.09.30	감 사 의 견	적정 (한미)	계 열	
결 산 기	12월	보 통 주	4,380만주	종속회사수	
액 면 가	100원	우 선 주		구 상 호	

주주구성 (지분율,%)		출자관계 (지분율,%)		주요경쟁사 (외형,%)	
이길환	41.8	세운이노비전메디칼	85.0	세운메디칼	100
이재희	8.2	스텐다드싸이텍	63.8	제이브이엠	173
(외국인)	1.7	세운메디칼유한책임회사	100.0	엘앤케이바이오	61

매출구성		비용구성		수출비중	
기타	60.2	매출원가율	61.3	수출	14.0
[제품]의료용저압지속흡인기류	12.9	판관비율	17.9	내수	86.0
[제품]흡인용튜브카데타류	10.8				

회사 개요
1969년 8월 세운의료기를 창업하여 1982년 8월 세운메디칼 상사로 법인 전환 후 2005년 1월 세운메디칼로 상호 변경. 의료용구 및 위생용품 등을 제조, 판매하는 회사로 2008년 9월 코스닥시장에 상장됨. 의료용 소모품 전문 생산 기업으로 주요 제품은 병원에서 치료 목적으로 사용되는 전기시술장치(의료용 흡인기: 의료용저압지속흡인기), 의약품 주입기(의료용 취관 및 체액유도관: 비뇨기과용 튜브 카테터, 위장용 튜브카테터등) 등이 있음.

실적 분석
동사의 2016년 연결기준 누적 매출액은 566.2억원으로 전년 대비 1.4% 증가함. 원가율 개선과 판관비 감소로 영업이익은 전년보다 24.1% 늘어난 117.4억원을 기록함. 2015년부터 공장 가동을 시작한 베트남을 비롯해 수출시장 확대에 나서면서 글로벌 수출 기업으로 도약을 모색하고 있음. 품질시스템을 적용한 양산체계를 갖춰 제조원가를 낮춤으로써 가격경쟁력을 확보할 계획임.

현금 흐름 〈단위 : 억원〉

항목	2015	2016
영업활동	37	69
투자활동	-38	-78
재무활동	-12	29
순현금흐름	-11	21
기말현금	85	106

시장 대비 수익률

결산 실적 〈단위 : 억원〉

항목	2011	2012	2013	2014	2015	2016
매출액	443	491	514	529	559	566
영업이익	57	71	111	104	95	117
당기순이익	37	54	87	61	31	85

분기 실적 〈단위 : 억원〉

항목	2015.3Q	2015.4Q	2016.1Q	2016.2Q	2016.3Q	2016.4Q
매출액	135	141	141	147	146	131
영업이익	15	25	29	38	33	18
당기순이익	-27	18	20	30	25	10

재무 상태 〈단위 : 억원〉

항목	2011	2012	2013	2014	2015	2016
총자산	551	563	646	730	786	853
유형자산	219	205	205	257	273	327
무형자산	23	24	30	29	26	18
유가증권	1	1	1	0	1	1
총부채	84	50	59	86	120	110
총차입금	39	6	4	2	1	41
자본금	44	44	44	44	44	44
총자본	467	513	587	643	666	743
지배주주지분	459	503	578	633	656	731

기업가치 지표

항목	2011	2012	2013	2014	2015	2016
주가(최고/저)(천원)	6.8/2.0	5.5/2.7	3.6/2.6	8.7/3.6	7.6/4.7	5.6/3.7
PER(최고/저)(배)	85.7/24.9	46.9/23.3	19.2/13.7	65.0/27.1	109.9/68.7	29.7/19.8
PBR(최고/저)(배)	6.6/1.9	4.8/2.4	2.8/2.0	6.1/2.5	5.1/3.2	3.3/2.2
EV/EBITDA(배)	29.6	14.6	11.4	20.8	19.0	12.9
EPS(원)	82	120	194	137	70	191
BPS(원)	1,071	1,171	1,344	1,470	1,522	1,693
CFPS(원)	134	172	248	190	127	249
DPS(원)	15	16	20	25	25	35
EBITDAPS(원)	182	215	306	289	273	326

재무 비율 〈단위 : % 〉

연도	영업이익률	순이익률	부채비율	차입금비율	ROA	ROE	유보율	자기자본비율	EBITDA마진율
2016	20.7	15.0	14.9	5.5	10.4	12.0	1,592.7	87.1	25.2
2015	16.9	5.5	18.1	0.2	4.1	4.8	1,421.9	84.8	21.4
2014	19.6	11.6	13.4	0.3	8.9	9.9	1,369.9	88.2	24.0
2013	21.5	16.9	10.1	0.6	14.4	15.8	1,244.2	90.8	26.1

세원 (A234100)
Sewon

업 종 : 자동차부품			시 장 : KONEX		
신용등급 : (Bond) — (CP) —			기업규모 :		
홈페이지 : www.sewonmfg.co.kr			연락처 : 031)615-6710		
본 사 : 경기도 평택시 산단로64번길 56					

설 립 일 1992.01.01	종 업 원 수 237명	대 표 이 사 유기철
상 장 일 2015.12.29	감사의견 적정(삼덕)	계 열
결 산 기 12월	보 통 주 294만주	종속회사수
액 면 가 500원	우 선 주	구 상 호

주주구성 (지분율,%)		출자관계 (지분율,%)		주요경쟁사 (외형,%)	
유기철	38.8			세원	100
큐캐피탈홀딩스	30.0			이원컴포텍	88
				세동	296

매출구성		비용구성		수출비중	
헤드콘덴서	55.8	매출원가율	78.9	수출	9.8
브라켓류	17.2	판관비율	13.8	내수	90.2
라디에이타캡	13.7				

회사 개요
동사는 1991년 자동차 엔진용 부품 제조업을 주요 사업으로 영위하기 위해 설립됨. 동사는 자동차 부품 중 차량 공조시스템에 적용되는 라디에이터캡, 에어컨 헤드콘덴서, 각종 브라켓 등을 생산, 판매함. 헤드콘덴서는 2015년 수주 기준 70% 이상의 시장점유율을 나타내고 있는 동사의 주력 제품임. 전방 산업인 자동차 산업의 영향을 크게 받음. 동사는 총 매출의 약 70% 가량이 1차 협력업체인 한온시스템에 대한 매출로 발생함.

실적 분석
동사는 지난해 423.5억원의 매출을 올림. 영업이익은 30.9억원을 기록함. 당기순이익은 26.5억원에 달함. 멕시코 현지 공장을 2016년 하반기에 설립함. 2015년부터 실제 수주로 시작해 연 매출 기준 100억원을 수주 목표로 사업을 추진 중임. 멕시코 현지 공장에서 생산된 제품은 2016년 하반기부터 본격적인 매출이 발생한 것으로 추정됨. 다만 미국의 자국우선주의로 무역환경이 악화된 것은 악재로 판단됨.

현금 흐름 *IFRS 별도 기준 〈단위 : 억원〉		
항목	2015	2016
영업활동	30	57
투자활동	-102	-19
재무활동	50	15
순현금흐름	-21	55
기말현금	5	60

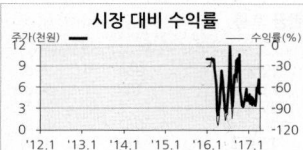

시장 대비 수익률

결산 실적 〈단위 : 억원〉

항목	2011	2012	2013	2014	2015	2016
매출액	259	258	300	351	399	424
영업이익	4	3	8	14	18	31
당기순이익	6	8	9	16	21	27

분기 실적 *IFRS 별도 기준 〈단위 : 억원〉

항목	2015.3Q	2015.4Q	2016.1Q	2016.2Q	2016.3Q	2016.4Q
매출액	—	—	—	—	—	—
영업이익	—	—	—	—	—	—
당기순이익	—	—	—	—	—	—

재무 상태 *IFRS 별도 기준 〈단위 : 억원〉

항목	2011	2012	2013	2014	2015	2016
총자산	180	177	197	226	307	372
유형자산	37	38	45	63	119	141
무형자산	1	0	0	1	1	1
유가증권						
총부채	99	89	99	112	158	188
총차입금	24	28	15	29	65	80
자본금	4	4	4	4	15	15
총자본	81	89	98	114	149	184
지배주주지분	81	89	98	114	149	184

기업가치 지표 *IFRS 별도 기준

항목	2011	2012	2013	2014	2015	2016
주가(최고/저)(천원)	—/—	—/—	—/—	—/—	10.0/10.0	13.7/2.2
PER(최고/저)(배)	0.0/0.0	0.0/0.0	0.0/0.0	0.0/0.0	11.9/11.9	15.2/2.4
PBR(최고/저)(배)	0.0/0.0	0.0/0.0	0.0/0.0	0.0/0.0	2.0/2.0	2.2/0.3
EV/EBITDA(배)	—	—	—	—	7.7	1.5
EPS(원)	248	323	362	655	838	902
BPS(원)	115,504	126,812	139,482	162,416	5,055	6,265
CFPS(원)	24,933	27,682	31,001	42,985	1,542	1,608
DPS(원)						
EBITDAPS(원)	21,698	20,129	30,129	40,587	1,406	1,756

재무 비율 〈단위 : % 〉

연도	영업이익률	순이익률	부채비율	차입금비율	ROA	ROE	유보율	자기자본비율	EBITDA마진율
2016	7.3	6.3	102.1	43.7	7.8	15.9	1,153.0	49.5	12.2
2015	4.4	5.3	106.6	44.0	7.9	16.0	911.0	48.4	8.8
2014	4.1	4.6	98.5	25.5	7.6	15.2	3,148.3	50.4	8.1
2013	2.8	3.0	101.6	15.4	4.7	9.5	2,689.6	49.6	7.0

세원물산 (A024830)
SEWON

업 종 : 자동차부품		시 장 : KOSDAQ	
신용등급 : (Bond) — (CP) —		기업규모 : 우량	
홈페이지 : www.se-won.co.kr		연락처 : 054)335-0551	
본 사 : 경북 영천시 도남공단길 53(도남동)			

설 립 일 1985.02.01	종 업 원 수 376명	대 표 이 사 김도현,김문기
상 장 일 1994.12.29	감사의견 적정(안경)	계 열
결 산 기 12월	보 통 주 835만주	종속회사수
액 면 가 500원	우 선 주	구 상 호

주주구성 (지분율,%)		출자관계 (지분율,%)		주요경쟁사 (외형,%)	
에스엠티	37.3	세원E&	20.0	세원물산	100
세원정공	22.8	세원테크	13.5	삼성공조	111
(외국인)	1.3	상하세원기차과기유한공사	19.0	현대공업	280

매출구성		비용구성		수출비중	
FENDER APRON MBR FRONT 등	161.0	매출원가율	86.7	수출	62.1
기타	23.0	판관비율	9.6	내수	37.9
부산물	3.6				

회사 개요
동사는 차체 보강 판넬류 등 자동차 부품 제조 판매를 목적으로 1985년 설립됨. 1994년 코스닥 시장에 상장됨. 대부분의 제품을 현대차에 납품하고 있음. 쏘나타, 액센트, 그랜저,포터 등 승용, 상용 부문에 지속적으로 차체 부품을 납품함. 현대차 신차의 기술 개발에도 참여함. 내수와 수출 제품 매출은 32.7대 67.6로 수출제품에 더 많은 부품이 들어가며, 주로 자동차 차체 보강 판넬류를 생산함. 최근 대우증권과 유동성 공급계약 체결.

실적 분석
동사의 2016년 결산기준 매출액은 761.4억원으로 전년 동기 대비 21.1% 감소하였음. 매출원가는 660.3억원으로 전년 동기 대비 21.0% 감소하여 매출총이익은 21.9%의 감소한 101.1원을 시현하였음. 이에 따라 영업이익이 전년 동기대비 감소하여 44.0억원을 시현함. 당기순이익은 전년 동기 대비 대폭 감소한 37.7억원을 시현하였음. 계열사인 세원 아메리카에 대규모 채무보증 존재함.

현금 흐름 *IFRS 별도 기준 〈단위 : 억원〉		
항목	2015	2016
영업활동	318	-27
투자활동	-6	-209
재무활동	-6	-7
순현금흐름	305	-242
기말현금	312	69

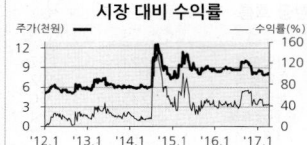

시장 대비 수익률

결산 실적 〈단위 : 억원〉

항목	2011	2012	2013	2014	2015	2016
매출액	961	1,016	892	826	966	761
영업이익	51	-13	-46	-53	45	28
당기순이익	92	128	25	-2	87	38

분기 실적 *IFRS 별도 기준 〈단위 : 억원〉

항목	2015.3Q	2015.4Q	2016.1Q	2016.2Q	2016.3Q	2016.4Q
매출액	206	276	231	281	105	145
영업이익	-1	38	12	50	-16	-17
당기순이익	16	36	14	45	-11	-10

재무 상태 *IFRS 별도 기준 〈단위 : 억원〉

항목	2011	2012	2013	2014	2015	2016
총자산	2,602	2,611	2,059	2,229	2,539	2,464
유형자산	633	666	574	539	602	927
무형자산	4	2	3	7	9	10
유가증권	354	478	513	599	599	626
총부채	1,213	1,011	408	508	744	612
총차입금	713	587	2	2	2	3
자본금	42	42	42	42	42	42
총자본	1,390	1,600	1,652	1,721	1,795	1,853
지배주주지분	1,390	1,600	1,652	1,721	1,795	1,853

기업가치 지표 *IFRS 별도 기준

항목	2011	2012	2013	2014	2015	2016
주가(최고/저)(천원)	7.3/4.7	6.9/5.0	7.6/5.5	13.3/5.8	11.7/7.3	10.6/8.0
PER(최고/저)(배)	7.1/4.5	4.8/3.4	25.8/18.7	—/—	11.4/7.1	23.6/17.8
PBR(최고/저)(배)	0.5/0.3	0.4/0.3	0.4/0.3	0.7/0.3	0.6/0.4	0.5/0.4
EV/EBITDA(배)	0.6	—	—	0.6	—	2.0
EPS(원)	1,104	1,538	305	-23	1,047	451
BPS(원)	16,644	19,161	19,779	20,610	21,494	22,187
CFPS(원)	2,385	2,921	1,698	1,246	2,227	1,590
DPS(원)	75	75	75	75	75	75
EBITDAPS(원)	1,895	1,232	846	633	1,721	1,472

재무 비율 〈단위 : % 〉

연도	영업이익률	순이익률	부채비율	차입금비율	ROA	ROE	유보율	자기자본비율	EBITDA마진율
2016	3.7	5.0	33.0	0.1	1.5	2.1	4,337.4	75.2	16.1
2015	4.7	9.1	41.4	0.1	3.7	5.0	4,198.9	70.7	14.9
2014	-6.4	-0.2	29.5	0.1	-0.1	-0.1	4,022.0	77.2	6.4
2013	-5.1	2.9	24.7	0.1	1.1	1.6	3,855.7	80.2	7.9

세원셀론텍 (A091090)
Sewon Cellontech

업　　　종 : 에너지 시설 및 서비스		시　　　장 : 거래소	
신용등급 : (Bond) ― 　(CP) ―		기업규모 : 시가총액 소형주	
홈페이지 : www.sewoncellontech.com		연락처 : 02)2167-9000	
본　　　사 : 서울시 영등포구 의사당대로 83, HP빌딩 4~6층 (여의도동)			

설 립 일 2006.07.03	종업원수 455명	대표이사 장정호	
상 장 일 2006.07.31	감사의견 적정 (이현)	계　　열	
결 산 기 12월	보통주 6,059만주	종속회사수	
액 면 가 500원	우선주	구상상	

주주구성 (지분율,%)		출자관계 (지분율,%)		주요경쟁사 (외형,%)	
SC엔지니어링	28.9	조드세원	50.0	세원셀론텍	100
성신양회	2.5	RMSINNOVATIONSUK	100.0	OCI	1,233
(외국인)	1.8	상해세원액압	100.0	동국S&C	173

매출구성		비용구성		수출비중	
REACTOR, H/E, PRESSURE VESSEL 등	88.1	매출원가율	92.4	수출	74.7
세포치료제,가족제대혈은행,의약품, 등	6.4	판관비율	7.6	내수	25.3
PUMP, VALVE, UNIT, CYLINDER 등 (세원)	5.2				

회사 개요
동사는 구 세원셀론텍이 2006년 7월 분할하여 설립된 회사로서 가스, 정유, 석유화학 및 발전 플랜트의 설비를 제작하는 PEA사업, 압력을 이용하여 기계를 작동 및 제어하는 유공압기기를 제작 판매하는 ME사업 그리고 줄기세포 공학, 바이오 공학, 건강식품, 콜라겐 화장품을 제조판매하는 RMS사업을 영위하고 있음. 동사는 5개의 계열사를 보유하고 있으며 연결자회사는 상해세원액압유한공사 등 2개 사임.

실적 분석
동사의 2016년 연결기준 매출액은 전년대비 19.3% 감소한 2,221.7억원을 기록함. 외형 축소와 원가율 상승으로 영업손실 1.1억원, 당기순손실 89.4억원을 보이며 전년대비 적자전환함. 사업부문별 매출비중은 PE 87.5%, RMS 7.5%, 기타로 구성되며 영업이익은 PE부문에서 발생함. 당기 중 창원시에 소재한 토지에 대한 자산재평가를 실시하여 자산778억원, 자본 607억원, 부채 171억원의 증가로 회계처리함.

현금 흐름 〈단위 : 억원〉

항목	2015	2016
영업활동	-224	257
투자활동	-8	-192
재무활동	235	-50
순현금흐름	2	14
기말현금	26	40

시장 대비 수익률
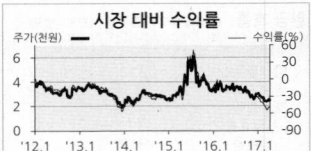

결산 실적 〈단위 : 억원〉

항목	2011	2012	2013	2014	2015	2016
매출액	2,387	2,858	1,854	2,020	2,753	2,222
영업이익	-211	93	-125	-135	9	-1
당기순이익	-243	5	-223	-207	49	-89

분기 실적 〈단위 : 억원〉

항목	2015.3Q	2015.4Q	2016.1Q	2016.2Q	2016.3Q	2016.4Q
매출액	782	755	701	621	446	454
영업이익	20	-41	21	12	-4	-29
당기순이익	85	-111	-39	-3	-80	33

재무 상태 〈단위 : 억원〉

항목	2011	2012	2013	2014	2015	2016
총자산	3,768	3,676	2,986	3,066	3,477	3,749
유형자산	1,881	1,816	1,602	1,538	1,516	2,420
무형자산	42	46	39	43	44	54
유가증권	17	31	30	37	32	29
총부채	2,659	2,582	1,968	2,252	2,107	1,785
총차입금	1,629	1,843	1,434	1,516	1,215	1,094
자본금	181	181	202	202	289	303
총자본	1,109	1,094	1,018	814	1,370	1,964
지배주주지분	1,109	1,094	1,018	814	1,370	1,964

기업가치 지표

항목	2011	2012	2013	2014	2015	2016
주가(최고/저)(천원)	5.0/2.7	4.2/1.9	4.0/2.1	3.3/2.4	6.5/2.6	―/―
PER(최고/저)(배)	―/―	296.5/190.5	―/―	―/―	63.4/23.3	―/―
PBR(최고/저)(배)	1.7/1.0	1.5/0.9	1.7/0.8	1.7/1.1	2.8/1.0	1.2/0.8
EV/EBITDA(배)		17.9			37.8	43.7
EPS(원)	-637	14	-547	-487	103	-149
BPS(원)	3,062	3,020	2,525	2,021	2,369	3,242
CFPS(원)	-457	246	-352	-315	261	-39
DPS(원)						
EBITDAPS(원)	-369	488	-101	-137	177	109

재무 비율 〈단위 : %〉

연도	영업이익률	순이익률	부채비율	차입금비율	ROA	ROE	유보율	자기자본비율	EBITDA마진율
2016	-0.1	-4.0	90.9	55.7	-2.5	-5.4	548.3	52.4	2.9
2015	0.3	1.8	153.8	88.7	1.5	4.5	373.9	39.4	3.0
2014	-6.7	-10.2	276.5	186.2	-6.8	-22.6	304.1	26.6	-2.7
2013	-6.8	-12.0	193.4	140.9	-6.7	-21.1	405.0	34.1	-2.1

세원정공 (A021820)
Sewon Precision Industry

업　　　종 : 자동차부품		시　　　장 : 거래소	
신용등급 : (Bond) ― 　(CP) ―		기업규모 : 시가총액 소형주	
홈페이지 : www.se-won.co.kr		연락처 : 053)582-5161	
본　　　사 : 대구시 달서구 달서대로 554			

설 립 일 1989.07.20	종업원수 296명	대표이사 김문기,김상현	
상 장 일 1996.07.03	감사의견 적정 (세영)	계　　열	
결 산 기 06월	보통주 1,000만주	종속회사수 1개사	
액 면 가 500원	우선주	구상상	

주주구성 (지분율,%)		출자관계 (지분율,%)		주요경쟁사 (외형,%)	
에스엔아이	21.0	세원E&I	26.7	세원정공	100
김문기	9.6	세원테크	24.4	평화정공	351
(외국인)	16.8	세원물산	22.8	서연	915

매출구성		비용구성		수출비중	
FRONT PILLAR DASH PNL ASS'Y COWL CROSS 등	101.8	매출원가율	78.6	수출	7.1
금형	2.7	판관비율	5.0	내수	92.9
차감매출(매출처원료매입분)	-4.4				

회사 개요
동사는 대구에서 설립된 차체제품 제조 전문 기업으로서 현대자동차 및 현대계열회사 등 완성차업체에 납품하고 있음. 주요 생산품목은 COWL CROSS MEMBER, DASH PANEL, HEAT PROTECTOR PANEL등이며, 차체의 형상을 구성하면서 방진, 방음기능 및 충격 완화 등의 목적으로 사용됨. 연결대상 종속회사로는 동사가 지분율 62%를 보유한 중국 소재의 자동차부품 제조회사인 삼하세원기차과기유한공사가 있음.

실적 분석
동사의 당기 영업실적으로는 연결기준 매출액 1515억원으로 전년동기 대비 8.1% 감소한 실적을 시현함. 국내외 매출이 모두 감소했기 때문. 연결실체 수익의 10% 이상을 차지하는 북경현대자동차로부터의 매출이 줄어들었음. 매출 감소 영향으로 영업이익은 전년동기 213.5억원 대비 큰 폭 감소하며 64.3억원을 시현하였고, 당기순이익도 79.9억원으로 큰 폭 감소하였음.

현금 흐름 〈단위 : 억원〉

항목	2016	2017.2Q
영업활동	854	330
투자활동	-189	-938
재무활동	-2	-11
순현금흐름	662	-618
기말현금	779	161

시장 대비 수익률

결산 실적 〈단위 : 억원〉

항목	2012	2013	2014	2015	2016	2017
매출액	3,076	3,954	3,652	3,666	3,486	―
영업이익	626	711	650	601	543	―
당기순이익	707	799	680	641	568	―

분기 실적 〈단위 : 억원〉

항목	2016.1Q	2016.2Q	2016.3Q	2016.4Q	2017.1Q	2017.2Q
매출액	661	988	822	1,016	625	890
영업이익	84	129	128	202	-57	121
당기순이익	94	121	138	215	-53	133

재무 상태 〈단위 : 억원〉

항목	2012	2013	2014	2015	2016	2017.2Q
총자산	4,294	4,949	5,407	6,040	6,630	6,743
유형자산	1,441	1,641	1,511	1,428	1,779	1,966
무형자산	23	23	25	34	33	31
유가증권				0	0	0
총부채	1,150	921	1,048	776	934	998
총차입금	401	88	102	13	7	7
자본금	50	50	50	50	50	50
총자본	3,143	4,029	4,360	5,264	5,696	5,745
지배주주지분	2,526	3,182	3,448	4,070	4,375	4,427

기업가치 지표

항목	2012	2013	2014	2015	2016	2017.2Q
주가(최고/저)(천원)	12.2/8.6	24.5/10.6	33.5/22.4	35.3/24.3	25.9/17.9	―/―
PER(최고/저)(배)	2.5/1.8	4.4/1.9	7.3/4.9	8.4/5.8	6.6/4.6	―/―
PBR(최고/저)(배)	0.5/0.4	0.8/0.3	1.0/0.7	0.9/0.6	0.6/0.4	0.5/0.4
EV/EBITDA(배)	1.0	2.0	2.2	1.5	0.7	―
EPS(원)	5,007	5,620	4,634	4,266	3,952	733
BPS(원)	25,259	31,820	34,482	40,698	43,745	44,266
CFPS(원)	6,744	7,620	6,994	6,695	6,557	2,116
DPS(원)	100	100	100	100	100	
EBITDAPS(원)	7,994	9,109	8,861	8,442	8,034	2,027

재무 비율 〈단위 : %〉

연도	영업이익률	순이익률	부채비율	차입금비율	ROA	ROE	유보율	자기자본비율	EBITDA마진율
2016	15.6	16.3	16.4	0.1	9.0	9.4	8,649.1	85.9	23.1
2015	16.4	17.5	14.7	0.2	11.2	11.4	8,039.6	87.2	23.0
2014	17.8	18.6	24.0	2.3	13.1	14.0	6,796.5	80.6	24.3
2013	18.0	20.2	22.9	2.2	17.3	19.7	6,264.1	81.4	23.0

세이브존아이앤씨 (A067830)
SAVEZONE I&C

업 종 : 백화점	시 장 : 거래소
신용등급 : (Bond) — (CP) —	기업규모 : 시가총액 소형주
홈페이지 : www.savezone.co.kr	연 락 처 : 032)320-9032
본 사 : 서울시 노원구 한글비석로 57 (하계동)	

설 립 일 2002.05.07	종 업 원 수 194명	대 표 이 사 강명진,유영길	
상 장 일 2002.07.25	감 사 의 견 적정 (신한)	계 열	
결 산 기 12월	보 통 주 4,104만주	종속회사수	
액 면 가 1,000원	우 선 주	구 상 호	

주주구성 (지분율,%)
세이브존	47.0
한국투자밸류자산운용	9.7
(외국인)	2.7

출자관계 (지분율,%)
미래디앤아이	100.0
투어캐빈	100.0
디앤디퍼시픽	50.0

주요경쟁사 (외형,%)
세이브존I&C	100
롯데쇼핑	16,139
현대백화점	1,001

매출구성
식품	57.5
의류,잡화	34.6
기타	6.8

비용구성
매출원가율	40.6
판관비율	39.3

수출비중
수출	0.0
내수	100.0

회사 개요
동사는 백화점 형태의 지역 밀착형 6개의 아울렛(재고처리매장)을 운영하는 회사임. 주로 의류 브랜드의 이월상품 및 기획상품 등을 상시 할인된 가격으로 판매하고 있음. 세이브존, 세이브존리베라, 아이세이브존, 미래디앤아이 등 대형할인점과 부동산개발업체 등 동사 포함 총 7개 계열사를 보유중임. 의류뿐만 아니라 식품과 생활용품등의 상품구성과 문화센터, 스포츠센터 등 편의시설을 운영함으로써 소비자들에게 원스톱 쇼핑을 제공하고 있음.

실적 분석
동사의 2016년 연결기준 매출액은 1829.5억원으로 전년 대비 2.2% 감소했음. 매출원가는 3.6% 좋았으며 매출총이익은 1.2% 줄었음. 판매비와 관리비가 전년 대비 3.7% 줄었으며 그 결과 영업이익은 4% 늘어난 368.8억원을 시현했음. 비영업부문 손실 5.6억원이 더해지면서 당기순이익은 전년 대비 5.3% 늘어난 270.8억원을 기록함.

현금 흐름
<단위 : 억원>
항목	2015	2016
영업활동	286	493
투자활동	-89	-77
재무활동	-69	-198
순현금흐름	129	217
기말현금	542	759

시장 대비 수익률
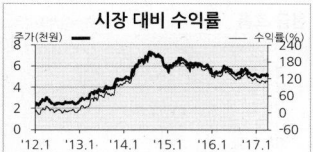

결산 실적
< 단위 : 억원 >
항목	2011	2012	2013	2014	2015	2016
매출액	1,672	1,734	1,795	1,821	1,870	1,830
영업이익	309	299	323	359	355	369
당기순이익	160	180	216	252	257	271

분기 실적
< 단위 : 억원 >
항목	2015.3Q	2015.4Q	2016.1Q	2016.2Q	2016.3Q	2016.4Q
매출액	453	481	463	461	434	472
영업이익	61	101	93	112	66	98
당기순이익	43	74	71	86	46	68

재무 상태
< 단위 : 억원 >
항목	2011	2012	2013	2014	2015	2016
총자산	5,254	5,029	5,109	5,126	5,279	5,534
유형자산	3,726	3,696	3,712	3,685	3,651	3,633
무형자산	24	24	24	23	47	47
유가증권	132	52	50	47	47	47
총부채	2,745	2,370	2,236	2,016	1,915	1,909
총차입금	1,544	1,355	1,190	975	918	731
자본금	410	410	410	410	410	410
총자본	2,509	2,659	2,874	3,110	3,364	3,625
지배주주지분	2,509	2,659	2,874	3,110	3,364	3,625

기업가치 지표
항목	2011	2012	2013	2014	2015	2016
주가(최고/저)(천원)	2.9/1.9	3.1/2.2	4.8/2.7	7.8/4.7	7.1/5.5	6.0/5.0
PER(최고/저)(배)	7.8/5.1	7.3/5.2	9.4/5.2	12.9/7.8	11.4/8.8	9.2/7.7
PBR(최고/저)(배)	0.5/0.3	0.5/0.4	0.7/0.4	1.0/0.6	0.9/0.7	0.7/0.6
EV/EBITDA(배)	5.7	6.0	7.1	6.9	6.3	4.6
EPS(원)	390	440	525	614	627	660
BPS(원)	6,261	6,633	7,155	7,732	8,350	8,986
CFPS(원)	544	604	689	775	784	812
DPS(원)	50	30	30	30	30	30
EBITDAPS(원)	907	894	951	1,036	1,021	1,050

재무 비율
< 단위 : % >
연도	영업이익률	순이익률	부채비율	차입금비율	ROA	ROE	유보율	자기자본비율	EBITDA마진율
2016	20.2	14.8	52.7	20.2	5.0	7.8	798.6	65.5	23.6
2015	19.0	13.8	56.9	27.3	5.0	8.0	735.0	63.7	22.4
2014	19.7	13.8	64.8	31.4	4.9	8.4	673.2	60.7	23.3
2013	18.0	12.0	77.8	41.4	4.3	7.8	615.5	56.2	21.8

세종공업 (A033530)
Sejong Industrial

업 종 : 자동차부품	시 장 : 거래소
신용등급 : (Bond) — (CP) —	기업규모 : 시가총액 소형주
홈페이지 : www.sjku.co.kr	연 락 처 : 052)219-1699
본 사 : 울산시 북구 효자로 82 (효문동)	

설 립 일 1976.06.10	종 업 원 수 813명	대 표 이 사 박세종	
상 장 일 2002.09.25	감 사 의 견 적정 (삼정)	계 열	
결 산 기 12월	보 통 주 2,005만주	종속회사수	
액 면 가 500원	우 선 주	구 상 호	

주주구성 (지분율,%)
에스제이원	45.0
박정규	7.4
(외국인)	7.1

출자관계 (지분율,%)
아센텍	100.0
세움	100.0
세종바이오테크놀로지	100.0

주요경쟁사 (외형,%)
세종공업	100
우리산업홀딩스	28
디아이씨	48

매출구성
MUFFLER(소음기)&C/CONVERTER (배기가스정화기)	90.9
부산물 등	9.1
S/MBR등(차체부품)	0.0

비용구성
매출원가율	86.9
판관비율	11.1

수출비중
수출	84.3
내수	15.7

회사 개요
동사는 자동차의 환경유해배기가스를 정화시켜주는 배기가스정화기(C/CONVERTER)와 소음진동을 줄여주는 자동차용소음기(MUFFLER)를 생산하는 배기계 부품업체로, 현대, 기아차에 전량을 납품하고 있으며, 국내 시장점유율은 29%임. 특히 주요 원재료인 철강 및 컨버터 촉매류를 현대차그룹으로부터 사급받아 생산하고 있어 원재료 가격변동에 따른 부담이 적은 것이 특징임.

실적 분석
동사의 2016년 연결기준 누적매출액은 1조 1543억원으로 전년 동기대비 3.7% 감소, 영업이익은 전년 동기대비 8.2% 증가한 233.7억원을 시현함. 순이익은 금융손익과 외환손익 부문이 큰 폭으로 감소, 비영업손익 적자전환에 따른 악화로 전년 동기대비 30.2% 감소한 138.2억원을 기록함. 올해 신차효과에 따른 매출 증대에 더불어, 향후 글로벌 거점 확대에 따른 성장이 기대됨.

현금 흐름
<단위 : 억원>
항목	2015	2016
영업활동	273	811
투자활동	-661	-696
재무활동	289	63
순현금흐름	-95	172
기말현금	859	1,031

시장 대비 수익률

결산 실적
< 단위 : 억원 >
항목	2011	2012	2013	2014	2015	2016
매출액	9,377	10,177	10,937	11,167	11,991	11,544
영업이익	467	523	575	421	216	234
당기순이익	421	452	465	226	198	138

분기 실적
< 단위 : 억원 >
항목	2015.3Q	2015.4Q	2016.1Q	2016.2Q	2016.3Q	2016.4Q
매출액	2,758	3,446	2,909	3,168	2,772	2,695
영업이익	-62	116	2	119	67	45
당기순이익	-34	61	13	46	10	69

재무 상태
< 단위 : 억원 >
항목	2011	2012	2013	2014	2015	2016
총자산	6,378	6,696	6,976	8,588	9,144	9,525
유형자산	1,823	1,991	2,136	2,548	2,835	2,972
무형자산	86	104	106	320	286	238
유가증권	165	180	170	431	237	276
총부채	3,628	3,607	3,413	4,801	5,212	5,531
총차입금	1,240	1,060	819	1,440	1,747	1,834
자본금	100	100	100	100	100	100
총자본	2,750	3,089	3,562	3,787	3,932	3,994
지배주주지분	2,750	3,089	3,521	3,767	3,912	3,971

기업가치 지표
항목	2011	2012	2013	2014	2015	2016
주가(최고/저)(천원)	20.1/10.3	13.8/9.5	16.7/10.3	18.3/12.2	13.2/8.2	12.5/8.6
PER(최고/저)(배)	10.6/5.4	6.6/4.5	7.8/4.8	14.7/9.7	12.3/7.6	17.8/12.2
PBR(최고/저)(배)	1.6/0.8	1.0/0.7	1.0/0.6	1.0/0.7	0.7/0.4	0.6/0.4
EV/EBITDA(배)	3.8	3.2	3.1	3.5	4.0	3.6
EPS(원)	2,097	2,255	2,317	1,318	1,125	720
BPS(원)	13,810	15,505	17,655	18,884	19,698	20,099
CFPS(원)	3,098	3,435	3,681	3,203	3,378	3,014
DPS(원)	225	130	200	150	250	200
EBITDAPS(원)	3,327	3,787	4,230	3,986	3,330	3,459

재무 비율
< 단위 : % >
연도	영업이익률	순이익률	부채비율	차입금비율	ROA	ROE	유보율	자기자본비율	EBITDA마진율
2016	2.0	1.2	138.5	45.9	1.5	3.7	3,919.9	41.9	6.0
2015	1.8	1.7	132.5	44.4	2.2	5.9	3,839.6	43.0	5.6
2014	3.8	2.0	126.8	38.0	2.9	7.3	3,676.9	44.1	7.2
2013	5.3	4.3	95.8	23.0	6.8	14.1	3,431.0	51.1	7.8

세종머티리얼즈 (A135270)
Sejong Materials

업　　종 : 금속 및 광물　　　　　　　시　　장 : KONEX
신용등급 : (Bond) —　　　(CP) —　　기업규모 :
홈 페 이 지 : www.sejongmaterials.co.kr　연 락 처 : 031)491-1850
본　　사 : 경기도 안산시 단원구 성곡로 112(성곡동,604BL-29LT)

설 립 일	2000.04.29	종업원수	110명	대표이사	성재복
상 장 일	2014.12.17	감사의견	적정 (삼덕)	계 열	
결 산 기	12월	보통주	365만주	종속회사수	
액 면 가	500원	우선주	301만주	구 상 호	

주주구성 (지분율,%)		출자관계 (지분율,%)		주요경쟁사 (외형,%)	
성재복	45.2			세종머티리얼즈	100
SEKISUI CHEMICAL CO.,LTD	17.3			신화실업	130
				파버나인	142

매출구성		비용구성		수출비중	
2차전지용 AL	34.6	매출원가율	89.2	수출	45.0
METAL PCB	29.0	판관비율	6.7	내수	55.0
CEM-3 PCB	19.3				

회사 개요
동사는 알루미늄 소재 및 LED PCB사업을 영위하는 회사로 2000년 4월 29일 설립됨. 주력사업은 진입장벽이 낮아 신규기업의 진입 및 퇴출이 자유롭고, 기술력 평준화에 따라 다수의 기업이 치열하게 경쟁하는 시장임. 소재사업부의 주력매출 제품인 PCM제품은 전방산업인 TV시장 경기에 크게 영향을 받음. TV산업은 2011년 이후 시장포화상태에 도달하여 성장성이 둔화된 상태로 신성장동력을 찾을 필요가 있음.

실적 분석
동사의 2016년 연결 기준 매출과 영업이익, 당기순이익은 540.3억원, 22.1억원, 5.6억원을 기록함. 매출은 전년 대비 0.7% 감소하고 영업이익은 흑자전환함. 자산총계는 전기(449억원)대비 1.6% 감소한 442억원이며, 부채는 전기(366억원)대비 5.5% 감소한 346억원으로 부채비율(부채총액/자기자본)은 361%임. 영업실적 개선 및 차입금 상환에 따라 전기 441%에서 재무건전성이 개선됨.

현금 흐름　　*IFRS 별도 기준　〈단위 : 억원〉

항목	2015	2016
영업활동	-26	14
투자활동	-8	1
재무활동	-5	-25
순현금흐름	-39	-9
기말현금	17	8

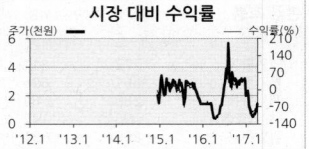

시장 대비 수익률

결산 실적　　　　　　　　　　　〈단위 : 억원〉

항목	2011	2012	2013	2014	2015	2016
매출액	528	643	762	641	544	540
영업이익	14	50	4	18	-11	22
당기순이익	-40	25	-12	-1	-29	6

분기 실적　　*IFRS 별도 기준　〈단위 : 억원〉

항목	2015.3Q	2015.4Q	2016.1Q	2016.2Q	2016.3Q	2016.4Q
매출액	—	—	—	—	—	—
영업이익	—	—	—	—	—	—
당기순이익	—	—	—	—	—	—

재무 상태　　*IFRS 별도 기준　〈단위 : 억원〉

항목	2011	2012	2013	2014	2015	2016
총자산	414	440	522	507	449	442
유형자산	221	208	220	223	208	204
무형자산	3	8	10	7	3	0
유가증권	0	1	2	2	2	—
총부채	315	318	399	393	366	346
총차입금	227	184	266	269	266	242
자본금	33	33	33	33	33	33
총자본	98	122	123	114	83	96
지배주주지분	98	122	123	114	83	96

기업가치 지표　　*IFRS 별도 기준

항목	2011	2012	2013	2014	2015	2016
주가(최고/저)(천원)	—/—	—/—	—/—	2.0/1.3	3.9/1.4	5.9/0.3
PER(최고/저)(배)	0.0/0.0	0.0/0.0	0.0/0.0	—/—	—/—	71.1/4.1
PBR(최고/저)(배)	0.0/0.0	0.0/0.0	0.0/0.0	1.2/0.7	3.1/1.1	4.1/0.2
EV/EBITDA(배)	6.9		2.4	8.5	5.8	21.4	7.8
EPS(원)	-1,099	371	-181	-17	-442	84
BPS(원)	1,485	1,826	1,842	1,717	1,247	1,438
CFPS(원)	-648	635	157	379	-63	408
DPS(원)						
EBITDAPS(원)	836	1,019	403	663	207	656

재무 비율　　　　　　　　　　　〈단위 : % 〉

연도	영업이익률	순이익률	부채비율	차입금비율	ROA	ROE	유보율	자기자본비율	EBITDA마진율
2016	4.1	-1.0	361.2	252.3	1.3	6.2	187.6	21.7	8.1
2015	-2.1	-5.4	440.6	320.3	-6.2	-29.8	149.4	18.5	2.5
2014	2.8	-0.2	343.3	235.0	-0.2	-0.9	243.4	22.6	6.9
2013	0.6	-1.6	325.4	217.1	-2.5	-9.9	268.3	23.5	3.5

세종텔레콤 (A036630)
Sejong Telecom

업　　종 : 유선통신　　　　　　　　시　　장 : KOSDAQ
신용등급 : (Bond) BB+　　(CP) —　　기업규모 : 중견
홈 페 이 지 : www.sejongtelecom.net　연 락 처 : 02)3415-4935
본　　사 : 서울시 강동구 상일로10길 36 세종텔레콤 9층

설 립 일	1992.06.09	종업원수	278명	대표이사	서종렬,김형진
상 장 일	2000.01.04	감사의견	적정 (우리)	계 열	
결 산 기	12월	보통주	30,033만주	종속회사수	
액 면 가	500원	우선주		구 상 호	온세텔레콤

주주구성 (지분율,%)		출자관계 (지분율,%)		주요경쟁사 (외형,%)	
세종투자	43.4	디엠씨씨매니지먼트	34.8	세종텔레콤	100
피보텍	0.8	디엠씨씨프로젝트금융투자	15.0		
(외국인)	1.2	한국DMB	4.8		

매출구성		비용구성		수출비중	
회선임대	28.5	매출원가율	0.0	수출	0.0
시내부가통신	25.5	판관비율	99.6	내수	100.0
기타	22.0				

회사 개요
동사는 1992년 설립돼 통신, SI, 통신판매 상업을 영위 중심. 통신부문은 국제전화, IDC(인터넷데이터센터), VoIP(인터넷전화) 서비스 및 MVNO(이동통신재판매 또는 알뜰폰) 서비스를 제공하고 있음. SI부문은 국내외 통신네트워크 구축공사 등을 수행하고 있음. 상품부문은 KT의 이동전화 가입자를 유치하고 단말기를 판매하는 무선총판 사업을 하고 있음.

실적 분석
동사의 2016년 연결기준 매출액은 1,841.1억원으로 전년 대비 16.7% 증가함. 판매비와 관리비가 16.6% 늘었지만 영업이익은 매출 증가에 힘입어 전년 5.2억원에서 7.7억원으로 증가함. 금융손실이 줄어들어 비영업손실 또한 축소됐고 이에 당기순손실도 적자폭이 감소함. 동사는 국제전화, 시외전화 등 기존 음성통신서비스 부문의 점유율을 유지하고 알뜰폰, 안심번호 서비스 등 신규사업에 진출하며 새로운 수익원을 창출하는 데 힘쓰고 있음.

현금 흐름　　*IFRS 별도 기준　〈단위 : 억원〉

항목	2015	2016
영업활동	172	210
투자활동	-111	-638
재무활동	-95	598
순현금흐름	-34	170
기말현금	11	180

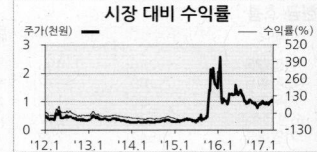

시장 대비 수익률

결산 실적　　　　　　　　　　　〈단위 : 억원〉

항목	2011	2012	2013	2014	2015	2016
매출액	3,167	2,330	1,318	1,128	1,578	1,841
영업이익	-61	-29	-86	13	5	8
당기순이익	-108	-54	-301	14	-49	-18

분기 실적　　*IFRS 별도 기준　〈단위 : 억원〉

항목	2015.3Q	2015.4Q	2016.1Q	2016.2Q	2016.3Q	2016.4Q
매출액	446	463	494	465	444	438
영업이익	1	14	5	-4	-13	19
당기순이익	-20	6	5	-7	-18	2

재무 상태　　*IFRS 별도 기준　〈단위 : 억원〉

항목	2011	2012	2013	2014	2015	2016
총자산	2,076	1,772	1,225	1,079	1,601	2,300
유형자산	728	657	533	276	836	1,080
무형자산	173	158	28	25	27	23
유가증권	183	209	99	203	139	385
총부채	1,540	664	426	281	848	798
총차입금	666	274	50	—	329	174
자본금	317	1,002	1,002	1,002	1,002	1,502
총자본	536	1,107	799	798	753	1,502
지배주주지분	536	1,107	799	798	753	1,502

기업가치 지표

항목	2011	2012	2013	2014	2015	2016
주가(최고/저)(천원)	1.6/0.4	0.7/0.3	0.6/0.3	0.4/0.3	2.5/0.3	2.8/0.7
PER(최고/저)(배)	—/—	—/—	60.7/43.1	—/—	—/—	—/—
PBR(최고/저)(배)	2.2/0.6	1.5/0.7	1.7/0.8	1.1/0.8	7.4/0.9	5.7/1.5
EV/EBITDA(배)	28.1	13.6	45.6	6.2	22.2	15.1
EPS(원)	-148	-25	-132	6	-21	-6
BPS(원)	847	553	399	404	381	500
CFPS(원)	11	26	-100	42	54	48
DPS(원)						
EBITDAPS(원)	85	39	7	41	81	57

재무 비율　　　　　　　　　　　〈단위 : % 〉

연도	영업이익률	순이익률	부채비율	차입금비율	ROA	ROE	유보율	자기자본비율	EBITDA마진율
2016	0.4	-1.0	53.1	11.6	-0.9	-1.6	0.0	65.3	8.7
2015	0.3	-3.1	일부잠식	일부잠식	-3.7	-6.3	-23.8	47.0	10.2
2014	1.1	1.3	일부잠식	0.0	1.2	1.8	-19.3	74.0	7.4
2013	-6.5	-22.8	일부잠식	일부잠식	-20.1	-31.6	-20.3	65.2	1.1

세중 (A039310)
SEJOONG

업 종 : 호텔 및 레저	시 장 : KOSDAQ
신용등급 : (Bond) — (CP) —	기업규모 : 우량
홈 페 이 지 : www.sejoong.com	연 락 처 : 02)2126-7777
본 사 : 서울시 강남구 강남대로 556 논현빌딩 17층	

설 립 일 1995.12.07	종 업 원 수 339명	대 표 이 사	천세전
상 장 일 2000.06.09	감 사 의 견 적정 (대주)	계	열
결 산 기 12월	보 통 주 1,812만주	종속회사수	
액 면 가 500원	우 선 주 —	구 상 호	

주주구성 (지분율,%)		출자관계 (지분율,%)		주요경쟁사 (외형,%)	
천신일	13.7	세중에스앤씨	100.0	세중	100
기획재정부	10.3	나도	100.0	하나투어	233
(외국인)	5.2	세중정보기술	87.3	롯데관광개발	20

매출구성		비용구성		수출비중	
항공권매출액	37.5	매출원가율	81.3	수출	—
강재매출액	33.3	판관비율	13.8	내수	—
육상운송수입	23.4				

회사 개요
동사는 1995년 설립 후 2006년에 세중여행과 합병하여 현재 여행부문과 운송 및 강재부문 사업을 하고 있음. 여행사업의 경우 항공, 호텔, 운송, 관광지에 대한 전략적 제휴를 통한 경쟁력을 강화하고 있으며, 물류부문은 삼성전자 등 대기업의 출하제품 운송 및 보관과 선박 제작용 강재 운송 및 납품사업을 진행 중에 있음. 동사의 연결대상 종속회사는 세중정보기술(소프트웨어판매), 세중에스앤씨(BPO사업 및 IT솔루션) 등 4개사임.

실적 분석
항공권 판매와 육상운송 부문의 매출이 호조를 나타냄. 동사의 2016년 연결기준 연간 누적 매출액은 9.7% 증가한 2551.2억원을 기록함. 영업이익은 125.8억원, 당기순이익은 91억원으로 각각 전년보다 8.5%, 28.3% 증가함. 7개년도 연속 흑자 이어가는 중. 또로 나타낸 여행사업뿐 아니라 강재사업부문에서도 2011년 전처리설비 도입 등으로 사업 영역을 확대하고 있어 지속 성장이 기대됨.

현금 흐름 〈단위 : 억원〉

항목	2015	2016
영업활동	269	307
투자활동	2	-113
재무활동	-54	-9
순현금흐름	221	189
기말현금	319	508

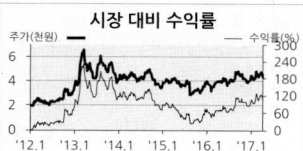

결산 실적 〈단위 : 억원〉

항목	2011	2012	2013	2014	2015	2016
매출액	1,873	2,069	2,086	2,413	2,326	2,551
영업이익	162	178	148	117	116	126
당기순이익	103	129	104	77	71	91

분기 실적 〈단위 : 억원〉

항목	2015.3Q	2015.4Q	2016.1Q	2016.2Q	2016.3Q	2016.4Q
매출액	820	454	694	510	853	494
영업이익	46	39	43	31	44	8
당기순이익	42	16	33	26	30	3

재무 상태 〈단위 : 억원〉

항목	2011	2012	2013	2014	2015	2016
총자산	1,324	1,402	1,360	1,480	1,327	1,478
유형자산	416	450	399	360	288	237
무형자산	69	59	67	61	61	70
유가증권	17	18	13	14	15	37
총부채	679	685	597	706	520	613
총차입금	256	275	159	164	152	161
자본금	91	91	91	91	91	91
총자본	645	717	763	774	808	865
지배주주지분	564	647	703	730	766	817

기업가치 지표

항목	2011	2012	2013	2014	2015	2016
주가(최고/저)(천원)	2.5/1.5	3.8/1.9	6.7/3.1	5.0/3.3	4.4/2.6	5.1/3.2
PER(최고/저)(배)	6.1/3.7	6.8/3.4	14.1/6.5	14.0/9.1	12.8/7.5	11.3/7.0
PBR(최고/저)(배)	0.9/0.6	1.2/0.6	1.9/0.9	1.3/0.9	1.1/0.6	1.2/0.7
EV/EBITDA(배)	1.9	2.8	3.5	3.4	2.7	1.6
EPS(원)	482	632	524	384	360	466
BPS(원)	3,147	3,606	3,917	4,063	4,260	4,541
CFPS(원)	792	1,012	943	823	801	901
DPS(원)	100	100	100	100	100	100
EBITDAPS(원)	1,206	1,366	1,239	1,088	1,081	1,129

재무 비율 〈단위 : % 〉

연도	영업이익률	순이익률	부채비율	차입금비율	ROA	ROE	유보율	자기자본비율	EBITDA마진율
2016	4.9	3.6	70.9	18.6	6.5	10.7	808.2	58.5	8.0
2015	5.0	4.5	64.4	18.8	5.1	8.7	752.0	60.9	8.4
2014	4.9	3.2	91.2	21.2	5.5	9.7	712.5	52.3	8.2
2013	7.1	5.0	78.2	20.8	7.6	14.1	683.4	56.1	10.8

세진중공업 (A075580)
SEJIN HEAVY INDUSTRIES COLTD

업 종 : 조선	시 장 : 거래소
신용등급 : (Bond) — (CP) —	기업규모 : 시가총액 소형주
홈 페 이 지 : www.sejinheavy.com	연 락 처 : 052)231-8000
본 사 : 울산시 울주군 온산읍 당월로 216-18	

설 립 일 1999.09.08	종 업 원 수 347명	대 표 이 사	이의열
상 장 일 2015.11.30	감 사 의 견 적정 (대주)	계	열
결 산 기 12월	보 통 주 3,837만주	종속회사수	
액 면 가 500원	우 선 주 —	구 상 호	

주주구성 (지분율,%)		출자관계 (지분율,%)		주요경쟁사 (외형,%)	
윤종국	33.6	SejinVietnam	100.0	세진중공업	100
윤지원	30.3			두산엔진	188
(외국인)	1.1			엔케이	39

매출구성		비용구성		수출비중	
Deck House	40.2	매출원가율	90.7	수출	11.5
LPG Tank	24.5	판관비율	4.7	내수	88.5
선박 크레인류	20.8				

회사 개요
동사는 선박부분품(조선기자재) 제조업을 주요사업으로 영위하며 주요제품으로는 조선부문의 Deck House, LPG Tank와 해양부문의 Living Quarter 등이 있음. 조선부문에서 동사는 블록제작 동종업체 중 가장 넓은 20만평의 부지를 보유하고 있고 주요 거래처인 현대중공업, 현대미포조선의 접안시설까지 해상 9Km 거리에 있어 신속함과 낮은 운송비를 바탕으로 경쟁력을 갖추고 있음.

실적 분석
동사의 2016년 연결기준 매출액은 4,274.2억원으로 전년대비 5.7% 감소하였음. 원가율 증가에 따른 매출총이익 감소와 매출 감소에 따른 고정비 부담으로 영업이익은 전년대비 44.2% 감소한 197.3억원을 기록함. 전년대비 비영업손실 감소에도 영업이익 감소로 당기순이익은 전년대비 17.2% 감소한 196.9억원을 기록함. 주요고객인 현대중공업그룹의 수주부진으로 동사의 실적도 부진했으나, 최근 수주회복에 따른 기대감이 커지고 있음.

현금 흐름 〈단위 : 억원〉

항목	2015	2016
영업활동	472	181
투자활동	-242	91
재무활동	-164	-270
순현금흐름	66	-150
기말현금	177	27

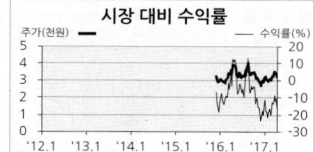

결산 실적 〈단위 : 억원〉

항목	2011	2012	2013	2014	2015	2016
매출액	3,956	3,517	4,605	5,679	4,533	4,274
영업이익	282	124	218	333	354	197
당기순이익	73	-81	129	179	238	197

분기 실적 〈단위 : 억원〉

항목	2015.3Q	2015.4Q	2016.1Q	2016.2Q	2016.3Q	2016.4Q
매출액	1,043	667	1,589	1,528	967	190
영업이익	49	48	127	114	52	-95
당기순이익	31	59	88	78	35	-4

재무 상태 〈단위 : 억원〉

항목	2011	2012	2013	2014	2015	2016
총자산	3,417	4,097	4,820	5,218	5,203	3,659
유형자산	2,348	2,374	2,999	3,039	3,143	2,527
무형자산			128	131	131	34
유가증권	2	1	1	0	0	
총부채	2,319	3,085	3,623	3,841	3,500	2,075
총차입금	1,852	2,609	2,964	2,993	2,607	1,751
자본금	200	200	200	205	219	220
총자본	1,098	1,012	1,197	1,377	1,702	1,584
지배주주지분	1,098	1,012	1,014	1,171	1,459	1,584

기업가치 지표

항목	2011	2012	2013	2014	2015	2016
주가(최고/저)(천원)	—/—	—/—	—/—	—/—	3.2/2.9	4.1/2.5
PER(최고/저)(배)	0.0/0.0	0.0/0.0	0.0/0.0	0.0/0.0	6.2/5.5	11.4/7.0
PBR(최고/저)(배)	0.0/0.0	0.0/0.0	0.0/0.0	0.0/0.0	0.9/0.8	1.0/0.6
EV/EBITDA(배)	4.3	10.0	10.0	7.3	8.5	9.7
EPS(원)	212	-234	255	443	554	369
BPS(원)	3,193	2,942	2,948	3,304	3,810	4,133
CFPS(원)	616	149	504	696	834	636
DPS(원)					100	100
EBITDAPS(원)	1,222	745	882	1,215	1,270	782

재무 비율 〈단위 : % 〉

연도	영업이익률	순이익률	부채비율	차입금비율	ROA	ROE	유보율	자기자본비율	EBITDA마진율
2016	4.6	4.6	131.0	110.6	4.4	9.3	621.2	43.3	7.0
2015	7.8	5.3	205.6	153.1	4.6	15.1	564.8	32.7	10.0
2014	5.9	3.2	278.9	217.3	3.6	14.0	470.7	26.4	7.4
2013	4.7	2.8	302.7	247.7			407.1	24.8	6.6

세진티에스 (A067770)
SEJIN TS

업   종 : 디스플레이 및 관련부품
신용등급 : (Bond) — (CP) —
홈페이지 : www.sejints.co.kr
본   사 : 경기도 안성시 원곡면 지문로 51-43
시   장 : KOSDAQ
기업규모 : 중견
연 락 처 : 031)650-3700

설 립 일	1996.06.07	종 업 원 수	57명	대 표 이 사	김인식
상 장 일	2004.01.09	감 사 의 견	적정 (다산)	계 열	
결 산 기	12월	보 통 주	840만주	종속회사수	
액 면 가	500원	우 선 주		구 상 호	

주주구성 (지분율,%)		출자관계 (지분율,%)		주요경쟁사 (외형,%)	
김인식	49.1	예촌	7.8	세진티에스	100
Atlantis Korean Smaller Companies Fund(AKSCF)	4.8	세개진광전소주유한공사	100.0	디이엔티	139
(외국인)	0.5	세진옵티컬주식회사	100.0	이엘피	95

매출구성		비용구성		수출비중	
LCD부품(제품매출)	62.7	매출원가율	92.3	수출	56.8
LCD부품(상품매출)	37.3	판관비율	9.9	내수	43.2

회사 개요
동사는 1996년 설립되어 2004년에 코스닥 시장에 상장된 TFT LCD용 광기능성 시트 제조 및 판매 기업으로, LCD 생산 세계 1,2위인 삼성전자와 LG디스플레이 등에 부품을 공급하면서 30%대의 국내시장 점유율을 안정적으로 유지하고 있음. TFT LCD 완성품 업체의 생산량에 따라 수요 변동이 있으며, 연결대상 종속회사로 중국 소재의 세개진광전소주유한공사와 베트남 소재의 세진옵티컬주식회사를 보유함.

실적 분석
동사의 2016년 연결기준 매출액은 전년동기 대비 12.4% 증가한 326.3억원임. 신규 필름 생산으로 매출이 늘었기 때문. 매출액 확대와 원가부담 완화, 판관비의 감소에 따라 영업손실은 전년동기 35.8억원 대비 7.2억원으로 축소되었음. 비영업적 면에서는 2.9억원의 이익이 발생하였고 당기순손실은 4.5억원으로 전년동기 55.7억원 대비 적자가 큰 폭으로 축소되었음.

현금 흐름 〈단위 : 억원〉
항목	2015	2016
영업활동	4	15
투자활동	-10	-22
재무활동	0	0
순현금흐름	-6	-8
기말현금	37	30

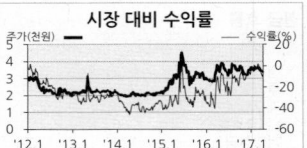

결산 실적 〈단위 : 억원〉
항목	2011	2012	2013	2014	2015	2016
매출액	831	625	361	379	290	326
영업이익	18	-12	-49	4	-36	-7
당기순이익	14	-14	-51	8	-56	-4

분기 실적 〈단위 : 억원〉
항목	2015.3Q	2015.4Q	2016.1Q	2016.2Q	2016.3Q	2016.4Q
매출액	81	77	63	67	120	76
영업이익	-7	-8	-12	-10	13	1
당기순이익	-2	-40	-11	-8	11	3

재무 상태 〈단위 : 억원〉
항목	2011	2012	2013	2014	2015	2016
총자산	728	657	534	543	486	479
유형자산	255	229	210	193	134	145
무형자산	14	9	7	7	7	7
유가증권	3	0	0	0	0	0
총부채	118	74	37	37	34	34
총차입금	—	—	—	—	—	0
자본금	42	42	42	42	42	42
총자본	610	583	497	507	452	445
지배주주지분	568	537	497	507	452	445

기업가치 지표
항목	2011	2012	2013	2014	2015	2016
주가(최고/저)(천원)	3.4/2.6	3.1/2.0	3.2/2.0	2.7/1.9	4.6/2.1	4.3/2.8
PER(최고/저)(배)	22.0/16.7	—/—	—/—	27.7/20.1	—/—	—/—
PBR(최고/저)(배)	0.5/0.4	0.5/0.3	0.5/0.3	0.4/0.3	0.9/0.4	0.8/0.5
EV/EBITDA(배)	2.4	—	—	—	—	6.9
EPS(원)	157	-247	-514	96	-663	-53
BPS(원)	6,800	6,435	5,958	6,077	5,418	5,337
CFPS(원)	414	158	-131	464	-303	131
DPS(원)	50	—	—	—	—	—
EBITDAPS(원)	473	260	-199	413	-67	98

재무 비율 〈단위 : % 〉
연도	영업이익률	순이익률	부채비율	차입금비율	ROA	ROE	유보율	자기자본비율	EBITDA마진율
2016	-2.2	-1.4	7.7	0.0	-0.9	-1.0	967.3	92.8	2.5
2015	-12.3	-19.2	7.6	0.0	-10.8	-11.6	983.6	92.9	-1.9
2014	1.0	2.1	7.2	0.0	1.5	1.6	1,115.4	93.3	9.2
2013	-13.6	-14.1	7.4	0.0	-8.5	-8.4	1,091.7	93.1	-4.6

세코닉스 (A053450)
SEKONIX

업   종 : 휴대폰 및 관련부품
신용등급 : (Bond) — (CP) —
홈페이지 : www.sekonix.com
본   사 : 경기도 동두천시 평화로2862번길 28
시   장 : KOSDAQ
기업규모 : 우량
연 락 처 : 031)860-1000

설 립 일	1988.12.24	종 업 원 수	1,019명	대 표 이 사	박원희
상 장 일	2001.08.09	감 사 의 견	적정 (다산)	계 열	
결 산 기	12월	보 통 주	1,093만주	종속회사수	
액 면 가	500원	우 선 주		구 상 호	

주주구성 (지분율,%)		출자관계 (지분율,%)		주요경쟁사 (외형,%)	
신영자산운용	16.9	SAL	99.4	세코닉스	100
박원희	16.7	중앙정공	0.4	엠씨넥스	132
(외국인)	10.3	제이티비씨	0.1	나무가	94

매출구성		비용구성		수출비중	
MU1271 외	87.1	매출원가율	81.5	수출	24.5
MV1419 외	12.9	판관비율	14.1	내수	75.5

회사 개요
동사는 각종 광 메모리용 마이크로렌즈류, 정보통신 단말기 및 광케이블용 광학부품류 및 LED관련 광학 부품 및 제품류 등을 제조 및 도소매업을 영위할 목적으로 1988년 12월 24일 세키노스코리아라는 사명으로 설립되었으며, 2002년 3월 29일 세키노스코리아에서 세코닉스로 사명을 변경하였음. 세고광유한전자, 세코닉스 비나, SAL를 종속회사로 거느리고 있음.

실적 분석
동사의 2016년 결산 매출액은 3,125.3억원으로 전년동기 대비 27.6% 증가했음. 2015년은 주요 고객사의 플래그십 신제품의 출시 및 중저가 스마트폰의 판매증가를 기대하였으나 기대치에 부합하지 못한 결과를 보였으나, 2016년 상반기에는 플래그십 모델인 갤럭시 S7의 매출신장이 있었음. 중/고화소급 스마트폰용 카메라렌즈 비중 증가 및 듀얼카메라 적용으로 수익성이 증가함.

현금 흐름 〈단위 : 억원〉
항목	2015	2016
영업활동	241	326
투자활동	-434	-504
재무활동	84	192
순현금흐름	-116	11
기말현금	72	83

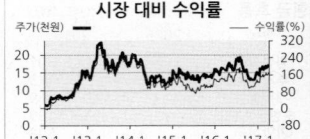

결산 실적 〈단위 : 억원〉
항목	2011	2012	2013	2014	2015	2016
매출액	851	1,473	2,152	2,171	2,449	3,125
영업이익	40	154	257	180	128	140
당기순이익	22	150	204	142	90	90

분기 실적 〈단위 : 억원〉
항목	2015.3Q	2015.4Q	2016.1Q	2016.2Q	2016.3Q	2016.4Q
매출액	568	662	784	792	764	786
영업이익	18	3	58	57	20	4
당기순이익	-2	-1	45	58	-10	-3

재무 상태 〈단위 : 억원〉
항목	2011	2012	2013	2014	2015	2016
총자산	1,161	1,594	2,033	2,162	2,416	2,968
유형자산	619	854	1,196	1,150	1,289	1,575
무형자산	56	44	32	42	34	53
유가증권	8	5	5	5	5	1
총부채	501	714	952	933	1,116	1,601
총차입금	357	489	581	602	697	887
자본금	35	36	37	39	53	55
총자본	660	880	1,081	1,229	1,300	1,367
지배주주지분	660	880	1,081	1,229	1,300	1,366

기업가치 지표
항목	2011	2012	2013	2014	2015	2016
주가(최고/저)(천원)	10.3/4.4	16.5/5.7	24.1/13.1	20.7/10.7	16.2/11.7	19.5/12.5
PER(최고/저)(배)	44.9/19.3	10.8/3.7	11.8/6.4	14.6/7.5	18.9/13.6	23.6/15.0
PBR(최고/저)(배)	1.4/0.6	1.9/0.6	2.3/1.2	1.8/0.9	1.3/1.0	1.6/1.0
EV/EBITDA(배)	6.7	7.4	5.7	5.0	7.5	7.2
EPS(원)	240	1,607	2,130	1,463	879	841
BPS(원)	10,575	12,366	14,482	15,777	12,659	12,781
CFPS(원)	1,599	3,698	4,698	4,174	2,669	2,709
DPS(원)	—	115	300	100	200	200
EBITDAPS(원)	1,856	3,754	5,417	4,690	3,038	3,169

재무 비율 〈단위 : % 〉
연도	영업이익률	순이익률	부채비율	차입금비율	ROA	ROE	유보율	자기자본비율	EBITDA마진율
2016	4.5	2.9	117.1	64.9	3.4	6.8	2,456.3	46.1	10.9
2015	5.2	3.7	85.9	53.6	3.9	7.1	2,431.7	53.8	12.7
2014	8.3	6.5	75.9	49.0	6.8	12.3	3,055.5	56.9	16.2
2013	11.9	9.5	88.1	53.8	11.2	20.8	2,796.5	53.2	18.6

세하 (A027970)
Seha

업 종 : 종이 및 목재		시 장 : 거래소	
신용등급 : (Bond) ― (CP) ―		기업규모 : 시가총액 소형주	
홈페이지 : www.seha.co.kr		연 락 처 : 053)603-0600	
본 사 : 대구시 달성군 유가면 비슬로 96길 97			

설 립 일 1984.07.16	종 업 원 수 222명	대 표 이 사 권육상	
상 장 일 1996.07.03	감 사 의 견 적정 (안진)	계 열	
결 산 기 12월	보 통 주 2,350만주	종속회사수	
액 면 가 1,000원	우 선 주	구 상 호	

주주구성 (지분율,%)		출자관계 (지분율,%)		주요경쟁사 (외형,%)	
유앤코퍼레이션주식회사기업재무안정사모투자전문회사	64.3	AcretLtd	50.0	세하	100
이준석	2.6			한솔PNS	147
(외국인)	0.2			신풍제지	81

매출구성		비용구성		수출비중	
백판지	93.6	매출원가율	83.7	수출	―
상품,원료	4.0	판관비율	9.5	내수	―
기타	2.4				

회사 개요
동사는 1984년 설립되어 1996년 상장된 업체임. 제과, 제약, 화장품 등의 포장재로 사용되는 SC마니라지, IVORY지 등의 범용 백판지를 주력으로 생산하고 있으며 백판지류 생산량 기준 업계 3위의 시장 지위를 유지하고 있음. 미래성장동력 발굴을 위하여 카자흐스탄 유전광구에 투자함. 동사의 매출 중 백판지 비중이 93.7%를 차지하고 있으며, 시장점유율은 2016년 말 기준 약 15.3% 수준을 유지하고 있음.

실적 분석
2017년 3월 자본잠식율 46%로 관리종목 지정 해제됨. 실적도 개선됨. 동사의 2016년 연간 누적매출액은 1593.5억원으로 전년보다 7.7% 증가함. 주 매출원인 백판지 수출단가 개선 및 환율 상승, 원가절감 노력 등으로 수익성이 크게 개선되며 영업이익과 당기순이익이 흑자전환에 성공함. 2016년 영업이익은 108.7억원, 당기순이익은 54.7억원을 시현함. 채무조정손실의 일회성 비용이 사라짐에 따라 비영업수지가 크게 개선됨.

현금 흐름 *IFRS 별도 기준 〈단위 : 억원〉

항목	2015	2016
영업활동	-135	59
투자활동	-19	-44
재무활동	152	-19
순현금흐름	-2	-4
기말현금	58	54

시장 대비 수익률

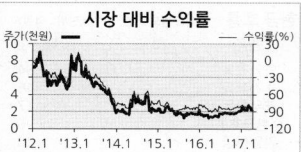

결산 실적 〈단위 : 억원〉

항목	2011	2012	2013	2014	2015	2016
매출액	1,876	1,710	1,738	1,511	1,480	1,594
영업이익	-23	-87	-58	-32	-85	109
당기순이익	-67	435	-628	-220	-346	55

분기 실적 *IFRS 별도 기준 〈단위 : 억원〉

항목	2015.3Q	2015.4Q	2016.1Q	2016.2Q	2016.3Q	2016.4Q
매출액	369	382	393	391	395	415
영업이익	-14	-39	16	30	35	28
당기순이익	-15	-238	4	21	26	3

재무 상태 *IFRS 별도 기준 〈단위 : 억원〉

항목	2011	2012	2013	2014	2015	2016
총자산	1,905	2,406	2,088	1,770	1,701	1,723
유형자산	1,058	1,067	1,047	1,024	1,155	1,150
무형자산	18	14	7	6	5	5
유가증권	12	12	1	0	0	0
총부채	1,563	1,561	1,861	1,672	1,668	1,596
총차입금	1,120	1,057	1,238	1,089	1,143	1,085
자본금	342	434	435	635	197	235
총자본	342	845	227	97	33	127
지배주주지분	342	845	227	97	33	127

기업가치 지표 *IFRS 별도 기준

항목	2011	2012	2013	2014	2015	2016
주가(최고/저)(천원)	18.4/7.1	10.2/4.4	8.7/1.9	4.0/1.6	2.7/1.3	2.3/1.3
PER(최고/저)(배)	―/―	1.9/0.8	―/―	―/―	―/―	9.8/5.5
PBR(최고/저)(배)	3.5/1.3	1.0/0.4	2.9/0.6	3.8/1.5	16.0/7.5	4.2/2.4
EV/EBITDA(배)	31.7		1,884.1	55.1		8.8
EPS(원)	-947	5,343	-7,406	-2,447	-1,909	233
BPS(원)	1,094	2,019	595	204	170	540
CFPS(원)	12	1,188	-1,309	-360	-1,622	464
DPS(원)						
EBITDAPS(원)	142	-61	2	49	-180	694

재무 비율 〈단위 : % 〉

연도	영업이익률	순이익률	부채비율	차입금비율	ROA	ROE	유보율	자기자본비율	EBITDA마진율
2016	6.8	3.4	일부잠식	일부잠식	3.2	68.3	-46.0	7.4	10.2
2015	-5.7	-23.4	일부잠식	일부잠식	-20.0	-529.3	-83.0	2.0	-2.2
2014	-2.1	-14.6	일부잠식	일부잠식	-11.4	-135.9	-79.6	5.5	1.5
2013	-3.3	-36.2	일부잠식	일부잠식	-28.0	-117.2	-40.5	10.9	0.0

세한엔에스브이 (A095300)
NSV

업 종 : 기계		시 장 : KOSDAQ	
신용등급 : (Bond) ― (CP) ―		기업규모 :	
홈페이지 : www.nsvcorporation.com		연 락 처 : 051)832-1560	
본 사 : 부산시 강서구 화전산단 6로 32번길 17 (화전동)			

설 립 일 1994.06.15	종 업 원 수 136명	대 표 이 사 진채현	
상 장 일 2009.04.17	감 사 의 견 기업감사의뢰위계한 (위드)	계 열	
결 산 기 12월	보 통 주 1,256만주	종속회사수	
액 면 가 500원	우 선 주	구 상 호 엔에스브이	

주주구성 (지분율,%)		출자관계 (지분율,%)		주요경쟁사 (외형,%)	
진채현	7.6			세한엔에스브이	100
최상주	4.0			수성	166
(외국인)	0.6			흥국	371

매출구성		비용구성		수출비중	
주강GATE	71.0	매출원가율	72.0	수출	33.3
스텐GATE	27.2	판관비율	28.2	내수	66.7
기타	1.8				

회사 개요
동사는 산업용 밸브 전문업체로 주력 생산하고 있는 메뉴얼 밸브류는 제품관련 일정한 설비와 기술력을 갖추지 않고는 진입할 수 없는 산업임. 동사는 설립 이후 생산설비 투자를 위해 5번 이전하고 꾸준히 기계설비를 확충해 나가고 있음. 변하는 시장 흐름에 대비하기 위해 발전과 가스플랜트 분야의 매출비중을 점차적으로 증가시키고 있으며 해양플랜트 분야 진출을 준비하고 있음.

실적 분석
동사의 2016년도 연결기준 매출액은 169억원을 기록함. 이는 전년도 매출액인 279.8억원 대비 39.6% 감소한 금액임. 그러나 판매비와 관리비가 25.2% 줄어든데 힘입어 영업손실 폭이 줄어듦. 전년도 96.1억원의 손실을 냈으나 2016년엔 0.4억원의 손실을 기록함. 비영업 부문 역시 손실을 지속했으나 적자폭이 전년도 22억원 손실에서 2016년 7.7억원 손실로 줄어듦.

현금 흐름 〈단위 : 억원〉

항목	2015	2016
영업활동	9	-19
투자활동	-17	21
재무활동	8	-1
순현금흐름	-0	1
기말현금	1	3

시장 대비 수익률

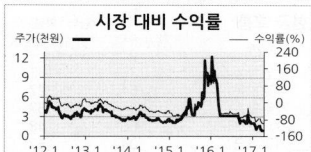

결산 실적 〈단위 : 억원〉

항목	2011	2012	2013	2014	2015	2016
매출액	309	446	496	407	280	169
영업이익	-16	28	-64	-25	-96	-0
당기순이익	-22	4	-83	-41	-116	-7

분기 실적 *IFRS 별도 기준 〈단위 : 억원〉

항목	2015.3Q	2015.4Q	2016.1Q	2016.2Q	2016.3Q	2016.4Q
매출액	―	―	69	―	―	―
영업이익	―	―	-1	―	―	―
당기순이익	―	―	―	―	―	―

재무 상태 〈단위 : 억원〉

항목	2011	2012	2013	2014	2015	2016
총자산	637	640	524	523	384	368
유형자산	263	177	179	220	210	194
무형자산	8	9	8	8	6	3
유가증권	1	2	1	1	1	1
총부채	369	369	328	332	247	203
총차입금	272	294	248	232	181	149
자본금	42	42	44	44	58	63
총자본	268	271	196	191	136	165
지배주주지분	268	271	196	191	136	165

기업가치 지표

항목	2011	2012	2013	2014	2015	2016
주가(최고/저)(천원)	5.7/2.1	5.3/2.7	5.0/2.4	3.8/2.1	12.4/2.1	12.3/2.0
PER(최고/저)(배)	―/―	104.4/53.4	―/―	―/―	―/―	―/―
PBR(최고/저)(배)	1.7/0.7	1.6/0.8	2.1/1.0	1.7/0.9	9.8/1.7	9.2/1.5
EV/EBITDA(배)		13.4				36.0
EPS(원)	-266	51	-958	-464	-1,008	-56
BPS(원)	3,288	3,328	2,332	2,273	1,261	1,335
CFPS(원)	-132	194	-808	-306	-889	38
DPS(원)						
EBITDAPS(원)	-51	472	-588	-122	-716	91

재무 비율 〈단위 : % 〉

연도	영업이익률	순이익률	부채비율	차입금비율	ROA	ROE	유보율	자기자본비율	EBITDA마진율
2016	-0.2	-4.0	123.3	90.8	-1.8	-4.4	166.9	44.8	6.4
2015	-34.3	-41.5	181.3	132.4	-25.6	-70.9	152.3	35.6	-29.5
2014	-6.1	-10.1	174.3	121.4	-7.8	-21.2	354.6	36.5	-2.6
2013	-12.9	-16.7	167.3	126.8	-14.3	-35.6	366.4	37.4	-10.3

세화아이엠씨 (A145210)
SAEHWA IMC

업　　종 : 자동차부품　　　　　시　　장 : 거래소
신용등급 : (Bond) —　　(CP) —　　기업규모 : 시가총액 소형주
홈페이지 : www.saehwaimc.com　　연락처 : 062)944-6161
본　　사 : 광주시 북구 첨단연신로 29번길 12, 26

설립일	1999.04.02	종업원수	132명	대표이사	유희열
상장일	2015.03.19	감사의견	적정 (삼정)	계　　열	
결산기	12월	보통주	1,188만주	종속회사수	
액면가	500원	우선주		구상호	

주주구성 (지분율,%)		출자관계 (지분율,%)		주요경쟁사 (외형,%)	
유동환	36.7	에스에이치아이	100.0	세화아이엠씨	100
The Yokohama Rubber Co., Ltd.	5.5	큐브테크	60.0	아진산업	248
		영암관광개발	22.0	에이엔피	51

매출구성		비용구성		수출비중	
타이어 금형	87.5	매출원가율	87.8	수출	—
타이어 제조설비	6.6	판관비율	13.0	내수	—
해운,임대료등	5.9				

회사 개요
1981년 설립되어 30년 이상 타이어 금형 제조를 전문으로 해온 기업임. 동 부문에서 확고부동한 국내 1위이자 글로벌 시장에서도 중국업체 2곳과 함께 톱3업체임. 매출구성은 타이어금형 약 90%, 타이어제조설비 5%, 기타 5%로 구성되어 있으며, 수출이 80%가량을 차지함. 터어키의 페트라스타이어와 합작 투자를 통해 타이어금형 공장을 신규 설립함. 2016년초 CAD, CAM 개발 및 3D프린터를 제조하는 큐브테크의 지분 60%를 인수함.

실적 분석
동사는 기존 해외법인들의 안정화 및 신규법인의 설립 그리고 3D프린터라는 신규사업 진출을 진행 중. 2016년 매출액은 전년 대비 10.6% 감소함. 원재료 가격 하락으로 원가율이 개선됐으나 영업이익은 적자로 전환함. 2017년 터어키와 멕시코에 현지법인을 설립할 예정이며, 글로벌 2위 타이어제조업체인 미쉘린과도 납품협상을 진행 중임. 3D프린터의 타이어 금형 활용으로 시너지가 기대됨.

현금 흐름 〈단위 : 억원〉
항목	2015	2016
영업활동	132	131
투자활동	-64	-27
재무활동	-134	-67
순현금흐름	-66	48
기말현금	104	152

시장 대비 수익률
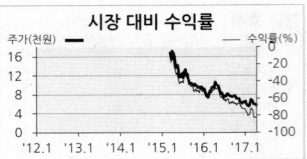

결산 실적 〈단위 : 억원〉
항목	2011	2012	2013	2014	2015	2016
매출액	1,753	1,923	2,207	2,471	2,278	2,038
영업이익	306	327	175	330	121	-16
당기순이익	178	212	41	191	14	-119

분기 실적 〈단위 : 억원〉
항목	2015.3Q	2015.4Q	2016.1Q	2016.2Q	2016.3Q	2016.4Q
매출액	509	593	601	606	440	391
영업이익	29	39	50	47	-4	-109
당기순이익	10	-10	16	-36	-7	-93

재무 상태 〈단위 : 억원〉
항목	2011	2012	2013	2014	2015	2016
총자산	2,199	2,850	2,917	3,518	3,357	3,096
유형자산	857	1,317	1,375	1,785	1,580	1,538
무형자산	29	202	191	187	176	154
유가증권	149	102	141	139	129	17
총부채	1,287	1,693	1,600	2,013	1,641	1,547
총차입금	966	1,255	1,232	1,621	1,279	1,225
자본금	49	51	53	53	59	59
총자본	913	1,156	1,317	1,505	1,716	1,549
지배주주지분	906	1,129	1,288	1,473	1,687	1,525

기업가치 지표
항목	2011	2012	2013	2014	2015	2016
주가(최고/저)(천원)	—/—	—/—	—/—	—/—	17.2/9.1	10.6/5.9
PER(최고/저)(배)	0.0/0.0	0.0/0.0	0.0/0.0	0.0/0.0	126.1/66.6	—/—
PBR(최고/저)(배)	0.0/0.0	0.0/0.0	0.0/0.0	0.0/0.0	1.2/0.7	0.8/0.5
EV/EBITDA(배)	1.7	2.5	3.6	3.1	8.8	14.5
EPS(원)	1,751	2,131	382	1,761	139	-972
BPS(원)	8,945	11,150	12,063	13,797	14,273	12,914
CFPS(원)	2,552	3,115	1,605	3,086	1,347	225
DPS(원)						100
EBITDAPS(원)	3,822	4,209	2,858	4,414	2,238	1,066

재무 비율 〈단위 : % 〉
연도	영업이익률	순이익률	부채비율	차입금비율	ROA	ROE	유보율	자기자본비율	EBITDA마진율
2016	-0.8	-5.9	99.9	79.1	-3.7	-7.2	2,482.8	50.0	6.2
2015	5.3	0.6	95.7	74.5	0.4	1.0	2,754.5	51.1	11.6
2014	13.3	7.7	133.8	107.7	5.9	13.6	2,659.4	42.8	19.1
2013	7.9	1.9	121.5	93.5	1.4	3.4	2,312.5	45.2	13.8

세화피앤씨 (A085980)
SEWHA P&C

업　　종 : 개인생활용품　　　　　시　　장 : KONEX
신용등급 : (Bond) —　　(CP) —　　기업규모 : 시가총액 소형주
홈페이지 : www.sewha.co.kr　　연락처 : 043)838-1010
본　　사 : 충북 진천군 초평면 은암길 36

설립일	1978.07.01	종업원수	76명	대표이사	이훈구
상장일	2013.09.25	감사의견	적정 (삼일)	계　　열	
결산기	12월	보통주	379만주	종속회사수	
액면가	500원	우선주		구상호	

주주구성 (지분율,%)		출자관계 (지분율,%)		주요경쟁사 (외형,%)	
이훈구	37.2			세화피앤씨	100
이철구	7.3			유니더스	52
				케이엠제약	55

매출구성		비용구성		수출비중	
리체나, 라벤느, 비해피 등	65.1	매출원가율	52.1	수출	22.8
리체나	34.9	판관비율	39.9	내수	77.2

회사 개요
동사는 1965년 서광제약으로 설립되어 1985년 모발용 염색약 전문업체로 업종을 변경함. 현재 염모제와 헤어케어, 헤어스타일링 등 두발용 화장품을 전문으로 생산함. 염모제가 전체 매출의 80% 이상을 차지함. 샴푸형 염색제인 리체나는 약 10%의 시장점유율을 기록 중임. 충북 진천공장 증설을 통해 생산능력을 2배로 확대함. 진천공장은 연간 4,000만개의 생산능력을 보유하고 있으며, 헤어제품 단일공장으로는 아시아 최대규모임.

실적 분석
동사는 2016년 매출액이 292.4억원으로 전년 대비 32.8% 늘었음. 매출원가율이 개선되면서 매출총이익도 전년 대비 48.8% 늘어난 139.9억원을 기록함. 영업이익은 전년 대비 125.1% 늘어나 23.3억원을 기록했음. 비영업부문에서는 금융손실 등으로 -5.5억원 비영업손실을 기록했음. 당기순이익은 16.9억원을 기록해 전년 대비 241.1% 늘어났음.

현금 흐름 *IFRS 별도 기준 〈단위 : 억원〉
항목	2015	2016
영업활동	21	34
투자활동	3	-45
재무활동	-29	17
순현금흐름	-5	6
기말현금	13	20

시장 대비 수익률
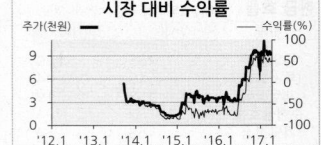

결산 실적 〈단위 : 억원〉
항목	2011	2012	2013	2014	2015	2016
매출액	300	255	199	201	220	292
영업이익	43	11	5	5	10	23
당기순이익	41	7	8	5	5	17

분기 실적 *IFRS 별도 기준 〈단위 : 억원〉
항목	2015.3Q	2015.4Q	2016.1Q	2016.2Q	2016.3Q	2016.4Q
매출액	—	—	—	—	—	—
영업이익	—	—	—	—	—	—
당기순이익	—	—	—	—	—	—

재무 상태 *IFRS 별도 기준 〈단위 : 억원〉
항목	2011	2012	2013	2014	2015	2016
총자산	157	192	234	233	206	258
유형자산	50	74	102	98	90	119
무형자산	3	4	4	4	3	3
유가증권	0					
총부채	54	86	120	117	85	116
총차입금	17	53	82	91	63	76
자본금	19	19	19	19	19	19
총자본	103	106	114	116	121	143
지배주주지분	103	106	114	116	121	143

기업가치 지표 *IFRS 별도 기준
항목	2011	2012	2013	2014	2015	2016
주가(최고/저)(천원)	—/—	—/—	7.2/3.0	3.1/1.2	4.4/1.4	9.7/2.7
PER(최고/저)(배)	0.0/0.0	0.0/0.0	34.2/14.4	23.6/9.3	33.6/10.4	21.6/5.9
PBR(최고/저)(배)	0.0/0.0	0.0/0.0	2.4/1.0	1.0/0.4	1.4/0.4	2.6/0.7
EV/EBITDA(배)			2.2	9.6	8.4	9.7
EPS(원)	1,113	186	219	136	134	455
BPS(원)	2,770	2,854	3,073	3,143	3,270	3,767
CFPS(원)	1,261	344	398	372	380	714
DPS(원)			40	25	30	50
EBITDAPS(원)	1,316	348	465	375	526	885

재무 비율 〈단위 : % 〉
연도	영업이익률	순이익률	부채비율	차입금비율	ROA	ROE	유보율	자기자본비율	EBITDA마진율
2016	8.0	5.8	81.2	53.2	7.3	12.8	653.5	55.2	11.3
2015	4.7	2.3	70.1	51.9	2.3	4.2	553.9	58.8	8.9
2014	2.5	2.5	100.5	77.9	2.2	4.4	528.6	49.9	6.9
2013	5.3	4.1	105.3	71.7	3.8	7.4	514.7	48.7	8.6

셀루메드 (A049180)
CELLUMED

업 종 : 의료 장비 및 서비스	시 장 : KOSDAQ
신용등급 : (Bond) — (CP) —	기업규모 : 벤처
홈페이지 : www.cellumed.co.kr	연 락 처 : 02)3281-0471
본 사 : 서울시 금천구 디지털로 130, 에이스테크노타워9차 402호	

설 립 일 1985.04.30	종 업 원 수 90명	대 표 이 사 심영복
상 장 일 2002.05.23	감사의견 적정 (삼화)	계 열
결 산 기 12월	보 통 주 18,155만주	종속회사수
액 면 가 500원	우 선 주	구 상 호 코리아본뱅크

주주구성 (지분율,%)		출자관계 (지분율,%)		주요경쟁사 (외형,%)	
ePlanet Ventures II, L.P.	2.5	셀루메드헬스케어	100.0	셀루메드	100
심영복	2.4	일래스틱네트웍스	29.2	제이브이엠	1,000
(외국인)	1.4	엠젠플러스	7.6	엘앤케이바이오	351

매출구성		비용구성		수출비중	
수술용고정체,BIOLOGICS,인공관절등외 (제품)	75.0	매출원가율	93.8	수출	6.3
수술용고정체,BIOLOGICS,인공관절등외 (상품)	25.0	판관비율	135.7	내수	93.7

회사 개요
동사는 인간의 골격과 외장을 이루는 뼈, 인대, 피부 등의 인체조직의 대체 재료를 연구 개발하는 업체임. 인체조직을 대체하는 재료는 환자 자신의 자가 조직, 기증시신으로부터 채취한 동종조직, 다른 동물로부터 채취한 이종조직, 무기물 등을 활용, 조합하여 얻어낸 합성재료로 구분됨. 동사는 동종조직을 가공, 처리하는 인체조직은행으로 현재 국내시장 점유율 1위를 유지하고 있고, 합성재료 등을 활용한 인체조직 대체재료 개발에도 노력 중임.

실적 분석
동사의 2016년 연결기준 누적매출액은 98.1억원으로 전년 대비 44.4% 감소함. 매출 감소에도 판관비는 133.1억원으로 12.4% 증가하며 영업손실이 127.1억원 발생해 적자폭이 확대됨. 당기순손실도 비영업손실 223.2억원의 영향으로 전년 119.8억원에서 350.2억원으로 적자폭이 커짐. 해외진출을 위해 의료기기, 인공관절 등이 FDA 승인 절차를 밟고 있으며, 이를 통한 실적 개선이 기대됨.

현금 흐름 〈단위 : 억원〉
항목	2015	2016
영업활동	-46	-43
투자활동	-135	-38
재무활동	217	77
순현금흐름	35	-3
기말현금	51	48

시장 대비 수익률
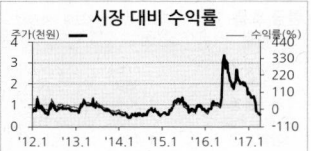

결산 실적 〈단위 : 억원〉
항목	2011	2012	2013	2014	2015	2016
매출액	284	308	307	207	177	98
영업이익	-111	19	9	-108	-72	-127
당기순이익	-182	-2	-20	-154	-120	-350

분기 실적 〈단위 : 억원〉
항목	2015.3Q	2015.4Q	2016.1Q	2016.2Q	2016.3Q	2016.4Q
매출액	21	56	25	24	23	26
영업이익	-28	-47	-14	-22	-12	-79
당기순이익	-36	-76	-22	-254	-12	-62

재무 상태 〈단위 : 억원〉
항목	2011	2012	2013	2014	2015	2016
총자산	792	826	778	704	820	723
유형자산	139	106	90	82	87	79
무형자산	184	205	202	200	193	185
유가증권	3	2	2	5	5	3
총부채	475	338	286	264	407	252
총차입금	331	159	203	175	305	146
자본금	514	616	636	717	776	908
총자본	318	488	492	440	413	470
지배주주지분	315	490	496	449	426	490

기업가치 지표
항목	2011	2012	2013	2014	2015	2016
주가(최고/저)(천원)	1.0/0.6	1.3/0.5	1.3/0.6	0.9/0.4	1.4/0.5	3.7/0.7
PER(최고/저)(배)	—/—	976.5/401.7	—/—	—/—	—/—	—/—
PBR(최고/저)(배)	3.3/1.8	3.3/1.4	3.4/1.4	2.8/1.3	5.0/1.9	13.6/2.6
EV/EBITDA(배)	—	23.1	23.1			
EPS(원)	-166	1	-14	-111	-75	-190
BPS(원)	307	398	1,952	1,565	1,374	270
CFPS(원)	-140	23	55	-437	-256	-171
DPS(원)	—	—				
EBITDAPS(원)	-84	38	161	-283	-118	-51

재무 비율 〈단위 : % 〉
연도	영업이익률	순이익률	부채비율	차입금비율	ROA	ROE	유보율	자기자본비율	EBITDA마진율
2016	-129.5	-356.9	일부잠식	일부잠식	-45.4	-75.0	-46.0	65.1	-94.7
2015	-40.5	-67.6	일부잠식	일부잠식	-15.7	-25.9	-45.0	50.3	-20.1
2014	-52.0	-74.2	일부잠식	일부잠식	-20.8	-31.6	-37.4	62.5	-36.8
2013	2.8	-6.4	일부잠식	일부잠식	-2.5	-3.6	-21.9	63.3	13.2

셀바스에이아이 (A108860)
Selvas AI

업 종 : 일반 소프트웨어	시 장 : KOSDAQ
신용등급 : (Bond) — (CP) —	기업규모 : 벤처
홈페이지 : www.selvasai.com	연 락 처 : 02)6333-6999
본 사 : 서울시 금천구 디지털로9길 65 백상스타타워1차 14층 401호,402호	

설 립 일 1999.03.31	종 업 원 수 127명	대 표 이 사 곽민철,김경남
상 장 일 2009.12.10	감사의견 적정 (삼정)	계 열
결 산 기 12월	보 통 주 2,206만주	종속회사수
액 면 가 500원	우 선 주	구 상 호 디오텍

주주구성 (지분율,%)		출자관계 (지분율,%)		주요경쟁사 (외형,%)	
곽민철	12.1	셀바스헬스케어	75.7	셀바스AI	100
인프라웨어	10.0	셀바스	46.7	알서포트	60
(외국인)	0.1	인프라웨어	11.4	SGA	308

매출구성		비용구성		수출비중	
[제품-HW]기타	59.9	매출원가율	0.0	수출	39.8
[제품-SW]로열티	33.9	판관비율	123.7	내수	60.2
[제품-SW]용역	5.0				

회사 개요
1999년 설립된 필기인식 솔루션 등의 개발과 판매 회사. 스마트폰과 태블릿에 탑재되는 전자사전, OCR, 음성인식 솔루션 등을 개발. 2011년 최대주주가 인프라웨어(2015년 6월 기준 지분율 23.05%)로 변경. 2016년 9월 9일 AI사업 역량 강화를 기업이미지 제고를 위해 사명을 기존 주식회사 디오텍(DIOTEK Co.,Ltd)에서 주식회사 셀바스에이아이(Selvas AI Inc.)로 변경하였음.

실적 분석
동사의 2016년 매출액은 354.4억원을 기록하며 전년대비 6.5% 성장함. 판매비와 관리비는 438.6억원을 기록, 전년대비 영업손실은 84.2억원을 기록, 전년 대비 적자가 지속됨. 국내 스마트폰 제조사의 판매부진에 따라 동사 모바일솔루션매출이 감소하였으나, 2016년 하반기 이후 힘스인터내셔널 제품에 동사의 기존 음성인식솔루션 등 결합 시너지효과로 긍정적인 실적 개선이 기대됨.

현금 흐름 〈단위 : 억원〉
항목	2015	2016
영업활동	-46	-96
투자활동	-146	-88
재무활동	245	135
순현금흐름	53	-50
기말현금	117	67

시장 대비 수익률

결산 실적 〈단위 : 억원〉
항목	2011	2012	2013	2014	2015	2016
매출액	177	184	290	236	333	354
영업이익	4	21	65	-1	-7	-84
당기순이익	9	-48	64	-44	-7	-193

분기 실적 〈단위 : 억원〉
항목	2015.3Q	2015.4Q	2016.1Q	2016.2Q	2016.3Q	2016.4Q
매출액	87	109	90	94	78	93
영업이익	-5	6	-6	-13	-29	-37
당기순이익	-4	6	-5	-54	-67	-67

재무 상태 〈단위 : 억원〉
항목	2011	2012	2013	2014	2015	2016
총자산	347	417	619	648	896	1,006
유형자산	63	42	39	110	148	340
무형자산	78	69	50	192	290	285
유가증권	119	26	33	43	31	32
총부채	55	61	74	70	326	438
총차입금	4	—	3	2	250	330
자본금	43	84	101	110	110	110
총자본	292	356	545	578	570	569
지배주주지분	261	356	545	551	543	476

기업가치 지표
항목	2011	2012	2013	2014	2015	2016
주가(최고/저)(천원)	5.1/1.8	7.8/2.9	7.8/3.4	5.3/2.9	5.8/3.7	5.9/3.1
PER(최고/저)(배)	82.2/28.3	—/—	23.1/9.9	—/—	—/—	—/—
PBR(최고/저)(배)	2.5/0.9	3.9/1.5	2.9/1.3	2.1/1.2	2.3/1.5	2.7/1.4
EV/EBITDA(배)	71.6	11.5	6.3	49.9	57.4	
EPS(원)	62	-296	339	-214	-39	-744
BPS(원)	3,257	2,119	2,686	2,499	2,460	2,156
CFPS(원)	259	-236	403	-154	61	-629
DPS(원)						
EBITDAPS(원)	152	215	404	54	70	-267

재무 비율 〈단위 : % 〉
연도	영업이익률	순이익률	부채비율	차입금비율	ROA	ROE	유보율	자기자본비율	EBITDA마진율
2016	-23.8	-54.4	76.9	58.0	-20.3	-32.2	331.2	56.5	-16.6
2015	-2.0	-2.0	57.2	43.8	-0.9	-1.6	392.1	63.6	4.6
2014	-0.6	-18.7	12.1	0.4	-7.0	-8.2	399.7	89.2	4.8
2013	22.3	22.2	13.6	0.5	12.4	14.3	437.2	88.0	26.5

셀바스헬스케어 (A208370)
SELVAS Healthcare

업 종 : 의료 장비 및 서비스		시 장 : KOSDAQ	
신용등급 : (Bond) — (CP) —		기업규모 : 벤처	
홈 페 이 지 : www.selvashealthcare.com		연 락 처 : (042)864-4460	
본 사 : 대전시 유성구 가정로 174, 케이티대전위성센터 1층 (케이티 대전위성센터1층)			

설 립 일 2014.10.02	종 업 원 수 173명	대 표 이 사 유병탁	
상 장 일 2014.12.17	감 사 의 견 적정 (삼정)	계 열	
결 산 기 12월	보 통 주 1,273만주	종속회사수	
액 면 가 500원	우 선 주	구 상 호 하나머스트2호스팩	

주주구성 (지분율,%)		출자관계 (지분율,%)		주요경쟁사 (외형,%)	
셀바스에이아이	75.3	힘스	100.0	셀바스헬스케어	100
구은미	0.6	HIMSINC	100.0	인바디	346
(외국인)	0.4			차바이오텍	1,946

매출구성		비용구성		수출비중	
		매출원가율	60.3	수출	59.4
		판관비율	68.9	내수	40.6

회사 개요
동사는 하나머스트2호기업인수목적회사와 합병으로 9월 13일 코스닥시장에 상장함. 체성분석기, 자동혈압계 등 의료진단기기 전문 업체로써 최근 '자원메디칼'에서 셀바스헬스케어로 사명을 변경함. 동사는 보조공학기기 사업 및 의료진단기기 사업에서 5개 대표 제품군의 40여종 제품을 글로벌 40여개국에 판매 중이며 매출 비중은 점자정보단말기 37%, 전자독서확대기 13%, 음성독서기 6%, 체성분석기 23%, 자동혈압기 14% 임.

실적 분석
동사의 2016년 결산기준 누적 매출액은 전년동기대비 10.7% 상승한 230.9억원을 기록하였음. 비용면에서 전년동기대비 매출원가는 증가 하였으며 인건비도 증가, 광고선전비도 증가, 기타판매비와관리비도 마찬가지로 증가함. 이와 같이 상승한 매출액 대비 비용증가가 높아 그에 따라 전년동기대비 영업손실은 67.3억원으로 적자전환하였음. 최종적으로 전년동기대비 당기순손실은 적자전환하여 148.7억원을 기록함.

현금 흐름 〈단위 : 억원〉
항목	2015	2016
영업활동	-12	-62
투자활동	-160	74
재무활동	248	-56
순현금흐름	76	-45
기말현금	92	47

시장 대비 수익률
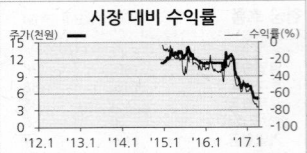

결산 실적 〈단위 : 억원〉
항목	2011	2012	2013	2014	2015	2016
매출액	89	101	—	148	209	231
영업이익	13	20	—	23	18	-67
당기순이익	7	18	—	21	21	-149

분기 실적 〈단위 : 억원〉
항목	2015.3Q	2015.4Q	2016.1Q	2016.2Q	2016.3Q	2016.4Q
매출액	60				50	
영업이익	10				-19	
당기순이익	8				-58	

재무 상태 〈단위 : 억원〉
항목	2011	2012	2013	2014	2015	2016
총자산	144	153	—	180	473	455
유형자산	48	57	—	72	111	136
무형자산	1	1	—	12	118	121
유가증권	32	31	—	26	1	1
총부채	14	10	—	11	282	186
총차입금	7	4	—	1	249	138
자본금	8	8	—	8	54	63
총자본	129	143	—	169	191	269
지배주주지분	129	143	—	169	191	269

기업가치 지표
항목	2011	2012	2013	2014	2015	2016
주가(최고/저)(천원)	—/—	—/—	—/—	2.3/2.3	2.8/2.3	2.7/1.2
PER(최고/저)(배)	0.0/0.0	0.0/0.0	0.0/0.0	62.7/62.2	79.0/62.6	—/—
PBR(최고/저)(배)	0.0/0.0	0.0/0.0	0.0/0.0	7.9/7.8	8.8/7.0	6.2/2.9
EV/EBITDA(배)	—	—	0.0	2.6	8.4	—
EPS(원)	56	153		181	180	-1,226
BPS(원)	8,081	8,931		10,575	11,083	428
CFPS(원)	680	1,389		1,807	1,995	-218
DPS(원)	300	400				
EBITDAPS(원)	1,067	1,504		1,887	1,794	-83

재무 비율 〈단위 : % 〉
연도	영업이익률	순이익률	부채비율	차입금비율	ROA	ROE	유보율	자기자본비율	EBITDA마진율
2016	-29.2	-64.4	69.0	51.5	-32.1	-64.6	328.4	59.2	-21.6
2015	8.6	10.3	147.5	130.3	6.6	11.9	255.5	40.4	14.8
2014	15.3	14.4	6.3	0.7	0.0	0.0	2,015.1	94.1	20.5
2013	0.0	0.0	0.0	0.0	0.0	0.0	0.0	0.0	0.0

셀트리온 (A068270)
Celltrion

업 종 : 바이오		시 장 : KOSDAQ	
신용등급 : (Bond) — (CP) —		기업규모 : 우량	
홈 페 이 지 : www.celltrion.com		연 락 처 : (032)850-5000	
본 사 : 인천시 연수구 아카데미로 23			

설 립 일 1991.02.27	종 업 원 수 1,206명	대 표 이 사 기우성,김형기	
상 장 일 2005.07.19	감 사 의 견 적정 (한영)	계 열	
결 산 기 12월	보 통 주 12,243만주	종속회사수	
액 면 가 1,000원	우 선 주	구 상 호	

주주구성 (지분율,%)		출자관계 (지분율,%)		주요경쟁사 (외형,%)	
셀트리온홀딩스	19.7	셀트리온에스티	100.0	셀트리온	100
Ion Investments B.V.	14.3	셀트리온예브라히아	100.0	바이로메드	1
(외국인)	24.1	셀트리온돈	100.0	제넥신	2

매출구성		비용구성		수출비중	
[제품]바이오의약품 등	92.3	매출원가율	40.9	수출	—
[용역]제품관련 서비스 등	7.7	판관비율	21.9	내수	—

회사 개요
생명공학기술 및 동물세포대량배양기술을 기반으로 항암치료 및 자가면역질환 등에 사용되는 항체의약품을 개발, 생산하는 것을 목적 사업으로 하고 있음. 바이오시밀러 제품개발 기술에 있어서 세계 최고 수준의 개발기술을 확보하고 있으며 이를 바탕으로 2009년부터 다수의 바이오시밀러 제품의 개발, 임상, 판매허가 등을 진행하고 있음. 세계 최초의 단일클론 항체 바이오시밀러 램시마는 총 79개국에서 판매허가를 받아 글로벌 점유율을 늘려가고 있음.

실적 분석
동사의 2016년 누적 매출액은 6,705.8억원으로 전년 대비 11.1% 증가함. 매출 증가에 힘입어 매출원가와 판관비가 전년보다 각각 16.8%, 33.7% 늘면서 영업이익은 3.6% 감소한 2,496.9억원을 기록함. 후속 제품인 혈액암 치료제 트룩시마(CT-P10)는 2016년 11월 한국 식약처로부터 판매 승인을 득하였으며 2017년 2월에는 유럽 EMA로부터 오리지널 제품과 동일하게 모든 적응증에 대한 판매 허가를 받았음.

현금 흐름 〈단위 : 억원〉
항목	2015	2016
영업활동	776	2,509
투자활동	-1,669	-1,625
재무활동	1,304	287
순현금흐름	412	1,185
기말현금	1,499	2,684

시장 대비 수익률

결산 실적 〈단위 : 억원〉
항목	2011	2012	2013	2014	2015	2016
매출액	2,790	3,502	2,262	4,710	6,034	6,706
영업이익	1,787	1,954	998	2,015	2,590	2,497
당기순이익	1,678	1,744	1,025	1,175	1,583	1,805

분기 실적 〈단위 : 억원〉
항목	2015.3Q	2015.4Q	2016.1Q	2016.2Q	2016.3Q	2016.4Q
매출액	1,695	1,683	1,085	1,850	1,683	2,088
영업이익	731	638	270	771	740	716
당기순이익	630	511	118	596	586	504

재무 상태 〈단위 : 억원〉
항목	2011	2012	2013	2014	2015	2016
총자산	14,073	17,329	19,785	23,224	27,482	30,219
유형자산	7,581	7,406	7,165	8,982	8,976	8,679
무형자산	2,602	3,762	5,025	6,016	6,978	8,483
유가증권	133	313	572	175	140	146
총부채	5,078	6,828	8,914	9,746	9,384	8,230
총차입금	4,169	5,990	7,827	8,834	8,114	6,789
자본금	583	925	1,005	1,036	1,124	1,146
총자본	8,995	10,501	10,871	13,478	18,098	21,990
지배주주지분	8,995	10,501	10,871	12,474	16,942	20,536

기업가치 지표
항목	2011	2012	2013	2014	2015	2016
주가(최고/저)(천원)	49.5/31.2	50.2/31.8	56.1/22.9	45.4/33.2	85.4/35.1	115/85.0
PER(최고/저)(배)	32.3/20.4	31.5/20.0	60.1/24.5	47.4/34.7	67.4/27.7	79.0/58.4
PBR(최고/저)(배)	5.7/3.6	4.9/3.1	5.4/2.2	4.0/2.9	5.8/2.4	6.8/5.1
EV/EBITDA(배)	.	23.5	24.7	31.4	30.9	40.5
EPS(원)	1,539	1,594	934	960	1,269	1,455
BPS(원)	8,140	6,392	12,169	12,829	15,806	17,633
CFPS(원)	1,588	1,210	1,598	1,825	2,103	2,288
DPS(원)	100	165	30	50	30	50
EBITDAPS(원)	1,681	1,330	1,570	2,683	3,036	2,903

재무 비율 〈단위 : % 〉
연도	영업이익률	순이익률	부채비율	차입금비율	ROA	ROE	유보율	자기자본비율	EBITDA마진율
2016	37.2	26.9	37.4	30.9	6.3	9.5	1,663.3	72.8	50.5
2015	42.9	26.2	51.9	44.8	6.2	10.5	1,480.6	65.9	50.5
2014	42.8	24.9	72.3	65.5	5.5	9.7	1,182.9	58.0	59.0
2013	44.1	45.3	82.0	72.0	5.5	9.6	1,116.9	55.0	65.2

셀트리온제약 (A068760)
Celltrion Pharm

업 종 : 제약		시 장 : KOSDAQ	
신용등급 : (Bond) — (CP) —		기업규모 : 우량	
홈 페 이 지 : www.celltrionph.com		연 락 처 : 043)717-7000	
본 사 : 충북 청주시 청원구 오창읍 2산단로 82			

설 립 일	2000.11.17	종업원수	497명	대표이사	서정수
상 장 일	2006.02.03	감사의견	적정(리안)	계 열	
결 산 기	12월	보통주	3,324만주	종속회사수	
액 면 가	500원	우선주		구 상 호	

주주구성 (지분율,%)		출자관계 (지분율,%)		주요경쟁사 (외형,%)	
셀트리온	55.3	셀트리온화학연구소	100.0	셀트리온제약	100
페트라3호사모투자전문회사	3.8	CelltrionPharmaUSAInc	100.0	JW홀딩스	653
(외국인)	2.0			아미코젠	66

매출구성		비용구성		수출비중	
간질환치료용제 (고덱스)	35.6	매출원가율	50.2	수출	2.9
기타제네릭	25.8	판관비율	42.8	내수	97.1
기타상품	18.7				

회사 개요
동사는 KGMP(Korea Good Manufacturing Practice: 우수의약품 제조 및 품질관리기준) 적격업체로 선정, 충북 진천과 오창에 생산시설 및 품질 관리시설을 갖춘 업체로서 정제, 경질캡슐제, 연질캡슐제, 주사제 등 40여 제품을 생산·판매하고 있음. 주력 제품은 개량신약인 고덱스캡슐로서 2007년 최초로 매출 100억원을 넘어섰으며 2016년에는 379억원의 매출을 달성함.

실적 분석
동사의 2016년 매출액은 전년 대비 40.3% 증가한 1,048.1억원을 기록하며 처음으로 매출 천억원을 넘어섬. 이는 주력 품목인 고덱스 캡슐과 관절염치료제 램시마의 매출 호조 때문임. 매출원가는 상품 매출 증대로 전년 대비 96.1% 증가하여 매출총이익은 8.9% 증가함. 판매비와관리비는 8.2% 증가하여 영업이익은 전년 대비 14.0% 신장한 72.7억원을 기록함. 영업이익 증가에도 비영업손익의 악화로 당기순이익은 56.7% 감소함.

현금 흐름 〈단위 : 억원〉

항목	2015	2016
영업활동	134	-152
투자활동	-678	-86
재무활동	605	243
순현금흐름	61	5
기말현금	97	102

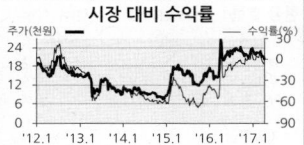
시장 대비 수익률

결산 실적 〈단위 : 억원〉

항목	2011	2012	2013	2014	2015	2016
매출액	465	470	527	667	747	1,048
영업이익	61	51	75	83	64	73
당기순이익	34	36	26	59	67	29

분기 실적 〈단위 : 억원〉

항목	2015.3Q	2015.4Q	2016.1Q	2016.2Q	2016.3Q	2016.4Q
매출액	195	196	180	259	221	388
영업이익	15	13	21	19	20	11
당기순이익	9	45	14	2	12	1

재무 상태 〈단위 : 억원〉

항목	2011	2012	2013	2014	2015	2016
총자산	2,161	3,310	3,614	4,112	4,668	5,100
유형자산	491	1,157	1,456	1,961	2,192	2,098
무형자산	348	420	462	567	827	955
유가증권	72	71	13	3	2	6
총부채	878	1,738	1,929	1,967	2,305	1,654
총차입금	359	877	1,849	1,687	2,159	1,387
자본금	61	71	72	94	104	158
총자본	1,283	1,572	1,684	2,144	2,362	3,446
지배주주지분	1,283	1,572	1,684	2,144	2,362	3,446

기업가치 지표

항목	2011	2012	2013	2014	2015	2016
주가(최고/저)(천원)	23.8/11.6	21.4/14.3	16.0/7.6	11.4/7.6	19.8/8.2	26.9/13.7
PER(최고/저)(배)	96.8/47.3	87.8/58.7	99.9/47.3	31.9/21.3	66.2/27.4	264.5/135.1
PBR(최고/저)(배)	2.6/1.3	2.2/1.5	1.6/0.7	1.1/0.8	1.9/0.8	2.6/1.3
EV/EBITDA(배)	36.2	49.7	37.1	31.6	73.6	46.9
EPS(원)	246	244	160	356	299	102
BPS(원)	10,437	11,123	11,700	11,352	11,328	10,891
CFPS(원)	413	367	254	486	394	561
DPS(원)	—	—	—	25	15	25
EBITDAPS(원)	631	486	594	657	377	721

재무 비율 〈단위 : % 〉

연도	영업이익률	순이익률	부채비율	차입금비율	ROA	ROE	유보율	자기자본비율	EBITDA마진율
2016	6.9	2.8	48.0	40.3	0.6	1.0	2,078.1	67.6	18.8
2015	8.5	9.0	97.6	91.4	1.5	3.0	2,165.7	50.6	10.5
2014	12.5	8.8	91.8	78.7	1.5	3.1	2,170.4	52.2	14.3
2013	14.2	5.0	114.6	109.8	0.8	1.6	2,240.0	46.6	16.2

소리바다 (A053110)
SORIBADA

업 종 : 인터넷 서비스		시 장 : KOSDAQ	
신용등급 : (Bond) — (CP) —		기업규모 :	
홈 페 이 지 : www.soribada.com		연 락 처 : 02)562-7188	
본 사 : 서울시 강남구 언주로 617 논현동자동차전시장빌딩 4~5층			

설 립 일	1998.08.13	종업원수	142명	대표이사	양선정환
상 장 일	2001.10.09	감사의견	적정(신정)	계 열	
결 산 기	12월	보통주	4,325만주	종속회사수	
액 면 가	500원	우선주		구 상 호	

주주구성 (지분율,%)		출자관계 (지분율,%)		주요경쟁사 (외형,%)	
제이메이슨	9.7	씨씨엠스카이	100.0	소리바다	100
ISPC LIMITED	4.6	미디어튜브	100.0	이지웰페어	133
(외국인)	1.2	월인베스트먼트	100.0	SBI액시즈	176

매출구성		비용구성		수출비중	
컨텐츠사업부(음원)	64.1	매출원가율	0.0	수출	—
매니지먼트사업부(출연료등)	35.7	판관비율	101.8	내수	—
컨텐츠사업부(기타)	0.2				

회사 개요
음원 스트리밍과 다운로드 서비스 및 각종 멀티미디어 컨텐츠를 제공하는 인터넷 기업으로, 소리바다 웹사이트 운영, 모바일 컨텐츠 서비스, 기타 유료컨텐츠 서비스 등을 영위하고 있음. 음원시장 점유율은 방문자수 기준 멜론과 엠넷, 벅스에 이어 업계 4위 수준임. 스마트폰 게임개발사인 소리바다게임즈, 자동차부품 제조회사인 케이시트 등 9개의 종속회사를 보유 중임. 최근 제3자배정 유상증자를 통해 최대주주가 ISPC에서 제이메이슨으로 변경됨.

실적 분석
전년 초 적용된 음원가격 인상, 삼성전자 밀크뮤직 유료유저 증가와 함께 주요종속회사 신규편입 등으로 2016년 매출액은 전년 대비 37.5% 급증함. 외형 확대에 따른 고정비용 부담 완화와 구조조정을 통한 재무구조 개선 활동이 가시적 성과를 나타내어 영업이익의 적자규모는 크게 줄어듦. 이자비용과 대손상각비, 자산손상차손 등 영업외손실이 크게 늘어나 순이익의 적자규모는 확대됨. 개별기준 영업이익이 3년만에 흑자전환하여 관리종목 지정우려가 사라짐.

현금 흐름 〈단위 : 억원〉

항목	2015	2016
영업활동	-37	-61
투자활동	-3	-186
재무활동	7	287
순현금흐름	-33	42
기말현금	53	95

시장 대비 수익률

결산 실적 〈단위 : 억원〉

항목	2011	2012	2013	2014	2015	2016
매출액	271	257	254	290	286	393
영업이익	37	-19	-29	-53	-52	-7
당기순이익	49	-40	-47	-70	-52	-86

분기 실적 〈단위 : 억원〉

항목	2015.3Q	2015.4Q	2016.1Q	2016.2Q	2016.3Q	2016.4Q
매출액	79	67	96	91	86	119
영업이익	-11	-15	2	-0	-0	-9
당기순이익	-9	-11	7	-1	-5	-88

재무 상태 〈단위 : 억원〉

항목	2011	2012	2013	2014	2015	2016
총자산	278	333	320	230	198	468
유형자산	10	10	12	11	8	18
무형자산	16	17	8	3	2	126
유가증권	37	36	44	20	22	1
총부채	57	104	124	93	104	265
총차입금	18	63	64	14	11	122
자본금	138	149	154	157	157	200
총자본	221	229	197	136	94	203
지배주주지분	218	226	195	134	87	198

기업가치 지표

항목	2011	2012	2013	2014	2015	2016
주가(최고/저)(천원)	1.8/1.1	6.7/1.3	4.2/1.5	6.3/2.6	6.1/3.7	5.9/1.4
PER(최고/저)(배)	10.3/6.1	—/—	—/—	—/—	—/—	—/—
PBR(최고/저)(배)	2.2/1.3	8.4/1.6	6.3/2.2	13.8/5.7	19.8/12.1	11.3/2.6
EV/EBITDA(배)	5.0					
EPS(원)	178	-134	-156	-231	-161	-245
BPS(원)	166	794	667	458	308	521
CFPS(원)	41	-100	-127	-207	-141	-234
DPS(원)	—	—	—	—	—	—
EBITDAPS(원)	32	-32	-69	-148	-146	-10

재무 비율 〈단위 : % 〉

연도	영업이익률	순이익률	부채비율	차입금비율	ROA	ROE	유보율	자기자본비율	EBITDA마진율
2016	-1.8	-22.0	131.0	60.4	-26.0	-58.8	4.2	43.3	-0.9
2015	-18.2	-18.1	일부잠식	일부잠식	-24.2	-45.8	-38.4	47.3	-16.0
2014	-18.4	-24.2	일부잠식	일부잠식	-25.5	-43.4	-8.4	59.3	-15.7
2013	-11.6	-18.5	62.9	32.7	-14.4	-22.1	33.4	61.4	-8.1

소프트센 (A032680)
SOFTCEN

업　　종 : IT 서비스　　　　　　시　　　장 : KOSDAQ
신 용 등 급 : (Bond) —　　(CP) —　　기 업 규 모 : 벤처
홈 페 이 지 : www.softcen.co.kr　　연 락 처 : 02)2027-3800
본　　사 : 서울시 서초구 반포대로 13 아이티센 빌딩 6층

설 립 일	1988.04.11	종 업 원 수	226명	대 표 이 사	김종인
상 장 일	1997.07.18	감 사 의 견	적정 (삼덕)	계　　　열	
결 산 기	12월	보 통 주	3,078만주	종 속 회 사 수	
액 면 가	500원	우 선 주	16만주	구 상 호	비티씨정보

주주구성 (지분율,%)		출자관계 (지분율,%)	주요경쟁사 (외형,%)	
아이티센	26.7		소프트센	100
김재홍	10.0		케이사인	28
(외국인)	1.7		유엔젤	26

매출구성		비용구성		수출비중	
소프트웨어 및 하드웨어 유통 및 인프라구축	100.0	매출원가율	87.4	수출	0.0
		판관비율	11.7	내수	100.0

회사 개요
동사는 IT 서비스 전문 기업으로서 1988년 Behavior Tech Computer와 함께 개인용 컴퓨터 및 주변기기 제조를 목적으로 합작 설립됨. IBM 등 대형 하드웨어 제조업체 또는 동사가 자체 개발한 서버, 스토리지 프로세서 등 제반 인프라 및 솔루션을 시장에 공급하는 사업을 주로 영위함. 클라우드 컴퓨팅, 빅데이터 등 신규 사업도 추진 중이며, 최대주주인 아이티센과의 협력을 통해 시너지를 극대화해 나가고 있음.

실적 분석
동사의 2016년 4분기 매출액은 1,157.4억원으로 전년 대비 60.1% 증가함. 판관비의 23.8% 증가에도 10.5억원의 영업이익을 시현함. 빅데이터, 헬스인포매틱스, 클라우드 사업 부문 등 신성장 사업에 대한 R&D와 고용에 대한 인건비 투자가 전년 4분기부터 매출액과 이익에 반영됨. 2015년 11월 아마존과 협약을 맺는 등 국내외 유수 기업들과의 IDC사업 파트너쉽 체결을 통해 자사솔루션을 이용한 SAAS사업모델 구축을 진행 중임

현금 흐름 *IFRS 별도 기준 〈단위 : 억원〉
항목	2015	2016
영업활동	-42	-115
투자활동	-17	-34
재무활동	-20	125
순현금흐름	-79	-23
기말현금	67	44

시장 대비 수익률
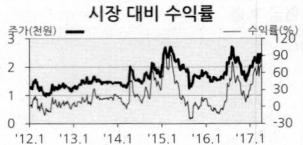

결산 실적 〈단위 : 억원〉
항목	2011	2012	2013	2014	2015	2016
매출액	57	104	257	828	723	1,157
영업이익	-24	4	5	21	-38	11
당기순이익	-21	-7	4	30	-32	-9

분기 실적 *IFRS 별도 기준 〈단위 : 억원〉
항목	2015.3Q	2015.4Q	2016.1Q	2016.2Q	2016.3Q	2016.4Q
매출액	163	323	189	263	290	415
영업이익	-0	3	2	-1	4	5
당기순이익	-0	-3	2	-0	2	-13

재무 상태 *IFRS 별도 기준 〈단위 : 억원〉
항목	2011	2012	2013	2014	2015	2016
총자산	174	155	411	684	444	659
유형자산	19	18	26	5	5	5
무형자산	2	0	61	61	62	66
유가증권	11	—	1	4	4	4
총부채	49	66	260	363	139	341
총차입금	23	—	100	37	0	108
자본금	61	69	85	146	152	155
총자본	125	89	151	321	306	318
지배주주지분	125	89	151	321	306	318

기업가치 지표 *IFRS 별도 기준
항목	2011	2012	2013	2014	2015	2016
주가(최고/저)(천원)	3.1/0.4	2.0/0.8	1.7/1.2	2.2/1.3	2.8/1.3	3.0/1.5
PER(최고/저)(배)	—/—	—/—	30.2/22.0	16.2/9.3	—/—	—/—
PBR(최고/저)(배)	3.3/0.5	3.4/1.4	2.0/1.4	1.9/1.1	2.7/1.2	2.9/1.5
EV/EBITDA(배)	—	37.7	57.8	16.3	—	50.5
EPS(원)	-177	-55	56	134	-106	-29
BPS(원)	1,032	643	947	1,128	1,036	1,029
CFPS(원)	-173	-47	70	141	-100	-21
DPS(원)						
EBITDAPS(원)	-167	44	43	103	-120	42

재무 비율 〈단위 : % 〉
연도	영업이익률	순이익률	부채비율	차입금비율	ROA	ROE	유보율	자기자본비율	EBITDA마진율
2016	0.9	-0.8	107.5	34.1	-1.6	-2.8	105.8	48.2	1.1
2015	-5.3	-4.4	45.3	0.1	-5.6	-10.2	107.2	68.8	-5.0
2014	2.6	3.6	113.3	11.6	5.5	12.7	125.6	46.9	2.8
2013	1.9	3.4	172.0	65.8	3.1	7.2	89.4	36.8	2.4

소프트캠프 (A210610)
SOFTCAMP COLTD

업　　종 : 일반 소프트웨어　　　　시　　　장 : KONEX
신 용 등 급 : (Bond) —　　(CP) —　　기 업 규 모 : —
홈 페 이 지 : www.softcamp.co.kr　　연 락 처 : 02)3453-9999
본　　사 : 서울시 강남구 테헤란로8길 37(역삼동)

설 립 일	1999.07.15	종 업 원 수	188명	대 표 이 사	배환국
상 장 일	2014.12.18	감 사 의 견	적정 (우리)	계　　　열	
결 산 기	12월	보 통 주	163만주	종 속 회 사 수	
액 면 가	500원	우 선 주	73만주	구 상 호	

주주구성 (지분율,%)		출자관계 (지분율,%)	주요경쟁사 (외형,%)	
배환국	35.7	Security-i(HongKong)Limited 30.0	소프트캠프	100
IBK금융그룹 IP Value-up 투자조합	12.3		엠로	197
			한솔넥스지	181

매출구성		비용구성		수출비중	
DS(제품)	34.0	매출원가율	48.3	수출	9.1
기타	26.9	판관비율	75.3	내수	90.9
DS(용역)	16.5				

회사 개요
동사는 출판, 영상, 방송통신 및 정보서비스업을 목적으로 1999년 7월 15일 설립된 회사로 주된 사업은 응용소프트웨어 개발 및 공급임. 회사설립 당시 IT 시장환경에서 보안에 대한 니즈가 매우 강했으며, 1998년부터 정부에서 경기활성화책으로 컴퓨터교육 붐이 불었던 시대적 트렌드에 따라 공용PC 관리 제품인 PC-Keeper를 출시하고 보안업체로서 자리매김 함.

실적 분석
동사의 2016년 매출액은 137.8억원, 영업손실은 32.5억원을 기록함. 동사는 사물인터넷(IoT), 인공지능(AI), 빅데이터 (Big Data) 환경에 맞춰 업무 기본 단위인 전자문서를 통합 관리하고, 안전하게 공유하고 협업하는 환경을 조성하는 것을 목표로 함. AI, 클라우드 환경을 지원하는 도큐먼트 시큐리티 5.0버전(Document Security)을 개발 중임.

현금 흐름 *IFRS 별도 기준 〈단위 : 억원〉
항목	2015	2016
영업활동	22	3
투자활동	-7	-19
재무활동	-14	-4
순현금흐름	1	-20
기말현금	25	5

시장 대비 수익률
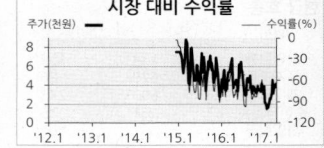

결산 실적 〈단위 : 억원〉
항목	2011	2012	2013	2014	2015	2016
매출액	120	127	144	158	157	138
영업이익	20	12	18	6	-13	-33
당기순이익	25	10	11	6	-8	-37

분기 실적 *IFRS 별도 기준 〈단위 : 억원〉
항목	2015.3Q	2015.4Q	2016.1Q	2016.2Q	2016.3Q	2016.4Q
매출액	—	—	—	—	—	—
영업이익	—	—	—	—	—	—
당기순이익	—	—	—	—	—	—

재무 상태 *IFRS 별도 기준 〈단위 : 억원〉
항목	2011	2012	2013	2014	2015	2016
총자산	117	138	137	190	168	128
유형자산	11	9	6	5	4	3
무형자산	17	20	26	29	32	33
유가증권	1	2	1	1	0	0
총부채	111	121	89	97	83	80
총차입금	70	80	52	55	39	33
자본금	15	8	9	12	12	12
총자본	6	16	48	93	85	47
지배주주지분	6	16	48	93	85	47

기업가치 지표 *IFRS 별도 기준
항목	2011	2012	2013	2014	2015	2016
주가(최고/저)(천원)	—/—	—/—	—/—	7.5/7.5	10.3/2.4	8.1/2.5
PER(최고/저)(배)	0.0/0.0	0.0/0.0	0.0/0.0	25.3/25.3	—/—	—/—
PBR(최고/저)(배)	0.0/0.0	0.0/0.0	0.0/0.0	1.9/1.9	2.9/0.7	4.0/1.2
EV/EBITDA(배)	2.2	3.3	1.6	7.7	47.1	—
EPS(원)	1,658	651	626	296	-342	-1,584
BPS(원)	198	1,010	2,618	3,953	3,611	2,032
CFPS(원)	1,165	1,383	1,246	982	270	-949
DPS(원)						
EBITDAPS(원)	997	1,472	1,577	996	66	-741

재무 비율 〈단위 : % 〉
연도	영업이익률	순이익률	부채비율	차입금비율	ROA	ROE	유보율	자기자본비율	EBITDA마진율
2016	-23.6	-27.2	170.8	70.9	-25.3	-56.5	306.3	36.9	-12.7
2015	-8.2	-5.2	97.4	45.6	-4.5	-9.0	622.2	50.7	1.0
2014	3.7	3.5	103.7	58.5	3.4	7.9	690.6	49.1	11.8
2013	12.1	7.9	185.7	108.1	8.3	35.6	423.6	35.0	20.0

손오공 (A066910)
SONOKONG

업 종 : 레저용품		시 장 : KOSDAQ	
신용등급 : (Bond) — (CP) —		기업규모 : 중견	
홈 페 이 지 : www.sonokong.co.kr		연 락 처 : 02)2610-8750	
본 사 : 경기도 부천시 원미구 안곡로 266 (역곡동 24-32) 손오공			

설 립 일 1996.12.30	종 업 원 수 111명	대 표 이 사 김종완	
상 장 일 2005.01.07	감 사 의 견 적정 (삼정)	계 열	
결 산 기 12월	보 통 주 2,190만주	종속회사수	
액 면 가 500원	우 선 주	구 상 호	

주주구성 (지분율,%)		출자관계 (지분율,%)		주요경쟁사 (외형,%)	
Mattel Marketing Holdings, Pte. Ltd.	12.0	손오공아이비	100.0	손오공	100
최신규	4.9	DCTHOLDINGS	4.8	오로라	111
(외국인)	1.1			대원미디어	73

매출구성		비용구성		수출비중	
캐릭터완구 및 게임 (터닝메카드 및 스타2 CD계	94.8	매출원가율	80.4	수출	0.4
PC방 수수료 (리그오브레전드 등)	4.8	판관비율	16.7	내수	99.6
애니메이션 (캐릭터 로열티 등)	0.5				

회사 개요
1996년 설립된 동사는 완구류, 애니메이션 및 캐릭터의 제작 및 판매업과 게임소프트웨어의 제작 및 판매업을 주요 사업으로 영위하고 있음. 고부가가치 산업인 애니메이션과 캐릭터 산업을 연계해 캐릭터를 개발하고 개발 캐릭터를 제품화하는 전략을 추구함. 대표적 히트상품으로 '헬로카봇', '터닝메카드' 등이 있음. 연결대상 종속회사로 PC방 영업, 게임 유통을 주사업으로하는 손오공아이비가 있음.

실적 분석
동사의 2016년 연결기준 누적 매출액은 전년 대비 3.4% 증가한 1,293.2억원을 기록함. 영업이익과 당기순이익은 대폭 줄어듦. 각각 전년대비 64.3%, 81% 감소. 캐릭터 완구 및 게임 판매의 내수시장 매출이 호조를 보인 반면 해외시장에선 다소 정체됨. 동사가 유통중인 게임 '리그오브레전드'에 이어 2016년 '오버워치' 인기가 급증하며 PC게임 시장 성장세에 긍정적인 영향을 미침.

현금 흐름 〈단위 : 억원〉

항목	2015	2016
영업활동	120	3
투자활동	2	3
재무활동	-84	-25
순현금흐름	38	-18
기말현금	59	41

시장 대비 수익률
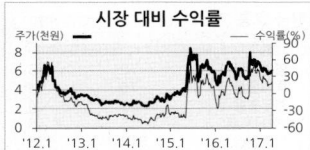

결산 실적 〈단위 : 억원〉

항목	2011	2012	2013	2014	2015	2016
매출액	740	804	582	531	1,251	1,293
영업이익	21	19	-88	-35	104	37
당기순이익	0	-1	-101	-50	93	18

분기 실적 〈단위 : 억원〉

항목	2015.3Q	2015.4Q	2016.1Q	2016.2Q	2016.3Q	2016.4Q
매출액	320	474	338	310	321	325
영업이익	26	37	27	12	6	-8
당기순이익	25	30	26	11	8	-27

재무 상태 〈단위 : 억원〉

항목	2011	2012	2013	2014	2015	2016
총자산	835	709	653	542	698	814
유형자산	174	183	173	164	163	157
무형자산	61	64	68	57	36	5
유가증권	4	3	7	2	—	—
총부채	512	385	430	339	401	500
총차입금	379	276	283	230	154	130
자본금	104	104	104	109	109	109
총자본	323	323	223	203	296	314
지배주주지분	323	323	223	203	296	314

기업가치 지표

항목	2011	2012	2013	2014	2015	2016
주가(최고/저)(천원)	4.5/2.1	6.9/3.1	3.6/2.3	3.6/2.2	8.5/3.0	8.7/4.4
PER(최고/저)(배)	7,201.3/3,334.2	—/—	—/—	—/—	20.0/7.0	107.9/54.6
PBR(최고/저)(배)	2.9/1.3	4.4/2.0	3.3/2.1	3.8/2.3	6.2/2.2	6.0/3.1
EV/EBITDA(배)	19.9	15.6			10.2	27.1
EPS(원)	1	-3	-482	-237	425	81
BPS(원)	1,559	1,561	1,079	939	1,365	1,445
CFPS(원)	179	190	-299	-71	549	178
DPS(원)						
EBITDAPS(원)	280	284	-236	-1	599	267

재무 비율 〈단위 : % 〉

연도	영업이익률	순이익률	부채비율	차입금비율	ROA	ROE	유보율	자기자본비율	EBITDA마진율
2016	2.9	1.4	159.4	41.5	2.3	5.8	188.9	38.5	4.5
2015	8.3	7.4	135.5	52.0	15.0	37.3	172.9	42.5	10.5
2014	-6.6	-9.4	167.2	113.3	-8.3	-23.3	87.7	37.4	0.0
2013	-15.0	-17.3	193.0	127.0	-14.8	-36.8	115.8	34.1	-8.5

솔고바이오메디칼 (A043100)
Solco Biomedical

업 종 : 의료 장비 및 서비스		시 장 : KOSDAQ	
신용등급 : (Bond) B- (CP) —		기업규모 : 중견	
홈 페 이 지 : www.solco.co.kr		연 락 처 : 031)610-4000	
본 사 : 경기도 평택시 서탄면 서탄로 154			

설 립 일 1995.07.12	종 업 원 수 146명	대 표 이 사 김서곤	
상 장 일 2000.08.08	감 사 의 견 적정 (삼덕)	계 열	
결 산 기 12월	보 통 주 11,973만주	종속회사수	
액 면 가 500원	우 선 주	구 상 호	

주주구성 (지분율,%)		출자관계 (지분율,%)		주요경쟁사 (외형,%)	
김서곤	8.5	솔고파이로일렉	65.7	솔고바이오	100
김일	1.6	넷향기	20.0	오스템임플란트	1,453
(외국인)	0.1			디오	373

매출구성		비용구성		수출비중	
온열매트(백금천수, 신천수, SOLCO.ON)	34.8	매출원가율	73.3	수출	20.7
임플란트 수술기구(SOLCO4CIS, VANE 등)	31.5	판관비율	59.6	내수	79.3
온열매트 외(온돌이야기, 백금셀, 봉경소리)	17.0				

회사 개요
의료용구 제조, 판매를 목적으로 1995년 설립된 동사는 척추, 골절, 인공관절용 생체용 금속(임플란트), 외과용 수술기구, 온열전위자극기 및 온열매트 등 헬스케어 제품을 제조, 판매하는 사업 등을 영위하고 있음. 동사의 계열회사는 솔고파이로일렉, 두레마을전통식품 등 모두 비상장업체로 총 6개임. 동사는 생체용금속 시장에서 국산이 전무했던 1998년부터 한국인 체형에 맞는 제품을 개발해 판매하고 있음.

실적 분석
생체용 금속 수술기구 등 메디컬 부문의 매출은 감소하였으나, 온열매트를 포함하는 헬스케어 부문의 판매가 증가하여 2016년 매출액은 전년동기 대비 5.8% 증가함. 온열매트 가격 인상으로 원가율이 개선되었으나, 광고선전비 등 판관비가 8.7% 늘어나면서 영업이익의 적자규모는 더욱 확대됨. 외환 관련 손실로 인해 영업외 수지도 적자로 전환되면서 수익성이 악화됨. 한국물학회와 수소수를 활용한 치매 임상 연구에 대한 협약을 체결함.

현금 흐름 〈단위 : 억원〉

항목	2015	2016
영업활동	-42	-62
투자활동	4	-7
재무활동	54	42
순현금흐름	17	-27
기말현금	49	22

시장 대비 수익률
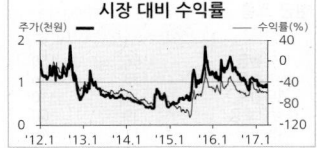

결산 실적 〈단위 : 억원〉

항목	2011	2012	2013	2014	2015	2016
매출액	361	393	355	301	224	237
영업이익	-32	-63	-47	-9	-70	-78
당기순이익	-61	-89	-58	-25	-70	-80

분기 실적 〈단위 : 억원〉

항목	2015.3Q	2015.4Q	2016.1Q	2016.2Q	2016.3Q	2016.4Q
매출액	54	62	63	62	54	58
영업이익	-26	-32	-8	-17	-19	-34
당기순이익	-22	-36	-10	-17	-22	-31

재무 상태 〈단위 : 억원〉

항목	2011	2012	2013	2014	2015	2016
총자산	743	676	646	564	535	492
유형자산	202	194	182	145	141	143
무형자산	23	13	12	8	1	1
유가증권	4	3	1	1	11	0
총부채	332	351	338	270	162	166
총차입금	224	255	238	194	113	121
자본금	272	272	312	314	413	434
총자본	411	325	308	294	374	326
지배주주지분	411	331	322	292	372	321

기업가치 지표

항목	2011	2012	2013	2014	2015	2016
주가(최고/저)(천원)	1.7/0.5	2.2/0.6	1.3/0.6	0.9/0.4	2.0/0.4	1.6/0.8
PER(최고/저)(배)	—/—	—/—	—/—	—/—	—/—	—/—
PBR(최고/저)(배)	2.8/0.9	4.5/1.1	2.9/1.4	2.2/1.0	4.8/1.0	4.9/2.3
EV/EBITDA(배)				25.5		
EPS(원)	-94	-120	-70	-30	-89	-84
BPS(원)	757	609	515	466	451	371
CFPS(원)	-77	-89	-39	8	-67	-68
DPS(원)						
EBITDAPS(원)	-23	-58	-33	29	-67	-66

재무 비율 〈단위 : % 〉

연도	영업이익률	순이익률	부채비율	차입금비율	ROA	ROE	유보율	자기자본비율	EBITDA마진율
2016	-32.9	-33.8	일부잠식	일부잠식	-15.6	-23.0	-25.9	66.2	-24.0
2015	-31.4	-31.2	일부잠식	일부잠식	-12.7	-21.1	-9.9	69.8	-21.5
2014	-2.9	-8.3	일부잠식	일부잠식	-4.1	-7.1	-6.9	52.2	6.0
2013	-13.1	-16.4	일부잠식	일부잠식	-8.8	-15.4	3.0	47.7	-5.8

솔루에타 (A154040)
Solueta

업　　종 : 전자 장비 및 기기　　　　시　　장 : KOSDAQ
신용등급 : (Bond) —　　(CP) —　　기업규모 : 우량
홈 페 이 지 : www.solueta.com　　연 락 처 : 031)508-2655
본　　사 : 경기도 안산시 단원구 별망로519번길 27 (원시동)

설 립 일	2003.06.27	종 업 원 수	137명	대 표 이 사	유춘열
상 장 일	2013.12.27	감 사 의 견	적정 (대주)	계 열	
결 산 기	12월	보 통 주	1,103만주	종속회사수	
액 면 가	500원	우 선 주		구 상 호	

주주구성 (지분율,%)		출자관계 (지분율,%)		주요경쟁사 (외형,%)	
다산네트웍스	27.2	디엠씨	100.0	솔루에타	100
엔에이치엔인베스트먼트	5.0	바이오메트릭스	60.0	파크시스템스	17
(외국인)	1.1	핸드소프트	12.7	엔에스	21

매출구성		비용구성		수출비중	
전도성테이프	75.6	매출원가율	85.4	수출	47.2
전도성쿠션	19.2	판관비율	14.6	내수	52.8
기타	4.6				

회사 개요
동사는 전자파 차폐소재 연구개발 전문 EMC 기업으로서, 전도성 테이프, 전도성 쿠션을 연구개발 및 제조, 판매를 주력 사업으로 진행하고 있음. 전도성테입이 주요매출로 64.9%이고 전도성 쿠션이 11.9%를 차지함. 향후 Digitizer, NFC 안테나, 무선충전기 등 EMI 관련 신규 사업으로 진출할 계획에 있음. 신규 아이템 모두 스마트폰과 밀접한 관련이 있어서 당장에는 시장 진입 효과를 기대하기는 어려울 것으로 판단함.

실적 분석
동사의 2016년 연결기준 연간 매출액은 1,404억원으로 전년 대비 100.9% 증가함. 이는 주요종속회사 신규편입에 따른 변동성 반영으로 볼 수 있음. 반면 본업의 일시적인 영업력 부진에 따른 수익성 악화로 영업손실은 1억원을 시현하며 적자전환함. 당기순손실 또한 유형자산처분손실 및 기타채권대손상각 등의 일회성 비용 반영으로 34.5억원을 시현하며 적자전환됨.

현금 흐름 〈단위 : 억원〉
항목	2015	2016
영업활동	186	150
투자활동	-133	-546
재무활동	-14	310
순현금흐름	39	-66
기말현금	211	145

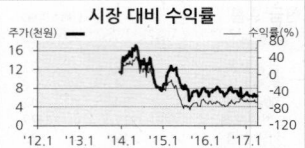

시장 대비 수익률

결산 실적 〈단위 : 억원〉
항목	2011	2012	2013	2014	2015	2016
매출액	415	635	1,001	862	699	1,404
영업이익	56	113	225	30	112	-1
당기순이익	39	68	174	28	94	-34

분기 실적 〈단위 : 억원〉
항목	2015.3Q	2015.4Q	2016.1Q	2016.2Q	2016.3Q	2016.4Q
매출액	209	131	135	408	402	458
영업이익	41	2	1	-4	-1	4
당기순이익	36	1	4	-11	-5	-22

재무 상태 〈단위 : 억원〉
항목	2011	2012	2013	2014	2015	2016
총자산	320	447	858	780	900	1,655
유형자산	127	162	175	248	232	440
무형자산	0	0	1	10	10	144
유가증권	0	0	0	1	54	61
총부채	246	306	234	114	136	914
총차입금	146	177	90	50	23	551
자본금	20	20	26	55	55	55
총자본	74	141	623	667	764	741
지배주주지분	74	141	623	667	764	741

기업가치 지표
항목	2011	2012	2013	2014	2015	2016
주가(최고/저)(천원)	—/—	—/—	11.8/11.4	17.0/7.3	12.8/5.1	9.2/6.0
PER(최고/저)(배)	0.0/0.0	0.0/0.0	4.9/4.8	68.0/29.2	15.0/6.0	—/—
PBR(최고/저)(배)	0.0/0.0	0.0/0.0	2.0/1.9	2.8/1.2	1.8/0.7	1.4/0.9
EV/EBITDA(배)	1.9	1.3	4.1	11.1	4.0	13.4
EPS(원)	824	1,404	2,394	250	851	-313
BPS(원)	19,058	3,608	11,677	6,045	6,931	6,720
CFPS(원)	17,404	3,268	4,698	487	1,110	215
DPS(원)						
EBITDAPS(원)	23,333	5,018	5,898	508	1,272	519

재무 비율 〈단위 : % 〉
연도	영업이익률	순이익률	부채비율	차입금비율	ROA	ROE	유보율	자기자본비율	EBITDA마진율
2016	-0.1	-2.5	123.4	74.3	-2.7	-4.6	1,243.9	44.8	4.1
2015	16.0	13.4	17.7	3.0	11.2	13.1	1,286.2	84.9	20.1
2014	3.5	3.2	17.1	7.4	3.4	4.3	1,109.0	85.4	6.5
2013	22.5	17.4	37.6	14.4	26.8	45.7	2,330.2	72.7	24.7

솔본 (A035610)
Solborn

업　　종 : 의료 장비 및 서비스　　　시　　장 : KOSDAQ
신용등급 : (Bond) —　　(CP) —　　기업규모 : 중견
홈 페 이 지 : www.solborn.co.kr　　연 락 처 : 02)580-2800
본　　사 : 서울시 강남구 학동로95길 51 (청담동, 청담스포피아)

설 립 일	1994.08.05	종 업 원 수	12명	대 표 이 사	홍기태
상 장 일	1999.08.13	감 사 의 견	적정 (우리)	계 열	
결 산 기	12월	보 통 주	2,735만주	종속회사수	
액 면 가	500원	우 선 주		구 상 호	

주주구성 (지분율,%)		출자관계 (지분율,%)		주요경쟁사 (외형,%)	
홍기태	20.2	솔본인베스트먼트	100.0	솔본	100
이혜숙	13.7	포커스뉴스	66.6	루트로닉	107
(외국인)	0.5	포커스신문사	48.7	인피니트헬스케어	91

매출구성		비용구성		수출비중	
의료기기(기타)	87.7	매출원가율	41.3	수출	—
광고 및 기타용역(용역)	12.3	판관비율	57.1	내수	—

회사 개요
동사는 1994년에 설립되어, 주식소유를 통한 타법인의 경영참여 또는 부동산임대업 등을 주요 목적사업으로 하고 있음. 2016년 12월 31일 기준 (주)인피니트헬스케어, (주)포커스신문사, (주)솔본인베스트먼트등을 포함하여 17개 계열회사를 포함하고 있음. 현재 임대사업 외에 투자 분야, 뉴스통신사, 미디어 분야, 의료-IT 분야 등의 사업군을 아우르게 되었고, 전문업종 위주의 사업구조로 전환함.

실적 분석
동사는 계열사 수익구조 다변화로 2016년 누적 연결기준 매출액은 전년 동기대비 12.1% 증가한 790.0억원을 기록함. 매출 증가와 동시에 매출원가, 판관비 등이 상대적으로 크게 증가하여, 영업이익은 전년 동기대비 56.2% 감소함. 이는 의료기기 부문의 매출은 선방하였으나, 광고 및 기타용역 부문의 매출이 크게 줄고, 이 부문의 영업손실이 인건비 증가 등으로 인해 크게 발생한 것에 기인함.

현금 흐름 〈단위 : 억원〉
항목	2015	2016
영업활동	70	13
투자활동	-76	-4
재무활동	1	1
순현금흐름	15	18
기말현금	514	533

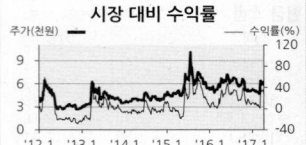

시장 대비 수익률

결산 실적 〈단위 : 억원〉
항목	2011	2012	2013	2014	2015	2016
매출액	1,539	1,173	938	716	705	790
영업이익	-6	-47	3	-19	30	13
당기순이익	-10	-65	73	49	34	36

분기 실적 〈단위 : 억원〉
항목	2015.3Q	2015.4Q	2016.1Q	2016.2Q	2016.3Q	2016.4Q
매출액	169	175	186	212	188	204
영업이익	-2	-19	2	19	5	-13
당기순이익	25	-73	1	44	-7	-3

재무 상태 〈단위 : 억원〉
항목	2011	2012	2013	2014	2015	2016
총자산	2,141	1,964	1,834	1,803	1,875	1,913
유형자산	255	249	195	154	150	141
무형자산	112	128	143	131	92	76
유가증권	275	293	227	214	334	351
총부채	661	517	313	249	234	237
총차입금	224	189	125	95	68	54
자본금	137	137	137	137	137	137
총자본	1,480	1,447	1,521	1,554	1,641	1,677
지배주주지분	1,166	1,162	1,201	1,235	1,288	1,289

기업가치 지표
항목	2011	2012	2013	2014	2015	2016
주가(최고/저)(천원)	4.9/2.2	6.5/2.7	6.4/2.8	4.9/3.5	10.1/4.3	7.5/4.8
PER(최고/저)(배)	—/—	—/—	53.6/23.7	25.5/18.3	185.7/78.3	529.0/336.9
PBR(최고/저)(배)	1.1/0.5	1.4/0.6	1.3/0.6	1.0/0.7	2.0/0.8	1.5/0.9
EV/EBITDA(배)	22.7	173.7	21.1	43.2	19.0	23.5
EPS(원)	-13	-93	120	193	54	14
BPS(원)	4,711	4,696	4,837	4,964	5,155	5,158
CFPS(원)	175	98	258	359	213	168
DPS(원)						
EBITDAPS(원)	166	17	147	95	270	202

재무 비율 〈단위 : % 〉
연도	영업이익률	순이익률	부채비율	차입금비율	ROA	ROE	유보율	자기자본비율	EBITDA마진율
2016	1.7	4.5	14.1	3.2	1.9	0.3	931.7	87.6	7.0
2015	4.3	4.8	14.3	4.2	1.9	1.2	931.0	87.5	10.5
2014	-2.7	6.8	16.0	6.1	2.7	4.3	892.8	86.2	3.6
2013	0.3	7.8	20.6	8.2	3.9	2.8	867.5	82.9	4.3

솔브레인 (A036830)
Soulbrain

업 종 : 반도체 및 관련장비	시 장 : KOSDAQ
신용등급 : (Bond) — (CP) —	기업규모 : 우량
홈페이지 : www.soulbrain.co.kr	연락처 : 031)719-0700
본 사 : 경기도 성남시 분당구 판교로 255번길 34	

설 립 일	1986.05.06	종 업 원 수	1,079명	대 표 이 사	정지완
상 장 일	2000.01.18	감 사 의 견	적정 (삼일)	계 열	
결 산 기	12월	보 통 주	1,656만주	종속회사수	
액 면 가	500원	우 선 주		구 상 호	

주주구성 (지분율,%)		출자관계 (지분율,%)		주요경쟁사 (외형,%)	
정지완	31.1	솔브레인에스엘디	100.0	솔브레인	100
Harmony Investment Fund II, PLC(Harmony Emerging Asia Equity Fund)	6.8	솔브레인엘티케이	100.0	SK하이닉스	2,380
(외국인)	29.6	솔브레인멤시스	100.0	이오테크닉스	43

매출구성		비용구성		수출비중	
HF, BOE, CMP Slurry, Precursor 등	49.5	매출원가율	76.1	수출	64.8
Etchant, Thin Glass, 유기재료 등	40.3	판관비율	9.4	내수	35.2
2차 전지 재료, ND자석 등	10.2				

회사 개요
동사는 반도체 및 전자 관련 화학재료 제조 및 판매 등을 영위할 목적으로 1986년 5월 테크노세미켐 주식회사로 설립되었으며 2011년 9월 현재의 솔브레인 주식회사로 상호를 변경함. 동사는 반도체, 디스플레이 공정용 화학재료와 2차전지 전해액을 주로 생산 중임. 디스플레이 장비 전문 업체인 솔브레인이엔지를 비롯하여 솔브레인저축은행 등 동사 포함 총 21개의 계열회사가 있음.

실적 분석
동사의 2016년 연결 기준 결산 매출액과 영업이익은 각각 7,225억원, 1,051억원으로 전년동기 대비 각각 15.1%, 4.1% 증가하는 등 양호한 실적 시현함. 반면 비영업손익의 급격한 악화로 당기순이익은 7.5% 감소한 상황. 연결된 자회사들의 매출 증가 및 전방산업인 반도체 시장의 성장, 그리고 고객사 OLED 패널 생산량 증가에 따른 Thin Glass & Scribing 관련 제품의 수요 증가 등으로 실적이 크게 개선된 모습.

현금 흐름 〈단위 : 억원〉
항목	2015	2016
영업활동	1,204	1,419
투자활동	-1,707	-769
재무활동	485	-154
순현금흐름	-3	519
기말현금	861	1,380

결산 실적 〈단위 : 억원〉
항목	2011	2012	2013	2014	2015	2016
매출액	4,813	6,636	6,351	5,386	6,279	7,225
영업이익	586	1,070	885	480	1,011	1,051
당기순이익	70	742	620	364	806	745

분기 실적 〈단위 : 억원〉
항목	2015.3Q	2015.4Q	2016.1Q	2016.2Q	2016.3Q	2016.4Q
매출액	1,666	1,749	1,724	1,770	1,860	1,871
영업이익	270	300	315	276	250	210
당기순이익	205	231	229	255	338	-77

재무 상태 〈단위 : 억원〉
항목	2011	2012	2013	2014	2015	2016
총자산	4,753	5,274	5,676	5,743	7,317	8,294
유형자산	2,337	2,527	3,098	3,003	3,210	3,278
무형자산	127	238	168	128	127	133
유가증권	80	96	109	87	76	133
총부채	2,501	1,940	1,794	1,523	2,390	2,684
총차입금	1,919	1,251	1,133	1,014	1,612	1,686
자본금	73	81	81	82	83	83
총자본	2,252	3,334	3,883	4,220	4,927	5,610
지배주주지분	2,258	3,330	3,885	4,240	4,947	5,584

기업가치 지표
항목	2011	2012	2013	2014	2015	2016
주가(최고/저)(천원)	46.8/29.2	47.8/24.8	52.2/37.0	44.1/22.4	50.2/30.4	66.8/34.9
PER(최고/저)(배)	104.1/65.0	10.9/5.7	14.2/10.1	19.6/9.9	10.5/6.4	15.0/7.8
PBR(최고/저)(배)	3.2/2.0	2.4/1.3	2.3/1.6	1.8/0.9	1.7/1.0	2.0/1.0
EV/EBITDA(배)	9.3	6.1	6.1	6.4	5.1	6.6
EPS(원)	478	4,614	3,844	2,336	4,878	4,514
BPS(원)	15,601	20,752	24,178	26,149	30,570	34,416
CFPS(원)	1,856	6,490	5,912	4,743	7,438	7,481
DPS(원)	350	375	450	450	500	610
EBITDAPS(원)	5,370	8,566	7,527	5,352	8,667	9,315

재무 비율 〈단위 : % 〉
연도	영업이익률	순이익률	부채비율	차입금비율	ROA	ROE	유보율	자기자본비율	EBITDA마진율
2016	14.6	10.3	47.9	30.1	9.6	14.2	6,783.2	67.6	21.4
2015	16.1	12.8	48.5	32.7	12.3	17.6	6,013.9	67.3	22.8
2014	8.9	6.8	36.1	24.0	6.4	9.4	5,129.8	73.5	16.2
2013	13.9	9.8	46.2	29.2	11.3	17.3	4,735.6	68.4	19.2

솔트웍스 (A230980)
Soltworks

업 종 : 일반 소프트웨어	시 장 : KOSDAQ
신용등급 : (Bond) — (CP) —	기업규모 : 벤처
홈페이지 : www.soltworks.com	연락처 : 02)852-1007
본 사 : 서울시 구로구 디지털로33길 11 405호/1204호 (구로동, 에이스테크노타워8차)	

설 립 일	2015.10.22	종 업 원 수	명	대 표 이 사	김기호
상 장 일	2016.03.02	감 사 의 견	적정 (우리)	계 열	
결 산 기	12월	보 통 주	871만주	종속회사수	
액 면 가	100원	우 선 주		구 상 호	

주주구성 (지분율,%)		출자관계 (지분율,%)	주요경쟁사 (외형,%)	
케이씨인베스트먼트	24.8		솔트웍스	100
김기호	19.0		이트론	310
(외국인)	0.8		시큐브	257

매출구성	비용구성		수출비중	
	매출원가율	79.2	수출	2.2
	판관비율	14.1	내수	97.8

회사 개요
동사는 2008년 설립돼 독자적으로 개발한 IT 기술력을 바탕으로 국방과 의료 분야에서 IT 솔루션을 제공하는 기업임. 2015년 7월 코넥스에 상장한 후 1년여 만에 코스닥 이전에 성공함. 요 방위산업 업체들과 함께 육·해·공군의 훈련과 무기 체계에 맞춰 다양한 프로젝트를 수행 중. 무기 체계의 효율적인 운용을 위한 종합 컨설팅을 시작으로 전자식 기술교범의 개발, 가상현실 기반의 훈련 또는 정비용 시스템 개발 등을 담당.

실적 분석
동사의 2016년 매출액은 82.8억원 기록, 전년 대비 14.6% 감소함. 당기순손실은 21.6억원을 기록하며 적자 전환함. 동사는 국방 IT 부문에서는 이미 다양한 프로젝트를 경험하며 경쟁력을 갖췄고 앞으로는 의료를 포함한 여러 민수 사업에 더욱 집중할 계획임. 민간 사업으로 분류되는 의료에서 적극적인 기술 개발과 판로 개척을 통해 잠재력을 발휘할 것으로 전망되며 이에 따른 향후 실적 성장이 기대됨.

현금 흐름 *IFRS 별도 기준 〈단위 : 억원〉
항목	2015	2016
영업활동	3	-3
투자활동	1	30
재무활동	-2	-5
순현금흐름	2	25
기말현금	4	30

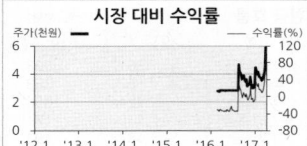

결산 실적 〈단위 : 억원〉
항목	2011	2012	2013	2014	2015	2016
매출액	—	51	45	68	97	83
영업이익	—	5	0	3	16	6
당기순이익	—	5	0	2	15	-22

분기 실적 *IFRS 별도 기준 〈단위 : 억원〉
항목	2015.3Q	2015.4Q	2016.1Q	2016.2Q	2016.3Q	2016.4Q
매출액				21		
영업이익				4		
당기순이익				4		

재무 상태 *IFRS 별도 기준 〈단위 : 억원〉
항목	2011	2012	2013	2014	2015	2016
총자산	—	33	38	46	60	96
유형자산	—	3	3	4	3	5
무형자산	—	1	1	4	3	4
유가증권	—	2	3	6	4	4
총부채	—	13	12	18	18	11
총차입금	—	4	6	6	5	3
자본금	—	8	12	12	7	9
총자본	—	21	26	28	43	85
지배주주지분	—	21	26	28	43	85

기업가치 지표 *IFRS 별도 기준
항목	2011	2012	2013	2014	2015	2016
주가(최고/저)(천원)	—/—	—/—	—/—	—/—	—/—	4.9/2.7
PER(최고/저)(배)	0.0/0.0	0.0/0.0	0.0/0.0	0.0/0.0	81.5/46.0	—/—
PBR(최고/저)(배)	0.0/0.0	0.0/0.0	0.0/0.0	0.0/0.0	28.2/15.9	5.1/2.8
EV/EBITDA(배)	0.0	0.3		0.5	10.2	33.6
EPS(원)	—	92	3	21	174	-254
BPS(원)	—	1,372	1,036	1,127	1,726	975
CFPS(원)	—	369	83	124	656	-237
DPS(원)	—	—	—	—	—	—
EBITDAPS(원)	—	358	89	165	699	83

재무 비율 〈단위 : % 〉
연도	영업이익률	순이익률	부채비율	차입금비율	ROA	ROE	유보율	자기자본비율	EBITDA마진율
2016	6.7	-26.1	13.0	3.5	-27.7	-33.8	875.5	88.5	8.5
2015	16.4	15.3	41.0	14.0	27.8	41.9	557.8	70.9	17.9
2014	4.1	2.7	65.9	31.0	—	—	125.5	60.3	6.0
2013	0.5	0.3	47.9	23.4	0.4	0.6	107.3	67.6	3.0

송원산업 (A004430)
SONGWON INDUSTRIAL

업 종 : 화학		시 장 : 거래소	
신용등급 : (Bond) A- (CP) —		기업규모 : 시가총액 중형주	
홈페이지 : www.songwon.com		연 락 처 : 052)273-9841	
본 사 : 울산시 남구 장생포로 83			

설 립 일	1965.12.15	종 업 원 수	577명	대 표 이 사	MaurizioButti,김충식
상 장 일	1977.06.25	감 사 의 견	적정 (한영)	계 열	
결 산 기	12월	보 통 주	2,400만주	종속회사수	
액 면 가	500원	우 선 주		구 상 호	

주주구성 (지분율,%)
송원물산	23.9
Red Tulip Investments	9.2
(외국인)	21.2

출자관계 (지분율,%)
울산방송	3.0
SongwonInternatioaAG	100.0

주요경쟁사 (외형,%)
송원산업	100
휴켐스	86
삼영무역	32

매출구성
Polymer Stabilizers(AOX & Uvs) 플라스틱안정제	68.9
Tin Intermediates 유기주석화합물	10.9
PVC Stabilizers PVC 안정제	7.1

비용구성
매출원가율	74.4
판관비율	14.6

수출비중
수출	—
내수	—

회사 개요
동사는 플라스틱업계에서 사용하는 산화방지제 및 OPS, 광안정제, 자외선흡수제 등을 생산하는 정밀화학 제조 및 판매기업임. 동사는 주력 제품인 산화방지제의 경우 연간 96,000톤 생산능력을 보유하고 있음. 세계 시장 점유율은 약 22%로 BASF에 이어 글로벌 2위임. 국내시장은 4개 업체가 경쟁 중이며, 동사가 국내시장의 약 60% 이상을 점유하고 있음. 안정제는 PVC가공시 필수적인 첨가제로 종합안정제 생산업체는 동사가 유일함.

실적 분석
동사의 2016년 연결기준 누적매출액은 6,943.3억원으로 전년 대비 6.1% 증가함. 영업이익은 763.5억원으로 전년보다 54.6% 늘었고, 당기순이익은 47.5% 증가한 422.4억원을 기록함. 동사는 뛰어난 품질과 가격경쟁력 강화를 바탕으로 해마다 수출물량이 증가되고 있고, 국내시장에서도 확고한 점유율을 차지하고 있음. 글로벌 네트워크 구축으로 향후 해외 시장 전망이 긍정적임.

현금 흐름 〈단위 : 억원〉
항목	2015	2016
영업활동	851	1,008
투자활동	62	-358
재무활동	-724	-850
순현금흐름	230	-191
기말현금	684	493

시장 대비 수익률

결산 실적 〈단위 : 억원〉
항목	2011	2012	2013	2014	2015	2016
매출액	6,290	6,796	6,922	6,655	6,544	6,943
영업이익	252	577	421	34	494	764
당기순이익	100	205	229	-134	286	422

분기 실적 〈단위 : 억원〉
항목	2015.3Q	2015.4Q	2016.1Q	2016.2Q	2016.3Q	2016.4Q
매출액	1,739	1,665	1,831	1,791	1,706	1,616
영업이익	152	183	266	238	160	99
당기순이익	122	105	122	156	104	41

재무 상태 〈단위 : 억원〉
항목	2011	2012	2013	2014	2015	2016
총자산	8,702	8,621	8,660	8,559	8,464	8,295
유형자산	4,219	4,210	4,263	4,346	4,325	4,315
무형자산	480	407	364	415	347	273
유가증권	20	68	19	15	15	15
총부채	5,951	5,754	5,596	5,672	5,300	4,753
총차입금	4,508	4,346	4,151	4,203	3,626	3,014
자본금	120	120	120	120	120	120
총자본	2,750	2,867	3,064	2,886	3,164	3,542
지배주주지분	2,750	2,856	3,062	2,855	3,145	3,564

기업가치 지표
항목	2011	2012	2013	2014	2015	2016
주가(최고/저)(천원)	20.2/8.8	12.2/7.2	14.8/9.1	11.0/5.7	14.5/7.9	23.1/13.5
PER(최고/저)(배)	50.2/21.8	14.8/8.7	15.3/9.4	—/—	11.8/6.4	12.9/7.6
PBR(최고/저)(배)	1.8/0.8	1.1/0.6	1.2/0.7	1.0/0.5	1.1/0.6	1.6/0.9
EV/EBITDA(배)	11.0	10.0	8.0	15.7	7.6	5.8
EPS(원)	418	858	1,000	-528	1,241	1,802
BPS(원)	11,459	11,900	12,756	11,897	13,103	14,851
CFPS(원)	1,630	1,110	2,303	835	2,679	3,260
DPS(원)	60	80	70	60	70	140
EBITDAPS(원)	2,260	2,654	3,056	1,504	3,496	4,640

재무 비율 〈단위 : % 〉
연도	영업이익률	순이익률	부채비율	차입금비율	ROA	ROE	유보율	자기자본비율	EBITDA마진율
2016	11.0	6.1	134.2	85.1	5.0	12.9	2,870.2	42.7	16.0
2015	7.6	4.4	167.5	114.6	3.4	9.9	2,520.6	37.4	12.8
2014	0.5	-2.0	196.5	145.6	-1.6	-4.3	2,279.3	33.7	5.4
2013	6.1	3.3	182.6	135.5	2.7	8.1	2,451.3	35.4	10.6

쇼박스 (A086980)
SHOWBOX

업 종 : 미디어		시 장 : KOSDAQ	
신용등급 : (Bond) — (CP) —		기업규모 : 우량	
홈페이지 : www.showbox.co.kr		연 락 처 : 02)3218-5500	
본 사 : 서울시 강남구 도산대로 310, 7,8,9층(논현동, 916빌딩)			

설 립 일	1999.06.10	종 업 원 수	59명	대 표 이 사	유정훈
상 장 일	2006.07.07	감 사 의 견	적정 (한영)	계 열	
결 산 기	12월	보 통 주	6,260만주	종속회사수	
액 면 가	500원	우 선 주		구 상 호	미디어플렉스

주주구성 (지분율,%)
오리온	57.5
금보개발	4.9
(외국인)	25.9

출자관계 (지분율,%)
미시건로벌컨텐츠투자조합3호	43.0
제미니영상투자조합1호	30.0
에스엠씨아이5호한국영화펀드	25.9

주요경쟁사 (외형,%)
쇼박스	100
에스엠	278
스카이라이프	528

매출구성
내수 (영화매출)	96.6
수출 (영화매출)	3.3
내수 (임대매출액)	0.1

비용구성
매출원가율	79.9
판관비율	8.0

수출비중
수출	2.8
내수	97.2

회사 개요
영화제작, 투자, 배급업 등을 영위할 목적으로 1999년 6월 설립되어 2006년 7월 코스닥시장에 상장됐음. 2007년 7월 메가박스를 매각하면서 국내에서는 영화 콘텐츠 사업 역량을 집중하고, 중국 극장 사업 확대와 신규 사업 발굴을 통해 성장 동력을 보유하고 하려는 사업영역 국제화를 추진. 국내 영화 콘텐츠사업부문에서 동사는 2013년에 메인 투자작품 8편을 비롯한 총 10편의 영화를 개봉. 자회사를 통해 중국 호복성 홈쇼핑사업에 진출함.

실적 분석
동사의 연결기준 2016년 매출액은 1,259.3억원으로 전년 대비 11.3% 감소하였음. 외형 축소에도 불구하고 매출원가와 판관비 등의 감소로 매출총이익과 영업이익이 확대됨. 2016년 동사의 영업이익은 전년보다 8.8% 증가한 153.0억원을 시현하였음. 최종적으로 당기순이익은 133.7억원을 기록, 전년보다 16.6% 증가하였음. 급성장하는 중국 영화시장 진출은 동사의 새로운 성장 모멘텀이 될 것으로 전망됨.

현금 흐름 〈단위 : 억원〉
항목	2015	2016
영업활동	869	-60
투자활동	-533	545
재무활동	-3	-31
순현금흐름	335	454
기말현금	570	1,024

시장 대비 수익률

결산 실적 〈단위 : 억원〉
항목	2011	2012	2013	2014	2015	2016
매출액	494	882	1,081	720	1,420	1,259
영업이익	-53	97	63	18	141	153
당기순이익	-147	-7	57	-8	115	134

분기 실적 〈단위 : 억원〉
항목	2015.3Q	2015.4Q	2016.1Q	2016.2Q	2016.3Q	2016.4Q
매출액	662	389	436	89	341	393
영업이익	86	30	68	2	53	29
당기순이익	92	1	53	11	42	27

재무 상태 〈단위 : 억원〉
항목	2011	2012	2013	2014	2015	2016
총자산	1,284	1,813	1,674	1,424	2,158	1,972
유형자산	11	2	3	2	18	15
무형자산	64	12	35	6	1	8
유가증권	114	125	152	116	100	91
총부채	274	818	618	370	997	710
총차입금	6	82	6			
자본금	313	313	313	313	313	313
총자본	1,010	995	1,055	1,054	1,161	1,262
지배주주지분	1,008	997	1,052	1,051	1,161	1,262

기업가치 지표
항목	2011	2012	2013	2014	2015	2016
주가(최고/저)(천원)	1.0/0.7	2.1/0.9	5.4/1.7	4.9/2.3	9.6/5.0	8.8/4.5
PER(최고/저)(배)	—/—	—/—	65.3/20.2	—/—	53.4/27.5	41.4/21.1
PBR(최고/저)(배)	0.6/0.5	1.4/0.6	3.2/1.0	3.0/1.4	5.3/2.7	4.4/2.2
EV/EBITDA(배)	1.0	0.8	2.0	5.2	3.9	3.8
EPS(원)	-219	-7	83	-12	183	214
BPS(원)	1,610	1,597	1,686	1,684	1,860	2,021
CFPS(원)	357	732	980	768	1,386	1,023
DPS(원)					50	50
EBITDAPS(원)	492	893	997	808	1,428	1,054

재무 비율 〈단위 : % 〉
연도	영업이익률	순이익률	부채비율	차입금비율	ROA	ROE	유보율	자기자본비율	EBITDA마진율
2016	12.2	10.6	56.2	0.0	6.5	11.0	304.3	64.0	52.4
2015	9.9	8.1	85.9	0.0	6.4	10.4	271.9	53.8	62.9
2014	2.5	-1.1	35.1	0.0	-0.5	-0.7	236.7	74.0	70.3
2013	5.9	5.3	58.6	0.6	3.3	5.1	237.2	63.1	57.7

수산아이앤티 (A050960)
SOOSAN INT CO

업 종 : 일반 소프트웨어	시 장 : KOSDAQ	
신용등급 : (Bond) — (CP) —	기업규모 : 중견	
홈페이지 : www.soosanint.co.kr	연락처 : 02)541-0073	
주 소 : 서울시 강남구 밤고개로1길 10 3층(수서동, 현대벤처빌)		

설 립 일 1998.03.04	종업원수 명	대표이사 정석현
상 장 일 2016.10.11	감사의견 적정 (삼일)	계 열
결 산 기 12월	보 통 주 675만주	종속회사수
액 면 가 500원	우 선 주	구 상 호

주주구성 (지분율,%)	출자관계 (지분율,%)	주요경쟁사 (외형,%)
정보윤 9.9	수산중공업 2.9	수산아이앤티 100
정은주 9.6		지란지교시큐리티 122
(외국인) 0.8		라온시큐어 103

매출구성	비용구성	수출비중
공유단말접속관리서비스 75.0	매출원가율 0.0	수출 —
보안솔루션 17.8	판관비율 65.5	내수 —
모바일 유해차단 서비스 7.2		

회사 개요
동사는 1998년에 설립, 2016년 10월 코스닥에 상장된 수산중공업 계열의 IT 보안 솔루션 중심 소프트웨어 개발회사임. 2016년 2월 플러스기술에서 수산아이앤티로 상호를 변경함. 현재 "인터넷 트래픽 필터링 기술" 기반의 ISP(Internet Service Provider) 협력사업으로 공유단말접속관리서비스와 모바일 유해정보 차단서비스를 영위중이며 보안솔루션사업(eWalker Security 브랜드)을 펼치고 있음.

실적 분석
동사의 매출구성은 공유단말접속관리서비스 75%, 모바일 유해정보 차단서비스 7%, 보안솔루션 18%임. 2016년 매출액은 전년대비 15.4% 증가한 162.6억원이며, 영업이익은 전년대비 27% 증가한 56억원을 시현함. 신규사업으로 모바일 광고플랫폼 사업과 기존 보안솔루션의 라인업을 강화할 수 있는 신규 솔루션을 출시하기 위해 준비중이며, 2016년 10월에 보통주 175만주를 발행하여 일반공모방식으로 유상증자함.

현금 흐름 *IFRS 별도 기준 〈단위 : 억원〉

항목	2015	2016
영업활동	52	65
투자활동	-52	-266
재무활동	-6	192
순현금흐름	-6	-9
기말현금	28	18

시장 대비 수익률
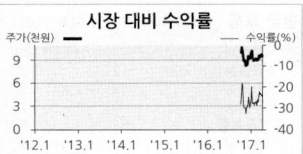

결산 실적 〈단위 : 억원〉

항목	2011	2012	2013	2014	2015	2016
매출액	116	125	131	139	141	163
영업이익	67	66	71	60	44	56
당기순이익	57	61	66	57	43	52

분기 실적 *IFRS 별도 기준 〈단위 : 억원〉

항목	2015.3Q	2015.4Q	2016.1Q	2016.2Q	2016.3Q	2016.4Q
매출액	—	—	—	—	—	—
영업이익	—	—	—	—	—	—
당기순이익	—	—	—	—	—	—

재무 상태 *IFRS 별도 기준 〈단위 : 억원〉

항목	2011	2012	2013	2014	2015	2016
총자산	240	296	356	411	457	695
유형자산	10	17	16	26	41	36
무형자산	3	3	7	8	11	15
유가증권	12	13	9	23	42	31
총부채	13	13	16	19	14	20
총차입금						
자본금	25	25	25	25	25	34
총자본	227	282	339	392	443	675
지배주주지분	227	282	339	392	443	675

기업가치 지표 *IFRS 별도 기준

항목	2011	2012	2013	2014	2015	2016
주가(최고/저)(천원)	—/—	—/—	—/—	—/—	—/—	14.8/8.1
PER(최고/저)(배)	0.0/0.0	0.0/0.0	0.0/0.0	0.0/0.0	0.0/0.0	15.7/8.7
PBR(최고/저)(배)	0.0/0.0	0.0/0.0	0.0/0.0	0.0/0.0	0.0/0.0	1.5/0.8
EV/EBITDA(배)						3.2
EPS(원)	1,143	1,221	1,313	1,144	859	954
BPS(원)	4,537	5,650	6,787	7,834	8,863	9,994
CFPS(원)	1,200	1,301	1,393	1,245	1,073	1,188
DPS(원)						125
EBITDAPS(원)	1,392	1,408	1,502	1,297	1,097	1,268

재무 비율 〈단위 : % 〉

연도	영업이익률	순이익률	부채비율	차입금비율	ROA	ROE	유보율	자기자본비율	EBITDA마진율
2016	34.5	31.8	3.0		9.0	9.3	1,898.9	97.1	42.3
2015	31.4	30.5	3.2		9.9	10.3	1,672.6	96.9	33.9
2014	43.1	41.2	4.9		14.9	15.6	1,466.9	95.4	46.8
2013	54.5	50.3	4.8		20.2	21.1	1,257.3	95.4	57.5

수산중공업 (A017550)
Soosan Heavy Industries

업 종 : 기계	시 장 : 거래소	
신용등급 : (Bond) — (CP) —	기업규모 : 시가총액 소형주	
홈페이지 : www.soosan.co.kr	연락처 : 031)352-7733	
주 소 : 경기도 화성시 양감면 정문송산로 260		

설 립 일 1984.03.12	종업원수 219명	대표이사 김병현
상 장 일 1991.08.30	감사의견 적정 (삼정)	계 열
결 산 기 12월	보 통 주 5,399만주	종속회사수
액 면 가 500원	우 선 주 만주	구 상 호

주주구성 (지분율,%)	출자관계 (지분율,%)	주요경쟁사 (외형,%)
정석현 23.2	수산기계설비하문 100.0	수산중공업 100
수산인더스트리 21.8	수산기계청도 100.0	신진에스엠 56
(외국인) 2.0		동양물산 423

매출구성	비용구성	수출비중
SB, ST, SQ 등 70.5	매출원가율 70.9	수출 53.9
SCS, SCK 28.6	판관비율 24.7	내수 46.1
부품외(유공압기계사업:상품) 0.6		

회사 개요
동사는 1984년 설립된 기업으로 건설중장비와 특수차량 등을 제조해 국내외 시장에 판매함. 중국, 일본, 미국 등에 총 8개의 계열사를 보유하고 있으며 동사와 코스닥에 상장한 수산아이앤티를 제외하면 모두 비상장임. 유압브레이커와 직진식 트럭 크레인 국내시장 점유율 1위이며 세계시장에서도 상위 점유율을 보이고 있음. 사업부문별 매출비중은 유공압기계사업 58.23%, 크레인사업 41.77%로 구성됨.

실적 분석
동사의 2016년 연결기준 연간 누적 매출액은 888.3억원으로 전년 동기 대비 12.8% 감소함. 건설경기 침체가 매출 부진의 주요 원인이 됨. 영업이익 역시 13.8% 감소한 39.1억원 기록. 당기순이익은 전년도 12.9억원에서 125.3% 증가한 29억원 기록. 손실을 기록하던 비영업부문이 흑자로 전환되고 법인세 비용이 26.7% 감소해 당기순이익 증가로 이어짐.

현금 흐름 〈단위 : 억원〉

항목	2015	2016
영업활동	163	148
투자활동	-22	-58
재무활동	-136	-120
순현금흐름	6	-33
기말현금	109	76

시장 대비 수익률
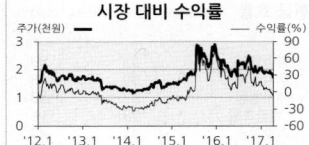

결산 실적 〈단위 : 억원〉

항목	2011	2012	2013	2014	2015	2016
매출액	1,261	1,381	1,342	1,150	1,018	888
영업이익	149	158	46	75	45	39
당기순이익	124	117	40	60	13	29

분기 실적 〈단위 : 억원〉

항목	2015.3Q	2015.4Q	2016.1Q	2016.2Q	2016.3Q	2016.4Q
매출액	247	246	224	253	217	194
영업이익	22	9	20	16	5	-2
당기순이익	8	-6	23	12	5	-10

재무 상태 〈단위 : 억원〉

항목	2011	2012	2013	2014	2015	2016
총자산	1,172	1,314	1,360	1,334	1,192	1,086
유형자산	320	407	407	382	385	378
무형자산	24	30	38	58	51	42
유가증권	11	12	0	0	0	20
총부채	467	510	529	438	301	173
총차입금	260	312	304	291	162	45
자본금	252	252	252	252	252	270
총자본	706	804	831	896	892	913
지배주주지분	686	782	810	871	876	913

기업가치 지표

항목	2011	2012	2013	2014	2015	2016
주가(최고/저)(천원)	2.0/1.1	2.1/1.5	1.8/1.2	1.7/1.1	3.3/1.4	2.6/1.7
PER(최고/저)(배)	8.7/4.8	9.4/6.4	23.6/16.2	14.9/10.3	157.4/67.8	51.0/33.7
PBR(최고/저)(배)	1.5/0.8	1.4/1.0	1.1/0.8	1.0/0.7	1.9/0.8	1.6/1.0
EV/EBITDA(배)	5.6	5.9	11.9	9.7	19.2	15.2
EPS(원)	236	236	77	113	21	51
BPS(원)	1,359	1,551	1,606	1,727	1,737	1,691
CFPS(원)	282	283	133	163	81	104
DPS(원)	25	25		15		10
EBITDAPS(원)	340	360	147	199	149	128

재무 비율 〈단위 : % 〉

연도	영업이익률	순이익률	부채비율	차입금비율	ROA	ROE	유보율	자기자본비율	EBITDA마진율
2016	4.4	3.3	19.0	5.0	2.6	3.0	238.2	84.0	7.5
2015	4.5	1.3	33.7	18.2	1.0	1.2	247.5	74.8	7.4
2014	6.5	5.2	48.9	32.6	4.4	6.8	245.3	67.2	8.7
2013	3.4	3.0	63.6	36.6	3.0	4.9	221.1	61.1	5.5

수성 (A084180)
SOOSUNG LIFT MFG

업 종 : 기계		시 장 : KOSDAQ	
신용등급 : (Bond) — (CP) —		기업규모 : 벤처	
홈페이지 : www.soosung.com		연락처 : 032)820-5110	
본 사 : 인천시 서구 로봇랜드로249번길 46-39			

설 립 일 1982.02.23	종 업 원 수 61명	대 표 이 사 김정태,유철근
상 장 일 2005.12.16	감 사 의 견 적정 (안진)	계 열
결 산 기 12월	보 통 주 820만주	종속회사수
액 면 가 500원	우 선 주	구 상 호

주주구성 (지분율,%)		출자관계 (지분율,%)		주요경쟁사 (외형,%)	
트라메스홀딩스	20.0			수성	100
김정태	10.5			흥국	223
(외국인)	1.6			세한엔에스브이	60

매출구성		비용구성		수출비중	
전동지게차(SBF. SBR.SWP. SWR)	50.2	매출원가율	77.6	수출	9.7
기타 (스태커 외)	32.6	판관비율	12.6	내수	90.3
리프트(TL)	11.3				

회사 개요
전동지게차, 리프트 등 물류장비를 생산하는 업체임. 리프트, 바렛트, 스태커 등 소형물류기계 시장에선 동사가 선두주자로 꼽힘. 소형 전동지게차 시장에선 최근 경쟁업체의 사업 축소로 동사의 점유율이 늘어나는 추세. 중대형지게차 시장에서 동사의 점유율 약 10%임. 48개국가에 수출도 하고 있으며 해외 매출 비중을 늘려갈 예정임. 국내에서도 현재 30여개인 대리점을 50개 이상으로 늘릴 계획. 동사의 취약지역인 경남북 시장 집중 공략 예정.

실적 분석
동사의 2016년 연결기준 매출액은 281.3억원으로 전년 대비 17.8% 감소함. 매출원가율은 전년과 대동소이한 수준으로 유지했으나 판매비와 관리비는 17.3% 줄었으나 매출 감소로 인해 영업이익이 전년 대비 19.7% 감소함. 손실을 기록하던 비영업부문이 흑자로 전환되고 법인세비용이 39.1% 줄어든 결과 당기순이익은 16.3% 증가한 23.7억원을 시현함.

현금 흐름 *IFRS 별도 기준 〈단위 : 억원〉

항목	2015	2016
영업활동	55	49
투자활동	30	8
재무활동	-62	-50
순현금흐름	23	8
기말현금	41	49

시장 대비 수익률
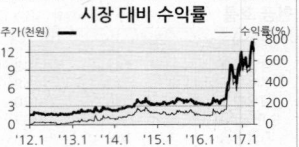

결산 실적 〈단위 : 억원〉

항목	2011	2012	2013	2014	2015	2016
매출액	319	273	342	327	342	281
영업이익	38	20	28	31	34	27
당기순이익	41	20	21	24	20	24

분기 실적 *IFRS 별도 기준 〈단위 : 억원〉

항목	2015.3Q	2015.4Q	2016.1Q	2016.2Q	2016.3Q	2016.4Q
매출액	78	94	57	98	60	66
영업이익	5	11	7	12	4	4
당기순이익	3	2	6	10	3	5

재무 상태 *IFRS 별도 기준 〈단위 : 억원〉

항목	2011	2012	2013	2014	2015	2016
총자산	496	458	468	466	419	402
유형자산	254	252	248	245	244	241
무형자산	1	1	0	0	0	0
유가증권	1	1	1	0	6	1
총부채	286	231	225	211	155	120
총차입금	211	175	143	163	106	61
자본금	41	41	41	41	41	41
총자본	210	227	243	255	264	282
지배주주지분	210	227	243	255	264	282

기업가치 지표 *IFRS 별도 기준

항목	2011	2012	2013	2014	2015	2016
주가(최고/저)(천원)	2.0/1.1	2.1/1.5	3.1/1.8	4.3/2.2	5.0/3.2	11.9/3.1
PER(최고/저)(배)	4.4/2.5	9.7/6.8	12.8/7.3	15.4/8.0	20.4/13.4	41.2/10.9
PBR(최고/저)(배)	0.8/0.5	0.8/0.6	1.1/0.6	1.4/0.7	1.5/1.0	3.3/0.9
EV/EBITDA(배)	7.9	13.3	9.7	12.5	9.3	32.1
EPS(원)	501	245	260	291	249	289
BPS(원)	2,615	2,825	3,024	3,247	3,360	3,583
CFPS(원)	553	295	324	343	294	330
DPS(원)		70	70	70	70	70
EBITDAPS(원)	518	295	400	425	461	375

재무 비율 〈단위 : % 〉

연도	영업이익률	순이익률	부채비율	차입금비율	ROA	ROE	유보율	자기자본비율	EBITDA마진율
2016	9.7	8.4	42.3	21.6	5.8	8.7	616.6	70.3	10.9
2015	10.0	6.0	58.8	40.3	4.6	7.9	572.1	63.0	11.1
2014	9.3	7.3	82.9	63.9	5.1	9.6	549.5	54.7	10.7
2013	8.1	6.3	92.4	58.8	4.6	9.1	504.7	52.0	9.6

수젠텍 (A253840)
Sugentech

업 종 : 의료 장비 및 서비스		시 장 : KONEX	
신용등급 : (Bond) — (CP) —		기업규모 :	
홈페이지 : www.sugentech.com		연락처 : 042)364-5001	
본 사 : 대전시 유성구 테크노2로 187 216호 (용산동, 미건테크노월드2차)			

설 립 일 2011.12.09	종 업 원 수 명	대 표 이 사 손미진
상 장 일 2016.11.11	감 사 의 견 적정 (한울)	계 열
결 산 기 12월	보 통 주 210만주	종속회사수
액 면 가 500원	우 선 주 199만주	구 상 호

주주구성 (지분율,%)		출자관계 (지분율,%)		주요경쟁사 (외형,%)	
손미진	35.4			수젠텍	100
에트리홀딩스	19.4			한국티씨엠	160
				비트컴퓨터	3,260

매출구성		비용구성		수출비중	
개인용체외진단검사시약	96.0	매출원가율	76.6	수출	—
분석시약	3.8	판관비율	173.4	내수	—
솔가엽산	0.2				

회사 개요
동사는 체외진단용 의료기기 및 진단시약류 제조 및 판매를 주요 사업으로 영위하는 업체로, 2011년 설립되어 2016년 11월에 코넥스 시장에 상장됨. ETRI로부터 '유비쿼터스바이오칩 리더기' 기술이전과 ETRI 홀딩스의 지분 참여로 설립된 미래창조과학부의 연구개발특구 제28호 연구소기업으로, 면역화학 기반의 개인 맞춤형 POCT 시스템과 관련된 기술 및 제품을 개발하고 있음.

실적 분석
동사의 2016년 누적매출액은 10.9억원이고, 매출원가는 8.4억원임. 최근 분자진단 시약 시장축소로 수익성이 악화됐는데, 영업적자 16.4억원, 당기순손실 15.6억원을 기록함. 최근 면역크로마토그래피 분석용 디바이스 제조에 관한 특허를 취득함. 동아제약에서 추진 중인 임신테스트기와 배란테스트기의 개발이 향후 매출 증가에 영향을 미칠 것으로 기대됨. 향후 개인별 맞춤의료 시장의 성장에 발맞춰 TDM(치료약물모니터링) 사업을 추진할 계획임.

현금 흐름 *IFRS 별도 기준 〈단위 : 억원〉

항목	2015	2016
영업활동	-12	-13
투자활동	-42	-29
재무활동	0	42
순현금흐름	-54	-0
기말현금	3	3

시장 대비 수익률
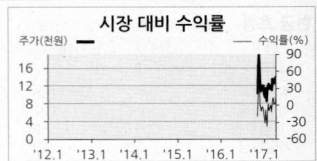

결산 실적 〈단위 : 억원〉

항목	2011	2012	2013	2014	2015	2016
매출액	—	—	2	10	6	11
영업이익	—	—	-3	-4	-15	-16
당기순이익	—	—	-3	-4	-15	-16

분기 실적 *IFRS 별도 기준 〈단위 : 억원〉

항목	2015.3Q	2015.4Q	2016.1Q	2016.2Q	2016.3Q	2016.4Q
매출액	—	—	—	—	—	—
영업이익	—	—	—	—	—	—
당기순이익	—	—	—	—	—	—

재무 상태 *IFRS 별도 기준 〈단위 : 억원〉

항목	2011	2012	2013	2014	2015	2016
총자산	—	—	24	84	69	100
유형자산	—	—	2	12	19	18
무형자산	—	—	1	0	6	6
유가증권	—	—	—	—	—	—
총부채	—	—	6	15	15	14
총차입금	—	—	1	11	11	6
자본금	—	—	2	2	10	20
총자본	—	—	18	69	54	86
지배주주지분	—	—	18	69	54	86

기업가치 지표 *IFRS 별도 기준

항목	2011	2012	2013	2014	2015	2016
주가(최고/저)(천원)	—/—	—/—	—/—	—/—	—/—	19.0/8.6
PER(최고/저)(배)	0.0/0.0	0.0/0.0	0.0/0.0	0.0/0.0	0.0/0.0	—/—
PBR(최고/저)(배)	0.0/0.0	0.0/0.0	0.0/0.0	0.0/0.0	0.0/0.0	9.0/4.1
EV/EBITDA(배)	0.0	0.0	0.0	0.0	0.0	0.0
EPS(원)	—	—	-108	-151	-429	-413
BPS(원)	—	—	52,854	149,850	2,601	2,102
CFPS(원)	—	—	-7,907	-9,180	-645	-357
DPS(원)	—	—	—	—	—	—
EBITDAPS(원)	—	—	-9,035	-7,996	-655	-377

재무 비율 〈단위 : % 〉

연도	영업이익률	순이익률	부채비율	차입금비율	ROA	ROE	유보율	자기자본비율	EBITDA마진율
2016	-150.0	-142.9	16.0	7.0	-18.4	-22.3	320.3	86.2	-130.6
2015	-254.8	-251.5	28.7	20.4	-19.7	-24.6	420.3	77.7	-226.0
2014	-36.3	-40.4	21.6	15.9	-7.5	-9.3	2,897.0	82.2	-28.0
2013	-138.7	-122.0	31.5	5.5	-13.0	0.0	957.1	76.1	-134.0

수프로 (A185190)
Suppro

업　　종 : 종이 및 목재　　　　시　　장 : KONEX
신용등급 : (Bond) —　　(CP) —　　기업규모 : —
홈페이지 : www.suppro.com　　연락처 : 02)6300-2444
본　　사 : 서울시 서초구 강남대로 27, 1301호 (양재동, 에이티센타)

설 립 일	2000.07.26	종 업 원 수	30명	대 표 이 사	채일
상 장 일	2013.10.29	감 사 의 견	적정 (태율)	계 열	
결 산 기	03월	보 통 주	333만주	종속회사수	
액 면 가	500원	우 선 주	24만주	구 상 호	

주주구성 (지분율,%)
채일	44.6
임현택	13.7

출자관계 (지분율,%)
주요경쟁사 (외형,%)
수프로	100
한솔PNS	1,233
세하	839

매출구성
청단품 등	69.9
소나무	12.0
느티나무	6.7

비용구성
매출원가율	80.4
판관비율	17.4

수출비중
수출	—
내수	—

회사 개요
동사는 도시녹화와 생태복원용 수목소재 연구개발 및 생산을 핵심역량으로 하는 환경녹화기업임. 세부사업영역은 조경수 생산 및 Agro Park 사업, 조경식재공사, 국내 생태복원, 글로벌 생태복원으로 구분됨. 동사의 사업매출은 조경공사에 필요한 수목매출이 93.5%를 차지하며, 조경수 식재공사가 4.6%, 연구용역이 2.4%를 차지하고 있음. 수목의 판매는 중간 대리점 같은 중개상 없이 직접 판매하며 전체 수주잔량은 약 60억원 정도임.

실적 분석
동사의 2015년 4월부터 2016년 3월까지 연결기준 매출액은 189.9억원으로 전년 동기 168.3억원 대비 12.8% 증가함. 같은 기간 영업이익은 4억원으로 전년동기보다 소폭 감소. 2014년 12월 한국국제협력단(KOICA)의 공적개발원조(ODA) 사업으로 튀니지 코르크참나무숲 복원 시범사업을 따냄. Agro Park와 여주센터 기업양묘장 등 생산시설의 운영으로 수목 생산판매 비중이 늘어날 전망임.

현금 흐름 *IFRS 별도 기준 〈단위 : 억원〉
항목	2015	2016.3Q
영업활동	-5	
투자활동	-1	
재무활동	5	
순현금흐름	-1	
기말현금	5	

시장 대비 수익률
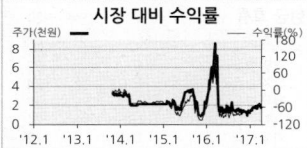

결산 실적 〈단위 : 억원〉
항목	2011	2012	2013	2014	2015	2016
매출액	201	178	163	168	190	
영업이익	-0	6	5	5	4	
당기순이익	-3	3	2	1	1	

분기 실적 *IFRS 별도 기준 〈단위 : 억원〉
항목	2015.2Q	2015.3Q	2015.4Q	2016.1Q	2016.2Q	2016.3Q
매출액						
영업이익						
당기순이익						

재무 상태 *IFRS 별도 기준 〈단위 : 억원〉
항목	2011	2012	2013	2014	2015	2016.3Q
총자산	132	138	140	141	148	
유형자산	47	55	52	49	47	
무형자산	1	1	0	0	0	
유가증권	2	2	2	2	2	
총부채	92	95	95	95	101	
총차입금	56	70	73	73	78	
자본금	17	17	17	17	17	
총자본	40	43	45	46	48	
지배주주지분	40	43	45	46	48	

기업가치 지표 *IFRS 별도 기준
항목	2011	2012	2013	2014	2015	2016.3Q
주가(최고/저)(천원)	—/—	—/—	4.0/2.0	2.7/1.8	9.0/0.8	7.3/0.9
PER(최고/저)(배)	0.0/0.0	0.0/0.0	62.8/31.8	67.2/45.2	198.3/18.0	—/—
PBR(최고/저)(배)	0.0/0.0	0.0/0.0	2.9/1.5	1.9/1.3	6.3/0.6	0.0/0.0
EV/EBITDA(배)	20.9	6.4	15.6	19.0	37.1	—/—
EPS(원)	-88	81	63	40	45	
BPS(원)	12,005	12,819	1,345	1,393	1,438	
CFPS(원)	-225	1,602	179	146	148	
DPS(원)						
EBITDAPS(원)	561	2,722	258	242	228	

재무 비율 〈단위 : % 〉
연도	영업이익률	순이익률	부채비율	차입금비율	ROA	ROE	유보율	자기자본비율	EBITDA마진율
2015	2.2	0.8	210.6	162.3	1.0	3.2	187.6	32.2	4.0
2014	2.7	0.8	204.3	157.4	0.9	2.9	178.5	32.9	4.8
2013	2.9	1.3	213.5	163.4	1.5	4.8	169.0	31.9	5.3
2012	3.6	1.5	223.7	163.7	2.0	6.6	156.4	30.9	5.1

슈넬생명과학 (A003060)
Schnell Biopharmaceuticals

업　　종 : 제약　　　　시　　장 : 거래소
신용등급 : (Bond) B-　　(CP) —　　기업규모 : 시가총액 소형주
홈페이지 : www.schnell.kr　　연락처 : 02)561-4011
본　　사 : 서울시 송파구 오금로19길 6, 301(방이동,강호빌딩)

설 립 일	1960.12.03	종 업 원 수	96명	대 표 이 사	김정출
상 장 일	1984.10.19	감 사 의 견	적정 (대성)	계 열	
결 산 기	12월	보 통 주	8,088만주	종속회사수	
액 면 가	500원	우 선 주		구 상 호	슈넬생명과학

주주구성 (지분율,%)
에이프로젠	7.7
케이앤텍코리아	4.3
(외국인)	1.7

출자관계 (지분율,%)
주요경쟁사 (외형,%)
한국슈넬	100.0

에이프로젠제약	100
신풍제약	440
광동제약	2,394

매출구성
제품 기타	82.7
기타	6.9
락타목스정,건조시럽	4.2

비용구성
매출원가율	57.8
판관비율	42.8

수출비중
수출	4.6
내수	95.4

회사 개요
동사 주요 영업부문은 의약품등의 제조, 판매를 주요 사업으로 하고 있음. 2013년 신규 설립된 이앤엠레볼루션㈜을 통한 폐기물 종합처리 및 무기단열재 연구를시작함. 2016년 상반기 연구개발비용은 2.9억으로 매출액의 1.3%를 차지함. 2016년 8월 에이프로젠과 레미케이드 바이오시밀러 항체치료제의 국내 임상 개발 및 사업화 권리 취득을 위한 기술 도입 계약을 체결함.

실적 분석
동사의 2016년 연결기준 결산 매출액은 전년 동기 대비 9.4% 증가한 441.2억원을 기록한 반면, 매출원가는 소폭 증가하는데 그쳐 수익성 개선된 모습. 영업이익은 적자 지속중이나 전년동기 대비 손실 폭 크게 감소. 당기순이익은 비영업손익의 악화로 47.7억원의 순손실 시현하며 적자 전환함. 향후 수출비중을 높이고 전문의약품 외에 일반의약품 등으로 다변화된 제품 포트폴리오를구축하는 등 환경 변화에 따른 다양한 대처 시도중.

현금 흐름 〈단위 : 억원〉
항목	2015	2016
영업활동	23	-22
투자활동	96	-329
재무활동	-33	434
순현금흐름	86	83
기말현금	179	262

시장 대비 수익률
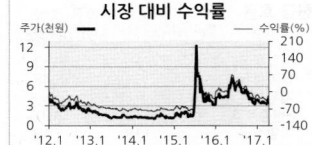

결산 실적 〈단위 : 억원〉
항목	2011	2012	2013	2014	2015	2016
매출액	501	338	295	331	403	441
영업이익	10	-164	-136	-54	-9	-2
당기순이익	-46	-249	-209	-44	16	-48

분기 실적 〈단위 : 억원〉
항목	2015.3Q	2015.4Q	2016.1Q	2016.2Q	2016.3Q	2016.4Q
매출액	89	122	106	111	104	120
영업이익	-5	3	-2	-0	-4	4
당기순이익	0	1	-2	-4	-10	-32

재무 상태 〈단위 : 억원〉
항목	2011	2012	2013	2014	2015	2016
총자산	1,163	931	783	848	852	1,287
유형자산	199	125	212	226	251	259
무형자산	47	47	20	22	41	49
유가증권	0	21	0	114	67	395
총부채	428	246	217	227	175	506
총차입금	315	138	107	141	87	404
자본금	246	594	674	774	403	404
총자본	735	685	565	621	677	781
지배주주지분	735	685	563	623	692	804

기업가치 지표
항목	2011	2012	2013	2014	2015	2016
주가(최고/저)(천원)	4.4/1.7	4.3/2.0	2.4/1.2	1.9/1.1	12.3/1.2	7.5/3.1
PER(최고/저)(배)	—/—	—/—	—/—	—/—	357.1/35.2	—/—
PBR(최고/저)(배)	3.0/1.1	3.8/1.7	2.9/1.4	2.4/1.4	14.3/1.4	7.5/3.1
EV/EBITDA(배)	60.1				324.6	251.1
EPS(원)	-139	-462	-339	-55	34	-48
BPS(원)	1,496	577	417	403	860	995
CFPS(원)	-109	-222	-163	-18	54	-31
DPS(원)						
EBITDAPS(원)	60	-143	-104	-28	9	15

재무 비율 〈단위 : % 〉
연도	영업이익률	순이익률	부채비율	차입금비율	ROA	ROE	유보율	자기자본비율	EBITDA마진율
2016	-0.6	-10.8	64.7	51.7	-4.5	-5.2	98.9	60.7	2.7
2015	-2.2	3.9	25.8	12.8	1.8	4.2	71.9	79.5	1.8
2014	-16.2	-13.3	일부잠식	일부잠식	-5.4	-6.6	-19.5	73.2	-12.0
2013	-45.9	-70.6	일부잠식	일부잠식	-24.3	-33.4	-16.6	72.3	-43.2

슈프리마 (A236200)
Suprema

업 종: 보안장비		시 장: KOSDAQ	
신용등급: (Bond) — (CP) —		기업규모: 벤처	
홈페이지: www.suprema.co.kr		연 락 처: 031)783-4505	
본 사: 경기도 성남시 분당구 정자일로 248, 16층			

설 립 일	2015.12.31	종 업 원 수	125명	대 표 이 사	송봉섭
상 장 일	2016.02.05	감 사 의 견	적정 (안진)	계 열	
결 산 기	12월	보 통 주	708만주	종속회사수	
액 면 가	500원	우 선 주		구 상 호	

주주구성 (지분율,%)		출자관계 (지분율,%)		주요경쟁사 (외형,%)	
슈프리마에이치큐	23.9	SUPREMASYSTEMSUK	100.0	슈프리마	100
Wellington Management Hong Kong Limited	9.4				
(외국인)	13.9				

매출구성		비용구성		수출비중	
바이오인식시스템	76.2	매출원가율	50.8	수출	86.6
바이오인식솔루션	23.8	판관비율	23.6	내수	13.4

회사 개요
동사는 바이오인식 알고리즘, 모듈 등 각종 솔루션 제품과 바이오인식 단말기, 소프트웨어 등 다양한 응용 시스템 등의 제조 및 판매를 주요사업으로 영위하고 있음. 바이오인식 기술은 기존에 비밀번호, 카드, 인증서 및 신분증을 사용하던 거의 모든 분야에 적용되어 사용될 수 있는 기술이며 특히 가장 널리 사용되고 있는 지문인식은 보안성(정확도), 사용 편리성, 적절한 가격 등 실생활 적용이 용이한 요소들을 고루 갖추었음.

실적 분석
동사는 2015년 12월 말, 슈프리마에이치큐로부터 인적분할 신설된 회사로서 전년도 영업성과는 슈프리마에이치큐의 중단영업 당기순이익으로 반영되었음. 동사의 2016년 결산 매출액은 421.8억원, 영업이익은 107.8억원, 당기순이익은 111.2억원을 기록하였음. 국내외의 바이오인식 출입보안 및 근태관리 시장의 성장에 따라 지속적으로 매출이 성장할것으로 전망되며 특히 중동, 중국, 인도, 아프리카 등 신흥국 시장의 성장의 성장이 기대됨.

현금 흐름 〈단위 : 억원〉
항목	2015	2016
영업활동	—	133
투자활동	—	48
재무활동	—	
순현금흐름	—	191
기말현금	128	319

시장 대비 수익률
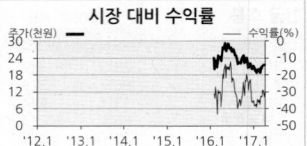

결산 실적 〈단위 : 억원〉
항목	2011	2012	2013	2014	2015	2016
매출액	—	—	—	—	—	422
영업이익	—	—	—	—	—	108
당기순이익	—	—	—	—	—	111

분기 실적 〈단위 : 억원〉
항목	2015.3Q	2015.4Q	2016.1Q	2016.2Q	2016.3Q	2016.4Q
매출액	—	—	—	—	97	
영업이익	—	—	—	—	21	
당기순이익	—	—	—	—	13	

재무 상태 〈단위 : 억원〉
항목	2011	2012	2013	2014	2015	2016
총자산	—	—	—	—	811	947
유형자산	—	—	—	—	65	52
무형자산	—	—	—	—	82	89
유가증권	—	—	—	—	211	205
총부채	—	—	—	—	40	64
총차입금	—	—	—	—	0	—
자본금	—	—	—	—	35	35
총자본	—	—	—	—	771	882
지배주주지분	—	—	—	—	771	882

기업가치 지표
항목	2011	2012	2013	2014	2015	2016
주가(최고/저)(천원)	—/—	—/—	—/—	—/—	—/—	30.7/19.6
PER(최고/저)(배)	0.0/0.0	0.0/0.0	0.0/0.0	0.0/0.0	0.0/0.0	19.5/12.4
PBR(최고/저)(배)	0.0/0.0	0.0/0.0	0.0/0.0	0.0/0.0	0.0/0.0	2.5/1.6
EV/EBITDA(배)	0.0	0.0	0.0	0.0	0.0	7.3
EPS(원)	—	—	—	—	—	1,571
BPS(원)	—	—	—	—	10,894	12,462
CFPS(원)	—	—	—	—	—	1,994
DPS(원)	—	—	—	—	—	
EBITDAPS(원)	—	—	—	—	—	1,945

재무 비율 〈단위 : % 〉
연도	영업이익률	순이익률	부채비율	차입금비율	ROA	ROE	유보율	자기자본비율	EBITDA마진율
2016	25.6	26.4	7.3	0.0	12.7	13.5	2,392.3	93.2	32.7
2015	0.0	0.0	5.2	0.0	0.0	0.0	2,078.7	95.1	0.0
2014	0.0	0.0	0.0	0.0	0.0	0.0	0.0	0.0	0.0
2013	0.0	0.0	0.0	0.0	0.0	0.0	0.0	0.0	0.0

슈프리마에이치큐 (A094840)
Suprema HQ

업 종: 보안장비		시 장: KOSDAQ	
신용등급: (Bond) — (CP) —		기업규모: 벤처	
홈페이지: www.suprema.co.kr		연 락 처: 031)783-4505	
본 사: 경기도 성남시 분당구 정자일로 248 (파크뷰타워 16층)			

설 립 일	2000.05.04	종 업 원 수	61명	대 표 이 사	이재원
상 장 일	2008.07.11	감 사 의 견	적정 (안진)	계 열	
결 산 기	12월	보 통 주	1,047만주	종속회사수	
액 면 가	500원	우 선 주		구 상 호	슈프리마

주주구성 (지분율,%)		출자관계 (지분율,%)		주요경쟁사 (외형,%)	
이재원	31.6	슈프리마씨에스	100.0	슈프리마에이치큐	100
신동목	8.1	슈프리마인베스트먼트	100.0	코콤	355
(외국인)	7.2	슈프리마비브이	62.9	슈프리마	131

매출구성		비용구성		수출비중	
융합보안	68.4	매출원가율	62.4	수출	38.2
ID솔루션	31.6	판관비율	26.2	내수	61.8

회사 개요
동사는 2000년에 설립된 지문인식 소프트웨어 개발업체로 세계 최고수준의 기술력을 보유하고 있음. 동사는 국내시장을 선점해 지문인식 기반의 무인인식 시스템 시장의 점유율 60%를 차지하고 있고, 해외시장에서 점유율을 확대하고 있음. 동사는 에스원에 도어록 지문인식, 외교부 등에 전자여권 판독기 등을 공급하고 있음. 2012년 2월 북미지역 최대 보안업체인 ADI사와 제품공급 계약을 체결했으며, 인도, 멕시코, 필리핀 등으로 수출 지역을 확대함.

실적 분석
동사는 글로벌 지문인식 기업과 파트너십 체결하는 등 영업력 강화 및 유통 채널 확대로 2016년 결산기준 매출액이 전년 대비 16.9% 증가함. 판관비 부담이 증가하였음에도 영업이익은 전년 대비 940% 증가한 36.4억원을 시현함. 인도, 아프리카, 중남미와 같은 신흥국에서는 전자주민증, 전자투표 등 대규모 공공프로젝트가 활발히 발주되고 있으며, 다양한 분야에서 신원확인을 위한 바이오인식 기술이 적용되어 시장의 규모는 더욱 확대될 전망.

현금 흐름 〈단위 : 억원〉
항목	2015	2016
영업활동	197	52
투자활동	-120	-24
재무활동	-213	-8
순현금흐름	-136	21
기말현금	151	172

시장 대비 수익률

결산 실적 〈단위 : 억원〉
항목	2011	2012	2013	2014	2015	2016
매출액	434	547	539	392	275	321
영업이익	55	174	154	88	3	36
당기순이익	61	171	124	147	128	39

분기 실적 〈단위 : 억원〉
항목	2015.3Q	2015.4Q	2016.1Q	2016.2Q	2016.3Q	2016.4Q
매출액	59	85	74	102	69	77
영업이익	-3	5	5	18	7	7
당기순이익	41	27	12	3	1	23

재무 상태 〈단위 : 억원〉
항목	2011	2012	2013	2014	2015	2016
총자산	1,088	1,246	1,374	1,528	866	1,252
유형자산	86	94	140	155	83	44
무형자산	74	80	98	107	42	37
유가증권	144	323	322	280	208	106
총부채	87	85	89	92	62	69
총차입금	19	24	16	12	8	—
자본금	74	74	74	74	38	52
총자본	1,001	1,161	1,285	1,436	803	1,183
지배주주지분	991	1,148	1,272	1,422	790	1,169

기업가치 지표
항목	2011	2012	2013	2014	2015	2016
주가(최고/저)(천원)	8.5/4.2	12.9/7.0	16.0/9.8	20.0/12.8	17.1/10.0	12.1/7.5
PER(최고/저)(배)	20.5/10.0	11.2/6.1	19.0/11.7	20.1/12.9	19.7/11.5	29.2/18.1
PBR(최고/저)(배)	1.2/0.6	1.6/0.9	1.8/1.1	2.0/1.3	1.5/0.9	1.0/0.6
EV/EBITDA(배)	17.9	9.9	13.8	24.1	42.8	9.3
EPS(원)	416	1,148	839	995	870	413
BPS(원)	7,087	8,152	8,987	10,004	11,226	11,820
CFPS(원)	542	1,306	1,034	1,243	1,163	574
DPS(원)	50					
EBITDAPS(원)	501	1,340	1,242	845	316	560

재무 비율 〈단위 : % 〉
연도	영업이익률	순이익률	부채비율	차입금비율	ROA	ROE	유보율	자기자본비율	EBITDA마진율
2016	11.3	12.0	5.8	0.0	3.6	3.8	2,264.1	94.5	15.9
2015	1.3	46.6	7.7	1.0	10.7	11.6	2,145.1	92.8	16.9
2014	22.4	37.6	6.4	0.8	10.2	10.9	1,900.7	94.0	31.7
2013	28.6	23.0	6.9	1.2	9.5	10.2	1,697.3	93.5	33.9

슈피겐코리아 (A192440)
Spigen Korea

업　　종 : 휴대폰 및 관련부품		시　　장 : KOSDAQ	
신용등급 : (Bond) — 　(CP) —		기업규모 : 우량	
홈페이지 : www.spigenkorea.co.kr		연 락 처 : (070)4018-0296	
본　　사 : 서울시 금천구 가산디지털1로 128, STX-V타워 1709호			

설 립 일 2009.02.18	종 업 원 수 157명	대 표 이 사 김대영	
상 장 일 2014.11.05	감 사 의 견 적정 (대주)	계	열
결 산 월 12월	보 통 주 622만주	종속회사수	
액 면 가 500원	우 선 주 —	구 상 호	

주주구성 (지분율,%)		출자관계 (지분율,%)		주요경쟁사 (외형,%)	
김대영	59.2	마크앤드로우	20.5	슈피겐코리아	100
국민연금공단	4.1	엠크라스	7.5	이랜텍	336
(외국인)	6.4	아이오	6.1	모베이스	159

매출구성		비용구성		수출비중	
[제품]케이스	88.8	매출원가율	31.6	수출	87.8
[제품]기타	11.2	판관비율	44.1	내수	12.2

회사 개요
동사는 2009년 2월 되어 2014년에 코스닥 시장에 상장한 모바일기기 악세사리의 제조 및 판매기업임. 모바일 액세서리는 패션사이템에 속하기 때문에 트렌드에 민감하며 시장의 니즈를 적시에 파악하지 못하면 장기적인 시장 지배는 어려우나 BELKIN 등 선도업체와 여러 경쟁사가 각각의 포지셔닝을 갖고 경쟁 중임. 현재 관련 시장은 대형 유통업체들이 자체 브랜드로 참여하면서 저가시장의 경쟁이 치열해지고 있음.

실적 분석
동사의 2016년 결산 매출액은 1,792.6억원으로 전년동기 대비 21% 증가함. 인건비와 광고선전비가 대폭 증가하여 영업이익이 소폭 감소하였음. 대형 유통업체들이 자체 브랜드를 가지고 참여하기 시작하면서 저가 시장의 경쟁은 한층 치열해진 상황임. 다양한 제품 포트폴리오 구축, 거래선 다변화로 견조한 외형 성장세를 시현. 제품 차별화를 통한 수익성 확보에 주력하고 있음.

현금 흐름　〈단위 : 억원〉

항목	2015	2016
영업활동	369	292
투자활동	-370	-86
재무활동	-52	-7
순현금흐름	-46	206
기말현금	293	499

시장 대비 수익률

결산 실적　〈단위 : 억원〉

항목	2011	2012	2013	2014	2015	2016
매출액	343	504	665	1,420	1,481	1,793
영업이익	125	108	160	481	442	435
당기순이익	92	55	120	406	373	386

분기 실적　〈단위 : 억원〉

항목	2015.3Q	2015.4Q	2016.1Q	2016.2Q	2016.3Q	2016.4Q
매출액	374	494	415	347	486	544
영업이익	116	146	118	83	85	149
당기순이익	103	97	83	71	57	175

재무 상태　〈단위 : 억원〉

항목	2011	2012	2013	2014	2015	2016
총자산	201	325	466	1,441	1,782	2,153
유형자산	43	53	84	74	59	71
무형자산	6	6	6	7	9	18
유가증권	—	—	—	30	35	160
총부채	56	69	72	152	195	217
총차입금	2	0	10	8	—	—
자본금	1	22	22	31	31	31
총자본	145	255	394	1,289	1,586	1,936
지배주주지분	145	255	394	1,289	1,586	1,936

기업가치 지표

항목	2011	2012	2013	2014	2015	2016
주가(최고/저)(천원)	—/—	—/—	—/—	82.9/41.5	166/53.7	72.9/43.0
PER(최고/저)(배)	0.0/0.0	0.0/0.0	0.0/0.0	9.8/4.9	28.2/9.1	11.9/7.0
PBR(최고/저)(배)	0.0/0.0	0.0/0.0	0.0/0.0	4.1/2.1	6.6/2.1	2.3/1.4
EV/EBITDA(배)	—	—	—	7.6	5.7	5.4
EPS(원)	92,324	1,676	2,771	8,734	5,999	6,202
BPS(원)	1,448,918	5,900	9,092	20,736	25,779	31,406
CFPS(원)	945,914	1,738	2,843	8,808	6,074	6,335
DPS(원)				660	600	500
EBITDAPS(원)	1,268,491	3,309	3,756	10,425	7,187	7,137

재무 비율　〈단위 : % 〉

연도	영업이익률	순이익률	부채비율	차입금비율	ROA	ROE	유보율	자기자본비율	EBITDA마진율
2016	24.3	21.5	11.2	0.0	19.6	21.9	6,181.1	89.9	24.8
2015	29.9	25.2	12.3	0.0	23.1	25.9	5,055.8	89.0	30.2
2014	33.9	28.6	11.8	0.6	42.6	48.3	4,047.1	89.4	34.1
2013	24.0	18.1	18.4	2.5	30.4	37.0	1,718.4	84.5	24.5

스맥 (A099440)
SMEC

업　　종 : 기계		시　　장 : KOSDAQ	
신용등급 : (Bond) — 　(CP) —		기업규모 : 우량	
홈페이지 : www.esmec.com		연 락 처 : (055)340-4800	
본　　사 : 경남 김해시 주촌면 골든루트로 157-10			

설 립 일 1996.03.05	종 업 원 수 193명	대 표 이 사 최영섭	
상 장 일 2009.05.26	감 사 의 견 적정 (대주)	계	열
결 산 월 12월	보 통 주 2,440만주	종속회사수	
액 면 가 500원	우 선 주 —	구 상 호 SMEC

주주구성 (지분율,%)		출자관계 (지분율,%)		주요경쟁사 (외형,%)	
이지운	6.9	테크센	100.0	스맥	100
전은진	4.1			로보스타	124
(외국인)	1.4			뉴로스	36

매출구성		비용구성		수출비중	
[기계사업]CNC선반	50.4	매출원가율	79.8	수출	45.3
[기계사업]MCT	31.4	판관비율	16.8	내수	54.7
기타	10.9				

회사 개요
2011년 정보통신장비 업체인 뉴그리드가 공작기계업체인 스맥을 흡수 합병함. 공작기계 부문은 1989년 삼성중공업 사업부로 시작해 공작기계를 개발, 생산, 판매하며, 국내뿐만 아니라 미국, 유럽, 아시아 등 세계 각국에 MCT, 선반, 전용기등을 공급하는데 이는 모두 자체 개발 중임. 고도의 전문기술을 요하는 초정밀 공작기계 개발을 위해 선진 기술을 연구하고 있으며, 최단기 납기, 품질, 가격 경쟁력 면에서 수입기계 대비 경쟁력을 갖추고 있음.

실적 분석
동사의 2016년 결산기준 매출액은 1,227.8억원으로 전년 동기 1,220.4억원 대비 0.6% 감소함. 매출원가와 판관비 증가에 따라 영업이익도 소폭 감소한 41.8억원 시현. 비영업부문에서 22억원 규모의 손실이 발생함에 따라 당기순이익은 전년 대비 41.4% 감소한 19.7억원을 시현함. 통신사업부의 매출이 큰 폭으로 증가하였으며, 대구 공장의 본격 가동으로 추가 실적 개선이 전망.

현금 흐름　〈단위 : 억원〉

항목	2015	2016
영업활동	-75	127
투자활동	-21	-99
재무활동	-62	109
순현금흐름	-158	137
기말현금	47	185

시장 대비 수익률
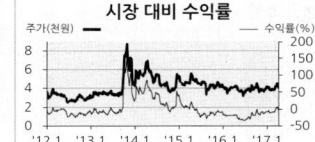

결산 실적　〈단위 : 억원〉

항목	2011	2012	2013	2014	2015	2016
매출액	1,243	1,343	1,280	1,397	1,220	1,228
영업이익	50	68	61	60	43	42
당기순이익	37	15	49	26	34	20

분기 실적　〈단위 : 억원〉

항목	2015.3Q	2015.4Q	2016.1Q	2016.2Q	2016.3Q	2016.4Q
매출액	277	397	196	213	345	474
영업이익	11	25	-11	-24	17	60
당기순이익	15	16	-15	-20	-12	67

재무 상태　〈단위 : 억원〉

항목	2011	2012	2013	2014	2015	2016
총자산	1,168	1,325	1,702	1,960	1,758	2,156
유형자산	242	311	465	509	509	607
무형자산	187	191	190	174	162	158
유가증권	2	1	0	0	4	3
총부채	728	847	1,092	1,143	918	1,251
총차입금	365	604	770	735	710	863
자본금	73	74	86	109	109	119
총자본	440	479	610	817	841	905
지배주주지분	440	479	610	817	841	905

기업가치 지표

항목	2011	2012	2013	2014	2015	2016
주가(최고/저)(천원)	5.4/2.4	4.1/2.5	9.3/3.0	6.9/3.5	5.6/3.3	4.5/3.2
PER(최고/저)(배)	22.5/10.1	44.6/26.9	31.7/10.2	57.3/29.0	37.3/22.0	51.6/36.6
PBR(최고/저)(배)	1.4/0.6	1.0/0.6	2.2/0.7	1.6/0.8	1.2/0.7	1.0/0.7
EV/EBITDA(배)	12.8	11.8	17.2	18.2	19.0	17.6
EPS(원)	252	97	304	125	154	89
BPS(원)	4,216	4,433	4,581	4,545	4,654	4,567
CFPS(원)	373	231	485	267	342	305
DPS(원)	20	20	40	40	50	50
EBITDAPS(원)	472	590	558	426	385	405

재무 비율　〈단위 : % 〉

연도	영업이익률	순이익률	부채비율	차입금비율	ROA	ROE	유보율	자기자본비율	EBITDA마진율
2016	3.4	1.6	138.3	95.4	1.0	2.3	813.4	42.0	7.3
2015	3.5	2.8	109.1	84.4	1.8	4.1	830.7	47.8	6.9
2014	4.3	1.9	139.9	89.9	1.4	3.7	809.1	41.7	6.4
2013	4.8	3.9	179.2	126.3	3.3	9.1	816.3	35.8	6.7

스킨앤스킨 (A159910)
Skin n Skin

업　　종	디스플레이 및 관련부품	시　　장	KOSDAQ
신용등급	(Bond) —　　(CP) —	기업규모	벤처
홈페이지	www.skinnskin.co.kr	연락처	031)734-5400
본　　사	경기도 성남시 중원구 갈마치로 176 (상대원동)		

설 립 일	2006.06.19	종 업 원 수	83명	대 표 이 사	박성호
상 장 일	2012.12.27	감 사 의 견	적정 (삼화)	계　　열	
결 산 기	12월	보 통 주	7,710만주	종속회사수	
액 면 가	100원	우 선 주		구 상 호	MBK

주주구성 (지분율,%)		출자관계 (지분율,%)		주요경쟁사 (외형,%)	
비아이티1호조합	7.9	스킨앤스킨	70.0	스킨앤스킨	100
김정우	4.6	라미화장품제조	70.0	브레인콘텐츠	61
(외국인)	0.8	엠비케이엔터테인먼트	40.7	휘닉스소재	112

매출구성		비용구성		수출비중	
제품매출(재료 및 정제기)	79.8	매출원가율	57.2	수출	41.3
엔터매출	9.7	판관비율	41.0	내수	58.7
용역매출	8.7				

회사 개요
동사는 기초화합물 제조, 디스플레이(OLED)용 소재의 개발 및 생산, 임가공 생산을 하고 있으며, OLED소재의 고순도화에 필수장비인 승화정제기 제조 사업을 영위하고 있음. 두산전자를 통해 삼성전자에 납품하고 있으며, 삼성전자 내에서 그린호스트는 독점, HTL은 덕산하이메탈에 이어 M/S 2위를 기록하였음. AMOLED소재용 승화정제기는 국내 AMOLED 소재업체 대부분에 납품하고 있음.

실적 분석
동사의 2016년 연결기준 매출액은 383.5억원으로 전년 대비 94.8% 증가함. 이는 OLED 및 화장품 매출 증가의 영향으로 판단됨. 원가절감으로 인한 비용감소로 영업이익 또한 6.7억원으로 흑자전환됨. 반면 비영업부문의 적자지속으로 당기순손실은 119.8억원으로 적자지속중임. 동사는 기존 고객사의 증가된 수주물량과 추가적인 신규거래처 확보를 위해 경기도 파주의 화장품 생산공장 증설을 진행하고 있으며 3월 말 완공 예정임.

현금 흐름 〈단위 : 억원〉
항목	2015	2016
영업활동	-90	6
투자활동	-75	-33
재무활동	219	52
순현금흐름	54	26
기말현금	72	98

시장 대비 수익률

결산 실적 〈단위 : 억원〉
항목	2011	2012	2013	2014	2015	2016
매출액	168	209	106	91	197	384
영업이익	47	59	-34	-54	-38	7
당기순이익	43	61	-20	-64	-157	-120

분기 실적 〈단위 : 억원〉
항목	2015.3Q	2015.4Q	2016.1Q	2016.2Q	2016.3Q	2016.4Q
매출액	55	67	89	105	95	95
영업이익	-24	28	-5	-37	-7	55
당기순이익	-33	-71	-14	-37	-14	-55

재무 상태 〈단위 : 억원〉
항목	2011	2012	2013	2014	2015	2016
총자산	207	444	432	441	619	589
유형자산	106	215	317	322	309	281
무형자산	4	11	17	20	69	38
유가증권	0		0	6	26	26
총부채	80	118	118	190	383	224
총차입금	53	93	80	151	263	122
자본금	33	40	42	43	56	74
총자본	127	326	313	252	236	365
지배주주지분	127	326	313	252	236	388

기업가치 지표
항목	2011	2012	2013	2014	2015	2016
주가(최고/저)(천원)	—/—	2.4/2.3	3.3/1.3	1.5/1.0	3.1/1.0	2.2/0.8
PER(최고/저)(배)	0.0/0.0	13.4/13.0	—/—	—/—	—/—	—/—
PBR(최고/저)(배)	0.0/0.0	3.0/2.9	4.4/1.8	2.5/1.6	7.4/2.3	4.2/1.5
EV/EBITDA(배)	0.4	14.1				15.8
EPS(원)	159	180	-49	-151	-280	-143
BPS(원)	1,934	4,035	3,727	2,949	422	525
CFPS(원)	863	983	-115	-571	-239	-85
DPS(원)						
EBITDAPS(원)	942	955	-280	-443	-29	68

재무 비율 〈단위 : % 〉
연도	영업이익률	순이익률	부채비율	차입금비율	ROA	ROE	유보율	자기자본비율	EBITDA마진율
2016	1.8	-31.2	61.3	33.6	-19.8	-30.5	425.0	62.0	11.8
2015	-19.2	-79.6	161.9	111.2	-29.6	-61.8	322.3	38.2	-7.9
2014	-58.6	-70.6	75.3	60.1	-14.8	-22.8	489.7	57.0	-41.4
2013	-31.7	-18.9	37.8	25.6	-4.6	-6.3	645.4	72.6	-21.7

스타플렉스 (A115570)
StarFlex

업　　종	미디어	시　　장	KOSDAQ
신용등급	(Bond) —　　(CP) —	기업규모	중견
홈페이지	www.star-flex.com	연락처	043)878-4071
본　　사	충북 음성군 삼성면 대성로 417		

설 립 일	1996.07.11	종 업 원 수	233명	대 표 이 사	김세권
상 장 일	2010.01.27	감 사 의 견	적정 (신한)	계　　열	
결 산 기	12월	보 통 주	645만주	종속회사수	
액 면 가	500원	우 선 주		구 상 호	

주주구성 (지분율,%)		출자관계 (지분율,%)		주요경쟁사 (외형,%)	
김세권	56.7	스타케미칼	90.6	스타플렉스	100
김동훈	4.9	STARFLEXVIETNAMCO.,LTD	100.0	팬엔터테인먼트	41
(외국인)	0.1	STARFLEXEUROPES.A.	96.3	에프엔씨애드컬쳐	13

매출구성		비용구성		수출비중	
FLEX원단	100.0	매출원가율	78.7	수출	80.5
		판관비율	9.5	내수	19.5

회사 개요
동사는 1985년 설립되어 광고용 사인소재 분야에서 디지털프린팅 기술에 가장 적합한 고품질의 FLEX 원단 및 Banner 원단을 공급하고 있음. 유럽과 상하이에 위치한 비상장회사 등 총 4개의 계열회사를 보유하고 있으며, 연결대상 종속회사로 합성원사를 제조하는 '스타케미칼'을 보유하고 있음. 동사는 전세계를 매출처로 하여, 경쟁사가 많은 유럽 현지 제조국에 진출하는 동시에 중국의 저가제품에 대해서도 현격한 품질로 가격경쟁력을 확보하고 있음.

실적 분석
동사의 2016년도 결산 연결기준 매출액은 전년동기 대비 7.7% 증가한 853.1억원으로 외형 확대. 영업이익 또한 101.2억원을 기록하며 전년동기 대비 27.3% 성장. 당기순이익 도 비영업손실의 지속에도 불구하고 62.5억원을 기록하며 흑자전환됨. 이는 계획적인 원재료 수급 및 원가절감을 위한 지속적인 노력 덕으로 보임. 동사 영업부서의 추정치에 의하면 국내 FLEX Sign시장에서 동사는 약 60% 이상을 점유하고 있음.

현금 흐름 〈단위 : 억원〉
항목	2015	2016
영업활동	142	-29
투자활동	3	37
재무활동	-94	-37
순현금흐름	50	-27
기말현금	62	34

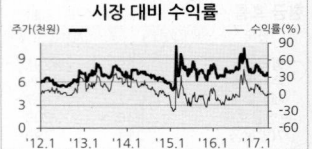
시장 대비 수익률

결산 실적 〈단위 : 억원〉
항목	2011	2012	2013	2014	2015	2016
매출액	2,087	2,595	1,001	878	792	853
영업이익	-38	39	62	55	79	101
당기순이익	-78	-155	-1	-13	-47	63

분기 실적 〈단위 : 억원〉
항목	2015.3Q	2015.4Q	2016.1Q	2016.2Q	2016.3Q	2016.4Q
매출액	216	202	219	230	209	196
영업이익	26	26	33	36	21	11
당기순이익	22	-67	17	25	11	9

재무 상태 〈단위 : 억원〉
항목	2011	2012	2013	2014	2015	2016
총자산	1,868	1,990	1,418	1,348	1,316	1,307
유형자산	930	868	852	858	691	669
무형자산	1	1	1	1	1	1
유가증권	11	11	11	17	17	17
총부채	1,173	1,440	830	769	772	665
총차입금	833	1,052	685	658	553	484
자본금	27	27	27	28	29	32
총자본	695	550	588	580	545	642
지배주주지분	707	587	636	643	634	738

기업가치 지표
항목	2011	2012	2013	2014	2015	2016
주가(최고/저)(천원)	8.2/5.0	7.5/5.4	8.4/5.9	7.7/5.8	11.2/4.9	10.5/6.5
PER(최고/저)(배)	—/—	—/—	42.7/29.8	187.0/139.7	—/—	9.8/6.0
PBR(최고/저)(배)	0.7/0.4	0.7/0.5	0.7/0.5	0.7/0.5	1.0/0.5	0.9/0.6
EV/EBITDA(배)	279.2	13.0	11.0	11.3	8.2	7.0
EPS(원)	-728	-1,948	204	42	-366	1,086
BPS(원)	13,278	11,467	11,969	11,548	11,051	11,595
CFPS(원)	39	-1,051	683	494	62	1,476
DPS(원)	200	200	200			80
EBITDAPS(원)	71	1,619	1,621	1,432	1,797	1,991

재무 비율 〈단위 : % 〉
연도	영업이익률	순이익률	부채비율	차입금비율	ROA	ROE	유보율	자기자본비율	EBITDA마진율
2016	11.9	7.3	103.5	75.4	4.8	10.0	2,219.0	49.2	14.8
2015	10.0	-6.0	141.7	101.5	-3.6	-3.3	2,110.2	41.4	13.2
2014	6.3	-1.5	132.7	113.6	-0.9	0.4	2,209.7	43.0	9.1
2013	6.2	-0.1	141.3	116.5	-1.1	1.8	2,293.9	41.5	8.7

스템랩 (A258540)
StemLab

업 종 : 의료 장비 및 서비스		시 장 : KONEX	
신용등급 : (Bond) — (CP) —		기업규모 :	
홈 페 이 지 : www.stemlab.co.kr		연 락 처 : 02)7586-9619	
본 사 : 서울시 성북구 안암로 145 창업보육센터 641비호			

설 립 일	2011.07.08	종 업 원 수	명	대 표 이 사	오동훈
상 장 일	2016.11.29	감 사 의 견	적정 (대주)	계 열	
결 산 기	12월	보 통 주	143만주	종속회사수	
액 면 가	500원	우 선 주	76만주	구 상 호	

주주구성 (지분율,%)		출자관계 (지분율,%)		주요경쟁사 (외형,%)	
유승권	29.3			스템랩	100
오동훈	11.8			원익	4,326
				루트로닉	5,641

매출구성		비용구성		수출비중	
의료기 A/S등	56.6	매출원가율	49.1	수출	—
BMD	28.3	판관비율	184.2	내수	—
연구개발 (바이오)	12.4				

회사 개요
줄기세포, 세포치료제 개발 바이오 벤처기업인 동사는 2016년 11월 코넥스 시장에 상장됨. 줄기세포 치료제를 연구 개발하고 있으며 줄기세포 배양액으로 스킨케어/화장품 사업화를 진행 중임. 이와 함께 맞춤형 건강관리 서비스를 제공할 수 있도록 MRI와 골밀도 측정기 제조/판매를 주요 사업으로 영위하고 있음. 매출 비중은 전자의료기기 유지보수(용역) 49.3%, 골밀도측정기 31.2%, 바이오 연구 용역 17.2%로 구성됨.

실적 분석
동사의 2016년 누적매출액은 15억원, 매출원가는 7.4억원임. 같은 기간 20억원의 영업적자와 21.1억원의 당기순손실을 기록함. 동사는 성공적인 세포치료제 사업화를 위해 대안치료가 없는 희귀난치질환 세포치료제에 대한 임상을 우선적으로 실시한 후 신경계통 질환으로 적응증을 확대하는 전략을 추진하고 있음. 의료기기 제품은 해외 수출을 위한 해당 국가별 바이어 발굴을 위해 해외 전시회 참가를 적극적으로 추진할 계획임.

현금 흐름 *IFRS 별도 기준 〈단위 : 억원〉

항목	2015	2016
영업활동	-20	-28
투자활동	0	1
재무활동	29	49
순현금흐름	8	23
기말현금	10	33

시장 대비 수익률
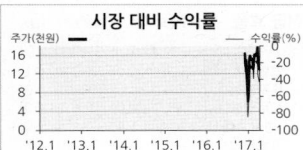

결산 실적 〈단위 : 억원〉

항목	2011	2012	2013	2014	2015	2016
매출액	—	—	—	17	18	15
영업이익	—	—	-2	-1	-18	-20
당기순이익	—	—	-2	-1	-20	-21

분기 실적 *IFRS 별도 기준 〈단위 : 억원〉

항목	2015.3Q	2015.4Q	2016.1Q	2016.2Q	2016.3Q	2016.4Q
매출액	—	—	—	—	—	—
영업이익	—	—	—	—	—	—
당기순이익	—	—	—	—	—	—

재무 상태 *IFRS 별도 기준 〈단위 : 억원〉

항목	2011	2012	2013	2014	2015	2016
총자산	—	—	6	31	31	58
유동자산	—	—	0	3	2	2
무형자산	—	—	6	14	6	4
유가증권	—	—				
총부채	—	—	6	16	21	19
총차입금	—	—	5	3	15	14
자본금	—	—	1	1	9	11
총자본	—	—	-1	15	10	39
지배주주지분	—	—	-1	15	10	39

기업가치 지표 *IFRS 별도 기준

항목	2011	2012	2013	2014	2015	2016
주가(최고/저)(천원)	—/—	—/—	—/—	—/—	—/—	20.3/6.1
PER(최고/저)(배)	0.0/0.0	0.0/0.0	0.0/0.0	0.0/0.0	0.0/0.0	—/—
PBR(최고/저)(배)	0.0/0.0	0.0/0.0	0.0/0.0	0.0/0.0	0.0/0.0	11.0/3.3
EV/EBITDA(배)	0.0	0.0				
EPS(원)			-232	-131	-1,463	-1,114
BPS(원)			-561	11,540	575	1,854
CFPS(원)			-1,797	-301	-1,268	-994
DPS(원)						
EBITDAPS(원)			-1,635	-157	-1,169	-936

재무 비율 〈단위 : % 〉

연도	영업이익률	순이익률	부채비율	차입금비율	ROA	ROE	유보율	자기자본비율	EBITDA마진율
2016	-133.3	-140.6	48.6	36.6	-47.1	-84.6	270.7	67.3	-118.2
2015	-103.1	-110.6	197.7	141.5	-63.6	-155.3	15.0	33.6	-88.3
2014	-7.0	-8.1	107.2	20.0	-7.5	전기잠식	2,207.9	48.3	-1.1
2013	0.0	0.0	완전잠식	완전잠식	0.0	0.0	-212.3	-10.9	0.0

---

*관리종목

스틸플라워 (A087220)
Steel Flower

업 종 : 금속 및 광물		시 장 : KOSDAQ	
신용등급 : (Bond) — (CP) —		기업규모 :	
홈 페 이 지 : www.steelflower.co.kr		연 락 처 : 051)745-3016	
본 사 : 부산시 해운대구 센텀서로30, 25층(케이엔엔타워)			

설 립 일	2000.02.01	종 업 원 수	82명	대 표 이 사	김병권
상 장 일	2009.10.27	감 사 의 견	적정 (안진)	계 열	
결 산 기	12월	보 통 주	7,217만주	종속회사수	
액 면 가	500원	우 선 주		구 상 호	

주주구성 (지분율,%)		출자관계 (지분율,%)		주요경쟁사 (외형,%)	
김병권	11.6	테크플라워	99.0	스틸플라워	100
포스코	3.3	스틸플라워피앤씨	95.0	경남스틸	286
(외국인)	0.8	스틸플라워이엔씨	92.0	부국철강	151

매출구성		비용구성		수출비중	
후육강관	87.0	매출원가율	95.5	수출	—
기타	8.3	판관비율	28.4	내수	—
스테인리스 HR코일	4.7				

회사 개요
동사는 주로 해양플랜트, 열배관, 송유관, Tubing용으로 사용되는 후육강관을 제조하여 판매하며, 시장점유율이 높음. 동사의 매출액 중 후육강관이 높은 비중을 차지하고 있음. 후육강관의 특성상 후판이 제조원가의 70~80% 차지할 정도로 비중이 큼. 동사는 POSCO와의 계약을 통해 전체 소요량의 61% 이상을 직거래로 공급받고 있음. 후육강관산업의 주요 구매처로는 PETRONAS, SHELL, BP, EXXON 등 대형글로벌회사들이 있음

실적 분석
동사의 2016년 연결 기준 매출과 영업손실은 929억원, 222억원으로 전년 대비 매출은 32.6% 감소하고 적자를 지속함. 주요 매출액은 후육강관을 제조 판매하는 제품부문이 515억원, 스테인리스 및 HR코일을 POSCO로부터 매입하여 판매하는 상품부문이 82억원, 선박구성품/산업기계 제조 부문이 334억원을 기록함. 전후방 산업 침체로 수익성도 악화됨.

현금 흐름 〈단위 : 억원〉

항목	2015	2016
영업활동	251	-90
투자활동	-193	50
재무활동	-31	35
순현금흐름	29	-6
기말현금	66	60

시장 대비 수익률
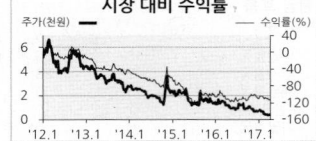

결산 실적 〈단위 : 억원〉

항목	2011	2012	2013	2014	2015	2016
매출액	2,826	2,948	1,623	2,004	1,377	929
영업이익	155	149	-85	-226	-225	-222
당기순이익	64	61	-118	-271	-353	-484

분기 실적 〈단위 : 억원〉

항목	2015.3Q	2015.4Q	2016.1Q	2016.2Q	2016.3Q	2016.4Q
매출액	280	272	335	161	188	245
영업이익	-60	-36	0	-73	-52	-98
당기순이익	-57	-141	-15	-139	-49	-281

재무 상태 〈단위 : 억원〉

항목	2011	2012	2013	2014	2015	2016
총자산	3,267	3,423	3,298	3,127	2,639	2,279
유동자산	1,156	1,357	1,397	1,597	1,577	1,320
무형자산	89	85	81	98	85	82
유가증권	1	1	1	25	26	26
총부채	2,087	2,189	2,197	2,172	1,834	1,655
총차입금	1,611	1,787	1,902	1,799	1,576	1,327
자본금	73	73	73	73	161	361
총자본	1,179	1,234	1,101	955	805	624
지배주주지분	1,154	1,225	1,097	962	820	653

기업가치 지표

항목	2011	2012	2013	2014	2015	2016
주가(최고/저)(천원)	6.5/2.9	6.8/3.8	4.5/2.3	3.7/1.3	2.5/1.2	1.7/0.7
PER(최고/저)(배)	22.5/10.2	24.6/13.7	—/—	—/—	—/—	—/—
PBR(최고/저)(배)	1.4/0.6	1.4/0.8	1.0/0.5	0.9/0.3	1.1/0.5	1.8/0.7
EV/EBITDA(배)	11.1	9.0	179.0			
EPS(원)	293	277	-449	-1,030	-1,062	-994
BPS(원)	8,001	8,491	7,678	6,788	2,640	945
CFPS(원)	1,140	1,070	-113	-1,117	-858	-799
DPS(원)	100	50				
EBITDAPS(원)	1,835	1,619	69	-916	-444	-273

재무 비율 〈단위 : % 〉

연도	영업이익률	순이익률	부채비율	차입금비율	ROA	ROE	유보율	자기자본비율	EBITDA마진율
2016	-23.9	-52.1	265.1	212.5	-19.7	-63.9	89.0	27.4	-13.9
2015	-16.4	-25.6	227.9	195.8	-12.2	-38.7	427.9	30.5	-9.3
2014	-11.3	-13.5	227.6	188.5	-8.4	-24.9	1,257.6	30.5	-6.7
2013	-5.2	-7.3	199.6	172.8	-3.5	-9.6	1,435.6	33.4	0.6

스페로글로벌 (A028040)
SPERO GLOBAL

업 종 : 건축소재		시 장 : KOSDAQ	
신용 등급 : (Bond) — (CP) —		기업규모 : 중견	
홈 페 이 지 : www.spero-global.com		연 락 처 : (043)710-0112	
본 사 : 충북 청주시 흥덕구 옥산면 과학산업4로 141			

설 립 일	1984.10.10	종 업 원 수	47명	대 표 이 사	공정오
상 장 일	1996.07.27	감 사 의 견	적정 (세림)	계 열	
결 산 기	12월	보 통 주	1,842만주	종 속 회 사 수	
액 면 가	500원	우 선 주		구 상 호	파캔OPC

주주구성 (지분율,%)		출자관계 (지분율,%)		주요경쟁사 (외형,%)	
마이더스성장1호조합	14.6	플러스페이퍼	100.0	스페로 글로벌	100
글로벌성장1호조합	6.9			아세아시멘트	2,760
(외국인)	1.6			현대시멘트	2,295

매출구성		비용구성		수출비중	
규사 및 석재	63.6	매출원가율	73.0	수출	0.0
OPC DRUM 및 CHIP	36.4	판관비율	14.7	내수	100.0

회사 개요

동사는 1984년 대원기공의 상호로 설립되었고, 삼성전기로부터 영업양수한 OPC사업부문을 2005년 분할하여 파캔오피씨라는 이름으로 사업을 영위하다 2016년 6월 상호를 스페로 글로벌로 변경함. 복사기·프린터의 핵심부품인 OPC DRUM 관련 사업을 영위하였으나 2016년 9월 관련 사업을 중단하고, 바다모래를 세척하여 건설자재로 판매하는 건재사업을 주요사업으로 영위하고 있음. 동년 8월 유통사업을 추가하며 유아용품 사업도 영위함.

실적 분석

2016년 중 미주법인을 청산하여 연결대상에서 제외하면서 현재 연결대상 종속법인은 보유하지 않음. 동사는 당기중 주력으로 영위하던 OPC 사업을 중단하였기 때문에 당분기 실적을 전년동기와 비교하기 어려움. 2016년 연결기준 매출액은 전년 93.1억원보다 77.4% 증가한 165.1억원을 시현함. 영업이익은 23.4% 감소한 20.3억원을 시현하였고 72.9억원의 당기순손실이 발생, 적자폭이 확대되었음.

현금 흐름 *IFRS 별도 기준 〈단위 : 억원〉

항목	2015	2016
영업활동	-38	-20
투자활동	2	-88
재무활동	35	109
순현금흐름	-1	0
기말현금	0	0

시장 대비 수익률

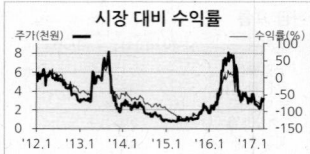

결산 실적 〈단위 : 억원〉

항목	2011	2012	2013	2014	2015	2016
매출액	294	210	113	77	93	165
영업이익	-37	-68	-55	-47	27	20
당기순이익	-59	-158	-55	-109	-43	-73

분기 실적 *IFRS 별도 기준 〈단위 : 억원〉

항목	2015.3Q	2015.4Q	2016.1Q	2016.2Q	2016.3Q	2016.4Q
매출액	0	65	89	41	27	8
영업이익	-3	44	24	-0	-7	3
당기순이익	-14	-2	20	-16	-18	-59

재무 상태 *IFRS 별도 기준 〈단위 : 억원〉

항목	2011	2012	2013	2014	2015	2016
총자산	592	458	454	396	438	432
유형자산	439	376	372	322	275	3
무형자산	7	6	10	1	0	
유가증권	—	—				15
총부채	367	389	305	284	318	269
총차입금	265	319	243	235	213	208
자본금	40	40	85	187	78	92
총자본	225	70	148	112	121	164
지배주주지분	225	70	148	112	121	164

기업가치 지표 *IFRS 별도 기준

항목	2011	2012	2013	2014	2015	2016
주가(최고/저)(천원)	8.7/4.6	6.3/2.7	8.1/1.6	3.0/0.8	2.9/0.7	8.2/1.5
PER(최고/저)(배)	—/—	—/—	—/—	—/—	—/—	—/—
PBR(최고/저)(배)	1.1/0.6	2.3/1.2	3.6/0.7	3.4/0.9	3.8/1.0	9.2/1.7
EV/EBITDA(배)					11.7	25.1
EPS(원)	-2,151	-5,163	-1,599	-1,510	-323	-423
BPS(원)	3,015	1,055	873	300	770	890
CFPS(원)	-616	-1,721	-439	-452	-249	-376
DPS(원)	—	—				
EBITDAPS(원)	-292	-585	-444	-168	274	165

재무 비율 〈단위 : % 〉

연도	영업이익률	순이익률	부채비율	차입금비율	ROA	ROE	유보율	자기자본비율	EBITDA마진율
2016	12.3	-44.2	177.2	138.3	-16.3	-51.4	78.0	36.1	17.3
2015	28.5	-46.2	266.3	178.1	-10.3	-37.0	52.6	27.3	39.1
2014	-61.3	-142.2	일부잠식	일부잠식	-25.6	-83.5	-39.9	28.4	-46.7
2013	-49.1	-48.6	205.5	163.4	-12.0	-50.1	74.8	32.7	-35.4

스페이스솔루션 (A245030)
SPACE SOLUTION

업 종 : 일반 소프트웨어		시 장 : KONEX	
신용 등급 : (Bond) — (CP) —		기업규모 : —	
홈 페 이 지 : www.spacesolution.kr		연 락 처 : (02)2027-5932	
본 사 : 서울시 금천구 디지털로9길 33, 1903호,1904호 (가산동, 아이티미래타워)			

설 립 일	2003.01.17	종 업 원 수	명	대 표 이 사	주은덕
상 장 일	2016.06.03	감 사 의 견	적정 (정동)	계 열	
결 산 기	12월	보 통 주	112만주	종 속 회 사 수	
액 면 가	500원	우 선 주		구 상 호	

주주구성 (지분율,%)		출자관계 (지분율,%)		주요경쟁사 (외형,%)	
주은덕	45.7	코아로봇	30.0	스페이스솔루션	100
손민선	5.7	광주스페이스소프트웨어과학기술우학융합	100.0		

매출구성		비용구성		수출비중	
용역 - CAD	32.1	매출원가율	78.2	수출	—
상품 - CAD	25.6	판관비율	24.4	내수	—
용역 - PLM	17.0				

회사 개요

2003년 설립된 솔루션비즈니스 분야 특화 기업임. 엔지니어링 솔루션분야에서 국내 산업용 솔루션(SW)의 개발, 판매 및 서비스에 관한 사업을, 어플리케이션 솔루션 분야에서는 자수기제어기의 개발, 제조 및 판매에 관한 사업을 영위함. 주요 사업부는 산업용 솔루션(SW) 관련 사업을 담당하는 엔지니어링 솔루션 사업부와 자수기 제어기 관련 사업을 담당하는 자수기 사업부로 나눌 수 있음. 4개의 비상장 관계회사를 보유하고 있음.

실적 분석

동사의 2016년 연간 매출액은 249.2억원, 영업손실은 6.5억원으로 적자 기록. 2016년 7월 금형 제작에 활용될 수 있는 금형견적 프로그램 '티-이스트(T-EST)'를 개발, 특허를 취득함. 인수합병에 적극적이며, 2016년에는 소프트웨어 라인업 확장을 통해 매출 규모 2억 달러의 미국 시뮬레이션 소프트웨어 기업인 씨디어댑코(CD-adapco)를 인수함. 향후 신규 Line-up 확대를 통한 매출증대 전략을 강화해 실적 성장 기대됨.

현금 흐름 *IFRS 별도 기준 〈단위 : 억원〉

항목	2015	2016
영업활동	20	-31
투자활동	-6	0
재무활동	10	10
순현금흐름	24	-20
기말현금	29	9

시장 대비 수익률

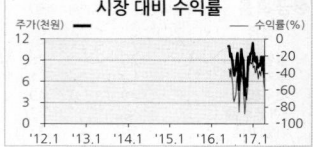

결산 실적 〈단위 : 억원〉

항목	2011	2012	2013	2014	2015	2016
매출액			194	249	252	249
영업이익	.	.	1	2	2	-7
당기순이익						-9

분기 실적 *IFRS 별도 기준 〈단위 : 억원〉

항목	2015.3Q	2015.4Q	2016.1Q	2016.2Q	2016.3Q	2016.4Q
매출액	—	—	—	—	—	—
영업이익	—	—	—	—	—	—
당기순이익	—	—	—	—	—	—

재무 상태 *IFRS 별도 기준 〈단위 : 억원〉

항목	2011	2012	2013	2014	2015	2016
총자산			130	133	138	139
유형자산			13	13	12	12
무형자산			11	8	6	4
유가증권			4	4	7	7
총부채			81	82	73	84
총차입금			21	19	20	35
자본금			6	6	6	6
총자본			49	51	65	56
지배주주지분			49	51	65	56

기업가치 지표 *IFRS 별도 기준

항목	2011	2012	2013	2014	2015	2016
주가(최고/저)(천원)	—/—	—/—	—/—	—/—	—/—	11.8/4.1
PER(최고/저)(배)	0.0/0.0	0.0/0.0	0.0/0.0	0.0/0.0	0.0/0.0	—/—
PBR(최고/저)(배)	0.0/0.0	0.0/0.0	0.0/0.0	0.0/0.0	0.0/0.0	2.3/0.8
EV/EBITDA(배)	0.0	0.0	4.7	2.2		
EPS(원)	—	—	293	200	334	-797
BPS(원)	—	—	44,129	45,882	59,803	5,137
CFPS(원)			5,252	5,629	6,718	-468
DPS(원)	—	—				
EBITDAPS(원)			3,547	5,246	5,250	-255

재무 비율 〈단위 : % 〉

연도	영업이익률	순이익률	부채비율	차입금비율	ROA	ROE	유보율	자기자본비율	EBITDA마진율
2016	-2.6	-3.6	151.0	63.6	-6.4	-14.8	927.3	39.9	-1.1
2015	0.8	1.5	112.1	30.6	2.8	6.4	1,096.1	47.2	2.3
2014	0.7	0.9	159.0	36.7	1.7	4.5	817.6	38.6	2.4
2013	0.7	1.7	163.6	42.2	0.0	0.0	782.6	37.9	2.1

스페코 (A013810)
SPECO

업 종 : 건축자재	시 장 : KOSDAQ
신용등급 : (Bond) — (CP) —	기업규모 : 중견
홈페이지 : www.speco.co.kr	연락처 : 02)3498-3200
본 사 : 서울시 강남구 학동로 171 삼익빌딩 7층	

설 립 일 1979.02.07	종 업 원 수 106명	대 표 이 사 유형민
상 장 일 1997.11.03	감 사 의 견 적정 (삼경)	계 열
결 산 기 12월	보 통 주 1,382만주	종속회사수
액 면 가 500원	우 선 주	구 상 오

주주구성 (지분율,%)		출자관계 (지분율,%)		주요경쟁사 (외형,%)	
김종섭	41.8	스페코	100		
한국증권금융	5.3	원하이텍	77		
(외국인)	2.3	하츠	105		

매출구성		비용구성		수출비중	
아스팔트믹싱플랜트(A/P)	54.6	매출원가율	78.5	수출	72.0
Wind tower	31.3	판관비율	15.1	내수	28.0
함안정기 외	8.7				

회사 개요
동사는 재생아스콘 플랜트부문 설비 생산업체로 1979년 설립, 1997년 코스닥시장에 상장되었고, 건설장비 분야와 방위산업 분야의 사업을 영위하고 있음. 2016년 12월말 현재 매출은 플랜트사업 분야 53.8%, 풍력부문 36.1%, 방산설비 8.7% 등으로 구성되며 수출비중이 72.0%를 차지함. DN품트타워 제작 및 판매업을 하는 멕시코 현지법인에 출자하여 풍력사업에 진출함. 코스피 상장사인 삼익악기 등 총23개의 계열사를 보유중임

실적 분석
동사의 2016년 4/4분기 누적 매출액은 전년동기 대비 16.8% 감소한 843.0억원을 기록함. 외형축소로 인해 영업이익은 전년동기 대비 51.8% 감소한 53.6억원 시현에 그쳤음. 그러나 비영업부문에서 3.2억원의 이익을 기록하며 흑자전환에 따라 손실폭이 감소되며 당기순이익은 전년동기 대비 37.5% 감소한 47.6억원을 시현함. 플랜트 부문의 매출이 절반 가까이 감소했으며, 나머지 사업 부문의 매출도 모두 감소했음.

현금 흐름 〈단위 : 억원〉

항목	2015	2016
영업활동	63	75
투자활동	57	-53
재무활동	-37	-136
순현금흐름	86	-108
기말현금	159	51

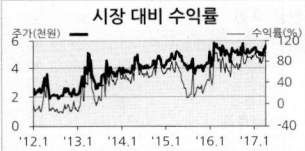
시장 대비 수익률

결산 실적 〈단위 : 억원〉

항목	2011	2012	2013	2014	2015	2016
매출액	669	791	666	961	1,013	843
영업이익	0	29	9	71	111	54
당기순이익	-51	11	-22	24	76	48

분기 실적 〈단위 : 억원〉

항목	2015.3Q	2015.4Q	2016.1Q	2016.2Q	2016.3Q	2016.4Q
매출액	253	223	239	218	169	217
영업이익	37	27	19	20	6	8
당기순이익	27	23	16	20	-0	12

재무 상태 〈단위 : 억원〉

항목	2011	2012	2013	2014	2015	2016
총자산	942	849	1,011	1,290	1,353	1,060
유형자산	234	234	212	203	176	149
무형자산	14	13	13	13	10	10
유가증권	234	157	280	419	419	316
총부채	672	614	708	866	831	615
총차입금	447	408	497	527	510	378
자본금	62	65	65	65	69	69
총자본	270	235	303	425	522	445
지배주주지분	235	204	279	405	492	414

기업가치 지표

항목	2011	2012	2013	2014	2015	2016
주가(최고/저)(천원)	4.1/1.5	3.9/1.8	5.9/2.1	5.1/3.5	5.5/3.6	6.6/4.1
PER(최고/저)(배)	—/—	35.9/16.9	—/—	25.0/17.1	10.2/6.7	21.6/13.4
PBR(최고/저)(배)	2.2/0.8	2.5/1.2	2.8/1.0	1.7/1.2	1.6/1.0	2.2/1.4
EV/EBITDA(배)	31.7	12.3	25.7	10.3	7.1	13.1
EPS(원)	-368	110	-116	209	548	308
BPS(원)	1,890	1,568	2,149	3,121	3,560	2,999
CFPS(원)	-185	311	92	402	734	479
DPS(원)					50	
EBITDAPS(원)	184	425	278	738	1,004	559

재무 비율 〈단위 : % 〉

연도	영업이익률	순이익률	부채비율	차입금비율	ROA	ROE	유보율	자기자본비율	EBITDA마진율
2016	6.4	5.7	138.1	85.0	4.0	9.4	499.8	42.0	9.2
2015	11.0	7.5	159.2	97.6	5.8	16.6	611.9	38.6	13.5
2014	7.4	2.5	203.9	124.2	2.1	7.9	524.3	32.9	10.0
2013	1.4	-3.4	233.8	164.2	-2.4	-6.2	329.7	30.0	5.4

스포츠서울 (A039670)
The Sports Seoul

업 종 : 미디어	시 장 : KOSDAQ
신용등급 : (Bond) — (CP) —	기업규모 :
홈페이지 : www.sportsseoul.com/company/21	연락처 : 02)2001-0013
본 사 : 서울시 영등포구 경인로 775 (에이스하이테크시티1동5층)	

설 립 일 1999.12.30	종 업 원 수 84명	대 표 이 사 김광래,유지환
상 장 일 2004.01.16	감 사 의 견 적정 (다산)	계 열
결 산 기 03월	보 통 주 1,924만주	종속회사수 3개사
액 면 가 500원	우 선 주	구 상 오 에이앤씨바이오홀딩스

주주구성 (지분율,%)		출자관계 (지분율,%)		주요경쟁사 (외형,%)	
소울인베스트먼트	24.4	플러스미디어	100.0	스포츠서울	100
박경원	3.6	스포츠서울글로벌	100.0	팬엔터테인먼트	228
(외국인)	0.0	스포츠서울비앤티	90.9	에프엔씨애드컬쳐	73

매출구성		비용구성		수출비중	
미디어사업(신문)	89.0	매출원가율	83.7	수출	0.2
미디어사업(사업)	10.1	판관비율	47.2	내수	99.8
미디어사업(기타)	0.9				

회사 개요
동사는 1999년 대한매일신보사에서 물적분할하여 설립되어 미디어사업과 신규사업인 자원개발사업 등을 영위 중임. 미디어사업은 스포츠서울데일리를 2011년 4월 흡수합병하여 포함. 2012년 5월 신사업분야 홈앤쇼사업본부를 신설하여 국내 6대 홈쇼핑사는 물론 관계 쇼핑몰에 각종 상품을 판매하고 있으며, 상품을 기획하고 브랜드화 할 수 있는 상품소싱에 주력. 언론매체로서 장점을 적극 활용해 다각적으로 사업을 추진.

실적 분석
동사는 3월결산 법인으로, 연결기준 2016년 3분기 누적매출액은 전년동기 대비 9.6% 증가한 124.3억원을 기록함. 매출원가와 판관비를 대폭 감소하는 과정에서 전년동기 영업손실을 모두 만회, 2016년 누적 영업이익과 비영업이익은 각각 1.6억원, 6.2억원을 기록하며 당기순이익은 7.8억원으로 흑자 전환에 성공함. 동사는 홈쇼핑벤더 부분 신상품 개발을 강화하는 등 시장의 벤더 파워를 다지기 위해 노력 중임.

현금 흐름 〈단위 : 억원〉

항목	2015	2016.3Q
영업활동	-11	-39
투자활동	-45	-57
재무활동	127	37
순현금흐름	70	-59
기말현금	82	23

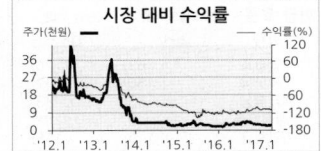
시장 대비 수익률

결산 실적 〈단위 : 억원〉

항목	2011	2012	2013	2014	2015	2016
매출액	418	342	246	161	155	—
영업이익	-4	-47	-73	-53	-48	—
당기순이익	-335	-77	-259	-106	-46	—

분기 실적 〈단위 : 억원〉

항목	2015.2Q	2015.3Q	2015.4Q	2016.1Q	2016.2Q	2016.3Q
매출액	36	37	41	36	41	47
영업이익	-12	-9	-19	0	0	1
당기순이익	-10	-10	-19	0	-0	8

재무 상태 〈단위 : 억원〉

항목	2011	2012	2013	2014	2015	2016.3Q
총자산	474	412	197	140	241	288
유형자산	73	75	62	60	79	83
무형자산	9	6	1	0	2	3
유가증권	12	10	3	2	3	7
총부채	325	229	176	110	122	107
총차입금	203	145	108	38	52	35
자본금	239	339	410	95	74	88
총자본	149	182	21	30	119	181
지배주주지분	149	182	21	30	119	179

기업가치 지표

항목	2011	2012	2013	2014	2015	2016.3Q
주가(최고/저)(천원)	47.0/15.9	51.4/15.2	36.4/4.5	4.8/2.3	5.2/1.8	5.3/2.5
PER(최고/저)(배)	—/—	—/—	—/—	—/—	—/—	—/—
PBR(최고/저)(배)	7.5/2.5	9.6/2.8	72.3/9.0	15.3/7.5	6.5/2.2	5.2/2.4
EV/EBITDA(배)	210.7					
EPS(원)	-14,914	-2,690	-6,843	-1,619	-419	46
BPS(원)	313	269	25	156	805	1,017
CFPS(원)	-732	-125	-338	-792	-399	56
DPS(원)						
EBITDAPS(원)	5	-72	-91	-388	-412	19

재무 비율 〈단위 : % 〉

연도	영업이익률	순이익률	부채비율	차입금비율	ROA	ROE	유보율	자기자본비율	EBITDA마진율
2015	-30.8	-29.9	102.4	43.5	-24.3	-62.3	61.1	49.4	-29.4
2014	-32.9	-65.7	일부잠식	일부잠식	-67.4	-243.7	-68.8	21.2	-31.5
2013	-29.6	-105.6	일부잠식	일부잠식	-85.2	-255.4	-95.0	10.5	-28.2
2012	-13.6	-22.5	일부잠식	일부잠식	-17.4	-46.4	-46.1	44.3	-12.1

승일 (A049830)
SEUNG IL

업　　　종 : 용기 및 포장
신용등급 : (Bond) —　　(CP) —
홈 페 이 지 : www.seungilcan.co.kr
본　　　사 : 충남 천안시 서북구 직산읍 4산단1길 10

시　　　장 : KOSDAQ
기업규모 : 우량
연 락 처 : 041)411-1811

설 립 일	1978.12.26	종 업 원 수	351명	대 표 이 사	현창수
상 장 일	2001.01.18	감 사 의 견	적정 (세일)	계　　　열	
결 산 기	12월	보 통 주	613만주	종 속 회 사 수	
액 면 가	500원	우 선 주		구 상 호	

주주구성 (지분율,%)		출자관계 (지분율,%)		주요경쟁사 (외형,%)	
현창수	29.7	세화제관	48.3	승일	100
현은이	7.6	제이티비씨	0.3	락앤락	307
(외국인)	1.3			연우	169

매출구성		비용구성		수출비중	
[일반관 CAN 외]제품/상품매출	61.7	매출원가율	90.6	수출	—
[에어졸 CAN 외]제품/상품매출	38.3	판관비율	5.3	내수	—

회사 개요
동사가 영위하고 있는 주요 사업은 제관업이 며, 에어졸관과 일반관을 주요 사업부문으로 하는 업체임. 에어졸 부문은 관계사인 태양산 업과 더불어 국내 시장점유율 60% 내외 수 준으로 국내 1위의 위치를 고수하고 있음. 생 산규모, 품질, 기술 등 모든 면에서 시장을 선 도하고 있으며 내수는 물론 수출 실적도 성장 세를 유지하고 있음. 일반관 부문은 우성제관 을 합병하여 현재 식품용캔부터 공업용캔까 지 일반관의 모든 제품군을 생산함.

실적 분석
동사는 국내 주요 화장품 업체가 사용하는 에 어졸캔 수요량의 70% 정도를 생산하고 있어 향후 중국 화장품 시장 확대에 따른 수혜를 입 을 것으로 전망됨. 동사의 연결기준 2016년 결산 매출액은 전년 동기 1,250.7억원 대비 10.7% 증가한 1,384.5억원 기록. 매출액 증 대에도 불구하고 매출원가 및 판관비 상승으 로 영업이익 57.3억원을 기록, 전년 동기 74.8억원 대비 23.3% 감소한 수치를 기록 함.

현금 흐름 *IFRS 별도 기준 〈단위 : 억원〉

항목	2015	2016
영업활동	63	76
투자활동	-150	-7
재무활동	93	-33
순현금흐름	9	41
기말현금	115	155

시장 대비 수익률
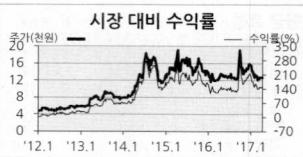

결산 실적 〈단위 : 억원〉

항목	2011	2012	2013	2014	2015	2016
매출액	1,368	1,430	1,326	1,295	1,251	1,385
영업이익	42	59	77	84	75	57
당기순이익	46	65	78	82	69	32

분기 실적 *IFRS 별도 기준 〈단위 : 억원〉

항목	2015.3Q	2015.4Q	2016.1Q	2016.2Q	2016.3Q	2016.4Q
매출액	295	279	342	409	322	312
영업이익	17	9	15	33	9	0
당기순이익	20	4	14	24	4	-11

재무 상태 *IFRS 별도 기준 〈단위 : 억원〉

항목	2011	2012	2013	2014	2015	2016
총자산	1,335	1,369	1,414	1,546	1,671	1,714
유형자산	594	585	612	684	1,048	1,046
무형자산	7	7	5	5	4	4
유가증권	15	12	17	16	16	2
총부채	318	293	264	318	379	390
총차입금	46	18		35	133	100
자본금	31	31	31	31	31	31
총자본	1,016	1,077	1,150	1,227	1,292	1,324
지배주주지분	1,016	1,077	1,150	1,227	1,292	1,324

기업가치 지표 *IFRS 별도 기준

항목	2011	2012	2013	2014	2015	2016
주가(최고/저)(천원)	6.9/4.0	6.2/4.7	10.0/5.7	18.6/7.7	20.8/12.2	20.3/11.4
PER(최고/저)(배)	9.7/5.6	6.0/4.6	8.0/4.6	14.0/5.8	18.5/10.9	39.4/22.2
PBR(최고/저)(배)	0.4/0.3	0.4/0.3	0.5/0.3	0.9/0.4	1.0/0.6	0.9/0.5
EV/EBITDA(배)	2.0	1.3	1.7	4.2	8.1	8.6
EPS(원)	752	1,067	1,280	1,344	1,133	518
BPS(원)	16,809	17,794	18,991	20,254	21,304	21,823
CFPS(원)	1,369	1,642	1,842	1,893	1,670	1,289
DPS(원)	85	85	85	85	—	85
EBITDAPS(원)	1,304	1,536	1,825	1,917	1,757	1,705

재무 비율 〈단위 : %〉

연도	영업이익률	순이익률	부채비율	차입금비율	ROA	ROE	유보율	자기자본비율	EBITDA마진율
2016	4.1	2.3	29.5	7.6	1.9	2.4	4,264.5	77.2	7.6
2015	6.0	5.6	29.4	10.3	4.3	5.5	4,160.8	77.3	8.6
2014	6.5	6.4	25.9	2.9	5.6	6.9	3,950.7	79.4	9.1
2013	5.8	5.9	23.0	0.0	5.6	7.1	3,698.3	81.3	8.4

시공테크 (A020710)
Sigongtech

업　　　종 : 호텔 및 레저
신용등급 : (Bond) —　　(CP) —
홈 페 이 지 : www.sigongtech.co.kr
본　　　사 : 경기도 성남시 분당구 판교역로 225-20

시　　　장 : KOSDAQ
기업규모 : 중견
연 락 처 : 02)3438-0077

설 립 일	1988.02.19	종 업 원 수	167명	대 표 이 사	박기석
상 장 일	1999.08.13	감 사 의 견	적정 (안진)	계　　　열	
결 산 기	12월	보 통 주	2,005만주	종 속 회 사 수	
액 면 가	500원	우 선 주		구 상 호	

주주구성 (지분율,%)		출자관계 (지분율,%)		주요경쟁사 (외형,%)	
박기석	37.2	시공문화	100.0	시공테크	100
임기석	8.3	시공미디어	32.8	골프존뉴딘	301
(외국인)	1.4	시공교육	32.1	이월드	37

매출구성		비용구성		수출비중	
전시관박물관영상/컨텐츠	98.8	매출원가율	103.8	수출	24.5
전시설계	1.2	판관비율	6.7	내수	75.5

회사 개요
동사는 설립 이래 박물관, 과학관, 전시관, 테 마파크 등 인간의 삶과 문화의 현장에서 창출 된 지식과 정보를 보존하고 전시하는 전시문 화산업을 영위하고 있는 업체임. 계열회사로 는 시공미디어, 시공교육 등이 있음. 계열회사 중 IFRS 도입으로 한 종속회사는 시공문화, 미얀마 시공테크 2개사임. 미얀마 시공테크 는 동사의 미얀마 관련 프로젝트를 수행하기 위해 신설된 법인으로 2016년 7월 설립됨. 중국시장에서의 영업력도 강화해 나가는 중 임.

실적 분석
동사의 2016년 4분기 연결기준 누적매출액 은 808억원으로 전년 722억원 대비 11.9% 증가함. 단 프로젝트 원가율 상승과 공사지연 에 따라 영업이익이 줄어 85.6억원 손실을 기 록함. 당기순이익도 전년 10.8억원에서 2016년엔 67.5억원 순손실을 기록하여 적자 전환함. 단 2017년 들어 아스타나 엑스포 주 제관 및 공동관 공사를 연이어 수주하는 등 차 후 영업이익 및 당기순이익은 점차 회복될 것 으로 기대됨.

현금 흐름 *IFRS 별도 기준 〈단위 : 억원〉

항목	2015	2016
영업활동	27	-17
투자활동	-57	72
재무활동	-8	6
순현금흐름	-37	61
기말현금	111	173

시장 대비 수익률
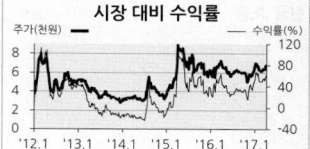

결산 실적 〈단위 : 억원〉

항목	2011	2012	2013	2014	2015	2016
매출액	1,194	1,146	758	757	722	808
영업이익	112	52	0	41	-1	-86
당기순이익	127	24	-27	69	11	-67

분기 실적 *IFRS 별도 기준 〈단위 : 억원〉

항목	2015.3Q	2015.4Q	2016.1Q	2016.2Q	2016.3Q	2016.4Q
매출액	151	215	162	135	199	312
영업이익	-5	1	-12	-25	-9	-39
당기순이익	-0	-1	-7	-24	5	-42

재무 상태 *IFRS 별도 기준 〈단위 : 억원〉

항목	2011	2012	2013	2014	2015	2016
총자산	1,269	1,033	998	1,097	1,087	1,103
유형자산	230	248	242	237	232	226
무형자산	16	14	14	13	13	12
유가증권	227	161	240	237	343	278
총부채	497	236	222	261	238	316
총차입금				1	1	8
자본금	98	100	100	100	100	100
총자본	772	798	776	837	848	787
지배주주지분	772	798	776	837	848	787

기업가치 지표

항목	2011	2012	2013	2014	2015	2016
주가(최고/저)(천원)	5.0/2.6	8.1/3.7	5.3/2.8	5.5/2.9	9.6/3.4	7.3/4.8
PER(최고/저)(배)	8.1/4.3	68.9/31.5	—/—	16.3/8.7	179.0/63.5	—/—
PBR(최고/저)(배)	1.3/0.7	2.0/0.9	1.4/0.7	1.3/0.7	2.3/0.8	1.8/1.2
EV/EBITDA(배)	0.9	12.3	26.1	6.5	124.8	—
EPS(원)	644	120	-136	343	54	-337
BPS(원)	3,981	4,075	3,905	4,209	4,267	3,977
CFPS(원)	665	166	-90	386	95	-298
DPS(원)	60	50		40		
EBITDAPS(원)	592	308	48	247	36	-388

재무 비율 〈단위 : %〉

연도	영업이익률	순이익률	부채비율	차입금비율	ROA	ROE	유보율	자기자본비율	EBITDA마진율
2016	-10.6	-8.4	40.2	1.0	-6.2	-8.3	695.4	71.3	-9.6
2015	-0.2	1.5	28.1	0.1	1.0	1.3	753.4	78.1	1.0
2014	5.4	9.1	31.2	0.1	6.6	8.5	741.7	76.2	6.5
2013	0.1	-3.6	28.7	0.0	-2.7	-3.5	681.1	77.7	1.3

시그네틱스 (A033170)
Signetics

업 종 : 반도체 및 관련장비 　　　　 시 장 : KOSDAQ
신용등급 : (Bond) —　　(CP) —　　 기업규모 : 중견
홈페이지 : www.signetics.com 　　　 연 락 처 : 031)940-7400
본 사 : 경기도 파주시 탄현면 평화로 711

설 립 일	1966.09.12	종 업 원 수	168명	대 표 이 사	백동원
상 장 일	2010.11.26	감 사 의 견	적정 (한영)	계 열	
결 산 기	12월	보 통 주	8,573만주	종속회사수	
액 면 가	500원	우 선 주		구 상 호	

주주구성 (지분율,%)		출자관계 (지분율,%)		주요경쟁사 (외형,%)	
영풍	31.6	코리아써키트	8.8	시그네틱스	100
장형진	8.5	SIGNETICSHIGHTECHNOLOGYUSAINC	100.0	유니테스트	54
(외국인)	4.1			에스앤에스텍	25

매출구성		비용구성		수출비중	
비메모리	59.3	매출원가율	99.6	수출	92.2
메모리	40.7	판관비율	3.0	내수	7.8

회사 개요
동사가 영위하는 반도체패키징업(테스트포함)은 반도체 제조 과정 중 후공정에 속하는 산업으로, 칩에 전기적인 연결을 해주고, 외부의 충격에 견디도록 밀봉 포장하여 물리적인 기능과 형상을 갖게 해주는 공정을 말함. 반도체 제조 공정상 분류시 후공정 업체에 해당하며 후공정중 패키징 사업을 주목적 사업으로 하고 있음. 주요 거래처는 삼성전자, 하이닉스반도체 등 반도체 제조기업임.

실적 분석
동사의 2016년 연결 기준 매출과 영업손실은 ,2157억원, 55억원으로 전년 대비 매출은 3.2% 증가했으나 적자전환함. 매출 증가 요인은 신규제품인 Fingerprint sensor 패키지에 기인함. 동사는 신규사업으로 기존 스마트폰과 태블릿PC 제품 등과 더불어 웨어러블 제품 및 사물자동화 제품 개발에 집중, 신규 Line 증설 등 장비투자를 통한 생산성 향상과 초박초적층 제품생산을 위한 기술개발 노력을 경주하고 있음.

현금 흐름　　〈단위 : 억원〉

항목	2015	2016
영업활동	316	42
투자활동	-320	-98
재무활동	-7	90
순현금흐름	-11	34
기말현금	5	38

시장 대비 수익률
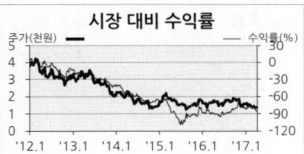

결산 실적　　〈단위 : 억원〉

항목	2011	2012	2013	2014	2015	2016
매출액	2,768	3,099	2,742	2,347	2,091	2,157
영업이익	204	185	112	-39	35	-55
당기순이익	152	159	90	-45	-37	-59

분기 실적　　〈단위 : 억원〉

항목	2015.3Q	2015.4Q	2016.1Q	2016.2Q	2016.3Q	2016.4Q
매출액	516	477	337	495	644	681
영업이익	8	12	-66	-18	7	21
당기순이익	-28	15	-57	-23	7	13

재무 상태　　〈단위 : 억원〉

항목	2011	2012	2013	2014	2015	2016
총자산	2,507	2,862	2,504	2,359	2,233	2,446
유형자산	1,754	1,829	1,732	1,463	1,483	1,485
무형자산	3	3	3	1	1	1
유가증권	184	471	356	327	433	274
총부채	1,015	978	686	611	551	815
총차입금	573	488	322	276	273	371
자본금	429	429	429	429	429	429
총자본	1,492	1,883	1,819	1,749	1,682	1,631
지배주주지분	1,492	1,883	1,819	1,749	1,682	1,631

기업가치 지표

항목	2011	2012	2013	2014	2015	2016
주가(최고/저)(천원)	5.2/2.3	4.2/2.6	3.6/2.0	2.3/1.2	2.2/1.2	2.0/1.4
PER(최고/저)(배)	29.4/12.9	22.7/14.0	34.1/18.9	—/—	—/—	—/—
PBR(최고/저)(배)	3.0/1.3	1.9/1.2	1.7/0.9	1.1/0.6	1.1/0.6	1.0/0.7
EV/EBITDA(배)	7.7	6.0	4.5	4.9	4.7	6.9
EPS(원)	178	185	105	-53	-43	-69
BPS(원)	1,741	2,197	2,121	2,040	1,962	1,903
CFPS(원)	540	573	515	350	327	277
DPS(원)						
EBITDAPS(원)	600	604	540	357	412	281

재무 비율　　〈단위 : % 〉

연도	영업이익률	순이익률	부채비율	차입금비율	ROA	ROE	유보율	자기자본비율	EBITDA마진율
2016	-2.6	-2.7	50.0	22.7	-2.5	-3.6	280.6	66.7	11.2
2015	1.7	-1.8	32.8	16.2	-1.6	-2.2	292.4	75.3	16.9
2014	-1.7	-1.9	34.9	15.8	-1.9	-2.6	308.0	74.1	13.1
2013	4.1	3.3	37.7	17.7	3.4	4.9	324.3	72.6	16.9

시냅스엠 (A246830)
SCENAPPSM inc

업 종 : 인터넷 서비스 　　　　 시 장 : KONEX
신용등급 : (Bond) —　　(CP) —　　 기업규모 : 중견
홈페이지 : www.scenappsm.com 　　 연 락 처 : 02)3420-1600
본 사 : 서울시 강남구 학동로 318 10층(논현동, 유경빌딩)

설 립 일	2006.02.01	종 업 원 수	명	대 표 이 사	김덕조
상 장 일	2016.07.13	감 사 의 견	적정 (대주)	계 열	
결 산 기	12월	보 통 주	131만주	종속회사수	
액 면 가	500원	우 선 주	70만주	구 상 호	

주주구성 (지분율,%)		출자관계 (지분율,%)		주요경쟁사 (외형,%)	
김덕조	62.4			시냅스엠	100
디에스자산운용	35.0			소리바다	1,197
				이지웰페어	1,596

매출구성		비용구성		수출비중	
광고(UGC)	48.8	매출원가율	0.0	수출	—
위캔디오(OVP)	35.4	판관비율	144.9	내수	—
뽀로로 TV(OTT)	15.8				

회사 개요
2006년 1월 27일 '주식회사 유엠씨'이라는 법인형태로 설립, '엠군닷컴'이라는 동영상 UCC 서비스로 사업을 시작함. 2007년 1월 24일 '주식회사 엠군미디어'로 사명을 변경, 2015년 3월 31일에 '주식회사 시냅스엠'으로 다시 사명을 변경함. 2016년 7월 13일 코넥스 시장에 상장함. 동영상 컨텐츠 유통 사업 등, 온라인 동영상 서비스와 관련된 다양한 사업 영위 중임. 주요 사업 부문은 엠군, 위캔디오, 뽀로로TV로 구성됨.

실적 분석
동사의 2016년 연간 매출액은 32.8억원, 영업손실은 14.7억원을 기록함. 2016년 상반기 엔트로피아와 중국 내 뷰티 커머스 사업을 위한 조인트벤처를 설립하기로 합의하였으며 2월 18일 이벤트의 양해각서를 체결함. 유쿠에 공식채널 런칭 후 누적재생수 400만 뷰를 달성하는 등 빠른 성장세를 이어가고 있으며, 향후 한국발 영상 콘텐츠 뿐만 아니라 현지화된 영상 콘텐츠를 통해 중국 시장을 공략하려는 계획으로 실적 개선이 기대됨.

현금 흐름　*IFRS 별도 기준　〈단위 : 억원〉

항목	2015	2016
영업활동	-12	-11
투자활동	-21	-4
재무활동	39	9
순현금흐름	6	-6
기말현금	8	1

시장 대비 수익률
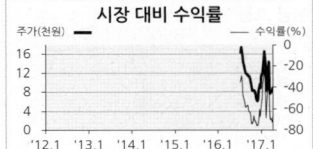

결산 실적　　〈단위 : 억원〉

항목	2011	2012	2013	2014	2015	2016
매출액	—	—	16	25	26	33
영업이익	—	—	-5	-0	-12	-15
당기순이익	—	—	-6	-1	-14	-29

분기 실적　*IFRS 별도 기준　〈단위 : 억원〉

항목	2015.3Q	2015.4Q	2016.1Q	2016.2Q	2016.3Q	2016.4Q
매출액						
영업이익						
당기순이익						

재무 상태　*IFRS 별도 기준　〈단위 : 억원〉

항목	2011	2012	2013	2014	2015	2016
총자산			7	9	35	16
유형자산			1	1	5	5
무형자산					0	0
유가증권				1		—
총부채			10	12	11	16
총차입금			7	8	7	10
자본금			7	7	10	10
총자본			-2	-3	24	0
지배주주지분			-2	-3	24	0

기업가치 지표　*IFRS 별도 기준

항목	2011	2012	2013	2014	2015	2016
주가(최고/저)(천원)	—/—	—/—	—/—	—/—	—/—	18.7/5.3
PER(최고/저)(배)	0.0/0.0	0.0/0.0	0.0/0.0	0.0/0.0	0.0/0.0	—/—
PBR(최고/저)(배)	0.0/0.0	0.0/0.0	0.0/0.0	0.0/0.0	0.0/0.0	1,550.0/441.8
EV/EBITDA(배)						
EPS(원)	—	—	-438	-78	-788	-1,462
BPS(원)	—	—	-1,724	-2,236	.12,075	12
CFPS(원)	—	—	-4,127	-480	-7,368	-1,383
DPS(원)						
EBITDAPS(원)	—	—	-4,028	-77	-6,173	-656

재무 비율　　〈단위 : % 〉

연도	영업이익률	순이익률	부채비율	차입금비율	ROA	ROE	유보율	자기자본비율	EBITDA마진율
2016	-44.9	-89.3	일부잠식	일부잠식	-113.8	-245.0	-97.6	1.5	-40.1
2015	-43.9	-51.7	47.8	31.0	-61.8	141.5	67.7	67.7	-40.5
2014	-2.0	-4.2	완전잠식	완전잠식	-12.5	잠식지속	-144.7	-32.6	-0.4
2013	-34.1	-34.9	완전잠식	완전잠식	0.0	0.0	-134.5	-30.3	-32.0

시노펙스 (A025320)
Synopex

업　　종 : 휴대폰 및 관련부품　　　　　시　　장 : KOSDAQ
신용등급 : (Bond) —　　(CP) —　　　　기업규모 : 중견
홈 페 이 지 : www.synopex.com　　　　연 락 처 : 054)289-4010
본　　사 : 경북 포항시 북구 청하면 동해대로 2315번길 54-2

설 립 일	1985.04.18	종 업 원 수	106명	대 표 이 사	손경익
상 장 일	1995.04.20	감 사 의 견	적정 (신정)	계 열	
결 산 기	12월	보 통 주	6,433만주	종 속 회 사 수	
액 면 가	500원	우 선 주		구 상 호	

주주구성 (지분율,%)		출자관계 (지분율,%)		주요경쟁사 (외형,%)	
글로션	5.1	에스엘이앤티	100.0	시노펙스	100
	2.4	위엔텍	100.0	에스맥	90
(외국인)	1.5	이스트드림시노펙스	100.0	젬백스테크놀러지	52

매출구성		비용구성		수출비중	
터치스크린 윈도우디자인필름	53.2	매출원가율	76.7	수출	82.8
지문인식모듈 심소켓모듈 등	38.8	판관비율	16.4	내수	17.2
멤브레인 / 필터	7.7				

회사 개요
동사는 신소재사업과 IT전자부품소재사업을 영위하고 있으며 주요 제품은 멤브레인 소재, 필터 여과 시스템, 터치스크린 등 휴대폰 부품과 영화투자,제작, 배급사업을 진행하고 있음. 2016년 전반기 현재 천진한위생균형보건복무유한공사를 포함한 총 9개의 연결자회사를 보유하고 있으며 사업부문별 매출비중은 IT전자부품소재사업 90.21%, 신소재사업 9.79%로 구성됨.

실적 분석
동사의 2016년 연간 매출은 1,550억원으로 전년대비 21.4% 감소, 영업이익은 107.1억원으로 흑자전환, 당기순이익은 45.4억원으로 전년대비 흑자전환을 시현. 전방산업인 IT세트 수요 부진으로 동사의 전체 매출은 감소하였으나 내부적인 원가개선과 판관비 감소로 영업이익은 흑자전환을 시현. 2016년 베트남 공장의 가동 확대, 수처리 시스템 수주 등으로 외형 성장 및 수익성 턴어라운드를 목표함.

현금 흐름　　〈단위 : 억원〉
항목	2015	2016
영업활동	71	113
투자활동	-160	-99
재무활동	113	18
순현금흐름	27	34
기말현금	176	210

시장 대비 수익률
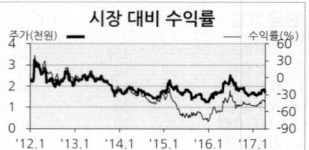

결산 실적　　〈단위 : 억원〉
항목	2011	2012	2013	2014	2015	2016
매출액	3,941	5,420	4,205	4,021	1,971	1,550
영업이익	97	30	80	31	-226	107
당기순이익	24	-296	35	-43	-353	45

분기 실적　　〈단위 : 억원〉
항목	2015.3Q	2015.4Q	2016.1Q	2016.2Q	2016.3Q	2016.4Q
매출액	418	363	365	278	497	410
영업이익	-46	-131	15	7	47	38
당기순이익	-37	-221	7	6	22	9

재무 상태　　〈단위 : 억원〉
항목	2011	2012	2013	2014	2015	2016
총자산	2,292	2,448	2,364	2,130	1,365	1,483
유형자산	458	809	827	517	491	470
무형자산	67	59	58	50	59	57
유가증권	75	24	16	4	55	168
총부채	1,517	1,644	1,480	1,264	746	715
총차입금	669	772	714	507	491	412
자본금	190	284	287	295	326	326
총자본	774	804	884	865	619	768
지배주주지분	773	796	880	859	621	770

기업가치 지표
항목	2011	2012	2013	2014	2015	2016
주가(최고/저)(천원)	5.5/1.3	3.4/1.9	2.7/1.4	2.0/1.3	2.3/1.2	2.5/1.3
PER(최고/저)(배)	68.4/16.0	—/—	31.7/17.0	—/—	—/—	35.2/17.9
PBR(최고/저)(배)	2.6/0.6	1.8/1.0	1.4/0.8	1.1/0.7	1.9/1.0	2.0/1.0
EV/EBITDA(배)	7.4	14.4	9.0	9.6		7.3
EPS(원)	81	-595	85	-82	-542	71
BPS(원)	2,127	1,831	1,904	1,813	1,231	1,232
CFPS(원)	221	-421	253	80	-416	166
DPS(원)						
EBITDAPS(원)	416	233	311	215	-229	262

재무 비율　　〈단위 : % 〉
연도	영업이익률	순이익률	부채비율	차입금비율	ROA	ROE	유보율	자기자본비율	EBITDA마진율
2016	6.9	2.9	93.0	53.7	3.2	6.6	143.1	51.8	10.9
2015	-11.5	-17.9	120.5	79.4	-20.2	-46.6	142.9	45.4	-7.4
2014	0.8	-1.1	146.1	58.6	-1.9	-5.4	257.2	40.6	3.1
2013	1.9	0.8	167.4	80.8	1.4	5.7	275.1	37.4	4.2

시큐브 (A131090)
SECUVE

업　　종 : 일반 소프트웨어　　　　　시　　장 : KOSDAQ
신용등급 : (Bond) —　　(CP) —　　　　기업규모 : 벤처
홈 페 이 지 : www.secuve.com　　　　연 락 처 : 02)6261-9300
본　　사 : 서울시 구로구 디지털로 26길 111 JnK디지털타워 801,802,803호

설 립 일	2000.03.23	종 업 원 수	99명	대 표 이 사	홍기융
상 장 일	2011.12.21	감 사 의 견	적정 (참)	계 열	
결 산 기	12월	보 통 주	680만주	종 속 회 사 수	
액 면 가	500원	우 선 주		구 상 호	

주주구성 (지분율,%)		출자관계 (지분율,%)		주요경쟁사 (외형,%)	
홍기융	22.2	디펜시큐	70.4	시큐브	100
변봉숙	3.2	SECUVESolutionsCo.,Ltd	100.0	포시에스	66
(외국인)	2.5			한컴시큐어	68

매출구성		비용구성		수출비중	
솔루션사업부문 제품	81.2	매출원가율	55.6	수출	2.3
서비스사업부문 서비스	18.8	판관비율	33.9	내수	97.7

회사 개요
동사는 독창적인 전자서명인증기반 Secure OS기술을 국내 최초 상용화하여 보안운영체제라고 하는 핵심 보안소프트웨어의 기술 및 시장을 선도하고 있으며, 국내 보안운영체제 시장 점유율 1위를 유지하고 있음. 최근 통합 보안목적을 달성할 수 있는 융합솔루션에 대한 수요가 증가함에 따라 신사업영역 확대를 적극 추진해가며 정보 보호 융합 토탈솔루션 기업으로 성장하고 있음. 2016년 상반기 이사의결권의 과반수 소유로 (주)디펜시큐가 자회사로 편입됨.

실적 분석
동사의 2016년도 누적 매출액은 212.7억원으로 전년 대비 8.2%증가함. 같은기간 영업이익은 22.3억원으로 전년대비 108.2% 증가하였으며, 당기순이익 또한 13.1억원으로 전년대비 71.1%증가함. 동사는 간편 인증결제 등 핀테크 기술을 이용해 PG 시장에 본격 진출하였으며, 국내 서버보안과 통합계정권한관리 분야 점유율 1위 업체임. PG진출과 인증기술을 활용하여 향후 안정적인 수익원을 확보할 것으로 전망함.

현금 흐름　　〈단위 : 억원〉
항목	2015	2016
영업활동	32	38
투자활동	4	-12
재무활동	-5	-4
순현금흐름	31	22
기말현금	61	83

시장 대비 수익률
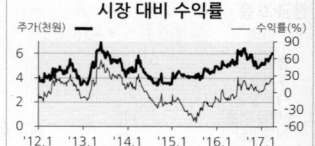

결산 실적　　〈단위 : 억원〉
항목	2011	2012	2013	2014	2015	2016
매출액	177	205	175	159	196	213
영업이익	34	35	14	-4	11	22
당기순이익	31	32	16	5	8	13

분기 실적　　〈단위 : 억원〉
항목	2015.3Q	2015.4Q	2016.1Q	2016.2Q	2016.3Q	2016.4Q
매출액	38	—	—	53	41	—
영업이익	1	—	—	2	2	—
당기순이익	2	—	—	3	2	—

재무 상태　　〈단위 : 억원〉
항목	2011	2012	2013	2014	2015	2016
총자산	254	304	300	268	279	296
유형자산	21	34	33	32	30	29
무형자산	16	20	24	21	17	11
유가증권	—	—	—	—	—	—
총부채	74	102	90	63	71	76
총차입금	18	24	23	1	—	—
자본금	31	31	31	31	31	34
총자본	180	202	210	204	209	220
지배주주지분	180	202	210	204	209	220

기업가치 지표
항목	2011	2012	2013	2014	2015	2016
주가(최고/저)(천원)	4.5/3.2	5.7/3.4	7.0/3.5	5.8/3.4	5.5/3.5	6.7/4.6
PER(최고/저)(배)	8.7/6.3	12.6/7.5	29.4/14.6	88.2/51.7	49.5/31.7	31.3/21.6
PBR(최고/저)(배)	1.8/1.3	1.9/1.1	2.2/1.1	1.8/1.0	1.6/1.0	1.9/1.3
EV/EBITDA(배)	4.5	4.3	12.9	37.5	11.1	6.0
EPS(원)	107	94	48	14	23	43
BPS(원)	2,904	3,422	3,629	3,703	3,827	3,649
CFPS(원)	650	583	353	201	245	324
DPS(원)		60			114	50
EBITDAPS(원)	699	624	306	60	294	435

재무 비율　　〈단위 : % 〉
연도	영업이익률	순이익률	부채비율	차입금비율	ROA	ROE	유보율	자기자본비율	EBITDA마진율
2016	10.5	6.2	34.4	0.0	4.6	6.9	629.9	74.4	13.9
2015	5.5	3.9	33.9	0.0	2.8	3.7	665.4	74.7	9.3
2014	-2.6	2.9	30.9	0.6	1.6	2.2	640.6	76.4	2.3
2013	7.8	9.6	43.0	10.7	5.4	8.0	625.8	69.9	10.9

408

시큐센 (A232830)
SECUCEN COLTD

업　　종 : 일반 소프트웨어　　　　　시　　장 : KONEX
신용등급 : (Bond) ―　(CP) ―　　　기업규모 :
홈페이지 : www.secucen.co.kr　　　연 락 처 : 02)3497-6980
본　　사 : 서울시 서초구 반포대로 13, 2층

설 립 일	2011.11.25	종업원수	명	대표이사	박원규
상 장 일	2016.11.29	감사의견	적정 (삼덕)	계 열	
결 산 기	12월	보 통 주	128만주	종속회사수	
액 면 가	500원	우 선 주	4만주	구 상 호	

주주구성 (지분율,%)		출자관계 (지분율,%)		주요경쟁사 (외형,%)	
아이티센	34.4			시큐센	100
박원규	23.9			이글루시큐리티	1,155
				포시에스	279

매출구성		비용구성		수출비중	
FDS	41.9	매출원가율	70.1	수출	0.0
앱아이언	21.0	판관비율	42.0	내수	100.0
로그인도용 방지서비스	17.6				

회사 개요
동사는 핀테크 보안전문업체로 2015년 아이티센 계열사로 편입되면서 모바일 보안 전문업체인 바른소프트기술과 합병함. 2016년 코넥스시장에 상장하며 처음으로 증시에 입성함. 동사의 매출 대부분은 모바일 서비스 및 솔루션 부문에서 발생하고 있음. 통신사와 카드사 등을 대상으로 △로그인 도용방지 서비스 △전화번호 안심로그인 서비스 △인증서 유출방지 서비스 등을 제공함.

실적 분석
동사의 2016년 연간 매출액은 50.3억원 기록, 전년 대비 154.7% 증가함. 영업손실은 6.1억원을 기록하며 적자가 지속됨. 수년 내 본격적으로 생체인식 전자서명 B2B(기업 간 거래) 시장에 진입할 계획임. 향후 강력한 수준의 보안을 요구하는 금융(핀테크) 및 보험에서의 안정적인 성장 기반을 마련한 뒤 해외시장 공략과 사업부 확대에 나설 것으로 전망되며 이에 따른 실적 성장 기대.

현금 흐름　*IFRS 별도 기준　〈단위 : 억원〉

항목	2015	2016
영업활동	-2	-2
투자활동	-0	-3
재무활동	10	3
순현금흐름	8	-2
기말현금	11	9

시장 대비 수익률
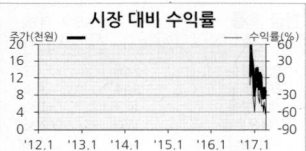

결산 실적　〈단위 : 억원〉

항목	2011	2012	2013	2014	2015	2016
매출액	―	―	0	1	20	50
영업이익	―	―	-2	-2	-5	-6
당기순이익	―	―	-2	-2	-9	-8

분기 실적　*IFRS 별도 기준　〈단위 : 억원〉

항목	2015.3Q	2015.4Q	2016.1Q	2016.2Q	2016.3Q	2016.4Q
매출액	―	―	―	―	―	―
영업이익	―	―	―	―	―	―
당기순이익	―	―	―	―	―	―

재무 상태　*IFRS 별도 기준　〈단위 : 억원〉

항목	2011	2012	2013	2014	2015	2016
총자산	―	―	2	5	63	70
유형자산	―	―	0	0	1	0
무형자산	―	―	0	2	30	10
유가증권	―	―			0	0
총부채	―	―	4	7	34	50
총차입금	―	―	2	1	19	23
자본금	―	―	0	1	6	6
총자본	―	―	-3	-2	28	20
지배주주지분	―	―	-3	-2	28	20

기업가치 지표　*IFRS 별도 기준

항목	2011	2012	2013	2014	2015	2016
주가(최고/저)(천원)	―/―	―/―	―/―	―/―	―/―	20.0/9.5
PER(최고/저)(배)	0.0/0.0	0.0/0.0	0.0/0.0	0.0/0.0	0.0/0.0	―/―
PBR(최고/저)(배)	0.0/0.0	0.0/0.0	0.0/0.0	0.0/0.0	0.0/0.0	13.0/6.2
EV/EBITDA(배)		0.0	0.0			
EPS(원)	―	―	-2,271	-1,149	-1,527	-603
BPS(원)	―	―	-3,184	-831	2,141	1,538
CFPS(원)	―	―	-2,271	-1,116	-1,440	-482
DPS(원)	―	―				
EBITDAPS(원)	―	―	-2,245	-1,032	-709	-343

재무 비율　〈단위 : % 〉

연도	영업이익률	순이익률	부채비율	차입금비율	ROA	ROE	유보율	자기자본비율	EBITDA마진율
2016	-12.1	-15.8	248.1	112.5	-11.9	-32.8	216.1	28.7	-9.0
2015	-24.5	-46.9	122.1	65.8	-27.5	전기잠식	339.9	45.0	-21.8
2014	-290.2	-313.2	완전잠식	완전잠식	―	-290.7	-46.8	-281.3
2013	-537.8	-543.9	완전잠식	완전잠식	0.0	0.0	-736.8	-139.1	-537.8

신대양제지 (A016590)
Shindaeyang Paper

업　　종 : 종이 및 목재　　　　　시　　장 : 거래소
신용등급 : (Bond) ―　(CP) ―　　　기업규모 : 시가총액 소형주
홈페이지 : www.dygroup.co.kr　　　연 락 처 : 031)494-7911
본　　사 : 경기도 안산시 단원구 목내로 29(목내동)

설 립 일	1982.12.17	종업원수	165명	대표이사	권혁홍
상 장 일	1995.12.21	감사의견	적정 (우리)	계 열	
결 산 기	12월	보 통 주	387만주	종속회사수	
액 면 가	5,000원	우 선 주		구 상 호	

주주구성 (지분율,%)		출자관계 (지분율,%)		주요경쟁사 (외형,%)	
권혁홍	18.3	광신판지	58.5	신대양제지	100
권택환	16.1	이천개발	45.3	무림페이퍼	448
(외국인)	4.1	신대한판지	30.1	페이퍼코리아	167

매출구성		비용구성		수출비중	
골판지용 원지(제품)	71.2	매출원가율	89.1	수출	0.7
골판지 원단,상자(제품)	45.5	판관비율	7.7	내수	99.3
골판지 상자	1.4				

회사 개요
동사는 1982년 설립대 골판지 상자의 원재료인 골판지 원지를 제조 판매하고 있으며, 업계 총생산량의 시장점유율 10.9%를 차지하고 있음. 종속회사로 광신판지를 보유하고 있음. 크라프트 라이너, 테스트 라이너지, 골판지용 골심지 등 골판지용 원지 전지중을 생산, 판매하는 경쟁력있는 기업임. 일산 100톤 생산 개시 이래 1996년 시화공장 3호기 완공 및 2007년 2월 준설로 일산 평균 생산능력은 2000톤 수준.

실적 분석
동사의 2016년 결산 연결기준 매출액은 2,525.2억원으로 전년 대비 5.5% 증가함. 영업이익은 82.5억원으로 전년과 비슷한 수준. 단 당기순이익은 시화공장 화재 보상수익 계상과 이자수익 증가로 169.9억원을 기록하며 흑자전환함. 사업구조재편 및 재무 안정성 제고, 중장기 투자 재원 확보를 위해 2016년 종속회사인 신대한판지 및 이천개발의 지분을 매각함. 부채는 전기대비 19.6% 감소한 978억원을 기록함.

현금 흐름　　　　　〈단위 : 억원〉

항목	2015	2016
영업활동	206	-19
투자활동	82	-107
재무활동	-284	162
순현금흐름	5	37
기말현금	12	49

시장 대비 수익률

결산 실적　〈단위 : 억원〉

항목	2011	2012	2013	2014	2015	2016
매출액	3,946	3,612	3,380	3,270	2,393	2,525
영업이익	198	429	163	251	83	82
당기순이익	120	292	130	164	-235	170

분기 실적　〈단위 : 억원〉

항목	2015.3Q	2015.4Q	2016.1Q	2016.2Q	2016.3Q	2016.4Q
매출액	812	13	735	781	584	425
영업이익	23	-1	19	33	-2	33
당기순이익	14	-315	26	47	77	19

재무 상태　〈단위 : 억원〉

항목	2011	2012	2013	2014	2015	2016
총자산	4,217	4,036	3,929	4,018	3,756	3,627
유형자산	2,716	2,697	2,722	2,631	2,450	2,192
무형자산	18	18	18	8	6	6
유가증권	11	11	13	12	9	2
총부채	1,962	1,471	1,327	1,277	1,216	978
총차입금	1,355	890	791	701	396	277
자본금	180	180	180	183	193	193
총자본	2,255	2,564	2,601	2,741	2,540	2,649
지배주주지분	2,034	2,316	2,410	2,553	2,373	2,519

기업가치 지표

항목	2011	2012	2013	2014	2015	2016
주가(최고/저)(천원)	17.9/11.1	23.8/14.9	31.7/19.8	40.0/23.2	46.6/23.6	25.9/19.2
PER(최고/저)(배)	6.0/3.8	3.4/2.1	9.5/5.9	8.8/5.1	―/―	6.4/4.8
PBR(최고/저)(배)	0.3/0.2	0.4/0.2	0.5/0.3	0.6/0.3	0.8/0.4	0.4/0.3
EV/EBITDA(배)	5.9	2.4	2.8		5.6	4.9
EPS(원)	3,205	7,458	3,429	4,588	-5,671	4,028
BPS(원)	56,909	64,598	67,115	69,649	61,323	65,091
CFPS(원)	7,063	11,529	7,617	8,955	-2,222	6,875
DPS(원)	500	500	375	375		
EBITDAPS(원)	9,373	16,014	8,722	11,319	5,646	4,978

재무 비율　〈단위 : % 〉

연도	영업이익률	순이익률	부채비율	차입금비율	ROA	ROE	유보율	자기자본비율	EBITDA마진율
2016	3.3	6.7	36.9	10.5	4.6	6.4	1,201.8	73.0	7.6
2015	3.5	-9.8	47.9	15.6	-6.0	-8.7	1,126.5	67.6	8.9
2014	7.7	5.0	46.6	25.6	4.1	6.7	1,293.0	68.2	12.5
2013	4.8	3.9	51.0	30.4	3.3	5.2	1,242.3	66.2	9.3

신도리코 (A029530)
SINDOH

업 종 : 사무기기		시 장 : 거래소	
신용등급 : (Bond) — (CP) —		기업규모 : 시가총액 중형주	
홈페이지 : www.sindoh.com		연 락 처 : 02)460-1114	
본 사 : 서울시 성동구 성수이로24길 3			

설 립 일	1960.07.07	종업원수	786명	대표이사	최종하
상 장 일	1996.12.24	감사의견	적정(삼일)	계 열	
결 산 기	12월	보통주	1,008만주	종속회사수	
액 면 가	5,000원	우선주		구상호	

주주구성 (지분율,%)		출자관계 (지분율,%)		주요경쟁사 (외형,%)	
신도SDR	22.6	에이스	100.0	신도리코	100
신영자산운용	14.6	충앙판매	100.0		
(외국인)	24.2	디에스판매	100.0		

매출구성		비용구성		수출비중	
복합기 外	73.8	매출원가율	81.0	수출	65.2
FAX	13.3	판관비율	15.8	내수	34.8
소모품	7.7				

회사 개요

동사는 1960년 신도교역으로 설립되어 국내 최초로 복사기, 팩시밀리 등을 생산·판매하는 등 사무 자동화의 선두주자로 발전해온 Output Product 전문업체임. 1960년 본 최대 사무기기 회사인 리코와 5대 5로 지분을 출자, 현재의 신도리코가 설립됨. 주요 제품으로는 복합기, 프린터, 팩시밀리, 디지털인쇄기 등이 있음. 시장점유율은 신도리코를 포함한 Major업체가 80% 이상을 차지하고 있는 것으로 추정됨.

실적 분석

2016년 누적 매출액과 영업이익은 각각 전년 대비 1%, 149% 증가한 5,072.8억원, 162.6억원을 기록함. 판관비 축소와 외형확대의 영향으로 수익성이 개선됨. 3D 프린터의 대중화를 위해 3D설계 프로그램 전문기업 솔리드웍스와의 협력관계를 맺고 독자 개발한 3D프린터 '3D WOX'에 적용할 수 있는 솔루션 개발함. 국내 복합기 시장의 경쟁구도 변화, 재고조정에 대한 기저효과 등으로 2017년 수익성이 개선될 것으로 예상됨.

현금 흐름 〈단위 : 억원〉

항목	2015	2016
영업활동	-54	755
투자활동	196	240
재무활동	14	-297
순현금흐름	166	703
기말현금	670	1,373

시장 대비 수익률

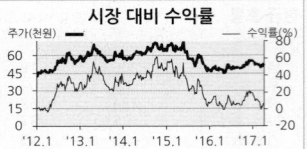

결산 실적 〈단위 : 억원〉

항목	2011	2012	2013	2014	2015	2016
매출액	7,510	7,523	5,276	4,800	5,005	5,073
영업이익	654	478	284	46	65	163
당기순이익	656	520	253	171	94	318

분기 실적 〈단위 : 억원〉

항목	2015.3Q	2015.4Q	2016.1Q	2016.2Q	2016.3Q	2016.4Q
매출액	1,260	1,285	1,383	1,234	1,176	1,280
영업이익	-13	21	91	62	-23	33
당기순이익	28	33	92	61	72	93

재무 상태 〈단위 : 억원〉

항목	2011	2012	2013	2014	2015	2016
총자산	9,809	9,700	9,198	9,156	9,293	9,322
유형자산	1,780	1,889	1,767	1,736	1,874	1,557
무형자산	59	62	56	57	55	54
유가증권	1,474	1,444	2,424	3,033	3,266	3,330
총부채	1,422	1,159	961	957	1,090	910
총차입금	144	251	289	173	326	138
자본금	504	504	504	504	504	504
총자본	8,387	8,540	8,237	8,199	8,202	8,412
지배주주지분	8,053	8,204	8,237	8,199	8,202	8,412

기업가치 지표

항목	2011	2012	2013	2014	2015	2016
주가(최고/저)(천원)	45.7/36.0	62.8/42.5	69.4/53.9	71.6/56.0	71.9/45.5	56.4/45.2
PER(최고/저)(배)	8.5/6.7	14.3/9.6	29.5/22.9	45.3/35.5	81.5/51.6	18.4/14.7
PBR(최고/저)(배)	0.7/0.5	0.9/0.6	0.9/0.7	0.9/0.7	0.9/0.6	0.7/0.6
EV/EBITDA(배)	0.0	2.2	3.5	8.5	0.4	0.1
EPS(원)	6,580	5,081	2,611	1,698	928	3,154
BPS(원)	80,982	82,471	82,798	82,430	82,459	84,537
CFPS(원)	8,435	6,965	4,510	3,471	2,898	5,324
DPS(원)	2,750	2,500	2,250	1,500	1,200	1,500
EBITDAPS(원)	8,338	6,630	4,718	2,231	2,619	3,784

재무 비율 〈단위 : % 〉

연도	영업이익률	순이익률	부채비율	차입금비율	ROA	ROE	유보율	자기자본비율	EBITDA마진율
2016	3.2	6.3	10.8	1.6	3.4	3.8	1,590.7	90.2	7.5
2015	1.3	1.9	13.3	4.0	1.0	1.1	1,549.2	88.3	5.3
2014	1.0	3.6	11.7	2.1	1.9	2.1	1,548.6	89.6	4.7
2013	5.4	4.8	11.7	3.5	2.7	3.2	1,556.0	89.6	9.0

신라교역 (A004970)
Silla

업 종 : 식료품		시 장 : 거래소	
신용등급 : (Bond) — (CP) —		기업규모 : 시가총액 소형주	
홈페이지 : www.sla.co.kr		연 락 처 : 02)3434-9900	
본 사 : 서울시 송파구 백제고분로 362 신리빌딩(석촌동)			

설 립 일	1967.03.06	종업원수	550명	대표이사	정필영
상 장 일	1976.06.30	감사의견	적정(한영)	계 열	
결 산 기	12월	보통주	1,600만주	종속회사수	
액 면 가	500원	우선주		구상호	

주주구성 (지분율,%)		출자관계 (지분율,%)		주요경쟁사 (외형,%)	
신라홀딩스	40.2	신라섬유	20.6	신라교역	100
박재흥	10.0			동원F&B	736
(외국인)	3.9			동원산업	517

매출구성		비용구성		수출비중	
[원양어업]가공용 참치	36.4	매출원가율	83.5	수출	66.5
[수산물유통]명태, 참치	35.7	판관비율	14.6	내수	33.5
철강사업스테인레스 외	10.4				

회사 개요

동사는 1967년 설립돼 1976년 유가증권시장에 상장. 원양어업 외에 수산물 유통, 철강사업, 기타 사업 등을 영위함. 특히 원양어업부문은 횟감용 참치를 어획하는 참치연승어업과 통조림용 참치를 어획하는 참치선망어업으로 구성돼 있음. 수산물유통부문은 러시아 합작법인이 어획한 명태와 가나 및 키리바시 합작법인에서 어획한 참치를 수입해 국내외로 판매하는 사업을 담당함. 사업 다각화 차원에서 철강사업을 수입해 판매하는 업무도 병행하고 있음.

실적 분석

동사의 2016년 연결기준 연간 누적매출액은 3,046.7억원으로 전년 동기 대비 4.5% 증가함. 매출이 늘면서 매출 원가도 늘었지만 판매비와 관리비가 줄어들면서 영업이익은 58.9억원으로 흑자전환에 성공함. 비영업손익 부분에서도 관련기업 투자 손익이 흑자 전환하면서 당기순이익은 277.3억원으로 전년 동기 대비 65.6% 증가함. 매출은 소폭 늘어난 반면 수익성은 크게 개선되고 있음.

현금 흐름 〈단위 : 억원〉

항목	2015	2016
영업활동	-246	89
투자활동	444	356
재무활동	-123	-168
순현금흐름	70	296
기말현금	469	765

시장 대비 수익률

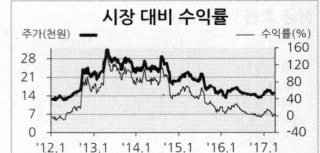

결산 실적 〈단위 : 억원〉

항목	2011	2012	2013	2014	2015	2016
매출액	3,215	4,383	3,315	2,595	2,917	3,047
영업이익	228	737	187	46	-64	59
당기순이익	295	695	263	159	167	277

분기 실적 〈단위 : 억원〉

항목	2015.3Q	2015.4Q	2016.1Q	2016.2Q	2016.3Q	2016.4Q
매출액	815	805	728	710	801	807
영업이익	5	-65	-6	28	50	-13
당기순이익	96	62	84	129	-79	143

재무 상태 〈단위 : 억원〉

항목	2011	2012	2013	2014	2015	2016
총자산	4,351	5,099	5,019	5,104	5,101	5,252
유형자산	1,009	967	923	880	790	753
무형자산	105	124	120	116	112	111
유가증권	449	497	418	451	406	354
총부채	914	1,125	901	856	728	667
총차입금	291	318	318	318	252	121
자본금	80	80	80	80	80	80
총자본	3,437	3,974	4,118	4,248	4,373	4,586
지배주주지분	3,437	3,974	4,118	4,248	4,373	4,586

기업가치 지표

항목	2011	2012	2013	2014	2015	2016
주가(최고/저)(천원)	15.6/10.4	25.1/11.7	33.4/20.2	28.8/17.9	23.3/14.8	17.3/13.2
PER(최고/저)(배)	9.2/6.1	6.2/2.9	21.4/13.0	30.3/18.8	22.9/14.5	10.1/7.7
PBR(최고/저)(배)	0.8/0.5	1.1/0.5	1.4/0.8	1.1/0.7	0.9/0.6	0.6/0.5
EV/EBITDA(배)	5.3	3.5	14.7	28.4		9.7
EPS(원)	1,841	4,343	1,642	994	1,047	1,733
BPS(원)	21,650	24,837	25,740	26,551	27,331	28,660
CFPS(원)	2,106	4,652	1,972	1,309	1,357	2,009
DPS(원)	200	250	250	200	200	250
EBITDAPS(원)	1,690	4,915	1,501	604	-90	644

재무 비율 〈단위 : % 〉

연도	영업이익률	순이익률	부채비율	차입금비율	ROA	ROE	유보율	자기자본비율	EBITDA마진율
2016	1.9	9.1	14.5	2.6	5.4	6.2	5,631.9	87.3	3.4
2015	-2.2	5.7	16.7	5.8	3.3	3.9	5,366.2	85.7	-0.5
2014	1.8	6.1	20.1	7.5	3.1	3.8	5,210.3	83.2	3.7
2013	5.7	7.9	21.9	7.7	5.2	6.5	5,047.9	82.1	7.2

신라섬유 (A001000)
SILLA TEXTILE CO

업 종	부동산	시 장	KOSDAQ
신용등급	(Bond) — (CP) —	기업규모	중견
홈페이지	0	연 락 처	(053)960-1114~5
본 사	대구시 동구 안심로65길 34		

설 립 일	1976.03.08	종 업 원 수	11명	대 표 이 사	박재홍
상 장 일	1994.06.28	감 사 의 견	적정 (삼일)	계 열	
결 산 기	12월	보 통 주	2,428만주	종 속 회 사 수	
액 면 가	100원	우 선 주		구 상 호	

주주구성 (지분율,%)		출자관계 (지분율,%)		주요경쟁사 (외형,%)	
신라교역	20.6	신라섬유	100		
박재홍	20.6	한국토지신탁	4,655		
(외국인)	3.8	SK디앤디	7,227		

매출구성		비용구성		수출비중	
임대료	56.8	매출원가율	61.4	수출	0.0
CHIFFON	30.8	판관비율	18.5	내수	100.0
휴대폰 외	12.5				

회사 개요
동사는 1976년에 설립된 업체로서 1994년 코스닥시장에 상장함. 100% 폴리에스테르 직물의 제조·가공 및 판매업, 휴대폰 판매업, 부동산 임대업을 주요 사업으로 영위하고 있음. 매출비중은 직물사업이 약 20%, 휴대폰 판매사업이 10%, 부동산 임대사업이 70%를 차지함. 동사는 폴리에스테르류 직물 제품에 대해 원사를 입고해 연사, 정경 등을 거쳐 제직에 이르는 생산체계를 갖추고 있음.

실적 분석
동사의 연결 기준 2016년 매출액은 38.2억원으로 전년 대비 10.7% 증가함. 매출액 원가가 전년보다 35.5% 감소하여 동사는 7.7억원의 영업이익을 시현, 흑자전환에 성공하였으며 금융손실 등 비영업부분 손실이 지속되었음에도 당기순이익 또한 흑자전환하였음. 동사는 임대사업부문과 이동통신(휴대폰) 판매를 활성화시켜 매출액 및 영업이익을 항상시키고자 노력하고 있음.

현금 흐름 *IFRS 별도 기준 〈단위 : 억원〉

항목	2015	2016
영업활동	-8	11
투자활동	-1	1
재무활동	11	-21
순현금흐름	2	-1
기말현금	2	1

시장 대비 수익률
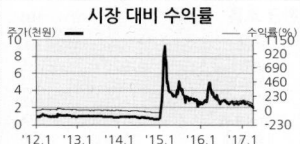

결산 실적 〈단위 : 억원〉

항목	2011	2012	2013	2014	2015	2016
매출액	78	62	51	30	35	38
영업이익	4	7	7	6	-26	8
당기순이익	-1	9	8	5	-27	3

분기 실적 *IFRS 별도 기준 〈단위 : 억원〉

항목	2015.3Q	2015.4Q	2016.1Q	2016.2Q	2016.3Q	2016.4Q
매출액	10	11	9	10	9	11
영업이익	-9	-5	2	1	3	2
당기순이익	-9	-5	2	-1	1	0

재무 상태 *IFRS 별도 기준 〈단위 : 억원〉

항목	2011	2012	2013	2014	2015	2016
총자산	359	374	383	371	337	325
유형자산	138	140	138	138	138	137
무형자산	1	1	1	1	1	1
유가증권	24	29	26	7	10	0
총부채	218	224	226	213	203	188
총차입금	161	162	163	171	185	169
자본금	24	24	24	24	24	24
총자본	141	151	157	158	134	137
지배주주지분	141	151	157	158	134	137

기업가치 지표 *IFRS 별도 기준

항목	2011	2012	2013	2014	2015	2016
주가(최고/저)(천원)	1.9/0.8	1.3/0.9	1.1/0.9	1.0/0.7	9.2/0.7	4.9/2.3
PER(최고/저)(배)	—/—	35.9/25.4	34.2/28.2	49.8/34.5	—/—	464.9/220.1
PBR(최고/저)(배)	3.2/1.4	2.1/1.5	1.7/1.4	1.5/1.0	16.8/1.3	8.7/4.1
EV/EBITDA(배)	70.1	50.4	43.0	49.1		83.0
EPS(원)	-5	35	32	20	-113	11
BPS(원)	2,905	3,100	3,233	3,260	2,755	563
CFPS(원)	-2	200	190	127	-531	18
DPS(원)	—	—	—	—	—	—
EBITDAPS(원)	112	159	179	144	-496	39

재무 비율 〈단위 : % 〉

연도	영업이익률	순이익률	부채비율	차입금비율	ROA	ROE	유보율	자기자본비율	EBITDA마진율
2016	20.1	6.7	137.8	123.7	0.8	1.9	463.3	42.1	24.6
2015	-74.2	-79.1	152.0	138.1	-7.7	-18.7	450.9	39.7	-69.8
2014	18.4	15.8	134.4	108.1	1.3	3.0	552.0	42.7	23.0
2013	14.3	15.4	143.9	104.0	2.1	5.1	546.7	41.0	17.1

신라에스지 (A025870)
SILLA SG

업 종	식료품	시 장	KOSDAQ
신용등급	(Bond) — (CP) —	기업규모	중견
홈페이지	www.sillasg.co.kr	연 락 처	02)416-0771
본 사	서울시 송파구 백제고분로 362 (석촌동 286-7)		

설 립 일	1977.08.18	종 업 원 수	188명	대 표 이 사	권기서,박병언
상 장 일	1995.07.07	감 사 의 견	적정 (우덕)	계 열	
결 산 기	12월	보 통 주	400만주	종 속 회 사 수	
액 면 가	500원	우 선 주		구 상 호	

주주구성 (지분율,%)		출자관계 (지분율,%)		주요경쟁사 (외형,%)	
신라홀딩스	49.0	동표	100.0	신라에스지	100
박성진	8.4	신라에스앤디	100.0	하림	1,027
(외국인)	1.0	냉동냉장수협	5.4	동우	293

매출구성		비용구성		수출비중	
축육(상품)	45.2	매출원가율	93.2	수출	0.3
소시지(제품)	45.1	판관비율	5.2	내수	99.7
수산물(상품)	4.3				

회사 개요
동사는 1977년에 설립된 어육소시지, 젓갈 등의 가공식품 제조업 및 수산물 유통, 축육도 매업을 영위하는 업체임. 신라에스지(주)의 주요사업은 식품제조업으로서 그 품목에는 어육소시지, 절임식품 등이 있음. 또한 유통사업으로 축육(우육, 돈육 등) 도소매를 영위함. 종속회사로는 SILLA SGC(농산물 유통업), 신라에스앤디(음식업), 동표(식품제조업)이 있음. 계열회사는 총 23개사로 국내 14개사, 해외 9개사임.

실적 분석
동사의 2016년 결산 연결기준 매출액은 전년 동기 대비 37.2% 증가한 804.7억원을 시현. 이는 온라인 매장의 활성화로 시장규모가 더욱 확대된 것이 영향을 미친 것으로 봄. 매출 증가에 따라 매출원가는 35.1% 늘었지만 판관비가 오히려 전년 동기 대비 13.0% 감소함에 따라 영업이익은 12.9억원을 기록하며 흑자 전환에 성공함. 비영업부문에서 적자가 지속됐지만 영업이익 증가에 따라 당기순이익은 3.6억원으로 흑자 전환에 성공함.

현금 흐름 *IFRS 별도 기준 〈단위 : 억원〉

항목	2015	2016
영업활동	108	11
투자활동	-6	-47
재무활동	-85	26
순현금흐름	18	-10
기말현금	36	26

시장 대비 수익률
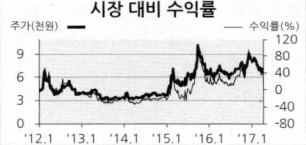

결산 실적 〈단위 : 억원〉

항목	2011	2012	2013	2014	2015	2016
매출액	450	706	621	765	586	805
영업이익	19	5	13	13	-17	13
당기순이익	-12	7	4	4	-31	4

분기 실적 *IFRS 별도 기준 〈단위 : 억원〉

항목	2015.3Q	2015.4Q	2016.1Q	2016.2Q	2016.3Q	2016.4Q
매출액	175	159	146	226	226	207
영업이익	-3	-12	3	4	4	2
당기순이익	-4	-19	1	0	2	-0

재무 상태 *IFRS 별도 기준 〈단위 : 억원〉

항목	2011	2012	2013	2014	2015	2016
총자산	418	475	489	532	404	488
유형자산	111	123	127	133	125	159
무형자산	10	10	10	15	10	44
유가증권	4	3	3	4	4	5
총부채	233	289	296	341	241	325
총차입금	144	199	197	238	153	219
자본금	20	20	20	20	20	20
총자본	185	186	193	191	163	163
지배주주지분	185	186	193	191	163	163

기업가치 지표

항목	2011	2012	2013	2014	2015	2016
주가(최고/저)(천원)	5.5/2.7	7.9/3.7	4.9/2.9	4.5/3.1	11.4/3.6	9.6/5.8
PER(최고/저)(배)	—/—	48.4/22.6	55.1/32.9	46.6/32.8	—/—	106.8/64.0
PBR(최고/저)(배)	1.2/0.6	1.7/0.8	1.0/0.6	0.9/0.7	2.8/0.9	2.4/1.4
EV/EBITDA(배)	10.8	31.5	15.0	16.5		20.2
EPS(원)	-301	163	89	96	-763	90
BPS(원)	4,629	4,659	4,820	4,780	4,080	4,070
CFPS(원)	-83	313	278	322	-532	413
DPS(원)	—	—	—	—	—	—
EBITDAPS(원)	682	265	517	557	-194	644

재무 비율 〈단위 : % 〉

연도	영업이익률	순이익률	부채비율	차입금비율	ROA	ROE	유보율	자기자본비율	EBITDA마진율
2016	1.6	0.5	199.8	134.3	0.8	2.2	714.0	33.4	3.2
2015	-2.9	-5.2	147.6	93.7	-6.5	-17.2	716.0	40.4	-1.3
2014	1.7	0.5	178.5	124.5	0.8	2.0	855.9	35.9	2.9
2013	2.1	0.6	153.5	102.1	0.7	1.9	864.0	39.5	3.3

신라젠 (A215600)
Sillajen

업　　종 : 바이오　　　　　　　　　　　시　　장 : KOSDAQ
신용등급 : (Bond) —　　　(CP) —　　　기업규모 : 신성장
홈페이지 : www.sillajen.com　　　　　　연 락 처 : 051)517-7550
본　　사 : 부산시 금정구 금정로 252 6, 7층(구서동)

설 립 일	2006.03.28	종 업 원 수	명	대 표 이 사	문은상
상 장 일	2016.12.06	감 사 의 견	적정 (삼정)	계 열	
결 산 기	12월	보 통 주	6,392만주	종속회사수	
액 면 가	500원	우 선 주		구 상 호	

주주구성 (지분율,%)		출자관계 (지분율,%)		주요경쟁사 (외형,%)	
문은상	18.1	SillaJenBiotherapeutics,Inc	100.0	신라젠	100
이용한	5.1	SillaJenUSA,Inc.	100.0	에이비온	72
(외국인)	0.3			팬젠	28

매출구성		비용구성		수출비중	
공동연구개발수익	89.0	매출원가율	0.0	수출	100.0
마일스톤수익	7.5	판관비율	984.8	내수	0.0
라이선스수익	2.0				

회사 개요
동사는 항암 바이러스 면역치료제(Oncolytic Virus Immunotherapy)를 연구 및 개발할 목적으로 2006년 3월에 설립된 바이오 벤처기업으로 암세포를 선택적으로 감염 및 사멸시키고, 면역기능 활성화를 통해 면역 세포가 암세포를 공격할 수 있도록 설계된 유전자 재조합 항암 바이러스(Oncolytic Virus)에 기반한 차세대 항암치료제의 연구 및 개발 등을 주요 사업으로 가지고 있음.

실적 분석
동사의 2016년 결산기준 누적매출액은 52.9억원으로 전년동기대비 192.4% 상승한 수치임. 그러나 늘어난 매출만큼 인건비 및 관리비 등도 증가하여 영업이익은 적자를 지속 중에 있음. 항암제시장은 꾸준히 성장하고 있으며 신약의 개발이 어려움. 현재 개발중인 상태이므로 구체적인 상품판매 매출은 존재하지 않으나 현재 임상 3상시험을 성공적으로 종료하고 펙사벡의 시판이 개시될 경우 매출이 발생할 것으로 기대하고 있음.

현금 흐름 〈단위 : 억원〉
항목	2015	2016
영업활동	-224	-456
투자활동	319	-1,727
재무활동	-56	1,931
순현금흐름	41	-247
기말현금	553	306

시장 대비 수익률
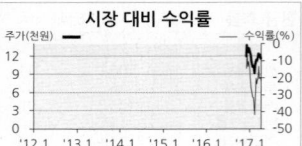

결산 실적 〈단위 : 억원〉
항목	2011	2012	2013	2014	2015	2016
매출액	9	13	8	21	18	53
영업이익	0	-4	-35	-152	-238	-468
당기순이익	1	-3	-32	-25	-559	-740

분기 실적 〈단위 : 억원〉
항목	2015.3Q	2015.4Q	2016.1Q	2016.2Q	2016.3Q	2016.4Q
매출액	-1	16	15	12	16	10
영업이익	-71	-67	-79	-108	-115	-165
당기순이익	-99	-177	-87	-112	-145	-397

재무 상태 〈단위 : 억원〉
항목	2011	2012	2013	2014	2015	2016
총자산	165	192	376	1,717	1,530	2,841
유형자산	6	7	7	13	18	19
무형자산	—	—	40	773	816	824
유가증권	134	152	220	—	—	1,529
총부채	2	4	6	1,243	661	762
총차입금	1	2	2	985	248	499
자본금	67	72	103	115	245	311
총자본	163	188	370	474	869	2,080
지배주주지분	163	188	370	474	869	2,080

기업가치 지표
항목	2011	2012	2013	2014	2015	2016
주가(최고/저)(천원)	—/—	—/—	—/—	—/—	—/—	13.8/11.2
PER(최고/저)(배)	0.0/0.0	0.0/0.0	0.0/0.0	0.0/0.0	0.0/0.0	—/—
PBR(최고/저)(배)	0.0/0.0	0.0/0.0	0.0/0.0	0.0/0.0	0.0/0.0	4.1/3.4
EV/EBITDA(배)	—					
EPS(원)	7	-24	-170	-99	-1,367	-1,409
BPS(원)	1,217	1,312	1,815	1,789	1,775	3,339
CFPS(원)	13	-16	-164	-6	-1,284	-1,339
DPS(원)						
EBITDAPS(원)	7	-19	-181	-513	-499	-821

재무 비율 〈단위 : % 〉
연도	영업이익률	순이익률	부채비율	차입금비율	ROA	ROE	유보율	자기자본비율	EBITDA마진율
2016	-884.8	-1,399.0	36.6	24.0	-33.9	-50.2	567.8	73.2	-815.2
2015	-1,313.6	-3,086.1	76.0	28.6	-34.4	-83.2	255.0	56.8	-1,127.4
2014	-727.8	-118.8	262.5	208.0	—	—	313.6	27.6	-616.7
2013	-412.9	-376.5	1.6	0.5	-11.2	-11.4	263.0	98.4	-399.6

신성델타테크 (A065350)
SHINSUNG DELTA TECH COLTD

업　　종 : 내구소비재　　　　　　　　　시　　장 : KOSDAQ
신용등급 : (Bond) —　　　(CP) —　　　기업규모 : 우량
홈페이지 : www.ssdelta.co.kr　　　　　연 락 처 : 055)260-1000
본　　사 : 경남 창원시 성산구 공단로 271번길 39 (웅남동)

설 립 일	1987.11.09	종 업 원 수	358명	대 표 이 사	구자천
상 장 일	2004.08.06	감 사 의 견	적정 (성도)	계 열	
결 산 기	12월	보 통 주	2,056만주	종속회사수	
액 면 가	500원	우 선 주		구 상 호	

주주구성 (지분율,%)		출자관계 (지분율,%)		주요경쟁사 (외형,%)	
구자천	16.9	신흥글로벌	100.0	신성델타테크	100
고목델타화공	14.5	신성테크닉스	100.0	LG전자	14,031
(외국인)	13.8	연태전자	100.0	위닉스	54

매출구성		비용구성		수출비중	
세탁기, 에어컨 부품	52.2	매출원가율	87.5	수출	—
물류 및 유아용전동차	25.3	판관비율	9.3	내수	—
휴대폰, LCD부품	17.3				

회사 개요
동사는 1987년에 신성델타공업으로 설립되어 2001년 신성델타테크로 상호를 변경하고, 2004년에 코스닥 시장에 상장된 가전/자동차/휴대폰/LCD/LED의 부품 제조기업임. 동사는 제품 및 사업부문 구분의 계속성을 고려하여 경영을 다각화하고 있으며, 가전사업부문, IT사업부문, 자동차 사업부문을 영위하고 있음. 매출비중은 세탁기 등 가전 부품이 60% 이상을 차지하며, 주요 매출처는 LG전자임.

실적 분석
동사의 2016년 결산기준 누적 매출액은 전년동기대비 4% 상승한 3,946.1억원을 기록하였음. 비용면에서 전년동기대비 매출원가는 증가 하였으며 인건비는 감소 하였고 광고선전비도 감소, 기타판매비와관리비는 증가함. 이처럼 매출 매출 상승과 더불어 비용절감에도 힘을 기울였음. 그에 따라 전년동기대비 영업이익은 125.6억원으로 55.8% 상승하였음. 그러나 비영업손익의 적자지속으로 전년동기대비 당기순이익은 10억원을 기록함.

현금 흐름 〈단위 : 억원〉
항목	2015	2016
영업활동	197	35
투자활동	-38	13
재무활동	-150	28
순현금흐름	7	74
기말현금	152	226

시장 대비 수익률
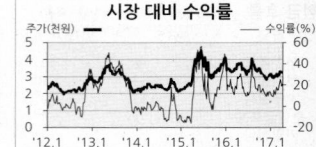

결산 실적 〈단위 : 억원〉
항목	2011	2012	2013	2014	2015	2016
매출액	3,499	3,231	3,155	2,964	3,793	3,946
영업이익	78	104	85	49	97	121
당기순이익	-42	30	67	21	44	10

분기 실적 〈단위 : 억원〉
항목	2015.3Q	2015.4Q	2016.1Q	2016.2Q	2016.3Q	2016.4Q
매출액	944	831	970	965	1,027	984
영업이익	25	25	27	35	21	38
당기순이익	2	-7	15	9	6	-20

재무 상태 〈단위 : 억원〉
항목	2011	2012	2013	2014	2015	2016
총자산	2,798	2,561	2,812	2,845	3,221	3,388
유형자산	1,548	1,345	1,425	1,483	1,650	1,673
무형자산	44	16	24	56	57	30
유가증권	85	138	144	168	179	89
총부채	1,854	1,610	1,808	1,858	2,197	2,382
총차입금	1,081	960	1,153	1,228	1,427	1,486
자본금	100	100	100	100	102	103
총자본	943	951	1,004	987	1,024	1,006
지배주주지분	951	954	1,006	1,013	1,058	997

기업가치 지표
항목	2011	2012	2013	2014	2015	2016
주가(최고/저)(천원)	4.4/1.5	3.0/2.0	3.7/2.0	2.9/2.1	4.7/2.2	4.1/2.8
PER(최고/저)(배)	—/—	14.8/9.7	12.4/6.7	31.5/22.4	16.7/7.8	62.1/42.9
PBR(최고/저)(배)	1.0/0.4	0.7/0.4	0.8/0.4	0.6/0.4	0.9/0.4	0.8/0.6
EV/EBITDA(배)	8.4	7.0	8.3	10.9	10.2	8.7
EPS(원)	-175	222	324	97	292	66
BPS(원)	4,924	4,988	5,249	5,285	5,386	5,040
CFPS(원)	268	679	769	557	835	494
DPS(원)	40	50	50	50	60	50
EBITDAPS(원)	839	998	819	632	943	1,043

재무 비율 〈단위 : % 〉
연도	영업이익률	순이익률	부채비율	차입금비율	ROA	ROE	유보율	자기자본비율	EBITDA마진율
2016	3.1	0.3	236.8	147.8	0.3	1.3	908.1	29.7	5.4
2015	2.6	1.2	214.4	139.2	1.5	5.7	977.1	31.8	5.0
2014	1.7	0.7	188.2	124.4	0.8	1.9	956.9	34.7	4.3
2013	2.7	2.1	180.1	114.9	2.5	6.6	949.9	35.7	5.2

신성솔라에너지 (A011930)
SHINSUNG SOLAR ENERGY

업 종 : 에너지 시설 및 서비스		시 장 : 거래소	
신용등급 : (Bond) BB- (CP) —		기업규모 : 시가총액 중형주	
홈 페 이 지 : www.shinsung.co.kr		연 락 처 : 031)788-9500	
본 사 : 경기도 성남시 분당구 대왕판교로 395번길 8 (백현동 404-1) 신성솔라에너지			

설 립 일 1979.01.20	종 업 원 수 237명	대 표 이 사 이완근	
상 장 일 1996.07.31	감 사 의 견 적정 (안진)	계 열	
결 산 기 12월	보 통 주 17,299만주	종 속 회 사 수	
액 면 가 500원	우 선 주	구 상 호 신성솔라에너지	

주주구성 (지분율,%)	출자관계 (지분율,%)	주요경쟁사 (외형,%)
이완근 8.8	제주햇빛발전소 100.0	신성이엔지 100
에스에이치씨 1.2	지셀이엔씨 58.8	S&TC 117
(외국인) 1.5	목포솔라 28.8	한국테크놀로지 2

매출구성	비용구성	수출비중
태양전지, 모듈, 시스템 및 상품 99.4	매출원가율 98.3	수출 71.2
임대, 용역, 서비스 0.6	판관비율 6.1	내수 28.8

회사 개요
동사는 1977년 냉난방공조기 사업을 영위할 목적으로 설립되었으며, 현재 태양전지 모듈과 시스템 납품을 주요 사업으로 영위하고 있음. 2016년에는 계열사였던 (주)신성이엔지와 (주)신성에프에이를 흡수합병하여 기존 태양광 사업부문 외에 클린룸 및 자동화 설비사업을 주요 사업으로 영위하게 됨. 피합병 회사의 종속회사가 동사의 종속회사로 추가가 됨에 따라 연결재무제표를 작성하는 회사로 변경됨.

실적 분석
동사의 2016년 연결기준 매출액은 전년대비 27.4% 성장한 2,172.2억원을 기록함. 매출액 성장에도 불구하고 매출원가율이 100%에 육박한 관계로 영업손실 97.4억원을 시현함. 외환관련이익과 염가매수차익 등 비영업이익이 더해진 당기순이익은 31.7억원을 보이며 전년대비 50% 이상 증가함. 2016년 기준 사업부문별 매출비중은 태양광 90.0%, 클린룸 5.2%, 자동화설비 4.2% 및 기타 등으로 구성됨.

현금 흐름 *IFRS 별도 기준 〈단위 : 억원〉

항목	2015	2016
영업활동	72	584
투자활동	-148	-254
재무활동	-23	235
순현금흐름	-99	568
기말현금	44	611

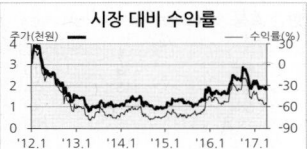

결산 실적 〈단위 : 억원〉

항목	2011	2012	2013	2014	2015	2016
매출액	1,936	1,556	1,485	1,896	1,706	2,172
영업이익	-365	-416	-117	-30	76	-97
당기순이익	-329	-647	-266	-114	21	32

분기 실적 *IFRS 별도 기준 〈단위 : 억원〉

항목	2015.3Q	2015.4Q	2016.1Q	2016.2Q	2016.3Q	2016.4Q
매출액	401	484	504	568	267	778
영업이익	23	39	29	31	-39	-117
당기순이익	6	-45	-5	25	-37	162

재무 상태 *IFRS 별도 기준 〈단위 : 억원〉

항목	2011	2012	2013	2014	2015	2016
총자산	4,152	3,207	2,951	3,416	3,138	6,594
유형자산	1,875	1,752	1,616	1,514	1,504	2,171
무형자산	13	18	14	10	7	197
유가증권	587	82	24	51	49	74
총부채	2,636	2,535	2,510	2,914	2,564	5,308
총차입금	2,283	2,180	2,018	2,173	2,078	1,869
자본금	186	277	283	360	379	866
총자본	1,516	672	442	503	574	1,286
지배주주지분	1,516	672	442	503	574	1,286

기업가치 지표 *IFRS 별도 기준

항목	2011	2012	2013	2014	2015	2016
주가(최고/저)(천원)	8.7/1.1	4.1/0.8	1.5/0.8	1.5/0.9	2.2/1.5	—/—
PER(최고/저)(배)	—/—	—/—	—/—	—/—	—/—	19.8/9.8
PBR(최고/저)(배)	2.7/0.8	3.5/1.0	2.0/1.0	2.4/1.3	3.0/1.3	2.6/1.3
EV/EBITDA(배)			82.2	21.6	15.0	49.2
EPS(원)	-710	-1,352	-435	-184	-48	150
BPS(원)	4,006	1,235	825	699	759	1,144
CFPS(원)	-561	-1,122	-205	64	162	319
DPS(원)						
EBITDAPS(원)	-656	-607	55	209	315	69

재무 비율 〈단위 : % 〉

연도	영업이익률	순이익률	부채비율	차입금비율	ROA	ROE	유보율	자기자본비율	EBITDA마진율
2016	-4.5	1.5	467.6	162.0	0.6	3.5	121.2	17.6	3.0
2015	4.5	1.2	413.9	334.7	0.6	3.7	63.9	19.5	13.9
2014	-1.6	-6.0	579.4	432.2	-3.6	-24.1	41.4	14.7	6.4
2013	-7.9	-17.9	568.4	457.1	-8.6	-47.8	67.5	15.0	2.1

신성통상 (A005390)
Shinsung Tongsang

업 종 : 섬유 및 의복		시 장 : 거래소	
신용등급 : (Bond) BBB- (CP) —		기업규모 : 시가총액 소형주	
홈 페 이 지 : www.ssts.co.kr		연 락 처 : 02)3709-9000	
본 사 : 서울시 강동구 풍성로 63길 84 (둔촌동)			

설 립 일 1968.01.11	종 업 원 수 715명	대 표 이 사 염태순	
상 장 일 1975.12.22	감 사 의 견 적정 (광교)	계 열	
결 산 기 06월	보 통 주 14,371만주	종 속 회 사 수 4개사	
액 면 가 500원	우 선 주	구 상 호	

주주구성 (지분율,%)	출자관계 (지분율,%)	주요경쟁사 (외형,%)
가나안 28.6	한국지엠강릉서비스센터 50.0	신성통상 100
염태순 21.6	에이션패션 22.7	제이에스코퍼레이션 20
(외국인) 3.2	세화산업 4.4	SG세계물산 33

매출구성	비용구성	수출비중
봉제품(K/SHIRT'S외) 97.0	매출원가율 63.8	수출 47.1
상품(종합소매업) 1.9	판관비율 31.7	내수 52.9
기타(금,부자재외) 1.1		

회사 개요
동사는 1968년 설립돼 1975년 유가증권시장에 상장됨. 니트의류 수출기업으로 주문자상표부착(OEM) 방식의 수출을 주로 해왔음. 현재 대형 바이어 위주로 영업을 전개 중이며 신규 바이어 확보를 통해 지속적인 성장도 도모하고 있음. 동사의 핵심 생산기지인 니카라과 중남미 현지법인과 베트남, 인도네시아에 소재한 현지법인을 통해 대규모 신증설을 추진 중이며 신규 바이어와의 대한 직접 영업을 통해 수익성 개선을 도모할 계획임.

실적 분석
동사는 6월 결산법인으로 당반기 누적 연결기준 매출액은 전년대비 2.6% 감소한 4,815.1억원을 기록함. 매출원가율은 전년대비 4.4%pt 상승하여 판관비 통제에도 불구하고 영업이익은 전년대비 대폭 감소한 18.8억원을 시현함. 대규모 종속기업투자처분이익이 포함된 당기순이익은 79.8억원을 기록함. 향후 SPA인 탑텐의 견조한 성장과 중국시장 진출 효과와 가시화 등으로 성장동력을 확보할 계획임.

현금 흐름 〈단위 : 억원〉

항목	2016	2017.2Q
영업활동	-244	286
투자활동	-302	-157
재무활동	332	-83
순현금흐름	-211	123
기말현금	191	314

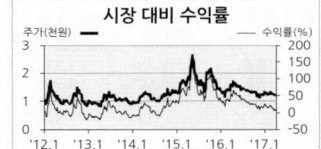

결산 실적 〈단위 : 억원〉

항목	2012	2013	2014	2015	2016	2017
매출액	7,173	7,841	7,777	8,584	9,339	—
영업이익	334	120	261	384	268	—
당기순이익	58	1	22	68	14	—

분기 실적 〈단위 : 억원〉

항목	2016.1Q	2016.2Q	2016.3Q	2016.4Q	2017.1Q	2017.2Q
매출액	2,343	2,599	2,032	2,365	2,208	2,607
영업이익	97	123	-1	49	-10	28
당기순이익	-24	72	-38	4	-44	123

재무 상태 〈단위 : 억원〉

항목	2012	2013	2014	2015	2016	2017.2Q
총자산	5,519	6,287	6,280	6,714	6,927	6,870
유형자산	1,773	1,958	1,820	1,852	1,901	1,768
무형자산	23	22	23	19	16	15
유가증권	15	16	12	12	12	12
총부채	3,440	4,253	4,275	4,605	4,810	4,616
총차입금	2,177	2,765	2,890	3,138	3,471	3,347
자본금	719	719	719	719	719	719
총자본	2,079	2,033	2,005	2,109	2,116	2,255
지배주주지분	2,079	2,033	2,005	2,109	2,116	2,255

기업가치 지표

항목	2012	2013	2014	2015	2016	2017.2Q
주가(최고/저)(천원)	1.8/0.4	1.6/0.8	1.3/0.9	2.7/1.0	2.3/1.1	—/—
PER(최고/저)(배)	45.7/9.6	2,041.5/1,036.7	89.6/59.8	57.4/21.2	242.7/120.0	—/—
PBR(최고/저)(배)	1.3/0.3	1.1/0.6	1.0/0.6	1.9/0.7	1.6/0.8	1.0/0.7
EV/EBITDA(배)	6.6	14.5	8.3	8.5	10.1	
EPS(원)	40		15	47	10	56
BPS(원)	1,447	1,415	1,395	1,468	1,473	1,569
CFPS(원)	144	124	161	197	186	143
DPS(원)	5					
EBITDAPS(원)	336	207	328	417	363	101

재무 비율 〈단위 : % 〉

연도	영업이익률	순이익률	부채비율	차입금비율	ROA	ROE	유보율	자기자본비율	EBITDA마진율
2016	2.9	0.2	227.3	164.0	0.2	0.7	194.6	30.6	5.6
2015	4.5	0.8	218.3	148.8	1.0	3.3	193.5	31.4	7.0
2014	3.4	0.3	213.3	144.2	0.3	1.1	179.0	31.9	6.1
2013	1.5	0.0	209.2	136.0	0.0	0.0	183.0	32.4	3.8

신세계 (A004170)
SHINSEGAE

업　　종 : 백화점	시　　장 : 거래소
신용등급 : (Bond) AA　　(CP) A1	기업규모 : 시가총액 중형주
홈페이지 : www.shinsegae.com	연락처 : 02)727-1234
본　　사 : 서울시 중구 소공로 63, 신세계백화점건물 (충무로1가)	

설 립 일 1955.12.09	종 업 원 수 3,537명	대 표 이 사	장재영
상 장 일 1985.08.19	감 사 의 견 적정 (안진)	계 　 열	
결 산 기 12월	보 통 주 985만주	종속회사수	
액 면 가 5,000원	우 선 주	구 상 호	

주주구성 (지분율,%)		출자관계 (지분율,%)		주요경쟁사 (외형,%)	
이명희	18.2	신세계디에프	100.0	신세계	100
국민연금공단	13.8	대전신세계	100.0	롯데쇼핑	1,002
(외국인)	24.3	인천신세계	90.0	현대백화점	62

매출구성		비용구성		수출비중	
의류 등[(주)신세계]	100.0	매출원가율	35.9	수출	0.0
		판관비율	55.6	내수	100.0

회사 개요
동사는 1955년 동화백화점으로 설립, 1985년 유가증권시장에 상장함. 위탁경영 중인 신세계청솔을 포함해 백화점 11개점의 매장을 운영하고 있음. 백화점사업(신세계동대구복합환승센터), 의류 제조·판매·수출입사업(신세계인터내셔날), 부동산·여객터미널업(센트럴시티,서울고속버스터미널), 관광호텔업(센트럴관광개발)으로 사업을 세분화함. 2016년 하반기 복합쇼핑몰 '스타필드 하남'을 공식 개장함.

실적 분석
동사의 연결기준 2016년 매출액은 2조 9474.9억원으로 전년 대비 15% 증가했음. 매출출가가 13.8% 늘었으나 매출총이익은 15.6% 늘어난 1조8901.2억원을 기록했음. 판매비와 관리비는 인건비, 감가상각비, 광고선전비 증가 등으로 19.4% 늘었음. 그 결과 영업이익이 전년 대비 4.1% 감소한 2514억원을 기록했음. 비영업손익이 전년 대비 48.9% 줄어들면서 당기순이익은 전년 대비 25.4% 줄어든 3233.7억원을 기록함.

현금 흐름 〈단위 : 억원〉

항목	2015	2016
영업활동	2,786	3,387
투자활동	-1,508	-8,956
재무활동	-1,521	5,909
순현금흐름	-242	340
기말현금	443	783

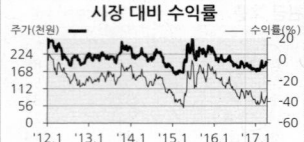

시장 대비 수익률

결산 실적 〈단위 : 억원〉

항목	2011	2012	2013	2014	2015	2016
매출액	21,855	22,958	24,416	24,923	25,640	29,475
영업이익	2,544	2,498	3,064	2,734	2,621	2,514
당기순이익	35,221	1,937	1,947	1,861	4,332	3,234

분기 실적 〈단위 : 억원〉

항목	2015.3Q	2015.4Q	2016.1Q	2016.2Q	2016.3Q	2016.4Q
매출액	6,007	7,315	6,433	6,567	7,715	8,761
영업이익	381	1,032	621	425	412	1,056
당기순이익	330	686	408	2,824	61	-60

재무 상태 〈단위 : 억원〉

항목	2011	2012	2013	2014	2015	2016
총자산	41,447	69,685	75,000	79,314	79,182	99,545
유형자산	21,471	42,927	45,420	45,788	51,943	66,256
무형자산	398	2,415	2,465	2,762	2,739	3,043
유가증권	6,685	7,589	8,554	8,929	5,650	5,803
총부채	19,651	38,677	41,561	43,624	38,573	52,616
총차입금	8,033	21,265	23,915	24,380	19,215	26,564
자본금	492	492	492	492	492	492
총자본	21,797	31,007	33,439	35,691	40,609	46,929
지배주주지분	19,645	22,072	24,103	26,157	30,233	32,341

기업가치 지표

항목	2011	2012	2013	2014	2015	2016
주가(최고/저)(천원)	397/229	279/178	263/194	253/177	291/158	229/173
PER(최고/저)(배)	2.2/1.3	17.5/11.2	16.8/12.4	16.2/11.3	7.2/3.9	10.0/7.6
PBR(최고/저)(배)	2.1/1.2	1.3/0.8	1.1/0.8	1.0/0.7	1.0/0.5	0.7/0.5
EV/EBITDA(배)	8.6	12.6	12.0	11.5	11.8	12.5
EPS(원)	182,729	16,415	16,010	15,908	40,843	23,071
BPS(원)	199,903	224,549	245,179	266,050	307,447	328,862
CFPS(원)	189,428	31,507	33,647	32,990	58,662	44,270
DPS(원)	750	1,000	1,000	1,150	1,250	1,250
EBITDAPS(원)	19,977	40,463	48,758	44,857	44,445	46,735

재무 비율 〈단위 : % 〉

연도	영업이익률	순이익률	부채비율	차입금비율	ROA	ROE	유보율	자기자본비율	EBITDA마진율
2016	8.5	11.0	112.1	56.6	3.6	7.3	6,477.2	47.1	15.6
2015	10.2	16.9	95.0	47.3	5.5	14.3	6,049.0	51.3	17.1
2014	11.0	7.5	122.2	68.3	2.4	6.2	5,221.0	45.0	17.7
2013	12.6	8.0	124.3	71.5	2.7	6.8	4,803.6	44.6	19.7

신세계건설 (A034300)
Shinsegae Engineering & Construction

업　　종 : 건설	시　　장 : 거래소
신용등급 : (Bond) A-　　(CP) A2-	기업규모 : 시가총액 소형주
홈페이지 : www.shinsegae-enc.com	연락처 : 02)3406-6620
본　　사 : 서울시 중구 장충단로 180 신세계건설(장충동 1가 56-85)	

설 립 일 1991.03.20	종 업 원 수 689명	대 표 이 사	윤기열
상 장 일 2002.06.17	감 사 의 견 적정 (한영)	계 　 열	
결 산 기 12월	보 통 주 400만주	종속회사수	
액 면 가 5,000원	우 선 주	구 상 호	

주주구성 (지분율,%)		출자관계 (지분율,%)		주요경쟁사 (외형,%)	
이마트	32.4	천마산터널	19.4	신세계건설	100
KB자산운용	22.3	남여주레저개발	10.7	서희건설	75
(외국인)	4.1	엔지니어링공제조합	0.8	고려개발	43

매출구성		비용구성		수출비중	
상업시설 및 주거시설 등	92.5	매출원가율	92.1	수출	0.0
도로공사 등	5.9	판관비율	4.3	내수	100.0
골프장 내장객 수입 등	1.5				

회사 개요
동사는 1991년 신세계의 자회사로 설립된 후 2002년에 상장되었으며 2013년 연간 매출의 66.7%가 그룹 공사일 정도로 그룹 의존도가 높음. 신세계 그룹이 발주하는 백화점, 대형할인점, 역세권 개발사업 등 유통상업시설 공사를 기반으로 건축실적 및 노하우를 축적함. 현재는 상업시설 이외에 오피스, 오피스텔, 주상복합 등의 건축과 골프장 운영업도 하고 있음. 동사는 2016년 건설회사 시공능력평가순위 26위를 기록함.

실적 분석
동사의 연결기준 2016년 결산 매출액은 건축 및 토목분야 동반 호조로 전년동기 대비 32.5% 증가한 1조 4,382억원을 기록했음. 영업이익과 당기순이익은 각각 전년동기 대비 24.1%, 136.7% 증가한 519.3억원, 378억원을 기록하는 수익성 또한 크게 확대된 상황. 동사는 다양한 유통상업시설의 건축실적 및 노하우를 가지고 있어 이와 관련된 수주활동을 통해 향후 지속적인 실적개선 기대하고 있음.

현금 흐름 *IFRS 별도 기준 〈단위 : 억원〉

항목	2015	2016
영업활동	779	210
투자활동	-45	-74
재무활동	-635	73
순현금흐름	98	209
기말현금	110	319

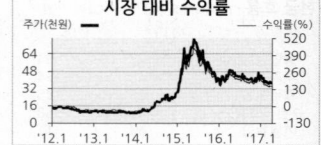

시장 대비 수익률

결산 실적 〈단위 : 억원〉

항목	2011	2012	2013	2014	2015	2016
매출액	5,446	5,998	4,414	8,360	10,856	14,382
영업이익	234	78	-202	247	419	519
당기순이익	36	13	-1,311	31	160	378

분기 실적 *IFRS 별도 기준 〈단위 : 억원〉

항목	2015.3Q	2015.4Q	2016.1Q	2016.2Q	2016.3Q	2016.4Q
매출액	2,599	3,422	3,151	3,737	3,931	3,563
영업이익	94	124	162	146	162	50
당기순이익	70	-1	127	114	132	5

재무 상태 *IFRS 별도 기준 〈단위 : 억원〉

항목	2011	2012	2013	2014	2015	2016
총자산	4,913	5,812	5,515	6,727	6,786	7,345
유형자산	2,262	3,154	3,111	3,057	3,024	2,995
무형자산	28	32	35	31	31	38
유가증권	132	153	147	207	225	228
총부채	3,286	4,210	5,235	6,445	5,856	6,065
총차입금	1,191	2,793	2,484	1,593	5	2
자본금	200	200	200	200	200	200
총자본	1,627	1,601	280	282	930	1,280
지배주주지분	1,627	1,601	280	282	930	1,280

기업가치 지표 *IFRS 별도 기준

항목	2011	2012	2013	2014	2015	2016
주가(최고/저)(천원)	14.8/11.2	15.1/9.8	11.9/9.2	29.3/9.3	77.5/28.3	51.1/35.6
PER(최고/저)(배)	18.2/13.7	49.0/32.0	—/—	38.1/12.1	19.7/7.2	5.5/3.8
PBR(최고/저)(배)	0.4/0.3	0.4/0.3	1.7/1.3	4.2/1.4	3.4/1.2	1.6/1.1
EV/EBITDA(배)	6.9	28.4		8.5	3.2	2.4
EPS(원)	897	327	-32,783	784	3,993	9,450
BPS(원)	40,669	40,035	6,993	7,058	23,244	31,991
CFPS(원)	1,538	1,188	-30,901	2,736	6,005	11,531
DPS(원)	500	500			250	500
EBITDAPS(원)	6,491	2,818	-3,174	8,126	12,477	15,065

재무 비율 〈단위 : % 〉

연도	영업이익률	순이익률	부채비율	차입금비율	ROA	ROE	유보율	자기자본비율	EBITDA마진율
2016	3.6	2.6	474.0	0.1	5.4	34.2	539.8	17.4	4.2
2015	3.9	1.5	629.9	0.5	2.4	26.4	364.9	13.7	4.6
2014	3.0	0.4	2,282.9	564.2	0.5	11.2	41.2	4.2	3.9
2013	-4.6	-29.7	1,871.5	888.0	-23.2	-139.4	39.9	5.1	-2.9

신세계아이앤씨 (A035510)
SHINSEGAE Information & Communication

업 종 : IT 서비스			시 장 : 거래소	
신용 등급 : (Bond) — (CP) —			기업 규모 : 시가총액 소형주	
홈 페 이 지 : www.shinsegae-inc.com			연 락 처 : 02)3397-1234	
본 사 : 서울시 중구 소공로 48 10층(회현로2가, 프라임타워)				

설 립 일 1997.04.29	종 업 원 수 592명	대 표 이 사 김장욱
상 장 일 2006.05.18	감 사 의 견 적정 (한영)	계 열
결 산 기 12월	보 통 주 172만주	종 속 회 사 수
액 면 가 5,000원	우 선 주	구 상 호

주주구성 (지분율,%)		출자관계 (지분율,%)		주요경쟁사 (외형,%)	
이마트	29.0	신세계티비쇼핑	22.2	신세계 I&C	100
국민연금공단	6.9	제로투세븐	0.8	오픈베이스	53
(외국인)	9.4			미래아이앤지	3

매출구성		비용구성		수출비중	
[밸류서비스사업부]솔루션 및 IT기기 등	34.1	매출원가율	83.6	수출	0.0
[ITO1사업부]컨설팅, 유지보수 등	28.0	판관비율	13.4	내수	100.0
[ITO2사업부]컨설팅, 유지보수 등	15.0				

회사 개요
동사는 1997년 신세계로부터 분리설립된 IT 전문기업임. 신세계그룹의 정보시스템 구축 및 운영 노하우를 바탕으로 유통, 제조, 물류 등 다양한 분야에 걸쳐 IT 서비스를 제공 중임. 주요 거래선으로는 신세계백화점, 이마트 등이 있음. 최근 IT 소비시장의 축소, 정부의 SI 업체 사업 규제 심화로 인한 사업다각화의 필요성 대두되면서 에너지 사업(LED, ESCO, 그린IT 등)을 시작함.

실적 분석
동사의 2016년 연결기준 연간 누적 매출액은 2,963.4억원으로 전년 동기 대비 13.5% 증가함. 매출은 늘었지만 매출 원가 또한 매출 증가율 이상으로 늘면서 영업이익은 87.2억원으로 전년 동기 대비 20.5% 감소함. 비영업손익 부문에서도 적자 규모가 오히려 확대되면서 당기순이익은 25.5억원으로 전년 동기 대비 무려 62.6% 감소함. 매출은 늘었지만 수익성은 오히려 악화되고 있음.

현금 흐름	*IFRS 별도 기준	〈단위 : 억원〉
항목	2015	2016
영업활동	159	255
투자활동	-173	-98
재무활동	-24	-16
순현금흐름	-38	141
기말현금	169	310

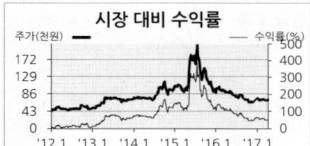

결산 실적 〈단위 : 억원〉

항목	2011	2012	2013	2014	2015	2016
매출액	3,371	2,971	2,398	2,281	2,611	2,963
영업이익	176	188	176	155	110	87
당기순이익	171	150	128	121	68	25

분기 실적 *IFRS 별도 기준 〈단위 : 억원〉

항목	2015.3Q	2015.4Q	2016.1Q	2016.2Q	2016.3Q	2016.4Q
매출액	644	691	713	795	694	761
영업이익	25	-5	20	22	19	26
당기순이익	9	-18	3	-1	1	23

재무 상태 *IFRS 별도 기준 〈단위 : 억원〉

항목	2011	2012	2013	2014	2015	2016
총자산	1,828	1,901	1,948	2,089	2,173	2,209
유형자산	327	329	322	335	461	500
무형자산	23	26	22	36	33	35
유가증권	101	108	70	68	71	70
총부채	544	483	418	474	511	553
총차입금	—	—	—	—	—	—
자본금	86	86	86	86	86	86
총자본	1,284	1,418	1,531	1,615	1,662	1,656
지배주주지분	1,284	1,418	1,531	1,615	1,662	1,656

기업가치 지표 *IFRS 별도 기준

항목	2011	2012	2013	2014	2015	2016
주가(최고/저)(천원)	65.0/40.4	57.9/41.7	78.6/49.5	116/69.5	211/90.5	107/62.4
PER(최고/저)(배)	7.1/4.4	7.1/5.1	11.1/7.0	17.1/10.2	54.7/23.4	73.0/42.7
PBR(최고/저)(배)	1.0/0.6	0.8/0.5	0.9/0.6	1.3/0.8	2.2/1.0	1.1/0.7
EV/EBITDA(배)	1.0	0.3	1.6	4.5	4.9	2.0
EPS(원)	9,969	8,726	7,445	7,039	3,959	1,480
BPS(원)	74,652	82,457	88,989	93,869	96,607	96,728
CFPS(원)	12,527	11,640	10,997	10,012	7,899	8,194
DPS(원)	1,000	1,000	1,000	1,000	1,000	1,000
EBITDAPS(원)	12,766	13,867	13,780	11,989	10,321	11,786

재무 비율 〈단위 : % 〉

연도	영업이익률	순이익률	부채비율	차입금비율	ROA	ROE	유보율	자기자본비율	EBITDA마진율
2016	2.9	0.9	33.4	0.0	1.2	1.5	1,834.6	75.0	6.8
2015	4.2	2.6	30.8	0.0	3.2	4.2	1,832.2	76.5	6.8
2014	6.8	5.3	29.4	0.0	6.0	7.7	1,777.4	77.3	9.0
2013	7.3	5.3	27.3	0.0	6.7	8.6	1,679.8	78.6	9.9

신세계인터내셔날 (A031430)
Shinsegae International

업 종 : 섬유 및 의복			시 장 : 거래소	
신용 등급 : (Bond) A+ (CP) A2+			기업 규모 : 시가총액 중형주	
홈 페 이 지 : www.sikorea.co.kr			연 락 처 : 02)6979-1234	
본 사 : 서울시 강남구 도산대로 449 (청담동)				

설 립 일 1980.10.25	종 업 원 수 1,092명	대 표 이 사 최홍성
상 장 일 2011.07.14	감 사 의 견 적정 (안진)	계 열
결 산 기 12월	보 통 주 714만주	종 속 회 사 수
액 면 가 5,000원	우 선 주	구 상 호

주주구성 (지분율,%)		출자관계 (지분율,%)		주요경쟁사 (외형,%)	
신세계	45.8	신세계톰보이	95.8	신세계인터내셔날	100
정재은	21.7	신세계인터코스코리아	50.0	한세예스24홀딩스	219
(외국인)	3.5	몽클레르신세계	49.0	LF	150

매출구성		비용구성		수출비중	
의류 등	100.0	매출원가율	49.3	수출	0.9
		판관비율	48.1	내수	99.1

회사 개요
동사는 신세계 그룹의 계열사로서 신세계 백화점 내의 해외사업부로 시작하였다가 1980년 한국유통산업연구소로 설립되어, 1998년 신세계인터내셔날로 사명을 변경, 2011년 7월에 유가증권 시장에 상장함. 해외 패션브랜드 유통 및 자체브랜드 기획등의 패션사업을 영위중임. 연결대상 종속회사로 의류 제조판매업을 영위하는 신세계톰보이, Shinsegae Poiret S.A.S.를 보유함. 비디비치코스메틱은 2016년에 흡수합병하여 종속기업에서 제외됨.

실적 분석
동사는 해외패션 부문에서 ARMANI, DOLCE&GABBANA, GAP 등 30여개의 브랜드를 300여 매장을 통해 유통하고 있으며 국내패션 부문에서는 백화점 위주로 VOV, G-CUT 등의 브랜드를 전개중임. 2016년 매출액은 전기 대비 1.6% 확대된 1조 211.2억원을 시현함. 영업이익은 전기 대비 35.6% 늘어난 270.4억원을 시현함. 금융손실이 발생하며 당기순이익은 174.6억으로 전기 대비 감소하는 실적을 시현함.

현금 흐름	*IFRS 별도 기준	〈단위 : 억원〉
항목	2015	2016
영업활동	479	535
투자활동	-656	-326
재무활동	190	-145
순현금흐름	13	65
기말현금	103	168

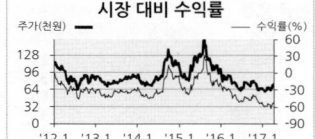

결산 실적 〈단위 : 억원〉

항목	2011	2012	2013	2014	2015	2016
매출액	7,923	7,902	8,031	9,119	10,052	10,211
영업이익	532	309	221	159	199	270
당기순이익	462	493	315	193	210	175

분기 실적 *IFRS 별도 기준 〈단위 : 억원〉

항목	2015.3Q	2015.4Q	2016.1Q	2016.2Q	2016.3Q	2016.4Q
매출액	2,300	3,065	2,482	2,360	2,448	2,922
영업이익	-18	100	35	75	6	154
당기순이익	-29	127	-22	21	34	143

재무 상태 *IFRS 별도 기준 〈단위 : 억원〉

항목	2011	2012	2013	2014	2015	2016
총자산	5,349	6,213	7,555	8,878	9,142	9,662
유형자산	1,344	1,764	2,374	3,382	3,693	3,514
무형자산	26	90	141	490	530	536
유가증권	180	181	276	6	6	—
총부채	1,730	2,123	3,192	4,381	4,494	4,877
총차입금	844	1,218	2,162	3,193	3,475	3,555
자본금	357	357	357	357	357	357
총자본	3,619	4,090	4,362	4,497	4,648	4,785
지배주주지분	3,619	4,074	4,356	4,492	4,641	4,767

기업가치 지표

항목	2011	2012	2013	2014	2015	2016
주가(최고/저)(천원)	142/100	119/64.0	91.7/69.0	139/70.6	161/78.9	102/61.9
PER(최고/저)(배)	19.6/13.8	17.6/9.5	20.8/15.6	49.4/25.2	55.1/27.1	42.2/25.7
PBR(최고/저)(배)	2.9/2.1	2.2/1.2	1.5/1.2	2.3/1.1	2.5/1.2	1.5/0.9
EV/EBITDA(배)	13.4	21.5	21.5	26.8	20.9	13.3
EPS(원)	7,542	7,004	4,537	2,863	2,958	2,432
BPS(원)	50,690	57,062	61,007	62,912	64,998	66,769
CFPS(원)	9,636	9,184	7,035	6,509	7,346	7,170
DPS(원)	500	600	600	600	600	600
EBITDAPS(원)	10,793	6,503	5,594	5,870	7,181	8,526

재무 비율 〈단위 : % 〉

연도	영업이익률	순이익률	부채비율	차입금비율	ROA	ROE	유보율	자기자본비율	EBITDA마진율
2016	2.7	1.7	101.9	74.3	1.9	3.7	1,235.4	49.5	6.0
2015	2.0	2.1	96.7	74.8	2.3	4.6	1,200.0	50.8	5.1
2014	1.7	2.1	97.4	71.0	2.3	4.6	1,158.2	50.7	4.6
2013	2.8	3.9	73.2	49.6	4.6	7.7	1,120.2	57.7	5.0

신세계푸드 (A031440)
SHINSEGAE FOOD

업 종 : 식료품		시 장 : 거래소	
신용등급 : (Bond) — (CP) A1		기업규모 : 시가총액 중형주	
홈페이지 : www.shinsegaefood.com		연 락 처 : 02)3397-6000	
본 사 : 서울시 성동구 성수일로 56, 4층~7층(성수동2가, 백영성수빌딩)			

설 립 일 1979.10.11	종업원수 4,528명	대표이사 김성환	
상 장 일 2010.04.29	감사의견 적정(삼일)	계 열	
결 산 기 12월	보통주 387만주	종속회사수	
액 면 가 5,000원	우선주	구상호	

주주구성 (지분율,%)		출자관계 (지분율,%)		주요경쟁사 (외형,%)	
이마트	46.1	스무디킹코리아	100.0	신세계푸드	100
국민연금공단	12.4	세린식품	100.0	CJ프레시웨이	218
(외국인)	6.7	제이원	100.0	하림홀딩스	93

매출구성		비용구성		수출비중	
구내식당, 푸드홀,베이커리 등	63.2	매출원가율	86.8	수출	0.0
국내외 식품	35.5	판관비율	11.2	내수	100.0
물류 등	1.3				

회사 개요
동사는 1979년 한국신판주식회사로 설립돼 2011년 코스닥에 상장됨. 2010년 유가증권 시장으로 이전함. 동사는 단체급식, 식품유통, 외식사업을 주로 영위함. 단체급식사업은 포화상태에 직면했으며 연평균 성장률은 2% 전후임. 식품유통시장은 약 45조원 규모이지만 대기업이 차지하는 비중은 10% 미만에 불과함. 국내 외식사업 전체 규모는 133조원임. 음성식품 가공센터가 구축되면 핵심 기능 수직계열화를 완성하게 됨.

실적 분석
동사의 2016년 연결기준 연간 누적 매출액은 1조690.3억원으로 전년 동기 대비 17.9% 증가함. 매출이 늘면서 매출원가가 늘고 특히 판관비가 큰 폭 증가했지만 매출 성장률이 이를 상회하면서 영업이익은 213.8억원으로 전년 동기 대비 144.9% 증가함. 금융 등 비영업손실이 소폭 증가했지만 영업이익 증가폭이 컸던 만큼 당기순이익도 142.9억원으로 전년 동기 대비 113.7% 증가함.

현금 흐름 〈단위 : 억원〉

항목	2015	2016
영업활동	130	223
투자활동	-1,128	-433
재무활동	964	166
순현금흐름	-34	-44
기말현금	66	22

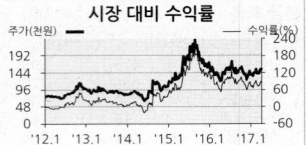
시장 대비 수익률

결산 실적 〈단위 : 억원〉

항목	2011	2012	2013	2014	2015	2016
매출액	6,982	7,211	7,214	6,521	9,064	10,690
영업이익	399	343	227	82	87	214
당기순이익	313	277	193	42	67	143

분기 실적 〈단위 : 억원〉

항목	2015.3Q	2015.4Q	2016.1Q	2016.2Q	2016.3Q	2016.4Q
매출액	2,364	2,385	2,456	2,608	2,824	2,803
영업이익	6	-17	7	80	61	66
당기순이익	7	-17	7	64	42	30

재무 상태 〈단위 : 억원〉

항목	2011	2012	2013	2014	2015	2016
총자산	2,487	2,642	2,867	3,825	5,033	5,562
유형자산	982	1,157	1,151	1,737	2,398	2,557
무형자산	18	14	83	522	681	714
유가증권	15	—	—	—	—	—
총부채	725	612	676	970	2,161	2,590
총차입금					1,066	1,251
자본금	171	171	171	194	194	194
총자본	1,763	2,031	2,190	2,855	2,871	2,972
지배주주지분	1,763	2,031	2,190	2,855	2,871	2,972

기업가치 지표

항목	2011	2012	2013	2014	2015	2016
주가(최고/저)(천원)	93.0/69.8	114/70.4	107/79.1	122/63.6	242/108	176/120
PER(최고/저)(배)	10.6/8.0	14.6/9.0	19.4/14.4	102.3/53.2	141.3/62.8	47.8/32.5
PBR(최고/저)(배)	1.9/1.4	2.0/1.2	1.7/1.3	1.7/0.9	3.3/1.5	2.3/1.6
EV/EBITDA(배)	7.0	7.2	6.7	16.6	21.0	12.6
EPS(원)	9,128	8,077	5,630	1,212	1,727	3,690
BPS(원)	51,409	59,225	63,886	73,724	74,155	76,746
CFPS(원)	12,611	11,796	9,976	5,688	8,793	12,396
DPS(원)	750	750	750	750	500	600
EBITDAPS(원)	15,124	13,728	10,953	6,829	9,321	14,227

재무 비율 〈단위 : % 〉

연도	영업이익률	순이익률	부채비율	차입금비율	ROA	ROE	유보율	자기자본비율	EBITDA마진율
2016	2.0	1.3	87.1	42.1	2.7	4.9	1,434.9	53.4	5.2
2015	1.0	0.7	75.3	37.1	1.5	2.3	1,383.1	57.1	4.0
2014	1.3	0.6	34.0	0.0	1.3	1.7	1,374.5	74.6	3.6
2013	3.1	2.7	30.9	0.0	7.0	9.2	1,177.7	76.4	5.2

신송홀딩스 (A006880)
SINGSONG HOLDINGS CO

업 종 : 식료품		시 장 : 거래소	
신용등급 : (Bond) — (CP) —		기업규모 : 시가총액 소형주	
홈페이지 : www.singsong.co.kr		연 락 처 : 02)6265-7789	
본 사 : 서울시 영등포구 여의나루로 53-1			

설 립 일 1970.11.05	종업원수 23명	대표이사 조갑주,조승현	
상 장 일 2013.11.21	감사의견 적정(삼일)	계 열	
결 산 기 12월	보통주 1,183만주	종속회사수	
액 면 가 500원	우선주	구상호	

주주구성 (지분율,%)		출자관계 (지분율,%)		주요경쟁사 (외형,%)	
조갑주	27.0	신송식품	100.0	신송홀딩스	100
조승현	20.0	신송산업	100.0	사조해표	326
(외국인)	1.2	논산식품	89.0	아시아종묘	10

매출구성		비용구성		수출비중	
용역제공	100.0	매출원가율	93.6	수출	—
		판관비율	10.3	내수	—

회사 개요
동사는 1970년 설립되어, 2009년 8월에 투자사업부문과 제조사업부문을 물적분할하여 투자사업을 영위하는 지주회사로 전환하였으며, 2010년 5월 상호명을 '신송산업홀딩스주식회사'에서 '신송홀딩스주식회사'로 변경하였음. 연결회사는 글루텐 및 전분 제품을 생산하는 소재사업, 장류 제조업과 해외 곡물(쌀등)을 무역하는 곡물사업 및 임대사업 등을 영위하고 있음.

실적 분석
동사의 2016년 연결기준 매출액은 전년대비 9.5% 감소한 2,069.0억원을 기록함. 곡물사업의 매출비중 증가가 원가율 상승으로 이어져 영업손실 80.6억원을 보이며 적자전환함. 비영업손실도 크게 확대되어 당기순손실 124.0억원을 시현함. 사업부별 매출비중은 곡물사업부 60.79%, 식품사업부 24.52%, 소재사업부 11.65% 및 임대사업부 6.49% 및 기타 등으로 구성됨.

현금 흐름 〈단위 : 억원〉

항목	2015	2016
영업활동	176	-41
투자활동	-56	-228
재무활동	-53	288
순현금흐름	68	19
기말현금	249	267

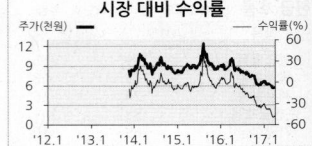
시장 대비 수익률

결산 실적 〈단위 : 억원〉

항목	2011	2012	2013	2014	2015	2016
매출액	1,484	1,660	2,725	2,347	2,286	2,069
영업이익	83	122	111	67	36	-81
당기순이익	65	94	94	35	21	-124

분기 실적 〈단위 : 억원〉

항목	2015.3Q	2015.4Q	2016.1Q	2016.2Q	2016.3Q	2016.4Q
매출액	819	386	394	681	455	539
영업이익	17	-5	-11	-14	-21	-34
당기순이익	15	-9	-17	-7	-48	-52

재무 상태 〈단위 : 억원〉

항목	2011	2012	2013	2014	2015	2016
총자산	1,803	1,854	2,333	2,378	2,272	2,467
유형자산	356	367	400	486	523	499
무형자산	11	12	12	14	18	11
유가증권	29	39	9	47	61	37
총부채	663	603	761	785	672	1,002
총차입금	153	82	112	242	221	533
자본금	47	47	59	59	59	59
총자본	1,139	1,251	1,572	1,593	1,600	1,465
지배주주지분	1,139	1,251	1,572	1,593	1,600	1,465

기업가치 지표

항목	2011	2012	2013	2014	2015	2016
주가(최고/저)(천원)	—/—	—/—	9.8/7.1	11.0/7.8	12.6/7.8	10.2/6.0
PER(최고/저)(배)	0.0/0.0	0.0/0.0	10.5/7.6	38.4/27.2	74.2/46.0	—/—
PBR(최고/저)(배)	0.0/0.0	0.0/0.0	0.8/0.6	0.8/0.6	1.0/0.6	0.8/0.5
EV/EBITDA(배)	1.0	0.3	5.2	8.3	12.7	—
EPS(원)	694	994	967	294	174	-1,048
BPS(원)	13,708	14,894	13,286	13,469	13,525	12,382
CFPS(원)	1,150	1,428	1,388	673	548	-667
DPS(원)				80	80	80
EBITDAPS(원)	1,332	1,729	1,561	948	676	-301

재무 비율 〈단위 : % 〉

연도	영업이익률	순이익률	부채비율	차입금비율	ROA	ROE	유보율	자기자본비율	EBITDA마진율
2016	-3.9	-6.0	68.4	36.4	-5.2	-8.1	2,376.3	59.4	-1.7
2015	1.6	0.9	42.0	13.8	0.9	1.3	2,605.1	70.4	3.5
2014	2.9	1.5	49.2	15.2	1.5	2.2	2,593.8	67.0	4.8
2013	4.1	3.5	48.4	7.1	4.5	6.7	2,557.2	67.4	5.6

신스타임즈 (A056000)
SINCETIMES

업 종 : 내구소비재			시 장 : KOSDAQ		
신용등급 : (Bond) — (CP) —			기업규모 : 벤처		
홈페이지 : www.sincetimes.co.kr			연 락 처 : 02)6900-0000		
본 사 : 서울시 강남구 언주로 540, 코원타워					

설 립 일 1996.09.11	종업원수 77명	대표이사 박남규
상 장 일 2003.07.11	감사의견 적정 (한울)	계 열
결 산 기 12월	보통주 1,402만주	종속회사수
액 면 가 500원	우 선 주	구 상 호 코원

주주구성 (지분율,%)
Sincetimes HK Science Company Limited	32.6
박남규	12.8
(외국인)	0.3

출자관계 (지분율,%)

주요경쟁사 (외형,%)
신스타임즈	100
에스텍	969
아남전자	559

매출구성
MP3P, PMP,차량용블랙박스	87.1
이어폰,스피커 및 기타	12.9

비용구성
매출원가율	65.2
판관비율	54.5

수출비중
수출	32.5
내수	67.5

회사 개요
동사는 1996년 설립되어 멀티미디어 디바이스(MP3 플레이어, PMP, 차량용블랙박스)사업, 무선 인터넷 콘텐츠 사업과 스마트폰 애플리케이션 개발 사업을 영위하고 있음. 휴대성, 음질, 크기와 중량, 디자인 면에서 꾸준히 개선된 신규 모델을 개발, 출시를 통해 다양한 제품 포트폴리오를 갖추고 내수뿐만 아니라 해외 시장 공략에 중점을 두고 있음. 2015년 3월 주식양수도 계약으로 코원아이텍(현, 엘티씨에이엠)이 연결대상에서 제외됨.

실적 분석
동사의 2016년 연결 기준 매출과 영업손실은 300억원, 59억원으로 전년 대비 매출은 100% 증가했으나 적자를 지속함. 모바일게임 신규 영업부문 추가로 인하여 매출액이 급증했으나 초기 투자 및 마케팅 비용 상승으로 영업손실이 발생함. 동사의 총자산은 432억원이며 전년(375억원) 대비 57억원(15.4%) 증가함. 장기차입금과 전환사채는 없으며 단기차입금 160억원이 있음.

현금 흐름 〈단위 : 억원〉
항목	2015	2016
영업활동	-19	-2
투자활동	70	-82
재무활동	-65	97
순현금흐름	-13	12
기말현금	31	43

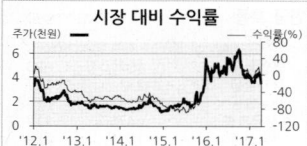
시장 대비 수익률

결산 실적 〈단위 : 억원〉
항목	2011	2012	2013	2014	2015	2016
매출액	739	326	295	235	150	300
영업이익	-98	-147	-104	4	-63	-59
당기순이익	-103	-148	-108	-69	-103	-80

분기 실적 〈단위 : 억원〉
항목	2015.3Q	2015.4Q	2016.1Q	2016.2Q	2016.3Q	2016.4Q
매출액	35	30	59	31	100	110
영업이익	-7	-52	7	-3	-32	-30
당기순이익	-8	-102	6	-8	-30	-48

재무 상태 〈단위 : 억원〉
항목	2011	2012	2013	2014	2015	2016
총자산	836	700	697	670	375	432
유형자산	194	198	281	263	136	5
무형자산	84	89	66	35	4	2
유가증권	0	0	0	0	0	0
총부채	373	380	389	428	200	238
총차입금	315	352	337	397	166	160
자본금	54	54	54	54	54	70
총자본	463	320	308	242	175	195
지배주주지분	444	318	293	266	175	195

기업가치 지표
항목	2011	2012	2013	2014	2015	2016
주가(최고/저)(천원)	4.4/1.7	4.1/1.7	2.0/1.4	2.2/1.1	5.6/1.2	6.7/3.7
PER(최고/저)(배)	—/—	—/—	—/—	—/—	—/—	—/—
PBR(최고/저)(배)	1.0/0.4	1.3/0.5	0.7/0.5	0.8/0.4	3.5/0.7	4.8/2.7
EV/EBITDA(배)				10.0		
EPS(원)	-1,029	-1,215	-709	-267	-954	-635
BPS(원)	4,373	3,181	2,951	2,683	1,624	1,388
CFPS(원)	-745	-874	-439	82	-846	-605
DPS(원)						
EBITDAPS(원)	-629	-1,020	-698	383	-475	-438

재무 비율 〈단위 : % 〉
연도	영업이익률	순이익률	부채비율	차입금비율	ROA	ROE	유보율	자기자본비율	EBITDA마진율
2016	-19.7	-26.7	122.3	82.4	-19.8	-43.3	177.5	45.0	-18.4
2015	-42.0	-68.9	114.0	94.8	-19.8	-46.7	224.8	46.7	-34.2
2014	1.6	-29.1	176.9	164.1	-10.0	-10.3	436.5	36.1	17.5
2013	-35.4	-36.6	126.5	109.3	-15.5	-25.1	490.2	44.2	-25.5

신신제약 (A002800)
SINSIN PHARMACEUTICAL

업 종 : 제약			시 장 : KOSDAQ		
신용등급 : (Bond) — (CP) —			기업규모 : 중견		
홈페이지 : www.sinsin.com			연 락 처 : 031)776-1111		
본 사 : 경기도 안산시 단원구 범지기로141번길 90					

설 립 일 1959.09.09	종업원수 명	대표이사 김한기,이영수
상 장 일 2017.02.28	감사의견 적정 (안진)	계 열
결 산 기 12월	보통주 1,517만주	종속회사수
액 면 가 500원	우 선 주	구 상 호

주주구성 (지분율,%)
이영수	25.6
김한기	12.8

출자관계 (지분율,%)

주요경쟁사 (외형,%)
신신제약	100
신일제약	86
선바이오	2

매출구성
기타	57.5
신신파스아렉스	13.7
에어파스	5.9

비용구성
매출원가율	63.8
판관비율	26.7

수출비중
수출	17.6
내수	82.4

회사 개요
동사는 1959년 9월 9일 의약품(파스)제조 및 판매업을 주된 영업 목적으로 설립되었으며 2017년 2월 한국거래소 코스닥 시장에 상장됨. 사의 주요 매출처는 약국과 의약품 도매상임. 그 중에서 약국 매출 비중은 43.3%로 제일 높은데 이는 OTC의약품 전문회사로서 약국 직접영업을 꾸준히 지속하고 집중했기 때문임. 2016년 수출 금액은 102.1억원으로 전체 매출의 17.6%를 차지하고 있음.

실적 분석
동사의 2016년 연결 기준 매출액은 580.7억원으로 전년 대비 12.5% 증가함. 매출원가는 14.5% 증가하여 매출총이익은 9.2% 증가한 210.4억원을 기록함. 인건비와 광고선전비의 증가 등으로 판매비와관리비는 11.7% 증가함. 영업이익은 55.3억원으로 2.6% 증가에 그침. 영업외수지의 개선으로 당기순이익은 14.3% 증가한 44.4억원을 시현함.

현금 흐름 *IFRS 별도 기준 〈단위 : 억원〉
항목	2015	2016
영업활동	52	29
투자활동	-19	-56
재무활동	-33	29
순현금흐름	-0	3
기말현금	4	6

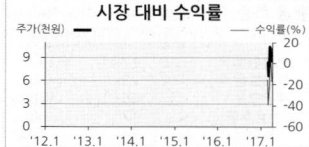
시장 대비 수익률

결산 실적 〈단위 : 억원〉
항목	2011	2012	2013	2014	2015	2016
매출액	417	419	451	467	516	581
영업이익	19	17	19	17	54	55
당기순이익	11	6	10	11	39	44

분기 실적 *IFRS 별도 기준 〈단위 : 억원〉
항목	2015.3Q	2015.4Q	2016.1Q	2016.2Q	2016.3Q	2016.4Q
매출액	130			142		
영업이익	15			11		
당기순이익	11			7		

재무 상태 *IFRS 별도 기준 〈단위 : 억원〉
항목	2011	2012	2013	2014	2015	2016
총자산	371	377	389	551	611	688
유형자산	114	110	112	180	222	258
무형자산	0	0	5	5	5	1
유가증권	2	1	1	1	1	1
총부채	210	211	214	307	329	344
총차입금	142	145	142	188	154	172
자본금	12	12	12	12	12	59
총자본	161	166	175	244	282	344
지배주주지분	161	166	175	244	282	344

기업가치 지표 *IFRS 별도 기준
항목	2011	2012	2013	2014	2015	2016
주가(최고/저)(천원)	—/—	—/—	—/—	—/—	—/—	—/—
PER(최고/저)(배)	0.0/0.0	0.0/0.0	0.0/0.0	0.0/0.0	0.0/0.0	0.0/0.0
PBR(최고/저)(배)	0.0/0.0	0.0/0.0	0.0/0.0	0.0/0.0	0.0/0.0	0.0/0.0
EV/EBITDA(배)	4.3	5.0	4.7	6.5	2.3	2.5
EPS(원)	96	56	93	100	345	388
BPS(원)	66,504	68,569	72,398	100,773	116,608	2,912
CFPS(원)	8,781	6,353	7,719	9,136	20,313	478
DPS(원)						34
EBITDAPS(원)	12,356	10,716	11,419	11,477	26,548	574

재무 비율 〈단위 : % 〉
연도	영업이익률	순이익률	부채비율	차입금비율	ROA	ROE	유보율	자기자본비율	EBITDA마진율
2016	9.5	7.7	99.9	50.0	6.8	14.2	482.4	50.0	11.3
2015	10.5	7.5	116.5	54.5	6.7	14.8	2,232.2	46.2	12.5
2014	3.6	2.4	126.0	77.0	—	—	1,915.5	44.3	6.0
2013	4.3	2.3	122.1	81.1	2.7	6.1	1,348.0	45.0	6.1

신양오라컴디스플레이 (A086830)
SHINYANG AURACOM DISPLAY

업 종 : 휴대폰 및 관련부품		시 장 : KOSDAQ	
신용등급 : (Bond) — (CP) —		기업규모 :	
홈 페 이 지 : www.ishinyang.co.kr		연 락 처 : 032)676-9924	
본 사 : 경기도 부천시 오정구 수도로 105번길 25(내동)			

설 립 일	1990.02.26	종업원수	74명	대표이사	양희성
상 장 일	2006.12.27	감사의견	거절(불확실성)(대성)	계 열	
결 산 기	12월	보통주	6,147만주	종속회사수	
액 면 가	100원	우선주		구상호	신양

주주구성 (지분율,%)
첼시비견1호 투자조합	26.4
진병혁	7.5
(외국인)	0.5

출자관계 (지분율,%)

주요경쟁사 (외형,%)
신양오라컴	100
슈피겐코리아	261
이랜텍	878

매출구성
휴대폰케이스(제품)	87.6
휴대폰케이스(상품)	12.4

비용구성
매출원가율	92.9
판관비율	11.0

수출비중
수출	—
내수	—

회사 개요
동사는 1990년 2월 26일에 설립되어 무선휴대전화 금형제작, 사출성형및 조립을 주요 사업으로 영위하고 있으며, 2006년 12월 27일자로 코스닥시장에 상장. 휴대폰 신제품의 연구 개발 단계부터 매출처와 긴밀한 공조 체제 아래 정보를 공유하고 공동개발을 수행하고 있음. 삼성전자에 휴대폰 케이스를 공급하는 회사들이 과점시장을 구성해 지속적인 업계 평판, 기술력, 원가 절감을 위한 기술개발이 중요.

실적 분석
동사의 2016년 연결기준 결산 매출액은 685.6억원으로 전년동기 대비 31.7% 감소했음. 매출원가는 전년동기 대비 36.7% 감소해 영업손실은 26.9억원, 법인세비용이 29.3억원을 기록하며 손실폭은 더욱 확대되었음. 이로 인해 139.1억원의 당기순손실을 기록하며 적자지속했음. 재무건전성이 악화되자 한국거래소 코스닥시장본부는 '감사범위제한에 의한 의견거절'과 '계속법인으로서의 존손능력 불확실성'을 바탕으로 동사를 관리종목으로 분류함.

현금 흐름 〈단위 : 억원〉
항목	2015	2016
영업활동	27	-150
투자활동	75	15
재무활동	-86	126
순현금흐름	17	-8
기말현금	24	17

시장 대비 수익률
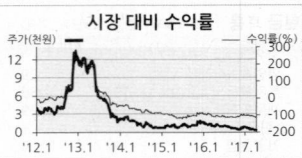

결산 실적 〈단위 : 억원〉
항목	2011	2012	2013	2014	2015	2016
매출액	1,858	2,384	2,717	1,567	1,004	686
영업이익	48	24	-287	-48	-87	-27
당기순이익	72	-28	-301	-52	-159	-139

분기 실적 〈단위 : 억원〉
항목	2015.3Q	2015.4Q	2016.1Q	2016.2Q	2016.3Q	2016.4Q
매출액	419	-109	242	178	199	67
영업이익	-6	-97	-18	-36	-7	34
당기순이익	-1	-176	-22	-42	-19	-55

재무 상태 〈단위 : 억원〉
항목	2011	2012	2013	2014	2015	2016
총자산	1,016	1,376	995	875	545	539
유형자산	276	370	421	320	232	91
무형자산	9	15	8	5	2	1
유가증권	—	—	1	1	1	1
총부채	613	1,000	922	714	456	436
총차입금	175	234	403	295	124	76
자본금	35	35	35	99	164	61
총자본	402	376	73	161	89	103
지배주주지분	402	376	73	161	89	103

기업가치 지표
항목	2011	2012	2013	2014	2015	2016
주가(최고/저)(천원)	3.4/1.4	13.5/2.9	12.6/1.6	2.7/0.7	2.1/0.7	1.6/0.4
PER(최고/저)(배)	4.7/2.0	—/—	—/—	—/—	—/—	—/—
PBR(최고/저)(배)	0.8/0.4	3.5/0.8	16.8/2.1	3.9/1.0	7.7/2.7	9.5/2.5
EV/EBITDA(배)	3.5	19.3		31.6		25.9
EPS(원)	742	-286	-3,126	-393	-570	-330
BPS(원)	5,733	5,362	1,034	815	272	168
CFPS(원)	1,605	298	-3,448	88	-362	-212
DPS(원)						
EBITDAPS(원)	1,265	1,037	-3,240	120	-104	54

재무 비율 〈단위 : % 〉
연도	영업이익률	순이익률	부채비율	차입금비율	ROA	ROE	유보율	자기자본비율	EBITDA마진율
2016	-3.9	-20.3	423.4	73.3	-25.7	-145.0	67.6	19.1	3.3
2015	-8.7	-15.8	일부잠식	일부잠식	-22.4	-127.5	-45.7	16.3	-2.9
2014	-3.1	-3.3	444.6	183.7	-5.6	-44.6	63.1	18.4	0.9
2013	-10.6	-11.1	1,271.1	554.9	-25.4	-134.3	106.7	7.3	-8.4

신영와코루 (A005800)
Shinyoungwacoal

업 종 : 섬유 및 의복		시 장 : 거래소	
신용등급 : (Bond) — (CP) —		기업규모 : 시가총액 소형주	
홈 페 이 지 : www.shinyoungwacoal.co.kr		연 락 처 : 02)818-5114	
본 사 : 서울시 금천구 가산디지털1로 104 (가산동)			

설 립 일	1968.10.21	종업원수	789명	대표이사	이의평
상 장 일	1976.12.28	감사의견	적정 (정동)	계 열	
결 산 기	12월	보통주	90만주	종속회사수	
액 면 가	5,000원	우선주		구상호	

주주구성 (지분율,%)
우성화학공업	29.7
WACOAL HOLDINGS CORP	25.0
(외국인)	26.1

출자관계 (지분율,%)
고창골프클러스터	46.7
신영섬유	29.9
운수레스	27.9

주요경쟁사 (외형,%)
신영와코루	100
데코앤이	31
동일방직	458

매출구성
여성내의류(화운데이션, 란제리)	95.0
임대	3.3
여성내의류(여성스타킹 외)	1.7

비용구성
매출원가율	42.8
판관비율	55.4

수출비중
수출	2.2
내수	97.8

회사 개요
동사는 여성 내의류 전문업체로서 봉제품 제조가공 및 판매업과 부동산 임대업, 수출입업, 전자상거래 및 인터넷 관련업을 영위함. 대표 브랜드인 비너스, 와코루, 솔브, 마더피아, 자스민, 아르보, 리맘마, 트레노, 아네타 등을 보유하고 있음. 백화점, 할인점, 로드샵 등을 운영하며 고정적인 유통채널을 확보하고 있음. 여성내의류 시장에서 2016년 말 백화점 판매 기준으로 약 49%의 점유율을 차지함.

실적 분석
동사의 2016년 매출액은 1794.6억원으로 전년 대비 0.2% 증가함. 영업이익은 31.6억원으로 47.4% 감소함. 당기순이익은 173.3억원으로 52.7% 증가함. 동사는 기존 백화점, 로드숍 등의 매장에서 유통 채널을 더욱 강화하고 있으며 최근 늘어나는 프리미엄아울렛에 적극 진출함으로써 시장 점유율 확보에 주력하고 있음. 홈쇼핑 유통채널에도 진입했음.

현금 흐름 〈단위 : 억원〉
항목	2015	2016
영업활동	197	23
투자활동	-231	107
재무활동	-12	-13
순현금흐름	-47	117
기말현금	137	254

시장 대비 수익률
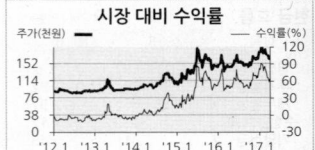

결산 실적 〈단위 : 억원〉
항목	2011	2012	2013	2014	2015	2016
매출액	1,925	2,059	1,987	1,867	1,791	1,795
영업이익	185	145	98	36	60	32
당기순이익	175	154	114	59	114	173

분기 실적 〈단위 : 억원〉
항목	2015.3Q	2015.4Q	2016.1Q	2016.2Q	2016.3Q	2016.4Q
매출액	510	388	439	453	526	377
영업이익	28	-1	5	22	31	-26
당기순이익	17	12	5	151	30	-13

재무 상태 〈단위 : 억원〉
항목	2011	2012	2013	2014	2015	2016
총자산	2,804	2,957	3,033	3,036	3,177	3,345
유형자산	708	689	660	652	582	556
무형자산	28	28	28	44	44	50
유가증권	78	77	105	168	117	222
총부채	310	346	349	319	339	342
총차입금		14	13	2	3	3
자본금	45	45	45	45	45	45
총자본	2,494	2,611	2,684	2,717	2,838	3,003
지배주주지분	2,494	2,611	2,684	2,717	2,838	3,003

기업가치 지표
항목	2011	2012	2013	2014	2015	2016
주가(최고/저)(천원)	104/84.0	96.4/85.4	120/89.5	131/93.2	184/105	172/130
PER(최고/저)(배)	5.8/4.7	6.0/5.3	9.9/7.4	20.5/14.8	15.0/8.6	9.1/6.8
PBR(최고/저)(배)	0.4/0.3	0.4/0.3	0.4/0.3	0.5/0.3	0.6/0.3	0.5/0.4
EV/EBITDA(배)	1.7	1.6	2.1	9.7	6.0	10.4
EPS(원)	19,484	17,088	12,679	6,549	12,613	19,255
BPS(원)	277,166	290,102	298,262	301,942	315,367	333,631
CFPS(원)	22,548	19,851	15,748	9,357	16,113	22,215
DPS(원)	1,500	1,500	1,500	1,500	1,500	2,500
EBITDAPS(원)	22,276	18,904	13,930	6,827	10,185	6,475

재무 비율 〈단위 : % 〉
연도	영업이익률	순이익률	부채비율	차입금비율	ROA	ROE	유보율	자기자본비율	EBITDA마진율
2016	1.8	9.7	11.4	0.1	5.3	5.9	6,572.6	89.8	3.3
2015	3.4	6.3	11.9	0.1	3.7	4.1	6,207.3	89.3	5.1
2014	1.9	3.2	11.7	0.1	1.9	2.2	5,938.8	89.5	3.3
2013	4.9	5.7	13.0	0.5	3.8	4.3	5,865.2	88.5	6.3

신영증권 (A001720)
Shinyoung Securities

업　　종 : 증권
신용등급 : (Bond) AA-　(CP) A1
홈 페 이 지 : www.shinyoung.com
본　　사 : 서울시 영등포구 국제금융로 8길 16 신영증권빌딩

시　　장 : 거래소
기업규모 : 시가총액 중형주
연 락 처 : 02)2004-9000

설 립 일	1956.02.25	종 업 원 수	615명	대 표 이 사	원종석
상 장 일	1987.08.24	감 사 의 견	적정 (삼덕)	계　　　열	
결 산 기	03월	보 통 주	939만주	종속회사수	2개사
액 면 가	5,000원	우 선 주	705만주	구 상 호	

주주구성 (지분율,%)		출자관계 (지분율,%)		주요경쟁사 (외형,%)	
원국희	16.2	대한항공우선주	22.5	신영증권	100
원종석	8.2	AV자산운용	14.8	키움증권	246
(외국인)	10.8	케이파트너스 PEF	12.8	유안타증권	159

수익구성		비용구성		수출비중	
금융상품 관련이익	43.4	이자비용	2.1	수출	—
파생상품거래이익	40.5	파생상품손실	62.5	내수	—
이자수익	7.5	판관비	6.0		

회사 개요
동사는 자본시장과금융투자업에관한법률 제6조에 의한 투자매매업(증권, 장내파생상품, 장외파생상품), 투자중개업(증권, 장내파생상품, 장외 파생상품), 신탁업, 투자자문업, 투자일임업 등을 주요 사업으로 하고 있음. 1956년에 설립된 동사는 1971년 현 경영진에 인수돼 현재까지 40년 이상 흑자 이익 달성을 지속하고 있음. 지점은 본점 영업부 외 17개이며 신영자산운용을 종속회사로 두고 있음. 최대주주는 원국희 회장으로 지분율은 16.2%임.

실적 분석
수수료수익과 증권평가및처분이익의 감소로 2016년 3분기 누적 연결기준 영업이익은 578.5억원으로 전년 대비 큰 폭 감소함. 동사는 전문가그룹에 의한 팀 단위 자산관리서비스로 차별화된 투자 솔루션 제공함으로써 시장패러다임 변화에 따른 차별화된 자산배분 잔략을 보임. 어려운 증권업 환경속에서 양호한 외형을 보이며 해외사업 소싱 및 개발, 대체투자 발굴 등 수익기반 확대를 통해 중장기 성장동력 확보하고 있는 상태임.

현금 흐름 〈단위 : 억원〉
항목	2015	2016.3Q
영업활동	-10,050	-5,392
투자활동	-30	-194
재무활동	10,007	6,267
순현금흐름	-67	681
기말현금	924	1,606

시장 대비 수익률
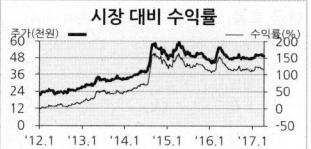

결산 실적 〈단위 : 억원〉
항목	2011	2012	2013	2014	2015	2016
순영업손익	1,964	1,903	1,818	2,160	1,922	—
영업이익	793	677	616	933	741	—
당기순이익	588	532	499	765	576	—

분기 실적 〈단위 : 억원〉
항목	2015.2Q	2015.3Q	2015.4Q	2016.1Q	2016.2Q	2016.3Q
순영업손익	453	425	325	548	427	427
영업이익	142	136	-10	302	134	142
당기순이익	103	99	-16	237	113	118

재무 상태 〈단위 : 억원〉
항목	2011	2012	2013	2014	2015	2016.3Q
총자산	47,594	47,906	48,435	67,142	80,985	87,359
유형자산	502	543	538	514	495	481
무형자산	396	330	273	233	209	217
유가증권	28,716	34,033	31,959	40,879	57,773	69,342
총부채	38,418	38,496	38,804	56,909	70,310	76,468
총차입금	12,068	11,190	10,417	17,558	27,818	34,344
자본금	822	822	822	822	822	822
총자본	9,177	9,411	9,631	10,233	10,676	10,891
지배주주지분	8,790	9,042	9,266	9,849	10,284	10,485

기업가치 지표
항목	2011	2012	2013	2014	2015	2016.3Q
주가(최고/저)(천원)	27.8/19.8	29.5/22.1	35.9/28.0	59.1/35.5	60.0/44.3	56.1/45.8
PER(최고/저)(배)	10.5/7.5	11.2/8.6	14.7/11.5	15.1/9.1	20.1/14.8	—/—
PBR(최고/저)(배)	0.6/0.4	0.6/0.5	0.7/0.5	1.0/0.6	0.9/0.7	0.8/0.7
PSR(최고/저)(배)	3/2	3/2	4/3	5/3	6/4	—/—
EPS(원)	3,487	3,198	2,847	4,376	3,228	2,576
BPS(원)	60,025	61,558	62,918	66,458	69,102	70,321
CFPS(원)	4,030	3,777	3,447	4,766	3,574	2,811
DPS(원)	2,000	2,000	2,000	2,000	2,200	
EBITDAPS(원)	4,821	4,120	3,746	5,678	4,509	3,519

재무 비율 〈단위 : % 〉
연도	계속사업이익률	순이익률	부채비율	차입금비율	ROA	ROE	유보율	자기자본비율	총자산증가율
2015	42.6	30.0	658.6	260.6	0.8	5.3	1,282.0	13.2	20.6
2014	46.0	35.4	556.1	171.6	1.3	7.5	1,229.2	15.2	38.6
2013	37.0	27.4	402.9	108.2	1.0	5.1	1,158.4	19.9	1.1
2012	36.2	28.0	409.1	118.9	1.1	5.9	1,131.2	19.6	0.7

신원 (A009270)
Shinwon

업　　종 : 섬유 및 의복
신용등급 : (Bond) BBB-　(CP) —
홈 페 이 지 : www.sw.co.kr
본　　사 : 서울시 마포구 독막로 328 신원빌딩

시　　장 : 거래소
기업규모 : 시가총액 소형주
연 락 처 : 02)3274-5000

설 립 일	1973.09.26	종 업 원 수	631명	대 표 이 사	박정주
상 장 일	1988.08.24	감 사 의 견	적정 (삼정)	계　　　열	
결 산 기	12월	보 통 주	6,330만주	종속회사수	
액 면 가	500원	우 선 주	9만주	구 상 호	

주주구성 (지분율,%)		출자관계 (지분율,%)		주요경쟁사 (외형,%)	
티앤엠커뮤니케이션즈	28.4	신원지엘에스	100.0	신원	100
Arisaig Korea Fund BHD (L)	5.0	신원네트웍스	100.0	형지엘리트	24
(외국인)	2.8	에스더블유성거나	100.0	LS네트웍스	76

매출구성		비용구성		수출비중	
의 류(수출부문)	60.5	매출원가율	68.1	수출	60.0
의 류(패션부문)	39.5	판관비율	29.5	내수	40.0

회사 개요
동사는 1973년 섬유제품 제조 및 섬유의류 판매, 수출입업을 목적으로 설립됨. 1988년 유가증권시장에 상장됨. 동사는 니트, 스웨터, 핸드백 등을 OEM 생산해 수출하는 수출부문과 패션 브랜드 사업을 전개하는 패션 부문으로 구분됨. 수출 부문은 과테말라, 베트남, 인도네시아 등 6개 생산기지에서 약 30여개 고정바이어를 확보하고 있음. 패션부문은 베스띠벨리, SI, 비키, SIEG 등 20~30대 젊은층을 공략하고 있음

실적 분석
동사의 2016년 결산기준 누적 매출액은 전년 동기대비 0.1% 소폭 변동한 6,400.6억원을 기록하였음. 비용면에서 전년동기대비 매출원가는 증가 했으며 인건비는 거의 동일 했고 광고선전비는 감소 하였고 기타판매비와관리비는 증가함. 그에 따라 매출액 하락 일부에 의해 전년동기대비 영업이익은 150.2억원으로 -19.7% 하락하였음. 최종적으로 전년동기대비 당기순손실은 적자전환하여 57.9억원을 기록함.

현금 흐름 〈단위 : 억원〉
항목	2015	2016
영업활동	297	218
투자활동	-115	-121
재무활동	-154	-101
순현금흐름	27	-1
기말현금	149	148

시장 대비 수익률
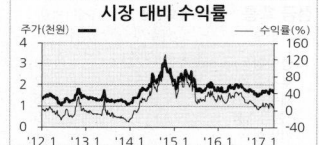

결산 실적 〈단위 : 억원〉
항목	2011	2012	2013	2014	2015	2016
매출액	5,357	5,784	5,897	6,075	6,394	6,401
영업이익	12	6	83	154	187	150
당기순이익	3	-101	-71	34	66	-58

분기 실적 〈단위 : 억원〉
항목	2015.3Q	2015.4Q	2016.1Q	2016.2Q	2016.3Q	2016.4Q
매출액	1,768	1,681	1,607	1,578	1,623	1,593
영업이익	45	89	30	37	38	45
당기순이익	39	42	-115	8	26	23

재무 상태 〈단위 : 억원〉
항목	2011	2012	2013	2014	2015	2016
총자산	4,112	4,302	4,290	4,281	4,314	4,323
유형자산	1,468	1,409	1,341	1,319	1,321	1,125
무형자산	40	85	82	34	35	36
유가증권	29	17	17	21	21	20
총부채	2,172	2,475	2,553	2,506	2,449	2,513
총차입금	1,286	1,712	1,755	1,643	1,530	1,495
자본금	317	317	317	317	317	317
총자본	1,940	1,827	1,737	1,775	1,865	1,810
지배주주지분	1,939	1,826	1,734	1,773	1,864	1,808

기업가치 지표
항목	2011	2012	2013	2014	2015	2016
주가(최고/저)(천원)	1.6/1.1	1.9/1.1	1.7/1.1	3.2/1.1	2.8/1.6	2.2/1.4
PER(최고/저)(배)	235.5/151.7	—/—	—/—	59.3/20.5	26.9/15.3	—/—
PBR(최고/저)(배)	0.5/0.3	0.6/0.4	0.6/0.4	1.1/0.4	0.9/0.5	0.8/0.5
EV/EBITDA(배)	21.6	23.2	12.8	11.7	8.9	10.1
EPS(원)	7	-159	-114	55	105	-92
BPS(원)	3,208	3,039	2,892	2,953	3,096	3,008
CFPS(원)	129	-5	45	199	256	38
DPS(원)						
EBITDAPS(원)	142	164	290	388	446	367

재무 비율 〈단위 : % 〉
연도	영업이익률	순이익률	부채비율	차입금비율	ROA	ROE	유보율	자기자본비율	EBITDA마진율
2016	2.4	-0.9	138.9	82.6	-1.3	-3.2	501.7	41.9	3.6
2015	2.9	1.0	131.3	82.0	1.6	3.7	519.1	43.2	4.4
2014	2.5	0.6	141.3	92.6	0.8	2.0	490.6	41.5	4.1
2013	1.4	-1.2	147.0	101.0	-1.7	-4.1	478.4	40.5	3.1

신원종합개발 (A017000)
SHINWON Construction co

업　　종 : 건설		시　　장 : KOSDAQ	
신용등급 : (Bond) ─　　(CP) ─		기업규모 : 중견	
홈페이지 : www.swc.co.kr		연 락 처 : 031)230-9840	
본　　사 : 경기도 화성시 봉담읍 와우안길 109, 103-213			

설 립 일 1983.05.30	종업원수 99명	대표이사 우진호	
상 장 일 1994.12.07	감사의견 적정 (신한)	계　　열	
결 산 기 12월	보 통 주 1,007만주	종속회사수	
액 면 가 5,000원	우 선 주	구 상 호	

주주구성 (지분율,%)		출자관계 (지분율,%)		주요경쟁사 (외형,%)	
이스트로젠	12.4	신원에이엠씨	100.0	신원종합개발	100
에이원 3호조합	11.2	보이드코리아	100.0	삼일기업공사	24
(외국인)	0.4	수도권양현재	30.1	동신건설	56

매출구성		비용구성		수출비중	
자체공사	38.9	매출원가율	87.1	수출	─
국내도급공사(건축공사)	31.4	판관비율	11.5	내수	─
국내도급공사(토목공사)	23.3				

회사 개요
동사는 1983년에 신원종합개발주식회사로 설립되었으며, 1994년 코스닥시장에 등록된 중소형 건설업체임. 장기적으로 안정적인 수익기반을 구축하기 위해 토목공사 및 가스설비공사 등 공공 공사의 수주활동에 적극적으로 참여하고 있으며, 건축부문은 분양성과 수익성을 최우선 가치로 선별한 '신원아침도시' 라는 브랜드의 아파트, 도시형생활주택, 오피스텔 및 학교, 군관사 BTL 등의 사업을 중점적으로 수행함.

실적 분석
동사는 2016년 연결기준 매출액 1,158.4억원, 영업이익 15.7억원, 당기순이익 22.8억원을 기록하였음. 매출액은 전년보다 122.5% 증가한 수치임. 동사는 전체 건설시장의 열악한 환경하에서도 사업진행방향을 전환하여 안정적인 사업기반 확충을 위한 관 토목공사 및 수익성있는 민간사업의 수주에 적극적으로 참여한 결과 매출액이 증가하였으며 영업이익 및 당기순이익 흑자전환에 성공함.

현금 흐름
*IFRS 별도 기준　〈단위 : 억원〉

항목	2015	2016
영업활동	-181	119
투자활동	-63	72
재무활동	89	-166
순현금흐름	-155	25
기말현금	38	63

시장 대비 수익률
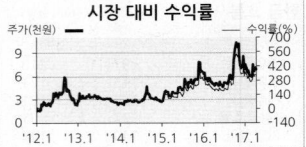

결산 실적
〈단위 : 억원〉

항목	2011	2012	2013	2014	2015	2016
매출액	845	579	615	854	521	1,158
영업이익	12	12	16	11	-19	16
당기순이익	-56	14	51	-7	-19	23

분기 실적
*IFRS 별도 기준　〈단위 : 억원〉

항목	2015.3Q	2015.4Q	2016.1Q	2016.2Q	2016.3Q	2016.4Q
매출액	97	151	171	241	233	513
영업이익	-9	-9	1	6	4	4
당기순이익	-10	-12	0	15	-0	8

재무 상태
*IFRS 별도 기준　〈단위 : 억원〉

항목	2011	2012	2013	2014	2015	2016
총자산	827	855	1,059	974	980	947
유형자산	5	5	4	4	3	5
무형자산	1	1	1	1	1	1
유가증권	97	98	86	86	58	60
총부채	389	405	558	482	509	453
총차입금	201	241	386	290	389	227
자본금	530	530	530	530	530	530
총자본	438	450	501	491	472	493
지배주주지분	438	450	501	491	472	493

기업가치 지표
*IFRS 별도 기준

항목	2011	2012	2013	2014	2015	2016
주가(최고/저)(천원)	3.1/1.3	6.4/1.5	4.0/2.3	4.9/2.3	8.2/2.7	10.7/4.5
PER(최고/저)(배)	─/─	47.0/11.0	8.0/4.5	─/─	─/─	47.1/20.0
PBR(최고/저)(배)	0.7/0.3	1.4/0.3	0.8/0.5	1.0/0.5	1.8/0.6	2.2/0.9
EV/EBITDA(배)	6.7	24.7	22.7	22.1	26.3	40.8
EPS(원)	-557	136	507	-65	-185	226
BPS(원)	435	447	497	488	4,687	4,900
CFPS(원)	-52	15	52	-5	-173	237
DPS(원)						
EBITDAPS(원)	15	13	17	12	-177	166

재무 비율
〈단위 : % 〉

연도	영업이익률	순이익률	부채비율	차입금비율	ROA	ROE	유보율	자기자본비율	EBITDA마진율
2016	1.4	2.0	일부잠식	일부잠식	2.4	4.7	-6.9	52.1	1.5
2015	-3.7	-3.6	일부잠식	일부잠식	-1.9	-3.9	-11.0	48.1	-3.4
2014	1.3	-0.8	일부잠식	일부잠식	-0.6	-1.3	-7.3	50.5	1.4
2013	2.7	8.3	일부잠식	일부잠식	5.3	10.7	-5.5	47.3	2.8

신일산업 (A002700)
Shinil Industrial

업　　종 : 내구소비재		시　　장 : 거래소	
신용등급 : (Bond) ─　　(CP) ─		기업규모 : 시가총액 소형주	
홈페이지 : www.shinil.co.kr		연 락 처 : 02)6309-7807	
본　　사 : 충남 천안시 서북구 입장면 연곡길 308			

설 립 일 1959.07.14	종업원수 114명	대표이사 김권	
상 장 일 1975.09.30	감사의견 적정 (정동)	계　　열	
결 산 기 12월	보 통 주 7,105만주	종속회사수	
액 면 가 500원	우 선 주	구 상 호	

주주구성 (지분율,%)		출자관계 (지분율,%)		주요경쟁사 (외형,%)	
김영	10.7			신일산업	100
마일즈스톤인베스트먼트	4.2			LG전자	44,488
(외국인)	2.9			위닉스	171

매출구성		비용구성		수출비중	
선풍기	40.9	매출원가율	77.7	수출	0.6
기타	36.9	판관비율	18.7	내수	99.4
난방제품	21.0				

회사 개요
동사는 1959년에 설립되어 각종 전기, 전자 기구 및 연구기구의 제조 및 판매사업을 영위하고 있으며 경기도 화성시에 본사를, 충청남도 천안시에 공장을 두고 있음. 연결대상 종속법인은 베트남과 중국의 현지 생산법인이며 주요 제품으로는 선풍기가 24.04%의 비중으로 국내 시장 점유율 1위(33% 점유율)를 차지하고 있음. 또한 제습기, 난방기 등 계절상품의 비중이 연간 매출액의 63%이상을 차지하고 있으며 비교적 안정적인 수요기반을 확보함.

실적 분석
동사의 2016년 연결 기준 매출과 영업이익은 1,245억원, 44억원으로 매출은 15.9% 증가하고 흑자전환함. 2016년은 하절기 기온의 영향으로 선풍기 매출(541억원)이 전년 대비 약 23% 증가함. 선풍기 외 하절기가전(제습기, 이동식에어컨등)의 매출은 46억원으로 전년 대비 약 255% 증가함. 동절기 난방제품 매출은 331억원으로 전년대비 약 42% 증가함. 일반 생활가전의 매출은 331억원으로 전년대비 약 14% 감소함.

현금 흐름
*IFRS 별도 기준　〈단위 : 억원〉

항목	2015	2016
영업활동	-53	87
투자활동	1	-7
재무활동	-59	-26
순현금흐름	-112	55
기말현금	47	102

시장 대비 수익률

결산 실적
〈단위 : 억원〉

항목	2011	2012	2013	2014	2015	2016
매출액	812	909	1,202	1,143	1,074	1,245
영업이익	39	28	69	-2	-52	44
당기순이익	13	11	69	-17	-83	38

분기 실적
*IFRS 별도 기준　〈단위 : 억원〉

항목	2015.3Q	2015.4Q	2016.1Q	2016.2Q	2016.3Q	2016.4Q
매출액	231	276	156	411	329	348
영업이익	-7	-37	-16	48	8	4
당기순이익	-13	-34	-17	37	15	2

재무 상태
*IFRS 별도 기준　〈단위 : 억원〉

항목	2011	2012	2013	2014	2015	2016
총자산	464	587	603	912	793	807
유형자산	36	25	160	231	230	218
무형자산	3	1	9	7	6	2
유가증권						
총부채	269	315	262	388	334	311
총차입금	138	157	73	195	112	96
자본금	189	255	255	346	355	355
총자본	195	271	341	524	459	497
지배주주지분	192	269	339	522	457	496

기업가치 지표

항목	2011	2012	2013	2014	2015	2016
주가(최고/저)(천원)	0.5/0.2	2.0/0.4	1.7/0.7	2.6/1.1	2.0/1.0	2.4/1.1
PER(최고/저)(배)	14.6/7.4	91.4/19.0	13.2/5.1	─/─	─/─	44.2/19.3
PBR(최고/저)(배)	1.0/0.5	4.1/0.9	2.7/1.0	3.5/1.5	3.1/1.6	3.5/1.5
EV/EBITDA(배)	4.7	6.8	10.4	177.1	─	23.4
EPS(원)	32	23	129	-31	-118	55
BPS(원)	509	528	665	754	644	699
CFPS(원)	63	49	148	-18	-103	70
DPS(원)						15
EBITDAPS(원)	133	82	147	10	-60	77

재무 비율
〈단위 : % 〉

연도	영업이익률	순이익률	부채비율	차입금비율	ROA	ROE	유보율	자기자본비율	EBITDA마진율
2016	3.6	3.0	62.6	19.3	4.7	8.2	39.8	61.5	4.4
2015	-4.8	-7.7	72.7	24.3	-9.7	-16.8	28.7	57.9	-3.9
2014	-0.2	-1.5	74.0	37.2	-2.3	-4.0	50.8	57.5	0.5
2013	5.7	5.8	76.8	21.5	11.6	22.8	33.1	56.6	6.2

신일제약 (A012790)
SINIL PHARMACEUTICAL CO

업 종 : 제약		시 장 : KOSDAQ	
신용등급 : (Bond) — (CP) —		기업규모 : 중견	
홈 페 이 지 : www.sinilpharm.com		연 락 처 : 043)722-3300	
본 사 : 충북 충주시 앙성면 복상골길 28			

설 립 일 1977.12.21	종 업 원 수 341명	대 표 이 사 정미근	
상 장 일 1999.08.13	감 사 의 견 적정 (상록)	계 열	
결 산 기 12월	보 통 주 790만주	종 속 회 사 수	
액 면 가 500원	우 선 주	구 상 호	

주주구성 (지분율,%)		출자관계 (지분율,%)		주요경쟁사 (외형,%)	
홍성소	17.3	바이오러넥스 9.4		신일제약	100
홍재현	9.0			선바이오	2
(외국인)	1.3			대봉엘에스	141

매출구성		비용구성		수출비중	
기타(OEM+동물용의약품 포함)	76.6	매출원가율	52.5	수출	1.9
디펜 플라스타	12.5	판관비율	24.9	내수	98.1
기타	6.5				

회사 개요
동사는 의약품 제조 및 판매업, 부동산 임대업을 영위하는 기업으로 1971년에 설립되어 충주에 본점 및 제조시설을 보유함. 정부의 약가 인하 정책과 새로운 공정경쟁 규약, 저가구매 인센티브 제도 등으로 인해 제약업계의 성장성은 다소 제한적인 상황. 동사는 이 외에도 화장품 사업, 동물 의약품 사업과 의약관련 사업(황사 마스크, 항균 마스크 등)을 영위하고 있음.

실적 분석
동사의 2016년 매출액은 의약외품을 제외한 의약품, 건강기능식품, 화장품 등 전 사업 부문 매출 증대로 전년 대비 12.3% 신장한 502.1억원을 기록함. 매출원가는 16.4%증가하며 매출총이익률은 소폭 떨어짐. 판매비와관리비는 비용의 효율적인 집행으로 8.3% 증가한 125.0억원을 기록함. 영업이익의 증가와 비영업손익의 개선으로 당기순이익은 전년 대비 14.6% 증가한 100.4억원을 기록함.

현금 흐름   *IFRS 별도 기준   〈단위 : 억원〉

항목	2015	2016
영업활동	96	42
투자활동	-102	-47
재무활동	-6	-10
순현금흐름	-12	-15
기말현금	21	5

시장 대비 수익률
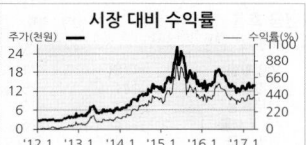

결산 실적   〈단위 : 억원〉

항목	2011	2012	2013	2014	2015	2016
매출액	337	399	443	482	447	502
영업이익	33	54	95	123	105	113
당기순이익	31	44	73	102	88	100

분기 실적   *IFRS 별도 기준   〈단위 : 억원〉

항목	2015.3Q	2015.4Q	2016.1Q	2016.2Q	2016.3Q	2016.4Q
매출액	108	120	131	122	118	131
영업이익	23	28	31	28	24	30
당기순이익	21	20	26	26	22	26

재무 상태   *IFRS 별도 기준   〈단위 : 억원〉

항목	2011	2012	2013	2014	2015	2016
총자산	607	626	706	799	873	981
유형자산	124	155	150	148	174	170
무형자산	39	43	38	41	43	43
유가증권	14	6	5	6	3	2
총부채	88	75	84	91	91	109
총차입금	32	9	9	7	5	4
자본금	40	40	40	40	40	40
총자본	519	551	622	709	782	872
지배주주지분	519	551	622	709	782	872

기업가치 지표   *IFRS 별도 기준

항목	2011	2012	2013	2014	2015	2016
주가(최고/저)(천원)	2.9/2.1	4.9/2.4	7.4/4.1	14.3/6.0	26.2/11.5	19.2/11.5
PER(최고/저)(배)	8.2/5.9	9.3/4.6	8.3/4.6	11.4/4.8	24.0/10.6	15.3/9.1
PBR(최고/저)(배)	0.5/0.3	0.7/0.4	1.0/0.5	1.6/0.7	2.7/1.2	1.7/1.0
EV/EBITDA(배)	2.9	3.3	3.4	6.4	7.5	6.5
EPS(원)	394	562	927	1,288	1,109	1,271
BPS(원)	6,697	7,097	7,997	9,096	10,023	11,164
CFPS(원)	588	784	1,190	1,553	1,421	1,653
DPS(원)	80	80	90	120	120	140
EBITDAPS(원)	613	908	1,466	1,817	1,642	1,819

재무 비율   〈단위 : % 〉

연도	영업이익률	순이익률	부채비율	차입금비율	ROA	ROE	유보율	자기자본비율	EBITDA마진율
2016	22.6	20.0	12.5	0.4	10.8	12.1	2,132.8	88.9	28.6
2015	23.5	19.6	11.6	0.7	10.5	11.8	1,904.5	89.6	29.0
2014	25.5	21.1	12.8	1.1	13.5	15.3	1,719.2	88.7	29.8
2013	21.5	16.5	13.6	1.4	11.0	12.5	1,499.4	88.1	26.1

신진에스엠 (A138070)
SINJIN SM COLTD

업 종 : 기계		시 장 : KOSDAQ	
신용등급 : (Bond) — (CP) —		기업규모 : 벤처	
홈 페 이 지 : www.sinjin-sm.co.kr		연 락 처 : 063)352-5301	
본 사 : 전북 장수군 장계면 장무로 352-73 (주)신진에스엠장수공장			

설 립 일 2001.07.18	종 업 원 수 173명	대 표 이 사 김홍기	
상 장 일 2011.11.28	감 사 의 견 적정 (서린)	계 열	
결 산 기 12월	보 통 주 897만주	종 속 회 사 수	
액 면 가 500원	우 선 주	구 상 호	

주주구성 (지분율,%)		출자관계 (지분율,%)		주요경쟁사 (외형,%)	
김영현	29.6	신진에스코 75.0		신진에스코	100
양순임	9.8	株式會社SHINJIN-SMJAPAN 100.0		동양물산	755
(외국인)	0.5	SHINJINSM(THAILAND)CO.,LTD 100.0		수산중공업	179

매출구성		비용구성		수출비중	
STC-3500 외(소재 가공 설비 외)	35.5	매출원가율	81.3	수출	0.7
표준 플레이트SS400	26.8	판관비율	14.4	내수	99.3
표준 플레이트SM45C/SM50C	15.8				

회사 개요
동사는 2001년 소재, 부품용 표준 플레이트 사업을 개시함. 절단가공설비 개발 및 절단공기술을 기반으로 표준 플레이트를 공급하고 있는 국내 최초 표준 플레이트 및 제작설비 생산기업임. 시장 개척과 오랜 업력으로 인하여 전국에 30개의 대리점을 보유하고 있음. FA용 표준부품 및 금형용 표준부품 등을 협력관계에 있는 MISUMI(재팬)에 생산, 공급하고 있음.

실적 분석
동사의 2016년 연결기준 연간 매출액은 497.6억원으로 전년 대비 13.3% 감소함. 이는 전방산업인 제조업의 부진으로 기계설비용 부품 매출 감소로 이어짐. 고정비의 감소에도 불구하고 매출 부진 영향으로 영업이익은 21.5억원으로 64.6% 감소함. 동사는 주력 상품표준플레이트를 활용해 2차가공(형상가공) 및 규격 표준화하여 국내 및 해외시장 진출에 목표를 세움.

현금 흐름   〈단위 : 억원〉

항목	2015	2016
영업활동	30	57
투자활동	-157	-34
재무활동	-2	-31
순현금흐름	-127	-9
기말현금	129	120

시장 대비 수익률
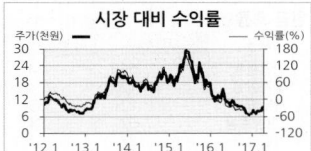

결산 실적   〈단위 : 억원〉

항목	2011	2012	2013	2014	2015	2016
매출액	432	386	408	478	574	498
영업이익	96	75	50	58	61	21
당기순이익	73	75	46	55	40	4

분기 실적   *IFRS 별도 기준   〈단위 : 억원〉

항목	2015.3Q	2015.4Q	2016.1Q	2016.2Q	2016.3Q	2016.4Q
매출액	135	139	121	125	121	131
영업이익	3	10	-8	9	1	19
당기순이익	-3	13	-7	5	-2	8

재무 상태   *IFRS 별도 기준   〈단위 : 억원〉

항목	2011	2012	2013	2014	2015	2016
총자산	604	662	686	954	1,003	946
유형자산	159	318	319	327	431	425
무형자산	1	2	3	5	9	8
유가증권						
총부채	114	129	131	306	332	285
총차입금	75	84	77	229	243	227
자본금	23	45	45	45	45	45
총자본	490	533	554	648	671	661
지배주주지분	490	533	554	599	629	625

기업가치 지표

항목	2011	2012	2013	2014	2015	2016
주가(최고/저)(천원)	9.2/5.9	13.6/6.9	21.2/7.8	22.2/14.2	31.0/15.4	17.7/6.4
PER(최고/저)(배)	10.0/6.4	17.1/8.7	42.7/15.8	37.3/23.8	60.8/30.1	155.6/56.0
PBR(최고/저)(배)	1.8/1.2	2.4/1.2	3.5/1.3	3.4/2.2	4.4/2.2	2.5/0.9
EV/EBITDA(배)	6.1	7.7	23.8	18.7	17.6	11.4
EPS(원)	1,002	839	513	611	520	115
BPS(원)	10,974	5,981	6,220	6,719	7,123	7,162
CFPS(원)	2,348	1,028	804	945	966	633
DPS(원)	550	190	100	110	100	
EBITDAPS(원)	2,987	1,026	852	985	1,123	757

재무 비율   〈단위 : % 〉

연도	영업이익률	순이익률	부채비율	차입금비율	ROA	ROE	유보율	자기자본비율	EBITDA마진율
2016	4.3	0.9	43.1	34.3	0.4	1.7	1,332.4	69.9	13.7
2015	10.6	7.0	49.4	36.2	4.1	7.6	1,324.6	66.9	17.6
2014	12.2	11.4	47.2	35.4	6.7	9.5	1,243.8	67.9	18.5
2013	12.3	11.3	23.7	13.8	6.8	8.5	1,143.9	80.8	18.7

신풍제약 (A019170)
Shin Pooong Pharm

업 종 : 제약		시 장 : 거래소	
신용등급 : (Bond) — (CP) —		기업규모 : 시가총액 소형주	
홈페이지 : www.shinpoong.co.kr		연락처 : 031)491-6191	
본 사 : 경기도 안산시 단원구 원시로 7(목내동)			

설 립 일 1962.06.05	종 업 원 수 816명	대 표 이 사 유제만
상 장 일 1990.01.20	감 사 의 견 적정 (삼덕)	계 열
결 산 기 12월	보 통 주 5,298만주	종속회사수
액 면 가 500원	우 선 주 220만주	구 상 호

주주구성 (지분율,%)		출자관계 (지분율,%)		주요경쟁사 (외형,%)	
송암사	42.8	SPInternational	100.0	신풍제약	100
한국투자신탁운용	3.5	미얀마신풍파마	100.0	광동제약	544
(외국인)	1.7	신풍대우베트남파마	96.6	에이프로젠제약	23

매출구성		비용구성		수출비중	
양약(제품)	77.0	매출원가율	54.7	수출	14.0
비타칼슘(상품)	17.6	판관비율	40.4	내수	86.0
의약품원료(제품)	5.4				

회사 개요
동사는 1962년 설립되어 50년 이상 업력을 보유한 전문의약품 및 일반의약품 제조 업체임. 주요 제품으로는 관절기능개선제 하이알주, 페니실린계 항생제 크라목신 등이 있음. 상위 5개 품목이 전체 매출의 20% 미만으로 다수의 제품을 보유하고 있음. 내수 의존도 90%로 내수 의존도 높음. 2013년초부터 추진한 프랑스 LFB와의 제휴로 2014년도 3월 합작법인 에스피엘에프비 설립되었음.

실적 분석
동사의 2016년 4/4분기 연결 기준 누적 매출액은 1,941.5억원으로 전년 동기 대비 0.9% 감소했으나 원가율이 개선되며 매출총이익은 1.4% 증가함. 판매비와 관리비도 전년동기 대비 5.0% 감소하여 영업이익은 95.7억원으로 전년동기 대비 125.9% 증가하였음. 그러나 48.6억원의 금융손실을 기록하는 등 비영업부문에서 132.7억원의 손실을 기록하며 적자를 지속함에 따라 186.0억원의 당기순손실을 시현하며 적자전환하였음

현금 흐름 〈단위 : 억원〉

항목	2015	2016
영업활동	56	24
투자활동	-12	-224
재무활동	22	233
순현금흐름	67	34
기말현금	127	161

시장 대비 수익률
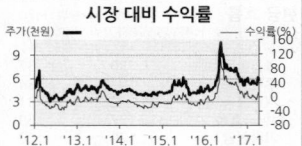

결산 실적 〈단위 : 억원〉

항목	2011	2012	2013	2014	2015	2016
매출액	2,297	2,212	2,160	2,203	1,960	1,941
영업이익	385	242	248	193	42	96
당기순이익	249	143	55	34	15	-186

분기 실적 〈단위 : 억원〉

항목	2015.3Q	2015.4Q	2016.1Q	2016.2Q	2016.3Q	2016.4Q
매출액	465	520	477	515	488	462
영업이익	7	27	23	10	21	42
당기순이익	1	35	2	24	-4	-208

재무 상태 〈단위 : 억원〉

항목	2011	2012	2013	2014	2015	2016
총자산	3,785	3,797	3,984	4,093	4,107	4,165
유형자산	1,490	1,616	1,617	1,599	1,522	1,443
무형자산	102	112	160	146	122	113
유가증권	21	1	1	4	38	7
총부채	1,986	1,910	2,076	2,178	2,159	1,996
총차입금	1,389	1,314	1,443	1,570	1,561	1,214
자본금	206	214	221	229	237	276
총자본	1,799	1,887	1,908	1,915	1,949	2,168
지배주주지분	1,796	1,885	1,905	1,912	1,946	2,165

기업가치 지표

항목	2011	2012	2013	2014	2015	2016
주가(최고/저)(천원)	4.3/2.4	7.1/3.0	5.9/3.9	4.7/3.7	6.6/3.9	11.6/4.3
PER(최고/저)(배)	8.5/4.8	24.0/10.3	52.2/34.4	67.7/53.5	210.4/126.6	—/—
PBR(최고/저)(배)	1.1/0.6	1.7/0.7	1.4/0.9	1.1/0.9	1.5/0.9	2.8/1.0
EV/EBITDA(배)	7.2	11.1	9.3	11.0	20.7	20.7
EPS(원)	524	303	115	71	31	-353
BPS(원)	4,631	4,684	4,570	4,430	4,349	4,136
CFPS(원)	790	521	385	343	294	-163
DPS(원)	80	80	60	70	—	—
EBITDAPS(원)	1,119	751	823	690	352	371

재무 비율 〈단위 : % 〉

연도	영업이익률	순이익률	부채비율	차입금비율	ROA	ROE	유보율	자기자본비율	EBITDA마진율
2016	4.9	-9.6	92.1	56.0	-4.5	-9.0	727.2	52.1	10.1
2015	2.2	0.8	110.8	80.1	0.4	0.8	769.9	47.4	8.5
2014	8.7	1.5	113.7	82.0	0.9	1.8	786.1	46.8	14.4
2013	11.5	2.5	108.8	75.7	1.4	2.9	814.1	47.9	16.9

신풍제지 (A002870)
Shin Poong Paper Mfg

업 종 : 종이 및 목재		시 장 : 거래소	
신용등급 : (Bond) — (CP) —		기업규모 : 시가총액 소형주	
홈페이지 : www.shinpoongpaper.com		연락처 : 031)669-8271	
본 사 : 경기도 평택시 고덕면 고덕로 144-32			

설 립 일 1960.01.06	종 업 원 수 168명	대 표 이 사 정동원
상 장 일 1976.06.30	감 사 의 견 적정 (인덕)	계 열
결 산 기 12월	보 통 주 3,496만주	종속회사수
액 면 가 5,000원	우 선 주	구 상 호

주주구성 (지분율,%)		출자관계 (지분율,%)		주요경쟁사 (외형,%)	
정학헌	20.3	꿈의실현1331	100.0	신풍제지	100
최대승	6.1	에스피모터스	100.0	한솔PNS	182
(외국인)	0.3	에이트엠	50.0	세하	124

매출구성		비용구성		수출비중	
[제품]백판지	98.5	매출원가율	86.6	수출	47.0
[상품]상품 외	1.5	판관비율	11.8	내수	53.0

회사 개요
동사는 백판지의 제조 및 판매를 주사업으로 영위하고 있으며 백판지 중에서도 편면만을 표백펄프를 사용한 마닐라 판지를 주종으로 생산, 판매하고 있음. 생산되는 종이는 소비재 등의 포장을 위해 주로 사용됨. 현재 국내의 백판지 시장은 동사를 포함하여 5개 업체가 영업중이며 14.7%의 시장점유율 유지 중. 동사는 에스피모터스, 꿈의실현1331, 에이트엠 등 3개 종속회사를 보유하고 있음.

실적 분석
동사의 2016년 결산 누적 매출액은 1,286.3억원으로 전년 동기 대비 15.4% 증가했음. 매출원가 축소와 함께 판관비 절감에 노력한 결과 영업이익(20.4억원)과 당기순이익(11.6억원) 흑자전환에 성공함. 동사는 에너지비용을 줄이기 위한 펠렛보일러 가동, 물류비용 감소와 소비자 만족 확대를 위한 물류시스템 개발 진행 중. 2016년부터 자회사 꿈의실현1331을 통해 MCN사업 신규 진출. 이에 따라 지속적인 성장 기대됨.

현금 흐름 〈단위 : 억원〉

항목	2015	2016
영업활동	-118	71
투자활동	141	-25
재무활동	-37	-20
순현금흐름	-14	26
기말현금	14	41

시장 대비 수익률
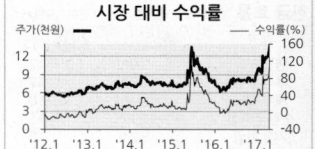

결산 실적 〈단위 : 억원〉

항목	2011	2012	2013	2014	2015	2016
매출액	1,210	1,215	1,450	1,082	1,115	1,286
영업이익	-74	-133	-38	-198	-196	20
당기순이익	-76	-141	-82	-186	-143	12

분기 실적 〈단위 : 억원〉

항목	2015.3Q	2015.4Q	2016.1Q	2016.2Q	2016.3Q	2016.4Q
매출액	291	251	283	322	332	349
영업이익	-43	-49	-26	11	19	16
당기순이익	-51	-44	-20	6	20	7

재무 상태 〈단위 : 억원〉

항목	2011	2012	2013	2014	2015	2016
총자산	1,745	1,831	1,964	1,735	1,457	1,468
유형자산	817	782	750	749	593	525
무형자산			1	1		
유가증권	413	29	503	332	278	328
총부채	673	911	1,151	1,147	1,047	1,054
총차입금	420	434	117	110	89	70
자본금	175	175	175	175	175	175
총자본	1,072	920	813	588	410	413
지배주주지분	1,072	922	817	594	410	414

기업가치 지표

항목	2011	2012	2013	2014	2015	2016
주가(최고/저)(천원)	8.6/5.3	6.9/5.4	8.4/6.6	8.8/6.9	14.0/6.9	9.4/6.1
PER(최고/저)(배)	—/—	—/—	—/—	—/—	—/—	244.8/159.5
PBR(최고/저)(배)	3.4/2.1	3.0/2.4	3.8/3.0	4.9/3.8	9.9/4.9	6.6/4.3
EV/EBITDA(배)						2.1
EPS(원)	-217	-395	-229	-527	-407	38
BPS(원)	32,316	28,029	25,034	19,342	14,064	14,180
CFPS(원)	-796	-2,076	-353	-3,257	-2,004	2,429
DPS(원)	—	1,000	500	500	—	—
EBITDAPS(원)	-746	-1,936	852	-3,638	-3,537	2,630

재무 비율 〈단위 : % 〉

연도	영업이익률	순이익률	부채비율	차입금비율	ROA	ROE	유보율	자기자본비율	EBITDA마진율
2016	1.6	0.9	255.1	16.9	0.8	3.3	183.6	28.2	7.2
2015	-17.6	-12.8	255.3	21.6	-9.0	-28.4	181.3	28.1	-11.1
2014	-18.3	-17.2	195.2	18.7	-10.1	-26.1	286.6	33.9	-11.8
2013	-2.6	-5.7	141.6	14.4	-4.4	-9.2	400.7	41.4	2.1

신한 (A005450)
SHINHAN ENG & CONST

업 종 : 호텔 및 레저		시 장 : 거래소	
신용등급 : (Bond) — (CP) —		기업규모 : 시가총액 소형주	
홈페이지 : www.seco.co.kr		연 락 처 : 02)369-0001	
본 사 : 경기도 성남시 중원구 산성대로 208 (성남동)			

설 립 일 1968.02.28	종업원수 32명	대표이사 김춘환	
상 장 일 1978.07.28	감사의견 적정 (인일)	계 열	
결 산 기 12월	보 통 주 702만주	종속회사수	
액 면 가 5,000원	우 선 주	구 상 호	

주주구성 (지분율,%)
에스엔드케이월드코리아	53.9
동양종합금융증권	5.9
(외국인)	2.1

출자관계 (지분율,%)

주요경쟁사 (외형,%)
신한	100
골프존뉴딘	4,168
이월드	508

매출구성 / 비용구성 / 수출비중
매출구성		비용구성		수출비중	
기타	100.0	매출원가율	100.1	수출	—
		판관비율	156.5	내수	—

회사 개요
동사는 2015년 기준 시공능력 순위 국내 427위의 중소형 건설업체로서 건축사업, 토목사업, 플랜트 사업, 해외사업 및 임대, 주차사업 등을 영위하고 있음. 에스엔드케이월드코리아 계열의 기업집단에 속해있으며 종속회사로 동사를 포함하여 부동산 개발업체 미지엔랜드, 골프장 미지엔리조트, 민자역사인 천안역사 등이 있음. 동사는 국내 건설시장의 경쟁 심화와 발주물량 감소를 극복하고자 2007년 이후 리비아 등에서 해외주택사업을 전개해 옴.

실적 분석
동사의 연결 재무제표 기준 2016년 매출액은 전년동기(75.7억원) 대비 22.9% 감소한 58.4억원을 기록함. 영업손실은 91.4억원으로 전년(18.5억원)보다 적자폭이 확대됨. 매출원가는 16.5% 감소했지만 판관비가 107.2% 늘어나며 영업적자가 불가피했음. 당기순손실은 177.1억원을 기록함. 2016년 여의도 드림리버 오피스텔 신축공사 개발사업관리 및 철거공사 등으로 총 93.6억원(부가세 별도)을 수주했음.

현금 흐름 〈단위 : 억원〉
항목	2015	2016
영업활동	-23	-84
투자활동	48	-42
재무활동	-58	192
순현금흐름	-33	66
기말현금	5	72

시장 대비 수익률
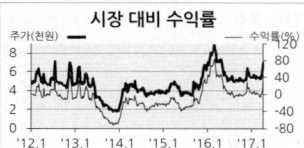

결산 실적 〈단위 : 억원〉
항목	2011	2012	2013	2014	2015	2016
매출액	539	266	201	333	76	58
영업이익	-38	-82	-49	69	-19	-91
당기순이익	-120	-330	-97	28	-13	-177

분기 실적 〈단위 : 억원〉
항목	2015.3Q	2015.4Q	2016.1Q	2016.2Q	2016.3Q	2016.4Q
매출액	14	12	7	13	6	33
영업이익	-9	-1	-8	-9	-52	-23
당기순이익	15	12	-17	-13	-127	-21

재무 상태 〈단위 : 억원〉
항목	2011	2012	2013	2014	2015	2016
총자산	2,418	2,110	1,703	1,786	1,622	1,642
유형자산	407	115	105	106	107	55
무형자산	160	145	131	119	108	96
유가증권	129	135	153	151	97	91
총부채	1,246	1,239	989	1,034	867	1,062
총차입금	597	591	564	464	404	597
자본금	351	351	351	351	351	351
총자본	1,172	871	714	752	755	580
지배주주지분	1,170	910	753	800	806	638

기업가치 지표
항목	2011	2012	2013	2014	2015	2016
주가(최고/저)(천원)	7.8/3.5	7.4/4.2	6.7/1.7	5.0/2.0	7.1/3.4	9.1/4.9
PER(최고/저)(배)	—/—	—/—	—/—	11.4/4.5	—/—	—/—
PBR(최고/저)(배)	0.5/0.2	0.6/0.3	0.6/0.2	0.4/0.2	0.6/0.3	1.0/0.5
EV/EBITDA(배)	7.3		19.6	7.6		
EPS(원)	-1,369	-4,118	-1,384	442	-136	-2,420
BPS(원)	17,202	13,448	10,758	11,393	11,476	9,080
CFPS(원)	768	-2,347	-1,067	648	61	-2,240
DPS(원)						
EBITDAPS(원)	1,594	605	-387	1,188	-67	-1,121

재무 비율 〈단위 : % 〉
연도	영업이익률	순이익률	부채비율	차입금비율	ROA	ROE	유보율	자기자본비율	EBITDA마진율
2016	-156.6	-303.4	183.1	102.9	-10.9	-23.6	81.6	35.3	-134.8
2015	-24.5	-17.1	114.8	53.5	-0.8	-1.2	129.5	46.6	-6.2
2014	20.7	8.3	137.5	61.7	1.6	4.0	127.9	42.1	25.1
2013	-24.6	-48.4	138.6	79.0	-5.1	-11.7	115.2	41.9	-13.5

신한금융지주회사 (A055550)
Shinhan Financial Group

업 종 : 상업은행		시 장 : 거래소	
신용등급 : (Bond) AAA (CP) A1		기업규모 : 시가총액 대형주	
홈페이지 : www.shinhangroup.com		연 락 처 : 02)6360-3000	
본 사 : 서울시 중구 세종대로9길 20, 대경빌딩 16층			

설 립 일 2001.09.01	종업원수 147명	대표이사 조용병	
상 장 일 2001.09.10	감사의견 적정 (삼정)	계 열	
결 산 기 12월	보 통 주 47,420만주	종속회사수	
액 면 가 5,000원	우 선 주	구 상 호	

주주구성 (지분율,%)
국민연금공단	9.6
Capital Research and Management Company(CRMC)	3.9
(외국인)	68.6

출자관계 (지분율,%)
신한은행	100.0
신한카드	100.0
신한금융투자	100.0

주요경쟁사 (외형,%)
신한지주	100
KB금융	89
하나금융지주	75

수익구성 / 비용구성 / 수출비중
수익구성		비용구성		수출비중	
이자비용	21.0	수출	—		
파생상품손실	2.4	내수	—		
		판관비	23.5		

회사 개요
동사는 2001년 9월 신한은행, 신한증권, 신한캐피탈 및 신한비엔피파리바자산운용의 주주로부터 주식 이전의 방법으로 설립된 금융지주회사임. 각 자회사별 실적 기여도가 균형적이어서 실적 안정성도 높은 편임. 주력 계열사인 신한은행은 은행 산업 내 빅3에 포함되며, 신한카드는 카드산업 1위를 달리고 있고, 신한생명 또한 보험업계 5위권에서 안정적 실적을 내고 있음.

실적 분석
동사는 2016년 연결기준 당기순이익 2조 7748억원(지배기업 소유주지분 기준)를 기록했음. 이는 전년도 2조3672억원 대비 17.2% 증가한 실적. 3년 연속 2조원대 순이익을 실현했음. 비은행 부문 당기순이익은 1조457억원(지분율 감안 후, 연결조정 감안 전 기준)으로 그룹 실적의 약 35%를 차지하는 등 그룹의 다변화된 이익기반이 안정적으로 유지되고 있음.

현금 흐름 〈단위 : 억원〉
항목	2015	2016
영업활동	29,703	37,972
투자활동	-52,886	-75,939
재무활동	13,128	48,446
순현금흐름	-9,972	10,253
기말현금	46,073	56,325

시장 대비 수익률

결산 실적 〈단위 : 억원〉
항목	2011	2012	2013	2014	2015	2016
이자수익	137,807	139,981	125,913	120,605	111,297	112,363
영업이익	41,724	31,780	26,320	26,548	29,731	31,086
당기순이익	32,726	24,919	20,553	21,996	24,460	28,249

분기 실적 〈단위 : 억원〉
항목	2015.3Q	2015.4Q	2016.1Q	2016.2Q	2016.3Q	2016.4Q
이자수익	27,443	27,551	27,684	27,926	28,108	28,645
영업이익	7,787	5,558	6,555	8,901	9,369	6,261
당기순이익	6,981	4,228	7,877	7,004	7,224	6,144

재무 상태 〈단위 : 억원〉
항목	2011	2012	2013	2014	2015	2016
총자산	2,880,418	3,049,392	3,112,906	3,380,218	3,705,480	3,956,803
유형자산	29,939	31,085	32,143	31,473	30,554	31,456
무형자산	3,489	3,651	3,912	3,282	3,949	3,535
유가증권	594,141	667,023	659,456	716,664	758,915	873,320
총부채	2,611,830	2,760,261	2,814,354	3,075,069	3,387,349	3,639,353
총차입금	597,702	583,565	576,343	603,084	629,551	696,210
자본금	26,451	26,451	26,451	26,451	26,451	26,451
총자본	268,588	289,131	298,551	305,149	318,131	317,450
지배주주지분	243,965	263,719	275,382	291,841	308,397	311,097

기업가치 지표
항목	2011	2012	2013	2014	2015	2016
주가(최고/저)(천원)	47.2/31.7	42.0/29.8	44.3/32.7	49.2/38.7	43.9/36.7	46.2/35.0
PER(최고/저)(배)	9.1/6.1	9.9/7.0	12.4/9.2	12.5/9.8	9.6/8.0	8.2/6.2
PBR(최고/저)(배)	1.2/0.8	0.9/0.6	0.9/0.6	0.9/0.7	0.7/0.6	0.7/0.6
PSR(최고/저)(배)	2/1	2/1	2/1	2/1	2/2	2/2
EPS(원)	5,897	4,756	3,912	4,288	4,878	5,810
BPS(원)	46,117	54,341	56,745	60,136	63,548	65,605
CFPS(원)	6,445	5,369	4,571	4,933	5,452	6,355
DPS(원)	750	700	650	950	1,200	1,450
EBITDAPS(원)	7,937	6,510	5,423	5,470	6,126	6,509

재무 비율 〈단위 : % 〉
연도	계속사업이익률	순이익률	부채비율	차입금비율	ROA	ROE	유보율	자기자본비율	총자산증가율
2016	28.2	25.1	1,146.4	219.3	0.7	9.0	1,076.2	8.0	6.8
2015	28.2	22.0	1,064.8	197.9	0.7	7.9	1,065.9	8.6	9.6
2014	23.8	18.2	1,007.7	197.6	0.7	7.3	1,003.4	9.0	8.6
2013	21.3	16.3	942.7	193.1	0.7	7.3	941.1	9.6	2.1

신화실업 (A001770)
Shin Hwa Sil Up

업　　종 : 금속 및 광물	시　　장 : 거래소
신용등급 : (Bond) ―　　(CP) ―	기업규모 : 시가총액 소형주
홈페이지 : www.shinhwatp.co.kr	연 락 처 : 031)499-9922
본　　사 : 경기도 안산시 단원구 번영2로 31 (성곡동, 시화공단4다706)	

설 립 일	1956.06.01	종업원수	85명	대표이사	신청국
상 장 일	1988.11.23	감사의견	적정 (삼덕)	계　　열	
결 산 기	12월	보 통 주	121만주	종속회사수	
액 면 가	5,000원	우 선 주		구 상 호	

주주구성 (지분율,%)		출자관계 (지분율,%)		주요경쟁사 (외형,%)	
신청국	18.7			신화실업	100
신종호	8.0			세종머티리얼즈	77
				파버나인	110

매출구성		비용구성		수출비중	
주석도금	98.6	매출원가율	92.4	수출	40.9
임가공등	1.0	판관비율	6.7	내수	59.1
B.P COIL	0.5				

회사 개요
동사는 1956년 설립된 주석도금강판 전문 생산 업체임. 각종 CAN의 원료로 사용되는 주석도금강판은 그 쓰임새의 다양화 및 제품의 특성으로 인하여 대체품 개발이 어려움. 또한 알루미늄 CAN의 수요가 점차 감소되고 있으며, 석도강판의 기술개발로 인하여 기존 알루미늄 CAN시장을 잠식시키고 있어 성장성이 높음. 국내산업체는 동사 포함 3개사가 공급하고 있으며 동남아시아 지역의 수요가 매년 늘어나는 추세임.

실적 분석
동사의 2016년 결산 매출액은 전년동기 대비 22.6% 증가하였지만 주요 원재료인 주석의 가격상승으로 원가율이 악화되어 영업이익이 대폭 감소하였음. 국내의 경우 3개사가 독점 공급함으로써 가격 경쟁은 거의 없는 편이며 또한 식료품목이 아니므로 주문판매가 90%이상을 차지하고 고정거래처를 확보하고 있는 실정, 새로운 판로 망의 개척에 어려움이 있음. 수출의 경우 아시아지역의 수요 증가로 성장세를 보임.

현금 흐름　*IFRS 별도 기준　〈단위 : 억원〉

항목	2015	2016
영업활동	61	44
투자활동	5	3
재무활동	-51	-36
순현금흐름	16	11
기말현금	43	55

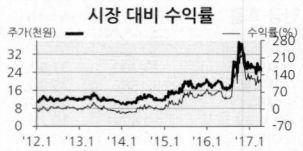
시장 대비 수익률

결산 실적　〈단위 : 억원〉

항목	2011	2012	2013	2014	2015	2016
매출액	953	931	771	620	572	702
영업이익	41	35	-8	15	26	6
당기순이익	8	6	-20	5	19	6

분기 실적　*IFRS 별도 기준　〈단위 : 억원〉

항목	2015.3Q	2015.4Q	2016.1Q	2016.2Q	2016.3Q	2016.4Q
매출액	158	111	160	190	169	183
영업이익	7	4	-13	-8	7	20
당기순이익	7	1	-12	-4	1	21

재무 상태　*IFRS 별도 기준　〈단위 : 억원〉

항목	2011	2012	2013	2014	2015	2016
총자산	909	933	814	744	696	701
유형자산	190	181	171	162	155	150
무형자산	7	8	8	8	8	8
유가증권	7	7	4	1	1	1
총부채	512	533	437	365	302	308
총차입금	369	378	332	270	222	190
자본금	61	61	61	61	61	61
총자본	397	401	377	378	394	393
지배주주지분	397	401	377	378	394	393

기업가치 지표　*IFRS 별도 기준

항목	2011	2012	2013	2014	2015	2016
주가(최고/저)(천원)	18.0/8.7	13.4/10.3	15.0/10.0	14.4/9.7	20.8/11.5	41.6/16.0
PER(최고/저)(배)	28.6/13.8	30.7/23.6	―/―	36.2/24.3	13.2/7.4	88.5/34.0
PBR(최고/저)(배)	0.6/0.3	0.4/0.3	0.5/0.3	0.5/0.3	0.7/0.4	1.3/0.5
EV/EBITDA(배)	9.1	9.2	207.0	15.5	12.2	38.9
EPS(원)	699	473	-1,645	416	1,590	474
BPS(원)	32,694	32,976	31,045	31,128	32,445	32,387
CFPS(원)	1,584	1,323	-809	1,219	2,303	928
DPS(원)	300	300	150	200	350	250
EBITDAPS(원)	4,412	3,708	162	2,016	2,880	952

재무 비율　〈단위 : % 〉

연도	영업이익률	순이익률	부채비율	차입금비율	ROA	ROE	유보율	자기자본비율	EBITDA마진율
2016	0.9	0.8	78.3	48.3	0.8	1.5	547.7	56.1	1.7
2015	4.6	3.4	76.5	56.2	2.7	5.0	548.9	56.7	6.1
2014	2.4	0.8	96.6	71.4	0.7	1.3	522.6	50.9	4.0
2013	-1.1	-2.6	115.9	88.1	-2.3	-5.1	520.9	46.3	0.3

신화인터텍 (A056700)
SHINWHA INTERTEK CORP

업　　종 : 디스플레이 및 관련부품	시　　장 : KOSDAQ
신용등급 : (Bond) ―　　(CP) ―	기업규모 : 중견
홈페이지 : www.shinwha.com	연 락 처 : 041)590-3300
본　　사 : 충남 천안시 동남구 병천면 매봉로 308	

설 립 일	1988.05.27	종업원수	368명	대표이사	이상운
상 장 일	2001.12.13	감사의견	적정 (안진)	계　　열	
결 산 기	12월	보 통 주	2,914만주	종속회사수	
액 면 가	500원	우 선 주		구 상 호	

주주구성 (지분율,%)		출자관계 (지분율,%)		주요경쟁사 (외형,%)	
효성	15.3	SHINWHAINTERTEKCORP	100.0	신화인터텍	100
신화인터텍우리사주조합	3.1	동산	10.0	에스엔유	27
(외국인)	8.7	캠브리오스	2.3	일진디스플	78

매출구성		비용구성		수출비중	
광학필름	91.9	매출원가율	85.3	수출	44.4
OLED Tape	8.1	판관비율	11.4	내수	55.6

회사 개요
동사는 TFT-LCD에 적용되는 광학필름(반사, 확산, 보호, 프리즘필름 등)을 제조 및 판매하고 있으며 주요사업부문은 광학필름사업부문이며 기타사업부문으로는 ENG사업부문이 있음. 2005년 2월 삼성전자 LCD 7세대 라인에 제품을 공급하기 시작, 급속한 시장 점유율 확대를 통해 지금은 삼성전자를 비롯하여 대만의 LCD 패널 생산기업인 AUO, CMI, Hannstar 등 국내외 다수의 LCD 패널 업체와 거래하고 있음.

실적 분석
동사의 2016년 연결기준 연간 누적 매출액은 2,154.9억원으로 전년 동기 대비 13.3% 증가함. 매출이 늘어난 만큼 매출원가도 늘어났지만 고정 비용 감소로 인해 영업이익은 전년 동기 대비 35.6% 증가한 71.5억원을 시현함. 비영업손익 부문에서 손실이 지속됐지만 적자 규모가 대폭 줄어들면서 당기순이익은 39억원으로 전년 동기 대비 흑자 전환에서 성공함.

현금 흐름　*IFRS 별도 기준　〈단위 : 억원〉

항목	2015	2016
영업활동	83	190
투자활동	41	-88
재무활동	-138	-50
순현금흐름	-12	53
기말현금	88	141

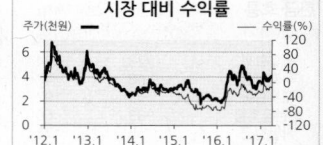
시장 대비 수익률

결산 실적　〈단위 : 억원〉

항목	2011	2012	2013	2014	2015	2016
매출액	3,199	2,838	2,343	2,077	1,902	2,155
영업이익	84	135	102	38	53	71
당기순이익	-300	-120	21	78	-40	39

분기 실적　〈단위 : 억원〉

항목	2015.3Q	2015.4Q	2016.1Q	2016.2Q	2016.3Q	2016.4Q
매출액	539	530	466	544	620	525
영업이익	37	45	23	16	26	7
당기순이익	35	-1	19	4	14	2

재무 상태　〈단위 : 억원〉

항목	2011	2012	2013	2014	2015	2016
총자산	3,148	2,584	2,199	2,289	2,038	2,063
유형자산	1,322	1,183	1,180	1,352	1,224	1,209
무형자산	28	47	50	68	54	43
유가증권	4	47	5	4	4	4
총부채	2,379	1,865	1,438	1,445	1,100	1,086
총차입금	1,827	1,463	1,002	972	705	662
자본금	96	113	121	122	146	146
총자본	769	719	761	844	938	976
지배주주지분	741	719	761	844	938	976

기업가치 지표

항목	2011	2012	2013	2014	2015	2016
주가(최고/저)(천원)	13.4/3.0	7.0/3.3	5.8/2.3	3.8/2.4	4.1/1.7	5.2/1.9
PER(최고/저)(배)	―/―	―/―	69.1/27.7	11.9/7.6	―/―	39.2/14.0
PBR(최고/저)(배)	3.4/0.8	2.2/1.0	1.8/0.7	1.1/0.7	1.3/0.5	1.5/0.6
EV/EBITDA(배)	10.5	7.4	7.3	11.9	7.8	8.6
EPS(원)	-1,617	-549	86	322	-146	134
BPS(원)	3,972	3,275	3,238	3,555	3,288	3,420
CFPS(원)	-1,069	-41	506	711	242	515
DPS(원)						50
EBITDAPS(원)	986	1,121	843	547	579	627

재무 비율　〈단위 : % 〉

연도	영업이익률	순이익률	부채비율	차입금비율	ROA	ROE	유보율	자기자본비율	EBITDA마진율
2016	3.3	1.8	111.3	67.8	1.9	4.1	584.0	47.3	8.5
2015	2.8	-2.1	117.2	75.2	-1.9	-4.5	557.7	46.0	8.4
2014	1.9	3.8	171.3	115.3	3.5	9.7	610.9	36.9	6.4
2013	4.4	0.9	189.0	131.7	0.9	2.8	547.5	34.6	8.7

신화콘텍 (A187270)
Shin Hwa Contech

업 종 : 휴대폰 및 관련부품		시 장 : KOSDAQ	
신용등급 : (Bond) — (CP) —		기업규모 : 벤처	
홈 페 이 지 : www.sh-ct.co.kr		연 락 처 : 031)432-1527	
본 사 : 경기도 안양시 만안구 일직로94번길 3 (석수동)			

설 립 일 2002.10.23	종 업 원 수 100명	대 표 이 사 이정진			
상 장 일 2014.08.08	감 사 의 견 적정 (길인)	계 열			
결 산 기 12월	보 통 주 805만주	종속회사수			
액 면 가 500원	우 선 주	구 상 호			

주주구성 (지분율,%)
이정진	34.3
이호상	4.9
(외국인)	0.6

출자관계 (지분율,%)
신화티앤씨	100.0
동우씨앤엠	100.0
신화콘텍비나	100.0

주요경쟁사 (외형,%)
신화콘텍	100
피델릭스	160
알에프세미	182

매출구성
정보통신	66.5
디스플레이&가전제품	25.9
HDD	7.7

비용구성
매출원가율	77.4
판관비율	20.1

수출비중
수출	41.1
내수	58.9

회사 개요
2002년 설립한 커넥터 제조업체로서 2006년에 신화콘텍으로 상호를 변경하였고 2014년에 베트남에 법인을 설립하였음. 제품별 매출은 2013년 기준으로 모바일용이 63%, 디스플레이 및 가전이 24%, HDD가 13% 정도를 차지하고 있음. 특히 모바일용 커넥터는 국내 우주일렉트로닉스, 제이앤티스, 해외 진출기업인 히로세코리아, 한국몰렉스가 경쟁 중임. 주요 고객은 삼성전자와 LG전자, Seagate 등이 있음.

실적 분석
동사의 2016년 결산기준 누적매출액은 전년 동기대비 3.2% 소폭 성장한 352.1억원을 달성하였음. 매출액의 소폭 성장과 더불어 매출원가를 절감하여 영업이익은 8.9억원 흑자전환함. 동사 제품인 커넥터는 모바일 및 IT발전에 따라 그 수요가 증가하므로 현 시장 특성상 향후 기대를 가져볼수 있을거라 봄. 동사는 현재 중국 로컬 시장 및 베트남 로컬 시장에 진입하였으므로 이에 대한 매출도 가시화된다면 이 또한 수익 성장을 견인할거라 봄.

현금 흐름 〈단위 : 억원〉
항목	2015	2016
영업활동	17	58
투자활동	-187	-140
재무활동	94	103
순현금흐름	-73	22
기말현금	44	66

시장 대비 수익률
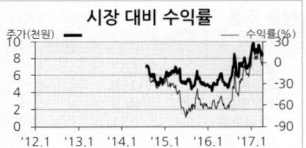

결산 실적 〈단위 : 억원〉
항목	2011	2012	2013	2014	2015	2016
매출액	112	319	538	535	341	352
영업이익	6	39	86	87	-10	9
당기순이익	6	23	65	69	-6	4

분기 실적 〈단위 : 억원〉
항목	2015.3Q	2015.4Q	2016.1Q	2016.2Q	2016.3Q	2016.4Q
매출액	102	65	62	74	149	67
영업이익	1	-12	-16	-4	34	-5
당기순이익	3	-12	-15	-5	26	-2

재무 상태 〈단위 : 억원〉
항목	2011	2012	2013	2014	2015	2016
총자산	134	217	357	534	597	712
유형자산	58	86	131	251	305	361
무형자산	1	2	1		9	14
유가증권	3				58	21
총부채	91	147	210	169	240	328
총차입금	58	77	107	100	192	279
자본금	8	12	27	37	37	40
총자본	43	70	146	365	358	384
지배주주지분	43	70	146	365	358	384

기업가치 지표
항목	2011	2012	2013	2014	2015	2016
주가(최고/저)(천원)	—/—	—/—	—/—	7.2/4.7	7.3/4.3	8.8/4.2
PER(최고/저)(배)	0.0/0.0	0.0/0.0	0.0/0.0	7.4/4.8	—/—	184.8/88.2
PBR(최고/저)(배)	0.0/0.0	0.0/0.0	0.0/0.0	1.6/1.0	1.6/1.0	1.8/0.9
EV/EBITDA(배)	3.3		1.3	0.5	3.2	12.4	13.5
EPS(원)	108	439	1,223	979	-71	47
BPS(원)	26,630	26,639	2,299	4,537	4,443	4,766
CFPS(원)	11,081	14,014	1,626	1,467	505	703
DPS(원)				50	—	—
EBITDAPS(원)	11,040	19,968	2,018	1,717	446	765

재무 비율 〈단위 : % 〉
연도	영업이익률	순이익률	부채비율	차입금비율	ROA	ROE	유보율	자기자본비율	EBITDA마진율
2016	2.5	1.1	85.5	72.7	0.6	1.0	853.2	53.9	17.5
2015	-3.1	-1.7	67.0	53.7	-1.0	-1.6	857.4	59.9	10.5
2014	16.3	13.0	46.2	27.5	15.6	27.1	877.8	68.4	22.7
2013	16.1	12.2	143.9	73.3	22.8	60.5	450.4	41.0	20.1

신흥 (A004080)
Shinhung

업 종 : 의료 장비 및 서비스		시 장 : 거래소	
신용등급 : (Bond) — (CP) —		기업규모 : 시가총액 소형주	
홈 페 이 지 : www.shinhung.co.kr		연 락 처 : 02)6366-2000	
본 사 : 서울시 중구 청파로 450			

설 립 일 1964.11.13	종 업 원 수 324명	대 표 이 사 이용익			
상 장 일 1991.02.08	감 사 의 견 적정 (삼일)	계 열			
결 산 기 12월	보 통 주 960만주	종속회사수			
액 면 가 500원	우 선 주	구 상 호			

주주구성 (지분율,%)
이용익	20.3
이영규	13.1
(외국인)	0.0

출자관계 (지분율,%)
신흥캐피탈	100.0
신흥엠에스티	84.0

주요경쟁사 (외형,%)
신흥	100
오스템임플란트	277
디오	71

매출구성
상품	61.2
치과진료대	20.6
치과합금	12.1

비용구성
매출원가율	74.6
판관비율	22.0

수출비중
수출	7.9
내수	92.1

회사 개요
동사는 1964년 설립된 치과용 기자재 제조 및 도소매 업체임. 주요 제품으로는 치과용 합금, 치과용 진료대, X선 촬영기, 공기압축기 등이 있으며 치과에서 사용하는 소모성 재료 등도 판매 중임. 동사의 제품별 매출비중은 치과용소모성 재료인 상품 60.1%, 치과진료대 20.0% 및 기타로 구성되며 가동률은 96.1% 수준임.

실적 분석
동사의 2016년 연결기준 누적매출액은 1,243.7억원으로 전년대비 0.8% 감소함. 매출원가가 상승하면서 영업이익은 전년대비 35.1% 줄어든 42.3억원, 당기순이익은 62.6% 감소한 10.8억원을 기록함. 최근 불경기가 장기화되면서 업체 간 가격경쟁이 심화된 상태임. 동사는 신개념 치과 유니트체어 출시와 치과 귀금속 시장 신규 진출을 통하여 사업 구조의 다각화를 꾀하고 있음.

현금 흐름 〈단위 : 억원〉
항목	2015	2016
영업활동	34	74
투자활동	-156	2
재무활동	121	-75
순현금흐름	-0	1
기말현금	1	2

시장 대비 수익률
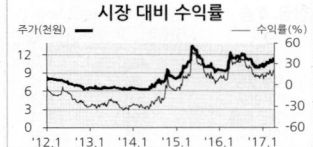

결산 실적 〈단위 : 억원〉
항목	2011	2012	2013	2014	2015	2016
매출액	1,693	1,530	1,236	1,242	1,254	1,244
영업이익	52	14	27	61	65	42
당기순이익	29	10	13	67	29	11

분기 실적 〈단위 : 억원〉
항목	2015.3Q	2015.4Q	2016.1Q	2016.2Q	2016.3Q	2016.4Q
매출액	296	334	312	310	294	328
영업이익	21	15	18	4	11	9
당기순이익	9	11	7	2	3	-1

재무 상태 〈단위 : 억원〉
항목	2011	2012	2013	2014	2015	2016
총자산	1,420	1,410	1,293	1,234	1,370	1,315
유형자산	434	399	350	337	493	468
무형자산	38	29	24	25	22	14
유가증권	52	41	9	9	10	7
총부채	642	637	514	405	521	468
총차입금	445	334	281	171	307	238
자본금	67	67	67	67	67	67
총자본	778	773	779	829	848	847
지배주주지분	769	765	774	827	847	846

기업가치 지표
항목	2011	2012	2013	2014	2015	2016
주가(최고/저)(천원)	9.0/7.8	8.4/6.3	6.8/6.2	9.5/6.2	13.6/8.0	13.0/9.1
PER(최고/저)(배)	34.1/29.2	90.0/66.8	51.4/46.2	14.2/9.5	45.7/26.9	109.7/76.8
PBR(최고/저)(배)	1.3/1.1	1.2/0.9	0.9/0.8	1.2/0.8	1.6/0.9	1.5/1.0
EV/EBITDA(배)	14.1	18.7	14.6	10.7	13.0	17.2
EPS(원)	302	104	145	702	308	120
BPS(원)	8,105	8,071	8,159	8,699	8,903	8,891
CFPS(원)	710	518	523	1,024	608	412
DPS(원)	200	200	200	200	200	200
EBITDAPS(원)	943	555	661	955	979	732

재무 비율 〈단위 : % 〉
연도	영업이익률	순이익률	부채비율	차입금비율	ROA	ROE	유보율	자기자본비율	EBITDA마진율
2016	3.4	0.9	55.3	28.1	0.8	1.4	1,167.7	64.4	5.7
2015	5.2	2.3	61.5	36.2	2.2	3.5	1,169.4	61.9	7.5
2014	4.9	5.4	48.8	20.6	5.3	8.4	1,140.3	67.2	7.4
2013	2.2	1.1	66.0	36.1	1.0	1.8	1,063.4	60.3	5.1

실리콘웍스 (A108320)
Silicon Works

업　　종 : 디스플레이 및 관련부품	시　　장 : KOSDAQ
신용등급 : (Bond) —　　(CP) —	기업규모 : 우량
홈페이지 : www.siliconworks.co.kr	연락처 : (042)712-7700
본　　사 : 대전시 유성구 테크노2로 222(탑립동)	

설 립 일 1999.11.11	종업원수 712명	대표이사 손보익
상 장 일 2010.06.08	감사의견 적정 (삼정)	계 열
결 산 기 12월	보통주 1,626만주	종속회사수
액 면 가 500원	우 선 주	구 상 호

주주구성 (지분율,%)
엘지	33.1
LSV Asset Management	5.1
(외국인)	36.7

출자관계 (지분율,%)
대덕벤처드림타운	20.0
대덕인베스트먼트	8.9

주요경쟁사 (외형,%)
실리콘웍스	100
LG디스플레이	4,345
에스에프에이	216

매출구성
System IC(제품)	100.0

비용구성
매출원가율	78.6
판관비율	13.1

수출비중
수출	95.0
내수	5.0

회사 개요
동사는 다이오드, 트랜지스터 및 유사 반도체 소자 제조업에 속해 있으며, 구체적으로는 평판 디스플레이용 시스템 반도체 부품 제조업을 영위하고 있다. 2002년 D-IC를 개발하여 시장 진입에 성공, 2008년 디스플레이용핵심 반도체를 Tota Solution으로 국내외 대형패널업체에 공급하고 있다. 동사의 주요 전방시장은 현재 주요 디스플레이로 자리잡고 있는 LCD 패널시장이며, 해당 시장은 한국 및 대만의 주요사업자들이 시장을 과점하고 있다.

실적 분석
동사의 2016년 연결기준 연간 매출액은 6,100.4억원으로 전년 동기 대비 13.9% 증가함. 매출 증가에 따른 매출원가 증가, 경상개발비 증가로 인한 판관비율 상승으로 영업이익은 전년 대비 9.4% 감소한 506.2억원을 시현함. 비영업손익 부문에서 금융수익이 71.0억원 발생하여 영업이익이 줄어들었음에도 불구하고 당기순이익은 전년 대비 4.6% 증가한 506.8억원을 기록함.

현금 흐름
〈단위 : 억원〉
항목	2015	2016
영업활동	448	490
투자활동	-81	6
재무활동	31	-163
순현금흐름	399	334
기말현금	2,295	2,629

시장 대비 수익률
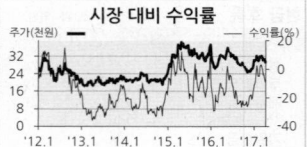

결산 실적
〈단위 : 억원〉
항목	2011	2012	2013	2014	2015	2016
매출액	3,015	4,726	4,098	3,907	5,358	6,100
영업이익	248	436	341	357	559	506
당기순이익	329	411	320	322	485	507

분기 실적
〈단위 : 억원〉
항목	2015.3Q	2015.4Q	2016.1Q	2016.2Q	2016.3Q	2016.4Q
매출액	1,593	1,653	1,590	1,509	1,431	1,571
영업이익	185	150	149	110	70	177
당기순이익	142	140	154	112	80	161

재무 상태
〈단위 : 억원〉
항목	2011	2012	2013	2014	2015	2016
총자산	2,684	3,362	3,449	3,764	4,630	4,860
유형자산	137	136	159	150	150	153
무형자산	32	75	59	73	231	171
유가증권	32	62	65	60	55	33
총부채	475	804	710	776	1,154	1,053
총차입금	—	—	—	—	—	—
자본금	81	81	81	81	81	81
총자본	2,209	2,558	2,739	2,988	3,476	3,807
지배주주지분	2,209	2,558	2,739	2,988	3,476	3,807

기업가치 지표
항목	2011	2012	2013	2014	2015	2016
주가(최고/저)(천원)	35.6/12.6	31.8/18.4	23.0/17.5	25.2/19.0	39.1/23.5	36.3/24.2
PER(최고/저)(배)	20.4/7.3	14.4/8.3	13.0/9.9	13.8/10.4	13.9/8.4	12.0/8.0
PBR(최고/저)(배)	2.9/1.0	2.2/1.3	1.5/1.1	1.5/1.1	1.9/1.2	1.6/1.1
EV/EBITDA(배)	12.1	4.2	5.6	4.7	5.7	3.1
EPS(원)	2,021	2,529	1,970	1,979	2,979	3,116
BPS(원)	14,251	16,253	17,444	18,773	21,371	23,406
CFPS(원)	2,146	2,697	2,228	2,299	3,861	3,704
DPS(원)	400	650	600	600	1,000	900
EBITDAPS(원)	1,651	2,846	2,356	2,514	4,318	3,701

재무 비율
〈단위 : % 〉
연도	영업이익률	순이익률	부채비율	차입금비율	ROA	ROE	유보율	자기자본비율	EBITDA마진율
2016	8.3	8.3	27.7	0.0	10.7	13.9	4,581.2	78.3	9.9
2015	10.4	9.0	33.2	0.0	11.5	15.0	4,174.1	75.1	13.1
2014	9.1	8.2	26.0	0.0	8.9	11.2	3,654.6	79.4	10.5
2013	8.3	7.8	25.9	0.0	9.4	12.1	3,388.9	79.4	9.4

심텍 (A222800)
SIMMTECH

업　　종 : 전자 장비 및 기기	시　　장 : KOSDAQ
신용등급 : (Bond) —　　(CP) —	기업규모 : 중견
홈페이지 : www.simmtech.co.kr	연락처 : (043)269-9000
본　　사 : 충북 청주시 흥덕구 산단로 73	

설 립 일 2015.07.01	종업원수 2,246명	대표이사 최시돈
상 장 일 2015.08.07	감사의견 적정 (삼일)	계 열
결 산 기 12월	보통주 2,275만주	종속회사수
액 면 가 500원	우 선 주	구 상 호

주주구성 (지분율,%)
심텍홀딩스	41.5
이민주	1.8
(외국인)	18.3

출자관계 (지분율,%)
SimmtechHongKongHoldingsLimited.	99.0
STJHoldingsCo.,Ltd.	16.7

주요경쟁사 (외형,%)
심텍	100
엘앤에프	32
비츠로셀	11

매출구성
Package Substrate	64.2
Module PCB	33.4
BIB	2.1

비용구성
매출원가율	87.6
판관비율	7.4

수출비중
수출	—
내수	—

회사 개요
동사는 2015년 7월 1일을 분할기일로 하여 심텍홀딩스로부터 PCB 제조사업을 인적분할하여 설립됨. 1987년 설립된 반도체 및 통신기기용 PCB를 전문 생산업체로 주요 제품은 크게 메모리 모듈용 PCB와 반도체 패키지에 필수적인 FBGA, FC-CSP, BOC 등과 같은 Package Substrate로 구분됨. 글로벌 Big5 메모리칩 메이커 및 Big5 패키징 전문 기업을 고객사로 확보하여 안정적인 성장을 지속중임.

실적 분석
동사의 2016년 연결기준 누적매출액은 전년 동기대비 100.3% 증가한 7,920.3억원을 기록함. 큰 폭의 매출 증가는 인적분할로 인해 직전사업연도가 7월 1일부터 적용된 것에 기인한 것이나, 실질적으로도 스마트모바일 및 DDR4칩향 PCB 위주의 매출 성장을 이루며 402.2억원의 영업이익을 기록함. 향후 성장성이 높은 Package Substrate분야로의 고객확보를 위해 노력중임.

현금 흐름
〈단위 : 억원〉
항목	2015	2016
영업활동	657	395
투자활동	-158	-415
재무활동	-468	4
순현금흐름	31	-17
기말현금	32	15

시장 대비 수익률
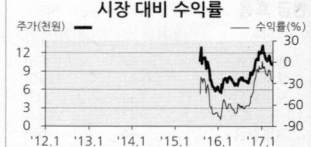

결산 실적
〈단위 : 억원〉
항목	2011	2012	2013	2014	2015	2016
매출액	6,138	6,314	5,263	6,638	3,955	7,920
영업이익	627	467	-334	137	195	402
당기순이익	426	197	-276	17	104	293

분기 실적
〈단위 : 억원〉
항목	2015.3Q	2015.4Q	2016.1Q	2016.2Q	2016.3Q	2016.4Q
매출액	1,872	—	1,978	1,867	2,025	2,049
영업이익	74	—	63	60	115	164
당기순이익	23	—	46	10	145	92

재무 상태
〈단위 : 억원〉
항목	2011	2012	2013	2014	2015	2016
총자산	4,556	5,040	5,665	6,154	5,483	6,012
유형자산	2,515	2,483	3,582	3,836	3,535	3,437
무형자산	47	53	345	369	284	285
유가증권	8	8	8	2	—	—
총부채	2,822	2,952	3,946	4,324	3,935	4,220
총차입금	1,694	1,785	2,317	2,355	1,781	1,837
자본금	147	161	161	167	110	112
총자본	1,733	2,087	1,719	1,830	1,549	1,792
지배주주지분	1,733	2,083	1,711	1,820	1,546	1,788

기업가치 지표
항목	2011	2012	2013	2014	2015	2016
주가(최고/저)(천원)	—/—	—/—	—/—	—/—	12.9/5.4	12.4/5.4
PER(최고/저)(배)	12.1/6.9	24.4/15.1	—/—	219.5/115.2	25.4/10.7	9.5/4.2
PBR(최고/저)(배)	2.9/1.7	2.4/1.5	2.0/1.1	1.9/1.0	1.9/0.8	1.6/0.7
EV/EBITDA(배)	5.3	5.7	116.9	10.0	7.8	5.4
EPS(원)	1,458	634	-858	48	538	1,326
BPS(원)	6,031	6,510	5,348	5,442	7,050	8,011
CFPS(원)	2,575	1,708	296	1,412	1,652	3,302
DPS(원)	200	200	—	—	260	200
EBITDAPS(원)	3,263	2,581	116	1,787	2,120	3,806

재무 비율
〈단위 : % 〉
연도	영업이익률	순이익률	부채비율	차입금비율	ROA	ROE	유보율	자기자본비율	EBITDA마진율
2016	5.1	3.7	235.5	102.5	5.1	17.5	1,502.2	29.8	10.6
2015	4.9	2.6	254.0	115.0	2.0	6.8	1,310.1	28.3	10.4
2014	2.1	0.3	236.3	128.7	0.3	0.9	988.4	29.7	8.7
2013	-6.4	-5.2	229.6	134.8	-5.2	-14.6	969.6	30.3	0.7

심텍홀딩스 (A036710)
SIMMTECH HOLDINGS

업　　종 : 전자 장비 및 기기	시　　장 : KOSDAQ
신용등급 : (Bond) ―　(CP) ―	기업규모 : 우량
홈페이지 : www.simmtechholdings.com	연 락 처 : 043)909-8000
본　　사 : 충북 청주시 흥덕구 산단로73	

설 립 일	1987.08.24	종 업 원 수	11명	대 표 이 사	박광준
상 장 일	2000.01.04	감 사 의 견	적정 (삼일)	계　　열	
결 산 기	12월	보 통 주	3,490만주	종속회사수	
액 면 가	500원	우 선 주		구 상 호	심텍

주주구성 (지분율,%)		출자관계 (지분율,%)		주요경쟁사 (외형,%)	
전세호	55.7	성진사	100.0	심텍홀딩스	100
신한비엔피파리바자산운용	2.5	시니어파트너즈	45.0	옵트론텍	17
(외국인)	5.3	심텍	42.3	에스씨디	17

매출구성		비용구성		수출비중	
상표권 수입외(기타)	100.0	매출원가율	88.3	수출	―
		판관비율	7.7	내수	―

회사 개요
2015년 7월 사업부문을 인적분할하고, 다른 회사의 주식을 소유함으로써 그 회사를 지배하는 것을 목적으로 하는 지주회사로 전환하여 사명을 심텍홀딩스로 변경함. 현재 반도체 및 통신기기용 PCB 전문 생산업체인 심텍(지분율 43%)을 포함하여 총 10개사를 계열사로 두고 있음. 영업수익은 자회사 등으로부터 배당수익, 상표권 사용수익, Shared Service 수익, 임대수익 등으로 구성되어 있음.

실적 분석
주요 자회사인 심텍의 실적 호전으로 2016년 영업이익이 전년의 1,280%로 대폭 증가하는 등 양호한 성과를 나타냄. 심텍은 2013년 자체공장 화재에 이어 주요고객사인 하이닉스 공장 화재로 상당 기간 수율관리에 어려움을 겪음. 2015년 말부터 수율이 안정되며 수익성도 호전되고 있음. 수익성이 높은 SSD 모듈 PCB 및 MCP/FCCSP 매출비중이 증가하고, DDR4 전환이 본격적으로 이루어진다면 동사의 실적도 수혜를 받을 것으로 기대됨.

현금 흐름 〈단위 : 억원〉
항목	2015	2016
영업활동	927	368
투자활동	-296	-427
재무활동	-598	33
순현금흐름	33	-25
기말현금	66	41

시장 대비 수익률
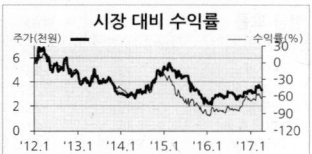

결산 실적 〈단위 : 억원〉
항목	2011	2012	2013	2014	2015	2016
매출액	6,138	6,314	5,263	167	1,561	7,900
영업이익	628	467	-334	-28	23	313
당기순이익	426	197	-276	17	1,249	208

분기 실적 〈단위 : 억원〉
항목	2015.3Q	2015.4Q	2016.1Q	2016.2Q	2016.3Q	2016.4Q
매출액	62	1,372	1,973	1,866	2,021	2,040
영업이익	-17	52	44	36	98	135
당기순이익	1,387	-169	30	-11	136	53

재무 상태 〈단위 : 억원〉
항목	2011	2012	2013	2014	2015	2016
총자산	4,556	5,040	5,665	6,154	5,864	6,289
유형자산	2,515	2,483	3,630	3,836	3,523	3,342
무형자산	47	35	345	369	691	628
유가증권	16	8	8	2	2	2
총부채	2,822	2,952	3,946	4,324	3,960	4,218
총차입금	1,694	1,785	2,317	2,355	1,781	1,837
자본금	147	161	161	167	174	174
총자본	1,733	2,087	1,719	1,830	1,904	2,072
지배주주지분	1,733	2,083	1,711	1,820	1,074	1,128

기업가치 지표
항목	2011	2012	2013	2014	2015	2016
주가(최고/저)(천원)	8.1/4.6	7.2/4.4	5.1/2.9	5.0/2.6	5.6/2.1	3.4/2.2
PER(최고/저)(배)	5.7/3.3	11.5/7.1	―/―	104.0/54.5	1.2/0.5	17.9/11.3
PBR(최고/저)(배)	1.4/0.8	1.1/0.7	1.0/0.5	0.9/0.5	1.8/0.7	1.1/0.7
EV/EBITDA(배)	5.2	5.7	116.9	14.0	9.4	5.0
EPS(원)	1,458	634	-858	48	4,561	190
BPS(원)	6,031	6,510	5,348	5,442	3,081	3,235
CFPS(원)	2,575	1,708	296	1,412	5,819	1,532
DPS(원)	200	200				
EBITDAPS(원)	3,265	2,581	116	1,277	1,342	2,239

재무 비율 〈단위 : % 〉
연도	영업이익률	순이익률	부채비율	차입금비율	ROA	ROE	유보율	자기자본비율	EBITDA마진율
2016	4.0	2.6	203.6	88.7	3.4	6.0	547.1	32.9	9.9
2015	1.5	80.0	208.1	93.6	20.8	85.4	516.1	32.5	23.3
2014	-17.0	10.2	236.3	128.7	0.3	0.9	988.4	29.7	248.0
2013	-6.4	-5.2	229.6	134.8	-5.2	-14.6	969.6	30.3	0.7

심팩메탈 (A090730)
SIMPAC METAL

업　　종 : 금속 및 광물	시　　장 : KOSDAQ
신용등급 : (Bond) ―　(CP) ―	기업규모 : 우량
홈페이지 : www.simpacmetal.com	연 락 처 : 054)271-8700
본　　사 : 경북 포항시 남구 괴동로 153	

설 립 일	1959.09.28	종 업 원 수	138명	대 표 이 사	송효석,최진식
상 장 일	2008.10.17	감 사 의 견	적정 (안진)	계　　열	
결 산 기	12월	보 통 주	1,300만주	종속회사수	
액 면 가	500원	우 선 주		구 상 호	SIMPAC METALLOY

주주구성 (지분율,%)		출자관계 (지분율,%)		주요경쟁사 (외형,%)	
심팩홀딩스	55.4			SIMPAC Metal.	100
최진식	5.0			대양금속	106
(외국인)	0.8			원일특강	150

매출구성		비용구성		수출비중	
망간 합금철 등(제품)	74.5	매출원가율	90.9	수출	12.9
망간 합금철 등(상품)	16.3	판관비율	4.9	내수	87.1
Roll(제품)	8.5				

회사 개요
동사는 1959년 설립되었으며, 2008년 코스닥시장에 상장함. 합금철, 고분자 화학제품의 제조 및 판매를 주요 사업으로 하고 있음. 주요 제품인 합금철은 망간계 합금철로 철강 제련과정에서 용탕의 탈산 혹은 탈류 등 불순물을 제거하거나 철 이외의 성분원소 첨가를 목적으로 사용됨. 2014년 1분기 합금철부문 매출비중은 93.7% 수준임. 수출비중은 1.7%로 합금철의 대부분은 내수로 판매되고 있음.

실적 분석
동사의 2016년 연결 기준 매출과 영업이익은 1,375억원, 59억원으로 전년 대비 매출은 0.7% 감소했으나 흑자전환함. 합금철 제품 판매단가 상승 및 원가철감으로 인한 수익성 회복이 원인으로 전년 대비 수익성이 호전됨. 사업부문별로 살펴보면, 전체 매출액의 91%를 차지하는 합금철사업부문의 매출액은 1,255억원, 화학사업부문은 120억원을 기록함. 합금철사업부는 33억원, 화학사업부는 26억원의 영업이익을 시현함.

현금 흐름 〈단위 : 억원〉
항목	2015	2016
영업활동	263	133
투자활동	238	-153
재무활동	-123	-97
순현금흐름	379	-115
기말현금	539	424

시장 대비 수익률

결산 실적 〈단위 : 억원〉
항목	2011	2012	2013	2014	2015	2016
매출액	1,602	1,899	1,731	1,661	1,385	1,375
영업이익	194	155	106	57	-5	59
당기순이익	182	127	76	42	-27	68

분기 실적 〈단위 : 억원〉
항목	2015.3Q	2015.4Q	2016.1Q	2016.2Q	2016.3Q	2016.4Q
매출액	326	285	354	341	322	358
영업이익	-5	-33	24	21	-3	39
당기순이익	-10	-29	9	18	-4	45

재무 상태 〈단위 : 억원〉
항목	2011	2012	2013	2014	2015	2016
총자산	2,772	2,769	2,924	2,702	2,542	2,533
유형자산	1,153	1,227	1,174	1,109	1,043	972
무형자산	115	101	89	77	74	70
유가증권	325	483	493	6	6	6
총부채	1,166	1,057	1,145	909	798	736
총차입금	904	898	894	782	680	598
자본금	65	65	65	65	65	65
총자본	1,605	1,712	1,779	1,793	1,745	1,798
지배주주지분	1,605	1,712	1,779	1,793	1,745	1,798

기업가치 지표
항목	2011	2012	2013	2014	2015	2016
주가(최고/저)(천원)	10.3/5.3	8.6/4.9	7.1/5.6	6.4/5.1	6.4/4.2	5.8/3.7
PER(최고/저)(배)	8.1/4.2	9.5/5.3	12.9/10.1	20.9/16.6	―/―	11.3/7.2
PBR(최고/저)(배)	0.9/0.5	0.7/0.4	0.5/0.4	0.5/0.4	0.5/0.3	0.4/0.3
EV/EBITDA(배)	5.6	5.1	6.3	6.9	9.1	5.0
EPS(원)	1,401	979	584	320	-210	521
BPS(원)	12,548	13,368	13,873	13,986	13,698	14,171
CFPS(원)	1,544	1,670	1,285	1,020	409	1,131
DPS(원)	150	100	80	80	50	100
EBITDAPS(원)	1,635	1,880	1,520	1,139	580	1,061

재무 비율 〈단위 : % 〉
연도	영업이익률	순이익률	부채비율	차입금비율	ROA	ROE	유보율	자기자본비율	EBITDA마진율
2016	4.3	4.9	40.9	33.3	2.7	3.8	2,734.2	71.0	10.0
2015	-0.4	-2.0	45.7	39.0	-1.0	-1.6	2,639.6	68.6	5.5
2014	3.4	2.5	50.7	43.6	1.5	2.3	2,697.3	66.4	8.9
2013	6.2	4.4	64.4	50.3	2.7	4.4	2,674.7	60.8	11.4

싸이맥스 (A160980)
CYMECHS

업 종 : 반도체 및 관련장비	시 장 : KOSDAQ
신용등급 : (Bond) — (CP) —	기업규모 : 중견
홈페이지 : www.cymechs.com	연 락 처 : 031)371-8600
본 사 : 경기도 화성시 동탄면 동탄산단2길 47	

설 립 일 2005.12.02	종 업 원 수 107명	대 표 이 사 배도인,정구용	
상 장 일 2015.06.17	감 사 의 견 적정 (신한)	계 열	
결 산 기 12월	보 통 주 543만주	종속회사수	
액 면 가 500원	우 선 주	구 상 회	

주주구성 (지분율,%)
인지컨트롤스	15.2
정구용	14.5
(외국인)	2.6

출자관계 (지분율,%)
인지에이엠티	41.7
서안싸이맥스반도체설비유한공사	100.0

주요경쟁사 (외형,%)
싸이맥스	100
매커스	93
엑시콘	62

매출구성
반도체장비	89.3
서비스매출	8.0
상품매출	2.3

비용구성
매출원가율	82.1
판관비율	7.9

수출비중
수출	—
내수	—

회사 개요
동사는 2005년 12월 2일 설립되었으며, 반도체 웨이퍼 이송용 장비를 제조하고 있음. 동사의 목적 사업은 반도체 및 에프피디(FPD) 관련장비 제조 판매, 소프트웨어 개발 판매, 산업용 및 써비스로봇 제조 판매, 의료용 로봇 제조 판매업이며, 현재 인지컨트롤스 기업집단에 속해있음. 계열회사 수는 총 36개사로 국내법인 15개사와 해외현지법인 21개사로 구성되있음. 동사의 반도체 관련 매출액이 전체 매출액의 90% 이상을 차지하고 있음.

실적 분석
동사의 2016년 연결 기준 매출과 영업이익은 732억원, 74억원으로 전년 대비 각각 32%, 85% 증가함. 수주증가에 따른 매출의 증가 및 원가절감을 통한 수익성 증대가 주요 원인임. 동사의 재무현황은 자산총계 906억원, 부채총계 352억원, 자본총계 554억원으로 전년대비 각각 194억원, 152억원, 42억원이 증가함. 이는 매출증가에 따른 매출채권의 증가와 동탄신공장 건축에 의한 건물 및 시설장치 등 유형자산 투자에 따른 것임.

현금 흐름 〈단위 : 억원〉
항목	2015	2016
영업활동	100	-9
투자활동	-491	-4
재무활동	361	14
순현금흐름	-29	6
기말현금	28	34

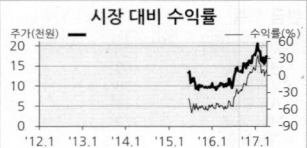
시장 대비 수익률

결산 실적 〈단위 : 억원〉
항목	2011	2012	2013	2014	2015	2016
매출액	423	346	496	547	554	732
영업이익	40	26	50	58	40	74
당기순이익	36	24	51	60	16	63

분기 실적 〈단위 : 억원〉
항목	2015.3Q	2015.4Q	2016.1Q	2016.2Q	2016.3Q	2016.4Q
매출액	154	94	91	86	185	369
영업이익	11	1	6	0	21	46
당기순이익	11	-21	7	0	16	40

재무 상태 〈단위 : 억원〉
항목	2011	2012	2013	2014	2015	2016
총자산	279	217	364	393	712	906
유형자산	12	9	7	6	176	313
무형자산	17	21	21	17	12	8
유가증권	—	—	—	—	112	82
총부채	153	68	157	130	200	352
총차입금	30	30			128	160
자본금	19	19	19	19	27	27
총자본	126	150	207	263	512	554
지배주주지분	126	150	207	263	512	554

기업가치 지표
항목	2011	2012	2013	2014	2015	2016
주가(최고/저)(천원)	—/—	—/—	—/—	—/—	13.6/9.0	17.8/9.1
PER(최고/저)(배)	0.0/0.0	0.0/0.0	0.0/0.0	0.0/0.0	41.7/27.7	15.3/7.8
PBR(최고/저)(배)	0.0/0.0	0.0/0.0	0.0/0.0	0.0/0.0	1.4/0.9	1.6/0.8
EV/EBITDA(배)	—	—	—	—	8.2	11.3
EPS(원)	957	648	1,366	1,613	337	1,174
BPS(원)	3,389	4,026	5,564	7,095	10,012	10,955
CFPS(원)	1,080	768	1,514	1,817	493	1,384
DPS(원)	—	—	—	—	200	250
EBITDAPS(원)	1,207	818	1,502	1,775	1,010	1,571

재무 비율 〈단위 : % 〉
연도	영업이익률	순이익률	부채비율	차입금비율	ROA	ROE	유보율	자기자본비율	EBITDA마진율
2016	10.1	8.7	63.5	28.9	7.9	11.9	2,091.0	61.2	11.6
2015	7.2	2.8	39.0	24.9	2.8	4.1	1,902.5	72.0	8.5
2014	10.7	11.0	49.4		15.9	25.5	1,318.9	67.0	12.1
2013	10.1	10.2	75.9		17.5	28.5	1,012.8	56.9	11.2

쌍방울 (A102280)
SBW

업 종 : 섬유 및 의복	시 장 : 거래소
신용등급 : (Bond) BB+ (CP) —	기업규모 : 시가총액 소형주
홈페이지 : www.sbw.co.kr	연 락 처 : 02)3485-6000
본 사 : 서울시 강남구 도산대로 549 (청담동)	

설 립 일 2008.05.02	종 업 원 수 368명	대 표 이 사 양선길	
상 장 일 2008.06.10	감 사 의 견 적정 (성지)	계 열	
결 산 기 12월	보 통 주 12,912만주	종속회사수	
액 면 가 500원	우 선 주	구 상 회	

주주구성 (지분율,%)
광림	18.0
김영모	0.2
(외국인)	0.6

출자관계 (지분율,%)
그릿에이	100.0
전북메리야스협동조합	11.3
길림트라이	100.0

주요경쟁사 (외형,%)
쌍방울	100
한세예스24홀딩스	1,969
LF	1,344

매출구성
언더웨어 외(매출)	78.9
언더웨어 외(수출)	21.2

비용구성
매출원가율	73.2
판관비율	40.1

수출비중
수출	20.4
내수	79.6

회사 개요
동사는 1963년 설립된 쌍녕섬유공업주식회사를 모태로 함. 1977년 쌍방울로 상호를 변경하고 2006년 트라이 브랜즈로 사명을 바꿈. 2008년 티이씨앤코로부터 인적분할 방식으로 설립됨. 쌍방울은 내의 시장에서 7.7%의 시장점유율을 보임. 과거 내의 시장은 대형 상위 기업들이 대체로 지배했지만 최근에는 대형마트, 홈쇼핑, 인터넷몰 등 새로운 유통을 중심으로 소규모 기업들이 등장하면서 경쟁이 치열해지고 있으나, 유통망 증설을 계획중임.

실적 분석
동사의 2016년 결산기준 매출액은 1,137.7억원으로 전년 동기 대비 20.2% 감소함. 영업손실은 150.9억원 적자로 전년 동기 대비 적자전환함. 비영업손익 부문에도 적자발생하며, 당기순손실은 163.0억원으로 적자지속함. 동사는 중국 생산 기반과 국내 영업망을 하나로 묶어 핵심역량을 강화한다는 방침임. 중국 금성그룹과 대규모 제휴 및 투자 진행 중이며, 사후 면세 분야로 사업분야 확장 예정임.

현금 흐름 〈단위 : 억원〉
항목	2015	2016
영업활동	-92	-98
투자활동	-206	-128
재무활동	835	-20
순현금흐름	538	-247
기말현금	595	348

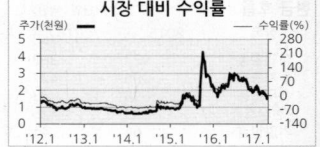
시장 대비 수익률

결산 실적 〈단위 : 억원〉
항목	2011	2012	2013	2014	2015	2016
매출액	1,588	1,587	1,362	1,389	1,426	1,138
영업이익	83	53	-2	3	10	-151
당기순이익	60	34	-19	-12	-5	-163

분기 실적 〈단위 : 억원〉
항목	2015.3Q	2015.4Q	2016.1Q	2016.2Q	2016.3Q	2016.4Q
매출액	370	370	294	347	294	203
영업이익	-11	14	-25	-15	-5	-105
당기순이익	-11	5	-17	-19	-20	-107

재무 상태 〈단위 : 억원〉
항목	2011	2012	2013	2014	2015	2016
총자산	1,258	1,209	1,338	1,387	2,174	2,233
유형자산	358	342	329	330	323	310
무형자산	24	26	32	31	30	31
유가증권	24	0	0	0	236	351
총부채	521	446	590	619	405	490
총차입금	310	284	443	466	297	270
자본금	416	416	416	438	646	646
총자본	737	764	747	767	1,769	1,743
지배주주지분	737	764	747	767	1,769	1,738

기업가치 지표
항목	2011	2012	2013	2014	2015	2016
주가(최고/저)(천원)	1.7/0.5	1.5/0.8	1.0/0.6	1.2/0.6	4.9/0.8	3.4/1.6
PER(최고/저)(배)	24.7/7.6	38.6/21.2	—/—	—/—	—/—	—/—
PBR(최고/저)(배)	2.0/0.6	1.7/1.0	1.2/0.8	1.4/0.7	3.6/0.6	2.5/1.2
EV/EBITDA(배)	9.8	12.9	35.9	38.2	57.2	—
EPS(원)	67	38	-21	-14	-5	-125
BPS(원)	886	919	899	876	1,370	1,346
CFPS(원)	153	83	10	20	24	-103
DPS(원)	—	—	—	—	—	—
EBITDAPS(원)	181	105	30	38	39	-94

재무 비율 〈단위 : % 〉
연도	영업이익률	순이익률	부채비율	차입금비율	ROA	ROE	유보율	자기자본비율	EBITDA마진율
2016	-13.3	-14.3	28.1	15.5	-7.4	-9.2	169.3	78.1	-10.7
2015	0.7	-0.4	22.9	16.8	-0.3	-0.4	174.0	81.4	2.5
2014	0.2	-0.9	80.7	60.8	-0.9	-1.7	75.2	55.3	2.3
2013	-0.2	-1.4	79.0	59.3	-1.5	-2.6	79.9	55.9	1.8

쌍용머티리얼 (A047400)
Ssangyong Materials

업 종 : 자동차부품		시 장 : 거래소	
신용등급 : (Bond) — (CP) —		기업규모 : 시가총액 소형주	
홈 페 이 지 : www.ssym.com		연 락 처 : 053)580-4135	
본 사 : 대구시 달서구 성서공단남로 151 (월암동)			

설 립 일 2000.06.30	종업원수 276명	대표이사 김진영
상 장 일 2009.09.29	감사의견 적정 (삼정)	계 열
결 산 기 12월	보 통 주 4,200만주	종속회사수
액 면 가 500원	우 선 주	구 상 호

주주구성 (지분율,%)		출자관계 (지분율,%)		주요경쟁사 (외형,%)	
유니온	52.2	쌍용툴텍 85.7		쌍용머티리얼	100
대원지에스아이	7.9			삼원강재	250
(외국인)	2.0			코프라	121

매출구성		비용구성		수출비중	
모터용자석 외	65.1	매출원가율	79.2	수출	71.9
절삭공구 외	28.9	판관비율	13.3	내수	28.1
스페셜 공구 외	6.0				

회사 개요
동사는 2000년 설립한 후, 자동차용 및 가전용 모터의 소재인 페라이트 마그네트 사업과 절삭공구, 전자레인지의 핵심부품인 마그네트론 스템, 수도밸브용 디스크를 생산하는 세라믹 사업 등을 영위하고 있는 대표적인 소재부품업체임. 전세계 페라이트 마그네트 시장의 약 10%, 국내시장의 약 30% 정도를 점유하고 있으며, 꾸준한 영업 및 연구개발 등으로 세계적으로 품질을 인정받으며 시장점유율을 확대해 나가고 있음.

실적 분석
동사의 2016년 누적매출액은 1,073억원으로 전년동기 1,066억원 대비 0.6% 증가하였다. 또한 판매비와 관리비는 142억원으로 3.3% 감소하였다. 그리고 매출총이익은 222억원으로 6.5% 증가하였다. 이에 따라 영업이익은 80억원으로 29.7% 증가하였다. 최종적으로 당기순이익 또한 67억원으로 전년동기 대비 31.1% 증가하였다. 외형 및 수익성 증가 추세가 지속되었음.

현금 흐름 〈단위 : 억원〉
항목	2015	2016
영업활동	93	94
투자활동	-52	-24
재무활동	-41	-70
순현금흐름	-0	0
기말현금	2	2

시장 대비 수익률

결산 실적 〈단위 : 억원〉
항목	2011	2012	2013	2014	2015	2016
매출액	891	985	980	1,057	1,066	1,072
영업이익	84	70	64	57	62	80
당기순이익	63	42	54	36	51	67

분기 실적 〈단위 : 억원〉
항목	2015.3Q	2015.4Q	2016.1Q	2016.2Q	2016.3Q	2016.4Q
매출액	267	276	260	261	267	284
영업이익	24	4	10	23	26	22
당기순이익	32	-2	9	20	6	32

재무 상태 〈단위 : 억원〉
항목	2011	2012	2013	2014	2015	2016
총자산	1,348	1,432	1,444	1,467	1,457	1,448
유형자산	735	797	821	877	853	820
무형자산	8	13	12	12	11	9
유가증권	0	0	0	0	0	0
총부채	483	557	533	540	508	455
총차입금	181	271	233	207	188	138
자본금	210	210	210	210	210	210
총자본	865	875	911	927	949	993
지배주주지분	862	870	907	923	945	989

기업가치 지표
항목	2011	2012	2013	2014	2015	2016
주가(최고/저)(천원)	2.3/1.2	3.3/1.7	2.2/1.7	2.7/1.7	2.8/2.0	4.8/2.4
PER(최고/저)(배)	17.0/9.0	36.2/18.7	18.0/13.8	32.9/20.8	23.1/16.6	30.3/15.3
PBR(최고/저)(배)	1.2/0.7	1.7/0.9	1.1/0.8	1.3/0.8	1.3/0.9	2.1/1.0
EV/EBITDA(배)	7.8	9.0	8.4	10.1	11.1	9.8
EPS(원)	150	99	128	85	122	159
BPS(원)	2,051	2,072	2,158	2,197	2,250	2,355
CFPS(원)	250	222	251	216	268	304
DPS(원)	50	35	35	35	35	35
EBITDAPS(원)	299	290	275	266	294	336

재무 비율 〈단위 : % 〉
연도	영업이익률	순이익률	부채비율	차입금비율	ROA	ROE	유보율	자기자본비율	EBITDA마진율
2016	7.5	6.2	45.8	13.9	4.6	6.9	371.0	68.6	13.2
2015	5.8	4.8	53.5	19.8	3.5	5.5	350.0	65.1	11.6
2014	5.4	3.4	58.2	22.4	2.4	3.9	339.4	63.2	10.6
2013	6.5	5.5	58.5	25.6	3.7	6.0	331.7	63.1	11.8

쌍용양회공업 (A003410)
Ssangyong Cement Industrial

업 종 : 건축소재		시 장 : 거래소	
신용등급 : (Bond) BBB+ (CP) A3+		기업규모 : 시가총액 중형주	
홈 페 이 지 : www.ssangyongcement.co.kr		연 락 처 : 02)2270-5114	
본 사 : 서울시 중구 수표로 34 씨티센터타워 7~9층			

설 립 일 1962.05.14	종업원수 902명	대표이사 윤여을,황동철
상 장 일 1975.05.03	감사의견 적정 (삼정)	계 열
결 산 기 12월	보 통 주 9,281만주	종속회사수
액 면 가 5,000원	우 선 주 31만주	구 상 호

주주구성 (지분율,%)		출자관계 (지분율,%)		주요경쟁사 (외형,%)	
한앤코10호 유한회사	76.5	쌍용자원개발	100.0	쌍용양회	100
국민연금공단	5.3	쌍용레미콘	100.0	동양	21
(외국인)	3.9	쌍용기초소재	100.0	한일시멘트	70

매출구성		비용구성		수출비중	
시멘트	42.9	매출원가율	79.4	수출	7.4
석유류(운송용, 산업용 연료)	19.0	판관비율	7.8	내수	92.6
레미콘	15.4				

회사 개요
국내 1위 시멘트 업체로 2014년말 기준 M/S는 약 22% 내외 수준이며, 이는 2013년과 비슷한 수준임. 지배주주는 일본의 태평양시멘트(32.4%)이며, 출자전환을 한 채권단이 46.2%의 지분을 보유하고 있음. 2009년 2월 중국 시멘트를 수입해 슬래그시멘트를 제조하는 기초소재를 컨소시엄을 통해 인수하였고, 4월에는 레미콘, 골재사업부를 분사하여 신규 설립한 (주)쌍용레미콘에 관련사업 일체를 양도함.

실적 분석
동사의 2016년 결산 매출액은 주력사업인 시멘트부문의 매출 증가로 전년동기 대비 3.7% 증가한 2조 597억원을 기록함. 외형확대와 더불어 원가율 하락, 인건비 및 경상개발비 등 판관비 증가 억제 노력 영향으로 수익성 크게 상승하여 전년동기 대비 22.2% 증가한 2,618억원의 영업이익 시현함. 비영업손익부문 또한 당기순이익 또한 전년동기 대비 127.3% 증가한 1,751억원 시현하는 등 양호한 수익성 과시.

현금 흐름 〈단위 : 억원〉
항목	2015	2016
영업활동	2,742	1,967
투자활동	-127	-743
재무활동	-2,649	511
순현금흐름	-34	1,734
기말현금	332	2,066

시장 대비 수익률

결산 실적 〈단위 : 억원〉
항목	2011	2012	2013	2014	2015	2016
매출액	18,551	19,910	20,607	20,207	19,864	20,597
영업이익	666	1,436	1,381	1,623	2,142	2,618
당기순이익	-364	396	441	1,030	771	1,751

분기 실적 〈단위 : 억원〉
항목	2015.3Q	2015.4Q	2016.1Q	2016.2Q	2016.3Q	2016.4Q
매출액	5,301	4,667	4,714	5,490	5,114	5,280
영업이익	681	474	428	858	716	615
당기순이익	462	-521	294	612	521	325

재무 상태 〈단위 : 억원〉
항목	2011	2012	2013	2014	2015	2016
총자산	31,392	31,635	30,743	30,033	29,345	32,162
유형자산	22,693	22,765	23,002	22,715	22,168	21,081
무형자산	950	934	904	863	869	825
유가증권	322	238	183	100	54	92
총부채	20,158	20,111	18,783	17,200	15,862	14,022
총차입금	13,616	13,705	13,104	11,646	9,473	7,210
자본금	4,015	4,015	4,015	4,015	4,015	4,656
총자본	11,233	11,524	11,960	12,834	13,483	18,140
지배주주지분	10,680	10,951	11,355	12,266	12,926	16,889

기업가치 지표
항목	2011	2012	2013	2014	2015	2016
주가(최고/저)(천원)	8.8/3.9	5.8/3.8	8.4/5.0	12.4/6.9	24.6/13.2	20.5/13.3
PER(최고/저)(배)	—/—	14.0/9.1	16.7/10.0	9.5/5.3	24.4/13.1	9.7/6.3
PBR(최고/저)(배)	0.7/0.3	0.4/0.3	0.6/0.4	0.8/0.5	1.6/0.8	1.2/0.7
EV/EBITDA(배)	11.9	8.3	8.6	8.2	7.1	5.3
EPS(원)	-580	422	509	1,328	1,020	2,142
BPS(원)	13,300	13,637	14,140	15,276	16,097	18,137
CFPS(원)	475	1,520	1,625	2,477	2,306	3,377
DPS(원)						160
EBITDAPS(원)	1,908	2,923	2,869	3,203	4,145	4,480

재무 비율 〈단위 : % 〉
연도	영업이익률	순이익률	부채비율	차입금비율	ROA	ROE	유보율	자기자본비율	EBITDA마진율
2016	12.7	8.5	77.3	39.7	5.7	11.6	262.7	56.4	17.6
2015	10.8	3.9	117.7	70.3	2.6	6.1	222.0	46.0	15.6
2014	8.0	5.1	134.0	90.8	3.4	8.9	205.5	42.7	12.5
2013	6.7	2.1	157.0	109.6	1.4	3.6	182.8	38.9	10.9

쌍용자동차 (A003620)
Ssangyong Motor

업 종 : 자동차		시 장 : 거래소	
신용등급 : (Bond) — (CP) —		기업규모 : 시가총액 중형주	
홈페이지 : www.smotor.com		연 락 처 : 031)610-1114	
본 사 : 경기도 평택시 동삭로 455-12(칠괴동)			

설 립 일 1962.12.06	종 업 원 수 4,816명	대 표 이 사 최종식	
상 장 일 1975.05.29	감 사 의 견 적정 (안진)	계 열	
결 산 기 12월	보 통 주 13,795만주	종속회사수	
액 면 가 5,000원	우 선 주	구 상 호	

주주구성 (지분율,%)
Mahindra & Mahindra Limited	72.5
Shanghai Automotive Co., Ltd.	1.3
(외국인)	77.4

출자관계 (지분율,%)
에스와이오토캐피탈	51.0
기협기술금융	1.7
쌍용기차	100.0

주요경쟁사 (외형,%)
쌍용차	100
현대차	2,581
기아차	1,453

매출구성
RV	86.9
차륜 및 기타부품 외	11.1
승용	2.0

비용구성
매출원가율	83.7
판관비율	15.5

수출비중
수출	29.6
내수	70.4

회사 개요
동사는 1962년 설립됨. 1975년 유가증권시장에 상장됨. 경기도 평택공장에서 체어맨W, 렉스턴W, 뉴 코란도C, 코란도 스포츠, 티볼리 등을 생산함. 창원공장에서는 가솔린, 디젤 엔진을 생산함. 중소형 SUV 수요에 적극적으로 대응하기 위해 2015년형 제품을 선보였음. 티볼리의 꾸준한 매출로 인해 렉스턴W와 코란도C 또한 판매량이 늘어 쌍용차 점유율을 향상에 기여함

실적 분석
동사의 2016년도 연결기준 매출액은 3조 6,285억원으로 전년 동기 대비 7% 증가. 영업이익은 279.9억원으로 흑자전환. 티볼리의 꾸준한 인기에 따른 내수 판매증가로 영업이익이 개선됨. SUV 열풍에 편승한 티볼리의 판매호조로 영업이익이 탄탄해져 당기순이익 또한 581억원으로 큰 폭 흑자전환. 렉스턴W와 코란도C의 판매량 증가도 영업이익 증가 원인이 됨.

현금 흐름 〈단위 : 억원〉
항목	2015	2016
영업활동	2,015	2,444
투자활동	-2,280	-2,107
재무활동	675	70
순현금흐름	411	405
기말현금	1,979	2,384

시장 대비 수익률
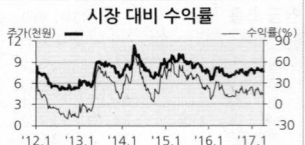

결산 실적 〈단위 : 억원〉
항목	2011	2012	2013	2014	2015	2016
매출액	27,877	28,741	34,849	33,266	33,901	36,285
영업이익	-1,410	-981	-89	-769	-358	280
당기순이익	-1,128	-1,059	-24	-509	-619	581

분기 실적 〈단위 : 억원〉
항목	2015.3Q	2015.4Q	2016.1Q	2016.2Q	2016.3Q	2016.4Q
매출액	8,195	9,747	8,132	9,640	8,508	10,006
영업이익	-36	218	81	193	-73	80
당기순이익	-271	191	23	180	183	194

재무 상태 〈단위 : 억원〉
항목	2011	2012	2013	2014	2015	2016
총자산	17,936	18,505	21,176	19,684	20,392	21,634
유형자산	10,390	10,514	10,842	11,737	11,878	11,990
무형자산	645	566	895	1,509	1,869	2,343
유가증권	6	6	6	6	6	6
총부채	8,875	10,498	12,334	11,910	13,221	13,507
총차입금	1,360	1,254	1,470	1,395	1,907	2,003
자본금	6,098	6,134	6,861	6,861	6,861	6,861
총자본	9,061	8,007	8,842	7,774	7,171	8,127
지배주주지분	9,061	8,007	8,842	7,774	7,171	8,127

기업가치 지표
항목	2011	2012	2013	2014	2015	2016
주가(최고/저)(천원)	10.7/4.6	9.0/5.0	9.4/5.2	11.8/6.5	10.8/7.4	8.4/6.2
PER(최고/저)(배)	—/—	—/—	—/—	—/—	—/—	19.8/14.7
PBR(최고/저)(배)	1.4/0.6	1.4/0.8	1.5/0.8	2.1/1.2	2.1/1.4	1.4/1.1
EV/EBITDA(배)	—	13.8	5.9	42.9	9.2	5.7
EPS(원)	-1,000	-866	-18	-371	-451	423
BPS(원)	7,429	6,527	6,444	5,674	5,226	5,923
CFPS(원)	96	264	1,071	403	645	1,559
DPS(원)						
EBITDAPS(원)	-154	327	1,022	213	835	1,340

재무 비율 〈단위 : % 〉
연도	영업이익률	순이익률	부채비율	차입금비율	ROA	ROE	유보율	자기자본비율	EBITDA마진율
2016	0.8	1.6	166.2	24.6	2.8	7.6	18.5	37.6	5.1
2015	-1.1	-1.8	184.4	26.6	-3.1	-8.3	4.5	35.2	3.4
2014	-2.3	-1.5	153.2	18.0	-2.5	-6.1	13.5	39.5	0.9
2013	-0.3	-0.1	139.5	16.6	-0.1	-0.3	28.9	41.8	3.9

쌍용정보통신 (A010280)
SsangYong Information & Communications

업 종 : IT 서비스		시 장 : KOSDAQ	
신용등급 : (Bond) — (CP) —		기업규모 : 중견	
홈페이지 : www.sicc.co.kr		연 락 처 : 02)2262-8114	
본 사 : 서울시 중구 수표로 34(저동2가) 씨티센터타워 5층			

설 립 일 1981.12.08	종 업 원 수 519명	대 표 이 사 김승기	
상 장 일 2000.04.14	감 사 의 견 적정 (삼일)	계 열	
결 산 기 12월	보 통 주 4,046만주	종속회사수	
액 면 가 1,000원	우 선 주	구 상 호	

주주구성 (지분율,%)
쌍용양회공업	64.4
한앤코시멘트홀딩스	49.8
(외국인)	0.6

출자관계 (지분율,%)
쌍용정보기술	100.0
유인시스	19.9
이너큐브	8.4

주요경쟁사 (외형,%)
쌍용정보통신	100
케이엘넷	16
바른테크놀로지	12

매출구성
IT 인프라(상품 및 용역 매출)	57.3
SI(용역매출)	42.7

비용구성
매출원가율	90.2
판관비율	10.5

수출비중
수출	1.0
내수	99.0

회사 개요
동사는 쌍용양회 계열의 IT 전문 업체로서, 종합정보시스템 구축 등의 시스템통합 프로젝트를 주로 영위함. 한일월드컵, 부산 아시안게임, 도하 아시안게임 등 대규모 국제 스포츠 대회의 정보시스템을 구축하면서 스포츠 SI 업계에서 노하우와 세계적인 경쟁력을 보유함. 올해 SI산업에 직접적인 영향을 미치는 설비투자 증가율은 소폭 저하될 것으로 전망. 국내외 경기여건의 불확실성 증대에 따라 SI산업 성장도 제한적인 수준으로 예상됨.

실적 분석
동사의 2016년 연결기준 연간 누적 매출액은 전년 동기 대비 20.3% 증가한 2195.6억원을 기록. 매출이 큰 폭으로 늘었지만 매출원가와 판매비, 관리비 또한 늘어나면서 영업손실은 17.3억원으로 적자 지속됨. 다만 전년 동기와 비교해 적자 폭은 크게 줄었음. 비영업손익 부문에서도 외환손실 등에 따라 적자 전환하면서 당기순손실은 18.1억원으로 적자가 지속됨. 공공 및 SOC시장이 안전 관련 예산 급증으로 높은 성장세를 보일 전망임.

현금 흐름 〈단위 : 억원〉
항목	2015	2016
영업활동	-116	-89
투자활동	76	62
재무활동	39	14
순현금흐름	-1	-13
기말현금	319	306

시장 대비 수익률

결산 실적 〈단위 : 억원〉
항목	2011	2012	2013	2014	2015	2016
매출액	2,245	1,965	1,851	1,800	1,825	2,196
영업이익	41	47	6	-101	-72	-17
당기순이익	46	50	31	-110	-59	-18

분기 실적 〈단위 : 억원〉
항목	2015.3Q	2015.4Q	2016.1Q	2016.2Q	2016.3Q	2016.4Q
매출액	435	776	367	491	407	930
영업이익	-33	-10	-11	12	-11	-7
당기순이익	-39	8	-5	11	-9	-15

재무 상태 〈단위 : 억원〉
항목	2011	2012	2013	2014	2015	2016
총자산	1,025	1,239	1,134	932	1,014	1,036
유형자산	15	12	12	11	17	21
무형자산	34	28	19	17	9	12
유가증권	18	16	16	14	14	56
총부채	631	802	662	587	725	750
총차입금	107	78	66	32	129	146
자본금	405	405	405	405	405	405
총자본	394	437	472	345	290	285
지배주주지분	394	437	472	345	290	285

기업가치 지표
항목	2011	2012	2013	2014	2015	2016
주가(최고/저)(천원)	3.7/1.3	1.9/1.2	1.7/1.2	1.7/1.0	1.5/1.0	2.8/1.2
PER(최고/저)(배)	32.8/11.3	15.3/9.5	22.7/15.9	—/—	—/—	—/—
PBR(최고/저)(배)	3.8/1.3	1.8/1.1	1.5/1.0	2.0/1.2	2.2/1.4	3.9/1.7
EV/EBITDA(배)	8.8	3.0	9.3	—	—	—
EPS(원)	113	123	76	-272	-145	-45
BPS(원)	973	1,081	1,167	853	716	705
CFPS(원)	148	153	106	-250	-126	-23
DPS(원)						
EBITDAPS(원)	137	146	46	-226	-158	-21

재무 비율 〈단위 : % 〉
연도	영업이익률	순이익률	부채비율	차입금비율	ROA	ROE	유보율	자기자본비율	EBITDA마진율
2016	-0.8	-0.8	일부잠식	일부잠식	-1.8	-6.3	-29.5	27.5	-0.4
2015	-3.9	-3.2	일부잠식	일부잠식	-6.0	-18.5	-28.4	28.6	-3.5
2014	-5.6	-6.1	일부잠식	일부잠식	-10.7	-27.0	-14.7	37.1	-5.1
2013	0.3	1.7	140.3	13.9	2.6	6.8	16.7	41.6	1.0

써니전자 (A004770)
SUNNY ELECTRONICS CORP

업 종 : 전자 장비 및 기기		시 장 : 거래소	
신용등급 : (Bond) — (CP) —		기업규모 : 시가총액 소형주	
홈 페 이 지 : www.sunny.co.kr		연 락 처 : 043)853-1760	
본 사 : 충북 충주시 목행산단2로 59(목행동)			

설 립 일	1966.09.15	종 업 원 수	77명	대 표 이 사	곽경훈
상 장 일	1987.04.22	감 사 의 견	적정 (대주)	계	열
결 산 기	12월	보 통 주	2,998만주	종 속 회 사 수	
액 면 가	500원	우 선 주		구 상 호	

주주구성 (지분율,%)		출자관계 (지분율,%)		주요경쟁사 (외형,%)	
곽경훈	6.5	삼우통신공업	100.0	써니전자	100
곽동훈	5.1	써니전자연태	100.0	광전자	820
(외국인)	1.6	SUNNYUSA	99.6	파워로직스	2,618

매출구성		비용구성		수출비중	
SMD TYPE	36.3	매출원가율	69.6	수출	74.3
수정진동자외	31.7	판관비율	24.4	내수	25.7
수정진동자	24.4				

회사 개요
주파수를 이용하는 모든 전자제품의 핵심 부품인 수정진동자와 기간망(백본망), 가입자망(액세스망) 등의 주요 품목인 광전송장치를 생산 판매하는 기업임. 수정진동자 산업은 전자산업의 발전과 더불어 지속적인 성장을 해왔으며, 가전, 컴퓨터, 통신산업과 밀접한 관계가 있어 이들 산업의 활성화 여부에 민감한 반응을 나타냄. 수정진동자사업부문의 매출 비중이 90% 이상을 차지함.

실적 분석
동사의 2016년 누적 매출액은 208.3억원으로 전년 대비 10.1% 감소함. 매출 축소에도 불구하고 원가율 개선과 판관비 절감에 힘입어 영업이익은 전년보다 199.3% 증가한 12.6억원을 기록함. 당기순이익은 10.9억원으로 전년 대비 47.6% 감소함. 고객사의 생산법인 해외이전 가속화로 정보통신 분야의 수요가 감소하고 있으나, 관련 벤처기업 발굴에 총력을 기울여 판매확대를 모색할 계획임.

현금 흐름 〈단위 : 억원〉

항목	2015	2016
영업활동	31	32
투자활동	10	-15
재무활동	78	-1
순현금흐름	120	10
기말현금	217	227

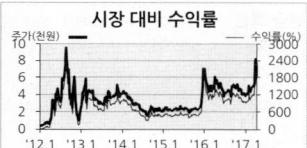
시장 대비 수익률

결산 실적 〈단위 : 억원〉

항목	2011	2012	2013	2014	2015	2016
매출액	270	264	256	260	232	208
영업이익	-45	-56	-32	-1	4	13
당기순이익	-57	-64	-39	-7	21	11

분기 실적 〈단위 : 억원〉

항목	2015.3Q	2015.4Q	2016.1Q	2016.2Q	2016.3Q	2016.4Q
매출액	61	66	61	51	49	48
영업이익	2	3	4	2	2	5
당기순이익	10	9	2	3	-0	6

재무 상태 〈단위 : 억원〉

항목	2011	2012	2013	2014	2015	2016
총자산	399	337	285	304	411	411
유형자산	139	79	71	76	66	63
무형자산	5	5	4	3	2	2
유가증권	1	1	1	5	7	20
총부채	202	152	138	45	129	56
총차입금	154	110	110	20	95	35
자본금	107	107	107	142	142	156
총자본	196	185	147	259	281	355
지배주주지분	196	185	147	259	281	355

기업가치 지표

항목	2011	2012	2013	2014	2015	2016
주가(최고/저)(천원)	0.7/0.3	9.6/0.4	5.8/2.2	4.4/1.5	7.1/1.9	7.1/3.8
PER(최고/저)(배)	—/—	—/—	—/—	—/—	89.3/23.9	191.4/101.6
PBR(최고/저)(배)	0.7/0.3	10.6/0.4	8.1/3.1	4.5/1.5	6.7/1.8	5.9/3.1
EV/EBITDA(배)	—	—	—	47.5	127.8	53.7
EPS(원)	-279	-316	-190	-31	79	37
BPS(원)	1,059	950	754	977	1,063	1,210
CFPS(원)	-167	-235	-137	13	114	58
DPS(원)	—	—	—	—	—	—
EBITDAPS(원)	-108	-192	-102	38	51	63

재무 비율 〈단위 : % 〉

연도	영업이익률	순이익률	부채비율	차입금비율	ROA	ROE	유보율	자기자본비율	EBITDA마진율
2016	6.0	5.2	15.9	10.0	2.7	3.4	127.3	86.3	8.9
2015	1.8	9.0	46.0	33.9	5.8	7.8	98.3	68.5	5.8
2014	-0.5	-2.8	17.5	7.7	-2.5	-3.6	82.4	85.1	3.4
2013	-12.4	-15.1	94.1	74.9	-12.4	-23.3	37.4	51.5	-7.7

썬코어 (A051170)
Suncore

업 종 : 기계		시 장 : KOSDAQ	
신용등급 : (Bond) — (CP) —		기 업 규 모 :	
홈 페 이 지 : www.suncoreinc.com		연 락 처 : 031)937-5000	
본 사 : 경기도 파주시 월롱면 엘지로 360번길 148-103			

설 립 일	1978.11.22	종 업 원 수	123명	대 표 이 사	김봉교,박세현,최규선
상 장 일	2001.10.23	감 사 의 견	거절(불확실성) (도원)	계	열
결 산 기	12월	보 통 주	3,887만주	종 속 회 사 수	
액 면 가	500원	우 선 주		구 상 호	루보

주주구성 (지분율,%)		출자관계 (지분율,%)		주요경쟁사 (외형,%)	
썬테크놀로지스	11.5			썬코어	100
엘앤케이	4.8			와이지-원	770
(외국인)	2.9			태광	563

매출구성		비용구성		수출비중	
단품(베어링 및 금형부품) 위주의 생산 부품	58.6	매출원가율	99.9	수출	18.7
복합품(베어링 및 금형부품), 해외 OEM 부품	40.8	판관비율	50.5	내수	81.3
남은 원재료 등을 재판매함으로 발생한 매출	0.6				

회사 개요
동사는 전 산업분야에서 기초가 되는 부품소재 산업을 영위하고 있으며, 특히 금형부품 사업부분의 전문회사로 오일레스 베어링 사업부분에 주력하고 있음. 지속적인 개발과 해외시장 개척으로 국내 3개 자동차 회사 모두 동사의 제품을 표준부품으로 채택함. 이외에도 Tribology(마찰공학) 전문업체로서 국내 기계공업 발전에 기여하겠다는 경영이념으로 무급유베어링 전반에 관하여 직접 제조 또는 수입하는 방법으로 국내 유일의 종합공급업체로 성장하고 있음.

실적 분석
동사의 2016년 연결기준 결산 매출액은 434.9억원을 기록하며 전년동기 대비 7% 감소함. 외형축소와 더불어 최근 비철금속 국제가격급등에 따른 영향으로 원가율이 크게 상승하였으며, 인건비 및 경상개발비 등 판관비의 급격한 증가 영향으로 219.2억원의 영업손실 시현하며 전년동기 대비 손실 폭 크게 확대. 당기순이익 또한 370.7억원의 순손실 시현하며 적자폭 크게 확대된 상황. 수익성관리 시급한 상황.

현금 흐름 〈단위 : 억원〉

항목	2015	2016
영업활동	10	-39
투자활동	-142	60
재무활동	140	-21
순현금흐름	9	-0
기말현금	17	17

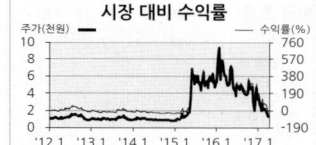
시장 대비 수익률

결산 실적 〈단위 : 억원〉

항목	2011	2012	2013	2014	2015	2016
매출액	463	446	417	396	468	435
영업이익	-3	3	-14	-25	-121	-219
당기순이익	-5	-5	-6	-33	-153	-371

분기 실적 〈단위 : 억원〉

항목	2015.3Q	2015.4Q	2016.1Q	2016.2Q	2016.3Q	2016.4Q
매출액	70	212	112	123	76	124
영업이익	-7	-94	-57	-27	-106	-30
당기순이익	-10	-118	-60	-58	-112	-140

재무 상태 〈단위 : 억원〉

항목	2011	2012	2013	2014	2015	2016
총자산	576	710	739	647	1,174	775
유형자산	262	341	385	295	407	390
무형자산	9	11	10	8	217	78
유가증권	0	60	0	0	13	13
총부채	240	374	413	366	760	630
총차입금	149	278	338	299	503	386
자본금	100	105	106	106	162	175
총자본	336	336	326	281	414	145
지배주주지분	335	335	326	281	379	158

기업가치 지표

항목	2011	2012	2013	2014	2015	2016
주가(최고/저)(천원)	1.5/1.1	1.6/0.9	1.4/0.9	1.2/0.8	7.2/0.9	10.0/1.9
PER(최고/저)(배)	—/—	—/—	—/—	—/—	—/—	—/—
PBR(최고/저)(배)	0.9/0.6	1.0/0.6	0.9/0.6	0.9/0.6	6.2/0.7	22.1/4.3
EV/EBITDA(배)	36.5	21.8	154.8	—	—	—
EPS(원)	-24	-25	-25	-156	-412	-922
BPS(원)	1,677	1,589	1,542	1,329	1,169	452
CFPS(원)	36	48	57	-65	-243	-775
DPS(원)	—	—	—	—	—	—
EBITDAPS(원)	46	89	14	-26	-251	-483

재무 비율 〈단위 : % 〉

연도	영업이익률	순이익률	부채비율	차입금비율	ROA	ROE	유보율	자기자본비율	EBITDA마진율
2016	-50.4	-85.2	일부잠식	일부잠식	-38.1	-119.3	-9.6	18.7	-38.6
2015	-25.8	-32.7	183.5	121.5	-16.8	-35.9	133.9	35.3	-15.4
2014	-6.2	-8.2	130.0	106.4	-4.7	-10.8	165.9	43.5	-1.4
2013	-3.4	-1.5	126.8	103.8	-0.9	-1.6	208.4	44.1	0.7

썬테크 (A217320)
SUNTECHCOLTD

업　　종 : 전기장비	시　　장 : KONEX
신용등급 : (Bond) — 　(CP) —	기업규모 :
홈페이지 : www.sun-tech.co.kr	연락처 : 061)721-2222
본　　사 : 전남 순천시 해룡면 율촌산단4로 101	

설 립 일	1996.05.29	종 업 원 수	51명	대 표 이 사	이선휴
상 장 일	2015.04.29	감사의견	적정 (신청)	계　　열	
결 산 기	12월	보 통 주	105만주	총속회사수	
액 면 가	500원	우 선 주	37만주	구 상 호	

주주구성 (지분율,%)
이선휴	66.7
조규수	9.5

출자관계 (지분율,%)

주요경쟁사 (외형,%)
썬테크	100
선도전기	537
서전기전	287

매출구성
자기진단형 발전기	70.0
기타(상품및기타서비스)	19.0
영구자석 회전자 발전기	11.0

비용구성
매출원가율	83.5
판관비율	11.9

수출비중
수출	3.2
내수	96.8

회사 개요
동사는 발전기 제조업을 영위하고 있으며, 디젤엔진 비상발전기 제조를 주사업으로 하고 있음. 상업용 빌딩과 아파트 등 일정 규모 이상의 건물과 시설물 이외에도, 발전소 예방정비 및 IDC 및 R&D 센터 건설 등에 따른 대용량 비상전력설비를 목표 시장으로 하고 있음. 관공서 및 방산 납품에 집중되어 있는 매출 성향을 가지고 있고, 매년 2분기에서 4분기 사이에 발주가 집중되고 있음. 자가진단형 비중은 70%, 영구자석 발전기는 11%임.

실적 분석
동사의 2016년 매출액은 전년보다 31.1% 증가한 175.0억원을 기록하였음. 이는 당초 목표로 한 250억원을 뛰어넘어으며 매출단가가 40.5% 증가함에 따라 매출총이익이 2.3% 감소하였음에도 판관비 절감노력으로 영업이익은 235.7% 증가한 7.9억원을 기록함. 당기순이익은 전년보다 115.5% 증가한 4.4억원임. 핵심제품인 자기진단형 정밀동기 발전기의 여자석 제어장치 제품화는 2017년을 목표로 하고 있음.

현금 흐름　*IFRS 별도 기준
〈단위 : 억원〉
항목	2015	2016
영업활동	2	2
투자활동	-12	-20
재무활동	9	16
순현금흐름	-1	-2
기말현금	7	5

시장 대비 수익률
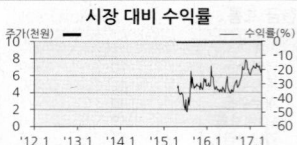

결산 실적
〈단위 : 억원〉
항목	2011	2012	2013	2014	2015	2016
매출액	—	106	162	179	134	175
영업이익	—	5	-4	7	2	8
당기순이익	—	5	4	5	2	4

분기 실적　*IFRS 별도 기준
〈단위 : 억원〉
항목	2015.3Q	2015.4Q	2016.1Q	2016.2Q	2016.3Q	2016.4Q
매출액						
영업이익						
당기순이익						

재무 상태　*IFRS 별도 기준
〈단위 : 억원〉
항목	2011	2012	2013	2014	2015	2016
총자산		123	116	121	106	132
유형자산		55	52	55	52	51
무형자산		8	7	11	15	22
유가증권						
총부채		77	78	78	60	81
총차입금		55	47	46	46	48
자본금		3	3	3	7	7
총자본		46	38	43	46	50
지배주주지분		46	38	43	46	50

기업가치 지표　*IFRS 별도 기준
항목	2011	2012	2013	2014	2015	2016
주가(최고/저)(천원)	—/—	—/—	—/—	—/—	10.0/10.0	10.0/10.0
PER(최고/저)(배)	0.0/0.0	0.0/0.0	0.0/0.0	0.0/0.0	50.6/50.6	31.9/31.9
PBR(최고/저)(배)	0.0/0.0	0.0/0.0	0.0/0.0	0.0/0.0	3.1/3.1	2.8/2.8
EV/EBITDA(배)		0.0	2.0	—	3.6	24.1	12.1
EPS(원)	—	451	402	468	198	314
BPS(원)		133,522	111,363	124,624	3,222	3,536
CFPS(원)		26,287	18,589	22,433	541	614
DPS(원)						
EBITDAPS(원)		28,511	-3,507	27,748	571	863

재무 비율
〈단위 : % 〉
연도	영업이익률	순이익률	부채비율	차입금비율	ROA	ROE	유보율	자기자본비율	EBITDA마진율
2016	4.6	2.6	162.0	96.0	3.8	9.3	607.2	38.2	7.0
2015	1.8	1.6	131.7	99.8	1.8	4.7	544.4	43.2	4.5
2014	3.7	2.6	183.4	108.1	4.0	11.7	1,146.2	35.3	5.3
2013	-2.2	2.5	204.0	123.5	3.4	9.7	1,013.6	32.9	-0.7

썬테크놀로지스 (A122800)
Sun Technologies

업　　종 : 금속 및 광물	시　　장 : KOSDAQ
신용등급 : (Bond) — 　(CP) —	기업규모 :
홈페이지 : www.suntechinc.net	연락처 : 02)2055-4051
본　　사 : 서울시 영등포구 여의대로 56 한화금융센터 12층	

설 립 일	2002.02.06	종 업 원 수	106명	대 표 이 사	이주석
상 장 일	2010.11.26	감사의견	적정 (바른)	계　　열	
결 산 기	12월	보 통 주	2,207만주	총속회사수	
액 면 가	100원	우 선 주		구 상 호	케이티롤

주주구성 (지분율,%)
제네시스 제1호 투자조합	4.7
아산개발	4.3
(외국인)	0.2

출자관계 (지분율,%)
케이티롤커뮤니케이션	100.0
에이블투자자문	63.6

주요경쟁사 (외형,%)
썬텍	100
포스코켐텍	4,461
나노신소재	164

매출구성
SHGI	45.6
ICDP(CHILLED 포함)	24.5
DCI	15.8

비용구성
매출원가율	70.8
판관비율	24.5

수출비중
수출	37.8
내수	62.2

회사 개요
동사는 철강 압연용 롤의 제조를 목적으로 2002년 2월 6일 설립되었음. 열간압연용 소모성 부품인 롤의 제조를 주사업으로 영위함. 압연용 롤은 열연코일, 중·후판, 형강, 철근, 선재 등의 압연에 사용되므로 자동차, 조선, 건설 등 산업전반의 근간이 되는 철강회사가 주요 수요처임. 동사는 2016년 5월 임시주주총회 결의에 의거하여 상호를 케이티롤 주식회사에서 주식회사 썬테크놀로지스로 변경함.

실적 분석
동사의 2016년 연결 기준 매출액은 250.6억원으로 전년 대비 0.9% 증가함. 매출원가가 전년대비 소폭 줄어들면서 매출총이익은 전년보다 6.8% 증가했으나 감가상각비와 대손상각비, 경상개발비 등이 증가하며 판관비 부담이 커졌음. 이에 따라 영업이익은 전년보다 47.1% 감소한 11.8억원을 시현하는 데 그침. 비영업손실폭이 커졌으며 당기순손실 78.3억원으로 적자전환하였음.

현금 흐름
〈단위 : 억원〉
항목	2015	2016
영업활동	22	15
투자활동	-139	-139
재무활동	24	144
순현금흐름	21	21
기말현금	83	104

시장 대비 수익률
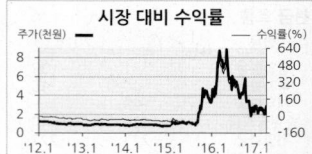

결산 실적
〈단위 : 억원〉
항목	2011	2012	2013	2014	2015	2016
매출액	238	233	220	201	248	251
영업이익	22	4	-16	7	22	12
당기순이익	20	3	-16	5	17	-78

분기 실적　*IFRS 별도 기준
〈단위 : 억원〉
항목	2015.3Q	2015.4Q	2016.1Q	2016.2Q	2016.3Q	2016.4Q
매출액	66	73	68	50	72	61
영업이익	9	2	3	2	4	6
당기순이익	10	1	1	-2	2	-79

재무 상태
〈단위 : 억원〉
항목	2011	2012	2013	2014	2015	2016
총자산	280	364	374	347	422	466
유형자산	125	192	208	183	196	180
무형자산	0	2	2	1	1	1
유가증권	1	1	1	0	11	0
총부채	63	153	191	168	163	250
총차입금	18	94	137	146	119	202
자본금	21	21	21	21	21	22
총자본	216	211	183	179	258	217
지배주주지분	216	211	183	179	258	217

기업가치 지표
항목	2011	2012	2013	2014	2015	2016
주가(최고/저)(천원)	1.9/1.0	1.4/0.9	1.0/0.8	1.0/0.7	4.8/0.8	9.3/1.6
PER(최고/저)(배)	21.1/10.6	112.1/70.5	—/—	40.2/29.2	61.4/9.8	—/—
PBR(최고/저)(배)	1.8/0.9	1.3/0.8	1.0/0.7	1.0/0.7	3.9/0.6	8.8/1.6
EV/EBITDA(배)	8.1	11.9	40.3	8.9	17.8	18.3
EPS(원)	95	13	-76	25	80	-364
BPS(원)	5,457	5,492	5,077	5,211	6,304	1,074
CFPS(원)	763	476	134	626	857	-280
DPS(원)	60	60			150	
EBITDAPS(원)	815	496	144	661	988	139

재무 비율
〈단위 : % 〉
연도	영업이익률	순이익률	부채비율	차입금비율	ROA	ROE	유보율	자기자본비율	EBITDA마진율
2016	4.7	-31.2	115.2	93.2	-17.6	-33.0	974.2	46.5	11.9
2015	9.0	6.8	63.3	46.2	4.4	7.7	1,160.8	61.2	16.7
2014	3.3	2.6	94.0	81.8	1.5	2.9	942.1	51.6	13.8
2013	-7.1	-7.3	104.4	75.0	-4.3	-8.1	915.4	48.9	2.8

썸에이지 (A208640)
Thumbage

업 종 : 게임 소프트웨어		시 장 : KOSDAQ	
신용등급 : (Bond) — (CP) —		기업규모 : 중견	
홈페이지 : www.thumbage.co.kr		연 락 처 : 031)8060-1387	
본 사 : 경기도 성남시 분당구 판교로 242 판교디지털센터 에이동 302호(삼평동)			

설 립 일 2014.10.23	종 업 원 수 109명	대 표 이 사 이형승	
상 장 일 2014.12.29	감 사 의 견 적정 (안진)	계 열	
결 산 기 12월	보 통 주 7,431만주	종 속 회 사 수	
액 면 가 100원	우 선 주 —	구 상 호 케이비제6호스팩	

주주구성 (지분율,%)		출자관계 (지분율,%)		주요경쟁사 (외형,%)	
네시삼십삼분	48.9	다스에이지	100.0	썸에이지	100
백승훈	9.5	넥스트에이지	80.0	액토즈소프트	1,196
(외국인)	0.2	4:33United-캡스톤청년창업투자조합	29.0	액션스퀘어	65

매출구성	비용구성		수출비중	
	매출원가율	0.0	수출	29.5
	판관비율	125.5	내수	70.5

회사 개요
동사는 2013년 4월에 설립되어 2016년 5월에 케이비6호스팩과 합병으로 코스닥 시장에 상장한 모바일 게임개발 전문업체임. 합병전 썸에이지의 2015년 결산일 기준 최대주주는 네시삼십삼분이며 지분율은 64.88%였음. 주요 게임은 액션 RPG장르의 영웅 for Kakao가 있으며 퍼블리싱은 네시삼십삼분에서 수행함. 대만, 홍콩을 필두로 동남아, 일본, 중국 등 세계 모바일 게임 시장 진출을 진행하고 있음.

실적 분석
동사의 2016년 연결기준 영업수익은 전년대비 36.6% 감소한 60.5억원에 그침. 영업수익 감소와 인건비 등 비용증가로 영업손실 15.4억원, 당기순손실 72.0억원을 보이어 적자전환함. 다만 당기순손실의 대부분은 합병비용에 기인한 바가 큼. 동사는 미국 DC 코믹스사의 글로벌 IP에 기반한 게임을 제작중이며 향후 세계 시장에서 인지도 있는 IP를 지속적으로 확보해 나갈 계획임.

현금 흐름 〈단위 : 억원〉
항목	2015	2016
영업활동	89	-20
투자활동	-37	23
재무활동	0	-25
순현금흐름	53	-21
기말현금	67	46

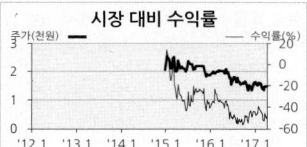
시장 대비 수익률

결산 실적 〈단위 : 억원〉
항목	2011	2012	2013	2014	2015	2016
매출액	—	—	0	26	95	61
영업이익	—	—	-6	8	51	-15
당기순이익	—	—	-5	10	53	-72

분기 실적 〈단위 : 억원〉
항목	2015.3Q	2015.4Q	2016.1Q	2016.2Q	2016.3Q	2016.4Q
매출액	16		16	16		
영업이익	7		-1	-7		
당기순이익	8		-45	-6		

재무 상태 〈단위 : 억원〉
항목	2011	2012	2013	2014	2015	2016
총자산			28	46	123	377
유형자산			0	0	4	22
무형자산			0	1	2	5
유가증권					30	225
총부채			1	9	33	32
총차입금				1	—	11
자본금			1	1	56	74
총자본			26	37	90	345
지배주주지분			26	37	90	342

기업가치 지표
항목	2011	2012	2013	2014	2015	2016
주가(최고/저)(천원)	—/—	—/—	—/—	2.1/2.1	2.6/1.8	2.1/1.3
PER(최고/저)(배)	0.0/0.0	0.0/0.0	0.0/0.0	132.5/132.2	35.2/24.7	—/—
PBR(최고/저)(배)	0.0/0.0	0.0/0.0	0.0/0.0	37.5/37.4	20.7/14.5	4.2/2.5
EV/EBITDA(배)			0.0	37.6	3.9	
EPS(원)	—	—	-7	14	73	-94
BPS(원)	—	—	107,026	149,241	813	506
CFPS(원)	—	—	-19,738	42,902	483	-92
DPS(원)	—	—				
EBITDAPS(원)	—	—	-27,245	34,891	471	-18

재무 비율 〈단위 : % 〉
연도	영업이익률	순이익률	부채비율	차입금비율	ROA	ROE	유보율	자기자본비율	EBITDA마진율
2016	-25.5	-118.9	9.2	3.3	-28.8	-32.4	406.2	91.6	-22.2
2015	54.0	55.4	36.9	0.0	62.7	83.5	60.8	73.0	54.6
2014	32.8	40.5	24.1	3.2	28.4	33.0	2,884.8	80.6	33.4
2013	-3,187.8	-2,318.2	4.4	0.0	0.0	0.0	2,040.5	95.8	-3,155.7

쎄노텍 (A222420)
CENOTEC

업 종 : 화학		시 장 : KOSDAQ	
신용등급 : (Bond) — (CP) —		기업규모 : 중견	
홈페이지 : www.cenotec.com		연 락 처 : 055)584-9181	
본 사 : 경남 함안군 대산면 옥렬1길 112			

설 립 일 2015.05.27	종 업 원 수 73명	대 표 이 사 이계원	
상 장 일 2015.08.06	감 사 의 견 적정 (삼일)	계 열	
결 산 기 12월	보 통 주 3,821만주	종 속 회 사 수	
액 면 가 100원	우 선 주 —	구 상 호	

주주구성 (지분율,%)		출자관계 (지분율,%)	주요경쟁사 (외형,%)	
강종봉	51.3		쎄노텍	100
KoFC-원브 Pioneer Champ 2011-12호 투자조합	15.0		한솔씨앤피	138
(외국인)	0.1		WISCOM	335

매출구성	비용구성		수출비중	
	매출원가율	65.2	수출	73.8
	판관비율	18.5	내수	26.2

회사 개요
동사는 세라믹 비드 제조업체로, 스팩 합병을 통해 2016년 8월 코스닥 시장에 상장함. 세라믹 비드는 깨지지 않는 세라믹 소재 설계기술과 나노 분쇄 기술을 결합해 만든 제품으로 광산업, 페인트산업, 제지업 등 다양한 분야에서 사용됨. 동사는 전세계 세라믹 비드 시장의 약 30%를 점유하고 있으며, 현재 쎄노텍 매출의 67%가 세라믹 비드에서 발생하고 있음.

실적 분석
동사의 2016년 매출액은 401.6억원, 영업이익 65.3억원, 당기순이익 29.6억원을 기록함. 매출의 80% 이상이 해외에서 발생하는데, 고유한 기술을 기반으로 전 세계 65개국, 200여개 이상의 회사에 납품하고 있음. 동사는 최근 산업소재 핵심기술 개발 국책과제 주관기관으로선정돼 나노분말제조용 및 공정용 50마이크론급 세라믹 비드 개발을 담당하게 됐음. 총 사업비 46억1500만원에 정부출연금 30억원 규모의 국책과제임.

현금 흐름 ·IFRS 별도 기준 〈단위 : 억원〉
항목	2015	2016
영업활동	37	45
투자활동	-21	-6
재무활동	-18	-25
순현금흐름	-2	14
기말현금	14	28

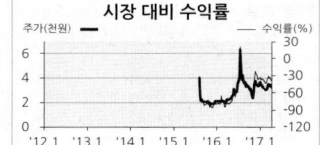
시장 대비 수익률

결산 실적 〈단위 : 억원〉
항목	2011	2012	2013	2014	2015	2016
매출액	325	301	284	319	327	402
영업이익	63	25	21	50	63	65
당기순이익	49	13	12	31	56	30

분기 실적 ·IFRS 별도 기준 〈단위 : 억원〉
항목	2015.3Q	2015.4Q	2016.1Q	2016.2Q	2016.3Q	2016.4Q
매출액	63				89	
영업이익	8				18	
당기순이익	9				-13	

재무 상태 ·IFRS 별도 기준 〈단위 : 억원〉
항목	2011	2012	2013	2014	2015	2016
총자산	281	345	323	359	399	511
유형자산	83	112	116	136	146	204
무형자산	—	—	4	8	8	
유가증권	—	—	—	—	—	—
총부채	119	171	137	198	186	163
총차입금	67	139	102	159	137	106
자본금	10	10	10	—	34	38
총자본	162	174	186	161	213	348
지배주주지분	162	174	186	161	213	348

기업가치 지표 ·IFRS 별도 기준
항목	2011	2012	2013	2014	2015	2016
주가(최고/저)(천원)	—/—	—/—	—/—	—/—	4.0/1.9	6.4/2.0
PER(최고/저)(배)	0.0/0.0	0.0/0.0	0.0/0.0	0.0/0.0	27.2/12.6	82.1/25.3
PBR(최고/저)(배)	0.0/0.0	0.0/0.0	0.0/0.0	0.0/0.0	7.1/3.3	7.0/2.2
EV/EBITDA(배)	0.2	3.9	2.4	2.3	2.6	18.1
EPS(원)	168	34	33	81	148	77
BPS(원)	82,472	88,635	94,860	82,201	133,079	911
CFPS(원)	33,666	10,818	12,314	20,455	36,069	111
DPS(원)						
EBITDAPS(원)	42,373	16,958	17,015	30,366	40,088	205

재무 비율 〈단위 : % 〉
연도	영업이익률	순이익률	부채비율	차입금비율	ROA	ROE	유보율	자기자본비율	EBITDA마진율
2016	16.3	7.4	46.8	30.3	6.5	10.5	811.0	68.1	19.5
2015	19.3	17.0	87.4	64.3	14.7	29.8	521.5	53.4	22.6
2014	15.7	9.6	122.5	98.6	—	17.7	1,917.7	45.0	18.7
2013	7.6	4.3	73.5	54.8	3.7	6.8	1,797.2	57.7	11.8

쎄니트 (A037760)
Cenit

업 종 : 건축소재	시 장 : KOSDAQ
신용등급 : (Bond) — (CP) —	기업규모 : 벤처
홈페이지 : www.cenit.kr	연락처 : 055)573-8221
본 사 : 경남 의령군 의령읍 구룡로4남길 53	

설 립 일 1995.05.02	종업원수 207명	대표이사 박승배,최재관
상 장 일 2000.04.07	감사의견 적정(삼일)	계 열
결 산 기 12월	보통주 3,321만주	종속회사수
액 면 가 500원	우선주	구 상 호

주주구성 (지분율,%)		출자관계 (지분율,%)		주요경쟁사 (외형,%)	
최재관	37.1	이피네트웍스	92.3	쎄니트	100
박승배	13.3	영산콘크리트공업	86.0	보광산업	41
(외국인)	0.9	현대에스엔티	66.1	일신석재	36

매출구성		비용구성		수출비중	
콘크리트	46.6	매출원가율	78.8	수출	—
스테인레스강판(제품.기타)	37.0	판관비율	12.2	내수	—
극장운영외	13.2				

회사 개요
동사는 1995년 설립되어 2000년 코스닥시장에 상장함. 스테인레스 박판제조업과 극장운영사업, 부동산임대업을 영위하고 있으며, 주요종속회사로 콘크리트사업을 영위하는 영산콘크리트공업이 있음. 연결기준으로 매출구성은 동사가 영위하는 사업분야인 철강사업은 약 45%, 시네마사업은 13%, 자회사의 콘크리트사업은 39%임. 국내 스테인레스 압연업체는 회사마다 각기 다른 두께와 폭의 제품을 생산하고 있어 유사제품을 생산하는 과점적 경쟁 형태임.

실적 분석
철강사업부문의 제품매출 확대와 콘크리트사업의 매출증가, 시네마 사업의 극장 추가 인수 등 전 사업부문의 고른 성장으로 동사의 2016년 연결기준 누적매출액은 전년 동기 대비 18.5% 증가. 매출 증가와 판관비율 하락으로 영업이익은 전년동기 대비 10.8% 증가함. 사업다각화를 통한 실적 성장을 위해 최근 스테인레스 심레스파이프 제조 업체인 현대에스엔티를 종속회사로 설립하고, 게임업체인 비주얼샤워의 지분을 인수함.

현금 흐름 〈단위 : 억원〉
항목	2015	2016
영업활동	59	66
투자활동	-71	-158
재무활동	37	101
순현금흐름	25	9
기말현금	37	46

시장 대비 수익률

결산 실적 〈단위 : 억원〉
항목	2011	2012	2013	2014	2015	2016
매출액	530	627	677	706	977	1,157
영업이익	-25	24	41	65	94	104
당기순이익	-54	0	23	48	84	71

분기 실적 〈단위 : 억원〉
항목	2015.3Q	2015.4Q	2016.1Q	2016.2Q	2016.3Q	2016.4Q
매출액	273	254	220	273	295	369
영업이익	36	20	13	30	34	28
당기순이익	29	27	15	18	27	12

재무 상태 〈단위 : 억원〉
항목	2011	2012	2013	2014	2015	2016
총자산	754	745	935	1,107	1,271	1,512
유형자산	421	403	499	618	651	755
무형자산	10	9	84	83	83	90
유가증권	47	26	2	3	4	4
총부채	473	464	550	674	704	843
총차입금	259	244	293	423	453	530
자본금	119	119	162	162	162	162
총자본	282	281	385	433	567	669
지배주주지분	239	239	341	384	514	602

기업가치 지표
항목	2011	2012	2013	2014	2015	2016
주가(최고/저)(천원)	1.6/0.5	0.8/0.3	0.8/0.6	1.4/0.6	2.0/1.0	3.0/1.6
PER(최고/저)(배)	—/—	—/—	10.8/7.5	11.1/5.1	8.2/4.2	14.8/7.6
PBR(최고/저)(배)	1.0/0.3	0.5/0.2	0.5/0.4	0.9/0.4	1.2/0.6	1.6/0.8
EV/EBITDA(배)	—	8.2	8.1	8.1	7.9	9.3
EPS(원)	-221	-2	81	134	245	206
BPS(원)	1,709	-1,708	1,617	1,751	1,637	1,858
CFPS(원)	-148	58	128	178	304	280
DPS(원)	—	—	—	20	30	30
EBITDAPS(원)	-31	159	200	244	349	397

재무 비율 〈단위 : % 〉
연도	영업이익률	순이익률	부채비율	차입금비율	ROA	ROE	유보율	자기자본비율	EBITDA마진율
2016	9.0	6.2	126.1	79.3	5.1	12.0	271.6	44.2	11.1
2015	9.6	8.6	124.0	79.8	7.1	17.7	227.5	44.6	11.6
2014	9.2	6.8	155.6	97.8	4.7	12.0	250.2	39.1	11.2
2013	6.0	3.5	142.9	76.0	2.8	7.5	223.4	41.2	7.9

쎄미시스코 (A136510)
Semisysco

업 종 : 디스플레이 및 관련부품	시 장 : KOSDAQ
신용등급 : (Bond) — (CP) —	기업규모 : 벤처
홈페이지 : www.semisysco.com	연락처 : 031)237-3425
본 사 : 경기도 수원시 권선구 산업로 94	

설 립 일 2000.10.13	종업원수 53명	대표이사 이순종
상 장 일 2011.11.18	감사의견 적정(삼화)	계 열
결 산 기 12월	보통주 540만주	종속회사수
액 면 가 500원	우선주	구 상 호

주주구성 (지분율,%)		출자관계 (지분율,%)		주요경쟁사 (외형,%)	
이순종	33.6	새안	31.7	쎄미시스코	100
우봉주	9.4	뷰텔	22.6	사파이어테크놀로지	112
(외국인)	1.0	ANHUISEMISYSCOCO.,LTD	100.0	에이치엔에스하이텍	268

매출구성		비용구성		수출비중	
[유리기판 검사장비]EGIS-CRACK, EGIS-WAVI	44.9	매출원가율	62.3	수출	50.6
[플라즈마 검사장비]Smart-EPD, Smart-HMS	42.0	판관비율	29.5	내수	49.4
[상품]WiFi-Tester	10.2				

회사 개요
동사는 2011년 11월 코스닥시장에 상장됨. 반도체 및 평판 디스플레이 공정장비 제조·연구개발, 소프트웨어 개발 제조업 및 도소매업, 전기·전자 통신기기 제조업 등의 사업을 영위함. 주력제품으로 EGIS-CRACK과 Smart-EPD가 있음. Smart-EPD의 경우, 동사의 국산화 성공으로 100% 국내 시장 점유율과 55.6%의 해외시장점유율을 기록하며 상위를 점하고 있음. 최근 마이크로 전기차를 공개한 기업인 새안의 최대주주로 등극.

실적 분석
주력 제품인 플라즈마장비의 전기 대비 매출액이 감소하였음. 동사의 2016년 결산 기준 매출액은 125.0억원을 기록하면서 전년 91.7억원 대비 36.4%증가하였음. 영업이익은 전년동기 3.3억원에서 증가하여 10.3억원을 시현하였고, 당기순이익 또한 증가하여 전년대비 682% 증가한 16.2억원을 시현하였음. 2016년부터 신규사업으로써 전기자동차 및 충전기 사업을 진행하고 있으며, 관계사 지분 인수 등을 진행 중.

현금 흐름 〈단위 : 억원〉
항목	2015	2016
영업활동	29	-12
투자활동	38	-62
재무활동	-17	43
순현금흐름	50	-32
기말현금	89	57

시장 대비 수익률
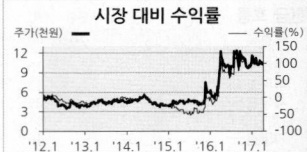

결산 실적 〈단위 : 억원〉
항목	2011	2012	2013	2014	2015	2016
매출액	133	45	127	87	92	125
영업이익	43	-18	16	-8	3	10
당기순이익	39	-13	13	-6	2	16

분기 실적 〈단위 : 억원〉
항목	2015.3Q	2015.4Q	2016.1Q	2016.2Q	2016.3Q	2016.4Q
매출액	17	46	9	30	18	68
영업이익	1	11	-11	5	-6	22
당기순이익	-4	10	-15	18	-11	35

재무 상태 〈단위 : 억원〉
항목	2011	2012	2013	2014	2015	2016
총자산	285	266	287	263	253	355
유형자산	24	28	30	29	28	113
무형자산	6	15	24	25	26	29
유가증권	76	66	44	59	18	15
총부채	10	10	14	11	14	63
총차입금	0	0	—	—	—	—
자본금	18	18	27	27	27	27
총자본	275	256	273	252	240	292
지배주주지분	275	256	273	252	240	292

기업가치 지표
항목	2011	2012	2013	2014	2015	2016
주가(최고/저)(천원)	6.5/4.4	5.5/3.4	5.0/3.8	5.5/3.7	9.1/3.8	15.1/5.0
PER(최고/저)(배)	7.0/4.7	—/—	20.6/15.7	—/—	237.5/100.8	47.0/15.6
PBR(최고/저)(배)	1.3/0.9	1.2/0.7	1.0/0.8	1.1/0.8	1.8/0.8	2.7/0.9
EV/EBITDA(배)	2.3	—	6.0	—	21.8	30.9
EPS(원)	943	-244	245	-119	38	321
BPS(원)	7,633	7,219	5,062	4,935	4,950	5,614
CFPS(원)	1,495	-297	312	-24	145	423
DPS(원)	—	—	20	20	20	30
EBITDAPS(원)	1,620	-442	364	-51	167	292

재무 비율 〈단위 : % 〉
연도	영업이익률	순이익률	부채비율	차입금비율	ROA	ROE	유보율	자기자본비율	EBITDA마진율
2016	8.2	13.0	21.6	0.0	5.3	6.5	1,022.7	82.2	12.6
2015	3.6	2.3	5.7	0.0	0.8	0.8	890.1	94.6	9.8
2014	-9.1	-7.4	4.2	0.0	-2.3	-2.4	887.0	96.0	-3.2
2013	12.6	10.4	5.1	0.0	4.8	5.0	912.4	95.1	15.5

쎄트렉아이 (A099320)
Satrec Initiative

업 종 : 상업서비스　　　　　　　　　시 장 : KOSDAQ
신용등급 : (Bond) —　　(CP) —　　기업규모 : 벤처
홈페이지 : www.satreci.com　　　　연 락 처 : 042)365-7500
본 사 : 대전시 유성구 유성대로 1628번길 21

설 립 일	1999.12.29	종 업 원 수	197명	대 표 이 사	김병진,박성동
상 장 일	2008.06.13	감 사 의 견	적정 (안진)	계	열
결 산 기	12월	보 통 주	366만주	종 속 회 사 수	
액 면 가	500원	우 선 주		구 상 호	

주주구성 (지분율,%)		출자관계 (지분율,%)		주요경쟁사 (외형,%)	
박성동	17.3	에스아이아이에스	62.5	쎄트렉아이	100
김병진	2.0	에스아이디텍션	20.0	한국전자금융	622
(외국인)	1.6			나이스디앤비	98

매출구성		비용구성		수출비중	
지상체	47.7	매출원가율	78.3	수출	52.1
소형위성시스템, 전자광학카메라	40.8	판관비율	10.7	내수	47.9
기타(메모리 등)	8.9				

회사 개요
동사는 국내에서 유일하게 위성시스템을 개발해 수출함. 위성체 분야에서 소형위성시스템뿐만 아니라 중대형위성의 탑재체와 부품을 개발·제조하고 있으며 지상체 분야에서는 소형, 중형, 대형위성의 관제 또는 위성으로부터 취득된 정보를 수신 처리하기 위한 지상국 장비와 소프트웨어 제조를 핵심 사업으로 영위함. 핵심사업은 매출의 약 77%를 차지하는 소형위성시스템, 전자광학카메라 제조임.

실적 분석
동사의 2016년 매출액은 346.4억원으로 전년 대비 13.5% 증가함. 영업이익은 38.3억원으로 17.1% 감소함. 당기순이익은 39.9억원으로 8.9% 감소함. 2016년 위성체 사업 매출액은 154억원으로 해외 매출이 75%에 달함. 지상체 사업 매출액은 145억원으로 이 중 해외 매출이 20%임. 딥러닝 기술을 활용한 위성영상 기반의 데이터 분석 작업을 신규 사업으로 선정함.

현금 흐름	〈단위 : 억원〉	
항목	2015	2016
영업활동	-47	93
투자활동	102	-98
재무활동	-8	-6
순현금흐름	47	-9
기말현금	67	58

시장 대비 수익률

결산 실적					〈단위 : 억원〉	
항목	2011	2012	2013	2014	2015	2016
매출액	286	361	316	261	305	346
영업이익	30	47	33	22	46	38
당기순이익	43	48	32	18	44	40

분기 실적					〈단위 : 억원〉	
항목	2015.3Q	2015.4Q	2016.1Q	2016.2Q	2016.3Q	2016.4Q
매출액	63	109	74	60	82	131
영업이익	8	21	10	-6	8	27
당기순이익	10	18	10	-2	8	23

재무 상태					〈단위 : 억원〉	
항목	2011	2012	2013	2014	2015	2016
총자산	482	474	551	550	592	700
유형자산	122	115	192	174	167	174
무형자산	50	51	100	98	156	243
유가증권	5	—	—	—	4	4
총부채	113	64	119	105	110	188
총차입금	1	0	—	—	0	3
자본금	18	18	18	18	18	18
총자본	369	410	432	446	481	512
지배주주지분	369	410	432	447	480	512

기업가치 지표						
항목	2011	2012	2013	2014	2015	2016
주가(최고/저)(천원)	20.9/12.0	29.4/17.1	24.9/16.0	25.2/16.4	26.9/17.7	59.9/20.8
PER(최고/저)(배)	19.1/11.0	23.4/13.6	29.9/19.1	53.6/34.9	24.1/15.8	54.1/18.8
PBR(최고/저)(배)	2.2/1.3	2.8/1.6	2.2/1.4	2.1/1.4	2.1/1.4	4.3/1.5
EV/EBITDA(배)	13.6	16.0	8.5	10.3	8.7	16.3
EPS(원)	1,161	1,319	866	482	1,137	1,115
BPS(원)	10,070	11,189	11,795	12,239	13,226	14,122
CFPS(원)	1,653	1,827	1,596	1,316	2,005	2,184
DPS(원)	200	260	180	150	220	240
EBITDAPS(원)	1,302	1,784	1,624	1,432	2,130	2,115

재무 비율									〈단위 : % 〉	
연도	영업이익률	순이익률	부채비율	차입금비율	ROA	ROE	유보율	자기자본비율	EBITDA마진율
2016	11.1	11.5	36.7	0.6	6.2	8.2	2,724.4	73.2	22.3
2015	15.1	14.4	22.9	0.0	7.7	9.0	2,545.2	81.4	25.6
2014	8.4	6.9	23.5	0.0	3.3	4.0	2,347.9	81.0	20.1
2013	10.4	10.0	27.7	0.0	6.2	7.5	2,259.0	78.3	18.8

쎌바이오텍 (A049960)
CELLBIOTECH

업 종 : 바이오　　　　　　　　　　시 장 : KOSDAQ
신용등급 : (Bond) —　　(CP) —　　기업규모 : 벤처
홈페이지 : www.cellbiotech.com　　연 락 처 : 031)987-6205
본 사 : 경기도 김포시 월곶면 애기봉로 409번길 50

설 립 일	1995.02.11	종 업 원 수	122명	대 표 이 사	정명준
상 장 일	2002.12.13	감 사 의 견	적정 (삼정)	계	열
결 산 기	12월	보 통 주	940만주	종 속 회 사 수	
액 면 가	500원	우 선 주		구 상 호	

주주구성 (지분율,%)		출자관계 (지분율,%)		주요경쟁사 (외형,%)	
정명준	19.3	CBTI	100.0	쎌바이오텍	100
Wasatch Advisors, Inc.	4.8	CBTIS	100.0	파마리서치프로덕트	79
(외국인)	22.5			엔지켐생명과학	37

매출구성		비용구성		수출비중	
국내외 ODM, OEM제품 등 완제품	84.4	매출원가율	21.9	수출	—
LP, BG, LO, SAFELAC 등 원말	15.6	판관비율	41.1	내수	—

회사 개요
1995년 설립된 프로바이오틱스 유산균을 전문적으로 생산하는 바이오 기업으로 2002년 코스닥시장에 상장됨. 의약계에서는 프로바이오틱스를 포함한 박테리아를 이용한 의약품의 개발에 대한 관심이 고조되어 향후 프로바이오틱스 관련 의약품 시장은 기능성식품 시장 규모를 뛰어 넘을 것으로 예상. 국내 건강기능식품기업 및 개인/종합 병원, 약국, 한의원 등을 중심으로 마케팅 활동을 활발하게 진행중임.

실적 분석
듀오락 매출의 고성장이 2016년 4분기에도 지속되면서 동사의 2016년 4분기 연결기준 매출액은 582.8억원으로 전년동기 대비 17.7% 증가함. 내수시장의 불안에도 면역력에 대한 동사 제품의 효능이 소비자에게 인정받고 있으며, TV광고 등 공격적인 마케팅으로 영업이익은 전년동기 대비 14.79 증가한 215.6억원, 당기순이익은 전년동기 대비 5.7% 증가한 185.0억원을 시현했음.

현금 흐름	〈단위 : 억원〉	
항목	2015	2016
영업활동	182	180
투자활동	-150	-115
재무활동	-12	-31
순현금흐름	19	33
기말현금	73	106

시장 대비 수익률

결산 실적					〈단위 : 억원〉	
항목	2011	2012	2013	2014	2015	2016
매출액	233	259	316	408	495	583
영업이익	57	65	94	129	188	216
당기순이익	52	61	78	104	175	185

분기 실적					〈단위 : 억원〉	
항목	2015.3Q	2015.4Q	2016.1Q	2016.2Q	2016.3Q	2016.4Q
매출액	142	119	157	155	119	151
영업이익	64	50	58	72	40	46
당기순이익	71	44	49	48	31	57

재무 상태					〈단위 : 억원〉	
항목	2011	2012	2013	2014	2015	2016
총자산	367	403	467	576	750	905
유형자산	83	109	165	168	188	195
무형자산	7	7	7	7	8	9
유가증권	3	51	9	8	3	3
총부채	50	39	36	52	62	64
총차입금	—	8	—	—	—	—
자본금	47	47	47	47	47	47
총자본	318	364	431	524	688	842
지배주주지분	317	364	431	524	688	842

기업가치 지표						
항목	2011	2012	2013	2014	2015	2016
주가(최고/저)(천원)	6.4/4.0	17.1/5.6	19.5/13.3	60.4/18.5	70.7/47.2	68.2/38.6
PER(최고/저)(배)	12.3/7.7	26.9/8.9	24.2/16.5	55.8/17.0	38.7/25.8	35.1/19.8
PBR(최고/저)(배)	1.7/1.1	4.0/1.3	3.9/2.7	10.1/3.1	9.1/6.1	7.3/4.1
EV/EBITDA(배)	5.6	20.0	15.7	32.9	24.7	17.5
EPS(원)	553	653	830	1,107	1,862	1,968
BPS(원)	3,930	4,434	5,139	6,130	7,874	9,512
CFPS(원)	634	735	916	1,224	1,995	2,118
DPS(원)	150	150	150	150	400	550
EBITDAPS(원)	691	777	1,086	1,491	2,128	2,444

재무 비율									〈단위 : % 〉	
연도	영업이익률	순이익률	부채비율	차입금비율	ROA	ROE	유보율	자기자본비율	EBITDA마진율
2016	37.0	31.7	7.6	0.0	22.4	24.2	1,802.4	93.0	39.4
2015	37.9	35.4	9.0	0.0	26.4	28.9	1,474.8	91.7	40.4
2014	31.7	25.5	10.0	0.0	20.0	21.8	1,126.0	90.9	34.4
2013	29.7	24.7	8.5	0.0	17.9	19.6	927.9	92.2	32.3

쏠리드 (A050890)
SOLiD

업　종 : 통신장비		시　장 : KOSDAQ	
신용등급 : (Bond) — (CP) —		기업규모 : 우량	
홈페이지 : www.solid.co.kr		연락처 : 031)627-6000	
본　사 : 경기도 성남시 분당구 판교역로 220 쏠리드스페이스			

설 립 일	1998.11.05	종업원수	195명	대표이사	정준
상 장 일	2005.07.08	감사의견	적정 (삼일)	계 열	
결 산 기	12월	보 통 주	3,148만주	종속회사수	
액 면 가	500원	우 선 주		구 상 호	쏠리테크

주주구성 (지분율,%)		출자관계 (지분율,%)		주요경쟁사 (외형,%)	
정준	15.5	쏠리드윈텍	100.0	쏠리드	100
에이티넘고성장기업투자조합	5.0	쏠리드에듀	100.0	AP위성	9
(외국인)	1.0	쏠리드시스템스	100.0	삼지전자	378

매출구성		비용구성		수출비중	
WCDMA, LTE 등 무선 부문	94.7	매출원가율	71.6	수출	—
임대매출	2.7	판관비율	46.1	내수	—
연구용역, 시공, 임대매출 등	2.6				

회사 개요
1998년 설립된 동사는 이동통신 및 유선통신 관련 네트워크 장비의 제조 개발 등의 사업을 영위하고 있음. 유·무선 장비를 모두 생산하고 있으며 무선장비는 주로 중계기를 생산하고, 매출에서 차지하는 비중이 75% 정도임. 유선장비는 주로 WDM솔루션을 생산하며 매출에서 20% 정도를 차지함. 동사는 쏠리드시스템스, 쏠리드링크, 케이알에프, 쏠리드윈텍 등 13개의 연결대상 종속회사를 두고 있음.

실적 분석
동사의 2016년 연간 매출은 2,915억원으로 전년대비 53.5% 증가, 영업이익은 -513.3억원으로 적자전환, 당기순이익은 -688.3억원으로 전년대비 적자전환 시현. 매출이 큰 폭으로 증가함에 불구하고 원가율 상승, 판관비 증가로 영업이익과 당기순이익은 큰 폭으로 적자 시현. 국내 이동통신사업자와 관련 통신장비를 공급하고 있으나 경쟁심화 및 원가율 상승으로 수익성은 다소 부진한 상태임.

현금 흐름 〈단위 : 억원〉

항목	2015	2016
영업활동	6	-406
투자활동	-257	-36
재무활동	170	564
순현금흐름	-80	125
기말현금	160	285

시장 대비 수익률
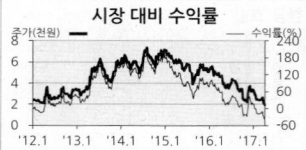

결산 실적 〈단위 : 억원〉

항목	2011	2012	2013	2014	2015	2016
매출액	639	1,516	1,720	2,006	1,900	2,915
영업이익	-87	125	191	167	53	-513
당기순이익	-21	49	141	143	38	-714

분기 실적 〈단위 : 억원〉

항목	2015.3Q	2015.4Q	2016.1Q	2016.2Q	2016.3Q	2016.4Q
매출액	492	585	460	634	936	885
영업이익	27	75	-178	-150	-48	-137
당기순이익	32	39	-178	-161	-102	-273

재무 상태 〈단위 : 억원〉

항목	2011	2012	2013	2014	2015	2016
총자산	1,493	1,780	1,941	1,940	3,190	3,427
유형자산	199	197	194	187	332	393
무형자산	44	70	97	104	573	710
유가증권	80	75	71	67	61	75
총부채	1,007	1,215	1,204	996	2,058	2,654
총차입금	704	674	670	602	863	1,249
자본금	83	88	95	107	107	157
총자본	486	566	737	944	1,131	773
지배주주지분	491	567	740	929	1,105	769

기업가치 지표

항목	2011	2012	2013	2014	2015	2016
주가(최고/저)(천원)	3.7/1.8	4.1/2.1	6.3/2.8	7.6/4.9	7.3/3.8	5.7/3.2
PER(최고/저)(배)	—/—	18.8/9.6	10.2/4.5	13.8/8.8	51.3/26.7	—/—
PBR(최고/저)(배)	1.5/0.7	1.6/0.8	2.0/0.9	2.2/1.4	1.7/0.9	2.3/0.9
EV/EBITDA(배)		7.7	8.0	10.5	19.9	
EPS(원)	-121	230	653	574	146	-2,607
BPS(원)	3,239	3,358	4,045	4,443	5,258	2,520
CFPS(원)	-83	435	952	851	366	-1,647
DPS(원)		70	100	110	50	
EBITDAPS(원)	-455	880	1,214	984	437	-984

재무 비율 〈단위 : % 〉

연도	영업이익률	순이익률	부채비율	차입금비율	ROA	ROE	유보율	자기자본비율	EBITDA마진율
2016	-17.6	-24.5	343.2	161.5	-21.6	-73.5	404.1	22.6	-8.9
2015	2.8	2.0	181.9	76.3	1.5	3.8	951.7	35.5	4.9
2014	8.3	7.2	105.5	63.8	7.4	16.8	788.7	48.7	9.9
2013	11.1	8.2	163.3	90.8	7.6	22.0	708.9	38.0	12.8

쓰리에스코리아 (A060310)
3S Korea

업　종 : 기계		시　장 : KOSDAQ	
신용등급 : (Bond) — (CP) —		기업규모 : 중견	
홈페이지 : www.3sref.com		연락처 : 02)896-9474	
본　사 : 서울시 금천구 시흥대로71길 30-1			

설 립 일	1991.01.28	종업원수	59명	대표이사	박종익
상 장 일	2002.04.23	감사의견	적정 (신한)	계 열	
결 산 기	03월	보 통 주	4,197만주	종속회사수	1개사
액 면 가	500원	우 선 주		구 상 호	

주주구성 (지분율,%)		출자관계 (지분율,%)		주요경쟁사 (외형,%)	
박종익	7.6	L&S신성장동력얼라언스디디오투자전문회사	7.5	3S	100
Capital Ventures International	4.5	씨엔비플러스	6.7	유지인트	209
(외국인)	2.6	아이엠티	3.4	기신정기	476

매출구성		비용구성		수출비중	
칼로리메타 및 환경구현장치	56.5	매출원가율	83.5	수출	37.8
FOSB	37.2	판관비율	11.6	내수	62.2
기타제품	5.4				

회사 개요
동사는 반도체 웨이퍼 캐리어박스와 냉동공조용 열량계, 환경시험설비 제작 전문업체임. 웨이퍼캐리어사업은 반도체 제조공정 중 실리콘 웨이퍼를 웨이퍼 생산공정에서 제조하여 반도체 조립공정으로 운반하는 중에 사용되는 웨이퍼케이스를 생산하는 것으로 완성된 웨이퍼를 칩메이커에 수송하는데 이용되는 클린진공박스를 FOSB라 부름. FOSB는 세계적으로 4개사가 그 생산기술을 보유하고 있으며 국내에서는 동사만이 생산기술을 보유, 양산, 납품하고 있음.

실적 분석
동사의 2016년 연결기준 누적 매출액은 211.8억원으로 전년 동기 대비 25.3% 증가함. 매출은 증가했지만 매출원가와 판관비는 전년 동기 대비 각각 45.7%, 55.7% 늘어남. 매출 성장에도 불구, 고정 비용 증가로 인해 영업이익은 전년 대비 감소하며 19.3억원의 손실을 시현하며 적자전환. 비영업손익 부문 역시 적자를 유지하면서 당기순손실 또한 26.1억원을 기록하며 적자지속 중

현금 흐름 〈단위 : 억원〉

항목	2015	2016.3Q
영업활동	19	-7
투자활동	5	10
재무활동	-82	39
순현금흐름	-59	44
기말현금	12	55

시장 대비 수익률
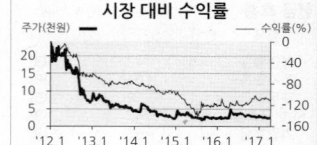

결산 실적 〈단위 : 억원〉

항목	2011	2012	2013	2014	2015	2016
매출액	312	322	289	232	237	—
영업이익	28	19	-25	-42	12	—
당기순이익	16	7	-48	-56	-34	—

분기 실적 〈단위 : 억원〉

항목	2015.2Q	2015.3Q	2015.4Q	2016.1Q	2016.2Q	2016.3Q
매출액	69	45	68	73	65	74
영업이익	4	6	-0	1	-12	-8
당기순이익	6	-33	-9	-3	-18	-5

재무 상태 〈단위 : 억원〉

항목	2011	2012	2013	2014	2015	2016.3Q
총자산	505	677	713	674	577	597
유형자산	266	406	447	412	371	360
무형자산	24	25	25	22	19	18
유가증권	5	14	23	26	29	17
총부채	208	199	283	294	231	247
총차입금	173	161	224	256	185	194
자본금	195	204	204	204	204	210
총자본	297	478	430	379	346	351
지배주주지분	297	478	430	379	346	351

기업가치 지표

항목	2011	2012	2013	2014	2015	2016.3Q
주가(최고/저)(천원)	27.7/3.8	21.9/6.2	8.6/4.1	6.3/2.1	4.1/1.9	5.2/2.3
PER(최고/저)(배)	663.3/90.3	1,265.7/357.4	—/—	—/—	—/—	—/—
PBR(최고/저)(배)	36.9/5.0	18.7/5.3	8.2/3.9	6.7/2.3	4.9/2.2	6.2/2.8
EV/EBITDA(배)	188.6	97.6			27.6	
EPS(원)	42	17	-116	-137	-83	-62
BPS(원)	760	1,168	1,051	928	846	835
CFPS(원)	81	64	-57	-68	-11	-15
DPS(원)						
EBITDAPS(원)	115	92	-3	-33	101	1

재무 비율 〈단위 : % 〉

연도	영업이익률	순이익률	부채비율	차입금비율	ROA	ROE	유보율	자기자본비율	EBITDA마진율
2015	5.0	-14.3	66.9	53.4	-5.4	-9.4	69.2	59.9	17.4
2014	-17.9	-24.1	77.5	67.4	-8.1	-13.8	85.6	56.3	-5.9
2013	-8.8	-16.5	65.9	52.1	-6.9	-10.5	110.3	60.3	-0.4
2012	5.8	2.2	41.6	33.7	1.2	1.8	133.7	70.6	11.6

씨그널엔터테인먼트그룹 (A099830)
Signal Entertainment Group

업 종 : 미디어		시 장 : KOSDAQ	
신용등급 : (Bond) — (CP) —		기업규모 :	
홈 페 이 지 : www.signal-ent.com		연 락 처 : 02)2038-8882	
본 사 : 서울시 서초구 반포대로20길 29 예당빌딩(서초동)			

설 립 일 1991.01.18	종 업 원 수 75명	대 표 이 사 성봉두,장철진
상 장 일 2011.01.24	감 사 의 견 적정 (대명)	계 열
결 산 기 12월	보 통 주 9,266만주	종 속 회 사 수
액 면 가 500원	우 선 주	구 상 호 씨그널정보통신

주주구성 (지분율,%)		출자관계 (지분율,%)		주요경쟁사 (외형,%)	
에스지인베스트먼트코리아	4.9	엘앤홀딩스	100.0	씨그널엔터테인먼트그룹	100
조선오	0.6	미디어에이팀	100.0	YG PLUS	293
(외국인)	1.4	아시아문화개발	100.0	초록뱀	441

매출구성		비용구성		수출비중	
엔터테인먼트(용역)	56.6	매출원가율	81.9	수출	0.0
무선통신(용역)	34.3	판관비율	36.8	내수	100.0
통신망 구축(용역)	9.1				

회사 개요
동사는 1991년 1월에 설립되어, 엔터테인먼트 사업, 무선통신 솔루션 사업, 통신망구축 솔루션 사업을 영위하고 있음. 연결대상 자회사로는 음반제작을 하는 정글엔터테인먼트와 방송프로그램 제작을 하는 미디어에이팀이 있음. 화장품 제조·판매업체인 스킨애버셔리 지분을 취득해 화장품사업에 진출하였으며, 엔터테인먼트 사업을 영위하는 엘앤홀딩스 지분 100%를 30억원에 인수함. 2016년 11월에 무선통신사업 부문을 물적분할 방식으로 분리함.

실적 분석
예능프로그램을 중심으로 한 엔터테인먼트 부문의 호조로 2016년 매출액은 전년 대비 68.7% 급증함. 판매관리비의 대손상각비 증가를 비롯한 인건비 증가, 투자주식의 평가차손 및 케이팝호텔 손상차손 반영으로 영업이익과 당기순이익은 대규모 적자를 지속함. 별도 기준 최근 4개 사업연도에 영업손실이 발생해 관리종목 지정사유가 발생함. 미국의 대표적인 TV프로그램 제작사 '버님-메럴이 프로덕션'과 프로그램 공동제작 계약을 체결함.

현금 흐름 〈단위 : 억원〉
항목	2015	2016
영업활동	-112	-12
투자활동	-111	-12
재무활동	245	-51
순현금흐름	23	-27
기말현금	46	19

시장 대비 수익률
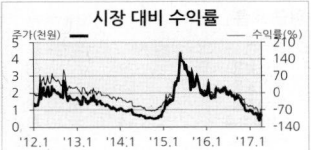

결산 실적 〈단위 : 억원〉
항목	2011	2012	2013	2014	2015	2016
매출액	347	291	241	115	142	240
영업이익	25	8	-16	-46	-56	-45
당기순이익	19	7	-18	-55	-273	-338

분기 실적 〈단위 : 억원〉
항목	2015.3Q	2015.4Q	2016.1Q	2016.2Q	2016.3Q	2016.4Q
매출액	21	3	70	66	81	23
영업이익	-18	-1	3	-2	1	-47
당기순이익	-39	-193	-8	-118	-3	-209

재무 상태 〈단위 : 억원〉
항목	2011	2012	2013	2014	2015	2016
총자산	343	425	452	698	790	509
유형자산	37	82	79	214	83	9
무형자산	5	8	4	40	10	22
유가증권	7	18	5	102	228	232
총부채	70	146	144	317	495	199
총차입금	4	98	113	264	414	107
자본금	17	67	79	182	346	455
총자본	272	280	308	381	295	310
지배주주지분	272	280	308	381	295	310

기업가치 지표
항목	2011	2012	2013	2014	2015	2016
주가(최고/저)(천원)	3.3/0.7	2.9/1.2	2.0/0.9	1.1/0.5	4.6/0.9	2.6/0.9
PER(최고/저)(배)	25.8/5.2	63.0/26.2	—/—	—/—	—/—	—/—
PBR(최고/저)(배)	1.8/0.4	1.5/0.6	1.1/0.5	1.0/0.4	10.6/2.0	7.6/2.5
EV/EBITDA(배)	7.5	24.9				
EPS(원)	128	46	-108	-217	-398	-372
BPS(원)	8,091	2,108	1,978	1,056	431	344
CFPS(원)	622	69	-96	-207	-386	-361
DPS(원)	100					
EBITDAPS(원)	797	74	-78	-172	-69	-39

재무 비율 〈단위 : % 〉
연도	영업이익률	순이익률	부채비율	차입금비율	ROA	ROE	유보율	자기자본비율	EBITDA마진율
2016	-18.8	-141.0	일부잠식	일부잠식	-52.1	-111.9	-31.3	60.9	-14.7
2015	-39.2	-191.8	일부잠식	일부잠식	-36.7	-80.8	-13.8	37.4	-33.5
2014	-40.3	-48.3	83.3	69.4	-9.6	-16.1	111.3	54.6	-38.1
2013	-6.4	-7.6	46.8	36.7	-4.2	-6.3	295.6	68.1	-4.9

씨씨에스충북방송 (A066790)
KOREA CABLE TV CHUNG-BUK SYSTEM

업 종 : 미디어		시 장 : KOSDAQ	
신용등급 : (Bond) — (CP) —		기업규모 : 중견	
홈 페 이 지 : www.ccstv.co.kr		연 락 처 : 043)850-7000	
본 사 : 충북 충주시 예성로 114			

설 립 일 1997.07.15	종 업 원 수 38명	대 표 이 사 유희훈
상 장 일 2003.05.30	감 사 의 견 적정 (인덕)	계 열
결 산 기 12월	보 통 주 7,914만주	종 속 회 사 수
액 면 가 500원	우 선 주	구 상 호

주주구성 (지분율,%)		출자관계 (지분율,%)		주요경쟁사 (외형,%)	
유인무	4.9			씨씨에스	100
김응태	3.4			키이스트	446
(외국인)	3.5			덱스터	152

매출구성		비용구성		수출비중	
방송서비스	86.8	매출원가율	81.4	수출	0.0
별정통신서비스	13.2	판관비율	24.8	내수	100.0

회사 개요
충주시, 제천시, 음성군, 괴산군, 단양군, 진천군, 증평군 등 충청지역을 대상으로 한 케이블 TV 사업과 SK브로드밴드와 공동으로 초고속 인터넷사업을 영위. 케이블 SO들은 기존의 아날로그 케이블TV와 초고속인터넷에 추가하여 디지털 케이블TV 및 부가 디지털서비스를 제공함에 따라 추가적인 매출 증대 가능할 것으로 판단됨. 디지털방송 런칭에 따른 콘텐츠 확보 등을 위해 프로그램 공급업체인 월드이벤트티브이의 지분을 취득하였음.

실적 분석
동사의 2016년 결산기준 누적 매출액은 전년동기대비 -1.4% 소폭 변동한 209.1억원을 기록하였음. 비용면에서 전년동기대비 매출원가는 증가 하였으며 인건비는 감소 하였고 광고선전비도 감소, 기타판매비와관리비는 증가함. 그에 따라 영업손실은 12.9억원으로 적자 전환하였음. 최종적으로 전년동기대비 당기순손실은 적자지속하여 21.1억원을 기록함.

현금 흐름 〈단위 : 억원〉
항목	2015	2016
영업활동	2	41
투자활동	19	37
재무활동	-22	-90
순현금흐름	-2	-12
기말현금	15	2

시장 대비 수익률
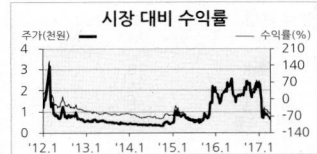

결산 실적 〈단위 : 억원〉
항목	2011	2012	2013	2014	2015	2016
매출액	329	298	297	270	212	209
영업이익	11	3	-21	-31	0	-13
당기순이익	-30	-3	-33	-43	-29	-21

분기 실적 〈단위 : 억원〉
항목	2015.3Q	2015.4Q	2016.1Q	2016.2Q	2016.3Q	2016.4Q
매출액	52	55	50	53	52	54
영업이익	-0	6	-1	-6	-3	-4
당기순이익	-4	-51	1	-3	-4	-16

재무 상태 〈단위 : 억원〉
항목	2011	2012	2013	2014	2015	2016
총자산	646	1,166	654	657	584	453
유형자산	183	531	246	229	297	296
무형자산	45	249	35	39	73	68
유가증권	109	31	28	28	—	—
총부채	359	763	299	300	231	116
총차입금	266	429	215	223	175	84
자본금	235	326	326	371	396	396
총자본	287	403	355	357	353	336
지배주주지분	252	357	332	339	350	336

기업가치 지표
항목	2011	2012	2013	2014	2015	2016
주가(최고/저)(천원)	1.2/0.4	3.3/0.5	0.7/0.4	0.6/0.3	2.2/0.5	2.9/1.4
PER(최고/저)(배)	—/—	4,876.6/784.7	—/—	—/—	—/—	—/—
PBR(최고/저)(배)	2.1/0.8	6.0/1.0	1.4/0.8	1.4/0.7	5.0/1.1	6.9/3.3
EV/EBITDA(배)	15.9	18.0	17.4	22.1	44.1	52.5
EPS(원)	-71	1	-41	-57	-17	-26
BPS(원)	542	553	515	461	447	425
CFPS(원)	3	75	27	17	34	33
DPS(원)						
EBITDAPS(원)	97	80	35	28	52	43

재무 비율 〈단위 : % 〉
연도	영업이익률	순이익률	부채비율	차입금비율	ROA	ROE	유보율	자기자본비율	EBITDA마진율
2016	-6.2	-10.1	일부잠식	일부잠식	-4.1	-6.0	-15.0	74.3	16.2
2015	0.2	-13.5			-4.6	-3.9	-10.7	60.4	19.0
2014	-11.5	-16.0	일부잠식	일부잠식	-6.6	-11.4	-7.8	54.3	6.8
2013	-7.2	-11.2	84.2	60.6	-3.7	-7.7	34.1	54.3	7.6

씨아이에스 (A222080)
Creative & Innovative System

업 종 : 전자 장비 및 기기	시 장 : KOSDAQ
신용 등급 : (Bond) — (CP) —	기업규모 : 벤처
홈 페 이 지 : www.cisro.co.kr	연 락 처 : 053)593-1552
본 사 : 대구시 동구 팔공로47길 37(봉무동)	

설 립 일 2015.05.22	종 업 원 수 명	대 표 이 사 윤강훈
상 장 일 2015.09.02	감 사 의 견 적정 (보명)	계 열
결 산 기 12월	보 통 주 5,002만주	종속회사수
액 면 가 100원	우 선 주	구 상 호 한국3호스팩

주주구성 (지분율,%)	출자관계 (지분율,%)	주요경쟁사 (외형,%)
김수하 24.0	심천시지혜액능원장비유한회사 49.0	씨아이에스
엘비인베스트먼트 8.5		엔에스
(외국인) 0.0		파크시스템스

매출구성	비용구성		수출비중	
	매출원가율 0.0		수출 90.0	
	판관비율 0.0		내수 10.0	

회사 개요
동사는 한국제3호기업인수목적 주식회사 가 2017년 1월 12일 합병등기완료되어 상호 변경된 법인이며 합병비율에 의한 합병신주를 2017년 1월 20일 한국거래소 코스닥시장에 상장하였음. 씨아이에스는 리튬 이차전지 생산을 위한 전극 제조관련 장비를 전문적으로 제작하는 업체이며 이에 해당되는 설비로서는 Coater, Calender, Slitter, Tape Laminator 및 기타설비로 분류할 수 있음.

실적 분석
동사의 2016년 매출액은 전년대비 617.5억 원(429.23%) 증가한 751.3억원을 기록하 였음. 매출액 증가는 2차전지 장비 수요업체 의 투자증가가 주된 요인임. 동사의 영업이익 은 전년대비 89.2억원(665.50%) 증가한 102.6억원이며, 당기순이익은 전년대비 70.5억원(449.86%) 증가한 86.2억원임. 이 는 매출액 증가에 따른 이익의 증가 및 배터리 장비 제조업체의 투자증가가 주된 요인임.

현금 흐름 〈단위 : 억원〉

항목	2015	2016
영업활동	23	—
투자활동	73	—
재무활동	8	—
순현금흐름	106	—
기말현금	155	—

시장 대비 수익률
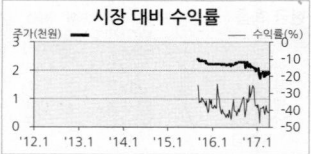

결산 실적 〈단위 : 억원〉

항목	2011	2012	2013	2014	2015	2016
매출액	352	429	218	116	144	—
영업이익	75	69	5	-12	13	—
당기순이익	55	58	7	-6	16	—

분기 실적 〈단위 : 억원〉

항목	2015.3Q	2015.4Q	2016.1Q	2016.2Q	2016.3Q	2016.4Q
매출액	—	—	—	341	—	—
영업이익	—	—	—	76	—	—
당기순이익	—	—	—	63	—	—

재무 상태 〈단위 : 억원〉

항목	2011	2012	2013	2014	2015	2016
총자산	429	329	300	317	669	—
유형자산	75	98	97	94	119	—
무형자산	4	5	5	4	8	—
유가증권	2	2	120	0	25	—
총부채	251	90	50	76	411	—
총차입금	23	20	17	20	29	—
자본금	17	17	17	17	17	—
총자본	178	240	249	241	258	—
지배주주지분	178	240	249	241	257	—

기업가치 지표

항목	2011	2012	2013	2014	2015	2016
주가(최고/저)(천원)	—/—	—/—	—/—	—/—	2.4/2.2	2.4/2.0
PER(최고/저)(배)	0.0/0.0	0.0/0.0	0.0/0.0	—/—	75.3/69.4	0.0/0.0
PBR(최고/저)(배)	0.0/0.0	0.0/0.0	0.0/0.0	42.7/21.6	4.6/4.3	0.0/0.0
EV/EBITDA(배)						0.0
EPS(원)	123	118	14	-12	32	—
BPS(원)	5,334	7,186	7,477	7,218	7,715	—
CFPS(원)	1,878	1,821	311	-88	564	—
DPS(원)						—
EBITDAPS(원)	2,530	2,142	257	-274	493	—

재무 비율 〈단위 : %〉

연도	영업이익률	순이익률	부채비율	차입금비율	ROA	ROE	유보율	자기자본비율	EBITDA마진율
2016	0.0	0.0	0.0	0.0	0.0	0.0	0.0	0.0	0.0
2015	9.3	10.9	159.2	11.2	3.2	6.3	1,443.0	38.6	11.4
2014	-10.6	-5.3	31.6	8.3	—	—	1,343.7	76.0	-7.9
2013	2.3	3.2	20.2	8.0	2.0	2.8	1,395.3	83.2	3.9

씨아이테크 (A004920)
CITECH COLTD

업 종 : IT 서비스	시 장 : 거래소
신용 등급 : (Bond) — (CP) —	기업규모 : 시가총액 소형주
홈 페 이 지 : www.citech.kr	연 락 처 : 02)410+9607
본 사 : 서울시 송파구 송파구 양재대로 932 가락몰 업무동 11층	

설 립 일 1967.01.17	종 업 원 수 44명	대 표 이 사 김대영
상 장 일 1989.11.30	감 사 의 견 적정 (신한)	계 열
결 산 기 12월	보 통 주 4,479만주	종속회사수
액 면 가 500원	우 선 주	구 상 호 삼영홀딩스

주주구성 (지분율,%)	출자관계 (지분율,%)	주요경쟁사 (외형,%)
에스엔텍 15.4	나이콤 100.0	씨아이테크 100
김대영 1.7	이프랜드 37.0	쌍용정보통신 1,186
(외국인) 1.6	아이지모바일 36.8	케이엘넷 189

매출구성	비용구성		수출비중	
시스템 외(상품) 99.6	매출원가율 64.9		수출 0.5	
중간재 등(기타) 0.4	판관비율 39.7		내수 99.5	

회사 개요
주력사업이었던 SI사업은 경기 침체에 따른 수주상황 악화와 실적부진에 따라 일시적 중 단 상태. IT 관련기기의 유통사업 및 의료환경 개선 및 병원선진화를 위한 개인형 Meditainment Service용 단말기의 제조, 판 매사업, SMS서비스사업, 도서관리자동화시 스템 사업, 무인자동증명발급기 등 키오스크 관련 사업을 전개 중. 이 외에 산업용 소재 유 통사업, 부동산사업 영위.

실적 분석
동사의 2016년 연결기준 누적 매출액은 185.2억원으로 전년 동기 대비 13% 감소함. 외형이 줄어들면서 매출원가는 감소했지만 판관비는 오히려 큰 폭으로 증가해 영업손실 은 8.6억원으로 적자 전환함. 영업이익이 적 자로 전환하고 비영업손실도 늘면서 당기순 손실 15.3억원으로 역시 적자 전환함. 주력 사업이었던 시스템통합(SI) 사업 시장 위축에 따른 수익성 악화 지속되고 있음.

현금 흐름 〈단위 : 억원〉

항목	2015	2016
영업활동	-22	-8
투자활동	-55	-12
재무활동	81	18
순현금흐름	4	-3
기말현금	29	26

시장 대비 수익률
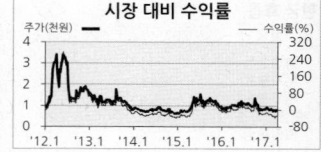

결산 실적 〈단위 : 억원〉

항목	2011	2012	2013	2014	2015	2016
매출액	63	59	75	140	213	185
영업이익	-8	-14	-11	-14	10	-9
당기순이익	-26	-72	-8	-32	11	-15

분기 실적 〈단위 : 억원〉

항목	2015.3Q	2015.4Q	2016.1Q	2016.2Q	2016.3Q	2016.4Q
매출액	48	86	48	50	27	60
영업이익	-0	9	-2	-4	-11	8
당기순이익	-1	6	1	-4	-12	1

재무 상태 〈단위 : 억원〉

항목	2011	2012	2013	2014	2015	2016
총자산	242	179	265	286	402	398
유형자산	116	107	140	124	121	119
무형자산	0	1	8	5	9	12
유가증권	1	14	20	24	44	26
총부채	24	6	70	97	109	55
총차입금	16		47	72	63	8
자본금	80	88	101	121	185	224
총자본	218	173	195	188	293	344
지배주주지분	218	173	195	184	285	332

기업가치 지표

항목	2011	2012	2013	2014	2015	2016
주가(최고/저)(천원)	1.8/0.8	3.6/0.9	1.8/0.8	1.0/0.6	1.5/0.6	1.4/0.8
PER(최고/저)(배)	—/—	—/—	—/—	—/—	48.1/19.6	—/—
PBR(최고/저)(배)	1.3/0.6	3.7/0.9	1.8/0.8	1.3/0.8	1.9/0.8	1.8/1.0
EV/EBITDA(배)					26.5	
EPS(원)	-165	-448	-45	-154	32	-36
BPS(원)	13,654	983	965	760	807	771
CFPS(원)	-1,650	-447	-25	-125	44	-25
DPS(원)						
EBITDAPS(원)	-484	-86	-43	-40	41	-10

재무 비율 〈단위 : %〉

연도	영업이익률	순이익률	부채비율	차입금비율	ROA	ROE	유보율	자기자본비율	EBITDA마진율
2016	-4.6	-8.3	15.9	2.5	-3.8	-4.9	54.2	86.3	-2.2
2015	4.8	5.2	37.2	21.6	3.2	4.7	61.3	72.9	6.6
2014	-10.1	-22.6	51.6	38.0	-11.5	-16.7	52.1	66.0	-5.8
2013	-15.1	-10.7	36.0	24.2	-3.6	-4.3	93.0	73.5	-10.3

씨앗 (A103660)
CIAAT

업 종 : 화학		시 장 : KONEX	
신용등급 : (Bond) — (CP) —		기업규모 : —	
홈 페 이 지 : www.ciaat.net		연 락 처 : 062)940-7200	
본 사 : 광주시 광산구 평동산단로169번길 40			

설 립 일 2006.04.12	종 업 원 수 97명	대 표 이 사 김환기	
상 장 일 2015.06.22	감 사 의 견 적정 (세영)	계	열
결 산 기 12월	보 통 주 229만주	종 속 회 사 수	
액 면 가 500원	우 선 주 294만주	구 상 호	

주주구성 (지분율,%)		출자관계 (지분율,%)		주요경쟁사 (외형,%)	
김환기	51.6			씨앗	100
김상기	4.4			아스팩오일	148
				진양폴리	79

매출구성		비용구성		수출비중	
포토미디어	61.2	매출원가율	77.2	수출	90.4
카드미디어	27.5	판관비율	15.2	내수	9.6
상품	7.3				

회사 개요
동사는 화학제품 제조업을 영위하는 회사로, 사진출력용 포토프린터에 소모되는 잉크리본 및 수상지와 신분증 발급에 필요한 카드프린터에 소모되는 컬리리본과 홀로그램을 생산하고 있음. 동사의 주요 매출처 상위 4~5개 업체가 전체 매출액의 50% 이상을 차지하고 있어 매출처와의 거래 지속 가능성에 따라 매출 실적이 크게 변동될 수 있음. 2015년 06월 22일 코넥스 시장에 상장됨.

실적 분석
동사의 2016년 매출액은 220.4억원으로 전년대비 15.3% 증가. 최근 몇 년간 외형이 꾸준히 성장하고 있음. 영업이익은 16.5억원으로 흑자 전환에 성공함. 동사의 사업부문에서는 일본의 DNP가 전체시장의 80%를 점유하고 있는 프린터 시장은 모바일 시장의 확대로 인해 다양한 규격으로 다변화되고 있으며, 급변하는 시장상황에 뒤처지지 않기 위해 지속적인 연구개발을 진행 중임.

현금 흐름 *IFRS 별도 기준 〈단위 : 억원〉

항목	2015	2016
영업활동	8	27
투자활동	-9	-26
재무활동	-6	-1
순현금흐름	-6	0
기말현금	0	8

시장 대비 수익률
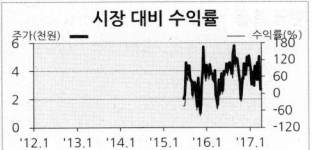

결산 실적 〈단위 : 억원〉

항목	2011	2012	2013	2014	2015	2016
매출액	58	121	131	178	191	220
영업이익	-23	10	-30	11	-3	17
당기순이익	-38	1	-83	2	-15	6

분기 실적 *IFRS 별도 기준 〈단위 : 억원〉

항목	2015.3Q	2015.4Q	2016.1Q	2016.2Q	2016.3Q	2016.4Q
매출액	—	—	—	—	—	—
영업이익	—	—	—	—	—	—
당기순이익	—	—	—	—	—	—

재무 상태 *IFRS 별도 기준 〈단위 : 억원〉

항목	2011	2012	2013	2014	2015	2016
총자산	271	283	215	261	259	276
유형자산	122	124	118	112	111	111
무형자산	45	56	20	19	22	34
유가증권	0	0	0	0	0	0
총부채	170	179	195	238	237	238
총차입금	147	158	169	194	178	174
자본금	21	21	21	21	22	23
총자본	102	103	20	22	22	38
지배주주지분	102	103	20	22	22	38

기업가치 지표 *IFRS 별도 기준

항목	2011	2012	2013	2014	2015	2016
주가(최고/저)(천원)	—/—	—/—	—/—	—/—	5.7/0.9	5.8/1.2
PER(최고/저)(배)	0.0/0.0	0.0/0.0	0.0/0.0	0.0/0.0	—/—	45.2/9.4
PBR(최고/저)(배)	0.0/0.0	0.0/0.0	0.0/0.0	0.0/0.0	11.2/1.7	7.0/1.5
EV/EBITDA(배)	—	5.4		9.9	35.9	9.8
EPS(원)	-911	36	-2,019	57	-365	128
BPS(원)	2,457	2,502	483	540	509	833
CFPS(원)	-510	503	-1,571	242	-122	391
DPS(원)	—	—	—	—	—	—
EBITDAPS(원)	-162	701	-270	458	166	638

재무 비율 〈단위 : % 〉

연도	영업이익률	순이익률	부채비율	차입금비율	ROA	ROE	유보율	자기자본비율	EBITDA마진율
2016	7.5	2.6	620.4	453.2	2.1	18.7	66.5	13.9	12.8
2015	-1.7	-8.0	1,058.0	795.9	-5.9	-68.6	1.8	8.6	3.7
2014	6.3	1.3	1,067.3	868.5	1.0	11.2	8.0	8.6	10.6
2013	-22.7	-63.8	일부잠식	일부잠식	-33.5	-135.3	-3.4	9.3	-8.5

씨앤에스링크 (A245450)
CNSLINK

업 종 : 자동차부품		시 장 : KONEX	
신용등급 : (Bond) — (CP) —		기업규모 : —	
홈 페 이 지 : www.cns-link.co.kr		연 락 처 : (070)8786-6458	
본 사 : 경기도 성남시 분당구 방아로 16번길 11 3층(이매동, 메카텍빌딩)			

설 립 일 2000.09.20	종 업 원 수 명	대 표 이 사 안상태	
상 장 일 2016.06.24	감 사 의 견 적정 (지성)	계	열
결 산 기 12월	보 통 주 104만주	종 속 회 사 수	
액 면 가 500원	우 선 주	구 상 호	

주주구성 (지분율,%)		출자관계 (지분율,%)		주요경쟁사 (외형,%)	
안상태	33.1			씨앤에스링크	100
김수석	9.6			팅크웨어	937
				미동앤씨네마	146

매출구성		비용구성		수출비중	
Navi	73.4	매출원가율	78.6	수출	—
LTE Router	14.4	판관비율	21.0	내수	—
블랙박스	6.4				

회사 개요
동사는 2006년 내비게이션 시장에 진출하여 자체 브랜드인 `MyDean'을 통해 주력사업으로 성장시켰으며 현재까지 영위하고 있음. 또 2012년 내비게이션 제조기술을 바탕으로 블랙박스를 출시하였으며, IoT시장의 성장에 따라 발전가능성이 높을 것으로 기대하는 LTE Router사업은 2013년도에 진출. 동사는 LTE Router 사업의 경우 최초 시장이 형성되는 과정이 상이하므로, 미시적인 각 산업별 전망이나 미래의 사업계획은 세부적인 차이가 존재함.

실적 분석
동사는 내비게이션과 블랙박스 등 차량 운행 보조 제품을 생산하는 업체로 지난해 매출액 197억원, 순손실 8.6억원을 기록하였음. 정보통신 기술의 발전에 따라 산업의 융복합이 활발하게 이루어지고 있으며, 동사가 영위하고 있는 내비게이션 및 블랙박스와 LTE Router 사업의 경우 최초 시장이 형성되는 과정이 상이하여, 미시적인 각 산업별 전망이나 미래의 사업계획은 세부적인 차이가 존재함.

현금 흐름 *IFRS 별도 기준 〈단위 : 억원〉

항목	2015	2016
영업활동	10	-16
투자활동	-8	-4
재무활동	-2	17
순현금흐름	-0	-3
기말현금	5	2

시장 대비 수익률
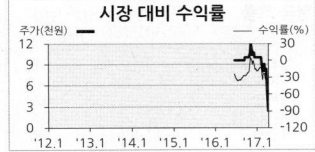

결산 실적 〈단위 : 억원〉

항목	2011	2012	2013	2014	2015	2016
매출액			198	209	217	197
영업이익			5	5	6	1
당기순이익			5	5	6	-9

분기 실적 *IFRS 별도 기준 〈단위 : 억원〉

항목	2015.3Q	2015.4Q	2016.1Q	2016.2Q	2016.3Q	2016.4Q
매출액	—	—	—	—	—	—
영업이익	—	—	—	—	—	—
당기순이익	—	—	—	—	—	—

재무 상태 *IFRS 별도 기준 〈단위 : 억원〉

항목	2011	2012	2013	2014	2015	2016
총자산			85	86	92	96
유형자산			5	6	6	6
무형자산			9	13	15	13
유가증권						
총부채			53	50	51	59
총차입금			27	28	26	40
자본금			3	3	3	5
총자본			31	36	42	36
지배주주지분			31	36	42	36

기업가치 지표 *IFRS 별도 기준

항목	2011	2012	2013	2014	2015	2016
주가(최고/저)(천원)	—/—	—/—	—/—	—/—	—/—	13.2/9.6
PER(최고/저)(배)	0.0/0.0	0.0/0.0	0.0/0.0	0.0/0.0	0.0/0.0	—/—
PBR(최고/저)(배)	0.0/0.0	0.0/0.0	0.0/0.0	0.0/0.0	0.0/0.0	3.8/2.8
EV/EBITDA(배)	0.0	0.0	3.2	2.5	1.9	21.1
EPS(원)			770	777	922	-913
BPS(원)			52,413	60,179	69,599	3,496
CFPS(원)			11,747	13,755	16,733	-280
DPS(원)						
EBITDAPS(원)			12,558	14,756	17,760	711

재무 비율 〈단위 : % 〉

연도	영업이익률	순이익률	부채비율	차입금비율	ROA	ROE	유보율	자기자본비율	EBITDA마진율
2016	0.4	-4.4	163.3	110.2	-9.1	-22.0	599.2	38.0	3.4
2015	2.8	2.5	121.5	61.7	6.2	14.2	1,292.0	45.2	4.9
2014	2.5	2.2	137.3	76.7	5.5	13.8	1,103.6	42.1	4.2
2013	2.6	2.3	169.7	87.4	6.0	16.0	948.3	37.1	3.8

씨앤에스자산관리 (A032040)
C&S

업 종 : 상업서비스		시 장 : KOSDAQ	
신용등급 : (Bond) — (CP) —		기업규모 : 중견	
홈 페 이 지 : www.cnsamc.com		연 락 처 : 02)732-9676	
본 사 : 서울시 종로구 사직로 130, 적선현대빌딩 907호			

설 립 일 1980.01.08	종 업 원 수 6,096명	대 표 이 사 박기준
상 장 일 1997.01.23	감 사 의 견 적정 (삼일)	계 열
결 산 기 12월	보 통 주 3,255만주	종속회사수
액 면 가 2,500원	우 선 주	구 상 호

주주구성 (지분율,%)		출자관계 (지분율,%)		주요경쟁사 (외형,%)	
구천서	16.3	씨앤에스홀딩스	100.0	C&S자산관리	100
신영자산운용	2.6	에이치비골프앤리조트	82.6	인선이엔티	62
(외국인)	1.1	에이치비관광리조트	82.6	코엔텍	25

매출구성		비용구성		수출비중	
시설미화(용역)	46.7	매출원가율	93.7	수출	0.0
특수경비(용역)	26.2	판관비율	8.4	내수	100.0
민자사업(BTL)(기타)	11.5				

회사 개요
동사는 1980년 설립된 빌딩종합관리업체로 시설관리부문, 청소부문, 일반경비 및 특수경비부문, 주택사업부문과 BTL사업부문을 병행함. 외국계 기업 뿐 아니라 공공기관 건물, 의료기관, 일반 사무실, 백화점, 상가, 복합 공동주택까지 다양하게 실시됨. 사업시설관리 및 사업지원서비스업 산업으로 등록 상장된 17개 회사 중 자산총계 기준 7위, 매출액 기준 5위로 집계됨.

실적 분석
동사의 2016년 매출액은 2172.9억원으로 전년 대비 2.4% 증가함. 영업손실은 47억원으로 적자전환함. 당기순손실은 256.5억원으로 적자지속됨. 빌딩종합관리 시장은 대형화, 전문화되는 양상임. 외국 기업의 국내 빌딩 인수로 인한 신규 시장이 확대될 전망임. 외국 기업에 대한 영업력 확대가 매출 극대화에 큰 비중을 차지할 전망임. 동사는 사업 각화 준비를 모색 중이나 신규사업 진출의 성공 여부가 불투명해 신중을 기하는 중임.

현금 흐름
항목	2015	2016
영업활동	134	81
투자활동	-21	-380
재무활동	-54	192
순현금흐름	59	-107
기말현금	146	38

〈단위 : 억원〉

시장 대비 수익률
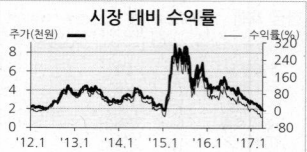

결산 실적
〈단위 : 억원〉

항목	2011	2012	2013	2014	2015	2016
매출액	995	1,113	1,501	1,686	2,121	2,173
영업이익	84	55	63	-9	2	-47
당기순이익	122	154	5	-95	-104	-257

분기 실적
〈단위 : 억원〉

항목	2015.3Q	2015.4Q	2016.1Q	2016.2Q	2016.3Q	2016.4Q
매출액	500	554	530	561	558	524
영업이익	4	-38	31	-6	5	-76
당기순이익	6	-104	15	-31	-28	-213

재무 상태
〈단위 : 억원〉

항목	2011	2012	2013	2014	2015	2016
총자산	835	888	1,727	2,988	3,093	3,272
유형자산	57	60	1,064	2,183	2,215	2,307
무형자산	4	6	37	39	37	7
유가증권	432	419	219	109	96	97
총부채	242	307	1,211	2,586	2,522	2,884
총차입금	65	76	895	1,819	1,470	1,553
자본금	396	411	439	471	714	714
총자본	593	581	516	401	571	388
지배주주지분	591	578	517	414	617	380

기업가치 지표
항목	2011	2012	2013	2014	2015	2016
주가(최고/저)(천원)	2.2/1.5	4.5/2.0	4.6/2.7	4.2/2.2	9.1/1.8	5.4/2.6
PER(최고/저)(배)	4.3/2.7	5.9/2.8	60.9/34.8	—/—	—/—	—/—
PBR(최고/저)(배)	0.8/0.5	1.5/0.7	1.7/1.0	1.8/1.0	4.0/0.8	3.7/1.8
EV/EBITDA(배)	2.4	7.1	17.8	216.3	69.1	
EPS(원)	676	828	80	-386	-258	-810
BPS(원)	3,910	3,689	3,030	2,365	2,285	1,460
CFPS(원)	841	1,000	137	-291	-121	-674
DPS(원)	300	375	150	—	125	—
EBITDAPS(원)	599	388	412	49	145	-26

재무 비율
〈단위 : % 〉

연도	영업이익률	순이익률	부채비율	차입금비율	ROA	ROE	유보율	자기자본비율	EBITDA마진율
2016	-2.2	-11.8	일부잠식	일부잠식	-8.1	-46.6	-41.6	11.9	-0.3
2015	0.1	-4.9	일부잠식	일부잠식	-3.4	-13.7	-8.6	18.5	1.9
2014	-0.5	-5.6	일부잠식	일부잠식	-4.0	-15.7	-5.4	13.4	0.6
2013	4.2	0.3	234.6	173.5	0.4	2.7	21.2	29.9	4.8

씨앤에이치 (A023460)
CNH

업 종 : 소비자 금융		시 장 : KOSDAQ	
신용등급 : (Bond) — (CP) —		기업규모 : 중견	
홈 페 이 지 : www.cnhholdings.com		연 락 처 : 02)3287-0700	
본 사 : 경기도 부천시 원미구 상일로 120, 송내리더스텔 411호			

설 립 일 1989.08.23	종 업 원 수 10명	대 표 이 사 김양수
상 장 일 1994.10.07	감 사 의 견 적정 (영앤진)	계 열
결 산 기 12월	보 통 주 3,720만주	종속회사수
액 면 가 2,500원	우 선 주	구 상 호

주주구성 (지분율,%)		출자관계 (지분율,%)		주요경쟁사 (외형,%)	
그래닛홀딩스	56.9	씨앤에이치하스피탤러티	100.0	CNH	100
CNH우리사주조합	5.0	씨앤에이치프리미어렌탈	100.0	삼성카드	13,555
(외국인)	1.0	씨앤에이치파트너스	100.0	KB캐피탈	1,064

수익구성		비용구성		수출비중	
수수료수익	62.6	이자비용	15.1	수출	—
이자수익	23.9	파생상품손실	0.0	내수	—
기타영업수익	-13.6	판관비	21.6		

회사 개요
동사는 1989년에 설립돼 1994년 코스닥시장에 주권 상장함. 2009년 종속기업인 씨앤에이치리스를 물적분할해 지주회사로 전환함. 지주사업, 자회사 등에 대한 자금 및 업무 지원 및 유가증권 투자를 주요 영업으로 함. 동사는 10개의 계열회사를 두고 있고, 여의도 메리어트호텔을 소유한 씨앤에이치하스피탤러티, 수입차를 판매하는 프리미어모터스가 있음. 이 외에도 자동차렌탈, 건설업, 무역업, 경영컨설팅, 투자업, 여신금융 등의 사업을 영위함.

실적 분석
동사의 2016년 연결기준 영업수익은 784.3억원으로 전년 대비 14.93% 감소했으며 영업이익은 2.86% 늘어난 47.8억원을 기록함. 영업외 수익은 95.53% 늘어난 55.1억원을 기록했으며 당기순이익은 31.6억원으로 전년 대비 29.92% 증가했음. 동사의 영업수익은 수수료수익 36.5억원, 이자수익 41.3억원, 기타매출 33억원으로 구성돼 있으며 기타매출에는 종속기업투자자산처분이익이 포함돼있음.

현금 흐름
항목	2015	2016
영업활동	-23	104
투자활동	0	728
재무활동	302	-929
순현금흐름	278	-97
기말현금	337	240

〈단위 : 억원〉

시장 대비 수익률
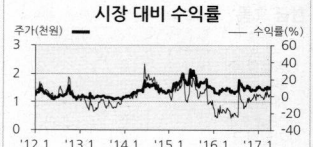

결산 실적
〈단위 : 억원〉

항목	2011	2012	2013	2014	2015	2016
순영업손익	196	152	405	265	230	207
영업이익	14	-102	111	2	46	48
당기순이익	-22	-98	71	-26	24	32

분기 실적
〈단위 : 억원〉

항목	2015.3Q	2015.4Q	2016.1Q	2016.2Q	2016.3Q	2016.4Q
순영업손익	-23	13	10	106	79	13
영업이익	-71	-5	-75	69	43	11
당기순이익	-54	-4	-62	57	32	5

재무 상태
〈단위 : 억원〉

항목	2011	2012	2013	2014	2015	2016
총자산	4,462	4,489	4,455	4,462	4,685	3,373
유형자산	952	962	977	961	964	29
무형자산	12	13	7	7	8	6
유가증권	677	615	789	1,017	1,051	833
총부채	3,398	3,614	3,549	3,532	3,747	2,404
총차입금	2,360	2,434	2,259	2,695	2,626	1,218
자본금	930	930	930	930	930	930
총자본	1,064	875	906	930	938	969
지배주주지분	980	858	905	930	938	969

기업가치 지표
항목	2011	2012	2013	2014	2015	2016
주가(최고/저)(천원)	1.6/1.0	1.7/1.1	1.5/1.1	1.8/1.2	2.4/1.3	1.8/1.3
PER(최고/저)(배)	—/—	—/—	8.1/6.0	—/—	36.0/20.0	21.7/15.3
PBR(최고/저)(배)	0.6/0.4	0.7/0.5	0.6/0.4	0.8/0.5	0.9/0.5	0.7/0.5
PSR(최고/저)(배)	3/2	4/3	1/1	3/2	4/2	3/2
EPS(원)	-53	-260	194	-65	67	85
BPS(원)	3,102	2,572	2,697	2,606	2,625	2,709
CFPS(원)	781	715	1,186	789	752	421
DPS(원)	50	25	20	50	15	25
EBITDAPS(원)	39	-274	299	6	125	128

재무 비율
〈단위 : % 〉

연도	계속사업이익률	순이익률	부채비율	차입금비율	ROA	ROE	유보율	자기자본비율	총자산증가율
2016	19.0	15.2	248.2	125.8	0.8	3.3	8.4	28.7	-28.0
2015	10.1	10.6	399.6	280.1	0.5	2.7	5.0	20.0	5.0
2014	-9.2	-9.7	379.6	289.7	-0.6	-2.6	4.2	20.9	0.2
2013	27.2	17.6	일부잠식	일부잠식	1.6	8.2	7.9	20.3	-0.8

씨에스 (A065770)
CS

업 종 : 통신장비		시 장 : KOSDAQ	
신용등급 : (Bond) — (CP) —		기업규모 : 벤처	
홈페이지 : www.cs-holdings.co.kr		연 락 처 : (031)622-3200	
본 사 : 경기도 성남시 분당구 판교로228번길 15 (판교세븐벤처밸리1 씨에스동)			

설 립 일	1999.02.03	종 업 원 수	63명	대 표 이 사	YOOANDYC,이홍배
상 장 일	2004.06.04	감 사 의 견	적정 (삼정)	계 열	
결 산 기	12월	보 통 주	1,884만주	종속회사수	
액 면 가	500원	우 선 주		구 상 호	

주주구성 (지분율,%)		출자관계 (지분율,%)		주요경쟁사 (외형,%)	
트러스트아이비1호조합	25.3	CSJAPAN	100.0	CS	100
정흥식	6.4	에이티엠오션와이드	37.5	라이트론	86
(외국인)	0.1	판교벤처밸리	14.9	서화정보통신	27

매출구성		비용구성		수출비중	
광중계기	37.6	매출원가율	84.1	수출	44.6
소형 ICS중계기	24.8	판관비율	16.6	내수	55.4
상품 외	16.5				

회사 개요
1999년 설립된 동사는 RF중계기, 광중계기 등 통신장비의 제조 및 판매를 주요 사업으로 영위하고 있음. 동사는 통신 음영지역에서 미세한 기지국 신호를 증폭하여 재 방사하는 이동통신중계기와 휴대인터넷(WiBro) 중계기, 디지털방송통신 시스템 등을 국,내외 이동통신사업자 등에 공급하고 있음. 동사는 2012년부터 LTE서비스와 주파수 재배치에 따른 Revision 중계기 등을 개발, 이동통신사업자에게 공급하고 있음.

실적 분석
동사의 2016년 연간 매출은 485.1억원으로 전년대비 4.9% 감소, 영업이익은 -3.3억원으로 전년대비 적자지속, 당기순이익은 -78.3억원으로 전년대비 적자지속 시현. 국내의 통신부문의 투자 둔화로 관련 매출 감소, 재고 축소로 고정비와 판관비 부담 등으로 수익성은 부진. 향후 5G 서비스 도입시 통신관련 투자 부문 증가 예상. 광중계기 중심으로 수요 증가 기대. 가상현실, 인공지능 서비스를 위한 5G 투자에 대한 관심 높을 전망.

현금 흐름 〈단위 : 억원〉

항목	2015	2016
영업활동	-95	-10
투자활동	158	10
재무활동	-59	54
순현금흐름	5	54
기말현금	11	65

시장 대비 수익률
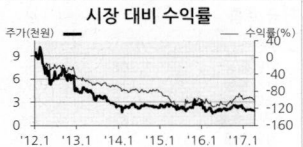

결산 실적 〈단위 : 억원〉

항목	2011	2012	2013	2014	2015	2016
매출액	601	822	523	855	510	485
영업이익	-57	-6	-98	38	-83	-3
당기순이익	-30	-23	-167	-186	-88	-78

분기 실적 〈단위 : 억원〉

항목	2015.3Q	2015.4Q	2016.1Q	2016.2Q	2016.3Q	2016.4Q
매출액	153	70	101	66	115	203
영업이익	-2	-18	-16	-22	-7	42
당기순이익	-15	-87	-27	-75	-10	34

재무 상태 〈단위 : 억원〉

항목	2011	2012	2013	2014	2015	2016
총자산	927	1,180	1,113	1,233	608	549
유형자산	344	447	542	342	336	354
무형자산	61	61	45	16	15	11
유가증권	194	149	118	92	65	17
총부채	509	655	736	843	511	352
총차입금	407	496	551	484	360	239
자본금	60	60	60	60	60	94
총자본	419	526	376	390	98	197
지배주주지분	345	321	174	223	98	197

기업가치 지표

항목	2011	2012	2013	2014	2015	2016
주가(최고/저)(천원)	11.3/4.2	10.2/4.4	5.1/2.4	2.8/1.7	4.1/1.9	2.9/1.5
PER(최고/저)(배)	—/—	—/—	—/—	—/—	—/—	—/—
PBR(최고/저)(배)	3.3/1.2	3.2/1.4	2.5/1.1	1.1/0.7	2.9/1.3	2.8/1.4
EV/EBITDA(배)		39.8		10.7	+	46.3
EPS(원)	-432	-440	-1,283	-1,203	-727	-548
BPS(원)	3,412	3,212	2,062	2,473	1,426	1,047
CFPS(원)	-175	-198	-994	-878	-614	-441
DPS(원)						
EBITDAPS(원)	-216	188	-530	641	-581	84

재무 비율 〈단위 : % 〉

연도	영업이익률	순이익률	부채비율	차입금비율	ROA	ROE	유보율	자기자본비율	EBITDA마진율
2016	-0.7	-16.1	178.6	121.3	-13.5	-53.1	109.4	35.9	2.5
2015	-16.3	-17.2	523.0	368.8	-9.5	-54.3	185.3	16.1	-13.7
2014	4.4	-21.8	216.3	124.1	-15.9	-72.7	394.6	31.6	9.0
2013	-18.8	-32.0	195.8	146.5	-14.6	-62.3	312.4	33.8	-12.2

씨에스에이코스믹 (A083660)
CSA COSMIC

업 종 : 건축자재		시 장 : KOSDAQ	
신용등급 : (Bond) — (CP) —		기업규모 : 중견	
홈페이지 : www.gentro.co.kr		연 락 처 : 02)6203-5370	
본 사 : 서울시 강남구 학동로30길 20			

설 립 일	1989.11.07	종 업 원 수	135명	대 표 이 사	조성아
상 장 일	2006.07.25	감 사 의 견	적정 (리안)	계 열	
결 산 기	12월	보 통 주	1,975만주	종속회사수	
액 면 가	500원	우 선 주		구 상 호	CSA Cosmic

주주구성 (지분율,%)		출자관계 (지분율,%)		주요경쟁사 (외형,%)	
초초스팩토리	13.0			CSA 코스믹	100
골든포우	3.7			스페코	244
(외국인)	0.2			원하이텍	187

매출구성		비용구성		수출비중	
물탱크	39.0	매출원가율	61.0	수출	—
기타	21.1	판관비율	51.8	내수	—
도류벽	18.1				

회사 개요
동사는 합성수지건설 자재제품 제조 및 판매업과 설치공사업을 영위하고 있으며, 수질 및 환경관련사업도 영위하고 있음. 2015년 12월 신규사업 확대를 위해 화장품 사업을 사업 목적으로 추가하고 현재 10~20대 대상 색조화장품 라인인 '16브랜드(16brand)'와 뷰티&라이프스타일 콜라보레이션을 추구하는 생활용품 전문브랜드 '원더바스(Wonderbath)'를 보유하고 있음.

실적 분석
동사의 2016년 연결기준 누적 매출액은 344.9억원으로 전년 대비 72.5% 증가함. 매출 확대에도 불구하고 국제규가 상승에 따른 원재료비의 증가와 전년보다 339%나 대폭 늘어난 판관비 부담으로 44.2억원의 영업손실이 발생하며 적자전환함. 2017년 3월 중국 왓슨스의 최대 벤더 회사인 중상그룹과 합작법인 설립계약을 체결하고 올 상반기 첫 판매를 시작으로 800개 왓슨스 매장에 '16브랜드'와 '원더바스'를 입점시킬 계획임.

현금 흐름 *IFRS 별도 기준 〈단위 : 억원〉

항목	2015	2016
영업활동	22	-63
투자활동	-12	-194
재무활동	278	-1
순현금흐름	288	-258
기말현금	304	46

시장 대비 수익률
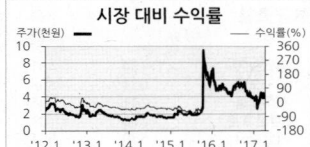

결산 실적 〈단위 : 억원〉

항목	2011	2012	2013	2014	2015	2016
매출액	343	320	252	186	200	345
영업이익	-25	-15	6	-5	5	-44
당기순이익	-36	-86	-12	-7	34	-51

분기 실적 *IFRS 별도 기준 〈단위 : 억원〉

항목	2015.3Q	2015.4Q	2016.1Q	2016.2Q	2016.3Q	2016.4Q
매출액	45	63	37	56	144	108
영업이익	0	1	-19	-18	5	-13
당기순이익	2	-1	-21	-19	3	-14

재무 상태 *IFRS 별도 기준 〈단위 : 억원〉

항목	2011	2012	2013	2014	2015	2016
총자산	340	215	186	153	447	419
유형자산	61	55	49	36	48	61
무형자산	4	4	1	1	1	0
유가증권	3	3	3	3	3	3
총부채	186	130	98	72	212	104
총차입금	120	81	50	45	176	52
자본금	39	41	44	44	70	96
총자본	154	85	88	81	235	315
지배주주지분	154	85	88	81	235	315

기업가치 지표 *IFRS 별도 기준

항목	2011	2012	2013	2014	2015	2016
주가(최고/저)(천원)	6.0/2.2	3.8/1.6	2.5/1.3	2.1/1.2	12.4/1.5	7.5/3.7
PER(최고/저)(배)	—/—	—/—	—/—	—/—	362.3/44.1	—/—
PBR(최고/저)(배)	2.9/1.1	3.7/1.5	2.5/1.3	2.3/1.3	7.4/0.9	4.6/2.2
EV/EBITDA(배)			15.4		126.6	
EPS(원)	-442	-1,070	-86	-83	34	-266
BPS(원)	2,054	1,038	1,008	926	1,681	1,641
CFPS(원)	-363	-1,015	-50	-55	52	-244
DPS(원)						
EBITDAPS(원)	-203	-136	109	-29	67	-208

재무 비율 〈단위 : % 〉

연도	영업이익률	순이익률	부채비율	차입금비율	ROA	ROE	유보율	자기자본비율	EBITDA마진율
2016	-12.8	-14.8	32.9	16.6	-11.8	-18.6	228.2	75.2	-11.6
2015	2.5	1.7	90.3	74.9	1.1	2.2	236.3	52.6	3.4
2014	-2.6	-3.9	89.9	55.4	-4.2	-9.2	83.9	52.7	-1.4
2013	2.5	-4.6	113.6	57.0	-5.7	-8.5	101.6	46.8	3.7

씨에스윈드 (A112610)
CS Wind

업 종 : 에너지 시설 및 서비스	시 장 : 거래소
신용등급 : (Bond) — (CP) —	기업규모 : 시가총액 소형주
홈페이지 : www.cswind.com	연락처 : (041)901-1800
본 사 : 충남 천안시 서북구 동서대로 129-12 (성정동, 백석대학빌딩 4층)	

설 립 일	2006.08.17	종 업 원 수	90명	대 표 이 사	김성권,김성섭
상 장 일	2014.11.27	감 사 의 견	적정 (삼일)	계 열	
결 산 기	12월	보 통 주	1,729만주	종속회사수	
액 면 가	500원	우 선 주		구 상 호	

주주구성 (지분율,%)		출자관계 (지분율,%)		주요경쟁사 (외형,%)	
김성권	36.0	피앤씨글로벌	100.0	씨에스윈드	100
GSCP VI Tanker Holdings B.V.	10.8	제주풍력주식회사	25.3	한전기술	163
(외국인)	15.7	CSWINDVietnamCo.,Ltd	100.0	동국S&C	123

매출구성		비용구성		수출비중	
[풍력타워제조]제품	99.6	매출원가율	93.6	수출	—
[풍력타워제조]상품	0.3	판관비율	14.0	내수	—
[풍력타워제조]서비스 매출	0.1				

회사 개요
2006년 설립되었으며 2007년 씨에스윈드로 사명을 변경함. 풍력발전 설비 및 제조, 관련 기술 개발, 강구조물 제작 및 설치, 풍력발전 관련 컨설팅 및 지원서비스 사업을 영위하면서 동사와 자회사는 풍력발전 타워 및 풍력발전 타워용 알루미늄 플랜트 등을 생산하고 있음. 매출구성은 풍력타워제조(제품) 99.60%, 풍력타워제조(상품) 0.26%, 서비스매출 0.14% 등으로 구성됨.

실적 분석
동사의 2016년 연결기준 매출액은 3,112.2억원으로 전년대비 4.7% 증가함. 매출 증가에도 불구하고 원가율 상승으로 매출총이익이 크게 감소함. 매출총이익 감소와 판관비 증가로 236.7원의 영업손실을 기록하며 적자전환함. 영업손실로 인해 172.4억원의 당기순손실을 기록하며 적자전환함. 풍력발전 프로젝트 수주가 증가하였으나, 캐나다 및 중국 법인의 일시적인 가동 중단 및 비용증가로 영업이익이 크게 감소함.

현금 흐름 〈단위 : 억원〉
항목	2015	2016
영업활동	-154	481
투자활동	631	-353
재무활동	-241	-95
순현금흐름	256	31
기말현금	530	561

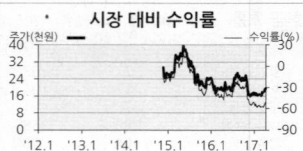
시장 대비 수익률

결산 실적 〈단위 : 억원〉
항목	2011	2012	2013	2014	2015	2016
매출액	1,823	3,179	2,965	3,292	2,971	3,112
영업이익	83	174	354	688	364	-237
당기순이익	10	142	269	571	214	-172

분기 실적 〈단위 : 억원〉
항목	2015.3Q	2015.4Q	2016.1Q	2016.2Q	2016.3Q	2016.4Q
매출액	743	545	748	1,094	518	752
영업이익	71	-24	59	18	-44	-270
당기순이익	1	-12	123	116	-74	-337

재무 상태 〈단위 : 억원〉
항목	2011	2012	2013	2014	2015	2016
총자산	3,425	2,804	2,675	3,709	3,920	3,857
유형자산	1,200	1,207	1,147	1,106	1,177	1,188
무형자산	42	47	45	44	44	24
유가증권	2	2	2			
총부채	2,314	1,651	1,313	734	663	871
총차입금	1,488	1,031	745	208	153	170
자본금	71	71	71	86	86	86
총자본	1,112	1,153	1,362	2,975	3,257	2,986
지배주주지분	1,112	1,153	1,362	2,975	3,255	2,984

기업가치 지표
항목	2011	2012	2013	2014	2015	2016
주가(최고/저)(천원)	—/—	—/—	—/—	31.7/22.9	40.0/18.8	27.1/15.2
PER(최고/저)(배)	0.0/0.0	0.0/0.0	0.0/0.0	8.5/6.2	33.1/15.6	—/—
PBR(최고/저)(배)	0.0/0.0	0.0/0.0	0.0/0.0	1.8/1.3	2.0/1.0	1.4/0.8
EV/EBITDA(배)	5.6	1.5	0.5	4.2	7.6	—
EPS(원)	71	995	1,880	3,917	1,236	-999
BPS(원)	7,783	8,070	9,533	18,753	20,398	19,302
CFPS(원)	603	1,798	2,790	4,777	2,008	-132
DPS(원)	—	—	—	700	300	200
EBITDAPS(원)	1,113	2,023	3,388	5,578	2,879	-502

재무 비율 〈단위 : % 〉
연도	영업이익률	순이익률	부채비율	차입금비율	ROA	ROE	유보율	자기자본비율	EBITDA마진율
2016	-7.6	-5.5	29.2	5.7	-4.4	-5.5	3,760.4	77.4	-2.8
2015	12.3	7.2	20.4	4.7	5.6	6.9	3,979.7	83.1	16.8
2014	20.9	17.4	24.7	7.0	17.9	26.4	3,650.7	80.2	24.7
2013	11.9	9.1	96.5	54.7	21.4	21.4	1,806.6	50.9	16.3

씨에스홀딩스 (A000590)
CS Holdings

업 종 : 금속 및 광물	시 장 : 거래소
신용등급 : (Bond) — (CP) —	기업규모 : 시가총액 소형주
홈페이지 : www.chosunwelding.com	연락처 : (054)285-8221~3
본 사 : 경북 포항시 남구 괴동로 43 (장흥동)	

설 립 일	1949.01.12	종 업 원 수	3명	대 표 이 사	장원영
상 장 일	1975.12.22	감 사 의 견	적정 (가율)	계 열	
결 산 기	12월	보 통 주	115만주	종속회사수	
액 면 가	5,000원	우 선 주		구 상 호	

주주구성 (지분율,%)		출자관계 (지분율,%)		주요경쟁사 (외형,%)	
장원영	53.7	조선선재온산	100.0	CS홀딩스	100
장준영	22.3	동양금속	100.0	서원	201
(외국인)	0.9	조선선재	45.3	일진다이아	88

매출구성		비용구성		수출비중	
브랜드 로열티(기타)	68.5	매출원가율	72.8	수출	—
기타	31.5	판관비율	11.1	내수	—

회사 개요
동사는 용접재료 생산 및 판매를 영위할 목적으로 1949년 설립됨. 2010년 기업이 분할돼 투자사업부문을 영위하는 동사와 인적분할 신설법인인 조선선재(주)(제조사업부문 피복용접재료부문) 및 물적분할 신설법인인 조선선재온산(주)(FCW용접재료)로 분할됨. 동사의 주 수익원은 자회사의 배당, 브랜드 수익임. 조선선재는 용접재료 등으로 매출을 올리고 있으며, 포스코에서 원재료를 가져옴. 부재료는 전량 수입에 의존함.

실적 분석
동사의 2016년 연결 기준 결산 영업수익과 영업이익은 각각 1,231.5억원, 198.3억원으로 전년 동기 대비 매출은 11.4%, 영업이익은 12.6% 감소한 상황. 원가율 감소에도 불구하고, 전방산업 경기악화에 따른 외형 축소 및 판관비중 증가 영향으로 수익성 소폭 하락한 모습. 지난해의 매도가능금융자산처분이익 기저효과로 당기순이익은 전년동기 대비 42.1% 감소한 171.4억원 시현하는데 그침.

현금 흐름 〈단위 : 억원〉
항목	2015	2016
영업활동	268	166
투자활동	-116	-180
재무활동	29	-33
순현금흐름	182	-46
기말현금	734	688

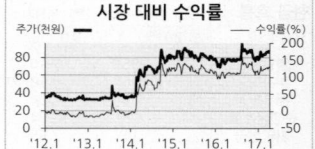
시장 대비 수익률

결산 실적 〈단위 : 억원〉
항목	2011	2012	2013	2014	2015	2016
매출액	1,099	1,471	1,441	1,416	1,390	1,231
영업이익	118	146	178	210	227	198
당기순이익	118	107	130	144	296	171

분기 실적 〈단위 : 억원〉
항목	2015.3Q	2015.4Q	2016.1Q	2016.2Q	2016.3Q	2016.4Q
매출액	337	341	324	328	286	294
영업이익	58	60	56	60	42	41
당기순이익	64	46	50	56	32	34

재무 상태 〈단위 : 억원〉
항목	2011	2012	2013	2014	2015	2016
총자산	1,888	2,182	2,339	2,604	2,849	2,939
유형자산	682	774	772	770	743	741
무형자산	55	301	300	257	256	256
유가증권	29	39	44	129	13	13
총부채	260	267	301	360	391	320
총차입금	19	13	13	57	88	72
자본금	58	58	58	58	58	58
총자본	1,628	1,915	2,038	2,244	2,459	2,619
지배주주지분	1,628	1,697	1,774	1,912	2,048	2,139

기업가치 지표
항목	2011	2012	2013	2014	2015	2016
주가(최고/저)(천원)	68.6/29.4	44.3/30.6	48.0/31.2	88.4/35.0	93.8/74.2	95.3/68.7
PER(최고/저)(배)	6.5/2.8	7.9/5.4	7.0/4.5	14.0/5.5	5.0/4.0	12.0/8.6
PBR(최고/저)(배)	0.5/0.2	0.3/0.2	0.3/0.2	0.5/0.2	0.5/0.4	0.5/0.4
EV/EBITDA(배)	0.5	0.8	0.2	2.2	0.7	0.6
EPS(원)	10,680	5,672	6,916	6,372	18,717	7,995
BPS(원)	141,195	147,157	153,885	165,835	177,576	185,481
CFPS(원)	12,586	7,856	9,015	8,433	20,534	9,866
DPS(원)	—	—	—	—	—	500
EBITDAPS(원)	12,615	14,849	17,534	20,249	21,478	19,050

재무 비율 〈단위 : % 〉
연도	영업이익률	순이익률	부채비율	차입금비율	ROA	ROE	유보율	자기자본비율	EBITDA마진율
2016	16.1	13.9	12.2	2.8	5.9	4.4	3,609.6	89.1	17.9
2015	16.3	21.3	15.9	3.6	10.9	10.9	3,451.5	86.3	17.8
2014	14.8	10.2	16.0	2.5	5.8	4.0	3,216.7	86.2	16.5
2013	12.4	9.0	14.8	0.6	5.8	4.6	2,977.7	87.1	14.1

씨엔플러스 (A115530)
CNPLUS

업　　　종 : 디스플레이 및 관련부품	시　　　장 : KOSDAQ
신용등급 : (Bond) ―　　(CP) ―	기업규모 :
홈페이지 : www.icnplus.com	연락처 : 032)813-0970
본　　　사 : 인천시 남동구 논현로46번길 39-36	

설 립 일 2003.11.10	종업원수 102명	대표이사 소순식,한무근
상 장 일 2011.11.02	감사의견 적정 (한울)	계　　열
결 산 기 12월	보 통 주 514만주	종속회사수
액 면 가 500원	우 선 주	구 상 호

주주구성 (지분율,%)		출자관계 (지분율,%)		주요경쟁사 (외형,%)	
엠케이투자조합	7.8	클로렌스	100.0	씨엔플러스	100
에이티넘팬아시아조합	3.9	마이센	100.0	우리이티아이	6,184
(외국인)	1.1	코리아엠씨엔	33.3	유테크	114

매출구성		비용구성		수출비중	
LCD/LED	61.7	매출원가율	93.2	수출	73.2
ODD	20.5	판관비율	30.1	내수	26.8
기타	17.8				

회사 개요
동사는 커넥터 제조 전문기업으로서 2003년 설립 이후 PDP, ODD, LCD시장에 성공적으로 진입하였고, 품질경쟁력을 바탕으로 일본 시장개척에 성공하여 높은 매출 성장률을 지속하고 있음. 2015년 주식양수도를 통해 최대주주가 미디어코보코리아로 변경됨. 디스플레이 부품 중심에서 모바일을 포함하는 제품 포트폴리오 다각화를 추진 중임. 아마르떼와는 중국 화장품 판매, 청현과는 삼계탕 수출 계약을 체결해 중국 유통시장에 진출함.

실적 분석
동사의 2016년 연결기준 매출액은 LCD, ODD 부문 매출 감소로 248.0억원을 기록하며 전년 대비 11.0% 감소. 영업손실은 57.7억원으로 전년에 이어 적자를 지속하는 상태이며 적자 규모도 확대됨. 비영업손익 부문에서 적자 폭이 감소하면서 당기순손실은 126.6억원 기록. 커넥터는 수출과 내수 모두 부진한 상태이며 수출은 중국 외 지역 매출이 급감함.

현금 흐름 〈단위 : 억원〉

항목	2015	2016
영업활동	-23	-13
투자활동	-51	129
재무활동	67	-107
순현금흐름	-6	9
기말현금	11	20

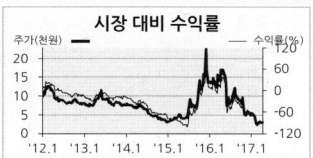

시장 대비 수익률

결산 실적 〈단위 : 억원〉

항목	2011	2012	2013	2014	2015	2016
매출액	538	544	427	342	279	248
영업이익	64	35	-4	-71	-42	-58
당기순이익	66	53	0	-131	-124	-127

분기 실적 〈단위 : 억원〉

항목	2015.3Q	2015.4Q	2016.1Q	2016.2Q	2016.3Q	2016.4Q
매출액	76	69	66	56	68	58
영업이익	-3	-15	-11	-11	-11	-24
당기순이익	-15	-56	-11	-17	-12	-86

재무 상태 〈단위 : 억원〉

항목	2011	2012	2013	2014	2015	2016
총자산	630	667	596	576	513	355
유형자산	344	365	343	352	299	197
무형자산	29	39	57	19	24	24
유가증권	―	―	3	3	30	12
총부채	299	278	208	314	338	229
총차입금	156	184	144	256	294	164
자본금	23	23	24	24	25	26
총자본	331	389	388	262	175	125
지배주주지분	331	371	388	260	175	125

기업가치 지표

항목	2011	2012	2013	2014	2015	2016
주가(최고/저)(천원)	14.0/7.7	12.7/7.6	11.4/7.3	7.9/3.1	24.0/3.1	18.7/3.2
PER(최고/저)(배)	8.6/4.7	11.2/6.7	360.2/230.4	―/―	―/―	―/―
PBR(최고/저)(배)	2.0/1.1	1.6/0.9	1.4/0.9	1.4/0.6	6.4/0.8	7.7/1.3
EV/EBITDA(배)	4.2	5.3	9.9			
EPS(원)	1,648	1,136	32	-2,693	-2,571	-2,538
BPS(원)	7,134	8,225	8,210	5,564	3,724	2,439
CFPS(원)	2,495	2,098	1,062	-1,598	-1,730	-2,086
DPS(원)		50				
EBITDAPS(원)	2,469	1,721	937	-377	-52	-715

재무 비율 〈단위 : %〉

연도	영업이익률	순이익률	부채비율	차입금비율	ROA	ROE	유보율	자기자본비율	EBITDA마진율
2016	-23.3	-51.1	182.9	131.0	-29.2	-83.6	387.7	35.4	-14.3
2015	-15.2	-44.5	192.9	167.9	-22.7	-56.1	644.9	34.1	-0.9
2014	-20.8	-38.2	120.1	97.8	-22.3	-40.2	1,038.9	45.4	-5.3
2013	-1.1	0.1	53.7	37.3	0.1	0.4	1,580.6	65.1	10.4

씨엠에스에듀 (A225330)
CMS Edu

업　　　종 : 교육	시　　　장 : KOSDAQ
신용등급 : (Bond) ―　　(CP) ―	기업규모 : 중견
홈페이지 : www.cmsedu.co.kr	연락처 : 02)552-8500
본　　　사 : 서울시 서초구 방배로 208 소암빌딩 2층, 7층	

설 립 일 2003.07.24	종업원수 710명	대표이사 이충국
상 장 일 2016.04.07	감사의견 적정 (신한)	계　　열
결 산 기 12월	보 통 주 427만주	종속회사수
액 면 가 500원	우 선 주	구 상 호

주주구성 (지분율,%)		출자관계 (지분율,%)		주요경쟁사 (외형,%)	
청담러닝	46.9	진에듀	100.0	씨엠에스에듀	100
크레도로보스코엔와이벤처블랙산업융성경제자문소년벤처전문회사	10.0	상상과창조	100.0	메가스터디교육	298
(외국인)	1.0	아임삭	1%미만	정상제이엘에스	143

매출구성		비용구성		수출비중	
수강료	86.7	매출원가율	0.0	수출	0.1
교재	11.8	판관비율	81.2	내수	99.9
기타	1.1				

회사 개요
동사는 2003년 7월 24일에 설립되었으며, 주요 사업목적은 '직/가맹학원 운영 및 콘텐츠 개발'임. 국내 교육서비스 산업은 최근 사교육 억제를 위한 맞춤형 교육/입시 정책을 내놓으며 과거에 비해 그 시장규모가 위축된 상태이나 정부의 영재교육 확대정책에 따라 사고력 수학, 융합교육(STEAM) 및 스토리텔링형 교육에 대한 수요가 계속적으로 증가하고 있는 추세임. 동사는 2016년 4월 7일 코스닥시장에 신규 상장함.

실적 분석
2016년 연결기준 누적 매출액과 영업이익은 각각 21.4%, 24.4% 증가한 585.1억원, 110억원을 기록함. 신규점 개점 효과와 기존점 성장이 성장을 견고하게 받쳐준 결과임. 향후 5년간 20개 이상 신규 직영점 개원이 예정되어있음. 2017년부터 해외 사업도 본격화될 예정. 2016년 하반기에 런칭한 코딩 강좌 또한 신규 성장 모멘텀으로 확보함.

현금 흐름 〈단위 : 억원〉

항목	2015	2016
영업활동	102	98
투자활동	-50	-440
재무활동	-31	262
순현금흐름	22	-80
기말현금	90	10

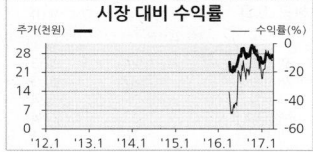

시장 대비 수익률

결산 실적 〈단위 : 억원〉

항목	2011	2012	2013	2014	2015	2016
매출액	187	238	302	400	482	585
영업이익	33	44	59	76	88	110
당기순이익	25	35	52	61	70	72

분기 실적 〈단위 : 억원〉

항목	2015.3Q	2015.4Q	2016.1Q	2016.2Q	2016.3Q	2016.4Q
매출액	113	―	―	130	140	―
영업이익	8	―	―	17	12	―
당기순이익	2	―	―	14	9	―

재무 상태 〈단위 : 억원〉

항목	2011	2012	2013	2014	2015	2016
총자산	120	162	193	230	287	647
유형자산	20	18	22	29	30	322
무형자산	1	4	8	15	21	32
유가증권	8	34	14	33	42	151
총부채	57	53	70	98	136	246
총차입금	11	―	―	―	28	125
자본금	6	7	7	7	17	21
총자본	63	109	123	132	151	401
지배주주지분	63	109	123	132	150	401

기업가치 지표

항목	2011	2012	2013	2014	2015	2016
주가(최고/저)(천원)	―/―	―/―	―/―	―/―	―/―	31.8/21.0
PER(최고/저)(배)	0.0/0.0	0.0/0.0	0.0/0.0	0.0/0.0	0.0/0.0	18.1/12.2
PBR(최고/저)(배)	0.0/0.0	0.0/0.0	0.0/0.0	0.0/0.0	0.0/0.0	3.4/2.3
EV/EBITDA(배)						8.5
EPS(원)	812	1,064	1,564	1,824	2,118	1,796
BPS(원)	4,697	8,149	9,235	9,900	4,509	9,483
CFPS(원)	2,535	3,518	5,102	5,997	2,789	2,239
DPS(원)						1,200
EBITDAPS(원)	3,136	4,190	5,600	7,104	3,325	3,197

재무 비율 〈단위 : %〉

연도	영업이익률	순이익률	부채비율	차입금비율	ROA	ROE	유보율	자기자본비율	EBITDA마진율
2016	18.8	12.3	61.4	31.2	15.4	26.0	1,796.7	62.0	21.8
2015	18.4	14.6	90.3	18.6	27.2	50.0	801.7	52.6	23.0
2014	18.9	15.2	74.2	0.0	28.8	47.7	1,880.0	57.4	23.7
2013	19.5	17.3	56.5	0.0	29.4	45.0	1,747.0	63.9	24.7

씨엠지제약 (A058820)
CMG Pharmaceutical

업 종 : 제약		시 장 : KOSDAQ	
신용등급 : (Bond) — (CP) —		기업규모 : 중견	
홈페이지 : www.cmgpharma.co.kr		연락처 : 02)3453-8816	
본 사 : 서울시 강남구 도산대로 66길 14(청담동)			

설 립 일	2001.08.01	종업원수	162명	대표이사	이주형
상 장 일	2001.08.31	감사의견	적정(한길)	계 열	
결 산 기	12월	보 통 주	10,871만주	종속회사수	
액 면 가	500원	우 선 주		구 상 호	스카이뉴팜

주주구성 (지분율,%)		출자관계 (지분율,%)		주요경쟁사 (외형,%)	
차바이오텍	21.4	SGN	100.0	CMG제약	100
새벽1호조합	4.1	CXK	20.0	신풍제약	589
(외국인)	1.3	천지산	6.7	광동제약	3,204

매출구성		비용구성		수출비중	
제품 기타	46.7	매출원가율	59.6	수출	1.7
레미피드정 외	24.0	판관비율	35.1	내수	98.3
기타	17.4				

회사 개요
동사는 2001년 에머슨퍼시픽에서 인적분할하여 설립된 후 피혁사업을 영위해왔으나, 수익성 악화로 인하여 2006년 제약사업에 진출하였고, 2008년에 셀라팜코리아와의 합병을 거쳐 현재 의약품 제조 및 판매의 제약사업을 영위하고 있음. 2010년에 범일인더스트리(주)로부터 컬러 화강석 국내 독점 영업권을 양수하고, 2011년에 태양광발전사업 진출을 위해 (주)콘센트릭스솔라코리아에 지분투자함. 2013년 3월에 스카이뉴팜에서 현재 사명으로 변경.

실적 분석
동사는 연결대상 종속회사로 SGN(유)를 보유하고 있으나, 실질적인 폐업상태이며, 스카이뉴홀딩스는 지분 매각으로 종속회사에서 제외됨. 동사는 2016년에 신제품 출시에 힘입어 연결기준 매출액 329.7억원을 시현하며 전기 대비 21.9% 외형이 성장하였음. 매출 성장에 힘입어 당분기 영업이익은 17.3억원으로 전기 25.7억원 적자에서 흑자전환하였음. 당기순이익은 17.3억원으로 전기 36.5억원 적자에서 큰 폭으로 흑자전환함.

현금 흐름 〈단위 : 억원〉

항목	2015	2016
영업활동	24	33
투자활동	-87	-561
재무활동		524
순현금흐름	-63	-4
기말현금	26	21

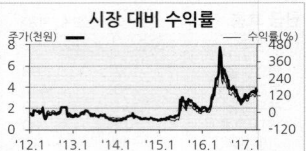
시장 대비 수익률

결산 실적 〈단위 : 억원〉

항목	2011	2012	2013	2014	2015	2016
매출액	178	160	204	228	270	330
영업이익	6	-31	8	4	-26	17
당기순이익	-15	-67	3	2	-37	17

분기 실적 〈단위 : 억원〉

항목	2015.3Q	2015.4Q	2016.1Q	2016.2Q	2016.3Q	2016.4Q
매출액	71	74	75	83	83	89
영업이익	-4	-16	2	3	6	7
당기순이익	-2	-29	2	3	6	6

재무 상태 〈단위 : 억원〉

항목	2011	2012	2013	2014	2015	2016
총자산	273	571	559	581	565	1,110
유형자산	97	93	108	188	178	169
무형자산	14	2	64	103	118	135
유가증권	3	1	2	2	2	253
총부채	93	255	69	91	97	99
총차입금	46	196	14	15	0	
자본금	218	330	433	433	441	544
총자본	180	316	490	490	468	1,011
지배주주지분	180	316	490	490	468	1,011

기업가치 지표

항목	2011	2012	2013	2014	2015	2016
주가(최고/저)(천원)	2.3/0.9	2.5/1.0	1.9/0.8	1.5/0.8	3.2/0.9	7.9/1.8
PER(최고/저)(배)	—/—	—/—	465.6/203.0	858.6/473.7	—/—	427.3/95.0
PBR(최고/저)(배)	5.8/2.1	5.3/2.1	3.4/1.5	2.8/1.5	6.2/1.7	8.5/1.9
EV/EBITDA(배)	18.6		31.5	37.5		74.8
EPS(원)	-34	-134	4	2	-41	19
BPS(원)	413	478	566	566	530	930
CFPS(원)	-4	-109	19	19	-20	41
DPS(원)	—	—	—	—	—	—
EBITDAPS(원)	45	-36	27	22	-8	41

재무 비율 〈단위 : % 〉

연도	영업이익률	순이익률	부채비율	차입금비율	ROA	ROE	유보율	자기자본비율	EBITDA마진율
2016	5.3	5.2	9.8	0.0	2.1	2.3	86.0	91.1	11.6
2015	-9.5	-13.5	20.8	0.0	-6.4	-7.6	6.0	82.8	-2.5
2014	1.9	0.7	18.5	3.2	0.3	0.3	13.1	84.4	8.4
2013	3.9	1.5	14.1	2.9	0.5	0.7	13.1	87.6	9.4

씨유메디칼시스템 (A115480)
CU MEDICAL SYSTEMS

업 종 : 의료 장비 및 서비스		시 장 : KOSDAQ	
신용등급 : (Bond) — (CP) —		기업규모 : 벤처	
홈페이지 : www.cu911.com		연락처 : 033)747-7657	
본 사 : 강원도 원주시 문막읍 동화공단로 130-1			

설 립 일	2001.12.13	종업원수	113명	대표이사	나학록
상 장 일	2011.12.15	감사의견	적정(세일)	계 열	
결 산 기	12월	보 통 주	1,439만주	종속회사수	
액 면 가	500원	우 선 주		구 상 호	

주주구성 (지분율,%)		출자관계 (지분율,%)		주요경쟁사 (외형,%)	
나학록	16.5			씨유메디칼	100
파트너스제2호동반성장투자조합	3.9			메디아나	98
(외국인)	2.4			유비케어	125

매출구성		비용구성		수출비중	
[제품]기타	40.9	매출원가율	78.8	수출	31.8
[제품]CU-SP1(자동 심장제세동기)	36.5	판관비율	20.2	내수	68.2
[제품]NF1200(자동 심장제세동기)	15.7				

회사 개요
의료기기 개발, 제조 및 판매 등을 사업 목적으로 하여 2001년 설립되어, 2011년 12월 코스닥시장에 상장됨. 주요 매출 품목은 심장제세동기로, 전체 매출의 90% 이상을 차지함. 카논코리아, 씨유네트웍스와 같은 총판 대리점을 통한 견고한 유통채널을 해 학교 및 기업체 등의 신규시장에 영업 활동의 토대 구축함. 신규사업으로 의복형 생명위기대응 시스템과 기능적 전기자극기를 공급할 계획임. 최근 애플과 VAR계약 체결로 매출이 증가함.

실적 분석
동사의 2016년 연결기준 결산 매출액은 545.8억원으로 전년동기 대비 112.5% 성장함. 해외법인 판매 호조가 연결 매출액 상승에 영향을 미침. 원재료 매입 비중이 16% 이상을 차지하는 직접회로의 가격상승으로 원가율이 악화되어 영업이익은 5.5억원으로 50.3% 감소함. 지분법손실로 인해 당기순손실은 17.6억원의 적자 전환됨. 애플과의 의료 및 헬스케어 시장에서 주요 파트너로서 매출 증대를 꾀함.

현금 흐름 〈단위 : 억원〉

항목	2015	2016
영업활동	35	-2
투자활동	-20	-38
재무활동	42	4
순현금흐름	57	-39
기말현금	87	48

시장 대비 수익률

결산 실적 〈단위 : 억원〉

항목	2011	2012	2013	2014	2015	2016
매출액	230	216	237	247	257	546
영업이익	71	26	1	-5	11	5
당기순이익	62	22	2	-39	12	-18

분기 실적 〈단위 : 억원〉

항목	2015.3Q	2015.4Q	2016.1Q	2016.2Q	2016.3Q	2016.4Q
매출액	57	74	101	153	140	152
영업이익	-2	8	3	2	2	-2
당기순이익	-2	8	2	-11	-3	-4

재무 상태 〈단위 : 억원〉

항목	2011	2012	2013	2014	2015	2016
총자산	418	449	642	610	667	635
유형자산	79	75	94	92	81	75
무형자산	26	39	118	128	128	81
유가증권	2	5	4	10	17	44
총부채	67	95	239	249	266	220
총차입금	41	70	216	208	229	183
자본금	31	31	33	33	33	72
총자본	351	354	403	362	401	416
지배주주지분	351	354	377	339	379	416

기업가치 지표

항목	2011	2012	2013	2014	2015	2016
주가(최고/저)(천원)	9.8/8.6	11.4/5.2	7.5/2.9	5.4/2.8	6.4/2.7	4.7/2.8
PER(최고/저)(배)	14.3/12.5	63.5/28.8	2,439.0/934.8	—/—	50.5/20.9	—/—
PBR(최고/저)(배)	3.4/3.0	3.8/1.7	2.5/1.0	2.0/1.0	2.2/0.9	1.6/1.0
EV/EBITDA(배)	13.8	20.4	37.5	41.8	16.7	27.0
EPS(원)	686	180	3	-269	128	-109
BPS(원)	5,733	6,024	5,920	5,343	5,907	2,987
CFPS(원)	1,379	534	223	-230	589	7
DPS(원)	—	—	—	—	—	—
EBITDAPS(원)	1,567	602	226	234	502	153

재무 비율 〈단위 : % 〉

연도	영업이익률	순이익률	부채비율	차입금비율	ROA	ROE	유보율	자기자본비율	EBITDA마진율
2016	1.0	-3.2	52.9	44.1	-2.7	-3.9	497.4	65.4	4.1
2015	4.3	4.5	66.4	57.2	1.8	4.7	1,081.4	60.1	13.0
2014	-1.9	-15.7	68.9	57.4	-6.2	-9.9	968.6	59.2	6.3
2013	0.3	0.8	59.4	53.6	0.3	0.1	1,083.9	62.7	6.1

씨이랩 (A189330)
XIIlab

업 종 : IT 서비스		시 장 : KONEX
신용등급 : (Bond) — (CP) —		기업규모 : —
홈페이지 : www.xiilab.com		연 락 처 : 031)628-6810
주 소 : 경기도 성남시 분당구 대왕판교로 670 유스페이스2 B동 1002호		

설 립 일 2010.07.27	종 업 원 수 19명	대 표 이 사 이우영
상 장 일 2013.12.24	감 사 의 견 적정 (신정)	계 열
결 산 기 12월	보 통 주 198만주	종속회사수
액 면 가 500원	우 선 주	구 상 호

주주구성 (지분율,%)
이우영	70.1
정대수	13.9

출자관계 (지분율,%)
인스앤인스	20.0
XIIlabJapan	30.0

주요경쟁사 (외형,%)
씨이랩	100
바른테크놀로지	1,158
씨아이테크	811

매출구성
빅데이터분석	82.1
교육	9.2
지역상권 활성화 솔루션	7.9

비용구성
매출원가율	0.0
판관비율	93.2

수출비중
수출	0.0
내수	100.0

회사 개요
동사는 스마트워크활성화사업, 지역소프트웨어 융합 지원 사업 등 다수의 공공사업 참여를 통해 내재화된 기술과 동사 기업부설연구소를 통해 축적한 기술력을 바탕으로 소셜 콘텐츠 플랫폼(Social contents platform)을 개발하였음.이를 바탕으로 빅데이터 지역정보 서비스 (구피, IBK 기업은행 금융상품 연계 서비스, 상권 활성화 솔루션 서비스), 빅데이터 분석 서비스 등 ICT서비스 중심의 사업을 영위하고 있음.

실적 분석
동사의 2016년 연결기준 연간 누적 매출액은 22.8억원으로 전년 동기(15.6억원) 대비 약 40% 증가함. 매출이 증가하면서 영업이익 또한 1.6억원으로 전년 동기(1.3억원) 대비 소폭 증가. 매출 대비 영업이익률은 약 5% 수준을 유지. 비영업손익 부문에서 소폭 손실이 발생했지만 당기순이익은 1.1억원으로 흑자 기조를 유지하고 있음. 규모는 작지만 매출과 이익 등이 소폭 증가 추세.

현금 흐름 *IFRS 별도 기준 〈단위 : 억원〉
항목	2015	2016
영업활동	-1	4
투자활동	-1	-1
재무활동	2	0
순현금흐름	-1	3
기말현금	0	4

시장 대비 수익률
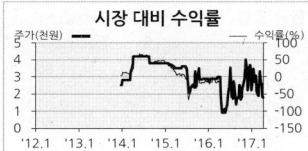

결산 실적 〈단위 : 억원〉
항목	2011	2012	2013	2014	2015	2016
매출액	8	12	9	11	16	23
영업이익	0	0	-4	-1	1	2
당기순이익	0	0	-4	-1	1	1

분기 실적 *IFRS 별도 기준 〈단위 : 억원〉
항목	2015.3Q	2015.4Q	2016.1Q	2016.2Q	2016.3Q	2016.4Q
매출액	—	—	—	—	—	—
영업이익	—	—	—	—	—	—
당기순이익	—	—	—	—	—	—

재무 상태 *IFRS 별도 기준 〈단위 : 억원〉
항목	2011	2012	2013	2014	2015	2016
총자산	3	4	10	13	15	18
유형자산	0	0	0	1	1	1
무형자산	0	1	1	5	5	3
유가증권	0	0	0	0	0	0
총부채	1	2	3	7	8	10
총차입금	1	1	2	4	6	9
자본금	1	1	10	10	10	10
총자본	1	2	7	6	7	9
지배주주지분	1	2	7	6	7	9

기업가치 지표 *IFRS 별도 기준
항목	2011	2012	2013	2014	2015	2016
주가(최고/저)(천원)	—/—	—/—	2.5/2.2	4.2/2.5	4.0/2.0	4.2/0.8
PER(최고/저)(배)	0.0/0.0	0.0/0.0	—/—	—/—	75.2/38.3	74.1/14.5
PBR(최고/저)(배)	0.0/0.0	0.0/0.0	7.3/6.4	13.8/8.2	11.0/5.6	9.7/1.9
EV/EBITDA(배)					25.8	22.4
EPS(원)	155	21	-339	-40	53	57
BPS(원)	2,739	1,997	344	304	362	432
CFPS(원)	1,083	347	-311	-6	109	135
DPS(원)						
EBITDAPS(원)	1,032	362	-319	-1	123	157

재무 비율 〈단위 : % 〉
연도	영업이익률	순이익률	부채비율	차입금비율	ROA	ROE	유보율	자기자본비율	EBITDA마진율
2016	6.8	4.9	일부잠식	일부잠식	6.7	14.3	-13.5	46.4	13.6
2015	8.5	6.7	일부잠식	일부잠식	7.4	15.8	-27.6	47.6	15.6
2014	-6.6	-7.5	일부잠식	일부잠식	-6.9	-12.3	-39.2	46.1	-0.3
2013	-47.6	-46.5	일부잠식	일부잠식	-61.2	-92.8	-31.2	69.5	-43.8

씨제이 (A001040)
CJ

업 종 : 식료품		시 장 : 거래소
신용등급 : (Bond) AA- (CP) —		기업규모 : 시가총액 대형주
홈페이지 : www.cj.net		연 락 처 : 02)726-8114
주 소 : 서울시 중구 소월로 2길 12 CJ빌딩		

설 립 일 1953.08.01	종 업 원 수 34명	대 표 이 사 손경식,이재현,이채욱
상 장 일 1973.06.29	감 사 의 견 적정 (삼일)	계 열
결 산 기 12월	보 통 주 2,918만주	종속회사수
액 면 가 5,000원	우 선 주 226만주	구 상 호

주주구성 (지분율,%)
이재현	42.1
국민연금공단	8.5
(외국인)	19.8

출자관계 (지분율,%)
케이엑스홀딩스	100.0
CJ건설	99.9
CJ푸드빌	96.0

주요경쟁사 (외형,%)
CJ	100
오리온	10
CJ제일제당	61

매출구성
기타	42.8
[CJ제일제당㈜]식품사업	19.6
[CJ제일제당㈜]생명공학사업	18.9

비용구성
매출원가율	68.9
판관비율	25.9

수출비중
수출	—
내수	—

회사 개요
동사는 CJ 그룹의 지주회사로 생명공학, 식품 및 식품서비스, 엔터테인먼트 및 미디어, 신유통, 인프라 등의 사업을 영위함. 자회사로는 CJ제일제당, CJ오쇼핑 등 국내 경쟁력 있는 자회사들을 소유하고 있음. 자체 수익원으로서는 임대료수익, 상표권 사용수익 그리고 배당수익이 있음. 초기 투자비용이 높은 외식사업은 타 경쟁업체에 비해 우위를 점하고 있음.

실적 분석
공연사업부문이 완전히 회복되진 못하여 성장세가 일부 둔화된 경향이 있으나 식품, 생명공학, 물류, 방송 등 다양한 분야에서 적극적인 투자 및 마케팅으로 매출을 이끌어내어 2016년 결산기준 매출액은 전년동기대비 13.2% 상승한 23조 9,542억원을 달성하였고 영업이익은 전년동기대비 2.3% 성장한 1조 2,529.1억원을 기록함. 향후 보다 적극적인 상품개발 및 마케팅으로 전 사업분야에 대해 활발히 성장을 전개할 것으로 기대하고 있음.

현금 흐름 〈단위 : 억원〉
항목	2015	2016
영업활동	20,353	19,896
투자활동	-12,673	-32,456
재무활동	-5,710	12,336
순현금흐름	2,039	-258
기말현금	11,951	11,693

시장 대비 수익률

결산 실적 〈단위 : 억원〉
항목	2011	2012	2013	2014	2015	2016
매출액	132,711	176,284	188,517	195,723	211,667	239,542
영업이익	9,006	10,630	7,861	10,031	12,253	12,529
당기순이익	7,361	5,703	3,226	5,086	5,511	5,698

분기 실적 〈단위 : 억원〉
항목	2015.3Q	2015.4Q	2016.1Q	2016.2Q	2016.3Q	2016.4Q
매출액	55,264	55,005	56,875	58,788	61,073	62,806
영업이익	3,641	2,183	3,523	3,288	3,812	1,906
당기순이익	1,556	116	2,160	1,870	2,229	-560

재무 상태 〈단위 : 억원〉
항목	2011	2012	2013	2014	2015	2016
총자산	196,561	213,850	221,237	230,393	235,621	270,096
유형자산	73,593	81,701	88,332	91,089	94,756	103,728
무형자산	36,281	39,403	42,905	43,131	42,446	57,361
유가증권	10,267	10,062	6,714	6,339	6,135	6,150
총부채	120,920	130,010	135,228	139,694	136,987	157,551
총차입금	78,127	83,508	89,470	90,262	86,308	98,219
자본금	1,570	1,571	1,572	1,575	1,577	1,579
총자본	75,640	83,841	86,009	90,699	98,635	112,544
지배주주지분	30,611	31,786	32,277	34,054	36,012	37,358

기업가치 지표
항목	2011	2012	2013	2014	2015	2016
주가(최고/저)(천원)	87.5/64.5	116/70.1	150/95.8	184/112	320/154	292/162
PER(최고/저)(배)	7.2/5.3	15.8/9.5	29.9/19.1	26.0/15.8	45.8/22.0	38.4/21.3
PBR(최고/저)(배)	0.9/0.7	1.1/0.7	1.4/0.9	1.6/1.0	2.7/1.3	2.4/1.3
EV/EBITDA(배)	7.9	7.2	8.4	7.8	8.1	7.8
EPS(원)	12,735	7,613	5,154	7,198	7,069	7,649
BPS(원)	103,910	107,589	109,071	114,587	120,645	124,760
CFPS(원)	37,792	43,665	44,446	49,837	52,896	57,790
DPS(원)	650	650	950	950	1,350	1,350
EBITDAPS(원)	56,134	72,703	66,378	77,158	87,915	93,112

재무 비율 〈단위 : % 〉
연도	영업이익률	순이익률	부채비율	차입금비율	ROA	ROE	유보율	자기자본비율	EBITDA마진율
2016	5.2	2.4	140.0	87.3	2.3	6.1	2,383.7	41.7	11.3
2015	5.8	2.6	138.9	87.5	2.4	5.9	2,301.7	41.9	12.1
2014	5.1	2.6	154.0	99.5	2.3	6.3	2,181.1	39.4	11.5
2013	4.2	1.7	157.2	104.0	1.5	4.7	2,071.3	38.9	10.2

씨제이대한통운 (A000120)
CJ korea express

업 종 : 육상운수		시 장 : 거래소	
신용등급 : (Bond) AA- (CP) A1		기업규모 : 시가총액 대형주	
홈페이지 : www.cjkoreaexpress.co.kr		연락처 : 1588-1255	
본 사 : 서울시 중구 세종대로9길 53 대한통운빌딩			

설 립 일	1930.11.15	종업원수	5,449명	대표이사	박근태,손관수
상 장 일	1956.07.02	감사의견	적정(한영)	계 열	
결 산 기	12월	보 통 주	2,281만주	종속회사수	
액 면 가	5,000원	우 선 주		구 상 호	대한통운

주주구성 (지분율,%)		출자관계 (지분율,%)		주요경쟁사 (외형,%)	
케이엑스홀딩스	20.1	한국복합물류	100.0	CJ대한통운	100
국민연금공단	6.0	이앤씨인프라	100.0	현대글로비스	252
(외국인)	15.1	씨제이대한통운인천컨테이너터미널	100.0	한진	29

매출구성		비용구성		수출비중	
CL사업부문 - 하역, 운송, 보관, 건설, 정비, 기	42.4	매출원가율	89.0	수출	—
택배사업부문 - 집하, 배송	29.6	판관비율	7.3	내수	—
포워딩사업부문 - 하역, 운송, 보관	28.1				

회사 개요
1930년 11월 설립된 동사는 국내 대표 종합물류기업으로서 대규모 물류단지와 육운, 해운, 택배, 포워딩 등 다양한 사업을 영위하고 있음. 2011년 CJ그룹에 편입되었으며 2013년 CJ GLS와 합병하며 CL(Contract Logistics, 계약물류) 사업부문, 포워딩 사업부문, 택배 사업부문으로 재편됨. 2016년 부문별 매출 비중은 CL 사업부문 40%, 택배 사업부문 28.8%, 글로벌 사업부문 31.2%로 구성됨.

실적 분석
CL(계약물류), 택배, 글로벌 등 전 사업부문이 고르게 성장한 결과 2016년 연결기준 매출액은 전년동기 대비 20.3% 성장함. 대손상각비가 39.8% 감소해 영업이익 또한 22.4% 증가함. 외환손실폭은 커졌으나, 금융손실폭 축소로 순이익도 489.8억원에서 682.1억원으로 급증함. 인수합병(M&A), 전략적 제휴, 지분 인수 등을 통해 글로벌 물류 시장 점유율 확대에 적극 나서고 있음.

현금 흐름 〈단위 : 억원〉

항목	2015	2016
영업활동	1,719	2,084
투자활동	-864	-7,055
재무활동	-1,008	5,432
순현금흐름	-151	386
기말현금	1,001	1,387

시장 대비 수익률

결산 실적 〈단위 : 억원〉

항목	2011	2012	2013	2014	2015	2016
매출액	25,878	26,275	37,950	45,601	50,558	60,819
영업이익	1,250	1,430	642	1,671	1,866	2,284
당기순이익	810	696	-601	595	490	682

분기 실적 〈단위 : 억원〉

항목	2015.3Q	2015.4Q	2016.1Q	2016.2Q	2016.3Q	2016.4Q
매출액	12,701	13,378	14,452	15,136	14,903	16,329
영업이익	516	426	532	597	603	552
당기순이익	179	191	263	284	6	129

재무 상태 〈단위 : 억원〉

항목	2011	2012	2013	2014	2015	2016
총자산	35,952	36,695	46,087	45,429	45,005	55,212
유형자산	15,091	16,232	18,165	17,932	17,726	20,365
무형자산	5,601	6,156	9,541	9,370	9,177	13,681
유가증권	1,172	1,049	222	123	102	102
총부채	13,305	13,414	23,605	22,622	21,288	27,819
총차입금	8,399	8,614	16,785	15,317	14,069	17,983
자본금	1,141	1,141	1,141	1,141	1,141	1,141
총자본	22,647	23,281	22,482	22,807	23,717	27,393
지배주주지분	22,126	22,889	22,179	22,388	23,233	23,461

기업가치 지표

항목	2011	2012	2013	2014	2015	2016
주가(최고/저)(천원)	137/62.1	121/62.5	125/81.0	214/99.6	211/164	229/176
PER(최고/저)(배)	37.0/16.8	33.3/17.2	—/—	85.3/39.7	104.8/81.2	93.4/71.8
PBR(최고/저)(배)	1.2/0.5	1.0/0.5	1.0/0.7	1.8/0.8	1.7/1.3	1.8/1.4
EV/EBITDA(배)	11.8	13.2	26.9	20.3	18.2	16.4
EPS(원)	3,703	3,630	-2,445	2,510	2,014	2,446
BPS(원)	118,018	121,359	120,396	121,311	124,143	125,144
CFPS(원)	6,961	7,438	1,038	7,924	7,500	8,801
DPS(원)						
EBITDAPS(원)	8,739	10,078	6,296	12,739	13,667	16,369

재무 비율 〈단위 : % 〉

연도	영업이익률	순이익률	부채비율	차입금비율	ROA	ROE	유보율	자기자본비율	EBITDA마진율
2016	3.8	1.1	101.6	65.7	1.4	2.4	2,402.9	49.6	6.1
2015	3.7	1.0	89.8	59.3	1.1	2.0	2,382.9	52.7	6.2
2014	3.7	1.3	99.2	67.2	1.3	2.6	2,326.2	50.2	6.4
2013	1.7	-1.6	105.0	74.7	-1.5	-2.5	2,307.9	48.8	3.8

씨제이씨지브이 (A079160)
CJ CGV

업 종 : 미디어		시 장 : 거래소	
신용등급 : (Bond) A+ (CP) A2+		기업규모 : 시가총액 중형주	
홈페이지 : www.cgv.co.kr		연락처 : 02)371-6522	
본 사 : 서울시 마포구 월드컵북로 434 10층 (IT타워)			

설 립 일	1999.03.31	종업원수	1,527명	대표이사	서정
상 장 일	2004.12.24	감사의견	적정(삼정)	계 열	
결 산 기	12월	보 통 주	2,116만주	종속회사수	
액 면 가	500원	우 선 주		구 상 호	

주주구성 (지분율,%)		출자관계 (지분율,%)		주요경쟁사 (외형,%)	
씨제이	39.0	씨제이포디플렉스	90.5	CJ CGV	100
국민연금공단	6.2	보스포러스인베스트먼트	52.2	CJ E&M	107
(외국인)	24.0	디시네마오브코리아	50.0	로엔	31

매출구성		비용구성		수출비중	
티켓판매	63.2	매출원가율	49.1	수출	—
매점판매	16.6	판관비율	46.0	내수	—
광고판매	9.4				

회사 개요
동사는 국내 최대 멀티플렉스 사업자이며, 확장을 통해 시장점유율이 확대되는 추세에 있음. 시장 점유율은 부동의 1위를 유지 중이며 선점 효과가 매우 큰 영화 산업 특성상 향후에도 높은 시장점유율 유지가 기대됨. 또한 높은 단가의 3D 영화 비중이 꾸준히 확대될 전망이어서 이에 따른 수혜가 예상됨. 최근에는 중국, 베트남 지역으로 사업을 확대해가고 있으며, 해외시장 확대에 투자를 집중할 것으로 예상됨.

실적 분석
동사의 연결기준 2016년 매출액은 1조4,322.5억원으로 전년 대비 20% 증가하며 견조한 매출 성장세를 보였음. 다만 판관비의 증가등으로 영업이익은 5.1% 증가하는 데 그림. 이미 성숙된 국내시장에서는 흥행전력이 있는 블록버스터 개봉 예정, 1인당 평균관람료 상승 등으로 개선전망. 중국 영화시장 주요 잠재시장성 지표들은 여전히 중국 영화시장의 구조적 성장을 시사하고 있음.

현금 흐름 〈단위 : 억원〉

항목	2015	2016
영업활동	1,173	1,880
투자활동	-1,949	-8,314
재무활동	1,084	7,013
순현금흐름	305	602
기말현금	1,393	1,995

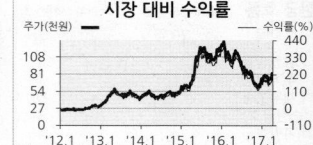
시장 대비 수익률

결산 실적 〈단위 : 억원〉

항목	2011	2012	2013	2014	2015	2016
매출액	6,285	7,793	9,159	10,393	11,935	14,322
영업이익	449	552	515	521	669	703
당기순이익	150	550	121	160	522	56

분기 실적 〈단위 : 억원〉

항목	2015.3Q	2015.4Q	2016.1Q	2016.2Q	2016.3Q	2016.4Q
매출액	3,581	2,995	3,143	3,146	4,221	3,812
영업이익	390	48	177	8	340	178
당기순이익	343	-31	137	45	5	-131

재무 상태 〈단위 : 억원〉

항목	2011	2012	2013	2014	2015	2016
총자산	9,334	10,080	10,992	12,549	14,176	25,418
유형자산	4,037	4,105	5,077	5,882	6,764	9,126
무형자산	985	1,011	1,072	1,007	1,145	8,927
유가증권	25	224	401	124	66	110
총부채	6,257	6,600	7,205	8,637	9,724	16,213
총차입금	3,917	3,453	3,977	4,737	5,794	10,710
자본금	103	103	106	106	106	106
총자본	3,078	3,480	3,786	3,912	4,452	9,205
지배주주지분	3,058	3,456	3,722	3,819	4,211	3,736

기업가치 지표

항목	2011	2012	2013	2014	2015	2016
주가(최고/저)(천원)	30.6/20.0	33.2/23.7	58.7/31.3	55.9/42.6	130/55.6	138/58.2
PER(최고/저)(배)	35.7/23.3	13.1/9.3	98.8/52.7	72.0/54.9	53.4/22.8	237.5/100.3
PBR(최고/저)(배)	2.2/1.4	2.1/1.5	3.4/1.8	3.1/2.4	6.6/2.8	7.9/3.3
EV/EBITDA(배)	9.0	7.3	10.3	11.2	17.7	14.2
EPS(원)	896	2,627	607	787	2,455	583
BPS(원)	14,832	16,762	17,591	18,048	19,899	17,654
CFPS(원)	3,307	5,351	3,819	4,685	7,600	6,854
DPS(원)	300	350	350	350	350	350
EBITDAPS(원)	4,588	5,400	5,678	6,359	8,307	9,595

재무 비율 〈단위 : % 〉

연도	영업이익률	순이익률	부채비율	차입금비율	ROA	ROE	유보율	자기자본비율	EBITDA마진율
2016	4.9	0.4	176.1	116.4	0.3	3.1	3,430.8	36.2	14.2
2015	5.6	4.4	218.4	130.2	3.9	12.9	3,879.7	31.4	14.7
2014	5.0	1.5	220.8	121.1	1.4	4.4	3,509.7	31.2	13.0
2013	5.6	1.3	190.3	105.0	1.2	3.5	3,418.2	34.5	13.0

씨제이씨푸드 (A011150)
CJ Seafood

업 종 : 식료품			시 장 : 거래소	
신용등급 : (Bond) — (CP) —			기업규모 : 시가총액 소형주	
홈 페 이 지 : www.cjseafood.net			연 락 처 : 031)730-9121	
본 사 : 경기도 성남시 중원구 둔촌대로388번길 32				

설 립 일 1976.03.15	종 업 원 수 418명	대 표 이 사 유병철,이상구			
상 장 일 1988.11.26	감 사 의 견 적정 (삼일)	계 열			
결 산 기 12월	보 통 주 3,593만주	종속회사수			
액 면 가 500원	우 선 주 20만주	구 상 호			

주주구성 (지분율,%)
CJ제일제당	46.5
송전식품공업	1.7
(외국인)	1.0

출자관계 (지분율,%)
CJ씨푸드	100
동원F&B	1,290
동원산업	907

주요경쟁사 (외형,%)

매출구성
어묵(제품)	51.1
기타	17.6
김(제품)	12.9

비용구성
매출원가율	79.6
판관비율	17.0

수출비중
수출	0.5
내수	99.5

회사 개요
동사는 1976년 수산물 가공사업을 영위하기 위해 설립됨. 공장의 안정적 품질관리와 철저한 위생관리 시스템 정착, 신제품 개발, 소비자 지향적인 마케팅 전략을 갖고 있음. 국내 식품 판매 부문인 식품 사업, 해외 식품 판매 부문으로 수출 사업으로 나뉘는데, 대부분의 매출액은 식품 사업에서 발생함. 국내 어묵 시장 점유율 1위로 CJ제일제당의 유통망을 활용하여 매출을 확대하고 있음.

실적 분석
동사의 2016년 연결기준 연간 누적 매출액은 1737.4억원으로 전년 동기 대비 7.4% 증가 함. 매출은 늘었지만 매출원가와 판관비가 증가하면서 영업이익 증가율은 매출 증가보다 낮음. 동사의 영업이익은 58.6억원으로 전년 동기 대비 3.8% 증가. 비영업부문 손실이 감소하고 법인세비용이 상당히 줄어들면서 당기순이익은 전년 동기 대비 110.5% 증가한 53.7억원을 시현함.

현금 흐름 *IFRS 별도 기준 〈단위 : 억원〉
항목	2015	2016
영업활동	309	-67
투자활동	-215	-83
재무활동	-91	142
순현금흐름	3	-8
기말현금	13	5

시장 대비 수익률
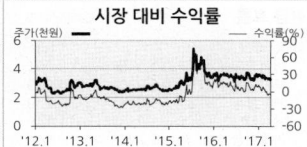

결산 실적 〈단위 : 억원〉
항목	2011	2012	2013	2014	2015	2016
매출액	1,357	1,668	1,543	1,563	1,617	1,737
영업이익	48	64	72	65	56	59
당기순이익	41	57	64	33	26	54

분기 실적 *IFRS 별도 기준 〈단위 : 억원〉
항목	2015.3Q	2015.4Q	2016.1Q	2016.2Q	2016.3Q	2016.4Q
매출액	402	441	428	405	442	463
영업이익	8	18	12	6	13	27
당기순이익	-1	7	11	11	14	16

재무 상태 *IFRS 별도 기준 〈단위 : 억원〉
항목	2011	2012	2013	2014	2015	2016
총자산	814	840	813	1,012	936	1,197
유형자산	409	403	401	432	645	672
무형자산	21	19	19	3	3	7
유가증권	0	0	0	0	0	0
총부채	479	450	367	539	436	645
총차입금	257	212	145	281	189	332
자본금	181	181	181	181	181	181
총자본	334	390	445	473	500	553
지배주주지분	334	390	445	473	500	553

기업가치 지표 *IFRS 별도 기준
항목	2011	2012	2013	2014	2015	2016
주가(최고/저)(천원)	4.7/2.1	3.6/2.2	3.4/2.3	2.9/2.4	5.4/2.5	3.9/3.1
PER(최고/저)(배)	41.8/19.0	22.9/14.0	19.0/13.2	32.5/26.6	76.4/35.4	26.0/20.8
PBR(최고/저)(배)	5.1/2.3	3.3/2.0	2.7/1.9	2.3/1.8	3.9/1.8	2.5/2.0
EV/EBITDA(배)	14.7	14.2	10.5	12.6	16.1	15.1
EPS(원)	113	158	177	91	71	149
BPS(원)	925	1,080	1,232	1,310	1,384	1,530
CFPS(원)	181	235	256	168	166	281
DPS(원)	—	—	—	—	—	—
EBITDAPS(원)	233	254	277	256	252	295

재무 비율 〈단위 : % 〉
연도	영업이익률	순이익률	부채비율	차입금비율	ROA	ROE	유보율	자기자본비율	EBITDA마진율
2016	3.4	3.1	116.6	60.1	5.0	10.2	206.0	46.2	6.1
2015	3.5	1.6	87.2	37.8	2.6	5.2	176.9	53.4	5.6
2014	4.1	2.1	113.8	59.4	3.6	7.1	162.0	46.8	5.9
2013	4.7	4.2	82.5	32.6	7.8	15.4	146.5	54.8	6.5

씨제이오쇼핑 (A035760)
CJ O SHOPPING CO

업 종 : 온라인쇼핑			시 장 : KOSDAQ	
신용등급 : (Bond) AA- (CP) —			기업규모 : 우량	
홈 페 이 지 : www.cjoshopping.com			연 락 처 : 02)2107-0114	
본 사 : 서울시 서초구 과천대로 870-13 (방배동)				

설 립 일 1994.12.16	종 업 원 수 956명	대 표 이 사 김일천			
상 장 일 1999.11.23	감 사 의 견 적정 (안진)	계 열			
결 산 기 12월	보 통 주 622만주	종속회사수			
액 면 가 5,000원	우 선 주	구 상 호			

주주구성 (지분율,%)
씨제이	40.0
국민연금공단	13.0
(외국인)	24.8

출자관계 (지분율,%)
스트라입스	2.9
IBKS신한정로경제2기업자조합2호	2.7
현대에이치씨엔	1.1

주요경쟁사 (외형,%)
CJ오쇼핑	100
현대홈쇼핑	44
GS홈쇼핑	50

매출구성
방송판매사업부	63.7
기타	25.3
인터넷판매사업부	9.2

비용구성
매출원가율	45.3
판관비율	46.6

수출비중
수출	1.6
내수	98.4

회사 개요
동사는 케이블 TV와 인터넷, 카탈로그를 통해 상품을 판매하는 홈쇼핑업체로서 업계 2위의 시장점유율을 보유(2015년말 매출액 기준). 해외시장에서는 동방CJ의 성공을 바탕으로 천진, 남방 등 중국과 일본, 인도, 태국 등의 다변화된 지역 포트폴리오를 보유하고 있음. 2012년 11월 자회사인 CJ헬로비전이 유가증권시장에 상장됨. 2013년 10월에는 필리핀 ACJ 오쇼핑 오픈.

실적 분석
동사의 2016년 연결기준 결산 매출액은 2조 2,086.0억원으로 전년 동기 대비 4.3% 감소함. 영업이익과 당기순이익도 1,788.8억원, 325.8억원으로 전년 동기 대비 14.7%, 70.9% 감소함. 매출은 방송판매사업 63.3%, 인터넷판매사업 6.6%, 기타 28.4%로 구성됨. 2017년 중 사업 인프라 고도화 및 해외 사업 경쟁력 강화를 위해 1,092억원 규모의 투자를 계획하고 있음.

현금 흐름 〈단위 : 억원〉
항목	2015	2016
영업활동	4,404	4,161
투자활동	-1,879	-3,291
재무활동	-2,085	-2,980
순현금흐름	447	-2,108
기말현금	3,140	1,032

시장 대비 수익률
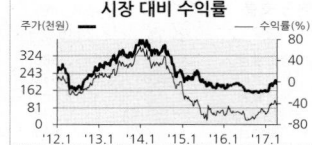

결산 실적 〈단위 : 억원〉
항목	2011	2012	2013	2014	2015	2016
매출액	15,978	19,920	25,135	26,049	23,086	22,086
영업이익	2,517	2,606	2,582	2,344	2,097	1,789
당기순이익	1,229	1,875	1,665	1,058	1,120	326

분기 실적 〈단위 : 억원〉
항목	2015.3Q	2015.4Q	2016.1Q	2016.2Q	2016.3Q	2016.4Q
매출액	5,531	5,877	5,440	5,549	5,402	5,695
영업이익	499	510	591	544	485	170
당기순이익	259	211	414	311	339	-738

재무 상태 〈단위 : 억원〉
항목	2011	2012	2013	2014	2015	2016
총자산	19,478	23,932	30,309	31,537	29,882	27,536
유형자산	6,667	7,642	9,085	9,047	8,594	8,149
무형자산	6,599	7,164	10,064	11,073	10,482	9,339
유가증권	1,103	1,180	1,245	1,362	1,273	1,220
총부채	12,951	14,570	18,618	18,873	16,381	13,907
총차입금	6,985	7,788	11,686	11,963	10,184	7,266
자본금	310	310	310	310	311	311
총자본	6,527	9,362	11,692	12,664	13,501	13,629
지배주주지분	4,855	5,876	7,614	8,494	9,119	9,174

기업가치 지표
항목	2011	2012	2013	2014	2015	2016
주가(최고/저)(천원)	294/201	285/157	400/259	410/214	261/170	198/151
PER(최고/저)(배)	17.2/11.7	11.6/6.4	19.1/12.5	27.9/14.5	19.6/12.8	53.4/40.6
PBR(최고/저)(배)	3.9/2.7	3.1/1.7	3.3/2.2	3.1/1.6	1.8/1.2	1.4/1.0
EV/EBITDA(배)	6.0	6.0	7.8	5.4	4.6	4.3
EPS(원)	18,137	25,778	21,724	15,262	13,650	3,769
BPS(원)	80,261	96,719	124,691	138,832	148,698	149,585
CFPS(원)	41,983	55,554	60,675	64,036	60,340	46,716
DPS(원)	2,000	2,000	2,500	2,500	2,500	2,500
EBITDAPS(원)	64,435	71,778	80,569	86,549	80,461	71,726

재무 비율 〈단위 : % 〉
연도	영업이익률	순이익률	부채비율	차입금비율	ROA	ROE	유보율	자기자본비율	EBITDA마진율
2016	8.1	1.5	102.0	53.3	1.1	2.6	2,891.7	49.5	20.2
2015	9.1	4.9	121.3	75.4	3.7	9.6	2,874.0	45.2	21.6
2014	9.0	4.1	149.0	94.5	3.4	11.8	2,676.6	40.2	20.6
2013	10.3	6.6	159.2	100.0	6.1	20.0	2,393.8	38.6	19.9

씨제이이이앤엠 (A130960)
CJ E&M

업　　종 : 미디어	시　　장 : KOSDAQ	
신용등급 : (Bond) AA-. (CP) A1	기업규모 : 우량	
홈페이지 : www.cjenm.com	연 락 처 : 02)371-5501	
본　　사 : 서울시 마포구 상암산로 66 씨제이이앤엠센터		

설 립 일	2010.09.02	종 업 원 수	1,774명	대 표 이 사	김성수
상 장 일	2010.10.15	감 사 의 견	적정(삼정)	계　　열	
결 산 기	12월	보 통 주	3,873만주	종속회사수	
액 면 가	5,000원	우 선 주		구 상 호	

주주구성 (지분율,%)
씨제이(주)	39.4
에셋플러스자산운용	4.0
(외국인)	24.8

출자관계 (지분율,%)
씨제이디지털뮤직	100.0
루비콘컴퍼니	100.0
스토리플랜트	100.0

주요경쟁사 (외형,%)
CJ E&M	100
CJ CGV	93
로엔	29

매출구성
방송서비스(기타)	67.5
영화제작 및 투자(기타)	17.7
음원 및 온라인콘텐츠(기타)	13.7

비용구성
매출원가율	77.3
판관비율	20.9

수출비중
수출	12.4
내수	87.6

회사 개요
동사는 2011년 3월 온미디어, CJ인터넷, 엠넷미디어, CJ미디어, CJ엔터테인먼트 등 그룹내 미디어/엔터테인먼트 계열 5개사를 흡수합병하여 국내 최대의 미디어 및 엔터테인먼트 회사로 재탄생 하였으며, 시장환경 변화에 대응하여 2016년 5월 드라마 사업을 물적분할하여 스튜디오드래곤을 설립하였고, 2016년 12월 음악사업(엠넷닷컴)을 물적분할하여 씨제이디지털뮤직을 설립하였음.

실적 분석
동사의 연결기준 2016년 누적매출액은 전년대비 14.2% 증가한 1조 5,384억원으로 안정적인 성장세를 유지하였으나, 방송 무형자산 상각비용 증가, 영화 및 공연의 흥행부진 등으로 영업이익은 전년대비 47% 감소한 279.7억원에 그침. 전년도 일회성 무형자산 손상차손으로 인한 기저효과로 인하여 당기순이익은 전년대비 15% 증가한 608.6억원을 기록함.

현금 흐름 〈단위 : 억원〉
항목	2015	2016
영업활동	2,955	2,588
투자활동	-1,889	-5,337
재무활동	-943	3,060
순현금흐름	140	338
기말현금	475	813

시장 대비 수익률

결산 실적 〈단위 : 억원〉
항목	2011	2012	2013	2014	2015	2016
매출액	11,431	13,946	11,881	12,327	13,473	15,384
영업이익	697	389	-79	-126	527	280
당기순이익	587	233	9	2,334	529	609

분기 실적 〈단위 : 억원〉
항목	2015.3Q	2015.4Q	2016.1Q	2016.2Q	2016.3Q	2016.4Q
매출액	3,700	3,850	3,135	3,573	3,788	4,888
영업이익	136	121	89	141	31	19
당기순이익	279	-779	125	428	24	31

재무 상태 〈단위 : 억원〉
항목	2011	2012	2013	2014	2015	2016
총자산	20,509	20,910	22,119	23,574	23,649	27,930
유형자산	1,177	1,177	1,350	885	773	2,755
무형자산	7,650	7,762	7,832	6,947	6,532	7,235
유가증권	994	983	1,070	764	855	1,568
총부채	8,287	8,144	9,372	8,517	8,048	11,774
총차입금	3,746	3,307	4,517	3,999	3,069	5,408
자본금	1,896	1,897	1,937	1,937	1,937	1,937
총자본	12,223	12,765	12,748	15,057	15,601	16,155
지배주주지분	11,627	11,934	12,336	15,094	15,515	15,463

기업가치 지표
항목	2011	2012	2013	2014	2015	2016
주가(최고/저)(천원)	57.3/29.7	34.0/22.2	42.3/27.4	51.7/30.0	94.5/37.8	93.2/53.6
PER(최고/저)(배)	33.0/17.1	35.0/22.9	319.1/206.5	9.0/5.2	67.7/27.1	58.3/33.5
PBR(최고/저)(배)	1.9/1.0	1.1/0.7	1.3/0.9	1.3/0.8	2.4/1.0	2.3/1.3
EV/EBITDA(배)	3.7	2.9	3.8	4.7	8.3	7.5
EPS(원)	1,745	975	133	5,796	1,403	1,605
BPS(원)	30,969	31,775	31,992	39,100	40,188	40,052
CFPS(원)	10,744	10,579	9,124	13,602	9,664	11,922
DPS(원)					200	200
EBITDAPS(원)	11,149	10,632	8,783	7,479	9,621	11,040

재무 비율 〈단위 : %〉
연도	영업이익률	순이익률	부채비율	차입금비율	ROA	ROE	유보율	자기자본비율	EBITDA마진율
2016	1.8	4.0	72.9	33.5	2.4	4.0	701.0	57.8	27.8
2015	3.9	3.9	51.6	19.7	2.2	3.6	703.8	66.0	27.7
2014	-1.0	18.9	56.6	26.6	10.2	16.4	682.0	63.9	23.5
2013	-0.7	0.1	73.5	35.4	0.0	0.4	539.8	57.6	28.1

씨제이제일제당 (A097950)
CJ CheilJedang

업　　종 : 식료품	시　　장 : 거래소	
신용등급 : (Bond) AA (CP) A1	기업규모 : 시가총액 대형주	
홈페이지 : www.cj.co.kr	연 락 처 : 02)6740-1114	
본　　사 : 서울시 중구 동호로 330 CJ제일제당센터		

설 립 일	2007.09.01	종 업 원 수	5,389명	대 표 이 사	김철하,이재현
상 장 일	2007.09.28	감 사 의 견	적정(삼일)	계　　열	
결 산 기	12월	보 통 주	1,316만주	종속회사수	
액 면 가	5,000원	우 선 주	133만주	구 상 호	

주주구성 (지분율,%)
씨제이	36.7
국민연금공단	12.8
(외국인)	24.3

출자관계 (지분율,%)
CJ헬스케어	100.0
원지	100.0
영우냉동식품	100.0

주요경쟁사 (외형,%)
CJ제일제당	100
CJ	164
오리온	16

매출구성
[물류 사업부문]운송, 하역 등	36.9
[식품사업부문]설탕, 밀가루식품 등	32.1
[생명공학사업부문]의약품	31.0

비용구성
매출원가율	77.4
판관비율	16.8

수출비중
수출	—
내수	—

회사 개요
동사는 국내 최대 종합식품업체로 식품, 사료, 의약품 등 다양한 사업포트폴리오 영위. 원재료 수입액이 크고, 외환관련 부채가 많아 환율과 곡물가격의 변동에 실적이 좌우됨. 매출의 약 30%를 차지하고 있는 생명공학사업부문은 글로벌시장 진출 기반 확보를 위하여 지난해 오송산업단지에 cGMP 공장을 완공함. 주력제품으로는 고부가가치 전문 의약품인 순환조절제제, 소화제제, 항생제제 등과 차별화된 일반의약품인 컨디션, 스칼프메드 등이 있음

실적 분석
동사의 2016년도 누적 매출액은 14조 5,632.6억원으로 전년 대비 12.7% 증가함. 누적 영업이익 또한 8,436.4억원으로 전년대비 12.3% 증가하며 견조한 성장세를 이어감. HMR 등 가공식품 및 차세대 감미료, 화장품 원료 등 시장 트렌드를 반영한 제품군으로 새로운 성장동력을 확보하였고, 미국과 중국 시장에서의 본격 성장과 동남아 신규 시장 공략을 통해 견조한 실적 성장이 전망됨. 바이오부문 또한 이익이 성장할 것으로 전망됨.

현금 흐름 〈단위 : 억원〉
항목	2015	2016
영업활동	11,546	8,001
투자활동	-6,930	-14,089
재무활동	-3,645	7,259
순현금흐름	938	1,146
기말현금	5,298	6,444

시장 대비 수익률
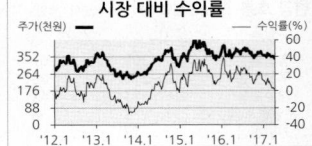

결산 실적 〈단위 : 억원〉
항목	2011	2012	2013	2014	2015	2016
매출액	65,382	98,775	108,477	117,018	129,245	145,633
영업이익	4,599	6,155	3,455	5,799	7,514	8,436
당기순이익	3,140	3,107	711	1,379	2,537	3,535

분기 실적 〈단위 : 억원〉
항목	2015.3Q	2015.4Q	2016.1Q	2016.2Q	2016.3Q	2016.4Q
매출액	33,664	32,732	35,340	36,096	36,790	37,406
영업이익	2,225	1,118	2,328	2,106	2,433	1,569
당기순이익	502	411	1,494	719	1,167	155

재무 상태 〈단위 : 억원〉
항목	2011	2012	2013	2014	2015	2016
총자산	113,395	123,639	130,045	133,825	137,513	157,662
유형자산	49,908	55,752	62,545	63,839	66,902	72,805
무형자산	14,005	16,056	17,640	17,509	17,373	23,338
유가증권	6,417	7,031	3,667	3,840	3,606	3,806
총부채	66,430	71,428	81,919	84,327	83,660	97,058
총차입금	46,492	52,479	58,696	59,674	57,609	66,863
자본금	720	721	721	723	724	724
총자본	46,965	52,210	48,126	49,499	53,852	60,605
지배주주지분	27,199	29,745	28,839	29,849	31,431	34,094

기업가치 지표
항목	2011	2012	2013	2014	2015	2016
주가(최고/저)(천원)	336/185	363/265	376/239	408/249	452/299	420/336
PER(최고/저)(배)	15.0/8.3	19.2/14.1	43.4/27.5	59.4/36.1	31.9/21.1	20.2/16.2
PBR(최고/저)(배)	1.7/1.0	1.8/1.3	1.9/1.2	2.0/1.2	2.1/1.4	1.7/1.4
EV/EBITDA(배)	15.3	12.5	15.1	11.2	10.1	9.6
EPS(원)	23,331	19,487	8,909	7,014	14,393	20,965
BPS(원)	200,616	213,450	206,952	213,385	223,904	242,224
CFPS(원)	37,336	43,155	38,033	41,155	51,171	61,333
DPS(원)	1,800	1,800	1,800	2,000	2,500	2,500
EBITDAPS(원)	49,597	70,729	55,507	78,374	93,922	104,471

재무 비율 〈단위 : %〉
연도	영업이익률	순이익률	부채비율	차입금비율	ROA	ROE	유보율	자기자본비율	EBITDA마진율
2016	5.8	2.4	160.2	110.3	2.4	8.4	4,744.5	38.4	9.4
2015	5.8	2.0	155.4	107.0	1.9	6.2	4,378.1	39.2	9.6
2014	5.0	1.2	170.4	120.6	1.0	3.1	4,167.7	37.0	8.8
2013	3.2	0.7	170.2	122.0	0.6	4.0	4,039.0	37.0	6.7

씨제이프레시웨이 (A051500)
CJ Freshway

업 종 : 식료품		시 장 : KOSDAQ	
신용등급 : (Bond) A (CP) A2		기업규모 : 중견	
홈 페 이 지 : www.cjfreshway.com		연 락 처 : 02)2149-6036	
본 사 : 경기도 용인시 기흥구 기곡로 32 (하갈동 156-2)			

설 립 일 1988.10.27	종업원수 3,210명	대표이사 문종석
상 장 일 2001.07.26	감사의견 적정 (삼일)	계 열
결 산 기 12월	보통주 1,187만주	종속회사수
액 면 가 1,000원	우 선 주	구 상 호

주주구성 (지분율,%)		출자관계 (지분율,%)		주요경쟁사 (외형,%)	
씨제이	47.1	에프앤디인프라	100.0	CJ프레시웨이	100
알리안츠글로벌인베스터스자산운용	13.0	프레시원인천	100.0	신세계푸드	46
(외국인)	13.4	프레시원광주	91.0	하림홀딩스	43

매출구성		비용구성		수출비중	
가공상품	52.7	매출원가율	87.1	수출	0.0
축산물	13.4	판관비율	12.0	내수	100.0
제품	12.8				

회사 개요
동사는 식자재 유통 및 단체급식 등의 푸드 서비스업 부문의 대한민국 대표 기업임. 식자재 유통사업으로 회사 매출의 90% 이상을 차지하고 있으며 국내 1위의 시장 점유율을 가지고 있음. CJ그룹내 CJ푸드빌, CJ제일제당 등 captive market뿐만 아니라 중소업체와의 거래도 활발함. 전국 거점유통망의 지속적인 확대 및 식자재 유통의 시스템화를 통한 식자재 유통부문의 성장동력을 구축함으로써 향후 외형성장이 지속될 것으로 전망됨.

실적 분석
동사의 2016년 연결기준 연간 누적 매출액은 2조3279.2억원으로 전년 동기 대비 12.3% 증가함. 매출은 늘었지만 매출 증가율 보다 매출 원가 상승률이 더 크고 판매관리비 또한 비용 부담이 늘어남. 영업이익은 210.3억 원으로 오히려 전년 동기 대비 33.2% 감소함. 비영업손익 부분에서도 적자 폭이 확대되면서 당기순손실 58.5억원으로 적자 전환함. 매출은 늘었지만 수익성은 악화.

현금 흐름		〈단위 : 억원〉	
항목	2015	2016	
영업활동	-201	-132	
투자활동	-374	-502	
재무활동	611	648	
순현금흐름	36	15	
기말현금	110	124	

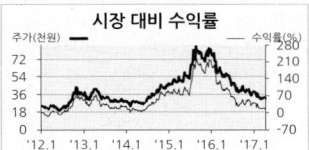

시장 대비 수익률

결산 실적 〈단위 : 억원〉

항목	2011	2012	2013	2014	2015	2016
매출액	16,026	18,727	18,769	17,953	20,724	23,279
영업이익	255	267	85	273	315	210
당기순이익	171	117	-140	93	67	-58

분기 실적 〈단위 : 억원〉

항목	2015.3Q	2015.4Q	2016.1Q	2016.2Q	2016.3Q	2016.4Q
매출액	5,409	5,465	5,358	5,970	6,065	5,886
영업이익	102	60	32	91	83	5
당기순이익	28	-35	4	28	13	-103

재무 상태 〈단위 : 억원〉

항목	2011	2012	2013	2014	2015	2016
총자산	4,279	6,505	5,970	6,731	7,588	8,505
유형자산	768	918	702	2,161	2,254	2,419
무형자산	65	100	113	768	798	1,050
유가증권	5	4	1	1	1	1
총부채	3,255	5,096	4,139	4,778	5,533	6,085
총차입금	644	1,776	1,411	1,405	2,082	2,316
자본금	108	108	108	109	119	119
총자본	1,024	1,410	1,831	1,953	2,055	2,420
지배주주지분	1,024	1,409	1,830	1,919	2,063	1,902

기업가치 지표

항목	2011	2012	2013	2014	2015	2016
주가(최고/저)(천원)	26.8/11.7	43.9/19.2	43.5/27.2	47.5/24.2	89.7/45.1	80.1/33.4
PER(최고/저)(배)	17.3/7.6	41.4/18.1	—/—	49.4/25.1	98.8/49.7	—/—
PBR(최고/저)(배)	2.7/1.2	3.4/1.5	2.6/1.6	2.7/1.4	5.2/2.6	5.0/2.1
EV/EBITDA(배)	8.4	13.1	20.0	15.6	23.9	16.4
EPS(원)	1,590	1,079	-1,290	975	915	-393
BPS(원)	10,096	13,009	16,871	17,665	17,380	16,021
CFPS(원)	2,805	2,540	-102	2,195	2,426	1,565
DPS(원)	200	200		200	200	200
EBITDAPS(원)	3,579	3,929	1,972	3,731	4,162	3,730

재무 비율 〈단위 : %〉

연도	영업이익률	순이익률	부채비율	차입금비율	ROA	ROE	유보율	자기자본비율	EBITDA마진율
2016	0.9	-0.3	251.4	95.7	-0.7	-2.4	1,502.1	28.5	1.9
2015	1.5	0.3	269.2	101.3	0.9	5.5	1,638.0	27.1	2.4
2014	1.5	0.5	244.6	71.9	1.5	5.6	1,666.5	29.0	2.3
2013	0.5	-0.8	226.1	77.1	-2.2	-8.6	1,587.1	30.7	1.1

씨제이헬로비전 (A037560)
CJ HellowVision

업 종 : 미디어		시 장 : 거래소	
신용등급 : (Bond) A+ (CP) A1		기업규모 : 시가총액 중형주	
홈 페 이 지 : www.cjhellovision.com		연 락 처 : 1855-1000	
본 사 : 서울시 마포구 월드컵북로56길 19, 6층(상암동, 드림타워)			

설 립 일 1995.03.31	종업원수 1,095명	대표이사 김진석
상 장 일 2012.11.09	감사의견 적정 (안진)	계 열
결 산 기 12월	보통주 7,745만주	종속회사수
액 면 가 2,500원	우 선 주	구 상 호 헬로비전

주주구성 (지분율,%)		출자관계 (지분율,%)		주요경쟁사 (외형,%)	
CJ오쇼핑	53.9	한국디지털케이블미디어센터	10.4	CJ헬로비전	100
에스케이텔레콤	8.6	한국케이블텔레콤	3.7	CJ E&M	140
(외국인)	7.4	정보통신공제조합	0.2	CJ CGV	130

매출구성		비용구성		수출비중	
헬로tv	34.6	매출원가율	67.2	수출	0.0
헬로폰, tving헬로모바일	26.7	판관비율	28.9	내수	100.0
헬로tv우리동네	22.5				

회사 개요
동사는 2008년 인터넷전화 서비스 '헬로폰'으로 시작하여, 현재는 케이블TV, 초고속인터넷, 인터넷전화(VoIP), 광고, N스크린 및 MVNO 이동통신 서비스 등을 제공하는 종합 유선방송사업자임. 2010년 상반기에는 국내 최초로 웹TV 방송 서비스인 'tving'을 오픈하였고, 2012년에는 MVNO 서비스를 개시하면서 무선통신 시장까지 사업영역을 넓혔음. SO 23개사를 보유한 MSO로 케이블TV 가입자 기준 M/S 28.73% 점유함.

실적 분석
동사의 연결기준 2016년 매출액은 전기 대비 6.9%가 감소한 1조1,006.4억원임. 사업부 문별 매출액을 살펴보면 방송 3,872억원, 초고속인터넷 1,208억원, 광고서비스 2,521억 원, 부가서비스 2,813억원으로 전기 대비 각각 5.2% 감소, 8.6% 감소, 5.1% 감소 그리고 10.9% 감소하였음. 2016년 영업이익은 전기대비 59.1% 감소한 429.4억원이며, 당기순이익은 전기 대비 64.0% 감소한 215.1억원임.

현금 흐름	*IFRS 별도 기준	〈단위 : 억원〉	
항목	2015	2016	
영업활동	3,682	2,758	
투자활동	-1,606	-1,604	
재무활동	-1,877	-1,716	
순현금흐름	199	-562	
기말현금	1,157	595	

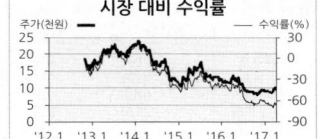

시장 대비 수익률

결산 실적 〈단위 : 억원〉

항목	2011	2012	2013	2014	2015	2016
매출액	6,804	8,910	11,602	12,704	11,826	11,006
영업이익	1,517	1,493	1,158	1,021	1,050	429
당기순이익	906	1,044	770	257	597	215

분기 실적 *IFRS 별도 기준 〈단위 : 억원〉

항목	2015.3Q	2015.4Q	2016.1Q	2016.2Q	2016.3Q	2016.4Q
매출액	2,958	2,917	2,786	2,803	2,803	2,615
영업이익	311	195	251	241	238	-300
당기순이익	177	78	191	150	166	-291

재무 상태 *IFRS 별도 기준 〈단위 : 억원〉

항목	2011	2012	2013	2014	2015	2016
총자산	10,866	15,190	19,868	21,705	20,003	18,402
유형자산	5,089	5,245	5,508	7,820	7,371	6,937
무형자산	3,466	3,866	4,454	8,487	7,962	7,578
유가증권	12	11	8	15	14	13
총부채	5,573	7,348	10,603	12,669	10,491	8,735
총차입금	4,058	5,110	8,686	10,058	8,631	7,087
자본금	1,732	1,732	1,936	1,936	1,936	1,936
총자본	5,293	7,842	9,266	9,036	9,512	9,667
지배주주지분	5,293	7,842	9,266	9,036	9,512	9,667

기업가치 지표 *IFRS 별도 기준

항목	2011	2012	2013	2014	2015	2016
주가(최고/저)(천원)	—/—	18.6/14.9	23.1/15.8	24.2/11.6	17.6/10.5	13.8/7.9
PER(최고/저)(배)	0.0/0.0	19.3/15.5	31.5/21.5	74.6/35.9	23.1/13.8	50.0/28.7
PBR(최고/저)(배)	0.0/0.0	1.9/1.5	2.0/1.4	2.1/1.0	1.5/0.9	1.1/0.6
EV/EBITDA(배)	1.5	5.3	8.2	4.3	4.6	4.7
EPS(원)	986	986	753	331	771	278
BPS(원)	9,516	10,125	11,964	11,667	12,282	12,482
CFPS(원)	2,576	2,935	3,194	4,015	4,271	3,496
DPS(원)			75	75	75	75
EBITDAPS(원)	3,263	3,465	3,656	5,002	4,856	3,773

재무 비율 〈단위 : %〉

연도	영업이익률	순이익률	부채비율	차입금비율	ROA	ROE	유보율	자기자본비율	EBITDA마진율
2016	3.9	2.0	90.4	73.3	1.1	2.2	399.3	52.5	26.6
2015	8.9	5.1	110.3	90.7	2.9	6.4	391.3	47.6	31.8
2014	8.0	2.0	140.2	111.3	1.2	2.9	366.1	41.6	30.5
2013	10.0	6.6	135.2	105.6	4.2	9.6	356.6	42.5	29.5

씨젠 (A096530)
Seegene

업 종: 바이오		시 장: KOSDAQ	
신용등급: (Bond) — (CP) —		기업규모: 우량	
홈페이지: www.seegene.com		연 락 처: 02)2240-4000	
본 사: 서울시 송파구 오금로 91(태원빌딩), 7층			

설 립 일	2000.09.18	종 업 원 수	222명	대 표 이 사	천종윤
상 장 일	2010.09.10	감 사 의 견	적정 (우덕)	계 열	
결 산 기	12월	보 통 주	2,623만주	종속회사수	
액 면 가	500원	우 선 주		구 상 호	

주주구성 (지분율,%)
천종윤	18.1
국민연금공단	4.9
(외국인)	17.9

출자관계 (지분율,%)
네오프로브	100.0
나노헬릭스	35.1
SeegeneTechnologies,Inc	100.0

주요경쟁사 (외형,%)
씨젠	100
내츄럴엔도텍	9
프로스테믹스	19

매출구성
[제품]Women's Health 검사제품	43.8
[상품]장비 등	23.9
[제품]호흡기성 병원체 검사제품	21.0

비용구성
매출원가율	28.8
판관비율	57.5

수출비중
수출	—
내수	—

회사 개요
동사는 2000년 설립되어 유전자(DNA 및 RNA) 분석을 통하여 질병의 원인을 감별하는 분자진단 시약개발, 제조 및 공급 판매업을 주력사업으로 영위하고 있음. 핵심 사업인 분자진단에서 동사가 보유한 DPO, READ 기술은 기존 제품대비 우수한 진단능력을 보임. 세계 분자진단 시장 리포트에서 전세계 주요 분자진단 기업으로 랭크되고 있으며, 핵심기술로 올리고 뉴클레오타이드 기술, DNA칩을 포함한 바이오칩/마이크로어레이 기술을 보유함.

실적 분석
동사의 2016년 매출액은 736.9억원으로 전년 대비 13.1% 증가함. 판관비 증가에도 불구하고 매출 확대의 영향으로 영업이익은 전년보다 16.8% 늘어난 100.8억원을 기록함. 당기순이익은 71.6억원으로 전년 대비 5.7% 증가함. 동사는 글로벌 회사인 베크만쿨터, 퀴아젠, BD(벡톤디킨슨) 및 홀로직과 ODM 공급계약을 체결하였으며 향후 추가적인 분자진단회사와의 계약을 통하여 ODM 공급을 확대할 계획임.

현금 흐름 〈단위 : 억원〉
항목	2015	2016
영업활동	41	166
투자활동	-315	-98
재무활동	486	19
순현금흐름	214	89
기말현금	409	498

시장 대비 수익률
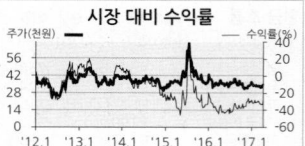

결산 실적 〈단위 : 억원〉
항목	2011	2012	2013	2014	2015	2016
매출액	394	517	590	644	651	737
영업이익	101	122	141	111	86	101
당기순이익	94	91	96	91	68	72

분기 실적 〈단위 : 억원〉
항목	2015.3Q	2015.4Q	2016.1Q	2016.2Q	2016.3Q	2016.4Q
매출액	152	170	172	185	178	202
영업이익	14	23	19	28	29	25
당기순이익	30	1	12	20	-5	44

재무 상태 〈단위 : 억원〉
항목	2011	2012	2013	2014	2015	2016
총자산	785	836	1,290	1,385	1,940	2,076
유형자산	28	45	46	100	112	165
무형자산	60	131	155	186	192	224
유가증권	29		10	25	97	99
총부채	378	417	446	436	587	654
총차입금	302	315	327	308	460	500
자본금	65	65	84	127	131	131
총자본	407	419	844	948	1,353	1,422
지배주주지분	407	419	844	948	1,351	1,420

기업가치 지표
항목	2011	2012	2013	2014	2015	2016
주가(최고/저)(천원)	45.2/22.6	45.9/29.1	48.2/30.0	42.6/31.0	70.7/30.0	—/—
PER(최고/저)(배)	117.7/32.1	123.2/60.6	126.9/76.5	117.7/82.8	273.8/119.9	158.4/110.3
PBR(최고/저)(배)	27.1/7.4	22.5/11.1	13.1/7.9	10.5/7.4	12.9/5.7	7.5/5.2
EV/EBITDA(배)	81.4	69.7	57.2	49.1	-65.6	53.1
EPS(원)	384	373	380	362	258	272
BPS(원)	3,116	3,809	5,496	4,069	5,463	5,725
CFPS(원)	856	878	760	586	488	521
DPS(원)						
EBITDAPS(원)	917	1,117	1,028	664	559	634

재무 비율 〈단위 : % 〉
연도	영업이익률	순이익률	부채비율	차입금비율	ROA	ROE	유보율	자기자본비율	EBITDA마진율
2016	13.7	9.7	46.0	35.1	3.6	5.1	1,045.1	68.5	22.5
2015	13.3	10.4	43.4	34.0	4.1	5.9	992.6	69.7	22.5
2014	17.3	14.2	46.0	32.5	6.8	10.2	713.9	68.5	26.1
2013	23.9	16.2	52.8	38.8	9.0	15.2	999.2	65.4	29.4

씨케이에이치 (A900120)
CKH Food & Health

업 종: 바이오		시 장: KOSDAQ	
신용등급: (Bond) — (CP) —		기업규모:	
홈페이지: www.ckhfnh.co.kr		연 락 처: 86-591-8803-1033	
본 사: P.O Box 31119 Grand Pavilion, Hibiscus Way, 802 West Bay Road, Grand Cayman, KYI-1205 Cyam			

설 립 일	2009.02.24	종 업 원 수	23명	대 표 이 사	린진성
상 장 일	2010.03.31	감 사 의 견	적정 (신한)	계 열	
결 산 기	06월	보 통 주	11,040만주	종속회사수	3개사
액 면 가		우 선 주		구 상 호	차이나킹

주주구성 (지분율,%)
WANG YUEREN	27.8
Eternity Holdings Investments Limited	1.9
(외국인)	40.5

출자관계 (지분율,%)
복건금산대도건강과기유한공사	100.0
복건성생활백색공정유한공사	100.0
금산(중국)자원투자유한공사	100.0

주요경쟁사 (외형,%)
씨케이에이치	100
씨젠	25
내츄럴엔도텍	2

매출구성

비용구성
매출원가율	47.6
판관비율	20.7

수출비중
수출	—
내수	—

회사 개요
동사는 2009년 2월 24일자로 회사의 목적에 제한이 없는 지주회사 형태로 설립되었으며 케이만군도에 소재하며 중국에 동충하초, 기타 식물을 원료재로 한 건강식품의 판매사업을 영위하고 있음. 동사의 연결대상 종속법인으로는 중국과 버진군도 소재의 복건금산대도생물과기유한공사, 금산(중국)자원투자유한공사, 복주금대생물공정기술개발유한공사 등 총 3개사를 보유중에 있음.

실적 분석
6월결산기업인 동사의 2016년 4분기 연결기준 누적매출액은 896.7억원으로 전년동기 대비 43.1% 감소하였음. 외형축소로 인해 매출원가 및 판관비 부담이 감소했음에도 영업이익은 전년동기 대비 75.0% 감소한 108.5억원, 당기순이익은 73.6% 감소한 79.9억원을 기록함. 동사는 수출이 없으며 매출전액이 중국 내수부이며, 동사의 대표적인 건강식품인 동충하초를 비롯해 중국 내수시장의 침체가 지속되며 수익성이 악화되고 있음

현금 흐름 〈단위 : 억원〉
항목	2016	2017.2Q
영업활동	592	411
투자활동	-350	6
재무활동	-15	2
순현금흐름	228	420
기말현금	3,872	4,261

시장 대비 수익률
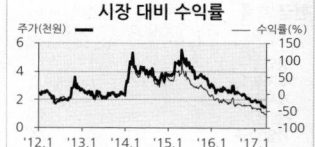

결산 실적 〈단위 : 억원〉
항목	2012	2013	2014	2015	2016	2017
매출액	2,366	2,647	2,864	3,179	2,976	—
영업이익	951	874	917	1,008	705	—
당기순이익	679	605	636	735	524	—

분기 실적 〈단위 : 억원〉
항목	2016.1Q	2016.2Q	2016.3Q	2016.4Q	2017.1Q	2017.2Q
매출액	816	773	731	656	516	379
영업이익	228	209	157	111	80	28
당기순이익	163	142	129	90	63	17

재무 상태 〈단위 : 억원〉
항목	2012	2013	2014	2015	2016	2017.2Q
총자산	4,078	4,840	4,857	6,259	6,362	6,342
유형자산	187	213	229	242	215	203
무형자산						
유가증권						
총부채	880	936	706	889	267	205
총차입금	513	542	344	401		2
자본금	51	53	50	55	63	66
총자본	3,197	3,903	4,151	5,370	6,095	6,137
지배주주지분	3,197	3,903	4,151	5,370	6,095	6,137

기업가치 지표
항목	2012	2013	2014	2015	2016	2017.2Q
주가(최고/저)(천원)	3.1/1.7	3.6/1.8	5.3/2.1	5.5/3.0	4.6/2.5	—/—
PER(최고/저)(배)	3.9/2.1	5.0/2.5	7.2/2.8	6.9/3.8	9.1/4.9	—/—
PBR(최고/저)(배)	0.8/0.4	0.8/0.4	1.2/0.5	1.0/0.5	0.8/0.5	0.5/0.3
EV/EBITDA(배)	0.4		1.2	0.8	3.4	—
EPS(원)	808	720	738	797	505	72
BPS(원)	3,997	4,879	4,729	6,118	5,797	5,559
CFPS(원)	865	774	795	860	552	81
DPS(원)	68					
EBITDAPS(원)	1,205	1,111	1,137	1,172	735	107

재무 비율 〈단위 : % 〉
연도	영업이익률	순이익률	부채비율	차입금비율	ROA	ROE	유보율	자기자본비율	EBITDA마진율
2016	23.7	17.6	4.4	0.0	8.3	9.1	9,573.5	95.8	24.4
2015	31.7	23.1	16.6	7.5	13.2	15.4	9,606.6	85.8	32.4
2014	32.0	22.2	17.0	8.3	13.1	15.8	8,226.4	85.5	32.6
2013	33.0	22.9	24.0	13.9	13.6	17.0	7,309.8	80.7	33.6

씨케이컴퍼니 (A235090)
CK

업 종 : 기계		시 장 : KONEX	
신용등급 : (Bond) — (CP) —		기업규모 :	
홈페이지 : www.ckcompany.net		연 락 처 : 070)4680-1466	
본 사 : 서울시 강남구 봉은사로 207			

설 립 일 2012.12.12	종업원수 29명	대표이사 원용태
상 장 일 2016.03.16	감사의견 적정 (태영)	계 열
결 산 기 12월	보 통 주 294만주	종속회사수
액 면 가 500원	우 선 주 40만주	구 상 호

주주구성 (지분율,%)		출자관계 (지분율,%)		주요경쟁사 (외형,%)	
원용태	62.5			씨케이컴퍼니	100
박지희	7.0			수성	340
				흥국	758

매출구성		비용구성		수출비중	
빙스빙스 소형	68.6	매출원가율	78.8	수출	30.6
빙스빙스 미니	19.8	판관비율	40.5	내수	69.4
빙스빙스 대형	11.5				

회사 개요
동사는 2012년 설립됐으며 2013년 10월 비케이월드에서 씨케이컴퍼니로 상호를 변경함. 2016년 코넥스 시장에 주식을 상장함. 동사는 우유눈꽃빙수기 제작을 주된 사업으로 하고 있으며 제품군은 소형, 미니, 미니-I로 구성됨. 현재 국내에는 우유눈꽃빙수기를 제조하는 기업이 10여개 있음. 동사는 2016년 최적의 IT 서비스 환경을 구축하고 공급하는 인프라, 솔루션 기반 사업 IT 사업부를 추가했음.

실적 분석
코넥스 상장기업인 동사는 분기와 반기 실적 공개 의무가 없음. 2016년 매출액은 82.8억원으로 전년도 매출액인 54.2억원에 비해 52.8% 증가함. 전년도 11.1억원을 기록했던 영업이익은 16억원의 손실을 내며 적자전환됨. 전년도 7.3억원을 기록한 당기순이익은 23.2억원의 손실을 기록하며 역시 적자전환됨. 실적 개선을 위해 새로운 빙수기계 모델을 개발하고 IT 사업을 새로 시작하는 등 다양한 노력을 하고 있음.

현금 흐름	*IFRS 별도 기준	〈단위 : 억원〉
항목	2015	2016
영업활동	-20	-13
투자활동	-59	-13
재무활동	77	29
순현금흐름	-1	3
기말현금	0	3

결산 실적
						〈단위 : 억원〉
항목	2011	2012	2013	2014	2015	2016
매출액	—	—	3	43	54	83
영업이익	—	—	-2	1	11	-16
당기순이익	—	—	-2	1	7	-23

분기 실적 *IFRS 별도 기준
						〈단위 : 억원〉
항목	2015.3Q	2015.4Q	2016.1Q	2016.2Q	2016.3Q	2016.4Q
매출액	—	—	—	—	—	—
영업이익	—	—	—	—	—	—
당기순이익	—	—	—	—	—	—

재무 상태 *IFRS 별도 기준
						〈단위 : 억원〉
항목	2011	2012	2013	2014	2015	2016
총자산	—	—	4	15	102	141
유형자산	—	—	0	1	62	60
무형자산	—	—	0	1	1	0
유가증권	—	—	—	—	0	—
총부채	—	—	6	7	63	124
총차입금	—	—	5	7	61	88
자본금	—	—	1	9	17	17
총자본	—	—	-2	7	38	18
지배주주지분	—	—	-2	7	38	18

기업가치 지표 *IFRS 별도 기준
항목	2011	2012	2013	2014	2015	2016
주가(최고/저)(천원)	—/—	—/—	—/—	—/—	—/—	14.9/5.1
PER(최고/저)(배)	0.0/0.0	0.0/0.0	0.0/0.0	0.0/0.0	0.0/0.0	—/—
PBR(최고/저)(배)	0.0/0.0	0.0/0.0	0.0/0.0	0.0/0.0	0.0/0.0	28.2/9.6
EV/EBITDA(배)	0.0	0.0	—	1.7	4.7	—
EPS(원)	—	—	-2,178	81	274	-737
BPS(원)	—	—	-1,766	406	1,239	528
CFPS(원)	—	—	-1,966	134	331	-649
DPS(원)	—	—	—	—	—	—
EBITDAPS(원)	—	—	-1,991	144	474	-421

재무 비율
								〈단위 : % 〉
연도	영업이익률	순이익률	부채비율	차입금비율	ROA	ROE	유보율	자기자본비율	EBITDA마진율
2016	-19.3	-28.0	701.6	496.0	-19.1	-83.2	5.7	12.5	-16.0
2015	20.5	13.4	166.1	158.8	12.5	31.9	128.5	37.6	23.3
2014	1.4	1.3	일부잠식	일부잠식	5.9	전기잠식	-18.7	50.9	2.2
2013	-86.7	-85.8	완전잠식	완전잠식	0.0	0.0	-453.3	-45.9	-78.4

씨큐브 (A101240)
CQV

업 종 : 화학		시 장 : KOSDAQ	
신용등급 : (Bond) — (CP) —		기업규모 : 벤처	
홈페이지 : www.cqv.co.kr		연 락 처 : 043)531-2500	
본 사 : 충북 진천군 진천읍 성중로 144			

설 립 일 2000.10.20	종업원수 155명	대표이사 장길완
상 장 일 2011.11.08	감사의견 적정 (삼일)	계 열
결 산 기 12월	보 통 주 758만주	종속회사수
액 면 가 500원	우 선 주	구 상 호

주주구성 (지분율,%)		출자관계 (지분율,%)		주요경쟁사 (외형,%)	
장길완	19.8			씨큐브	100
임광수	8.9			코오롱머티리얼	895
(외국인)	2.1			원익큐브	548

매출구성		비용구성		수출비중	
진주광택 안료	90.3	매출원가율	58.6	수출	51.7
기타	9.7	판관비율	26.4	내수	48.3

회사 개요
동사는 충북 진천에 소재한 진주광택안료 생산전문의 부품소재전문기업으로 2000년 10월에 설립됨. 진주광택안료란 진주빛, 무지개빛, 금속빛을 자아내는 안료를 통칭한 것으로 진주광택안료의 입자는 보는 각도에 따라 색이 차이 나는 간섭색을 나타내게 되는 안료임. 진주광택안료는 다품종 소량 생산으로 이루어지며, 기술집약적이며 경기에 비탄력적인 특징을 지니고 있음.

실적 분석
동사의 2016년 누적 매출액은 378.8억원으로 전년 대비 23.6% 증가함. 영업이익은 56.9억원으로 87.6% 늘었고, 당기순이익은 전년보다 61.6% 증가한 48.6억원을 기록함. 동사는 CPFL 램프에 적용되는 세라믹 파우더의 재료 개발 및 공정개발을 완료하였으며 관련 업체들과 사업 조율 중. 현대의 소비자 성향을 살펴보면 점차 다양화, 고급화, 패션화 되는 경향을 보이며 독특한 색상이나 디자인을 선호하는 추세여서 수요 증가가 기대됨.

현금 흐름	*IFRS 별도 기준	〈단위 : 억원〉
항목	2015	2016
영업활동	41	44
투자활동	-47	-35
재무활동	-44	-5
순현금흐름	-50	5
기말현금	42	47

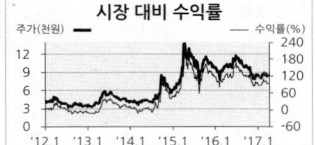

결산 실적
						〈단위 : 억원〉
항목	2011	2012	2013	2014	2015	2016
매출액	215	244	281	298	306	379
영업이익	33	29	34	44	30	57
당기순이익	24	20	25	34	30	49

분기 실적 *IFRS 별도 기준
						〈단위 : 억원〉
항목	2015.3Q	2015.4Q	2016.1Q	2016.2Q	2016.3Q	2016.4Q
매출액	84	74	94	99	85	100
영업이익	15	0	16	14	10	17
당기순이익	17	-2	15	11	5	17

재무 상태 *IFRS 별도 기준
						〈단위 : 억원〉
항목	2011	2012	2013	2014	2015	2016
총자산	445	471	492	574	568	607
유형자산	228	218	216	234	248	242
무형자산	32	33	30	26	27	28
유가증권	—	—	—	—	—	—
총부채	181	203	183	193	161	179
총차입금	152	181	158	124	115	141
자본금	28	28	29	34	38	38
총자본	264	268	309	381	407	428
지배주주지분	264	268	309	381	407	428

기업가치 지표 *IFRS 별도 기준
항목	2011	2012	2013	2014	2015	2016
주가(최고/저)(천원)	5.9/3.6	5.0/3.1	5.9/3.3	8.5/3.7	14.6/6.0	11.8/7.8
PER(최고/저)(배)	12.1/7.4	14.2/8.9	14.1/7.9	15.9/6.9	36.8/15.1	18.7/12.3
PBR(최고/저)(배)	1.3/0.8	1.0/0.6	1.1/0.6	1.5/0.7	2.5/1.0	1.8/1.2
EV/EBITDA(배)	6.1	6.0	5.8	6.7	13.7	8.5
EPS(원)	507	366	437	558	405	641
BPS(원)	4,805	5,232	5,688	5,858	5,971	6,542
CFPS(원)	965	838	926	1,038	807	1,045
DPS(원)	—	—	—	100	100	120
EBITDAPS(원)	1,165	991	1,094	1,216	810	1,154

재무 비율
								〈단위 : % 〉
연도	영업이익률	순이익률	부채비율	차입금비율	ROA	ROE	유보율	자기자본비율	EBITDA마진율
2016	15.0	12.8	42.0	32.9	8.3	11.6	1,208.5	70.5	23.1
2015	9.9	9.8	39.4	28.3	5.3	7.6	1,094.1	71.7	19.6
2014	14.9	11.3	50.6	40.5	6.3	9.7	1,071.6	66.4	24.6
2013	12.2	8.8	59.3	51.2	5.1	8.6	1,037.7	62.8	22.0

씨트리 (A047920)
CHEM TECH RESEARCHORPORATION

업 종 : 제약		시 장 : KOSDAQ	
신용등급 : (Bond) —	(CP) —	기업규모 : 신성장	
홈페이지 : www.c-tri.co.kr		연 락 처 : 031)557-0001	
본 사 : 경기도 남양주시 경강로 27			

설 립 일 1998.04.23	종 업 원 수 152명	대 표 이 사 이한구	
상 장 일 2015.12.21	감 사 의 견 적정 (새시대)	계 열	
결 산 기 12월	보 통 주 1,184만주	종속회사수	
액 면 가 500원	우 선 주 —	구 상 호	

주주구성 (지분율,%)		출자관계 (지분율,%)	주요경쟁사 (외형,%)	
대화제약	12.3		씨트리	100
김완주	4.4		명문제약	699
(외국인)	0.2		유유제약	343

매출구성		비용구성		수출비중	
기타	86.6	매출원가율	73.0	수출	—
[상품]헤파타인액 등	5.4	판관비율	24.1	내수	—
[ETC]씨트리시메티딘정	3.4				

회사 개요
동사는 1998년 4월 설립되어 2015년 12월에 코스닥시장에 상장한 완제의약품과 원료의약품의 개발,제조 전문업체임. 현재 아미노산부터 펩타이드 의약품까지 완성의약품의 생산, 공급 및 펩타이드 의약품에 대한 연구, 개발 등을 진행중임. 동사의 주요 목표시장은 국내시장으로 대부분의 매출이 국내에서 발생하고 있으며 최적화된 영업활동을 위해 일반약국보다는 주요 제약사와 도매상을 대상으로 영업활동을 펼치고 있음.

실적 분석
동사의 2016년 기준 매출액은 전년대비 14.9% 성장한 203.5억원을 기록함. 외형 성장에 따른 고정비 부담 감소로 원가율이 개선된 결과 영업이익과 당기순이익은 공히 5.8억원을 보이며 전년대비 흑자전환에 성공함. 비영업손실 규모도 전년대비 축소되었음. 2016년 기준 제품별 매출비중은 ETC 29.23%, OTC 20.29%, ETC수탁 14.81%, OTC수탁 23.74%, 상품 8.60% 및 기타로 구성됨.

현금 흐름 *IFRS 별도 기준 〈단위 : 억원〉

항목	2015	2016
영업활동	-8	-2
투자활동	-6	-154
재무활동	51	139
순현금흐름	37	-17
기말현금	55	38

시장 대비 수익률
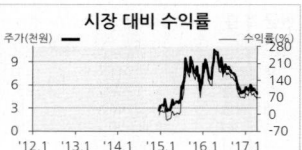

결산 실적 〈단위 : 억원〉

항목	2011	2012	2013	2014	2015	2016
매출액	127	147	154	172	177	203
영업이익	1	12	3	4	-9	6
당기순이익	-4	10	-4	35	-24	6

분기 실적 *IFRS 별도 기준 〈단위 : 억원〉

항목	2015.3Q	2015.4Q	2016.1Q	2016.2Q	2016.3Q	2016.4Q
매출액	44	42	41	42	56	65
영업이익	0	-10	-1	-1	4	4
당기순이익	-1	-22	-2	-1	2	7

재무 상태 *IFRS 별도 기준 〈단위 : 억원〉

항목	2011	2012	2013	2014	2015	2016
총자산	128	140	167	214	248	412
유형자산	25	32	39	58	75	120
무형자산	9	12	8	8	5	6
유가증권						91
총부채	109	109	133	166	127	223
총차입금	49	49	68	100	67	151
자본금	25	25	28	29	36	59
총자본	20	32	34	48	122	189
지배주주지분	20	32	34	48	122	189

기업가치 지표 *IFRS 별도 기준

항목	2011	2012	2013	2014	2015	2016
주가(최고/저)(천원)	—/—	—/—	—/—	3.4/1.6	9.8/2.5	11.1/4.7
PER(최고/저)(배)	0.0/0.0	0.0/0.0	0.0/0.0	96.9/45.6	—/—	225.5/94.9
PBR(최고/저)(배)	0.0/0.0	0.0/0.0	0.0/0.0	6.1/2.9	8.7/2.2	6.9/2.9
EV/EBITDA(배)	6.1	2.7	6.5	35.4		46.7
EPS(원)	-59	129	-46	35	-252	49
BPS(원)	395	642	618	834	1,686	1,597
CFPS(원)	30	301	46	177	-248	117
DPS(원)						
EBITDAPS(원)	146	341	177	199	-17	117

재무 비율 〈단위 : % 〉

연도	영업이익률	순이익률	부채비율	차입금비율	ROA	ROE	유보율	자기자본비율	EBITDA마진율
2016	2.8	2.8	118.2	80.2	1.8	3.7	219.3	45.8	6.8
2015	-5.2	-13.4	104.1	55.0	-10.2	-27.8	237.2	49.0	-0.6
2014	2.5	1.8	345.2	207.9	1.6	7.4	66.7	22.5	6.7
2013	2.2	-2.5	386.5	197.1	-2.5	-11.4	23.6	20.6	6.3

씨티네트웍스 (A189540)
ctnetworks

업 종 : 통신장비		시 장 : KONEX	
신용등급 : (Bond) —	(CP) —	기업규모 : —	
홈페이지 : www.ctnetworks.co.kr		연 락 처 : 041)742-0609	
본 사 : 충남 논산시 연무읍 신화길 12			

설 립 일 2007.01.09	종 업 원 수 62명	대 표 이 사 이재성	
상 장 일 2013.12.24	감 사 의 견 적정 (신정)	계 열	
결 산 기 12월	보 통 주 220만주	종속회사수	
액 면 가 500원	우 선 주 28만주	구 상 호	

주주구성 (지분율,%)		출자관계 (지분율,%)	주요경쟁사 (외형,%)	
이재성	28.5		씨티네트웍스	100
김순옥	20.8		옵티시스	162
			텔레필드	407

매출구성		비용구성		수출비중	
OSP[광접속함체,광단자함,광아웃렛등]	65.0	매출원가율	90.5	수출	46.7
Cable[TB/DS/SX/DX]	35.0	판관비율	12.9	내수	53.3

회사 개요
동사는 광통신 영역 중에 '광케이블(Indoor), 광소자(Connector, Splitter), 광접속/분배함체(Closure, FDF, FDH, Outlet)'과 같은 제품을 생산하고 하고 있으며, 최근에는 '광전복합케이블모듈, 지능형광접속함체' 등을 추가로 생산하고 있음. 아시아_싱가폴/말레이시아/태국/네팔/인도네시아, 중동_UAE/카타르/이집트/이란, 북미_미국 등에서 주요 프로젝트를 진행하고 있음.

실적 분석
동사의 2016년 연간 매출은 105.8억원, 영업이익은 -3.6억원, 당기순이익은 -8.4억원시현. 전방산업인 광통신 분야의수요 부진, 경쟁심화 영향으로 판매단가 하락으로 16년 수익성이 다소 부진. 초고속 대용량 정보전송을 위해서 필수적인 산업인 광통신분야에서 광케이블 및 광접속재자재(광소자, 광접속/분배함체) 제조 사업을 중심으로 사업을 영위하면서 고부가 중심의 포트폴리오 변경에 집중하고 있음

현금 흐름 *IFRS 별도 기준 〈단위 : 억원〉

항목	2015	2016
영업활동	21	11
투자활동	-17	1
재무활동	-7	-12
순현금흐름	-4	-0
기말현금	3	3

시장 대비 수익률
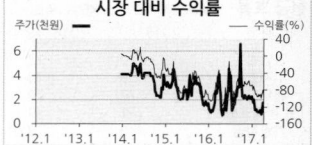

결산 실적 〈단위 : 억원〉

항목	2011	2012	2013	2014	2015	2016
매출액	58	62	139	111	151	106
영업이익	3	3	10	-19	4	-4
당기순이익	2	1	12	-26	-7	-8

분기 실적 *IFRS 별도 기준 〈단위 : 억원〉

항목	2015.3Q	2015.4Q	2016.1Q	2016.2Q	2016.3Q	2016.4Q
매출액	—	—	—	—	—	—
영업이익	—	—	—	—	—	—
당기순이익	—	—	—	—	—	—

재무 상태 *IFRS 별도 기준 〈단위 : 억원〉

항목	2011	2012	2013	2014	2015	2016
총자산	76	106	143	155	170	121
유형자산	27	35	45	66	72	60
무형자산	10	13	15	13	7	6
유가증권	4	4	4	0		
총부채	44	68	92	125	149	108
총차입금	34	54	68	106	103	94
자본금	12	12	13	13	13	13
총자본	33	39	51	30	21	13
지배주주지분	33	39	51	30	21	13

기업가치 지표 *IFRS 별도 기준

항목	2011	2012	2013	2014	2015	2016
주가(최고/저)(천원)	—/—	—/—	4.1/4.1	5.6/2.0	4.6/1.3	6.6/0.6
PER(최고/저)(배)	0.0/0.0	0.0/0.0	10.2/10.2	—/—	—/—	—/—
PBR(최고/저)(배)	0.0/0.0	0.0/0.0	1.9/1.9	4.7/1.7	5.3/1.5	12.7/1.1
EV/EBITDA(배)	4.1	4.0	8.0	—	8.5	14.6
EPS(원)	94	15	404	-1,027	-271	-339
BPS(원)	15,003	16,576	2,191	1,200	859	520
CFPS(원)	2,370	3,258	718	-641	204	186
DPS(원)						
EBITDAPS(원)	2,934	4,512	762	-361	638	380

재무 비율 〈단위 : % 〉

연도	영업이익률	순이익률	부채비율	차입금비율	ROA	ROE	유보율	자기자본비율	EBITDA마진율
2016	-3.4	-8.0	840.3	731.0	-5.8	-49.2	1.9	10.6	8.9
2015	2.7	-4.5	697.7	482.8	-4.2	-26.4	68.4	12.5	10.7
2014	-17.1	-23.5	410.3	347.5	-17.4	-63.6	140.1	19.6	-8.3
2013	7.5	6.8	179.4	133.1	7.6	21.0	338.3	35.8	12.8

씨티씨바이오 (A060590)
CTCBIO

업 종 : 제약		시 장 : KOSDAQ	
신용등급 : (Bond) — (CP) —		기업규모 : 중견	
홈 페 이 지 : www.ctcbio.com		연 락 처 : 1661-8800	
본 사 : 강원도 홍천군 홍천읍 생명과학관길 94			

설 립 일	1995.12.28	종 업 원 수	266명	대 표 이 사	성기홍,우성섭,조호연
상 장 일	2002.02.21	감 사 의 견	적정 (삼정)	계 열	
결 산 기	12월	보 통 주	1,753만주	종속회사수	
액 면 가	500원	우 선 주		구 상 호	

주주구성 (지분율,%)		출자관계 (지분율,%)		주요경쟁사 (외형,%)	
조호연	7.3	씨티씨그린	100.0	씨티씨바이오	100
현대인베스트먼트자산운용	5.3	스타티움	40.0	아미노로직스	13
(외국인)	1.5	애니인포넷	35.4	에스텍파마	35

매출구성		비용구성		수출비중	
(상품)항생제, 효소제, 백신, 생균제 등	39.0	매출원가율	73.7	수출	16.0
(제품)항생제, 효소제, 백신, 생균제 등	31.0	판관비율	28.4	내수	84.0
(상품)의약품, 의약품 원료, 유산균, 연구용역	13.7				

회사 개요
동사는 1996년 1월에 설립되어 동물약품, 인체약품, 사료첨가제 및 단미보조사료, 건강기능성식품 등에 대한 제조 및 판매를 주요사업으로 영위하고 있음. 2002년 2월에 코스닥시장에 상장됨. 2004년도에 KGMP를 획득하여 공식적인 제약 생산시설을 인정받았으며, SK케미칼로부터 2014년 9월 1일부로 안산공장을 인수함. 2016년 기준으로 동물약품군의 매출 비중은 53.2%, 인체약품군의 매출 비중은 22.8%임.

실적 분석
동사의 2016년 연결 기준 매출액은 전년 대비 3.5% 증가한 1,231.5원을 기록함. 매출원가는 9.1% 증가하여 매출총이익은 9.6% 감소한 323.8억원에 그침. 경상개발비의 증가 등으로 판매비와관리비는 전년 대비 6.6% 증가한 350.1억원을 기록함. 그 결과 영업이익은 26.4억원의 적자를 시현함. 영업이익의 적자 전환으로 당기순이익도 27.4억원의 적자를 나타냄.

현금 흐름 〈단위 : 억원〉

항목	2015	2016
영업활동	14	69
투자활동	-234	-59
재무활동	140	18
순현금흐름	-80	28
기말현금	24	52

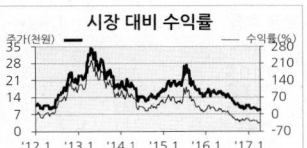

시장 대비 수익률

결산 실적 〈단위 : 억원〉

항목	2011	2012	2013	2014	2015	2016
매출액	930	1,298	1,234	1,219	1,190	1,231
영업이익	8	112	21	1	30	-26
당기순이익	-9	82	9	-36	27	-27

분기 실적 〈단위 : 억원〉

항목	2015.3Q	2015.4Q	2016.1Q	2016.2Q	2016.3Q	2016.4Q
매출액	264	327	281	297	340	314
영업이익	-29	26	5	-6	5	-31
당기순이익	-30	34	2	-1	2	-31

재무 상태 〈단위 : 억원〉

항목	2011	2012	2013	2014	2015	2016
총자산	933	1,254	1,505	1,621	1,936	1,887
유형자산	255	297	335	663	868	920
무형자산	30	28	28	30	34	40
유가증권	52	62	117	108	264	144
총부채	485	630	582	766	944	978
총차입금	389	489	442	566	722	760
자본금	62	71	87	87	87	87
총자본	448	624	922	855	992	909
지배주주지분	448	623	922	854	991	909

기업가치 지표

항목	2011	2012	2013	2014	2015	2016
주가(최고/저)(천원)	11.0/3.3	25.5/8.9	36.4/16.3	22.0/12.2	27.4/13.9	18.0/9.0
PER(최고/저)(배)	—/—	48.6/17.0	720.5/323.1	—/—	174.2/88.1	—/—
PBR(최고/저)(배)	3.5/1.1	6.7/2.3	6.7/3.0	4.2/2.4	4.6/2.3	3.3/1.6
EV/EBITDA(배)	54.6	25.6	81.6	172.7	55.3	254.1
EPS(원)	-62	524	50	-201	157	-157
BPS(원)	3,639	4,378	5,470	5,184	5,970	5,481
CFPS(원)	126	768	162	-94	336	51
DPS(원)	—	—	—	—	—	—
EBITDAPS(원)	264	992	234	113	349	57

재무 비율 〈단위 : % 〉

연도	영업이익률	순이익률	부채비율	차입금비율	ROA	ROE	유보율	자기자본비율	EBITDA마진율
2016	-2.1	-2.2	107.5	83.6	-1.4	-2.9	996.2	48.2	0.8
2015	2.5	2.3	95.2	72.9	1.5	3.0	1,094.0	51.2	5.1
2014	0.1	-2.9	89.6	66.2	-2.3	-3.9	936.8	52.7	1.6
2013	1.7	0.7	63.2	47.9	0.6	1.1	993.9	61.3	3.3

씨티엘 (A036170)
CTLInc

업 종 : 디스플레이 및 관련부품		시 장 : KOSDAQ	
신용등급 : (Bond) — (CP) —		기업규모 : 중견	
홈 페 이 지 : www.ctlinc.co.kr		연 락 처 : 031)205-5300	
본 사 : 경기도 수원시 영통구 신원로 170 (신동)			

설 립 일	1993.12.02	종 업 원 수	66명	대 표 이 사	손순종
상 장 일	1999.12.21	감 사 의 견	적정 (이현)	계 열	
결 산 기	12월	보 통 주	5,251만주	종속회사수	
액 면 가	500원	우 선 주		구 상 호	

주주구성 (지분율,%)		출자관계 (지분율,%)		주요경쟁사 (외형,%)	
김병진	9.1	더블릭게임즈	100.0	씨티엘	100
라이브플렉스	4.6	케이스톤인베스트먼트	100.0	브레인콘텐츠	133
(외국인)	0.6	에이앤씨인베스트먼트	100.0	휘닉스소재	244

매출구성		비용구성		수출비중	
CHIP LED	71.1	매출원가율	70.9	수출	20.2
HIGHPOWER LED	28.7	판관비율	22.9	내수	79.8
기타 (부동산임대 외)	0.3				

회사 개요
인쇄회로기판 및 LED를 생산하는 사업을 영위하고 있으며 협력사를 상대로 부동산 임대업을 영위하고 있음. 핵심사업 역량 집중을 위한 비핵심사업 정리의 일환으로 2015년 5월 인쇄회로기판(PCB)사업부문의 영업정지를 결정. 주요사업부문은 차량용 LED 패키지, 경관조명 LED 제작 등을 수행하는 LED 사업부, 투자자문, 경영컨설팅을 수행하는 투자자문 사업부로 나뉨.

실적 분석
인쇄회로기판(PCB)사업부문의 영업정지로 인한 매출 감소로 2016년 연결기준 누적 매출액은 전년동기 대비 14.1% 감소한 176.7억원을 기록함. 원가율이 다소 개선됐음에도, 외형 축소 및 판관비의 큰 폭 증가로 영업이익은 11억원을 기록하며 전년동기 대비 22.3% 감소함. 영업실적 부진에도 비영업수지의 적자폭이 전년동기 대비 축소되면서 당기순이익은 6억원의 흑자를 시현

현금 흐름 〈단위 : 억원〉

항목	2015	2016
영업활동	6	44
투자활동	182	-27
재무활동	75	-74
순현금흐름	262	-58
기말현금	315	257

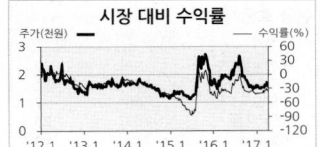

시장 대비 수익률

결산 실적 〈단위 : 억원〉

항목	2011	2012	2013	2014	2015	2016
매출액	780	658	758	216	206	177
영업이익	-93	13	26	8	14	11
당기순이익	-103	67	-2	3	-164	6

분기 실적 〈단위 : 억원〉

항목	2015.3Q	2015.4Q	2016.1Q	2016.2Q	2016.3Q	2016.4Q
매출액	53	58	44	43	44	46
영업이익	-2	7	-2	6	6	7
당기순이익	-0	-67	-7	1	7	5

재무 상태 〈단위 : 억원〉

항목	2011	2012	2013	2014	2015	2016
총자산	495	978	933	965	758	692
유형자산	207	383	367	346	165	156
무형자산	4	9	7	8	9	53
유가증권	6	82	52	86	49	44
총부채	272	395	386	384	132	54
총차입금	115	242	241	240	100	30
자본금	126	182	144	150	241	241
총자본	223	582	547	581	627	638
지배주주지분	223	582	547	581	627	638

기업가치 지표

항목	2011	2012	2013	2014	2015	2016
주가(최고/저)(천원)	2.3/1.3	2.4/1.3	1.9/1.3	1.9/1.2	2.8/1.1	2.7/1.4
PER(최고/저)(배)	—/—	7.7/4.2	—/—	197.7/119.4	—/—	212.2/114.7
PBR(최고/저)(배)	1.7/0.9	1.3/0.7	0.9/0.6	0.9/0.6	2.0/0.8	1.9/1.0
EV/EBITDA(배)	—	18.8	10.8	10.8	14.3	17.7
EPS(원)	-628	314	-7	10	-428	13
BPS(원)	449	1,927	2,069	2,059	1,379	1,403
CFPS(원)	-160	410	84	104	-363	44
DPS(원)	—	—	—	—	—	—
EBITDAPS(원)	-140	156	170	122	102	54

재무 비율 〈단위 : % 〉

연도	영업이익률	순이익률	부채비율	차입금비율	ROA	ROE	유보율	자기자본비율	EBITDA마진율
2016	6.2	3.4	8.5	4.7	0.8	1.0	180.5	92.2	14.8
2015	6.9	-79.5	21.0	16.0	-19.0	-27.1	175.8	82.6	19.0
2014	3.8	1.3	66.1	41.4	0.3	0.5	311.7	60.2	16.8
2013	3.5	-0.3	70.6	44.1	-0.2	-0.4	313.8	58.6	7.4

아가방앤컴퍼니 (A013990)
AGABANG&COMPANY

업 종 : 섬유 및 의복		시 장 : KOSDAQ	
신용등급 : (Bond) — (CP) —		기업규모 : 중견	
홈 페 이 지 : www.agabangncompany.com		연 락 처 : 02)527-1300	
본 사 : 서울시 강남구 테헤란로 207, 아가방빌딩			

설 립 일 1979.04.02	종 업 원 수 231명	대 표 이 사 신상국	
상 장 일 2002.01.17	감사의견 적정 (새빛)	계 열	
결 산 기 12월	보 통 주 3,289만주	종속회사수	
액 면 가 500원	우 선 주	구 상 호	

주주구성 (지분율,%)		출자관계 (지분율,%)		주요경쟁사 (외형,%)	
랑시코리아	26.5	디자인스킨	100.0	아가방컴퍼니	100
Arisaig Korea Fund BHD (L)	4.2	아펙스	80.0	일신방직	318
(외국인)	4.4	쁘띠마르숑	70.0	에프티이앤이	30

매출구성		비용구성		수출비중	
유아의류 및 유아용품 등 국내영업	78.5	매출원가율	55.6	수출	20.8
유아의류 등 해외영업	21.5	판관비율	43.3	내수	79.2

회사 개요
동사는 1979년 국내 최초로 유아의류 및 용품 전문업체로 설립됨. 국내 대표 유아브랜드인 아가방, 디어베이비, 에뜨와 등으로 유아 시장 견인함. 2014년 중국 랑시그룹으로 대주주가 변경되면서 중국 시장 내 진출을 본격화하는 능시를 원가절감 시스템을 보다 확장적으로 구축함. 거래 지역별 매출 비중은 한국 81%, 미국 및 아랍에미레이트 등이 나머지 19%를 차지함.

실적 분석
동사의 2016년 누적 매출액은 1,502.6억원으로 전년동기 대비 4.5% 감소함. 외형 축소에도 브랜드 수익성 개선에 따른 수익성이 증가되면서 영업이익은 전년대비 큰 폭으로 증가한 16.5억원을 기록. 유아 스킨케어 '퓨토'와 임부복 브랜드 '데스티네이션 마터니티' 그리고 영유아용 매트와 소파, 놀이용품 등을 제조 판매하는 '디자인스킨', 유럽 프리미엄 수입 아동복 편집숍인 '쁘띠마르숑'을 인수하면서 새로운 성장 기반을 다지고 있음

현금 흐름 〈단위 : 억원〉
항목	2015	2016
영업활동	38	32
투자활동	-142	-51
재무활동	-60	-7
순현금흐름	-163	-23
기말현금	217	194

시장 대비 수익률
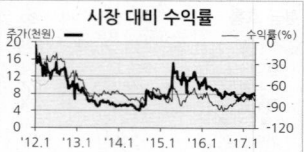

결산 실적 〈단위 : 억원〉
항목	2011	2012	2013	2014	2015	2016
매출액	2,047	2,030	1,946	1,601	1,573	1,503
영업이익	103	49	39	-73	1	16
당기순이익	71	26	25	-72	6	19

분기 실적 〈단위 : 억원〉
항목	2015.3Q	2015.4Q	2016.1Q	2016.2Q	2016.3Q	2016.4Q
매출액	525	332	385	290	474	354
영업이익	59	-22	7	-33	46	-4
당기순이익	46	-14	8	-24	33	2

재무 상태 〈단위 : 억원〉
항목	2011	2012	2013	2014	2015	2016
총자산	2,155	2,079	2,092	2,338	2,223	2,261
유형자산	581	856	850	935	992	841
무형자산	18	16	17	15	51	51
유가증권	183	66	69	56	57	53
총부채	652	592	574	656	519	541
총차입금	47	24	52	120	47	38
자본금	140	140	140	164	164	164
총자본	1,503	1,487	1,518	1,682	1,704	1,720
지배주주지분	1,501	1,487	1,518	1,682	1,699	1,717

기업가치 지표
항목	2011	2012	2013	2014	2015	2016
주가(최고/저)(천원)	21.1/3.0	20.9/6.8	10.5/4.9	9.3/4.0	15.2/6.9	11.6/6.5
PER(최고/저)(배)	84.4/12.1	231.7/75.2	119.8/55.4	—/—	2,423.5/1,104.9	190.6/106.0
PBR(최고/저)(배)	4.0/0.6	4.0/1.3	2.0/0.9	1.8/0.8	2.9/1.3	2.2/1.2
EV/EBITDA(배)	38.9	29.0	18.6		93.1	44.6
EPS(원)	253	92	88	-257	6	61
BPS(원)	5,362	5,311	5,420	5,134	5,166	5,220
CFPS(원)	368	214	206	-135	111	171
DPS(원)	80	40	40			
EBITDAPS(원)	480	298	258	-139	108	160

재무 비율 〈단위 : %〉
연도	영업이익률	순이익률	부채비율	차입금비율	ROA	ROE	유보율	자기자본비율	EBITDA마진율
2016	1.1	1.2	31.4	2.2	0.8	1.2	944.1	76.1	3.5
2015	0.1	0.1	30.5	2.8	0.1	0.1	933.2	76.6	2.3
2014	-4.6	-4.5	39.0	7.1	-3.3	-4.5	926.7	71.9	-2.4
2013	2.0	1.3	37.9	3.4	1.2	1.7	984.1	72.5	3.7

아나패스 (A123860)
Anapass

업 종 : 디스플레이 및 관련부품		시 장 : KOSDAQ	
신용등급 : (Bond) — (CP) —		기업규모 : 우량	
홈 페 이 지 : www.anapass.com		연 락 처 : 02)6922-7400	
본 사 : 서울시 구로구 디지털로31길 61, 신세계아이앤씨빌딩 6~7층			

설 립 일 2002.11.29	종 업 원 수 105명	대 표 이 사 이경호	
상 장 일 2010.11.05	감사의견 적정 (한영)	계 열	
결 산 기 12월	보 통 주 1,013만주	종속회사수	
액 면 가 500원	우 선 주	구 상 호	

주주구성 (지분율,%)		출자관계 (지분율,%)		주요경쟁사 (외형,%)	
이경호	14.8	GCTSemiconductor,Inc.	32.4	아나패스	100
아샘자산운용	4.0			루멘스	406
(외국인)	9.8			넥스트아이	40

매출구성		비용구성		수출비중	
T-Con	94.6	매출원가율	64.0	수출	95.2
용역매출 등	4.7	판관비율	28.8	내수	4.8
기타제품	0.7				

회사 개요
동사는 반도체 개발 및 제조, 판매를 주요 사업으로 영위하고 있음. 주요 제품으로는 LCD 타이밍콘트롤러가 있음. 삼성전자의 High-end급 디스플레이 제품부터 Mid & Low end 제품까지 광범위하게 동사의 칩이 사용되고 있고 직접 공급하는 칩 이외에 삼성전자 LSI, Sony, OKI, Renesas, THine과 같은 기업들에게 AiPi 기술이 라이센스 형식으로도 제공됨. 초고화질TV 시장의 성장예상으로 매출 확대를 위해 노력하고 있음.

실적 분석
동사의 2016년 연결기준 연간 누적 매출액은 993억원으로 전년 동기 대비 0.1% 감소함. 매출은 전년 동기와 비교해 거의 비슷한 수준이지만 매출원가는 오히려 크게 늘어나면서 영업이익은 71.9억원으로 전년 동기 대비 30.9% 감소함. 비영업손익 부문에서도 1회성 손실이 반영되면서 당기순손실 254.1억원으로 적자 전환함. 매출은 큰 변화 없지만 수익성은 악화되고 있음.

현금 흐름 *IFRS 별도 기준 〈단위 : 억원〉
항목	2015	2016
영업활동	110	153
투자활동	-85	-214
재무활동	-47	-19
순현금흐름	-21	-77
기말현금	141	64

시장 대비 수익률
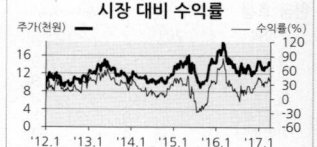

결산 실적 〈단위 : 억원〉
항목	2011	2012	2013	2014	2015	2016
매출액	1,007	982	911	1,340	994	993
영업이익	183	180	124	232	104	72
당기순이익	169	169	28	114	24	-254

분기 실적 *IFRS 별도 기준 〈단위 : 억원〉
항목	2015.3Q	2015.4Q	2016.1Q	2016.2Q	2016.3Q	2016.4Q
매출액	317	259	217	253	267	256
영업이익	51	42	11	13	27	21
당기순이익	8	64	-23	-3	20	-248

재무 상태 *IFRS 별도 기준 〈단위 : 억원〉
항목	2011	2012	2013	2014	2015	2016
총자산	815	985	1,022	1,242	1,231	992
유형자산	22	14	50	26	54	56
무형자산	0	9	48	106	81	48
유가증권	—	4	23	28	—	22
총부채	68	97	147	253	201	226
총차입금			100	140	100	100
자본금	51	51	51	51	51	51
총자본	747	888	875	989	1,030	765
지배주주지분	747	888	875	989	1,030	765

기업가치 지표 *IFRS 별도 기준
항목	2011	2012	2013	2014	2015	2016
주가(최고/저)(천원)	17.6/5.0	12.8/8.2	15.2/10.0	12.4/9.5	16.0/8.6	19.0/11.3
PER(최고/저)(배)	12.0/3.4	8.4/5.4	59.8/39.1	11.6/8.9	69.6/37.5	—/—
PBR(최고/저)(배)	2.5/0.7	1.5/1.0	1.7/1.1	1.3/1.0	1.5/0.8	2.4/1.4
EV/EBITDA(배)	1.0	2.4	5.4	2.1	6.0	7.1
EPS(원)	1,673	1,669	273	1,130	236	-2,509
BPS(원)	8,176	9,569	9,439	10,560	10,828	8,216
CFPS(원)	1,920	1,862	485	1,649	903	-1,757
DPS(원)	300	300	200	350	200	200
EBITDAPS(원)	2,058	1,973	1,432	2,809	1,694	1,462

재무 비율 〈단위 : %〉
연도	영업이익률	순이익률	부채비율	차입금비율	ROA	ROE	유보율	자기자본비율	EBITDA마진율
2016	7.2	-25.6	29.6	13.1	-22.9	-28.3	1,543.3	77.2	14.9
2015	10.5	2.4	19.5	9.7	1.9	2.4	2,065.6	83.7	17.3
2014	17.3	8.5	25.6	14.2	10.1	12.3	2,012.0	79.6	21.2
2013	13.6	3.0	16.8	11.4	2.8	3.1	1,787.8	85.6	15.9

아남전자 (A008700)
Anam Electronics

업　　종 : 내구소비재		시　　장 : 거래소	
신용등급 : (Bond) —	(CP) —	기업규모 : 시가총액 소형주	
홈페이지 : www.aname.co.kr		연 락 처 : 02)6424-4813	
본　　사 : 서울시 구로구 디지털로27가길 27 아남빌딩			

설 립 일	1973.04.20	총 업 원 수	148명	대 표 이 사	최성렬
상 장 일	1984.08.11	감사의견	적정 (대성)	계 열	
결 산 기	12월	보 통 주	7,712만주	종속회사수	
액 면 가	500원	우 선 주	3만주	구 상 호	

주주구성 (지분율,%)		출자관계 (지분율,%)		주요경쟁사 (외형,%)	
아남	20.2			아남전자	100
디조벤처	4.9	아남전자베트남유한회사	100.0	에스텍	173
(외국인)	1.9	아남전자홍콩유한공사	100.0	삼본정밀전자	34

매출구성		비용구성		수출비중	
AUDIO (상품및제품)	95.3	매출원가율	84.0	수출	99.6
기타	2.9	판관비율	13.1	내수	0.4
부품 등 (상품및제품)	1.9				

회사 개요
동사는 1973년 칼라 및 흑백텔레비전 수상기의 제조, 판매 등을 목적으로 설립된 홈 오디오 전문 생산 업체임. 40여년간 AV분야에서 쌓아온 설계 및 제조 노하우를 바탕으로 디지털 영상기기와 연계된 첨단 고부가가치 컨텐츠 가전제품 등을 생산하고 있음. 의료기기사업에서도 자체 R&D, 제조 및 영업 시스템을 통해 의료기기 제품을 생산 중임. 해외 시장 경기에 영향을 받는 수출 위주 기업이며, 오디오 부문의 수출이 거의 모든 매출을 차지함.

실적 분석
동사의 2016년 연결 기준 매출과 영업이익은 1,676원원, 49억원으로 전년 대비 매출은 8.4% 증가하고 흑자전환함. 주요 고객사인 하만 카돈으로의 매출 신장, 베트남공장 생산시스템 안정화에 따른 제조원가 개선 등이 주요 실적개선 이유로 분석됨. 다양한 디지털 컨버전스 기술의 발전, 가전기기의 디지털화, 홈네트워크의 보급율 증가, 자동차 전장산업의 확대 등 우호적인 영업환경이 실적에 긍정적 요소로 작용할 것으로 기대됨.

현금 흐름
<단위 : 억원>

항목	2015	2016
영업활동	-110	67
투자활동	-31	72
재무활동	158	-117
순현금흐름	-8	21
기말현금	45	66

시장 대비 수익률

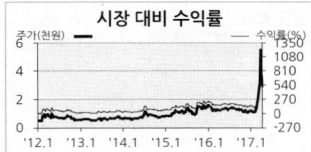

결산 실적
<단위 : 억원>

항목	2011	2012	2013	2014	2015	2016
매출액	1,417	1,358	1,342	1,465	1,547	1,676
영업이익	18	-5	3	-12	-75	49
당기순이익	7	-38	41	-27	31	28

분기 실적
<단위 : 억원>

항목	2015.3Q	2015.4Q	2016.1Q	2016.2Q	2016.3Q	2016.4Q
매출액	450	403	353	377	517	429
영업이익	8	-44	17	2	22	7
당기순이익	148	-80	14	-1	0	15

재무 상태
<단위 : 억원>

항목	2011	2012	2013	2014	2015	2016
총자산	1,337	1,204	1,255	1,569	1,672	1,601
유동자산	279	276	485	303	321	322
무형자산	44	35	40	16	17	15
유가증권	4	5	4	5	1	1
총부채	645	530	539	880	986	894
총차입금	316	220	258	553	745	667
자본금	386	386	386	386	386	386
총자본	691	674	716	688	686	706
지배주주지분	691	674	716	688	686	706

기업가치 지표

항목	2011	2012	2013	2014	2015	2016
주가(최고/저)(천원)	0.5/0.4	1.2/0.5	0.8/0.5	1.2/0.6	1.8/0.8	1.7/1.0
PER(최고/저)(배)	56.9/37.3	—/—	15.9/9.4	—/—	44.2/20.2	46.2/27.2
PBR(최고/저)(배)	0.6/0.4	1.4/0.5	0.9/0.5	1.4/0.6	2.0/0.9	1.9/1.1
EV/EBITDA(배)	15.1	36.0	29.0	135.0		15.0
EPS(원)	10	-49	53	-35	40	37
BPS(원)	910	874	928	892	889	916
CFPS(원)	38	-21	80	-8	85	79
DPS(원)						
EBITDAPS(원)	52	21	31	11	-52	105

재무 비율
<단위 : % >

연도	영업이익률	순이익률	부채비율	차입금비율	ROA	ROE	유보율	자기자본비율	EBITDA마진율
2016	2.9	1.7	126.6	94.5	1.7	4.1	83.1	44.1	4.8
2015	-4.9	2.0	143.7	108.6	1.9	4.5	77.8	41.0	-2.6
2014	-0.8	-1.8	127.9	80.3	-1.9	-3.8	78.5	43.9	0.6
2013	0.2	3.0	75.2	36.0	3.3	5.9	85.7	57.1	1.8

아리온테크놀로지 (A058220)
ARION TECHNOLOGY

업　　종 : 셋톱 박스		시　　장 : KOSDAQ	
신용등급 : (Bond) —	(CP) —	기업규모 : 벤처	
홈페이지 : www.arion.co.kr		연 락 처 : 031)361-3000	
본　　사 : 경기도 안양시 동안구 시민대로327번길 24 (관양동)			

설 립 일	1999.10.28	총 업 원 수	85명	대 표 이 사	이창재
상 장 일	2005.08.05	감사의견	적정 (현대)	계 열	
결 산 기	12월	보 통 주	7,171만주	종속회사수	
액 면 가	200원	우 선 주		구 상 호	

주주구성 (지분율,%)		출자관계 (지분율,%)		주요경쟁사 (외형,%)	
시나르마스 조합	9.9	라인엔터테인먼트	90.0	아리온	100
씨그널엔터테인먼트그룹	6.7	라인엔터테인먼트	31.0	휴맥스	2,934
(외국인)	0.1	어라운드어스이엔티	30.0	홈캐스트	265

매출구성		비용구성		수출비중	
디지털 방송수신기외	100.0	매출원가율	86.8	수출	90.4
		판관비율	32.5	내수	9.6

회사 개요
전세계 디지털방송의 확대에 발맞춰 위성 방송수신기를 시작으로 다양한 디지털 셋톱박스를 연구 개발하여 세계시장에 공급하고 있음. 또한 PVR/HD급의 고급형 셋톱박스 공급을 위한 제품 고부가가치화에 주력하고 있음. 매출의 대부분이 수출로 이루어지고 있으며, 유럽 및 중동에 이어 아시아, 북남미 및 대양주로 비즈니스 영역을 지속적으로 확장하고 있음. 100% 외주생산으로 생산설비는 보유하지 않음.

실적 분석
동사의 2016년 연결기준 연간 누적 매출액은 460.4억원으로 전년 동기 대비 48.1% 감소함. 매출이 큰 폭으로 줄면서 고정비용 지출이 상대적으로 늘고 외형 축소에 따른 수익성 악화로 인해 영업손실은 88.9억원으로 전년 동기 대비 적자 전환함. 당기순손실은 131.4억원으로 적자가 지속되고 있음. 인도거래처 공급 중단에 따른 매출 감소와 재고자산 평가충당금 설정에 따른 영업손실이 발생.

현금 흐름
*IFRS 별도 기준 　　<단위 : 억원>

항목	2015	2016
영업활동	73	-149
투자활동	-113	-83
재무활동	26	150
순현금흐름	-12	-81
기말현금	83	2

시장 대비 수익률

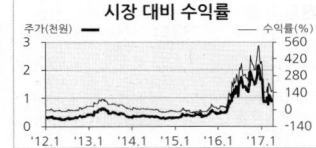

결산 실적
<단위 : 억원>

항목	2011	2012	2013	2014	2015	2016
매출액	666	1,005	601	885	887	460
영업이익	35	76	20	7	18	-89
당기순이익	37	55	17	2	49	-131

분기 실적
*IFRS 별도 기준 　　<단위 : 억원>

항목	2015.3Q	2015.4Q	2016.1Q	2016.2Q	2016.3Q	2016.4Q
매출액	219	223	82	71	87	187
영업이익	6	1	-18	-20	-26	-29
당기순이익	11	1	-19	-18	-28	-70

재무 상태
*IFRS 별도 기준 　　<단위 : 억원>

항목	2011	2012	2013	2014	2015	2016
총자산	423	911	470	565	544	725
유동자산	6	13	70	70	169	176
무형자산	28	23	17	19	18	14
유가증권	3	—		14	14	56
총부채	220	659	192	284	240	389
총차입금	110	437	81	104	126	276
자본금	33	33	50	50	51	139
총자본	203	252	278	281	305	336
지배주주지분	203	252	278		305	336

기업가치 지표
*IFRS 별도 기준

항목	2011	2012	2013	2014	2015	2016
주가(최고/저)(천원)	1.1/0.5	1.1/0.6	1.6/0.8	1.0/0.7	1.5/0.8	5.4/1.1
PER(최고/저)(배)	6.2/2.8	3.8/2.3	18.8/9.3	87.4/58.2	12.1/6.2	—/—
PBR(최고/저)(배)	1.1/0.5	0.8/0.5	1.2/0.6	0.7/0.5	1.0/0.5	4.5/0.9
EV/EBITDA(배)	3.1	4.9	8.0	10.4	11.1	
EPS(원)	77	110	35	5	49	-237
BPS(원)	3,158	3,886	2,780	2,811	2,992	1,206
CFPS(원)	819	998	250	107	313	-548
DPS(원)	120	150				
EBITDAPS(원)	792	1,312	272	153	249	-366

재무 비율
<단위 : % >

연도	영업이익률	순이익률	부채비율	차입금비율	ROA	ROE	유보율	자기자본비율	EBITDA마진율
2016	-19.3	-28.5	119.6	80.4	-20.2	-40.9	144.3	45.6	-16.9
2015	2.1	2.8	78.8	41.5	4.4	8.4	498.3	55.9	2.8
2014	0.8	0.3	101.0	37.0	0.4	0.8	462.2	49.7	1.7
2013	3.3	2.9	69.2	29.2	2.5	6.6	456.1	59.2	4.5

아모레퍼시픽 (A090430)
AMOREPACIFIC

업 종 : 개인생활용품		시 장 : 거래소	
신용등급 : (Bond) — (CP) A1		기업규모 : 시가총액 대형주	
홈페이지 : www.amorepacific.com		연 락 처 : 02)709-5114	
본 사 : 서울시 중구 청계천로 100			

설 립 일 2006.06.01	종업원수 6,236명	대 표 이 사 서경배,심상배	
상 장 일 2006.06.29	감사의견 적정 (삼일)	계 열	
결 산 기 12월	보 통 주 5,846만주	종속회사수	
액 면 가 500원	우 선 주 1,056만주	구 상 호	

주주구성 (지분율,%)		출자관계 (지분율,%)		주요경쟁사 (외형,%)	
아모레퍼시픽그룹	35.4	위드림	100.0	아모레퍼시픽	100
서경배	10.7	바이오제닉스	11.0	아모레G	119
(외국인)	37.8	지엘팜텍	8.7	한국콜마	12

매출구성	비용구성	수출비중
[화장품사업]기초,메이컵, 기타 89.5	매출원가율 25.2	수출 —
[MC&S사업]개인 생활용품, 녹차 10.5	판관비율 59.7	내수 —

회사 개요
동사는 화장품, 생활용품, 식품의 제조 및 판매를 영위하는 기업임. 사업부문으로 크게 화장품, MC&S 사업부문으로 구분되며, 매출 비중은 9:1을 나타냄. 기초화장품 및 색조화장품 등의 화장품 시장점유율은 2015년 기준 32.9%를 차지하고 있음. 면세 판매 경로는 중국인 관광객 및 내국인의 구매 증가에 힘입어 고성장세를 유지하고 있음. 국내뿐만 아니라 면세 사업의 글로벌 진출을 가속화하여 지속세로 성장하고 있음.

실적 분석
동사의 2016년 매출액은 5조6,454.4억원으로 전년 대비 18.4% 증가했음. 매출총이익도 17.3% 늘었으며 인건비 13.3%, 경상개발비 23.6%, 기타관리비 26.2%가 늘어나 판매비와 관리비가 총 19.4% 늘었음. 그에 따라 영업이익은 8,481억원으로 전년 대비 9.7% 성장한 수치임. 금융손익 117.5억원 등 총 비영업손익 84.6억원을 기록했으며 그 결과 당기순이익은 전년 대비 10.4% 늘어난 6,457.3억원을 달성.

현금 흐름 <단위 : 억원>
항목	2015	2016
영업활동	6,275	6,770
투자활동	-2,169	-6,096
재무활동	-694	-1,330
순현금흐름	3,446	-635
기말현금	6,872	6,237

시장 대비 수익률
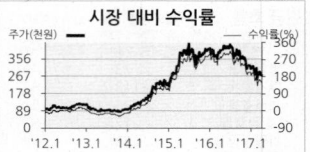
주가(천원) — 수익률(%)

결산 실적 <단위 : 억원>
항목	2011	2012	2013	2014	2015	2016
매출액	25,547	28,495	31,004	38,740	47,666	56,454
영업이익	3,729	3,653	3,698	5,638	7,729	8,481
당기순이익	3,273	2,693	2,674	3,851	5,848	6,457

분기 실적 <단위 : 억원>
항목	2015.3Q	2015.4Q	2016.1Q	2016.2Q	2016.3Q	2016.4Q
매출액	11,411	12,258	14,851	14,434	14,009	13,160
영업이익	1,634	1,234	3,378	2,406	1,675	1,022
당기순이익	1,422	696	2,630	1,926	1,171	730

재무 상태 <단위 : 억원>
항목	2011	2012	2013	2014	2015	2016
총자산	28,154	30,262	34,018	38,546	44,431	51,816
유형자산	16,555	17,668	19,360	17,436	18,706	23,586
무형자산	1,152	1,212	1,326	1,742	2,116	2,281
유가증권	92	62	70	1,355	673	1,741
총부채	6,771	6,824	8,337	9,763	10,708	12,849
총차입금	772	783	1,598	1,799	1,694	1,477
자본금	345	345	345	345	345	345
총자본	21,383	23,438	25,681	28,783	33,723	38,966
지배주주지분	21,281	23,336	25,544	28,587	33,456	38,788

기업가치 지표
항목	2011	2012	2013	2014	2015	2016
주가(최고/저)(천원)	126/93.2	128/94.1	122/84.5	247/96.0	441/213	439/306
PER(최고/저)(배)	23.6/17.5	29.0/21.2	27.6/19.1	39.3/15.3	45.9/22.1	47.6/33.2
PBR(최고/저)(배)	3.6/2.7	3.4/2.5	2.9/2.0	5.2/2.0	9.2/4.4	7.8/5.5
EV/EBITDA(배)	13.6	15.6	12.2	19.6	28.2	19.5
EPS(원)	5,495	4,544	4,503	6,370	9,704	9,262
BPS(원)	308,544	338,323	370,316	414,410	48,495	56,222
CFPS(원)	59,206	53,911	56,733	74,643	12,172	11,888
DPS(원)	6,500	6,500	6,500	9,000	1,350	1,580
EBITDAPS(원)	65,846	67,662	71,492	101,397	15,455	14,914

재무 비율 <단위 : % >
연도	영업이익률	순이익률	부채비율	차입금비율	ROA	ROE	유보율	자기자본비율	EBITDA마진율
2016	15.0	11.4	33.0	3.8	13.4	17.7	11,144.3	75.2	18.2
2015	16.2	12.3	31.8	5.0	14.1	18.6	9,599.1	75.9	19.3
2014	14.6	9.9	33.9	6.3	10.6	14.0	8,188.2	74.7	18.1
2013	11.9	8.6	32.5	6.2	8.3	11.0	7,306.3	75.5	15.9

아모레퍼시픽그룹 (A002790)
AMOREPACIFIC Group

업 종 : 개인생활용품		시 장 : 거래소	
신용등급 : (Bond) — (CP) —		기업규모 : 시가총액 대형주	
홈페이지 : www.amorepacific.com		연 락 처 : 02)709-5114	
본 사 : 서울시 중구 청계천로 100			

설 립 일 1945.09.05	종업원수 150명	대 표 이 사 배동현,서경배	
상 장 일 1973.04.30	감사의견 적정 (삼일)	계 열	
결 산 기 12월	보 통 주 8,246만주	종속회사수	
액 면 가 500원	우 선 주 644만주	구 상 호	

주주구성 (지분율,%)		출자관계 (지분율,%)		주요경쟁사 (외형,%)	
서경배	53.9	에스트라	100.0	아모레G	100
국민연금공단	5.8	퍼시픽글라스	100.0	콜마비앤에이치	4
(외국인)	19.1	코스비전	100.0	한국콜마	10

매출구성	비용구성	수출비중
화장품 및 생활용품 등 97.8	매출원가율 24.5	수출 —
기타화장품용기,헤어, 초자용기, 녹차 ,의약외품 5.6	판관비율 59.3	내수 —
연결조정 -3.3		

회사 개요
동사는 1959년 화장품, 생활용품 등의 제조 및 판매를 목적으로 설립되어 2006년 기업분할을 통해 지주회사로 전환하였음. 주요 사업인 화장품, 생활용품, 식품 등의 제조 및 판매와 관련된 사업을 아모레퍼시픽으로 이전하였음. 종속회사로는 상장사인 동사와 아모레퍼시픽이 있고 비상장사는 태평양제약을 비롯하여 총 8개사가 있음. 용산 신사옥 건설 예정으로 인해 본사를 용산에서 종로로 이전하였음.

실적 분석
동사의 2016년 연결기준 매출액은 6조6975.6억원으로 2015년 대비 18.3% 늘어났음. 인건비와 경상개발비, 광고선전비가 각각 14.5%, 27.2%, 5.7%씩 늘어났으며 영업이익은 전년 대비 18.5% 늘어난 1조828.1억원으로 영업이익 1조원 클럽에 입성했음. 비영업손익은 금융손익이 33.8% 줄면서 총 54.6억원으로 전년 대비 31.4% 줄어들었음. 당기순이익은 전년 대비 20.4% 늘어난 8115.3억원을 시현함.

현금 흐름 <단위 : 억원>
항목	2015	2016
영업활동	7,365	8,767
투자활동	-833	-8,141
재무활동	-707	-989
순현금흐름	5,860	-341
기말현금	10,032	9,690

시장 대비 수익률

주가(천원) — 수익률(%)

결산 실적 <단위 : 억원>
항목	2011	2012	2013	2014	2015	2016
매출액	30,585	34,317	38,954	47,119	56,612	66,976
영업이익	4,347	4,504	4,698	6,591	9,136	10,828
당기순이익	3,761	3,467	3,550	4,974	6,739	8,115

분기 실적 <단위 : 억원>
항목	2015.3Q	2015.4Q	2016.1Q	2016.2Q	2016.3Q	2016.4Q
매출액	13,466	14,576	17,593	17,197	16,543	15,643
영업이익	1,883	1,610	4,191	3,097	2,197	1,344
당기순이익	1,521	920	3,253	2,467	1,514	880

재무 상태 <단위 : 억원>
항목	2011	2012	2013	2014	2015	2016
총자산	42,549	45,160	49,219	54,997	61,480	70,884
유형자산	19,528	21,026	22,884	20,698	22,116	27,739
무형자산	6,259	6,368	6,508	6,938	7,309	7,491
유가증권	183	324	310	2,403	876	2,286
총부채	8,973	8,817	10,129	11,764	12,602	15,215
총차입금	792	895	1,615	1,936	1,909	2,087
자본금	445	445	445	445	445	445
총자본	33,576	36,342	39,089	43,234	48,878	55,669
지배주주지분	18,508	19,785	21,256	23,178	25,327	28,332

기업가치 지표
항목	2011	2012	2013	2014	2015	2016
주가(최고/저)(천원)	26.6/16.0	49.7/22.3	47.0/32.0	127/44.9	207/95.6	174/122
PER(최고/저)(배)	15.2/9.1	27.0/12.1	24.1/16.4	47.5/16.8	65.9/30.5	42.0/29.4
PBR(최고/저)(배)	1.2/0.7	2.1/1.0	1.9/1.3	4.6/1.6	6.9/3.2	5.2/3.7
EV/EBITDA(배)	9.5	8.6	8.0	11.1	12.1	9.6
EPS(원)	1,801	1,878	1,977	2,697	3,158	4,152
BPS(원)	223,179	237,541	254,803	276,426	30,060	33,440
CFPS(원)	30,128	34,158	38,799	48,019	5,449	6,833
DPS(원)	2,000	2,250	2,500	3,250	390	460
EBITDAPS(원)	64,832	70,005	75,998	100,983	13,371	15,812

재무 비율 <단위 : % >
연도	영업이익률	순이익률	부채비율	차입금비율	ROA	ROE	유보율	자기자본비율	EBITDA마진율
2016	16.2	12.1	27.3	3.8	12.3	12.8	6,588.1	78.5	19.5
2015	16.1	11.9	25.8	3.9	11.6	10.7	5,911.9	79.5	19.5
2014	14.0	10.6	27.2	4.5	9.6	10.0	5,428.5	78.6	17.7
2013	12.1	9.1	25.9	4.1	7.5	7.9	4,996.1	79.4	16.1

아모텍 (A052710)
Amotech

업　　종 : 전자 장비 및 기기	시　　장 : KOSDAQ
신용등급 : (Bond) —　(CP) —	기업규모 : 우량
홈 페 이 지 : www.amotech.co.kr	연 락 처 : 032)821-0363
본　　사 : 인천시 남동구 남동서로 380, 남동공단 5블럭 1로트	

설 립 일 1994.10.19	종 업 원 수 923명	대 표 이 사	정준환
상 장 일 2003.08.01	감 사 의 견 적정 (세림)	계　　열	
결 산 기 12월	보 통 주 974만주	종속회사수	
액 면 가 500원	우 선 주	구 상 호	

주주구성 (지분율,%)
김병규	16.5
Value Partners High-Dividend Stocks Fund	5.2
(외국인)	20.5

출자관계 (지분율,%)
MSTATOR	32.0
아모센스	24.6
아모그린텍	20.2

주요경쟁사 (외형,%)
아모텍	100
에코프로	58
자화전자	101

매출구성
칩바리스터, 안테나, 모터	92.3
안테나 부품	7.5
Ferrite Sheet	0.2

비용구성
매출원가율	78.0
판관비율	12.2

수출비중
수출	84.1
내수	15.9

회사 개요
동사는 칩 바리스터, EMI Filter, CMF 등 세라믹 칩 부품, 블루투스, GPS, NFC 등 안테나 부품 및 자동차용, 가전용 BLDC 모터를 제조, 판매하고 있는 업체로 모바일 기기 시장 확대의 수혜주로 분류됨. 최근에는 거리 무선통신의 하나인 NFC와 삼성페이, 무선충전 복합 안테나에 대한 수요가 증가하고, 스마트폰 업체들의 메탈 프레임 장착 확대로 감전소자에 대한 수요가 빠르게 증가하고 있음. 자동차 부품으로 사업영역 확대 중임.

실적 분석
갤럭시노트7 중단 영향으로 3곰보(NFC, 무선충전, 삼성페이) 안테나 매출이 하반기 들어 급감하면서 2016년 매출액은 전년 대비 5.7% 줄어듦. 다만 감전소자를 비롯해 전장 부품의 매출액이 성장세를 유지하고, 영업이익률은 제품믹스 개선 덕분에 더 좋아진 것으로 나타남. 2017년 세라믹칩 부문은 스마트폰 시장 메탈 케이스 비중 증가 및 고집적화 추세로 견조한 성장이 예상되는 가운데 자동차향 매출도 3배 넘게 증가할 것으로 기대됨.

현금 흐름 〈단위 : 억원〉
항목	2015	2016
영업활동	395	331
투자활동	-106	-261
재무활동	31	-153
순현금흐름	322	-83
기말현금	437	354

시장 대비 수익률
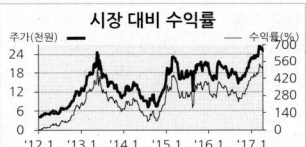

결산 실적 〈단위 : 억원〉
항목	2011	2012	2013	2014	2015	2016
매출액	979	1,874	2,480	1,785	3,140	2,960
영업이익	9	164	224	26	215	290
당기순이익	-43	92	112	-23	156	163

분기 실적 〈단위 : 억원〉
항목	2015.3Q	2015.4Q	2016.1Q	2016.2Q	2016.3Q	2016.4Q
매출액	953	681	990	752	614	603
영업이익	82	31	95	63	72	59
당기순이익	70	19	48	46	43	27

재무 상태 〈단위 : 억원〉
항목	2011	2012	2013	2014	2015	2016
총자산	2,376	2,959	3,040	3,194	3,590	3,542
유형자산	1,258	1,398	1,555	1,542	1,593	1,433
무형자산	140	103	85	163	157	141
유가증권	223	124	188	215	124	113
총부채	1,318	1,825	1,721	1,916	2,084	1,893
총차입금	1,085	1,306	1,318	1,506	1,472	1,309
자본금	48	48	49	49	49	49
총자본	1,058	1,134	1,318	1,278	1,506	1,649
지배주주지분	1,058	1,134	1,318	1,278	1,506	1,649

기업가치 지표
항목	2011	2012	2013	2014	2015	2016
주가(최고/저)(천원)	7.6/2.9	12.7/3.7	24.5/9.7	15.3/7.2	24.0/12.2	22.0/14.6
PER(최고/저)(배)	—/—	13.4/3.9	21.3/8.5	—/—	15.0/7.6	13.1/8.7
PBR(최고/저)(배)	0.7/0.3	1.1/0.3	1.8/0.7	1.1/0.5	1.6/0.8	1.3/0.9
EV/EBITDA(배)	8.7	6.5	5.2	12.5	7.3	5.8
EPS(원)	-446	950	1,148	-236	1,603	1,677
BPS(원)	11,344	12,125	13,756	13,342	15,458	16,926
CFPS(원)	1,033	2,763	3,102	1,617	3,414	3,483
DPS(원)	—	—	—	—	—	—
EBITDAPS(원)	1,574	3,509	4,256	2,115	4,019	4,780

재무 비율 〈단위 : % 〉
연도	영업이익률	순이익률	부채비율	차입금비율	ROA	ROE	유보율	자기자본비율	EBITDA마진율
2016	9.8	5.5	114.8	79.4	4.6	10.4	3,285.2	46.6	15.7
2015	6.9	5.0	138.4	97.8	4.6	11.2	2,991.5	41.9	12.5
2014	1.4	-1.3	150.1	117.9	-0.7	-1.8	2,568.4	40.0	11.5
2013	9.0	4.5	130.6	99.9	3.7	9.1	2,651.2	43.4	16.7

아미노로직스 (A074430)
Aminologics

업　　종 : 제약	시　　장 : KOSDAQ
신용등급 : (Bond) —　(CP) —	기업규모 : 벤처
홈 페 이 지 : www.aminologics.co.kr	연 락 처 : 02)761-4570
본　　사 : 서울시 강남구 역삼로 151, 삼오빌딩 3층 301호	

설 립 일 1997.09.03	종 업 원 수 24명	대 표 이 사	오성석,오장석
상 장 일 2004.06.04	감 사 의 견 적정 (삼정)	계　　열	
결 산 기 12월	보 통 주 8,783만주	종속회사수	
액 면 가 100원	우 선 주	구 상 호	

주주구성 (지분율,%)
삼오제약	13.9
아미노룩스	3.7
(외국인)	0.4

출자관계 (지분율,%)
ReamParkCo.Ltd	100.0
PT.AlogicsMandiriCoal	50.0
ReamPowerCo.Ltd	49.0

주요경쟁사 (외형,%)
아미노로직스	100
에스텍파마	265
씨티씨바이오	752

매출구성
원료의약품	58.8
비천연아미노산	26.2
반도체 칩	15.0

비용구성
매출원가율	73.1
판관비율	22.2

수출비중
수출	2.1
내수	97.9

회사 개요
동사는 1997년에 설립되어 2004년 코스닥 시장에 상장함. 동사의 사업은 크게 원료의약품 유통사업부문, 아미노산 사업부문과 IT 사업부문으로 나눌 수 있으며, 주요사업은 수입 원료의약품 판매, 비천연 아미노산 등 원료의약품 제조 및 판매와 IT기기의 반도체 칩 유통임. 설립 이후부터 영위하던 DVR용 영상처리 칩 사업은 사업을 철수했으며, 반도체 칩 유통부문도 단계적으로 철수할 예정임.

실적 분석
동사의 연결기준 2016년 누적매출액은 원료의약품 사업다각화를 통해 전년 동기대비 48.8% 증가한 163.7억원을 기록했으나, 매출원가가 큰 폭으로 증가하며 영업이익은 전년대비 25% 감소한 7.8억원을 기록함. 또한 자산재평가에 따른 일시 손상금액 등의 발생으로 이익이 감소하며 당기순손실은 37.4억원을 기록함. 아미노산 관련 제품은 바이오산업 시장에서 새로운 성장 동력원으로 주목받는 가운데 지속적 매출 증대를 기대중임.

현금 흐름 〈단위 : 억원〉
항목	2015	2016
영업활동	19	41
투자활동	24	-10
재무활동	-28	0
순현금흐름	16	32
기말현금	115	147

시장 대비 수익률
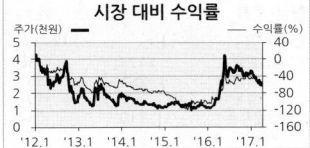

결산 실적 〈단위 : 억원〉
항목	2011	2012	2013	2014	2015	2016
매출액	194	34	33	35	110	164
영업이익	-77	-57	-64	-50	10	8
당기순이익	-104	-300	-139	-81	-28	-37

분기 실적 〈단위 : 억원〉
항목	2015.3Q	2015.4Q	2016.1Q	2016.2Q	2016.3Q	2016.4Q
매출액	32	58	39	43	43	39
영업이익	3	26	4	1	4	-1
당기순이익	4	19	5	1	3	-47

재무 상태 〈단위 : 억원〉
항목	2011	2012	2013	2014	2015	2016
총자산	842	527	482	386	550	490
유형자산	78	11	8	6	5	3
무형자산	110	66	144	93	259	201
유가증권	115	112	90	83	27	14
총부채	229	212	78	68	68	45
총차입금	190	159	43	41	10	10
자본금	51	51	73	73	88	88
총자본	613	315	404	318	483	445
지배주주지분	608	315	404	318	483	445

기업가치 지표
항목	2011	2012	2013	2014	2015	2016
주가(최고/저)(천원)	8.6/3.6	4.4/1.2	2.7/1.2	2.0/1.1	1.5/1.0	4.3/1.1
PER(최고/저)(배)	—/—	—/—	—/—	—/—	—/—	—/—
PBR(최고/저)(배)	7.3/3.0	7.1/2.0	4.9/2.2	4.6/2.6	2.8/1.8	8.5/2.2
EV/EBITDA(배)	—	—	—	—	40.7	136.8
EPS(원)	-210	-538	-229	-111	-37	-43
BPS(원)	1,187	614	552	435	550	507
CFPS(원)	-187	-529	-206	-84	-20	-30
DPS(원)	—	—	—	—	—	—
EBITDAPS(원)	-135	-102	-82	-41	29	22

재무 비율 〈단위 : % 〉
연도	영업이익률	순이익률	부채비율	차입금비율	ROA	ROE	유보율	자기자본비율	EBITDA마진율
2016	4.8	-22.9	10.1	2.2	-7.2	-8.1	407.2	90.9	11.6
2015	8.8	-25.7	14.0	2.1	-6.0	-7.1	449.7	87.7	20.2
2014	-140.5	-228.8	21.3	13.0	-18.7	-22.4	334.8	82.4	-85.6
2013	-193.9	-423.5	19.3	10.7	-27.5	-38.3	451.9	83.9	-151.6

아미코젠 (A092040)
Amicogen

업　　종 : 제약		시　　장 : KOSDAQ	
신용등급 : (Bond) — (CP) —		기업규모 : 신성장	
홈페이지 : www.amicogen.com		연 락 처 : 055)759-6161	
본　　사 : 경남 진주시 진성면 동부로 1259번길 64			

설 립 일	2000.05.29	종 업 원 수	132명	대 표 이 사	신용철
상 장 일	2013.09.12	감 사 의 견	적정 (삼덕)	계　　열	
결 산 기	12월	보 통 주	912만주	종속회사수	
액 면 가	500원	우 선 주		구 상 호	

주주구성 (지분율,%)		출자관계 (지분율,%)		주요경쟁사 (외형,%)	
신용철	15.9	아미코젠퍼시픽	71.2	아미코젠	100
미래에셋자산운용투자자문	9.0	아미코젠씨앤씨	69.5	JW홀딩스	993
(외국인)	3.3	바이오코젠	49.9	동국제약	449

매출구성		비용구성		수출비중	
CX (특수효소)	32.5	매출원가율	65.6	수출	—
기타	30.3	판관비율	28.4	내수	—
효소	17.7				

회사 개요
2000년 설립 이후 자체 생명공학 기술을 적용한 효소와 신소재를 개발, 생산 및 판매하고 있음. 식품 관련 첨가물과 건강기능식품의 생산 및 판매도 주요 영위 사업임. 2013년 9월 코스닥 시장에 상장되었으며 제약용 특수 효소인 CX 효소 제품은 유전자진화기술을 기반으로 개발된 최초의 특수효소임. 2015년 건강기능식품과 화장품을 판매하는 아미코젠퍼시픽(구 롱제비티코리아)를 인수한 데 이어 중국 루캉리커(현 아미코젠중국바이오팜)를 인수함.

실적 분석
아미코젠(중국)바이오팜과 아미코젠퍼시픽 등 신규 편입된 종속회사의 실적이 반영됨에 따라 2016년 매출액은 전년의 2배 이상으로 증가함. 높은 원가율과 판관비 부담과 함께 이자비용, 외환손실 등 영업외수지의 악화로 순이익은 오히려 감소함. 세파계 항생제의 발효법 제조기술을 세계 최초로 개발하여 특허를 출원한데 이어 중국 자회사를 통해 동물용 의약품인 세프퀴놈설페이트에 대한 유럽 GMP인증을 받음. 페니실린계 세계최대 제약사와 기술개발 협의 중임.

현금 흐름 〈단위 : 억원〉

항목	2015	2016
영업활동	123	113
투자활동	-291	-158
재무활동	278	-19
순현금흐름	110	-64
기말현금	197	132

시장 대비 수익률
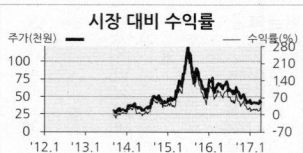

결산 실적 〈단위 : 억원〉

항목	2011	2012	2013	2014	2015	2016
매출액	73	163	232	273	325	690
영업이익	4	58	88	94	23	42
당기순이익	3	46	76	75	25	19

분기 실적 〈단위 : 억원〉

항목	2015.3Q	2015.4Q	2016.1Q	2016.2Q	2016.3Q	2016.4Q
매출액	34	187	193	160	108	229
영업이익	-16	23	28	-0	-16	30
당기순이익	-9	18	22	-4	-16	18

재무 상태 〈단위 : 억원〉

항목	2011	2012	2013	2014	2015	2016
총자산	159	236	444	544	1,598	1,463
유형자산	92	114	139	172	539	632
무형자산	8	10	13	28	176	200
유가증권	—	—	—	49	41	20
총부채	63	76	30	43	496	392
총차입금	44	48		1	255	226
자본금	16	17	21	43	46	46
총자본	97	159	414	500	1,102	1,072
지배주주지분	97	159	414	497	821	815

기업가치 지표

항목	2011	2012	2013	2014	2015	2016
주가(최고/저)(천원)	—/—	—/—	32.4/25.7	51.4/28.9	123/42.1	78.7/39.1
PER(최고/저)(배)	0.0/0.0	0.0/0.0	31.5/25.0	58.2/32.7	523.3/179.3	452.7/224.9
PBR(최고/저)(배)	0.0/0.0	0.0/0.0	6.6/5.3	9.0/5.0	13.7/4.7	8.8/4.4
EV/EBITDA(배)	2.7	0.3	24.1	32.2	132.0	46.6
EPS(원)	50	708	1,034	889	236	174
BPS(원)	3,108	4,735	9,819	5,780	9,007	8,945
CFPS(원)	256	1,640	2,336	1,039	511	753
DPS(원)				120	100	
EBITDAPS(원)	276	2,020	2,668	1,259	542	1,037

재무 비율 〈단위 : % 〉

연도	영업이익률	순이익률	부채비율	차입금비율	ROA	ROE	유보율	자기자본비율	EBITDA마진율
2016	6.1	2.8	36.6	21.1	1.2	1.9	1,688.9	73.2	13.7
2015	7.2	7.8	45.0	23.2	2.4	3.1	1,701.4	69.0	14.7
2014	34.5	27.5	8.7	0.2	15.2	16.6	1,055.9	92.0	39.2
2013	37.9	32.7	7.2	0.0	22.3	26.4	1,863.7	93.3	42.2

아바코 (A083930)
Avaco

업　　종 : 디스플레이 및 관련부품		시　　장 : KOSDAQ	
신용등급 : (Bond) — (CP) —		기업규모 : 중견	
홈페이지 : www.avaco.co.kr		연 락 처 : 053)583-8150	
본　　사 : 대구시 달서구 성서4차 첨단로 160-7			

설 립 일	2000.01.31	종 업 원 수	358명	대 표 이 사	김광현
상 장 일	2005.10.11	감 사 의 견	적정 (안경)	계　　열	
결 산 기	12월	보 통 주	1,600만주	종속회사수	
액 면 가	500원	우 선 주		구 상 호	

주주구성 (지분율,%)		출자관계 (지분율,%)		주요경쟁사 (외형,%)	
위재곤	17.2	아스트라	58.8	아바코	100
한국증권금융	5.0	한송	6.1	탑엔지니어링	81
(외국인)	1.3	한송네오텍	6.1	동부라이텍	38

매출구성		비용구성		수출비중	
SPUTTER	33.3	매출원가율	86.1	수출	46.1
STOCK & 반송	25.9	판관비율	7.8	내수	53.9
기타	17.9				

회사 개요
동사는 2000년 설립된 디스플레이 제조장비 업체로 LCD 장비인 FPD 제조용 진공장비, 전용장비, 자동화장비 등을 생산하며 OLED 장비와 태양전지 장비 등을 신사업으로 확장하고 있음. 5개의 계열사(아바텍, 대명ENG, 대명FA, DAS, AVACO.LLC)가 있음. CRT 제조용 설비관련 경험이 풍부한 인력을 바탕으로 외부 설계 전문 인력의 추가 확보를 통해 국내 최초로 PDP 양산 라인용 배기 카트 시스템을 개발함.

실적 분석
동사의 2016년 연결기준 결산 매출액은 1,996.8억원으로 전년도 1,377.0억원 대비 45.0% 증가하였다. 영업이익은 판관비의 증가(12.2%)에도 불구하고 매출의 대폭 신장에 힘입어 전년 대비 27.3% 증가한 121.8억원을 기록하였다. 당기순이익은 영업이익 증가와 비영업손익의 큰폭 성장에 따라 전년 대비 39.0% 증가한 137.2억원을 기록하였다.

현금 흐름 〈단위 : 억원〉

항목	2015	2016
영업활동	15	-70
투자활동	-291	-125
재무활동	40	-21
순현금흐름	153	-216
기말현금	374	157

시장 대비 수익률

결산 실적 〈단위 : 억원〉

항목	2011	2012	2013	2014	2015	2016
매출액	2,487	947	1,669	1,494	1,377	1,997
영업이익	100	-9	95	89	96	122
당기순이익	89	-2	-150	72	99	137

분기 실적 〈단위 : 억원〉

항목	2015.3Q	2015.4Q	2016.1Q	2016.2Q	2016.3Q	2016.4Q
매출액	215	467	278	669	488	562
영업이익	4	49	11	44	22	44
당기순이익	6	46	8	37	18	74

재무 상태 〈단위 : 억원〉

항목	2011	2012	2013	2014	2015	2016
총자산	1,331	1,246	1,376	1,241	1,444	1,738
유형자산	299	288	277	271	263	341
무형자산	9	61	55	41	27	18
유가증권	350	260	3	3	3	22
총부채	583	380	591	385	496	709
총차입금	102	112	2	4	1	30
자본금	51	80	80	80	80	80
총자본	749	865	785	855	948	1,029
지배주주지분	749	865	785	855	948	1,027

기업가치 지표

항목	2011	2012	2013	2014	2015	2016
주가(최고/저)(천원)	13.8/4.9	11.6/5.3	7.3/3.2	5.4/3.2	4.8/3.1	7.4/4.5
PER(최고/저)(배)	21.1/7.5	—/—	12.7/7.4	8.1/5.3	8.8/5.4	
PBR(최고/저)(배)	2.4/0.9	2.2/1.0	1.5/0.7	1.0/0.6	0.8/0.5	1.1/0.7
EV/EBITDA(배)	11.9	200.6	3.3	2.9	3.5	5.9
EPS(원)	693	-15	-935	447	617	869
BPS(원)	7,510	5,614	5,212	5,667	6,244	7,025
CFPS(원)	991	78	-783	601	753	1,010
DPS(원)				50	50	200
EBITDAPS(원)	1,100	32	745	709	733	903

재무 비율 〈단위 : % 〉

연도	영업이익률	순이익률	부채비율	차입금비율	ROA	ROE	유보율	자기자본비율	EBITDA마진율
2016	6.1	6.9	68.9	2.9	8.6	14.1	1,305.0	59.2	7.2
2015	7.0	7.2	52.3	0.1	7.4	11.0	1,148.9	65.7	8.5
2014	6.0	4.8	45.1	0.4	5.5	8.7	1,033.3	68.9	7.6
2013	5.7	-9.0	75.2	0.3	-11.4	-18.1	942.4	57.1	7.2

아바텍 (A149950)
AVATEC COLTD

업 종 : 디스플레이 및 관련부품		시 장 : KOSDAQ	
신용등급 : (Bond) — (CP) —		기업규모 : 우량	
홈페이지 : www.avatec.co.kr		연 락 처 : 053)592-4060	
본 사 : 대구시 달서구 달서대로 85길 100			

설 립 일 2000.09.01	종업원수 431명	대표이사 박명섭
상 장 일 2012.11.06	감사의견 적정 (한영)	계 열
결 산 기 12월	보 통 주 1,561만주	종속회사수
액 면 가 500원	우 선 주	구 상 호

주주구성 (지분율,%)	출자관계 (지분율,%)	주요경쟁사 (외형,%)
위재곤 18.5	아바텍(전자)연태 100.0	아바텍 100
LG디스플레이 17.0		오성엘에스티 57
(외국인) 2.3		제이스텍 191

매출구성	비용구성	수출비중
Glass Slimming & ITO코팅 92.6	매출원가율 78.0	수출 2.2
기타(표면처리외) 4.9	판관비율 8.5	내수 97.8
강화 Glass 2.5		

회사 개요
동사는 2000년에 Display용 진공박막코팅 제품 생산과 판매를 목적으로 대구에서 설립되었고, 2012년 11월에 코스닥 시장에 상장하였음. 동사는 Glass Slimming & ITO코팅, 디스플레이필터, 강화 Glass 등 디스플레이 관련 제품과, 냉장고등 가전제품의 표면처리 제품을 생산하고 있음. 2016년 1월부터 Glass Slimming & ITO코팅 후공정인 Metal Coating 제품을 생산하기 시작함.

실적 분석
동사의 2016년 기준 연결대상 종속법인으로는 중국소재의 ITO코팅 제조기업인 아바텍전가(연태)유한공사가 있음. 연결기준 매출액은 당기에 788.6억원을 시현하였는데, 메탈 코딩 양산 진행으로 전기 대비 3.8% 증가한 실적임. 매출 증가 영향으로 당기 영업이익은 106.6억원으로, 전기 98.1억원 대비 8.7% 증가하였음. 비영업손익면에서는 2.7억원의 흑자가 발생함. 2016년 1월 오창공장을 인수하며 새로운 사업에 투자함.

현금 흐름 〈단위 : 억원〉
항목	2015	2016
영업활동	190	221
투자활동	-163	-59
재무활동	-50	-65
순현금흐름	-22	96
기말현금	417	513

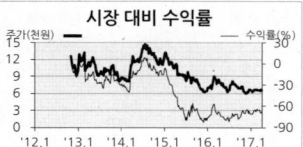

시장 대비 수익률

결산 실적 〈단위 : 억원〉
항목	2011	2012	2013	2014	2015	2016
매출액	480	863	1,062	1,209	760	789
영업이익	63	198	184	297	98	107
당기순이익	65	168	159	238	79	81

분기 실적 〈단위 : 억원〉
항목	2015.3Q	2015.4Q	2016.1Q	2016.2Q	2016.3Q	2016.4Q
매출액	195	212	228	149	195	216
영업이익	27	28	42	10	20	34
당기순이익	23	20	32	13	11	25

재무 상태 〈단위 : 억원〉
항목	2011	2012	2013	2014	2015	2016
총자산	650	981	1,132	1,321	1,295	1,304
유형자산	440	533	694	717	620	567
무형자산	2	6	10	10	11	11
유가증권	0					
총부채	138	123	153	195	100	101
총차입금	70		20	20		
자본금	65	82	82	82	82	82
총자본	512	858	979	1,126	1,196	1,202
지배주주지분	512	858	979	1,126	1,196	1,202

기업가치 지표
항목	2011	2012	2013	2014	2015	2016
주가(최고/저)(천원)	—/—	12.7/8.3	13.3/7.7	15.0/7.9	13.4/5.9	9.2/5.9
PER(최고/저)(배)	0.0/0.0	11.2/7.3	14.6/8.5	11.0/5.8	29.0/12.7	18.4/11.9
PBR(최고/저)(배)	0.0/0.0	2.6/1.7	2.3/1.3	2.2/1.1	1.8/0.8	1.2/0.8
EV/EBITDA(배)	—	5.4	4.7	3.7	2.5	2.0
EPS(원)	633	1,238	975	1,458	485	516
BPS(원)	3,923	5,261	6,184	7,437	7,833	8,113
CFPS(원)	921	1,710	1,489	2,103	1,278	1,193
DPS(원)	—	110	100	200	100	200
EBITDAPS(원)	907	1,931	1,642	2,466	1,394	1,352

재무 비율 〈단위 : % 〉
연도	영업이익률	순이익률	부채비율	차입금비율	ROA	ROE	유보율	자기자본비율	EBITDA마진율
2016	13.5	10.3	8.4	0.0	6.3	6.8	1,453.0	92.2	27.1
2015	12.9	10.4	8.3	0.0	6.0	6.8	1,466.6	92.3	29.9
2014	24.6	19.7	17.3	1.8	19.4	22.6	1,387.4	85.3	33.3
2013	17.3	15.0	15.6	2.0	15.1	17.3	1,136.7	86.5	25.2

아비스타 (A090370)
Avista

업 종 : 섬유 및 의복		시 장 : 거래소	
신용등급 : (Bond) B (CP) —		기업규모 : 시가총액 소형주	
홈페이지 : www.avista.co.kr		연 락 처 : 02)2189-7700	
본 사 : 서울시 강남구 언주로 428 아비스타 R&D센터			

설 립 일 2000.11.03	종업원수 352명	대표이사 김동근
상 장 일 2006.12.26	감사의견 적정 (안진)	계 열
결 산 기 12월	보 통 주 6,144만주	종속회사수
액 면 가 500원	우 선 주	구 상 호

주주구성 (지분율,%)	출자관계 (지분율,%)	주요경쟁사 (외형,%)
대불유무자금공유주식형투자신조합제10호 10.2	AcrexChinaInc. 100.0	아비텍 100
8.1	DishangAvistaFashionCo.,Ltd 19.0	진도 134
(외국인) 2.5		대한방직 267

매출구성	비용구성	수출비중
비엔엑스(BNX))(제품) 47.4	매출원가율 63.5	수출 0.0
카이아크만(Kai-aakmann)(제품) 34.8	판관비율 71.8	내수 100.0
탱커스(TANKUS)(제품) 15.2		

회사 개요
동사는 의류, 잡화, 장신구 등의 제조, 가공, 도소매업을 주사업으로, 2016년 12월말 기준 비엔엑스(BNX), 탱커스(TANKUS), 카이아크만(Kai-aakmann)등 3개의 브랜드와 화장품 브랜드 비엔엑스 보떼를 운영중임. 또한, 2016년 9월말 기준 국내 224여 매장의 유통망을 확보하고 있음. 동사의 목표 시장인 여성영캐주얼 시장에서 동사는 2015년 말 기준 약 1160억원의 매출액으로 4.16%의 점유율을 나타냈음.

실적 분석
동사의 2016년 매출액은 920.7억원으로 전년 대비 20.6% 감소함. 영업손실은 325억원으로 적자지속됨. 당기순손실은 392.2억원으로 적자지속됨. 동사는 전체 패션 시장 중에서 시장 성장률이 가장 높고 경기변동에 민감한 여성영캐주얼 시장에 집중할 계획임. 해외 시장 진출을 통한 수익구조 다변화와 수익성 극대화를 목표로 중국 사업 성장에 주력하고 있음. 브랜드 육성에 초점을 맞춘다는 계획임.

현금 흐름 〈단위 : 억원〉
항목	2015	2016
영업활동	-79	-100
투자활동	20	21
재무활동	55	174
순현금흐름	-3	94
기말현금	60	154

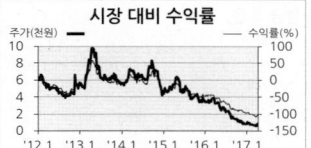

시장 대비 수익률

결산 실적 〈단위 : 억원〉
항목	2011	2012	2013	2014	2015	2016
매출액	1,477	1,363	1,414	1,279	1,160	921
영업이익	60	27	32	22	-274	-325
당기순이익	5	-264	-111	-40	-367	-392

분기 실적 〈단위 : 억원〉
항목	2015.3Q	2015.4Q	2016.1Q	2016.2Q	2016.3Q	2016.4Q
매출액	214	406	288	193	189	251
영업이익	-39	-175	-26	-143	-45	-111
당기순이익	-31	-238	-54	-151	-51	-136

재무 상태 〈단위 : 억원〉
항목	2011	2012	2013	2014	2015	2016
총자산	1,722	1,554	1,413	1,448	1,140	767
유형자산	347	310	298	239	225	201
무형자산	22	15	10	10	6	4
유가증권	3	3	3	4	4	
총부채	1,014	983	885	899	944	533
총차입금	529	591	432	514	565	328
자본금	50	65	71	78	78	307
총자본	708	571	529	549	196	234
지배주주지분	708	571	529	549	196	234

기업가치 지표
항목	2011	2012	2013	2014	2015	2016
주가(최고/저)(천원)	6.5/3.8	6.9/3.9	10.1/5.0	8.3/4.2	6.8/3.1	3.9/0.8
PER(최고/저)(배)	152.7/89.6	—/—	—/—	—/—	—/—	—/—
PBR(최고/저)(배)	1.0/0.6	1.7/1.0	3.0/1.5	2.6/1.3	6.1/2.8	10.3/2.1
EV/EBITDA(배)	10.0	14.3	16.1	18.5	—	—
EPS(원)	43	-2,343	-718	-249	-2,109	-972
BPS(원)	7,179	4,463	3,709	3,527	1,255	381
CFPS(원)	531	-2,085	-481	-7	-2,110	-898
DPS(원)	40	30				
EBITDAPS(원)	1,080	790	551	421	-1,515	-731

재무 비율 〈단위 : % 〉
연도	영업이익률	순이익률	부채비율	차입금비율	ROA	ROE	유보율	자기자본비율	EBITDA마진율
2016	-35.3	-42.6	일부잠식	일부잠식	-41.1	-182.4	-23.9	30.5	-32.0
2015	-23.6	-31.7	481.3	288.0	-28.4	-98.5	150.9	17.2	-20.4
2014	1.7	-3.2	163.7	93.6	-2.8	-7.5	605.4	37.9	4.8
2013	2.3	-7.8	167.3	81.7	-7.5	-20.2	641.8	37.4	5.4

아비코전자 (A036010)
ABCO ELECTRONICS

업 종 : 전자 장비 및 기기		시 장 : KOSDAQ	
신용등급 : (Bond) — (CP) —		기업규모 : 우량	
홈 페 이 지 : www.abco.co.kr		연 락 처 : 031)730-5114	
본 사 : 경기도 성남시 중원구 둔촌대로388번길 31			

설 립 일	1973.10.19	종 업 원 수	161명	대 표 이 사	김창수
상 장 일	2002.07.03	감사의견	적정 (성신)	계 열	
결 산 기	12월	보 통 주	1,329만주	종속회사수	
액 면 가	500원	우 선 주		구 상 호	

주주구성 (지분율,%)		출자관계 (지분율,%)		주요경쟁사 (외형,%)	
행진개발	21.7	캡솔루션	9.9	아비코전자	100
김제영	12.8			파크시스템스	30
(외국인)	4.0			엔에스	37

매출구성		비용구성		수출비중	
CHIP INDUCTOR - Signal Inductor(제품)	32.2	매출원가율	76.9	수출	75.4
CHIP RESISTOR(상품)	24.6	판관비율	9.7	내수	24.6
CHIP INDUCTOR - SMD Power Inductor(제품)	21.2				

회사 개요
동사는 범용 전자 수동 부품인 인덕터, 저항기 등을 제조하고 있으며, 해당 제품들은 휴대폰, 노트북, 태블릿PC 등 휴대형 정보통신기기와 LCD/PDP/LED TV, 캠코더 디지털카메라 등 디지털기기 및 멀티미디어 가전제품 등에 광범위하게 사용되고 있다. 주력 제품인 SMD 파워인덕터는 중국 위해, 심양 공장에서 생산중에 있으며 해외업체와의 투자합작을 통하여 LPP제품을 상호개발하여 사업영역을 확대 중임.

실적 분석
동사의 2016년 연결기준 결산 매출액은 806.1억원으로 전년동기 대비 17.9% 증가하였다. 매출액 증가 요인으로는 Signal Inductor 및 LPP 매출과 Chip Resistor 매출이 지난해 같은기간 대비 비교적 큰 폭으로 증가했기 때문이다. 견조한 외형 확대에 힘입어 영업이익은 108억원으로 전년동기 대비 28.6% 증가하였으며, 당기순이익 또한 13.7% 증가하는 등 지난해 대비 수익성 한층 강화된 모습.

현금 흐름 〈단위 : 억원〉

항목	2015	2016
영업활동	80	189
투자활동	33	-35
재무활동	-53	-55
순현금흐름	61	101
기말현금	298	399

시장 대비 수익률

결산 실적 〈단위 : 억원〉

항목	2011	2012	2013	2014	2015	2016
매출액	506	468	598	570	684	806
영업이익	-22	-3	39	69	84	108
당기순이익	12	-46	34	56	88	100

분기 실적 〈단위 : 억원〉

항목	2015.3Q	2015.4Q	2016.1Q	2016.2Q	2016.3Q	2016.4Q
매출액	199	175	210	213	215	169
영업이익	28	19	23	25	31	28
당기순이익	20	29	20	25	25	31

재무 상태 〈단위 : 억원〉

항목	2011	2012	2013	2014	2015	2016
총자산	824	770	867	857	899	941
유형자산	331	318	349	306	245	227
무형자산	6	9	9	9	9	8
유가증권	46	33	51	43	82	84
총부채	264	277	304	244	151	106
총차입금	162	206	227	148	53	11
자본금	61	61	61	61	68	69
총자본	560	493	563	614	748	834
지배주주지분	560	493	563	614	748	834

기업가치 지표

항목	2011	2012	2013	2014	2015	2016
주가(최고/저)(천원)	7.3/2.9	5.7/3.4	6.2/3.8	5.7/3.5	6.9/4.1	7.7/4.8
PER(최고/저)(배)	83.2/32.4	—/—	24.0/14.6	12.9/8.0	10.5/6.2	10.3/6.4
PBR(최고/저)(배)	1.7/0.7	1.4/0.9	1.4/0.9	1.2/0.7	1.3/0.8	1.3/0.8
EV/EBITDA(배)	56.6	12.2	5.5	3.5	3.2	3.1
EPS(원)	100	-397	289	483	701	764
BPS(원)	4,951	4,455	4,821	5,254	5,745	6,276
CFPS(원)	384	-17	701	951	1,105	1,156
DPS(원)	70	30	70	150	200	220
EBITDAPS(원)	92	356	747	1,061	1,072	1,216

재무 비율 〈단위 : %〉

연도	영업이익률	순이익률	부채비율	차입금비율	ROA	ROE	유보율	자기자본비율	EBITDA마진율
2016	13.4	12.4	12.8	1.4	10.9	12.7	1,109.6	88.7	19.8
2015	12.3	12.9	20.2	7.1	10.0	12.9	1,006.6	83.2	19.7
2014	12.1	9.9	39.7	24.2	6.6	9.6	907.7	71.6	21.7
2013	6.5	5.6	53.9	40.3	4.1	6.4	824.6	65.0	14.6

아세아 (A002030)
ASIA HOLDINGS

업 종 : 종이 및 목재		시 장 : 거래소	
신용등급 : (Bond) — (CP) —		기업규모 : 시가총액 소형주	
홈 페 이 지 : www.asiaholdings.co.kr		연 락 처 : 02)527-6700	
본 사 : 서울시 강남구 논현로 430 아세아타워빌딩 14층			

설 립 일	1957.04.27	종 업 원 수	11명	대 표 이 사	고규환
상 장 일	1974.06.03	감사의견	적정 (안진)	계 열	
결 산 기	12월	보 통 주	219만주	종속회사수	
액 면 가	5,000원	우 선 주		구 상 호	아세아시멘트

주주구성 (지분율,%)		출자관계 (지분율,%)		주요경쟁사 (외형,%)	
이병우	20.6	아세아시멘트	50.3	아세아	100
신영자산운용	10.4	아세아제지	47.2	동화기업	63
(외국인)	8.1	한무쇼핑	0.8	한솔제지	140

매출구성		비용구성		수출비중	
골판지원지	42.1	매출원가율	81.8	수출	—
시멘트	28.7	판관비율	10.3	내수	—
골판지상자	26.4				

회사 개요
동사는 지주회사 및 경영컨설팅 서비스업 등을 영위하고 있으며 14개의 계열회사가 있음. 종속회사들이 영위하는 사업에는 시멘트사업, 제지사업, 창업투자업 및 재생재료가공처리업, 비철금속제련업, 영농업이 있음. 동사의 가장 큰 매출비중을 차지하는 사업부문은 제지부문이며, 그 중에서도 골판지원지가 약 40%의 매출을 책임지고 있음. 시멘트는 약 30%를 차지함. 2015년 기준 시멘트 시장점유율은 6.8%이고 골판지원지의 시장점유율은 15% 수준임.

실적 분석
2016년 연결기준 결산 매출액은 1조 953억원으로 전년동기 대비 4.1% 증가함. 영업이익은 861.2억원으로 42.3% 증가하였고, 당기순이익 또한 723% 증가한 675.7억원을 시현함. 지난해는 국내경기 회복 지연, 정부의 SOC 투자 축소, 부동산경기 급랭 가능성 우려 등으로 전년대비 시멘트 수요의 감소가 예상됨. 반면 제지부문의 원료 수급 안정세를 바탕으로 전체적인 원가율 개선으로 통해 수익성 크게 확대된 모습.

현금 흐름 〈단위 : 억원〉

항목	2015	2016
영업활동	814	1,027
투자활동	-137	-922
재무활동	-646	427
순현금흐름	30	532
기말현금	955	1,487

시장 대비 수익률

결산 실적 〈단위 : 억원〉

항목	2011	2012	2013	2014	2015	2016
매출액	10,851	10,347	10,756	10,467	10,519	10,953
영업이익	285	860	822	837	605	861
당기순이익	203	709	552	623	82	676

분기 실적 〈단위 : 억원〉

항목	2015.3Q	2015.4Q	2016.1Q	2016.2Q	2016.3Q	2016.4Q
매출액	2,693	2,682	2,240	2,856	2,884	2,972
영업이익	227	103	-36	270	381	246
당기순이익	154	-344	-11	223	304	160

재무 상태 〈단위 : 억원〉

항목	2011	2012	2013	2014	2015	2016
총자산	15,836	15,818	16,407	16,341	15,926	17,065
유형자산	8,413	8,451	8,348	8,500	8,658	9,227
무형자산	317	414	490	553	558	565
유가증권	1,385	1,118	1,273	739	753	711
총부채	5,306	4,936	4,898	4,715	4,309	4,814
총차입금	2,566	2,086	1,839	1,647	1,072	1,567
자본금	237	237	72	110	110	110
총자본	10,530	10,882	11,509	11,625	11,617	12,251
지배주주지분	8,239	8,365	4,329	6,146	6,164	6,497

기업가치 지표

항목	2011	2012	2013	2014	2015	2016
주가(최고/저)(천원)	47.8/31.3	64.0/33.5	122/61.1	165/111	178/95.7	115/88.6
PER(최고/저)(배)	16.4/10.8	7.4/3.9	13.8/6.9	12.5/8.4	63.3/34.1	7.3/5.7
PBR(최고/저)(배)	0.3/0.2	0.4/0.2	0.4/0.2	0.6/0.4	0.6/0.4	0.4/0.3
EV/EBITDA(배)	6.1	4.4	6.9	6.3	6.5	5.3
EPS(원)	3,170	9,268	9,250	13,729	2,893	15,890
BPS(원)	177,835	180,481	303,858	283,057	283,874	299,073
CFPS(원)	17,128	21,593	22,873	47,058	24,883	38,757
DPS(원)	750	1,000	1,000	1,500	1,500	1,500
EBITDAPS(원)	19,964	30,477	34,615	87,701	49,620	62,171

재무 비율 〈단위 : %〉

연도	영업이익률	순이익률	부채비율	차입금비율	ROA	ROE	유보율	자기자본비율	EBITDA마진율
2016	7.9	6.2	39.3	12.8	4.1	5.5	5,881.5	71.8	12.4
2015	5.8	0.8	37.1	9.2	0.5	1.0	5,577.5	72.9	10.3
2014	8.0	6.0	40.6	14.2	3.8	4.0	5,561.1	71.1	12.9
2013	7.7	5.1	42.6	16.0	3.3	5.7	5,977.2	70.2	12.6

아세아시멘트 (A183190)
ASIA CEMENT COLTD

업　　종 : 건축소재			시　　장 : 거래소	
신용등급 : (Bond) ―	(CP) ―		기업규모 : 시가총액 소형주	
홈페이지 : www.asiacement.co.kr			연락처 : 02)527-6400	
본　　사 : 서울시 강남구 논현로 430 아세아타워빌딩 14층				

설 립 일 2013.10.02	종 업 원 수 450명	대 표 이 사 이훈범		
상 장 일 2013.11.06	감 사 의 견 적정(안진)	계　　　열		
결 산 기 12월	보 통 주 330만주	종속회사수		
액 면 가 5,000원	우 선 주	구 상 호		

주주구성 (지분율,%)		출자관계 (지분율,%)		주요경쟁사 (외형,%)	
아세아	50.3	아세아산업개발	100.0	아세아시멘트	100
문경학원	5.1	아농	87.6	현대시멘트	83
(외국인)	9.7	우신벤처투자	83.3	성신양회	151

매출구성		비용구성		수출비중	
시멘트	67.2	매출원가율	75.3	수출	―
레미콘	24.4	판관비율	12.2	내수	―
2차제품	5.7				

회사 개요
동사는 2013년 10월 인적분할하여 시멘트 제조, 판매 등을 주 영업목적으로 설립되었으며, 아세아, 아세아산업개발, 우신벤처투자, ASIA ADVANCED MATERIALS SDN.BHD 등의 종속회사를 보유하고 있음. 동사는 시멘트 제조에 필수적인 석회석을 향후 145년 이상 채광할 수 있는 풍부한 매장량의 광산을 보유하고 있으며 초초층 건물에 적합한 고유동시멘트의 생산으로 경쟁우위에 있음.

실적 분석
동사의 2016년 결산 매출액은 전년동기 대비 1.7% 증가한 4,557.3억원을 기록함. 매출원가 증가로 인하여 영업이익과 당기순이익이 다소 감소함. 시멘트는 업계간 품질이나 생산기술 상의 차별성이 뚜렷하지 않아 제조원가나 물류비용의 절감을 통한 원가경쟁력이 주된 경쟁요소임. 대부분의 매출은 국내 시멘트 부문에서 발생되고 있으며 과점구조의 산업특성상 건설경기 및 경쟁사의 포지셔닝에 영향을 받음.

현금 흐름 〈단위 : 억원〉
항목	2015	2016
영업활동	619	637
투자활동	-225	-483
재무활동	-198	-72
순현금흐름	195	84
기말현금	714	798

시장 대비 수익률
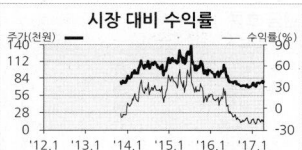

결산 실적 〈단위 : 억원〉
항목	2011	2012	2013	2014	2015	2016
매출액	―	―	1,169	4,244	4,483	4,557
영업이익	―	―	167	548	580	570
당기순이익	―	―	110	386	443	426

분기 실적 〈단위 : 억원〉
항목	2015.3Q	2015.4Q	2016.1Q	2016.2Q	2016.3Q	2016.4Q
매출액	1,168	1,172	874	1,282	1,175	1,226
영업이익	228	124	-35	236	218	152
당기순이익	167	37	-19	181	170	94

재무 상태 〈단위 : 억원〉
항목	2011	2012	2013	2014	2015	2016
총자산	―	―	7,831	7,947	8,093	8,505
유형자산	―	―	3,830	3,903	4,123	4,372
무형자산	―	―	384	441	474	480
유가증권	―	―	897	507	527	483
총부채	―	―	1,962	2,059	1,827	1,857
총차입금	―	―	244	249	97	73
자본금	―	―	165	165	165	165
총자본	―	―	5,868	5,888	6,266	6,648
지배주주지분	―	―	5,839	5,861	6,223	6,602

기업가치 지표
항목	2011	2012	2013	2014	2015	2016
주가(최고/저)(천원)	―/―	―/―	80.0/71.0	117/79.4	139/86.5	106/69.4
PER(최고/저)(배)	0.0/0.0	0.0/0.0	25.7/22.9	10.3/7.1	10.9/6.7	8.6/5.7
PBR(최고/저)(배)	0.0/0.0	0.0/0.0	0.5/0.4	0.7/0.5	0.8/0.5	0.5/0.4
EV/EBITDA(배)	0.0		12.0	4.7	3.0	1.5
EPS(원)	―	―	3,310	11,811	13,288	12,539
BPS(원)	―	―	177,193	177,864	188,862	200,353
CFPS(원)	―	―	4,478	17,200	18,477	18,173
DPS(원)	―	―	1,250	1,500	1,500	1,500
EBITDAPS(원)	―	―	6,236	22,029	22,789	22,921

재무 비율 〈단위 : % 〉
연도	영업이익률	순이익률	부채비율	차입금비율	ROA	ROE	유보율	자기자본비율	EBITDA마진율
2016	12.5	9.4	27.9	1.1	5.1	6.4	3,907.1	78.2	16.6
2015	12.9	9.9	29.2	1.5	5.5	7.3	3,677.3	77.4	16.6
2014	12.9	9.1	35.0	4.2	4.9	6.7	3,457.3	74.1	17.1
2013	14.3	9.4	33.4	4.2	0.0	0.0	3,443.9	74.9	17.6

아세아제지 (A002310)
ASIA PAPER MANUFACTURING

업　　종 : 종이 및 목재			시　　장 : 거래소	
신용등급 : (Bond) ―	(CP) ―		기업규모 : 시가총액 소형주	
홈페이지 : www.asiapaper.co.kr			연락처 : 02)527-6882	
본　　사 : 서울시 강남구 논현로 430(역삼동)				

설 립 일 1958.03.12	종 업 원 수 252명	대 표 이 사 이인범		
상 장 일 1988.12.15	감 사 의 견 적정(안진)	계　　　열		
결 산 기 12월	보 통 주 896만주	종속회사수		
액 면 가 5,000원	우 선 주	구 상 호		

주주구성 (지분율,%)		출자관계 (지분율,%)		주요경쟁사 (외형,%)	
아세아시멘트	47.2	경산제지	100.0	아세아제지	100
신영자산운용	15.6	에이팩	100.0	깨끗한나라	112
(외국인)	5.0	유진판지	100.0	한국제지	103

매출구성		비용구성		수출비중	
제지부문	54.4	매출원가율	86.5	수출	10.0
골판지부문	45.2	판관비율	9.6	내수	90.0
기타	0.5				

회사 개요
동사는 1958년 삼양지업으로 창립돼 1987년 아세아제지로 사명을 변경했고, 골판지원지의 지류제조 및 판매업, 수출입업, 부동산임대업 등의 사업을 영위. 아세아제지, 경산제지, 제일산업, 에이팩, 유진판지, 삼성수출포장 등의 업체로 수직계열화해 골판지 원지에서부터 골판지와 상자 등의 생산을 전부 담당. 동사의 골판지원지 생산 시장점유율은 15% 수준. 동사는 아세아시멘트, 부국레미콘 등 15개 기업들과 함께 기업집단 아세아에 소속돼있음.

실적 분석
동사의 2016년 4분기 연결 기준 누적 매출액은 전년 대비 5.9% 증가한 6330.3억원을 기록. 영업이익도 대폭 증가. 전년 영업손실 6.6억원을 기록한데 반해 2016년 영업이익 245.1억원을 거두며 흑자전환에 성공. 전년 355.4억원에 달하던 비영업부문 손실도 해소됨. 이에 힘입어 당기순이익 역시 흑자전환에 성공하며 207.3억원을 기록함. 전년 누적 순손실은 386.7억원이었음.

현금 흐름 〈단위 : 억원〉
항목	2015	2016
영업활동	137	308
투자활동	91	-433
재무활동	-464	504
순현금흐름	-237	379
기말현금	90	469

시장 대비 수익률

결산 실적 〈단위 : 억원〉
항목	2011	2012	2013	2014	2015	2016
매출액	5,173	4,940	6,450	6,154	5,977	6,330
영업이익	83	392	256	248	-7	245
당기순이익	37	313	192	186	-387	207

분기 실적 〈단위 : 억원〉
항목	2015.3Q	2015.4Q	2016.1Q	2016.2Q	2016.3Q	2016.4Q
매출액	1,509	1,493	1,349	1,557	1,694	1,730
영업이익	-13	-32	-13	32	149	77
당기순이익	-24	-391	-4	38	122	52

재무 상태 〈단위 : 억원〉
항목	2011	2012	2013	2014	2015	2016
총자산	4,581	4,729	7,155	7,157	6,546	7,210
유형자산	2,723	2,704	4,506	4,592	4,445	4,737
무형자산	71	75	101	101	73	74
유가증권	61	92	25	25	28	25
총부채	2,375	2,216	2,463	2,333	2,141	2,598
총차입금	1,728	1,595	1,595	1,398	976	1,494
자본금	302	302	448	448	448	448
총자본	2,206	2,512	4,691	4,824	4,404	4,611
지배주주지분	2,205	2,511	4,690	4,823	4,403	4,610

기업가치 지표
항목	2011	2012	2013	2014	2015	2016
주가(최고/저)(천원)	10.2/6.9	14.4/7.5	22.6/13.9	30.6/18.1	36.1/15.5	25.6/14.5
PER(최고/저)(배)	19.3/13.1	3.1/1.6	11.2/6.9	15.4/9.1	―/―	11.4/6.4
PBR(최고/저)(배)	0.3/0.2	0.4/0.2	0.5/0.3	0.6/0.4	0.8/0.3	0.5/0.3
EV/EBITDA(배)	5.2	3.3	4.9	4.9	7.8	4.7
EPS(원)	607	5,186	2,149	2,075	-4,315	2,315
BPS(원)	36,908	41,975	52,403	53,887	49,202	51,515
CFPS(원)	5,982	9,462	6,118	5,696	-974	5,703
DPS(원)	300	600	400	450	―	500
EBITDAPS(원)	6,755	10,773	6,825	6,389	3,267	6,125

재무 비율 〈단위 : % 〉
연도	영업이익률	순이익률	부채비율	차입금비율	ROA	ROE	유보율	자기자본비율	EBITDA마진율
2016	3.9	3.3	56.3	32.4	3.0	4.6	930.3	64.0	8.7
2015	-0.1	-6.5	48.6	22.2	-5.6	-8.4	884.0	67.3	4.9
2014	4.0	3.0	48.4	29.0	2.6	3.9	977.5	67.4	9.3
2013	4.0	3.0	52.5	34.0	3.2	5.3	948.1	65.6	9.5

아세아텍 (A050860)
ASIA TECHNOLOGY

업 종: 기계		시 장: KOSDAQ	
신용등급: (Bond) — (CP) —		기업규모: 우량	
홈페이지: www.asiakor.com		연 락 처: (053)580-7777	
본 사: 대구시 달성군 유가면 비슬로96길 11			

설 립 일	1978.09.09	종업원수	252명	대표이사	김신길
상 장 일	2010.01.26	감사의견	적정(예교)	계 열	
결 산 기	06월	보통주	1,750만주	종속회사수	1개사
액 면 가	500원	우선주		구상호	

주주구성 (지분율,%)		출자관계 (지분율,%)		주요경쟁사 (외형,%)	
김신길	25.1	지케이	17.4	아세아텍	100
김웅길	17.5	트리니티소프트	10.0	나라엠앤디	127
(외국인)	3.3	티아이엔시	1.2	동일금속	57

매출구성		비용구성		수출비중	
관리기	49.3	매출원가율	80.0	수출	9.5
스피드스프레이어	21.2	판관비율	17.0	내수	90.5
승용관리기 외 기타	16.3				

회사 개요
동사는 1978년 설립된 농기계 제조 및 판매를 전문으로 하는 농업기계 전문 메이커임. 중국 산동성에 위치한 농기계 제조판매를 영위하는 기업 아세아 농업기계를 연결대상 종속회사로 두고 있음. 동사의 주력기종인 다목적 관리기는 전 세계 생산, 전 제품의 국내 최초로 유럽 18개국에 수출하여 우수품질제품 인증마크(EM)를 획득한 바 있음. 동 시장은 동사와 대동공업 등이 주도하고 있음.

실적 분석
6월 결산법인인 동사의 2016년도 하반기 매출액은 338억원을 기록함. 영업손실은 21.3억을 기록. 당기순손실은 19억원을 기록함. 농기계 수요층의 경우 상대적으로 소득수준이 낮은 농민으로 구성되기 때문에 구매력이 취약함에 따라 국내 농기계산업은 시장원리보다는 정부의 농기계 구입자금지원, 기계화 영농단지 조성 등 정부정책에 의하여 크게 영향을 받으며 산업 특성상 농번기에 수요가 집중됨.

현금 흐름 〈단위 : 억원〉

항목	2016	2017.2Q
영업활동	104	-86
투자활동	-87	70
재무활동	68	137
순현금흐름	85	122
기말현금	149	271

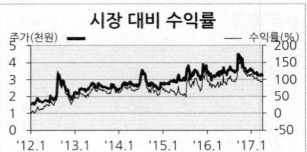
시장 대비 수익률

결산 실적 〈단위 : 억원〉

항목	2012	2013	2014	2015	2016	2017
매출액	1,058	1,159	1,076	994	1,030	—
영업이익	56	80	73	29	49	—
당기순이익	56	68	26	30	38	—

분기 실적 〈단위 : 억원〉

항목	2016.1Q	2016.2Q	2016.3Q	2016.4Q	2017.1Q	2017.2Q
매출액	83	292	422	233	85	253
영업이익	-20	19	51	-1	-17	-4
당기순이익	-12	12	38	-0	-17	-2

재무 상태 〈단위 : 억원〉

항목	2012	2013	2014	2015	2016	2017.2Q
총자산	958	940	923	864	948	1,245
유형자산	230	237	280	290	289	280
무형자산	1	1	1	1	1	1
유가증권	6	6	3	3	3	3
총부채	177	103	71	75	66	394
총차입금	92					150
자본금	88	88	88	88	88	88
총자본	781	837	852	788	882	851
지배주주지분	781	837	852	788	882	851

기업가치 지표

항목	2012	2013	2014	2015	2016	2017.2Q
주가(최고/저)(천원)	2.1/1.7	3.5/1.4	2.9/1.7	3.6/2.4	3.9/2.3	—/—
PER(최고/저)(배)	7.2/4.9	9.7/4.8	20.3/16.5	21.8/14.2	18.4/13.7	—/—
PBR(최고/저)(배)	0.5/0.4	0.8/0.4	0.6/0.5	0.8/0.5	0.8/0.6	1.0/0.7
EV/EBITDA(배)	3.4	3.7	4.8	10.4	5.8	—
EPS(원)	319	391	151	171	217	-108
BPS(원)	4,460	4,784	4,867	4,966	5,143	4,962
CFPS(원)	380	468	241	270	319	-59
DPS(원)	75	50	50	50	75	—
EBITDAPS(원)	380	537	506	265	380	-73

재무 비율 〈단위 : % 〉

연도	영업이익률	순이익률	부채비율	차입금비율	ROA	ROE	유보율	자기자본비율	EBITDA마진율
2016	4.7	3.7	7.5	0.0	4.2	4.6	928.7	93.0	6.5
2015	2.9	3.0	9.6	0.0	3.4	3.7	893.2	91.3	4.7
2014	6.8	2.5	8.4	0.0	2.8	3.1	873.5	92.3	8.2
2013	6.9	5.9	12.3	0.0	7.2	8.5	856.7	89.1	8.1

아스타 (A246720)
ASTA

업 종: 의료 장비 및 서비스		시 장: KOSDAQ	
신용등급: (Bond) — (CP) —		기업규모: 신성장	
홈페이지: www.astams.com		연 락 처: (031)888-9596	
본 사: 경기도 수원시 영통구 광교로 145, 11층(차세대융합기술연구원 에이동)			

설 립 일	2006.01.27	종업원수	명	대표이사	조응준,조응수
상 장 일	2017.03.20	감사의견	적정(삼일)	계 열	
결 산 기	12월	보통주	940만주	종속회사수	
액 면 가	500원	우선주		구상호	

주주구성 (지분율,%)		출자관계 (지분율,%)		주요경쟁사 (외형,%)	
조응준	26.3			아스타	100
김양선	22.2			엑세스바이오	14,826
				나노엔텍	9,253

매출구성		비용구성		수출비중	
시료 전처리 시스템	58.0	매출원가율	196.7	수출	—
Data Generation Unit 및 진단 시스템	42.0	판관비율	2056.5	내수	—

회사 개요
동사는 2006년 1월 설립되었으며, 전기식 진단 및 요법기기 제조, 판매업을 주요사업으로 영위하고있음. 주요 제품인 MALDI-TOF 질량분석기를 기반으로 차세대 진단 시스템을 개발하여 기존의 전통적인 진단방법/시스템을 개선하고자 하는 바이오 벤처기업임. 동사는 표준 균주 이외에 다양한 국내 임상 균주 및 변이 균주에 대한 DB를 확보하고 있어 국내 병원 및 국내 연구 기관에 적합한 DB를 제공하고 있음.

실적 분석
동사의 2016년 누적매출액은 2.4억원으로 전년 대비 34.2% 감소함. 매출성장이 이루어지지 않고 있으며 판매 및 관리비가 49.3억원으로 전년 대비 117.9% 증가하여 영업손실은 51.6억원으로 전년도에 이어 적자가 지속됨. 당기순이익 또한 51.7억원 손실로 전년도에 이어 적자가 지속됨. 흑자전환을 위해 영국 맨체스터에 유럽 생산/판매 법인인 ASTA Limited를 설립하여 제조원가 절감 및 판매시장 확대를 추진하고있음.

현금 흐름 〈단위 : 억원〉

항목	2015	2016
영업활동	-21	-46
투자활동	8	17
재무활동	64	13
순현금흐름	51	-18
기말현금	54	36

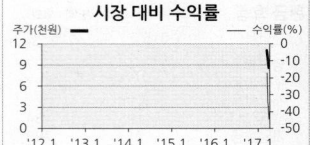
시장 대비 수익률

결산 실적 〈단위 : 억원〉

항목	2011	2012	2013	2014	2015	2016
매출액	—	—	—	3	4	2
영업이익	—	—	—	-23	-23	-52
당기순이익	—	—	—	-33	-19	-52

분기 실적 〈단위 : 억원〉

항목	2015.3Q	2015.4Q	2016.1Q	2016.2Q	2016.3Q	2016.4Q
매출액	1	—	—	—	1	—
영업이익	-8	—	—	—	-14	—
당기순이익	6	—	—	—	-14	—

재무 상태 〈단위 : 억원〉

항목	2011	2012	2013	2014	2015	2016
총자산				28	68	68
유형자산				3	1	6
무형자산				0	0	1
유가증권				4		
총부채				74	15	27
총차입금				58	7	12
자본금				22	31	38
총자본				-46	53	41
지배주주지분				-46	53	41

기업가치 지표

항목	2011	2012	2013	2014	2015	2016
주가(최고/저)(천원)	—/—	—/—	—/—	—/—	—/—	—/—
PER(최고/저)(배)	0.0/0.0	0.0/0.0	0.0/0.0	0.0/0.0	0.0/0.0	0.0/0.0
PBR(최고/저)(배)	0.0/0.0	0.0/0.0	0.0/0.0	0.0/0.0	0.0/0.0	0.0/0.0
EV/EBITDA(배)	0.0	0.0	0.0	0.0	0.0	0.0
EPS(원)				-731	-415	-708
BPS(원)				-8,543	8,561	535
CFPS(원)				-6,023	-3,174	-695
DPS(원)						
EBITDAPS(원)				-4,206	-3,815	-694

재무 비율 〈단위 : % 〉

연도	영업이익률	순이익률	부채비율	차입금비율	ROA	ROE	유보율	자기자본비율	EBITDA마진율
2016	-2,153.3	-2,156.3	66.3	29.1	-76.2	-110.3	7.0	60.1	-2,116.2
2015	-625.6	-528.3	28.2	12.3	-40.1	전기잠식	71.2	78.0	-579.4
2014	-906.8	-1,270.8	완전잠식	완전잠식	0.0	0.0	-309.7	-164.6	-842.9
2013									

아스트 (A067390)
AeroSpace Technology of Korea

업 종 : 기계		시 장 : KOSDAQ	
신용등급 : (Bond) — (CP) —		기업규모 : 신성장	
홈페이지 : www.astk.co.kr		연락처 : 055)851-7000	
본 사 : 경남 사천시 사남면 공단1로 23-65			

설 립 일	2001.04.18	종업원수	273명	대표이사	김희원
상 장 일	2014.12.24	감사의견	적정 (삼덕)	계 열	
결 산 기	12월	보통주	1,442만주	종속회사수	
액 면 가	500원	우선주		구 상 호	

주주구성 (지분율,%)
김희원	18.2
미래에셋자산운용투자자문	9.7
(외국인)	1.6

출자관계 (지분율,%)
에이에스티지	71.4
오르비텍	23.1

주요경쟁사 (외형,%)
아스트	100
와이지-원	381
태광	279

매출구성
[기타]Skin, Door, APU Door,	36.8
[항공기동체]Sec48	27.2
[항공기동체]Bulkhead	21.2

비용구성
매출원가율	83.8
판관비율	7.8

수출비중
수출	88.1
내수	11.9

회사 개요
동사는 항공기 부품제작, 항공기 부분품 조립과 관련 치공구류의 생산, 판매를 주요사업 목적으로 2001년 4월에 설립됨. 동사가 속한 항공기 제조 산업은 유사 제조 산업인 조선, 자동차에 비해 개발단계부터 양산, 사용에 이르기까지의 소요기간이 평균 2~5배의 장기간이 소요되며 제품 생산을 위한 대규모 설비투자를 요하는 장치 산업으로 타 산업에 대한 파급효과가 큰 국가 전략산업중 하나임. 매출 90% 이상이 수출에서 나옴.

실적 분석
동사의 2016년 연결기준 매출액은 878.9억원으로 전년도 대비 8.8% 증가함. 판매비와 관리비는 늘었지만 매출원가율이 줄어 영업이익은 전년도 대비 122.6% 증가한 73.4억원 시현. 비영업손실 적자폭이 늘었음에도 당기순이익은 전년도에 비해 147.5% 증가한 61.9억원 기록. 항공산업은 진입장벽이 높은 만큼 후에도 안정적 실적 이어갈 것으로 기대.

현금 흐름 〈단위 : 억원〉
항목	2015	2016
영업활동	-30	-137
투자활동	-171	-635
재무활동	145	781
순현금흐름	-56	8
기말현금	83	91

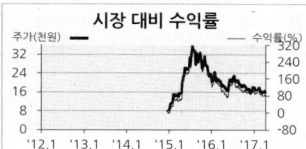
시장 대비 수익률

결산 실적 〈단위 : 억원〉
항목	2011	2012	2013	2014	2015	2016
매출액	335	443	609	666	808	879
영업이익	18	38	-41	-30	33	73
당기순이익	2	95	-65	-79	25	62

분기 실적 〈단위 : 억원〉
항목	2015.3Q	2015.4Q	2016.1Q	2016.2Q	2016.3Q	2016.4Q
매출액	204	208	210	212	229	228
영업이익	14	12	17	19	20	17
당기순이익	19	2	8	10	3	40

재무 상태 〈단위 : 억원〉
항목	2011	2012	2013	2014	2015	2016
총자산	661	850	977	1,169	1,348	2,241
유형자산	355	459	456	484	506	893
무형자산	25	47	51	43	40	47
유가증권	0	0	15	0	1	2
총부채	495	756	704	703	770	1,318
총차입금	415	655	566	511	570	1,109
자본금	25	18	37	63	69	72
총자본	166	95	273	466	578	923
지배주주지분	166	95	273	466	578	762

기업가치 지표
항목	2011	2012	2013	2014	2015	2016
주가(최고/저)(천원)	—/—	—/—	—/—	9.0/7.3	36.2/7.7	24.8/15.2
PER(최고/저)(배)	0.0/0.0	0.0/0.0	0.0/0.0	—/—	196.8/42.1	48.4/29.7
PBR(최고/저)(배)	0.0/0.0	0.0/0.0	0.0/0.0	2.4/2.0	8.6/1.9	4.7/2.9
EV/EBITDA(배)	8.0	9.2	249.5	81.7	44.2	28.5
EPS(원)	67	2,557	-1,557	-901	184	512
BPS(원)	67,649	28,018	3,716	3,720	4,190	5,284
CFPS(원)	13,044	43,973	-522	-355	559	879
DPS(원)						
EBITDAPS(원)	19,390	23,959	53	198	617	885

재무 비율 〈단위 : %〉
연도	영업이익률	순이익률	부채비율	차입금비율	ROA	ROE	유보율	자기자본비율	EBITDA마진율
2016	8.4	7.0	142.8	120.2	3.5	10.8	956.8	41.2	14.3
2015	4.1	3.1	133.1	98.6	2.0	4.8	738.0	42.9	10.4
2014	-4.6	-11.8	151.1	109.8	-7.4	-21.4	643.9	39.8	2.6
2013	-6.8	-10.7	258.3	207.7	-7.1	-35.5	643.1	27.9	0.4

아스팩오일 (A232360)
ASPACOIL

업 종 : 화학		시 장 : KONEX	
신용등급 : (Bond) — (CP) —		기업규모 :	
홈페이지 : www.aspacoil.co.kr		연락처 : 052)239-2161	
본 사 : 울산시 울주군 온산읍 화산1길 43			

설 립 일	1999.07.16	종업원수	38명	대표이사	김종춘
상 장 일	2015.12.22	감사의견	적정 (리안)	계 열	
결 산 기	12월	보통주	465만주	종속회사수	
액 면 가	500원	우선주		구 상 호	

주주구성 (지분율,%)
김종춘	28.4
박한규	20.7

출자관계 (지분율,%)
리드	7.6

주요경쟁사 (외형,%)
아스팩오일	100
진양폴리	53
씨앗	67

매출구성
절삭유(BP CASTROL, 아스팩오일)	46.9
엔진오일(BP CASTROL, Xter, Monotaro, PAOFLO)	39.4
기타(BP CASTROL, 아스팩오일)	13.8

비용구성
매출원가율	88.7
판관비율	7.4

수출비중
수출	—
내수	—

회사 개요
동사는 1999년 7월 16일에 설립되어 산업용 윤활유와 자동차용 윤활유 제조업을 주요사업으로 영위하고 있음. 2010년 1월 영국계 에너지 글로벌 회사인 BP코리아의 국내 제조공장을 인수하여 연간 37,900㎘의 생산이 가능함. 또한 독자적인 기업부설연구소를 보유하고 있으며 "윤활유조성물 및 그 제조방법" 외 2건의 특허권을 바탕으로 품질 경쟁력을 확보함. BP코리아와 현대오일뱅크 등을 고객사로 확보하고 있어 안정적임.

실적 분석
동사의 2016년 누적매출액은 327.1억원으로 전년 대비 11.8% 감소함. 영업이익은 유가 상승에 따른 매출원가 증가의 요인으로 전년 15.5억원에서 12.9억원으로 감소함. 전사적 자원관리시스템이 적용된 제조 공장 인수를 통해 원가 손실을 줄일 것으로 판단됨. 신규사업으로 선박 선외기 사업을 준비 중이며, 90% 이상 설계를 완료한 상태에서 각 부품별 개발 계획을 수립해 시제품 제작 준비 단계임. 이를 통해 추가 매출원 확보가 기대됨.

현금 흐름 *IFRS 별도 기준 〈단위 : 억원〉
항목	2015	2016
영업활동	2	-4
투자활동	-67	-165
재무활동	84	142
순현금흐름	19	-27
기말현금	32	5

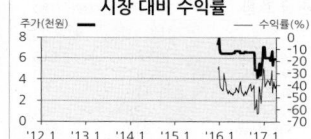
시장 대비 수익률

결산 실적 〈단위 : 억원〉
항목	2011	2012	2013	2014	2015	2016
매출액	565	448	423	411	371	327
영업이익	20	16	17	12	16	13
당기순이익	6	9	5	8	3	-39

분기 실적 *IFRS 별도 기준 〈단위 : 억원〉
항목	2015.3Q	2015.4Q	2016.1Q	2016.2Q	2016.3Q	2016.4Q
매출액	—	—	—	—	—	—
영업이익	—	—	—	—	—	—
당기순이익	—	—	—	—	—	—

재무 상태 *IFRS 별도 기준 〈단위 : 억원〉
항목	2011	2012	2013	2014	2015	2016
총자산	359	248	256	248	324	440
유형자산	63	89	89	100	154	158
무형자산						
유가증권						
총부채	334	216	218	198	278	429
총차입금	286	173	179	171	255	396
자본금	20	20	20	20	20	21
총자본	25	32	38	51	46	12
지배주주지분	25	32	38	51	46	12

기업가치 지표 *IFRS 별도 기준
항목	2011	2012	2013	2014	2015	2016
주가(최고/저)(천원)	—/—	—/—	—/—	—/—	7.9/5.9	7.9/3.5
PER(최고/저)(배)	0.0/0.0	0.0/0.0	0.0/0.0	0.0/0.0	95.6/71.2	—/—
PBR(최고/저)(배)	0.0/0.0	0.0/0.0	0.0/0.0	0.0/0.0	6.9/5.1	28.2/12.6
EV/EBITDA(배)	13.5	10.0	8.7	11.0	28.6	38.7
EPS(원)	144	217	135	204	83	-932
BPS(원)	628	808	944	1,263	1,151	280
CFPS(원)	173	246	190	264	166	-857
DPS(원)						
EBITDAPS(원)	530	434	481	355	471	381

재무 비율 〈단위 : %〉
연도	영업이익률	순이익률	부채비율	차입금비율	ROA	ROE	유보율	자기자본비율	EBITDA마진율
2016	3.9	-12.0	일부잠식	일부잠식	-10.3	-135.5	-44.0	2.7	4.9
2015	4.2	0.9	603.0	554.2	1.2	6.8	130.2	14.2	5.1
2014	2.9	2.0	391.5	337.8	3.2	18.5	152.6	20.4	3.5
2013	4.0	1.3	577.2	475.0	2.2	15.4	88.7	14.8	4.6

아시아경제 (A127710)
The Asia Business Daily

업 종 : 미디어		시 장 : KOSDAQ	
신용등급 : (Bond) — (CP) —		기업규모 : 중견	
홈페이지 : www.asiae.co.kr		연 락 처 : 02)2200-2197	
본 사 : 서울시 중구 충무로 29 아시아미디어타워 10~11층			

설 립 일 2005.06.20	종업원수 230명	대표이사 최영범	
상 장 일 2015.07.31	감사의견 적정 (신우)	계 열	
결 산 기 12월	보통주 2,524만주	종속회사수	
액 면 가 500원	우선주	구 상 호	

주주구성 (지분율,%)
케이엠에이치	45.7
(외국인)	1.1

출자관계 (지분율,%)
에이와이너리	100.0
케이엠에이치인스코	70.0
아시아경제티브이	59.7

주요경쟁사 (외형,%)
아시아경제	100

매출구성
용역매출(광고 등)	72.0
상품	28.0

비용구성
매출원가율	48.0
판관비율	35.8

수출비중
수출	0.0
내수	100.0

회사 개요
동사는 온오프라인 경제 전문 미디어로, 매체에 대한 대중의 접근성을 전제로 한 광고 사업과 콘텐츠 사업, 컨벤션 사업, HR사업 등으로 구성되어 있음. 광고 사업은 모바일, 스마트플랫폼 등의 뉴미디어를 활용해 새로운 광고 수익을 창출하고 있음. 방대한 네트워크를 기반으로 플랫폼의 진화에 대응하고, 관련 인프라를 자체적으로 구축함으로써 인터넷과 뉴미디어를 통한 광고 사업을 성공적으로 이행하고 있음.

실적 분석
동사의 2016년 연결 누적 매출액은 603.3억원으로 전년동기 대비 4.1% 증가함. 매출 구성은 광고 등 용역매출과 상품판매 매출로 나뉘는데, 상품 매출의 매출이 전년동기 대비 소폭 증가함. 주요 종속기업인 팍스넷은 금융, 증권 및 재테크 정보와 관련된 컨텐츠가 강점이며, 이를 활용한 금융솔루션사업, 광고사업 매출이 증가했고, 지속적인 수익 창출이 기대됨.

현금 흐름 〈단위 : 억원〉
항목	2015	2016
영업활동	80	116
투자활동	-218	-99
재무활동	177	67
순현금흐름	38	84
기말현금	211	295

시장 대비 수익률
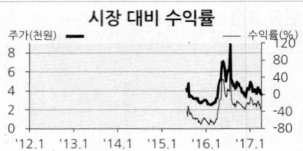

결산 실적 〈단위 : 억원〉
항목	2011	2012	2013	2014	2015	2016
매출액	289	308	491	730	580	603
영업이익	0	33	28	90	102	98
당기순이익	-117	-202	24	71	60	68

분기 실적 〈단위 : 억원〉
항목	2015.3Q	2015.4Q	2016.1Q	2016.2Q	2016.3Q	2016.4Q
매출액	194	-18	175	187	150	91
영업이익	16	30	12	37	16	32
당기순이익	13	4	9	36	16	7

재무 상태 〈단위 : 억원〉
항목	2011	2012	2013	2014	2015	2016
총자산	242	203	494	586	838	992
유형자산	108	106	122	136	114	131
무형자산		0	35	34	52	46
유가증권	1	1	1	1	1	26
총부채	277	259	175	194	207	152
총차입금	149		65	93	81	32
자본금	51	38	300	100	126	126
총자본	-35	-56	319	392	631	841
지배주주지분	-35	-56	232	292	525	599

기업가치 지표
항목	2011	2012	2013	2014	2015	2016
주가(최고/저)(천원)	—/—	—/—	—/—	—/—	4.8/2.6	8.9/2.4
PER(최고/저)(배)	0.0/0.0	0.0/0.0	0.0/0.0	0.0/0.0	21.1/11.5	43.0/11.7
PBR(최고/저)(배)	0.0/0.0	0.0/0.0	0.0/0.0	0.0/0.0	2.3/1.3	3.8/1.0
EV/EBITDA(배)	12.8				4.4	6.9
EPS(원)	-305,212	-44,625	176	300	228	208
BPS(원)	-3,431	-6,926	3,917	1,466	2,081	2,372
CFPS(원)	-10,733	-133,271	938	391	297	265
DPS(원)						
EBITDAPS(원)	755	24,846	987	539	525	445

재무 비율 〈단위 : %〉
연도	영업이익률	순이익률	부채비율	차입금비율	ROA	ROE	유보율	자기자본비율	EBITDA마진율
2016	16.2	11.3	18.0	3.9	7.5	9.3	374.4	84.7	18.6
2015	17.5	10.3	32.8	12.9	8.4	12.4	316.1	75.3	20.1
2014	12.3	9.7	49.6	23.7	13.1	22.9	193.3	66.9	14.7
2013	5.8	5.0	54.8	20.3	—	—	-21.7	64.6	9.0

아시아나항공 (A020560)
Asiana Airlines

업 종 : 항공운수		시 장 : 거래소	
신용등급 : (Bond) BBB- (CP) A3		기업규모 : 시가총액 중형주	
홈페이지 : www.flyasiana.com		연 락 처 : 02)2669-3114	
본 사 : 서울시 강서구 오정로 443-83, 아시아나타운			

설 립 일 1988.02.17	종업원수 8,851명	대표이사 김수천,박삼구	
상 장 일 2008.03.28	감사의견 적정 (삼정)	계 열	
결 산 기 12월	보통주 20,524만주	종속회사수	
액 면 가 5,000원	우선주	구 상 호	

주주구성 (지분율,%)
금호산업	33.5
한국산업은행	5.9
(외국인)	7.9

출자관계 (지분율,%)
아시아나개발	100.0
아시아나에어포트	100.0
에어서울	100.0

주요경쟁사 (외형,%)
아시아나항공	100
대한항공	204
한진칼	17

매출구성
노선사업(국제여객)	60.2
노선사업(화 물)	23.3
노선부대사업(기타 부대사업)	8.3

비용구성
매출원가율	85.2
판관비율	10.4

수출비중
수출	—
내수	—

회사 개요
동사는 항공운송사업을 주목적으로 하는 회사로 1988년 설립됨. 주요 종속회사는 아시아나IDT, 아시아나에어포트, 금호리조트 등이 있음. 아시아나항공의 시장점유율은 2016년 말 기준 국내여객 17.6%, 국제여객 19%, 국제화물 23.3%를 기록. 저비용항공사의 성장 등 위험요소를 이겨내기 위해 장거리 노선 확장 및 중단거리 노선 증편 등을 통한 네트워크 강화 추진 중.

실적 분석
경기위축에 따른 수요 부진, 사드배치 결정에 따른 중국인 여행객 감소 등 수익성 둔화에 대한 시장 우려 상존하지만 안정적 증가세 유지 중. 2016년 4분기 연결기준 누적 매출액은 5조7635.5억원으로 전년 대비 4% 증가. 원가율 하락으로 영업이익은 전년보다 2000억원 이상 늘어난 2564.8억원을 기록. 당기순이익도 흑자전환함. 항공 3사의(아시아나항공, 에어부산, 에어서울) 시너지 효과도 기대해봄직.

현금 흐름 〈단위 : 억원〉
항목	2015	2016
영업활동	4,425	6,588
투자활동	-8,515	-551
재무활동	3,289	-5,116
순현금흐름	-800	880
기말현금	1,829	2,709

시장 대비 수익률
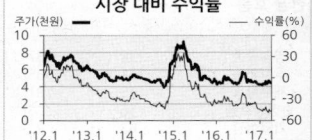

결산 실적 〈단위 : 억원〉
항목	2011	2012	2013	2014	2015	2016
매출액	56,094	58,879	57,235	58,362	55,407	57,636
영업이익	3,583	1,794	-112	981	461	2,565
당기순이익	-299	625	-1,147	633	-1,392	526

분기 실적 〈단위 : 억원〉
항목	2015.3Q	2015.4Q	2016.1Q	2016.2Q	2016.3Q	2016.4Q
매출액	14,219	13,903	14,763	13,745	15,554	13,574
영업이익	455	-93	587	288	1,516	173
당기순이익	-622	-513	444	-267	1,526	-1,179

재무 상태 〈단위 : 억원〉
항목	2011	2012	2013	2014	2015	2016
총자산	57,474	60,864	70,120	82,116	92,927	82,292
유형자산	32,419	35,543	37,574	49,066	55,456	51,555
무형자산	2,015	1,978	2,099	3,647	6,461	2,462
유가증권	2,338	2,543	2,782	3,385	3,669	2,859
총부채	48,861	50,815	61,087	70,925	84,412	71,874
총차입금	30,814	33,118	37,774	41,902	53,476	46,153
자본금	9,165	9,755	9,755	9,755	9,755	10,262
총자본	8,613	10,049	9,033	11,191	8,516	10,419
지배주주지분	8,578	10,005	8,999	10,059	8,296	8,920

기업가치 지표
항목	2011	2012	2013	2014	2015	2016
주가(최고/저)(천원)	12.5/6.3	8.3/5.8	6.5/4.5	7.1/3.9	9.3/4.3	5.9/4.1
PER(최고/저)(배)	—/—	26.2/18.3	—/—	22.4/12.1	—/—	23.5/16.3
PBR(최고/저)(배)	2.7/1.4	1.6/1.1	1.4/1.0	1.4/0.8	2.2/1.0	1.4/0.9
EV/EBITDA(배)	6.7	9.2	14.0	11.1	12.2	8.1
EPS(원)	-171	317	-593	319	-708	251
BPS(원)	4,685	5,128	4,613	5,156	4,252	4,346
CFPS(원)	1,168	1,787	932	2,166	1,475	2,292
DPS(원)						
EBITDAPS(원)	3,323	2,396	1,467	2,350	2,419	3,346

재무 비율 〈단위 : %〉
연도	영업이익률	순이익률	부채비율	차입금비율	ROA	ROE	유보율	자기자본비율	EBITDA마진율
2016	4.5	0.9	689.9	443.0	0.6	5.7	-13.1	12.7	11.4
2015	0.8	-2.5	일부잠식	일부잠식	-1.6	-15.1	-15.0	9.2	8.5
2014	1.7	1.1	633.8	374.4	0.8	6.5	3.1	13.6	7.9
2013	-0.2	-2.0	일부잠식	일부잠식	-1.8	-12.2	-7.8	12.9	5.0

아시아종묘 (A154030)
ASIA SEED

업　　종 : 식료품　　　　　　　　　　　　시　　장 : KONEX
신용등급 : (Bond) —　　(CP) —　　　　　기업규모 :
홈 페 이 지 : www.asiaseed.co.kr　　　　 연 락 처 : 02)449-9161
본　　사 : 서울시 송파구 중대로 150 백암빌딩 7층

설 립 일	2004.06.24	종업원수	180명	대표이사	류경오
상 장 일	2014.07.08	감사의견	적정 (삼정)	계 열	
결 산 기	09월	보 통 주	819만주	종속회사수	
액 면 가	500원	우 선 주		구 상 호	*

주주구성 (지분율,%)		출자관계 (지분율,%)		주요경쟁사 (외형,%)	
류경오	37.2			아시아종묘	100
아이디스동아 드림하이투자조합2호	5.9			사조해표	3,140
				신송홀딩스	964

매출구성		비용구성		수출비중	
종자(무 외)	61.5	매출원가율	55.4	수출	32.4
종자(양배추)	19.3	판관비율	43.6	내수	67.6
종자(호박)	17.0				

회사 개요
동사는 종자기업으로 종자 개발에서 종자 생산, 가공, 유통, 판매까지 모든 사업을 아우르고 있음. 2013년 기준 내수 시장에서 4.96%의 시장점유율을 기록했고, 수출 시장에서는 11.97% 점유율을 기록함. 수박, 토마토, 풋고추 등의 종자 개발에 주력하고 있음. 해외에서는 양배추, 브로콜리, 고추, 무 등의 종자를 수출하는 종묘업체로 알려져 있음. 동사의 전체 매출 중 수출이 차지하는 비중은 30% 수준.

실적 분석
동사는 코넥스 상장 기업으로 분기와 반기 실적 공개 의무가 없음. 동사의 2016년(2015년 10월부터 2016년 9월) 연결기준 누적 매출액은 214.6억원으로 전년 동기(196.3억원) 대비 약 10% 가량 증가함. 매출은 증가했지만 매출원가와 제반 비용이 상승하면서 영업손실은 10.3억원으로 적자 전환함. 영업이익이 적자 전환하면서 당기순손실은 23.6억원으로 전년 동기 대비 순손실 폭이 늘어남

현금 흐름　*IFRS 별도 기준　〈단위 : 억원〉

항목	2016	2017.1Q
영업활동	13	—
투자활동	-5	—
재무활동	-13	—
순현금흐름	-6	—
기말현금	14	—

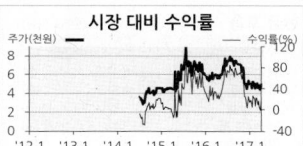

시장 대비 수익률

결산 실적　　　　　　　　　　　　　　〈단위 : 억원〉

항목	2012	2013	2014	2015	2016	2017
매출액	141	171	—	196	215	—
영업이익	-1	4	—	2	-10	—
당기순이익	-2	-3	—	-17	-24	—

분기 실적　*IFRS 별도 기준　　　　　　〈단위 : 억원〉

항목	2015.4Q	2016.1Q	2016.2Q	2016.3Q	2016.4Q	2017.1Q
매출액	—	—	—	—	—	—
영업이익	—	—	—	—	—	—
당기순이익	—	—	—	—	—	—

재무 상태　*IFRS 별도 기준　　　　　　〈단위 : 억원〉

항목	2012	2013	2014	2015	2016	2017.1Q
총자산	257	307	—	336	309	—
유형자산	84	90	—	108	117	—
무형자산	0	1	—	0	0	—
유가증권	0	—	—	—	—	—
총부채	160	214	—	264	165	—
총차입금	120	164	—	229	123	—
자본금	30	30	—	30	41	—
총자본	97	94	—	71	144	—
지배주주지분	97	94	—	71	144	—

기업가치 지표　*IFRS 별도 기준

항목	2012	2013	2014	2015	2016	2017.1Q
주가(최고/저)(천원)	—/—	—/—	5.2/—	9.0/2.8	8.1/4.1	—/—
PER(최고/저)(배)	0.0/0.0	0.0/0.0	0.0/0.0	—/—	—/—	—/—
PBR(최고/저)(배)	0.0/0.0	0.0/0.0	0.0/0.0	8.4/3.9	4.6/2.8	0.0/0.0
EV/EBITDA(배)	22.0	12.6	0.0	51.3	—	—/—
EPS(원)	-34	-46	—	-251	-298	—
BPS(원)	1,589	1,544	—	1,070	1,763	—
CFPS(원)	78	81	—	-113	-194	—
DPS(원)	—	—	—	—	—	—
EBITDAPS(원)	86	192	—	162	-38	—

재무 비율　　　　　　　　　　　　　　〈단위 : % 〉

연도	영업이익률	순이익률	부채비율	차입금비율	ROA	ROE	유보율	자기자본비율	EBITDA마진율
2016	-4.8	-11.0	112.7	84.9	-7.3	-21.9	253.9	47.0	-0.8
2015	1.0	-8.5	370.8	320.3	-6.2	-24.5	135.2	21.2	5.8
2014	0.0	0.0	0.0	0.0	0.0	0.0	0.0	0.0	0.0
2013	2.2	-1.5	229.3	175.0	-0.9	-2.7	208.5	30.4	6.8

아이디스 (A143160)
Intelligent Digital Integrated Security

업　　종 : 보안장비　　　　　　　　　　　시　　장 : KOSDAQ
신용등급 : (Bond) —　　(CP) —　　　　　기업규모 : 우량
홈 페 이 지 : www.idis.co.kr　　　　　　 연 락 처 : 042)930-9600
본　　사 : 대전시 유성구 테크노3로 8-10. 305-509

설 립 일	2011.07.01	종업원수	380명	대표이사	김영달
상 장 일	2011.09.26	감사의견	적정 (한울)	계 열	
결 산 기	12월	보 통 주	1,072만주	종속회사수	
액 면 가	500원	우 선 주		구 상 호	

주주구성 (지분율,%)		출자관계 (지분율,%)		주요경쟁사 (외형,%)	
아이디스홀딩스	41.1	에치디프로	36.0	아이디스	100
한국투자밸류자산운용	16.4	메디치인베스트먼트	10.0	아이디스홀딩스	341
(외국인)	13.6	다원투자자문	9.0	넥스트칩	49

매출구성		비용구성		수출비중	
[CCTV]NVR	39.5	매출원가율	68.9	수출	43.3
[CCTV]IP Camera	27.3	판관비율	32.0	내수	56.7
[CCTV]DVR	17.5				

회사 개요
1997년 설립된 동사는 CCTV카메라가 촬영한 영상을 디지털로 변환해 저장하는 디지털 영상 저장장치인 DVR(Digital Video Recorder)을 전문적으로 개발, 생산, 판매하는 DVR 전문기업임. 동사는 지주회사 아이디스홀딩스의 계열사 임. 코텍, 아이디피, Matrix Network Inc, 에치디프로 등 총 10개의 계열사를 두고 있음. 동사는 2013년 5월 IFSEC에서 자가브랜드를 런칭함.

실적 분석
동사의 2016년 연결 매출액은 1,295.1억원으로 전년 대비 11.6% 줄어들었음. 매출원가가 8.1% 줄었으나 매출총이익은 18.6% 줄어든 402.2억원을 기록함. 판매비와 관리비가 18.9% 늘었는데 이는 인건비 증가, 경상개발비 증가에 따른 것임. 영업손실 12억원을 기록하며 적자 전환했으며 비영업손실 94.6억원이 더해져 당기순손실 80.2억원을 기록했음.

현금 흐름　*별도 기준　　〈단위 : 억원〉

항목	2015	2016
영업활동	133	182
투자활동	-78	-266
재무활동	25	-92
순현금흐름	186	-92
기말현금	344	252

시장 대비 수익률

결산 실적　　　　　　　　　　　　　　〈단위 : 억원〉

항목	2011	2012	2013	2014	2015	2016
매출액	646	1,524	1,176	1,174	1,466	1,295
영업이익	138	319	196	93	136	-12
당기순이익	138	254	201	105	129	-80

분기 실적　*IFRS 별도 기준　　　　　　〈단위 : 억원〉

항목	2015.3Q	2015.4Q	2016.1Q	2016.2Q	2016.3Q	2016.4Q
매출액	382	415	324	347	299	326
영업이익	45	14	4	18	-16	-19
당기순이익	38	30	13	16	-14	-94

재무 상태　*IFRS 별도 기준　　　　　　〈단위 : 억원〉

항목	2011	2012	2013	2014	2015	2016
총자산	1,146	1,239	1,460	1,560	2,013	1,851
유형자산	103	100	114	154	222	232
무형자산	65	92	90	78	170	103
유가증권	5	18	15	114	73	63
총부채	496	351	108	137	231	188
총차입금	380	180	—	—	16	46
자본금	16	16	54	54	54	54
총자본	650	888	1,352	1,422	1,781	1,663
지배주주지분	650	888	1,352	1,422	1,523	1,447

기업가치 지표

항목	2011	2012	2013	2014	2015	2016
주가(최고/저)(천원)	10.4/7.7	22.1/9.7	25.6/14.3	20.3/10.9	20.0/11.7	18.7/9.0
PER(최고/저)(배)	7.8/5.8	8.8/3.9	14.2/7.9	22.0/11.8	17.2/10.0	—/—
PBR(최고/저)(배)	1.7/1.2	2.5/1.1	2.2/1.2	1.6/0.9	1.5/0.9	1.4/0.7
EV/EBITDA(배)	7.2	5.8	4.6	4.5	7.1	5.4
EPS(원)	1,485	2,721	1,956	982	1,205	-373
BPS(원)	20,938	28,599	12,620	13,275	14,211	13,503
CFPS(원)	5,006	9,462	2,525	1,593	1,772	372
DPS(원)	450	450	350	300	300	200
EBITDAPS(원)	4,986	11,553	2,478	1,476	1,832	633

재무 비율　　　　　　　　　　　　　　〈단위 : % 〉

연도	영업이익률	순이익률	부채비율	차입금비율	ROA	ROE	유보율	자기자본비율	EBITDA마진율
2016	-0.9	-6.2	11.3	2.7	-4.2	-2.7	2,600.6	89.9	5.2
2015	9.3	8.8	13.0	0.9	7.2	8.8	2,742.2	88.5	13.4
2014	7.9	9.0	9.7	0.0	7.0	7.6	2,555.0	91.2	13.5
2013	16.7	17.1	8.0	0.0	14.9	18.0	2,424.0	92.6	21.7

아이디스홀딩스 (A054800)
IDIS Holdings

업 종 : 보안장비		시 장 : KOSDAQ	
신용등급 : (Bond) — (CP) —		기업규모 : 중견	
홈페이지 : www.idisholdings.co.kr		연 락 처 : 042)930-9660	
본 사 : 대전시 유성구 테크노3로 8-10 (관평동)			

설 립 일	1997.09.24	종 업 원 수	13명	대 표 이 사	김영달
상 장 일	2001.09.27	감 사 의 견	적정 (한울)	계 열	
결 산 기	12월	보 통 주	1,035만주	종 속 회 사 수	
액 면 가	500원	우 선 주		구 상 호	

주주구성 (지분율,%)		출자관계 (지분율,%)		주요경쟁사 (외형,%)	
김영달	31.2	아이디피	61.6	아이디스홀딩스	100
엔엑스씨	24.8	아이디스	41.1	현대통신	20
(외국인)	6.5	코텍	33.0	넥스트칩	15

매출구성		비용구성		수출비중	
LCD(제품)	58.0	매출원가율	72.9	수출	—
NVR(기타)	13.6	판관비율	20.0	내수	—
기타	12.4				

회사 개요
동사는 1997년 9월 24일에 영상기기 개발, 제조 및 판매사업 등을 영위할 목적으로 설립된 아이디스에서 2011년 7월 1일을 분할기일로 투자사업부문을 담당하는 분할존속회사이자 지주회사인 아이디스홀딩스로 상호변경함. 동사는 CCTV에 전반적인 주요제품을 전문적으로 개발, 생산, 판매하는 영상보안 통합솔루션 회사임. 동사를 제외한 10개의 계열사를 가지고 있으며, 아이디스 등 총 4개의 연결대상 자회사가 있음.

실적 분석
동사의 2016년 연결기준 매출액은 4,414억원으로 전년 대비 10.6% 증가함. 매출원가가 10.9% 증가하였으며 판관비는 29.1% 늘어난 881.7억원을 기록함. 비용 구조 악화로 영업이익은 전년 대비 22.5% 줄어든 312.9억원을 기록함. 비영업부문에서 손실이 153억원 발생하면서 당기순이익은 전년 대비 44.6% 줄어든 208.6억원을 기록했음.

현금 흐름 〈단위 : 억원〉

항목	2015	2016
영업활동	335	438
투자활동	135	-406
재무활동	164	-115
순현금흐름	743	-80
기말현금	998	918

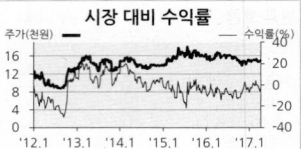
시장 대비 수익률

결산 실적 〈단위 : 억원〉

항목	2011	2012	2013	2014	2015	2016
매출액	136	1,664	3,000	2,778	3,991	4,414
영업이익	32	253	412	144	404	313
당기순이익	811	223	305	-337	377	209

분기 실적 〈단위 : 억원〉

항목	2015.3Q	2015.4Q	2016.1Q	2016.2Q	2016.3Q	2016.4Q
매출액	1,133	1,040	883	1,124	1,149	1,258
영업이익	149	71	71	88	87	68
당기순이익	148	66	63	90	136	-79

재무 상태 〈단위 : 억원〉

항목	2011	2012	2013	2014	2015	2016
총자산	1,756	5,004	5,132	4,543	5,440	5,542
유형자산	20	576	588	625	694	726
무형자산	10	1,506	1,386	738	778	548
유가증권	216	155	147	446	188	151
총부채	364	1,095	792	623	745	779
총차입금	282	476	259	171	163	187
자본금	35	52	52	52	52	52
총자본	1,392	3,910	4,340	3,920	4,695	4,763
지배주주지분	1,381	1,809	1,902	1,672	1,817	1,816

기업가치 지표

항목	2011	2012	2013	2014	2015	2016
주가(최고/저)(천원)	14.4/8.4	13.5/8.7	16.1/12.4	16.1/12.6	18.1/13.7	16.8/13.6
PER(최고/저)(배)	1.6/0.9	12.0/7.7	18.2/14.0	—/—	12.3/9.4	104.6/84.6
PBR(최고/저)(배)	0.7/0.4	0.7/0.5	0.8/0.6	0.9/0.7	1.0/0.7	0.9/0.7
EV/EBITDA(배)	3.2	8.7	5.1	8.9	5.7	6.1
EPS(원)	9,530	1,170	913	-2,066	1,493	162
BPS(원)	22,068	18,883	19,778	17,554	18,960	18,949
CFPS(원)	9,871	2,066	2,466	-387	2,878	1,627
DPS(원)	200	50	50	100	150	150
EBITDAPS(원)	716	3,660	5,537	3,074	5,286	4,488

재무 비율 〈단위 : % 〉

연도	영업이익률	순이익률	부채비율	차입금비율	ROA	ROE	유보율	자기자본비율	EBITDA마진율
2016	7.1	4.7	16.4	3.9	3.8	0.9	3,689.8	86.0	10.5
2015	10.1	9.4	15.9	3.5	7.6	8.9	3,692.0	86.3	13.7
2014	5.2	-12.1	15.9	4.4	-7.0	-12.0	3,410.8	86.3	11.5
2013	13.7	10.2	18.3	6.0	6.5	5.1	3,855.6	84.6	19.1

아이리버 (A060570)
Iriver

업 종 : 컴퓨터 및 주변기기		시 장 : KOSDAQ	
신용등급 : (Bond) — (CP) —		기업규모 : 중견	
홈페이지 : www.iriver.co.kr		연 락 처 : 02)3019-1700	
본 사 : 서울시 서초구 방배로 18길 5 (아이리버하우스)			

설 립 일	1999.01.20	종 업 원 수	160명	대 표 이 사	이정호
상 장 일	2003.12.19	감 사 의 견	적정 (삼정)	계 열	
결 산 기	12월	보 통 주	3,110만주	종 속 회 사 수	
액 면 가	500원	우 선 주		구 상 호	

주주구성 (지분율,%)		출자관계 (지분율,%)		주요경쟁사 (외형,%)	
에스케이텔레콤	48.9	그루버스	44.2	아이리버	100
Online Technology Ltd.	2.1	iriverEnterpriseLtd.	100.0	엠젠플러스	100
(외국인)	3.2	grooversJapanCo.,Ltd.	100.0	제이씨현시스템	363

매출구성		비용구성		수출비중	
[제품] MP3/4 플레이어	54.2	매출원가율	72.6	수출	—
[상품] 기타	21.0	판관비율	45.5	내수	—
기타	16.6				

회사 개요
동사는 1999년 설립되어 음악 파일을 플래시 메모리, 하드디스크 등의 저장매체에 저장하여 휴대하면서 음악을 들을 수 있는 오디오 기기인 MP3 플레이어를 동사의 주요제품으로 생산 및 판매하여 한때 세계 시장의 25%를 점유하였으나, 스마트폰 대중화로 인해 위기를 맞음. 2012년 휴대용 고음질 재생 플레이어 시장에 아스텔앤컨을 출시하면서 고급형 음향 시장에서 선전하고 있음. 2015년 2월 groovers Japan을 설립, 종속회사로 편입함.

실적 분석
동사의 2016년 연간 매출은 523억원으로 전년대비 6% 감소, 영업이익은 -94.4억원으로 적자전환, 당기순이익은 -99.9억원으로 적자전환을 기록. 주력 제품의 판매 정체 가운데 원가율 상승, 판매관리비 증가로 영업이익과 당기순이익은 적자전환 시현. 스마트 기기의 하드웨어 차별화 부재, 기능의 통합 현상으로 매출 증가에 어려움을 예상, 신규 거래선 개척, 차별화 제품의 출시가 필요한 시점.

현금 흐름 〈단위 : 억원〉

항목	2015	2016
영업활동	-69	41
투자활동	-66	-40
재무활동	3	—
순현금흐름	-134	-4
기말현금	113	109

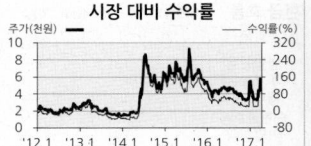
시장 대비 수익률

결산 실적 〈단위 : 억원〉

항목	2011	2012	2013	2014	2015	2016
매출액	1,485	969	694	532	556	523
영업이익	-282	-105	-80	15	3	-94
당기순이익	-405	-98	-84	23	6	-100

분기 실적 〈단위 : 억원〉

항목	2015.3Q	2015.4Q	2016.1Q	2016.2Q	2016.3Q	2016.4Q
매출액	119	154	129	146	134	115
영업이익	-8	5	-6	-19	-20	-49
당기순이익	0	1	-9	-22	-33	-35

재무 상태 〈단위 : 억원〉

항목	2011	2012	2013	2014	2015	2016
총자산	884	574	314	619	604	501
유형자산	161	29	13	10	39	35
무형자산	30	13	20	28	51	46
유가증권	0	0	0	0	0	—
총부채	520	316	130	144	124	119
총차입금	184	50	24	40	43	46
자본금	129	129	129	155	155	155
총자본	364	258	184	476	481	381
지배주주지분	364	258	184	476	481	381

기업가치 지표

항목	2011	2012	2013	2014	2015	2016
주가(최고/저)(천원)	3.5/1.4	3.0/1.7	3.3/1.5	8.7/1.5	9.6/4.9	5.4/3.2
PER(최고/저)(배)	—/—	—/—	—/—	95.6/16.0	471.2/239.3	—/—
PBR(최고/저)(배)	2.5/1.0	3.0/1.7	4.7/2.0	5.7/1.0	6.2/3.2	4.4/2.6
EV/EBITDA(배)				45.1	55.7	
EPS(원)	-1,568	-379	-325	90	20	-321
BPS(원)	1,409	998	711	1,532	1,545	1,226
CFPS(원)	-1,425	-277	-258	156	104	-203
DPS(원)						
EBITDAPS(원)	-947	-304	-242	123	93	-186

재무 비율 〈단위 : % 〉

연도	영업이익률	순이익률	부채비율	차입금비율	ROA	ROE	유보율	자기자본비율	EBITDA마진율
2016	-18.0	-19.1	31.3	12.2	-18.1	-23.2	145.3	76.2	-11.0
2015	0.5	1.1	25.8	9.0	1.0	1.3	209.1	79.5	6.0
2014	2.8	4.4	30.3	8.4	5.0	7.2	206.3	76.8	6.0
2013	-11.5	-12.1	71.0	12.9	-19.0	-38.1	42.3	58.5	-9.0

아이마켓코리아 (A122900)
iMarketKorea

업 종 : 상업서비스	시 장 : 거래소
신용등급 : (Bond) A (CP) —	기업규모 : 시가총액 중형주
홈 페 이 지 : www.imarketkorea.com	연 락 처 : 02)3708-5678
본 사 : 서울시 강남구 삼성로 512, 16층(삼성동, 삼성동빌딩)	

설 립 일	2000.12.08	종 업 원 수	507명	대 표 이 사	김규일
상 장 일	2010.07.30	감 사 의 견	적정 (안진)	계	열
결 산 기	12월	보 통 주	3,594만주	종 속 회 사 수	
액 면 가	500원	우 선 주		구 상 호	

주주구성 (지분율,%)		출자관계 (지분율,%)		주요경쟁사 (외형,%)	
인터파크	40.0	가디언	100.0	아이마켓코리아	100
베어링자산운용	7.2	인터파크큐브릿지	100.0	NICE평가정보	10
(외국인)	17.6	인터파크로지스틱스	100.0	나이스정보통신	9

매출구성		비용구성		수출비중	
상품매출	99.6	매출원가율	94.4	수출	—
기타매출(용역/수수료)	0.4	판관비율	3.8	내수	—

회사 개요
동사는 산업재 B2B 전자상거래를 목적으로 2000년 12월 설립됨. 2000년대 초반부터 현재까지 소모성자재를 주요 품목으로 하고 있으나, 점차 IT, 건자재, 원자재, 부자재, 설비, 서비스 등으로 품목을 확대해 가고 있음. MRO 시장에서 동사의 시장점유율은 약 12% 정도임. 현재 4개의 해외법인을 설립 및 운영하고 있음. 전략 고객사에 대한 서비스를 강화해 전략 고객사 매출을 꾸준히 확대하고 있음. 연평균 13% 성장세를 보임.

실적 분석
동사의 2016년 매출액은 3조 4000억원으로 전년 대비 8.2% 증가함. 영업이익은 604.9억원으로 전년 대비 5% 감소함. 당기순이익은 355.9억원으로 28.2% 감소함. 판매비와 관리비가 늘어나면서 수익성이 감소한 것으로 보임. 동사는 전략구매 컨설팅 서비스, 구매대행 서비스, 산업재 유통 서비스, 글로벌 서비스 등 다양한 방면으로 사업을 확대하고 있음.

현금 흐름 〈단위 : 억원〉

항목	2015	2016
영업활동	-438	1,223
투자활동	-97	-672
재무활동	-324	-320
순현금흐름	-859	231
기말현금	495	726

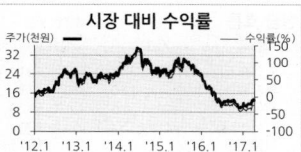

결산 실적 〈단위 : 억원〉

항목	2011	2012	2013	2014	2015	2016
매출액	16,823	20,455	24,968	27,338	31,439	34,000
영업이익	413	473	495	568	637	605
당기순이익	345	386	386	441	496	356

분기 실적 〈단위 : 억원〉

항목	2015.3Q	2015.4Q	2016.1Q	2016.2Q	2016.3Q	2016.4Q
매출액	8,189	8,681	7,158	7,962	8,080	10,800
영업이익	170	125	101	151	116	237
당기순이익	133	92	60	107	91	98

재무 상태 〈단위 : 억원〉

항목	2011	2012	2013	2014	2015	2016
총자산	5,634	6,833	7,917	10,905	12,663	13,341
유형자산	51	123	112	112	114	100
무형자산	56	311	306	1,923	2,115	1,974
유가증권	0	7	33	88	91	130
총부채	2,760	3,673	4,469	6,574	8,173	8,766
총차입금	5	61	186	117	183	157
자본금	182	182	182	182	182	182
총자본	2,875	3,160	3,448	4,331	4,490	4,575
지배주주지분	2,875	3,178	3,468	3,700	3,831	3,920

기업가치 지표

항목	2011	2012	2013	2014	2015	2016
주가(최고/저)(천원)	25.4/10.3	26.0/14.1	25.3/18.9	37.1/22.5	30.6/22.9	24.4/9.6
PER(최고/저)(배)	29.5/12.0	26.6/14.5	25.6/19.1	35.7/21.6	28.1/21.0	35.0/13.8
PBR(최고/저)(배)	3.5/1.4	3.2/1.8	2.9/2.1	3.8/2.3	2.9/2.2	2.2/0.9
EV/EBITDA(배)	12.0	19.8	15.9	13.1	11.6	4.1
EPS(원)	961	1,073	1,080	1,125	1,157	728
BPS(원)	7,998	8,843	9,648	10,554	11,212	11,467
CFPS(원)	1,010	1,182	1,256	1,532	1,616	1,136
DPS(원)	200	250	250	500	500	450
EBITDAPS(원)	1,198	1,426	1,553	1,988	2,231	2,092

재무 비율 〈단위 : % 〉

연도	영업이익률	순이익률	부채비율	차입금비율	ROA	ROE	유보율	자기자본비율	EBITDA마진율
2016	1.8	1.1	191.6	3.4	2.7	6.8	2,168.8	34.3	2.2
2015	2.0	1.6	182.0	4.1	4.2	11.1	2,118.4	35.5	2.6
2014	2.1	1.6	151.8	2.7	4.7	11.3	1,988.1	39.7	2.6
2013	2.0	1.5	129.6	5.4	5.2	11.7	1,808.9	43.6	2.2

아이센스 (A099190)
i-SENS

업 종 : 의료 장비 및 서비스	시 장 : KOSDAQ
신용등급 : (Bond) — (CP) —	기업규모 : 우량
홈 페 이 지 : www.i-sens.co.kr	연 락 처 : 02)916-6191
본 사 : 서울시 서초구 반포대로 28길 43	

설 립 일	2000.05.04	종 업 원 수	594명	대 표 이 사	차근식
상 장 일	2013.01.30	감 사 의 견	적정 (삼일)	계	열
결 산 기	12월	보 통 주	1,372만주	종 속 회 사 수	
액 면 가	500원	우 선 주		구 상 호	

주주구성 (지분율,%)		출자관계 (지분율,%)		주요경쟁사 (외형,%)	
차근식	16.4	아이센스비즈	70.0	아이센스	100
ARKRAY, INC.	10.5	프리시젼바이오	45.8	차바이오텍	339
(외국인)	41.0	아람바이오시스템	15.0	인바디	60

매출구성		비용구성		수출비중	
혈당측정기 및 스트립	93.1	매출원가율	53.3	수출	81.9
전해질 분석기 및 카트리지	4.8	판관비율	27.3	내수	18.1
연구용역 외	1.9				

회사 개요
동사는 2000년 5월 설립되어 전기화학기술과 바이오센서 기술을 바탕으로 의료, 환경, 산업용 센서 및 계측기를 개발, 제조하고 있음. 현재 주요 사업 부문은 당뇨병 환자 및 정상인 누구나 자신의 혈당 수치를 자기가 직접 측정할 수 있게 해주는 자가혈당측정기와 혈액 내 전해질 및 가스의 농도를 측정할 수 있는 병원 진단용 장비인 혈액 분석기 부문으로 구성되어 있음. 미국, 중국, 홍콩, 멕시코, 인도, 칠레 현지법인이 있음.

실적 분석
동사의 2016년 연결기준 누적매출액은 1,324.7억원으로 전년 대비 30% 증가함. 자가 혈당 측정기 및 스트립의 매출이 전체의 95%를 차지하고 있으며, 국내를 포함한 미주/아시아의 매출이 크게 증가함. 영업이익은 257억원으로 전년보다 32.4% 늘었으며, 당기순이익은 21.4% 증가한 175.5억원을 기록함. 우수한 품질과 가격경쟁력을 바탕으로 지속적인 성장이 기대됨. 동사는 국내에서는 가장 많은 특허를 보유하고 있음.

현금 흐름 〈단위 : 억원〉

항목	2015	2016
영업활동	244	122
투자활동	-259	-145
재무활동	-5	40
순현금흐름	-22	23
기말현금	232	255

결산 실적 〈단위 : 억원〉

항목	2011	2012	2013	2014	2015	2016
매출액	522	665	829	956	1,019	1,325
영업이익	90	79	186	181	194	257
당기순이익	76	87	186	143	145	175

분기 실적 〈단위 : 억원〉

항목	2015.3Q	2015.4Q	2016.1Q	2016.2Q	2016.3Q	2016.4Q
매출액	255	265	287	329	335	373
영업이익	51	50	54	67	69	66
당기순이익	30	46	37	36	51	51

재무 상태 〈단위 : 억원〉

항목	2011	2012	2013	2014	2015	2016
총자산	825	920	1,414	1,635	1,798	2,176
유형자산	413	520	524	647	723	806
무형자산	26	20	37	35	17	238
유가증권	0	10	13	22	30	25
총부채	232	236	371	447	476	632
총차입금	128	141	228	297	284	368
자본금	40	40	45	45	69	69
총자본	593	684	1,043	1,188	1,322	1,544
지배주주지분	593	684	1,031	1,176	1,320	1,497

기업가치 지표

항목	2011	2012	2013	2014	2015	2016
주가(최고/저)(천원)	—/—	—/—	29.7/15.5	44.2/28.0	46.2/28.3	41.8/26.9
PER(최고/저)(배)	0.0/0.0	0.0/0.0	21.5/11.2	41.7/26.4	43.1/26.4	32.8/21.1
PBR(최고/저)(배)	0.0/0.0	0.0/0.0	3.9/2.0	5.1/3.3	4.8/3.0	3.8/2.5
EV/EBITDA(배)	0.3	0.8	15.5	23.1	17.3	13.2
EPS(원)	636	725	1,389	1,063	1,077	1,280
BPS(원)	7,394	8,481	11,391	12,925	9,629	10,911
CFPS(원)	1,441	1,741	2,786	2,358	1,632	1,705
DPS(원)						100
EBITDAPS(원)	1,613	1,640	2,777	2,761	1,976	2,298

재무 비율 〈단위 : % 〉

연도	영업이익률	순이익률	부채비율	차입금비율	ROA	ROE	유보율	자기자본비율	EBITDA마진율
2016	19.4	13.2	40.9	23.9	8.8	12.5	2,082.1	71.0	23.8
2015	19.1	14.2	36.0	21.5	8.4	11.8	1,825.8	73.5	26.5
2014	19.0	15.0	37.6	25.0	9.4	13.1	2,485.0	72.7	26.2
2013	22.4	22.5	35.6	21.9	16.0	21.7	2,178.3	73.8	30.0

아이쓰리시스템 (A214430)
i3system

업　　　종: 통신장비
신용등급: (Bond) —　　(CP) —
홈페이지: www.i3system.com
본　　　사: 대전시 유성구 테크노5로 69 (관평동)
시　　장: KOSDAQ
기업규모: 벤처
연락처: 070)7784-2506

설립일	1998.07.11	종업원수	296명	대표이사	정한
상장일	2015.07.30	감사의견	적정 (한영)	계　열	
결산기	12월	보통주	337만주	종속회사수	
액면가	500원	우선주		구상호	

주주구성 (지분율,%)		출자관계 (지분율,%)		주요경쟁사 (외형,%)	
정한	38.7	아이투브이	100.0	아이쓰리시스템	100
안성준	1.1	캔티스	19.0	유비쿼스홀딩스	236
(외국인)	1.0	대덕밸리	6.6	웨이브일렉트로	87

매출구성		비용구성		수출비중	
적외선 영상센서	75.6	매출원가율	77.1	수출	27.0
엑스레이 영상센서	14.4	판관비율	11.1	내수	73.0
적외선 영상센서 등	4.6				

회사 개요
동사는 1998년 7월 11일에 설립되어 2015년에 코스닥 시장에 주식을 상장하였음. 국내 유일의 적외선 영상분야 방산업체로서, 적외선, X-RAY 등 영상센서 및 이를 장착한 전자제품의 개발, 제조, 판매를 주요사업으로 영위하고 있음. 대전시에 본점과 사업장, 기업부설연구소를 두고 있으며, 2003년 상호를 한꿈엔지니어링 주식회사에서 현재의 상호로 변경함. 센서개발 제조업을 영위하는 아이투브이(주)를 연결대상 종속법인으로 보유하고 있음.

실적 분석
동사는 주력제품인 적외선 영상센서의 수주 호조에 힘입어 엑스레이 분야의 매출 감소에도 불구하고 2016년에 외형이 전년동기 대비 31.1% 확대되며 매출액 511.1억원을 시현함. 매출 성장에 힘입어 영업이익 및 순이익은 전기 대비 크게 증가하여 각각 60.5억원, 73.5억원을 시현함. 2016년중 신형 유도무기 탑재용 영상센서 사업화를 위한 대규모 시설투자를 완료하였음.

현금 흐름 〈단위 : 억원〉
항목	2015	2016
영업활동	49	41
투자활동	-169	-0
재무활동	172	-36
순현금흐름	52	5
기말현금	99	104

시장 대비 수익률
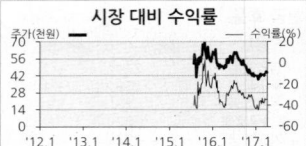

결산 실적 〈단위 : 억원〉
항목	2011	2012	2013	2014	2015	2016
매출액	217	224	258	309	390	511
영업이익	23	20	25	47	51	60
당기순이익	15	17	28	53	65	74

분기 실적 〈단위 : 억원〉
항목	2015.3Q	2015.4Q	2016.1Q	2016.2Q	2016.3Q	2016.4Q
매출액	106	131	103	125	127	157
영업이익	14	17	14	16	15	16
당기순이익	15	27	17	18	15	24

재무 상태 〈단위 : 억원〉
항목	2011	2012	2013	2014	2015	2016
총자산	258	282	415	462	715	765
유형자산	110	100	133	178	186	303
무형자산	40	39	37	27	17	8
유가증권	4	5	13	28	10	7
총부채	99	108	259	243	205	211
총차입금	61	70	146	163	98	87
자본금	6	6	14	14	17	17
총자본	159	174	155	218	509	555
지배주주지분	159	174	155	218	509	555

기업가치 지표
항목	2011	2012	2013	2014	2015	2016
주가(최고/저)(천원)	—/—	—/—	—/—	—/—	70.1/38.1	63.8/40.1
PER(최고/저)(배)	0.0/0.0	0.0/0.0	0.0/0.0	0.0/0.0	33.2/18.1	29.3/18.4
PBR(최고/저)(배)	0.0/0.0	0.0/0.0	0.0/0.0	0.0/0.0	4.6/2.5	3.8/2.4
EV/EBITDA(배)	1.0	1.1	1.2	1.4	21.7	14.7
EPS(원)	617	702	1,135	2,148	2,146	2,200
BPS(원)	140,094	155,420	55,389	7,796	15,354	16,885
CFPS(원)	32,071	36,105	20,143	3,523	3,207	3,195
DPS(원)					400	450
EBITDAPS(원)	39,234	39,171	19,276	3,278	2,751	2,805

재무 비율 〈단위 : % 〉
연도	영업이익률	순이익률	부채비율	차입금비율	ROA	ROE	유보율	자기자본비율	EBITDA마진율
2016	11.8	14.4	38.0	15.8	9.9	13.8	3,223.3	72.5	18.3
2015	13.1	16.7	40.3	19.2	11.1	17.9	2,921.1	71.3	21.4
2014	15.1	17.0	111.3	74.8	12.0	28.2	1,429.4	47.3	26.0
2013	9.8	10.7	167.1	94.2	—	—	986.6	37.5	19.2

아이씨디 (A040910)
Innovation for Creative Devices

업　　　종: 디스플레이 및 관련부품
신용등급: (Bond) —　　(CP) —
홈페이지: www.icd.co.kr
본　　　사: 경기도 안성시 대덕면 만세로 274
시　　장: KOSDAQ
기업규모: 벤처
연락처: 031)678-3333

설립일	2000.02.26	종업원수	284명	대표이사	이승호
상장일	2011.08.05	감사의견	적정 (성지)	계　열	
결산기	12월	보통주	1,650만주	종속회사수	
액면가	500원	우선주		구상호	

주주구성 (지분율,%)		출자관계 (지분율,%)		주요경쟁사 (외형,%)	
이승호	25.7	인투코어테크놀로지	18.7	아이씨디	100
KB자산운용	4.1	우한ICD광전	100.0	HB테크놀러지	117
(외국인)	3.3			동아엘텍	94

매출구성		비용구성		수출비중	
HDP Etcher	70.5	매출원가율	86.9	수출	30.8
증착전Asher	12.2	판관비율	6.1	내수	69.2
기타	8.0				

회사 개요
동사는 LCD, 반도체 및 평판 디스플레이(AM-OLED, TFT-LCD등) 장비 제조를 주 사업으로 영위하고 있음. 5.5세대 AMOLED 고밀도플라즈마식각장비(HDP Etcher)를 세계 최초로 개발하여 SMD(삼성모바일디스플레이)에 독점으로 공급하고 있음. AM-OLED 패널은 스마트폰, 태블릿 PC등 전자기기의 화면표시장치로 사용되는 고급 디스플레이임.

실적 분석
동사의 2016년 연결기준 연간 누적 매출액은 2309.1억원으로 전년 동기 대비 무려 866.7% 기록적인 증가세를 보임. 매출이 늘면서 매출원가가 큰 폭으로 늘었지만 워낙 매출 증가율이 높았던 만큼 고정 비용 감소로 인해 영업이익은 161.3억원으로 흑자전환에 성공함. 비영업손익 부문에서도 흑자 규모가 늘어나면서 당기순이익 103.5억원으로 전년 동기와 비교해 흑자 전환에 성공함.

현금 흐름 〈단위 : 억원〉
항목	2015	2016
영업활동	-43	-91
투자활동	-120	-313
재무활동	5	512
순현금흐름	-153	106
기말현금	76	181

시장 대비 수익률

결산 실적 〈단위 : 억원〉
항목	2011	2012	2013	2014	2015	2016
매출액	1,431	812	810	76	239	2,309
영업이익	332	130	91	-146	-70	161
당기순이익	263	96	72	-111	-47	104

분기 실적 〈단위 : 억원〉
항목	2015.3Q	2015.4Q	2016.1Q	2016.2Q	2016.3Q	2016.4Q
매출액	—	87	557	846	819	
영업이익	—	-27	23	94	72	
당기순이익	—	-18	14	67	40	

재무 상태 〈단위 : 억원〉
항목	2011	2012	2013	2014	2015	2016
총자산	1,448	1,177	1,243	1,119	1,083	2,412
유형자산	259	359	402	469	405	529
무형자산	68	70	138	125	201	298
유가증권			52	52	54	3
총부채	548	201	189	180	203	1,285
총차입금	67	55	44	31	53	452
자본금	39	78	80	82	82	82
총자본	900	976	1,054	939	880	1,127
지배주주지분	900	976	1,054	939	880	1,127

기업가치 지표
항목	2011	2012	2013	2014	2015	2016
주가(최고/저)(천원)	38.6/23.5	31.8/12.2	15.8/10.4	12.0/5.9	9.5/4.6	18.0/6.5
PER(최고/저)(배)	18.7/11.4	52.2/20.1	35.4/23.3	—/—	—/—	28.5/10.4
PBR(최고/저)(배)	6.8/4.1	5.0/1.9	2.4/1.6	2.1/1.0	1.7/0.8	2.5/0.9
EV/EBITDA(배)	10.8	12.7	14.0			15.0
EPS(원)	2,106	621	454	-686	-289	629
BPS(원)	11,610	6,434	6,733	5,984	5,625	7,124
CFPS(원)	4,557	793	650	-462	-15	911
DPS(원)				100		100
EBITDAPS(원)	5,695	1,013	766	-675	-152	1,263

재무 비율 〈단위 : % 〉
연도	영업이익률	순이익률	부채비율	차입금비율	ROA	ROE	유보율	자기자본비율	EBITDA마진율
2016	7.0	4.5	114.0	40.1	5.7	10.2	1,324.8	46.7	9.0
2015	-29.3	-19.9	23.0	6.0	-4.3	-5.2	1,025.0	81.3	-10.5
2014	-193.2	-147.4	19.2	3.3	-9.4	-11.2	1,096.8	83.9	-145.1
2013	11.2	8.9	17.9	4.2	6.0	7.1	1,246.5	84.8	15.0

아이씨케이 (A068940)
ICK

업 종 : 상업서비스	시 장 : KOSDAQ
신용등급 : (Bond) — (CP) —	기업규모 : 벤처
홈페이지 : www.cardnsoft.com	연 락 처 : 053)592-3433
본 사 : 대구시 달서구 호산동로7길 17(호림동)	

설 립 일 1998.11.10	종업원수 96명	대표이사 김남주	
상 장 일 2010.10.19	감사의견 적정 (안경)	계 열	
결 산 기 12월	보 통 주 1,247만주	종속회사수	
액 면 가 500원	우 선 주	구 상 상	

주주구성 (지분율,%)		출자관계 (지분율,%)		주요경쟁사 (외형,%)	
김남주	23.2	시큐어플랫폼즈테크놀러지	12.9	아이씨케이	100
한국증권금융	4.7	한국스마트카드	0.1	SCI평가정보	143
		ICKInternationalINC	100.0	한네트	117

매출구성		비용구성		수출비중	
Card(제품)	97.9	매출원가율	74.6	수출	14.5
Service(기타)	1.8	판관비율	24.7	내수	85.5
자재(상품)	0.3				

회사 개요
동사는 비자, 마스터카드, JCB, 유니온페이, AMEX, 금융결제원 등의 제조인증을 받아 전자화폐 신용카드를 제조해 금융사와 신용카드사 등으로 판매, 납품하는 업체임. 스마트카드의 핵심 영역인 칩 부분에서 세계 1위 제말토와의 협력관계를 통해 COS 분야에 진출하는 등 스마트카드 수직계열화를 통하여 경쟁력을 강화하고 있음. 현재 동사의 시장 점유율은,상위권임.

실적 분석
동사의 2016년 매출액은 246.6억원으로 전년 대비 17.6% 감소함. 영업이익은 1.6억원으로 전년 대비 22.1% 증가함. 당기순이익 또한 2.5억원으로 60.4% 감소함. 모바일 결제 수단 등의 등장으로 신용카드 발급이 줄면서 일시적으로 매출이 소폭 감소한 것으로 보이지만 직불형 카드 활성화 정책, 공공 부문 수요 확대 등에 따라 스마트카드 시장이 커질 전망임.

현금 흐름 〈단위 : 억원〉
항목	2015	2016
영업활동	-29	14
투자활동	9	35
재무활동	3	22
순현금흐름	-17	76
기말현금	18	94

시장 대비 수익률
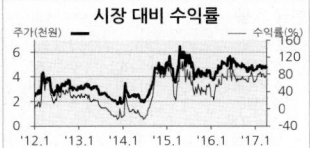

결산 실적 〈단위 : 억원〉
항목	2011	2012	2013	2014	2015	2016
매출액	396	466	337	253	299	247
영업이익	77	65	4	-21	1	2
당기순이익	61	53	5	-17	6	2

분기 실적 〈단위 : 억원〉
항목	2015.3Q	2015.4Q	2016.1Q	2016.2Q	2016.3Q	2016.4Q
매출액	71	91	70	65	55	56
영업이익	-5	6	4	1	-3	-1
당기순이익	-1	5	3	4	-5	1

재무 상태 〈단위 : 억원〉
항목	2011	2012	2013	2014	2015	2016
총자산	356	403	406	388	394	415
유형자산	78	78	79	73	71	68
무형자산	3	11	10	23	20	19
유가증권	20	20	21	1	1	1
총부채	112	102	101	105	105	133
총차입금	65	51	60	61	67	101
자본금	57	62	62	62	62	62
총자본	244	300	304	283	290	282
지배주주지분	244	300	304	283	290	282

기업가치 지표
항목	2011	2012	2013	2014	2015	2016
주가(최고/저)(천원)	3.4/1.6	4.5/2.4	3.4/1.8	5.1/1.9	6.8/3.5	5.7/3.7
PER(최고/저)(배)	6.8/3.1	10.5/5.6	93.6/48.7	—/—	134.9/69.1	283.9/182.1
PBR(최고/저)(배)	1.7/0.8	1.9/1.0	1.4/0.7	2.3/0.8	2.9/1.5	2.4/1.6
EV/EBITDA(배)	2.7	4.1	8.9		35.8	33.2
EPS(원)	522	433	36	-133	51	20
BPS(원)	2,084	2,409	2,439	2,266	2,324	2,342
CFPS(원)	599	527	131	-42	153	127
DPS(원)	70	—	—	—	—	—
EBITDAPS(원)	738	617	123	-77	113	120

재무 비율 〈단위 : % 〉
연도	영업이익률	순이익률	부채비율	차입금비율	ROA	ROE	유보율	자기자본비율	EBITDA마진율
2016	0.7	1.0	47.3	35.9	0.6	0.9	368.4	67.9	6.1
2015	0.5	2.4	36.1	23.1	1.6	2.2	364.8	73.5	4.7
2014	-8.3	-6.5	37.2	21.7	-4.2	-5.6	353.2	72.9	-3.8
2013	1.1	1.4	33.3	19.6	1.1	1.5	387.8	75.0	4.6

아이앤씨테크놀로지 (A052860)
I&C Technology

업 종 : 휴대폰 및 관련부품	시 장 : KOSDAQ
신용등급 : (Bond) — (CP) —	기업규모 : 중견
홈페이지 : www.inctech.co.kr	연 락 처 : 031)696-3300
본 사 : 경기도 성남시 분당구 판교로255번길 24 아이앤씨빌딩	

설 립 일 1996.11.15	종업원수 80명	대표이사 박창일	
상 장 일 2009.10.06	감사의견 적정 (삼일)	계 열	
결 산 기 12월	보 통 주 1,454만주	종속회사수	
액 면 가 500원	우 선 주	구 상 상	

주주구성 (지분율,%)		출자관계 (지분율,%)		주요경쟁사 (외형,%)	
박창일	27.6	글로베인	70.6	아이앤씨	100
한국산업은행	1.6	슈프리마인베스트먼트창업투자조합	15.0	피델릭스	186
(외국인)	1.6			알에프세미	212

매출구성		비용구성		수출비중	
기타	38.0	매출원가율	75.9	수출	17.9
[제품] PLC	26.6	판관비율	22.5	내수	82.1
[제품] Mobile TV IC	14.6				

회사 개요
동사는 모바일 TV용 SOC 전문 제조업체로 지상파 DMB시장 점유율 80% 이상의 업계 1위 업체임. 주요제품인 Mobile TV IC등 제품 매출이 전체 매출에서 절대적인 비중을 차지하고 있음. 생산설비가 없는 팹리스 반도체 업체로 전량 외주 생산함. 지난해 6월 지식경제부가 추진하는 'IT 융복합 기기를 위한 핵심 시스템 반도체 개발'의 참여기업으로 선정되어 3년간 연구개발을 진행함.

실적 분석
동사의 연결 재무제표 기준 2016년 결산 매출액은 전년 동기 96.2억원 대비 215.0% 큰 폭으로 증가한 303.0억원 기록. 외형성장으로 인하여 영업이익은 4.8억원으로 흑자전환함. 유동비율은 지난해 191%에서 2016년도는 199%로 증가하였고, 부채비율도 지난해 85%에서 2016년도는 90%로 증가하였음. 원가절감 노력이 지속적으로 필요할 것으로 보임.

현금 흐름 〈단위 : 억원〉
항목	2015	2016
영업활동	-24	-61
투자활동	-10	27
재무활동	38	42
순현금흐름	3	8
기말현금	6	14

시장 대비 수익률
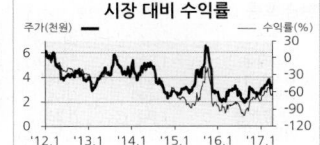

결산 실적 〈단위 : 억원〉
항목	2011	2012	2013	2014	2015	2016
매출액	348	167	73	53	96	303
영업이익	101	-29	-92	-117	-74	5
당기순이익	82	-89	-123	-155	-292	15

분기 실적 〈단위 : 억원〉
항목	2015.3Q	2015.4Q	2016.1Q	2016.2Q	2016.3Q	2016.4Q
매출액	41	24	25	43	49	186
영업이익	-16	-17	-10	-5	0	20
당기순이익	-35	-212	-9	3	18	2

재무 상태 〈단위 : 억원〉
항목	2011	2012	2013	2014	2015	2016
총자산	927	853	852	720	548	594
유형자산	115	170	177	166	165	146
무형자산	80	148	190	245	107	86
유가증권	100	58	38	36	14	13
총부채	38	49	141	159	251	281
총차입금	—	—	72	95	140	183
자본금	69	69	69	69	73	73
총자본	889	804	711	560	297	314
지배주주지분	889	780	695	552	294	314

기업가치 지표
항목	2011	2012	2013	2014	2015	2016
주가(최고/저)(천원)	8.8/4.0	6.2/3.7	5.9/2.9	5.6/2.2	6.6/2.5	3.4/1.8
PER(최고/저)(배)	15.5/7.0	—/—	—/—	—/—	—/—	28.5/15.3
PBR(최고/저)(배)	1.3/0.6	1.0/0.6	1.1/0.5	1.3/0.5	2.8/1.1	1.4/0.7
EV/EBITDA(배)	2.6					19.5
EPS(원)	592	-603	-857	-1,073	-2,010	120
BPS(원)	6,826	6,025	5,390	4,351	2,359	2,495
CFPS(원)	724	-446	-664	-868	-1,917	270
DPS(원)	200	—	—	—	—	—
EBITDAPS(원)	869	-50	-471	-639	-432	182

재무 비율 〈단위 : % 〉
연도	영업이익률	순이익률	부채비율	차입금비율	ROA	ROE	유보율	자기자본비율	EBITDA마진율
2016	1.6	4.9	89.5	58.4	2.6	5.8	399.0	52.8	8.7
2015	-77.4	-303.3	84.6	47.0	-46.1	-67.5	371.8	54.2	-63.8
2014	-218.9	-291.0	28.4	16.9	-19.7	-23.8	770.1	77.9	-165.7
2013	-126.3	-170.0	19.9	10.1	-14.5	-16.0	978.0	83.4	-89.5

아이에스동서 (A010780)
I S DongSeo

업 종: 건설		시 장: 거래소	
신용등급: (Bond) BBB (CP) A3		기업규모: 시가총액 중형주	
홈페이지: www.isdongseo.co.kr		연락처: 02)3218-6701	
본 사: 서울시 강남구 영동대로 741 은성빌딩			

설립일 1975.09.01	종업원수 1,194명	대표이사 권민석	
상장일 1986.01.27	감사의견 적정(한영)	계 열	
결산기 12월	보통주 3,072만주	종속회사수	
액면가 500원	우선주	구 상호	

주주구성 (지분율,%)		출자관계 (지분율,%)		주요경쟁사 (외형,%)	
아이에스지주	44.7	영풍파일	100.0	아이에스동서	100
권혁운	8.0	아이에스해운	100.0	태영건설	119
(외국인)	3.5	중앙레미콘	100.0	동원개발	31

매출구성		비용구성		수출비중	
자체 공사(공사)	45.8	매출원가율	72.9	수출	—
PHC PILE, Ext PILE 외(상품및제품)	20.3	판관비율	9.4	내수	—
타일, 위생도기, 비데 외(제품)	17.0				

회사 개요
동사는 요업 및 콘크리트 전문 업체로서, 1975년 현대건설 토목사업부로부터 분리되어 벽제콘크리트로 설립되었으며 이후 2012년 아이에스동서로 상호가 변경됨. 요업, 콘크리트제품 및 비데 제조 및 판매업, 건축 및 주택건설사업, 토목건축공사를 영위중임. 주요 사업인 요업부문은 다양한 기능성제품 개발과 트렌드에 부합하는 신제품을 통해 경쟁에 대응하고 있음. 2015년 12월 서울시 '민관협력 우수기관'으로 선정된 바 있음.

실적 분석
건설경기 개선에 따른 분양과 건자재 수익이 증가하며 2016년 연결기준 누적매출액은 전년동기 대비 82.3% 증가한 1조 7,241.0억원을 기록함. 이중 건설부문의 매출액은 전체 매출액의 69.6%로, 청라, 김포 등 수도권 아파트의 양호한 신규 분양 결과뿐만 아니라, 울산·남양주에서의 토목공사 및 아파트 신축공사 수주등이 실적 확대에 긍정적으로 작용함. 여유 있는 계약잔고와 건설경기 개선으로 양호한 실적 유지가 기대됨.

현금 흐름 〈단위 : 억원〉

항목	2015	2016
영업활동	-1,808	1,059
투자활동	-643	-1,483
재무활동	3,492	653
순현금흐름	1,041	233
기말현금	1,927	2,160

시장 대비 수익률
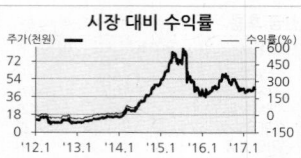

결산 실적 〈단위 : 억원〉

항목	2011	2012	2013	2014	2015	2016
매출액	4,689	6,466	6,848	8,016	9,458	17,241
영업이익	338	368	558	803	1,145	3,048
당기순이익	159	60	226	504	1,013	2,140

분기 실적 〈단위 : 억원〉

항목	2015.3Q	2015.4Q	2016.1Q	2016.2Q	2016.3Q	2016.4Q
매출액	2,327	2,916	3,311	4,523	4,111	5,295
영업이익	293	382	582	861	740	864
당기순이익	269	198	408	626	452	654

재무 상태 〈단위 : 억원〉

항목	2011	2012	2013	2014	2015	2016
총자산	9,736	11,032	10,224	12,285	18,448	20,744
유형자산	4,500	4,413	4,526	4,887	5,343	5,830
무형자산	53	60	77	82	88	85
유가증권	121	99	74	455	197	155
총부채	5,773	7,077	6,056	7,628	12,479	11,348
총차입금	4,473	5,053	4,544	4,644	7,978	7,467
자본금	128	128	128	128	136	154
총자본	3,963	3,955	4,167	4,657	5,968	9,396
지배주주지분	3,625	3,603	3,798	4,269	5,587	8,999

기업가치 지표

항목	2011	2012	2013	2014	2015	2016
주가(최고/저)(천원)	18.5/6.2	16.0/8.2	16.3/9.1	49.1/15.0	85.1/36.6	59.6/35.8
PER(최고/저)(배)	32.7/11.0	94.9/48.5	20.3/11.4	26.8/8.2	23.6/10.1	8.8/5.3
PBR(최고/저)(배)	1.4/0.5	1.2/0.6	1.1/0.6	3.1/0.9	4.3/1.8	2.1/1.3
EV/EBITDA(배)	11.1	8.2	7.8	12.0	10.3	5.2
EPS(원)	604	175	835	1,914	3,733	6,912
BPS(원)	14,197	14,110	14,876	16,721	20,488	29,294
CFPS(원)	2,039	2,190	2,894	4,269	6,106	8,952
DPS(원)	300		400	500	1,000	
EBITDAPS(원)	2,757	3,456	4,245	5,499	6,572	11,962

재무 비율 〈단위 : % 〉

연도	영업이익률	순이익률	부채비율	차입금비율	ROA	ROE	유보율	자기자본비율	EBITDA마진율
2016	17.7	12.4	120.8	79.5	10.9	29.1	5,758.7	45.3	21.3
2015	12.1	10.7	209.1	133.7	6.6	20.7	3,997.6	32.4	19.0
2014	10.0	6.3	163.8	99.7	4.5	12.1	3,244.2	37.9	17.5
2013	8.2	3.3	145.3	109.0	2.1	5.8	2,875.1	40.8	15.8

아이에스시 (A095340)
ISC

업 종: 반도체 및 관련장비		시 장: KOSDAQ	
신용등급: (Bond) — (CP) —		기업규모: 우량	
홈페이지: www.isc21.kr		연락처: 031)777-7675	
본 사: 경기도 성남시 중원구 갈마치로 215, 금강펜테리움IT타워 6층			

설립일 2001.02.22	종업원수 379명	대표이사 정영배,박석순	
상장일 2007.10.01	감사의견 적정(이촌)	계 열	
결산기 12월	보통주 1,360만주	종속회사수	
액면가 500원	우선주	구 상호	

주주구성 (지분율,%)		출자관계 (지분율,%)		주요경쟁사 (외형,%)	
정영배	36.4	아이솔루션	86.0	ISC	100
국민연금공단	7.1	지멤스	49.0	원익머트리얼즈	187
(외국인)	10.7			유진테크	151

매출구성		비용구성		수출비중	
Test Socket	96.6	매출원가율	68.1	수출	61.6
백합 샤브샤브외 외식(너와집) 및 매출조정	3.0	판관비율	20.4	내수	38.4
기타	0.4				

회사 개요
2001년 설립돼 실리콘러버 기반 반도체 테스트 소켓을 국내 최초로 개발해 현재 이 분야에서 세계시장점유율 1위를 기록하고 있는 기업임. 삼성전자와 SK하이닉스 외에도 전세계 주요 반도체 팹리스업체들에게 제품을 공급하고 있음. 반도체 테스트용 실리콘러버 소켓 분야 세계 2위 기업인 일본 JMT를 인수함으로써 동 시장을 장악할 수 있을 것으로 기대됨. 백합샤브샤브를 주요 메뉴로 하는 외식업체 비제이푸드 등 4개사를 종속회사로 두고 있음.

실적 분석
동사 2016년 결산기준 누적매출액은 전년동기대비 2.3% 소폭 감소한 936.4억원을 기록하였음. 매출감소에 반해 매출원가 및 판관비는 소폭 증가하여 영업이익은 전년동기대비 31.9% 하락한 107.6억원을 달성함. 그러나 주력하고 있는 반도체 시장이 2020년까지 연평균성장률 6.2%, 반도체 IC TEST 소켓장비의 연평균성장률도 2020년까지 3.8%예상하므로 향후 수익 개선 및 지속적인 성장을 기대하고 있음.

현금 흐름 〈단위 : 억원〉

항목	2015	2016
영업활동	174	166
투자활동	-127	-244
재무활동	79	-83
순현금흐름	125	-156
기말현금	401	245

시장 대비 수익률

결산 실적 〈단위 : 억원〉

항목	2011	2012	2013	2014	2015	2016
매출액	438	531	568	740	959	936
영업이익	151	184	203	172	158	108
당기순이익	124	103	105	81	45	88

분기 실적 〈단위 : 억원〉

항목	2015.3Q	2015.4Q	2016.1Q	2016.2Q	2016.3Q	2016.4Q
매출액	278	246	241	236	249	211
영업이익	67	7	46	19	24	18
당기순이익	38	-43	36	19	11	22

재무 상태 〈단위 : 억원〉

항목	2011	2012	2013	2014	2015	2016
총자산	838	891	1,054	1,772	1,953	1,965
유형자산	190	207	212	950	911	955
무형자산	29	29	27	77	87	83
유가증권	—	—	—	54	0	0
총부채	166	142	198	479	383	337
총차입금	70	52	88	310	183	141
자본금	38	38	38	56	64	65
총자본	673	749	856	1,293	1,569	1,628
지배주주지분	673	749		1,100	1,438	1,504

기업가치 지표

항목	2011	2012	2013	2014	2015	2016
주가(최고/저)(천원)	6.1/2.7	8.1/4.5	12.3/6.6	28.4/10.0	42.2/20.9	27.3/12.2
PER(최고/저)(배)	6.3/2.8	9.6/5.3	14.0/7.5	31.8/11.2	52.4/26.0	38.2/17.0
PBR(최고/저)(배)	1.1/0.5	1.2/0.7	1.6/0.9	3.2/1.1	4.1/2.0	2.5/1.1
EV/EBITDA(배)	3.0	3.0	4.8	13.0	12.7	11.0
EPS(원)	1,114	926	937	929	820	723
BPS(원)	9,388	10,377	11,761	9,751	11,153	11,662
CFPS(원)	1,854	1,683	1,665	1,662	1,870	1,437
DPS(원)	400	400	305	500	253	195
EBITDAPS(원)	2,203	2,736	2,942	2,298	2,293	1,509

재무 비율 〈단위 : % 〉

연도	영업이익률	순이익률	부채비율	차입금비율	ROA	ROE	유보율	자기자본비율	EBITDA마진율
2016	11.5	9.4	20.7	8.7	4.5	6.7	2,232.5	82.8	20.9
2015	16.5	4.7	24.4	11.6	2.4	8.4	2,130.6	80.4	29.4
2014	23.3	11.0	37.1	24.0	5.8	10.7	1,850.2	73.0	32.8
2013	35.7	18.5	23.2	10.3	10.8	13.0	2,252.2	81.2	39.8

아이에스이커머스 (A069920)
ISE Commerce

업 종 : 온라인쇼핑		시 장 : KOSDAQ	
신용등급 : (Bond) — (CP) —		기업규모 : 중견	
홈 페 이 지 : www.wizwid.com, www.isecommerc		연 락 처 : 070)7435-5828	
본 사 : 서울시 강남구 영동대로 648, 5층(삼안빌딩)			

설 립 일 2001.03.14	종업원수 83명	대표이사 김응상	
상 장 일 2007.12.05	감사의견 적정 (삼덕)	계 열	
결 산 기 12월	보통주 2,551만주	종속회사수	
액 면 가 500원	우선주	구 상 호	

주주구성 (지분율,%)		출자관계 (지분율,%)		주요경쟁사 (외형,%)	
아이에스네트워크	29.5	더블유컨셉코리아	100.0	아이에스이커머스	100
Zhejiang Semir Garment Co., Ltd	20.0	슈퍼리빙	100.0	인터파크	593
(외국인)	20.0	커먼웰스	34.2	엔에스쇼핑	561

매출구성		비용구성		수출비중	
제품판매	43.6	매출원가율	41.7	수출	7.3
상품판매	21.7	판관비율	58.8	내수	92.7
상품판매수수료 등	21.4				

회사 개요

생활문화 아이템을 바탕으로 전자상거래에 기반을 두고 있으며, 해외에서 판매되는 제품들의 수입업무와 국내 업체들의 입점을 통한 유통업을 주된 사업으로 영위함. 스마트폰 보급 확대에 따른 모바일 기반 유통 확대와 오프라인 명품 아웃렛 진출 등 온/오프라인을 아우르는 종합유통기업체를 목표로 하고 있음. 지난 2013년 4월 Jinny Kim 사업부를 분할하였고, 5월에는 지에스비홀딩스 주식인수와 지니킴 지분 양도가 이루어짐.

실적 분석

동사의 2016년 결산기준 매출액은 786.3억원으로 전년동기 대비 40.2% 증가했음. 매출 증가에도 불구하고 인건비, 감가상각비 등의 증가로 인해 4.1억원의 영업손실을 기록했음. 그러나, 비영업부문에서 11.2억원의 수익을 기록함에 따라 당기순이익은 0.3억원으로 전년 동기 대비 흑자전환함. 최근 커머스 플랫폼을 운영하는 자회사인 더블유컨셉코리아의 유상증자에 참여하였으며, 김응상 단독 대표이사 체제로 변경됨.

현금 흐름		〈단위 : 억원〉
항목	2015	2016
영업활동	-43	-16
투자활동	-86	-9
재무활동	206	76
순현금흐름	67	55
기말현금	134	189

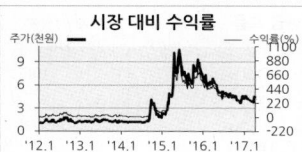

시장 대비 수익률

결산 실적						〈단위 : 억원〉
항목	2011	2012	2013	2014	2015	2016
매출액	510	486	674	442	561	786
영업이익	-3	-28	-36	-0	-30	-4
당기순이익	-3	-34	-57	-22	-14	70

분기 실적						〈단위 : 억원〉
항목	2015.3Q	2015.4Q	2016.1Q	2016.2Q	2016.3Q	2016.4Q
매출액	117	213	158	208	184	236
영업이익	-14	5	-16	5	-4	12
당기순이익	33	-21	-18	27	-5	-3

재무 상태						〈단위 : 억원〉
항목	2011	2012	2013	2014	2015	2016
총자산	262	468	468	458	816	888
유형자산	19	50	64	29	48	46
무형자산	19	23	63	56	76	66
유가증권	—	1	5	7	21	29
총부채	131	323	380	298	368	423
총차입금	57	226	245	177	158	206
자본금	63	63	63	71	128	128
총자본	131	145	89	160	448	464
지배주주지분	133	133	66	77	317	350

기업가치 지표						
항목	2011	2012	2013	2014	2015	2016
주가(최고/저)(천원)	1.6/1.0	1.8/1.0	1.6/1.1	4.4/1.1	11.3/1.8	7.3/3.0
PER(최고/저)(배)	—/—	—/—	—/—	—/—	—/—	104.2/43.5
PBR(최고/저)(배)	1.2/0.7	1.7/1.0	3.0/2.2	8.1/2.1	9.1/1.5	5.3/2.2
EV/EBITDA(배)	15.1	—	—	38.7	—	77.2
EPS(원)	-30	-268	-448	-73	-25	70
BPS(원)	1,371	1,062	526	543	1,241	1,372
CFPS(원)	79	-165	-326	-1	38	143
DPS(원)	—	—	—	—	—	—
EBITDAPS(원)	90	-125	-163	72	-64	56

재무 비율								〈단위 : % 〉
연도	영업이익률	순이익률	부채비율	차입금비율	ROA	ROE	유보율	자기자본비율	EBITDA마진율
2016	-0.5	0.0	91.2	44.3	0.0	5.4	174.5	52.3	1.8
2015	-5.3	-1.6	82.1	35.2	-1.4	-3.0	148.3	54.9	-2.7
2014	0.0	-4.9	185.9	110.5	-4.7	-14.5	8.6	35.0	2.3
2013	-5.3	-8.5	428.0	276.2	-12.2	-56.5	5.2	18.9	-3.0

아이에이 (A038880)
iA

업 종 : 반도체 및 관련장비		시 장 : KOSDAQ	
신용등급 : (Bond) — (CP) —		기업규모 : 벤처	
홈 페 이 지 : www.ia-inc.kr		연 락 처 : 02)3015-1300	
본 사 : 서울시 송파구 송파대로 22길 5-23			

설 립 일 1993.08.05	종업원수 75명	대표이사 김동진	
상 장 일 2000.04.27	감사의견 적정 (대주)	계 열	
결 산 기 12월	보통주 4,034만주	종속회사수	
액 면 가 500원	우선주	구 상 호 씨앤에스	

주주구성 (지분율,%)		출자관계 (지분율,%)		주요경쟁사 (외형,%)	
김동진	11.9	하이브론	83.1	아이에이	100
강병훈	1.7	오토소프트	65.0	에스에이엠티	1,402
(외국인)	1.0	트리노테크놀로지	51.0	네패스	335

매출구성		비용구성		수출비중	
전장제품 등	69.8	매출원가율	76.9	수출	13.8
전장 등 기타 시스템	25.1	판관비율	20.2	내수	86.2
전력반도체	2.4				

회사 개요

동사는 1993년 설립되어 2000년 코스닥시장에 상장한 반도체 개발, 설계 및 판매 전문업체임. 현재 자동차 전장 분야를 중심으로 반도체 및 모듈사업을 전개하고 있으며 연결종속회사를 통해 전력반도체 및 모듈, 자동차 전장용 소프트웨어 개발과 관련된 사업을 영위하고 있음. 2009년 현대ㆍ기아자동차 및 현대모비스와 자동차용 비메모리 반도체 국산화 개발 계약을 체결하고 고성능 응용칩과 이를 적용한 모듈 국산화를 진행중임.

실적 분석

동사의 2016년 연결기준 매출액은 전년대비 6.7% 성장한 758.7억원을 기록함. 매출액 성장률이 높지 않은 가운데 원가율은 악화되어 영업이익 22.4억원, 당기순이익 6.5억원을 기록하며 수익성이 하락함. 제품별 매출비중은 반도체 37.3%, 모듈 33.5%, 용역 13.6% 및 기타 15.6%로 구성됨. 동사는 2016년에 142.5억원 규모의 주주배정 유상증자를 실시함.

현금 흐름		〈단위 : 억원〉
항목	2015	2016
영업활동	61	-22
투자활동	-265	-265
재무활동	5	238
순현금흐름	37	-50
기말현금	94	44

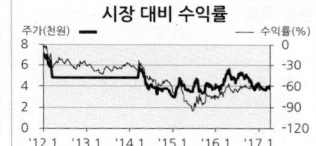

시장 대비 수익률

결산 실적						〈단위 : 억원〉
항목	2011	2012	2013	2014	2015	2016
매출액	202	310	467	612	711	759
영업이익	-85	-89	-11	28	63	22
당기순이익	-125	-150	-57	-36	5	7

분기 실적						〈단위 : 억원〉
항목	2015.3Q	2015.4Q	2016.1Q	2016.2Q	2016.3Q	2016.4Q
매출액	181	226	164	171	179	244
영업이익	21	29	5	6	-3	15
당기순이익	10	1	1	3	-13	15

재무 상태						〈단위 : 억원〉
항목	2011	2012	2013	2014	2015	2016
총자산	664	601	672	518	568	881
유형자산	322	369	222	222	226	401
무형자산	122	120	112	96	72	205
유가증권	11	8	3	0	0	0
총부채	428	516	543	407	286	451
총차입금	304	390	407	299	163	317
자본금	132	132	149	151	173	202
총자본	237	85	129	111	282	430
지배주주지분	237	85	129	111	274	400

기업가치 지표						
항목	2011	2012	2013	2014	2015	2016
주가(최고/저)(천원)	9.4/4.4	8.0/4.6	4.8/4.8	6.2/3.0	4.9/2.9	5.7/3.6
PER(최고/저)(배)	—/—	—/—	—/—	—/—	339.5/198.3	289.7/183.7
PBR(최고/저)(배)	10.7/5.1	25.5/14.6	11.4/11.4	17.2/8.4	6.3/3.7	5.7/3.6
EV/EBITDA(배)	—	—	116.3	23.9	17.6	44.7
EPS(원)	-465	-558	-205	-117	14	20
BPS(원)	896	320	434	368	791	991
CFPS(원)	-364	-485	-125	-50	58	79
DPS(원)	—	—	—	—	—	—
EBITDAPS(원)	-211	-254	43	162	226	119

재무 비율								〈단위 : % 〉
연도	영업이익률	순이익률	부채비율	차입금비율	ROA	ROE	유보율	자기자본비율	EBITDA마진율
2016	3.0	0.9	104.8	73.7	0.9	2.2	98.1	48.8	5.9
2015	8.9	0.7	101.3	57.7	1.0	2.7	58.3	49.7	11.0
2014	4.6	-5.9	일부잠식	일부잠식	-6.1	-30.0	-26.4	21.5	8.0
2013	-2.4	-12.1	일부잠식	일부잠식	-8.9	-53.0	-13.2	19.2	2.5

아이에이치큐 (A003560)
IHQ

업 종 : 미디어		시 장 : 거래소	
신용등급 : (Bond) — (CP) —		기업규모 : 시가총액 소형주	
홈페이지 : www.ihq.co.kr		연 락 처 : 02)6005-6213	
본 사 : 서울시 강남구 선릉로 629(SidusHQ타워 A동)			

설 립 일 1962.08.24	종 업 원 수 230명	대 표 이 사 전용주	
상 장 일 1973.12.18	감 사 의 견 적정 (삼일)	계 열	
결 산 일 12월	보 통 주 14,356만주	종속회사수	
액 면 가 500원	우 선 주	구 상 호	

주주구성 (지분율,%)		출자관계 (지분율,%)		주요경쟁사 (외형,%)	
딜라이브	34.4	뉴에이블	100.0	IHQ	100
씨앤엠강남케이블티브이	11.0	SidusJapan	100.0	SBS미디어홀딩스	461
(외국인)	2.5	아이에이치큐프로덕션	51.2	현대에이치씨엔	267

매출구성		비용구성		수출비중	
광고수익	53.2	매출원가율	0.0	수출	—
매니지먼트수익	19.0	판관비율	89.7	내수	—
수신료수익	14.4				

회사 개요
동사는 연예 매니지먼트, 영화, 드라마, 음반 사업을 영위하고 있음. 다수의 유명 연예인을 보유한 연예 매니지먼트 사업을 핵심으로 관련 사업과의 시너지 효과를 강화해 가고 있음. 동사는 현재 계열사인 아이에이치큐프로덕션을 통하여 종합편성채널을 겨냥한 다양한 방송용 프로그램을 기획하고 있으며, 편성 및 선점을 위하여 체계적인 노력을 기울이고 있는 중임. 사이더스 재팬, 뉴에이블 등 6개의 연결대상 종속회사 보유

실적 분석
동사의 연결 기준 2016년도 매출액은 1,094.1억원으로 전년동기 대비 3%의 외형 성장을 보임. 영업이익도 112.2억원을 기록하며 전년 동기 대비 52.4% 실적 개선. 아티스트 활동 확대에 따른 매니지먼트 매출 증가와 콘텐츠 제작수익 반영으로 엔터테인먼트 사업부문 실적이 개선되었고, AXN코리아, 가지컨텐츠 등 주요 연결회사 영업이익 흑자전환하는 등 연결 종속회사 영업실적 개선도 실적에 기여함.

현금 흐름 〈단위 : 억원〉

항목	2015	2016
영업활동	412	424
투자활동	-210	-380
재무활동	-159	-33
순현금흐름	42	11
기말현금	351	362

시장 대비 수익률
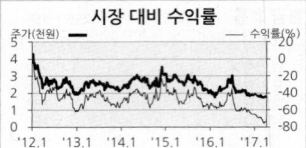

결산 실적 〈단위 : 억원〉

항목	2011	2012	2013	2014	2015	2016
매출액	492	449	619	757	1,062	1,094
영업이익	0	23	-4	108	74	112
당기순이익	21	44	1	51	38	42

분기 실적 〈단위 : 억원〉

항목	2015.3Q	2015.4Q	2016.1Q	2016.2Q	2016.3Q	2016.4Q
매출액	256	320	242	289	286	277
영업이익	6	20	10	27	37	38
당기순이익	6	-35	6	4	25	8

재무 상태 〈단위 : 억원〉

항목	2011	2012	2013	2014	2015	2016
총자산	561	458	813	1,035	2,557	2,566
유형자산	14	15	40	19	38	29
무형자산	23	43	248	174	1,152	1,133
유가증권	75	91	116	10	67	69
총부채	267	108	377	308	406	351
총차입금	35	12	237	55	75	40
자본금	202	205	205	494	717	718
총자본	294	350	436	727	2,150	2,216
지배주주지분	294	345	361	709	2,134	2,200

기업가치 지표

항목	2011	2012	2013	2014	2015	2016
주가(최고/저)(천원)	4.6/1.3	4.3/1.9	2.8/1.9	3.6/2.1	3.3/2.0	3.1/1.8
PER(최고/저)(배)	87.3/24.5	40.3/17.6	950.1/644.1	23.6/13.3	79.5/47.9	101.4/58.3
PBR(최고/저)(배)	5.9/1.7	4.8/2.1	3.0/2.0	2.2/1.3	2.2/1.3	1.9/1.1
EV/EBITDA(배)	74.1	17.4	27.9	2.1	5.5	4.3
EPS(원)	53	107	3	154	42	30
BPS(원)	787	902	942	1,625	1,543	1,585
CFPS(원)	102	141	97	977	360	298
DPS(원)	—	—	—	—	—	—
EBITDAPS(원)	49	89	84	1,074	378	346

재무 비율 〈단위 : %〉

연도	영업이익률	순이익률	부채비율	차입금비율	ROA	ROE	유보율	자기자본비율	EBITDA마진율
2016	10.3	3.9	15.8	1.8	1.7	2.0	217.0	86.3	45.4
2015	6.9	3.6	18.9	3.5	2.1	3.6	208.7	84.1	43.8
2014	14.3	6.7	42.3	7.6	5.5	12.4	43.7	70.3	61.1
2013	-0.7	0.2	86.5	54.3	0.1	0.3	88.3	53.6	5.6

아이엠 (A101390)
IM

업 종 : 전자 장비 및 기기		시 장 : KOSDAQ	
신용등급 : (Bond) — (CP) —		기업규모 : 중견	
홈페이지 : www.im2006.com		연 락 처 : 031)231-3114	
본 사 : 경기도 화성시 삼성1로3길 19 (석우동)			

설 립 일 2006.01.11	종 업 원 수 137명	대 표 이 사 손을재	
상 장 일 2008.07.23	감 사 의 견 적정 (삼덕)	계 열	
결 산 일 12월	보 통 주 2,257만주	종속회사수	
액 면 가 500원	우 선 주	구 상 호	

주주구성 (지분율,%)		출자관계 (지분율,%)		주요경쟁사 (외형,%)	
손을재	9.9	에스앤에이	20.0	아이엠	100
한국증권금융	5.2	아이엠헬스케어	14.9	비에이치	193
(외국인)	2.8	유메디칼	10.0	액트	32

매출구성		비용구성		수출비중	
제품 매출	99.4	매출원가율	94.4	수출	—
기타상품 매출 등	0.6	판관비율	11.2	내수	—

회사 개요
동사는 2006년에 영업양수도를 통해 삼성전기에서 분사하여 독립된 회사임. 당초에는 Optical Solution사업, LED조명사업, EMS사업, 헬스케어사업을 영위하였으나, 광픽업 분야에서 산요를 앞선 세계시장점유율 1위 기업이었음. 최근 주력 사업을 DVD 및 블루레이 플레이어에 핵심부품인 광픽업에서 스마트폰 부품인 OIS(광학손떨림보정장치) 양산에 들어감. 카메라모듈 제조 사업으로 영역을 확대할 계획임.

실적 분석
동사의 2016년 결산기준 누적 매출액은 전년 동기 대비 20.2% 감소한 1,924.3억원임. IT 시장 변화와 광픽업 모듈의 수요 둔화가 매출액에 악영향. 영업손실은 전년 동기 대비 적자전환한 109.2억원임. 대규모 투자에 따른 고정비 증가 대비 외형 성장 부진이 영업적자폭으로 이어짐. 비영업 손익 부문도 전년 동기대비 악화되었으며 당기순손실은 157.6억원으로 전년 동기 대비 적자전환함.

현금 흐름 〈단위 : 억원〉

항목	2015	2016
영업활동	-11	106
투자활동	-116	-250
재무활동	110	134
순현금흐름	-13	-3
기말현금	102	99

시장 대비 수익률
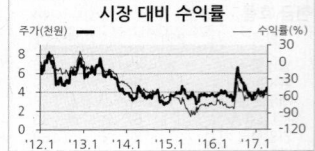

결산 실적 〈단위 : 억원〉

항목	2011	2012	2013	2014	2015	2016
매출액	3,201	3,341	3,452	2,502	2,410	1,924
영업이익	27	-0	46	-53	52	-109
당기순이익	51	6	-68	-112	22	-158

분기 실적 〈단위 : 억원〉

항목	2015.3Q	2015.4Q	2016.1Q	2016.2Q	2016.3Q	2016.4Q
매출액	620	530	516	476	486	446
영업이익	19	2	-27	-46	-16	-21
당기순이익	14	-16	-39	-58	-18	-42

재무 상태 〈단위 : 억원〉

항목	2011	2012	2013	2014	2015	2016
총자산	2,076	1,849	1,790	1,433	1,593	1,477
유형자산	363	523	583	588	604	724
무형자산	32	30	9	8	10	10
유가증권	24	4	4	3	3	3
총부채	1,340	1,154	1,149	903	1,033	961
총차입금	534	442	553	376	507	537
자본금	87	92	92	92	92	113
총자본	736	695	642	530	559	515
지배주주지분	738	704	641	528	558	513

기업가치 지표

항목	2011	2012	2013	2014	2015	2016
주가(최고/저)(천원)	6.6/2.9	8.2/4.4	7.6/3.7	4.6/2.5	4.7/2.7	7.2/3.0
PER(최고/저)(배)	21.0/9.2	102.8/55.1	—/—	—/—	41.0/23.2	—/—
PBR(최고/저)(배)	1.7/0.7	2.2/1.2	2.2/1.1	1.6/0.9	1.5/0.9	3.0/1.3
EV/EBITDA(배)	10.0	12.6	5.2	8.5	5.8	44.4
EPS(원)	318	81	-346	-589	116	-800
BPS(원)	4,398	4,004	3,664	3,046	3,207	2,406
CFPS(원)	921	721	371	199	858	-106
DPS(원)	75	50	—	—	—	—
EBITDAPS(원)	730	635	981	522	1,024	140

재무 비율 〈단위 : %〉

연도	영업이익률	순이익률	부채비율	차입금비율	ROA	ROE	유보율	자기자본비율	EBITDA마진율
2016	-5.7	-8.2	186.7	104.2	-10.3	-29.4	381.2	34.9	1.4
2015	2.2	0.9	184.7	90.5	1.5	4.1	541.4	35.1	7.8
2014	-2.1	-4.5	170.4	71.0	-7.0	-19.2	509.2	37.0	3.8
2013	1.3	-2.0	179.0	86.2	-3.8	-9.8	632.8	35.9	5.2

아이엠비씨 (A052220)
iMBC

업 종 : 미디어		시 장 : KOSDAQ	
신용등급 : (Bond) — (CP) —		기업규모 : 중견	
홈 페 이 지 : www.imbc.com		연 락 처 : 02)2105-1100	
본 사 : 서울시 마포구 성암로 255, 10층(상암동, 문화방송미디어센터)			

설 립 일	2000.03.11	종업원수	128명	대표이사	정용준
상 장 일	2005.01.21	감사의견	적정 (삼일)	계 열	
결 산 기	12월	보 통 주	2,300만주	종속회사수	
액 면 가	500원	우 선 주		구 상 호	

주주구성 (지분율,%)		출자관계 (지분율,%)		주요경쟁사 (외형,%)	
문화방송	58.1	아이포터	37.4	iMBC	100
허연회	0.0	더블유에스엔터테인먼트	19.8	한국경제TV	112
(외국인)	1.0	이스타즈	19.0	투원글로벌	27

매출구성		비용구성		수출비중	
콘텐츠매출	67.0	매출원가율	0.0	수출	23.9
용역매출	17.5	판관비율	97.2	내수	76.1
사업수익	7.7				

회사 개요
동사는 MBC그룹의 인터넷 자회사로서 인터넷방송 및 디지털콘텐츠 사업, 웹이전시 등을 영위. 주력부문은 MBC그룹의 대표 사이트인 www.imbc.com을 기반으로 한 방송콘텐츠와 자체 제작 콘텐츠에 대한 다시보기 등 디지털콘텐츠의 유료서비스 및 유통사업임. 또한 약 1,104만명의 회원을 바탕으로 드라마, 영화, 음악, 게임 등의 콘텐츠와 연계된 온라인 광고사업, 프로모션 사업 및 엔터테인먼트 사업 등을 운영함.

실적 분석
동사의 연결기준 2016년 누적매출액은 전년동기 대비 4.3% 증가한 672.4억원을 시현했고, 같은 기간 영업이익은 256% 증가한 19.1억원을 기록. 영업실적 개선과 비영업수지 확대로 당기순이익 역시 전년동기 대비 91.4% 증가한 17.7억원을 기록. 중국 플랫폼과 공동서비스를 구축해 직접 중국 사업 영향력을 높이고, 라이브 방송의 콘텐츠 시장을 개척하기 위한 노력을 지속 중

현금 흐름 〈단위 : 억원〉

항목	2015	2016
영업활동	-72	29
투자활동	78	-16
재무활동	-10	-2
순현금흐름	-4	11
기말현금	32	43

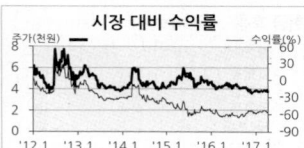

시장 대비 수익률

결산 실적 〈단위 : 억원〉

항목	2011	2012	2013	2014	2015	2016
매출액	541	490	518	547	645	672
영업이익	48	26	36	11	5	19
당기순이익	47	33	33	12	9	18

분기 실적 〈단위 : 억원〉

항목	2015.3Q	2015.4Q	2016.1Q	2016.2Q	2016.3Q	2016.4Q
매출액	152	197	138	163	172	199
영업이익	1	-3	7	-4	8	8
당기순이익	3	-4	12	-9	21	-6

재무 상태 〈단위 : 억원〉

항목	2011	2012	2013	2014	2015	2016
총자산	560	592	676	744	684	708
유형자산	7	5	7	16	15	15
무형자산	8	7	7	47	41	53
유가증권	209	378	394	359	348	307
총부채	112	121	185	223	160	174
총차입금	—	—	—	—	5	5
자본금	115	115	115	115	115	115
총자본	448	471	491	520	524	535
지배주주지분	448	471	491	498	510	524

기업가치 지표

항목	2011	2012	2013	2014	2015	2016
주가(최고/저)(천원)	6.5/2.0	8.5/3.7	6.3/3.8	5.9/3.9	6.3/4.0	4.8/3.5
PER(최고/저)(배)	33.7/10.5	62.9/27.3	44.9/27.1	66.2/43.6	101.6/64.6	46.7/34.7
PBR(최고/저)(배)	3.5/1.1	4.3/1.9	3.1/1.8	2.8/1.9	2.9/1.8	2.1/1.6
EV/EBITDA(배)	12.2	26.5	13.3	27.7	37.3	18.0
EPS(원)	205	142	145	92	63	103
BPS(원)	1,948	2,049	2,134	2,167	2,220	2,277
CFPS(원)	227	164	164	138	133	183
DPS(원)	55	45	45	30	30	45
EBITDAPS(원)	229	136	173	96	93	162

재무 비율 〈단위 : % 〉

연도	영업이익률	순이익률	부채비율	차입금비율	ROA	ROE	유보율	자기자본비율	EBITDA마진율
2016	2.8	2.6	32.5	0.9	2.6	4.6	355.4	75.5	5.6
2015	0.8	1.4	30.6	1.0	1.3	2.9	343.9	76.6	3.3
2014	2.1	3.9	43.0	0.4	3.0	4.3	333.4	69.9	4.0
2013	6.9	6.4	37.7	0.6	5.3	6.9	326.8	72.6	7.7

아이엠텍 (A226350)
IM Tech

업 종 : 휴대폰 및 관련부품		시 장 : KOSDAQ	
신용등급 : (Bond) — (CP) —		기업규모 : 중견	
홈 페 이 지 : www.im-tech.com		연 락 처 : 031)8071-2581	
본 사 : 경기도 파주시 월롱면 엘지로 274-43			

설 립 일	2000.12.13	종업원수	216명	대표이사	김승구
상 장 일	2016.02.03	감사의견	적정 (대주)	계 열	
결 산 기	12월	보 통 주	1,697만주	종속회사수	
액 면 가	500원	우 선 주		구 상 호	

주주구성 (지분율,%)		출자관계 (지분율,%)		주요경쟁사 (외형,%)	
한국증권금융	6.5			아이엠텍	100
코리아컨소시엄	5.8			세코닉스	385
(외국인)	1.5			엠씨넥스	509

매출구성		비용구성		수출비중	
카메라모듈	54.3	매출원가율	87.6	수출	68.7
안테나	40.4	판관비율	12.0	내수	31.3
세라믹	5.3				

회사 개요
동사는 RF모듈을 비롯하여 휴대폰에 필수적으로 사용되는 부품인 이동통신 안테나, NFC, 무선 충전 복합 안테나 등을 제조/판매하고 있으며, 2015년 말부터 스마트기기 외장재를 공급하고 있음. 세라믹사업은 반도체 제조공정 중 반도체 소자의 전기적 기능을 검사하여 제품의 양,불량정을 하는 테스트 장비의 핵심부품인 프로브카드에 사용되는 MLC 제작 및 납품하고 있음. MLC의 주요 공급사는 교세라, NTK 등 해외업체와 삼성전기와 동사가 있음.

실적 분석
동사의 연결기준 2016년 결산 매출액은 810.9억원으로 전년대비 22.6% 감소, 영업이익은 2.8억원으로 전년대비 98.5% 감소, 당기순이익은 적자전환하며 169.4억원 손실을 기록. 동사의 매출 감소는 글로벌 경기둔화, 스마트폰 시장 정체로 인한 것으로 분석되며, 원가율 및 판관비의 증가로 비용부담은 수익성을 악화시켰음. 향후 신규사업인 메탈 부문의 매출 증가가 기대되고 있음.

현금 흐름 *IFRS 별도 기준 〈단위 : 억원〉

항목	2015	2016
영업활동	160	-50
투자활동	-105	-257
재무활동	3	310
순현금흐름	57	3
기말현금	97	100

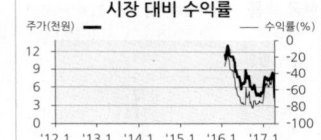

시장 대비 수익률

결산 실적 〈단위 : 억원〉

항목	2011	2012	2013	2014	2015	2016
매출액	55	66	279	466	1,048	811
영업이익	-3	1	13	59	177	3
당기순이익	-4	4	13	54	145	-169

분기 실적 *IFRS 별도 기준 〈단위 : 억원〉

항목	2015.3Q	2015.4Q	2016.1Q	2016.2Q	2016.3Q	2016.4Q
매출액	289	369	272	290	206	42
영업이익	59	60	21	15	-0	-32
당기순이익	49	47	17	16	-1	-201

재무 상태 *IFRS 별도 기준 〈단위 : 억원〉

항목	2011	2012	2013	2014	2015	2016
총자산	149	157	223	279	518	614
유형자산	79	69	62	127	164	251
무형자산	11	14	13	9	10	23
유가증권						8
총부채	40	48	91	93	167	222
총차입금	40	30	45	15	17	136
자본금	52	52	70	70	70	85
총자본	109	109	132	186	351	392
지배주주지분	109	109	132	186	351	392

기업가치 지표 *IFRS 별도 기준

항목	2011	2012	2013	2014	2015	2016
주가(최고/저)(천원)	—/—	—/—	—/—	—/—	—/—	14.1/4.3
PER(최고/저)(배)	0.0/0.0	0.0/0.0	0.0/0.0	0.0/0.0	0.0/0.0	—/—
PBR(최고/저)(배)	0.0/0.0	0.0/0.0	0.0/0.0	0.0/0.0	0.0/0.0	6.1/1.8
EV/EBITDA(배)	0.8	0.6	0.1			21.8
EPS(원)	-40	4	136	387	1,040	-1,019
BPS(원)	10,440	10,472	9,517	1,337	2,511	2,312
CFPS(원)	1,207	1,735	2,994	529	1,239	-797
DPS(원)						
EBITDAPS(원)	1,304	1,810	2,986	564	1,472	239

재무 비율 〈단위 : % 〉

연도	영업이익률	순이익률	부채비율	차입금비율	ROA	ROE	유보율	자기자본비율	EBITDA마진율
2016	0.3	-20.9	56.7	34.7	-29.9	-45.6	362.4	63.8	4.9
2015	16.9	13.8	47.8	4.8	36.4	54.0	402.3	67.7	19.6
2014	12.6	11.6	50.0	8.1	21.4	33.8	167.3	66.7	16.9
2013	4.8	4.8	68.7	34.0	7.1	11.2	90.3	59.3	11.3

아이오케이컴퍼니 (A078860)
IOKCOMPANY

업 종 : IT 서비스		시 장 : KOSDAQ	
신용등급 : (Bond) — (CP) —		기업규모 : 중견	
홈페이지 : www.iok.co.kr		연 락 처 : 02)2204-3000	
본 사 : 서울시 강남구 언주로148길 19, 청호빌딩 5층			

설 립 일	2000.04.26	종업원수	78명	대표이사	장철진
상 장 일	2006.06.27	감사의견	적정(세림)	계 열	
결 산 기	12월	보통주	11,764만주	종속회사수	
액 면 가	100원	우선주		구상호	포인트아이

주주구성 (지분율,%)		출자관계 (지분율,%)		주요경쟁사 (외형,%)	
SH홀딩스	14.0	아이오케이	100	민앤지	302
Englewood Lab,LLC	11.3			브리지텍	410
(외국인)	11.4				

매출구성		비용구성		수출비중	
AlertPoint, VMS, CRBT 등	95.7	매출원가율	83.0	수출	—
영화 및 광고 등 출연 atti.k., 코이 등	4.3	판관비율	33.3	내수	—

회사 개요
동사는 2000년에 설립되어 무선인터넷 기반의 솔루션을 개발하고, 통신서비스 사업자에게 관련된 솔루션을 공급하는 ICT 사업을 주로 영위해 왔음. 2015년 12월 매니지먼트를 기반으로 셀럽(celeb)을 활용한 브랜드사업과 마케팅이 주 사업모델인 회사인 아이오케이컴퍼니와 합병하고 사명을 포인트아이에서 아이오케이컴퍼니로 변경, 사업을 다각화함. 아이오케이컴퍼니는 배우 고현정, 조인성이 주주 겸 아티스트로 소속되어 있음.

실적 분석
동사의 2016년 연결기준 연간 누적 매출액은 134.8억원으로 전년 동기 대비 23.7% 증가함. 매출은 늘어났지만 매출원가 증가율은 오히려 더 늘어났고 판매비와 관리비 또한 대폭 증가하면서 영업손실은 21.9억원으로 전년 동기 대비 적자 전환함. 비영업손익 부문에서도 적자가 지속되면서 당기순손실은 47.7억원으로 적자 전환함. 매출은 늘어났지만 수익성은 악화되고 있음.

현금 흐름 *IFRS 별도 기준 〈단위 : 억원〉

항목	2015	2016
영업활동	-41	4
투자활동	-409	-85
재무활동	432	81
순현금흐름	-17	1
기말현금	60	61

시장 대비 수익률
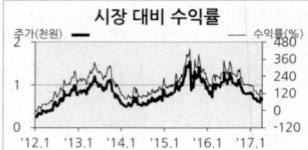

결산 실적 〈단위 : 억원〉

항목	2011	2012	2013	2014	2015	2016
매출액	106	166	119	61	109	135
영업이익	7	10	-6	-34	16	-22
당기순이익	-1	4	-14	-55	16	-48

분기 실적 *IFRS 별도 기준 〈단위 : 억원〉

항목	2015.3Q	2015.4Q	2016.1Q	2016.2Q	2016.3Q	2016.4Q
매출액	31	45	26	37	33	39
영업이익	7	13	-14	-7	-5	4
당기순이익	18	3	-17	12	-8	-35

재무 상태 *IFRS 별도 기준 〈단위 : 억원〉

항목	2011	2012	2013	2014	2015	2016
총자산	85	166	127	123	688	868
유형자산	2	4	4	6	6	5
무형자산	12	5	4	2	109	72
유가증권	2	2	18	20	142	611
총부채	42	101	63	44	199	74
총차입금	23	71	29	22	153	9
자본금	31	34	36	80	83	118
총자본	43	65	64	80	488	794
지배주주지분	43	65	64	80	488	794

기업가치 지표 *IFRS 별도 기준

항목	2011	2012	2013	2014	2015	2016
주가 (최고/저) (천원)	1.0/0.1	1.0/0.2	1.2/0.6	0.8/0.5	1.7/0.7	1.4/0.7
PER (최고/저) (배)	—/—	79.3/15.5	—/—	—/—	66.2/28.7	—/—
PBR (최고/저) (배)	6.9/0.9	5.3/1.0	6.5/3.1	5.1/2.9	2.8/1.2	2.0/1.1
EV/EBITDA (배)	5.4	13.6	—		43.9	
EPS (원)	-2	13	-38	-136	25	-44
BPS (원)	728	981	933	822	2,966	677
CFPS (원)	156	161	-138	-652	144	-41
DPS (원)						
EBITDAPS (원)	322	245	-25	-322	139	-17

재무 비율 〈단위 : % 〉

연도	영업이익률	순이익률	부채비율	차입금비율	ROA	ROE	유보율	자기자본비율	EBITDA마진율
2016	-16.3	-35.4	9.3	1.1	-6.1	-7.5	577.3	91.5	-13.7
2015	14.5	15.0	40.8	31.3	4.0	5.8	493.2	71.0	16.4
2014	-56.1	-89.5	54.7	29.1	-44.7	-78.9	64.5	64.6	-52.4
2013	-5.3	-12.0	105.4	49.3	-9.9	-23.0	72.3	48.7	-2.4

아이원스 (A114810)
IONES

업 종 : 디스플레이 및 관련부품		시 장 : KOSDAQ	
신용등급 : (Bond) BB- (CP) —		기업규모 : 우량	
홈페이지 : www.iones.co.kr		연 락 처 : 031)238-7785	
본 사 : 경기도 안성시 고삼면 안성대로 2061 (가유리 777-1)			

설 립 일	2005.07.01	종업원수	374명	대표이사	김병기
상 장 일	2013.02.07	감사의견	적정(안진)	계 열	
결 산 기	12월	보통주	1,050만주	종속회사수	
액 면 가	500원	우선주		구상호	

주주구성 (지분율,%)		출자관계 (지분율,%)		주요경쟁사 (외형,%)	
이문기	28.9			아이원스	100
김병기	8.9			APS홀딩스	653
(외국인)	2.1			덕산네오룩스	50

매출구성		비용구성		수출비중	
[정밀세정코팅부문] Depo shield 류	26.8	매출원가율	70.6	수출	24.2
[정밀가공디스플레이부문] CARRIER외 다수	25.8	판관비율	22.2	내수	75.8
기타	20.8				

회사 개요
1993년 동아엔지니어링으로 설립되었고, 2005년 7월에 현물출자 방식으로 법인 전환되어 아이원스로 재설립됨. 설립 시 반도체 장비 부품의 정밀 가공을 시작, 이후 반도체 장비 부품 초정밀 세정, 국산화 연구진행, 디스플레이 장비 제조, CAF(Chemical Air Filter), 항공/국방 부품 제조, 환경사업, LED 사업, 해외 및 특수 사업부(펌프, 항공, 국방) 등으로 영역을 확장 중임.

실적 분석
동사의 2016년 연결기준 매출액은 849.9억원으로 전년 대비 22.5% 증가함. 매출증가 및 판관비 감소에도 불구하고 원가율 상승으로 영업이익은 전년 대비 13.3% 감소한 61.4억원에 그침. 전기에 발생한 한국토지주택공사의 보상금(약 95억원)으로 인해 전기 당기순이익이 일시적으로 큰 폭으로 상승하여 2016년 당기순이익은 전년대비 77.2% 감소함.

현금 흐름 *IFRS 별도 기준 〈단위 : 억원〉

항목	2015	2016
영업활동	111	173
투자활동	-570	-474
재무활동	450	322
순현금흐름	-8	21
기말현금	1	21

시장 대비 수익률

결산 실적 〈단위 : 억원〉

항목	2011	2012	2013	2014	2015	2016
매출액	436	477	603	691	694	850
영업이익	69	73	93	57	71	61
당기순이익	52	50	68	57	129	29

분기 실적 *IFRS 별도 기준 〈단위 : 억원〉

항목	2015.3Q	2015.4Q	2016.1Q	2016.2Q	2016.3Q	2016.4Q
매출액	146	271	151	182	228	289
영업이익	15	33	25	3	16	17
당기순이익	17	23	19	-1	-1	11

재무 상태 *IFRS 별도 기준 〈단위 : 억원〉

항목	2011	2012	2013	2014	2015	2016
총자산	492	690	1,037	1,037	1,687	2,143
유형자산	346	504	695	763	1,322	1,654
무형자산	8	8	8	12	17	19
유가증권	2	1	1	3	10	1
총부채	296	441	590	540	866	1,252
총차입금	235	369	389	405	665	959
자본금	32	32	48	48	52	52
총자본	196	250	447	497	822	891
지배주주지분	196	250	447	497	822	891

기업가치 지표 *IFRS 별도 기준

항목	2011	2012	2013	2014	2015	2016
주가 (최고/저) (천원)	—/—	—/—	8.1/4.7	15.1/6.0	32.1/13.5	26.9/13.5
PER (최고/저) (배)	0.0/0.0	0.0/0.0	11.2/6.5	25.5/10.1	25.3/10.6	96.0/48.2
PBR (최고/저) (배)	0.0/0.0	0.0/0.0	1.8/1.0	2.9/1.2	4.1/1.7	3.2/1.6
EV/EBITDA (배)	2.3	2.9	6.7	14.6	26.6	18.9
EPS (원)	819	795	726	596	1,270	280
BPS (원)	3,102	3,959	4,674	5,194	7,829	8,492
CFPS (원)	1,224	1,463	1,283	1,210	1,882	1,216
DPS (원)				50	50	
EBITDAPS (원)	1,505	1,830	1,545	1,206	1,309	1,520

재무 비율 〈단위 : % 〉

연도	영업이익률	순이익률	부채비율	차입금비율	ROA	ROE	유보율	자기자본비율	EBITDA마진율
2016	7.2	3.5	140.5	107.6	1.5	3.4	1,598.4	41.6	18.8
2015	10.2	18.6	105.3	81.0	9.5	19.6	1,465.9	48.7	19.2
2014	8.2	8.3	108.6	81.5	5.5	12.1	938.9	47.9	16.7
2013	15.4	11.3	132.0	87.0	7.9	19.6	834.7	43.1	24.0

아이이 (A023430)
IE

업 종 : 석유 및 가스		시 장 : KOSDAQ	
신용등급 : (Bond) — (CP) —		기업규모 :	
홈페이지 : www.integrated-e.com		연 락 처 : 02)556-7118	
본 사 : 서울시 강남구 봉은사로86길 6 레베쌍트 빌딩 7층			

설 립 일	1984.04.01	종 업 원 수	18명	대 표 이 사	SoChiOn,우인근
상 장 일	1994.10.07	감 사 의 견	거절(감사범위제한)(전년)	계	열
결 산 기	12월	보 통 주	29,071만주	종속회사수	
액 면 가	500원	우 선 주		구 상 호	인테그레이티드에너지

주주구성 (지분율,%)
Above Joy Limited	21.7
SUNKA LIMITED	20.1
(외국인)	51.0

출자관계 (지분율,%)
스마트포스팅	100.0
비누스엔터테인먼트	100.0
IntegratedEnergy HKLimited	100.0

주요경쟁사 (외형,%)
아이이	100
흥구석유	1,187
중앙에너비스	756

매출구성
휘발유, 경유, 등유(상품)	98.0
LPG, 유류(상품)	2.0
LED(제품)	0.0

비용구성
매출원가율	81.4
판관비율	48.4

수출비중
수출	82.5
내수	17.5

회사 개요
동사는 주유소사업은 급유시설을 갖추고 차량용 액체연료인 휘발유, 경유, 등유 등의 석유제품을 판매하는 차량용 주유소를 운영하는 사업으로 국내 5대 정유사를 중심으로 직영대리점과 일반대리점을 통해 직영, 자영주유소가 국내시장 수요자만을 대상으로 판매, LPG사업을 영위함. 2014년 1월 20일 NASA, HP, 중국 BJEV 등에 배터리를 공급하는 미국 Boston-Power사와 총판대리점 계약을 시작으로 EV배터리 사업에 진출함.

실적 분석
동사는 모바일 광고 회사를 인수하기 위해 홍콩자회사(Billion Access 등)를 매각하여 연결대상에서 제외되어 중단사업손실이 발생하였으며, 전기차 사업을 위해 디트로이트 일렉트릭사에 2015년에 지분투자하였으나 국내 인증지연과 국내 시장의 여건에 맞지 않아 지분 일부 매각하였으며 잔액은 전액 손상차손으로 인식함. 중단사업 손실, 매도가능증권 손상차손은 각각 117억, 191억원임.

현금 흐름 〈단위 : 억원〉
항목	2015	2016
영업활동	10	59
투자활동	-194	-1,052
재무활동	186	1,033
순현금흐름	18	9
기말현금	29	39

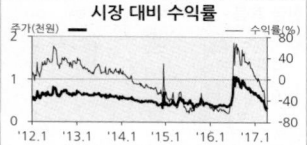

결산 실적 〈단위 : 억원〉
항목	2011	2012	2013	2014	2015	2016
매출액	61	69	114	402	125	121
영업이익	-27	-30	-20	-12	-21	-36
당기순이익	-28	-218	12	-35	-124	-370

분기 실적 〈단위 : 억원〉
항목	2015.3Q	2015.4Q	2016.1Q	2016.2Q	2016.3Q	2016.4Q
매출액	32	-86	41	65	28	-14
영업이익	-5	-24	-7	-11	-12	-6
당기순이익	-7	-121	-7	-13	-144	-206

재무 상태 〈단위 : 억원〉
항목	2011	2012	2013	2014	2015	2016
총자산	206	742	1,187	785	640	1,387
유형자산	14	9	4	32	32	32
무형자산	29	322	319	373	282	1,272
유가증권	17	1	42	43	254	—
총부채	34	495	736	369	80	295
총차입금	1	196	13	35	19	161
자본금	177	354	537	537	696	1,402
총자본	172	247	450	416	560	1,092
지배주주지분	172	241	422	418	563	1,092

기업가치 지표
항목	2011	2012	2013	2014	2015	2016
주가(최고/저)(천원)	0.7/0.4	0.8/0.5	0.7/0.5	0.7/0.3	0.6/0.3	1.2/0.3
PER(최고/저)(배)	—/—	—/—	—/—	—/—	—/—	—/—
PBR(최고/저)(배)	1.4/0.7	2.5/1.5	1.9/1.4	1.8/0.8	1.5/0.8	3.0/0.9
EV/EBITDA(배)	—	—	—	—	—	—
EPS(원)	-79	-585	-10	-12	-96	-198
BPS(원)	485	341	394	389	404	389
CFPS(원)	-48	-571	-8	-10	-95	-196
DPS(원)						
EBITDAPS(원)	-45	-66	-17	-10	-16	-18

재무 비율 〈단위 : % 〉
연도	영업이익률	순이익률	부채비율	차입금비율	ROA	ROE	유보율	자기자본비율	EBITDA마진율
2016	-29.8	-305.2	일부잠식	일부잠식	-36.5	-43.8	-22.1	78.7	-27.3
2015	-16.8	-98.9	일부잠식	일부잠식	-17.4	-25.1	-19.1	87.5	-16.3
2014	-3.0	-8.7	일부잠식	일부잠식	-3.6	-3.0	-22.1	53.0	-2.6
2013	-17.9	10.5	일부잠식	일부잠식	1.2	-3.3	-21.3	38.0	-16.4

아이즈비전 (A031310)
EYESVISION

업 종 : 통신장비		시 장 : KOSDAQ	
신용등급 : (Bond) — (CP) —		기업규모 : 중견	
홈페이지 : www.eyesvision.com		연 락 처 : 02)6330-5038	
본 사 : 서울시 영등포구 여의공원로 101(여의도동) CCMM빌딩 701,702호			

설 립 일	1992.09.09	종 업 원 수	51명	대 표 이 사	이동형
상 장 일	1997.07.25	감 사 의 견	적정 (지평)	계	열
결 산 기	12월	보 통 주	1,577만주	종속회사수	
액 면 가	500원	우 선 주		구 상 호	

주주구성 (지분율,%)
이동형	14.5
임채병	10.5
(외국인)	0.1

출자관계 (지분율,%)
머큐리	100.0
로트리	70.0
에이팩	13.0

주요경쟁사 (외형,%)
아이즈비전	100
콤텍시스템	104
오이솔루션	50.

매출구성
통신제조(유무선공유기(AP), 광케이블, 네트웍장	67.8
국제전화(음성통신선불카드유통)	17.4
통신(알뜰폰 서비스(MVNO), 회선 재판매)	13.6

비용구성
매출원가율	82.3
판관비율	14.8

수출비중
수출	7.7
내수	92.3

회사 개요
1992년에 설립된 동사는 무선호출사업, 이동통신 연구 및 부가서비스기술 개발업을 영위하고 있음. 별정통신 사업자로서 국제전화 선불카드 판매, 기간통신사의 통신망을 빌려 주는 통신서비스를 제공하고 있으며, 자회사를 통해 정보통신기기의 제조와 유통사업을 영위하고 있음. 동사는 1,500억원 규모의 국제전화 선불카드 시장의 50% 이상을 차지하는 1위 업체임. 동사는 국제전화 선불카드와 통신기기 제조, 통신업 등이 전체 매출의 90% 이상을 차지함.

실적 분석
인터넷 전화 보급으로 인해 동사의 주 매출원인 국제전화 선불카드 시장의 축소 및 자회사 머큐리 제품의 출고 감소하였지만, 알뜰폰 관련 사업을 중심으로 사업구조를 개편해 매출 개선을 지속하고 있음. 이러한 노력에 힘입어 동사의 2016년 연결기준 결산 매출액은 1,598.1억원으로 전년 1,368.7억원 대비 16.8% 증가를 기록하였음. 매출 급등에 힘입어 영업이익(45.5억원)과 당기순이익(39.6억원) 모두 전년대비 대폭 증가하였음.

현금 흐름 〈단위 : 억원〉
항목	2015	2016
영업활동	37	16
투자활동	30	31
재무활동	-5	18
순현금흐름	61	65
기말현금	234	300

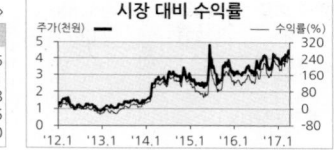

결산 실적 〈단위 : 억원〉
항목	2011	2012	2013	2014	2015	2016
매출액	1,499	1,441	1,661	1,272	1,369	1,598
영업이익	-19	-25	47	33	10	45
당기순이익	-49	12	45	30	16	40

분기 실적 〈단위 : 억원〉
항목	2015.3Q	2015.4Q	2016.1Q	2016.2Q	2016.3Q	2016.4Q
매출액	325	507	329	476	359	434
영업이익	5	22	-3	24	12	13
당기순이익	-7	23	-5	23	11	10

재무 상태 〈단위 : 억원〉
항목	2011	2012	2013	2014	2015	2016
총자산	895	943	1,009	1,018	1,099	1,149
유형자산	230	229	227	225	223	222
무형자산	13	11	9	10	10	15
유가증권	38	3	3	119	58	17
총부채	341	352	366	349	425	441
총차입금	117	91	120	102	149	167
자본금	79	79	79	79	79	79
총자본	554	591	643	669	674	707
지배주주지분	554	591	643	669	674	705

기업가치 지표
항목	2011	2012	2013	2014	2015	2016
주가(최고/저)(천원)	2.5/0.8	1.7/0.8	1.5/0.9	3.4/1.5	4.8/2.2	4.7/2.9
PER(최고/저)(배)	—/—	24.2/11.4	5.9/3.4	19.3/8.2	49.7/22.3	18.6/11.6
PBR(최고/저)(배)	0.7/0.2	0.5/0.2	0.4/0.2	0.8/0.3	1.1/0.5	1.0/0.6
EV/EBITDA(배)	47.4		2.5	6.8	14.6	8.0
EPS(원)	-308	77	283	188	100	255
BPS(원)	3,774	4,008	4,342	4,441	4,478	4,676
CFPS(원)	-162	172	373	280	194	355
DPS(원)			50	50	55	65
EBITDAPS(원)	28	-65	385	300	159	388

재무 비율 〈단위 : % 〉
연도	영업이익률	순이익률	부채비율	차입금비율	ROA	ROE	유보율	자기자본비율	EBITDA마진율
2016	2.8	2.5	62.4	23.6	3.5	5.8	835.2	61.6	3.8
2015	0.8	1.2	63.1	22.1	1.5	2.4	795.5	61.3	1.8
2014	2.6	2.3	52.2	15.3	2.9	4.5	788.3	65.7	3.7
2013	2.8	2.7	56.8	18.6	4.6	7.2	768.4	63.8	3.7

아이진 (A185490)
EyeGeneInc

업 종 : 바이오		시 장 : KOSDAQ	
신용등급 : (Bond) — (CP) —		기업규모 : 신성장	
홈페이지 : www.eyegene.co.kr		연 락 처 : 02)322-1687	
본 사 : 서울시 강서구 양천로 401 강서한강자이타워 B동 910호			

설 립 일 2000.06.23		종업원수 53명		대표이사 유원일	
상 장 일 2015.11.16		감사의견 적정 (안세)		계 열	
결 산 기 12월		보 통 주 1,004만주		종속회사수	
액 면 가 500원		우 선 주		구 상	

주주구성 (지분율,%)		출자관계 (지분율,%)		주요경쟁사 (외형,%)	
유원일	9.7	아스펜스	49.0	아이진	100
튜브메가트랜드투자조합	6.0			씨젠	27,601
(외국인)	0.7			내츄럴엔도텍	2,455

매출구성		비용구성		수출비중	
자궁경부암백신(기술료수입)	66.4	매출원가율	0.0	수출	3.7
연구용역	12.9	판관비율	3314.7	내수	96.3
당뇨 망막증 진단제(기술료수입)	11.6				

회사 개요

동사는 2000년 6월 설립됐으며 업종은 의학 및 약학 연구 개발업임. 주요제품은 당뇨망막증 치료제, 욕창 치료제, 자궁경부암 예방백신 등으로, 2013년 11월 코넥스 시장에 상장됨. 동사가 속한 바이오의약품 개발 산업은 제품에 대한 특허를 보유하고 있는 한 시장에서 독점적인 판매가 가능하며, 이를 통해 높은 부가가치를 창출할 수 있는 강점이 있음. 임상단계에 진입한 물질을 대상으로 다국적 제약사에 기술이전하는 것이 주 매출 형태임.

실적 분석

동사의 2016년 연간 매출액은 2.7억원으로 전년 동기 대비 큰 폭으로 증가함. 이는 기술료 지연수취로 인한 일시적 증가임. 반면 연구소 확대 이전 및 장비 구매, 전문연구원 인력 충원으로 인한 R&D 시설투자비용 및 인건비 증가로 영업손실은 85.9억원으로 적자지속됨. 동사는 자궁경부암 백신 미국 특허권을 취득함. 자궁경부암예방 백신 개발을 위해 임상 1상 시험을 완료하였으며, 현재 임상2상 시험 진입을 위하여 IND 신청 준비중임.

현금 흐름 •IFRS 별도 기준 〈단위 : 억원〉

항목	2015	2016
영업활동	-44	-62
투자활동	-155	6
재무활동	232	6
순현금흐름	33	-51
기말현금	59	8

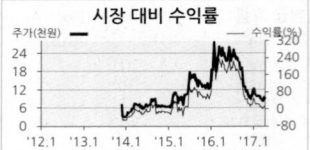

결산 실적 〈단위 : 억원〉

항목	2011	2012	2013	2014	2015	2016
매출액	2	5	2	2	1	3
영업이익	-18	-18	-37	-31	-52	-86
당기순이익	-18	-25	-39	-29	-49	-83

분기 실적 •IFRS 별도 기준 〈단위 : 억원〉

항목	2015.3Q	2015.4Q	2016.1Q	2016.2Q	2016.3Q	2016.4Q
매출액	0	0	3	0	0	0
영업이익	-13	-18	-11	-23	-24	-28
당기순이익	-13	-16	-11	-22	-23	-27

재무 상태 •IFRS 별도 기준 〈단위 : 억원〉

항목	2011	2012	2013	2014	2015	2016
총자산	15	46	63	55	243	186
유형자산	0	0	0	3	3	16
무형자산	3	3	3	3	3	4
유가증권	—	1	0	0	13	1
총부채	20	86	12	17	16	24
총차입금	2	67				
자본금	16	24	38	39	50	50
총자본	-6	-40	51	39	228	162
지배주주지분	-6	-40	51	39	228	162

기업가치 지표 •IFRS 별도 기준

항목	2011	2012	2013	2014	2015	2016
주가(최고/저)(천원)	—/—	—/—	10.4/4.4	13.0/4.5	18.4/5.6	27.8/8.5
PER(최고/저)(배)	0.0/0.0	0.0/0.0	—/—	—/—	—/—	—/—
PBR(최고/저)(배)	0.0/0.0	0.0/0.0	11.0/4.7	18.8/6.5	8.1/2.5	17.2/5.3
EV/EBITDA(배)						
EPS(원)	-338	-418	-563	-380	-569	-825
BPS(원)	-1,833	-5,986	667	488	2,276	1,613
CFPS(원)	-5,837	-4,137	-557	-370	-556	-808
DPS(원)						
EBITDAPS(원)	-5,795	-2,993	-539	-389	-588	-840

재무 비율 〈단위 : % 〉

연도	영업이익률	순이익률	부채비율	차입금비율	ROA	ROE	유보율	자기자본비율	EBITDA마진율
2016	-3,214.7	-3,094.6	14.7	0.0	-38.6	-42.5	222.5	87.2	-3,150.6
2015	-4,804.2	-4,552.8	6.9	0.0	-32.8	-36.6	355.3	93.6	-4,703.8
2014	-1,997.3	-1,902.4	일부잠식	0.0	-49.4	-65.6	-2.4	69.5	-1,947.6
2013	-2,003.9	-2,070.4	24.5	전기잠식	-70.8	전기잠식	33.5	80.3	-1,983.5

아이카이스트랩 (A007630)
i-KAIST Lab

업 종 : 통신장비		시 장 : 거래소	
신용등급 : (Bond) — (CP) —		기업규모 : 시가총액 소형주	
홈페이지 : www.gsinstrument.com		연 락 처 : 1688-6820	
본 사 : 서울시 강남구 도산대로 228, 4층(논현동, 논현조일빌딩)			

설 립 일 1972.02.02		종업원수 32명		대표이사 고재욱	
상 장 일 1988.10.24		감사의견 적정 (성도)		계 열	
결 산 기 12월		보 통 주 1,698만주		종속회사수	
액 면 가 500원		우 선 주		구 상 아이카이스트랩	

주주구성 (지분율,%)		출자관계 (지분율,%)		주요경쟁사 (외형,%)	
아카글로벌	9.0			암니스	100
카노히	7.5			라이트론	130
(외국인)	0.4			서화정보통신	41

매출구성		비용구성		수출비중	
중계기	94.7	매출원가율	94.5	수출	0.0
전자계측기	3.4	판관비율	22.9	내수	100.0
용역매출 등	1.9				

회사 개요

동사는 국내 최초의 계측기 제조업체로서 1972년 설립된 이래 계측기 뿐만 아니라, AMP, 필터, 중계기 등의 통신장비를 개발하여 국내통신시장을 선도하고 있음. 이동통신 중계기는 서비스를 위한 망 구축에 필수적인 고부가가치 아이템으로서 현재 국내 대형통신사업자에 납품하고 있으며, 북미와 아시아 등 해외시장 진출에도 성공함. 2016년 중 두 차례의 사명변경을 거침.

실적 분석

동사의 2016년 연결기준 매출액은 전년대비 6.0% 성장한 319.0억원을 기록함. 성장은 정체되어 있고 고정비 부담에 따른 원가율의 상승으로 영업손실 55.7억원을 보이며 적자가 확대됨. 또한 비영업손실 확대로 174.5억원의 대규모 당기순손실을 시현함. 동사는 기준 운영자금조달 등을 위한 3차례의 제3자 배정유상증자를 단행하였으며 1차례의 전환사채를 발행하여 현금 확보 및 재무구조를 개선함.

현금 흐름 •IFRS 별도 기준 〈단위 : 억원〉

항목	2015	2016
영업활동	-25	-36
투자활동	3	-9
재무활동	20	188
순현금흐름	-2	142
기말현금	1	143

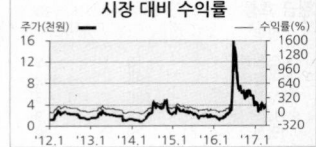

결산 실적 〈단위 : 억원〉

항목	2011	2012	2013	2014	2015	2016
매출액	371	537	547	587	301	319
영업이익	-34	24	-64	33	-28	-56
당기순이익	-66	6	-135	11	-87	-174

분기 실적 •IFRS 별도 기준 〈단위 : 억원〉

항목	2015.3Q	2015.4Q	2016.1Q	2016.2Q	2016.3Q	2016.4Q
매출액	110	-26	48	55	17	199
영업이익	-21	20	-12	-37	-6	0
당기순이익	-21	-31	-14	-71	-8	-81

재무 상태 •IFRS 별도 기준 〈단위 : 억원〉

항목	2011	2012	2013	2014	2015	2016
총자산	631	693	518	521	522	595
유형자산	153	153	146	144	140	151
무형자산	74	80	63	64	47	5
유가증권	18	2	2	1	1	1
총부채	401	445	405	397	432	481
총차입금	264	287	258	233	253	212
자본금	295	295	113	59	59	85
총자본	230	248	113	124	90	114
지배주주지분	230	248	113	124	90	114

기업가치 지표 •IFRS 별도 기준

항목	2011	2012	2013	2014	2015	2016
주가(최고/저)(천원)	2.2/1.0	2.9/1.2	3.0/1.0	4.9/0.9	3.7/1.5	17.3/1.1
PER(최고/저)(배)	—/—	58.8/23.5	—/—	50.1/9.2	—/—	—/—
PBR(최고/저)(배)	1.1/0.5	1.4/0.6	3.1/1.0	4.6/0.8	4.8/1.9	25.7/1.6
EV/EBITDA(배)		9.1		9.9		
EPS(원)	-560	50	-1,143	97	-736	-1,253
BPS(원)	784	843	963	1,059	771	674
CFPS(원)	-160	93	-933	236	-586	-1,185
DPS(원)						
EBITDAPS(원)	-51	155	-331	419	-86	-334

재무 비율 〈단위 : % 〉

연도	영업이익률	순이익률	부채비율	차입금비율	ROA	ROE	유보율	자기자본비율	EBITDA마진율
2016	-17.5	-54.7	418.8	184.9	-31.2	-170.7	35.8	19.3	-14.5
2015	-9.3	-28.8	480.1	280.5	-16.6	-81.1	54.2	17.2	-3.4
2014	5.6	2.0	320.0	187.5	2.2	9.7	111.8	23.8	8.4
2013	-11.7	-24.6	359.6	228.9	-22.3	-74.8	92.6	21.8	-7.1

아이컴포넌트 (A059100)
i-Components

업 종 : 디스플레이 및 관련부품		시 장 : KOSDAQ	
신용등급 : (Bond) — (CP) —		기업규모 : 벤처	
홈 페 이 지 : www.i-components.co.kr		연 락 처 : 031)653-5990	
본 사 : 경기도 평택시 팽성읍 추팔산1길 23			

설 립 일	2000.05.12	종 업 원 수	116명	대 표 이 사	김양국
상 장 일	2008.12.16	감 사 의 견	적정 (안진)	계 열	
결 산 기	12월	보 통 주	707만주	종속회사수	
액 면 가	500원	우 선 주		구 상 호	

주주구성 (지분율,%)		출자관계 (지분율,%)		주요경쟁사 (외형,%)	
김양국	23.1	아이컴포넌트	100		
한국증권금융	4.9	오성엘에스티	84		
(외국인)	6.6	제이스텍	281		

매출구성		비용구성		수출비중	
COATED (COP,PET)	56.4	매출원가율	80.7	수출	8.9
PC	35.3	판관비율	9.1	내수	91.1
PMMA	3.2				

회사 개요
광학용 필름 전문 제조기업으로서 동사의 제품은 터치폰, 휴대폰 키패드, 휴대폰 윈도우, LCD TV BLU, 전자제품의 데코용, 전기전자 제품의 Name Plate 등에 사용되고 있음. 낮은 투과율의 하이 배리어 필름을 세계 최초로 양산했고 멀티 코팅 기술력, 광폭 필름 양산 능력 등을 보유함. 주요 매출은 COATED(COP, PET) 약 56%, PC(CLEAR, COLOR, FR) 35%, COATED(PC, PMMA) 3% 등으로 구성됨.

실적 분석
동사의 2016년 연결기준 결산 매출액은 536.2억원으로 전년 대비 6.4% 감소함. 매출 감소에 따라 매출원가는 4.7% 감소했지만 판관비는 오히려 6.9% 늘어나면서 비용이 증가함. 이에 따라 영업이익은 전년 대비 24.9% 감소한 54.7억원을 기록함. 비영업손익 부문에서도 적자가 지속되면서 당기순이익은 56.6억원으로 전년 대비 4.5% 감소하였음.

현금 흐름 *IFRS 별도 기준 〈단위 : 억원〉

항목	2015	2016
영업활동	110	142
투자활동	-73	-76
재무활동	-7	30
순현금흐름	29	102
기말현금	81	183

시장 대비 수익률
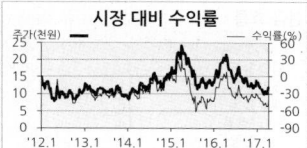

결산 실적 〈단위 : 억원〉

항목	2011	2012	2013	2014	2015	2016
매출액	467	323	278	283	573	536
영업이익	20	-23	-14	-8	73	55
당기순이익	2	-46	-30	-23	59	57

분기 실적 *IFRS 별도 기준 〈단위 : 억원〉

항목	2015.3Q	2015.4Q	2016.1Q	2016.2Q	2016.3Q	2016.4Q
매출액	144	109	129	135	168	103
영업이익	16	10	17	19	21	-3
당기순이익	17	1	15	18	12	12

재무 상태 *IFRS 별도 기준 〈단위 : 억원〉

항목	2011	2012	2013	2014	2015	2016
총자산	547	611	546	536	604	694
유형자산	304	335	328	308	325	314
무형자산	49	54	53	50	43	42
유가증권	5	—	—	—	—	—
총부채	297	354	317	270	275	282
총차입금	265	316	282	229	223	233
자본금	27	30	30	33	34	35
총자본	250	257	229	266	329	412
지배주주지분	250	257	229	266	329	412

기업가치 지표 *IFRS 별도 기준

항목	2011	2012	2013	2014	2015	2016
주가(최고/저)(천원)	16.6/4.8	15.7/7.6	12.9/9.2	16.1/8.2	24.3/11.2	21.5/11.0
PER(최고/저)(배)	400.2/115.4	—/—	—/—	—/—	28.3/13.0	27.1/13.8
PBR(최고/저)(배)	3.6/1.0	3.8/1.8	3.5/2.5	4.1/2.1	5.0/2.3	3.7/1.9
EV/EBITDA(배)	22.2	95.0	32.0	34.2	8.2	9.7
EPS(원)	42	-767	-501	-369	879	804
BPS(원)	4,695	4,247	3,770	3,986	4,968	5,914
CFPS(원)	566	-217	155	353	1,708	1,475
DPS(원)					100	100
EBITDAPS(원)	916	166	430	587	1,910	1,448

재무 비율 〈단위 : % 〉

연도	영업이익률	순이익률	부채비율	차입금비율	ROA	ROE	유보율	자기자본비율	EBITDA마진율
2016	10.2	10.6	68.5	56.7	8.7	15.3	1,082.5	59.3	19.0
2015	12.7	10.3	83.5	67.8	10.4	19.9	893.6	54.5	22.5
2014	-3.0	-8.3	101.7	86.3	-4.3	-9.5	697.2	49.6	13.2
2013	-4.9	-10.9	138.7	123.2	-5.3	-12.5	654.0	41.9	9.4

아이케이세미콘 (A149010)
IK Semicon

업 종 : 반도체 및 관련장비		시 장 : KONEX	
신용등급 : (Bond) — (CP) —		기업규모 : —	
홈 페 이 지 : www.iksemi.com		연 락 처 : (02)3153-7090	
본 사 : 서울시 마포구 성암로 330, 503호(상암동, DMC첨단산업센터)			

설 립 일	2000.07.04	종 업 원 수	22명	대 표 이 사	윤경덕
상 장 일	2014.11.14	감 사 의 견	적정 (태성)	계 열	
결 산 기	12월	보 통 주	312만주	종속회사수	
액 면 가	500원	우 선 주		구 상 호	

주주구성 (지분율,%)		출자관계 (지분율,%)		주요경쟁사 (외형,%)	
윤경덕	64.5	에이테스트	100.0	아이케이세미콘	100
오현영	5.4	아이케이에이	40.0	제이티	137
				성우테크론	179

매출구성		비용구성		수출비중	
TR ARRAY(디스플레이)	39.9	매출원가율	76.0	수출	22.3
기타	36.1	판관비율	18.1	내수	77.7
Automotive용	10.3				

회사 개요
동사는 2000년 7월 4일 설립되어 반도체 제품별로는 시스템 반도체에 속하는 Analog IC과 Logic IC 전문업체이며 반도체 Value Chain별 분류로는 반도체 설계를 해서, 위탁생산전문업체(Foundary)와 패키징 및 테스트 전문업체(SATS)에 생산을 위탁하는, 반도체 설계전문업체(Fabless)임. 현재 반도체 테스트를 주 업종으로 하는 비상장업체 에이테스트를 계열회사로 두고 있음

실적 분석
동사의 2016년 연결 기준 매출과 영업이익은 163.3억원, 9.7억원으로 전년 대비 매출은 7.4% 증가하고 흑자전환함. 매출총이익은 39.2억원으로 전년 대비 2억원 가량 늘었으며 판관비는 29.5억원으로 7.5억원 감소함. 자산총계는 112.8억원으로 전년 대비 14.3억원 증가함. 부채총계는 59.6억원으로 1.3억원 증가함. 자본총계는 53.1억원으로 전년 대비 12.9억원 증가함.

현금 흐름 *IFRS 별도 기준 〈단위 : 억원〉

항목	2015	2016
영업활동	1	8
투자활동	-3	-2
재무활동	3	-3
순현금흐름	1	3
기말현금	2	5

시장 대비 수익률
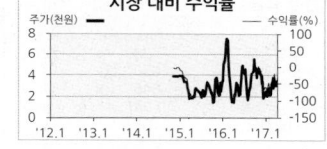

결산 실적 〈단위 : 억원〉

항목	2011	2012	2013	2014	2015	2016
매출액	157	169	161	155	152	163
영업이익	9	10	8	11	-7	10
당기순이익	7	4	6	7	-20	13

분기 실적 *IFRS 별도 기준 〈단위 : 억원〉

항목	2015.3Q	2015.4Q	2016.1Q	2016.2Q	2016.3Q	2016.4Q
매출액	—	—	—	—	—	—
영업이익	—	—	—	—	—	—
당기순이익	—	—	—	—	—	—

재무 상태 *IFRS 별도 기준 〈단위 : 억원〉

항목	2011	2012	2013	2014	2015	2016
총자산	127	116	118	109	98	112
유형자산	5	11	11	11	11	10
무형자산	15	19	22	26	18	19
유가증권	—	—	3	—	—	—
총부채	79	65	61	47	56	58
총차입금	61	44	44	34	37	34
자본금	19	19	19	19	19	19
총자본	47	51	56	62	42	54
지배주주지분	47	51	56	62	42	54

기업가치 지표 *IFRS 별도 기준

항목	2011	2012	2013	2014	2015	2016
주가(최고/저)(천원)	—/—	—/—	—/—	3.9/3.9	4.0/1.4	8.0/1.3
PER(최고/저)(배)	0.0/0.0	0.0/0.0	0.0/0.0	18.0/18.0	—/—	20.0/3.2
PBR(최고/저)(배)	0.0/0.0	0.0/0.0	0.0/0.0	2.0/2.0	3.0/1.0	4.6/0.7
EV/EBITDA(배)	2.0	2.3	2.7	10.9		7.1
EPS(원)	212	139	180	223	-619	406
BPS(원)	1,526	1,653	1,833	2,013	1,360	1,761
CFPS(원)	259	197	257	294	-471	545
DPS(원)				30		40
EBITDAPS(원)	347	386	334	439	-78	440

재무 비율 〈단위 : % 〉

연도	영업이익률	순이익률	부채비율	차입금비율	ROA	ROE	유보율	자기자본비율	EBITDA마진율
2016	5.9	7.9	112.2	66.1	12.3	27.8	191.4	47.1	9.1
2015	-4.7	-12.9	144.8	95.4	-18.8	-38.8	121.8	40.9	-1.2
2014	7.3	4.3	81.8	58.4			233.2	55.0	9.2
2013	5.0	3.5	109.6	78.5	4.8	10.4	208.7	47.7	6.5

아이콘트롤스 (A039570)
I CONTROLS

업 종 : 건설		시 장 : 거래소	
신용 등급 : (Bond) — (CP) —		기업규모 : 시가총액 소형주	
홈 페 이 지 : www.icontrols.co.kr		연 락 처 : 031)785-1700	
본 사 : 경기도 성남시 분당구 정자일로 213번길 5			

설 립 일 1999.09.17	종 업 원 수 183명	대 표 이 사 정현	
상 장 일 2015.09.24	감 사 의 견 적정 (삼일)	계 열	
결 산 기 12월	보 통 주 823만주	종속회사수	
액 면 가 500원	우 선 주	구 상 호	

주주구성 (지분율,%)
정몽규	29.9
현대EP	14.8
(외국인)	4.9

출자관계 (지분율,%)
아이시에스	19.0
다담마이크로	17.9
영창뮤직	6.4

주요경쟁사 (외형,%)
아이콘트롤스	100
이테크건설	631
코오롱글로벌	1,686

매출구성
M&E	39.2
스마트홈	27.1
IBS	23.0

비용구성
매출원가율	86.8
판관비율	6.2

수출비중
수출	0.2
내수	99.8

회사 개요
동사는 현대산업 그룹 계열의 건설 IT 솔루션 제공업체임. 동사의 사업부별 매출비중은 M&E(Mechanical & Electrical), 스마트홈, IBS(Intelligent Building System), SOC 순으로 구성되어있음. 계열사인 현대산업개발에 매출 의존도가 높음. 국내 건설경기의 밀접한 관계를 가지고 비즈니스 모델이나, 향후 IoT 등을 통해 관계사 의존도 낮출 계획임.

실적 분석
동사는 건설 시장 회복에 따라 매출액이 전년 1,745.7억원 대비 8.2% 증가한 1,888.9억원을 기록하였음. 영업이익은 131.7억원으로 이 역시 전년 121.9억원보다 8% 증가한 수치임. 또한 차입금 감소 등에 따른 금융비용이 감소 등으로 법인세차감전계속사업이익이 49.3억원 증가하였음. 최종적으로 동사의 당기순이익은 전년보다 33.7% 증가한 188.6억원을 시현함.

현금 흐름 〈단위 : 억원〉
항목	2015	2016
영업활동	78	72
투자활동	-650	-13
재무활동	646	-51
순현금흐름	74	8
기말현금	106	114

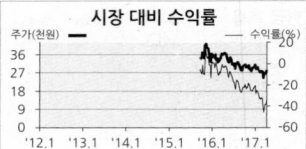
시장 대비 수익률

결산 실적 〈단위 : 억원〉
항목	2011	2012	2013	2014	2015	2016
매출액	913	1,068	1,242	1,318	1,746	1,889
영업이익	70	77	72	74	122	132
당기순이익	104	106	-11	62	141	189

분기 실적 〈단위 : 억원〉
항목	2015.3Q	2015.4Q	2016.1Q	2016.2Q	2016.3Q	2016.4Q
매출액	503	416	433	418	455	583
영업이익	43	15	32	37	49	13
당기순이익	47	26	41	65	63	20

재무 상태 〈단위 : 억원〉
항목	2011	2012	2013	2014	2015	2016
총자산	1,014	1,328	1,288	1,325	2,183	2,400
유형자산	41	56	53	51	49	46
무형자산	8	12	11	8	5	4
유가증권	35	37	47	32	672	647
총부채	505	727	688	690	588	642
총차입금	105	205	197	196	33	1
자본금	28	28	28	28	41	41
총자본	509	602	601	635	1,595	1,758
지배주주지분	509	602	601	635	1,595	1,758

기업가치 지표
항목	2011	2012	2013	2014	2015	2016
주가(최고/저)(천원)	—/—	—/—	—/—	—/—	41.2/32.4	37.4/27.5
PER(최고/저)(배)	0.0/0.0	0.0/0.0	0.0/0.0	0.0/0.0	18.9/14.8	16.5/12.1
PBR(최고/저)(배)	0.0/0.0	0.0/0.0	0.0/0.0	0.0/0.0	2.2/1.7	1.8/1.3
EV/EBITDA(배)	1.3	2.4	2.4	2.0	18.0	12.7
EPS(원)	1,869	1,901	-191	1,114	2,223	2,292
BPS(원)	91,171	107,819	107,640	113,765	19,381	21,364
CFPS(원)	19,806	20,159	-462	12,535	2,341	2,363
DPS(원)					250	300
EBITDAPS(원)	13,688	14,918	14,339	14,636	2,039	1,672

재무 비율 〈단위 : % 〉
연도	영업이익률	순이익률	부채비율	차입금비율	ROA	ROE	유보율	자기자본비율	EBITDA마진율
2016	7.0	10.0	36.5	0.1	8.2	11.3	4,172.8	73.3	7.3
2015	7.0	8.1	36.9	2.1	8.0	12.7	3,776.2	73.1	7.4
2014	5.6	4.7	108.8	30.9	4.8	10.1	2,175.3	47.9	6.2
2013	5.8	-0.9	114.5	32.8	-0.8	-1.8	2,052.8	46.6	6.4

아이크래프트 (A052460)
iCRAFT

업 종 : IT 서비스		시 장 : KOSDAQ	
신용 등급 : (Bond) — (CP) —		기업규모 : 중견	
홈 페 이 지 : www.icraft21.com		연 락 처 : 02)541-0474	
본 사 : 서울시 강남구 언주로 726, 12층(논현동, 두산건설빌딩)			

설 립 일 2000.01.21	종 업 원 수 115명	대 표 이 사 박우진	
상 장 일 2005.01.03	감 사 의 견 적정 (한영)	계 열	
결 산 기 12월	보 통 주 805만주	종속회사수	
액 면 가 500원	우 선 주	구 상 호	

주주구성 (지분율,%)
박우진	17.6
국민연금02-1동양벤처조합	4.9
(외국인)	0.2

출자관계 (지분율,%)
시엔스	100.0
KBTOSp.Zo.o	25.0
엠씨페이	6.5

주요경쟁사 (외형,%)
아이크래프트	100
케이사인	40
유엔젤	38

매출구성
인터넷핵심망, 어플리케이션,유지보수	53.9
네트워 및 솔루션 장비판매	43.5
기타매출	2.5

비용구성
매출원가율	80.5
판관비율	13.9

수출비중
수출	0.6
내수	99.4

회사 개요
인터넷 네트워크 구축 및 시스템 구축을 주요 사업으로 영위 중. 네트워크 솔루션 사업 중 주력분야인 인터넷 핵심망/접속망 구축사업은 기간통신사업자의 인터넷 인프라 구축과 인프라를 기반으로 사용자 접속을 위한 기본 ACCESS망 구축에 관한 제반 솔루션 사업임. 동사의 일반기업, 금융 및 공공기관 등에 제공하는 주요 서비스로는 대용량 DATA 관리 솔루션, 인터넷 통합 보안 서비스, 음성/데이터 통합 서비스가 있음.

실적 분석
동사의 2016년 연결기준 연간 누적 매출액은 798.5억원으로 전년 동기 대비 16.8% 증가함. 매출이 늘면서 고정 비용이 줄어 영업이익은 전년 동기 대비 28.6% 증가한 45.1억원을 기록. 다만 비영업손익 부문에서 손실이 크고 환율 변동과 무형자산 처분 등으로 영업외비용이 증가하면서 당기순이익은 21.7억원으로 전년 동기 대비 20.7% 감소함.

현금 흐름 〈단위 : 억원〉
항목	2015	2016
영업활동	-49	58
투자활동	-13	-13
재무활동	76	-43
순현금흐름	14	2
기말현금	130	132

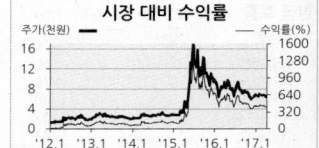
시장 대비 수익률

결산 실적 〈단위 : 억원〉
항목	2011	2012	2013	2014	2015	2016
매출액	486	600	522	534	684	799
영업이익	7	50	12	16	35	45
당기순이익	4	39	15	13	27	22

분기 실적 〈단위 : 억원〉
항목	2015.3Q	2015.4Q	2016.1Q	2016.2Q	2016.3Q	2016.4Q
매출액	115	271	131	245	127	296
영업이익	-3	22	-1	30	-10	26
당기순이익	-3	17	-3	23	-9	10

재무 상태 〈단위 : 억원〉
항목	2011	2012	2013	2014	2015	2016
총자산	375	406	424	421	539	548
유형자산	5	4	3	5	7	10
무형자산	34	35	34	35	35	28
유가증권	39	6	5	3	14	17
총부채	110	101	110	98	192	188
총차입금	57	29		16	95	59
자본금	40	40	40	40	40	40
총자본	265	305	314	323	347	360
지배주주지분	265	305	314	323	347	360

기업가치 지표
항목	2011	2012	2013	2014	2015	2016
주가(최고/저)(천원)	1.7/1.1	2.8/1.1	3.3/1.8	3.5/2.0	17.6/2.7	10.0/5.8
PER(최고/저)(배)	38.9/25.2	6.4/2.6	19.4/10.9	23.1/13.3	53.0/8.2	37.6/22.0
PBR(최고/저)(배)	0.5/0.4	0.8/0.3	0.9/0.5	0.9/0.5	4.0/0.6	2.2/1.3
EV/EBITDA(배)	8.7			4.3	18.8	8.1
EPS(원)	48	485	180	160	341	270
BPS(원)	3,512	4,006	4,117	4,231	4,523	4,694
CFPS(원)	92	513	205	188	370	318
DPS(원)		80	50	70	100	100
EBITDAPS(원)	126	646	180	222	466	609

재무 비율 〈단위 : % 〉
연도	영업이익률	순이익률	부채비율	차입금비율	ROA	ROE	유보율	자기자본비율	EBITDA마진율
2016	5.7	2.7	52.2	16.3	4.0	6.2	838.8	65.7	6.1
2015	5.1	4.0	55.4	27.3	5.7	8.2	804.6	64.4	5.5
2014	2.9	2.4	30.2	5.0	3.1	4.1	746.3	76.8	3.4
2013	2.4	2.8	35.0	0.0	3.5	4.7	723.3	74.1	2.8

아이텍반도체 (A119830)
ITEK Semiconductor

업 종 : 반도체 및 관련장비		시 장 : KOSDAQ	
신용등급 : (Bond) — (CP) —		기업규모 : 중견	
홈 페 이 지 : www.iteksemi.com		연 락 처 : 031)8077-1500	
본 사 : 경기도 화성시 동탄면 동탄산단4길 9-15			

설 립 일 2005.02.01	종 업 원 수 200명	대 표 이 사 유남영	
상 장 일 2010.10.26	감 사 의 견 적정 (삼정)	계 열	
결 산 기 12월	보 통 주 527만주	종속회사수	
액 면 가 500원	우 선 주	구 상 호	

주주구성 (지분율,%)		출자관계 (지분율,%)		주요경쟁사 (외형,%)	
유남영	38.2	아이텍반도체	100		
허엽	5.9	에이디테크놀로지	88		
(외국인)	0.2	제너셈	69		

매출구성		비용구성		수출비중	
패키지테스트	52.3	매출원가율	82.7	수출	—
웨이퍼테스트	30.6	판관비율	9.0	내수	—
기타	17.1				

회사 개요
동사는 2005년에 설립되고 2010년에 코스닥시장에 상장한 시스템 반도체 테스트회사로서 시스템 반도체 생산의 마지막 공정인 테스트를 담당하고 있음. 시스템 반도체 테스트 분야의 주요 고객은 반도체 설계를 담당하는 팹리스 업체와 IDM 중 테스트 부문을 아웃소싱 하는 회사임. 주요 전방산업은 TV, PC, 모바일기기 등이며 동사를 포함한 4개의 주요 업체와 군소업체가 경쟁하고 있음.

실적 분석
동사의 2016년 기준 매출액은 전년 대비 12.3% 성장한 257.8억원을 기록함. 매출액 성장과 원가율 개선으로 영업이익 21.4억원, 당기순이익 14.3억원을 보이며 흑자전환에 성공함. 제품별 매출비중은 패키지테스트 55.2%, 웨이퍼테스트 27.3%, 개발매출 17.5%로 구성됨. 당기 중 공장 가동률은 패키지테스트 56.9%, 웨이퍼테스트 61.7%를 보여 2015년 대비 각각 소폭 개선됨.

현금 흐름 *IFRS 별도 기준 〈단위 : 억원〉

항목	2015	2016
영업활동	65	92
투자활동	15	-49
재무활동	-95	-47
순현금흐름	-15	-4
기말현금	21	16

결산 실적 〈단위 : 억원〉

항목	2011	2012	2013	2014	2015	2016
매출액	238	214	222	244	230	258
영업이익	18	-9	9	8	-15	21
당기순이익	5	-19	8	9	-6	14

분기 실적 *IFRS 별도 기준 〈단위 : 억원〉

항목	2015.3Q	2015.4Q	2016.1Q	2016.2Q	2016.3Q	2016.4Q
매출액	59	63	65	67	66	60
영업이익	1	5	6	6	8	2
당기순이익	5	1	5	4	5	-0

재무 상태 *IFRS 별도 기준 〈단위 : 억원〉

항목	2011	2012	2013	2014	2015	2016
총자산	528	542	481	605	488	465
유형자산	463	397	332	433	350	336
무형자산	2	1	1	1	1	6
유가증권						
총부채	280	311	250	368	257	220
총차입금	218	271	209	294	199	152
자본금	26	26	26	26	26	26
총자본	248	230	232	237	231	245
지배주주지분	248	230	232	237	231	245

기업가치 지표 *IFRS 별도 기준

항목	2011	2012	2013	2014	2015	2016
주가(최고/저)(천원)	6.7/2.5	4.3/2.3	3.5/2.4	3.1/2.4	8.7/2.5	14.0/4.6
PER(최고/저)(배)	66.6/24.3	—/—	246.3/168.8	18.2/14.1	—/—	50.9/16.8
PBR(최고/저)(배)	1.4/0.5	1.0/0.5	0.8/0.5	0.7/0.5	2.0/0.6	3.0/1.0
EV/EBITDA(배)	3.9	4.9	3.4	4.3	8.7	5.6
EPS(원)	101	-359	14	167	-112	275
BPS(원)	4,765	4,420	4,451	4,555	4,438	4,710
CFPS(원)	1,513	1,217	1,586	1,768	1,432	1,497
DPS(원)						
EBITDAPS(원)	1,751	1,398	1,752	1,747	1,254	1,632

재무 비율 〈단위 : % 〉

연도	영업이익률	순이익률	부채비율	차입금비율	ROA	ROE	유보율	자기자본비율	EBITDA마진율
2016	8.3	5.6	89.6	61.8	3.0	6.0	842.1	52.7	33.0
2015	-6.6	-2.6	111.2	85.9	-1.1	-2.5	787.5	47.4	28.5
2014	3.1	3.6	155.1	123.9	1.6	3.7	811.1	39.2	37.3
2013	4.2	0.3	107.7	90.1	0.1	0.3	790.1	48.2	41.1

아이티센 (A124500)
ITCEN

업 종 : IT 서비스		시 장 : KOSDAQ	
신용등급 : (Bond) — (CP) —		기업규모 : 중견	
홈 페 이 지 : www.itcen.co.kr		연 락 처 : 02)3497-8300	
본 사 : 서울시 서초구 반포대로 13 아이티센빌딩			

설 립 일 2005.05.10	종 업 원 수 666명	대 표 이 사 이충환	
상 장 일 2014.12.23	감 사 의 견 적정 (삼덕)	계 열	
결 산 기 12월	보 통 주 1,528만주	종속회사수	
액 면 가 500원	우 선 주	구 상 호 아이티센시스템즈	

주주구성 (지분율,%)		출자관계 (지분율,%)		주요경쟁사 (외형,%)	
강진모	26.1	에스엔티씨	73.3	아이티센	100
최중근	6.1	굿센	41.6	동부	75
(외국인)	0.1	시큐센	33.5	엑셈	10

매출구성		비용구성		수출비중	
아웃소싱(유지보수)	49.5	매출원가율	86.8	수출	0.0
컨설팅/SI	41.8	판관비율	14.6	내수	100.0
솔루션공급	8.5				

회사 개요
동사는 국내 IT서비스 시장에서 솔루션공급사업, 컨설팅/시스템통합(SI)사업, 아웃소싱(유지·보수)사업을 영위하고 있으며 세 가지 사업 모두 통상적으로 수요처(고객)의 사업 발주에 대응하는 고객맞춤 수주형 사업형태로 사업을 영위함. 사업영위 조직으로는 안전행정부 등 공공부문의 프로젝트 수행을 담당하는 공공1사업본부, 교육부 및 지방이전 수행을 담당하는 공공2사업본부, 금융 및 제조업 등 기타 산업을 담당하는 인더스트리 융합사업본부가 있음.

실적 분석
동사의 2016년 결산 매출액은 전년동기 대비 69.1% 증가한 2,736.5억원을 기록함. 비용 부담이 다소 높은 편이고 적자가 지속되고 있지만 적자폭이 감소하였음. 비영업손익이 확대되어 당기순손실이 지속되고 있음. 정부의 IT투자 계획이나 공공기관의 대형 프로젝트 발주 여부에 영향을 받으며 공공기관의 예산 집행 및 투자가 주로 하반기에 집중되는 경향이 있기에 하반기에 매출이 집중됨.

현금 흐름 〈단위 : 억원〉

항목	2015	2016
영업활동	17	-270
투자활동	-98	-8
재무활동	35	168
순현금흐름	-6	-98
기말현금	329	231

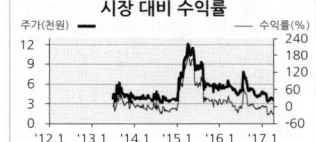

결산 실적 〈단위 : 억원〉

항목	2011	2012	2013	2014	2015	2016
매출액	974	1,318	1,376	2,393	1,618	2,737
영업이익	32	84	57	60	-95	-38
당기순이익	22	52	24	24	-87	-74

분기 실적 〈단위 : 억원〉

항목	2015.3Q	2015.4Q	2016.1Q	2016.2Q	2016.3Q	2016.4Q
매출액	—	907	416	662	634	1,025
영업이익	—	17	-32	13	-33	15
당기순이익	—	3	-29	10	-35	-20

재무 상태 〈단위 : 억원〉

항목	2011	2012	2013	2014	2015	2016
총자산	745	703	995	1,294	1,330	1,583
유형자산	274	128	284	271	293	274
무형자산	4	58	108	120	175	204
유가증권	25	14	19	16	50	33
총부채	619	501	695	758	761	1,017
총차입금	251	320	440	323	371	499
자본금	16	12	16	22	22	47
총자본	126	203	300	536	569	566
지배주주지분	126	139	185	298	231	189

기업가치 지표

항목	2011	2012	2013	2014	2015	2016
주가(최고/저)(천원)	—/—	—/—	7.2/3.8	12.4/3.7	14.3/5.6	9.6/4.6
PER(최고/저)(배)	0.0/0.0	0.0/0.0	25.3/13.3	29.0/8.7	—/—	—/—
PBR(최고/저)(배)	0.0/0.0	0.0/0.0	2.2/1.1	3.1/1.0	4.7/1.8	4.1/2.0
EV/EBITDA(배)	5.1	3.0	12.3	18.9		
EPS(원)	348	718	246	368	-785	-732
BPS(원)	40,094	44,231	5,756	6,807	5,292	2,023
CFPS(원)	8,377	15,918	736	992	-1,339	-560
DPS(원)	380	190	17	47		
EBITDAPS(원)	11,505	28,300	2,061	1,888	-1,912	-235

재무 비율 〈단위 : % 〉

연도	영업이익률	순이익률	부채비율	차입금비율	ROA	ROE	유보율	자기자본비율	EBITDA마진율
2016	-1.4	-2.7	179.5	88.1	-5.1	-32.1	304.5	35.8	-0.8
2015	-5.9	-5.4	133.7	65.2	-6.6	-26.2	958.5	42.8	-5.2
2014	2.5	1.2	141.4	60.3	2.4	11.2	1,261.5	41.4	2.9
2013	4.1	1.8	232.2	146.8	2.9	9.4	1,051.1	30.1	4.7

아이티엑스엠투엠 (A099520)
ITX-M2M

업　　종	보안장비	시　　장	KOSDAQ
신용등급	(Bond) — (CP) —	기업규모	벤처
홈페이지	www.itxm2m.com	연락처	02)2082-8500
본　　사	서울시 금천구 가산디지털1로 212, 코오롱디지털타워애스턴 906호		

설 립 일	1998.02.27	종업원수	137명	대표이사	박상열
상 장 일	2009.12.22	감사의견	적정 (이촌)	계　 열	
결 산 기	12월	보 통 주	1,411만주	종속회사수	
액 면 가	500원	우 선 주		구 상 호	ITX시큐리티

주주구성 (지분율,%)		출자관계 (지분율,%)		주요경쟁사 (외형,%)	
박상열	17.6	에이치앤에듀	100.0	ITX엠투엠	100
에이티넘팬아시아조합	7.0	브이엠소프트	80.0	아이디스	528
(외국인)	3.1			인콘	147

매출구성		비용구성		수출비중	
DVR, NVR, IP카메라 등	75.0	매출원가율	76.9	수출	60.9
CCTV카메라 등	12.6	판관비율	40.8	내수	39.1
DVR 보드 등	11.9				

회사 개요
동사는 CCTV 영상보안장비 솔루션 전문 업체로, 영상기기 및 감시카메라 장치의 개발, 판매 등을 주로 영위 중임. 스탠드얼론 DVR, NVR, IP-Camera, 차세대 관제 시스템 등이 있음. CCTV 보안카메라의 영상을 처리하는 Recoder(DVR, NVR)과 보안카메라(IP카메라) 등이 주력 제품으로 전체 매출의 90% 가량을 차지함. ODM/OEM 방식으로 국내외 보안업체에 판매됨.

실적 분석
동사의 2016년 연간 매출액은 245.2억원으로 전년 대비 30.9% 감소함. 이는 국내외 주요 거래처에 대한 매출 감소의 영향임. 원가율 하락 및 판관비 감소에도 영업손실은 43.3억원으로 적자지속중임. 당기순손실 또한 신규 사업 진출을 위한 비용증가, 무형자산의 손상 인식 등 비경상적 비용의 증가로 69.4억원을 기록하며 적자지속됨. 고부가가치 신제품 판매 확대 등으로 수익성이 개선이 예상됨.

현금 흐름 *IFRS 별도 기준 〈단위 : 억원〉

항목	2015	2016
영업활동	-25	16
투자활동	-39	53
재무활동	68	-76
순현금흐름	4	-6
기말현금	12	6

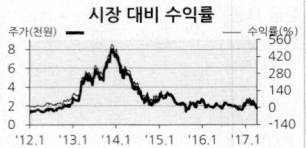

시장 대비 수익률

결산 실적 〈단위 : 억원〉

항목	2011	2012	2013	2014	2015	2016
매출액	432	452	826	675	355	245
영업이익	-5	12	34	-16	-124	-43
당기순이익	2	1	24	-21	-153	-69

분기 실적 *IFRS 별도 기준 〈단위 : 억원〉

항목	2015.3Q	2015.4Q	2016.1Q	2016.2Q	2016.3Q	2016.4Q
매출액	89	104	69	72	48	57
영업이익	-24	-36	-2	-8	-17	-16
당기순이익	-29	-58	-3	-8	-19	-39

재무 상태 *IFRS 별도 기준 〈단위 : 억원〉

항목	2011	2012	2013	2014	2015	2016
총자산	465	506	565	495	416	256
유형자산	117	121	120	133	115	88
무형자산	73	83	77	79	69	26
유가증권	1	1	24	34	63	47
총부채	252	260	201	154	205	112
총차입금	166	167	107	109	159	82
자본금	35	39	63	66	71	71
총자본	213	246	363	342	211	143
지배주주지분	213	246	363	342	211	143

기업가치 지표 *IFRS 별도 기준

항목	2011	2012	2013	2014	2015	2016
주가(최고/저)(천원)	2.0/1.1	2.4/1.2	8.0/2.3	7.8/2.0	3.3/1.4	2.7/1.5
PER(최고/저)(배)	—/—	193.8/100.4	37.2/10.8	—/—	—/—	—/—
PBR(최고/저)(배)	0.8/0.4	1.0/0.5	2.8/0.8	2.9/0.8	2.1/0.9	2.5/1.4
EV/EBITDA(배)	11.9	9.3	14.5	24.8		
EPS(원)	-19	12	215	-158	-1,156	-492
BPS(원)	3,139	3,189	2,879	2,650	1,558	1,076
CFPS(원)	371	423	511	85	-903	-294
DPS(원)						
EBITDAPS(원)	317	579	606	120	-684	-109

재무 비율 〈단위 : % 〉

연도	영업이익률	순이익률	부채비율	차입금비율	ROA	ROE	유보율	자기자본비율	EBITDA마진율
2016	-17.7	-28.3	78.3	57.1	-20.7	-39.1	115.2	56.1	-6.3
2015	-35.0	-43.2	96.8	75.0	-33.6	-55.4	211.6	50.8	-25.6
2014	-2.4	-3.1	45.0	32.0	-3.9	-5.9	430.1	69.0	2.4
2013	4.1	2.9	55.4	29.5	4.4	7.7	475.9	64.4	8.0

아주캐피탈 (A033660)
Aju Capital

업　　종	소비자 금융	시　　장	거래소
신용등급	(Bond) A (CP) A2	기업규모	시가총액 중형주
홈페이지	www.ajucapital.co.kr	연락처	1544-8600
본　　사	대전시 서구 대덕대로 239		

설 립 일	1994.02.21	종업원수	591명	대표이사	이윤종
상 장 일	2009.06.25	감사의견	적정 (삼정)	계　 열	
결 산 기	12월	보 통 주	5,755만주	종속회사수	
액 면 가	5,000원	우 선 주		구 상 호	

주주구성 (지분율,%)		출자관계 (지분율,%)		주요경쟁사 (외형,%)	
아주산업	71.5	아주저축은행	100.0	아주캐피탈	100
신한은행	12.9	아주IB투자	57.9	삼성카드	1,323
(외국인)	1.1	코스톤PEF5호	49.6	KB캐피탈	104

수익구성		비용구성		수출비중	
이자수익	59.9	이자비용	28.2	수출	—
리스 및 렌탈관련수익	37.7	파생상품손실	0.0	내수	—
기타	1.0	판관비	20.6		

회사 개요
동사는 자동차금융, 개인금융, 기업금융 등 다양한 여신업무를 취급하고 있으며, 특히 자동차금융 비중이 절대적으로 높은 사업구조를 보이고 있음. 종속회사인 아주아이비투자는 신기술금융사업자로서 사모투자, 벤처캐피탈투자 중심의 여신업무를 취급하고 있음. 2012년 2월, 아주저축은행 설립 이후 기존의 여신 역량에 수신기능을 결합하여 소비자금융 중심의 우량 저축은행을 육성하고자 함.

실적 분석
동사의 2016년 전체 신규취급액은 전년 대비 27% 감소한 2조7000억원을 달성했음. 영업수익은 5791억원으로 전년 대비 230억원 감소했으나, 이자비용 하락과 더불어 전사적인 리스크 관리 역량 강화와 자산의 질 개선으로 인한 연체상각비 감소로 영업이익은 전년 대비 41억원 증가한 450억원을 기록함. 당기순이익은 전년에 비해 21억원 줄어든 342억원을 기록함.

현금 흐름 〈단위 : 억원〉

항목	2015	2016
영업활동	-2,879	9,585
투자활동	127	243
재무활동	3,592	-9,820
순현금흐름	840	8
기말현금	2,880	2,888

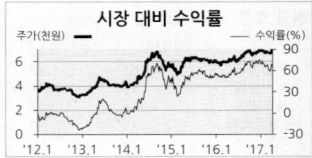

시장 대비 수익률

결산 실적 〈단위 : 억원〉

항목	2011	2012	2013	2014	2015	2016
순영업손익	1,695	1,422	1,602	1,911	2,096	2,123
영업이익	536	126	280	523	670	696
당기순이익	623	36	191	366	510	542

분기 실적 〈단위 : 억원〉

항목	2015.3Q	2015.4Q	2016.1Q	2016.2Q	2016.3Q	2016.4Q
순영업손익	487	488	538	682	586	316
영업이익	146	87	227	376	287	-194
당기순이익	108	70	176	289	211	-134

재무 상태 〈단위 : 억원〉

항목	2011	2012	2013	2014	2015	2016
총자산	51,121	58,761	62,419	64,030	70,439	61,304
유형자산	37	116	108	81	34	38
무형자산	58	365	321	253	188	124
유가증권	842	2,147	2,513	3,387	3,904	5,617
총부채	44,054	51,832	55,430	56,794	62,896	53,429
총차입금	41,654	45,134	46,731	47,511	51,684	42,349
자본금	2,877	2,877	2,877	2,877	2,877	2,877
총자본	7,067	6,929	6,989	7,236	7,543	7,875
지배주주지분	6,630	6,526	6,558	6,772	7,076	7,367

기업가치 지표

항목	2011	2012	2013	2014	2015	2016
주가(최고/저)(천원)	3.8/2.7	4.3/3.1	4.7/3.2	6.9/3.9	6.6/4.9	7.1/5.6
PER(최고/저)(배)	5.3/3.8	52.9/38.0	20.4/13.9	14.1/7.9	9.1/6.9	8.8/6.9
PBR(최고/저)(배)	0.5/0.3	0.5/0.4	0.5/0.4	0.7/0.4	0.6/0.5	0.6/0.5
PSR(최고/저)(배)	2/1	2/2	2/1	2/1	2/2	2/2
EPS(원)	1,010	106	284	571	801	850
BPS(원)	11,556	11,374	11,430	11,803	12,331	12,837
CFPS(원)	1,073	188	461	728	953	1,003
DPS(원)	400	300	250	300	400	350
EBITDAPS(원)	931	220	486	909	1,163	1,209

재무 비율 〈단위 : % 〉

연도	계속사업이익률	순이익률	부채비율	차입금비율	ROA	ROE	유보율	자기자본비율	총자산증가율
2016	31.9	25.5	678.4	537.8	0.8	6.8	156.7	12.9	-13.0
2015	30.5	24.3	833.8	685.2	0.8	6.7	146.6	10.7	10.0
2014	26.5	19.1	784.9	656.6	0.6	4.9	136.1	11.3	2.6
2013	15.8	11.9	793.1	668.7	0.3	2.5	128.6	11.2	6.2

아즈텍더블유비이 (A032080)
AztechWB

<table>
<tr><td>업 종 : 섬유 및 의복</td><td>시 장 : KOSDAQ</td></tr>
<tr><td>신용등급 : (Bond) —   (CP) —</td><td>기업규모 : 벤처</td></tr>
<tr><td>홈페이지 : www.aztechwb.co.kr</td><td>연 락 처 : (070)7540-7007</td></tr>
<tr><td colspan="2">본 사 : 부산시 사하구 하신번영로 99</td></tr>
</table>

설 립 일 1970.10.20	종업원수 139명	대표이사 허재명
상 장 일 2000.10.26	감사의견 적정 (현대)	계 열
결 산 기 12월	보통주 1,996만주	종속회사수
액 면 가 500원	우선주	구 상 사

주주구성 (지분율,%)
허재명	18.7
효림세울	11.0
(외국인)	3.2

출자관계 (지분율,%)

주요경쟁사 (외형,%)
아즈텍WB	100
우노앤컴퍼니	74
좋은사람들	241

매출구성
직물 신사	41.8
직물 숙녀	21.6
직물 유니폼	20.3

비용구성
매출원가율	81.1
판관비율	12.3

수출비중
수출	—
내수	—

회사 개요
동사는 모직물 제조 및 판매를 주요 사업으로 영위할 목적으로 1969년 설립돼 2000년 10월 코스닥 시장에 상장됨. 신사복, 숙녀복, 단체복용 원단을 자체 생산 및 판매하는 것이 주요사업 내용임. 국내 시장에서는 고급 제품은 이태리산 제품이 주력을 이루며, 중저가 제품은 중국산 제품이 들어와 가격경쟁이 심화되고 있음. 다만 내수경기 침체와 시장 불황 속에서도 모직물 사업 부문에서는 업계 1위 자리를 유지하고 있음.

실적 분석
동사의 2016년 매출액은 525.7억원으로 전년 대비 0.7% 증가함. 영업이익은 34.6억원으로 5.1% 감소함. 당기순이익은 43.2억원으로 13.7% 증가함. 모직물 사업 부문에서는 업계 1위를 유지하고 있으며, 어려운 시장 환경 속에서도 꾸준히 외형성장하고 있음. 다만 경기 침체와 유통구조의 변화 속에서 수익성은 감소한 것으로 나타남. 차별화된 제품, 품질, 납기 등 비가격적인 경쟁력을 유지한다는 전략임.

현금 흐름 *IFRS 별도 기준   〈단위 : 억원〉
항목	2015	2016
영업활동	29	13
투자활동	56	-117
재무활동	-45	48
순현금흐름	40	-56
기말현금	75	19

시장 대비 수익률
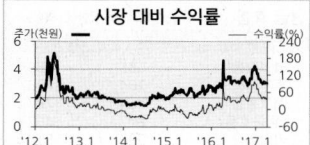

결산 실적   〈단위 : 억원〉
항목	2011	2012	2013	2014	2015	2016
매출액	592	505	490	476	522	526
영업이익	90	30	-19	14	36	35
당기순이익	74	45	-25	20	38	43

분기 실적 *IFRS 별도 기준   〈단위 : 억원〉
항목	2015.3Q	2015.4Q	2016.1Q	2016.2Q	2016.3Q	2016.4Q
매출액	162	173	69	124	210	124
영업이익	6	16	-2	15	21	1
당기순이익	-4	22	0	12	20	11

재무 상태 *IFRS 별도 기준   〈단위 : 억원〉
항목	2011	2012	2013	2014	2015	2016
총자산	1,225	1,032	830	873	878	930
유형자산	167	165	163	167	165	173
무형자산	9	7	6	4	6	5
유가증권	6	117	111	147	149	176
총부채	551	288	115	131	107	57
총차입금	497	246	75	79	44	30
자본금	72	78	78	80	82	100
총자본	673	744	716	742	771	873
지배주주지분	673	744	716	742	771	873

기업가치 지표 *IFRS 별도 기준
항목	2011	2012	2013	2014	2015	2016
주가(최고/저)(천원)	3.1/1.5	5.9/1.9	2.5/1.7	2.5/1.4	3.3/1.9	4.6/2.4
PER(최고/저)(배)	6.7/3.2	21.1/6.6	—/—	20.8/11.5	14.3/8.4	20.7/10.6
PBR(최고/저)(배)	0.7/0.3	1.3/0.4	0.6/0.4	0.6/0.3	0.7/0.4	1.1/0.6
EV/EBITDA(배)	2.3	7.8		5.4	6.7	14.6
EPS(원)	514	304	-161	125	235	228
BPS(원)	4,707	4,782	4,596	4,615	4,685	4,373
CFPS(원)	557	346	-122	163	265	262
DPS(원)	50	50		50	50	50
EBITDAPS(원)	675	245	-83	129	256	217

재무 비율   〈단위 : % 〉
연도	영업이익률	순이익률	부채비율	차입금비율	ROA	ROE	유보율	자기자본비율	EBITDA마진율
2016	6.6	8.2	6.6	3.4	4.8	5.3	774.6	93.8	7.8
2015	7.0	7.3	13.9	5.7	4.3	5.0	837.0	87.8	7.9
2014	3.0	4.1	17.6	10.7	2.3	2.7	823.0	85.0	4.2
2013	-3.9	-5.1	16.0	10.4	-2.7	-3.4	819.1	86.2	-2.6

아진산업 (A013310)
A-JIN INDUSTRY COLTD

<table>
<tr><td>업 종 : 자동차부품</td><td>시 장 : KOSDAQ</td></tr>
<tr><td>신용등급 : (Bond) —   (CP) —</td><td>기업규모 : 중견</td></tr>
<tr><td>홈페이지 : www.wamc.co.kr</td><td>연 락 처 : (053)856-9100</td></tr>
<tr><td colspan="2">본 사 : 경북 경산시 진량읍 공단8로26길 40 (신제리)</td></tr>
</table>

설 립 일 1978.05.31	종업원수 685명	대표이사 서종호
상 장 일 2015.12.22	감사의견 적정 (안경)	계 열
결 산 기 12월	보통주 1,313만주	종속회사수
액 면 가 500원	우선주	구 상 사

주주구성 (지분율,%)
우신산업	29.0
서종호	8.5
(외국인)	6.2

출자관계 (지분율,%)
대우전자부품	9.7
JOON,INC	100.0
강소아진기차배전유한공사	100.0

주요경쟁사 (외형,%)
아진산업	100
에이엔피	20
코다코	57

매출구성
FENDER APRON외	94.2
차체부품 생산설비등	5.8

비용구성
매출원가율	82.6
판관비율	9.7

수출비중
수출	84.5
내수	15.5

회사 개요
동사는 자동차용 차체부품의 생산 등의 목적으로 1978년 5월에 설립. 이후 자동차 차체부품 산업에서 기술력 및 품질 등을 인정받아 우리나라 최고의 자동차 완성업체인 현대, 기아자동차와 오랜 거래관계를 유지해 오고 있음. 또한 차체부품 생산뿐만 아니라 자동차 전장 부품에 개발에도 박차를 가해 차량용 블랙박스, 어라운드뷰(AVM) 등 자동차 IT부품 기술력을 자체 보유. 결합 모듈부품을 공급함으로써 공정개선 추진.

실적 분석
동사의 2016년 연결기준 결산 매출액은 5,059.7억원으로 전년동기 대비 49.8% 증가. 영업이익은 387.6억원으로 15.2% 증가했으나 비영업손실 80억 이상 발생해 당기순이익은 167.2억원으로 5.4% 감소. 동사의 전체 매출의 90% 이상을 현대자동차에 의존하고 있어 매출처 다변화가 필요. 독일 자동차 부품 업체인 브로제와 기술협력을 통해 중국 현지 법인에서 도어모듈을 자체 생산. 또한 국내에서는 르노삼성에 납품 성공.

현금 흐름   〈단위 : 억원〉
항목	2015	2016
영업활동	823	836
투자활동	-772	-663
재무활동	-47	-199
순현금흐름	12	-23
기말현금	185	162

시장 대비 수익률
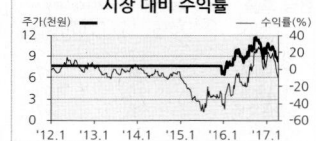

결산 실적   〈단위 : 억원〉
항목	2011	2012	2013	2014	2015	2016
매출액	2,347	2,965	2,745	2,958	3,377	5,060
영업이익	304	284	216	265	337	388
당기순이익	-19	66	85	147	177	167

분기 실적 *IFRS 별도 기준   〈단위 : 억원〉
항목	2015.3Q	2015.4Q	2016.1Q	2016.2Q	2016.3Q	2016.4Q
매출액	812	923	1,245	1,332	1,222	1,261
영업이익	87	76	100	120	81	86
당기순이익	64	25	40	76	5	46

재무 상태 *IFRS 별도 기준   〈단위 : 억원〉
항목	2011	2012	2013	2014	2015	2016
총자산	3,120	3,442	3,576	3,781	4,596	5,213
유형자산	1,932	2,100	2,232	2,647	3,468	3,878
무형자산	2	2	2	2	19	20
유가증권	14	13	13	43	62	74
총부채	2,568	2,851	2,900	3,149	3,451	3,855
총차입금	1,945	2,090	2,248	2,369	2,384	2,504
자본금	40	40	40	40	63	65
총자본	552	591	676	633	1,145	1,358
지배주주지분	476	509	578	633	1,145	1,358

기업가치 지표
항목	2011	2012	2013	2014	2015	2016
주가(최고/저)(천원)	—/—	—/—	—/—	—/—	6.8/6.3	12.1/6.4
PER(최고/저)(배)	0.0/0.0	0.0/0.0	0.0/0.0	0.0/0.0	3.2/3.0	9.2/4.9
PBR(최고/저)(배)	0.0/0.0	0.0/0.0	0.0/0.0	0.0/0.0	0.8/0.7	1.2/0.6
EV/EBITDA(배)	3.9	3.7	4.5	4.3	4.9	4.7
EPS(원)	1	488	753	1,744	2,136	1,319
BPS(원)	45,736	4,886	7,136	7,814	9,089	10,487
CFPS(원)	14,503	2,323	3,154	4,718	5,660	4,183
DPS(원)						
EBITDAPS(원)	43,707	4,565	4,824	6,248	7,593	5,922

재무 비율   〈단위 : % 〉
연도	영업이익률	순이익률	부채비율	차입금비율	ROA	ROE	유보율	자기자본비율	EBITDA마진율
2016	7.7	3.3	283.8	184.3	3.4	13.4	1,997.3	26.1	14.8
2015	10.0	5.2	301.4	208.2	4.2	19.9	1,717.7	24.9	18.6
2014	9.0	5.0	497.6	374.4	4.0	23.3	1,498.9	16.7	17.1
2013	7.9	3.1	429.3	332.7	2.4	12.4	1,360.2	18.9	15.7

아진엑스텍 (A059120)
AJINEXTEK

업　　종	반도체 및 관련장비	시　　장	KOSDAQ
신용등급	(Bond) —　　(CP) —	기업규모	벤처
홈페이지	www.ajinextek.com	연락처	053)593-3700
본　　사	대구시 달서구 성서공단로 11길 27 (호림동)		

설 립 일	1997.12.29	종 업 원 수	73명	대 표 이 사	김창호
상 장 일	2014.07.24	감 사 의 견	적정 (안진)	계　　열	
결 산 기	12월	보 통 주	563만주	종 속 회 사	
액 면 가	500원	우 선 주		구 상 호	

주주구성 (지분율,%)		출자관계 (지분율,%)		주요경쟁사 (외형,%)	
김창호	21.4	아진엑스텍	100		
김원호	7.6	하이셈	90		
(외국인)	0.2	로체시스템즈	563		

매출구성		비용구성		수출비중	
GMC(모션제어시스템)	54.2	매출원가율	51.8	수출	0.4
GMC(모션제어모듈)	43.7	판관비율	42.3	내수	99.6
유지보수용역 등	1.0				

회사 개요

동사는 비메모리 반도체 설계기술을 이용하여 산업용 모터 제어 원천기술을 개발하고 이를 ASIC, SoC칩으로 모션제어 칩(Chip)화하고, 이들 칩을 사용하여 산업자동화 현장의 고객이 원하는 다양한 모션제어 모듈, 모션제어 시스템, 로봇제어기 제품을 자체 기술로 개발, 제조, 판매, 서비스하는 범용 모션제어 부품 전문 기업임. 동사의 대상시장은 GMC 사업의 반도체 장비 시장과 스마트폰장비 시장 그리고 RMC사업의 제조용 로봇시장임.

실적 분석

동사의 2016년 연결 기준 매출과 영업이익은 175.7억원, 10.3억원으로 전년 대비 각각 2.6%, 18.3% 감소함. 당기순이익도 11.5억원으로 전년 대비 19.1% 감소함. GMC 관련해서는 모션제어모듈 매출은 증가하였으나 제어시스템과 제어칩 매출은 감소함. 매출구성은 모션제어모듈이 51.9%, 모션제어시스템이 46.2%. 100억원 가량의 전환사채 발행으로 부채비율은 전년대비 악화됨.

현금 흐름 *IFRS 별도 기준 〈단위 : 억원〉

항목	2015	2016
영업활동	22	9
투자활동	-34	-17
재무활동	-16	105
순현금흐름	-28	97
기말현금	57	154

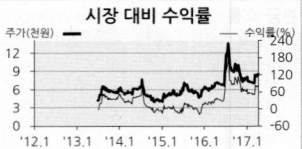
시장 대비 수익률

결산 실적 〈단위 : 억원〉

항목	2011	2012	2013	2014	2015	2016
매출액	205	175	189	201	180	176
영업이익	31	33	36	28	13	10
당기순이익	27	29	33	29	14	11

분기 실적 *IFRS 별도 기준 〈단위 : 억원〉

항목	2015.3Q	2015.4Q	2016.1Q	2016.2Q	2016.3Q	2016.4Q
매출액	36	37	31	34	48	62
영업이익	2	-3	0	-1	4	7
당기순이익	2	-0	0	-1	4	8

재무 상태 *IFRS 별도 기준 〈단위 : 억원〉

항목	2011	2012	2013	2014	2015	2016
총자산	195	222	258	293	280	411
유형자산	43	44	43	45	61	67
무형자산	27	33	35	32	29	24
유가증권	—		0	1	0	0
총부채	96	97	100	42	32	139
총차입금	50	57	57	5	—	103
자본금	23	23	28	28	28	28
총자본	99	125	157	252	248	272
지배주주지분	99	125	157	252	248	272

기업가치 지표 *IFRS 별도 기준

항목	2011	2012	2013	2014	2015	2016
주가(최고/저)(천원)	—/—	—/—	8.0/3.4	7.7/3.9	7.6/4.0	13.5/5.9
PER(최고/저)(배)	0.0/0.0	0.0/0.0	11.5/4.9	13.8/7.0	31.0/16.2	68.1/29.6
PBR(최고/저)(배)	0.0/0.0	0.0/0.0	2.4/1.0	1.8/0.9	1.7/0.9	2.8/1.2
EV/EBITDA(배)	0.8	0.5	8.2	4.1	14.0	19.6
EPS(원)	600	629	713	574	252	204
BPS(원)	2,144	2,719	3,421	4,470	4,682	5,002
CFPS(원)	735	770	857	758	399	360
DPS(원)						200
EBITDAPS(원)	833	852	919	731	371	338

재무 비율 〈단위 : % 〉

연도	영업이익률	순이익률	부채비율	차입금비율	ROA	ROE	유보율	자기자본비율	EBITDA마진율
2016	5.9	6.5	51.0	37.7	3.3	4.4	900.4	66.2	10.8
2015	7.0	7.9	12.9	—	5.0	5.7	836.3	88.6	11.6
2014	13.8	14.5	16.5	2.0	10.6	14.2	793.9	85.8	18.4
2013	18.8	17.3	63.7	36.2	13.7	23.2	584.2	61.1	22.4

아트라스비엑스 (A023890)
Atlasbx

업　　종	전자 장비 및 기기	시　　장	KOSDAQ
신용등급	(Bond) —　　(CP) —	기업규모	우량
홈페이지	www.atlasbx.co.kr	연락처	042)620-4262
본　　사	대전시 대덕구 대전로 1331번길 185		

설 립 일	1944.02.18	종 업 원 수	645명	대 표 이 사	원석준
상 장 일	1994.11.23	감 사 의 견	적정 (삼정)	계　　열	
결 산 기	12월	보 통 주	915만주	종 속 회 사	
액 면 가	1,000원	우 선 주		구 상 호	

주주구성 (지분율,%)		출자관계 (지분율,%)		주요경쟁사 (외형,%)	
한국타이어	31.1	아트라스비엑스모터스포츠	100.0	아트라스BX	100
한국투자밸류자산운용	5.0	한국전지조합	14.3	녹십자셀	5
(외국인)	2.7			대덕전자	88

매출구성		비용구성		수출비중	
배터리(차량용)	98.5	매출원가율	81.0	수출	85.9
배터리(산업용,기타)	1.5	판관비율	7.4	내수	14.1

회사 개요

동사의 매출은 OEM시장과 보수용 시장인 A/S시장으로 이루어져 있으며, 용도별로는 자동차용, 이륜차용, 특수용 등으로 구분할 수 있음. 설립 이후부터 축전지, 기타 전지 제조, 판매업을 영위함. 1994년 코스닥 시장에 상장됨. 1977년 한국타이어에 인수된 뒤에는 타이어 유통조직과의 통합으로 영업망을 확대해 옴. 2009년 정부로부터 배터리 업체 최초로 R마크를 획득하는 등 품질을 입증 받음. 국내 시장은 4사의 과점체제를 구축함.

실적 분석

동사의 2016년 결산 매출액은 5,548.4억원으로 전년동기 대비 소폭 증가함. 영업이익 및 당기순이익은 감소함. 납 등 주요 원재료들을 해외에서 수입되고 실물경제가 불안할 경우 원재료 가격 및 환율상승이 회사의 수익성에 부정적을 미침. 친환경 차량이 증가함에 따라 리튬배터리 업체가 성장하고 있으며, 납축전지 업체의 증설, M&A 등이 활발히 일어나면서 경쟁은 더욱 심화되고 있음.

현금 흐름 〈단위 : 억원〉

항목	2015	2016
영업활동	666	589
투자활동	-104	1,733
재무활동	64	-2,787
순현금흐름	627	-462
기말현금	980	518

시장 대비 수익률

결산 실적 〈단위 : 억원〉

항목	2011	2012	2013	2014	2015	2016
매출액	4,748	4,752	4,873	4,652	5,424	5,548
영업이익	601	722	624	553	656	642
당기순이익	492	541	540	516	546	507

분기 실적 〈단위 : 억원〉

항목	2015.3Q	2015.4Q	2016.1Q	2016.2Q	2016.3Q	2016.4Q
매출액	1,498	1,460	1,333	1,289	1,299	1,628
영업이익	197	196	196	166	101	179
당기순이익	183	149	154	125	64	164

재무 상태 〈단위 : 억원〉

항목	2011	2012	2013	2014	2015	2016
총자산	3,336	3,861	4,506	4,822	5,429	3,341
유형자산	678	681	746	1,095	1,009	984
무형자산	22	23	20	52	49	45
유가증권	76	221	116	703	115	2
총부채	770	841	978	866	1,004	1,139
총차입금	203	205	325	208	338	295
자본금	92	92	92	92	92	92
총자본	2,566	3,020	3,528	3,956	4,424	2,202
지배주주지분	2,566	3,020	3,528	3,956	4,424	2,202

기업가치 지표

항목	2011	2012	2013	2014	2015	2016
주가(최고/저)(천원)	31.9/15.6	34.5/19.9	41.9/27.0	44.6/34.9	44.5/32.5	64.1/37.6
PER(최고/저)(배)	6.6/3.2	6.3/3.7	7.5/4.9	8.2/6.4	7.6/5.6	11.6/6.8
PBR(최고/저)(배)	1.3/0.6	1.1/0.7	1.2/0.7	1.1/0.8	0.9/0.7	1.2/0.7
EV/EBITDA(배)	1.8	1.7	2.4	2.5	1.6	5.9
EPS(원)	5,376	5,912	5,902	5,642	5,973	5,542
BPS(원)	28,048	33,004	38,552	43,235	48,354	53,277
CFPS(원)	6,432	6,828	6,846	6,750	7,484	7,087
DPS(원)	700	700	700	700	700	300
EBITDAPS(원)	7,624	8,805	7,768	7,148	8,678	8,566

재무 비율 〈단위 : % 〉

연도	영업이익률	순이익률	부채비율	차입금비율	ROA	ROE	유보율	자기자본비율	EBITDA마진율
2016	11.6	9.1	51.7	13.4	11.6	15.3	5,227.7	65.9	14.1
2015	12.1	10.1	22.7	7.6	10.7	13.0	4,735.4	81.5	14.6
2014	11.9	11.1	21.9	5.3	11.1	13.8	4,223.5	82.1	14.1
2013	12.8	11.1	27.7	9.2	12.9	16.5	3,755.2	78.3	14.6

아티스 (A101140)
ARTIS

업 종 : 에너지 시설 및 서비스	시 장 : 거래소
신용등급 : (Bond) — (CP) —	기업규모 : 시가총액 소형주
홈페이지 : www.arthis.co.kr	연 락 처 : 031)420-4900
본 사 : 경기도 평택시 통미로 23 (합정동, 1층)	

설 립 일 2008.03.12	종 업 원 수 18명	대 표 이 사 최무형	
상 장 일 2008.04.02	감사의견 적정 (성지)	계 열	
결 산 기 12월	보 통 주 2,029만주	종속회사수	
액 면 가 500원	우 선 주 만주	구 상 호	

주주구성 (지분율,%)		출자관계 (지분율,%)		주요경쟁사 (외형,%)	
대덕기연	18.2	한국디지틀애드컴 100.0		아티스	100
김무균	17.5			에스아이리소스	218
(외국인)	0.1			파루	915

매출구성		비용구성		수출비중	
WOOD PELLET 및 톱밥	51.2	매출원가율	85.9	수출	0.0
아동화 및 성인화	45.7	판관비율	32.6	내수	100.0
기타	3.0				

회사 개요
동사는 신발 제조 및 판매 기업으로 설립되었고, 국내 시장에서 포켓몬스터, 드래곤 볼, 유희왕, 유캔도, 파워레인저 등 다수의 아동 캐릭터 히트상품을 출시하여 캐릭터신발시장에서 높은 인지도를 보유함. 하지만 수년간 계속된 국내경기 침체로 신발 판매가 부진해 신발 재고가 누적돼 왔음. 신발 재고는 수익성을 해치는 주요 요인임. 2017년부터 적정 재고 관리를 한다는 계획임.

실적 분석
동사의 2016년 매출액은 115.5억원으로 전년 대비 30.2% 증가함. 영업손실은 21.3억원으로 적자지속됨. 당기순손실은 22.6억원으로 적자지속됨. 동사는 신규 사업 일환으로 2013년말부터 목재펠릿을 수입해 한국전력 등에 판매하는 사업을 시작함. 2016년 통신신 사업과 이란 시장에 포스 단말기를 공급하는 것을 골자로 해외 사업에 나섰지만 사업 진행을 포기함. 기존 사업 부문을 안정화시키는 데 주력한다는 계획임.

현금 흐름 *IFRS 별도 기준 〈단위 : 억원〉

항목	2015	2016
영업활동	-110	3
투자활동	-1	0
재무활동	109	-1
순현금흐름	-2	2
기말현금	2	4

시장 대비 수익률
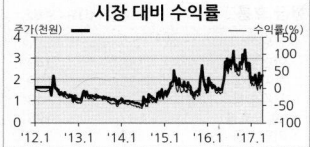

결산 실적 〈단위 : 억원〉

항목	2011	2012	2013	2014	2015	2016
매출액	119	102	80	118	89	115
영업이익	3	-12	-13	-13	-49	-21
당기순이익	8	-14	-14	-16	-57	-23

분기 실적 *IFRS 별도 기준 〈단위 : 억원〉

항목	2015.3Q	2015.4Q	2016.1Q	2016.2Q	2016.3Q	2016.4Q
매출액	11	26	48	29	16	22
영업이익	-3	-38	-3	-3	-5	-10
당기순이익	-9	-38	-3	-5	-5	-9

재무 상태 *IFRS 별도 기준 〈단위 : 억원〉

항목	2011	2012	2013	2014	2015	2016
총자산	105	85	100	71	146	124
유형자산	1	0	1	0	1	0
무형자산	0	0	0	0	0	0
유가증권	—	—	—	—	—	—
총부채	47	39	63	30	68	66
총차입금	20	15	37	12	37	26
자본금	112	56	56	67	100	100
총자본	58	45	37	41	78	58
지배주주지분	58	45	37	41	78	58

기업가치 지표 *IFRS 별도 기준

항목	2011	2012	2013	2014	2015	2016
주가(최고/저)(천원)	3.4/1.1	2.2/1.0	1.6/0.9	1.6/0.8	2.8/1.1	3.6/1.5
PER(최고/저)(배)	40.3/13.6	—/—	—/—	—/—	—/—	—/—
PBR(최고/저)(배)	6.4/2.2	5.3/2.4	4.9/2.6	5.0/2.6	7.0/2.9	12.4/5.0
EV/EBITDA(배)	32.0	—	—	—	—	—
EPS(원)	84	-122	-123	-141	-307	-113
BPS(원)	262	411	334	312	394	291
CFPS(원)	45	-117	-119	-138	-304	-110
DPS(원)	—	—	—	—	—	—
EBITDAPS(원)	20	-103	-110	-108	-264	-104

재무 비율 〈단위 : % 〉

연도	영업이익률	순이익률	부채비율	차입금비율	ROA	ROE	유보율	자기자본비율	EBITDA마진율
2016	-18.5	-19.5	일부잠식	일부잠식	-16.8	-33.3	-41.7	46.5	-18.0
2015	-55.8	-64.1	일부잠식	일부잠식	-52.5	-95.4	-21.3	53.6	-55.2
2014	-10.9	-13.7	일부잠식	일부잠식	-18.8	-41.4	-37.6	58.0	-10.5
2013	-16.1	-17.3	일부잠식	일부잠식	-15.0	-33.7	-33.1	36.7	-15.6

아프리카티비 (A067160)
AfreecaTV

업 종 : 인터넷 서비스	시 장 : KOSDAQ
신용등급 : (Bond) — (CP) —	기업규모 : 우량
홈페이지 : corp.afreecatv.com	연 락 처 : 031)622-8001
본 사 : 경기도 성남시 분당구 판교로228번길 15 (삼평동, 판교세븐벤처밸리 1단지 2동 201, 801, 901호)	

설 립 일 1996.04.22	종 업 원 수 437명	대 표 이 사 서수길	
상 장 일 2003.12.19	감사의견 적정 (신우)	계 열	
결 산 기 12월	보 통 주 1,087만주	종속회사수	
액 면 가 500원	우 선 주	구 상 호 나우콤	

주주구성 (지분율,%)		출자관계 (지분율,%)		주요경쟁사 (외형,%)	
쎄인트인터내셔널	23.1	프리캡	100.0	아프리카TV	100
Morgan Stanley & co. International Limited	9.2	프릭	100.0	NAVER	5,039
(외국인)	39.6	블루윈드	40.0	카카오	1,834

매출구성		비용구성		수출비중	
미디어플랫폼	98.3	매출원가율	0.0	수출	0.0
인터넷 게임	1.7	판관비율	79.9	내수	100.0
기타	0.0				

회사 개요
동사는 국내에서 독보적인 입지를 확보한 SNS 플랫폼 'AfreecaTV'를 중심으로 온라인 게임과 모바일 게임 등의 인터넷 기반 서비스를 제공하고 있음. 또한 일본시장 진출을 위해 일본 현지법인인 AFREECATV CO., LTD.를 설립하고 국내 유명 개발사인 (주)블루윈드의 지분을 인수하여 모바일 게임 라인업을 계속 확대해 나가고 있음. 매출비중은 플랫폼 서비스 99%, 인터넷게임 1%로 구성. 최근 프로게임단 '아프리카프릭스'를 창단함.

실적 분석
동사의 2016년 누적 매출액은 생방송 증가와 기부경제 성장의 영향으로 전년동기대비 27% 증가한 798.3억원을 기록함. 영업이익은 유료이용자(PU) 수와 소비 규모 증가, 광고 실적 개선으로 전년대비 109.8% 증가한 160.2억원을 기록함. 라이브 영상 플랫폼 시장이 국내뿐 아니라 글로벌로 확대되고 있고, 계속해서 새로운 커뮤니티와 파트너들이 늘어나고 있어 향후 성장 전망도 긍정적임.

현금 흐름 〈단위 : 억원〉

항목	2015	2016
영업활동	155	215
투자활동	-46	-188
재무활동	-58	-33
순현금흐름	51	-6
기말현금	171	166

시장 대비 수익률

결산 실적 〈단위 : 억원〉

항목	2011	2012	2013	2014	2015	2016
매출액	479	491	367	505	629	798
영업이익	30	10	43	56	76	160
당기순이익	6	20	2	28	41	100

분기 실적 〈단위 : 억원〉

항목	2015.3Q	2015.4Q	2016.1Q	2016.2Q	2016.3Q	2016.4Q
매출액	155	164	183	198	203	214
영업이익	16	17	36	38	35	51
당기순이익	16	-2	31	32	25	13

재무 상태 〈단위 : 억원〉

항목	2011	2012	2013	2014	2015	2016
총자산	585	566	577	622	680	834
유형자산	122	117	115	116	119	121
무형자산	40	67	84	66	49	28
유가증권	27	23	24	95	90	61
총부채	314	246	207	193	200	261
총차입금	199	161	108	75	21	—
자본금	41	46	49	52	52	54
총자본	271	320	370	429	481	573
지배주주지분	271	320	361	425	475	572

기업가치 지표

항목	2011	2012	2013	2014	2015	2016
주가(최고/저)(천원)	8.9/4.5	14.0/6.5	12.7/6.2	31.9/9.2	39.9/20.1	33.7/19.4
PER(최고/저)(배)	107.8/54.3	64.8/30.0	397.2/192.3	105.0/30.1	85.0/42.8	35.4/20.4
PBR(최고/저)(배)	2.9/1.4	4.0/1.8	3.4/1.6	7.5/2.2	8.4/4.2	5.9/3.4
EV/EBITDA(배)	9.8	18.7	14.6	29.9	26.0	12.1
EPS(원)	87	228	33	312	478	962
BPS(원)	3,292	3,715	3,896	4,355	4,840	5,817
CFPS(원)	442	576	285	653	762	1,217
DPS(원)	—	110	115	150	200	290
EBITDAPS(원)	788	462	705	886	1,023	1,760

재무 비율 〈단위 : % 〉

연도	영업이익률	순이익률	부채비율	차입금비율	ROA	ROE	유보율	자기자본비율	EBITDA마진율
2016	20.1	12.6	45.6	0.0	13.3	19.6	1,063.3	68.7	23.5
2015	12.1	6.6	41.5	4.4	6.4	11.0	868.0	70.7	16.8
2014	11.0	5.5	45.0	17.4	4.6	8.1	771.0	69.0	17.9
2013	11.8	0.5	56.0	29.2	0.4	0.9	679.2	64.1	18.3

안국약품 (A001540)
AHN-GOOK PHARMACEUTICAL

업 종: 제약	시 장: KOSDAQ
신용등급: (Bond) — (CP) —	기업규모: 우량
홈페이지: www.ahn-gook.com	연락처: 02)3289-4222
본 사: 서울시 영등포구 시흥대로 613	

설 립 일	1959.02.12	종 업 원 수	551명	대 표 이 사	어진,정준호
상 장 일	2000.06.15	감 사 의 견	적정 (삼정)	계 열	
결 산 기	12월	보 통 주	1,304만주	종 속 회 사	
액 면 가	500원	우 선 주		구 상 호	

주주구성 (지분율,%)		출자관계 (지분율,%)		주요경쟁사 (외형,%)	
어진	22.7	안국뉴팜	100.0	안국약품	100
어준선	20.4	안국바이오진단	58.9	아미노로직스	9
(외국인)	2.5	안국건강	31.5	에스텍파마	25

매출구성		비용구성		수출비중	
기타	55.6	매출원가율	59.5	수출	2.7
클리오시럽 외	17.7	판관비율	38.1	내수	97.3
애니텐션외	14.1				

회사 개요
동사는 1959년 2월 법인 전환 후 2000년 6월 코스닥 시장에 상장됨. 전문의약품, 화공약품, 의료기구 및 위생재료의 생산 및 판매를 사업으로 영위하고 있음. 진해거담제시장, 소화기계시장, 소염진통제시장, 눈 영양제시장 등에서 높은 점유율을 보이고 있음. 주력 품목으로는 진해거담제 '푸로스판시럽', 눈치료 영양제 '토비콤에스', 종합소화제인 '파파제' 등이 있음.

실적 분석
동사의 2016년 결산기준 누적 매출액은 전년동기대비 -12% 하락한 1740억원을 기록하였음. 비용면에서 전년동기대비 매출원가는 감소 하였으며 인건비는 증가 했으며 광고선전비는 크게 감소 하였고 기타판매비와관리비도 마찬가지로 감소함. 그에 따라 매출액 하락 등에 의해 전년동기대비 영업이익은 41.7억원으로 -67.8% 크게 하락하였음. 최종적으로 전년동기대비 당기순이익은 크게 하락하여 13.3억원을 기록함.

현금 흐름 〈단위 : 억원〉

항목	2015	2016
영업활동	109	154
투자활동	-98	-114
재무활동	127	-19
순현금흐름	138	21
기말현금	193	214

시장 대비 수익률
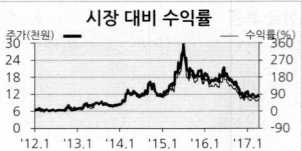

결산 실적 〈단위 : 억원〉

항목	2011	2012	2013	2014	2015	2016
매출액	1,299	1,408	1,540	1,679	1,977	1,740
영업이익	72	55	104	98	129	42
당기순이익	67	36	69	-15	89	13

분기 실적 〈단위 : 억원〉

항목	2015.3Q	2015.4Q	2016.1Q	2016.2Q	2016.3Q	2016.4Q
매출액	456	574	432	419	414	475
영업이익	37	15	10	1	4	27
당기순이익	33	-7	7	-6	1	12

재무 상태 〈단위 : 억원〉

항목	2011	2012	2013	2014	2015	2016
총자산	1,639	1,678	1,632	1,791	1,979	1,963
유형자산	403	408	453	497	493	505
무형자산	40	45	39	30	31	26
유가증권	341	297	205	210	277	270
총부채	518	535	368	566	660	649
총차입금	194	207	120	141	248	246
자본금	58	58	64	65	65	65
총자본	1,121	1,144	1,264	1,225	1,319	1,313
지배주주지분	1,115	1,136	1,259	1,217	1,311	1,309

기업가치 지표

항목	2011	2012	2013	2014	2015	2016
주가(최고/저)(천원)	7.5/5.1	8.3/5.9	10.2/6.7	16.4/8.3	31.0/11.6	23.7/10.6
PER(최고/저)(배)	15.5/10.6	31.4/22.3	20.5/13.4	—/—	44.4/16.6	183.3/81.8
PBR(최고/저)(배)	0.9/0.6	0.9/0.7	1.1/0.7	1.8/0.9	3.1/1.2	2.3/1.0
EV/EBITDA(배)	6.3	8.9	7.7	11.6	14.7	20.4
EPS(원)	532	289	532	-105	718	132
BPS(원)	9,948	10,077	10,217	9,722	10,353	10,340
CFPS(원)	739	489	721	111	938	374
DPS(원)	103	135	205	205	220	220
EBITDAPS(원)	805	657	1,040	975	1,212	562

재무 비율 〈단위 : % 〉

연도	영업이익률	순이익률	부채비율	차입금비율	ROA	ROE	유보율	자기자본비율	EBITDA마진율
2016	2.4	0.8	49.4	18.7	0.7	1.3	1,968.1	66.9	4.2
2015	6.5	4.5	50.0	18.8	4.7	7.4	1,970.7	66.7	8.0
2014	5.8	-0.9	46.2	11.5	-0.9	-1.1	1,844.4	68.4	7.5
2013	6.7	4.5	29.1	9.5	4.2	5.5	1,943.4	77.4	8.1

안랩 (A053800)
AHNlab

업 종: 일반 소프트웨어	시 장: KOSDAQ
신용등급: (Bond) — (CP) —	기업규모: 우량
홈페이지: www.ahnlab.com	연락처: 031)722-8000
본 사: 경기도 성남시 분당구 판교역로 220	

설 립 일	1995.03.18	종 업 원 수	961명	대 표 이 사	권치중
상 장 일	2001.09.13	감 사 의 견	적정 (삼일)	계 열	
결 산 기	12월	보 통 주	1,001만주	종 속 회 사	
액 면 가	500원	우 선 주		구 상 호	안철수연구소

주주구성 (지분율,%)		출자관계 (지분율,%)		주요경쟁사 (외형,%)	
안철수	18.6	Ahnlab,Inc(Japan)	100.0	안랩	100
동그라미재단	10.0	Ahnlab,Inc(China)	100.0	더존비즈온	124
(외국인)	6.9			다우데이타	965

매출구성		비용구성		수출비중	
V3, TrusGuard, IPS 등	59.3	매출원가율	26.1	수출	2.6
프로그램복구, 메모리 외	16.4	판관비율	63.3	내수	97.4
관제서비스	14.4				

회사 개요
동사는 1995년 설립된 국내 대표 통합보안 업체로 국내 최강수 소프트웨어 브랜드인 V3 제품군을 비롯해 네트워크보안서비스인 트러스가드, 보안컨설팅, 보안관제 등의 서비스를 제공하는 업체임. 바이러스 백신 분야에서 시장점유율 1위를 기록하고 있음. 서비스 분야는 보안 컨설팅과 네트워크 침해 사고 여부를 24시간 모니터링 및 대응하는 보안 관제 등이 있음. 공공기관과 금융기관에 대규모 해킹사태가 연달아 발생한 이후 관련 수요가 늘고 있음.

실적 분석
동사의 2016 매출액은 1,428.8억원으로 전년동기대비 6.3% 신장함. 매출증가와 고정비부담 완화로 영업이익은 전년대비 대폭 증가한 152.4억원 기록. 비영업손익 10.4억원 반영하여 당기순이익은 146.2억원을 시현함. V3 및 안랩 등의 솔루션 제품 판매는 다소 주춤했으나 컨설팅, 보안관제아웃소싱 서비스 부문은 매출이 증가함. 동사의 점유율이 압도적으로 높은 안티멀웨어나 APT 보안시장이 지속적으로 성장할 것으로 전망됨.

현금 흐름 〈단위 : 억원〉

항목	2015	2016
영업활동	188	243
투자활동	-33	-299
재무활동	-24	-43
순현금흐름	132	-98
기말현금	388	290

시장 대비 수익률
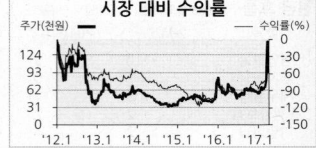

결산 실적 〈단위 : 억원〉

항목	2011	2012	2013	2014	2015	2016
매출액	1,029	1,317	1,373	1,354	1,345	1,429
영업이익	97	128	39	90	120	152
당기순이익	94	140	64	90	119	146

분기 실적 〈단위 : 억원〉

항목	2015.3Q	2015.4Q	2016.1Q	2016.2Q	2016.3Q	2016.4Q
매출액	308	465	275	335	377	443
영업이익	34	65	13	25	43	71
당기순이익	31	62	16	27	36	67

재무 상태 〈단위 : 억원〉

항목	2011	2012	2013	2014	2015	2016
총자산	1,723	1,849	1,840	1,881	1,946	2,146
유형자산	728	740	718	691	661	663
무형자산	24	29	26	24	26	26
유가증권	11	300	403	259	221	355
총부채	428	442	401	364	333	426
총차입금	15	—	—	—	—	—
자본금	52	52	52	52	52	52
총자본	1,295	1,407	1,439	1,518	1,613	1,720
지배주주지분	1,295	1,407	1,439	1,518	1,613	1,720

기업가치 지표

항목	2011	2012	2013	2014	2015	2016
주가(최고/저)(천원)	138/16.0	154/33.9	83.7/41.8	63.4/32.4	80.2/35.2	85.2/47.0
PER(최고/저)(배)	154.3/17.8	114.0/25.1	134.2/67.0	72.1/36.9	68.2/30.2	59.1/32.6
PBR(최고/저)(배)	9.6/1.1	9.8/2.2	5.2/2.6	3.8/1.9	4.5/2.0	4.5/2.5
EV/EBITDA(배)	93.1	18.8	45.1	17.1	36.0	20.5
EPS(원)	937	1,402	643	903	1,190	1,460
BPS(원)	15,137	16,242	16,518	17,271	18,225	19,290
CFPS(원)	1,395	2,137	1,457	1,707	1,987	2,234
DPS(원)	400	400	200	300	500	700
EBITDAPS(원)	1,423	2,015	1,208	1,705	1,991	2,297

재무 비율 〈단위 : % 〉

연도	영업이익률	순이익률	부채비율	차입금비율	ROA	ROE	유보율	자기자본비율	EBITDA마진율
2016	10.7	10.2	24.8	0.0	7.1	8.8	3,627.3	80.2	16.1
2015	8.9	8.9	20.6	0.0	6.2	7.6	3,421.4	82.9	14.8
2014	6.7	6.7	24.0	0.0	4.9	6.1	3,237.0	80.7	12.6
2013	2.9	4.7	27.9	0.0	3.5	4.5	3,091.7	78.2	8.8

안지오랩 (A251280)
AngioLab

업 종 : 제약		시 장 : KONEX	
신용등급 : (Bond) —	(CP) —	기업규모 :	
홈페이지 : www.angiolab.co.kr		연 락 처 : (042)867-5786	
본 사 : 대전시 유성구 테크노3로 65, 122호, 159호(관평동, 한신에스메카)			

설 립 일 1999.06.03	종업원수 명	대표이사 김민영	
상 장 일 2016.10.25	감사의견 적정 (한율)	계 열	
결 산 기 12월	보 통 주 181만주	종속회사수	
액 면 가 500원	우 선 주 152만주	구 상 회	

주주구성 (지분율,%)		출자관계 (지분율,%)	주요경쟁사 (외형,%)	
김민영	45.5		안지오랩	100
미래창조 네오플럭스 투자조합	6.2		삼일제약	19,352
			한국비엔씨	2,489

매출구성		비용구성		수출비중	
Ob-X	51.7	매출원가율	44.4	수출	—
기타	48.3	판관비율	251.7	내수	—

회사 개요
동사는 1999년 6월 주식회사 안지오랩이라는 법인형태로 설립되었으며, 2016년 10월 25일 코넥스 시장에 상장함. 주요사업은 비만치료제, 안과질환치료제, 치주질환치료제 및 주름억제제 등의 개발 및 제조 판매임. 동사는 혈관신생분야에 특화된 기술을 가지고 있으며, 혈관신생억제제를 이용한 의약품, 건강기능식품, 화장품을 개발하고 있으며, 이와 관련하여 60여건의 특허를 보유하고 있음.

실적 분석
동사의 2016년 매출액은 5.0억원, 매출원가는 2.2억원을 기록하여 매출총이익 2.8억원을 시현함. 인건비 4.8억원, 경상개발비 3.1억원 등 판매비와관리비는 12.6억원을 나타냄. 그 결과 영업이익은 9.8억원의 적자를 기록함. 영업이익 적자로 당기순이익도 9.4억원의 적자를 나타냄. 현재 보유하고 있는 파이프라인의 기술이전 계약을 계획하고 있으며, 해당 기술 이전 계약이 성공적으로 이루어질 경우 매출액 증가도 가능함.

현금 흐름 *IFRS 별도 기준 〈단위 : 억원〉

항목	2015	2016
영업활동	-3	-7
투자활동	10	-73
재무활동	-2	85
순현금흐름	5	6
기말현금	8	13

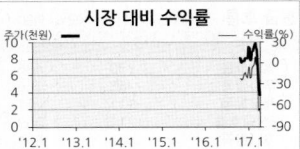

시장 대비 수익률

결산 실적 〈단위 : 억원〉

항목	2011	2012	2013	2014	2015	2016
매출액	—	—	10	9	7	5
영업이익	—	—	-2	-4	-7	-10
당기순이익	—	—	-3	-4	-12	-9

분기 실적 *IFRS 별도 기준 〈단위 : 억원〉

항목	2015.3Q	2015.4Q	2016.1Q	2016.2Q	2016.3Q	2016.4Q
매출액	—	—	—	—	—	—
영업이익	—	—	—	—	—	—
당기순이익	—	—	—	—	—	—

재무 상태 *IFRS 별도 기준 〈단위 : 억원〉

항목	2011	2012	2013	2014	2015	2016
총자산			33	61	44	116
유형자산			0	0	0	1
무형자산			20	19	11	12
유가증권				3	3	14
총부채			12	13	8	10
총차입금			5	6		
자본금			10	12	12	17
총자본			21	47	36	106
지배주주지분			21	47	36	106

기업가치 지표 *IFRS 별도 기준

항목	2011	2012	2013	2014	2015	2016
주가(최고/저)(천원)	—/—	—/—	—/—	—/—	—/—	9.1/6.5
PER(최고/저)(배)	0.0/0.0	0.0/0.0	0.0/0.0	0.0/0.0	0.0/0.0	—/—
PBR(최고/저)(배)	0.0/0.0	0.0/0.0	0.0/0.0	0.0/0.0	0.0/0.0	2.9/2.0
EV/EBITDA(배)	0.0					
EPS(원)	—	—	-128	-119	-444	-321
BPS(원)	—	—	2,131	3,898	2,924	3,195
CFPS(원)	—	—	-133	-194	-963	-233
DPS(원)	—	—				
EBITDAPS(원)	—	—	-12	-219	-488	-247

재무 비율 〈단위 : % 〉

연도	영업이익률	순이익률	부채비율	차입금비율	ROA	ROE	유보율	자기자본비율	EBITDA마진율
2016	-196.1	-187.8	9.2	0.0	-11.7	-13.3	539.0	91.6	-144.6
2015	-101.9	-168.9	23.6	0.0	-22.7	-28.6	192.4	80.9	-148.8
2014	-42.8	-39.9	27.9	12.7	-7.5	-10.2	289.9	78.2	-25.5
2013	-20.9	-32.4	57.3	23.8	0.0	0.0	113.1	63.6	-1.2

안트로젠 (A065660)
ANTEROGEN CO

업 종 : 제약		시 장 : KOSDAQ	
신용등급 : (Bond) —	(CP) —	기업규모 : 신성장	
홈페이지 : www.anterogen.com		연 락 처 : (02)2104-0391	
본 사 : 서울시 금천구 디지털로 130, 405호(가산동, 남성플라자)			

설 립 일 2000.03.16	종업원수 33명	대표이사 이성구	
상 장 일 2016.02.15	감사의견 적정 (대주)	계 열	
결 산 기 12월	보 통 주 746만주	종속회사수	
액 면 가 500원	우 선 주	구 상 회	

주주구성 (지분율,%)		출자관계 (지분율,%)	주요경쟁사 (외형,%)	
부광약품	21.4		안트로젠	100
이성구	13.5		아미노로직스	334
(외국인)	3.7		에스텍파마	886

매출구성		비용구성		수출비중	
레모둘린	42.5	매출원가율	28.5	수출	—
큐피스템 SCM, SCM2,	38.7	판관비율	69.1	내수	—
기타	18.9				

회사 개요
동사는 2000년 3월 설립된 줄기세포 치료제 개발 및 판매, 줄기세포관련 기술 수출을 영위하는 업체로 2016년 2월 코스닥시장에 상장됨. 2010년 3월에는 자가 지방조직유래 최소조작 지방세포 치료제인 퀸셀이 품목 허가를 받음. 2012년 1월에는 줄기세포 치료제인 큐피스템이 시판 허가를 획득함. 큐피스템은 난치성 희귀질환인 크론병으로 인한 누공의 치료에 사용하는 희귀의약품임.

실적 분석
동사의 2016년 매출액은 전년 대비 38.6% 증가한 49.0억원을 기록, 영업이익은 1.2억원으로 흑자 전환에 성공함. 외형성장과 동시에 실적개선 달성함. 기술수출, 시험 용역 제공 등 기타부문에서의 매출이 전년동기대비 급격하게 증가하며 매출 증가에 기여함. 미국 FDA 임상시험1/2a 승인, 3차원 배양 조직공학기술 확장성, 다양한 파이프라인 구비 등을 바탕으로 향후 성장이 지속될 것으로 예상됨.

현금 흐름 *IFRS 별도 기준 〈단위 : 억원〉

항목	2015	2016
영업활동	8	-1
투자활동	-13	-150
재무활동	36	169
순현금흐름	31	19
기말현금	48	67

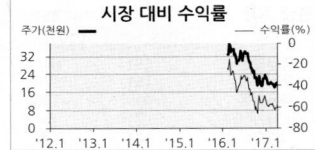

시장 대비 수익률

결산 실적 〈단위 : 억원〉

항목	2011	2012	2013	2014	2015	2016
매출액	—	22	9	18	35	49
영업이익	—	6	-19	-16	-1	1
당기순이익	—	7	-18	-14	-1	4

분기 실적 *IFRS 별도 기준 〈단위 : 억원〉

항목	2015.3Q	2015.4Q	2016.1Q	2016.2Q	2016.3Q	2016.4Q
매출액	14	8	21	9	12	9
영업이익	5	-0	11	-4	1	-6
당기순이익	6	-0	12	-4	1	-5

재무 상태 *IFRS 별도 기준 〈단위 : 억원〉

항목	2011	2012	2013	2014	2015	2016
총자산		87	148	145	185	354
유형자산		14	21	21	22	70
무형자산		16	16	21	23	30
유가증권			0	0	0	1
총부채		6	7	15	18	14
총차입금						
자본금		28	32	32	34	37
총자본		81	141	130	166	340
지배주주지분		81	141	130	166	340

기업가치 지표 *IFRS 별도 기준

항목	2011	2012	2013	2014	2015	2016
주가(최고/저)(천원)	—/—	—/—	—/—	—/—	—/—	41.0/17.6
PER(최고/저)(배)	0.0/0.0	0.0/0.0	0.0/0.0	0.0/0.0	0.0/0.0	815.7/350.2
PBR(최고/저)(배)	0.0/0.0	0.0/0.0	0.0/0.0	0.0/0.0	0.0/0.0	9.0/3.9
EV/EBITDA(배)	0.0					356.3
EPS(원)	—	125	-290	-219	-9	50
BPS(원)	—	1,429	2,179	2,001	2,468	4,559
CFPS(원)	—	186	-250	-178	35	92
DPS(원)	—					
EBITDAPS(원)	—	162	-265	-204	26	58

재무 비율 〈단위 : % 〉

연도	영업이익률	순이익률	부채비율	차입금비율	ROA	ROE	유보율	자기자본비율	EBITDA마진율
2016	2.5	7.6	4.1	0.0	1.4	1.5	811.8	96.0	8.8
2015	-3.4	-1.7	11.1	0.0	-0.4	-0.4	393.6	90.0	4.9
2014	-86.5	-77.2	11.6	0.0	-9.7	-10.5	300.1	89.6	-72.1
2013	-208.2	-197.6	4.9	0.0	-15.4	-16.3	335.9	95.3	-180.5

알루코 (A001780)
ALUKO

업 종 : 금속 및 광물	시 장 : 거래소
신용등급 : (Bond) — (CP) —	기업규모 : 시가총액 중형주
홈 페 이 지 : www.alusash.co.kr	연 락 처 : 042)605-8300
본 사 : 대전시 대덕구 대화로119번길 31	

설 립 일 1956.06.04	종 업 원 수 310명	대 표 이 사 박석봉
상 장 일 2007.06.07	감 사 의 견 적정 (삼덕)	계 열
결 산 기 12월	보 통 주 7,452만주	종속회사수 —
액 면 가 500원	우 선 주 4만주	구 상 호 동양강철

주주구성 (지분율,%)
케이피티유	19.6
알루텍	15.9
(외국인)	2.1

출자관계 (지분율,%)
현대알루미늄	100.0
고강알루미늄	100.0
ALKVINA	100.0

주요경쟁사 (외형,%)
알루코	100
세아홀딩스	941
제낙스	1

매출구성
동양강철(기타)	100.0

비용구성
매출원가율	87.5
판관비율	6.8

수출비중
수출	45.1
내수	54.9

회사 개요
동사(구 동양강철)는 1956년 설립된 국내 유일의 알루미늄 압출 전문업체임. 주요 수요처가 LED TV의 엣지바 및 외장재, 고속철도, 차량경량화 소재, LNG선박, 자전거, 태양광, 그린홈 등으로 다변화되고, 제품의 친환경성이 부각되면서 녹색성장산업의 핵심소재 공급업체로 변신함. 삼성전자에 LCD TV 샷시와 LED TV 엣지바를 독점 공급하며, 현대차그룹의 1차 벤더로 차량 경량화를 꾀하고 있어 안정적인 성장 추세를 이어갈 것으로 보임.

실적 분석
동사의 2016년 연결 기준 매출과 영업이익은 4286억원, 245억원으로 전년 대비 매출은 1.2% 줄었으나 영업이익은 1.8% 증가함. 자산은 전기 4291억원에서 4394억원으로 전년 대비 2.4% 증가하였으며, 부채는 전기 2649억원에서 2382억원으로 전년대비 10.1% 감소함. 영업이익 증가로 인하여 부채규모의 감소가 주요 요인으로 작용한 것으로 분석됨.

현금 흐름 〈단위 : 억원〉
항목	2015	2016
영업활동	651	644
투자활동	-161	-526
재무활동	-419	-150
순현금흐름	71	-32
기말현금	131	99

시장 대비 수익률
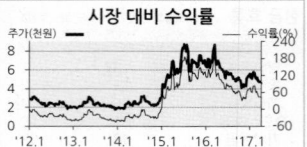

결산 실적 〈단위 : 억원〉
항목	2011	2012	2013	2014	2015	2016
매출액	3,729	3,495	3,762	3,772	4,339	4,286
영업이익	154	72	195	156	240	245
당기순이익	-3	-93	4	66	198	223

분기 실적 〈단위 : 억원〉
항목	2015.3Q	2015.4Q	2016.1Q	2016.2Q	2016.3Q	2016.4Q
매출액	1,350	898	985	1,021	1,121	1,159
영업이익	63	46	63	78	75	29
당기순이익	107	-35	66	67	41	48

재무 상태 〈단위 : 억원〉
항목	2011	2012	2013	2014	2015	2016
총자산	4,664	4,480	4,415	4,244	4,291	4,394
유형자산	2,079	1,752	1,728	1,751	1,765	1,789
무형자산	86	61	63	54	38	37
유가증권	63	65	66	61	62	62
총부채	3,293	3,133	3,043	2,953	2,649	2,382
총차입금	2,830	2,591	2,530	2,490	2,036	1,737
자본금	279	279	284	287	328	373
총자본	1,371	1,348	1,372	1,291	1,642	2,013
지배주주지분	1,349	1,346	1,371	1,291	1,642	2,007

기업가치 지표
항목	2011	2012	2013	2014	2015	2016
주가(최고/저)(천원)	5.8/2.2	3.3/1.9	3.2/1.8	3.3/1.8	9.0/2.9	9.0/3.9
PER(최고/저)(배)	—/—	—/—	475.6/268.6	29.5/16.0	29.2/9.5	28.3/12.4
PBR(최고/저)(배)	2.4/0.9	1.4/0.8	1.3/0.8	1.5/0.8	3.7/1.2	3.4/1.5
EV/EBITDA(배)	10.2	10.9	7.4	8.4	13.7	10.9
EPS(원)	-5	-164	7	115	313	320
BPS(원)	2,419	2,414	2,411	2,248	2,504	2,691
CFPS(원)	458	292	486	648	656	686
DPS(원)					50	50
EBITDAPS(원)	740	584	825	806	723	718

재무 비율 〈단위 : % 〉
연도	영업이익률	순이익률	부채비율	차입금비율	ROA	ROE	유보율	자기자본비율	EBITDA마진율
2016	5.7	5.2	118.3	86.3	5.1	12.2	438.2	45.8	11.7
2015	5.5	4.6	161.3	124.0	4.6	13.5	400.7	38.3	10.5
2014	4.1	1.7	228.7	192.9	1.5	4.9	349.7	30.4	12.2
2013	5.2	0.1	221.8	184.4	0.1	0.3	382.1	31.1	12.4

알보젠코리아 (A002250)
ALVOGEN KOREA COLTD

업 종 : 제약	시 장 : 거래소
신용등급 : (Bond) — (CP) —	기업규모 : 시가총액 소형주
홈 페 이 지 : www.alvogenkorea.com	연 락 처 : 02)2047-7700
본 사 : 서울시 영등포구 여의도동 국제금융로 10 TWO IFC 13층	

설 립 일 1958.01.07	종 업 원 수 706명	대 표 이 사 이승윤
상 장 일 1973.11.10	감 사 의 견 적정 (안진)	계 열
결 산 기 12월	보 통 주 1,186만주	종속회사수 —
액 면 가 5,000원	우 선 주 —	구 상 호 근화제약

주주구성 (지분율,%)
알보젠코리아	82.5
WorldCare Asia	1.4

출자관계 (지분율,%)

주요경쟁사 (외형,%)
알보젠코리아	100
유나이티드제약	98
큐리언트	

매출구성
기타	63.1
상품기타	17.8
카리메트	7.3

비용구성
매출원가율	43.2
판관비율	39.8

수출비중
수출	—
내수	—

회사 개요
동사는 1958년 1월 근화항생약품 주식회사로 설립된 후 1971년 4월 근화제약 주식회사로 상호를 변경함. 1973년 11월 한국거래소 시장에 상장됨. 2015년 6월 1일자로 종속회사였던 드림파마 주식회사를 합병하여 현재의 알보젠코리아주식회사란 명칭으로 상호를 변경함. 국내 비만치료제 시장에서 주도적인 위치를 차지하고 있음. 2015년 10월부터 다국적 제약회사인 아스트라제네카의 쎄로켈을 판매하고 있음.

실적 분석
동사의 2016년 결산기준 누적 매출액은 전년동기대비 9.3% 상승한 1,811.8억원을 기록하였음. 비용면에서 전년동기대비 매출원가는 증가 하였으며 인건비도 증가, 광고선전비도 증가, 기타판매비와 관리비는 크게 감소함. 이처럼 매출액 상승과 더불어 비용절감에도 힘을 기울였음. 그에 따라 전년동기대비 영업이익은 307.4억원으로 49% 상승하였음. 그러나 비영업손익의 적자지속으로 전년동기 대비 당기순이익은 86.8억원을 기록함.

현금 흐름 *IFRS 별도 기준 〈단위 : 억원〉
항목	2015	2016
영업활동	380	486
투자활동	-58	-166
재무활동	-111	-61
순현금흐름	211	259
기말현금	402	661

시장 대비 수익률
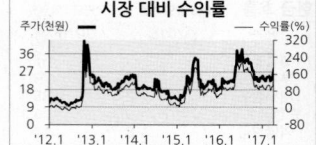

결산 실적 〈단위 : 억원〉
항목	2011	2012	2013	2014	2015	2016
매출액	688	655	708	653	1,658	1,812
영업이익	65	-22	48	-112	206	307
당기순이익	36	-13	20	-107	122	87

분기 실적 *IFRS 별도 기준 〈단위 : 억원〉
항목	2015.3Q	2015.4Q	2016.1Q	2016.2Q	2016.3Q	2016.4Q
매출액	419	441	456	503	428	425
영업이익	57	63	70	123	63	51
당기순이익	4	24	57	78	27	-74

재무 상태 *IFRS 별도 기준 〈단위 : 억원〉
항목	2011	2012	2013	2014	2015	2016
총자산	1,051	1,167	1,205	3,178	3,159	3,324
유형자산	206	207	177	370	373	354
무형자산	19	27	35	1,575	1,597	1,604
유가증권	79	66	0	1	1	1
총부채	310	235	255	1,365	1,247	1,341
총차입금	148	71	71	874	782	727
자본금	163	244	244	593	593	593
총자본	742	932	950	1,812	1,912	1,983
지배주주지분	742	932	950	1,812	1,912	1,983

기업가치 지표 *IFRS 별도 기준
항목	2011	2012	2013	2014	2015	2016
주가(최고/저)(천원)	13.3/9.1	46.7/9.7	28.2/16.4	28.0/13.2	35.7/12.4	39.3/18.1
PER(최고/저)(배)	13.2/9.1	—/—	71.6/41.6	—/—	34.6/12.0	53.7/24.7
PBR(최고/저)(배)	0.7/0.4	2.6/0.5	1.5/0.9	1.8/0.9	2.2/0.8	2.4/1.1
EV/EBITDA(배)	3.6		11.3		10.0	7.8
EPS(원)	1,059	-375	393	-1,968	1,032	732
BPS(원)	22,747	19,059	19,429	15,284	16,128	16,723
CFPS(원)	1,601	191	876	-1,410	1,468	1,249
DPS(원)	600					
EBITDAPS(원)	2,473	-68	1,450	-1,500	2,176	3,109

재무 비율 〈단위 : % 〉
연도	영업이익률	순이익률	부채비율	차입금비율	ROA	ROE	유보율	자기자본비율	EBITDA마진율
2016	17.0	4.8	67.6	36.6	2.7	4.5	234.5	59.7	20.4
2015	12.4	7.4	65.2	40.9	3.9	6.6	222.6	60.5	15.6
2014	-17.1	-16.4	73.5	48.2	-4.9	-7.7	205.7	57.6	-12.5
2013	6.8	2.9	26.9	7.4	1.7	2.2	288.6	78.8	10.0

알서포트 (A131370)
Rsupport

업 종 : 일반 소프트웨어		시 장 : KOSDAQ	
신용등급 : (Bond) — (CP) —		기업규모 : 벤처	
홈 페 이 지 : www.rsupport.com		연 락 처 : (070)7011-3900	
본 사 : 서울시 송파구 위례성대로 10, 9~12층(방이동, 에스타워)			

설 립 일	2010.07.22	종 업 원 수	216명	대 표 이 사	서형수
상 장 일	2011.01.05	감 사 의 견	적정 (삼정)	계 열	
결 산 기	12월	보 통 주	5,327만주	종속회사수	
액 면 가	100원	우 선 주		구 상 호	케이비게임앤앱스스팩

주주구성 (지분율,%)		출자관계 (지분율,%)		주요경쟁사 (외형,%)	
서형수	29.7	게임덕	92.1	알서포트	100
NTT DoCoMo, Inc.	15.4	보이저제일호사모투자	57.1	SGA	510
(외국인)	24.0	와쓰앱	16.7	윈스	343

매출구성		비용구성		수출비중	
RemoteCall 제품군	70.1	매출원가율	0.0	수출	53.1
RemoteView 제품군	23.3	판관비율	101.1	내수	46.9
Mobizen	5.3				

회사 개요
동사는 2001년 설립되어 IT 서비스업 중 원격지원 서비스업을 영위함. 원격지원, 원격제어 소프트웨어의 개발 및 공급 사업을 중점을 두고 있으며, 국내 원격지원 시장의 85%가 넘는 국내 시장점유율을 기록하고 있으며, 원격지원 업계는 지속적으로 발전하고 있음. 동사는 국내뿐 아니라 일본 시장 1위, 아시아 1위, 글로벌 5위를 점유하고 있으며, 세계 최초 안드로이드 기반 모바일 원격지원 솔루션인 리모트콜 모바일팩을 출시함.

실적 분석
동사의 2016년 매출은 RemoteCall 과 RemoteView의 해외 매출이 증가하면서 전체 매출은 전기 대비 15.6% 증가한 214.3억원을 기록하였음. 판관비가 216.7억원에 달하여 영업손실 2.4억원을 시현하며 전기에 이어 적자가 지속되고 있으나 매출 증가로 적자폭은 크게 축소됨. 비영업손이면에서 이익이 발생하면서 당기순이익은 전기 23.7억원 손실에서 1.6억원 이익으로 흑자전환함.

현금 흐름 〈단위 : 억원〉
항목	2015	2016
영업활동	-21	5
투자활동	58	-9
재무활동	-11	2
순현금흐름	27	12
기말현금	103	116

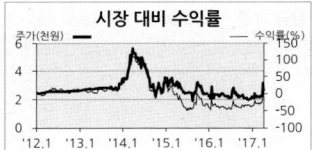

시장 대비 수익률

결산 실적 〈단위 : 억원〉
항목	2011	2012	2013	2014	2015	2016
매출액	—	175	215	207	185	214
영업이익	—	45	64	5	-26	-2
당기순이익	—	37	19	-5	-24	2

분기 실적 〈단위 : 억원〉
항목	2015.3Q	2015.4Q	2016.1Q	2016.2Q	2016.3Q	2016.4Q
매출액	40	51	42	56	54	63
영업이익	-8	-8	-14	3	1	8
당기순이익	-1	-19	-11	6	1	6

재무 상태 〈단위 : 억원〉
항목	2011	2012	2013	2014	2015	2016
총자산	—	366	602	592	556	559
유형자산	—	10	11	15	12	9
무형자산	—	3	3	6	6	5
유가증권	—	1	2	32	57	86
총부채	—	70	71	54	42	51
총차입금	—	28	32	8	1	11
자본금	—	7	52	53	53	53
총자본	—	296	532	538	515	508
지배주주지분	—	296	532	538	514	509

기업가치 지표
항목	2011	2012	2013	2014	2015	2016
주가(최고/저)(천원)	3.3/2.2	2.6/2.4	3.4/2.6	5.7/2.1	3.6/1.9	3.0/1.9
PER(최고/저)(배)	0.0/0.0	29.9/27.6	95.3/72.9	—/—	—/—	467.7/300.5
PBR(최고/저)(배)	0.0/0.0	4.6/4.2	3.3/2.5	5.5/2.1	3.7/1.9	3.0/1.9
EV/EBITDA(배)	0.0	—	—	138.0	—	254.3
EPS(원)	—	88	36	-9	-44	6
BPS(원)	—	22,542	1,044	1,029	987	999
CFPS(원)	—	3,905	45	45	-32	17
DPS(원)	—	—	6	—	—	—
EBITDAPS(원)	—	4,599	133	21	-37	6

재무 비율 〈단위 : % 〉
연도	영업이익률	순이익률	부채비율	차입금비율	ROA	ROE	유보율	자기자본비율	EBITDA마진율
2016	-1.1	0.8	10.1	2.2	0.3	0.7	899.2	90.8	1.5
2015	-14.1	-12.8	8.2	0.3	-4.1	-4.5	886.6	92.5	-10.7
2014	2.6	-2.2	10.0	1.5	-0.8	-0.9	928.7	91.0	5.4
2013	29.7	8.6	13.3	6.0	3.8	4.5	944.2	88.3	32.1

알에프세미 (A096610)
RFsemi Technologies

업 종 : 휴대폰 및 관련부품		시 장 : KOSDAQ	
신용등급 : (Bond) — (CP) —		기업규모 : 벤처	
홈 페 이 지 : www.rfsemi.co.kr		연 락 처 : (042)823-9682	
본 사 : 대전시 서구 둔산로 52, 미라클빌딩 11층 1101호			

설 립 일	1999.10.22	종 업 원 수	423명	대 표 이 사	이진효
상 장 일	2007.11.20	감 사 의 견	적정 (한영)	계 열	
결 산 기	12월	보 통 주	812만주	종속회사수	
액 면 가	500원	우 선 주		구 상 호	

주주구성 (지분율,%)		출자관계 (지분율,%)		주요경쟁사 (외형,%)	
이진효	28.4	킴퍼니케이챌린지펀드조합	10.0	알에프세미	100
카이투자자문	9.4	위해애대봐반도체과기유한공사	100.0	피델릭스	88
(외국인)	1.7	RFsemiUSAInc.	100.0	인포마크	99

매출구성		비용구성		수출비중	
TVS Diode	52.3	매출원가율	83.5	수출	—
ECM Chip/Module	38.4	판관비율	12.4	내수	—
LED 조명 및 기타	9.3				

회사 개요
동사는 반도체 소자 제조 및 판매를 주 사업부문으로 영위하고 있으며 소자급 반도체 칩 개발에서 생산, 장비기술까지 Total Solution을 제공하는 반도체 전문기업임. 주요 제품인 마이크로폰용 ECM Chip은 휴대폰 등 소형 음향기기의 마이크로폰에 내장되고 있으며 전방산업인 휴대폰시장의 성장으로 매년 10% 이상의 성장세를 지속해 왔음. 조명용 LED DRIVE IC, MEMS 마이크로폰 모듈, ECM 모듈 등의 사업을 신규 추진 중임.

실적 분석
동사의 2016년 결산 매출액은 641.8억원으로 전년대비 12.1% 증가하였지만 LED 조명 부문 수익성은 감소함. 인건비 상승 등 비용부담으로 영업이익 축소로 당기순수익이 축소됨. 2016년에는 배터리 불량 사고에 의한 스마트폰 생산 중단이라는 초유의 사태에도 불구하고 TVS Diode 부분의 매출은 전년대비 약 10% 증가함. ECM Chip 분야는 중국과의 가격경쟁이 심화되고 있음.

현금 흐름 〈단위 : 억원〉
항목	2015	2016
영업활동	115	77
투자활동	-68	-42
재무활동	-33	-24
순현금흐름	16	11
기말현금	87	98

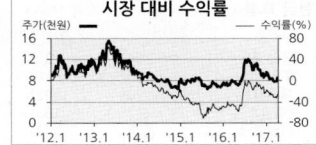

시장 대비 수익률

결산 실적 〈단위 : 억원〉
항목	2011	2012	2013	2014	2015	2016
매출액	371	425	525	554	572	642
영업이익	97	63	77	48	30	26
당기순이익	75	47	55	32	22	10

분기 실적 〈단위 : 억원〉
항목	2015.3Q	2015.4Q	2016.1Q	2016.2Q	2016.3Q	2016.4Q
매출액	172	150	144	175	156	167
영업이익	8	8	7	17	1	2
당기순이익	10	2	3	10	-3	0

재무 상태 〈단위 : 억원〉
항목	2011	2012	2013	2014	2015	2016
총자산	604	688	789	876	894	901
유형자산	261	328	389	403	403	390
무형자산	35	35	34	42	52	52
유가증권				5	15	15
총부채	201	247	298	358	356	361
총차입금	131	160	189	275	252	238
자본금	41	41	41	41	41	41
총자본	402	442	491	518	538	540
지배주주지분	402	442	491	518	538	540

기업가치 지표
항목	2011	2012	2013	2014	2015	2016
주가(최고/저)(천원)	9.2/5.3	13.0/8.6	15.6/9.3	9.7/6.5	9.1/6.1	12.4/6.9
PER(최고/저)(배)	10.2/5.9	23.0/15.3	23.5/13.9	25.0/16.8	33.7/22.5	96.4/53.9
PBR(최고/저)(배)	1.9/1.1	2.4/1.6	2.6/1.6	1.5/1.0	1.4/0.9	1.9/1.0
EV/EBITDA(배)	7.0	11.9	8.4	8.5	9.7	11.4
EPS(원)	929	576	677	394	273	129
BPS(원)	4,952	5,437	6,046	6,381	6,623	6,654
CFPS(원)	1,216	940	1,142	994	887	739
DPS(원)	72	39	50	25	41	35
EBITDAPS(원)	1,484	1,144	1,410	1,186	983	933

재무 비율 〈단위 : % 〉
연도	영업이익률	순이익률	부채비율	차입금비율	ROA	ROE	유보율	자기자본비율	EBITDA마진율
2016	4.1	1.6	66.8	44.1	1.2	1.9	1,230.8	59.9	11.8
2015	5.2	3.8	66.3	46.9	2.5	4.2	1,224.7	60.1	13.9
2014	8.6	5.8	69.1	53.1	3.8	6.3	1,176.3	59.1	17.4
2013	14.6	10.5	60.7	38.4	7.4	11.8	1,109.2	62.2	21.8

알에프텍 (A061040)
RFTech

업　　종 : 휴대폰 및 관련부품	시　　장 : KOSDAQ
신용등급 : (Bond) ― 　(CP) ―	기업규모 : 중견
홈페이지 : www.rftech.co.kr	연 락 처 : 031)322-1114
본　　사 : 경기도 용인시 처인구 원삼면 죽양대로1763번길 60	

설 립 일 1995.02.22	종 업 원 수 261명	대 표 이 사 차정운	
상 장 일 2002.05.16	감사의견 적정 (다산)	계　　　열	
결 산 기 12월	보 통 주 1,905만주	종속회사수	
액 면 가 500원	우 선 주	구 상 호	

주주구성 (지분율,%)		출자관계 (지분율,%)		주요경쟁사 (외형,%)	
정혁진	10.4	지오티스	28.0	알에프텍	100
한국증권금융	5.1	루미마이크로	14.7	제주반도체	18
(외국인)	6.3	금호에이엠티	3.2	성우전자	54

매출구성		비용구성		수출비중	
휴대전화 충전기 등	53.3	매출원가율	89.0	수출	―
휴대전화의 이동방송수신을 위한 안테나 제품	20.2	판관비율	8.2	내수	―
PC와의 데이터연결 케이블 DLC제품	15.5				

회사 개요
동사는 휴대전화의 부가장치 관련 사업 등을 영위할 목적으로 1995년에 설립됐고, 2002년에 코스닥 시장에 상장됨. 동사가 생산하는 제품은 모바일용 충전기, 안테나, 액세서리 등이며, IT사업부와 LED조명, 가로등 및 전원공급장치 등을 개발 생산하는 조명사업부로 나뉘어 운영됨. 모바일 부가기기 부문 매출이 전체 매출의 대부분을 차지함. 올해부터 주요 고객사의 플래그십 스마트폰 모델의 메인안테나(IMA)를 공급하기 시작함.

실적 분석
동사의 2016년 4분기 연결기준 매출은 3,219.9억원으로 전년동기대비 18.9% 감소, 영업이익은 89.8억원으로 전년동기대비 1.4% 증가함. 순이익은 97.6억원으로 전년동기대비 72.1% 증가함. 매출이 감소하였으나 부가가치 중심으로 사업 재편, 판관비 상대 비중 감소로 영업이익은 증가됨. 무선 충전의 이종산업 확대가 새로운 성장동력으로 평가. 또한 중국법인의 구조조정으로 16년 이후에 수익성도 개선, 호전 추세 유지.

현금 흐름 〈단위 : 억원〉

항목	2015	2016
영업활동	204	188
투자활동	-76	8
재무활동	-90	-42
순현금흐름	42	163
기말현금	408	571

시장 대비 수익률
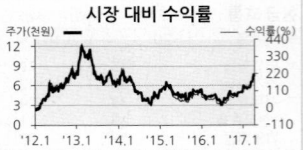

결산 실적 〈단위 : 억원〉

항목	2011	2012	2013	2014	2015	2016
매출액	2,769	4,994	5,002	4,066	3,971	3,220
영업이익	93	305	73	-56	89	90
당기순이익	49	235	36	-70	57	98

분기 실적 〈단위 : 억원〉

항목	2015.3Q	2015.4Q	2016.1Q	2016.2Q	2016.3Q	2016.4Q
매출액	1,186	843	748	755	920	796
영업이익	47	1	16	17	33	24
당기순이익	88	-56	8	19	-6	76

재무 상태 〈단위 : 억원〉

항목	2011	2012	2013	2014	2015	2016
총자산	1,591	2,112	2,162	2,006	1,768	1,753
유형자산	258	366	415	451	448	378
무형자산	59	72	76	73	65	63
유가증권	89	69	51	32	111	72
총부채	868	1,212	1,232	1,147	698	592
총차입금	206	217	346	430	192	140
자본금	52	52	53	53	64	95
총자본	724	900	930	859	1,070	1,161
지배주주지분	724	900	938	875	1,070	1,161

기업가치 지표

항목	2011	2012	2013	2014	2015	2016
주가(최고/저)(천원)	3.9/1.6	8.6/2.2	12.1/5.9	8.3/3.0	6.6/3.6	5.2/3.2
PER(최고/저)(배)	13.5/5.6	6.1/1.6	46.0/22.5	―/―	20.8/11.4	10.0/6.2
PBR(최고/저)(배)	0.9/0.4	1.6/0.4	2.2/1.1	1.6/0.6	1.2/0.7	0.9/0.5
EV/EBITDA(배)	2.8	2.4	8.3	31.4	4.5	3.0
EPS(원)	311	1,483	270	-380	321	519
BPS(원)	7,017	8,644	8,882	8,282	8,425	6,095
CFPS(원)	782	2,721	1,050	182	1,200	910
DPS(원)	100	100	100	50	50	
EBITDAPS(원)	1,216	3,396	1,330	236	1,449	863

재무 비율 〈단위 : % 〉

연도	영업이익률	순이익률	부채비율	차입금비율	ROA	ROE	유보율	자기자본비율	EBITDA마진율
2016	2.8	3.0	51.0	12.0	5.5	8.9	1,119.0	66.2	5.1
2015	2.2	1.4	65.3	18.0	3.0	6.0	1,585.0	60.5	4.4
2014	-1.4	-1.7	133.5	50.1	-3.4	-6.8	1,556.4	42.8	0.6
2013	1.5	0.7	132.5	37.2	1.7	4.8	1,676.3	43.0	2.8

알엔투테크놀로지 (A148250)
RN2 Technologies

업　　종 : 전자 장비 및 기기	시　　장 : KOSDAQ
신용등급 : (Bond) ― 　(CP) ―	기업규모 : 신성장
홈페이지 : www.rn2.co.kr	연 락 처 : 031)376-5400
본　　사 : 경기도 화성시 동탄면 동탄산단 9길 11	

설 립 일 2002.03.26	종 업 원 수 97명	대 표 이 사 이효종	
상 장 일 2016.06.22	감사의견 적정 (삼일)	계　　　열	
결 산 기 12월	보 통 주 633만주	종속회사수	
액 면 가 500원	우 선 주	구 상 호	

주주구성 (지분율,%)		출자관계 (지분율,%)		주요경쟁사 (외형,%)	
이효종	22.8			알엔투테크놀로지	100
박찬후	7.0			대주전자재료	564
(외국인)	0.3			이엠티	75

매출구성		비용구성		수출비중	
Coupler (RCP CEMAX)	81.4	매출원가율	55.4	수출	49.9
Substrate(EZ MAMMO)	11.3	판관비율	35.7	내수	50.1
Powder(RNE- 5, RNE- 8,RNE- 40)	7.3				

회사 개요
동사는 LTCC (Low Temperature Co-fired Ceramic, 저온 동시 소성 세라믹) 소재(Powder)와 이를 활용한 적층 세라믹 공정을 통해 이동 통신 기지국용 부품(Coupler 외) 및 반도체용, 영상 의료기용 다층 세라믹 기판(Substrate)을 사업을 영위하고 있음. 매출비중은 MLD 74.7%, MCP 9.8%, LTCC소재 15.5%임.

실적 분석
동사의 2016년 연간 매출액은 120.4억원으로 전년 대비 17.4% 증가함. 이는 기존 제품의 판매가 확대된 것은 물론, 신규 제품의 매출 실현의 영향임. 반면 영업이익은 10.8억원으로 전년 대비 56.8% 감소함. 상장에 따른 일회성 비용 및 신규 인력채용, 신규 아이템에 대한 선행투자의 영향으로 판단됨. 동사는 신제품의 판매 확대와 소재, MCP 부문의 신규 아이템 매출 시현으로 외형성장을 기대함.

현금 흐름 *IFRS 별도 기준 〈단위 : 억원〉

항목	2015	2016
영업활동	35	29
투자활동	-51	-56
재무활동	13	34
순현금흐름	-3	4
기말현금	16	22

시장 대비 수익률
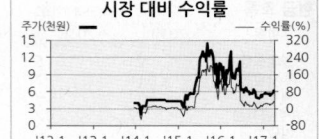

결산 실적 〈단위 : 억원〉

항목	2011	2012	2013	2014	2015	2016
매출액	63	60	91	101	103	120
영업이익	8	8	17	24	25	11
당기순이익	9	8	19	16	17	12

분기 실적 *IFRS 별도 기준 〈단위 : 억원〉

항목	2015.3Q	2015.4Q	2016.1Q	2016.2Q	2016.3Q	2016.4Q
매출액	34	24	32	23	22	44
영업이익	12	6	7	0	1	2
당기순이익	10	6	6	0	1	5

재무 상태 *IFRS 별도 기준 〈단위 : 억원〉

항목	2011	2012	2013	2014	2015	2016
총자산	106	120	174	189	219	271
유형자산	19	16	34	84	94	106
무형자산	33	44	40	36	31	27
유가증권	0	0	0	―	―	5
총부채	46	48	58	78	57	61
총차입금	31	31	43	62	46	43
자본금	12	12	14	12	28	32
총자본	60	72	116	112	162	210
지배주주지분	60	72	116	112	162	210

기업가치 지표 *IFRS 별도 기준

항목	2011	2012	2013	2014	2015	2016
주가(최고/저)(천원)	―/―	―/―	4.0/4.0	4.6/2.0	14.5/3.1	13.1/4.5
PER(최고/저)(배)	0.0/0.0	0.0/0.0	10.7/10.7	14.8/6.5	44.2/9.5	64.4/22.3
PBR(최고/저)(배)	0.0/0.0	0.0/0.0	1.8/1.8	2.1/0.9	5.1/1.1	4.0/1.4
EV/EBITDA(배)	0.9	1.0	4.3	5.3	9.9	10.0
EPS(원)	188	160	377	314	331	205
BPS(원)	2,515	3,009	4,271	4,106	2,876	3,319
CFPS(원)	704	732	1,142	1,033	648	519
DPS(원)						50
EBITDAPS(원)	671	656	1,073	1,334	803	493

재무 비율 〈단위 : % 〉

연도	영업이익률	순이익률	부채비율	차입금비율	ROA	ROE	유보율	자기자본비율	EBITDA마진율
2016	8.9	10.0	29.2	20.5	6.6	6.6	563.9	77.4	24.6
2015	24.3	16.5	35.3	28.3	8.3	12.4	475.2	73.9	40.1
2014	24.1	15.9	69.5	55.2	―	―	835.2	59.0	36.1
2013	19.2	21.3	50.0	36.8	13.1	20.5	754.1	66.7	32.2

알테오젠 (A196170)
ALTEOGEN

업 종 : 바이오		시 장 : KOSDAQ	
신용등급 : (Bond) — (CP) —		기업규모 : 신성장	
홈 페 이 지 : www.alteogen.com		연 락 처 : 042)384-8780	
본 사 : 대전시 유성구 유성대로1628번길 62, 대전바이오벤처타운 305호			

설 립 일 2008.05.13	종업원수 47명	대표이사 박순재	
상 장 일 2014.12.12	감사의견 적정 (이촌)	계 열	
결 산 기 12월	보 통 주 629만주	종속회사수	
액 면 가 500원	우 선 주	구 상 호	

주주구성 (지분율,%)		출자관계 (지분율,%)		주요경쟁사 (외형,%)	
박순재	22.5	엘에스메디텍	100.0	알테오젠	100
KISSEI PHARMACEUTICAL CO., LTD.	5.4	알토스바이오사이언스	100.0		
(외국인)	5.9				

매출구성		비용구성		수출비중	
아일리아,바이오시밀러	42.9	매출원가율	90.8	수출	30.2
허셉틴/엔브렐/휴미라 외	29.3	판관비율	88.3	내수	69.8
ADC유방암치료제	12.1				

회사 개요
동사는 의약품의 연구개발을 주요 사업으로 영위하는 기업으로 2008년 5월 13일에 설립됐음. 동사가 영위하는 의약품의 연구개발은 바이오베터(biobetter)사업부문과 바이오시밀러(biosimilar)사업부문으로 나뉘며, 자회사로는 비상장 회사인 알토스바이오사이언스가 있음. 동사는 지속형 바이오베터의 기반이 되는 기술인 NexP 융합기술과 항체 바이오베터의 기반이 되는 기술인 NexMab ADC 기술, 바이오시밀러 개발 기술을 보유하고 있음.

실적 분석
동사는 총 5개의 바이오시밀러와 1개의 바이오베터 파이프라인을 보유하고 있으며, 지속형 성장호르몬에 대한 임상실험을 진행중. 동사의 연결 재무제표 기준 2016년 결산 매출액은 전년 동기 47.3억원 대비 44.8% 증가한 68.4억원 기록. 매출호조에도 불구하고 매출원가 부담이 증가하며 영업손실 54.1억원을 기록. 적자전환함. 당기순손실 역시 35.9억원을 기록하며 적자전환 하였음.

현금 흐름 〈단위 : 억원〉

항목	2015	2016
영업활동	28	-33
투자활동	-42	-50
재무활동	-4	95
순현금흐름	-16	13
기말현금	71	84

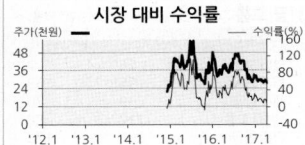

결산 실적 〈단위 : 억원〉

항목	2011	2012	2013	2014	2015	2016
매출액	—	40	55	70	47	68
영업이익	—	17	15	7	1	-54
당기순이익	—	14	16	9	12	-36

분기 실적 〈단위 : 억원〉

항목	2015.3Q	2015.4Q	2016.1Q	2016.2Q	2016.3Q	2016.4Q
매출액	7	17	7	11	26	25
영업이익	-3	6	-10	-14	-14	-16
당기순이익	2	9	-6	-6	-11	-13

재무 상태 〈단위 : 억원〉

항목	2011	2012	2013	2014	2015	2016
총자산		57	83	380	394	479
유형자산		2	6	3	41	47
무형자산					2	21
유가증권						
총부채		19	23	21	8	27
총차입금		11	14			
자본금		4	13	30	30	31
총자본		38	60	358	386	452
지배주주지분		38	60	358	386	452

기업가치 지표

항목	2011	2012	2013	2014	2015	2016
주가(최고/저)(천원)	—/—	—/—	—/—	26.3/21.0	59.8/25.1	49.5/26.8
PER(최고/저)(배)	0.0/0.0	0.0/0.0	0.0/0.0	134.7/107.5	291.7/122.4	—/—
PBR(최고/저)(배)	0.0/0.0	0.0/0.0	0.0/0.0	4.3/3.4	9.2/3.8	6.7/3.6
EV/EBITDA(배)		0.0		132.3	617.0	
EPS(원)		360	393	195	205	-596
BPS(원)		3,802	1,987	6,113	6,529	7,367
CFPS(원)		1,585	627	230	241	-537
DPS(원)						
EBITDAPS(원)		1,830	593	187	57	-840

재무 비율 〈단위 : % 〉

연도	영업이익률	순이익률	부채비율	차입금비율	ROA	ROE	유보율	자기자본비율	EBITDA마진율
2016	-79.1	-52.4	6.0	0.0	-8.2	-8.6	1,373.4	94.3	-73.9
2015	2.6	25.6	2.2	0.0	3.1	3.3	1,205.7	97.9	7.2
2014	10.3	13.2	6.0	2.2	4.0	4.5	1,184.2	94.4	12.6
2013	27.3	29.1	37.7	22.5	22.9	32.6	349.8	72.6	29.6

알톤스포츠 (A123750)
Alton Sports coltd

업 종 : 레저용품		시 장 : KOSDAQ	
신용등급 : (Bond) — (CP) —		기업규모 : 중견	
홈 페 이 지 : www.altonsports.co.kr		연 락 처 : 031)727-9190	
본 사 : 경기도 성남시 분당구 판교역로 221 12층(삼평동 투썬월드빌딩)			

설 립 일 2010.03.25	종업원수 140명	대표이사 김신성	
상 장 일 2010.07.02	감사의견 적정 (삼일)	계 열	
결 산 기 12월	보 통 주 1,275만주	종속회사수	
액 면 가 500원	우 선 주	구 상 호	

주주구성 (지분율,%)		출자관계 (지분율,%)		주요경쟁사 (외형,%)	
이녹스	37.3	하이코어	13.0	알톤스포츠	100
박찬우	10.6	케이토토	3.0	삼천리자전거	272
(외국인)	0.4	알톤천진유한공사	100.0	엔에스엔	36

매출구성		비용구성		수출비중	
알루미늄	51.9	매출원가율	68.0	수출	8.0
스틸	29.0	판관비율	43.1	내수	92.0
DP	16.0				

회사 개요
동사는 2011년 8월 기업인수목적회사인 신영스팩과 합병하여 코스닥에 상장한 후 같은 해 12월말 코렉스자전거를 소규모 흡수 합병함. 동사는 자전거 제조 및 판매하는 전문기업으로 연 100만대 생산능력의 자체공장을 보유한 업체임. 2014년에 자전거 제조기업 이알프스를 흡수합병함. 현재 연결대상 종속회사로는 중국소재의 ALTON (TIANJIN) BICYCLE이 있음. 국내 자전거 시장은 동사와 삼천리자전거, 참좋은레져가 과점 형태를 띰.

실적 분석
동사의 2016년 연결기준 매출액은 525.6억원으로 전기 대비 15.6% 축소됨. 미세먼지 등 형향으로 제품 매출실적이 저조했음. 매출액 감소에 따른 고정비 부담으로 영업손실이 확대됨. 당기에 58.6억원의 영업손실을 시현하며 전기 23.2억원에 이어 적자가 지속됨. 비영업손익 면에서는 유형자산처분이익 등이 발생하여 3.7억원의 흑자가 발생하고 법인세환입 9.7억원이 발생해 당기순손실은 영업손실 대비 손실이 축소된 45.1억원을 시현함.

현금 흐름 〈단위 : 억원〉

항목	2015	2016
영업활동	-68	-261
투자활동	70	28
재무활동	26	119
순현금흐름	28	-114
기말현금	146	32

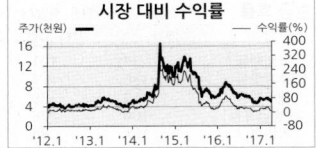

결산 실적 〈단위 : 억원〉

항목	2011	2012	2013	2014	2015	2016
매출액	704	660	615	684	623	526
영업이익	54	40	34	85	-24	-59
당기순이익	17	37	26	63	-36	-45

분기 실적 〈단위 : 억원〉

항목	2015.3Q	2015.4Q	2016.1Q	2016.2Q	2016.3Q	2016.4Q
매출액	161	60	140	189	120	77
영업이익	-3	-47	-14	2	-16	-31
당기순이익	-10	-44	-4	0	-3	-38

재무 상태 〈단위 : 억원〉

항목	2011	2012	2013	2014	2015	2016
총자산	732	641	674	763	707	819
유형자산	202	211	208	191	207	172
무형자산	59	68	66	66	75	80
유가증권				18	15	20
총부채	324	216	210	209	191	297
총차입금	242	153	108	116	145	221
자본금	40	40	55	58	58	64
총자본	408	425	464	554	517	522
지배주주지분	406	419	460	552	516	522

기업가치 지표

항목	2011	2012	2013	2014	2015	2016
주가(최고/저)(천원)	4.9/3.5	4.7/3.6	5.9/3.9	16.6/4.6	14.3/5.4	9.0/4.4
PER(최고/저)(배)	39.1/28.2	14.8/11.3	25.4/16.6	30.9/8.5	—/—	—/—
PBR(최고/저)(배)	1.5/1.1	1.3/1.0	1.5/1.0	3.4/1.0	3.2/1.2	2.2/1.1
EV/EBITDA(배)	7.1	9.5	10.9	10.9		
EPS(원)	133	331	238	544	-304	-388
BPS(원)	4,390	5,073	4,108	4,905	4,531	4,154
CFPS(원)	256	537	338	619	-221	-283
DPS(원)	100	100	70	100		
EBITDAPS(원)	668	560	405	813	-126	-399

재무 비율 〈단위 : % 〉

연도	영업이익률	순이익률	부채비율	차입금비율	ROA	ROE	유보율	자기자본비율	EBITDA마진율
2016	-11.1	-8.6	56.8	42.2	-5.9	-8.7	730.8	63.8	-8.8
2015	-3.9	-5.8	36.9	28.1	-4.9	-6.6	806.3	73.0	-2.4
2014	12.5	9.2	37.8	21.0	8.8	12.4	881.0	72.6	13.7
2013	5.5	4.2	45.2	23.2	3.9	6.0	761.9	68.9	7.3

알티캐스트 (A085810)
Alticast

업 종 : 일반 소프트웨어		시 장 : KOSDAQ	
신용등급 : (Bond) — (CP) —		기업규모 : 우량	
홈페이지 : www.alticast.co.kr		연 락 처 : 02)2007-7700	
본 사 : 서울시 서초구 반포대로 27 파크빌딩 6층			

설 립 일 1999.02.01	종 업 원 수 327명	대 표 이 사 강원철
상 장 일 2013.12.06	감 사 의 견 적정(안진)	계 열
결 산 기 12월	보 통 주 2,122만주	종속회사수
액 면 가 500원	우 선 주	구 상 호

주주구성 (지분율,%)		출자관계 (지분율,%)		주요경쟁사 (외형,%)	
휴맥스홀딩스	27.1	신한발브공업	100.0	알티캐스트	100
PineBridge Asia Partners II, L.P.	5.6	카테노이드	55.1	알서포트	33
(외국인)	9.6	AlticastCompanyLimited	100.0	SGA	167

매출구성		비용구성		수출비중	
AltiPlatform[디지털방송용 소프트웨어]	44.9	매출원가율	0.0	수출	39.9
AltiPlex[디지털방송용 소프트웨어]	29.7	판관비율	97.6	내수	60.1
AltiView[디지털방송용 소프트웨어]	17.0				

회사 개요
동사는 1999년에 디지털 방송용 소프트웨어 솔루션 개발 및 공급업을 목적으로 설립되었음. 동사의 주요 제품은 크게 방송 송출시스템, 셋톱박스용 미들웨어 플랫폼, 어플리케이션 및 UI/UX의 방송용 소프트웨어 솔루션과 CAS/DRM의 보안솔루션으로 구분될 수 있으며, 디지털 방송의 시작부터 끝까지를 모두 지원할 수 있는 End-to-End 솔루션을 표방하고 있음. 미국, 독일, 네덜란드, 베트남 등지에 5개의 연결 종속회사를 보유하고 있음.

실적 분석
동사의 2016년 매출액은 654.2억원으로 전년대비 4.3% 증가함. 영업이익은 15.8억원을 기록해 전년대비 36.2% 감소함. 국내의 HD 전환이 성숙기에 진입해 성장세가 둔화되고 주요 고객사들의 실적 악화로 인해 투자가 감소하면서 신규 셋톱박스 공급이 축소됨에 따라 동사의 주요 사업 모델인 로열티 매출이 감소하게 된 결과임. 로열티 매출액 감소와 해외 프로젝트 관련 투자비용 증가로 이익이 감소함.

현금 흐름 〈단위 : 억원〉

항목	2015	2016
영업활동	37	101
투자활동	-136	-117
재무활동	-10	-60
순현금흐름	-109	-76
기말현금	162	86

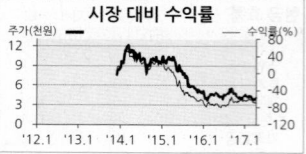

시장 대비 수익률

결산 실적 〈단위 : 억원〉

항목	2011	2012	2013	2014	2015	2016
매출액	625	653	737	771	627	654
영업이익	122	138	186	162	25	16
당기순이익	72	45	160	130	4	9

분기 실적 〈단위 : 억원〉

항목	2015.3Q	2015.4Q	2016.1Q	2016.2Q	2016.3Q	2016.4Q
매출액	151	165	170	159	150	175
영업이익	8	5	4	5	6	1
당기순이익	15	-40	4	-2	2	5

재무 상태 〈단위 : 억원〉

항목	2011	2012	2013	2014	2015	2016
총자산	671	948	1,081	1,100	1,137	1,709
유형자산	21	15	12	10	35	41
무형자산	85	83	81	82	136	164
유가증권	2	2	22	20	10	0
총부채	388	577	215	132	174	716
총차입금	187	412	88	5	55	13
자본금	76	80	103	106	106	106
총자본	282	371	866	969	963	993
지배주주지분	282	371	866	969	954	955

기업가치 지표

항목	2011	2012	2013	2014	2015	2016
주가(최고/저)(천원)	—/—	—/—	9.0/7.6	12.1/7.7	10.7/4.7	5.7/3.8
PER(최고/저)(배)	0.0/0.0	0.0/0.0	10.3/8.7	20.4/13.0	534.0/237.1	102.5/67.5
PBR(최고/저)(배)	0.0/0.0	0.0/0.0	2.2/1.9	2.6/1.7	2.3/1.0	1.2/0.8
EV/EBITDA(배)	0.3	0.8	7.2	8.9	15.1	15.6
EPS(원)	413	257	917	622	21	57
BPS(원)	1,611	2,166	4,208	4,849	4,737	4,828
CFPS(원)	611	434	1,094	760	161	211
DPS(원)					150	
EBITDAPS(원)	897	963	1,243	915	257	228

재무 비율 〈단위 : % 〉

연도	영업이익률	순이익률	부채비율	차입금비율	ROA	ROE	유보율	자기자본비율	EBITDA마진율
2016	2.4	1.4	72.1	1.3	0.6	1.3	865.7	58.1	7.4
2015	4.0	0.7	18.1	5.7	0.4	0.5	847.8	84.7	8.7
2014	21.1	16.9	13.6	0.5	11.9	14.2	869.8	88.0	24.8
2013	25.2	21.7	24.9	10.1	15.8	25.9	741.5	80.1	29.4

알파홀딩스 (A117670)
Alpha Holdings

업 종 : 반도체 및 관련장비		시 장 : KOSDAQ	
신용등급 : (Bond) (CP) —		기업규모 :	
홈페이지 : www.alphachips.com		연 락 처 : 070)4600-0000	
본 사 : 경기도 성남시 분당구 판교로 344, 8층(엠텍아이티타워)			

설 립 일 2002.11.01	종 업 원 수 128명	대 표 이 사 김동기
상 장 일 2010.09.17	감 사 의 견 한정(감사범위제한) (삼일)	계 열
결 산 기 12월	보 통 주 1,207만주	종속회사수
액 면 가 500원	우 선 주	구 상 호

주주구성 (지분율,%)		출자관계 (지분율,%)		주요경쟁사 (외형,%)	
프리미어바이오	17.3	알파바이오랩스	100.0	알파홀딩스	100
김기환	4.7	알파솔루션즈	100.0	SKC 솔믹스	167
(외국인)	3.7			프로텍	167

매출구성		비용구성		수출비중	
Mobile Multimedia IC	50.8	매출원가율	92.9	수출	—
Security IC	22.9	판관비율	8.2	내수	—
제품개발용역	20.2				

회사 개요
동사는 시스템반도체 개발 전문기업으로써 다양한 분야에서 시스템반도체 제품을 설계하는 팹리스 회사에게 IP 및 개발에 필요한 모든 솔루션을 제공하고 있음. 계열회사로 반도체 설계를 주 사업으로 영위하고 있는 가운칩스가 있음. 동사는 Mobile Multimedia Application과 Mobile Internet, Security 및 Display 분야에 걸쳐 각 분야의 선두 업체를 주요 고객으로 폭 넓게 확보화 하고 있음.

실적 분석
동사의 2016년 연결기준 연간 매출액은 566.4억원으로 전년 대비 10.3% 증가함. 반면 분할된 (주)알파솔루션즈 매출부진 및 신사업 조기 정상화를 위해 비용투입 등의 영향으로 영업손실은 6.4억원으로 적자전환됨. 또한 파생금융부채평가손실 및 영업권 상각 등 일회성 성격의 비용 발생으로 당기순손실 또한 369.1억원으로 적자전환됨. 동사는 감사의견이 '감사범위제한으로 인한 한정'으로 나타나 상장폐지 사유가 발생함.

현금 흐름 〈단위 : 억원〉

항목	2015	2016
영업활동	26	2
투자활동	95	-153
재무활동	-9	70
순현금흐름	112	-80
기말현금	202	123

시장 대비 수익률

결산 실적 〈단위 : 억원〉

항목	2011	2012	2013	2014	2015	2016
매출액	222	322	317	394	514	566
영업이익	22	29	34	36	22	-6
당기순이익	22	30	37	28	26	-369

분기 실적 〈단위 : 억원〉

항목	2015.3Q	2015.4Q	2016.1Q	2016.2Q	2016.3Q	2016.4Q
매출액	168	—	—	—	116	—
영업이익	4	—	—	—	-22	—
당기순이익	5	—	—	—	-22	—

재무 상태 〈단위 : 억원〉

항목	2011	2012	2013	2014	2015	2016
총자산	391	412	384	667	667	801
유형자산	100	106	101	98	91	203
무형자산	8	9	14	136	131	38
유가증권	10		10	76	98	72
총부채	136	132	75	339	330	289
총차입금	65	36		179	188	127
자본금	20	40	40	40	40	60
총자본	255	280	309	328	337	512
지배주주지분	255	280	309	328	337	510

기업가치 지표

항목	2011	2012	2013	2014	2015	2016
주가(최고/저)(천원)	11.1/3.0	7.1/3.5	6.1/4.2	7.0/4.4	7.3/3.6	15.4/5.8
PER(최고/저)(배)	42.2/11.6	19.9/9.9	13.8/9.5	20.4/12.9	22.8/11.4	—/—
PBR(최고/저)(배)	3.7/1.0	2.1/1.1	1.7/1.1	1.7/1.1	1.7/0.9	3.3/1.2
EV/EBITDA(배)	11.9	5.6	5.1	8.1	12.2	110.5
EPS(원)	279	374	460	348	321	-3,137
BPS(원)	6,349	3,482	3,848	4,080	4,245	4,722
CFPS(원)	617	453	550	539	505	-2,995
DPS(원)	100	60	70	70	40	40
EBITDAPS(원)	613	445	515	641	453	87

재무 비율 〈단위 : % 〉

연도	영업이익률	순이익률	부채비율	차입금비율	ROA	ROE	유보율	자기자본비율	EBITDA마진율
2016	-1.1	-65.2	56.3	24.8	-50.3	-87.0	844.5	64.0	1.8
2015	4.2	5.0	97.7	55.7	3.9	7.8	749.0	50.6	7.1
2014	9.2	7.1	103.6	54.6	5.3	8.8	716.1	49.1	13.1
2013	10.8	11.6	24.2	0.3	9.3	12.6	669.6	80.6	13.0

애경유화 (A161000)
AEKYUNG PETROCHEMICAL

업　　종 : 화학
신용등급 : (Bond) —　　(CP) —
홈페이지 : www.akp.co.kr
본　　사 : 서울시 구로구 공원로 7 (구로동)

시　　장 : 거래소
기업규모 : 시가총액 중형주
연 락 처 : 02)850-2000

설 립 일	2012.09.03	종 업 원 수	247명
상 장 일	2012.09.17	감 사 의 견	적정 (한영)
결 산 기	12월	보 통 주	3,204만주
액 면 가	500원	우 선 주	

대 표 이 사 이종기
계　　　열
종 속 회 사 수
구 상 회

주주구성 (지분율,%)		출자관계 (지분율,%)		주요경쟁사 (외형,%)	
AK홀딩스	44.5	에이케이앤엠엔바이오팜	40.0	애경유화	100
국민연금공단	8.4	코리아PTG	33.5	한국카본	30
(외국인)	24.7	애경(영파)화공유한공사	100.0	NPC	44

매출구성		비용구성		수출비중	
무수프탈산 및 그 유도품	85.3	매출원가율	85.3	수출	51.4
알코올 등	14.7	판관비율	6.0	내수	48.6
태양광 등	0.0				

회사 개요
동사는 원유와 천연가스, 나프타 등을 원료로 하여 에틸렌, 프로필렌, 벤젠 등 기초유분을 제조하고, 이 기초유분을 원료로 하여 합성수지, 합성섬유원료, 합성고무 등 각종 석유화학제품을 제조하는 석유화학 기업으로, 2012년 9월 구 애경유화(주)에서 인적분할하여 유가증권시장 재상장함. 석유화학산업은 대규모 설비투자가 소요되는 기술집약형, 자본집약형 장치산업이며, 생활용품에서부터 건설, 전기 등 다양한 산업에 광범위하게 사용되는 기초 소재산업임.

실적 분석
2016년 3분기 기준 동사가 보유한 연결대상 종속회사는 중국 소재의 애경(영파)화공유한공사, 애경해양(강서)화공유한공사 등 2개사임. 유가하락에 따른 원가 하락교, 경쟁 심화로 2016년 누적 매출액은 전년동기 대비 4.9% 감소한 8,677.4억원을 시현함. 그러나 매출과 함께 원가부담도 줄어들어 영업이익은 전년동기 대비 132.3% 증가한 750.1억원을 시현하였고, 순이익은 전년동기 대비 90.9% 증가한 533.7억원을 시현함.

현금 흐름 〈단위 : 억원〉

항목	2015	2016
영업활동	729	673
투자활동	-45	-235
재무활동	-673	-37
순현금흐름	11	401
기말현금	300	701

시장 대비 수익률
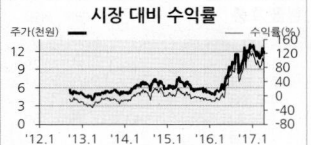

결산 실적 〈단위 : 억원〉

항목	2011	2012	2013	2014	2015	2016
매출액	—	4,139	11,761	11,611	9,121	8,677
영업이익	—	89	313	412	323	750
당기순이익	—	68	266	262	280	534

분기 실적 〈단위 : 억원〉

항목	2015.3Q	2015.4Q	2016.1Q	2016.2Q	2016.3Q	2016.4Q
매출액	2,299	2,013	1,955	2,156	2,105	2,462
영업이익	120	12	127	244	178	201
당기순이익	102	18	87	185	124	138

재무 상태 〈단위 : 억원〉

항목	2011	2012	2013	2014	2015	2016
총자산		4,638	4,107	3,976	3,327	4,084
유형자산		1,220	1,216	1,188	1,144	1,102
무형자산		50	60	57	34	31
유가증권		9	5	5	55	17
총부채		3,282	2,495	2,162	1,271	1,553
총차입금		1,964	1,258	1,103	495	528
자본금		160	160	160	160	160
총자본		1,356	1,612	1,814	2,056	2,531
지배주주지분		1,373	1,634	1,841	2,087	2,565

기업가치 지표

항목	2011	2012	2013	2014	2015	2016
주가(최고/저)(천원)	—/—	5.6/4.7	5.9/3.8	7.4/5.0	7.7/5.1	13.1/4.7
PER(최고/저)(배)	0.0/0.0	28.1/23.4	7.8/5.1	9.7/6.5	9.2/6.1	8.0/2.9
PBR(최고/저)(배)	0.0/0.0	1.5/1.2	1.3/0.8	1.4/0.9	1.3/0.8	1.7/0.6
EV/EBITDA(배)	0.0	28.7	7.0	5.5	4.6	4.4
EPS(원)	—	226	848	830	884	1,678
BPS(원)	—	42,892	51,040	57,474	65,158	8,007
CFPS(원)	—	3,079	11,163	11,225	11,408	1,925
DPS(원)	—	500	1,500	1,900	1,900	300
EBITDAPS(원)	—	3,605	12,465	15,777	12,646	2,588

재무 비율 〈단위 : %〉

연도	영업이익률	순이익률	부채비율	차입금비율	ROA	ROE	유보율	자기자본비율	EBITDA마진율
2016	8.6	6.2	61.4	20.9	14.4	23.1	1,501.4	62.0	9.6
2015	3.5	3.1	61.9	24.1	7.7	14.4	1,203.2	61.8	4.4
2014	3.6	2.3	119.2	60.8	6.5	15.3	1,049.5	45.6	4.4
2013	2.7	2.3	154.8	78.1	6.1	18.1	920.8	39.3	3.4

애니젠 (A196300)
EN COLTD

업　　종 : 바이오
신용등급 : (Bond) —　　(CP) —
홈페이지 : www.anygen.com
본　　사 : 광주시 북구 첨단과기로 333 광주테크노파크 시험생산동 206호

시　　장 : KOSDAQ
기업규모 : 신성장
연 락 처 : 062)714-1166

설 립 일	2000.05.03	종 업 원 수	명
상 장 일	2016.12.07	감 사 의 견	적정 (삼정)
결 산 기	12월	보 통 주	494만주
액 면 가	500원	우 선 주	

대 표 이 사 김재일
계　　　열
종 속 회 사 수
구 상 회

주주구성 (지분율,%)		출자관계 (지분율,%)		주요경쟁사 (외형,%)	
김재일	19.1			애니젠	100
한국투자미래성장벤처펀드스제22호	3.9			펩트론	75
(외국인)	0.3			오리엔트바이오	2,515

매출구성		비용구성		수출비중	
의약용 펩타이드	52.7	매출원가율	63.9	수출	19.9
연구용 펩타이드	39.1	판관비율	61.3	내수	80.1
화장품용 펩타이드	7.8				

회사 개요
동사는 의약품, 원료의약품, 의약부외품의 제조·판매업 및 생명공학 관련 연구, 기술개발업 및 개발 용역업 등을 주요사업으로 펩타이드 바이오소재 (산업용·의약용) 및 아미노산·펩타이드 기반 항암, 항당뇨 및 진통 등의 글로벌 혁신 신약을 개발하는 바이오소재 전문회사 로서 2000년 5월 2일 광주과학기술원 내 실험실 벤처로 창업하여 현재 산업용·의약용 펩타이드 바이오소재 개발과 고부가가치 신약개발에 주력하고 있음.

실적 분석
동사의 2016년 결산기준 매출액은 전년 대비 12.2% 성장한 41.8억원을 기록하였음. 매출원가도 하락하였으나 판관비가 크게 증가하여 영업이익은 아직 적자를 지속중임. 국내 의약품시장이 정부의 강력한 가격 통제정책에도 불구하고 국내 고령화 사회로 진전되면서 약품 수요가 증가하고 있음. 또한 시장의 영향을 크게 받지 않으므로 향후 펩타이트 소재 전문회사로 자리매김할 시 수익 성장이 기대됨.

현금 흐름 *IFRS 별도 기준 〈단위 : 억원〉

항목	2015	2016
영업활동	-10	-0
투자활동	-10	-150
재무활동	22	154
순현금흐름	2	4
기말현금	7	11

시장 대비 수익률
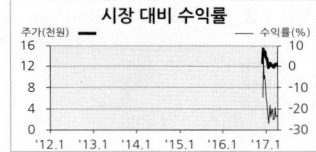

결산 실적 〈단위 : 억원〉

항목	2011	2012	2013	2014	2015	2016
매출액	27	32	40	37	37	42
영업이익	-8	-1	4	-6	-12	-11
당기순이익	-7	-3	2	-22	-26	-16

분기 실적 *IFRS 별도 기준 〈단위 : 억원〉

항목	2015.3Q	2015.4Q	2016.1Q	2016.2Q	2016.3Q	2016.4Q
매출액						
영업이익						
당기순이익						

재무 상태 *IFRS 별도 기준 〈단위 : 억원〉

항목	2011	2012	2013	2014	2015	2016
총자산	87	92	112	101	105	243
유형자산	32	29	29	27	23	20
무형자산	13	19	25	18	24	28
유가증권	2	0	0	0	0	0
총부채	22	73	84	89	74	13
총차입금	17	58	66	70	59	—
자본금	17	12	12	14	18	25
총자본	65	19	28	12	31	230
지배주주지분	65	19	28	12	31	230

기업가치 지표 *IFRS 별도 기준

항목	2011	2012	2013	2014	2015	2016
주가(최고/저)(천원)	—/—	—/—	—/—	—/—	—/—	16.9/12.6
PER(최고/저)(배)	0.0/0.0	0.0/0.0	0.0/0.0	0.0/0.0	0.0/0.0	—/—
PBR(최고/저)(배)	0.0/0.0	0.0/0.0	0.0/0.0	0.0/0.0	0.0/0.0	3.6/2.7
EV/EBITDA(배)		6.0	3.3	32.9		
EPS(원)	-249	-117	53	-785	-839	-411
BPS(원)	1,929	549	765	310	764	4,660
CFPS(원)	42	152	334	-513	-569	-189
DPS(원)						
EBITDAPS(원)	-3	239	425	51	-116	-40

재무 비율 〈단위 : %〉

연도	영업이익률	순이익률	부채비율	차입금비율	ROA	ROE	유보율	자기자본비율	EBITDA마진율
2016	-25.2	-39.4	5.5	0.0	-9.5	-12.6	831.9	94.8	-3.9
2015	-31.8	-69.1	239.1	189.6	-25.0	-119.9	74.5	29.5	-9.6
2014	-16.5	-58.6	일부잠식	일부잠식	-20.3	-107.3	-17.0	11.9	3.8
2013	10.3	3.8	296.7	235.5	1.5	6.5	133.0	25.2	30.3

액션스퀘어 (A205500)
Action Square

업 종 : 게임 소프트웨어		시 장 : KOSDAQ	
신 용 등 급 : (Bond) — (CP) —		기 업 규 모 : 중견	
홈 페 이 지 : www.action2quare.com		연 락 처 : 031)781-7161	
본 사 : 경기도 성남시 분당구 판교역로 221 3층(삼평동, 투썬월드빌딩)			

설 립 일 2014.08.27	종 업 원 수 166명	대 표 이 사 이승한	
상 장 일 2014.11.12	감 사 의 견 적정 (삼정)	계 열	
결 산 기 12월	보 통 주 2,494만주	종 속 회 사 수	
액 면 가 500원	우 선 주	구 상 호 케이비제4호스팩	

주주구성 (지분율,%)		출자관계 (지분율,%)		주요경쟁사 (외형,%)	
프라즈나글로벌홀딩스	27.7	액토즈소프트	100	액션스퀘어	100
키글로벌홀딩스	16.5			액토즈소프트	1,829
(외국인)	0.1			서울리거	467

매출구성		비용구성		수출비중	
블레이드 for Kakao	100.0	매출원가율	0.0	수출	56.7
		판관비율	388.6	내수	43.3

회사 개요

2012년 8월 설립된 게임 개발업체인 동사는 케이비제4호스팩(205500)과의 합병을 통해 2015년 10월 코스닥 시장에 신규 상장됨. 2014년 출시한 액션 역할수행게임(RPG) '블레이드'가 크게 히트하며 단일 게임으로 출시 1년만에 매출 1,300억원을 돌파하는 커다란 반향을 일으킴. 합병 및 코스닥 시장 상장을 통해 확보된 자금을 바탕으로 향후 중국 시장을 비롯한 해외 시장 진출이 기대됨.

실적 분석

2014년 출시된 블레이드가 흥행에 성공하면서 162억의 매출 실적을 냈으나, 이후 게임의 출시 이후 시간 경과에 따른 매출 감소와 차기 게임 출시 일정이 지연되어 2016년은 전기 대비 40.6% 매출의 감소가 나타남. 또한 신작 게임의 개발 비용이 증가하면서 영업손실이 확대되었음. 동사는 2017년 1월 신작 게임인 삼국블레이드를 시장에 런칭하였고 출시 이후 매출 순위 역시 상위권을 유지하고 있음.

현금 흐름
*IFRS 별도 기준 〈단위 : 억원〉

항목	2015	2016
영업활동	18	-78
투자활동	44	23
재무활동	-6	-0
순현금흐름	56	-56
기말현금	62	6

시장 대비 수익률

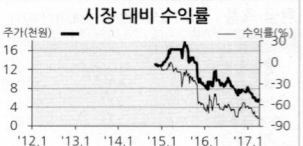

결산 실적
〈단위 : 억원〉

항목	2011	2012	2013	2014	2015	2016
매출액	—	—	—	162	67	40
영업이익	—	—	—	116	-25	-114
당기순이익	—	—	—	102	-82	-87

분기 실적
*IFRS 별도 기준 〈단위 : 억원〉

항목	2015.3Q	2015.4Q	2016.1Q	2016.2Q	2016.3Q	2016.4Q
매출액	4	12	10	9	7	15
영업이익	-30	-14	-20	-29	-36	-28
당기순이익	-90	-10	-17	-26	-23	-21

재무 상태
*IFRS 별도 기준 〈단위 : 억원〉

항목	2011	2012	2013	2014	2015	2016
총자산	—	—	—	124	359	285
유형자산	—	—	—	3	6	10
무형자산	—	—	—	0	10	15
유가증권	—	—	—			
총부채	—	—	—	26	72	48
총차입금	—	—	—	7	21	
자본금	—	—	—	5	122	125
총자본	—	—	—	98	286	237
지배주주지분	—	—	—	98	286	237

기업가치 지표
*IFRS 별도 기준

항목	2011	2012	2013	2014	2015	2016
주가(최고/저)(천원)	—/—	—/—	—/—	13.2/12.8	17.8/8.4	12.2/6.1
PER(최고/저)(배)	0.0/0.0	0.0/0.0	0.0/0.0	26.1/25.4	—/—	—/—
PBR(최고/저)(배)	0.0/0.0	0.0/0.0	0.0/0.0	27.6/26.8	15.2/7.2	12.8/6.4
EV/EBITDA(배)			0.0	1.0		
EPS(원)	—	—	—	506	-341	-351
BPS(원)	—	—	—	8,001	234	950
CFPS(원)	—	—	—	8,354	-66	-325
DPS(원)	—	—	—			
EBITDAPS(원)	—	—	—	9,482	-18	-432

재무 비율
〈단위 : % 〉

연도	영업이익률	순이익률	부채비율	차입금비율	ROA	ROE	유보율	자기자본비율	EBITDA마진율
2016	-288.6	-220.9	20.4	0.0	-27.2	-33.4	90.1	83.1	-272.3
2015	-37.2	-122.9	25.3	7.4	-33.9	-42.6	134.2	79.8	-32.8
2014	71.9	63.3	26.4	7.2	0.0	0.0	1,826.4	79.1	72.1
2013	0.0	0.0	0.0	0.0	0.0	0.0	0.0	0.0	0.0

액토즈소프트 (A052790)
Actoz Soft

업 종 : 게임 소프트웨어		시 장 : KOSDAQ	
신 용 등 급 : (Bond) — (CP) —		기 업 규 모 : 중견	
홈 페 이 지 : www.actoz.com		연 락 처 : 02)3671-0000	
본 사 : 서울시 서초구 서초대로 301 동익성봉빌딩 6층,7층,8층			

설 립 일 1996.10.29	종 업 원 수 35명	대 표 이 사 구오하이빈	
상 장 일 2001.08.14	감 사 의 견 적정 (삼일)	계 열	
결 산 기 12월	보 통 주 1,133만주	종 속 회 사 수	
액 면 가 500원	우 선 주	구 상 호	

주주구성 (지분율,%)		출자관계 (지분율,%)		주요경쟁사 (외형,%)	
Shanda Games Korean Investment Limited	51.1	온라인웍스	100.0	액토즈소프트	100
Prism Offshore Fund, Ltd.	2.3	아이덴티티모바일	100.0	액션스퀘어	5
(외국인)	49.9	AKGI청년창업육성투자조합1호	33.3	서울리거	26

매출구성		비용구성		수출비중	
모바일게임(Trading Card Game, RPG)	52.8	매출원가율	51.0	수출	—
온라인게임(MMORPG)	47.0	판관비율	34.0	내수	—
기타	0.3				

회사 개요

1996년에 설립된 온라인 및 모바일게임 개발업체. 2001년 코스닥 시장에 상장. 동사의 최대주주는 샨다게임즈로 51.2%의 지분 소유. 과거 매출의 대부분은 중국 샨다를 통해 서비스되는 '미르의 전설2'에서 발생. 2012년 12월 출시된 모바일게임 '밀리언아서'의 흥행으로 모바일게임 개발사로 변모. 플레이파이게임즈의 흡수합병과 북경 자회사의 폐업으로 2016년말 6개의 연결대상 종속회사가 있음.

실적 분석

동사의 연결 재무제표 기준 2016년 누적 매출액은 모바일 사업부문의 매출감소 영향으로 전년 대비 28.2% 감소한 723.9억원을 기록함. 매출원가율의 개선과 인건비를 포함한 판관비 감소 및 IP사업의 호조에 힘입어 영업이익은 전년 대비 114.1% 증가한 108.8억원을 기록하였으나, 손상차손이 발생하면서 비영업손실이 증가하여 22.6억원의 당기순손실을 기록함.

현금 흐름
〈단위 : 억원〉

항목	2015	2016
영업활동	-36	129
투자활동	156	221
재무활동	2	—
순현금흐름	123	359
기말현금	176	535

시장 대비 수익률

결산 실적
〈단위 : 억원〉

항목	2011	2012	2013	2014	2015	2016
매출액	993	830	1,394	1,028	1,008	724
영업이익	161	148	232	-134	51	109
당기순이익	79	96	151	-690	-70	-23

분기 실적
*IFRS 별도 기준 〈단위 : 억원〉

항목	2015.3Q	2015.4Q	2016.1Q	2016.2Q	2016.3Q	2016.4Q
매출액	301	284	219	182	187	136
영업이익	14	58	38	30	30	12
당기순이익	6	32	15	8	-8	-37

재무 상태
*IFRS 별도 기준 〈단위 : 억원〉

항목	2011	2012	2013	2014	2015	2016
총자산	1,212	2,258	2,320	1,613	1,493	1,477
유형자산	5	5	18	26	59	39
무형자산	2	39	29	44	49	15
유가증권		15	16	16	1	
총부채	339	1,272	416	377	321	323
총차입금	—	428	35			
자본금	47	47	56	57	57	57
총자본	873	987	1,905	1,235	1,173	1,155
지배주주지분	873	987	1,905	1,234	1,171	1,155

기업가치 지표

항목	2011	2012	2013	2014	2015	2016
주가(최고/저)(천원)	20.6/8.5	45.0/14.2	69.2/28.2	45.1/23.0	64.4/29.0	30.8/11.4
PER(최고/저)(배)	24.8/10.3	44.8/14.1	48.3/19.7	—/—	—/—	—/—
PBR(최고/저)(배)	2.2/0.9	4.3/1.4	4.1/1.7	4.1/2.1	6.2/2.8	3.0/1.1
EV/EBITDA(배)	2.8	20.5	10.6		30.7	6.2
EPS(원)	831	1,005	1,431	-6,104	-626	-185
BPS(원)	9,632	10,696	16,999	11,025	10,454	10,312
CFPS(원)	1,050	1,121	1,591	-5,856	-166	175
DPS(원)						
EBITDAPS(원)	1,922	1,673	2,361	-935	910	1,321

재무 비율
〈단위 : % 〉

연도	영업이익률	순이익률	부채비율	차입금비율	ROA	ROE	유보율	자기자본비율	EBITDA마진율
2016	15.0	-3.1	27.9	0.0	-1.5	-1.8	1,962.5	78.2	20.7
2015	5.0	-7.0	27.4	0.0	-4.5	-5.9	1,990.8	78.5	10.2
2014	-13.0	-67.1	30.6	1.8	-35.1	-44.0	2,105.0	76.6	-10.3
2013	16.7	10.8	21.8	1.8	6.6	10.4	3,299.9	82.1	17.9

액트 (A131400)
ACT

업 종 : 전자 장비 및 기기		시 장 : KOSDAQ	
신용등급 : (Bond) — (CP) —		기업규모 : 중견	
홈 페 이 지 : www.actfpc.com		연 락 처 : 053)602-4253	
본 사 : 대구시 달서구 성서로35길 26 (월암동 1-202번지)			

설 립 일	2004.03.01	종업원수	247명	대표이사	김성범
상 장 일	2010.12.27	감사의견	적정 (서일)	계 열	
결 산 기	12월	보 통 주	1,691만주	종속회사수	
액 면 가	500원	우 선 주		구 상 호	

주주구성 (지분율,%)		출자관계 (지분율,%)		주요경쟁사 (외형,%)	
더플라잉홀딩스	8.5	쿼츠	100.0	액트	100
한국증권금융	3.5	연태아특전자	100.0	비에이치	611
(외국인)	0.3			남성	138

매출구성		비용구성		수출비중	
양면(제품)	69.5	매출원가율	93.8	수출	68.7
MULTI(제품)	16.3	판관비율	13.2	내수	31.3
기타	8.9				

회사 개요
동사는 휴대폰 및 개인 휴대용 소형 전자부품에 많이 사용되는 핵심부품인 인쇄회로기판의 제조, 판매 및 수출입을 주요 사업으로 영위하고 있으며, 업계 6위의 시장점유율을 기록하고 있음. 최종 수요고객의 대부분은 국내 대형 IT제조업체들이며, LG 계열사의 안정적인 고객사를 바탕으로 지속적인 거래선 다변화에 노력한 결과 우리LED, 하이디스, 태양기전 등 안정적 거래선 확보하고 있음. 양면(65.0%), 단면(4.4%), 다층 기판(22.0%)임.

실적 분석
동사의 2016년 연결기준 결산 매출액은 608.5억원으로 전년대비 21.0% 증가를 기록하였음. 높은 매출원가율로 인해 영업손실은 42.9억원으로 적자를 지속하였지만 매출 증가로 적자폭을 줄이는데는 성공함. 당기순이익 역시 적자폭을 줄였으나 55.4억원 손실을 기록하며 적자를 지속함. 영업손실은 매출 감소와 가동률 하락에 따른 고정비 비중 상승이 주요 원인으로 추정됨.

현금 흐름 〈단위 : 억원〉

항목	2015	2016
영업활동	-46	-36
투자활동	-48	-71
재무활동	69	133
순현금흐름	-25	25
기말현금	24	49

시장 대비 수익률
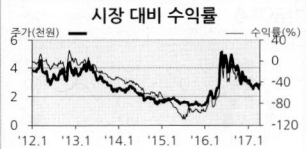

결산 실적 〈단위 : 억원〉

항목	2011	2012	2013	2014	2015	2016
매출액	810	753	841	630	503	609
영업이익	89	19	26	-41	-89	-43
당기순이익	84	14	15	-56	-96	-55

분기 실적 〈단위 : 억원〉

항목	2015.3Q	2015.4Q	2016.1Q	2016.2Q	2016.3Q	2016.4Q
매출액	125	116	137	161	161	150
영업이익	-16	-43	-8	1	-6	-30
당기순이익	-12	-56	-8	-5	-12	-30

재무 상태 〈단위 : 억원〉

항목	2011	2012	2013	2014	2015	2016
총자산	557	656	718	626	558	701
유형자산	250	289	366	359	383	419
무형자산	4	4	4	4	4	4
유가증권	7	3	7	3	2	20
총부채	207	304	301	272	297	385
총차입금	50	190	188	148	221	287
자본금	75	75	75	75	75	85
총자본	350	352	416	353	261	317
지배주주지분	350	352	416	353	261	317

기업가치 지표

항목	2011	2012	2013	2014	2015	2016
주가(최고/저)(천원)	4.5/1.9	4.6/2.8	4.5/2.3	2.7/1.4	2.0/1.3	5.7/1.4
PER(최고/저)(배)	8.4/3.5	49.2/30.0	44.2/22.7	—/—	—/—	—/—
PBR(최고/저)(배)	1.9/0.8	1.9/1.2	1.5/0.8	1.1/0.6	1.0/0.7	2.8/0.7
EV/EBITDA(배)	5.2	14.4	8.5			
EPS(원)	562	97	103	-371	-637	-346
BPS(원)	2,505	2,525	2,965	2,565	1,952	2,062
CFPS(원)	713	258	279	-202	-442	-149
DPS(원)	100	50	50			
EBITDAPS(원)	748	289	350	-106	-396	-71

재무 비율 〈단위 : %〉

연도	영업이익률	순이익률	부채비율	차입금비율	ROA	ROE	유보율	자기자본비율	EBITDA마진율
2016	-7.1	-9.1	121.5	90.8	-8.8	-19.2	312.5	45.2	-1.9
2015	-17.6	-19.0	113.9	84.6	-16.2	-31.1	290.4	46.8	-11.8
2014	-6.6	-8.8	77.1	42.0	-8.3	-14.5	413.1	56.5	-2.5
2013	3.1	1.8	72.5	45.1	2.3	4.0	493.0	58.0	6.2

앤디포스 (A238090)
NDFOS CO

업 종 : 휴대폰 및 관련부품		시 장 : KOSDAQ	
신용등급 : (Bond) — (CP) —		기업규모 : 벤처	
홈 페 이 지 : www.ndfos.com		연 락 처 : 070)7662-2121	
본 사 : 충북 음성군 대소면 한삼로 224-7			

설 립 일	2010.06.23	종업원수	명	대표이사	윤호탁,김인섭
상 장 일	2016.10.12	감사의견	적정 (우리)	계 열	
결 산 기	12월	보 통 주	1,507만주	종속회사수	
액 면 가	500원	우 선 주		구 상 호	

주주구성 (지분율,%)		출자관계 (지분율,%)		주요경쟁사 (외형,%)	
앤텍컴	44.3			앤디포스	100
윤호탁	12.6			시노펙스	220
(외국인)	0.5			에스맥	198

매출구성		비용구성		수출비중	
TSP용 양면 테이프	84.3	매출원가율	63.5	수출	58.8
윈도우 필름	15.7	판관비율	12.7	내수	41.2

회사 개요
동사는 2010년 6월 23일 설립되어, TSP용 양면 테이프 및 윈도우 필름 개발/제조를 주 사업으로 영위함. TSP용 양면 테이프 산업은 영상부품소재산업이고, 전방산업인 모바일을 연결시켜주는 중간재 산업인 동시에 고기능 정밀산업임. 동사만의 고유한 기술인 특수구조물을 적용한 물성으로 동업종 영위 타사 대비 기술적우위를 확보하고 있음. 2015년 매출비중은 TSP용 양면 테이프가 78.5%, 윈도우 필름이 21.4% 를 차지함.

실적 분석
동사의 2016년 4분기 누적 매출액은 705.8억원으로 전년 동기 574.6억원 대비 22.8% 신장함. 또한 매출원가가 전년동기 339.9억원에서 448.4억원으로 31.9% 증가하며 원가율이 개악됨에 따라 매출총이익은 전년 동기 대비 9.7% 증가한 257.4억원을 기록함. 그에 따라 판관비의 증가에도 149.3억원의 영업이익을 시현함. 동사는 추가생산시설 확보를 위한 제2공장 설비투자를 진행중임.

현금 흐름 *IFRS 별도 기준 〈단위 : 억원〉

항목	2015	2016
영업활동	226	128
투자활동	-21	-456
재무활동	-67	396
순현금흐름	138	68
기말현금	158	226

시장 대비 수익률
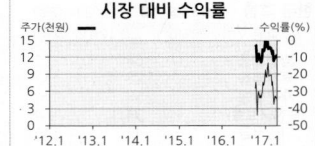

결산 실적 〈단위 : 억원〉

항목	2011	2012	2013	2014	2015	2016
매출액	146	230	249	464	575	706
영업이익	3	11	6	54	163	168
당기순이익	1	9	3	41	138	149

분기 실적 *IFRS 별도 기준 〈단위 : 억원〉

항목	2015.3Q	2015.4Q	2016.1Q	2016.2Q	2016.3Q	2016.4Q
매출액			216	139		
영업이익			85	37		
당기순이익			65	35		

재무 상태 *IFRS 별도 기준 〈단위 : 억원〉

항목	2011	2012	2013	2014	2015	2016
총자산	122	181	237	252	349	888
유형자산	68	90	100	97	92	87
무형자산	0	0	0	0	0	3
유가증권			1			3
총부채	82	112	165	137	105	83
총차입금	48	70	125	91	30	13
자본금	40	60	60	60	60	75
총자본	40	69	72	114	245	805
지배주주지분	40	69	72	114	245	805

기업가치 지표 *IFRS 별도 기준

항목	2011	2012	2013	2014	2015	2016
주가(최고/저)(천원)	—/—	—/—	—/—	—/—	—/—	14.9/10.8
PER(최고/저)(배)	0.0/0.0	0.0/0.0	0.0/0.0	0.0/0.0	0.0/0.0	13.0/9.5
PBR(최고/저)(배)	0.0/0.0	0.0/0.0	0.0/0.0	0.0/0.0	0.0/0.0	2.9/2.1
EV/EBITDA(배)	6.8	4.3	8.6	1.1		7.7
EPS(원)	22	79	28	339	1,147	1,174
BPS(원)	1,012	1,146	1,202	1,904	4,076	5,342
CFPS(원)	178	249	184	832	2,463	1,252
DPS(원)						400
EBITDAPS(원)	226	296	232	1,058	2,894	1,400

재무 비율 〈단위 : %〉

연도	영업이익률	순이익률	부채비율	차입금비율	ROA	ROE	유보율	자기자본비율	EBITDA마진율
2016	23.8	21.2	10.3	1.6	24.1	28.5	968.5	90.7	25.2
2015	28.5	24.0	42.8	12.4	45.8	76.7	307.6	70.0	30.2
2014	11.7	8.8	120.3	79.6	—	—	90.4	45.4	13.7
2013	2.5	1.3	228.7	173.7	1.6	4.8	20.2	30.4	5.6

양지사 (A030960)
Yangjisa

업 종 : 상업서비스		시 장 : KOSDAQ	
신용등급 : (Bond) — (CP) —		기업규모 : 중견	
홈 페 이 지 : www.yangjisa.co.kr		연 락 처 : 031)996-0041	
본 사 : 경기도 김포시 양촌읍 황금1로 131			

설 립 일	1980.01.16	종 업 원 수	327명	대 표 이 사	이현
상 장 일	1996.10.24	감 사 의 견	적정 (삼정)	계 열	
결 산 기	06월	보 통 주	1,598만주	종속회사수	
액 면 가	500원	우 선 주		구 상 호	

주주구성 (지분율,%)		출자관계 (지분율,%)		주요경쟁사 (외형,%)	
이배구	40.5			양지사	100
이진	21.1			KTcs	1,924
(외국인)	0.1			한국코퍼레이션	304

매출구성		비용구성		수출비중	
인쇄및제본(수출)	37.8	매출원가율	88.9	수출	24.0
인쇄및제본(내수)	31.4	판관비율	13.3	내수	76.0
문구류	25.9				

회사 개요
동사는 1976년 양지사라는 개인사업체로 출발해 1979년 법인으로 전환함. 1996년 코스닥 시장에 상장함. 6월 결산 법인으로 수첩, 다이어리, 노트류 등 단일 품목을 전문생산함. 주문생산과 계획생산 방식은 7대 3의 비율이며, 수출이 약 50%를 차지함. 수출은 전년 동기 대비 24.3% 증가했지만 내수에서는 전년 동기 대비 0.1% 감소한 것으로 나타남.

실적 분석
동사의 2016년 7월부터 12월까지 매출액은 338.8억원으로 전년 대비 4.8% 증가함. 영업이익은 56.7억원으로 63.9% 증가함. 당기순이익은 47.7억원으로 전년 대비 19% 증가함. 국내 인쇄업계는 이미 포화상태로 해외 수출이 대안으로 뜨고 있음. 다만 수출 단가 하락, 환율 급등락 등 인쇄물 수출 환경의 급변으로 경쟁력이 약화될 가능성이 높다는 점이 위험 요인으로 지목됨.

현금 흐름 *IFRS 별도 기준 〈단위 : 억원〉

항목	2016	2017.2Q
영업활동	64	22
투자활동	28	-17
재무활동	-58	-1
순현금흐름	34	4
기말현금	42	46

시장 대비 수익률
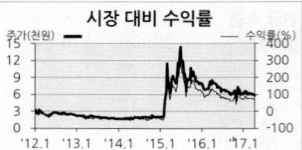

결산 실적 〈단위 : 억원〉

항목	2012	2013	2014	2015	2016	2017
매출액	519	473	467	477	496	
영업이익	29	27	12	-10	25	
당기순이익	29	14	9	-14	28	

분기 실적 *IFRS 별도 기준 〈단위 : 억원〉

항목	2016.1Q	2016.2Q	2016.3Q	2016.4Q	2017.1Q	2017.2Q
매출액	72	251	63	110	87	252
영업이익	2	32	-9	-1	-33	89
당기순이익	2	38	-9	-3	-32	80

재무 상태 *IFRS 별도 기준 〈단위 : 억원〉

항목	2012	2013	2014	2015	2016	2017.2Q
총자산	891	886	878	830	814	919
유형자산	552	510	489	472	472	485
무형자산	25	25	29	28	5	5
유가증권	0	0	0	0	0	0
총부채	268	261	252	229	194	258
총차입금	99	107	106	107	62	68
자본금	80	80	80	80	80	80
총자본	623	625	626	601	620	661
지배주주지분	623	625	626	601	620	661

기업가치 지표 *IFRS 별도 기준

항목	2012	2013	2014	2015	2016	2017.2Q
주가(최고/저)(천원)	3.7/1.6	2.8/2.1	2.0/1.9	15.2/1.6	14.4/1.9	—/—
PER(최고/저)(배)	22.4/12.6	33.7/22.2	39.1/31.8	—/—	81.6/36.0	—/—
PBR(최고/저)(배)	1.0/0.6	0.7/0.5	0.5/0.4	3.9/0.5	3.6/1.6	1.8/1.2
EV/EBITDA(배)	9.1	7.2	10.1	126.5	21.6	—/—
EPS(원)	178	89	53	-88	178	298
BPS(원)	4,038	4,054	4,056	3,901	4,023	4,277
CFPS(원)	384	290	237	84	340	373
DPS(원)	1,050	50	50	50	50	
EBITDAPS(원)	389	368	257	109	320	429

재무 비율 〈단위 : % 〉

연도	영업이익률	순이익률	부채비율	차입금비율	ROA	ROE	유보율	자기자본비율	EBITDA마진율
2016	5.1	5.7	31.3	10.0	3.5	4.7	704.5	76.2	10.3
2015	-2.1	-2.9	38.1	17.8	-1.6	-2.3	680.2	72.4	3.7
2014	2.5	1.8	40.4	17.0	1.0	1.4	711.2	71.3	8.8
2013	5.6	3.0	41.7	17.2	1.6	2.3	710.9	70.6	12.4

어보브반도체 (A102120)
ABOV Semiconductor

업 종 : 반도체 및 관련장비		시 장 : KOSDAQ	
신용등급 : (Bond) — (CP) —		기업규모 : 우량	
홈 페 이 지 : www.abov.co.kr		연 락 처 : 043)219-5200	
본 사 : 충북 청주시 청원구 오창읍 각리1길 93			

설 립 일	2006.01.11	종 업 원 수	168명	대 표 이 사	최원
상 장 일	2009.06.05	감 사 의 견	적정 (정연)	계 열	
결 산 기	12월	보 통 주	1,746만주	종속회사수	
액 면 가	500원	우 선 주		구 상 호	

주주구성 (지분율,%)		출자관계 (지분율,%)		주요경쟁사 (외형,%)	
최원	18.8	로직뱅크	45.0	어보브반도체	100
김석진	6.9	다빈칩스	43.5	피에스케이	158
(외국인)	1.6	화인칩스	30.0	덕산하이메탈	41

매출구성		비용구성		수출비중	
[GP MCU(범용제품)]Full Flash	36.1	매출원가율	76.4	수출	55.4
[GP MCU(범용제품)]OTP 외	19.5	판관비율	14.6	내수	44.6
[AS MCU(전용 제품)]MIMO (센서)	18.2				

회사 개요
동사는 비메모리 반도체의 MCU 설계전문기업으로 전세계 시장규모는 약 14조원, 연평균 성장률 5%를 보이고 있음. 동사의 MCU는 백색가전 및 멀티미디어 제품의 핵심부품으로 국내 삼성, LG, 쿠쿠등과 해외 ST MICRO, Ruikewei등의 업체에 공급하고 있음. 동사의 시장점유율은 국내 리모콘 분야 M/S 50%, 배터리 충전기 분야M/S 75%, 국내 가전 MCU는 약 18%, 모바일용 MCU는 약 10%임.

실적 분석
동사의 2016년 연결 기준 매출과 영업이익은 1032억원, 93억원으로 전년 대비 각각 6.5%, 42.3% 증가함. 효율적 설비투자와 원가절감으로 인하여 매출총이익이 증가함. 유동비율은 439%로 회사의 지급능력과 신용능력의 관점에서 매우 양호한 것으로 판단됨. 현금은 영업활동을 통하여 152억원이 유입됐고, R&D투자로 인해 50억원의 투자활동으로 인한 유출이 있었음.

현금 흐름 〈단위 : 억원〉

항목	2015	2016
영업활동	124	152
투자활동	-40	-50
재무활동	-23	-7
순현금흐름	62	96
기말현금	128	224

시장 대비 수익률

결산 실적 〈단위 : 억원〉

항목	2011	2012	2013	2014	2015	2016
매출액	679	737	883	920	969	1,032
영업이익	47	74	93	72	65	93
당기순이익	34	60	89	68	65	70

분기 실적 *IFRS 별도 기준 〈단위 : 억원〉

항목	2015.3Q	2015.4Q	2016.1Q	2016.2Q	2016.3Q	2016.4Q
매출액	229	231	249	266	255	261
영업이익	19	12	22	33	26	12
당기순이익	23	12	10	29	22	8

재무 상태 *IFRS 별도 기준 〈단위 : 억원〉

항목	2011	2012	2013	2014	2015	2016
총자산	651	701	799	867	903	990
유형자산	9	9	10	33	30	31
무형자산	235	237	236	248	265	263
유가증권	6	10	10	10	—	—
총부채	149	145	163	175	163	188
총차입금	61	56	41	42	43	44
자본금	87	87	87	87	87	87
총자본	502	556	636	693	740	802
지배주주지분	502	556	636	693	740	802

기업가치 지표

항목	2011	2012	2013	2014	2015	2016
주가(최고/저)(천원)	6.2/2.4	3.7/2.5	6.3/2.7	9.7/4.7	7.4/4.4	11.5/5.1
PER(최고/저)(배)	29.2/11.4	11.0/7.6	12.8/5.5	25.4/12.3	20.1/12.0	29.1/12.9
PBR(최고/저)(배)	2.2/0.9	1.2/0.8	1.8/0.8	2.4/1.2	1.7/1.0	2.4/1.1
EV/EBITDA(배)	7.5	4.7	7.6	11.1	9.7	10.7
EPS(원)	224	345	508	387	373	398
BPS(원)	2,923	3,250	3,709	4,033	4,403	4,768
CFPS(원)	347	488	653	577	529	593
DPS(원)	20	35	50	40	40	50
EBITDAPS(원)	434	566	678	601	529	725

재무 비율 〈단위 : % 〉

연도	영업이익률	순이익률	부채비율	차입금비율	ROA	ROE	유보율	자기자본비율	EBITDA마진율
2016	9.0	6.7	23.4	5.5	7.3	9.0	853.6	81.1	12.3
2015	6.7	6.7	22.1	5.9	7.4	9.1	780.5	81.9	9.5
2014	7.8	7.3	25.2	6.1	8.1	10.2	706.6	79.9	11.4
2013	10.6	10.1	25.6	6.4	11.8	14.9	641.7	79.6	13.4

엄지하우스 (A224810)
EOMJIHOUSE CO

업 종 : 건설		시 장 : KONEX	
신 용 등 급 : (Bond) — (CP) —		기 업 규 모 : —	
홈 페 이 지 : www.eomjihouse.co.kr		연 락 처 : 02)550-7800	
본 사 : 서울시 강남구 테헤란로 28길 25			

설 립 일 1986.05.15	종 업 원 수 110명	대 표 이 사 손기근,정재호	
상 장 일 2015.10.21	감 사 의 견 적정 (삼일)	계 열	
결 산 기 12월	보 통 주 420만주	총 속 회 사 수	
액 면 가 500원	우 선 주	구 상 호	

주주구성 (지분율,%)		출자관계 (지분율,%)		주요경쟁사 (외형,%)	
정재호	29.1	엄지하우스	100		
엘에스자산운용	16.0	청광종건	158		
		르네코	8		

매출구성		비용구성		수출비중	
실내건축공사	98.4	매출원가율	92.1	수출	0.0
디자인설계	1.1	판관비율	8.3	내수	100.0
분양매출	0.5				

회사 개요
동사는 1986년 설립된 일반건설업, 실내건축공사업 및 주택사업, 해외건설업 전문기업임. 2015년 10월 21일 코넥스 시장에 상장함. 주력 사업분야는 크게 세 가지로 나눌 수 있으며, 이 중 매출비중이 가장 큰 부분은 2014년 말 기준 오피스 실내건축공사 부문으로 전체 매출의 61.04%를 차지함. 그 외에 상업시설 실내건축공사 부문이 12.89%, 레저부문이 10%를 차지함. 2015년 기준 시공능력평가 건축부문 369위에 위치하고 있음.

실적 분석
동사의 2016년 매출은 775.7억원으로 전년 66.1억원보다 늘어남. 원가부담상승, 판관비 부담 증가 등으로 영업이익은 적자로 전환하였음. 1.8억원의 당기순손실도 발생함. 동사는 CJ제일제당, 삼성물산, 롯데건설, 신세계건설, 이제이플러스, 삼환건업, 대명건설 등 대형거래처와 꾸준한 업무 관계로 수익성 개선이 지속될 것으로 전망되나, 전방시장 침체는 위험요소임.

현금 흐름 *IFRS 별도 기준 〈단위 : 억원〉

항목	2015	2016
영업활동	-0	-71
투자활동	17	33
재무활동	-7	32
순현금흐름	9	-6
기말현금	12	6

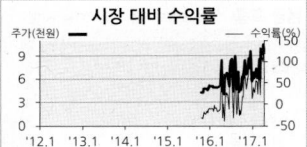

시장 대비 수익률

결산 실적 〈단위 : 억원〉

항목	2011	2012	2013	2014	2015	2016
매출액	639	644	579	781	657	776
영업이익	18	10	16	32	25	-3
당기순이익	13	10	12	25	21	-2

분기 실적 *IFRS 별도 기준 〈단위 : 억원〉

항목	2015.3Q	2015.4Q	2016.1Q	2016.2Q	2016.3Q	2016.4Q
매출액	—	—	—	—	—	—
영업이익	—	—	—	—	—	—
당기순이익	—	—	—	—	—	—

재무 상태 *IFRS 별도 기준 〈단위 : 억원〉

항목	2011	2012	2013	2014	2015	2016
총자산	171	157	258	203	282	323
유형자산	6	5	5	6	7	16
무형자산	—	—	—	—	—	—
유가증권	11	9	14	16	6	—
총부채	56	34	128	56	119	133
총차입금	—	33	—	—	—	—
자본금	10	12	12	12	12	15
총자본	115	123	130	147	163	190
지배주주지분	115	123	130	147	163	190

기업가치 지표 *IFRS 별도 기준

항목	2011	2012	2013	2014	2015	2016
주가(최고/저)(천원)	—/—	—/—	—/—	—/—	7.2/5.6	14.1/5.2
PER(최고/저)(배)	0.0/0.0	0.0/0.0	0.0/0.0	0.0/0.0	8.7/6.9	—/—
PBR(최고/저)(배)	0.0/0.0	0.0/0.0	0.0/0.0	0.0/0.0	1.1/0.9	2.3/0.9
EV/EBITDA(배)	—	—	—	—	6.4	—
EPS(원)	457	324	355	747	620	-46
BPS(원)	114,674	102,514	111,467	125,046	6,807	6,330
CFPS(원)	14,722	10,244	10,869	21,853	905	-8
DPS(원)	—	—	—	—	250	—
EBITDAPS(원)	19,452	9,696	14,454	27,213	1,077	-51

재무 비율 〈단위 : % 〉

연도	영업이익률	순이익률	부채비율	차입금비율	ROA	ROE	유보율	자기자본비율	EBITDA마진율
2016	-0.4	-0.2	70.2	0.0	-0.6	-1.0	1,166.1	58.8	-0.2
2015	3.8	3.2	72.9	0.0	8.6	13.4	1,261.4	57.8	3.9
2014	4.0	3.2	38.5	0.0	10.9	18.1	1,150.5	72.2	4.2
2013	2.8	2.1	98.1	25.7	5.8	9.4	1,014.7	50.5	3.0

에너토크 (A019990)
ENERTORK

업 종 : 기계		시 장 : KOSDAQ	
신 용 등 급 : (Bond) — (CP) —		기 업 규 모 : 중견	
홈 페 이 지 : www.enertork.com		연 락 처 : 031)880-2800	
본 사 : 경기도 여주시 능서면 능여로 344			

설 립 일 1987.05.16	종 업 원 수 98명	대 표 이 사 조재찬	
상 장 일 2006.02.01	감 사 의 견 적정 (제영)	계 열	
결 산 기 12월	보 통 주 976만주	총 속 회 사 수	
액 면 가 500원	우 선 주	구 상 호	

주주구성 (지분율,%)		출자관계 (지분율,%)		주요경쟁사 (외형,%)	
西部電機 株式會社(서부전기)	11.9	현대비나밸브	100.0	에너토크	100
장덕인	9.2	삼호개발	2.4	맥스로텍	154
(외국인)	13.7			카스	506

매출구성		비용구성		수출비중	
전동 엑추에이터 및 감속기	99.8	매출원가율	70.6	수출	11.6
설치공사 및 수출용 감속기 금형제작 용역 등	0.2	판관비율	21.4	내수	88.4

회사 개요
동사는 발전플랜트, 상하수도 시설, 정수장, 가스회사(정유사), 조선소 및 제철소 등에서 액체 및 기체, 유체의 흐름을 제어하는 밸브를 구동시키는 장비(엑추에이터)와 동일목적으로 사용되는 감속기의 제조 및 판매사업을 영위하고 있으며, 수요처에 직접 납품하거나 밸브회사를 통하여 밸브에 부착되어 납품되고 있음. 국가 기간산업과 산업플랜트가 목표산업이며 현재 국내 6개사, 수입 4개사 등이 경쟁을 하고 있음.

실적 분석
동사의 2016년 연결기준 결산 매출액은 260.2억원으로 전년동기 대비 9.2% 감소하였으며, 원가율 상승으로 매출총이익은 지난 해 같은 기간 대비 11% 감소함. 판관비 감소에도 불구하고 수익성 또한 하락한 모습으로 전년동기 대비 26.1% 감소한 20.9억원의 영업이익 시현함. 경상수지부문에서는 금융 및 외환손익 증가에 힘입어 전년동기 대비 소폭 감소한 19.7억원의 당기순이익 시현함.

현금 흐름 *IFRS 별도 기준 〈단위 : 억원〉

항목	2015	2016
영업활동	88	7
투자활동	-23	-102
재무활동	-22	54
순현금흐름	44	-41
기말현금	86	46

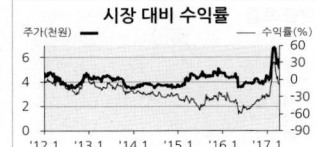

시장 대비 수익률

결산 실적 〈단위 : 억원〉

항목	2011	2012	2013	2014	2015	2016
매출액	265	318	275	320	287	260
영업이익	39	47	35	36	28	21
당기순이익	35	39	27	28	20	20

분기 실적 *IFRS 별도 기준 〈단위 : 억원〉

항목	2015.3Q	2015.4Q	2016.1Q	2016.2Q	2016.3Q	2016.4Q
매출액	56	91	50	68	66	76
영업이익	3	14	3	6	3	9
당기순이익	2	9	4	6	3	7

재무 상태 *IFRS 별도 기준 〈단위 : 억원〉

항목	2011	2012	2013	2014	2015	2016
총자산	286	316	334	368	377	428
유형자산	93	133	125	121	118	109
무형자산	4	3	3	9	8	8
유가증권	1	6	4	3	3	23
총부채	40	37	39	53	45	22
총차입금	15	13	13	14	—	—
자본금	39	39	39	39	39	49
총자본	246	279	295	315	333	407
지배주주지분	246	279	295	315	333	407

기업가치 지표 *IFRS 별도 기준

항목	2011	2012	2013	2014	2015	2016
주가(최고/저)(천원)	8.4/3.6	4.8/3.4	4.7/3.4	3.9/3.4	5.4/3.6	4.8/3.5
PER(최고/저)(배)	21.7/9.2	11.1/7.7	15.5/11.1	12.0/10.6	22.7/15.0	21.8/15.8
PBR(최고/저)(배)	3.1/1.3	1.5/1.1	1.4/1.0	1.1/0.9	1.4/0.9	1.2/0.8
EV/EBITDA(배)	8.0	6.6	5.4	5.3	7.2	9.3
EPS(원)	428	474	325	340	246	222
BPS(원)	3,188	3,578	3,813	4,067	4,286	4,170
CFPS(원)	587	668	524	529	431	373
DPS(원)	80	100	70	100	70	70
EBITDAPS(원)	636	770	627	638	537	388

재무 비율 〈단위 : % 〉

연도	영업이익률	순이익률	부채비율	차입금비율	ROA	ROE	유보율	자기자본비율	EBITDA마진율
2016	8.0	7.6	5.3	0.0	4.9	5.3	734.7	95.0	13.3
2015	9.9	7.0	13.4	0.0	5.4	6.2	757.3	88.2	14.6
2014	11.3	8.7	16.7	4.4	7.9	9.1	713.4	85.7	15.6
2013	12.6	9.7	13.2	4.4	8.2	9.3	662.6	88.3	17.8

에넥스 (A011090)
Enex

<table>
<tr><td>업　　　종 : 내구소비재</td><td>시　　　장 : 거래소</td></tr>
<tr><td>신용등급 : (Bond) —　　(CP) —</td><td>기업규모 : 시가총액 소형주</td></tr>
<tr><td>홈페이지 : www.enex.co.kr</td><td>연 락 처 : 02)2185-2000</td></tr>
<tr><td>본　　　사 : 서울시 서초구 서초대로73길 40(강남오피스텔)</td><td></td></tr>
</table>

설 립 일 1976.03.04	종 업 원 수 462명	대 표 이 사 박진규
상 장 일 1995.07.08	감사의견 적정 (신한)	계　　　열
결 산 기 12월	보 통 주 5,999만주	종속회사수
액 면 가 500원	우 선 주	구 상 호

주주구성 (지분율,%)		출자관계 (지분율,%)		주요경쟁사 (외형,%)	
박진규	21.1	헤텍스	100.0	에넥스	100
박유재	7.8	엔텍	15.5	한샘	491
(외국인)	2.4	ENEXVINACo.,LTD	100.0	현대리바트	187

매출구성		비용구성		수출비중	
[상품] 부엌가구,붙박이장 등	69.0	매출원가율	82.3	수출	—
[제품] 부엌가구,붙박이장 등	15.4	판관비율	17.1	내수	
[제품] 자재판매 등	12.4				

회사 개요

동사는 주방가구의 제조, 판매를 주된 사업으로 영위하고 있으며 부엌가구, 붙박이장, 인테리어가구, 정수기렌탈 등의 사업을 영위하고 있음. 중국과 베트남에 제조시설을 갖춘 현지법인을 운영하고 있으며 카자흐스탄에 판매법인을 운영중임. 주방가구 업종은 간접적으로 주택건설 경기와 연관이 있어 경기 후행적 성격을 나타내며, 이사수요와 관련하여 리모델링 및 인테리어 산업과 밀접한 관계를 가지고 있고, 계절적으로 봄과 가을이 최대 성수기를 이루고 있음.

실적 분석

동사의 2016년 연결 기준 매출과 영업이익은 3941억원, 24억원으로 전년 대비 매출은 27.8% 증가했으나 영업이익은 70.7% 감소함. 동사는 사업부 개편에 따른 기업 경쟁력 강화와 '뉴스마트'를 통한 리모델링 시장 공략, 통합사이트 개편 및 인테리어제품 다각화, 주택시장 호조 등으로 인해 매출이 증가함. 단 장기 성장성 확보를 위한 중장기 투자 금액의 증가 및 판매관리비 증가 등으로 인해 영업이익은 감소함.

현금 흐름 〈단위 : 억원〉

항목	2015	2016
영업활동	217	-191
투자활동	-43	-58
재무활동	-55	176
순현금흐름	119	-75
기말현금	166	91

시장 대비 수익률

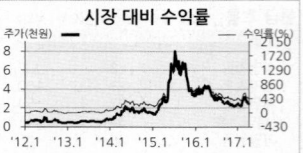

결산 실적 〈단위 : 억원〉

항목	2011	2012	2013	2014	2015	2016
매출액	1,890	1,968	2,336	2,619	3,083	3,941
영업이익	-20	-109	30	54	81	24
당기순이익	44	-101	31	50	85	19

분기 실적 〈단위 : 억원〉

항목	2015.3Q	2015.4Q	2016.1Q	2016.2Q	2016.3Q	2016.4Q
매출액	756	701	947	919	1,183	893
영업이익	17	2	16	4	22	-18
당기순이익	17	4	12	4	17	-14

재무 상태 〈단위 : 억원〉

항목	2011	2012	2013	2014	2015	2016
총자산	1,196	932	1,078	1,256	1,263	1,527
유형자산	255	163	113	114	140	157
무형자산	32	22	18	19	22	20
유가증권	4	3	9	8	8	8
총부채	743	592	641	715	658	938
총차입금	277	203	174	149	105	135
자본금	227	227	300	300	300	300
총자본	453	340	437	541	605	590
지배주주지분	439	329	426	533	597	583

기업가치 지표

항목	2011	2012	2013	2014	2015	2016
주가(최고/저)(천원)	0.5/0.3	1.1/0.4	0.9/0.4	2.2/0.8	8.4/1.3	4.4/2.1
PER(최고/저)(배)	4.7/3.3	—/—	17.4/8.2	25.6/8.8	60.5/9.2	142.7/67.1
PBR(최고/저)(배)	0.4/0.3	1.2/0.4	1.1/0.5	2.4/0.8	8.0/1.2	4.2/2.0
EV/EBITDA(배)	12.1		10.3	12.9	19.2	27.5
EPS(원)	105	-218	53	89	142	31
BPS(원)	1,166	923	862	971	1,078	1,054
CFPS(원)	224	-140	96	123	184	77
DPS(원)				20	30	20
EBITDAPS(원)	75	-162	94	125	177	86

재무 비율 〈단위 : % 〉

연도	영업이익률	순이익률	부채비율	차입금비율	ROA	ROE	유보율	자기자본비율	EBITDA마진율
2016	0.6	0.5	159.0	22.9	1.3	3.2	110.8	38.6	1.3
2015	2.6	2.7	108.9	17.4	6.7	15.0	115.6	47.9	3.4
2014	2.1	1.9	132.3	27.6	4.3	11.2	94.1	43.1	2.9
2013	1.3	1.3	146.8	39.9	3.0	8.3	72.4	40.5	2.4

에듀케이션파트너 (A208890)
Educationpartner co ltd

<table>
<tr><td>업　　　종 : 교육</td><td>시　　　장 : KONEX</td></tr>
<tr><td>신용등급 : (Bond) —　　(CP) —</td><td>기업규모 : —</td></tr>
<tr><td>홈페이지 : www.thepartner.co.kr</td><td>연 락 처 : 02)6337-5500</td></tr>
<tr><td>본　　　사 : 서울시 마포구 양화로 125, 8층(서교동, 경남관광빌딩)</td><td></td></tr>
</table>

설 립 일 2009.04.06	종 업 원 수 22명	대 표 이 사 최용섭
상 장 일 2014.12.18	감사의견 적정 (대현)	계　　　열
결 산 기 12월	보 통 주 199만주	종속회사수
액 면 가 1,000원	우 선 주	구 상 호

주주구성 (지분율,%)		출자관계 (지분율,%)		주요경쟁사 (외형,%)	
최용섭	65.3	해람북스	100.0	에듀케이션파트너	100
박재영	1.3	에듀파트너	100.0	유비온	107
		에듀파트너	100.0	비앤에스미디어	45

매출구성		비용구성		수출비중	
수강료	91.8	매출원가율	59.0	수출	0.0
[기타]교재 외	8.2	판관비율	37.4	내수	100.0

회사 개요

동사는 2009년 설립돼, 방과후 교육서비스를 주 사업으로 주지교과영역(영어, 수학, 역사 등)과 정보기술영역(컴퓨터, 로봇, 과학 등) 시장에서 사업을 영위하고 있음. 영어 방과후 사업을 정착하고, 유치원 영역 콘텐츠 사업을 개시하고 있음. 동사의 사업은 업종의 특성상 정부 교육정책의 변화에 따라 영업활동에 상당한 영향을 받을 수 있음. 주요 자회사로 점프영어와 해람북스 등을 보유하고 있음.

실적 분석

동사의 2016년 매출액은 188.9억원으로 전년 대비 12.9% 늘었음. 매출원가율이 개선되면서 매출총이익은 전년 대비 22.3% 늘어 77.4억원을 기록함. 판관비는 17% 늘었으며 그 결과 영업이익이 125.9% 늘어난 6.9억원을 기록함. 비영업부문에서 0.6억원 손실을 냈으나 영업이익 증가 폭이 커서 당기순이익은 전년 대비 110.6% 늘어난 3.2억원을 시현함.

현금 흐름 *IFRS 별도 기준 〈단위 : 억원〉

항목	2015	2016
영업활동	28	23
투자활동	-34	-24
재무활동	-1	4
순현금흐름	-6	3
기말현금	6	8

시장 대비 수익률

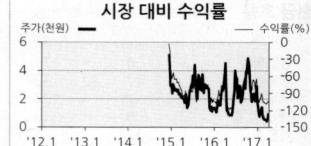

결산 실적 〈단위 : 억원〉

항목	2011	2012	2013	2014	2015	2016
매출액	153	140	114	146	167	189
영업이익	18	13	-4	7	3	7
당기순이익	11	11	-3	5	1	3

분기 실적 *IFRS 별도 기준 〈단위 : 억원〉

항목	2015.3Q	2015.4Q	2016.1Q	2016.2Q	2016.3Q	2016.4Q
매출액	—	—	—	—	—	—
영업이익	—	—	—	—	—	—
당기순이익	—	—	—	—	—	—

재무 상태 *IFRS 별도 기준 〈단위 : 억원〉

항목	2011	2012	2013	2014	2015	2016
총자산	81	78	82	86	87	92
유형자산	5	6	8	6	7	6
무형자산	50	41	52	47	48	45
유가증권		2	4			—
총부채	66	52	20	19	17	21
총차입금	49	40	10	9	8	12
자본금	1	1	1	20	20	20
총자본	15	25	62	68	70	71
지배주주지분	15	25	62	68	70	71

기업가치 지표 *IFRS 별도 기준

항목	2011	2012	2013	2014	2015	2016
주가(최고/저)(천원)	—/—	—/—	—/—	6.0/3.5	4.4/1.0	5.0/0.8
PER(최고/저)(배)	0.0/0.0	0.0/0.0	0.0/0.0	22.8/13.4	37.9/8.6	68.9/10.4
PBR(최고/저)(배)	0.0/0.0	0.0/0.0	0.0/0.0	1.8/1.0	1.3/0.3	1.4/0.2
EV/EBITDA(배)	0.5	0.3		1.8	0.9	2.1
EPS(원)	823	818	-221	263	116	73
BPS(원)	147,588	253,961	403,923	3,398	3,514	3,587
CFPS(원)	489,278	516,516	232,854	1,720	1,542	1,283
DPS(원)						
EBITDAPS(원)	566,407	541,052	229,828	1,806	1,604	1,458

재무 비율 〈단위 : % 〉

연도	영업이익률	순이익률	부채비율	차입금비율	ROA	ROE	유보율	자기자본비율	EBITDA마진율
2016	3.6	1.7	36.6	20.7	3.4	4.9	258.7	73.2	18.0
2015	1.8	0.9	32.0	14.9	1.7	2.4	242.3	75.7	20.0
2014	4.6	3.3	33.4	16.1	—	—	231.2	75.0	25.2
2013	-3.3	-3.0	32.4	16.2	-4.3	-7.8	7,978.5	75.5	23.9

에머슨퍼시픽 (A025980)
Emerson Pacific

업 종 : 호텔 및 레저		시 장 : KOSDAQ	
신용등급 : (Bond) — (CP) —		기업규모 : 우량	
홈페이지 : www.emersonpacific.co.kr		연락처 : (043)533-6848	
본 사 : 충북 진천군 백곡면 배티로 818-105			

설 립 일 1987.01.16	종업원수 294명	대표이사 이만규
상 장 일 1996.01.06	감사의견 적정 (대주)	계 열
결 산 기 12월	보 통 주 1,646만주	종속회사수
액 면 가 500원	우 선 주	구 상 호

주주구성 (지분율,%)
Initial Focal Limited	33.2
중앙디앤엘	12.7
(외국인)	34.5

출자관계 (지분율,%)
에머슨부산	100.0
에머슨자산운용	100.0
에머슨브랜디	100.0

주요경쟁사 (외형,%)
에머슨퍼시픽	100
강원랜드	1,257
호텔신라	2,754

매출구성
리조트분양	84.3
골프 및 콘도매출	15.6
명의개서외	0.1

비용구성
매출원가율	50.9
판관비율	22.6

수출비중
수출	0.0
내수	100.0

회사 개요
동사는 골프장 레저시설 개발 및 건설, 운영 등의 사업을 영위. 남해 골프&스파 리조트를 운영 중. 골프장 레저시설 개발·건설 경험을 바탕으로 종합 부동산개발 사업으로 사업영역을 확장 중. 2금강산 관광 중단에 따라 금강산 아난티 골프&온천 리조트의 영업활동은 잠정 중단됐지만 2015년 12월 경기 가평에 아난티 펜트하우스 서울 리조트를 완공, 2016년 3월부터 영업을 시작. 2016년 11월엔 강남에 신규 사업 승인 받아 현재 개발 중임.

실적 분석
동사의 연결기준 2016년 연간 누적 매출액은 전년 대비 7.8% 증가한 1,349.3억원을 기록함. 경기도 가평 콘도미니엄과 연결 종속회사인 에머슨부산의 부산 콘도미니엄 분양 호조 등에 따라 전년 실적 호조를 보임. 다만 매출원가와 판관비가 각각 15.6%, 93.4%늘어나며 수익 개선엔 차질. 영업이익은 전년보다 28.6% 줄어든 357.4억원, 당기순이익은 26.2%감소한 273.7억원을 시현.

현금 흐름 〈단위 : 억원〉
항목	2015	2016
영업활동	271	-285
투자활동	-872	-1,602
재무활동	1,879	835
순현금흐름	1,277	-1,052
기말현금	1,491	439

시장 대비 수익률
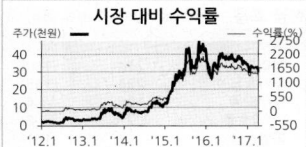

결산 실적 〈단위 : 억원〉
항목	2011	2012	2013	2014	2015	2016
매출액	210	275	208	472	1,252	1,349
영업이익	-26	-7	-13	101	501	357
당기순이익	-56	-26	-41	30	371	274

분기 실적 〈단위 : 억원〉
항목	2015.3Q	2015.4Q	2016.1Q	2016.2Q	2016.3Q	2016.4Q
매출액	378	388	245	330	529	244
영업이익	175	128	53	111	172	20
당기순이익	132	94	53	87	135	-1

재무 상태 〈단위 : 억원〉
항목	2011	2012	2013	2014	2015	2016
총자산	2,162	2,289	2,401	3,201	5,510	6,732
유형자산	1,688	1,697	1,713	2,410	3,427	5,041
무형자산	8	8	4	6	5	16
유가증권	15	8	3	3	3	3
총부채	1,826	1,980	2,131	2,731	2,693	3,613
총차입금	275	356	451	608	682	1,617
자본금	55	55	55	55	82	82
총자본	336	309	269	470	2,817	3,118
지배주주지분	336	309	269	470	2,817	3,118

기업가치 지표
항목	2011	2012	2013	2014	2015	2016
주가(최고/저)(천원)	3.0/1.9	4.6/1.5	11.0/2.9	14.3/5.2	47.8/11.4	42.3/26.7
PER(최고/저)(배)	—/—	—/—	—/—	53.2/19.3	14.5/3.4	25.5/16.0
PBR(최고/저)(배)	1.0/0.6	1.6/0.6	4.5/1.2	3.3/1.2	2.8/0.7	2.2/1.4
EV/EBITDA(배)	424.1	25.0	101.5	14.2	12.1	16.3
EPS(원)	-513	-235	-369	269	3,302	1,662
BPS(원)	3,066	2,818	2,457	4,284	17,114	19,553
CFPS(원)	-274	8	-171	449	3,498	2,002
DPS(원)						
EBITDAPS(원)	7	183	77	1,101	4,655	2,510

재무 비율 〈단위 : %〉
연도	영업이익률	순이익률	부채비율	차입금비율	ROA	ROE	유보율	자기자본비율	EBITDA마진율
2016	26.5	20.3	115.9	51.9	4.5	9.2	3,810.7	46.3	30.6
2015	40.0	29.6	95.6	24.2	8.5	22.6	3,322.7	51.1	41.7
2014	21.5	6.3	581.2	129.4	1.1	8.0	756.7	14.7	25.7
2013	-6.4	-19.5	791.9	167.5	-1.7	-14.0	391.4	11.2	4.1

에버다임 (A041440)
EVERDIGM

업 종 : 기계		시 장 : KOSDAQ	
신용등급 : (Bond) — (CP) —		기업규모 : 우량	
홈페이지 : www.everdigm.com		연락처 : (043)530-3300	
본 사 : 충북 진천군 진천읍 부영길 49			

설 립 일 1994.07.01	종업원수 406명	대표이사 전병찬
상 장 일 2003.11.14	감사의견 적정 (한영)	계 열
결 산 기 12월	보 통 주 1,792만주	종속회사수
액 면 가 500원	우 선 주	구 상 호

주주구성 (지분율,%)
현대그린푸드	45.2
전병찬	6.4
(외국인)	2.3

출자관계 (지분율,%)
한국타워크레인	100.0
에버다임락툴	100.0
타이포스	100.0

주요경쟁사 (외형,%)
에버다임	100
유진인트	15
기신정기	33

매출구성
콘크리트펌프트럭외 차량부문	51.6
유압브레이커외 건설기계부문	28.0
중장비부문	14.3

비용구성
매출원가율	81.1
판관비율	11.3

수출비중
수출	—
내수	—

회사 개요
동사는 건설기계와 소방, 특장차를 만드는 전문화사임. 어태치먼트, 콘크리트 펌프트럭, 타워크레인 제조사업과, 소방, 특장차 사업을 하고 있으며, 급지/급유등 유지관리가 필요없는 소재부품인 무급지형 부싱사업에도 진출하였음. 2011년 12월 신성산업을 에버다임 락툴로 법인전환 후 51%에 인수함. 에버다임 락툴의 주력 생산품은 굴착장비로 건설기초 공사현장, 터널공사 뿐만 아니라 최근 신재생에너지 사업으로 활용되어 시너지창출이 기대됨.

실적 분석
동사의 2016년 결산기준 누적 매출액은 전년동기대비 2.9% 소폭 변동한 3,373.5억원을 기록하였음. 비용면에서 전년동기대비 매출원가는 증가 하였으며 인건비는 감소 하였고 광고선전비는 크게 증가 하였고 기타판매비와관리비는 감소함. 이처럼 매출액 상승과 더불어 비용절감에도 힘을 기울였음. 그에 따라 전년동기대비 영업이익은 256.5억원으로 44.5% 상승하였으며. 최종적으로 전년동기대비 당기순이익은 상승하여 174.9억원을 기록함.

현금 흐름 〈단위 : 억원〉
항목	2015	2016
영업활동	404	468
투자활동	-107	-8
재무활동	-308	-503
순현금흐름	-9	-42
기말현금	114	72

시장 대비 수익률

결산 실적 〈단위 : 억원〉
항목	2011	2012	2013	2014	2015	2016
매출액	1,868	2,293	2,977	3,161	3,278	3,374
영업이익	154	187	203	206	177	256
당기순이익	134	129	171	133	121	175

분기 실적 〈단위 : 억원〉
항목	2015.3Q	2015.4Q	2016.1Q	2016.2Q	2016.3Q	2016.4Q
매출액	804	825	817	935	854	768
영업이익	52	45	45	89	75	48
당기순이익	39	23	34	71	29	41

재무 상태 〈단위 : 억원〉
항목	2011	2012	2013	2014	2015	2016
총자산	1,966	2,279	2,696	3,113	2,854	2,624
유형자산	480	618	666	682	703	679
무형자산	43	47	59	59	66	57
유가증권	4	6	9	6	4	4
총부채	1,095	1,101	1,349	1,714	1,345	951
총차입금	666	612	817	1,081	798	324
자본금	67	90	90	90	90	90
총자본	871	1,177	1,346	1,399	1,509	1,673
지배주주지분	871	1,177	1,346	1,399	1,509	1,673

기업가치 지표
항목	2011	2012	2013	2014	2015	2016
주가(최고/저)(천원)	4.5/2.5	6.3/3.3	8.2/5.0	8.0/5.9	13.5/6.3	10.5/7.8
PER(최고/저)(배)	5.2/3.0	9.6/4.9	9.2/5.7	11.2/8.3	20.3/9.5	10.9/8.1
PBR(최고/저)(배)	0.8/0.4	1.0/0.5	1.2/0.7	1.1/0.8	1.6/0.8	1.1/0.8
EV/EBITDA(배)	5.1	6.6	7.9	8.4	9.4	6.2
EPS(원)	994	722	952	741	678	976
BPS(원)	6,816	6,809	7,631	7,883	8,461	9,365
CFPS(원)	1,301	997	1,283	1,123	1,086	1,385
DPS(원)	210	170	190	150	100	110
EBITDAPS(원)	1,450	1,320	1,462	1,533	1,398	1,840

재무 비율 〈단위 : %〉
연도	영업이익률	순이익률	부채비율	차입금비율	ROA	ROE	유보율	자기자본비율	EBITDA마진율
2016	7.6	5.2	56.8	19.4	6.4	11.0	1,773.1	63.8	9.8
2015	5.4	3.7	89.1	52.9	4.1	8.4	1,592.2	52.9	7.6
2014	6.5	4.2	122.6	77.3	4.6	9.7	1,476.5	44.9	8.7
2013	6.8	5.7	100.3	60.7	6.9	13.5	1,426.3	49.9	8.8

에스넷시스템 (A038680)
Snet systems

업　　종 : 통신장비　　　　　　　　　　시　　장 : KOSDAQ
신용등급 : (Bond) ―　　(CP) ―　　　　기업규모 : 우량
홈페이지 : www.snetsystems.co.kr　　연 락 처 : 02)3469-2444
본　　사 : 서울시 강남구 선릉로 514, 성원빌딩 10층

설 립 일 1999.02.08	종 업 원 수 201명	대 표 이 사 윤상화,조태영	
상 장 일 2000.04.27	감사의견 적정(대주)	계　　　열	
결 산 기 12월	보 통 주 1,608만주	종속회사수	
액 면 가 500원	우 선 주	구 상 호	

주주구성 (지분율,%)		출자관계 (지분율,%)		주요경쟁사 (외형,%)	
블루로터스	12.0	인프라닉스	19.6	에스넷	100
허인숙	7.8	나모인터랙티브	18.9	텔콘	14
(외국인)	3.0	하이비	4.5	디티앤씨	19

매출구성		비용구성		수출비중	
에스넷시스템㈜ - 제품(제품)	81.5	매출원가율	89.4	수출	3.2
에스넷시스템㈜ - 용역(용역)	17.7	판관비율	11.5	내수	96.8
에스넷시스템㈜ - 부동산(기타)	0.8				

회사 개요
동사는 컴퓨터 및 정보통신시스템 사업을 영위할 목적으로 1999년 설립됨. 동사는 네트워크통합(NI)을 근간으로 하는 소프트네트워크 솔루션 전문업체로 지속발전하기 위해 Cloud Service 및 관련 솔루션과 융합 컨설팅 서비스를 제공하고 있음. 동사는 종속회사로 소프트웨어 업체인 에스앤에프네트웍스, 컴퓨터 네트워크 설비업체인 굿어스, 인도네시아와 베트남, 중국 해외법인을 하나씩 두고 있음.

실적 분석
동사의 2016년 연간 매출은 2,094억원으로 전년대비 6.3% 증가, 영업이익은 -19.1억원으로 전년대비 적자지속, 당기순이익은 -21.9억원으로 적자전환을 시현. 매출은 소폭 증가하였으나 원가율 부담 지속, 판매관리비 증가로 수익성 부진은 지속. 향후 사물인터넷 서비스 컨설팅, 센서 개발 등 사물인터넷 관련 사업 등 추진 중인 동사의 매출도 증가세를 기대. 스마트홈 등 네트워크 관련한 투자 증가가 기대됨.

현금 흐름 　〈단위 : 억원〉

항목	2015	2016
영업활동	83	85
투자활동	-90	-74
재무활동	32	-45
순현금흐름	26	-33
기말현금	170	137

시장 대비 수익률
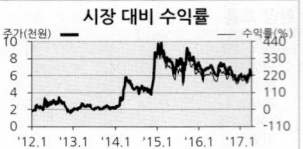

결산 실적 　〈단위 : 억원〉

항목	2011	2012	2013	2014	2015	2016
매출액	1,694	1,418	1,888	2,177	1,970	2,094
영업이익	17	16	56	51	-5	-19
당기순이익	33	71	41	55	36	-22

분기 실적 　〈단위 : 억원〉

항목	2015.3Q	2015.4Q	2016.1Q	2016.2Q	2016.3Q	2016.4Q
매출액	410	786	283	494	383	933
영업이익	-6	9	-26	9	-33	31
당기순이익	24	15	-20	19	-24	3

재무 상태 　〈단위 : 억원〉

항목	2011	2012	2013	2014	2015	2016
총자산	1,086	1,091	1,271	1,378	1,413	1,383
유형자산	23	153	149	153	155	25
무형자산	44	31	23	18	20	20
유가증권	174	123	139	104	323	525
총부채	418	427	575	646	681	676
총차입금	8	3	13	9	51	10
자본금	80	80	80	80	80	80
총자본	667	664	696	731	732	707
지배주주지분	630	630	658	684	682	656

기업가치 지표

항목	2011	2012	2013	2014	2015	2016
주가(최고/저)(천원)	2.3/1.1	3.7/1.6	2.8/1.9	8.8/2.2	10.0/5.3	7.6/5.1
PER(최고/저)(배)	13.9/6.8	9.4/4.1	12.7/8.5	30.7/7.5	51.2/27.1	―/―
PBR(최고/저)(배)	0.6/0.3	1.0/0.4	0.7/0.5	2.0/0.5	2.3/1.2	1.8/1.2
EV/EBITDA(배)	―	1.5	―	18.8	202.1	
EPS(원)	188	427	232	290	196	-146
BPS(원)	4,133	4,128	4,301	4,442	4,426	4,265
CFPS(원)	255	500	309	352	258	-93
DPS(원)	50	50	100	50	25	―
EBITDAPS(원)	172	172	423	382	28	-66

재무 비율 　〈단위 : % 〉

연도	영업이익률	순이익률	부채비율	차입금비율	ROA	ROE	유보율	자기자본비율	EBITDA마진율
2016	-0.9	-1.0	95.7	1.5	-1.6	-3.5	753.0	51.1	-0.5
2015	-0.3	1.8	93.1	7.0	2.6	4.6	785.2	51.8	0.3
2014	2.4	2.5	88.4	1.3	4.1	6.9	788.4	53.1	2.8
2013	3.0	2.2	82.7	1.9	3.5	5.8	760.1	54.7	3.6

에스디생명공학 (A217480)
SD BIOTECHNOLOGIES CO

업　　종 : 개인생활용품　　　　　　　　시　　장 : KOSDAQ
신용등급 : (Bond) ―　　(CP) ―　　　　기업규모 : 벤처
홈페이지 : www.sdbiotech.co.kr　　연 락 처 : 02)583-1846
본　　사 : 서울시 강서구 공항대로61길 29 씨-301호

설 립 일 2008.09.19	종 업 원 수 명	대 표 이 사 박설웅	
상 장 일 2017.03.02	감사의견 적정(현대)	계　　　열	
결 산 기 12월	보 통 주 2,206만주	종속회사수	
액 면 가 500원	우 선 주	구 상 호	

주주구성 (지분율,%)		출자관계 (지분율,%)		주요경쟁사 (외형,%)	
박설웅	56.5	에스디생활과학	100.0	에스디생명공학	100
이한영	0.5	쿠잉비	11.0	한국화장품	154
(외국인)	1.4	SNPCOSMETICS(Shanghai)CO.,LTD	100.0	코리아나	118

매출구성		비용구성		수출비중	
마스크/팩	94.9	매출원가율	37.5	수출	―
기타	3.2	판관비율	35.6	내수	―
기초스킨케어	1.8				

회사 개요
동사는 트러블케어 제품 포함 기초스킨케어 제품 및 마스크팩을 주요 제품으로 하는 화장품 제조·판매 기업. 또한 동사는 OEM 방식으로 생산을 진행해 다양한 제품을 신속, 유연하게 출시할 수 있는 장점을 활용하며 빠르게 변화하는 시장의 트렌드에 신속하게 대응하고 있음. 현재 동사를 제외하고 총 7개의 계열회사를 보유하고 있으며, 동사를 제외하고 거래소나 코스닥시장에 상장되어 있는 회사는 없음.

실적 분석
기초스킨케어 마스크팩 산업의 성장에 힘입어 동사의 2016년 매출액은 연결기준으로 1,047억원, 영업이익은 281억원을 달성했음. 매출액은 전년 대비 40.3% 증가한 수치. 2016년 영업이익률은 인력충원 및 광고비 증가로 소폭 감소했음. 영업이익은 280.8억원으로 전년 대비 5.9% 늘어난 수치임. 당기순이익은 224.5억원으로 전년 대비 22.8% 늘어났음.

현금 흐름 　*IFRS 별도 기준　〈단위 : 억원〉

항목	2015	2016
영업활동	214	150
투자활동	-234	-145
재무활동	96	4
순현금흐름	77	-8
기말현금	93	101

시장 대비 수익률
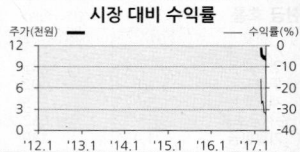

결산 실적 　〈단위 : 억원〉

항목	2011	2012	2013	2014	2015	2016
매출액	―	―	―	97	746	1,047
영업이익	―	―	―	31	265	281
당기순이익	―	―	―	26	183	225

분기 실적 　*IFRS 별도 기준　〈단위 : 억원〉

항목	2015.3Q	2015.4Q	2016.1Q	2016.2Q	2016.3Q	2016.4Q
매출액	―	―	―	―	―	―
영업이익	―	―	―	―	―	―
당기순이익	―	―	―	―	―	―

재무 상태 　*IFRS 별도 기준　〈단위 : 억원〉

항목	2011	2012	2013	2014	2015	2016
총자산	―	―	―	50	422	676
유형자산	―	―	―	2	124	171
무형자산	―	―	―	0	2	3
유가증권	―	―	―	―	3	―
총부채	―	―	―	26	117	122
총차입금	―	―	―	4	22	15
자본금	―	―	―	4	24	94
총자본	―	―	―	24	305	555
지배주주지분	―	―	―	24	305	555

기업가치 지표 　*IFRS 별도 기준

항목	2011	2012	2013	2014	2015	2016
주가(최고/저)(천원)	―/―	―/―	―/―	―/―	―/―	―/―
PER(최고/저)(배)	0.0/0.0	0.0/0.0	0.0/0.0	0.0/0.0	0.0/0.0	0.0/0.0
PBR(최고/저)(배)	0.0/0.0	0.0/0.0	0.0/0.0	0.0/0.0	0.0/0.0	0.0/0.0
EV/EBITDA(배)	0.0	0.0	0.0	0.0	0.0	0.0
EPS(원)	―	―	―	162	1,036	1,296
BPS(원)	―	―	―	29,641	6,463	2,940
CFPS(원)	―	―	―	32,570	4,034	1,322
DPS(원)	―	―	―	―	―	―
EBITDAPS(원)	―	―	―	38,553	5,823	1,640

재무 비율 　〈단위 : % 〉

연도	영업이익률	순이익률	부채비율	차입금비율	ROA	ROE	유보율	자기자본비율	EBITDA마진율
2016	26.8	21.5	25.9	2.7	40.5	53.6	466.1	79.4	27.4
2015	35.5	24.5	38.6	7.2	77.6	111.6	1,189.6	72.1	35.8
2014	31.6	26.7	109.4	16.9	0.0	0.0	492.8	47.8	31.8
2013	0.0	0.0	0.0	0.0	0.0	0.0	0.0	0.0	0.0

에스디시스템 (A121890)
SD system

업 종 : 운송인프라	시 장 : KOSDAQ
신용등급 : (Bond) — (CP) —	기업규모 : 벤처
홈페이지 : www.sdsystem.co.kr	연락처 : 070)8299-5940
본 사 : 경기도 성남시 중원구 갈마치로 244번길 31, 현대아이밸리 613호	

설 립 일 2001.04.28	종업원수 178명	대표이사 박봉용
상 장 일 2010.07.16	감사의견 적정 (한울)	계 열
결 산 기 12월	보 통 주 380만주	종속회사수
액 면 가 500원	우 선 주	구 상 호

주주구성 (지분율,%)		출자관계 (지분율,%)		주요경쟁사 (외형,%)	
박봉용	39.1	에스디시스템	100		
전제창	0.5	서호전기	93		
(외국인)	0.3	경봉	59		

매출구성		비용구성		수출비중	
요금징수시스템	30.0	매출원가율	91.7	수출	—
도로교통관리시스템	29.8	판관비율	19.8	내수	—
기타	17.0				

회사 개요
동사는 2001년 설립된 유무인 요금징수시스템 및 하이패스단말기, 지능형교통시스템 등의 개발 및 제조, 판매, 유지관리 사업을 영위하고 있음. 고속도로 요금징수시스템 분야에서 하드웨어 및 소프트웨어, SI, 설치, 유지보수 능력을 기반으로 지능형교통시스템 및 스마트파킹시스템 등 독자적 사업을 수행함. 축적된 기술력을 바탕으로 차량용 블랙박스 사업에도 진출함. 연결대상 종속법인은 없음.

실적 분석
동사의 2016년 연결기준 누적매출액은 635.6억원으로 전년동기 대비 6.4% 축소됨. 하지만 원가율 상승과 판관비 증가로 영업손실이 73.2억원에 달하며 전기 28.2억원에서 적자전환됨. 요금징수 시스템, 도로교통관리 시스템 부문의 성장과 하이패스단말기 및 블랙박스 판매 증가와 다차로 시스템 판매 계약 등 지속적인 수주 확보를 통해 외형 성장세 이어갈 것으로 예상되지만, 연구개발비 등 비용 부담에 수익성 개선은 더딜 전망임.

현금 흐름 *IFRS 별도 기준 〈단위 : 억원〉

항목	2015	2016
영업활동	22	38
투자활동	-13	-6
재무활동	5	-6
순현금흐름	15	25
기말현금	70	95

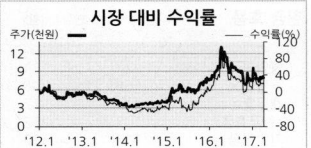
시장 대비 수익률

결산 실적 〈단위 : 억원〉

항목	2011	2012	2013	2014	2015	2016
매출액	392	698	622	526	679	636
영업이익	-28	5	-45	22	28	-73
당기순이익	-13	1	-55	33	29	-69

분기 실적 *IFRS 별도 기준 〈단위 : 억원〉

항목	2015.3Q	2015.4Q	2016.1Q	2016.2Q	2016.3Q	2016.4Q
매출액	157	275	123	140	138	234
영업이익	2	36	-26	-25	-12	-10
당기순이익	3	33	-28	-20	-12	-9

재무 상태 *IFRS 별도 기준 〈단위 : 억원〉

항목	2011	2012	2013	2014	2015	2016
총자산	435	411	343	430	422	422
유형자산	14	14	13	30	37	41
무형자산	12	11	7	6	6	6
유가증권	7	7	7	7	9	12
총부채	130	106	92	147	119	191
총차입금	—	—	—	5	14	11
자본금	19	19	19	19	19	19
총자본	306	306	250	283	303	231
지배주주지분	306	306	250	283	303	231

기업가치 지표 *IFRS 별도 기준

항목	2011	2012	2013	2014	2015	2016
주가(최고/저)(천원)	10.8/5.0	6.9/4.4	5.8/3.5	4.2/3.2	8.2/3.9	13.1/6.6
PER(최고/저)(배)	—/—	530.1/336.3	—/—	5.2/3.9	11.1/5.3	—/—
PBR(최고/저)(배)	1.2/0.6	0.8/0.5	0.8/0.5	0.5/0.4	0.9/0.4	1.9/0.9
EV/EBITDA(배)		6.9		1.4	6.0	
EPS(원)	-341	14	-1,444	858	756	-1,811
BPS(원)	9,092	9,086	7,633	8,493	9,018	7,124
CFPS(원)	-245	107	-1,304	911	835	-1,693
DPS(원)				100	100	
EBITDAPS(원)	-639	233	-1,032	639	820	-1,809

재무 비율 〈단위 : % 〉

연도	영업이익률	순이익률	부채비율	차입금비율	ROA	ROE	유보율	자기자본비율	EBITDA마진율
2016	-11.5	-10.8	82.8	4.9	-16.3	-25.8	1,324.8	54.7	-10.8
2015	4.2	4.2	39.2	4.5	6.7	9.8	1,703.7	71.8	4.6
2014	4.2	6.2	52.0	1.8	8.4	12.2	1,598.7	65.8	4.6
2013	-7.2	-8.8	36.9	0.0	-14.6	-19.8	1,426.7	73.1	-6.3

에스디엔 (A099220)
SDN

업 종 : 조선	시 장 : KOSDAQ
신용등급 : (Bond) B- (CP) —	기업규모 : 중견
홈페이지 : www.sdn-i.com	연락처 : 02)446-6691
본 사 : 경기도 성남시 분당구 대왕판교로644번길 21(메디포스트 3층)	

설 립 일 1994.03.18	종업원수 75명	대표이사 최기혁
상 장 일 2009.05.19	감사의견 적정 (삼덕)	계 열
결 산 기 12월	보 통 주 3,517만주	종속회사수
액 면 가 500원	우 선 주	구 상 호

주주구성 (지분율,%)		출자관계 (지분율,%)		주요경쟁사 (외형,%)	
최기혁	7.8	에스디엔엔지니어링	100.0	SDN	100
설종수	2.4	에너지농장	99.5	STX중공업	1,150
		SolarGroupSystemEAD	100.0	삼영이엔씨	99

매출구성		비용구성		수출비중	
4행정 선외기 및 부품	48.9	매출원가율	68.3	수출	0.0
태양광 발전소(Turn-key 및 시스템공급)	18.0	판관비율	27.8	내수	100.0
Sdm230 외(태양광 전지판)	12.6				

회사 개요
동사는 1994년 선외기 제조업체로 시작하여 현재 국내 선외기시장 점유율 우위를 차지하고 있으며, 2004년부터 한국신재생에너지 연구소를 설립, 태양광시장을 개척하여 동시장 시스템엔지니어링의 선두권 업체로 성장하였음. 2010년 에스디엔으로 상호를 변경함. 태양광부문이 전체매출의 30%, 선외기부문이 70% 가량을 차지함. 불가리아에 동유럽 최대 규모의 태양광발전소를 건설하고 있는 성장성 높은 친환경 에너지 시장에서 안정적 성장이 기대됨.

실적 분석
태양광 산업 업황 부진으로 발전시스템 부문이 저조한 실적을 기록하면서, 동사의 2016년 연결기준 매출액은 전년 대비 24.9% 감소한 362.1억원을 기록함. 매출 부진과 판관비 부담의 증가로 영업이익은 전년 대비 73.9% 감소한 14.4억원을 기록. 비영업수지 개선에도 당기순이익 역시 9.7억원의 손실을 기록하며 적자전환됨. EPC분야의 글로벌시장 진출과 태양광 전지판 제조역량의 확장 노력을 지속중.

현금 흐름 〈단위 : 억원〉

항목	2015	2016
영업활동	34	10
투자활동	-5	4
재무활동	-24	-16
순현금흐름	4	-2
기말현금	10	8

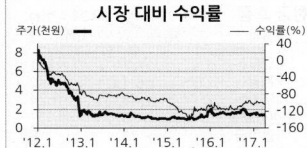
시장 대비 수익률

결산 실적 〈단위 : 억원〉

항목	2011	2012	2013	2014	2015	2016
매출액	1,500	297	398	423	482	362
영업이익	128	-141	20	11	55	14
당기순이익	120	-207	-18	-84	8	-10

분기 실적 〈단위 : 억원〉

항목	2015.3Q	2015.4Q	2016.1Q	2016.2Q	2016.3Q	2016.4Q
매출액	128	124	66	113	102	81
영업이익	15	22	5	15	6	-12
당기순이익	21	-4	6	11	-2	-25

재무 상태 〈단위 : 억원〉

항목	2011	2012	2013	2014	2015	2016
총자산	1,894	1,254	1,140	1,000	1,003	976
유형자산	393	377	332	250	318	316
무형자산	17	5	5	4	13	13
유가증권	71	68	40	33	139	119
총부채	1,215	828	620	541	521	485
총차입금	1,063	781	561	462	445	410
자본금	100	100	126	150	167	176
총자본	679	425	520	459	482	491
지배주주지분	679	425	520	459	482	491

기업가치 지표

항목	2011	2012	2013	2014	2015	2016
주가(최고/저)(천원)	11.7/5.4	8.8/1.3	2.1/1.2	1.6/0.9	1.9/0.9	2.3/1.4
PER(최고/저)(배)	19.9/9.1	—/—	—/—	—/—	74.6/34.3	—/—
PBR(최고/저)(배)	3.3/1.5	3.7/0.5	1.0/0.6	1.1/0.6	1.3/0.6	1.6/1.0
EV/EBITDA(배)	18.2		21.0	26.1	13.8	26.6
EPS(원)	599	-1,033	-74	-281	26	-28
BPS(원)	3,632	2,366	2,055	1,534	1,445	1,396
CFPS(원)	719	-910	18	-220	84	29
DPS(원)	125					
EBITDAPS(원)	762	-580	175	97	235	98

재무 비율 〈단위 : % 〉

연도	영업이익률	순이익률	부채비율	차입금비율	ROA	ROE	유보율	자기자본비율	EBITDA마진율
2016	4.0	-2.7	98.9	83.5	-1.0	-2.0	179.2	50.3	9.5
2015	11.5	1.7	107.9	92.3	0.8	1.7	189.1	48.1	15.2
2014	2.6	-19.8	117.8	100.6	-7.8	-17.0	206.9	45.9	6.8
2013	5.0	-4.4	119.2	107.8	-1.5	-3.7	311.0	45.6	10.5

에스마크 (A030270)
SMARK CO

업 종 : 섬유 및 의복		시 장 : KOSDAQ	
신용등급 : (Bond) — (CP) —		기업규모 : 중견	
홈페이지 : www.s-mark.co.kr		연 락 처 : (043)851-9005	
본 사 : 충북 충주시 가주농공2길 21			

설 립 일 1986.05.28	종 업 원 수 155명	대 표 이 사 이동이,송정화	
상 장 일 1997.01.17	감사의견 적정 (서린)	계 열	
결 산 기 12월	보 통 주 4,335만주	종속회사수	
액 면 가 500원	우 선 주	구 상 호 가회	

주주구성 (지분율,%)
유피아이인터내셔널	4.7
하나금융투자	4.5
(외국인)	0.6

출자관계 (지분율,%)
디지워크	100.0
메가피닉스	100.0
뷰코퍼레이션	100.0

주요경쟁사 (외형,%)
에스마크	100
방림	530
형지&C	453

매출구성
코마사	51.5
면사	21.9
폴리에스테르사	16.1

비용구성
매출원가율	124.8
판관비율	32.4

수출비중
수출	11.0
내수	89.0

회사 개요
동사는 1986년 설립된 업체로 원사를 전문으로 제조하고 있음. 니트, 직물, 산업용 등에 사용되는 면사, 혼방사, 코마사 등 원사만을 고집함. 2016년 9월말 정방기 보유 설비는 약 101만 9608추로 전년 동기 대비 약 8% 감소함. 품종별 생산비중은 면사 60%, 혼방사 20%, 화섬사 20%임. 상대적으로 부가가치가 높은 화섬사 및 혼방사의 비중이 낮음.

실적 분석
동사의 2016년 매출액은 284.3억원으로 전년 대비 39.1% 감소함. 영업손실은 162.6억원으로 적자 지속됨. 당기순손실도 209.1억원으로 적자 지속됨. 2016년 5월 이미지 스캔, 사운드 인식, 웹코딩 기술 등을 보유한 디지워크 지분 100%를 인수해 이미지코딩 및 오디오코딩 사업에 진출함. 동사는 2016년 9월 콘텐츠 제작, 유통 업체인 메가피닉스 지분 100%도 인수해 콘텐츠 제작 및 유통 사업에도 진출함.

현금 흐름 〈단위 : 억원〉
항목	2015	2016
영업활동	1	-101
투자활동	-21	-540
재무활동	43	624
순현금흐름	23	-17
기말현금	25	8

시장 대비 수익률
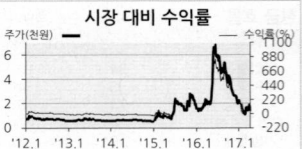

결산 실적 〈단위 : 억원〉
항목	2011	2012	2013	2014	2015	2016
매출액	691	656	608	508	467	284
영업이익	-26	-24	19	-19	-139	-163
당기순이익	-38	-11	5	-37	-164	-209

분기 실적 〈단위 : 억원〉
항목	2015.3Q	2015.4Q	2016.1Q	2016.2Q	2016.3Q	2016.4Q
매출액	114	100	105	64	75	40
영업이익	-10	-68	-32	-39	-62	-30
당기순이익	-30	-76	-32	-41	-63	-73

재무 상태 〈단위 : 억원〉
항목	2011	2012	2013	2014	2015	2016
총자산	754	714	701	737	613	1,046
유형자산	504	480	460	482	438	406
무형자산	13	10	6	13	—	331
유가증권	1	1	1	1	—	12
총부채	525	497	478	514	364	572
총차입금	461	440	418	449	301	506
자본금	60	60	60	60	124	203
총자본	229	217	223	222	249	474
지배주주지분	229	217	223	222	249	474

기업가치 지표
항목	2011	2012	2013	2014	2015	2016
주가(최고/저)(천원)	1.4/0.7	1.1/0.6	0.9/0.6	0.8/0.6	3.4/0.6	8.1/1.4
PER(최고/저)(배)	—/—	—/—	21.9/15.5	—/—	—/—	—/—
PBR(최고/저)(배)	0.7/0.4	0.7/0.4	0.5/0.3	0.4/0.3	3.1/0.5	6.4/1.1
EV/EBITDA(배)	58.6	42.2	9.1	32.3		
EPS(원)	-279	-82	37	-275	-1,181	-702
BPS(원)	19,209	18,271	18,715	18,679	1,010	1,170
CFPS(원)	-133	2,096	3,444	-101	-825	-543
DPS(원)						
EBITDAPS(원)	812	1,031	4,615	1,375	-640	-386

재무 비율 〈단위 : %〉
연도	영업이익률	순이익률	부채비율	차입금비율	ROA	ROE	유보율	자기자본비율	EBITDA마진율
2016	-57.2	-73.6	120.5	106.7	-25.2	-57.9	134.0	45.4	-40.5
2015	-29.7	-35.2	146.4	120.9	-24.3	-69.7	102.0	40.6	-19.1
2014	-3.8	-7.3	231.3	202.0	-5.2	-16.7	273.6	30.2	3.3
2013	3.1	0.8	214.5	187.6	0.7	2.3	274.3	31.8	9.1

에스맥 (A097780)
S-MAC

업 종 : 휴대폰 및 관련부품		시 장 : KOSDAQ	
신용등급 : (Bond) — (CP) —		기업규모 : 중견	
홈페이지 : www.s-mac.co.kr		연 락 처 : (031)895-2222	
본 사 : 경기도 평택시 산단로 241			

설 립 일 2004.11.18	종 업 원 수 96명	대 표 이 사 조경숙	
상 장 일 2008.01.23	감사의견 적정 (삼덕)	계 열	
결 산 기 12월	보 통 주 6,080만주	종속회사수	
액 면 가 500원	우 선 주	구 상 호	

주주구성 (지분율,%)
러더포드1호조합	30.8
국민연금공단	7.5
(외국인)	1.3

출자관계 (지분율,%)
엔에스테크	51.0
비에스티	29.4
오성엘에스티	27.8

주요경쟁사 (외형,%)
에스맥	100
젬백스테크놀러지	58
이라이콤	219

매출구성
Touch Screen Module	99.8
Sub Module 외	0.2

비용구성
매출원가율	95.6
판관비율	6.8

수출비중
수출	97.0
내수	3.0

회사 개요
동사는 2004년 설립된 휴 휴대폰을 비롯한 각종 IT기기에 적용되는 입력모듈, 터치스크린 패널의 주요 원자재인 ITO 센서 등의 생산 및 판매업을 주요 사업으로 영위하고 있으며, 삼성전자 스마트폰의 터치패널 최대 공급업체임. 연결대상 종속회사로 키모듈 임가공업을 영위하는 자회사와, 터치스크린 모듈 제조업을 영위하는 자회사를 보유함. 최근 오성엘에스티의 지분 2000만주(16.13%)를 취득하였음.

실적 분석
동사의 연간 매출은 1,395억원으로 전년대비 29.2% 감소, 영업이익은 -33.8억원으로 전년대비 적자지속, 당기순이익은 -39.9억원으로 적자지속을 시현. 전방산업인 스마트폰 성장 둔화, 중국 업체의 경쟁심화로 터치패널 매출 부진한 지속. 고정비 부담 증가로 적자지속 시현. 지분을 보유한 에이프로젠의 재상장이 실적 증가로 가시화될 것으로 기대. 에이프로젠 최대주주가 에스맥의 3자배정 유상증자에 참여

현금 흐름 〈단위 : 억원〉
항목	2015	2016
영업활동	-27	184
투자활동	-65	-348
재무활동	-13	517
순현금흐름	-103	352
기말현금	167	520

시장 대비 수익률
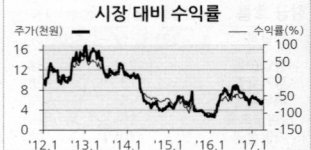

결산 실적 〈단위 : 억원〉
항목	2011	2012	2013	2014	2015	2016
매출액	4,465	4,854	5,565	2,349	1,969	1,395
영업이익	366	360	477	-44	-139	-34
당기순이익	348	268	276	-139	-428	-40

분기 실적 〈단위 : 억원〉
항목	2015.3Q	2015.4Q	2016.1Q	2016.2Q	2016.3Q	2016.4Q
매출액	465	398	334	379	341	341
영업이익	-65	2	-34	-25	-7	32
당기순이익	-84	-192	-7	-41	-34	42

재무 상태 〈단위 : 억원〉
항목	2011	2012	2013	2014	2015	2016
총자산	1,565	1,932	2,267	1,786	1,367	1,832
유형자산	331	636	926	972	659	530
무형자산	5	7	7	31	31	26
유가증권					5	151
총부채	727	862	934	594	603	824
총차입금	121	153	352	400	401	623
자본금	41	82	86	91	91	122
총자본	838	1,070	1,333	1,192	764	1,008
지배주주지분	838	1,070	1,333	1,192	764	1,008

기업가치 지표
항목	2011	2012	2013	2014	2015	2016
주가(최고/저)(천원)	10.0/4.8	16.0/8.7	16.9/9.9	11.5/3.7	7.8/2.3	9.2/2.6
PER(최고/저)(배)	12.0/5.8	27.1/14.8	27.8/16.4	—/—	—/—	—/—
PBR(최고/저)(배)	5.5/2.7	6.7/3.7	5.7/3.4	4.3/1.4	4.5/1.3	5.5/1.5
EV/EBITDA(배)	3.7	6.5	3.5	9.0	19.6	16.5
EPS(원)	852	592	610	-307	-946	-78
BPS(원)	10,188	6,553	7,756	6,671	4,305	4,213
CFPS(원)	5,164	1,929	2,194	62	-1,387	400
DPS(원)	300	75	75			
EBITDAPS(원)	5,410	2,491	3,359	587	209	430

재무 비율 〈단위 : %〉
연도	영업이익률	순이익률	부채비율	차입금비율	ROA	ROE	유보율	자기자본비율	EBITDA마진율
2016	-2.4	-2.9	81.8	61.8	-2.5	-4.5	742.5	55.0	6.3
2015	-7.1	-21.8	79.0	52.5	-27.2	-43.8	761.1	55.9	1.9
2014	-1.9	-5.9	49.8	33.5	-6.9	-11.0	1,234.3	66.8	4.5
2013	8.6	5.0	70.1	26.4	13.1	23.0	1,451.3	58.8	10.4

에스비아이액시즈 (A950110)
SBI AXES

업　　종 : 인터넷 서비스		시　　장 : KOSDAQ	
신용등급 : (Bond) ― 　(CP) ―		기업규모 : ―	
홈페이지 : www.axes-group.com		연 락 처 : +81-3-3498-5011	
본　　사 : 일본 도쿄도 시부야구 시부야 2-1-1 아오야마퍼스트빌딩 9층			

설 립 일	2011.04.04	종업원수	120명	대표이사	산몬지마사타카
상 장 일	2012.12.17	감사의견	적정(안진)	계　　열	
결 산 기	03월	보 통 주	2,466만주	종속회사수	8개사
액 면 가	―	우 선 주		구 상 호	

주주구성 (지분율,%)
에스비아이홀딩스	68.2
(외국인)	2.6

출자관계 (지분율,%)
BusinessSearchTechnologies	100.0
ZEUS	100.0
AXESPayment	100.0

주요경쟁사 (외형,%)
SBI액시즈	100
이지웰페어	76
소리바다	57

매출구성
서비스매출	95.4
EC사업자지원사업매출	3.8
수수료매출	0.8

비용구성
매출원가율	72.2
판관비율	20.9

수출비중
수출	―
내수	―

회사 개요
동사는 2012년 4월 일본의 SBI그룹의 계열사로 편입되었으며 전자지급결제서비스를 주요 사업으로 영위하며 중소형 가맹점 중심으로 신용카드 결제를 대행하고 있음. 현재 동사의 일본PG 시장 M/S는 4%로 업계 7~8위권 수준. 매출구성은 PG가 90% 이상을 차지하고 있으며 편의점결제 및 전자머니등이 나머지를 차지. 최근 핀테크 사업을 영위하는 SBI소셜렌딩, SBI레밋, SBI비즈니스솔루션즈 주식을 취득해 완전 자회사로 편입.

실적 분석
동사의 2016년 연결기준 결산 매출액은 638.0억원으로 전년동기대비 27.7% 성장. 영업이익 역시 30.3% 증가한 47.1억원 시현. 그러나 법인세 비용으로 인해 당기순이익은 13.2% 감소한 29.6억원을 기록. 전자지급결제 부문의 수수료 및 서비스 매출 증가, EC 사업의 지원사업 매출도 증가하며 전년대비 외형 확대를 시현했으며 최근 핀테크사업을 영위하는 회사들을 자회사로 편입하며 기존 결제사업을 주축으로 핀테크 사업을 융합.

현금 흐름 〈단위 : 억원〉
항목	2015	2016.3Q
영업활동	53	925
투자활동	-70	-7
재무활동	-19	-25
순현금흐름	-43	895
기말현금	845	1,749

시장 대비 수익률
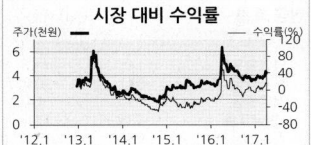

결산 실적 〈단위 : 억원〉
항목	2011	2012	2013	2014	2015	2016
매출액	644	638	531	583	690	
영업이익	152	122	24	30	46	
당기순이익	86	80	15	24	43	

분기 실적 〈단위 : 억원〉
항목	2015.2Q	2015.3Q	2015.4Q	2016.1Q	2016.2Q	2016.3Q
매출액	165	174	197	201	215	224
영업이익	14	15	15	10	20	16
당기순이익	8	11	9	6	12	12

재무 상태 〈단위 : 억원〉
항목	2011	2012	2013	2014	2015	2016.3Q
총자산	1,245	1,264	869	937	1,093	2,071
유형자산	25	23	17	13	10	9
무형자산	14	16	18	25	38	37
유가증권	2			24	16	22
총부채	1,056	871	545	642	793	1,760
총차입금	70	35	31	28	85	82
자본금	10	95	83	74	82	81
총자본	188	393	323	295	300	311
지배주주지분	188	393	323	295	300	311

기업가치 지표
항목	2011	2012	2013	2014	2015	2016.3Q
주가(최고/저)(천원)	―/―	3.9/3.0	6.4/2.4	3.4/1.8	4.0/2.9	6.6/3.4
PER(최고/저)(배)	0.0/0.0	9.9/7.8	101.0/37.8	31.8/16.8	20.6/15.1	―/―
PBR(최고/저)(배)	0.0/0.0	2.4/1.9	4.7/1.8	2.6/1.4	2.5/1.8	4.0/2.1
EV/EBITDA(배)						1.9
EPS(원)	546	450	70	114	201	138
BPS(원)	1,175	1,840	1,514	1,388	1,655	1,709
CFPS(원)	610	500	110	161	258	186
DPS(원)		189	50	90	107	
EBITDAPS(원)	1,025	710	162	186	277	268

재무 비율 〈단위 : %〉
연도	영업이익률	순이익률	부채비율	차입금비율	ROA	ROE	유보율	자기자본비율	EBITDA마진율
2015	6.7	6.2	264.3	28.5	4.2	14.4	329.4	27.5	8.6
2014	5.2	4.2	217.5	9.4	2.7	7.9	301.6	31.5	6.8
2013	4.4	2.8	168.6	9.6	1.4	4.2	287.8	37.2	6.5
2012	19.2	12.5	221.6	9.0	6.4	27.5	315.0	31.1	19.7

에스비아이인베스트먼트 (A019550)
SBI Investment Korea

업　　종 : 창업투자 및 종금		시　　장 : KOSDAQ	
신용등급 : (Bond) ― 　(CP) ―		기업규모 : 중견	
홈페이지 : www.sbik.co.kr		연 락 처 : 02)2139-9252	
본　　사 : 서울시 강남구 테헤란로 509 NC타워 14층			

설 립 일	1986.11.24	종업원수	24명	대표이사	다까하시요시미
상 장 일	1989.09.06	감사의견	적정(안진)	계　　열	
결 산 기	12월	보 통 주	16,207만주	종속회사수	
액 면 가	500원	우 선 주		구 상 호	

주주구성 (지분율,%)
에스비아이코리아홀딩스	43.6
서갑수	5.0
(외국인)	4.4

출자관계 (지분율,%)

주요경쟁사 (외형,%)
SBI인베스트먼트	100
우리금융	1,064
글로본	89

수익구성
매도가능금융자산 처분이익	45.0
수수료수익	40.5
기타영업수익	8.0

비용구성
이자비용	0.3
투자및금융비	0.0
판관비	0.0

수출비중
수출	―
내수	―

회사 개요
동사는 1986년 설립돼 중소 창업기업에 대한 투자지원과 창업투자조합의 결성·운영 및 M&A를 주된 사업으로 투자자산의 대부분을 벤처기업에 지속적으로 투자하고 있음. 주요 사업 분야는 창업 투자, 벤처기업에 대한 투자, 창업투자조합의 결성 및 업무의 집행, PEF 설립 및 운용, M&A 등임. 현재까지 800개 이상의 벤처기업에 투자, 150개 이상의 기업들을 국내외 증권시장에 상장시켰음.

실적 분석
2016년 동사의 연결기준 영업수익은 168억원이며, 연결 당기순이익은 29억원으로 4년 연속 흑자를 달성했음. 이는 펀드 결성으로 인한 수수료수익의 증가 및 펀드 보유 투자자산의 성공적인 회수에 따른 관계기업투자이익 증가로 영업수익이 증가하였기 때문임. 주요 수익내역은 관계기업투자이익 52억, 매도가능금융자산 처분이익 36억, 수수료수익 70억 등임.

현금 흐름 〈단위 : 억원〉
항목	2015	2016
영업활동	-35	-92
투자활동	12	-8
재무활동	30	-11
순현금흐름	7	-112
기말현금	125	13

시장 대비 수익률
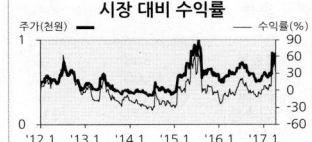

결산 실적 〈단위 : 억원〉
항목	2011	2012	2013	2014	2015	2016
영업수익	259	138	150	145	149	168
영업이익	44	-225	33	17	5	31
당기순이익	44	-282	39	17	14	29

분기 실적 〈단위 : 억원〉
항목	2015.3Q	2015.4Q	2016.1Q	2016.2Q	2016.3Q	2016.4Q
영업수익	12	55	39	34	23	72
영업이익	-7	-10	15	-6	3	19
당기순이익	-7	-10	15	-6	3	17

재무 상태 〈단위 : 억원〉
항목	2011	2012	2013	2014	2015	2016
총자산	1,153	800	790	793	860	881
유형자산	5	2	3	1	5	4
무형자산	21	18	13	17	19	27
유가증권						
총부채	132	48	6	13	39	37
총차입금						
자본금	835	835	835	835	835	835
총자본	1,021	752	784	780	821	844
지배주주지분	1,012	746	779	777	818	842

기업가치 지표
항목	2011	2012	2013	2014	2015	2016
주가(최고/저)(천원)	0.6/0.3	0.8/0.4	0.6/0.3	0.6/0.3	1.0/0.4	0.7/0.5
PER(최고/저)(배)	22.2/11.3	―/―	27.0/14.5	49.7/29.4	135.7/48.6	39.6/25.1
PBR(최고/저)(배)	1.0/0.5	1.7/0.9	1.3/0.7	1.2/0.7	2.0/0.7	1.4/0.9
PSR(최고/저)(배)	4/2	9/5	7/4	6/4	11/4	7/5
EPS(원)	29	-173	24	11	8	19
BPS(원)	631	467	487	486	511	526
CFPS(원)	29	-173			8	20
DPS(원)						
EBITDAPS(원)	27	-139	20	11	3	19

재무 비율 〈단위 : %〉
연도	계속사업이익률	순이익률	부채비율	차입금비율	ROA	ROE	유보율	자기자본비율	총자산증가율
2016	18.2	17.2	4.4	0.0	3.3	3.7	2.1	95.8	2.4
2015	8.2	8.1	일부잠식	0.0	1.5	1.5	-0.8	95.4	8.4
2014	11.6	11.6	일부잠식	0.0	2.1	2.3	-5.7	98.3	0.4
2013	26.0	26.0	일부잠식	0.0	4.9	5.1	-5.4	99.2	-1.3

에스비에스 (A034120)
Seoul Broadcasting System

업 종 : 미디어		시 장 : 거래소	
신용등급 : (Bond) AA (CP) A1		기업규모 : 시가총액 중형주	
홈페이지 : www.sbs.co.kr		연 락 처 : 02)2061-0006	
본 사 : 서울시 양천구 목동서로 161			

설 립 일	1990.11.14	종업원수	1,158명	대표이사	김진원
상 장 일	2003.06.25	감사의견	적정(한영)	계 열	
결 산 기	12월	보통주	1,825만주	종속회사수	
액 면 가	5,000원	우선주		구상호	

주주구성 (지분율,%)
SBS미디어홀딩스	36.9
국민연금공단	12.5

출자관계 (지분율,%)
더스토리웍스	100.0
SBS에이앤티	99.6
코나드	50.0

주요경쟁사 (외형,%)
SBS	100
에스엠	42
스카이라이프	80

매출구성
지상파 TV 광고	60.1
프로그램 판매 등 기타	33.7
FM-RADIO 광고	4.4

비용구성
매출원가율	84.3
판관비율	16.6

수출비중
수출	0.0
내수	100.0

회사 개요
동사는 방송법에 의거 1990년 설립되어 지상파TV 및 라디오방송, 광고사업 등을 영위중임. 최대주주인 SBS미디어홀딩스와 함께 태영그룹에 속함. 또한 동사에서 방송된 우수한 지상파콘텐츠를 해외 및 국내 케이블 PP, 위성방송, 인터넷, IPTV 등에 판매하며, 전시, 공연 등 문화사업도 수행하고 있음. 그러나 수입원은 광고수입임. 종합편성채널 허용 및 모바일 시청환경으로의 이동 등 채널 다양화로 경쟁도 심화되는 추세임.

실적 분석
동사의 연결기준 2016년 매출액은 8,290.7억원으로 전년 7,928.8 대비 4.6% 증가하였음. 판관비가 전년보다 8.3% 감소하였음에도 매출원가가 16.4% 늘어남에 따라 매출총이익이 대폭 감소하였고, 76.5억원의 영업손실을 기록, 적자전환하였음. 비영업이익이 대폭 늘어났음에도 불구하고 5.1억원의 당기순손실을 기록, 적자 전환하였음. 최근에는 내수경기의 침체 지속으로 광고경기 역시 부진한 모습을 보이고 있음

현금 흐름 〈단위 : 억원〉
항목	2015	2016
영업활동	308	-9
투자활동	-1,000	-247
재무활동	551	42
순현금흐름	-141	-214
기말현금	284	70

시장 대비 수익률
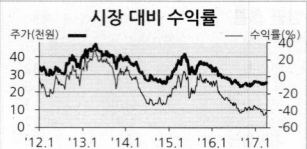

결산 실적 〈단위 : 억원〉
항목	2011	2012	2013	2014	2015	2016
매출액	7,442	7,803	7,271	8,226	7,929	8,291
영업이익	849	388	221	-187	422	-77
당기순이익	598	267	218	-74	349	-5

분기 실적 〈단위 : 억원〉
항목	2015.3Q	2015.4Q	2016.1Q	2016.2Q	2016.3Q	2016.4Q
매출액	1,983	2,366	1,629	2,112	2,234	2,315
영업이익	204	109	-210	-40	-134	307
당기순이익	170	60	-105	-32	-86	217

재무 상태 〈단위 : 억원〉
항목	2011	2012	2013	2014	2015	2016
총자산	8,609	8,274	8,043	7,986	9,344	8,942
유형자산	3,305	3,338	3,377	3,246	3,233	3,204
무형자산	69	70	86	85	84	84
유가증권	502	129	139	222	676	892
총부채	3,121	2,659	2,343	2,583	3,661	3,534
총차입금	1,150	1,036	726	1,042	1,616	1,895
자본금	913	913	913	913	913	913
총자본	5,488	5,615	5,700	5,403	5,682	5,408
지배주주지분	5,312	5,451	5,567	5,402	5,681	5,407

기업가치 지표
항목	2011	2012	2013	2014	2015	2016
주가(최고/저)(천원)	41.4/22.8	42.8/29.1	48.8/33.3	40.3/24.8	43.1/27.0	33.9/22.7
PER(최고/저)(배)	14.0/7.7	30.5/20.8	38.6/26.3	—/—	23.6/14.8	—/—
PBR(최고/저)(배)	1.6/0.9	1.5/1.1	1.7/1.2	1.4/0.9	1.4/0.9	1.1/0.8
EV/EBITDA(배)	5.7	10.7	10.7	14.1	38.1	7.8	20.0
EPS(원)	3,236	1,508	1,338	-371	1,910	-29
BPS(원)	29,101	29,862	30,500	29,850	31,396	30,457
CFPS(원)	4,464	2,995	2,979	1,329	3,643	1,685
DPS(원)	750	600	600	—	750	—
EBITDAPS(원)	5,881	3,612	2,851	674	4,042	1,295

재무 비율 〈단위 : % 〉
연도	영업이익률	순이익률	부채비율	차입금비율	ROA	ROE	유보율	자기자본비율	EBITDA마진율
2016	-0.9	-0.1	65.4	35.0	-0.1	-0.1	509.1	60.5	2.9
2015	5.3	4.4	64.4	28.4	4.0	6.3	527.9	60.8	9.3
2014	-2.3	-0.9	47.8	19.3	-0.9	-1.2	497.0	67.7	1.5
2013	3.0	3.0	41.1	12.7	2.7	4.4	510.0	70.9	7.2

에스비에스미디어홀딩스 (A101060)
SBS Media Holdings

업 종 : 미디어		시 장 : 거래소	
신용등급 : (Bond) — (CP) —		기업규모 : 시가총액 중형주	
홈페이지 : www.sbsmedia.co.kr		연 락 처 : 02)2113-5599	
본 사 : 서울시 양천구 목동서로 161			

설 립 일	2008.03.04	종업원수	3명	대표이사	윤석민,이웅모
상 장 일	2008.03.24	감사의견	적정(한영)	계 열	
결 산 기	12월	보통주	13,990만주	종속회사수	
액 면 가	500원	우선주		구상호	

주주구성 (지분율,%)
태영건설	61.2
귀뚜라미	5.7
(외국인)	3.4

출자관계 (지분율,%)
SBS플러스	100.0
SBS스포츠	100.0
SBS콘텐츠허브	65.0

주요경쟁사 (외형,%)
SBS미디어홀딩스	100
현대에이치씨엔	58
나스미디어	14

매출구성
PP 부문	56.0
콘텐츠 부문	48.7
지주회사 투자부문	3.1

비용구성
매출원가율	86.2
판관비율	9.5

수출비중
수출	—
내수	—

회사 개요
동사는 2008년 SBS를 인적분할하여 신설된 순수지주회사로서 지상파방송사인 SBS, 콘텐츠 유통을 담당하고 있는 SBS콘텐츠허브 등 2개의 상장회사와 SBS플러스, SBS골프, SBS스포츠, SBS바이아컴 총 6개의 비상장회사를 포함한 총 7개의 국내 자회사를 두고 있고, 해외 자회사로 미국에 SBS International, INC 등을 두고 있음. 영업수익은 자회사, 투자기업의 배당수익, 사업수익으로 구성됨.

실적 분석
동사의 연결기준 2016년 매출액은 전년 4,735.2억원보다 6.5% 늘어난 5,045.1억원을 기록함. 같은 기간 매출원가가 9.6% 증가하여 매출총이익은 9.3% 감소하였음. 이에 따라 영업이익은 전년보다 8.0% 감소한 213.9억원을 시현하였음. 최종적으로는 전년보다 47.4% 감소한 당기순이익을 기록하였음. 동사는 다양한 신규사업을 통해 미디어 산업에서의 경쟁력을 강화해 나갈 계획임.

현금 흐름 〈단위 : 억원〉
항목	2015	2016
영업활동	145	460
투자활동	-537	-304
재무활동	-50	14
순현금흐름	-435	171
기말현금	988	1,159

시장 대비 수익률
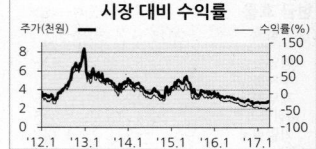

결산 실적 〈단위 : 억원〉
항목	2011	2012	2013	2014	2015	2016
매출액	4,772	4,521	4,449	4,496	4,735	5,045
영업이익	398	340	402	292	233	214
당기순이익	682	379	417	202	252	133

분기 실적 〈단위 : 억원〉
항목	2015.3Q	2015.4Q	2016.1Q	2016.2Q	2016.3Q	2016.4Q
매출액	1,087	1,516	1,169	1,274	1,100	1,502
영업이익	63	100	14	59	22	120
당기순이익	94	68	-31	29	-27	162

재무 상태 〈단위 : 억원〉
항목	2011	2012	2013	2014	2015	2016
총자산	8,267	8,164	8,573	8,586	8,816	9,058
유형자산	940	1,853	1,606	1,488	1,382	1,232
무형자산	162	128	114	87	130	123
유가증권	92	60	23	63	250	297
총부채	1,780	1,337	1,365	1,182	1,224	1,389
총차입금	471	392	198		3	97
자본금	699	699	699	699	699	699
총자본	6,487	6,827	7,208	7,404	7,592	7,669
지배주주지분	5,751	6,080	6,445	6,620	6,795	6,878

기업가치 지표
항목	2011	2012	2013	2014	2015	2016
주가(최고/저)(천원)	5.1/2.0	8.4/2.8	8.2/3.9	5.2/3.1	5.7/3.2	3.8/2.5
PER(최고/저)(배)	12.0/4.7	39.5/13.3	37.5/18.0	44.8/27.0	36.0/20.0	42.5/28.1
PBR(최고/저)(배)	1.3/0.5	2.0/0.7	1.8/0.9	1.1/0.7	1.2/0.7	0.8/0.5
EV/EBITDA(배)	10.0	23.9	11.0	9.1	10.3	5.6
EPS(원)	441	218	224	118	161	90
BPS(원)	4,147	4,346	4,607	4,732	4,857	4,917
CFPS(원)	513	321	354	236	272	195
DPS(원)	60	25	25	25	25	25
EBITDAPS(원)	356	347	417	327	278	258

재무 비율 〈단위 : % 〉
연도	영업이익률	순이익률	부채비율	차입금비율	ROA	ROE	유보율	자기자본비율	EBITDA마진율
2016	4.2	2.6	18.1	1.3	1.5	1.9	883.3	84.7	7.2
2015	4.9	5.3	16.1	0.0	2.9	3.4	871.5	86.1	8.2
2014	6.5	4.5	16.0	0.0	2.4	2.5	846.4	86.2	10.2
2013	9.0	9.4	18.9	2.8	5.0	5.0	821.4	84.1	13.1

에스비에스콘텐츠허브 (A046140)
SBS Contents Hub

업 종 : 미디어		시 장 : KOSDAQ	
신용등급 : (Bond) — (CP) —		기업규모 : 우량	
홈 페 이 지 : www.sbscontentshub.co.kr		연 락 처 : (02)2001-6641	
본 사 : 서울시 마포구 상암산로 82 SBS프리즘타워 15층/16층			

설 립 일 1999.08.21	종 업 원 수 173명	대 표 이 사 유종연	
상 장 일 2003.02.05	감 사 의 견 적정 (한영)	계 열	
결 산 기 12월	보 통 주 2,146만주	종 속 회 사 수	
액 면 가 500원	우 선 주	구 상 호	

주주구성 (지분율,%)		출자관계 (지분율,%)		주요경쟁사 (외형,%)	
SBS미디어홀딩스	65.0	바이넥스트CT2호투자조합	29.5	SBS콘텐츠허브	100
한국투자신탁운용	10.3	유이케이	16.0	키이스트	36
(외국인)	1.7	이야소프트	15.6	덱스터	12

매출구성		비용구성		수출비중	
콘텐츠사업	48.0	매출원가율	91.7	수출	45.7
미디어사업	43.0	판관비율	2.8	내수	54.3
광고/MD사업	9.0				

회사 개요
동사는 콘텐츠 전문 기업으로서, 최대주주인 SBS미디어홀딩스와 함께 태영그룹에 속함. SBS의 방송콘텐츠를 유통하는 콘텐츠사업과 SBS 홈페이지를 운영하고 뉴미디어에 콘텐츠를 제공하는 하는 미디어사업, 문화행사 및 이벤트 프로모션 사업, 로또 등 방송프로그램 제작사업, 영화, 음악, 게임 등으로 구성된 광고 사업 등을 영위함. 일본, 대만, 중국 등 해외에서도 매출 시현 중임. 국내 매출이 70% 가량을 차지하나, 매분기 변동폭 큼.

실적 분석
동사의 연결기준 2016년 매출액은 전년 2,154.4억원 대비 19.6% 증가한 2,576.7억원을 기록하였음. 판관비 부담이 줄어 영업이익은 전년 112.8억원보다 26.8% 증가한 143.1억원을 기록하였음. 비영업 부문에서 이익이 발생했음에도 법인세 비용이 두배 이상 증가하여 당기순이익이 전년 60.7억원 대비 절반 가량 줄어들어 31.2억원을 기록하였음. 콘텐츠부문의 실적 상승세가 동사의 양호한 실적 시현을 견인하고 있음.

현금 흐름
〈단위 : 억원〉

항목	2015	2016
영업활동	-81	248
투자활동	-84	-186
재무활동	-54	-32
순현금흐름	-218	29
기말현금	564	594

시장 대비 수익률
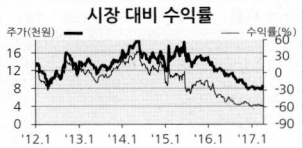

결산 실적
〈단위 : 억원〉

항목	2011	2012	2013	2014	2015	2016
매출액	2,007	1,935	1,972	1,986	2,154	2,577
영업이익	307	278	282	132	113	143
당기순이익	224	231	247	88	61	31

분기 실적
〈단위 : 억원〉

항목	2015.3Q	2015.4Q	2016.1Q	2016.2Q	2016.3Q	2016.4Q
매출액	492	712	686	617	522	752
영업이익	42	28	40	34	14	54
당기순이익	24	11	23	10	-6	4

재무 상태
〈단위 : 억원〉

항목	2011	2012	2013	2014	2015	2016
총자산	1,656	1,723	2,031	2,206	2,239	2,396
유형자산	254	306	300	296	289	276
무형자산	46	34	31	26	20	15
유가증권	28	22	11	11	39	268
총부채	573	435	519	652	675	838
총차입금						
자본금	107	107	107	107	107	107
총자본	1,083	1,288	1,512	1,555	1,564	1,559
지배주주지분	1,083	1,288	1,512	1,555	1,564	1,559

기업가치 지표

항목	2011	2012	2013	2014	2015	2016
주가(최고/저)(천원)	17.2/10.3	17.1/8.4	15.1/10.9	19.3/13.5	18.8/11.2	14.6/7.5
PER(최고/저)(배)	17.8/10.6	17.0/8.3	13.8/10.1	49.1/34.3	67.9/40.6	101.8/52.0
PBR(최고/저)(배)	3.7/2.2	3.1/1.5	2.3/1.6	2.8/1.9	2.6/1.6	2.0/1.0
EV/EBITDA(배)	5.4	6.5	7.6	11.5	15.0	2.4
EPS(원)	1,044	1,076	1,149	409	283	145
BPS(원)	5,046	6,002	7,045	7,244	7,285	7,263
CFPS(원)	1,176	1,203	1,286	534	407	261
DPS(원)	150	150	250	250	150	100
EBITDAPS(원)	1,563	1,424	1,451	741	649	783

재무 비율
〈단위 : % 〉

연도	영업이익률	순이익률	부채비율	차입금비율	ROA	ROE	유보율	자기자본비율	EBITDA마진율
2016	5.6	1.2	53.7	0.0	1.4	2.0	1,352.6	65.1	6.5
2015	5.2	2.8	43.2	0.0	2.7	3.9	1,356.9	69.8	6.5
2014	6.7	4.4	41.9	0.0	4.1	5.7	1,348.7	70.5	8.0
2013	14.3	12.5	34.3	0.0	13.1	17.6	1,309.1	74.5	15.8

에스씨디 (A042110)
SCD

업 종 : 전자 장비 및 기기		시 장 : KOSDAQ	
신용등급 : (Bond) — (CP) —		기업규모 : 우량	
홈 페 이 지 : www.sscd.co.kr		연 락 처 : (031)333-3371~3	
본 사 : 경기도 용인시 처인구 남사면 형제로17번길 21			

설 립 일 1987.04.15	종 업 원 수 377명	대 표 이 사 오길호	
상 장 일 2000.07.13	감 사 의 견 적정 (한영)	계 열	
결 산 기 12월	보 통 주 4,833만주	종 속 회 사 수	
액 면 가 500원	우 선 주	구 상 호	

주주구성 (지분율,%)		출자관계 (지분율,%)		주요경쟁사 (외형,%)	
Nidec Sankyo Corporation	51.4	HSBC펀드	2.1	에스씨디	100
손명완	13.6	SCD(HK)	100.0	옵트론텍	103
(외국인)	52.7			코아시아홀딩스	294

매출구성		비용구성		수출비중	
제품 UT	44.5	매출원가율	85.1	수출	—
제품 BLDC	36.5	판관비율	7.6	내수	—
상품	9.7				

회사 개요
동사는 1987년 4월 협진정밀로 설립되었으며, 1999년 12월 주식회사 에스씨디로 사명을 변경하였음. 냉장고 관련부품(타이머, 냉매벨브, 댐퍼, 아이스메이커)과 에어콘 관련부품(BLDC모타, 스탬핑모터) 및 기타 가전제품용 부품을 공급하고 있음. 전반기 말 연결대상 종속기업은 홍콩과 중국의 현지법인 2개사이며 주요 제품의 세계시장 점유율은 ICE MAKER 30%, STEP VALVE 30% 등임.

실적 분석
동사의 연결기준 2016년 매출액은 전년 1,225.6억원보다 9.8% 증가한 1,345.4억원을 기록함. 매출원가와 판관비 부담이 증가하여 영업이익은 전년보다 13.5% 감소, 97.7억원을 시현함. 환율변동에 따라 비영업 부문에서 3.3억원의 손실이 발생하였으며 최종적으로 당기순이익은 전년보다 39.5% 감소한 70.1억원을 기록하였음. 동사는 주요 사업부별 평균 103.02%의 가동률을 기록하였음.

현금 흐름
〈단위 : 억원〉

항목	2015	2016
영업활동	174	113
투자활동	-449	-109
재무활동	-0	—
순현금흐름	-273	6
기말현금	63	69

시장 대비 수익률
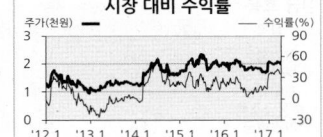

결산 실적
〈단위 : 억원〉

항목	2011	2012	2013	2014	2015	2016
매출액	675	755	946	1,148	1,226	1,345
영업이익	7	12	62	96	113	98
당기순이익	18	-0	74	93	116	70

분기 실적
〈단위 : 억원〉

항목	2015.3Q	2015.4Q	2016.1Q	2016.2Q	2016.3Q	2016.4Q
매출액	339	289	325	328	381	311
영업이익	28	26	23	26	23	25
당기순이익	29	17	17	27	16	11

재무 상태
〈단위 : 억원〉

항목	2011	2012	2013	2014	2015	2016
총자산	656	713	808	919	1,109	1,184
유형자산	251	277	164	173	224	325
무형자산					8	7
유가증권	15	1	1	1	17	1
총부채	119	116	136	155	229	241
총차입금	20	20			9	9
자본금	242	242	242	242	242	242
총자본	537	597	673	764	879	943
지배주주지분	537	597	673	764	879	943

기업가치 지표

항목	2011	2012	2013	2014	2015	2016
주가(최고/저)(천원)	1.5/1.0	1.9/0.9	1.4/1.0	2.4/1.2	2.5/1.6	2.2/1.7
PER(최고/저)(배)	41.9/27.2	—/—	10.0/7.0	13.2/6.8	11.0/7.3	16.0/12.4
PBR(최고/저)(배)	1.1/0.7	1.7/0.8	1.1/0.8	1.6/0.8	1.5/1.0	1.2/0.9
EV/EBITDA(배)	23.5	9.7	4.9	4.2	4.1	3.4
EPS(원)	38	-0	154	193	240	145
BPS(원)	1,387	1,235	1,392	1,581	1,819	1,952
CFPS(원)	74	46	202	247	308	214
DPS(원)						150
EBITDAPS(원)	50	70	176	253	301	271

재무 비율
〈단위 : % 〉

연도	영업이익률	순이익률	부채비율	차입금비율	ROA	ROE	유보율	자기자본비율	EBITDA마진율
2016	7.3	5.2	25.5	0.9	6.1	7.7	290.4	79.7	9.7
2015	9.2	9.5	26.1	1.0	11.4	14.1	263.9	79.3	11.9
2014	8.4	8.1	20.3	0.0	10.8	13.0	216.1	83.2	10.7
2013	6.5	7.9	20.2	0.0	9.8	11.7	178.4	83.2	9.0

에스씨아이평가정보 (A036120)
SCI Information Service

업 종 : 상업서비스		시 장 : KOSDAQ	
신용등급 : (Bond) — (CP) —		기업규모 : 중견	
홈페이지 : www.sci.co.kr		연 락 처 : 1577-1006	
본 사 : 서울시 마포구 토정로 144 건양사빌딩			

설 립 일 1992.04.23	종업원수 616명	대표이사 조강직
상 장 일 1999.12.07	감사의견 적정 (삼일)	계 열
결 산 기 12월	보 통 주 3,550만주	종속회사수
액 면 가 500원	우 선 주	구 상 호 서울신용평가

주주구성 (지분율,%)
진원이엔씨	50.7
박중양	5.2
(외국인)	1.2

출자관계 (지분율,%)
KTB-SB사모투자전문회사	13.3
이노랜딩랩	5.0
부산상호저축은행	3.2

주요경쟁사 (외형,%)
SCI평가정보	100
아이씨케이	70
한네트	82

매출구성
신용조회수수료	42.6
채권추심수수료	41.3
신용조사수수료	13.5

비용구성
매출원가율	0.0
판관비율	99.4

수출비중
수출	0.0
내수	100.0

회사 개요
1992년 설립된 동사는 신용조사업으로 출발해 민간업계 최초로 채권추심업을 허가받았으며, 이후 신용평가업, 신용조회업 등으로 사업을 넓힘. 동사는 2016년 1월 1일을 분할기일로 해 신용평가 부문을 단순 물적분할했으며, 분할된 종속회사인 서울신용평가가 신용평가업을 영위함. 조달청, 지방자치단체, 국방부, 공사 등의 공공기관 제출용 신용평가와 대기업 및 중견기업 협력업체 선정을 위한 민간기업 제출용 신용평가, 당좌거래용 신용평가 등도 제공함.

실적 분석
동사의 2016년 매출액은 352.8억원으로 전년 대비 1.7% 감소함. 영업이익은 2.1억원으로 전년 대비 79% 감소함. 당기순손실은 3.7억원으로 적자전환함. 신용조회업 등은 경기침체기보다 성장기에 중요성이 부각되는 사업으로 경기 침체기에는 주요 신용 거래기관인 은행 등이 보수적인 영업 전략을 펼치며 수요가 줄어듦. 다만 인터넷전문은행이 본격 출범하면 신용조회부문의 성장이 기대됨.

현금 흐름 〈단위 : 억원〉
항목	2015	2016
영업활동	24	12
투자활동	16	-62
재무활동	—	—
순현금흐름	40	-49
기말현금	79	30

시장 대비 수익률
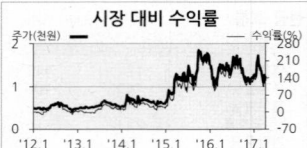

결산 실적 〈단위 : 억원〉
항목	2011	2012	2013	2014	2015	2016
매출액	408	368	370	369	359	353
영업이익	14	-0	8	1	10	2
당기순이익	-26	3	6	1	7	-4

분기 실적 〈단위 : 억원〉
항목	2015.3Q	2015.4Q	2016.1Q	2016.2Q	2016.3Q	2016.4Q
매출액	89	86	78	103	84	87
영업이익	3	1	-6	11	-3	0
당기순이익	2	-1	-6	8	-3	-2

재무 상태 〈단위 : 억원〉
항목	2011	2012	2013	2014	2015	2016
총자산	177	167	175	174	180	177
유형자산	19	15	12	11	9	14
무형자산	16	21	23	26	26	24
유가증권	4				1	2
총부채	53	40	43	40	39	40
총차입금	—	—	—	—	—	—
자본금	178	178	178	178	178	178
총자본	123	126	132	134	141	137
지배주주지분	123	126	132	134	141	137

기업가치 지표
항목	2011	2012	2013	2014	2015	2016
주가(최고/저)(천원)	0.9/0.4	0.7/0.4	0.7/0.5	0.9/0.5	2.1/0.6	1.9/1.0
PER(최고/저)(배)	—/—	76.6/47.5	43.4/31.2	198.7/115.6	101.7/29.6	—/—
PBR(최고/저)(배)	2.4/1.1	1.8/1.1	1.7/1.3	2.3/1.3	5.0/1.5	4.7/2.5
EV/EBITDA(배)	3.8	9.3	5.6	11.5	23.9	24.5
EPS(원)	-73	9	16	5	20	-10
BPS(원)	364	373	388	393	413	402
CFPS(원)	-43	42	47	37	54	24
DPS(원)						
EBITDAPS(원)	70	32	54	37	61	40

재무 비율 〈단위 : % 〉
연도	영업이익률	순이익률	부채비율	차입금비율	ROA	ROE	유보율	자기자본비율	EBITDA마진율
2016	0.6	-1.0	일부잠식	0.0	-2.1	-2.7	-19.5	77.3	4.0
2015	2.7	2.0	일부잠식	0.0	4.1	5.2	-17.5	78.4	6.0
2014	0.4	0.4	일부잠식	0.0	0.9	1.2	-21.5	76.9	3.5
2013	2.2	1.5	일부잠식	0.0	3.2	4.3	-22.4	75.6	5.2

에스아이리소스 (A065420)
SI Resources

업 종 : 에너지 시설 및 서비스		시 장 : KOSDAQ	
신용등급 : (Bond) — (CP) —		기업규모 : 중견	
홈페이지 : www.siresource.co.kr		연 락 처 : 02)780-2388	
본 사 : 서울시 영등포구 여의공원로 111 1005호			

설 립 일 1987.08.21	종업원수 3명	대표이사 전순옥
상 장 일 2002.08.22	감사의견 적정 (이현)	계 열
결 산 기 12월	보 통 주 5,004만주	종속회사수
액 면 가 100원	우 선 주	구 상 호

주주구성 (지분율,%)
박회연	10.0
최경덕 (CHEY GEN DEK)	8.3
(외국인)	13.3

출자관계 (지분율,%)
에스아이티	100.0
이엠피연구소	99.0
우글레고르스크우골	50.0

주요경쟁사 (외형,%)
에스아이리소스	100
파루	419
KG ETS	378

매출구성
유연탄	95.4
기타 (수수료 매출 등)	4.6

비용구성
매출원가율	76.0
판관비율	39.4

수출비중
수출	—
내수	—

회사 개요
동사는 유연탄을 생산, 판매하는 자원개발 전문기업임. 유연탄 사업이 주요 매출원이며, 기존 섬유사업의 성장한계를 절감하고 2014년 12월 섬유사업을 중단함. 러시아 사할린주의 석탄자원 매장량 5억톤 이상의 매장지인 우글레고르스크 노천탄광지역에 약 3,500만톤의 매장량을 가진 3개의 광구를 개발하는 자원개발사업을 영위중. 석탄회사인 우글레고르스크우골 지분 을 50.01%를 투자하여 현지 운영에도 참여 중임.

실적 분석
화력발전전용 유연탄의 가격이 급락하여 2016년 매출액은 전년동기 대비 10.1% 감소함. 제품 가격이 급락하는 과정에서 원가율이 악화되어 영업이익은 38.9억의 적자로 전환되었음. 무형자산손상차손(69억원)과 잡손실(14억원)이 발생했던 지난 해에 비해 영업외수지는 크게 개선됨. 최근 전현직 경영진(현 대표사 포함)이 배임 혐의로 서울남부지방경찰청에 피소되었으나, 모두 각하됨. 최대주주간의 지분 매매도 3차례 최대주 변경됨.

현금 흐름 〈단위 : 억원〉
항목	2015	2016
영업활동	108	-18
투자활동	70	-78
재무활동	-91	4
순현금흐름	87	-88
기말현금	116	27

시장 대비 수익률

결산 실적 〈단위 : 억원〉
항목	2011	2012	2013	2014	2015	2016
매출액	460	424	381	372	280	252
영업이익	34	3	24	13	16	-39
당기순이익	-2	-7	2	-161	-11	-5

분기 실적 〈단위 : 억원〉
항목	2015.3Q	2015.4Q	2016.1Q	2016.2Q	2016.3Q	2016.4Q
매출액	110	56	42	79	149	-17
영업이익	25	-6	-12	-8	5	-23
당기순이익	60	-102	0	7	-3	-9

재무 상태 〈단위 : 억원〉
항목	2011	2012	2013	2014	2015	2016
총자산	541	511	494	351	282	322
유형자산	146	175	177	76	61	75
무형자산	173	167	151	71	0	3
유가증권	10	3	8	8	8	8
총부채	236	213	199	197	107	177
총차입금	76	131	132	135	61	64
자본금	300	300	300	300	50	50
총자본	304	298	294	154	174	145
지배주주지분	300	287	285	167	214	188

기업가치 지표
항목	2011	2012	2013	2014	2015	2016
주가(최고/저)(천원)	2.9/0.7	2.4/1.5	1.5/0.5	0.9/0.4	1.6/0.6	2.5/1.0
PER(최고/저)(배)	143.4/32.5	—/—	485.7/151.7	—/—	34.9/12.8	—/—
PBR(최고/저)(배)	5.5/1.3	4.8/2.9	3.1/1.0	3.1/1.4	3.8/1.4	6.5/2.6
EV/EBITDA(배)	21.8	55.4	10.5	21.4	14.9	—
EPS(원)	23	-28	4	-267	47	-20
BPS(원)	503	481	478	281	431	380
CFPS(원)	38	2	26	-197	72	7
DPS(원)						
EBITDAPS(원)	75	30	63	47	57	-51

재무 비율 〈단위 : % 〉
연도	영업이익률	순이익률	부채비율	차입금비율	ROA	ROE	유보율	자기자본비율	EBITDA마진율
2016	-15.4	-1.9	122.2	44.0	-1.6	-5.0	279.8	45.0	-10.1
2015	5.7	-3.9	61.5	34.8	-3.5	12.3	331.0	61.9	10.1
2014	3.4	-43.4	일부잠식	일부잠식	-38.2	-59.0	-43.8	43.9	7.5
2013	6.2	0.6	일부잠식	일부잠식	0.4	0.6	-4.4	59.6	9.9

에스아이엠피에이씨 (A009160)
SIMPAC

업 종 : 기계		시 장 : 거래소	
신용등급 : (Bond) — (CP) —		기업규모 : 시가총액 소형주	
홈 페 이 지 : www.simpac.co.kr		연 락 처 : 032)510-0044	
본 사 : 인천시 부평구 부평북로 141			

설 립 일 1973.08.09	종 업 원 수 295명	대 표 이 사 최진식
상 장 일 1989.07.29	감 사 의 견 적정 (삼정)	계 열
결 산 기 12월	보 통 주 2,908만주	종 속 회 사 수
액 면 가 500원	우 선 주	구 상 호

주주구성 (지분율,%)
심팩이엔지	32.4
FID SRS INTRINSIC OPP FND	8.0
(외국인)	19.2

출자관계 (지분율,%)
심팩인더스트리	100.0
심팩산기	100.0
심팩로지스틱스	100.0

주요경쟁사 (외형,%)
SIMPAC	100
영풍정밀	23
우진	41

매출구성
PRESS	79.6
주물,산업기계	20.4
창고임대	0.0

비용구성
매출원가율	81.5
판관비율	9.7

수출비중
수출	49.0
내수	51.0

회사 개요
동사는 1973년 동성개발공업으로 설립됨. 1989년 유가증권시장에 상장하면서 상호를 쌍용정공으로 변경함. 2001년 쌍용그룹에서 계열분리되며 상호를 SIMPAC으로 변경. 심팩인더스트리 등 7개 연결대상 종속회사를 보유하고 있음. 지배사인 동사는 프레스사업부문만을 영위하고 있음. 연결대상 종속회사에 포함된 회사들은 프레스, 주물 및 산업기계, 임대, 생산관리서비스 사업을 영위하고 있음.

실적 분석
2016년 연결기준의 매출액은 전년도 대비 소폭 하락한 2670.7억원을 기록함. 매출원가율 개선과 판매비와 관리비 감소로 영업이익은 전년도 대비 11% 증가한 235.7억원 기록. 그러나 금융손실이 커져 비영업부문이 적자로 전환됨. 이에 당기순이익은 전년도 대비 1.6% 감소한 161.8억원 시현. 실적개선을 위해 프레스사업에서 수출을 늘리고 있음.

현금 흐름 〈단위 : 억원〉
항목	2015	2016
영업활동	103	352
투자활동	-160	-45
재무활동	39	-45
순현금흐름	-16	269
기말현금	250	519

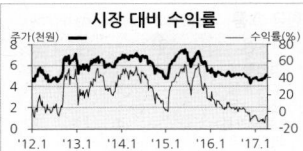

시장 대비 수익률

결산 실적 〈단위 : 억원〉
항목	2011	2012	2013	2014	2015	2016
매출액	2,154	2,254	2,058	2,632	2,695	2,671
영업이익	289	252	236	173	212	236
당기순이익	250	193	200	143	164	162

분기 실적 〈단위 : 억원〉
항목	2015.3Q	2015.4Q	2016.1Q	2016.2Q	2016.3Q	2016.4Q
매출액	548	803	844	719	384	724
영업이익	59	29	88	81	-13	80
당기순이익	52	3	62	61	-25	64

재무 상태 〈단위 : 억원〉
항목	2011	2012	2013	2014	2015	2016
총자산	3,109	3,187	3,620	3,819	4,228	4,179
유형자산	729	740	737	1,694	1,810	1,787
무형자산	11	12	12	10	38	11
유가증권	359	726	619	127	113	92
총부채	1,419	1,308	1,532	1,628	1,908	1,774
총차입금	439	403	663	421	535	551
자본금	145	145	145	145	145	145
총자본	1,689	1,879	2,088	2,191	2,320	2,404
지배주주지분	1,689	1,879	2,088	2,187	2,320	2,404

기업가치 지표
항목	2011	2012	2013	2014	2015	2016
주가(최고/저)(천원)	7.1/3.7	7.4/4.3	7.0/5.0	7.2/4.8	7.6/4.5	5.6/4.2
PER(최고/저)(배)	9.1/4.8	12.1/7.1	10.8/7.8	15.4/10.4	14.0/8.3	10.4/7.8
PBR(최고/저)(배)	1.3/0.7	1.2/0.7	1.0/0.7	1.0/0.7	1.0/0.6	0.7/0.5
EV/EBITDA(배)	3.9	7.1	9.5	7.2	7.1	4.7
EPS(원)	859	663	689	492	565	556
BPS(원)	5,876	6,526	7,247	7,586	8,043	8,429
CFPS(원)	942	772	811	676	758	758
DPS(원)	100	100	80	80	120	100
EBITDAPS(원)	1,076	975	933	780	923	1,012

재무 비율 〈단위 : % 〉
연도	영업이익률	순이익률	부채비율	차입금비율	ROA	ROE	유보율	자기자본비율	EBITDA마진율
2016	8.8	6.1	73.8	22.9	3.9	6.9	1,585.8	57.5	11.0
2015	7.9	6.1	82.3	23.0	4.1	7.3	1,508.5	54.9	10.0
2014	6.6	5.4	74.3	19.2	3.9	6.7	1,417.2	57.4	8.6
2013	11.5	9.7	73.3	31.8	5.9	10.1	1,349.5	57.7	13.2

에스아이티글로벌 (A050320)
Smart Information Technology Global

업 종 : IT 서비스		시 장 : KOSDAQ	
신용등급 : (Bond) — (CP) —		기업규모 :	
홈 페 이 지 : www.sitglobal.co.kr		연 락 처 : 02)2106-0606	
본 사 : 서울시 금천구 가산디지털1로 151 이노플렉스 1차 706호			

설 립 일 1995.08.09	종 업 원 수 53명	대 표 이 사 정창례
상 장 일 2002.01.15	감 사 의 견 한정(불확실성) (상억)	계 열
결 산 기 12월	보 통 주 5,049만주	종 속 회 사 수
액 면 가 100원	우 선 주	구 상 호 아남정보기술

주주구성 (지분율,%)
디지파이코리아	17.9
디지파이홀딩스	5.0
(외국인)	0.8

출자관계 (지분율,%)

주요경쟁사 (외형,%)
에스아이티글로벌	100
삼성에스디에스	64,305
포스코 ICT	6,815

매출구성
시스템통합 및 유통	54.3
통합유지보수 및 용역개발	44.6
전자칠판	1.1

비용구성
매출원가율	89.6
판관비율	80.7

수출비중
수출	—
내수	—

회사 개요
동사의 주요사업으로는 전산기기 및 S/W 납품 제공하는 컴퓨터 및 패키지 소프트웨어 유통사업, 컨설팅, 통합유지보수, 시스템구축 등을 제공하는 시스템통합(SI) 사업과 전자칠판 제조, 전자도서관, DB구축, CMS개발 등을 제공하는 교육정보화 사업에 영위함. 동사의 강점이라 할 수 있는 중소기업용 정보시스템 시장이 업계의 수요처로 관심이 높아짐. 그러나 대형 SI기업 관계사 시장 진입이 어려워 부진 지속.

실적 분석
동사의 2016년 연결기준 결산 매출액은 18.7% 감소한 127.2억원, 영업손실은 89.4억원으로 적자지속. 전자칠판을 판매하는 교육정보화 사업부의 부진이 지속. 전산기기, System Software의 수요와 통합 유지보수 등 용역 서비스 확대가 가시적 성과를 보이지 않으므로 당기순손실은 206.0억원을 기록. 대형 SI기업의 주 고객으로 구성된 그룹 관계사 시장 개척이 부진해 당기순이익 감소를 지속. 회계감사 '한정'의견을 받으며 고전

현금 흐름 〈단위 : 억원〉
항목	2015	2016
영업활동	-23	-97
투자활동	69	-99
재무활동	-19	161
순현금흐름	27	-35
기말현금	36	1

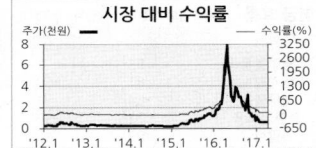

시장 대비 수익률

결산 실적 〈단위 : 억원〉
항목	2011	2012	2013	2014	2015	2016
매출액	219	195	185	155	157	127
영업이익	-14	-2	-24	-8	-34	-89
당기순이익	-25	5	-26	-8	-15	-206

분기 실적 〈단위 : 억원〉
항목	2015.3Q	2015.4Q	2016.1Q	2016.2Q	2016.3Q	2016.4Q
매출액	32	53	41	25	25	36
영업이익	-2	-29	-2	-13	-43	-31
당기순이익	-6	-28	-3	-33	-56	-115

재무 상태 〈단위 : 억원〉
항목	2011	2012	2013	2014	2015	2016
총자산	177	178	180	161	119	60
유형자산	25	27	25	23	42	9
무형자산	12	9	7	4	1	1
유가증권	29	29	31	38	1	6
총부채	95	85	110	106	75	33
총차입금	39	33	59	48	30	1
자본금	37	37	37	37	37	50
총자본	82	93	70	55	43	27
지배주주지분	82	93	70	55	43	27

기업가치 지표
항목	2011	2012	2013	2014	2015	2016
주가(최고/저)(천원)	0.3/0.2	0.7/0.2	0.4/0.2	0.4/0.2	1.4/0.2	8.5/0.7
PER(최고/저)(배)	—/—	47.4/15.6	—/—	—/—	—/—	—/—
PBR(최고/저)(배)	1.2/0.8	2.8/0.9	2.3/1.3	2.4/1.5	12.4/1.9	160.2/13.4
EV/EBITDA(배)		22.5				
EPS(원)	-61	15	-71	-23	-39	-442
BPS(원)	1,103	1,258	940	745	581	53
CFPS(원)	-216	156	-282	-81	-181	-440
DPS(원)						
EBITDAPS(원)	-99	60	-242	-70	-442	-190

재무 비율 〈단위 : % 〉
연도	영업이익률	순이익률	부채비율	차입금비율	ROA	ROE	유보율	자기자본비율	EBITDA마진율
2016	-70.3	-161.9	일부잠식	일부잠식	-230.5	-588.2	-46.8	44.7	-69.5
2015	-21.7	-9.3	174.7	69.5	-10.4	-29.6	16.2	36.4	-21.0
2014	-4.9	-5.4	191.5	87.2	-4.9	-13.4	49.1	34.3	-3.4
2013	-12.7	-14.2	158.3	84.1	-14.7	-32.5	88.0	38.7	-9.7

에스앤더블류 (A103230)
S&W

업 종: 조선		시 장: KOSDAQ	
신용등급: (Bond) — (CP) —		기업규모: 중견	
홈페이지: www.snwcorp.com		연 락 처: 051)205-7411	
본 사: 부산시 사하구 다대로 170번길 29(신평동)			

설 립 일 2009.07.02	종업원수 173명	대표이사 정화섭	
상 장 일 2009.08.05	감사의견 적정 (삼일)	계 열	
결 산 기 12월	보통주 720만주	종속회사수	
액 면 가 500원	우선주	구 상 호	

주주구성 (지분율,%)		출자관계 (지분율,%)		주요경쟁사 (외형,%)	
정화섭	67.1			에스앤더블류	100
양정호	0.4			인화정공	227
(외국인)	1.2			케이프	289

매출구성		비용구성		수출비중	
산업부품	42.9	매출원가율	92.2	수출	16.3
선박(디젤)엔진 부품(엔진볼트)	27.3	판관비율	12.7	내수	83.7
선박(디젤)엔진 부품(밸브시트링외)	10.3				

회사 개요
동사는 엔진볼트, 밸브, 시트링 등을 제조·판매하는 선박엔진부품 사업부문과 해양사업부문, 대형건설업 및 플랜트에 사용되는 볼트류를 제조·판매하는 산업사업부문, 그리고 단조사업부문을 주력사업으로 영위하고 있음. 동사는 세계적인 엔진업체인 Man Diesel사와의 부품공급 승인업체 등록에 이어서 Wartsila사와도 볼트류 및 캠 공급 개발 및 공급승인 업체로 등록됨으로써 경쟁업체 대비 우월한 입지를 확보하였음

실적 분석
동사의 2016년 연결기준 매출액은 422.0억원으로 전년대비 13.5% 감소함. 매출감소와 원가율 증가로 매출총이익이 감소했음. 이로 인해 20.7억원의 영업손실을 기록하며 적자전환함. 영업손실로 10.7억원의 당기순손실을 기록함으로 적자전환함. 전방산업인 조선업황 부진에 따른 매출 부진과 실적 악화가 이어짐. 향후 조선산업의 전망에 따라 매출증감 및 실적 개선 여부가 결정될 것으로 예상됨

현금 흐름 *IFRS 별도 기준 〈단위 : 억원〉

항목	2015	2016
영업활동	55	1
투자활동	81	-50
재무활동	-64	-1
순현금흐름	72	-50
기말현금	93	43

시장 대비 수익률
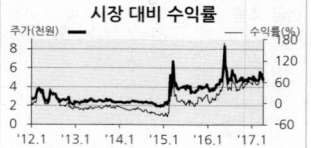

결산 실적 〈단위 : 억원〉

항목	2011	2012	2013	2014	2015	2016
매출액	864	705	498	508	488	422
영업이익	11	5	-8	1	1	-21
당기순이익	-13	26	6	28		-11

분기 실적 *IFRS 별도 기준 〈단위 : 억원〉

항목	2015.3Q	2015.4Q	2016.1Q	2016.2Q	2016.3Q	2016.4Q
매출액	119	114	103	117	94	108
영업이익	4	-4	0	-3	-7	-11
당기순이익	21	3	3	-0	-6	-7

재무 상태 *IFRS 별도 기준 〈단위 : 억원〉

항목	2011	2012	2013	2014	2015	2016
총자산	956	859	777	770	723	702
유형자산	508	499	491	490	412	383
무형자산	8	5	4	3	1	1
유가증권	1	11	1	1	1	1
총부채	436	308	223	218	150	140
총차입금	319	222	119	78	14	13
자본금	36	36	36	36	36	36
총자본	520	551	554	551	573	563
지배주주지분	520	551	554	551	573	563

기업가치 지표 *IFRS 별도 기준

항목	2011	2012	2013	2014	2015	2016
주가(최고/저)(천원)	4.4/2.3	4.1/2.0	2.7/2.1	2.6/1.9	6.7/2.0	8.3/3.5
PER(최고/저)(배)	—/—	11.5/5.7	34.9/26.9	92.4/69.9	18.5/5.5	—/—
PBR(최고/저)(배)	0.6/0.3	0.5/0.3	0.4/0.3	0.3/0.3	0.8/0.3	1.1/0.4
EV/EBITDA(배)	11.5	9.6	11.1	6.8	8.4	
EPS(원)	-178	356	79	28	363	-149
BPS(원)	7,225	7,648	7,689	7,660	7,964	7,813
CFPS(원)	278	807	512	432	726	107
DPS(원)	—	—	—	—	—	—
EBITDAPS(원)	609	522	327	414	377	-31

재무 비율 〈단위 : % 〉

연도	영업이익률	순이익률	부채비율	차입금비율	ROA	ROE	유보율	자기자본비율	EBITDA마진율
2016	-4.9	-2.5	24.8	2.2	-1.5	-1.9	1,462.6	80.1	-0.5
2015	0.2	5.4	26.2	2.4	3.5	4.7	1,492.9	79.3	5.6
2014	0.1	0.4	39.6	14.1	0.3	0.4	1,431.9	71.6	5.9
2013	-1.5	1.1	40.3	21.4	0.7	1.0	1,437.8	71.3	4.7

에스앤디 (A260970)
S&D COLTD

업 종: 식료품		시 장: KONEX	
신용등급: (Bond) — (CP) —		기업규모:	
홈페이지: www.isnd.co.kr		연 락 처: 043)710-8000	
본 사: 충북 청주시 흥덕구 오송읍 오송생명4로 163 (만수리)			

설 립 일 1998.12.15	종업원수 명	대표이사 여경목	
상 장 일 2016.12.29	감사의견 적정 (효림)	계 열	
결 산 기 12월	보통주 30만주	종속회사수	
액 면 가 5,000원	우선주	구 상 호	

주주구성 (지분율,%)		출자관계 (지분율,%)		주요경쟁사 (외형,%)	
여경목	31.2			에스앤디	100
한국산업은행	16.5			넥스트BT	341
				뉴트리바이오텍	556

매출구성		비용구성		수출비중	
조미식품	88.4	매출원가율	77.1	수출	—
임가공	5.5	판관비율	17.4	내수	—
건강기능식품	5.1				

회사 개요
1998년 설립한 동사는 2016년 12월 코넥스 시장에 상장. 창업 이래 식품에 기능을 부여하는 Bio식품 소재화를 생산, 판매. 2001년 기업부설연구소 설립해 신제품 연구개발 및 품질관리에 주력. 2013년 오송생명과학단지에 신규공장 신설 및 과감한 설비투자로 생산시설의 현대화와 함께 식품GMP, ISO, HACCP 등 고도의 관리체계를 통하여 식품위생 및 안정성 확보.

실적 분석
동사의 2016년 연결기준 결산 매출액은 217.1억원으로 전년 (154억원) 대비 약 40% 증가함. 매출이 큰 폭으로 증가하면서 고정비용 감소 효과로 인해 영업이익은 12.1억원으로 전년 (2.6억원) 대비 4배 이상 증가함. 영업이익 증가로 인해 당기순이익도 12.9억원으로 전년 (2.6억원) 대비 약 5배 증가함. 매출 확대에 따른 외형 성장과 수익성 개선이 동시에 진행되고 있음.

현금 흐름 *IFRS 별도 기준 〈단위 : 억원〉

항목	2015	2016
영업활동	16	26
투자활동	-25	-4
재무활동	-8	5
순현금흐름	4	27
기말현금	30	57

시장 대비 수익률
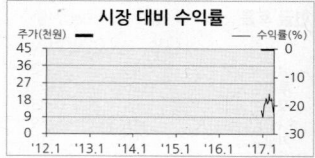

결산 실적 〈단위 : 억원〉

항목	2011	2012	2013	2014	2015	2016
매출액	156	187	122	127	154	217
영업이익	19	19	-14	-7	3	12
당기순이익	13	26	32	-5	3	13

분기 실적 *IFRS 별도 기준 〈단위 : 억원〉

항목	2015.3Q	2015.4Q	2016.1Q	2016.2Q	2016.3Q	2016.4Q
매출액	—	—	—	—	—	—
영업이익	—	—	—	—	—	—
당기순이익	—	—	—	—	—	—

재무 상태 *IFRS 별도 기준 〈단위 : 억원〉

항목	2011	2012	2013	2014	2015	2016
총자산	157	214	203	202	201	244
유형자산	37	40	142	93	83	79
무형자산	11	14	12	13	13	10
유가증권	0	1	2	2	2	2
총부채	74	106	64	68	65	96
총차입금	16	18	34	37	29	35
자본금	15	15	15	15	15	15
총자본	83	107	139	134	136	148
지배주주지분	83	107	139	134	136	148

기업가치 지표 *IFRS 별도 기준

항목	2011	2012	2013	2014	2015	2016
주가(최고/저)(천원)	—/—	—/—	—/—	—/—	—/—	44.9/44.9
PER(최고/저)(배)	0.0/0.0	0.0/0.0	0.0/0.0	0.0/0.0	0.0/0.0	10.6/10.6
PBR(최고/저)(배)	0.0/0.0	0.0/0.0	0.0/0.0	0.0/0.0	0.0/0.0	0.9/0.9
EV/EBITDA(배)	—	—	3.0	1.1	—	5.2
EPS(원)	4,397	8,478	10,609	-1,524	883	4,249
BPS(원)	27,288	35,339	45,720	44,056	44,815	48,789
CFPS(원)	6,886	10,874	16,463	4,417	4,950	7,621
DPS(원)	—	—	—	—	—	250
EBITDAPS(원)	8,733	8,763	1,299	3,560	4,947	7,360

재무 비율 〈단위 : % 〉

연도	영업이익률	순이익률	부채비율	차입금비율	ROA	ROE	유보율	자기자본비율	EBITDA마진율
2016	5.6	5.9	64.6	23.8	5.8	9.1	875.8	60.8	10.3
2015	1.7	1.7	47.6	21.6	1.3	2.0	796.3	67.8	9.8
2014	-5.7	-3.7	50.7	27.9	-2.3	-3.4	781.1	66.4	8.5
2013	-11.4	26.5	46.1	24.5	15.5	26.2	814.4	68.5	3.2

에스앤씨엔진그룹 (A900080)
S&C Engine Group

업 종 : 자동차부품	시 장 : KOSDAQ
신용등급 : (Bond) — (CP) —	기업규모 : —
홈페이지 : www.scengine.co.kr	연 락 처 : +852-2940-7730

본 사 : ROOM 01, 21/F, PROSPER COMMERCIAL BUILDING, 9 YIN CHONG STREET, KOWLOON, H.K

설 립 일	2008.11.14	종 업 원 수	1,083명	대 표 이 사	천진산
상 장 일	2009.12.04	감 사 의 견	적정 (다산)	계 열	
결 산 기	12월	보 통 주	9,638만주	종 속 회 사 수	
액 면 가	—	우 선 주	—	구 상 호	중국엔진집단

주주구성 (지분율,%)		출자관계 (지분율,%)		주요경쟁사 (외형,%)	
Chan Kwok Wai	37.5	바오신엔진	100.0	에스앤씨엔진그룹	100
CHEN JIN SHAN	4.5	홍콩의인	100.0	평화정공	619
(외국인)	43.2	산리엔진	100.0	서연	1,615

매출구성		비용구성		수출비중	
		매출원가율	0.0	수출	—
		판관비율	0.0	내수	—

회사 개요
동사는 홍콩의인국제유한공사 및 진강시바오신엔진유한공사를 통하여 산리엔진 및 청다기어를 최종적으로 지배하고 있는 지주회사임. 모터사이클과 기어 제품이 동사의 주 매출원이며, 중국내 로컬 자동차업체의 요구로 대규모 자동차기어 생산능력을 확보하였음. 또한 대형 좌석식 제초기를 개발해 북미시장 진출을 추진하고 있음. 최근 '에스앤씨엔진그룹 리미티드'로 상호를 변경하였음. 산리엔진이 중국 푸젠성 내 모토싸이클 시장의 52% 가량을 점유하고 있음.

실적 분석
전방 시장 성장 둔화로 인해 동사의 2016년 연결기준 연간 매출액 및 영업이익은 각각 1,676.3억원, 341.6억원으로 전년 대비 15.1%, 24.2% 감소함. 이는 잠정실적 기준임. 향후 기어부문을 중심으로 실적 성장을 추진할 계획이며, 전기차 모델의 정식 출시일정에 따라 전기차용 기어제품도 양산되어 강력한 모멘텀으로 작용할 것이라고 예상함.

현금 흐름
〈단위 : 억원〉

항목	2015	2016
영업활동	283	—
투자활동	-40	—
재무활동	70	—
순현금흐름	314	—
기말현금	1,622	—

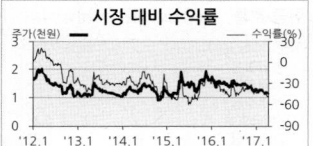
시장 대비 수익률

결산 실적
〈단위 : 억원〉

항목	2011	2012	2013	2014	2015	2016
매출액	2,036	1,979	1,987	1,747	1,974	—
영업이익	626	495	432	386	450	—
당기순이익	412	364	277	149	295	—

분기 실적
〈단위 : 억원〉

항목	2015.3Q	2015.4Q	2016.1Q	2016.2Q	2016.3Q	2016.4Q
매출액	507	488	516	479	353	—
영업이익	111	110	114	105	67	—
당기순이익	89	52	85	100	38	—

재무 상태
〈단위 : 억원〉

항목	2011	2012	2013	2014	2015	2016
총자산	2,583	3,088	3,463	3,554	4,167	—
유형자산	943	1,058	1,030	999	1,045	—
무형자산	—	—	—	—	—	—
유가증권	—	—	—	324	330	—
총부채	169	403	468	294	427	—
총차입금	1	201	240	18	18	—
자본금	64	62	63	744	872	—
총자본	2,415	2,685	2,995	3,260	3,740	—
지배주주지분	2,415	2,685	2,995	3,260	3,740	—

기업가치 지표

항목	2011	2012	2013	2014	2015	2016
주가(최고/저)(천원)	3.2/1.5	2.0/1.0	1.5/1.0	1.6/0.9	2.2/1.0	1.8/1.2
PER(최고/저)(배)	6.9/3.3	5.0/2.5	5.0/3.3	9.8/5.4	7.2/3.4	0.0/0.0
PBR(최고/저)(배)	1.2/0.6	0.7/0.3	0.5/0.3	0.5/0.3	0.6/0.3	0.0/0.0
EV/EBITDA(배)	1.2	0.3	—	—	—	—
EPS(원)	515	442	335	179	334	—
BPS(원)	6,036	6,501	7,251	7,626	4,099	—
CFPS(원)	1,204	1,100	906	599	465	—
DPS(원)	—	—	—	—	—	—
EBITDAPS(원)	1,545	1,345	1,426	1,172	625	—

재무 비율
〈단위 : % 〉

연도	영업이익률	순이익률	부채비율	차입금비율	ROA	ROE	유보율	자기자본비율	EBITDA마진율
2016	0.0	0.0	0.0	0.0	0.0	0.0	0.0	0.0	0.0
2015	22.8	14.9	11.4	0.5	7.6	8.4	329.0	89.8	28.0
2014	22.1	8.5	9.0	0.6	4.3	4.8	338.1	91.7	28.0
2013	21.7	13.9	15.6	8.0	8.4	9.7	4,632.7	86.5	29.6

에스앤에스텍 (A101490)
S&S TECH

업 종 : 반도체 및 관련장비	시 장 : KOSDAQ
신용등급 : (Bond) — (CP) —	기업규모 : 벤처
홈페이지 : www.snstech.co.kr	연 락 처 : 053)589-1692

본 사 : 대구시 달서구 호산동로 42

설 립 일	2001.02.22	종 업 원 수	177명	대 표 이 사	남기수
상 장 일	2009.04.14	감 사 의 견	적정 (안진)	계 열	
결 산 기	12월	보 통 주	1,974만주	종 속 회 사 수	
액 면 가	500원	우 선 주	—	구 상 호	

주주구성 (지분율,%)		출자관계 (지분율,%)		주요경쟁사 (외형,%)	
정수홍	21.9	메디치1호투자조합	57.1	에스앤에스텍	100
케이티지	5.1	에이피씨티	18.5	유니테스트	216
				디엔에프	108

매출구성		비용구성		수출비중	
블랭크 마스크	100.0	매출원가율	70.5	수출	22.6
		판관비율	15.9	내수	77.4

회사 개요
동사는 반도체 및 TFT-LCD 제조에 사용되는 포토마스크의 핵심재료인 블랭크마스크 사업과 투자활동 관련 사업으로 구성되어 있음. 터치스크린 패널 모듈 제조업을 영위하는 '에스에스디'와 반도체, LCD용 Chemical 재료 제조업을 영위하는 '에스앤에스켐', 중소기업 창업투자 회사의 제반업무를 영위하는 '메디치1호투자조합'등을 연결대상 종속회사로 보유하고 있음.

실적 분석
동사의 2016년 누적 매출액과 영업이익은 전년동기대비 각각 6%증가, 29% 감소한 540억원, 73.1억원을 기록함. OLED향 블랭크 마스크 매출이 증가하며 전체 매출에서 차지하는 디스플레이용 블랭크 마스크 매출이 증가하는 추세임. 매출원가가 큰 폭으로 증가하며 영업이익은 전년대비 감소. 중국 포토마스크 공급량이 증가하고 있으며, 2017년 미국 반도체 업체 추가 공급 가능성이 높음.

현금 흐름
〈단위 : 억원〉

항목	2015	2016
영업활동	143	127
투자활동	-48	-370
재무활동	14	119
순현금흐름	109	-124
기말현금	195	70

시장 대비 수익률

결산 실적
〈단위 : 억원〉

항목	2011	2012	2013	2014	2015	2016
매출액	502	518	470	457	512	540
영업이익	48	-6	71	67	103	73
당기순이익	26	-43	-106	-47	74	90

분기 실적
〈단위 : 억원〉

항목	2015.3Q	2015.4Q	2016.1Q	2016.2Q	2016.3Q	2016.4Q
매출액	129	138	142	—	—	—
영업이익	31	24	27	—	—	—
당기순이익	22	13	22	—	—	—

재무 상태
〈단위 : 억원〉

항목	2011	2012	2013	2014	2015	2016
총자산	1,312	1,344	1,287	863	963	1,210
유형자산	698	707	788	485	474	777
무형자산	81	92	87	37	37	45
유가증권	115	87	32	45	0	0
총부채	653	724	752	371	307	458
총차입금	533	603	629	319	221	282
자본금	78	78	78	80	95	99
총자본	659	620	534	492	656	751
지배주주지분	611	590	504	473	656	751

기업가치 지표

항목	2011	2012	2013	2014	2015	2016
주가(최고/저)(천원)	5.4/2.6	4.0/2.5	4.1/2.7	4.0/1.9	11.8/3.1	10.4/6.4
PER(최고/저)(배)	25.7/12.1	—/—	—/—	—/—	27.6/7.3	22.8/14.0
PBR(최고/저)(배)	1.4/0.7	1.1/0.7	1.3/0.8	1.4/0.7	3.4/0.9	2.7/1.7
EV/EBITDA(배)	7.8	12.5	5.9	5.3	10.4	13.0
EPS(원)	217	-98	-456	-306	427	455
BPS(원)	3,910	3,775	3,227	2,966	3,436	3,808
CFPS(원)	651	447	107	174	745	765
DPS(원)	50	50	—	—	—	—
EBITDAPS(원)	739	507	1,016	908	915	681

재무 비율
〈단위 : % 〉

연도	영업이익률	순이익률	부채비율	차입금비율	ROA	ROE	유보율	자기자본비율	EBITDA마진율
2016	13.5	16.6	61.0	37.6	8.3	12.7	661:5	62.1	24.8
2015	20.1	14.4	46.9	33.6	8.1	13.1	587.2	68.1	30.9
2014	14.6	-10.2	75.5	64.9	-4.3	-9.8	493.1	57.0	31.1
2013	15.1	-22.5	140.9	117.9	-8.0	-13.0	545.3	41.5	33.8

에스앤티모티브 (A064960)
S&T Motiv

업 종 : 자동차부품		시 장 : 거래소	
신용등급 : (Bond) — (CP) —		기업규모 : 시가총액 중형주	
홈페이지 : www.sntmotiv.com		연 락 처 : 051)509-2590	
본 사 : 부산시 기장군 철마면 여락송정로 363			

설 립 일 2002.02.06	종 업 원 수 885명	대 표 이 사 유기준
상 장 일 2002.03.11	감 사 의 견 적정 (삼일)	계 열
결 산 기 12월	보 통 주 1,462만주	종속회사수
액 면 가 5,000원	우 선 주	구 상 호

주주구성 (지분율,%)		출자관계 (지분율,%)		주요경쟁사 (외형,%)	
S&T홀딩스	37.2	S&TC	52.9	S&T모티브	100
국민연금공단	12.9	S&T대우거제부품(군산)유한공사	100.0	현대모비스	3,316
(외국인)	14.0	광주S&T중공유한공사	100.0	한온시스템	494

매출구성		비용구성		수출비중	
기타	25.7	매출원가율	84.8	수출	76.4
모터	23.7	판관비율	9.0	내수	23.6
열교환기 등	21.5				

회사 개요
동사는 한국GM의 최대 부품공급업체 중 하나로 차량용 샤시, 에어백, 모터, 네비게이션 등의 차량용 부품과 개인용 복합화기 등의 방산제품을 생산하는 업체임. 차량용 부품의 경우 기술력 및 품질의 우수성을 인정받아 한국GM의 핵심부품 공급뿐만 아니라 GM, PSA, 다임러, 포드 등 글로벌 완성차 업체에 부품을 납품하고 있으며, 방산 역시 안정적 매출을 시현 중임. 최근 S&T모터스가 매각되고 S&TC가 자회사로 편입되는 관계회사 이동이 있었음.

실적 분석
동사의 연결재무제표 기준 2016년 4분기 매출액은 1조1,538.1억원으로 전년동기 대비 4.7% 소폭 증가함. 같은 기간 판관비는 8% 증가하여 영업이익은 716.5억원을 기록, 41.8% 감소함. 최종적으로 당기순이익은 전년동기 대비 64.7% 감소한 343.4억원을 시현함. 방산/변속기 오일펌프/DCT모터 등 수익성 높은 상품 매출 증가, 달러대비 원화 약세가 수익성 개선에 기여하였음.

현금 흐름
〈단위 : 억원〉

항목	2015	2016
영업활동	705	1,061
투자활동	-124	-354
재무활동	-100	-171
순현금흐름	482	541
기말현금	1,415	1,956

시장 대비 수익률

결산 실적
〈단위 : 억원〉

항목	2011	2012	2013	2014	2015	2016
매출액	9,105	9,051	8,749	10,993	12,105	11,538
영업이익	348	344	554	690	1,231	716
당기순이익	407	157	299	635	974	343

분기 실적
〈단위 : 억원〉

항목	2015.3Q	2015.4Q	2016.1Q	2016.2Q	2016.3Q	2016.4Q
매출액	2,837	3,322	2,852	2,759	2,764	3,164
영업이익	291	333	265	196	245	10
당기순이익	285	212	201	149	54	-60

재무 상태
〈단위 : 억원〉

항목	2011	2012	2013	2014	2015	2016
총자산	8,994	8,951	12,060	11,150	11,728	12,482
유형자산	4,243	4,279	5,453	4,991	4,992	4,954
무형자산	61	64	113	118	128	161
유가증권	18	16	14	15	17	20
총부채	4,162	4,050	5,458	4,549	4,039	4,594
총차입금	517	526	725	300	3	3
자본금	731	731	731	731	731	731
총자본	4,832	4,901	6,602	6,602	7,689	7,888
지배주주지분	4,370	4,499	5,236	5,770	6,599	6,806

기업가치 지표

항목	2011	2012	2013	2014	2015	2016
주가(최고/저)(천원)	34.1/23.2	29.0/16.2	29.5/20.6	41.3/24.1	85.2/38.8	84.8/38.1
PER(최고/저)(배)	13.9/9.5	21.5/12.0	13.8/9.6	10.4/6.1	14.9/6.8	37.7/16.9
PBR(최고/저)(배)	1.3/0.9	1.0/0.6	0.9/0.6	1.1/0.6	1.9/0.9	1.9/0.8
EV/EBITDA(배)	6.9	6.3	8.5	6.8	8.1	6.4
EPS(원)	2,721	1,479	2,305	4,198	5,853	2,295
BPS(원)	30,384	31,420	36,191	39,841	45,194	46,542
CFPS(원)	4,248	3,071	2,305	5,783	7,622	4,051
DPS(원)	400	500	600	800	1,000	1,000
EBITDAPS(원)	3,904	3,944	3,792	6,304	10,190	6,655

재무 비율
〈단위 : % 〉

연도	영업이익률	순이익률	부채비율	차입금비율	ROA	ROE	유보율	자기자본비율	EBITDA마진율
2016	6.2	3.0	58.2	0.0	2.8	5.0	830.8	63.2	8.4
2015	10.2	8.0	52.5	0.1	8.5	13.8	803.9	65.6	12.3
2014	6.3	5.8	68.9	4.5	5.5	11.2	696.8	59.2	8.4
2013	6.3	3.4	82.7	11.0	2.9	6.9	623.8	54.7	6.3

에스앤티씨 (A100840)
S&T

업 종 : 에너지 시설 및 서비스		시 장 : 거래소	
신용등급 : (Bond) — (CP) —		기업규모 : 시가총액 소형주	
홈페이지 : www.hisnt.com		연 락 처 : 055)212-6500	
본 사 : 경남 창원시 성산구 완암로 12			

설 립 일 2008.02.05	종 업 원 수 223명	대 표 이 사 김도환
상 장 일 2008.02.22	감 사 의 견 적정 (대주)	계 열
결 산 기 12월	보 통 주 708만주	종속회사수
액 면 가 500원	우 선 주	구 상 호

주주구성 (지분율,%)		출자관계 (지분율,%)		주요경쟁사 (외형,%)	
S&T모티브	52.9	S&TPLANTSERVICEPTYLTD	100.0	S&TC	100
국민연금공단	13.2	S&TGulfCo.,Ltd	50.0	신성이엔지	85
(외국인)	1.3			한국테크놀로지	2

매출구성		비용구성		수출비중	
열교환기	82.4	매출원가율	80.7	수출	92.2
기타	17.6	판관비율	18.9	내수	7.8

회사 개요
동사는 2008년 (구)S&TC가 인적분할되어 S&T홀딩스(지주회사)와 분할된 사업회사임. 주요 제품으로 공랭식열교환기, 배열회수보일러, 복수기, 탈질설비가 있음. 이중 열교환기 제품이 주력 사업 품목임. 동사는 해외시장 영업다각화를 위해 공랭식열교환기는 PETROFAC, KBR, CHIYODA, 등과 영업활동을 강화하고 있고 배열회수보일러는 CMI, VPI, HDI, FOST 등과 협력관계를 유지하며 영업활동 중임.

실적 분석
동사의 2016년 결산 누적 매출액은 2,540.9억원으로 전년동기 대비 2.3% 감소하며 외형 축소. 영업이익과 당기순이익 또한 각각 12.0억원과 16.6억원을 기록하며 전년동기 대비 96.5%, 93.9%의 마이너스 성장세를 기록하여 수익성이 저하됨. 동사는 중동시장의 경우 사우디 생산기지를 거점으로 플랜트 기자재 부문 현지화 전략을 진행하고 있으며 동남아시아 등 타 지역에서는 현지 파트너 업체를 물색하며 영업라인을 구축하려는 계획.

현금 흐름
*IFRS 별도 기준 〈단위 : 억원〉

항목	2015	2016
영업활동	22	350
투자활동	-4	-63
재무활동	-92	-36
순현금흐름	-73	271
기말현금	317	588

시장 대비 수익률
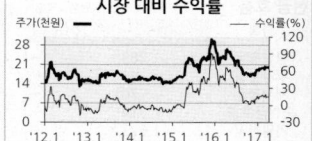

결산 실적
〈단위 : 억원〉

항목	2011	2012	2013	2014	2015	2016
매출액	1,953	2,307	2,008	2,427	2,601	2,541
영업이익	-67	151	168	138	339	12
당기순이익	-42	91	162	113	270	17

분기 실적
*IFRS 별도 기준 〈단위 : 억원〉

항목	2015.3Q	2015.4Q	2016.1Q	2016.2Q	2016.3Q	2016.4Q
매출액	655	654	667	654	613	606
영업이익	102	76	86	52	55	-180
당기순이익	109	31	66	43	-23	-69

재무 상태
*IFRS 별도 기준 〈단위 : 억원〉

항목	2011	2012	2013	2014	2015	2016
총자산	2,765	2,928	3,117	3,045	3,162	3,480
유형자산	1,226	1,223	1,204	1,201	1,187	1,181
무형자산	44	40	43	40	36	31
유가증권	3	3	3	3	3	3
총부채	1,159	1,095	1,135	968	848	1,182
총차입금	221	49	52	81		
자본금	35	35	35	35	35	35
총자본	1,606	1,833	1,982	2,077	2,314	2,298
지배주주지분	1,606	1,833	1,982	2,077	2,314	2,298

기업가치 지표
*IFRS 별도 기준

항목	2011	2012	2013	2014	2015	2016
주가(최고/저)(천원)	19.5/11.1	21.7/12.9	18.7/13.9	16.9/13.9	31.3/14.5	28.7/16.4
PER(최고/저)(배)	—/—	18.8/11.2	9.0/6.7	11.5/9.4	8.5/4.0	125.7/71.9
PBR(최고/저)(배)	0.9/0.5	0.9/0.6	0.7/0.5	0.6/0.5	1.0/0.5	0.9/0.5
EV/EBITDA(배)	—	4.2	4.6	4.4	4.9	22.1
EPS(원)	-587	1,283	2,285	1,590	3,815	234
BPS(원)	24,376	25,874	27,971	29,319	32,662	32,436
CFPS(원)	-268	1,605	2,579	1,905	4,134	560
DPS(원)		200	300	500	500	
EBITDAPS(원)	-629	2,458	2,666	2,259	5,106	494

재무 비율
〈단위 : % 〉

연도	영업이익률	순이익률	부채비율	차입금비율	ROA	ROE	유보율	자기자본비율	EBITDA마진율
2016	0.5	0.7	51.5	0.0	0.5	0.7	6,387.3	66.0	1.4
2015	13.0	10.4	36.6	0.0	8.7	12.3	6,432.5	73.2	13.9
2014	5.7	4.6	46.6	3.9	3.7	5.6	5,763.8	68.2	6.6
2013	8.4	8.1	57.3	2.7	5.4	8.5	5,494.2	63.6	9.4

에스앤티중공업 (A003570)
S&T Dynamics

업　　종 : 자동차부품	시　　장 : 거래소
신용등급 : (Bond) — (CP) —	기업규모 : 시가총액 소형주
홈페이지 : www.hisntd.com	연 락 처 : 055)280-5000
본　　사 : 경남 창원시 성산구 남면로 599 (외동)	

설 립 일	1959.04.01	종업원수	837명	대표이사	정석균
상 장 일	1976.07.08	감사의견	적정 (삼정)	계　　열	
결 산 기	12월	보 통 주	3,247만주	종속회사수	
액 면 가	2,500원	우 선 주	—	구 상 호	

주주구성 (지분율,%)
S&T홀딩스	35.6
국민연금공단	13.3
(외국인)	16.6

출자관계 (지분율,%)
S&TAMT	100.0
두산캐피탈	2.2
제이티비씨	1.8

주요경쟁사 (외형,%)
에스앤티중공업	100

매출구성
차축, 변속기, 방산품, 기타부품(운수장비)	88.9
CNC선반, 머시닝센터, 전용기, 주조품 등(기계)	11.1

비용구성
매출원가율	95.0
판관비율	5.3

수출비중
수출	24.4
내수	75.6

회사 개요
동사는 1959년 예화산탄총제작소로 설립됨. 1976년 유가증권시장에 상장됨. 1984년 동양기계공업과 합병 후 상호를 통일로 변경했다가 2005년 현재의 사명으로 바뀜. 운수장비사업, 기계사업 등의 제조 및 판매가 주된 사업. 운수장비 사업은 방산용 변속기, 총화포 등 방위산업제품과 변속기, 차축 등 차량부품 등으로 나뉨. 기계사업은 공작기계, 주물소재(조관 포함)로 구분됨.

실적 분석
동사의 2016년 연결기준 누적 매출액은 4,680.1억원으로 전년동기 대비 7.2% 감소함. 외형 축소 및 판관비 상승의 영향으로 인해 영업이익과 당기순이익은 각각 -14.5억원과 -244.4억원의 손실을 기록하며 적자전환함. 실적부진은 경기침체에 따른 매출감소 및 매출원가 상승 등에 기인함. 김도환 대표이사가 물러나고, 현대모비스 출신의 한규환 부회장을 대표이사로 선임함.

현금 흐름
<단위 : 억원>
항목	2015	2016
영업활동	490	445
투자활동	-63	-98
재무활동	-36	-75
순현금흐름	391	272
기말현금	1,761	2,033

시장 대비 수익률
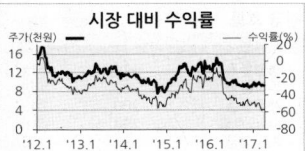

결산 실적
<단위 : 억원>
항목	2011	2012	2013	2014	2015	2016
매출액	7,442	6,121	5,840	5,585	5,044	4,680
영업이익	702	351	195	-37	385	-14
당기순이익	566	437	226	26	326	-244

분기 실적
<단위 : 억원>
항목	2015.3Q	2015.4Q	2016.1Q	2016.2Q	2016.3Q	2016.4Q
매출액	1,049	1,340	1,079	1,205	936	1,459
영업이익	77	89	-11	-8	-4	8
당기순이익	86	35	-36	-13	-43	-152

재무 상태
<단위 : 억원>
항목	2011	2012	2013	2014	2015	2016
총자산	11,823	11,566	9,357	9,144	9,217	8,905
유형자산	5,589	5,507	4,342	4,259	4,192	4,044
무형자산	228	251	237	270	211	129
유가증권	219	206	186	177	84	32
총부채	4,118	3,621	2,630	2,601	2,441	2,370
총차입금	354	158	81	78	71	68
자본금	837	837	837	837	837	837
총자본	7,705	7,945	6,727	6,543	6,776	6,535
지배주주지분	6,568	7,041	6,727	6,543	6,776	6,535

기업가치 지표
항목	2011	2012	2013	2014	2015	2016
주가(최고/저)(천원)	21.3/11.7	17.7/9.7	14.0/10.4	11.8/7.4	14.7/8.2	15.0/8.6
PER(최고/저)(배)	14.4/7.9	16.0/8.7	31.3/23.3	154.6/97.2	15.2/8.5	—/—
PBR(최고/저)(배)	1.1/0.6	0.9/0.5	0.7/0.5	0.6/0.4	0.7/0.4	0.7/0.4
EV/EBITDA(배)	6.3	6.9	8.0	9.2	4.8	5.2
EPS(원)	1,647	1,203	474	80	1,005	-752
BPS(원)	20,871	22,015	21,031	20,899	21,617	20,876
CFPS(원)	2,147	1,742	964	687	1,600	-86
DPS(원)	400	300	150	100	200	—
EBITDAPS(원)	2,663	1,621	1,090	493	1,780	622

재무 비율
<단위 : %>
연도	영업이익률	순이익률	부채비율	차입금비율	ROA	ROE	유보율	자기자본비율	EBITDA마진율
2016	-0.3	-5.2	36.3	1.1	-2.7	-3.7	710.1	73.4	4.3
2015	7.6	6.5	36.0	1.1	3.6	4.9	738.8	73.5	11.5
2014	-0.7	0.5	39.8	1.2	0.3	0.4	711.0	71.6	2.9
2013	3.3	3.9	39.1	1.2	2.2	2.2	716.1	71.9	6.1

에스앤티홀딩스 (A036530)
S&T Holdings

업　　종 : 자동차부품	시　　장 : 거래소
신용등급 : (Bond) — (CP) —	기업규모 : 시가총액 소형주
홈페이지 : www.hisntholdings.com	연 락 처 : 02)3279-5010
본　　사 : 서울시 금천구 가산디지털1로 134	

설 립 일	1982.09.27	종업원수	8명	대표이사	박재석
상 장 일	2002.10.22	감사의견	적정 (삼정)	계　　열	
결 산 기	12월	보 통 주	1,583만주	종속회사수	
액 면 가	500원	우 선 주	—	구 상 호	

주주구성 (지분율,%)
최평규	50.8
FID Low Priced Stock Fund	5.1
(외국인)	10.8

출자관계 (지분율,%)
S&T솔루션	50.0
S&T모티브	37.2
S&T중공업	35.6

주요경쟁사 (외형,%)
S&T홀딩스	100
성우하이텍	249
현대EP	56

매출구성
차량부품(차축, 변속기, 방산품 등)	71.2
기타(CNC선반, 머시닝센터 등)	14.7
산업설비(공랭식열교환기, 배열회수보일러 등)	14.1

비용구성
매출원가율	86.9
판관비율	8.4

수출비중
수출	—
내수	—

회사 개요
동사는 2008년 2월 1일 투자부문을 존속법인으로 하고 제조부문을 신설법인으로 하는 인적분할을 통하여 지주회사로 전환함. 연결대상 종속회사는 차량부품, 산업설비와 기타사업(공작기계, 방산품, 소재부품, SCMC 등의 제조 및 판매)을 영위하고 있음. S&T중공업(주)과 S&T모티브(주)를 주요 자회사로 두고 있음. 사업부문은 차량부품, 산업설비 및 기타 사업부로 세분화됨.

실적 분석
2016년 결산 영업수익과 영업이익은 전년동기 대비 각각 4.7%, 55.3% 감소한 1조5,377억원, 722.8억원을 기록함. 차량부품, 산업설비를 포함한 전 부문에서 외형 감소하는 모습. S&T중공업 적자사업인 공작기계부문에 대한 축소, 고마진 방산부문에서의 매출이 2016년 본격적으로 확대되고 있어 실적 개선 가능 기대. 또한 K9 자주포 수출, K2파워팩 국산화 양산분 매출, 기어박스 매출 등에 힘입어 향후 매출성장이 기대됨.

현금 흐름
<단위 : 억원>
항목	2015	2016
영업활동	1,203	1,439
투자활동	-479	-508
재무활동	429	-206
순현금흐름	1,155	730
기말현금	3,590	4,320

시장 대비 수익률
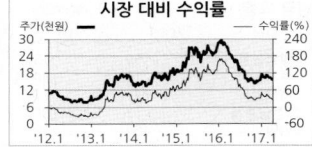

결산 실적
<단위 : 억원>
항목	2011	2012	2013	2014	2015	2016
매출액	16,638	16,687	15,236	15,524	16,127	15,377
영업이익	921	857	878	655	1,615	723
당기순이익	872	633	538	670	1,164	101

분기 실적
<단위 : 억원>
항목	2015.3Q	2015.4Q	2016.1Q	2016.2Q	2016.3Q	2016.4Q
매출액	3,672	4,440	3,723	3,785	3,515	4,353
영업이익	370	416	266	187	234	35
당기순이익	370	238	160	130	1	-189

재무 상태
<단위 : 억원>
항목	2011	2012	2013	2014	2015	2016
총자산	21,248	20,749	21,492	20,394	21,693	22,102
유형자산	9,890	9,842	9,862	9,333	9,283	9,088
무형자산	289	316	349	389	339	290
유가증권	237	223	201	216	158	101
총부채	8,138	7,569	7,748	6,833	6,401	6,793
총차입금	871	684	808	380	77	73
자본금	77	77	77	77	79	81
총자본	13,110	13,180	13,744	13,560	15,292	15,309
지배주주지분	4,688	5,037	5,281	5,525	5,885	5,910

기업가치 지표
항목	2011	2012	2013	2014	2015	2016
주가(최고/저)(천원)	13.1/8.4	11.9/7.7	17.7/8.5	19.5/13.3	30.1/18.3	29.7/14.1
PER(최고/저)(배)	7.5/4.8	7.7/5.0	13.2/6.3	10.8/7.4	14.9/9.1	174.6/82.8
PBR(최고/저)(배)	0.5/0.3	0.4/0.3	0.6/0.3	0.6/0.4	0.8/0.5	0.8/0.4
EV/EBITDA(배)	6.5	6.1	6.7	7.9	4.8	5.8
EPS(원)	2,005	1,719	1,438	1,882	2,074	174
BPS(원)	31,593	34,090	35,390	37,061	38,324	37,373
CFPS(원)	4,764	4,698	4,112	4,864	5,078	3,178
DPS(원)	400	400	400	215	265	350
EBITDAPS(원)	8,775	8,617	8,470	7,257	13,452	7,570

재무 비율
<단위 : %>
연도	영업이익률	순이익률	부채비율	차입금비율	ROA	ROE	유보율	자기자본비율	EBITDA마진율
2016	4.7	0.7	44.4	0.5	0.5	0.5	7,190.4	69.3	7.8
2015	10.0	7.2	41.9	0.5	5.5	5.8	7,370.4	70.5	12.8
2014	4.2	4.3	50.4	2.8	3.2	5.5	7,118.7	66.5	7.0
2013	5.8	3.5	56.4	5.9	2.6	4.4	6,793.1	64.0	8.3

에스에너지 (A095910)
S-Energy

업 종	에너지 시설 및 서비스	시 장	KOSDAQ
신용등급	(Bond) — (CP) —	기업규모	우량
홈페이지	www.s-energy.co.kr	연 락 처	(070)4339-7100
본 사	경기도 성남시 분당구 판교역로 241번길 20 미래에셋타워 3층		

설 립 일	2001.01.12	종업원수	180명	대표이사	홍성민
상 장 일	2007.10.16	감사의견	적정 (안진)	계 열	
결 산 기	12월	보통주	1,163만주	종속회사	
액 면 가	500원	우선주		구상호	

주주구성 (지분율,%)		출자관계 (지분율,%)		주요경쟁사 (외형,%)	
홍성민	18.5	에스파워	100.0	에스에너지	100
디에스자산운용	7.9	호포차량기지태양광	100.0	파루	35
(외국인)	3.7	썬플러스에너지2호	100.0	KG ETS	31

매출구성		비용구성		수출비중	
태양광모듈/발전시스템	98.4	매출원가율	89.6	수출	77.2
기타용역 등	1.6	판관비율	8.5	내수	22.8

회사 개요
2001년 설립되어 태양광 모듈 및 태양광 시스템 설치 및 발전 사업을 영위 중임. 기존 태양광 모듈 판매뿐 아니라 태양광발전소 건설사업과 유지보수 사업으로까지 영역을 확대하는 등 사업 포트폴리오를 다변화하고 있음. 기존 유럽 중심에서 동남아시아, 미국, 일본 등으로 매출처의 다변화에 성공하여 안정적인 실적을 유지 중임. 수출이 전체 매출의 80% 이상을 차지함. 에프파워 등 국내외에 23개의 태양광 사업 관련 연결대상 종속회사를 보유함.

실적 분석
하반기 들어 태양광 모듈 및 시스템사업의 실적 반영이 줄어들면서 2016년 매출액은 전년 대비 2.7% 감소함. 원재료인 Cell 가격 하락으로 원가율이 개선되었으나, 판관비, 이자비용 증가로 순이익은 53.6% 감소함. 일본 지역 태양광 프로젝트 매출이 반영됨에 따라 실적 반등이 가능할 전망임. 이와 함께 한국남부발전과 추진 중인 칠레 지역의 태양광 프로젝트도 예정대로 진행 준비하고 있어 프로젝트쪽 실적이 많이 늘어날 것으로 예상됨.

현금 흐름 〈단위 : 억원〉
항목	2015	2016
영업활동	-99	-15
투자활동	-219	-130
재무활동	321	-17
순현금흐름	7	-166
기말현금	464	298

시장 대비 수익률
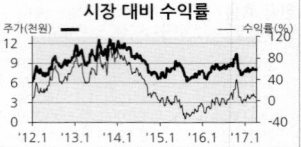

결산 실적 〈단위 : 억원〉
항목	2011	2012	2013	2014	2015	2016
매출액	1,953	2,254	2,687	2,734	3,130	3,046
영업이익	40	187	123	60	56	61
당기순이익	-5	101	87	29	32	30

분기 실적 〈단위 : 억원〉
항목	2015.3Q	2015.4Q	2016.1Q	2016.2Q	2016.3Q	2016.4Q
매출액	776	972	567	869	544	1,066
영업이익	26	6	4	11	9	36
당기순이익	13	5	1	8	4	17

재무 상태 〈단위 : 억원〉
항목	2011	2012	2013	2014	2015	2016
총자산	1,530	1,678	1,865	2,240	2,795	3,455
유형자산	450	352	602	554	765	755
무형자산	18	13	12	11	9	140
유가증권	3	3	17	18	33	35
총부채	893	933	1,052	1,407	1,910	2,518
총차입금	470	461	786	776	1,083	1,124
자본금	52	52	53	55	56	58
총자본	637	745	814	832	885	937
지배주주지분	637	745	814	831	883	933

기업가치 지표
항목	2011	2012	2013	2014	2015	2016
주가(최고/저)(천원)	17.5/4.7	10.5/5.8	12.6/8.4	12.3/6.6	9.3/6.0	10.3/6.6
PER(최고/저)(배)	—/—	11.6/6.3	15.9/10.6	47.9/25.6	34.1/22.0	43.4/27.7
PBR(최고/저)(배)	3.0/0.8	1.5/0.9	1.7/1.1	1.6/0.8	1.1/0.7	1.2/0.8
EV/EBITDA(배)	9.4	5.1	8.7	8.6	11.5	11.3
EPS(원)	-45	964	832	267	281	241
BPS(원)	6,177	7,228	7,982	8,120	8,499	8,690
CFPS(원)	330	1,392	1,348	846	948	998
DPS(원)	—	100	100	100	100	110
EBITDAPS(원)	761	2,210	1,689	1,130	1,170	1,280

재무 비율 〈단위 : % 〉
연도	영업이익률	순이익률	부채비율	차입금비율	ROA	ROE	유보율	자기자본비율	EBITDA마진율
2016	2.0	1.0	268.7	120.0	1.0	3.1	1,638.0	27.1	4.9
2015	1.8	1.0	215.9	122.4	1.3	3.6	1,599.8	31.7	4.1
2014	2.2	1.1	169.1	93.2	1.4	3.5	1,523.9	37.2	4.5
2013	4.6	3.3	129.3	96.7	4.9	11.2	1,496.5	43.6	6.6

에스에스컴텍 (A036500)
SS COMTECH

업 종	건축자재	시 장	KOSDAQ
신용등급	(Bond) — (CP) —	기업규모	
홈페이지	www.sscomt.com	연 락 처	(043)878-6727
본 사	충북 음성군 삼성면 덕정로144번길 114-17		

설 립 일	1988.04.21	종업원수	58명	대표이사	전재석
상 장 일	1999.12.14	감사의견	거절(불확실성) (삼정)	계 열	
결 산 기	12월	보통주	3,514만주	종속회사	
액 면 가	500원	우선주		구상호	유원컴텍

주주구성 (지분율,%)		출자관계 (지분율,%)		주요경쟁사 (외형,%)	
삼우홀딩스	4.7	에스에이치글로벌	100.0	에스에스컴텍	100
김미정	2.9	케이스타폰	100.0	이건창호	310
(외국인)	0.9	에스에이치글라스	80.0	덕신하우징	232

매출구성		비용구성		수출비중	
EP(기능성화학소재) 부문	85.9	매출원가율	95.1	수출	2.0
사출성형(U-ONE Plastic) 부문	14.1	판관비율	30.1	내수	98.0

회사 개요
동사는 1988년 고기능성 화학소재, 엔지니어링 플라스틱 컴파운드 및 케리어테입용 쉬트를 주축으로 하는 소재전문회사로 설립됨. 삼성전자, 하이닉스, IT, PHILIPS 등 안정적인 매출처를 확보하고 있으며 국내 시장의 약 70%를 점유하고 있음. 대부분의 원재료를 수입에 의존하고 있어 유가 및 환율 변동에 민감한 편임. 중국에 설립한 자회사를 통해 경금속 표면처리, 휴대폰의 힌지모듈 제작 및 케이스 다이캐스팅과 조립사업도 추진 중임.

실적 분석
동사의 2016년 누적 매출액은 525.3억원으로 전년 대비 189.5% 증가함. 하지만 매출원가가 499.5억원으로 전년보다 189% 대폭 상승하면서 영업손실 132.1억원을 기록해 적자폭이 커짐. 동사는 최근 5년 연속 영업손실 발생 및 감사보고서 의견거절로 상장폐지 우려가 높아지고 있음. 이에 대해 동사는 상장폐지 이의신청서를 제출하고 기업심사위원회의 심의를 기다리고 있음.

현금 흐름 〈단위 : 억원〉
항목	2015	2016
영업활동	-76	-312
투자활동	33	48
재무활동	-200	243
순현금흐름	-294	-16
기말현금	32	16

시장 대비 수익률
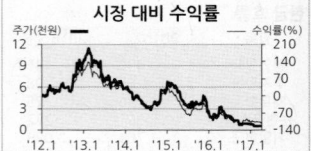

결산 실적 〈단위 : 억원〉
항목	2011	2012	2013	2014	2015	2016
매출액	920	1,268	1,703	196	181	525
영업이익	90	105	76	-66	-51	-132
당기순이익	37	23	-42	-78	-689	-532

분기 실적 〈단위 : 억원〉
항목	2015.3Q	2015.4Q	2016.1Q	2016.2Q	2016.3Q	2016.4Q
매출액	44	-75	118	139	54	214
영업이익	-11	-92	-7	-34	7	-98
당기순이익	-32	-391	-59	-59	-33	-431

재무 상태 〈단위 : 억원〉
항목	2011	2012	2013	2014	2015	2016
총자산	1,317	1,544	1,903	2,197	1,299	339
유형자산	355	410	533	594	155	23
무형자산	108	12	41	3	2	38
유가증권	0	15	0	1	0	0
총부채	847	782	1,061	1,380	1,028	323
총차입금	551	597	633	785	201	174
자본금	70	75	81	85	104	176
총자본	470	763	842	816	271	16
지배주주지분	423	567	568	525	217	5

기업가치 지표
항목	2011	2012	2013	2014	2015	2016
주가(최고/저)(천원)	5.0/3.3	10.0/4.6	11.8/5.6	6.2/2.8	6.8/2.4	3.3/0.7
PER(최고/저)(배)	24.7/16.2	—/—	—/—	—/—	—/—	—/—
PBR(최고/저)(배)	1.6/1.0	2.6/1.2	3.3/1.5	1.9/0.9	6.0/2.1	49.8/11.1
EV/EBITDA(배)	8.7	12.3	9.5	—	—	—
EPS(원)	202	-60	-647	-584	-2,211	-1,760
BPS(원)	3,166	3,895	3,600	3,212	1,130	67
CFPS(원)	450	257	-305	-214	-2,211	-1,760
DPS(원)	—	—	—	—	—	—
EBITDAPS(원)	964	1,023	819	-31	-249	-437

재무 비율 〈단위 : % 〉
연도	영업이익률	순이익률	부채비율	차입금비율	ROA	ROE	유보율	자기자본비율	EBITDA마진율
2016	-25.2	-101.3	일부잠식	일부잠식	-65.0	-479.4	-86.6	4.8	-25.2
2015	-28.2	-379.9	378.9	74.1	-39.5	-122.5	126.1	20.9	-28.2
2014	-33.7	-39.9	169.1	96.2	-3.8	-17.6	542.5	37.2	-2.6
2013	4.5	-2.4	126.0	75.1	-2.4	-18.1	620.1	44.3	7.6

에스에이엠티 (A031330)
SAMT

업   종 : 반도체 및 관련장비
신용등급 : (Bond) —   (CP) —
홈 페 이 지 : www.isamt.com
본   사 : 서울시 강남구 영동대로 315, 대경빌딩

시   장 : KOSDAQ
기업규모 : 우량
연 락 처 : 02)3458-9000

설 립 일 1990.06.27	종 업 원 수 83명	대 표 이 사 성재생	
상 장 일 2000.05.23	감 사 의 견 적정 (삼일)	계 열	
결 산 기 12월	보 통 주 10,000만주	종속회사수	
액 면 가 500원	우 선 주 —	구 상 호	

주주구성 (지분율,%)		출자관계 (지분율,%)		주요경쟁사 (외형,%)	
삼지전자	49.8	위즈네트	5.5	에스에이엠티	100
우리은행	3.4	금강방송	2.0	아이에이	7
(외국인)	3.1			네패스	24

매출구성		비용구성		수출비중	
전자부품 유통업	99.9	매출원가율	94.9	수출	29.1
기타	0.1	판관비율	2.4	내수	70.9

회사 개요
동사는 1990년 6월에 설립된 IT 마케팅 전문 기업으로서 삼성전자, 삼성전기, 삼성SDI, 삼성모바일디스플레이, DELL 등 세계 일류 IT 기업들과 안정적인 공급계약을 체결하고, 스마트폰 및 디지털카메라, TabletPC와 같은 IT제품에 필요한 Memory, LCD패널, S.LSI제품, Digital Module 제품 등을 판매하고 있음. 주요 거래선들은 다양한 IT제품을 생산하는 대기업들임.

실적 분석
동사의 2016년 연결 기준 매출액은 8,161.3억원으로 전년과 비슷한 실적을 기록함. 일부 거래처 채권의 대손사유 발생으로 대손상각비가 증가되어 영업이익은 285.4억원으로 전년 대비 22.5% 감소함. 반면 공동투자 기업인 To-Top Electronics의 지분법이익 증가, 자회사 SaMT HK의 부실 채권 중 일부의 회수 예정에 따른 대손상각비 환입 효과 등의 영향으로 당기순이익은 386.5억원으로 전년 대비 14.4% 증가함.

현금 흐름 〈단위 : 억원〉

항목	2015	2016
영업활동	223	122
투자활동	-43	-28
재무활동	-224	-89
순현금흐름	-44	6
기말현금	9	14

시장 대비 수익률
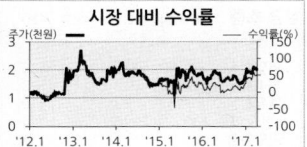

결산 실적 〈단위 : 억원〉

항목	2011	2012	2013	2014	2015	2016
매출액	9,695	10,242	10,228	9,832	10,593	10,635
영업이익	245	254	262	-39	368	285
당기순이익	111	103	142	-27	338	386

분기 실적 〈단위 : 억원〉

항목	2015.3Q	2015.4Q	2016.1Q	2016.2Q	2016.3Q	2016.4Q
매출액	2,934	2,546	2,694	2,602	2,865	2,473
영업이익	99	81	95	52	87	51
당기순이익	126	31	79	57	25	225

재무 상태 〈단위 : 억원〉

항목	2011	2012	2013	2014	2015	2016
총자산	2,434	2,244	2,437	2,480	2,434	2,823
유형자산	75	75	73	73	97	95
무형자산	31	28	32	32	23	38
유가증권	6	6	6	5	5	6
총부채	2,010	1,704	1,749	1,757	1,379	1,125
총차입금	1,416	1,022	988	964	742	409
자본금	400	400	400	400	400	500
총자본	424	540	688	723	1,054	1,698
지배주주지분	424	540	688	723	1,054	1,698

기업가치 지표

항목	2011	2012	2013	2014	2015	2016
주가(최고/저)(천원)	2.1/0.6	2.1/0.9	2.8/1.3	2.4/1.4	2.2/1.0	2.0/1.5
PER(최고/저)(배)	16.3/4.6	18.3/7.8	17.5/8.3	—/—	5.9/2.7	4.9/3.6
PBR(최고/저)(배)	3.8/1.1	3.2/1.4	3.4/1.6	2.7/1.6	1.8/0.8	1.2/0.9
EV/EBITDA(배)	9.0	9.9	9.7	—	6.5	7.5
EPS(원)	134	123	169	-32	401	427
BPS(원)	596	741	926	970	1,384	1,751
CFPS(원)	150	137	184	-30	426	429
DPS(원)	—	—	—	—	—	100
EBITDAPS(원)	321	325	334	-45	465	318

재무 비율 〈단위 : %〉

연도	영업이익률	순이익률	부채비율	차입금비율	ROA	ROE	유보율	자기자본비율	EBITDA마진율
2016	2.7	3.6	66.3	24.1	14.7	28.1	250.1	60.1	2.7
2015	3.5	3.2	130.8	70.4	13.8	38.0	176.8	43.3	3.5
2014	-0.4	-0.3	242.9	133.2	-1.1	-3.9	94.1	29.2	-0.4
2013	2.6	1.4	254.3	143.6	6.1	23.1	85.2	28.2	2.6

에스에이치에너지화학 (A002360)
SH ENERGY & CHEMICAL

업   종 : 화학
신용등급 : (Bond) —   (CP) —
홈 페 이 지 : www.sh-enerchem.com
본   사 : 전북 군산시 외항7길 20 (소룡동)

시   장 : 거래소
기업규모 : 시가총액 소형주
연 락 처 : 063)469-1500

설 립 일 1958.05.09	종 업 원 수 147명	대 표 이 사 노상섭	
상 장 일 1985.12.23	감 사 의 견 적정 (삼일)	계 열	
결 산 기 12월	보 통 주 11,113만주	종속회사수	
액 면 가 500원	우 선 주 1만주	구 상 호	

주주구성 (지분율,%)		출자관계 (지분율,%)		주요경쟁사 (외형,%)	
REALTY ADVISORS, INC.	31.1	RAK자산운용	67.8	SH에너지화학	100
Morgan Stanley & co. International Limited	4.1	SHEnergyUSA,Inc.	100.0	경인양행	126
(외국인)	36.1			한국알콜	86

매출구성		비용구성		수출비중	
EPS레진 등(제품)	97.9	매출원가율	82.3	수출	20.2
(상품)	4.6	판관비율	6.7	내수	79.8
금융투자(용역)	1.1				

회사 개요
동사는 EPS시장 1위업체로서 합성수지 제조 사업을 주력사업부문으로 영위하고 있으며 대표적인 생산품인 EPS는 스티로폼의 원료로 건축단열재 및 고급 포장완충재로 쓰이며, 농수산물 상자와 토목공사용으로 연약지반 대책공법에도 활용되는 용도가 확대되고 있음. 경쟁업체로는 제일모직, LG화학 등 6개 업체가 있으며, 합성수지 부문에서 2016년도 결산 동사의 시장점유율은 약 24.9%로 추정됨.

실적 분석
동사의 2016년도 연결기준 매출액은 2,184원으로 전년과 비슷한 실적을 기록함. 연구개발을 통한 품질개선 및 원가절감으로 영업이익은 241억원으로 전년 대비 5% 증가함. 비영업손실의 적자폭이 줄어들며 당기순이익 또한 180.3억원으로 전년 대비 43.2% 증가함. 합성수지제조 사업부문은 꾸준히 증가하고 있으며, 자원개발 사업부문은 신규에너지 비즈니스 발굴과 신규거래처 확대를 통한 매출 증대로 수익성을 향상시키기 위해 노력함.

현금 흐름 〈단위 : 억원〉

항목	2015	2016
영업활동	234	145
투자활동	-42	28
재무활동	-73	-104
순현금흐름	119	68
기말현금	196	264

시장 대비 수익률
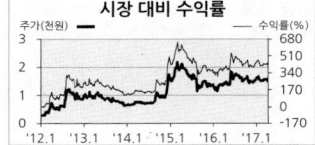

결산 실적 〈단위 : 억원〉

항목	2011	2012	2013	2014	2015	2016
매출액	1,732	1,940	2,319	2,309	2,164	2,184
영업이익	36	22	64	213	230	241
당기순이익	18	2	46	167	126	180

분기 실적 〈단위 : 억원〉

항목	2015.3Q	2015.4Q	2016.1Q	2016.2Q	2016.3Q	2016.4Q
매출액	564	584	502	518	506	658
영업이익	44	67	55	62	60	64
당기순이익	37	-4	42	49	39	50

재무 상태 〈단위 : 억원〉

항목	2011	2012	2013	2014	2015	2016
총자산	1,047	1,037	1,105	1,107	1,155	1,245
유형자산	332	328	321	311	327	318
무형자산	105	99	102	107	53	43
유가증권	2	8	10	16	7	37
총부채	395	388	409	265	239	204
총차입금	291	286	280	96	69	36
자본금	557	557	557	557	557	557
총자본	652	649	696	842	916	1,041
지배주주지분	634	632	681	823	897	1,023

기업가치 지표

항목	2011	2012	2013	2014	2015	2016
주가(최고/저)(천원)	0.4/0.2	1.4/0.3	1.1/0.6	1.8/0.6	2.3/1.2	1.9/1.1
PER(최고/저)(배)	21.8/14.1	439.8/90.6	29.3/16.2	13.5/4.8	21.3/10.9	12.2/7.4
PBR(최고/저)(배)	0.7/0.5	2.0/0.6	2.1/1.1	2.7/1.0	3.0/1.5	2.1/1.3
EV/EBITDA(배)	10.3	30.5	11.8	8.1	5.8	5.7
EPS(원)	19	3	43	147	113	161
BPS(원)	575	575	620	748	814	927
CFPS(원)	38	24	63	167	134	182
DPS(원)	—	—	15	45	44	55
EBITDAPS(원)	51	40	78	212	237	237

재무 비율 〈단위 : %〉

연도	영업이익률	순이익률	부채비율	차입금비율	ROA	ROE	유보율	자기자본비율	EBITDA마진율
2016	11.0	8.3	19.6	3.4	15.0	18.7	84.9	83.6	12.1
2015	10.6	5.8	26.1	7.5	11.1	14.6	62.3	79.3	11.7
2014	9.2	7.3	31.5	11.4	15.1	21.7	49.1	76.1	10.2
2013	2.8	2.0	58.8	40.2	4.3	7.4	23.5	63.0	3.7

에스에이티 (A060540)
System and Application Technologies

업 종 : 휴대폰 및 관련부품		시 장 : KOSDAQ	
신용등급 : (Bond) — (CP) —		기업규모 : 벤처	
홈페이지 : www.satech.co.kr		연락처 : 031)450-1400	
본 사 : 경기도 군포시 엘에스로 175 (에스에이타워7층)			

설 립 일	1998.12.21	종업원수	90명	대표이사	정성원
상 장 일	2006.11.28	감사의견	적정 (신아)	계 열	
결 산 기	12월	보 통 주	2,500만주	종속회사수	
액 면 가	500원	우 선 주		구 상 호	

주주구성 (지분율,%)		출자관계 (지분율,%)		주요경쟁사 (외형,%)	
에프넷	35.5	한국도로전산	100.0	에스에이티	100
한국증권금융	4.0	나노테크	100.0	알에프텍	380
(외국인)	1.0	에코산업개발	100.0	제주반도체	67

매출구성		비용구성		수출비중	
모바일 관련 제품	29.6	매출원가율	84.3	수출	60.1
폐기물처리	23.1	판관비율	9.5	내수	39.9
축중기 외	21.7				

회사 개요
동사의 사업부문은 교통 관련 장비 제조, 모바일 관련 부품 납품, 이동통신 중계기용 모듈 개발 등임. 주요 생산품으로는 축중기, 계중기, 모바일 관련 다이컷팅 제품 및 인쇄물, 중계기용 제어기기 등이 있음. 한국도로전산, 와이티테크놀로지 등을 종속회사로 보유하고 있음. 종속회사의 사업부문은 건설폐기물 중간처리업, 모바일관련 부자재와 인쇄물 제조업, 부동산 임대, 건물관리부문으로 구성됨.

실적 분석
2016년 연결기준 동사는 매출액 846.9억원을 시현함. 이는 전년도 매출액 388.6억원에 비해 117.9% 증가한 금액임. 매출원가율이 오르고 판매비와 관리비가 증가했음에도 외형성장에 힘입어 전년도 41.5억원을 기록했던 영업이익은 52.1억원으로 증가함. 그러나 비영업 부문이 5.5억원의 손실을 기록해 전년도 56.8억원을 기록했던 당기순이익은 28.4% 감소한 40.6억원을 시현하는 데 그침.

현금 흐름 〈단위 : 억원〉

항목	2015	2016
영업활동	62	52
투자활동	-16	-53
재무활동	-23	24
순현금흐름	23	22
기말현금	210	232

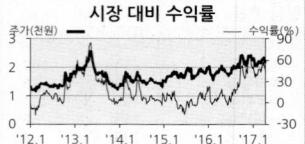
시장 대비 수익률

결산 실적 〈단위 : 억원〉

항목	2011	2012	2013	2014	2015	2016
매출액	316	41	76	168	389	847
영업이익	22	-1	-20	18	42	52
당기순이익	-1	54	-31	19	57	41

분기 실적 〈단위 : 억원〉

항목	2015.3Q	2015.4Q	2016.1Q	2016.2Q	2016.3Q	2016.4Q
매출액	58	231	206	207	196	238
영업이익	1	34	8	13	4	28
당기순이익	1	45	6	14	-0	20

재무 상태 〈단위 : 억원〉

항목	2011	2012	2013	2014	2015	2016
총자산	550	524	496	636	857	934
유형자산	48	48	29	65	153	182
무형자산	49	42	16	38	39	38
유가증권	66	72	49	30	17	12
총부채	255	153	140	176	311	269
총차입금	189	89	105	111	136	91
자본금	46	46	62	89	98	125
총자본	296	371	356	460	545	665
지배주주지분	296	371	356	443	525	643

기업가치 지표

항목	2011	2012	2013	2014	2015	2016
주가(최고/저)(천원)	1.4/0.9	1.9/1.2	2.6/1.2	2.1/1.3	2.1/1.4	2.6/1.6
PER(최고/저)(배)	—/—	3.5/2.2	—/—	14.8/9.2	7.8/5.3	16.3/9.7
PBR(최고/저)(배)	0.5/0.3	0.5/0.3	0.9/0.4	0.9/0.5	0.8/0.5	1.0/0.6
EV/EBITDA(배)	7.0	44.8		9.5	5.5	5.5
EPS(원)	-13	534	-281	142	272	162
BPS(원)	3,193	3,997	2,889	2,482	2,685	2,574
CFPS(원)	71	638	-240	178	322	228
DPS(원)		50				
EBITDAPS(원)	327	37	-141	169	262	281

재무 비율 〈단위 : % 〉

연도	영업이익률	순이익률	부채비율	차입금비율	ROA	ROE	유보율	자기자본비율	EBITDA마진율
2016	6.2	4.8	40.5	13.7	4.5	6.7	414.8	71.2	8.0
2015	10.7	14.6	57.1	25.0	7.6	11.0	437.1	63.7	13.2
2014	10.4	11.2	38.3	24.2	3.3	4.7	396.4	72.3	13.3
2013	-26.5	-41.1	39.2	29.6	-6.2	-8.6	477.8	71.8	-20.6

에스에이티 (A158300)
Solution Advanced Technology

업 종 : 디스플레이 및 관련부품		시 장 : KONEX	
신용등급 : (Bond) — (CP) —		기업규모 : 벤처	
홈페이지 : www.sateng.co.kr		연락처 : 031)433-4711	
본 사 : 경기도 시흥시 엠티브이 26로 58번길 25			

설 립 일	2003.05.01	종업원수	46명	대표이사	소진석
상 장 일	2013.07.01	감사의견	적정 (삼영)	계 열	
결 산 기	12월	보 통 주	321만주	종속회사수	
액 면 가	500원	우 선 주		구 상 호	

주주구성 (지분율,%)		출자관계 (지분율,%)		주요경쟁사 (외형,%)	
소진석	42.5	SATUSA.LLC	100.0	에스에이티이엔지	100
백범석	12.9	AFM-SAT-1,LLC	86.0	디이엔티	187
		SAT-AFM-JV,LLC	60.0	이엘피	127

매출구성		비용구성		수출비중	
Bonding System	43.5	매출원가율	80.6	수출	93.6
Inspection System	32.7	판관비율	14.5	내수	6.4
장비 부품외	23.8				

회사 개요
2004년 7월 설립된 동사는 디스플레이 산업 중 평판디스플레이(FPD) 제조용 장비를 생산하는 장비제조 업체임. 필수 모듈 제조공정 중 핵심공정인 구동부 접합공정을 주요 사업으로 영위하고 있음. 단계적인 사업의 저변 확대를 통하여 장비 및 부착기, 검사기 등으로 매출군을 확대하였음. 국내와 해외의 주요 디스플레이 패널업체를 중심으로 매출처를 형성하고 있으며 특정 업체 의존도는 낮은 편임. 차세대 디스플레이 제품에 대응하기 위한 기술 개발 중.

실적 분석
동사의 2016년 연결기준 연간 누적 매출액은 243.1억원으로 전년 동기 대비 95.5% 증가함. 매출이 늘면서 매출원가도 늘었지만 판매비와 관리비는 오히려 감소. 고정비용 감소효과로 인해 영업이익은 11.9억원으로 전년 동기 대비 흑자 전환에 성공함. 비영업손익 부문에서도 흑자 전환하면서 당기순이익은 27.4억원으로 전년 동기 대비 흑자 전환. 매출이 크게 늘면서 수익성도 좋아지고 있음.

현금 흐름 *IFRS 별도 기준 〈단위 : 억원〉

항목	2015	2016
영업활동	-42	26
투자활동	-18	-23
재무활동	33	0
순현금흐름	-28	4
기말현금	7	11

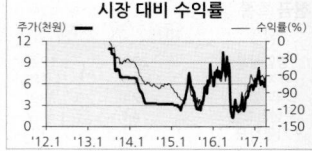
시장 대비 수익률

결산 실적 〈단위 : 억원〉

항목	2011	2012	2013	2014	2015	2016
매출액	524	244	330	240	124	243
영업이익	69	10	4	8	-37	12
당기순이익	44	3	-6	14	-37	27

분기 실적 *IFRS 별도 기준 〈단위 : 억원〉

항목	2015.3Q	2015.4Q	2016.1Q	2016.2Q	2016.3Q	2016.4Q
매출액						
영업이익						
당기순이익						

재무 상태 *IFRS 별도 기준 〈단위 : 억원〉

항목	2011	2012	2013	2014	2015	2016
총자산	308	257	263	281	269	338
유형자산	38	66	64	72	85	107
무형자산	0	0	5	5	3	7
유가증권						
총부채	204	144	155	158	186	224
총차입금	2	36	14	54	88	88
자본금	16	16	16	16	16	16
총자본	103	114	108	123	83	113
지배주주지분	103	114	108	123	83	113

기업가치 지표 *IFRS 별도 기준

항목	2011	2012	2013	2014	2015	2016
주가(최고/저)(천원)	—/—	—/—	11.1/6.5	6.9/3.2	8.8/2.2	11.5/1.2
PER(최고/저)(배)	0.0/0.0	0.0/0.0	—/—	15.9/7.3	—/—	12.6/1.4
PBR(최고/저)(배)	0.0/0.0	0.0/0.0	3.3/1.9	1.8/0.8	3.4/0.8	3.3/0.4
EV/EBITDA(배)			2.3	23.9	11.0	14.1
EPS(원)	1,422	95	-191	439	-1,131	920
BPS(원)	57,430	3,544	3,373	3,838	2,596	3,534
CFPS(원)	25,358	125	-84	535	-1,026	1,033
DPS(원)						50
EBITDAPS(원)	39,235	329	231	331	-1,028	548

재무 비율 〈단위 : % 〉

연도	영업이익률	순이익률	부채비율	차입금비율	ROA	ROE	유보율	자기자본비율	EBITDA마진율
2016	4.9	11.3	198.4	77.3	9.0	29.0	599.3	33.5	6.6
2015	-29.5	-29.4	217.4	102.7	-13.3	-35.4	417.6	31.5	-26.6
2014	3.1	5.9	128.4	44.1	5.2	12.2	667.5	43.8	4.4
2013	1.2	-1.9	143.3	12.8	-2.4	-5.5	574.6	41.1	2.2

에스에프씨 (A112240)
SFC

업　종 : 에너지 시설 및 서비스　　　시　장 : KOSDAQ
신용등급 : (Bond) —　　(CP) —　　기업규모 : 중견
홈페이지 : www.sfcltd.co.kr　　연 락 처 : 041)640-0001
본　사 : 충남 홍성군 구항면 내포로 682

설 립 일	1991.12.23	종업원수	112명	대표이사	정기현
상 장 일	2011.11.30	감사의견	적정 (이촌)	계　열	
결 산 기	12월	보통주	2,903만주	종속회사수	
액 면 가	500원	우선주		구 상 호	

주주구성 (지분율,%)		출자관계 (지분율,%)		주요경쟁사 (외형,%)	
데이비드앤제이케이	10.8	에스에프씨태양광백시트	100.0	에스에프씨	100
태가	8.2			신성이엔지	458
(외국인)	0.5			웰크론강원	89

매출구성		비용구성		수출비중	
제품(제품)	89.5	매출원가율	87.8	수출	—
상품(상품)	10.0	판관비율	11.6	내수	—
기타	0.6				

회사 개요
동사가 제조, 판매하고 있는 제품의 사업부문
은 태양광 모듈의 부품소재인 백시트와 기타
필름(인쇄물 보호용 라미, 실사 출력소재)로
구분할 수 있으며, 동사의 사업은 백시트 사업
부문이 대부분을 차지하고 있음. 최근 사업 다
각화를 위해 태양광 발전소 설치 사업을 추가
하였음. 태양광 모듈 가격 하락으로 태양광 시
장의 장점이 부각되고 있는 상황에서 매출 확
대를 꾀하고 있음.

실적 분석
동사의 2016년 연결기준 매출액은 474.0억
원으로 전년대비 7.1% 감소함. 매출 감소와
원가율 상승에도 불구하고 판관비 감소로 2.7
억원의 영업이익을 기록하며 흑자전환함. 영
업이익 흑자전환과 비영업수익으로 당기순이
익은 전년대비 43.7% 증가한 18.5억원을 기
록함. 환경문제가 전 세계적으로 중요한 과제
로 인식되어 그 대안으로 태양광 에너지 산업
이 가장 각광을 받고 있으나 최근 유가하락으
로 성장성이 둔화됨.

현금 흐름 〈단위 : 억원〉

항목	2015	2016
영업활동	111	75
투자활동	-47	-218
재무활동	-88	262
순현금흐름	-24	125
기말현금	67	192

시장 대비 수익률
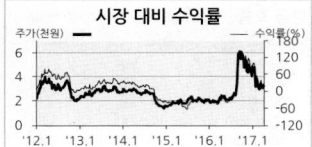

결산 실적 〈단위 : 억원〉

항목	2011	2012	2013	2014	2015	2016
매출액	720	618	724	554	510	474
영업이익	103	55	62	19	-5	3
당기순이익	67	48	54	23	13	19

분기 실적 〈단위 : 억원〉

항목	2015.3Q	2015.4Q	2016.1Q	2016.2Q	2016.3Q	2016.4Q
매출액	134	98	106	148	100	120
영업이익	9	-31	8	3	-2	-6
당기순이익	9	-19	3	6	-20	30

재무 상태 〈단위 : 억원〉

항목	2011	2012	2013	2014	2015	2016
총자산	727	809	805	753	692	979
유형자산	123	162	157	169	162	200
무형자산	9	17	15	11	6	4
유가증권	2	2	1	0	—	170
총부채	239	250	195	143	72	225
총차입금	170	174	100	106	20	162
자본금	33	82	82	82	82	145
총자본	488	559	610	610	620	754
지배주주지분	488	559	610	610	620	754

기업가치 지표

항목	2011	2012	2013	2014	2015	2016
주가(최고/저)(천원)	2.8/2.1	4.0/2.0	3.2/2.1	3.0/1.4	2.4/1.5	6.3/1.9
PER(최고/저)(배)	7.9/5.8	20.9/10.2	15.1/9.9	32.3/14.8	44.9/28.3	85.4/25.3
PBR(최고/저)(배)	1.4/1.0	1.8/0.9	1.3/0.9	1.2/0.5	0.9/0.6	2.2/0.7
EV/EBITDA(배)	5.5		8.3	9.6	12.5	50.4	70.0
EPS(원)	369	200	221	96	53	74
BPS(원)	7,642	3,393	3,706	3,822	3,886	2,832
CFPS(원)	1,488	357	391	216	159	125
DPS(원)		25	25	15	25	
EBITDAPS(원)	2,202	395	441	188	50	62

재무 비율 〈단위 : % 〉

연도	영업이익률	순이익률	부채비율	차입금비율	ROA	ROE	유보율	자기자본비율	EBITDA마진율
2016	0.6	3.9	29.8	21.5	2.2	2.7	466.4	77.0	3.3
2015	-1.0	2.5	11.5	3.2	1.8	2.1	677.1	89.7	1.6
2014	3.3	4.2	23.4	17.3	3.0	3.8	664.4	81.0	5.6
2013	8.5	7.4	31.9	16.4	6.6	9.2	641.2	75.8	10.0

에스에프에이 (A056190)
SFA Engineering

업　종 : 디스플레이 및 관련부품　　시　장 : KOSDAQ
신용등급 : (Bond) —　　(CP) —　　기업규모 : 우량
홈페이지 : www.sfa.co.kr　　연 락 처 : 031)379-1761
본　사 : 경기도 화성시 동탄면 영천로 38 (영천동)

설 립 일	1998.12.18	종업원수	608명	대표이사	김영민
상 장 일	2001.12.18	감사의견	적정 (삼일)	계　열	
결 산 기	12월	보통주	1,795만주	종속회사수	
액 면 가	500원	우선주		구 상 호	

주주구성 (지분율,%)		출자관계 (지분율,%)		주요경쟁사 (외형,%)	
디와이홀딩스	33.3	둔포기계	100.0	에스에프에이	100
삼성디스플레이	10.2	에이디엠	100.0	LG디스플레이	2,008
(외국인)	23.8	에스에프에이서비스	100.0	서울반도체	72

매출구성		비용구성		수출비중	
물류시스템사업(에스에프에이)	74.4	매출원가율	85.3	수출	23.9
공정장비사업(에스에프에이)	25.6	판관비율	5.5	내수	76.1

회사 개요
동사는 디스플레이기기 제조장비사업, 물류
시스템사업, 공정자동화 시스템사업을 영위
하고 있음. 디스플레이 산업은 성장 무게중심
이 LCD에서 OLED로 전환 중이며, 동사 또한
사업 포트폴리오를 LCD 제조장비 중심에서
OLED로 전환하기 위한 연구개발에 집중하고
있음. 해외 장비 업체들과 경쟁속에 OLED
시장에 성공적으로 진입했다는 평가임. 대규
모 신규라인 투자와 국내업체 점유율 증가에
따라 선별적인 수혜 종목으로 부각될 전망임.

실적 분석
동사의 2016년 연결기준 연간 누적 매출액은
1조3197.5억원으로 전년 동기 대비 무려
150.9% 성장함. 매출이 확대되면서 매출원
가도 늘었지만 워낙 매출 규모가 커진 덕에 영
업이익은 전년 동기 대비 108.3% 증가한
1208.1억원을 기록. 비영업손익 부문에서 금
융 손실로 적자 폭이 확대됐지만 영업이익이
크게 늘어나면서 당기순이익은 전년 동기 대
비 158% 증가한 795.6억원을 기록.

현금 흐름 〈단위 : 억원〉

항목	2015	2016
영업활동	194	1,645
투자활동	-1,006	-770
재무활동	-143	-582
순현금흐름	-954	294
기말현금	2,471	2,764

시장 대비 수익률

결산 실적 〈단위 : 억원〉

항목	2011	2012	2013	2014	2015	2016
매출액	7,815	5,075	4,785	4,151	5,261	13,197
영업이익	1,085	700	646	457	580	1,208
당기순이익	889	713	631	413	308	796

분기 실적 〈단위 : 억원〉

항목	2015.3Q	2015.4Q	2016.1Q	2016.2Q	2016.3Q	2016.4Q
매출액	1,429	1,534	2,053	2,794	3,202	5,149
영업이익	176	203	48	196	296	669
당기순이익	85	143	128	165	254	249

재무 상태 〈단위 : 억원〉

항목	2011	2012	2013	2014	2015	2016
총자산	5,724	5,785	5,887	6,132	11,894	15,053
유형자산	1,163	1,142	1,109	1,035	4,948	4,976
무형자산	97	140	194	223	1,138	1,244
유가증권	1,787	2,301	2,666	269	522	537
총부채	2,159	2,055	1,271	1,357	5,616	7,296
총차입금	46	0	5	116	3,849	3,223
자본금	90	90	90	90	90	90
총자본	3,565	3,730	4,617	4,775	6,278	7,756
지배주주지분	3,563	3,730	4,617	4,775	4,964	5,687

기업가치 지표

항목	2011	2012	2013	2014	2015	2016
주가(최고/저)(천원)	63.2/44.3	58.1/36.7	63.5/36.3	48.4/35.6	55.3/39.2	64.5/46.4
PER(최고/저)(배)	14.2/10.0	15.9/10.1	19.3/11.0	21.9/16.1	33.1/23.4	14.9/10.8
PBR(최고/저)(배)	3.4/2.4	2.7/1.7	2.6/1.5	1.8/1.3	2.0/1.4	2.0/1.4
EV/EBITDA(배)	7.3	7.4	9.0	9.6	16.0	7.4
EPS(원)	4,943	3,972	3,514	2,301	1,717	4,358
BPS(원)	20,787	23,468	26,473	27,847	28,897	32,928
CFPS(원)	5,332	4,456	3,991	2,847	2,331	8,457
DPS(원)	1,280	1,000	1,015	652	402	1,120
EBITDAPS(원)	6,431	4,385	4,074	3,095	3,845	10,828

재무 비율 〈단위 : % 〉

연도	영업이익률	순이익률	부채비율	차입금비율	ROA	ROE	유보율	자기자본비율	EBITDA마진율
2016	9.2	6.0	94.1	41.6	5.9	14.7	6,485.6	51.5	14.7
2015	11.0	5.9	89.5	61.3	3.4	6.3	5,679.5	52.8	14.1
2014	11.0	10.0	28.4	2.4	6.9	8.8	5,469.3	77.9	13.4
2013	13.5	13.2	27.5	0.1	10.8	15.1	5,194.6	78.4	15.3

에스에프에이반도체 (A036540)
SFA Semicon

업 종 : 반도체 및 관련장비		시 장 : KOSDAQ	
신용등급 : (Bond) C (CP) —		기업규모 : 중견	
홈 페 이 지 : www.sfasemicon.com		연 락 처 : 041)520-7453	
본 사 : 충남 천안시 서북구 백석공단7로 16 STS반도체통신(주)			

설 립 일 1998.06.30	종 업 원 수 751명	대 표 이 사 김영민	
상 장 일 2001.05.02	감사의견 적정 (삼일)	계 열	
결 산 기 12월	보 통 주 13,937만주	종속회사수	
액 면 가 500원	우 선 주	구 상 호 STS반도체	

주주구성 (지분율,%) / 출자관계 (지분율,%) / 주요경쟁사 (외형,%)

주주구성		출자관계	주요경쟁사	
에스에프에이	48.1		SFA반도체	100
한국문화진흥	5.5	성범반도체통신(소주) 93.1	원익머트리얼즈	41
(외국인)	5.1	Phoenix Semiconductor Philippines Corp 85.0	유진테크	33

매출구성 / 비용구성 / 수출비중

매출구성		비용구성		수출비중	
메모리	88.2	매출원가율	93.1	수출	96.9
비메모리	10.9	판관비율	3.5	내수	3.1
Storage	0.5				

회사 개요

1998년에 설립된 동사는 반도체 조립 및 테스트, 메모리카드, 기타 디지털 응용제품을 생산하는 반도체 전문회사로 기술력을 바탕으로 삼성전자, 하이닉스, Micron 등 세계 유수의 반도체 업체들에게 최첨단 반도체 패키징 솔루션을 제공. 패키징산업은 미래 반도체 패키지 트렌드와 소자업체의 요구에 따라 단순 제작에서 벗어나 최근 지속적인 기술 발전과 치열한 경쟁으로 기술주도형 산업으로 빠르게 전환되고 있음.

실적 분석

동사의 2016년 결산 매출액은 4,292.2억원으로 전년동기 대비 16.9% 감소. 영업이익은 제조 생산성 향상 및 고강도 인력 효율화 등을 통한 원가 저감 추진으로 수익성 개선. 2016.03.21 (주)코아로직의 회생절차와 관련하여 특수관계자인 회사의 지급보증 중 일부가 면제되어 해당 금액과 기간경과이자가 금융수익으로 인식되었음. 코아로직은 회생절차가 종결되었음.

현금 흐름 〈단위 : 억원〉

항목	2015	2016
영업활동	349	537
투자활동	-422	-152
재무활동	827	-561
순현금흐름	694	-175
기말현금	1,199	1,024

시장 대비 수익률

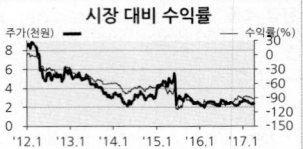

결산 실적 〈단위 : 억원〉

항목	2011	2012	2013	2014	2015	2016
매출액	4,635	5,984	5,408	5,191	5,165	4,292
영업이익	248	218	-132	520	78	148
당기순이익	100	-11	-769	-291	-1,542	76

분기 실적 〈단위 : 억원〉

항목	2015.3Q	2015.4Q	2016.1Q	2016.2Q	2016.3Q	2016.4Q
매출액	1,266	1,038	881	988	1,142	1,281
영업이익	8	-156	-47	26	61	108
당기순이익	236	-346	23	29	14	10

재무 상태 〈단위 : 억원〉

항목	2011	2012	2013	2014	2015	2016
총자산	5,993	8,186	7,578	8,133	7,267	6,762
유형자산	3,292	3,957	3,840	4,530	4,235	3,893
무형자산	182	812	780	752	291	236
유가증권	34	203	190	193	16	14
총부채	3,788	5,750	5,888	6,094	4,708	4,046
총차입금	3,174	4,776	5,024	5,109	4,096	3,358
자본금	219	219	219	316	646	699
총자본	2,204	2,436	1,690	2,038	2,559	2,716
지배주주지분	2,019	1,918	1,406	1,698	2,363	2,502

기업가치 지표

항목	2011	2012	2013	2014	2015	2016
주가(최고/저)(천원)	10.2/4.1	9.1/4.6	6.1/2.9	3.7/2.1	5.6/2.3	2.8/2.0
PER(최고/저)(배)	42.2/17.2	203.6/102.3	—/—	—/—	—/—	59.6/40.9
PBR(최고/저)(배)	2.4/1.0	2.2/1.1	2.0/1.0	1.3/0.8	3.0/1.2	1.6/1.1
EV/EBITDA(배)	10.9	8.8	10.9	6.1	6.8	8.2
EPS(원)	242	45	-1,049	-321	-1,713	48
BPS(원)	4,733	4,499	3,318	2,757	1,860	1,818
CFPS(원)	1,200	1,356	410	662	-802	464
DPS(원)	50					
EBITDAPS(원)	1,562	1,810	1,252	1,906	1,013	523

재무 비율 〈단위 : % 〉

연도	영업이익률	순이익률	부채비율	차입금비율	ROA	ROE	유보율	자기자본비율	EBITDA마진율
2016	3.5	1.8	149.0	123.6	1.1	2.7	262.2	40.2	17.0
2015	1.5	-29.9	184.0	160.1	-20.0	-65.1	270.5	35.2	15.1
2014	10.0	-5.6	299.0	250.6	-3.7	-11.7	447.0	25.1	20.7
2013	-2.4	-14.2	348.4	297.2	-9.8	-29.9	555.7	22.3	10.0

에스엔유프리시젼 (A080000)
SNU Precision

업 종 : 디스플레이 및 관련부품		시 장 : KOSDAQ	
신용등급 : (Bond) — (CP) —		기업규모 : 벤처	
홈 페 이 지 : www.snuprecision.com		연 락 처 : 041)536-1500	
본 사 : 충남 아산시 둔포면 아산밸리남로 124			

설 립 일 1998.02.20	종 업 원 수 263명	대 표 이 사 박제순	
상 장 일 2005.01.25	감사의견 적정 (삼경)	계 열	
결 산 기 12월	보 통 주 3,125만주	종속회사수	
액 면 가 500원	우 선 주	구 상 호	

주주구성 (지분율,%) / 출자관계 (지분율,%) / 주요경쟁사 (외형,%)

주주구성		출자관계	주요경쟁사	
에스에프에이	31.0		에스엔유	100
삼성디스플레이	3.4		신화인터텍	372
(외국인)	0.8		일진디스플	292

매출구성 / 비용구성 / 수출비중

매출구성		비용구성		수출비중	
[제품] LCD 제조장비	86.3	매출원가율	98.1	수출	82.7
[제품] OLED/ 태양전지 제조장비 등	13.7	판관비율	29.3	내수	17.3

회사 개요

동사는 1998년 2월 반도체, LCD 및 디스플레이 제조용 장비의 연구, 설계, 제조 및 판매를 주 목적으로 설립되었으며, 2005년 1월 코스닥 시장에 상장됐음. 주요제품매출은 LCD와 OLED장비로 이루어짐. LCD와 OLLCD 산업용 제조장비 중심으로 태양전지, OLED, 반도체 제조장비로 사업영역을 확대하고 있음. OLED 5세대급 양산용 증착장비를 수주함.

실적 분석

동사의 2016년 결산 매출액은 578.6억원으로 전년동기 대비 17.4% 감소하였으며, 매출원가 부담 확대 여파로 수익성 크게 하락한 모습. 전년동기 대비 적자 전환되며 158.6억원의 영업손실 시현. 더불어 비영업손익부문 또한 악화되어 181.4억원의 당기순손실 시현하며 적자전환. 중국 현지 2단계 OLED 설비 투자 확대가 예상되고 있어 목표대로 수주시 실적 개선 가능할 것으로 기대하나 수익성 관리 필요한 상황.

현금 흐름 *IFRS 별도 기준 〈단위 : 억원〉

항목	2015	2016
영업활동	79	-51
투자활동	-31	-84
재무활동	-75	216
순현금흐름	-24	81
기말현금	56	137

시장 대비 수익률

결산 실적 〈단위 : 억원〉

항목	2011	2012	2013	2014	2015	2016
매출액	774	442	1,014	834	700	579
영업이익	-72	-152	123	-105	26	-159
당기순이익	-168	-262	81	-130	18	-181

분기 실적 *IFRS 별도 기준 〈단위 : 억원〉

항목	2015.3Q	2015.4Q	2016.1Q	2016.2Q	2016.3Q	2016.4Q
매출액	192	250	173	185	149	72
영업이익	19	37	7	12	-31	-146
당기순이익	39	11	2	12	-93	-102

재무 상태 *IFRS 별도 기준 〈단위 : 억원〉

항목	2011	2012	2013	2014	2015	2016
총자산	1,579	1,249	1,322	1,273	1,267	1,341
유형자산	469	357	330	337	313	298
무형자산	226	200	187	192	174	188
유가증권	14	—	—	—	—	—
총부채	590	520	511	591	569	445
총차입금	413	420	390	468	402	237
자본금	102	102	102	102	102	156
총자본	989	729	811	682	697	896
지배주주지분	989	729	811	682	697	896

기업가치 지표 *IFRS 별도 기준

항목	2011	2012	2013	2014	2015	2016
주가(최고/저)(천원)	22.4/9.6	11.4/3.6	11.1/4.8	9.9/3.8	5.2/3.1	6.6/3.7
PER(최고/저)(배)	—/—	—/—	29.6/12.9	—/—	62.4/37.2	—/—
PBR(최고/저)(배)	4.8/2.0	3.3/1.1	2.9/1.3	3.0/1.2	1.6/0.9	2.3/1.3
EV/EBITDA(배)			14.0		14.9	
EPS(원)	-780	-1,217	375	-601	84	-728
BPS(원)	4,939	3,669	4,068	3,437	3,511	2,933
CFPS(원)	-683	-1,083	664	-313	406	-524
DPS(원)						
EBITDAPS(원)	-214	-545	868	-193	446	-433

재무 비율 〈단위 : % 〉

연도	영업이익률	순이익률	부채비율	차입금비율	ROA	ROE	유보율	자기자본비율	EBITDA마진율
2016	-27.4	-31.4	49.7	26.4	-13.9	-22.8	486.6	66.8	-18.6
2015	3.7	2.6	81.7	57.6	1.4	2.6	602.2	55.1	13.0
2014	-12.6	-15.5	86.6	68.5	-10.0	-17.4	587.4	53.6	-4.7
2013	12.1	8.0	63.0	48.1	6.3	10.5	713.6	61.4	17.5

에스엔케이폴리텍 (A091340)
S&K Polytec

업 종 : 전자 장비 및 기기		시 장 : KOSDAQ	
신용등급 : (Bond) — (CP) —		기업규모 : 벤처	
홈 페 이 지 : www.snkpolytec.com		연 락 처 : 031)432-8061	
본 사 : 경기도 안산시 단원구 별망로 66, 시화공단4바 302호			

설 립 일 1999.11.08	총 업 원 수 75명	대 표 이 사 강원형
상 장 일 2007.07.30	감 사 의 견 적정 (세림)	계 열
결 산 기 12월	보 통 주 893만주	종속회사수
액 면 가 500원	우 선 주 —	구 상 호

주주구성 (지분율,%)		출자관계 (지분율,%)		주요경쟁사 (외형,%)	
강원형	32.8	위딩	33.3	S&K폴리텍	100
김찬욱	5.6	티알인더스트리	33.3	로보쓰리	0
(외국인)	0.4			뉴프렉스	229

매출구성		비용구성		수출비중	
PSR, ESR, SAU외	100.0	매출원가율	80.5	수출	74.5
		판관비율	13.8	내수	25.5

회사 개요
동사는 고밀도 폴리우레탄 폼시트를 국내최초 자체 기술로 개발하여 생산 중임. 동사 제품은 휴대폰, LCD 등에 충격흡수용 부품 소재로 사용됨. 동 시장은 동사를 비롯하여 미국 ROGERS와 합작회사인 일본 RIC, SK유티스 등이 과점 시장을 형성하고 있음. 동사는 전자기기 부품 뿐만 아니라 자동차부품, 스포츠용품, 의료용품 등 넓은 분야에 응용 가능한 기술적 입지를 확보 중임. 수출이 전체 매출의 60% 가량을 차지함.

실적 분석
동사의 2016년 결산기준 매출액은 전년 대비 147.9% 증가한 634.3억원을 기록함. 매출액 증가는 2016년 1월에 준공된 신규 공장 확보가 주요 원인으로 추정됨. 영업이익은 전년 대비 10.7% 증가한 35.9억원임. 매출액 증가에 따라 고정비 비중 감소로 수익성이 크게 개선된 것으로 추정함. 당기순이익은 27.9억원으로 전년 대비 51.8% 성장을 기록하였음.

현금 흐름 〈단위 : 억원〉

항목	2015	2016
영업활동	28	4
투자활동	-186	43
재무활동	179	7
순현금흐름	22	60
기말현금	280	341

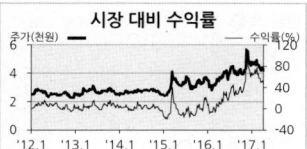

시장 대비 수익률

결산 실적 〈단위 : 억원〉

항목	2011	2012	2013	2014	2015	2016
매출액	156	141	159	225	256	634
영업이익	11	-9	-16	27	32	36
당기순이익	16	0	41	14	18	28

분기 실적 〈단위 : 억원〉

항목	2015.3Q	2015.4Q	2016.1Q	2016.2Q	2016.3Q	2016.4Q
매출액	80	82	84	86	81	384
영업이익	15	14	11	12	10	3
당기순이익	16	7	6	8	2	12

재무 상태 〈단위 : 억원〉

항목	2011	2012	2013	2014	2015	2016
총자산	475	448	622	647	837	1,383
유형자산	183	201	246	238	257	508
무형자산	6	6	5	0	5	150
유가증권	—	—	—	—	0	0
총부채	49	33	171	187	348	801
총차입금	—	—	135	124	292	546
자본금	40	40	40	40	42	44
총자본	426	415	451	460	489	582
지배주주지분	426	415	451	460	489	538

기업가치 지표

항목	2011	2012	2013	2014	2015	2016
주가(최고/저)(천원)	3.4/2.2	2.9/2.2	3.3/2.4	3.0/2.4	4.9/2.3	5.9/2.8
PER(최고/저)(배)	18.5/11.7	1,133.3/867.5	6.3/4.6	16.7/13.8	21.8/10.5	18.0/8.5
PBR(최고/저)(배)	0.7/0.4	0.6/0.5	0.6/0.4	0.5/0.4	0.8/0.4	1.0/0.5
EV/EBITDA(배)	1.3	105.8	—	1.7	8.3	12.9
EPS(원)	206	3	521	177	222	328
BPS(원)	5,399	5,255	5,708	5,825	5,857	6,153
CFPS(원)	326	124	640	283	290	489
DPS(원)	150	150	—	—	—	—
EBITDAPS(원)	263	9	-85	451	460	589

재무 비율 〈단위 : % 〉

연도	영업이익률	순이익률	부채비율	차입금비율	ROA	ROE	유보율	자기자본비율	EBITDA마진율
2016	5.7	4.4	137.7	93.9	2.5	5.4	1,130.6	42.1	7.8
2015	12.7	7.2	71.0	59.6	2.5	3.9	1,071.5	58.5	14.9
2014	12.1	6.2	40.5	26.9	2.2	3.1	1,065.0	71.2	15.8
2013	-10.1	25.9	38.0	29.9	7.7	9.5	1,041.6	72.5	-4.2

에스엔텍 (A160600)
SNTEK CO

업 종 : 반도체 및 관련장비		시 장 : KOSDAQ	
신용등급 : (Bond) — (CP) —		기업규모 : 벤처	
홈 페 이 지 : www.sntek.com		연 락 처 : 031)299-3888	
본 사 : 경기도 수원시 권선구 서부로 1433-100			

설 립 일 2004.06.30	총 업 원 수 102명	대 표 이 사 안경준
상 장 일 2015.06.26	감 사 의 견 적정 (세진)	계 열
결 산 기 12월	보 통 주 1,158만주	종속회사수
액 면 가 500원	우 선 주 49만주	구 상 호

주주구성 (지분율,%)		출자관계 (지분율,%)		주요경쟁사 (외형,%)	
안경준	38.1	이노페이스	100.0	에스엔텍	100
김찬호	4.7	ShenzhenSntechCo.,Ltd	100.0	엘비세미콘	203
				기가레인	113

매출구성		비용구성		수출비중	
TRANSFER	45.9	매출원가율	85.2	수출	0.0
반도체 후공정	32.3	판관비율	14.4	내수	100.0
기타	12.7				

회사 개요
동사는 2004년 설립됐으며 진공·플라즈마 기술과 특수 이송시스템 기술을 적용한 반도체, 디스플레이와 에너지 산업 분야의 공정 장비 개발을 통해 고객에게 솔루션을 제공하는 기업임. 동사는 설립 초기부터 진행해 온 공정장비 개발을 기반으로 국내외 유수의 연구기관과 기업체에 장비를 납품함으로써 SPUTTER, TRANSFER 등의 진공플라즈마 공정기술과 양산장비 제조기술을 핵심 경쟁력으로 보유하고 있음. 수익성 및 핵심 기술이 성장세에 있음.

실적 분석
동사의 2016년 결산기준 누적매출액은 전년동기대비 19.5% 성장한 667.2억원을 달성하였음. 그러나 매출원가가 전년동기대비 40.3% 증가하였고 인건비 및 관리비도 증가하여 영업이익은 전년동기대비 96.9% 하락한 2.2억원을 기록함. TV, PC등의 대면적 패널시장의 성장잠재력은 저하된 상태이나, 스마트폰과 태블릿PC용 중소형 패널은 매년 물량이 증가하고 있으므로 향후 매출 성장이 기대되고 있음.

현금 흐름 〈단위 : 억원〉

항목	2015	2016
영업활동	-32	16
투자활동	-19	-159
재무활동	71	125
순현금흐름	21	-18
기말현금	68	50

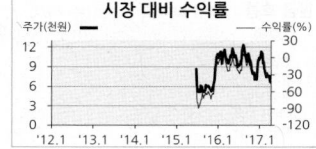

시장 대비 수익률

결산 실적 〈단위 : 억원〉

항목	2011	2012	2013	2014	2015	2016
매출액	125	191	187	325	559	667
영업이익	11	28	8	39	73	2
당기순이익	14	0	3	35	63	6

분기 실적 〈단위 : 억원〉

항목	2015.3Q	2015.4Q	2016.1Q	2016.2Q	2016.3Q	2016.4Q
매출액	138	215	233	165	149	120
영업이익	15	33	35	17	-17	-33
당기순이익	15	27	31	11	-19	-17

재무 상태 〈단위 : 억원〉

항목	2011	2012	2013	2014	2015	2016
총자산	289	301	317	309	535	653
유형자산	51	68	97	105	102	236
무형자산	49	44	53	57	63	64
유가증권	—	—	0	—	—	—
총부채	162	206	219	176	215	328
총차입금	120	140	184	137	85	214
자본금	15	27	27	27	36	57
총자본	128	95	98	133	319	325
지배주주지분	128	95	98	133	319	325

기업가치 지표

항목	2011	2012	2013	2014	2015	2016
주가(최고/저)(천원)	—/—	—/—	—/—	—/—	10.9/4.9	13.1/6.9
PER(최고/저)(배)	0.0/0.0	0.0/0.0	0.0/0.0	0.0/0.0	16.0/7.2	263.6/138.8
PBR(최고/저)(배)	0.0/0.0	0.0/0.0	0.0/0.0	0.0/0.0	3.7/1.7	4.6/2.4
EV/EBITDA(배)	3.3	2.5	9.4	1.6	13.6	62.3
EPS(원)	191	140	33	449	680	50
BPS(원)	4,259	1,761	1,811	2,455	4,426	2,870
CFPS(원)	601	306	180	862	1,240	212
DPS(원)	—	—	—	—	—	—
EBITDAPS(원)	481	654	275	937	1,395	182

재무 비율 〈단위 : % 〉

연도	영업이익률	순이익률	부채비율	차입금비율	ROA	ROE	유보율	자기자본비율	EBITDA마진율
2016	0.3	0.8	100.7	65.8	1.0	1.7	474.0	49.8	3.1
2015	13.0	11.3	67.4	26.7	15.0	27.9	785.2	59.7	15.7
2014	12.0	10.7	132.7	103.5	11.1	30.2	391.0	43.0	15.6
2013	4.1	1.4	224.1	188.5	0.8	2.6	262.2	30.9	7.9

에스엔피제네틱스 (A086460)
SNP Genetics

업 종 : 바이오		시 장 : KONEX	
신용등급 : (Bond) — (CP) —		기업규모 : —	
홈페이지 : www.snp-genetics.com		연 락 처 : 02)3273-1671	
본 사 : 서울시 마포구 백범로 35 서강대학교 떼야아르관 1007호			

설 립 일 2000.05.26	종 업 원 수 5명	대 표 이 사 신형두	
상 장 일 2013.07.01	감 사 의 견 적정 (한울)	계 열	
결 산 기 12월	보 통 주 182만주	종속회사수	
액 면 가 500원	우 선 주	구 상 호 에스엔피	

주주구성 (지분율,%) / 출자관계 (지분율,%) / 주요경쟁사 (외형,%)

주주구성 (지분율,%)		출자관계 (지분율,%)		주요경쟁사 (외형,%)	
신형두	34.1	에스엔피제네틱스	100		
김명철	9.9	진매트릭스	518		
		메디젠휴먼케어	166		

매출구성 / 비용구성 / 수출비중

매출구성		비용구성		수출비중	
유전체분석	85.0	매출원가율	83.6	수출	0.0
기타	15.0	판관비율	57.8	내수	100.0

회사 개요
2000년 5월에 설립된 동사는 단일염기다형성을 이용한 질병관련 SNP 콘텐츠를 연구하는 유전체 분석전문 벤처기업임. 다수의 질환군별 유전체센터를 설립해 서울대, 한양대, 순천향대, 한강성심병원 등 국내 전문병원들과 공동연구를 수행해 임상적 인프라를 확보함. 국내 유전체 분석 시장은 동사와 코스닥에 상장된 디엔에이링크, 마크로젠 등이 시장을 과점하는 형태를 보임. 2016년 10월 개인 유전자분석을 통한 체질검사 서비스인 '스엔피케어를 출시함.

실적 분석
동사의 2016년 누적매출액은 9.8억원으로 전년 대비 소폭 증가함. 판관비가 늘면서 영업손실은 전년 2.9억원에서 4.1억원으로 적자폭이 확대됨. 유전체 분석 분야 정부예산은 꾸준히 증가하고 있어 전망은 긍정적임. 국책과제 및 외부기관과의 연구협력을 통해 회사의 인지도를 높이고 적극적으로 홍보에 나서고 있음. 캐피탈웍스인베스트먼트가 보유한 엔지켐생명과학의 지분 2.15%를 13.9억원으로 인수함.

현금 흐름 *IFRS 별도 기준 〈단위 : 억원〉

항목	2015	2016
영업활동	-0	-2
투자활동	-7	2
재무활동	6	0
순현금흐름	-2	0
기말현금	0	0

시장 대비 수익률
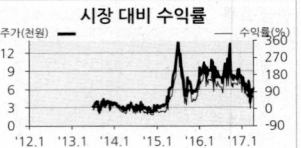

결산 실적 〈단위 : 억원〉

항목	2011	2012	2013	2014	2015	2016
매출액	23	24	11	9	11	10
영업이익	4	3	-2	-1	-3	-4
당기순이익	4	3	-2	14	26	-12

분기 실적 *IFRS 별도 기준 〈단위 : 억원〉

항목	2015.3Q	2015.4Q	2016.1Q	2016.2Q	2016.3Q	2016.4Q
매출액	—	—	—	—	—	—
영업이익	—	—	—	—	—	—
당기순이익	—	—	—	—	—	—

재무 상태 *IFRS 별도 기준 〈단위 : 억원〉

항목	2011	2012	2013	2014	2015	2016
총자산	73	77	71	89	127	111
유형자산	23	25	23	22	23	21
무형자산	0	0	0	0	0	0
유가증권				32	77	68
총부채	6	5	6	10	17	14
총차입금						
자본금	9	9	9	9	9	9
총자본	68	71	66	79	110	98
지배주주지분	68	71	66	79	110	98

기업가치 지표 *IFRS 별도 기준

항목	2011	2012	2013	2014	2015	2016
주가(최고/저)(천원)	—/—	—/—	5.1/2.2	3.9/2.3	13.7/2.6	13.5/6.8
PER(최고/저)(배)	0.0/0.0	0.0/0.0	—/—	5.0/3.0	9.7/1.9	—/—
PBR(최고/저)(배)	0.0/0.0	0.0/0.0	1.4/0.6	0.9/0.5	2.3/0.4	2.5/1.3
EV/EBITDA(배)	—	—	—	—	—	—
EPS(원)	254	191	-130	779	1,408	-667
BPS(원)	3,722	3,913	3,782	4,562	6,035	5,368
CFPS(원)	319	262	-22	849	1,488	-583
DPS(원)						
EBITDAPS(원)	309	215	-26	39	-76	-138

재무 비율 〈단위 : % 〉

연도	영업이익률	순이익률	부채비율	차입금비율	ROA	ROE	유보율	자기자본비율	EBITDA마진율
2016	-41.4	-124.3	13.8	0.0	-10.2	-11.7	973.6	87.9	-25.7
2015	-25.6	230.8	15.3	0.0	23.8	27.2	1,107.1	86.8	-12.4
2014	-6.1	152.9	12.2	0.0	17.8	19.7	812.3	89.1	7.7
2013	-22.4	-21.7	8.6	0.0	-3.2	-3.5	656.5	92.1	-4.4

에스엘 (A005850)
SL

업 종 : 자동차부품		시 장 : 거래소	
신용등급 : (Bond) — (CP) —		기업규모 : 시가총액 중형주	
홈페이지 : www.slworld.com		연 락 처 : 053)856-8511	
본 사 : 대구시 북구 노원로 85			

설 립 일 1968.11.07	종 업 원 수 1,583명	대 표 이 사 손우현,이성엽,이충곤	
상 장 일 1988.11.08	감 사 의 견 적정 (한영)	계 열	
결 산 기 12월	보 통 주 3,387만주	종속회사수	
액 면 가 500원	우 선 주	구 상 호	

주주구성 (지분율,%) / 출자관계 (지분율,%) / 주요경쟁사 (외형,%)

주주구성 (지분율,%)		출자관계 (지분율,%)		주요경쟁사 (외형,%)	
이성엽	24.0	HSL일렉트로닉스	50.0	에스엘	100
이충곤	14.5	에스에이치비	50.0	한라홀딩스	62
(외국인)	23.8	K.D.S	47.0	세방전지	59

매출구성 / 비용구성 / 수출비중

매출구성		비용구성		수출비중	
LAMP PARTS 및 기타	63.6	매출원가율	87.3	수출	—
CHASSIS PARTS 외 및 기타	24.1	판관비율	6.6	내수	—
금형 및 기타	12.3				

회사 개요
동사는 1954년 설립됨. 자동차 부품 중 전조등, 샤시 부품 등을 주로 생산함. 현대, 기아, 한국GM 등에 충점 납품하고 있음. 1986년 미국GM과 합작으로 성산을 설립, 본격적인 해외 진출에 나섬. 국내 최초로 신소재를 이용한 헤드램프를 개발하여 승용차 부문에 적용하기도 함. 헤드램프 시장에서 동사의 점유율은 66.0%에 달함. 이는 관계사 실적을 합산한 것임.

실적 분석
동사의 2016년 결산 연결재무제표 기준으로 매출액 1조6,192억원을 달성하였고, 영업이익은 993억원, 순이익은 1,010억원을 시현함. 전년과 비교하여 매출액은 16%, 영업이익은 57%, 당기순이익은 60% 증가하여 재무지표가 개선되었음. 완성차 업계의 신차종 출시와 해외 생산 확대가 매출 증대를 견인한 것으로 분석됨. 주요 원자재 가격 안정화로 수익성 개선은 지속될 것으로 기대.

현금 흐름 〈단위 : 억원〉

항목	2015	2016
영업활동	1,534	990
투자활동	-1,480	-913
재무활동	506	-206
순현금흐름	571	-129
기말현금	1,333	1,204

시장 대비 수익률

결산 실적 〈단위 : 억원〉

항목	2011	2012	2013	2014	2015	2016
매출액	8,731	11,625	12,417	13,594	13,951	16,192
영업이익	296	371	353	597	633	993
당기순이익	573	601	737	948	689	1,100

분기 실적 〈단위 : 억원〉

항목	2015.3Q	2015.4Q	2016.1Q	2016.2Q	2016.3Q	2016.4Q
매출액	3,377	3,646	3,630	3,953	4,150	4,459
영업이익	187	178	178	216	382	218
당기순이익	158	34	214	250	308	328

재무 상태 〈단위 : 억원〉

항목	2011	2012	2013	2014	2015	2016
총자산	11,080	11,254	12,182	13,794	15,483	16,323
유형자산	2,798	2,974	2,968	3,161	3,991	4,181
무형자산	215	230	194	196	210	299
유가증권	1,511	174	175	103	204	250
총부채	5,520	5,290	5,521	6,313	7,366	7,218
총차입금	2,548	2,127	2,090	2,053	2,745	2,724
자본금	169	169	169	169	169	169
총자본	5,559	5,964	6,661	7,482	8,117	9,105
지배주주지분	5,482	5,876	6,577	7,391	8,003	8,981

기업가치 지표

항목	2011	2012	2013	2014	2015	2016
주가(최고/저)(천원)	29.9/16.5	21.8/10.1	17.0/11.0	22.5/14.7	20.0/13.8	22.0/13.7
PER(최고/저)(배)	19.3/10.7	13.4/6.2	8.3/5.4	8.4/5.5	10.4/7.2	6.9/4.3
PBR(최고/저)(배)	2.0/1.1	1.3/0.6	0.9/0.6	1.1/0.7	0.9/0.6	0.8/0.5
EV/EBITDA(배)	13.8	6.8	7.0	5.2	4.9	4.5
EPS(원)	1,644	1,715	2,158	2,782	1,967	3,217
BPS(원)	16,188	17,351	19,422	21,825	23,633	26,519
CFPS(원)	2,450	3,072	3,560	4,378	3,681	5,162
DPS(원)	150	150	150	200	260	260
EBITDAPS(원)	1,679	2,454	2,445	3,359	3,582	4,879

재무 비율 〈단위 : % 〉

연도	영업이익률	순이익률	부채비율	차입금비율	ROA	ROE	유보율	자기자본비율	EBITDA마진율
2016	6.1	6.8	79.3	29.9	6.9	12.8	5,203.7	55.8	10.2
2015	4.5	4.9	90.8	33.8	4.7	8.7	4,626.7	52.4	8.7
2014	4.4	7.0	84.4	27.4	7.3	13.5	4,265.1	54.2	8.4
2013	2.8	5.9	82.9	31.4	6.3	11.7	3,784.5	54.7	6.7

에스엘에스 (A246250)
SLS

업　　종 : 바이오　　　　　　　　　　　　시　　장 : KONEX
신용등급 : (Bond) —　　(CP) —　　　　　기업규모 : —
홈페이지 : www.slabs.co.kr　　　　　　　연　락　처 : (031)275-5522
본　　사 : 경기도 수원시 영통구 광교로 107 경기중소기업종합지원센터 실험연구동1층

설 립 일	2007.01.17	종 업 원 수	명	대 표 이 사	이영태
상 장 일	2016.06.29	감 사 의 견	적정 (현대)	계　　열	
결 산 기	12월	보 통 주	581만주	종속회사수	
액 면 가	500원	우 선 주		구　상　주	

주주구성 (지분율,%)		출자관계 (지분율,%)		주요경쟁사 (외형,%)	
문해란	27.2			에스엘에스	100
이영태	19.1			씨젠	912
				내츄럴엔도텍	81

매출구성		비용구성		수출비중	
의약품질관리	63.6	매출원가율	70.2	수출	—
SQL지원사업	26.2	판관비율	15.0	내수	—
생물학적동등시험	8.5				

회사 개요
동사는 2007년 1월에 설립된 유전체분석 및 체외진단, 의약품 품질관리, CRO 사업을 영위하는 기업임. 다수의 의학, 의과학, 생화학 등의 전문 연구원들이 국내 및 해외 유전체 분석 및 체외진단 분야의 진단키트들을 개발하고 있으며, 관련 특허를 다수 보유함. 중소 기술기업으로 벤처기업 및 이노비즈 기업으로 인증받았으며, 2016년 6월에 코넥스 시장에 상장됨.

실적 분석
동사의 2016년 누적 매출액은 80.8억원으로 전년 대비 30.1% 증가함. 매출원가와 판관비 상승에도 불구하고 영업이익은 전년보다 129.5% 늘어난 12억원을 기록함. 향후 급성장이 예상되는 생물학제제 및 흡입제 판매 제약사를 신규로 확보하고, 경쟁사의 계약 만료 제약사에 대한 공격적인 영업활동을 펼칠 계획임. 생동성시험에서는 수익성 위주의 수주를 위해 마약성 진통제, CNS 약물 등 특화된 품목 위주로 수주를 늘려나갈 계획임.

현금 흐름 ●IFRS 별도 기준　〈단위 : 억원〉
항목	2015	2016
영업활동	7	8
투자활동	-25	-2
재무활동	22	-1
순현금흐름	4	5
기말현금	5	9

시장 대비 수익률
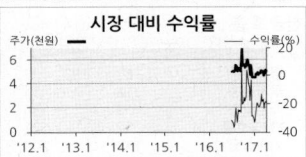

결산 실적　〈단위 : 억원〉
항목	2011	2012	2013	2014	2015	2016
매출액	—	—	—	58	62	81
영업이익	—	—	—	8	5	12
당기순이익	—	—	—	3	2	6

분기 실적 ●IFRS 별도 기준　〈단위 : 억원〉
항목	2015.3Q	2015.4Q	2016.1Q	2016.2Q	2016.3Q	2016.4Q
매출액	—	—	—	—	—	—
영업이익	—	—	—	—	—	—
당기순이익	—	—	—	—	—	—

재무 상태 ●IFRS 별도 기준　〈단위 : 억원〉
항목	2011	2012	2013	2014	2015	2016
총자산	—	—	—	79	110	115
유형자산	—	—	—	12	14	12
무형자산	—	—	—	35	38	36
유가증권	—	—	—	1	1	1
총부채	—	—	—	67	60	60
총차입금	—	—	—	52	41	42
자본금	—	—	—	22	29	29
총자본	—	—	—	12	50	55
지배주주지분	—	—	—	12	50	55

기업가치 지표 *IFRS 별도 기준
항목	2011	2012	2013	2014	2015	2016
주가(최고/저)(천원)	—/—	—/—	—/—	—/—	—/—	7.0/4.3
PER(최고/저)(배)	0.0/0.0	0.0/0.0	0.0/0.0	0.0/0.0	0.0/0.0	71.7/44.4
PBR(최고/저)(배)	0.0/0.0	0.0/0.0	0.0/0.0	0.0/0.0	0.0/0.0	7.4/4.6
EV/EBITDA(배)	0.0	—	—	3.6	1.9	13.8
EPS(원)	—	—	—	74	41	97
BPS(원)	—	—	—	274	862	939
CFPS(원)	—	—	—	227	165	246
DPS(원)	—	—	—	—	—	—
EBITDAPS(원)	—	—	—	327	229	356

재무 비율　〈단위 : % 〉
연도	영업이익률	순이익률	부채비율	차입금비율	ROA	ROE	유보율	자기자본비율	EBITDA마진율
2016	14.8	7.0	110.0	77.7	5.0	10.8	87.9	47.6	25.6
2015	8.4	3.3	121.0	82.5	2.2	6.6	72.4	45.3	18.3
2014	13.0	5.5	일부잠식	일부잠식	0.0	0.0	-45.1	15.0	24.3
2013	0.0	0.0			0.0	0.0			0.0

에스엠로보틱스 (A252940)
SMROBOTICS

업　　종 : 레저용품　　　　　　　　　　시　　장 : KONEX
신용등급 : (Bond) —　　(CP) —　　　　　기업규모 : —
홈페이지 : www.tophorse.co.kr　　　　　연　락　처 : (031)422-1519
본　　사 : 경기도 의왕시 이미로 40, 에이동 413호, 414호, 415호(포일동, 인덕원 아이티밸리)

설 립 일	2011.06.03	종 업 원 수	명	대 표 이 사	전주식
상 장 일	2016.09.30	감 사 의 견	적정 (세림)	계　　열	
결 산 기	12월	보 통 주	208만주	종속회사수	
액 면 가	500원	우 선 주	10만주	구　상　주	

주주구성 (지분율,%)		출자관계 (지분율,%)		주요경쟁사 (외형,%)	
전주식	38.6			에스엠로보틱스	100
전성식	28.9			라이브플렉스	2,737
				손오공	10,320

매출구성		비용구성		수출비중	
스크린 승마 시뮬레이터	64.9	매출원가율	78.2	수출	—
인테리어 용역	22.7	판관비율	173.1	내수	—
기타 상품 외	12.4				

회사 개요
2011년 6월 소프트웨어 개발 및 공급업 사업을 목적으로 설립, 실내 승마기와 승마시뮬레이션 시스템을 결합한 가상 실내 승마시뮬레이터인 VROS(Virtual Riding-simulator on real Online System) 개발, 제조, 판매 사업을 진행하고 있음. 특허 4종과 상표·서비스등록증 1종을 취득하여 국내 타 업체와의 경쟁력에서 우위를 점하고 있음. 2016년 9월 30일 코넥스 시장 상장.

실적 분석
동사의 2016년 연간 누적 매출액은 7.6억원. 전년 매출 48.6억원에서 85.3% 급감한 수치임. 영업손실 19억원, 당기순손실은 21.1억원을 기록하며 적자 전환. 동사의 총자산을 9.2억원 초과하는 완전자본잠식 상태임. 유동부채 역시 유동자산을 17억원 초과. 상황을 타개하기 위해 동사는 부동산 매각, 영업활동 다각화 등 재무 구조 및 영업활동 개선 계획을 수립하고 있음.

현금 흐름 ●IFRS 별도 기준　〈단위 : 억원〉
항목	2015	2016
영업활동	5	-13
투자활동	-12	4
재무활동	6	8
순현금흐름	-1	0
기말현금	5	5

시장 대비 수익률
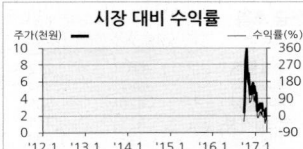

결산 실적　〈단위 : 억원〉
항목	2011	2012	2013	2014	2015	2016
매출액	—	—	14	12	49	13
영업이익	—	—	-1	-2	7	-19
당기순이익	—	—	-2	-3	6	-21

분기 실적 ●IFRS 별도 기준　〈단위 : 억원〉
항목	2015.3Q	2015.4Q	2016.1Q	2016.2Q	2016.3Q	2016.4Q
매출액	—	—	—	—	—	—
영업이익	—	—	—	—	—	—
당기순이익	—	—	—	—	—	—

재무 상태 ●IFRS 별도 기준　〈단위 : 억원〉
항목	2011	2012	2013	2014	2015	2016
총자산	—	—	10	27	36	24
유형자산	—	—	0	10	18	16
무형자산	—	—	3	6	7	4
유가증권	—	—	—	—	—	—
총부채	—	—	8	29	32	33
총차입금	—	—	2	14	20	21
자본금	—	—	10	10	10	11
총자본	—	—	1	-2	4	-9
지배주주지분	—	—	1	-2	4	-9

기업가치 지표 *IFRS 별도 기준
항목	2011	2012	2013	2014	2015	2016
주가(최고/저)(천원)	—/—	—/—	—/—	—/—	—/—	9.9/2.4
PER(최고/저)(배)	0.0/0.0	0.0/0.0	0.0/0.0	0.0/0.0	0.0/0.0	—/—
PBR(최고/저)(배)	0.0/0.0	0.0/0.0	0.0/0.0	0.0/0.0	0.0/0.0	-23.5/-5.7
EV/EBITDA(배)	0.0	—	—	—	1.6	—
EPS(원)	—	—	-136	-150	287	-982
BPS(원)	—	—	59	-91	196	-423
CFPS(원)	—	—	-110	-122	385	-765
DPS(원)	—	—	—	—	—	—
EBITDAPS(원)	—	—	-59	-93	460	-666

재무 비율　〈단위 : % 〉
연도	영업이익률	순이익률	부채비율	차입금비율	ROA	ROE	유보율	자기자본비율	EBITDA마진율
2016	-151.3	-168.4	완전잠식	완전잠식	-70.3	당기잠식	-184.5	-37.9	-114.1
2015	14.9	11.8	일부잠식	일부잠식	18.3	전기잠식	-60.9	11.0	18.9
2014	-19.5	-24.1	완전잠식	완전잠식	-16.4	당기잠식	-118.3	-6.8	-15.0
2013	-10.0	-16.0	일부잠식	일부잠식	0.0	0.0	-88.3	12.3	-6.9

에스엠엔터테인먼트 (A041510)
SM Entertainment

업   종 : 미디어
신용 등급 : (Bond) —   (CP) —
홈 페 이 지 : www.smtown.com
본   사 : 서울시 강남구 압구정로 423 캠브리지연립주택

시   장 : KOSDAQ
기업규모 : 우량
연 락 처 : 02)6240-9800

설 립 일 1995.02.14	종 업 원 수 412명	대 표 이 사	한세민,남소영
상 장 일 2000.04.27	감 사 의 견 적정 (삼정)	계	
결 산 기 12월	보 통 주 2,176만주	종속회사수	열
액 면 가 500원	우 선 주	구 상 호	

주주구성 (지분율,%)
이수만	20.2
미래에셋자산운용투자자문	4.3
(외국인)	11.2

출자관계 (지분율,%)
에스엠에프앤비디벨롭먼트	100.0
아렐	100.0
비스츠앤네이티브스	50.0

주요경쟁사 (외형,%)
에스엠	100
스카이라이프	190
와이지엔터테인먼트	92

매출구성
[매니지먼트사업]출연료	47.7
[매니지먼트사업]매니지먼트 매출	22.1
[음반산업]음반	21.8

비용구성
매출원가율	70.8
판관비율	23.3

수출비중
수출	41.7
내수	58.3

회사 개요
동사는 1995년 설립되어 초기에는 TV 프로그램 제작물을 공중파 방송 및 케이블 방송에 납품하는 외주 프로그램 제작업을 영위하면서 신인 발굴 및 음반기획을 병행함. 이후 H.O.T. 음반의 성공과 함께 S.E.S., 신화, Fly to the Sky, BoA, 동방신기, 슈퍼주니어, 소녀시대, 샤이니, f(x), EXO 등이 연속적으로 성공함. 대중문화콘텐츠와 신인 엔터테이너를 지속적으로 발굴, 성장시켜 높은 실적 성장세를 시현함.

실적 분석
동사는 2016년 전년보다 8% 증가한 매출액 3,498.7억원을 기록, 창사 이래 최대 매출을 시현함. 이는 기존 아티스트들의 성장과 초상권과 브랜드를 사용한 MD매출 증가에 따름. 지역적으로 동남아시아 및 미주지역에서의 매출이 전년 대비 113% 증가하며 성장을 견인. 다만 영업이익은 일부 아티스트의 군복무로 인한 활동 축소에 따라 207.1억원을 거둬 전년대비 46.1% 감소. 동사는 사업 포트폴리오 다각화를 꾸준히 추진하고 있음.

현금 흐름 〈단위 : 억원〉
항목	2015	2016
영업활동	661	212
투자활동	-682	-384
재무활동	420	505
순현금흐름	413	361
기말현금	1,335	1,696

시장 대비 수익률
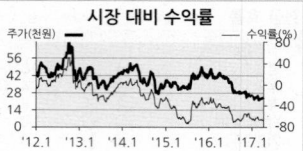

결산 실적 〈단위 : 억원〉
항목	2011	2012	2013	2014	2015	2016
매출액	1,430	2,413	2,687	2,870	3,222	3,499
영업이익	256	605	405	343	384	207
당기순이익	206	368	180	18	184	42

분기 실적 〈단위 : 억원〉
항목	2015.3Q	2015.4Q	2016.1Q	2016.2Q	2016.3Q	2016.4Q
매출액	944	863	905	769	1,041	784
영업이익	186	43	90	-24	135	6
당기순이익	132	-31	61	-65	86	-40

재무 상태 〈단위 : 억원〉
항목	2011	2012	2013	2014	2015	2016
총자산	1,681	3,228	3,923	3,827	4,597	5,251
유형자산	194	394	540	810	1,075	1,037
무형자산	87	429	495	511	511	371
유가증권	30	101	139	194	172	125
총부채	648	893	1,259	1,011	1,362	1,495
총차입금	90	104	135	155	458	569
자본금	83	102	103	103	104	109
총자본	1,033	2,336	2,664	2,816	3,235	3,755
지배주주지분	1,045	2,096	2,299	2,413	2,846	3,295

기업가치 지표
항목	2011	2012	2013	2014	2015	2016
주가(최고/저)(천원)	53.5/14.9	69.2/37.3	50.6/29.4	53.2/24.5	49.0/30.5	47.1/24.2
PER(최고/저)(배)	46.3/12.9	34.9/18.8	55.4/32.2	183.2/84.2	46.8/29.1	278.3/142.7
PBR(최고/저)(배)	9.5/2.7	6.7/3.6	4.5/2.6	4.5/2.1	3.6/2.2	3.1/1.6
EV/EBITDA(배)	21.4	11.7	16.4	14.0	14.1	11.0
EPS(원)	1,156	1,984	913	290	1,048	169
BPS(원)	6,306	10,262	11,376	11,837	13,669	15,144
CFPS(원)	1,701	2,461	1,371	922	2,066	1,258
DPS(원)						
EBITDAPS(원)	1,962	3,502	2,427	2,295	2,875	2,049

재무 비율 〈단위 : %〉
연도	영업이익률	순이익률	부채비율	차입금비율	ROA	ROE	유보율	자기자본비율	EBITDA마진율
2016	5.9	1.2	39.8	15.1	0.9	1.2	2,928.9	71.5	12.6
2015	11.9	5.7	42.1	14.2	4.4	8.3	2,633.7	70.4	18.5
2014	12.0	0.6	35.9	5.5	0.5	2.6	2,267.3	73.6	16.5
2013	15.1	6.7	47.3	5.1	5.0	8.6	2,175.3	67.9	18.6

에스엠컬처앤콘텐츠 (A048550)
SM Culture & Contents

업   종 : 미디어
신용 등급 : (Bond) —   (CP) —
홈 페 이 지 : www.smcultureandcontents.com
본   사 : 서울시 강남구 삼성로 648(삼성동, 한섬빌딩)

시   장 : KOSDAQ
기업규모 : 중견
연 락 처 : 02)3788-0000

설 립 일 1980.05.13	종 업 원 수 234명	대 표 이 사	한세민
상 장 일 2001.01.18	감 사 의 견 적정 (삼정)	계	
결 산 기 12월	보 통 주 6,953만주	종속회사수	열
액 면 가 500원	우 선 주	구 상 호	비티앤아이여행그룹

주주구성 (지분율,%)
에스.엠.엔터테인먼트	38.2
DREAM MAKER ENTERTAINMENT LIMITED	1.8
(외국인)	2.9

출자관계 (지분율,%)
콘텐츠뱅크	100.0
호텔트리스	80.4
울림엔터테인먼트	29.0

주요경쟁사 (외형,%)
SM C&C	100
키이스트	98
덱스터	33

매출구성
콘텐츠 제작 (방송프로그램, 음악콘텐츠)	48.0
매니지먼트 (방송 등)	38.3
여행 사업(항공권, 여행상품, 기타수수료율)	13.2

비용구성
매출원가율	82.5
판관비율	13.9

수출비중
수출	15.2
내수	84.8

회사 개요
동사는 1987년 비티앤아이여행사로 설립되어 기업체 출장 전문 서비스와 국제회의 용역 서비스, 국내외 일반여행 알선을 주요사업으로 영위함. 사업다각화 및 대주주 변경에 따라 사명을 비티앤아이 여행그룹에서 에스엠컬처앤콘텐츠로 변경함. 2012년 5월 에스엠엔터테인먼트가 동사의 지분을 취득하며 드라마 제작 및 영상, 음반, 공연 사업이 추가되었으며, 지배기업 최대주주는 에스엠엔터테인먼트로 변경됨.

실적 분석
동사의 연결기준 2016년 결산 매출액은 영상콘텐츠 제작, 매니지먼트, 여행사업 등 전반적인 사업확대에 따라 전년동기 대비 26.4% 상승한 953.9억원을 기록함. 각 사업부문들이 고르게 성장하는 중이며 매출기여도가 가장 높은 콘텐츠 부문의 꾸준한 성장과 매니지먼트 부문의 성장세로 인하여 높은 실적을 달성하였고 그간 영업이익 흑자전환에 성공함. 인기 아티스트 보유를 기반으로 해외진출이 기존 중국 및 아시아 시장을 넘어 유럽, 미주 등 다양성을 확대함.

현금 흐름 〈단위 : 억원〉
항목	2015	2016
영업활동	62	-2
투자활동	-8	54
재무활동	-2	-30
순현금흐름	52	21
기말현금	179	200

시장 대비 수익률
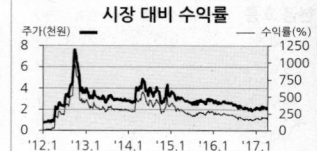

결산 실적 〈단위 : 억원〉
항목	2011	2012	2013	2014	2015	2016
매출액	163	196	576	610	755	954
영업이익	12	-26	-2	-59	-39	35
당기순이익	4	-128	-10	-84	-47	-5

분기 실적 〈단위 : 억원〉
항목	2015.3Q	2015.4Q	2016.1Q	2016.2Q	2016.3Q	2016.4Q
매출액	183	304	205	258	285	206
영업이익	.1	-13	5	-3	24	10
당기순이익	0	-7	17	-35	15	-1

재무 상태 〈단위 : 억원〉
항목	2011	2012	2013	2014	2015	2016
총자산	286	502	842	846	860	812
유형자산	9	9	14	78	71	62
무형자산	108	156	230	228	199	101
유가증권	3	1	1	13	20	23
총부채	106	129	325	291	320	264
총차입금	19	19	76	66	62	32
자본금	165	303	336	347	348	348
총자본	180	373	517	555	540	548
지배주주지분	177	371	516	554	541	549

기업가치 지표
항목	2011	2012	2013	2014	2015	2016
주가(최고/저)(천원)	1.5/0.6	7.6/0.7	4.0/2.4	5.0/2.4	3.8/2.4	2.8/1.8
PER(최고/저)(배)	100.6/43.3	—/—	—/—	—/—	—/—	—/—
PBR(최고/저)(배)	2.1/0.9	10.8/1.0	4.7/2.9	5.9/2.9	4.6/2.9	3.4/2.2
EV/EBITDA(배)	8.3		58.4	1,413.6	60.9	13.7
EPS(원)	15	-266	-14	-121	-66	-7
BPS(원)	698	701	839	844	824	835
CFPS(원)	42	-231	36	-34	35	73
DPS(원)						
EBITDAPS(원)	65	-19	48	2	45	130

재무 비율 〈단위 : %〉
연도	영업이익률	순이익률	부채비율	차입금비율	ROA	ROE	유보율	자기자본비율	EBITDA마진율
2016	3.7	-0.5	48.1	5.8	-0.6	-0.9	67.0	67.5	9.5
2015	-5.2	-6.3	59.3	11.5	-5.6	-8.4	64.7	62.8	4.2
2014	-9.6	-13.9	52.5	11.9	-10.0	-15.7	68.8	65.6	0.3
2013	-0.3	-1.7	62.8	14.8	-1.4	-2.0	67.8	61.4	5.3

에스엠코어 (A007820)
SMCoreInc

업 종 : 기계		시 장 : KOSDAQ	
신용등급 : (Bond) — (CP) —		기업규모 : 우량	
홈 페 이 지 : www.smck.com		연 락 처 : 02)2090-9200	
본 사 : 서울시 마포구 마포대로 20 다보빌딩 14층			

설 립 일 1972.04.13	종업원수 183명	대표이사 권순욱
상 장 일 2011.11.08	감사의견 적정 (삼일)	계 열
결 산 기 12월	보 통 주 2,000만주	종속회사수
액 면 가 500원	우 선 주	구 상 호 신흥기계

주주구성 (지분율,%)		출자관계 (지분율,%)		주요경쟁사 (외형,%)	
SK	26.7	포인트코드	68.9	에스엠코어	100
권순욱	25.6	비피도	2.3	신진에스엠	99
(외국인)	3.9			동양물산	745

매출구성		비용구성		수출비중	
자동화설비	96.4	매출원가율	116.9	수출	22.9
AS매출액	3.6	판관비율	11.0	내수	77.1

회사 개요
1972년 신흥우드워크란 이름으로 설립됨. 1987년 상호를 신흥기계로 변경, 2016년엔 상호를 에스엠코어로 변경. 동사와 종속회사는 자동화물류시스템에 필요한 자동화 설비를 제작·설치하고 설비 가동에 필요한 제어시스템과 운영정보시스템을 제작·설치하는 사업을 영위하고 있음. 향후 반도체 업황의 글로벌경기 전망이 밝고 낸드플래시 및 D램의 수요증가세가 지속됨에 따라 반도체와 평판디스플레이 관련장비 제조판·매입을 시행할 예정임.

실적 분석
동사는 2016년 연결기준 매출액 503.9억을 시현함. 이는 전년도 매출액 733억원에 비해 31.3% 감소한 금액임. 매출원가율과 판매비와 관리비 증가로 인해 수익성이 악화됨. 전년도 23.6억원을 기록했던 영업이익은 141억원의 손해를 기록하며 적자전환함. 전년도 30.3억원을 시현한 당기순이익도 129.3억원의 손실을 기록하며 적자로 전환됨. 매출원가율 상승, 중국과 미국 등 주요 국가로의 수출감소 등으로 인해 실적이 악화됨.

현금 흐름 〈단위 : 억원〉

항목	2015	2016
영업활동	244	-183
투자활동	-10	-0
재무활동	-2	-39
순현금흐름	234	-222
기말현금	294	72

시장 대비 수익률
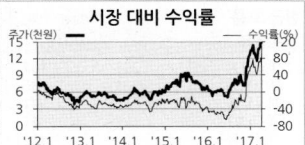

결산 실적 〈단위 : 억원〉

항목	2011	2012	2013	2014	2015	2016
매출액	672	783	760	920	733	504
영업이익	87	75	56	75	24	-141
당기순이익	62	56	50	64	30	-129

분기 실적 〈단위 : 억원〉

항목	2015.3Q	2015.4Q	2016.1Q	2016.2Q	2016.3Q	2016.4Q
매출액	176	131	162	120	160	62
영업이익	27	-54	-18	-63	-17	-44
당기순이익	35	-49	-19	-58	-30	-22

재무 상태 〈단위 : 억원〉

항목	2011	2012	2013	2014	2015	2016
총자산	684	685	770	791	857	597
유형자산	135	145	168	162	159	164
무형자산	32	39	42	47	46	50
유가증권	0	0	0	0	29	16
총부채	292	260	301	283	282	187
총차입금	36	34	35	46	—	5
자본금	33	33	35	37	77	77
총자본	392	426	469	508	575	410
지배주주지분	390	423	464	504	569	405

기업가치 지표

항목	2011	2012	2013	2014	2015	2016
주가(최고/저)(천원)	8.1/6.6	7.7/3.8	6.2/4.3	6.7/4.4	9.5/5.8	12.5/5.0
PER(최고/저)(배)	17.7/14.5	21.9/10.9	20.1/14.0	16.5/11.0	51.8/31.6	—/—
PBR(최고/저)(배)	3.3/2.7	2.8/1.4	2.0/1.4	1.9/1.3	2.6/1.6	4.4/1.8
EV/EBITDA(배)	12.0	6.7	9.9	10.0	20.7	
EPS(원)	475	364	316	414	187	-833
BPS(원)	5,865	6,653	7,011	7,441	3,711	2,835
CFPS(원)	1,218	985	860	1,044	277	-736
DPS(원)	50	50	60	70	100	50
EBITDAPS(원)	1,681	1,273	964	1,208	243	-822

재무 비율 〈단위 : % 〉

연도	영업이익률	순이익률	부채비율	차입금비율	ROA	ROE	유보율	자기자본비율	EBITDA마진율
2016	-28.0	-25.7	45.7	1.2	-17.8	-26.2	466.9	68.7	-25.0
2015	3.2	4.1	49.0	0.0	3.7	5.4	642.3	67.1	5.1
2014	8.2	6.9	55.6	9.0	8.2	13.1	1,388.2	64.3	9.6
2013	7.3	6.6	64.3	7.4	6.9	10.9	1,302.2	60.9	8.8

에스와이패널 (A109610)
SYPANEL COLTD

업 종 : 건축자재		시 장 : KOSDAQ	
신용등급 : (Bond) — (CP) —		기업규모 : 중견	
홈 페 이 지 : www.sypanel.com		연 락 처 : 031)222-4028	
본 사 : 경기도 수원시 권선구 경수대로 261(세류동) 리치타워 7층			

설 립 일 2000.09.29	종업원수 221명	대표이사 홍영돈
상 장 일 2015.12.29	감사의견 적정 (대주)	계 열
결 산 기 12월	보 통 주 2,410만주	종속회사수
액 면 가 500원	우 선 주	구 상 호

주주구성 (지분율,%)		출자관계 (지분율,%)		주요경쟁사 (외형,%)	
홍영돈	18.3	에스와이산업	100.0	에스와이패널	100
이화춘	15.2	에스와이코닝	100.0	대림B&Co	68
(외국인)	2.2	에스와이화학	100.0	뉴보텍	12

매출구성		비용구성		수출비중	
난연 EPS 패널	32.1	매출원가율	88.3	수출	2.3
기타	19.6	판관비율	8.7	내수	97.7
G/W 패널	19.5				

회사 개요
동사는 2000년 9월 29일 조립식 샌드위치패널 제조 및 판매 목적으로 쌍용실업으로 설립되었으며, 2003년 9월 29일 에스와이패널로 사명을 변경함. 동사의 연결대상 종속회사는 8개사이며, 그 중 주요 종속회사는 에스와이테크, 에스와이산업 2개사이며, 2개사 모두 조립식 샌드위치패널 제조 및 판매 사업을 위하고 있음. 동사의 전방산업인 건설경기가 살아나면서 건축자재시장도 점점 확대중임.

실적 분석
동사의 2016년 결산 기준 누적 매출액은 3,061.2억원으로 전년 대비 17% 증가하였음. 판관비가 36.5% 증가하는 부담이 컸으며, 매출원가의 상승폭도 증가함에따라 영업이익은 전년 동기 대비 38.2% 감소한 92.4억원을 시현. 최종적으로 전년 동기 대비 79.3% 감소한 15.9억원의 당기순이익을 기록하였음. 동사는 샌드위치패널 시장 점유율 1위업체로서 전국에 퍼져있는 공장설비를 통해 저렴한 물류비로 제품을 전달 가능함.

현금 흐름 〈단위 : 억원〉

항목	2015	2016
영업활동	127	-114
투자활동	-266	-353
재무활동	206	401
순현금흐름	67	-59
기말현금	182	123

시장 대비 수익률
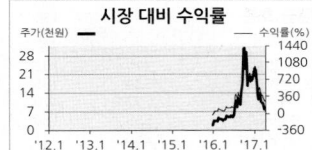

결산 실적 〈단위 : 억원〉

항목	2011	2012	2013	2014	2015	2016
매출액	1,039	1,438	1,911	2,383	2,617	3,061
영업이익	44	59	74	89	150	92
당기순이익	21	21	46	47	77	16

분기 실적 〈단위 : 억원〉

항목	2015.3Q	2015.4Q	2016.1Q	2016.2Q	2016.3Q	2016.4Q
매출액	693	753	555	769	770	968
영업이익	54	45	16	44	21	12
당기순이익	34	27	2	10	4	0

재무 상태 〈단위 : 억원〉

항목	2011	2012	2013	2014	2015	2016
총자산	793	924	1,346	1,758	2,173	2,745
유형자산	380	428	621	818	1,079	1,307
무형자산	12	10	8	15	17	29
유가증권	9	9	34	12	9	9
총부채	593	698	1,074	1,453	1,667	2,179
총차입금	399	507	708	974	1,073	1,426
자본금	20	20	20	20	31	61
총자본	200	226	272	305	506	565
지배주주지분	176	191	231	291	493	487

기업가치 지표

항목	2011	2012	2013	2014	2015	2016
주가(최고/저)(천원)	—/—	—/—	—/—	—/—	3.1/2.8	46.5/3.9
PER(최고/저)(배)	0.0/0.0	0.0/0.0	0.0/0.0	0.0/0.0	3.4/3.1	326.3/27.4
PBR(최고/저)(배)	0.0/0.0	0.0/0.0	0.0/0.0	0.0/0.0	0.8/0.7	10.8/0.9
EV/EBITDA(배)	5.8		4.9		6.0		6.0		6.2		36.9
EPS(원)	171	135	338	367	624	96
BPS(원)	44,029	47,873	57,766	72,824	7,955	4,313
CFPS(원)	10,599	13,167	17,831	23,892	3,291	781
DPS(원)						150
EBITDAPS(원)	16,555	23,876	26,550	35,518	5,150	1,398

재무 비율 〈단위 : % 〉

연도	영업이익률	순이익률	부채비율	차입금비율	ROA	ROE	유보율	자기자본비율	EBITDA마진율
2016	3.0	0.5	385.4	252.2	0.7	3.5	762.6	20.6	5.6
2015	5.7	2.9	329.2	212.0	3.9	18.9	1,491.1	23.3	8.0
2014	3.8	2.0	477.2	319.7	—	—	1,356.5	17.3	6.0
2013	3.9	2.4	395.2	260.8	4.1	18.7	1,055.3	20.2	5.6

에스원 (A012750)

S-1

업 종 : 상업서비스		시 장 : 거래소	
신용등급 : (Bond) — (CP) A1		기업규모 : 시가총액 대형주	
홈 페 이 지 : www.s1.co.kr		연 락 처 : 1588-3112	
본 사 : 서울시 중구 세종대로7길 25 (순화동)			

설 립 일	1977.11.28	종 업 원 수	6,112명	대 표 이 사	마끼야사네노리,육현표
상 장 일	1996.01.30	감 사 의 견	적정 (한영)	계 열	
결 산 기	12월	보 통 주	3,800만주	종속회사수	
액 면 가	500원	우 선 주		구 상 호	

주주구성 (지분율,%)
일본SECOM	25.7
삼성에스디아이	11.0
(외국인)	49.0

출자관계 (지분율,%)
휴먼티에스에스	100.0
에스원씨알엠	100.0
이글루시큐리티	11.8

주요경쟁사 (외형,%)
에스원	100
한국항공우주	169
한화테크윈	192

매출구성
시스템보안서비스 및 설치	48.9
부동산 서비스	23.5
보안관련 상품판매	18.6

비용구성
매출원가율	70.0
판관비율	18.8

수출비중
수출	—
내수	—

회사 개요
동사는 일본 세콤이 25.65%를 보유하고 있으며, 보안시스템 서비스, 건물관리 서비스, 콜센터 서비스 및 텔레마케팅 등의 사업을 영위함. 보안시스템 부문에서는 세콤과 경영 및 기술도입 계약을 체결함. 경영자문, 기술도입, 상표도입 등의 목적으로 해마다 2회 분할로 지급함. 지급 기준은 시스템 부문 순매출액의 0.65%임. 정보보안솔루션 개발 및 공급 부문은 2015년 9월 시큐아이 매각으로 제외됨.

실적 분석
동사의 2016년 매출액은 1조 8301.8억원으로 전년 대비 1.7% 증가함. 영업이익은 2056.8억으로 19.2% 증가함. 당기순이익은 1405.5억으로 9.6% 감소함. 대규모 시설에 대한 효율적 관리가 가능하도록 1000만 이상의 카메라 연결이 가능한 지능형 모니터링 시스템을 출시함. 해외에서도 현지 법인을 기반으로 글로벌 보안 SI시장을 공략하고 있음. 앞으로 사물인터넷, 빅데이터 등 첨단 기술을 접목한다는 계획임.

현금 흐름
⟨단위 : 억원⟩
항목	2015	2016
영업활동	3,179	2,732
투자활동	-324	-2,135
재무활동	-2,297	-410
순현금흐름	558	185
기말현금	1,256	1,441

시장 대비 수익률

결산 실적
⟨단위 : 억원⟩
항목	2011	2012	2013	2014	2015	2016
매출액	10,261	10,965	12,741	16,347	17,996	18,302
영업이익	1,672	1,346	1,291	1,558	1,726	2,057
당기순이익	1,349	1,092	860	1,186	1,554	1,405

분기 실적
⟨단위 : 억원⟩
항목	2015.3Q	2015.4Q	2016.1Q	2016.2Q	2016.3Q	2016.4Q
매출액	4,689	4,647	4,355	4,539	4,482	4,926
영업이익	505	389	535	531	491	500
당기순이익	736	194	392	381	337	296

재무 상태
⟨단위 : 억원⟩
항목	2011	2012	2013	2014	2015	2016
총자산	10,577	10,809	11,508	14,561	13,944	14,604
유형자산	3,331	3,939	4,407	4,654	4,699	4,749
무형자산	308	318	646	5,211	4,979	4,786
유가증권	3,724	3,378	2,535	714	246	1,043
총부채	2,966	2,759	2,971	5,278	4,141	3,604
총차입금				1,900		
자본금	190	190	190	190	190	190
총자본	7,611	8,050	8,537	9,283	9,804	10,999
지배주주지분	7,366	7,734	8,167	8,860	9,801	10,999

기업가치 지표
항목	2011	2012	2013	2014	2015	2016
주가(최고/저)(천원)	54.6/44.5	67.7/48.3	71.7/55.7	85.3/66.2	103/65.8	113/86.0
PER(최고/저)(배)	18.1/14.7	27.0/19.6	35.9/28.3	30.2/23.4	26.1/16.7	31.1/23.6
PBR(최고/저)(배)	2.6/2.1	2.9/2.1	2.9/2.3	3.3/2.5	3.5/2.3	3.5/2.6
EV/EBITDA(배)	7.4		10.5	10.9	9.5	11.4	8.8
EPS(원)	3,324	2,656	2,084	2,943	4,043	3,698
BPS(원)	23,553	24,465	25,601	27,415	29,891	33,045
CFPS(원)	5,140	4,841	4,830	6,663	7,922	7,512
DPS(원)	1,250	1,250	1,100	1,150	1,200	1,250
EBITDAPS(원)	6,216	5,728	6,144	7,820	8,420	9,227

재무 비율
⟨단위 : % ⟩
연도	영업이익률	순이익률	부채비율	차입금비율	ROA	ROE	유보율	자기자본비율	EBITDA마진율
2016	11.2	7.7	32.8	0.0	9.9	13.5	6,509.1	75.3	19.2
2015	9.6	8.6	42.2	0.0	10.9	16.5	5,878.3	70.3	17.8
2014	9.5	7.3	56.9	20.5	9.1	13.1	5,383.0	63.8	18.2
2013	10.1	6.8	34.8	0.0	7.7	10.0	5,020.3	74.2	18.3

에스제이엠 (A123700)

SJM

업 종 : 자동차부품		시 장 : 거래소	
신용등급 : (Bond) — (CP) —		기업규모 : 시가총액 소형주	
홈 페 이 지 : www.sjmflex.co.kr		연 락 처 : 031)490-4151	
본 사 : 경기도 안산시 단원구 별망로 459번길 20 (목내동)			

설 립 일	2010.05.04	종 업 원 수	351명	대 표 이 사	김휘중
상 장 일	2010.05.31	감 사 의 견	적정 (삼정)	계 열	
결 산 기	12월	보 통 주	1,560만주	종속회사수	
액 면 가	500원	우 선 주		구 상 호	

주주구성 (지분율,%)
에스제이엠홀딩스	40.6
FID Low Priced Stock Fund	8.1
(외국인)	14.0

출자관계 (지분율,%)
SJMFLEXSA(Pty)LTD	100.0
연대셀김기계배건유한공사	100.0
SJMNORTHAMERICAINC	100.0

주요경쟁사 (외형,%)
SJM	100
아진산업	286
에이엔피	59

매출구성
Flexible Coupling(자동차부품)	83.9
Expansion Joint(플랜트용 신축이음쇠)	10.3
상품매출	3.9

비용구성
매출원가율	73.6
판관비율	18.3

수출비중
수출	—
내수	—

회사 개요
동사는 자동차용 및 산업용 벨로우즈 전문생산업체로, 자동차의 배기계의 앞쪽에 장착되어 엔진으로부터의 소음과 진동을 줄여주는 Flexible Coupling과 건축산업용 배관 및 고압가스관 등의 열팽창에 의한 신축을 흡수하는 Expansion Joint를 생산하고 있음. 자동차사업부분(자동차용 Bellows) 매출 92%, 플랜트사업부문(산업용 Bellows) 매출 8%로 구성됨.

실적 분석
동사의 2016년 결산 기준 매출액은 전년대비 2.0% 감소한 1,767.9억원을 기록함. 원가부담 및 판관비 증가로 영업이익은 전년대비 38.8% 감소하였으며, 이에따라 당기순이익은 전년대비 37.4% 감소한 150.2억원을 기록함. 글로벌 경기 회복세에도 전방산업인 자동차산업의 낮은 성장세로 BELLOW 수요 역시 둔화되며 매출 성장은 제한적일 전망임.

현금 흐름
⟨단위 : 억원⟩
항목	2015	2016
영업활동	208	137
투자활동	-31	-135
재무활동	-35	-41
순현금흐름	127	-41
기말현금	353	312

시장 대비 수익률

결산 실적
⟨단위 : 억원⟩
항목	2011	2012	2013	2014	2015	2016
매출액	1,765	1,873	1,831	1,571	1,803	1,768
영업이익	254	239	240	218	234	143
당기순이익	210	193	194	171	240	150

분기 실적
⟨단위 : 억원⟩
항목	2015.3Q	2015.4Q	2016.1Q	2016.2Q	2016.3Q	2016.4Q
매출액	439	475	445	440	435	449
영업이익	52	48	76	11	34	23
당기순이익	62	60	60	25	19	46

재무 상태
⟨단위 : 억원⟩
항목	2011	2012	2013	2014	2015	2016
총자산	1,567	1,621	1,697	1,816	1,858	2,059
유형자산	509	535	586	603	529	538
무형자산	10	11	7	7	7	6
유가증권	0	—	45	69	30	116
총부채	429	371	356	379	323	373
총차입금	100	81	34	33		
자본금	78	78	78	78	78	78
총자본	1,138	1,250	1,341	1,437	1,535	1,687
지배주주지분	1,089	1,189	1,278	1,365	1,421	1,588

기업가치 지표
항목	2011	2012	2013	2014	2015	2016
주가(최고/저)(천원)	5.7/3.1	7.4/4.3	11.3/6.9	9.8/6.1	7.5/5.9	7.7/5.7
PER(최고/저)(배)	4.6/2.5	7.1/4.1	10.8/6.6	10.7/6.7	5.7/4.5	8.3/6.1
PBR(최고/저)(배)	1.0/0.5	1.1/0.6	1.5/0.9	1.2/0.8	0.9/0.7	0.8/0.6
EV/EBITDA(배)	2.8	4.3	5.3	3.3	2.7	3.1
EPS(원)	1,467	1,183	1,160	1,002	1,401	961
BPS(원)	6,980	7,618	8,192	8,750	9,108	10,177
CFPS(원)	1,732	1,449	1,524	1,366	1,688	1,284
DPS(원)	200	100	200	200	200	200
EBITDAPS(원)	2,081	1,796	1,900	1,760	1,786	1,240

재무 비율
⟨단위 : % ⟩
연도	영업이익률	순이익률	부채비율	차입금비율	ROA	ROE	유보율	자기자본비율	EBITDA마진율
2016	8.1	8.5	22.1	0.0	7.7	10.0	1,935.4	81.9	11.0
2015	13.0	13.3	21.0	0.0	13.1	15.7	1,721.6	82.6	11.5
2014	13.9	10.9	26.4	2.3	9.8	11.8	1,650.0	79.1	17.5
2013	13.1	10.6	26.6	2.6	11.7	14.7	1,538.4	79.0	16.2

에스제이엠홀딩스 (A025530)
SJM Holdings

업 종 : 자동차부품		시 장 : 거래소	
신용등급 : (Bond) —	(CP) —	기업규모 : 시가총액 소형주	
홈페이지 : www.sjmholdings.co.kr		연락처 : 031)490-3859	
본 사 : 경기도 안산시 단원구 별망로459번길 20 (목내동)			

설 립 일 1975.03.31	종업원수 5명	대표이사 김용호,김휘중
상 장 일 1997.02.12	감사의견 적정 (도원)	계 열
결 산 기 12월	보통주 1,493만주	종속회사수
액 면 가 500원	우 선 주	구 상 호

주주구성 (지분율,%)		출자관계 (지분율,%)		주요경쟁사 (외형,%)	
김휘중	51.1	에이커스	100.0	SJM홀딩스	100
FID Low Priced Stock Fund	8.9	티엔엔	100.0	삼보모터스	471
(외국인)	10.5	에스제이엠	40.6	트루윈	18

매출구성		비용구성		수출비중	
[자동차사업부]Flexible Coupling	81.5	매출원가율	72.5	수출	—
[플랜트사업부]Expansion Joint[플랜트용]	10.0	판관비율	20.0	내수	—
[플랜트사업부]상품	3.8				

회사 개요
동사는 1975년 자동차 부품회사로 설립됐으며 2010년 인적분할로 사업부문을 분사하고, 2011년 지주회사로 전환했다. 2016년 1분기말 현재 15개의 계열회사를 보유하고 있다. SJM의 사업 부문은 크게 세가지로 구성되어 있음. 자동차사업부, 플랜트사업부, 통신용 반도체 관련 기타부문으로 이뤄짐. 한미 FTA 발효 등으로 가격경쟁력 향상 등으로 인해 자동차 생산은 증가할 것으로 보임. 이에 따라 자동차 부품분야의 수요 증가가 기대됨.

실적 분석
동사의 2016년 연결기준 누적 매출액은 1,813억원으로 전년동기 대비 소폭 감소함. 반면, 비교적 큰 폭의 판관비 증가와 원가율 상승 여파로 영업이익은 136억원을 시현하는데 그치며 전년동기 대비 42.2% 감소하였음. 당기순이익 또한 38.8% 감소한 151.6억원을 시현함. 국내외 경기의 점진적인 회복으로 자동차 사업부의 매출 확대 및 통신용 반도체 부문 성장으로 외형 신장세 이어질 기대하고 있음.

현금 흐름 〈단위 : 억원〉

항목	2015	2016
영업활동	223	155
투자활동	-137	-174
재무활동	33	-48
순현금흐름	105	-67
기말현금	412	344

시장 대비 수익률
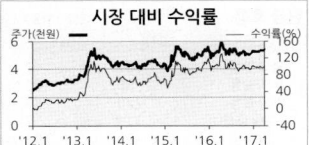

결산 실적 〈단위 : 억원〉

항목	2011	2012	2013	2014	2015	2016
매출액	1,773	1,900	1,860	1,619	1,851	1,814
영업이익	252	239	237	223	235	136
당기순이익	235	203	194	181	248	152

분기 실적 〈단위 : 억원〉

항목	2015.3Q	2015.4Q	2016.1Q	2016.2Q	2016.3Q	2016.4Q
매출액	449	488	453	447	447	466
영업이익	52	47	76	8	33	19
당기순이익	65	55	64	27	20	40

재무 상태 〈단위 : 억원〉

항목	2011	2012	2013	2014	2015	2016
총자산	2,271	2,298	2,375	2,479	2,603	2,788
유형자산	516	543	592	607	534	543
무형자산	17	17	10	10	9	8
유가증권	115	106	256	501	382	456
총부채	444	378	367	374	441	482
총차입금	110	91	49	33	120	123
자본금	75	75	75	75	75	75
총자본	1,827	1,920	2,009	2,105	2,162	2,307
지배주주지분	1,127	1,168	1,206	1,252	1,281	1,327

기업가치 지표

항목	2011	2012	2013	2014	2015	2016
주가(최고/저)(천원)	4.0/2.2	3.3/2.5	5.7/3.2	4.8/4.0	5.8/3.8	6.0/4.8
PER(최고/저)(배)	6.8/3.7	6.9/5.3	12.8/7.1	9.7/8.1	8.4/5.5	16.3/13.0
PBR(최고/저)(배)	0.6/0.3	0.5/0.4	0.8/0.4	0.6/0.5	0.7/0.5	0.7/0.5
EV/EBITDA(배)	2.2	2.7	3.0	3.3	4.3	5.9
EPS(원)	723	561	515	555	747	380
BPS(원)	7,958	8,235	8,486	8,794	8,993	9,297
CFPS(원)	980	851	911	954	1,061	737
DPS(원)	150	100	150	200	200	200
EBITDAPS(원)	1,946	1,892	1,983	1,893	1,890	1,269

재무 비율 〈단위 : % 〉

연도	영업이익률	순이익률	부채비율	차입금비율	ROA	ROE	유보율	자기자본비율	EBITDA마진율
2016	7.5	8.4	20.9	5.3	5.6	4.4	1,759.4	82.7	10.5
2015	12.7	13.4	20.4	5.6	9.8	8.8	1,698.6	83.1	15.3
2014	13.8	11.2	17.8	1.6	7.5	6.8	1,658.9	84.9	17.5
2013	12.7	10.4	18.3	2.5	8.3	6.5	1,597.2	84.6	15.9

에스제이케이 (A080440)
SJK COLTD

업 종 : 자동차부품		시 장 : KOSDAQ	
신용등급 : (Bond) —	(CP) —	기업규모 :	
홈페이지 : www.sejin.com		연락처 : 02)866-3333	
본 사 : 서울시 금천구 벚꽃로 278, SJ테크노빌빌딩 4층			

설 립 일 1995.02.25	종업원수 64명	대표이사 이승열
상 장 일 2005.05.13	감사의견 한정(감사범위제한) (삼일)	계 열
결 산 기 12월	보통주 2,945만주	종속회사수
액 면 가 500원	우 선 주	구 상 호 세진전자

주주구성 (지분율,%)		출자관계 (지분율,%)		주요경쟁사 (외형,%)	
이승열	6.1	한빛전자	70.9	에스제이케이	100
이상영	5.4	바이오씨디엠	69.0	디젠스	922
(외국인)	0.0	에스제이헬스케어	40.0	광진윈텍	813

매출구성		비용구성		수출비중	
후방감지센서, 램프,스위치 외	51.3	매출원가율	86.0	수출	26.8
키보드, 리모콘 외	39.6	판관비율	54.2	내수	73.2
무선원격검침기 외	4.9				

회사 개요
동사는 1972년 설립돼 자동차부품, 전자부품, 키보드, 리모콘 등을 제조 판매하고 있음. 자동차부품 중에서는 후방감지센서, 램프, 스위치 등을 생산함. 전기, 가스, 수도 등의 사용량을 무선검침하는 무선원격검침기도 생산 중임. 동사는 르노삼성의 1차 부품 공급업체이자 현대기아차 2차 협력회사임. 세진키보드란 브랜드로 키보드도 생산 중임.

실적 분석
동사의 2016년 누적 매출액은 130억원으로 전년 동기대비 56.6% 감소함. 영업손실은 52.4억원으로 적자 전환하였으며 당기순손실은 82억원으로 적자 지속됨. 자동차, 전자부품, 전력사업, 임대사업 등을 주 사업으로 영위하고 있지만 전체적으로 관련 시장이 성장하는 단계가 아님. 주 거래처인 SM자동차가 회복세를 띄어야 동사 제품 수요가 늘면서 실적도 개선될 것으로 전망됨. 최근 거래정지가 해소되었으며, 유상증자 진행예정임.

현금 흐름 〈단위 : 억원〉

항목	2015	2016
영업활동	-65	-61
투자활동	76	72
재무활동	-10	-11
순현금흐름	2	1
기말현금	10	11

시장 대비 수익률

결산 실적 〈단위 : 억원〉

항목	2011	2012	2013	2014	2015	2016
매출액	933	764	799	553	300	130
영업이익	-12	-81	-89	-75	5	-52
당기순이익	-45	-153	-216	-152	-39	-82

분기 실적 〈단위 : 억원〉

항목	2015.3Q	2015.4Q	2016.1Q	2016.2Q	2016.3Q	2016.4Q
매출액	128	7	113	26	34	-43
영업이익	-5	57	-12	-26	-21	5
당기순이익	-2	-17	-12	-5	-19	-46

재무 상태 〈단위 : 억원〉

항목	2011	2012	2013	2014	2015	2016
총자산	1,236	1,186	957	810	653	481
유형자산	366	366	276	254	222	204
무형자산	109	118	94	14	12	2
유가증권	28	28	4	2	4	1
총부채	614	663	628	667	519	332
총차입금	401	475	413	386	346	232
자본금	63	81	81	85	108	147
총자본	622	523	330	142	134	149
지배주주지분	601	509	323	152	160	150

기업가치 지표

항목	2011	2012	2013	2014	2015	2016
주가(최고/저)(천원)	5.2/1.7	3.3/1.4	2.3/0.7	1.0/0.4	1.2/0.5	1.2/0.8
PER(최고/저)(배)	—/—	—/—	—/—	—/—	—/—	—/—
PBR(최고/저)(배)	0.9/0.3	0.8/0.4	1.2/0.4	1.1/0.5	1.6/0.7	2.4/1.6
EV/EBITDA(배)	39.6			22.0		
EPS(원)	-377	-989	-1,284	-815	-127	-254
BPS(원)	6,043	4,137	1,991	897	744	508
CFPS(원)	-150	-750	-1,041	-680	-33	-206
DPS(원)						
EBITDAPS(원)	147	-311	-303	-313	121	-140

재무 비율 〈단위 : % 〉

연도	영업이익률	순이익률	부채비율	차입금비율	ROA	ROE	유보율	자기자본비율	EBITDA마진율
2016	-40.2	-63.1	222.4	155.2	-14.5	-45.7	1.6	31.0	-30.1
2015	1.7	-13.1	387.2	258.3	-5.4	-14.7	48.8	20.5	7.3
2014	-13.6	-27.5	469.5	271.2	-17.2	-57.3	79.5	17.6	-9.5
2013	-11.1	-27.0	190.5	125.3	-20.1	-50.1	298.1	34.4	-6.2

에스지세계물산 (A004060)
SG

업　　　종 : 섬유 및 의복	시　　　장 : 거래소
신 용 등 급 : (Bond) — (CP) —	기 업 규 모 : 시가총액 소형주
홈 페 이 지 : www.sgsegye.com	연 락 처 : 02)850-5176
본　　　사 : 서울시 금천구 디지털로10길 35	

설 립 일 1964.11.20	종 업 원 수 263명	대 표 이 사 이의범
상 장 일 1976.04.19	감 사 의 견 적정 (한미)	계　　　열
결 산 기 12월	보 통 주 20,242만주	종 속 회 사 수
액 면 가 500원	우 선 주	구 상 호

주주구성 (지분율,%)	출자관계 (지분율,%)	주요경쟁사 (외형,%)
SG고려 52.6	에스지덕평컨트리클럽 37.9	SG세계물산 100
아주캐피탈 4.2	삼보 9.1	제이에스코퍼레이션 61
(외국인) 0.2	SG충방 4.1	엠케이트렌드 103

매출구성	비용구성	수출비중
[패션사업부문]자가브랜드 34.8	매출원가율 71.1	수출 62.1
[의류수출사업부문]PANTS 23.7	판관비율 28.4	내수 37.9
[의류수출사업부문]JACKET 21.9		

회사 개요
동사의 주요 사업부문은 의류수출 부문과 패션부문, 부동산 임대 사업으로 구성돼 있음. 의류수출은 갭, 타겟, 메이시즈 등 주로 미국 대형 바이어에 주문자상표부착방식(OEM)으로 제품을 공급하고 있으며 매출 비중은 62%임. 패션부문은 남성정장(바쏘, 바쏘 남성), 여성복(ab.f.z, ab.plus)을 백화점, 대리점 등에 판매함. 매출 비중은 37%임. 사옥, 물류센터, 안성, 인천 등에서 건물 임대사업도 병행함.

실적 분석
동사의 2016년 매출액은 3,086.2억원으로 전년 대비 2.9% 감소함. 영업이익은 13.2억원으로 54.4% 감소함. 당기순실손은 37.9억원으로 적자전환됨. 동사는 수출 시장의 불황과 주문 감소 등으로 2016년 고전했지만, 효율적 비용구조 구축, 생산시스템 관리, 인력 고급화 등으로 매출 증대를 꾀한다는 계획임. 베트남, 방글라데시 등에 안정적인 생산 기지를 확보함.

현금 흐름		〈단위 : 억원〉
항목	2015	2016
영업활동	151	-51
투자활동	-129	-59
재무활동	-1	105
순현금흐름	17	-5
기말현금	102	97

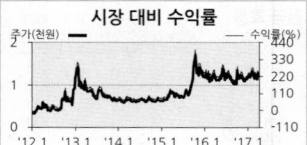
시장 대비 수익률

결산 실적					〈단위 : 억원〉	
항목	2011	2012	2013	2014	2015	2016
매출액	3,422	3,218	3,138	3,404	3,177	3,086
영업이익	41	2	-31	-38	32	13
당기순이익	20	8	-39	-67	15	-38

분기 실적					〈단위 : 억원〉	
항목	2015.3Q	2015.4Q	2016.1Q	2016.2Q	2016.3Q	2016.4Q
매출액	1,033	729	756	719	915	696
영업이익	74	-15	28	-42	41	-13
당기순이익	52	-21	18	-37	29	-48

재무 상태					〈단위 : 억원〉	
항목	2011	2012	2013	2014	2015	2016
총자산	3,053	2,918	2,856	2,900	2,917	3,020
유형자산	548	531	518	493	497	488
무형자산	29	26	26	2	18	11
유가증권	131	179	104	143	45	58
총부채	958	818	790	907	893	1,022
총차입금	433	284	261	383	386	499
자본금	1,012	1,012	1,012	1,012	1,012	1,012
총자본	2,095	2,100	2,066	1,993	2,024	1,998
지배주주지분	2,095	2,100	2,066	1,993	2,024	1,998

기업가치 지표						
항목	2011	2012	2013	2014	2015	2016
주가(최고/저)(천원)	0.5/0.2	0.9/0.3	1.5/0.6	0.7/0.6	1.9/0.6	1.5/1.0
PER(최고/저)(배)	54.6/23.4	247.5/76.7	—/—	—/—	255.7/84.8	—/—
PBR(최고/저)(배)	0.5/0.2	0.9/0.3	1.4/0.6	0.7/0.6	1.9/0.6	1.5/1.0
EV/EBITDA(배)	11.0	52.0	437.8		49.6	71.2
EPS(원)	10	4	-19	-33	7	-19
BPS(원)	1,035	1,037	1,021	984	1,000	987
CFPS(원)	22	21	-2	-17	19	-6
DPS(원)						
EBITDAPS(원)	33	18	2	-3	27	19

재무 비율								〈단위 : % 〉	
연도	영업이익률	순이익률	부채비율	차입금비율	ROA	ROE	유보율	자기자본비율	EBITDA마진율
2016	0.4	-1.2	51.1	25.0	-1.3	-1.9	97.5	66.2	1.2
2015	1.0	0.5	44.1	19.1	0.5	0.7	100.0	69.4	1.7
2014	-1.1	-2.0	45.5	19.2	-2.3	-3.3	96.9	68.7	-0.2
2013	-1.0	-1.3	38.2	12.6	-1.4	-1.9	104.1	72.3	0.1

에스지에이 (A049470)
SGA

업　　　종 : 일반 소프트웨어	시　　　장 : KOSDAQ
신 용 등 급 : (Bond) — (CP) —	기 업 규 모 : 벤처
홈 페 이 지 : www.sgacorp.kr	연 락 처 : 070)7308-1004
본　　　사 : 서울시 서초구 마방로2길 44	

설 립 일 1997.11.21	종 업 원 수 152명	대 표 이 사 은유진
상 장 일 2001.10.11	감 사 의 견 적정 (대주)	계　　　열
결 산 기 12월	보 통 주 8,554만주	종 속 회 사 수
액 면 가 500원	우 선 주	구 상 호

주주구성 (지분율,%)	출자관계 (지분율,%)	주요경쟁사 (외형,%)
은유진 13.8	에스지에이시스템즈 74.5	SGA 100
티엔엘라이언스 3.6	에스젠아이앤씨 44.4	알서포트 20
(외국인) 0.4	에스지에이솔루션즈 28.7	윈스 67

매출구성	비용구성	수출비중
(지배회사) 개발용역 38.7	매출원가율 78.9	수출 0.3
(지배회사) 상품(Window Embedded OS) 34.2	판관비율 17.5	내수 99.7
(지배회사) 보안솔루션 26.8		

회사 개요
동사는 1997년 산업용 컴퓨터 전문업체로 출발, 소프트웨어를 아우르는 통합 IT회사로 자리매김하였음. 정보보안을 결합한 새로운 형태의 통합 보안 전문 업체로 거듭나기 위해 기존 산업용 컴퓨터 사업부문을 분할했고, 센트리글루션, 비씨큐어, 레드게이트 등을 차례로 인수한 국내 최초로 개별보안 기술을 토대로 한 통합보안기업. 종속회사였던 레드비씨를 키움제2호기업인수목적 주식회사가 흡수합병했고, 추후 상장계획.

실적 분석
동사는 정보 보안투자 확대, 임베디드 사업부문 성장, 교육행정정보시스템 사업 등 신규 사업 진출 성과로 큰 폭의 매출 성장을 보였음. 동사의 2016년 매출액은 1,092.6억원으로 전년 대비 51.6% 증가하였으나 매출원가율 상승으로 영업이익은 전년대비 28.5% 감소한 38.7억원 기록, 외형 성장 불구 비용 증가로 이익 감소함. 당기순이익은 관련기업투자 수익 영향으로 22.8억원 기록, 전년 대비 407.5% 증가함.

현금 흐름		〈단위 : 억원〉
항목	2015	2016
영업활동	-67	2
투자활동	-36	-180
재무활동	220	184
순현금흐름	118	2
기말현금	190	192

시장 대비 수익률

결산 실적					〈단위 : 억원〉	
항목	2011	2012	2013	2014	2015	2016
매출액	409	340	511	582	721	1,093
영업이익	24	-11	23	46	54	39
당기순이익	8	-18	13	49	4	23

분기 실적					〈단위 : 억원〉	
항목	2015.3Q	2015.4Q	2016.1Q	2016.2Q	2016.3Q	2016.4Q
매출액	126	330	173	279	203	438
영업이익	9	64	-3	-6	16	31
당기순이익	13	46	2	2	18	1

재무 상태					〈단위 : 억원〉	
항목	2011	2012	2013	2014	2015	2016
총자산	396	541	709	827	1,254	1,639
유형자산	5	5	3	3	18	20
무형자산	85	105	99	148	240	292
유가증권	21	31	23	26	201	150
총부채	128	245	353	406	498	782
총차입금	43	115	197	216	307	449
자본금	202	245	273	277	391	428
총자본	267	295	356	421	755	857
지배주주지분	257	283	326	371	509	623

기업가치 지표						
항목	2011	2012	2013	2014	2015	2016
주가(최고/저)(천원)	0.7/0.3	1.2/0.5	1.0/0.6	0.9/0.6	1.7/0.8	1.6/1.0
PER(최고/저)(배)	53.7/24.4	—/—	104.4/56.3	16.7/10.8	—/—	—/—
PBR(최고/저)(배)	1.1/0.5	2.1/0.8	1.7/0.9	1.3/0.9	2.6/1.2	2.2/1.4
EV/EBITDA(배)	5.1	46.0	9.4	9.6	17.6	23.6
EPS(원)	14	-40	10	54	-20	-0
BPS(원)	657	600	616	688	663	752
CFPS(원)	63	5	46	75	8	23
DPS(원)						
EBITDAPS(원)	109	22	80	105	105	70

재무 비율								〈단위 : % 〉	
연도	영업이익률	순이익률	부채비율	차입금비율	ROA	ROE	유보율	자기자본비율	EBITDA마진율
2016	3.5	2.1	91.2	52.3	1.6	-0.1	50.4	52.3	5.4
2015	7.5	0.6	66.0	40.7	0.4	-3.1	32.6	60.2	10.2
2014	7.9	8.4	96.3	51.2	6.4	8.5	37.6	50.9	9.8
2013	4.5	2.6	99.1	55.3	2.1	1.7	23.1	50.2	8.3

에스지에이솔루션즈 (A184230)
SGA Solutions

업 종 : 일반 소프트웨어 | 시 장 : KOSDAQ
신용등급 : (Bond) — (CP) — | 기업규모 : 벤처
홈페이지 : sgasol.kr | 연 락 처 : 02)574-6856
본 사 : 서울시 서초구 마방로2길 44, 4,5층(양재동, 오상빌딩)

설 립 일 2013.09.05	종업원수 139명	대 표 이 사 최영철
상 장 일 2013.12.20	감사의견 적정(대주)	계 열
결 산 기 12월	보 통 주 2,773만주	종속회사수
액 면 가 100원	우 선 주	구 상 호 레드비씨

주주구성 (지분율,%)		출자관계 (지분율,%)		주요경쟁사 (외형,%)	
에스지에이	28.2	액시스인베스트먼트	100.0	SGA솔루션즈	100
2011KIF-이노폴리스IT전문투자조합	4.3	티엔얼라이언스	66.7	인프라웨어	27
(외국인)	0.6			피노텍	22

매출구성		비용구성		수출비중	
서버보안, 응용보안, 통합보안SI	51.7	매출원가율	71.7	수출	0.0
상품(무전기솔루션 등)	29.6	판관비율	18.0	내수	100.0
개발용역,유지보수	18.8				

회사 개요

동사는 코스닥 상장사인 보안업체 SGA의 자회사로, 지난 2009년 SGA에 인수된 서버 보안 업체 레드게이트와 문서 위·변조 방지, 암호화 등의 서비스를 제공하는 응용보안업체인 비씨큐어가 합병하면서 2012년 탄생. 동사는 서버보안 제품을 기반으로 하는 시스템 보안 사업과 암호/인증 및 신뢰전자문서 제품을 기반으로 하는 응용보안 사업 모두를 영위하는 국내 유일의 기업임. 특히 이 양대 사업의 융합을 통해 시너지를 창출하고 이를 매출로 연결시킴.

실적 분석

서버보안, 응용보안, 통합보안SI 등의 보안솔루션과 관련 유지보수/개발용역이 주력사업인 동사의 2016년 연간 매출액은 495.4억원으로 전년 대비 147.8% 증가함. 판매비와 관리비는 전년대비 76.1% 증가한 89.1억원을 기록함. 높은 원가율과 판관비의 영향으로 인해 영업이익은 51.4억원을 시현함. 당기순이익은 31.7억원을 기록해 전년 대비 10.5% 감소함.

현금 흐름 (단위 : 억원)

항목	2015	2016
영업활동	44	14
투자활동	-25	-91
재무활동	5	80
순현금흐름	24	29
기말현금	27	134

시장 대비 수익률

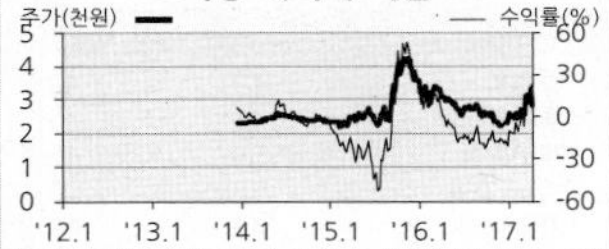

결산 실적 (단위 : 억원)

항목	2011	2012	2013	2014	2015	2016
매출액	—	—	—	143	200	495
영업이익	—	—	—	24	42	51
당기순이익	—	—	—	23	35	32

분기 실적 (단위 : 억원)

항목	2015.3Q	2015.4Q	2016.1Q	2016.2Q	2016.3Q	2016.4Q
매출액	—	—	43	88	123	243
영업이익	—	—	2	3	19	27
당기순이익	—	—	1	0	15	16

재무 상태 (단위 : 억원)

항목	2011	2012	2013	2014	2015	2016
총자산	—	—	—	153	336	939
유형자산	—	—	—	1	4	11
무형자산	—	—	—	39	42	187
유가증권	—	—	—	7	—	141
총부채	—	—	—	89	50	527
총차입금	—	—	—	69	27	308
자본금	—	—	—	19	22	26
총자본	—	—	—	64	286	412
지배주주지분	—	—	—	64	286	386

기업가치 지표

항목	2011	2012	2013	2014	2015	2016
주가(최고/저)(천원)	—/—	—/—	—/—	2.6/2.3	2.9/2.2	3.5/2.2
PER(최고/저)(배)	0.0/0.0	0.0/0.0	0.0/0.0	21.5/18.5	18.2/14.0	31.6/20.1
PBR(최고/저)(배)	0.0/0.0	0.0/0.0	0.0/0.0	7.6/6.6	2.3/1.7	2.3/1.4
EV/EBITDA(배)	0.0	0.0	0.0	6.2	5.1	11.7
EPS(원)	—	—	—	123	157	109
BPS(원)	—	—	—	1,700	1,272	1,529
CFPS(원)	—	—	—	852	195	147
DPS(원)	—	—	—	—	—	—
EBITDAPS(원)	—	—	—	891	223	245

재무 비율 (단위 : %)

연도	영업이익률	순이익률	부채비율	차입금비율	ROA	ROE	유보율	자기자본비율	EBITDA마진율
2016	10.4	6.4	128.1	74.8	4.4	7.8	1,428.9	43.8	12.3
2015	20.8	17.7	17.6	9.6	14.5	20.2	1,172.1	85.0	25.0
2014	16.9	15.9	138.9	108.0	0.0	0.0	239.9	41.9	23.5
2013	0.0	0.0	0.0	0.0	0.0	0.0	0.0	0.0	0.0

에스지에이시스템즈 (A232290)
SGA SYSTEMS

업 종 : 일반 소프트웨어 | 시 장 : KONEX
신용등급 : (Bond) — (CP) — | 기업규모 : —
홈페이지 : www.sgasys.kr | 연 락 처 : 070)7410-9300
본 사 : 대구시 동구 첨단로8길 20, 403호

설 립 일 2005.12.22	종업원수 명	대 표 이 사 김병천
상 장 일 2016.03.30	감사의견 적정(삼정)	계 열
결 산 기 12월	보 통 주 635만주	종속회사수
액 면 가 500원	우 선 주	구 상 호

주주구성 (지분율,%)		출자관계 (지분율,%)		주요경쟁사 (외형,%)	
에스지에이	74.5			SGA시스템즈	100
미래창조티에스M&A7호투자조합	5.3			네이블	74
				한컴지엠디	51

매출구성		비용구성		수출비중	
개발 SI	42.9	매출원가율	83.4	수출	0.0
유지보수	41.3	판관비율	8.4	내수	100.0
인프라 SI	10.6				

회사 개요

동사는 교육 및 공공기관 시스템구축 및 유지보수 사업을 영위하고 있는 시스템통합(System Integration) 전문 기업으로 2005년 12월 22일에 설립됨. 교육SI사업은 교육부의 산하기관인 한국교육학술정보원에서 주관하는 교육행정정보시스템의 응용소프트웨어 개발 및 시스템 유지보수 등의 사업을 위주로 영위하고 영남사업은 영남지역의 공공기관을 대상으로 SI사업을 영위하고 있음. 2개의 상장 자회사와 7개의 비상장 자회사를 보유하고 있음.

실적 분석

동사의 2016년 결산기준 누적매출액은 전년동기대비 179% 이상 크게 상승하여 292.8억원을 기록하였고 이에 따라 영업이익도 크게 성장해 24.1억원을 달성하였음. 이는 전년동기대비 336.6% 성장한 수치임. 정부의 SW 및 스타트업 지원 정책, K-ICT 발전정책 등 다양한 정책적 지원이 있어 IT시장은 회복세에 있고 주사업인 교육사업도 향후 지속적인 수요가 나타날 것으로 기대되어 수익은 계속적으로 증가할 것이라 기대됨.

현금 흐름 *IFRS 별도 기준 (단위 : 억원)

항목	2015	2016
영업활동	-23	1
투자활동	-22	8
재무활동	43	-4
순현금흐름	-2	5
기말현금	2	8

시장 대비 수익률

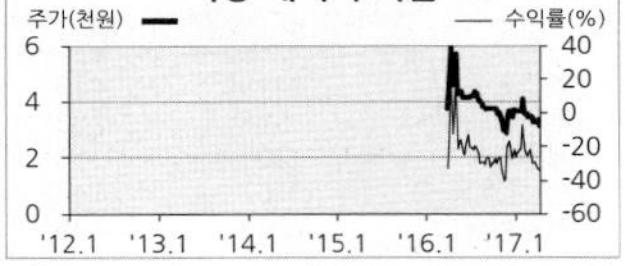

결산 실적 (단위 : 억원)

항목	2011	2012	2013	2014	2015	2016
매출액	—	—	43	32	105	293
영업이익	—	—	-9	4	6	24
당기순이익	—	—	-9	3	7	17

분기 실적 *IFRS 별도 기준 (단위 : 억원)

항목	2015.3Q	2015.4Q	2016.1Q	2016.2Q	2016.3Q	2016.4Q
매출액	—	—	—	—	—	—
영업이익	—	—	—	—	—	—
당기순이익	—	—	—	—	—	—

재무 상태 *IFRS 별도 기준 (단위 : 억원)

항목	2011	2012	2013	2014	2015	2016
총자산	—	—	22	46	99	155
유형자산	—	—	0	0	6	6
무형자산	—	—	—	19	31	38
유가증권	—	—	—	—	16	—
총부채	—	—	45	34	75	91
총차입금	—	—	12	2	41	19
자본금	—	—	2	27	28	32
총자본	—	—	-23	12	24	64
지배주주지분	—	—	-23	12	24	64

기업가치 지표 *IFRS 별도 기준

항목	2011	2012	2013	2014	2015	2016
주가(최고/저)(천원)	—/—	—/—	—/—	—/—	—/—	6.3/2.8
PER(최고/저)(배)	0.0/0.0	0.0/0.0	0.0/0.0	0.0/0.0	0.0/0.0	23.7/10.6
PBR(최고/저)(배)	0.0/0.0	0.0/0.0	0.0/0.0	0.0/0.0	0.0/0.0	6.2/2.8
EV/EBITDA(배)	0.0	0.0	—	—	5.5	9.0
EPS(원)	—	—	-2,246	124	133	265
BPS(원)	—	—	-5,848	228	430	1,009
CFPS(원)	—	—	-2,246	133	158	295
DPS(원)	—	—	—	—	—	—
EBITDAPS(원)	—	—	-2,155	185	127	410

재무 비율 (단위 : %)

연도	영업이익률	순이익률	부채비율	차입금비율	ROA	ROE	유보율	자기자본비율	EBITDA마진율
2016	8.2	5.8	142.5	30.1	13.3	38.4	101.7	41.2	8.9
2015	5.3	6.9	일부잠식	일부잠식	9.9	40.0	-14.0	24.0	6.6
2014	13.1	9.3	일부잠식	일부잠식	—	—	-54.4	26.6	13.8
2013	-20.0	-20.9	완전잠식	완전잠식	0.0	0.0	-1,269.7	-106.6	-20.0

ㅇ

에스지엔지 (A040610)
SG&G

업 종	자동차부품	시 장	KOSDAQ
신용등급	(Bond) — (CP) —	기업규모	우량
홈페이지	www.sgng.com	연 락 처	02)2105-6321
본 사	서울시 금천구 가산디지털2로 45(가산동)		

설 립 일	1993.11.08	종업원수	78명
상 장 일	2000.04.27	감사의견	적정 (한미)
결 산 기	12월	보 통 주	3,409만주
액 면 가	500원	우 선 주	
		대표이사	이의범
		계열	
		종속회사수	
		구상호	

주주구성 (지분율,%)
이의범	15.6
프라임아이앤티홀딩스	15.5
(외국인)	3.6

출자관계 (지분율,%)
강서가로수	100.0
가로수정보	73.7
지엔스	47.6

주요경쟁사 (외형,%)
SG&G	100
대유에이텍	85
대원산업	69

매출구성
승용차용 SEAT(한국지엠 차종)	56.3
의류수출: OEM 식(GAP 외)/패션:ab.f.z/BASSO 식	33.5
제품: Ostrich/Seat Cover	4.7

비용구성
매출원가율	85.2
판관비율	10.9

수출비중
수출	41.1
내수	58.9

회사 개요
동사는 1993년 11월 8일 설립되었으며 승용차 SEAT를 양산하는 자동차용 부품 전문업체로서 완성차업체인 한국지엠의 협력업체임. 물류사업, 자동차부품 제조, 의류수출 패션사업, 자동차 시트 등 여러 가지 사업을 영위하고 있음. 매출 비중에서 자동차시트 부분이 56.32%로 가장 높은 비중을 차지하고 있고, 그 다음으로는 의류수출 패션사업부문이 33.48%를 차지하고 있음.

실적 분석
동사의 2016년 연결 기준 매출액은 1조2000억원으로 전년 동기대비 31.4% 증가함. 영업이익은 464.3억원으로 119% 증가함. 비영업손실 192억에도 당기순이익은 257억원으로 127.8% 증가함. 완성차 시장 성장 부진 및 내수 시장 침체 영향으로 매출과 수익성이 감소한 것으로 분석됨. 의류수출 패션사업부문에서도 역성장이 발생했음. 그러나 중국 등 OEM업체와는 차별화할 수 있는 글로벌 시스템 노하우를 가지고 있음

현금 흐름 〈단위 : 억원〉
항목	2015	2016
영업활동	419	476
투자활동	-558	-282
재무활동	205	-56
순현금흐름	67	147
기말현금	298	445

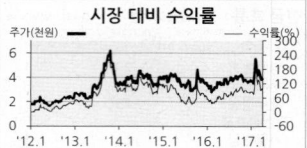

시장 대비 수익률

결산 실적 〈단위 : 억원〉
항목	2011	2012	2013	2014	2015	2016
매출액	9,311	9,556	10,055	9,616	9,132	12,000
영업이익	485	325	453	391	212	464
당기순이익	316	167	357	267	113	257

분기 실적 〈단위 : 억원〉
항목	2015.3Q	2015.4Q	2016.1Q	2016.2Q	2016.3Q	2016.4Q
매출액	2,382	2,323	2,702	3,017	2,927	3,354
영업이익	76	-9	90	81	149	144
당기순이익	68	-51	94	61	81	21

재무 상태 〈단위 : 억원〉
항목	2011	2012	2013	2014	2015	2016
총자산	9,183	9,435	9,934	10,128	10,861	12,799
유형자산	1,856	1,841	1,919	1,993	2,918	2,864
무형자산	63	59	60	169	190	157
유가증권	85	94	84	138	55	127
총부채	4,429	4,557	4,708	4,633	5,107	6,821
총차입금	2,284	2,416	2,626	2,567	2,750	3,354
자본금	170	170	170	170	170	170
총자본	4,754	4,878	5,226	5,495	5,755	5,978
지배주주지분	1,684	1,789	2,024	2,222	2,377	2,515

기업가치 지표
항목	2011	2012	2013	2014	2015	2016
주가(최고/저)(천원)	3.1/1.3	2.5/1.6	6.2/2.2	4.8/3.1	4.7/2.8	4.3/2.8
PER(최고/저)(배)	5.3/2.2	6.6/4.3	8.8/3.1	8.2/5.4	22.7/13.4	9.6/6.3
PBR(최고/저)(배)	0.6/0.2	0.4/0.3	1.0/0.4	0.7/0.5	0.6/0.4	0.5/0.4
EV/EBITDA(배)	9.4	12.7	10.3	12.1	18.1	11.8
EPS(원)	581	373	710	583	208	442
BPS(원)	5,427	5,734	6,423	7,006	7,438	7,844
CFPS(원)	866	722	1,108	984	655	927
DPS(원)						
EBITDAPS(원)	1,706	1,302	1,727	1,549	1,068	1,847

재무 비율 〈단위 : % 〉
연도	영업이익률	순이익률	부채비율	차입금비율	ROA	ROE	유보율	자기자본비율	EBITDA마진율
2016	3.9	2.1	114.1	56.1	2.2	6.2	1,468.8	46.7	5.3
2015	2.3	1.2	88.7	47.8	1.1	3.1	1,387.5	53.0	4.0
2014	4.1	2.8	84.3	46.7	2.7	9.4	1,301.2	54.3	5.5
2013	4.5	3.6	90.1	50.3	3.7	12.7	1,184.6	52.6	5.9

에스지충방 (A001380)
SG CHOONGBANG

업 종	자동차	시 장	거래소
신용등급	(Bond) — (CP) —	기업규모	시가총액 소형주
홈페이지	www.sgchoongbang.com	연 락 처	070)5038-6334
본 사	충남 논산시 연무읍 양지길 45-18		

설 립 일	1954.12.22	종업원수	112명
상 장 일	1976.06.29	감사의견	적정 (한울)
결 산 기	12월	보 통 주	4,175만주
액 면 가	500원	우 선 주	만주
		대표이사	이의범
		계열	
		종속회사수	
		구상호	SG충남방적

주주구성 (지분율,%)
SG고려	70.1
케이엠앤아이	8.8
(외국인)	0.1

출자관계 (지분율,%)
대한이연	22.4
에스지엔지	5.1
C.V.T	100.0

주요경쟁사 (외형,%)
SG충방	100
코라오홀딩스	314
현대차	66,204

매출구성
Seat Cover (제품)	41.2
면사(제품)	26.0
Seat Cover (상품)	19.6

비용구성
매출원가율	90.7
판관비율	6.7

수출비중
수출	3.8
내수	96.2

회사 개요
동사는 자동차 사업, 방적 사업, 부동산 분양 및 임대업을 주력으로 함. 자동차 사업은 자동차 시트 커버 전문 생산임. 전체 매출의 약 50%가 자동차 사업 부문에서 발생함. 방적 사업은 총 매출의 약 25%를 차지함. 지난해 방적사업부는 생산 효율성 증대를 위해 논산 공장 생산설비를 베트남 현지 법인으로 이전함. 분양 등을 통해 수입을 얻는 부동산 사업부문 또한 전체 매출의 약 25% 수준임.

실적 분석
동사의 2016년 결산 매출액은 1,414.6억원으로 전년동기 대비 25.9% 증가하였으며, 영업이익은 36.4억원으로 흑자 전환함. 당기순손실 13.2억원을 시현하여, 손실규모 크게 축소됨. 자동차사업부문의 안정적 성장과 함께 방적부문 또한 동사의 양호한 실적을 견인함. 견조한 외형성장과 함께 원가율 하락으로 수익성 개선된 모습. 고부가가치 제품인 특수사의 수요 증가와 자동차 시장의 호조로 수익성은 지속적으로 개선될 전망임.

현금 흐름 〈단위 : 억원〉
항목	2015	2016
영업활동	19	-49
투자활동	-45	5
재무활동	54	45
순현금흐름	28	0
기말현금	49	49

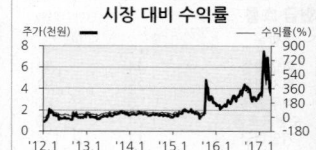

시장 대비 수익률

결산 실적 〈단위 : 억원〉
항목	2011	2012	2013	2014	2015	2016
매출액	906	1,145	1,367	1,210	1,124	1,415
영업이익	24	-64	61	8	-47	36
당기순이익	3	-106	23	-15	-68	-13

분기 실적 〈단위 : 억원〉
항목	2015.3Q	2015.4Q	2016.1Q	2016.2Q	2016.3Q	2016.4Q
매출액	262	339	342	373	343	356
영업이익	-17	-16	18	17	10	-8
당기순이익	-21	-13	18	9	-2	-38

재무 상태 〈단위 : 억원〉
항목	2011	2012	2013	2014	2015	2016
총자산	1,888	1,860	1,965	2,012	2,031	2,101
유형자산	455	432	408	425	299	251
무형자산	2	2	2	2	2	2
유가증권	36	51	71	80	62	64
총부채	581	664	729	766	850	924
총차입금	345	333	401	489	536	586
자본금	209	209	209	209	209	209
총자본	1,308	1,196	1,236	1,246	1,181	1,177
지배주주지분	1,308	1,196	1,236	1,246	1,181	1,177

기업가치 지표
항목	2011	2012	2013	2014	2015	2016
주가(최고/저)(천원)	1.7/0.8	2.1/0.9	1.8/1.1	1.8/1.3	5.5/1.2	4.4/2.1
PER(최고/저)(배)	230.9/113.1	—/—	33.1/20.7	—/—	—/—	—/—
PBR(최고/저)(배)	0.5/0.3	0.7/0.3	0.6/0.4	0.6/0.4	1.9/0.4	1.6/0.7
EV/EBITDA(배)	13.1		11.0	29.2		26.9
EPS(원)	7	-255	55	-36	-164	-32
BPS(원)	3,133	2,867	2,962	2,985	2,830	2,821
CFPS(원)	70	-189	123	30	-94	56
DPS(원)						
EBITDAPS(원)	120	-88	214	83	-42	175

재무 비율 〈단위 : % 〉
연도	영업이익률	순이익률	부채비율	차입금비율	ROA	ROE	유보율	자기자본비율	EBITDA마진율
2016	2.6	-0.9	78.5	49.8	-0.6	-1.1	464.3	56.0	5.2
2015	-4.2	-6.1	72.0	45.4	-3.4	-5.6	466.1	58.1	-1.6
2014	0.6	-1.2	61.5	39.2	-0.8	-1.2	497.0	61.9	2.9
2013	4.5	1.7	59.0	32.5	1.2	1.9	492.4	62.9	6.5

에스케이 (A034730)
SK Holdings

업　　종 : 석유 및 가스		시　　장 : 거래소	
신용등급 : (Bond) AA+　(CP) A1		기업규모 : 시가총액 대형주	
홈페이지 : www.sk.co.kr		연 락 처 : 02)2121-5114	
본　　사 : 서울시 종로구 종로 26, SK빌딩			

설 립 일	1991.04.13	종업원수	4,371명	대표이사	박정호,조대식,최태원
상 장 일	2009.11.11	감사의견	적정 (한영)	계　　　열	
결 산 기	12월	보통주	7,036만주	종속회사수	
액 면 가	200원	우선주	57만주	구 상 회	SK C&C

주주구성 (지분율,%)		출자관계 (지분율,%)		주요경쟁사 (외형,%)	
최태원	23.4	SKE&S	100.0	SK	100
국민연금공단	8.4	SK바이오팜	100.0	SK이노베이션	47
(외국인)	24.6	SK바이오텍	100.0	S-Oil	20

매출구성		비용구성		수출비중	
IT서비스 사업(기타)	94.5	매출원가율	88.2	수출	—
지주사업	5.5	판관비율	5.4	내수	—

회사 개요
동사는 정보 및 통신사업에 대한 조사용역업, 정보통신업무 및 시스템통합 서비스의 제공, 정보 및 통신사업에 관한 기술의 연구개발업 등을 사업목적으로 하여 1991년 설립. 2015년 8월 SK주식회사를 흡수합병하고, 사명을 SK주식회사로 변경함. 주요 사업은 자회사의 제반 사업내용을 지배, 경영지도, 정리, 육성하는 지주부문과 종합 IT서비스 및 기타사업을 목적으로 하는 사업부문으로 나뉨.

실적 분석
동사의 2016년 연결기준 연간 매출액은 83조 6,174.9억원으로 전년 동기(39조 2995.3억원) 대비 112.8% 증가함. 매출 증가에 힘입어 영업이익 역시 대폭 커짐. 영업이익은 5조 2,981.8억원으로 전년 대비 276.6%증가한 수치. 주력 계열사인 SK이노베이션이 국제유가 안정화 및 저유가에 따른 제품수요 증가 영향으로 정제마진 및 화학제품 마진이 개선된 영향이 큼. 반면 비영업손실과 법인세 비용 증가로 당기순이익은 감소함.

현금 흐름
〈단위 : 억원〉

항목	2015	2016
영업활동	45,889	91,107
투자활동	43,299	-73,805
재무활동	-22,255	-16,224
순현금흐름	67,492	917
기말현금	69,952	70,870

시장 대비 수익률

결산 실적
〈단위 : 억원〉

항목	2011	2012	2013	2014	2015	2016
매출액	17,018	22,418	23,018	24,260	392,995	836,175
영업이익	1,757	2,007	2,252	2,715	14,068	52,982
당기순이익	4,383	3,562	2,023	1,299	55,493	28,225

분기 실적
〈단위 : 억원〉

항목	2015.3Q	2015.4Q	2016.1Q	2016.2Q	2016.3Q	2016.4Q
매출액	153,545	226,255	206,740	211,293	200,648	217,494
영업이익	4,838	7,677	15,129	16,849	9,177	11,827
당기순이익	50,205	1,745	10,627	9,363	6,571	1,665

재무 상태
〈단위 : 억원〉

항목	2011	2012	2013	2014	2015	2016
총자산	46,213	51,220	52,929	53,070	966,338	1,030,473
유형자산	3,672	4,000	4,680	5,742	394,453	410,325
무형자산	740	1,192	1,126	1,017	97,494	117,724
유가증권	3,215	3,518	3,070	3,677	20,610	17,075
총부채	23,639	28,851	27,921	27,047	565,566	607,206
총차입금	12,491	16,610	16,373	15,902	319,739	316,977
자본금	100	100	100	100	154	154
총자본	22,574	22,369	25,008	26,024	400,773	423,267
지배주주지분	22,574	22,366	25,004	25,854	125,665	131,124

기업가치 지표

항목	2011	2012	2013	2014	2015	2016
주가(최고/저)(천원)	152/80.7	127/76.7	132/84.0	255/116	311/196	246/197
PER(최고/저)(배)	18.7/9.9	19.0/11.5	34.2/21.8	104.3/47.5	3.4/2.2	23.1/18.5
PBR(최고/저)(배)	3.3/1.7	2.5/1.5	2.3/1.5	4.1/1.9	1.7/1.1	1.3/1.0
EV/EBITDA(배)	31.3	24.9	28.7	36.4	18.3	6.2
EPS(원)	8,765	7,122	4,045	2,546	93,171	10,794
BPS(원)	49,746	53,544	60,725	64,429	189,929	197,625
CFPS(원)	9,539	8,094	5,119	3,689	131,518	84,296
DPS(원)	1,000	1,250	1,500	2,000	3,400	3,700
EBITDAPS(원)	4,288	4,986	5,577	6,574	62,864	148,201

재무 비율
〈단위 : % 〉

연도	영업이익률	순이익률	부채비율	차입금비율	ROA	ROE	유보율	자기자본비율	EBITDA마진율
2016	6.3	3.4	143.5	74.9	2.8	6.0	91,007.2	41.1	12.6
2015	3.6	14.1	141.1	79.8	10.9	70.6	87,459.4	41.5	9.2
2014	11.2	5.4	103.9	61.1	2.5	5.0	32,114.4	49.0	13.6
2013	9.8	8.8	111.7	65.5	3.9	8.5	30,262.7	47.3	12.1

에스케이가스 (A018670)
SK Gas

업　　종 : 석유 및 가스		시　　장 : 거래소	
신용등급 : (Bond) AA-　(CP) —		기업규모 : 시가총액 중형주	
홈페이지 : www.skgas.co.kr		연 락 처 : 02)6200-8114	
본　　사 : 경기도 성남시 분당구 판교로332 ECO Hub			

설 립 일	1985.12.20	종업원수	342명	대표이사	김정근,최창원
상 장 일	1997.08.27	감사의견	적정 (한영)	계　　　열	
결 산 기	12월	보통주	897만주	종속회사수	
액 면 가	5,000원	우선주	—	구 상 회	

주주구성 (지분율,%)		출자관계 (지분율,%)		주요경쟁사 (외형,%)	
에스케이케미칼	46.0	지허브	100.0	SK가스	100
에스케이신텍	10.1	화이텍글로벌신성장서모투자전문회사	64.0	SK	1,591
(외국인)	11.1	당진에코파워	51.0	SK이노베이션	752

매출구성		비용구성		수출비중	
LPG사업	93.2	매출원가율	91.1	수출	50.7
부동산개발업	5.7	판관비율	5.5	내수	49.3
수탁저장수입	1.1				

회사 개요
동사는 1985년 액화석유가스(LPG) 수입산업의 합리화를 위해 설립됐으며, 1997년 유가증권시장에 상장됨. LPG 트레이딩 역량을 축적해 수출과 수입이 매출에서 차지하는 비중은 약 절반 수준임. 동사는 1위 사업자로 2위 사업자인 E1보다 월등히 높은 시장 점유율을 보이고 있음. 2013년 석유화학 분야의 사업 다각화와 기존 사업 경쟁력 강화를 위해, LPG를 원료로 프로필렌을 생산하는 PDH 사업에 진출, 2016년 4월 상업생산 시작함.

실적 분석
동사의 2016년 4분기 연결기준 누적 매출액은 5조2546.4억원으로 전년동기 대비 28.8% 증가했음. LPG 판매량 증가, 특히 그 중에서도 석유화학용 프로판 물량의 증가로 호실적을 거둠. 매출원가와 판관비 부담이 각각 27.7%, 23.7% 늘었지만 높은 시장 점유율을 통한 대규모 이익을 거둠. 영업이익은 전년대비 82.3%증가한 1807.9억원, 당기순이익은 157% 늘어난 1881.7억원을 기록.

현금 흐름
〈단위 : 억원〉

항목	2015	2016
영업활동	-1,597	-1,077
투자활동	-5,846	-1,168
재무활동	6,809	2,001
순현금흐름	-596	-193
기말현금	2,254	2,061

시장 대비 수익률

결산 실적
〈단위 : 억원〉

항목	2011	2012	2013	2014	2015	2016
매출액	72,228	75,837	66,722	59,435	40,790	52,547
영업이익	1,634	1,409	1,235	1,203	992	1,808
당기순이익	1,078	958	1,025	991	732	1,882

분기 실적
〈단위 : 억원〉

항목	2015.3Q	2015.4Q	2016.1Q	2016.2Q	2016.3Q	2016.4Q
매출액	10,883	11,129	11,606	13,003	12,905	15,033
영업이익	239	379	586	467	438	317
당기순이익	122	308	322	549	402	609

재무 상태
〈단위 : 억원〉

항목	2011	2012	2013	2014	2015	2016
총자산	20,361	28,923	26,283	33,378	40,800	40,709
유형자산	6,869	7,786	8,070	14,655	19,411	11,200
무형자산	259	193	165	3,033	3,088	3,107
유가증권	1,314	1,109	1,740	1,108	1,411	1,495
총부채	12,175	19,156	15,096	19,318	24,524	23,596
총차입금	8,371	11,049	9,431	14,740	20,780	17,017
자본금	431	431	431	436	444	444
총자본	8,186	9,767	11,188	14,060	16,275	17,113
지배주주지분	8,182	9,763	11,188	11,815	12,093	13,884

기업가치 지표

항목	2011	2012	2013	2014	2015	2016
주가(최고/저)(천원)	65.8/31.4	80.0/50.7	77.6/59.9	138/64.1	106/65.1	130/60.2
PER(최고/저)(배)	6.3/3.0	8.4/5.3	7.4/5.7	13.6/6.3	14.4/8.9	6.8/3.2
PBR(최고/저)(배)	0.8/0.4	0.8/0.5	0.7/0.5	1.1/0.5	0.8/0.5	0.8/0.4
EV/EBITDA(배)	7.0	6.4	6.8	13.4	19.3	11.8
EPS(원)	11,994	10,683	11,422	10,865	7,716	18,997
BPS(원)	98,327	114,013	130,530	136,494	138,358	157,217
CFPS(원)	15,445	15,059	16,134	15,588	12,958	25,262
DPS(원)	1,700	1,700	1,750	2,050	2,050	2,650
EBITDAPS(원)	21,923	20,281	18,576	18,215	16,365	26,437

재무 비율
〈단위 : % 〉

연도	영업이익률	순이익률	부채비율	차입금비율	ROA	ROE	유보율	자기자본비율	EBITDA마진율
2016	3.4	3.6	137.9	99.4	4.6	13.1	3,044.3	42.0	4.5
2015	2.4	1.8	150.7	127.7	2.0	5.8	2,667.2	39.9	3.5
2014	2.0	1.7	137.4	104.8	3.3	8.5	2,629.9	42.1	2.7
2013	1.9	1.5	134.9	84.3	3.7	9.8	2,510.6	42.6	2.4

에스케이네트웍스 (A001740)
SK Networks

업　　종 : 복합 산업　　　　　　　　　시　　장 : 거래소
신용등급 : (Bond) AA-　(CP) A1　　　기업규모 : 시가총액 중형주
홈페이지 : www.sknetworks.co.kr　　　연락처 : 070)7800-2114
본　　사 : 경기도 수원시 장안구 경수대로 795

설 립 일	1956.03.24	종 업 원 수	3,018명	대 표 이 사	문종훈,최신원
상 장 일	1977.06.30	감 사 의 견	적정 (한영)	계　　　열	
결 산 기	12월	보 통 주	24,819만주	종속회사수	
액 면 가	2,500원	우 선 주	11만주	구 상 호	

주주구성 (지분율,%)		출자관계 (지분율,%)		주요경쟁사 (외형,%)	
SK	39.1	에스케이핀크스	100.0	에스케이네트웍스	100
국민연금공단	7.3	카라이프서비스	100.0		
(외국인)	20.0	SK네트웍스서비스	87.0		

매출구성		비용구성		수출비중	
E&C	42.8	매출원가율	94.5	수출	—
상사	27.0	판관비율	4.6	내수	—
정보통신	24.8				

회사 개요

동사는 1953년 창립하여 직물 분야로 출발한 후, 석유제품을 중심으로 한 에너지 유통사업, 휴대폰 중심의 정보통신 유통사업, Trading 및 자원개발사업, 렌터카 및 자동차정비 등의 Car-Life 사업을 영위하고 있음. SK계열 기업집단에 소속되어 있으며, 연결대상 종속회사는 SK핀크스(주), SK네트웍스서비스(주) 등 23개사이고 그 중 주요종속회사는 6개사임.

실적 분석

동사의 2016년 연결기준 매출액은 전년대비 5.5% 감소한 18조 4,573.8억원을 기록함. 휴대폰 감소에 따른 고정비 부담으로 영업이익은 전년대비 12.4% 감소한 1,673.4억원을 기록했으며, 영업외 비용 증가로 815.7억원의 당기순손실을 기록하면서 적자전환함. 이는 면세점 사업권 상실로 인한 비용 증가와 일회적 비용 발생 등으로 인한 손익 감소가 주요한 요인으로 작용함.

현금 흐름　〈단위 : 억원〉

항목	2015	2016
영업활동	1,192	146
투자활동	258	-5,633
재무활동	-3,065	1,177
순현금흐름	-1,628	-4,326
기말현금	11,290	6,964

시장 대비 수익률

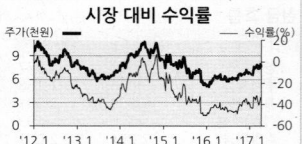

결산 실적　〈단위 : 억원〉

항목	2011	2012	2013	2014	2015	2016
매출액	275,356	279,355	259,754	224,081	195,234	184,574
영업이익	3,601	2,516	2,408	2,013	1,911	1,673
당기순이익	1,418	119	-5,918	316	730	-816

분기 실적　〈단위 : 억원〉

항목	2015.3Q	2015.4Q	2016.1Q	2016.2Q	2016.3Q	2016.4Q
매출액	51,008	44,033	45,482	46,575	44,489	48,028
영업이익	594	636	205	351	390	727
당기순이익	565	104	5	101	-13	-909

재무 상태　〈단위 : 억원〉

항목	2011	2012	2013	2014	2015	2016
총자산	111,098	106,271	88,794	85,047	82,032	86,203
유형자산	36,318	35,788	33,337	35,153	35,189	39,851
무형자산	1,525	1,616	1,210	990	948	5,597
유가증권	2,878	2,092	1,446	1,153	551	417
총부채	78,364	75,607	63,143	59,865	56,838	62,148
총차입금	34,519	34,738	28,300	31,257	28,653	31,739
자본금	6,487	6,487	6,487	6,487	6,487	6,487
총자본	32,734	30,664	25,651	25,182	25,194	24,055
지배주주지분	32,312	30,639	25,691	25,256	25,278	24,280

기업가치 지표

항목	2011	2012	2013	2014	2015	2016
주가(최고/저)(천원)	13.0/8.7	10.9/7.5	8.4/5.7	10.9/7.0	9.2/5.1	7.4/4.8
PER(최고/저)(배)	23.9/16.0	59.6/41.0	—/—	87.8/56.3	31.9/17.9	—/—
PBR(최고/저)(배)	1.1/0.7	0.9/0.6	0.9/0.6	1.1/0.7	0.9/0.5	0.8/0.5
EV/EBITDA(배)	10.4	11.5	9.7	12.3	8.9	12.0
EPS(원)	587	194	-2,289	129	296	-329
BPS(원)	13,013	12,339	10,347	10,172	10,180	9,778
CFPS(원)	965	669	-1,862	624	901	380
DPS(원)	150	150		100	100	100
EBITDAPS(원)	1,829	1,489	1,397	1,306	1,374	1,384

재무 비율　〈단위 : % 〉

연도	영업이익률	순이익률	부채비율	차입금비율	ROA	ROE	유보율	자기자본비율	EBITDA마진율
2016	0.9	-0.4	258.4	131.9	-1.0	-3.3	274.3	27.9	1.9
2015	1.0	0.4	225.6	113.7	0.9	2.9	289.7	30.7	1.8
2014	0.9	0.1	237.7	124.1	0.4	1.3	289.4	29.6	1.5
2013	0.9	-2.3	246.2	110.3	-6.1	-20.2	296.1	28.9	1.3

에스케이디앤디 (A210980)
SK D&D

업　　종 : 부동산　　　　　　　　　　시　　장 : 거래소
신용등급 : (Bond) —　(CP) —　　　　기업규모 : 시가총액 중형주
홈페이지 : www.skdnd.com　　　　　연락처 : 02)398-4700
본　　사 : 경기도 성남시 분당구 판교로 332 (삼평동) ECO Hub

설 립 일	2004.04.27	종 업 원 수	97명	대 표 이 사	함스테판윤성
상 장 일	2015.06.23	감 사 의 견	적정 (안진)	계　　　열	
결 산 기	12월	보 통 주	1,616만주	종속회사수	
액 면 가	1,000원	우 선 주	—	구 상 호	에스케이디앤디

주주구성 (지분율,%)		출자관계 (지분율,%)		주요경쟁사 (외형,%)	
에스케이가스	46.5	이지스사모부동산투자신탁61호	100.0	SK디앤디	100
최창원	36.0	현대사모부동산투자신탁20호	100.0	한국토지신탁	64
(외국인)	0.6	비앤엠개발	76.2	해성산업	4

매출구성		비용구성		수출비중	
[부동산]개발	83.8	매출원가율	71.0	수출	—
가구	7.8	판관비율	14.4	내수	—
[신재생에너지]발전	5.3				

회사 개요

동사는 2004년 설립된 상업용 부동산 및 신재생에너지 전문 개발회사(디벨로퍼)로서 국내 부동산개발회사 중에는 처음으로 상장하는 케이스임. 동사는 적극적인 리스크관리로 비교회사들 내에서 매년 당기순이익 흑자를 시현하고 자본총계가 성장하는 유일한 회사임. 이러한 실적을 내는 큰 요인은 시황 변동성이 큰 주택시장으로의 진출을 배제하며 철저히 리스크관리를 하고 있기 때문으로 풀이됨.

실적 분석

동사의 연결기준 2016년 매출액은 전년보다 19.5% 증가한 2,763.8억원을 기록함. 인건비 등 판관비가 증가하였음에도 동사의 영업이익은 전년보다 50.2% 증가, 403.8억원을 기록하였음. 감소한 102.6억원을 시현하며 수익성이 하락함. 사업부문별 매출비중은 부동산 86.9%, 신재생에너지 5.3%로 구성됨. 동사는 상업용 상업용부동산 사업을 통한 자본축적과 성장동력으로 신재생에너지 사업을 추진중임.

현금 흐름　〈단위 : 억원〉

항목	2015	2016
영업활동	-2,261	-1,433
투자활동	-387	-870
재무활동	3,438	1,941
순현금흐름	791	-609
기말현금	1,024	415

시장 대비 수익률

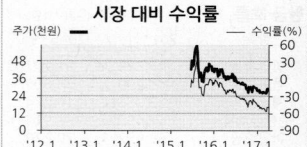

결산 실적　〈단위 : 억원〉

항목	2011	2012	2013	2014	2015	2016
매출액	932	1,596	1,301	1,749	2,313	2,764
영업이익	1	95	98	252	269	404
당기순이익	188	47	81	191	202	263

분기 실적　〈단위 : 억원〉

항목	2015.3Q	2015.4Q	2016.1Q	2016.2Q	2016.3Q	2016.4Q
매출액	611	654	530	583	571	1,079
영업이익	118	8	30	49	58	267
당기순이익	74	10	35	26	42	161

재무 상태　〈단위 : 억원〉

항목	2011	2012	2013	2014	2015	2016
총자산	1,418	2,853	2,410	3,868	7,552	10,214
유형자산	19	287	85	879	893	840
무형자산	12	10	38	34	41	53
유가증권	25	65	67	86	169	576
총부채	813	1,950	1,707	2,666	5,010	7,359
총차입금	526	1,191	1,144	2,126	4,447	4,763
자본금	67	74	67	77	108	108
총자본	605	903	703	1,202	2,542	2,855
지배주주지분	605	903	703	1,202	1,786	2,108

기업가치 지표

항목	2011	2012	2013	2014	2015	2016
주가(최고/저)(천원)	—/—	—/—	—/—	—/—	91.2/49.8	65.4/39.5
PER(최고/저)(배)	0.0/0.0	0.0/0.0	0.0/0.0	0.0/0.0	41.4/22.6	26.2/15.8
PBR(최고/저)(배)	0.0/0.0	0.0/0.0	0.0/0.0	0.0/0.0	5.6/3.1	3.4/2.0
EV/EBITDA(배)	39.2	7.9	7.2	6.6	34.2	20.7
EPS(원)	1,884	467	794	1,881	1,499	1,686
BPS(원)	45,389	60,837	47,393	78,329	16,582	19,573
CFPS(원)	15,028	3,896	6,334	14,126	2,924	3,052
DPS(원)					400	530
EBITDAPS(원)	940	7,136	7,525	18,200	3,663	4,273

재무 비율　〈단위 : % 〉

연도	영업이익률	순이익률	부채비율	차입금비율	ROA	ROE	유보율	자기자본비율	EBITDA마진율
2016	14.6	9.5	257.7	166.8	3.0	14.0	1,857.3	26.8	16.7
2015	11.6	8.7	197.1	174.9	3.5	13.6	1,558.2	33.7	14.1
2014	14.4	10.9	221.9	177.0	6.1	20.1	1,466.6	31.1	15.5
2013	7.6	6.2	242.7	162.7			954.4	29.2	8.6

에스케이머티리얼즈 (A036490)
SK Materials

업 종 : 반도체 및 관련장비		시 장 : KOSDAQ	
신용등급 : (Bond) A (CP) —		기업규모 : 우량	
홈페이지 : www.sk-materials.com		연락처 : 054)630-8114	
본 사 : 경북 영주시 가흥공단로 59-33			

설 립 일	1982.11.10	종 업 원 수	517명	대 표 이 사	임민규
상 장 일	1999.12.14	감사의견	적정(안진)	계 열	
결 산 기	12월	보 통 주	1,055만주	종속회사수	
액 면 가	500원	우 선 주		구 상 호	SK 머티리얼즈

주주구성 (지분율,%)		출자관계 (지분율,%)		주요경쟁사 (외형,%)	
SK	49.1	SK에어가스	80.0	SK머티리얼즈	100
미래에셋자산운용투자자문	4.6	SK트리켐	65.0	SK하이닉스	3,727
(외국인)	11.9	SKMaterials(Jiangsu)Co.,Ltd	100.0	이오테크닉스	67

매출구성		비용구성		수출비중	
특수가스(NF3,SiH4,WF6,DCS,Si2H6)	97.7	매출원가율	58.2	수출	40.3
기타	2.3	판관비율	8.4	내수	59.7

회사 개요
반도체, LCD, 태양광 전지 제조 공정에 사용하는 특수가스(NF3, SiH4, WF6, DCS)의 제조, 판매를 주요 사업으로 영위. 자체 플랜트 설계 기술을 보유하고 있어 생산설비 증설에 따르는 성격이 다른 경쟁사에 비해서 상대적으로 낮은 점이 동사의 경쟁 우위 요소. 전방 산업인 반도체, LCD, 태양광전지 산업의 규모가 커지고 있어 특수가스 시장 규모 또한 확대될 전망. 2016년 2월 SK(주)로 최대주주가 변경됨.

실적 분석
동사의 결산 매출액은 SiH4 공장 재가동과 전방산업의 수요 확대로 전년동기 대비 36.5% 증가한 4,614억원을 기록함. 매출증가와 더불어 단가 인상에 따른 원가구조 개선으로 수익성 또한 큰 폭으로 향상되어 전년동기 대비 36.6% 증가한 1,541억원의 영업이익 시현함. 반도체업황 호조와 주 거래처의 신규라인 가동, 반도체 공정 미세화로 인한 NF3 수요 증가와 더불어 NF3 단가 상승 추세로 매출 성장세 이어갈 전망임.

현금 흐름 〈단위 : 억원〉
항목	2015	2016
영업활동	1,499	2,079
투자활동	-832	-2,087
재무활동	-431	191
순현금흐름	238	188
기말현금	414	603

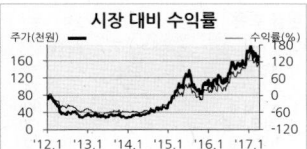
시장 대비 수익률

결산 실적 〈단위 : 억원〉
항목	2011	2012	2013	2014	2015	2016
매출액	2,965	2,544	1,911	2,117	3,380	4,614
영업이익	968	503	72	264	1,128	1,541
당기순이익	657	290	4	136	662	1,105

분기 실적 〈단위 : 억원〉
항목	2015.3Q	2015.4Q	2016.1Q	2016.2Q	2016.3Q	2016.4Q
매출액	906	969	973	1,165	1,237	1,239
영업이익	325	362	344	388	406	402
당기순이익	215	121	245	267	270	322

재무 상태 〈단위 : 억원〉
항목	2011	2012	2013	2014	2015	2016
총자산	6,138	6,907	5,974	5,898	6,651	9,031
유형자산	5,122	5,457	4,753	4,498	4,802	6,615
무형자산	68	53	70	32	34	69
유가증권	5	4	1	1	1	1
총부채	2,872	3,446	2,806	2,669	2,888	4,660
총차입금	2,047	2,921	2,430	2,200	2,003	3,178
자본금	53	53	53	53	53	53
총자본	3,266	3,460	3,168	3,229	3,764	4,371
지배주주지분	3,264	3,459	3,167	3,228	3,762	4,213

기업가치 지표
항목	2011	2012	2013	2014	2015	2016
주가(최고/저)(천원)	124/49.8	79.4/27.0	37.5/26.4	53.4/27.5	137/51.3	183/95.1
PER(최고/저)(배)	23.4/9.4	33.5/11.4	1,212.5/855.8	44.0/22.6	22.8/8.5	18.2/9.4
PBR(최고/저)(배)	4.7/1.9	2.8/1.0	1.4/1.0	1.9/1.0	4.0/1.5	4.7/2.4
EV/EBITDA(배)	6.3	5.4	8.6	9.6	8.2	9.8
EPS(원)	6,230	2,756	33	1,289	6,270	10,299
BPS(원)	30,946	32,792	30,028	30,604	35,670	40,078
CFPS(원)	12,606	9,719	5,278	6,024	11,549	16,695
DPS(원)	750	2,850	500	1,000	2,560	3,550
EBITDAPS(원)	15,557	11,730	5,930	7,236	15,976	21,003

재무 비율 〈단위 : % 〉
연도	영업이익률	순이익률	부채비율	차입금비율	ROA	ROE	유보율	자기자본비율	EBITDA마진율
2016	33.4	23.9	106.6	72.7	14.1	27.2	7,915.6	48.4	48.0
2015	33.4	19.6	76.7	53.2	10.5	18.9	7,034.0	56.6	49.9
2014	12.5	6.4	82.7	68.1	2.3	4.3	6,020.9	54.8	36.1
2013	3.8	0.2	88.6	76.7	0.1	0.1	5,905.6	53.0	32.7

에스케이바이오랜드 (A052260)
SKbioland

업 종 : 바이오		시 장 : KOSDAQ	
신용등급 : (Bond) — (CP) —		기업규모 : 우량	
홈페이지 : www.skbioland.com		연락처 : 041)550-7700	
본 사 : 충남 천안시 동남구 병천면 송정리 2길 59			

설 립 일	1995.09.01	종 업 원 수	304명	대 표 이 사	정찬복
상 장 일	2001.05.17	감사의견	적정(대주)	계 열	
결 산 기	12월	보 통 주	1,500만주	종속회사수	
액 면 가	500원	우 선 주		구 상 호	바이오랜드

주주구성 (지분율,%)		출자관계 (지분율,%)		주요경쟁사 (외형,%)	
에스케이씨	27.9	SBI헬스케어펀드제1호	12.7	SK바이오랜드	100
파라투스제일호투자목적회사	10.5	레피젠	11.1	오리엔트바이오	107
(외국인)	4.5	엘컴사이언스	6.8	파미셀	28

매출구성		비용구성		수출비중	
마치현추출물ARBUTIN히아루론산	59.0	매출원가율	60.7	수출	—
홍삼농축액분말마린키토올리고당glucoso사인분말	23.6	판관비율	22.8	내수	—
상처드레싱콜라겐간염검사外	11.4				

회사 개요
동사는 의약품, 화장품원료산업, 인공장기산업, 생물소재 및 진단시약사업을 영위하고 있으며 천연물, 미생물을 이용하여 제품을 생산함. 전체 화장품원료 시장의 9.8%가량을 점유하고 있으며, 생물산업 화장품원료 시장의 49%가량을 차지함. 신규시설인 오송공장의 화장품원료 및 의약품원료 생산시설 준공이 완료되었고, 주력제품인 히아루론산, 알부틴, 마치현추출물, SC Glucan 등의 고른 수출 확대에 힘입어 수출 실적이 상승하고 있음.

실적 분석
동사의 2016년 연결기준 누적 매출액은 978.1억원으로 전년 대비 20.9% 증가함. 영업이익은 160.7억원으로 13.2% 늘었고, 당기순이익은 전년보다 15.2% 증가한 124.3억원을 기록함. 알부틴(미백), 마치현(항염증), 히아루론산(천연보습) 등 화장품 원료 부문의 성장이 기대됨. 환경규제 강화에 따라 동사의 주력제품인 생약원료(식물성원료)시장이 더욱 확대될 것으로 예상됨.

현금 흐름 〈단위 : 억원〉
항목	2015	2016
영업활동	114	128
투자활동	-169	-91
재무활동	-31	2
순현금흐름	-83	40
기말현금	108	148

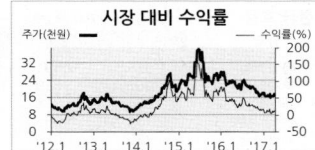
시장 대비 수익률

결산 실적 〈단위 : 억원〉
항목	2011	2012	2013	2014	2015	2016
매출액	684	730	710	770	809	978
영업이익	160	154	132	161	142	161
당기순이익	137	101	97	106	108	124

분기 실적 〈단위 : 억원〉
항목	2015.3Q	2015.4Q	2016.1Q	2016.2Q	2016.3Q	2016.4Q
매출액	188	211	245	261	209	263
영업이익	27	37	38	50	30	42
당기순이익	24	24	30	32	21	41

재무 상태 〈단위 : 억원〉
항목	2011	2012	2013	2014	2015	2016
총자산	1,289	1,471	1,425	1,432	1,534	1,677
유형자산	756	760	747	745	801	931
무형자산	20	21	25	21	21	23
유가증권	48	44	28	17	13	13
총부채	356	464	351	287	315	371
총차입금	173	330	242	160	172	215
자본금	75	75	75	75	75	75
총자본	933	1,007	1,074	1,145	1,218	1,305
지배주주지분	933	1,007	1,074	1,145	1,218	1,305

기업가치 지표
항목	2011	2012	2013	2014	2015	2016
주가(최고/저)(천원)	14.5/8.3	18.7/9.3	17.9/9.2	28.3/10.3	40.9/19.3	29.0/16.0
PER(최고/저)(배)	17.2/9.7	29.5/14.7	29.1/15.0	41.7/15.2	58.1/27.4	35.4/19.6
PBR(최고/저)(배)	2.5/1.5	3.0/1.5	2.6/1.4	3.9/1.4	5.2/2.4	3.4/1.9
EV/EBITDA(배)	10.6	10.8	8.4	14.0	22.6	13.0
EPS(원)	915	676	649	704	719	828
BPS(원)	6,219	6,710	7,160	7,632	8,121	8,702
CFPS(원)	1,138	1,145	1,080	1,074	975	1,115
DPS(원)	200	200	200	250	250	250
EBITDAPS(원)	1,287	1,495	1,309	1,440	1,203	1,358

재무 비율 〈단위 : % 〉
연도	영업이익률	순이익률	부채비율	차입금비율	ROA	ROE	유보율	자기자본비율	EBITDA마진율
2016	16.4	12.7	28.5	16.4	7.7	9.9	1,640.4	77.9	20.8
2015	17.6	13.3	25.9	14.1	7.3	9.1	1,524.2	79.4	22.3
2014	20.9	13.7	25.1	14.0	7.4	9.5	1,426.4	80.0	28.1
2013	18.5	13.7	32.7	22.5	6.7	9.4	1,332.0	75.4	27.6

에스케이씨 (A011790)
SKC

업 종 : 화학		시 장 : 거래소	
신용등급 : (Bond) — (CP) —		기업규모 : 시가총액 중형주	
홈페이지 : www.skc.kr		연 락 처 : 031)250-7114	
본 사 : 경기도 수원시 장안구 장안로 309번길 84 (정자동)			

설 립 일 1973.07.16	종 업 원 수 1,251명	대 표 이 사 이완재	
상 장 일 1997.07.18	감 사 의 견 적정 (삼정)	계 열	
결 산 기 12월	보 통 주 3,753만주	종속회사수	
액 면 가 5,000원	우 선 주	구 상 호	

주주구성 (지분율,%)
SK	41.0
국민연금공단	12.3
(외국인)	12.5

출자관계 (지분율,%)
에스케이더블유	100.0
SK텔레시스	79.4
SKC솔믹스	57.7

주요경쟁사 (외형,%)
SKC	100
LG화학	876
한화케미칼	392

매출구성
PET FILM 등(광학용, 포장용, 산업용 등)	40.5
POD 등(윤활제, 자동차, 화장품,가전제품, 단열	35.0
산업용가스,반도체 부품,화장품 원료	16.6

비용구성
매출원가율	82.6
판관비율	11.0

수출비중
수출	23.4
내수	76.6

회사 개요
동사는 1973년 설립되어 폴리에스터 필름, 기초화학원료(PO, PG, Polyol) 등을 제조, 판매하는 SK그룹 계열사임. 폴리우레탄의 원재료로 사용되는 프로필렌옥사이드 제품을 생산하는 산업재와 LCD, 일반 산업재 부품이나 태양전지용으로 사용되는 폴리에스테르 필름 등을 생산하는 필름사업을 영위하고 있음. 매출은 화학 45.6%, 필름 31.5%, 정보통신 15.3%, 기타 14.4%로 구성됨.

실적 분석
동사의 2016년 연결기준 누적 매출액은 2조 3,594.4억원으로 전년 대비 4.3% 감소함. 영업이익은 1,493억원으로 전년보다 31.5% 줄었고, 당기순이익도 88.1% 감소한 292.6억원으로 기록함. 수익성 개선을 위해 필름, 화학 등 핵심제품 중심의 포트폴리오 고도화와 비용구조 혁신으로 경쟁력을 강화하고, 화학 관련 사업 가속화를 통해 신사업 분야로 진출할 계획임.

현금 흐름 〈단위 : 억원〉
항목	2015	2016
영업활동	1,085	2,491
투자활동	-962	-39
재무활동	-264	-1,818
순현금흐름	-131	665
기말현금	385	1,050

시장 대비 수익률
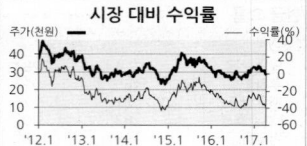

결산 실적 〈단위 : 억원〉
항목	2011	2012	2013	2014	2015	2016
매출액	24,735	26,292	26,414	28,022	24,657	23,594
영업이익	2,139	1,447	1,240	1,524	2,179	1,493
당기순이익	780	318	257	433	2,456	293

분기 실적 〈단위 : 억원〉
항목	2015.3Q	2015.4Q	2016.1Q	2016.2Q	2016.3Q	2016.4Q
매출액	6,071	5,597	5,664	5,810	5,865	6,255
영업이익	547	487	431	422	183	456
당기순이익	2,213	-217	266	477	-374	-77

재무 상태 〈단위 : 억원〉
항목	2011	2012	2013	2014	2015	2016
총자산	31,796	34,913	35,858	36,868	36,882	35,288
유형자산	17,493	20,860	21,969	22,131	20,791	18,661
무형자산	1,103	1,126	1,194	1,747	1,458	1,462
유가증권	453	376	262	102	111	101
총부채	20,303	22,997	23,803	23,857	21,319	20,049
총차입금	13,657	16,326	17,126	17,125	15,430	13,487
자본금	1,811	1,811	1,811	1,817	1,840	1,877
총자본	11,493	11,916	12,055	13,010	15,563	15,239
지배주주지분	11,270	11,516	11,830	12,173	14,439	14,059

기업가치 지표
항목	2011	2012	2013	2014	2015	2016
주가(최고/저)(천원)	63.7/31.0	48.6/34.2	39.6/25.0	35.3/23.0	41.0/25.1	33.1/25.7
PER(최고/저)(배)	20.4/9.9	29.2/20.6	27.4/17.3	19.7/12.8	5.8/3.5	29.3/22.9
PBR(최고/저)(배)	2.3/1.1	1.7/1.2	1.3/0.8	1.1/0.7	1.1/0.7	0.9/0.7
EV/EBITDA(배)	8.6	12.6	11.4	9.3	7.9	9.4
EPS(원)	3,480	1,823	1,568	1,916	7,426	1,150
BPS(원)	31,169	31,847	32,714	33,540	39,288	38,610
CFPS(원)	6,157	4,705	4,913	5,687	11,321	4,500
DPS(원)	500	500	500	550	750	750
EBITDAPS(원)	8,584	6,878	6,769	7,972	9,840	7,356

재무 비율 〈단위 : % 〉
연도	영업이익률	순이익률	부채비율	차입금비율	ROA	ROE	유보율	자기자본비율	EBITDA마진율
2016	6.3	1.2	131.6	88.5	0.8	3.0	672.2	43.2	11.6
2015	8.8	10.0	137.0	99.1	6.7	20.5	685.8	42.2	14.6
2014	5.4	1.6	183.4	131.6	1.2	5.8	570.8	35.3	10.3
2013	4.7	1.0	197.5	142.1	0.7	4.9	554.3	33.6	9.3

에스케이씨솔믹스 (A057500)
SKC Solmics

업 종 : 반도체 및 관련장비		시 장 : KOSDAQ	
신용등급 : (Bond) A (CP) A3-		기업규모 : 중견	
홈페이지 : www.skcsolmics.com		연 락 처 : 031)660-8400	
본 사 : 경기도 평택시 경기대로 1043 (장당동)			

설 립 일 1995.07.19	종 업 원 수 368명	대 표 이 사 오준록	
상 장 일 2001.12.26	감 사 의 견 적정 (삼정)	계 열	
결 산 기 12월	보 통 주 6,149만주	종속회사수	
액 면 가 500원	우 선 주	구 상 호	

주주구성 (지분율,%)
에스케이씨	57.7
NH농협증권	1.6
(외국인)	2.1

출자관계 (지분율,%)
SOLMICSSHANGHAIINTERNATIONALTRADING	100.0
SOLMICSTAIWAN	100.0
SNTUSA	30.0

주요경쟁사 (외형,%)
SKC 솔믹스	100
프로텍	100
유니트론텍	157

매출구성
Si	35.0
태양광웨이퍼	22.6
Al2O3	18.0

비용구성
매출원가율	74.5
판관비율	7.1

수출비중
수출	30.0
내수	70.0

회사 개요
동사는 SK그룹의 계열사로 파인세라믹 및 실리콘을 기반으로 하는 기능성 반도체 및 LCD 부품 소재를 생산함. 알루미나, 실리콘, 쿼츠 등을 재료로 각종 파인세라믹 관련 부품을 생산하여 SK하이닉스와 삼성전자 등에 공급함. 2016년 8월 태양전지용 잉곳 및 웨이퍼를 생산하던 태양광 사업 부문의 자산을 웅진에너지에 30억원을 받고 양도함. 영업적자로 실적이 저조한 태양광 사업을 중단하고, 주력 사업인 파인세라믹 사업부문에 집중할 계획임.

실적 분석
동사의 2016년 연결 기준 매출과 영업이익은 945억원, 173억원으로 전년 대비 각각 8.9%, 8.7% 증가함. 주요 사업부문인 파인세라믹은 945억원의 매출을 달성하였고 173억원의 영업이익이 발생함. 2017년에도 반도체시장의 호황이 지속될 것으로 예상됨. 동사는 파인세라믹 사업부문의 전문성 강화를 위해 2016년 10월 태양광사업부문을 매각함.

현금 흐름 〈단위 : 억원〉
항목	2015	2016
영업활동	271	274
투자활동	-30	24
재무활동	-248	-290
순현금흐름	-7	7
기말현금	2	9

시장 대비 수익률

결산 실적 〈단위 : 억원〉
항목	2011	2012	2013	2014	2015	2016
매출액	1,018	1,075	1,125	1,152	868	945
영업이익	-76	-270	-192	33	160	173
당기순이익	-68	-387	-322	-126	-411	-356

분기 실적 〈단위 : 억원〉
항목	2015.3Q	2015.4Q	2016.1Q	2016.2Q	2016.3Q	2016.4Q
매출액	224	79	316	287	244	97
영업이익	38	83	19	17	48	90
당기순이익	-19	-369	1	4	-379	18

재무 상태 〈단위 : 억원〉
항목	2011	2012	2013	2014	2015	2016
총자산	3,191	3,233	2,932	2,766	2,094	1,543
유형자산	2,020	2,073	1,897	1,773	1,289	934
무형자산	97	97	61	25	11	6
유가증권	—	—	—	—	—	—
총부채	2,199	2,469	2,262	2,217	1,896	1,216
총차입금	2,006	2,204	1,980	1,872	1,669	986
자본금	70	76	193	195	217	307
총자본	992	764	670	550	198	327
지배주주지분	987	760	666	550	198	327

기업가치 지표
항목	2011	2012	2013	2014	2015	2016
주가(최고/저)(천원)	13.8/4.4	7.3/2.7	3.7/1.2	3.3/1.4	2.9/1.8	4.8/1.7
PER(최고/저)(배)	—/—	—/—	—/—	—/—	—/—	—/—
PBR(최고/저)(배)	2.0/0.6	1.9/0.7	2.1/0.7	2.3/1.0	6.3/3.8	8.9/3.1
EV/EBITDA(배)	45.9	—	1,667.3	11.4	7.1	13.0
EPS(원)	-533	-2,561	-1,516	-326	-974	-762
BPS(원)	7,084	3,913	1,735	1,417	462	535
CFPS(원)	539	-1,382	-607	168	-531	-488
DPS(원)	50	—	—	—	—	—
EBITDAPS(원)	473	-605	7	580	820	645

재무 비율 〈단위 : % 〉
연도	영업이익률	순이익률	부채비율	차입금비율	ROA	ROE	유보율	자기자본비율	EBITDA마진율
2016	18.4	-37.7	371.6	301.2	-19.6	-135.6	7.0	21.2	31.9
2015	18.4	-47.4	일부잠식	일부잠식	-16.9	-109.9	-7.6	9.5	39.9
2014	2.9	-11.0	403.2	340.5	-4.4	-20.7	183.4	19.9	19.5
2013	-17.1	-28.6	337.5	295.3	-10.4	-45.2	247.0	22.9	0.1

에스케이씨에스 (A224020)
SKCS COLTD

업　　종 : 용기 및 포장		시　　장 : KONEX	
신용등급 : (Bond) —　　　(CP) —		기업규모 :	
홈 페 이 지 : www.kcsltd.co.kr		연 락 처 : 031)761-7703	
본　　사 : 경기도 광주시 초월읍 산수로554번길 47			

설 립 일 2004.08.06	종 업 원 수 명	대 표 이 사 강상구	
상 장 일 2016.07.25	감 사 의 견 적정 (리안)	계　　　　열	
결 산 기 12월	보 통 주 270만주	종 속 회 사 수	
액 면 가 500원	우 선 주 38만주	구 상 호	

주주구성 (지분율,%)		출자관계 (지분율,%)	주요경쟁사 (외형,%)	
강상구	34.1		에스케이씨에스	100
KoFC-IMM Pioneer Champ 2011-9호 투자조합	23.7		한진피앤씨	429
			율촌화학	2,087

매출구성		비용구성		수출비중	
인쇄용 필름	54.9	매출원가율	86.3	수출	45.9
사진보호 필름	22.8	판관비율	11.2	내수	54.1
상품	15.2				

회사 개요
동사는 플라스틱 필름의 표면에 점착 및 코팅 가공 후, 필름고유물성 이외의 특성을 부여하여 고기능성, 고부가가치성 필름을 생산함. 국내 유일한 최대 9층까지 동시 코팅이 가능한 다층코팅설비 및 기술을 보유하고 있음. 주생산제품으로는 대형 디지털 인쇄용 필름(광고용 잉크젯 미디어)이 있음. 국내에서는 한국 3M, 한국후지필름의 제품을 ODM으로 생산, 공급하고 있음.

실적 분석
동사의 2016년 연결기준 매출액은 212.5억원이며, 주 매출원은 인쇄용 필름으로 전체 매출의 55%를 차지하고 있음. 영업이익은 5.3억원이며, 당기순이익은 4.9억원을 기록하고 있음. 현재 솔벤트 잉크젯 미디어 국내 시장점유율 1위인 LG 하우시스 제품의 ODM 생산을 협의하고 있고, 자체 브랜드 판매 런칭을 진행하고 있음. 이에 따른 매출 확대가 기대됨.

현금 흐름　*IFRS 별도 기준　〈단위 : 억원〉

항목	2015	2016
영업활동	-12	-5
투자활동	-13	-10
재무활동	44	-6
순현금흐름	18	-22
기말현금	24	3

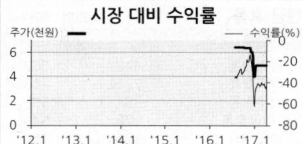

결산 실적　　　　　　　　　　　　　　　　　　　〈단위 : 억원〉

항목	2011	2012	2013	2014	2015	2016
매출액	61	70	102	156	190	212
영업이익	4	4	5	8	9	5
당기순이익	2	2	1	3	5	5

분기 실적　*IFRS 별도 기준　　　　　　　　　　〈단위 : 억원〉

항목	2015.3Q	2015.4Q	2016.1Q	2016.2Q	2016.3Q	2016.4Q
매출액	—	—	—	—	—	—
영업이익	—	—	—	—	—	—
당기순이익	—	—	—	—	—	—

재무 상태　*IFRS 별도 기준　　　　　　　　　　〈단위 : 억원〉

항목	2011	2012	2013	2014	2015	2016
총자산	130	157	191	214	270	246
유형자산	94	123	131	136	132	127
무형자산	12	15	25	35	42	46
유가증권					0	0
총부채	91	117	149	169	207	159
총차입금	70	95	99	108	135	110
자본금	10	10	10	10	12	15
총자본	38	40	42	45	63	87
지배주주지분	38	40	42	45	63	87

기업가치 지표　*IFRS 별도 기준

항목	2011	2012	2013	2014	2015	2016
주가(최고/저)(천원)	—/—	—/—	—/—	—/—	—/—	6.5/4.0
PER(최고/저)(배)	0.0/0.0	0.0/0.0	0.0/0.0	0.0/0.0	0.0/0.0	40.2/24.9
PBR(최고/저)(배)	0.0/0.0	0.0/0.0	0.0/0.0	0.0/0.0	0.0/0.0	2.3/1.4
EV/EBITDA(배)	12.2	16.8	10.1	7.4	5.9	12.9
EPS(원)	91	115	58	155	186	160
BPS(원)	20,222	21,300	21,884	23,501	2,584	2,829
CFPS(원)	1,814	2,225	2,928	4,433	579	532
DPS(원)						
EBITDAPS(원)	2,921	2,935	5,135	7,206	766	544

재무 비율　　　　　　　　　　　　　　　　　　　〈단위 : %〉

연도	영업이익률	순이익률	부채비율	차입금비율	ROA	ROE	유보율	자기자본비율	EBITDA마진율
2016	2.5	2.3	183.1	126.5	1.9	6.6	465.9	35.3	7.9
2015	4.8	2.4	329.3	213.8	1.9	8.4	416.7	23.3	9.8
2014	5.3	1.9	379.5	242.7	1.5	6.8	370.0	20.9	8.8
2013	5.2	1.1	359.2	239.0	0.7	2.7	337.7	21.8	9.6

에스케이씨코오롱피아이 (A178920)
SKC KOLON PI

업　　종 : 화학		시　　장 : KOSDAQ	
신용등급 : (Bond) —　　　(CP) —		기업규모 : 우량	
홈 페 이 지 : www.skckolonpi.com		연 락 처 : 043)539-4545	
본　　사 : 충북 진천군 이월면 고등1길 27			

설 립 일 2008.06.02	종 업 원 수 227명	대 표 이 사 김태림	
상 장 일 2014.12.08	감 사 의 견 적정 (안진)	계　　　　열	
결 산 기 12월	보 통 주 2,937만주	종 속 회 사 수	
액 면 가 500원	우 선 주	구 상 호	

주주구성 (지분율,%)		출자관계 (지분율,%)	주요경쟁사 (외형,%)	
에스케이씨	27.0		SKC코오롱PI	100
송금수	0.1		휴켐스	391
(외국인)	6.4		송원산업	454

매출구성		비용구성		수출비중	
임대매출	99.9	매출원가율	69.6	수출	60.7
PI(Polyimide) 필름	0.1	판관비율	9.2	내수	39.3

회사 개요
동사는 2008년 6월 폴리이미드 필름 및 관련 가공제품의 연구개발, 생산 및 판매를 주 목적으로 설립됨. 2014년 기준 글로벌 PI(Polyimide) 필름 시장 점유율 1위임. 절연용으로 사용되는 PI 필름은 중공업, 조선, 건설 분야뿐만 아니라 전기자동차, 고속철도 등 관련 산업의 성장에 따라 수요와 적용 분야가 증가할 것으로 예상됨. 최근에는 스마트폰 기기의 발열문제를 해결하는 방열시트의 매출이 늘고 있음.

실적 분석
동사의 2016년 연간 매출액은 1,530.6억원으로 전년대비 12.3% 증가함. 매출구성은 수출 60%, 내수 40% 수준임. 주요 수출품인 PI필름의 수출 매출이 증가했으며, 신제품이 일반 제품 대비 고가인 특징을 보임. 다양한 제품 포트폴리오와 공급 유연성을 바탕으로 시장 저변을 확보. 기존 FCCL 내 제품 포트폴리오 다각화와 신규 적용시장 등에 대한 PI필름 연구개발을 통한 매출 확대가 기대됨.

현금 흐름　*IFRS 별도 기준　〈단위 : 억원〉

항목	2015	2016
영업활동	222	339
투자활동	-296	-273
재무활동	74	134
순현금흐름	-0	200
기말현금	236	436

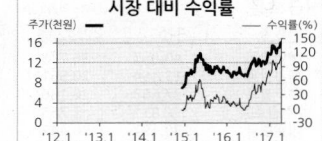

결산 실적　　　　　　　　　　　　　　　　　　　〈단위 : 억원〉

항목	2011	2012	2013	2014	2015	2016
매출액	1,082	1,160	1,337	1,371	1,363	1,531
영업이익	333	273	395	374	289	323
당기순이익	207	164	257	216	170	210

분기 실적　*IFRS 별도 기준　　　　　　　　　　〈단위 : 억원〉

항목	2015.3Q	2015.4Q	2016.1Q	2016.2Q	2016.3Q	2016.4Q
매출액	411	295	368	365	415	383
영업이익	94	47	75	74	87	87
당기순이익	71	-8	47	51	54	58

재무 상태　*IFRS 별도 기준　　　　　　　　　　〈단위 : 억원〉

항목	2011	2012	2013	2014	2015	2016
총자산	2,479	2,640	2,639	2,415	2,698	3,075
유형자산	1,875	1,802	1,707	1,646	1,882	2,048
무형자산	46	21	9	18	19	22
유가증권				0		
총부채	546	553	518	478	592	790
총차입금	345	372	270	213	287	455
자본금	184	184	184	147	147	147
총자본	1,933	2,087	2,121	1,937	2,106	2,286
지배주주지분	1,933	2,087	2,121	1,937	2,106	2,286

기업가치 지표　*IFRS 별도 기준

항목	2011	2012	2013	2014	2015	2016
주가(최고/저)(천원)	—/—	—/—	—/—	7.4/6.6	14.1/7.6	14.0/9.0
PER(최고/저)(배)	0.0/0.0	0.0/0.0	0.0/0.0	11.7/10.5	25.4/13.6	20.3/13.0
PBR(최고/저)(배)	0.0/0.0	0.0/0.0	0.0/0.0	1.2/1.1	2.1/1.1	1.9/1.2
EV/EBITDA(배)	0.6	0.0		7.8	7.7	9.1
EPS(원)	564	447	699	660	578	714
BPS(원)	52,620	56,816	57,739	6,595	7,171	7,783
CFPS(원)	8,565	8,054	10,380	1,011	973	1,154
DPS(원)					110	450
EBITDAPS(원)	12,005	11,020	14,129	1,493	1,380	1,540

재무 비율　　　　　　　　　　　　　　　　　　　〈단위 : % 〉

연도	영업이익률	순이익률	부채비율	차입금비율	ROA	ROE	유보율	자기자본비율	EBITDA마진율
2016	21.1	13.7	34.6	19.9	7.3	9.6	1,456.6	74.3	29.6
2015	21.2	12.5	28.1	13.6	6.6	8.4	1,334.2	78.1	29.7
2014	27.3	15.8	24.7	11.0	8.6	10.7	1,219.0	80.2	35.7
2013	29.5	19.2	24.4	12.7	9.7	12.2	1,054.8	80.4	38.8

에스케이이노베이션 (A096770)
SK Innovation

업　　종 : 석유 및 가스　　　　　　　　　시　　장 : 거래소
신용등급 : (Bond) AA+　　(CP) —　　　　기업규모 : 시가총액 대형주
홈페이지 : www.skinnovations.co.kr　　　연락처 : 02)2121-5114
본　　사 : 서울시 종로구 종로26 (서린동 SK빌딩)

설립일	2007.07.03	종업원수	1,484명	대표이사	정철길
상장일	2007.07.25	감사의견	적정 (안진)	계	열
결산기	12월	보통주	9,247만주	종속회사수	
액면가	5,000원	우선주	125만주	구상호	

주주구성 (지분율,%)		출자관계 (지분율,%)		주요경쟁사 (외형,%)	
SK	33.4	SK에너지	100.0	SK이노베이션	100
국민연금공단	10.4	SK종합화학	100.0	SK	212
(외국인)	41.6	SK인천석유화학	100.0	S-Oil	41

매출구성		비용구성		수출비중	
석유 사업	73.0	매출원가율	87.5	수출	—
화학 사업	19.2	판관비율	4.4	내수	—
윤활유 사업	5.4				

회사 개요
동사는 SK그룹이 정유화학 부문의 사업을 조정하며 2007년 설립돼 SK에너지(정유), SK종합화학(석유화학), SK루브리컨츠(윤활유) 지분을 100% 보유한 지주회사임. 2011년 1월 SK에너지, SK종합화학과 물적분할을 완료한 동사는 자원개발(E&P)과 리튬이온전지 사업을 영위함. SK에너지는 국내최대 정제능력을 보유하고 있음. SK종합화학은 에틸렌, PP, HDPE, LLDPE 등을 생산하며 화섬원료인 PX 역시 생산함.

실적 분석
동사의 2016년 연결기준 매출액은 전년대비 18.3% 감소한 39조 5,205.4억원을 기록함. 외형축소에도 원재료 가격 하락에 따른 이익률은 대폭 개선되어 영업이익 3조 2,283.4억원, 당기순이익 1조 7,214.3억원을 보이며 전년대비 큰폭의 이익 증가 및 수익성 개선을 보임. 저유가에 따른 석유 수요 확대 및 역내 신증설 감소에 따른 정유 부문의 외형 성장, 신규 사업 매출 등으로 성장성을 확보할 계획임.

현금 흐름 〈단위 : 억원〉

항목	2015	2016
영업활동	40,857	36,778
투자활동	-13,454	-20,561
재무활동	-27,683	-20,186
순현금흐름	811	-3,755
기말현금	30,197	26,442

시장 대비 수익률
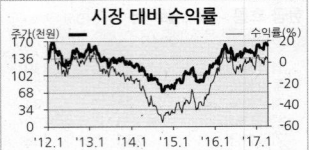

결산 실적 〈단위 : 억원〉

항목	2011	2012	2013	2014	2015	2016
매출액	683,712	733,300	660,393	658,607	483,563	395,205
영업이익	29,595	16,994	14,064	-1,828	19,796	32,283
당기순이익	31,758	11,824	7,787	-5,372	8,677	17,214

분기 실적 〈단위 : 억원〉

항목	2015.3Q	2015.4Q	2016.1Q	2016.2Q	2016.3Q	2016.4Q
매출액	124,473	108,679	94,582	102,802	97,030	100,791
영업이익	3,706	2,758	8,448	11,195	4,149	8,491
당기순이익	1,653	-1,894	5,663	6,258	3,718	1,575

재무 상태 〈단위 : 억원〉

항목	2011	2012	2013	2014	2015	2016
총자산	350,269	338,311	352,889	351,013	313,598	325,813
유형자산	113,769	123,240	143,349	151,262	139,142	136,035
무형자산	12,056	13,639	13,817	19,438	16,631	12,723
유가증권	4,555	2,720	2,683	2,184	2,191	2,426
총부채	201,953	174,831	183,736	190,403	143,135	142,763
총차입금	90,128	79,556	89,727	113,686	82,593	66,799
자본금	4,686	4,686	4,686	4,686	4,686	4,686
총자본	148,316	163,480	169,153	160,611	170,463	183,050
지배주주지분	145,773	153,713	158,395	150,003	158,897	171,032

기업가치 지표

항목	2011	2012	2013	2014	2015	2016
주가(최고/저)(천원)	221/107	172/111	165/116	130/69.4	127/73.6	171/118
PER(최고/저)(배)	7.5/3.6	15.3/9.9	23.4/16.5	—/—	15.6/9.1	10.0/6.9
PBR(최고/저)(배)	1.6/0.8	1.2/0.8	1.1/0.8	0.9/0.5	0.8/0.5	1.0/0.7
EV/EBITDA(배)	5.0	4.4	9.7	28.3	5.7	3.8
EPS(원)	33,816	12,649	7,789	-6,283	8,696	17,834
BPS(원)	157,089	165,476	170,471	161,517	171,008	183,956
CFPS(원)	40,277	19,305	14,931	2,093	18,849	27,591
DPS(원)	2,800	3,200	3,200		4,800	6,400
EBITDAPS(원)	38,041	24,789	22,149	6,425	31,277	44,206

재무 비율 〈단위 : % 〉

연도	영업이익률	순이익률	부채비율	차입금비율	ROA	ROE	유보율	자기자본비율	EBITDA마진율
2016	8.2	4.4	78.0	36.5	5.4	10.1	3,579.1	56.2	10.5
2015	4.1	1.8	84.0	48.5	2.6	5.3	3,320.2	54.4	6.1
2014	-0.3	-0.8	118.6	70.8	-1.5	-3.8	3,130.4	45.8	0.9
2013	2.1	1.2	108.6	53.0	2.3	4.7	3,309.4	47.9	3.1

에스케이증권 (A001510)
SK Securities

업　　종 : 증권　　　　　　　　　　　　시　　장 : 거래소
신용등급 : (Bond) A+　　(CP) A2+　　　기업규모 : 시가총액 중형주
홈페이지 : www.sks.co.kr　　　　　　　연락처 : 02)3773-8245
본　　사 : 서울시 영등포구 국제금융로2길 24, SK증권여의도빌딩

설립일	1955.07.30	종업원수	751명	대표이사	김신
상장일	1986.09.20	감사의견	적정 (삼일)	계	열
결산기	12월	보통주	32,012만주	종속회사수	
액면가	500원	우선주	391만주	구상호	

주주구성 (지분율,%)		출자관계 (지분율,%)		주요경쟁사 (외형,%)	
에스케이씨앤씨	10.0	문화산업전문회사	99.0	SK증권	100
최재원	0.0	부흥솔라	25.0	HMC투자증권	107
(외국인)	5.6	에잇바이트	16.0	한화투자증권	-4

수익구성		비용구성		수출비중	
수수료수익	31.1	이자비용	9.1	수출	—
금융상품 관련이익	26.7	파생상품손실	23.0	내수	—
파생상품거래이익	19.7	판관비	35.4		

회사 개요
SK그룹 계열의 금융투자회사로 자본시장과 금융투자업에 관한 법률에 근거하여 투자매매, 투자중개, 투자일임, 투자자문 등의 금융투자업을 영위하고 있음. 전신은 1955년 설립된 신우증권으로 1992년 선경그룹(현 SK그룹)에 편입되면서 선경증권으로 변경되었다가 1998년부터 SK증권을 상호로 사용. 최근 홍콩에 진출해 부동산, 재무 관련 자문 사업을 추진중임. 2015년 동사의 주식수탁수수료 기준 시장점유율은 2.27%임.

실적 분석
동사의 2016년도 연결기준 영업수익은 4,671억원으로 전년동기 대비 소폭 감소하였음. 영업이익 또한 78억원을 기록하여 전년동기 202억원 대비 수익성 감소를 보임. 주식시장에 높은 변동성이 예상되는 상황과 초대형 증권사의 등장에 동사는 거점지역을 중심으로 자산관리를 정착시키고, 경쟁력 있는 본사 영업을 육성함과 동시에 범중화권 진출까지 모색함으로써 궁극적으로는 중간금융지주회사로의 발전을 지향하는 중임.

현금 흐름 〈단위 : 억원〉

항목	2015	2016
영업활동	-448	-1,007
투자활동	721	-13
재무활동	-351	1,559
순현금흐름	-78	540
기말현금	826	1,366

시장 대비 수익률
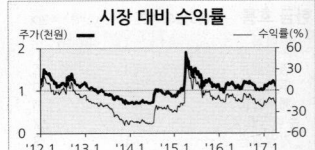

결산 실적 〈단위 : 억원〉

항목	2011	2012	2013	2014	2015	2016
순영업손익	2,299	1,785	914	1,717	2,012	1,703
영업이익	246	-116	-580	95	202	79
당기순이익	-98	-100	-461	34	230	114

분기 실적 〈단위 : 억원〉

항목	2015.3Q	2015.4Q	2016.1Q	2016.2Q	2016.3Q	2016.4Q
순영업손익	540	388	446	569	411	282
영업이익	103	-119	46	120	27	-115
당기순이익	93	-62	59	135	0	-80

재무 상태 〈단위 : 억원〉

항목	2011	2012	2013	2014	2015	2016
총자산	41,242	41,134	42,254	36,757	35,081	39,215
유형자산	83	74	63	51	49	47
무형자산	317	235	178	111	100	124
유가증권	24,533	27,752	28,717	23,181	23,051	24,068
총부채	36,716	36,836	38,488	32,909	30,966	35,064
총차입금	18,588	19,542	20,777	18,183	17,842	19,444
자본금	1,620	1,620	1,620	1,620	1,620	1,620
총자본	4,526	4,298	3,766	3,847	4,115	4,151
지배주주지분	4,526	4,298	3,766	3,847	4,115	4,151

기업가치 지표

항목	2011	2012	2013	2014	2015	2016
주가(최고/저)(천원)	2.2/1.0	1.4/1.0	1.0/0.7	1.1/0.7	1.9/0.8	1.3/1.0
PER(최고/저)(배)	—/—	—/—	—/—	103.9/65.2	26.7/11.9	36.2/27.2
PBR(최고/저)(배)	1.6/0.7	1.3/0.7	0.9/0.6	0.9/0.6	1.5/0.7	1.0/0.7
PSR(최고/저)(배)	3/1	3/2	4/2	2/1	3/1	2/2
EPS(원)	-30	-31	-142	11	71	35
BPS(원)	1,397	1,326	1,162	1,187	1,270	1,292
CFPS(원)	7	6	-118	39	86	45
DPS(원)	10					
EBITDAPS(원)	76	-36	-179	29	62	24

재무 비율 〈단위 : % 〉

연도	계속사업이익률	순이익률	부채비율	차입금비율	ROA	ROE	유보율	자기자본비율	총자산증가율
2016	9.9	6.7	844.8	468.4	0.3	2.8	158.5	10.6	11.8
2015	13.2	11.4	752.6	433.6	0.6	5.8	154.0	11.7	-4.6
2014	3.9	2.0	855.4	472.6	0.1	0.9	137.5	10.5	-10.6
2013	-65.4	-50.5	1,022.0	551.7	-1.1	-11.4	132.5	8.9	2.7

에스케이케미칼 (A006120)
SK Chemicals

업 종: 석유 및 가스		시 장: 거래소	
신용등급: (Bond) A- (CP) A2-		기업규모: 시가총액 중형주	
홈페이지: www.skchemicals.com		연 락 처: 02)2008-2008	
본 사: 경기도 성남시 분당구 판교로 310 (삼평동)			

설 립 일 1969.07.01	종 업 원 수 1,671명	대 표 이 사 김철,최창원,한병로
상 장 일 1976.06.29	감 사 의 견 적정 (한영)	계 열
결 산 기 12월	보 통 주 2,430만주	종 속 회 사 수
액 면 가 5,000원	우 선 주 282만주	구 상 호

주주구성 (지분율,%)
최창원	17.0
국민연금공단	11.1
(외국인)	7.5

출자관계 (지분율,%)
SK신텍	100.0
사단법인용인주구업용수관리조합	81.8
인터베스트바이오펀드	71.4

주요경쟁사 (외형,%)
SK케미칼	100
SK	1,281
SK이노베이션	606

매출구성
Gas	77.4
Green Chemicals Biz.(ECOZEN, SKYGREEN 등)	13.6
Life Science Biz.(엠빅스 · 엠빅스에스, 트라스)	6.7

비용구성
매출원가율	88.4
판관비율	8.0

수출비중
수출	47.6
내수	52.4

회사 개요
동사는 지배회사로서 Green Chemicals와 Life Science부문 등 양대 분야로 사업구조를 집중해 기존 사업 수익성 향상과 신규사업의 성공적 시장 진입에 역량을 집중하고 있음. Green Chemicals Biz.는 고기능 코폴리에스터, 바이오디젤 등 바이오 에너지사업과, Life Science Biz.는 질병진단, 예방, 치료 등 헬스케어 통합 솔루션과 신약개발에 힘쓰고 있음.

실적 분석
동사의 2016년 연결기준 누적 당기순이익은 전년 943.7억원 대비 86.4% 증가한 1758.7억원을 기록함. 매출액은 6조6260억원으로 전년보다 23.9%, 영업이익은 2303.8억원을 기록하며 92.1% 늘어남. 상반기 바이오디젤 매출액 증가와 자회사 SK가스의 산업용 LPG(프로판) 판매 확대 등 실적 호조에 힘입은 결과. SK가스는 LPG시장 점유율을 44.3%까지 끌어올리며 선전.

현금 흐름 〈단위 : 억원〉
항목	2015	2016
영업활동	-654	-325
투자활동	-6,594	-3,259
재무활동	9,560	1,725
순현금흐름	2,363	-1,814
기말현금	5,605	3,792

시장 대비 수익률

결산 실적 〈단위 : 억원〉
항목	2011	2012	2013	2014	2015	2016
매출액	88,650	91,601	82,566	72,836	52,692	65,261
영업이익	2,309	1,906	1,940	1,496	1,199	2,304
당기순이익	1,909	1,566	78	140	944	1,759

분기 실적 〈단위 : 억원〉
항목	2015.3Q	2015.4Q	2016.1Q	2016.2Q	2016.3Q	2016.4Q
매출액	14,397	14,043	14,301	16,242	16,278	18,439
영업이익	515	394	671	557	712	363
당기순이익	480	470	414	588	568	188

재무 상태 〈단위 : 억원〉
항목	2011	2012	2013	2014	2015	2016
총자산	40,345	49,939	48,603	55,548	65,950	65,459
유형자산	12,530	14,842	16,116	24,089	29,977	23,274
무형자산	719	872	792	3,540	3,522	3,668
유가증권	1,970	1,706	2,521	2,742	2,693	2,469
총부채	24,141	32,557	30,767	35,487	40,092	38,835
총차입금	16,496	21,017	21,418	28,070	33,267	28,639
자본금	1,183	1,183	1,183	1,183	1,356	1,356
총자본	16,204	17,382	17,835	20,061	25,858	26,624
지배주주지분	12,298	12,903	12,710	12,278	14,975	15,893

기업가치 지표
항목	2011	2012	2013	2014	2015	2016
주가(최고/저)(천원)	79.9/52.3	69.2/47.7	61.9/36.1	66.2/50.8	87.1/55.3	85.1/55.1
PER(최고/저)(배)	13.0/8.5	21.5/14.8	—/—	—/—	38.4/24.4	28.1/18.2
PBR(최고/저)(배)	1.5/1.0	1.2/0.9	1.1/0.7	1.2/0.9	1.5/1.0	1.4/0.9
EV/EBITDA(배)	10.7	11.4	12.0	19.2	25.0	14.8
EPS(원)	6,376	3,310	-1,282	-1,041	2,289	3,046
BPS(원)	56,124	58,680	57,864	56,037	58,834	62,216
CFPS(원)	9,140	6,439	2,054	2,539	6,535	7,136
DPS(원)	400	400	400	300	300	350
EBITDAPS(원)	12,402	11,123	11,561	9,921	9,187	12,584

재무 비율 〈단위 : % 〉
연도	영업이익률	순이익률	부채비율	차입금비율	ROA	ROE	유보율	자기자본비율	EBITDA마진율
2016	3.5	2.7	145.9	107.6	2.7	5.4	1,144.3	40.7	5.2
2015	2.3	1.8	155.1	128.7	1.6	4.1	1,076.7	39.2	4.2
2014	2.1	0.2	176.9	139.9	0.3	-2.0	1,020.7	36.1	3.2
2013	2.4	0.1	172.5	120.1	0.1	-2.4	1,057.3	36.7	3.3

에스케이텔레콤 (A017670)
SK Telecom

업 종: 무선통신		시 장: 거래소	
신용등급: (Bond) AAA (CP) A1		기업규모: 시가총액 대형주	
홈페이지: www.sktelecom.com		연 락 처: 02)6100-2114	
본 사: 서울시 중구 을지로 65 (을지로2가)			

설 립 일 1984.04.20	종 업 원 수 4,361명	대 표 이 사 장동현
상 장 일 1989.11.07	감 사 의 견 적정 (삼정)	계 열
결 산 기 12월	보 통 주 8,075만주	종 속 회 사 수
액 면 가 500원	우 선 주	구 상 호

주주구성 (지분율,%)
SK	25.2
Citibank(DR)	11.3
(외국인)	42.1

출자관계 (지분율,%)
SK브로드밴드	100.0
피에스앤마케팅	100.0
SK테크엑스	100.0

주요경쟁사 (외형,%)
SK텔레콤	100
KT	133
LG유플러스	67

매출구성
이동전화, 무선데이터, 정보통신사업 등	77.0
전화, 초고속인터넷, 데이터 및 통신망 임대서비스	15.0
인터넷포탈서비스, 통신판매 등	8.0

비용구성
매출원가율	0.0
판관비율	91.0

수출비중
수출	0.9
내수	99.1

회사 개요
.1984년 설립된 SK계열의 정보통신 업종 기업임. SK텔링크, SK브로드밴드, SK플래닛 등 연결대상 종속회사 38개를 보유하고 있음. 연결회사의 각 부문은 연결회사의 각 부분은 이동전화, 무선데이터, 정보통신사업 등의 무선통신사업 분야와 전화, 초고속인터넷, 데이터 및 통신망 임대서비스를 포함한 유선통신사업, 인터넷포탈서비스, 플랫폼 서비스 등의 기타사업 부문으로 구성.

실적 분석
동사의 2016년 연결기준 매출액은 17조918.2억원으로 전년동기대비 소폭 하락함. 영업이익은 신규 주파수 할당 관련 비용과 SK플래닛 사업기반 확대에 소요된 비용으로 인해 전년 동기대비 10.1% 감소한 1조5357.4억원을 기록. 외환손실이 발생했으나 법인세비용이 16.1% 줄고 금융수익은 흑자로 돌아서 순이익은 전년도 대비 9.5% 상승한 1조6601억원을 시현함.

현금 흐름 〈단위 : 억원〉
항목	2015	2016
영업활동	37,781	42,432
투자활동	-28,805	-24,622
재무활동	-9,646	-10,448
순현금흐름	-655	7,363
기말현금	7,689	15,052

시장 대비 수익률
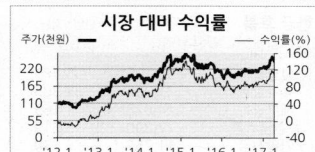

결산 실적 〈단위 : 억원〉
항목	2011	2012	2013	2014	2015	2016
매출액	159,265	161,414	166,021	171,638	171,367	170,918
영업이익	22,956	17,300	20,111	18,251	17,080	15,357
당기순이익	15,821	11,157	16,095	17,993	15,159	16,601

분기 실적 〈단위 : 억원〉
항목	2015.3Q	2015.4Q	2016.1Q	2016.2Q	2016.3Q	2016.4Q
매출액	42,614	43,793	42,285	42,673	42,438	43,523
영업이익	4,906	4,019	4,021	4,074	4,243	3,020
당기순이익	3,818	2,935	5,723	2,910	3,221	4,747

재무 상태 〈단위 : 억원〉
항목	2011	2012	2013	2014	2015	2016
총자산	243,660	255,956	265,765	279,412	285,814	312,977
유형자산	90,310	97,127	101,966	105,677	103,713	103,742
무형자산	47,457	44,341	44,840	44,016	42,134	57,088
유가증권	16,328	10,138	10,746	12,364	12,995	9,359
총부채	116,333	127,408	124,100	126,930	132,073	151,812
총차입금	59,630	69,272	66,670	70,803	77,333	77,587
자본금	446	446	446	446	446	446
총자본	127,327	128,548	141,666	152,483	153,741	161,164
지배주주지분	116,619	118,548	134,524	145,067	152,511	159,714

기업가치 지표
항목	2011	2012	2013	2014	2015	2016
주가(최고/저)(천원)	129/98.6	129/96.1	203/127	265/174	275/206	225/185
PER(최고/저)(배)	8.6/6.6	11.3/8.5	11.8/7.4	13.4/8.8	16.0/11.4	11.3/9.3
PBR(최고/저)(배)	1.0/0.8	0.9/0.7	1.2/0.8	1.5/1.0	1.4/1.0	1.0/0.9
EV/EBITDA(배)	3.2	4.3	5.0	5.9	5.0	5.2
EPS(원)	19,975	14,263	20,298	22,307	18,807	20,756
BPS(원)	174,280	176,669	193,101	206,159	216,875	225,796
CFPS(원)	50,722	46,624	55,343	58,121	55,880	58,759
DPS(원)	9,400	9,400	9,400	9,400	10,000	10,000
EBITDAPS(원)	59,177	53,787	59,952	58,418	58,226	57,022

재무 비율 〈단위 : % 〉
연도	영업이익률	순이익률	부채비율	차입금비율	ROA	ROE	유보율	자기자본비율	EBITDA마진율
2016	9.0	9.7	94.2	48.1	5.5	10.7	40,743.3	51.5	26.9
2015	10.0	8.9	85.9	50.3	5.4	10.2	39,129.6	53.8	27.6
2014	10.6	10.5	83.2	46.4	6.6	12.9	37,191.2	54.6	27.5
2013	12.1	9.7	87.6	47.1	6.2	13.0	34,829.2	53.3	29.2

에스케이하이닉스 (A000660)
SK hynix

업 종 : 반도체 및 관련장비		시 장 : 거래소	
신용등급 : (Bond) AA- (CP) A1		기업규모 : 시가총액 대형주	
홈페이지 : www.skhynix.com		연 락 처 : 031)630-4114	
본 사 : 경기도 이천시 부발읍 경충대로 2091			

설 립 일	1949.10.15	종업원수	22,157명	대표이사	박성욱
상 장 일	1996.12.26	감사의견	적정 (삼정)	계 열	
결 산 기	12월	보통주	72,800만주	종속회사수	
액 면 가	5,000원	우선주		구상호	하이닉스

주주구성 (지분율,%)		출자관계 (지분율,%)		주요경쟁사 (외형,%)	
에스케이텔레콤	20.8	실리콘화일	100.0	SK하이닉스	100
국민연금공단	10.2	에스케이하이이엔지	100.0	삼성전자	1,174
(외국인)	50.5	에스케이하이스텍	100.0	SK머티리얼즈	3

매출구성		비용구성		수출비중	
DRAM, NAND Flash, MCP 등	100.0	매출원가율	62.7	수출	—
		판관비율	18.2	내수	—

회사 개요
1949년 국도건설로 설립되어 1983년 현대전자로 상호를 변경하였으며, 이후 2001년 3월 하이닉스반도체, 2012년 3월 에스케이하이닉스로 상호를 변경함. 이천, 청주의 국내 사업장을 비롯하여 중국 장쑤성 우시시에 생산공장과 10개 판매 법인 및 17개의 국내외 사무소를 두고 있음. 주력 생산제품은 DRAM, NAND Flash 및 MCP와 같은 메모리 반도체 제품이며, D램의 미세공정 전환을 통한 원가절감과 3D낸드의 수요확보 추진 중.

실적 분석
동사의 2016년 연결 기준 매출과 영업이익은 17조1980억원, 3조2768억원으로 전년 대비 각각 22.6%, 38.6% 감소함. 동사는 2016년 하반기부터 고성능 DRAM 제품인 LPDDR4와 고수익 제품 eMCP 등을 위주로 생산과 판매를 확대함. 2znm DRAM 공정전환을 본격화하는 한편, 차세대 제품인 1xnm DRAM의 양산기반을 확보해 경쟁사와의 개발 격차를 축소함. NAND 부문에서는 3D제품 시장 진입과 고객 확대를 추진함.

현금 흐름 〈단위 : 억원〉
항목	2015	2016
영업활동	93,195	55,489
투자활동	-71,255	-62,305
재무활동	-14,623	1,169
순현금흐름	7,390	-5,619
기말현금	11,757	6,138

시장 대비 수익률
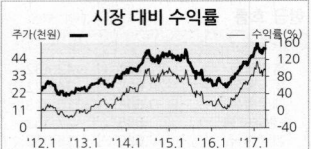

결산 실적 〈단위 : 억원〉
항목	2011	2012	2013	2014	2015	2016
매출액	103,958	101,622	141,651	171,256	187,980	171,980
영업이익	3,691	-2,273	33,798	51,095	53,361	32,767
당기순이익	-560	-1,588	28,729	41,952	43,236	29,605

분기 실적 〈단위 : 억원〉
항목	2015.3Q	2015.4Q	2016.1Q	2016.2Q	2016.3Q	2016.4Q
매출액	49,250	44,160	36,557	39,409	42,436	53,577
영업이익	13,832	9,889	5,618	4,529	7,260	15,361
당기순이익	10,484	8,714	4,480	2,861	5,978	16,286

재무 상태 〈단위 : 억원〉
항목	2011	2012	2013	2014	2015	2016
총자산	172,381	186,487	207,973	268,833	296,779	322,160
유동자산	108,993	115,862	121,298	140,903	169,663	187,774
무형자산	7,076	9,836	11,104	13,367	17,049	19,156
유가증권	475	443	4,046	1,273	1,314	1,478
총부채	93,629	89,093	77,304	88,470	82,902	81,925
총차입금	68,229	64,906	46,595	41,755	38,193	43,363
자본금	29,785	34,884	35,686	36,577	36,577	36,577
총자본	78,753	97,394	130,669	180,363	213,877	240,235
지배주주지분	78,757	97,402	130,672	180,365	213,869	240,170

기업가치 지표
항목	2011	2012	2013	2014	2015	2016
주가(최고/저)(천원)	35.7/15.1	29.5/19.5	35.9/22.9	50.1/34.0	49.7/28.2	45.8/25.4
PER(최고/저)(배)	—/—	—/—	9.2/5.9	9.0/6.1	8.6/4.9	11.4/6.4
PBR(최고/저)(배)	2.8/1.2	2.2/1.4	2.0/1.3	2.1/1.4	1.7/1.0	1.4/0.8
EV/EBITDA(배)	4.7	4.7	7.6	4.3	4.1	4.2
EPS(원)	-96	-233	4,045	5,766	5,937	4,057
BPS(원)	13,300	14,032	18,399	24,775	30,438	34,051
CFPS(원)	5,759	4,467	8,379	10,500	11,368	10,179
DPS(원)				300	500	600
EBITDAPS(원)	6,478	4,367	9,094	11,756	12,760	10,622

재무 비율 〈단위 : % 〉
연도	영업이익률	순이익률	부채비율	차입금비율	ROA	ROE	유보율	자기자본비율	EBITDA마진율
2016	19.1	17.2	34.1	18.1	9.6	13.0	577.7	74.6	45.0
2015	28.4	23.0	38.8	17.9	15.3	21.9	505.8	72.1	49.4
2014	29.8	24.5	49.1	23.2	17.6	27.0	393.1	67.1	50.0
2013	23.9	20.3	59.2	35.7	14.6	25.2	266.2	62.8	45.6

에스코넥 (A096630)
S Connect

업 종 : 휴대폰 및 관련부품		시 장 : KOSDAQ	
신용등급 : (Bond) — (CP) —		기업규모 : 중견	
홈페이지 : www.S-connect.co.kr		연 락 처 : 031)799-0700	
본 사 : 경기도 광주시 오포읍 마루들길172번길 30			

설 립 일	2000.01.11	종업원수	150명	대표이사	박순관
상 장 일	2007.12.26	감사의견	적정 (이촌)	계 열	
결 산 기	12월	보통주	6,527만주	종속회사수	
액 면 가	200원	우선주		구상호	

주주구성 (지분율,%)		출자관계 (지분율,%)		주요경쟁사 (외형,%)	
박순관	15.8	커리어넷	76.9	에스코넥	100
한국증권금융	5.1	토핀스	37.6	블루콤	71
(외국인)	5.7	청도삼영전자	100.0	KH바텍	113

매출구성		비용구성		수출비중	
[제품]금속 휴대폰 부품 프레스물	93.9	매출원가율	85.0	수출	75.6
[제품]금형 프레스물	4.3	판관비율	9.7	내수	24.4
기타	1.1				

회사 개요
동사는 휴대폰 내외장 금속부품 전문 제조업체로 삼성전자 매출비중이 90% 이상임. 고객사의 글로벌 제조 전략에 적극 대응하고자 중국 및 베트남에 청도삼영전자와 동관삼영전자, 커리어넷을 종속회사(연결)로 가지고 있음. 16년 결산 매출 중 금속 휴대폰 부품이 약 94%를 차지하고 있으며, 금형이 4% 정도 수준을 차지하고 있음. 또한 인터넷채용서비스를 제공하는 '커리어넷'을 관계 종속회사로 편입하고 있음.

실적 분석
동사의 2016년 연결기준 결산 매출액은 3,345.6억원으로 전년대비 8.8% 감소, 영업이익은 176.3억원으로 72.2% 증가, 당기순이익은 110.5억원으로 112.3% 증가를 시현. 이자율 변동에 노출된 차입금 규모는 445억원으로 전기말 547억원보다 줄었으나 선물환 계약에서 평가손익이 20억 가량발생하며 금융손실 발생. 그러나 2016년 중국 VR(가상현실)사업에 한·중 파트너쉽을 형성하자 동사의 매출은 견조한 흐름을 보임.

현금 흐름 〈단위 : 억원〉
항목	2015	2016
영업활동	199	316
투자활동	-222	-38
재무활동	-95	-111
순현금흐름	-118	168
기말현금	311	479

시장 대비 수익률

결산 실적 〈단위 : 억원〉
항목	2011	2012	2013	2014	2015	2016
매출액	1,404	2,162	3,159	2,802	3,076	3,346
영업이익	73	95	149	126	102	176
당기순이익	15	34	106	64	52	110

분기 실적 〈단위 : 억원〉
항목	2015.3Q	2015.4Q	2016.1Q	2016.2Q	2016.3Q	2016.4Q
매출액	839	668	931	709	815	890
영업이익	2	41	36	43	37	60
당기순이익	-10	21	9	34	6	62

재무 상태 〈단위 : 억원〉
항목	2011	2012	2013	2014	2015	2016
총자산	1,139	1,225	1,573	1,664	1,589	1,783
유동자산	328	319	455	511	604	553
무형자산	46	44	46	49	50	47
유가증권	0	1	3	3	57	27
총부채	736	722	943	1,031	918	1,002
총차입금	362	307	572	605	548	453
자본금	103	128	128	129	131	131
총자본	403	504	630	634	671	781
지배주주지분	402	502	628	630	666	771

기업가치 지표
항목	2011	2012	2013	2014	2015	2016
주가(최고/저)(천원)	1.2/0.2	2.9/0.5	1.8/1.0	1.5/0.9	1.5/1.0	3.3/1.3
PER(최고/저)(배)	33.8/6.7	49.9/9.2	10.7/6.1	16.2/9.9	19.0/12.6	20.5/7.7
PBR(최고/저)(배)	1.2/0.2	3.6/0.7	1.8/1.0	1.5/0.9	1.3/0.9	2.6/1.0
EV/EBITDA(배)	4.2	6.5	5.3	4.9	5.9	5.5
EPS(원)	36	57	165	95	78	162
BPS(원)	1,009	788	982	1,068	1,147	1,307
CFPS(원)	121	124	229	168	190	324
DPS(원)						
EBITDAPS(원)	259	230	298	268	269	432

재무 비율 〈단위 : % 〉
연도	영업이익률	순이익률	부채비율	차입금비율	ROA	ROE	유보율	자기자본비율	EBITDA마진율
2016	5.3	3.3	128.3	58.0	6.6	14.7	553.5	43.8	8.4
2015	3.3	1.7	136.8	81.6	3.2	7.9	473.7	42.2	5.7
2014	4.5	2.3	162.6	95.4	3.9	9.8	433.9	38.1	6.1
2013	4.7	3.4	149.6	90.8	7.6	18.6	390.9	40.1	6.0

에스텍 (A069510)
ESTec

업　　종 : 내구소비재　　　　　시　　장 : KOSDAQ
신용등급 : (Bond) —　　(CP) —　　기업규모 : 우량
홈페이지 : www.estec.co.kr　　연 락 처 : 055)370-2200
본　　사 : 경남 양산시 유산공단9길 22

설 립 일 1999.09.16	종업원수 333명	대표이사 오인용	
상 장 일 2003.11.14	감사의견 적정 (삼일)	계　　열	
결 산 월 12월	보통주 1,091만주	종속회사수	
액 면 가 500원	우 선 주	구 상 호	

주주구성 (지분율,%)		출자관계 (지분율,%)		주요경쟁사 (외형,%)	
Foster Electric Co. Ltd.	49.4			에스텍	100
김양옥	3.1	ESTecVINACo.,Ltd	100.0	아남전자	58
(외국인)	57.2	ESTecPhuThoCo.,Ltd	100.0	삼본정밀전자	20

매출구성		비용구성		수출비중	
차량용스피커	47.3	매출원가율	84.4	수출	89.4
LCD/PDP용	29.7	판관비율	9.6	내수	10.6
HP	20.0				

회사 개요
동사는 각종 SPEAKER 및 SPEAKER관련 부품을 포함한 음향기기의 제조 및 판매를 목적으로 LG정밀(현 LG이노텍(주))로부터 Employee Buy Out 방식으로 분사하여 설립됨. 동사의 제품은 전자 제품 및 자동차 제품에 사용되고 있음. 전방산업인 전자산업, 자동차산업의 경기변동과 수출이 많은 특성상 해외 경기 변동에 영향을 많이 받음. 총 6개국에 7개의 연결대상 종속회사를 갖고 있음.

실적 분석
동사의 2016년 연결 기준 매출과 영업이익은 2,906억원, 172억원으로 전년 대비 각각 7.5%, 8.4% 증가함. 자산총액은 당기순이익의 실현 및 매출액 증가에 따른 매출채권, 재고자산의 증가로 전기대비 141억원(7.9%)이 증가한 1,913억원을 기록함. 부채는 해외법인의 차입금은 감소하였으나, 매입액 증가로 인하여 전년대비 19억원(2.9%) 증가한 672억원을 시현함.

현금 흐름　〈단위 : 억원〉

항목	2015	2016
영업활동	187	238
투자활동	-1	-135
재무활동	-112	-63
순현금흐름	79	46
기말현금	339	385

시장 대비 수익률
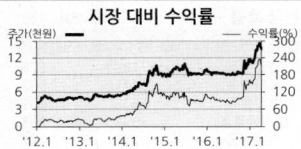

결산 실적　〈단위 : 억원〉

항목	2011	2012	2013	2014	2015	2016
매출액	2,232	2,105	2,223	2,749	2,702	2,905
영업이익	118	97	129	179	159	172
당기순이익	121	88	101	130	142	147

분기 실적　〈단위 : 억원〉

항목	2015.3Q	2015.4Q	2016.1Q	2016.2Q	2016.3Q	2016.4Q
매출액	705	729	657	760	709	780
영업이익	48	31	38	38	52	44
당기순이익	48	28	34	31	42	41

재무 상태　〈단위 : 억원〉

항목	2011	2012	2013	2014	2015	2016
총자산	1,323	1,330	1,495	1,727	1,772	1,913
유형자산	237	237	273	293	318	341
무형자산	13	12	14	17	17	20
유가증권	0	0	0	50	189	225
총부채	530	494	593	720	653	672
총차입금	131	136	214	266	197	172
자본금	55	55	55	55	55	55
총자본	794	837	902	1,007	1,119	1,241
지배주주지분	794	837	902	1,007	1,119	1,241

기업가치 지표

항목	2011	2012	2013	2014	2015	2016
주가(최고/저)(천원)	7.6/3.8	5.4/4.1	5.7/4.5	10.6/5.5	10.9/8.4	12.0/8.9
PER(최고/저)(배)	8.8/4.3	8.1/6.1	7.2/5.6	9.9/5.2	9.0/6.9	9.3/6.8
PBR(최고/저)(배)	1.2/0.6	0.7/0.6	0.7/0.6	1.1/0.6	1.0/0.8	1.0/0.7
EV/EBITDA(배)	2.5	2.8	2.4	3.2	3.4	3.4
EPS(원)	1,113	810	925	1,193	1,300	1,352
BPS(원)	8,499	8,894	9,495	10,452	11,484	12,603
CFPS(원)	1,561	1,330	1,505	1,824	1,983	2,041
DPS(원)	300	250	280	380	310	500
EBITDAPS(원)	1,528	1,404	1,764	2,273	2,140	2,269

재무 비율　〈단위 : % 〉

연도	영업이익률	순이익률	부채비율	차입금비율	ROA	ROE	유보율	자기자본비율	EBITDA마진율
2016	5.9	5.1	54.1	13.9	8.0	12.5	2,420.6	64.9	8.5
2015	5.9	5.3	58.3	17.6	8.1	13.3	2,196.7	63.2	8.6
2014	6.5	4.7	71.6	26.4	8.1	13.6	1,990.4	58.3	9.0
2013	5.8	4.5	65.7	23.7	7.1	11.6	1,799.0	60.4	8.7

에스텍파마 (A041910)
EstechPharma

업　　종 : 제약　　　　　　　시　　장 : KOSDAQ
신용등급 : (Bond) —　　(CP) —　　기업규모 : 중견
홈페이지 : www.estechpharma.com　연 락 처 : 031)831-4800
본　　사 : 경기도 화성시 향남읍 발안공단로 25

설 립 일 1998.12.17	종업원수 156명	대표이사 김재철	
상 장 일 2004.02.06	감사의견 적정 (한영)	계　　열	
결 산 월 12월	보통주 1,178만주	종속회사수	
액 면 가 500원	우 선 주	구 상 호	

주주구성 (지분율,%)		출자관계 (지분율,%)		주요경쟁사 (외형,%)	
김재철	15.4	에스텍과기(북경)	100.0	에스텍파마	100
배선희	8.8			아미노로직스	38
(외국인)	2.3			씨티씨바이오	284

매출구성		비용구성		수출비중	
기타	70.5	매출원가율	73.1	수출	—
소화성궤양용제	10.9	판관비율	20.5	내수	—
당뇨병용제	8.2				

회사 개요
제네릭 의약품의 원료 및 의약품 중간체 생산 업체임. 전체 매출의 약 60%가 수출인데, 지역별로는 일본 80%, 유럽 10% 등임. 진통제 시장 공략을 위해 2014년 12월에 바이오벤처기업 비보존(동사 지분 22.37%)과 '비마약성 진통제 공동연구개발'에 대한 업무 협약을 체결함. 또한 최근에는 신약개발 전문 벤처기업인 T&K바이오이노베이션과 신약개발을 위해 지분투자를 포함한 업무 협력 등에 관한 계약을 체결함.

실적 분석
경기부진에도 불구하고 원료의약품의 국내 판매는 선방하였으나, 상품매출의 감소로 2016년 매출액은 전년동기 대비 3.7% 줄어듦. 환율상승 및 제품믹스 변화에 따른 원가율 하락으로 영업이익은 27.8억원으로 크게 증가함. 2015년에는 대규모 사채상환손실로 인해 순이익이 적자를 기록하였으나, 2016년에는 41.5억원의 흑자로 전환됨. 비보존이 2017년 비마약성 비소염 진통제에 대한 임상 2상을 계획하고 있음.

현금 흐름　〈단위 : 억원〉

항목	2015	2016
영업활동	105	82
투자활동	100	1
재무활동	-140	12
순현금흐름	65	101
기말현금	104	205

시장 대비 수익률

결산 실적　〈단위 : 억원〉

항목	2011	2012	2013	2014	2015	2016
매출액	560	586	422	442	451	434
영업이익	113	134	66	-0	6	28
당기순이익	85	100	37	30	-9	41

분기 실적　〈단위 : 억원〉

항목	2015.3Q	2015.4Q	2016.1Q	2016.2Q	2016.3Q	2016.4Q
매출액	109	133	101	123	92	119
영업이익	12	-6	5	6	7	10
당기순이익	-3	-6	3	2	-0	36

재무 상태　〈단위 : 억원〉

항목	2011	2012	2013	2014	2015	2016
총자산	777	1,039	1,044	1,090	914	975
유형자산	328	485	464	440	430	383
무형자산	22	26	32	42	60	58
유가증권	3	40	46	20	10	70
총부채	280	432	364	386	192	200
총차입금	131	299	242	258	130	130
자본금	49	51	54	54	56	57
총자본	497	607	680	705	721	774
총자산	497	607	680	705	721	774
지배주주지분	497	607	680	705	721	774

기업가치 지표

항목	2011	2012	2013	2014	2015	2016
주가(최고/저)(천원)	8.9/3.5	21.4/7.4	22.4/8.0	10.8/4.9	39.2/6.1	30.3/8.5
PER(최고/저)(배)	10.1/4.0	21.7/7.5	64.0/22.8	39.5/18.0	—/—	83.4/23.5
PBR(최고/저)(배)	1.8/0.7	3.6/1.3	3.6/1.3	1.7/0.8	6.1/1.0	4.4/1.3
EV/EBITDA(배)	6.1	12.2	10.7	21.0	56.2	16.1
EPS(원)	913	1,010	356	278	-79	365
BPS(원)	5,090	6,028	6,361	6,573	6,525	6,876
CFPS(원)	1,239	1,337	735	626	293	745
DPS(원)	75	75	50	50	50	50
EBITDAPS(원)	1,544	1,678	1,017	343	427	625

재무 비율　〈단위 : % 〉

연도	영업이익률	순이익률	부채비율	차입금비율	ROA	ROE	유보율	자기자본비율	EBITDA마진율
2016	6.4	9.6	25.9	16.8	4.4	5.6	1,275.1	79.4	16.4
2015	1.4	-1.9	26.7	18.0	-0.9	-1.2	1,205.0	78.9	10.5
2014	-0.1	6.9	54.7	36.6	2.8	4.4	1,214.6	64.6	8.5
2013	15.7	8.8	53.6	41.2	3.6	5.8	1,172.3	65.1	25.0

에스티아이 (A039440)
STI

업　　종 : 반도체 및 관련장비		시　　장 : KOSDAQ	
신용등급 : (Bond) —　　(CP) —		기업규모 : 중견	
홈페이지 : www.stinc.co.kr		연 락 처 : 031)653-4380	
본　　사 : 경기도 안성시 공도읍 봉기길 1			

설 립 일 1997.07.10	종 업 원 수 269명	대 표 이 사 서인수	
상 장 일 2002.02.28	감사의견 적정 (대주)	계　　열	
결 산 기 12월	보 통 주 1,271만주	종속회사 有	
액 면 가 500원	우 선 주	구 상 호	

주주구성 (지분율,%)
성도이엔지	20.0
서인수	6.6
(외국인)	4.6

출자관계 (지분율,%)
피엘씨테크	70.0
이엠에스	70.0
에스티아이서비스	40.0

주요경쟁사 (외형,%)
에스티아이	100
유니테스트	65
에스앤에스텍	30

매출구성
C.C.S.S.(중앙약품공급시스템)	81.2
WET SYSTEM(세정/식각/현상System)	12.5
기타	6.3

비용구성
매출원가율	80.7
판관비율	7.0

수출비중
수출	28.0
내수	72.0

회사 개요
동사는 1997년 7월에 설립되어 2002년 2월 코스닥 시장에 상장됨. 주요사업부문은 반도체 제조용 기계제조업이며 반도체 및 Display용 C.C.S.S., Wet System 등이 주요제품임. 2009년부터는 광고용 특수목적 디스플레이 제조사업인 DID(Digital Information Display)를 시작하였음. C.C.S.S. 시장 점유율은 40%를 차지하고 있으며, Glass Etching System 시장의 80%를 점유함.

실적 분석
반도체 및 디스플레이 장비산업의 호조에 힘입어 동사의 2016년 누적 매출액은 1,803.8억원으로 전년동기 대비 43.7% 증가한 모습을 보임. 외형확대의 영향으로 영업이익은 221.2억원을 기록하며 전년동기 대비 83.6% 증가하였고, 당기순이익 역시 68.7% 증가한 171.3억원을 시현. 정부차원에서 지원을 받는 중국 패널업체들로부터 관련 장비에 대한 수혜가 기대됨.

현금 흐름 〈단위 : 억원〉
항목	2015	2016
영업활동	136	76
투자활동	119	-79
재무활동	41	-30
순현금흐름	295	-31
기말현금	350	319

시장 대비 수익률
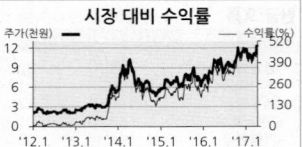

결산 실적 〈단위 : 억원〉
항목	2011	2012	2013	2014	2015	2016
매출액	927	720	997	1,212	1,255	1,804
영업이익	45	49	54	87	120	221
당기순이익	85	40	46	54	102	171

분기 실적 〈단위 : 억원〉
항목	2015.3Q	2015.4Q	2016.1Q	2016.2Q	2016.3Q	2016.4Q
매출액	350	419	262	315	567	659
영업이익	44	36	23	28	83	87
당기순이익	30	32	17	26	66	62

재무 상태 〈단위 : 억원〉
항목	2011	2012	2013	2014	2015	2016
총자산	480	492	591	763	1,017	1,444
유형자산	159	152	155	151	151	215
무형자산	25	29	76	78	66	62
유가증권	3	3	3	3	3	1
총부채	241	217	269	367	516	785
총차입금	24	47	60	41	79	58
자본금	60	60	60	60	63	63
총자본	240	274	322	395	501	659
지배주주지분	233	268	318	386	490	639

기업가치 지표
항목	2011	2012	2013	2014	2015	2016
주가(최고/저)(천원)	3.0/1.6	2.8/1.8	6.3/2.2	10.6/4.6	9.0/5.4	12.1/6.6
PER(최고/저)(배)	4.5/2.4	8.9/5.7	17.5/6.2	25.4/11.1	11.4/6.8	9.4/5.1
PBR(최고/저)(배)	1.6/0.8	1.3/0.8	2.5/0.9	3.3/1.5	2.3/1.4	2.4/1.3
EV/EBITDA(배)	4.1	3.9	10.5	5.2	4.6	5.1
EPS(원)	693	332	374	434	814	1,311
BPS(원)	1,938	2,225	2,643	3,294	3,982	5,117
CFPS(원)	797	440	489	579	988	1,480
DPS(원)	—	—	—	70	100	150
EBITDAPS(원)	475	514	564	867	1,151	1,920

재무 비율 〈단위 : %〉
연도	영업이익률	순이익률	부채비율	차입금비율	ROA	ROE	유보율	자기자본비율	EBITDA마진율
2016	12.3	9.5	119.1	8.9	13.9	29.3	923.5	45.7	13.5
2015	9.6	8.1	102.9	15.7	11.4	22.9	696.3	49.3	11.3
2014	7.2	4.5	92.8	10.5	8.0	14.8	558.8	51.9	8.6
2013	5.4	4.6	83.4	18.7	8.5	15.4	428.6	54.5	6.8

에스티엑스 (A011810)
STX

업　　종 : 무역		시　　장 : 거래소	
신용등급 : (Bond) CC　　(CP) —		기업규모 : 시가총액 소형주	
홈페이지 : www.stx.co.kr		연 락 처 : 02)316-9600	
본　　사 : 경남 창원시 성산구 중앙대로 105			

설 립 일 1976.12.24	종 업 원 수 122명	대 표 이 사 서충일	
상 장 일 1990.09.12	감사의견 적정 (삼정)	계　　열	
결 산 기 12월	보 통 주 17,862만주	종속회사 有	
액 면 가 2,500원	우 선 주 1,271만주	구 상 호	

주주구성 (지분율,%)
한국산업은행	49.8
우리은행	14.0

출자관계 (지분율,%)
STX마린서비스	100.0
STX리조트	100.0
포스텍	13.7

주요경쟁사 (외형,%)
STX	100
포스코대우	959
LG상사	696

매출구성
원자재 수출입 사업(기타)	73.9
에너지사업(기타)	18.1
기계·엔진 사업(기타)	5.6

비용구성
매출원가율	95.1
판관비율	6.9

수출비중
수출	66.8
내수	33.2

회사 개요
동사는 에너지 사업, 원자재 수출입 사업, 기계·엔진 사업, 해운·물류 사업의 4대 사업을 중심으로 한 전문 무역상사임. 동사의 연결대상 종속회사에 포함된 회사들이 영위하는 사업은 해운·무역 사업 등이 있음. 자회사의 지분소유를 통해 자회사의 사업내용을 지배하는 투자사업을 영위하였으나, 2014년 1월 채권금융기관 공동관리(자율협약)절차가 개시되는 등 STX기업집단의 구조조정에 따라, 지주회사로서의 역할은 크게 축소되었음.

실적 분석
동사의 2016년 연결기준 누적 매출액은 전년동기 대비 5.5% 증가한 1조 7,201억원을 기록하였음. 원가율과 판관비의 큰 폭 증가로 영업손실은 341.7억원을 기록하며 전년 동기 대비 적자를 지속하였음. 영업손실과 비영업손실의 적자폭 증가로 인해 당기순손실 역시 4574억원을 기록하며 전년동기 대비 적자 전환하였음. 동사는 업황 회복과 계열사 실적 회복이 급선무인 것으로 판단됨.

현금 흐름 〈단위 : 억원〉
항목	2015	2016
영업활동	-160	578
투자활동	421	532
재무활동	-618	-1,409
순현금흐름	-343	-293
기말현금	770	477

시장 대비 수익률
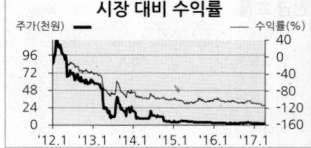

결산 실적 〈단위 : 억원〉
항목	2011	2012	2013	2014	2015	2016
매출액	59,677	48,768	24,212	16,346	16,308	17,202
영업이익	2,346	-5,009	-8,774	357	-342	-342
당기순이익	2,224	-4,909	-15,956	3,806	-490	-4,574

분기 실적 〈단위 : 억원〉
항목	2015.3Q	2015.4Q	2016.1Q	2016.2Q	2016.3Q	2016.4Q
매출액	4,151	3,947	4,262	4,073	4,195	4,672
영업이익	-247	-78	-30	-295	126	-143
당기순이익	-458	-46	-211	-3,437	-141	-787

재무 상태 〈단위 : 억원〉
항목	2011	2012	2013	2014	2015	2016
총자산	52,342	50,670	13,425	12,550	12,672	7,077
유형자산	8,184	10,445	2,155	1,081	1,017	737
무형자산	6,308	5,701	107	42	40	34
유가증권	1,449	3,109	942	464	290	150
총부채	33,182	35,604	18,522	11,613	11,949	10,383
총차입금	25,443	28,223	14,308	8,920	9,087	8,640
자본금	1,500	1,511	1,538	748	748	1,185
총자본	19,159	15,066	-5,097	937	723	-3,306
지배주주지분	17,094	11,180	-5,098	937	723	-3,306

기업가치 지표
항목	2011	2012	2013	2014	2015	2016
주가(최고/저)(천원)	251/82.0	119/56.4	61.3/8.5	21.1/4.1	6.5/3.3	4.1/1.2
PER(최고/저)(배)	1.4/0.5	—/—	1.4/0.3	—/—	—/—	—/—
PBR(최고/저)(배)	0.2/0.1	0.1/0.1	-0.2/0.0	6.7/1.3	2.7/1.4	-0.6/-0.2
EV/EBITDA(배)	9.9			13.4		
EPS(원)	181,378	-385,837	-1,198,999	15,614	-1,641	-14,588
BPS(원)	28,794	18,902	-7,909	3,138	2,424	-6,983
CFPS(원)	5,211	-7,274	-25,626	15,990	-1,366	-14,368
DPS(원)	250	125	—	—	—	—
EBITDAPS(원)	5,454	-7,236	-13,989	1,841	-870	-869

재무 비율 〈단위 : %〉
연도	영업이익률	순이익률	부채비율	차입금비율	ROA	ROE	유보율	자기자본비율	EBITDA마진율
2016	-2.0	-26.6	완전잠식	완전잠식	-46.3	당기잠식	-379.0	-46.7	-1.6
2015	-2.1	-3.0	일부잠식	일부잠식	-3.9	-59.0	-3.2	5.7	-1.6
2014	2.2	23.3	1,239.9	952.3	29.3	전기잠식	25.3	7.5	2.7
2013	-36.2	-65.9	완전잠식	완전잠식	-49.8	당기잠식	-416.1	-38.0	-35.1

에스티엑스엔진 (A077970)
STX Engine

업 종 : 조선		시 장 : 거래소	
신용등급 : (Bond) — (CP) —		기업규모 : 시가총액 소형주	
홈 페 이 지 : www.stxengine.co.kr		연 락 처 : 055)280-0114	
본 사 : 경남 창원시 성산구 공단로474번길 36			

설 립 일 2004.04.01	종 업 원 수 836명	대 표 이 사 고성환
상 장 일 2004.05.10	감 사 의 견 적정 (삼일)	계 열
결 산 기 12월	보 통 주 2,301만주	종속회사수
액 면 가 2,500원	우 선 주 465만주	구 상 호

주주구성 (지분율,%)		출자관계 (지분율,%)		주요경쟁사 (외형,%)	
한국산업은행	41.9	선우씨에스	27.3	STX엔진	100
우리은행	14.9	STX중공업	6.7	두산엔진	152
				엔케이	31

매출구성		비용구성		수출비중	
디젤엔진 등(선박용 엔진, 산업용 발전기 엔진)	50.7	매출원가율	90.8	수출	43.1
특수엔진(전차,지주포,구축함,경비정,고속정 엔	38.4	판관비율	8.4	내수	56.9
예인음탐기 외(전파탐지장비,군위성통신 장비등)	10.9				

회사 개요
선박용 엔진 제조업체인 동사는 선박엔진, 발전엔진, 방산엔진, 전자통신 등 크게 4개의 사업부문을 영위하고 있음. 조선소와 발전소 등에 선박용 및 발전기용 디젤엔진, 육군과 해군 등에 육상용 및 해상용 방위산업용 엔진과 국방부 및 조선소 등에 전자통신장비 등을 공급하고 있음. 2013년 9월에 채권금융기관협의회 등과 경영정상화 계획 이행약정(자율협약)을 체결하고 진행 중에 있음. 자구계획의 일환으로 전자통신사업부문 매각을 검토 중임.

실적 분석
전방산업인 조선 업황의 부진으로 민수, 특수, 전자통신 등 모든 부분의 수주 및 매출이 감소하여 2016년 연결기준 전체 매출액은 전년 대비 16.3% 감소함. 고정비용 부담과 대손상각비, 금융비용, 추징세금 등의 증가로 순이익은 적자로 전환됨. 한진중공업과 주기관 디젤엔진·감속기어 공급 계약을 611억원에 체결한데 이어 최근 강남고도 366억원 규모의 주기관 디젤엔진 및 감속기어 공급 계약을 체결함.

현금 흐름 *IFRS 별도 기준 〈단위 : 억원〉

항목	2015	2016
영업활동	533	320
투자활동	-174	-203
재무활동	172	-383
순현금흐름	532	-266
기말현금	1,292	1,026

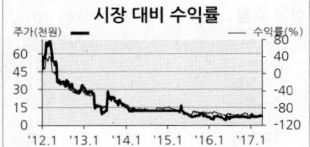

시장 대비 수익률

결산 실적 〈단위 : 억원〉

항목	2011	2012	2013	2014	2015	2016
매출액	15,694	10,318	7,050	7,110	6,333	5,298
영업이익	1,412	469	-562	73	50	41
당기순이익	749	-591	-9,321	-744	364	-280

분기 실적 *IFRS 별도 기준 〈단위 : 억원〉

항목	2015.3Q	2015.4Q	2016.1Q	2016.2Q	2016.3Q	2016.4Q
매출액	1,298	2,162	958	1,492	1,273	1,576
영업이익	23	-136	54	12	-64	39
당기순이익	-308	-16	28	-148	-110	-31

재무 상태 *IFRS 별도 기준 〈단위 : 억원〉

항목	2011	2012	2013	2014	2015	2016
총자산	20,867	20,277	12,003	9,940	9,336	8,214
유형자산	3,565	3,261	3,153	2,743	2,655	2,826
무형자산	170	151	143	115	97	90
유가증권	139	52	480	67	160	160
총부채	12,978	13,039	12,678	10,365	8,105	7,123
총차입금	6,063	7,208	7,894	5,115	4,771	4,406
자본금	717	717	1,230	1,230	691	691
총자본	7,889	7,238	-676	-424	1,231	1,091
지배주주지분	7,889	7,238	-676	-424	1,231	1,091

기업가치 지표 *IFRS 별도 기준

항목	2011	2012	2013	2014	2015	2016
주가(최고/저)(천원)	134/46.4	72.1/26.4	32.1/9.3	16.2/11.5	16.5/6.8	8.3/3.9
PER(최고/저)(배)	7.6/2.6	—/—	—/—	—/—	11.1/4.6	—/—
PBR(최고/저)(배)	0.6/0.2	0.4/0.1	-2.9/-0.9	-2.4/-1.7	3.7/1.5	2.1/1.0
EV/EBITDA(배)	7.4	15.1		24.8	23.8	25.6
EPS(원)	17,835	-16,357	-222,902	-12,098	1,485	-945
BPS(원)	27,510	25,239	-1,373	-862	4,456	3,949
CFPS(원)	2,963	-1,367	-27,423	-1,176	2,131	-430
DPS(원)	250	—	—	—	—	—
EBITDAPS(원)	4,448	2,149	-1,258	484	860	663

재무 비율 〈단위 : % 〉

연도	영업이익률	순이익률	부채비율	차입금비율	ROA	ROE	유보율	자기자본비율	EBITDA마진율
2016	0.8	-5.3	674.0	410.7	-3.2	-24.3	55.3	12.9	3.5
2015	0.8	5.8	658.4	387.6	3.8	전기잠식	78.2	13.2	3.2
2014	1.0	-10.5	완전잠식	완전잠식	-6.7	잠식지속	-134.5	-4.3	3.0
2013	-8.0	-132.2	완전잠식	완전잠식	-41.9	당기잠식	-153.7	-5.4	-1.5

에스티엑스중공업 (A071970)
STX Heavy Industries

업 종 : 조선		시 장 : 거래소	
신용등급 : (Bond) — (CP) —		기업규모 : 시가총액 소형주	
홈 페 이 지 : www.stxhi.co.kr		연 락 처 : 055)280-0700	
본 사 : 경남 창원시 성산구 남면로 381 (내동)			

설 립 일 2001.06.15	종 업 원 수 850명	대 표 이 사 정태화
상 장 일 2009.05.15	감 사 의 견 적정 (삼일)	계 열
결 산 기 12월	보 통 주 2,467만주	종속회사수
액 면 가 2,500원	우 선 주	구 상 호 STX메탈

주주구성 (지분율,%)		출자관계 (지분율,%)		주요경쟁사 (외형,%)	
한국산업은행	34.7	일승	100.0	STX중공업	100
우리은행	13.3	예그리나	13.0	삼영이엔씨	9
		STX건설	9.0	디엠씨	31

매출구성		비용구성		수출비중	
발전 등	52.4	매출원가율	126.9	수출	30.6
엔진 등	47.6	판관비율	41.1	내수	69.4

회사 개요
동사는 2001년 6월 STX의 소재사업부문을 분사하여 엔파코로 설립되었으며 2013년 엔진산업설비 및 플랜트사업을 영위하던 구 STX중공업을 흡수합병하였음. MAN Diesel사와 기술제휴를 통해 선박용 및 Power Plant용 대형 디젤엔진을 생산하여 공급중임. 매출비중은 엔진기자재부문 40.16%, 플랜트부문 59.84% 임. 동사는 설계, 구매, 시공에서 운영과 관리까지 제공하는 플랜트 EPC 업체로 발돋움하고 있음.

실적 분석
국제유가의 하락 및 경기침체에 따른 동사 신규수주 부진과, 기 수주분의 연기와 회생절차 신청에 따른 플랜트 계약 타절 등으로 2016년 결산 매출은 4,165억으로 전기 대비 6,407억(61%) 감소함. 영업손실은 -2,832억으로 전기 대비 2,910억 증가하였고 주요 사유는 타절 프로젝트 손해배상 채권 및 매출채권, 미수금의 연령분석에 따른 대손상각비 발생 때문임.

현금 흐름 〈단위 : 억원〉

항목	2015	2016
영업활동	39	-69
투자활동	23	250
재무활동	379	-263
순현금흐름	439	-84
기말현금	796	712

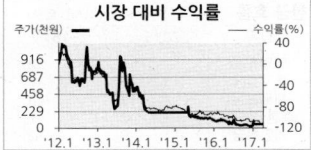

시장 대비 수익률

결산 실적 〈단위 : 억원〉

항목	2011	2012	2013	2014	2015	2016
매출액	11,340	14,091	10,994	10,128	10,572	4,165
영업이익	361	509	-1,874	-446	78	-2,832
당기순이익	73	-1,229	-4,687	-1,258	-49	-7,183

분기 실적 〈단위 : 억원〉

항목	2015.3Q	2015.4Q	2016.1Q	2016.2Q	2016.3Q	2016.4Q
매출액	2,400	2,745	1,342	1,419	426	978
영업이익	147	-142	-157	-536	-368	-1,772
당기순이익	-139	-471	-416	-661	-2,491	-3,615

재무 상태 〈단위 : 억원〉

항목	2011	2012	2013	2014	2015	2016
총자산	11,375	17,335	18,218	14,864	14,198	8,499
유형자산	4,268	5,909	7,573	6,682	6,795	4,275
무형자산	294	434	301	231	202	79
유가증권	3	677	7	1	0	0
총부채	7,723	15,172	16,983	14,887	13,131	14,613
총차입금	4,718	4,044	10,858	9,049	8,469	7,911
자본금	558	528	2,858	2,858	649	649
총자본	3,652	2,164	1,235	-22	1,067	-6,114
지배주주지분	3,652	2,164	1,235	-22	1,067	-6,114

기업가치 지표

항목	2011	2012	2013	2014	2015	2016
주가(최고/저)(천원)	105/38.8	57.5/27.9	55.2/12.5	29.2/9.9	14.3/5.6	6.2/1.2
PER(최고/저)(배)	41.8/15.4	—/—	—/—	—/—	—/—	—/—
PBR(최고/저)(배)	0.8/0.3	0.8/0.4	6.3/1.4	-265.7/-89.7	12.7/5.0	-0.7/-0.1
EV/EBITDA(배)	9.9	3.3		25.1		
EPS(원)	52,812	-882,903	-1,534,365	-176,330	-1,049	-166,565
BPS(원)	16,375	9,702	1,086	-14	4,112	-23,543
CFPS(원)	1,309	-4,226	-8,700	-801	929	-26,670
DPS(원)	150	125	—	—	—	—
EBITDAPS(원)	2,598	3,566	-2,953	-90	1,446	-9,915

재무 비율 〈단위 : % 〉

연도	영업이익률	순이익률	부채비율	차입금비율	ROA	ROE	유보율	자기자본비율	EBITDA마진율
2016	-68.0	-172.5	완전잠식	완전잠식	-63.3	당기잠식	-1,041.7	-71.9	-61.8
2015	0.7	-0.5	1,230.2	793.4	-0.3	전기잠식	64.5	7.5	3.4
2014	-4.4	-12.4	완전잠식	완전잠식	-7.6	당기잠식	-100.6	-0.2	-1.0
2013	-17.0	-42.6	일부잠식	일부잠식	-26.4	-275.8	-56.6	6.8	-13.1

에스티오 (A098660)
STO

업　　종 : 섬유 및 의복　　　　　　　시　　장 : KOSDAQ
신용등급 : (Bond) —　　(CP) —　　　기업규모 : 중견
홈페이지 : www.thesto.kr　　　　　　연락처 : 02)2093-2500
본　　사 : 서울시 강서구 염창동 240-21 우림블루나인 비즈니스센터 B동 15층

설 립 일	2003.02.22	종 업 원 수	134명	대 표 이 사	김홍수
상 장 일	2009.04.17	감 사 의 견	적정 (삼일)	계	열
결 산 기	12월	보 통 주	846만주	종 속 회 사	
액 면 가	500원	우 선 주		구 상 호	

주주구성 (지분율,%)		출자관계 (지분율,%)		주요경쟁사 (외형,%)	
김홍수	66.8	에스엘피	100.0	에스티오	100
류득영	0.0	복장무역유한회사	100.0	제이준	83
				덕성	103

매출구성		비용구성		수출비중	
[STCO외] 셔츠 외	85.7	매출원가율	41.6	수출	—
[STCO] 셔츠	14.3	판관비율	53.3	내수	—

회사 개요
동사는 2003년 의류,액세사리 도소매업, 수출입업 등을 영위할 목적으로 설립됨. 2009년 코스닥 시장에 상장됨. 셔츠 및 타이(STCO), 남성 캐릭터 정장(VINO), 캐주얼(DIEMS) 등 다양한 패션 아이템을 판매하고 있음. 동사는 시장내 최저가, 노 세일 정책을 도입해 운영해 왔음. 기존 유통망을 활용한 샵인샵 전략으로 DIEMS 브랜드를 확장해 DIEMS LADY라는 여성복 브랜드를 새롭게 선보임.

실적 분석
동사의 2016년 매출액은 1,005.4억원으로 전년 대비 0.7% 감소함. 영업이익은 50.6억원으로 전년 대비 7.6% 감소함. 당기순이익은 32.1억원으로 전년 대비 27.9% 감소함. 남성 캐릭터 정장, 남성 캐쥬얼에 이어 여성 캐쥬얼 시장까지 확대하면서 소비심리 회복 시 실적 개선 가능할 것으로 기대됨. 동사는 상품 기획력 및 브랜드력 향상, 온라인 브랜드의 마케팅 강화, 영업망 확대 등에 나선다는 계획임.

현금 흐름 〈단위 : 억원〉

항목	2015	2016
영업활동	0	52
투자활동	19	-7
재무활동	-17	-44
순현금흐름	2	2
기말현금	9	12

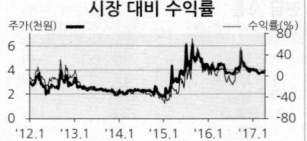

시장 대비 수익률

결산 실적 〈단위 : 억원〉

항목	2011	2012	2013	2014	2015	2016
매출액	1,000	955	861	937	1,012	1,005
영업이익	71	52	-35	17	55	51
당기순이익	21	17	-52	-12	45	32

분기 실적 〈단위 : 억원〉

항목	2015.3Q	2015.4Q	2016.1Q	2016.2Q	2016.3Q	2016.4Q
매출액	195	314	227	297	188	293
영업이익	-6	20	3	26	-7	29
당기순이익	-7	11	0	20	-8	20

재무 상태 〈단위 : 억원〉

항목	2011	2012	2013	2014	2015	2016
총자산	847	795	763	783	760	755
유동자산	228	203	178	186	176	169
무형자산	24	15	9	7	4	3
유가증권	18	63	12	38	22	4
총부채	521	459	480	514	449	416
총차입금	260	267	234	259	247	210
자본금	29	29	29	42	42	42
총자본	326	336	283	269	311	339
지배주주지분	326	336	283	269	311	339

기업가치 지표

항목	2011	2012	2013	2014	2015	2016
주가(최고/저)(천원)	5.2/1.6	4.5/2.0	3.4/1.9	2.8/1.8	6.4/1.8	5.6/3.6
PER(최고/저)(배)	22.4/6.8	24.1/10.8	—/—	—/—	12.3/3.5	14.7/9.5
PBR(최고/저)(배)	1.4/0.4	1.1/0.5	1.0/0.6	0.9/0.5	1.7/0.5	1.3/0.9
EV/EBITDA(배)	4.3	4.6	178.3	7.7	7.1	6.9
EPS(원)	252	196	-613	-143	527	380
BPS(원)	5,981	6,155	5,225	3,390	3,898	4,223
CFPS(원)	956	1,070	-257	233	864	701
DPS(원)	100	60	30	20	50	25
EBITDAPS(원)	1,828	1,698	35	576	986	922

재무 비율 〈단위 : % 〉

연도	영업이익률	순이익률	부채비율	차입금비율	ROA	ROE	유보율	자기자본비율	EBITDA마진율
2016	5.0	3.2	122.9	62.1	-4.2	9.9	744.7	44.9	7.7
2015	5.4	4.4	144.2	79.3	5.8	15.4	679.6	41.0	8.2
2014	1.8	-1.3	191.1	96.5	-1.6	-4.4	578.0	34.4	5.2
2013	-4.1	-6.0	169.8	82.6	-6.7	-16.8	944.9	37.1	0.2

에스티큐브 (A052020)
STCUBE

업　　종 : 전자 장비 및 기기　　　　　시　　장 : KOSDAQ
신용등급 : (Bond) —　　(CP) —　　　기업규모 : 중견
홈페이지 : www.stcube.com　　　　　연락처 : 02)551-3370
본　　사 : 서울시 강남구 영동대로 511, 무역센터트레이드타워 2201호

설 립 일	1989.08.16	종 업 원 수	14명	대 표 이 사	정현진
상 장 일	2001.07.05	감 사 의 견	적정 (세림)	계	열
결 산 기	12월	보 통 주	2,574만주	종 속 회 사	
액 면 가	500원	우 선 주		구 상 호	

주주구성 (지분율,%)		출자관계 (지분율,%)		주요경쟁사 (외형,%)	
바이오사이언스홀딩스	15.5			에스티큐브	100
바이오메디칼홀딩스	6.1			엘앤에프	1,636
(외국인)	2.5			비츠로셀	596

매출구성		비용구성		수출비중	
로봇청소기및 에어컨통모듈 외	87.9	매출원가율	39.0	수출	0.0
LED 소재 및 조명등 외	12.2	판관비율	59.2	내수	100.0

회사 개요
동사는 로봇청소기용 제어모듈 및 정보조회 단말기를 개발, 판매하는 IT단말기 사업부문과 스마트폰 어플리케이션 등의 모바일 서비스를 제공하는 뉴미디어 사업부문, 그리고 지하철 내 안전 및 무선통신(RF)설비를 구축, 설치하는 플랫폼스크린도어(PSD) 사업부문을 위주로 IT 중심의 사업을 영위하고 있음. 2013년 3월부터 BT 부문이 사업영역에 추가되었고, 스마트카를 신사업으로 선정 및 추진 중임.

실적 분석
2016년 동사의 매출액은 152억원으로 전년 매출액(47억원) 대비 약 223% 증가하였고, 영업이익은 연결기준 2.8억으로 전년 대비 흑자전환 하였음. 당기 순손실은 62억원으로 전년도 당기순손실(55억원) 대비 증가함. 영업손익의 흑자전환 주된 사유는 바이오 사업부문에서 후보물질 매각(101억원) 체결 때문임. 2017년에는 로봇제어모듈의 성장정체를 극복하고자 현재 납품하고 있는 로봇제어모듈에 추가하여 통합로봇제어모듈을 공급하는 계획임.

현금 흐름 〈단위 : 억원〉

항목	2015	2016
영업활동	-43	61
투자활동	-17	-67
재무활동	-17	149
순현금흐름	-76	141
기말현금	69	210

시장 대비 수익률

결산 실적 〈단위 : 억원〉

항목	2011	2012	2013	2014	2015	2016
매출액	74	112	89	55	47	153
영업이익	-38	-2	-62	-50	-37	3
당기순이익	-46	-15	-106	-98	-55	-63

분기 실적 〈단위 : 억원〉

항목	2015.3Q	2015.4Q	2016.1Q	2016.2Q	2016.3Q	2016.4Q
매출액	16	7	13	13	12	114
영업이익	-12	-4	-16	-28	-25	71
당기순이익	-13	-18	-18	-29	-27	12

재무 상태 〈단위 : 억원〉

항목	2011	2012	2013	2014	2015	2016
총자산	154	137	276	312	234	408
유동자산	23	17	5	3	12	23
무형자산	34	26	11	18	41	85
유가증권	31	30	156	87	20	20
총부채	54	49	166	97	25	115
총차입금	28	16	147	81	11	79
자본금	54	48	60	108	115	128
총자본	100	88	109	215	209	292
지배주주지분	100	88	109	215	209	292

기업가치 지표

항목	2011	2012	2013	2014	2015	2016
주가(최고/저)(천원)	4.9/1.0	4.0/1.9	5.8/2.4	5.4/1.9	5.1/1.9	11.9/4.3
PER(최고/저)(배)	—/—	—/—	—/—	—/—	—/—	—/—
PBR(최고/저)(배)	5.0/1.1	4.7/2.2	6.8/2.7	5.4/1.9	5.5/2.1	10.4/3.8
EV/EBITDA(배)		52.0				214.4
EPS(원)	-495	-146	-882	-670	-249	-246
BPS(원)	1,067	943	928	1,001	914	1,145
CFPS(원)	-465	-84	-890	-635	-238	-236
DPS(원)						
EBITDAPS(원)	-368	54	-493	-307	-157	21

재무 비율 〈단위 : % 〉

연도	영업이익률	순이익률	부채비율	차입금비율	ROA	ROE	유보율	자기자본비율	EBITDA마진율
2016	1.9	-41.1	39.5	27.2	-19.5	-25.0	129.0	71.7	3.5
2015	-79.1	-117.1	11.7	5.1	-20.2	-26.0	82.8	89.5	-74.0
2014	-91.8	-179.8	45.2	37.7	-33.5	-60.8	100.1	68.9	-82.5
2013	-70.2	-120.0	152.3	134.5	-51.5	-107.8	85.5	39.6	-61.9

에스티팜 (A237690)
ST PHARM CO

업 종 : 제약	시 장 : KOSDAQ
신용등급 : (Bond) — (CP) —	기업규모 : 중견
홈페이지 : www.stpharm.co.kr	연 락 처 : 031)499-3002
본 사 : 경기도 시흥시 협력로 231(시화공단 1나 802호)	

설 립 일 2008.08.18	종 업 원 수 490명	대 표 이 사 임근조
상 장 일 2016.06.23	감 사 의 견 적정 (삼정)	계 열
결 산 기 12월	보 통 주 1,848만주	종속회사수
액 면 가 500원	우 선 주 17만주	구 상 호

주주구성 (지분율,%)
동아쏘시오홀딩스	33.0
강정석	15.4
(외국인)	4.1

출자관계 (지분율,%)
STPAmericaResearch,Corp	100.0
CocrystalPharma,Inc.	0.3

주요경쟁사 (외형,%)
에스티팜	100
삼진제약	119
종근당홀딩스	168

매출구성
신약API	49.1
제네릭API	38.2
기타 제품	5.2

비용구성
매출원가율	53.6
판관비율	7.7

수출비중
수출	82.6
내수	17.4

회사 개요
동사는 크게 제약부문과 비제약부문으로 구분할 수 있음. 제약부문은 CMO 사업, 제네릭 사업, 자체신약사업으로 나눌 수 있으며, 비제약부문은 전자재료 및 고분자촉매 등을 제조하는 정밀화학 사업임. 2008년 8월 18일 유퀌 주식회사로 설립되어, 2010년 9월 30일 주식회사 삼천리제약을 흡수합병하여 상호를 에스티팜 주식회사로 변경하였음. 2016년 6월 23일 코스닥시장에 상장하였음.

실적 분석
동사의 2016년 결산기준 매출액은 전년 대비 45.1% 증가한 2,003.6억원을 기록하였음. 매출원가율도 상승하였으나 매출액 성장에 힘입어 영업이익은 전년동기대비 125.1% 성장한 775.8억원을 기록하였음. 동사의 매출에 영향을 주는 글로벌 의약품 시장은 경제 회복기조의 지속과 고령화 인구(65세 이상)의 급속한 증가에 의해 연평균 5% 이상의 성장률이 기대되고 있음. 이에 따라 동사 또한, 향후 지속적인 매출 성장이 예상되는 상황.

현금 흐름 〈단위 : 억원〉
항목	2015	2016
영업활동	358	508
투자활동	-331	-932
재무활동	66	852
순현금흐름	94	434
기말현금	118	552

시장 대비 수익률
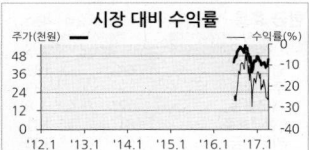

결산 실적 〈단위 : 억원〉
항목	2011	2012	2013	2014	2015	2016
매출액	732	830	843	965	1,381	2,004
영업이익	85	102	109	97	345	776
당기순이익	44	50	75	55	252	614

분기 실적 〈단위 : 억원〉
항목	2015.3Q	2015.4Q	2016.1Q	2016.2Q	2016.3Q	2016.4Q
매출액	457	—		698	540	
영업이익	171	—		312	209	
당기순이익	121	—		237	163	

재무 상태 〈단위 : 억원〉
항목	2011	2012	2013	2014	2015	2016
총자산	984	1,096	1,158	1,424	2,324	3,678
유형자산	430	466	450	638	1,341	1,384
무형자산	11	10	9	8	11	11
유가증권	20	112	120	104	—	10
총부채	577	630	621	852	1,215	545
총차입금	501	523	483	713	591	15
자본금	6	6	6	42	59	92
총자본	407	466	537	572	1,109	3,132
지배주주지분	407	466	537	572	1,109	3,132

기업가치 지표
항목	2011	2012	2013	2014	2015	2016
주가(최고/저)(천원)	—/—	—/—	—/—	—/—	—/—	57.4/35.9
PER(최고/저)(배)	0.0/0.0	0.0/0.0	0.0/0.0	0.0/0.0	0.0/0.0	15.6/9.7
PBR(최고/저)(배)	0.0/0.0	0.0/0.0	0.0/0.0	0.0/0.0	0.0/0.0	3.5/2.2
EV/EBITDA(배)	3.2	3.6	2.9	4.9	1.2	8.1
EPS(원)	525	591	881	646	1,800	3,731
BPS(원)	192,023	219,988	253,334	4,087	7,924	16,791
CFPS(원)	38,392	41,627	54,920	1,154	2,241	4,386
DPS(원)						500
EBITDAPS(원)	57,341	66,114	70,942	1,657	2,904	5,367

재무 비율 〈단위 : % 〉
연도	영업이익률	순이익률	부채비율	차입금비율	ROA	ROE	유보율	자기자본비율	EBITDA마진율
2016	38.7	30.7	17.4	0.5	20.5	29.0	3,289.3	85.2	44.1
2015	25.0	18.3	109.6	53.3	13.4	30.0	1,782.2	47.7	29.4
2014	10.1	5.7	149.0	124.8	4.2	9.9	1,264.4	40.2	14.5
2013	12.9	8.9	115.6	90.0	6.6	14.9	8,357.8	46.4	17.9

에스폴리텍 (A050760)
SPOLYTECH

업 종 : 건축자재	시 장 : KOSDAQ
신용등급 : (Bond) — (CP) —	기업규모 : 중견
홈페이지 : www.spolytech.com	연 락 처 : 043)536-9191
본 사 : 충북 진천군 덕산면 한삼로 275	

설 립 일 1999.06.18	종 업 원 수 168명	대 표 이 사 이혁렬
상 장 일 2002.05.16	감 사 의 견 적정 (삼일)	계 열
결 산 기 12월	보 통 주 1,633만주	종속회사수
액 면 가 500원	우 선 주	구 상 호

주주구성 (지분율,%)
이혁렬	28.4
손명완	6.7
(외국인)	2.1

출자관계 (지분율,%)
에스씨엠	80.0
세화보력특광전과기(북경)유한공사	100.0

주요경쟁사 (외형,%)
에스폴리텍	100
이건창호	138
덕신하우징	103

매출구성
PC/PMMA	68.1
도광판 확산시트/필름	31.9

비용구성
매출원가율	86.7
판관비율	10.9

수출비중
수출	—
내수	—

회사 개요
동사는 1999년 6월 반도체 제조회사인 한일반도체로 설립하여 2000년 5월에 유펄스와 상호를 변경하고 2006년 4월에 에스폴리텍으로 상호를 변경함. TFT-LCD 도광판, PC 및 PMMA 시트, 태양광 모듈용 EVA시트 제조 및 판매 사업을 주력사업으로 하는 업체임. 연결대상 종속회사인 세화보력특광전과기 유한공사는 중국 북경에 에스씨엠은 충북 진천군에 위치함.

실적 분석
동사의 2016년 결산기준 누적 매출액은 전년동기대비 17.3% 상승한 1,177억원을 기록하였음. 비용면에서 전년동기대비 매출원가는 증가 하였으며 인건비는 감소 하였고 기타 판매비와관리비는 증가함. 이와 같이 상승한 매출액 만큼 비용증가도 있었으나 매출액의 더 큰 상승에 힘입어 그에 따라 전년동기대비 영업이익은 28.1억원로 흑자전환하였음. 최종적으로 전년동기대비 당기순이익은 흑자전환하여 39.4억원을 기록함.

현금 흐름 〈단위 : 억원〉
항목	2015	2016
영업활동	34	90
투자활동	-50	-14
재무활동	-8	-39
순현금흐름	-20	35
기말현금	85	120

시장 대비 수익률

결산 실적 〈단위 : 억원〉
항목	2011	2012	2013	2014	2015	2016
매출액	1,462	1,305	1,183	1,126	1,003	1,177
영업이익	65	56	36	-26	-10	28
당기순이익	38	16	15	-43	-17	39

분기 실적 〈단위 : 억원〉
항목	2015.3Q	2015.4Q	2016.1Q	2016.2Q	2016.3Q	2016.4Q
매출액	267	262	245	288	317	326
영업이익	0	1	4	13	6	5
당기순이익	3	-3	0	10	11	19

재무 상태 〈단위 : 억원〉
항목	2011	2012	2013	2014	2015	2016
총자산	1,069	1,097	1,045	999	989	1,057
유형자산	484	505	535	531	546	479
무형자산	13	15	15	14	14	3
유가증권	3	1	1			
총부채	573	588	532	527	529	567
총차입금	344	374	343	389	383	344
자본금	80	80	82	82	82	82
총자본	495	508	513	472	459	490
지배주주지분	495	506	510	469	456	486

기업가치 지표
항목	2011	2012	2013	2014	2015	2016
주가(최고/저)(천원)	5.4/1.5	3.1/2.0	3.1/2.0	2.2/1.7	2.2/1.1	3.4/1.3
PER(최고/저)(배)	22.4/6.3	31.5/20.0	36.3/23.0	—/—	—/—	14.3/5.5
PBR(최고/저)(배)	1.8/0.5	1.0/0.6	1.0/0.6	0.8/0.6	0.8/0.4	1.1/0.4
EV/EBITDA(배)	7.5	7.7	9.7	96.1	25.3	11.2
EPS(원)	244	99	87	-266	-105	241
BPS(원)	3,104	3,171	3,244	2,990	2,911	3,085
CFPS(원)	366	253	256	-71	97	453
DPS(원)						25
EBITDAPS(원)	534	507	387	36	138	384

재무 비율 〈단위 : % 〉
연도	영업이익률	순이익률	부채비율	차입금비율	ROA	ROE	유보율	자기자본비율	EBITDA마진율
2016	2.4	3.4	115.9	70.2	3.9	8.4	516.9	46.3	5.3
2015	-1.0	-1.7	115.2	83.3	-1.7	-3.7	482.2	46.5	2.3
2014	-2.3	-3.8	111.7	82.5	-4.2	-8.9	498.0	47.2	0.5
2013	3.0	1.2	103.7	66.8	1.4	2.8	548.8	49.1	5.3

에스피씨삼립 (A005610)
SPC SAMLIP CO

업 종 : 식료품		시 장 : 거래소	
신용등급 : (Bond) — (CP) —		기업규모 : 시가총액 중형주	
홈페이지 : www.spcsamlip.co.kr		연 락 처 : 031)496-2114	
본 사 : 경기도 시흥시 공단1대로 101			

설 립 일 1968.06.28	종 업 원 수 1,327명	대 표 이 사 최석원
상 장 일 1975.05.02	감 사 의 견 적정 (안진)	계 열
결 산 기 12월	보 통 주 863만주	종속회사수
액 면 가 5,000원	우 선 주	구 상 호 삼립식품

주주구성 (지분율,%)		출자관계 (지분율,%)		주요경쟁사 (외형,%)	
파리크라상	40.7	그릭슈바인	100.0	SPC삼립	100
허진수	11.5	밀다원	100.0	조흥	7
(외국인)	5.0	SPCGFS	100.0	서울식품	2

매출구성		비용구성		수출비중	
빵, 빵가루, 샌드위치 등	38.5	매출원가율	80.9	수출	—
밀가루, 계란, 육가공품 등 식품소재	36.6	판관비율	15.6	내수	—
식재료 및 관련 식자재	34.1				

회사 개요
동사의 1968년 설립되어 현재 제빵, 식품소재, 식품유통, 프렌차이즈, 기타 부문의 사업을 영위하고 있음. 제빵시장은 크게 양산빵 시장과 베이커리 시장으로 구분되며 양산빵은 동사(점유율72%)가 시장을 주도하고 있고, 베이커리는 관계사인 파리크라상의 파리바게뜨가 시장을 선도하는 가운데 뚜레쥬르 및 기타 개인베이커리가 시장에서 경쟁하는 구도 임. 식품소재사업으로 종합식품회사로의 변화를 추진, 전통 식품의 프렌차이즈화로 차별화를 주도하고 있음.

실적 분석
동사의 2016년 연결기준 매출액은 전년대비 36.2% 성장한 1조 8,703.4억원을 기록함. 외형 성장에도 매출원가율은 소폭 상승하여 영업이익은 655.0억원, 당기순이익은 495.3억원을 보이며 각각 전년대비 15.1%, 31.7% 증가함. 제품별 매출비중은 제빵사업부문 29.5%, 식품소재사업부문 28.0%, 식품유통사업부문 43.5% 등의 안정된 구조를 유지하고 있음.

현금 흐름 〈단위 : 억원〉
항목	2015	2016
영업활동	443	796
투자활동	-457	-550
재무활동	4	-302
순현금흐름	-9	-57
기말현금	109	52

시장 대비 수익률
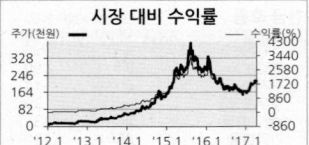

결산 실적 〈단위 : 억원〉
항목	2011	2012	2013	2014	2015	2016
매출액	6,272	8,334	10,662	11,076	13,738	18,703
영업이익	70	114	359	469	569	655
당기순이익	62	106	221	334	376	495

분기 실적 〈단위 : 억원〉
항목	2015.3Q	2015.4Q	2016.1Q	2016.2Q	2016.3Q	2016.4Q
매출액	3,666	3,909	3,828	4,755	4,820	5,300
영업이익	108	196	123	180	130	223
당기순이익	77	105	93	136	92	174

재무 상태 〈단위 : 억원〉
항목	2011	2012	2013	2014	2015	2016
총자산	3,606	5,458	5,545	5,717	6,129	6,746
유형자산	1,646	2,870	3,011	2,926	3,026	3,079
무형자산	46	56	141	141	139	142
유가증권	57	11	11	11	12	12
총부채	2,030	3,683	3,584	3,482	3,591	3,823
총차입금	289	2,015	1,994	1,833	1,880	1,627
자본금	431	431	431	431	431	431
총자본	1,575	1,775	1,961	2,236	2,538	2,923
지배주주지분	1,578	1,778	1,964	2,238	2,540	2,925

기업가치 지표
항목	2011	2012	2013	2014	2015	2016
주가(최고/저)(천원)	14.2/9.9	26.6/10.7	63.0/18.7	176/54.8	408/154	335/151
PER(최고/저)(배)	21.2/14.8	22.6/9.1	25.3/7.5	46.2/14.4	94.5/35.6	58.7/26.5
PBR(최고/저)(배)	0.8/0.6	1.3/0.5	2.8/0.8	6.8/2.1	13.9/5.2	9.8/4.4
EV/EBITDA(배)	6.0	14.4	11.4	19.5	29.2	16.2
EPS(원)	718	1,226	2,555	3,861	4,354	5,737
BPS(원)	18,444	20,762	22,911	26,089	29,583	34,561
CFPS(원)	2,402	3,188	5,632	7,136	7,946	9,689
DPS(원)	375	375	663	762	869	956
EBITDAPS(원)	2,493	3,282	7,238	8,711	10,189	11,543

재무 비율 〈단위 : % 〉
연도	영업이익률	순이익률	부채비율	차입금비율	ROA	ROE	유보율	자기자본비율	EBITDA마진율
2016	3.5	2.7	130.8	55.7	7.7	18.1	591.2	43.3	5.3
2015	4.1	2.7	141.5	74.1	6.4	15.7	491.7	41.4	6.4
2014	4.2	3.0	155.7	82.0	5.9	15.9	421.8	39.1	6.8
2013	3.4	2.1	182.8	101.7	4.0	11.8	358.2	35.4	5.9

에스피지 (A058610)
SPG

업 종 : 전기장비		시 장 : KOSDAQ	
신용등급 : (Bond) — (CP) —		기업규모 : 우량	
홈페이지 : www.spg.co.kr		연 락 처 : 032)820-8200	
본 사 : 인천시 남동구 청능대로 289번길 45 (고잔동, 남동공단 67B 12L)			

설 립 일 1991.03.21	종 업 원 수 302명	대 표 이 사 여영길
상 장 일 2002.07.23	감 사 의 견 적정 (서일)	계 열
결 산 기 12월	보 통 주 2,088만주	종속회사수
액 면 가 500원	우 선 주	구 상 호

주주구성 (지분율,%)		출자관계 (지분율,%)		주요경쟁사 (외형,%)	
이준호	19.7	스마트카라	55.6	에스피지	100
이상현	8.9	세모콘	44.1	성문전자	30
(외국인)	1.5	QingdaoSungshinmotorCo.,Ltd	100.0	가온전선	492

매출구성		비용구성		수출비중	
표준 AC Motor 외	52.9	매출원가율	80.7	수출	53.5
BLDC 모터류	21.2	판관비율	15.2	내수	46.5
연장선 등 기타	12.0				

회사 개요
동사는 정밀제어용 모터 및 감속기 부품 개발, 생산 및 판매를 주요업으로 함. 고마진 전략에 따라 지역별 수출 비중을 차별화 할 계획으로 저마진 제품을 주로 판매하는 미주지역의 매출은 유지하는 한편, 고마진 제품을 주로 수출하는 일본과 유럽 쪽의 수출은 전략적으로 확대하면서 수익성 개선에 주력할 계획임. 동사는 삼성전자, LG전자의 최첨단 PDP, LCD 라인 뿐만 아니라, 미국의 GE, Whirlpool에도 공급함.

실적 분석
동사의 결산 매출액은 전기 대비 9.7% 증가한 1,523억원 기록. 외형성장에도 불구 판관비 비중 상승 여파로 영업이익은 전기 대비 22.8% 감소한 61.4억원 시현. 경상수지는 비영업부문에서 뚜렷한 개선세를 시현하면서 전기 대비 큰 폭으로 증가한 155.4억원의 당기순이익 시현하는 등 수익성 강화되는 모습. 저수익 제품군의 해외이전 등을 통해 매출원가율은 지난해 수준을 유지하였으나, 인건비 및 기타 판관비 등이 크게 증가하여 영업수익성 하락.

현금 흐름 〈단위 : 억원〉
항목	2015	2016
영업활동	61	187
투자활동	7	-65
재무활동	12	8
순현금흐름	81	131
기말현금	168	300

시장 대비 수익률
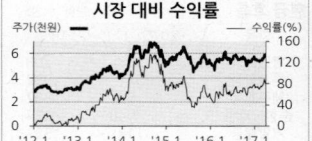

결산 실적 〈단위 : 억원〉
항목	2011	2012	2013	2014	2015	2016
매출액	1,052	1,046	1,156	1,351	1,388	1,523
영업이익	53	44	59	86	80	61
당기순이익	34	16	41	45	49	155

분기 실적 〈단위 : 억원〉
항목	2015.3Q	2015.4Q	2016.1Q	2016.2Q	2016.3Q	2016.4Q
매출액	358	371	346	351	357	469
영업이익	21	10	21	26	28	-13
당기순이익	27	-10	43	24	4	84

재무 상태 〈단위 : 억원〉
항목	2011	2012	2013	2014	2015	2016
총자산	1,193	1,226	1,302	1,478	1,572	2,461
유형자산	345	396	408	426	429	637
무형자산	49	43	41	59	33	40
유가증권	32	32	32	32	32	0
총부채	576	626	684	749	817	1,452
총차입금	305	399	391	487	532	855
자본금	67	67	67	81	81	104
총자본	618	600	618	729	755	1,009
지배주주지분	618	600	618	729	755	1,027

기업가치 지표
항목	2011	2012	2013	2014	2015	2016
주가(최고/저)(천원)	4.4/2.2	3.5/2.7	5.1/3.0	7.1/4.1	6.6/4.4	6.3/4.6
PER(최고/저)(배)	21.0/10.7	35.0/27.0	18.4/10.8	24.3/14.2	22.1/14.8	6.8/5.0
PBR(최고/저)(배)	1.2/0.6	0.9/0.7	1.2/0.7	1.7/1.0	1.4/1.0	1.2/0.9
EV/EBITDA(배)	7.3	10.4	9.9	10.4	10.9	17.1
EPS(원)	257	118	305	310	305	939
BPS(원)	4,617	4,486	4,623	4,503	4,668	5,532
CFPS(원)	461	336	524	544	529	1,154
DPS(원)	200	200	200	200	50	100
EBITDAPS(원)	600	545	658	821	715	585

재무 비율 〈단위 : % 〉
연도	영업이익률	순이익률	부채비율	차입금비율	ROA	ROE	유보율	자기자본비율	EBITDA마진율
2016	4.0	10.2	143.9	84.7	7.7	17.5	1,006.4	41.0	6.4
2015	5.7	3.6	108.2	70.4	3.2	6.7	833.7	48.0	8.3
2014	6.4	3.4	102.8	66.9	3.3	6.8	800.7	49.3	8.9
2013	5.1	3.5	110.6	63.2	3.2	6.7	824.6	47.5	7.6

에쎈테크 (A043340)
ESSEN TECH

업 종 : 기계		시 장 : KOSDAQ	
신용등급 : (Bond) — (CP) —		기업규모 : 중견	
홈페이지 : www.essentech.co.kr		연락처 : 032)820-6600	

본 사 : 인천시 남동구 남동서로 315, 남동공단 11블럭 5로트

설 립 일 1993.08.06	종 업 원 수 295명	대 표 이 사 조시영
상 장 일 2000.08.29	감 사 의 견 적정 (삼경)	계 열
결 산 기 12월	보 통 주 7,200만주	종속회사수
액 면 가 500원	우 선 주	구 상 호

주주구성 (지분율,%)		출자관계 (지분율,%)		주요경쟁사 (외형,%)	
대창	34.0	에쎈테크	100		
조시영	29.2	로보스타	208		
(외국인)	1.1	스맥	168		

매출구성		비용구성		수출비중	
용기밸브4종, 자동차부품, 볼밸브 외	52.8	매출원가율	89.1	수출	28.4
피팅	21.8	판관비율	7.0	내수	71.6
기타	14.6				

회사 개요
동사는 1985년 설립돼 황동단조품, 가공품, 황동볼밸브, 냉동볼밸브, 황동분배기 등의 황동소재 부품사업을 영위하고 있음. 주력 제품인 가스용기밸브는 내수수요와 생산제조업체의 공급수요가 적정, 제품 가격 안정, X-L 및 복합관은 내수에 비해 공급이 부족한 실정이며 현금 거래가 80% 이상을 차지함. 냉공조용 냉동볼밸브와 서비스 밸브는 국산화 개발성공으로 최근 1년전부터 국내 삼성전자, LG전자, 센츄리, 귀뚜라미 등에 공급하고 있음.

실적 분석
동사의 2016년도 연결기준 매출은 729.2억원으로 전년도 대비 소폭 상승함. 판매비와 관리비가 늘었지만 매출원가율 감소에 힘입어 영업이익은 전년도 대비 43.6% 증가한 28.1억원을 기록함. 동사는 황동과 관련된 모든 제품을 개발, 공급할 수 있는 체제를 갖추고 있음. 경쟁업체에 비해 외부의존도가 낮아 원가 경쟁에서 우위를 점하고 있음. 전년도 19억원을 기록했던 당기순이익은 소폭 하락한 18.1억원을 시현하였음.

현금 흐름 ▪IFRS 별도 기준 〈단위 : 억원〉

항목	2015	2016
영업활동	21	21
투자활동	-37	-17
재무활동	15	-2
순현금흐름	-1	3
기말현금	0	3

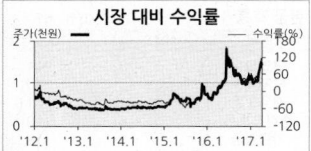

시장 대비 수익률

결산 실적 〈단위 : 억원〉

항목	2011	2012	2013	2014	2015	2016
매출액	931	766	855	835	720	729
영업이익	-94	10	25	28	20	28
당기순이익	-156	-56	12	11	19	18

분기 실적 ▪IFRS 별도 기준 〈단위 : 억원〉

항목	2015.3Q	2015.4Q	2016.1Q	2016.2Q	2016.3Q	2016.4Q
매출액	175	175	172	188	185	184
영업이익	3	6	7	7	6	8
당기순이익	-3	18	5	11	4	-1

재무 상태 ▪IFRS 별도 기준 〈단위 : 억원〉

항목	2011	2012	2013	2014	2015	2016
총자산	737	647	650	625	670	696
유형자산	261	239	236	246	288	161
무형자산	4	3	3	3	4	4
유가증권	0	0	0	0	0	0
총부채	688	453	443	404	408	416
총차입금	515	288	265	279	294	298
자본금	160	360	360	360	360	360
총자본	49	194	207	221	262	280
지배주주지분	49	194	207	221	262	280

기업가치 지표 ▪IFRS 별도 기준

항목	2011	2012	2013	2014	2015	2016
주가(최고/저)(천원)	1.0/0.5	0.8/0.4	0.5/0.4	0.5/0.4	1.2/0.4	1.9/0.6
PER(최고/저)(배)	—/—	—/—	32.2/22.0	33.7/25.5	45.4/15.9	76.6/23.7
PBR(최고/저)(배)	5.2/2.6	2.8/1.4	1.7/1.2	1.6/1.2	3.3/1.2	4.9/1.5
EV/EBITDA(배)	—	14.4	11.6	12.4	20.9	22.3
EPS(원)	-487	-147	16	15	26	25
BPS(원)	374	570	604	307	364	389
CFPS(원)	-826	-172	89	41	53	52
DPS(원)	—	—	—	—	—	—
EBITDAPS(원)	-441	174	125	66	54	66

재무 비율 〈단위 : % 〉

연도	영업이익률	순이익률	부채비율	차입금비율	ROA	ROE	유보율	자기자본비율	EBITDA마진율
2016	3.9	2.5	일부잠식	일부잠식	2.6	6.7	-22.2	40.2	6.5
2015	2.7	2.6	일부잠식	일부잠식	2.9	7.9	-27.2	39.1	5.4
2014	3.4	1.3	일부잠식	일부잠식	1.7	4.9	-38.7	35.3	5.7
2013	2.9	1.4	일부잠식	일부잠식	1.8	5.8	-39.6	31.8	5.2

에쓰씨엔지니어링 (A023960)
SC Engineering

업 종 : 건설		시 장 : 거래소	
신용등급 : (Bond) — (CP) —		기업규모 : 시가총액 소형주	
홈페이지 : www.sewoncellontech.com		연락처 : 02)2167-9090	

본 사 : 서울시 영등포구 의사당대로 83, 한국HP빌딩

설 립 일 1971.01.14	종 업 원 수 155명	대 표 이 사 윤형근,장정호
상 장 일 1997.06.23	감 사 의 견 적정 (대현)	계 열
결 산 기 12월	보 통 주 1,018만주	종속회사수
액 면 가 500원	우 선 주	구 상 호

주주구성 (지분율,%)		출자관계 (지분율,%)		주요경쟁사 (외형,%)	
에스씨기획	40.9	조드세원	50.0	에스씨엔지니어링	100
에쓰씨센세스	15.2	세원셀론텍	28.9	삼일기업공사	9
(외국인)	1.3	RMSINNOVATIONS	100.0	신원종합개발	37

매출구성		비용구성		수출비중	
PRESSURE VESSEL , REACTOR 등	58.4	매출원가율	92.7	수출	57.4
산업설비 플랜트 E.P.C	33.5	판관비율	10.7	내수	42.6
세포치료제, 가족제대혈은행, 의약품 등	4.5				

회사 개요
동사는 1971년에 설립된 중화학공업 플랜트의 핵심기기를 제조하는 전문 화공기기 제작 사업을 영위해왔음. 2005년에 셀론텍과 합병하여 세원셀론텍으로 사명을 변경함. 이후 E&C사업본부를 분리하여 세원셀론텍으로 분할 상장하고, 동사는 원래 사명으로 변경후 존속하였음. 엔지니어링 사업을 기반으로 정밀화학,바이오 케미칼, 산업플랜트 분야에 대한 설계와 시공, 대형플랜트설비의 Turn-Key Base Project 등의 사업을 영위함.

실적 분석
동사의 주력사업인 산업설비공사 부문의 매출이 지속적으로 줄어들고, 종속회사인 세원셀론텍의 바이오 부문과 열교환기, 반응기 등의 PE부문의 실적도 하반기 들어 둔화되면서 2016년 매출액은 전년동기 대비 24.4% 감소함. 경쟁심화로 저가 수주가 이어지고, 수익성이 낮은 세원셀론텍 PE부문의 비중 증가로 원가율이 악화됨. 영업외수지에서도 이자비용, 외환손실, 지분법손실, 잡손실 등이 크게 늘어나면서 순이익은 150.0억원의 적자로 전환됨.

현금 흐름 〈단위 : 억원〉

항목	2015	2016
영업활동	-113	16
투자활동	3	-199
재무활동	234	85
순현금흐름	124	-98
기말현금	158	61

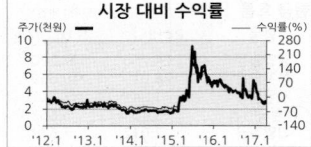

시장 대비 수익률

결산 실적 〈단위 : 억원〉

항목	2011	2012	2013	2014	2015	2016
매출액	3,094	3,188	2,543	2,504	4,107	3,103
영업이익	-222	52	-145	-252	30	-107
당기순이익	-251	-18	-245	-307	47	-222

분기 실적 ▪IFRS 별도 기준 〈단위 : 억원〉

항목	2015.3Q	2015.4Q	2016.1Q	2016.2Q	2016.3Q	2016.4Q
매출액	1,161	1,151	980	768	652	704
영업이익	10	-48	5	-28	-36	-49
당기순이익	75	-119	-50	-39	-109	-24

재무 상태 〈단위 : 억원〉

항목	2011	2012	2013	2014	2015	2016
총자산	4,052	3,855	3,169	3,281	4,037	4,058
유형자산	1,834	1,770	1,558	1,491	1,469	2,375
무형자산	67	72	67	71	75	85
유가증권	29	41	45	45	48	45
총부채	2,799	2,653	2,221	2,655	2,869	2,428
총차입금	1,505	1,834	1,528	1,661	1,379	1,423
자본금	51	51	51	51	51	51
총자본	1,254	1,202	948	626	1,168	1,629
지배주주지분	491	431	314	118	204	235

기업가치 지표

항목	2011	2012	2013	2014	2015	2016
주가(최고/저)(천원)	3.2/2.0	3.5/1.9	2.8/1.5	2.0/1.4	10.5/1.5	7.1/3.1
PER(최고/저)(배)	—/—	—/—	—/—	—/—	46.9/6.9	—/—
PBR(최고/저)(배)	0.7/0.5	0.9/0.5	0.9/0.5	1.7/1.2	5.2/0.8	3.1/1.3
EV/EBITDA(배)	—	21.0	—	—	26.2	—
EPS(원)	-721	-387	-921	-1,780	223	-1,474
BPS(원)	4,829	4,237	3,082	1,206	2,015	2,315
CFPS(원)	36	424	-80	-1,008	945	-832
DPS(원)	100	50	50	—	—	—
EBITDAPS(원)	-1,429	1,326	-588	-1,700	1,012	-411

재무 비율 〈단위 : % 〉

연도	영업이익률	순이익률	부채비율	차입금비율	ROA	ROE	유보율	자기자본비율	EBITDA마진율
2016	-3.5	-7.2	149.0	87.3	-5.5	-68.3	363.0	40.2	-1.4
2015	0.7	1.2	245.6	118.0	1.3	14.1	303.1	28.9	2.5
2014	-10.1	-12.3	424.0	265.3	-9.5	-84.0	141.2	19.1	-6.9
2013	-5.7	-9.6	234.1	161.1	-7.0	-25.2	516.4	29.9	-2.4

에쓰-오일 (A010950)
S-Oil

업 종 : 석유 및 가스	시 장 : 거래소
신용등급 : (Bond) AA+ (CP) —	기업규모 : 시가총액 대형주
홈페이지 : www.s-oil.com	연 락 처 : 02)3772-5151
본 사 : 서울시 마포구 백범로 192 (공덕동 471번지)	

설 립 일	1976.01.06	종업원수 3,052명	대표이사 NasserAlMahasher
상 장 일	1987.05.27	감사의견 적정 (삼일)	계 열
결 산 기	12월	보 통 주 11,258만주	종속회사수
액 면 가	2,500원	우 선 주 402만주	구 상 호

주주구성 (지분율,%)
Aramco Overseas Company,B.V(A.O.C.B.V)	63.4
국민연금공단	6.1
(외국인)	78.5

출자관계 (지분율,%)
에쓰-오일토탈윤활유	50.0
코리아오일터미널	18.0
도시산업	13.0

주요경쟁사 (외형,%)
S-Oil	100
SK	512
SK이노베이션	242

매출구성
기타	32.1
경유	27.9
항공유	15.2

비용구성
매출원가율	85.9
판관비율	4.2

수출비중
수출	56.6
내수	43.4

회사 개요
동사는 1976년 설립되어 1987년 유가증권시장에 상장함. 석유제품, 윤활기유, 석유화학제품을 제조, 판매함. 동사의 대주주인 AOC의 모회사가 사우디아라비아 국영석유회사이므로 안정적인 장기 원유 공급이 가능. 또한 세계적 수준의 중질유분해탈황 시설을 바탕으로 국내외 시장을 연계하는 생산, 마케팅 전략을 추구해 효율성을 극대화 중. 동사의 제품은 전세계적으로 수출 중이며 단일 공장으로 세계 2위의 기유 생산시설을 보유 중임.

실적 분석
2016년 결산 연결기준 누적 매출액은 16조 3,218.4억원으로 전년동기 대비 8.8% 하락. 영업이익은 16,168.9억원으로 97.8% 증가, 당기순이익도 12,053.6억원으로 전년동기 대비 90.9% 증가하며 수익성 향상됨. 국내에서 차량증가 영향으로 수송용 휘발유, 경유 수요가 증가되었으며, 여객기 증가에 따른 항공유 수요 및 한전 발전용 연료 증가에 따른 중질유 수요의 증가로 내수 매출 견인함.

현금 흐름
〈단위 : 억원〉
항목	2015	2016
영업활동	24,756	17,220
투자활동	-28,019	-19,669
재무활동	-1,841	8,111
순현금흐름	-5,103	5,662
기말현금	2,012	7,674

시장 대비 수익률

결산 실적
〈단위 : 억원〉
항목	2011	2012	2013	2014	2015	2016
매출액	319,139	347,233	311,585	285,576	178,903	163,218
영업이익	16,975	7,818	3,660	-2,897	8,176	16,169
당기순이익	11,910	5,852	2,896	-2,878	6,313	12,054

분기 실적
〈단위 : 억원〉
항목	2015.3Q	2015.4Q	2016.1Q	2016.2Q	2016.3Q	2016.4Q
매출액	44,267	39,473	34,284	41,984	41,379	45,571
영업이익	161	-429	4,918	6,409	1,162	3,680
당기순이익	-440	353	4,333	4,436	1,718	1,567

재무 상태
〈단위 : 억원〉
항목	2011	2012	2013	2014	2015	2016
총자산	132,027	124,974	119,207	102,557	107,955	139,590
유형자산	38,825	36,703	37,604	43,217	47,308	57,108
무형자산	370	429	465	500	472	545
유가증권	789	949	929	604	539	494
총부채	79,774	71,213	65,667	53,467	54,056	75,674
총차입금	37,481	35,080	32,110	36,380	36,063	47,603
자본금	2,915	2,915	2,915	2,915	2,915	2,915
총자본	52,253	53,760	53,540	49,090	53,899	63,916
지배주주지분	52,253	53,760	53,540	49,090	53,899	63,916

기업가치 지표
항목	2011	2012	2013	2014	2015	2016
주가(최고/저)(천원)	138/68.8	124/74.9	93.0/61.7	65.1/34.7	74.9/40.6	91.3/65.0
PER(최고/저)(배)	16.4/8.1	28.8/17.4	42.5/28.2	—/—	15.1/8.3	9.5/6.7
PBR(최고/저)(배)	3.7/1.8	3.1/1.9	2.3/1.5	1.7/0.9	1.8/1.0	1.8/1.3
EV/EBITDA(배)	6.8	12.2	14.7	161.1	9.2	5.4
EPS(원)	10,214	5,018	2,484	-2,468	5,414	10,337
BPS(원)	44,828	46,121	45,932	42,116	46,240	54,830
CFPS(원)	13,436	8,373	5,638	445	7,757	12,796
DPS(원)	4,800	2,650	1,330	150	2,400	6,200
EBITDAPS(원)	17,780	10,059	4,429	429	9,355	16,326

재무 비율
〈단위 : % 〉
연도	영업이익률	순이익률	부채비율	차입금비율	ROA	ROE	유보율	자기자본비율	EBITDA마진율
2016	9.9	7.4	118.4	74.5	9.7	20.5	2,093.2	45.8	11.7
2015	4.6	3.5	100.3	66.9	6.0	12.3	1,749.6	49.9	6.1
2014	-1.0	-1.0	108.9	74.1	-2.6	-5.6	1,584.6	47.9	0.2
2013	1.2	0.9	122.7	60.0	2.4	5.4	1,737.3	44.9	2.4

에이디칩스 (A054630)
Advanced Digital Chips

업 종 : 반도체 및 관련장비	시 장 : KOSDAQ
신용등급 : (Bond) — (CP) —	기업규모 :
홈페이지 : www.adc.co.kr	연 락 처 : 031)463-7500
본 사 : 경기도 안양시 동안구 학의로 282, A동 22층(관양동, 금강펜테리움 IT타워)	

설 립 일	1996.04.16	종업원수 95명	대표이사 김미선
상 장 일	2001.11.13	감사의견 적정 (정연)	계 열
결 산 기	12월	보 통 주 1,141만주	종속회사수
액 면 가	500원	우 선 주	구 상 호

주주구성 (지분율,%)
골든에이지인베스트	11.0
장도종	3.6
(외국인)	0.9

출자관계 (지분율,%)

주요경쟁사 (외형,%)
에이디칩스	100
네패스신소재	72
피에스엠씨	161

매출구성
반도체 유통사업 IC유통	66.2
ASSP판매(특정용도 표준형 반도체)	19.9
SOC사업 IC유통	7.0

비용구성
매출원가율	77.9
판관비율	14.7

수출비중
수출	16.3
내수	83.7

회사 개요
동사는 반도체 설계 및 비메모리 반도체 판매, 유통을 주업으로 하고 있는 벤처기업으로서 EISC MCU Core IP 개발 사업과 ASSP 개발/판매 및 이를 이용한 보드/시스템 개발 판매, 반도체유통 사업을 주업으로 하고 있음. 1996년 4월 설립되어, 2001년 11월 코스닥시장에 상장함. 비메모리반도체 판매, 유통 및 설계사업을 영위하고 있는 3개의 비상장사를 종속회사로 보유하고 있음

실적 분석
동사의 2016년 결산기준 누적 매출액은 전년동기대비 92.3% 상승한 253억원을 기록하였음. 비용면에서 전년동기대비 매출원가는 크게 증가 하였으며 인건비는 감소 하였고 기타판매비와관리비는 크게 감소함. 이처럼 매출액 상승과 더불어 비용절감에도 힘을 기울였음. 그에 따라 전년동기대비 영업이익은 18.6억원으로 흑자전환하였음. 최종적으로 전년동기대비 당기순이익은 흑자전환하여 19억원을 기록하였음.

현금 흐름
〈단위 : 억원〉
항목	2015	2016
영업활동	-28	-11
투자활동	13	-40
재무활동	21	61
순현금흐름	-18	10
기말현금	8	18

시장 대비 수익률
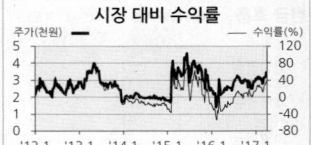

결산 실적
〈단위 : 억원〉
항목	2011	2012	2013	2014	2015	2016
매출액	669	456	430	155	132	253
영업이익	6	-13	-20	-34	-11	19
당기순이익	8	-22	-45	-41	-24	19

분기 실적
〈단위 : 억원〉
항목	2015.3Q	2015.4Q	2016.1Q	2016.2Q	2016.3Q	2016.4Q
매출액	35	32	60	79	61	54
영업이익	-1	-8	4	7	6	2
당기순이익	-2	-16	4	4	10	3

재무 상태
〈단위 : 억원〉
항목	2011	2012	2013	2014	2015	2016
총자산	229	212	172	130	94	180
유형자산	40	41	41	39	38	54
무형자산	4	3	3	2	2	20
유가증권	0					.9
총부채	63	74	77	70	36	83
총차입금	24	31	38	51	27	66
자본금	42	42	42	42	49	55
총자본	166	138	95	60	59	98
지배주주지분	133	105	72	38	59	98

기업가치 지표
항목	2011	2012	2013	2014	2015	2016
주가(최고/저)(천원)	3.4/1.7	3.6/2.0	4.0/1.6	2.4/1.7	5.0/1.7	3.3/1.4
PER(최고/저)(배)	39.1/19.2	—/—	—/—	—/—	—/—	18.4/7.9
PBR(최고/저)(배)	2.2/1.1	2.9/1.6	4.7/1.9	5.2/3.8	8.4/2.8	3.7/1.6
EV/EBITDA(배)	23.2					16.6
EPS(원)	86	-277	-415	-459	-240	178
BPS(원)	1,564	1,240	845	451	593	889
CFPS(원)	105	-252	-393	-437	-221	214
DPS(원)						
EBITDAPS(원)	92	-131	-210	-376	-109	210

재무 비율
〈단위 : % 〉
연도	영업이익률	순이익률	부채비율	차입금비율	ROA	ROE	유보율	자기자본비율	EBITDA마진율
2016	7.4	7.5	84.6	67.9	13.9	24.4	77.7	54.2	8.9
2015	-8.6	-18.1	61.3	46.7	-21.2	-43.7	18.5	62.0	-7.3
2014	-21.8	-26.1	117.8	84.9	-26.9	-70.9	-9.9	45.9	-20.6
2013	-4.6	-10.3	81.2	40.5	-23.2	-39.8	69.1	55.2	-4.1

에이디테크놀로지 (A200710)
ADTechnologyCo

업 종 : 반도체 및 관련장비		시 장 : KOSDAQ	
신용등급 : (Bond) — (CP) —		기 업 규 모 : 벤처	
홈 페 이 지 : www.adtek.co.kr		연 락 처 : (031)776-7575	
본 사 : 경기도 성남시 분당구 대왕판교로644번길 49, 801호(삼평동, 디티씨타워)			

설 립 일 2002.08.20	종 업 원 수 71명	대 표 이 사 김준석	
상 장 일 2014.12.16	감 사 의 견 적정 (정일)	계 열	
결 산 월 12월	보 통 주 815만주	종 속 회 사 수	
액 면 가 500원	우 선 주	구 상 호	

주주구성 (지분율,%)	출자관계 (지분율,%)	주요경쟁사 (외형,%)
김준석 23.0	케이제이디씨 98.0	에이디테크놀로지 100
홍미경 3.2		제너셈 79
(외국인) 1.0		다믈멀티미디어 113

매출구성	비용구성	수출비중
SoC설계용역 45.3	매출원가율 96.5	수출 0.0
디스플레이 32.3	판관비율 18.9	내수 100.0
모바일 12.7		

회사 개요
동사는 2002년 8월 20일에 설립되어, 반도체소자의 설계 및 제조(ASIC)를 주요사업으로 영위하고 있음. 동사는 글로벌 No.1 파운드리(반도체 전문위탁생산) 회사인 TSMC의 VCA(Value Chain Aggregator; 가치사슬협력자)관계로 이는 국내에서 유일한 협력관계임. 종속회사로 반도체설계용역체인 케이제이디씨가 있으며, 종속회사였던 네오바인은 2014년 5월 청산을 완료하면서 종속회사에서 탈퇴함.

실적 분석
동사의 2016년 연결 기준 매출액은 226.7억원으로 전년동기대비 36.7% 감소하여 매출총이익은 88.7%감소한 8억원을 기록함. 판관비의 감소에도 영업손실은 34.9억원으로 전년 동기 대비 적자전환함. 비영업부문 또한 9.3억원의 적자를 기록함에 그에 따라 당기순손실은 40.6억원으로 전년동기대비 적자전환함. 동사는 최근 스마트폰 전방산업이 예상보다 부진함에 따라 단기적으로 실적이 악화된 것으로 분석됨.

현금 흐름 〈단위 : 억원〉
항목	2015	2016
영업활동	18	-19
투자활동	10	1
재무활동	-31	50
순현금흐름	-3	33
기말현금	34	67

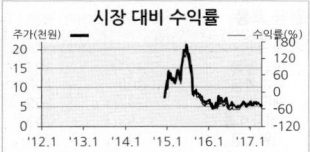
시장 대비 수익률

결산 실적 〈단위 : 억원〉
항목	2011	2012	2013	2014	2015	2016
매출액	222	248	437	685	358	227
영업이익	16	18	42	106	20	-35
당기순이익	10	7	31	106	27	-41

분기 실적 〈단위 : 억원〉
항목	2015.3Q	2015.4Q	2016.1Q	2016.2Q	2016.3Q	2016.4Q
매출액	70	50	64	39	57	67
영업이익	7	-10	-10	-13	-12	1
당기순이익	6	-6	-13	-11	-11	-5

재무 상태 〈단위 : 억원〉
항목	2011	2012	2013	2014	2015	2016
총자산	183	217	223	474	457	481
유형자산	15	20	11	11	12	7
무형자산	19	21	14	24	34	37
유가증권	1	1	—	—	—	42
총부채	79	145	110	103	78	136
총차입금	49	97	62	33	20	65
자본금	17	12	14	20	21	41
총자본	104	72	112	371	379	345
지배주주지분	104	72	112	371	379	345

기업가치 지표
항목	2011	2012	2013	2014	2015	2016
주가(최고/저)(천원)	—/—	—/—	—/—	10.8/6.8	21.3/5.4	7.9/4.6
PER(최고/저)(배)	0.0/0.0	0.0/0.0	0.0/0.0	6.3/4.0	67.3/17.0	—/—
PBR(최고/저)(배)	0.0/0.0	0.0/0.0	0.0/0.0	2.4/1.5	4.5/1.1	1.8/1.0
EV/EBITDA(배)	—	—	—	5.2	9.8	—
EPS(원)	182	121	557	1,777	330	-499
BPS(원)	3,140	2,213	3,665	9,212	9,729	4,481
CFPS(원)	439	325	1,133	3,711	852	-409
DPS(원)					250	
EBITDAPS(원)	598	655	1,494	3,734	684	-338

재무 비율 〈단위 : %〉
연도	영업이익률	순이익률	부채비율	차입금비율	ROA	ROE	유보율	자기자본비율	EBITDA마진율
2016	-15.4	-17.9	39.4	19.0	-8.7	-11.2	796.2	71.8	-12.1
2015	5.5	7.4	20.5	5.3	5.7	7.1	1,845.8	83.0	7.8
2014	15.5	15.4	27.7	8.9	30.4	43.8	1,742.5	78.3	16.6
2013	9.6	7.0	98.2	55.0	13.9	33.3	689.3	50.5	10.6

에이블씨엔씨 (A078520)
ABLE C&C

업 종 : 개인생활용품		시 장 : 거래소	
신용등급 : (Bond) — (CP) —		기 업 규 모 : 시가총액 소형주	
홈 페 이 지 : www.able-cnc.com		연 락 처 : (02)6292-6789	
본 사 : 서울시 금천구 가산디지털1로 119, SK트윈테크타워 A동 3층			

설 립 일 2000.01.07	종 업 원 수 335명	대 표 이 사 서영필	
상 장 일 2011.09.07	감 사 의 견 적정 (성지)	계 열	
결 산 월 12월	보 통 주 1,689만주	종 속 회 사 수	
액 면 가 500원	우 선 주	구 상 호	

주주구성 (지분율,%)	출자관계 (지분율,%)	주요경쟁사 (외형,%)
서영필 29.3	리프앤바인 100.0	에이블씨엔씨 100
신영증권 6.0	MISSHAJAPANINC. 100.0	케어젠 11
(외국인) 17.7	북경애박신화장품상무유한공사 100.0	콜마비앤에이치 59

매출구성	비용구성	수출비중
기타 27.1	매출원가율 38.2	수출 —
베이스메이크업 27.0	판관비율 56.2	내수 —
스킨케어 23.0		

회사 개요
동사는 화장품과 생활용품 제조 판매업 및 화장품 유통판매업, 인터넷정보통신 및 관련 소프트웨어개발, 인터넷상거래업을 주요 사업부문으로 영위하고 있으며 '미사'를 고유 브랜드로 보유하고 있음. 종속기업으로 해외현지판매법인 MISSHA JAPAN INC, 북경애박신화장품상무유한공사, MISSHA USA CORP등이 있음. 동사의 시장점유율은 약 4.3%로 추산됨.

실적 분석
동사의 2016년 연결 기준 매출액은 4,345.6억원으로 전년 대비 6.5% 소폭 증가했음. 매출원가율 개선으로 매출총이익이 4% 늘었으며 매출액에서 판매비와 관리비가 차지하는 비중도 줄면서 영업이익은 37.3% 늘어난 243억원을 기록함. 판매비와관리비중에서 인건비가 1.6% 늘었으나 광고선전비는 20.7% 감소했음. 비영업손익이 소폭 줄었으나 당기순이익은 전년 대비 15.6% 늘어난 180.2억원을 기록했음.

현금 흐름 〈단위 : 억원〉
항목	2015	2016
영업활동	323	300
투자활동	-136	-72
재무활동	-3	-43
순현금흐름	186	190
기말현금	272	461

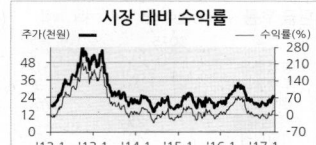
시장 대비 수익률

결산 실적 〈단위 : 억원〉
항목	2011	2012	2013	2014	2015	2016
매출액	3,303	4,523	4,424	4,383	4,079	4,346
영업이익	336	536	132	67	177	243
당기순이익	283	420	126	26	156	180

분기 실적 〈단위 : 억원〉
항목	2015.3Q	2015.4Q	2016.1Q	2016.2Q	2016.3Q	2016.4Q
매출액	899	1,202	1,017	1,084	937	1,308
영업이익	14	131	51	61	3	128
당기순이익	17	101	45	51	-25	110

재무 상태 〈단위 : 억원〉
항목	2011	2012	2013	2014	2015	2016
총자산	1,880	2,352	2,388	2,283	2,486	2,779
유형자산	160	199	237	223	209	191
무형자산	36	32	33	31	30	29
유가증권	430	630	800	727	911	900
총부채	745	829	704	587	632	797
총차입금	—	—	—	—	—	—
자본금	47	52	58	64	70	77
총자본	1,135	1,524	1,684	1,696	1,854	1,981
지배주주지분	1,135	1,524	1,684	1,696	1,854	1,981

기업가치 지표
항목	2011	2012	2013	2014	2015	2016
주가(최고/저)(천원)	16.7/10.4	58.8/17.0	57.5/17.9	26.0/13.9	28.7/15.5	34.0/16.9
PER(최고/저)(배)	10.4/6.5	24.2/7.0	80.0/24.9	176.6/94.2	32.1/17.3	32.5/16.2
PBR(최고/저)(배)	2.6/1.6	6.7/1.9	6.0/1.9	2.7/1.4	2.7/1.5	2.9/1.5
EV/EBITDA(배)	9.3	16.0	13.0	15.2	19.9	10.7	7.3
EPS(원)	1,699	2,544	750	152	923	1,067
BPS(원)	12,119	14,809	14,584	13,380	13,327	12,969
CFPS(원)	3,646	4,829	1,515	636	1,464	1,504
DPS(원)	450	550	350	60	350	450
EBITDAPS(원)	4,234	5,956	1,566	964	1,614	1,913

재무 비율 〈단위 : %〉
연도	영업이익률	순이익률	부채비율	차입금비율	ROA	ROE	유보율	자기자본비율	EBITDA마진율
2016	5.6	4.2	40.3	0	6.8	9.4	2,493.9	71.3	6.8
2015	4.3	3.8	34.1	0	6.5	8.8	2,565.3	74.6	5.5
2014	1.5	0.6	34.6	0	1.1	1.5	2,576.0	74.3	2.8
2013	3.0	2.9	41.8	0	5.3	7.9	2,816.8	70.5	4.1

에이비온 (A203400)
ABION

업 종: 바이오		시 장: KONEX	
신용등급: (Bond) — (CP) —		기업규모: —	
홈페이지: www.abionbio.com		연락처: 02)6006-7610	
본 사: 서울시 강남구 개포로 34길 5, 202호 (개포동, 창원빌딩)			

설립일	2007.04.16	종업원수	47명	대표이사	신영기
상장일	2014.07.21	감사의견	적정 (안진)	계열	
결산기	12월	보통주	946만주	종속회사	
액면가	500원	우선주		구상호	

주주구성 (지분율,%)		출자관계 (지분율,%)		주요경쟁사 (외형,%)	
신영기	25.2	에이비온	100	팬젠	38
나우일본테크놀로지투자펀드1호	5.2			랩지노믹스	631

매출구성		비용구성		수출비중	
용역개발수입(용역)	43.7	매출원가율	94.8	수출	0.0
분자유전외(기타)	28.2	판관비율	193.2	내수	100.0
연구용시약외(상품)	25.9				

회사 개요
동사는 신약 연구 개발을 전문적으로 수행하는 벤처기업으로 2007년 설립돼 바이오의약품의 연구 및 개발, 제조, 판매와 관련된 서비스를 제공함. 2014년 7월 코넥스 시장에 상장됨. 주요 제품으로는 다발성경화증용 단백질치료제, 자궁경부암용 핵산치료제, 난소암용 항체치료제 등이 있으며 조직병리분석, 분자유전분석, 세포면역분석 등 CRO 서비스도 제공함. CRO 서비스가 매출 가운데 가장 큰 비중을 차지함.

실적 분석
동사의 2016년 누적매출액은 38.1억원으로 전년 대비 17.7% 감소함. 매출액의 두 배에 육박하는 판관비 지출로 인해 71.6억원의 영업손실을 기록해 적자폭이 확대됨. 당기순손실도 76.8억원으로 전년 50.9억원보다 늘어남. 동사가 개발 중인 다발성경화증 단백질치료제 카비페론이 범부처전주기신약개발사업 과제로 선정돼 비임상 단계 연구개발에 박차를 가할 예정임.

현금 흐름
*IFRS 별도 기준 〈단위 : 억원〉

항목	2015	2016
영업활동	-54	-61
투자활동	32	-3
재무활동	-3	76
순현금흐름	-25	12
기말현금	44	55

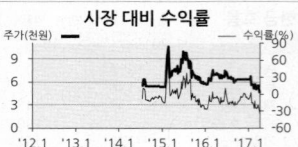

시장 대비 수익률

결산 실적
〈단위 : 억원〉

항목	2011	2012	2013	2014	2015	2016
매출액	15	11	20	25	46	38
영업이익	-1	-22	-33	-47	-46	-72
당기순이익	-2	-23	-35	-53	-51	-77

분기 실적
*IFRS 별도 기준 〈단위 : 억원〉

항목	2015.3Q	2015.4Q	2016.1Q	2016.2Q	2016.3Q	2016.4Q
매출액	—	—	—	—	—	—
영업이익	—	—	—	—	—	—
당기순이익	—	—	—	—	—	—

재무 상태
*IFRS 별도 기준 〈단위 : 억원〉

항목	2011	2012	2013	2014	2015	2016
총자산	12	31	140	166	116	130
유형자산	8	20	80	81	45	50
무형자산	0	8	8	11	7	6
유가증권	—	—	—	—	—	—
총부채	12	32	99	119	54	76
총차입금	7	11	84	95	31	55
자본금	2	24	34	39	43	47
총자본	0	-1	41	47	63	54
지배주주지분	0	-1	41	47	63	54

기업가치 지표
*IFRS 별도 기준

항목	2011	2012	2013	2014	2015	2016
주가(최고/저)(천원)	—/—	—/—	—/—	9.0/6.8	15.1/7.4	11.0/7.9
PER(최고/저)(배)	0.0/0.0	0.0/0.0	0.0/0.0	—/—	—/—	—/—
PBR(최고/저)(배)	0.0/0.0	0.0/0.0	0.0/0.0	10.3/7.8	14.5/7.0	13.6/9.8
EV/EBITDA(배)	2.5	—	—	—	—	—
EPS(원)	-449	-656	-597	-786	-627	-871
BPS(원)	913	-19	611	614	733	567
CFPS(원)	4,512	-407	-392	-587	-538	-754
DPS(원)	—	—	—	—	—	—
EBITDAPS(원)	5,569	-391	-357	-499	-481	-695

재무 비율
〈단위 : % 〉

연도	영업이익률	순이익률	부채비율	차입금비율	ROA	ROE	유보율	자기자본비율	EBITDA마진율
2016	-188.0	-201.6	141.5	103.1	-62.5	-132.0	13.4	41.4	-161.0
2015	-100.1	-110.1	85.6	49.3	-36.1	-92.5	46.6	53.9	-84.4
2014	-190.3	-214.5	250.6	200.4	-34.8	-120.4	22.9	28.5	-136.1
2013	-166.1	-176.1	240.0	204.5	-41.0	전기잠식	22.3	29.4	-105.4

에이스침대 (A003800)
Ace Bed

업 종: 내구소비재		시 장: KOSDAQ	
신용등급: (Bond) — (CP) —		기업규모: 우량	
홈페이지: www.acebed.com		연락처: 031)746-7111	
본 사: 경기도 성남시 중원구 사기막골로 105번길 42			

설립일	1977.07.01	종업원수	577명	대표이사	안성호
상장일	1996.05.03	감사의견	적정 (신한)	계열	
결산기	12월	보통주	222만주	종속회사	
액면가	5,000원	우선주		구상호	

주주구성 (지분율,%)		출자관계 (지분율,%)		주요경쟁사 (외형,%)	
안성호	74.6	에이스침대중국공장	95.7	에이스침대	100.
안유수	5.0	한국더엠비	7.0	한샘	950
(외국인)	3.0	제이티비씨	0.9	현대리바트	361

매출구성		비용구성		수출비중	
침대(제품)	91.1	매출원가율	44.2	수출	0.0
가구	7.0	판관비율	38.2	내수	100.0
가구(제품)	1.8				

회사 개요
국내 침대시장은 썰타침대(회장 안유수), 에이스침대(사장 안성호), 시몬스침대(사장 안정호)로 독과점을 영위중. 업계 최초로 침대공학연구소를 설치하는 등 최고의 제품과 서비스를 제공하기 위한 노력 지속중이며, 높은 브랜드 이미지와 차별화된 마케팅기법으로 가장 높은 점유율을 기록하고 있음. 수출비중이 지속적으로 감소세를 보이고 있으나, 향후 중국 시장의 활성화를 기대해 볼만함.

실적 분석
동사의 2016년 결산 매출액과 영업이익은 각각 2,037억원, 357.9억원으로 전기 대비 각각 5.7%, 4.2% 증가함. 이는 분양시장 호황에 따른 입주물량 및 이사수요 확대와 전반적으로 인테리어 시장이 확대된 영향으로 분석됨. 전체 매출액의 90%를 차지하는 침대부문의 선전이 동사의 양호한 실적을 견인함. 높은 브랜드 이미지로 시장 선도기업의 위치에서 안정적 성장 가능할 것으로 기대.

현금 흐름
〈단위 : 억원〉

항목	2015	2016
영업활동	401	305
투자활동	-300	-208
재무활동	-47	-59
순현금흐름	53	43
기말현금	243	286

시장 대비 수익률

결산 실적
〈단위 : 억원〉

항목	2011	2012	2013	2014	2015	2016
매출액	1,891	1,784	1,648	1,693	1,927	2,037
영업이익	428	372	292	272	344	358
당기순이익	381	330	289	238	305	303

분기 실적
*IFRS 별도 기준 〈단위 : 억원〉

항목	2015.3Q	2015.4Q	2016.1Q	2016.2Q	2016.3Q	2016.4Q
매출액	471	574	500	494	484	559
영업이익	71	132	85	96	59	118
당기순이익	67	110	70	80	56	97

재무 상태
〈단위 : 억원〉

항목	2011	2012	2013	2014	2015	2016
총자산	2,882	3,117	3,329	3,517	3,823	4,047
유형자산	1,208	1,379	1,461	1,796	2,072	2,387
무형자산	16	14	13	13	12	13
유가증권	682	773	454	731	911	716
총부채	361	313	273	268	324	337
총차입금	—	—	—	—	9	24
자본금	111	111	111	111	111	111
총자본	2,520	2,804	3,056	3,249	3,499	3,710
지배주주지분	2,516	2,801	3,053	3,246	3,496	3,708

기업가치 지표

항목	2011	2012	2013	2014	2015	2016
주가(최고/저)(천원)	87.7/60.0	72.4/66.2	108/69.6	123/90.2	178/110	168/135
PER(최고/저)(배)	5.8/4.0	5.4/5.0	9.0/5.8	12.1/9.0	13.5/8.4	12.5/10.1
PBR(최고/저)(배)	0.9/0.6	0.6/0.6	0.8/0.5	0.9/0.6	1.1/0.7	1.0/0.8
EV/EBITDA(배)	2.5	2.9	3.8	6.9	7.0	7.5
EPS(원)	17,160	14,867	13,059	10,724	13,741	13,661
BPS(원)	117,783	130,610	141,983	150,678	161,964	171,490
CFPS(원)	19,442	17,038	15,114	12,802	16,079	16,174
DPS(원)	2,000	2,000	2,000	2,500	3,300	3,300
EBITDAPS(원)	21,557	18,936	15,212	14,355	17,833	18,651

재무 비율
〈단위 : % 〉

연도	영업이익률	순이익률	부채비율	차입금비율	ROA	ROE	유보율	자기자본비율	EBITDA마진율
2016	17.6	14.9	9.1	0.6	7.7	8.4	3,329.8	91.7	20.3
2015	17.8	15.8	9.3	0.3	8.3	9.0	3,139.3	91.5	20.5
2014	16.1	14.0	8.2	0.0	6.9	7.6	2,913.6	92.4	18.8
2013	17.7	17.6	8.9	0.0	9.0	9.9	2,739.7	91.8	20.5

에이스테크놀로지 (A088800)
Ace Technologies

업 종 : 통신장비　　　　　　　　시 장 : KOSDAQ
신용등급 : (Bond) BB-　(CP) —　　기업규모 : 우량
홈페이지 : www.aceteq.co.kr　　연락처 : (032)818-5500
본 사 : 인천시 남동구 남동서로 237 (논현동,남동공단 24B 5L)

설 립 일	2006.03.02	종업원수	447명	대표이사	구관영
상 장 일	2006.03.27	감사의견	적정 (삼일)	계 열	
결 산 기	12월	보통주	2,833만주	종속회사수	
액 면 가	500원	우선주		구 상 호	

주주구성 (지분율,%)		출자관계 (지분율,%)		주요경쟁사 (외형,%)	
구관영	10.8	콤라스	50.0	에이스테크	100
엠피디	6.2	신아텍	48.8	텔콘	9
(외국인)	1.2	에이스컴텍	26.7	디티앤씨	13

매출구성		비용구성		수출비중	
RF부품(기타)	44.4	매출원가율	83.8	수출	88.4
기지국안테나(방산포함)(기타)	37.7	판관비율	20.4	내수	11.6
RRH (기타)	10.4				

회사 개요
동사는 2006년 (구)에이스테크놀로지로서 인적분할해 에이스안테나로 설립되어 2010년 다시 에이스테크놀로지와 분할합병을 통해 사명을 현재의 명칭으로 바꿈. 동사는 안테나 등 통신기기 제조판매 주력 사업으로 하고 있으며 Wireless Communication 부품, RRH(Remote radio head), 기지국안테나, 모바일안테나, 중계기 등의 무선통신 사업과 무선통신기술에 기반한 방산 및 차량용 사업을 영위중이며, 최근 차량용 레이더 개발

실적 분석
동사의 2016년 매출액은 3,221억원으로 전년대비 23.7% 감소, 영업이익은 -138억원으로 전년대비 적자전환, 당기순이익은 -322억원으로 적자전환을 시현. 글로벌 경기 둔화 지속, 모바일 시장 위축으로 관련 통신장비 시장의 투자가 정체를 보임. 매출 정체로 고정비 부담 가중, 판매관리비 증가 영향으로 수익성은 부진. 한기평은 신용등급을 BB에서 BB-로 하향조정함. 동사는 V2V 통신기술 및 자율주행에 필요한 차량용 레이더 분야 주목

현금 흐름
〈단위 : 억원〉

항목	2015	2016
영업활동	-8	382
투자활동	-405	-222
재무활동	372	41
순현금흐름	-43	190
기말현금	173	364

시장 대비 수익률
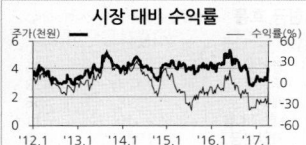

결산 실적
〈단위 : 억원〉

항목	2011	2012	2013	2014	2015	2016
매출액	1,546	2,853	3,156	4,275	4,219	3,221
영업이익	-142	-98	200	251	151	-138
당기순이익	217	-214	104	122	108	-322

분기 실적
〈단위 : 억원〉

항목	2015.3Q	2015.4Q	2016.1Q	2016.2Q	2016.3Q	2016.4Q
매출액	1,140	1,411	991	563	524	1,143
영업이익	58	116	18	-107	-106	57
당기순이익	43	81	-22	-119	-157	-23

재무 상태
〈단위 : 억원〉

항목	2011	2012	2013	2014	2015	2016
총자산	3,610	3,455	3,645	4,283	4,924	4,337
유형자산	1,090	1,068	1,007	1,027	1,052	1,172
무형자산	431	365	447	481	537	457
유가증권	30	28	29	38	36	23
총부채	2,346	2,450	2,566	3,039	3,489	3,110
총차입금	1,395	1,539	1,474	1,660	2,002	1,959
자본금	98	98	104	114	129	142
총자본	1,264	1,005	1,079	1,244	1,435	1,227
지배주주지분	1,196	943	1,016	1,179	1,372	1,165

기업가치 지표

항목	2011	2012	2013	2014	2015	2016
주가(최고/저)(천원)	7.4/2.7	4.2/2.7	5.3/3.2	4.9/3.1	5.4/3.4	5.4/2.6
PER(최고/저)(배)	5.0/1.8	—/—	11.1/6.7	9.8/6.2	13.2/8.3	—/—
PBR(최고/저)(배)	1.3/0.5	0.9/0.6	1.1/0.7	1.0/0.6	1.0/0.6	1.3/0.6
EV/EBITDA(배)		29.5	5.9	6.0	9.3	33.3
EPS(원)	1,548	-1,129	493	512	418	-1,169
BPS(원)	6,089	4,805	4,883	5,248	5,405	4,174
CFPS(원)	2,166	-293	1,262	1,243	1,141	-400
DPS(원)	15		50	50	25	
EBITDAPS(원)	-355	336	1,749	1,838	1,353	269

재무 비율
〈단위 : % 〉

연도	영업이익률	순이익률	부채비율	차입금비율	ROA	ROE	유보율	자기자본비율	EBITDA마진율
2016	-4.3	-10.0	253.5	159.6	-7.0	-25.5	734.7	28.3	2.3
2015	3.6	2.6	243.2	139.6	2.3	7.9	981.1	29.1	7.7
2014	5.9	2.9	244.3	133.5	3.1	10.6	949.6	29.0	9.8
2013	6.4	3.3	237.8	136.6	2.9	10.3	876.5	29.6	11.3

에이씨티 (A138360)
ACT

업 종 : 바이오　　　　　　　　시 장 : KOSDAQ
신용등급 : (Bond) —　(CP) —　　기업규모 : 벤처
홈페이지 : www.actcos.com　　연락처 : (043)883-9348
본 사 : 충북 음성군 삼성면 상곡리 767 (하이텍산단로 62)

설 립 일	2004.06.30	종업원수	84명	대표이사	이보섭
상 장 일	2013.11.08	감사의견	적정 (삼일)	계 열	
결 산 기	12월	보통주	612만주	종속회사수	
액 면 가	500원	우선주		구 상 호	

주주구성 (지분율,%)		출자관계 (지분율,%)		주요경쟁사 (외형,%)	
이보섭	35.7	이엠텍	80.0	에이씨티	100
Kylin Offshore Master Fund Limited	4.5	뷰티스트	80.0	듀켐바이오	53
(외국인)	0.8	케이피티	10.0	디엔에이링크	46

매출구성		비용구성		수출비중	
생물전환 기술제품	31.0	매출원가율	83.5	수출	7.2
캡슐화제품	30.2	판관비율	27.0	내수	92.8
합성제품	15.5				

회사 개요
동사는 2001년 3월 설립이후 2004년 6월 30일에 법인으로 전환하여 화장품 원료의 제조 및 판매를 주요 사업으로 영위하고 있음. 자생하는 식물과 한방약재와 같은 새로운 활성 phytochemicals를 찾아 생물전환(Bio-Conversion)기술을 활용하여 사업화에 활용함. 생물전환기술제품, 캡슐화제품, 천연추출물, 합성제품 등 차별화된 기술로 글로벌 기능성 화장품 소재를 개발하고 있음.

실적 분석
동사의 2016년 결산 기준 매출액은 250.7억원으로 전년동기 대비 25.4% 증가함. 매출 증가에도 불구하고 원가율 상승과 판관비의 대폭 증가로 인해 수익성이 악화됨. 영업손실과 당기순손실이 각각 26.2억원, 18.3억원으로 적자전환함. 동사가 공급하는 제품은 기능성 화장품 영역에서 주요 재료로 사용되고 있으며, 지속적인 R&D 활동으로 기능성 소재와 바이오뷰티케어 산업에서 다양한 제품을 개발 중임.

현금 흐름
〈단위 : 억원〉

항목	2015	2016
영업활동	13	7
투자활동	-6	5
재무활동	-8	1
순현금흐름	0	13
기말현금	17	30

시장 대비 수익률
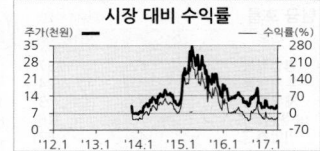

결산 실적
〈단위 : 억원〉

항목	2011	2012	2013	2014	2015	2016
매출액	141	178	150	185	200	251
영업이익	27	53	41	40	15	-26
당기순이익	27	51	41	43	14	-18

분기 실적
〈단위 : 억원〉

항목	2015.3Q	2015.4Q	2016.1Q	2016.2Q	2016.3Q	2016.4Q
매출액	42	52	61	77	47	65
영업이익	1	0	-3	-1	-11	-11
당기순이익	3	3	-1	-1	-11	-5

재무 상태
〈단위 : 억원〉

항목	2011	2012	2013	2014	2015	2016
총자산	216	301	386	449	446	462
유형자산	66	76	80	120	148	149
무형자산				4	4	6
유가증권	1	1	1			0
총부채	30	63	26	57	42	81
총차입금	9	6	3	0	3	8
자본금	25	25	30	31	31	31
총자본	186	238	360	392	404	382
지배주주지분	186	238	360	392	399	379

기업가치 지표

항목	2011	2012	2013	2014	2015	2016
주가(최고/저)(천원)	—/—	—/—	9.7/6.7	16.6/6.6	35.7/12.6	19.0/8.7
PER(최고/저)(배)	0.0/0.0	0.0/0.0	12.8/8.9	23.3/9.3	119.9/42.3	—/—
PBR(최고/저)(배)	0.0/0.0	0.0/0.0	1.7/1.2	2.6/1.0	5.4/1.9	3.0/1.4
EV/EBITDA(배)	—	—	5.8	14.5	55.1	
EPS(원)	555	1,026	795	727	300	-279
BPS(원)	3,758	4,814	6,000	6,498	6,625	6,286
CFPS(원)	665	1,137	891	809	388	-88
DPS(원)			175	175	60	
EBITDAPS(원)	665	1,171	895	754	326	-238

재무 비율
〈단위 : % 〉

연도	영업이익률	순이익률	부채비율	차입금비율	ROA	ROE	유보율	자기자본비율	EBITDA마진율
2016	-10.5	-7.3	21.1	2.0	-4.0	-4.4	1,157.1	82.6	-5.8
2015	7.3	9.1	10.5	0.8	4.1	4.6	1,225.0	90.5	10.0
2014	21.8	23.4	14.5	0.1	10.4	11.6	1,199.6	87.4	24.4
2013	27.2	27.1	7.1	0.7	11.8	13.6	1,100.0	93.4	30.5

에이엔피 (A015260)
Automobile & PCB

업　　종 : 자동차부품　　　　　　시　장 : 거래소
신용등급 : (Bond) —　　(CP) —　　기업규모 : 시가총액 소형주
홈 페 이 지 : www.anpcb.co.kr　　연 락 처 : 032)676-9700
본　　사 : 경기도 부천시 원미구 도약로 300

설 립 일	1981.01.21	종 업 원 수	367명	대 표 이 사	서상조
상 장 일	1988.01.18	감 사 의 견	적정 (정연)	계 열	
결 산 기	12월	보 통 주	4,868만주	종속회사수	
액 면 가	500원	우 선 주		구 상 호	

주주구성 (지분율,%)		출자관계 (지분율,%)		주요경쟁사 (외형,%)	
전운관	18.6	스코아	83.0	에이엔피	100
한국증권금융	3.0	용산	49.0	아진산업	489
(외국인)	0.0	케이피유동텍인도	40.0	코다코	277

매출구성		비용구성		수출비중	
S/VISOR, S/COVER'G, LUGG, 기타	84.3	매출원가율	93.7	수출	19.0
인쇄회로기판(PCB)	15.0	판관비율	5.2	내수	81.0
전자부품(ASSy)	0.7				

회사 개요
1981년에 설립된 인쇄회로기판 제조업체로서 총 9개의 계열사를 보유하고 있음. 현재 국내 인쇄회로기판의 시장규모를 약 9조원 가량으로 군소업체 100여개사가 경쟁 중이며, 동사의 시장점유율은 약 1~2%인 것으로 추정됨. 한편 계열사인 용산은 자동차 부문의 사업확장을 위해 아산 및 광주시에 공장을 운영하고 있으며, 중국, 인도 등 해외 현지법인도 설립하였음. 자동차 부품사 스코아주식 90만주(지분 83%)를 45억원에 취득함.

실적 분석
동사의 2016년 연결기준 매출액은 1,035.6억원을 기록함. 당기중 연결대상 종속기업인 (주)용산의 지분을 처분하여 연결대상 종속기업에서 제외한 결과 매출액은 전년대비 큰 폭의 변화를 보임. 높은 매출원가율로 영업이익 12.0억원(이익률 1.2%), 당기순이익 53.6억원(이익률 5.2%) 등을 보였으며 순이익률의 개선은 관련기업투자이익에 기인함. 제품별 매출비중은 PCB 90.7%, SMT 2.6%, 자동차부품 6.7%로 구성됨.

현금 흐름　〈단위 : 억원〉

항목	2015	2016
영업활동	52	37
투자활동	-91	-24
재무활동	53	3
순현금흐름	-73	16
기말현금	47	63

시장 대비 수익률

결산 실적　〈단위 : 억원〉

항목	2011	2012	2013	2014	2015	2016
매출액	4,196	4,505	5,078	5,289	5,796	1,036
영업이익	95	175	126	147	107	12
당기순이익	-38	25	-18	22	-40	54

분기 실적　〈단위 : 억원〉

항목	2015.3Q	2015.4Q	2016.1Q	2016.2Q	2016.3Q	2016.4Q
매출액	1,299	1,672	248	261	247	279
영업이익	5	18	4	4	-5	9
당기순이익	-9	-51	18	18	-26	43

재무 상태　〈단위 : 억원〉

항목	2011	2012	2013	2014	2015	2016
총자산	2,557	2,730	2,701	3,327	1,242	1,306
유형자산	875	892	944	1,029	534	492
무형자산	36	37	57	64	6	11
유가증권	23	3	0	0	0	0
총부채	1,914	1,993	1,947	2,597	654	615
총차입금	1,083	1,017	1,112	1,388	485	434
자본금	136	193	207	207	216	242
총자본	643	737	754	729	588	691
지배주주지분	497	586	606	598	578	681

기업가치 지표

항목	2011	2012	2013	2014	2015	2016
주가(최고/저)(천원)	1.3/0.5	1.9/0.8	1.7/0.9	1.1/0.8	1.9/0.9	3.5/1.3
PER(최고/저)(배)	—/—	36.4/15.4	—/—	28.6/19.2	—/—	30.4/11.6
PBR(최고/저)(배)	0.8/0.3	1.3/0.5	1.1/0.6	0.8/0.5	1.4/0.6	2.5/0.9
EV/EBITDA(배)	7.1	4.9	5.8	6.2	7.1	24.3
EPS(원)	-184	52	-26	40	-95	114
BPS(원)	1,832	1,525	1,466	1,447	1,337	1,407
CFPS(원)	188	347	272	345	38	239
DPS(원)						
EBITDAPS(원)	757	786	617	658	389	150

재무 비율　〈단위 : % 〉

연도	영업이익률	순이익률	부채비율	차입금비율	ROA	ROE	유보율	자기자본비율	EBITDA마진율
2016	1.2	5.2	88.9	62.8	4.2	8.4	181.4	52.9	6.7
2015	1.9	-0.7	111.3	82.5	-1.7	-6.8	167.4	47.3	2.8
2014	2.8	0.4	356.1	190.2	0.7	2.8	189.4	21.9	5.2
2013	2.5	-0.4	258.0	147.4	-0.7	-1.7	193.2	27.9	4.8

에이원알폼 (A234070)
A ONE ALFORM CO

업　　종 : 건축자재　　　　　　시　장 : KONEX
신용등급 : (Bond) —　　(CP) —　　기업규모 :
홈 페 이 지 : www.aonealform.co.kr　　연 락 처 : 031)8017-5305
본　　사 : 충북 괴산군 괴산읍 대제산단3길 46

설 립 일	2005.04.26	종 업 원 수	45명	대 표 이 사	안호중
상 장 일	2015.12.21	감 사 의 견	적정 (신한)	계 열	
결 산 기	12월	보 통 주	353만주	종속회사수	
액 면 가	500원	우 선 주	50만주	구 상 호	

주주구성 (지분율,%)		출자관계 (지분율,%)		주요경쟁사 (외형,%)	
안증호	35.6	알폼스	100.0	에이원알폼	100
백은아	34.6			스페코	202
				원하이텍	155

매출구성		비용구성		수출비중	
알루미늄폼	85.8	매출원가율	61.5	수출	0.6
상품(알폼판매 및 갱품)	12.5	판관비율	9.5	내수	99.4
수출기술료	1.6				

회사 개요
동사는 2005년 4월 26일에 설립되어 건축용 가설재인 거푸집류인 알루미늄폼, 갱품, 유로폼류 등을 제조, 판매, 임대하는 사업을 영위하고 있음. 알폼 임대매출(외형)을 기준으로 동사는 삼목에스폼, 금강공업, 현대알루미늄에 이어 4위를 기록중이며 2015년부터 넥스플러스가 본격적으로 시장에 진입하면서 임대가격은 하락추세로 반전한 상태임. 동사의 본격적인 매출액 성장은 2013년부터 시작되어 지금도 지속중임.

실적 분석
동사는 2012년 이후 공격적인 Capa확대를 통하여 생산 물량을 증대하였으며, 혁신도시 및 세종행정도시 등 국가 주도의 건설경기 활성화로 인하여 수주물량이 증가하여 지속적인 매출 증대를 달성하고 있음. 2016년 매출은 전년보다 49.2% 증가한 416.7억원을 기록하였음. 영업이익은 전년 66.1억원에서 83% 증가한 120.9억원을 기록함. 비영업 부문 적자가 축소되었으며 최종적으로 당기순이익은 전년 16.8억원보다 56.9억원 증가함.

현금 흐름　*IFRS 별도 기준　〈단위 : 억원〉

항목	2015	2016
영업활동	96	296
투자활동	-124	-453
재무활동	38	146
순현금흐름	10	-11
기말현금	15	4

시장 대비 수익률
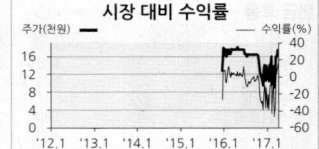

결산 실적　〈단위 : 억원〉

항목	2011	2012	2013	2014	2015	2016
매출액	53	143	153	223	279	417
영업이익	-32	22	9	65	66	121
당기순이익	-19	22	10	26	17	74

분기 실적　*IFRS 별도 기준　〈단위 : 억원〉

항목	2015.3Q	2015.4Q	2016.1Q	2016.2Q	2016.3Q	2016.4Q
매출액	—	—	—	—	—	—
영업이익	—	—	—	—	—	—
당기순이익	—	—	—	—	—	—

재무 상태　*IFRS 별도 기준　〈단위 : 억원〉

항목	2011	2012	2013	2014	2015	2016
총자산	127	192	199	383	570	918
유형자산	90	15	17	254	409	724
무형자산	0	0	0	1	1	1
유가증권	0	0	0	1	1	1
총부채	105	148	147	290	442	701
총차입금	90	128	100	155	168	325
자본금	0	0	0	15	17	18
총자본	22	44	52	93	128	216
지배주주지분	22	44	52	93	128	216

기업가치 지표　*IFRS 별도 기준

항목	2011	2012	2013	2014	2015	2016
주가(최고/저)(천원)	—/—	—/—	—/—	—/—	17.9/9.5	18.3/8.5
PER(최고/저)(배)	0.0/0.0	0.0/0.0	0.0/0.0	0.0/0.0	35.4/18.8	10.0/4.7
PBR(최고/저)(배)	0.0/0.0	0.0/0.0	0.0/0.0	0.0/0.0	5.4/2.9	3.4/1.6
EV/EBITDA(배)	10.9	1.3	1.2	1.3	5.7	3.6
EPS(원)	-617	722	324	842	506	1,828
BPS(원)	5,552	11,274	13,955	28,908	3,310	5,366
CFPS(원)	5,446	20,647	22,146	23,739	2,730	4,474
DPS(원)						
EBITDAPS(원)	2,101	20,504	21,993	33,643	4,074	5,529

재무 비율　〈단위 : % 〉

연도	영업이익률	순이익률	부채비율	차입금비율	ROA	ROE	유보율	자기자본비율	EBITDA마진율
2016	29.0	17.7	304.0	200.9	10.3	42.8	1,125.0	24.8	53.5
2015	23.6	6.0	340.6	180.5	3.5	14.9	660.3	22.7	48.1
2014	29.3	11.7	332.1	189.6	—	—	516.7	23.2	53.7
2013	6.1	6.5	285.5	193.9	5.1	20.9	164.8	25.9	54.4

에이원앤 (A035290)
A1N

업 종 : 교육		시 장 : KOSDAQ	
신용등급 : (Bond) B (CP) —		기업규모 : 중견	
홈페이지 : www.a1n.co.kr		연 락 처 : 02)565-4874	
본 사 : 서울시 금천구 가산디지털1로 131 BYC하이시티빌딩 B동 15층			

설 립 일 1994.11.14	종 업 원 수 60명	대 표 이 사 우국환	
상 장 일 1999.12.07	감 사 의 견 적정 (한경)	계 열	
결 산 기 12월	보 통 주 2,003만주	종속회사수	
액 면 가 500원	우 선 주	구 상 호 에듀박스	

주주구성 (지분율,%)		출자관계 (지분율,%)		주요경쟁사 (외형,%)	
우국환	17.0	하이컴퍼니	48.0	에이원앤	100
유니퀀텀홀딩스	13.5	상장그룹코리아	40.0	메가엠디	414
(외국인)	0.2	선우내추럴	34.3	와이비엠넷	430

매출구성		비용구성		수출비중	
수강료, 교재 판매 등	100.0	매출원가율	58.8	수출	4.0
		판관비율	38.7	내수	96.0

회사 개요
동사는 교육장비 및 지능형 로봇 및 전자계측기 제조 전문업체로 사업부문은 전자 교육장비, 전자 계측기, 전원 공급기 사업 등으로 구분되며 전자 교육장비부문이 주력사업임. 축적한 기술력과 개발 장비를 바탕으로 신재생에너지 교육장비, 산업용로봇 시뮬레이터 S/W, 바이오로봇, 로봇응용교육장비 등의 개발과 줄기세포성형상품을 통하여 의료 사업 진출 등 사업다각화를 위해 노력할 예정임.

실적 분석
동사의 2016년 연결기준 매출액은 전년 대비 28.4% 하락해 158.9억원을 기록했으며 매출원가는 38.5% 줄어든 93.5억원을 기록함. 영업이익은 전년 대비 64.9% 줄어든 4억원을 기록함. 다만 비영업손익 2.2억원을 기록했는데 전년도 비영업손익 -55.8억원으로 적자에서 흑자 전환한 것. 그 결과 당기순이익은 3.9억원을 기록해 전년 95억원 적자에서 흑자로 전환함.

현금 흐름 〈단위 : 억원〉

항목	2015	2016
영업활동	17	17
투자활동	-56	1
재무활동	41	-18
순현금흐름	2	-0
기말현금	5	5

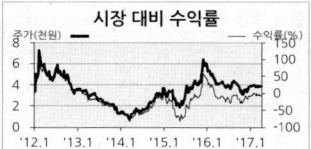

결산 실적 〈단위 : 억원〉

항목	2011	2012	2013	2014	2015	2016
매출액	475	439	393	294	222	159
영업이익	16	-23	-47	-23	11	4
당기순이익	10	-65	-168	-93	-95	4

분기 실적 〈단위 : 억원〉

항목	2015.3Q	2015.4Q	2016.1Q	2016.2Q	2016.3Q	2016.4Q
매출액	56	66	48	39	37	35
영업이익	9	10	1	1	1	2
당기순이익	-34	-38	1	4	1	-2

재무 상태 〈단위 : 억원〉

항목	2011	2012	2013	2014	2015	2016
총자산	467	520	514	465	241	187
유형자산	10	10	236	228	3	2
무형자산	146	194	107	53	32	24
유가증권	1	1	4	21	81	10
총부채	242	264	383	344	89	44
총차입금	154	162	257	233	47	19
자본금	258	358	358	61	99	100
총자본	224	255	131	121	152	143
지배주주지분	224	256	101	89	152	143

기업가치 지표

항목	2011	2012	2013	2014	2015	2016
주가(최고/저)(천원)	5.2/2.2	8.3/3.1	3.7/1.3	3.6/0.8	6.4/1.8	6.1/3.1
PER(최고/저)(배)	37.8/16.2	—/—	—/—	—/—	—/—	307.5/155.3
PBR(최고/저)(배)	1.6/0.7	3.1/1.2	3.2/1.1	4.9/1.0	8.4/2.4	8.6/4.3
EV/EBITDA(배)	3.2	8.4	13.8	17.9	25.4	31.3
EPS(원)	136	-802	-1,510	-810	-523	20
BPS(원)	472	384	168	733	769	712
CFPS(원)	180	15	-112	-267	-328	122
DPS(원)						
EBITDAPS(원)	191	88	39	328	260	123

재무 비율 〈단위 : % 〉

연도	영업이익률	순이익률	부채비율	차입금비율	ROA	ROE	유보율	자기자본비율	EBITDA마진율
2016	2.5	2.5	30.9	13.2	1.8	2.7	42.4	76.4	15.2
2015	5.2	-42.8	59.0	30.8	-26.9	-76.1	53.8	62.9	20.5
2014	-7.8	-31.7	285.1	193.0	-19.0	-90.3	46.6	26.0	11.8
2013	-11.9	-42.9	일부잠식	일부잠식	-32.6	-86.5	-66.4	25.5	7.1

에이제이네트웍스 (A095570)
AJ Networks

업 종 : 호텔 및 레저		시 장 : 거래소	
신용등급 : (Bond) BBB+ (CP) A3+		기업규모 : 시가총액 소형주	
홈페이지 : www.ajnetworks.co.kr		연 락 처 : 02)6363-9999	
본 사 : 서울시 송파구 정의로 8길 9 (AJ빌딩)			

설 립 일 2000.02.10	종 업 원 수 361명	대 표 이 사 반채운	
상 장 일 2015.08.21	감 사 의 견 적정 (삼정)	계 열	
결 산 기 12월	보 통 주 4,682만주	종속회사수	
액 면 가 1,000원	우 선 주	구 상 호	

주주구성 (지분율,%)		출자관계 (지분율,%)		주요경쟁사 (외형,%)	
문덕영	38.1	AJ토탈	100.0	AJ네트웍스	100
FINVENTURES UK LIMITED	11.3	AJ파크	100.0	하나투어	47
(외국인)	1.3	AJ인터내셔널트레이더스	100.0	롯데관광개발	4

매출구성		비용구성		수출비중	
렌탈매출	78.8	매출원가율	0.0	수출	4.5
상품매출	20.2	판관비율	95.1	내수	95.5
기 타	1.0				

회사 개요
동사는 파렛트, OA기기, 건설장비 장단기 대여, 판매업을 사업목적으로 2000년 2월 10일 설립함. 또한, 2013년 12월 30일 경영부문 및 컨설팅업 등을 주요사업으로 하고있는 아주엘앤에프홀딩스 주식회사와 2015년 2월 AJ에코라인, AJ솔루션, 아주좋은발전소를 각각 흡수합병하여 목적사업을 추가함. 매출구성은 렌탈부문 60.69%, 상품부문 36.3%임, 기타매출 3.02%으로 구성됨.

실적 분석
2016년 매출액과 영업이익은 전년동기대비 각각 19% 성장, 17% 감소한 1.3조원, 618.6억원을 기록함. 고소장비 렌탈사업의 고속 성장 지속. 파렛트 렌탈 사업 하위 매출처 확대와 듀얼벤더로 입지 강화가 성장을 이끔. 파렛트의 감가상각이 2016년말부터 완료됨에 따라 이익률 증가에 긍정적 영향을 줄 것으로 전망됨. IT기기 모바일 렌탈 추가와 중고 기기 유통업으로 신규 비즈니스를 확장함에 따라 장기적으로 점진적인 외형 성장이 기대됨.

현금 흐름 〈단위 : 억원〉

항목	2015	2016
영업활동	-735	-1,675
투자활동	-1,078	-1,045
재무활동	2,318	3,203
순현금흐름	521	437
기말현금	848	1,285

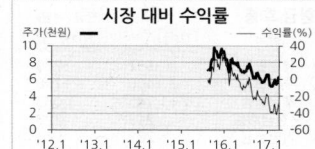

결산 실적 〈단위 : 억원〉

항목	2011	2012	2013	2014	2015	2016
매출액	1,330	1,834	7,571	10,112	10,556	12,539
영업이익	171	249	705	770	743	619
당기순이익	31	53	181	281	290	171

분기 실적 〈단위 : 억원〉

항목	2015.3Q	2015.4Q	2016.1Q	2016.2Q	2016.3Q	2016.4Q
매출액	2,822	2,731	2,804	3,193	3,196	3,345
영업이익	208	134	150	177	168	124
당기순이익	88	36	60	66	49	-5

재무 상태 〈단위 : 억원〉

항목	2011	2012	2013	2014	2015	2016
총자산	2,191	4,465	12,503	14,379	17,252	20,813
유형자산	92	950	10,382	11,750	13,572	15,581
무형자산	3	194	446	525	353	556
유가증권	24	60	61	103	334	524
총부채	1,834	3,582	10,359	11,546	13,272	16,538
총차입금	1,620	3,253	9,074	10,164	11,612	14,544
자본금	124	124	270	341	468	468
총자본	357	883	2,143	2,833	3,980	4,275
지배주주지분	357	832	1,014	1,616	2,628	2,800

기업가치 지표

항목	2011	2012	2013	2014	2015	2016
주가(최고/저)(천원)	—/—	—/—	—/—	—/—	9.9/6.2	9.5/5.4
PER(최고/저)(배)	0.0/0.0	0.0/0.0	0.0/0.0	0.0/0.0	20.9/13.0	33.3/18.9
PBR(최고/저)(배)	0.0/0.0	0.0/0.0	0.0/0.0	0.0/0.0	1.8/1.1	1.6/0.9
EV/EBITDA(배)	2.6	4.1	3.3	3.2	4.5	4.6
EPS(원)	247	382	501	547	479	288
BPS(원)	14,370	33,510	18,763	23,715	28,067	5,980
CFPS(원)	18,323	22,343	96,764	45,823	38,641	7,053
DPS(원)						300
EBITDAPS(원)	23,977	30,461	122,361	55,797	45,686	8,086

재무 비율 〈단위 : % 〉

연도	영업이익률	순이익률	부채비율	차입금비율	ROA	ROE	유보율	자기자본비율	EBITDA마진율
2016	4.9	1.4	386.9	340.2	0.9	5.0	498.0	20.5	30.2
2015	7.0	2.8	333.5	291.8	1.8	8.9	461.3	23.1	34.1
2014	7.6	2.8	407.6	358.8	2.1	12.6	374.3	19.7	33.4
2013	9.3	2.4	483.4	423.4			275.3	17.1	40.6

에이제이렌터카 (A068400)
AJ RENT A CAR

업 종 : 호텔 및 레저		시 장 : 거래소	
신용등급 : (Bond) A- (CP) A2-		기업규모 : 시가총액 소형주	
홈 페 이 지 : www.ajrentacar.co.kr		연 락 처 : 1544-1600	
본 사 : 서울시 구로구 서부샛길 822(구로동)			

설 립 일	1988.06.03	종 업 원 수	407명	대 표 이 사	윤규선
상 장 일	2012.07.27	감 사 의 견	적정 (삼일)	계 열	
결 산 기	12월	보 통 주	2,215만주	종속회사수	
액 면 가	500원	우 선 주		구 상 호	

주주구성 (지분율,%)
에이제이네트웍스	39.8
국민연금공단	6.2
(외국인)	6.5

출자관계 (지분율,%)
에이제이카리안서비스	100.0
에이제이카리안투디	100.0
에이제이셀카	78.0

주요경쟁사 (외형,%)
AJ렌터카	100
골프존뉴딘	38
이월드	5

매출구성
차량렌탈(상품및제품)	60.5
렌탈,리스자산 매각(상품)	19.3
기타	17.4

비용구성
매출원가율	30.6
판관비율	64.4

수출비중
수출	1.8
내수	98.2

회사 개요
동사는 업계 최초로 2012년 7월 유가증권시장에 상장된 렌터카 전문 업체임. 국내 렌터카 등록대수는 과거 5년간 연평균 17.2%의 증가세를 나타내고 있음. 2016년말 기준 동사의 시장점유율은 11.55%로 2위를 차지하고 있으나, 경쟁심화로 인해 점유율 하락하고 있음. 매출은 차량을 대여한 대가인 렌탈수익과 일정 기간 영업한 차량의 매각을 통한 중고차판매수익 및 기타상품매출로 구성 되어 있으며, 렌탈수익이 전체의 63%를 차지함.

실적 분석
동사의 연결 기준 2016년 결산 매출액은 6,476억원으로 전년동기 대비 2.5% 증가한 실적을 기록함. 반면 외형 증가와 원가율 하락에도 불구하고 감가상각비, 광고선전비 등 판관비가 크게 증가하면서 영업이익은 전년 대비 18.7% 감소한 327.2억원을 시현하는데 그침. 당기순이익 또한 60.2% 감소한 68.3억원을 시현하였으나, 안정적 흑자기조 유지함. 향후 중고차 판매는 꾸준히 늘어 실적이 개선될 것으로 전망됨.

현금 흐름 〈단위 : 억원〉
항목	2015	2016
영업활동	-532	-720
투자활동	-400	-138
재무활동	1,145	1,085
순현금흐름	213	228
기말현금	283	511

시장 대비 수익률
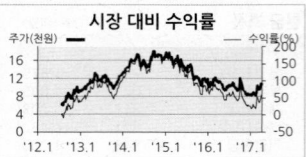

결산 실적 〈단위 : 억원〉
항목	2011	2012	2013	2014	2015	2016
매출액	4,011	4,014	4,757	5,700	6,321	6,476
영업이익	438	470	445	437	403	327
당기순이익	142	173	180	190	171	68

분기 실적 〈단위 : 억원〉
항목	2015.3Q	2015.4Q	2016.1Q	2016.2Q	2016.3Q	2016.4Q
매출액	1,619	1,641	1,664	1,771	1,593	1,450
영업이익	126	65	73	105	95	53
당기순이익	61	19	15	39	30	-16

재무 상태 〈단위 : 억원〉
항목	2011	2012	2013	2014	2015	2016
총자산	6,118	6,822	7,857	8,872	10,338	11,576
유형자산	5,352	6,082	7,051	7,728	8,904	9,736
무형자산	51	49	42	69	90	91
유가증권	64	20	23	21	52	48
총부채	4,976	5,129	5,955	6,785	8,063	9,233
총차입금	4,363	4,444	4,972	5,800	6,900	8,003
자본금	83	111	111	111	111	111
총자본	1,142	1,693	1,902	2,087	2,274	2,344
지배주주지분	1,142	1,693	1,902	2,087	2,253	2,334

기업가치 지표
항목	2011	2012	2013	2014	2015	2016
주가(최고/저)(천원)	—/—	10.2/6.0	14.0/8.6	18.2/12.6	18.1/10.0	12.3/8.2
PER(최고/저)(배)	0.0/0.0	9.8/5.8	17.2/10.6	21.2/14.7	22.8/12.7	34.2/22.8
PBR(최고/저)(배)	0.0/0.0	1.3/0.8	1.6/1.0	1.9/1.3	1.8/1.0	1.2/0.8
EV/EBITDA(배)	2.3	3.1	3.4	3.9	3.7	3.6
EPS(원)	1,276	1,039	813	860	790	360
BPS(원)	9,675	7,647	8,589	9,426	10,219	10,584
CFPS(원)	14,193	10,670	8,936	9,755	10,201	10,752
DPS(원)						
EBITDAPS(원)	16,863	12,451	10,134	10,870	11,228	11,869

재무 비율 〈단위 : % 〉
연도	영업이익률	순이익률	부채비율	차입금비율	ROA	ROE	유보율	자기자본비율	EBITDA마진율
2016	5.1	1.1	394.0	341.5	0.6	3.5	2,016.8	20.2	40.6
2015	6.4	2.7	354.6	303.4	1.8	8.1	1,943.7	22.0	39.3
2014	7.7	3.3	325.0	277.8	2.3	9.5	1,785.1	23.5	42.2
2013	9.4	3.8	313.1	261.4	2.5	10.0	1,617.7	24.2	47.2

에이치비테크놀러지 (A078150)
HB Technology

업 종 : 디스플레이 및 관련부품		시 장 : KOSDAQ	
신용등급 : (Bond) — (CP) —		기업규모 : 우량	
홈 페 이 지 : www.hbtechnology.co.kr		연 락 처 : (041)532-8730	
본 사 : 충남 아산시 음봉면 산동로 87 (산동리 597-9)			

설 립 일	1997.09.02	종 업 원 수	508명	대 표 이 사	문성준
상 장 일	2004.12.08	감 사 의 견	적정 (태성)	계 열	
결 산 기	12월	보 통 주	7,829만주	종속회사수	
액 면 가	500원	우 선 주	12만주	구 상 호	NCB네트웍스

주주구성 (지분율,%)
에이치비콥	16.2
문성준	8.1
(외국인)	8.9

출자관계 (지분율,%)
ATA	48.8
엔비스타네트웍스	16.7
케이맥	7.6

주요경쟁사 (외형,%)
HB테크놀러지	100
동아엘텍	80
DMS	92

매출구성
BLU부품소재(도광판,확산판)	53.2
LCD, AMOLED 검사장비등	45.5
기타	1.1

비용구성
매출원가율	78.1
판관비율	7.9

수출비중
수출	47.4
내수	52.6

회사 개요
동사는 LCD 및 AMOLED 검사장비 제품을 생산·판매하는 업체임. 주요 거래처로는 국내에 삼성디스플레이, 삼성코닝정밀소재가 있으며 해외 거래처로는 중국의 BOE, 대만의 INNOLUX 등이 있음. 차세대 사업으로 AMOLED 업체인 삼성디스플레이와의 협력 개발을 통해 AMOLED 검사장비 개발에도 성공. 매출 구성은 장비사업부문의 LCD, AMOLED 검사장비등이 45.7%, 부품소재사업부문의 BLU부품소재가 54.3%를 차지함.

실적 분석
2016년 누적 매출액과 영업이익은 전년동기 대비 각각 86%, 277% 증가한 2,704.7억원, 380.6억원을 기록함. 장비사업부문 LCD, AMOLED 검사장비 매출이 전년동기대비 크게 늘었고, 부품소재사업부문의 매출이 전년대비 큰 폭으로 성장하며 외형확대됨. 특히 도광판 및 확산판 수출이 크게 늘며 성장에 기여했음. OLED분야가 성장함에 따라 AMOLED AOI 검사장비 등을 생산하는 동사가 지속적인 수혜를 받을 것으로 예상됨.

현금 흐름 *IFRS 별도 기준 〈단위 : 억원〉
항목	2015	2016
영업활동	168	509
투자활동	-53	-486
재무활동	-96	-41
순현금흐름	19	-18
기말현금	91	73

시장 대비 수익률

결산 실적 〈단위 : 억원〉
항목	2011	2012	2013	2014	2015	2016
매출액	504	333	1,443	1,333	1,457	2,705
영업이익	85	26	165	26	101	381
당기순이익	-44	-102	214	13	68	294

분기 실적 *IFRS 별도 기준 〈단위 : 억원〉
항목	2015.3Q	2015.4Q	2016.1Q	2016.2Q	2016.3Q	2016.4Q
매출액	554	280	350	690	823	841
영업이익	74	-1	11	119	130	121
당기순이익	65	-26	17	95	141	41

재무 상태 *IFRS 별도 기준 〈단위 : 억원〉
항목	2011	2012	2013	2014	2015	2016
총자산	461	615	1,290	1,198	1,132	2,007
유형자산	94	296	495	453	411	405
무형자산	38	102	211	203	180	148
유가증권	20	2	11	0	0	155
총부채	309	487	518	407	268	792
총차입금	179	236	276	269	159	130
자본금	165	201	378	385	385	386
총자본	151	128	772	792	864	1,215
지배주주지분	151	128	772	792	864	1,215

기업가치 지표 *IFRS 별도 기준
항목	2011	2012	2013	2014	2015	2016
주가(최고/저)(천원)	2.2/0.9	1.5/0.9	1.9/1.1	2.3/1.0	2.1/1.0	5.3/1.9
PER(최고/저)(배)	—/—	—/—	5.5/3.1	134.9/58.4	23.5/11.7	13.9/5.0
PBR(최고/저)(배)	4.1/1.6	3.7/2.4	1.8/1.0	2.2/1.0	1.8/0.9	3.3/1.2
EV/EBITDA(배)	4.2	16.9	6.3	9.6	8.6	8.0
EPS(원)	-134	-277	354	17	89	381
BPS(원)	551	394	1,065	1,073	1,166	1,617
CFPS(원)	-111	-254	438	130	201	505
DPS(원)						30
EBITDAPS(원)	279	94	357	145	243	617

재무 비율 〈단위 : % 〉
연도	영업이익률	순이익률	부채비율	차입금비율	ROA	ROE	유보율	자기자본비율	EBITDA마진율
2016	14.1	10.9	65.2	10.7	18.7	28.3	224.0	60.5	17.6
2015	6.9	4.7	31.0	18.4	5.9	8.3	133.5	76.4	12.9
2014	1.9	1.0	51.4	34.0	1.1	1.7	115.0	66.1	8.3
2013	11.4	14.8	67.1	35.7	22.4	47.5	113.4	59.9	15.0

에이치시티 (A072990)
HCT COLTD

업 종 : 전자 장비 및 기기	시 장 : KOSDAQ
신용등급 : (Bond) — (CP) —	기업규모 : 중견
홈 페 이 지 : www.hct.co.kr	연 락 처 : 031)645-6300
본 사 : 경기도 이천시 마장면 서이천로578번길 74	

설 립 일	2000.05.12	종업원수	명	대표이사	이수찬
상 장 일	2016.10.17	감사의견	적정(삼정)	계 열	
결 산 기	12월	보 통 주	458만주	종속회사수	
액 면 가	500원	우 선 주		구 상 호	

주주구성 (지분율,%)		출자관계 (지분율,%)		주요경쟁사 (외형,%)	
이수찬	14.0	HYUNDAIC-TECH,AMERICAINC	100.0	에이치시티	100
허봉재	11.0	HCTAMERICALLC	51.0	동일기연	100
(외국인)	0.5			파크시스템스	87

매출구성		비용구성		수출비중	
인증 및 교정사업부 용역	99.2	매출원가율	54.2	수출	4.3
상품	0.8	판관비율	28.4	내수	95.7

회사 개요
동사는 2000년 5월 12일 주식회사 현대전자산업의 품질보증부문이 분리되어 신설된 법인으로서 경기도 이천시에 본사를 두고 전자기기등의 시험·인증서비스용역업과 측정기기의 교정용역 및 수리용역업 등을 영위하고 있음. 동사는 국내 유일 민간 시험인증 및 교정 기업으로 미국 무선통신(FCC)인증기관 자격을 획득하고 있음. 주력인 정보통신분야 외 자동차, 신뢰성(배터리), 초고주파 무선 시험인증, 비강제인증 분야로 동사의 사업 영역 확장을 추진 중임.

실적 분석
정보통신기기 부분 매출 증가로 동사의 연결 기준 2016년 총 매출액은 282.4억원을 기록, 전년 대비 15.7% 증가하였음. 매출총이익 역시 19.7% 증가하였으나 인건비와 감가상각비를 비롯한 판관비 증가로 영업이익은 8.9% 감소한 49.2억원에 그침. 당기순이익은 14.5% 감소한 41.9억원을 시현함. CAPA증설을 위한 110억원 규모의 투자 진행 중.

현금 흐름   *IFRS 별도 기준   〈단위 : 억원〉

항목	2015	2016
영업활동	54	15
투자활동	-34	-131
재무활동	-27	209
순현금흐름	-6	92
기말현금	65	157

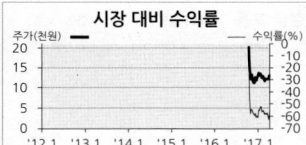
시장 대비 수익률

결산 실적   〈단위 : 억원〉

항목	2011	2012	2013	2014	2015	2016
매출액	174	209	271	230	244	282
영업이익	9	30	41	64	54	49
당기순이익	6	22	34	28	49	42

분기 실적   *IFRS 별도 기준   〈단위 : 억원〉

항목	2015.3Q	2015.4Q	2016.1Q	2016.2Q	2016.3Q	2016.4Q
매출액	—	—	—	—	—	—
영업이익	—	—	—	—	—	—
당기순이익	—	—	—	—	—	—

재무 상태   *IFRS 별도 기준   〈단위 : 억원〉

항목	2011	2012	2013	2014	2015	2016
총자산	215	227	272	364	352	569
유형자산	113	123	132	159	198	235
무형자산	4	4	4	6	3	7
유가증권	—	3	4	—	0	0
총부채	141	132	145	202	165	141
총차입금	95	81	73	89	94	101
자본금	11	7	7	8	9	23
총자본	74	95	128	162	187	429
지배주주지분	74	95	128	162	187	429

기업가치 지표   *IFRS 별도 기준

항목	2011	2012	2013	2014	2015	2016
주가(최고/저)(천원)	—/—	—/—	—/—	—/—	—/—	21.1/10.6
PER(최고/저)(배)	0.0/0.0	0.0/0.0	0.0/0.0	0.0/0.0	0.0/0.0	15.8/7.9
PBR(최고/저)(배)	0.0/0.0	0.0/0.0	0.0/0.0	0.0/0.0	0.0/0.0	2.3/1.1
EV/EBITDA(배)	3.0	1.1	0.6		0.3	6.1
EPS(원)	205	1,131	1,815	1,537	2,653	1,338
BPS(원)	43,994	67,957	91,458	100,742	109,209	9,364
CFPS(원)	7,896	23,693	36,293	27,090	36,859	2,149
DPS(원)						
EBITDAPS(원)	9,280	28,886	41,513	49,650	39,525	2,385

재무 비율   〈단위 : % 〉

연도	영업이익률	순이익률	부채비율	차입금비율	ROA	ROE	유보율	자기자본비율	EBITDA마진율
2016	17.4	14.8	33.0	23.5	9.1	13.6	1,776.4	75.2	26.4
2015	22.1	20.1	88.2	49.9	13.6	28.1	2,086.7	53.1	29.9
2014	27.9	12.4	124.9	54.9	—	—	1,916.2	44.5	34.4
2013	15.1	12.4	113.3	57.0	13.4	30.1	1,729.2	46.9	21.4

에이치알에스 (A036640)
HRS

업 종 : 화학	시 장 : KOSDAQ
신용등급 : (Bond) — (CP) —	기업규모 : 우량
홈 페 이 지 : www.hrssilicone.com	연 락 처 : 031)655-8822
본 사 : 경기도 평택시 팽성읍 추팔산단2길 7	

설 립 일	1981.06.30	종업원수	157명	대표이사	김진성
상 장 일	2000.05.30	감사의견	적정(삼정)	계 열	
결 산 기	12월	보 통 주	1,635만주	종속회사수	
액 면 가	500원	우 선 주		구 상 호	

주주구성 (지분율,%)		출자관계 (지분율,%)		주요경쟁사 (외형,%)	
강성자	23.0	SUZHOUHAERYONGSILICONECO.,Ltd	100.0	HRS	100
김진성	11.0			동남합성	185
(외국인)	1.3			엔피케이	119

매출구성		비용구성		수출비중	
실리콘 고무, 컴파운드제품	71.3	매출원가율	79.2	수출	27.4
실리콘 고무, 가공제품	15.5	판관비율	13.0	내수	72.6
실리콘관련 상품	10.3				

회사 개요
동사는 실리콘고무제품 제조를 영위할 목적으로 1981년 6월 30일에 설립되었으며, 2000년 5월 30일 코스닥시장에 상장됨. 실리콘고무시장은 세계적으로 연평균 약 3~5% 성장을 하고 있음. 동사는 업계 1위 수준의 점유율을 나타내고 있으며, 전자, 전기, 자동차, 통신, 의료 등 각 분야에서 사용되는 특수 실리콘 소재를 용도, 특성에 따라 제조, 판매하고 있음. 동사의 경쟁력은 고부가가치의 특수 Grade 제품을 적시에 공급하는데 있음.

실적 분석
동사는 수출 및 내수 부진, 주력인 실리콘고무제품의 실적 부진으로 전년동기 대비 5.4% 감소한 564.9억원의 매출을 기록함. 더불어 원가 부담 가중되어 영업이익은 전년동기 대비 12.6% 감소한 44.3억원 시현. 당기순이익 또한 4.9% 감소한 39.7억원 시현에 그침. 제품 믹스 다각화 매출 본격화와 IT제품 필드 테스트 성공에 따른 매출 발생이 기대되는 바 향후 실적 개선 가능할 것으로 기대.

현금 흐름   〈단위 : 억원〉

항목	2015	2016
영업활동	64	27
투자활동	-38	-22
재무활동	-0	46
순현금흐름	26	51
기말현금	104	155

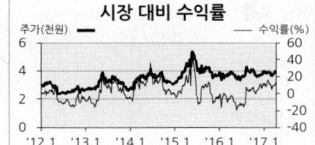
시장 대비 수익률

결산 실적   〈단위 : 억원〉

항목	2011	2012	2013	2014	2015	2016
매출액	579	611	565	574	597	565
영업이익	60	42	28	51	51	44
당기순이익	53	35	24	47	42	40

분기 실적   〈단위 : 억원〉

항목	2015.3Q	2015.4Q	2016.1Q	2016.2Q	2016.3Q	2016.4Q
매출액	139	148	135	141	134	154
영업이익	8	10	9	11	7	17
당기순이익	9	9	9	10	5	15

재무 상태   〈단위 : 억원〉

항목	2011	2012	2013	2014	2015	2016
총자산	724	734	815	853	886	973
유형자산	311	300	360	377	368	262
무형자산	12	10	10	9	8	7
유가증권	4	5	6	5	11	12
총부채	105	102	168	170	164	225
총차입금	8	0	79	0	78	137
자본금	82	82	82	82	82	82
총자본	619	631	647	683	722	748
지배주주지분	619	631	647	683	722	748

기업가치 지표

항목	2011	2012	2013	2014	2015	2016
주가(최고/저)(천원)	4.9/2.3	3.5/2.3	3.9/2.6	4.2/2.6	5.4/3.1	4.8/3.3
PER(최고/저)(배)	17.0/8.0	17.4/11.4	28.9/19.4	15.4/9.6	21.7/12.3	19.9/13.8
PBR(최고/저)(배)	1.5/0.7	1.0/0.6	1.0/0.7	1.1/0.7	1.3/0.7	1.1/0.7
EV/EBITDA(배)	5.8	6.7	9.3	7.1	8.5	10.3
EPS(원)	323	216	144	289	255	243
BPS(원)	3,792	3,897	4,011	4,230	4,414	4,571
CFPS(원)	440	351	282	410	370	347
DPS(원)	100	20	70	80	30	80
EBITDAPS(원)	486	389	310	433	425	375

재무 비율   〈단위 : % 〉

연도	영업이익률	순이익률	부채비율	차입금비율	ROA	ROE	유보율	자기자본비율	EBITDA마진율
2016	7.9	7.0	30.2	18.4	4.3	5.4	814.2	76.8	10.9
2015	8.5	7.0	22.8	10.8	4.8	5.9	782.8	81.5	11.6
2014	8.9	8.2	25.0	11.6	5.7	7.1	746.0	80.0	12.3
2013	5.0	4.2	25.9	12.4	3.0	3.7	702.3	79.4	9.0

에이치엔에스하이텍 (A044990)
H&SHighTech

업 종: 디스플레이 및 관련부품	시 장: KONEX
신용등급: (Bond) — (CP) —	기업규모:
홈페이지: www.hnshightech.com	연락처: 042)866-1300
본 사: 대전시 유성구 테크노1로 62-7(관평동)	

설 립 일 1995.12.06	종 업 원 수 111명	대 표 이 사 김정희
상 장 일 2015.12.10	감 사 의 견 적정 (삼덕)	계 열
결 산 기 12월	보 통 주 751만주	종속회사수
액 면 가 500원	우 선 주	구 상 호

주주구성 (지분율,%)	출자관계 (지분율,%)	주요경쟁사 (외형,%)
김정희 19.4	오즈인터미디어 25.7	에이치엔에스하이텍 100
한국투자파트너스 11.1		사파이어테크놀로지 42
		쎄미시스코 37

매출구성		비용구성		수출비중	
[ACF]TOUCH	31.7	매출원가율 68.8		수출	67.6
기타	26.4	판관비율 34.7		내수	32.4
[수정진동자]CD-700	19.0				

회사 개요
1995년 12월 6일에 설립된 동사는 대전 유성구에 연구소와 공장을 보유. 디스플레이 소재 제조업체로 ACF 및 수정진동자 개발 및 제조 사업을 영위하고 있음. 동사는 특허에 기반한 ACF 제조기술을 보유하고 있는 원천기술 기반 벤처기업임. 동사의 주요 사업 제품으로는 ACF(Anisotropic Conductive Film: 이방성 전도형 필름)를 제조하고 있음.

실적 분석
동사의 2016년 연결기준 연간 누적 매출액은 335.4억원으로 전년 동기 대비 2.5% 증가함. 매출이 늘었지만 매출원가율 이상으로 늘어나면서 영업손실은 11.8억원으로 전년 동기 대비 적자 규모가 확대됨. 비영업손익 부문에서 흑자 전환에 성공했지만 당기순손실은 1.9억원으로 여전히 적자 지속. 다만 전년 동기와 비교해 순손실 규모가 줄어들고 있다는 점은 긍정적.

현금 흐름 *IFRS 별도 기준 〈단위 : 억원〉

항목	2015	2016
영업활동	26	9
투자활동	-31	-11
재무활동	-11	10
순현금흐름	-17	10
기말현금	42	52

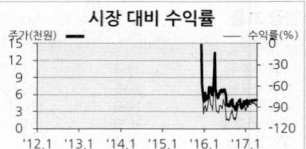
시장 대비 수익률

결산 실적 〈단위 : 억원〉

항목	2011	2012	2013	2014	2015	2016
매출액	172	282	527	455	327	335
영업이익	42	81	135	62	-16	-12
당기순이익	40	66	108	36	-9	-2

분기 실적 *IFRS 별도 기준 〈단위 : 억원〉

항목	2015.3Q	2015.4Q	2016.1Q	2016.2Q	2016.3Q	2016.4Q
매출액	—	—	—	—	—	—
영업이익	—	—	—	—	—	—
당기순이익	—	—	—	—	—	—

재무 상태 *IFRS 별도 기준 〈단위 : 억원〉

항목	2011	2012	2013	2014	2015	2016
총자산	174	382	453	464	436	457
유형자산	66	74	98	84	63	54
무형자산	1	51	93	75	63	52
유가증권	2	1	1	1	1	1
총부채	80	153	130	85	77	84
총차입금	60	111	75	32	32	32
자본금	10	33	33	36	36	38
총자본	95	228	324	380	359	374
지배주주지분	95	228	324	380	359	374

기업가치 지표 *IFRS 별도 기준

항목	2011	2012	2013	2014	2015	2016
주가(최고/저)(천원)	—/—	—/—	—/—	—/—	17.3/4.7	15.6/3.3
PER(최고/저)(배)	0.0/0.0	0.0/0.0	0.0/0.0	0.0/0.0	—/—	4,031.5/862.1
PBR(최고/저)(배)	0.0/0.0	0.0/0.0	0.0/0.0	0.0/0.0	3.5/1.0	3.2/0.7
EV/EBITDA(배)	0.3	0.5	0.2		15.3	19.1
EPS(원)	695	1,154	1,587	654	-138	4
BPS(원)	4,911	3,443	4,841	5,261	4,980	4,982
CFPS(원)	2,357	1,353	1,797	1,076	288	343
DPS(원)						100
EBITDAPS(원)	2,454	1,597	2,201	1,332	224	206

재무 비율 〈단위 : % 〉

연도	영업이익률	순이익률	부채비율	차입금비율	ROA	ROE	유보율	자기자본비율	EBITDA마진율
2016	-3.5	-0.6	30.7	8.8	-0.4	-0.5	861.1	76.5	4.6
2015	-4.9	-2.7	22.2	9.0	-2.0	-2.4	875.3	81.9	5.5
2014	13.7	7.9	23.4	8.6	7.8	10.3	930.7	81.0	20.9
2013	25.6	20.4	41.2	23.1	25.3	39.0	870.5	70.8	28.9

에이치엔티일렉트로닉스 (A176440)
HNT Electronics

업 종: 휴대폰 및 관련부품	시 장: KOSDAQ
신용등급: (Bond) — (CP) —	기업규모: 중견
홈페이지: www.hntelec.com	연락처: 031)739-7897
본 사: 경기도 성남시 분당구 판교로 323(삼평동, 벤처포럼빌딩7층)	

설 립 일 2008.10.07	종 업 원 수 명	대 표 이 사 정철민
상 장 일 2016.11.28	감 사 의 견 적정 (삼일)	계 열
결 산 기 12월	보 통 주 670만주	종속회사수
액 면 가 500원	우 선 주 23만주	구 상 호

주주구성 (지분율,%)	출자관계 (지분율,%)	주요경쟁사 (외형,%)
코아시아홀딩스 33.1	HNTVinaCompanyLimited 100.0	에이치엔티 100
EastBridge Asian Mid-market Opportunity Fund, L.P	HNT(Dongguan)Co.,Ltd 100.0	나무가 145
11.0		세코닉스 155
(외국인) 19.9		

매출구성		비용구성		수출비중	
CCM	99.8	매출원가율 89.0		수출	99.8
샘플 외	0.2	판관비율 6.3		내수	0.2

회사 개요
동사는 연결대상 2개의 주요 종속회사를 보유하고 있는 카메라 모듈 제조기업. 2개의 주요종속회사는 중국(동관), 베트남(호아빈)에 위치하고 있으며, 이들 종속회사에 대하여 각각 100%의 지분을 보유. 주요 생산 제품인 카메라 모듈 제품은 삼성전자의 스마트폰, 태블릿, 피처폰 등에 채용되고 있으며, 카메라 모듈 시장은 보안, 자동차 등 확대될 것으로 전망. 점차 저화소 카메라모듈에서 고화소 비중으로 매출이 이동하고 있음.

실적 분석
동사의 연간 매출은 2,014억원으로 전년대비 41.6% 증가, 영업이익은 94.6억원으로 전년대비 264% 증가 시현. 당기순이익은 70.9억원으로 전년대비 359% 증가 기록. 국내 전략 거래선향 스마트폰향 카메라모듈 매출 증가, 고화소 중심의 매출 비중 확대로 매출 대비 이익 개선이 상대적으로 높음. 동사는 카메라모듈 중심에서 가상현실(VR), 사물인터넷, 지문인식, 자동차, 360도 카메라 등으로 사업 다각화를 추진하고 있음.

현금 흐름 *IFRS 별도 기준 〈단위 : 억원〉

항목	2015	2016
영업활동	11	-25
투자활동	-9	-97
재무활동	63	99
순현금흐름	64	-21
기말현금	94	73

시장 대비 수익률

결산 실적 〈단위 : 억원〉

항목	2011	2012	2013	2014	2015	2016
매출액	641	1,042	1,920	1,227	1,422	2,014
영업이익	4	84	225	43	26	95
당기순이익	1	57	175	14	15	71

분기 실적 *IFRS 별도 기준 〈단위 : 억원〉

항목	2015.3Q	2015.4Q	2016.1Q	2016.2Q	2016.3Q	2016.4Q
매출액	—	—	—	—	—	—
영업이익	—	—	—	—	—	—
당기순이익	—	—	—	—	—	—

재무 상태 *IFRS 별도 기준 〈단위 : 억원〉

항목	2011	2012	2013	2014	2015	2016
총자산	150	288	555	543	705	864
유형자산	1	1	1	1	2	3
무형자산	1	0	1	1	8	6
유가증권	0		6	6	6	—
총부채	123	218	322	247	390	314
총차입금	43	44	30	90	164	94
자본금	25	25	27	27	27	35
총자본	27	69	233	296	315	550
지배주주지분	27	69	233	296	315	550

기업가치 지표 *IFRS 별도 기준

항목	2011	2012	2013	2014	2015	2016
주가(최고/저)(천원)	—/—	—/—	—/—	—/—	—/—	10.6/7.8
PER(최고/저)(배)	0.0/0.0	0.0/0.0	0.0/0.0	0.0/0.0	0.0/0.0	9.6/7.1
PBR(최고/저)(배)	0.0/0.0	0.0/0.0	0.0/0.0	0.0/0.0	0.0/0.0	1.3/1.0
EV/EBITDA(배)	—	0.7	—	1.5	2.7	5.9
EPS(원)	-71	841	3,138	1,200	335	1,102
BPS(원)	5,423	13,837	43,893	53,430	5,683	7,931
CFPS(원)	-677	8,468	31,449	11,633	348	1,143
DPS(원)						
EBITDAPS(원)	-1,474	12,660	41,486	7,270	481	1,446

재무 비율 〈단위 : % 〉

연도	영업이익률	순이익률	부채비율	차입금비율	ROA	ROE	유보율	자기자본비율	EBITDA마진율
2016	4.7	3.5	76.1	33.1	7.5	16.5	1,494.2	56.8	6.8
2015	1.8	1.1	195.1	88.5	1.9	5.1	1,059.3	33.9	4.5
2014	3.5	1.1	131.6	57.6	2.0	4.8	1,015.6	43.2	5.5
2013	11.7	9.1	155.1	10.7	28.8	90.7	960.0	39.2	12.6

에이치엘비 (A028300)
HLB

업 종 : 조선		시 장 : KOSDAQ	
신용 등급 : (Bond) — (CP) —		기업규모 : 중견	
홈 페 이 지 : www.hlbkorea.com		연 락 처 : (052)240-3500	
주 소 : 울산시 울주군 온산읍 당월로 216-53			

설 립 일 1985.10.31	종업원수 97명	대표이사 박정민	
상 장 일 1996.07.27	감사의견 적정 (삼정)	계 열	
결 산 기 12월	보 통 주 3,594만주	종속회사수	
액 면 가 500원	우 선 주 0	구 상 호	

주주구성 (지분율,%)		출자관계 (지분율,%)		주요경쟁사 (외형,%)	
진양곤	11.0	현대요트	39.4	에이치엘비	100
Alex Sukwon Kim	2.6	라이프리버	39.0	현대중공업	130,453
(외국인)	6.6	바다중공업	28.9	삼성중공업	34,554

매출구성		비용구성		수출비중	
구명정, DAVIT, 파이프 제조	99.4	매출원가율	85.8	수출	74.5
기타 서비스	0.6	판관비율	83.9	내수	25.5

회사 개요
동사는 1985년에 설립되어 구명정 제조 및 GRE,GRP제조 사업을 영위하는 업체임. 종속회사로는 바이오연구를 주사업으로 하는 라이프리버가 있음. 40년간 구명정을 생산하여 왔으며 2000년 6월 현대정공으로부터 분리된 국내유일의 구명정 제조 업체로서 자체 개발한 소형 엔진과 다수의 구명정 모델을 개발하여 연간 700대의 구명정 생산 능력을 갖춤. 매출 비중은 구명정, DAVIT, 파이프 제조 등이 96% 차지함.

실적 분석
동사의 2016년 연결기준 매출액은 301.4억원으로 전년대비 21.6% 감소함. 매출 감소에 따른 고정비 부담 등 수익성 감소로 210.0억원의 영업손실이 지속되고 있음. 영업손실과 비영업손실로 인해 당기순이익은 전년대비 적자전환되면서 232.5억원의 당기순손실을 기록함. 국내 최초 GRE기자재 개발업체이나 조선 및 해양플랜트 산업 사이클, 낮은 인지도 등으로 인해 매출 성장이 더딘 상황임.

현금 흐름 〈단위 : 억원〉

항목	2015	2016
영업활동	-6	-127
투자활동	-550	-32
재무활동	490	209
순현금흐름	-64	50
기말현금	44	94

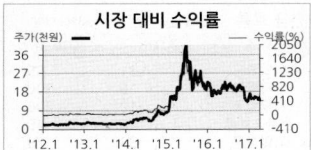

시장 대비 수익률

결산 실적 〈단위 : 억원〉

항목	2011	2012	2013	2014	2015	2016
매출액	695	516	208	372	385	301
영업이익	26	-29	-53	4	-60	-210
당기순이익	-75	-86	-108	-32	104	-233

분기 실적 〈단위 : 억원〉

항목	2015.3Q	2015.4Q	2016.1Q	2016.2Q	2016.3Q	2016.4Q
매출액	89	111	92	82	65	62
영업이익	-13	-18	-15	-31	-58	-105
당기순이익	-19	165	-14	-33	-42	-144

재무 상태 〈단위 : 억원〉

항목	2011	2012	2013	2014	2015	2016
총자산	543	500	361	543	1,852	1,867
유형자산	202	196	136	135	111	108
무형자산	28	54	5	7	1,307	1,310
유가증권	12	8	9	1	11	47
총부채	331	284	206	312	708	626
총차입금	240	178	135	231	227	134
자본금	94	112	124	140	172	179
총자본	212	216	155	230	1,144	1,241
지배주주지분	200	198	161	240	847	887

기업가치 지표

항목	2011	2012	2013	2014	2015	2016
주가(최고/저)(천원)	3.7/1.1	3.3/1.8	3.5/2.2	9.1/2.4	42.2/7.6	23.4/12.0
PER(최고/저)(배)	—/—	—/—	—/—	—/—	112.0/20.3	—/—
PBR(최고/저)(배)	3.4/1.0	3.6/2.0	5.2/3.3	10.4/2.7	17.0/3.1	9.4/4.8
EV/EBITDA(배)	12.9			101.7	—	—
EPS(원)	-421	-370	-351	-111	377	-370
BPS(원)	1,101	910	678	877	2,483	2,491
CFPS(원)	-311	-227	-258	-42	429	-325
DPS(원)						
EBITDAPS(원)	252	-4	-127	83	-125	-543

재무 비율 〈단위 : % 〉

연도	영업이익률	순이익률	부채비율	차입금비율	ROA	ROE	유보율	자기자본비율	EBITDA마진율
2016	-69.7	-77.2	50.5	10.8	-12.5	-15.2	398.2	66.5	-64.4
2015	-15.5	27.2	61.9	19.8	8.7	23.3	396.5	61.8	-10.9
2014	1.0	-8.7	135.7	100.2	-7.2	-14.6	75.4	42.4	5.9
2013	-25.7	-51.8	132.9	87.0	-25.0	-47.5	35.5	42.9	-14.9

에이치엘비생명과학 (A067630)
HLB Life Science

업 종 : 에너지 시설 및 서비스		시 장 : KOSDAQ	
신용 등급 : (Bond) — (CP) —		기업규모 : 중견	
홈 페 이 지 : www.hlb-ls.com		연 락 처 : (02)2627-6700	
주 소 : 서울시 구로구 디지털로 26길111, JnK디지털타워 A-602			

설 립 일 1998.07.24	종업원수 28명	대표이사 김하용	
상 장 일 2008.11.25	감사의견 적정 (태성)	계 열	
결 산 기 12월	보 통 주 2,367만주	종속회사수	
액 면 가 500원	우 선 주 0	구 상 호 에이치엘비엘에스	

주주구성 (지분율,%)		출자관계 (지분율,%)		주요경쟁사 (외형,%)	
에이치엘비	8.8	신화어드밴스	100.0	에이치엘비생명과학	100
강수진	2.6	프론트정보통신	100.0	파루	250
(외국인)	0.2	엘에스케이안베스트먼트	39.0	KG ETS	226

매출구성		비용구성		수출비중	
[에이치엘비 생명과학]ESCO	96.4	매출원가율	92.2	수출	—
[에이치엘비 생명과학]기타	3.6	판관비율	11.1	내수	—

회사 개요
에너지절약 관련 엔지니어링 서비스업을 위한 진단, 설계, 시공 등을 주사업으로 하여 에너지 사용자의 기존 에너지 사용시설을 동사 부담으로 교체 또는 보완하여 주고 이에 따른 에너지절감 액으로부터 투자비와 이윤을 회수하는 ESCO(Energy Service Company) 사업을 영위함. 최근 3년간 에너지이용 합리화 자금 ESCO부분 인출실적 기준으로 약 7%의 시장을 점유함. 정부의 강력한 에너지절약 시책으로 시장규모 성장세가 지속될 전망.

실적 분석
동사의 2016년 4분기 연결기준 누적 매출액은 422.3억원으로 전년동기 대비 54.6% 증가하였으며, 영업손실은 14억원으로 전년동기 97억원보다 적자지속됨. 금융손익의 적자지속에도 비영업이익은 1.9억원이 발생함. 당기순손실은 12.5억원으로 전년동기 170.4억원 적자에서 적자 폭이 줄어들었음. 외형이 증가하는 가운데 높은 매출원가의 비중, 고정비 부담에 따라 수익성이 크게 악화됨.

현금 흐름 〈단위 : 억원〉

항목	2015	2016
영업활동	-43	-23
투자활동	-64	-250
재무활동	239	158
순현금흐름	132	-114
기말현금	156	42

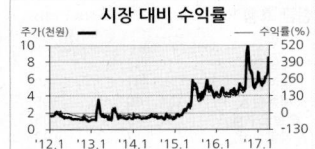

시장 대비 수익률

결산 실적 〈단위 : 억원〉

항목	2011	2012	2013	2014	2015	2016
매출액	410	90	200	366	273	422
영업이익	-22	-47	-32	15	-97	-14
당기순이익	-40	-84	-41	14	-170	-13

분기 실적 〈단위 : 억원〉

항목	2015.3Q	2015.4Q	2016.1Q	2016.2Q	2016.3Q	2016.4Q
매출액	54	106	66	45	30	281
영업이익	-21	-19	-13	-11	-14	24
당기순이익	-26	-56	-12	-11	-18	28

재무 상태 〈단위 : 억원〉

항목	2011	2012	2013	2014	2015	2016
총자산	629	459	482	334	427	827
유형자산	24	101	31	35	34	36
무형자산	1	0	53	10	42	42
유가증권	24	22	22	19	90	217
총부채	477	388	372	200	168	550
총차입금	382	290	210	116	57	232
자본금	32	32	67	72	123	123
총자본	152	70	110	134	259	277
지배주주지분	152	70	110	134	259	277

기업가치 지표

항목	2011	2012	2013	2014	2015	2016
주가(최고/저)(천원)	4.1/1.6	2.2/1.0	4.0/1.1	2.1/1.2	6.4/1.2	12.1/3.9
PER(최고/저)(배)	—/—	—/—	20.0/11.3	—/—	—/—
PBR(최고/저)(배)	1.9/0.7	2.1/0.9	4.6/1.2	2.1/1.2	5.9/1.1	10.4/3.4
EV/EBITDA(배)				12.2	—	—
EPS(원)	-566	-1,206	-456	105	-967	-53
BPS(원)	2,732	1,309	865	990	1,084	1,159
CFPS(원)	-685	-1,450	-394	145	-927	-38
DPS(원)						
EBITDAPS(원)	-368	-787	-296	149	-510	-44

재무 비율 〈단위 : % 〉

연도	영업이익률	순이익률	부채비율	차입금비율	ROA	ROE	유보율	자기자본비율	EBITDA마진율
2016	-3.3	-3.0	198.6	83.9	-2.0	-4.7	124.9	33.5	-2.5
2015	-35.5	-62.4	64.9	21.9	-44.8	-86.6	110.4	60.7	-32.9
2014	4.0	3.8	148.5	86.0	3.4	11.5	87.9	40.3	5.4
2013	-16.0	-20.4	337.0	190.4	-8.7	-45.1	63.6	22.9	-13.3

에이치엘비파워 (A043220)
HLB POWER

업 종: 석유 및 가스		시 장: KOSDAQ	
신용등급: (Bond) — (CP) —		기업규모: 중견	
홈페이지: www.hlbpower.com		연 락 처: 02)544-3301	
본 사: 서울시 강남구 도산대로 333 9, 10층(신사동, 케이플러스타워)			

설 립 일	1995.07.31	종업원수	20명	대표이사	임창윤,김종원
상 장 일	2001.07.03	감사의견	적정 (한경)	계 속	열
결 산 기	12월	보 통 주	3,778만주	종속회사수	
액 면 가	500원	우 선 주		구 상 호	유아이엠엔터

주주구성 (지분율,%)		출자관계 (지분율,%)		주요경쟁사 (외형,%)	
위드윈투자조합3호	18.1	에이치엘비네트웍스	100.0	에이치엘비파워	100
진양곤	4.2	삼광피엔에스	100.0	E1	12,164
		와이앤에이치메디	100.0	리드코프	1,335

매출구성		비용구성		수출비중	
유류유통	93.9	매출원가율	92.1	수출	—
정보기기	5.9	판관비율	32.1	내수	—
미용의료기기	0.2				

회사 개요
동사는 전자부품, 영상, 음향 및 통신장비제조 등을 주영업목적으로 1995년 설립됨. 유류, 코스메틱 부문의 사업을 영위 중. 2016년 10월 기준 유아이엠엔터에서 에이치엘비파워로 사명을 변경함. 2013년 5월 석유수출입업 등록증을 허가 받은 후 석유류 판매업을 같이 영위하고 있음. 2016년 삼광피엔에스와의 합병을 통해 발전설비 및 전력설비 등 에너지 관련 사업도 추진 중.

실적 분석
동사의 2016년 4분기 연결기준 누적 매출액은 전년동기 대비 77.8% 증가한 328.5억원을 기록함. 전년 매출이 없던 신규사업인 미용 및 의료기기 사업에서 매출이 급증하며 외형성장함. 유류유통부문 매출도 증가. 단 영업이익은 매출원가와 판관비 증가로 적자가 이어짐. 79.6억원에 영업손실을 기록함. 당기순손실은 100.8억원으로 전년 241.4억원에 비해 대폭 줄어듦.

현금 흐름 〈단위 : 억원〉
항목	2015	2016
영업활동	-52	-61
투자활동	-85	-88
재무활동	140	335
순현금흐름	3	185
기말현금	7	192

시장 대비 수익률
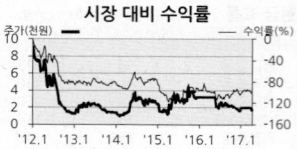

결산 실적 〈단위 : 억원〉
항목	2011	2012	2013	2014	2015	2016
매출액	255	35	153	177	185	329
영업이익	-20	-40	-5	-1	-99	-80
당기순이익	-37	-72	-16	-59	-241	-101

분기 실적 〈단위 : 억원〉
항목	2015.3Q	2015.4Q	2016.1Q	2016.2Q	2016.3Q	2016.4Q
매출액	63	59	82	57	61	129
영업이익	-14	-55	2	-9	-9	-63
당기순이익	-42	-100	2	54	-13	-145

재무 상태 〈단위 : 억원〉
항목	2011	2012	2013	2014	2015	2016
총자산	130	82	192	304	232	837
유형자산	2	1	2	7	5	176
무형자산	23	0	0	8	1	47
유가증권	12					34
총부채	51	53	140	176	157	623
총차입금	39	37	131	144	110	421
자본금	143	16	29	72	139	189
총자본	80	29	51	127	75	213
지배주주지분	80	29	51	125	75	213

기업가치 지표
항목	2011	2012	2013	2014	2015	2016
주가(최고/저)(천원)	24.3/3.8	10.1/1.3	3.0/1.4	4.3/1.0	4.9/1.1	3.5/1.7
PER(최고/저)(배)	—/—	—/—	—/—	—/—	—/—	—/—
PBR(최고/저)(배)	8.7/1.4	11.1/1.5	3.4/1.5	5.0/1.2	18.0/4.1	6.2/3.1
EV/EBITDA(배)				8,046.7		
EPS(원)	-1,380	-2,378	-388	-632	-1,152	-314
BPS(원)	279	906	887	863	271	564
CFPS(원)	-111	-1,715	-348	-616	-1,142	-290
DPS(원)						
EBITDAPS(원)	-44	-665	-79	1	-462	-224

재무 비율 〈단위 : %〉
연도	영업이익률	순이익률	부채비율	차입금비율	ROA	ROE	유보율	자기자본비율	EBITDA마진율
2016	-24.2	-30.7	292.4	197.7	-18.9	-70.0	12.9	25.5	-21.9
2015	-53.6	-130.7	일부잠식	일부잠식	-90.2	-241.4	-45.9	32.3	-52.4
2014	-0.8	-33.1	138.7	113.1	-23.7	-66.4	72.6	41.9	0.0
2013	-3.2	-10.5	273.4	256.1	-11.7	-39.9	77.5	26.8	-2.2

에이치엘사이언스 (A239610)
HLSCIENCE CO

업 종: 제약		시 장: KOSDAQ	
신용등급: (Bond) — (CP) —		기업규모: 벤처	
홈페이지: www.hlscience.com		연 락 처: 031)421-9903	
본 사: 경기도 화성시 봉담읍 동산재길 36			

설 립 일	2000.09.28	종업원수	명	대표이사	이해연
상 장 일	2016.10.28	감사의견	적정 (신한)	계 속	열
결 산 기	12월	보 통 주	514만주	종속회사수	
액 면 가	500원	우 선 주		구 상 호	

주주구성 (지분율,%)		출자관계 (지분율,%)		주요경쟁사 (외형,%)	
이해연	37.5	한국건강기능식품공공사업단	16.0	에이치엘사이언스	100
이동현	31.6			노브메타파마	8
(외국인)	0.4			선바이오	3

매출구성		비용구성		수출비중	
건강기능식품	88.6	매출원가율	34.2	수출	0.3
건강지향식품	8.3	판관비율	46.0	내수	99.7
기타	3.1				

회사 개요
동사는 건강기능식품 산업을 영위하면서 인구 노령화뿐만 아니라 웰빙 열풍의 지속과 건강 및 미용을 중시하는 시장 수요를 예측, 사업 확장에 나서고 있음. 다품종 소량생산 방식의 건강기능식품을 제조하며 식품의약품안전처장으로부터 개별적으로 인정을 받아 생산하는 개별인정형 제품을 생산. 기능성석류농축액(갱년기 증상 개선), 기능성석류농축액(피부보습, 탄력, 주름 개선), 레드클로버복합물(갱년기 증상 개선)등 연구 개발.

실적 분석
동사의 2016년 연결기준 결산 매출액은 344.3억원으로 전년동기 대비 45.3% 증가. 영업이익은 68.3억원으로 129.7% 이상 증가. 당기순이익은 60.7억원을 기록함으로써 71.9% 이상 증가함. 개별인정형 건강기능식품을 제조하면서 이익 증대를 실현. 동사는 '갱년기 현상개선 석류 농축물질 개발'로 국가경제발전에 기여한 공로로 44회 상공의 날 석탑산업훈장 수상하였으며 또한, 밀크씨추출물이 세계일류상품으로 선정되는 쾌거를 달성.

현금 흐름 *IFRS 별도 기준 〈단위 : 억원〉
항목	2015	2016
영업활동	31	55
투자활동	-6	-306
재무활동	-10	296
순현금흐름	16	45
기말현금	33	78

시장 대비 수익률
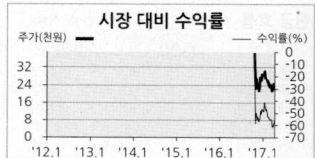

결산 실적 〈단위 : 억원〉
항목	2011	2012	2013	2014	2015	2016
매출액	—	—	150	172	237	344
영업이익	—	—	18	25	30	68
당기순이익	—	—	17	21	35	61

분기 실적 *IFRS 별도 기준 〈단위 : 억원〉
항목	2015.3Q	2015.4Q	2016.1Q	2016.2Q	2016.3Q	2016.4Q
매출액	—	—	—	—	—	—
영업이익	—	—	—	—	—	—
당기순이익	—	—	—	—	—	—

재무 상태 *IFRS 별도 기준 〈단위 : 억원〉
항목	2011	2012	2013	2014	2015	2016
총자산			136	139	174	546
유형자산			76	67	68	106
무형자산			1	3	4	6
유가증권						0
총부채			37	36	29	44
총차입금			26	17		
자본금			7	7	15	26
총자본			99	103	145	502
지배주주지분			99	103	145	502

기업가치 지표 *IFRS 별도 기준
항목	2011	2012	2013	2014	2015	2016
주가(최고/저)(천원)	—/—	—/—	—/—	—/—	—/—	38.2/20.2
PER(최고/저)(배)	0.0/0.0	0.0/0.0	0.0/0.0	0.0/0.0	0.0/0.0	26.6/14.1
PBR(최고/저)(배)	0.0/0.0	0.0/0.0	0.0/0.0	0.0/0.0	0.0/0.0	3.9/2.1
EV/EBITDA(배)				0.2		15.7
EPS(원)	—	—	838	1,082	1,628	1,434
BPS(원)	—	—	68,735	71,221	49,623	9,760
CFPS(원)	—	—	12,749	16,282	23,660	1,494
DPS(원)	—	—				
EBITDAPS(원)	—	—	14,046	18,779	20,148	1,674

재무 비율 〈단위 : %〉
연도	영업이익률	순이익률	부채비율	차입금비율	ROA	ROE	유보율	자기자본비율	EBITDA마진율
2016	19.9	17.6	8.8	0.0	16.9	18.8	1,852.1	92.0	20.6
2015	12.6	14.9	19.7	0.0	22.6	28.5	892.5	83.5	13.5
2014	14.5	12.4	35.4	16.6			1,324.4	73.9	15.7
2013	12.2	11.0	37.5	26.3		0.0	1,274.7	72.7	13.5

에이치엠씨투자증권 (A001500)
HMC INVESTMENT SECURITIES

업　　종 : 증권	시　　장 : 거래소
신용등급 : (Bond) A+　　(CP) A1	기업규모 : 시가총액 소형주
홈페이지 : www.hmcib.com	연 락 처 : 02)3787-2114
본　　사 : 서울시 영등포구 국제금융로 2길 32	

설 립 일	1955.07.26	종 업 원 수	695명	대 표 이 사	이용배
상 장 일	1990.06.09	감 사 의 견	적정 (한영)	계　　열	
결 산 기	12월	보 통 주	2,934만주	종속회사수	
액 면 가	5,000원	우 선 주		구 상 호	

주주구성 (지분율,%)

현대자동차	27.5
현대모비스	17.0
(외국인)	5.9

출자관계 (지분율,%)

도미누스신성장사모투자재단	19.0
더함투자자문	9.0
이지스자산운용	8.2

주요경쟁사 (외형,%)

HMC투자증권	100
SK증권	93
한화투자증권	-4

수익구성

수수료수익	28.8
금융상품 관련이익	28.3
이자수익	26.7

비용구성

이자비용	14.5
파생상품손실	24.9
판관비	25.5

수출비중

수출	—
내수	—

회사 개요

1955년 신흥증권으로 설립된 동사는 2008년 5월 현대자동차그룹 계열사로 편입, 동사는 금융투자업 및 이에 부수되는 사업을 영위하고 있으며, 2016년 3월말 현재 15개 국내지점, 5개의 국내영업점을 운영하고 있음. 현 대차 그룹에 편입된 이후 두 차례 유상증자를 단행해 자본 3,552억원을 확충을. 동사는 계열사와의 시너지를 바탕으로 퇴직연금, IB, 브로커리지 영업 등에서 잠재력을 가지고 있음.

실적 분석

동사의 2016년 연결기준 누적 영업이익과 당기순이익은 각각 528억원, 397억원으로 전년 동기 대비 감소하였음. 실적이 둔화된 데는 거래 둔화로 위탁매매 수수료 수익이 급감하였고 M&A 시장 침체로 IB 부문 수익성 또한 다소 둔화하였기 때문으로 판단됨. 향후 업황 호전시 수익성 개선 가능성있으며 안정적인 리스크 관리로 차별화된 실적이 가능할 것으로 판단됨.

현금 흐름 〈단위 : 억원〉

항목	2015	2016
영업활동	-227	1,979
투자활동	-1,425	-553
재무활동	2,338	-1,953
순현금흐름	686	-527
기말현금	1,739	1,212

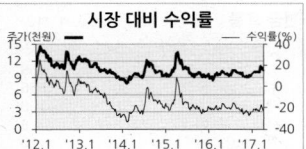

시장 대비 수익률

결산 실적 〈단위 : 억원〉

항목	2011	2012	2013	2014	2015	2016
순영업손익	2,023	1,992	1,072	1,820	2,016	1,830
영업이익	522	407	-79	140	682	528
당기순이익	369	308	-72	66	504	398

분기 실적 〈단위 : 억원〉

항목	2015.3Q	2015.4Q	2016.1Q	2016.2Q	2016.3Q	2016.4Q
순영업손익	514	405	546	511	486	286
영업이익	201	77	214	182	153	-21
당기순이익	161	52	165	140	115	-23

재무 상태 〈단위 : 억원〉

항목	2011	2012	2013	2014	2015	2016
총자산	36,358	40,851	45,521	55,926	58,526	58,871
유형자산	183	125	72	2,003	1,984	2,850
무형자산	307	315	297	249	242	235
유가증권	23,612	31,054	32,913	41,313	40,672	42,930
총부채	29,696	34,055	38,851	49,187	51,326	50,709
총차입금	18,664	21,193	25,650	32,866	35,248	33,427
자본금	1,467	1,467	1,467	1,467	1,467	1,467
총자본	6,661	6,796	6,670	6,739	7,200	8,162
지배주주지분	6,661	6,796	6,670	6,739	7,200	8,162

기업가치 지표

항목	2011	2012	2013	2014	2015	2016
주가(최고/저)(천원)	21.5/10.4	13.7/10.3	11.9/8.6	12.2/7.9	14.2/8.9	10.5/8.6
PER(최고/저)(배)	19.3/9.3	14.5/11.0	—/—	59.9/38.7	9.0/5.6	8.1/6.6
PBR(최고/저)(배)	1.1/0.5	0.7/0.5	0.6/0.4	0.6/0.4	0.6/0.4	0.4/0.3
PSR(최고/저)(배)	4/2	2/2	4/3	2/1	2/1	2/1
EPS(원)	1,258	1,051	-246	225	1,716	1,356
BPS(원)	22,706	23,166	22,736	22,972	24,542	27,822
CFPS(원)	1,663	1,504	23	468	1,964	1,582
DPS(원)	150	150		150	450	400
EBITDAPS(원)	1,779	1,386	-268	476	2,326	1,800

재무 비율 〈단위 : % 〉

연도	계속사업이익률	순이익률	부채비율	차입금비율	ROA	ROE	유보율	자기자본비율	총자산증가율
2016	28.9	21.6	621.3	409.6	0.7	5.2	456.4	13.9	0.6
2015	34.2	25.0	712.9	489.6	0.9	7.2	390.9	12.3	4.7
2014	5.6	3.6	729.9	487.7	0.1	1.0	359.4	12.1	36.9
2013	-8.5	-6.7	582.5	384.6	-0.2	-1.1	354.7	14.7	11.4

에이치케이 (A044780)
HK

업　　종 : 기계	시　　장 : KOSDAQ
신용등급 : (Bond) —　　(CP) —	기업규모 : 벤처
홈페이지 : www.hk-global.com	연 락 처 : 031)350-2800
본　　사 : 경기도 화성시 양감면 사름재길 117	

설 립 일	1990.05.30	종 업 원 수	141명	대 표 이 사	계명재
상 장 일	2000.09.07	감 사 의 견	적정 (안진)	계　　열	
결 산 기	12월	보 통 주	1,843만주	종속회사수	
액 면 가	500원	우 선 주		구 상 호	한광

주주구성 (지분율,%)

계명재	19.0
권미경	3.3
(외국인)	3.5

출자관계 (지분율,%)

주요경쟁사 (외형,%)

에이치케이	100
디케이락	84
서암기계공업	51

매출구성

FL, FS Serise	37.3
PL, PS Serise	36.2
레이저가공기 기타	14.8

비용구성

매출원가율	80.7
판관비율	15.9

수출비중

수출	43.0
내수	57.0

회사 개요

동사는 레이저 가공기 시장점유율 1위 업체로 레이저 가공기 및 부품 판매업을 영위하는 한광정밀기술유한공사와 염료감응 태양전지 유기소재 개발 사업을 영위하는 솔라시스를 계열사로 보유하고 있음. 수요측면에서 볼 때 국내 시장에서는 CO2 레이저 가공기, 특히 절단용 레이저 가공기의 수요가 대다수임. 주된 고객은 전국에 약 250여개의 전문 임가공업체 및 정밀 판금업체임.

실적 분석

동사의 2016년 연결기준 결산 매출액은 617.9억원으로 전년 573.3억원 대비 7.8% 증가를 기록하였음. 매출 증가 및 판매비와 관리비의 감소 노력에 힘입어, 영업이익은 21.0억원으로 전년 (6.6억원) 대비 대폭 (217%) 신장에 성공하였음. 당기순이익은 비영업손실발생에도 불구하고 매출액 및 영업이익 신장에 따라 15.5억원으로 전년 (1.2억원) 대비 큰 폭으로 성장하였음.

현금 흐름 〈단위 : 억원〉

항목	2015	2016
영업활동	16	63
투자활동	-27	-3
재무활동	12	-61
순현금흐름	1	-2
기말현금	29	27

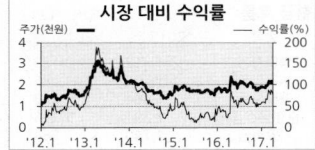

시장 대비 수익률

결산 실적 〈단위 : 억원〉

항목	2011	2012	2013	2014	2015	2016
매출액	609	629	521	550	573	618
영업이익	50	80	47	21	7	21
당기순이익	46	66	42	29	1	15

분기 실적 〈단위 : 억원〉

항목	2015.3Q	2015.4Q	2016.1Q	2016.2Q	2016.3Q	2016.4Q
매출액	144	179	152	115	97	254
영업이익	-1	7	5	5	-1	12
당기순이익	-1	1	5	2	-1	13

재무 상태 〈단위 : 억원〉

항목	2011	2012	2013	2014	2015	2016
총자산	550	597	655	790	837	808
유형자산	162	163	188	292	303	295
무형자산	9	7	6	4	6	6
유가증권	4	7	3	4	1	2
총부채	243	226	245	349	395	352
총차입금	163	113	155	286	304	268
자본금	90	91	91	92	92	92
총자본	307	371	410	442	442	456
지배주주지분	308	371	410	442	442	456

기업가치 지표

항목	2011	2012	2013	2014	2015	2016
주가(최고/저)(천원)	1.3/0.7	1.9/1.0	3.2/1.6	2.3/1.4	2.0/1.4	2.4/1.7
PER(최고/저)(배)	4.9/2.6	5.5/2.9	13.8/6.9	14.4/8.6	304.2/220.4	28.7/19.6
PBR(최고/저)(배)	0.8/0.4	1.0/0.5	1.4/0.7	0.9/0.6	0.8/0.6	1.0/0.7
EV/EBITDA(배)	5.8	4.6	10.2	21.5	34.3	18.3
EPS(원)	262	360	231	157	7	84
BPS(원)	1,709	2,046	2,254	2,400	2,399	2,477
CFPS(원)	285	380	251	179	62	140
DPS(원)	20	20				
EBITDAPS(원)	300	460	279	136	92	170

재무 비율 〈단위 : % 〉

연도	영업이익률	순이익률	부채비율	차입금비율	ROA	ROE	유보율	자기자본비율	EBITDA마진율
2016	3.4	2.5	77.2	58.9	1.9	3.5	395.4	56.4	5.1
2015	1.2	0.2	89.6	69.0	0.2	0.3	379.8	52.8	3.0
2014	3.8	5.2	78.9	64.7	4.0	6.8	379.9	55.9	4.5
2013	9.1	8.1	59.6	37.7	6.7	10.8	350.8	62.7	9.8

에이케이홀딩스 (A006840)
AK Holdings

업　　　종 : 화학　　　　　　　　　　　시　　　장 : 거래소
신용등급 : (Bond) —　　　(CP) —　　　기업규모 : 시가총액 중형주
홈페이지 : www.aekyunggroup.co.kr　　연 락 처 : 02)6923-2921
본　　　사 : 서울시 구로구 구로중앙로 152(구로동)

설 립 일 1970.10.13	종 업 원 수 14명	대 표 이 사 안재석,채형석
상 장 일 1999.08.11	감 사 의 견 적정 (한영)	계　　　열
결 산 기 12월	보 통 주 1,325만주	종 속 회 사 수
액 면 가 5,000원	우 선 주	구 상 호 애경유화

주주구성 (지분율,%)		출자관계 (지분율,%)		주요경쟁사 (외형,%)	
채형석	16.1	에이케이켐텍	80.1	AK홀딩스	100
애경유지공업	9.7	에이케이에스앤디	77.2	롯데케미칼	453
(외국인)	10.1	에이엠플러스자산개발	57.1	대한유화	55

매출구성		비용구성		수출비중	
[석유화학사업부문]제품, 상품, 기타	32.5	매출원가율	68.5	수출	—
[항공운송사업] 여객수입, 화물수입 등	21.7	판관비율	24.2	내수	—
기타	16.7				

회사 개요
동사는 다른 회사의 주식을 소유하여 그 회사를 지배하는 것을 목적으로 하는 지주회사로, 2012년 9월 1일 인적분할을 통하여 지주회사로 전환됨. 동사는 2016년 6월 기준준 애경유화, 에이케이켐텍, 애경화학, 애경산업, 제주항공, 에이케이에스앤디, 에이엠플러스자산개발 등 7개사를 공정거래법상 자회사로 두고 있음. 동사의 영업수익은 배당금 수익, 상표권 사용료, 경영자문수수료 등으로 구성됨

실적 분석
연결기준 동사의 2016년 결산 매출은 전년대비 4% 증가한 2조 9,218억원, 영업이익은 전년대비 101% 증가한 2,137억원, 당기순이익은 전년대비 흑자전환 하여 1,333억원을 기록함. 동사의 영업이익과 당기순이익의 증가는 연결종속회사들의 실적개선에서 기인함. 총 자산은 전년대비 10% 증가한 2조 7,419억 이고, 자산이 증가한 주요 원인은 당기 연결종속회사들의 현금성자산이 영업활동을 통해 전기대비 1,580억원이 증가했기 때문임.

현금 흐름　　〈단위 : 억원〉

항목	2015	2016
영업활동	1,412	3,183
투자활동	1,434	-1,286
재무활동	-1,464	-743
순현금흐름	1,391	1,143
기말현금	2,740	3,884

시장 대비 수익률
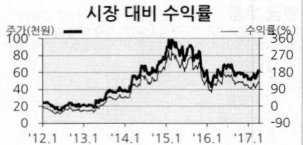

결산 실적　　〈단위 : 억원〉

항목	2011	2012	2013	2014	2015	2016
매출액	3,903	4,281	22,410	28,739	28,071	29,218
영업이익	207	271	1,089	1,475	1,063	2,137
당기순이익	439	1,934	1,083	943	-374	1,333

분기 실적　　〈단위 : 억원〉

항목	2015.3Q	2015.4Q	2016.1Q	2016.2Q	2016.3Q	2016.4Q
매출액	7,037	6,552	6,745	7,037	7,561	7,876
영업이익	65	137	544	419	725	449
당기순이익	-72	-734	392	334	459	148

재무 상태　　〈단위 : 억원〉

항목	2011	2012	2013	2014	2015	2016
총자산	7,974	10,620	23,750	27,732	24,955	27,419
유형자산	1,618	2,278	11,692	13,496	9,409	9,585
무형자산	117	291	2,240	2,554	1,684	1,637
유가증권	19	10	97	38	1,352	996
총부채	4,464	5,512	17,400	19,461	15,939	17,305
총차입금	3,065	3,561	9,849	10,554	7,775	7,190
자본금	445	545	582	662	662	662
총자본	3,510	5,108	6,350	8,270	9,016	10,114
지배주주지분	3,061	3,631	4,264	5,593	5,609	6,204

기업가치 지표

항목	2011	2012	2013	2014	2015	2016
주가(최고/저)(천원)	34.9/16.2	26.5/14.7	43.0/17.5	79.9/36.0	101/53.4	72.1/42.9
PER(최고/저)(배)	6.3/2.9	1.3/0.7	6.4/2.6	15.4/6.9	—/—	13.4/8.0
PBR(최고/저)(배)	1.1/0.5	0.8/0.5	1.2/0.5	1.9/0.9	2.4/1.3	1.5/0.9
EV/EBITDA(배)	16.8	15.7	10.1	10.4	8.5	4.4
EPS(원)	5,861	21,925	6,947	5,309	-3,246	5,436
BPS(원)	35,428	33,863	37,479	42,984	43,105	47,597
CFPS(원)	8,210	23,827	10,767	10,512	2,287	10,683
DPS(원)	750	150	200	350	500	550
EBITDAPS(원)	5,254	4,646	13,312	17,093	13,558	21,376

재무 비율　　〈단위 : % 〉

연도	영업이익률	순이익률	부채비율	차입금비율	ROA	ROE	유보율	자기자본비율	EBITDA마진율
2016	7.3	4.6	171.1	71.1	5.1	12.2	851.9	36.9	9.7
2015	3.8	-1.3	176.8	86.2	-1.4	-7.7	762.1	36.1	6.4
2014	5.1	3.3	235.3	127.6	3.7	13.4	759.7	29.8	7.4
2013	4.9	4.8	274.0	155.1	6.3	20.3	649.6	26.7	6.7

에이테크솔루션 (A071670)
A-Tech Solution

업　　　종 : 기계　　　　　　　　　　　시　　　장 : KOSDAQ
신용등급 : (Bond) —　　　(CP) —　　　기업규모 : 중견
홈페이지 : www.atechsolution.co.kr　　연 락 처 : 031)350-8167
본　　　사 : 경기도 화성시 정남면 가장로 277

설 립 일 2001.08.20	종 업 원 수 417명	대 표 이 사 유영목
상 장 일 2009.04.17'	감 사 의 견 적정 (대주)	계　　　열
결 산 기 12월	보 통 주 1,000만주	종 속 회 사 수
액 면 가 500원	우 선 주	구 상 호

주주구성 (지분율,%)		출자관계 (지분율,%)		주요경쟁사 (외형,%)	
유영목	32.0	구미에이테크솔루션	13.5	에이테크솔루션	100
삼성전자	15.9			디에스티로봇	20
(외국인)	0.6			부스타	38

매출구성		비용구성		수출비중	
정밀부품	45.6	매출원가율	90.0	수출	53.8
MOLD	37.2	판관비율	9.1	내수	46.2
PRESS	17.2				

회사 개요
동사는 2001년 삼성전자 정밀기기팀의 기계설비를 취득해 가전, 디스플레이, 자동차 및 정보통신용 금형제조 및 판매를 목적으로 설립됐음. 동사는 카메라렌즈와 컴팩트디스크 금형개발, SM5용 자동차 금형개발등의 경험이 있으며 이중사출 금형개발 등 풍부한 기술력을 확보하고 있음. 또한 설립이후 ISO9001인증, QS9000인증 등을 취득하며 대내외적인 신뢰를 얻고 있음. 태국의 해외법인을 주요 종속회사로 두고 있음.

실적 분석
동사의 2016년 연결기준 연간 매출액은 2,290.8억원으로 전년 대비 27.3% 증가했음. 고정비 증가에도 불구하고 주요제품 매출 증가에 따라 영업이익 또한 21.5억원으로 흑자전환했음. 동사는 소비자 중심의 판매전략을 통해 기존의 진출시장을 활용한 시장점유율 확대 및 신시장인 터키, 인도, 러시아, 슬로바키아 등에 대한 진출로써 해외영업을 다양화하여 매출처 다변화를 추진하고 있음.

현금 흐름　　〈단위 : 억원〉

항목	2015	2016
영업활동	167	166
투자활동	-80	-56
재무활동	-78	-100
순현금흐름	8	8
기말현금	12	20

시장 대비 수익률
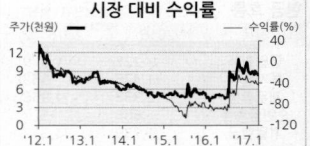

결산 실적　　〈단위 : 억원〉

항목	2011	2012	2013	2014	2015	2016
매출액	1,953	2,001	2,038	2,173	1,799	2,291
영업이익	128	-48	-5	30	-24	22
당기순이익	113	-41	-13	5	-30	13

분기 실적　　〈단위 : 억원〉

항목	2015.3Q	2015.4Q	2016.1Q	2016.2Q	2016.3Q	2016.4Q
매출액	373	527	578	555	617	540
영업이익	-28	21	4	6	12	-1
당기순이익	-27	16	4	4	8	-1

재무 상태　　〈단위 : 억원〉

항목	2011	2012	2013	2014	2015	2016
총자산	1,681	1,892	1,811	1,842	1,721	1,598
유형자산	886	927	937	909	875	816
무형자산	30	25	24	22	19	19
유가증권	2	2	1	1	2	2
총부채	938	1,186	1,120	1,154	1,062	924
총차입금	429	559	553	576	504	421
자본금	50	50	50	50	50	50
총자본	744	706	692	688	659	674
지배주주지분	740	693	685	683	655	670

기업가치 지표

항목	2011	2012	2013	2014	2015	2016
주가(최고/저)(천원)	22.2/7.9	13.3/6.8	9.1/5.8	6.9/4.7	7.6/4.5	11.9/4.0
PER(최고/저)(배)	19.9/7.1	—/—	—/—	114.4/77.1	—/—	92.7/31.3
PBR(최고/저)(배)	3.0/1.1	1.9/1.0	1.3/0.9	1.0/0.7	1.2/0.7	1.8/0.6
EV/EBITDA(배)	7.6	49.1	11.8	7.6	11.3	10.2
EPS(원)	1,128	-415	-100	61	-289	128
BPS(원)	7,400	6,931	6,851	6,829	6,548	6,744
CFPS(원)	1,871	325	924	1,138	862	1,336
DPS(원)	100					
EBITDAPS(원)	2,024	264	976	1,378	907	1,423

재무 비율　　〈단위 : % 〉

연도	영업이익률	순이익률	부채비율	차입금비율	ROA	ROE	유보율	자기자본비율	EBITDA마진율
2016	0.9	0.6	137.2	62.5	0.8	1.9	1,248.8	42.2	6.2
2015	-1.4	-1.7	161.2	76.5	-1.7	-4.3	1,209.7	38.3	5.0
2014	1.4	0.2	167.5	83.6	0.3	0.9	1,265.8	37.4	6.3
2013	-0.2	-0.7	161.9	79.9	-0.7	-1.5	1,270.1	38.2	4.8

에이텍 (A045660)
Atec

업 종 : 컴퓨터 및 주변기기
신용등급 : (Bond) —   (CP) —
홈페이지 : www.atec.kr
주 소 : 경기도 성남시 분당구 판교로 289(삼평동, 에이텍빌딩)
시 장 : KOSDAQ
기업규모 : 벤처
연락처 : 031)698-8800

설 립 일	1993.06.30	종 업 원 수	161명	대 표 이 사	신승영
상 장 일	2001.05.24	감 사 의 견	적정 (이촌)	계 열	
결 산 기	12월	보 통 주	826만주	종속회사수	
액 면 가	500원	우 선 주		구 상 호	

주주구성 (지분율,%)		출자관계 (지분율,%)		주요경쟁사 (외형,%)	
신승영	30.3			에이텍	100
한국증권금융	3.7			딜리	32
(외국인)	1.6			청호컴넷	71.

매출구성		비용구성		수출비중	
PC, LCD Monitor 외(제품)	61.7	매출원가율	78.9	수출	0.0
기타(상품)	27.0	판관비율	16.3	내수	100.0
PC, LCD Monitor 외(상품)	5.1				

회사 개요
동사는 LCD 디스플레이 응용제품을 제조, 생산 판매할 목적으로 1993년 7월에 설립되었고 2001년 5월에 상장되어 코스닥시장에서 매매가 개시되었음. 교통카드솔루션, 디스플레이 및 시스템 사업 등 IT 솔루션 전문기업으로서의 사업을 영위하고 있으며 교통카드솔루션의 경우 서울시 지하철 역사에 일회용 발매/교통카드 충전기 및 교통카드 정산/충전기 교체 사업을 성공적으로 수행하였음.

실적 분석
동사의 2016년 4분기 연결기준 매출액은 전년동기 대비 21.3% 증가한 1,200.5억원을 시현함. 매출원가와 판관비가 증가했으나 외형확대의 영향으로 영업이익은 전년동기 대비 31.3% 증가한 57.5억원을 기록함. 전년동기의 관계기업투자수익의 기저효과로 당기순이익은 12.3% 감소한 73.8억원을 기록. 2015년 7월 교통카드 솔루션 사업부문을 인적분할해 에이텍티엔을 설립 후 코스닥에 재상장함.

현금 흐름	*IFRS 별도 기준	〈단위 : 억원〉
항목	2015	2016
영업활동	-1	32
투자활동	108	-9
재무활동	-117	18
순현금흐름	-10	41
기말현금	106	147

시장 대비 수익률

결산 실적
〈단위 : 억원〉

항목	2011	2012	2013	2014	2015	2016
매출액	1,111	1,180	1,433	1,495	990	1,200
영업이익	89	63	58	38	44	58
당기순이익	56	75	68	70	84	74

분기 실적 *IFRS 별도 기준
〈단위 : 억원〉

항목	2015.3Q	2015.4Q	2016.1Q	2016.2Q	2016.3Q	2016.4Q
매출액	211	277	240	290	238	433
영업이익	9	12	12	19	11	16
당기순이익	8	7	13	16	11	33

재무 상태 *IFRS 별도 기준
〈단위 : 억원〉

항목	2011	2012	2013	2014	2015	2016
총자산	776	764	878	996	625	730
유형자산	222	185	186	186	144	144
무형자산	10	10	11	11	3	4
유가증권	127	119	119	214	54	35
총부채	286	216	275	342	160	195
총차입금	5	5	4	11	5	12
자본금	68	68	68	68	41	41
총자본	491	548	602	654	465	534
지배주주지분	491	548	602	654	465	534

기업가치 지표 *IFRS 별도 기준

항목	2011	2012	2013	2014	2015	2016
주가(최고/저)(천원)	2.1/1.4	3.6/1.6	4.2/2.2	3.6/2.4	5.3/3.3	14.7/3.5
PER(최고/저)(배)	5.8/3.9	7.2/3.3	9.0/4.8	7.4/4.9	7.2/4.5	16.6/3.9
PBR(최고/저)(배)	0.7/0.4	1.0/0.5	1.0/0.5	0.8/0.5	0.7/0.4	1.7/0.4
EV/EBITDA(배)	2.4	6.0	5.1	10.4	3.9	11.4
EPS(원)	411	551	503	512	755	893
BPS(원)	3,669	4,092	4,489	4,872	8,197	8,974
CFPS(원)	459	611	596	598	855	1,028
DPS(원)	100	100	100	100	100	100
EBITDAPS(원)	758	525	519	363	493	832

재무 비율
〈단위 : % 〉

연도	영업이익률	순이익률	부채비율	차입금비율	ROA	ROE	유보율	자기자본비율	EBITDA마진율
2016	4.8	6.1	36.5	2.2	10.9	14.8	1,694.8	73.2	5.7
2015	4.4	8.5	34.4	1.0	10.4	15.0	1,539.3	74.4	5.6
2014	2.5	4.7	52.2	1.6	7.4	11.1	874.4	65.7	3.3
2013	4.0	4.8	45.7	0.6	8.3	11.9	797.8	68.6	4.9

에이텍티앤 (A224110)
ATEC T& CO

업 종 : 전자 장비 및 기기
신용등급 : (Bond) —   (CP) —
홈페이지 : www.atectn.co.kr
주 소 : 경기도 성남시 분당구 판교로 289 (삼평동,에이텍빌딩)
시 장 : KOSDAQ
기업규모 : 벤처
연락처 : 031)698-8700

설 립 일	2015.07.17	종 업 원 수	84명	대 표 이 사	신승영
상 장 일	2015.08.25	감 사 의 견	적정 (오성)	계 열	
결 산 기	12월	보 통 주	534만주	종속회사수	
액 면 가	500원	우 선 주		구 상 호	

주주구성 (지분율,%)		출자관계 (지분율,%)		주요경쟁사 (외형,%)	
신승영	32.9			에이텍티엔	100
한국증권금융	4.4			대주전자재료	188
(외국인)	2.5			이엠티	25

매출구성		비용구성		수출비중	
[교통카드솔루션]용역	49.4	매출원가율	88.3	수출	0.3
[교통카드솔루션]상품	28.5	판관비율	9.7	내수	99.7
[교통카드솔루션]제품	22.0				

회사 개요
동사는 인적분할로 설립된 신설회사로 2015년 8월 재상장하였으며, 분할 전 회사인 에이텍의 교통카드 솔루션 사업부문을 영위함. RFID기반의 스마트카드 교통요금 결제단말기를 제조 및 공급하고 유지·보수 용역을 제공하며, 주요제품은 버스단말기, 지하철단말기, RFID단말기 등. 2014년 8월 서울시 제2기 교통카드시스템 구축사업 중 서울 시내/공항 버스 승하차단말기를 생산 및 공급하는 계약을 수주.

실적 분석
동사의 2016년 매출액은 전년 대비 3배 가까이 성장하며 360.5억원을 기록함. 영업이익은 7.2억원 당기순이익은 7.4억원을 시현. 차세대 택시단말기 생산, 납품과 시외버스사업 진출 등 국내 시장에서 매출액 증가를 견인하였으나 매출 대비 연구개발비 지출증가에 따라 수익성은 다소 떨어짐. 정부의 강력한 철도 정책으로 KTX 고속철도망 및 GTX 구축, 경전철 개통, 기존 철도노선의 연장 등에 따른 수혜가 예상됨.

현금 흐름	*IFRS 별도 기준	〈단위 : 억원〉
항목	2015	2016
영업활동	52	-14
투자활동	-48	-6
재무활동	-0	-4
순현금흐름	4	-24
기말현금	107	83

시장 대비 수익률
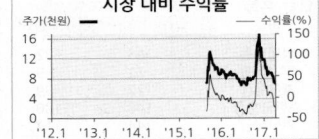

결산 실적
〈단위 : 억원〉

항목	2011	2012	2013	2014	2015	2016
매출액	—	—	—	—	133	360
영업이익	—	—	—	—	10	7
당기순이익	—	—	—	—	9	7

분기 실적 *IFRS 별도 기준
〈단위 : 억원〉

항목	2015.3Q	2015.4Q	2016.1Q	2016.2Q	2016.3Q	2016.4Q
매출액	73	60	45	104	58	153
영업이익	5	4	-7	2	2	10
당기순이익	4	4	-7	4	2	8

재무 상태 *IFRS 별도 기준
〈단위 : 억원〉

항목	2011	2012	2013	2014	2015	2016
총자산					328	340
유형자산					9	8
무형자산					8	7
유가증권					99	99
총부채					38	47
총차입금						
자본금					27	27
총자본					290	293
지배주주지분					290	293

기업가치 지표 *IFRS 별도 기준

항목	2011	2012	2013	2014	2015	2016
주가(최고/저)(천원)	—/—	—/—	—/—	—/—	14.0/6.6	17.2/6.6
PER(최고/저)(배)	0.0/0.0	0.0/0.0	0.0/0.0	0.0/0.0	83.9/39.7	124.8/48.2
PBR(최고/저)(배)	0.0/0.0	0.0/0.0	0.0/0.0	0.0/0.0	2.6/1.2	3.1/1.2
EV/EBITDA(배)	0.0	0.0	0.0	0.0	32.1	55.6
EPS(원)					167	138
BPS(원)					5,433	5,572
CFPS(원)					189	183
DPS(원)						
EBITDAPS(원)					204	180

재무 비율
〈단위 : % 〉

연도	영업이익률	순이익률	부채비율	차입금비율	ROA	ROE	유보율	자기자본비율	EBITDA마진율
2016	2.0	2.0	16.0	0.0	2.2	2.5	1,014.3	86.2	2.7
2015	7.3	6.7	13.2	0.0	0.0	0.0	986.6	88.3	8.2
2014	0.0	0.0	0.0	0.0	0.0	0.0	0.0	0.0	0.0
2013	0.0	0.0	0.0	0.0	0.0	0.0	0.0	0.0	0.0

에이티넘인베스트먼트 (A021080)
Atinum Investment

업 종 : 창업투자 및 종금		시 장 : KOSDAQ	
신용등급 : (Bond) — (CP) —		기업규모 : 벤처	
홈페이지 : www.atinuminvest.co.kr		연 락 처 : 02)555-0781	
본 사 : 서울시 강남구 테헤란로103길 9, 제일빌딩 2층			

설 립 일 1988.10.10	종업원수 22명	대표이사 신기천	
상 장 일 1991.07.12	감사의견 적정 (삼덕)	계 열	
결 산 기 12월	보 통 주 4,800만주	종속회사수	
액 면 가 500원	우 선 주	구 상 호	

주주구성 (지분율,%)
에이티넘파트너스	32.4
박영옥	4.8
(외국인)	1.7

출자관계 (지분율,%)
에이티넘인베스트	100
우리종금	1,348
글로본	113

주요경쟁사 (외형,%)

수익구성
매도가능금융자산처분이익	42.7
조합성과보수	22.0
조합지분법이익	18.5

비용구성
이자비용	0.0
투자및금융비	3.9
판관비	96.1

수출비중
수출	—
내수	—

회사 개요
동사는 벤처캐피탈을 영위하는 창업투자회사로서 2010년 한미창업투자에서 현상호로 변경함. 벤처캐피탈은 기술성과 장래성은 있으나 자본이 취약한 기업에 대하여 자금을 지원함으로써 추후 높은 이익을 추구하는 사업 형태임. 동사는 규모 면에서는 1분기 기준 한국벤처캐피탈협회 벤처투자정보센터에 따르면 4위권에 해당함. 2011년 12월에 국민연금공단과 한국모태펀드 등의 출자를 받아 1057.2억원 규모의 Pan-Asia펀드를 결성하여 운영 중임.

실적 분석
동사의 2016년 영업수익은 132억원이며, 영업이익은 67억원으로 전년 136억원 대비 51% 감소했음. 2015년에는 운영조합의 성공적인 청산으로 인한 성과보수 수령과, 회사 고유계정에서 보유중이었던 매도가능증권의 회수가 있었던 반면, 2016년에는 성과보수 수령 및 매도가능증권의 회수가 없었던 것이 영업이익 감소 요인임. 다만 조합 지분법이익 및 조합 관리보수 수령으로 132억원의 수익을 거둬 당기순이익 54억원을 기록함.

현금 흐름 *IFRS 별도 기준 〈단위 : 억원〉
항목	2015	2016
영업활동	145	-82
투자활동	21	-9
재무활동	-22	-39
순현금흐름	146	-130
기말현금	244	114

시장 대비 수익률
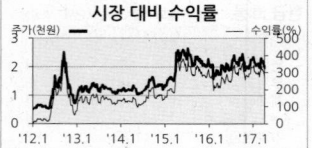

결산 실적 〈단위 : 억원〉
항목	2011	2012	2013	2014	2015	2016
영업수익	97	57	100	97	250	132
영업이익	34	-8	39	47	136	67
당기순이익	30	-10	34	39	103	54

분기 실적 *IFRS 별도 기준 〈단위 : 억원〉
항목	2015.3Q	2015.4Q	2016.1Q	2016.2Q	2016.3Q	2016.4Q
영업수익	105	42	40	46	27	20
영업이익	57	8	23	30	11	2
당기순이익	48	-3	22	26	10	-3

재무 상태 *IFRS 별도 기준 〈단위 : 억원〉
항목	2011	2012	2013	2014	2015	2016
총자산	425	401	444	545	683	679
유형자산	2	2	1	1	1	0
무형자산	21	21	21	13	9	19
유가증권						
총부채	2	4	5	38	73	33
총차입금						
자본금	210	210	210	240	240	240
총자본	424	397	439	507	609	646
지배주주지분	424	397	439	507	609	646

기업가치 지표 *IFRS 별도 기준
항목	2011	2012	2013	2014	2015	2016
주가(최고/저)(천원)	0.8/0.4	2.5/0.5	1.5/0.8	1.7/1.0	2.9/1.2	2.6/1.6
PER(최고/저)(배)	13.0/7.0	—/—	21.0/11.6	21.4/12.9	14.2/6.1	23.7/14.1
PBR(최고/저)(배)	0.9/0.5	3.0/0.6	1.6/0.9	1.7/1.0	2.4/1.0	2.0/1.2
PSR(최고/저)(배)	4/2	21/4	7/4	9/5	6/3	10/6
EPS(원)	67	-23	78	85	215	113
BPS(원)	1,009	946	1,045	1,056	1,270	1,345
CFPS(원)	74	-20	83	86	216	114
DPS(원)	25		25	25	70	35
EBITDAPS(원)	81	-20	93	104	284	139

재무 비율 〈단위 : % 〉
연도	계속사업이익률	순이익률	부채비율	차입금비율	ROA	ROE	유보율	자기자본비율	총자산증가율
2016	46.8	41.1	5.2	0.0	8.7	8.7	169.1	95.1	-0.6
2015	51.1	41.4	12.1	0.0	16.8	18.5	154.0	89.2	25.3
2014	45.7	39.8	7.6	0.0	7.8	8.2	111.2	92.9	22.7
2013	38.7	34.3	1.1	0.0	8.1	8.2	109.0	98.8	10.7

에이티세미콘 (A089530)
AT semicon

업 종 : 반도체 및 관련장비		시 장 : KOSDAQ	
신용등급 : (Bond) — (CP) —		기업규모 :	
홈페이지 : www.atsemi.com		연 락 처 : 031)645-7553	
본 사 : 경기도 이천시 마장면 서이천로 138			

설 립 일 2001.07.27	종업원수 454명	대표이사 김진주	
상 장 일 2011.11.11	감사의견 적정 (삼일)	계 열	
결 산 기 12월	보 통 주 6,224만주	종속회사수	
액 면 가 500원	우 선 주	구 상 호 아이테스트	

주주구성 (지분율,%)
에이티테크놀러지	11.1
국민연금공단	3.7
(외국인)	2.0

출자관계 (지분율,%)
아토솔루션	43.2
연합뉴스티브이	1.7

주요경쟁사 (외형,%)
에이티세미콘	100
코디엠	50
에이티테크놀러지	5

매출구성
[반도체 조립/검사]제품매출	65.6
[반도체 조립/검사]임가공매출	31.6
[반도체 조립/검사]기타매출	2.7

비용구성
매출원가율	95.8
판관비율	13.2

수출비중
수출	77.8
내수	22.2

회사 개요
동사는 DRAM 반도체 및 시스템 반도체 테스트를 주요사업으로 영위하여왔으나 2014년 2월 17일 세미텍을 합병하여 동종업으로 분류되는 사업의 반도체 패키징 사업에 진출하여 현재 종합 반도체 후공정사업을 영위하고 있음. 동사는 다양한 장비군과 기술적인 노하우 및 인프라를 갖추고 있어 현재 국내 메모리 및 시스템반도체 테스트 시장에서 독보적인 위치를 차지하고 있으며 2011년 11월 코스닥 시장에 상장되었음.

실적 분석
동사의 2016년 연결기준 결산 매출액은 892.9억원을 기록하며 전년 대비 29.3% 감소하였으며 영업이익은 80.2억원 손실을 기록하며 전년 대비 적자를 지속하였음. 이에 따라 당기순이익도 128.3억원을 기록하며 전년 대비 적자를 지속함. 전방사업인 반도체 후공정 시장이 기대만큼 호전되지 않기 때문에 동사의 매출 및 실적이 지속적으로 악화되고 있는 것으로 분석됨.

현금 흐름 *IFRS 별도 기준 〈단위 : 억원〉
항목	2015	2016
영업활동	239	120
투자활동	2	94
재무활동	-229	-225
순현금흐름	12	-11
기말현금	17	7

시장 대비 수익률
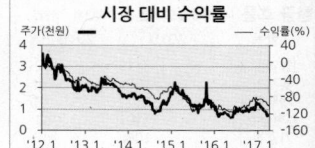

결산 실적 〈단위 : 억원〉
항목	2011	2012	2013	2014	2015	2016
매출액	1,014	966	789	1,505	1,262	893
영업이익	162	58	-16	83	-34	-80
당기순이익	94	4	-134	-206	-390	-128

분기 실적 *IFRS 별도 기준 〈단위 : 억원〉
항목	2015.3Q	2015.4Q	2016.1Q	2016.2Q	2016.3Q	2016.4Q
매출액	273	299	188	164	263	277
영업이익	-20	-53	-39	-58	30	-13
당기순이익	-32	-401	-46	-80	19	-21

재무 상태 *IFRS 별도 기준 〈단위 : 억원〉
항목	2011	2012	2013	2014	2015	2016
총자산	1,815	1,749	2,399	1,996	1,407	1,070
유형자산	1,518	1,469	1,837	1,382	1,123	840
무형자산	9	14	151	131	16	11
유가증권				11	8	7
총부채	901	876	1,600	1,460	1,080	841
총차입금	877	856	1,413	1,256	883	637
자본금	232	232	232	253	290	298
총자본	914	873	799	537	327	228
지배주주지분	914	873	799	537	327	228

기업가치 지표 *IFRS 별도 기준
항목	2011	2012	2013	2014	2015	2016
주가(최고/저)(천원)	3.3/2.2	3.6/1.8	2.6/1.5	1.8/0.8	2.5/0.8	1.4/0.6
PER(최고/저)(배)	13.4/8.9	389.0/190.7	—/—	—/—	—/—	—/—
PBR(최고/저)(배)	1.7/1.1	1.9/0.9	1.4/0.8	1.5/0.7	4.3/1.4	3.5/1.6
EV/EBITDA(배)	4.6	3.8	7.1	5.1	6.3	11.9
EPS(원)	249	9	-289	-412	-673	-221
BPS(원)	1,973	1,937	1,896	1,134	564	382
CFPS(원)	1,167	887	382	220	-196	109
DPS(원)						
EBITDAPS(원)	1,347	1,002	635	798	418	192

재무 비율 〈단위 : % 〉
연도	영업이익률	순이익률	부채비율	차입금비율	ROA	ROE	유보율	자기자본비율	EBITDA마진율
2016	-9.0	-14.4	일부잠식	일부잠식	-10.4	-46.2	-23.5	21.3	12.4
2015	-2.7	-30.9	330.5	270.3	-22.9	-90.3	12.8	19.2	19.2
2014	5.5	-13.7	272.0	234.0	-9.4	-34.0	126.8	26.9	26.6
2013	-2.1	-17.0	200.3	194.1	-6.5	-17.3	227.1	33.3	37.3

에이티젠 (A182400)
ATGen

업 종 : 바이오		시 장 : KOSDAQ	
신용등급 : (Bond) — (CP) —		기업규모 : 신성장	
홈페이지 : www.nkvue.com, www.atgenglobal.com		연 락 처 : 031)8017-8114	
본 사 : 경기도 성남시 분당구 돌마로 172, 1층 6층 (정자동, 분당서울대학교병원 헬스케어혁신파크)			

설 립 일 2002.01.14	종 업 원 수 94명	대 표 이 사 박상우			
상 장 일 2015.10.23	감 사 의 견 적정 (태성)	계 열			
결 산 기 12월	보 통 주 1,139만주	종속회사수			
액 면 가 500원	우 선 주	구 상 호			

주주구성 (지분율,%)
박상우	13.6
한국투자밸류자산운용	12.1
(외국인)	3.2

출자관계 (지분율,%)
에이티젠	100
씰바이오텍	848
파마리서치프로덕트	668

주요경쟁사 (외형,%)

매출구성
연구용 시약	85.0
NK Vue KIT	14.2
용역매출	0.8

비용구성
매출원가율	21.2
판관비율	193.8

수출비중
수출	71.3
내수	28.7

회사 개요
동사는 생물학적체제 제조와 공급을 목적으로 실험용시약 생산 및 판매업을 주사업으로 영위하고 있음. 세계 최초로 전혈에서의 NK세포 활성도를 이용한 면역력 측정이 가능한 키트(체외진단분석용 기기)를 개발함. 주요 제품인 연구용 시약이 매출의 33.2%를 차지하고, NK Vue키트는 24.1%를 차지함. 회사 설립 초기부터 SIGMA와 Merck 등 해외 영업에 집중해 매출의 90%가 수출에서 나옴.

실적 분석
동사의 2016년 연결기준 연간 매출액은 68.8억원으로 전년대비 173.6% 증가. 국내 및 해외사업 확장에 따라 매출이 증가했고, 대만, 인도네시아 등 NK Vue KIT 독점 공급권에 대한 Up-front Fee 24.7억원이 신규 발생. 관여하고 있는 신규 진출 사업분야로 세포치료제, 반려동물진단키트, 건강기능식품 등이 있음. 2016년부터 국내 대리점을 통한 마케팅 등 다양한 활동 추진으로 국내시장의 매출 증가가 기대됨.

현금 흐름 〈단위 : 억원〉
항목	2015	2016
영업활동	-80	-102
투자활동	-34	-198
재무활동	309	398
순현금흐름	196	98
기말현금	236	334

시장 대비 수익률
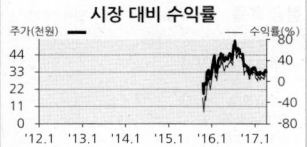

결산 실적 〈단위 : 억원〉
항목	2011	2012	2013	2014	2015	2016
매출액	—	20	15	17	25	69
영업이익	—	4	-21	-51	-64	-79
당기순이익	—	3	-32	-58	-54	-48

분기 실적 〈단위 : 억원〉
항목	2015.3Q	2015.4Q	2016.1Q	2016.2Q	2016.3Q	2016.4Q
매출액	6	9	12	8	12	37
영업이익	-22	-12	-16	-34	-25	-3
당기순이익	-17	-13	-13	-17	-36	11

재무 상태 〈단위 : 억원〉
항목	2011	2012	2013	2014	2015	2016
총자산	—	33	38	77	324	675
유형자산	—	6	12	13	14	24
무형자산	—	12	0	0	1	1
유가증권	—					117
총부채	—	28	57	100	36	268
총차입금	—	22	59	89	20	242
자본금	—	33	34	38	54	57
총자본	—	4	-19	-24	288	407
지배주주지분	—	4	-19	-24	288	407

기업가치 지표
항목	2011	2012	2013	2014	2015	2016
주가(최고/저)(천원)	—/—	—/—	—/—	—/—	34.2/17.8	53.1/29.1
PER(최고/저)(배)	0.0/0.0	0.0/0.0	0.0/0.0	0.0/0.0	—/—	—/—
PBR(최고/저)(배)	0.0/0.0	0.0/0.0	0.0/0.0	0.0/0.0	12.9/6.7	14.9/8.1
EV/EBITDA(배)	0.0	3.1				
EPS(원)	—	47	-476	-863	-560	-433
BPS(원)	—	66	-275	-319	2,647	3,571
CFPS(원)	—	65	-415	-820	-521	-380
DPS(원)	—					
EBITDAPS(원)	—	86	-260	-706	-626	-655

재무 비율 〈단위 : % 〉
연도	영업이익률	순이익률	부채비율	차입금비율	ROA	ROE	유보율	자기자본비율	EBITDA마진율
2016	-115.1	-70.4	66.0	59.6	-9.7	-13.9	614.2	60.3	-106.5
2015	-253.8	-213.8	12.6	7.0	-26.9	전기잠식	429.3	88.8	-238.9
2014	-301.9	-348.0	완전잠식	완전잠식	-101.8	잠식지속	-163.9	-31.3	-284.7
2013	-143.0	-211.7	완전잠식	완전잠식	—	—	-155.0	-48.4	-115.7

에이티테크놀러지 (A073570)
AT technology

업 종 : 반도체 및 관련장비		시 장 : KOSDAQ	
신용등급 : (Bond) — (CP) —		기업규모 :	
홈페이지 : www.attechnology.co.kr		연 락 처 : 041)582-5700	
본 사 : 충남 천안시 서북구 직산읍 4산단7로 17-15			

설 립 일 1998.05.23	종 업 원 수 76명	대 표 이 사 임광빈			
상 장 일 2004.01.06	감 사 의 견 한정(불확실성) (한길)	계 열			
결 산 기 12월	보 통 주 2,244만주	종속회사수			
액 면 가 500원	우 선 주	구 상 호 프롬써어티			

주주구성 (지분율,%)
머큐리아이피테크	9.5
코럴핑크	8.3
(외국인)	0.1

출자관계 (지분율,%)
에이티세미콘	13.3
HQ인베스트먼트	9.5
비오엠	4.2

주요경쟁사 (외형,%)
에이티세미콘	100
에이티세미콘	1,874
코디엠	929

매출구성
장비부품, 용역제공	50.1
Interface	49.1
기타	0.6

비용구성
매출원가율	114.6
판관비율	89.4

수출비중
수출	0.3
내수	99.7

회사 개요
동사는 1998년 설립된 반도체 검사장비의 개발 및 제조업체로 2004년에 코스닥시장에 상장됨. 동사의 주력 제품은 낸드플래시, 솔리드스테이트드라이브(SSD), 반도체 웨이퍼 등의 검사장비이며 삼성전자에 주로 납품하고 있음. 반도체 검사장비(Nand FlashTester) 시장에서 동사를 제외한 국내업체가 전무한 상황임. 동사는 계열회사로 에이티세미콘을 두고 있는바 에이티세미콘의 지배력 상실로 종속회사에서 제외됨.

실적 분석
동사의 2016년 연결 기준 매출과 영업손실은 48억원, 50억원으로 전년 대비 매출은 68.6% 감소하고 적자전환함. 반도체장비 국산화에 따른 주요 고객사의 매출감소에 따른 결과로 분석됨. 동사의 재무상태는 총자산 405억원, 부채총계는 271억원, 자본총계는 134억원으로 부채가 전년 대비 199억원 증가하였는데 이는 전환사채의 발행으로 인한 증가분임.

현금 흐름 *IFRS 별도 기준 〈단위 : 억원〉
항목	2015	2016
영업활동	9	-55
투자활동	62	-119
재무활동	-70	181
순현금흐름	2	7
기말현금	3	9

시장 대비 수익률

결산 실적 〈단위 : 억원〉
항목	2011	2012	2013	2014	2015	2016
매출액	523	1,177	954	1,184	152	48
영업이익	-5	-48	-116	-27	2	-50
당기순이익	11	-125	-259	-259	-7	-113

분기 실적 *IFRS 별도 기준 〈단위 : 억원〉
항목	2015.3Q	2015.4Q	2016.1Q	2016.2Q	2016.3Q	2016.4Q
매출액	35	28	16	11	7	13
영업이익	0	-5	-12	-16	-10	-12
당기순이익	-14	-9	-13	-36	-12	-53

재무 상태 *IFRS 별도 기준 〈단위 : 억원〉
항목	2011	2012	2013	2014	2015	2016
총자산	759	640	2,660	348	225	343
유형자산	28	22	1,848	53	49	41
무형자산	6	5	155	53	45	3
유가증권	152	141	107	25	97	134
총부채	263	291	1,852	311	72	223
총차입금	245	278	1,646	233	52	205
자본금	65	65	65	70	71	95
총자본	496	349	808	37	153	121
지배주주지분	496	349	808	37	153	121

기업가치 지표 *IFRS 별도 기준
항목	2011	2012	2013	2014	2015	2016
주가(최고/저)(천원)	9.1/3.4	5.1/2.2	3.6/2.4	2.6/1.3	2.8/1.3	3.4/1.0
PER(최고/저)(배)	—/—	—/—	—/—	—/—	—/—	—/—
PBR(최고/저)(배)	1.2/0.4	0.9/0.4	0.3/0.2	2.9/1.4	2.6/1.2	5.3/1.6
EV/EBITDA(배)	87.6		7.6	1.9	38.6	
EPS(원)	-626	-2,411	-3,771	-3,633	-10	-742
BPS(원)	4,198	3,065	6,656	485	1,083	639
CFPS(원)	-278	-1,233	572	-63	42	-712
DPS(원)						
EBITDAPS(원)	21	-700	1,678	1,669	78	-295

재무 비율 〈단위 : % 〉
연도	영업이익률	순이익률	부채비율	차입금비율	ROA	ROE	유보율	자기자본비율	EBITDA마진율
2016	-104.0	-237.1	202.6	163.2	-35.8	-82.5	27.8	33.1	-94.3
2015	1.6	-4.9	47.2	34.3	-2.6	-7.8	116.6	67.9	4.7
2014	-2.3	-21.8	일부잠식	일부잠식	-17.2	-213.7	-3.0	10.7	18.9
2013	-12.2	-27.1	229.1	203.7	-10.4	-55.7	296.4	30.4	22.7

에이프로젠헬스케어앤게임즈 (A109960)
Aprogen Healthcare & Games

업 종: 게임 소프트웨어		시 장: KOSDAQ	
신용등급: (Bond) — (CP) —		기업규모: 중견	
홈페이지: www.aprogen-hng.com, www.enus.com		연 락 처: 02)6010-3119	
본 사: 서울시 강남구 테헤란로32길 26 청송빌딩			

설 립 일	1998.02.12	종 업 원 수	72명	대 표 이 사	김재섭
상 장 일	2009.11.13	감 사 의 견	적정(태성)	계 열	
결 산 기	12월	보 통 주	5,037만주	종속회사수	
액 면 가	500원	우 선 주		구 상 호	로코조이

주주구성 (지분율,%)		출자관계 (지분율,%)		주요경쟁사 (외형,%)	
에이비에이바이오로직스	22.6	비전브로스	65.3	에이프로젠 H&G	100
슈넬생명과학	9.0	국제전자제어자제어	25.0	엠게임	198
(외국인)	2.8			파티게임즈	204

매출구성		비용구성		수출비중	
블루투스핸즈프리(Dummy 포함)	47.0	매출원가율	82.7	수출	—
양방향 가로등/보안등 제어시스템	39.2	판관비율	82.3	내수	—
단방향 가로등/보안등 제어시스템	9.2				

회사 개요

매출구조는 무선솔루션 약 45%, 조명제어 55%임. 네트워크 기기 전문회사로 FM RF, CDMA, Bluetooth, Zigbee등 다양한 무선 통신기술을 보유하고 있으며, 이를 바탕으로 블루투스 핸즈프리와 유/무선 인터넷 전화, 블루투스 음원 등을 개발/판매하고 있는 무선 솔루션사업부와 주요 도시의 가로등, 보안등에 적용되어 운용중인 조명감시제어시스템을 개발/판매하는 조명제어사업부로 이루어짐. 씨그널엔터와 제휴후 모바일 게임사업에 진출함.

실적 분석

신규출시한 모바일게임 매출 증가에 따라 동사의 2016년 매출액은 154.2억원으로 전년 대비 38.7% 증가함. 그러나 게임사업부 관련 비용도 크게 증가하여 영업손실을 100.3억원 기록하며 전년에 이어 적자를 지속함. 영업외 손상차손 인식에 따른 영업외비용이 증가하여 당기순손실은 228.4억원으로 전년에 이어 적자를 지속함. 외형 성장세를 보였으나 경쟁심화로 원가율 상승, 판관비 증가 영향으로 수익성이 계속 악화되고 있음.

현금 흐름 〈단위 : 억원〉

항목	2015	2016
영업활동	-18	-96
투자활동	-3	-119
재무활동	199	81
순현금흐름	178	-134
기말현금	192	58

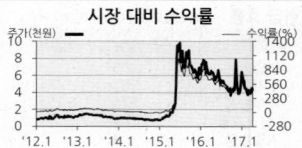

시장 대비 수익률

결산 실적 〈단위 : 억원〉

항목	2011	2012	2013	2014	2015	2016
매출액	259	217	207	135	111	154
영업이익	-25	-6	-23	5	-23	-100
당기순이익	-37	-8	-37	-2	-26	-228

분기 실적 〈단위 : 억원〉

항목	2015.3Q	2015.4Q	2016.1Q	2016.2Q	2016.3Q	2016.4Q
매출액	22	—	—	56	20	—
영업이익	-10	—	—	-20	-21	—
당기순이익	-12	—	—	-18	-28	—

재무 상태 〈단위 : 억원〉

항목	2011	2012	2013	2014	2015	2016
총자산	195	152	121	96	271	156
유형자산	9	7	9	6	4	4
무형자산	12	15	3	6	6	30
유가증권	1	1	1	1	1	1
총부채	107	72	77	53	120	64
총차입금	61	46	49	36	103	34
자본금	19	19	19	19	85	108
총자본	88	80	44	42	151	92
지배주주지분	88	80	44	42	151	86

기업가치 지표

항목	2011	2012	2013	2014	2015	2016
주가(최고/저)(천원)	2.4/0.7	1.4/0.8	1.5/0.9	1.0/0.7	12.1/0.7	8.1/3.4
PER(최고/저)(배)	—/—	—/—	—/—	—/—	—/—	—/—
PBR(최고/저)(배)	2.9/0.9	1.9/1.0	3.6/2.1	2.5/1.6	13.2/0.8	19.4/8.2
EV/EBITDA(배)				13.2		
EPS(원)	-333	-70	-328	-18	-179	-1,084
BPS(원)	2,393	2,222	1,270	1,227	916	418
CFPS(원)	-709	-54	-817	34	-153	-1,038
DPS(원)						
EBITDAPS(원)	-395	-17	-457	206	-133	-431

재무 비율 〈단위 : % 〉

연도	영업이익률	순이익률	부채비율	차입금비율	ROA	ROE	유보율	자기자본비율	EBITDA마진율
2016	-65.0	-148.1	일부잠식	일부잠식	-106.9	-191.8	-16.4	58.9	-58.7
2015	-20.5	-23.0	79.8	68.2	-13.9	-26.5	83.1	55.6	-17.1
2014	3.4	-1.5	125.4	85.2	-1.9	-4.6	145.5	44.4	5.8
2013	-11.1	-17.7	175.1	110.4	-26.9	-59.2	154.1	36.4	-8.4

에이피시스템 (A265520)
Advanced Process Systems

업 종: 디스플레이 및 관련부품		시 장: KOSDAQ	
신용등급: (Bond) — (CP) —		기업규모: 중견	
홈페이지: www.apsystems.co.kr		연 락 처: 031)379-2700	
본 사: 경기도 화성시 동탄면 동탄산단8길 15-5			

설 립 일	2017.03.02	종 업 원 수	명	대 표 이 사	김영주
상 장 일	2017.04.07	감 사 의 견	—(—)	계 열	
결 산 기	12월	보 통 주	1,368만주	종속회사수	
액 면 가	500원	우 선 주		구 상 호	

주주구성 (지분율,%)		출자관계 (지분율,%)		주요경쟁사 (외형,%)	
APS홀딩스	9.9			AP시스템	
정기로	8.9			APS홀딩스	
(외국인)	19.5			덕산네오룩스	

매출구성		비용구성		수출비중	
		매출원가율	0.0	수출	—
		판관비율	0.0	내수	—

회사 개요

동사는 4월7일 인적분할을 통해 존속법인인 APS홀딩스와 사업회사인 AP시스템으로 분할된 신설법인임. 분할 비율은 0.47(존속회사): 0.53(신설회사)로 분할. 분할의 주 목적은 1) 사업부문별 역량 집중, 2) 지배구조 강화를 통한 기업가치 및 주주가치 제고. 신규 상장된 동사는 유지할 디스플레이/반도체 부문의 사업가치에는 변화가 없으므로 이에따른 동사의 적정 가치는 매우 큰 편이라고 할 수 있음.

실적 분석

동사는 독보적인 ELA 양산 경험과 시장 지배력을 바탕으로 flexible OLED 투자 cycle의 대표적인 수혜 업체라고 판단됨. 분할기일이 2월27일인 관계로 1,2월 매출은 존속법인인 APS홀딩스에 반영됨. 기준 시가총액의 경우, 순자산 기준으로 분할됨에 따라 존속회사인 APS홀딩스에 편중 현상이 두드러짐. 일반적으로 지주회사 설립을 위한 사업회사로의 분할은 주가 총액 측면에서 긍정적 효과를 보이는 것이기 때문에 앞으로 성장성이 매우 큼.

현금 흐름 ＊IFRS 별도 기준 〈단위 : 억원〉

항목	2015	2016
영업활동	—	—
투자활동	—	—
재무활동	—	—
순현금흐름	—	—
기말현금	—	—

시장 대비 수익률

결산 실적 ＊IFRS 별도 기준 〈단위 : 억원〉

항목	2011	2012	2013	2014	2015	2016
매출액	—	—	—	—	—	—
영업이익	—	—	—	—	—	—
당기순이익	—	—	—	—	—	—

분기 실적 ＊IFRS 별도 기준 〈단위 : 억원〉

항목	2015.3Q	2015.4Q	2016.1Q	2016.2Q	2016.3Q	2016.4Q
매출액	—	—	—	—	—	—
영업이익	—	—	—	—	—	—
당기순이익	—	—	—	—	—	—

재무 상태 ＊IFRS 별도 기준 〈단위 : 억원〉

항목	2011	2012	2013	2014	2015	2016
총자산	—	—	—	—	—	—
유형자산	—	—	—	—	—	—
무형자산	—	—	—	—	—	—
유가증권	—	—	—	—	—	—
총부채	—	—	—	—	—	—
총차입금	—	—	—	—	—	—
자본금	—	—	—	—	—	—
총자본	—	—	—	—	—	—
지배주주지분	—	—	—	—	—	—

기업가치 지표 ＊IFRS 별도 기준

항목	2011	2012	2013	2014	2015	2016
주가(최고/저)(천원)	—/—	—/—	—/—	—/—	—/—	—/—
PER(최고/저)(배)	0.0/0.0	0.0/0.0	0.0/0.0	0.0/0.0	0.0/0.0	0.0/0.0
PBR(최고/저)(배)	0.0/0.0	0.0/0.0	0.0/0.0	0.0/0.0	0.0/0.0	0.0/0.0
EV/EBITDA(배)						
EPS(원)						
BPS(원)						
CFPS(원)						
DPS(원)						
EBITDAPS(원)						

재무 비율 〈단위 : % 〉

연도	영업이익률	순이익률	부채비율	차입금비율	ROA	ROE	유보율	자기자본비율	EBITDA마진율
2016	0.0	0.0	0.0	0.0	0.0	0.0	0.0	0.0	0.0
2015	0.0	0.0	0.0	0.0	0.0	0.0	0.0	0.0	0.0
2014	0.0	0.0	0.0	0.0	0.0	0.0	0.0	0.0	0.0
2013	0.0	0.0	0.0	0.0	0.0	0.0	0.0	0.0	0.0

에이피위성 (A211270)
Asia Pacific Satellite

업　　종 : 통신장비　　　　　　　　　　시　　장 : KOSDAQ
신용등급 : (Bond) —　　(CP) —　　　기업규모 : 중견
홈페이지 : www.apsi.co.kr　　　　　　연락처 : 02)2026-7800
본　　사 : 서울시 금천구 가산디지털2로 98, IT캐슬 2동 9층

설 립 일 2011.02.01	종업원수 75명	대표이사 류장수	
상 장 일 2016.03.04	감사의견 적정 (태성)	계　　　　열	
결 산 기 12월	보 통 주 1,501만주	종속회사수	
액 면 가 500원	우 선 주	구 상 호 AP위성통신	

주주구성 (지분율,%)
류장수	21.5
홈스	21.3
(외국인)	1.5

출자관계 (지분율,%)

주요경쟁사 (외형,%)
AP위성	100
쏠리드	1,171
삼지전자	4,426

매출구성
위성휴대폰	74.0
기타제품	21.1
용역	4.8

비용구성
매출원가율	65.1
판관비율	28.4

수출비중
수출	77.2
내수	22.8

회사 개요
동사는 위성산업 중 지상장비 산업군에 속해 있으며, 인공위성을 이용해 위성통신 서비스를 제공하는 사업자에게 위성통신 단말기를 공급하는 사업을 영위하고 있음. 주요 제품은 위성통신 단말기이며, 주요 고객은 UAE 두바이 소재의 이동위성통신 사업자인 THURAYA 통신회사임. 2014년 멕시코 MEXSAT 사업에서 Hughes, Honeywell, Elektrobit 등과 함께 GMR-1 3G 규격의 단말기 공급업체로 선정됨.

실적 분석
2016년 매출은 248.9억원으로 전년대비 31.7% 역성장함. 주요 매출처인 중동 국가들의 원유 가격이 급락하면서 위성통신단말기의 매출이 급감. 영업이익은 전년 대비 82.0% 감소함. 2016년부터 시작한 위성사물인터넷 시장(M2M)에 신규 제품을 출시 하는 등 자구의 노력 중. 우주항공사업 비중을 확대할 계획. 2016년 5월 주가안정을 위해 30억원 자사주 취득을 결정, 이후 2017년 4월 6억원 규모의 자사주를 처분함.

현금 흐름 *IFRS 별도 기준 〈단위 : 억원〉
항목	2015	2016
영업활동	46	-14
투자활동	-59	32
재무활동	0	247
순현금흐름	-11	300
기말현금	177	477

시장 대비 수익률
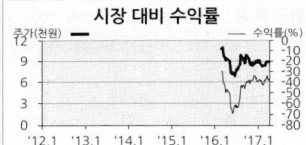

결산 실적 〈단위 : 억원〉
항목	2011	2012	2013	2014	2015	2016
매출액	20	131	393	346	365	249
영업이익	-65	-26	124	86	90	16
당기순이익	-79	-23	105	70	88	60

분기 실적 *IFRS 별도 기준 〈단위 : 억원〉
항목	2015.3Q	2015.4Q	2016.1Q	2016.2Q	2016.3Q	2016.4Q
매출액	62	93	22	89	21	116
영업이익	16	14	-12	20	-8	16
당기순이익	21	10	-14	22	-21	72

재무 상태 *IFRS 별도 기준 〈단위 : 억원〉
항목	2011	2012	2013	2014	2015	2016
총자산	170	195	319	364	421	860
유형자산	41	67	67	68	65	69
무형자산	24	0	1	3	2	124
유가증권						
총부채	57	77	96	76	45	53
총차입금	3	1		0	0	0
자본금	41	47	47	49	49	75
총자본	113	119	223	289	376	807
지배주주지분	113	119	223	289	376	807

기업가치 지표 *IFRS 별도 기준
항목	2011	2012	2013	2014	2015	2016
주가(최고/저)(천원)	—/—	—/—	—/—	—/—	—/—	11.1/6.8
PER(최고/저)(배)	0.0/0.0	0.0/0.0	0.0/0.0	0.0/0.0	0.0/0.0	23.9/14.7
PBR(최고/저)(배)	0.0/0.0	0.0/0.0	0.0/0.0	0.0/0.0	0.0/0.0	1.8/1.1
EV/EBITDA(배)	—	—	—	—	—	35.4
EPS(원)	-1,041	-253	1,116	750	904	462
BPS(원)	1,386	1,263	2,376	2,963	3,857	6,093
CFPS(원)	-695	52	1,164	813	977	519
DPS(원)						
EBITDAPS(원)	-506	14	1,370	976	996	183

재무 비율 〈단위 : % 〉
연도	영업이익률	순이익률	부채비율	차입금비율	ROA	ROE	유보율	자기자본비율	EBITDA마진율
2016	6.5	23.9	6.6	0.0	9.3	10.1	1,118.6	93.8	9.5
2015	24.7	24.2	12.1	0.0	22.4	26.5	671.5	89.2	26.6
2014	24.8	20.4	26.3	0.1	20.6	27.5	492.6	79.2	26.5
2013	31.6	26.7	43.0	0.0	40.7	61.4	375.2	69.9	32.7

에이피홀딩스 (A054620)
Advanced Process Systems

업　　종 : 디스플레이 및 관련부품　　　시　　장 : KOSDAQ
신용등급 : (Bond) —　　(CP) —　　　기업규모 : 우량
홈페이지 : www.apsystems.co.kr　　　연락처 : 031)776-1800
본　　사 : 경기도 화성시 동탄면 동탄산단9길 23-12

설 립 일 1996.08.29	종업원수 399명	대표이사 정기로	
상 장 일 2001.12.04	감사의견 적정 (삼일)	계　　　　열	
결 산 기 12월	보 통 주 1,193만주	종속회사수	
액 면 가 500원	우 선 주 300만주	구 상 호 AP시스템	

주주구성 (지분율,%)
정기로	8.9
한국증권금융	4.5
(외국인)	9.1

출자관계 (지분율,%)
APS에이엠디	100.0
코닉오토메이션	60.0
넥스틴	58.6

주요경쟁사 (외형,%)
APS홀딩스	100
덕산네오룩스	8
비아트론	14

매출구성
AMOLED제조장비	91.5
반도체제조장비	5.2
기타	2.4

비용구성
매출원가율	86.2
판관비율	8.0

수출비중
수출	26.0
내수	74.0

회사 개요
동사는 AMOLED용 봉지(Encap) 장비를 2009년 하반기부터 삼성모바일디스플레이(현 삼성디스플레이)에 공급하고 있음. 반도체 제조장비 및 TFT-LCD제조장비 서비스사업을 영위함. 플렉서블 디스플레이(Flexible Display) 패널제조의 핵심공정장비인 LLO(Laser Lift Off)장비 또한 2011년 하반기부터 삼성디스플레이에 공급 중이며 향후 플렉서블 디스플레이의 채택률이 높아질것으로 예상되면서 매출 성장 기대.

실적 분석
동사의 2016년 연결기준 누적 매출액은 5,549.9억원으로 전년 동기 대비 89.3% 증가함. 매출의 급격한 개선으로 영업이익과 당기순이익은 모두 전년대비 큰 폭으로 증가. 중국 올레드 수주금액이 전년대비 2배 이상 증가했고, 삼성디스플레이와 애플 등이 대규모 플렉시블 올레드 투자를 시작해 전공정 핵심장비인 레이저결정화(ELA) 공급이 부족한 상황임을 고려할 때, 향후 큰 폭의 수주 확대가 기대됨.

현금 흐름 〈단위 : 억원〉
항목	2015	2016
영업활동	-308	846
투자활동	-206	-712
재무활동	406	841
순현금흐름	-108	980
기말현금	75	1,055

시장 대비 수익률

결산 실적 〈단위 : 억원〉
항목	2011	2012	2013	2014	2015	2016
매출액	2,247	2,175	2,541	1,754	2,932	5,550
영업이익	269	131	160	37	121	323
당기순이익	112	114	152	10	78	275

분기 실적 〈단위 : 억원〉
항목	2015.3Q	2015.4Q	2016.1Q	2016.2Q	2016.3Q	2016.4Q
매출액	908	598	443	1,038	1,292	2,777
영업이익	46	1	-63	18	112	255
당기순이익	26	6	-22	-3	38	262

재무 상태 〈단위 : 억원〉
항목	2011	2012	2013	2014	2015	2016
총자산	2,772	2,055	1,822	2,156	2,990	5,662
유형자산	396	521	671	649	989	1,597
무형자산	26	60	104	149	245	263
유가증권	13	8	37	46	46	56
총부채	1,938	1,180	805	1,158	1,893	3,593
총차입금	676	404	485	637	1,304	1,382
자본금	108	108	116	117	117	143
총자본	834	875	1,017	998	1,096	2,070
지배주주지분	811	856	997	980	1,065	2,027

기업가치 지표
항목	2011	2012	2013	2014	2015	2016
주가(최고/저)(천원)	16.9/8.1	14.9/6.4	13.6/7.6	9.9/5.3	13.0/6.0	29.9/12.2
PER(최고/저)(배)	25.3/12.1	20.3/8.7	15.0/8.4	134.0/72.4	26.3/12.1	21.7/8.9
PBR(최고/저)(배)	3.3/1.6	2.6/1.1	2.0/1.1	1.4/0.8	1.8/0.8	2.8/1.2
EV/EBITDA(배)	9.1	8.8	11.7	18.6	22.8	18.9
EPS(원)	497	545	674	55	368	1,026
BPS(원)	3,778	4,329	5,067	5,112	5,512	7,874
CFPS(원)	701	758	881	330	652	1,404
DPS(원)						
EBITDAPS(원)	1,452	817	922	432	802	1,602

재무 비율 〈단위 : % 〉
연도	영업이익률	순이익률	부채비율	차입금비율	ROA	ROE	유보율	자기자본비율	EBITDA마진율
2016	5.8	5.0	173.6	66.8	6.4	17.5	1,474.8	36.6	7.6
2015	4.1	2.7	172.7	119.0	3.0	8.4	1,002.4	36.7	6.4
2014	2.1	0.6	116.0	63.8	0.5	1.3	922.5	46.3	5.8
2013	6.3	6.0	79.1	47.7	7.9	16.3	913.5	55.8	8.1

에임하이글로벌 (A043580)
Aimhigh Global

업　　종 : 휴대폰 및 관련부품		시　　장 : KOSDAQ	
신용등급 : (Bond) —　(CP) —		기업규모 : 중견	
홈페이지 : www.ahg.co.kr		연 락 처 : 02)3664-8801	
본　　사 : 서울시 강남구 영동대로 731 신영빌딩 10층			

설 립 일	1979.03.21	종 업 원 수	31명	대 표 이 사	왕설
상 장 일	2001.08.02	감 사 의 견	적정 (제원)	계　　　열	
결 산 기	12월	보 통 주	2,546만주	종 속 회 사 수	
액 면 가	500원	우 선 주		구 상 호	

주주구성 (지분율,%)		출자관계 (지분율,%)		주요경쟁사 (외형,%)	
왕설컴퍼니	7.9	에임하이스타디움	100.0	에임하이	100
Douwan GamesTechnology(HK)	7.4	리프인베스트먼트	100.0	제주반도체	1,275
(외국인)	15.0	한국뉴스타일문화영상산업투자	77.2	성우전자	3,891

매출구성		비용구성		수출비중	
진공증착	62.4	매출원가율	125.7	수출	0.0
노트북 등	37.6	판관비율	106.8	내수	100.0

회사 개요
동사는 1979년 3월에 설립되었으며, 2001년 8월 2일자로 상장되어 코스닥시장에서 매매가 개시되었음. 사업부문은 진공증착사업 및 디스플레이사업으로 구별됨. 휴대폰부품의 진공증착사업은 휴대폰 케이스 및 외장부품 등을 진공증착 처리 후 휴대폰부품 제조사에 공급하는 사업이며, 노트북 PC 등 전산장비 사업은 ASUS 노트북 및 테블릿PC 유통, PC 등 전산장비 유통 사업임.

실적 분석
동사의 2016년 연간 매출은 44.4억원으로 전년대비 67.3% 감소, 영업이익은 -58.8억원으로 전년대비 적자지속, 당기순이익은 -119.9억원으로 전년대비 적자지속을 시현. 매출원가의 감소에도 불구하고 판관비 증가와 스마트폰 화면 대형화의 일반화가 이루어지면서 테블릿PC의 수요가 점차 축소되고 있는 가운데 이익률이 하락하여 적자를 시현.2017년 3월에 중국과 18억원 규모의 영상저작물 판권 공급 계약 체결

현금 흐름 〈단위 : 억원〉
항목	2015	2016
영업활동	-12	-34
투자활동	19	-159
재무활동	32	211
순현금흐름	39	18
기말현금	51	69

시장 대비 수익률
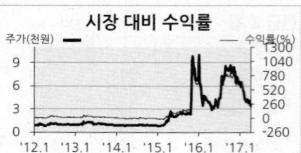

결산 실적 〈단위 : 억원〉
항목	2011	2012	2013	2014	2015	2016
매출액	129	227	347	185	136	44
영업이익	-3	5	4	-9	-5	-59
당기순이익	-26	9	1	-10	-13	-120

분기 실적 〈단위 : 억원〉
항목	2015.3Q	2015.4Q	2016.1Q	2016.2Q	2016.3Q	2016.4Q
매출액	28	20	20	8	8	8
영업이익	2	-5	-9	-11	-11	-29
당기순이익	12	-26	-4	-10	-4	-101

재무 상태 〈단위 : 억원〉
항목	2011	2012	2013	2014	2015	2016
총자산	174	194	236	207	209	342
유형자산	25	19	16	20	12	26
무형자산	2	2	9	9	9	49
유가증권	29	2	21	70	11	74
총부채	12	13	48	29	17	92
총차입금	—	2	27	0	6	84
자본금	63	72	73	73	87	121
총자본	162	182	188	178	192	250
지배주주지분	162	182	188	178	192	246

기업가치 지표
항목	2011	2012	2013	2014	2015	2016
주가(최고/저)(천원)	1.4/0.9	1.3/0.8	1.4/0.9	1.1/0.8	10.8/0.8	10.1/2.9
PER(최고/저)(배)	—/—	20.0/13.2	277.8/172.8	—/—	—/—	—/—
PBR(최고/저)(배)	1.1/0.7	1.0/0.7	1.1/0.7	0.9/0.7	9.8/0.8	9.9/2.9
EV/EBITDA(배)	35.7	9.9	7.0		301.8	
EPS(원)	-206	63	5	-66	-88	-502
BPS(원)	1,298	1,268	1,296	1,231	1,102	1,019
CFPS(원)	-171	104	50	-19	-29	-457
DPS(원)	—	—	—	—	—	—
EBITDAPS(원)	14	77	71	-15	23	-201

재무 비율 〈단위 : % 〉
연도	영업이익률	순이익률	부채비율	차입금비율	ROA	ROE	유보율	자기자본비율	EBITDA마진율
2016	-132.5	-270.2	37.0	33.5	-43.6	-54.8	103.7	73.0	-108.2
2015	-3.8	-9.5	8.8	3.3	-6.2	-6.9	120.5	92.0	2.5
2014	-4.9	-5.2	16.2	0.1	-4.3	-5.3	146.1	86.1	-1.2
2013	1.1	0.2	25.6	14.3	0.3	0.4	159.3	79.6	3.0

에치디프로 (A214870)
HD PRO CO

업　　종 : 보안장비		시　　장 : KOSDAQ	
신용등급 : (Bond) —　(CP) —		기업규모 : 중견	
홈페이지 : www.hdprocctv.com		연 락 처 : 032)683-7903	
본　　사 : 경기도 부천시 오정구 신흥로362번길 23 (내동)			

설 립 일	2004.02.24	종 업 원 수	188명	대 표 이 사	정진호
상 장 일	2015.10.13	감 사 의 견	적정 (한울)	계　　　열	
결 산 기	12월	보 통 주	609만주	종 속 회 사 수	
액 면 가	500원	우 선 주		구 상 호	

주주구성 (지분율,%)		출자관계 (지분율,%)		주요경쟁사 (외형,%)	
아이디스홀딩스	35.0			에치디프로	100
한국증권금융	6.0			아이디스	394
(외국인)	1.2			인콘	110

매출구성		비용구성		수출비중	
IP카메라	35.8	매출원가율	93.0	수출	58.9
기타	32.9	판관비율	15.2	내수	41.1
일반아날로그카메라	21.7				

회사 개요
동사의 주요 제품은 CCTV 카메라로 아날로그 전송 방식에 따라 일반 아날로그/HD급 아날로그 카메라 제품으로 나뉘고, 디지털 전송 방식에 따라 HD-SDI/IP 카메라 등으로 분류됨. 동사는 제품의 종류가 다양한 CCTV 카메라 분야에서 요구되는 정밀한 기술들을 개발하고 있음. 피사체움직임 추적, 흔들림 감지, 화면가림 방지, 미세노이즈 정밀 제거 기술, Zoom Auto Focusing, 화면 끌림 현상 최소화 기술들을 상용화함.

실적 분석
동사의 2016년 4분기 연결기준 누적매출액은 328.8억원을 시현하였고 매출원가는 305.9억원으로 22.9억원의 매출총이익을 달성함. 49.9억원의 판관비로 인해 27억원의 영업손실을 기록했고, 비영업부문의 8.9억원의 이익에도 당기순손실은 7.2억원을 기록함. 2015년도 실적과 비교하여 매출이 약 55% 감소하고, 당기순이익도 적자전환한 것으로 보아 수익률이 악화된 것으로 보임.

현금 흐름 *IFRS 별도 기준 〈단위 : 억원〉
항목	2015	2016
영업활동	-0	22
투자활동	-35	-106
재무활동	107	26
순현금흐름	71	-59
기말현금	114	55

시장 대비 수익률
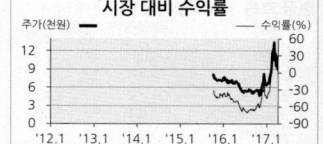

결산 실적 〈단위 : 억원〉
항목	2011	2012	2013	2014	2015	2016
매출액	602	782	713	661	735	329
영업이익	36	82	70	37	41	-27
당기순이익	22	42	57	27	34	-11

분기 실적 *IFRS 별도 기준 〈단위 : 억원〉
항목	2015.3Q	2015.4Q	2016.1Q	2016.2Q	2016.3Q	2016.4Q
매출액	210	147	68	77	78	106
영업이익	12	2	-3	-5	-9	-10
당기순이익	11	2	-2	-3	-5	-1

재무 상태 *IFRS 별도 기준 〈단위 : 억원〉
항목	2011	2012	2013	2014	2015	2016
총자산	249	343	280	321	418	445
유형자산	88	100	82	78	79	98
무형자산	10	4	7	6	5	10
유가증권	—					20
총부채	188	242	123	137	66	107
총차입금	127	135	54	42	16	46
자본금	11	11	11	11	30	30
총자본	61	101	158	184	352	338
지배주주지분	61	101	158	184	352	338

기업가치 지표 *IFRS 별도 기준
항목	2011	2012	2013	2014	2015	2016
주가(최고/저)(천원)	—/—	—/—	—/—	—/—	8.5/6.9	8.2/4.3
PER(최고/저)(배)	0.0/0.0	0.0/0.0	0.0/0.0	0.0/0.0	11.5/9.4	—/—
PBR(최고/저)(배)	0.0/0.0	0.0/0.0	0.0/0.0	0.0/0.0	1.5/1.2	1.5/0.8
EV/EBITDA(배)	1.5	1.1	0.4		5.7	
EPS(원)	702	1,315	1,797	835	750	-181
BPS(원)	27,588	46,032	71,719	83,829	5,838	5,609
CFPS(원)	14,394	22,270	30,024	17,066	1,001	
DPS(원)					50	
EBITDAPS(원)	20,467	40,613	35,684	21,947	1,158	-266

재무 비율 〈단위 : % 〉
연도	영업이익률	순이익률	부채비율	차입금비율	ROA	ROE	유보율	자기자본비율	EBITDA마진율
2016	-8.2	-3.3	31.7	13.5	-2.5	-3.2	1,040.7	75.9	-4.9
2015	5.5	4.6	18.7	4.5	9.1	12.6	1,087.4	84.2	7.1
2014	5.7	4.0	74.0	22.9	8.9	15.6	1,576.6	57.5	7.1
2013	9.8	8.0	77.7	34.3	18.4	44.3	1,334.4	56.3	11.0

에코마케팅 (A230360)
ECHOMARKETING

업 종 : 미디어		시 장 : KOSDAQ	
신용등급 : (Bond) — (CP) —		기업규모 : 중견	
홈페이지 : www.echomarketing.co.kr		연 락 처 : 02)2182-1100	
본 사 : 서울시 강남구 학동로 343, 14층(논현동, 포바강남타워)			

설 립 일 2003.03.24	종 업 원 수 116명	대 표 이 사 김철웅	
상 장 일 2016.08.08	감사의견 적정 (한미)	계 열	
결 산 기 12월	보 통 주 813만주	총속회사수	
액 면 가 100원	우 선 주	구 상 호	

주주구성 (지분율,%)		출자관계 (지분율,%)		주요경쟁사 (외형,%)	
김철웅	52.4	그로스해커스그룹 100.0		에코마케팅	100
에이티넘고성장기업투자조합	7.4			나스미디어	420
(외국인)	0.2			SBS미디어홀딩스	3,032

매출구성		비용구성		수출비중	
검색광고 대행서비스	53.0	매출원가율	0.0	수출	#VALUE!
디스플레이광고 대행 서비스	46.9	판관비율	59.0	내수	#VALUE!
광고물 제작 등	0.1				

회사 개요
2003년에 설립된 동사는 온라인광고대행업 중 광고제작과 광고매체대행을 모두 수행하는 [온라인종합광고대행업]에 해당함. 동사는 '광고주의 매출 극대화'라는 목표 달성을 위해 온라인광고를 활용한 퍼포먼스 마케팅 (Performance Marketing)에 주력하고 있는 온라인종합광고대행사임. 불경기에 큰 타격을 입는 일반 광고대행업과 달리 온라인과 모바일 광고 시장은 가파르게 몸집을 불려나가는 중이라 안정적인 성장이 기대됨.

실적 분석
동사의 2016년 결산 매출액은 166.4억원으로 전년동기 대비 15.4% 감소함. 영업이익 또한 68.3억으로 전년동기 대비 33.2% 감소하였으며, 당기순이익도 67.4억원으로 전년동기 대비 27.5% 감소함. 금융위기 이후 기업들이 퍼포먼스 마케팅에 본격적으로 관심을 갖기 시작하면서 매출이 큰 폭으로 늘기 시작 하며 글로벌 및 국내 경기 불황의 매출이 지속되나 온라인 광고가 주축인 동사의 매출 및 이익에도 부정적 영향이 미쳤을것으로 보임

현금 흐름 〈단위 : 억원〉

항목	2015	2016
영업활동	130	58
투자활동	-22	-513
재무활동		368
순현금흐름	108	-87
기말현금	155	68

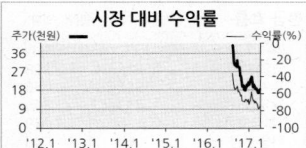
시장 대비 수익률

결산 실적 〈단위 : 억원〉

항목	2011	2012	2013	2014	2015	2016
매출액	—	—	125	163	197	166
영업이익	—	—	47	73	102	68
당기순이익	—	—	36	68	93	67

분기 실적 〈단위 : 억원〉

항목	2015.3Q	2015.4Q	2016.1Q	2016.2Q	2016.3Q	2016.4Q
매출액	44		43		40	
영업이익	21		20		14	
당기순이익	20		19		15	

재무 상태 〈단위 : 억원〉

항목	2011	2012	2013	2014	2015	2016
총자산			170	263	385	799
유형자산			2	3	2	2
무형자산			1	1	1	1
유가증권			0	20	10	40
총부채			78	101	129	104
총차입금						
자본금			7	7	7	8
총자본			92	162	255	695
지배주주지분			92	162	255	695

기업가치 지표

항목	2011	2012	2013	2014	2015	2016
주가(최고/저)(천원)	—/—	—/—	—/—	—/—	—/—	47.1/17.7
PER(최고/저)(배)	0.0/0.0	0.0/0.0	0.0/0.0	0.0/0.0	0.0/0.0	52.7/19.8
PBR(최고/저)(배)	0.0/0.0	0.0/0.0	0.0/0.0	0.0/0.0	0.0/0.0	5.4/2.0
EV/EBITDA(배)	0.0	0.0				16.6
EPS(원)			510	972	1,329	903
BPS(원)			65,775	115,434	3,649	8,770
CFPS(원)			26,233	49,320	1,345	918
DPS(원)						210
EBITDAPS(원)			34,152	52,825	1,475	929

재무 비율 〈단위 : % 〉

연도	영업이익률	순이익률	부채비율	차입금비율	ROA	ROE	유보율	자기자본비율	EBITDA마진율
2016	41.0	40.5	14.9	0.0	11.4	14.2	8,670.2	87.0	41.7
2015	52.0	47.3	50.5	0.0	28.8	44.6	3,549.3	66.4	52.5
2014	44.7	41.7	62.5	0.0	—	2,208.7	61.6	45.4	
2013	37.6	28.7	85.0	0.0			1,215.5	54.1	38.4

에코바이오홀딩스 (A038870)
EcoBio Holdings

업 종 : 에너지 시설 및 서비스		시 장 : KOSDAQ	
신용등급 : (Bond) — (CP) —		기업규모 : 벤처	
홈페이지 : www.ecobio.co.kr		연 락 처 : 02)3483-2900	
본 사 : 서울시 서초구 서운로26길 5 토탈빌딩			

설 립 일 1997.08.04	종 업 원 수 99명	대 표 이 사 송효순	
상 장 일 2001.05.29	감사의견 적정 (안진)	계 열	
결 산 기 12월	보 통 주 1,072만주	총속회사수	
액 면 가 500원	우 선 주	구 상 호 에코에너지	

주주구성 (지분율,%)		출자관계 (지분율,%)		주요경쟁사 (외형,%)	
송효순	23.9	에코에너지	100.0	에코바이오	100
토탈노을	14.9	바이오메탄코리아	99.9	한전기술	2,538
(외국인)	1.3	바이오황	85.0	동국S&C	1,925

매출구성		비용구성		수출비중	
수도권매립지 포집시설 관리 운영 外	65.4	매출원가율	73.1	수출	—
전력 (LFG)	31.7	판관비율	17.8	내수	—
보일러 연료, 차량 연료(바이오 가스)	2.9				

회사 개요
바이오가스 관련 신재생 에너지 사업을 영위하는 기업인 에코에너지, 바이오메탄서울, 바이오메탄코리아, 에코퓨얼 등 4개의 비상장 계열사를 보유한 지주회사임. 에코에너지는 매립된 쓰레기에서 발생되는 매립가스 발전사업을, 바이오메탄서울은 서남물재생센터의 바이오가스 사업 시설관리업을, 바이오메탄코리아는 바이오가스 플랜트 건설업을 각각 영위함. 2015년 국내 최대 규모의 유기성폐기물 자원화 사업을 영위하는 그린에너지개발의 지분 16.1%을 인수함.

실적 분석
2016년 연결기준 매출액은 전년대비 50.5% 감소한 199.4억원을 기록함. 원가율 상승과 매출 감소에 따른 고정비 상승 등 영업이익은 전년대비 90.9% 감소한 18.1억원을 기록함. 영업이익 감소와 비영업손실 증가로 88.6억원 당기순손실을 기록하며 적자전환 함. 매립가스 발전소를 통한 전력판매가 급감하며 신재생에너지 기반시설 건설 및 유지관리 부문의 수주도 감소함.

현금 흐름 〈단위 : 억원〉

항목	2015	2016
영업활동	-63	-69
투자활동	198	35
재무활동	-103	35
순현금흐름	32	-31
기말현금	37	6

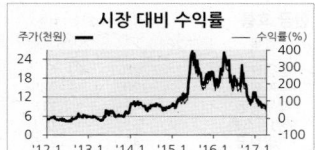
시장 대비 수익률

결산 실적 〈단위 : 억원〉

항목	2011	2012	2013	2014	2015	2016
매출액	422	565	429	291	402	199
영업이익	79	103	100	172	200	18
당기순이익	5	37	27	122	109	-89

분기 실적 〈단위 : 억원〉

항목	2015.3Q	2015.4Q	2016.1Q	2016.2Q	2016.3Q	2016.4Q
매출액	97	95	79	37	48	36
영업이익	56	61	15	2	26	-25
당기순이익	51	6	10	0	21	-120

재무 상태 〈단위 : 억원〉

항목	2011	2012	2013	2014	2015	2016
총자산	1,376	1,482	1,518	1,490	1,318	1,174
유형자산	20	17	26	55	72	31
무형자산	329	324	298	253	196	131
유가증권	4	22	0	17	17	17
총부채	1,105	1,173	1,177	1,028	749	442
총차입금	681	617	638	527	425	211
자본금	22	22	22	45	45	54
총자본	271	308	341	462	569	731
지배주주지분	273	311	339	461	571	742

기업가치 지표

항목	2011	2012	2013	2014	2015	2016
주가(최고/저)(천원)	6.6/4.2	6.8/4.3	8.1/4.7	11.4/7.7	26.7/8.8	26.3/9.9
PER(최고/저)(배)	79.3/51.0	16.5/10.5	27.0/15.7	8.6/5.7	22.0/7.2	—/—
PBR(최고/저)(배)	2.2/1.4	2.0/1.3	2.2/1.3	2.3/1.5	4.3/1.4	3.8/1.4
EV/EBITDA(배)	11.6	7.7	8.9	5.9	10.1	51.2
EPS(원)	83	413	299	1,338	1,216	-806
BPS(원)	1,227	1,396	1,519	5,177	6,408	6,928
CFPS(원)	80	211	180	1,524	1,383	-697
DPS(원)						
EBITDAPS(원)	399	503	504	2,068	2,365	292

재무 비율 〈단위 : % 〉

연도	영업이익률	순이익률	부채비율	차입금비율	ROA	ROE	유보율	자기자본비율	EBITDA마진율
2016	9.1	-44.4	60.5	28.9	-7.1	-12.1	1,285.5	62.3	14.5
2015	49.6	27.2	131.6	74.7	7.8	21.7	1,181.5	43.2	52.4
2014	59.0	41.8	222.5	114.0	8.1	30.8	935.4	31.0	63.3
2013	23.3	6.2	345.5	187.3	1.8	8.5	1,419.5	22.5	26.2

에코프로 (A086520)
ECOPRO

업 종 : 전자 장비 및 기기	시 장 : KOSDAQ
신용등급 : (Bond) — (CP) —	기업규모 : 벤처
홈페이지 : www.ecopro.co.kr	연 락 처 : 043)240-7700
본 사 : 충북 청주시 청원구 오창읍 과학산업2로 587-40	

설 립 일 1998.10.22	종 업 원 수 168명	대 표 이 사 이동채
상 장 일 2007.07.20	감사의견 적정(한영)	계 열
결 산 기 12월	보 통 주 2,172만주	종속회사수
액 면 가 500원	우 선 주	구 상 호

주주구성 (지분율,%)
이동채	12.9
이룸티앤씨	3.8
(외국인)	2.8

출자관계 (지분율,%)
에코프로이노베이션	80.0
에코프로비엠	72.0
에코프로ICT	50.0

주요경쟁사 (외형,%)
에코프로	100
자화전자	175
코리아써키트	320

매출구성
BM부문 양극활물질 및 전구체	70.5
ES부문 유해가스 제거	18.5
ES부문 온실가스 제어	10.9

비용구성
매출원가율	83.1
판관비율	11.0

수출비중
수출	78.2
내수	21.8

회사 개요
동사는 1998년 코리아제오콤이란 이름으로 설립되어 2001년 에코프로로 사명을 변경함. 동사의 사업부문은 크게 2차전지 산업과 환경산업으로 분류되며, 2차전지 산업 중에서는 리튬이차전지부문에, 환경산업 중에서는 대기오염의 방지 및 사후처리 부문에 속하게됨. 이차전지의 주요 제품은 양극활물질과 전구체이고, ES부문은 유해가스제거와 온실가스 제어임. 수출 비중이 50% 이상을 차지함. 2016년 5월 에코프로비엠을 신설함.

실적 분석
종속회사 에코프로비엠의 지속적인 성장으로 동사의 연결기준 2016년 매출액은 1,704.8억원으로 전년 대비 58.9% 증가함. 영업이익은 전년 대비 73.8% 증가한 101.0억원을 기록함. 다만 환경부문의 경우 온실가스 저감장치 신규 수주가 감소하고 신규 설비 투자 및 고용 인력 증가 등에 따른 고정비 증가로 인해 전년대비 영업이익이 감소하였음. 끝으로 72.4억원의 당기순손실이 발생, 적자전환함.

현금 흐름 〈단위 : 억원〉
항목	2015	2016
영업활동	220	37
투자활동	-330	-985
재무활동	142	1,118
순현금흐름	33	171
기말현금	45	216

시장 대비 수익률

결산 실적 〈단위 : 억원〉
항목	2011	2012	2013	2014	2015	2016
매출액	876	798	596	832	1,073	1,705
영업이익	46	56	13	72	58	101
당기순이익	8	6	-80	15	2	-72

분기 실적 〈단위 : 억원〉
항목	2015.3Q	2015.4Q	2016.1Q	2016.2Q	2016.3Q	2016.4Q
매출액	292	—	—	392	446	—
영업이익	15	—	—	15	27	—
당기순이익	-7	—	—	15	0	—

재무 상태 〈단위 : 억원〉
항목	2011	2012	2013	2014	2015	2016
총자산	1,705	1,714	1,754	1,855	2,205	3,464
유형자산	860	945	1,034	1,035	1,186	1,636
무형자산	103	129	165	208	209	203
유가증권	3	3	3	5	5	12
총부채	982	971	1,007	1,089	1,187	1,727
총차입금	892	864	888	966	996	1,366
자본금	63	65	70	70	85	107
총자본	723	743	747	766	1,018	1,737
지배주주지분	723	743	747	766	1,018	1,444

기업가치 지표
항목	2011	2012	2013	2014	2015	2016
주가(최고/저)(천원)	16.6/8.5	13.6/4.9	10.9/5.8	9.5/6.1	13.2/6.2	15.5/8.7
PER(최고/저)(배)	286.2/146.0	314.0/113.8	—/—	96.5/61.5	1,115.6/518.7	—/—
PBR(최고/저)(배)	3.4/1.7	2.7/1.0	2.2/1.2	1.9/1.2	2.3/1.1	2.3/1.3
EV/EBITDA(배)	15.3	10.1	12.9	9.2	14.2	12.8
EPS(원)	58	43	-536	99	12	-456
BPS(원)	5,092	5,141	5,055	5,187	6,003	6,757
CFPS(원)	761	726	321	1,061	1,015	508
DPS(원)	75	—	—	—	—	—
EBITDAPS(원)	1,054	1,068	959	1,449	1,376	1,487

재무 비율 〈단위 : % 〉
연도	영업이익률	순이익률	부채비율	차입금비율	ROA	ROE	유보율	자기자본비율	EBITDA마진율
2016	5.9	-4.2	99.4	78.6	-2.6	-7.2	1,251.4	50.2	16.9
2015	5.4	0.2	116.6	97.8	0.1	0.2	1,100.6	46.2	20.0
2014	8.7	1.8	142.1	126.1	0.8	2.0	992.7	41.3	25.7
2013	2.2	-13.4	134.9	119.0	-4.6	-10.7	964.9	42.6	23.5

에코플라스틱 (A038110)
Ecoplastic

업 종 : 자동차부품	시 장 : KOSDAQ
신용등급 : (Bond) — (CP) —	기업규모 : 우량
홈페이지 : www.eco-plastic.com	연 락 처 : 054)770-3114
본 사 : 경북 경주시 공단로 69번길 30 에코플라스틱(주)	

설 립 일 1984.06.01	종 업 원 수 645명	대 표 이 사 서영종,이계현
상 장 일 2000.03.23	감사의견 적정(삼정)	계 열
결 산 기 12월	보 통 주 2,270만주	종속회사수
액 면 가 500원	우 선 주	구 상 호

주주구성 (지분율,%)
서진오토모티브	33.0
Granthem, Mayo, Van Otterloo & Co. LLC (GMO)	4.1
(외국인)	2.0

출자관계 (지분율,%)
아이아	100.0
코모스	65.5
ECOPLASTICAutomotiveAmerica	100.0

주요경쟁사 (외형,%)
에코플라스틱	100
삼성공조	8
현대공업	20

매출구성
[제품]BUMPER	37.4
[제품]MAIN CORE	31.1
[제품]CONSOLE	16.4

비용구성
매출원가율	95.5
판관비율	3.7

수출비중
수출	51.6
내수	48.4

회사 개요
동사는 자동차 내,외장용 플라스틱 부품 및 금형을 제조, 판매하는 업체로 현대자동차와 기아자동차의 플라스틱 부품을 주로 생산함. 주요 제품은 범퍼와 콘솔, 메인코어 등이며, 이중 동사의 현대차 Bumper류 점유율은 약 61% 수준임. 동종 제품을 현대차에 납품하는 경쟁업체는 LG하우시스와 BMI 등이 있으며, 동사의 범퍼류는 현대차와 함께 고무류인 마운트와 웨더스트립을 현대차와 기아차에 납품하고 있음.

실적 분석
2016년 연결기준 누적 매출액과 영업이익은 전년동기대비 각각 4%, 21.9% 감소한 1조 930억원, 83.6억원을 기록함. 범퍼 부문이 성장했음에도 기타부문의 부진으로 매출 감소함. 하반기 수요 부진 영향으로 4분기에도 외형 소폭 감소가 이어지도록. 자회사 아이아 외형 축소, 코모스의 성장 둔화도 외형축소에 영향을 줌. 르노삼성향 스페어 타이어 보관함 수주 등 차량 경량화 추세는 향후 성장성 향상에 긍정적 요소.

현금 흐름 〈단위 : 억원〉
항목	2015	2016
영업활동	619	308
투자활동	-952	-686
재무활동	347	346
순현금흐름	15	-29
기말현금	69	40

시장 대비 수익률
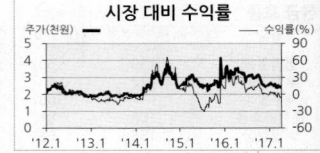

결산 실적 〈단위 : 억원〉
항목	2011	2012	2013	2014	2015	2016
매출액	7,242	8,321	9,682	10,759	11,403	10,931
영업이익	83	52	80	109	107	84
당기순이익	146	29	22	57	48	51

분기 실적 〈단위 : 억원〉
항목	2015.3Q	2015.4Q	2016.1Q	2016.2Q	2016.3Q	2016.4Q
매출액	2,592	3,194	2,773	2,831	2,280	3,047
영업이익	-4	32	7	18	-68	127
당기순이익	-3	18	-6	22	-61	96

재무 상태 〈단위 : 억원〉
항목	2011	2012	2013	2014	2015	2016
총자산	3,250	4,302	4,725	5,202	5,795	5,924
유형자산	1,744	2,643	2,922	3,199	3,541	3,725
무형자산	24	49	69	68	68	104
유가증권	0	3	3	3	3	12
총부채	2,207	3,172	3,557	3,958	4,495	4,559
총차입금	335	991	1,203	1,364	1,730	2,064
자본금	95	95	95	108	111	113
총자본	1,043	1,129	1,168	1,244	1,300	1,365
지배주주지분	1,043	1,054	1,103	1,177	1,229	1,288

기업가치 지표
항목	2011	2012	2013	2014	2015	2016
주가(최고/저)(천원)	3.0/1.8	2.6/1.8	2.2/1.8	3.8/1.9	4.1/2.1	3.9/2.3
PER(최고/저)(배)	4.4/2.6	16.4/11.5	14.5/12.0	15.0/7.4	20.5/10.3	20.4/12.4
PBR(최고/저)(배)	0.6/0.4	0.5/0.4	0.4/0.3	0.7/0.4	0.8/0.4	0.7/0.4
EV/EBITDA(배)	1.7	4.8	4.1	4.1	4.2	4.8
EPS(원)	769	175	160	267	207	191
BPS(원)	5,533	5,593	5,851	5,485	5,576	5,673
CFPS(원)	1,791	1,483	1,780	2,018	2,079	2,131
DPS(원)	60	50	50	50	50	20
EBITDAPS(원)	1,459	1,581	2,043	2,296	2,363	2,309

재무 비율 〈단위 : % 〉
연도	영업이익률	순이익률	부채비율	차입금비율	ROA	ROE	유보율	자기자본비율	EBITDA마진율
2016	0.8	0.5	334.0	151.2	0.9	3.4	1,034.6	23.0	4.8
2015	0.9	0.5	345.7	133.0	0.9	3.7	1,015.1	22.4	4.5
2014	1.0	0.5	318.3	109.7	1.2	4.7	997.0	23.9	4.3
2013	0.8	0.2	304.5	103.0	0.5	2.8	1,070.2	24.7	4.0

에프알텍 (A073540)
FRTEK

업 종 : 통신장비	시 장 : KOSDAQ
신용등급 : (Bond) — (CP) —	기업규모 : 벤처
홈페이지 : www.frtek.co.kr	연 락 처 : 031)470-1515
주 소 : 경기도 안양시 동안구 시민대로327번길 11-25(관양동, 에프알텍타워)	

설 립 일 2000.10.13	종 업 원 수 89명	대 표 이 사	남재국
상 장 일 2007.05.18	감 사 의 견 적정 (대주)	계	열
결 산 월 12월	보 통 주 1,140만주	종속회사수	
액 면 가 500원	우 선 주	구 상 호	

주주구성 (지분율,%)
남재국	36.1
한국증권금융	3.9
(외국인)	0.4

출자관계 (지분율,%)
제이엑스파트너스	33.1
피플앤아이티	13.3
하우앳	10.0

주요경쟁사 (외형,%)
에프알텍	100
기산텔레콤	270
백금T&A	275

매출구성
통신장비 (인빌딩중계기, LTE중계기 등)	89.8
LED 조명 등	9.0
시공(설치), 유상A/S 등	1.2

비용구성
매출원가율	83.5
판관비율	39.6

수출비중
수출	0.0
내수	100.0

회사 개요
동사는 이동전화중계기와 휴대인터넷중계기, 광전송장비 및 조명장치 관련제품의 제조, 판매 등을 주 영업목적으로 2000년 10월 13일에 설립되어 2007년 5월 18일에 코스닥에 상장함. 현재 이동통신시장은 스마트폰 활성화 및 LTE가입자의 가파른 증가에 따라 무선데이타 트래픽이 급증하고 있으며 이동통신 사업자는 추가주파수 확보가 필요한 상황으로 동사의 영업환경에 긍정적인 영향을 줄 것으로 기대함.

실적 분석
2016년 매출액과 영업이익은 전년동기대비 각각 49% 감소, 적자지속으로 219.3억원, -51억원을 기록함. 이동통신 중계기 부문 매출이 급격하게 감소한 영향으로 외형 축소했으며, 수익성 악화됨. 일본과 미국 현지법인 설립 등 글로벌 기업으로 한 단계 도약하기 위해 역량을 집중하고 있음. 이에 2016년 9월 7일 일본 지역에 ICS 중계기를 공급하는 계약을 체결했다고 공시함. 계약금액은 약 88억으로 지난해 매출액의 20.5%에 해당함.

현금 흐름 〈단위 : 억원〉
항목	2015	2016
영업활동	-33	-47
투자활동	-11	-22
재무활동	27	28
순현금흐름	-18	-41
기말현금	61	20

시장 대비 수익률
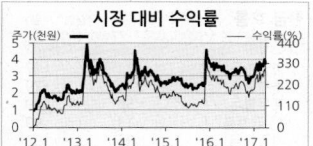

결산 실적 〈단위 : 억원〉
항목	2011	2012	2013	2014	2015	2016
매출액	134	792	556	323	428	219
영업이익	-17	103	93	23	-5	-51
당기순이익	-6	91	81	26	2	-41

분기 실적 〈단위 : 억원〉
항목	2015.3Q	2015.4Q	2016.1Q	2016.2Q	2016.3Q	2016.4Q
매출액	96	171	47	22	50	101
영업이익	-4	7	-11	-19	-15	-6
당기순이익	-4	8	-11	-15	-11	-4

재무 상태 〈단위 : 억원〉
항목	2011	2012	2013	2014	2015	2016
총자산	250	465	586	519	622	529
유형자산	64	79	151	180	278	228
무형자산	11	11	12	9	8	5
유가증권	8	6	9	9	9	3
총부채	37	161	200	107	208	156
총차입금			24	24	51	73
자본금	29	29	29	57	57	57
총자본	213	304	386	412	414	373
지배주주지분	213	304	386	411	414	373

기업가치 지표
항목	2011	2012	2013	2014	2015	2016
주가(최고/저)(천원)	1.5/0.7	2.6/0.9	5.6/2.0	4.6/2.2	5.2/2.0	4.0/2.5
PER(최고/저)(배)	—/—	3.4/1.2	8.0/2.9	19.7/9.5	251.1/99.1	—/—
PBR(최고/저)(배)	0.9/0.4	1.0/0.4	1.7/0.6	1.3/0.6	1.4/0.6	1.2/0.8
EV/EBITDA(배)		0.3	0.9	4.2	—	—
EPS(원)	-55	801	714	233	21	-362
BPS(원)	3,821	5,418	6,776	3,610	3,631	3,270
CFPS(원)	0	1,684	1,492	265	53	-323
DPS(원)		125	100			
EBITDAPS(원)	-183	1,895	1,693	232	-8	-407

재무 비율 〈단위 : % 〉
연도	영업이익률	순이익률	부채비율	차입금비율	ROA	ROE	유보율	자기자본비율	EBITDA마진율
2016	-23.2	-18.8	41.8	19.5	-7.2	-10.5	554.0	70.5	-21.1
2015	-1.1	0.5	50.3	12.4	0.4	0.6	626.2	66.6	-0.2
2014	7.1	8.1	26.1	5.9	4.8	6.7	621.9	79.3	8.2
2013	16.7	14.7	51.8	6.3	15.5	23.6	1,255.2	65.9	17.4

에프앤가이드 (A064850)
FnGuide

업 종 : IT 서비스	시 장 : KONEX
신용등급 : (Bond) — (CP) —	기업규모 :
홈페이지 : www.fnguide.com	연 락 처 : 02)769-7700
주 소 : 서울시 영등포구 의사당대로 143 금융투자센터빌딩 4층	

설 립 일 2000.07.05	종 업 원 수 67명	대 표 이 사	김군호
상 장 일 2013.07.01	감 사 의 견 적정 (성지)	계	열
결 산 월 12월	보 통 주 697만주	종속회사수	
액 면 가 500원	우 선 주	구 상 호	

주주구성 (지분율,%)
김군호	16.2
화천기계	7.9

출자관계 (지분율,%)
에프앤자산평가	45.0
펀드온라인코리아	2.6

주요경쟁사 (외형,%)
에프앤가이드	100
바른테크놀로지	272
씨아이테크	190

매출구성
데이터제공(제품)	87.6
솔루션구축(용역)	12.4

비용구성
매출원가율	43.1
판관비율	50.8

수출비중
수출	1.7
내수	98.3

회사 개요
동사는 금융 데이터 제공업체로서, 국내 수위의 시장점유율을 보유하고 있음. 국내외 금융투자업자, 연기금, 일반기업, 대학, 연구소 등 광범위한 고객층을 확보하고 사업 초기 기업분석용 재무 데이터 유통에서 지수, 산업분석, 리스크 관리 등 고부가가치 데이터 가공으로 영역 확대 중임. 동시장은 국내 금융시장의 양적 확대와 고도화, 해외 데이터 등 새로운 수요의 지속적인 발생에 따라 꾸준한 성장 추세를 시현할 것으로 기대됨.

실적 분석
동사의 2016년 연결기준 연간 누적매출액은 97.2억원으로 전년 동기 대비 소폭 증가함. 외형은 성장했지만 판매비와 관리비 증가 등으로 영업이익은 전년 동기 대비 절반 수준인 5.9억원을 기록. 영업이익이 줄면서 당기순이익은 9.6억원으로 전년 동기 대비 약 30% 감소함. 신규사업을 위한 지급수수료가 일시적으로 증가해 수익성 하락했으며 조만간 수익성 회복할 것으로 기대.

현금 흐름 *IFRS 별도 기준 〈단위 : 억원〉
항목	2015	2016
영업활동	16	11
투자활동	6	-29
재무활동	-3	-3
순현금흐름	19	-20
기말현금	38	18

시장 대비 수익률
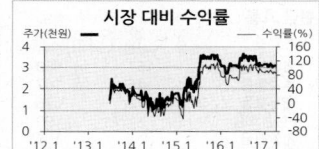

결산 실적 〈단위 : 억원〉
항목	2011	2012	2013	2014	2015	2016
매출액	84	103	96	90	96	97
영업이익	21	21	15	10	11	6
당기순이익	16	17	10	7	13	10

분기 실적 *IFRS 별도 기준 〈단위 : 억원〉
항목	2015.3Q	2015.4Q	2016.1Q	2016.2Q	2016.3Q	2016.4Q
매출액	24	24	23	25	24	25
영업이익	4	-1	4	4	1	-0
당기순이익	2	0	4	4	3	-1

재무 상태 *IFRS 별도 기준 〈단위 : 억원〉
항목	2011	2012	2013	2014	2015	2016
총자산	95	121	123	125	135	146
유형자산	3	4	5	4	4	4
무형자산	2	4	4	4	2	3
유가증권	29	32	56	56	53	81
총부채	12	23	19	16	16	20
총차입금	—	—	—	—	—	—
자본금	34	35	35	35	35	35
총자본	84	98	104	109	119	126
지배주주지분	84	98	104	109	119	126

기업가치 지표 *IFRS 별도 기준
항목	2011	2012	2013	2014	2015	2016
주가(최고/저)(천원)	—/—	—/—	2.5/1.3	2.3/1.1	3.6/1.2	3.7/2.7
PER(최고/저)(배)	0.0/0.0	0.0/0.0	18.0/9.1	22.1/10.2	19.7/6.4	26.6/19.9
PBR(최고/저)(배)	0.0/0.0	0.0/0.0	1.8/0.9	1.5/0.7	2.2/0.7	2.1/1.5
EV/EBITDA(배)			3.3	4.1	10.5	13.4
EPS(원)	239	247	147	108	188	139
BPS(원)	1,246	1,401	1,493	1,563	1,711	1,810
CFPS(원)	285	290	189	153	231	187
DPS(원)	50	50	40	40	40	40
EBITDAPS(원)	365	350	260	185	201	133

재무 비율 〈단위 : % 〉
연도	영업이익률	순이익률	부채비율	차입금비율	ROA	ROE	유보율	자기자본비율	EBITDA마진율
2016	6.1	10.0	15.6	0.0	6.9	7.9	262.0	86.5	9.5
2015	11.5	13.7	13.6	0.0	10.1	11.5	242.2	88.0	14.7
2014	10.9	8.4	14.7	0.0	6.1	7.0	212.5	87.2	14.4
2013	15.9	10.7	18.3	0.0	8.4	10.2	198.5	84.6	19.0

에프앤에프 (A007700)
F&F

업 종 : 섬유 및 의복		시 장 : 거래소	
신용등급 : (Bond) — (CP) —		기업규모 : 시가총액 소형주	
홈페이지 : www.fnf.co.kr		연 락 처 : 02)520-0001	
본 사 : 서울시 강남구 언주로 541(역삼동,외 에프앤에프빌딩)			

설 립 일 1972.02.24	종업원수 223명	대표이사 김창수	
상 장 일 1984.10.04	감사의견 적정(대성)	계 열	
결 산 기 12월	보 통 주 1,540만주	종속회사수	
액 면 가 500원	우 선 주	구 상 호	

주주구성 (지분율,%)		출자관계 (지분율,%)		주요경쟁사 (외형,%)	
김창수	45.0	에프앤에프상하이	100.0	F&F	100
Morgan Stanley & co. International Limited	5.0	에프앤에프로지스틱스	100.0	TBH글로벌	165
(외국인)	13.8	한국패션유통물류	3.9	태평양물산	197

매출구성		비용구성		수출비중	
DISCOVERY	42.4	매출원가율	41.8	수출	0.0
MLB	30.5	판관비율	47.8	내수	100.0
MLB KIDS	14.4				

회사 개요
동사는 1972년 설립돼 도서출판 및 인쇄업을 주요 사업으로 영위함. 의류, 출판, 고속도로 휴게소 사업에도 진출했으나 2002년 출판과 휴게소 사업은 인적분할했음. 동사는 레노마 스포츠와 MLB 라이선스 브랜드를 통해 크게 성장했으며, 2010년 키즈 라인인 MLB 키즈 브랜드도 도입함. 패션 아울렛 콜렉티드 죽전점을 오픈한 종합 패션 유통기업으로 기반을 다져나가고 있음. '쟈르뎅 페르뒤'라는 그린 바를 오픈해 외식사업에도 진출했음.

실적 분석
동사의 2016년 누적 매출액은 전년동기대비 18.6% 상승한 4,389.8억원을 기록하였음. 비용면에서 전년동기대비 매출원가는 증가하였으며 인건비도 증가, 광고선전비는 감소하였으며 기타판매비와관리비는 증가함. 이와 같은 매출의 상승한 매출액 만큼 비용증가도 있었으나 매출액의 더 큰 상승에 힘입어 그에 따라 전년동기대비 영업이익은 456.2억원으로 143.2% 크게 상승하였음. 최종적으로 전년동기대비 당기순이익은 크게 상승하여 302.3억원을 기록.

현금 흐름
<단위 : 억원>

항목	2015	2016
영업활동	157	558
투자활동	-46	167
재무활동	-112	-626
순현금흐름	-1	99
기말현금	1	100

시장 대비 수익률
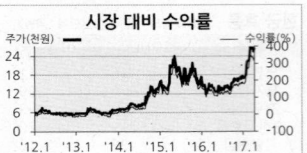

결산 실적
<단위 : 억원>

항목	2011	2012	2013	2014	2015	2016
매출액	2,182	2,008	2,224	3,014	3,700	4,390
영업이익	203	70	72	121	188	456
당기순이익	197	81	84	140	124	302

분기 실적
<단위 : 억원>

항목	2015.3Q	2015.4Q	2016.1Q	2016.2Q	2016.3Q	2016.4Q
매출액	778	1,418	917	848	919	1,706
영업이익	23	108	46	53	61	296
당기순이익	6	80	5	32	44	222

재무 상태
<단위 : 억원>

항목	2011	2012	2013	2014	2015	2016
총자산	1,997	2,123	2,778	3,227	3,334	3,056
유형자산	631	729	843	951	812	773
무형자산	10	12	15	13	9	10
유가증권	17	17	7	7	7	7
총부채	348	416	1,003	1,331	1,338	789
총차입금	9	58	477	684	596	—
자본금	77	77	77	77	77	77
총자본	1,649	1,707	1,775	1,895	1,996	2,267
지배주주지분	1,649	1,707	1,775	1,895	1,996	2,267

기업가치 지표

항목	2011	2012	2013	2014	2015	2016
주가(최고/저)(천원)	9.0/5.1	7.5/5.3	7.6/5.6	15.3/6.8	25.4/12.7	17.5/11.8
PER(최고/저)(배)	7.7/4.4	15.4/10.8	14.7/10.9	17.6/7.8	32.4/16.2	9.1/6.1
PBR(최고/저)(배)	0.9/0.5	0.7/0.5	0.7/0.5	1.3/0.6	2.0/1.0	1.2/0.8
EV/EBITDA(배)	4.1	8.2	13.2	16.1	12.7	4.9
EPS(원)	1,279	526	544	908	808	1,963
BPS(원)	10,709	11,083	11,526	12,307	12,964	14,721
CFPS(원)	1,622	841	844	1,333	1,293	2,421
DPS(원)	150	100	100	150	200	350
EBITDAPS(원)	1,661	770	767	1,209	1,703	3,421

재무 비율
<단위 : % >

연도	영업이익률	순이익률	부채비율	차입금비율	ROA	ROE	유보율	자기자본비율	EBITDA마진율
2016	10.4	6.9	34.8	0.0	9.5	14.2	2,844.2	74.2	12.0
2015	5.1	3.4	67.0	29.8	3.8	6.4	2,492.7	59.9	7.1
2014	4.0	4.6	70.3	36.1	4.7	7.6	2,361.4	58.7	6.2
2013	3.2	3.8	56.5	26.9	3.4	4.8	2,205.3	63.9	5.3

에프에스티 (A036810)
FINE SEMITECH

업 종 : 반도체 및 관련장비		시 장 : KOSDAQ	
신용등급 : (Bond) — (CP) —		기업규모 : 중견	
홈페이지 : www.fstc.co.kr		연 락 처 : 031)370-0900	
본 사 : 경기도 화성시 동탄면 동탄산단6길 15-23			

설 립 일 1987.09.29	종업원수 404명	대표이사 유삼태,장명식	
상 장 일 2000.01.18	감사의견 적정(한울)	계 열	
결 산 기 12월	보 통 주 1,639만주	종속회사수	
액 면 가 500원	우 선 주	구 상 호	

주주구성 (지분율,%)		출자관계 (지분율,%)		주요경쟁사 (외형,%)	
장명식	17.0	얼라이드센서텍	100.0	에프에스티	100
신영투자신탁운용	4.0	시웅플랫폼	90.0	KEC	203
(외국인)	1.4	오로스테크놀로지	42.7	KMH하이텍	42

매출구성		비용구성		수출비중	
반도체Pellicle	40.9	매출원가율	68.3	수출	25.2
Chiller, 반도체공정장비	31.8	판관비율	23.1	내수	74.8
LCDPellicle	12.6				

회사 개요
동사는 1987년 9월 설립된 반도체 재료 및 장비 전문업체임. 2001년 7월 31일 사명을 화인반도체기술에서 에프에스티로 변경함. 주요 생산 제품은 포토마스크용 보호막인 펠리클(Pellicle)과 반도체공정중 주로 Etching 식각공정에서 Process Chamber 내의 온도 조건을 안정적으로 제어하는 온도조절장비인 칠러(Chiller) 등임. 국내 반도체 업체들의 설비투자 규모 및 시기에 따라 매출이 좌우되는 특성을 보임.

실적 분석
동사의 2016년 연결 기준 매출과 영업이익은 1123억원, 97억원으로 전년 대비 각각 32.7%, 10.8% 증가함. 동사는 LCD펠리클 부분이 꾸준히 성장하고, 반도체 펠리클 제품 중 고부가가치 제품인 Deep-UV 제품의 확대를 통해 매출이 꾸준히 증가함. 장비 사업부문은 고객사의 설비투자에 대한 수요가 2017년에도 지속될 것으로 예상되며, 고부가가치 장비들의 신규 수요도 기대됨.

현금 흐름
<단위 : 억원>

항목	2015	2016
영업활동	152	147
투자활동	-231	-79
재무활동	66	29
순현금흐름	-13	99
기말현금	95	193

시장 대비 수익률
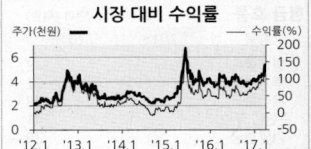

결산 실적
<단위 : 억원>

항목	2011	2012	2013	2014	2015	2016
매출액	458	652	664	668	846	1,123
영업이익	59	26	49	52	87	97
당기순이익	64	12	24	28	65	50

분기 실적
<단위 : 억원>

항목	2015.3Q	2015.4Q	2016.1Q	2016.2Q	2016.3Q	2016.4Q
매출액	231	201	204	234	371	314
영업이익	22	9	14	11	35	37
당기순이익	21	12	12	-2	25	15

재무 상태
<단위 : 억원>

항목	2011	2012	2013	2014	2015	2016
총자산	772	935	955	933	1,094	1,282
유형자산	284	437	466	488	617	626
무형자산	17	39	39	38	49	47
유가증권	62	19	2	13	12	26
총부채	388	534	529	469	552	688
총차입금	257	451	428	376	428	462
자본금	70	70	72	72	82	82
총자본	384	401	426	464	542	594
지배주주지분	384	401	426	464	542	594

기업가치 지표

항목	2011	2012	2013	2014	2015	2016
주가(최고/저)(천원)	3.8/1.8	5.0/1.9	4.9/2.4	3.3/2.1	7.4/2.5	4.7/3.5
PER(최고/저)(배)	8.9/4.1	64.2/24.5	29.9/14.9	17.8/11.3	18.6/6.2	15.8/11.6
PBR(최고/저)(배)	1.4/0.6	1.7/0.7	1.6/0.8	1.0/0.6	2.2/0.7	1.2/0.9
EV/EBITDA(배)	6.2	17.4	9.2	7.3	8.5	6.6
EPS(원)	458	83	174	197	415	306
BPS(원)	3,009	3,127	3,307	3,472	3,585	3,904
CFPS(원)	576	291	412	448	628	589
DPS(원)	—	—	—	80	80	80
EBITDAPS(원)	539	392	592	618	773	874

재무 비율
<단위 : % >

연도	영업이익률	순이익률	부채비율	차입금비율	ROA	ROE	유보율	자기자본비율	EBITDA마진율
2016	8.6	4.5	115.8	77.7	4.2	8.8	680.8	46.3	12.8
2015	10.3	7.7	101.9	79.0	6.4	12.9	616.9	49.5	14.3
2014	7.7	4.1	101.1	81.1	2.9	6.2	594.4	49.7	13.0
2013	7.4	3.7	124.3	100.6	2.6	5.9	561.4	44.6	12.4

에프엔씨애드컬쳐 (A063440)
FNC ADD CULTURE

업 종 : 미디어		시 장 : KOSDAQ	
신용등급 : (Bond) — (CP) —		기업규모 : 중견	
홈페이지 : www.fncadc.com		연 락 처 : 031)955-7171	
본 사 : 경기도 파주시 직지길 376			

설 립 일	1998.12.29	종 업 원 수	72명	대 표 이 사	안석준
상 장 일	2002.05.30	감 사 의 견	적정 (성운)	계 열	
결 산 기	12월	보 통 주	3,831만주	종속회사수	
액 면 가	500원	우 선 주		구 상 호	케이디미디어

주주구성 (지분율,%)
에프엔씨엔터	30.3
한성호	8.3
(외국인)	2.3

출자관계 (지분율,%)
일렉트론바이오	9.1
보스톤글로벌영상콘텐츠투자조합	1.6

주요경쟁사 (외형,%)
에프엔씨애드컬쳐	100
팬엔터테인먼트	311
빅텐츠	329

매출구성
영상유통	34.7
홈쇼핑 IT도매(컴퓨터 등)	31.9
연금복권	23.0

비용구성
매출원가율	69.4
판관비율	51.8

수출비중
수출	0.4
내수	99.6

회사 개요
동사는 특수인쇄 제조 및 영화수입 및 배급사업을 영위하고 있으며, 영화편집 및 기획, 제작 사업을 영위하는 '케이디프로덕션'을 계열회사로 보유함. 해외영업 확장을 통한 수출 증대를 추진중이며, 패키지 미디어에서 디지털 미디어로의 전환을 위해 영상사업부 '엠채널' 영화, 게임 다운로드 서비스를 2011년 12월부터 시작함. 온라인 다운로드 사업을 기반으로 영화, Digital Book 등 종합적인 엔터테인먼트 다운로드 서비스를 제공할 예정임.

실적 분석
동사의 연결기준 2016년 매출은 113.7억원으로 전년대비 2.3억원 증가하였으며 이는 DVD, BD 등의 내수 부진으로 인하여 매출이 감소하였으나 신규 미디어 콘텐츠 관련 예능 제작 매출의 발생으로 전체적으로 소폭 증가한 것임. 수익성 측면에서는 손실규모가 큰 홈쇼핑 사업부문인 해외 자회사를 매각함으로써 당기순손실은 52% 감소하여 개선되었음.

현금 흐름 〈단위 : 억원〉
항목	2015	2016
영업활동	11	-77
투자활동	-4	-192
재무활동	47	258
순현금흐름	2	-6
기말현금	26	21

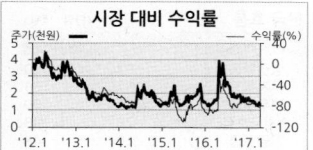
시장 대비 수익률

결산 실적 〈단위 : 억원〉
항목	2011	2012	2013	2014	2015	2016
매출액	212	173	155	230	111	114
영업이익	19	-27	-49	-52	-17	-24
당기순이익	4	-48	-80	-64	-75	-36

분기 실적 〈단위 : 억원〉
항목	2015.3Q	2015.4Q	2016.1Q	2016.2Q	2016.3Q	2016.4Q
매출액	20	39	33	30	20	30
영업이익	-3	16	-13	-1	-4	-6
당기순이익	-15	-16	-13	12	-4	-31

재무 상태 〈단위 : 억원〉
항목	2011	2012	2013	2014	2015	2016
총자산	371	307	368	267	232	436
유형자산	161	158	158	141	134	127
무형자산	6	6	18	13	8	18
유가증권	10	9	6	9	11	5
총부채	89	75	198	115	99	33
총차입금	35	35	162	59	48	—
자본금	54	54	59	77	96	195
총자본	283	232	171	152	133	403
지배주주지분	283	232	170	152	133	403

기업가치 지표
항목	2011	2012	2013	2014	2015	2016
주가(최고/저)(천원)	5.1/2.3	4.5/2.7	2.9/1.2	2.4/1.1	2.8/1.2	4.1/1.2
PER(최고/저)(배)	130.5/59.2	—/—	—/—	—/—	—/—	—/—
PBR(최고/저)(배)	1.8/0.8	1.9/1.1	1.8/0.7	2.2/1.0	3.7/1.7	3.8/1.2
EV/EBITDA(배)	15.1	—	—	—	—	—
EPS(원)	39	-478	-782	-491	-456	-119
BPS(원)	2,900	2,394	1,610	1,090	757	1,072
CFPS(원)	91	-403	-681	-398	-393	-82
DPS(원)	—	—	—	—	—	—
EBITDAPS(원)	242	-197	-376	-311	-43	-43

재무 비율 〈단위 : %〉
연도	영업이익률	순이익률	부채비율	차입금비율	ROA	ROE	유보율	자기자본비율	EBITDA마진율
2016	-21.1	-31.4	8.1	0.0	-10.7	-13.3	110.4	92.5	-11.4
2015	-15.6	-67.2	74.6	35.7	-30.0	-52.7	45.7	57.3	-6.4
2014	-22.8	-27.8	76.0	38.7	-20.1	-39.5	107.8	56.8	-17.5
2013	-31.5	-51.7	115.9	95.0	-23.8	-39.9	202.3	46.3	-24.9

에프엔씨엔터테인먼트 (A173940)
FNC ENTERTAINMENT

업 종 : 미디어		시 장 : KOSDAQ	
신용등급 : (Bond) — (CP) —		기업규모 : 벤처	
홈페이지 : www.fncent.com		연 락 처 : 070)8680-9770	
본 사 : 서울시 강남구 도산대로 85길 46(청담동)			

설 립 일	2006.12.14	종 업 원 수	154명	대 표 이 사	정명훈
상 장 일	2014.12.04	감 사 의 견	적정 (한영)	계 열	
결 산 기	12월	보 통 주	1,436만주	종속회사수	
액 면 가	500원	우 선 주		구 상 호	에프엔씨

주주구성 (지분율,%)
한성호	22.0
Suning Universal Media Co., Ltd.	22.0
(외국인)	0.8

출자관계 (지분율,%)
에프엔씨아카데미	100.0
KD생공방(엔터테인먼트엔터테인먼트애드컬쳐	48.3
에프엔씨애드컬쳐	30.3

주요경쟁사 (외형,%)
에프엔씨엔터	100
키이스트	102
덱스터	35

매출구성
공연기획	39.7
용역사업	35.4
음반/음반	10.1

비용구성
매출원가율	83.5
판관비율	19.2

수출비중
수출	56.9
내수	43.1

회사 개요
동사는 매니지먼트를 주요사업으로 영위하는 종합엔터테인먼트사로서 전속계약을 맺은 아티스트를 OSMU(One Source Multi Use)방식으로 음반 및 음원 사업, 콘서트 사업, 매니지먼트 사업 등의 다양한 사업을 펼치며 수익을 취하고 있음. 동사의 주요 아티스트로는 FT아일랜드, CNBLUE, AOA, 주니엘, 유재석, 정형돈, 이동건, 이다해 등이 있음.

실적 분석
동사의 2016년 연결기준 연간 매출액은 914.2억원으로 전년 대비 25.8% 증가함. 이는 소속연예인의 활동 증대로 인한 매니지먼트 매출증가 및 6월 FNC애드컬쳐 지분 인수에 따른 신규 연결포함으로 인한 매출증가의 영향임. 반면 매니지먼트와 미디어콘텐츠 사업 포트폴리오 확장으로 인한 비용증가함에 따라 영업손실은 25.2억원으로 적자전환됨. 2017년에는 신인 아티스트를 론칭하고 라인업을 다각화하고, 해외시장으로의 다변화를 추진하고자 함.

현금 흐름 〈단위 : 억원〉
항목	2015	2016
영업활동	-6	-2
투자활동	86	-299
재무활동	282	-49
순현금흐름	367	-347
기말현금	559	212

시장 대비 수익률

결산 실적 〈단위 : 억원〉
항목	2011	2012	2013	2014	2015	2016
매출액	141	320	496	601	727	914
영업이익	24	68	55	116	59	-25
당기순이익	20	49	28	79	22	-63

분기 실적 〈단위 : 억원〉
항목	2015.3Q	2015.4Q	2016.1Q	2016.2Q	2016.3Q	2016.4Q
매출액	129	280	170	252	212	281
영업이익	4	29	26	-29	19	-42
당기순이익	4	6	22	-35	14	-65

재무 상태 〈단위 : 억원〉
항목	2011	2012	2013	2014	2015	2016
총자산	103	258	298	764	1,101	1,341
유형자산	7	52	62	48	49	180
무형자산	0	5	19	36	116	202
유가증권	1	34	—	40	10	225
총부채	82	205	200	205	235	279
총차입금	—	0	3	—	—	—
자본금	—	4	32	72	72	72
총자본	21	53	99	559	866	1,061
지배주주지분	21	53	95	559	866	779

기업가치 지표
항목	2011	2012	2013	2014	2015	2016
주가(최고/저)(천원)	—/—	—/—	—/—	13.0/9.5	27.5/10.9	22.7/7.0
PER(최고/저)(배)	0.0/0.0	0.0/0.0	0.0/0.0	17.6/12.8	159.8/63.8	—/—
PBR(최고/저)(배)	0.0/0.0	0.0/0.0	0.0/0.0	3.1/2.3	4.7/1.9	4.2/1.3
EV/EBITDA(배)				6.4	24.0	35.4
EPS(원)	1,706	4,118	349	785	178	-274
BPS(원)	34,606	87,924	1,936	8,843	6,029	5,595
CFPS(원)	36,936	85,616	1,001	1,876	416	75
DPS(원)	—	—	—	400	400	—
EBITDAPS(원)	42,234	116,093	1,676	2,617	705	173

재무 비율 〈단위 : %〉
연도	영업이익률	순이익률	부채비율	차입금비율	ROA	ROE	유보율	자기자본비율	EBITDA마진율
2016	-2.8	-6.9	26.3	0.0	-5.2	-4.8	1,018.9	79.2	2.7
2015	8.1	3.1	27.1	0.0	2.4	3.2	1,105.9	78.7	12.3
2014	19.3	13.1	36.7	0.6	14.8	24.1	1,672.6	73.1	21.9
2013	11.1	5.7	201.8	3.5	10.1	38.1	288.4	33.1	13.6

에프엔에스테크 (A083500)
FNS TECH

업　　종 : 디스플레이 및 관련부품	시　　장 : KOSDAQ
신용등급 : (Bond) — 　(CP) —	기업규모 : 벤처
홈페이지 : www.fnstech.com	연 락 처 : 041)584-4460
본　　사 : 충남 천안시 서북구 직산읍 4산단2길 19	

설 립 일 2002.03.18	종업원수 명	대표이사 한경희,김팔곤	
상 장 일 2017.02.27	감사의견 적정 (이촌)	계　　열	
결 산 기 12월	보 통 주 663만주	종속회사수	
액 면 가 500원	우 선 주	구 상 호	

주주구성 (지분율,%)		출자관계 (지분율,%)		주요경쟁사 (외형,%)	
한경희	27.2	에프엔에스테크	100		
한국산업은행	7.6	DMS	385		
		HB테크놀러지	419		

매출구성		비용구성		수출비중	
FPD장비	88.4	매출원가율	80.1	수출	19.6
FPD 및 반도체 부품소재	11.6	판관비율	6.0	내수	80.4

회사 개요
동사는 2002년 3월 18일 스피닉스라는 이름으로 설립했으며 2006년 3월 에프엔에스테크로 상호 변경. 디스플레이 제조용 장비 및 반도체 제조용 부품소재를 주요 사업으로 영위. 설립 이후 다양한 TFT-LCD 및 AMOLED 장비를 개발해 왔으며, 국내 패널 기업들에 장비 및 제품을 공급. 디스플레이 장비분야 이외에도 2008년 반도체 및 디스플레이 패널업체들이 전량 수입에 의존하던 TOC UV LAMP의 국산화 개발에 성공.

실적 분석
동사의 2016년 연결기준 연간 누적 매출액은 645.8억원으로 전년 동기 대비 44.9% 증가했다. 매출이 늘어나면서 매출원가 또한 늘었지만 외형 확대에 힘입어 영업이익은 전년 동기 대비 193% 늘어난 89.9억원을 시현함. 비영업이익 부문에서 적자 폭이 확대됐지만 영업이익이 크게 늘면서 당기순이익은 전년 동기 대비 196.2% 증가한 82.7억원을 기록.

현금 흐름　　*IFRS 별도 기준　　〈단위 : 억원〉

항목	2015	2016
영업활동	-2	157
투자활동	-11	-75
재무활동	1	-32
순현금흐름	-11	50
기말현금	56	106

시장 대비 수익률
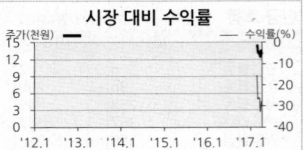

결산 실적　　〈단위 : 억원〉

항목	2011	2012	2013	2014	2015	2016
매출액	353	303	542	249	446	646
영업이익	41	12	8	-48	31	90
당기순이익	51	10	2	-63	28	83

분기 실적　　*IFRS 별도 기준　　〈단위 : 억원〉

항목	2015.3Q	2015.4Q	2016.1Q	2016.2Q	2016.3Q	2016.4Q
매출액	180	166	113	112	219	203
영업이익	22	9	-4	26	40	28
당기순이익	19	10	-1	23	38	22

재무 상태　　*IFRS 별도 기준　　〈단위 : 억원〉

항목	2011	2012	2013	2014	2015	2016
총자산	339	339	389	282	359	523
유형자산	125	142	157	146	147	210
무형자산	10	10	27	18	15	13
유가증권	—	—	0	0	—	—
총부채	188	177	199	158	208	290
총차입금	123	125	141	118	123	96
자본금	11	23	24	24	24	24
총자본	151	162	190	124	151	233
지배주주지분	151	162	190	124	151	233

기업가치 지표　　*IFRS 별도 기준

항목	2011	2012	2013	2014	2015	2016
주가(최고/저)(천원)	—/—	—/—	—/—	—/—	—/—	—/—
PER(최고/저)(배)	0.0/0.0	0.0/0.0	0.0/0.0	0.0/0.0	0.0/0.0	0.0/0.0
PBR(최고/저)(배)	0.0/0.0	0.0/0.0	0.0/0.0	0.0/0.0	0.0/0.0	0.0/0.0
EV/EBITDA(배)	0.9	1.4	1.4			1.6
EPS(원)	1,224	202	100	-1,229	548	1,624
BPS(원)	6,313	3,391	3,737	2,432	2,963	4,577
CFPS(원)	2,478	336	310	-959	766	1,799
DPS(원)						
EBITDAPS(원)	1,979	373	415	-674	820	1,939

재무 비율　　〈단위 : % 〉

연도	영업이익률	순이익률	부채비율	차입금비율	ROA	ROE	유보율	자기자본비율	EBITDA마진율
2016	13.9	12.8	124.3	41.0	18.8	43.1	867.5	44.6	15.3
2015	6.9	6.3	138.1	81.3	8.7	20.3	526.4	42.0	9.4
2014	-19.3	-25.1	127.8	95.0	-18.7	-40.5	414.0	43.9	-13.8
2013	1.4	0.4	109.1	76.3	0.6	1.2	668.4	47.8	3.3

에프티이앤이 (A065160)
Finetex EnE

업　　종 : 섬유 및 의복	시　　장 : KOSDAQ
신용등급 : (Bond) B- 　(CP) —	기업규모 : 중견
홈페이지 : www.ftene.com	연 락 처 : 02)3489-3300
본　　사 : 서울시 서초구 효령로 23-1, 에프티빌딩 2,3층	

설 립 일 1997.06.10	종업원수 75명	대표이사 박종철	
상 장 일 2002.07.30	감사의견 적정 (위드)	계　　열	
결 산 기 12월	보 통 주 5,420만주	종속회사수	
액 면 가 500원	우 선 주	구 상 호	

주주구성 (지분율,%)		출자관계 (지분율,%)		주요경쟁사 (외형,%)	
박종철	22.2	에프티벽지	100.0	에프티이앤이	100
한국산업은행	3.9	광석태양광발전소	50.0	일신방직	1,065
(외국인)	18.1	키우플	7.0	BYC	472

매출구성		비용구성		수출비중	
나노멤브레인 (나노 제품)	49.4	매출원가율	76.9	수출	—
축열 지열 (에너지 제품)	29.6	판관비율	21.8	내수	—
임대 외 (기타)	10.3				

회사 개요
동사는 나노 섬유를 사용한 각종 섬유와 필터 제품을 개발 및 생산하며, 에너지관련기술사업, 환경관련기술 사업을 영위하고 있음. 동사의 주요 사업은 나노 사업과 에너지 사업으로 구분됨. 절전형 에너지 기술 사업은 축냉시스템 시장의 약 52%, 민간 태양광 발전소 부분은 약 6.5%의 시장 점유율을 차지함. 나노멤브레인은 전세계 필터 시장의 주요 회사를 대상으로 활발한 영업활동을 전개 중임.

실적 분석
축열, 지열 등 에너지부문 매출은 크게 늘었으나, 나노섬유의 판매가 급감하면서 동사의 2016년 매출액은 449억원으로 전년 대비 6.8% 감소함. 영업이익은 5.8억원으로 흑자 전환함. 당기순손실은 9.8억원으로 적자지속됨. 나노 사업부문의 매출 비율이 전체 매출의 약 63%를 차지함. 나이키에 대한 나노멤브레인 제품의 공급이 본격화되면 실적회복이 가능할 전망임.

현금 흐름　　〈단위 : 억원〉

항목	2015	2016
영업활동	-97	-70
투자활동	57	-103
재무활동	11	209
순현금흐름	-28	38
기말현금	10	48

시장 대비 수익률
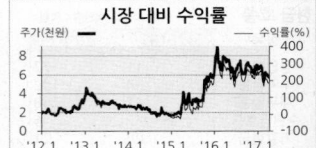

결산 실적　　〈단위 : 억원〉

항목	2011	2012	2013	2014	2015	2016
매출액	554	546	565	501	482	449
영업이익	-1	-25	3	-31	-182	6
당기순이익	-11	-47	-7	-162	-223	-10

분기 실적　　*IFRS 별도 기준　　〈단위 : 억원〉

항목	2015.3Q	2015.4Q	2016.1Q	2016.2Q	2016.3Q	2016.4Q
매출액	107	98	130	107	111	101
영업이익	-11	-189	10	-9	21	-16
당기순이익	-5	-217	5	-10	-8	3

재무 상태　　〈단위 : 억원〉

항목	2011	2012	2013	2014	2015	2016
총자산	1,069	1,126	1,175	1,023	802	1,032
유형자산	373	269	307	326	318	334
무형자산	101	90	90	85	64	61
유가증권	13	6	19	21	11	10
총부채	452	605	602	615	456	529
총차입금	336	481	505	471	325	406
자본금	203	203	215	215	253	271
총자본	617	520	573	408	346	504
지배주주지분	617	520	573	408	346	504

기업가치 지표

항목	2011	2012	2013	2014	2015	2016
주가(최고/저)(천원)	3.1/1.7	3.4/1.6	4.6/2.4	3.0/1.6	6.3/1.7	9.1/5.4
PER(최고/저)(배)	—/—	—/—	—/—	—/—	—/—	—/—
PBR(최고/저)(배)	2.0/1.1	2.6/1.3	3.4/1.7	3.0/1.7	8.8/2.3	9.8/5.8
EV/EBITDA(배)	16.5	116.9	31.7	80.4		88.4
EPS(원)	-27	-115	-16	-377	-477	-18
BPS(원)	1,522	1,305	1,375	990	721	929
CFPS(원)	78	-22	76	-275	-402	50
DPS(원)						
EBITDAPS(원)	102	32	98	30	-315	79

재무 비율　　〈단위 : % 〉

연도	영업이익률	순이익률	부채비율	차입금비율	ROA	ROE	유보율	자기자본비율	EBITDA마진율
2016	1.3	-2.2	105.0	80.7	-1.1	-2.3	85.8	48.8	9.5
2015	-37.8	-46.3	131.7	93.8	-24.4	-59.1	44.2	43.2	-30.6
2014	-6.2	-32.4	150.8	115.4	-14.7	-33.0	97.9	39.9	2.6
2013	0.5	-1.2	105.0	88.2	-0.6	-1.3	175.0	48.8	7.5

엑사이엔씨 (A054940)
EXA E&C

업 종 : 내구소비재	시 장 : KOSDAQ	
신용등급 : (Bond) — (CP) —	기업규모 : 중견	
홈페이지 : www.exaenc.com	연락처 : 02)3289-5100	
본 사 : 서울시 구로구 디지털로 288, 대륭포스트타워1차 15층 (구로동)		

설 립 일 1991.05.03	종업원수 320명	대표이사 구자극
상 장 일 2001.12.13	감사의견 적정 (삼일)	계 열
결 산 기 12월	보통주 3,317만주	종속회사수
액 면 가 500원	우선주	구 상 호

주주구성 (지분율,%)
		출자관계 (지분율,%)	주요경쟁사 (외형,%)	
구자극	13.7		엑사이엔씨	100
구본우	4.0		에스텍	176
(외국인)	3.3		아남전자	102

매출구성 / 비용구성 / 수출비중
매출구성		비용구성		수출비중	
Clean Panel/S.G.P,PATISO8,SCREEN E-Crystal80	88.9	매출원가율	86.4	수출	27.4
TCXO	9.9	판관비율	11.4	내수	72.6
CNT발열체	1.3				

회사 개요
동사는 건설/환경부문의 클린룸, 파티션, 환경, 인테리어사업과 전자통신부문의 Crystal Device(단말부품)사업 그리고 탄소나노튜브 사업을 주요 사업으로 하고 있음. 연결대상 종속회사는 가전제품과 컴퓨터 등에 사용되는 스피커 제조업체인 엠소닉을 포함 3개사임. 전체 매출액의 절반 가량을 차지하는 클린룸 산업은 삼성전자, LG디스플레이 등 반도체 및 LCD, PDP 관련업계의 신규 생산라인 증설 투자계획에 따라 영향을 많이 받음.

실적 분석
동사의 연결기준 2016년 4/4분기 연결기준 누적 매출액은 1,648.2억원으로 전년동기 대비 7.8% 증가함. 매출원가와 판관비가 전년동기 대비 11.6%, 6.9% 증가함에 따라 외형확대에도 영업이익은 전년동기 대비 52.7% 감소한 37.2억원을 시현함. 반도체 및 디스플레이 업체의 설비투자 확대가 지속되면서 관련 제품의 공급이 전년 대비 증가할 것으로 예상됨에 따라, 거래선 다변화 및 신규사업의 본격화에 초점을 맞추고 있음.

현금 흐름 〈단위 : 억원〉
항목	2015	2016
영업활동	168	9
투자활동	-58	-120
재무활동	-8	72
순현금흐름	103	-35
기말현금	208	173

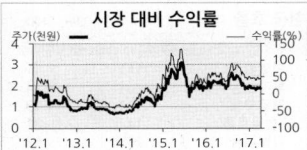

시장 대비 수익률

결산 실적 〈단위 : 억원〉
항목	2011	2012	2013	2014	2015	2016
매출액	1,868	1,428	1,395	1,666	1,530	1,648
영업이익	96	8	32	128	79	37
당기순이익	74	-27	-17	96	52	34

분기 실적 〈단위 : 억원〉
항목	2015.3Q	2015.4Q	2016.1Q	2016.2Q	2016.3Q	2016.4Q
매출액	428	351	376	366	431	475
영업이익	24	10	22	9	11	-5
당기순이익	29	-9	26	8	-5	4

재무 상태 〈단위 : 억원〉
항목	2011	2012	2013	2014	2015	2016
총자산	1,158	1,011	951	1,101	1,131	1,294
유형자산	380	378	369	383	381	379
무형자산	46	44	39	38	30	62
유가증권	19	19	19	19	19	19
총부채	639	519	474	465	443	574
총차입금	231	264	217	132	124	197
자본금	128	128	128	166	166	166
총자본	519	492	477	636	688	720
지배주주지분	473	434	410	548	589	614

기업가치 지표
항목	2011	2012	2013	2014	2015	2016
주가(최고/저)(천원)	3.4/0.7	1.9/0.8	1.2/0.6	1.6/0.7	3.5/1.5	2.6/1.8
PER(최고/저)(배)	14.7/3.1	—/—	—/—	5.7/2.5	28.3/11.8	33.2/22.1
PBR(최고/저)(배)	1.9/0.4	1.1/0.5	0.8/0.4	0.9/0.4	2.0/0.8	1.4/1.0
EV/EBITDA(배)	3.1	12.7	6.0	3.7	5.3	9.6
EPS(원)	233	-136	-96	273	124	79
BPS(원)	1,847	1,696	1,602	1,652	1,776	1,850
CFPS(원)	322	-42	9	371	203	181
DPS(원)	—	—	—	—	—	—
EBITDAPS(원)	464	126	231	557	317	214

재무 비율 〈단위 : % 〉
연도	영업이익률	순이익률	부채비율	차입금비율	ROA	ROE	유보율	자기자본비율	EBITDA마진율
2016	2.3	2.0	79.8	27.3	2.8	4.4	270.1	55.6	4.3
2015	5.2	3.4	64.4	18.0	4.6	7.2	255.3	60.8	6.9
2014	7.7	5.8	73.1	20.8	9.4	15.8	230.4	57.8	9.3
2013	2.3	-1.2	99.5	45.6	-1.8	-5.8	220.4	50.1	4.2

엑세스바이오 (A950130)
Access Bio

업 종 : 의료 장비 및 서비스	시 장 : KOSDAQ	
신용등급 : (Bond) — (CP) —	기업규모 : 중견	
홈페이지 : www.accessbio.net	연락처 : 1-732-873-4040	
본 사 : 65 Clyde Road Suite A Somerset NJ 08873, USA		

설 립 일 2002.09.27	종업원수 63명	대표이사 최영호
상 장 일 2013.05.30	감사의견 적정 (삼정)	계 열
결 산 기 12월	보통주 2,706만주	종속회사수
액 면 가	우선주	구 상 호 엑세스바이오(Reg.S)

주주구성 (지분율,%)
		출자관계 (지분율,%)		주요경쟁사 (외형,%)	
얼라이언츠글로벌인베스스자산운용	4.5	웰스바이오	49.1	엑세스바이오	100
KB자산운용	4.4	AccessBioEthiopia,Inc.	100.0	나노엔텍	62
(외국인)	6.4			파나진	20

매출구성 / 비용구성 / 수출비중
매출구성		비용구성		수출비중	
말라리아	89.6	매출원가율	0.0	수출	—
기타	10.4	판관비율	0.0	내수	—

회사 개요
동사는 체외진단 기술을 토대로 말라리아 진단 시약과 HIV 진단용스트립 등의 진단 제품을 개발, 제조, 판매하는 사업을 영위하고 있음. 작게는 현장진단검사 시장에 속해 있고, 크게는 체외진단 시장에 속해 있음. 생산하고 있는 진단시약은 기타의약품으로 분류되어 의약품 제조기준에 규제를 받고 있음. 주요 제품은 말라리아 진단시약으로, 총 11가지 종류의 말라리아 진단 제품을 보유하고 있음.

실적 분석
동사의 2016년 연결기준 연간 매출액은 전년동기 대비 11.0% 감소함. 아시아, 아프리카, 유럽 지역의 매출이 증가했으나, 가장 큰 매출을 차지하는 아프리카 지역의 비중이 줄어듬. 자회사 웰스바이오의 인력 증가에 따른 운영비와 본격 가동에 따른 영업 관련 비용이 증가하여 순이익은 전년대비 적자전환. 말라리아 퇴치 관련 펀드 규모는 증가하는 추세이며, 퇴치 관련 재원은 지속적으로 확대될 것으로 예상됨.

현금 흐름 〈단위 : 억원〉
항목	2015	2016
영업활동	29	—
투자활동	-8	—
재무활동	13	—
순현금흐름	27	—
기말현금	68	—

시장 대비 수익률

결산 실적 〈단위 : 억원〉
항목	2011	2012	2013	2014	2015	2016
매출액	170	370	458	323	356	—
영업이익	14	85	114	24	0	—
당기순이익	0	75	78	19	5	—

분기 실적 〈단위 : 억원〉
항목	2015.3Q	2015.4Q	2016.1Q	2016.2Q	2016.3Q	2016.4Q
매출액	64	79	87	101	79	—
영업이익	-2	3	8	8	-3	—
당기순이익	8	3	7	2	-6	—

재무 상태 〈단위 : 억원〉
항목	2011	2012	2013	2014	2015	2016
총자산	259	291	592	789	811	—
유형자산	87	89	106	161	207	—
무형자산	17		48	64	82	—
유가증권				11	87	—
총부채	207	74	90	103	42	—
총차입금	131	3	2	22	1	—
자본금	18	11	14	15	16	—
총자본	52	217	502	686	769	—
지배주주지분	52	217	502	604	638	—

기업가치 지표
항목	2011	2012	2013	2014	2015	2016
주가(최고/저)(천원)	—/—	—/—	12.2/7.6	15.3/8.1	13.8/6.9	8.7/5.4
PER(최고/저)(배)	0.0/0.0	0.0/0.0	37.1/23.3	169.9/90.3	293.7/148.0	0.0/0.0
PBR(최고/저)(배)	0.0/0.0	0.0/0.0	6.3/4.0	6.7/3.6	5.7/2.9	0.0/0.0
EV/EBITDA(배)	5.9		16.0	86.1	111.1	0.0
EPS(원)	—	—	328	90	47	—
BPS(원)	—	—	1,931	2,291	2,425	—
CFPS(원)	—	—	357	129	110	—
DPS(원)	—	—	—	—	—	—
EBITDAPS(원)	—	—	505	126	64	—

재무 비율 〈단위 : % 〉
연도	영업이익률	순이익률	부채비율	차입금비율	ROA	ROE	유보율	자기자본비율	EBITDA마진율
2016	0.0	0.0	0.0	0.0	0.0	0.0	0.0	0.0	0.0
2015	0.0	1.3	5.5	0.4	0.6	2.0	3,999.0	94.8	4.8
2014	7.3	5.8	15.1	3.2	2.7	4.4	4,069.4	86.9	10.6
2013	24.8	17.1	17.9	0.5	17.8	21.8	3,559.0	84.8	26.3

엑셈 (A205100)
EXEM

업 종 : IT 서비스
신용등급 : (Bond) —　(CP) —
홈페이지 : www.ex-em.com
본 사 : 서울시 강서구 양천로 583 에이동 1208호(염창동, 우림비즈니스센터)

시 장 : KOSDAQ
기업규모 : 벤처
연 락 처 : 02)2093-2839

설 립 일	2014.08.21	종업원수	186명	대표이사	조종암
상 장 일	2014.11.07	감사의견	적정 (한울)	계 열	
결 산 기	12월	보 통 주	2,993만주	종속회사수	
액 면 가	100원	우 선 주		구 상 호	교보위드스팩

주주구성 (지분율,%)		출자관계 (지분율,%)		주요경쟁사 (외형,%)	
조종암	48.0	엑셈	100		
박락빈	4.4	동부	743		
(외국인)	0.5	링네트	468		

매출구성		비용구성		수출비중	
MaxGauge	62.0	매출원가율	49.3	수출	10.1
유지보수, 컨설팅, 도서	33.3	판관비율	45.7	내수	89.9
기타	19.9				

회사 개요
동사는 지난 2001년 설립 이래 3년간 개발 기간을 거쳐 외산 제품의 홍수 속에 DB 성능 관리 솔루션 '맥스게이지(MaxGauge)'를 국내 최초로 독자 개발, 2006년부터 점유율 1위를 차지하고 있는 기업임. 또 WAS솔루션에서 진일보한 End-to-End 솔루션 '인터맥스(InterMax)'를 개발해 제품 다변화를 진행하는 한편, 이 두 제품으로 중국, 일본, 미국 등 해외 시장도 본격 공략하고 있음.

실적 분석
동사의 2016년 연결기준 매출액은 275.5억원으로 전년 대비 33.4% 증가함. 반면 원가 및 판관비의 증가로 영업이익은 13.8억원으로 전년 대비 70.2% 감소함. 동사는 기존 IT 시스템 성능관리 사업을 유지하면서 클라우드 SaaS 서비스를 추가하는 한편, 투자 기업들과의 공동 기술개발을 통해 순수 국내 기술력과 오픈소스를 바탕으로 PaaS를 구축하며 빅데이터 플랫폼 전문 기업으로 거듭날 계획임.

현금 흐름 〈단위 : 억원〉

항목	2015	2016
영업활동	42	28
투자활동	24	-85
재무활동	-7	138
순현금흐름	47	75
기말현금	124	199

시장 대비 수익률
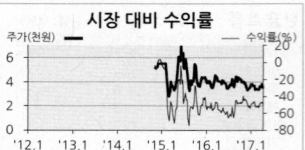

결산 실적 〈단위 : 억원〉

항목	2011	2012	2013	2014	2015	2016
매출액	105	124	174	161	207	275
영업이익	20	24	40	48	46	14
당기순이익	17	21	31	43	-83	26

분기 실적 〈단위 : 억원〉

항목	2015.3Q	2015.4Q	2016.1Q	2016.2Q	2016.3Q	2016.4Q
매출액	48	94	42	41	48	145
영업이익	7	33	-8	-14	-7	43
당기순이익	8	28	-6	11	-26	46

재무 상태 〈단위 : 억원〉

항목	2011	2012	2013	2014	2015	2016
총자산	126	146	197	226	373	551
유형자산	23	22	28	30	64	87
무형자산	1	6	9	13	55	58
유가증권	5	5	1	1	2	3
총부채	42	48	63	66	76	223
총차입금	9	7	4	21	11	125
자본금	6	18	18	16	29	30
총자본	84	98	133	160	297	328
지배주주지분	84	98	133	159	255	282

기업가치 지표

항목	2011	2012	2013	2014	2015	2016
주가(최고/저)(천원)	—/—	—/—	—/—	5.6/4.8	7.3/2.7	4.7/3.2
PER(최고/저)(배)	0.0/0.0	0.0/0.0	0.0/0.0	37.0/31.8	—/—	58.7/40.2
PBR(최고/저)(배)	0.0/0.0	0.0/0.0	0.0/0.0	9.8/8.4	7.6/2.9	4.5/3.1
EV/EBITDA(배)	—	—	—	0.5	20.0	40.4
EPS(원)	63	76	112	152	-312	80
BPS(원)	7,448	2,720	3,700	4,963	962	1,042
CFPS(원)	1,827	686	961	1,391	-287	116
DPS(원)						
EBITDAPS(원)	2,096	752	1,221	1,577	187	83

재무 비율 〈단위 : % 〉

연도	영업이익률	순이익률	부채비율	차입금비율	ROA	ROE	유보율	자기자본비율	EBITDA마진율
2016	5.0	9.3	68.2	38.2	5.6	8.8	942.2	59.4	8.9
2015	22.4	-40.1	25.5	3.5	-27.6	-43.1	862.2	79.7	5.5
2014	29.8	26.4	41.2	13.4	20.1	28.8	892.6	70.8	31.3
2013	23.1	17.7	47.4	3.4	—	—	640.1	67.9	25.2

엑시콘 (A092870)
Exicon

업 종 : 반도체 및 관련장비
신용등급 : (Bond) —　(CP) —
홈페이지 : www.exicon.co.kr
본 사 : 경기도 성남시 분당구 판교로255번길 28 , 7층(삼평동, 디에이치케이솔루션빌딩)

시 장 : KOSDAQ
기업규모 : 벤처
연 락 처 : 031)696-3100

설 립 일	2001.03.08	종업원수	127명	대표이사	박상준
상 장 일	2015.10.22	감사의견	적정 (안진)	계 열	
결 산 기	12월	보 통 주	888만주	종속회사수	
액 면 가	500원	우 선 주		구 상 호	

주주구성 (지분율,%)		출자관계 (지분율,%)		주요경쟁사 (외형,%)	
최명배	19.0	샘씨엔에스	35.0	엑시콘	100
와이아이케이	7.4	ExiconJapanCorporation	100.0	매커스	150
(외국인)	0.9	MEMORFILIMITED	82.0	테스나	67

매출구성		비용구성		수출비중	
[제품]Memory Tester	52.5	매출원가율	67.4	수출	19.8
[제품]Storage Tester	43.4	판관비율	25.8	내수	80.2
[용역]TEST SERVICE	4.2				

회사 개요
2001년 설립된 동사의 주요 제품은 반도체 검사장비로 반도체 공정상의 후공정의 final test 공정에 필요한 장비임. 이에 동사는 반도체 소자 제조기업의 경기변동 및 설비투자에 중요한 영향을 받고있음. 동사는 일본 Tester 개발의 유경험자 영입과, 일본 우수 기술을 국내 개발자들과 협업을 통해, R&D완성도를 높일 수 있는 조직 운영을 위해 100% 자회사인 엑시콘 재팬을 설립함. 2015년 10월 코넥스에서 코스닥으로 이전 상장함.

실적 분석
동사의 2016년 결산 기준 결산 매출액과 영업손실, 당기순손실은 451.2억원, 30.9억원, 51.1억원으로 전년 대비 매출액은 14.8%감소하고 영업이익 및 당기순이익도 크게 감소함. 반도체 부문 제품의 수출이 크게 감소하면 외형 및 수익성이 악화되었음. 메모리의 비수기인 1분기에 따라 수요 약세가 발생하였으나, 반도체 산업 호조로 대규모 검사장비 수주 모멘텀이 발생.

현금 흐름 〈단위 : 억원〉

항목	2015	2016
영업활동	141	81
투자활동	-161	-114
재무활동	161	-49
순현금흐름	142	-81
기말현금	163	82

시장 대비 수익률
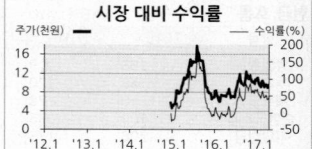

결산 실적 〈단위 : 억원〉

항목	2011	2012	2013	2014	2015	2016
매출액	217	405	251	380	530	451
영업이익	35	120	32	55	54	31
당기순이익	26	60	30	60	63	51

분기 실적 〈단위 : 억원〉

항목	2015.3Q	2015.4Q	2016.1Q	2016.2Q	2016.3Q	2016.4Q
매출액	77	64	45	25	96	285
영업이익	-9	-4	-20	-21	3	69
당기순이익	-5	-2	-17	-19	15	72

재무 상태 〈단위 : 억원〉

항목	2011	2012	2013	2014	2015	2016
총자산	440	524	628	671	901	946
유형자산	175	228	294	292	258	260
무형자산	94	26	39	47	57	66
유가증권					5	14
총부채	194	218	291	275	246	244
총차입금	155	185	246	214	176	132
자본금	34	34	34	34	44	44
총자본	246	306	337	396	656	701
지배주주지분	246	306	337	396	656	700

기업가치 지표

항목	2011	2012	2013	2014	2015	2016
주가(최고/저)(천원)	—/—	—/—	—/—	6.0/4.6	17.8/4.6	12.4/6.0
PER(최고/저)(배)	0.0/0.0	0.0/0.0	0.0/0.0	7.0/5.3	20.8/5.4	21.6/10.4
PBR(최고/저)(배)	0.0/0.0	0.0/0.0	0.0/0.0	1.1/0.8	2.5/0.6	1.6/0.8
EV/EBITDA(배)	2.3	0.5	1.9	5.2	5.1	13.3
EPS(원)	377	876	433	884	871	581
BPS(원)	3,603	4,486	4,937	5,796	7,380	7,881
CFPS(원)	621	1,301	962	1,563	1,445	950
DPS(원)					75	100
EBITDAPS(원)	751	2,183	995	1,484	1,315	717

재무 비율 〈단위 : % 〉

연도	영업이익률	순이익률	부채비율	차입금비율	ROA	ROE	유보율	자기자본비율	EBITDA마진율
2016	6.9	11.3	34.8	18.8	5.5	7.6	1,476.2	74.2	14.1
2015	10.2	11.9	37.5	26.8	8.0	12.0	1,376.0	72.7	18.0
2014	14.4	15.9	69.6	54.1	9.3	16.5	1,059.3	59.0	26.6
2013	12.7	11.8	86.3	73.1	5.1	9.2	887.4	53.7	27.0

엔브이에이치코리아 (A067570)
NVH KOREA

업 종 : 자동차부품	시 장 : KOSDAQ
신용등급 : (Bond) — (CP) —	기업규모 : 중견
홈 페 이 지 : www.nvh-korea.co.kr	연 락 처 : 054)779-1822
본 사 : 울산시 북구 모듈화산업로 207-14	

설 립 일	1984.01.17	종업원수	448명	대표이사	곽정용
상 장 일	2013.12.03	감사의견	적정 (삼일)	계 열	
결 산 기	12월	보통주	2,872만주	종속회사수	
액 면 가	500원	우선주		구 상 호	

주주구성 (지분율,%)
구자겸	33.4
유수경	7.3
(외국인)	3.0

출자관계 (지분율,%)
엔브이에이치오토파트	100.0
동남테크	25.9
GH신소재	23.3

주요경쟁사 (외형,%)
엔브이에이치코리아	100
동원금속	81
유라테크	37

매출구성
H/L, NVH 외[한국]	54.6
H/L, NVH 외[중국]	23.4
H/L, NVH 외[인도]	10.8

비용구성
매출원가율	89.4
판관비율	6.8

수출비중
수출	46.6
내수	53.4

회사 개요
동사는 1984년 1월 17일 일양산업주식회사로 설립하여 2001년 6월 8일 엔브이에이치코리아주식회사로 상호를 변경하였으며, 자동차부품의 제조 및 판매를 주요 사업목적으로 영위함. 동사는 BRICs를 중심으로 한 해외진출 강화, 친환경 열관리(Heat Management) 부품사업 개척을 추진중임. 동사는 현재 생산품의 대부분을 현대차 및 기아차에 공급하고 있음.

실적 분석
신차효과 및 글로벌 매출이 증가한 영향으로 동사의 2016년 누적 매출액은 5,697억원을 기록, 전년대비 7% 증가함. 판매비와 관리비는 389.3억원으로 5.8% 증가하였음. 영업이익은 215.4억원으로 40.7% 증가하였으며 원화의 평가절하 및 루블화 가치상승에 따라 환율영향으로 환이익이 151.5억원을 기록하며 당기순이익은 311억원으로 전년도 적자에서 흑자로 전환함.

현금 흐름 〈단위 : 억원〉
항목	2015	2016
영업활동	287	498
투자활동	-382	-429
재무활동	309	-162
순현금흐름	204	-89
기말현금	700	611

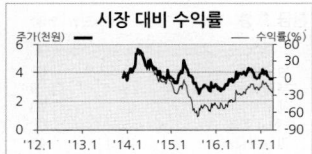

결산 실적 〈단위 : 억원〉
항목	2011	2012	2013	2014	2015	2016
매출액	4,560	4,927	4,864	5,063	5,325	5,697
영업이익	89	211	247	158	153	215
당기순이익	66	191	171	-95	-67	311

분기 실적 〈단위 : 억원〉
항목	2015.3Q	2015.4Q	2016.1Q	2016.2Q	2016.3Q	2016.4Q
매출액	1,248	1,532	1,335	1,426	1,295	1,641
영업이익	81	47	62	60	38	55
당기순이익	-13	-69	81	72	32	125

재무 상태 〈단위 : 억원〉
항목	2011	2012	2013	2014	2015	2016
총자산	2,781	2,862	3,387	3,135	3,722	4,430
유형자산	1,013	1,009	1,039	1,064	1,247	1,771
무형자산	33	33	45	54	63	73
유가증권	10	10	11	44	44	44
총부채	2,044	1,963	1,955	1,771	2,413	2,879
총차입금	527	400	571	609	946	1,052
자본금	41	100	144	144	144	144
총자본	737	898	1,432	1,364	1,309	1,551
지배주주지분	737	898	1,430	1,365	1,310	1,550

기업가치 지표
항목	2011	2012	2013	2014	2015	2016
주가(최고/저)(천원)	—/—	—/—	4.2/3.6	5.8/3.4	4.9/2.5	4.3/2.7
PER(최고/저)(배)	0.0/0.0	0.0/0.0	5.8/4.9	—/—	—/—	4.2/2.6
PBR(최고/저)(배)	0.0/0.0	0.0/0.0	1.0/0.8	1.3/0.8	1.1/0.6	0.8/0.5
EV/EBITDA(배)	0.8	0.1	2.1	3.8	3.8	3.7
EPS(원)	331	957	829	-322	-234	1,081
BPS(원)	8,989	4,492	4,980	4,857	4,699	5,401
CFPS(원)	2,370	1,572	1,520	178	265	1,627
DPS(원)			100	100	120	140
EBITDAPS(원)	2,652	1,668	1,880	1,050	1,032	1,296

재무 비율 〈단위 : %〉
연도	영업이익률	순이익률	부채비율	차입금비율	ROA	ROE	유보율	자기자본비율	EBITDA마진율
2016	3.8	5.5	185.6	67.9	7.6	21.7	980.2	35.0	6.5
2015	2.9	-1.3	184.3	72.2	-2.0	-5.0	839.8	35.2	5.6
2014	3.1	-1.9	129.9	44.7	-2.9	-6.6	871.3	43.5	6.0
2013	5.1	3.5	136.5	39.9	5.5	14.8	896.1	42.3	8.0

엔씨소프트 (A036570)
NCsoft

업 종 : 게임 소프트웨어	시 장 : 거래소
신용등급 : (Bond) AA- (CP) —	기업규모 : 시가총액 대형주
홈 페 이 지 : www.ncsoft.com	연 락 처 : 02)2186-3300
본 사 : 서울시 강남구 테헤란로 509	

설 립 일	1997.03.11	종업원수	2,638명	대표이사	김택진
상 장 일	2003.05.22	감사의견	적정 (안진)	계 열	
결 산 기	12월	보통주	2,193만주	종속회사수	
액 면 가	500원	우선주		구 상 호	

주주구성 (지분율,%)
김택진	12.0
국민연금공단	11.0
(외국인)	41.0

출자관계 (지분율,%)
엔씨다이노스	100.0
엔씨소프트서비스	100.0
엔씨아이티에스	100.0

주요경쟁사 (외형,%)
엔씨소프트	100
컴투스	52
NHN엔터테인먼트	87

매출구성
리니지	37.3
기타	28.3
블레이드앤소울	13.6

비용구성
매출원가율	19.1
판관비율	47.5

수출비중
수출	19.0
내수	81.0

회사 개요
동사는 1997년 설립된 온라인게임 업체로 리니지, 아이온, 길드워, 블레이드앤소울 등의 게임을 서비스하는 국내 최대 업체임. 국내를 거점을 북미, 유럽 등 현지에서 게임을 서비스하는 업체들과 오라이언소프트 등의 게임 개발업체와 엔씨다이노스프로야구구단 등 15개의 계열회사를 두고 있음. 2012년 6월 넥슨이 321만주(지분율 14.7%)를 인수하며 최대주주가 됐었음.

실적 분석
동사의 2016년 누적 매출액은 전년동기대비 17.3% 상승한 9,835.6억원을 기록함. 비용면에서 전년동기대비 매출원가는 감소 하였으며 인건비는 증가 하였고 광고선전비도 증가, 기타판매비와관리비도 마찬가지로 증가함. 이와 같이 상승한 매출액 만큼 비용증가도 있었으나 매출액의 더 큰 상승에 힘입어 그에 따라 전년동기대비 영업이익은 3,287.6억원으로 38.5% 상승하였음. 최종적으로 전년동기대비 당기순이익은 상승하여 2,713.8억원을 기록함.

현금 흐름 〈단위 : 억원〉
항목	2015	2016
영업활동	2,413	1,120
투자활동	-5,169	-1,387
재무활동	3,102	-738
순현금흐름	453	-1,033
기말현금	2,481	1,448

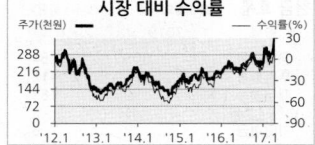

결산 실적 〈단위 : 억원〉
항목	2011	2012	2013	2014	2015	2016
매출액	6,089	7,535	7,567	8,387	8,383	9,836
영업이익	1,357	1,513	2,052	2,782	2,375	3,288
당기순이익	1,177	1,537	1,587	2,275	1,664	2,714

분기 실적 〈단위 : 억원〉
항목	2015.3Q	2015.4Q	2016.1Q	2016.2Q	2016.3Q	2016.4Q
매출액	1,957	2,370	2,408	2,405	2,176	2,846
영업이익	506	749	758	861	651	1,017
당기순이익	306	422	662	904	479	668

재무 상태 〈단위 : 억원〉
항목	2011	2012	2013	2014	2015	2016
총자산	11,134	13,168	14,795	16,988	22,192	23,608
유형자산	3,663	4,258	2,483	2,408	2,338	2,247
무형자산	303	1,333	1,121	946	642	533
유가증권	682	1,464	1,955	2,131	9,057	12,243
총부채	2,450	2,963	3,208	3,232	4,303	4,653
총차입금	124	238	86	10	11	1,497
자본금	109	109	110	110	110	110
총자본	8,685	10,206	11,588	13,756	17,889	18,955
지배주주지분	8,556	10,006	11,412	13,606	17,695	18,856

기업가치 지표
항목	2011	2012	2013	2014	2015	2016
주가(최고/저)(천원)	360/179	306/136	237/122	233/118	237/164	300/201
PER(최고/저)(배)	68.8/34.2	45.3/20.2	34.3/17.7	23.3/11.8	32.4/22.4	24.6/16.4
PBR(최고/저)(배)	8.7/4.3	6.4/2.9	4.4/2.3	3.7/1.9	3.0/2.1	3.3/2.2
EV/EBITDA(배)	38.5	14.6	19.9	9.9	13.7	12.7
EPS(원)	5,529	7,121	7,245	10,487	7,542	12,416
BPS(원)	44,008	50,384	56,765	66,702	81,257	93,096
CFPS(원)	6,697	8,873	8,861	12,162	9,137	13,894
DPS(원)	600	600	600	3,430	2,747	3,820
EBITDAPS(원)	7,385	8,665	10,983	14,362	12,424	16,470

재무 비율 〈단위 : %〉
연도	영업이익률	순이익률	부채비율	차입금비율	ROA	ROE	유보율	자기자본비율	EBITDA마진율
2016	33.4	27.6	24.6	7.9	11.9	14.9	18,519.2	80.3	36.7
2015	28.3	19.8	24.1	0.1	8.5	10.6	16,151.3	80.6	32.5
2014	33.2	27.1	23.5	0.1	14.3	18.4	13,240.4	81.0	37.6
2013	27.1	21.0	27.7	0.7	11.4	14.8	11,253.1	78.3	31.8

엔아이스틸 (A008260)
NI Steel

업　　종 : 금속 및 광물　　　　　시　　장 : 거래소
신용등급 : (Bond) ―　　(CP) ―　　기업규모 : 시가총액 소형주
홈페이지 : www.hcrst.com　　　　연 락 처 : 02)758-6789
본　　사 : 서울시 중구 세종대로 23 창화빌딩 남대문로5가

설 립 일	1972.12.14	종 업 원 수	173명	대 표 이 사	배종민
상 장 일	1975.06.28	감 사 의 견	적정 (신한)	계 열	
결 산 기	12월	보 통 주	2,843만주	종속회사수	
액 면 가	500원	우 선 주		구 상 호	

주주구성 (지분율,%)		출자관계 (지분율,%)		주요경쟁사 (외형,%)	
문배철강	38.2	포항SRDC	49.0	NI스틸	100
배종민	10.1	GE에너지	48.6	EG	128
(외국인)	0.9			대호피앤씨	162

매출구성		비용구성		수출비중	
[제조] 철강 외	50.2	매출원가율	81.3	수출	―
[상품] 철강	30.5	판관비율	6.4	내수	―
[임대 매출 外]철강	19.3				

회사 개요
동사는 1972년 동성철강공업으로 설립되어 엔아이테크, 엔성철강으로 상호를 변경하여 현재에 이름. 영위중인 주요사업으로는 철강 성형제품 제조 및 판매업, SHEET PILE 리스, 철강재 유통판매, 임가공 등이며, 주요 제품으로는 SSHEET PILE, TSC, U-RIB, ACT COLUMN, NS BEAM, 리스용강재, 스켈프, 강판, 후판, 코일, 박판이 있음.

실적 분석
동사의 2016년 연결 기준 매출과 영업이익은 1,143억원, 142억원으로 전년 대비 매출은 3.6% 감소하나 영업이익은 49% 증가함. 자산총계는 전년 대비 23.11% 증가한 2,072억원, 유동자산은 3% 감소한 377억원이며, 비유동자산은 23.11% 증가한 1,694억원임. 동사는 강재리스 사업부문의 전문, 다각화를 위해 새로운 생산 라인 인프라를 구축하고 인력과 설비투자를 증대함.

현금 흐름
*IFRS 별도 기준　　〈단위 : 억원〉

항목	2015	2016
영업활동	305	254
투자활동	-313	-412
재무활동	9	163
순현금흐름	1	5
기말현금	2	6

시장 대비 수익률
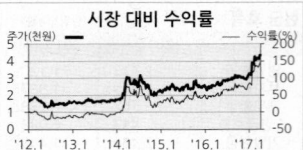

결산 실적
〈단위 : 억원〉

항목	2011	2012	2013	2014	2015	2016
매출액	1,073	1,053	1,213	1,266	1,186	1,143
영업이익	131	115	121	104	95	141
당기순이익	64	71	74	53	71	102

분기 실적
*IFRS 기준　　〈단위 : 억원〉

항목	2015.3Q	2015.4Q	2016.1Q	2016.2Q	2016.3Q	2016.4Q
매출액	314	230	243	261	251	389
영업이익	22	21	32	24	30	55
당기순이익	11	13	23	15	22	42

재무 상태
*IFRS 별도 기준　　〈단위 : 억원〉

항목	2011	2012	2013	2014	2015	2016
총자산	1,436	1,422	1,540	1,692	1,766	2,073
유형자산	737	760	902	1,055	1,296	1,606
무형자산	6	6	6	10	10	12
유가증권	4	4	2	1	1	1
총부채	860	793	851	966	982	1,204
총차입금	728	661	678	758	780	981
자본금	142	142	142	142	142	142
총자본	576	629	688	725	784	869
지배주주지분	576	629	688	725	784	869

기업가치 지표
*IFRS 별도 기준

항목	2011	2012	2013	2014	2015	2016
주가(최고/저)(천원)	2.6/1.5	1.9/1.2	1.9/1.5	3.2/1.7	2.9/2.1	3.2/2.3
PER(최고/저)(배)	13.0/7.5	8.6/5.5	7.7/6.1	18.4/9.6	11.9/8.7	9.2/6.5
PBR(최고/저)(배)	1.5/0.8	1.0/0.6	0.8/0.7	1.3/0.7	1.1/0.8	1.1/0.8
EV/EBITDA(배)	5.6	6.2	6.4	8.3	9.0	7.6
EPS(원)	226	248	262	186	250	360
BPS(원)	2,025	2,213	2,422	2,552	2,757	3,055
CFPS(원)	539	490	504	419	510	721
DPS(원)	50	50	50	50	50	50
EBITDAPS(원)	775	647	667	600	594	859

재무 비율
〈단위 : % 〉

연도	영업이익률	순이익률	부채비율	차입금비율	ROA	ROE	유보율	자기자본비율	EBITDA마진율
2016	12.4	8.9	138.6	112.9	5.3	12.4	511.1	41.9	21.4
2015	8.0	6.0	125.4	99.5	4.1	9.4	451.5	44.4	14.3
2014	8.3	4.2	133.2	104.4	3.3	7.5	410.4	42.9	13.5
2013	10.0	6.1	123.7	98.4	5.0	11.3	384.4	44.7	15.6

엔알케이 (A054340)
NRKCOLTD

업　　종 : 휴대폰 및 관련부품　　　시　　장 : KOSDAQ
신용등급 : (Bond) ―　　(CP) ―　　기업규모 : 중견
홈페이지 : www.nrk.co.kr　　　　연 락 처 : 054)979-3300
본　　사 : 서울시 영등포구 선유로 27, 1111호 (문래동5가, 대륭빌딩)

설 립 일	1997.06.28	종 업 원 수	71명	대 표 이 사	김철
상 장 일	2002.01.10	감 사 의 견	적정 (제원)	계 열	
결 산 기	12월	보 통 주	2,458만주	종속회사수	
액 면 가	500원	우 선 주		구 상 호	피앤텔

주주구성 (지분율,%)		출자관계 (지분율,%)		주요경쟁사 (외형,%)	
김철	31.6	SVIC11호신기술사업투자조합	10.0	엔알케이	100
정영미	13.0	고흥군농수축산물유통	0.1	슈피겐코리아	618
(외국인)	0.3			이랜텍	2,077

매출구성		비용구성		수출비중	
무선해드셋	96.6	매출원가율	92.1	수출	―
휴대폰케이스	2.4	판관비율	30.4	내수	―
부산물 및 기타	1.0				

회사 개요
동사는 휴대폰 단말기부품 중 무선해드셋과 휴대폰케이스를 제조하는 기업임. 2016년 4분기말 기준 매출비중은 무선해드셋 부문이 64.6%, 휴대폰케이스 부문이 33.2%, 기타 2.2%를 차지함. 삼성전자에 휴대폰 케이스를 납품하는 업체는 현재 동사를 비롯하여 인탑스, 신양, 참테크, 모베이스, 삼광, 세신 등 7개사로 과점적 형태의 경쟁시장으로 삼성전자 휴대폰 케이스 전량을 생산, 납품하고 있음.

실적 분석
동사의 2016년 4/4분기 연결기준 누적매출액은 289.9억원으로 전년대비 26.0% 증가했음. 영업손실은 65.8억원으로 적자지속, 순손실도 92.4억원으로 적자지속. 글로벌 경기 부진과 전방산업인 스마트폰 수요 부진, 경쟁 심화 등으로 매출 증가가 소폭에 그침. 판관비 증가 및 판가하락 영향으로 영업이익은 적자지속 시현. 스마트폰 부품 중심에서 벗어나 신규 사업의 필요성 부각. 케이스 부문의 경쟁 심화도 부담으로 작용.

현금 흐름
*IFRS 별도 기준　　〈단위 : 억원〉

항목	2015	2016
영업활동	-65	-81
투자활동	-20	9
재무활동	30	78
순현금흐름	-55	8
기말현금	40	48

시장 대비 수익률
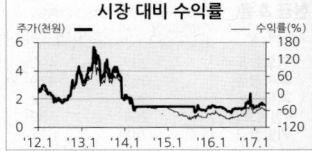

결산 실적
〈단위 : 억원〉

항목	2011	2012	2013	2014	2015	2016
매출액	1,504	1,020	1,440	636	230	290
영업이익	-209	-328	-237	-241	-114	-65
당기순이익	-263	-369	-447	-320	-104	-92

분기 실적
*IFRS 기준　　〈단위 : 억원〉

항목	2015.3Q	2015.4Q	2016.1Q	2016.2Q	2016.3Q	2016.4Q
매출액	59	47	58	78	84	71
영업이익	-35	-33	-38	-10	-22	-22
당기순이익	-22	-39	-45	-17	-22	-8

재무 상태
〈단위 : 억원〉

항목	2011	2012	2013	2014	2015	2016
총자산	1,928	1,632	1,233	641	497	429
유형자산	736	636	586	316	276	278
무형자산	29	24	31	9	7	14
유가증권	98	92	60	9	0	0
총부채	336	441	474	166	131	47
총차입금	66	138	120		33	―
자본금	84	84	84	84	84	123
총자본	1,592	1,191	759	475	366	382
지배주주지분	1,626	1,230	799	488	368	384

기업가치 지표

항목	2011	2012	2013	2014	2015	2016
주가(최고/저)(천원)	7.9/2.3	4.3/1.7	6.0/1.9	2.7/1.2	1.6/1.0	2.4/1.0
PER(최고/저)(배)	―/―	―/―	―/―	―/―	―/―	―/―
PBR(최고/저)(배)	0.8/0.2	0.6/0.2	1.2/0.4	0.9/0.4	0.7/0.4	1.4/0.6
EV/EBITDA(배)						
EPS(원)	-1,340	-2,168	-2,653	-1,872	-616	-510
BPS(원)	9,876	7,516	4,954	3,101	2,383	1,693
CFPS(원)	-581	-1,546	-1,977	-1,160	-355	-289
DPS(원)						
EBITDAPS(원)	-483	-1,329	-735	-725	-415	-138

재무 비율
〈단위 : % 〉

연도	영업이익률	순이익률	부채비율	차입금비율	ROA	ROE	유보율	자기자본비율	EBITDA마진율
2016	-22.4	-31.9	12.3	0.0	-20.0	-24.6	238.7	89.0	-8.6
2015	-49.3	-45.1	35.7	9.1	-18.3	-24.2	376.6	73.7	-30.3
2014	-38.0	-50.4	34.9	0.0	-34.2	-48.9	520.3	74.1	-19.2
2013	-16.5	-31.0	62.4	15.8	-31.2	-43.9	890.8	61.6	-8.6

엔에스 (A217820)
NS

업 종 : 전자 장비 및 기기		시 장 : KOSDAQ	
신용 등급 : (Bond) — (CP) —		기 업 규 모 : 벤처	
홈 페 이 지 : www.cns2.com		연 락 처 : 043)218-7056	
본 사 : 충북 청주시 청원구 오창읍 각리1길 27			

설 립 일 1999.11.10	종 업 원 수 82명	대 표 이 사 이세용	
상 장 일 2015.12.07	감 사 의 견 적정 (신한)	계 열	
결 산 기 12월	보 통 주 490만주	종 속 회 사 수	
액 면 가 500원	우 선 주	구 상 호	

주주구성 (지분율,%)
이세용	38.8
박승기	4.6
(외국인)	0.2

출자관계 (지분율,%)
중경흥특가과기유한공사	100.0

주요경쟁사 (외형,%)
엔에스	100
파크시스템스	83
아비코전자	272

매출구성
2차전지장비	72.2
레이저장비	27.6
기타	0.2

비용구성
매출원가율	81.8
판관비율	10.6

수출비중
수출	80.5
내수	19.5

회사 개요
동사는 1999년 11월에 설립된 리튬폴리머 2차전지 생산, 광학필름 레이저 형상 제조 등 생산/제조 장비 제공업체임. 2014년 기준으로 사업부문 별 매출 비중은 2차전지 시스템사업 72.2%, 레이저 시스템 사업 27.6%, 기타 0.1% 이며 수출비중은 약 67.4%를 차지함. 동사의 주요 고객은 LG화학, SK이노베이션, Wanxiang 등으로 안정적인 매출처를 가지고 있음.

실적 분석
동사의 2016년 결산기준 누적 매출액은 전년 동기대비 -2.7% 소폭 변동한 296.2억원을 기록하였음. 비용면에서 전년동기대비 매출원가는 증가 했으며 인건비는 감소 하였고 기타판매비와관리비는 거의 동일함. 그에 따라 전년동기대비 영업이익은 22.4억원으로 -31.7% 크게 하락하였음. 최종적으로 전년동기대비 당기순이익은 크게 하락하여 20.8억원을 기록함.

현금 흐름 *IFRS 별도 기준 〈단위 : 억원〉
항목	2015	2016
영업활동	-7	-60
투자활동	-18	-18
재무활동	102	4
순현금흐름	79	-68
기말현금	93	25

시장 대비 수익률
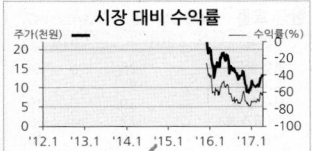

결산 실적 〈단위 : 억원〉
항목	2011	2012	2013	2014	2015	2016
매출액	—	—	128	208	304	296
영업이익	—	—	13	23	33	22
당기순이익	—	—	13	21	34	21

분기 실적 *IFRS 별도 기준 〈단위 : 억원〉
항목	2015.3Q	2015.4Q	2016.1Q	2016.2Q	2016.3Q	2016.4Q
매출액	68	51	49	92	59	68
영업이익	6	-1	4	7	8	1
당기순이익	9	0	4	5	1	9

재무 상태 *IFRS 별도 기준 〈단위 : 억원〉
항목	2011	2012	2013	2014	2015	2016
총자산			139	227	357	326
유형자산			40	87	104	103
무형자산			1	2	2	4
유가증권						
총부채			81	131	137	92
총차입금			31	35	48	57
자본금			7	8	25	25
총자본			58	96	219	233
지배주주지분			58	96	219	233

기업가치 지표 *IFRS 별도 기준
항목	2011	2012	2013	2014	2015	2016
주가(최고/저)(천원)	—/—	—/—	—/—	—/—	22.9/13.7	21.4/8.1
PER(최고/저)(배)	0.0/0.0	0.0/0.0	0.0/0.0	0.0/0.0	26.7/16.0	55.1/20.9
PBR(최고/저)(배)	0.0/0.0	0.0/0.0	0.0/0.0	0.0/0.0	5.2/3.1	4.5/1.7
EV/EBITDA(배)		0.0	1.4	0.3	25.6	20.4
EPS(원)	—	—	352	683	868	392
BPS(원)	—	—	44,543	59,709	4,473	4,765
CFPS(원)	—	—	9,228	17,727	991	513
DPS(원)	—	—	—	—	100	100
EBITDAPS(원)	—	—	9,686	19,728	971	532

재무 비율 〈단위 : % 〉
연도	영업이익률	순이익률	부채비율	차입금비율	ROA	ROE	유보율	자기자본비율	EBITDA마진율
2016	7.6	7.0	43.6	27.2	6.0	9.2	856.8	69.6	10.6
2015	10.8	11.0	62.7	21.8	11.5	21.3	794.6	61.5	12.4
2014	11.2	10.0	137.2	37.1	11.3	27.0	1,094.2	42.2	12.5
2013	10.4	9.8	140.1	54.1		0.0	790.9	41.7	11.7

엔에스쇼핑 (A138250)
NS Home Shopping

업 종 : 온라인쇼핑		시 장 : 거래소	
신용 등급 : (Bond) — (CP) —		기 업 규 모 : 시가총액 중형주	
홈 페 이 지 : pr.nsmall.com		연 락 처 : 02)6336-1234	
본 사 : 경기도 성남시 분당구 판교로 228번길 15			

설 립 일 2001.05.07	종 업 원 수 411명	대 표 이 사 도상철	
상 장 일 2015.03.27	감 사 의 견 적정 (삼정)	계 열	
결 산 기 12월	보 통 주 3,370만주	종 속 회 사 수	
액 면 가 5,000원	우 선 주	구 상 호	

주주구성 (지분율,%)
하림홀딩스	40.7
한국투자밸류자산운용	18.5
(외국인)	6.6

출자관계 (지분율,%)

주요경쟁사 (외형,%)
엔에스쇼핑	100
현대홈쇼핑	220
GS홈쇼핑	249

매출구성
건강기능식품 등	79.5
의류잡화 등	12.0
건강기능식품 등	4.5

비용구성
매출원가율	8.6
판관비율	73.5

수출비중
수출	0.0
내수	100.0

회사 개요
동사는 TV홈쇼핑, 카탈로그 쇼핑 및 인터넷쇼핑을 통해 구축한 유통채널, 시장 인지도 및 식품 관련 상품의 품질 관리 능력을 활용하여 2014년 11월 모바일 시장을 런칭하여 시장 확대를 진행중. 자회사인 하림식품을 통해 HMR, 레토르트 제품 등의 식품가공 사업을 진행할 예정임. 매출구성은 홈쇼핑 76%, 카탈로그 11%, 인터넷 5%, 모바일 9%임.

실적 분석
2016년 연결기준 누적 매출액과 영업이익은 전년동기대비 9% 성장, 12%감소. 인터넷과 모바일쇼핑 부문의 성장이 외형확대를 주도. 홈쇼핑 영업은 안정적인 수준을 유지하였으나 물류단지개발에 따른 비용 부담을 줄여줄 정도의 실적 모멘텀은 유지되고 있지 않은 상황. 식품MD 경쟁력 외에 고마진 상품군 편성 확대로 SO송출수수료 증가 부담 상쇄하기 위해 노력 중.

현금 흐름 〈단위 : 억원〉
항목	2015	2016
영업활동	435	653
투자활동	136	-4,856
재무활동	-47	3,087
순현금흐름	526	-1,101
기말현금	1,948	847

시장 대비 수익률

결산 실적 〈단위 : 억원〉
항목	2011	2012	2013	2014	2015	2016
매출액	2,927	3,088	3,520	3,925	4,064	4,411
영업이익	702	535	692	916	899	790
당기순이익	499	397	544	710	677	503

분기 실적 〈단위 : 억원〉
항목	2015.3Q	2015.4Q	2016.1Q	2016.2Q	2016.3Q	2016.4Q
매출액	1,019	1,053	1,079	1,062	1,076	1,194
영업이익	227	231	231	216	195	149
당기순이익	178	159	175	152	110	66

재무 상태 〈단위 : 억원〉
항목	2011	2012	2013	2014	2015	2016
총자산	2,480	2,886	3,365	4,153	4,498	8,087
유형자산	1,153	1,081	1,135	1,306	1,474	6,293
무형자산	77	98	240	258	325	324
유가증권	203	105	119	81	89	60
총부채	941	962	1,100	1,457	1,161	4,301
총차입금	57	51	3	12		3,103
자본금	168	168	168	168	168	168
총자본	1,539	1,923	2,265	2,696	3,338	3,786
지배주주지분	1,539	1,923	2,265	2,696	3,338	3,786

기업가치 지표
항목	2011	2012	2013	2014	2015	2016
주가(최고/저)(천원)	—/—	—/—	—/—	—/—	262/182	193/142
PER(최고/저)(배)	0.0/0.0	0.0/0.0	0.0/0.0	0.0/0.0	131.9/91.6	130.6/96.5
PBR(최고/저)(배)	0.0/0.0	0.0/0.0	0.0/0.0	0.0/0.0	26.8/18.6	17.4/12.8
EV/EBITDA(배)					4.0	7.9
EPS(원)	1,482	1,178	1,614	2,106	2,008	1,493
BPS(원)	45,671	57,077	67,234	80,036	99,070	112,372
CFPS(원)	17,203	14,874	19,043	23,714	23,011	18,687
DPS(원)				1,000	2,000	2,000
EBITDAPS(원)	23,223	18,967	23,437	29,843	29,595	27,200

재무 비율 〈단위 : % 〉
연도	영업이익률	순이익률	부채비율	차입금비율	ROA	ROE	유보율	자기자본비율	EBITDA마진율
2016	17.9	11.4	113.6	82.0	8.0	14.1	2,147.4	46.8	20.8
2015	22.1	16.7	34.8		15.7	22.4	1,881.4	74.2	24.5
2014	23.3	18.1	54.0	0.5	18.9	28.6	1,500.7	64.9	25.6
2013	19.7	15.5	48.6	0.1	17.4	26.0	1,244.7	67.3	22.4

엔에스엔 (A031860)
NSN

업　　　종 : 레저용품		시　　　장 : KOSDAQ	
신용등급 : (Bond) —　(CP) —		기업규모 : 중견	
홈페이지 : www.nsnetwork.co.kr		연락처 : 02)2106-5417	
본　　　사 : 서울시 강남구 봉은사로 310(역삼동) 대일빌딩 7층			

설 립 일 1979.09.12	종업원수 52명	대표이사 박양근	
상 장 일 1997.01.07	감사의견 적정 (삼정)	계　속　열	
결 산 기 12월	보통주 1,900만주	종속회사수	
액 면 가 500원	우 선 주	구상상호 에이모션	

주주구성 (지분율,%)		출자관계 (지분율,%)		주요경쟁사 (외형,%)	
대주인터내셔널	11.3	엔에스엔	100		
이은주	4.3	삼천리자전거	761		
(외국인)	0.9	참좋은레저	392		

매출구성		비용구성		수출비중	
자전거판매	64.1	매출원가율	78.1	수출	0.4
공장자동화장비 외	35.4	판관비율	80.8	내수	99.6
방송컨텐츠제공 외	0.5				

회사 개요
동사는 통신판매업, 인터넷사업 등을 영위할 목적으로 1979년 설립됨. 이후 자전거사업 등 시장 상황에 부합하기 위해 목적사업을 변경하며 성장함. 2017년 1월 회사명칭을 에이모션에서 엔에스엔으로 변경함. 현재 자전거 제조, 판매를 주요사업으로 하고 신규사업으로 바이오메디컬 사업을 추진 중에 있음. 종속회사 로얄메이슨을 통해 자전거 온라인 판매 사업도 영위 중. 공장자동화사업인 M&E사업은 회사 물적분할을 통해 신설된 이에스엔에서 영위함.

실적 분석
동사의 2016년 연결기준 연간 누적 매출액은 전년보다 0.8% 증가한 187.7억원임. 화장품, 건강기능식품 유통 등 사후 면세점 부문 매출이 새롭게 추가됐지만 기존 주력사업인 자전거사업과 M&A사업부문이 부진하며 매출은 전년과 비슷한 수준으로 그침. 연간 영업손실은 110.6억원을 기록하며 적자규모가 확대됨. 인건비가 판관비가 크게 늘어난 영향. 바이오메디컬사업 부문의 경상연구개발비 증가 등으로 인해 당기순손실도 확대됨.

현금 흐름
<단위 : 억원>

항목	2015	2016
영업활동	-67	-89
투자활동	60	-132
재무활동	40	168
순현금흐름	33	-53
기말현금	67	14

시장 대비 수익률
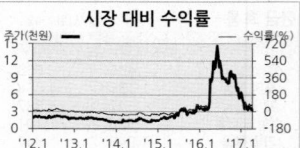

결산 실적
< 단위 : 억원 >

항목	2011	2012	2013	2014	2015	2016
매출액	2,130	53	56	134	186	188
영업이익	-14	-34	-25	5	-27	-111
당기순이익	-113	-59	-19	17	-88	-133

분기 실적
< 단위 : 억원 >

항목	2015.3Q	2015.4Q	2016.1Q	2016.2Q	2016.3Q	2016.4Q
매출액	42	45	39	63	57	28
영업이익	-3	-17	-11	-11	-37	-51
당기순이익	3	-76	-11	-15	-38	-68

재무 상태
< 단위 : 억원 >

항목	2011	2012	2013	2014	2015	2016
총자산	1,720	354	386	381	392	455
유형자산	419	1	25	26	103	120
무형자산	191	0	1	1	1	8
유가증권	121	3	34	47	106	182
총부채	577	98	110	86	153	219
총차입금	124	82	89	46	125	173
자본금	310	310	334	334	68	84
총자본	1,143	255	276	295	239	236
지배주주지분	306	255	276	295	225	224

기업가치 지표

항목	2011	2012	2013	2014	2015	2016
주가(최고/저)(천원)	4.0/1.5	2.3/1.6	2.0/1.1	1.8/1.1	4.0/1.4	14.7/3.2
PER(최고/저)(배)	—/—	—/—	—/—	14.6/8.7	—/—	—/—
PBR(최고/저)(배)	1.6/0.6	1.1/0.8	1.0/0.5	0.8/0.5	2.4/0.9	11.0/2.4
EV/EBITDA(배)	38.6			34.3		
EPS(원)	-591	-474	-145	127	-662	-833
BPS(원)	493	2,061	2,064	2,207	1,646	1,328
CFPS(원)	-58	-469	-138	136	-650	-801
DPS(원)						
EBITDAPS(원)	38	-269	-187	43	-192	-672

재무 비율
< 단위 : % >

연도	영업이익률	순이익률	부채비율	차입금비율	ROA	ROE	유보율	자기자본비율	EBITDA마진율
2016	-58.9	-70.7	92.9	73.4	-31.4	-58.2	165.5	51.9	-56.2
2015	-14.6	-47.5	64.3	52.3	-22.9	-34.1	229.2	60.9	-13.8
2014	3.4	12.7	일부잠식	일부잠식	4.4	5.9	-11.7	77.5	4.3
2013	-45.3	-33.8	일부잠식	일부잠식	-5.1	-7.1	-17.5	71.5	-43.8

엔에스컴퍼니 (A224760)
NSCompany

업　　　종 : 건설		시　　　장 : KONEX	
신용등급 : (Bond) —　(CP) —		기업규모 : —	
홈페이지 : www.nscompany.co.kr		연락처 : 052)289-2888	
본　　　사 : 경북 경주시 외동읍 구어2산단로 127			

설 립 일 1994.10.20	종업원수 188명	대표이사 김동진,남세우	
상 장 일 2015.07.31	감사의견 적정 (나우)	계　속　열	
결 산 기 12월	보통주 394만주	종속회사수	
액 면 가 500원	우 선 주	구상상호	

주주구성 (지분율,%)		출자관계 (지분율,%)		주요경쟁사 (외형,%)	
금화피에스시	41.1	안성전기	7.0	엔에스컴퍼니	100
김동진	39.1	금화피에스시	4.2	엄지하우스	238
				청광종건	376

매출구성		비용구성		수출비중	
발전소건설공사	38.6	매출원가율	83.3	수출	0.0
경상정비공사	37.5	판관비율	7.5	내수	100.0
너글	9.6				

회사 개요
1994년 10월 설립한 동사는 산업플랜트 건설 및 경상정비, 자동차부품제조 부문을 영위하고 있음. 국내 산업플랜트 건설부문, 산업플랜트 유지보수 하는 경상정비부문, 자동차 부품 제조판매 등으로 주력 사업 분류. 국가전력사업 시공을 주로 했으며, 화력발전소 건설 등에 참여했음. 울산지역에서 상위에 속하는 시공설비 능력을 바탕으로 시장점유율 증가 추세에 있음. 2015년 7월에 코넥스 시장에 상장함.

실적 분석
동사는 2015년 7월 코넥스 상장기업으로 분반기 보고서 공시 의무가 없음. 최근 공시 기준 2016년 연간 매출액은 325.3억원으로 전년 317.7억원 대비 증가함. 영업이익은 29.7억원을 시현, 전년 수준을 유지하였음. 다만 영업외수익이 대폭 증가하여 특별한 손실이 없고 견조하게 영업을 유지하면서 당기순이익은 43.9억원을 기록, 전년 25.3억원보다 18.6억원(73.5%) 증가하였음.

현금 흐름
*IFRS 별도 기준　<단위 : 억원>

항목	2015	2016
영업활동	25	24
투자활동	-87	-3
재무활동	39	-29
순현금흐름	-23	-8
기말현금	48	40

시장 대비 수익률
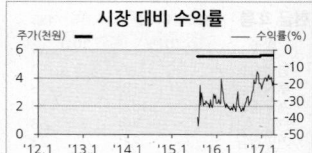

결산 실적
< 단위 : 억원 >

항목	2011	2012	2013	2014	2015	2016
매출액	121	227	227	280	318	325
영업이익	3	30	8	20	30	30
당기순이익	2	26	11	19	25	44

분기 실적
*IFRS 별도 기준　< 단위 : 억원 >

항목	2015.3Q	2015.4Q	2016.1Q	2016.2Q	2016.3Q	2016.4Q
매출액	—	—	—	—	—	—
영업이익	—	—	—	—	—	—
당기순이익	—	—	—	—	—	—

재무 상태
*IFRS 별도 기준　< 단위 : 억원 >

항목	2011	2012	2013	2014	2015	2016
총자산	164	193	266	305	376	367
유형자산	43	38	53	55	120	115
무형자산						
유가증권	42	65	99	139	107	107
총부채	71	57	93	85	156	103
총차입금	14	9	20	13	52	23
자본금	20	20	20	20	20	20
총자본	92	136	172	220	220	264
지배주주지분	92	136	172	220	220	264

기업가치 지표
*IFRS 별도 기준

항목	2011	2012	2013	2014	2015	2016
주가(최고/저)(천원)	—/—	—/—	—/—	—/—	5.5/5.5	5.6/5.5
PER(최고/저)(배)	0.0/0.0	0.0/0.0	0.0/0.0	0.0/0.0	8.7/8.7	5.0/5.0
PBR(최고/저)(배)	0.0/0.0	0.0/0.0	0.0/0.0	0.0/0.0	1.0/1.0	0.8/0.8
EV/EBITDA(배)					4.9	3.9
EPS(원)	78	662	289	471	641	1,115
BPS(원)	23,408	34,541	43,731	55,888	5,589	6,711
CFPS(원)	2,729	8,589	4,995	7,974	985	1,569
DPS(원)						50
EBITDAPS(원)	2,844	9,701	4,189	8,398	1,097	1,208

재무 비율
< 단위 : % >

연도	영업이익률	순이익률	부채비율	차입금비율	ROA	ROE	유보율	자기자본비율	EBITDA마진율
2016	9.1	13.5	38.9	8.8	11.8	18.1	1,242.2	72.0	14.6
2015	9.3	8.0	70.7	23.6	7.4	11.5	1,017.8	58.6	13.9
2014	7.2	6.6	38.7	6.1	6.5	9.5	1,017.8	72.1	11.8
2013	3.6	5.0	54.2	11.4	5.0	7.4	774.6	64.8	7.3

엔에이치엔벅스 (A104200)
NHN BUGS

업 종 : 미디어		시 장 : KOSDAQ	
신용등급 : (Bond) — (CP) —		기업규모 : 우량	
홈페이지 : www.bugscorp.co.kr		연 락 처 : 1644-1308	
본 사 : 경기도 성남시 분당구 대왕판교로 645번길 16 플레이뮤지엄			

설 립 일 2002.06.03	종업원수 139명	대표이사 양주일	
상 장 일 2009.10.06	감사의견 적정 (삼정)	계 열	
결 산 기 12월	보통주 1,483만주	종속회사수	
액 면 가 500원	우선주 202만주	구 상 호 네오위즈인터넷	

주주구성 (지분율,%)
엔에이치엔엔터테인먼트	40.7
네오위즈홀딩스	7.2
(외국인)	1.0

출자관계 (지분율,%)
하우엔터테인먼트	70.0
그루버스	53.9
미디어라인엔터테인먼트	30.0

주요경쟁사 (외형,%)
벅스	100
YG PLUS	96
초록뱀	145

매출구성
디지털 음원서비스/SNS 운영 외	75.9
음원유통	24.1

비용구성
매출원가율	0.0
판관비율	105.7

수출비중
수출	2.6
내수	97.4

회사 개요
동사는 2002년 설립되어 온라인 음악서비스, 디지털 음원유통 및 SNS 유통사업을 영위하고 있음. 2010년 네오위즈벅스와 네오위즈인터넷의 합병으로 사명을 네오위즈인터넷으로 변경하였다가 2015년에 엔에이치엔엔터테인먼트로 최대주주가 변경되며 벅스로 사명을 변경한 후 2017년에 다시 엔에이치엔벅스로 변경함. 벅스, 카카오뮤직, 그루버스를 통해 디지털 음원서비스 및 유통서비스를 제공하고 있으며 세이캐스트 SNS를 운영중임.

실적 분석
동사는 2016년에 니나노클럽 멤버십 서비스와 B2B 사업확대 등으로 인해 전년 대비 약 20.0% 성장한 730.3억원의 매출을 달성하였으나, 광고 및 마케팅 등 비용 증가로 인해 약 42억원의 영업손실과 38억원의 당기순손실을 시현함. 순이익은 전기 49.5억원 대비 큰폭으로 적자전환한 상황이나 벅스의 트래픽이 크게 증가하는 등 향후 성장성 면에서 긍정적으로 평가할 수 있는 면도 있음.

현금 흐름 〈단위 : 억원〉
항목	2015	2016
영업활동	25	-49
투자활동	-163	161
재무활동	174	-50
순현금흐름	36	64
기말현금	44	108

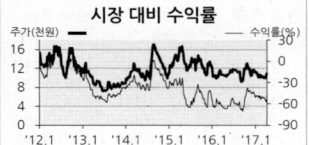

시장 대비 수익률

결산 실적 〈단위 : 억원〉
항목	2011	2012	2013	2014	2015	2016
매출액	474	504	578	549	609	730
영업이익	11	-37	39	92	71	-42
당기순이익	76	-36	85	81	49	-38

분기 실적 〈단위 : 억원〉
항목	2015.3Q	2015.4Q	2016.1Q	2016.2Q	2016.3Q	2016.4Q
매출액	171	—	—	167	186	—
영업이익	22	—	-9	-31	—	
당기순이익	17	—	-5	-29	—	

재무 상태 〈단위 : 억원〉
항목	2011	2012	2013	2014	2015	2016
총자산	673	538	612	704	943	957
유형자산	16	11	8	4	5	3
무형자산	90	65	52	50	48	186
유가증권	28	33	15	11	36	27
총부채	276	178	163	174	180	259
총차입금	83	—	—	—	—	—
자본금	68	68	68	68	74	74
총자본	397	361	448	530	763	698
지배주주지분	397	361	448	530	763	675

기업가치 지표
항목	2011	2012	2013	2014	2015	2016
주가(최고/저)(천원)	19.5/6.9	17.2/10.3	13.3/6.3	18.1/8.7	17.3/10.0	13.1/9.0
PER(최고/저)(배)	39.9/14.1	—/—	24.3/11.6	34.7/16.7	56.7/32.8	—/—
PBR(최고/저)(배)	6.6/2.3	6.3/3.8	4.1/1.9	4.8/2.3	3.6/2.1	2.8/1.9
EV/EBITDA(배)	47.6		19.7	9.5	16.1	
EPS(원)	488	-234	546	522	305	-208
BPS(원)	2,941	2,706	3,269	3,775	4,869	4,642
CFPS(원)	619	-54	608	569	335	-177
DPS(원)						
EBITDAPS(원)	201	-57	310	640	471	-215

재무 비율 〈단위 : % 〉
연도	영업이익률	순이익률	부채비율	차입금비율	ROA	ROE	유보율	자기자본비율	EBITDA마진율
2016	-5.7	-5.3	37.1	0.0	-4.0	-4.9	954.9	72.9	-5.0
2015	11.8	8.1	23.6	0.0	6.0	7.7	1,006.3	80.9	12.5
2014	16.8	14.8	32.9	0.1	12.3	16.6	767.7	75.2	18.1
2013	6.7	14.7	36.5	0.1	14.8	21.0	651.3	73.3	8.3

엔에이치엔엔터테인먼트 (A181710)
NHN Entertainment

업 종 : 게임 소프트웨어		시 장 : 거래소	
신용등급 : (Bond) — (CP) —		기업규모 : 시가총액 중형주	
홈페이지 : www.nhnent.com		연 락 처 : 1544-6859	
본 사 : 경기도 성남시 분당구 대왕판교로 645번길 16 (삼평동)플레이뮤지엄			

설 립 일 2013.08.01	종업원수 759명	대표이사 정우진	
상 장 일 2013.08.29	감사의견 적정 (삼정)	계 열	
결 산 기 12월	보통주 1,957만주	종속회사수	
액 면 가 500원	우선주	구 상 호	

주주구성 (지분율,%)
이준호	17.3
제이엘씨	14.1
(외국인)	10.2

출자관계 (지분율,%)
엔에이치엔엔터스트먼트파트너스	100.0
엔에이치엔위투	100.0
피앤피시큐어	100.0

주요경쟁사 (외형,%)
NHN엔터테인먼트	100
엔씨소프트	115
컴투스	60

매출구성
기타	35.4
모바일게임	33.3
PC온라인게임	31.3

비용구성
매출원가율	0.0
판관비율	96.9

수출비중
수출	40.4
내수	59.6

회사 개요
동사는 2013년 8월 1일 엔에이치엔주식회사(현재사명 네이버주식회사)에서 한게임 사업부문을 인적분할하여 설립된 회사로 8월 29일에 유가증권 시장에 신규 상장됨. 온라인 게임 유통기업인 NHN Play Art Corp., 신기술사업자 투자기업인 엔에이치엔인베스트먼트를 주요종속회사로 보유함. 이준호 의장이 대주주로 제이씨씨 지분을 포함하여 총 30%의 지분을 보유하였음. 당기 중 6개 자회사를 추가로 편입하였으며 1개 자회사를 편입 제외함.

실적 분석
동사의 2016년 연결기준 4분기 매출액은 신사업 부진 속에도 관계사 매출 증대와 주력 사업인 게임 부문의 매출 신장으로 8,564.2억원을 기록함. 전년 동기 대비 32.9% 증가함. 영업이익은 263.7억원으로 흑자전환함. 신규 출시된 '2016갓오브하이스쿨'이 긍정적인 흐름을 보이고 있고 앵그리버드와 웹툰 IP를 활용한 모바일 게임과 '라인러쉬', '라인팝2' 차기작 출시로 향후 실적 성장이 기대됨.

현금 흐름 〈단위 : 억원〉
항목	2015	2016
영업활동	-371	129
투자활동	-1,879	1,072
재무활동	2,771	-792
순현금흐름	522	411
기말현금	2,604	3,015

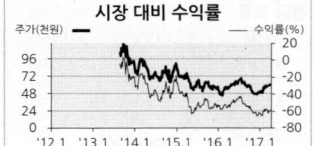

시장 대비 수익률

결산 실적 〈단위 : 억원〉
항목	2011	2012	2013	2014	2015	2016
매출액	—	—	2,653	5,569	6,446	8,564
영업이익			521	119	-543	264
당기순이익			160	503	1,652	71

분기 실적 〈단위 : 억원〉
항목	2015.3Q	2015.4Q	2016.1Q	2016.2Q	2016.3Q	2016.4Q
매출액	1,631	2,178	2,036	2,106	2,075	2,347
영업이익	-226	-97	92	103	23	46
당기순이익	1,512	221	245	298	15	-486

재무 상태 〈단위 : 억원〉
항목	2011	2012	2013	2014	2015	2016
총자산			11,783	12,729	18,333	18,382
유형자산			288	632	1,056	1,143
무형자산			557	1,610	3,076	3,230
유가증권			1,928	3,129	5,605	3,643
총부채			1,653	2,300	3,308	3,277
총차입금			142	566	625	330
자본금			76	76	98	98
총자본			10,130	10,429	15,025	15,104
지배주주지분			10,034	10,270	14,270	14,628

기업가치 지표
항목	2011	2012	2013	2014	2015	2016
주가(최고/저)(천원)	—/—	—/—	123/84.7	100/61.1	91.3/50.0	69.2/44.8
PER(최고/저)(배)	0.0/0.0	0.0/0.0	103.5/71.1	30.6/18.7	10.4/5.7	108.2/70.1
PBR(최고/저)(배)	0.0/0.0	0.0/0.0	1.9/1.3	1.5/0.9	1.2/0.7	0.9/0.6
EV/EBITDA(배)	0.0		15.1	26.3		9.3
EPS(원)	—		1,192	3,273	8,813	639
BPS(원)	—		66,345	69,426	74,255	76,086
CFPS(원)	—		1,822	5,212	10,866	2,529
DPS(원)						
EBITDAPS(원)			4,037	2,646	-867	3,238

재무 비율 〈단위 : % 〉
연도	영업이익률	순이익률	부채비율	차입금비율	ROA	ROE	유보율	자기자본비율	EBITDA마진율
2016	3.1	0.8	21.7	2.2	0.4	0.9	15,117.2	82.2	7.4
2015	-8.4	25.6	22.0	4.2	10.6	13.4	14,750.9	82.0	-2.5
2014	2.1	9.0	22.1	5.4	4.1	5.0	13,785.2	81.9	7.2
2013	19.6	6.0	16.3	1.4			13,169.1	86.0	23.1

엔에이치엔한국사이버결제 (A060250)
NHN KCP

업　　　종 : 인터넷 서비스		시　　　장 : KOSDAQ	
신 용 등 급 : (Bond) ― 　(CP) ―		기 업 규 모 : 우량	
홈 페 이 지 : www.kcp.co.kr		연 락 처 : 02)2108-1000	
본　　　사 : 서울시 구로구 디지털로33길 28, 우림이비즈센터 1차 5층 508호			

설 립 일 1994.12.28	종 업 원 수 213명	대 표 이 사 박준석
상 장 일 2002.01.08	감 사 의 견 적정 (진성)	계　　　열
결 산 기 12월	보 통 주 1,959만주	종 속 회 사 수
액 면 가 500원	우 선 주	구 상 호 한국사이버결제

주주구성 (지분율,%)		출자관계 (지분율,%)		주요경쟁사 (외형,%)	
엔에이치엔페이코	39.5	케이씨피웰니스	100.0	NHN한국사이버결제	100
케이지이니시스	4.9	타바패스	100.0	KG이니시스	258
(외국인)	4.6	케이씨피인터내셔널	100.0	KG모빌리언스	50

매출구성		비용구성		수출비중	
PG수수료	75.6	매출원가율	87.8	수출	―
VAN수수료	20.5	판관비율	8.0	내수	―
기타	3.3				

회사 개요
동사는 1994년 설립된 후 전자결제대행(PG) 서비스와 온오프라인 부가통신망(VAN)사업을 영위하고 있음. PG사업의 경우, 동사와 이니시스, LG유플러스가 전체 시장의 80%가량을 점유하고 있으며, 전자금융거래법의 영향 및 높은 진입장벽으로 신규업체의 시장참여는 어려움. 그러나 현재 인터넷 전문은행인 카카오뱅크의 출현으로 VAN과 PG의 역할이 사라질 가능성이 대두. 전자결제 프로세스의 판도가 달라질 리스크에 직면

실적 분석
동사의 2016년 매출액은 2,721.3억원으로 전년동기대비 39.2% 증가함. NHN과 함께 손을 잡으며 종합 ICT 산업의 최전선에 서게 됨. PG사업이 전체 시장의 80%가 량을 점유하고 있으며, 매출액이 전년대비 5.4% 성장함. 당기순이익 역시 9.4% 증가한 101.8억원 기록. 한국사이버결제가 NHN에게 인수된 이후 삼성페이에 대항마로 페이코를 출시하고 소셜 쇼핑의 전체 결제액 증가로 관련 매출액이 증가.

현금 흐름 〈단위 : 억원〉

항목	2015	2016
영업활동	-28	229
투자활동	-58	-154
재무활동	-1	-62
순현금흐름	-88	13
기말현금	638	651

시장 대비 수익률
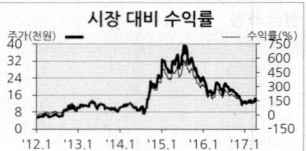

결산 실적 〈단위 : 억원〉

항목	2011	2012	2013	2014	2015	2016
매출액	1,136	1,328	1,371	1,540	1,955	2,721
영업이익	63	57	84	88	109	115
당기순이익	77	46	71	84	93	102

분기 실적 〈단위 : 억원〉

항목	2015.3Q	2015.4Q	2016.1Q	2016.2Q	2016.3Q	2016.4Q
매출액	504	608	597	646	722	757
영업이익	26	46	31	22	38	25
당기순이익	23	23	29	18	30	25

재무 상태 〈단위 : 억원〉

항목	2011	2012	2013	2014	2015	2016
총자산	613	701	822	1,498	1,616	1,856
유형자산	82	145	220	240	241	275
무형자산	41	41	48	57	50	118
유가증권	126	3	2	100	103	88
총부채	365	403	440	660	694	905
총차입금	―	―	10	2	―	15
자본금	57	60	63	85	90	92
총자본	248	298	383	837	922	951
지배주주지분	244	295	366	821	909	948

기업가치 지표

항목	2011	2012	2013	2014	2015	2016
주가(최고/저)(천원)	5.0/2.0	12.0/5.2	13.4/7.9	25.3/7.2	39.6/22.1	24.3/10.5
PER(최고/저)(배)	9.9/4.1	39.1/17.0	28.5/16.7	46.0/13.1	80.9/45.2	46.5/20.0
PBR(최고/저)(배)	3.0/1.2	5.9/2.6	5.4/3.2	5.8/1.7	8.3/4.6	4.7/2.0
EV/EBITDA(배)	4.3	10.8	6.7	21.1	17.6	6.6
EPS(원)	520	313	480	559	497	527
BPS(원)	2,294	2,617	3,046	5,038	5,197	5,614
CFPS(원)	917	754	1,125	1,357	1,155	1,191
DPS(원)	170	75	75	35	120	35
EBITDAPS(원)	791	841	1,221	1,377	1,230	1,265

재무 비율 〈단위 : % 〉

연도	영업이익률	순이익률	부채비율	차입금비율	ROA	ROE	유보율	자기자본비율	EBITDA마진율
2016	4.2	3.7	95.2	1.6	5.9	11.0	1,022.8	51.2	8.4
2015	5.6	4.7	75.3	0.0	6.0	11.1	939.4	57.0	7.2
2014	5.8	5.5	78.9	0.2	7.3	14.5	907.6	55.9	12.0
2013	6.1	5.2	114.8	2.6	9.3	21.7	509.2	46.6	11.1

엔에이치투자증권 (A005940)
NH Investment & Securities

업　　　종 : 증권		시　　　장 : 거래소	
신 용 등 급 : (Bond) AA+ 　(CP) A1		기 업 규 모 : 시가총액 대형주	
홈 페 이 지 : www.nhqv.com		연 락 처 : 02)768-7000	
본　　　사 : 서울시 영등포구 여의대로 60, 우리투자증권빌딩 (여의도동)			

설 립 일 1969.01.14	종 업 원 수 2,965명	대 표 이 사 김원규
상 장 일 1975.09.30	감 사 의 견 적정 (한영)	계　　　열
결 산 기 12월	보 통 주 28,141만주	종 속 회 사 수
액 면 가 5,000원	우 선 주 1,887만주	구 상 호 우리투자증권

주주구성 (지분율,%)		출자관계 (지분율,%)		주요경쟁사 (외형,%)	
농협금융지주	49.1	NH선물	100.0	NH투자증권	100
국민연금공단	7.7	NH아문디자산운용전문투자형사모부동산투자신탁	69.0	미래에셋	51
(외국인)	13.0	오라클1호합자조합	30.2	삼성증권	85

수익구성		비용구성		수출비중	
금융상품 관련이익	73.9	이자비용	3.3	수출	―
이자수익	13.2	파생상품손실	0.2	내수	―
수수료수익	9.1	판관비	7.4		

회사 개요
동사는 Brokerage, 자산관리, IB, Trading 등을 주요사업으로 영위하는 종합금융투자회사임. 2014년 6월 30일자로 최대주주가 우리금융지주에서 NH농협금융지주로 변경되었음. 통합법인인 'NH투자증권'은 2014년 12월 31일 출범하였음. 2015년 6월 30일 현재, 동사의 소속 기업집단인 농협은 상장사 3개를 비롯해 총 40개사로 구성되어 있고, 주권상장법인은 NH투자증권, 남해화학, 농우바이오임.

실적 분석
동사의 2016년 연결 기준 영업수익은 8조 8415억원, 영업이익은 3019억원으로 전년대비 영업수익은 26.2% 증가했으나, 영업이익은 3.9% 감소함. 영업부문별로 살펴보면, 수수료 수익은 시장거래대금이 전년 대비 감소하면서 2834억원을 기록함, 금융상품 판매수익은 602억원을, IB(인수주선, M&A자문)는 954억원을 기록함. 동사는 2016년 클리오, 신라젠 등 중견 기업 대표주관과 삼성바이오로직스 공동주관 등을 수행해 수익을 기록함

현금 흐름 〈단위 : 억원〉

항목	2015	2016
영업활동	6,353	22,531
투자활동	-2,001	-22,957
재무활동	1,547	-5,166
순현금흐름	6,305	-5,598
기말현금	12,844	7,246

시장 대비 수익률
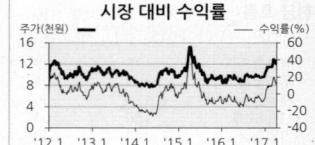

결산 실적 〈단위 : 억원〉

항목	2011	2012	2013	2014	2015	2016
순영업손익	8,253	6,707	4,193	7,091	10,768	9,348
영업이익	2,331	1,092	224	1,255	3,141	3,019
당기순이익	1,698	875	160	813	2,142	2,362

분기 실적 〈단위 : 억원〉

항목	2015.3Q	2015.4Q	2016.1Q	2016.2Q	2016.3Q	2016.4Q
순영업손익	3,056	1,390	2,515	2,224	2,338	2,271
영업이익	954	-105	857	879	898	386
당기순이익	647	-121	640	672	678	373

재무 상태 〈단위 : 억원〉

항목	2011	2012	2013	2014	2015	2016
총자산	229,850	272,565	299,859	410,592	417,063	429,706
유형자산	3,170	3,046	2,985	2,871	2,938	3,075
무형자산	524	380	280	395	272	258
유가증권	128,948	174,226	202,710	263,326	273,371	285,925
총부채	195,352	237,726	265,384	366,811	371,558	383,218
총차입금	88,855	115,374	130,571	174,233	175,665	171,724
자본금	11,205	11,205	11,205	15,313	15,313	15,313
총자본	34,497	34,839	34,475	43,781	45,505	46,488
지배주주지분	34,403	34,744	34,397	43,689	45,423	46,388

기업가치 지표

항목	2011	2012	2013	2014	2015	2016
주가(최고/저)(천원)	18.4/8.0	11.8/9.1	11.6/8.7	11.5/7.6	15.6/8.2	10.3/8.1
PER(최고/저)(배)	22.0/9.5	32.7/25.2	173.5/130.5	34.1/22.5	23.6/12.3	13.6/10.8
PBR(최고/저)(배)	1.3/0.6	0.8/0.6	0.8/0.6	0.9/0.6	1.1/0.6	0.7/0.6
PSR(최고/저)(배)	4/2	4/3	7/5	4/3	5/2	3/3
EPS(원)	945	399	74	371	716	786
BPS(원)	15,880	16,025	15,866	14,618	15,194	15,516
CFPS(원)	1,171	580	190	476	798	862
DPS(원)	230	100	50	160	400	400
EBITDAPS(원)	1,326	501	103	575	1,046	1,006

재무 비율 〈단위 : % 〉

연도	계속사업이익률	순이익률	부채비율	차입금비율	ROA	ROE	유보율	자기자본비율	총자산증가율
2016	32.3	25.3	824.3	369.4	0.6	5.1	204.3	10.8	3.0
2015	26.2	19.9	816.5	386.0	0.5	4.8	198.0	10.9	1.6
2014	16.9	11.5	837.8	398.0	0.2	2.1	186.7	10.7	50.6
2013	5.5	3.8	769.8	378.8	0.1	0.5	208.9	11.5	10.0

엔지스테크널러지 (A208860)
EnGIS Technolgies

업 종 : 일반 소프트웨어		시 장 : KOSDAQ	
신용등급 : (Bond) — (CP) —		기업규모 : 벤처	
홈페이지 : www.engistech.com		연 락 처 : 02)1522-9060	
본 사 : 서울시 성동구 왕십리로 58, FORHU 5층			

설 립 일 1998.09.01	종업원수 34명	대표이사 박용선
상 장 일 2016.07.28	감사의견 적정 (대주)	계 열
결 산 기 12월	보통주 313만주	종속회사수
액 면 가 500원	우 선 주	구 상 호

주주구성 (지분율,%)		출자관계 (지분율,%)	주요경쟁사 (외형,%)	
박용선	28.3		엔지스테크널러지	100
엔지스시스템즈	12.8		포비스티앤씨	3,043
			MDS테크	4,080

매출구성		비용구성		수출비중	
Nav-Link 솔루션	56.2	매출원가율	0.0	수출	49.7
BringGo 어플리케이션	13.2	판관비율	91.3	내수	50.3
BringGo 소프트웨어 및 기타	12.6				

회사 개요

1998년 설립된 Nav-Link솔루션 및 네비게이션앱을 주력으로 하는 소프트웨어 개발 및 공급체임. 2016년 상반기 신규상장함. 커넥티드카 솔루션 기술인 'Nav-Link' 솔루션 및 커넥티드카의 중요한 컨텐츠인 내비게이션을 제공하는 어플리케이션 'BringGo'를 스마트폰을 통해 서비스중임. 주요 매출원은 Nav-Link 솔루션 매출, BringGo 어플리케이션 매출, BringGo 소프트웨어 및 기타 매출로 구성되어 있음.

실적 분석

동사의 2016년 4분기 누적 매출액은 36.8억원으로 전년 동기 대비 41.8% 감소하였고, 영업이익은 85.3% 감소한 3.2억원을 기록함. 비영업이익 0.2억원 발생하며 전년대비 감소함에 따라 당기순이익은 2.9억원을 시현함. 동사의 사업은 개발된 솔루션에 대한 사용권한을 글로벌 자동차 업체에 제공하고 로열티를 받으면서 별도 비용이 발생하지 않는 고수익 구조로, 거래지역 확대와 OTA 시장 진입 등을 통한 실적 성장이 기대됨.

현금 흐름 *IFRS 별도 기준		〈단위 : 억원〉
항목	2015	2016
영업활동	20	-1
투자활동	-25	-52
재무활동	7	54
순현금흐름	2	1
기말현금	24	25

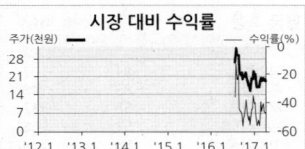

시장 대비 수익률

결산 실적
〈단위 : 억원〉

항목	2011	2012	2013	2014	2015	2016
매출액	—	—	—	52	63	37
영업이익	—	—	—	28	22	3
당기순이익	—	—	—	26	22	3

분기 실적 *IFRS 별도 기준
〈단위 : 억원〉

항목	2015.3Q	2015.4Q	2016.1Q	2016.2Q	2016.3Q	2016.4Q
매출액	19	—	12	—	7	—
영업이익	7	—	3	—	-2	—
당기순이익	6	—	2	—	-2	—

재무 상태 *IFRS 별도 기준
〈단위 : 억원〉

항목	2011	2012	2013	2014	2015	2016
총자산				51	73	123
유형자산				8	15	29
무형자산				5	11	15
유가증권						
총부채				22	27	29
총차입금				4	11	20
자본금				13	13	16
총자본				29	46	94
지배주주지분				29	46	94

기업가치 지표 *IFRS 별도 기준

항목	2011	2012	2013	2014	2015	2016
주가(최고/저)(천원)	—/—	—/—	—/—	—/—	—/—	33.5/15.4
PER(최고/저)(배)	0.0/0.0	0.0/0.0	0.0/0.0	0.0/0.0	0.0/0.0	336.2/154.3
PBR(최고/저)(배)	0.0/0.0	0.0/0.0	0.0/0.0	0.0/0.0	0.0/0.0	11.2/5.1
EV/EBITDA(배)	0.0	0.0	0.0	0.0	0.0	138.6
EPS(원)				978	663	100
BPS(원)				1,080	1,743	2,991
CFPS(원)				1,009	710	160
DPS(원)						
EBITDAPS(원)				1,074	864	172

재무 비율
〈단위 : % 〉

연도	영업이익률	순이익률	부채비율	차입금비율	ROA	ROE	유보율	자기자본비율	EBITDA마진율
2016	8.7	7.7	31.4	21.4	2.9	4.1	498.2	76.1	13.3
2015	34.2	27.7	58.8	23.8	28.3	46.9	248.6	63.0	36.1
2014	52.8	49.5	77.0	12.8	0.0	0.0	116.1	56.5	54.3
2013	0.0	0.0	0.0	0.0	0.0	0.0	0.0	0.0	0.0

엔지켐생명과학 (A183490)
ENZYCHEM LIFESCIENCES

업 종 : 바이오		시 장 : KONEX	
신용등급 : (Bond) — (CP) —		기업규모 :	
홈페이지 : www.enzychem.com		연 락 처 : 042)864-2845	
본 사 : 대전시 유성구 문지로 193 103-6 KAIST ICC F741호			

설 립 일 1999.07.20	종업원수 61명	대표이사 손기영
상 장 일 2013.09.25	감사의견 적정 (삼화)	계 열
결 산 기 12월	보통주 683만주	종속회사수
액 면 가 500원	우 선 주	구 상 호 엔지켐

주주구성 (지분율,%)		출자관계 (지분율,%)	주요경쟁사 (외형,%)	
브리짓라이프사이언스	16.8		엔지켐생명과학	100
손기영	8.5		쎌바이오텍	267
			파마리서치프로덕트	210

매출구성		비용구성		수출비중	
기타	37.4	매출원가율	83.5	수출	19.3
[비세파계API]PLAG외	27.9	판관비율	45.0	내수	80.7
[세파계항생제]Cefbuperazone-F/A	17.7				

회사 개요

동사는 1999년 설립돼 의약화학(Medicinal Chemistry)을 기반으로 합성신약을 연구, 개발하고 기술이전을 통해 사업화를 진행하는 바이오기업임. 카이스트 내에 중앙연구소, 제천에 GMP 생산 공장을 운영하면서 원료의약품(API) 개발, 생산 및 글로벌 신약 개발을 영위하고 있음. 국내 최초로 녹용의 유효성분을 합성한 건강기능식품 원료를 식약처로부터 허가를 받고, 그 원료를 사용한 건강기능식품을 제조, 판매하고 있음.

실적 분석

동사의 2016년 누적 매출액은 218.4억원으로 전년 대비 39.7% 증가함. 매출 확대에도 불구하고 원가율 상승과 판관비 증가로 영업손실 62.3억원이 발생해 적자지속함. 동사는 항암제가 유발하는 호중구 감소증 치료제로 한국식약처로부터 인체임상시험승인을 받았으며 범부처 글로벌신약개발 지원과제로 선정되어 보건복지부, 미래창조부, 산업통상자원부로부터 지원받고 있음. 미식약처(FDA)로부터 신약개발허가를 받는대로 미국 임상을 진행할 계획임.

현금 흐름 *IFRS 별도 기준		〈단위 : 억원〉
항목	2015	2016
영업활동	-51	-91
투자활동	-56	42
재무활동	121	112
순현금흐름	14	63
기말현금	20	83

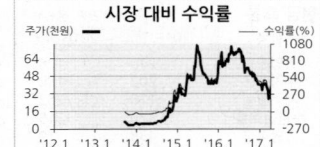

시장 대비 수익률

결산 실적
〈단위 : 억원〉

항목	2011	2012	2013	2014	2015	2016
매출액	134	201	202	154	156	218
영업이익	22	14	-2	-23	-69	-62
당기순이익	20	12	-17	-201	-118	-63

분기 실적 *IFRS 별도 기준
〈단위 : 억원〉

항목	2015.3Q	2015.4Q	2016.1Q	2016.2Q	2016.3Q	2016.4Q
매출액						
영업이익						
당기순이익						

재무 상태 *IFRS 별도 기준
〈단위 : 억원〉

항목	2011	2012	2013	2014	2015	2016
총자산	208	327	323	239	304	367
유형자산	40	85	86	85	77	95
무형자산	37	38	41	26	16	11
유가증권	9	4				
총부채	93	140	153	195	80	97
총차입금	77	120	137	177	51	56
자본금	25	30	30	28	32	34
총자본	116	187	170	44	224	270
지배주주지분	116	187	170	44	224	270

기업가치 지표 *IFRS 별도 기준

항목	2011	2012	2013	2014	2015	2016
주가(최고/저)(천원)			7.5/3.5	29.9/4.6	77.1/26.0	76.7/39.8
PER(최고/저)(배)	0.0/0.0	0.0/0.0	—/—	—/—	—/—	—/—
PBR(최고/저)(배)	0.0/0.0	0.0/0.0	2.6/1.2	41.2/6.3	22.3/7.5	19.2/10.0
EV/EBITDA(배)	1.0	0.3	25.8			
EPS(원)	436	227	-287	-3,368	-1,885	-969
BPS(원)	2,346	3,157	2,870	725	3,452	3,995
CFPS(원)	566	343	-103	-3,117	-1,629	-764
DPS(원)						
EBITDAPS(원)	613	390	144	-138	-846	-748

재무 비율
〈단위 : % 〉

연도	영업이익률	순이익률	부채비율	차입금비율	ROA	ROE	유보율	자기자본비율	EBITDA마진율
2016	-28.5	-29.0	36.0	20.8	-18.9	-25.7	699.0	73.5	-22.4
2015	-44.0	-75.5	35.6	22.7	-43.4	-87.8	590.5	73.8	-33.8
2014	-15.1	-130.9	443.0	401.5	—	—	54.8	18.4	-5.4
2013	-1.2	-8.4	90.2	80.5	-5.2	-9.5	474.0	52.6	4.2

엔케이 (A085310)
NK

업　　종 : 조선　　　　　　　　　　　시　　장 : 거래소
신용등급 : (Bond) —　　(CP) —　　　기업규모 : 시가총액 소형주
홈페이지 : www.nkcf.com　　　　　　연 락 처 : 051)204-2211
본　　사 : 부산시 강서구 녹산산단17로 113 (송정동)

설 립 일	1984.09.07	종 업 원 수 174명	대 표 이 사 김경훈
상 장 일	2008.01.24	감 사 의 견 적정 (안경)	계　열
결 산 기	12월	보 통 주 4,898만주	종속회사수
액 면 가	500원	우 선 주	구 상 호

주주구성 (지분율,%)		출자관계 (지분율,%)		주요경쟁사 (외형,%)	
엔케이테크	12.0	한우즈벡실린더투자	26.4	엔케이	100
박윤소	10.1	NKUSAINC	100.0	두산엔진	488
(외국인)	4.1	남양압력용기기술유한공사	79.0	세진중공업	260

매출구성		비용구성		수출비중	
기타	33.1	매출원가율	102.9	수출	76.3
NK O3 BWT SYSTEM	30.3	판관비율	14.9	내수	23.7
CO2 SYSTEM	23.6				

회사 개요
동사는 1980년 남양금속공업사로 설립돼 고압가스 용기, 선박용 소화장치, 밸러스트 수처리장치를 제조, 판매함. 고압가스 용기 부문은 천연가스 운송 차량 용기, 공기압력 용기, 반도체 세정용 가스인 고순도 가스 저장용기 등을 취급함. 선박용 소화장치 부문은 조선소에 납품할 목적으로 화재진압 장치를 생산함. 매출구성은 선박용소화장치 57.2%, 밸러스트 수처리 35.1%, 고압가스용기 5.2%, 기타 2.4%, 해양플랜트 기자재 0.1%로 구성됨.

실적 분석
동사의 2016년 연결기준 매출액으로 1,645.9억원으로 전년대비 34.2% 감소함. 매출감소와 원가율 증가로 매출총이익이 적자전환함. 292.4억원의 영업손실을 기록하면서 전년에 이어 적자가 지속됐음. 비영업손실을 기록하며 331.7억원의 당기순손실을 기록하며 전년대비 적자규모가 확대됨. 전방산업인 조선업황 부진에 따른 매출 부진과 실적 악화가 이어짐. 향후 조선산업의 전망에 따라 매출증감 및 실적 개선 여부가 결정될 것으로 예상됨.

현금 흐름 〈단위 : 억원〉

항목	2015	2016
영업활동	240	126
투자활동	202	-180
재무활동	-128	-262
순현금흐름	320	-315
기말현금	433	119

시장 대비 수익률

결산 실적 〈단위 : 억원〉

항목	2011	2012	2013	2014	2015	2016
매출액	2,650	2,459	2,236	2,419	2,503	1,646
영업이익	136	19	-299	131	-48	-292
당기순이익	-11	-121	-389	79	-56	-332

분기 실적 〈단위 : 억원〉

항목	2015.3Q	2015.4Q	2016.1Q	2016.2Q	2016.3Q	2016.4Q
매출액	614	586	457	387	457	344
영업이익	-19	-27	-44	-70	-37	-141
당기순이익	-22	-41	-56	-82	-61	-133

재무 상태 〈단위 : 억원〉

항목	2011	2012	2013	2014	2015	2016
총자산	4,401	4,147	2,880	3,246	3,109	2,524
유형자산	1,762	1,732	1,211	1,112	1,095	1,156
무형자산	144	142	185	177	172	235
유가증권	50	56	38	31	30	84
총부채	2,801	2,638	1,650	1,610	1,442	1,191
총차입금	2,381	2,276	1,420	1,274	1,075	818
자본금	161	161	161	230	245	245
총자본	1,600	1,509	1,230	1,636	1,668	1,333
지배주주지분	1,520	1,466	1,190	1,577	1,620	1,295

기업가치 지표

항목	2011	2012	2013	2014	2015	2016
주가(최고/저)(천원)	6.4/3.2	5.0/2.6	3.9/2.6	5.4/2.7	8.2/3.7	7.9/2.6
PER(최고/저)(배)	—/—	—/—	—/—	35.5/18.0	—/—	—/—
PBR(최고/저)(배)	1.5/0.7	1.2/0.6	1.1/0.7	1.5/0.8	2.4/1.1	2.8/1.0
EV/EBITDA(배)	13.1	23.5		16.3	351.0	
EPS(원)	-26	-212	-736	154	-88	-661
BPS(원)	4,937	4,767	3,909	3,575	3,442	2,777
CFPS(원)	353	115	-499	311	37	-529
DPS(원)	50	50		50		
EBITDAPS(원)	806	412	-610	492	27	-464

재무 비율 〈단위 : % 〉

연도	영업이익률	순이익률	부채비율	차입금비율	ROA	ROE	유보율	자기자본비율	EBITDA마진율
2016	-17.8	-20.2	89.3	61.3	-11.8	-22.2	455.5	52.8	-13.8
2015	-1.9	-2.2	86.5	64.4	-1.8	-2.7	588.5	53.6	0.5
2014	5.4	3.3	98.4	77.9	2.6	4.4	615.0	50.4	8.0
2013	-13.4	-17.4	134.2	115.5	-11.1	-19.9	681.7	42.7	-8.8

엔케이물산 (A009810)
NK Mulsan CO

업　　종 : 금속 및 광물　　　　　　시　　장 : 거래소
신용등급 : (Bond) —　　(CP) —　　　기업규모 : 시가총액 소형주
홈페이지 : www.koreapolymer.com　　연 락 처 : 02)6000-7824
본　　사 : 서울시 강남구 영동대로 513 100-1 (삼성동, 코엑스 상사전시장 C-100)

설 립 일	1974.04.17	종 업 원 수 20명	대 표 이 사 김성곤
상 장 일	1988.08.31	감 사 의 견 적정 (삼덕)	계　열
결 산 기	12월	보 통 주 6,773만주	종속회사수
액 면 가	500원	우 선 주 만주	구 상 호

주주구성 (지분율,%)		출자관계 (지분율,%)		주요경쟁사 (외형,%)	
하나모두	8.5			고려포리머	100
포비스티앤씨	7.9			포스링크	46
(외국인)	1.3			피제이메탈	543

매출구성		비용구성		수출비중	
유연탄	70.7	매출원가율	97.4	수출	95.1
FIBC	28.1	판관비율	14.6	내수	4.9
여행알선 외	1.3				

회사 개요
동사 및 종속회사의 주요 사업부문으로는 합성수지를 원료로 제조된 유연성 산업용 포장재(FIBC)의 판매 사업부문, 학습 교부재 판매 업부문, 여행사업부문이 있으나, 매출비중은 FIBC 사업부문이 월등히 높음. 산업용 수출포장재 상품의 특성상 석유화학산업의 경기에 민감하게 영향을 받으나, 학원(강북제일학원) 사업의 경우 강북지역의 특성을 감안한 시장을 공략중이며, 재수종합반의 특성상 변동성은 비교적 적은 편임.

실적 분석
동사의 연결기준 2016년 결산 매출액은 전년 동기 대비 32.3% 감소한 183억원을 기록하였으며, 판관비 증가 억제 노력에도 불구하고, 외형 축소 및 매출원가 부담 증가로 인해 영업손실 21.9억원을 시현하며 지난해 대비 적자가 확대된 상황. 비영업수익은 금융수익이 줄어들면서 전년동기 대비 대폭 감소하며, 이에 따라 14.2억원의 순손실 시현됨. 유연탄 수출 부진이 전반적으로 부진한 모습으로 나타난 모습.

현금 흐름 〈단위 : 억원〉

항목	2015	2016
영업활동	-81	-127
투자활동	83	-148
재무활동	55	342
순현금흐름	51	68
기말현금	85	153

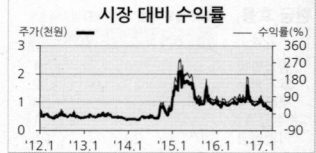
시장 대비 수익률

결산 실적 〈단위 : 억원〉

항목	2011	2012	2013	2014	2015	2016
매출액	161	135	125	80	270	183
영업이익	-5	-10	-29	-19	-6	-22
당기순이익	-50	-71	-0	-106	22	-14

분기 실적 〈단위 : 억원〉

항목	2015.3Q	2015.4Q	2016.1Q	2016.2Q	2016.3Q	2016.4Q
매출액	91	105	50	16	41	76
영업이익	0	2	-3	-5	-4	-9
당기순이익	19	-1	3	-4	-9	-4

재무 상태 〈단위 : 억원〉

항목	2011	2012	2013	2014	2015	2016
총자산	599	361	323	313	458	744
유형자산	22	17	11	10	8	8
무형자산	4	4	7	7	4	4
유가증권	98	52	30	145	208	214
총부채	29	10	15	62	63	165
총차입금					20	98
자본금	132	132	141	148	169	331
총자본	570	351	307	251	395	578
지배주주지분	432	358	307	250	395	578

기업가치 지표

항목	2011	2012	2013	2014	2015	2016
주가(최고/저)(천원)	0.6/0.3	0.7/0.4	0.6/0.4	1.1/0.4	2.3/0.7	1.7/0.8
PER(최고/저)(배)	—/—	—/—	—/—	—/—	41.1/13.4	—/—
PBR(최고/저)(배)	0.4/0.3	0.6/0.3	0.7/0.4	1.5/0.5	2.3/0.7	1.9/1.0
EV/EBITDA(배)						
EPS(원)	-25	-229	-0	-318	55	-29
BPS(원)	1,644	1,359	1,088	843	1,172	873
CFPS(원)	-14	-252	10	-368	68	-27
DPS(원)						
EBITDAPS(원)	-4	-23	-93	-63	-14	-44

재무 비율 〈단위 : % 〉

연도	영업이익률	순이익률	부채비율	차입금비율	ROA	ROE	유보율	자기자본비율	EBITDA마진율
2016	-12.0	-7.7	28.6	16.9	-2.4	-2.9	74.6	77.8	-11.5
2015	-2.1	8.0	15.9	5.1	5.6	6.8	134.3	86.3	-1.7
2014	-24.3	-132.0	24.8	0.0	-33.2	-37.9	68.6	80.1	-22.4
2013	-23.3	0.0	5.0	0.0	-0.0	0.0	117.6	95.2	-21.0

엔터메이트 (A206400)
Entermate

업 종 : 게임 소프트웨어		시 장 : KOSDAQ	
신용등급 : (Bond) — (CP) —		기업규모 : 중견	
홈 페 이 지 : www.entermate.com		연 락 처 : 02)3461-2150	
본 사 : 서울시 서초구 남부순환로 2634-27 성원빌딩 나동 1,2층			

설 립 일	2014.09.19	종업원수	43명	대표이사	이태현
상 장 일	2014.12.10	감사의견	적정 (태성)	계 열	
결 산 기	12월	보 통 주	2,720만주	종속회사수	
액 면 가	100원	우 선 주		구 상 호	한국2호스팩

주주구성 (지분율,%)		출자관계 (지분율,%)		주요경쟁사 (외형,%)	
박문해	20.3			엔터메이트	100
이태현	18.5			파티게임즈	155
(외국인)	1.1			한빛소프트	152

매출구성		비용구성		수출비중	
모바일게임 서비스	54.3	매출원가율	0.0	수출	0.4
온라인게임 서비스	45.7	판관비율	120.0	내수	99.6
임대료	0.0				

회사 개요
동사는 2001년 설립돼 인터넷 서비스 개발 업체로 게임 개발 및 전문 퍼블리셔로 변신해 다양한 게임을 출시하며 성장해왔음. 특히 강력한 중화권 네트워크를 바탕으로 중국과 대만 게임을 국내에서 다수 성공시키며 입지를 다져왔음. '킹스 온라인', '컨열의 하루' 등의 게임을 자체 개발했으며 웹 게임 '신선도 온라인'과 모바일 게임 '아이러브 삼국지' 등을 퍼블리싱하였음. 2016년 말 기준 (주)폭스게임즈 등 5개의 연결자회사를 보유함.

실적 분석
동사의 2016년 연결기준 영업수익은 전년과 유사한 202.7억원을 기록함. 다만 영업비용의 증가로 영업손실 40.6억원, 당기순손실 67.2억원을 보이며 적자를 지속함. 2015년에 인식한 상장비용이 제거되며 비영업손실 규모는 축소됨. 제품별 매출비중은 모바일게임서비스 87%, 온라인게임서비스 13%로 구성됨. 동사는 2017년에 약 10종의 모바일게임 출시를 기획하고 글로벌 서비스 능력을 확보할 계획임.

현금 흐름
〈단위 : 억원〉

항목	2015	2016
영업활동	-23	-58
투자활동	11	36
재무활동	4	4
순현금흐름	-9	-18
기말현금	86	68

시장 대비 수익률
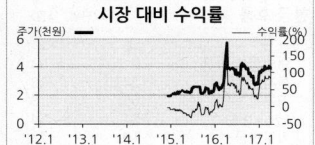

결산 실적
〈단위 : 억원〉

항목	2011	2012	2013	2014	2015	2016
매출액	—	—	—	269	203	203
영업이익	—	—	—	35	-6	-41
당기순이익	—	—	—	23	-86	-67

분기 실적
〈단위 : 억원〉

항목	2015.3Q	2015.4Q	2016.1Q	2016.2Q	2016.3Q	2016.4Q
매출액	48	38	44	38	68	53
영업이익	3	-13	-3	-22	-1	-14
당기순이익	3	-90	-2	-20	-2	-43

재무 상태
〈단위 : 억원〉

항목	2011	2012	2013	2014	2015	2016
총자산				165	255	202
유형자산				1	1	1
무형자산				7	7	10
유가증권						
총부채				89	30	32
총차입금				54	9	1
자본금				17	26	27
총자본				76	225	170
지배주주지분				75	222	167

기업가치 지표

항목	2011	2012	2013	2014	2015	2016
주가(최고/저)(천원)	—/—	—/—	—/—	1.9/1.9	2.6/1.9	5.8/2.4
PER(최고/저)(배)	0.0/0.0	0.0/0.0	0.0/0.0	17.4/17.2	—/—	—/—
PBR(최고/저)(배)	0.0/0.0	0.0/0.0	0.0/0.0	5.7/5.7	3.1/2.3	9.3/3.8
EV/EBITDA(배)	0.0	0.0	0.0	1.4		
EPS(원)				112	-375	-244
BPS(원)				4,054	849	618
CFPS(원)				1,833	-358	-225
DPS(원)						
EBITDAPS(원)				2,515	-12	-129

재무 비율
〈단위 : % 〉

연도	영업이익률	순이익률	부채비율	차입금비율	ROA	ROE	유보율	자기자본비율	EBITDA마진율
2016	-20.0	-33.2	19.1	0.3	-29.4	-34.1	518.4	84.0	-17.4
2015	-3.1	-42.4	13.2	4.1	-40.9	-56.2	748.7	88.3	-1.3
2014	13.1	8.7	117.9	71.5	0.0	0.0	337.3	45.9	14.6
2013	0.0	0.0	0.0	0.0	0.0	0.0	0.0	0.0	0.0

엔텔스 (A069410)
nTels

업 종 : IT 서비스		시 장 : KOSDAQ	
신용등급 : (Bond) — (CP) —		기업규모 : 우량	
홈 페 이 지 : www.ntels.com		연 락 처 : 02)3218-1200	
본 사 : 서울시 강남구 학동로 401, 15층(금하빌딩)			

설 립 일	2000.07.19	종업원수	226명	대표이사	심재희
상 장 일	2007.06.20	감사의견	적정 (한영)	계 열	
결 산 기	12월	보 통 주	690만주	종속회사수	
액 면 가	500원	우 선 주		구 상 호	

주주구성 (지분율,%)		출자관계 (지분율,%)		주요경쟁사 (외형,%)	
심재희	19.4	엔컴즈	100.0	엔텔스	100
정태화	7.6	네이블커뮤니케이션즈	24.2	다우기술	2,043
(외국인)	1.5	임플릿	15.0	오상자이엘	108

매출구성		비용구성		수출비중	
운영지원시스템	36.8	매출원가율	78.2	수출	14.4
서비스제공플랫폼	31.7	판관비율	21.4	내수	85.6
비즈니스지원시스템	16.7				

회사 개요
동사는 2000년 7월 19일에 설립되어 유/무선 통신 서비스 사업을 위한 운용지원시스템 개발 및 공급을 주요사업으로 영위함. SKT, KT, LGU+ 등 이동통신 사업자 외에 KT, 온세텔레콤, LG U+ 등 유선사업자를 대상으로 과금시스템, 빌링시스템의 컨설팅 및 시스템구축 등도 진행하며 성과를 거두고 있음. 통합운영지원솔루션 영역에서 관련 분야에서 70% 이상의 점유율로 시장점유 1위를 유지함.

실적 분석
동사의 2016년 연결기준 연간 누적 매출액은 564.6억원으로 전년 동기 대비 24.6% 증가함. 매출이 늘어난 만큼 매출원가 또한 늘었지만 판관비 감소로 영업이익은 전년 동기 대비 흑자전환한 2.6억원을 시현함. 비영업손익 부문에서 이익이 소폭 늘어나면서 당기순이익은 2.9억원으로 전년 동기 대비 흑자 전환함. 매출이 크게 증가하며 고정비용이 감소하면서 흑자전환에 성공함.

현금 흐름
〈단위 : 억원〉

항목	2015	2016
영업활동	-46	9
투자활동	-15	29
재무활동	-2	—
순현금흐름	-62	39
기말현금	64	103

시장 대비 수익률

결산 실적
〈단위 : 억원〉

항목	2011	2012	2013	2014	2015	2016
매출액	460	540	610	644	453	565
영업이익	67	71	76	40	-35	3
당기순이익	57	67	71	50	-27	3

분기 실적
〈단위 : 억원〉

항목	2015.3Q	2015.4Q	2016.1Q	2016.2Q	2016.3Q	2016.4Q
매출액	136	104	80	122	158	205
영업이익	-3	-21	-23	1	3	21
당기순이익	-2	-12	-21	-2	0	25

재무 상태
〈단위 : 억원〉

항목	2011	2012	2013	2014	2015	2016
총자산	382	505	626	590	511	533
유형자산	3	6	9	29	28	24
무형자산	20	16	22	25	23	21
유가증권	12	6	14	15	20	19
총부채	121	156	217	137	91	110
총차입금						
자본금	17	34	34	34	34	34
총자본	261	349	410	453	420	422
지배주주지분	261	349	410	453	420	422

기업가치 지표

항목	2011	2012	2013	2014	2015	2016
주가(최고/저)(천원)	5.7/2.2	7.4/4.6	15.5/5.7	22.0/9.0	25.5/10.7	18.9/11.9
PER(최고/저)(배)	6.8/2.6	7.6/4.7	15.4/5.7	30.6/12.5	—/—	454.0/284.6
PBR(최고/저)(배)	1.4/0.5	1.5/0.9	2.6/1.0	3.3/1.4	4.1/1.7	3.0/1.9
EV/EBITDA(배)	2.7	2.4	6.1	22.8		79.0
EPS(원)	875	1,021	1,025	725	-389	42
BPS(원)	8,519	5,181	6,060	6,691	6,185	6,214
CFPS(원)	1,872	1,092	1,106	822	-268	153
DPS(원)			150	150	100	
EBITDAPS(원)	2,197	1,148	1,183	674	-386	148

재무 비율
〈단위 : % 〉

연도	영업이익률	순이익률	부채비율	차입금비율	ROA	ROE	유보율	자기자본비율	EBITDA마진율
2016	0.5	0.5	26.1	0.0	0.6	0.7	1,142.9	79.3	1.8
2015	-7.7	-5.9	21.6	0.0	-4.9	-6.2	1,137.1	82.2	-5.9
2014	6.2	7.8	30.3	0.0	8.2	11.6	1,238.3	76.8	7.2
2013	12.5	11.6	52.9	0.0	12.5	18.6	1,112.0	65.4	13.4

엔피씨 (A004250)
National Plastic

업 종 : 화학	시 장 : 거래소
신용등급 : (Bond) — (CP) —	기업규모 : 시가총액 소형주
홈 페 이 지 : www.npc.co.kr	연 락 처 : 031)362-2852
본 사 : 경기도 안산시 단원구 해안로 289 (원시동)	

설 립 일	1965.05.29	종 업 원 수	322명	대 표 이 사	김진관,성세영
상 장 일	1969.09.08	감 사 의 견	적정 (서일)	계 열	
결 산 기	12월	보 통 주	3,672만주	종 속 회 사 수	
액 면 가	500원	우 선 주	528만주	구 상 호	

주주구성 (지분율,%)		출자관계 (지분율,%)		주요경쟁사 (외형,%)	
임익성	20.8	엔피씨케미칼	100.0	NPC	100
한국투자밸류자산운용	17.3	엔피씨몰텍	100.0	한국카본	68
(외국인)	2.4	대구플라텍	49.2	애경유화	230

매출구성		비용구성		수출비중	
팔렛트, 컨테이너,금형 外	92.4	매출원가율	85.6	수출	9.7
컨테이너(임대)	7.6	판관비율	10.3	내수	90.3

회사 개요
동사는 2011년 상호를 내쇼날푸라스틱에서 엔피씨로 변경했음. 플라스틱 사출제조판매가 대부분의을 차지하는 지배적 단일 사업을 영위하고 있으며 물류비용이 많이 들어 수출보다는 내수 위주로 판매하고 있음. 제품구성은 물류기자재 의자 등 사출제품이 대부분을 차지하고 있음. 한편 플라스틱 산업은 소규모 업체가 난립하고 있지만 지속적 제품개발과 목재 철강 등의 대체품 개발로 산업의 성장성은 높다고 볼 수 있음.

실적 분석
동사의 2016년 4/4분기 연결기준 누적매출액은 3,779.0억원으로 전년동기 대비 0.4% 증가함. 판관비가 388.7억원으로 전년동기 대비 13.4% 늘면서, 영업이익은 29.5% 줄어든 156.5억원을 기록함. 다만 관련기업투자 등 관련 이익이 크게 증가해 당기순이익은 전년보다 63.4% 늘어난 404.8억원을 시현함. 주요제품의 수요처가 대부분 물류에 관련된 산업체 및 관공서 등으로 국내경기와 밀접한 상관관계가 있음.

현금 흐름 〈단위 : 억원〉
항목	2015	2016
영업활동	218	392
투자활동	-308	46
재무활동	65	-17
순현금흐름	-25	421
기말현금	53	474

시장 대비 수익률

결산 실적 〈단위 : 억원〉
항목	2011	2012	2013	2014	2015	2016
매출액	2,710	2,802	3,237	3,378	3,765	3,779
영업이익	175	176	186	174	222	156
당기순이익	134	197	260	264	248	405

분기 실적 〈단위 : 억원〉
항목	2015.3Q	2015.4Q	2016.1Q	2016.2Q	2016.3Q	2016.4Q
매출액	1,032	1,028	839	904	996	1,040
영업이익	73	22	53	21	71	11
당기순이익	86	4	61	246	76	22

재무 상태 〈단위 : 억원〉
항목	2011	2012	2013	2014	2015	2016
총자산	2,389	2,581	3,052	3,057	3,440	3,993
유형자산	748	908	1,122	1,007	1,117	1,439
무형자산	23	24	61	14	8	26
유가증권	9	10	7	7	7	7
총부채	1,192	1,200	1,447	1,207	1,352	1,530
총차입금	786	765	946	750	819	827
자본금	210	210	210	210	210	210
총자본	1,197	1,380	1,605	1,850	2,088	2,463
지배주주지분	1,196	1,379	1,605	1,850	2,083	2,455

기업가치 지표
항목	2011	2012	2013	2014	2015	2016
주가(최고/저)(천원)	2.8/1.8	2.8/2.0	5.2/2.3	6.8/4.7	7.6/5.2	8.0/5.7
PER(최고/저)(배)	9.6/6.1	6.5/4.6	8.9/3.9	11.3/7.8	13.2/9.0	8.4/6.0
PBR(최고/저)(배)	1.1/0.7	0.9/0.7	1.4/0.6	1.6/1.1	1.6/1.1	1.4/1.0
EV/EBITDA(배)	6.1	5.3	7.6	7.3	8.1	6.3
EPS(원)	320	469	621	629	590	965
BPS(원)	2,857	3,293	3,832	4,410	4,960	5,845
CFPS(원)	547	778	1,053	1,136	1,171	1,673
DPS(원)	65	65	70	70	75	80
EBITDAPS(원)	645	727	875	921	1,110	1,081

재무 비율 〈단위 : % 〉
연도	영업이익률	순이익률	부채비율	차입금비율	ROA	ROE	유보율	자기자본비율	EBITDA마진율
2016	4.1	10.7	62.1	33.6	10.9	17.9	1,069.0	61.7	12.0
2015	5.9	6.6	64.7	39.2	7.6	12.6	892.0	60.7	12.4
2014	5.1	7.8	65.3	40.6	8.6	15.3	782.0	60.5	11.5
2013	5.8	8.0	90.1	58.9	9.2	17.5	666.4	52.6	11.4

엔피케이 (A048830)
NPK

업 종 : 화학	시 장 : KOSDAQ
신용등급 : (Bond) — (CP) —	기업규모 : 중견
홈 페 이 지 : www.npk.co.kr	연 락 처 : 031)730-0650
본 사 : 경기도 성남시 중원구 갈마치로 215 금강펜테리움IT타워 A-708	

설 립 일	1987.03.04	종 업 원 수	244명	대 표 이 사	최상건
상 장 일	2000.10.12	감 사 의 견	적정 (신정)	계 열	
결 산 기	12월	보 통 주	1,292만주	종 속 회 사 수	
액 면 가	500원	우 선 주		구 상 호	

주주구성 (지분율,%)		출자관계 (지분율,%)		주요경쟁사 (외형,%)	
NIPPON PIGMENT	46.2	유창테크	90.0	엔피케이	100
엔피아이	9.3	코스텍	62.5	동남합성	155
(외국인)	47.3			HRS	84

매출구성		비용구성		수출비중	
컴파운드	82.4	매출원가율	91.3	수출	1.9
마스터배치	12.1	판관비율	8.2	내수	98.1
SKID PLATE	7.9				

회사 개요
동사는 플라스틱 착색제 제조업체로, 주력 사업은 PP, PE 등의 컴파운드 가공과 각종 기능성 칼라 마스터배치 제조 및 판매임. 종속회사인 유창테크에서는 자동차용 플라스틱성형제품을 제조하는 사업을 영위함. 안료분산 및 엔지니어링 플라스틱의 복합가공기술을 바탕으로 범용플라스틱에서 엔지니어링 플라스틱에 이르는 각종 컴파운드 제품과 항균, UV차단, 대전방지 등의 다양한 마스터배치 제품을 생산함.수출과 내수비중은 각각 1.5%, 98.5% 수준임.

실적 분석
동사의 2016년 연결기준 누적매출액은 674.4억원으로 전년 대비 14.2% 증가함. 원가율 개선과 판관비 억제에 성공하면서 영업이익은 3.5억원으로 흑자 전환에 성공했고, 당기순이익도 18.9억원으로 흑자전환함. LG화학 OEM 생산 협력업체로 우수한 품질과 관리능력을 인정받아 돈독한 협력체제를 구축하고 있으며, 이로부터 지속적인 매출 실적을 올리고 있음.

현금 흐름 〈단위 : 억원〉
항목	2015	2016
영업활동	28	84
투자활동	-124	-33
재무활동	65	3
순현금흐름	-31	54
기말현금	19	73

시장 대비 수익률
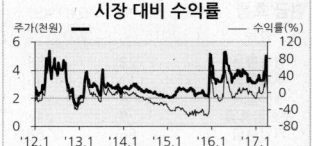

결산 실적 〈단위 : 억원〉
항목	2011	2012	2013	2014	2015	2016
매출액	701	646	674	626	591	674
영업이익	6	8	14	3	-22	3
당기순이익	7	11	21	1	-8	19

분기 실적 〈단위 : 억원〉
항목	2015.3Q	2015.4Q	2016.1Q	2016.2Q	2016.3Q	2016.4Q
매출액	151	145	158	182	170	165
영업이익	-10	-4	-1	5	-4	4
당기순이익	-9	1	-1	7	-3	16

재무 상태 〈단위 : 억원〉
항목	2011	2012	2013	2014	2015	2016
총자산	433	392	430	546	566	643
유형자산	220	200	204	263	376	384
무형자산	8	8	8	8	8	9
유가증권	6	6	9	13	11	13
총부채	219	176	200	239	269	327
총차입금	64	56	47	40	110	115
자본금	47	48	48	65	65	65
총자본	214	216	230	307	297	316
지배주주지분	199	210	224	301	291	310

기업가치 지표
항목	2011	2012	2013	2014	2015	2016
주가(최고/저)(천원)	2.1/1.0	5.8/1.4	4.4/1.7	3.1/2.1	5.3/2.0	5.4/3.0
PER(최고/저)(배)	29.3/13.9	50.2/12.5	21.5/8.3	440.9/299.2	—/—	38.1/21.2
PBR(최고/저)(배)	1.1/0.5	2.8/0.7	2.0/0.8	1.4/0.9	2.4/0.9	2.3/1.3
EV/EBITDA(배)	7.2	5.9	6.7	7.7	153.6	10.5
EPS(원)	77	122	217	7	-62	144
BPS(원)	2,121	2,212	2,356	2,329	2,257	2,401
CFPS(원)	333	399	455	214	145	433
DPS(원)	5	30	50	30	30	30
EBITDAPS(원)	316	357	388	232	37	316

재무 비율 〈단위 : % 〉
연도	영업이익률	순이익률	부채비율	차입금비율	ROA	ROE	유보율	자기자본비율	EBITDA마진율
2016	0.5	2.8	103.4	36.4	3.1	6.2	380.2	49.2	6.1
2015	-3.7	-1.4	90.4	36.8	-1.5	-2.7	351.3	52.5	0.8
2014	0.5	0.2	77.8	13.1	0.3	0.3	365.8	56.2	4.2
2013	2.1	3.1	87.1	20.3	5.1	9.5	371.2	53.5	5.5

엘디티 (A096870)
LDT

업 종 : 디스플레이 및 관련부품		시 장 : KOSDAQ	
신용등급 : (Bond) — (CP) —		기업규모 : 중견	
홈페이지 : www.ldt.co.kr		연락처 : 041)520-7300	
본 사 : 충남 천안시 서북구 한들1로 126-33 (백석동 1100번지)			

설 립 일 1997.11.13	종업원수 54명	대표이사 정재천	
상 장 일 2008.05.02	감사의견 적정 (삼일)	계 열	
결 산 기 12월	보통주 668만주	종속회사수	
액 면 가 500원	우 선 주	구상호	

주주구성 (지분율,%)		출자관계 (지분율,%)		주요경쟁사 (외형,%)	
티에스이	36.1	엘디티	100		
한국증권금융	3.8	디이엔티	596		
(외국인)	2.2	이엘피	405		

매출구성		비용구성		수출비중	
OLED 구동 IC	53.3	매출원가율	87.2	수출	50.9
기타	20.6	판관비율	31.8	내수	49.1
LED 구동 IC	18.9				

회사 개요
디스플레이용 구동IC를 생산하는 팹리스 (Fabless) 반도체회사로 OLED 구동 IC가 전체 매출의 95% 정도를 차지하고 있음. OLED 구동 IC 분야 중 주력인 PMOLED는 안정적인 시장 지배력을 유지하고 있으며, AMOLED는 스마트폰에 장착되면서 시장이 급격히 커지고 있음. 최근엔 스마트폰 외 TV, 차량용 등 신규 애플리케이션에 적용이 될 수 있도록 신규개발을 추진 중임. SI사업부문은 SSN이 대표적인 사업임.

실적 분석
OLED 구동IC의 수출이 크게 감소하여 2016년 매출액은 전년동기 대비 19.2% 감소한 76.3억원에 그치며 부진한 실적을 나타냄. 연구개발비 등 비용을 축소하였으나, 제품가격 하락에도 불구하고 원재료인 웨이퍼의 가격이 상승하여 원가율이 크게 악화됨에 따라 영업이익은 14.5억원 적자로 전환됨. 외환관련손실로 인해 영업외수지도 소폭 악화되는 모습임. 2016년 8월에 LED 구동을 위한 안정기 종류 판별 회로에 관한 특허권을 취득함.

현금 흐름   *IFRS 별도 기준   <단위 : 억원>

항목	2015	2016
영업활동	6	-12
투자활동	-11	15
재무활동	0	0
순현금흐름	-6	3
기말현금	5	8

시장 대비 수익률

결산 실적   <단위 : 억원>

항목	2011	2012	2013	2014	2015	2016
매출액	314	308	92	70	95	76
영업이익	30	8	-31	-34	2	-14
당기순이익	32	16	-47	-29	4	-24

분기 실적   *IFRS 별도 기준   <단위 : 억원>

항목	2015.3Q	2015.4Q	2016.1Q	2016.2Q	2016.3Q	2016.4Q
매출액	26	21	21	13	23	19
영업이익	2	-2	0	-6	-3	-6
당기순이익	4	-2	0	-4	-5	-15

재무 상태   *IFRS 별도 기준   <단위 : 억원>

항목	2011	2012	2013	2014	2015	2016
총자산	273	281	223	206	203	172
유형자산	22	49	28	27	25	24
무형자산	61	62	36	26	28	24
유가증권	0	0	0	0	0	—
총부채	56	46	34	40	33	26
총차입금						
자본금	32	32	32	33	33	33
총자본	217	235	189	166	170	146
지배주주지분	217	235	189	166	170	146

기업가치 지표   *IFRS 별도 기준

항목	2011	2012	2013	2014	2015	2016
주가(최고/저)(천원)	7.3/2.5	8.8/3.0	4.4/2.5	3.5/1.7	3.4/1.8	5.0/2.4
PER(최고/저)(배)	14.5/5.0	34.6/11.7	—/—	—/—	62.1/33.3	—/—
PBR(최고/저)(배)	2.2/0.7	2.4/0.8	1.5/0.9	1.4/0.7	1.3/0.7	2.3/1.1
EV/EBITDA(배)	5.2	4.4			10.3	
EPS(원)	499	254	-721	-434	55	-359
BPS(원)	3,364	3,632	2,919	2,486	2,548	2,189
CFPS(원)	790	614	-322	-93	233	-160
DPS(원)						
EBITDAPS(원)	752	484	-80	-174	214	-18

재무 비율   <단위 : % >

연도	영업이익률	순이익률	부채비율	차입금비율	ROA	ROE	유보율	자기자본비율	EBITDA마진율
2016	-19.0	-31.4	17.8	0.0	-12.8	-15.2	337.7	84.9	-1.6
2015	2.6	3.9	19.5	0.0	1.8	2.2	409.6	83.7	15.1
2014	-48.4	-40.8	23.9	0.0	-13.4	-16.2	397.2	80.7	-16.4
2013	-33.8	-50.8	18.2	0.0	-18.5	-22.0	483.8	84.6	-5.6

엘비세미콘 (A061970)
LB SEMICON

업 종 : 반도체 및 관련장비		시 장 : KOSDAQ	
신용등급 : (Bond) — (CP) —		기업규모 : 중견	
홈페이지 : www.lbsemicon.com		연락처 : 031)680-1600	
본 사 : 경기도 평택시 청북면 청북산단로 138			

설 립 일 2000.02.10	종업원수 455명	대표이사 박노만	
상 장 일 2011.01.31	감사의견 적정 (한영)	계 열	
결 산 기 12월	보통주 4,378만주	종속회사수	
액 면 가 500원	우 선 주	구상호	

주주구성 (지분율,%)		출자관계 (지분율,%)		주요경쟁사 (외형,%)	
엘비	11.8	글로닉스	34.8	엘비세미콘	100
구본천	10.6			에스엔텍	49
(외국인)	5.0			기가레인	56

매출구성		비용구성		수출비중	
[반도체]Driver IC Bumping등	100.0	매출원가율	82.5	수출	48.8
		판관비율	6.0	내수	51.2

회사 개요
동사는 광의의 범위에서 반도체산업 및 디스플레이 부품산업을 영위하고 있으며, 고객사 (팰립스업체)의 요청에 따른 사양 및 개발일정에 맞춰 팹리스에서 설계한 주문형 반도체에 대한 범핑 및 관련 테스트 사업을 전문으로 하는 반도체 후공정 회사임. 동사 매출의 최종 납품처가 주로 LG디스플레이에 편중되어 있기 때문에, 매출구조상 LG디스플레이의 실적 변동에 민감하게 영향을 받는 구조임.

실적 분석
동사의 2016년 연결 기준 매출과 영업이익은 1357억원, 157억원으로 전년 대비 각각 26.9%, 55.1% 증가함. 매출처 다변화 및 원달러 환율상승이 실적 개선을 견인함. 매출액 증가에 따른 고정비 커버와 제품믹스 변화에 따른 마진율 상승이 영업이익 증가의 주요 원인임. 당기순이익은 135억원으로 전년 대비 흑자전환함. 외환차익 및 글로닉스 청산에 지급보증충당부채환입이 주요원인으로 분석됨.

현금 흐름   *IFRS 별도 기준   <단위 : 억원>

항목	2015	2016
영업활동	299	493
투자활동	-52	-154
재무활동	-254	-263
순현금흐름	-6	76
기말현금	75	151

시장 대비 수익률

결산 실적   <단위 : 억원>

항목	2011	2012	2013	2014	2015	2016
매출액	875	1,339	1,124	1,003	1,069	1,357
영업이익	78	213	26	-20	101	157
당기순이익	-28	120	2	-35	-82	135

분기 실적   *IFRS 별도 기준   <단위 : 억원>

항목	2015.3Q	2015.4Q	2016.1Q	2016.2Q	2016.3Q	2016.4Q
매출액	251	326	346	320	361	330
영업이익	19	57	61	32	36	28
당기순이익	-1	-83	46	16	51	22

재무 상태   *IFRS 별도 기준   <단위 : 억원>

항목	2011	2012	2013	2014	2015	2016
총자산	1,604	2,118	2,654	2,287	2,253	2,123
유형자산	1,040	1,369	1,648	1,546	1,479	1,421
무형자산	7	11	28	28	27	25
유가증권	1	1	0	0	1	1
총부채	803	1,193	1,724	1,394	1,435	1,181
총차입금	725	1,038	1,388	1,276	1,172	957
자본금	216	219	219	219	219	219
총자본	801	925	930	893	817	942
지배주주지분	801	925	930	893	817	942

기업가치 지표   *IFRS 별도 기준

항목	2011	2012	2013	2014	2015	2016
주가(최고/저)(천원)	5.1/1.7	4.8/2.2	3.9/1.8	2.4/1.4	1.8/1.0	4.3/1.3
PER(최고/저)(배)	—/—	17.3/8.1	1,120.6/517.4	—/—	—/—	14.1/4.2
PBR(최고/저)(배)	2.8/0.9	2.3/1.1	1.8/0.9	1.2/0.7	1.0/0.5	2.0/0.6
EV/EBITDA(배)	9.2	7.6	8.7	7.3	4.6	5.3
EPS(원)	-66	277	4	-80	-187	309
BPS(원)	1,851	2,115	2,126	2,040	1,867	2,153
CFPS(원)	169	577	584	531	398	913
DPS(원)						
EBITDAPS(원)	417	792	641	566	816	963

재무 비율   <단위 : % >

연도	영업이익률	순이익률	부채비율	차입금비율	ROA	ROE	유보율	자기자본비율	EBITDA마진율
2016	11.6	10.0	125.3	101.5	6.2	15.4	330.5	44.4	31.1
2015	9.5	-7.6	175.6	143.4	-3.6	-9.6	273.4	36.3	33.4
2014	-2.0	-3.5	156.1	142.9	-1.4	-3.8	307.9	39.0	24.7
2013	2.4	0.1	185.4	149.3	0.1	0.2	325.1	35.0	24.9

엘아이에스 (A138690)
Leading International Service

업　　종 : 디스플레이 및 관련부품　　　시　　장 : KOSDAQ
신용등급 : (Bond) ―　　　(CP) ―　　기업규모 : 중견
홈페이지 : www.liser.co.kr　　　　　연 락 처 : 031)427-8492
본　　사 : 경기도 의왕시 경수대로391번길 14(오전동)

설 립 일	2006.12.26	종 업 원 수	181명	대 표 이 사	임태원
상 장 일	2011.06.02	감 사 의 견	적정 (대성)	계　　　열	
결 산 기	12월	보 통 주	1,355만주	종속회사수	
액 면 가	500원	우 선 주		구 상 호	엘티에스

주주구성 (지분율,%)		출자관계 (지분율,%)		주요경쟁사 (외형,%)	
수인코스메틱	14.3	진선미택스리펀드	100.0	엘아이에스	100
비앤비인베스트먼트	6.7	인삼예찬	100.0	APS홀딩스	539
(외국인)	0.6	88바이오스	100.0	덕산네오룩스	41

매출구성		비용구성		수출비중	
Marker, Welding, Tie Bar Cutting, Intenna 등	69.7	매출원가율	38.3	수출	20.3
상품 (상품)	20.2	판관비율	74.6	내수	79.7
Cell Sealing, Repair, LGP Engraving 등 (제품)	5.2				

회사 개요
동사는 전자응용 가공 공작기계 제조전문 기업으로 레이저 응용기기 전문회사임. 주력 장비는 AMOLED Display 제조공정 중 Frit을 이용한 레이저 봉지장비와 LED TV의 핵심부품인 도광판을 레이저로 패터닝 할 수 있는 장비. 주요 고객사는 SDC, LG디스플레이, BOE, Everdisplay, 교세라 등. 최근 사후면세점 등 외국인 전용 판매업 및 호텔숙박연계사업 등 관광 후방위 사업을 시작함.

실적 분석
동사의 2016년 연결기준 매출액은 1,029.9억원으로 전년 1,219.0억원 대비 15.5% 감소. 외형축소로 영업적자 132.2억원, 당기순손실 187.3억원을 기록함. 사후면세점 신규사업을 확장하면서 신규점 오픈 등으로 인건비, 감가상각비가 증가한 탓. 면세점 사업이 정체를 겪으면서 주가가 급락해 최대주주 에이치씨자산관리는 경영권을 상실함. 2016년 10월 최대주주가 수인코스메틱으로 변경됨.

현금 흐름 　〈단위 : 억원〉

항목	2015	2016
영업활동	177	-231
투자활동	-134	-64
재무활동	124	120
순현금흐름	176	-175
기말현금	240	64

시장 대비 수익률

결산 실적 　〈단위 : 억원〉

항목	2011	2012	2013	2014	2015	2016
매출액	633	204	421	369	1,219	1,030
영업이익	66	-156	-31	-151	213	-132
당기순이익	55	-143	-39	-248	237	-187

분기 실적 　〈단위 : 억원〉

항목	2015.3Q	2015.4Q	2016.1Q	2016.2Q	2016.3Q	2016.4Q
매출액	704	183	252	306	273	198
영업이익	240	-56	2	-23	-66	-44
당기순이익	244	-45	-8	-27	-127	-24

재무 상태 　〈단위 : 억원〉

항목	2011	2012	2013	2014	2015	2016
총자산	531	449	464	448	1,043	1,321
유형자산	135	132	140	134	280	335
무형자산	15	55	59	12	122	92
유가증권	1	12	24			
총부채	167	208	245	320	534	814
총차입금	44	145	176	230	350	349
자본금	36	36	37	49	61	68
총자본	364	241	219	129	508	506
지배주주지분	364	241	219	129	513	506

기업가치 지표

항목	2011	2012	2013	2014	2015	2016
주가(최고/저)(천원)	21.2/7.8	20.7/6.3	12.8/6.7	9.2/4.7	34.8/7.2	27.3/8.6
PER(최고/저)(배)	25.6/9.4	―/―	―/―	―/―	16.8/3.5	―/―
PBR(최고/저)(배)	4.1/1.5	6.0/1.8	4.1/2.1	7.0/3.5	8.2/1.7	7.3/2.3
EV/EBITDA(배)	15.2				10.8	
EPS(원)	829	-1,984	-535	-3,322	2,064	-1,425
BPS(원)	5,117	3,461	3,107	1,319	4,223	3,738
CFPS(원)	1,015	-1,768	-164	-2,774	2,322	-1,158
DPS(원)						
EBITDAPS(원)	1,169	-1,950	-62	-1,475	2,072	-780

재무 비율 　〈단위 : %〉

연도	영업이익률	순이익률	부채비율	차입금비율	ROA	ROE	유보율	자기자본비율	EBITDA마진율
2016	-12.8	-18.2	160.9	68.9	-15.9	-35.3	647.6	38.3	-9.6
2015	17.5	19.5	105.2	68.8	31.8	75.5	744.6	48.7	20.0
2014	-40.9	-67.1	248.7	178.6	-54.3	-142.5	163.8	28.7	-29.8
2013	-7.4	-9.2	111.8	80.3	-8.5	-16.8	521.5	47.2	-1.1

엘아이지넥스원 (A079550)
LIG Nex1

업　　종 : 상업서비스　　　　　　　시　　장 : 거래소
신용등급 : (Bond) AA-　　(CP) A1　　기업규모 : 시가총액 중형주
홈페이지 : www.lignex1.com　　　　연 락 처 : 1644-2005
본　　사 : 경기도 용인시 기흥구 마북로 207

설 립 일	1998.02.25	종 업 원 수	3,224명	대 표 이 사	권희원
상 장 일	2015.10.02	감 사 의 견	적정 (삼정)	계　　　열	
결 산 기	12월	보 통 주	2,200만주	종속회사수	
액 면 가	5,000원	우 선 주		구 상 호	

주주구성 (지분율,%)		출자관계 (지분율,%)		주요경쟁사 (외형,%)	
엘아이지	46.4	Pandridge,Inc.	100.0	LIG넥스원	100
Government of Singapore Investment Corporation Pte Ltd	7.2	LIG풍산프로테크	60.0	한국항공우주	167
(외국인)	22.0	LIG풍산프로테크	50.0	에스원	98

매출구성		비용구성		수출비중	
PGM	60.2	매출원가율	89.5	수출	6.1
AEW	15.7	판관비율	5.8	내수	93.9
ISR	9.3				

회사 개요
동사의 모태는 1976년 설립된 금성정밀공업임. 1995년 LG정밀로 상호를 변경함. LG그룹에서 계열분리되는 과정에서 2004년 7월 LG이노텍의 시스템(방산)사업부가 분사해 넥스원퓨처로 출범했으며, 2007년 4월 LIG넥스원으로 사명을 변경함. 유도무기 사업을 중심으로 정밀타격, 감시정찰, 지휘통제/통신, 항공전자/전자전 등 방위산업 핵심분야에 주도적으로 참여하고 있음. 동사사의 방산 시장 점유율은 약 13.5%임.

실적 분석
동사의 2016년 매출액은 1조 8,607.9억원으로 전년 대비 2.3% 감소함. 영업이익은 876.2억원으로 전년 대비 21.9% 감소함. 당기순이익은 770.5억원으로 7.2% 감소함. 향후 현궁 등 유도무기 양산이 추가되면 매출이 큰 폭으로 증가할 것으로 보임. 국내 방산 시장도 지속적으로 성장세를 보이고 있음.

현금 흐름 　〈단위 : 억원〉

항목	2015	2016
영업활동	90	-1,077
투자활동	-649	-996
재무활동	866	1,844
순현금흐름	312	-226
기말현금	349	123

시장 대비 수익률
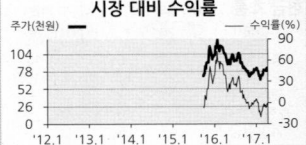

결산 실적 　〈단위 : 억원〉

항목	2011	2012	2013	2014	2015	2016
매출액	9,049	9,521	12,082	14,002	19,037	18,608
영업이익	326	334	514	720	1,122	876
당기순이익	238	232	538	506	830	771

분기 실적 　〈단위 : 억원〉

항목	2015.3Q	2015.4Q	2016.1Q	2016.2Q	2016.3Q	2016.4Q
매출액	4,975	6,515	4,014	4,450	4,187	5,957
영업이익	462	149	271	220	223	162
당기순이익	383	104	220	157	175	219

재무 상태 　〈단위 : 억원〉

항목	2011	2012	2013	2014	2015	2016
총자산	8,273	11,101	14,535	16,259	17,543	17,915
유형자산	4,626	5,095	5,338	5,586	5,448	5,961
무형자산	540	530	730	741	822	817
유가증권	148	116	121	169	269	264
총부채	5,472	8,307	11,182	12,678	11,772	11,598
총차입금	1,474	1,925	1,218	1,070	555	2,606
자본금	1,000	1,000	1,000	1,000	1,100	1,100
총자본	2,801	2,794	3,353	3,581	5,771	6,316
지배주주지분	2,801	2,794	3,353	3,581	5,771	6,316

기업가치 지표

항목	2011	2012	2013	2014	2015	2016
주가(최고/저)(천원)	―/―	―/―	―/―	―/―	118/71.3	126/64.8
PER(최고/저)(배)	0.0/0.0	0.0/0.0	0.0/0.0	0.0/0.0	29.8/18.0	36.4/18.7
PBR(최고/저)(배)	0.0/0.0	0.0/0.0	0.0/0.0	0.0/0.0	4.6/2.8	4.4/2.3
EV/EBITDA(배)	1.9	2.4	0.9	0.9	14.4	14.9
EPS(원)	1,189	1,160	2,689	2,528	4,044	3,502
BPS(원)	14,004	13,970	16,767	17,906	26,231	28,711
CFPS(원)	2,679	2,964	4,654	4,653	6,350	5,666
DPS(원)					940	940
EBITDAPS(원)	3,121	3,476	4,535	5,727	7,770	6,146

재무 비율 　〈단위 : %〉

연도	영업이익률	순이익률	부채비율	차입금비율	ROA	ROE	유보율	자기자본비율	EBITDA마진율
2016	4.7	4.1	183.6	41.3	4.4	12.8	474.2	35.3	7.3
2015	5.9	4.4	204.0	9.6	4.9	17.8	424.6	32.9	8.4
2014	5.1	3.6	354.0	29.9	3.3	14.6	258.1	22.0	8.2
2013	4.3	4.5	333.4	36.3	4.2	17.5	235.4	23.1	7.5

엘앤에프 (A066970)
L&F

업 종 : 전자 장비 및 기기　　　시 장 : KOSDAQ
신용등급 : (Bond) —　　(CP) —　　기업규모 : 중견
홈 페 이 지 : www.landf.co.kr　　연 락 처 : 053)592-7300
본 사 : 대구시 달서구 달서대로91길 120

설 립 일	2000.07.27	종 업 원 수	396명	대 표 이 사	이봉원
상 장 일	2003.01.02	감 사 의 견	적정 (안경)	계 열	
결 산 기	12월	보 통 주	2,457만주	종 속 회 사 수	
액 면 가	500원	우 선 주		구 상 호	

주주구성 (지분율,%)		출자관계 (지분율,%)		주요경쟁사 (외형,%)	
새로닉스	16.5	제이에이치화학공업	64.9	엘앤에프	100
Kwang Sung Electronics, Inc.	4.5			비츠로셀	36
(외국인)	6.7	광미래신재료유한공사	57.4	에스티큐브	6

매출구성		비용구성		수출비중	
양극활물질 외 (제품 외)	100.0	매출원가율	88.9	수출	90.6
		판관비율	5.5	내수	9.4

회사 개요
동사는 2차전지 양극활물질 생산을 주로 하고 있음. 매출 구조는 자회사인 엘앤에프신소재로 판매하고 이후 엘앤에프신소재가 2차전지업체로 매출이 이루어 지고 있음. 초기 시장은 양극활 물질에 대한 국산화 의지 및 수요가 증가함으로서 매출 성장이 되었지만 최근 경쟁 심화 및 전방산업 부진에 따라 성장이 정체되고 있음. 소형전지 중심에서 중대형 전지 비중 확대를 위해 노력 중임. 아직 소형전지 비중이 92.3%임

실적 분석
2016년 연결기준 누적 매출액과 영업이익은 전년동기대비 각각 6% 증가, 흑자전환한 2,497.3억원, 138.6억원을 기록함. 가동률 상승과 신규 거래처 확대에 기인한 매출 확대로 외형 성장함. 중대형 배터리 시장 확대로 주력제품 수요 급증으로 수익성 개선에 긍정적 영향을 미침. NCM 양극활물질 수요 확대와 CAPA증설 효과로 인한 매출증가가 기대됨.

현금 흐름　　　〈단위 : 억원〉
항목	2015	2016
영업활동	115	-97
투자활동	-217	-170
재무활동	104	276
순현금흐름	2	8
기말현금	63	71

시장 대비 수익률
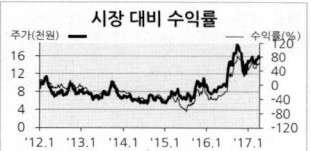

결산 실적　　　〈단위 : 억원〉
항목	2011	2012	2013	2014	2015	2016
매출액	2,109	2,242	2,260	2,457	2,351	2,497
영업이익	45	27	-32	10	-20	139
당기순이익	14	7	-90	-21	-50	52

분기 실적　　　〈단위 : 억원〉
항목	2015.3Q	2015.4Q	2016.1Q	2016.2Q	2016.3Q	2016.4Q
매출액	603	583	489	582	703	724
영업이익	12	-17	-13	35	51	66
당기순이익	-9	-18	-18	20	14	36

재무 상태　　　〈단위 : 억원〉
항목	2011	2012	2013	2014	2015	2016
총자산	1,204	1,428	1,579	1,627	1,684	2,027
유형자산	546	655	793	750	833	848
무형자산	114	120	110	125	132	95
유가증권	12	10	9	9	10	5
총부채	732	942	1,061	1,018	1,093	1,153
총차입금	576	761	875	812	889	903
자본금	52	52	52	71	71	116
총자본	472	486	518	609	591	874
지배주주지분	411	415	457	550	503	877

기업가치 지표
항목	2011	2012	2013	2014	2015	2016
주가(최고/저)(천원)	20.0/7.6	11.4/6.6	10.3/6.1	7.8/5.1	11.1/5.4	18.8/7.2
PER(최고/저)(배)	422.2/160.7	547.1/319.9	—/—	—/—	—/—	72.2/27.7
PBR(최고/저)(배)	6.0/2.3	3.2/1.9	2.7/1.6	2.0/1.3	3.0/1.5	4.5/1.7
EV/EBITDA(배)	15.1	16.8	27.4	15.8	30.9	18.2
EPS(원)	48	21	-604	-104	-249	262
BPS(원)	3,986	4,221	4,622	4,046	3,715	4,209
CFPS(원)	680	761	177	574	403	706
DPS(원)	20	20	20	20	20	50
EBITDAPS(원)	1,061	997	575	753	515	1,082

재무 비율　　　〈단위 : % 〉
연도	영업이익률	순이익률	부채비율	차입금비율	ROA	ROE	유보율	자기자본비율	EBITDA마진율
2016	5.6	2.1	132.0	103.4	2.8	8.2	741.7	43.1	9.4
2015	-0.8	-2.1	185.0	150.5	-3.0	-6.7	643.1	35.1	3.1
2014	0.4	-0.9	167.1	133.3	-1.3	-2.8	709.2	37.4	4.1
2013	-1.4	-4.0	204.6	168.8	-6.0	-16.8	824.5	32.8	2.6

엘앤케이바이오메드 (A156100)
L&K BIOMED

업 종 : 의료 장비 및 서비스　　　시 장 : KOSDAQ
신용등급 : (Bond) —　　(CP) —　　기업규모 : 벤처
홈 페 이 지 : www.lnkbiomed.com　　연 락 처 : 02)6717-1911
본 사 : 경기도 용인시 기흥구 동백중앙로 16번길 16-25,201호(중동, 대우프론티어밸리 I)

설 립 일	2008.12.22	종 업 원 수	99명	대 표 이 사	강국진,이승주
상 장 일	2016.11.30	감 사 의 견	적정 (이정)	계 열	
결 산 기	12월	보 통 주	993만주	종 속 회 사 수	
액 면 가	500원	우 선 주	33만주	구 상 호	

주주구성 (지분율,%)		출자관계 (지분율,%)		주요경쟁사 (외형,%)	
강국진	20.4	AegisSpine,Inc.	74.3	엘앤케이바이오	100
이춘성	7.6			제이브이엠	285
(외국인)	4.4			셀루메드	28

매출구성		비용구성		수출비중	
척추 임플란트	65.3	매출원가율	39.9	수출	37.4
기타	15.0	판관비율	53.1	내수	62.6
인공관절	9.8				

회사 개요
동사는 정형외과용 의료기기 중 척추 임플란트를 개발, 제조 및 판매하는 회사로 2008년 12월에 설립되어 2013년 7월 코넥스시장에 상장됨. 척추 임플란트는 퇴행성 척추 질환, 척추골절, 척추측만증, 목디스크 등의 표준 수술방법인 척추유합술에 사용되는 의료기기임. 계열회사로는 동사가 지분 100%를 보유한 미국 소재의 Aegis Spine, Inc.가 있음.

실적 분석
동사의 2016년 연결기준 매출액은 344.5억원으로 전년 대비 7.5% 증가함. 매출은 늘었으나 원가율 악화와 판관비 증가로 영업이익은 전년보다 57.3% 줄어든 24.1억원을 기록함. 당기순이익은 17.9억원으로 전년 대비 70.7% 감소함. 동사는 최대 의료기기 시장인 미국 시장에 진출, 스탠퍼드대학 병원 등과 같은 미국 유수의 대학병원에 제품을 공급하고 있어 향후 해외 수요 증가가 기대됨.

현금 흐름　*IFRS 별도 기준　〈단위 : 억원〉
항목	2015	2016
영업활동	61	-81
투자활동	-197	-15
재무활동	128	171
순현금흐름	-8	75
기말현금	6	82

시장 대비 수익률

결산 실적　　　〈단위 : 억원〉
항목	2011	2012	2013	2014	2015	2016
매출액	123	147	174	202	320	344
영업이익	32	40	53	33	56	24
당기순이익	30	32	32	-47	61	18

분기 실적　*IFRS 별도 기준　〈단위 : 억원〉
항목	2015.3Q	2015.4Q	2016.1Q	2016.2Q	2016.3Q	2016.4Q
매출액	—	—	—	—	—	—
영업이익	—	—	—	—	—	—
당기순이익	—	—	—	—	—	—

재무 상태　*IFRS 별도 기준　〈단위 : 억원〉
항목	2011	2012	2013	2014	2015	2016
총자산	107	203	321	414	644	867
유형자산	5	21	48	53	80	64
무형자산	0	4	19	75	96	
유가증권	0	0	—	—	—	1
총부채	32	97	179	343	208	263
총차입금	20	78	152	326	147	171
자본금	23	23	23	33	46	51
총자본	75	106	142	71	436	604
지배주주지분	75	106	142	71	436	604

기업가치 지표　*IFRS 별도 기준
항목	2011	2012	2013	2014	2015	2016
주가(최고/저)(천원)	—/—	—/—	6.2/4.8	12.4/5.0	27.7/9.8	25.2/9.9
PER(최고/저)(배)	0.0/0.0	0.0/0.0	12.7/9.8	—/—	29.0/10.2	122.6/48.1
PBR(최고/저)(배)	0.0/0.0	0.0/0.0	2.9/2.3	12.9/5.2	5.8/2.1	4.3/1.7
EV/EBITDA(배)	0.5	1.2	9.4	33.5	18.1	17.5
EPS(원)	9,829	627	488	-738	956	205
BPS(원)	36,984	2,344	3,046	963	4,738	5,893
CFPS(원)	15,242	1,010	839	-631	1,109	431
DPS(원)	—	—	—	—	—	—
EBITDAPS(원)	16,451	1,229	1,287	487	1,173	628

재무 비율　　　〈단위 : % 〉
연도	영업이익률	순이익률	부채비율	차입금비율	ROA	ROE	유보율	자기자본비율	EBITDA마진율
2016	7.0	5.2	56.2	38.1	2.3	3.1	956.9	64.0	14.5
2015	17.6	19.0	63.1	46.8	11.2	30.7	735.3	61.3	12.5
2014	16.6	-23.3	일부잠식	일부잠식	—	-19.3	6.3	21.1	21.1
2013	30.4	18.6	125.8	106.9	12.4	26.1	509.3	44.3	34.0

엘에스 (A006260)
LS

업　　종 : 전기장비
신용 등급 : (Bond) A+　　(CP) A2+
홈 페 이 지 : www.lsholdings.com
본　　사 : 서울시 강남구 영동대로 517 아셈타워 21층

시　　장 : 거래소
기업 규모 : 시가총액 대형주
연 락 처 : 02)2189-9754

설 립 일	1969.10.25	종 업 원 수	79명	대 표 이 사	이광우
상 장 일	1977.06.30	감 사 의 견	적정 (안진)	계 열	
결 산 기	12월	보 통 주	3,220만주	종속회사수	
액 면 가	5,000원	우 선 주		구 상 호	

주주구성 (지분율,%)		출자관계 (지분율,%)		주요경쟁사 (외형,%)	
국민연금공단	11.1	LS엠트론	100.0	LS	100
Capital Research and Management Compare(CRMC)	4.9	LS글로벌인코퍼레이티드	100.0	대한전선	14
(외국인)	22.3	LS아이앤디	92.2	LS산전	23

매출구성		비용구성		수출비중	
기타	25.3	매출원가율	86.5	수출	—
[해외투자부문]통신, 권선	22.0	판관비율	9.8	내수	—
전력선, 알루미늄,해저케이블 등	19.2				

회사 개요

동사는 2005년 LG그룹에서 그룹 분리해 전선사업(전선, 전력, 통신), 산전사업(전력, 자동화,금속), 엠트론사업(기계, 부품)을 축으로 기업그룹을 형성한 LS그룹의 지주회사임. 동사는 국내외 92개의 계열사를 보유하고 있음. 동사는 자회사의 주식을 소유해 보유회사들의 사업내용을 지배하며 수익은 배당금, 소유건물의 임대료, 브랜드 수수료 등임. LS상표권의 소유주로서 브랜드의 가치제고 및 육성, 보호 활동을 종합적으로 수행하고 있음.

실적 분석

동사의 2016년 연결기준 누적 매출액은 9조6,213.1억원으로 전년 대비 3.8% 감소함. 매출 축소에도 불구하고 판관비 절감에 힘입어 영업이익은 전년보다 14.5% 늘어난 3,599.9억원을 기록함. 외환손익과 관련기업투자 등에서 수익을 내면서 당기순이익은 2,151.4억원으로 흑자전환함. LS전선의 매출액 증가와 LS아이앤디의 흑자 전환, LS아이앤디의 선전으로 수익성 개선에 성공함.

현금 흐름　　〈단위 : 억원〉

항목	2015	2016
영업활동	4,660	8,087
투자활동	-3,428	-2,359
재무활동	-1,413	-6,127
순현금흐름	-153	-378
기말현금	6,913	6,535

시장 대비 수익률

결산 실적　　〈단위 : 억원〉

항목	2011	2012	2013	2014	2015	2016
매출액	124,779	119,951	115,324	108,833	99,997	96,213
영업이익	3,843	4,476	4,653	3,772	2,720	4,592
당기순이익	1,212	2,137	1,652	867	-735	2,151

분기 실적　　〈단위 : 억원〉

항목	2015.3Q	2015.4Q	2016.1Q	2016.2Q	2016.3Q	2016.4Q
매출액	24,792	24,422	24,185	24,163	22,750	25,114
영업이익	329	1,082	1,323	1,078	885	1,306
당기순이익	-954	171	791	571	365	425

재무 상태　　〈단위 : 억원〉

항목	2011	2012	2013	2014	2015	2016
총자산	99,578	100,882	100,068	103,357	98,815	97,130
유형자산	28,501	27,547	27,658	26,698	25,834	24,870
무형자산	8,252	8,081	7,594	7,617	7,909	7,807
유가증권	736	452	422	580	676	783
총부채	71,718	71,979	69,997	73,026	69,279	64,578
총차입금	49,319	49,867	47,899	48,433	48,144	41,796
자본금	1,610	1,610	1,610	1,610	1,610	1,610
총자본	27,861	28,903	30,071	30,331	29,536	32,552
지배주주지분	22,461	23,256	24,155	24,051	23,026	24,515

기업가치 지표

항목	2011	2012	2013	2014	2015	2016
주가(최고/저)(천원)	111/58.9	89.5/65.5	87.8/60.7	79.3/50.4	53.8/26.4	63.1/33.0
PER(최고/저)(배)	34.2/18.2	18.7/13.7	25.1/17.4	61.0/38.8	—/—	12.3/6.4
PBR(최고/저)(배)	1.8/1.0	1.3/1.0	1.2/0.9	1.1/0.7	0.8/0.4	0.8/0.4
EV/EBITDA(배)	10.8	10.2	11.3	9.7	8.9	8.5
EPS(원)	3,653	5,284	3,820	1,397	-3,064	5,223
BPS(원)	69,756	74,649	77,443	77,118	73,936	78,559
CFPS(원)	12,434	15,133	13,908	12,074	7,641	16,059
DPS(원)	1,250	1,250	1,250	1,250	1,250	1,250
EBITDAPS(원)	20,716	23,750	24,157	20,609	20,466	22,016

재무 비율　　〈단위 : % 〉

연도	영업이익률	순이익률	부채비율	차입금비율	ROA	ROE	유보율	자기자본비율	EBITDA마진율
2016	4.8	2.2	198.4	128.4	2.2	7.1	1,471.2	33.5	7.4
2015	2.7	-0.7	234.6	163.0	-0.7	-4.2	1,378.7	29.9	6.6
2014	3.5	0.8	240.8	159.7	0.9	1.9	1,442.4	29.4	6.1
2013	4.0	1.4	232.8	159.3	1.6	5.2	1,448.9	30.1	6.7

엘에스네트웍스 (A000680)
LS Networks

업　　종 : 섬유 및 의복
신용 등급 : (Bond) A-　　(CP) A3+
홈 페 이 지 : www.lsnetworks.co.kr
본　　사 : 경남 김해시 호계로428 1층(부원동, LS네트웍스빌딩)

시　　장 : 거래소
기업 규모 : 시가총액 소형주
연 락 처 : 02)799-7114

설 립 일	1949.12.21	종 업 원 수	351명	대 표 이 사	김승동
상 장 일	1973.11.15	감 사 의 견	적정 (안진)	계 열	
결 산 기	12월	보 통 주	7,880만주	종속회사수	
액 면 가	5,000원	우 선 주	2만주	구 상 호	

주주구성 (지분율,%)		출자관계 (지분율,%)		주요경쟁사 (외형,%)	
E1	81.8	엠비케이코퍼레이션	100.0	LS네트웍스	100
구자열	0.0	베스트토요타	100.0	일신방직	98
(외국인)	0.2	케이제이모터라드	100.0	에프티이앤이	9

매출구성		비용구성		수출비중	
신발, 의류, 용품 외	57.1	매출원가율	70.5	수출	—
유통 및 글로벌 상사 등	37.6	판관비율	41.5	내수	—
사무실 임대 등	5.4				

회사 개요

동사는 의류사업, 임대사업, 유통사업 등을 영위하고 있으며, 의류 브랜드로는 '프로스펙스' '스케쳐스' '몽벨', '잭 울프스킨' 등을 보유하고 있음. LS용산타워의 임대업과 더불어 유통사업으로 토요타 자동차 수입 판매 및 서비스를 영위하고 있음. 연결 재무제표 기준 사업별 매출비중으로는 브랜드(신발, 의류, 용품 등)사업이 51% 유통사업이 42.7% 및 기타 사업이 7.3% 비중을 차지하고 있음.

실적 분석

동사의 2016년 매출액은 4,870.4억원으로 전년 동기 대비 33.4% 감소함. 영업손실은 582.3억원으로 적자가 지속됨. 당기순손실도 871.4억원임. 프로스펙스 및 프로스펙스w 등 영업 강화와 유통사업부문의 글로벌 상사 사업을 적극 전개하고 있지만 내수 및 수출 동반 부진으로 매출이 감소하고, 적자가 지속됨. 2016년 역신장 브랜드의 정리 등 사업구조 개선을 통해 선택과 집중의 사업구조로의 변화를 모색하고 있음.

현금 흐름　　〈단위 : 억원〉

항목	2015	2016
영업활동	109	-242
투자활동	-680	1,528
재무활동	426	-1,176
순현금흐름	-145	111
기말현금	130	240

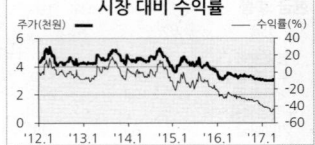
시장 대비 수익률

결산 실적　　〈단위 : 억원〉

항목	2011	2012	2013	2014	2015	2016
매출액	4,540	6,548	7,710	9,481	7,310	4,870
영업이익	37	119	-50	27	-728	-582
당기순이익	207	197	-192	7	-758	-871

분기 실적　　〈단위 : 억원〉

항목	2015.3Q	2015.4Q	2016.1Q	2016.2Q	2016.3Q	2016.4Q
매출액	1,665	1,246	1,466	1,476	1,130	798
영업이익	-205	-507	37	-111	-115	-393
당기순이익	-276	-645	32	-45	-106	-752

재무 상태　　〈단위 : 억원〉

항목	2011	2012	2013	2014	2015	2016
총자산	13,422	14,040	14,508	15,904	15,211	12,613
유형자산	2,154	2,337	2,756	2,633	2,170	1,830
무형자산	105	94	91	86	80	50
유가증권	81	80	0	0	0	0
총부채	5,498	6,028	6,766	8,211	8,312	6,584
총차입금	3,552	3,921	4,680	5,630	5,958	5,037
자본금	3,941	3,941	3,941	3,941	3,941	3,941
총자본	7,924	8,012	7,742	7,694	6,899	6,029
지배주주지분	7,924	8,012	7,742	7,694	6,899	6,029

기업가치 지표

항목	2011	2012	2013	2014	2015	2016
주가(최고/저)(천원)	6.2/3.7	5.4/4.0	5.2/4.1	5.3/4.0	4.9/3.6	3.6/3.0
PER(최고/저)(배)	24.0/14.4	21.4/15.9	—/—	578.5/439.9	—/—	—/—
PBR(최고/저)(배)	0.6/0.4	0.5/0.4	0.5/0.4	0.5/0.4	0.5/0.4	0.5/0.4
EV/EBITDA(배)	40.2	25.1	61.8	42.5	—	—
EPS(원)	263	257	-248	9	-976	-1,106
BPS(원)	10,150	10,262	10,052	10,029	9,077	7,974
CFPS(원)	435	475	-9	234	-779	-940
DPS(원)	50	50	10	10	—	—
EBITDAPS(원)	219	372	174	259	-741	-573

재무 비율　　〈단위 : % 〉

연도	영업이익률	순이익률	부채비율	차입금비율	ROA	ROE	유보율	자기자본비율	EBITDA마진율
2016	-12.0	-17.9	109.2	83.5	-6.3	-13.5	59.5	47.8	-9.3
2015	-10.0	-10.4	120.5	86.4	-4.9	-10.4	81.5	45.4	-7.9
2014	0.3	0.1	106.7	73.2	0.1	0.1	100.6	48.4	2.1
2013	-0.7	-2.5	87.4	60.5	-1.4	-2.4	101.0	53.4	1.8

엘에스산전 (A010120)
LS Industrial Systems

업　　　종 : 전기장비
신용등급 : (Bond) AA-　　(CP) A1
홈페이지 : www.lsis.co.kr
본　　　사 : 경기도 안양시 동안구 엘에스로 127 LS타워

시　　　장 : 거래소
기업규모 : 시가총액 중형주
연 락 처 : 1544-2080

설 립 일 1974.07.24	종업원수 3,469명	대표이사 구자균	
상 장 일 1994.07.11	감사의견 적정(안진)	계　　열	
결 산 기 12월	보 통 주 3,000만주	종속회사수	
액 면 가 5,000원	우 선 주	구 상 호	

주주구성 (지분율,%)		출자관계 (지분율,%)		주요경쟁사 (외형,%)	
LS	46.0	LS메탈	100.0	LS산전	100
국민연금공단	12.3	엘에스사우타	90.0	대한전선	62
(외국인)	10.9	엘에스메카피온	81.5	LS	435

매출구성		비용구성		수출비중	
저압, 고압, 시스템 등(상품및제품)	100.0	매출원가율	81.3	수출	32.6
		판관비율	13.0	내수	67.4

회사 개요

동사는 1974년 설립되어 전기, 전자, 계측, 정보 및 자동화기기의 제조, 판매 및 유지보수를 주요 목적사업으로 함. 전력기기와 시스템의 제조 및 공급, 자동화기기와 시스템의 제조 및 공급, 그리고 녹색성장과 관련된 그린에너지사업을 영위하고 있음. 사업부문은 전력, 자동화, 금속으로 나뉘며 각 부문의 매출은 62%, 26%, 13%임. 태양광 산업은 동남아 지역으로 마케팅 지역을 확대하면서 수출이 회복될 것으로 예상됨.

실적 분석

동사의 2016년 누적 매출액은 2조 2,136.2억원으로 전년 대비 0.5% 증가함. 이라크 프로젝트에서 발생한 손실로 인해 영업이익은 전년보다 19.4% 줄어든 1,244.2억원을 기록함. 전기장비 시장에서의 독보적인 위치, 융복합 사업의 적자폭 축소는 향후 전망에 긍정적인 요소임. 한전 주도의 일본 태양광발전소 건설 기자재 공급으로 대일본 태양광 모듈 수출 회복이 예상되며, 환율효과로 가격경쟁력과 수출 수익성이 개선될 전망임.

현금 흐름 〈단위 : 억원〉

항목	2015	2016
영업활동	1,003	2,422
투자활동	-959	-1,020
재무활동	-506	-873
순현금흐름	-463	541
기말현금	2,861	3,401

시장 대비 수익률

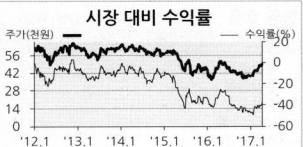

결산 실적 〈단위 : 억원〉

항목	2011	2012	2013	2014	2015	2016
매출액	20,709	22,324	23,519	22,910	22,017	22,136
영업이익	1,315	1,542	1,749	1,621	1,544	1,244
당기순이익	697	973	1,140	1,051	706	807

분기 실적 〈단위 : 억원〉

항목	2015.3Q	2015.4Q	2016.1Q	2016.2Q	2016.3Q	2016.4Q
매출액	5,728	5,916	5,008	5,255	5,239	6,634
영업이익	542	407	349	319	301	276
당기순이익	145	235	172	202	217	217

재무 상태 〈단위 : 억원〉

항목	2011	2012	2013	2014	2015	2016
총자산	17,694	20,203	21,013	22,944	22,517	22,618
유형자산	6,580	6,683	6,638	6,781	6,437	6,105
무형자산	1,335	1,504	1,449	1,380	1,379	1,302
유가증권	154	108	97	116	172	199
총부채	9,929	11,828	11,743	13,009	12,370	11,957
총차입금	5,807	6,587	6,905	7,745	7,607	7,051
자본금	1,500	1,500	1,500	1,500	1,500	1,500
총자본	7,765	8,375	9,270	9,935	10,147	10,661
지배주주지분	7,716	8,343	9,262	9,929	10,133	10,646

기업가치 지표

항목	2011	2012	2013	2014	2015	2016
주가(최고/저)(천원)	83.1/41.5	67.1/45.8	65.1/49.7	65.3/54.3	61.3/39.5	51.3/36.4
PER(최고/저)(배)	39.2/19.6	22.0/15.0	18.1/13.8	19.5/16.2	27.2/17.6	19.4/13.8
PBR(최고/저)(배)	3.5/1.7	2.6/1.8	2.2/1.7	2.1/1.7	1.8/1.2	1.4/1.0
EV/EBITDA(배)	12.0	10.6	9.5	8.9	7.6	7.0
EPS(원)	2,346	3,344	3,884	3,561	2,343	2,690
BPS(원)	26,570	28,662	31,725	33,949	34,627	36,337
CFPS(원)	4,728	5,975	6,600	6,460	5,337	5,666
DPS(원)	600	1,000	1,100	1,300	1,000	800
EBITDAPS(원)	6,766	7,771	8,547	8,302	8,141	7,123

재무 비율 〈단위 : % 〉

연도	영업이익률	순이익률	부채비율	차입금비율	ROA	ROE	유보율	자기자본비율	EBITDA마진율
2016	5.6	3.7	112.2	66.1	3.6	7.8	626.8	47.1	9.7
2015	7.0	3.2	121.9	75.0	3.1	7.0	592.5	45.1	11.1
2014	7.1	4.6	131.0	78.0	4.8	11.1	579.0	43.3	10.9
2013	7.4	4.9	126.7	74.5	5.5	13.2	534.5	44.1	10.9

엘에스전선아시아 (A229640)
LS Cable&System Asia

업　　　종 : 전기장비
신용등급 : (Bond) —　　(CP) —
홈페이지 : www.lscnsasia.co.kr
본　　　사 : 경기도 안양시 동안구 엘에스로 127 (호계동, LS타워) 3층

시　　　장 : 거래소
기업규모 : 시가총액 소형주
연 락 처 : 031)428-0288

설 립 일 2015.05.15	종업원수 3명	대표이사 신용현	
상 장 일 2016.09.22	감사의견 적정(안진)	계　　열	
결 산 기 12월	보 통 주 3,062만주	종속회사수	
액 면 가 500원	우 선 주	구 상 호	

주주구성 (지분율,%)		출자관계 (지분율,%)		주요경쟁사 (외형,%)	
LS전선	57.0	LSCable&SystemVietnamCo.,Ltd.	100.0	LS전선아시아	100
케이에이치큐제십삼호투자전문회사	9.7	LS-VINACable&SystemJointStockCo	80.7	LS	2,788
(외국인)	4.7			대한전선	398

매출구성		비용구성		수출비중	
전력케이블	63.2	매출원가율	89.6	수출	54.9
UTP케이블	16.3	판관비율	4.7	내수	45.1
소재	14.1				

회사 개요

동사는 대한민국 상법에 따라 설립/존속중인 주식회사로 주식의 소유를 통하여 외국기업의 사업 활동을 지배하는 것을 주된 목적으로 하는 국내법인이며, 유가증권시장 상장규정 시행세칙으로 정하는 요건을 모두 충족한 외국기업 지배주주 회사임. 종속회사인 LS-VINA Cable & System Joint Stock Co.와 LS Cable & System Vietnam Co., Ltd.는 베트남 내 설립되어 철선류 및 케이블제조업을 영위하고 있음.

실적 분석

동사의 2016년 결산기준 누적매출액은 전년 동기대비 72.5% 성장한 3,451.4억원을 기록하였음. 그만큼 매출원가도 크게 상승하였고 인건비와 관리비도 증가하였지만 매출 성장에 힘입어 영업이익은 전년동기대비 75.3% 성장한 195.1억원을 기록함. 동사는 글로벌 전선기업으로 품질 및 사후관리 경쟁력이 뛰어남. 고압제품 라인업도 보유하고 있어 대형 프로젝트에 유리하므로 향후 지속적으로 매출이 성장할 것이라 기대하고 있음.

현금 흐름 〈단위 : 억원〉

항목	2015	2016
영업활동	-51	257
투자활동	99	-12
재무활동	11	-29
순현금흐름	65	219
기말현금	65	285

시장 대비 수익률

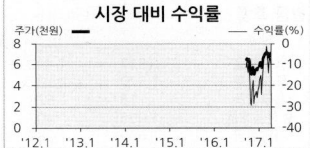

결산 실적 〈단위 : 억원〉

항목	2011	2012	2013	2014	2015	2016
매출액	—	—	—	—	2,001	3,451
영업이익	—	—	—	—	111	195
당기순이익	—	—	—	—	61	147

분기 실적 〈단위 : 억원〉

항목	2015.3Q	2015.4Q	2016.1Q	2016.2Q	2016.3Q	2016.4Q
매출액	1,018	983	—	—	754	—
영업이익	57	54	—	—	39	—
당기순이익	25	36	—	—	32	—

재무 상태 〈단위 : 억원〉

항목	2011	2012	2013	2014	2015	2016
총자산	—	—	—	—	2,442	2,758
유형자산	—	—	—	—	262	232
무형자산	—	—	—	—	339	346
유가증권	—	—	—	—		
총부채	—	—	—	—	1,304	1,458
총차입금	—	—	—	—	417	490
자본금	—	—	—	—	151	153
총자본	—	—	—	—	1,139	1,300
지배주주지분	—	—	—	—	1,071	1,228

기업가치 지표

항목	2011	2012	2013	2014	2015	2016
주가(최고/저)(천원)	—/—	—/—	—/—	—/—	—/—	6.8/5.0
PER(최고/저)(배)	0.0/0.0	0.0/0.0	0.0/0.0	0.0/0.0	0.0/0.0	16.0/11.7
PBR(최고/저)(배)	0.0/0.0	0.0/0.0	0.0/0.0	0.0/0.0	0.0/0.0	1.7/1.3
EV/EBITDA(배)	0.0	0.0	0.0	0.0	1.7	7.2
EPS(원)	—	—	—	—	358	436
BPS(원)	—	—	—	—	7,107	4,009
CFPS(원)	—	—	—	—	1,038	604
DPS(원)	—	—	—	—		150
EBITDAPS(원)	—	—	—	—	1,777	813

재무 비율 〈단위 : % 〉

연도	영업이익률	순이익률	부채비율	차입금비율	ROA	ROE	유보율	자기자본비율	EBITDA마진율
2016	5.7	4.3	112.2	37.7	5.7	11.5	701.8	47.1	7.1
2015	5.6	3.1	114.5	36.6	0.0	0.0	610.7	46.6	6.8
2014	0.0	0.0	0.0	0.0	0.0	0.0	0.0	0.0	0.0
2013	0.0	0.0	0.0	0.0	0.0	0.0	0.0	0.0	0.0

엘에프 (A093050)
LF

업 종 : 섬유 및 의복
신용 등급 : (Bond) AA-   (CP) —
홈 페 이 지 : www.lfcorp.com
본   사 : 서울시 강남구 언주로 870 (신사동)

시   장 : 거래소
기업 규모 : 시가총액 중형주
연 락 처 : 02)3441-8114

설 립 일	2006.11.03	종 업 원 수	940명	대 표 이 사	구본걸,오규식
상 장 일	2006.12.01	감 사 의 견	적정 (안진)	계 열	
결 산 기	12월	보 통 주	2,924만주	종 속 회 사 수	
액 면 가	5,000원	우 선 주	—	구 상 호	LG패션

주주구성 (지분율,%)		출자관계 (지분율,%)		주요경쟁사 (외형,%)	
구본걸	18.8	엘에프푸드	100.0	LF	100
국민연금공단	9.5	트라이씨클	100.0	한세예스24홀딩스	146
(외국인)	29.3	스텝하이	100.0	신세계인터내셔날	67

매출구성		비용구성		수출비중	
상제품매출액(상품및제품)	98.5	매출원가율	40.9	수출	—
수입수수료(기타)	2.6	판관비율	53.9	내수	—
기타매출액(기타)	0.9				

회사 개요
동사는 기성복 의류제품 생산, 판매 등을 영위하기 위해 주식회사 LG상사로부터 2006년 분할됨. 2016년 12월 말 기준 유동비율은 268%이며, 부채비율은 50%임. 기존 닥스, 마에스트로, 헤지스, 라푸마, 질스튜어트 등 브랜드를 성공적으로 안착시킨 것을 기반으로 향후 의류 소비시장의 변화에 적극 대응하겠다는 계획임. 동사는 100% 외주 가공 생산 체제를 갖추고 있으며, 중국, 이태리 등에 해외 사업장이 있음.

실적 분석
동사의 2016년 매출액은 1조 5293억원으로 전년 대비 2.7% 감소함. 영업이익은 789.9억원으로 6.6% 증가함. 당기순이익은 511.6억원으로 1.1% 증가함. 유통채널 다변화 및 효율화 추진. 경기 민감 업종인 패션업종에서 브랜드 정체성을 확고하게 내세워 내수 침체에 대응한다는 계획임. 미래성장동력 확보 및 매출 증대를 위해 매장 확대, 설비 및 인프라 확충 등을 위한 투자를 지속적으로 시행 중임.

현금 흐름 〈단위 : 억원〉
항목	2015	2016
영업활동	517	1,413
투자활동	-1,573	-2,337
재무활동	-16	528
순현금흐름	-1,065	-402
기말현금	1,689	1,287

시장 대비 수익률
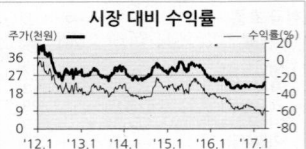

결산 실적 〈단위 : 억원〉
항목	2011	2012	2013	2014	2015	2016
매출액	14,393	14,665	14,861	14,602	15,710	15,293
영업이익	1,273	779	848	957	741	790
당기순이익	937	567	649	811	506	512

분기 실적 〈단위 : 억원〉
항목	2015.3Q	2015.4Q	2016.1Q	2016.2Q	2016.3Q	2016.4Q
매출액	3,387	4,581	3,808	3,860	3,110	4,515
영업이익	15	310	118	284	48	340
당기순이익	12	176	75	183	9	245

재무 상태 〈단위 : 억원〉
항목	2011	2012	2013	2014	2015	2016
총자산	11,727	12,081	12,916	14,030	14,749	15,811
유형자산	3,549	3,508	3,484	3,404	3,301	3,120
무형자산	693	672	758	779	1,246	1,294
유가증권	—	—	—	—	1	1
총부채	3,478	3,334	3,766	4,200	4,573	5,290
총차입금	1,046	1,265	1,824	1,978	2,307	2,968
자본금	1,462	1,462	1,462	1,462	1,462	1,462
총자본	8,249	8,747	9,149	9,830	10,176	10,522
지배주주지분	8,217	8,684	9,144	9,824	10,173	10,528

기업가치 지표
항목	2011	2012	2013	2014	2015	2016
주가(최고/저)(천원)	48.4/25.3	42.8/23.8	32.0/24.1	33.6/24.4	35.4/25.3	25.8/20.3
PER(최고/저)(배)	16.1/8.4	22.4/12.5	14.7/11.1	12.8/9.3	21.2/15.1	14.9/11.7
PBR(최고/저)(배)	1.9/1.0	1.6/0.9	1.1/0.8	1.1/0.8	1.1/0.8	0.7/0.6
EV/EBITDA(배)	7.5	6.8	7.5	4.9	5.4	3.1
EPS(원)	3,293	2,076	2,332	2,782	1,742	1,767
BPS(원)	28,101	29,701	31,274	33,599	34,790	36,006
CFPS(원)	4,727	3,844	4,071	4,241	3,145	3,172
DPS(원)	400	400	400	500	500	500
EBITDAPS(원)	5,787	4,432	4,638	4,731	3,937	4,107

재무 비율 〈단위 : %〉
연도	영업이익률	순이익률	부채비율	차입금비율	ROA	ROE	유보율	자기자본비율	EBITDA마진율
2016	5.2	3.4	50.3	28.2	3.4	5.0	620.1	66.6	7.9
2015	4.7	3.2	44.9	22.7	3.5	5.1	595.8	69.0	7.3
2014	6.6	5.6	42.7	20.1	6.0	8.6	572.0	70.1	9.5
2013	5.7	4.4	41.2	19.9	5.2	7.7	525.5	70.8	9.1

엘엠에스 (A073110)
LMS

업 종 : 디스플레이 및 관련부품
신용 등급 : (Bond) —   (CP) —
홈 페 이 지 : www.lmsglobal.com
본   사 : 경기도 평택시 진위면 진위산단로 53-73

시   장 : KOSDAQ
기업 규모 : 우량
연 락 처 : 031)421-2345

설 립 일	1999.02.13	종 업 원 수	353명	대 표 이 사	나우주
상 장 일	2007.10.12	감 사 의 견	적정 (신정)	계 열	
결 산 기	12월	보 통 주	890만주	종 속 회 사 수	
액 면 가	500원	우 선 주	—	구 상 호	

주주구성 (지분율,%)		출자관계 (지분율,%)		주요경쟁사 (외형,%)	
나우주	22.7	대광반도체	0.5	엘엠에스	100
JAFCO Asia Technology Fund II	4.7			우리이앤엘	130
(외국인)	4.3	낙청성광전유한공사	100.0	우리조명	1,378

매출구성		비용구성		수출비중	
프리즘시트	96.4	매출원가율	71.5	수출	93.1
회절격자 렌즈	3.6	판관비율	20.5	내수	6.9

회사 개요
동사는 2003년 전세계 2번째로 TFT-LCD에 사용되는 BLU(Back Light Unit)용 프리즘시트 개발에 성공하여, 현재 중소형 프리즘시트 선도기업이며 3M과 시장을 양분하고 있음. 2008년 8월 기존 사명인 엘지에스를 엘엠에스로 변경하고 디스플레이와 광학부사업재개발 사업에 주력 중임. 중국 시장의 원활한 진출 및 추가 해외 시장 개척을 위해 중국 2개와 홍콩 1개의 현지법인을 자회사로 두고 있음.

실적 분석
동사의 2016년 연결기준 연간 누적 매출액은 1135.1억원으로 전년 동기 대비 8% 하락함. 매출은 줄었지만 매출 원가 또한 큰 폭으로 감소하고 판매비와 관리비 마저 줄어들면서 영업이익은 전년 동기 대비 25.4% 증가한 91.1억원을 기록함. 비영업손익 부문에서 금융손실로 인해 적자가 확대됐고 법인세 비용이 크게 늘면서 당기순손실은 116.7억원으로 전년 동기 대비 적자 전환함.

현금 흐름 〈단위 : 억원〉
항목	2015	2016
영업활동	286	-121
투자활동	-87	-80
재무활동	-171	-65
순현금흐름	30	-271
기말현금	518	246

시장 대비 수익률

결산 실적 〈단위 : 억원〉
항목	2011	2012	2013	2014	2015	2016
매출액	937	851	1,117	1,389	1,234	1,135
영업이익	129	113	169	188	73	91
당기순이익	91	91	155	227	69	-117

분기 실적 〈단위 : 억원〉
항목	2015.3Q	2015.4Q	2016.1Q	2016.2Q	2016.3Q	2016.4Q
매출액	320	325	234	238	286	377
영업이익	19	9	10	3	31	46
당기순이익	47	-36	-8	-194	-30	115

재무 상태 〈단위 : 억원〉
항목	2011	2012	2013	2014	2015	2016
총자산	1,481	1,516	1,674	2,370	2,247	2,051
유형자산	690	748	774	878	926	856
무형자산	19	19	19	18	20	24
유가증권	5	25	54	56	53	14
총부채	743	723	749	1,204	1,016	943
총차입금	627	606	610	1,051	882	812
자본금	44	44	45	45	45	45
총자본	738	793	926	1,165	1,231	1,107
지배주주지분	731	793	926	1,165	1,231	1,107

기업가치 지표
항목	2011	2012	2013	2014	2015	2016
주가(최고/저)(천원)	26.9/13.5	21.2/11.0	20.0/10.7	22.8/15.8	21.1/8.8	10.5/6.2
PER(최고/저)(배)	25.9/13.0	20.8/10.8	11.6/6.3	9.2/6.4	28.0/11.6	—/—
PBR(최고/저)(배)	3.2/1.6	2.3/1.2	1.8/1.0	1.7/1.2	1.5/0.6	0.8/0.5
EV/EBITDA(배)	10.8	7.3	8.9	8.9	7.4	6.1
EPS(원)	1,080	1,057	1,776	2,553	776	-1,311
BPS(원)	8,765	9,790	11,499	14,049	14,794	13,397
CFPS(원)	1,789	1,825	2,617	3,534	1,919	-160
DPS(원)	50	50	50	50	105	50
EBITDAPS(원)	2,187	2,065	2,768	3,095	1,960	2,176

재무 비율 〈단위 : %〉
연도	영업이익률	순이익률	부채비율	차입금비율	ROA	ROE	유보율	자기자본비율	EBITDA마진율
2016	8.0	-10.3	85.2	73.3	-5.4	-10.0	2,535.0	54.0	17.1
2015	5.9	5.6	82.5	71.7	3.0	5.8	2,809.8	54.8	14.1
2014	13.5	16.3	103.4	90.2	11.2	21.7	2,663.2	49.2	19.8
2013	15.1	13.9	80.9	65.9	9.7	18.1	2,161.1	55.3	21.7

엘오티베큠 (A083310)
LOT VACUUM

업 종 : 반도체 및 관련장비		시 장 : KOSDAQ	
신용등급 : (Bond) — (CP) —		기업규모 : 우량	
홈페이지 : www.lotvacuum.com		연 락 처 : 031)696-3820	
본 사 : 경기도 안성시 공단1로 68 (신건지동)			

설 립 일	2002.03.23	종 업 원 수	338명	대 표 이 사	오흥식
상 장 일	2005.10.05	감 사 의 견	적정 (삼정)	계 열	
결 산 기	12월	보 통 주	1,260만주	종속회사수	
액 면 가	500원	우 선 주		구 상 호	

주주구성 (지분율,%)		출자관계 (지분율,%)		주요경쟁사 (외형,%)	
오흥식	28.0	지엠티	100.0	엘오티베큠	100
신한비엔피파리바자산운용	7.6	클린팩터스	44.0	아이에이	61
(외국인)	1.1	LOTVacuumAmerica.,Inc	100.0	에스에이엠티	857

매출구성		비용구성		수출비중	
Fore Vacuum용 (SEMI, OLED, SOLAR 외) 건식진공	71.0	매출원가율	69.2	수출	14.6
수선보수 외	20.2	판관비율	23.9	내수	85.4
PLASMA 장비 외	8.8				

회사 개요
동사는 국내 유일 반도체용 진공펌프 생산기업으로 반도체 및 LCD 시장용 국산 진공펌프를 개발, 제조, 판매하고 있음. 반도체산업은 크게 소자산업, 장비산업, 원재료산업으로 구분 할 수 있으며 동사가 속해있는 세부산업은 장비산업으로 장비산업은 전공정장비, 후공정장비 및 검사장비로 분류할 수 있음. 이 중 전공정장비는 대부분 진공장비로서 진공펌프를 장착하고 있음.

실적 분석
동사 2016년 결산기준 누적매출액은 전년동기대비 거의 동일한 1,240.6원원을 기록하였음. 매출원가는 소폭 하락하였으나 인건비 및 경상개발비, 광고비, 관리비등이 상승하여 영업이익은 전년동기대비 16.5% 하락한 85.8억원을 기록하였음. 기술사업의 특성상 끊임없는 기술개발이 중요하므로 인건비 및 개발비의 지속적 투자는 향후 동사가 성장할 수 있는 원동력을 제공할 것으로 보임. 저소비 전력형 대용량 펌프 등 다양한 신제품 개발이 기대됨.

현금 흐름 〈단위 : 억원〉

항목	2015	2016
영업활동	93	16
투자활동	-181	-87
재무활동	3	99
순현금흐름	-85	29
기말현금	51	80

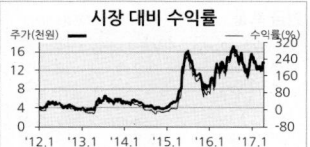

시장 대비 수익률

결산 실적 〈단위 : 억원〉

항목	2011	2012	2013	2014	2015	2016
매출액	667	726	838	885	1,239	1,241
영업이익	47	49	36	57	103	86
당기순이익	39	49	32	55	86	85

분기 실적 〈단위 : 억원〉

항목	2015.3Q	2015.4Q	2016.1Q	2016.2Q	2016.3Q	2016.4Q
매출액	335	159	305	186	291	458
영업이익	28	-36	36	-15	3	62
당기순이익	22	-31	38	-14	0	61

재무 상태 〈단위 : 억원〉

항목	2011	2012	2013	2014	2015	2016
총자산	632	648	776	855	925	1,165
유형자산	202	267	277	283	367	429
무형자산	47	60	68	81	122	136
유가증권	1	6	49	11	51	18
총부채	133	100	171	205	187	341
총차입금	29	0	—	—	—	79
자본금	52	53	55	56	57	60
총자본	499	548	605	650	738	824
지배주주지분	499	548	603	642	726	809

기업가치 지표

항목	2011	2012	2013	2014	2015	2016
주가(최고/저)(천원)	6.5/2.8	5.4/3.5	6.4/3.3	5.7/3.7	16.7/3.9	17.5/7.9
PER(최고/저)(배)	21.2/9.1	13.8/8.9	25.8/13.2	14.5/9.4	25.8/6.0	26.8/12.1
PBR(최고/저)(배)	1.6/0.7	1.2/0.8	1.3/0.7	1.1/0.7	2.9/0.7	2.7/1.2
EV/EBITDA(배)	6.1	6.2	9.9	4.3	7.7	15.1
EPS(원)	309	391	250	390	650	652
BPS(원)	4,985	5,309	5,533	5,867	6,428	6,814
CFPS(원)	574	680	515	697	968	1,045
DPS(원)	15	10	10	15	25	25
EBITDAPS(원)	654	681	561	767	1,150	1,074

재무 비율 〈단위 : % 〉

연도	영업이익률	순이익률	부채비율	차입금비율	ROA	ROE	유보율	자기자본비율	EBITDA마진율
2016	6.9	6.8	41.4	9.5	8.1	10.7	1,262.9	70.7	10.4
2015	8.3	7.0	25.3	0.0	9.7	12.0	1,185.7	79.8	10.6
2014	6.4	6.3	31.5	0.0	6.8	7.9	1,073.4	76.0	9.7
2013	4.4	3.8	28.3	0.0	4.5	5.5	1,006.6	77.9	7.3

엘지 (A003550)
LG

업 종 : 복합 산업		시 장 : 거래소	
신용등급 : (Bond) — (CP) —		기업규모 : 시가총액 대형주	
홈페이지 : www.lg.co.kr		연 락 처 : 02)3773-1114	
본 사 : 서울시 영등포구 여의대로 128 LG트윈타워			

설 립 일	1947.01.05	종 업 원 수	121명	대 표 이 사	하현회
상 장 일	1970.02.13	감 사 의 견	적정 (안진)	계 열	
결 산 기	12월	보 통 주	17,256만주	종속회사수	
액 면 가	5,000원	우 선 주	331만주	구 상 호	

주주구성 (지분율,%)		출자관계 (지분율,%)		주요경쟁사 (외형,%)	
구본무	11.3	서브원	100.0	LG	100
국민연금공단	8.1	엘지스포츠	100.0	삼성물산	262
(외국인)	28.7	엘지경영개발원	100.0	효성	111

매출구성		비용구성		수출비중	
상표권사용수익	44.7	매출원가율	83.2	수출	—
배당금수익	37.4	판관비율	4.3	내수	—
임대수익	17.9				

회사 개요
LG그룹의 순수지주회사로 1947년에 설립되었으며, LGCI와 LGEI와의 합병을 통해 2003년 3월 1일에 국내 최초의 지주회사로 출범했음. 계열회사는 LG전자, LG디스플레이, LG이노텍을 중심으로 하는 전자부문과 LG화학, 실트론을 중심으로 하는 화학부문, LG유플러스, LG CNS, 서브원 등의 통신 및 기타 서비스 부문으로 되어 있음. 자체 수익으로는 임대료수익, 상표권 사용수익 그리고 배당금수익이 있음.

실적 분석
2016년 연결기준 매출액은 전년대비 7.6% 증가한 10조 7,253.7억원을 기록함. 영업이익은 매출 증가에 따라 전년대비 18.1% 증가한 1조 3,446.9억원을 시현함. 당기순이익 또한 전년대비 15.6% 증가한 1조 912.6억원을 기록함. 다양한 업종을 가진 그룹으로 LG전자 순손실에도 불구하고 구조조정 효과에 따른 CNS실적 개선, 서브원 건설부문 매출 증가와 실트론 시황 개선 등 자회사 실적 개선으로 안정적인 성과를 시현함.

현금 흐름 〈단위 : 억원〉

항목	2015	2016
영업활동	8,863	8,782
투자활동	-3,683	-3,438
재무활동	-1,452	-2,755
순현금흐름	3,729	2,586
기말현금	8,704	11,290

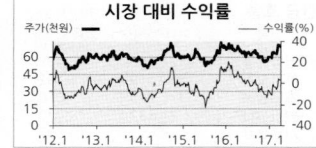

시장 대비 수익률

결산 실적 〈단위 : 억원〉

항목	2011	2012	2013	2014	2015	2016
매출액	100,590	96,952	97,992	98,654	99,654	107,254
영업이익	13,511	12,315	11,539	10,441	11,386	13,447
당기순이익	10,298	9,617	8,309	8,343	9,438	10,913

분기 실적 〈단위 : 억원〉

항목	2015.3Q	2015.4Q	2016.1Q	2016.2Q	2016.3Q	2016.4Q
매출액	25,903	28,061	23,524	26,816	26,732	30,182
영업이익	3,733	2,234	3,292	4,177	3,276	2,702
당기순이익	3,202	1,684	2,922	3,548	2,702	1,740

재무 상태 〈단위 : 억원〉

항목	2011	2012	2013	2014	2015	2016
총자산	151,607	158,481	165,502	173,327	181,234	194,894
유형자산	22,835	23,833	23,624	24,777	24,713	24,814
무형자산	1,240	1,449	1,564	1,345	1,166	1,140
유가증권	1,066	1,078	1,099	1,038	931	910
총부채	42,002	43,027	44,449	47,469	48,152	52,694
총차입금	14,246	15,960	17,543	18,828	19,199	18,820
자본금	8,794	8,794	8,794	8,794	8,794	8,794
총자본	109,604	115,454	121,053	125,858	133,082	142,201
지배주주지분	105,495	111,290	117,564	122,519	129,755	138,744

기업가치 지표

항목	2011	2012	2013	2014	2015	2016
주가(최고/저)(천원)	91.2/46.2	70.0/48.4	65.8/56.3	72.7/50.3	73.2/51.0	73.7/55.2
PER(최고/저)(배)	18.2/9.2	14.3/9.9	13.9/11.9	16.0/11.1	14.2/9.9	12.3/9.2
PBR(최고/저)(배)	1.7/0.9	1.2/0.8	1.1/0.9	1.1/0.8	1.0/0.7	1.0/0.7
EV/EBITDA(배)	7.1	8.0	8.0	8.3	9.2	6.9
EPS(원)	5,563	5,334	5,095	4,802	5,369	6,111
BPS(원)	59,998	63,293	66,860	69,678	73,792	78,903
CFPS(원)	7,426	7,301	6,937	6,524	7,126	7,799
DPS(원)	1,000	1,000	1,000	1,000	1,300	1,300
EBITDAPS(원)	9,545	8,970	8,403	7,659	8,231	9,334

재무 비율 〈단위 : % 〉

연도	영업이익률	순이익률	부채비율	차입금비율	ROA	ROE	유보율	자기자본비율	EBITDA마진율
2016	12.5	10.2	37.1	13.2	5.8	8.0	1,478.1	73.0	15.3
2015	11.4	9.5	36.2	14.4	5.3	7.5	1,375.8	73.4	14.5
2014	10.6	8.5	37.7	15.0	4.9	7.0	1,293.6	72.6	13.7
2013	11.8	8.5	36.7	14.5	5.1	7.8	1,237.2	73.1	15.1

엘지디스플레이 (A034220)
LG Display

업 종 : 디스플레이 및 관련부품		시 장 : 거래소	
신용등급 : (Bond) AA (CP) A1		기업규모 : 시가총액 대형주	
홈페이지 : www.lgdisplay.com		연락처 : 02)3777-1010	
본 사 : 서울시 영등포구 여의대로 128 LG트윈타워 동관 12층			

설 립 일	1985.02.27	종업원수	32,330명	대표이사	한상범
상 장 일	2004.07.23	감사의견	적정 (삼정)	계	열
결 산 기	12월	보통주	35,782만주	종속회사수	
액 면 가	5,000원	우선주		구상상호	

주주구성 (지분율,%)		출자관계 (지분율,%)		주요경쟁사 (외형,%)	
엘지전자	37.9	나눔누리	100.0	LG디스플레이	100
국민연금공단	10.0	뉴옵틱스	46.0	에스에프에이	5
(외국인)	33.9	파주전기초자	40.0	서울반도체	4

매출구성		비용구성		수출비중	
Display 패널(해외)	92.2	매출원가율	85.9	수출	93.1
Display 패널(국내)	7.8	판관비율	9.2	내수	6.9

회사 개요
동사는 금성소프트웨어로 1985년 설립됐으며, 1998년 LG전자와 LG반도체로부터 LCD 사업 이관받아, TFT-LCD, LTPS-LCD 및 OLED 기술을 활용한 Display의 관련 제품 연구, 개발, 제조, 판매를 하고 있음. 새로운 성장동력으로 부상하고 있는 OLED 사업, 플렉서블 디스플레이 기술 개발, LED 백라이트 LCD 시장 주도 등 미래 디스플레이기술을 선도해 성장동력으로 확보하고 있음.

실적 분석
동사의 2016년 연결기준 누적 매출액은 26조 5,5040.7억원으로 전년 동기 대비 6.6% 감소함. 이는 핵심 매출원인 LCD 패널가격의 하락에 기인함. 매출 축소와 원가부담으로 영업이익 역시 전년동기 대비 19.3% 감소함. 글로벌 디스플레이 업체들이 공격적으로 설비투자를 확대하고 있으나, 향후 LCD수급에 미치는 영향은 미미할 것으로 전망됨에 따라 업황 개선세에 따른 실적 회복이 기대됨.

현금 흐름 〈단위 : 억원〉
항목	2015	2016
영업활동	27,266	36,409
투자활동	-27,319	-31,892
재무활동	-1,745	3,079
순현금흐름	-1,382	8,070
기말현금	7,517	15,587

시장 대비 수익률

결산 실적 〈단위 : 억원〉
항목	2011	2012	2013	2014	2015	2016
매출액	242,913	294,297	270,330	264,555	283,839	265,041
영업이익	-7,635	9,124	11,633	13,573	16,256	13,114
당기순이익	-7,879	2,363	4,190	9,174	10,235	9,315

분기 실적 〈단위 : 억원〉
항목	2015.3Q	2015.4Q	2016.1Q	2016.2Q	2016.3Q	2016.4Q
매출액	71,582	74,957	59,892	58,551	67,238	79,360
영업이익	3,329	606	395	444	3,232	9,043
당기순이익	1,986	-135	12	-839	1,896	8,247

재무 상태 〈단위 : 억원〉
항목	2011	2012	2013	2014	2015	2016
총자산	251,629	244,555	217,153	229,670	225,772	248,843
유형자산	146,968	131,075	118,083	114,029	105,460	120,314
무형자산	5,351	4,976	4,682	5,767	8,387	8,949
유가증권	137	161	169	94	114	94
총부채	150,319	142,153	109,179	111,836	98,722	114,219
총차입금	46,173	44,559	39,028	42,474	42,243	47,792
자본금	17,891	17,891	17,891	17,891	17,891	17,891
총자본	101,310	102,402	107,974	117,834	127,050	134,624
지배주주지분	101,157	102,098	106,112	114,314	121,930	129,560

기업가치 지표
항목	2011	2012	2013	2014	2015	2016
주가(최고/저)(천원)	38.9/16.6	34.4/19.1	31.4/21.2	34.1/22.0	35.6/19.9	31.8/20.6
PER(최고/저)(배)	—/—	55.5/30.8	27.8/18.7	14.2/9.1	13.7/7.6	12.7/8.3
PBR(최고/저)(배)	1.5/0.6	1.3/0.7	1.1/0.8	1.1/0.7	1.1/0.6	0.9/0.6
EV/EBITDA(배)	3.8	2.4	2.2	2.2	2.2	3.2
EPS(원)	-2,155	652	1,191	2,527	2,701	2,534
BPS(원)	28,271	28,534	29,655	31,948	34,076	36,209
CFPS(원)	8,049	13,143	11,907	12,287	12,136	10,979
DPS(원)				500	500	500
EBITDAPS(원)	8,071	15,041	13,968	13,553	13,978	12,110

재무 비율 〈단위 : % 〉
연도	영업이익률	순이익률	부채비율	차입금비율	ROA	ROE	유보율	자기자본비율	EBITDA마진율
2016	5.0	3.5	84.8	35.5	3.9	7.2	624.2	54.1	16.4
2015	5.7	3.6	77.7	33.3	4.5	8.2	581.5	56.3	17.6
2014	5.1	3.5	94.9	36.1	4.1	8.2	539.0	51.3	18.3
2013	4.3	1.6	101.1	36.2	1.8	4.1	493.1	49.7	18.5

엘지상사 (A001120)
LG International

업 종 : 무역		시 장 : 거래소	
신용등급 : (Bond) AA- (CP) —		기업규모 : 시가총액 중형주	
홈페이지 : www.lgicorp.com		연락처 : 02)3777-1114	
본 사 : 서울시 영등포구 여의대로 128, LG트윈타워 동관			

설 립 일	1953.11.26	종업원수	461명	대표이사	이희범
상 장 일	1976.01.30	감사의견	적정 (한영)	계	열
결 산 기	12월	보통주	3,876만주	종속회사수	
액 면 가	5,000원	우선주		구상상호	

주주구성 (지분율,%)		출자관계 (지분율,%)		주요경쟁사 (외형,%)	
국민연금공단	13.2	당진탱크터미널	100.0	LG상사	100
미래에셋자산운용투자자문	4.9	범한판토스	51.0	포스코대우	138
(외국인)	15.9	스엘에이글로벌	30.0	현대상사	30

매출구성		비용구성		수출비중	
IT, 에너지솔루션, Project, 석유화학, 철강 등	65.3	매출원가율	93.8	수출	—
원유/가스, 석탄, 비철, Green 등(상품)	23.2	판관비율	4.8	내수	—
복합운송주선, 창고보관업 등	11.5				

회사 개요
1953년 설립된 동사는 LG계열 기업집단에 소속된 종합상사로서, 자원/원자재 부문 및 산업재 부문의 산업을 영위하고 있음. 매출은 자원/원자재 부문, 산업재 부문 및 기타부문으로 구성됨. 자원개발사업은 오만의 석유 광구, 인도네시아의 MPP 석탄 광산을 비롯하여 생산 11개, 개발 2개, 탐사 6개로 총 19개의 사업을 영위하고 있음. 매출구성은 산업재부문 67.5%, 자원/원자재부문 26.7%, 물류 5.8%를 기록함.

실적 분석
동사의 2016년 매출액은 상품가격 하락에 따른 자원과 산업재 매출이 감소한 영향으로 11조 9667억원을 기록, 전년동기 대비 큰 폭 감소하였음. 물류부문의 수익성 하락과 더불어 한진해운에 따른 여파가 지속되고 있어 이익이 기대만큼 나타나고 있지는 않으나 빠르게 실적 개선이 이루어지고 있고 인도네시아 광 광구 생산으로 인해 비용이 감소되는 부분을 감안하면 빠르게 회복될 수 있을거라 판단됨.

현금 흐름 〈단위 : 억원〉
항목	2015	2016
영업활동	2,977	2,303
투자활동	-2,776	-2,180
재무활동	276	-2,377
순현금흐름	490	-2,178
기말현금	5,289	3,112

시장 대비 수익률
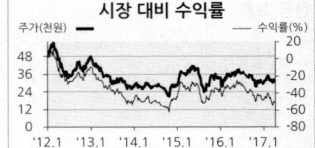

결산 실적 〈단위 : 억원〉
항목	2011	2012	2013	2014	2015	2016
매출액	139,868	127,938	120,727	113,722	132,245	119,667
영업이익	1,625	2,055	983	1,720	817	1,741
당기순이익	2,618	2,293	441	-138	-2,171	848

분기 실적 〈단위 : 억원〉
항목	2015.3Q	2015.4Q	2016.1Q	2016.2Q	2016.3Q	2016.4Q
매출액	36,177	37,590	30,153	28,456	29,419	31,639
영업이익	299	6	446	564	216	515
당기순이익	5	-2,372	336	306	96	109

재무 상태 〈단위 : 억원〉
항목	2011	2012	2013	2014	2015	2016
총자산	49,410	49,575	48,770	48,968	53,835	51,773
유형자산	1,183	1,330	889	963	3,876	5,517
무형자산	5,063	9,283	8,686	8,050	9,901	9,453
유가증권	3,070	948	908	1,492	1,690	1,504
총부채	35,861	33,419	32,635	33,316	38,402	35,319
총차입금	17,888	15,648	17,429	15,778	17,808	15,360
자본금	1,938	1,938	1,938	1,938	1,938	1,938
총자본	13,549	16,156	16,135	15,652	15,433	16,454
지배주주지분	13,393	14,688	14,758	14,267	11,993	12,489

기업가치 지표
항목	2011	2012	2013	2014	2015	2016
주가(최고/저)(천원)	59.6/33.6	57.5/32.2	47.9/25.9	30.2/19.5	42.7/23.9	39.3/26.8
PER(최고/저)(배)	9.9/5.6	10.5/5.9	39.9/21.6	—/—	—/—	26.4/18.0
PBR(최고/저)(배)	1.8/1.0	1.6/0.9	1.3/0.7	0.8/0.5	1.4/0.8	1.2/0.8
EV/EBITDA(배)	13.1	10.9	10.9	9.4	20.6	11.7
EPS(원)	6,393	5,720	1,242	-340	-6,074	1,500
BPS(원)	34,580	37,919	38,101	36,834	30,967	32,246
CFPS(원)	8,236	7,064	4,290	1,353	-4,660	2,895
DPS(원)	500	500	300	300	200	250
EBITDAPS(원)	6,036	6,646	5,583	6,130	3,522	5,886

재무 비율 〈단위 : % 〉
연도	영업이익률	순이익률	부채비율	차입금비율	ROA	ROE	유보율	자기자본비율	EBITDA마진율
2016	1.5	0.7	214.7	93.4	1.6	4.8	544.9	31.8	1.9
2015	0.6	-1.6	248.8	115.4	-4.2	-17.9	519.3	28.7	1.0
2014	1.5	-0.1	212.9	100.8	-0.3	-0.9	636.7	32.0	2.1
2013	0.8	0.3	202.3	108.0	0.9	3.3	662.0	33.1	1.8

엘지생활건강 (A051900)
LG Household & Healthcare

업　종 : 가정생활용품	시　장 : 거래소
신용등급 : (Bond) AA　　(CP) A1	기업규모 : 시가총액 대형주
홈페이지 : www.lgcare.com	연락처 : 02)3773-1114
본　사 : 서울시 종로구 새문안로 58	

설 립 일 2001.04.03	종 업 원 수 4,476명	대 표 이 사 차석용
상 장 일 2001.04.25	감 사 의 견 적정 (한영)	계　　　열
결 산 기 12월	보 통 주 1,562만주	종속회사수
액 면 가 5,000원	우 선 주 210만주	구　상　상

주주구성 (지분율,%)		출자관계 (지분율,%)		주요경쟁사 (외형,%)	
엘지	34.0	더페이스샵	100.0	LG생활건강	100
국민연금공단	6.2	해태에이치티비	100.0	모나리자	2
(외국인)	46.0	밝은누리	100.0	KCI	1

매출구성		비용구성		수출비중	
오휘, 후, 숨, 이자녹스, 수려한 등[Beautiful]	46.0	매출원가율	39.9	수출	—
엘라스틴, 리엔, 페리오, 죽염 등[Healthy]	30.0	판관비율	45.6	내수	—
코카콜라, 써니텐,스프라이트 등[Refreshing]	24.1				

회사 개요
동사는 Healthy(생활용품)부문, Beautiful(화장품)부문, Refreshing(음료)부문을 영위하는 업체임. 매출비율은 Healthy 사업부문이 35.6%, Beautiful 사업부문이 40.2%, Refreshing사업부문이 24.2%로 각각 약 구성됨. 국내 시장에서 생활용품 산업은 1위, 화장품 산업 2위, 음료 산업 2위의 지위를 유지하고 있음.

실적 분석
동사의 2016년 매출액은 전년 대비 14.4% 늘어난 6조940.6억원을 기록. 매출원가는 9.3% 늘어났으며 매출총이익은 18% 늘어난 3조6,600.2억원을 기록. 판매비와 관리비 부문에서 인건비, 경상개발비, 광고선전비가 각각 6%, 32.5%, 10.4% 늘어났으며, 그럼에도 영업이익은 28.8% 늘어난 8,809.4억원을 달성. 비영업부문에서 금융손실 167.1억원이 났지만 당기순이익은 23.2% 늘어난 5792.4억원을 기록.

현금 흐름 〈단위 : 억원〉

항목	2015	2016
영업활동	6,378	7,134
투자활동	-3,470	-4,055
재무활동	-2,315	-3,671
순현금흐름	589	-581
기말현금	3,969	3,389

시장 대비 수익률
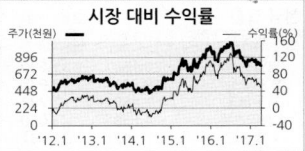

결산 실적 〈단위 : 억원〉

항목	2011	2012	2013	2014	2015	2016
매출액	34,561	38,962	43,263	46,770	53,285	60,941
영업이익	3,702	4,455	4,964	5,110	6,841	8,809
당기순이익	2,715	3,120	3,657	3,546	4,704	5,792

분기 실적 〈단위 : 억원〉

항목	2015.3Q	2015.4Q	2016.1Q	2016.2Q	2016.3Q	2016.4Q
매출액	13,868	13,287	15,194	15,539	15,635	14,573
영업이익	1,902	1,474	2,335	2,254	2,442	1,779
당기순이익	1,360	931	1,606	1,594	1,921	671

재무 상태 〈단위 : 억원〉

항목	2011	2012	2013	2014	2015	2016
총자산	23,689	27,641	34,351	38,283	42,146	45,022
유형자산	8,319	10,071	10,221	11,024	12,901	14,638
무형자산	6,636	8,406	12,859	13,461	13,803	14,199
유가증권	19	14	16	14	52	58
총부채	13,083	14,925	19,597	21,198	20,993	18,813
총차입금	5,648	7,275	11,317	12,086	10,612	7,943
자본금	886	886	886	886	886	886
총자본	10,606	12,716	14,754	17,085	21,153	26,208
지배주주지분	9,974	12,016	14,089	16,374	20,373	25,324

기업가치 지표

항목	2011	2012	2013	2014	2015	2016
주가(최고/저)(천원)	531/338	644/447	667/473	630/415	1,048/590	1,171/735
PER(최고/저)(배)	37.0/23.6	38.8/26.9	34.0/24.1	32.6/21.5	40.7/23.0	36.8/23.1
PBR(최고/저)(배)	9.2/5.8	9.3/6.4	8.2/5.8	6.7/4.4	8.9/5.0	8.0/5.0
EV/EBITDA(배)	18.2	20.5	16.6	17.8	22.5	14.9
EPS(원)	14,941	17,154	20,166	19,722	25,982	32,070
BPS(원)	60,295	71,816	83,516	96,417	118,986	146,927
CFPS(원)	20,185	23,282	26,388	26,558	33,154	39,616
DPS(원)	3,500	3,750	3,750	4,000	5,500	7,500
EBITDAPS(원)	26,138	31,274	34,239	35,679	45,782	57,266

재무 비율 〈단위 : % 〉

연도	영업이익률	순이익률	부채비율	차입금비율	ROA	ROE	유보율	자기자본비율	EBITDA마진율
2016	14.5	9.5	71.8	30.3	13.3	24.9	2,838.5	58.2	16.7
2015	12.8	8.8	99.2	50.2	11.7	25.1	2,279.7	50.2	15.2
2014	10.9	7.6	124.1	70.7	9.8	22.9	1,828.3	44.6	13.5
2013	11.5	8.5	132.8	76.7	11.8	27.4	1,570.3	43.0	14.0

엘지유플러스 (A032640)
LG Uplus

업　종 : 무선통신	시　장 : 거래소
신용등급 : (Bond) AA　　(CP) A1	기업규모 : 시가총액 대형주
홈페이지 : www.uplus.co.kr	연락처 : 02)3773-1114
본　사 : 서울시 용산구 한강대로 32 LG유플러스 용산사옥	

설 립 일 1997.07.11	종 업 원 수 8,113명	대 표 이 사 이상철
상 장 일 2008.04.21	감 사 의 견 적정 (안진)	계　　　열
결 산 기 12월	보 통 주 43,661만주	종속회사수
액 면 가 5,000원	우 선 주 —	구　상　상

주주구성 (지분율,%)		출자관계 (지분율,%)		주요경쟁사 (외형,%)	
엘지	36.1	씨에스원파트너	100.0	LG유플러스	100
국민연금공단	7.5	아인텔레서비스	100.0	SK텔레콤	149
(외국인)	44.3	위드유	100.0	KT	199

매출구성		비용구성		수출비중	
통신 및 관련 서비스	80.2	매출원가율	0.0	수출	—
단말기 판매	19.8	판관비율	93.5	내수	—

회사 개요
2010년 1월 LG데이콤과 LG파워콤과의 합병을 완료하고, 이동통신서비스와 함께 TPS서비스, 전화서비스 및 데이터서비스를 영위하고 있는 LG그룹 계열사. 스마트폰 시장의 확대에 따른 데이터중심 시장으로의 전환에 맞춰 2012년 1분기 LTE 전국망 커버리지 완성을 통한 네트워크 선점 효과를 누리며, 2016년 기준으로 이동통신부문에서 시장점유율 약 20% 내외를 기록하고 있음.

실적 분석
동사의 2016년 연결기준 연간 누적 매출액은 11조4,510.5억원으로 전년 동기 대비 6.1% 증가함. 매출이 늘어나면서 판매비와 관리비 또한 증가했지만 매출 성장률이 이를 상회하며 영업이익은 7,464.8억원으로 전년 동기 대비 18.1% 증가함. 비영업손실이 지속됐지만 금융 부문에서 적자 폭이 줄어들면서 당기순이익은 4,927.4억원으로 전년 동기 대비 40.3% 증가함.

현금 흐름 〈단위 : 억원〉

항목	2015	2016
영업활동	17,929	22,248
투자활동	-15,107	-14,923
재무활동	-4,061	-7,073
순현금흐름	-1,238	251
기말현금	2,921	3,173

시장 대비 수익률
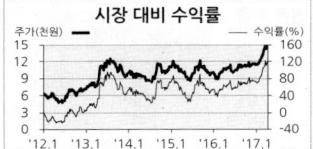

결산 실적 〈단위 : 억원〉

항목	2011	2012	2013	2014	2015	2016
매출액	91,864	109,046	114,503	109,998	107,952	114,510
영업이익	2,793	1,268	5,421	5,763	6,323	7,465
당기순이익	847	-596	2,795	2,277	3,512	4,927

분기 실적 〈단위 : 억원〉

항목	2015.3Q	2015.4Q	2016.1Q	2016.2Q	2016.3Q	2016.4Q
매출액	27,168	28,611	27,128	28,791	27,370	31,221
영업이익	1,721	1,131	1,706	1,801	2,114	1,844
당기순이익	1,136	396	1,101	1,308	1,339	1,180

재무 상태 〈단위 : 억원〉

항목	2011	2012	2013	2014	2015	2016
총자산	110,485	110,887	117,750	120,127	119,510	119,891
유형자산	56,315	60,788	63,927	72,544	72,238	69,496
무형자산	11,539	8,908	12,586	11,165	9,666	11,922
유가증권	721	846	814	741	365	327
총부채	71,892	73,402	77,524	78,348	75,026	71,628
총차입금	39,169	42,975	45,400	53,734	45,752	39,792
자본금	25,740	25,740	25,740	25,740	25,740	25,740
총자본	38,594	37,485	40,226	41,778	44,484	48,263
지배주주지분	38,577	37,468	40,209	41,771	44,480	48,261

기업가치 지표

항목	2011	2012	2013	2014	2015	2016
주가(최고/저)(천원)	7.0/3.9	7.3/4.7	12.7/7.0	12.0/8.3	12.2/8.6	12.2/8.7
PER(최고/저)(배)	47.1/26.4	—/—	21.5/11.8	24.6/17.0	16.0/11.3	11.1/7.9
PBR(최고/저)(배)	1.0/0.6	0.9/0.6	1.5/0.8	1.3/0.9	1.3/0.9	1.1/0.8
EV/EBITDA(배)	5.2	4.8	4.7	4.8	3.9	3.6
EPS(원)	164	-122	640	523	805	1,129
BPS(원)	7,837	8,582	9,209	9,567	10,187	11,054
CFPS(원)	2,475	2,729	3,651	3,971	4,490	4,916
DPS(원)	150	—	150	150	250	350
EBITDAPS(원)	2,853	3,111	4,253	4,768	5,133	5,497

재무 비율 〈단위 : % 〉

연도	영업이익률	순이익률	부채비율	차입금비율	ROA	ROE	유보율	자기자본비율	EBITDA마진율
2016	6.5	4.3	148.4	82.5	4.1	10.6	87.5	40.3	21.0
2015	5.9	3.3	168.7	102.9	2.9	8.2	72.8	37.2	20.0
2014	5.2	2.1	187.5	128.6	1.9	5.6	62.3	34.8	18.9
2013	4.7	2.4	192.7	112.9	2.4	7.2	56.2	34.2	16.2

엘지이노텍 (A011070)
LG Innotek

업 종: 전자 장비 및 기기		시 장: 거래소	
신용등급: (Bond) AA- (CP) A1		기업규모: 시가총액 대형주	
홈페이지: www.lginnotek.com		연 락 처: 02)3777-1114	
본 사: 서울시 중구 후암로 98			

설립일 1976.02.24	종업원수 9,000명	대표이사 박종석
상장일 2008.07.24	감사의견 적정(삼일)	계
결산기 12월	보통주 2,367만주	종속회사수 열
액면가 5,000원	우선주	구상호

주주구성 (지분율,%)
엘지전자	40.8
국민연금공단	10.0
(외국인)	27.7

출자관계 (지분율,%)
이노위드	100.0
LG이노텍엘리아스&펀드투자조합	99.0
티티엠	5.7

주요경쟁사 (외형,%)
LG이노텍	100
삼성SDI	90
삼성전기	105

매출구성
Camera Module, Actuator 등	48.6
Photomask, Tape Substrate, HDITouch Window 등	22.7
모터/센서, 차량통신, 차량용카메라 등	16.1

비용구성
매출원가율	88.7
판관비율	9.5

수출비중
수출	84.1
내수	15.9

회사 개요
동사는 디스플레이 제품군(LED BLU, Power 모듈 등), 모바일 제품군(카메라 모듈, PCB, Package), Automotive 제품군(모터 및 센서, LED 조명)을 생산 판매하며 LG전자, LG 디스플레이, 애플 등이 주요 거래선임. 애플 비중이 상승함에 따라 애플 신규 스마트폰의 실적과 동사의 실적 상관관계가 높음. LED는 비용구조 효율화로 향후 수익성은 개선될 전망임. 카메라 모듈은 신규 고객 확보 노력 중.

실적 분석
동사의 2016년 누적 매출액은 5조 7,545.7억원으로 전년 대비 6.3% 감소함. 광학 사업부의 부진에 기판사업, LED사업의 부진이 더하며 영업이익은 전년비가 53.1% 줄어든 1,048.3억원을 기록함. 2017년부터 스마트폰 듀얼 카메라 채택률 확대, 차량 부품고 성장이 이루어질 것으로 예상되어 충분한 실적 개선이 기대됨. 북미 고객사뿐만 아니라 중화권으로의 지속적인 수요 확대 또한 기대됨.

현금 흐름 〈단위 : 억원〉
항목	2015	2016
영업활동	6,784	3,318
투자활동	-3,062	-3,559
재무활동	-4,085	65
순현금흐름	-362	-190
기말현금	3,603	3,413

시장 대비 수익률
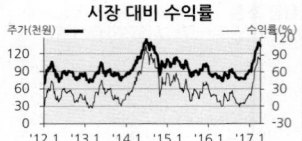

결산 실적 〈단위 : 억원〉
항목	2011	2012	2013	2014	2015	2016
매출액	45,530	53,160	62,115	64,661	61,381	57,546
영업이익	-451	773	1,362	3,140	2,237	1,048
당기순이익	-1,454	-249	155	1,127	951	50

분기 실적 〈단위 : 억원〉
항목	2015.3Q	2015.4Q	2016.1Q	2016.2Q	2016.3Q	2016.4Q
매출액	15,588	15,909	11,950	11,205	13,845	20,546
영업이익	607	451	4	-340	206	1,178
당기순이익	238	118	-121	-319	-380	870

재무 상태 〈단위 : 억원〉
항목	2011	2012	2013	2014	2015	2016
총자산	44,100	48,863	45,813	44,288	39,143	43,237
유형자산	23,055	23,747	21,049	18,976	16,473	17,294
무형자산	1,318	1,449	1,678	1,810	2,070	2,271
유가증권	65	63	39	38	45	24
총부채	30,851	36,180	32,644	27,323	21,493	25,452
총차입금	22,448	21,677	21,603	14,603	10,643	10,813
자본금	1,008	1,009	1,009	1,183	1,183	1,183
총자본	13,248	12,683	13,169	16,965	17,651	17,785
지배주주지분	13,248	12,683	13,169	16,965	17,651	17,785

기업가치 지표
항목	2011	2012	2013	2014	2015	2016
주가(최고/저)(천원)	143/55.7	106/67.4	105/69.4	149/81.5	116/78.5	97.2/70.8
PER(최고/저)(배)	—/—	—/—	136.9/90.9	31.5/17.3	29.1/19.7	465.9/339.3
PBR(최고/저)(배)	2.2/0.9	1.7/1.1	1.6/1.1	2.1/1.2	1.6/1.1	1.3/0.9
EV/EBITDA(배)	8.4	4.6	5.2	4.4	4.9	6.2
EPS(원)	-7,211	-1,237	770	4,761	4,018	209
BPS(원)	65,733	62,892	65,303	71,695	74,592	75,159
CFPS(원)	13,564	22,140	27,012	27,348	24,398	15,032
DPS(원)				250	350	250
EBITDAPS(원)	18,539	27,210	32,991	35,853	29,831	19,252

재무 비율 〈단위 : %〉
연도	영업이익률	순이익률	부채비율	차입금비율	ROA	ROE	유보율	자기자본비율	EBITDA마진율
2016	1.8	0.1	143.1	60.8	0.1	0.3	1,403.2	41.1	7.9
2015	3.6	1.6	121.8	60.3	2.3	5.5	1,391.8	45.1	11.5
2014	4.9	1.7	161.1	86.1	2.5	7.5	1,333.9	38.3	13.1
2013	2.2	0.3	247.9	164.0	0.3	1.2	1,206.1	28.8	10.7

엘지전자 (A066570)
LG Electronics

업 종: 내구소비재		시 장: 거래소	
신용등급: (Bond) AA (CP) —		기업규모: 시가총액 대형주	
홈페이지: www.lge.co.kr		연 락 처: 02)3777-1114	
본 사: 서울시 영등포구 여의대로 128 LG트윈타워			

설립일 2002.04.01	종업원수 37,873명	대표이사 정도현,조성진,조준호
상장일 2002.04.22	감사의견 적정(삼일)	계
결산기 12월	보통주 16,365만주	종속회사수 열
액면가 5,000원	우선주 1,719만주	구상호

주주구성 (지분율,%)
엘지	33.7
국민연금공단	7.5
(외국인)	29.5

출자관계 (지분율,%)
하이프라자	100.0
하이엔텍	100.0
하이엠솔루텍	100.0

주요경쟁사 (외형,%)
LG전자	100
삼성전자	365
LG디스플레이	48

매출구성
TV, 모니터 등	30.8
냉장고, 세탁기,	29.3
이동단말 등	25.5

비용구성
매출원가율	75.2
판관비율	22.4

수출비중
수출	73.6
내수	26.4

회사 개요
동사의 주요 사업부문은 TV와 PC 등을 생산, 판매하는 홈 엔터테인먼트, 이동단말 등을 생산, 판매하는 모바일 커뮤니케이션즈, 세탁기, 냉장고 및 에어컨 등 주요 생활가전 제품을 생산, 판매하는 홈 어플라이언스&에어 솔루션, 자동차부품을 생산, 판매하는 비히클 컴포넌츠, 기판소재, LED, Display 등을 생산, 판매하는 엘지이노텍 등 5개로 구성되어 있음. 종속기업은 123개이며, 관계기업 및 공동기업은 11개임.

실적 분석
VC사업부의 지속적인 성장과 H&A사업부의 선방에도 불구하고 상반기 내놓은 프리미엄 폰 'G5'의 참패로 MC사업부의 실적이 부진하여 2016년 매출액은 전년 대비 소폭 감소함. MC사업부의 대규모 적자에도 불구하고, 생활가전 부문에서는 트윈워시 세탁기와 같은 시장선도 제품 개발을 통해 많은 수익성 개선이 있었으며, TV 부문에서도 올레드TV 및 울트라HD TV와 같은 프리미엄 제품 판매를 통하여 영업이익이 증가함.

현금 흐름 〈단위 : 억원〉
항목	2015	2016
영업활동	26,188	31,580
투자활동	-19,332	-23,907
재무활동	-1,889	-2,788
순현금흐름	4,658	3,050
기말현금	27,102	30,151

시장 대비 수익률

결산 실적 〈단위 : 억원〉
항목	2011	2012	2013	2014	2015	2016
매출액	542,566	551,226	567,723	590,408	565,090	553,670
영업이익	3,790	12,167	12,490	18,286	11,923	13,378
당기순이익	-4,328	1,028	2,227	5,014	2,491	1,263

분기 실적 〈단위 : 억원〉
항목	2015.3Q	2015.4Q	2016.1Q	2016.2Q	2016.3Q	2016.4Q
매출액	140,288	145,601	133,621	140,029	132,242	147,778
영업이익	2,940	3,490	5,052	5,846	2,832	-352
당기순이익	1,248	-1,404	1,981	2,685	-815	-2,587

재무 상태 〈단위 : 억원〉
항목	2011	2012	2013	2014	2015	2016
총자산	326,585	347,661	355,281	370,684	363,139	378,553
유형자산	72,904	98,892	103,420	105,969	104,603	112,224
무형자산	10,358	12,223	13,637	13,943	14,733	15,711
유가증권	1,263	1,131	557	515	570	501
총부채	195,102	220,603	228,387	240,773	233,304	244,985
총차입금	74,499	86,553	92,326	90,715	89,110	87,534
자본금	9,042	9,042	9,042	9,042	9,042	9,042
총자본	131,482	127,057	126,894	129,911	129,835	133,567
지배주주지분	128,940	117,991	117,392	117,194	116,266	119,871

기업가치 지표
항목	2011	2012	2013	2014	2015	2016
주가(최고/저)(천원)	118/51.8	90.8/54.6	88.2/63.1	77.5/57.1	63.3/39.2	64.4/44.6
PER(최고/저)(배)	—/—	182.6/109.8	92.5/66.2	35.9/26.4	93.5/57.9	152.7/105.6
PBR(최고/저)(배)	1.7/0.8	1.4/0.9	1.4/1.0	1.2/0.9	1.0/0.6	1.0/0.7
EV/EBITDA(배)	11.2	6.6	6.0	4.8	5.3	5.1
EPS(원)	-2,809	511	978	2,208	688	425
BPS(원)	71,551	65,497	65,165	65,056	64,542	66,536
CFPS(원)	4,383	10,386	11,640	12,943	11,376	10,064
DPS(원)	200	200	200	400	400	400
EBITDAPS(원)	9,460	16,584	17,570	20,846	17,281	17,036

재무 비율 〈단위 : %〉
연도	영업이익률	순이익률	부채비율	차입금비율	ROA	ROE	유보율	자기자본비율	EBITDA마진율
2016	2.4	0.2	183.4	65.5	0.3	0.7	1,230.7	35.3	5.6
2015	2.1	0.4	179.7	68.6	0.7	1.1	1,190.9	35.5	5.5
2014	3.1	0.9	185.3	69.8	1.4	3.4	1,201.1	35.1	6.4
2013	2.2	0.4	180.0	72.8	0.6	1.5	1,203.3	35.7	5.6

엘지하우시스 (A108670)
LG Hausys

업 종 : 건축자재	시 장 : 거래소
신용등급 : (Bond) AA- (CP) A1	기업규모 : 시가총액 중형주
홈 페 이 지 : www.lghausys.co.kr	연 락 처 : 02)3777-1114
본 사 : 서울시 영등포구 국제금융로 10 국제금융센터(One IFC)	

설 립 일 2009.04.02	종 업 원 수 3,095명	대 표 이 사 오장수	
상 장 일 2009.04.20	감 사 의 견 적정 (삼일)	계 열	
결 산 기 12월	보 통 주 897만주	종속회사수	
액 면 가 5,000원	우 선 주 103만주	구 상 호	

주주구성 (지분율,%)		출자관계 (지분율,%)		주요경쟁사 (외형,%)	
엘지	33.5	하우시스이엔지	100.0	LG하우시스	100
국민연금공단	14.2	엘지토스템비엠	50.0	KCC	119
(외국인)	14.3	모젤디앤에스	13.0	벽산	15

매출구성		비용구성		수출비중	
건축자재	60.7	매출원가율	72.8	수출	33.6
고기능 소재/부품	36.1	판관비율	21.8	내수	66.4
공통부문 및 기타	3.2				

회사 개요
동사는 주요제품인 창호, 바닥재, 인조대리석 등의 건축자재와 자동차부품/원단, 인테리어 및 IT 가전용 필름 등의 고기능소재/부품 등이 있음. 플라스틱 등의 원료를 압출, 사출, Calendaring, Casting 등을 통해 소재로 가공하고, 이 후 인쇄, 코팅, 엠보, 발포 등 2차 가공을 거쳐 제품을 제조/판매하는 사업으로 소비자의 소득수준과 건설, 자동차 등 전방산업의 경기 상황에 영향을 많이 받는 특징이 있음.

실적 분석
동사의 연결 기준 2016년 결산 매출액은 2조 9,283.4억원으로 전년동기 대비 9% 상승함. 영업이익 및 당기순이익은 소폭 상승함. 분양증가에 기인한 중간/마감재 투입 시점 도래로 국내 건축자재 B2B 판매 증가, 미국 Capa 증설의 실적 기여 및 국내 단열재 투자 지속으로 건축자재 중심의 성장을 달성함. 건자재, 소재 부문에서 공통적으로 사용되는 원재료인 PVC의 경우 최근 꾸준히 가격이 상승하고 있음.

현금 흐름
〈단위 : 억원〉

항목	2015	2016
영업활동	926	1,522
투자활동	-2,307	-891
재무활동	1,948	-1,405
순현금흐름	516	-762
기말현금	1,805	1,043

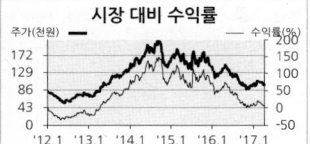

시장 대비 수익률

결산 실적
〈단위 : 억원〉

항목	2011	2012	2013	2014	2015	2016
매출액	24,454	24,511	26,770	27,921	26,870	29,283
영업이익	712	566	1,146	1,485	1,553	1,570
당기순이익	463	285	723	636	712	747

분기 실적
〈단위 : 억원〉

항목	2015.3Q	2015.4Q	2016.1Q	2016.2Q	2016.3Q	2016.4Q
매출액	6,975	6,340	6,758	7,660	7,198	7,668
영업이익	468	258	389	497	362	323
당기순이익	337	28	219	315	91	123

재무 상태
〈단위 : 억원〉

항목	2011	2012	2013	2014	2015	2016
총자산	19,425	17,780	19,521	20,571	22,518	22,859
유형자산	7,250	7,746	8,698	9,925	11,105	11,134
무형자산	298	325	337	385	408	423
유가증권	12	34	46	29	31	43
총부채	12,202	10,515	11,691	12,270	13,742	13,485
총차입금	7,779	6,095	6,372	7,212	9,465	8,347
자본금	500	500	500	500	500	500
총자본	7,223	7,265	7,829	8,301	8,776	9,374
지배주주지분	7,215	7,210	7,784	8,264	8,745	9,374

기업가치 지표

항목	2011	2012	2013	2014	2015	2016
주가(최고/저)(천원)	82.0/60.1	83.0/54.0	136/66.0	212/136	189/127	147/86.3
PER(최고/저)(배)	19.1/14.0	30.6/20.0	19.7/9.5	34.4/22.0	27.1/18.2	20.0/11.7
PBR(최고/저)(배)	1.2/0.9	1.2/0.8	1.9/0.9	2.7/1.7	2.2/1.5	1.6/0.9
EV/EBITDA(배)	8.3	8.2	8.8	8.6	8.2	5.9
EPS(원)	4,655	2,898	7,324	6,448	7,178	7,514
BPS(원)	72,346	72,300	78,036	82,837	87,652	93,936
CFPS(원)	11,815	11,241	16,415	16,241	18,099	19,409
DPS(원)	1,000	1,000	1,800	1,800	1,800	1,800
EBITDAPS(원)	14,278	14,007	20,550	24,647	26,455	27,594

재무 비율
〈단위 : % 〉

연도	영업이익률	순이익률	부채비율	차입금비율	ROA	ROE	유보율	자기자본비율	EBITDA마진율
2016	5.4	2.6	143.9	89.1	3.3	8.3	1,778.7	41.0	9.4
2015	5.8	2.7	156.6	107.9	3.3	8.4	1,653.0	39.0	9.9
2014	5.3	2.3	147.8	86.9	3.2	8.0	1,556.8	40.4	8.8
2013	4.3	2.7	149.3	81.4	3.9	9.8	1,460.7	40.1	7.7

엘지화학 (A051910)
LG Chem

업 종 : 화학	시 장 : 거래소
신용등급 : (Bond) AA+ (CP) —	기업규모 : 시가총액 대형주
홈 페 이 지 : www.lgchem.com	연 락 처 : 02)3777-1114
본 사 : 서울시 영등포구 여의대로 128, LG트윈타워빌딩	

설 립 일 2001.04.01	종 업 원 수 15,318명	대 표 이 사 박진수	
상 장 일 2001.04.25	감 사 의 견 적정 (삼일)	계 열	
결 산 기 12월	보 통 주 7,059만주	종속회사수	
액 면 가 5,000원	우 선 주 769만주	구 상 호	

주주구성 (지분율,%)		출자관계 (지분율,%)		주요경쟁사 (외형,%)	
엘지	33.3	팜한농	100.0	LG화학	100
국민연금공단	8.2	행복누리	100.0	한화케미칼	45
(외국인)	37.2	씨텍	50.0	금호석유	19

매출구성		비용구성		수출비중	
기초소재 사업부문 (ABS, PC, EP 등)	71.6	매출원가율	80.3	수출	59.8
전지 사업부문(Mobile전지, 자동차전지)	15.6	판관비율	10.0	내수	40.2
정보전자소재 사업부문 (편광판 등)	11.3				

회사 개요
동사는 석유화학, 정보전자소재, 전지부문의 사업을 영위하고 있음. 석유화학에선 에틸렌, 프로필렌, 부타디엔, 벤젠 등의 제품을 생산하고 이를 원료로 합성수지, 합성고무, 합성원료 등을 생산, 정보전자소재로는 편광판, 3D FPR, 감광재, 회로소재, OLED물질 등의 디스플레이 소재를 생산함. 전지부문에선 휴대폰, 노트북, 전기차 등에 쓰이는 이차전지를 만들어 현대기아차, GM, 르노, 포드, 볼보 등에 공급함.

실적 분석
동사의 2016년 누적매출액은 20조 6,593억원으로 전년 대비 2.2% 증가함. 영업이익은 1조 9,919.2억원으로 9.2% 늘었고, 당기순이익도 전년보다 11.5% 증가한 1조2,809.9억원을 기록함. 기초소재는 PE중심의 화학 제품 스프레드 반등, 긍적적 환율 효과, 유가 반등의 영향으로 실적 개선세를 보임. 정보전자소재는 편광판 단가 하락, 비수기에 따른 출하량 하락으로 적자를 냈고, 전지부문도 모바일 전지의 수익성 악화로 적자임.

현금 흐름
〈단위 : 억원〉

항목	2015	2016
영업활동	31,721	25,167
투자활동	-16,978	-17,368
재무활동	-7,575	-10,073
순현금흐름	7,169	-2,306
기말현금	17,049	14,744

시장 대비 수익률

결산 실적
〈단위 : 억원〉

항목	2011	2012	2013	2014	2015	2016
매출액	226,756	232,630	231,436	225,778	202,066	206,593
영업이익	28,188	19,103	17,430	13,108	18,236	19,919
당기순이익	21,697	15,063	12,706	8,540	11,485	12,810

분기 실적
〈단위 : 억원〉

항목	2015.3Q	2015.4Q	2016.1Q	2016.2Q	2016.3Q	2016.4Q
매출액	51,777	50,406	48,741	52,192	50,543	55,117
영업이익	5,463	3,520	4,577	6,125	4,600	4,617
당기순이익	3,424	2,070	3,381	3,755	2,974	2,700

재무 상태
〈단위 : 억원〉

항목	2011	2012	2013	2014	2015	2016
총자산	152,856	165,812	174,465	181,276	185,787	204,871
유형자산	73,760	83,482	85,596	86,995	88,672	96,801
무형자산	2,072	2,339	2,631	5,250	5,019	8,321
유가증권	60	218	60	62	153	234
총부채	55,779	58,158	57,208	58,618	54,752	64,361
총차입금	25,274	29,471	30,105	29,336	26,587	28,906
자본금	3,695	3,695	3,695	3,695	3,695	3,695
총자본	97,077	107,654	117,257	122,659	131,035	140,510
지배주주지분	95,535	106,293	115,969	121,399	129,915	139,374

기업가치 지표

항목	2011	2012	2013	2014	2015	2016
주가(최고/저)(천원)	517/260	401/245	320/218	281/165	329/159	335/215
PER(최고/저)(배)	19.6/9.9	21.5/13.1	20.0/13.6	25.3/14.8	21.8/10.5	19.7/12.7
PBR(최고/저)(배)	4.4/2.2	3.0/1.8	2.2/1.5	1.8/1.1	1.9/0.9	1.8/1.2
EV/EBITDA(배)	6.5	7.0	6.6	5.8	7.7	5.8
EPS(원)	28,930	20,223	17,131	11,745	15,602	17,336
BPS(원)	129,485	144,043	157,137	164,485	176,007	188,807
CFPS(원)	39,169	32,044	31,275	27,309	32,599	35,424
DPS(원)	4,000	4,000	4,000	4,000	4,500	5,000
EBITDAPS(원)	48,382	37,671	37,730	33,302	41,673	45,042

재무 비율
〈단위 : % 〉

연도	영업이익률	순이익률	부채비율	차입금비율	ROA	ROE	유보율	자기자본비율	EBITDA마진율
2016	9.6	6.2	45.8	20.6	6.6	9.5	3,676.1	68.6	16.1
2015	9.0	5.7	41.8	20.3	6.3	9.2	3,420.2	70.5	15.5
2014	5.8	3.8	47.8	23.9	4.8	7.3	3,189.7	67.7	10.9
2013	7.5	5.5	48.8	25.7	7.5	11.4	3,042.7	67.2	12.1

엘컴텍 (A037950)
Elcomtec

업 종 : 휴대폰 및 관련부품		시 장 : KOSDAQ	
신 용 등 급 : (Bond) — (CP) —		기 업 규 모 : 벤처	
홈 페 이 지 : www.elcomtec.co.kr		연 락 처 : 031)372-6740	
본 사 : 경기도 평택시 진위면 동부대로 231			

설 립 일 1991.09.13	종 업 원 수 77명	대 표 이 사 김영민	
상 장 일 2000.08.24	감 사 의 견 적정 (삼덕)	계 열	
결 산 기 12월	보 통 주 8,445만주	종 속 회 사 수	
액 면 가 500원	우 선 주	구 상 호 한성엘컴텍	

주주구성 (지분율,%)
파트론	57.6
파트론정밀	6.1
(외국인)	0.8

출자관계 (지분율,%)
천진한성엘컴텍광전자	100.0
한성엘컴텍(천진)	100.0
TIANJINMICROPTICSCO.,LTD	100.0

주요경쟁사 (외형,%)
엘컴텍	100
블루콤	364
나무가	446

매출구성
휴대폰부품	66.3
기타	33.7

비용구성
매출원가율	76.2
판관비율	13.3

수출비중
수출	88.2
내수	11.8

회사 개요
동사는 현재 핸드폰 키패드와 카메라 모듈을 주 제품으로 생산하는 핸드폰부품 사업분야와 LED조명을 제품으로 하는 LED조명사업 그리고 몽골 현지에 설립한 종속회사에서 3개의 광구로부터 금, 구리, 아연 등을 채취하는 임가공사업을 영위함. 주요 사업분야의 매출 비중은 2016년 1분기 기준 휴대폰부품 분야가 약 85.5%, 기타 사업부문이 14.5%를 구성하고 있음. 2013년 9월 휴대폰 부품 업체 파트론에 피인수됨.

실적 분석
동사의 2016년 연간 매출은 655.5억원으로 전년대비 5.2% 증가, 영업이익은 69억원으로 전년대비 11.9% 증가, 당기순이익은 59.2억원으로 전년대비 36.6% 감소 시현. 순이익은 52.8억원으로 전년동기대비 3.4% 증가함. 국내 카메라모듈 수요 증가 및 고가 중심으로 성장하면서 동사의 매출도 동반하여 증가함. 수익성도 내부적인 원가개선 효과, 고정비 부담 완화로 전년대비 큰 폭의 개선세 시현.

현금 흐름 〈단위 : 억원〉
항목	2015	2016
영업활동	-10	152
투자활동	-24	-70
재무활동	67	-83
순현금흐름	30	-1
기말현금	76	75

시장 대비 수익률
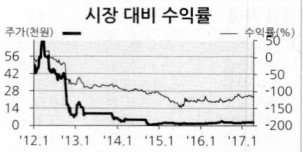

결산 실적 〈 단위 : 억원 〉
항목	2011	2012	2013	2014	2015	2016
매출액	1,641	1,150	189	325	623	656
영업이익	-149	-275	-101	19	62	69
당기순이익	-185	-813	-18	10	93	59

분기 실적 〈 단위 : 억원 〉
항목	2015.3Q	2015.4Q	2016.1Q	2016.2Q	2016.3Q	2016.4Q
매출액	162	206	199	189	150	118
영업이익	19	26	29	27	7	6
당기순이익	28	42	29	19	5	6

재무 상태 〈 단위 : 억원 〉
항목	2011	2012	2013	2014	2015	2016
총자산	2,002	1,087	828	853	938	901
유형자산	820	657	578	384	386	362
무형자산	216	48	44	42	67	90
유가증권	36	1	0	1	5	39
총부채	1,616	1,404	372	356	237	125
총차입금	1,047	1,009	253	222	160	42
자본금	77	130	322	388	413	422
총자본	386	-317	456	496	701	776
지배주주지분	386	-317	460	499	675	750

기업가치 지표
항목	2011	2012	2013	2014	2015	2016
주가(최고/저)(천원)	112/35.1	74.7/6.9	19.4/4.8	6.2/0.7	2.5/1.3	3.9/1.6
PER(최고/저)(배)	—/—	—/—	—/—	382.5/42.1	21.7/11.4	49.3/20.0
PBR(최고/저)(배)	1.2/0.4	-1.4/-0.1	27.8/6.9	9.9/1.1	3.1/1.6	4.4/1.8
EV/EBITDA(배)	—	—	—	33.3	16.4	19.0
EPS(원)	-48,573	-148,773	-88	17	116	80
BPS(원)	2,518	-1,218	714	643	817	890
CFPS(원)	-752	-2,957	145	47	148	117
DPS(원)	—	—	—	—	—	50
EBITDAPS(원)	-476	-810	-287	58	107	120

재무 비율 〈단위 : % 〉
연도	영업이익률	순이익률	부채비율	차입금비율	ROA	ROE	유보율	자기자본비율	EBITDA마진율
2016	10.5	9.0	16.2	5.5	6.4	9.4	78.0	86.1	15.2
2015	9.9	15.0	33.8	22.8	10.4	16.2	63.4	74.8	14.1
2014	5.8	3.0	71.7	44.7	1.2	2.4	28.7	58.2	12.2
2013	-53.3	-9.6	81.4	55.6	-1.9	전기잠식	42.8	55.1	-29.4

엘티씨 (A170920)
LTC

업 종 : 반도체 및 관련장비		시 장 : KOSDAQ	
신 용 등 급 : (Bond) — (CP) —		기 업 규 모 : 우량	
홈 페 이 지 : www.l-tech.co.kr		연 락 처 : 031)383-6525	
본 사 : 경기도 안양시 동안구 평촌대로 212번길 55, 대고빌딩 6층			

설 립 일 2007.11.23	종 업 원 수 126명	대 표 이 사 최호성	
상 장 일 2013.10.08	감 사 의 견 적정 (대주)	계 열	
결 산 기 12월	보 통 주 752만주	종 속 회 사 수	
액 면 가 500원	우 선 주	구 상 호	

주주구성 (지분율,%)
최호성	35.6
KB자산운용	11.3
(외국인)	1.0

출자관계 (지분율,%)
엠머티리얼즈	76.0
엘티씨에이엠	67.1
비엠씨	10.0

주요경쟁사 (외형,%)
엘티씨	100
오디텍	78
원팩	49

매출구성
[제품]박리액	83.1
[제품]기타	10.3
[상품]	6.2

비용구성
매출원가율	79.1
판관비율	23.1

수출비중
수출	94.4
내수	5.6

회사 개요
동사는 2007년 화학제품의 수입, 제조, 가공 및 판매업을 주요사업 목적으로 설립되었으며, 현재 디스플레이나 반도체 제조 공정에 사용되는 화학소재(Process Chemical) 중 하나인 박리액 개발 및 제조를 주력사업으로 진행하고 있음. 중국의 8세대 설비투자에 따라 전 세계적으로 박리액 수요가 확대될 것으로 기대되며 내 패널사의 중국 공장 증설도 진행 중으로 향후 박리액 수요 확대가 예상됨.

실적 분석
동사의 2016년 결산 연결기준 매출액은 710.1억원으로 7.1% 감소하였지만 매출원가는 증가하였음. 박리액 생산을 위한 원재료 매출인 상품 부문의 수출 물량이 급감함에 따라 외형이 소폭 축소됨. 성능이 개선된 제품으로 전환하는 초기 비용발생, 종속회사의 영업손실로 동사의 영업이익 및 당기순이익이 적자전환하였음. 유기재료 및 나노세라믹 사업 부문의 연구개발을 지속적으로 확대한 결과, 사업화가 가능한 신제품을 개발 완료함.

현금 흐름 〈단위 : 억원〉
항목	2015	2016
영업활동	103	-11
투자활동	-59	-234
재무활동	21	254
순현금흐름	72	11
기말현금	223	234

시장 대비 수익률

결산 실적 〈 단위 : 억원 〉
항목	2011	2012	2013	2014	2015	2016
매출액	947	929	988	831	764	710
영업이익	72	115	195	104	80	-15
당기순이익	60	95	172	96	65	-19

분기 실적 〈 단위 : 억원 〉
항목	2015.3Q	2015.4Q	2016.1Q	2016.2Q	2016.3Q	2016.4Q
매출액	217	189	207	158	173	173
영업이익	41	6	-12	-23	13	7
당기순이익	39	-2	-12	-25	5	13

재무 상태 〈 단위 : 억원 〉
항목	2011	2012	2013	2014	2015	2016
총자산	334	441	811	893	1,235	1,446
유형자산	124	187	187	258	545	700
무형자산	5	11	32	32	165	173
유가증권	—	—	—	4	26	22
총부채	196	199	86	95	389	553
총차입금	114	106	5	28	283	469
자본금	23	23	33	34	34	38
총자본	138	242	725	798	846	893
지배주주지분	138	242	725	798	839	884

기업가치 지표
항목	2011	2012	2013	2014	2015	2016
주가(최고/저)(천원)	—/—	—/—	20.8/17.2	23.2/12.4	17.3/11.5	17.2/9.9
PER(최고/저)(배)	0.0/0.0	0.0/0.0	7.0/5.8	16.5/8.9	15.8/10.5	—/—
PBR(최고/저)(배)	0.0/0.0	0.0/0.0	2.0/1.6	2.0/1.1	1.4/0.9	1.4/0.8
EV/EBITDA(배)	—	—	3.7	4.5	7.1	36.8
EPS(원)	1,327	1,807	3,076	1,449	1,116	-108
BPS(원)	2,630	4,609	11,065	11,980	12,695	12,153
CFPS(원)	1,567	2,181	3,560	1,882	1,783	599
DPS(원)	—	—	150	150	150	150
EBITDAPS(원)	1,828	2,560	3,983	2,004	1,846	487

재무 비율 〈단위 : % 〉
연도	영업이익률	순이익률	부채비율	차입금비율	ROA	ROE	유보율	자기자본비율	EBITDA마진율
2016	-2.2	-2.6	61.9	52.6	-1.4	-0.9	2,330.7	61.8	4.7
2015	10.5	8.5	45.9	33.4	6.1	9.3	2,439.0	68.5	16.5
2014	12.5	11.5	11.9	3.5	11.2	12.6	2,296.1	89.4	15.9
2013	19.7	17.4	11.9	0.7	27.4	35.5	2,112.9	89.4	22.5

엘피케이 (A183350)
LPK

업 종 : 기계			시 장 : KONEX	
신용등급 : (Bond) — (CP) —			기업규모 :	
홈페이지 : www.lpkrobo.com			연 락 처 : 032)341-1645	
본 사 : 인천시 계양구 아나지로 402(작전동)				

설 립 일	2004.06.26	종업원수	43명	대표이사	이광
상 장 일	2013.10.11	감사의견	적정 (한영)	계	열
결 산 기	12월	보 통 주	372만주	종속회사수	
액 면 가	500원	우 선 주		구 상 호	

주주구성 (지분율,%)
이광	56.8
김영렬	14.6

출자관계 (지분율,%)
코아시스템즈	28.8

주요경쟁사 (외형,%)
엘피케이	100
에이테크솔루션	945
디에스티로봇	186

매출구성
직교좌표로봇(Cartesian Robot)	45.4
NC가공기	26.1
리니어로봇(Linear Robot)	18.8

비용구성
매출원가율	76.7
판관비율	14.5

수출비중
수출	4.2
내수	95.8

회사 개요
2004년 설립된 동사는 산업용로봇과 NC장비를 제조해 국내와 해외 시장에 공급하고 있음. LCD, LED, 자동차, 반도체장비, IT(모바일 장비), 기타 전기전자산업 분야 등의 다양한 각 산업의 제조현장에서 부품소재의 입고부터 제조의 전 공정과 출하까지의 공정 내 자동화 작업을 수행하기 위한 로봇을 생산하는 산업임. 로봇산업은 타 분야에 대한 기술적 파급효과가 크고 특히 최근 자동화의 주요 핵심요소로 대두되고 있어 성장 잠재력이 큼.

실적 분석
2016년 연결기준의 매출액은 242.3억원으로 전년 대비 20.8% 증가했음. 판매비와 관리비가 15.6% 늘었으나 외형 성장에 힘입어 전년 17.1억원을 기록했던 영업이익이 25.2% 증가한 21.4억원을 기록함. 전년도 3.1억원의 손실을 냈던 비영업 부문이 흑자로 전환되어 당기순이익은 전년 11.9억원에서 73.8% 증가한 20.7억원을 기록함.

현금 흐름 *IFRS 별도 기준 〈단위 : 억원〉
항목	2015	2016
영업활동	6	7
투자활동	-12	-54
재무활동	11	69
순현금흐름	6	22
기말현금	6	29

시장 대비 수익률

결산 실적 〈단위 : 억원〉
항목	2011	2012	2013	2014	2015	2016
매출액	103	91	134	153	201	242
영업이익	16	11	14	14	17	21
당기순이익	15	10	12	11	12	21

분기 실적 *IFRS 별도 기준 〈단위 : 억원〉
항목	2015.3Q	2015.4Q	2016.1Q	2016.2Q	2016.3Q	2016.4Q
매출액	47	—	—	—	—	—
영업이익	0	—	—	—	—	—
당기순이익	-0	—	—	—	—	—

재무 상태 *IFRS 별도 기준 〈단위 : 억원〉
항목	2011	2012	2013	2014	2015	2016
총자산	55	79	148	171	205	336
유형자산	3	2	68	69	88	115
무형자산	3	4	8	10	16	22
유가증권			3	3		
총부채	25	40	82	97	118	231
총차입금	8	13	45	56	67	140
자본금	3	5	19	19	19	19
총자본	31	39	67	74	87	105
지배주주지분	31	39	67	74	87	105

기업가치 지표 *IFRS 별도 기준
항목	2011	2012	2013	2014	2015	2016
주가(최고/저)(천원)	—/—	—/—	6.2/4.9	6.4/5.6	13.3/6.2	16.5/7.5
PER(최고/저)(배)	0.0/0.0	0.0/0.0	12.0/9.7	23.3/20.3	42.0/19.6	29.9/13.5
PBR(최고/저)(배)	0.0/0.0	0.0/0.0	3.5/2.8	3.3/2.9	5.7/2.7	5.9/2.7
EV/EBITDA(배)	—	—	15.2	15.5	23.9	20.6
EPS(원)	1,418	642	521	279	319	555
BPS(원)	50,879	43,554	3,594	1,979	2,338	2,829
CFPS(원)	30,856	14,611	1,223	380	448	703
DPS(원)			70	50	50	50
EBITDAPS(원)	32,265	15,602	1,389	472	587	723

재무 비율 〈단위 : % 〉
연도	영업이익률	순이익률	부채비율	차입금비율	ROA	ROE	유보율	자기자본비율	EBITDA마진율
2016	8.8	8.5	219.3	133.2	7.6	21.5	465.9	31.3	11.1
2015	8.5	5.9	135.9	77.1	6.3	14.8	367.6	42.4	10.9
2014	9.0	6.8	132.1	75.5	—	295.9	43.1	11.5	
2013	10.5	9.0	121.9	68.0	10.7	22.8	618.8	45.1	12.0

엠게임 (A058630)
MGAME

업 종 : 게임 소프트웨어			시 장 : KOSDAQ	
신용등급 : (Bond) — (CP) —			기업규모 : 벤처	
홈페이지 : www.mgamecorp.com			연 락 처 : 02)523-5854	
본 사 : 서울시 금천구 가산디지털1로 145, 에이스하이엔드타워3차 6층				

설 립 일	1999.12.28	종업원수	112명	대표이사	권이형
상 장 일	2008.12.19	감사의견	적정 (서일)	계	열
결 산 기	12월	보 통 주	1,911만주	종속회사수	
액 면 가	500원	우 선 주		구 상 호	

주주구성 (지분율,%)
손승철	14.4
권이형	1.8
(외국인)	0.5

출자관계 (지분율,%)
플레이북스	48.0
GameCafeServices,Inc.	29.0
엠게임스튜디오	29.0

주요경쟁사 (외형,%)
엠게임	100
파티게임즈	103
한빛소프트	101

매출구성
MMORPG(게임유료아이템)	77.2
웹보드 및 기타(카드/보드 및 기타)	22.8
배너광고	0.0

비용구성
매출원가율	0.0
판관비율	86.2

수출비중
수출	57.3
내수	42.7

회사 개요
1994년 설립, 게임소프트웨어 개발 및 공급을 하고 있으며 전체 매출의 99%가 온라인게임부문에서 발생하고 있으며 자체게임 포탈 '엠게임'을 운영함. 대부분의 매출이 열혈강호, 나이트 등 MMORPG에서 발생. 다수의 수요층이 10~20대의 젊은 층으로 이들의 여가시간 사용에 따른 영향을 받기 때문에 계절적 영향이 존재함. 주요 자회사로 MMORPG개발사인 케이알지소프트가 있음.

실적 분석
동사의 2016년 결산 연결기준의 매출액은 전년동기 대비 9.7% 증가한 305억원을 기록함. 인건비는 소폭 감소하였지만 영업비용(마케팅비, 경상연구개발비 등)이 증가하여 영업이익이 크게 감소함. 무형자산 평가손실 감소 등으로 당기순이익이 대폭 증가하였음. 동사는 전 시장에 걸쳐 40여종의 게임을 서비스하고 있으며 서비스형태가 자체개발과 스튜디오개발 및 퍼블리싱으로 비즈니스모델이 안정적인 리스크 분산이 되어 있음.

현금 흐름 *IFRS 별도 기준 〈단위 : 억원〉
항목	2015	2016
영업활동	80	14
투자활동	-15	-14
재무활동	-35	19
순현금흐름	31	20
기말현금	50	70

시장 대비 수익률
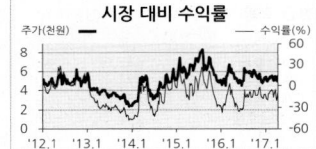

결산 실적 〈단위 : 억원〉
항목	2011	2012	2013	2014	2015	2016
매출액	504	450	319	307	278	305
영업이익	-3	4	-146	25	77	42
당기순이익	-12	-23	-682	-81	14	37

분기 실적 *IFRS 별도 기준 〈단위 : 억원〉
항목	2015.3Q	2015.4Q	2016.1Q	2016.2Q	2016.3Q	2016.4Q
매출액	63	81	78	91	67	70
영업이익	19	21	22	14	1	6
당기순이익	32	-38	19	14	11	-6

재무 상태 *IFRS 별도 기준 〈단위 : 억원〉
항목	2011	2012	2013	2014	2015	2016
총자산	1,158	1,194	631	405	367	391
유형자산	141	129	116	86	82	105
무형자산	172	230	132	105	111	70
유가증권	16	14	11	2	2	20
총부채	435	465	463	229	143	119
총차입금	290	357	356	145	67	77
자본금	58	58	72	89	96	96
총자본	723	728	168	176	224	271
지배주주지분	723	728	168	176	224	271

기업가치 지표 *IFRS 별도 기준
항목	2011	2012	2013	2014	2015	2016
주가(최고/저)(천원)	8.7/3.0	6.8/4.2	5.8/2.3	6.8/2.4	8.4/4.6	6.9/4.5
PER(최고/저)(배)	50.2/17.4	—/—	—/—	109.8/60.1	35.0/22.9	
PBR(최고/저)(배)	1.4/0.5	1.1/0.7	4.4/1.8	6.1/2.2	6.5/3.6	4.8/3.2
EV/EBITDA(배)	12.5	9.7	—	15.4	10.5	15.4
EPS(원)	174	-19	-4,698	-537	76	196
BPS(원)	6,411	6,458	1,321	1,104	1,286	1,421
CFPS(원)	469	456	-4,216	-285	171	323
DPS(원)						
EBITDAPS(원)	541	769	-526	416	498	347

재무 비율 〈단위 : % 〉
연도	영업이익률	순이익률	부채비율	차입금비율	ROA	ROE	유보율	자기자본비율	EBITDA마진율
2016	13.8	12.3	43.9	28.4	9.9	15.1	184.1	69.5	21.7
2015	27.6	5.2	63.6	29.7	3.8	7.2	157.1	61.1	34.1
2014	8.1	-26.5	130.5	83.5	-16.4	-59.9	124.0	43.4	20.5
2013	-45.8	-213.6	571.3	450.2	-77.2	-181.5	60.3	14.9	-14.3

엠디에스테크놀로지 (A086960)
MDS Technology

업 종 : 일반 소프트웨어		시 장 : KOSDAQ	
신용등급 : (Bond) — (CP) —		기업규모 : 우량	
홈 페 이 지 : www.mdstec.com		연 락 처 : 031)627-3000	
본 사 : 경기도 성남시 분당구 대왕판교로 644번길 49 한컴타워 3층			

설 립 일 1998.12.29	종 업 원 수 284명	대 표 이 사 장명섭
상 장 일 2006.09.26	감사의견 적정(한영)	계 열
결 산 기 12월	보 통 주 883만주	종속회사수
액 면 가 500원	우 선 주	구 상 호

주주구성 (지분율,%)		출자관계 (지분율,%)		주요경쟁사 (외형,%)	
한글과컴퓨터	18.5	텔라딘	70.0	MDS테크	100
윈드먼씨로컬합협섬장서로투자권리회사	9.9	유니맥스정보시스템	66.7	이니텍	154
(외국인)	14.2	한컴인터프리	7.9	포비스티앤씨	75

매출구성		비용구성		수출비중	
교육/SoC/보드 등	35.4	매출원가율	70.6	수출	—
OS 번들 및 서비스	34.1	판관비율	20.3	내수	—
임베디드 개발툴	27.2				

회사 개요
동사는 1998년 설립된 임베디드 소프트웨어 업체로 2006년 코스닥시장에 상장됐음. 자동차산업은 임베디드 소프트웨어 도입 및 적용이 가장 활발하게 진행되고 있음. 현대차그룹의 전장 투자 확대 및 새로운 구조를 가진 칩의 출시에 따라 현대모비스 등 신규 고객과 수주가 확대되고 있음. 최근 자동차 전장 소프트웨어와 IoT 기반의 시장이 늘어나는 추세이며, 이에 따른 산업자동화 분야의 모듈 사업권 확보, 전방산업에서의 매출확대가 가시적으로 발생중.

실적 분석
동사의 2016년 매출액은 1,502.8억원으로 전년대비 27.6% 증가함. 영업이익은 135.6억원으로 전년대비 10.2% 증가함. 당기순이익은 전년대비 0.4% 감소한 109.6억원을 시현함. 자동차 부문의 개발솔루션 SW 유지보수 매출과, 임베디드 소프트웨어 개발 솔루션 부문의 증대가 매출에 기여하고 있으며. 자동차, 국방 분야 사업, 스마트 팩토리 사업과 보안 계열 SW 진출중.

현금 흐름 〈단위 : 억원〉

항목	2015	2016
영업활동	64	-53
투자활동	-67	150
재무활동	-26	-9
순현금흐름	-29	88
기말현금	134	223

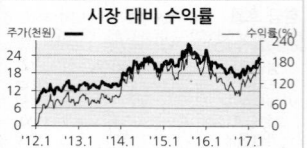

시장 대비 수익률

결산 실적 〈단위 : 억원〉

항목	2011	2012	2013	2014	2015	2016
매출액	707	727	837	1,052	1,178	1,503
영업이익	89	88	91	108	123	136
당기순이익	97	101	89	103	110	110

분기 실적 〈단위 : 억원〉

항목	2015.3Q	2015.4Q	2016.1Q	2016.2Q	2016.3Q	2016.4Q
매출액	258	363	251	354	362	536
영업이익	22	33	24	30	25	57
당기순이익	20	29	22	28	42	18

재무 상태 〈단위 : 억원〉

항목	2011	2012	2013	2014	2015	2016
총자산	763	894	1,028	1,192	1,286	1,467
유형자산	65	89	115	113	133	133
무형자산	80	78	98	124	120	161
유가증권	24	400	448	46	45	34
총부채	169	176	237	307	312	478
총차입금	2	4	25	24	20	76
자본금	48	48	48	48	48	48
총자본	594	718	791	885	974	989
지배주주지분	594	718	783	876	960	950

기업가치 지표

항목	2011	2012	2013	2014	2015	2016
주가(최고/저)(천원)	7.4/4.4	15.8/7.6	15.3/12.0	23.5/14.3	28.2/19.7	25.9/16.4
PER(최고/저)(배)	7.4/4.4	14.5/7.1	15.6/12.3	21.2/12.9	24.1/16.8	23.2/14.7
PBR(최고/저)(배)	1.1/0.7	2.1/1.0	1.8/1.4	2.5/1.5	2.7/1.9	2.2/1.4
EV/EBITDA(배)	3.5	6.9	7.5	10.1	12.0	8.8
EPS(원)	1,119	1,164	1,031	1,152	1,197	1,133
BPS(원)	7,230	8,255	8,991	9,960	10,894	11,791
CFPS(원)	1,224	1,283	1,159	1,308	1,435	1,399
DPS(원)	290	270	260	270	280	280
EBITDAPS(원)	1,135	1,132	1,175	1,390	1,634	1,802

재무 비율 〈단위 : % 〉

연도	영업이익률	순이익률	부채비율	차입금비율	ROA	ROE	유보율	자기자본비율	EBITDA마진율
2016	9.0	7.3	48.4	7.7	8.0	10.5	2,048.7	67.4	10.6
2015	10.4	9.4	32.0	2.0	8.9	11.5	1,885.1	75.8	12.2
2014	10.3	9.8	34.7	3.1	9.3	12.1	1,714.3	74.3	11.6
2013	10.9	10.6	30.0	3.1	9.2	11.9	1,536.6	76.9	12.2

엠로 (A058970)
EMRO

업 종 : 일반 소프트웨어		시 장 : KONEX	
신용등급 : (Bond) — (CP) —		기업규모 : —	
홈 페 이 지 : www.emro.co.kr		연 락 처 : 02)785-9848	
본 사 : 서울시 영등포구 당산로41길 11, 이동 5층			

설 립 일 2000.03.15	종 업 원 수 명	대 표 이 사 송재민
상 장 일 2016.04.28	감사의견 적정(우리)	계 열
결 산 기 12월	보 통 주 482만주	종속회사수
액 면 가 500원	우 선 주 129만주	구 상 호

주주구성 (지분율,%)		출자관계 (지분율,%)		주요경쟁사 (외형,%)	
송재민	39.0	코드랩	5.6	엠로	100
고동휘	4.8			네이블	79
				한컴지엠디	55

매출구성		비용구성		수출비중	
용역	70.8	매출원가율	61.5	수출	1.2
라이선스	15.3	판관비율	36.0	내수	98.8
기술서비스	12.9				

회사 개요
동사는 2000년 3월 설립되어 2016년 4월에 코넥스 시장에 상장한 소프트웨어 라이선스 제공, 용역 등을 주요 사업으로 영위하고 있는 업체임. 동사는 기업 고객을 대상으로 기업의 주요 관리 영역 중에서 SCM, SRM 및 PSM 등의 영역과 관련하여 자체 개발한 솔루션 기반의 시스템 구축 및 전문 컨설팅을 제공하고 있으며 동종 기업은 더존비즈온, 핸드소프트 등이 있음.

실적 분석
동사의 2016년 매출액은 전년 대비 17.6% 증가한 271.7억원을 기록함. 원가율 상승과 연구개발비의 증가 등으로 영업이익은 전년 대비 6.7% 감소한 7.0억원을 기록함. 당기순이익은 전년대비 8.9% 감소한 10.1억원을 기록함. 매출 중 구매혁신컨설팅 매출이 가장 큰 비중을 차지함. 동사는 기존 구매 SCM 솔루션의 경쟁력을 기반으로 품질관리, 클라우드 서비스 등에 대한 투자를 진행중임.

현금 흐름 *IFRS 별도 기준 〈단위 : 억원〉

항목	2015	2016
영업활동	17	6
투자활동	-70	-23
재무활동	80	-12
순현금흐름	28	-29
기말현금	31	14

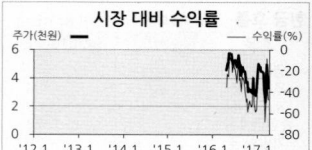

시장 대비 수익률

결산 실적 〈단위 : 억원〉

항목	2011	2012	2013	2014	2015	2016
매출액	—	218	173	210	231	272
영업이익	—	9	4	13	10	7
당기순이익	—	7	6	11	11	10

분기 실적 *IFRS 별도 기준 〈단위 : 억원〉

항목	2015.3Q	2015.4Q	2016.1Q	2016.2Q	2016.3Q	2016.4Q
매출액						
영업이익						
당기순이익						

재무 상태 *IFRS 별도 기준 〈단위 : 억원〉

항목	2011	2012	2013	2014	2015	2016
총자산	—	127	136	157	251	248
유형자산	—	4	3	2	67	67
무형자산	—	16	14	17	22	34
유가증권	—	10	13	13	1	1
총부채	—	87	89	99	146	133
총차입금	—	32	31	47	88	73
자본금	—	23	24	24	29	29
총자본	—	40	47	58	105	115
지배주주지분	—	40	47	58	105	115

기업가치 지표 *IFRS 별도 기준

항목	2011	2012	2013	2014	2015	2016
주가(최고/저)(천원)	—/—	—/—	—/—	—/—	—/—	5.8/2.7
PER(최고/저)(배)	0.0/0.0	0.0/0.0	0.0/0.0	0.0/0.0	0.0/0.0	32.9/15.3
PBR(최고/저)(배)	0.0/0.0	0.0/0.0	0.0/0.0	0.0/0.0	0.0/0.0	2.9/1.3
EV/EBITDA(배)	0.0	0.9	1.9	2.0	1.7	10.2
EPS(원)	—	150	119	230	198	176
BPS(원)	—	861	971	1,201	1,860	2,036
CFPS(원)	—	542	348	408	354	416
DPS(원)	—					
EBITDAPS(원)	—	580	311	447	338	362

재무 비율 〈단위 : % 〉

연도	영업이익률	순이익률	부채비율	차입금비율	ROA	ROE	유보율	자기자본비율	EBITDA마진율
2016	2.6	3.7	115.5	63.1	4.0	9.1	307.2	46.4	7.6
2015	4.5	4.9	138.6	83.6	5.5	13.8	272.0	41.9	8.4
2014	6.2	5.3	171.7	81.1	7.6	21.2	140.2	36.8	10.2
2013	2.3	3.3	190.4	66.9	4.4	13.1	94.1	34.4	8.6

엠벤처투자 (A019590)
M-Venture Investment

업 종 : 창업투자 및 종금		시 장 : KOSDAQ	
신용등급 : (Bond) B- (CP) —		기업규모 :	
홈 페 이 지 : www.m-vc.co.kr		연 락 처 : 02)6000-5533	
본 사 : 서울시 강남구 테헤란로87길 36 도심공항타워 2503호			

설 립 일 1986.12.02	종 업 원 수 15명	대 표 이 사 홍성혁	
상 장 일 1989.03.14	감 사 의 견 적정 (신한)	계 열	
결 산 기 12월	보 통 주 11,041만주	종 속 회 사 수	
액 면 가 500원	우 선 주	구 상 호	

주주구성 (지분율,%)		출자관계 (지분율,%)		주요경쟁사 (외형,%)	
홍성혁	18.1	엠벤처투자	100		
에이씨엔홀딩스	5.2	대성창투	145		
(외국인)	4.8	에이티넘인베스트	186		

수익구성		비용구성		수출비중	
창업투자 및 기업구조조정 수익	53.7	이자비용	16.2	수출	—
금융상품 관련이익	43.6	투자및금융비	0.0	내수	—
이자수익	1.8	판관비	33.2		

회사 개요
동사는 1986년 5월 중소기업창업지원법이 제정된 이후 같은 해 설립돼 중소기업의 창업 지원 및 자금 관리, 투자 금융업, 해외기술의 알선과 보급을 위한 해외투자 등을 영위하고 있음. 주력 사업인 벤처캐피탈은 기술력과 장래성은 있으나 자본과 경영능력이 취약한 중소, 벤처기업에 기업설립 초기단계부터 자본 투자와 종합적인 지원을 제공해 육성한 후, 투자금을 회수하는 금융방식임.

실적 분석
동사는 2016년 연결기준 71.2억원의 영업수익을 기록했으며 이는 전년 대비 29.9억원 증가한 수치임. 또한 전년 대비 영업비용 증가한 177억원의 영업비용을 인식했음. 이에 따라 전년 대비 영업손실은 71.1억원 증가해 105.7억원의 영업손실을 인식했으며, 당기순손실은 74억원 증가한 108.3억원을 인식했음. 영업비용 증가 원인은 조합출자금, 투자자산 감액 30억원, 미수금 대손상각비 인식 26.3억원 등임.

현금 흐름 〈단위 : 억원〉
항목	2015	2016
영업활동	-80	1
투자활동	-180	54
재무활동	236	-74
순현금흐름	-24	-18
기말현금	25	7

시장 대비 수익률
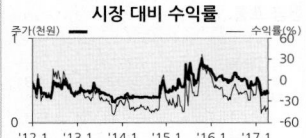

결산 실적 〈단위 : 억원〉
항목	2011	2012	2013	2014	2015	2016
영업수익	56	43	32	34	41	71
영업이익	-77	-36	-61	-48	-35	-106
당기순이익	-92	-38	2	-46	-34	-108

분기 실적 〈단위 : 억원〉
항목	2015.3Q	2015.4Q	2016.1Q	2016.2Q	2016.3Q	2016.4Q
영업수익	6	12	10	9	20	31
영업이익	-15	12	-16	-12	2	-81
당기순이익	-19	13	-19	-10	7	-87

재무 상태 〈단위 : 억원〉
항목	2011	2012	2013	2014	2015	2016
총자산	560	449	680	632	815	564
유형자산	3	1	1	0	0	2
무형자산	15	14	14	11	11	1
유가증권						
총부채	285	186	261	232	300	278
총차입금						
자본금	331	345	345	345	492	526
총자본	276	263	419	400	515	286
지배주주지분	253	242	246	240	406	267

기업가치 지표
항목	2011	2012	2013	2014	2015	2016
주가(최고/저)(천원)	0.7/0.3	0.5/0.3	0.5/0.2	0.6/0.3	0.9/0.4	0.6/0.4
PER(최고/저)(배)	—/—	—/—	201.5/100.6	—/—	—/—	—/—
PBR(최고/저)(배)	1.2/0.6	1.1/0.6	0.9/0.5	1.7/0.8	2.2/0.9	2.5/1.5
PSR(최고/저)(배)	9/4	9/4	10/5	11/5	18/7	9/6
EPS(원)	-142	-55	2	-64	-41	-86
BPS(원)	607	504	510	355	412	254
CFPS(원)	-137	-53	4	-64	-41	-86
DPS(원)						
EBITDAPS(원)	-118	-52	-88	-70	-41	-100

재무 비율 〈단위 : % 〉
연도	계속사업 이익률	순이익률	부채비율	차입금비율	ROA	ROE	유보율	자기자본비율	총자산증가율
2016	-151.2	-152.0	일부잠식	0.0	-15.7	-27.0	-49.3	50.8	-30.8
2015	-93.0	-82.9	58.3	0.0	-4.7	-10.7	-17.6	63.2	28.9
2014	-147.3	-132.8	58.0	0.0	-6.9	-18.2	-28.9	63.3	-7.0
2013	24.5	5.0	62.3	0.0	0.3	0.7	2.1	61.6	51.5

엠씨넥스 (A097520)
MCNEX COLTD

업 종 : 휴대폰 및 관련부품		시 장 : KOSDAQ	
신용등급 : (Bond) — (CP) —		기업규모 : 우량	
홈 페 이 지 : www.mcnex.com		연 락 처 : 02)2025-3600	
본 사 : 서울시 금천구 디지털로 9길 47 (가산동, 한신IT타워 2차 11층)			

설 립 일 2004.12.22	종 업 원 수 524명	대 표 이 사 민동욱	
상 장 일 2012.07.25	감 사 의 견 적정 (한영)	계 열	
결 산 기 12월	보 통 주 900만주	종 속 회 사 수	
액 면 가 500원	우 선 주	구 상 호	

주주구성 (지분율,%)		출자관계 (지분율,%)		주요경쟁사 (외형,%)	
민동욱	31.1	베라시스	16.7	엠씨넥스	100
머스트투자자문	4.6	아이리텍	0.8	세코닉스	76
(외국인)	6.3			나무가	71

매출구성		비용구성		수출비중	
[제품매출]휴대폰용	81.4	매출원가율	95.8	수출	76.5
[제품매출]자동차용	17.9	판관비율	10.0	내수	23.5
[개발매출]	0.6				

회사 개요
2004년 설립된 카메라 모듈 전문 회사임. 휴대전화 및 자동차용 카메라 모듈을 주로 생산하며, 중국 상해에 1,2,3 공장이 있으며 일본과 대만에 영업사무소가 있음. 홍채인식 알고리즘을 이용 스마트폰 외에 ATM, 차량용, 도어폰 등 제품 영역을 확대할 계획임. 어린이집 CCTV 설치 의무화 등 사회적 관심 고조되는 보안제품 또한 신제품을 출시하여 사업을 본격화할 것으로 보임.

실적 분석
주력제품인 스마트폰용 카메라제품의 판매감소로 인하여 동사의 2016년 누적 매출은 4,125억원으로 전년대비 18% 감소함에 따라 영업이익은 -238.7억원으로 적자전환함. 당기순이익도 -247억원으로 적자전환함. 신규 사업의 부진 및 주력 제품의 가격 하락 영향으로 전체 외형이 전년대비 감소하고 수익성도 악화됨. 2016년 매출구성은 휴대폰용 71%, 자동차용 27%, 기타 2%임.

현금 흐름 〈단위 : 억원〉
항목	2015	2016
영업활동	768	-130
투자활동	-211	-283
재무활동	-370	451
순현금흐름	188	39
기말현금	379	418

시장 대비 수익률
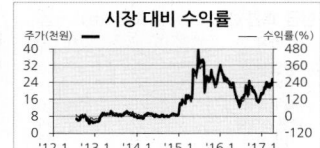

결산 실적 〈단위 : 억원〉
항목	2011	2012	2013	2014	2015	2016
매출액	2,153	1,704	2,972	4,104	5,029	4,125
영업이익	161	62	121	226	263	-239
당기순이익	116	24	80	136	162	-247

분기 실적 〈단위 : 억원〉
항목	2015.3Q	2015.4Q	2016.1Q	2016.2Q	2016.3Q	2016.4Q
매출액	1,229	1,089	872	1,030	1,068	1,155
영업이익	46	-13	-89	-49	-24	-76
당기순이익	44	-38	-100	-46	-55	-46

재무 상태 〈단위 : 억원〉
항목	2011	2012	2013	2014	2015	2016
총자산	1,386	1,493	2,130	2,891	2,725	2,947
유형자산	286	350	788	1,035	1,168	1,279
무형자산	42	54	62	52	56	48
유가증권	—	—	—	8	2	2
총부채	970	944	1,499	2,121	1,815	2,311
총차입금	610	566	859	1,264	994	1,536
자본금	24	30	30	30	45	45
총자본	416	549	631	770	910	636
지배주주지분	416	549	631	770	910	636

기업가치 지표
항목	2011	2012	2013	2014	2015	2016
주가(최고/저)(천원)	—/—	8.4/4.4	10.4/5.1	9.5/6.9	39.9/8.6	32.9/12.5
PER(최고/저)(배)	0.0/0.0	30.6/16.1	12.3/6.0	6.6/4.8	22.9/5.0	—/—
PBR(최고/저)(배)	0.0/0.0	1.4/0.8	1.6/0.8	1.2/0.8	3.9/0.8	4.4/1.7
EV/EBITDA(배)	1.9	8.6	7.6	5.2	7.8	—
EPS(원)	1,776	294	899	1,516	1,796	-2,745
BPS(원)	8,531	9,451	10,652	12,955	10,612	7,567
CFPS(원)	3,443	1,302	2,398	4,439	3,687	-743
DPS(원)		30	100	300	330	
EBITDAPS(원)	4,424	2,010	3,092	5,927	4,813	-651

재무 비율 〈단위 : % 〉
연도	영업이익률	순이익률	부채비율	차입금비율	ROA	ROE	유보율	자기자본비율	EBITDA마진율
2016	-5.8	-6.0	363.3	241.6	-8.7	-32.0	1,413.4	21.6	-1.4
2015	5.2	3.2	199.5	109.2	5.8	19.2	2,022.4	33.4	8.6
2014	5.5	3.3	275.5	164.2	5.4	19.5	2,491.0	26.6	8.7
2013	4.1	2.7	237.4	136.1	4.4	13.6	2,030.4	29.6	6.2

엠에스씨 (A009780)
MSC

업 종 : 식료품		시 장 : KOSDAQ	
신용등급 : (Bond) — (CP) —		기업규모 : 중견	
홈페이지 : www.msckorea.com		연 락 처 : 055)389-1001	
본 사 : 경남 양산시 소주회야로 45-73			

설 립 일	1974.04.12	종업원수	440명	대표이사	김호석
상 장 일	1993.10.12	감사의견	적정 (성산)	계 열	
결 산 기	12월	보 통 주	880만주	종속회사수	
액 면 가	500원	우 선 주		구 상 호	

주주구성 (지분율,%)		출자관계 (지분율,%)		주요경쟁사 (외형,%)	
김길제	35.2	명신비료	40.0	엠에스씨	100
명신비료	12.0	밀양한천	33.9	동원F&B	1,653
(외국인)	0.6	미얀마엠에스씨	100.0	동원산업	1,162

매출구성		비용구성		수출비중	
조미식품가공외	40.5	매출원가율	76.9	수출	26.6
가라기난외	31.1	판관비율	13.6	내수	73.4
PET 제품류	17.9				

회사 개요
동사는 1974년 설립된 식품 및 식품첨가물 신소재 전문회사임. 식품가공용미게, 엑기스, 식용색소,겔화제 등이 주력제품. 계열사로는 엠에스씨에서 발생하는 부산물을 원료로 연 3만톤의 비료를 생산하는 명신비료, 소스류, 색소류, 천연향료 등 식품용 및 식품첨가물을 생산하고 있는 젠푸드 외 밀양한천이 있음. 종속회사로는 2007년에 설립된 미얀마엠에스씨를 보유하고 있음.

실적 분석
동사의 2016년 연결기준 연간 누적 매출액은 1356.2억원으로 전년 동기 대비 0.6% 증가. 매출은 소폭 늘었지만 매출 원가는 감소했으며 판매비와 관리비 또한 줄면서 영업이익은 전년 동기 대비 62% 증가한 128.9억원을 기록. 비영업손실 부문에서 적자가 지속됐지만 적자 폭이 줄어 당기순이익은 전년 동기 대비 92.5% 증가한 99.2억원을 시현함.

현금 흐름 〈단위 : 억원〉

항목	2015	2016
영업활동	87	230
투자활동	-71	-151
재무활동	-28	-26
순현금흐름	-12	54
기말현금	9	63

시장 대비 수익률
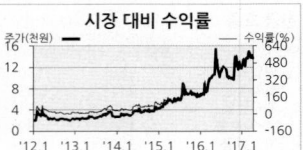

결산 실적 〈단위 : 억원〉

항목	2011	2012	2013	2014	2015	2016
매출액	1,126	1,149	1,272	1,292	1,348	1,356
영업이익	45	41	57	69	80	129
당기순이익	26	29	33	47	52	99

분기 실적 〈단위 : 억원〉

항목	2015.3Q	2015.4Q	2016.1Q	2016.2Q	2016.3Q	2016.4Q
매출액	362	308	295	353	375	333
영업이익	27	14	17	25	38	49
당기순이익	16	10	14	18	26	41

재무 상태 〈단위 : 억원〉

항목	2011	2012	2013	2014	2015	2016
총자산	1,184	1,124	1,139	1,255	1,291	1,403
유형자산	528	539	557	584	585	598
무형자산	14	14	14	21	21	21
유가증권	18	18	13	12	13	15
총부채	836	757	737	815	793	806
총차입금	584	487	426	493	467	443
자본금	44	44	44	44	44	44
총자본	348	367	402	441	498	597
지배주주지분	348	367	402	441	498	597

기업가치 지표

항목	2011	2012	2013	2014	2015	2016
주가(최고/저)(천원)	3.5/1.3	4.4/1.9	3.8/2.2	4.8/2.6	9.7/4.2	17.8/6.7
PER(최고/저)(배)	12.8/4.8	14.1/6.1	10.7/6.1	9.1/5.0	16.9/7.2	15.9/6.0
PBR(최고/저)(배)	1.0/0.4	1.1/0.5	0.9/0.5	1.0/0.5	1.7/0.7	2.6/1.0
EV/EBITDA(배)	8.2	6.7	5.5	6.6	7.7	7.4
EPS(원)	294	334	372	539	585	1,127
BPS(원)	39,589	41,660	45,703	50,078	56,534	6,790
CFPS(원)	7,889	9,653	9,990	11,734	12,233	1,817
DPS(원)	450	450	450	450	450	60
EBITDAPS(원)	10,075	11,010	12,795	14,235	15,425	2,155

재무 비율 〈단위 : % 〉

연도	영업이익률	순이익률	부채비율	차입금비율	ROA	ROE	유보율	자기자본비율	EBITDA마진율
2016	9.5	7.3	134.9	74.2	7.4	18.1	1,257.9	42.6	14.0
2015	5.9	3.8	159.4	93.8	4.1	11.0	1,030.7	38.6	10.1
2014	5.4	3.7	184.9	111.8	4.0	11.3	901.6	35.1	9.7
2013	4.5	2.6	183.3	106.0	2.9	8.5	814.1	35.3	8.9

엠에스오토텍 (A123040)
MS AUTOTECH

업 종 : 자동차부품		시 장 : KOSDAQ	
신용등급 : (Bond) BB (CP) —		기업규모 : 중견	
홈페이지 : www.ms-global.com		연 락 처 : 054)770-1810	
본 사 : 경북 경주시 내남면 포석로 16-9			

설 립 일	1990.09.06	종업원수	344명	대표이사	박종태,이태규
상 장 일	2010.08.06	감사의견	적정 (대영)	계 열	
결 산 기	12월	보 통 주	1,455만주	종속회사수	
액 면 가	500원	우 선 주		구 상 호	

주주구성 (지분율,%)		출자관계 (지분율,%)		주요경쟁사 (외형,%)	
이태규	25.9	명신산업	55.7	엠에스오토텍	100
심원	25.5	명신	33.6	영화금속	21
(외국인)	1.3	MSB	99.9	일지테크	46

매출구성		비용구성		수출비중	
자동차차체부품	110.5	매출원가율	88.7	수출	—
금형및설비	3.9	판관비율	5.8	내수	—
연결실체간 수익비용상계	-14.4				

회사 개요
동사는 자동차 제작에 소요되는 차체 부품의 제조, 판매를 목적으로 1990년 설립됨. 주요 거래처는 현대기아차임. 동사는 완성차가 해외 현지 생산을 확대하면서 동반 진출함. 2007년 인도 첸나이에 현지 공장을 세웠고, 브라질에도 동반 진출해 2012년 양산을 시작함. 매출 다변화를 위해 2015년부터 쌍용차에 신규 납품을 시작함. 경쟁사로는 성우하이텍, 세원정공, 일지테크 등 44개 업체가 있음.

실적 분석
동사의 2016년 연결기준 결산 매출액은 7,478.9억원으로 전년 8,640.3억원 대비 13.4% 감소를 기록했으며. 원가율 개선과 판관비 절감 노력에도 불구하고 매출액 감소에 따라 영업이익은 전년 대비 12.7% 감소한 411.2억원을 기록하였음. 영업이익의 큰 폭 감소에도 불구하고 비영업손실 축소와 법인세비용 감소 따라 당기순이익은 전년 대비 흑자전환에 성공하며 대폭 신장 성장한 245.7억원의 순이익을 기록하였음.

현금 흐름 〈단위 : 억원〉

항목	2015	2016
영업활동	677	938
투자활동	-1,049	-28
재무활동	286	-782
순현금흐름	-85	128
기말현금	57	186

시장 대비 수익률
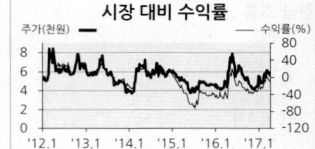

결산 실적 〈단위 : 억원〉

항목	2011	2012	2013	2014	2015	2016
매출액	3,164	3,297	6,767	8,038	8,640	7,479
영업이익	229	41	430	217	471	411
당기순이익	14	-301	-173	-90	15	246

분기 실적 〈단위 : 억원〉

항목	2015.3Q	2015.4Q	2016.1Q	2016.2Q	2016.3Q	2016.4Q
매출액	1,694	2,419	1,866	1,919	1,682	2,012
영업이익	121	25	69	63	66	213
당기순이익	-54	-4	50	54	5	138

재무 상태 〈단위 : 억원〉

항목	2011	2012	2013	2014	2015	2016
총자산	5,207	5,909	5,947	6,630	6,470	6,306
유형자산	2,536	3,257	3,550	4,148	4,219	3,879
무형자산	6	6	4	4	2	2
유가증권	13	15	15	15	16	14
총부채	4,347	5,496	5,361	5,840	5,538	5,053
총차입금	2,818	4,094	4,052	4,292	4,115	3,742
자본금	41	41	41	70	70	73
총자본	860	413	586	790	932	1,253
지배주주지분	671	344	233	360	417	722

기업가치 지표

항목	2011	2012	2013	2014	2015	2016
주가(최고/저)(천원)	5.6/3.3	9.3/4.9	7.9/3.6	7.5/3.7	6.2/3.7	8.5/4.1
PER(최고/저)(배)	94.9/55.4	—/—	—/—	—/—	—/—	5.5/2.6
PBR(최고/저)(배)	0.8/0.5	2.6/1.4	3.3/1.5	3.0/1.5	2.2/1.3	1.7/0.8
EV/EBITDA(배)	5.8	11.4	5.4	7.7	5.1	5.0
EPS(원)	64	-3,274	-2,143	-1,497	-322	1,570
BPS(원)	8,237	4,252	2,890	2,587	2,991	4,988
CFPS(원)	4,021	824	2,926	2,813	3,539	5,144
DPS(원)	75	75	75	75	75	75
EBITDAPS(원)	6,747	4,998	10,581	6,258	7,207	6,439

재무 비율 〈단위 : % 〉

연도	영업이익률	순이익률	부채비율	차입금비율	ROA	ROE	유보율	자기자본비율	EBITDA마진율
2016	5.5	3.3	403.4	298.7	3.9	39.6	897.6	19.9	12.4
2015	5.5	0.2	594.5	441.7	0.2	-11.7	498.3	14.4	11.7
2014	2.7	-1.1	739.2	543.2	-1.4	-56.2	417.4	11.9	8.7
2013	6.4	-2.6	914.7	691.4	-2.9	-68.4	478.0	9.9	12.8

엠에이치에탄올 (A023150)
MHETHANOL

업 종 : 음료			시 장 : 거래소	
신용등급 : (Bond) — (CP) —			기업규모 : 시가총액 소형주	
홈페이지 : www.mhethanol.com			연락처 : 055)231-0701	
본 사 : 경남 창원시 마산회원구 내서읍 광려천남로 25				

설 립 일	1978.07.04	종업원수	45명	대표이사	윤현의,조원호
상 장 일	1996.12.24	감사의견	적정(안경)	계 열	
결 산 기	12월	보통주	738만주	종속회사수	
액 면 가	500원	우선주		구 상 호	

주주구성 (지분율,%)		출자관계 (지분율,%)		주요경쟁사 (외형,%)	
최동호	47.9	MH에탄올	100	진로발효	178
동양자산운용	4.7			국순당	143
(외국인)	2.4				

매출구성		비용구성		수출비중	
주정 외	100.0	매출원가율	69.5	수출	0.0
		판관비율	6.3	내수	100.0

회사 개요
동사는 소주의 주원료인 주정의 제조 판매를 주요사업으로 영위하는 업체임. 현재 국내 주정시장에는 10개사의 주정제조 회사가 참여하고 있으나 정부통제하에 원료의 배정 및 생산량이 결정되는 관계로 시장점유율 경쟁은 치열하지 않음. 동사는 주류산업 규제개혁에 따른 단계적인 시장개방과 자유화에 대비하여 품질향상, 제조수율 향상 및 부산물 생산 판매 증대와 생산비용 및 폐수처리비용 절감 등 원가 절감에 노력을 경주하고 있음.

실적 분석
동사의 2016년 결산기준 누적 매출액은 전년동기대비 -3% 하락한 489억원을 기록하였으며 비용면에서 전년동기대비 매출원가는 감소 하였으며 인건비는 증가 하였고 광고선전비는 크게 감소 하였고 기타판매비와관리비도 마찬가지로 감소함. 매출액은 하락하였으나 매출원가의 절감이 커 그에 따라 매출액 하락 등에 의해 전년동기대비 영업이익은 118.7억원으로 7.1% 상승하였음. 최종적으로 전년동기대비 당기순이익은 상승하여 81.5억원을 기록함.

현금 흐름		〈단위 : 억원〉
항목	2015	2016
영업활동	134	123
투자활동	29	15
재무활동	-132	-156
순현금흐름	32	-18
기말현금	32	14

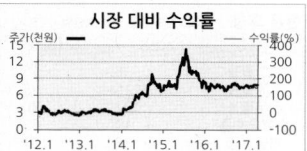

시장 대비 수익률

결산 실적					〈단위 : 억원〉	
항목	2011	2012	2013	2014	2015	2016
매출액	448	598	463	490	504	489
영업이익	5	55	96	87	111	119
당기순이익	-44	3	70	-2	78	81

분기 실적					〈단위 : 억원〉	
항목	2015.3Q	2015.4Q	2016.1Q	2016.2Q	2016.3Q	2016.4Q
매출액	117	133	122	128	116	122
영업이익	22	16	27	40	24	28
당기순이익	10	13	21	31	10	19

재무 상태					〈단위 : 억원〉	
항목	2011	2012	2013	2014	2015	2016
총자산	1,342	1,344	1,297	855	790	723
유형자산	753	718	704	361	368	374
무형자산	43	42	42	46	46	45
유가증권	34	35	33	106	101	87
총부채	915	947	838	327	211	88
총차입금	766	765	749	297	188	56
자본금	44	44	44	46	46	46
총자본	427	397	459	528	579	636
지배주주지분	420	391	458	528	579	636

기업가치 지표						
항목	2011	2012	2013	2014	2015	2016
주가(최고/저)(천원)	3.5/1.7	4.8/2.4	3.6/2.5	9.8/2.6	14.7/6.7	8.4/6.6
PER(최고/저)(배)	—/—	90.1/44.8	3.8/2.7	—/—	14.9/6.8	7.9/6.2
PBR(최고/저)(배)	0.6/0.3	1.0/0.5	0.6/0.4	1.5/0.4	2.0/0.9	1.0/0.8
EV/EBITDA(배)	19.5	9.8	8.2	7.7	6.2	4.6
EPS(원)	-611	59	1,022	-26	1,054	1,104
BPS(원)	5,994	5,589	6,542	7,154	7,966	8,812
CFPS(원)	-95	563	1,144	89	1,208	1,262
DPS(원)				200	250	300
EBITDAPS(원)	589	1,283	1,499	1,326	1,657	1,768

재무 비율									〈단위 : % 〉
연도	영업이익률	순이익률	부채비율	차입금비율	ROA	ROE	유보율	자기자본비율	EBITDA마진율
2016	24.3	16.7	13.8	8.8	10.8	13.4	1,314.5	87.9	26.7
2015	22.0	15.4	36.5	32.5	9.5	14.1	1,178.7	73.3	24.3
2014	17.9	-0.4	62.0	56.2	-0.2	-0.4	1,048.4	61.7	19.5
2013	20.8	15.2	182.7	163.3	5.3	16.9	939.0	35.4	22.7

엠에프엠코리아 (A251960)
MFM KOREACOLTD

업 종 : 섬유 및 의복			시 장 : KONEX	
신용등급 : (Bond) — (CP) —			기업규모 :	
홈페이지 : www.mfmkorea.com			연락처 : 02)531-5780	
본 사 : 서울시 강남구 도곡로 204 4층 (도곡동, 동신빌딩)				

설 립 일	2002.11.01	종업원수	명	대표이사	조장호
상 장 일	2016.09.08	감사의견	적정(신성)	계 열	
결 산 기	12월	보통주	60만주	종속회사수	
액 면 가	5,000원	우선주		구 상 호	

주주구성 (지분율,%)		출자관계 (지분율,%)		주요경쟁사 (외형,%)	
MFM HOLDINGS., LLC	90.2	MFMVIETNAMCo.,Ltd	100.0	엠에프엠코리아	100
				신성통상	1,101
				제이에스코퍼레이션	222

매출구성		비용구성		수출비중	
WOMEN'S T-SHIRT'S	62.7	매출원가율	92.3	수출	—
MEN'S T-SHIRT'S	23.8	판관비율	4.1	내수	—
BOY'S/GIRL'S T-SHIRT'S	7.1				

회사 개요
동사는 동남아 및 중남미에 확보된 생산네트워크를 통해 의류 제조 및 수출하는 전문 의류 제조기업임. 동사의 주력 제품은 니트임. 원단을 외주 생산하거나 직접 구매해 베트남, 캄보디아, 과테말라 등에 소재하는 협력업체에 임가공소싱으로 의류를 생산함. 이를 미국 현지 업체를 통해 판매하는 방식임. 베트남 생산 비중이 57%로 가장 높고, 과테말라 (25.4%), 캄보디아(17.6%) 순임.

실적 분석
동사의 2016년 매출액은 848.4억원을 기록했음. 영업이익은 31억원임. 당기순이익은 27.7억원을 기록했음. 전년 대비 매출 규모는 줄었지만 수익성은 크게 개선됐음. 당기순이익도 두 배 이상 늘었음. 미국 마이너스 패션 등 현지 회사로부터 유명 브랜드의 주문을 계절별로 수주하는 방식이고 수익성은 더 개선될 전망임. 과테말라 생산기지는 미국과의 지리적 접근성이 뛰어나 소량의 주문에도 적기에 대응할 수 있음.

현금 흐름	*IFRS 별도 기준	〈단위 : 억원〉
항목	2015	2016
영업활동	20	7
투자활동	-1	—
재무활동	-21	-6
순현금흐름	-2	1
기말현금	1	1

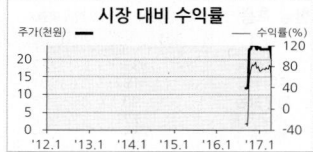

시장 대비 수익률

결산 실적					〈단위 : 억원〉	
항목	2011	2012	2013	2014	2015	2016
매출액	897	746	926	930	1,079	848
영업이익	11	16	13	13	17	31
당기순이익	4	5	8	5	13	28

분기 실적	*IFRS 별도 기준				〈단위 : 억원〉	
항목	2015.3Q	2015.4Q	2016.1Q	2016.2Q	2016.3Q	2016.4Q
매출액	—	—	—	—	—	—
영업이익	—	—	—	—	—	—
당기순이익	—	—	—	—	—	—

재무 상태	*IFRS 별도 기준				〈단위 : 억원〉	
항목	2011	2012	2013	2014	2015	2016
총자산	197	181	226	237	303	327
유형자산	2	1	1	1	1	1
무형자산	1	1	1	1	1	1
유가증권	4	3	1	1	1	
총부채	177	157	174	178	231	227
총차입금	76	56	70	76	55	49
자본금	9	9	30	30	30	30
총자본	20	24	53	58	72	100
지배주주지분	20	24	53	58	72	100

기업가치 지표	*IFRS 별도 기준					
항목	2011	2012	2013	2014	2015	2016
주가(최고/저)(천원)	—/—	—/—	—/—	—/—	—/—	24.0/11.9
PER(최고/저)(배)	0.0/0.0	0.0/0.0	0.0/0.0	0.0/0.0	0.0/0.0	5.2/2.6
PBR(최고/저)(배)	0.0/0.0	0.0/0.0	0.0/0.0	0.0/0.0	0.0/0.0	1.4/0.7
EV/EBITDA(배)	5.2	3.2	4.8	5.3	3.0	5.9
EPS(원)	2,021	2,838	1,929	881	2,216	4,612
BPS(원)	11,240	13,519	8,811	9,692	12,066	16,682
CFPS(원)	2,631	3,380	2,209	1,025	2,369	4,765
DPS(원)						
EBITDAPS(원)	6,406	9,184	3,582	2,322	3,060	5,321

재무 비율									〈단위 : % 〉
연도	영업이익률	순이익률	부채비율	차입금비율	ROA	ROE	유보율	자기자본비율	EBITDA마진율
2016	3.7	3.3	227.0	48.9	8.8	32.1	233.7	30.6	3.8
2015	1.6	1.2	318.6	76.5	4.9	20.4	141.3	23.9	1.7
2014	1.4	0.6	306.7	130.9	2.3	9.5	93.9	24.6	1.5
2013	1.4	0.8	328.3	132.2	3.8	19.9	76.2	23.4	1.5

엠젠플러스 (A032790)
MGENPLUS

업　　종 : 컴퓨터 및 주변기기		시　　장 : KOSDAQ	
신용등급 : (Bond) — 　(CP) —		기업규모 : 벤처	
홈페이지 : www.mgenplus.com		연락처 : 02)3412-8777	
본　　사 : 서울시 서초구 효령로 83 엠젠플러스빌딩 (방배동)			

설 립 일 1973.09.21	종업원수 42명	대표이사 심영복	
상 장 일 1997.06.26	감사의견 적정 (인덕)	계　　열	
결 산 기 12월	보통주 1,300만주	종속회사수	
액 면 가 500원	우선주	구 상 호 엠젠	

주주구성 (지분율,%)		출자관계 (지분율,%)		주요경쟁사 (외형,%)	
셀루메드	7.2	코리아리츰	99.7	엠젠플러스	100
김덕진	4.2	아이웍스	12.9	아이리버	100
(외국인)	2.5	이담	10.3	제이씨현시스템	362

매출구성		비용구성		수출비중	
부품 소싱 판매	85.8	매출원가율	91.8	수출	91.8
장비 ODM	5.9	판관비율	10.6	내수	8.2
상품 유통(홈쇼핑 상품판매)	4.3				

회사 개요
동사는 프린터 현상기 및 스마트홈 네트워크 장비 제조 판매 사업임. 2014년 9월 철도사업을 중단하고 2015년 1분기 전체 사업부문을 ICT사업부문, 커머스사업부문, 바이오사업부문 3개 사업부문으로 재편함. 현상기는 주로 삼성전자에 납품하며 커머스부문은 쇼핑관련 웹 서비스개발, 시스템운영, 상품영상을 제작함. 바이오부문은 이종장기 및 치료용 세포조직, 질병 연구용 목적성 돼지를 연구 개발함.

실적 분석
동사는 2016년 연간 매출은 523.7억원으로 전년대비 12.4% 감소, 영업손실은 12.8억원으로 적자지속을 시현함. 전방산업인 프린터 수요 부진과 국내 네트워크 투자 축소로 전체 외형이 부진함. 또한 고정비부담 증가로 수익성도 부진한 상태를 지속함. 동사는 신 전대표이사의 횡령 및 배임 사실을 확인했다고 공시함. 바이오부문은 이종장기 및 면역결핍돼지 관련 사업화를 위하여 현재 연구개발을 지속 중

현금 흐름 〈단위 : 억원〉
항목	2015	2016
영업활동	-33	-17
투자활동	18	-91
재무활동	90	72
순현금흐름	77	-36
기말현금	107	71

시장 대비 수익률
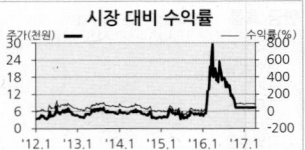

결산 실적 〈단위 : 억원〉
항목	2011	2012	2013	2014	2015	2016
매출액	714	639	872	750	598	524
영업이익	-20	-57	-11	4	-27	-13
당기순이익	-11	-114	-62	-61	-110	-59

분기 실적 〈단위 : 억원〉
항목	2015.3Q	2015.4Q	2016.1Q	2016.2Q	2016.3Q	2016.4Q
매출액	155	103	147	124	133	119
영업이익	-14	-3	-4	-14	-7	12
당기순이익	-29	-12	-8	-17	-8	-26

재무 상태 〈단위 : 억원〉
항목	2011	2012	2013	2014	2015	2016
총자산	474	498	411	321	273	294
유형자산	61	100	44	40	36	131
무형자산	99	78	66	36	9	8
유가증권	53	36	32	23	28	17
총부채	185	310	270	220	187	180
총차입금	81	131	116	96	96	68
자본금	159	165	185	40	53	60
총자본	288	188	141	101	86	115
지배주주지분	282	170	138	105	86	115

기업가치 지표
항목	2011	2012	2013	2014	2015	2016
주가(최고/저)(천원)	19.6/3.1	8.0/3.1	7.2/3.6	6.8/3.4	7.3/3.0	30.8/4.4
PER(최고/저)(배)	—/—	—/—	—/—	—/—	—/—	—/—
PBR(최고/저)(배)	3.9/0.6	2.6/1.0	3.4/1.7	5.0/2.5	8.5/3.5	32.1/4.6
EV/EBITDA(배)			25.1	13.2		709.2
EPS(원)	-108	-1,790	-938	-691	-1,165	-495
BPS(원)	1,002	624	425	1,364	855	960
CFPS(원)	12	-309	-119	-481	-1,019	-378
DPS(원)						
EBITDAPS(원)	-30	-129	39	261	-158	10

재무 비율 〈단위 : %〉
연도	영업이익률	순이익률	부채비율	차입금비율	ROA	ROE	유보율	자기자본비율	EBITDA마진율
2016	-2.4	-11.3	156.5	59.0	-20.9	-58.9	92.1	39.0	0.2
2015	-4.5	-18.5	217.4	111.7	-37.2	-107.9	71.1	31.5	-2.3
2014	0.6	-8.1	217.0	94.7	-16.7	-45.2	172.8	31.6	2.8
2013	-1.2	-7.1	일부잠식	일부잠식	-13.7	-43.4	-15.1	34.4	1.6

엠지메드 (A180400)
MG MED

업　　종 : 바이오		시　　장 : KOSDAQ	
신용등급 : (Bond) — 　(CP) —		기업규모 : 신성장	
홈페이지 : www.mgmed.co.kr		연락처 : 02)890-8700	
본　　사 : 서울시 금천구 디지털로 173, 1003			

설 립 일 2001.06.16	종업원수 61명	대표이사 이병화	
상 장 일 2015.11.20	감사의견 적정 (안진)	계　　열	
결 산 기 12월	보통주 237만주	종속회사수	
액 면 가 500원	우선주	구 상 호	

주주구성 (지분율,%)		출자관계 (지분율,%)		주요경쟁사 (외형,%)	
마크로젠	26.3			엠지메드	100
플랫폼파트너스자산운용	9.9			에이씨티	492
(외국인)	0.0			듀켐바이오	260

매출구성		비용구성		수출비중	
DNA Chip 진단(G-scanning, MG Test, PGS)	87.7	매출원가율	60.3	수출	2.6
바이오시약(효소 및 시약)	6.5	판관비율	53.1	내수	97.4
PCR 진단 Kit	5.8				

회사 개요
동사는 분자 진단 전문 기업으로 염색체 이상을 진단하는 DNA 칩 제품과 각종 질병을 진단하는 PCR 제품을 주요 생산품으로 하고 있으며, 분자진단 및 바이오 연구에 필요한 각종 효소 및 시약을 생산하는 시약 사업도 동시에 진행하고 있음. 염색체 이상 진단용 마이크로 어레이 제조 국내 기업으로 동사가 유일함. 체외진단 시장은 글로벌 8개 회사가 전 세계 시장의 80%를 차지하는 과점시장으로, 동사는 해외기업들과 경쟁 중임.

실적 분석
동사의 2016년 결산 매출액은 51.0억원으로 전년 동기 대비 5.4% 감소함. 원가 상승 및 판관비 증가로 영업손실 6.8억원으로 적자전환, 당기순손실 역시 4.8억원으로 적자전환함. 전 세계적으로 고령화 시대로 접어들면서 질병의 조기 진단 및 예방과 관련한 수요가 급증하고 있는 추세임. 국내외 유수기업들이 원천기술 확보를 위해 분자진단 관련 투자를 확대하고 있어 시장 성장 잠재력이 있음.

현금 흐름 *IFRS 별도 기준 〈단위 : 억원〉
항목	2015	2016
영업활동	-8	-15
투자활동	-115	-3
재무활동	137	80
순현금흐름	14	63
기말현금	38	101

시장 대비 수익률
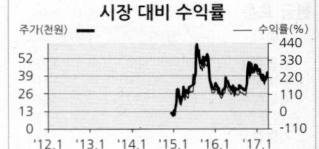

결산 실적 〈단위 : 억원〉
항목	2011	2012	2013	2014	2015	2016
매출액	—	34	39	47	54	51
영업이익	—	3	-0	4	6	-7
당기순이익	—	2	-3	2	6	-5

분기 실적 *IFRS 별도 기준 〈단위 : 억원〉
항목	2015.3Q	2015.4Q	2016.1Q	2016.2Q	2016.3Q	2016.4Q
매출액	13	14	13	13	13	13
영업이익	1	1	-2	-1	-1	-3
당기순이익	1	2	-1	-0	-1	-2

재무 상태 *IFRS 별도 기준 〈단위 : 억원〉
항목	2011	2012	2013	2014	2015	2016
총자산	—	69	71	77	222	297
유형자산	—	4	33	34	34	36
무형자산	—	2	4	4	3	3
유가증권	—					
총부채	—	54	57	5	6	6
총차입금	—	50	53			
자본금	—	5	6	9	10	12
총자본	—	15	14	72	216	291
지배주주지분	—	15	14	72	216	291

기업가치 지표 *IFRS 별도 기준
항목	2011	2012	2013	2014	2015	2016
주가(최고/저)(천원)	—/—	—/—	—/—	21.1/16.5	63.2/9.7	53.6/24.7
PER(최고/저)(배)	0.0/0.0	0.0/0.0	0.0/0.0	88.5/69.2	180.6/27.8	—/—
PBR(최고/저)(배)	0.0/0.0	0.0/0.0	0.0/0.0	3.3/2.5	6.1/0.9	4.3/2.0
EV/EBITDA(배)	0.0		13.7	40.3	56.9	
EPS(원)		160	-206	154	350	-226
BPS(원)		8,576	7,899	4,189	10,391	12,471
CFPS(원)		1,855	-24	358	530	-67
DPS(원)						
EBITDAPS(원)		2,499	1,352	472	500	-163

재무 비율 〈단위 : %〉
연도	영업이익률	순이익률	부채비율	차입금비율	ROA	ROE	유보율	자기자본비율	EBITDA마진율
2016	-13.4	-9.4	2.2	0.0	-1.9	-1.9	2,394.1	97.8	-6.8
2015	10.4	11.4	2.9	0.0	4.1	4.3	1,978.5	97.2	16.3
2014	7.7	4.4	7.3	0.0	2.8	4.9	737.9	93.2	13.6
2013	-0.5	-6.6	421.2	388.8	-3.7	-18.1	127.9	19.2	6.0

엠케이전자 (A033160)
MK Electron

업 종 : 반도체 및 관련장비	시 장 : KOSDAQ
신용등급 : (Bond) — (CP) —	기업규모 : 우량
홈페이지 : www.mke.co.kr	연 락 처 : 031)330-1900
본 사 : 경기도 용인시 처인구 포곡읍 금어로 405	

설 립 일	1982.12.16	종 업 원 수	268명	대 표 이 사	이진
상 장 일	1997.11.10	감 사 의 견	적정 (안진)	계 열	
결 산 기	12월	보 통 주	2,181만주	종속회사수	
액 면 가	500원	우 선 주		구 상 호	

주주구성 (지분율,%)
오션비홀딩스	24.1
차정훈	5.1
(외국인)	5.6

출자관계 (지분율,%)
엠케이인베스트먼트	100.0
유구광업	94.1
MKELECTRON(H.K.)	77.2

주요경쟁사 (외형,%)
엠케이전자	100
피에스케이	26
덕산하이메탈	7

매출구성
Bonding wire	85.8
기타	7.9
solderBall	3.4

비용구성
매출원가율	69.7
판관비율	10.0

수출비중
수출	67.5
내수	32.5

회사 개요
동사는 반도체 Package의 본딩와이어 및 솔더볼 등 전자제품의 제조 및 판매를 주요 사업으로 영위하고 있음. 국내 반도체 제조업체인 삼성전자, 하이닉스, 스태츠칩팩코리아, 암코 등에 본딩와이어를 자체 개발하여 공급하고 있음. 동사의 주력 제품인 본딩와이어는 반도체 리드프레임과 실리콘 칩을 연결하여 전기적 신호를 전달하는 부품으로서 반도체 생산에 없어서는 안되는 핵심 재료임.

실적 분석
동사의 2016년 연결 기준 매출과 영업이익은 6196억원, 1255억원으로 전년 대비 각각 36.8%, 406.8% 증가함. 제품믹스 제품매출가율이 2015년 86.8%에서 2016년 69.7%로 감소하며 영업이익이 크게 증가함. 동사는 Bonding Wire의 매출 비중이 전체 매출 비중의 90%를 지속적으로 웃돌고 있음. 유동자산은 전년 대비 2263억원 증가한 9967억원이며, 자본총계는 사업결합 및 당기순이익 발생 등으로 708억원 증가함.

현금 흐름 〈단위 : 억원〉
항목	2015	2016
영업활동	-42	-1,498
투자활동	-465	699
재무활동	725	781
순현금흐름	219	-22
기말현금	489	467

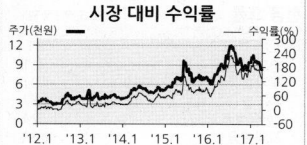

시장 대비 수익률

결산 실적 〈단위 : 억원〉
항목	2011	2012	2013	2014	2015	2016
매출액	7,522	7,062	5,681	4,696	4,531	6,196
영업이익	162	172	108	93	248	1,255
당기순이익	77	68	210	-338	1,522	745

분기 실적 〈단위 : 억원〉
항목	2015.3Q	2015.4Q	2016.1Q	2016.2Q	2016.3Q	2016.4Q
매출액	1,053	1,244	1,432	1,418	1,628	1,718
영업이익	42	164	301	273	332	349
당기순이익	263	1,267	161	146	243	195

재무 상태 〈단위 : 억원〉
항목	2011	2012	2013	2014	2015	2016
총자산	2,770	2,624	3,687	4,205	10,009	13,017
유형자산	420	416	440	443	497	487
무형자산	93	75	76	68	1,394	1,492
유가증권	5	5	5	23	477	228
총부채	1,861	1,581	2,458	3,323	4,778	7,079
총차입금	1,344	1,062	2,135	2,979	3,653	5,522
자본금	96	108	108	109	109	109
총자본	908	1,043	1,229	883	5,231	5,939
지배주주지분	907	1,024	1,209	864	2,229	2,431

기업가치 지표
항목	2011	2012	2013	2014	2015	2016
주가(최고/저)(천원)	4.4/2.3	4.6/2.8	5.2/3.5	5.8/3.8	9.7/5.0	12.4/6.0
PER(최고/저)(배)	13.0/6.9	14.6/8.9	5.8/4.0	—/—	1.5/0.8	12.3/6.0
PBR(최고/저)(배)	1.1/0.6	1.1/0.7	1.0/0.7	1.5/1.0	0.9/0.5	1.1/0.5
EV/EBITDA(배)	8.0	7.4	14.9	22.4	6.2	2.2
EPS(원)	401	359	972	-1,540	6,691	1,020
BPS(원)	4,917	4,914	5,770	4,143	10,627	11,556
CFPS(원)	655	707	1,316	-1,179	7,051	1,377
DPS(원)	200	150	160	150	120	80
EBITDAPS(원)	1,096	1,183	844	789	1,497	6,114

재무 비율 〈단위 : % 〉
연도	영업이익률	순이익률	부채비율	차입금비율	ROA	ROE	유보율	자기자본비율	EBITDA마진율
2016	20.3	12.0	119.2	93.0	6.5	9.5	2,211.3	45.6	21.5
2015	5.5	33.6	91.4	69.8	21.4	94.4	2,025.3	52.3	7.2
2014	2.0	-7.2	376.5	337.6	-8.6	-32.4	728.7	21.0	3.7
2013	1.9	3.7	200.0	173.7	6.7	18.8	1,054.0	33.3	3.2

엠케이트렌드 (A069640)
MKTREND

업 종 : 섬유 및 의복	시 장 : 거래소
신용등급 : (Bond) — (CP) —	기업규모 : 시가총액 소형주
홈페이지 : www.mktrend.co.kr	연 락 처 : 02)2142-5000
본 사 : 서울시 강남구 논현로 633 MK빌딩	

설 립 일	1995.03.31	종 업 원 수	280명	대 표 이 사	김문환,김상택
상 장 일	2011.06.21	감 사 의 견	적정 (삼정)	계 열	
결 산 기	12월	보 통 주	1,291만주	종속회사수	
액 면 가	500원	우 선 주		구 상 호	

주주구성 (지분율,%)
한세실업	46.6
김상택	9.8
(외국인)	3.3

출자관계 (지분율,%)
상해무유한공사	100.0
BUCKAROOINC	100.0
MKTREND(HK)LIMITED	100.0

주요경쟁사 (외형,%)
엠케이트렌드	100
제이에스코퍼레이션	59
SG세계물산	97

매출구성
기타	62.8
[BUCKAROO]기타	11.0
[TBJ]기타	10.6

비용구성
매출원가율	39.7
판관비율	57.1

수출비중
수출	—
내수	—

회사 개요
동사는 캐주얼 패션 전문기업으로 현재 티비제이(TBJ), 버커루(BUCKAROO), 앤듀(ANDEW)와 신규 스포츠 캐주얼 브랜드인 NBA를 포함해 4개의 브랜드를 주력 사업으로 영위하고 있음. 10대 ~ 20대 연령층을 주요 고객층으로 영업을 전개하고 있으며, NBA는 2011년 8월 런칭하여 스포츠 캐주얼 시장에 진출함. 특히 2010년 이후 BUCKAROO 브랜드의 매출이 눈에 띄게 확대되면서 과거 주력 브랜드였던 TBJ 매출을 상회함.

실적 분석
동사의 2016년 누적 매출액은 전년동기대비 9.9% 상승한 3,184.8억원을 기록하였음. 비용면에서 전년동기대비 매출원가율은 증가하였으며 인건비는 감소 하였고 광고선전비는 증가 하였으며 기타판매비와관리비도 마찬가지로 증가하였음. 이와 같이 상승한 매출액 만큼 비용증가도 있었으나 매출액의 더 큰 상승에 힘입어 그에 따라 전년동기대비 영업이익은 102.6억원으로 87.9% 상승하였음. 최종적으로 전년동기대비 당기순이익은 상승하여 50.1억원을 기록.

현금 흐름 〈단위 : 억원〉
항목	2015	2016
영업활동	107	138
투자활동	-113	25
재무활동	109	-54
순현금흐름	104	110
기말현금	138	248

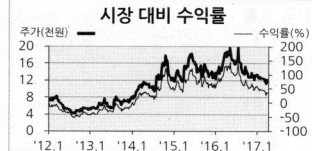

시장 대비 수익률

결산 실적 〈단위 : 억원〉
항목	2011	2012	2013	2014	2015	2016
매출액	2,454	2,594	2,593	2,610	2,897	3,185
영업이익	181	118	106	61	55	103
당기순이익	131	94	90	18	36	50

분기 실적 〈단위 : 억원〉
항목	2015.3Q	2015.4Q	2016.1Q	2016.2Q	2016.3Q	2016.4Q
매출액	625	971	782	731	654	1,018
영업이익	-3	51	30	19	5	48
당기순이익	-5	37	30	19	12	-11

재무 상태 〈단위 : 억원〉
항목	2011	2012	2013	2014	2015	2016
총자산	1,791	1,731	1,911	1,901	2,089	2,297
유형자산	401	442	437	445	430	357
무형자산	14	14	14	14	13	12
유가증권	—	—	0	0	—	—
총부채	491	361	475	422	571	740
총차입금	176	110	162	150	471	504
자본금	40	40	60	61	63	65
총자본	1,300	1,370	1,436	1,479	1,518	1,557
지배주주지분	1,300	1,370	1,436	1,479	1,518	1,557

기업가치 지표
항목	2011	2012	2013	2014	2015	2016
주가(최고/저)(천원)	11.7/6.1	8.5/4.1	8.0/5.1	18.2/7.6	19.1/11.4	19.8/11.7
PER(최고/저)(배)	10.3/5.4	11.8/5.7	11.4/7.3	128.5/53.8	68.3/40.6	51.7/30.7
PBR(최고/저)(배)	1.2/0.6	0.8/0.4	0.7/0.5	1.6/0.7	1.6/1.0	1.7/1.0
EV/EBITDA(배)	5.6	4.8	5.8	21.3	25.0	13.9
EPS(원)	1,266	783	748	148	288	388
BPS(원)	16,255	17,126	12,133	12,064	12,009	12,076
CFPS(원)	2,025	1,333	876	293	519	693
DPS(원)	300	200	150	150	200	200
EBITDAPS(원)	2,736	1,637	1,014	641	662	1,100

재무 비율 〈단위 : % 〉
연도	영업이익률	순이익률	부채비율	차입금비율	ROA	ROE	유보율	자기자본비율	EBITDA마진율
2016	3.2	1.6	47.6	32.4	2.3	3.3	2,315.3	67.8	4.5
2015	1.9	1.3	37.6	31.0	1.8	2.4	2,301.8	72.7	2.9
2014	2.3	0.7	28.5	10.1	1.0	1.2	2,312.9	77.8	3.0
2013	4.1	3.5	33.1	11.3	4.9	6.4	2,326.5	75.1	4.7

엠피씨 (A050540)
MPC

업 종 : 상업서비스		시 장 : KOSDAQ	
신용등급 : (Bond) — (CP) —		기업규모 : 중견	
홈페이지 : www.mpc.co.kr		연락처 : 02)3401-4114	
본 사 : 서울시 강남구 광평로 280 로즈데일빌딩 9층			

설 립 일	1991.07.24	종 업 원 수	4,508명	대 표 이 사	김현경,김용빈
상 장 일	2005.12.12	감 사 의 견	적정 (안진)	계 열	
결 산 기	12월	보 통 주	2,631만주	종속회사수	
액 면 가	500원	우 선 주		구 상 호	엠피씨

주주구성 (지분율,%)
한국홀딩스(29654)	21.1
이선	4.3
(외국인)	0.0

출자관계 (지분율,%)
엠피씨파트너스	100.0
한울정보기술	40.0
유에스케이오알앤쏘시에이스	33.3

주요경쟁사 (외형,%)
한국코퍼레이션	100
양지사	33
KTcs	634

매출구성
CRM 서비스	91.7
CRM 솔루션	6.3
ASP	2.0

비용구성
매출원가율	89.8
판관비율	9.4

수출비중
수출	—
내수	—

회사 개요
1991년 설립된 동사는 컨택센터 기반의 CRM 서비스와 CRM 솔루션 사업을 영위하는 컨택센터 종합서비스 전문기업임. 가장 최근연도 기준 CRM 서비스 부문의 매출은 전체 매출의 약 92.4%를 차지하고 있으며, CRM 솔루션 부문 매출이 7.0%, ASP사업이 0.5%를 차지하고 있음. 2017년 3월 기업 이미지 제고 및 브랜드 가치 향상을 위해 사명을 한국코퍼레이션으로 바꿈.

실적 분석
동사의 2016년 매출액은 1504.9억원으로 전년 대비 11.8% 증가함. 영업이익은 12.1억원으로 흑자전환함. 당기순손실은 202.4억원으로 적자 지속됨. 컨택센터는 작은 실수가 막대한 기업 이미지 실추와 금전적 손실을 야기할 수 있어 운영 및 관리 노하우와 시스템 안정성 등 높은 기술적 수준이 요구됨. 현재 공공기관과의 추가계약을 준비 중이며 의료기관 컨택센터 등 신규 서비스분야 영역 확대를 준비 중.

현금 흐름 〈단위 : 억원〉
항목	2015	2016
영업활동	-2	19
투자활동	-126	130
재무활동	140	-166
순현금흐름	11	-17
기말현금	21	4

시장 대비 수익률
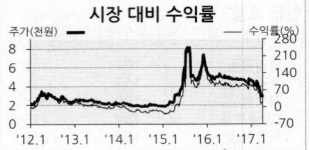

결산 실적 〈단위 : 억원〉
항목	2011	2012	2013	2014	2015	2016
매출액	1,245	1,402	1,314	1,388	1,346	1,505
영업이익	20	32	20	7	-29	12
당기순이익	39	32	-130	3	-109	-202

분기 실적 〈단위 : 억원〉
항목	2015.3Q	2015.4Q	2016.1Q	2016.2Q	2016.3Q	2016.4Q
매출액	343	358	369	367	378	392
영업이익	-3	-11	4	5	7	-4
당기순이익	-7	-84	-1	-5	3	-197

재무 상태 〈단위 : 억원〉
항목	2011	2012	2013	2014	2015	2016
총자산	767	783	854	827	882	507
유형자산	91	85	256	107	155	67
무형자산	11	14	20	21	18	26
유가증권	29	62	62	35	78	80
총부채	269	256	456	427	556	373
총차입금	60	61	226	242	348	146
자본금	101	101	101	101	101	103
총자본	497	526	399	400	326	134
지배주주지분	497	526	399	400	326	134

기업가치 지표
항목	2011	2012	2013	2014	2015	2016
주가(최고/저)(천원)	3.1/1.5	3.7/2.0	2.7/2.0	2.4/1.8	9.0/1.8	6.1/4.2
PER(최고/저)(배)	20.2/9.6	23.1/12.6	—/—	150.1/115.9	—/—	—/—
PBR(최고/저)(배)	1.2/0.6	1.3/0.7	1.2/0.9	1.1/0.8	5.3/1.1	8.3/5.7
EV/EBITDA(배)	10.4	10.0	16.0	23.5		34.8
EPS(원)	156	159	-641	16	-537	-993
BPS(원)	2,676	2,819	2,190	2,199	1,685	731
CFPS(원)	297	267	-546	108	-446	-900
DPS(원)						
EBITDAPS(원)	234	268	196	128	-52	152

재무 비율 〈단위 : % 〉
연도	영업이익률	순이익률	부채비율	차입금비율	ROA	ROE	유보율	자기자본비율	EBITDA마진율
2016	0.8	-13.5	278.6	109.2	-29.1	-88.0	46.1	26.5	2.1
2015	-2.2	-8.1	170.7	106.9	-12.8	-30.0	237.0	36.9	-0.8
2014	0.5	0.2	106.6	60.5	0.4	0.8	339.9	48.4	1.9
2013	1.6	-9.9	114.3	56.7	-15.9	-28.1	338.1	46.7	3.0

엠피케이그룹 (A065150)
MPK Group inc

업 종 : 호텔 및 레저		시 장 : KOSDAQ	
신용등급 : (Bond) — (CP) —		기업규모 : 중견	
홈페이지 : www.mrpizza.co.kr		연락처 : 02)596-3300	
본 사 : 서울시 서초구 효령로 132			

설 립 일	1995.09.07	종 업 원 수	399명	대 표 이 사	최병민
상 장 일	2007.07.18	감 사 의 견	적정 (삼경)	계 열	
결 산 기	12월	보 통 주	8,081만주	종속회사수	
액 면 가	100원	우 선 주		구 상 호	미스터피자

주주구성 (지분율,%)
정우현	16.8
정영신	6.7
(외국인)	0.3

출자관계 (지분율,%)
한강인터트레이드	80.0
시아스	2.9
코리드	0.9

주요경쟁사 (외형,%)
MPK	100
현대그린푸드	1,667
	11

매출구성
피자부문	87.3
마노핀	12.7

비용구성
매출원가율	50.5
판관비율	49.2

수출비중
수출	—
내수	—

회사 개요
동사는 1990년 '미스터피자' 이대점1호점을 시작으로 25년간 지속적인 성장을 거듭해 2016년 12월말 370개의 매장수를 가진 국내 대표 피자 브랜드를 가진 회사임. 해외엔 2000년에 중국을 시작으로 2016년 기준 136개의 매장을 운영 중이며, 동남아 및 미국 시장에도 진출하여 미국 4개, 필리핀 2개, 태국에 1개 매장을 운영중. 2008년에는 커피 및 수제머핀 전문점인 '마노핀'을 오픈하여 2016년 50개 매장 운영.

실적 분석
동사의 2016년 연결기준 연간 누적 매출액은 1,512.6억원으로 전년동기 대비 23.6% 증가함. 외식경기 둔화로 피자부문과 마노핀 매출 실적이 부진했음에도 불구, 종속기업인 한강인터트레이드의 매출 신규편입으로 인해 외형적으로 성장함. 이에 힘입어 2016년 영업이익 5.1억원을 시현하며 흑자전환에 성공함. 단 당기순이익은 20.5억원 손실을 기록하며 적자지속. 한강인터트레이드의 성장 지속세가 이어질 경우 향후 흑자전환도 기대해볼 만.

현금 흐름 〈단위 : 억원〉
항목	2015	2016
영업활동	-50	-31
투자활동	-190	-101
재무활동	188	157
순현금흐름	-52	24
기말현금	58	83

시장 대비 수익률
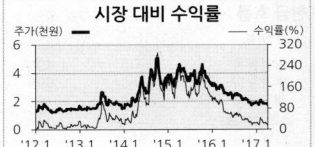

결산 실적 〈단위 : 억원〉
항목	2011	2012	2013	2014	2015	2016
매출액	1,593	1,776	1,746	1,440	1,224	1,513
영업이익	69	90	32	14	-48	5
당기순이익	39	28	29	4	-33	-21

분기 실적 〈단위 : 억원〉
항목	2015.3Q	2015.4Q	2016.1Q	2016.2Q	2016.3Q	2016.4Q
매출액	272	382	388	382	367	375
영업이익	-7	14	1	6	7	-9
당기순이익	-3	7	-7	4	10	-28

재무 상태 〈단위 : 억원〉
항목	2011	2012	2013	2014	2015	2016
총자산	860	727	673	805	1,057	1,148
유형자산	335	318	300	286	308	297
무형자산	49	45	44	44	225	211
유가증권	6	9	7	29	25	9
총부채	647	502	436	377	621	722
총차입금	218	1	1	1	252	375
자본금	65	65	65	79	81	81
총자본	213	225	237	428	436	426
지배주주지분	213	225	237	428	410	384

기업가치 지표
항목	2011	2012	2013	2014	2015	2016
주가(최고/저)(천원)	1.9/1.0	1.9/1.1	2.7/1.4	5.2/1.5	4.7/3.0	3.3/1.6
PER(최고/저)(배)	32.0/16.6	43.6/25.2	53.5/26.8	830.4/240.0	—/—	—/—
PBR(최고/저)(배)	3.0/1.5	2.8/1.6	4.0/2.0	6.5/1.9	6.1/4.0	4.5/2.2
EV/EBITDA(배)	7.4	7.3	13.0	48.4		34.5
EPS(원)	60	43	52	4	-47	-45
BPS(원)	650	668	686	804	767	735
CFPS(원)	111	111	119	65	5	10
DPS(원)	20	20	10	5		
EBITDAPS(원)	157	206	116	79	-8	62

재무 비율 〈단위 : % 〉
연도	영업이익률	순이익률	부채비율	차입금비율	ROA	ROE	유보율	자기자본비율	EBITDA마진율
2016	0.3	-1.4	169.5	88.1	-1.9	-9.3	634.6	37.1	3.3
2015	-4.0	-2.7	142.6	57.8	-3.6	-9.0	666.7	41.2	-0.5
2014	1.0	0.3	88.2	0.2	0.6	1.3	704.3	53.1	3.9
2013	1.8	1.7	184.2	0.2	4.2	14.6	586.4	35.2	4.3

연우 (A115960)
YONWOO CO

업 종	용기 및 포장	시 장	KOSDAQ
신용등급	(Bond) — (CP) —	기업규모	중견
홈페이지	www.yonwookorea.com	연 락 처	032)575-8811
본 사	인천시 서구 가좌로84번길 13		

설 립 일	1994.09.30	종업원수	1,482명	대 표 이 사	기중현
상 장 일	2015.11.02	감사의견	적정 (안진)	계 열	
결 산 기	12월	보 통 주	1,240만주	종속회사수	
액 면 가	500원	우 선 주		구 상 호	

주주구성 (지분율,%)
기중현	60.3
PKG Group, LLC	6.8
(외국인)	7.3

출자관계 (지분율,%)
| YONWOOCHINA(HUZHOU)..,LTD | 100.0 |
| YONWOOCHINA.,LTD | 100.0 |

주요경쟁사 (외형,%)
연우	100
락앤락	181
삼광글라스	127

매출구성
펌프류	71.5
튜브류	13.8
견본품	12.9

비용구성
| 매출원가율 | 80.6 |
| 판관비율 | 8.8 |

수출비중
| 수출 | — |
| 내수 | — |

회사 개요
1994년 11월 설립된 동사는 목적사업으로 화장품용기 및 디스펜스 제조와 판매업, 의약품용기 제조와 판매업, 생활용품용기 제조와 판매업 등을 영위. 주요제품으로 펌프형 용기, 튜브형 용기, 견본용 용기가 있음. 화장품 시장의 특성을 고려하여 다품종 소량생산이 가능한 셀라인과 대량생산이 가능한 자동화라인을 보유하고 있음. 아모레퍼시픽, LG생활건강, PKG Group(미주), Quadpack Group(유럽) 등이 주요 고객.

실적 분석
동사의 2016년 연결기준 매출액은 2,345.7억원으로 전년대비 17.8% 증가함. 매출 증가와 원가율 개선으로 매출총이익이 증가함. 영업이익은 전년대비 32.0% 증가하면서 249.0억원을 기록함. 영업이익과 비영업손익 증가로 당기순이익은 전년대비 36.9% 증가한 209.2억원을 기록함. 국내 화장품 용기 시장은 글로벌 시장에 비해 높은 성장률을 보이고 있음. 전방 산업 호조로 하반기 화장품 용기 시장의 전망도 밝을 것으로 기대됨.

현금 흐름 〈단위 : 억원〉
항목	2015	2016
영업활동	252	248
투자활동	-260	-313
재무활동	323	-6
순현금흐름	315	-70
기말현금	379	308

시장 대비 수익률
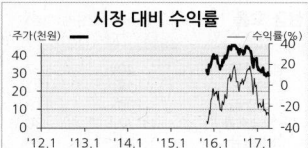

결산 실적 〈단위 : 억원〉
항목	2011	2012	2013	2014	2015	2016
매출액	1,376	1,520	1,574	1,688	1,991	2,346
영업이익	169	173	98	121	189	249
당기순이익	92	128	56	87	153	209

분기 실적 〈단위 : 억원〉
항목	2015.3Q	2015.4Q	2016.1Q	2016.2Q	2016.3Q	2016.4Q
매출액	463	548	549	632	596	569
영업이익	34	61	59	102	55	33
당기순이익	35	47	50	82	30	48

재무 상태 〈단위 : 억원〉
항목	2011	2012	2013	2014	2015	2016
총자산	1,397	1,507	1,620	1,623	2,121	2,361
유형자산	718	736	870	917	1,038	1,272
무형자산	14	16	18	24	24	18
유가증권	22	11	13	8	9	10
총부채	892	782	840	756	527	570
총차입금	651	559	605	513	244	241
자본금	44	50	50	50	62	62
총자본	505	724	780	867	1,594	1,792
지배주주지분	505	724	780	867	1,594	1,792

기업가치 지표
항목	2011	2012	2013	2014	2015	2016
주가(최고/저)(천원)	—/—	—/—	—/—	—/—	40.7/27.4	49.4/31.7
PER(최고/저)(배)	0.0/0.0	0.0/0.0	0.0/0.0	0.0/0.0	27.8/18.7	29.3/18.8
PBR(최고/저)(배)	0.0/0.0	0.0/0.0	0.0/0.0	0.0/0.0	3.2/2.1	3.4/2.2
EV/EBITDA(배)	2.6	1.9	2.7	2.0	16.5	12.7
EPS(원)	1,044	1,308	559	868	1,467	1,687
BPS(원)	114,494	7,247	7,803	8,675	12,859	14,451
CFPS(원)	30,752	1,940	1,319	1,782	2,486	2,647
DPS(원)						
EBITDAPS(원)	48,262	2,402	1,737	2,131	2,829	2,968

재무 비율 〈단위 : % 〉
연도	영업이익률	순이익률	부채비율	차입금비율	ROA	ROE	유보율	자기자본비율	EBITDA마진율
2016	10.6	8.9	31.8	13.4	9.3	12.4	2,790.2	75.9	15.7
2015	9.5	7.7	33.1	15.3	8.2	12.4	2,471.7	75.2	14.8
2014	7.2	5.1	87.3	59.2	5.4	10.5	1,635.1	53.4	12.6
2013	6.2	3.6	107.8	77.6	3.6	7.4	1,460.7	48.1	11.0

연이정보통신 (A090740)
YOUNYI Information & Communication

업 종	디스플레이 및 관련부품	시 장	KOSDAQ
신용등급	(Bond) — (CP) —	기업규모	우량
홈페이지	www.younyi.co.kr	연 락 처	041)620-1500
본 사	충남 천안시 서북구 직산읍 4산단6길 77		

설 립 일	2003.04.01	종업원수	121명	대 표 이 사	이종전
상 장 일	2007.09.19	감사의견	적정 (삼정)	계 열	
결 산 기	12월	보 통 주	1,600만주	종속회사수	
액 면 가	500원	우 선 주		구 상 호	

주주구성 (지분율,%)
이용호	36.7
이종전	5.2
(외국인)	1.1

출자관계 (지분율,%)
스텔라사모투자전문회사	63.6
연이전자(천진)유한공사	100.0
연이전자(소주)유한공사	100.0

주요경쟁사 (외형,%)
연이정보통신	100
한국컴퓨터	59
케이맥	22

매출구성
| 전자부품제조(중국) | 58.6 |
| 전자부품제조(한국) | 41.4 |

비용구성
| 매출원가율 | 95.4 |
| 판관비율 | 2.7 |

수출비중
| 수출 | 76.8 |
| 내수 | 23.2 |

회사 개요
LCD 모니터와 노트북용 Source PBA, LCD TV용 콘트롤과 Source PBA를 생산하여 삼성디스플레이, 구로다 등에 납품함. 판매가격 하락과 가격 경쟁력으로 LCD 및 LED 수요가 증대되고 있어 3D TV, 스마트 TV 시장이 본격적인 성장기에 진입하면 동사의 매출도 동반 성장할 것으로 기대됨. 연결대상 종속회사는 연이소주와 연이천진, 연이청도, 연이하이풍비나 등이 있음. 2015년말 46억원을 출자해 베트남 현지법인을 설립함.

실적 분석
중국에서의 제품(LED 및 OLED PBA 및 F-PCA) 공급은 증가하였으나, 국내 생산이 30% 가량 감소함. 이에 따라 2016년 연결기준 매출액은 전년동기 대비 12.7% 감소한 3,980.2억원을 기록하였음. 원가율 개선으로 영업이익은 전년동기 대비 68.9% 증가하였으나, 외환관련손실과 스텔라사모투자전문회사에 대한 지분법평가손실이 크게 증가하여 당기순이익은 8.4억원의 적자로 전환됨.

현금 흐름 〈단위 : 억원〉
항목	2015	2016
영업활동	-69	125
투자활동	-73	-20
재무활동	92	-92
순현금흐름	-47	12
기말현금	52	64

시장 대비 수익률
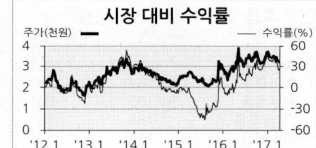

결산 실적 〈단위 : 억원〉
항목	2011	2012	2013	2014	2015	2016
매출액	4,211	3,728	4,398	4,473	4,561	3,980
영업이익	34	51	80	48	45	75
당기순이익	17	38	59	28	39	-8

분기 실적 〈단위 : 억원〉
항목	2015.3Q	2015.4Q	2016.1Q	2016.2Q	2016.3Q	2016.4Q
매출액	1,265	1,186	1,006	985	1,035	954
영업이익	18	19	4	9	34	29
당기순이익	2	30	-16	3	19	-14

재무 상태 〈단위 : 억원〉
항목	2011	2012	2013	2014	2015	2016
총자산	1,658	1,598	1,476	2,046	1,803	1,493
유형자산	667	616	669	647	604	516
무형자산	7	19	21	22	21	17
유가증권				5	5	34
총부채	946	869	740	1,294	1,032	755
총차입금	374	262	200	236	364	274
자본금	80	80	80	80	80	80
총자본	712	729	736	753	771	738
지배주주지분	712	729	736	753	771	738

기업가치 지표
항목	2011	2012	2013	2014	2015	2016
주가(최고/저)(천원)	4.4/1.7	3.0/1.6	3.4/2.0	3.2/1.9	3.5/2.0	3.9/2.3
PER(최고/저)(배)	43.9/17.2	13.2/7.0	9.9/5.7	19.6/11.9	15.3/8.8	—/—
PBR(최고/저)(배)	1.0/0.4	0.7/0.4	0.7/0.4	0.7/0.4	0.7/0.4	0.8/0.5
EV/EBITDA(배)	3.8	2.4	3.0	2.3	4.2	4.1
EPS(원)	106	239	369	173	244	-52
BPS(원)	4,449	4,556	4,936	5,114	5,396	5,190
CFPS(원)	665	810	1,065	986	1,078	606
DPS(원)					70	143
EBITDAPS(원)	772	892	1,197	1,111	1,114	1,129

재무 비율 〈단위 : % 〉
연도	영업이익률	순이익률	부채비율	차입금비율	ROA	ROE	유보율	자기자본비율	EBITDA마진율
2016	1.9	-0.2	102.2	37.2	-0.5	-1.1	938.1	49.5	4.5
2015	1.0	0.9	133.8	47.2	2.0	5.1	979.2	42.8	3.9
2014	1.1	0.6	171.8	31.3	1.6	3.7	922.7	36.8	4.0
2013	1.8	1.3	100.5	27.4	3.8	8.1	887.1	49.9	4.4

영보화학 (A014440)
Youngbo Chemical

업 종 : 화학	시 장 : 거래소
신용등급 : (Bond) — (CP) —	기업규모 : 시가총액 소형주
홈페이지 : www.youngbo.com	연 락 처 : 043)249-2020
본 사 : 충북 청주시 흥덕구 강내면 서부로 230-23	

설 립 일	1979.12.11	종 업 원 수	280명	대 표 이 사	이영식
상 장 일	1997.08.27	감 사 의 견	적정(한영)	계 열	
결 산 기	12월	보 통 주	2,000만주	종속회사수	
액 면 가	500원	우 선 주		구 상 호	

주주구성 (지분율,%)		출자관계 (지분율,%)		주요경쟁사 (외형,%)	
세기스이화학공업	51.0	영보하우징	100.0	영보화학	100
이봉주	9.9	무한	65.0	KPX그린케미칼	154
(외국인)	52.6			세우글로벌	27

매출구성		비용구성		수출비중	
기타	40.0	매출원가율	75.0	수출	—
[반제품]건물의 내,외벽체 단열용, 지붕재(한국)	21.7	판관비율	14.7	내수	—
[반제품]CAR A/C INSULATION외(한국)	14.6				

회사 개요
동사는 1979년 설립되어 합성수지 제조 및 판매를 주요 사업으로 영위하고 있는 국내 최고의 가교발포 폴리올레핀 폼 전문 제조회사임. 주력 제품으로는 자동차내장재, 건축용 보온재, 건축용 층간소음 완충재, IT용 LCD 간지, 산업용 에어컨 단열재 등의 제품을 제조하고 있음. 2014년 건축부문을 영보하우징으로 분할해 건축 시장에 대응함. 품목별 매출비중은 건축자재 약 40.7%, 자동차 부문 24.2%, 일반소재 35.1%로 구성되어 있음.

실적 분석
동사의 2016년 연결기준 누적매출액은 1,578억원으로 전년 대비 0.3% 증가함. 매출원가와 판관비 감소로 영업이익은 전년보다 18.3% 늘었고, 당기순이익도 26.1% 증가한 112.2억원을 기록함. 자동차소재부문은 공격적인 영업활동을 통한 해외 수출물량 증대가 예상됨. 일반소재부문은 고부가가치 신규개발품 출시로 수익성 개선을 통한 매출 증대가 기대됨.

현금 흐름 〈단위 : 억원〉

항목	2015	2016
영업활동	235	203
투자활동	-67	-41
재무활동	-105	-84
순현금흐름	63	78
기말현금	172	250

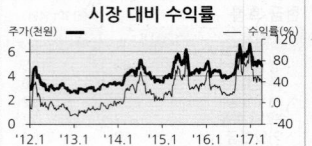
시장 대비 수익률

결산 실적 〈단위 : 억원〉

항목	2011	2012	2013	2014	2015	2016
매출액	1,307	1,378	1,638	1,574	1,574	1,578
영업이익	91	84	122	82	138	163
당기순이익	62	50	85	34	89	112

분기 실적 〈단위 : 억원〉

항목	2015.3Q	2015.4Q	2016.1Q	2016.2Q	2016.3Q	2016.4Q
매출액	400	375	357	400	378	443
영업이익	48	5	38	41	40	44
당기순이익	34	-5	21	33	22	37

재무 상태 〈단위 : 억원〉

항목	2011	2012	2013	2014	2015	2016
총자산	1,390	1,507	1,680	1,722	1,727	1,822
유형자산	806	848	923	881	884	855
무형자산	19	21	20	21	21	44
유가증권	21	13	6	7	7	2
총부채	526	609	709	739	670	676
총차입금	374	388	394	437	352	288
자본금	100	100	100	100	100	100
총자본	865	897	971	983	1,058	1,146
지배주주지분	847	880	954	969	1,046	1,131

기업가치 지표

항목	2011	2012	2013	2014	2015	2016
주가(최고/저)(천원)	3.6/1.9	5.2/2.6	3.6/2.5	5.4/3.2	6.7/3.4	6.6/3.7
PER(최고/저)(배)	13.9/7.3	23.1/11.4	9.5/6.6	31.1/18.5	15.2/7.8	12.3/6.9
PBR(최고/저)(배)	0.9/0.5	1.3/0.6	0.8/0.6	1.2/0.7	1.3/0.7	1.2/0.7
EV/EBITDA(배)	7.0	7.1	5.9	7.5	5.6	5.8
EPS(원)	290	251	422	184	456	545
BPS(원)	4,280	4,448	4,816	4,892	5,277	5,704
CFPS(원)	524	490	698	503	795	902
DPS(원)	50	50	100	100	100	100
EBITDAPS(원)	687	660	885	727	1,028	1,172

재무 비율 〈단위 : % 〉

연도	영업이익률	순이익률	부채비율	차입금비율	ROA	ROE	유보율	자기자본비율	EBITDA마진율
2016	10.3	7.1	59.0	-25.1	6.3	10.0	1,040.8	62.9	14.9
2015	8.8	5.7	63.3	33.3	5.2	9.1	955.4	61.2	13.1
2014	5.2	2.1	75.2	44.5	2.0	3.8	878.3	57.1	9.2
2013	7.4	5.2	73.0	40.5	5.3	9.2	863.1	57.8	10.8

영신금속공업 (A007530)
Youngsin Metal Industrial

업 종 : 자동차부품	시 장 : KOSDAQ
신용등급 : (Bond) — (CP) —	기업규모 : 중견
홈페이지 : www.ysmic.com	연 락 처 : 031)680-8600
본 사 : 경기도 평택시 포승읍 포승공단로 118번길 118	

설 립 일	1971.12.01	종 업 원 수	408명	대 표 이 사	이정우
상 장 일	1994.08.05	감 사 의 견	적정(이정)	계 열	
결 산 기	12월	보 통 주	629만주	종속회사수	
액 면 가	500원	우 선 주		구 상 호	

주주구성 (지분율,%)		출자관계 (지분율,%)		주요경쟁사 (외형,%)	
이정우	12.6	에버그린	23.8	영신금속	100
이정준	6.3	우주일렉트로	0.1	이원컴포텍	32
(외국인)	1.6			세동	107

매출구성		비용구성		수출비중	
볼트, 스크류(자동차부품)	94.5	매출원가율	80.3	수출	63.5
스크류(건축내장부품)	3.9	판관비율	19.4	내수	36.5
스크류(전자제품)	1.7				

회사 개요
동사는 볼트, 스크류, 리벳등의 단조부품만을 전문적으로 생산하는 Fastener 전문업체로 국내외 자동차, 전자기기, 건축물 등에 약 10,000여종의 전문 특화된 제품을 공급하고 있음. 주요 수요처가 자동차 및 기계류, 가전제품 제조업체로서 국내 시장환경과 선진국의 환경규제 및 FTA등의 해외수출 환경에 따른 판매 등에 영향을 받고 있음. 동사는 태국 현지법인 1개사를 종속회사로 보유하고 있으며 지분율은 100%임.

실적 분석
동사의 2016년 결산기준 누적 매출액은 전년동기 대비 5.2% 성장한 1,172.5억원을 달성함. 매출은 소폭 상승하였음. 이는 자동차볼트의 가격이 상승하면서 나타난 것으로 추측됨. 그러나 그만큼 원가가 상승하였고 판관비도 크게 증가하여 영업이익은 전년동기대비 89.9% 감소하였음. 국제 원자재가격의 변동이 원재료에 가격을 변동시키므로 국제시장의 상황에 따라 이익에 영향이 있음. 생산성 향상을 위한 증설투자 등으로 향후 수익 개선이 기대됨.

현금 흐름 〈단위 : 억원〉

항목	2015	2016
영업활동	40	-7
투자활동	-138	-131
재무활동	100	119
순현금흐름	7	-30
기말현금	54	24

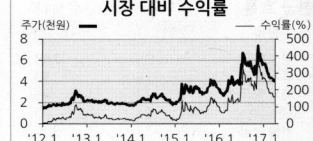
시장 대비 수익률

결산 실적 〈단위 : 억원〉

항목	2011	2012	2013	2014	2015	2016
매출액	1,036	1,110	1,109	1,099	1,115	1,173
영업이익	14	21	43	34	34	3
당기순이익	7	5	24	21	20	11

분기 실적 〈단위 : 억원〉

항목	2015.3Q	2015.4Q	2016.1Q	2016.2Q	2016.3Q	2016.4Q
매출액	264	286	286	308	274	304
영업이익	-1	8	7	2	5	-11
당기순이익	-5	8	6	6	-0	-2

재무 상태 〈단위 : 억원〉

항목	2011	2012	2013	2014	2015	2016
총자산	902	969	998	1,055	1,211	1,353
유형자산	569	616	653	689	805	912
무형자산	5	7	7	7	4	4
유가증권	10	11	10	2	4	3
총부채	620	684	682	726	860	1,000
총차입금	313	410	434	486	588	704
자본금	31	31	31	31	31	31
총자본	281	286	317	329	350	353
지배주주지분	281	286	317	329	350	353

기업가치 지표

항목	2011	2012	2013	2014	2015	2016
주가(최고/저)(천원)	1.9/1.3	3.2/1.4	2.3/1.7	2.9/1.7	4.3/1.9	7.4/2.6
PER(최고/저)(배)	19.4/13.3	44.0/19.3	6.5/4.6	9.1/5.3	13.9/6.0	42.9/15.3
PBR(최고/저)(배)	0.5/0.3	0.7/0.3	0.5/0.3	0.6/0.3	0.8/0.3	1.3/0.5
EV/EBITDA(배)	12.1	11.8	7.5	8.9	11.5	22.9
EPS(원)	105	78	379	326	319	174
BPS(원)	4,554	4,624	5,115	5,305	5,652	5,697
CFPS(원)	387	433	796	785	804	832
DPS(원)	10	10	30	25	40	40
EBITDAPS(원)	511	685	1,099	993	1,022	712

재무 비율 〈단위 : % 〉

연도	영업이익률	순이익률	부채비율	차입금비율	ROA	ROE	유보율	자기자본비율	EBITDA마진율
2016	0.3	0.9	283.1	199.2	0.9	3.1	1,039.3	26.1	3.8
2015	3.0	1.8	245.4	167.8	1.8	5.9	1,030.4	29.0	5.8
2014	3.1	1.9	221.0	147.9	2.0	6.4	960.9	31.2	5.7
2013	3.9	2.2	215.3	137.0	2.4	7.9	923.0	31.7	6.2

영우디에스피 (A143540)
YoungWoo DSP

업 종 : 디스플레이 및 관련부품		시 장 : KOSDAQ			
신용등급 : (Bond) — (CP) —		기업규모 : 벤처			
홈 페 이 지 : www.ywdsp.com		연 락 처 : 041)418-4871			
본 사 : 충남 천안시 서북구 성거읍 새터길 164					

설 립 일 2004.02.16	종 업 원 수 282명	대 표 이 사 박금성	
상 장 일 2014.10.29	감사의견 적정 (세림)	계 열	
결 산 기 12월	보 통 주 1,218만주	종속회사수	
액 면 가 500원	우 선 주	구 상 호	

주주구성 (지분율,%)		출자관계 (지분율,%)		주요경쟁사 (외형,%)	
박금성	20.5	알프스	40.9	영우디에스피	100
한국증권금융	4.1	레아	30.0	우리이앤엘	101
		에스알엠씨	4.0	우리조명	1,070

매출구성		비용구성		수출비중	
디스플레이검사장비	100.0	매출원가율	89.9	수출	26.9
		판관비율	3.4	내수	73.1

회사 개요
동사는 2004년 설립됐으며, 주요 사업은 평판디스플레이 제조용 기계 등의 제조이며, 반도체, LCD, LED, OLED, 태양광 장비제조 및 판매업, 정밀부품 가공제조업 등으로 구성되어 있음. 디스플레이 장비는 주문제작에 의해 생산이 이루어지므로 대량 양산체계가 적합하지 않아 대기업보다는 중소기업에 적합하며, 기술변화가 빠른 만큼 지속적인 연구개발이 필요함. 매출구성은 검사장비 100%로 구성.

실적 분석
동사의 2016년 연결기준 연간 매출액은 1,461.6억원으로 전년 대비 152.7% 증가함. 이는 전방산업의 투자확대에 따른 영향임. 고정비가 증가했음에도 불구하고 영업이익은 97.7억원으로 큰 폭으로 증가함. CEC-PANDA 등 중국 디스플레이 업체와도 적극적으로 협력 진행 중이며, 상반기내에는 중국 LCD업체의 투자가 본격화될 것으로 보여 수혜 예상됨. 향후에도 OLED 라인에 대한 투자가 예상되고 있어 꾸준히 성장할 전망임.

현금 흐름 *IFRS 별도 기준 〈단위 : 억원〉

항목	2015	2016
영업활동	21	-15
투자활동	-59	-33
재무활동	37	159
순현금흐름	-1	111
기말현금	18	129

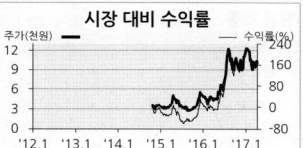

시장 대비 수익률

결산 실적 〈단위 : 억원〉

항목	2011	2012	2013	2014	2015	2016
매출액	524	282	896	625	578	1,462
영업이익	-89	-18	89	26	3	98
당기순이익	-96	-33	102	26	10	119

분기 실적 *IFRS 별도 기준 〈단위 : 억원〉

항목	2015.3Q	2015.4Q	2016.1Q	2016.2Q	2016.3Q	2016.4Q
매출액	210	157	115	208	386	752
영업이익	15	12	-12	-8	47	71
당기순이익	19	15	-15	-8	39	105

재무 상태 *IFRS 별도 기준 〈단위 : 억원〉

항목	2011	2012	2013	2014	2015	2016
총자산	254	234	302	486	516	1,374
유형자산	78	79	94	99	96	77
무형자산	8	26	34	40	85	78
유가증권	—	—	—	—	—	5
총부채	233	301	149	233	247	975
총차입금	154	254	84	101	128	267
자본금	19	14	21	28	30	61
총자본	21	-67	153	253	269	399
지배주주지분	21	-67	153	253	269	399

기업가치 지표 *IFRS 별도 기준

항목	2011	2012	2013	2014	2015	2016
주가(최고/저)(천원)	—/—	—/—	—/—	3.7/2.9	5.7/2.6	12.7/3.7
PER(최고/저)(배)	0.0/0.0	0.0/0.0	0.0/0.0	11.0/8.6	63.8/29.5	12.7/3.7
PBR(최고/저)(배)	0.0/0.0	0.0/0.0	0.0/0.0	1.6/1.2	2.5/1.2	3.9/1.1
EV/EBITDA(배)	—	—	0.4	10.8	40.3	12.2
EPS(원)	-1,470	-483	1,453	333	89	1,003
BPS(원)	560	-1,575	3,608	4,525	4,519	3,272
CFPS(원)	-2,457	-707	2,625	803	383	1,205
DPS(원)						
EBITDAPS(원)	-2,266	-341	2,300	800	264	1,012

재무 비율 〈단위 : % 〉

연도	영업이익률	순이익률	부채비율	차입금비율	ROA	ROE	유보율	자기자본비율	EBITDA마진율
2016	6.7	8.1	245.8	67.4	12.6	35.7	551.2	28.9	8.4
2015	0.5	1.7	91.7	47.7	1.9	3.7	803.9	52.2	2.6
2014	4.2	4.2	92.1	39.9	6.7	13.0	805.0	52.1	5.8
2013	9.9	11.4	97.2	54.9	38.2	전기잠식	645.3	50.7	10.9

영원무역 (A111770)
Youngone

업 종 : 섬유 및 의복		시 장 : 거래소			
신용등급 : (Bond) AA- (CP) —		기업규모 : 시가총액 중형주			
홈 페 이 지 : www.youngone.co.kr		연 락 처 : 02)390-6114			
본 사 : 서울시 중구 만리재로 159 (만리동2가)					

설 립 일 2009.07.02	종 업 원 수 472명	대 표 이 사 성기학	
상 장 일 2009.07.30	감사의견 적정 (삼일)	계 열	
결 산 기 12월	보 통 주 4,431만주	종속회사수	
액 면 가 500원	우 선 주	구 상 호	

주주구성 (지분율,%)		출자관계 (지분율,%)		주요경쟁사 (외형,%)	
영원무역홀딩스	50.5	한국패션유통물류	3.7	영원무역	100
국민연금공단	10.5	YHT	100.0	코데즈컴바인	1
(외국인)	23.1	TSL	100.0	한세실업	77

매출구성		비용구성		수출비중	
제조OEM사업부문(제품)	141.5	매출원가율	73.7	수출	—
브랜드 유통/기타사업부문(상품,제품,기타)	25.9	판관비율	17.4	내수	—
연결조정	-67.4				

회사 개요
동사는 2009년 영원무역홀딩스로부터 회사분할을 통해 설립됨. 동사는 해외 소재 약 40여개의 유명 아웃도어 및 스포츠 브랜드 바이어로부터 주문을 받아 방글라데시, 베트남, 중국 및 충남미 지역에 소재한 해외 현지법인 공장에서 의류, 신발, 가방 등의 제품을 OEM방식으로 생산 및 수출을 하고 있음. 동사는 OEM 제품 생산에 필요한 화섬니트 및 메리노울 원단 생산, 특수기능 원단 및 충진재를 자체 생산했음. 최근 자전거 사업에도 진출함.

실적 분석
동사의 2016년 매출액은 2조 16.1억원으로 전년동기 대비 26.3% 증가함. 전년 브랜드 인수 효과로 브랜드 사업 매출이 급증했기 때문. 내수부진과 미주시장 브랜드의 재고조정 등으로 OEM 부문 매출은 기대에 못 미침. 인건비와 광고선전비 증가, 대손 발생 등으로 영업이익은 8.8% 감소한 1,089.7억원에 그침. 자전거 브랜드 SCOTT에 대한 불확실성은 존재하나 미국 의료소매 경기 확장 국면이 예상돼 2017년 성장이 기대됨.

현금 흐름 〈단위 : 억원〉

항목	2015	2016
영업활동	2,584	1,019
투자활동	-1,671	-1,022
재무활동	1,564	88
순현금흐름	2,516	77
기말현금	4,534	4,610

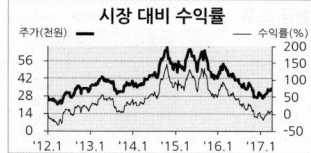

시장 대비 수익률

결산 실적 〈단위 : 억원〉

항목	2011	2012	2013	2014	2015	2016
매출액	9,902	10,591	11,082	12,463	15,849	20,016
영업이익	1,823	1,863	1,608	1,855	1,968	1,794
당기순이익	1,285	1,317	1,219	1,433	1,445	1,090

분기 실적 *IFRS 별도 기준 〈단위 : 억원〉

항목	2015.3Q	2015.4Q	2016.1Q	2016.2Q	2016.3Q	2016.4Q
매출액	4,953	3,876	4,316	5,513	5,476	4,710
영업이익	650	301	380	694	529	192
당기순이익	491	187	302	495	387	-94

재무 상태 *IFRS 별도 기준 〈단위 : 억원〉

항목	2011	2012	2013	2014	2015	2016
총자산	8,446	9,985	12,123	13,941	22,210	23,897
유형자산	2,619	3,520	4,074	5,139	5,618	5,657
무형자산	22	39	34	181	1,983	2,159
유가증권	124	570	428	518	1,013	901
총부채	2,677	3,180	3,103	3,818	8,586	10,122
총차입금	809	1,159	959	1,106	3,825	5,037
자본금	204	204	222	222	222	222
총자본	5,769	6,806	9,020	10,123	13,624	13,775
지배주주지분	5,491	6,417	8,514	9,722	11,767	12,450

기업가치 지표

항목	2011	2012	2013	2014	2015	2016
주가(최고/저)(천원)	30.7/9.9	36.7/20.5	45.2/29.5	69.7/34.7	69.8/41.1	54.5/25.9
PER(최고/저)(배)	11.1/3.6	12.9/7.2	18.4/12.0	24.5/12.2	24.1/14.2	22.2/10.5
PBR(최고/저)(배)	2.4/0.8	2.4/1.3	2.4/1.6	3.2/1.6	2.7/1.6	1.9/0.9
EV/EBITDA(배)	5.0	6.0	9.4	10.2	7.7	6.2
EPS(원)	2,869	2,919	2,514	2,891	2,931	2,482
BPS(원)	13,454	15,724	19,215	21,940	26,554	28,390
CFPS(원)	3,533	3,672	3,188	3,666	4,103	3,785
DPS(원)	200	200	200	200	200	250
EBITDAPS(원)	5,130	5,319	4,332	4,961	5,614	5,353

재무 비율 〈단위 : % 〉

연도	영업이익률	순이익률	부채비율	차입금비율	ROA	ROE	유보율	자기자본비율	EBITDA마진율
2016	9.0	5.4	73.5	36.6	4.7	9.1	5,578.1	57.6	11.9
2015	12.4	9.1	63.0	28.1	8.0	12.1	5,210.9	61.3	15.7
2014	14.9	11.5	37.7	10.9	11.4	14.1	4,287.9	72.6	17.6
2013	14.5	11.0	34.4	10.9	11.0	14.8	3,743.0	74.4	17.2

영원무역홀딩스 (A009970)
Youngone Holdings co

업 종 : 섬유 및 의복	시 장 : 거래소
신용등급 : (Bond) — (CP) —	기업규모 : 시가총액 중형주
홈페이지 : www.youngone.co.kr	연락처 : 02)390-6114
본 사 : 서울시 중구 만리재로 159 (만리동2가)	

설 립 일 1974.06.05	종업원수 8명	대표이사 성기학
상 장 일 1988.11.07	감사의견 적정 (삼일)	계 열
결 산 기 12월	보통주 1,364만주	종속회사수
액 면 가 500원	우 선 주	구 상 사

주주구성 (지분율,%)
와이엠에스에이	29.1
성기학	16.8
(외국인)	23.4

출자관계 (지분율,%)
스캇노스아시아	60.0
영원아웃도어	59.3
영원무역	50.5

주요경쟁사 (외형,%)
영원무역홀딩스	100
코데즈컴바인	1
LF	65

매출구성
제조 OEM	119.3
브랜드 유통 / 기타	43.7
연결조정	-63.0

비용구성
매출원가율	67.2
판관비율	24.2

수출비중
수출	—
내수	—

회사 개요
동사는 2009년 인적분할을 통해 지주회사와 사업회사로 분할하고 상호를 영원무역홀딩스로 변경하며 순수 지주회사로 전환. 아웃도어 의류, 신발, 백팩 등의 OEM 생산 사업은 자회사인 영원무역이 수행하고 있음. 노스페이스, 에이글 등 브랜드 유통은 영원아웃도어가 수행. 동사의 유통 브랜드인 노스페이스는 국내 아웃도어 의류시장 점유율 1위의 지위를 유지하고 있음. 동사는 영원무역, 영원아웃도어 등 실적을 연결로 인식함.

실적 분석
2016년도 연결기준 영업실적을 살펴보면, 총매출액은 2조 3,380억원으로 전년동기 대비 24.3% 증가하였으며, 영업이익은 2,010억원으로 12.9% 감소함. 그리고 당기순이익은 25.3% 감소한 1,290억원을 시현함. 주력 사업회사인 영원무역의 매출액은 2조 16억원, 영업이익 1,794억원이며, The North Face 외 기타 아웃도어 브랜드 유통사업을 전개하는 영원아웃도어의 매출액은 3,901억원, 영업이익은 173억원임.

현금 흐름 〈단위 : 억원〉
항목	2015	2016
영업활동	2,993	1,292
투자활동	-1,739	-1,027
재무활동	1,496	14
순현금흐름	2,803	271
기말현금	5,559	5,830

시장 대비 수익률
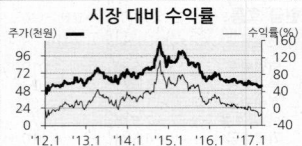

결산 실적 〈단위 : 억원〉
항목	2011	2012	2013	2014	2015	2016
매출액	14,060	14,492	15,301	16,443	18,805	23,380
영업이익	2,928	2,382	2,200	2,350	2,309	2,010
당기순이익	2,109	1,709	1,614	1,817	1,726	1,290

분기 실적 〈단위 : 억원〉
항목	2015.3Q	2015.4Q	2016.1Q	2016.2Q	2016.3Q	2016.4Q
매출액	5,319	5,237	4,983	6,249	5,889	6,258
영업이익	678	540	440	702	536	332
당기순이익	531	347	346	519	383	42

재무 상태 〈단위 : 억원〉
항목	2011	2012	2013	2014	2015	2016
총자산	12,686	13,962	16,166	17,748	26,482	28,381
유형자산	3,663	5,000	5,850	6,681	7,196	7,253
무형자산	40	67	61	204	2,006	2,175
유가증권	269	757	566	684	1,356	1,208
총부채	4,037	4,373	4,136	4,344	9,219	10,827
총차입금	884	1,451	1,145	1,141	3,896	5,081
자본금	64	68	68	68	68	68
총자본	8,649	9,589	12,030	13,404	17,263	17,555
지배주주지분	4,472	5,053	5,987	6,790	8,141	8,578

기업가치 지표
항목	2011	2012	2013	2014	2015	2016
주가(최고/저)(천원)	63.1/28.6	66.0/44.1	78.5/57.6	115/63.8	104/56.9	72.6/54.0
PER(최고/저)(배)	8.3/3.8	10.6/7.1	14.1/10.4	18.6/10.3	17.1/9.3	14.4/10.7
PBR(최고/저)(배)	1.9/0.9	1.8/1.2	1.8/1.3	2.3/1.3	1.8/1.0	1.2/0.9
EV/EBITDA(배)	2.9	4.3	5.8	6.0	5.6	6.0
EPS(원)	7,992	6,467	5,707	6,303	6,210	5,075
BPS(원)	35,257	37,426	44,273	50,163	60,074	63,278
CFPS(원)	10,387	9,140	8,312	9,515	10,510	9,840
DPS(원)	500	500	500	500	500	500
EBITDAPS(원)	25,223	20,720	18,739	20,445	21,232	19,506

재무 비율 〈단위 : % 〉
연도	영업이익률	순이익률	부채비율	차입금비율	ROA	ROE	유보율	자기자본비율	EBITDA마진율
2016	8.6	5.5	61.7	28.9	4.7	8.3	12,555.6	61.9	11.4
2015	12.3	9.2	53.4	22.6	7.8	11.3	11,914.9	65.2	15.4
2014	14.3	11.1	32.4	8.5	10.7	13.5	9,932.6	75.5	17.0
2013	14.4	10.6	34.4	9.5	10.7	14.1	8,754.6	74.4	16.7

영인프런티어 (A036180)
Young In Frontier

업 종 : 교육	시 장 : KOSDAQ
신용등급 : (Bond) — (CP) —	기업규모 : 중견
홈페이지 : www.younginfrontier.com	연락처 : 02)2140-3300
본 사 : 서울시 금천구 벚꽃로 244, 1101호(가산동, 벽산디지털밸리5차)	

설 립 일 1994.03.29	종업원수 101명	대표이사 안여환
상 장 일 1999.12.21	감사의견 적정 (지성)	계 열
결 산 기 12월	보통주 1,760만주	종속회사수
액 면 가 500원	우 선 주	구 상 사

주주구성 (지분율,%)
이지민	12.6
이혁근	9.1
(외국인)	0.7

출자관계 (지분율,%)
영인과학	18.4
레오피엠	15.4
영린기기	2.0

주요경쟁사 (외형,%)
영인프런티어	100
메가스터디교육	606
정상제이엘에스	289

매출구성
과학기자재 및 관련소모품	76.9
항체(상품,기타)	13.1
항체(제품)	10.0

비용구성
매출원가율	75.0
판관비율	21.3

수출비중
수출	3.5
내수	96.5

회사 개요
동사는 1994년 도원텔레콤으로 설립됨. 항체 제조/판매, 항체 신약개발 등을 주력으로 하는 바이오 사업부문과 생명공학 관련 과학기기 및 소모품을 공급하는 과학기기 사업부문을 영위함. 과학기기 사업은 기초 과학장비의 대부분을 수입하는 국내의 현실적 여건에 따라 글로벌 Maker들의 독점권을 보유하는 동사는 높은 진입장벽을 구축하고 있으며, 일부 제품은 국내에서 상당한 점유율을 보유함. 매출은 과학기기 79%, 바이오 21%로 구성됨.

실적 분석
국내외 바이오 시장 호조로 동사의 2016년 누적 매출액은 전년 동기 대비 17.2% 증가한 288억원을 달성함. 매출총이익 72억원, 판관비 61.3억원을 기록하면서 영업이익은 전년 동기 대비 63.9% 증가한 10.8억원을 기록함. 금융이익의 큰 폭으로 상승함에도 불구하고 비영업이익은 57.3% 감소한 3.6억원을 기록하며 당기순이익은 14억원으로 전년 대비 6.5% 줄었음. 신규라인 개발 및 안정화에 따라 매출상승 및 영업이익 증가

현금 흐름 *IFRS 별도 기준 〈단위 : 억원〉
항목	2015	2016
영업활동	-6	8
투자활동	-1	-33
재무활동	4	29
순현금흐름	-3	4
기말현금	10	13

시장 대비 수익률
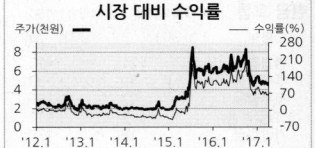

결산 실적 *IFRS 별도 기준 〈단위 : 억원〉
항목	2011	2012	2013	2014	2015	2016
매출액	159	154	177	185	246	288
영업이익	-0	-19	2	2	7	11
당기순이익	2	-23	2	2	15	14

분기 실적 *IFRS 별도 기준 〈단위 : 억원〉
항목	2015.3Q	2015.4Q	2016.1Q	2016.2Q	2016.3Q	2016.4Q
매출액	61	77	60	67	71	89
영업이익	1	3	1	3	3	6
당기순이익	2	4	1	2	7	4

재무 상태 *IFRS 별도 기준 〈단위 : 억원〉
항목	2011	2012	2013	2014	2015	2016
총자산	197	167	198	203	220	267
유형자산	40	39	39	37	38	36
무형자산	9	5	4	2	2	0
유가증권	—	50	54	56	56	55
총부채	47	40	44	47	49	52
총차입금	—	—	—	—	4	—
자본금	82	82	88	88	88	88
총자본	150	127	154	156	171	216
지배주주지분	150	127	154	156	171	216

기업가치 지표 *IFRS 별도 기준
항목	2011	2012	2013	2014	2015	2016
주가(최고/저)(천원)	4.6/1.9	3.3/1.7	2.9/1.9	2.8/1.8	9.0/1.9	8.9/4.3
PER(최고/저)(배)	383.9/160.3	—/—	74.3/47.5	199.8/133.8	105.6/21.9	112.2/54.5
PBR(최고/저)(배)	4.4/1.9	3.7/1.9	3.0/1.9	2.7/1.8	8.2/1.7	7.3/3.5
EV/EBITDA(배)	75.6		65.8	58.3	107.9	63.0
EPS(원)	12	-139	39	14	85	79
BPS(원)	1,038	899	993	1,006	1,091	1,226
CFPS(원)	43	-113	55	30	100	94
DPS(원)						
EBITDAPS(원)	30	-91	28	28	52	76

재무 비율 〈단위 : % 〉
연도	영업이익률	순이익률	부채비율	차입금비율	ROA	ROE	유보율	자기자본비율	EBITDA마진율
2016	3.8	4.8	23.9	0.0	5.7	7.2	145.1	80.7	4.7
2015	2.7	6.1	28.5	2.3	7.1	9.1	118.2	77.9	3.7
2014	1.2	1.3	30.1	0.0	1.2	1.6	101.3	76.9	2.7
2013	1.2	3.8	28.6	0.0	3.6	4.7	98.5	77.8	2.7

영진약품공업 (A003520)
YUNGJIN Pharm

업　　종 : 제약		시　　장 : 거래소	
신용등급 : (Bond) — (CP) —		기업규모 : 시가총액 중형주	
홈페이지 : www.yungjin.co.kr		연 락 처 : 02)2041-8200	
본　　사 : 서울시 송파구 올림픽로35다길 13 (신천동)			

설 립 일 1962.07.16	종 업 원 수 611명	대 표 이 사 박수준	
상 장 일 1973.06.25	감 사 의 견 적정 (삼정)	계　　　　열	
결 산 기 12월	보 통 주 18,289만주	종속회사수	
액 면 가 500원	우 선 주	구 상 호	

주주구성 (지분율,%)		출자관계 (지분율,%)		주요경쟁사 (외형,%)	
케이티앤지	52.5			영진약품	100
서울보증보험	1.8			한미사이언스	344
(외국인)	1.1			한미약품	457

매출구성		비용구성		수출비중	
기타	36.5	매출원가율	63.1	수출	35.4
완제 및 원료(합성원료 외)	31.7	판관비율	34.1	내수	64.6
순환기관(고혈압 및 뇌기능개선)	13.6				

회사 개요
동사는 1962년 설립돼 전문의약품의 제조, 판매를 영위하고 있음. 2004년 KT&G가 경영권을 인수하면서 KT&G 계열사로 편입됨. 주요 제품으로는 영양제인 데노간, 푸라콩과 고혈압 및 뇌기능개선인 코디핀, 프라스탄 등이 있음. 2016년 수출 금액은 684.4억원으로 전체 매출액의 35.4%를 차지함. 2017년 1월 KT&G생명과학과 소규모 흡수 합병을 함

실적 분석
동사의 연결 기준 2016년 매출액은 전년 대비 13.5% 증가한 1,931.3억원을 시현함. 국내 내수 매출 증가보다 해외 수출 증가가 더 외형 성장에 기여를 하였음. 매출원가는 15.7% 증가하여 매출총이익률은 소폭 떨어짐. 판매비와관리비는 10.1% 증가하였음. 영업이익은 전년 대비 8.1% 증가한 54.5억원을 기록함. 비영업손익의 개선으로 당기순이익은 24.1% 증가한 42.0억원을 기록함.

현금 흐름 ·IFRS 별도 기준　　　〈단위 : 억원〉

항목	2015	2016
영업활동	88	31
투자활동	-125	-8
재무활동	71	-52
순현금흐름	34	-29
기말현금	45	17

시장 대비 수익률
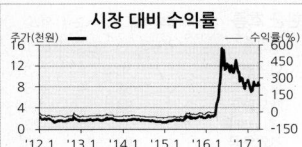

결산 실적　　　〈단위 : 억원〉

항목	2011	2012	2013	2014	2015	2016
매출액	1,121	1,377	1,566	1,676	1,702	1,931
영업이익	35	33	69	70	50	55
당기순이익	26	18	117	9	34	42

분기 실적 ·IFRS 별도 기준　　　〈단위 : 억원〉

항목	2015.3Q	2015.4Q	2016.1Q	2016.2Q	2016.3Q	2016.4Q
매출액	433	467	462	449	505	516
영업이익	10	17	15	22	24	-6
당기순이익	6	14	10	19	17	-3

재무 상태 ·IFRS 별도 기준　　　〈단위 : 억원〉

항목	2011	2012	2013	2014	2015	2016
총자산	1,578	1,620	1,693	1,790	1,937	1,994
유형자산	599	593	551	677	702	680
무형자산	35	40	19	18	24	23
유가증권	3	3	2	1	1	0
총부채	679	709	669	782	933	932
총차입금	278	249	203	189	269	226
자본금	888	888	888	888	888	888
총자본	899	911	1,024	1,008	1,004	1,062
지배주주지분	899	911	1,024	1,008	1,004	1,062

기업가치 지표 ·IFRS 별도 기준

항목	2011	2012	2013	2014	2015	2016
주가(최고/저)(천원)	2.0/0.8	2.7/1.3	2.1/1.6	1.9/1.3	2.6/1.3	17.5/2.1
PER(최고/저)(배)	134.9/51.7	263.3/128.7	31.5/23.8	375.1/249.1	134.3/67.1	739.7/87.9
PBR(최고/저)(배)	3.9/1.5	5.2/2.5	3.6/2.7	3.4/2.3	4.5/2.3	29.3/3.5
EV/EBITDA(배)	49.5	39.2	26.2	20.8	36.7	140.7
EPS(원)	15	10	66	5	19	24
BPS(원)	506	513	577	567	565	598
CFPS(원)	37	36	94	33	52	56
DPS(원)	—	—	—	—	—	—
EBITDAPS(원)	42	44	67	67	61	64

재무 비율　　　〈단위 : % 〉

연도	영업이익률	순이익률	부채비율	차입금비율	ROA	ROE	유보율	자기자본비율	EBITDA마진율
2016	2.8	2.2	87.8	21.3	2.1	4.1	19.6	53.3	5.8
2015	3.0	2.0	92.9	26.8	1.8	3.4	13.1	51.9	6.4
2014	4.2	0.5	77.6	18.7	0.5	0.9	13.5	56.3	7.1
2013	4.4	7.5	65.3	19.9	7.1	12.1	15.4	60.5	7.5

영풍 (A000670)
Young Poong

업　　종 : 휴대폰 및 관련부품		시　　장 : 거래소	
신용등급 : (Bond) — (CP) —		기업규모 : 시가총액 대형주	
홈페이지 : www.ypzinc.co.kr		연 락 처 : 02)519-3314	
본　　사 : 서울시 강남구 강남대로 542			

설 립 일 1949.11.25	종 업 원 수 649명	대 표 이 사 강영철,김명수	
상 장 일 1976.06.12	감 사 의 견 적정 (한영)	계　　　　열	
결 산 기 12월	보 통 주 184만주	종속회사수	
액 면 가 5,000원	우 선 주	구 상 호	

주주구성 (지분율,%)		출자관계 (지분율,%)		주요경쟁사 (외형,%)	
장세준	16.9	영풍전자	100.0	영풍	100
영풍개발	14.2	영풍JAPAN	100.0	삼성전자	7,606
(외국인)	2.6	코리아써키트	37.1	파트론	30

매출구성		비용구성		수출비중	
아연괴(제품)	79.5	매출원가율	96.0	수출	79.5
기타	13.7	판관비율	4.1	내수	20.5
부동산 임대료(기타)	3.1				

회사 개요
동사는 비철금속 제련, 부동산 임대 등을 영위하고 있으며 주로 아연괴, 황산 등을 제련하여 판매하고 있음. 종속회사로는 전자부품 부문의 코리아써키트, 테라닉스, 인터플렉스, 영풍전자 등과 반도체부문의 시그네틱스를 보유함. 계열사인 고려아연과 함께 아연의 국내 시장 점유율은 2016년 3분기 기준 87%, 2015년 3분기 기준 86%로 높은 시장점유율을 유지하고 있음.

실적 분석
동사는 2016년 연간 매출은 26,541억원으로 전년대비 1.5% 증가, 영업이익은 -41.5억원으로 적자지속, 당기순이익은 1,274억원으로 전년대비 41.6% 증가 시현. 세계 아연시장의 공급 과잉 지속으로 수익성은 부진한 상태. 대형광산의 폐광과 감산으로 아연 가격 회복이 기대되고 있음. 동사는 2016년에 주당 1만원의 현금배당을 실시함. 또한 이강인, 김영민 대표이사 체제에서 이강인, 박영민 대표이사 체제로 변경.

현금 흐름　　　〈단위 : 억원〉

항목	2015	2016
영업활동	2,101	794
투자활동	-1,291	126
재무활동	-340	-534
순현금흐름	474	388
기말현금	1,679	2,067

시장 대비 수익률

결산 실적　　　〈단위 : 억원〉

항목	2011	2012	2013	2014	2015	2016
매출액	13,971	30,628	32,738	27,965	26,154	26,541
영업이익	777	2,633	1,575	-292	-55	-42
당기순이익	2,320	3,351	2,344	1,006	899	1,274

분기 실적　　　〈단위 : 억원〉

항목	2015.3Q	2015.4Q	2016.1Q	2016.2Q	2016.3Q	2016.4Q
매출액	6,972	6,947	5,992	6,178	7,233	7,138
영업이익	40	-6	-17	75	85	-185
당기순이익	239	142	269	342	415	247

재무 상태　　　〈단위 : 억원〉

항목	2011	2012	2013	2014	2015	2016
총자산	26,223	40,555	39,394	38,954	39,879	41,349
유형자산	4,418	12,292	12,686	11,663	10,222	9,408
무형자산	39	79	110	102	107	109
유가증권	450	342	295	184	117	98
총부채	7,043	15,286	11,229	9,831	9,844	9,926
총차입금	1,947	5,824	3,072	2,947	2,614	1,829
자본금	92	92	92	92	92	92
총자본	19,180	25,269	28,165	29,122	30,034	31,423
지배주주지분	19,180	21,369	23,265	24,487	25,805	27,231

기업가치 지표

항목	2011	2012	2013	2014	2015	2016
주가(최고/저)(천원)	1,214/669	1,326/764	1,630/933	1,426/1,023	1,560/1,049	1,173/883
PER(최고/저)(배)	10.1/5.6	8.6/5.0	14.4/8.2	21.0/15.1	22.7/15.3	13.4/10.1
PBR(최고/저)(배)	1.2/0.7	1.2/0.7	1.3/0.8	1.1/0.8	1.1/0.8	0.8/0.6
EV/EBITDA(배)	14.9	6.3	7.4	-13.1	10.6	13.7
EPS(원)	125,931	160,228	116,826	69,540	69,989	88,137
BPS(원)	1,050,740	1,183,432	1,286,358	1,352,695	1,424,207	1,501,665
CFPS(원)	160,725	257,644	246,699	202,004	194,058	180,503
DPS(원)	8,750	7,500	7,500	7,500	9,750	10,000
EBITDAPS(원)	76,985	240,358	215,389	116,592	121,071	90,112

재무 비율　　　〈단위 : % 〉

연도	영업이익률	순이익률	부채비율	차입금비율	ROA	ROE	유보율	자기자본비율	EBITDA마진율
2016	-0.2	4.8	31.6	5.8	3.1	6.1	29,933.3	76.0	6.3
2015	-0.2	3.4	32.8	8.7	2.3	5.1	28,384.1	75.3	8.5
2014	-1.1	3.6	33.8	10.1	2.6	5.4	26,953.9	74.8	7.7
2013	4.8	7.2	39.9	10.9	5.9	9.6	25,627.2	71.5	12.1

영풍정밀 (A036560)
Young Poong Precision

업 종 : 기계	시 장 : KOSDAQ
신용등급 : (Bond) — (CP) —	기업규모 : 우량
홈페이지 : www.yppc.co.kr	연락처 : 02)519-3491
본 사 : 서울시 강남구 강남대로 542 (논현동)	

설 립 일 1983.01.20	종 업 원 수 205명	대 표 이 사 조성학
상 장 일 1999.12.28	감 사 의 견 적정 (안진)	계 열
결 산 기 12월	보 통 주 1,575만주	종속회사수
액 면 가 500원	우 선 주	구 상 호

주주구성 (지분율,%)		출자관계 (지분율,%)		주요경쟁사 (외형,%)	
신영자산운용	8.0	영풍	4.4	영풍정밀	100
유중근	6.3	고려아연	1.6	SIMPAC	441
(외국인)	6.2			우진	179

매출구성		비용구성		수출비중	
펌프 밸브 주물	88.7	매출원가율	76.3	수출	23.1
GRP LINING	11.3	판관비율	16.4	내수	76.9

회사 개요
펌프, 밸브 등의 제조 및 판매 등을 주요 사업으로 영위하고 있음. 미국의 FLOWSERVE사와의 기술제휴로 부식과 마모가 심한 석유화학공장 등에 프로세스용으로 사용되는 산업용펌프의 제조 판매를 주력으로 하고 있음. 열경화성 수지를 적층하여 내부식·내마모를 요하는 곳에 사용되는 GRP제품 및 LINING을 포함하는 COMPOSITE사업부는 핵심사업 역량 집중을 위하여 2015년 10월 30일부로 영업을 종료하였음.

실적 분석
펌프, 밸브, 주물 등 유체기계사업부의 내수판매와 수출이 모두 감소하고 GRP&LINING 제작 및 시공 등 COMPOSITE 사업부의 영업중단으로 2016년 매출액은 전년동기 대비 16.7% 감소함. 외형축소에 따른 고정비용 부담 가중 및 경쟁 심화로 인한 수주 단가 하락으로 영업이익도 크게 감소함. 자회사로부터의 배당금수익은 30% 이상 증가함. 석유정제수요 증가로 정제플랜트에 사용되는 펌프와 밸브의 수주가 늘어날 것으로 기대됨.

현금 흐름 *IFRS 별도 기준 〈단위 : 억원〉

항목	2015	2016
영업활동	161	103
투자활동	-201	-10
재무활동	-19	-28
순현금흐름	-59	67
기말현금	80	146

시장 대비 수익률
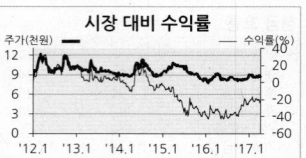

결산 실적 〈단위 : 억원〉

항목	2011	2012	2013	2014	2015	2016
매출액	1,184	1,199	989	854	727	606
영업이익	205	133	94	100	65	44
당기순이익	172	131	92	100	91	70

분기 실적 *IFRS 별도 기준 〈단위 : 억원〉

항목	2015.3Q	2015.4Q	2016.1Q	2016.2Q	2016.3Q	2016.4Q
매출액	195	202	109	135	179	182
영업이익	25	11	6	13	20	6
당기순이익	36	11	4	37	16	12

재무 상태 *IFRS 별도 기준 〈단위 : 억원〉

항목	2011	2012	2013	2014	2015	2016
총자산	2,925	3,312	3,176	3,478	3,591	3,614
유형자산	197	313	448	565	575	660
무형자산	4	5	7	6	15	22
유가증권	1,866	2,178	2,065	2,192	2,382	2,355
총부채	674	708	595	636	617	607
총차입금	2	2	—	—	—	—
자본금	79	79	79	79	79	79
총자본	2,252	2,604	2,581	2,842	2,974	3,007
지배주주지분	2,252	2,604	2,581	2,842	2,974	3,007

기업가치 지표 *IFRS 별도 기준

항목	2011	2012	2013	2014	2015	2016
주가(최고/저)(천원)	12.1/7.3	12.2/8.9	11.2/8.5	11.4/8.4	10.8/8.0	9.3/7.6
PER(최고/저)(배)	12.0/7.2	15.7/11.4	20.4/15.5	19.0/14.0	19.6/14.4	21.3/17.3
PBR(최고/저)(배)	0.9/0.6	0.8/0.6	0.7/0.6	0.7/0.5	0.6/0.4	0.5/0.4
EV/EBITDA(배)	5.6	10.6	12.3	11.3	12.5	16.2
EPS(원)	1,092	829	584	635	578	447
BPS(원)	14,296	16,536	16,386	18,046	18,880	19,092
CFPS(원)	1,149	907	675	747	711	592
DPS(원)	80	80	80	100	180	180
EBITDAPS(원)	1,356	923	688	746	548	426

재무 비율 〈단위 : % 〉

연도	영업이익률	순이익률	부채비율	차입금비율	ROA	ROE	유보율	자기자본비율	EBITDA마진율
2016	7.3	11.6	20.2	0.0	2.0	2.4	3,718.4	83.2	11.1
2015	9.0	12.5	20.8	0.0	2.6	3.1	3,676.0	82.8	11.9
2014	11.7	11.7	22.4	0.1	3.0	3.7	3,509.2	81.7	13.8
2013	9.5	9.3	23.1	0.1	2.8	3.6	3,177.2	81.3	11.0

영풍제지 (A006740)
YOUNGPOONG PAPER MFG COLTD

업 종 : 종이 및 목재	시 장 : 거래소
신용등급 : (Bond) — (CP) —	기업규모 : 시가총액 소형주
홈페이지 : www.yp21.co.kr	연락처 : 031)660-8200
본 사 : 경기도 평택시 진위면 서탄로 9	

설 립 일 1970.07.18	종 업 원 수 104명	대 표 이 사 김동준
상 장 일 1996.07.03	감 사 의 견 적정 (정동)	계 열
결 산 기 12월	보 통 주 2,220만주	종속회사수
액 면 가 500원	우 선 주	구 상 호

주주구성 (지분율,%)		출자관계 (지분율,%)		주요경쟁사 (외형,%)	
그로쓰제일호투자목적	50.6			영풍제지	100
노미정	3.9			한창제지	222
(외국인)	0.4			국일제지	46

매출구성		비용구성		수출비중	
지관원지	58.1	매출원가율	89.5	수출	—
라이나원지	40.7	판관비율	9.6	내수	—
임대	1.0				

회사 개요
1970년 설립된 동사는 화섬, 면방업계 섬유봉, 지관용원지와 골판지상자용 라이나원지 생산 등을 주요 사업으로 영위하고 있음. 매출구성은 지관용 원지와 라이나원지 생산이 비슷한 수준. 라이나 원지의 주요 매출처는 동주, 영화수출포장 등이 있으며, 지관원지의 주요 매출처는 대봉지공, 서한물산 등이 있음. 택배산업 성장에 따른 포장재 수요가 지속적으로 증가하며 수익성 개선이 기대됨.

실적 분석
동사의 2016년 기준 매출액은 875억원으로 전년 767.9억원보다 14% 증가함. 매출원가가 12.6% 늘어났지만 판관비는 10.9% 줄이며 비용절감. 매출과 수율향상, 원가절감의 일환으로 소각보일러를 완공함으로서 에너지 비용 절감을 위한 시설투자에 역량을 집중하는 것으로 보임. 이에따라 영업이익이 흑자전환에 성공하며 7.9억원을 기록함. 전년 51.5억원이던 당기순손실 역시 흑자전환에 성공하며 55억원 달성함.

현금 흐름 *IFRS 별도 기준 〈단위 : 억원〉

항목	2015	2016
영업활동	3	35
투자활동	-58	-5
재무활동	34	-8
순현금흐름	-21	22
기말현금	72	94

시장 대비 수익률

결산 실적 〈단위 : 억원〉

항목	2011	2012	2013	2014	2015	2016
매출액	1,157	1,134	944	831	768	875
영업이익	42	165	36	9	-22	8
당기순이익	48	82	37	15	-52	55

분기 실적 *IFRS 별도 기준 〈단위 : 억원〉

항목	2015.3Q	2015.4Q	2016.1Q	2016.2Q	2016.3Q	2016.4Q
매출액	181	182	188	213	247	227
영업이익	-3	-5	-12	2	19	-1
당기순이익	-7	-35	-5	19	41	1

재무 상태 *IFRS 별도 기준 〈단위 : 억원〉

항목	2011	2012	2013	2014	2015	2016
총자산	1,106	1,212	1,181	1,164	1,148	1,214
유형자산	300	339	343	357	351	356
무형자산	25	11	13	11	5	5
유가증권	6	57	92	66	200	55
총부채	169	196	160	170	258	270
총차입금	50	50	47	55	139	140
자본금	111	111	111	111	111	111
총자본	937	1,016	1,021	994	891	944
지배주주지분	937	1,016	1,021	994	891	944

기업가치 지표 *IFRS 별도 기준

항목	2011	2012	2013	2014	2015	2016
주가(최고/저)(천원)	1.2/0.8	1.3/0.9	2.0/1.3	2.3/1.5	4.4/2.0	3.4/2.1
PER(최고/저)(배)	7.6/5.2	4.8/3.4	15.2/10.1	36.6/24.9	—/—	13.7/8.7
PBR(최고/저)(배)	0.4/0.3	0.4/0.3	0.5/0.4	0.5/0.4	1.1/0.5	0.8/0.5
EV/EBITDA(배)	1.7	0.1	2.8	6.3	51.6	13.0
EPS(원)	218	370	166	69	-232	248
BPS(원)	43,847	47,414	47,625	46,431	4,234	4,473
CFPS(원)	2,966	5,114	3,130	2,276	-69	409
DPS(원)	250	2,000	2,000	2,000	40	45
EBITDAPS(원)	2,670	8,845	3,075	1,975	65	197

재무 비율 〈단위 : % 〉

연도	영업이익률	순이익률	부채비율	차입금비율	ROA	ROE	유보율	자기자본비율	EBITDA마진율
2016	0.9	6.3	28.6	14.8	4.7	6.0	794.6	77.8	5.0
2015	-2.8	-6.7	28.9	15.6	-4.5	-5.5	746.8	77.6	1.9
2014	1.0	1.9	17.1	5.5	1.3	1.5	828.6	85.4	5.3
2013	3.8	3.9	15.7	4.6	3.1	3.4	852.5	86.4	7.2

영현무역 (A242850)
YOUNG HYUN TRADING

업 종 : 도소매		시 장 : KONEX	
신용등급 : (Bond) — (CP) —		기업규모 :	
홈 페 이 지 : www.younghyun.co.kr		연 락 처 : 02)851-1827	
본 사 : 서울시 구로구 디지털로 242, 412호(구로동, 한화비즈메트로1차)			

설 립 일	2000.02.01	종 업 원 수	명	대 표 이 사	이관묵
상 장 일	2016.05.20	감 사 의 견	적정 (한길)	계 열	
결 산 기	12월	보 통 주	162만주	종속회사수	
액 면 가	500원	우 선 주		구 상 호	

주주구성 (지분율,%)		출자관계 (지분율,%)		주요경쟁사 (외형,%)	
이관묵	61.7	YOUNGHYUNINTERNATIONALINC.	100.0	영현무역	100
이선경	12.4	YOUNGHYUNVINACOMPANYLIMITED.	100.0		

매출구성		비용구성		수출비중	
POLY군	57.4	매출원가율	78.9	수출	—
여성_하의	24.5	판관비율	17.1	내수	—
남성_상의	8.4				

회사 개요
2000년에 설립된 동사는 소재사업과 의류 OEM, 브랜드PJ사업을 영위하고 있음. 소재사업부문에서는 의류제조업체가 원하는 특성을 가진 원단을 제조사로부터 매입, 의류제조업체에 판매하고 있으며 의류OEM사업 부문에서는 의류브랜드로부터 주문받아 의류를 제조하여 납품하고 있음. 브랜드PJ사업 부문에서는 동사가 제품을 만들어 홈쇼핑 등 채널 통해 판매. 최근 동사는 미국 지사를 설립하고 포트폴리오 다각화에 착수.

실적 분석
동사의 2016년 매출액은 137.1억원으로 전년 대비 31.9% 늘어난 수치를 기록함. 영업이익과 당기순이익은 각각 전년 대비 5.63%, 68.52% 줄어든 5.4억원, 1.5억원을 기록했음. 동사가 주력하고 있는 소재, 섬유사업 부문은 2016년 선진권의 성장둔화로 개도권(중국을 포함)의 경기 둔화와 더불어 2015년에 비해 성장세가 다소 저조한 실적을 보였음.

현금 흐름 *IFRS 별도 기준   〈단위 : 억원〉

항목	2015	2016
영업활동	-10	-5
투자활동	1	-2
재무활동	11	10
순현금흐름	2	3
기말현금	4	7

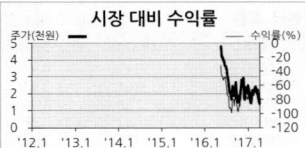

결산 실적   〈단위 : 억원〉

항목	2011	2012	2013	2014	2015	2016
매출액	—	—	124	167	104	137
영업이익	—	—	8	3	6	5
당기순이익	—	—	4	-1	5	1

분기 실적 *IFRS 별도 기준   〈단위 : 억원〉

항목	2015.3Q	2015.4Q	2016.1Q	2016.2Q	2016.3Q	2016.4Q
매출액		31				
영업이익		3				
당기순이익		2				

재무 상태 *IFRS 별도 기준   〈단위 : 억원〉

항목	2011	2012	2013	2014	2015	2016
총자산	—	—	57	57	79	95
유형자산	—	—	11	11	10	10
무형자산	—	—				
유가증권	—	—	0	1	0	1
총부채	—	—	46	47	65	71
총차입금	—	—	40	43	55	56
자본금	—	—	3	3	3	3
총자본	—	—	11	9	14	24
지배주주지분	—	—	11	9	14	24

기업가치 지표 *IFRS 별도 기준

항목	2011	2012	2013	2014	2015	2016
주가(최고/저)(천원)	—/—	—/—	—/—	—/—	—/—	4.8/1.3
PER(최고/저)(배)	0.0/0.0	0.0/0.0	0.0/0.0	0.0/0.0	0.0/0.0	49.2/12.9
PBR(최고/저)(배)	0.0/0.0	0.0/0.0	0.0/0.0	0.0/0.0	0.0/0.0	3.3/0.9
EV/EBITDA(배)	0.0		4.4	14.0	8.1	14.0
EPS(원)	—	—	332	-91	384	98
BPS(원)	—	—	17,555	15,744	23,426	1,474
CFPS(원)	—	—	7,326	-1,284	8,224	117
DPS(원)	—	—				
EBITDAPS(원)	—	—	13,788	4,795	10,103	384

재무 비율   〈단위 : % 〉

연도	영업이익률	순이익률	부채비율	차입금비율	ROA	ROE	유보율	자기자본비율	EBITDA마진율
2016	4.0	1.1	296.7	234.0	1.7	7.7	194.8	25.2	4.2
2015	5.5	4.4	462.1	389.4	6.8	39.2	368.5	17.8	5.8
2014	1.5	-0.7	501.9	458.7	-1.9	-10.9	214.9	16.6	1.7
2013	6.3	3.2	440.4	376.9	0.0	0.0	251.1	18.5	6.7

영화금속 (A012280)
Yeong Hwa Metal

업 종 : 자동차부품		시 장 : 거래소	
신용등급 : (Bond) — (CP) —		기업규모 : 시가총액 소형주	
홈 페 이 지 : www.yeonghwa.co.kr		연 락 처 : 055)551-7505	
본 사 : 경남 창원시 진해구 남의로 57			

설 립 일	1977.06.07	종 업 원 수	266명	대 표 이 사	최동윤
상 장 일	1990.01.25	감 사 의 견	적정 (신우)	계 열	
결 산 기	12월	보 통 주	4,545만주	종속회사수	
액 면 가	500원	우 선 주		구 상 호	

주주구성 (지분율,%)		출자관계 (지분율,%)		주요경쟁사 (외형,%)	
삼신정밀	14.1			영화금속	100
최동윤	10.6			엠스오토텍	478
				일지테크	219

매출구성		비용구성		수출비중	
자동차부품	99.0	매출원가율	85.4	수출	29.7
상품	1.0	판관비율	7.7	내수	70.3

회사 개요
1977년 설립돼 주물을 제조하여 자동차부품을 생산하고 있으며, 자동차부품의 상품을 구입해 판매하고 있음. 자동차 부품은 전체 매출의 99%를 차지함. 2014년 1월 자회사인 엔브이에프트를 흡수합병해 자동차사업을 중심으로 경쟁력을 강화하고 있음. 동사는 완성차 업체의 지속적인 신차종 출시와 차량 보유대수의 증가에 따른 AS용 부품 수요의 확대, 해외시장 확대에 따른 수출 증가로 수주 물량이 안정적으로 유지됨.

실적 분석
2016년 연결 기준 누적 매출액과 영업이익은 전년동기대비 각각 6%, 30% 감소한 1563억원, 108억원을 기록함. 매출의 대부분을 차지하는 자동차부품 매출이 전년동기대비 감소하며 외형축소함. 상품부문의 매출은 2배 가까이 증가했으나, 주 사업부 매출 축소를 커버하지 못하며 영업익 감소. 자동차산업 저성장 기조와 불확실성이 높아진 상황으로 2017년 실적전망이 밝지 않음.

현금 흐름 *IFRS 별도 기준   〈단위 : 억원〉

항목	2015	2016
영업활동	148	70
투자활동	-73	-266
재무활동	-38	214
순현금흐름	37	19
기말현금	42	61

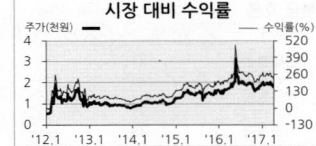

결산 실적   〈단위 : 억원〉

항목	2011	2012	2013	2014	2015	2016
매출액	1,791	1,721	1,655	1,603	1,667	1,564
영업이익	92	104	71	92	156	108
당기순이익	46	53	51	72	123	92

분기 실적 *IFRS 별도 기준   〈단위 : 억원〉

항목	2015.3Q	2015.4Q	2016.1Q	2016.2Q	2016.3Q	2016.4Q
매출액	399	428	379	384	372	429
영업이익	20	55	30	40	13	24
당기순이익	14	44	26	32	7	27

재무 상태 *IFRS 별도 기준   〈단위 : 억원〉

항목	2011	2012	2013	2014	2015	2016
총자산	892	854	984	1,044	1,125	1,378
유형자산	342	332	517	587	620	798
무형자산	11	10	13	8	8	10
유가증권	3	3	3	2	2	2
총부채	527	422	495	519	545	701
총차입금	398	293	302	289	304	452
자본금	187	236	236	236	236	236
총자본	365	431	489	526	580	676
지배주주지분	365	431	489	526	580	676

기업가치 지표 *IFRS 별도 기준

항목	2011	2012	2013	2014	2015	2016
주가(최고/저)(천원)	0.6/0.4	2.1/0.5	1.2/0.8	1.2/0.8	1.7/1.2	3.1/1.5
PER(최고/저)(배)	7.7/5.4	28.3/7.1	11.8/8.1	8.4/5.7	6.7/4.4	15.6/7.3
PBR(최고/저)(배)	0.7/0.5	2.5/0.6	1.2/0.8	1.1/0.8	1.3/0.9	2.1/1.0
EV/EBITDA(배)	6.4	7.7	6.1	6.8	5.4	8.8
EPS(원)	85	82	108	153	268	203
BPS(원)	977	914	1,035	1,156	1,342	1,554
CFPS(원)	156	138	201	232	340	277
DPS(원)	25	20	20	25	50	30
EBITDAPS(원)	249	230	244	275	413	312

재무 비율   〈단위 : % 〉

연도	영업이익률	순이익률	부채비율	차입금비율	ROA	ROE	유보율	자기자본비율	EBITDA마진율
2016	6.9	5.9	103.7	66.8	7.4	14.7	199.3	49.1	9.1
2015	9.4	7.4	94.0	52.3	11.3	22.2	158.5	51.5	11.4
2014	5.8	4.5	98.7	55.0	7.1	14.3	131.2	50.3	8.1
2013	4.3	3.1	101.3	61.8	5.0	10.9	107.1	49.7	7.0

영흥철강 (A012160)
YOUNG HEUNG IRON & STEEL

업 종 : 금속 및 광물		시 장 : 거래소	
신용등급 : (Bond) — (CP) —		기업규모 : 시가총액 소형주	
홈페이지 : www.youngwire.com		연 락 처 : 041)939-3900	
본 사 : 충남 보령시 주교면 관창공단길 50			

설 립 일	1977.04.20	종업원수	437명	대표이사	장세일,최문식
상 장 일	2010.01.25	감사의견	적정 (삼일)	계 열	
결 산 기	12월	보 통 주	8,583만주	종속회사수	
액 면 가	500원	우 선 주		구 상 호	

주주구성 (지분율,%)		출자관계 (지분율,%)		주요경쟁사 (외형,%)	
장세일	17.1	마산항5부두	50.0	영흥철강	100
대유코아	12.5	오.씨.에스	45.0	풍산홀딩스	160
(외국인)	0.8			한국주철관	179

매출구성		비용구성		수출비중	
[한국내 자동차부품사업]겹판 및 코일스프링	31.1	매출원가율	88.4	수출	—
[한국내 철강사업]와이어로프,와이어	22.3	판관비율	11.3	내수	—
[한국내 철강사업]PC강연선외	20.1				

회사 개요
동사는 와이어, 와이어로프, PC강연선 등의 제조 및 판매를 주력으로 하여 철강제품의 가공 및 임가공업 등을 영위하고 있으며 1977년 설립되어 2010년 한국거래소 유가증권시장에 상장하였음. 삼목강업 등 8개의 계열회사를 보유 중임. 동사는 와이어로프, 와이어, PC강연선 등과 같은 선재 2차 제품을 생산 및 판매하는 철강사업부문과 자동차용 스프링 등을 제조, 판매하는 자동차부품사업부문으로 사업을 구분함.

실적 분석
중국, 일본, 미국, 베트남에 종속회사를 둔 동사는 치열해진 대외 경쟁으로 동사의 2016년 연결기준 매출액이 1,858.6억원으로 전년동기 대비 10.8% 감소하였음. 이로 인해 매출가 및 판관비의 감소에도 불구하고 5.2억원의 영업이익을 시현하며 그쳤음. 매출은 한국내 철강사업이 48.8%로 가장 높은 비중을 구성하고 있으며, 한국내 자동차 부품사업 29.9%, 한국내 물류사업 12.0% 순으로 높은 비중을 차지하고 있음

현금 흐름
<단위 : 억원>

항목	2015	2016
영업활동	51	94
투자활동	14	-69
재무활동	-67	18
순현금흐름	-2	43
기말현금	48	91

시장 대비 수익률
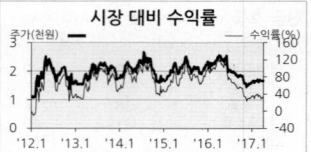

결산 실적
< 단위 : 억원 >

항목	2011	2012	2013	2014	2015	2016
매출액	1,765	2,627	2,371	2,122	2,084	1,859
영업이익	106	81	99	31	29	5
당기순이익	124	64	75	25	42	3

분기 실적
< 단위 : 억원 >

항목	2015.3Q	2015.4Q	2016.1Q	2016.2Q	2016.3Q	2016.4Q
매출액	493	512	464	468	382	544
영업이익	13	-19	-1	3	-12	14
당기순이익	12	-24	-2	14	-9	0

재무 상태
< 단위 : 억원 >

항목	2011	2012	2013	2014	2015	2016
총자산	2,608	2,942	3,100	3,425	3,028	3,008
유형자산	1,552	1,806	1,684	1,945	1,945	1,960
무형자산	5	13	17	65	60	44
유가증권	1	15	29	18	21	23
총부채	838	1,287	1,399	1,701	1,286	1,280
총차입금	195	606	582	789	749	798
자본금	281	3	392	392	392	429
총자본	1,770	1,655	1,701	1,725	1,742	1,728
지배주주지분	1,770	817	1,538	1,558	1,572	1,727

기업가치 지표

항목	2011	2012	2013	2014	2015	2016
주가(최고/저)(천원)	1.2/0.7	2.7/1.0	2.4/1.5	2.7/1.5	2.5/1.6	2.6/1.5
PER(최고/저)(배)	6.3/3.8	40.1/15.8	21.8/13.6	108.0/61.0	56.0/36.0	864.2/483.5
PBR(최고/저)(배)	0.4/0.3	2.1/0.8	0.8/0.5	0.9/0.5	0.8/0.5	0.8/0.5
EV/EBITDA(배)	5.5	19.2	13.3	21.3	22.5	22.4
EPS(원)	220	74	119	26	47	3
BPS(원)	3,165	1,452	3,269	3,272	3,289	3,229
CFPS(원)	281	149	222	125	162	102
DPS(원)	50	40	50	50	50	30
EBITDAPS(원)	249	218	272	138	152	105

재무 비율
< 단위 : % >

연도	영업이익률	순이익률	부채비율	차입금비율	ROA	ROE	유보율	자기자본비율	EBITDA마진율
2016	0.3	0.2	74.1	46.2	0.1	0.2	545.7	57.4	5.0
2015	1.4	2.0	73.9	43.0	1.3	2.4	557.9	57.5	5.7
2014	1.4	1.2	98.6	45.7	0.8	1.3	554.4	50.4	5.1
2013	4.2	3.2	82.3	34.2	2.5	6.0	553.8	54.9	6.7

예림당 (A036000)
YeaRimDang Publishing

업 종 : 항공운수		시 장 : KOSDAQ	
신용등급 : (Bond) — (CP) —		기업규모 : 중견	
홈페이지 : www.yearim.co.kr		연 락 처 : 02)566-1004	
본 사 : 서울시 성동구 아차산로 153 (성수동2가, 예림출판문화센터)			

설 립 일	1989.02.22	종업원수	1,193명	대표이사	나성훈
상 장 일	1999.11.30	감사의견	적정 (두레)	계 열	
결 산 기	12월	보 통 주	2,303만주	종속회사수	
액 면 가	500원	우 선 주		구 상 호	

주주구성 (지분율,%)		출자관계 (지분율,%)		주요경쟁사 (외형,%)	
나춘호	31.5	디네트웍스	17.4	예림당	100
나성훈	9.6	동성코퍼레이션	0.3	한국공항	104
(외국인)	13.7			티웨이홀딩스	91

매출구성		비용구성		수출비중	
노선사업	80.1	매출원가율	83.3	수출	—
기타	7.1	판관비율	12.5	내수	—
판매대행	5.4				

회사 개요
아동 도서 출판을 전문적으로 영위하고 있는 업체로 'Why?' 시리즈가 동사의 핵심 콘텐츠. 100% 자회사인 예림아이를 통해 글로벌 업체인 Disney, Mattel, DreamWorks의 캐릭터를 활용한 출판물을 출간 중. 이 외에 종속회사를 통해 저작권 매니지먼트, 해외콘텐츠 국내판권 매니지먼트, PHC파일 제작, 반도체 Packaging 사업 등을 수행. 지난 2013년 저비용항공사 티웨이항공의 지분을 인수함.

실적 분석
주요 종속회사인 티웨이홀딩스의 호조로 매출이 큰 폭으로 증가. 동사 2016년 연결기준 연간 누적 매출액은 전년보다 41.8% 늘어난 4,527.5억원 기록. 영업이익은 192.5억원을 시현하며 전년도 56.6억원에 비해 240.3% 증가함. 도서출판 부문의 완만한 회복세와 함께 반도체 Packaging 사업부문 거래처 다변화를 통해 지속적인 매출 상승추세가 전망됨.

현금 흐름
<단위 : 억원>

항목	2015	2016
영업활동	313	457
투자활동	-261	-332
재무활동	-8	-165
순현금흐름	42	-37
기말현금	321	284

시장 대비 수익률
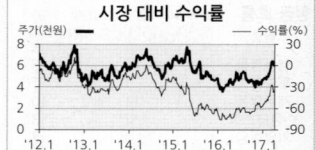

결산 실적
< 단위 : 억원 >

항목	2011	2012	2013	2014	2015	2016
매출액	563	514	1,381	2,925	3,193	4,528
영업이익	150	108	103	190	57	192
당기순이익	106	81	74	114	34	66

분기 실적
< 단위 : 억원 >

항목	2015.3Q	2015.4Q	2016.1Q	2016.2Q	2016.3Q	2016.4Q
매출액	821	852	1,031	1,003	1,337	1,157
영업이익	25	-10	87	-30	184	-49
당기순이익	22	-15	77	-44	163	-130

재무 상태
< 단위 : 억원 >

항목	2011	2012	2013	2014	2015	2016
총자산	794	932	1,593	1,910	2,231	2,455
유형자산	145	141	391	466	581	544
무형자산	69	82	557	528	560	559
유가증권	94	59	7	0	25	61
총부채	221	243	728	853	1,175	1,314
총차입금	133	119	271	233	277	194
자본금	105	116	116	116	116	116
총자본	574	690	865	1,057	1,056	1,141
지배주주지분	574	690	727	879	867	909

기업가치 지표

항목	2011	2012	2013	2014	2015	2016
주가(최고/저)(천원)	7.1/3.3	8.4/4.5	6.2/4.0	7.5/4.7	7.8/4.4	5.6/3.6
PER(최고/저)(배)	15.6/7.4	25.6/13.9	22.1/14.2	21.6/13.4	79.8/45.3	24.7/15.8
PBR(최고/저)(배)	2.6/1.3	2.9/1.6	2.0/1.3	2.1/1.3	2.1/1.2	1.5/0.9
EV/EBITDA(배)	10.2	9.6	12.0	6.0	7.9	3.4
EPS(원)	510	365	306	369	101	234
BPS(원)	3,018	3,238	3,399	3,814	3,764	3,946
CFPS(원)	570	438	470	713	517	740
DPS(원)	150	150	150	150	—	—
EBITDAPS(원)	778	558	610	1,170	662	1,341

재무 비율
< 단위 : % >

연도	영업이익률	순이익률	부채비율	차입금비율	ROA	ROE	유보율	자기자본비율	EBITDA마진율
2016	4.3	1.5	115.1	17.0	2.8	6.1	682.4	46.5	6.8
2015	1.8	1.1	111.3	26.3	1.7	2.7	646.3	47.3	4.8
2014	6.5	3.9	80.7	22.0	6.5	10.6	656.2	55.3	9.2
2013	7.4	5.4	84.1	31.3	5.9	9.9	573.9	54.3	10.2

예스이십사 (A053280)
YES24

업 종 : 온라인쇼핑		시 장 : KOSDAQ	
신용등급 : (Bond) — (CP) —		기업규모 : 우량	
홈 페 이 지 : www.yes24.com		연 락 처 : 02)578-3581	
본 사 : 서울시 영등포구 은행로 11 5,6층 (여의도동, 일신빌딩)			

설 립 일 1999.04.01	종 업 원 수 438명		대 표 이 사 김기호,김석환	
상 장 일 2008.05.07	감 사 의 견 적정 (삼일)		계 열	
결 산 기 12월	보 통 주 1,720만주		종 속 회 사 수	
액 면 가 500원	우 선 주		구 상 호	

주주구성 (지분율,%)		출자관계 (지분율,%)		주요경쟁사 (외형,%)	
한세예스24홀딩스	50.0	예스이십사라이브홀	100.0	예스24	100
신영자산운용	4.9	와이앤케이미디어	100.0	인터파크	111
(외국인)	1.8	한국이퍼브	51.0	엔에스쇼핑	105

매출구성		비용구성		수출비중	
상품,제품판매	95.8	매출원가율	74.5	수출	0.0
배너,검색광고 등	1.9	판관비율	25.2	내수	100.0
영화, 공연 등	1.5				

회사 개요
동사는 1998년 국내 최초의 온라인서점 WebFox서비스를 시작해 1999년 3월 주식회사 설립으로 법인전환하고, 6월 예스24로 상호변경함. 동사는 창사 이래 14년째 인터넷 서점 분야에서 부동의 1위를 지켜오고 있음. 동사의 모회사는 한세실업예스24홀딩스로 국내외에 계열회사를 두고 있음. 전체 출판시장은 정체/감소 하고 있지만, 전체 시장에서 인터넷서점이 차지하는 비중은 매년 증가추세에 있음. 동사의 시장점유율은 40%를 상회하는 수준임.

실적 분석
동사의 2016년 연결기준 연간 누적 매출액은 4209.8억원으로 전년 동기 대비 15.9% 증가함. 매출이 늘어난 만큼 매출원가도 증가했으며 특히 판매비와 관리비 비용이 늘면서 영업이익은 전년 동기 대비 무려 90.8% 감소한 11.8억원을 시현함. 비영업손익 부문에서도 이익이 감소하면서 당기순이익은 6.8억원으로 전년 동기 대비 63% 감소함. 매출은 늘었지만 수익성은 오히려 악화되고 있음.

현금 흐름 〈단위 : 억원〉
항목	2015	2016
영업활동	247	114
투자활동	30	22
재무활동	-228	79
순현금흐름	50	216
기말현금	177	393

결산 실적 〈단위 : 억원〉
항목	2011	2012	2013	2014	2015	2016
매출액	3,553	3,401	3,304	3,559	3,631	4,210
영업이익	51	72	32	34	128	12
당기순이익	44	73	37	143	18	7

분기 실적 〈단위 : 억원〉
항목	2015.3Q	2015.4Q	2016.1Q	2016.2Q	2016.3Q	2016.4Q
매출액	942	956	1,142	917	1,083	1,068
영업이익	28	18	16	-10	17	-11
당기순이익	36	115	18	-12	9	-8

재무 상태 〈단위 : 억원〉
항목	2011	2012	2013	2014	2015	2016
총자산	1,220	1,391	1,404	2,838	1,713	1,872
유형자산	241	352	402	956	402	419
무형자산	17	30	24	317	78	82
유가증권	356	207	286	286	286	209
총부채	668	788	772	2,068	932	1,122
총차입금	—	61	38	888	51	144
자본금	86	86	86	86	86	86
총자본	552	603	632	770	780	751
지배주주지분	552	603	632	770	769	738

기업가치 지표
항목	2011	2012	2013	2014	2015	2016
주가(최고/저)(천원)	6.4/2.7	5.4/3.1	8.1/3.9	7.3/3.9	16.1/6.8	9.5/4.9
PER(최고/저)(배)	28.0/11.9	13.9/8.1	40.2/19.2	9.2/4.9	161.2/67.9	255.9/133.8
PBR(최고/저)(배)	2.2/0.9	1.7/1.0	2.4/1.1	1.7/0.9	3.7/1.6	2.3/1.2
EV/EBITDA(배)	7.5	3.6	8.2	28.8	7.5	12.5
EPS(원)	255	426	217	833	103	38
BPS(원)	3,209	3,506	3,673	4,476	4,470	4,289
CFPS(원)	374	543	352	995	301	289
DPS(원)	100	100	100	100	120	120
EBITDAPS(원)	421	536	323	357	942	320

재무 비율 〈단위 : % 〉
연도	영업이익률	순이익률	부채비율	차입금비율	ROA	ROE	유보율	자기자본비율	EBITDA마진율
2016	0.3	0.2	149.4	19.2	0.4	0.9	757.9	40.1	1.3
2015	3.5	0.5	119.4	6.5	0.8	2.3	794.0	45.6	4.5
2014	0.9	4.0	268.7	115.3	6.7	20.4	795.1	27.1	1.7
2013	1.0	1.1	122.2	6.0	2.7	6.1	634.5	45.0	1.7

예스코 (A015360)
YESCO

업 종 : 가스		시 장 : 거래소	
신용등급 : (Bond) AA (CP) —		기업규모 : 시가총액 소형주	
홈 페 이 지 : www.lsyesco.co.kr		연 락 처 : 02)1644-3030	
본 사 : 서울시 성동구 자동차시장길 23 (용답동)			

설 립 일 1981.03.05	종 업 원 수 317명		대 표 이 사 정장시,천성복	
상 장 일 1996.12.24	감 사 의 견 적정 (삼일)		계 열	
결 산 기 12월	보 통 주 600만주		종 속 회 사 수	
액 면 가 5,000원	우 선 주		구 상 호	

주주구성 (지분율,%)		출자관계 (지분율,%)		주요경쟁사 (외형,%)	
구자은	13.2	예스코서비스	100.0	예스코	100
구자홍	6.5	대한가스기기	69.8	한국가스공사	2,008
(외국인)	14.3	한성	65.0	서울가스	121

매출구성		비용구성		수출비중	
도시가스 부문	91.0	매출원가율	87.8	수출	—
건설 및 PC제조 부문	8.6	판관비율	10.2	내수	—
FLANGE 부문	2.0				

회사 개요
동사의 연결 기준 사업부문은 서울의 중심부·동북부 지역 및 경기도 동부지역을 기반으로 도시가스, 가스기기 등을 판매하는 도시가스 부문, PC공법을 이용한 주택자재제조, 주택분양 및 임대, 토목건축공사 등을 주요 사업으로 하는 건설 및 PC제조부문, 전선포장용품(목드럼, 목포장 등)을 생산하는 FLANGE부문, 주로 대형 디지털TV케이스를 만들어 LG전자에 납품하는 TV사출부문, 자동차 내장 Trin 소재 등을 판매하는 기타부문으로 구성됨.

실적 분석
전자부품 일부 공장 매각 및 주력 모델 물량 감소, 가스 판매 감소로 인해 2016년 매출액은 전년 대비 12.4% 감소한 1조 513.2억원을 기록. 그러나 천연가스 도매요금 하락, 철근가 하락 등으로 매출원가가 대폭 감소하여 영업이익은 전년 대비 21.6% 증가함. 도시가스산업은 보급률 둔화와 산업 성숙기 진입으로 성장전망은 밝지 못하나, 유연탄, 석유제품 등 타 에너지원에 대한 대체제로 중장기적인 수요증가가 예상됨.

현금 흐름 〈단위 : 억원〉
항목	2015	2016
영업활동	546	355
투자활동	-1,034	-941
재무활동	-119	-100
순현금흐름	-603	-687
기말현금	1,258	571

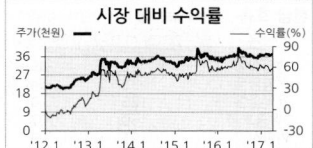

결산 실적 〈단위 : 억원〉
항목	2011	2012	2013	2014	2015	2016
매출액	14,250	14,379	14,721	13,913	12,007	10,513
영업이익	236	165	155	44	174	211
당기순이익	220	304	140	133	194	492

분기 실적 〈단위 : 억원〉
항목	2015.3Q	2015.4Q	2016.1Q	2016.2Q	2016.3Q	2016.4Q
매출액	1,413	3,410	4,465	1,643	1,222	3,184
영업이익	-29	97	145	29	-80	117
당기순이익	-2	69	379	44	-79	147

재무 상태 〈단위 : 억원〉
항목	2011	2012	2013	2014	2015	2016
총자산	12,982	13,766	13,490	13,466	12,646	12,861
유형자산	5,925	6,104	6,064	5,654	5,948	5,962
무형자산	315	301	297	245	244	239
유가증권	309	896	703	956	1,241	2,221
총부채	6,905	7,508	7,147	7,128	6,173	6,114
총차입금	2,377	2,191	2,114	2,039	1,995	2,056
자본금	300	300	300	300	300	300
총자본	6,077	6,257	6,343	6,338	6,473	6,747
지배주주지분	5,571	5,724	5,815	5,809	5,909	6,153

기업가치 지표
항목	2011	2012	2013	2014	2015	2016
주가(최고/저)(천원)	21.2/18.3	25.6/20.2	35.6/25.1	37.3/31.9	45.3/30.5	40.3/33.2
PER(최고/저)(배)	7.6/6.8	6.7/5.3	16.9/11.9	23.9/20.4	18.5/12.5	7.2/5.9
PBR(최고/저)(배)	0.3/0.3	0.3/0.3	0.4/0.3	0.4/0.4	0.5/0.3	0.4/0.3
EV/EBITDA(배)	4.0	4.4	5.0	6.0	5.5	4.9
EPS(원)	3,454	4,570	2,434	1,737	2,633	5,842
BPS(원)	94,967	97,516	99,029	98,930	100,588	104,658
CFPS(원)	9,287	10,077	8,082	6,941	7,951	11,472
DPS(원)	1,500	1,350	1,250	1,250	1,250	1,500
EBITDAPS(원)	9,769	8,261	8,232	5,933	8,214	9,151

재무 비율 〈단위 : % 〉
연도	영업이익률	순이익률	부채비율	차입금비율	ROA	ROE	유보율	자기자본비율	EBITDA마진율
2016	2.0	4.7	90.6	30.5	3.9	5.8	1,993.2	52.5	5.2
2015	1.5	1.6	95.4	30.8	1.5	2.7	1,911.8	51.2	4.1
2014	0.3	1.0	112.5	32.2	1.0	1.8	1,878.6	47.1	2.6
2013	1.1	1.0	112.7	33.3	1.0	2.5	1,880.6	47.0	3.4

예스티 (A122640)
YEST

업 종 : 반도체 및 관련장비   시 장 : KOSDAQ
신용등급 : (Bond) — (CP) —   기업규모 : 벤처
홈페이지 : www.yest.co.kr   연 락 처 : 031)612-3337
본 사 : 경기도 평택시 진위면 삼남로 654

설 립 일	2000.03.06	종업원수	165명	대표이사	장동복
상 장 일	2015.12.16	감사의견	적정 (삼덕)	계 열	
결 산 기	12월	보 통 주	433만주	종속회사수	
액 면 가	500원	우 선 주		구 상 호	

주주구성 (지분율,%)		출자관계 (지분율,%)		주요경쟁사 (외형,%)	
장동복	25.8	시나텍	16.7	예스티	100
박윤배	5.6	피케이아이	11.1	SKC 솔믹스	179
(외국인)	6.3	명성기계	7.3	프로텍	180

매출구성		비용구성		수출비중	
반도체장비	37.5	매출원가율	79.2	수출	37.9
디스플레이장비	32.7	판관비율	15.0	내수	62.1
환경안전	14.7				

회사 개요
동사는 2000년 3월 반도체 제조공정 장비 전문업체로 설립되어 현재 반도체 장비 제조의 H/W 및 S/W의 기술 경험을 바탕으로 FPD제조 공정 장비 부문까지 사업 영역을 확대하였음. SCU(Super Cool Unit) 냉각/열원 제어/진공배기 제어/정밀 온도 제어/온도 균일성 제어 등의 핵심기술을 바탕으로 반도체, FPD 제조 공정 중 열제어 및 열처리 기능을 수행하는 Bake Oven, Furnace, Chamber 등을 제조함.

실적 분석
동사의 2016년 연결기준 매출액은 527.1억원으로 전년 대비 25.3% 감소함. 부품소재를 제외하고는 반도체장비, 디스플레이장비, 환경안전 부문 모두 내수, 수출 실적이 부진함. 고정비용 부담 증가로 영업이익은 62.3% 감소하며 30.4억원을 기록함. 패널에 온도와 압력을 가해 패널상의 기포를 제거하는 장비의 경우 고객사의 신규 투자에 따라 수요가 증가할 것으로 기대됨.

현금 흐름 *IFRS 별도 기준 〈단위 : 억원〉

항목	2015	2016
영업활동	92	-49
투자활동	-58	-64
재무활동	125	4
순현금흐름	160	-107
기말현금	191	84

시장 대비 수익률
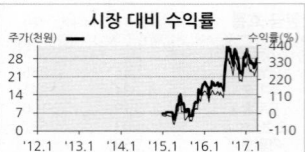

결산 실적 〈단위 : 억원〉

항목	2011	2012	2013	2014	2015	2016
매출액	325	233	221	404	706	527
영업이익	19	4	4	27	81	30
당기순이익	15	2	2	7	74	25

분기 실적 *IFRS 별도 기준 〈단위 : 억원〉

항목	2015.3Q	2015.4Q	2016.1Q	2016.2Q	2016.3Q	2016.4Q
매출액	150	126	96	73	115	243
영업이익	11	-7	-16	1	10	35
당기순이익	13	-2	-16	3	5	34

재무 상태 *IFRS 별도 기준 〈단위 : 억원〉

항목	2011	2012	2013	2014	2015	2016
총자산	310	363	387	470	624	823
유형자산	139	160	114	151	184	181
무형자산	7	30	47	33	29	45
유가증권	5	5	6	6	16	49
총부채	180	155	264	336	220	396
총차입금	130	125	214	245	171	179
자본금	12	17	12	12	22	22
총자본	129	208	123	133	404	426
지배주주지분	129	208	123	133	404	426

기업가치 지표 *IFRS 별도 기준

항목	2011	2012	2013	2014	2015	2016
주가(최고/저)(천원)	—/—	—/—	—/—	6.5/6.5	18.4/4.3	35.5/13.0
PER(최고/저)(배)	0.0/0.0	0.0/0.0	0.0/0.0	33.3/33.3	9.2/2.2	60.5/22.1
PBR(최고/저)(배)	0.0/0.0	0.0/0.0	0.0/0.0	1.7/1.7	2.0/0.5	3.6/1.3
EV/EBITDA(배)	4.1	4.1	16.3	9.4	8.0	28.7
EPS(원)	621	60	45	202	2,000	587
BPS(원)	5,251	6,276	3,712	4,019	9,337	9,924
CFPS(원)	830	257	244	578	2,410	985
DPS(원)						
EBITDAPS(원)	963	322	321	1,185	2,597	1,101

재무 비율 〈단위 : % 〉

연도	영업이익률	순이익률	부채비율	차입금비율	ROA	ROE	유보율	자기자본비율	EBITDA마진율
2016	5.8	4.8	92.9	42.0	3.5	6.1	1,885.0	51.8	9.0
2015	11.4	10.5	54.4	42.4	13.5	27.4	1,767.4	64.8	13.6
2014	6.7	1.7	252.0	183.5	1.6	5.2	982.9	28.4	9.7
2013	1.8	0.7	213.9	173.4			900.0	31.9	4.8

옐로페이 (A179720)
Yelopay

업 종 : 인터넷 서비스   시 장 : KONEX
신용등급 : (Bond) — (CP) —   기업규모 :
홈페이지 : www.yelopay.com   연 락 처 : 02)6354-9106
본 사 : 서울시 강남구 삼성로 415, 5층 대치동 성진빌딩

설 립 일	2012.02.21	종업원수	34명	대표이사	이성우
상 장 일	2013.07.01	감사의견	적정 (태영)	계 열	
결 산 기	12월	보 통 주	1,125만주	종속회사수	
액 면 가	500원	우 선 주	150만주	구 상 호	

주주구성 (지분율,%)		출자관계 (지분율,%)		주요경쟁사 (외형,%)	
이상규	57.0			옐로페이	100
인터파크	17.8			이지웰페어	8,480
				소리바다	6,362

매출구성		비용구성		수출비중	
수수료수익(Yelopay)	100.0	매출원가율	0.0	수출	—
		판관비율	291.2	내수	—

회사 개요
동사는 2012년 2월에 인터파크 모바일 체크 사업부의 사업을 양수하며 설립되었고, 설립 1년여만인 2013년 7월에 코넥스시장에 상장함. 동사는 선불 및 직불 결제 서비스를 사업 분야로 영위하고 있음. 직불결제 서비스는 결제 시 계좌번호 대신 휴대폰 번호와 비밀번호로 간편하게 결제할 수 있는 시스템이고, 선불 결제 서비스는 직불과 동일하나 옐로잔고를 미리 충전한 후 사용하는 시스템임. 편의성과 보안성이 높아 가맹점이 빠르게 확대되고 있는 추세임.

실적 분석
동사의 2016년 연간 매출액은 6.2억원, 영업손실은 11.8억원으로 적자를 기록함. 동사는 2016년 상반기 간편결제 서비스 '옐로페이'의 기능을 대폭 축소함. 2015년 10월 제휴은행인 국민은행, 우리은행, 신한은행, 씨티은행 출금 서비스를 종료하였으나 야심차게 선보인 '후결제' 기능도 2015년 10월 서비스 종료. 최근 각종 페이가 범람하면서, 삼성페이나 신세계페이에 밀려 상대적으로 기대에 못 미치는 성적을 내고 있음.

현금 흐름 *IFRS 별도 기준 〈단위 : 억원〉

항목	2015	2016
영업활동	-34	-12
투자활동	10	7
재무활동	1	1
순현금흐름	-24	-4
기말현금	4	1

시장 대비 수익률
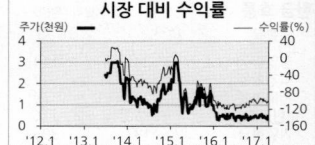

결산 실적 〈단위 : 억원〉

항목	2011	2012	2013	2014	2015	2016
매출액	—	1	2	3	4	6
영업이익	—	-16	-24	-30	-38	-12
당기순이익	—	-16	-24	-29	-38	-12

분기 실적 *IFRS 별도 기준 〈단위 : 억원〉

항목	2015.3Q	2015.4Q	2016.1Q	2016.2Q	2016.3Q	2016.4Q
매출액						
영업이익						
당기순이익						

재무 상태 *IFRS 별도 기준 〈단위 : 억원〉

항목	2011	2012	2013	2014	2015	2016
총자산	—	33	30	52	16	4
유형자산	—	3	3	2	1	1
무형자산	—	3	3	3	3	2
유가증권	—					
총부채	—	9	20	19	21	21
총차입금	—		8	4	5	6
자본금	—	40	50	64	64	64
총자본	—	24	10	33	-5	-17
지배주주지분	—	24	10	33	-5	-17

기업가치 지표 *IFRS 별도 기준

항목	2011	2012	2013	2014	2015	2016
주가(최고/저)(천원)	—/—	—/—	3.1/1.2	2.3/0.4	3.0/0.6	0.9/0.2
PER(최고/저)(배)	0.0/0.0	0.0/0.0	—/—	—/—	—/—	—/—
PBR(최고/저)(배)	0.0/0.0	0.0/0.0	32.6/13.1	8.9/1.7	-82.1/-16.5	-7.2/-1.9
EV/EBITDA(배)	0.0					
EPS(원)	—	-290	-247	-226	-295	-93
BPS(원)	—	295	95	259	-37	-130
CFPS(원)	—	-269	-230	-210	-277	-82
DPS(원)	—					
EBITDAPS(원)	—	-275	-229	-217	-278	-81

재무 비율 〈단위 : % 〉

연도	영업이익률	순이익률	부채비율	차입금비율	ROA	ROE	유보율	자기자본비율	EBITDA마진율
2016	-191.2	-193.1	완전잠식	완전잠식	-117.2	잠식지속	-126.0	-418.2	-166.9
2015	-1,077.4	-1,074.2	완전잠식	완전잠식	-110.1	당기잠식	-107.3	-28.5	-1,011.1
2014	-915.5	-888.9	일부잠식	일부잠식	-70.2	-134.9	-48.3	63.4	-854.5
2013	-980.9	-984.0	일부잠식	일부잠식	-77.1	-144.8	-81.0	32.1	-912.6

오가닉티코스메틱 (A900300)
ORGANIC TEA COSMETICS HOLDINGS

업 종 : 개인생활용품		시 장 : KOSDAQ	
신용등급 : (Bond) — (CP) —		기업규모 :	
홈페이지 : 0		연 락 처 : 86-599-8508611	
본 사 : 20th Floor, Alexandra House 18 Chater Road, Central Hong Kong			

설 립 일 2012.11.27	종 업 원 수 213명	대 표 이 사 채정망	
상 장 일 2016.11.04	감 사 의 견 적정 (신한)	계 열	
결 산 기 12월	보 통 주 5,693만주	종속회사수	
액 면 가 —	우 선 주	구 상 호	

주주구성 (지분율,%)
Cai Zheng Wang	44.3
(외국인)	0.3

출자관계 (지분율,%)
조농실업	100.0
해천약업	100.0
통호무역	100.0

주요경쟁사 (외형,%)
오가닉티코스메틱	100
코리아나	92
네오팜	31

매출구성

비용구성
매출원가율	0.0
판관비율	0.0

수출비중
수출	—
내수	—

회사 개요
동사는 2012년 11월 홍콩에 설립, 중국 내 유아를 대상으로 샴푸, 바디워시, 바디로션 등의 피부케어, 클린징 제품 등과 모기퇴치약, 파우더 등과 같은 여름용 화장품을 생산 판매하고 있는 유아용 화장품 전문 업체. 지주회사로 실질적인 사업을 영위하지 않음. 연결 대상 종속회사인 통호무역, 해천약업, 조농실업 이 3개사가 수출입, 제조, 판매를 담당하고 있음.

실적 분석
동사의 연결기준 2016년 4분기 누적 매출액은 6.9억위안으로 전년동기대비 21.2% 증가하였음. 중국 화장품 시장은 성장초기 단계이며 자녀 건강에 대한 관심이 증대되고 있음. 클렌징, 피부케어, 여름용, 기능성 4개 부문 모두 성장되고 있음. 영업이익과 당기순이익 또한 각각 2.1억위안, 1.7억위안을 기록하며 전년동기대비 24.7%, 38.3% 증가함.

현금 흐름 〈단위 : 억원〉
항목	2015	2016
영업활동	60	
투자활동	-75	
재무활동	5	
순현금흐름	-10	
기말현금	252	

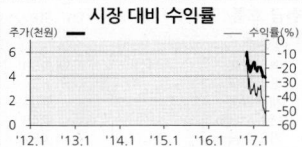
시장 대비 수익률

결산 실적 〈단위 : 억원〉
항목	2011	2012	2013	2014	2015	2016
매출액	—	—	—	1,047	1,354	
영업이익	—	—	—	276	380	
당기순이익	—	—	—	187	345	

분기 실적 〈단위 : 억원〉
항목	2015.3Q	2015.4Q	2016.1Q	2016.2Q	2016.3Q	2016.4Q
매출액	383	—	—	474		
영업이익	122	—	—	151		
당기순이익	90	—	—	111		

재무 상태 〈단위 : 억원〉
항목	2011	2012	2013	2014	2015	2016
총자산	—	—	—	962	1,198	
유형자산	—	—	—	356	423	
무형자산	—	—	—	0	0	
유가증권	—	—	—			
총부채	—	—	—	393	272	
총차입금	—	—	—	195	96	
자본금	—	—	—	30	30	
총자본	—	—	—	569	926	
지배주주지분	—	—	—	569	926	

기업가치 지표
항목	2011	2012	2013	2014	2015	2016
주가(최고/저)(천원)	—/—	—/—	—/—	—/—	—/—	6.3/4.1
PER(최고/저)(배)	0.0/0.0	0.0/0.0	0.0/0.0	0.0/0.0	0.0/0.0	0.0/0.0
PBR(최고/저)(배)	0.0/0.0	0.0/0.0	0.0/0.0	0.0/0.0	0.0/0.0	0.0/0.0
EV/EBITDA(배)					0.0	0.0
EPS(원)						
BPS(원)						
CFPS(원)						
DPS(원)						
EBITDAPS(원)						

재무 비율 〈단위 : % 〉
연도	영업이익률	순이익률	부채비율	차입금비율	ROA	ROE	유보율	자기자본비율	EBITDA마진율
2016	0.0	0.0	0.0	0.0	0.0	0.0	0.0	0.0	0.0
2015	28.1	25.5	29.3	10.3	31.9	46.1	2,967.9	77.3	29.5
2014	26.3	17.9	69.1	34.3	0.0	0.0	1,819.5	59.1	28.1
2013	0.0	0.0	0.0	0.0	0.0	0.0	0.0	0.0	0.0

오공 (A045060)
Okong

업 종 : 화학		시 장 : KOSDAQ	
신용등급 : (Bond) — (CP) —		기업규모 : 중견	
홈페이지 : www.okong.com		연 락 처 : 032)822-5050	
본 사 : 인천시 남동구 함박뫼로 341			

설 립 일 1974.09.12	종 업 원 수 139명	대 표 이 사 김윤정,조한창	
상 장 일 2000.08.10	감 사 의 견 적정 (대성)	계 열	
결 산 기 12월	보 통 주 1,152만주	종속회사수	
액 면 가 500원	우 선 주	구 상 호	

주주구성 (지분율,%)
김윤정	22.1
삼성물산	4.7
(외국인)	3.5

출자관계 (지분율,%)
삼성테이프	100.0
오공티에스	78.2

주요경쟁사 (외형,%)
오공	100
동남합성	73
엔피케이	47

매출구성
문구용 순간접착제, 건축용 씰란트, 포장용 테이	60.5
초산비닐 수지에멀젼 접착제	25.7
점착테이프	16.3

비용구성
매출원가율	80.9
판관비율	13.4

수출비중
수출	0.4
내수	99.6

회사 개요
동사는 1962년 설립되어 접착제 및 광택제 제조, 판매업을 주된 사업분야로 영위함. 시장 점유율은 15% 수준으로 군소 경쟁업체들에 비해 20~30% 높은 판매가격을 통해 매출과 순이익을 창출하고 있음. 이마트, 홈플러스, 롯데마트 등과 같은 대형 할인점에 제품을 공급하고 있으며 접착제 시장에서의 DIY시장규모가 선진국처럼 성장할 것으로 예상해 판매활동을 강화하고 있음. 종속회사로는 오공티에스 및 삼성테이프가 있음.

실적 분석
대형가구업체보다 불특정 다수의 인테리어 업계를 대상으로 한 일반 소비자 시장이 더 큰 시장이 되고 있음. 동사 점유율이 매우 크므로 대부분 순이익을 여기서 가져오고 있으며 이에 따라 매출액은 꾸준히 증가하고 있는 추세임. 전년동기 대비 2016년 결산기준 누적 매출액은 4.8% 증가하여 1,431억원을 달성하였고 영업이익은 80.7억원으로 전년동기대비 57.4% 증가함. 향후 DIY시장이 보다 다양한 시장이 형성될 것이라 기대하고 있음.

현금 흐름 〈단위 : 억원〉
항목	2015	2016
영업활동	49	112
투자활동	-54	-20
재무활동	50	-43
순현금흐름	46	49
기말현금	126	174

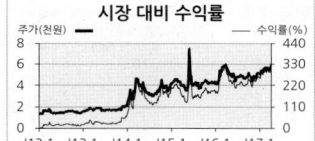
시장 대비 수익률

결산 실적 〈단위 : 억원〉
항목	2011	2012	2013	2014	2015	2016
매출액	995	1,045	1,127	1,246	1,366	1,431
영업이익	45	43	47	47	51	81
당기순이익	25	26	29	30	29	56

분기 실적 〈단위 : 억원〉
항목	2015.3Q	2015.4Q	2016.1Q	2016.2Q	2016.3Q	2016.4Q
매출액	336	382	335	355	368	373
영업이익	14	9	12	21	26	22
당기순이익	5	-1	8	15	19	14

재무 상태 〈단위 : 억원〉
항목	2011	2012	2013	2014	2015	2016
총자산	847	876	961	1,077	1,179	1,205
유형자산	404	398	391	512	567	561
무형자산	0	0	23	16	17	
유가증권	0	0	0	0	0	0
총부채	405	415	475	566	650	646
총차입금	206	218	242	327	383	365
자본금	58	58	58	58	58	58
총자본	442	460	486	511	529	560
지배주주지분	420	435	455	474	488	526

기업가치 지표
항목	2011	2012	2013	2014	2015	2016
주가(최고/저)(천원)	2.1/1.0	1.9/1.3	2.4/1.5	5.0/2.1	7.6/3.4	6.5/4.0
PER(최고/저)(배)	14.2/6.9	10.8/7.2	11.0/7.2	23.4/9.7	40.2/18.1	14.4/9.0
PBR(최고/저)(배)	0.7/0.3	0.6/0.4	0.6/0.4	1.3/0.5	1.8/0.8	1.4/0.9
EV/EBITDA(배)	5.3	5.9	6.7	11.5	11.0	7.7
EPS(원)	171	192	226	220	193	453
BPS(원)	3,656	3,788	3,957	4,117	4,248	4,571
CFPS(원)	310	323	357	374	386	682
DPS(원)	50	50	50	50	50	60
EBITDAPS(원)	529	501	539	560	638	929

재무 비율 〈단위 : % 〉
연도	영업이익률	순이익률	부채비율	차입금비율	ROA	ROE	유보율	자기자본비율	EBITDA마진율
2016	5.6	4.0	115.4	65.3	4.7	10.3	814.2	46.4	7.5
2015	3.8	1.9	122.8	72.5	2.3	4.6	749.5	44.9	5.4
2014	3.7	2.4	110.8	64.0	2.9	5.5	723.5	47.4	5.2
2013	4.2	2.6	97.7	49.7	3.2	5.9	691.5	50.6	5.5

오디텍 (A080520)
ODTech

업 종: 반도체 및 관련장비		시 장: KOSDAQ	
신용등급: (Bond) — (CP) —		기업규모: 우량	
홈페이지: www.od-tech.com		연 락 처: 063)263-7626	
본 사: 전북 완주군 봉동읍 완주산단 5로 87			

설 립 일	1999.12.06	종 업 원 수	229명	대 표 이 사	박병근
상 장 일	2007.10.08	감 사 의 견	적정 (승일)	계 열	
결 산 기	12월	보 통 주	1,175만주	종 속 회 사 수	
액 면 가	500원	우 선 주		구 상 호	

주주구성 (지분율,%)		출자관계 (지분율,%)		주요경쟁사 (외형,%)	
박병근	12.7	오디텍신소재	49.9	오디텍	100
Hermes Emerging Asia Equity Fund SP	6.1	엔비엠	37.5	원팩	62
(외국인)	10.3	티에스2015-8호남총청투자조합	30.0	엘티씨	127

매출구성		비용구성		수출비중	
반도체 제품 (Zener Diode 外)	62.7	매출원가율	77.1	수출	50.2
센서제품 (Zener Diode 外)	36.2	판관비율	5.5	내수	49.8
상품	0.6				

회사 개요
동사는 반도체제조공정을 바탕으로 비메모리 반도체칩과 센서 및 센서모듈, 시스템의 수직계열화된 제품을 생산하고 있으며, 종속회사인 오디텍 반도체(남경)유한공사는 매출유형 중 반도체부분에 속하는 비메모리반도체칩을 생산하고 있음. 주요 생산품으로는 센서부문에서 광소자, 광센서, 센서패키지 등이 있으며 삼성전기 외 170여개 업체로 납품되고 있 반도체부문에서 비메모리반도체칩이 삼성전자 외 70여개 업체로 납품되고 있음.

실적 분석
LED업황 부진에 따른 제너다이오드 실적 부진과 중국 가전판매 부진에 따른 파워반도체의 매출 급감으로 동사의 2016년 연결기준 누적매출액은 전년 동기 대비 소폭 감소한 557.2억원을 시현하는데 그침. 매출 정체에도 원가율이 크게 개선되면서 영업이익은 전년 동기 대비 11.3% 증가한 96.4억원을 시현. 안정적인 재무구조를 기반으로 센서사업의 본격 성장, 국방용 센서의 납품 등을 통한 실적 개선을 기대.

현금 흐름 〈단위 : 억원〉
항목	2015	2016
영업활동	162	135
투자활동	-63	-124
재무활동	-30	-11
순현금흐름	70	6
기말현금	488	494

시장 대비 수익률
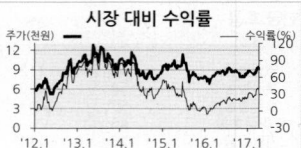

결산 실적 〈단위 : 억원〉
항목	2011	2012	2013	2014	2015	2016
매출액	747	852	736	606	588	557
영업이익	62	111	127	89	87	96
당기순이익	58	89	109	78	92	101

분기 실적 〈단위 : 억원〉
항목	2015.3Q	2015.4Q	2016.1Q	2016.2Q	2016.3Q	2016.4Q
매출액	160	131	143	151	132	130
영업이익	28	15	25	28	26	19
당기순이익	30	17	22	23	16	40

재무 상태 〈단위 : 억원〉
항목	2011	2012	2013	2014	2015	2016
총자산	893	937	1,026	1,070	1,140	1,261
유형자산	331	279	238	199	173	164
무형자산	5	4	3	5	5	4
유가증권	6	6	27	27	54	146
총부채	149	115	104	84	88	104
총차입금	60	38	28	17	19	19
자본금	45	45	45	59	59	59
총자본	744	821	922	986	1,052	1,157
지배주주지분	744	821	922	986	1,052	1,157

기업가치 지표
항목	2011	2012	2013	2014	2015	2016
주가(최고/저)(천원)	11.7/4.4	10.8/4.9	12.8/8.8	11.6/7.2	11.4/6.8	9.4/6.8
PER(최고/저)(배)	25.0/9.3	15.1/6.9	14.3/9.9	18.1/11.3	15.0/9.0	11.1/8.1
PBR(최고/저)(배)	1.9/0.7	1.6/0.7	1.7/1.2	1.4/0.9	1.3/0.8	0.9/0.7
EV/EBITDA(배)	4.7	5.4	4.5	3.1	2.2	2.6
EPS(원)	496	755	932	668	780	859
BPS(원)	8,409	9,152	10,264	8,507	9,228	10,123
CFPS(원)	1,254	1,599	1,807	1,118	1,174	1,129
DPS(원)	27	100	100	100	100	130
EBITDAPS(원)	1,296	1,849	1,999	1,211	1,131	1,091

재무 비율 〈단위 : % 〉
연도	영업이익률	순이익률	부채비율	차입금비율	ROA	ROE	유보율	자기자본비율	EBITDA마진율
2016	17.3	18.1	9.0	1.6	8.4	9.1	1,924.6	91.8	23.0
2015	14.7	15.6	8.4	1.8	8.3	9.0	1,745.6	92.3	22.6
2014	14.8	13.0	8.5	1.8	7.5	8.2	1,601.3	92.2	23.5
2013	17.2	14.9	11.3	3.0	11.2	12.6	1,952.7	89.9	24.6

오뚜기 (A007310)
Ottogi

업 종: 식료품		시 장: 거래소	
신용등급: (Bond) AA (CP) —		기업규모: 시가총액 대형주	
홈페이지: www.ottogi.co.kr		연 락 처: 031)421-2122	
본 사: 경기도 안양시 동안구 흥안대로 405			

설 립 일	1971.06.03	종 업 원 수	3,061명	대 표 이 사	이강훈,함영준
상 장 일	1994.08.12	감 사 의 견	적정 (이현)	계 열	
결 산 기	12월	보 통 주	344만주	종 속 회 사 수	
액 면 가	5,000원	우 선 주		구 상 호	

주주구성 (지분율,%)		출자관계 (지분율,%)		주요경쟁사 (외형,%)	
함영준	28.6	오뚜기냉동식품	100.0	오뚜기	100
오뚜기재단	8.0	오뚜기에스에프	47.1	농심	110
(외국인)	17.6	오뚜기물류서비스	46.6	농심홀딩스	25

매출구성		비용구성		수출비중	
면제품류	30.6	매출원가율	75.8	수출	9.1
양념소스류	22.6	판관비율	17.1	내수	90.9
기타 및 연결조정	17.6				

회사 개요
동사는 1969년 설립돼 건조식품류, 양념소스류, 유지류, 면제품류, 농수산가공품류 등을 영위하고 있음. 카레, 3분요리, 참기름 등에서 시장점유율 1위이며, 라면 시장에선 점유율 20%를 돌파하면서 1위 농심을 바짝 추격 중. 동사가 주력으로 하는 식품 사업은 국민소득 증가, 산업화 등에 따라 급속히 성장하고 있으며, 조리식품 부문의 수요가 크게 증가함. 강력한 영업망으로 조미식품 수요에 대응한다는 전략임.

실적 분석
동사의 2016년 연결기준 매출액은 2조 106.6억원으로 전년 동기 대비 6.8% 증가함. 매출원가와 판매비, 관리비 등이 증가했지만 매출 또한 상승세를 유지하면서 영업이익은 전년 동기 대비 6.8% 증가한 1,425억원을 시현. 비영업손익 부분에서 큰 폭으로 이익을 거두며 당기순이익은 전년 동기 대비 31.5% 증가한 1,379.9억원을 기록. 매년 꾸준히 매출이 증가하고 있다는 점이 고무적임.

현금 흐름 〈단위 : 억원〉
항목	2015	2016
영업활동	1,115	1,489
투자활동	-814	-1,334
재무활동	-372	-402
순현금흐름	-68	-248
기말현금	1,699	1,452

시장 대비 수익률
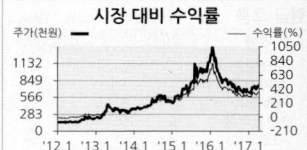

결산 실적 〈단위 : 억원〉
항목	2011	2012	2013	2014	2015	2016
매출액	16,013	16,866	17,282	17,817	18,831	20,107
영업이익	843	1,087	1,051	1,159	1,334	1,425
당기순이익	707	758	922	941	1,049	1,380

분기 실적 〈단위 : 억원〉
항목	2015.3Q	2015.4Q	2016.1Q	2016.2Q	2016.3Q	2016.4Q
매출액	5,035	4,594	5,156	4,880	5,164	4,905
영업이익	394	180	356	405	453	212
당기순이익	329	88	491	258	358	272

재무 상태 〈단위 : 억원〉
항목	2011	2012	2013	2014	2015	2016
총자산	9,890	10,999	12,062	13,516	14,843	15,927
유형자산	4,299	4,811	5,081	5,702	6,150	6,533
무형자산	170	176	171	180	169	220
유가증권	55	51	50	20	111	214
총부채	3,959	4,417	4,649	5,282	5,352	5,575
총차입금	925	1,263	1,126	1,635	1,433	1,359
자본금	172	172	172	172	172	172
총자본	5,932	6,582	7,413	8,233	9,491	10,352
지배주주지분	5,851	6,494	7,366	8,181	9,434	10,292

기업가치 지표
항목	2011	2012	2013	2014	2015	2016
주가(최고/저)(천원)	154/116	251/143	460/209	635/360	1,267/465	1,411/609
PER(최고/저)(배)	8.1/6.1	12.1/6.9	17.9/8.1	23.8/13.5	42.4/15.5	35.7/15.4
PBR(최고/저)(배)	1.0/0.7	1.4/0.8	2.2/1.0	2.7/1.5	4.7/1.7	4.7/2.0
EV/EBITDA(배)	4.2	4.9	9.3	10.5	24.0	11.3
EPS(원)	20,343	21,725	26,557	27,258	30,365	39,977
BPS(원)	172,497	191,175	216,534	240,233	276,645	303,907
CFPS(원)	27,096	29,009	34,568	36,194	40,761	52,280
DPS(원)	2,500	3,000	3,500	4,000	5,200	6,800
EBITDAPS(원)	31,258	38,879	38,556	42,620	49,178	53,727

재무 비율 〈단위 : % 〉
연도	영업이익률	순이익률	부채비율	차입금비율	ROA	ROE	유보율	자기자본비율	EBITDA마진율
2016	7.1	6.9	53.9	13.1	9.0	13.9	5,978.1	65.0	9.2
2015	7.1	5.6	56.4	15.1	7.4	11.9	5,432.9	63.9	9.0
2014	6.5	5.3	64.2	19.9	7.4	12.1	4,704.7	60.9	8.2
2013	6.1	5.3	62.7	15.2	8.0	13.2	4,230.7	61.5	7.7

오로라월드 (A039830)
Aurora World

업　　종 : 레저용품		시　　장 : KOSDAQ	
신용등급 : (Bond) — (CP) —		기업규모 : 우량	
홈페이지 : www.auroraworld.co.kr		연 락 처 : 02)3420-4114	
본　　사 : 서울시 강남구 테헤란로 624 오로라월드 H.Q빌딩			

설 립 일 1985.09.25	종 업 원 수 121명	대 표 이 사 홍기선	
상 장 일 2001.01.03	감 사 의 견 적정 (삼일)	계　　　　열	
결 산 기 12월	보 통 주 1,076만주	종속회사수	
액 면 가 500원	우 선 주	구　상　호	

주주구성 (지분율,%)		출자관계 (지분율,%)		주요경쟁사 (외형,%)	
노희열	43.3	오로라크리에이션	87.5	오로라	100
알리안츠글로벌인베스터스자산운용	4.4	엠티나인	25.0	손오공	90
(외국인)	2.6	AURORAWORLD,Inc	100.0	대원미디어	66

매출구성		비용구성		수출비중	
재화의 판매	97.9	매출원가율	53.0	수출	—
용역의 제공	1.2	판관비율	36.7	내수	—
기타수익	0.9				

회사 개요
동사는 1981년 설립된 오로라무역상사를 모태로 1985년 법인 전환함. 캐릭터디자인 전문기업으로서 캐릭터디자인을 개발하고 캐릭터완구를 상품화하여 국내외 시장에 브랜드 마케팅을 하는 글로벌 다국적 회사임. 인도네시아와 중국의 생산법인에서 제품을 생산·공급하며 미국, 영국, 홍콩의 판매법인과 주요 시장의 전문 디스트리뷰터를 통하여 해외시장에 판매하고 있음. 동사의 주요수익원은 매출의 98%를 차지하는 캐릭터완구 매출이며 수출비중이 매우 큼.

실적 분석
동사의 2016년 연결기준 4분기 누적 매출액은 전년 동기 대비 17.3% 증가한 1,433.9억원을 기록. 영업이익은 전년보다 9.3% 늘어나며 147.9억원 시현. 법인세비용과 연구개발비용이 증가했지만 당기순이익은 전년보다 2.3% 증가한 63억원 달성. 동사는 캐릭터완구, 상표권사용료, 임대수입으로 매출이 구성되며 전세계의 40%를 점하는 최대시장인 미국의 캐릭터 완구시장에서 약 5%를 점유하는 것으로 추정됨.

현금 흐름 〈단위 : 억원〉

항목	2015	2016
영업활동	108	78
투자활동	-32	-95
재무활동	9	-10
순현금흐름	88	-22
기말현금	173	151

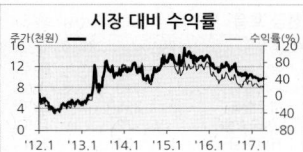

시장 대비 수익률

결산 실적 〈단위 : 억원〉

항목	2011	2012	2013	2014	2015	2016
매출액	927	1,010	1,198	1,230	1,223	1,434
영업이익	61	62	108	146	135	148
당기순이익	26	49	61	86	62	63

분기 실적 〈단위 : 억원〉

항목	2015.3Q	2015.4Q	2016.1Q	2016.2Q	2016.3Q	2016.4Q
매출액	332	326	350	314	351	418
영업이익	41	22	41	22	27	58
당기순이익	7	24	31	3	17	12

재무 상태 〈단위 : 억원〉

항목	2011	2012	2013	2014	2015	2016
총자산	1,680	1,663	1,809	1,893	2,011	2,077
유형자산	415	551	521	516	516	510
무형자산	57	60	66	61	60	52
유가증권	8	5	5	1	0	0
총부채	1,011	973	1,088	1,092	1,150	1,184
총차입금	808	744	777	804	856	887
자본금	54	54	54	54	54	54
총자본	669	690	722	800	861	893
지배주주지분	667	687	720	799	860	897

기업가치 지표

항목	2011	2012	2013	2014	2015	2016
주가(최고/저)(천원)	7.0/2.0	7.0/3.0	13.1/4.9	14.0/8.7	16.1/11.9	13.7/9.6
PER(최고/저)(배)	26.9/7.9	16.0/6.9	23.1/8.6	17.7/10.9	28.3/21.0	22.1/15.6
PBR(최고/저)(배)	1.2/0.4	1.2/0.5	2.0/0.7	1.9/1.2	2.0/1.5	1.6/1.1
EV/EBITDA(배)	16.9	13.7	13.4	11.7	12.8	9.9
EPS(원)	278	460	584	811	577	626
BPS(원)	6,250	6,433	6,821	7,552	8,117	8,671
CFPS(원)	496	704	885	1,116	877	947
DPS(원)	100	100	100	100	100	100
EBITDAPS(원)	781	819	1,308	1,661	1,557	1,696

재무 비율 〈단위 : % 〉

연도	영업이익률	순이익률	부채비율	차입금비율	ROA	ROE	유보율	자기자본비율	EBITDA마진율
2016	10.3	4.4	132.5	99.3	3.1	7.7	1,634.3	43.0	12.7
2015	11.1	5.0	133.6	99.4	3.2	7.5	1,523.4	42.8	13.7
2014	11.9	7.0	136.4	100.4	4.7	11.5	1,410.4	42.3	14.5
2013	9.1	5.1	150.7	107.7	3.5	8.9	1,264.2	39.9	11.8

오르비텍 (A046120)
Orbitech

업　　종 : 에너지 시설 및 서비스		시　　장 : KOSDAQ	
신용등급 : (Bond) — (CP) —		기업규모 : 중견	
홈페이지 : www.orbitech.co.kr		연 락 처 : 02)852-2223~4	
본　　사 : 서울시 금천구 범안로.1130, 8층(가산동, 가산디지털엠파이어)			

설 립 일 1991.03.05	종 업 원 수 354명	대 표 이 사 강상원,권동혁	
상 장 일 2010.06.15	감 사 의 견 적정 (신화)	계　　　　열	
결 산 기 12월	보 통 주 1,287만주	종속회사수	
액 면 가 500원	우 선 주	구　상　호 케이엔디티	

주주구성 (지분율,%)		출자관계 (지분율,%)		주요경쟁사 (외형,%)	
아스트	22.5	엔지니어링공제조합	0.1	오르비텍	100
이의종	3.1			일진파워	318
(외국인)	1.1	KNDTVietnamCo.,Ltd.	49.0	제이씨케미칼	371

매출구성		비용구성		수출비중	
방사선 관리용역 및 규제 해제 등	48.0	매출원가율	88.0	수출	—
항공기 부품 생산 및 판매	38.3	판관비율	5.0	내수	—
가동전·중검사용역 / 비파괴 검사기술 용역	10.1				

회사 개요
동사는 1991년 3월에 설립되어 2010년 6월에 코스닥시장에 상장했던 방사선안전관리 및 원자력발전소 가동중검사 전문업체임. 주요 경쟁업체로는 방사선안전관리분야의 세안기술과 원자력발전소 가동중검사분야의 한전KPS 등이 있음. 2015년 기준 동사의 각 시장 점유율은 8.16%와 9.48% 임. 2013년부터 Bulkhead Ass'y 등 항공기 정밀부품 제조 판매업을 진행하고 있음.

실적 분석
동사의 2016년 기준 매출액은 전년대비 30.1% 성장한 417.5억원을 기록. 외형성장에 따른 매출원가율 개선으로 영업이익 28.8억원(이익률 6.9%), 당기순이익 19.9억원(이익률 4.8%)을 보이며 수익성이 개선됨. 2016년 기준 제품별 매출비중은 항공기 부품사업 48.2%, 방사선관리용역 등 40.8%, 원자력발전소 가동중검사 등 11.1%로 구성됨.

현금 흐름 ＊IFRS 별도 기준 〈단위 : 억원〉

항목	2015	2016
영업활동	-11	9
투자활동	-2	-173
재무활동	61	153
순현금흐름	48	-12
기말현금	67	55

시장 대비 수익률

결산 실적 〈단위 : 억원〉

항목	2011	2012	2013	2014	2015	2016
매출액	327	385	239	208	321	417
영업이익	-17	6	-53	-20	15	29
당기순이익	-13	3	-92	-38	20	20

분기 실적 ＊IFRS 별도 기준 〈단위 : 억원〉

항목	2015.3Q	2015.4Q	2016.1Q	2016.2Q	2016.3Q	2016.4Q
매출액	84	97	90	103	109	116
영업이익	9	2	6	7	8	8
당기순이익	8	1	5	4	5	3

재무 상태 ＊IFRS 별도 기준 〈단위 : 억원〉

항목	2011	2012	2013	2014	2015	2016
총자산	331	335	498	424	518	682
유형자산	141	129	241	229	219	388
무형자산	15	15	24	20	16	16
유가증권	3	2	3	4	2	2
총부채	73	79	322	295	248	356
총차입금	13	27	254	230	154	268
자본금	40	40	40	40	60	64
총자본	257	256	176	129	270	326
지배주주지분	257	256	176	129	270	326

기업가치 지표 ＊IFRS 별도 기준

항목	2011	2012	2013	2014	2015	2016
주가(최고/저)(천원)	5.3/2.4	5.9/2.7	6.0/3.0	3.9/1.6	12.9/1.9	6.5/4.6
PER(최고/저)(배)	—/—	110.0/51.6	—/—	—/—	161.5/23.3	41.2/29.3
PBR(최고/저)(배)	1.5/0.7	1.6/0.8	2.3/1.1	1.9/0.8	5.5/0.8	2.5/1.8
EV/EBITDA(배)	19.0	7.3	—	110.5	26.6	18.5
EPS(원)	-205	54	-1,146	-472	80	158
BPS(원)	3,673	3,670	2,634	2,052	2,356	2,637
CFPS(원)	136	373	-808	-189	256	279
DPS(원)			100			
EBITDAPS(원)	121	379	-301	38	326	349

재무 비율 〈단위 : % 〉

연도	영업이익률	순이익률	부채비율	차입금비율	ROA	ROE	유보율	자기자본비율	EBITDA마진율
2016	6.9	4.7	109.3	82.2	3.3	6.7	427.5	47.8	10.6
2015	4.7	2.5	92.2	57.0	1.7	4.0	371.3	52.0	10.2
2014	-9.5	-18.3	228.3	178.0	-8.3	-25.0	310.5	30.5	1.5
2013	-22.1	-38.7	182.8	144.5	-21.8	-42.0	426.7	35.4	-10.7

오리엔탈정공 (A014940)
Oriental Precision & Engineering

업 종 : 조선		시 장 : KOSDAQ	
신용등급 : (Bond) — (CP) —		기업규모 :	
홈페이지 : www.opco.co.kr		연 락 처 : 051)202-0101	
본 사 : 부산시 강서구 녹산산단 289로 6 (송정동)			

설 립 일	1980.07.19	종업원수	108명	대표이사	박세철
상 장 일	2001.12.26	감사의견	적정 (삼정)	계 열	
결 산 기	12월	보통주	4,055만주	종속회사수	
액 면 가	500원	우선주		구상호	

주주구성 (지분율,%)
한국산업은행	28.0
국민은행	6.5
(외국인)	0.1

출자관계 (지분율,%)
오리엔탈마린텍	100.0
오리엔탈정밀기계	28.0
연대동방정공선박배투	100.0

주요경쟁사 (외형,%)
오리엔탈정공	100
두산엔진	439
엔케이	90

매출구성
Deck House Engine Room Casing Funnel	45.8
Lifting Appliances(Crane 류)	34.8
Living Quarter	10.0

비용구성
매출원가율	90.5
판관비율	8.6

수출비중
수출	4.2
내수	95.8

회사 개요
동사는 선박용 철구조물 제조업체로 주로 선박상부 구조물과 선박 상부기계를 제조하여 판매하고 있음. 비교적 부가가치가 높은 해양플랜트 구조물 및 해양플랜트에 탑재되어 사용되는 크레인을 수주하여 생산을 진행하고 있음. 조선이 전방산업으로서 현대중공업, 현대미포조선, 미쯔비시 등 한국과 일본의 중대형 조선소를 주요 고객으로 하고 있음. 최근에는 조선경기 불황으로 인한 고객사의 저가수주물량 발주로 가격경쟁력이 필수적인 경쟁요소가 되고 있음.

실적 분석
동사의 2016년 연결기준 매출액은 1,829.6억원으로 전년대비 2.4% 증가함. 매출증가와 원가율 개선으로 매출총이익이 큰 폭으로 개선됨. 판관비의 증가에도 원가율의 개선으로 영업이익은 16.2억원으로 전년대비 흑자전환함. 영업이익 흑자에도 불구하고 비영업손실이 큰 폭으로 증가함에 따라 201.6억원의 당기순손실을 기록해 적자가 지속됨. 전방산업인 조선업 경기에 따라 동사의 매출의 증감이 결정될 전망임.

현금 흐름 〈단위 : 억원〉
항목	2015	2016
영업활동	20	166
투자활동	19	61
재무활동	30	-161
순현금흐름	71	66
기말현금	88	154

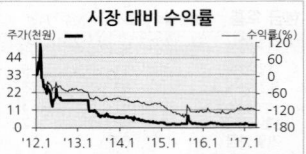
시장 대비 수익률

결산 실적 〈단위 : 억원〉
항목	2011	2012	2013	2014	2015	2016
매출액	3,605	2,548	1,757	1,637	1,787	1,830
영업이익	-662	-754	20	-280	-47	16
당기순이익	-1,100	-2,228	508	-341	-18	-202

분기 실적 〈단위 : 억원〉
항목	2015.3Q	2015.4Q	2016.1Q	2016.2Q	2016.3Q	2016.4Q
매출액	468	468	523	502	373	431
영업이익	12	-31	18	6	-7	-1
당기순이익	-2	22	63	-4	-18	-243

재무 상태 〈단위 : 억원〉
항목	2011	2012	2013	2014	2015	2016
총자산	6,302	3,368	2,019	1,818	1,947	1,464
유동자산	3,465	1,351	1,265	1,236	1,163	951
무형자산	48	19	15	15	13	12
유가증권	14	14	14	12	1	2
총부채	5,978	4,224	1,452	1,585	1,636	1,350
총차입금	4,330	2,152	880	912	876	749
자본금	142	424	892	903	203	203
총자본	325	-856	567	233	311	114
지배주주지분	358	-856	567	233	311	114

기업가치 지표
항목	2011	2012	2013	2014	2015	2016
주가(최고/저)(천원)	88.3/33.5	56.5/13.0	17.1/6.0	7.3/2.7	7.4/1.8	3.3/1.8
PER(최고/저)(배)	—/—	—/—	11.0/3.9	—/—	—/—	—/—
PBR(최고/저)(배)	1.9/0.7	-11.4/-2.6	10.5/3.7	10.7/4.0	9.2/2.3	10.4/5.7
EV/EBITDA(배)			44.8			26.6
EPS(원)	-135,632	-79,641	1,550	-951	-49	-497
BPS(원)	1,318	-994	326	137	801	316
CFPS(원)	-3,150	-15,015	340	-164	68	-404
DPS(원)						
EBITDAPS(원)	-1,943	-4,851	43	-130	-12	133

재무 비율 〈단위 : % 〉
연도	영업이익률	순이익률	부채비율	차입금비율	ROA	ROE	유보율	자기자본비율	EBITDA마진율
2016	0.9	-11.0	일부잠식	일부잠식	-11.8	-94.9	-36.9	7.8	3.0
2015	-2.6	-1.0	526.1	281.8	-0.9	-6.5	60.3	16.0	-0.3
2014	-17.1	-20.9	일부잠식	일부잠식	-17.8	-85.3	-72.7	12.8	-14.3
2013	1.1	28.9	일부잠식	일부잠식	18.8	전기잠식	-34.8	28.1	4.0

오리엔트바이오 (A002630)
ORIENT BIO

업 종 : 바이오		시 장 : 거래소	
신용등급 : (Bond) B- (CP) —		기업규모 : 시가총액 소형주	
홈페이지 : www.orientbio.co.kr		연 락 처 : 031)730-6000	
본 사 : 경기도 성남시 중원구 갈마치로 322			

설 립 일	1959.04.16	종업원수	151명	대표이사	장재진
상 장 일	1976.12.28	감사의견	적정 (대영)	계 열	
결 산 기	03월	보통주	16,106만주	종속회사수	5개사
액 면 가	500원	우선주		구상호	

주주구성 (지분율,%)
장재진	10.9
엠다스	9.3
(외국인)	0.9

출자관계 (지분율,%)
오리엔트시계	33.7
월드메모리	28.5
오리엔트전자	27.6

주요경쟁사 (외형,%)
오리엔트바이오	100
파미셀	27
마크로젠	87

매출구성
자동차엔진 및 트랜스미션 부품 등	51.6
생물소재, 바이오 실험장비 및 의료장비	19.1

비용구성
매출원가율	84.7
판관비율	15.2

수출비중
수출	4.5
내수	95.5

회사 개요
동사는 1959년 시계류 제조와 가공판매업을 주 영업목적으로 설립돼 2003년 8월 '실험동물의 생산, 수출, 수입 및 생명과학 관련 연구개발업 등'을 영위하는 '주식회사 바이오제노믹스'와 합병했고, 2005년 7월 기존 사업인 '시계사업부문'을 분리하고 현 상호인 주식회사 오리엔트바이오로 상호를 변경함. 연결자회사는 바이오사업, 자동차부품사업, 시계사업, 도시자원화 사업 등을 영위하고 있으며 총 14개의 계열회사를 보유하고 있음.

실적 분석
3월 결산 법인인 동사의 2016년 3분기 누적 연결기준 매출액은 전년대비 3.0% 성장한 801.0억원을 기록함. 매출원가율이 급격하게 악화된 결과 영업손실 76.9억원을 보이며 적자전환함. 이자비용 및 파생상품평가손실로 금융손실이 크게 발생하는 한편 무형자산손상차손과 재고자산폐기손실 등 기타영업외비용도 확대된 결과 당기순손실 235.1억원의 대규모 손실을 기록함.

현금 흐름 〈단위 : 억원〉
항목	2015	2016.3Q
영업활동	-73	-35
투자활동	-110	-40
재무활동	255	235
순현금흐름	72	159
기말현금	84	244

시장 대비 수익률

결산 실적 〈단위 : 억원〉
항목	2011	2012	2013	2014	2015	2016
매출액	521	770	837	937	1,050	—
영업이익	1	32	-18	9	1	—
당기순이익	-131	10	-102	-18	-25	—

분기 실적 〈단위 : 억원〉
항목	2015.2Q	2015.3Q	2015.4Q	2016.1Q	2016.2Q	2016.3Q
매출액	248	280	273	261	243	298
영업이익	-0	7	-6	-25	-24	-28
당기순이익	-9	14	-20	-79	-10	-146

재무 상태 〈단위 : 억원〉
항목	2011	2012	2013	2014	2015	2016.3Q
총자산	1,235	1,362	1,396	1,488	1,756	1,791
유동자산	331	344	455	468	572	535
무형자산	137	152	131	167	256	205
유가증권	1	2	3	2	4	2
총부채	630	740	778	814	844	790
총차입금	490	564	565	586	599	546
자본금	395	401	501	501	776	805
총자본	605	623	618	673	913	1,001
지배주주지분	522	548	550	537	769	729

기업가치 지표
항목	2011	2012	2013	2014	2015	2016.3Q
주가(최고/저)(천원)	1.1/0.5	0.7/0.5	0.7/0.4	1.0/0.4	2.0/0.6	3.1/1.5
PER(최고/저)(배)	—/—	102.4/67.0	—/—	—/—	—/—	—/—
PBR(최고/저)(배)	1.9/1.0	1.3/0.8	1.5/0.9	2.0/0.9	4.0/1.2	6.9/3.3
EV/EBITDA(배)	41.2	16.2	44.2	18.7	52.3	—
EPS(원)	-114	7	-91	-16	-21	-108
BPS(원)	661	683	549	536	495	452
CFPS(원)	-106	42	-57	45	17	-77
DPS(원)						
EBITDAPS(원)	30	74	25	71	39	-17

재무 비율 〈단위 : % 〉
연도	영업이익률	순이익률	부채비율	차입금비율	ROA	ROE	유보율	자기자본비율	EBITDA마진율
2015	0.1	-2.4	92.4	65.6	-1.6	-4.6	-1.0	52.0	5.4
2014	1.0	-1.9	120.9	87.0	-1.2	-3.2	7.1	45.3	7.6
2013	-2.2	-12.2	125.8	91.3	-7.4	-17.4	9.8	44.3	2.8
2012	4.2	1.3	118.7	90.6	0.8	1.3	36.6	45.7	7.7

오리엔트정공 (A065500)
Orient Precision Industries

업 종 : 자동차부품		시 장 : KOSDAQ	
신용등급 : (Bond) — (CP) —		기업규모 : 중견	
홈페이지 : www.orientpi.com		연락처 : 054)473-7200	
본 사 : 경북 구미시 수출대로 9길 26-5(공단동)			

설 립 일 1987.06.25	종업원수 62명	대표이사 장재진	
상 장 일 2002.09.19	감사의견 적정 (대영)	계 열	
결 산 기 12월	보 통 주 5,912만주	종속회사수	
액 면 가 500원	우 선 주	구 상 호	

주주구성 (지분율,%)
오리엔트바이오	27.3
엠다스	12.3
(외국인)	0.2

출자관계 (지분율,%)
오리엔트전자	64.5
월드메모리	52.7
오리엔트시계	4.0

주요경쟁사 (외형,%)
오리엔트정공	100
대우부품	75
화신정공	289

매출구성
기타	39.9
캠캡(상품)	21.3
TM 컨트롤 하우징(제품)	21.0

비용구성
매출원가율	93.7
판관비율	6.6

수출비중
수출	—
내수	—

회사 개요
동사는 1987년 설립된 자동차부품 전문 생산업체로, 수동변속기의 핵심부품인 티엠컨트롤하우징앗세이, 리테이너베어링 등과 엔진부품인 캡앗세이캠샤프트베어링, 하우징서모스탯 등을 생산 공급함. 현대차, 기아차, GM대우 등 국내 자동차 메이커 및 현대기아차의 체코, 슬로바키아, 중국, 인도 등 해외 현지법인에 제품을 주로 공급함. 연결대상 종속회사로 오리엔트전자, 오리엔트비나 및 컴퓨터부품기업인 월드메모리 및 시계제조업체 오리엔트시계 등을 보유.

실적 분석
2016년 자동차부문 매출 증가와 전자부품 사업 및 컴퓨터 사업 추가로 전기 대비 외형이 32.2% 확대된 710억원의 실적을 시현함. 그러나 사업특성상 원가 및 판관비 부담이 높아 영업이익이 낮은편인데 당기에 비용부담이 커지며 전기 10.3억원 이익 대비 적자전환함 2.4억원 영업손실을 시현하며 수익성 악화됨. 비영업손익면에서도 59.2억원의 적자를 시현하며, 당기순손실이 62억원에 달하며 큰 폭으로 적자전환함.

현금 흐름 〈단위 : 억원〉
항목	2015	2016
영업활동	33	14
투자활동	-32	-120
재무활동	9	211
순현금흐름	9	105
기말현금	14	119

시장 대비 수익률
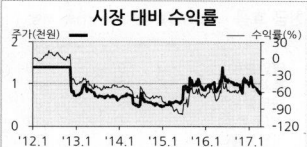

결산 실적 〈단위 : 억원〉
항목	2011	2012	2013	2014	2015	2016
매출액	230	304	360	470	537	710
영업이익	-87	13	10	12	10	-2
당기순이익	-395	2	-5	-0	13	-62

분기 실적 〈단위 : 억원〉
항목	2015.3Q	2015.4Q	2016.1Q	2016.2Q	2016.3Q	2016.4Q
매출액	129	143	177	185	150	197
영업이익	2	3	4	2	-9	-0
당기순이익	2	10	4	-1	-6	-58

재무 상태 〈단위 : 억원〉
항목	2011	2012	2013	2014	2015	2016
총자산	327	340	344	406	512	999
유형자산	62	135	197	202	247	259
무형자산	4	4	7	10	92	94
유가증권	14	1	1		1	1
총부채	271	268	268	267	321	597
총차입금	228	185	181	176	196	403
자본금	56	56	61	111	111	202
총자본	57	72	76	138	192	402
지배주주지분	57	72	76	138	151	310

기업가치 지표
항목	2011	2012	2013	2014	2015	2016
주가(최고/저)(천원)	7.6/1.4	1.4/0.7	1.0/0.6	0.8/0.5	1.1/0.5	1.4/0.8
PER(최고/저)(배)	—/—	54.8/27.1	—/—	—/—	23.6/9.5	—/—
PBR(최고/저)(배)	9.7/1.8	2.5/1.2	1.8/1.1	1.5/0.8	1.9/0.8	2.3/1.2
EV/EBITDA(배)		10.5	11.3	8.2	15.7	29.1
EPS(원)	-6,389	25	-31	-2	49	-110
BPS(원)	1,031	737	716	675	733	615
CFPS(원)	-7,840	250	88	115	152	-28
DPS(원)						
EBITDAPS(원)	-1,287	412	214	188	139	76

재무 비율 〈단위 : %〉
연도	영업이익률	순이익률	부채비율	차입금비율	ROA	ROE	유보율	자기자본비율	EBITDA마진율
2016	-0.3	-8.7	148.3	100.3	-8.2	-19.4	23.0	40.3	4.3
2015	1.9	2.5	167.4	102.6	2.9	9.1	46.5	37.4	5.7
2014	2.5	-0.1	193.3	127.3	-0.1	-0.3	35.0	34.1	6.7
2013	2.9	-1.4	354.1	239.5	-1.5	-6.8	43.1	22.0	7.2

오리온 (A001800)
Orion

업 종 : 식료품		시 장 : 거래소	
신용등급 : (Bond) AA (CP) A1		기업규모 : 시가총액 대형주	
홈페이지 : www.orionworld.com		연락처 : 02)710-6000	
본 사 : 서울시 용산구 백범로 90다길 13			

설 립 일 1956.07.25	종업원수 1,954명	대표이사 강원기	
상 장 일 1975.06.27	감사의견 적정 (삼일)	계 열	
결 산 기 12월	보 통 주 601만주	종속회사수	
액 면 가 5,000원	우 선 주	구 상 호	

주주구성 (지분율,%)
이화경	14.6
담철곤	12.8
(외국인)	42.3

출자관계 (지분율,%)
메가마크	100.0
오리온레포츠	100.0

주요경쟁사 (외형,%)
오리온	100
CJ	1,004
CJ제일제당	610

매출구성
포카칩, 오감자 등	44.5
고소미, 초코칩, 다이제 등	25.3
초코파이, 케익 오뜨 등	19.6

비용구성
매출원가율	51.8
판관비율	34.5

수출비중
수출	—
내수	—

회사 개요
동사는 국내제과 및 중국, 베트남, 러시아 등 해외제과 시장에서 적극적 시장진출효과가 가시화되면서 고성장 추세가 이어짐. 스포츠토토 등 계열사의 지분을 보유하고 있음. 해외에서는 지역 및 제품 확장 정책에 힘입어 고성장 추세가 이어짐. 중국 법인은 사드배치에 따른 반한 감정이 확대되면서 당분간 고전할 전망. 국내 제과 시장이 점점 줄고 있다는 점 또한 향후 성장에 걸림돌이 될 전망.

실적 분석
동사의 2016년 연결기준 연간 누적 매출액은 전년 동기 대비 0.2% 증가한 2조 3,862.7억원을 기록함. 매출은 거의 정체됐지만 매출 원가율 개선으로 영업이익은 전년 동기 대비 9.0% 증가한 3,262.5억원을 시현. 금융과 외환 등 비영업손익 부문의 당기순이익은 전년 동기 대비 무려 40.6% 증가한 2,490.5억원을 기록함. 다만 사드배치로 주력의 중국 시장 향후 전망은 불투명한 상황.

현금 흐름 〈단위 : 억원〉
항목	2015	2016
영업활동	3,962	3,406
투자활동	-2,163	-430
재무활동	-1,439	-3,089
순현금흐름	363	-143
기말현금	2,528	2,395

시장 대비 수익률
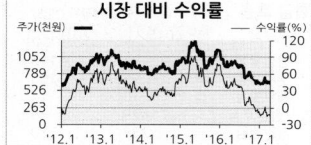

결산 실적 〈단위 : 억원〉
항목	2011	2012	2013	2014	2015	2016
매출액	19,126	23,680	24,852	21,998	23,824	23,863
영업이익	2,151	2,637	2,595	2,489	2,993	3,262
당기순이익	1,105	1,698	1,602	1,743	1,771	2,490

분기 실적 〈단위 : 억원〉
항목	2015.3Q	2015.4Q	2016.1Q	2016.2Q	2016.3Q	2016.4Q
매출액	6,394	6,040	6,606	4,962	5,972	6,324
영업이익	786	664	1,189	279	944	850
당기순이익	408	303	740	75	891	784

재무 상태 〈단위 : 억원〉
항목	2011	2012	2013	2014	2015	2016
총자산	23,199	26,476	29,736	29,325	29,988	29,089
유형자산	12,343	14,208	17,085	17,271	17,575	18,175
무형자산	930	824	782	397	530	533
유가증권	127	141	177	137	92	78
총부채	13,103	15,196	17,043	15,300	14,727	12,040
총차입금	7,643	9,774	11,092	10,311	10,070	7,471
자본금	298	298	299	299	299	300
총자본	10,096	11,280	12,693	14,025	15,262	17,049
지배주주지분	8,767	9,845	11,227	12,471	13,787	15,995

기업가치 지표
항목	2011	2012	2013	2014	2015	2016
주가(최고/저)(천원)	661/347	1,094/590	1,186/861	1,001/754	1,355/845	1,189/635
PER(최고/저)(배)	40.9/21.5	44.2/23.9	49.7/36.1	37.1/28.1	50.6/31.6	30.4/16.2
PBR(최고/저)(배)	4.6/2.4	6.7/3.6	6.4/4.6	4.7/3.6	5.8/3.6	4.4/2.4
EV/EBITDA(배)	14.1	18.5	16.9	17.1	15.8	9.2
EPS(원)	16,660	25,413	24,407	27,363	27,164	39,522
BPS(원)	149,762	167,797	190,820	214,175	236,130	271,618
CFPS(원)	35,110	46,354	47,658	51,878	57,668	66,454
DPS(원)	3,000	3,000	3,000	6,000	6,000	6,000
EBITDAPS(원)	54,514	65,148	66,719	66,173	80,595	81,413

재무 비율 〈단위 : %〉
연도	영업이익률	순이익률	부채비율	차입금비율	ROA	ROE	유보율	자기자본비율	EBITDA마진율
2016	13.7	10.4	70.6	43.8	8.4	15.9	5,332.4	58.6	20.4
2015	12.6	7.4	96.5	66.0	6.0	12.4	4,622.6	50.9	24.2
2014	11.3	7.9	109.1	73.5	5.9	13.8	4,183.5	47.8	18.0
2013	10.4	6.5	134.3	87.4	5.7	13.8	3,716.4	42.7	16.0

오리콤 (A010470)
Oricom

업 종: 미디어		시 장: KOSDAQ	
신용등급: (Bond) — (CP) —		기업규모: 중견	
홈페이지: www.oricom.com		연락처: 02)510-4114	
본 사: 서울시 강남구 언주로 726 두산빌딩 7층			

설 립 일 1975.02.24	종 업 원 수 309명	대 표 이 사 고영섭
상 장 일 2000.10.24	감 사 의 견 적정(삼일)	계 열
결 산 기 12월	보 통 주 1,150만주	종 속 회 사 수
액 면 가 1,000원	우 선 주	구 상 호

주주구성 (지분율,%) / 출자관계 (지분율,%) / 주요경쟁사 (외형,%)

주주구성		출자관계		주요경쟁사	
두산	63.4	한컴	100.0	오리콤	100
고영섭	1.7	원오원글로벌	26.8	티비씨	24
(외국인)	0.2	두산큐벡스	4.7	이매진아시아	20

매출구성 / 비용구성 / 수출비중

매출구성		비용구성		수출비중	
Vogue, GQ, Vogue girl, allure 등	42.4	매출원가율	66.5	수출	3.8
BTL사업수입	20.5	판관비율	29.7	내수	96.2
광고대행수입	17.2				

회사 개요
동사는 두산그룹에 속하고 있는 업체로 광고대행, 광고제작, 프로모션, 잡지 및 정기간행물 발행 사업을 영위함. 1975년에 설립되어 2000년 코스닥시장에 상장되었음. 국내 광고 시장은 상위 10개사가 취급액의 대부분을 차지하는 과점체제이며 글로벌 경제위기 이후로 인하우스 중심의 상위 대행사로의 매출 쏠림현상이 심화되고 있음. 하지만 동사는 두산 계열사임에도 비계열 광고주 비율이 타 대행사보다 높은 수준임.

실적 분석
동사의 2016년 연결기준 매출액은 1,619.3억원으로 전년보다 28.3% 증가하였으며 영업이익 또한 두배가량 성장한 61.5억원을 시현. 경기침체 등 불안한 경영환경으로 기업들의 광고활동 위축 현상이 지속되는 상황속에서 매거진 부문의 프린트 잡지 광고 시장은 소폭 감소 되었으나 Digital(온라인) 광고 시장의 경우는 지속적인 성장세를 보였음. 동사는 각 브랜드별 디지털 광고 상품을 더욱 확대, 디지털 매출을 증대시키는 전략을 수행 중.

현금 흐름 〈단위 : 억원〉

항목	2015	2016
영업활동	31	115
투자활동	9	-105
재무활동	-10	-17
순현금흐름	29	-9
기말현금	338	329

시장 대비 수익률

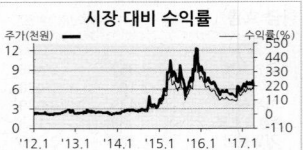

결산 실적 〈단위 : 억원〉

항목	2011	2012	2013	2014	2015	2016
매출액	1,042	1,125	1,000	945	1,263	1,619
영업이익	89	78	40	32	30	62
당기순이익	65	48	30	25	28	40

분기 실적 〈단위 : 억원〉

항목	2015.3Q	2015.4Q	2016.1Q	2016.2Q	2016.3Q	2016.4Q
매출액	299	516	296	451	426	447
영업이익	-9	39	-18	30	10	40
당기순이익	-3	25	-16	20	6	29

재무 상태 〈단위 : 억원〉

항목	2011	2012	2013	2014	2015	2016
총자산	988	1,238	1,149	1,314	1,939	1,875
유형자산	191	185	291	293	419	485
무형자산	46	55	52	51	206	185
유가증권	1	1	1	1	13	6
총부채	526	747	537	701	1,262	1,174
총차입금	—	—	—	—	—	—
자본금	105	106	108	108	113	115
총자본	462	492	612	614	677	700
지배주주지분	462	492	612	614	677	700

기업가치 지표

항목	2011	2012	2013	2014	2015	2016
주가(최고/저)(천원)	2.4/1.4	3.0/2.0	2.8/2.1	5.1/2.3	13.7/3.8	9.5/4.7
PER(최고/저)(배)	5.3/3.0	8.3/5.6	12.0/8.9	24.4/11.0	56.9/15.8	28.2/13.8
PBR(최고/저)(배)	0.7/0.4	0.8/0.5	0.6/0.4	1.0/0.4	2.4/0.7	1.6/0.8
EV/EBITDA(배)	2.3	1.7	1.6	—	17.4	4.7
EPS(원)	617	455	284	232	255	351
BPS(원)	22,364	4,716	5,761	5,753	6,089	6,170
CFPS(원)	3,614	563	392	327	362	490
DPS(원)	750	150	200	200	200	220
EBITDAPS(원)	4,736	848	481	390	379	679

재무 비율 〈단위 : % 〉

연도	영업이익률	순이익률	부채비율	차입금비율	ROA	ROE	유보율	자기자본비율	EBITDA마진율
2016	3.8	2.5	167.7	0.0	2.1	5.8	517.0	37.4	4.8
2015	2.4	2.2	186.4	0.0	1.7	4.3	508.9	34.9	3.3
2014	3.4	2.7	114.2	0.0	2.0	4.1	475.3	46.7	4.5
2013	4.0	3.0	87.7	0.0	2.6	5.5	476.1	53.3	5.2

오백볼트 (A227420)
500VOLT

업 종: 석유 및 가스		시 장: KONEX	
신용등급: (Bond) — (CP) —		기업규모: —	
홈페이지: www.500v.co.kr		연락처: 02)570-1905	
본 사: 서울시 강남구 테헤란로30길 31, 2층(역삼동)			

설 립 일 2007.02.16	종 업 원 수 명	대 표 이 사 김충범
상 장 일 2016.12.28	감 사 의 견 적정(신한)	계 열
결 산 기 12월	보 통 주 711만주	종 속 회 사 수
액 면 가 500원	우 선 주 103만주	구 상 호

주주구성 (지분율,%) / 출자관계 (지분율,%) / 주요경쟁사 (외형,%)

주주구성		출자관계		주요경쟁사	
김충범	70.4			오백볼트	100
정길모	3.3			에이치엘비파워	24
				E1	2,934

매출구성 / 비용구성 / 수출비중

매출구성		비용구성		수출비중	
유류매출 O2O 서비스 등	89.9	매출원가율	90.6	수출	0.0
B2B/B2C 교육 사업 등	10.1	판관비율	9.4	내수	100.0

회사 개요
동사는 2007년 이피피휴먼네트웍스로 출범해 광고대행업을 주사업으로 영위하다 2014년 12월 오백볼트로 상호를 변경하고 2015년 3월부터 지주사업 및 벤처기업 투자목적의 엑셀러레이터 사업을 시작함. 현재 O2O 및 교육기반 벤처 연결 자회사 12개를 가지고 있음. 2016년 연결 기준 자회사 에너지세븐의 유류매출과 O2O서비스 매출 비중이 91.3%로 대부분을 차지. 2016년 8월엔 환경바이오에너지 사업부를 신설함.

실적 분석
동사의 2016년 연결기준 연간 누적 매출액은 1361.9억원으로 전년 매출보다 490.0% 급증한 수치임. 오백볼트의 유류매출 및 O2O 서비스 등 상품 매출이 1243.4억원 수준으로 전년 대비 10배 가까이 성장한 영향. 단 누적 영업이익은 전년 7.3억원 대비 오히려 93.5% 감소한 0.5억원에 그침. 비영업 부문 금융손실이 17.8억원 발생해 당기순이익도 적자로 돌아섬. 동사의 2016년 당기순손실은 20.4억원을 기록함.

현금 흐름 *IFRS 별도 기준 〈단위 : 억원〉

항목	2015	2016
영업활동	-9	-20
투자활동	-83	-47
재무활동	90	81
순현금흐름	-1	13
기말현금	0	13

시장 대비 수익률

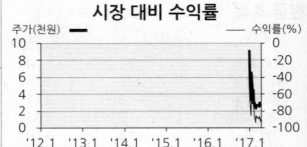

결산 실적 〈단위 : 억원〉

항목	2011	2012	2013	2014	2015	2016
매출액	—	—	28	61	230	1,362
영업이익	—	—	2	-14	7	0
당기순이익	—	—	2	-21	22	-20

분기 실적 *IFRS 별도 기준 〈단위 : 억원〉

항목	2015.3Q	2015.4Q	2016.1Q	2016.2Q	2016.3Q	2016.4Q
매출액						
영업이익						
당기순이익						

재무 상태 *IFRS 별도 기준 〈단위 : 억원〉

항목	2011	2012	2013	2014	2015	2016
총자산	—	—	39	56	123	197
유형자산	—	—	1	1	1	1
무형자산	—	—	1	1	1	1
유가증권	—	—				
총부채	—	—	48	46	64	79
총차입금	—	—	41	29	55	71
자본금	—	—	2	27	28	41
총자본	—	—	-8	10	58	118
지배주주지분	—	—	-8	10	58	118

기업가치 지표 *IFRS 별도 기준

항목	2011	2012	2013	2014	2015	2016
주가(최고/저)(천원)	—/—	—/—	—/—	—/—	—/—	10.7/9.1
PER(최고/저)(배)	0.0/0.0	0.0/0.0	0.0/0.0	0.0/0.0	0.0/0.0	—/—
PBR(최고/저)(배)	0.0/0.0	0.0/0.0	0.0/0.0	0.0/0.0	0.0/0.0	7.3/6.3
EV/EBITDA(배)	0.0	—	10.4	—	—	—
EPS(원)	—	—	713	-1,503	-145	-201
BPS(원)	—	—	-28,075	1,795	1,030	1,454
CFPS(원)	—	—	9,683	-14,254	-136	-192
DPS(원)	—	—				
EBITDAPS(원)	—	—	10,317	-12,843	-19	-65

재무 비율 〈단위 : % 〉

연도	영업이익률	순이익률	부채비율	차입금비율	ROA	ROE	유보율	자기자본비율	EBITDA마진율
2016	0.0	-1.5	269.5	228.8	-6.8	-8.0	207.7	27.1	0.2
2015	3.2	9.4	142.5	98.0	13.7	전기잠식	136.0	41.2	3.6
2014	-22.3	-34.4	완전잠식	완전잠식	-21.9	잠식지속	-132.2	-15.2	-3.1
2013	8.3	7.6	완전잠식	완전잠식	0.0	0.0	-661.5	-21.4	11.0

오상자이엘 (A053980)
Osangjaiel

업 종 : IT 서비스	시 장 : KOSDAQ
신용등급 : (Bond) — (CP) —	기업규모 : 중견
홈페이지 : www.osangjaiel.co.kr	연락처 : 032)524-0700
본 사 : 인천시 부평구 육동로 36 (부평동)	

설 립 일 1993.03.12	종업원수 173명	대표이사 이극래
상 장 일 2002.04.09	감사의견 적정 (태성)	계 열
결 산 기 12월	보통주 1,775만주	종속회사수
액 면 가 500원	우 선 주	구 상 호

주주구성 (지분율,%)		출자관계 (지분율,%)		주요경쟁사 (외형,%)	
그룹오상	28.3	오비트	100.0	오상자이엘	100
이극래	7.6	자이엘	100.0	다우기술	1,898
(외국인)	0.3	오상뉴엘	30.0	현대정보기술	276

매출구성		비용구성		수출비중	
CATIA, ENOVIA, DELMIA 등	34.0	매출원가율	86.5	수출	0.0
시스템구축, 프로그램, 컨설팅, 교육 등	32.4	판관비율	13.8	내수	100.0
과일포장재, 미생물 비료 등	18.4				

회사 개요
제품수명주기관리 분야의 전문업체로 출발한 동사는 현재 국내 생산, 판매 법인 등 3개의 종속회사로 구성된 IT 및 농업 포장재 전문기업임. 사업군별로 보면 IT부문에 PLM(Product Life Cycle Management) 사업과 SI(System Integration)사업이 있고, BT부문에 과수포장재, 미생물제재, 유공필름 등을 생산판매하고 있음. 신소재사업, 농업바이오, 유공필름 등 신사업 대한 연구개발을 지속중임.

실적 분석
동사의 2016년 연결기준 연간 매출액은 607.6억원으로 전년 대비 6.3% 증가함. PLM 솔루션과 시스템용역 부문의 매출액 비중이 가장 높음. BT부문의 매출 감소는 신소재 사업 인건비 증가와 과일포장재의 가격인하에 기인함. 자회사인 오비트에서는 고기능성 미생물 비료를 판매하고 일본에서도 좋은 평가를 받고 있음. 신규사업을 통한 새로운 수익이 발생할 것으로 기대됨.

현금 흐름 〈단위 : 억원〉

항목	2015	2016
영업활동	30	56
투자활동	-60	-91
재무활동	69	66
순현금흐름	40	31
기말현금	79	110

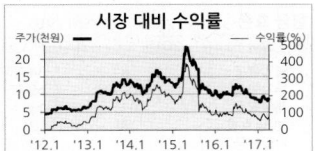
시장 대비 수익률

결산 실적 〈단위 : 억원〉

항목	2011	2012	2013	2014	2015	2016
매출액	411	473	512	570	572	608
영업이익	38	53	45	35	14	-1
당기순이익	6	41	38	29	-242	-37

분기 실적 〈단위 : 억원〉

항목	2015.3Q	2015.4Q	2016.1Q	2016.2Q	2016.3Q	2016.4Q
매출액	150	175	124	143	160	180
영업이익	8	3	2	-4	7	-7
당기순이익	5	-249	4	-1	4	-44

재무 상태 〈단위 : 억원〉

항목	2011	2012	2013	2014	2015	2016
총자산	637	743	846	923	752	811
유형자산	84	211	244	338	365	368
무형자산	284	283	276	276	19	18
유가증권	19	17	49	19	12	11
총부채	253	316	296	312	246	342
총차입금	126	172	157	168	100	167
자본금	75	75	80	84	89	89
총자본	384	427	550	611	506	470
지배주주지분	384	427	550	611	506	470

기업가치 지표

항목	2011	2012	2013	2014	2015	2016
주가(최고/저)(천원)	5.3/2.4	6.8/4.4	14.8/6.2	17.2/10.1	24.0/9.3	13.3/8.4
PER(최고/저)(배)	90.6/41.3	25.1/16.3	61.9/26.1	99.8/58.5	—/—	—/—
PBR(최고/저)(배)	2.0/0.9	2.4/1.5	4.3/1.8	4.7/2.8	8.3/3.2	5.0/3.2
EV/EBITDA(배)	15.2	16.5	37.1	45.7	59.2	101.4
EPS(원)	58	270	238	172	-1,381	-209
BPS(원)	2,605	2,873	3,462	3,659	2,871	2,665
CFPS(원)	138	346	322	268	-1,294	-116
DPS(원)						
EBITDAPS(원)	333	431	367	309	169	86

재무 비율 〈단위 : % 〉

연도	영업이익률	순이익률	부채비율	차입금비율	ROA	ROE	유보율	자기자본비율	EBITDA마진율
2016	-0.2	-6.1	72.7	35.5	-4.8	-7.6	433.0	57.9	2.5
2015	2.5	-42.3	48.5	19.7	-28.9	-43.3	474.3	67.3	5.2
2014	6.2	5.0	51.1	27.5	3.2	4.9	631.7	66.2	9.0
2013	8.7	7.3	53.9	28.6	4.7	7.7	592.3	65.0	11.3

오성엘에스티 (A052420)
OsungLST

업 종 : 디스플레이 및 관련부품	시 장 : KOSDAQ
신용등급 : (Bond) B (CP) —	기업규모 : 중견
홈페이지 : www.osunglst.com	연락처 : 041)583-8780
본 사 : 충남 아산시 음봉면 산동로 433-31	

설 립 일 1994.06.22	종업원수 146명	대표이사 조경숙
상 장 일 2001.08.07	감사의견 적정 (신한)	계 열
결 산 기 12월	보통주 20,396만주	종속회사수
액 면 가 500원	우 선 주	구 상 호

주주구성 (지분율,%)		출자관계 (지분율,%)		주요경쟁사 (외형,%)	
에스맥	29.4	오성과기(소주)유한공사	100.0	오성엘에스티	100
러더포드4호조합	19.6			제이스텍	335
(외국인)	0.2			미래컴퍼니	179

매출구성		비용구성		수출비중	
기능성 소재필름 등	60.8	매출원가율	87.3	수출	—
기타	22.6	판관비율	16.5	내수	—
Test Chamber, 신뢰성 테스터	13.6				

회사 개요
동사는 잉곳&웨이퍼 및 반도체, LCD 제조 장비, 환경시험 테스터 등의 제조회사임. 디스플레이 사업부문의 열처리 기술을 바탕으로 자동화시스템기술, 소프트웨어기술 설계기술 등 LCD/반도체 제조장비에 관한 핵심기술과 노하우를 보유하고 있음. 디스플레이 부문 이외에 태양광 사업부문을 보유해왔으나, 2015년 4월 채권단과의 경영정상화 이행 계약을 위해 태양광 사업부를 매각함.

실적 분석
동사의 2016년 연결기준 누적 매출액은 449.7억원으로 전년 동기 대비 11.6% 감소함. 매출 감소에 따라 매출원가는 9.3% 감소했으나 판관비는 7.1% 증가함. 하지만 외형이 큰 폭 축소되면서 17.3억원의 영업손실을 기록하며 적자전환되었음. 비영업부문에서도 53.4억원의 손실을 기록함에 따라 적자폭이 확대되며 248.4억원의 당기순손실을 기록하며 적자를 지속함.

현금 흐름 〈단위 : 억원〉

항목	2015	2016
영업활동	62	-40
투자활동	-26	105
재무활동	-38	51
순현금흐름	-2	116
기말현금	49	165

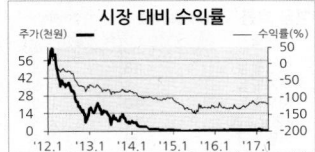
시장 대비 수익률

결산 실적 〈단위 : 억원〉

항목	2011	2012	2013	2014	2015	2016
매출액	1,865	1,047	1,345	593	509	450
영업이익	114	-358	-224	-50	6	-17
당기순이익	1,277	-2,826	-7,716	-538	-551	-248

분기 실적 〈단위 : 억원〉

항목	2015.3Q	2015.4Q	2016.1Q	2016.2Q	2016.3Q	2016.4Q
매출액	137	121	105	113	110	121
영업이익	6	6	-7	-4	1	-7
당기순이익	24	-250	-14	-142	-41	-52

재무 상태 〈단위 : 억원〉

항목	2011	2012	2013	2014	2015	2016
총자산	5,753	2,801	2,039	1,630	956	641
유형자산	1,583	1,706	1,218	961	352	334
무형자산	234	188	135	55	31	16
유가증권	16	2			12	7
총부채	2,716	2,460	2,724	500	374	221
총차입금	1,993	2,142	2,480	277	118	83
자본금	126	135	138	620	620	720
총자본	3,037	341	-686	1,130	582	420
지배주주지분	3,037	341	-686	1,130	582	420

기업가치 지표

항목	2011	2012	2013	2014	2015	2016
주가(최고/저)(천원)	135/35.5	69.7/7.1	22.9/4.7	8.3/0.7	1.2/0.3	1.4/0.7
PER(최고/저)(배)	5.3/1.4	—/—	—/—	—/—	—/—	—/—
PBR(최고/저)(배)	2.2/0.6	11.0/1.1	-1.8/-0.4	9.1/0.8	2.6/0.7	4.9/2.4
EV/EBITDA(배)	13.5			13.6	18.6	188.0
EPS(원)	25,628	-54,198	-141,858	-459	-445	-198
BPS(원)	12,141	1,271	-2,497	911	470	292
CFPS(원)	6,030	-10,197	-27,694	-349	-404	-178
DPS(원)						
EBITDAPS(원)	1,374	-729	-146	67	46	6

재무 비율 〈단위 : % 〉

연도	영업이익률	순이익률	부채비율	차입금비율	ROA	ROE	유보율	자기자본비율	EBITDA마진율
2016	-3.8	-55.3	일부잠식	일부잠식	-31.1	-49.6	-41.7	65.6	1.8
2015	1.3	-108.4	일부잠식	일부잠식	-42.6	-64.4	-6.2	60.9	11.1
2014	-8.4	-90.7	44.3	24.5	-29.3	전기잠식	82.1	69.3	13.3
2013	-16.7	-573.5	완전잠식	완전잠식	-318.9	당기잠식	-597.3	-33.6	-3.0

오션브릿지 (A241790)
OCEANBRIDGE CO

업 종 : 반도체 및 관련장비		시 장 : KOSDAQ	
신용등급 : (Bond) — (CP) —		기업규모 : 벤처	
홈페이지 : www.oceanbridge.co.kr		연락처 : 031)8052-9090	
본 사 : 경기도 안성시 양성면 동항공단길 49			

설 립 일	2012.03.02	종업원수	명	대표이사	이경주
상 장 일	2016.12.01	감사의견	적정(한영)	계 열	
결 산 기	12월	보 통 주	912만주	종속회사수	
액 면 가	500원	우 선 주		구 상 호	

주주구성 (지분율,%)		출자관계 (지분율,%)	주요경쟁사 (외형,%)	
이경주	17.0		오션브릿지	100
윤남철	12.1		디엔에프	166
(외국인)	2.1		유니테스트	334

매출구성		비용구성		수출비중	
Precursor	39.3	매출원가율	73.2	수출	—
기타(공사수익 등)	13.2	판관비율	7.0	내수	—
폐수 처리제	13.1				

회사 개요
동사는 2012년 3월 2일에 오션브릿지(주)로 설립됐으며 2016년 12월 1일자로 코스닥 시장에 상장됨. 목적 사업은 반도체 관련 케미칼 판매업, 반도체 관련 장비 제조 및 판매업, 전자재료 부품 소재 제조 및 판매업, 고압가스 판매사업 등임. 2013년 9월 중소기업진흥공단에 벤처기업으로 등록하고 2014년 1월 경기 안성으로 본사를 이전함. 2016년 4월 기술혁신형 중소기업 이노비즈 업체로 선정됨.

실적 분석
동사의 2016년 연결 기준 매출과 영업이익, 당기순이익은 350억원, 69억원, 65억원으로 전년 대비 각각 37.8%, 83.5%, 84.4% 증가함. 자산총계는 358억원, 부채총계는 49억원, 자본총계는 309억원임. 유동자산은 316억원으로 현금및현금성자산은 251억원, 매출채권 55억원, 재고자산 9억원 등으로 구성됨. 비유동자산은 42억원으로 유형자산 33억원, 무형자산 5억원 등임.

현금 흐름   *IFRS 별도 기준   〈단위 : 억원〉
항목	2015	2016
영업활동	18	73
투자활동	-8	-8
재무활동	10	150
순현금흐름	19	218
기말현금	33	251

시장 대비 수익률
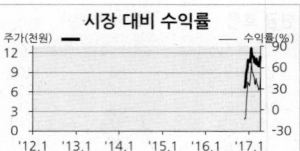

결산 실적   〈단위 : 억원〉
항목	2011	2012	2013	2014	2015	2016
매출액	—	—	—	171	254	350
영업이익	—	—	—	10	38	69
당기순이익	—	—	—	10	35	64

분기 실적   *IFRS 별도 기준   〈단위 : 억원〉
항목	2015.3Q	2015.4Q	2016.1Q	2016.2Q	2016.3Q	2016.4Q
매출액						
영업이익						
당기순이익						

재무 상태   *IFRS 별도 기준   〈단위 : 억원〉
항목	2011	2012	2013	2014	2015	2016
총자산	—	—	—	87	134	358
유형자산	—	—	—	34	37	33
무형자산	—	—	—	2	2	5
유가증권	—	—	—		1	3
총부채	—	—	—	65	50	49
총차입금	—	—	—	29	12	—
자본금	—	—	—	10	13	46
총자본	—	—	—	22	85	309
지배주주지분	—	—	—	22	85	309

기업가치 지표   *IFRS 별도 기준
항목	2011	2012	2013	2014	2015	2016
주가(최고/저)(천원)	—/—	—/—	—/—	—/—	—/—	10.9/6.3
PER(최고/저)(배)	0.0/0.0	0.0/0.0	0.0/0.0	0.0/0.0	0.0/0.0	11.5/6.6
PBR(최고/저)(배)	0.0/0.0	0.0/0.0	0.0/0.0	0.0/0.0	0.0/0.0	3.2/1.9
EV/EBITDA(배)	0.0	0.0	0.0	0.0	1.3	9.8
EPS(원)	—	—	—	194	635	950
BPS(원)	—	—	—	1,037	3,369	3,389
CFPS(원)	—	—	—	602	1,791	1,049
DPS(원)	—	—	—	—	—	—
EBITDAPS(원)	—	—	—	585	1,906	1,116

재무 비율   〈단위 : % 〉
연도	영업이익률	순이익률	부채비율	차입금비율	ROA	ROE	유보율	자기자본비율	EBITDA마진율
2016	19.7	18.4	15.8	0.0	26.2	32.7	577.7	86.4	21.7
2015	14.8	13.8	58.6	13.7	31.6	65.8	573.9	63.1	17.4
2014	5.5	5.8	303.1	135.6	0.0	0.0	115.8	24.8	7.1
2013	0.0	0.0			0.0	0.0			

오스코텍 (A039200)
Oscotec

업 종 : 바이오		시 장 : KOSDAQ	
신용등급 : (Bond) — (CP) —		기업규모 : 벤처	
홈페이지 : www.oscotec.com		연락처 : 031)628-7666	
본 사 : 경기도 성남시 분당구 대왕판교로 700 A-901(삼평동,코리아바이오파크)			

설 립 일	1998.12.08	종업원수	39명	대표이사	김정근
상 장 일	2007.01.17	감사의견	적정(인덕)	계 열	
결 산 기	12월	보 통 주	2,585만주	종속회사수	
액 면 가	500원	우 선 주		구 상 호	

주주구성 (지분율,%)		출자관계 (지분율,%)	주요경쟁사 (외형,%)	
김정근	17.6		오스코텍	100
김세원	1.1		씨젠	2,074
(외국인)	0.4		내츄럴엔도텍	184

매출구성		비용구성		수출비중	
[상품]미용용품(KLEAN COLOR)	30.2	매출원가율	42.1	수출	33.2
기타	22.2	판관비율	106.9	내수	66.8
[제품]뼈이식재(InduCera 외)	19.4				

회사 개요
동사는 연구중심의 바이오 기업으로서 창사 이래 골다공증, 관절염, 치주질환 등과 관련된 질병의 신약개발에 주력해 왔으며, 신약개발 과정에서 얻어진 여러 가지 연구 산물과 축적된 지식을 기능성 소재 및 관련 제품, 뼈이식재 등의 제품화를 통해 차별화된 사업모델을 구축해 왔음. 우수한 연구 인력이 재직 중인 자회사인 제네스코 연구소(보스톤)와의 협업은 동사의 글로벌 임상 개발 역량을 제고시켜줄 전망임.

실적 분석
동사의 2016년 연결기준 누적 매출액은 35.5억원으로 전년 대비 80.6% 감소함. 영업손실은 17.4억원으로 적자전환했고, 당기순손실도 44억원으로 적자를 기록함. 연결대상 종속회사인 제노스코(미용용품)의 실적 개선에도 불구하고 치과용 뼈이식재와 기능성 식품 등의 판매 부진으로 매출이 급감함. 제노스코는 유한양행으로부터 47억원의 투자금을 유치하여 차세대 항암제 등 파이프라인 개발에 박차를 가할 계획임.

현금 흐름   〈단위 : 억원〉
항목	2015	2016
영업활동	6	-34
투자활동	-104	59
재무활동	101	-13
순현금흐름	3	12
기말현금	21	33

시장 대비 수익률

결산 실적   〈단위 : 억원〉
항목	2011	2012	2013	2014	2015	2016
매출액	260	248	219	171	183	36
영업이익	6	-8	-9	-8	7	-17
당기순이익	-24	-144	-39	-21	4	-44

분기 실적   〈단위 : 억원〉
항목	2015.3Q	2015.4Q	2016.1Q	2016.2Q	2016.3Q	2016.4Q
매출액	57	46	52	5	8	-30
영업이익	12	3	-2	-9	-6	-1
당기순이익	14	-0	-4	-41	-11	11

재무 상태   〈단위 : 억원〉
항목	2011	2012	2013	2014	2015	2016
총자산	480	431	376	363	495	408
유형자산	96	95	92	91	89	84
무형자산	114	86	70	74	98	133
유가증권	—	0	0	0	0	4
총부채	222	186	155	145	226	121
총차입금	176	135	111	110	173	106
자본금	79	109	109	113	121	128
총자본	257	245	222	218	269	288
지배주주지분	253	242	215	211	262	263

기업가치 지표
항목	2011	2012	2013	2014	2015	2016
주가(최고/저)(천원)	4.6/1.7	4.1/1.5	2.1/1.3	2.6/1.5	7.7/1.9	13.0/5.8
PER(최고/저)(배)	—/—	—/—	—/—	—/—	465.4/114.6	—/—
PBR(최고/저)(배)	2.9/1.1	3.5/1.3	2.1/1.3	2.7/1.6	7.0/1.7	12.7/5.7
EV/EBITDA(배)	77.9	17.2			143.9	
EPS(원)	-151	-785	-183	-90	17	-143
BPS(원)	1,672	1,165	1,019	962	1,107	1,027
CFPS(원)	-138	-628	-164	-72	38	-126
DPS(원)	—	—	—	—	—	—
EBITDAPS(원)	61	115	-22	-15	54	-51

재무 비율   〈단위 : % 〉
연도	영업이익률	순이익률	부채비율	차입금비율	ROA	ROE	유보율	자기자본비율	EBITDA마진율
2016	-49.0	-123.8	41.9	37.0	-9.8	-13.9	105.4	70.5	-36.4
2015	3.7	2.0	83.9	64.3	0.9	1.7	121.4	54.4	6.5
2014	-4.4	-12.0	66.5	50.3	-5.6	-9.5	92.5	60.1	-2.0
2013	-4.1	-18.0	69.9	50.1	-9.8	-17.4	103.9	58.9	-2.2

오스테오닉 (A226400)
OSTEONIC

업 종 : 의료 장비 및 서비스		시 장 : KONEX	
신용등급 : (Bond) — (CP) —		기업규모 :	
홈페이지 : www.osteonic.com		연 락 처 : 02)6902-8400	
본 사 : 서울시 구로구 디지털로29길 38			

설 립 일	2012.03.09	종 업 원 수	명	대 표 이 사	이동원
상 장 일	2016.05.04	감 사 의 견	적정 (삼덕)	계 열	
결 산 기	12월	보 통 주	522만주	종속회사수	
액 면 가	500원	우 선 주	78만주	구 상 호	

주주구성 (지분율,%)		출자관계 (지분율,%)		주요경쟁사 (외형,%)	
이동원	31.5			오스테오닉	100
최석태	6.9			비트컴퓨터	535
				하이로닉	233

매출구성		비용구성		수출비중	
CMF System	91.1	매출원가율	39.8	수출	54.3
기타 제품	7.2	판관비율	38.0	내수	45.7
Trauma System	1.7				

회사 개요

동사는 두개악안면(CranioMaxilloFacial System)을 치료하는 정형외과용 의료기기를 기반으로 성장 하였으며, 2015년 말에는 손과 발(Trauma System)을 치료하는 정형외과용 의료기기를 개발 완료하여 시장에 진출하였음. CMF System은 2015년 미국 FDA 승인을 받았으며 ISO13485, 유럽 CE마크 등의 제품 인허가 및 품질인증을 획득함.

실적 분석

동사의 2016년 매출액은 66.4억원으로 전년 대비 89.3% 증가함. 영업이익은 14.7억원으로 전년 대비 11.7억원이 증가함. 당기순이익 또한 10.7억원이 증가한 15.4억원을 기록함. 현재 동사의 15% 매출 비중을 차지하고 있는 생체분해성 폴리머 임플란트는 시장 자체가 매해 9~10%의 고성장을 보이고 있음. 향후 동사의 당 사업부문의 성장세가 기대됨.

현금 흐름
*IFRS 별도 기준 〈단위 : 억원〉

항목	2015	2016
영업활동	-13	-17
투자활동	-34	-36
재무활동	62	54
순현금흐름	15	1
기말현금	17	17

시장 대비 수익률

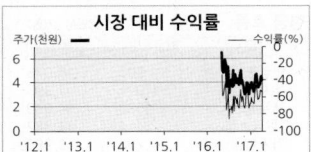

결산 실적
〈단위 : 억원〉

항목	2011	2012	2013	2014	2015	2016
매출액	—	—	16	26	35	66
영업이익	—	—	4	3	3	15
당기순이익	—	—	3	3	5	15

분기 실적
*IFRS 별도 기준 〈단위 : 억원〉

항목	2015.3Q	2015.4Q	2016.1Q	2016.2Q	2016.3Q	2016.4Q
매출액						
영업이익						
당기순이익						

재무 상태
*IFRS 별도 기준 〈단위 : 억원〉

항목	2011	2012	2013	2014	2015	2016
총자산	—	—	29	41	110	216
유형자산	—	—	7	11	16	35
무형자산	—	—	2	0	4	43
유가증권	—	—				5
총부채	—	—	22	34	53	99
총차입금	—	—	19	29	45	82
자본금	—	—	5	5	19	26
총자본	—	—	8	7	57	117
지배주주지분	—	—	8	7	57	117

기업가치 지표
*IFRS 별도 기준

항목	2011	2012	2013	2014	2015	2016
주가(최고/저)(천원)	—/—	—/—	—/—	—/—	—/—	6.5/3.0
PER(최고/저)(배)	0.0/0.0	0.0/0.0	0.0/0.0	0.0/0.0	0.0/0.0	24.1/11.1
PBR(최고/저)(배)	0.0/0.0	0.0/0.0	0.0/0.0	0.0/0.0	0.0/0.0	3.4/1.5
EV/EBITDA(배)	0.0	0.0	4.5	5.5	1.5	12.1
EPS(원)	—	—	121	138	150	271
BPS(원)	—	—	7,593	5,795	1,315	1,949
CFPS(원)	—	—	2,419	3,680	219	355
DPS(원)	—	—				
EBITDAPS(원)	—	—	3,611	4,143	166	343

재무 비율
〈단위 : % 〉

연도	영업이익률	순이익률	부채비율	차입금비율	ROA	ROE	유보율	자기자본비율	EBITDA마진율
2016	22.2	23.2	84.7	70.2	9.5	17.7	348.0	54.1	29.4
2015	8.6	13.4	92.5	79.9	6.2	14.7	199.8	51.9	14.3
2014	13.3	11.2	476.8	407.3			35.5	17.3	18.9
2013	24.1	16.2	272.8	242.3		0.0	51.9	26.8	24.1

오스템 (A031510)
Austem

업 종 : 자동차부품		시 장 : KOSDAQ	
신용등급 : (Bond) — (CP) —		기업규모 : 우량	
홈페이지 : www.austem.co.kr		연 락 처 : 041)559-2500	
본 사 : 충남 천안시 동남구 수신면 수신로 739			

설 립 일	1990.03.07	종 업 원 수	509명	대 표 이 사	김정우
상 장 일	1997.02.12	감 사 의 견	적정 (성도)	계 열	
결 산 기	12월	보 통 주	2,600만주	종속회사수	
액 면 가	500원	우 선 주		구 상 호	

주주구성 (지분율,%)		출자관계 (지분율,%)		주요경쟁사 (외형,%)	
김성중	14.2	아이비머티리얼즈	98.1	오스템	100
김정우	12.3	바흐	40.0	우수AMS	121
(외국인)	5.5	Pos-AustemYantai	88.9	KB오토시스	84

매출구성		비용구성		수출비중	
CHASSIS PARTS	59.2	매출원가율	82.5	수출	40.4
금형,원재료, FILTER 등	21.4	판관비율	13.2	내수	59.6
SEAT MECHANISM	13.6				

회사 개요

동사는 섀시 모듈, 시트 메커니즘 등 자동차 부품을 생산하는 업체임. 1990년 설립됐으며 1997년 코스닥시장에 상장됨. 한국GM, 및 글로벌GM 등에 제품을 공급하고 있음. 신공법 도입, 신소재 개발을 위해 지속적인 R&D 투자를 하는 중임. 인터넷 관련 사업, 전자상거래, 벤처사업 관련 지분 출자, 소프트웨어 제공 등 신규 해외사장에서 안정적 성과를 보임.

실적 분석

동사는 2016년 결산 기준으로 1,992.8억원의 매출액을 기록하며 전년동기 대비 4.7% 감소함. WHEEL과 SEAT 제품은 성장세를 보임. 매출원가 및 판관비의 축소 등 비용절감 노력에도 불구하고 영업이익은 다소 하락하였음. 당기순이익은 우즈벡 법인 매출 감소에 따른 지분법 손실이 증가하여 24.1% 감소함. 주요 매출처로는 한국GM 및 글로벌 GM 등이며 매출다각화를 위해 활발한 노력을 하고 있음.

현금 흐름
〈단위 : 억원〉

항목	2015	2016
영업활동	216	479
투자활동	-223	-130
재무활동	3	-231
순현금흐름	-4	124
기말현금	37	161

시장 대비 수익률

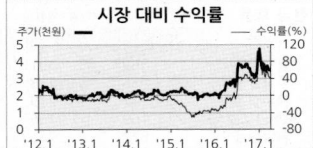

결산 실적
〈단위 : 억원〉

항목	2011	2012	2013	2014	2015	2016
매출액	2,168	2,403	2,550	2,181	2,092	1,993
영업이익	185	138	124	38	91	86
당기순이익	106	98	100	99	137	104

분기 실적
〈단위 : 억원〉

항목	2015.3Q	2015.4Q	2016.1Q	2016.2Q	2016.3Q	2016.4Q
매출액	489	524	481	518	446	548
영업이익	24	28	20	28	10	28
당기순이익	8	65	20	30	17	37

재무 상태
〈단위 : 억원〉

항목	2011	2012	2013	2014	2015	2016
총자산	2,887	2,846	2,745	2,666	2,849	2,581
유형자산	1,110	1,242	1,173	1,158	1,106	1,000
무형자산	81	68	35	35	35	41
유가증권	1	0	1	1	0	0
총부채	2,018	1,921	1,730	1,555	1,613	1,237
총차입금	1,272	1,261	1,097	1,055	1,064	810
자본금	130	130	130	130	130	130
총자본	870	925	1,015	1,111	1,236	1,345
지배주주지분	862	922	1,015	1,111	1,235	1,344

기업가치 지표

항목	2011	2012	2013	2014	2015	2016
주가(최고/저)(천원)	3.2/1.8	2.8/1.8	2.4/1.8	2.3/1.9	2.4/1.8	4.6/1.8
PER(최고/저)(배)	9.1/5.0	7.8/5.0	6.7/4.8	6.5/5.3	4.8/3.5	11.4/4.6
PBR(최고/저)(배)	1.1/0.6	0.8/0.5	0.7/0.5	0.6/0.5	0.5/0.4	0.9/0.4
EV/EBITDA(배)	6.8	6.7	5.9	10.0	7.1	8.5
EPS(원)	409	395	396	379	528	401
BPS(원)	3,470	3,702	4,059	4,428	4,906	5,235
CFPS(원)	766	728	882	856	1,029	900
DPS(원)	80	60	60	40	60	50
EBITDAPS(원)	1,067	953	964	623	853	831

재무 비율
〈단위 : % 〉

연도	영업이익률	순이익률	부채비율	차입금비율	ROA	ROE	유보율	자기자본비율	EBITDA마진율
2016	4.3	5.2	92.0	60.2	3.8	8.1	947.1	52.1	10.8
2015	4.4	6.5	130.5	86.1	5.0	11.7	881.2	43.4	10.6
2014	1.7	4.5	140.0	94.9	3.6	9.3	785.5	41.7	7.4
2013	4.9	3.9	170.4	108.1	3.6	10.6	711.8	37.0	9.8

오스템임플란트 (A048260)
Osstemimplant

업 종 : 의료 장비 및 서비스		시 장 : KOSDAQ	
신용 등급 : (Bond) — (CP) —		기업 규모 : 우량	
홈 페 이 지 : www.osstem.com		연 락 처 : 02)2016-7000	
본 사 : 서울시 금천구 가산디지털 2로 123 월드메르디앙벤처센터 2차 8층			

설 립 일 1997.01.08	종 업 원 수 1,291명	대 표 이 사 엄태관			
상 장 일 2007.02.07	감 사 의 견 적정 (인덕)	계	열		
결 산 기 12월	보 통 주 1,429만주	종 속 회 사 수			
액 면 가 500원	우 선 주	구 상 호			

주주구성 (지분율,%) / 출자관계 (지분율,%) / 주요경쟁사 (외형,%)

주주구성 (지분율,%)		출자관계 (지분율,%)		주요경쟁사 (외형,%)	
최규옥	20.6	대한치과교육개발원	100.0	오스템임플란트	100
Deutsche Bank AG, London	4.8	오스템글로벌	93.7	디오	26
(외국인)	47.7	뷰센	66.7	바텍	69

매출구성 / 비용구성 / 수출비중

매출구성		비용구성		수출비중	
치과용임플란트	76.1	매출원가율	41.0	수출	—
치과용기자재	20.0	판관비율	49.1	내수	—
교육,A/S	2.2				

회사 개요

동사는 본사를 중심으로 해외 21개 생산 및 판매법인으로 구성된 치과용 임플란트 생산 업체로, 치과용 임플란트 제품 부문이 매출의 72.7%, 상품 및 용역, 기타 부문이 27.3%를 차지하고 있음. 2013년 국내 임플란트시장은 2억 4천만달러의 규모를 형성함. 국내에는 서울 본사 및 부산 연구소, 생산 본부를 비롯하여 47개 판매 지점을 구축하고 있음. 해외지역은 미주, 유럽, 아시아, 중국 등 총 4개 지역으로 구성되어 있음.

실적 분석

국내외 임플란트 판매가 호조세를 보이며 동사의 2016년 연결기준 누적매출액은 3,445.8억원으로 전년 동기 대비 24.1% 증가함. 고정비 증가에도 불구하고 영업이익 또한 342.5억원으로 전년 동기 대비 2.8% 개선된 모습. 북경법인의 중국 영업허가가 최근 연장승인되면서 중국 실적이 회복되는 중. 주력 품목인 임플란트 내수 매출액이 꾸준히 증가하고 있고, 수출과 해외법인 성장도 안정적임

현금 흐름 〈단위 : 억원〉

항목	2015	2016
영업활동	369	401
투자활동	-85	-738
재무활동	-117	219
순현금흐름	169	-116
기말현금	872	756

시장 대비 수익률

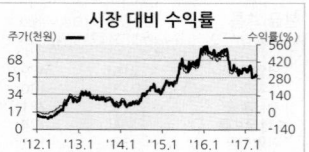

결산 실적 〈단위 : 억원〉

항목	2011	2012	2013	2014	2015	2016
매출액	1,704	2,014	2,165	2,386	2,777	3,446
영업이익	164	204	189	288	333	342
당기순이익	42	49	80	136	163	203

분기 실적 〈단위 : 억원〉

항목	2015.3Q	2015.4Q	2016.1Q	2016.2Q	2016.3Q	2016.4Q
매출액	710	760	778	764	875	1,029
영업이익	83	96	109	53	118	62
당기순이익	60	-22	81	31	33	59

재무 상태 〈단위 : 억원〉

항목	2011	2012	2013	2014	2015	2016
총자산	2,347	2,689	2,998	3,602	3,933	4,753
유형자산	374	445	585	702	570	1,230
무형자산	29	49	57	45	49	158
유가증권	88	107	58	191	194	155
총부채	1,688	1,904	2,136	2,600	2,812	3,635
총차입금	702	961	950	1,009	817	1,325
자본금	71	71	71	71	71	71
총자본	658	784	862	1,002	1,121	1,117
지배주주지분	592	734	831	994	1,088	1,044

기업가치 지표

항목	2011	2012	2013	2014	2015	2016
주가(최고/저)(천원)	16.1/7.6	33.0/10.0	38.4/21.1	45.6/21.3	81.8/37.2	86.0/52.0
PER(최고/저)(배)	41.8/19.7	76.7/23.2	54.9/30.1	41.4/19.4	65.1/29.6	52.3/31.6
PBR(최고/저)(배)	3.5/1.6	6.4/1.9	6.6/3.6	6.5/3.0	10.7/4.9	9.5/5.7
EV/EBITDA(배)	10.5	18.6	15.2	15.2	29.4	22.1
EPS(원)	386	430	699	1,100	1,256	1,645
BPS(원)	4,649	5,169	5,853	6,996	7,615	9,088
CFPS(원)	716	718	1,028	1,434	1,608	2,124
DPS(원)	—	—	—	—	—	—
EBITDAPS(원)	1,488	1,726	1,658	2,362	2,683	2,877

재무 비율 〈단위 : % 〉

연도	영업이익률	순이익률	부채비율	차입금비율	ROA	ROE	유보율	자기자본비율	EBITDA마진율
2016	9.9	5.9	325.4	118.6	4.7	22.1	1,717.6	23.5	11.9
2015	12.0	5.9	250.5	72.9	4.3	17.3	1,423.0	28.5	13.8
2014	12.1	5.7	259.5	100.7	4.1	17.1	1,299.1	27.8	-14.1
2013	8.7	3.7	247.9	110.3	2.8	12.7	1,070.7	28.7	10.9

오씨아이 (A010060)
OCI

업 종 : 에너지 시설 및 서비스		시 장 : 거래소	
신용 등급 : (Bond) A (CP) A2		기업 규모 : 시가총액 대형주	
홈 페 이 지 : www.oci.co.kr		연 락 처 : 02)727-9500	
본 사 : 서울시 중구 소공로 94 OCI빌딩			

설 립 일 1974.07.01	종 업 원 수 2,480명	대 표 이 사 백우석,이우현			
상 장 일 1985.07.09	감 사 의 견 적정 (안진)	계	열		
결 산 기 12월	보 통 주 2,385만주	종 속 회 사 수			
액 면 가 5,000원	우 선 주	구 상 호			

주주구성 (지분율,%) / 출자관계 (지분율,%) / 주요경쟁사 (외형,%)

주주구성 (지분율,%)		출자관계 (지분율,%)		주요경쟁사 (외형,%)	
이수영	10.9	디씨알이	100.0	OCI	100
국민연금공단	9.3	OCISE	100.0	세원셀론텍	8
(외국인)	12.8	OCI정보통신	100.0	신성이엔지	8

매출구성 / 비용구성 / 수출비중

매출구성		비용구성		수출비중	
폴리실리콘, 과산화수소 등(제품)	57.3	매출원가율	88.0	수출	80.3
Tar유도체, BTX유도체, P/A및 유도체 등(제품)	29.3	판관비율	7.6	내수	19.7
소다회, 규사, 시약 등(상품)	11.1				

회사 개요

동사는 특수화학제품을 생산하는 업체로 1959년에 설립돼 2009년 상호를 동양제철화학에서 현 OCI로 변경함. 동사의 주요사업 부문으로 베이직케미컬 사업 부문, 카본케미컬 사업 부문, 에너지솔루션 사업 부문, 기타 사업 부문이 있음. 폴리실리콘은 Mg-Si를 정제하여 만드는 초고순도 제품으로, 태양전지 및 반도체 웨이퍼의 핵심소재로 사용되며 동사는 대만, 중국 등 세계 주요 태양광업체들과 실리콘 장기계약을 맺고 있음.

실적 분석

2016년 연결기준 매출액은 전년대비 19.0% 증가한 27,393.6억원을 기록함. 매출 성장세에 기인해 매출총이익 전년대비 큰 폭으로 증가함. 이로 인해 영업이익은 1,213.5억원으로 시현함. 베이직케미컬 부문과 카본케미컬 부문의 우수한 영업이익 시현과 에너지솔루션 부문의 성장으로 영업이익이 전년대비 흑자전환함. 영업이익의 흑자전환으로 당기순이익 또한 전년대비 20.5% 증가한 2,194.1억원 증가함.

현금 흐름 〈단위 : 억원〉

항목	2015	2016
영업활동	205	4,076
투자활동	-1,971	-1,393
재무활동	1,683	-4,039
순현금흐름	-414	-1,382
기말현금	4,768	3,386

시장 대비 수익률

결산 실적 〈단위 : 억원〉

항목	2011	2012	2013	2014	2015	2016
매출액	42,759	32,185	29,555	24,205	23,015	27,394
영업이익	11,179	1,548	-1,062	-760	-1,446	1,214
당기순이익	8,647	127	-2,878	423	1,821	2,194

분기 실적 〈단위 : 억원〉

항목	2015.3Q	2015.4Q	2016.1Q	2016.2Q	2016.3Q	2016.4Q
매출액	5,979	5,273	8,897	6,637	5,355	6,505
영업이익	-307	-752	738	471	23	-19
당기순이익	23	1,449	2,479	1,232	-993	-524

재무 상태 〈단위 : 억원〉

항목	2011	2012	2013	2014	2015	2016
총자산	72,050	72,830	73,023	74,187	72,988	62,486
유형자산	48,072	48,182	47,793	48,690	42,588	34,631
무형자산	1,452	1,362	1,456	1,444	468	343
유가증권	605	624	152	154	290	495
총부채	34,849	36,914	40,290	41,632	40,566	29,840
총차입금	15,047	21,986	23,799	27,437	26,302	22,546
자본금	1,272	1,272	1,272	1,272	1,272	1,272
총자본	37,201	35,916	32,733	32,555	32,422	32,646
지배주주지분	33,346	31,737	28,325	27,867	29,553	31,957

기업가치 지표

항목	2011	2012	2013	2014	2015	2016
주가(최고/저)(천원)	627/177	301/145	210/130	212/77.4	127/69.7	122/60.2
PER(최고/저)(배)	19.6/5.6	—/—	—/—	30.4/16.7	12.1/6.0	
PBR(최고/저)(배)	4.6/1.3	2.3/1.1	1.8/1.1	1.8/0.7	1.0/0.6	0.9/0.5
EV/EBITDA(배)	9.4	8.3	16.1	10.0	19.1	8.7
EPS(원)	32,621	-2,866	-13,741	-835	4,206	10,152
BPS(원)	139,821	133,074	118,766	116,845	123,914	133,995
CFPS(원)	51,993	19,936	8,412	21,228	19,464	22,976
DPS(원)	2,200	400		200		400
EBITDAPS(원)	66,851	29,292	17,700	18,875	9,194	17,913

재무 비율 〈단위 : % 〉

연도	영업이익률	순이익률	부채비율	차입금비율	ROA	ROE	유보율	자기자본비율	EBITDA마진율
2016	4.4	8.0	91.4	69.1	3.2	7.9	2,411.4	52.3	15.6
2015	-6.3	7.9	125.1	81.1	2.5	3.5	2,222.5	44.4	9.5
2014	-3.1	1.8	127.9	84.3	0.6	-0.7	2,090.4	43.9	18.6
2013	-3.6	-9.7	123.1	72.7	-4.0	-10.9	2,126.0	44.8	14.3

오이솔루션 (A138080)
OE Solutions

업 종 : 통신장비		시 장 : KOSDAQ	
신용등급 : (Bond) — (CP) —		기업규모 : 벤처	
홈 페 이 지 : www.oesolution.com		연 락 처 : 062)960-5252	
본 사 : 광주시 북구 첨단연신로30번길 53			

설 립 일 2003.08.07	종 업 원 수 327명	대 표 이 사 박용관,추안구
상 장 일 2014.02.27	감 사 의 견 적정 (승일)	계 열
결 산 기 12월	보 통 주 518만주	종속회사수
액 면 가 500원	우 선 주	구 상 호

주주구성 (지분율,%)	출자관계 (지분율,%)	주요경쟁사 (외형,%)
박찬 20.0		오이솔루션 100
박용관 8.3		콤텍시스템 209
(외국인) 2.8		아이즈비전 200

매출구성		비용구성		수출비중	
광통신용 모듈	93.5	매출원가율	66.6	수출	71.0
광통신용 소자	6.5	판관비율	27.5	내수	29.0
상품	0.1				

회사 개요
동사는 전자, 전기, 정보통신 관련 제품의 연구개발, 제조 및 판매업을 주요사업으로 영위하고 있음. 특히 광트랜시버를 제조 및 판매하고 있는 업체임. 광트랜시버 산업은 유무선 데이터 트래픽의 증가와 함께 응용분야별 연간 2~18%의 성장을 지속하고 있음. 동사는 통신장비판매업 및 연구개발을 영위하는 OE Solutions America를 해외 자회사로 보유하고 있음.

실적 분석
동사의 2016년 연간 매출은 797.2억원으로 전년대비 34.2% 증가, 영업이익은 47.2억원으로 전년대비 833.7% 증가, 당기순이익은 61.3억원으로 증가 시현. 인도향 제품 매출이 증가하는 가운데 고정비 부담 감소로 수익성도 전년대비 크게 호전. 미국 투자 확대에 힘입어 노키아향 매출 증가 기대. 스마트폰 및 정보통신기기에서 사용하는 데이터 트래픽이 증가하여 광트랜시버 수요 증가가 긍정적인 환경으로 판단

현금 흐름		〈단위 : 억원〉
항목	2015	2016
영업활동	40	-47
투자활동	-35	-79
재무활동	15	65
순현금흐름	21	-59
기말현금	151	93

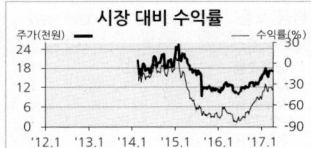

시장 대비 수익률

결산 실적						〈단위 : 억원〉
항목	2011	2012	2013	2014	2015	2016
매출액	479	666	605	720	594	797
영업이익	37	65	85	107	5	47
당기순이익	31	51	76	117	19	61

분기 실적						〈단위 : 억원〉
항목	2015.3Q	2015.4Q	2016.1Q	2016.2Q	2016.3Q	2016.4Q
매출액	147	173	164	155	190	288
영업이익	-2	17	-4	7	-0	45
당기순이익	-2	24	2	14	-6	52

재무 상태						〈단위 : 억원〉
항목	2011	2012	2013	2014	2015	2016
총자산	371	408	567	703	747	899
유형자산	72	76	150	268	267	300
무형자산	4	2	2	2	7	8
유가증권	4	0	0	0	0	0
총부채	323	305	393	213	252	346
총차입금	238	237	285	106	130	200
자본금	21	22	22	26	26	26
총자본	47	103	174	490	495	553
지배주주지분	47	103	174	490	495	553

기업가치 지표						
항목	2011	2012	2013	2014	2015	2016
주가(최고/저)(천원)	—/—	—/—	—/—	22.8/15.4	25.3/9.3	15.1/9.8
PER(최고/저)(배)	0.0/0.0	0.0/0.0	0.0/0.0	10.1/6.8	71.0/26.0	12.7/8.3
PBR(최고/저)(배)	0.0/0.0	0.0/0.0	0.0/0.0	2.5/1.7	2.7/1.0	1.4/0.9
EV/EBITDA(배)	3.6	0.9	1.3	7.3	14.6	10.4
EPS(원)	725	1,215	1,716	2,313	363	1,183
BPS(원)	3,720	2,336	3,953	9,453	9,561	10,676
CFPS(원)	1,016	1,619	2,197	2,828	1,025	1,906
DPS(원)			150	200	100	125
EBITDAPS(원)	1,172	1,935	2,404	2,624	759	1,635

재무 비율								〈단위 : % 〉
연도	영업이익률	순이익률	부채비율	차입금비율	ROA	ROE	유보율	자기자본비율	EBITDA마진율
2016	5.9	7.7	62.6	36.2	7.4	11.7	2,035.1	61.5	10.6
2015	0.9	3.2	50.9	26.3	2.6	3.8	1,812.2	66.3	6.6
2014	14.9	16.3	43.5	21.6	18.5	35.4	1,790.5	69.7	18.5
2013	14.0	12.5	225.9	163.5	15.5	54.6	690.7	30.7	17.5

오킨스전자 (A080580)
OKins Electronics

업 종 : 반도체 및 관련장비		시 장 : KOSDAQ	
신용등급 : (Bond) — (CP) —		기업규모 : 벤처	
홈 페 이 지 : www.okins.co.kr		연 락 처 : 031)460-3500	
본 사 : 경기도 의왕시 오전공업길 13, 6층 (오전동, 벽산선영테크노피아)			

설 립 일 1998.04.13	종 업 원 수 155명	대 표 이 사 전진국
상 장 일 2014.12.24	감 사 의 견 적정 (태성)	계 열
결 산 기 12월	보 통 주 620만주	종속회사수
액 면 가 500원	우 선 주	구 상 호

주주구성 (지분율,%)	출자관계 (지분율,%)	주요경쟁사 (외형,%)
전진국 20.2		오킨스전자 100
김종휘 6.9		GST 362
(외국인) 1.5		다우인큐브 101

매출구성		비용구성		수출비중	
제품매출	68.7	매출원가율	102.6	수출	18.4
테스트 용역	28.4	판관비율	34.0	내수	81.6
기타	2.9				

회사 개요
동사는 1998년 4월 13일에 반도체 검사용 소켓 등의 제조 및 판매를 주사업목적으로 설립된 회사임. 동사는 반도체 검사용 소켓 제조사업 (BiTS 사업부)과 반도체 테스트 용역 사업 (반도체 사업부)을 영위하고 있으며, 설립 이래 국내 최초로 번인 소켓 (Burn-In Socket) 을 개발, 기존 해외 메이커 제품이 독식하고 있던 번인 소켓 시장에 진입함. 주고객사는 삼성전자, SK하이닉스 등이 있음.

실적 분석
동사의 2016년 결산 매출액은 250.9억원을 기록하며 전년동기 대비 34.5% 감소한 상황. 매출 감소와 더불어 원가율 상승 및 판관비 비중 증가로 반등되어 91.8억원의 영업손실 시현하는데 그침. 동사는 반도체 검사용 소켓 제조업체로 삼성전자, SK하이닉스, 서울바이오시스 등을 주요고객사로 보유하고 있음. DDR4로의 전환 속도가 다소 느린 상황이고, 주 고객사의 전략스마트폰 판매량이 기대 이하여서 LPDDR4 물량 증가도 제한적임.

현금 흐름		〈단위 : 억원〉
항목	2015	2016
영업활동	33	-11
투자활동	-126	-98
재무활동	-7	103
순현금흐름	-100	-5
기말현금	44	39

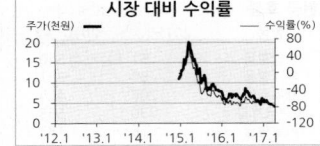

시장 대비 수익률

결산 실적						〈단위 : 억원〉
항목	2011	2012	2013	2014	2015	2016
매출액	308	362	373	470	383	251
영업이익	21	32	27	67	-52	-92
당기순이익	11	15	15	50	-53	-98

분기 실적						〈단위 : 억원〉
항목	2015.3Q	2015.4Q	2016.1Q	2016.2Q	2016.3Q	2016.4Q
매출액	103	83	62	64	61	64
영업이익	3	-69	-26	-18	-21	-27
당기순이익	3	-68	-27	-20	-23	-28

재무 상태						〈단위 : 억원〉
항목	2011	2012	2013	2014	2015	2016
총자산	468	480	482	660	582	575
유형자산	204	284	275	328	350	303
무형자산	45	42	34	29	31	29
유가증권	30	0	2	11	20	79
총부채	289	290	279	278	257	328
총차입금	243	239	220	193	190	272
자본금	14	14	14	31	31	31
총자본	179	189	204	381	324	247
지배주주지분	179	189	203	380	323	246

기업가치 지표						
항목	2011	2012	2013	2014	2015	2016
주가(최고/저)(천원)	—/—	—/—	—/—	12.7/11.0	20.2/7.6	9.3/4.7
PER(최고/저)(배)	0.0/0.0	0.0/0.0	0.0/0.0	11.1/9.7	—/—	—/—
PBR(최고/저)(배)	0.0/0.0	0.0/0.0	0.0/0.0	2.1/1.8	3.9/1.5	2.4/1.2
EV/EBITDA(배)	2.1	1.8	1.6	5.3	19.3	—
EPS(원)	265	341	334	1,144	-856	-1,575
BPS(원)	6,236	6,557	7,046	6,127	5,207	3,967
CFPS(원)	2,681	2,982	3,074	2,924	501	-294
DPS(원)				70		
EBITDAPS(원)	3,005	3,585	3,503	3,301	523	-200

재무 비율								〈단위 : % 〉
연도	영업이익률	순이익률	부채비율	차입금비율	ROA	ROE	유보율	자기자본비율	EBITDA마진율
2016	-36.6	-39.0	132.8	109.9	-16.9	-34.3	693.4	43.0	-4.9
2015	-13.5	-13.9	79.4	58.7	-8.6	-15.1	941.4	55.8	8.5
2014	14.2	10.7	72.9	50.5	8.8	17.2	1,125.4	57.8	30.8
2013	7.2	3.9	136.6	107.9	3.0	7.4	1,309.3	42.3	27.0

오텍 (A067170)
Autech

업 종 : 기계		시 장 : KOSDAQ	
신용등급 : (Bond) — (CP) —		기업규모 : 중견	
홈 페 이 지 : www.autech.co.kr		연 락 처 : 041)339-3300	
본 사 : 충남 예산군 고덕면 예덕로 1033-36			

설 립 일 1991.07.31	종 업 원 수 97명	대 표 이 사 강성희
상 장 일 2003.11.14	감 사 의 견 적정 (삼정)	계 열
결 산 월 12월	보 통 주 1,381만주	종 속 회 사 수
액 면 가 500원	우 선 주	구 상 호

주주구성 (지분율,%)		출자관계 (지분율,%)		주요경쟁사 (외형,%)	
강성희	20.1	한국터치스크린	45.6	오텍	100
Morgan Stanley & co. International Limited	4.3			대경기계	27
(외국인)	18.3			비에이치아이	44

매출구성		비용구성		수출비중	
[지배회사]파레트외	38.2	매출원가율	85.0	수출	18.9
[지배회사]탑(차)외	37.2	판관비율	11.0	내수	81.1
[지배회사]특수형	18.6				

회사 개요
동사는 1991년에 셀보로 설립돼 이후 오텍으로 사명을 변경하고 2003년 코스닥 시장에 등록함. 동사의 연결대상 종속회사는 오텍캐리어, 오텍캐리어냉장, 오텍오티스파킹시스템 등이 있음. 지배회사인 동사는 특수차량 제조 전문기업으로 앰뷸런스, 진료차량, 의료기기, 자동차부품 등을 생산함. 주요 종속회사 오텍캐리어는 냉난방기기 등을, 오텍캐리어냉장은 상업용 냉동냉장설비를 생산함.

실적 분석
동사의 2016년 연결기준 매출액은 전년도 대비 25.7% 증가한 7,096.9원원을 시현함. 판매비와 관리비가 늘었으나 매출원가율 개선으로 영업이익이 146.2% 증가한 280.1원원을 기록. 당기순이익은 전년도 대비 321.8% 증가한 142.6억원 기록. 노약자와 장애인 등을 위한 차량 수요가 증가하고 있으며 내장·냉장탑차 시장은 연평균 10% 성장 예상돼 수익성 개선에 도움 될 것.

현금 흐름 〈단위 : 억원〉

항목	2015	2016
영업활동	61	540
투자활동	68	-387
재무활동	200	415
순현금흐름	330	568
기말현금	616	1,183

시장 대비 수익률

결산 실적 〈단위 : 억원〉

항목	2011	2012	2013	2014	2015	2016
매출액	3,558	4,376	4,491	4,939	5,644	7,097
영업이익	74	56	71	100	114	280
당기순이익	394	7	13	21	34	143

분기 실적 〈단위 : 억원〉

항목	2015.3Q	2015.4Q	2016.1Q	2016.2Q	2016.3Q	2016.4Q
매출액	1,492	1,529	1,249	2,019	2,051	1,778
영업이익	27	35	18	113	95	54
당기순이익	2	24	5	70	94	-27

재무 상태 〈단위 : 억원〉

항목	2011	2012	2013	2014	2015	2016
총자산	2,375	2,761	3,003	3,195	3,329	4,331
유형자산	615	723	743	745	750	815
무형자산	44	81	100	105	114	245
유가증권	9	8	13	9		130
총부채	1,404	1,761	1,982	2,155	2,270	2,977
총차입금	481	792	995	964	1,178	1,462
자본금	53	57	57	57	57	69
총자본	971	1,000	1,021	1,040	1,059	1,354
지배주주지분	749	766	775	785	792	1,011

기업가치 지표

항목	2011	2012	2013	2014	2015	2016
주가(최고/저)(천원)	10.0/3.2	10.3/5.6	9.5/5.4	8.2/5.5	7.1/4.5	14.4/4.4
PER(최고/저)(배)	3.1/1.0	—/—	304.9/172.4	80.7/54.1	44.1/27.6	18.0/5.5
PBR(최고/저)(배)	1.5/0.5	1.6/0.9	1.4/0.8	1.2/0.8	1.0/0.6	2.0/0.6
EV/EBITDA(배)	12.9	15.0	10.5	9.3	8.0	5.3
EPS(원)	3,416	-48	32	105	165	810
BPS(원)	7,237	6,869	6,951	7,038	7,096	7,462
CFPS(원)	3,702	240	386	531	580	1,245
DPS(원)		50	50	70	70	70
EBITDAPS(원)	990	807	971	1,299	1,410	2,584

재무 비율 〈단위 : % 〉

연도	영업이익률	순이익률	부채비율	차입금비율	ROA	ROE	유보율	자기자본비율	EBITDA마진율
2016	4.0	2.0	219.8	107.9	3.7	11.7	1,392.4	31.3	4.8
2015	2.0	0.6	214.4	111.3	1.0	2.4	1,319.2	31.8	2.9
2014	2.0	0.4	207.2	92.7	0.7	1.5	1,307.7	32.6	3.0
2013	1.6	0.3	194.1	97.4	0.5	0.5	1,290.3	34.0	2.5

오파스넷 (A173130)
OPASNET COLTD

업 종 : IT 서비스		시 장 : KONEX	
신용등급 : (Bond) — (CP) —		기업규모 : —	
홈 페 이 지 : www.opasnet.co.kr		연 락 처 : 1899-4507	
본 사 : 서울시 강남구 삼성로 524, 2층(삼성동,세화빌딩)			

설 립 일 2004.10.25	종 업 원 수 명	대 표 이 사 장수현
상 장 일 2016.12.20	감 사 의 견 적정 (가은)	계 열
결 산 월 12월	보 통 주 279만주	종 속 회 사 수
액 면 가 500원	우 선 주	구 상 호

주주구성 (지분율,%)		출자관계 (지분율,%)		주요경쟁사 (외형,%)	
장수현	35.3			오파스넷	100
박건상	12.5			링네트	180
				동부	286

매출구성		비용구성		수출비중	
네트워크	47.9	매출원가율	86.6	수출	1.3
용역	34.2	판관비율	8.9	내수	98.7
SW/라이선스	8.4				

회사 개요
2004년 10월 설립한 동사는 컴퓨터시스템 통합 자문 및 구축 서비스업을 영위. 동사의 주요 사업은 네트워크 통합(NI) 시스템 구축 및 자문. 기업체의 네트워크 통합, 공공기관 및 금융권 네트워크 통합과 다양한 솔루션 등을 제공. 최근에는 SI분야 및 컨설팅을 포함한 Total ICT 서비스 업체로 성장하고 있으며 기업이나 공공기관 네트워크 설비를 구축하고 시스템 원활히 작동하도록 유지 보수 서비스 제공.

실적 분석
동사의 2016년 연결기준 연간 누적 매출액은 716.4억원으로 전년 동기(726억원) 대비 소폭 감소함. 매출이 감소했지만 매출원가 비용과 판관비 등이 더 큰 폭으로 감소하면서 영업이익은 32.1억원으로 전년 동기(30.1억원) 대비 소폭 증가함. 금융과 외환 등에서 비영업손실이 일부 발생했지만 적자폭이 줄어 당기순이익은 20.8억원으로 전년 동기(16.8억원) 대비 약 20% 가까이 증가함.

현금 흐름 *IFRS 별도 기준 〈단위 : 억원〉

항목	2015	2016
영업활동	15	31
투자활동	-3	2
재무활동	-27	-6
순현금흐름	-16	27
기말현금	88	115

시장 대비 수익률
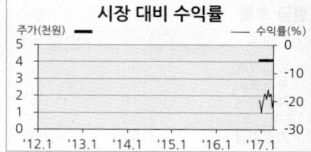

결산 실적 〈단위 : 억원〉

항목	2011	2012	2013	2014	2015	2016
매출액	287	360	551	622	726	716
영업이익	11	17	36	36	30	32
당기순이익	10	16	27	23	14	21

분기 실적 *IFRS 별도 기준 〈단위 : 억원〉

항목	2015.3Q	2015.4Q	2016.1Q	2016.2Q	2016.3Q	2016.4Q
매출액	—	—	—	—	—	—
영업이익	—	—	—	—	—	—
당기순이익	—	—	—	—	—	—

재무 상태 *IFRS 별도 기준 〈단위 : 억원〉

항목	2011	2012	2013	2014	2015	2016
총자산	109	152	216	268	254	293
유형자산	2	5	2	2	1	1
무형자산						
유가증권	3		14	14	14	11
총부채	80	107	146	176	147	160
총차입금	14	64	41	96	69	66
자본금	10	10	10	10	10	14
총자본	28	44	69	93	107	133
지배주주지분	28	44	69	93	107	133

기업가치 지표 *IFRS 별도 기준

항목	2011	2012	2013	2014	2015	2016
주가(최고/저)(천원)	—/—	—/—	—/—	—/—	—/—	4.1/4.1
PER(최고/저)(배)	0.0/0.0	0.0/0.0	0.0/0.0	0.0/0.0	0.0/0.0	5.5/5.5
PBR(최고/저)(배)	0.0/0.0	0.0/0.0	0.0/0.0	0.0/0.0	0.0/0.0	0.9/0.9
EV/EBITDA(배)	0.1	2.7				1.8
EPS(원)	516	571	970	817	516	745
BPS(원)	14,202	22,170	34,700	46,263	53,428	4,764
CFPS(원)	7,988	8,551	14,329	12,095	7,763	771
DPS(원)						
EBITDAPS(원)	9,309	9,266	19,034	18,823	15,661	1,174

재무 비율 〈단위 : % 〉

연도	영업이익률	순이익률	부채비율	차입금비율	ROA	ROE	유보율	자기자본비율	EBITDA마진율
2016	4.5	2.9	120.6	49.5	7.6	17.4	852.9	45.3	4.6
2015	4.2	2.0	137.7	64.5	5.5	14.4	968.6	42.1	4.3
2014	5.8	3.7	189.8	103.6	9.4	28.1	825.3	34.5	6.1
2013	6.6	4.9	211.1	58.8	14.7	47.6	594.0	32.2	6.9

오픈베이스 (A049480)
Openbase

업 종 : IT 서비스		시 장 : KOSDAQ	
신용등급 : (Bond) — (CP) —		기업규모 : 중견	
홈페이지 : www.openbase.co.kr		연 락 처 : 02)3404-5700	
주 소 : 서울시 서초구 매헌로 16 하이브랜드빌딩 4층			

설 립 일 1992.09.16	종업원수 139명	대표이사 송규헌	
상 장 일 2001.01.09	감사의견 적정 (바른)	계 열	
결 산 기 12월	보통주 3,142만주	종속회사수	
액 면 가 500원	우선주	구 상 호	

주주구성 (지분율,%)		출자관계 (지분율,%)		주요경쟁사 (외형,%)	
정진섭	22.6	오픈인텔렉스	100.0	오픈베이스	100
한국증권금융	4.0	데이타솔루션	100.0	신세계 I&C	189
(외국인)	2.0	시큐웨이브	100.0	미래아이앤지	6

매출구성		비용구성		수출비중	
솔루션	87.0	매출원가율	77.4	수출	0.0
서비스	13.0	판관비율	18.1	내수	100.0

회사 개요
동사는 각종 컴퓨터 및 관련 기자재의 제조/판매업, 각종 컴퓨터 통신장비 제조 판매및 통신 소프트웨어 개발업 등을 영위할 목적으로 1992년 9월에 설립됨. 7개의 종속회사에 대해 100%의 지분을 확보하고 있고, 3개의 관계회사를 보유하고 있음. 컴퓨터 시스템과 주변기기, 스토리지, 모바일 기기 및 네트워크 장비 등 IT부문에 대한 지출의 증가여부가 동사의 솔루션 사업에 영향을 미치고 있음.

실적 분석
2016년 4분기 매출액은 1,566억원으로 전년 동기 대비 32%증가하였음. 매출원가 증가와 284.2억원의 판관비에도 영업이익은 70.3억원을 시현함. 당기순이익 또한 55.2억원으로 전년 대비 37.6% 증가함. 인터넷 인프라 분야는 인터넷의 확산과 사용자의 증가로 관련 정보통신업계가 지속적으로 발전하고, 기업들이 인프라 분야에 꾸준히 투자를 하여 동사가 취급하는 제품 및 솔루션의 시장확대가 예상됨.

현금 흐름 〈단위 : 억원〉

항목	2015	2016
영업활동	35	96
투자활동	1	-25
재무활동	-65	23
순현금흐름	-29	94
기말현금	139	233

시장 대비 수익률

결산 실적 〈단위 : 억원〉

항목	2011	2012	2013	2014	2015	2016
매출액	1,067	1,126	1,142	1,141	1,186	1,566
영업이익	12	22	19	54	50	70
당기순이익	13	33	32	33	40	55

분기 실적 〈단위 : 억원〉

항목	2015.3Q	2015.4Q	2016.1Q	2016.2Q	2016.3Q	2016.4Q
매출액	338	496	235	475	338	518
영업이익	14	53	-24	28	22	44
당기순이익	9	48	-23	24	21	30

재무 상태 〈단위 : 억원〉

항목	2011	2012	2013	2014	2015	2016
총자산	696	775	1,074	1,068	1,089	1,126
유형자산	47	136	133	166	160	131
무형자산	17	103	68	57	46	39
유가증권	3	3	3	6	6	7
총부채	334	358	630	595	583	563
총차입금	144	115	375	371	306	331
자본금	155	155	155	157	157	157
총자본	362	417	443	474	506	563
지배주주지분	362	414	442	473	506	563

기업가치 지표

항목	2011	2012	2013	2014	2015	2016
주가(최고/저)(천원)	0.8/0.4	3.6/0.7	3.2/1.2	2.1/1.3	3.1/1.2	5.2/1.9
PER(최고/저)(배)	21.3/11.5	35.5/7.0	30.9/11.9	19.7/11.8	24.4/9.3	30.0/10.7
PBR(최고/저)(배)	0.8/0.4	2.9/0.6	2.3/0.9	1.5/0.9	1.9/0.7	2.9/1.0
EV/EBITDA(배)	6.1	10.1	11.0	7.9	13.0	13.2
EPS(원)	41	108	107	110	129	176
BPS(원)	1,171	1,340	1,429	1,505	1,640	1,809
CFPS(원)	63	137	248	234	247	254
DPS(원)	—	25	25	25	25	25
EBITDAPS(원)	59	99	202	300	278	302

재무 비율 〈단위 : % 〉

연도	영업이익률	순이익률	부채비율	차입금비율	ROA	ROE	유보율	자기자본비율	EBITDA마진율
2016	4.5	3.5	100.1	58.8	5.0	10.3	261.8	50.0	6.1
2015	4.3	3.4	115.4	60.5	3.7	8.3	228.0	46.4	7.4
2014	4.8	2.9	125.6	78.3	3.1	7.5	201.0	44.3	8.2
2013	1.7	2.8	142.1	84.6	3.5	7.7	185.8	41.3	5.5

온다엔터테인먼트 (A196450)
ONDA Entertainment

업 종 : 휴대폰 및 관련부품		시 장 : KOSDAQ	
신용등급 : (Bond) — (CP) —		기업규모 : 중견	
홈페이지 : www.diostech.co.kr		연 락 처 : 031)8006-0134	
주 소 : 경기도 용인시 처인구 남사면 당하로 113-12			

설 립 일 2014.05.09	종업원수 94명	대표이사 조호걸	
상 장 일 2014.06.02	감사의견 적정 (삼정)	계 열	
결 산 기 12월	보통주 2,215만주	종속회사수	
액 면 가 500원	우선주	구 상 호 차디오스텍	

주주구성 (지분율,%)		출자관계 (지분율,%)		주요경쟁사 (외형,%)	
이화투자조합	10.4	에이치이엔엠	100.0	온다엔터테인먼트	100
다빈치3투자조합	4.7	오앤엔터테인먼트	96.0		
(외국인)	0.4	블루클라우드매니지먼트	50.0		

매출구성		비용구성		수출비중	
상품(상품)	98.0	매출원가율	122.5	수출	79.8
휴대폰 카메라용(제품)	2.0	판관비율	34.3	내수	20.2

회사 개요
동사는 2014년 5월 7일을 분할 기일로 기존 차바이오앤디오스텍(현재 존속법인 차바이오텍)의 광학사업부문을 인적분할하여 설립됨. 휴대폰용 카메라렌즈 및 렌즈모듈 개발/제조를 주 영업목적으로 운영하고 있음. 2014년 6월 2일 코스닥시장에 재상장됨. 주요 제품으로는 휴대폰용 렌즈 및 렌즈모듈의 개발, 생산을 하고 있음. 매출구성은 휴대폰용 렌즈 및 렌즈모듈, VCM 85% 엔터부문 15%로 구성됨.

실적 분석
동사의 2016년 결산 기준 매출액은 397억원을 기록하였으며, 매출총손실은 89.3억원을 시현함. 영업이익은 225.4억원 적자로 적자 지속하였으며, 당기순손실은 499.8억원으로 적자폭을 확대함. 매니지먼트 업체 에이치이엔엠의 주식을 취득하고,(VR) 소프트웨어 개발 사업, 방송 프로그램 제작·공급업으로 사업 다각화 추진. 사업 다각화에 따른 회사 이미지 제고를 위해 '온다 엔터테인먼트'로 상호를 변경하였음.

현금 흐름 〈단위 : 억원〉

항목	2015	2016
영업활동	48	-264
투자활동	-173	-84
재무활동	40	282
순현금흐름	-83	-72
기말현금	85	12

시장 대비 수익률

결산 실적 〈단위 : 억원〉

항목	2011	2012	2013	2014	2015	2016
매출액	—	—	—	340	558	397
영업이익	—	—	—	-26	-67	-225
당기순이익	—	—	—	-30	-102	-500

분기 실적 〈단위 : 억원〉

항목	2015.3Q	2015.4Q	2016.1Q	2016.2Q	2016.3Q	2016.4Q
매출액	156	149	114	63	107	113
영업이익	-10	-33	-27	-82	-79	-38
당기순이익	-5	-77	-29	-119	-111	-241

재무 상태 〈단위 : 억원〉

항목	2011	2012	2013	2014	2015	2016
총자산	—	—	—	920	999	699
유형자산	—	—	—	302	469	84
무형자산	—	—	—	27	33	11
유가증권	—	—	—	36	6	71
총부채	—	—	—	86	249	347
총차입금	—	—	—		40	292
자본금	—	—	—	94	94	111
총자본	—	—	—	835	750	352
지배주주지분	—	—	—	833	748	344

기업가치 지표

항목	2011	2012	2013	2014	2015	2016
주가(최고/저)(천원)	—/—	—/—	—/—	6.3/2.5	7.3/2.4	7.5/2.4
PER(최고/저)(배)	0.0/0.0	0.0/0.0	0.0/0.0	—/—	—/—	—/—
PBR(최고/저)(배)	0.0/0.0	0.0/0.0	0.0/0.0	1.4/0.6	1.8/0.6	4.8/1.5
EV/EBITDA(배)				9.6	560.6	
EPS(원)				-159	-538	-2,410
BPS(원)				4,420	3,969	1,559
CFPS(원)				110	-171	-2,158
DPS(원)						
EBITDAPS(원)				133	12	-837

재무 비율 〈단위 : % 〉

연도	영업이익률	순이익률	부채비율	차입금비율	ROA	ROE	유보율	자기자본비율	EBITDA마진율
2016	-56.8	-125.9	98.7	83.1	-58.9	-91.4	211.7	50.3	-43.7
2015	-12.0	-18.2	33.2	5.4	-10.6	-12.8	693.8	75.1	7.4
2014	-7.5	-8.8	10.2	0.0	0.0	0.0	784.0	90.7	7.4
2013	0.0	0.0	0.0	0.0	0.0	0.0	0.0	0.0	0.0

옴니시스템 (A057540)
OMNI SYSTEM

업　　　종 : 전기장비　　　　　　　　　　시　　　장 : KOSDAQ
신용등급 : (Bond) —　　(CP) —　　　기업규모 : 벤처
홈 페 이 지 : www.omnisystem.co.kr　　　연 락 처 : 031)883-5400
본　　　사 : 경기도 여주군 가남면 연삼로 284

설 립 일	1997.02.17	종 업 원 수	253명	대 표 이 사	박혜린
상 장 일	2007.09.19	감 사 의 견	적정 (한경)	계	열
결 산 기	12월	보 통 주	4,068만주	종속회사수	
액 면 가	500원	우 선 주		구 상 호	

주주구성 (지분율,%)		출자관계 (지분율,%)		주요경쟁사 (외형,%)	
바이오스마트	21.2	위지트에너지	81.0	옴니시스템	100
한국증권금융	4.1	한생화장품	34.8	삼영전자	308
(외국인)	0.7	비즈니스온커뮤니케이션	25.9	일진전기	973

매출구성		비용구성		수출비중	
(제품) 계량기부문	61.0	매출원가율	78.0	수출	0.5
(제품) 카드부문	24.1	판관비율	18.3	내수	99.5
(제품) 조명부문	6.3				

회사 개요
위지트, 동도조명 등을 자회사로 두고 원격검침이 가능한 디지털 전력량계를 국내 최초로 개발하였으며, 지속적인 연구개발로 전기를 비롯한 가스, 수도, 온수, 열량계 등의 설비미터도 디지털 방식으로 개발한 계측기 분야를 선도하는 회사임. 정부에서 정책적으로 추진하고 있는 스마트그리드 사업 부문에서도 동사가 개발예정인 스마트계량기 및 원격검침 시스템을 통하여 상당한 기여를 할 것으로 예상됨.

실적 분석
동사의 2016년 연결기준 결산 매출액은 697억원으로 전년동기 대비 10.4% 감소하였음. 부문별로는 카드부문과 조명부문은 무난한 상승세를 기록하였지만 매출비중이 높은 계량기부문 매출이 급감하여 영업이익 및 당기순이익을 악화시킴. 미국을 시작으로 스마트그리드 시장에 대한 관심이 확산되면서 에너지 효율성 향상에 대한 각국의 관심이 집중되고 있는바, 스마트 계량기 사업의 확대는 불가피할 것으로 보여짐.

현금 흐름 〈단위 : 억원〉

항목	2015	2016
영업활동	86	-14
투자활동	-132	-15
재무활동	105	15
순현금흐름	59	-14
기말현금	98	83

시장 대비 수익률
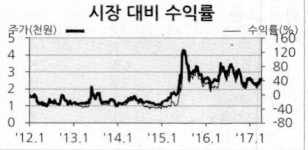

결산 실적 〈단위 : 억원〉

항목	2011	2012	2013	2014	2015	2016
매출액	615	492	490	737	778	697
영업이익	-31	-68	1	46	69	26
당기순이익	-109	-72	-54	30	78	27

분기 실적 〈단위 : 억원〉

항목	2015.3Q	2015.4Q	2016.1Q	2016.2Q	2016.3Q	2016.4Q
매출액	163	207	145	169	196	186
영업이익	15	13	4	5	13	4
당기순이익	18	9	5	1	15	6

재무 상태 〈단위 : 억원〉

항목	2011	2012	2013	2014	2015	2016
총자산	685	546	725	794	961	1,016
유형자산	239	142	184	286	368	380
무형자산	42	26	104	107	107	104
유가증권	29	9	17	12	25	20
총부채	348	226	190	228	297	332
총차입금	206	108	71	89	184	203
자본금	90	114	203	203	203	203
총자본	338	319	535	565	664	684
지배주주지분	335	317	533	565	645	664

기업가치 지표

항목	2011	2012	2013	2014	2015	2016
주가(최고/저)(천원)	2.8/1.0	2.0/0.9	2.2/1.0	1.6/1.0	4.6/1.1	4.0/2.0
PER(최고/저)(배)	—/—	—/—	—/—	20.8/13.1	24.7/5.8	63.9/32.3
PBR(최고/저)(배)	1.5/0.6	1.4/0.7	1.7/0.8	1.2/0.7	2.9/0.7	2.4/1.2
EV/EBITDA(배)			18.3	6.5	11.3	21.6
EPS(원)	-650	-372	-163	77	187	62
BPS(원)	1,870	1,396	1,313	1,390	1,588	1,633
CFPS(원)	-504	-271	-101	138	261	134
DPS(원)	—	—	—	—	—	—
EBITDAPS(원)	-37	-252	65	174	244	135

재무 비율 〈단위 : % 〉

연도	영업이익률	순이익률	부채비율	차입금비율	ROA	ROE	유보율	자기자본비율	EBITDA마진율
2016	3.7	3.9	48.5	29.7	2.8	3.9	226.6	67.3	7.9
2015	8.9	10.0	44.7	27.6	8.9	12.6	217.6	69.1	12.8
2014	6.2	4.1	40.4	15.7	4.0	5.7	177.9	71.2	9.6
2013	0.2	-10.9	35.6	13.2	-8.4	-12.4	162.6	73.8	4.3

옴니텔 (A057680)
Omnitel

업　　　종 : 인터넷 서비스　　　　　　　시　　　장 : KOSDAQ
신용등급 : (Bond) —　　(CP) —　　　기업규모 : 중견
홈 페 이 지 : www.omnitel.co.kr　　　연 락 처 : 02)2082-2200
본　　　사 : 서울시 구로구 디지털로 288 3층

설 립 일	1998.08.21	종 업 원 수	75명	대 표 이 사	김상우
상 장 일	2002.06.18	감 사 의 견	적정 (삼경)	계	열
결 산 기	12월	보 통 주	1,861만주	종속회사수	
액 면 가	500원	우 선 주		구 상 호	

주주구성 (지분율,%)		출자관계 (지분율,%)		주요경쟁사 (외형,%)	
위지트동도	13.6	옴니씨앤에스	15.0	옴니텔	100
비덴트	6.0	엠텔레텍	7.2	이지웰페어	176
(외국인)	0.3	레이브트립	5.0	소리바다	132

매출구성		비용구성		수출비중	
모바일 쿠폰/상품권 및 관련 서비스	92.6	매출원가율	95.1	수출	2.2
중국/몽골/알제리 솔루션 개발 및 컨설팅	4.1	판관비율	28.5	내수	97.8
모바일광고	1.3				

회사 개요
동사는 1998년에 설립돼 이동통신에 방송서비스를 도입한 업체로 지상파DMB, 모바일앱, 모바일게임 등을 서비스하는 업체임. '한국DMB'와 몽골의 'Mongol Content, LLC', '한국난방필름', 홍콩의 '전천통집단유한공사', '방화집단유한공사', 모바일커머스 업체 '이스크라' 6개의 계열회사를 보유하고 있음. 한국DMB는 뉴스와 스포츠 중심채널인 QBS를 운영하고 있고, 2010년 게임사업을 시작해 모바일용 게임을 출시.

실적 분석
동사의 2016년 연간 매출액은 297.8억원으로 전년대비 19.6% 감소함. 판매비와 관리비는 84.7억원으로 전년대비 48.4% 크게 증가함. 매출총이익은 14.5억원으로 전년대비 59.8% 감소함. 영업손실은 70.3억원으로 적자가 지속됨. 당기순이익 역시 108.4억원으로 적자가 지속됨. 그러나 동사가 추진하고 있는 모바일쿠폰 및 모바일커머스 산업은 매년 100% 이상 성장하고 있음.

현금 흐름 〈단위 : 억원〉

항목	2015	2016
영업활동	-28	-7
투자활동	-4	-36
재무활동	35	58
순현금흐름	3	15
기말현금	19	34

시장 대비 수익률
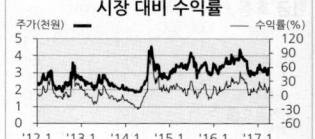

결산 실적 〈단위 : 억원〉

항목	2011	2012	2013	2014	2015	2016
매출액	107	97	87	251	370	298
영업이익	-9	-33	-36	13	-21	-70
당기순이익	-18	-26	-48	10	-23	-108

분기 실적 〈단위 : 억원〉

항목	2015.3Q	2015.4Q	2016.1Q	2016.2Q	2016.3Q	2016.4Q
매출액	112	97	53	67	109	69
영업이익	1	-28	-5	-21	-5	-39
당기순이익	0	-26	-5	-25	-9	-70

재무 상태 〈단위 : 억원〉

항목	2011	2012	2013	2014	2015	2016
총자산	214	204	245	226	252	231
유형자산	22	22	24	22	21	36
무형자산	10	3	56	58	54	26
유가증권	3	1	1	1	1	38
총부채	54	75	131	97	142	153
총차입금	30	31	86	63	96	93
자본금	69	69	74	78	78	90
총자본	160	130	114	129	111	77
지배주주지분	160	130	114	129	111	77

기업가치 지표

항목	2011	2012	2013	2014	2015	2016
주가(최고/저)(천원)	3.9/1.9	3.8/1.9	3.0/1.9	5.2/1.8	4.4/2.6	4.4/2.8
PER(최고/저)(배)	—/—	—/—	—/—	76.2/27.0	—/—	—/—
PBR(최고/저)(배)	3.1/1.6	3.7/1.9	3.6/2.3	5.8/2.1	5.6/3.4	9.0/5.7
EV/EBITDA(배)				27.6		
EPS(원)	-132	-186	-347	68	-150	-625
BPS(원)	1,239	1,018	840	896	775	485
CFPS(원)	-104	-169	-330	92	-112	-591
DPS(원)	—	—	—	—	—	—
EBITDAPS(원)	-39	-227	-244	111	-97	-371

재무 비율 〈단위 : % 〉

연도	영업이익률	순이익률	부채비율	차입금비율	ROA	ROE	유보율	자기자본비율	EBITDA마진율
2016	-23.6	-36.4	일부잠식	일부잠식	-44.9	-115.3	-3.0	33.6	-21.6
2015	-5.7	-6.3	128.1	86.9	-9.8	-19.4	55.0	43.9	-4.1
2014	5.2	4.1	74.7	48.6	4.4	8.4	79.2	57.2	6.6
2013	-41.6	-55.4	115.1	75.5	-21.3	-39.4	68.0	46.5	-39.0

옵토팩 (A123010)
OPTOPACORPORATION

업 종 : 반도체 및 관련장비		시 장 : KOSDAQ	
신용등급 : (Bond) — (CP) —		기업규모 : 신성장	
홈 페 이 지 : www.optopac.com		연 락 처 : (043)218-7866	
본 사 : 충북 청주시 흥덕구 옥산면 과학산업1로 114			

설 립 일 2003.10.15	종업원수 142명	대표이사 김덕훈	
상 장 일 2016.07.20	감사의견 적정 (중앙)	계 열	
결 산 기 12월	보통주 477만주	종속회사수	
액 면 가 500원	우선주 29만주	구 상 호	

주주구성 (지분율,%)		출자관계 (지분율,%)		주요경쟁사 (외형,%)	
김덕훈	26.4	옵토팩	100		
플래티넘-큰성장펀드	2.9	제이티	78		
(외국인)	4.2	성우테크론	101		

매출구성		비용구성		수출비중	
NeoPAC® (제품)	98.4	매출원가율	92.5	수출	90.1
개발용역	1.6	판관비율	7.4	내수	9.9

회사 개요
동사는 CMOS 및 CCD Image Sensor용 WLCSP(Wafer Level Chip Scale Package) 전문회사로서 이미지센서 패키징 분야의 특허기술을 기반으로 2003년 10월 15일에 설립됨. 동사의 관련 산업분야인 CMOS 이미지센서는 비 메모리분야에 속해있고 CMOS 이미지센서는 2017년 전체시장 이미지센서 시장 대비 95% 이상을 차지할 것으로 예측됨.

실적 분석
동사의 2016년 연결 기준 매출과 영업이익은 287.8억원, 3,000만원으로 매출은 9.1% 감소했지만 영업이익은 흑자전환함. 당기순이익은 3.9억원으로 적자를 지속함. 동사의 반도체 사업은 드론과 같은 신규 시장의 성장에 따라 신규 제품 유치로 전년대비 큰 폭의 매출과 이익을 달성하고자 하고 있음. 자산총계는 280.7억원, 부채총계는 158.5억원, 자본총계는 122.2억원을 기록함.

현금 흐름 *IFRS 별도 기준 〈단위 : 억원〉

항목	2015	2016
영업활동	29	28
투자활동	-8	-50
재무활동	-19	29
순현금흐름	2	7
기말현금	21	27

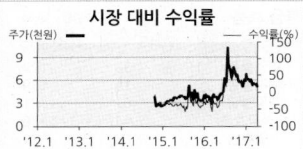
시장 대비 수익률

결산 실적 〈단위 : 억원〉

항목	2011	2012	2013	2014	2015	2016
매출액	203	270	257	339	317	288
영업이익	-33	-2	4	31	-0	0
당기순이익	-41	-16	-8	12	-4	-4

분기 실적 *IFRS 별도 기준 〈단위 : 억원〉

항목	2015.3Q	2015.4Q	2016.1Q	2016.2Q	2016.3Q	2016.4Q
매출액	56		88		53	
영업이익	-12		7		-7	
당기순이익	-11		5		-9	

재무 상태 *IFRS 별도 기준 〈단위 : 억원〉

항목	2011	2012	2013	2014	2015	2016
총자산	301	280	244	287	269	281
유동자산	204	170	148	184	167	158
무형자산	13	15	14	5	3	2
유가증권						
총부채	253	248	220	259	203	159
총차입금	218	214	180	177	140	113
자본금	22	22	22	18	21	26
총자본	49	32	24	28	66	122
지배주주지분	49	32	24	28	66	122

기업가치 지표 *IFRS 별도 기준

항목	2011	2012	2013	2014	2015	2016
주가(최고/저)(천원)	—/—	—/—	—/—	3.8/2.3	5.2/2.6	10.3/2.9
PER(최고/저)(배)	0.0/0.0	0.0/0.0	0.0/0.0	12.2/7.5	—/—	—/—
PBR(최고/저)(배)	0.0/0.0	0.0/0.0	0.0/0.0	3.8/2.3	2.7/1.4	3.8/1.1
EV/EBITDA(배)	28.9	5.5	4.3	4.1	9.7	10.8
EPS(원)	-973	-397	-215	313	-89	-86
BPS(원)	1,782	1,365	1,151	1,014	1,905	2,680
CFPS(원)	-28	596	700	1,084	674	574
DPS(원)						
EBITDAPS(원)	160	931	1,019	1,565	755	667

재무 비율 〈단위 : % 〉

연도	영업이익률	순이익률	부채비율	차입금비율	ROA	ROE	유보율	자기자본비율	EBITDA마진율
2016	0.1	-1.4	129.7	92.4	-1.4	-4.2	421.8	43.5	10.6
2015	-0.1	-1.1	305.5	210.4	-1.3	-7.5	277.8	24.7	9.5
2014	9.3	3.7	911.8	625.5	—	—	125.6	9.9	18.2
2013	1.6	-3.3	925.6	759.3	-3.2	-30.3	107.7	9.8	15.7

옵트론텍 (A082210)
Optrontec

업 종 : 전자 장비 및 기기		시 장 : KOSDAQ	
신용등급 : (Bond) — (CP) —		기업규모 : 중견	
홈 페 이 지 : www.optrontec.com		연 락 처 : (055)250-2700	
본 사 : 경남 창원시 의창구 평산로8번길 19-15			

설 립 일 1999.05.26	종업원수 318명	대표이사 홍사관	
상 장 일 2005.06.24	감사의견 적정 (안진)	계 열	
결 산 기 12월	보통주 2,086만주	종속회사수	
액 면 가 500원	우선주	구 상 호	

주주구성 (지분율,%)		출자관계 (지분율,%)		주요경쟁사 (외형,%)	
임지윤	20.4	티알제1호로텍트&코스메틱합자조합	61.1	옵트론텍	100
옵트론텍우리사주조합	5.5	미래아노테크	44.1	에스씨디	97
(외국인)	2.7	이앤기업성장투자조합4호	40.7	코아시아홀딩스	287

매출구성		비용구성		수출비중	
이미지센서용 필터	82.1	매출원가율	68.4	수출	76.9
광학렌즈 및 모듈	7.6	판관비율	19.4	내수	23.1
기타	5.4				

회사 개요
동사는 이미지센서용 필터, 광학 렌즈 및 모듈, 광픽업용 필터 등을 생산하는 업체임. 이 중에서 이미지용센서용 필터 비중이 70.6%에 이르고 있으며, 성장 동력의 역할을 하고 있음. 이미지센서용 필터는 초기에는 단순 IR필터였으나 카메라 모듈의 화소가 고사양으로 진화함에 따라 필요로 하는 필터도 단순 IR 필터에서 개량된 Blue Filter에 대한 수요가 발생되고, 국내업체 중에서는 가장 빨리 대응 중임.

실적 분석
동사의 2016년 결산기준 누적 매출액은 전년 동기대비 1.9% 소폭 변동한 1,380.8억원을 기록하였음. 비용면에서 전년동기대비 매출원가는 감소 하였으며 인건비는 증가 하였고 기타판매비와관리비도 마찬가지로 증가함. 이와 같이 상승한 매출액 만큼 비용증가도 있었으나 매출액의 더 큰 상승에 힘입어 그에 따라 전년동기대비 영업이익은 168.8억원으로 670.7% 크게 상승하였음. 최종적으로 전년동기대비 당기순이익은 흑자전환하여 22억원을 기록함.

현금 흐름 〈단위 : 억원〉

항목	2015	2016
영업활동	131	234
투자활동	27	-115
재무활동	-147	-132
순현금흐름	12	-13
기말현금	39	26

시장 대비 수익률

결산 실적 〈단위 : 억원〉

항목	2011	2012	2013	2014	2015	2016
매출액	1,118	1,713	2,027	830	1,355	1,381
영업이익	132	209	278	-284	22	169
당기순이익	75	101	141	-356	-6	22

분기 실적 〈단위 : 억원〉

항목	2015.3Q	2015.4Q	2016.1Q	2016.2Q	2016.3Q	2016.4Q
매출액	434	392	353	363	336	328
영업이익	33	-44	35	36	33	65
당기순이익	37	-48	11	8	1	1

재무 상태 〈단위 : 억원〉

항목	2011	2012	2013	2014	2015	2016
총자산	1,778	1,898	2,230	2,319	2,388	2,250
유동자산	649	843	1,121	962	903	841
무형자산	77	68	155	106	145	160
유가증권	16	58	26	49	38	44
총부채	1,039	1,022	1,168	1,605	1,656	1,473
총차입금	881	847	1,006	1,482	1,352	1,203
자본금	91	100	101	101	101	103
총자본	739	876	1,062	714	732	777
지배주주지분	739	876	1,032	708	749	827

기업가치 지표

항목	2011	2012	2013	2014	2015	2016
주가(최고/저)(천원)	4.8/2.5	13.7/3.9	17.5/10.2	10.2/3.7	8.4/3.8	8.4/4.9
PER(최고/저)(배)	11.6/6.0	26.8/7.7	22.7/13.2	—/—	99.4/45.8	31.3/18.2
PBR(최고/저)(배)	1.2/0.6	3.1/0.9	3.4/2.0	2.8/1.0	2.1/1.0	2.0/1.2
EV/EBITDA(배)	6.7	10.9	7.8	—	13.4	7.3
EPS(원)	417	510	770	-1,527	84	268
BPS(원)	4,074	4,382	5,209	3,699	3,901	4,188
CFPS(원)	884	990	1,367	-834	799	991
DPS(원)						
EBITDAPS(원)	1,204	1,534	1,975	-714	824	1,540

재무 비율 〈단위 : % 〉

연도	영업이익률	순이익률	부채비율	차입금비율	ROA	ROE	유보율	자기자본비율	EBITDA마진율
2016	12.2	1.6	189.6	154.8	1.0	7.0	737.6	34.5	23.1
2015	1.6	-0.4	226.3	184.8	-0.2	2.3	680.2	30.6	12.3
2014	-34.2	-43.0	225.0	207.7	-15.7	-35.4	639.8	30.8	-17.4
2013	13.7	6.9	110.0	94.7	6.8	16.3	941.8	47.6	19.6

옵티시스 (A109080)
Opticis

업 종 : 통신장비		시 장 : KOSDAQ	
신용등급 : (Bond) — (CP) —		기업규모 : 벤처	
홈페이지 : www.opticis.com		연 락 처 : 031)719-8033	
본 사 : 경기도 성남시 분당구 성남대로 331번길 8, 킨스타워 16층			

설 립 일 1999.11.29	종업원수 99명	대표이사 신현국
상 장 일 2011.07.12	감사의견 적정 (삼일)	계 열
결 산 기 12월	보 통 주 564만주	종속회사
액 면 가 500원	우 선 주	구 상 호

주주구성 (지분율,%)		출자관계 (지분율,%)		주요경쟁사 (외형,%)	
신현국	14.1	옵티시스	100	텔레필드	252
김일	6.0			이그잭스	270
(외국인)	0.3				

매출구성		비용구성		수출비중	
[제품]영상신호용 광링크	89.1	매출원가율	58.7	수출	93.5
기타	9.9	판관비율	29.2	내수	6.5
[상품]스위치류 외	1.0				

회사 개요
1999년 설립된 동사는 컴퓨터와 디지털 디스플레이 기기를 포함한 각종 디지털 멀티미디어 기기들 사이에 고속의 디지털 신호를 광전송 모듈을 이용해 전송하는 디지털 광링크의 개발 제조 판매하는 수출 중심 기업임. 동사는 세계 최초로 디지털광링크를 개발, 판매했으며, 특히 의료영상, 디지털 싸이니지, 교육, 방송 등 여러 분야에 신호 손실 없고 선명한 장거리 영상 전송을 가능케하는 제품을 제조 판매하고 있음.

실적 분석
영상신호용 광링크와 PC인터페이스용 광링크가 해외를 중심으로 판매가 회복되고, 제품판매단가도 인상하여 2016년 매출액은 전년동기 대비 7.9% 증가한 171.3억원을 기록함. 주요원재료인 IC Chip 등의 구입단가 하락과 외형확대에 따른 고정비용 부담 완화로 영업이익도 9.1% 늘어나면서 실적이 턴어라운드하는 모습임. 고화질 디지털 컨텐츠와 사물인터넷 관련 신모바일 기기의 증가 등 시장트렌드 변화에 따른 수혜가 기대됨.

현금 흐름 *IFRS 별도 기준 〈단위 : 억원〉

항목	2015	2016
영업활동	37	39
투자활동	-35	-16
재무활동	-2	-12
순현금흐름	1	13
기말현금	71	83

시장 대비 수익률
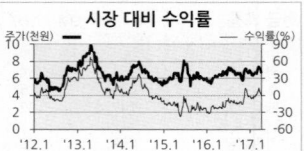

결산 실적 〈단위 : 억원〉

항목	2011	2012	2013	2014	2015	2016
매출액	182	175	155	188	159	171
영업이익	46	39	22	30	19	21
당기순이익	41	34	18	29	19	23

분기 실적 *IFRS 별도 기준 〈단위 : 억원〉

항목	2015.3Q	2015.4Q	2016.1Q	2016.2Q	2016.3Q	2016.4Q
매출액	40	34	48	39	38	47
영업이익	5	7	10	3	2	5
당기순이익	8	5	10	5	2	7

재무 상태 *IFRS 별도 기준 〈단위 : 억원〉

항목	2011	2012	2013	2014	2015	2016
총자산	272	303	318	340	360	376
유형자산	56	58	59	33	31	31
무형자산	27	30	26	30	29	22
유가증권	—	6	6	13	8	19
총부채	50	65	68	64	65	61
총차입금	—	44	51	41	41	33
자본금	28	28	28	28	28	28
총자본	222	238	250	277	296	315
지배주주지분	222	238	250	277	296	315

기업가치 지표 *IFRS 별도 기준

항목	2011	2012	2013	2014	2015	2016
주가(최고/저)(천원)	11.6/4.4	7.4/4.5	10.0/5.3	8.2/5.2	8.1/5.1	7.4/5.4
PER(최고/저)(배)	15.4/5.9	12.7/7.8	31.9/16.9	16.7/10.4	21.5/13.6	18.1/13.2
PBR(최고/저)(배)	2.8/1.1	1.6/1.0	2.0/1.1	1.5/1.0	1.4/0.9	1.2/0.9
EV/EBITDA(배)	4.3	6.5	7.5	4.2	6.2	6.2
EPS(원)	787	600	322	507	383	414
BPS(원)	4,287	4,781	5,096	5,585	5,925	6,295
CFPS(원)	872	761	523	730	611	662
DPS(원)	80	20	20	50	50	50
EBITDAPS(원)	956	851	591	761	563	614

재무 비율 〈단위 : % 〉

연도	영업이익률	순이익률	부채비율	차입금비율	ROA	ROE	유보율	자기자본비율	EBITDA마진율
2016	12.0	13.6	19.3	10.4	6.3	7.6	1,159.0	83.8	20.2
2015	11.9	13.6	21.9	13.9	6.2	7.5	1,085.0	82.1	20.0
2014	16.2	15.2	23.0	14.7	8.7	10.9	1,017.1	81.3	22.8
2013	14.2	11.7	27.4	20.5	5.8	7.4	919.2	78.5	21.6

와이더블유 (A051390)
YW

업 종 : 내구소비재		시 장 : KOSDAQ	
신용등급 : (Bond) — (CP) —		기업규모 : 벤처	
홈페이지 : www.ywtc.com		연 락 처 : 031)703-7118	
본 사 : 경기도 성남시 분당구 판교로 744, C동 801호 (야탑동, 분당테크노파크)			

설 립 일 1995.07.26	종업원수 16명	대표이사 우병일
상 장 일 2001.11.15	감사의견 적정 (세일)	계 열
결 산 기 12월	보 통 주 1,136만주	종속회사
액 면 가 500원	우 선 주	구 상 호 영우통신

주주구성 (지분율,%)		출자관계 (지분율,%)		주요경쟁사 (외형,%)	
우병일	23.3	모비슨	65.0	YW	100
심영섭	9.7	한국DMB	2.5	한국가구	195
(외국인)	0.7	잉카엔트웍스	2.0	코아스	329

매출구성		비용구성		수출비중	
상품	47.6	매출원가율	75.6	수출	0.8
채권	37.7	판관비율	10.9	내수	99.2
부동산	7.8				

회사 개요
주된 사업내용은 도매업, 기업금융, 그리고 부동산 임대업임. 렌탈은 렌탈고객들로 하여금 렌탈기간동안 렌탈비용을 사용하면서 렌탈료를 분할하여 납부하도록 함으로써 일시불로 구입하기 부담스러운 고가의 생활용품, 산업용 기계 장비등의 사용을 가능하게 하며, 기업금융이란 안전한 기업의 회사채를 매입 운용하여 자금의 효율적인 활용을 도모함. 포토북 제작 등 소비자가 온라인을 통해 편집한 콘텐츠를 주문 생산하던 POD사업(인쇄)은 2015년에 중단함.

실적 분석
동사의 2016년 연결 기준 매출과 영업이익은 295억원, 40억원으로 전년 대비 각각 162.4%, 152.8% 증가함. 자산총계는 전기 대비 4% 증가한 946억원이며 부채총계는 전기 대비 14.3% 증가한 249억원, 자본총계는 전기 대비 0.8% 증가한 697억원임. 동사의 지급능력을 보여주는 유동비율은 1047%로서 매우 우수한 편이며 부채비율 및 차입금의존도는 각 31.5%, 20.8%로 안정적인 편임.

현금 흐름 *IFRS 별도 기준 〈단위 : 억원〉

항목	2015	2016
영업활동	-33	122
투자활동	15	-139
재무활동	61	-21
순현금흐름	44	-38
기말현금	68	30

시장 대비 수익률

결산 실적 〈단위 : 억원〉

항목	2011	2012	2013	2014	2015	2016
매출액	437	624	296	89	112	295
영업이익	36	17	61	2	16	40
당기순이익	26	39	47	11	-11	26

분기 실적 *IFRS 별도 기준 〈단위 : 억원〉

항목	2015.3Q	2015.4Q	2016.1Q	2016.2Q	2016.3Q	2016.4Q
매출액	29	33	57	75	98	66
영업이익	7	5	7	17	17	12
당기순이익	7	-2	3	5	11	6

재무 상태 *IFRS 별도 기준 〈단위 : 억원〉

항목	2011	2012	2013	2014	2015	2016
총자산	715	866	895	890	910	946
유형자산	96	145	53	48	43	23
무형자산	9	11	11	10	9	7
유가증권	222	342	1	1	2	11
총부채	55	171	162	157	218	249
총차입금	3	100	100	100	190	186
자본금	57	57	57	57	57	57
총자본	660	695	733	733	692	697
지배주주지분	660	695	733	733	692	697

기업가치 지표

항목	2011	2012	2013	2014	2015	2016
주가(최고/저)(천원)	7.2/3.7	6.8/4.0	5.9/4.0	6.3/3.7	5.3/3.0	4.8/2.8
PER(최고/저)(배)	34.1/17.5	21.5/12.6	15.2/10.4	70.1/40.9	—/—	21.5/12.6
PBR(최고/저)(배)	1.3/0.7	1.2/0.7	1.0/0.7	1.0/0.6	0.9/0.5	0.7/0.4
EV/EBITDA(배)	2.7	6.7	6.0	12.7	11.0	3.4
EPS(원)	232	344	414	94	-93	227
BPS(원)	5,990	6,295	6,628	6,633	6,442	6,666
CFPS(원)	282	408	497	194	-4	302
DPS(원)	50	100	100	100		100
EBITDAPS(원)	365	210	617	121	228	425

재무 비율 〈단위 : % 〉

연도	영업이익률	순이익률	부채비율	차입금비율	ROA	ROE	유보율	자기자본비율	EBITDA마진율
2016	13.4	8.7	35.8	26.7	2.8	3.7	1,233.3	73.7	16.4
2015	14.0	-9.4	31.5	27.5	-1.2	-1.5	1,188.4	76.0	15.4
2014	2.6	12.0	21.4	13.6	1.2	1.5	1,226.7	82.4	15.4
2013	20.5	15.9	22.2	13.7	5.4	6.6	1,225.6	81.9	23.7

와이디온라인 (A052770)
YD Online

업 종 : 게임 소프트웨어		시 장 : KOSDAQ	
신용등급 : (Bond) — (CP) —		기업규모 : 중견	
홈페이지 : www.ydonline.co.kr		연 락 처 : 02)3475-2900	
본 사 : 서울시 강남구 학동로 97길 20 성호빌딩			

설 립 일 1997.06.30	종업원수 246명	대표이사 신상철	
상 장 일 2002.08.22	감사의견 적정 (삼일)	계 열	
결 산 기 12월	보 통 주 2,251만주	총속회사수	
액 면 가 500원	우 선 주	구 상 호	

주주구성 (지분율,%)		출자관계 (지분율,%)		주요경쟁사 (외형,%)	
시니안	38.0	온스온홀딩스	7.5	와이디온라인	100
신상철	4.7	유저스토리랩	4.8	액토즈소프트	193
(외국인)	2.2			액션스퀘어	11

매출구성		비용구성		수출비중	
게임유료 아이템 등(온라인)	51.1	매출원가율	41.2	수출	4.5
게임유료 아이템 등(모바일)	45.9	판관비율	61.3	내수	95.5
서비스 대행	3.0				

회사 개요
동사는 1997년 설립되어 2002년 8월 코스닥에 상장된, 현재 모바일게임 개발 및 퍼블리싱을 하고 있는 게임기업임. 흥행에 성공한 '갓 오브 하이스쿨'로 웹툰 IP를 활용한 첫 성공게임을 만들어 냈으며 다양한 모바일 게임을 국내는 물론 전세계에 서비스 중. 2015년에는 인기 온라인게임의 국내 퍼블리싱을 맡아 안정적인 서비스를 이어갔으며, 2016년 6월부터는 이카루스, 미르의 전설2, 미르의 전설3을 퍼블리싱 서비스중임.

실적 분석
동사의 2016년 4/4분기 누적매출액은 374.2억원으로 전년동기 439.5억원 대비 14.9% 감소했음. 외형축소의 영향으로 매출원가가 전년동기 대비 5.0% 감소했음에도 9.4억원의 영업손실을 기록하며 적자로 전환되었음. 비영업부문에서도 28.0억원의 손실을 기록함에 따라 적자폭이 확대됨. 이에 따라 38.3억원의 당기순손실을 기록하며 적자로 전환되었음.

현금 흐름 *IFRS 별도 기준 〈단위 : 억원〉

항목	2015	2016
영업활동	84	-4
투자활동	-58	-37
재무활동	44	-3
순현금흐름	69	-44
기말현금	72	28

결산 실적 〈단위 : 억원〉

항목	2011	2012	2013	2014	2015	2016
매출액	448	367	345	275	439	374
영업이익	-14	2	58	-33	47	-9
당기순이익	-100	-23	11	-60	8	-38

분기 실적 *IFRS 별도 기준 〈단위 : 억원〉

항목	2015.3Q	2015.4Q	2016.1Q	2016.2Q	2016.3Q	2016.4Q
매출액	156	141	110	108	76	80
영업이익	25	31	10	4	-23	-0
당기순이익	23	-10	7	-3	-28	-15

재무 상태 *IFRS 별도 기준 〈단위 : 억원〉

항목	2011	2012	2013	2014	2015	2016
총자산	301	322	313	265	314	241
유형자산	16	12	11	10	15	16
무형자산	106	101	106	128	117	108
유가증권	21	37	20	12	5	—
총부채	292	172	162	166	208	153
총차입금	129	62	78	80	110	94
자본금	79	109	110	110	111	113
총자본	9	150	151	99	106	89
지배주주지분	9	150	151	99	106	89

기업가치 지표 *IFRS 별도 기준

항목	2011	2012	2013	2014	2015	2016
주가 (최고/저)(천원)	3.5/1.4	8.4/1.6	5.0/2.6	8.0/2.7	11.0/3.9	9.5/3.4
PER(최고/저)(배)	—/—	—/—	106.4/56.3	—/—	1,458.2/519.7	—/—
PBR(최고/저)(배)	6.3/2.5	11.3/2.1	6.8/3.6	16.1/5.4	20.8/7.4	21.3/7.7
EV/EBITDA(배)	14.4	26.5	8.9		16.1	38.3
EPS(원)	-639	-113	47	-273	8	-170
BPS(원)	550	739	738	499	530	445
CFPS(원)	-385	73	176	-129	208	-16
DPS(원)						
EBITDAPS(원)	166	189	384	-6	412	113

재무 비율 〈단위 : %〉

연도	영업이익률	순이익률	부채비율	차입금비율	ROA	ROE	유보율	자기자본비율	EBITDA마진율
2016	-2.5	-10.2	일부잠식	일부잠식	-13.8	-39.3	-11.1	36.8	6.8
2015	10.6	0.4	일부잠식	일부잠식	0.6	1.6	6.0	33.8	20.8
2014	-12.1	-21.9	일부잠식	일부잠식	-20.2	-47.1	-0.3	37.3	-0.5
2013	16.7	3.3	110.8	53.2	3.3	7.4	53.3	47.5	25.2

와이비로드 (A010600)
YBROAD

업 종 : 섬유 및 의복		시 장 : 거래소	
신용등급 : (Bond) — (CP) —		기업규모 : 시가총액 소형주	
홈페이지 : www.ybroad.co.kr		연 락 처 : 02)6902-1300	
본 사 : 서울시 강남구 선릉로 433 세방빌딩 신관 6층			

설 립 일 1975.04.19	종업원수 34명	대표이사 조행훈	
상 장 일 1997.07.18	감사의견 적정 (정동)	계 열	
결 산 기 12월	보 통 주 1,525만주	총속회사수	
액 면 가 500원	우 선 주	구 상 호	

주주구성 (지분율,%)		출자관계 (지분율,%)		주요경쟁사 (외형,%)	
조행훈	11.6	와이씨컴퍼니	100.0	와이비로드	100
에이취아이엠테크	7.0	로드스타씨앤에어	95.0	제이준	98
(외국인)	1.9	텔코아시스템	19.0	덕성	122

매출구성		비용구성		수출비중	
피혁외(상품)	96.9	매출원가율	90.7	수출	—
피혁외(제품)	3.1	판관비율	9.7	내수	—

회사 개요
1975년 설립된 동사는 피혁원단 가공 및 피혁제품 제조, 판매 등의 사업을 영위함. 연결자회사는 청도영광인특피혁(유)와 로드스타씨앤에어(주) 주 사업목적은 각각 피혁제품의 생산판매 및 복합운송주선업 등임. 2015년 기준 피혁원단부문의 시장 점유율은 3위 수준을 기록함. 복합운송서비스의 경우 벌크, 항공운송, 컨테이너서비스 등을 제공하며 네트워크를 확장 중임.

실적 분석
동사의 2016년 연결기준 매출액은 전년대비 24.2% 감소한 852.9억원을 기록함. 외형축소에 따른 고정비 부담으로 원가율은 소폭 상승하여 영업손실 4.1억원, 당기순손실 24.6억원을 보이며 적자전환함. 동사는 중국공장 생산량 확대와 국내공장 조업중단에 따라 사업구조가 제품 매출에서 중국공장 원부재료 조달 등 상품 매출로 재편됨. 동사의 피혁3사 내 시장 점유율은 2015년 22.1%에서 2016년 17.8%로 축소됨.

현금 흐름 〈단위 : 억원〉

항목	2015	2016
영업활동	43	-24
투자활동	-10	-19
재무활동	-14	31
순현금흐름	20	-12
기말현금	43	31

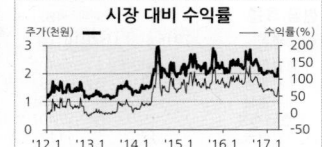

결산 실적 〈단위 : 억원〉

항목	2011	2012	2013	2014	2015	2016
매출액	1,198	1,367	1,378	1,196	1,125	853
영업이익	37	32	19	2	21	-4
당기순이익	17	-29	24	-67	6	-25

분기 실적 *IFRS 별도 기준 〈단위 : 억원〉

항목	2015.3Q	2015.4Q	2016.1Q	2016.2Q	2016.3Q	2016.4Q
매출액	281	285	206	215	227	204
영업이익	-3	11	12	6	-0	-22
당기순이익	-0	-6	8	-3	-21	-9

재무 상태 〈단위 : 억원〉

항목	2011	2012	2013	2014	2015	2016
총자산	712	618	612	613	591	599
유형자산	89	68	51	135	138	145
무형자산	94	59	59	0	0	4
유가증권	4	2	5	2	2	2
총부채	315	258	205	261	225	260
총차입금	150	128	87	177	156	187
자본금	57	61	71	76	76	76
총자본	397	360	407	351	366	339
지배주주지분	394	358	404	349	364	337

기업가치 지표

항목	2011	2012	2013	2014	2015	2016
주가 (최고/저)(천원)	2.0/0.8	2.0/1.0	1.7/1.1	3.1/1.3	2.9/1.9	3.1/2.0
PER(최고/저)(배)	14.1/6.0	—/—	9.4/5.8	—/—	81.5/52.5	—/—
PBR(최고/저)(배)	0.6/0.2	0.7/0.4	0.6/0.4	1.4/0.6	1.2/0.8	1.4/0.9
EV/EBITDA(배)	3.3	4.3	6.9	38.2	17.3	293.3
EPS(원)	138	-244	183	-460	36	-161
BPS(원)	3,445	2,915	2,849	2,290	2,385	2,207
CFPS(원)	407	-63	320	-389	82	-124
DPS(원)						
EBITDAPS(원)	591	447	286	83	182	10

재무 비율 〈단위 : %〉

연도	영업이익률	순이익률	부채비율	차입금비율	ROA	ROE	유보율	자기자본비율	EBITDA마진율
2016	-0.5	-2.9	76.8	55.3	-4.1	-7.0	341.5	56.6	0.2
2015	1.9	0.5	61.6	42.6	0.9	1.5	377.0	61.9	2.5
2014	0.1	-5.6	74.4	50.3	-11.0	-17.7	358.0	57.3	1.0
2013	1.4	1.8	50.5	21.4	3.9	6.2	469.9	66.5	2.7

와이비엠넷 (A057030)
YBM NET

업 종 : 교육	시 장 : KOSDAQ
신용등급 : (Bond) — (CP) —	기업규모 : 중견
홈페이지 : www.ybmnet.co.kr	연 락 처 : 02)2008-5229
본 사 : 경기도 성남시 분당구 대왕판교로 670 유스페이스 2A동 8,9층	

설 립 일	2000.06.07	종업원수	431명	대표이사	이동현
상 장 일	2004.06.08	감사의견	적정 (삼덕)	계 열	
결 산 기	12월	보 통 주	1,631만주	종속회사수	
액 면 가	500원	우 선 주		구 상 호	YBM시사닷컴

주주구성 (지분율,%)		출자관계 (지분율,%)		주요경쟁사 (외형,%)	
와이비엠시사	24.4	무나투나	100.0	와이비엠넷	100
민선식	13.8	와이비엠인재교육원	100.0	에이원앤	23
(외국인)	3.6	YBMJAPAN	96.2	메가엠디	96

매출구성		비용구성		수출비중	
기타	40.6	매출원가율	57.1	수출	4.0
동영상강의(기타)	18.4	판관비율	47.9	내수	96.0
수강료(기타)	17.3				

회사 개요

동사는 2000년 설립되어 온라인 교육, 컨텐츠제공업, 데이타베이스업 및 교육서비스업 등을 영위하고 있으며, 국내 이러닝 산업의 대표 온라인 교육기업임. 모 회사인 와이비엠이 50년 이상 축적한 외국어 콘텐츠와 오프라인 학원에서 검증된 우수 강사진을 확보하고 있음. 2008년부터 최근까지 '한국산업의 브랜드파워-온라인 외국어학원부문 1위' 기업으로 우수한 시장 점유율을 확보함. 동사는 북경시사교육기술유한공사 등 총 5개의 종속회사를 보유함.

실적 분석

동사의 2016년 결산기준 누적 매출액은 전년동기대비 2.3% 소폭 상승한 683.9원을 달성하였음. 그러나 매출원가가 일부 상승하면서 판관비도 크게 상승하면서 영업이익은 적자전환함. 현재 기준으로 상당한 회원 및 회원사를 보유하고 있고 신규 온라인 강좌를 지속적으로 확충하여 안정적인 매출신장을 보이고 있음. 인건비 및 광고비의 확충은 향후 매출을 견고히 하기위한 투자로 보이며 시장상황의 영향이 없는 교육산업 특성상 안정적인 성장이 기대됨.

현금 흐름 〈단위 : 억원〉

항목	2015	2016
영업활동	42	-40
투자활동	-71	-3
재무활동	86	-6
순현금흐름	57	-49
기말현금	170	122

시장 대비 수익률

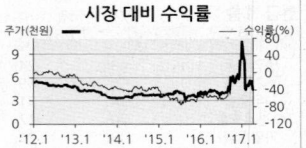

결산 실적 〈단위 : 억원〉

항목	2011	2012	2013	2014	2015	2016
매출액	1,031	961	846	739	668	684
영업이익	86	28	22	17	4	-35
당기순이익	62	35	36	10	9	-82

분기 실적 〈단위 : 억원〉

항목	2015.3Q	2015.4Q	2016.1Q	2016.2Q	2016.3Q	2016.4Q
매출액	168	165	186	159	174	165
영업이익	3	-8	-2	-8	-5	-19
당기순이익	8	-13	-31	-5	-9	-37

재무 상태 〈단위 : 억원〉

항목	2011	2012	2013	2014	2015	2016
총자산	813	930	937	872	1,000	906
유형자산	57	275	260	245	343	356
무형자산	97	87	77	73	70	75
유가증권	84	13	14	13	12	12
총부채	289	293	302	259	416	434
총차입금	87	109	109	109	230	274
자본금	82	82	82	82	82	82
총자본	523	637	635	613	584	472
지배주주지분	523	637	635	613	583	473

기업가치 지표

항목	2011	2012	2013	2014	2015	2016
주가(최고/저)(천원)	6.0/4.9	5.5/4.7	4.9/3.3	4.0/3.3	4.5/3.2	8.6/3.7
PER(최고/저)(배)	20.9/17.0	32.3/27.3	26.8/17.5	72.9/60.3	524.3/375.7	—/—
PBR(최고/저)(배)	1.8/1.4	1.7/1.5	1.5/1.0	1.2/1.0	1.3/1.0	2.9/1.3
EV/EBITDA(배)	7.8	13.1	8.3	10.9	21.1	1,223.4
EPS(원)	377	212	218	61	9	-479
BPS(원)	4,442	4,003	3,989	3,831	3,649	2,972
CFPS(원)	589	438	440	261	177	-259
DPS(원)	400	250	210	210	210	150
EBITDAPS(원)	739	398	357	305	191	7

재무 비율 〈단위 : % 〉

연도	영업이익률	순이익률	부채비율	차입금비율	ROA	ROE	유보율	자기자본비율	EBITDA마진율
2016	-5.1	-11.9	92.0	58.0	-8.6	-14.8	494.4	52.1	0.2
2015	0.6	0.2	71.2	39.3	0.2	0.3	629.8	58.4	4.7
2014	2.3	1.4	42.3	17.7	1.1	1.6	666.2	70.3	6.7
2013	2.6	4.2	47.6	17.1	3.8	5.6	697.8	67.7	6.9

와이솔 (A122990)
WiSoL

업 종 : 휴대폰 및 관련부품	시 장 : KOSDAQ
신용등급 : (Bond) — (CP) —	기업규모 : 우량
홈페이지 : www.wisol.co.kr	연 락 처 : 070)7837-2740
본 사 : 경기도 오산시 가장로 531-7 (가장동)	

설 립 일	2008.06.24	종업원수	576명	대표이사	김지호
상 장 일	2010.09.10	감사의견	적정 (삼일)	계 열	
결 산 기	12월	보 통 주	2,028만주	종속회사수	
액 면 가	500원	우 선 주		구 상 호	

주주구성 (지분율,%)		출자관계 (지분율,%)		주요경쟁사 (외형,%)	
김지호	11.6	위매스	80.0	와이솔	100
조명환	3.4	엠플러스	35.9	삼성전자	46,334
(외국인)	8.0	테라다인	4.7	영풍	609

매출구성		비용구성		수출비중	
SAW 제품군(제품)	62.1	매출원가율	82.5	수출	90.7
RF Module군(제품)	37.0	판관비율	7.6	내수	9.3
로열티(기타)	1.0				

회사 개요

동사는 휴대폰에서 사용되는 RF 솔루션 제품을 주력으로 생산 공급하는 전자부품 설계/제조 전문기업임. 동사는 휴대폰 산업의 지속적 성장으로 SAW Filter 제품 수요도 지속적으로 증가할 것으로 예상됨. Home Entertainment 시장진입을 위해 WIFI, BT, ZigBee, NFC등 모듈이 접목된 모듈화 사업을 지속적으로 추진할 계획이어서 매출 신장이 기대됨.

실적 분석

동사의 2016년 연간 매출은 4,356.8억원으로 전년대비 22.8% 증가, 영업이익은 430.4억원으로 전년대비 18% 증가함. 당기순이익은 318.1억원으로 전년대비 11.6% 증가 시현함. 휴대폰에 사용되는 SAW필터와 모듈, 스마트TV에 채용되는 블루투스 모듈의 수출이 증가. 중국시장의 LTE 전환 지속에 따른 RF필터 수요 확대, 주요 고객사의 출처가 스마트폰 라인업 확대 영향, 스마트TV 생산 증가 등으로 매출 성장세 이어갈 전망

현금 흐름 〈단위 : 억원〉

항목	2015	2016
영업활동	332	717
투자활동	-313	-540
재무활동	51	6
순현금흐름	72	186
기말현금	233	419

시장 대비 수익률

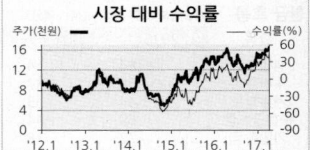

결산 실적 〈단위 : 억원〉

항목	2011	2012	2013	2014	2015	2016
매출액	1,067	1,226	1,741	2,294	3,549	4,357
영업이익	130	109	147	129	365	430
당기순이익	96	83	123	120	285	318

분기 실적 〈단위 : 억원〉

항목	2015.3Q	2015.4Q	2016.1Q	2016.2Q	2016.3Q	2016.4Q
매출액	984	1,029	1,218	942	1,116	1,081
영업이익	97	131	121	87	111	112
당기순이익	66	100	86	23	59	151

재무 상태 〈단위 : 억원〉

항목	2011	2012	2013	2014	2015	2016
총자산	1,034	1,220	1,540	2,087	2,762	2,987
유형자산	449	626	819	1,034	1,434	1,462
무형자산	12	16	29	53	36	53
유가증권	3	2	1	0	0	1
총부채	570	674	755	1,199	1,439	1,405
총차입금	492	546	591	864	788	845
자본금	53	54	80	85	97	101
총자본	463	547	785	888	1,323	1,582
지배주주지분	463	547	785	886	1,321	1,584

기업가치 지표

항목	2011	2012	2013	2014	2015	2016
주가(최고/저)(천원)	11.2/5.1	10.2/6.0	12.6/7.5	11.4/4.7	14.9/6.6	16.2/11.3
PER(최고/저)(배)	20.5/9.4	21.4/12.5	18.4/10.9	18.5/7.5	10.8/4.8	10.4/7.2
PBR(최고/저)(배)	4.1/1.9	3.2/1.9	2.9/1.7	2.3/0.9	2.3/1.0	2.0/1.4
EV/EBITDA(배)	9.8	7.7	6.3	6.4	5.6	4.7
EPS(원)	551	475	682	616	1,359	1,514
BPS(원)	4,515	5,258	5,162	5,796	7,101	8,134
CFPS(원)	1,675	1,858	1,890	1,827	2,771	3,259
DPS(원)	150	25	50	125	225	275
EBITDAPS(원)	2,002	2,101	2,053	1,873	3,174	3,795

재무 비율 〈단위 : % 〉

연도	영업이익률	순이익률	부채비율	차입금비율	ROA	ROE	유보율	자기자본비율	EBITDA마진율
2016	9.9	7.3	88.8	53.4	11.1	22.2	1,526.8	53.0	17.7
2015	10.3	8.0	108.8	59.6	11.8	26.0	1,320.2	47.9	17.2
2014	5.6	5.3	135.0	97.2	6.6	14.5	1,059.1	42.6	13.9
2013	8.5	7.1	96.1	75.2	8.9	18.5	932.4	51.0	17.6

와이아이케이 (A232140)
Daishin Balance 2nd Special Purpose Acquisition

업 종 : 반도체 및 관련장비	시 장 : KOSDAQ
신용등급 : (Bond) — (CP) —	기업규모 : 중견
홈 페 이 지 : 0	연 락 처 : 02)769-3921
본 사 : 서울시 영등포구 국제금융로8길 16	

설 립 일 2015.10.22	종 업 원 수 1명	대 표 이 사 성효국
상 장 일 2015.12.24	감 사 의 견 적정 (원지)	계 열
결 산 기 12월	보 통 주 6,061만주	종속회사수
액 면 가 100원	우 선 주	구 상 호 대신밸런스제2호스팩

주주구성 (지분율,%)		출자관계 (지분율,%)		주요경쟁사 (외형,%)	
샘텍	66.0			와이아이케이	100
Yokogawa Electric Corporation	8.3			마이크로프랜드	66
(외국인)	0.0			테크윙	210

매출구성		비용구성		수출비중	
		매출원가율	67.3	수출	—
		판관비율	18.0	내수	—

회사 개요
동사는 반도체 장비 제조업을 영위하는 회사로, 17년 3월 스팩기업에서 제조업으로 합병 신규상장한 기업. 주요 사업인 반도체 메모리 웨이퍼 테스터는 전방산업인 반도체 업황과 납품처인 반도체 소자업체의 해당 제품 투자의 가동률, 공정 전환 등에 큰 영향을 받음. 주력 매출처인 삼성전자는 반도체 소자로 빠른 기술 개발 및 양산 투자 확대를 실시. 매출처 다변화를 위한 노력을 하고 있음.

실적 분석
동사의 2016년 연결기준 연간 매출액은 676.6억원으로 전년대비 36.6% 감소함. 반도체 시장에서 삼성전자와 SK하이닉스가 DRAM과 NAND 점유율의 대부분을 차지하고 있으며, 지속적으로 웨이퍼 테스트 장비를 공급할 예정. 일본 Yokogawa Test Solution으로부터 사업부 양수 후 삼성전자에 편중되어 있는 매출구조를 변경하고자 다양한 매출처 확보에 주력하고 있음.

현금 흐름 *IFRS 별도 기준 〈단위 : 억원〉

항목	2015	2016
영업활동	152	-97
투자활동	-88	-167
재무활동	-18	245
순현금흐름	46	-19
기말현금	104	86

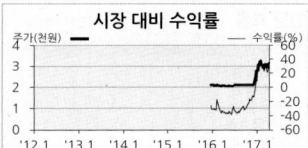

결산 실적 〈단위 : 억원〉

항목	2011	2012	2013	2014	2015	2016
매출액	—	—	708	—	1,068	677
영업이익	—	—	91	—	154	99
당기순이익	—	—	65	—	128	82

분기 실적 *IFRS 별도 기준 〈단위 : 억원〉

항목	2015.3Q	2015.4Q	2016.1Q	2016.2Q	2016.3Q	2016.4Q
매출액	—	317	—	—	—	—
영업이익	—	-3	—	—	—	—
당기순이익	—	-1	—	—	—	—

재무 상태 *IFRS 별도 기준 〈단위 : 억원〉

항목	2011	2012	2013	2014	2015	2016
총자산			561		650	943
유형자산			16		85	151
무형자산			49		38	31
유가증권			51		46	70
총부채			453		349	544
총차입금			50		32	278
자본금			40		40	40
총자본			108		301	399
지배주주지분			108		301	399

기업가치 지표 *IFRS 별도 기준

항목	2011	2012	2013	2014	2015	2016
주가(최고/저)(천원)	—/—	—/—	—/—	—/—	2.1/2.1	2.8/2.0
PER(최고/저)(배)	0.0/0.0	0.0/0.0	0.0/0.0	0.0/0.0	10.1/10.1	21.6/15.7
PBR(최고/저)(배)	0.0/0.0	0.0/0.0	0.0/0.0	0.0/0.0	4.2/4.2	4.3/3.1
EV/EBITDA(배)	0.0	0.0	0.0	0.0	0.7	3.8
EPS(원)	—	—	107	—	207	130
BPS(원)	—	—	13,449	—	37,570	49,864
CFPS(원)	—	—	9,715	—	18,037	12,389
DPS(원)	—	—	—	—	—	—
EBITDAPS(원)	—	—	12,978	—	21,002	15,358

재무 비율 〈단위 : % 〉

연도	영업이익률	순이익률	부채비율	차입금비율	ROA	ROE	유보율	자기자본비율	EBITDA마진율
2016	14.7	12.1	137.3	68.9	10.1	23.2	908.2	42.2	17.8
2015	14.4	12.0	116.9	10.6			655.6	46.1	16.2
2014	0.0	0.0	0.0	0.0			0.0	0.0	0.0
2013	12.9	9.2	421.1	46.5			169.0	19.2	14.7

와이엔텍 (A067900)
Y-Entec

업 종 : 상업서비스	시 장 : KOSDAQ
신용등급 : (Bond) — (CP) —	기업규모 : 중견
홈 페 이 지 : www.y-entec.co.kr	연 락 처 : 061)690-6900
본 사 : 전남 여수시 여수산단로 1232 (월내동)	

설 립 일 1990.08.31	종 업 원 수 174명	대 표 이 사 김연석
상 장 일 2005.12.23	감 사 의 견 적정 (승일)	계 열
결 산 기 12월	보 통 주 1,784만주	종속회사수
액 면 가 500원	우 선 주	구 상 호

주주구성 (지분율,%)		출자관계 (지분율,%)		주요경쟁사 (외형,%)	
박용하	32.6	비에스쉬핑	100.0	와이엔텍	100
박지영	8.7			인선이엔티	233
(외국인)	1.2			C&S자산관리	374

매출구성		비용구성		수출비중	
기타	25.7	매출원가율	78.1	수출	—
해상운송	25.0	판관비율	5.8	내수	—
중간처리 용역	19.6				

회사 개요
동사는 폐기물소각, 골프장 운영, 해상운송, 레미콘, 전문건설 등을 주요사업으로 영위하고 있음. 전체 매출에서 차지하는 비중은 폐기물의 중간 및 최종처리사업이 약 30%, 해상운송(탱커선)이 35.1%, 레미콘 부문이 14%로써 신규 매출을 올리고 있음. 퍼블릭골프장을 운영함으로써 신규 매출을 올리고 있음. 전라남도의 산업단지와 공업단지 중 동양최대의 석유화학 산업단지로 불리는 여수국가산업단지를 중심으로 폐기물 사업을 영위하고 있음.

실적 분석
동사의 2016년 매출액은 580.6억원으로 전년 대비 19.1% 증가함. 영업이익은 93.5억원으로 전년 대비 22.8% 증가함. 당기순이익은 54.9억원으로 42.6% 증가함. 국내 환경산업 시장 규모는 해마다 꾸준히 성장하고 있음. 동사는 많은 폐기물을 손쉽게 처리할 수 있는 능력을 갖추고 있음. 고정적인 대형 배출업체 확보와 안정적인 물량확보에서도 경쟁우위를 보임.

현금 흐름 *IFRS 별도 기준 〈단위 : 억원〉

항목	2015	2016
영업활동	108	94
투자활동	-42	-171
재무활동	-33	96
순현금흐름	63	19
기말현금	76	95

결산 실적 〈단위 : 억원〉

항목	2011	2012	2013	2014	2015	2016
매출액	453	485	404	486	488	581
영업이익	69	70	70	70	76	94
당기순이익	40	43	50	37	38	55

분기 실적 *IFRS 별도 기준 〈단위 : 억원〉

항목	2015.3Q	2015.4Q	2016.1Q	2016.2Q	2016.3Q	2016.4Q
매출액	133	—	—	—	164	—
영업이익	30	—	—	—	28	—
당기순이익	13	—	—	—	40	—

재무 상태 〈단위 : 억원〉

항목	2011	2012	2013	2014	2015	2016
총자산	1,052	1,060	1,199	1,273	1,289	1,733
유형자산	807	816	942	1,075	1,063	1,468
무형자산	34	34	34	34	34	34
유가증권	11	12	9	4	4	4
총부채	412	377	471	505	481	763
총차입금	272	258	347	341	321	597
자본금	70	70	70	70	70	89
총자본	640	683	728	767	808	970
지배주주지분	640	683	728	767	808	961

기업가치 지표

항목	2011	2012	2013	2014	2015	2016
주가(최고/저)(천원)	2.9/1.8	5.3/2.2	2.9/1.9	3.4/2.1	4.4/2.4	4.0/3.1
PER(최고/저)(배)	10.8/6.6	18.2/7.7	8.6/5.7	13.7/8.4	16.9/9.5	10.8/8.3
PBR(최고/저)(배)	0.7/0.4	1.2/0.5	0.6/0.4	0.7/0.4	0.8/0.5	0.7/0.6
EV/EBITDA(배)	6.1	4.8	5.8	6.2	7.5
EPS(원)	269	291	333	251	258	368
BPS(원)	4,588	4,887	5,210	5,474	5,744	5,386
CFPS(원)	572	656	582	514	575	748
DPS(원)	—	—	—	—	10	—
EBITDAPS(원)	778	847	728	748	843	992

재무 비율 〈단위 : % 〉

연도	영업이익률	순이익률	부채비율	차입금비율	ROA	ROE	유보율	자기자본비율	EBITDA마진율
2016	16.1	9.5	78.7	61.6	3.6	6.4	977.2	56.0	26.1
2015	15.6	7.9	59.6	39.7	3.0	4.9	1,048.7	62.7	24.3
2014	14.5	7.7	65.9	44.4	3.0	5.0	994.8	60.3	21.6
2013	17.4	12.3	64.8	47.7	4.4	7.0	941.9	60.7	25.3

와이엠씨 (A155650)
YMC

업 종 : 디스플레이 및 관련부품		시 장 : KOSDAQ	
신용등급 : (Bond) — (CP) —		기업규모 : 중견	
홈페이지 : www.ymc-inc.com		연락처 : 041)538-5200	
본 사 : 충남 아산시 둔포면 아산밸리중앙로 154-25			

설 립 일	2008.02.12	종 업 원 수	180명	대 표 이 사	이윤용
상 장 일	2012.11.15	감 사 의 견	적정 (삼화)	계 열	
결 산 기	12월	보 통 주	987만주	종 속 회 사 수	
액 면 가	500원	우 선 주		구 상 호	

주주구성 (지분율,%)		출자관계 (지분율,%)		주요경쟁사 (외형,%)	
이윤용	31.7	와이엠씨홀딩스 100.0		와이엠씨	100
한국증권금융	8.4			한국컴퓨터	192
(외국인)	3.3			케이맥	73

매출구성		비용구성		수출비중	
FPD소재	47.2	매출원가율	84.4	수출	70.9
FPD용 장비부품	41.2	판관비율	6.7	내수	29.1
상품	11.7				

회사 개요
동사는 2008년에 설립된 FPD(평판디스플레이)산업용 부품 및 소재 제조기업으로 2012년에 코스닥시장에 상장됨. 주요 거래처로 삼성디스플레이 등 디스플레이기업 30개사를 보유함. 2013년에 와이엠씨홀딩스홍콩에 출자를 완료하였으며(지분율 100%), 자회사 및 자회사가 지분을 보유한 평판디스플레이 제조기업 와이엠씨전자재료소주유한공사가 연결대상 종속회사에 속함. 와이엠씨전자재료소주유한공사는 2014년 5월에 생산공장 준공 완료함.

실적 분석
동사는 2016년에 연결기준 1,228.1억원의 매출을 달성하여 전기 대비 131.1%의 매출 증가를 시현함. 매출 확대 영향으로 영업이익 108.6억원을 시현하며 전기 29.2억원 대비 큰폭으로 이익이 확대되었고, 당기순이익도 91.7억원을 시현하며 전년동기 20.6억원에서 큰폭으로 확대됨. 주요제품의 생산성 향상 및 OLED부품의 매출증가에 따른 고정비율의 감소효과와 손자회사인 소주외연세전자재료유한공사의 흑자전환에 힘입은 성장임.

현금 흐름 〈단위 : 억원〉
항목	2015	2016
영업활동	65	207
투자활동	-30	-113
재무활동	-2	19
순현금흐름	33	114
기말현금	103	217

시장 대비 수익률
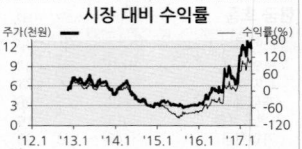

결산 실적 〈단위 : 억원〉
항목	2011	2012	2013	2014	2015	2016
매출액	421	457	470	472	531	1,228
영업이익	60	83	57	16	29	109
당기순이익	53	73	48	1	21	92

분기 실적 〈단위 : 억원〉
항목	2015.3Q	2015.4Q	2016.1Q	2016.2Q	2016.3Q	2016.4Q
매출액	129	148	246	251	229	502
영업이익	9	10	9	32	16	51
당기순이익	10	2	8	27	11	46

재무 상태 〈단위 : 억원〉
항목	2011	2012	2013	2014	2015	2016
총자산	273	473	508	516	548	977
유형자산	102	176	177	219	218	316
무형자산	1	6	22	17	12	15
유가증권	5	—	—	—	—	1
총부채	151	119	104	118	139	479
총차입금	93	58	51	70	78	97
자본금	16	49	49	49	49	49
총자본	121	354	404	398	409	498
지배주주지분	121	354	404	398	409	498

기업가치 지표
항목	2011	2012	2013	2014	2015	2016
주가(최고/저)(천원)	—/—	7.2/5.4	7.9/4.5	6.9/2.7	3.8/2.7	10.7/3.1
PER(최고/저)(배)	0.0/0.0	7.9/6.0	16.4/9.4	958.7/383.5	18.8/13.0	11.5/3.4
PBR(최고/저)(배)	0.0/0.0	2.0/1.5	2.0/1.1	1.7/0.7	0.9/0.6	2.0/0.6
EV/EBITDA(배)	0.5	6.2	4.9	6.0	4.2	6.7
EPS(원)	791	929	493	7	209	930
BPS(원)	3,320	3,636	4,116	4,134	4,347	5,246
CFPS(원)	1,823	1,152	704	270	474	1,194
DPS(원)	—	—	—	—	—	200
EBITDAPS(원)	2,014	1,273	798	427	561	1,365

재무 비율 〈단위 : % 〉
연도	영업이익률	순이익률	부채비율	차입금비율	ROA	ROE	유보율	자기자본비율	EBITDA마진율
2016	8.8	7.5	96.3	19.4	12.0	20.2	949.3	51.0	11.0
2015	5.5	3.9	34.1	19.1	3.9	5.1	769.4	74.6	10.4
2014	3.4	0.2	29.7	17.6	0.1	0.2	726.7	77.1	8.9
2013	12.2	10.2	25.7	12.7	9.8	12.7	723.3	79.5	16.5

와이오엠 (A066430)
Y-OPTICS MANUFACTURE

업 종 : 섬유 및 의복		시 장 : KOSDAQ	
신용등급 : (Bond) — (CP) —		기업규모 :	
홈페이지 : www.yopticsm.com		연락처 : 02)540-0047	
본 사 : 서울시 강남구 논현로 554, 4층 (역삼동, 삼성빌딩)			

설 립 일	1999.01.11	종 업 원 수	23명	대 표 이 사	이준희
상 장 일	2002.12.24	감 사 의 견	적정 (동명)	계 열	
결 산 기	12월	보 통 주	3,138만주	종 속 회 사 수	
액 면 가	500원	우 선 주		구 상 호	케이엠알씨

주주구성 (지분율,%)		출자관계 (지분율,%)		주요경쟁사 (외형,%)	
김수현	13.9	에스에이치제약 31.5		와이오엠	100
이준희	11.7	디유에이엔아이 19.4		진도	843
(외국인)	12.7	디지털베이시스템 19.0		대한방직	1,684

매출구성		비용구성		수출비중	
기능성 신발, 의류	98.4	매출원가율	91.0	수출	0.0
임대수익, ESS 등	1.6	판관비율	5.6	내수	100.0

회사 개요
동사는 1999년 설립된 화장품 제조판매 기업으로 2002년 코스닥 시장에 상장되었으며, 2009년 이그린어지에서 스템싸이언스로 사명을 변경한 후, 케이엠알앤씨, 신후를 거쳐 2016년 7월에 (주)와이오엠으로 사명을 변경함. 주요 사업으로는 신발, 의류, 잡화의 제조 판매 사업을 영위하고 있으며, 전기에 설립한 신후이엔티를 통해 엔터테인먼트 사업과, 당기 지분을 취득한 종속회사를 통해 필름제조업, 합성수지 도소매업을 영위하고 있음.

실적 분석
동사의 2016년 매출액은 145.8억원임. 영업이익은 5억원, 당기순손실은 104.9억원으로 적자지속됨. Ryn 브랜드 중심의 신발의류 매출은 줄었으나 산업용 포장재 매출이 신규로 발생함. 현대모비스, LG전자 등 HDPE 필름, VCI 필름, LDPE 필름 등을 안정적으로 공급함으로써 시장점유율을 높이고 있음. 그러나 동사 제품은 대표적인 소비재로 경기 변동에 민감하다는 약점이 있음.

현금 흐름 〈단위 : 억원〉
항목	2015	2016
영업활동	—	15
투자활동	—	39
재무활동	—	-21
순현금흐름	3	-1
기말현금	4	3

시장 대비 수익률
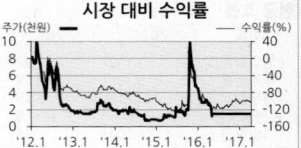

결산 실적 〈단위 : 억원〉
항목	2011	2012	2013	2014	2015	2016
매출액	60	48	64	59	—	146
영업이익	-64	-7	3	-55	—	5
당기순이익	-144	-140	5	-156	-68	-105

분기 실적 〈단위 : 억원〉
항목	2015.3Q	2015.4Q	2016.1Q	2016.2Q	2016.3Q	2016.4Q
매출액	3	—	—	5	82	—
영업이익	-5	—	—	-12	-3	—
당기순이익	-2	—	—	-19	-2	—

재무 상태 〈단위 : 억원〉
항목	2011	2012	2013	2014	2015	2016
총자산	330	90	96	73	257	147
유형자산	39	2	1	62	7	16
무형자산	75	2	0	0	77	0
유가증권	11	1	10	—	0	0
총부채	208	25	16	29	114	54
총차입금	149	5	4	2	76	31
자본금	127	165	49	119	131	157
총자본	123	65	80	44	143	93
지배주주지분	123	65	80	44	139	93

기업가치 지표
항목	2011	2012	2013	2014	2015	2016
주가(최고/저)(천원)	37.3/6.2	11.9/3.3	8.1/1.4	3.2/1.5	11.3/0.7	4.4/1.0
PER(최고/저)(배)	—/—	—/—	68.5/11.7	—/—	—/—	—/—
PBR(최고/저)(배)	9.0/1.5	6.6/1.8	4.5/0.8	7.1/3.3	19.9/1.2	13.3/3.0
EV/EBITDA(배)	—	10.6	7.8	—	0.0	92.8
EPS(원)	-5,012	-3,628	118	-2,871	-377	-352
BPS(원)	518	225	909	223	566	327
CFPS(원)	-591	-367	77	-1,421	-377	-351
DPS(원)	—	—	—	—	—	—
EBITDAPS(원)	-242	63	53	-494	—	18

재무 비율 〈단위 : % 〉
연도	영업이익률	순이익률	부채비율	차입금비율	ROA	ROE	유보율	자기자본비율	EBITDA마진율
2016	3.4	-72.0	일부잠식	일부잠식	-51.9	-90.3	-34.6	63.4	3.7
2015	—	—	80.2	53.4	-27.7	-67.4	13.3	55.5	0.0
2014	-93.4	-264.2	일부잠식	일부잠식	-184.1	-250.9	-55.5	60.0	-90.8
2013	4.7	7.9	19.7	4.8	5.4	7.0	81.7	83.5	7.1

와이제이엠게임즈 (A193250)
YJM Games

<table>
<tr><td>업　　종 : 휴대폰 및 관련부품</td><td>시　　장 : KOSDAQ</td></tr>
<tr><td>신용등급 : (Bond) ―　　(CP) ―</td><td>기업규모 : 중견</td></tr>
<tr><td>홈페이지 : www.yjmgames.com</td><td>연 락 처 : 02)591-1310</td></tr>
<tr><td colspan="2">본　　사 : 서울시 강남구 테헤란로77길 11-9 삼성타워 8층</td></tr>
</table>

설 립 일 2004.05.21	종 업 원 수 37명	대 표 이 사 홍순일
상 장 일 2014.12.29	감 사 의 견 적정 (창)	계　　열
결 산 기 12월	보 통 주 4,564만주	종 속 회 사 수
액 면 가 100원	우 선 주	구 상 호 영백씨엠

주주구성 (지분율,%)		출자관계 (지분율,%)		주요경쟁사 (외형,%)	
더블유투자금융주식형투자조합제2호	29.1	서울브이알스타트업스	66.7	와이제이엠게임즈	100
민용재	10.2	와이제이엠엔터테인먼트	45.0	삼성전자	458,382
(외국인)	0.3	일리언	30.0	영풍	6,027

매출구성		비용구성		수출비중	
진동(코인타입)	97.8	매출원가율	74.2	수출	―
기타	1.1	판관비율	20.6	내수	―
하네스	0.9				

회사 개요
동사는 스마트폰/IT 핵심부품인 코인타입 진동모터 제조와, 게임 콘텐츠 글로벌 퍼블리싱, VR사업을 주요 사업으로 영위하고 있음. 관계사로 중국 내 3개의 진동모터 생산공장과 게임개발사인 와이제이엠엔터테인먼트가 있음. 진동 모터 주 고객으로 국내 최대 스마트폰 제조사를 보유하고 있으며, 게임사업부분은 자체 개발 게임 및 파트너 개발사와의 모바일게임을 국내외 퍼블리싱하고 VR게임 게임제작, 인력육성 등의 사업을 포함하고 있음.

실적 분석
동사의 2016년 연결기준 매출액은 440.4억원으로 전년 동기대비 8.5% 증가함. 하지만 부진사업 정리 등에 따른 비용 발생 및 게임사업 본격화에 따른 판관비 증가로 영업이익은 전년 동기대비 61.3% 감소한 22.9억원을 기록함. 당기순이익은 지분법 손실을 반영하며 전년 동기대비 적자전환함. 진동모터 사업부문의 신제품 적용 확대 노력과 게임 사업부문의 향후 더욱 광범위한 퍼블리싱 사업을 통한 매출 증대를 꾀하고 있음.

현금 흐름　〈단위 : 억원〉

항목	2015	2016
영업활동	105	10
투자활동	-28	-518
재무활동	-5	700
순현금흐름	72	198
기말현금	117	315

시장 대비 수익률
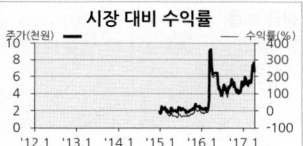

결산 실적　〈단위 : 억원〉

항목	2011	2012	2013	2014	2015	2016
매출액	―	303	469	396	406	440
영업이익	―	27	65	26	59	23
당기순이익	―	20	52	23	52	-10

분기 실적　〈단위 : 억원〉

항목	2015.3Q	2015.4Q	2016.1Q	2016.2Q	2016.3Q	2016.4Q
매출액	125	130	119	108	128	85
영업이익	21	20	21	6	-4	0
당기순이익	19	17	15	-0	-7	-18

재무 상태　〈단위 : 억원〉

항목	2011	2012	2013	2014	2015	2016
총자산	―	93	192	209	308	952
유형자산	12	16	26	31	29	
무형자산	0	0	0	0	0	2
유가증권			1	2	24	187
총부채		49	97	54	99	75
총차입금		0	30	17	11	10
자본금	10	10	13	13	45	
총자본		44	95	155	209	877
지배주주지분		44	95	155	209	874

기업가치 지표

항목	2011	2012	2013	2014	2015	2016
주가(최고/저)(천원)	―/―	―/―	―/―	1.9/1.8	2.8/1.6	9.8/2.1
PER(최고/저)(배)	0.0/0.0	0.0/0.0	0.0/0.0	8.3/8.1	7.4/4.3	―/―
PBR(최고/저)(배)	0.0/0.0	0.0/0.0	0.0/0.0	1.7/1.6	1.8/1.1	5.1/1.1
EV/EBITDA(배)	0.0		0.1	6.6	2.8	47.6
EPS(원)		202	518	229	382	-27
BPS(원)		2,224	4,746	5,747	7,750	1,931
CFPS(원)		1,143	2,768	1,437	2,251	6
DPS(원)					50	
EBITDAPS(원)		1,498	3,407	1,581	2,537	97

재무 비율　〈단위 : % 〉

연도	영업이익률	순이익률	부채비율	차입금비율	ROA	ROE	유보율	자기자본비율	EBITDA마진율
2016	5.2	-2.3	8.6	1.1	-1.6	-1.8	1,831.1	92.1	8.0
2015	14.6	12.7	47.5	5.4	19.9	28.3	1,450.1	67.8	16.8
2014	6.6	5.8	35.0	11.2	11.5	18.5	1,049.3	74.1	8.1
2013	13.8	11.1	102.3	31.1	36.3	74.3	849.3	49.4	14.5

와이지엔터테인먼트 (A122870)
YG Entertainment

<table>
<tr><td>업　　종 : 미디어</td><td>시　　장 : KOSDAQ</td></tr>
<tr><td>신용등급 : (Bond) ―　　(CP) ―</td><td>기업규모 : 우량</td></tr>
<tr><td>홈페이지 : www.ygfamily.com</td><td>연 락 처 : 02)3142-1104</td></tr>
<tr><td colspan="2">본　　사 : 서울시 마포구 희우정로 1길 3</td></tr>
</table>

설 립 일 1998.02.24	종 업 원 수 290명	대 표 이 사 양민석
상 장 일 2011.11.23	감 사 의 견 적정 (한영)	계　　열
결 산 기 12월	보 통 주 1,819만주	종 속 회 사 수
액 면 가 500원	우 선 주 136만주	구 상 호

주주구성 (지분율,%)		출자관계 (지분율,%)		주요경쟁사 (외형,%)	
양현석	19.1	하이그라운드	100.0	와이지엔터테인먼트	100
네이버	10.1	피에스와이지	50.0	에스엠	109
(외국인)	14.5	네추럴나인	49.0	스카이라이프	207

매출구성		비용구성		수출비중	
음반/음원등 제품매출	25.7	매출원가율	70.5	수출	57.5
기타매출	23.0	판관비율	19.6	내수	42.5
콘서트공연매출	21.8				

회사 개요
동사는 음악 및 기타 오디오물 출판, 아티스트의 육성 및 매니지먼트 등의 사업을 영위하는 기업으로 1998년 설립되어 2011년에 코스닥 시장에 상장됨. 빅뱅, 2NE1, 싸이 등의 대표가수를 중심으로 브랜드파워를 가진 엔터테인먼트사이자, 전 앨범을 회사내에서 만들 수 있는 자체 제작 시스템을 보유한 음원제작사임. 연결대상 종속법인은 국내, 일본, 홍콩, 미국의 현지 엔터테인먼트 법인 등 다수가 있음.

실적 분석
동사는 2016년 신규사업이 추가되어 연결 기준 3,218.4원의 매출액을 달성, 전년대비 66.7% 증가한 실적을 달성. 용역 원가 부담에도 불구하고 매출 증가에 힘입어 영업이익은 전년동기 대비 46.3% 증가한 319.2억원을 기록함. 동사의 매출액은 28%가 음반, 음원 등 제품매출에서 발생했으며 24%는 로열티 매출, 19%는 콘서트공연 매출 등으로 구성되어 있음. 다만 법인세 비용 증가 등으로 동사의 당기순이익은 41.2% 감소함.

현금 흐름　〈단위 : 억원〉

항목	2015	2016
영업활동	57	324
투자활동	-1,148	-678
재무활동	15	633
순현금흐름	-1,076	279
기말현금	345	624

시장 대비 수익률
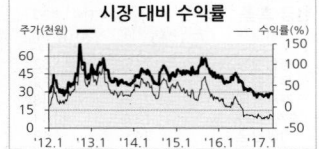

결산 실적　〈단위 : 억원〉

항목	2011	2012	2013	2014	2015	2016
매출액	781	1,066	1,163	1,563	1,931	3,218
영업이익	178	215	222	219	218	319
당기순이익	129	188	151	183	240	141

분기 실적　〈단위 : 억원〉

항목	2015.3Q	2015.4Q	2016.1Q	2016.2Q	2016.3Q	2016.4Q
매출액	477	558	730	773	1,013	703
영업이익	55	41	95	68	121	35
당기순이익	46	20	64	66	23	-12

재무 상태　〈단위 : 억원〉

항목	2011	2012	2013	2014	2015	2016
총자산	904	1,175	1,320	3,405	3,754	4,868
유형자산	62	105	127	281	469	614
무형자산	52	79	87	209	359	332
유가증권	44	177	491	958	793	1,275
총부채	140	201	198	943	1,061	1,365
총차입금				605	630	669
자본금	27	53	54	77	77	84
총자본	764	974	1,123	2,462	2,693	3,504
지배주주지분	764	974	1,104	1,773	2,037	2,809

기업가치 지표

항목	2011	2012	2013	2014	2015	2016
주가(최고/저)(천원)	32.6/25.5	77.5/26.4	63.1/33.7	53.1/35.1	58.9/39.9	46.4/25.2
PER(최고/저)(배)	26.6/20.8	56.8/19.3	57.0/30.5	41.8/27.6	35.2/23.9	42.7/23.2
PBR(최고/저)(배)	5.8/4.5	11.1/3.8	8.0/4.3	5.0/3.3	4.8/3.3	2.9/1.6
EV/EBITDA(배)	15.0	23.2	19.1	22.3	23.1	10.3
EPS(원)	1,267	1,409	1,138	1,297	1,700	1,094
BPS(원)	15,320	9,437	10,615	10,830	12,440	16,007
CFPS(원)	3,967	2,130	1,770	1,556	1,979	1,516
DPS(원)		300	300	250	350	200
EBITDAPS(원)	5,207	2,397	2,422	1,734	1,608	2,286

재무 비율　〈단위 : % 〉

연도	영업이익률	순이익률	부채비율	차입금비율	ROA	ROE	유보율	자기자본비율	EBITDA마진율
2016	9.9	4.4	39.0	19.1	3.3	7.7	3,299.0	72.0	12.2
2015	11.3	12.4	39.4	23.4	6.7	14.7	2,556.3	71.7	13.7
2014	14.0	11.7	38.3	24.6	7.7	13.4	2,212.5	72.3	16.5
2013	19.1	13.0	17.6	0.0	12.1	14.9	1,959.5	85.0	21.5

와이지-원 (A019210)
YG-1

업 종 : 기계	시 장 : KOSDAQ
신용등급 : (Bond) BBB (CP) —	기업규모 : 우량
홈 페 이 지 : www.yg1.co.kr	연 락 처 : 032)526-0909
본 사 : 인천시 부평구 세월천로 211	

설 립 일 1981.12.20	종 업 원 수 1,630명	대 표 이 사 송호근
상 장 일 1997.08.06	감 사 의 견 적정 (안진)	계 열
결 산 기 12월	보 통 주 2,433만주	종속회사수
액 면 가 500원	우 선 주 519만주	구 상 호

주주구성 (지분율,%)
송호근	35.8
개인특매개그로스캠피소1801호스외국투자적전회사	20.0
(외국인)	11.1
(외국인)	12.3

출자관계 (지분율,%)
인천돼개발전문위탁관리부동산투자회사	20.0
QingdaoYG-1ToolCo.,Ltd	100.0
QingdaoNewCenturyToolCo.,Ltd	100.0

주요경쟁사 (외형,%)
와이지-원	100
태광	73
삼익THK	75

매출구성
절삭공구 부문	100.0

비용구성
매출원가율	68.3
판관비율	19.2

수출비중
수출	75.8
내수	24.2

회사 개요
1981년 설립돼 1997년 코스닥 시장에 상장된 동사는 공작기계, IT기기, 자동차, 선박, 항공기 등을 정밀 가공하는 절삭공구를 제조하고 판매하는 것을 주요 사업으로 영위하고 있음. 인천에 위치한 본사를 포함해 국내에 생산공장 8개와 독일, 미국, 일본, 캐나다 등 해외에 생산법인 12개를 보유하고 있음. 국내매출비율은 24.2%, 해외매출 비율은 75.8%임.

실적 분석
2016년 연결기준 동사는 매출액 3,347.2억원을 시현함. 이는 전년도 대비 4% 증가한 수치임. 영업이익 역시 6% 증가한 417.6억원을 기록함. 판매비와 관리비가 12.9% 증가했지만 매출상승과 매출원가율 개선이 영업이익 증가에 기여함. 비영업부문은 손실이 지속됐지만 적자폭은 줄어듦. 당기순이익은 전년도 141.3억원보다 30% 증가한 183.7억원을 시현함.

현금 흐름 〈단위 : 억원〉
항목	2015	2016
영업활동	745	582
투자활동	-341	-693
재무활동	-259	8
순현금흐름	137	-103
기말현금	243	140

시장 대비 수익률

결산 실적 〈단위 : 억원〉
항목	2011	2012	2013	2014	2015	2016
매출액	2,686	2,790	2,806	2,977	3,219	3,347
영업이익	471	355	224	317	394	418
당기순이익	260	125	69	116	141	184

분기 실적 〈단위 : 억원〉
항목	2015.3Q	2015.4Q	2016.1Q	2016.2Q	2016.3Q	2016.4Q
매출액	931	753	768	802	909	869
영업이익	133	93	68	111	121	117
당기순이익	49	25	41	22	74	47

재무 상태 〈단위 : 억원〉
항목	2011	2012	2013	2014	2015	2016
총자산	5,038	5,895	5,907	6,083	6,211	6,661
유형자산	2,128	2,542	2,704	2,847	3,109	3,571
무형자산	18	19	15	23	52	43
유가증권	7	17	16	16	14	11
총부채	3,496	3,983	3,896	4,021	3,667	3,954
총차입금	2,914	3,294	3,239	3,528	3,066	3,190
자본금	108	120	124	124	143	150
총자본	1,542	1,911	2,011	2,062	2,544	2,707
지배주주지분	1,540	1,912	2,017	2,061	2,542	2,705

기업가치 지표
항목	2011	2012	2013	2014	2015	2016
주가(최고/저)(천원)	16.9/3.8	15.1/8.4	13.0/10.6	12.4/8.4	14.0/8.7	12.1/8.6
PER(최고/저)(배)	15.4/3.5	28.8/16.1	47.4/38.7	25.5/17.3	27.6/17.3	18.0/12.8
PBR(최고/저)(배)	2.6/0.6	2.1/1.1	1.7/1.4	1.6/1.1	1.6/1.0	1.3/1.0
EV/EBITDA(배)	9.8	14.0	10.1	12.8	9.6	8.5	7.4
EPS(원)	1,198	566	292	510	523	683
BPS(원)	7,127	7,964	8,124	8,407	8,979	9,275
CFPS(원)	1,979	1,502	1,246	1,542	1,516	1,757
DPS(원)	200	200	150	150	150	170
EBITDAPS(원)	2,958	2,526	1,862	2,339	2,451	2,628

재무 비율 〈단위 : % 〉
연도	영업이익률	순이익률	부채비율	차입금비율	ROA	ROE	유보율	자기자본비율	EBITDA마진율
2016	12.5	5.5	146.1	117.8	2.9	7.0	1,719.8	40.6	21.1
2015	12.2	4.4	144.2	120.5	2.3	6.1	1,695.8	41.0	20.6
2014	10.7	3.9	195.0	171.1	1.9	6.1	1,581.4	33.9	19.1
2013	8.0	2.4	193.7	161.0	1.2	3.7	1,524.7	34.0	16.3

와이지플러스 (A037270)
YG PLUS

업 종 : 미디어	시 장 : 거래소
신용등급 : (Bond) — (CP) —	기업규모 : 시가총액 소형주
홈 페 이 지 : www.ygplus.com	연 락 처 : 02)3140-4600
본 사 : 서울시 강남구 도산대로15길 12	

설 립 일 1996.11.15	종 업 원 수 57명	대 표 이 사 양민석
상 장 일 2003.08.01	감 사 의 견 적정 (한영)	계 열
결 산 기 12월	보 통 주 5,817만주	종속회사수
액 면 가 500원	우 선 주 85만주	구 상 호 휘닉스홀딩스

주주구성 (지분율,%)
와이지엔터테인먼트	38.2
양현석	7.5
(외국인)	0.4

출자관계 (지분율,%)
와이지프라이빗에쿼티	100.0
와이지케이플러스	100.0
지애드커뮤니케이션	100.0

주요경쟁사 (외형,%)
YG PLUS	100
초록뱀	151
씨그널엔터테인먼트그룹	34

매출구성
용역매출	47.5
상·제품매출	32.1
광고사업매출	20.4

비용구성
매출원가율	66.8
판관비율	42.8

수출비중
수출	18.6
내수	81.4

회사 개요
동사의 주요사업은 광고대행업과 MD제조 및 유통판매업이며, 종속회사를 통해 화장품, 골프매니지먼트, 모델매니지먼트 및 외식프랜차이즈 등의 사업을 영위하고 있음. 2014년 12월 (주)와이지엔터테인먼트의 종속회사로 편입되어, 향후 YG의 브랜드를 활용한 광고사업 확장의 가능성이 있다고 판단됨. 기존 노하우와 YG 브랜드 파워를 활용하여 보다 참신한 아이디어로 광고사업부문의 성장을 이루고자 함.

실적 분석
동사는 2016년 매출액 703.6억원, 영업손실 67.6억원, 당기순손실 54.5억원을 기록하였음. 매출액은 2015년 중도 편입/신설된 종속회사 매출의 2016년 연간 반영 및 전 사업부의 고른 성장으로 전년대비 140.77% 증가하였으며 화장품, F&B 신규 사업의 영향으로 영업손실 및 당기순손실이 지속되었음. 동사는 2016년 사업다각화로 사업부분을 기존 광고사업 외에 아래와 같이 상제품, 용역으로 추가하여 구분하고 있음.

현금 흐름 〈단위 : 억원〉
항목	2015	2016
영업활동	-42	-46
투자활동	-797	-134
재무활동	76	93
순현금흐름	-764	-89
기말현금	175	86

시장 대비 수익률

결산 실적 〈단위 : 억원〉
항목	2011	2012	2013	2014	2015	2016
매출액	297	306	202	102	292	704
영업이익	-7	-24	-24	-16	-70	-68
당기순이익	12	-20	-29	-35	-45	-54

분기 실적 〈단위 : 억원〉
항목	2015.3Q	2015.4Q	2016.1Q	2016.2Q	2016.3Q	2016.4Q
매출액	96	94	107	222	191	184
영업이익	-20	-24	-16	-10	-9	-33
당기순이익	-24	-24	3	2	-18	-41

재무 상태 〈단위 : 억원〉
항목	2011	2012	2013	2014	2015	2016
총자산	511	468	421	1,098	1,165	1,230
유형자산	131	129	127	13	35	67
무형자산	45	36	33	20	131	134
유가증권	4	4	4	—	487	574
총부채	164	146	128	48	124	157
총차입금	—	—	—	—	11	36
자본금	125	125	125	287	294	297
총자본	347	322	293	1,050	1,040	1,073
지배주주지분	341	315	283	1,024	1,031	1,032

기업가치 지표
항목	2011	2012	2013	2014	2015	2016
주가(최고/저)(천원)	2.2/0.6	1.9/0.8	2.1/0.9	4.5/1.4	6.1/2.8	3.6/1.8
PER(최고/저)(배)	43.9/11.5	—/—	—/—	—/—	—/—	—/—
PBR(최고/저)(배)	1.4/0.4	1.3/0.6	1.6/0.7	2.5/0.8	3.4/1.6	2.0/1.1
EV/EBITDA(배)	—	—	—	—	—	—
EPS(원)	51	-89	-132	-130	-63	-71
BPS(원)	3,111	2,891	2,627	3,646	1,792	1,749
CFPS(원)	137	-140	-233	-242	-47	-38
DPS(원)	50	—	—	—	—	—
EBITDAPS(원)	-20	-160	-169	-103	-106	-83

재무 비율 〈단위 : % 〉
연도	영업이익률	순이익률	부채비율	차입금비율	ROA	ROE	유보율	자기자본비율	EBITDA마진율
2016	-9.6	-7.7	14.7	3.4	-4.6	-4.0	247.5	87.2	-6.9
2015	-23.9	-15.5	11.9	1.1	-4.0	-3.5	250.8	89.3	-20.8
2014	-15.9	-33.8	4.6	0.0	-4.6	-5.3	256.7	95.6	-13.5
2013	-11.8	-14.2	43.7	0.0	-6.5	-10.5	149.6	69.6	-9.9

628

와이티엔 (A040300)
YTN

업　　종 : 미디어	시　　장 : KOSDAQ
신용등급 : (Bond) A-　　(CP) —	기업규모 : 우량
홈페이지 : www.ytn.co.kr	연락처 : 02)398-8000
본　　사 : 서울시 마포구 상암산로 76 와이티엔뉴스스퀘어	

설 립 일 1993.09.14	종업원수 666명	대표이사 조준희	
상 장 일 2001.09.04	감사의견 적정 (삼정)	계　열	
결 산 기 12월	보통주 4,200만주	종속회사수	
액 면 가 1,000원	우선주	구상회사	

주주구성 (지분율,%)		출자관계 (지분율,%)		주요경쟁사 (외형,%)	
한전케이디엔	21.4	와이티엔재개발원	100.0	YTN	100
한국인삼공사	20.0	와이티엔플러스	50.0	지투알	312
(외국인)	0.5	와이티엔라디오	37.8	디지틀조선	30

매출구성		비용구성		수출비중	
YTN채널 매출(방송 매출액)	76.9	매출원가율	91.1	수출	0.0
임대 매출액	12.1	판관비율	7.9	내수	100.0
기타(방송 매출액)	5.4				

회사 개요
동사는 방송법에 근거하여 종합 뉴스 프로그램의 제작 및 공급 등을 영위하는 목적으로 1993년 9월 설립됨. 2001년 9월 코스닥시장에 상장함. 방송법상 방송채널사용사업을 영위하면서 종합 뉴스 프로그램의 제작 및 공급을 하는 YTN채널, 과학 프로그램의 제작 및 공급을 하는 사이언스TV 채널 그리고 날씨와 그 밖의 관련 정보를 제공하는 YTN Weather 채널을 운영하고 있음.

실적 분석
동사의 2016년 연결기준 연간 매출액은 1,307.6원으로 전년 대비 11.3% 증가함. 광고, 협찬 및 임대수입의 증가의 영향임. 전사적인 비용절감 노력으로 인해 영업이익은 12.9억원으로 흑자전환됨. 향후 교육할인스토어 사업이 큰 폭으로 성장할 것으로 기대함. 2016년 12월 회원 수가 13만명, 2017년 2월에는 누적 거래액이 100억원을 돌파, 빠른 성장세를 보이고 있으며, 프로모션 및 마일리지 제공을 통해 재방문율을 높일 예정임.

현금 흐름		〈단위 : 억원〉
항목	2015	2016
영업활동	-180	156
투자활동	-171	-41
재무활동	-87	-84
순현금흐름	-438	32
기말현금	117	149

시장 대비 수익률

결산 실적						〈단위 : 억원〉
항목	2011	2012	2013	2014	2015	2016
매출액	1,245	1,239	1,098	1,064	1,174	1,308
영업이익	184	120	33	-261	-55	13
당기순이익	106	49	33	109	-36	35

분기 실적						〈단위 : 억원〉
항목	2015.3Q	2015.4Q	2016.1Q	2016.2Q	2016.3Q	2016.4Q
매출액	295	381	243	308	314	442
영업이익	-24	42	-74	2	-25	110
당기순이익	-18	11	-29	11	-23	76

재무 상태						〈단위 : 억원〉
항목	2011	2012	2013	2014	2015	2016
총자산	3,395	3,458	4,091	3,402	3,045	3,124
유형자산	1,001	1,115	1,761	753	808	667
무형자산	179	173	171	181	200	193
유가증권	19	17	18	18	83	76
총부채	1,660	1,696	2,296	1,535	1,263	1,281
총차입금	887	948	1,218	699	599	500
자본금	420	420	420	420	420	420
총자본	1,735	1,762	1,795	1,867	1,782	1,843
지배주주지분	1,735	1,762	1,795	1,867	1,774	1,835

기업가치 지표						
항목	2011	2012	2013	2014	2015	2016
주가(최고/저)(천원)	3.8/2.2	4.7/2.7	4.5/2.5	4.2/2.6	3.4/2.4	3.2/2.3
PER(최고/저)(배)	15.3/9.0	41.0/23.6	58.9/32.5	16.5/10.2	—/—	39.4/28.8
PBR(최고/저)(배)	0.9/0.6	1.2/0.7	1.1/0.6	1.0/0.6	0.8/0.6	0.7/0.5
EV/EBITDA(배)	7.3	11.1	18.9		48.9	13.3
EPS(원)	252	118	78	259	-88	81
BPS(원)	4,132	4,195	4,274	4,445	4,224	4,369
CFPS(원)	450	328	285	562	124	297
DPS(원)	25	10	10	10	—	15
EBITDAPS(원)	636	495	287	-317	81	246

재무 비율									〈단위 : % 〉
연도	영업이익률	순이익률	부채비율	차입금비율	ROA	ROE	유보율	자기자본비율	EBITDA마진율
2016	1.0	2.7	69.5	27.1	1.1	1.9	336.9	59.0	7.9
2015	-4.7	-3.1	70.8	33.6	-1.1	-2.0	322.4	58.5	2.9
2014	-24.5	10.2	82.2	37.4	2.9	5.9	344.5	54.9	-12.5
2013	3.0	3.0	127.9	67.9	0.9	1.8	327.4	43.9	11.0

와토스코리아 (A079000)
Watos Corea

업　　종 : 건축자재	시　　장 : KOSDAQ
신용등급 : (Bond) —　　(CP) —	기업규모 : 중견
홈페이지 : www.watos.com	연락처 : 061)392-3685
본　　사 : 전남 장성군 동화면 전자농공단지1길 31	

설 립 일 1997.06.13	종업원수 88명	대표이사 송공석	
상 장 일 2005.11.15	감사의견 적정 (우리)	계　열	
결 산 기 12월	보통주 680만주	종속회사수	
액 면 가 500원	우선주	구상회사	

주주구성 (지분율,%)		출자관계 (지분율,%)		주요경쟁사 (외형,%)	
송공석	50.8			와토스코리아	100
박영옥	4.6			스페코	476
(외국인)	0.9			원하이텍	365

매출구성		비용구성		수출비중	
양변기용 부속	71.8	매출원가율	64.3	수출	4.2
기타	14.5	판관비율	21.3	내수	95.8
세면기&트랩류	6.3				

회사 개요
동사는 위생도기에 사용되는 플라스틱 부속류의 제조, 판매 등을 영위하고 있으며 대림요업, 계림요업, 동서산업 등 국내 주요 위생도기 회사들과 안정적인 공급계약을 맺어 성장하였음. 동사의 사업은 국내 건설경기에 영향을 받으며, 특히 국내 주거부문 건축 수주액과 주택공급 및 입주물량에 따라 좌우됨. 향후 부속 납품업체에서 초절수 양변기, 통합배수트랩, 절수세척밸브 등의 완제품으로 시장 진출을 준비중임.

실적 분석
동사의 2016년 매출은 제품매출(양변기 부속류), 임대매출, 기타수입으로 구성되어 있으며 매출액은 177억, 영업이익은 25.5억, 당기순이익은 33.9억원으로 매출액은 10.10%, 영업이익은 39.76% 감소하였고 당기순이익은 35.14% 감소하였음. 당기순이익이 감소한 원인은 매출액의 감소와 2015년 일시적으로 발생한 검단신도시수용에 따른 보상으로 인한 일회성 수익이 반영된 것임.

현금 흐름		〈단위 : 억원〉
	*IFRS 별도 기준	
항목	2015	2016
영업활동	51	39
투자활동	-36	-23
재무활동	-8	-8
순현금흐름	7	7
기말현금	87	95

시장 대비 수익률

결산 실적						〈단위 : 억원〉
항목	2011	2012	2013	2014	2015	2016
매출액	176	181	189	196	197	177
영업이익	36	29	26	39	42	26
당기순이익	82	33	33	69	52	34

분기 실적						〈단위 : 억원〉 *IFRS 별도 기준
항목	2015.3Q	2015.4Q	2016.1Q	2016.2Q	2016.3Q	2016.4Q
매출액	49	53	35	47	45	50
영업이익	10	12	4	9	5	8
당기순이익	11	12	7	11	8	8

재무 상태						〈단위 : 억원〉 *IFRS 별도 기준
항목	2011	2012	2013	2014	2015	2016
총자산	563	567	592	660	698	724
유형자산	81	88	123	112	107	110
무형자산	1	1	2	2	2	1
유가증권	7	2	25	58	48	53
총부채	58	35	34	34	26	26
총차입금						
자본금	19	21	23	26	29	32
총자본	505	532	558	627	672	697
지배주주지분	505	532	558	627	672	697

기업가치 지표						*IFRS 별도 기준
항목	2011	2012	2013	2014	2015	2016
주가(최고/저)(천원)	7.0/3.4	6.5/3.9	5.7/4.6	9.6/4.9	15.0/8.1	10.0/7.4
PER(최고/저)(배)	6.4/3.1	14.5/8.8	12.4/9.9	9.8/5.1	20.1/10.9	20.3/15.1
PBR(최고/저)(배)	1.0/0.5	0.9/0.5	0.7/0.6	1.1/0.6	1.6/0.9	1.0/0.7
EV/EBITDA(배)	0.2	1.4	5.8	7.6	5.5	4.1
EPS(원)	1,209	480	487	1,012	770	499
BPS(원)	13,122	12,668	12,258	12,049	11,784	11,072
CFPS(원)	2,257	906	922	1,506	1,069	681
DPS(원)	180	165	—	150	150	150
EBITDAPS(원)	1,065	830	761	926	895	548

재무 비율									〈단위 : % 〉
연도	영업이익률	순이익률	부채비율	차입금비율	ROA	ROE	유보율	자기자본비율	EBITDA마진율
2016	14.5	19.2	3.8	0.0	4.8	5.0	2,114.3	96.4	19.5
2015	21.6	26.6	3.9	0.0	7.7	8.1	2,256.7	96.3	25.9
2014	19.7	35.2	5.4	0.0	11.0	11.6	2,309.8	94.9	24.6
2013	13.6	17.5	6.2	0.0	5.7	6.1	2,351.6	94.2	18.3

완리 (A900180)
WANLI INTERNATIONAL HOLDINGS

업 종 : 건축자재		시 장 : KOSDAQ
신용등급 : (Bond) — (CP) —		기업규모 : —
홈페이지 : www.wanli.co.kr		연 락 처 : +852-2523-1819
본 사 : Unit 3201, 32nd Floor, Jardine House, 1 Connaught Place, Central, Hong Kong		

설 립 일 2008.07.04	종 업 원 수 6명	대 표 이 사 우뤠이비아오
상 장 일 2011.06.13	감 사 의 견 적정 (이촌)	계 열
결 산 기 12월	보 통 주 10,251만주	종 속 회 사 수
액 면 가	우 선 주	구 상 호

주주구성 (지분율,%)		출자관계 (지분율,%)		주요경쟁사 (외형,%)	
WU RUI BIAO	32.9	만리(중국)유한공사	100.0	완리	100
신한비엔피파리바자산운용	8.0	복견성진강만리자업유한공사	100.0	노루홀딩스	256
(외국인)	33.4	하문홈만리유한공사	100.0	삼화페인트	179

매출구성		비용구성		수출비중	
		매출원가율	0.0	수출	—
		판관비율	0.0	내수	—

회사 개요
동사는 복건성진강만리자업유한공사, 만리(중국)유한공사 및 하문홈만리유한공사를 소유하는 순수지주회사로 2008년에 설립, 2011년 6월 코스닥에 상장됨. 복건성진강만리자업유한공사는 통체타일, 벽강석석타일, 벽개타일을 판매하며 대리유한공사는 고부가가치 제품인 도자태양열타일과 테라코타 패널의 생산 및 판매를 담당. 하문홈만리유한공사는 원재료 조달과 완제품의 마케팅 및 해외수출을 담당함.

실적 분석
동사의 연결기준 2016년 3분기 누적 매출액은 10.3억위안으로 전년동기대비 18.4% 감소하였음. 영업이익 또한 전년동기대비 20.5% 감소한 2.3억위안을 시현함. 금융비용은 전년보다 줄어들었으나 외화환산손실이 증가해 당기순이익은 전년동기대비 33.6% 감소한 1.28억위안에 그침. 중국의 신도시화 계획에 따른 도시화비율 증가에 따른 수혜, 2017년 석탄가스화설비시스템 완공에 따른 원가절감 등이 기대됨.

현금 흐름 〈단위 : 억원〉

항목	2015	2016
영업활동	556	—
투자활동	-417	—
재무활동	324	—
순현금흐름	463	—
기말현금	785	—

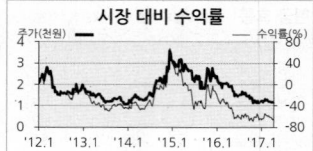
시장 대비 수익률

결산 실적 〈단위 : 억원〉

항목	2011	2012	2013	2014	2015	2016
매출액	1,781	2,126	2,229	2,378	2,698	—
영업이익	482	393	411	554	577	—
당기순이익	348	257	271	368	356	—

분기 실적 〈단위 : 억원〉

항목	2015.3Q	2015.4Q	2016.1Q	2016.2Q	2016.3Q	2016.4Q
매출액	818	447	448	765	644	—
영업이익	225	62	82	171	159	—
당기순이익	154	10	42	95	94	—

재무 상태 〈단위 : 억원〉

항목	2011	2012	2013	2014	2015	2016
총자산	2,596	2,781	3,529	4,093	4,952	—
유형자산	1,342	1,700	2,214	2,780	2,990	—
무형자산	16	0	0	0	0	—
유가증권	—	—	—	—	—	—
총부채	793	835	1,293	1,436	1,865	—
총차입금	665	606	1,054	1,257	1,669	—
자본금	77	72	73	801	816	—
총자본	1,804	1,946	2,236	2,658	3,087	—
지배주주지분	1,804	1,946	2,236	2,658	3,087	—

기업가치 지표

항목	2011	2012	2013	2014	2015	2016
주가(최고/저)(천원)	3.2/1.4	2.9/1.5	2.0/1.1	4.1/1.1	3.4/1.8	2.3/1.1
PER(최고/저)(배)	7.8/3.3	10.6/5.5	7.0/3.7	10.6/2.7	9.0/4.7	0.0/0.0
PBR(최고/저)(배)	1.7/0.7	1.4/0.7	0.9/0.5	1.5/0.4	1.0/0.5	0.0/0.0
EV/EBITDA(배)	4.7	4.1	2.9	5.3	3.9	0.0
EPS(원)	433	285	301	409	395	
BPS(원)	3,704	3,995	4,592	2,950	3,427	
CFPS(원)	878	702	838	609	625	
DPS(원)						
EBITDAPS(원)	1,211	1,059	1,147	829	890	

재무 비율 〈단위 : % 〉

연도	영업이익률	순이익률	부채비율	차입금비율	ROA	ROE	유보율	자기자본비율	EBITDA마진율
2016	0.0	0.0	0.0	0.0	0.0	0.0	0.0	0.0	0.0
2015	21.4	13.2	60.4	54.1	7.9	12.4	278.1	62.3	29.7
2014	23.3	15.5	54.0	47.3	9.7	15.0	231.6	64.9	31.4
2013	18.4	12.2	57.8	47.1	8.6	13.0	2,946.9	63.4	25.1

용평리조트 (A070960)
YONG PYONG RESORT

업 종 : 호텔 및 레저		시 장 : 거래소
신용등급 : (Bond) — (CP) —		기업규모 : 시가총액 중형주
홈페이지 : www.yongpyong.co.kr		연 락 처 : 033)330-8356
본 사 : 강원도 평창군 대관령면 올림픽로 715		

설 립 일 2000.02.07	종 업 원 수 314명	대 표 이 사 정창주
상 장 일 2016.05.27	감 사 의 견 적정 (삼정)	계 열
결 산 기 12월	보 통 주 4,813만주	종 속 회 사 수
액 면 가 5,000원	우 선 주	구 상 호

주주구성 (지분율,%)		출자관계 (지분율,%)		주요경쟁사 (외형,%)	
세계기독교통일신령협회	36.0			용평리조트	100
선원건설	12.1				
(외국인)	9.7				

매출구성		비용구성		수출비중	
콘도분양	41.2	매출원가율	76.8	수출	0.0
호텔, 콘도	28.9	판관비율	8.8	내수	100.0
스키	13.5				

회사 개요
동사는 2000년 2월 7일 설립된 회사로 호텔, 콘도, 스키, 골프사업, 콘도분양사업 등을 주요사업으로 영위하고 있으며 강원도 평창군 대관령면과 충청남도 보령시 웅천읍에 종합관광단지를 보유함. 지배기업은 2016년 5월 27일자로 한국거래소가 개설하는 유가증권시장에 주식을 상장하였음. 동사는 안정적인 리조트 운영수입과 국내 최고급 콘도의 명맥을 잇는 버치힐테라스 레지던스의 성공적인 분양함.

실적 분석
동사의 연결기준 2016년 결산 매출액은 전년동기 대비 19.5% 증가한 2,107억원을 기록함. 매출증가에 힘입어 같은 기간 영업이익은 14.9% 증가함. 2018 평창동계올림픽의 성공적인 진행을 준비 중이며 올림픽 때 선수촌 아파트로 활용되고, 올림픽 이후에 실소유자들의 입주가 시작되는 국내 최초의 '리조트형 아파트'인 올림픽빌리지의 공정을 순차적으로 진행 중

현금 흐름 〈단위 : 억원〉

항목	2015	2016
영업활동	368	-190
투자활동	-71	156
재무활동	-309	296
순현금흐름	-12	262
기말현금	483	745

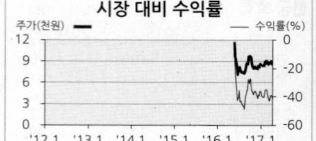
시장 대비 수익률

결산 실적 〈단위 : 억원〉

항목	2011	2012	2013	2014	2015	2016
매출액	1,240	1,602	1,538	1,336	1,763	2,107
영업이익	77	184	246	172	264	304
당기순이익	1	119	117	40	116	143

분기 실적 〈단위 : 억원〉

항목	2015.3Q	2015.4Q	2016.1Q	2016.2Q	2016.3Q	2016.4Q
매출액	503	—	—	491	648	—
영업이익	125	—	—	23	133	—
당기순이익	59	—	—	-5	76	—

재무 상태 〈단위 : 억원〉

항목	2011	2012	2013	2014	2015	2016
총자산	8,059	7,753	7,580	8,189	9,707	9,289
유형자산	7,421	7,058	6,951	6,825	6,770	6,852
무형자산	25	22	31	31	32	52
유가증권	3	3	1	1	1	1
총부채	5,376	5,015	4,599	5,174	6,578	5,325
총차입금	984	1,366	2,259	1,863	1,703	1,300
자본금	1,900	1,900	1,900	1,900	1,900	2,407
총자본	2,683	2,738	2,981	3,015	3,128	3,964
지배주주지분	2,683	2,738	2,980	3,015	3,128	3,964

기업가치 지표

항목	2011	2012	2013	2014	2015	2016
주가(최고/저)(천원)	—/—	—/—	—/—	—/—	—/—	11.6/7.2
PER(최고/저)(배)	0.0/0.0	0.0/0.0	0.0/0.0	0.0/0.0	0.0/0.0	36.1/22.4
PBR(최고/저)(배)	0.0/0.0	0.0/0.0	0.0/0.0	0.0/0.0	0.0/0.0	1.4/0.9
EV/EBITDA(배)	3.5	3.2	5.1	3.4	2.3	10.7
EPS(원)	2	314	308	104	306	324
BPS(원)	7,061	7,204	7,843	7,933	8,231	8,236
CFPS(원)	435	736	688	467	649	629
DPS(원)						100
EBITDAPS(원)	635	906	1,027	816	1,039	992

재무 비율 〈단위 : % 〉

연도	영업이익률	순이익률	부채비율	차입금비율	ROA	ROE	유보율	자기자본비율	EBITDA마진율
2016	14.4	6.8	134.3	32.8	1.5	4.0	64.7	42.7	20.8
2015	15.0	6.6	210.3	54.4	1.3	3.8	64.6	32.2	24.8
2014	12.9	3.0	171.6	61.8	0.5	1.3	58.7	36.8	23.2
2013	16.0	7.6	154.3	75.8			56.9	39.3	25.4

우노앤컴퍼니 (A114630)
UNO&COMPANY

업 종 : 섬유 및 의복	시 장 : KOSDAQ
신용등급 : (Bond) — (CP) —	기업규모 : 중견
홈페이지 : www.unon.co.kr	연락처 : 063)261-7555
본 사 : 전북 완주군 봉동읍 완주산단3로 158-15	

설 립 일 1999.07.19	종 업 원 수 169명	대 표 이 사 김종천	
상 장 일 2010.01.15	감 사 의 견 적정 (신한)	계 열	
결 산 기 12월	보 통 주 1,357만주	종속회사수	
액 면 가 500원	우 선 주	구 상 호	

주주구성 (지분율,%)
김승호 (KIM JIM)	13.4
김종천	10.2
(외국인)	13.6

출자관계 (지분율,%)

주요경쟁사 (외형,%)
우노앤컴퍼니	100
좋은사람들	325
아즈텍WB	135

매출구성
기타	32.5
브레이드용원사	30.3
난연고열사	14.6

비용구성
매출원가율	72.2
판관비율	14.1

수출비중
수출	97.4
내수	2.6

회사 개요
동사는 가발용 합성섬유의 개발 및 판매를 목적으로 1999년 설립됨. 2011년 3월 31일자로 의료 및 산업용 화학제품의 제조 및 판매를 목적으로 하는 우노켐과 합병됨. 난연사와 비난연사를 주품목으로 하는 합성사사업부와 광학모노머를 주요품목으로 하는 화학사업부로 나뉘어 있음. 난연고열사는 주요 2개사가 시장을 양분하며 동사는 2위를 차지하는 것으로 추정됨. 모다크릴을 원재료로 하는 브레이드 시장 역시 2위로 추정됨.

실적 분석
동사의 2016년 연결기준 누적매출액은 390.0억원으로 전년 동기대비 1.7% 감소함. 원재료 가격 인하로 매출원가가 감소하며 영업이익은 53.4억원을 기록했지만, 비영업손실이 56.4억원을 기록하며 당기순이익은 전년 동기대비 90.2% 감소함. 합성사사업부에선 제품 차별화를 통한 적극적 시장 대응, 아프리카 시장 공략을 통해 매출 확대를 꾀하고, 화학사업부에선 지속적인 연구개발을 통한 신제품 개발중임.

현금 흐름 〈단위 : 억원〉
항목	2015	2016
영업활동	95	49
투자활동	-6	-23
재무활동	-5	-44
순현금흐름	89	-13
기말현금	221	208

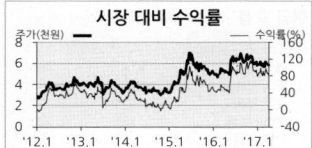
시장 대비 수익률

결산 실적 〈단위 : 억원〉
항목	2011	2012	2013	2014	2015	2016
매출액	546	653	621	487	397	390
영업이익	74	54	20	39	33	53
당기순이익	70	47	23	40	35	3

분기 실적 〈단위 : 억원〉
항목	2015.3Q	2015.4Q	2016.1Q	2016.2Q	2016.3Q	2016.4Q
매출액	104	109	123	98	87	82
영업이익	6	14	24	17	7	5
당기순이익	11	5	24	-40	1	18

재무 상태 〈단위 : 억원〉
항목	2011	2012	2013	2014	2015	2016
총자산	630	715	708	669	716	779
유형자산	133	136	145	164	162	157
무형자산	7	7	7	7	7	7
유가증권	1	1	1	18	20	109
총부채	123	145	125	73	68	106
총차입금	68	105	92	45	32	—
자본금	65	65	65	65	69	69
총자본	507	569	583	597	648	673
지배주주지분	507	569	583	597	648	671

기업가치 지표
항목	2011	2012	2013	2014	2015	2016
주가(최고/저)(천원)	3.9/2.5	4.8/2.7	4.7/3.0	4.4/3.0	7.8/3.2	7.2/4.7
PER(최고/저)(배)	7.8/5.0	14.6/8.3	29.3/18.8	15.4/10.5	30.9/12.6	291.2/190.2
PBR(최고/저)(배)	1.0/0.7	1.2/0.7	1.1/0.7	1.0/0.7	1.6/0.7	1.4/0.9
EV/EBITDA(배)	2.6	4.5	7.0	3.5	8.2	7.1
EPS(원)	566	362	174	305	264	25
BPS(원)	4,228	4,500	4,627	4,839	5,038	5,229
CFPS(원)	626	432	248	401	365	126
DPS(원)	100	75	50	100	100	150
EBITDAPS(원)	661	482	228	393	350	493

재무 비율 〈단위 : % 〉
연도	영업이익률	순이익률	부채비율	차입금비율	ROA	ROE	유보율	자기자본비율	EBITDA마진율
2016	13.7	0.9	15.8	0.0	0.5	0.5	930.7	86.4	17.2
2015	8.4	8.9	10.4	4.9	5.1	5.7	907.7	90.6	11.8
2014	7.9	8.1	12.2	7.5	5.8	6.7	867.7	89.2	10.5
2013	3.2	3.6	21.4	15.9	3.2	3.9	825.4	82.4	4.8

우리기술 (A032820)
Woori Technology

업 종 : 에너지 시설 및 서비스	시 장 : KOSDAQ
신용등급 : (Bond) — (CP) —	기업규모 : 벤처
홈페이지 : www.wooritg.com	연락처 : 02)2102-5100
본 사 : 서울시 마포구 월드컵북로 56길 9, DMC단지 우리기술빌딩 4층	

설 립 일 1995.01.12	종 업 원 수 122명	대 표 이 사 노선봉	
상 장 일 2000.06.22	감 사 의 견 적정 (한영)	계 열	
결 산 기 12월	보 통 주 8,085만주	종속회사수	
액 면 가 500원	우 선 주	구 상 호	

주주구성 (지분율,%)
김덕우	2.6
손건희	2.6
(외국인)	1.9

출자관계 (지분율,%)

주요경쟁사 (외형,%)
우리기술	100
일진파워	422
제이씨케미칼	492

매출구성
발전소 감시, 제어 장비	45.9
플랜트 제어시스템	23.1
당사가 사용하지 않는 부분 임대	12.8

비용구성
매출원가율	61.5
판관비율	26.3

수출비중
수출	2.3
내수	97.7

회사 개요
동사는 국내원전제어계측설비 전문업체로 발전시스템시장 중 원자력발전분야에 대한 사업에 주력하고 있음. 정부의 2024년까지 원자력 발전소를 14기를 신설 방침에 따라 성장성도 확보한 상태여서 모멘텀으로 작용할 전망임. 원자력계측기기 부문의 매출 비중이 연결기준 약 50%를 차지하고 있으며, 자재 및 물품공급대행 및 연사사업 등이 신규사업의 주력 매출원으로 자리잡고 있음.

실적 분석
동사의 2016년 연결기준 누적 매출액은 314.5억원으로 전년 동기 대비 20.9% 감소함. 매출원가가 큰 폭으로 감소함에 따라 외형 축소에도 불구하고 38.4억원의 영업이익과 13.5억원의 당기순이익을 기록하며 흑자로 전환됨. 2016년말 매출 비중은 원전사업 68.2%, 플랜트사업 7.6%, 철도사업 2.3%, 신규사업 11.0%, 임대사업 10.8%로 구성됨.

현금 흐름 〈단위 : 억원〉
항목	2015	2016
영업활동	10	39
투자활동	-21	-21
재무활동	43	9
순현금흐름	16	26
기말현금	45	71

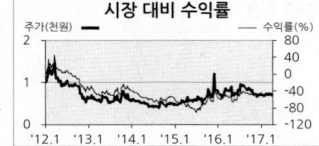
시장 대비 수익률

결산 실적 〈단위 : 억원〉
항목	2011	2012	2013	2014	2015	2016
매출액	260	223	195	261	397	315
영업이익	33	-47	-73	-44	27	38
당기순이익	17	-98	-92	-73	-70	13

분기 실적 〈단위 : 억원〉
항목	2015.3Q	2015.4Q	2016.1Q	2016.2Q	2016.3Q	2016.4Q
매출액	69	178	39	86	24	166
영업이익	-6	42	-9	3	-11	55
당기순이익	-0	-50	-4	-21	-14	52

재무 상태 〈단위 : 억원〉
항목	2011	2012	2013	2014	2015	2016
총자산	939	872	956	952	842	823
유형자산	482	470	562	557	94	100
무형자산	79	85	105	112	101	62
유가증권	20	21	23	10	8	8
총부채	469	467	567	625	543	514
총차입금	372	366	439	475	414	386
자본금	263	278	331	331	384	384
총자본	470	405	389	327	299	309
지배주주지분	458	406	411	360	299	309

기업가치 지표
항목	2011	2012	2013	2014	2015	2016
주가(최고/저)(천원)	2.3/0.9	1.5/0.5	0.8/0.5	0.6/0.4	1.2/0.5	1.1/0.6
PER(최고/저)(배)	38.5/14.9	—/—	—/—	—/—	—/—	59.9/36.3
PBR(최고/저)(배)	2.6/1.0	2.1/0.7	1.4/0.8	1.2/0.7	3.1/1.2	2.6/1.6
EV/EBITDA(배)	9.9				16.8	13.4
EPS(원)	59	-154	-118	-94	-86	18
BPS(원)	873	732	620	543	389	403
CFPS(원)	120	-100	-59	-32	-49	45
DPS(원)						
EBITDAPS(원)	126	-33	-58	-5	72	77

재무 비율 〈단위 : % 〉
연도	영업이익률	순이익률	부채비율	차입금비율	ROA	ROE	유보율	자기자본비율	EBITDA마진율
2016	12.2	4.3	일부잠식	일부잠식	1.6	4.4	-19.5	37.6	18.8
2015	6.7	-17.6	일부잠식	일부잠식	-7.8	-19.9	-22.1	35.5	13.8
2014	-16.9	-28.1	일부잠식	일부잠식	-7.7	-16.2	8.7	34.3	-1.2
2013	-37.6	-47.2	145.7	112.9	-10.1	-18.0	24.1	40.7	-18.7

우리기술투자 (A041190)
Woori Technology Investment

업　　　종 : 창업투자 및 종금		시　　　장 : KOSDAQ	
신 용 등 급 : (Bond) —　　(CP) —		기 업 규 모 : 중견	
홈 페 이 지 : www.wooricapital.co.kr		연 락 처 : 02)2008-3100	
본　　　사 : 서울시 강남구 테헤란로 522 (대치동, 홍우빌딩 14층)			

설 립 일	1996.12.18	종 업 원 수	10명	대 표 이 사	이정훈,정만회
상 장 일	2000.06.09	감 사 의 견	적정 (삼경)	계　　　열	
결 산 기	12월	보 통 주	8,400만주	종 속 회 사	
액 면 가	500원	우 선 주		구 상 호	

주주구성 (지분율,%)		출자관계 (지분율,%)		주요경쟁사 (외형,%)	
이완근	12.7	우리초이투자조합12호	40.0	우리기술투자	100
이정훈	12.7	우리초이투자조합10호	30.0	대성창투	255
(외국인)	0.9	스페이스링크	12.0	에이티넘인베스트	326

수익구성		비용구성		수출비중	
신기술금융수익	46.3	이자비용	2.2	수출	—
기타영업수익	34.4	파생상품손실	0.0	내수	—
일반자금금융수익	10.7	판관비	58.5		

회사 개요
동사는 1996년 12월 중소·벤처기업창업지원을 목적으로 국내 반도체 장비 및 설비관련제품을 생산하여 설립된 창업투자회사로서 중소창업기업에 대한 투자지원과 창업투자조합의 결성·관리, 그리고 성장장지원을 위한 경영지도 등을 주된 사업으로 영위하고 있다. 설립후 국내 벤처산업 전반(정보통신, 반도체, 소프트웨어, 바이오, 환경 등)에 걸친 투자활동으로 1998년부터 2007년까지 평균 납입자본수익률이 25%를 상회함.

실적 분석
동사의 손익계산서 상 2016년 매출액은 전년대비 44% 증가했으며 영업비용은 손상차손 인식 및 인건비 증가로 전년 대비 72% 증가해 영업손익이 29% 감소했음. 또 동사는 투자주식 및 유가증권 처분이익으로 당기순이익 10.6억원을 달성했음. 재무상태표 상 자산총계는 전년 대비 4% 증가한 610억원, 부채총계는 3% 증가한 36억원으로 큰 변동은 없었음.

현금 흐름　•IFRS 별도 기준　〈단위 : 억원〉

항목	2015	2016
영업활동	82	-63
투자활동	-9	5
재무활동	-11	—
순현금흐름	62	-57
기말현금	184	127

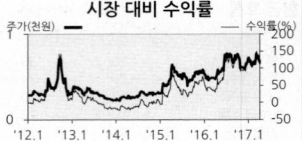
시장 대비 수익률

결산 실적　〈단위 : 억원〉

항목	2011	2012	2013	2014	2015	2016
순영업손익	19	35	27	58	36	41
영업이익	-29	-34	1	32	12	9
당기순이익	-35	-30	13	31	12	11

분기 실적　•IFRS 별도 기준　〈단위 : 억원〉

항목	2015.3Q	2015.4Q	2016.1Q	2016.2Q	2016.3Q	2016.4Q
순영업손익	4	18	6	10	4	22
영업이익	-1	12	-5	3	-4	14
당기순이익	-1	12	-2	3	-4	14

재무 상태　•IFRS 별도 기준　〈단위 : 억원〉

항목	2011	2012	2013	2014	2015	2016
총자산	744	764	626	578	586	610
유형자산	2	41	1	0	0	0
무형자산	5	17	7	7	7	6
유가증권	17		14	48	23	62
총부채	172	211	122	35	35	36
총차입금	150	172	107	27	27	27
자본금	420	420	420	420	420	420
총자본	572	553	503	543	551	574
지배주주지분	572	553	503	543	551	574

기업가치 지표　*IFRS 별도 기준

항목	2011	2012	2013	2014	2015	2016
주가(최고/저)(천원)	0.3/0.2	0.8/0.3	0.4/0.2	0.3/0.2	0.7/0.3	0.8/0.5
PER(최고/저)(배)	—/—	—/—	28.1/14.8	9.7/6.4	50.3/21.6	68.1/37.6
PBR(최고/저)(배)	0.5/0.4	1.2/0.4	0.7/0.4	0.5/0.3	1.0/0.4	1.2/0.7
PSR(최고/저)(배)	-95/-66	-487/-170	14/7	5/3	17/7	18/10
EPS(원)	-38	-23	16	37	14	13
BPS(원)	727	705	645	692	702	730
CFPS(원)	-35	-8	17	38	15	13
DPS(원)	10			15	—	15
EBITDAPS(원)	-36	-39	1	38	15	10

재무 비율　〈단위 : % 〉

연도	계속사업이익률	순이익률	부채비율	차입금비율	ROA	ROE	유보율	자기자본비율	총자산증가율
2016	26.7	26.0	6.2	4.7	1.8	1.9	45.9	94.2	4.1
2015	33.4	33.4	6.3	4.9	2.1	2.2	40.5	94.1	1.4
2014	53.4	53.4	6.5	5.0	5.2	6.0	38.4	93.9	-7.7
2013	5.2	48.9	24.3	21.3	1.9	2.6	29.1	80.5	-18.1

우리넷 (A115440)
WooriNet

업　　　종 : 통신장비		시　　　장 : KOSDAQ	
신 용 등 급 : (Bond) —　　(CP) —		기 업 규 모 : 벤처	
홈 페 이 지 : www.woori-net.com		연 락 처 : 031)276-5101	
본　　　사 : 경기도 안양시 동안구 시민대로 353 (관양동)			

설 립 일	2000.01.04	종 업 원 수	114명	대 표 이 사	김광수
상 장 일	2010.01.27	감 사 의 견	적정 (세일)	계　　　열	
결 산 기	12월	보 통 주	637만주	종 속 회 사	
액 면 가	500원	우 선 주		구 상 호	

주주구성 (지분율,%)		출자관계 (지분율,%)		주요경쟁사 (외형,%)	
엘림에스와이씨제륨우영1호사모투자전문회사	45.3			우리넷	100
장현국	3.8			기산텔레콤	136
(외국인)	2.0			백금T&A	139

매출구성		비용구성		수출비중	
기타	37.2	매출원가율	70.2	수출	0.3
AGW(제품)	25.8	판관비율	24.7	내수	99.7
AMSP(제품)	14.8				

회사 개요
동사는 2000년 삼성전자 네트워크부문 출신 연구원들이 주축이 되어 설립된 벤처회사임. 기존 음성서비스 중심의 제품군에 데이터서비스 기술을 접목하여 하나의 장비로 통합솔루션을 제공하는 광통신장비인 MSPP 제품군과 음성서비스용 장비를 기반으로 한 AGW 장비를 제조하여 기간통신사업자에게 판매하는 사업을 영위함. 개별적으로는 케이티가 최대 매출처이며, 수출은 거의 없음. 국내 대기업과의 컨소시엄 구성 등을 통한 해외시장 공략 모색 중임.

실적 분석
영업환경 불황에 따라 동사의 2016년 연간 매출액은 12.5% 감소한 434.0억원, 영업이익은 64.7% 감소한 22.1억원을 시현함. MSPP 장비시장 매출 감소추세로 관련 매출은 감소했으나, CMSP와 AGW 매출은 증가함. PTN장비는 MSPP 대체/신규시장 형성으로 매출지속이 전망됨. AGW 장비는 기존음성서비스용 교환기의 대체와 신규 아파트 전환공급용으로 공급될 전망임.

현금 흐름　•IFRS 별도 기준　〈단위 : 억원〉

항목	2015	2016
영업활동	128	-64
투자활동	-116	31
재무활동	-2	-7
순현금흐름	10	-41
기말현금	61	20

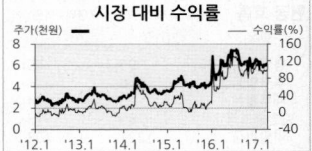
시장 대비 수익률

결산 실적　〈단위 : 억원〉

항목	2011	2012	2013	2014	2015	2016
매출액	399	471	447	453	496	434
영업이익	40	45	42	49	63	22
당기순이익	38	47	40	44	56	27

분기 실적　•IFRS 별도 기준　〈단위 : 억원〉

항목	2015.3Q	2015.4Q	2016.1Q	2016.2Q	2016.3Q	2016.4Q
매출액	59	310	31	98	76	229
영업이익	-4	76	-12	9	-12	38
당기순이익	-1	60	-7	10	-6	30

재무 상태　•IFRS 별도 기준　〈단위 : 억원〉

항목	2011	2012	2013	2014	2015	2016
총자산	404	451	568	544	649	653
유형자산	6	6	157	155	153	152
무형자산	24	25	17	10	4	8
유가증권	—				6	12
총부채	97	100	188	130	188	174
총차입금	24	18	72	67	74	77
자본금	31	32	32	32	32	32
총자본	307	350	380	414	461	479
지배주주지분	307	350	380	414	461	479

기업가치 지표　*IFRS 별도 기준

항목	2011	2012	2013	2014	2015	2016
주가(최고/저)(천원)	3.2/1.8	3.6/2.3	4.0/2.5	5.0/2.9	5.0/3.5	8.1/4.3
PER(최고/저)(배)	6.4/3.5	5.8/3.6	7.2/4.6	7.8/4.6	6.0/4.2	19.3/10.2
PBR(최고/저)(배)	0.8/0.4	0.8/0.5	0.8/0.5	0.8/0.5	0.7/0.5	1.1/0.6
EV/EBITDA(배)	1.5	0.5	2.3	2.4	0.8	9.7
EPS(원)	624	748	628	691	884	427
BPS(원)	4,987	5,502	5,970	6,511	7,245	7,522
CFPS(원)	711	867	766	825	1,000	487
DPS(원)	100	160	150	150	150	120
EBITDAPS(원)	742	847	792	896	1,098	407

재무 비율　〈단위 : % 〉

연도	영업이익률	순이익률	부채비율	차입금비율	ROA	ROE	유보율	자기자본비율	EBITDA마진율
2016	5.1	6.3	36.3	16.2	4.2	5.8	1,404.5	73.4	6.0
2015	12.6	11.3	40.8	16.1	9.4	12.9	1,349.0	71.0	14.1
2014	10.7	9.7	31.3	16.1	7.9	11.1	1,202.2	76.2	12.6
2013	9.3	9.0	49.4	18.9	7.9	11.0	1,094.0	66.9	11.3

우리들제약 (A004720)
Wooridul Pharmaceutical

업 종 : 제약		시 장 : 거래소	
신용등급 : (Bond) — (CP) —		기업규모 : 시가총액 소형주	
홈페이지 : www.wooridulpharm.com		연 락 처 : 031)370-6000	
본 사 : 경기도 화성시 향남읍 제약공단2길 50			

설 립 일 1966.08.22	종 업 원 수 253명	대 표 이 사 류남현
상 장 일 1990.06.15	감 사 의 견 적정 (삼일)	계 열
결 산 기 12월	보 통 주 1,129만주	종속회사수
액 면 가 500원	우 선 주	구 상 호

주주구성 (지분율,%)
김수경	7.7
허천구	0.9
(외국인)	2.5

출자관계 (지분율,%)
포레스토리	51.7
수도정밀화학	50.3
코스모지놈	39.0

주요경쟁사 (외형,%)
우리들제약	100
하이텍팜	77
화일약품	156

매출구성
기타	92.3
알포레인	4.3
아세틸시스테인	3.4

비용구성
매출원가율	44.1
판관비율	49.1

수출비중
수출	0.2
내수	99.8

회사 개요
동사는 1957년 수도약품공업으로 설립되어 2008년 우리들생명과학으로 상호 변경 이후 2009년 제약과 메디컬 부문의 법인 분할로 우리들제약으로 상호가 변경됨. 전문의약품, 일반의약품, 건강기능식품, 기능성 화장품 생산 판매를 영위하고 있으며 종속회사인 수도정밀화학은 의약품의 제조판매, 포레스토리는 화장품 제조판매업을 영위하고 있음. 일반의약품과 전문의약품을 중심으로 내수시장에 치중하고 있으며 필러 등 비급여시장에도 다각화 진행 중임.

실적 분석
동사의 2016년 연결기준 매출액은 전년대비 18.4% 성장한 715.5억원을 기록함. 외형성장으로 매출원가율은 소폭 개선되었으나 판관비 증가로 영업이익은 전년대비 6.9% 증가한 48.4억원, 당기순이익은 66.6% 증가한 34.7억원을 시현함. 비용 증가는 주로 지급수수료의 증가에 기인함. 동사는 성장동력 확보를 위해 건강관련 분야 신사업, 동남아 등 해외 판로 확보, 필러(쁘띠)사업 등을 진행하고 있음.

현금 흐름 〈단위 : 억원〉
항목	2015	2016
영업활동	26	61
투자활동	-39	-158
재무활동	23	116
순현금흐름	10	19
기말현금	36	54

시장 대비 수익률
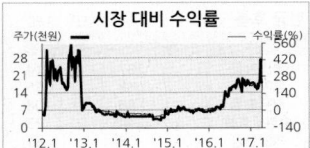

결산 실적 〈단위 : 억원〉
항목	2011	2012	2013	2014	2015	2016
매출액	279	303	390	442	604	715
영업이익	-41	-50	-34	-36	45	48
당기순이익	-88	-53	-38	-46	21	35

분기 실적 〈단위 : 억원〉
항목	2015.3Q	2015.4Q	2016.1Q	2016.2Q	2016.3Q	2016.4Q
매출액	144	171	187	175	182	171
영업이익	7	1	16	5	7	20
당기순이익	-13	1	15	1	5	14

재무 상태 〈단위 : 억원〉
항목	2011	2012	2013	2014	2015	2016
총자산	428	426	393	420	464	643
유형자산	73	71	64	59	59	83
무형자산	5	10	8	7	7	10
유가증권	25	1	1	1	1	1
총부채	241	167	155	219	178	279
총차입금	130	69	50	94	44	103
자본금	318	386	397	41	47	50
총자본	187	259	238	201	287	364
지배주주지분	188	259	239	202	287	364

기업가치 지표
항목	2011	2012	2013	2014	2015	2016
주가(최고/저)(천원)	9.2/4.1	37.6/5.0	12.1/4.3	6.7/3.1	9.2/5.2	20.0/6.3
PER(최고/저)(배)	—/—	—/—	—/—	—/—	41.9/23.9	58.1/18.3
PBR(최고/저)(배)	3.3/1.5	11.0/1.5	3.9/1.4	2.6/1.2	3.0/1.7	5.4/1.7
EV/EBITDA(배)					10.8	28.7
EPS(원)	-1,346	-707	-467	-576	219	343
BPS(원)	305	342	308	2,550	3,108	3,683
CFPS(원)	-129	-57	-34	-461	306	419
DPS(원)	—	—	—	—	—	—
EBITDAPS(원)	-50	-54	-30	-339	567	556

재무 비율 〈단위 : % 〉
연도	영업이익률	순이익률	부채비율	차입금비율	ROA	ROE	유보율	자기자본비율	EBITDA마진율
2016	6.8	4.9	76.6	28.3	6.3	10.6	636.6	56.6	7.8
2015	7.5	3.5	62.1	15.3	4.7	8.5	521.6	61.7	8.9
2014	-8.2	-10.5	109.0	46.6	-11.4	-20.8	410.0	47.9	-6.1
2013	-8.8	-9.7	일부잠식	일부잠식	-9.2	-14.9	-38.5	60.6	-6.1

우리들휴브레인 (A118000)
WOORIDUL HUE BRAIN

업 종 : 의료 장비 및 서비스		시 장 : 거래소	
신용등급 : (Bond) — (CP) —		기업규모 : 시가총액 소형주	
홈페이지 : www.wooridulls.co.kr		연 락 처 : 02)2186-1346	
본 사 : 경기도 화성시 향남읍 제약공단2길 50			

설 립 일 2009.12.01	종 업 원 수 38명	대 표 이 사 이근형
상 장 일 2009.12.30	감 사 의 견 적정 (정동)	계 열
결 산 기 12월	보 통 주 1,843만주	종속회사수
액 면 가 500원	우 선 주	구 상 호 우리들생명과학

주주구성 (지분율,%)
김수경	4.6
최효정	1.7
(외국인)	1.2

출자관계 (지분율,%)
우리들교육	100.0
위드팜	14.0
도이치파이낸셜	2.8

주요경쟁사 (외형,%)
우리들휴브레인	100
비트컴퓨터	316
하이로닉	138

매출구성
기타	53.2
수강료수입	34.6
교재매출	9.1

비용구성
매출원가율	105.9
판관비율	45.3

수출비중
수출	0.0
내수	100.0

회사 개요
2009년 12월 우리들제약주식회사의 메디컬 사업부문을 인적분할하여 설립되어 2009년 12월 한국거래소 유가증권시장에 재상장됨. 의료기기, 의료용품 공급 및 골질환치료 목적의 줄기세포를 연구하는 메디컬 사업부문과 휘트니스 서비스 및 기구, 기능성 의자 등을 공급하는 생활건강 사업부문, 임시 컨설팅 서비스를 제공하는 교육 사업부문, 그리고 종속회사인 휴브레인의 교육서비스 사업부문을 영위하고 있음.

실적 분석
2016년 누적 매출액과 영업이익은 전년동기 대비 각각 2% 감소, 적자지속된 112.3억원, -57.5억원을 기록함. 생활건강 부문을 제외한 메디컬, 교육 부문에서 매출 감소하며 외형 축소함. 매출원가 부담이 증대되며 영업이익은 전년동기대비 적자폭을 줄였으나 메디컬, 생활건강, 교육 부문 모두 손실을 내며 적자지속함. 당기순이익 또한 적자지속하며 -86.2억원을 기록함. 중장기 성장을 위한 신성장 동력 발굴 및 육성을 적극적으로 추진할 계획임.

현금 흐름 〈단위 : 억원〉
항목	2015	2016
영업활동	-36	-49
투자활동	-11	-153
재무활동	41	202
순현금흐름	-6	0
기말현금	3	3

시장 대비 수익률
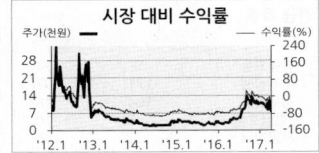

결산 실적 〈단위 : 억원〉
항목	2011	2012	2013	2014	2015	2016
매출액	344	223	125	118	115	112
영업이익	-57	-34	-47	-61	-75	-57
당기순이익	-125	-64	-46	-90	-78	-86

분기 실적 〈단위 : 억원〉
항목	2015.3Q	2015.4Q	2016.1Q	2016.2Q	2016.3Q	2016.4Q
매출액	28	36	35	30	26	21
영업이익	-22	-15	-14	-12	-11	-20
당기순이익	-23	-14	-12	-15	-13	-47

재무 상태 〈단위 : 억원〉
항목	2011	2012	2013	2014	2015	2016
총자산	581	304	220	197	164	288
유형자산	28	20	14	13	21	10
무형자산	15	15	69	42	39	18
유가증권	21	34	31	25	23	85
총부채	415	80	59	114	102	154
총차입금	255	19	31	73	58	115
자본금	277	399	399	42	54	92
총자본	166	224	160	83	62	134
지배주주지분	166	224	157	82	62	134

기업가치 지표
항목	2011	2012	2013	2014	2015	2016
주가(최고/저)(천원)	9.2/3.5	40.2/6.3	11.0/3.6	5.1/2.2	4.9/2.0	13.8/2.5
PER(최고/저)(배)	—/—	—/—	—/—	—/—	—/—	—/—
PBR(최고/저)(배)	3.0/1.1	14.1/2.2	5.5/1.8	5.2/2.3	10.0/4.1	18.9/3.5
EV/EBITDA(배)						
EPS(원)	-2,342	-715	-490	-937	-600	-476
BPS(원)	299	281	197	964	570	729
CFPS(원)	-251	-73	-46	-964	-619	-437
DPS(원)	—	—	—	—	—	—
EBITDAPS(원)	-103	-33	-48	-621	-610	-278

재무 비율 〈단위 : % 〉
연도	영업이익률	순이익률	부채비율	차입금비율	ROA	ROE	유보율	자기자본비율	EBITDA마진율
2016	-51.2	-76.8	114.7	85.7	-38.1	-87.9	45.9	46.6	-44.8
2015	-65.5	-67.7	165.2	93.5	-43.0	-105.8	14.1	37.7	-57.9
2014	-51.6	-76.9	136.6	87.2	-43.4	-74.1	92.8	42.3	-42.7
2013	-37.9	-36.6	일부잠식	일부잠식	-17.4	-24.0	-60.7	73.0	-30.9

우리로 (A046970)
WOORIRO

업 종 : 통신장비	시 장 : KOSDAQ
신용등급 : (Bond) — (CP) —	기업규모 : 벤처
홈 페 이 지 : www.wooriro.com	연 락 처 : 062)602-8100
본 사 : 광주시 광산구 평동산단6번로 102-22 (월전동)	

설 립 일 1998.12.29	종업원수 134명	대표이사 박세철	
상 장 일 2012.11.27	감사의견 적정 (서우)	계 열	
결 산 기 12월	보 통 주 2,144만주	종속회사수	
액 면 가 500원	우 선 주	구 상 호 우리로광통신	

주주구성 (지분율,%)
인피온	21.9
박선우	6.0
(외국인)	0.7

출자관계 (지분율,%)
씨제이에스	100.0
모바일에코	57.7
로얄디엔엘	32.7

주요경쟁사 (외형,%)
우리로	100
콤텍시스템	395
오이솔루션	189

매출구성
광통신사업부문	72.2
SI 사업부문	27.9

비용구성
매출원가율	85.9
판관비율	18.9

수출비중
수출	0.0
내수	100.0

회사 개요
동사는 FTTx 초고속 광통신망 구축에 필수적으로 필요한 광분배기칩과 광모듈 및 Wafer를 생산하여 통신산업에 공급하는 회사로, 1998년에 설립되어 2012년 11월에 코스닥 시장에 상장됨. 2015년 3월 상호명을 우리로로 변경함. 광분배기 시장은 동사 등 국내 업체가 세계시장의 약 80% 이상을 점유하고 있음. 2014년에 고성능 저전력 스토리지를 개발하고 공급하는 사업에 진출함.

실적 분석
동사의 2016년 연간 매출은 422.2억원으로 전년대비 20.7% 감소, 영업이익은 -20.2억원으로 적자전환 시현. 당기순이익은 1.1억원으로 전년댐 94.8% 감소 기록. 전방산업의 수요 부진, 투자 축소 영향으로 전체 외형이 감소하면서 고정비 부담 증가 영향으로 영업이익은 적자전환 시현. 동사는 2017년 중 중국 광모듈 기업 3개에 광다이오드의 시제품을 공급하여 추가적인 매출 확대에 주력하고 있음.

현금 흐름 〈단위 : 억원〉
항목	2015	2016
영업활동	16	-4
투자활동	-171	32
재무활동	164	-18
순현금흐름	8	10
기말현금	36	46

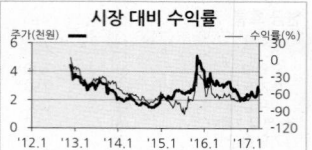
시장 대비 수익률

결산 실적 〈단위 : 억원〉
항목	2011	2012	2013	2014	2015	2016
매출액	258	188	179	152	532	422
영업이익	86	23	-117	-53	25	-20
당기순이익	81	25	-131	-47	20	1

분기 실적 〈단위 : 억원〉
항목	2015.3Q	2015.4Q	2016.1Q	2016.2Q	2016.3Q	2016.4Q
매출액	113	162	95	102	92	134
영업이익	2	5	-7	-13	-1	1
당기순이익	1	1	30	-11	-11	-6

재무 상태 〈단위 : 억원〉
항목	2011	2012	2013	2014	2015	2016
총자산	315	484	375	415	672	658
유형자산	163	165	153	135	140	129
무형자산	24	29	0	7	68	73
유가증권	7	0	0	64	70	127
총부채	143	71	95	184	371	322
총차입금	107	47	58	131	285	239
자본금	23	35	35	35	85	93
총자본	171	412	280	231	301	335
지배주주지분	171	412	280	231	293	329

기업가치 지표
항목	2011	2012	2013	2014	2015	2016
주가(최고/저)(천원)	—/—	9.7/6.9	7.9/4.0	4.6/2.9	5.1/2.0	4.2/1.9
PER(최고/저)(배)	0.0/0.0	19.6/13.9	—/—	—/—	44.1/17.7	387.3/176.7
PBR(최고/저)(배)	0.0/0.0	1.6/1.2	2.0/1.0	1.4/0.9	2.8/1.1	2.3/1.0
EV/EBITDA(배)	0.8	8.0			17.0	143.8
EPS(원)	895	247	-943	-338	116	11
BPS(원)	3,533	5,940	4,036	3,353	1,842	1,865
CFPS(원)	2,123	946	-1,548	-418	259	143
DPS(원)		25				
EBITDAPS(원)	2,240	906	-1,348	-500	290	20

재무 비율 〈단위 : % 〉
연도	영업이익률	순이익률	부채비율	차입금비율	ROA	ROE	유보율	자기자본비율	EBITDA마진율
2016	-4.8	0.3	96.1	71.2	0.2	0.6	273.0	51.0	0.8
2015	4.7	3.9	123.3	94.9	3.8	7.5	268.4	44.8	9.2
2014	-34.6	-30.9	79.6	56.9	-11.9	-18.4	570.7	55.7	-22.8
2013	-65.3	-73.0	34.0	20.8	-30.5	-37.8	707.3	74.6	-52.2

우리산업 (A215360)
WOORY INDUSTRIAL COLTD

업 종 : 자동차부품	시 장 : KOSDAQ
신용등급 : (Bond) — (CP) —	기업규모 : 중견
홈 페 이 지 : www.woory.com	연 락 처 : 031)201-6500
본 사 : 경기도 용인시 기흥구 지삼로 89	

설 립 일 2015.04.01	종업원수 347명	대표이사 김정우	
상 장 일 2015.05.06	감사의견 적정 (대주)	계 열	
결 산 기 12월	보 통 주 913만주	종속회사수	
액 면 가 500원	우 선 주	구 상 호	

주주구성 (지분율,%)
우리산업홀딩스	39.5
Standard Life Investments Limited	10.3
(외국인)	13.7

출자관계 (지분율,%)
우리앤계명	79.6

주요경쟁사 (외형,%)
우리산업	100
S&T홀딩스	594
S&T중공업	181

매출구성
HVAC ACTUATOR	30.1
기 타	27.8
HEATER CONTROL ASSEMBLY	19.9

비용구성
매출원가율	85.3
판관비율	8.5

수출비중
수출	48.0
내수	52.0

회사 개요
동사는 2015년 4월 1일을 분할기일로 하여 우리산업홀딩스 주식회사로부터 자동차 부품 제조 및 판매사업을 인적분할하여 설립됨. 주요 생산품은 HVAC Actuator, 공조제어기, 클러치 코일등으로 전체매출액 중 공조 시스템 매출 비중이 70% 이상임. 또한 테슬라 전기차 모델에 대한 PTC 히터를 독점 납품하고 있음. 동사는 중국(천진, 대련), 인도, 태국, 미국, 슬로바키아, 형가리 등 현지법인을 설립하여 운영 중.

실적 분석
동사의 2016년도 누적 매출액은 2,587.9억원으로 전년동기 대비 31.6%의 외형 확대 시현. 영업이익은 159.6억원, 당기순이익은 131.4억원을 기록하며 수익성 확대. 동사는 국내 완성차 1차 밴더에 대한 높은 의존도를 탈피하기 위하여 해외수출 시장 확대를 적극적으로 추진 중. 또한 원가절감과 생산성 향상으로 품질 및 가격 경쟁력 확보를 통한 다각적인 전략 수립 중. 동사는 친환경 차량용 가열 난방장치에 대한 특허를 취득함.

현금 흐름 〈단위 : 억원〉
항목	2015	2016
영업활동	287	214
투자활동	-148	-85
재무활동	-96	-108
순현금흐름	44	23
기말현금	58	81

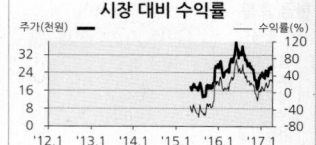
시장 대비 수익률

결산 실적 〈단위 : 억원〉
항목	2011	2012	2013	2014	2015	2016
매출액	—	—	—	—	1,967	2,588
영업이익	—	—	—	—	108	160
당기순이익	—	—	—	—	103	131

분기 실적 〈단위 : 억원〉
항목	2015.3Q	2015.4Q	2016.1Q	2016.2Q	2016.3Q	2016.4Q
매출액	652	—	621	634	642	691
영업이익	36	—	30	41	44	45
당기순이익	28	—	28	34	23	47

재무 상태 〈단위 : 억원〉
항목	2011	2012	2013	2014	2015	2016
총자산	—	—	—	—	1,862	1,888
유형자산	—	—	—	—	531	556
무형자산	—	—	—	—	59	74
유가증권	—	—	—	—	0	0
총부채	—	—	—	—	1,315	1,222
총차입금	—	—	—	—	687	619
자본금	—	—	—	—	46	46
총자본	—	—	—	—	547	666
지배주주지분	—	—	—	—	547	666

기업가치 지표
항목	2011	2012	2013	2014	2015	2016
주가(최고/저)(천원)	—/—	—/—	—/—	—/—	28.1/13.1	38.2/16.4
PER(최고/저)(배)	0.0/0.0	0.0/0.0	0.0/0.0	0.0/0.0	24.9/11.6	26.5/11.4
PBR(최고/저)(배)	0.0/0.0	0.0/0.0	0.0/0.0	0.0/0.0	4.7/2.2	5.2/2.2
EV/EBITDA(배)	0.0	0.0	0.0	0.0	18.9	10.9
EPS(원)	—	—	—	—	1,131	1,441
BPS(원)	—	—	—	—	5,991	7,390
CFPS(원)	—	—	—	—	1,792	2,349
DPS(원)	—	—	—	—	50	50
EBITDAPS(원)	—	—	—	—	1,844	2,655

재무 비율 〈단위 : % 〉
연도	영업이익률	순이익률	부채비율	차입금비율	ROA	ROE	유보율	자기자본비율	EBITDA마진율
2016	6.2	5.1	183.6	93.0	7.0	21.7	1,378.0	35.3	9.4
2015	5.5	5.3	240.3	125.5	5.5	0.0	1,098.3	29.4	8.6
2014	0.0	0.0	0.0	0.0	0.0	0.0	0.0	0.0	0.0
2013	0.0	0.0	0.0	0.0	0.0	0.0	0.0	0.0	0.0

우리산업홀딩스 (A072470)
Woory Industrial Holdings

업 종 : 자동차부품		시 장 : KOSDAQ	
신용등급 : (Bond) — (CP) —		기업규모 : 우량	
홈페이지 : www.wooryholdings.com		연 락 처 : 031)201-6500	
본 사 : 경기도 용인시 기흥구 지삼로 89 (지곡동)			

설 립 일 1989.02.27		종 업 원 수 10명		대 표 이 사 김명준	
상 장 일 2003.10.28		감 사 의 견 적정 (대주)		계 열	
결 산 기 12월		보 통 주 1,889만주		종속회사수	
액 면 가 500원		우 선 주 —		구 상 호 우리산업	

주주구성 (지분율,%)		출자관계 (지분율,%)		주요경쟁사 (외형,%)	
김명준	49.7	우리플라텍	100.0	우리산업홀딩스	100
김정우	29.0	위캠	50.0	디아이씨	174
(외국인)	0.6	우리산업	39.5	세종공업	360

매출구성		비용구성		수출비중	
기타(자동차 부품)	32.0	매출원가율	81.7	수출	—
HVAC ACTUATOR(제품)	30.1	판관비율	10.9	내수	—
CLUTCH COIL ASSEMBLY(제품)	19.9				

회사 개요
동사는 자동차 공조장치 관련 부품을 생산하는 완성차업계의 2차 공급업체로 국내 주요 거래처는 한라비스테온공조, 현대모비스, 만도 등이며 국외 수출 거래선은 DENSO, VALEO, BEHR, DELPHI등으로 영업활동을 확장하고 있음. 동사의 수요처는 대부분 완성차 업체의 1차 공급업체로서의 확고한 시장 지위를 가지고 있음. 완성차 업체들의 부품구매 추세가 급격히 다국적화되어 감에 따라 동사 또한 현지법인 설립 등으로 글로벌 영업활동 확대중.

실적 분석
동사의 2016년도 결산 연결기준 누적 매출액은 3,208.8억원으로 전년동기 대비 42.4% 성장하며 외형 확대를 시현. 영업이익 또한 236.8억원으로 전년동기 대비 63.7% 증가함. 다만 당기순이익은 161.4억원으로 전년동기 대비 43.1%의 감소세를 보임. 향후 국내외 완성차업체의 부품 Global Sourcing이 구체화되며 국내경쟁업체 뿐만 아니라 해외 경쟁 업체와의 경쟁이 격화될 것으로 예상됨.

현금 흐름 〈단위 : 억원〉
항목	2015	2016
영업활동	241	217
투자활동	-101	-49
재무활동	-136	-133
순현금흐름	4	36
기말현금	114	150

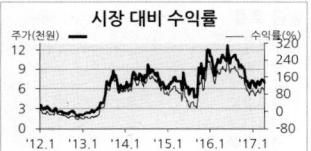
시장 대비 수익률

결산 실적 〈단위 : 억원〉
항목	2011	2012	2013	2014	2015	2016
매출액	2,008	2,431	2,903	1,156	2,253	3,209
영업이익	95	134	177	42	145	237
당기순이익	60	68	134	144	283	161

분기 실적 〈단위 : 억원〉
항목	2015.3Q	2015.4Q	2016.1Q	2016.2Q	2016.3Q	2016.4Q
매출액	648	990	778	799	768	865
영업이익	51	51	49	65	59	64
당기순이익	29	231	42	52	22	45

재무 상태 〈단위 : 억원〉
항목	2011	2012	2013	2014	2015	2016
총자산	1,603	1,728	1,977	2,457	3,150	3,200
유형자산	457	436	486	610	639	679
무형자산	50	54	63	65	669	663
유가증권	0	0	0	31	33	1
총부채	1,108	1,152	1,233	1,581	1,602	1,516
총차입금	624	638	665	846	831	746
자본금	65	72	78	78	94	94
총자본	495	576	744	876	1,548	1,684
지배주주지분	483	561	725	857	1,200	1,265

기업가치 지표
항목	2011	2012	2013	2014	2015	2016
주가(최고/저)(천원)	3.2/1.6	3.7/1.9	8.7/2.0	10.2/5.7	12.5/4.4	12.7/6.0
PER(최고/저)(배)	7.3/3.7	8.8/4.4	11.2/2.6	11.4/6.4	7.2/2.5	29.8/14.0
PBR(최고/저)(배)	0.9/0.5	1.0/0.5	1.9/0.4	1.9/1.1	2.0/0.7	1.9/0.9
EV/EBITDA(배)	7.8	5.7	9.3	17.7	14.0	6.5
EPS(원)	445	436	795	904	1,751	430
BPS(원)	3,572	3,910	4,631	5,477	6,352	6,701
CFPS(원)	877	832	1,206	1,415	2,369	1,031
DPS(원)	30	30	30	30	50	50
EBITDAPS(원)	1,143	1,335	1,544	778	1,672	1,854

재무 비율 〈단위 : % 〉
연도	영업이익률	순이익률	부채비율	차입금비율	ROA	ROE	유보율	자기자본비율	EBITDA마진율
2016	7.4	5.0	90.0	44.3	5.1	6.6	1,240.2	52.6	10.9
2015	6.4	12.6	103.5	53.7	10.1	23.4	1,170.5	49.1	10.5
2014	3.6	12.5	180.5	96.6	6.5	17.9	995.5	35.7	10.5
2013	6.1	4.6	165.6	89.4	7.2	19.3	826.2	37.7	8.3

우리손에프앤지 (A073560)
Woorison F&G CO

업 종 : 식료품		시 장 : KOSDAQ	
신용등급 : (Bond) — (CP) —		기업규모 : 중견	
홈페이지 : www.woorisonfng.co.kr		연 락 처 : 041)563-1055	
본 사 : 전남 나주시 반남면 장송길 73			

설 립 일 2001.02.22		종 업 원 수 123명		대 표 이 사 조창현,유태호	
상 장 일 2016.07.27		감 사 의 견 적정 (현대)		계 열	
결 산 기 12월		보 통 주 6,924만주		종속회사수	
액 면 가 500원		우 선 주 —		구 상 호	

주주구성 (지분율,%)		출자관계 (지분율,%)		주요경쟁사 (외형,%)	
이지바이오	43.7	부여육종	100.0	우리손에프앤지	100
팜스토리	12.0	우포월드	100.0	하림	442
(외국인)	0.6	안성	100.0	CJ프레시웨이	1,247

매출구성		비용구성		수출비중	
비육돈	51.7	매출원가율	76.1	수출	15.9
가공유통사업	23.3	판관비율	9.3	내수	84.1
기타	21.3				

회사 개요
동사는 2001년 2월 22일에 설립됐으며 총 11개 기업을 종속기업으로 보유하고 있음. 동사와 연결종속회사는 양돈사업 및 가공유통사업으로 구성돼 있으며 가축사육이나 판매를 주업으로 영위하고 있음. 돼지는 분뇨 배설량이 많아 가축사육이나 분뇨문제를 일으킬 수 있으며, 분뇨 처리 시설에 상당히 많은 비용이 소모. 환경규제가 점차 강화돼 관련 비용이 증가하고 있음. 도축시설 과도로 가동률은 점차 감소 추세임.

실적 분석
동사의 2016년 연결기준 연간 누적 매출액은 1867억원으로 전년 동기 대비 20.4% 증가함. 매출이 증가하면서 매출원가와 판관비도 대폭 늘어 영업이익은 전년 동기 대비 소폭 증가한 271.5억원을 시현함. 비영업손익 부문에서 금융손실로 인해 적자 폭이 확대돼 당기순이익은 전년 동기 대비 7.7% 감소한 138.4억원을 기록함. 매출은 증가했지만 수익성은 크게 개선되지 않았음.

현금 흐름 〈단위 : 억원〉
항목	2015	2016
영업활동	252	222
투자활동	2	-352
재무활동	-236	178
순현금흐름	20	44
기말현금	74	118

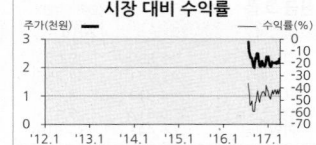
시장 대비 수익률

결산 실적 〈단위 : 억원〉
항목	2011	2012	2013	2014	2015	2016
매출액	—	65	222	1,662	1,550	1,867
영업이익	-1	-25	-4	339	263	272
당기순이익	-15	-9	-21	210	150	138

분기 실적 〈단위 : 억원〉
항목	2015.3Q	2015.4Q	2016.1Q	2016.2Q	2016.3Q	2016.4Q
매출액	379	—	446	—	456	—
영업이익	53	—	60	—	56	—
당기순이익	26	—	32	—	32	—

재무 상태 〈단위 : 억원〉
항목	2011	2012	2013	2014	2015	2016
총자산	611	1,100	1,078	2,203	2,381	2,659
유형자산	0	343	336	1,126	1,411	1,524
무형자산	1	0	0	2	2	1
유가증권	6	52	70	15	17	12
총부채	22	426	510	1,547	1,450	1,277
총차입금	17	383	419	1,152	975	854
자본금	286	286	186	186	258	346
총자본	588	674	568	656	931	1,381
지배주주지분	588	674	568	643	913	1,344

기업가치 지표
항목	2011	2012	2013	2014	2015	2016
주가(최고/저)(천원)	—/—	—/—	—/—	—/—	—/—	3.0/2.0
PER(최고/저)(배)	0.0/0.0	0.0/0.0	0.0/0.0	0.0/0.0	0.0/0.0	14.7/9.7
PBR(최고/저)(배)	0.0/0.0	0.0/0.0	0.0/0.0	0.0/0.0	0.0/0.0	1.5/1.0
EV/EBITDA(배)			32.8		2.8	6.3
EPS(원)	-28	-16	-37	553	389	203
BPS(원)	10,999	11,768	15,260	17,277	1,770	1,941
CFPS(원)	-283	-63	-64	7,300	567	339
DPS(원)						
EBITDAPS(원)	-14	-349	229	10,875	884	561

재무 비율 〈단위 : % 〉
연도	영업이익률	순이익률	부채비율	차입금비율	ROA	ROE	유보율	자기자본비율	EBITDA마진율
2016	14.5	7.4	92.5	61.9	5.5	11.5	288.1	52.0	19.2
2015	17.0	9.7	155.8	104.8	6.5	18.6	253.9	39.1	21.3
2014	20.4	12.6	235.8	175.6	12.8	34.0	245.5	29.8	24.4
2013	-2.0	-9.3	89.8	73.7	-1.9	-3.3	205.2	52.7	5.7

우리은행 (A000030)
Woori Bank

업 종 : 상업은행		시 장 : 거래소	
신용등급 : (Bond) AAA (CP) —		기업규모 : 시가총액 대형주	
홈페이지 : www.wooribank.com		연 락 처 : 02)2002-3000	
본 사 : 서울시 중구 소공로 51 (회현동 1가 203)			

설 립 일 1899.01.30	종 업 원 수 15,601명	대 표 이 사 이광구	
상 장 일 2014.11.19	감사의견 적정 (안진)	계 열	
결 산 기 12월	보 통 주 67,600만주	종속회사수	
액 면 가 5,000원	우 선 주	구 상 호	

주주구성 (지분율,%)
예금보험공사	21.4
국민연금공단	7.4
(외국인)	25.5

출자관계 (지분율,%)
우리카드	100.0
우리PE자산운용	100.0
우리에프아이에스	100.0

주요경쟁사 (외형,%)
우리은행	100
신한지주	132
KB금융	118

수익구성
환전업무 및 해외송금업무	0.0
유가증권관련및기타	0.0
신탁보수	0.0

비용구성
이자비용	15.9
파생상품손실	0.5
판관비	15.9

수출비중
수출	—
내수	—

회사 개요
동사는 1899년에 설립돼 은행법에 의한 은행업무, 자본시장과 금융투자업에 관한 법률(이하 "자본시장법")에 의한 신탁업무 및 외국환업무 등을 영위함. 2014년 11월 우리금융지주를 흡수합병함. 2016년 3분기 기준 수익증권 등의 특수목적기업을 제외한 주요 연결종속회사는 우리카드, 우리종합금융, 우리에프아이에스와 은행업을 영위하는 해외현지법인 6개사와 사회기반시설투융자회사인 한국비티엘인프라투융자회사 등임.

실적 분석
동사는 2016년 연결기준 1조 2,775억원의 당기순이익을 실현했음. 이자이익의 경우, 5조3,195억원으로 전년 대비 5.4% 증가했으며 이는 2016년 6월 한국은행 기준금리 인하에도 불구하고 수익성 위주의 영업전략과 저비용성 예금증대 등의 노력으로 이루어낸 성과임. 또한 은행의 순이자마진(NIM)은 지난 4분기 이후 하락세가 진정되고 미국 금리 인상 등의 영향으로 시장금리와 함께 상승추세를 보이고 있음.

현금 흐름 〈단위 : 억원〉
항목	2015	2016
영업활동	-3,839	49,053
투자활동	12,741	-42,256
재무활동	-4,814	3,331
순현금흐름	6,812	9,473
기말현금	66,441	75,913

시장 대비 수익률
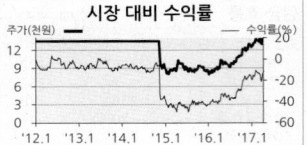

결산 실적 〈단위 : 억원〉
항목	2011	2012	2013	2014	2015	2016
이자수익	116,593	105,110	94,934	92,112	86,982	85,123
영업이익	25,932	14,515	2,396	8,977	13,516	15,742
당기순이익	20,694	14,969	-7,134	12,080	10,754	12,775

분기 실적 〈단위 : 억원〉
항목	2015.3Q	2015.4Q	2016.1Q	2016.2Q	2016.3Q	2016.4Q
이자수익	21,578	21,580	21,515	21,421	21,089	21,098
영업이익	3,961	3,830	5,563	3,928	4,401	1,850
당기순이익	3,251	2,215	4,465	3,113	3,594	1,604

재무 상태 〈단위 : 억원〉
항목	2011	2012	2013	2014	2015	2016
총자산	2,424,722	2,485,466	3,406,904	2,701,572	2,918,591	3,106,827
유형자산	23,460	23,857	25,364	25,011	24,712	24,580
무형자산	1,474	1,089	2,689	1,882	3,163	3,589
유가증권	380,285	368,802	317,460	342,781	335,095	374,541
총부채	2,243,460	2,299,517	3,178,136	2,520,638	2,725,492	2,901,368
총차입금	389,865	352,889	399,092	426,628	420,296	424,279
자본금	38,298	38,298	40,301	33,814	33,814	33,814
총자본	181,261	185,949	228,768	180,934	193,099	205,460
지배주주지분	181,182	185,873	178,476	179,835	191,885	203,862

기업가치 지표
항목	2011	2012	2013	2014	2015	2016
주가(최고/저)(천원)	—/—	—/—	—/—	11.5/8.9	10.3/8.1	12.9/8.0
PER(최고/저)(배)	0.0/0.0	0.0/0.0	0.0/0.0	7.6/5.8	7.2/5.6	7.2/4.4
PBR(최고/저)(배)	0.0/0.0	0.0/0.0	0.0/0.0	0.5/0.4	0.4/0.3	0.4/0.3
PSR(최고/저)(배)	—/—	—/—	—/—	1/1	1/1	1/1
EPS(원)	2,701	1,953	-842	1,720	1,566	1,866
BPS(원)	23,654	24,267	29,911	26,647	28,436	30,208
CFPS(원)	2,866	2,130	-372	2,070	1,922	2,239
DPS(원)				500	250	400
EBITDAPS(원)	3,386	1,895	375	1,272	1,999	2,329

재무 비율 〈단위 : %〉
연도	계속사업이익률	순이익률	부채비율	차입금비율	ROA	ROE	유보율	자기자본비율	총자산증가율
2016	18.3	15.0	1,412.1	206.5	0.4	6.4	503.9	6.6	6.5
2015	16.7	12.4	1,411.5	217.7	0.4	5.7	468.5	6.6	8.0
2014	9.1	13.1	1,393.1	235.8	0.4	6.8	433.0	6.7	-20.7
2013	3.0	-7.5	1,389.2	174.5	-0.2	-3.0	342.9	6.7	37.1

우리이앤엘 (A153490)
WOOREE E&L CO

업 종 : 디스플레이 및 관련부품		시 장 : KOSDAQ	
신용등급 : (Bond) — (CP) —		기업규모 : 중견	
홈페이지 : www.wooreeenl.co.kr		연 락 처 : 031)599-3143	
본 사 : 경기도 안산시 단원구 성곡로 79			

설 립 일 2008.06.09	종 업 원 수 145명	대 표 이 사 김병수	
상 장 일 2013.02.05	감사의견 적정 (대주)	계 열	
결 산 기 12월	보 통 주 4,990만주	종속회사수	
액 면 가 500원	우 선 주	구 상 호	

주주구성 (지분율,%)
우리이티아이	38.6
LG디스플레이	13.6
(외국인)	2.3

출자관계 (지분율,%)
우리ATEC	100.0
우리VINA	44.5
YANGZHOUWOOREEELECTRONICCO.,LTD	100.0

주요경쟁사 (외형,%)
우리이앤엘	100
우리조명	1,063
	7

매출구성
LED Ligjht Bar 및 PKG	99.7
LED 설비 판매	0.3

비용구성
매출원가율	82.9
판관비율	20.2

수출비중
수출	82.4
내수	17.6

회사 개요
동사는 2008년 설립돼 차세대 광원으로 부각되고 있는 LED제품을 생산하는 업체로 LED 소자를 이용한 모듈 제품군, 일반조명군 등 각종 LED관련 제품을 개발, 출시하고 있음. TV, 모니터, 노트북PC, 태블릿PC 등에 사용되는 LED BLU는 소형에서부터 대형사이즈까지 모두 대응할 수 있는 생산설비를 갖추고 있음. 동사의 주요 고객은 LG디스플레이로 2009년 투자 유치 후, LED 모니터 생산량의 30~40% 가량의 물량을 공급 중임.

실적 분석
동사의 2016년 연결기준 연간 매출액은 1,470.8억원으로 전년대비 22.4% 감소함. 글로벌 시장 악화에 따른 LED, 설비제작 등 매출액이 모두 감소했으나 순이익은 적자를 지속함. 외환 관련 손실의 증가 역시 영향을 미침. 베트남, 중국지역에 LED 사업부문의 원가절감을 위한 투자를 진행 중임. 향후 유지보수의 자체 수행을 통해 수익성을 향상할 예정임.

현금 흐름 〈단위 : 억원〉
항목	2015	2016
영업활동	49	199
투자활동	-11	-61
재무활동	-60	-139
순현금흐름	-22	-6
기말현금	168	162

시장 대비 수익률

결산 실적 〈단위 : 억원〉
항목	2011	2012	2013	2014	2015	2016
매출액	2,503	5,089	2,561	1,975	1,895	1,471
영업이익	302	295	-62	-25	2	-46
당기순이익	146	160	-77	-57	-58	-178

분기 실적 〈단위 : 억원〉
항목	2015.3Q	2015.4Q	2016.1Q	2016.2Q	2016.3Q	2016.4Q
매출액	446	431	345	377	373	375
영업이익	-15	-2	-24	-2	-6	-13
당기순이익	-1	-72	-35	-61	-35	-47

재무 상태 〈단위 : 억원〉
항목	2011	2012	2013	2014	2015	2016
총자산	1,932	2,899	2,675	2,301	1,960	1,788
유형자산	678	604	421	190	187	115
무형자산	9	13	11	8	12	19
유가증권	17	17	59	45	9	7
총부채	1,465	2,295	1,751	1,444	1,132	949
총차입금	952	1,299	1,101	832	799	486
자본금	115	115	160	160	160	250
총자본	467	604	924	857	828	839
지배주주지분	467	604	924	857	828	839

기업가치 지표
항목	2011	2012	2013	2014	2015	2016
주가(최고/저)(천원)	—/—	—/—	6.3/2.2	4.2/1.7	2.5/1.4	2.0/1.2
PER(최고/저)(배)	0.0/0.0	0.0/0.0	—/—	—/—	—/—	—/—
PBR(최고/저)(배)	0.0/0.0	0.0/0.0	2.6/0.9	1.8/0.7	1.2/0.7	1.2/0.7
EV/EBITDA(배)	2.1	2.5	20.8	15.5	11.8	32.9
EPS(원)	430	472	-176	-129	-139	-362
BPS(원)	1,592	2,060	2,470	2,472	2,389	1,727
CFPS(원)	891	1,101	218	140	146	-204
DPS(원)						
EBITDAPS(원)	1,422	1,561	259	226	314	64

재무 비율 〈단위 : %〉
연도	영업이익률	순이익률	부채비율	차입금비율	ROA	ROE	유보율	자기자본비율	EBITDA마진율
2016	-3.1	-12.1	113.1	57.9	-9.5	-21.4	245.5	46.9	2.2
2015	0.1	-3.1	136.7	96.5	-2.7	-6.9	431.6	42.3	5.9
2014	-1.2	-2.9	168.4	97.0	-2.3	-6.4	450.1	37.3	4.4
2013	-2.4	-3.0	189.6	119.2	-2.8	-10.1	491.4	34.5	3.8

우리이티아이 (A082850)
WooreeETI

업　　종 : 디스플레이 및 관련부품　　시　　장 : KOSDAQ
신용등급 : (Bond) —　　(CP) —　　기업규모 : 중견
홈페이지 : www.wooreeeti.co.kr　　연 락 처 : 031)599-3100
본　　사 : 경기도 안산시 단원구 성곡로 79 (608블럭30롯트)

설 립 일	2000.05.25	종업원수	154명	대표이사 성보경,윤철주
상 장 일	2005.07.29	감사의견	적정 (대주)	계　　열
결 산 기	12월	보 통 주	4,152만주	종속회사수
액 면 가	500원	우 선 주		구 상 사

주주구성 (지분율,%)		출자관계 (지분율,%)		주요경쟁사 (외형,%)	
우리조명	34.1	우리나노필	100.0	우리이티아이	100
MIC2001-3우리투자조합7호	4.1	우리VINA	55.5	유테크	2
(외국인)	1.1	뉴옵틱스	54.1	씨엔플러스	2

매출구성		비용구성		수출비중	
SET TV LED PKG	83.1	매출원가율	95.1	수출	37.5
LED Light Bar 및 PKG	10.1	판관비율	5.4	내수	62.5
CAMERA	5.2				

회사 개요
동사는 CCFL(Cold Cathode Fluorescent Lamp)를 개발, 제조, 판매 목적으로 2000년에 설립됐으나, LED 산업의 성장에 따른 수요 감소로 인해 2012년 설비를 전량 폐기하고 생산 중단함. 현재는 잔여 제품재고의 판매만 하고 있고, 2013년 연성회로기판(F-PCB) 제조판매업에 진출함. F-PCB 제품의 주요 목표 시장은 휴대폰, LCD모듈, 카메라모듈, 디지털카메라, 광픽업(ODD) 등을 생산하는 제조사임.

실적 분석
동사의 2016년 연결기준 연간 누적 매출액은 1조5,335.2억원으로 전년 동기 대비 13.1% 감소함. 매출이 줄었지만 비용 감소 노력으로 인해 영업손실은 86.1억원으로 전년 동기 대비 적자 지속됐지만 적자 규모는 감소. 비영업손익 부문에서 적자 폭이 확대되면서 당기순손실은 643.4억원으로 전년 동기 대비 적자 지속함. 전방 산업 부진에 따른 매출 감소와 수익성 악화가 지속되고 있음.

현금 흐름 〈단위 : 억원〉
항목	2015	2016
영업활동	-115	-19
투자활동	-495	-294
재무활동	719	355
순현금흐름	100	-50
기말현금	426	376

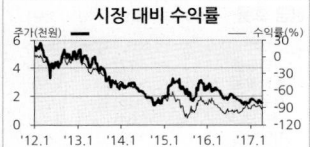
시장 대비 수익률

결산 실적 〈단위 : 억원〉
항목	2011	2012	2013	2014	2015	2016
매출액	3,391	6,284	10,398	13,055	17,646	15,335
영업이익	355	280	111	17	177	-86
당기순이익	68	29	-82	-273	-214	-643

분기 실적 〈단위 : 억원〉
항목	2015.3Q	2015.4Q	2016.1Q	2016.2Q	2016.3Q	2016.4Q
매출액	4,265	1,019	4,653	3,897	4,109	2,676
영업이익	133	-40	27	-71	1	-42
당기순이익	-9	-168	-66	-182	-63	-332

재무 상태 〈단위 : 억원〉
항목	2011	2012	2013	2014	2015	2016
총자산	4,109	4,397	6,952	8,009	9,102	8,179
유형자산	1,405	1,138	2,484	2,637	2,381	2,248
무형자산	114	57	123	124	136	99
유가증권	102	172	215	192	138	91
총부채	1,866	2,211	4,131	5,525	6,745	5,866
총차입금	1,242	1,492	1,826	1,569	2,240	2,043
자본금	207	207	207	207	207	208
총자본	2,243	2,187	2,820	2,485	2,357	2,313
지배주주지분	1,989	1,917	1,837	1,476	1,269	1,126

기업가치 지표
항목	2011	2012	2013	2014	2015	2016
주가(최고/저)(천원)	7.0/2.3	5.8/3.2	5.3/2.4	3.0/1.3	3.3/1.7	3.0/1.3
PER(최고/저)(배)	84.3/27.5	—/—	—/—	—/—	—/—	—/—
PBR(최고/저)(배)	1.5/0.5	1.2/0.7	1.2/0.5	0.8/0.3	1.0/0.5	1.1/0.5
EV/EBITDA(배)	5.4	6.9	6.5	7.3	6.6	12.5
EPS(원)	87	-100	-263	-707	-697	-961
BPS(원)	5,058	4,886	4,749	3,877	3,228	2,874
CFPS(원)	455	328	697	218	256	-97
DPS(원)	50	50	25	25	—	—
EBITDAPS(원)	1,224	1,104	1,227	966	1,381	657

재무 비율 〈단위 : % 〉
연도	영업이익률	순이익률	부채비율	차입금비율	ROA	ROE	유보율	자기자본비율	EBITDA마진율
2016	-0.6	-4.2	253.7	88.3	-7.5	-33.3	474.8	28.3	1.8
2015	1.0	-1.2	286.1	95.0	-2.5	-21.1	545.6	25.9	3.2
2014	0.1	-2.1	222.4	63.1	-3.7	-17.7	675.4	31.0	3.1
2013	1.1	-0.8	146.5	64.7	-1.4	-5.8	849.8	40.6	4.9

우리조명 (A037400)
Wooree Lighting

업　　종 : 디스플레이 및 관련부품　　시　　장 : KOSDAQ
신용등급 : (Bond) —　　(CP) —　　기업규모 : 중견
홈페이지 : www.wooreelighting.co.kr　　연 락 처 : 031)599-3240
본　　사 : 경기도 안산시 단원구 성곡로 79

설 립 일	1966.01.18	종업원수	77명	대표이사 윤철주,권경환
상 장 일	1999.12.16	감사의견	적정 (대주)	계　　열
결 산 기	12월	보 통 주	2,492만주	종속회사수
액 면 가	500원	우 선 주		구 상 호 우리조명지주

주주구성 (지분율,%)		출자관계 (지분율,%)		주요경쟁사 (외형,%)	
윤철주	23.2	우리컬러원	66.7	우리조명	100
뉴옵틱스	6.3	우리ETI	34.2	우리이앤엘	9
(외국인)	0.6	우리LITECH	22.5		1

매출구성		비용구성		수출비중	
SET LED PKG	82.1	매출원가율	94.9	수출	36.9
LED Light Bar 및 PKG	10.0	판관비율	5.9	내수	63.1
CAMERA	5.1				

회사 개요
동사는 1966년 설립되었으며 1999년 코스닥 시장에 상장함. 2015년 중 우리컬러원(주)이 자회사로 신규 포함되며 14개의 종속회사를 보유하고 있음. 동사는 가정용 및 광고용 램프, 조명기기 제조, 판매, LED조명 및 부동산 임대를 영위하고 있음. 2015년 중 자회사 및 계열회사를 통한 LED 광원 사업을 진행하여 현재 LED 조명제품이 개발되어 생산 판매하고 있음.

실적 분석
동사의 2016년 연결기준 연간 누적 매출액은 1조 5,639.4억원으로 전년 동기 대비 12.6% 감소함. 매출이 줄면서 매출원가도 감소했지만 판매비와 관리비 부담은 오히려 증가하면서 영업손실은 114.9억원으로 적자 전환함. 비영업손익 부문에서도 금융과 외환 등에서 손실이 계속돼 적자 폭 확대. 당기순손실은 678.4억원으로 전년 동기 대비 약 2.5배 가까이 늘어나 수익성이 악화되고 있음.

현금 흐름 〈단위 : 억원〉
항목	2015	2016
영업활동	-154	-37
투자활동	-502	-310
재무활동	763	377
순현금흐름	98	-62
기말현금	457	396

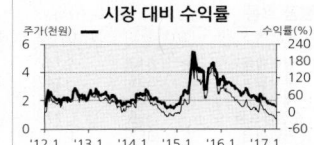
시장 대비 수익률

결산 실적 〈단위 : 억원〉
항목	2011	2012	2013	2014	2015	2016
매출액	339	6,561	10,604	13,271	17,887	15,639
영업이익	16	298	120	10	117	-115
당기순이익	43	49	-77	-282	-259	-678

분기 실적 〈단위 : 억원〉
항목	2015.3Q	2015.4Q	2016.1Q	2016.2Q	2016.3Q	2016.4Q
매출액	4,314	1,022	4,740	3,971	4,174	2,754
영업이익	118	-76	27	-76	-8	-58
당기순이익	-3	-207	-67	-187	-70	-354

재무 상태 〈단위 : 억원〉
항목	2011	2012	2013	2014	2015	2016
총자산	1,116	5,060	7,603	8,639	9,581	8,739
유형자산	218	1,647	3,002	3,151	2,891	2,844
무형자산	12	69	134	134	146	109
유가증권	23	597	470	268	333	159
총부채	289	2,465	4,431	5,811	6,940	6,090
총차입금	83	1,545	1,887	1,647	2,343	2,166
자본금	63	119	119	119	125	125
총자본	827	2,596	3,172	2,828	2,640	2,650
지배주주지분	824	1,059	999	869	780	762

기업가치 지표
항목	2011	2012	2013	2014	2015	2016
주가(최고/저)(천원)	2.2/1.2	3.1/1.5	2.9/1.7	2.8/1.4	5.8/1.6	3.7/1.9
PER(최고/저)(배)	12.8/7.3	175.2/86.6	—/—	—/—	—/—	—/—
PBR(최고/저)(배)	0.7/0.4	0.7/0.4	0.7/0.4	0.8/0.4	1.7/0.5	1.2/0.6
EV/EBITDA(배)	16.9	6.0	7.3	8.9	8.4	16.2
EPS(원)	180	19	-145	-537	-644	-710
BPS(원)	6,722	4,541	4,361	3,764	3,298	3,224
CFPS(원)	404	799	1,555	1,093	1,028	764
DPS(원)	50	30	25	25	—	—
EBITDAPS(원)	191	2,034	2,202	1,671	2,153	1,013

재무 비율 〈단위 : % 〉
연도	영업이익률	순이익률	부채비율	차입금비율	ROA	ROE	유보율	자기자본비율	EBITDA마진율
2016	-0.7	-4.3	229.8	81.7	-7.4	-23.0	544.9	30.3	1.6
2015	0.7	-1.5	262.9	88.8	-2.8	-18.9	559.5	27.6	2.9
2014	0.1	-2.1	205.5	58.3	-3.5	-13.7	652.9	32.7	3.0
2013	-0.7	-0.7	139.7	59.5	-1.2	-3.4	772.1	41.7	5.0

우리종합금융 (A010050)
Woori Investment Bank

업 종 : 창업투자 및 종금		시 장 : 거래소	
신용등급 : (Bond) A- (CP) —		기업규모 : 시가총액 소형주	
홈페이지 : www.wooriib.com		연락처 : 062)221-6600	
본 사 : 광주시 동구 금남로 182 (금남로5가)			

설 립 일 1974.06.29	종 업 원 수 97명	대 표 이 사 설상일,정기화
상 장 일 1974.09.11	감 사 의 견 적정 (삼정)	계 열
결 산 기 12월	보 통 주 47,420만주	종속회사수
액 면 가 500원	우 선 주	구 상 호 금호종금

주주구성 (지분율,%)		출자관계 (지분율,%)		주요경쟁사 (외형,%)	
우리은행	58.2	AKGI스타게임심성투자조합1호	15.0	우리종금	100
아시아나항공	3.3	케이에스신용정보우선주	13.0	글로본	8
(외국인)	1.0	JR제13호위탁관리부동산투자회사	11.0	SBI인베스트먼트	9

수익구성		비용구성		수출비중	
금융상품 관련이익	39.1	이자비용	11.8	수출	—
외환거래이익	31.0	파생상품손실	0.0	내수	—
이자수익	26.1	판관비	0.0		

회사 개요
동사는 1974년 광주투자금융으로 설립되어 단기금융업무를 영위해오다 1994년 종합금융회사로 전환하여 국제금융업무, 리스업무, 증권업무 등으로 업무영역 확대함. 현재 우리금융그룹의 시너지를 기반으로 신규수익원을 지속적으로 개발하고 국내 유일의 종합금융회사로서 다양한 라이센스를 충분히 활용하는 성장전략 모색 중임. 주요 업무는 수신, 단기 및 중장기 여신, 유가증권 운용, 금융상품 판매, 프로젝트 파이낸스, 국제금융, M&A 업무 등임.

실적 분석
동사 2016년 자산은 전년 대비 32%인 3809억원 증가했음. 부채는 예수부채의 증가로 34.3%인 3,570억원 증가, 자본총계는 16.1%인 239억원 증가했음. 2014년 이후 실적 지속적으로 개선돼 2015년에는 당기순이익이 전년 대비 50.5%(36억원) 증가한 108억원, 2016년에는 121.8%(131억원) 증가한 239억원을 달성했음. 수익증가는 운용자산 증가에 따른 이자수익 증가, 대손충당금 환입에 따른 것.

현금 흐름 〈단위 : 억원〉

항목	2015	2016
영업활동	612	742
투자활동	-595	142
재무활동	-23	-104
순현금흐름	-5	778
기말현금	357	1,136

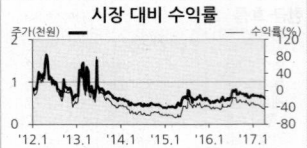

시장 대비 수익률

결산 실적 〈단위 : 억원〉

항목	2011	2012	2013	2014	2015	2016
영업수익	2,995	2,080	1,129	689	1,294	1,786
영업이익	-792	-417	-804	22	108	214
당기순이익	-742	-337	-864	24	104	239

분기 실적 〈단위 : 억원〉

항목	2015.3Q	2015.4Q	2016.1Q	2016.2Q	2016.3Q	2016.4Q
영업수익	403	383	407	381	482	516
영업이익	14	24	63	52	54	45
당기순이익	16	19	64	48	48	79

재무 상태 〈단위 : 억원〉

항목	2011	2012	2013	2014	2015	2016
총자산	14,340	11,584	8,627	10,015	12,063	15,768
유형자산	35	31	32	32	39	38
무형자산	64	53	34	35	29	29
유가증권	2,718	1,160	1,563	2,580	4,100	3,822
총부채	13,756	11,348	7,916	8,612	10,581	14,047
총차입금	1,327	622	350	202	177	73
자본금	900	900	1,673	2,371	2,371	2,371
총자본	585	236	711	1,403	1,482	1,721
지배주주지분	499	142	668	1,403	1,482	1,721

기업가치 지표

항목	2011	2012	2013	2014	2015	2016
주가(최고/저)(천원)	1.6/0.8	1.7/0.5	1.8/0.4	0.5/0.4	0.9/0.4	0.8/0.5
PER(최고/저)(배)	—/—	—/—	—/—	95.2/73.8	38.9/17.3	16.3/9.7
PBR(최고/저)(배)	3.9/2.0	14.4/4.0	9.0/2.1	1.7/1.3	2.7/1.2	2.3/1.4
PSR(최고/저)(배)	1/0	1/0	5/1	3/3	3/1	2/1
EPS(원)	-584	-301	-299	5	22	50
BPS(원)	279	80	200	296	313	363
CFPS(원)	-396	-202	-296	7	23	52
DPS(원)						
EBITDAPS(원)	-440	-232	-279	5	24	45

재무 비율 〈단위 : % 〉

연도	계속사업이익률	순이익률	부채비율	차입금비율	ROA	ROE	유보율	자기자본비율	총자산증가율
2016	11.5	13.4	일부잠식	일부잠식	1.7	14.9	-27.3	10.9	30.7
2015	7.8	8.1	일부잠식	일부잠식	1.0	7.2	-37.4	12.3	39.8
2014	2.9	3.5	일부잠식	일부잠식	0.3	2.3	-40.7	14.0	16.1
2013	-71.9	-76.6	일부잠식	일부잠식	-8.6	-212.4	-60.0	8.2	-25.5

우림기계 (A101170)
WOORIM MACHINERY

업 종 : 기계		시 장 : KOSDAQ	
신용등급 : (Bond) — (CP) —		기업규모 : 우량	
홈페이지 : www.woorimgear.co.kr		연락처 : 055)260-0300	
본 사 : 경남 창원시 성산구 남면로 613 (외동)			

설 립 일 2000.03.01	종 업 원 수 135명	대 표 이 사 한현석
상 장 일 2009.04.28	감 사 의 견 적정 (삼일)	계 열
결 산 기 12월	보 통 주 1,350만주	종속회사수
액 면 가 500원	우 선 주	구 상 호

주주구성 (지분율,%)		출자관계 (지분율,%)		주요경쟁사 (외형,%)	
한현석	52.9	우림하이비스	40.0	우림기계	100
엠알홀딩스	23.1	우림에이치에스	30.0	아세아텍	226
(외국인)	1.8			나라엠앤디	287

매출구성		비용구성		수출비중	
산업용감속기	61.9	매출원가율	83.4	수출	33.2
트랜스미션	38.1	판관비율	15.2	내수	66.8

회사 개요
동사는 2000년 설립돼 2009년 코스닥 시장에 상장함. 트랜스미션, 기어전동축, 감속기, 자동차부품, 항공부품, 방위산업부품, 풍력발전설비부품 제조 등의 사업을 영위하고 있음. 신성장 동력을 위한 새로운 사업으로 철도차량 부품과 전기차 기어박스 생산을 진행하고 있으며 기존 사업과 연계해 시너지가 창출되는 항공기, 방산, 로봇 분야로 사업영역을 확장하고 있음.

실적 분석
동사의 2016년 연결기준 매출은 전년도 대비 6.7% 감소한 456.8억원을 기록함. 매출은 감소한 반면 판매비와 관리비는 14.8% 증가해 영업이익은 전년도 대비 68.5% 감소한 6.4억원을 기록함. 비영업 부문에서 거둬들인 이익도 전년도 34.9억원에 비해 77% 감소한 8억원에 그침. 이에 전년도 44.5억원을 기록했던 당기순손실이 73.7% 감소하며 11.7억원을 기록함.

현금 흐름 *IFRS 별도 기준 〈단위 : 억원〉

항목	2015	2016
영업활동	77	35
투자활동	21	-29
재무활동	-35	-7
순현금흐름	64	3
기말현금	130	132

시장 대비 수익률

결산 실적 〈단위 : 억원〉

항목	2011	2012	2013	2014	2015	2016
매출액	700	527	570	603	490	457
영업이익	101	53	31	47	20	6
당기순이익	94	51	16	48	45	12

분기 실적 *IFRS 별도 기준 〈단위 : 억원〉

항목	2015.3Q	2015.4Q	2016.1Q	2016.2Q	2016.3Q	2016.4Q
매출액	116	105	118	111	100	127
영업이익	3	9	4	2	3	-3
당기순이익	14	14	4	5	-3	5

재무 상태 *IFRS 별도 기준 〈단위 : 억원〉

항목	2011	2012	2013	2014	2015	2016
총자산	955	937	969	980	982	964
유형자산	522	600	592	590	549	523
무형자산	17	15	14	12	11	10
유가증권						
총부채	230	147	165	148	115	91
총차입금	65	40	34	25	4	7
자본금	45	45	68	68	68	68
총자본	725	790	804	832	867	873
지배주주지분	725	790	804	832	867	873

기업가치 지표 *IFRS 별도 기준

항목	2011	2012	2013	2014	2015	2016
주가(최고/저)(천원)	6.9/4.1	7.6/4.4	7.2/4.6	6.4/4.3	5.0/3.8	9.2/3.4
PER(최고/저)(배)	10.7/6.4	21.0/12.2	63.7/40.5	18.7/12.4	15.4/11.7	107.1/39.5
PBR(최고/저)(배)	1.3/0.8	1.4/0.8	1.3/0.8	1.1/0.7	0.8/0.6	1.4/0.5
EV/EBITDA(배)	4.7	6.8	9.5	5.5	5.4	16.9
EPS(원)	687	380	118	355	330	87
BPS(원)	8,276	8,781	5,953	6,271	6,533	6,574
CFPS(원)	1,385	1,034	472	728	728	468
DPS(원)	100		35	75	50	50
EBITDAPS(원)	1,481	1,058	584	723	549	429

재무 비율 〈단위 : % 〉

연도	영업이익률	순이익률	부채비율	차입금비율	ROA	ROE	유보율	자기자본비율	EBITDA마진율
2016	1.4	2.6	10.4	0.8	1.2	1.4	1,214.8	90.6	12.7
2015	4.2	9.1	13.2	0.5	4.5	5.2	1,206.7	88.3	15.1
2014	7.9	7.9	17.8	3.0	4.9	5.9	1,154.2	84.9	16.2
2013	5.5	2.8	20.5	4.8	1.7	2.0	1,090.6	83.0	13.8

우성사료 (A006980)
Woosung Feed

업 종 : 식료품		시 장 : 거래소	
신용등급 : (Bond) — (CP) —		기업규모 : 시가총액 소형주	
홈 페 이 지 : www.woosungfeed.co.kr		연 락 처 : 042)670-1724	
본 사 : 대전시 대덕구 한밭대로 1027 (오정동)			

설 립 일	1970.12.30	종 업 원 수	263명	대 표 이 사	지평은
상 장 일	1988.10.10	감 사 의 견	적정 (안진)	계 열	
결 산 기	12월	보 통 주	3,090만주	종속회사수	
액 면 가	500원	우 선 주		구 상 회	

주주구성 (지분율,%)		출자관계 (지분율,%)		주요경쟁사 (외형,%)	
정보연	24.6	대전방송	39.8	우성사료	100
타오기획	4.6	우성양행	35.8	팜스코	344
(외국인)	1.4	우성운수	26.5	이지바이오	508

매출구성		비용구성		수출비중	
양어, 애완용 외 (제품)	99.0	매출원가율	82.8	수출	0.0
임대료 외	0.6	판관비율	16.8	내수	100.0
양돈, 양계, 축우 (상품)	0.3				

회사 개요
동사는 가축용 배합사료 및 특수사료의 생산, 판매를 주업종으로 하는 배합사료 전문업체임. 1970년에 설립되었으며, 1985년에 현재의 사명인 우성사료로 상호를 변경하였음. 매우 밀접한 관련성을 지니고 있고, 배합사료가 매출액의 대부분을 차지하고 있음. 2000년대 초반부터 글로벌 축산기업으로 도약하기 위해 베트남 및 중국에 진출하였음. 원재료 대부분을 수입에 의존하여 환율 및 원재료 가격에 실적이 크게 영향을 받음

실적 분석
업계 경쟁심화로 동사의 2016년 연결기준 누적매출액은 전년 동기 대비 12.2% 감소한 2,756.7억원을 기록함. 매출 감소와 비용 부담으로 영업이익도 10.9억원을 기록하며 전년대비 68.7% 감소한 모습. 영업실적 부진에도 전년대비 외환손실이 개선되며 비영업 수지가 흑자전환되고, 그 영향으로 당기순이익 역시 8억원을 시현하며 흑자전환. 최근 '정치인 테마주'와 관련된 주가급등락 상황에 대해 아무 관련이 없음을 공시함

현금 흐름 〈단위 : 억원〉

항목	2015	2016
영업활동	52	108
투자활동	-229	113
재무활동	-173	-48
순현금흐름	-350	171
기말현금	313	484

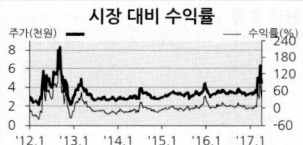

시장 대비 수익률

결산 실적 〈단위 : 억원〉

항목	2011	2012	2013	2014	2015	2016
매출액	3,815	3,919	3,584	3,377	3,139	2,757
영업이익	103	40	29	61	35	11
당기순이익	138	70	30	40	-55	8

분기 실적 〈단위 : 억원〉

항목	2015.3Q	2015.4Q	2016.1Q	2016.2Q	2016.3Q	2016.4Q
매출액	838	755	654	685	742	676
영업이익	19	3	-7	-2	6	14
당기순이익	-88	23	-9	5	0	12

재무 상태 〈단위 : 억원〉

항목	2011	2012	2013	2014	2015	2016
총자산	2,823	2,938	2,711	2,750	2,565	2,459
유형자산	419	393	424	408	461	488
무형자산	2	2	2	2	2	2
유가증권	17	17	17	19	24	42
총부채	1,166	1,240	992	1,006	903	804
총차입금	709	718	505	509	357	332
자본금	155	155	155	155	155	155
총자본	1,657	1,698	1,719	1,744	1,662	1,656
지배주주지분	1,659	1,699	1,720	1,744	1,664	1,656

기업가치 지표

항목	2011	2012	2013	2014	2015	2016
주가(최고/저)(천원)	3.1/1.1	8.6/2.0	4.8/2.5	3.9/2.6	4.4/2.8	4.2/2.9
PER(최고/저)(배)	7.4/2.7	40.0/9.4	49.9/25.4	30.1/20.6	—/—	144.1/101.0
PBR(최고/저)(배)	0.6/0.2	1.6/0.4	0.9/0.5	0.7/0.5	0.8/0.5	0.8/0.5
EV/EBITDA(배)	5.2	9.7	10.1	10.1	15.4	15.8
EPS(원)	460	230	102	133	-175	29
BPS(원)	5,543	5,670	5,740	5,819	5,558	5,533
CFPS(원)	599	366	227	252	-57	144
DPS(원)	60	60	50	50	25	25
EBITDAPS(원)	471	265	220	319	231	150

재무 비율 〈단위 : % 〉

연도	영업이익률	순이익률	부채비율	차입금비율	ROA	ROE	유보율	자기자본비율	EBITDA마진율
2016	0.4	0.3	48.5	20.0	0.3	0.5	1,006.6	67.3	1.7
2015	1.1	-1.8	54.3	21.5	-2.1	-3.2	1,011.5	64.8	2.3
2014	1.8	1.2	57.7	29.2	1.5	2.4	1,063.7	63.4	2.9
2013	0.8	0.8	57.7	29.4	1.1	1.8	1,048.0	63.4	1.9

우성아이비 (A194610)
WOOSUNG IB CO

업 종 : 레저용품		시 장 : KOSDAQ	
신용등급 : (Bond) — (CP) —		기업규모 : 벤처	
홈 페 이 지 : www.zebec.co.kr, www.mistralko		연 락 처 : 032)550-1000	
본 사 : 인천시 부평구 평천로 251 (청천동)			

설 립 일	2014.02.19	종 업 원 수	146명	대 표 이 사	이희재
상 장 일	2014.06.10	감 사 의 견	적정 (광교)	계 열	
결 산 기	12월	보 통 주	1,438만주	종속회사수	
액 면 가	100원	우 선 주		구 상 호	하나머스트스팩

주주구성 (지분율,%)		출자관계 (지형율,%)		주요경쟁사 (외형,%)	
이희재	19.7	스플래쉬워터	32.7	우성아이비	100
Kofc-대경 Pioneer Champ 2010-18	4.1				
(외국인)	0.9				

매출구성		비용구성		수출비중	
SUP(제품)	48.7	매출원가율	68.1	수출	—
기타	28.5	판관비율	28.4	내수	—
보트(제품)	12.0				

회사 개요
동사는 1992년 수상레저산업분야에 진출한 후 공기주입식 보트류 만을 생산하여, 세계 약 40개국 140여 고객사에게 자체브랜드인 "ZEBEC" 및 "Z-pro"제품과 고객사 주문개발 품(OEM/ODM) 방식으로 생산한 제품을 판매하고 있음. 업계 최초로 품질보증업체지정, ISO 9002 획득 및 유럽인증마크인 "CE"등을 획득하였으며, 보트의 최고봉이라는 급류타기 보트를 개발하여, 상업용, 경기용, 선수용으로 제품을 판매하고 있음

실적 분석
동사의 2016년 연결기준 결산 매출액은 335.6억원을 기록하며 전년과 비슷한 수준을 유지하였음. 원가율의 개선(매출원가 기준 전년대비 2.5% 감소)에도 불구하고 판관비의 증가(전년대비 45.3% 증가)로 영업이익은 전년 대비 66.9% 감소한 11.7억원을 기록함. 영업이익의 감소에도 불구하고 비영업손익의 적자폭의 대폭 개선으로 인해 당기순이익은 2.0억원을 기록하였음.

현금 흐름 〈단위 : 억원〉

항목	2015	2016
영업활동	-13	-70
투자활동	12	-74
재무활동	-20	140
순현금흐름	-20	3
기말현금	8	11

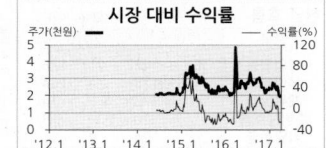

시장 대비 수익률

결산 실적 〈단위 : 억원〉

항목	2011	2012	2013	2014	2015	2016
매출액	180	233	313	407	335	336
영업이익	19	18	33	33	35	12
당기순이익	7	16	29	19	3	2

분기 실적 〈단위 : 억원〉

항목	2015.3Q	2015.4Q	2016.1Q	2016.2Q	2016.3Q	2016.4Q
매출액	59	76	110	89	64	72
영업이익	1	12	11	5	0	-5
당기순이익	-6	5	3	4	-6	1

재무 상태 〈단위 : 억원〉

항목	2011	2012	2013	2014	2015	2016
총자산	237	261	414	467	499	694
유형자산	86	87	106	110	124	197
무형자산	15	15	1	1	25	26
유가증권	10	11	11	17	15	11
총부채	173	176	330	366	328	495
총차입금	133	131	268	297	284	416
자본금	21	23	23	23	13	14
총자본	65	85	84	101	170	199
지배주주지분	65	85	84	101	170	199

기업가치 지표

항목	2011	2012	2013	2014	2015	2016
주가(최고/저)(천원)	—/—	—/—	—/—	2.7/2.2	4.1/2.3	5.4/2.2
PER(최고/저)(배)	0.0/0.0	0.0/0.0	0.0/0.0	18.9/15.6	220.3/120.5	314.2/128.7
PBR(최고/저)(배)	0.0/0.0	0.0/0.0	0.0/0.0	3.6/2.9	3.4/1.9	3.8/1.6
EV/EBITDA(배)	4.5	4.2	6.4	8.0	13.7	33.5
EPS(원)	68	135	215	142	19	17
BPS(원)	1,556	1,558	1,541	1,849	1,220	1,411
CFPS(원)	371	536	615	467	79	92
DPS(원)						
EBITDAPS(원)	654	572	699	721	308	156

재무 비율 〈단위 : % 〉

연도	영업이익률	순이익률	부채비율	차입금비율	ROA	ROE	유보율	자기자본비율	EBITDA마진율
2016	3.5	0.6	248.1	208.7	0.3	1.3	1,362.9	28.7	6.7
2015	10.5	0.9	192.7	166.7	0.6	2.0	1,283.5	34.2	13.0
2014	8.1	4.7	362.1	294.3	4.3	20.5	338.7	21.6	9.7
2013	10.7	9.2	391.5	318.6	—	—	265.5	20.4	12.2

우수에이엠에스 (A066590)
Woosu AMS

업 종 : 자동차부품		시 장 : KOSDAQ	
신용등급 : (Bond) — (CP) —		기업규모 : 중견	
홈페이지 : www.woosu.co.kr		연 락 처 : 055)274-5011	
본 사 : 경남 창원시 성산구 월림로 62(신촌동 192-4)			

설 립 일 1995.06.13	종 업 원 수 288명	대 표 이 사 전종인	
상 장 일 2003.02.12	감사의견 적정(대신)	계 열	
결 산 기 12월	보 통 주 2,359만주	종속회사수	
액 면 가 500원	우 선 주	구 상 호	

주주구성 (지분율,%)		출자관계 (지분율,%)		주요경쟁사 (외형,%)	
전종인	20.9	우수정기	49.0	우수AMS	100
전성옥	4.2	WOOSUAUTOMOTIVEINDIAPRIVATELIMITED 100.0		KB오토시스	69
(외국인)	0.1	WOOSUCZECHS.R.O	100.0	대성엘텍	152

매출구성		비용구성		수출비중	
기타	61.0	매출원가율	90.7	수출	75.6
6속 DIFF-CASE	29.7	판관비율	7.4	내수	24.4
BRKT ASS'YTM SUPT	4.6				

회사 개요

동사는 자동차 부품 전문 생산 업체로서 조향부품, 구동부품 등 자동차부품의 제조를 그 주된 사업으로 하고 있으며, 동사에서 생산하는 여러 부품들이 국내시장에서 생산되고 있는 승용차 및 상용차 등 전 차종에 다양하게 공급되고 있음. 현대자동차, 한국GM, 기아자동차의 1차 협력업체이며, 가격경쟁력, 자동화설비 시스템 및 완벽품질을 기반으로 신차종 부품 개발에 적극 참여하고 있음.

실적 분석

동사의 2016년 4분기 매출액은 2,418.4억원으로 전년동기 대비 5% 증가하였고 매출 규모도 2,193.5억원으로 4.1% 증가함. 영업이익은 판관비가 179.4억원으로 15.1% 늘어났음에도 45.4억원으로 전년동기 대비 12.5% 증가함. 또한 비영업손익의 흑자전환으로 인하여 당기순이익이 120% 대폭 증가한 52.6억원을 시현함. 원가절감과 생산성 향상을 위한 추가적인 노력이 필요함.

현금 흐름 〈단위 : 억원〉

항목	2015	2016
영업활동	-148	126
투자활동	-128	-164
재무활동	273	24
순현금흐름	-10	-13
기말현금	94	81

시장 대비 수익률

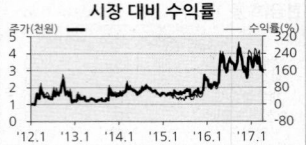

결산 실적 〈단위 : 억원〉

항목	2011	2012	2013	2014	2015	2016
매출액	2,017	1,887	2,089	2,189	2,304	2,418
영업이익	32	6	47	27	40	45
당기순이익	11	-11	26	40	24	53

분기 실적 〈단위 : 억원〉

항목	2015.3Q	2015.4Q	2016.1Q	2016.2Q	2016.3Q	2016.4Q
매출액	545	606	583	594	567	675
영업이익	8	3	17	4	21	3
당기순이익	9	-10	8	17	13	15

재무 상태 〈단위 : 억원〉

항목	2011	2012	2013	2014	2015	2016
총자산	1,313	1,268	1,396	1,372	1,455	1,512
유형자산	592	582	566	569	693	735
무형자산	4	4	22	27	26	26
유가증권	—	0	0	3	3	3
총부채	1,048	1,023	1,138	1,060	1,125	972
총차입금	342	321	322	242	516	396
자본금	80	80	80	85	85	118
총자본	265	245	258	312	330	540
지배주주지분	265	245	258	312	330	540

기업가치 지표

항목	2011	2012	2013	2014	2015	2016
주가(최고/저)(천원)	1.3/0.8	2.6/1.0	2.0/1.1	2.3/1.5	2.9/1.4	4.3/1.9
PER(최고/저)(배)	21.0/13.8	—/—	13.3/7.6	10.0/6.7	22.4/11.0	16.9/7.6
PBR(최고/저)(배)	0.8/0.6	1.8/0.7	1.4/0.8	1.3/0.9	1.6/0.8	1.9/0.9
EV/EBITDA(배)	4.1	8.9	3.9	5.3	8.8	9.9
EPS(원)	62	-64	151	226	130	258
BPS(원)	1,683	1,535	1,614	1,838	1,943	2,289
CFPS(원)	302	199	463	549	501	621
DPS(원)	30					30
EBITDAPS(원)	439	308	593	466	598	586

재무 비율 〈단위 : % 〉

연도	영업이익률	순이익률	부채비율	차입금비율	ROA	ROE	유보율	자기자본비율	EBITDA마진율
2016	1.9	2.2	180.1	73.3	3.6	12.1	357.7	35.7	4.9
2015	1.8	1.0	341.1	156.5	1.7	7.5	288.6	22.7	4.4
2014	1.2	1.8	339.6	77.5	2.9	14.1	267.7	22.8	3.5
2013	2.3	1.3	441.5	125.0	2.0	10.4	222.8	18.5	4.5

우신시스템 (A017370)
Wooshin Systems

업 종 : 자동차부품		시 장 : 거래소	
신용등급 : (Bond) — (CP) —		기업규모 : 시가총액 소형주	
홈페이지 : www.wooshinsys.co.kr		연 락 처 : 02)2677-6934	
본 사 : 서울시 영등포구 영등포로 20			

설 립 일 1984.02.23	종 업 원 수 319명	대 표 이 사 허우영	
상 장 일 2002.05.28	감사의견 적정(대주)	계 열	
결 산 기 12월	보 통 주 1,831만주	종속회사수	
액 면 가 500원	우 선 주	구 상 호	

주주구성 (지분율,%)		출자관계 (지분율,%)		주요경쟁사 (외형,%)	
허우영	35.7	우신세이프티시스템	100.0	우신시스템	100
MARUBENI CORP	4.6	에이에프에프씨	100.0	넥센테크	31
(외국인)	7.6	한국용접공업협동조합	5.2	동국실업	237

매출구성		비용구성		수출비중	
차체자동용접라인제조	56.1	매출원가율	87.3	수출	65.5
자동차 Door 가공, 자동차 안전벨트외	43.9	판관비율	8.4	내수	34.5

회사 개요

동사는 자동차 차체 자동용접 라인 설비에 대한 제조 및 판매를 주요 사업으로 영위하고 있는 자동차 차체 설비에 대한 Total Engineering업체임. 동사의 사업은 총 2개의 사업부문으로 구성돼 있음. 각 사업부문의 생산체품 및 제품 판매 유형에 따라 차체자동용접라인제조를 담당하는 차체설비 부문과 자동차 도어나 안전벨트를 제작하는 자동차부품 부문으로 구분됨.

실적 분석

2016년 누적 연결기준 매출액과 영업이익은 각각 전년동기 대비 0.5% 증가, 28.5% 감소한 2643억원, 115억원을 기록. 매출원가와 판관비의 상승으로 인해 외형성장에도 영업이익 감소. 차체설비 부문 외형 축소하였으나, 자동차부품 부문은 매출 증대. 차체설비 부문의 외형 축소로 인한 영업손실 발생이 실적악화의 주된 원인. 마케팅 시너지 창출 및 경영 효율성 증대를 위해 자동차 내장품 제조업체 일광을 최근 흡수합병함.

현금 흐름 〈단위 : 억원〉

항목	2015	2016
영업활동	32	188
투자활동	-162	-53
재무활동	80	-17
순현금흐름	-50	118
기말현금	44	161

시장 대비 수익률

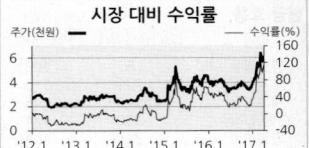

결산 실적 〈단위 : 억원〉

항목	2011	2012	2013	2014	2015	2016
매출액	1,476	1,330	1,702	2,577	2,630	2,643
영업이익	110	94	52	166	161	115
당기순이익	81	57	37	121	152	92

분기 실적 〈단위 : 억원〉

항목	2015.3Q	2015.4Q	2016.1Q	2016.2Q	2016.3Q	2016.4Q
매출액	697	783	684	628	612	718
영업이익	46	59	28	20	12	56
당기순이익	44	23	10	33	-22	71

재무 상태 〈단위 : 억원〉

항목	2011	2012	2013	2014	2015	2016
총자산	1,540	1,547	2,061	2,060	2,570	2,525
유형자산	665	573	760	766	1,075	1,091
무형자산	19	18	17	24	23	22
유가증권	15	15	52	82	64	45
총부채	812	786	1,268	1,133	1,467	1,308
총차입금	334	212	439	293	566	547
자본금	70	70	70	73	79	91
총자본	728	762	793	927	1,103	1,216
지배주주지분	708	744	778	911	1,086	1,202

기업가치 지표

항목	2011	2012	2013	2014	2015	2016
주가(최고/저)(천원)	4.3/2.3	3.1/1.9	3.0/2.1	3.6/2.2	5.3/2.5	4.3/3.2
PER(최고/저)(배)	8.3/4.4	8.0/4.9	11.0/7.7	4.3/2.7	5.5/2.6	7.9/5.9
PBR(최고/저)(배)	0.9/0.5	0.6/0.4	0.6/0.4	0.6/0.4	0.8/0.4	0.6/0.5
EV/EBITDA(배)	5.0	2.4	5.8	2.4	5.5	5.6
EPS(원)	576	407	285	844	971	548
BPS(원)	5,187	5,440	5,726	6,380	7,010	6,799
CFPS(원)	777	617	563	1,216	1,336	969
DPS(원)	100		20	20	30	30
EBITDAPS(원)	989	879	649	1,530	1,402	1,098

재무 비율 〈단위 : % 〉

연도	영업이익률	순이익률	부채비율	차입금비율	ROA	ROE	유보율	자기자본비율	EBITDA마진율
2016	4.4	3.5	107.6	45.0	3.6	8.2	1,259.9	48.2	7.1
2015	6.1	5.8	133.0	51.4	6.6	15.1	1,302.0	42.9	8.3
2014	6.4	4.7	122.2	31.6	5.9	14.3	1,175.9	45.0	8.5
2013	3.1	2.2	159.9	55.3	2.0	5.3	1,045.3	38.5	5.3

우원개발 (A046940)
Woowon Development

업 종 : 건설		시 장 : KOSDAQ	
신용등급 : (Bond) — (CP) —		기업규모 : 중견	
홈페이지 : www.woowon.com		연 락 처 : 02)3490-1900	
본 사 : 서울시 서초구 서초대로 254, 오퓨런스빌딩 18층			

설 립 일 1998.10.28	종 업 원 수 219명	대 표 이 사 김기영	
상 장 일 2002.06.18	감 사 의 견 적정 (신우)	계 열	
결 산 기 12월	보 통 주 1,465만주	종속회사수	
액 면 가 500원	우 선 주	구 상 호	

주주구성 (지분율,%)		출자관계 (지분율,%)		주요경쟁사 (외형,%)	
신영임	25.4	대상종합개발	100.0	우원개발	100
김기영	17.7	서희아이엔디	15.0	성도이엔지	205
(외국인)	0.0	전문건설공제조합	0.2	희림	67

매출구성		비용구성		수출비중	
공사수입(공사)	99.7	매출원가율	94.6	수출	0.0
기타매출(기타)	0.3	판관비율	3.4	내수	100.0
부동산임대수입 외(기타)	0.0				

회사 개요
동사는 토목에 특화된 건설사로서 도로공사, 산업단지조성공사, 철도공사, 지하철공사, 특수공법공사, 하천공사, 항만공사와 주택건설 및 부동산개발 등을 주로 영위함. 설립 당시 주된 사업은 소프트웨어 개발, 유지보수 등이 었으나, 2010년 자회사 우원개발과의 합병을 통해 건설업을 주된 사업으로 영위하게 됨. 경기 침체에 대비하여 정부에서는 공공 토목사업을 통하여 경제위기를 조기에 극복하고자 건설 진흥을 위하여 관련 예산을 늘이는 추세임.

실적 분석
동사의 연결기준 2016년 매출액은 전년보다 18.3% 감소한 2,071.3억원을 기록함. 같은 기간 매출총이익은 48.8% 줄어든 반면 판매비와 관리비가 8.9% 상승하면서 영업이익은 전년 152.1억원에서 2016년 40.2억원으로 대폭 감소함. 이에 따라 비영업손익이 흑자전환하였음에도 불구하고 당기순이익은 24.1% 줄어든 66.9억원을 기록하였음. 최근 철도 및 도로공사, 원자력 주설비 공사 등을 수주하여 실적개선이 가시화되고 있음.

현금 흐름 〈단위 : 억원〉
항목	2015	2016
영업활동	244	-50
투자활동	-10	13
재무활동	-171	39
순현금흐름	64	2
기말현금	107	109

시장 대비 수익률
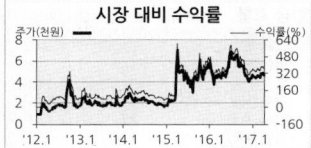

결산 실적 〈단위 : 억원〉
항목	2011	2012	2013	2014	2015	2016
매출액	1,320	1,735	1,925	2,101	2,534	2,071
영업이익	37	17	0	47	152	40
당기순이익	33	-9	-55	25	88	67

분기 실적 〈단위 : 억원〉
항목	2015.3Q	2015.4Q	2016.1Q	2016.2Q	2016.3Q	2016.4Q
매출액	657	638	481	530	504	557
영업이익	72	32	3	7	1	30
당기순이익	57	-2	7	2	1	57

재무 상태 〈단위 : 억원〉
항목	2011	2012	2013	2014	2015	2016
총자산	1,167	1,223	1,153	1,160	1,224	1,172
유형자산	60	79	80	82	89	78
무형자산	201	201	166	166	165	165
유가증권	78	84	85	90	90	103
총부채	687	742	731	718	695	580
총차입금	248	267	235	177	6	46
자본금	73	73	73	73	73	73
총자본	480	481	422	443	529	592
지배주주지분	475	478	422	443	529	592

기업가치 지표
항목	2011	2012	2013	2014	2015	2016
주가(최고/저)(천원)	1.6/0.8	4.7/0.9	2.8/1.7	3.0/1.6	7.5/1.7	9.1/3.7
PER(최고/저)(배)	7.1/3.5	—/—	—/—	18.0/9.6	12.5/2.9	19.9/8.1
PBR(최고/저)(배)	0.5/0.2	1.4/0.3	1.0/0.6	1.0/0.5	2.1/0.5	2.3/0.9
EV/EBITDA(배)	5.4	14.8	29.0	4.1	3.4	8.7
EPS(원)	224	-56	-377	169	602	456
BPS(원)	3,357	3,263	2,878	3,021	3,610	4,044
CFPS(원)	270	8	-299	253	831	562
DPS(원)	—	—	—	—	—	—
EBITDAPS(원)	300	181	80	403	1,268	380

재무 비율 〈단위 : % 〉
연도	영업이익률	순이익률	부채비율	차입금비율	ROA	ROE	유보율	자기자본비율	EBITDA마진율
2016	1.9	3.2	97.9	7.7	5.6	11.9	708.8	50.5	2.7
2015	6.0	3.5	131.4	1.2	7.4	18.1	622.0	43.2	7.3
2014	2.2	1.2	162.2	40.0	2.2	5.8	504.2	38.1	2.8
2013	0.0	-2.9	173.4	55.7	-4.7	-12.3	475.7	36.6	0.6

우주일렉트로닉스 (A065680)
Uju Electronics

업 종 : 휴대폰 및 관련부품		시 장 : KOSDAQ	
신용등급 : (Bond) — (CP) —		기업규모 : 우량	
홈페이지 : www.uju.com		연 락 처 : 031)371-3700	
본 사 : 경기도 화성시 양감면 초록로 532번길 61			

설 립 일 1999.08.16	종 업 원 수 571명	대 표 이 사 노영백	
상 장 일 2004.01.02	감 사 의 견 적정 (삼정)	계 열	
결 산 기 12월	보 통 주 993만주	종속회사수	
액 면 가 500원	우 선 주	구 상 호	

주주구성 (지분율,%)		출자관계 (지분율,%)		주요경쟁사 (외형,%)	
노영백	21.3	에프아이티글로벌	51.0	우주일렉트로	100
신영자산운용	7.7	헵틸와이	43.0	이엠텍	105
(외국인)	15.6	라코리치	40.0	일야	34

매출구성		비용구성		수출비중	
[IT사업부문]모바일커넥터	68.5	매출원가율	75.1	수출	70.1
[IT사업부문]디스플레이 커넥터	22.2	판관비율	16.2	내수	29.9
[AD사업부문]차량용 커넥터	6.9				

회사 개요
동사는 전지, 전자부품의 제조 및 판매업을 영위할 목적으로 설립됨. 주요사업 내용은 초정밀 커넥터 제조회사로서 우수한 기술력을 바탕으로 생산된 제품을 국내 시장은 물론 해외 시장으로도 그 범위를 점차 확대하여 공급함. 삼성과 LG 이외에 글로벌 세트업체들로의 납품비중이 상승하고 있어 글로벌 부품업체로 도약하게 됨. 기존의 커넥터 이외에 FFC 등 신규제품의 매출 비중이 상승하고 있어 타사 대비 높은 성장성이 예상됨.

실적 분석
동사의 2016년 연간 매출은 2,180.2억원으로 전년대비 18.6%, 영업이익은 190.2억원으로 전년대비 34.5% 증가, 당기순이익은 139.9억원으로 전년대비 8.8% 증가시현. 국내외 거래선 확대 및 신규 제품의 매출 확대로 전체 매출 및 수익성도 동시에 증가 시현. 2017년도 커넥터 부품 공급 확대 및 안정적인 점유율 유지 예상. 또한 스피커, 이어잭, 사이드 키 등의 부품단에서 기존의 납땜으로 처리가 커넥터로 교체 수요 기대

현금 흐름 〈단위 : 억원〉
항목	2015	2016
영업활동	328	309
투자활동	-89	-157
재무활동	-141	-180
순현금흐름	100	-24
기말현금	381	357

시장 대비 수익률
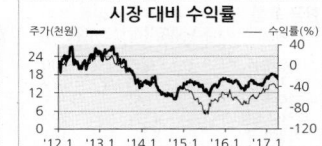

결산 실적 〈단위 : 억원〉
항목	2011	2012	2013	2014	2015	2016
매출액	1,577	1,820	2,223	1,820	1,838	2,180
영업이익	115	159	173	103	141	190
당기순이익	102	87	137	87	129	140

분기 실적 〈단위 : 억원〉
항목	2015.3Q	2015.4Q	2016.1Q	2016.2Q	2016.3Q	2016.4Q
매출액	527	421	555	537	573	515
영업이익	60	28	43	48	56	43
당기순이익	51	32	29	34	44	33

재무 상태 〈단위 : 억원〉
항목	2011	2012	2013	2014	2015	2016
총자산	1,938	2,001	2,122	2,244	2,287	2,360
유형자산	631	753	765	759	753	717
무형자산	29	23	21	17	26	33
유가증권	32	24	18	18	14	13
총부채	456	452	459	525	571	600
총차입금	203	215	278	292	303	225
자본금	50	50	50	50	50	50
총자본	1,481	1,549	1,663	1,719	1,716	1,761
지배주주지분	1,481	1,549	1,663	1,719	1,714	1,759

기업가치 지표
항목	2011	2012	2013	2014	2015	2016
주가(최고/저)(천원)	31.9/11.2	28.0/18.8	28.2/13.3	17.4/9.8	16.9/10.8	17.1/12.7
PER(최고/저)(배)	33.2/11.6	34.2/22.9	21.7/10.2	20.9/11.7	13.5/8.7	12.4/9.1
PBR(최고/저)(배)	2.3/0.8	1.9/1.3	1.8/0.8	1.0/0.6	0.9/0.6	0.9/0.7
EV/EBITDA(배)	7.4	8.2	3.2	3.1	3.8	2.8
EPS(원)	1,031	876	1,384	880	1,294	1,412
BPS(원)	14,958	15,646	16,965	17,701	18,786	19,983
CFPS(원)	2,486	2,350	3,356	2,450	2,657	2,781
DPS(원)	100	100	200	250	250	300
EBITDAPS(원)	2,610	3,076	3,712	2,608	2,787	3,284

재무 비율 〈단위 : % 〉
연도	영업이익률	순이익률	부채비율	차입금비율	ROA	ROE	유보율	자기자본비율	EBITDA마진율
2016	8.7	6.4	34.1	12.8	6.0	8.1	3,896.7	74.6	15.0
2015	7.7	7.0	33.3	17.7	5.7	7.5	3,657.1	75.0	15.1
2014	5.7	4.8	30.5	17.0	4.0	5.2	3,440.1	76.6	14.2
2013	7.8	6.2	27.6	16.7	6.7	8.6	3,293.1	78.4	16.6

우진 (A105840)
WOOJIN

업 종 : 기계	시 장 : 거래소
신용등급 : (Bond) — (CP) —	기업규모 : 시가총액 소형주
홈페이지 : www.woojininc.com	연락처 : 031)379-3114
본 사 : 경기도 화성시 동탄면 동부대로 970번길 110	

설 립 일	1980.05.13	종 업 원 수	172명	대 표 이 사	이성범,이재상
상 장 일	2010.07.26	감 사 의 견	적정 (삼일)	계 열	
결 산 기	12월	보 통 주	1,736만주	종속회사수	
액 면 가	500원	우 선 주		구 상 호	

주주구성 (지분율,%)		출자관계 (지분율,%)		주요경쟁사 (외형,%)	
이재원	22.5	효명이엔지	80.0	우진	100
이재상	22.3	에쓰브이씨	74.4	SIMPAC	246
(외국인)	0.7	우진엔텍	66.7	영풍정밀	56

매출구성		비용구성		수출비중	
원자력 계측기	37.3	매출원가율	78.0	수출	17.8
유량계 및 시스템	22.2	판관비율	22.2	내수	82.2
자동화 장치	18.6				

회사 개요
동사는 원자력발전소용 계측기, 철강산업용 자동화장치, 설비진단시스템, 유량계측시스템을 이용하는 사업을 영위하고 있음. 제철 현장에서 쇳물의 온도와 각종 성분을 측정하고 시료를 채취하는 철강용 계측기의 개발 및 판매를 주요 사업으로 시작한 동사는 1987년 국내 최초로 계측전문연구소를 설립하여 산업용 계측기의 표준화와 국산화를 위해 많은 투자를 진행해 왔음. 최근 동사는 정부 지원으로 해외 진출 기대를 받고 있음.

실적 분석
동사의 2016년 결산기준 매출액은 전년대비 2.1% 성장한 1,084.1억원을 기록하였음. 그러나 매출원가가 소폭 상승하고 인건비 및 경상개발비, 관리비 등이 상승하여 영업이익은 적자전환함. 그러나 원자력발전소 수출사례인 UAE원전에서 바라카 원전 1호기가 2017년 5월에 첫가동 예정이고 2020년까지 순차적 완공을 기대하고 있으며 이후 사우디아라비아 수출, 최근에는 해외 원전 수주도 예상하므로 향후 수익 선을 기대하고 있음.

현금 흐름 〈단위 : 억원〉

항목	2015	2016
영업활동	-21	-140
투자활동	272	-24
재무활동	66	-68
순현금흐름	317	-232
기말현금	372	141

시장 대비 수익률
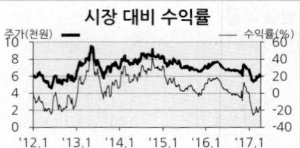

결산 실적 〈단위 : 억원〉

항목	2011	2012	2013	2014	2015	2016
매출액	819	829	783	1,051	1,062	1,084
영업이익	111	55	-15	11	16	-3
당기순이익	134	80	33	19	140	-3

분기 실적 〈단위 : 억원〉

항목	2015.3Q	2015.4Q	2016.1Q	2016.2Q	2016.3Q	2016.4Q
매출액	258	303	148	209	286	442
영업이익	-4	43	-32	-31	3	57
당기순이익	3	147	-37	-24	-9	67

재무 상태 〈단위 : 억원〉

항목	2011	2012	2013	2014	2015	2016
총자산	1,198	1,337	1,479	1,770	1,947	1,813
유형자산	213	226	340	551	588	595
무형자산	42	41	304	308	279	269
유가증권	23	32	3	6	8	8
총부채	223	254	309	598	671	579
총차입금	29	25	65	342	414	345
자본금	43	87	87	87	87	87
총자본	975	1,083	1,170	1,171	1,277	1,234
지배주주지분	898	990	1,006	1,003	1,103	1,064

기업가치 지표

항목	2011	2012	2013	2014	2015	2016
주가(최고/저)(천원)	10.8/4.7	6.5/4.5	9.9/5.6	9.2/6.7	8.4/6.5	7.7/5.9
PER(최고/저)(배)	17.5/7.7	18.8/13.0	73.1/41.6	92.2/67.2	11.3/8.8	—/—
PBR(최고/저)(배)	2.2/1.0	1.3/0.9	1.9/1.1	1.7/1.3	1.4/1.1	1.3/1.0
EV/EBITDA(배)	8.8	13.6	168.7	48.6	30.1	46.3
EPS(원)	709	392	148	108	789	-22
BPS(원)	11,465	5,703	5,797	5,775	6,355	6,129
CFPS(원)	1,527	456	281	277	981	185
DPS(원)	270	315	130	170	200	220
EBITDAPS(원)	1,396	381	49	234	283	190

재무 비율 〈단위 : % 〉

연도	영업이익률	순이익률	부채비율	차입금비율	ROA	ROE	유보율	자기자본비율	EBITDA마진율
2016	-0.3	-0.2	47.0	28.0	-0.1	-0.4	1,125.9	68.1	3.1
2015	1.5	13.2	52.5	32.5	7.5	13.0	1,170.9	65.6	4.6
2014	1.1	1.8	51.1	29.2	1.2	1.9	1,055.0	66.2	3.9
2013	-1.9	4.2	26.4	5.6	2.2	2.6	1,059.4	79.1	1.1

우진비앤지 (A018620)
WooGene B&G

업 종 : 제약	시 장 : KOSDAQ
신용등급 : (Bond) — (CP) —	기업규모 : 벤처
홈페이지 : www.woogenebng.com	연락처 : 031)352-0185
본 사 : 경기도 화성시 양감면 정문송산로 230	

설 립 일	1985.12.17	종 업 원 수	102명	대 표 이 사	강석진,강재구
상 장 일	2008.05.20	감 사 의 견	적정 (도원)	계 열	
결 산 기	12월	보 통 주	1,126만주	종속회사수	
액 면 가	500원	우 선 주		구 상 호	

주주구성 (지분율,%)		출자관계 (지분율,%)		주요경쟁사 (외형,%)	
강재구	21.2	·		우진비앤지	100
강석진	11.9			명문제약	511
(외국인)	2.3			유유제약	251

매출구성		비용구성		수출비중	
동물용의약품외	46.8	매출원가율	75.9	수출	28.4
기타	26.2	판관비율	23.6	내수	71.6
플로판-에스	12.1				

회사 개요
동사는 동물약품 및 미생물제제(동물약품, 인체 원료의약, 미생물 농자재) 등을 제조, 판매하는 업체임. 또한 다국적 기업들의 우수 제품을 국내 도입하여 국내 양축 농가와 사료 회사의 생산성 향상과 수익 증대에 기여하고 있음. 동사의 주력 제품은 경제 동물의 생산에 주로 사용되며 주요 가축 질병 부문에서 세계적인 제품을 공급하고 있고 다국적 기업들의 국내 파트너로서의 지위를 확고히 하고 있음.

실적 분석
동사의 2016년 매출액은 전년 대비 18.3% 증가한 278.2억원을 기록함. 그러나 매출원가는 24.6% 증가하여 매출총이익은 2.1% 증가에 그침. 광고선전비와 경상개발비 감축 등의 비용 통제로 판매비와관리비는 전년 대비 0.2% 증가에 그침. 그 결과 영업이익은 1.3억원으로 흑자 전환에 성공함. 비영업손익의 감소와 법인세 증가로 당기순이익은 전년 대비 50.3% 감소한 1.8억원에 그침.

현금 흐름 *IFRS 별도 기준 〈단위 : 억원〉

항목	2015	2016
영업활동	-16	28
투자활동	-92	-140
재무활동	135	145
순현금흐름	27	33
기말현금	34	67

시장 대비 수익률

결산 실적 〈단위 : 억원〉

항목	2011	2012	2013	2014	2015	2016
매출액	181	213	205	221	235	278
영업이익	10	18	8	9	-0	1
당기순이익	7	13	6	8	4	2

분기 실적 *IFRS 별도 기준 〈단위 : 억원〉

항목	2015.3Q	2015.4Q	2016.1Q	2016.2Q	2016.3Q	2016.4Q
매출액	56	61	71	71	57	79
영업이익	-1	-2	2	1	-0	4
당기순이익	0	-2	-3	3	-1	3

재무 상태 *IFRS 별도 기준 〈단위 : 억원〉

항목	2011	2012	2013	2014	2015	2016
총자산	258	262	274	291	422	581
유형자산	138	136	143	158	241	372
무형자산	3	1	1	1	0	7
유가증권	1	1	1	0	0	0
총부채	81	76	84	84	203	360
총차입금	48	40	47	44	172	320
자본금	20	20	22	48	49	54
총자본	177	186	190	207	219	221
지배주주지분	177	186	190	207	219	221

기업가치 지표 *IFRS 별도 기준

항목	2011	2012	2013	2014	2015	2016
주가(최고/저)(천원)	1.9/0.9	1.8/1.0	2.3/1.4	3.4/1.5	8.4/2.4	9.2/4.7
PER(최고/저)(배)	28.9/13.4	15.5/8.6	41.8/25.3	46.4/21.0	264.6/76.8	591.9/300.3
PBR(최고/저)(배)	1.2/0.5	1.0/0.6	1.3/0.8	1.8/0.8	4.3/1.3	4.7/2.4
EV/EBITDA(배)	11.9	9.0	14.9	19.9	76.9	106.5
EPS(원)	66	115	55	74	32	16
BPS(원)	4,561	4,765	4,429	2,160	2,246	2,064
CFPS(원)	360	488	309	176	127	99
DPS(원)	60	54	54	20	50	25
EBITDAPS(원)	417	616	346	179	90	94

재무 비율 〈단위 : % 〉

연도	영업이익률	순이익률	부채비율	차입금비율	ROA	ROE	유보율	자기자본비율	EBITDA마진율
2016	0.5	0.6	162.7	144.4	0.4	0.8	312.9	38.1	3.6
2015	-0.1	1.5	92.9	78.4	1.0	1.7	349.3	51.9	3.7
2014	3.9	3.7	40.6	21.4	2.9	4.1	332.1	71.1	7.8
2013	3.7	3.0	44.2	24.9	2.2	3.2	785.8	69.3	7.4

우진플라임 (A049800)
WOOJIN PLAIMM CO

업 종 : 기계		시 장 : 거래소	
신용등급 : (Bond) — (CP) —		기업규모 : 시가총액 소형주	
홈 페 이 지 : www.woojinplaimm.com		연 락 처 : 043)540-9000	
본 사 : 충북 보은군 장안면 우진플라임로 100 본관동			

설 립 일	1991.12.17	종업원수	716명	대표이사	김익환
상 장 일	2006.05.24	감사의견	적정 (삼일)	계 열	
결 산 기	12월	보 통 주	1,000만주	종속회사수	
액 면 가	500원	우 선 주		구 상 호	

주주구성 (지분율,%)		출자관계 (지분율,%)		주요경쟁사 (외형,%)	
김익환	25.1	에어로젤애플리케이션그룹 22.8		우진플라임	100
김정순	15.4			웨이포트	91
(외국인)	3.2			화성	22

매출구성		비용구성		수출비중	
사출성형기	85.4	매출원가율	72.7	수출	34.5
취출로보트외	10.2	판관비율	20.2	내수	65.5
스크류외	2.4				

회사 개요
동사는 모든 플라스틱 재질의 제품을 성형할 수 있는 사출성형기 제조업체임. 기존유압식 사출성형기부터 전동식 사출성형기까지 개발, 생산, 판매하는 기계장비 전문업체임. 플라스틱 사출산업은 플라스틱 제품 제조에 필수적인 산업임. IT산업, 이동통신 및 자동차산업 발전의 근간이 되는 국가기간산업의 한 분야임. 동사는 1985년 창업하여 31년간 플라스틱 사출성형기만 전문적으로 제조해오고 있음.

실적 분석
2016년 연결기준 누적 매출액과 영업이익은 전년동기 대비 각각 24.6%증가, 흑자전환함. 2,283.1억원, 161.4억원을 기록함. 공장 가동률이 정상화되면서 외형 성장함. 중국법인과 미국법인의 외형 성장도 실적개선에 긍정적으로 작용함. 외주에 의존했던 작업들을 내재화하는 과정에서 원가율 하락이 기대되며, 자동차용 플라스틱의 수요가 크게 증가할 것으로 예상되어 매출의 중장기적 성장 가능성이 높음.

현금 흐름 〈단위 : 억원〉

항목	2015	2016
영업활동	-63	285
투자활동	364	27
재무활동	-285	-184
순현금흐름	14	128
기말현금	61	189

시장 대비 수익률
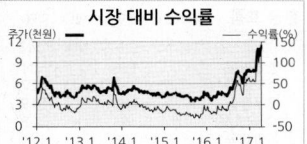

결산 실적 〈단위 : 억원〉

항목	2011	2012	2013	2014	2015	2016
매출액	1,504	1,573	1,967	1,898	1,832	2,283
영업이익	136	95	103	-72	-107	161
당기순이익	94	69	68	-2	-173	148

분기 실적 〈단위 : 억원〉

항목	2015.3Q	2015.4Q	2016.1Q	2016.2Q	2016.3Q	2016.4Q
매출액	362	387	516	617	489	661
영업이익	-23	-62	15	47	34	66
당기순이익	-15	-66	-1	34	41	74

재무 상태 〈단위 : 억원〉

항목	2011	2012	2013	2014	2015	2016
총자산	1,652	1,805	2,252	3,575	2,943	3,040
유형자산	813	867	992	2,224	1,695	1,608
무형자산	17	21	21	14	12	9
유가증권	1	1	3	5	5	5
총부채	974	1,044	1,420	2,747	2,286	2,241
총차입금	468	506	792	1,971	1,687	1,506
자본금	50	50	50	50	50	50
총자본	678	761	832	827	658	799
지배주주지분	678	761	832	827	658	799

기업가치 지표

항목	2011	2012	2013	2014	2015	2016
주가(최고/저)(천원)	6.7/4.1	6.9/3.9	6.8/4.3	5.6/4.0	4.8/3.4	8.6/3.6
PER(최고/저)(배)	7.2/4.4	10.0/5.6	10.0/6.4	—/—	—/—	5.8/2.5
PBR(최고/저)(배)	1.0/0.6	0.9/0.5	0.8/0.5	0.7/0.5	0.7/0.5	1.1/0.5
EV/EBITDA(배)	5.2	7.1	7.2			8.0
EPS(원)	939	691	679	-17	-1,725	1,480
BPS(원)	6,855	7,609	8,318	8,274	6,578	7,991
CFPS(원)	1,278	1,088	1,123	665	-750	2,502
DPS(원)						
EBITDAPS(원)	1,702	1,347	1,474	-37	-96	2,636

재무 비율 〈단위 : %〉

연도	영업이익률	순이익률	부채비율	차입금비율	ROA	ROE	유보율	자기자본비율	EBITDA마진율
2016	7.1	6.5	280.5	188.5	5.0	20.3	1,498.1	26.3	11.6
2015	-5.9	-9.4	347.5	256.4	-5.3	-23.2	1,215.6	22.4	-0.5
2014	-3.8	-0.1	332.0	238.2	-0.1	-0.2	1,554.9	23.2	-0.2
2013	5.2	3.5	170.7	95.2	3.3	8.5	1,563.5	36.9	7.5

웅진 (A016880)
WOONGJIN CO

업 종 : 복합 산업		시 장 : 거래소	
신용등급 : (Bond) — (CP) —		기업규모 : 시가총액 소형주	
홈 페 이 지 : www.woongjin.co.kr		연 락 처 : 02)2076-4701	
본 사 : 서울시 종로구 창경궁로 120 종로플레이스빌딩 14층			

설 립 일	1983.03.21	종업원수	1,131명	대표이사	이재진
상 장 일	1994.11.05	감사의견	적정 (안진)	계 열	
결 산 기	12월	보 통 주	7,268만주	종속회사수	
액 면 가	500원	우 선 주		구 상 호	웅진홀딩스

주주구성 (지분율,%)		출자관계 (지분율,%)		주요경쟁사 (외형,%)	
윤형덕	12.5	태승엘피	100.0	웅진	100
윤새봄	12.5	웅진플레이도시	80.3	SK네트웍스	7,596
(외국인)	4.7	웅진에버스카이	75.0	코오롱	1,620

매출구성		비용구성		수출비중	
쉐어드서비스(인쇄제작)	31.3	매출원가율	87.0	수출	—
SM	27.4	판관비율	17.8	내수	—
기타	16.6				

회사 개요
웅진그룹의 지주회사로서 2015년 3월 27일 주식회사 웅진홀딩스에서 주식회사 웅진으로 사명 변경함. 웅진 브랜드의 소유주로서 2008년 1월 1일부터 웅진브랜드를 사용하는 회사와 상호 상표권 사용계약을 체결함. 동사의 연결종속회사로는 웅진그룹의 모태가 되는 웅진씽크빅을 중심으로 북센, 웅진이엔지, 웅진플레이도시 등이 있음. 종속회사는 출판 및 교육서비스업을 영위하고 있음.

실적 분석
동사의 2016년 연결기준 매출액은 2,429.7억원으로 전년대비 44.4% 감소함. 매출감소에 따른 고정비용 부담으로 수익성도 큰 폭으로 저하되면서 117.9억원의 영업손실을 기록하면서 적자전환함. 영업손실과 관련기업투자등 관련손실로 26.1억원의 당기순손실을 기록하면서 적자전환함. 국내 화장품 판매사업과 터키에서의 방판 사업을 추가로 확장하여 렌털비지니스 모델을 다시 핵심 사업으로 추가할 예정임.

현금 흐름 〈단위 : 억원〉

항목	2015	2016
영업활동	830	163
투자활동	-121	1,589
재무활동	-1,830	-1,146
순현금흐름	-1,113	520
기말현금	663	1,183

시장 대비 수익률

결산 실적 〈단위 : 억원〉

항목	2011	2012	2013	2014	2015	2016
매출액	10,304	5,327	3,828	4,569	4,373	2,430
영업이익	1,237	-1,962	-266	47	187	-118
당기순이익	-1,613	-17,327	2,300	1,132	204	-26

분기 실적 〈단위 : 억원〉

항목	2015.3Q	2015.4Q	2016.1Q	2016.2Q	2016.3Q	2016.4Q
매출액	1,156	730	636	734	602	458
영업이익	61	22	-14	33	-14	-123
당기순이익	65	61	36	49	5	-117

재무 상태 〈단위 : 억원〉

항목	2011	2012	2013	2014	2015	2016
총자산	37,915	27,572	23,119	16,383	12,037	8,380
유형자산	8,482	9,400	5,727	5,163	3,087	781
무형자산	2,800	157	130	74	85	134
유가증권	981	16	15	8	7	7
총부채	29,241	33,309	18,614	12,686	8,462	4,819
총차입금	20,151	21,822	4,895	2,980	675	520
자본금	324	324	287	287	323	386
총자본	8,674	-5,737	4,505	3,697	3,575	3,561
지배주주지분	7,627	-5,130	2,107	3,198	3,526	3,578

기업가치 지표

항목	2011	2012	2013	2014	2015	2016
주가(최고/저)(천원)	21.5/8.0	13.2/2.7	4.8/2.6	3.7/1.9	3.7/1.8	3.5/2.4
PER(최고/저)(배)	—/—	—/—	0.4/0.2	1.4/0.7	6.4/3.2	—/—
PBR(최고/저)(배)	0.0/0.0	0.0/0.0	1.2/0.6	0.6/0.3	0.6/0.3	0.7/0.5
EV/EBITDA(배)	11.3		42.5	2.2		
EPS(원)	-152,916	-1,352,220	11,108	2,633	579	-9
BPS(원)	13,185	-7,980	4,027	8,089	5,906	4,953
CFPS(원)	-1,793	-20,078	12,151	3,088	910	77
DPS(원)						
EBITDAPS(원)	2,685	-1,885	305	545	683	-107

재무 비율 〈단위 : %〉

연도	영업이익률	순이익률	부채비율	차입금비율	ROA	ROE	유보율	자기자본비율	EBITDA마진율
2016	-4.9	-1.1	135.4	14.6	-0.3	-0.2	832.9	42.5	-2.7
2015	4.3	4.7	236.7	18.9	1.4	9.2	998.9	29.7	8.3
2014	1.0	24.8	343.2	80.6	5.7	52.5	1,022.3	22.6	6.3
2013	-7.0	60.1	413.2	108.7	전기잠식	전기잠식	642.3	19.5	2.9

웅진씽크빅 (A095720)
Woongjin Thinkbig

업 종 : 교육		시 장 : 거래소	
신용등급 : (Bond) — (CP) —		기업규모 : 시가총액 소형주	
홈페이지 : www.wjthinkbig.com		연락처 : 031)956-7365	
본 사 : 경기도 파주시 회동길 20			

설 립 일 2007.05.09	종업원수 1,697명	대표이사 윤새봄
상 장 일 2007.05.31	감사의견 적정 (삼정)	계 열
결 산 기 12월	보 통 주 3,462만주	종속회사수
액 면 가 500원	우 선 주	구 상 호

주주구성 (지분율,%)		출자관계 (지분율,%)		주요경쟁사 (외형,%)	
웅진홀딩스	24.3	웅진컴퍼스	80.0	웅진씽크빅	100
KB자산운용	15.6	라슨시스템	12.1	대교	132
(외국인)	7.9	학교도서관저널	10.0	멀티캠퍼스	30

매출구성		비용구성		수출비중	
기타 및 연결조정	74.3	매출원가율	46.5	수출	—
[제품]웅진씽크빅수학	7.0	판관비율	47.5	내수	—
[제품]씽크U수학	7.0				

회사 개요
동사는 2007년 웅진홀딩스를 존속법인으로 인적분할에 의해 설립됨. 학습지, 전집류, 아동 및 성인단행본, 홈스쿨, 영어교육사업등 출판 및 교육서비스 사업을 영위하고 있음. 모바일 기반 플랫폼 증가로 콘텐츠 수요가 확대됨에 따라 동사는 스마트 러닝사업 영역을 꾸준히 확대중. 2015년 태블릿 기반의 학습 서비스 <웅진북클럽 스터디>를 출시하였으며, 2016년부터 교사의 회원제 학습 관리 비즈니스인 학습지 사업과 홈스쿨 사업을 통합 운영함.

실적 분석
동사의 2016년 기준 연결 대상 기업으로는 영어 서적을 출판하는 웅진컴퍼스가 있음. 당기에는 연결기준 매출액 6,240.1억원을 시현하였고 이는 전기 대비 4.1% 감소한 실적임. 한편, 단행본 및 기타 사업부문의 적자가 줄며 영업이익은 전기 대비 61.4% 증가한 377.1억원을 시현함. 비영업손익에서는 금융손실 등이 발생하여 64.8억원의 적자를 시현하였고, 순이익은 전기 대비 76.8% 증가한 237억원을 시현함.

현금 흐름		〈단위 : 억원〉
항목	2015	2016
영업활동	-180	656
투자활동	26	-113
재무활동	57	-36
순현금흐름	-97	508
기말현금	237	746

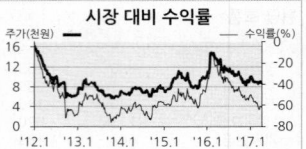
시장 대비 수익률

결산 실적						〈단위 : 억원〉
항목	2011	2012	2013	2014	2015	2016
매출액	7,623	7,120	6,488	6,429	6,505	6,240
영업이익	369	31	129	180	234	377
당기순이익	284	-577	31	104	134	237

분기 실적						〈단위 : 억원〉
항목	2015.3Q	2015.4Q	2016.1Q	2016.2Q	2016.3Q	2016.4Q
매출액	1,555	1,755	1,586	1,552	1,519	1,583
영업이익	59	126	99	94	69	114
당기순이익	33	85	74	67	48	48

재무 상태						〈단위 : 억원〉
항목	2011	2012	2013	2014	2015	2016
총자산	6,359	5,737	4,594	4,658	4,942	5,087
유형자산	1,274	833	757	747	799	784
무형자산	1,724	1,194	886	859	754	626
유가증권	22	20	16	22	21	23
총부채	3,422	3,599	2,577	2,221	2,350	2,276
총차입금	1,570	1,841	1,200	1,000	1,100	1,100
자본금	129	145	145	173	173	173
총자본	2,936	2,138	2,016	2,437	2,593	2,811
지배주주지분	2,640	1,972	1,996	2,416	2,569	2,785

기업가치 지표						
항목	2011	2012	2013	2014	2015	2016
주가(최고/저)(천원)	20.9/14.3	16.1/5.9	9.6/5.7	8.3/5.7	11.2/7.0	15.7/8.3
PER(최고/저)(배)	22.5/15.4	—/—	92.8/55.3	24.6/16.8	29.8/18.5	23.5/12.4
PBR(최고/저)(배)	2.2/1.5	2.3/0.9	1.4/0.8	1.2/0.8	1.5/0.9	1.9/1.0
EV/EBITDA(배)	9.3	9.6	6.5	6.5	8.1	5.3
EPS(원)	966	-1,982	104	339	380	676
BPS(원)	10,226	7,163	7,245	7,269	7,712	8,333
CFPS(원)	1,961	-738	1,160	1,269	1,274	1,543
DPS(원)	410					
EBITDAPS(원)	2,410	1,426	1,498	1,516	1,568	1,957

재무 비율								〈단위 : % 〉
연도	영업이익률	순이익률	부채비율	차입금비율	ROA	ROE	유보율	자기자본비율	EBITDA마진율
2016	6.0	3.8	81.0	39.1	4.7	8.7	1,566.6	55.3	10.9
2015	3.6	2.1	90.6	42.4	2.8	5.3	1,442.3	52.5	8.4
2014	2.8	1.6	91.2	41.0	2.3	4.7	1,353.7	52.3	7.2
2013	2.0	0.5	127.8	59.5	0.6	1.6	1,349.1	43.9	6.7

웅진에너지 (A103130)
Woongjin Energy

업 종 : 에너지 시설 및 서비스		시 장 : 거래소	
신용등급 : (Bond) CCC (CP) —		기업규모 : 시가총액 소형주	
홈페이지 : www.woongjinenergy.com		연락처 : 042)939-8114	
본 사 : 대전시 유성구 테크노2로 37(관평동)			

설 립 일 2006.11.17	종업원수 446명	대표이사 신광수
상 장 일 2010.06.30	감사의견 적정 (삼정)	계 열
결 산 기 12월	보 통 주 2,489만주	종속회사수
액 면 가 5,000원	우 선 주	구 상 호

주주구성 (지분율,%)		출자관계 (지분율,%)		주요경쟁사 (외형,%)	
웅진	21.8			웅진에너지	100
한화케미칼	8.0			S&TC	146
(외국인)	1.2			신성이엔지	125

매출구성		비용구성		수출비중	
잉곳(제품)	76.1	매출원가율	116.9	수출	73.1
웨이퍼	16.5	판관비율	13.8	내수	26.9
기타	7.4				

회사 개요
동사는 태양광 발전산업과 관련하여 태양전지용 잉곳 및 웨이퍼의 사업, 태양광 시공 설치 사업과 태양광 발전사업을 영위하고 있음. 공장의 생산설비 설치를 완료함으로써 잉곳 1GW, 웨이퍼 500MW의 생산 체제를 구축하고 이를 바탕으로 생산성 증대 및 수익성 제고에 나설 계획임. 웅진그룹은 웅진에너지 매각시기를 당초 연내에서 태양광 시장의 불황을 반영해 2015년까지 연기했으며, 한국신용평가가 동사의 신용등급을 투기등급(CCC)로 평가함.

실적 분석
동사의 2016년 누적 매출액은 1,739억원으로 전년대비 5.8% 증가하였으나, 하반기의 대규모 생산설비 투자에 따른 가동률 저하 등 고정비용 증가로 인한 매출원가 상승으로 인하여 매출총이익이 적자전환하면서 532.6억원의 대규모 영업손실이 발생함. 주요 거래처의 거래중단 및 경영악화로 인한 매출채권의 전액 손상차손 반영으로 인하여 손실이 발생하는 등 당기순이익 또한 842.9억원의 적자를 시현하며 작년에 이어 적자를 지속함.

현금 흐름	*IFRS 별도 기준	〈단위 : 억원〉
항목	2015	2016
영업활동	156	-31
투자활동	-5	-427
재무활동	-106	519
순현금흐름	44	63
기말현금	66	129

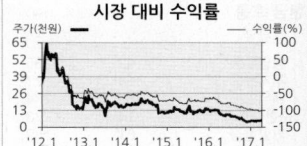
시장 대비 수익률

결산 실적						〈단위 : 억원〉
항목	2011	2012	2013	2014	2015	2016
매출액	3,134	1,430	1,199	1,633	1,643	1,739
영업이익	263	-1,068	-312	-131	5	-533
당기순이익	216	-1,995	-513	-357	-241	-843

분기 실적	*IFRS 별도 기준					〈단위 : 억원〉
항목	2015.3Q	2015.4Q	2016.1Q	2016.2Q	2016.3Q	2016.4Q
매출액	387	345	429	550	420	341
영업이익	11	-37	-94	-11	-91	-336
당기순이익	-75	-117	-122	-43	-79	-599

재무 상태	*IFRS 별도 기준					〈단위 : 억원〉
항목	2011	2012	2013	2014	2015	2016
총자산	7,413	4,220	3,517	3,397	3,231	3,080
유형자산	3,706	2,616	2,177	2,032	1,876	1,994
무형자산	30	21	19	17	15	14
유가증권	7	1	1	1	1	1
총부채	4,209	2,782	2,594	2,680	2,733	2,197
총차입금	3,791	2,565	2,236	2,257	2,331	1,742
자본금	310	334	334	370	370	1,144
총자본	3,203	1,439	923	718	498	883
지배주주지분	3,203	1,439	923	718	498	883

기업가치 지표	*IFRS 별도 기준					
항목	2011	2012	2013	2014	2015	2016
주가(최고/저)(천원)	154/33.4	72.8/13.8	25.0/7.9	22.5/10.4	17.4/10.1	13.9/3.9
PER(최고/저)(배)	49.0/10.7	—/—	—/—	—/—	—/—	—/—
PBR(최고/저)(배)	3.3/0.7	3.8/0.7	2.0/0.6	2.9/1.7	3.6/1.0	
EV/EBITDA(배)	9.0			140.4	23.1	
EPS(원)	3,131	-27,196	-6,923	-4,515	-2,929	-6,150
BPS(원)	5,159	2,156	1,383	970	674	3,858
CFPS(원)	831	-2,394	-336	-285	-125	-5,119
DPS(원)						
EBITDAPS(원)	907	-990	-36	32	207	-2,855

재무 비율								〈단위 : % 〉
연도	영업이익률	순이익률	부채비율	차입금비율	ROA	ROE	유보율	자기자본비율	EBITDA마진율
2016	-30.6	-48.5	일부잠식	일부잠식	-26.7	-122.1	-22.9	28.7	-22.5
2015	0.3	-14.6	548.5	467.8	-7.3	-39.6	34.7	15.4	9.3
2014	-8.0	-21.9	373.5	314.5	-10.3	-43.5	94.0	21.1	1.4
2013	-26.1	-42.8	281.2	242.4	-14.3	-43.4	176.5	26.2	-2.0

원림 (A005820)
Wonlim

업　　종 : 용기 및 포장	시　　장 : 거래소
신용등급 : (Bond) ― 　(CP) ―	기업규모 : 시가총액 소형주
홈페이지 : www.wonlim.co.kr	연 락 처 : 02)523-9231~7
본　　사 : 서울시 서초구 남부순환로 2495, 원림빌딩 9층	

설 립 일	1968.10.28	종 업 원 수	31명	대 표 이 사 김영철,신성엽
상 장 일	1990.04.20	감 사 의 견	적정 (삼정)	계 열
결 산 기	12월	보 통 주	220만주	종속회사수
액 면 가	5,000원	우 선 주		구 상 호

주주구성 (지분율,%)
신성엽	41.8
신용기	10.0
(외국인)	0.8

출자관계 (지분율,%)
아미커스와이어리스	16.6
서울투자-HBIC청년창업벤처조합	10.0
동부월드	0.2

주요경쟁사 (외형,%)
원림	100
지엠피	48
한국팩키지	69

매출구성
PP BAG(제품)	45.5
인공관절	22.9
투자주식처분이익 外	11.8

비용구성
매출원가율	69.1
판관비율	18.7

수출비중
수출	7.9
내수	92.1

회사 개요
동사는 산업용 포장재 제조 및 도매업, 부동산업을 영위하는 회사임. 주요 사업부문은 화성사업(포장재제조 및 도매), 임대사업, 금융투자업, 의료기기 도매업의 4가지 사업부문으로 구성되어 있으며, 연결대상 종속회사는 의료기기 도매업체인 스타바이오를 포함한 3개사를 보유하고 있음. 매출구성은 화성사업부문 52.77%, 금융투자부문 23.19%, 의료기기부문 21.64%, 임대부문 2.4%로 구성됨.

실적 분석
2016년 연결기준 매출액은 전년대비 6.7% 증가한 853.6억원을 기록함. 매출 증가에 따른 수익성 개선으로 영업이익은 전년대비 47.5% 증가한 103.9억원을 시현함. 당기순이익 또한 102.9% 증가한 104.4억원을 기록함. 정책 활성화에 기반한 인공관절 수술 확대에 따른 의료기기 수주 증가가 기대되며, 산업포장재 수요가 늘어나 외형 신장이 전망됨. 사업다각화를 통한 지주회사로서의 성장을 꾀하고 있음.

현금 흐름 〈단위 : 억원〉
항목	2015	2016
영업활동	26	0
투자활동	7	100
재무활동	-17	-25
순현금흐름	16	75
기말현금	63	139

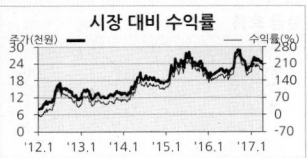

결산 실적 〈단위 : 억원〉
항목	2011	2012	2013	2014	2015	2016
매출액	543	818	853	826	800	854
영업이익	15	23	50	50	70	104
당기순이익	26	45	86	53	51	104

분기 실적 〈단위 : 억원〉
항목	2015.3Q	2015.4Q	2016.1Q	2016.2Q	2016.3Q	2016.4Q
매출액	169	216	199	294	169	192
영업이익	8	-8	18	92	4	-10
당기순이익	4	-9	14	87	8	-5

재무 상태 〈단위 : 억원〉
항목	2011	2012	2013	2014	2015	2016
총자산	961	1,287	1,269	1,290	1,333	1,415
유형자산	164	205	192	184	198	219
무형자산	27	38	37	36	17	25
유가증권	41	99	114	130	170	130
총부채	334	461	351	322	313	328
총차입금	274	246	205	157	157	146
자본금	110	110	110	110	110	110
총자본	626	826	918	968	1,021	1,087
지배주주지분	626	670	743	783	813	862

기업가치 지표
항목	2011	2012	2013	2014	2015	2016
주가(최고/저)(천원)	10.9/6.7	17.6/7.9	15.5/10.5	20.8/12.4	31.0/17.3	29.7/18.8
PER(최고/저)(배)	10.6/6.5	9.8/4.4	4.9/3.3	11.4/6.8	24.6/13.7	9.5/6.0
PBR(최고/저)(배)	0.4/0.3	0.6/0.3	0.5/0.3	0.6/0.4	0.9/0.5	0.8/0.5
EV/EBITDA(배)	19.8	13.7	6.9	7.7	6.9	4.3
EPS(원)	1,199	2,017	3,436	1,917	1,302	3,203
BPS(원)	29,093	31,061	34,405	36,216	37,590	39,792
CFPS(원)	1,466	2,549	4,082	2,411	1,719	3,617
DPS(원)	300	400	500	350	250	500
EBITDAPS(원)	930	1,579	2,936	2,779	3,620	5,138

재무 비율 〈단위 : % 〉
연도	영업이익률	순이익률	부채비율	차입금비율	ROA	ROE	유보율	자기자본비율	EBITDA마진율
2016	12.2	12.2	30.1	13.4	7.6	8.4	695.8	76.8	13.2
2015	8.8	6.4	30.6	15.4	3.9	3.6	651.8	76.6	10.0
2014	6.1	6.4	33.2	16.2	4.1	5.5	624.3	75.1	7.4
2013	5.9	10.1	38.3	22.3	6.7	10.7	588.1	72.3	7.6

원익 (A032940)
Wonik

업　　종 : 의료 장비 및 서비스	시　　장 : KOSDAQ
신용등급 : (Bond) ― 　(CP) ―	기업규모 : 중견
홈페이지 : www.wonik.co.kr	연 락 처 : 031)8038-9000
본　　사 : 경기도 성남시 분당구 판교로255번길 20 (삼평동, 원익빌딩)	

설 립 일	1983.10.31	종 업 원 수	69명	대 표 이 사 이창진
상 장 일	1997.07.18	감 사 의 견	적정 (삼정)	계 열
결 산 기	12월	보 통 주	1,263만주	종속회사수
액 면 가	500원	우 선 주		구 상 호

주주구성 (지분율,%)
이용한	38.1
호라이즌캐피탈	6.8
(외국인)	0.4

출자관계 (지분율,%)
씨엠에스랩	93.5
하늘물빛청원	90.0
장산	80.0

주요경쟁사 (외형,%)
원익	100
루트로닉	130
인피니트헬스케어	110

매출구성
의료장비	38.9
HIC(일반,센서,전장), RF Filter,GPS	26.2
산업원자재,조명기기	22.1

비용구성
매출원가율	60.9
판관비율	35.4

수출비중
수출	―
내수	―

회사 개요
동사는 1983년 설립, 2004년부터 주력사업을 전가의료기기 판매업으로 전환함. 주요 사업부문은 내시경, 레이저, 초음파진단기 등 첨단 의료장비와 조명기기, 반도체, 전기, 전자, 통신용 원료 및 부품을 수입하여 판매하는 메디칼, 통상부문과 Hybrid IC, RF FILTER, GPS 등 전자 통신부품, 제품을 생산/판매하고 있는 전자부품부문과 부동산임대 및 관리업, 사우나업을 영위하고 있는 기타사업부문으로 구성됨. 총 30개 계열사 보유.

실적 분석
2016년 연결기준 누적 매출액은 648억원으로 전년동기대비 15% 증가, 영업이익은 24억원으로 흑자전환함. 전 사업부문의 매출이 증가하며 외형성장함. 특히 코스메틱 부문 매출은 전년동기대비 폭발적으로 성장하며 주요 사업부로 자리잡음. 중국진출 예정으로 향후 성장이 기대됨. 레저사업부문은 또한 2배 이상 매출 증가하며 미래 성장 동력으로서의 역할을 재정립함.

현금 흐름 〈단위 : 억원〉
항목	2015	2016
영업활동	3	14
투자활동	-39	137
재무활동	45	-157
순현금흐름	9	-6
기말현금	20	14

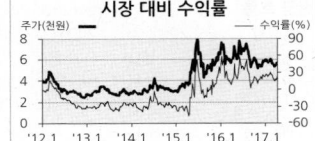

결산 실적 〈단위 : 억원〉
항목	2011	2012	2013	2014	2015	2016
매출액	568	648	573	568	563	648
영업이익	25	25	2	5	-30	24
당기순이익	15	-96	78	3	-16	826

분기 실적 〈단위 : 억원〉
항목	2015.3Q	2015.4Q	2016.1Q	2016.2Q	2016.3Q	2016.4Q
매출액	108	185	180	192	129	147
영업이익	-17	-8	4	9	2	8
당기순이익	10	-42	13	6	727	79

재무 상태 〈단위 : 억원〉
항목	2011	2012	2013	2014	2015	2016
총자산	1,090	991	1,074	1,024	1,277	1,873
유형자산	45	28	42	39	222	255
무형자산	34	12	11	9	19	13
유가증권	9	0	0	0	0	0
총부채	731	704	698	625	821	634
총차입금	569	574	543	473	643	424
자본금	54	54	54	60	63	63
총자본	359	287	376	400	456	1,239
지배주주지분	392	331	416	439	433	1,229

기업가치 지표
항목	2011	2012	2013	2014	2015	2016
주가(최고/저)(천원)	8.2/2.9	5.6/2.4	3.6/2.5	4.3/2.7	8.4/2.9	8.0/5.1
PER(최고/저)(배)	58.5/20.3	―/―	5.2/3.6	268.1/170.8	―/―	1.2/0.8
PBR(최고/저)(배)	2.2/0.8	1.8/0.8	0.9/0.7	1.2/0.8	2.5/0.9	0.8/0.5
EV/EBITDA(배)	29.8	20.5	71.6	55.8	―	28.9
EPS(원)	140	-664	704	16	-96	6,508
BPS(원)	3,658	3,086	3,880	3,634	3,430	9,724
CFPS(원)	202	-531	792	102	3	6,630
DPS(원)	―	―	―	―	―	―
EBITDAPS(원)	294	361	103	126	-142	312

재무 비율 〈단위 : % 〉
연도	영업이익률	순이익률	부채비율	차입금비율	ROA	ROE	유보율	자기자본비율	EBITDA마진율
2016	3.7	127.4	51.1	34.2	52.4	99.0	1,844.8	66.2	6.1
2015	-5.3	-2.9	179.8	136.8	-1.4	-2.7	586.0	35.7	-3.1
2014	0.8	0.5	156.4	118.4	0.3	0.4	626.8	39.0	2.5
2013	0.3	13.7	185.7	144.5	7.6	20.2	676.1	35.0	1.9

원익머트리얼즈 (A104830)
WONIK Materials

업 종 : 반도체 및 관련장비		시 장 : KOSDAQ	
신용등급 : (Bond) — (CP) —		기업규모 : 우량	
홈페이지 : www.wimco.co.kr		연 락 처 : (043)210-4394	
본 사 : 충북 청주시 청원구 오창읍 양청3길 30			

설 립 일 2006.12.04	종 업 원 수 234명	대 표 이 사 이문용
상 장 일 2011.12.28	감사의견 적정 (한영)	계 열
결 산 기 12월	보 통 주 625만주	종속회사수
액 면 가 500원	우 선 주	구 상 호

주주구성 (지분율,%)		출자관계 (지분율,%)		주요경쟁사 (외형,%)	
원익홀딩스	46.1	사이언스앤숍	28.6	원익머트리얼즈	100
국민연금공단	8.9	원익큐브	20.1	유진테크	81
(외국인)	8.9	원익(서안)반도체과기	70.0	ISC	53

매출구성		비용구성		수출비중	
NH3(암모니아),NO(산화질소)N2O(아산화질소) 등	72.3	매출원가율	72.4	수출	19.9
기타 가스 매출	27.0	판관비율	14.3	내수	80.1
기타	0.7				

회사 개요
동사는 2006년 12월1일을 기준으로 주식회사 아토(현 원익IPS)의 특수가스 사업부문을 물적분할하여 설립되었으며, 충청북도 청원군에 본점 및 공장을 두고 반도체용 특수가스 및 일반산업용 가스의 충전,제조,정제, 판매 등을 영위함. 동사가 제조하는 특수가스는 반도체, 디스플레이(LCD, AMOLED 등) LED 등의 생산에 사용되며 주요제품은 NH3와 NO, 상품은 GeH4와 Si2H6, 주 거래선은 삼성전자로 매출비중은 57.74%임.

실적 분석
동사의 2016년 연결기준 매출액은 전년 동기 대비 9.1% 감소한 1,750.4억원임. 반도체 DRAM 공급과잉으로 인한 ASP하락 및 재고증가와 함께 고객사 신규 미세공정 투자계획 지연 등으로 인하여 영업이익은 전년동기 대비 29.8% 감소한 234.1억원이며, 순이익은 26.2% 감소한 156.7억원임. 신제품 매출이 가시화되고 삼성전자의 3D낸드·유기발광다이오드(OLED) 양산이 연말부터 진행되어 추후 매출증가가 기대됨

현금 흐름
〈단위 : 억원〉

항목	2015	2016
영업활동	261	334
투자활동	-332	-398
재무활동	-35	19
순현금흐름	-102	-43
기말현금	243	200

시장 대비 수익률
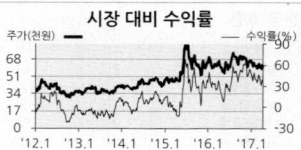

결산 실적
〈단위 : 억원〉

항목	2011	2012	2013	2014	2015	2016
매출액	900	1,101	1,300	1,452	1,925	1,750
영업이익	200	235	257	273	333	234
당기순이익	157	199	191	200	212	157

분기 실적
〈단위 : 억원〉

항목	2015.3Q	2015.4Q	2016.1Q	2016.2Q	2016.3Q	2016.4Q
매출액	504	602	461	429	420	441
영업이익	93	92	63	67	65	39
당기순이익	80	7	53	59	40	5

재무 상태
〈단위 : 억원〉

항목	2011	2012	2013	2014	2015	2016
총자산	1,317	1,521	1,805	2,117	2,342	2,623
유형자산	412	511	666	728	976	1,341
무형자산	17	19	28	189	128	86
유가증권	—	9	108	63	70	79
총부채	229	219	260	329	317	413
총차입금	46	1	59	88	54	52
자본금	29	30	31	31	31	31
총자본	1,088	1,302	1,546	1,787	2,025	2,210
지배주주지분	1,088	1,302	1,520	1,720	1,962	2,146

기업가치 지표

항목	2011	2012	2013	2014	2015	2016
주가(최고/저)(천원)	38.5/38.5	48.0/29.0	42.1/31.9	51.3/37.8	84.0/44.2	75.0/53.4
PER(최고/저)(배)	10.2/10.2	14.2/8.6	13.4/10.1	15.2/11.2	23.9/12.5	30.0/21.4
PBR(최고/저)(배)	2.1/2.1	2.2/1.3	1.7/1.3	1.8/1.4	2.7/1.4	2.2/1.6
EV/EBITDA(배)	7.2	5.4	6.8	7.0	8.9	11.4
EPS(원)	3,760	3,391	3,149	3,365	3,523	2,501
BPS(원)	18,757	22,038	24,754	27,914	31,689	34,355
CFPS(원)	4,698	4,276	4,256	4,839	5,281	4,426
DPS(원)						
EBITDAPS(원)	5,730	4,879	5,302	5,918	7,154	5,695

재무 비율
〈단위 : % 〉

연도	영업이익률	순이익률	부채비율	차입금비율	ROA	ROE	유보율	자기자본비율	EBITDA마진율
2016	13.4	9.0	18.7	2.4	6.3	7.6	6,771.0	84.3	20.2
2015	17.3	11.0	15.6	2.7	9.5	11.8	6,237.8	86.5	23.0
2014	18.8	13.8	18.4	4.9	10.2	12.8	5,482.8	84.4	25.1
2013	19.7	14.7	16.8	3.9	11.5	13.7	4,850.7	85.6	25.0

원익아이피에스 (A240810)
WONIK IPS CO

업 종 : 반도체 및 관련장비		시 장 : KOSDAQ	
신용등급 : (Bond) — (CP) —		기업규모 : 중견	
홈페이지 : www.ips.co.kr		연 락 처 : (031)8047-7222	
본 사 : 경기도 평택시 진위면 진위산단로 75			

설 립 일 2016.04.04	종 업 원 수 529명	대 표 이 사 이현덕
상 장 일 2016.05.02	감사의견 적정 (한영)	계 열
결 산 기 12월	보 통 주 4,127만주	종속회사수
액 면 가 500원	우 선 주	구 상 호

주주구성 (지분율,%)		출자관계 (지분율,%)		주요경쟁사 (외형,%)	
원익홀딩스	32.9	WONIKIPSUSAINC	100.0	원익IPS	100
삼성디스플레이	4.5	원익아이피에스반도체설비유한공사	100.0	SK하이닉스	7,046
(외국인)	27.8			이오테크닉스	126

매출구성		비용구성		수출비중	
		매출원가율	61.9	수출	17.4
		판관비율	26.4	내수	82.6

회사 개요
동사는 원익티지에스에서 사업 부문별로 필요한 역량 확보를 위한 집중투자를 용이하게 하여 각 부문별 지속성장을 위한 전문성을 확보하고자 반도체장비, 디스플레이장비, Solar cell장비 사업부문이 2016년 4월 1일을 기일로 인적분할하여 신설된 법인임. 연결대상 종속회사로 원익아이피에서 반도체설비 기술유한공사, WONIK IPS USA INC 등이 있음. 주요 고객사로 삼성전자, 삼성디스플레이, SK하이닉스반도체, 동부하이텍 등이 있음.

실적 분석
동사의 2016년 매출액은 2,440.9억원을 기록, 영업이익은 287.2억원을 기록함. 동사는 타업체와 차세대 유전막 물질 및 공정과 차세대 메모리의 핵심 물질에 대해 공동개발 중으로, 성공시 매출 증대가 기대됨. 디스플레이 사업부문에선 최근 투자가 활발한 AMOLED 관련 양산장비 납품을 진행하고 있으며, 추가적인 핵심 공정에 대해서도 개발 진행중에 있음. Solar 사업부문에선 인력 및 시설 확충과 제품다양화를 준비중임.

현금 흐름
〈단위 : 억원〉

항목	2015	2016
영업활동	—	190
투자활동	—	-150
재무활동	—	77
순현금흐름	—	117
기말현금	—	389

시장 대비 수익률
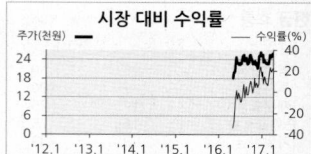

결산 실적
〈단위 : 억원〉

항목	2011	2012	2013	2014	2015	2016
매출액	—	—	—	—	—	2,441
영업이익	—	—	—	—	—	287
당기순이익	—	—	—	—	—	225

분기 실적
〈단위 : 억원〉

항목	2015.3Q	2015.4Q	2016.1Q	2016.2Q	2016.3Q	2016.4Q
매출액	—	—	—	525	956	959
영업이익	—	—	—	37	107	143
당기순이익	—	—	—	28	88	109

재무 상태
〈단위 : 억원〉

항목	2011	2012	2013	2014	2015	2016
총자산	—	—	—	—	—	2,807
유형자산	—	—	—	—	—	1,048
무형자산	—	—	—	—	—	113
유가증권	—	—	—	—	—	14
총부채	—	—	—	—	—	617
총차입금	—	—	—	—	—	120
자본금	—	—	—	—	—	206
총자본	—	—	—	—	—	2,189
지배주주지분	—	—	—	—	—	2,189

기업가치 지표

항목	2011	2012	2013	2014	2015	2016
주가(최고/저)(천원)	—/—	—/—	—/—	—/—	—/—	26.2/16.7
PER(최고/저)(배)	0.0/0.0	0.0/0.0	0.0/0.0	0.0/0.0	0.0/0.0	48.0/30.5
PBR(최고/저)(배)	0.0/0.0	0.0/0.0	0.0/0.0	0.0/0.0	0.0/0.0	4.9/3.1
EV/EBITDA(배)	0.0	0.0	0.0	0.0	0.0	26.4
EPS(원)	—	—	—	—	—	546
BPS(원)	—	—	—	—	—	5,309
CFPS(원)	—	—	—	—	—	817
DPS(원)	—	—	—	—	—	
EBITDAPS(원)	—	—	—	—	—	967

재무 비율
〈단위 : % 〉

연도	영업이익률	순이익률	부채비율	차입금비율	ROA	ROE	유보율	자기자본비율	EBITDA마진율
2016	11.8	9.2	28.2	5.5			961.8	78.0	16.4
2015	—	—	—	—					
2014	—	—	—	—					
2013	—	—	—	—					

원익큐브 (A014190)
Wonik Cube

업 종 : 화학		시 장 : KOSDAQ	
신용등급 : (Bond) — (CP) —		기업규모 : 중견	
홈페이지 : www.wonikcube.com		연락처 : 031)8038-9300	
본 사 : 경기도 성남시 분당구 판교로255번길 20 원익빌딩			

설 립 일 1979.06.12	종 업 원 수 130명	대 표 이 사 오영신
상 장 일 1996.04.26	감 사 의 견 적정 (삼덕)	계 열
결 산 기 12월	보 통 주 2,740만주	종속회사수
액 면 가 500원	우 선 주	구 상 호 후너스

주주구성 (지분율,%)
원익머트리얼즈	20.1
유아이	7.3
(외국인)	1.7

출자관계 (지분율,%)
나노이닉스	70.0
태진로보틱스	35.0

주요경쟁사 (외형,%)
원익큐브	100
코오롱머티리얼	163
씨큐브	18

매출구성
화학제품(MMA, BAM 등)	43.7
폴리머 및 실리콘(실란트 및 PC 등)	27.1
건자재(목재 쉽글 등)	16.0

비용구성
매출원가율	90.5
판관비율	8.3

수출비중
수출	—
내수	—

회사 개요
각종 화학제품 및 건자재(지붕과 마루), 폴리머&실리콘의 제조 및 수출입과 고급 디지털 인쇄기 유통을 주요 사업으로 영위하고 있으며, 2013년 4월 원익그룹에 편입됨. 최대주주는 원익머트리얼즈임. 바이오신약사업 진출을 위해 지분을 인수한 일본의 온콜리스바이오파마 주식 71.3만주를 투자자금 회수 목적으로 102.5억원을 받고 매각함. 2016년 기준 매출구성은 케미칼이 약 40%, 건축자재 25%, 폴리머 20%, PnP 10% 수준임.

실적 분석
매출에서 가장 큰 비중을 차지하는 케미칼 부문이 다소 부진하였으나, 건축자재와 폴리머 부문의 가시화로 2016년 매출액은 전년 대비 17.6% 증가. 국제유가의 하향 안정화로 원재료 선전과 고정비용 부담이 완화되어 영업이익도 늘어남. 환위험을 적절하게 헤지하고 있으며, 유형자산폐기손실이 발생했던 전년동기에 비해 영업외수지는 개선. 2014년부터 독일 엔비전텍사와 파트너쉽을 맺고 3D 프린터 사업에 진출함.

현금 흐름 〈단위 : 억원〉
항목	2015	2016
영업활동	-34	15
투자활동	-39	-16
재무활동	55	24
순현금흐름	-19	23
기말현금	11	34

시장 대비 수익률
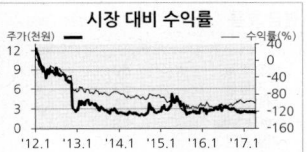

결산 실적 〈단위 : 억원〉
항목	2011	2012	2013	2014	2015	2016
매출액	2,029	1,999	1,777	1,593	1,766	2,077
영업이익	45	31	14	32	9	25
당기순이익	6	-7	21	-90	16	20

분기 실적 〈단위 : 억원〉
항목	2015.3Q	2015.4Q	2016.1Q	2016.2Q	2016.3Q	2016.4Q
매출액	425	451	442	546	500	589
영업이익	-5	2	2	12	5	7
당기순이익	5	8	5	7	5	2

재무 상태 〈단위 : 억원〉
항목	2011	2012	2013	2014	2015	2016
총자산	1,193	1,058	1,158	912	1,020	1,151
유형자산	141	173	179	176	198	208
무형자산	26	25	80	38	31	32
유가증권	—		285	107	100	132
총부채	812	531	436	358	378	464
총차입금	602	382	259	215	211	240
자본금	87	102	137	137	137	137
총자본	381	527	722	553	642	687
지배주주지분	381	527	719	556	641	688

기업가치 지표
항목	2011	2012	2013	2014	2015	2016
주가(최고/저)(천원)	13.3/1.8	12.9/2.4	4.8/2.3	3.8/1.9	5.2/2.0	3.6/2.2
PER(최고/저)(배)	365.3/49.5	—/—	53.7/25.0	—/—	89.8/35.0	46.5/29.0
PBR(최고/저)(배)	6.1/0.8	5.0/0.9	1.7/0.8	1.7/0.9	2.2/0.9	1.4/0.9
EV/EBITDA(배)	42.0	19.5	28.4	20.5	50.6	25.8
EPS(원)	36	-37	90	-325	58	77
BPS(원)	2,186	2,585	2,896	2,284	2,341	2,510
CFPS(원)	115	24	141	-282	97	108
DPS(원)	10					
EBITDAPS(원)	335	236	105	159	72	123

재무 비율 〈단위 : % 〉
연도	영업이익률	순이익률	부채비율	차입금비율	ROA	ROE	유보율	자기자본비율	EBITDA마진율
2016	1.2	1.0	67.5	34.9	1.8	3.2	402.0	59.7	1.6
2015	0.5	0.9	58.8	32.8	1.6	2.7	368.2	63.0	1.1
2014	2.0	-5.6	64.8	38.8	-8.7	-14.0	356.8	60.7	2.7
2013	0.8	1.2	60.4	35.9	1.9	3.7	479.3	62.3	1.5

원익큐엔씨 (A074600)
WONIK QnC

업 종 : 반도체 및 관련장비		시 장 : KOSDAQ	
신용등급 : (Bond) — (CP) —		기업규모 : 우량	
홈페이지 : www.wonikqnc.com		연락처 : 054)478-6200	
본 사 : 경북 구미시 옥계2공단로 117			

설 립 일 2003.11.12	종 업 원 수 392명	대 표 이 사 임창빈
상 장 일 2003.12.12	감 사 의 견 적정 (삼일)	계 열
결 산 기 12월	보 통 주 1,314만주	종속회사수
액 면 가 500원	우 선 주	구 상 호

주주구성 (지분율,%)
이용한	40.4
알리안츠글로벌인베스터스자산운용	4.0
(외국인)	4.0

출자관계 (지분율,%)
원익엘앤디	40.0
위닉스	37.9
원익인사이트	33.3

주요경쟁사 (외형,%)
원익QnC	100
이엔에프테크놀로지	241
원익홀딩스	212

매출구성
QUARTZ WARE (한국)	52.1
QUARTZ WARE (대만)	16.5
세정	13.1

비용구성
매출원가율	71.1
판관비율	15.9

수출비중
수출	—
내수	—

회사 개요
동사는 본사를 거점으로 한국 및 해외 생산·판매법인 2개의 동종업종을 영위하는 종속회사로 구성된 글로벌 부품소재기업으로, 반도체 제조용 석영유리제품(QUARTZ WARE)을 제조 및 판매하고 있음. 사업군별로 보면 반도체용 석영유리 생산·판매하는 쿼츠사업부, 반도체 및 LCD용 세라믹제품을 생산·판매하는 세라믹스사업부, LCD 등 EXIMER LAMP를 생산·판매하는 램프사업부와 반도체부품 등 세정·용역하는 세정사업부로 구성되어 있음.

실적 분석
2016년 연결기준 누적 매출액과 영업이익은 전년동기대비 각각 1%, 11% 감소한 1,389.6억원, 180억원을 기록. 세정부문에서 매출이 소폭 감소한 영향으로 전년과 비슷한 외형기록함. 세라믹스 와 쿼츠부문은 매출 성장. 주요 고객사들의 반도체 부문 확대에 의한 쿼츠 부문 실적 성장과 쿼츠세정부문 안정적 성장, 플렉서블 OLED투자 증가로 인한 세라믹 부문의 장기적인 실적 성장이 예상됨.

현금 흐름 〈단위 : 억원〉
항목	2015	2016
영업활동	202	123
투자활동	-106	-17
재무활동	-93	-132
순현금흐름	5	-24
기말현금	110	86

시장 대비 수익률
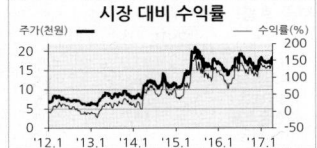

결산 실적 〈단위 : 억원〉
항목	2011	2012	2013	2014	2015	2016
매출액	1,502	1,201	1,227	1,208	1,402	1,390
영업이익	241	133	122	151	203	180
당기순이익	156	48	73	89	159	442

분기 실적 〈단위 : 억원〉
항목	2015.3Q	2015.4Q	2016.1Q	2016.2Q	2016.3Q	2016.4Q
매출액	376	339	343	346	342	358
영업이익	66	17	50	50	38	42
당기순이익	64	-7	43	42	313	44

재무 상태 〈단위 : 억원〉
항목	2011	2012	2013	2014	2015	2016
총자산	1,590	1,549	1,655	1,627	1,726	2,228
유형자산	573	654	669	672	649	674
무형자산	44	51	50	49	52	26
유가증권	17	10	29	27	25	27
총부채	806	727	753	661	602	643
총차입금	588	557	571	470	376	244
자본금	63	63	65	65	66	66
총자본	784	823	902	966	1,124	1,585
지배주주지분	695	734	810	884	1,035	1,485

기업가치 지표
항목	2011	2012	2013	2014	2015	2016
주가(최고/저)(천원)	7.7/4.3	8.5/6.0	9.8/5.8	14.4/7.6	21.5/10.1	19.6/13.5
PER(최고/저)(배)	7.2/4.0	23.9/16.8	18.6/11.1	23.0/12.2	18.4/8.6	5.9/4.1
PBR(최고/저)(배)	1.4/0.8	1.5/1.0	1.6/0.9	2.1/1.1	2.7/1.3	1.7/1.2
EV/EBITDA(배)	5.4	7.5	9.3	9.5	10.0	10.7
EPS(원)	1,069	355	524	627	1,169	3,317
BPS(원)	5,483	5,791	6,271	6,779	7,890	11,297
CFPS(원)	1,329	718	949	1,067	1,635	3,808
DPS(원)						
EBITDAPS(원)	2,160	1,410	1,385	1,600	2,011	1,861

재무 비율 〈단위 : % 〉
연도	영업이익률	순이익률	부채비율	차입금비율	ROA	ROE	유보율	자기자본비율	EBITDA마진율
2016	13.0	31.8	40.6	15.4	22.4	34.6	2,159.4	71.2	17.6
2015	14.5	11.3	53.6	33.5	9.5	16.0	1,478.0	65.1	17.2
2014	12.5	7.4	68.5	48.7	5.5	9.6	1,255.7	59.4	17.2
2013	10.0	6.0	83.5	63.3	4.6	8.7	1,154.1	54.5	14.4

원익홀딩스 (A030530)
WONIK HOLDINGS COLTD

업 종 : 반도체 및 관련장비		시 장 : KOSDAQ	
신용등급 : (Bond) — (CP) —		기업규모 : 우량	
홈페이지 : www.wonikholdings.kr		연락처 : 031)659-2000	
본 사 : 경기도 평택시 칠괴길 78-40 (지제동)			

설 립 일	1991.09.27	종업원수	140명	대표이사	변경우
상 장 일	1996.09.24	감사의견	적정 (한영)	계 열	
결 산 기	12월	보통주	7,724만주	종속회사수	
액 면 가	500원	우선주		구 상 호	

주주구성 (지분율,%)		출자관계 (지분율,%)		주요경쟁사 (외형,%)	
원익	23.9	원익로보틱스	95.7	원익홀딩스	100
이용한	16.1	원익투자파트너스	78.4	이엔에프테크놀로지	113
(외국인)	4.8	국제전자센터제이차	66.7	테스	61

매출구성		비용구성		수출비중	
반도체 Display Solar Cell GSS	85.9	매출원가율	70.9	수출	—
상품	14.1	판관비율	15.4	내수	—

회사 개요

동사는 반도체장비의 제조와 판매를 목적으로 1991년에 설립됐고, 2010년 아이피에스를 흡수합병하면서 사명을 아토에서 원익아이피에스로 변경함. 동사는 원익, 신원종합개발, 원익큐엔씨 등 23개의 계열회사를 두고 있음. 현재 반도체장비 이외 LCD 장비, SOLAR Cell 장비의 제조판매 등의 사업을 영위하고 있음. 반도체 장비 중 PE-CVD와 드라이에처(Dry Etcher) 분야에서 국내 점유율이 30% 이상으로 추정됨.

실적 분석

동사의 2016년 연결 기준 매출과 영업이익은 2,949원, 404억원으로 전년 대비 매출은 0.2% 증가했으나 영업이익은 12.4% 감소함. 해외 반도체 및 디스플레이 업체와 가스정제장치의 매출비중이 크게 향상되어 별도기준 사상 최대 경영실적을 달성함. 특히 2013년부터 Circulation Purifier의 연구개발과 영업력에 꾸준히 역량을 집중한 결과, 국내외 설비 시장에 진입하여 큰 매출 증대 성과를 거둠.

현금 흐름 〈단위 : 억원〉

항목	2015	2016
영업활동	732	426
투자활동	-642	-665
재무활동	-286	6
순현금흐름	-198	-504
기말현금	823	319

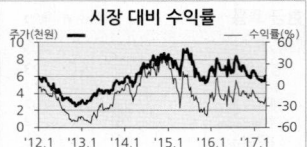

결산 실적 〈단위 : 억원〉

항목	2011	2012	2013	2014	2015	2016
매출액	3,404	3,487	4,230	5,572	2,944	2,949
영업이익	290	265	551	919	462	404
당기순이익	184	179	374	571	730	1,990

분기 실적 〈단위 : 억원〉

항목	2015.3Q	2015.4Q	2016.1Q	2016.2Q	2016.3Q	2016.4Q
매출액	843	923	586	540	612	1,211
영업이익	173	125	68	55	76	205
당기순이익	357	7	206	1,585	50	149

재무 상태 〈단위 : 억원〉

항목	2011	2012	2013	2014	2015	2016
총자산	4,927	4,779	5,901	6,589	6,585	8,626
유형자산	1,387	1,506	1,665	1,759	2,141	1,540
무형자산	197	272	238	321	279	205
유가증권	64	65	219	292	152	213
총부채	1,837	1,425	1,864	2,032	1,181	1,406
총차입금	701	736	543	523	257	391
자본금	362	366	403	403	403	386
총자본	3,089	3,353	4,037	4,557	5,404	7,221
지배주주지분	2,542	2,681	3,201	3,569	4,210	5,886

기업가치 지표

항목	2011	2012	2013	2014	2015	2016
주가(최고/저)(천원)	6.9/3.2	6.2/2.5	5.6/2.8	8.8/4.8	9.9/5.1	8.4/5.6
PER(최고/저)(배)	26.7/12.3	57.5/23.4	16.3/8.1	15.1/8.3	12.8/6.6	2.9/1.9
PBR(최고/저)(배)	1.8/0.8	1.6/0.6	1.3/0.7	1.9/1.0	1.8/0.9	1.1/0.7
EV/EBITDA(배)	17.4	9.3	9.0	10.2	13.7	11.1
EPS(원)	258	108	341	581	768	2,892
BPS(원)	3,818	3,966	4,248	4,706	5,494	7,756
CFPS(원)	412	278	554	848	1,074	3,151
DPS(원)						
EBITDAPS(원)	573	534	898	1,408	880	870

재무 비율 〈단위 : % 〉

연도	영업이익률	순이익률	부채비율	차입금비율	ROA	ROE	유보율	자기자본비율	EBITDA마진율
2016	13.7	67.5	19.5	5.4	26.2	37.9	1,451.2	83.7	19.5
2015	15.7	24.8	21.9	4.8	11.1	15.9	998.9	82.1	24.1
2014	16.5	10.3	44.6	11.5	9.2	13.8	841.3	69.2	20.4
2013	13.0	8.8	46.2	13.5	7.0	9.3	749.6	68.4	17.1

원일특강 (A012620)
WONIL SPECIAL STEEL

업 종 : 금속 및 광물		시 장 : KOSDAQ	
신용등급 : (Bond) — (CP) —		기업규모 : 우량	
홈페이지 : www.wonilsteel.co.kr		연락처 : 031)434-1221	
본 사 : 경기도 시흥시 공단2대로256번길 4 (정왕동, 시화공단3바104)			

설 립 일	1977.10.14	종업원수	133명	대표이사	신용문
상 장 일	1994.06.28	감사의견	적정 (삼일)	계 열	
결 산 기	12월	보통주	440만주	종속회사수	
액 면 가	500원	우선주		구 상 호	

주주구성 (지분율,%)		출자관계 (지분율,%)		주요경쟁사 (외형,%)	
박성진	36.2	신라몰드텍	100.0	원일특강	100
신라문화장학재단	5.0	광장오토 모티브	23.5	대양금속	71
(외국인)	1.4	신라엔지니어링	3.5	SIMPAC Metal	67

매출구성		비용구성		수출비중	
구조용강외	32.1	매출원가율	90.4	수출	0.0
후판외	25.3	판관비율	6.0	내수	100.0
공구강외	22.3				

회사 개요

동사는 1977년에 설립되어 포스코특수강, 두산중공업, 세아베스틸, 한국철강의 대리점을 획득하여 특수강 제조 및 판매를 주요사업으로 영위하고 있는 종합 특수강업체임. 종속회사로는 주형 및 금형가공업을 영위하는 100%출자회사 신라몰드텍이 있음. 현재 특수강 사업부문으로 구성되어 있으며, 프라스틱금형강, 냉, 열연공구강, 고속도공구강, 구조용강, 가공 사업을 영위하고 있음.

실적 분석

동사의 2016년 누적 매출과 영업이익은 각각 2,064원, 73.5억원으로 전년 대비 12.3%, 0.4% 감소함. 비영업손익 부문에서 적자지속을 하였지만, 매출원가가 14.3% 감소하고 외환손익이 흑자전환하여, 당기순이익 52.12억원을 시현함. 동사는 2001년 이후 2016년까지 연속 흑자를 달성하고 있으며 2016년도 생산설비 평균가동률은 80% 수준임.

현금 흐름 〈단위 : 억원〉

항목	2015	2016
영업활동	30	129
투자활동	-52	-86
재무활동	-26	-48
순현금흐름	-48	-6
기말현금	98	92

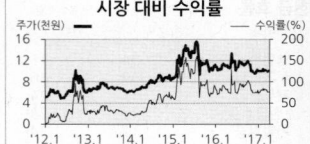

결산 실적 〈단위 : 억원〉

항목	2011	2012	2013	2014	2015	2016
매출액	2,336	2,240	2,217	2,335	2,353	2,064
영업이익	136	112	105	121	74	74
당기순이익	76	64	59	78	46	52

분기 실적 〈단위 : 억원〉

항목	2015.3Q	2015.4Q	2016.1Q	2016.2Q	2016.3Q	2016.4Q
매출액	593	562	532	519	451	561
영업이익	23	-1	15	37	6	16
당기순이익	14	-3	11	28	3	10

재무 상태 〈단위 : 억원〉

항목	2011	2012	2013	2014	2015	2016
총자산	1,563	1,549	1,589	1,672	1,643	1,658
유형자산	383	377	375	381	406	520
무형자산	12	10	11	13	12	17
유가증권	1	1	1	0	1	1
총부채	885	809	795	804	733	697
총차입금	714	616	617	587	564	520
자본금	22	22	22	22	22	22
총자본	678	740	794	867	910	961
지배주주지분	678	740	794	867	910	961

기업가치 지표

항목	2011	2012	2013	2014	2015	2016
주가(최고/저)(천원)	7.4/4.2	10.2/4.8	8.1/5.9	9.5/6.1	16.2/8.6	13.4/9.5
PER(최고/저)(배)	4.6/2.6	7.3/3.5	6.3/4.6	5.5/3.5	15.5/8.3	11.4/8.1
PBR(최고/저)(배)	0.5/0.3	0.6/0.3	0.5/0.3	0.5/0.3	0.8/0.4	0.6/0.4
EV/EBITDA(배)	6.2	6.4	7.1	6.2	10.8	10.2
EPS(원)	1,736	1,456	1,334	1,780	1,055	1,184
BPS(원)	15,417	16,810	18,045	19,709	20,687	21,840
CFPS(원)	1,987	1,709	1,569	2,024	1,319	1,457
DPS(원)	70	70	70	80	80	80
EBITDAPS(원)	3,339	2,804	2,617	2,997	1,941	1,944

재무 비율 〈단위 : % 〉

연도	영업이익률	순이익률	부채비율	차입금비율	ROA	ROE	유보율	자기자본비율	EBITDA마진율
2016	3.6	2.5	72.5	54.1	3.2	5.6	4,268.0	58.0	4.1
2015	3.1	2.0	80.5	62.0	2.8	5.2	4,037.5	55.4	3.6
2014	5.2	3.4	92.8	67.7	4.8	9.4	3,841.7	51.9	5.7
2013	4.7	2.7	100.2	77.7	3.7	7.7	3,509.0	50.0	5.2

원텍 (A216280)
WON TECH

업 종 : 의료 장비 및 서비스	시 장 : KONEX
신용 등급 : (Bond) — (CP) —	기업규모 :
홈 페 이 지 : www.wtlaser.com	연 락 처 : (042)934-6802
본 사 : 대전시 유성구 테크노8로 64	

설 립 일 1999.06.19	종 업 원 수 101명	대 표 이 사 김정현,김종원
상 장 일 2015.04.29	감 사 의 견 적정 (한영)	계 열
결 산 기 12월	보 통 주 399만주	종속회사수
액 면 가 500원	우 선 주	구 상 호

주주구성 (지분율,%)		출자관계 (지분율,%)		주요경쟁사 (외형,%)	
김종원	55.2	WONTECHNOLOGY,LLC.,	100.0	원텍	100
김정현	7.7			루트로닉	265
				인피니트헬스케어	225

매출구성		비용구성		수출비중	
기타	38.0	매출원가율	46.2	수출	50.3
Ultra-Skin 외	19.8	판관비율	45.2	내수	49.7
HairBeam	17.9				

회사 개요
동사는 1999년 설립돼, 의료장비의 제조, 수출입업 등을 주요 사업으로 영위하고 있음. 의료기기 산업 중 피부, 미용 관련 시장에 속해 있으며, 피부과 등에서 사용되는 치료용 레이저 의료기기, 초음파 및 레이저 기술을 활용한 외과 의료기기 등을 제작, 납품하고 있음. 다양한 제품 라인업과 다수의 지적재산권을 확보하며 사업을 확장하고 있음. 2014년 4월 영업팀을 판교지점으로 독립하는 등 국내외 영업능력 강화를 도모하고 있음.

실적 분석
동사의 2016년 누적 매출액은 318.4억원으로 전년 대비 11% 증가함. 영업이익은 27.1억원, 당기순이익은 25.3억원을 기록함. 매출은 수출 52%, 내수 47%의 비중을 차지하고 있음. 중국 수출의 활성화로 2017년 수출 증가율이 높아질 것으로 예상되며, 선제적으로 조기 중국인허가 10품목을 확보함. 선도 제품 개발을 위한 R&D 투자를 꾸준히 진행하고 있어 제품라인업 변화를 통해 지속적인 매출 확대가 가능할 것으로 기대됨.

현금 흐름 *IFRS 별도 기준 〈단위 : 억원〉

항목	2015	2016
영업활동	15	-9
투자활동	-8	-27
재무활동	-4	62
순현금흐름	3	26
기말현금	5	31

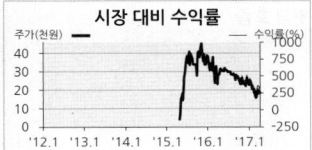
시장 대비 수익률

결산 실적 〈단위 : 억원〉

항목	2011	2012	2013	2014	2015	2016
매출액	—	120	152	175	287	318
영업이익	—	2	10	-2	58	27
당기순이익	—	2	4	-11	46	25

분기 실적 *IFRS 별도 기준 〈단위 : 억원〉

항목	2015.3Q	2015.4Q	2016.1Q	2016.2Q	2016.3Q	2016.4Q
매출액	—	—	—	—	—	—
영업이익	—	—	—	—	—	—
당기순이익	—	—	—	—	—	—

재무 상태 *IFRS 별도 기준 〈단위 : 억원〉

항목	2011	2012	2013	2014	2015	2016
총자산		91	110	127	175	294
유형자산		18	20	26	26	53
무형자산		13	15	7	9	19
유가증권		0	0	0	0	0
총부채		70	79	73	76	148
총차입금		61	63	49	46	110
자본금		17	19	20	20	20
총자본		20	31	53	99	145
지배주주지분		20	31	53	99	145

기업가치 지표 *IFRS 별도 기준

항목	2011	2012	2013	2014	2015	2016
주가(최고/저)(천원)	—/—	—/—	—/—	—/—	52.5/3.7	44.1/21.0
PER(최고/저)(배)	0.0/0.0	0.0/0.0	0.0/0.0	0.0/0.0	45.5/3.2	69.5/33.2
PBR(최고/저)(배)	0.0/0.0	0.0/0.0	0.0/0.0	0.0/0.0	21.1/1.5	12.1/5.8
EV/EBITDA(배)		0.0	11.7	4.0	12.4	23.9	29.6
EPS(원)	—	69	124	-284	1,154	633
BPS(원)	—	6,017	841	1,331	2,485	3,645
CFPS(원)	—	1,606	265	-137	1,365	826
DPS(원)	—	—	—	—	—	—
EBITDAPS(원)	—	1,530	427	91	1,670	872

재무 비율 〈단위 : % 〉

연도	영업이익률	순이익률	부채비율	차입금비율	ROA	ROE	유보율	자기자본비율	EBITDA마진율
2016	8.5	7.9	101.9	75.6	10.8	20.7	629.1	49.5	10.9
2015	20.3	16.1	76.9	46.1	30.5	60.5	397.0	56.5	23.2
2014	-1.3	-6.4	138.3	92.9	-9.4	-26.4	166.2	42.0	2.0
2013	6.4	2.8	250.1	199.8	4.2	16.3	68.3	28.6	9.6

원풍 (A008370)
WONPOONG

업 종 : 화학	시 장 : KOSDAQ
신용 등급 : (Bond) — (CP) —	기업규모 : 우량
홈 페 이 지 : www.wonpoong.co.kr	연 락 처 : (02)3665-5321
본 사 : 서울시 강서구 공항대로 343	

설 립 일 1973.01.06	종 업 원 수 208명	대 표 이 사 윤기로
상 장 일 1992.12.18	감 사 의 견 적정 (삼덕)	계 열
결 산 기 12월	보 통 주 1,200만주	종속회사수
액 면 가 500원	우 선 주	구 상 호

주주구성 (지분율,%)		출자관계 (지분율,%)		주요경쟁사 (외형,%)	
서승민	17.5	원풍C&S	33.3	원풍	100
서원선	16.0	WONPOONGCORP.(M)	72.5	진양화학	77
(외국인)	1.4			조비	79

매출구성		비용구성		수출비중	
섬유(IPK 7700,ST7300)	98.3	매출원가율	83.5	수출	47.3
산업용자재외(Any Sign any FlexSuper TarpKOSKI)	1.7	판관비율	8.9	내수	52.7

회사 개요
동사는 산업용자재 부문에 고부가가치를 창출할 수 있는 수출업 등을 영위할 목적으로 1973년 1월 6일에 설립되었음. 산업용 타포린 및 광고용 플렉스 원단을 생산하여 국내 및 해외 60여 개국에 공급하고 있으며, 열가소성 폴리올레핀시트 지붕방수재를 국내 최초로 개발하였음. 환경문제에 대응할 수 있는 환경친화성 제품인 TPO 및 100% 재활용이 가능한 INNO GREEN을 생산하고 있음.

실적 분석
2016년 연결기준 누적 매출액은 전년동기 대비 9% 감소한 750.3억원을 기록하며 외형 축소함. 매출원가와 판관비 절감에도 매출 축소 영향으로 영업이익은 전년동기 대비 37% 감소한 57.1억원을 기록함. 고부가가치 사업으로 영역을 확대하여 신소재 부문 제품개발, 신공장 건축 및 설비투자로 품질향상과 미래 경쟁력 확보에 주력하고 있음. 건축자재사업팀을 별도로 운영, 종합 서비스 제공에 힘쓰고 있음.

현금 흐름 〈단위 : 억원〉

항목	2015	2016
영업활동	140	48
투자활동	-114	-27
재무활동	-25	-24
순현금흐름	2	3
기말현금	76	79

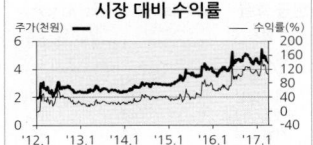
시장 대비 수익률

결산 실적 〈단위 : 억원〉

항목	2011	2012	2013	2014	2015	2016
매출액	1,067	1,044	894	829	826	750
영업이익	53	68	50	42	91	57
당기순이익	51	43	45	39	59	52

분기 실적 〈단위 : 억원〉

항목	2015.3Q	2015.4Q	2016.1Q	2016.2Q	2016.3Q	2016.4Q
매출액	207	213	186	192	195	178
영업이익	29	21	24	22	15	-5
당기순이익	26	-2	18	22	5	8

재무 상태 〈단위 : 억원〉

항목	2011	2012	2013	2014	2015	2016
총자산	771	795	796	807	838	868
유형자산	318	306	288	310	299	392
무형자산	3	3	2	2	2	2
유가증권	30	21	0	2	2	2
총부채	192	186	155	138	123	117
총차입금	31	27	23	30	19	14
자본금	60	60	60	60	60	60
총자본	579	609	640	669	715	751
지배주주지분	574	604	636	668	715	752

기업가치 지표

항목	2011	2012	2013	2014	2015	2016
주가(최고/저)(천원)	2.5/1.4	3.5/1.9	2.8/2.3	3.1/2.4	4.5/2.8	5.5/3.5
PER(최고/저)(배)	7.5/4.1	12.0/6.5	8.6/6.9	9.6/7.4	9.5/6.0	12.7/8.2
PBR(최고/저)(배)	0.7/0.4	0.8/0.5	0.6/0.5	0.6/0.5	0.8/0.5	0.9/0.6
EV/EBITDA(배)	3.3	2.6	2.5	4.0	2.5	5.2
EPS(원)	418	353	379	352	501	442
BPS(원)	4,828	5,064	5,328	5,581	5,960	6,264
CFPS(원)	627	621	643	551	694	644
DPS(원)	110	110	110	125	140	155
EBITDAPS(원)	647	833	685	547	951	677

재무 비율 〈단위 : % 〉

연도	영업이익률	순이익률	부채비율	차입금비율	ROA	ROE	유보율	자기자본비율	EBITDA마진율
2016	7.6	7.0	15.6	1.8	6.1	7.2	1,152.7	86.5	10.8
2015	11.0	7.1	17.2	2.7	7.2	8.7	1,092.0	85.3	13.8
2014	5.0	4.7	20.6	4.5	4.9	6.5	1,016.2	82.9	7.9
2013	5.6	5.0	24.2	3.7	5.7	7.3	965.5	80.5	9.2

원풍물산 (A008290)
Won Pung Mulsan

업 종 : 섬유 및 의복		시 장 : KOSDAQ	
신용등급 : (Bond) — (CP) —		기업규모 : 중견	
홈페이지 : www.wonpung.com		연 락 처 : 032)569-0433	
본 사 : 인천시 서구 가좌로 31 (가좌동)			

설 립 일 1972.12.20	종 업 원 수 44명	대 표 이 사 이두식,이원기
상 장 일 1997.07.18	감 사 의 견 적정 (삼덕)	계 열
결 산 기 12월	보 통 주 3,839만주	종속회사수
액 면 가 500원	우 선 주	구 상 호

주주구성 (지분율,%)		출자관계 (지분율,%)		주요경쟁사 (외형,%)	
이두식	20.8	Sundiode	31.0	원풍물산	100
이원기	14.1	RELMADA	6.0	제이에스코퍼레이션	407
(외국인)	2.1			SG세계물산	666

매출구성		비용구성		수출비중	
신사복(제품)	62.0	매출원가율	37.6	수출	0.1
점퍼외	33.7	판관비율	61.8	내수	99.9
신사복(임가공품)	2.9				

회사 개요

동사는 남성복 중 신사복의 제조 및 판매를 주된 사업으로 영위하는 업체임. 고가의 수입 브랜드인 '킨로크 앤더슨'과 자체 브랜드인 맞춤형 신사복 '보스턴 매너' 등을 백화점, 직영점, 대리점 등을 통해 판매함. 최근 몇 년간 정장 신사복에 대한 수요가 위축됐지만 캐릭터 캐주얼복이 새로운 아이템으로 부상하면서 별도의 '킨로크2'를 판매 중임.2007년 의약품 및 생명공학 관련 목적사업을 정관에 추가함.

실적 분석

동사의 2016년 매출액은 463.7억원으로 전년 대비 4% 감소함. 영업이익은 2.7억원으로 85.8% 감소함. 당기순손실은 6.4억원으로 적자 지속됨. 동사는 젊은층이 선호하는 정장 신사복의 강화와 캐릭터 캐주얼복의 구성으로 매출액을 끌어올릴 계획임. 미국 신약개발업체에 투자해 현재 6% 지분을 확보했으며, 동사는 신약이 미국 식품의약국(FDA) 승인을 얻을 경우 아시아 지역의 판권 독점으로 높은 투자수익 창출을 기대함.

현금 흐름　*IFRS 별도 기준　〈단위 : 억원〉

항목	2015	2016
영업활동	-6	12
투자활동	18	-25
재무활동	32	3
순현금흐름	44	-10
기말현금	44	34

시장 대비 수익률

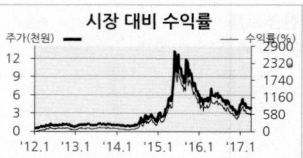

결산 실적　〈단위 : 억원〉

항목	2011	2012	2013	2014	2015	2016
매출액	440	454	478	479	483	464
영업이익	20	26	20	12	19	3
당기순이익	8	4	-2	0	-115	-6

분기 실적　*IFRS 별도 기준　〈단위 : 억원〉

항목	2015.3Q	2015.4Q	2016.1Q	2016.2Q	2016.3Q	2016.4Q
매출액	84	166	114	113	77	159
영업이익	9	2	2	3	4	-7
당기순이익	1	-116	1	2	3	-13

재무 상태　*IFRS 별도 기준　〈단위 : 억원〉

항목	2011	2012	2013	2014	2015	2016
총자산	503	509	549	573	468	473
유형자산	167	165	167	163	157	157
무형자산	0	0	0	0	0	0
유가증권	23	24	25	23	23	35
총부채	301	298	322	336	186	182
총차입금	199	204	228	236	107	98
자본금	145	149	161	168	181	184
총자본	203	211	227	236	282	291
지배주주지분	203	211	227	236	282	291

기업가치 지표　*IFRS 별도 기준

항목	2011	2012	2013	2014	2015	2016
주가(최고/저)(천원)	1.2/0.5	1.4/0.5	1.3/0.8	3.0/0.9	14.4/2.1	7.6/2.8
PER(최고/저)(배)	40.3/18.0	92.7/35.8	235.0/140.5	5,051.3/1,485.3	—/—	—/—
PBR(최고/저)(배)	1.7/0.8	2.0/0.8	1.9/1.1	4.3/1.3	18.5/2.8	9.6/3.6
EV/EBITDA(배)	11.6	11.6	16.6	38.8	78.5	126.6
EPS(원)	29	15	6	1	-326	-17
BPS(원)	1,402	707	706	703	779	790
CFPS(원)	132	49	41	33	-298	7
DPS(원)						
EBITDAPS(원)	229	122	106	68	82	32

재무 비율　〈단위 : % 〉

연도	영업이익률	순이익률	부채비율	차입금비율	ROA	ROE	유보율	자기자본비율	EBITDA마진율
2016	0.6	-1.4	62.4	33.6	-1.4	-2.2	58.0	61.6	2.5
2015	3.9	-23.9	65.9	38.0	-22.2	-44.0	55.8	60.3	6.0
2014	2.5	0.0	142.3	99.6	0.0	0.7	43.7	41.3	4.6
2013	4.1	-0.3	151.1	106.5	-0.3	0.3	40.2	39.8	6.5

월덱스 (A101160)
WORLDEX INDUSTRY&TRADING

업 종 : 반도체 및 관련장비		시 장 : KOSDAQ	
신용등급 : (Bond) — (CP) —		기업규모 : 벤처	
홈페이지 : www.worldexint.com		연 락 처 : 054)456-9980	
본 사 : 경북 구미시 구포동로4공단로7길 53-77			

설 립 일 2000.01.17	종 업 원 수 197명	대 표 이 사 배종식
상 장 일 2008.06.19	감 사 의 견 적정 (삼일)	계 열
결 산 기 12월	보 통 주 1,606만주	종속회사수
액 면 가 500원	우 선 주	구 상 호

주주구성 (지분율,%)		출자관계 (지분율,%)		주요경쟁사 (외형,%)	
배종식	35.8	이코루미	88.0	월덱스	100
한국산업은행	3.6	WestCoastQuartzCorporation	100.0	아진엑스텍	25
(외국인)	0.8			하이셈	23

매출구성		비용구성		수출비중	
실리콘	52.6	매출원가율	74.8	수출	77.2
쿼츠	38.7	판관비율	19.8	내수	22.8
알루미나 외	8.6				

회사 개요

동사는 2000년 설립된 Silicon Cathode와 Silicon Ring 등의 반도체 및 전자부품 제조업체로 2007년 상호를 월덱스로 변경하고 2008년 코스닥시장에 상장함. 동사는 명실상부한 소재전문기업으로 성장해나갈 계획으로 2009년 반도체용 실리콘 잉곳 및 실리콘부품과 쿼츠부품을 제조 및 판매하는 회사인 West Coast Quartz Corporation과 자회사를 인수함.

실적 분석

동사의 2016년 연결기준 매출액은 전년대비 2.7% 성장한 694.7억원을 기록함. 탑라인 성장은 정체되고 있으나 원가율 개선으로 영업이익 37.2억원, 당기순이익 5.0억원을 시현하며 이익률 개선 및 흑자전환에 성공함. 주요 제품별 매출비중은 실리콘 50.6%, 쿼츠 41.3%, 알루미나 외 8.1%로 구성됨. 향후 세라믹을 통한 반도체 및 디스플레이 소재 시장 진출을 시작으로 업무영역을 확대할 계획임.

현금 흐름　〈단위 : 억원〉

항목	2015	2016
영업활동	71	61
투자활동	-5	-13
재무활동	-84	-43
순현금흐름	-18	6
기말현금	53	59

시장 대비 수익률

결산 실적　〈단위 : 억원〉

항목	2011	2012	2013	2014	2015	2016
매출액	915	742	683	645	676	695
영업이익	123	-8	-51	27	17	37
당기순이익	48	6	-84	-48	-35	5

분기 실적　*IFRS 별도 기준　〈단위 : 억원〉

항목	2015.3Q	2015.4Q	2016.1Q	2016.2Q	2016.3Q	2016.4Q
매출액	169	169	159	165	152	219
영업이익	11	-17	8	14	10	5
당기순이익	-3	-49	1	5	9	-11

재무 상태　*IFRS 별도 기준　〈단위 : 억원〉

항목	2011	2012	2013	2014	2015	2016
총자산	1,394	1,461	1,312	1,253	1,147	1,148
유형자산	541	622	626	585	541	488
무형자산	167	161	122	136	116	114
유가증권	2	2	2	2	67	65
총부채	871	958	900	825	744	685
총차입금	747	836	804	712	649	570
자본금	35	35	35	68	68	79
총자본	523	503	412	428	402	464
지배주주지분	522	503	412	428	403	464

기업가치 지표

항목	2011	2012	2013	2014	2015	2016
주가(최고/저)(천원)	8.7/3.4	7.8/3.9	7.2/2.7	3.4/1.2	3.4/1.9	3.9/1.9
PER(최고/저)(배)	14.1/5.5	85.8/43.2	—/—	—/—	—/—	117.5/56.2
PBR(최고/저)(배)	1.3/0.5	1.2/0.6	1.3/0.5	1.1/0.4	1.2/0.6	1.4/0.6
EV/EBITDA(배)	5.1	20.3	30.5	8.2	10.0	8.5
EPS(원)	646	94	-1,092	-541	-257	34
BPS(원)	7,453	7,183	5,887	3,169	2,982	2,929
CFPS(원)	1,736	1,093	-6	330	217	448
DPS(원)	100	100	50			
EBITDAPS(원)	2,800	879	445	1,185	599	649

재무 비율　〈단위 : % 〉

연도	영업이익률	순이익률	부채비율	차입금비율	ROA	ROE	유보율	자기자본비율	EBITDA마진율
2016	5.4	0.7	147.7	123.0	0.4	1.2	485.8	40.4	14.8
2015	2.5	-5.2	185.0	161.2	-2.9	-8.3	496.3	35.1	12.0
2014	4.2	-7.4	192.7	166.4	-3.7	-11.2	533.7	34.2	16.0
2013	-7.5	-12.3	218.7	195.3	-6.1	-18.0	1,077.5	31.4	4.6

웨이브일렉트로닉스 (A095270)
Wave Electronics

업 종 : 통신장비		시 장 : KOSDAQ	
신용등급 : (Bond) — (CP) —		기업규모 : 벤처	
홈페이지 : www.wavetc.com		연 락 처 : 031)269-0010	
본 사 : 경기도 수원시 권선구 수인로 47 (서둔동 14-10)			

설 립 일 1999.10.13	종업원수 145명	대표이사 박천석,이순환	
상 장 일 2007.09.12	감사의견 적정 (안진)	계 열	
결 산 기 12월	보 통 주 1,065만주	종속회사수	
액 면 가 500원	우 선 주	구 상 호	

주주구성 (지분율,%)
박천석	18.7
Ardon Maroon Asia Master Fund	4.4
(외국인)	1.5

출자관계 (지분율,%)
웨이브엔티	100.0
웨이브파워	100.0
더블유이엠에스	100.0

주요경쟁사 (외형,%)
웨이브일렉트로	100
유비쿼스홀딩스	270
아이쓰리시스템	114

매출구성
Filter, 기타	45.2
중계기용 부품(전파증폭시스템)	27.3
기지국용 부품(전파증폭시스템)	14.9

비용구성
매출원가율	77.4
판관비율	29.5

수출비중
수출	20.2
내수	79.8

회사 개요
동사는 이동통신 기지국 및 중계기용 전력증폭기와 무선통신 시스템 관련 핵심모듈을 공급하는 통신장비 전문업체임. 비디오 및 기타 영상기기 제조업체 세인텍과 평판 디스플레이 관련 부품 개발업체 엠비스텐실즈 등을 자회사로 두고 있음. 동 시장은 신규 통신서비스에 따른 수요 외에 기존 시스템에 대한 유지보수 수요가 존재하고 있어 상대적으로 안정적이고 연속적인 수요가 형성되는 강점을 지님. 웨이브파워외 총 7개의 연결대상 자회사가 있음.

실적 분석
동사의 2016년 결산 연결 매출은 447.1억원으로 전년대비 46.2% 증가, 영업손실은 31.0억원으로 적자지속. 순손실은 47.1억원으로 적자지속 시현. 글로벌 경기 둔화와 국내 이동통신사업자의 투자 위축으로 주요 전방기, 중계기 관련한 매출이 정체를 보임. 원가율 상승과 판관비 부담 증가로 수익성 개선은 지연됨. 유기발광다이오드 디스플레이 패널 증착용 마스크 개발을 통한 새로운 성장 동력 확보에 주력하고 있음.

현금 흐름 〈단위 : 억원〉
항목	2015	2016
영업활동	-28	-20
투자활동	-192	-154
재무활동	238	148
순현금흐름	18	-26
기말현금	38	12

시장 대비 수익률
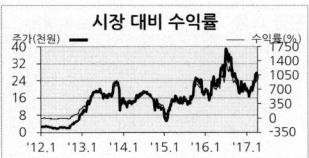

결산 실적 〈단위 : 억원〉
항목	2011	2012	2013	2014	2015	2016
매출액	385	270	393	403	306	447
영업이익	-58	-25	-48	-4	-41	-31
당기순이익	-77	-10	-67	-7	-41	-30

분기 실적 〈단위 : 억원〉
항목	2015.3Q	2015.4Q	2016.1Q	2016.2Q	2016.3Q	2016.4Q
매출액	51	79	58	128	115	145
영업이익	-17	-9	-14	-22	-2	7
당기순이익	-21	-3	-18	-22	-7	17

재무 상태 〈단위 : 억원〉
항목	2011	2012	2013	2014	2015	2016
총자산	428	400	407	398	592	890
유형자산	118	120	127	169	256	330
무형자산	12	20	5	35	118	245
유가증권	22	6	5	4	2	0
총부채	128	102	149	97	271	497
총차입금	67	29	35	22	192	316
자본금	53	53	53	53	53	53
총자본	300	298	258	301	320	393
지배주주지분	301	294	258	301	322	379

기업가치 지표
항목	2011	2012	2013	2014	2015	2016
주가(최고/저)(천원)	7.7/2.3	8.4/1.8	23.8/8.5	19.1/10.2	27.1/5.1	39.6/15.1
PER(최고/저)(배)	—/—	—/—	—/—	—/—	—/—	—/—
PBR(최고/저)(배)	2.1/0.6	2.4/0.5	7.5/2.7	5.6/3.0	7.8/1.5	10.2/3.9
EV/EBITDA(배)				144.9		
EPS(원)	-710	-99	-594	-45	-372	-354
BPS(원)	3,635	3,569	3,149	3,410	3,456	3,883
CFPS(원)	-540	19	-486	68	-240	-185
DPS(원)						
EBITDAPS(원)	-374	-120	-348	75	-260	-123

재무 비율 〈단위 : %〉
연도	영업이익률	순이익률	부채비율	차입금비율	ROA	ROE	유보율	자기자본비율	EBITDA마진율
2016	-6.9	-6.6	126.5	80.4	-4.0	-10.7	676.7	44.2	-2.9
2015	-13.6	-13.4	84.7	59.8	-8.3	-12.7	591.2	54.1	-9.0
2014	-1.0	-1.7	32.2	7.4	-1.7	-1.7	581.9	75.7	2.0
2013	-12.3	-17.1	57.8	13.7	-16.6	-22.8	529.7	63.4	-9.4

웨이포트 (A900130)
WAYPORT(HK) CO

업 종 : 기계		시 장 : KOSDAQ	
신용등급 : (Bond) — (CP) —		기업규모 :	
홈페이지 : www.yattool.co.kr		연 락 처 : 86-573-8322-5888	
본 사 : Suite 2008, 20/F., Jardine House, 1 Connaught Place, Central, Hong Kong			

설 립 일 2003.12.22	종업원수 명	대표이사 진용	
상 장 일 2010.07.23	감사의견 적정 (한울)	계 열	
결 산 기 12월	보 통 주 5,588만주	종속회사수	
액 면 가	우 선 주	구 상 호	

주주구성 (지분율,%)
CHEN YONG	67.1
최대승	4.2
(외국인)	70.8

출자관계 (지분율,%)
신강발시연	100.0
가흥무역	100.0
절강아특	100.0

주요경쟁사 (외형,%)
웨이포트	100
우진플라이	110
화성	24

매출구성
제조기류	54.7
톱류	21.1
원림청소기류	14.6

비용구성
매출원가율	0.0
판관비율	0.0

수출비중
수출	—
내수	—

회사 개요
원림공구와 동력식 수지공구를 전문 생산하는 '절강아특전기유한공사'와 '영파아특전기유한공사'를 자회사로 둔 순수지주회사. 상기 자회사 외에도 4개의 손자회사를 연결대상 종속회사로 보유하고 있음. 주요 시장은 미국, 영국, 러시아, 독일, 프랑스, 이탈리아, 브라질, 일본, 중국 등 여러 국가를 대상으로 하고 있음. 동력식 수지공구 시장의 생산 규모 증가와 함께 소비 시장 규모도 점차 확대되고 있음.

실적 분석
동사의 연결기준 2016년 3분기 매출액은 전년 동기 대비 8.2% 감소한 1,351.8억원을 기록함. 매출 감소에도 원가 감소의 영향으로 영업이익과 당기순이익은 각각 101.3억원, 57.6억원으로 흑자전환됨. 수출 제품을 중국 소비자 기호에 맞게 변형하는 등 중국을 중심으로 한 내수 판매 확대 노력과 OEM, ODM에서 벗어나 자체 브랜드로 국내 시장 점유율을 확대하는 등 성장 동력을 모색 중임. 외국계기업으로 2016년 실적 공시안됨.

현금 흐름 〈단위 : 억원〉
항목	2015	2016
영업활동	191	
투자활동	75	
재무활동	-122	
순현금흐름	-6	
기말현금	42	

시장 대비 수익률
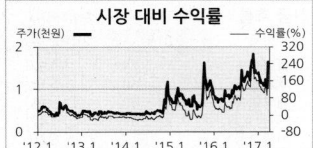

결산 실적 〈단위 : 억원〉
항목	2011	2012	2013	2014	2015	2016
매출액	1,270	1,357	1,524	1,693	2,068	
영업이익	30	-52	-49	-25	9	
당기순이익	0	-72	-99	-101	-45	

분기 실적 〈단위 : 억원〉
항목	2015.3Q	2015.4Q	2016.1Q	2016.2Q	2016.3Q	2016.4Q
매출액	529	614	553	398	431	—
영업이익	-37	59	-4	73	31	—
당기순이익	-22	25	-25	76	8	—

재무 상태 〈단위 : 억원〉
항목	2011	2012	2013	2014	2015	2016
총자산	1,499	1,577	2,067	2,315	2,517	
유형자산	327	302	367	499	562	
무형자산	4	3	6	6	5	
유가증권			15			
총부채	999	1,176	1,758	2,105	2,349	
총차입금	612	713	831	970	949	
자본금	90	84	85	308	314	
총자본	500	401	309	210	169	
지배주주지분	500	401	309	210	169	

기업가치 지표
항목	2011	2012	2013	2014	2015	2016
주가(최고/저)(천원)	1.5/0.4	0.8/0.4	0.6/0.4	1.3/0.4	1.7/0.5	2.1/0.7
PER(최고/저)(배)	2,187.1/632.3	—/—	—/—	—/—	—/—	0.0/0.0
PBR(최고/저)(배)	1.6/0.5	1.1/0.5	1.0/0.7	3.6/1.1	5.7/1.7	0.0/0.0
EV/EBITDA(배)	9.6			186.7	22.9	
EPS(원)	1	-129	-178	-181	-81	
BPS(원)	895	718	553	376	302	
CFPS(원)	92	-6	-47	-79	16	
DPS(원)						
EBITDAPS(원)	141	-7		11	79	

재무 비율 〈단위 : %〉
연도	영업이익률	순이익률	부채비율	차입금비율	ROA	ROE	유보율	자기자본비율	EBITDA마진율
2016	0.0	0.0			0.0	0.0		0.0	0.0
2015	0.5	-2.2	일부잠식	일부잠식	-1.9	-24.0	-46.3	6.7	2.1
2014	-1.5	-6.0	일부잠식	일부잠식	-4.6	-38.9	-31.8	9.1	0.4
2013	-3.2	-6.5	568.6	268.7	-5.5	-28.0	261.7	15.0	0.8

웰크론 (A065950)

· Welcron

업 종 : 내구소비재	시 장 : KOSDAQ
신용등급 : (Bond) — (CP) —	기업규모 : 벤처
홈페이지 : www.welcron.com	연 락 처 : 02)830-5975
본 사 : 서울시 구로구 디지털로 27길 12	

설 립 일 1992.05.27	종 업 원 수 184명	대 표 이 사 이영규	
상 장 일 2003.07.29	감 사 의 견 적정 (대현)	계 열	
결 산 기 12월	보 통 주 2,549만주	종속회사수	
액 면 가 500원	우 선 주	구 상 호	

주주구성 (지분율,%)
이영규	17.1
웰크론강원	3.8
(외국인)	0.6

출자관계 (지분율,%)
웰크론헬스케어	55.5
제주그린파워	23.6
웰크론한텍	23.1

주요경쟁사 (외형,%)
웰크론	100
LG전자	22,015
위닉스	85

매출구성
생활용품(제품)	68.0
청소용품(제품)	16.5
기타	6.5

비용구성
매출원가율	76.2
판관비율	23.7

수출비중
수출	19.2
내수	80.8

회사 개요
동사가 영위하고 있는 사업분야는 산업용 섬유와 생활용 섬유로서 극세섬유의 장점인 흡수성, 닦음성을 기반으로 한 클리너, 생활용품, 반도체 와이퍼등의 고기능성 섬유제품과 방사 방식의 나노 섬유를 기반으로 한 필터여재, 위생용 섬유, 보호용 섬유 제품 등을 생산하고 있음. 성장의 기반이 된 고기능성 청소용품은 내수보다는 수출 위주로 영업 활동을 전개하고 있는 실정임.

실적 분석
동사의 2016년 매출액은 2,515.0억원으로 전년동기 대비 6.8% 증가함. 섬유, 위생재 부문은 17.8% 성장했으나, 플랜트건설 부문도 약진함. 섬유부문 내에서는 극세사 제품 매출이 크게 증가하였고 나노섬유 제품도 성장세는 높으나 매출비중이 아직은 미미함. 영업이익은 판관비 증가로 2.7억원에 그침. 법인세비용 16.9억원 발생으로 당기순이익 은 -26.1억원을 기록하며 적자를 지속함.

현금 흐름 〈단위 : 억원〉
항목	2015	2016
영업활동	226	-152
투자활동	-68	-17
재무활동	98	15
순현금흐름	257	-142
기말현금	522	380

시장 대비 수익률
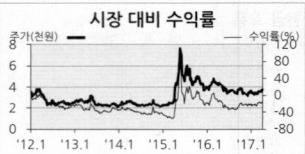

결산 실적 〈단위 : 억원〉
항목	2011	2012	2013	2014	2015	2016
매출액	1,612	2,639	2,301	2,209	2,355	2,515
영업이익	109	200	79	-36	57	3
당기순이익	55	135	64	-65	-14	-26

분기 실적 〈단위 : 억원〉
항목	2015.3Q	2015.4Q	2016.1Q	2016.2Q	2016.3Q	2016.4Q
매출액	631	611	576	657	531	751
영업이익	7	24	0	4	-22	20
당기순이익	-11	-4	1	-12	-35	20

재무 상태 〈단위 : 억원〉
항목	2011	2012	2013	2014	2015	2016
총자산	2,178	2,678	2,536	2,416	2,637	2,916
유형자산	616	620	622	685	694	920
무형자산	320	350	367	354	332	327
유가증권	163	501	365	200	189	148
총부채	1,153	1,428	1,160	1,091	1,298	1,615
총차입금	564	598	558	580	660	669
자본금	106	114	114	119	127	127
총자본	1,025	1,250	1,377	1,325	1,339	1,301
지배주주지분	521	533	522	489	517	497

기업가치 지표
항목	2011	2012	2013	2014	2015	2016
주가(최고/저)(천원)	4.9/2.3	3.8/2.2	3.5/2.1	2.8/2.1	9.1/2.2	4.8/3.1
PER(최고/저)(배)	—/—	437.7/254.1	—/—	—/—	645.5/155.7	—/—
PBR(최고/저)(배)	2.0/0.9	1.6/0.9	1.5/0.9	1.3/1.0	4.3/1.0	2.4/1.5
EV/EBITDA(배)	9.3	5.2	10.2	634.3	19.2	52.4
EPS(원)	-73	9	-77	-141	14	-27
BPS(원)	2,459	2,345	2,293	2,147	2,123	2,036
CFPS(원)	86	162	76	26	161	100
DPS(원)	—	—	—	—	—	—
EBITDAPS(원)	686	1,060	499	10	378	137

재무 비율 〈단위 : % 〉
연도	영업이익률	순이익률	부채비율	차입금비율	ROA	ROE	유보율	자기자본비율	EBITDA마진율
2016	0.1	-1.0	124.1	51.4	-0.9	-1.4	307.3	44.6	1.4
2015	2.4	-0.6	96.9	49.3	-0.6	0.7	324.5	50.8	4.0
2014	-1.6	-2.9	82.3	43.7	-2.6	-6.4	329.4	54.9	0.1
2013	3.4	2.8	84.2	40.5	2.5	-3.3	358.5	54.3	4.9

웰크론강원 (A114190)

WELCRON KANGWON

업 종 : 에너지 시설 및 서비스	시 장 : KOSDAQ
신용등급 : (Bond) — (CP) —	기업규모 : 중견
홈페이지 : www.kwb21.com	연 락 처 : 02)6670-9000
본 사 : 경기도 화성시 장안면 장안리 포승장안로 919-18	

설 립 일 1976.02.06	종 업 원 수 121명	대 표 이 사 손기태,이영규	
상 장 일 2009.11.20	감 사 의 견 적정 (대현)	계 열	
결 산 기 12월	보 통 주 1,525만주	종속회사수	
액 면 가 500원	우 선 주	구 상 호 강원비앤이

주주구성 (지분율,%)
웰크론한텍	40.6
이영규	11.3
(외국인)	1.3

출자관계 (지분율,%)
제주그린파워	52.8
웰크론	3.8
매일방송	0.1

주요경쟁사 (외형,%)
웰크론강원	100
에스에프씨	112
제이엔케이히터	339

매출구성
산업용보일러설비	37.3
화공설비	33.8
환경에너지설비	20.1

비용구성
매출원가율	83.4
판관비율	19.7

수출비중
수출	91.4
내수	8.6

회사 개요
동사는 1976년 강원보일러제작소로 설립되어 현재 산업용플랜트설비산업과 신재생에너지사업을 영위하고 있음. 사업부문은 국내외 대규모 산업단지 등에 필요한 에너지 및 온수를 공급하는 핵심설비인 산업용보일러설비, 화학반응 공정에 필요한 주요 설비인 화공 설비, 연소 시 발생하는 열을 회수해 재이용하는 환경에너지 설비 등 3개 부문으로 구분됨. 설계 및 제작하는 플랜트설비는 아시아와 중동 지역에 집중 공급되고 있음.

실적 분석
동사의 2016년 연결기준 연간 매출액은 전년대비 8.5% 감소한 422.9억원을 시현함. 매출액과 영업이익의 감소는 주요 프로젝트 납기 연장에 따른 매출 인식이 감소한 것에 기인함. 파생상품거래이익 및 외화환산이익의 증가로 비영업손익은 흑자전환함. 산업용보일러설비와 화공설비부문의 수주 잔고가 양호하며, 국내외 대형 EPC 기업의 공급계약 체결을 통해 수출 지역의 다각화 전략을 추구하고 있음.

현금 흐름 〈단위 : 억원〉
항목	2015	2016
영업활동	95	-158
투자활동	-41	-3
재무활동	145	-0
순현금흐름	199	-160
기말현금	319	159

시장 대비 수익률
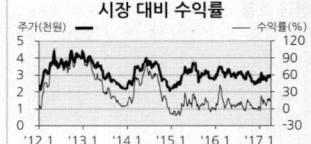

결산 실적 〈단위 : 억원〉
항목	2011	2012	2013	2014	2015	2016
매출액	502	1,065	507	515	462	423
영업이익	66	116	32	16	4	-13
당기순이익	58	90	39	11	1	-11

분기 실적 〈단위 : 억원〉
항목	2015.3Q	2015.4Q	2016.1Q	2016.2Q	2016.3Q	2016.4Q
매출액	147	102	137	95	65	126
영업이익	4	3	1	-0	-22	8
당기순이익	2	2	1	-9	-25	22

재무 상태 〈단위 : 억원〉
항목	2011	2012	2013	2014	2015	2016
총자산	537	893	724	670	855	772
유형자산	39	44	48	100	128	148
무형자산	3	9	9	17	16	14
유가증권	16	154	59	107	128	113
총부채	292	532	266	166	289	221
총차입금	0	122	32	1	107	105
자본금	27	53	63	72	76	76
총자본	245	361	459	504	566	551
지배주주지분	245	361	459	504	541	527

기업가치 지표
항목	2011	2012	2013	2014	2015	2016
주가(최고/저)(천원)	2.4/1.5	4.5/2.1	4.4/2.1	4.2/2.1	4.0/2.1	3.8/2.4
PER(최고/저)(배)	4.7/2.9	5.9/2.8	14.3/7.0	52.3/25.8	629.7/321.1	—/—
PBR(최고/저)(배)	1.1/0.7	1.6/0.8	1.2/0.6	1.2/0.6	1.1/0.6	1.1/0.7
EV/EBITDA(배)	0.3	2.3	—	5.2	15.7	—
EPS(원)	543	771	310	80	6	-70
BPS(원)	4,794	2,851	3,622	3,505	3,546	3,453
CFPS(원)	1,145	804	340	120	45	-34
DPS(원)	150	500	30	—	—	—
EBITDAPS(원)	1,239	1,031	286	156	69	-51

재무 비율 〈단위 : % 〉
연도	영업이익률	순이익률	부채비율	차입금비율	ROA	ROE	유보율	자기자본비율	EBITDA마진율
2016	-3.1	-2.7	40.1	19.0	-1.4	-2.0	590.5	71.4	-1.8
2015	1.0	0.2	51.0	19.0	0.1	0.2	609.3	66.2	2.3
2014	3.2	2.2	32.9	0.2	1.6	2.3	601.1	75.3	4.3
2013	6.4	7.7	57.9	6.9	4.9	9.6	624.4	63.3	7.2

웰크론한텍 (A076080)
WELCRON HANTEC CO

업 종 : 건설		시 장 : KOSDAQ	
신용등급 : (Bond) — (CP) —		기업규모 : 중견	
홈 페 이 지 : www.hantec.co.kr		연 락 처 : 031)350-8900	
본 사 : 경기도 화성시 향남읍 발안공단로 92-36			

설 립 일	1995.01.12	종업원수	143명	대표이사	이영규
상 장 일	2008.07.18	감사의견	적정 (대현)	계 열	
결 산 기	12월	보 통 주	1,802만주	종속회사수	
액 면 가	500원	우 선 주		구 상 호	

주주구성 (지분율,%)		출자관계 (지분율,%)		주요경쟁사 (외형,%)	
웰크론	23.1	엘림하이드로	100.0	웰크론한텍	100
이영규	5.6	ImariGreenPower.,Ltd	90.0	범양건영	82
(외국인)	0.8	웰크론강원	40.6	한국종합기술	151

매출구성		비용구성		수출비중	
플랜트 종합건설	45.1	매출원가율	91.7	수출	12.6
식품제약설비	29.8	판관비율	9.3	내수	87.4
에너지절감 산업설비	20.0				

회사 개요
동사는 물, 환경, 에너지 분야 플랜트 제조 및 종합건설을 영위하는 전문기업이며 MVR 농축설비, 에너지절감 산업설비, 폐수처리설비, 식품제약설비, 담수설비를 공급하고 있음. 모회사인 웰크론의 멤브레인 필터 개발을 통한 RO 담수 설비부문에서의 수직계열화 및 시너지 효과를 내고 있으며, 자회사 웰크론강원은 화공플랜트 쪽 보일러 설비에 특화되어 시너지를 일으키고 있음.

실적 분석
동사의 연결기준 2016년 결산 매출액은 전년동기 대비 소폭 감소한 1,323.4억원을 기록하였음. 판관비가 10.3% 증가하여 영업이익은 적자전환함. 당기순손실 역시 지속 중이나 손실 폭은 감소함. 지배회사의 실적은 상승세를 기록하였지만 종속회사의 부진한 모습을 보임. 국가적인 환경보전 중요성에 대한 인식이 증가함에 따라 폐수처리시설 등 친환경부문에서 지속적인 수요 확대가 기대되고 있음.

현금 흐름		〈단위 : 억원〉
항목	2015	2016
영업활동	202	-149
투자활동	-78	27
재무활동	99	-2
순현금흐름	224	-112
기말현금	435	322

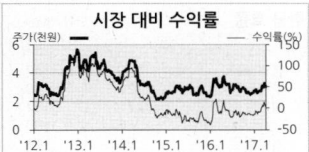
시장 대비 수익률

결산 실적 〈단위 : 억원〉

항목	2011	2012	2013	2014	2015	2016
매출액	863	1,829	1,458	1,295	1,349	1,323
영업이익	110	198	106	-60	19	-13
당기순이익	88	156	113	-59	-22	-7

분기 실적 〈단위 : 억원〉

항목	2015.3Q	2015.4Q	2016.1Q	2016.2Q	2016.3Q	2016.4Q
매출액	384	327	320	347	240	417
영업이익	-1	16	-1	1	-17	5
당기순이익	-9	-3	-0	-9	-25	27

재무 상태 〈단위 : 억원〉

항목	2011	2012	2013	2014	2015	2016
총자산	1,143	1,640	1,560	1,436	1,632	1,878
유형자산	193	176	180	258	283	500
무형자산	107	115	126	147	128	123
유가증권	136	483	350	205	221	177
총부채	523	796	545	471	675	940
총차입금	82	139	125	158	247	223
자본금	74	89	89	89	89	90
총자본	619	843	1,015	965	958	938
지배주주지분	479	627	720	635	624	615

기업가치 지표

항목	2011	2012	2013	2014	2015	2016
주가(최고/저)(천원)	2.6/1.4	5.7/2.3	5.7/3.1	5.0/2.0	3.1/2.2	4.1/2.3
PER(최고/저)(배)	6.0/3.2	9.5/3.9	11.6/6.4	—/—	—/—	—/—
PBR(최고/저)(배)	0.8/0.4	1.6/0.7	1.4/0.8	1.4/0.6	0.9/0.6	1.2/0.7
EV/EBITDA(배)	2.4	3.6	2.9		12.4	
EPS(원)	455	613	496	-376	-127	-2
BPS(원)	3,351	3,540	4,063	3,580	3,518	3,412
CFPS(원)	527	682	554	-300	-55	60
DPS(원)	50	50	50			
EBITDAPS(원)	985	1,386	656	-260	177	-10

재무 비율 〈단위 : % 〉

연도	영업이익률	순이익률	부채비율	차입금비율	ROA	ROE	유보율	자기자본비율	EBITDA마진율
2016	-1.0	-0.5	100.2	23.7	-0.4	-0.1	582.3	49.9	-0.1
2015	1.4	-1.7	70.5	25.8	-1.5	-3.6	603.7	58.7	2.3
2014	-4.6	-4.6	48.8	16.4	-4.0	-9.9	616.0	67.2	-3.6
2013	7.3	7.8	53.7	12.3	7.1	12.9	712.7	65.1	8.0

웹스 (A196700)
WAPS

업 종 : 화학		시 장 : KOSDAQ	
신용등급 : (Bond) — (CP) —		기업규모 : 벤처	
홈 페 이 지 : www.waps.co.kr		연 락 처 : 051)896-6390	
본 사 : 부산시 해운대구 센텀동로 45 901호			

설 립 일	2001.09.25	종업원수	99명	대표이사	이재춘
상 장 일	2015.08.24	감사의견	적정 (보명)	계 열	
결 산 기	12월	보 통 주	685만주	종속회사수	
액 면 가	500원	우 선 주		구 상 호	

주주구성 (지분율,%)		출자관계 (지분율,%)		주요경쟁사 (외형,%)	
이재춘	40.9	웹스에이치엠	100.0	웹스	100
한국증권금융	5.3			바이온	102
(외국인)	0.3			리켐	130

매출구성		비용구성		수출비중	
Compound	71.8	매출원가율	67.4	수출	11.1
건축외장재	28.2	판관비율	25.6	내수	88.9

회사 개요
동사는 건자재 신제품 생산 공정 확보 및 경영컨설팅을 통한 신규사업 발굴과 기존사업의 시너지 창출을 위해 2015년 9월 11일 설립됨. 고분자 신소재 개발기술을 바탕으로, 자동차 내장재용, 건축용 외장재 등 고부가 신소재를 제조하여 판매함. 주요제품의 매출액 비중은 2016년 3분기 Compound 76.22%, 건축용외장재 23.78%로 나누어짐. 시장점유율은 자동차용 소재 56%, 건축용 소재 18%를 차지하고 있음.

실적 분석
동사의 2016년 연결기준 매출액과 영업이익은 전년동기대비 각각 2%, 43% 감소한 약 273억원, 19억원을 기록하였음. 전년과 비슷한 매출을 기록하였으나, 해외법인 투자와 인력 충원 등으로 판관비 증가하며 수익성이 큰 폭으로 악화됨. 자동차용소재 전방산업 환경이 비우호적으로 변화함에 따라 연구개발에 따른 신제품 매출 가시화 등의 성장 모멘텀이 필요한 상황.

현금 흐름		〈단위 : 억원〉
항목	2015	2016
영업활동	44	36
투자활동	-178	-76
재무활동	225	11
순현금흐름	91	-28
기말현금	151	123

시장 대비 수익률

결산 실적 〈단위 : 억원〉

항목	2011	2012	2013	2014	2015	2016
매출액	250	326	281	279	278	273
영업이익	13	28	36	43	33	19
당기순이익	10	30	31	33	27	19

분기 실적 〈단위 : 억원〉

항목	2015.3Q	2015.4Q	2016.1Q	2016.2Q	2016.3Q	2016.4Q
매출액	54	83	54	68	63	79
영업이익	1	10	8	8	2	2
당기순이익	4	6	9	9	2	5

재무 상태 〈단위 : 억원〉

항목	2011	2012	2013	2014	2015	2016
총자산	170	236	278	365	619	663
유형자산	100	106	127	158	254	303
무형자산	0	0	0	28	28	26
유가증권	0	1	1	1	1	2
총부채	106	112	144	160	238	261
총차입금	78	77	114	120	199	210
자본금	10	11	10	23	34	34
총자본	64	124	134	205	381	401
지배주주지분	64	124	134	205	381	401

기업가치 지표

항목	2011	2012	2013	2014	2015	2016
주가(최고/저)(천원)	—/—	—/—	—/—	—/—	8.4/5.5	9.2/5.1
PER(최고/저)(배)	0.0/0.0	0.0/0.0	0.0/0.0	0.0/0.0	18.1/11.9	32.3/18.0
PBR(최고/저)(배)	0.0/0.0	0.0/0.0	0.0/0.0	0.0/0.0	1.5/1.0	1.6/0.9
EV/EBITDA(배)	2.8	1.0	1.2	0.7	7.9	12.9
EPS(원)	247	681	695	703	466	284
BPS(원)	32,088	55,382	59,862	4,028	5,559	5,858
CFPS(원)	11,234	19,497	19,525	1,057	837	712
DPS(원)						
EBITDAPS(원)	12,948	18,368	21,877	1,255	950	703

재무 비율 〈단위 : % 〉

연도	영업이익률	순이익률	부채비율	차입금비율	ROA	ROE	유보율	자기자본비율	EBITDA마진율
2016	6.9	7.1	65.1	52.4	3.0	5.0	1,071.7	60.6	17.7
2015	12.0	9.6	62.5	52.4	5.4	9.1	1,011.9	61.6	19.7
2014	15.3	11.9	78.3	58.5	10.4	19.6	789.5	56.1	21.3
2013	13.0	11.1	107.4	84.8	—	—	1,240.9	48.2	17.5

웹젠 (A069080)
Webzen

업 종 : 게임 소프트웨어		시 장 : KOSDAQ	
신용등급 : (Bond) — (CP) —		기업규모 : 우량	
홈페이지 : company.webzen.com		연락처 : 031)627-6600	
본 사 : 경기도 성남시 분당구 판교로 242(삼평동, 판교디지털콘텐츠파크 B동)			

설립일 2000.04.28	종업원수 303명	대표이사 김태영
상장일 2003.05.23	감사의견 적정 (삼일)	계 열
결산기 12월	보통주 3,531만주	종속회사수
액면가 500원	우선주	구 상 호

주주구성 (지분율,%)		출자관계 (지분율,%)		주요경쟁사 (외형,%)	
김병관	26.7	웹젠온네트	86.2	웹젠	100
FunGame International Limited	19.2	웹젠앤플레이	33.3	엔씨소프트	447
(외국인)	6.3	WebzenWest,Inc.	100.0	컴투스	233

매출구성		비용구성		수출비중	
온라인 게임개발 및 서비스/ 뮤	85.5	매출원가율	0.0	수출	25.5
게임 개발 및 서비스, 가정용품 도소매업등	4.9	판관비율	74.0	내수	74.5
온라인 게임개발 및 서비스/ R2	3.9				

회사 개요
2000년 4월 설립된 온라인게임 개발사. 대표게임은 뮤온라인으로 2000년 초반 중국 게임한류를 이끔. 이후 C9, R2, 썬, 아크로드, 배터리, 메틴1,2 등의 게임을 출시하였음. 2016년 3월 기준 최대주주는 김병관 의장, 2대주주는 NHN엔터였으나 중국의 '펀게임'에게 전량 매도. 웹젠의 중국시장 개발, 퍼블리싱 시너지 효과 기대. 신작 뮤레전드의 외의 다른 신작 흥행은 부재.

실적 분석
동사의 2016년 연결기준 결산 매출액은 2,199.9억원을 기록하며 전년동기 대비 9.2% 감소. 또한 영업이익과 당기순이익은 각각 571.8억원, 448.8억원을 기록하며 전년동기 대비 각각 23.5%, 25.5% 감소. 뮤 오리진의 인기와 신작 뮤레전드에 대한 기대감으로 이익모멘텀을 지속했으나 영업이익이 전년동기 대비 감소를 기록. 뮤레전드 외의 다른 신작 흥행이 부재하면서 순이익 감소를 기록.

현금 흐름 〈단위 : 억원〉
항목	2015	2016
영업활동	780	574
투자활동	-1,042	-407
재무활동	241	-152
순현금흐름	-22	17
기말현금	266	283

시장 대비 수익률
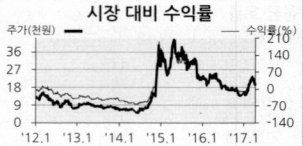

결산 실적 〈단위 : 억원〉
항목	2011	2012	2013	2014	2015	2016
매출액	592	573	721	735	2,422	2,200
영업이익	104	85	28	142	747	572
당기순이익	54	24	18	84	602	449

분기 실적 〈단위 : 억원〉
항목	2015.3Q	2015.4Q	2016.1Q	2016.2Q	2016.3Q	2016.4Q
매출액	782	721	600	539	486	574
영업이익	290	143	170	147	99	156
당기순이익	265	46	123	113	78	134

재무 상태 〈단위 : 억원〉
항목	2011	2012	2013	2014	2015	2016
총자산	1,561	1,590	1,576	1,603	2,777	3,017
유형자산	132	224	287	307	312	329
무형자산	613	555	631	552	466	421
유가증권	28	241	130	105	718	1,278
총부채	501	334	278	208	768	620
총차입금	159	31	—	8	13	—
자본금	166	177	177	177	177	177
총자본	1,060	1,256	1,297	1,395	2,009	2,397
지배주주지분	1,061	1,256	1,297	1,394	1,998	2,390

기업가치 지표
항목	2011	2012	2013	2014	2015	2016
주가(최고/저)(천원)	15.6/6.9	15.5/7.1	10.6/6.8	39.8/5.0	43.0/20.2	25.0/13.2
PER(최고/저)(배)	91.8/40.7	241.0/110.8	203.1/131.1	168.2/20.9	25.1/11.8	19.5/10.3
PBR(최고/저)(배)	3.4/1.5	3.2/1.5	2.2/1.4	7.9/1.0	6.4/3.0	3.1/1.7
EV/EBITDA(배)	26.1		15.4	23.3	45.2	5.4
EPS(원)	169	64	52	236	1,713	1,280
BPS(원)	4,609	4,844	4,859	5,064	6,748	8,008
CFPS(원)	346	219	258	451	1,920	1,525
DPS(원)						
EBITDAPS(원)	445	397	285	618	2,323	1,865

재무 비율 〈단위 : % 〉
연도	영업이익률	순이익률	부채비율	차입금비율	ROA	ROE	유보율	자기자본비율	EBITDA마진율
2016	26.0	20.4	25.9	0.0	15.5	20.6	1,501.6	79.4	29.9
2015	30.9	24.9	38.2	0.7	27.5	35.7	1,249.5	72.3	33.9
2014	19.4	11.5	15.0	0.6	5.3	6.2	912.8	87.0	29.7
2013	3.9	2.5	21.5	0.0	1.1	1.4	871.9	82.3	14.0

위노바 (A039790)
Winnova

업 종 : 개인생활용품		시 장 : KOSDAQ	
신용등급 : (Bond) — (CP) —		기업규모 :	
홈페이지 : www.winnova.co.kr		연락처 : 031)8094-4550	
본 사 : 경기도 평택시 청북면 청북산단로 178 어연한산산업단지			

설립일 1995.05.18	종업원수 78명	대표이사 이승호
상장일 2000.07.25	감사의견 적정 (우덕)	계 열
결산기 12월	보통주 7,790만주	종속회사수
액면가 500원	우선주	구 상 호

주주구성 (지분율,%)		출자관계 (지분율,%)		주요경쟁사 (외형,%)	
기업은행(키)IR케피탈제2호사모투자전문회사	1.7	기본	100.0	위노바	100
강재석	1.4	아르고엠	28.6	코리아나	609
(외국인)	0.6			네오팜	208

매출구성		비용구성		수출비중	
기타	29.2	매출원가율	85.7	수출	9.6
ODM 기초화장품(스킨,로션,에센스 등)	28.7	판관비율	27.9	내수	90.4
전자파차폐	20.4				

회사 개요
1995년에 설립된 동사는 의료기기 유통업과 화장품 제조업을 영위하고 있음. 코스닥 시장 상장은 2000년 7월임. OEM생산을 중심으로 영업을 하다가 쇼핑솔루션에 핫바디슬림 ODM제품을 생산, 납품을 시작으로 화장품 연구개발생산 전문 기업으로 성장함. 기초화장품의 매출 비중은 30.1%로 가장 높은 가운데 화장품 사업부 매출이 전체의 64.2%임. 주력 사업이 화장품 부문으로 재편되고 있음.

실적 분석
동사의 2016년 결산기준 누적 매출액은 전년동기대비 12.8% 상승한 203.6억원을 기록. 비용면에서 전년동기대비 매출원가는 증가 하였으며 인건비는 감소 하였고 광고선전비는 증가 하였고 기타판매비와관리비는 감소함. 그에 따라 매출액 하락 등에 의해 전년동기대비 영업손실은 27.7억원으로 적자전환하였음. 최종적으로 전년동기대비 당기순손실은 적자전환하여 264.9억원을 기록함.

현금 흐름 〈단위 : 억원〉
항목	2015	2016
영업활동	-9	-47
투자활동	-126	50
재무활동	220	-87
순현금흐름	86	-83
기말현금	93	11

시장 대비 수익률
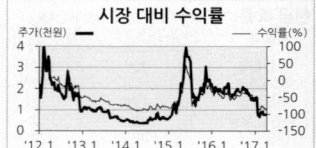

결산 실적 〈단위 : 억원〉
항목	2011	2012	2013	2014	2015	2016
매출액	573	419	231	180	180	204
영업이익	27	-19	-77	-55	3	-28
당기순이익	19	-35	-142	-123	12	-265

분기 실적 〈단위 : 억원〉
항목	2015.3Q	2015.4Q	2016.1Q	2016.2Q	2016.3Q	2016.4Q
매출액	45	62	41	44	39	79
영업이익	8	5	-5	-7	-6	-10
당기순이익	-0	18	2	3	-8	-262

재무 상태 〈단위 : 억원〉
항목	2011	2012	2013	2014	2015	2016
총자산	791	690	501	380	555	320
유형자산	59	94	88	99	105	115
무형자산	22	24	54	52	52	21
유가증권	12	12	—	—	40	16
총부채	514	390	216	208	136	66
총차입금	244	163	97	112	103	12
자본금	123	149	271	279	381	389
총자본	277	300	285	172	419	254
지배주주지분	277	299	285	172	419	254

기업가치 지표
항목	2011	2012	2013	2014	2015	2016
주가(최고/저)(천원)	2.3/0.9	5.2/0.9	1.3/0.5	0.9/0.3	4.3/0.6	2.4/1.4
PER(최고/저)(배)	30.6/11.5	—/—	—/—	—/—	249.5/32.4	—/—
PBR(최고/저)(배)	1.6/0.6	4.2/0.7	1.8/0.7	1.9/0.7	6.5/0.8	7.3/4.3
EV/EBITDA(배)	17.0				145.6	
EPS(원)	76	-121	-412	-224	17	-344
BPS(원)	1,452	1,270	689	468	667	327
CFPS(원)	125	-74	-370	-198	29	-329
DPS(원)						
EBITDAPS(원)	158	-19	-182	-75	16	-21

재무 비율 〈단위 : % 〉
연도	영업이익률	순이익률	부채비율	차입금비율	ROA	ROE	유보율	자기자본비율	EBITDA마진율
2016	-13.6	-130.1	일부잠식	일부잠식	-60.6	-78.7	-34.7	79.5	-7.9
2015	1.7	6.6	32.4	24.5	2.6	4.1	33.5	75.6	6.3
2014	-30.8	-68.2	일부잠식	일부잠식	-27.9	-53.7	-6.3	45.3	-22.9
2013	-33.3	-61.4	75.8	34.0	-23.8	-48.6	37.8	56.9	-27.0

위닉스 (A044340)
Winix

업 종 : 내구소비재		시 장 : KOSDAQ	
신용등급 : (Bond) — (CP) —		기업규모 : 중견	
홈페이지 : www.e-winix.co.kr		연락처 : 031)499-5085	
본 사 : 경기도 시흥시 공단1대로 295 시화공단 3나 607호			

설 립 일 1986.09.22	종업원수 423명	대표이사 윤철민,윤회종			
상 장 일 2000.10.24	감사의견 적정 (신성)	계 열			
결 산 기 12월	보 통 주 1,636만주	종속회사수			
액 면 가 500원	우 선 주	구 상 호			

주주구성 (지분율,%)		출자관계 (지분율,%)		주요경쟁사 (외형,%)	
윤회종	33.4	유원전자 (소주)	100.0	위닉스	100
윤철민	21.4	WINIXAMERICAINC	100.0	LG전자	25,975
(외국인)	1.2	WINIXEUROPEBV	100.0	신일산업	58

매출구성		비용구성		수출비중	
공조기군	56.5	매출원가율	79.7	수출	34.2
EVAPORATOR	14.1	판관비율	19.1	내수	65.8
정수기군	11.4				

회사 개요
동사는 냉각기 및 공기청정기, 정수기, 팬히터, Air 정수기, 제습기 등 친환경 생활가전 제품과 냉장고, 에어컨용 열교환기를 생산하여 판매하는 업체로서 안정적인 사업기반을 유지해 하고 있음. 제습기 핵심부품인 열교환기를 40년간 제조해 온 오랜 기술과 노하우를 기반으로 제품 경쟁력을 유지하고 있으며, 차별화된 제품의 성능, 안정된 품질수준 등으로 국내 제습기 시장의 선두기업으로 위치를 확고히 하고 있음.

실적 분석
동사의 2016년 4분기 연결기준 매출액은 2,131.5억원으로 전년동기 대비 7.9% 상승, 영업이익은 25.0억원을 기록하며 흑자 전환하였으나 당기순손실은 138.8억원을 기록하며 적자 지속. 최근 대기오염에 대한 우려와 미세먼지 이슈의 지속으로 공기청정기는 최근 수요가 증가하고 있으며, 동사에서도 공기청정기 신제품 출시로 내수 매출의 증가와 더불어 최근 수요가 급증하고 있는 중국시장을 비롯하여 미국, 유럽 등으로 수출도 급격히 증가 중.

현금 흐름
〈단위 : 억원〉

항목	2015	2016
영업활동	336	263
투자활동	-20	-50
재무활동	-282	-265
순현금흐름	42	-52
기말현금	166	114

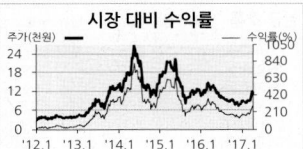
시장 대비 수익률

결산 실적
〈단위 : 억원〉

항목	2011	2012	2013	2014	2015	2016
매출액	1,730	1,921	2,578	2,632	1,975	2,132
영업이익	14	42	206	97	-108	25
당기순이익	-62	54	151	58	-171	-139

분기 실적
〈단위 : 억원〉

항목	2015.3Q	2015.4Q	2016.1Q	2016.2Q	2016.3Q	2016.4Q
매출액	425	402	477	740	537	377
영업이익	-42	-87	24	27	-26	0
당기순이익	-41	-127	14	18	-103	-69

재무 상태
〈단위 : 억원〉

항목	2011	2012	2013	2014	2015	2016
총자산	1,135	1,040	1,504	2,794	2,369	2,053
유형자산	346	360	395	689	660	624
무형자산	17	12	12	535	494	436
유가증권	121	141	135	29	7	7
총부채	532	412	729	1,540	1,315	1,137
총차입금	303	248	278	1,231	1,054	807
자본금	64	64	64	82	82	82
총자본	602	628	775	1,254	1,054	916
지배주주지분	602	628	775	1,254	1,054	916

기업가치 지표

항목	2011	2012	2013	2014	2015	2016
주가(최고/저)(천원)	5.2/2.2	4.6/2.8	14.0/4.1	26.9/10.1	22.5/8.0	14.7/7.3
PER(최고/저)(배)	—/—	11.4/6.9	12.1/3.5	66.7/25.1	—/—	—/—
PBR(최고/저)(배)	1.2/0.5	1.0/0.6	2.3/0.7	3.2/1.2	3.1/1.1	2.3/1.1
EV/EBITDA(배)	7.1	5.6	6.6	20.5		18.4
EPS(원)	-481	419	1,174	409	-1,046	-849
BPS(원)	4,686	4,998	6,131	8,625	7,399	6,558
CFPS(원)	-37	901	1,656	886	-515	-321
DPS(원)	50	50	100	100		50
EBITDAPS(원)	555	807	2,082	1,158	-127	680

재무 비율
〈단위 : % 〉

연도	영업이익률	순이익률	부채비율	차입금비율	ROA	ROE	유보율	자기자본비율	EBITDA마진율
2016	1.2	-6.5	124.1	88.1	-6.3	-14.1	1,211.6	44.6	5.2
2015	-5.5	-8.7	124.8	100.0	-6.6	-14.8	1,379.8	44.5	-1.1
2014	3.7	2.2	122.8	98.2	2.7	5.8	1,624.9	44.9	6.3
2013	8.0	5.9	94.0	35.8	11.9	21.5	1,126.3	51.6	10.4

위메이드엔터테인먼트 (A112040)
Wemade Entertainment

업 종 : 게임 소프트웨어		시 장 : KOSDAQ	
신용등급 : (Bond) — (CP) —		기업규모 : 우량	
홈페이지 : www.wemade.com, corp.wemade.co		연락처 : 02)3709-2000	
본 사 : 경기도 성남시 분당구 대왕판교로 644번길 49 위메이드타워			

설 립 일 2000.02.10	종업원수 99명	대표이사 장현국			
상 장 일 2009.12.18	감사의견 적정 (한영)	계 열			
결 산 기 12월	보 통 주 1,680만주	종속회사수			
액 면 가 500원	우 선 주	구 상 호			

주주구성 (지분율,%)		출자관계 (지분율,%)		주요경쟁사 (외형,%)	
박관호	46.8	이보게임즈	100.0	위메이드	100
KB자산운용	5.0	위메이드넥스트	81.0	넥슨지티	57
(외국인)	5.8	위메이드플러스	78.3	선데이토즈	72

매출구성		비용구성		수출비중	
[모바일]미드코어게임	25.4	매출원가율	0.0	수출	65.4
[모바일]캐주얼게임	22.6	판관비율	96.2	내수	34.6
[온라인]미르의전설2	20.0				

회사 개요
동사는 2000년 설립된 온라인 및 모바일게임 개발 회사임. 창립 초기 정통 MMO '미르의 전설2', '미르의전설3' 등을 개발하며 중국 샨다게임즈를 통해 서비스하였음. 2010년부터 모바일게임 개발회사를 설립하고 적극적인 투자 진행. 윈드러너, 캔디팡의 흥행으로 모바일게임 개발사로 변모하였음. 2016년말 기준 중 위메이드넥스트, 이보게임즈 등 4개사를 신설하여 자회사로 편입함.

실적 분석
동사의 2016년 누적 매출액은 1,080억원을 기록하며 전년 대비 14.7% 감소함. 라이센스 매출증가 및 비용절감을 통하여 같은 기간 영업이익은 41.3억원을 기록하며 흑자전환함. 상반기 온라인과 모바일 게임 매출은 전년 동기 대비 감소했으며 2015년말 대비 2016년말의 카카오 주식의 시가하락으로 인한 손상에 대하여 금융비용으로 반영한 영향으로 약 730억원의 당기순손실을 기록하며 2015년에 이어 적자를 지속함.

현금 흐름
〈단위 : 억원〉

항목	2015	2016
영업활동	-46	96
투자활동	98	-170
재무활동	39	43
순현금흐름	93	-12
기말현금	632	620

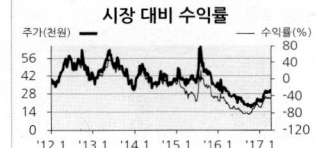
시장 대비 수익률

결산 실적
〈단위 : 억원〉

항목	2011	2012	2013	2014	2015	2016
매출액	1,158	1,199	2,274	1,627	1,266	1,080
영업이익	204	-20	123	-315	-117	41
당기순이익	261	-79	123	2,063	-1,239	-730

분기 실적
〈단위 : 억원〉

항목	2015.3Q	2015.4Q	2016.1Q	2016.2Q	2016.3Q	2016.4Q
매출액	308	322	320	259	278	223
영업이익	2	13	5	0	40	-4
당기순이익	21	-1,128	-297	-122	-221	-90

재무 상태
〈단위 : 억원〉

항목	2011	2012	2013	2014	2015	2016
총자산	3,592	3,606	3,694	5,420	4,935	4,033
유형자산	300	246	661	626	567	528
무형자산	841	996	953	404	261	155
유가증권	118	756	739	3,168	2,998	2,254
총부채	287	217	254	738	787	552
총차입금	3				139	120
자본금	45	87	87	87	87	87
총자본	3,305	3,389	3,440	4,682	4,148	3,482
지배주주지분	2,698	2,759	2,742	4,030	3,594	2,939

기업가치 지표

항목	2011	2012	2013	2014	2015	2016
주가(최고/저)(천원)	38.4/12.5	62.8/33.5	63.6/30.3	51.5/31.1	65.3/31.8	38.7/17.8
PER(최고/저)(배)	28.6/9.4	—/—	334.177.1/159,156.3	4.2/2.5	—/—	—/—
PBR(최고/저)(배)	2.4/0.8	3.8/2.0	3.9/1.9	2.2/1.3	3.1/1.5	2.2/1.0
EV/EBITDA(배)	19.0	121.0	23.0			28.2
EPS(원)	1,388	-255	0	12,608	-6,390	-4,224
BPS(원)	33,633	16,888	16,801	24,347	21,927	18,029
CFPS(원)	3,576	225	613	13,300	-5,771	-3,737
DPS(원)	991					600
EBITDAPS(원)	3,232	363	1,347	-1,180	-75	732

재무 비율
〈단위 : % 〉

연도	영업이익률	순이익률	부채비율	차입금비율	ROA	ROE	유보율	자기자본비율	EBITDA마진율
2016	3.8	-67.6	15.8	3.4	-16.3	-21.7	3,389.5	86.3	11.4
2015	-9.2	-97.9	19.0	3.3	-23.9	-28.2	4,143.9	84.1	-1.0
2014	-19.3	126.8	15.8	0.0	45.3	62.6	4,612.2	86.4	-12.2
2013	5.4	5.4	7.4	0.0	3.4	3.4	3,151.7	93.1	10.0

위스컴 (A024070)
Wiscom

업 종: 화학		시 장: 거래소	
신용등급: (Bond) — (CP) —		기업규모: 시가총액 소형주	
홈페이지: www.wiscom.co.kr		연락처: 031)495-1181	
본 사: 경기도 안산시 단원구 강촌로 237 (목내동)			

설립일 1978.05.09	종업원수 250명	대표이사 구영일
상장일 1996.11.22	감사의견 적정 (삼영)	계 열
결산기 12월	보통주 1,503만주	종속회사수
액면가 500원	우선주	구상호

주주구성 (지분율,%)
구조옹	30.6
신영자산운용	13.0
(외국인)	6.1

출자관계 (지분율,%)
위스텍	15.0
위사강공정소료	100.0

주요경쟁사 (외형,%)
WISCOM	100
한솔씨앤피	41
진양산업	32

매출구성
PVC COMPOUND 등	72.5
착색가공	20.1
PVC COMPOUND등	7.3

비용구성
매출원가율	93.9
판관비율	5.0

수출비중
수출	10.0
내수	90.0

회사 개요
동사는 1978년 5월 우신산업주식회사로 설립됐으며, 화학합성수지 물질제조 및 가공판매업, 플라스틱 제품제조/가공판매업을 영위하고 있다. 동사는 LG화학의 협력업체로, LG화학의 컴파운딩 가공을 대행한다. 동사가 생산하는 합성수지는 주요 원재료(PVC, PE, PP, PC, PS 등)에 각종 첨가물을 배합한 수요처의 물성요구에 부합하는 중간제품을 말하며, 생산된 제품은 전력용, 통신용 케이블, 내장재, 건축용자재, 호스, 생활용품 등에 사용됨.

실적 분석
동사의 2016년 결산기준 누적 매출액은 전년동기대비 -4.7% 하락한 1,344.7억원을 기록했음. 비용면에서 전년동기대비 매출원가는 감소 하였으며 인건비도 감소, 기타판매비와관리비도 마찬가지로 감소함. 그에 따라 매출액 하락 등에 의해 전년동기대비 영업이익은 14.7억원으로 -31.5% 크게 하락하였음. 최종적으로 전년동기대비 당기순이익은 크게 하락하여 18.9억원을 기록함.

현금 흐름 〈단위 : 억원〉
항목	2015	2016
영업활동	45	53
투자활동	-50	-28
재무활동	-33	-15
순현금흐름	-37	11
기말현금	68	79

시장 대비 수익률
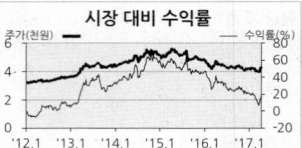

결산 실적 〈단위 : 억원〉
항목	2011	2012	2013	2014	2015	2016
매출액	1,828	1,653	1,508	1,430	1,411	1,345
영업이익	104	76	63	54	22	15
당기순이익	94	73	49	55	28	19

분기 실적 〈단위 : 억원〉
항목	2015.3Q	2015.4Q	2016.1Q	2016.2Q	2016.3Q	2016.4Q
매출액	340	346	331	356	322	336
영업이익	2	10	6	8	0	0
당기순이익	5	9	8	9	-4	7

재무 상태 〈단위 : 억원〉
항목	2011	2012	2013	2014	2015	2016
총자산	1,344	1,338	1,306	1,340	1,306	1,338
유형자산	413	407	395	411	426	415
무형자산	22	20	19	19	18	15
유가증권	17	7	7	6	53	37
총부채	192	170	132	152	127	155
총차입금	55					
자본금	75	75	75	75	75	75
총자본	1,152	1,168	1,174	1,188	1,179	1,182
지배주주지분	1,152	1,168	1,174	1,188	1,179	1,182

기업가치 지표
항목	2011	2012	2013	2014	2015	2016
주가(최고/저)(천원)	3.3/2.9	3.7/3.2	4.6/3.6	5.6/4.3	5.6/4.7	4.9/4.0
PER(최고/저)(배)	7.0/6.1	9.4/8.2	16.3/12.9	16.6/13.0	31.9/26.2	39.4/32.9
PBR(최고/저)(배)	0.6/0.5	0.6/0.5	0.7/0.5	0.8/0.6	0.8/0.6	0.6/0.5
EV/EBITDA(배)	2.3	2.3	3.4	4.3	6.9	4.4
EPS(원)	627	489	328	367	186	126
BPS(원)	7,669	7,774	7,812	7,908	7,847	7,868
CFPS(원)	788	661	506	545	376	321
DPS(원)	300	300	300	250	150	100
EBITDAPS(원)	851	681	594	535	333	293

재무 비율 〈단위 : % 〉
연도	영업이익률	순이익률	부채비율	차입금비율	ROA	ROE	유보율	자기자본비율	EBITDA마진율
2016	1.1	1.4	13.1	0.0	1.4	1.6	1,473.5	88.4	3.3
2015	1.5	2.0	10.8	0.0	2.1	2.4	1,469.5	90.3	3.6
2014	3.8	3.9	12.8	0.0	4.2	4.7	1,481.7	88.7	5.6
2013	4.2	3.3	11.3	0.0	3.7	4.2	1,462.4	89.9	5.9

위월드 (A140660)
WIWORLD

업 종: 자동차부품		시 장: KONEX	
신용등급: (Bond) — (CP) —		기업규모: —	
홈페이지: www.wiworld.co.kr		연락처: 042)630-0600	
본 사: 대전시 유성구 테크노7로 32-4			

설립일 2000.07.07	종업원수 45명	대표이사 박찬구
상장일 2013.12.26	감사의견 적정 (안진)	계 열
결산기 12월	보통주 249만주	종속회사수
액면가 500원	우선주	구상호

주주구성 (지분율,%)
박찬구	65.1
IBK금융그룹기상생투자조합제1호	12.0

출자관계 (지분율,%)
대덕벤처타워	5.5

주요경쟁사 (외형,%)
위월드	100
미동앤씨네마	277
팅크웨어	1,776

매출구성
차량용위성안테나(VM200P)	50.6
국방(LP416P)	27.8
사내방송	10.3

비용구성
매출원가율	59.5
판관비율	26.9

수출비중
수출	74.9
내수	25.1

회사 개요
동사는 2000년 7월 7일에 설립되었으며 위성 안테나 제조 등을 전문적으로 수행하는 기업임. 주요 사업분야는 위성을 이용한 MSS(Mobile Satellite Service) 제공 무선 안테나 장비 제조임. 주요 제품 제조 기술력을 근간으로, 국방산업, 위성하이브리드 시스템 등 사업영역을 지속적으로 확장하고 있음. 동사는 기술혁신형 중소기업에 해당됨. 현재 독자적인 브랜드 인지도를 구축해 전 세계 27개 국에 제품을 수출하고 있음.

실적 분석
동사의 2016년 매출액은 104억원을 기록하였음. 영업이익은 14.2억원으로 흑자를 이어감. 당기순이익도 13원으로 흑자를 이어갔음. 사업 다각화로 국방부문과 IT융합부문의 매출 확대가 수익성 개선으로 이끌었음. 국내 시장 다변화와 적극적인 해외 시장 개척으로 시장 점유율이 커질 것으로 전망됨. 동사는 2011년부터 외주 생산을 늘리고 신규 제품 및 고부가가치 위주의 제품에 집중함.

현금 흐름 *IFRS 별도 기준 〈단위 : 억원〉
항목	2015	2016
영업활동	16	27
투자활동	10	-1
재무활동	-38	-23
순현금흐름	-12	3
기말현금	13	16

시장 대비 수익률
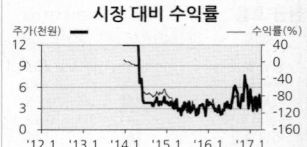

결산 실적 〈단위 : 억원〉
항목	2011	2012	2013	2014	2015	2016
매출액	103	105	80	93	123	104
영업이익	23	12	1	-5	22	14
당기순이익	20	10	-10	-13	21	13

분기 실적 *IFRS 별도 기준 〈단위 : 억원〉
항목	2015.3Q	2015.4Q	2016.1Q	2016.2Q	2016.3Q	2016.4Q
매출액	—	—	—	—	—	—
영업이익	—	—	—	—	—	—
당기순이익	—	—	—	—	—	—

재무 상태 *IFRS 별도 기준 〈단위 : 억원〉
항목	2011	2012	2013	2014	2015	2016
총자산	100	149	138	137	120	110
유형자산	35	42	44	41	39	38
무형자산	25	37	26	12	7	4
유가증권	1	—	—	10	1	4
총부채	45	43	43	55	67	43
총차입금	37	33	36	46	58	35
자본금	15	15	15	15	15	15
총자본	56	105	95	83	54	67
지배주주지분	56	105	95	83	54	67

기업가치 지표 *IFRS 별도 기준
항목	2011	2012	2013	2014	2015	2016
주가(최고/저)(천원)	—/—	—/—	13.4/12.0	12.0/3.2	4.7/1.7	8.0/2.0
PER(최고/저)(배)	0.0/0.0	0.0/0.0	—/—	—/—	6.4/2.3	15.3/3.8
PBR(최고/저)(배)	0.0/0.0	0.0/0.0	4.3/3.9	4.5/1.2	2.2/0.8	3.0/0.7
EV/EBITDA(배)	1.0	0.9	31.5	20.8	4.7	5.8
EPS(원)	906	323	-337	-430	742	522
BPS(원)	2,820	4,081	3,093	2,678	2,163	2,700
CFPS(원)	1,500	762	-34	-116	1,016	759
DPS(원)						
EBITDAPS(원)	1,642	857	340	166	1,059	809

재무 비율 〈단위 : % 〉
연도	영업이익률	순이익률	부채비율	차입금비율	ROA	ROE	유보율	자기자본비율	EBITDA마진율
2016	13.7	12.5	64.4	52.1	11.3	21.5	335.6	60.8	19.3
2015	17.7	16.7	123.7	106.9	15.9	30.1	248.9	44.7	23.8
2014	-4.9	-14.3	66.4	55.7	-9.6	-14.9	435.6	60.1	5.5
2013	1.4	-12.6	44.8	37.8	-7.0	-10.0	518.6	69.1	12.7

위즈코프 (A038620)
Wiz

업　종 : 운송인프라		시　장 : KOSDAQ	
신용등급 : (Bond) — 　(CP) —		기업규모 : 중견	
홈페이지 : www.wizcorp.co.kr		연락처 : 02)2007-0300	
본　사 : 서울시 강남구 봉은사로 429, 8층 (삼성동, 위즈빌딩)			

설립일	1995.03.06	종업원수	52명	대표이사	정승환
상장일	2000.05.04	감사의견	적정 (한경)	계열	
결산기	12월	보통주	3,355만주	종속회사수	
액면가	500원	우선주		구상호	위즈정보기술

주주구성 (지분율,%)
정승환	19.9
에스에이치에셋	6.0
(외국인)	0.9

출자관계 (지분율,%)
위즈기술투자	100.0
하나나노텍	59.6
호미인터렉티브	20.1

주요경쟁사 (외형,%)
위즈코프	100
현대로템	10,068
서부T&D	189

매출구성
주유소 관리운영 및 차량용 L.P.G충전	54.2
휴게소 관리운영 및 음식료 판매	34.2
건물임대 장비임대	6.3

비용구성
매출원가율	72.6
판관비율	23.8

수출비중
수출	0.0
내수	100.0

회사 개요
동사는 정보시스템 소프트웨어 개발 및 관리용역, 통합서비스업을 주 영업목적으로 1995년 3월 설립되었으며, 2000년 5월 발행주식을 코스닥시장에 상장한 주권상장법인임. 그에 따라 정보시스템 소프트웨어 개발 및 관리용역, 통합서비스업을 주된 영업영역으로 하고 있으며, 2008년 2월 한국도로공사로부터 정읍하행선 고속도로 휴게소 및 주유소의 운영권을 낙찰받아 휴게소 및 주유소의 관리운영을 영위하고 있음.

실적 분석
동사의 2016년 연결기준 누적 매출액은 전년동기 대비 114% 증가한 296.5억원을 기록함. IT사업부문의 시스템통합 사업의 매출이 감소하였으나, 건물임대 수익과 주 매출원인 휴게소 사업부문의 매출이 전년대비 크게 증가한 영향으로 외형확대. 특히 휴게소 사업부문은 전년대비2배 이상 성장함. 원재료 가격 부담과 판관비가 크게 늘었으나 영업이익은 10.7억원으로 전년동기대비 268% 성장함.

현금 흐름 〈단위 : 억원〉
항목	2015	2016
영업활동	6	13
투자활동	-0	-43
재무활동	-32	17
순현금흐름	-26	-12
기말현금	71	59

시장 대비 수익률
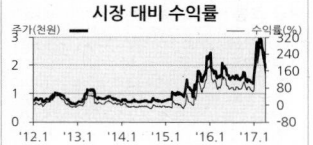

결산 실적 〈단위 : 억원〉
항목	2011	2012	2013	2014	2015	2016
매출액	112	104	106	111	139	296
영업이익	-37	-1	-8	2	3	9
당기순이익	-88	4	-16	-8	9	15

분기 실적 〈단위 : 억원〉
항목	2015.3Q	2015.4Q	2016.1Q	2016.2Q	2016.3Q	2016.4Q
매출액	30	55	65	75	77	79
영업이익	-1	2	0	3	3	3
당기순이익	-4	5	-2	4	3	10

재무 상태 〈단위 : 억원〉
항목	2011	2012	2013	2014	2015	2016
총자산	317	322	378	378	361	437
유형자산	1	191	190	190	197	240
무형자산	0	0	—	—	—	9
유가증권	133	75	136	67	45	66
총부채	11	12	61	61	17	53
총차입금	—	—	43	48	—	28
자본금	137	137	137	137	157	168
총자본	306	310	317	317	344	384
지배주주지분	306	310	317	317	344	377

기업가치 지표
항목	2011	2012	2013	2014	2015	2016
주가(최고/저)(천원)	1.1/0.5	1.1/0.6	1.2/0.7	0.8/0.7	2.4/0.7	2.5/1.3
PER(최고/저)(배)	—/—	82.9/45.5	—/—	—/—	77.8/24.3	51.8/27.5
PBR(최고/저)(배)	0.8/0.4	0.9/0.5	0.9/0.5	0.7/0.5	1.9/0.6	2.0/1.0
EV/EBITDA(배)	—	—	—	17.0	113.6	26.4
EPS(원)	-320	13	-58	-8	30	47
BPS(원)	1,277	1,293	1,317	1,316	1,234	1,255
CFPS(원)	-315	18	-52	-3	40	60
DPS(원)						
EBITDAPS(원)	-35	-27	-2	22	19	47

재무 비율 〈단위 : % 〉
연도	영업이익률	순이익률	부채비율	차입금비율	ROA	ROE	유보율	자기자본비율	EBITDA마진율
2016	3.1	5.1	13.9	7.3	3.8	4.2	151.0	87.8	5.0
2015	2.4	6.3	4.9	0.0	2.4	2.6	146.9	95.3	4.0
2014	1.6	-1.9	19.2	15.2	-0.6	-0.7	163.2	83.9	5.5
2013	-7.5	-14.9	19.3	13.7	-4.5	-5.0	163.4	83.8	-0.6

위지트 (A036090)
wizit

업　종 : 디스플레이 및 관련부품		시　장 : KOSDAQ	
신용등급 : (Bond) — 　(CP) —		기업규모 : 중견	
홈페이지 : www.wizit.co.kr		연락처 : 032)820-9900	
본　사 : 인천시 남동구 남동서로 187(고잔동, 58B/5L)			

설립일	1997.02.04	종업원수	129명	대표이사	김상우
상장일	1999.12.10	감사의견	적정 (예일)	계열	
결산기	12월	보통주	6,993만주	종속회사수	
액면가	500원	우선주		구상호	

주주구성 (지분율,%)
제이에스아이코리아	12.0
제이더블유인베스트먼트	6.9
(외국인)	3.4

출자관계 (지분율,%)
미코리아	90.0
베니스1호투자조합	66.7
이페이코리아	47.2

주요경쟁사 (외형,%)
위지트	100
브레인콘텐츠	73
휘닉스소재	134

매출구성
LCD	92.1
반도체	7.9

비용구성
매출원가율	69.9
판관비율	17.5

수출비중
수출	40.8
내수	59.2

회사 개요
동사는 LCD 생산부품 및 반도체 생산 부품을 주력제품으로 하는 업체로서 반도체 핵심공정의 소모성 부품의 국산화 개발에 성공함. 동사 제품의 수요자는 크게 LCD 패널 생산업체, 소자 생산 업체, LCD 및 반도체 장비업체로 국내외 다양한 업체를 가지고 있음. 2017년 들어 사업 다각화와 신규사업 진출을 위해 응용소프트웨어 개발·공급업체인 옴니텔(100억원), 전력변환장치 제조 전문업체인 파워넷(170억원)을 인수함.

실적 분석
제품의 판매 수량은 37.8% 늘었으나, 반도체 부품을 중심으로 가격이 하락하여 2016년 매출액은 전년동기 대비 소폭 증가하는데 그침. 주요 원재료인 알루미늄의 가격상승으로 원가율이 악화되었으나, 판관비 축소로 영업이익은 7.1% 상승함. 중국 디스플레이 시장이 최근 폭발적인 성장세를 기록하면서 동사의 독보적 기술인 아노다이징 제품에 대한 주문이 이어지고 있음. 올해 8.5세대 BOE B10과 8.6세대 HKC 신규공장의 본격 가동이 예상됨.

현금 흐름 〈단위 : 억원〉
항목	2015	2016
영업활동	61	42
투자활동	-57	-74
재무활동	11	14
순현금흐름	15	-18
기말현금	166	148

시장 대비 수익률
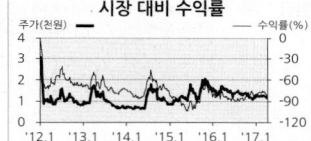

결산 실적 〈단위 : 억원〉
항목	2011	2012	2013	2014	2015	2016
매출액	221	261	258	281	321	322
영업이익	18	29	27	32	38	41
당기순이익	6	20	25	30	39	42

분기 실적 〈단위 : 억원〉
항목	2015.3Q	2015.4Q	2016.1Q	2016.2Q	2016.3Q	2016.4Q
매출액	88	95	66	85	79	93
영업이익	17	10	4	11	9	16
당기순이익	15	12	4	12	3	24

재무 상태 〈단위 : 억원〉
항목	2011	2012	2013	2014	2015	2016
총자산	321	308	310	480	533	589
유형자산	180	188	185	183	178	171
무형자산	17	16	15	15	14	14
유가증권	0	0	0	—	7	51
총부채	213	163	142	121	136	89
총차입금	134	105	100	65	77	32
자본금	185	194	194	309	309	332
총자본	108	146	168	358	397	500
지배주주지분	108	146	168	358	396	489

기업가치 지표
항목	2011	2012	2013	2014	2015	2016
주가(최고/저)(천원)	3.3/0.4	3.1/0.7	1.7/0.7	1.9/0.6	2.2/0.8	1.7/1.1
PER(최고/저)(배)	217.4/29.0	62.4/14.9	29.0/11.3	27.3/8.7	34.6/13.2	25.5/15.8
PBR(최고/저)(배)	11.8/1.6	8.5/2.0	4.2/1.6	3.3/1.1	3.4/1.3	2.3/1.5
EV/EBITDA(배)	42.8	13.7	9.5	9.7	17.9	12.3
EPS(원)	15	49	60	71	64	68
BPS(원)	303	387	443	588	649	744
CFPS(원)	48	68	99	106	86	87
DPS(원)						
EBITDAPS(원)	79	90	104	110	83	80

재무 비율 〈단위 : % 〉
연도	영업이익률	순이익률	부채비율	차입금비율	ROA	ROE	유보율	자기자본비율	EBITDA마진율
2016	12.6	13.1	17.8	6.4	7.5	10.2	48.7	84.9	16.4
2015	11.8	12.2	34.3	19.4	7.7	10.6	29.8	74.5	15.9
2014	11.5	10.7	33.9	18.1	7.6	11.5	17.5	74.7	16.7
2013	10.3	9.6	일부잠식	일부잠식	8.0	15.8	-11.3	54.1	15.6

윈스 (A136540)
Wins

업 종 : 일반 소프트웨어		시 장 : KOSDAQ	
신용 등급 : (Bond) — (CP) —		기업규모 : 우량	
홈페이지 : www.wins21.co.kr		연 락 처 : 031)622-8600	
본 사 : 경기도 성남시 분당구 판교로228번길 17 2단지 1동 7층(삼평동,판교세븐벤처밸리)			

설 립 일 2011.01.05	종 업 원 수 324명	대 표 이 사 김대연	
상 장 일 2011.05.02	감사의견 적정(신우)	계 열	
결 산 기 12월	보 통 주 1,131만주	종속회사수	
액 면 가 500원	우 선 주	구 상 호 윈스테크넷	

주주구성 (지분율,%)
금양통신	24.0
마이다스에셋자산운용	4.9
(외국인)	14.5

출자관계 (지분율,%)
시스메이트	42.5
엑스게이트	30.9

주요경쟁사 (외형,%)
윈스	100
알서포트	29
SGA	149

매출구성
[제품]IPS, IDS, DDX 등	48.4
[상품]정보보안솔루션	30.2
[용역]기술지원보안관계	21.4

비용구성
매출원가율	61.9
판관비율	26.6

수출비중
수출	5.9
내수	94.1

회사 개요
동사는 나우콤으로부터 네트워크 보안사업부문의 인적분할을 통하여 2011년 1월 1일에 설립되었으며 2011년 5월 2일에 한국거래소에 재상장함. 정보보안솔루션 개발, 공급 및 네트워크 보안과 관련된 소프트웨어의 개발 등을 주력으로 하는 업체로서 오랜 사업 경험과 노하우, 관련업계 선두 기술력과 경쟁력을 바탕으로 스나이퍼라는 대표 브랜드를 구축함. 8년 연속 네트워크 보안 솔루션 대표기업으로 시장점유율 1위를 기록함.

실적 분석
동사의 2016년 결산기준 누적 매출액은 전년동기대비 13.4% 상승한 735.6억원을 기록하였음. 비용면에서 전년동기대비 매출원가 증가가 하였으며 인건비도 증가, 광고선전비도 증가, 기타판매비와관리비는 감소함. 이와 같이 영업수익루션 매출액의 더 큰 상승에 힘입어 그에 따라 전년동기대비 영업이익은 84.6억원으로 5.5% 상승하였음. 그러나 비영업손익의 크게 하락으로 전년동기대비 당기순이익은 87.9억원을 기록함.

현금 흐름 *IFRS 별도 기준   〈단위 : 억원〉
항목	2015	2016
영업활동	19	75
투자활동	-45	-226
재무활동	-5	190
순현금흐름	-30	39
기말현금	41	80

시장 대비 수익률
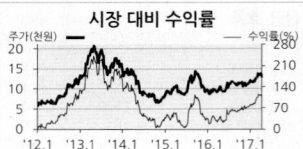

결산 실적   〈단위 : 억원〉
항목	2011	2012	2013	2014	2015	2016
매출액	418	622	724	688	649	736
영업이익	80	162	124	63	80	85
당기순이익	61	126	128	64	102	88

분기 실적 *IFRS 별도 기준   〈단위 : 억원〉
항목	2015.3Q	2015.4Q	2016.1Q	2016.2Q	2016.3Q	2016.4Q
매출액	139	246	113	156	214	252
영업이익	16	39	3	20	29	32
당기순이익	17	48	12	22	28	25

재무 상태 *IFRS 별도 기준   〈단위 : 억원〉
항목	2011	2012	2013	2014	2015	2016
총자산	460	649	843	935	1,021	1,261
유형자산	92	139	133	136	130	119
무형자산	7	6	10	8	6	7
유가증권	92	121	223	247	283	418
총부채	69	121	166	202	217	400
총차입금	—	—	—	—	20	237
자본금	49	53	57	57	57	57
총자본	391	528	677	733	804	862
지배주주지분	391	528	677	733	804	862

기업가치 지표 *IFRS 별도 기준
항목	2011	2012	2013	2014	2015	2016
주가(최고/저)(천원)	5.9/3.4	12.6/5.6	20.9/12.2	15.8/6.5	14.6/8.4	12.2/8.7
PER(최고/저)(배)	10.7/6.1	11.4/5.1	19.4/11.3	30.1/12.3	17.0/9.7	16.1/11.4
PBR(최고/저)(배)	1.7/1.0	2.7/1.2	3.7/2.2	2.5/1.0	2.1/1.2	1.6/1.1
EV/EBITDA(배)	4.7	6.4	11.7	6.9	7.3	8.1
EPS(원)	622	1,223	1,169	562	906	778
BPS(원)	3,974	5,194	6,166	6,660	7,311	8,022
CFPS(원)	717	1,346	1,336	763	1,118	992
DPS(원)	120	200	200	200	240	270
EBITDAPS(원)	904	1,695	1,300	756	922	962

재무 비율   〈단위 : % 〉
연도	영업이익률	순이익률	부채비율	차입금비율	ROA	ROE	유보율	자기자본비율	EBITDA마진율
2016	11.5	12.0	46.4	27.6	7.7	10.6	1,504.5	68.3	14.8
2015	12.4	15.8	27.0	2.5	10.5	13.3	1,362.2	78.8	16.1
2014	9.1	9.2	27.6	0.0	7.2	9.0	1,232.1	78.4	12.4
2013	17.2	17.7	-24.5	0.0	17.2	21.3	1,133.2	80.3	19.7

윈팩 (A097800)
Winpac

업 종 : 반도체 및 관련장비		시 장 : KOSDAQ	
신용 등급 : (Bond) — (CP) —		기업규모 : 중견	
홈페이지 : www.winpac.co.kr		연 락 처 : 031)8020-4400	
본 사 : 경기도 용인시 처인구 백암면 청강가창로 50			

설 립 일 2002.04.03	종 업 원 수 259명	대 표 이 사 이민석,이한규	
상 장 일 2013.03.07	감사의견 적정(삼정)	계 열	
결 산 기 12월	보 통 주 1,709만주	종속회사수	
액 면 가 500원	우 선 주	구 상 호	

주주구성 (지분율,%)
티엘아이	28.4
아이앤씨테크놀로지	3.4
(외국인)	0.6

출자관계 (지분율,%)
티더블유메디칼	32.0
Transdermal Specialties Global,Inc	7.8

주요경쟁사 (외형,%)
원팩	100
오디텍	160
엘티씨	204

매출구성
제품[패키징]	53.6
용역[테스트]	44.7
상품	1.7

비용구성
매출원가율	118.9
판관비율	8.8

수출비중
수출	61.9
내수	38.1

회사 개요
동사는 2002년 반도체 외주생산 서비스 및 반도체 제조, 생산, 판매업을 주요사업으로 설립되었으며, 현재 반도체 후공정 패키징 및 테스트 외주사업을 진행중임. 기존 국내 반도체 후공정 업체들이 패키징 사업 또는 테스트 사업으로 양분되어 사업을 진행하고 있는 것과는 달리 두 가지 후공정 분야를 동시에 진행하며, 최종 매출처인 반도체 제조사나 팹리스 업체로부터 후공정을 일괄로 수주할 수 있는 기반 인프라를 구축함.

실적 분석
동사의 2016년 4분기 누적 연결 기준 매출은 347.4억원으로 전년 동기 대비 19.8% 감소하였으나 원가율 증가로 인해 매출손실 65.6억원을 발생시키며 적자지속함. 영업손실 또한 96.1억원으로 전년 동기 영업손실 57.1억원에서 적자폭이 확대됨. 비영업부문에서 33.9억원의 손실을 기록하여 적자지속함에 따라 당기순손실은 129.3억원을 시현하며 전년 동기 대비 적자지속함.

현금 흐름 *IFRS 별도 기준   〈단위 : 억원〉
항목	2015	2016
영업활동	69	-4
투자활동	-1	-100
재무활동	-48	56
순현금흐름	19	-48
기말현금	53	4

시장 대비 수익률

결산 실적   〈단위 : 억원〉
항목	2011	2012	2013	2014	2015	2016
매출액	655	667	505	503	433	347
영업이익	101	73	-84	1	-57	-96
당기순이익	54	65	-99	-51	-81	-129

분기 실적 *IFRS 별도 기준   〈단위 : 억원〉
항목	2015.3Q	2015.4Q	2016.1Q	2016.2Q	2016.3Q	2016.4Q
매출액	100	96	78	60	79	130
영업이익	-17	-15	-30	-43	-25	3
당기순이익	-22	-33	-35	-72	-31	8

재무 상태 *IFRS 별도 기준   〈단위 : 억원〉
항목	2011	2012	2013	2014	2015	2016
총자산	862	909	910	910	777	708
유형자산	707	728	738	752	653	543
무형자산	15	17	23	24	15	10
유가증권						59
총부채	634	467	465	515	458	466
총차입금	526	350	409	443	389	400
자본금	37	58	71	71	73	85
총자본	227	442	445	395	320	241
지배주주지분	227	442	445	395	320	241

기업가치 지표 *IFRS 별도 기준
항목	2011	2012	2013	2014	2015	2016
주가(최고/저)(천원)	—/—	—/—	4.4/2.1	3.1/1.7	4.2/1.7	9.0/2.9
PER(최고/저)(배)	0.0/0.0	0.0/0.0	—/—	—/—	—/—	—/—
PBR(최고/저)(배)	0.0/0.0	0.0/0.0	1.4/0.7	1.1/0.6	1.9/0.8	6.4/2.1
EV/EBITDA(배)	2.0	1.4	7.1	5.5	15.3	83.8
EPS(원)	620	604	-720	-358	-556	-758
BPS(원)	2,608	3,782	3,135	2,779	2,199	1,412
CFPS(원)	2,343	2,093	556	529	263	-132
DPS(원)						
EBITDAPS(원)	2,881	2,171	664	893	426	63

재무 비율   〈단위 : % 〉
연도	영업이익률	순이익률	부채비율	차입금비율	ROA	ROE	유보율	자기자본비율	EBITDA마진율
2016	-27.7	-37.2	193.2	165.6	-17.4	-46.1	182.4	34.1	3.1
2015	-13.2	-18.7	143.0	121.7	-9.6	-22.6	339.8	41.2	14.3
2014	0.2	-10.1	130.6	112.3	-5.6	-12.1	455.7	43.4	25.2
2013	-16.7	-19.7	104.4	91.9	-10.9	-22.4	527.1	48.9	18.2

윈하이텍 (A192390)
WINHITECH CO

업 종 : 건축자재		시 장 : KOSDAQ	
신용등급 : (Bond) — (CP) —		기업규모 : 중견	
홈페이지 : www.winhitech.co.kr		연 락 처 : 043)883-0048	
본 사 : 충북 음성군 삼성면 하이텍산단로 99			

설 립 일 2011.09.15	종업원수 124명	대표이사 변천섭	
상 장 일 2014.07.25	감사의견 적정 (삼덕)	계 열	
결 산 기 12월	보통주 986만주	종속회사수	
액 면 가 500원	우선주 —	구 상 호	

주주구성 (지분율,%)		출자관계 (지분율,%)		주요경쟁사 (외형,%)	
송규정	26.8			윈하이텍	100
에스앤글로벌	18.8			스페코	131
(외국인)	0.2			하츠	137

매출구성		비용구성		수출비중	
펑데크/기타	89.0	매출원가율	86.3	수출	6.5
일체형데크	11.0	판관비율	11.2	내수	93.5

회사 개요
2011년 강구조물 제작 설치 및 판매업 등을 목적으로 설립된 동사는 2014년 7월 코스닥 시장에 상장함. 데크플레이트 제조 판매 및 설치의 단일사업만을 영위하고 있음. 일체형데크는 건설현장에서 공기기간 단축, 공사비용 절감, 공장생산을 통한 품질표준화, 안전사고 예방 등으로 사용범위가 증가하고 있음. 데크플레이트 시장은 8개 정도의 업체가 경쟁, 동사는 M/S기준 3위권을 형성하고 있음.

실적 분석
동사의 2016년 연간 매출액은 판매물량의 증가로 645.8억원으로 전년대비 10.7% 증가함. 반면, 원재료 가격 상승으로 매출원가가 증가하여 영업이익은 전년대비 79.4% 감소한 16.3억원을 시현함. 주요 매출처는 서부원 15.5%, 아이마켓코리아 8.1% 등으로 구성됨. 16년 주요 신규 공사계약으로 32.9억원 규모의 LG 디스플레이 P10 Project 파주현장 공사와 28억원 규모의 창원중동유니시티 공사가 있음.

현금 흐름 *IFRS 별도 기준 〈단위 : 억원〉
항목	2015	2016
영업활동	82	-8
투자활동	-125	27
재무활동	-4	-26
순현금흐름	-46	-6
기말현금	19	13

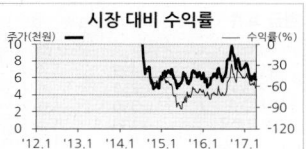
시장 대비 수익률

결산 실적 〈단위 : 억원〉
항목	2011	2012	2013	2014	2015	2016
매출액	150	449	574	582	583	646
영업이익	9	40	93	84	79	16
당기순이익	1	26	71	69	65	16

분기 실적 *IFRS 별도 기준 〈단위 : 억원〉
항목	2015.3Q	2015.4Q	2016.1Q	2016.2Q	2016.3Q	2016.4Q
매출액	158	183	125	160	152	209
영업이익	28	29	10	14	1	-10
당기순이익	22	25	10	12	3	-8

재무 상태 *IFRS 별도 기준 〈단위 : 억원〉
항목	2011	2012	2013	2014	2015	2016
총자산	391	401	423	528	591	589
유형자산	223	214	206	203	254	275
무형자산	1	1	1	1	6	7
유가증권	4	4	4	4	5	6
총부채	245	242	193	93	103	106
총차입금	196	178	109	14	24	20
자본금	5	5	5	33	49	49
총자본	146	159	230	435	488	482
지배주주지분	146	159	230	435	488	482

기업가치 지표 *IFRS 별도 기준
항목	2011	2012	2013	2014	2015	2016
주가(최고/저)(천원)	—/—	—/—	—/—	9.9/4.4	7.5/4.6	10.0/4.9
PER(최고/저)(배)	0.0/0.0	0.0/0.0	0.0/0.0	12.5/5.5	11.5/7.1	61.1/30.1
PBR(최고/저)(배)	0.0/0.0	0.0/0.0	0.0/0.0	2.3/1.0	1.5/0.9	2.0/1.0
EV/EBITDA(배)	16.4	3.5	0.5	5.0	5.7	23.2
EPS(원)	16	351	979	815	662	164
BPS(원)	14,994	16,362	23,581	6,592	5,012	5,092
CFPS(원)	420	3,600	8,271	1,391	767	293
DPS(원)				100	70	30
EBITDAPS(원)	1,175	5,054	10,522	1,654	907	294

재무 비율 〈단위 : % 〉
연도	영업이익률	순이익률	부채비율	차입금비율	ROA	ROE	유보율	자기자본비율	EBITDA마진율
2016	2.5	2.5	22.1	4.1	2.7	3.3	918.5	81.9	4.5
2015	13.6	11.2	21.2	4.9	11.7	14.2	902.4	82.5	15.3
2014	14.4	11.8	21.4	3.3	14.5	20.7	1,218.5	82.4	16.0
2013	16.2	12.4	84.1	47.4	17.3	36.6	4,616.2	54.3	17.9

윌비스 (A008600)
The Willbes &

업 종 : 섬유 및 의복		시 장 : 거래소	
신용등급 : (Bond) — (CP) —		기업규모 : 시가총액 소형주	
홈페이지 : www.willbes.com		연 락 처 : 041)529-5886	
본 사 : 충남 천안시 동남구 만남로 76			

설 립 일 1973.03.09	종업원수 215명	대표이사 전병현	
상 장 일 1989.07.28	감사의견 적정 (신한)	계 열	
결 산 기 12월	보통주 5,700만주	종속회사수	
액 면 가 1,000원	우선주 —	구 상 호	

주주구성 (지분율,%)		출자관계 (지분율,%)		주요경쟁사 (외형,%)	
전병현	13.7	나무경영아카데미	100.0	윌비스	100
한국증권금융	5.2	윌비스에듀	100.0	형지엘리트	50
(외국인)	2.3	미래넷	50.0	LS네트웍스	157

매출구성		비용구성		수출비중	
상품(상품)	75.0	매출원가율	80.1	수출	80.4
학원(기타)	26.0	판관비율	16.6	내수	19.6
컴퓨터서비스(기타)	-1.0				

회사 개요
동사는 1973년 의복제조업을 주사업목적으로 설립돼 1989년 유가증권시장에 상장함. 성인, 아동용 의복과 추가로 수영복, 극세사 침구 등을 제조하고 있음. 주요 바이어로는 타겟, 올드 네이비, 월마트 등이 있음. OEM 방식의 의류수출사업은 대부분 바이어 및 판매 시장이 주로 미국, 유럽에 기반을 두고 있어 선진국 경기에 크게 영향받음. 2008년 한림법학원을 인수해 교육 사업에 추가하기도 했음. 공무원시험, 성인자격증교육 시장 등에 주력함.

실적 분석
동사의 2016년 누적 매출액은 전년동기대비 6.6% 상승한 3,108.5억원을 기록하였음. 비용면에서 전년동기대비 매출원가는 증가 하였으며 인건비도 증가, 광고선전비도 증가, 기타판매비와관리비도 마찬가지로 증가함. 이와 같이 상승한 매출액 만큼 비용증가도 있었으나 매출액의 더 큰 상승에 힘입어 그에 따라 전년동기대비 영업이익은 101.4억원으로 3.2% 상승하였음. 그러나 비영업손익의 적자지속으로 전년동기대비 당기순이익은 39.7억원을 기록.

현금 흐름 *IFRS 별도 기준 〈단위 : 억원〉
항목	2015	2016
영업활동	20	46
투자활동	-222	-189
재무활동	225	133
순현금흐름	23	-9
기말현금	35	26

시장 대비 수익률

결산 실적 〈단위 : 억원〉
항목	2011	2012	2013	2014	2015	2016
매출액	2,506	2,488	2,410	2,378	2,917	3,108
영업이익	103	-19	82	69	98	101
당기순이익	29	-64	-33	31	42	40

분기 실적 *IFRS 별도 기준 〈단위 : 억원〉
항목	2015.3Q	2015.4Q	2016.1Q	2016.2Q	2016.3Q	2016.4Q
매출액	742	781	889	760	683	776
영업이익	21	21	51	6	0	44
당기순이익	9	11	32	-8	-3	18

재무 상태 *IFRS 별도 기준 〈단위 : 억원〉
항목	2011	2012	2013	2014	2015	2016
총자산	2,583	2,358	2,427	2,453	3,050	3,415
유형자산	637	566	511	524	507	526
무형자산	137	132	149	165	443	601
유가증권	5	25	5	—	—	—
총부채	1,245	1,135	1,215	1,184	1,708	2,023
총차입금	950	932	956	893	1,168	1,346
자본금	626	626	626	626	626	626
총자본	1,339	1,223	1,212	1,269	1,342	1,393
지배주주지분	1,366	1,253	1,240	1,293	1,365	1,415

기업가치 지표
항목	2011	2012	2013	2014	2015	2016
주가(최고/저)(천원)	2.1/0.6	4.1/1.2	1.9/0.9	1.6/1.0	2.7/1.2	3.4/2.0
PER(최고/저)(배)	43.5/11.7	—/—	33.4/20.3	39.2/17.5	49.8/29.2	
PBR(최고/저)(배)	0.9/0.2	1.9/0.5	0.9/0.4	0.7/0.4	1.1/0.5	1.3/0.8
EV/EBITDA(배)	9.9	18.8	7.1	8.3	10.1	12.1
EPS(원)	49	-106	-59	48	71	68
BPS(원)	2,456	2,256	2,278	2,373	2,498	2,586
CFPS(원)	213	71	121	225	274	317
DPS(원)				20	20	
EBITDAPS(원)	337	144	322	297	376	426

재무 비율 〈단위 : % 〉
연도	영업이익률	순이익률	부채비율	차입금비율	ROA	ROE	유보율	자기자본비율	EBITDA마진율
2016	3.3	1.3	145.3	96.6	1.2	2.8	135.3	40.8	7.8
2015	3.4	1.4	127.3	87.1	1.5	3.0	127.3	44.0	7.3
2014	2.9	1.3	93.3	70.4	1.3	2.2	115.9	51.7	7.1
2013	3.4	-1.4	100.2	78.9	-1.4	-2.8	107.3	49.9	7.8

유니더스 (A044480)
Unidus

업 종: 개인생활용품		시 장: KOSDAQ	
신용등급: (Bond) — (CP) —		기업규모: 중견	
홈페이지: www.unidusok.com		연락처: 043)836-0025	
본 사: 충북 증평군 증평읍 광장로 473-3			

설 립 일 1973.05.23	종업원수 115명	대표이사 김성훈	
상 장 일 2001.01.11	감사의견 적정(삼덕)	계 열	
결 산 기 12월	보 통 주 860만주	종속회사수	
액 면 가 500원	우 선 주	구 상 호	

주주구성 (지분율,%)
김성훈	35.9
정도식	11.6
(외국인)	0.7

출자관계 (지분율,%)
유니더스(장기항)유로제업유한공사	100.0

주요경쟁사 (외형,%)
유니더스	100
케이엠제약	105
하우동천	74

매출구성
한국(증평)콘돔 등	56.1
한국(증평)콘돔,지삭크,장갑 등	25.1
중국(장가항)콘돔,지삭크	18.8

비용구성
매출원가율	91.2
판관비율	15.7

수출비중
수출	17.2
내수	82.8

회사 개요
동사는 라텍스 고무제품 생산, 판매를 주 사업으로 하고 있음. 주력 매출 품목은 콘돔, 지삭크, 장갑 등임. 천연고무로 제조되는 해당 품목의 주 원재료는 라텍스로 전량 수입을 통해 공급함. 국내 콘돔 시장 점유율 60%~70%를 차지하고 있음. 2003년 중국 시장에 진출. 매출 비중은 국내 콘돔이 약 절반수준을 유지하고 있으며 그 외는 장갑 및 기타 상품들로 구성됨.

실적 분석
동사는 주력 제품인 콘돔 판매 부진으로 2016년 매출액이 전년 대비 12.1% 줄어든 153.4억원을 기록함. 매출원가는 14.4% 줄면서 매출총이익은 21.4% 늘어서 13.5억원을 기록함. 판관비가 9.1% 전년 대비 줄었음에도 영업이익은 -10.6억원을 기록해 전년에 이어 적자를 지속하고 있음. 당기순손실은 10.6억원으로 이 역시 전년에 이어 적자지속 중.

현금 흐름
〈단위 : 억원〉

항목	2015	2016
영업활동	14	14
투자활동	-11	-10
재무활동	-0	-1
순현금흐름	3	5
기말현금	41	46

시장 대비 수익률
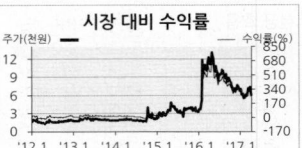

결산 실적
〈단위 : 억원〉

항목	2011	2012	2013	2014	2015	2016
매출액	260	273	247	183	174	153
영업이익	-19	12	8	-12	-15	-11
당기순이익	-28	14	2	-9	-16	-11

분기 실적
〈단위 : 억원〉

항목	2015.3Q	2015.4Q	2016.1Q	2016.2Q	2016.3Q	2016.4Q
매출액	36	35	33	45	40	35
영업이익	-4	-8	-5	-3	-7	3
당기순이익	-2	-13	-4	-3	-7	4

재무 상태
〈단위 : 억원〉

항목	2011	2012	2013	2014	2015	2016
총자산	282	291	287	278	262	249
유형자산	94	81	75	72	65	63
무형자산	5	5	5	5	5	4
유가증권	37	45	44	39	49	51
총부채	42	34	26	26	24	24
총차입금	11	10	6	6	6	6
자본금	43	43	43	43	43	43
총자본	240	258	261	252	238	225
지배주주지분	240	258	261	252	238	225

기업가치 지표

항목	2011	2012	2013	2014	2015	2016
주가(최고/저)(천원)	1.7/1.0	2.2/1.3	2.4/1.7	3.9/1.7	5.5/2.1	13.6/3.3
PER(최고/저)(배)	—/—	13.6/7.7	96.0/67.1	—/—	—/—	—/—
PBR(최고/저)(배)	0.6/0.4	0.7/0.4	0.8/0.6	1.4/0.6	2.0/0.8	5.2/1.2
EV/EBITDA(배)		4.2	4.8			
EPS(원)	-331	163	25	-104	-183	-124
BPS(원)	2,832	2,996	3,031	2,926	2,765	2,615
CFPS(원)	-190	296	150	10	-76	-35
DPS(원)	—	—	—	—	—	—
EBITDAPS(원)	-74	275	223	-23	-72	-35

재무 비율
〈단위 : % 〉

연도	영업이익률	순이익률	부채비율	차입금비율	ROA	ROE	유보율	자기자본비율	EBITDA마진율
2016	-6.9	-6.9	10.8	2.7	-4.2	-4.6	423.1	90.2	-1.9
2015	-8.8	-9.0	10.1	2.7	-5.8	-6.4	453.1	90.6	-3.6
2014	-6.5	-4.9	10.4	2.5	-3.2	-3.5	485.2	90.6	-1.1
2013	3.4	0.9	9.9	3.0	0.8	0.8	506.2	91.0	7.8

유니드 (A014830)
UNID

업 종: 화학		시 장: 거래소	
신용등급: (Bond) — (CP) —		기업규모: 시가총액 중형주	
홈페이지: www.unid.co.kr		연락처: 02)3709-9500	
본 사: 서울시 중구 을지로5길 19 페럼타워 17층			

설 립 일 1980.05.10	종업원수 455명	대표이사 이화영,정의승	
상 장 일 2004.12.03	감사의견 적정(안진)	계 열	
결 산 기 12월	보 통 주 889만주	종속회사수	
액 면 가 5,000원	우 선 주	구 상 호	

주주구성 (지분율,%)
OCI 상사	25.1
국민연금공단	11.5
(외국인)	7.6

출자관계 (지분율,%)
유니드엘이디	69.0
이테크건설	7.3
삼광글라스	6.0

주요경쟁사 (외형,%)
유니드	100
후성	26
미원에스씨	39

매출구성
가성칼륨 등	65.7
MDF 등	34.3

비용구성
매출원가율	76.1
판관비율	14.8

수출비중
수출	49.2
내수	50.8

회사 개요
동사는 가성칼륨과 탄산칼륨의 제조 및 판매를 주 사업목적으로 1980년 5월 설립됨. 1994년 9월 수입원목의 판매와 제재제품의 생산 및 판매 등을 주 사업목적으로 하는 청구물산을 흡수합병함. 가성칼륨, 탄산칼륨, 염소 등 화학제품을 제조, 판매하는 화학부문(매출비중 39%)과 목재 제품의 제조, 판매를 담당하는 보드부문(23.6%), LED부문(0.1%) 등으로 구성됨. 해외사업부가 37%로 크게 성장.

실적 분석
동사의 2016년 연결기준 결산 매출액은 7,408.8억원으로 전년동기 대비 4.6% 증가. 영업이익은 680.5억원으로 28.2% 늘었으나, 비영업손실이 크게 발생하면서 당기순이익은 전년동기 대비 31.6% 줄어든 484.7억원을 기록함. 일본, 동남아 등지의 수출판매량 확대로 매출액 및 수익성 증대를 함께 도모해 해외부문 매출 비중이 크게 증가. 또한 '기업활력제고를위한특별법(원샷법)'에 힘입어 사업재편 도모.

현금 흐름
〈단위 : 억원〉

항목	2015	2016
영업활동	499	1,494
투자활동	-259	-627
재무활동	-390	-427
순현금흐름	-136	463
기말현금	808	1,272

시장 대비 수익률

결산 실적
〈단위 : 억원〉

항목	2011	2012	2013	2014	2015	2016
매출액	6,827	6,484	6,819	6,691	7,082	7,409
영업이익	691	291	486	634	531	680
당기순이익	663	49	359	457	709	485

분기 실적
〈단위 : 억원〉

항목	2015.3Q	2015.4Q	2016.1Q	2016.2Q	2016.3Q	2016.4Q
매출액	1,880	1,840	1,878	2,049	1,661	1,821
영업이익	168	64	145	223	132	181
당기순이익	13	-98	35	118	86	245

재무 상태
〈단위 : 억원〉

항목	2011	2012	2013	2014	2015	2016
총자산	9,628	8,431	8,809	8,315	10,368	10,468
유형자산	3,649	3,812	3,608	3,604	4,388	4,584
무형자산	133	176	112	116	212	195
유가증권	887	950	412	302	1,188	803
총부채	4,877	3,713	3,866	3,019	4,296	4,150
총차입금	3,440	2,690	2,901	2,142	3,344	3,151
자본금	329	329	329	329	444	444
총자본	4,750	4,718	4,943	5,296	6,072	6,317
지배주주지분	4,669	4,686	4,921	5,254	5,996	6,277

기업가치 지표

항목	2011	2012	2013	2014	2015	2016
주가(최고/저)(천원)	52.0/33.9	37.5/21.0	45.4/24.3	48.2/38.0	55.0/38.6	51.6/37.6
PER(최고/저)(배)	7.7/5.0	45.2/25.3	10.1/5.4	9.2/7.3	6.8/4.7	9.4/6.9
PBR(최고/저)(배)	1.1/0.7	0.8/0.4	0.9/0.5	0.9/0.7	0.9/0.6	0.8/0.6
EV/EBITDA(배)	6.7	8.1	6.4	6.9	6.2	5.1
EPS(원)	7,620	921	4,900	5,603	8,536	5,609
BPS(원)	70,901	71,591	74,727	79,790	67,452	70,619
CFPS(원)	13,315	5,747	11,666	12,498	12,744	9,913
DPS(원)	750	750	1,000	1,100	1,100	1,100
EBITDAPS(원)	13,515	8,918	12,427	14,565	10,177	11,959

재무 비율
〈단위 : % 〉

연도	영업이익률	순이익률	부채비율	차입금비율	ROA	ROE	유보율	자기자본비율	EBITDA마진율
2016	9.2	6.5	65.7	49.9	4.7	8.1	1,312.4	60.4	14.4
2015	7.5	10.0	70.8	55.1	7.6	13.5	1,249.1	58.6	12.8
2014	9.5	6.8	57.0	40.5	5.3	9.8	1,495.8	63.7	14.3
2013	7.1	5.3	78.2	58.7	4.2	9.1	1,394.5	56.1	12.0

유니셈 (A036200)
Unisem

업　　종 : 반도체 및 관련장비　　　　　　시　　장 : KOSDAQ
신용등급 : (Bond) —　　(CP) —　　　　기업규모 : 벤처
홈페이지 : www.unisem.co.kr　　　　　연 락 처 : 031)379-5800
본　　사 : 경기도 화성시 동탄면 장지남길 10-7

설 립 일	1988.11.15	종 업 원 수	409명	대 표 이 사	김형균
상 장 일	1999.12.10	감 사 의 견	적정 (대주)	계　　　열	
결 산 기	12월	보 통 주	3,066만주	종속회사수	
액 면 가	500원	우 선 주		구 상 호	

주주구성 (지분율,%)		출자관계 (지분율,%)		주요경쟁사 (외형,%)	
김형균	13.1	한국스마트아이디	50.0	유니셈	100
천정현	6.7	유니셈주산	45.0	이엔에프테크놀로지	290
(외국인)	0.8	UNISEMXIAN	100.0	원익홀딩스	256

매출구성		비용구성		수출비중	
GAS SCRUBBER	41.1	매출원가율	66.0	수출	33.9
CHILLER UNIT	31.7	판관비율	26.3	내수	66.1
유지보수	23.9				

회사 개요
1988년에 설립된 동사는 반도체장비인 Scrubber을 국내 최초로 개발한 업체로서 반도체, LCD, LED, 태양광 장비 및 카메라 모듈 등을 제작, 판매 및 A/S를 제공하고 있음. 사업부문은 SCRUBBER 및 CHILLER 부문의 반도체 장비사업, 카메라모듈을 포함한 CIS사업부로 나뉨. 국내 시장점유율은 동사의 공시기준으로 SCRUBBER 45%, CHILLER 40%를 차지함. 신규사업으로 모바일 인증사업에 진출함.

실적 분석
동사의 2016년 결산 매출액은 1,154.2억원으로 전년동기 대비 5.3% 증가함. 주요 원재료 가격 하락과 함께 매출비중이 가장 높은 SCRUBBER(반도체/LCD 제조 공정상 발생하는 유해가스를 정화시켜주는 장치)의 제품가 동반 하락함. 최근 스마트폰 및 스마트TV를 비롯한 IT기기에 반도체 채택이 증가하는 등 반도체 사업에 대한 투자를 확대에 대한 준비를 함에 따라 반도체 투자가 확대될 것으로 예상됨.

현금 흐름　〈단위 : 억원〉
항목	2015	2016
영업활동	99	-30
투자활동	-101	-3
재무활동	9	-25
순현금흐름	7	-58
기말현금	100	42

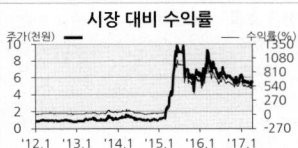
시장 대비 수익률

결산 실적　〈단위 : 억원〉
항목	2011	2012	2013	2014	2015	2016
매출액	787	767	777	891	1,096	1,154
영업이익	37	34	34	46	86	89
당기순이익	23	12	19	21	24	53

분기 실적　〈단위 : 억원〉
항목	2015.3Q	2015.4Q	2016.1Q	2016.2Q	2016.3Q	2016.4Q
매출액	278	223	275	248	287	344
영업이익	31	-12	37	17	26	9
당기순이익	24	-34	28	13	11	1

재무 상태　〈단위 : 억원〉
항목	2011	2012	2013	2014	2015	2016
총자산	935	826	970	1,011	940	957
유동자산	269	279	280	288	229	251
무형자산	22	18	16	19	15	17
유가증권	1	1	1	1	77	80
총부채	461	336	449	427	299	276
총차입금	276	209	260	146	122	107
자본금	55	55	57	71	79	153
총자본	474	490	521	584	641	680
지배주주지분	471	487	513	579	639	690

기업가치 지표
항목	2011	2012	2013	2014	2015	2016
주가(최고/저)(천원)	1.5/0.7	1.0/0.8	1.5/0.8	1.6/0.9	10.0/1.0	9.4/5.1
PER(최고/저)(배)	14.5/6.5	19.1/13.9	18.3/10.4	17.3/9.8	95.5/10.0	45.3/24.7
PBR(최고/저)(배)	0.6/0.3	0.5/0.3	0.6/0.4	0.8/0.4	4.8/0.5	4.1/2.2
EV/EBITDA(배)	6.6	6.7	9.2	5.1	19.1	19.5
EPS(원)	102	56	82	94	106	210
BPS(원)	4,459	4,599	4,614	4,177	4,154	2,305
CFPS(원)	369	259	293	315	308	238
DPS(원)	—	—	—	—	60	40
EBITDAPS(원)	507	464	440	481	645	319

재무 비율　〈단위 : % 〉
연도	영업이익률	순이익률	부채비율	차입금비율	ROA	ROE	유보율	자기자본비율	EBITDA마진율
2016	7.7	4.6	40.6	15.7	5.6	9.7	361.0	71.1	8.5
2015	7.8	2.2	46.6	19.1	2.5	5.3	730.9	68.2	9.3
2014	5.2	2.3	73.2	25.0	2.1	4.5	735.5	57.7	7.2
2013	4.4	2.4	86.1	49.9	2.1	3.5	822.8	53.7	6.3

유니슨 (A018000)
Unison

업　　종 : 에너지 시설 및 서비스　　　　시　　장 : KOSDAQ
신용등급 : (Bond) —　　(CP) —　　　　기업규모 : 중견
홈페이지 : www.unison.co.kr　　　　　연 락 처 : 055)851-8777
본　　사 : 경남 사천시 사남면 해안산업로 513

설 립 일	1984.09.24	종 업 원 수	203명	대 표 이 사	류지윤
상 장 일	1996.01.10	감 사 의 견	적정 (삼일)	계　　　열	
결 산 기	12월	보 통 주	6,689만주	종속회사수	
액 면 가	500원	우 선 주	376만주	구 상 호	

주주구성 (지분율,%)		출자관계 (지분율,%)		주요경쟁사 (외형,%)	
Toshiba Tec Corporation	23.2	윈앤피	100.0	유니슨	100
이정수	6.8	울산풍력발전	100.0	파루	201
(외국인)	23.6	아이오	80.0	KG ETS	182

매출구성		비용구성		수출비중	
풍력발전사업 (풍력발전기,풍력발전타워)	100.0	매출원가율	85.8	수출	35.2
기타(연구용역,고철매각,공사 등)	0.0	판관비율	32.8	내수	64.8

회사 개요
동사는 1984년에 설립돼 대규모 풍력발전 단지 운영 및 유지보수 등을 주된 사업으로 영위하고 있음. 동사는 750kW, 2MW 및 2.3MW 풍력발전시스템과 풍력발전 타워 등 풍력발전기 완제품을 생산하여 국내외에 판매, 설치하고 있음. 동사는 대규모 풍력발전단지 조성 및 운영, 유지보수사업을 영위하고 있으며, 강원 풍력발전단지(98MW)와 영덕풍력발전단지(39.6MW)등 국내 최초, 최대 규모의 상업 풍력발전단지를 조성해 운영하고 있음.

실적 분석
동사의 2016년 연결기준 매출액은 525.2억원으로 전년대비 55.6% 감소함. 매출감소에 따른 고정비용 부담으로 수익성도 큰 폭으로 저하되면서 98.0억원의 영업손실을 기록하면서 적자전환함. 영업손실과 비영업손실로 325.7억원의 당기순손실을 기록하며 적자가 지속됨. 향후 미세먼지 이슈와 신재생에너지에 대한 정부의 지원 강화 및 글로벌 시장 성장에 따른 매출 회복이 기대됨.

현금 흐름　〈단위 : 억원〉
항목	2015	2016
영업활동	100	-84
투자활동	177	-131
재무활동	-242	66
순현금흐름	35	-141
기말현금	148	42

시장 대비 수익률

결산 실적　〈단위 : 억원〉
항목	2011	2012	2013	2014	2015	2016
매출액	665	1,139	407	820	1,183	525
영업이익	-160	-14	-255	19	32	-98
당기순이익	-948	-228	-751	-169	-291	-326

분기 실적　〈단위 : 억원〉
항목	2015.3Q	2015.4Q	2016.1Q	2016.2Q	2016.3Q	2016.4Q
매출액	152	312	66	88	84	287
영업이익	-13	18	-12	-26	-22	-38
당기순이익	-45	-94	-40	-45	-56	-185

재무 상태　〈단위 : 억원〉
항목	2011	2012	2013	2014	2015	2016
총자산	3,308	3,324	2,911	3,073	2,378	2,398
유동자산	1,187	1,256	1,204	1,222	1,201	1,236
무형자산	28	85	62	86	97	55
유가증권	34	51	10	17	17	16
총부채	2,355	1,989	2,295	2,603	1,964	2,109
총차입금	1,323	1,284	1,614	1,590	1,321	1,219
자본금	165	228	228	228	308	345
총자본	953	1,335	616	470	414	290
지배주주지분	869	1,334	616	470	414	231

기업가치 지표
항목	2011	2012	2013	2014	2015	2016
주가(최고/저)(천원)	7.7/2.9	9.3/5.5	6.6/2.1	2.9/1.5	3.4/1.4	1.9/1.2
PER(최고/저)(배)	—/—	—/—	—/—	—/—	—/—	—/—
PBR(최고/저)(배)	3.1/1.2	3.4/2.0	5.2/1.6	3.0/1.6	5.1/2.2	5.8/3.5
EV/EBITDA(배)	192.0	103.3		39.1	24.1	
EPS(원)	-3,279	-477	-1,551	-348	-594	-471
BPS(원)	2,631	2,925	1,351	1,030	671	335
CFPS(원)	-2,812	-389	-1,543	-267	-491	-385
DPS(원)	—	—	—	—	—	—
EBITDAPS(원)	68	85	-455	144	169	-56

재무 비율　〈단위 : % 〉
연도	영업이익률	순이익률	부채비율	차입금비율	ROA	ROE	유보율	자기자본비율	EBITDA마진율
2016	-18.7	-62.0	일부잠식	일부잠식	-13.6	-100.8	-33.1	12.1	-7.4
2015	2.7	-24.6	474.4	319.2	-10.7	-65.9	34.3	17.4	7.0
2014	2.3	-20.6	554.0	338.4	-5.6	-31.0	106.0	15.3	8.0
2013	-62.6	-184.4	372.4	261.8	-24.1	-77.0	170.2	21.2	-51.0

유니온 (A000910)
Union

업 종 : 건축소재		시 장 : 거래소	
신용등급 : (Bond) — (CP) —		기업규모 : 시가총액 소형주	
홈페이지 : www.unioncement.com		연 락 처 : 02)757-3801	
본 사 : 서울시 중구 소공로 94 OCI빌딩 13층			

설 립 일	1952.12.06	종 업 원 수	231명	대 표 이 사	강병호
상 장 일	1996.07.03	감 사 의 견	적정 (한영)	계 열	
결 산 기	12월	보 통 주	1,561만주	종속회사수	
액 면 가	500원	우 선 주		구 상 호	

주주구성 (지분율,%)
이건영	24.6
이우선	15.4
(외국인)	1.4

출자관계 (지분율,%)
불스원	10.2
OCI	3.9

주요경쟁사 (외형,%)
유니온	100
서산	122
동원	20

매출구성
기타	41.2
백시멘트	20.6
알루미나시멘트	19.2

비용구성
매출원가율	84.4
판관비율	13.8

수출비중
수출	9.8
내수	90.2

회사 개요
동사는 OCI 기업집단에 속해 있는 국내 유일의 백시멘트, 알루미나시멘트 생산 업체임. 시멘트 제조부문과 폐기물로부터 추출하는 바나듐·몰리브덴과 여과기·탈수기의 환경기계 등을 판매하는 회유금속부문 등의 두가지 사업부문으로 영위하고 있음. 각 사업부문별 매출비중은 약 75%, 25%임. 동사는 2017년 3월 자동차용 모터 소재 회사 쌍용머티리얼 인수를 완료하였음.

실적 분석
건설경기 위축으로 백시멘트 등 건축자재부문의 매출이 감소하고, 수입품의 지속적인 침투로 인한 판매 가격 인상 실패 등의 약재상 존하고 있어 동사의 2016년 매출액은 전년대비 8.1% 감소하였으며 영업이익은 전년대비 늘어난 16.8억원을 시현함. 건설경기와 철강산업의 업황이 크게 개선될 것으로 기대하기 어려운 상황으로 단기간내 급격한 실적 개선은 어려울 것으로 전망되는 바 효율적인 리스크관리 전략이 필요한 상황.

현금 흐름 〈단위 : 억원〉
항목	2015	2016
영업활동	70	64
투자활동	-39	-71
재무활동	-33	-33
순현금흐름	-2	-40
기말현금	75	35

시장 대비 수익률
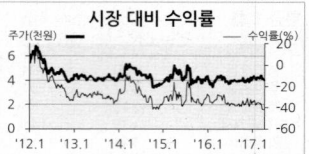

결산 실적 〈단위 : 억원〉
항목	2011	2012	2013	2014	2015	2016
매출액	1,325	1,255	1,143	1,179	1,005	923
영업이익	94	46	44	51	3	17
당기순이익	84	54	-39	37	-32	2

분기 실적 〈단위 : 억원〉
항목	2015.3Q	2015.4Q	2016.1Q	2016.2Q	2016.3Q	2016.4Q
매출액	244	256	211	262	—	—
영업이익	4	-6	-12	18	—	—
당기순이익	4	-25	-7	10	—	—

재무 상태 〈단위 : 억원〉
항목	2011	2012	2013	2014	2015	2016
총자산	3,237	2,624	2,755	1,768	1,640	1,643
유형자산	535	516	438	504	443	415
무형자산	21	15	15	15	16	9
유가증권	2,054	1,557	1,794	748	718	761
총부채	960	688	698	463	413	393
총차입금	214	101	101	101	101	100
자본금	75	78	78	78	78	78
총자본	2,277	1,936	2,058	1,305	1,227	1,250
지배주주지분	2,277	1,933	2,055	1,304	1,229	1,250

기업가치 지표
항목	2011	2012	2013	2014	2015	2016
주가(최고/저)(천원)	13.6/4.3	6.8/3.8	4.6/3.9	5.3/3.4	6.1/3.6	4.5/3.5
PER(최고/저)(배)	27.3/8.6	21.1/11.8	—/—	23.1/14.5	—/—	392.1/301.2
PBR(최고/저)(배)	1.0/0.3	0.6/0.3	0.4/0.3	0.7/0.4	0.8/0.5	0.5/0.4
EV/EBITDA(배)	8.2	8.3	8.8	8.1	18.3	14.5
EPS(원)	539	348	-243	243	-186	12
BPS(원)	15,620	12,702	13,486	8,672	8,320	8,583
CFPS(원)	871	646	24	422	43	208
DPS(원)	25	60	60	70	70	70
EBITDAPS(원)	936	594	551	502	249	304

재무 비율 〈단위 : % 〉
연도	영업이익률	순이익률	부채비율	차입금비율	ROA	ROE	유보율	자기자본비율	EBITDA마진율
2016	1.8	0.2	31.5	8.0	0.1	0.2	1,616.7	76.1	5.2
2015	0.3	-3.2	33.7	8.2	-1.9	-2.3	1,564.0	74.8	3.9
2014	4.3	3.1	35.5	7.7	1.6	2.3	1,634.4	73.8	6.7
2013	3.9	-3.4	33.9	4.9	-1.4	-1.9	2,597.3	74.7	7.5

유니온커뮤니티 (A203450)
Union community

업 종 : 보안장비		시 장 : KOSDAQ	
신용등급 : (Bond) — (CP) —		기업규모 : 벤처	
홈페이지 : www.unioncomm.co.kr		연 락 처 : 02)6488-3127	
본 사 : 서울시 송파구 법원로 127(문정동, 문정대명벨리온)			

설 립 일	2000.02.29	종 업 원 수	116명	대 표 이 사	신요식
상 장 일	2016.12.07	감 사 의 견	적정 (삼일)	계 열	
결 산 기	12월	보 통 주	1,468만주	종속회사수	
액 면 가	500원	우 선 주		구 상 호	

주주구성 (지분율,%)
신요식	20.7
DREAM INCUBATOR INC.	9.5
(외국인)	17.6

출자관계 (지분율,%)
케어게이트	49.0
HozumiCo.,Ltd.	7.7

주요경쟁사 (외형,%)
유니온커뮤니티	100
코콤	281
슈프리마	104

매출구성
지문인식 출입통제기	42.2
기타	28.3
지문 모듈 및 등록기	20.5

비용구성
매출원가율	58.3
판관비율	29.1

수출비중
수출	52.0
내수	48.0

회사 개요
2000년에 설립된 동사는 지문인식, 얼굴인식, 홍채인식, 정맥인식 등을 포함하는 바이오 인식 전문업체로 지문 인식 분야를 주력 사업으로 하고 있음. 위조방지 지문인식 기술을 세계에서 유일하게 보유하고 있다는 점에서 높은 평가를 받고 있음. 연결회사는 지문인식 단말기를 주로 제조하는 유니온커뮤니티와, 그 종속회사인 니트젠, 영상 보안장치 사업을 영위하는 씨큐트로닉스로 구성되어 있음. 2016년 기준 수출이 차지하는 비중은 약 52%임.

실적 분석
동사의 2016년 연결 기준 매출액은 전년보다 5.2% 감소한 405.6억원임. 다만 인건비와 무형자산상각비 등 판관비가 14.5% 감소한 덕분에 영업이익은 전년보다 2.5배 가량 증가한 51.1억원을 시현하였음. 지문인식 전용 스마트폰 케이스 개발사인 동사는 지난 MWC에서 해외 스마트폰 제조사에 250여 샘플을 판매했고 전 세계 40개사 이상과 제품 판매 협의를 진행 중이어서 향후 매출 증대가 기대됨.

현금 흐름 *IFRS 별도 기준 〈단위 : 억원〉
항목	2015	2016
영업활동	7	59
투자활동	-16	-67
재무활동	18	128
순현금흐름	9	121
기말현금	17	137

시장 대비 수익률
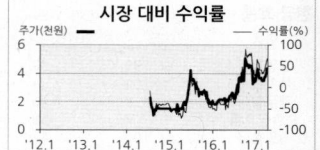

결산 실적 〈단위 : 억원〉
항목	2011	2012	2013	2014	2015	2016
매출액	210	235	277	328	428	406
영업이익	16	11	17	5	20	51
당기순이익	14	7	9	6	23	54

분기 실적 *IFRS 별도 기준 〈단위 : 억원〉
항목	2015.3Q	2015.4Q	2016.1Q	2016.2Q	2016.3Q	2016.4Q
매출액	—	—	—	—	—	—
영업이익	—	—	—	—	—	—
당기순이익	—	—	—	—	—	—

재무 상태 *IFRS 별도 기준 〈단위 : 억원〉
항목	2011	2012	2013	2014	2015	2016
총자산	160	166	217	290	325	511
유형자산	17	17	33	50	63	96
무형자산	15	15	17	17	15	14
유가증권	4	4	1	2	2	3
총부채	67	67	109	235	212	198
총차입금	30	33	48	166	149	122
자본금	62	62	62	55	58	73
총자본	94	99	107	54	114	313
지배주주지분	94	99	107	54	114	313

기업가치 지표 *IFRS 별도 기준
항목	2011	2012	2013	2014	2015	2016
주가(최고/저)(천원)	—/—	—/—	—/—	3.1/0.9	4.3/1.2	5.1/1.8
PER(최고/저)(배)	0.0/0.0	0.0/0.0	0.0/0.0	69.6/20.5	26.7/7.2	11.4/4.1
PBR(최고/저)(배)	0.0/0.0	0.0/0.0	0.0/0.0	7.0/2.1	4.7/1.3	2.4/0.8
EV/EBITDA(배)	0.7	1.2	1.7	22.4	15.1	8.2
EPS(원)	115	53	61	44	162	445
BPS(원)	760	803	868	440	918	2,135
CFPS(원)	173	111	119	106	230	567
DPS(원)	—	—	—	—	—	—
EBITDAPS(원)	187	151	193	121	213	498

재무 비율 〈단위 : % 〉
연도	영업이익률	순이익률	부채비율	차입금비율	ROA	ROE	유보율	자기자본비율	EBITDA마진율
2016	12.6	13.3	62.5	38.6	12.7	25.1	332.5	61.5	15.0
2015	4.8	5.3	189.6	128.6	7.2	26.1	100.1	34.5	7.0
2014	1.7	1.7	일부잠식	일부잠식	—	0.7	18.6	4.1
2013	6.0	2.7	102.0	44.6	3.9	7.3	73.7	49.5	8.6

유니켐 (A011330)

Uni Chem

업 종 : 섬유 및 의복
신용등급 : (Bond) — (CP) —
홈페이지 : www.uni-chem.net
본 사 : 경기도 안산시 단원구 해봉로 38
시 장 : 거래소
기업규모 : 시가총액 소형주
연 락 처 : 031)491-3751

설립일	1979.04.27	종업원수	120명	대표이사	이장원
상장일	1989.12.14	감사의견	적정 (중앙)	계열	
결산기	12월	보통주	5,098만주	종속회사수	
액면가	500원	우선주		구상호	

주주구성 (지분율,%)		출자관계 (지분율,%)		주요경쟁사 (외형,%)	
태주원	20.7			유니켐	100
이정원	8.9			방림	410
(외국인)	0.7			형지I&C	350

매출구성		비용구성		수출비중	
피혁(제품)	86.1	매출원가율	83.8	수출	60.2
피혁(SPLIT)	13.5	판관비율	9.9	내수	39.8
피혁(상품)	0.5				

회사 개요

1976년 설립된 동사는 피혁원단을 제조 및 판매하고 있음. 중저가 원단인 일반 핸드백 및 신발용 원단에서 고가 원단의 개발을 통해 고부가가치 및 기능성 원단인 자동차시트용 원단으로 생산 품목을 전환함. 동사는 핸드백 및 신발용 원단은 고가 브랜드의 우량 거래처를 확보해 매출 증가를 꾀하고 있으며, 자동차시트용 원단 비중을 높이고 있음. 현대차, 기아차, 르노삼성차에 주로 납품함.

실적 분석

동사의 2016년 4분기 매출액은 367.6억원으로 전년 동기 대비 323.6% 증가함. 영업이익은 23.1억원으로 흑자전환에 성공함. 당기순이익 또한 17.5억원으로 흑자전환함. 자동차 업황의 호전으로 인해 자동차시트용 원단의 수요가 크게 증가되고 있는 상황임. 동사는 국내 3대 완성차 업체에 공급하는 자동차시트용 원단 매출이 꾸준히 증가할 것으로 전망함. 핸드백 및 신발용 원단도 고가 브랜드의 우량 거래처를 통한 매출 증가가 기대됨.

현금 흐름 *IFRS 별도 기준

〈단위 : 억원〉

항목	2015	2016
영업활동	-133	-181
투자활동	37	-14
재무활동	120	181
순현금흐름	24	-15
기말현금	24	1

시장 대비 수익률

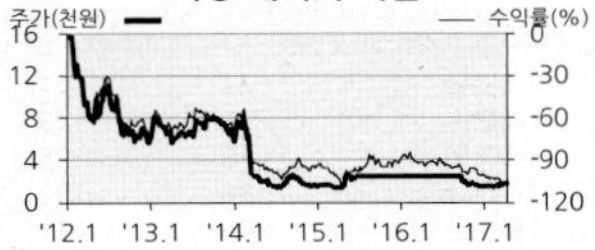

결산 실적

〈단위 : 억원〉

항목	2011	2012	2013	2014	2015	2016
매출액	1,098	994	868	184	87	368
영업이익	-104	-88	-120	-262	-54	23
당기순이익	-167	-85	-130	-349	-124	17

분기 실적 *IFRS 별도 기준

〈단위 : 억원〉

항목	2015.3Q	2015.4Q	2016.1Q	2016.2Q	2016.3Q	2016.4Q
매출액	22	22	57	93	79	138
영업이익	-12	-10	4	5	6	7
당기순이익	-17	-58	3	3	4	8

재무 상태 *IFRS 별도 기준

〈단위 : 억원〉

항목	2011	2012	2013	2014	2015	2016
총자산	593	644	649	392	408	669
유형자산	224	264	234	274	235	242
무형자산	9	8	6	3	3	2
유가증권	8	3	1	1	1	1
총부채	501	565	534	510	312	384
총차입금	261	329	304	387	182	294
자본금	401	164	325	96	206	255
총자본	92	79	115	-117	95	285
지배주주지분	92	79	115	-117	95	285

기업가치 지표 *IFRS 별도 기준

항목	2011	2012	2013	2014	2015	2016
주가(최고/저)(천원)	41.3/15.6	15.7/5.6	8.5/5.7	8.8/1.5	3.0/1.3	2.4/1.5
PER(최고/저)(배)	—/—	—/—	—/—	—/—	—/—	69.1/41.8
PBR(최고/저)(배)	9.6/3.6	6.0/2.1	4.5/3.0	-7.2/-1.2	13.1/5.6	4.4/2.6
EV/EBITDA(배)	—	—	—	—	—	32.2
EPS(원)	-6,157	-3,026	-2,163	-4,965	-557	35
BPS(원)	146	268	190	-606	233	560
CFPS(원)	-192	-236	-192	-2,433	-508	57
DPS(원)	—	—	—	—	—	—
EBITDAPS(원)	-113	-245	-175	-1,814	-195	68

재무 비율

〈단위 : %〉

연도	영업이익률	순이익률	부채비율	차입금비율	ROA	ROE	유보율	자기자본비율	EBITDA마진율
2016	6.3	4.8	135.1	103.4	3.0	7.4	12.0	42.5	9.2
2015	-62.6	-142.8	일부잠식	일부잠식	-31.0	전기잠식	-53.5	23.4	-50.1
2014	-142.1	-189.2	완전잠식	완전잠식	-67.0	당기잠식	-221.2	-29.9	-138.3
2013	-13.8	-15.0	일부잠식	일부잠식	-20.1	-133.9	-62.1	17.7	-12.1

유니퀘스트 (A077500)

Uniquest

업 종 : 반도체 및 관련장비
신용등급 : (Bond) — (CP) —
홈페이지 : www.uniquest.co.kr
본 사 : 경기도 성남시 분당구 황새울로 314, 유니퀘스트빌딩
시 장 : 거래소
기업규모 : 시가총액 소형주
연 락 처 : 031)708-9988

설립일	1995.11.25	종업원수	147명	대표이사	앤드류김
상장일	2004.08.05	감사의견	적정 (안진)	계열	
결산기	12월	보통주	2,705만주	종속회사수	
액면가	500원	우선주		구상호	

주주구성 (지분율,%)		출자관계 (지분율,%)		주요경쟁사 (외형,%)	
임창완	44.3	드림텍	43.4	유니퀘스트	100
신경옥	7.4	스타빛시스템	39.0	엘비세미콘	51
(외국인)	55.6	에너지융합UQIP투자조합	33.0	에스엔텍	25

매출구성		비용구성		수출비중	
반도체IC 및 기타전기 및 영상관련부품등	98.8	매출원가율	90.5	수출	0.5
영업 및 기술지원에 대한 수수료	0.8	판관비율	6.5	내수	99.5
부동산 임대 수입 외	0.3				

회사 개요

동사는 비메모리반도체 솔루션 공급사업을 영위할 목적으로 설립된 기업으로 2004년 유가증권시장에 상장됨. 해외 유수의 비메모리 반도체 제조사와의 대리점계약을 통해 국내의 IT제조사 등 고객사들이 개발하고자하는 제품에 부합되는 우수한 반도체를 국내시장에 공급하고, 기술지원 및 교육 등 토탈솔루션 사업을 영위하고 있음. 드림텍, 스타빛시스템 등 4개의 계열사와 유큐아이홀딩스 등 7개의 연결대상 종속회사를 보유 중임.

실적 분석

동사의 2016년 연결 기준 매출과 영업이익은 2,636억원, 78억원으로 전년 대비 각각 11%, 13% 감소함. 매출원가율은 해외 시스템 반도체 회사들의 국내시장 확대 및 국내 시스템반도체 시장 경쟁 확대로 인해 지속적으로 소폭 상승하는 추세임. 동사는 이에 차량용 전장 사업팀과 사물인터넷팀 같은 신규시장 TF팀을 운영중이며 신규 취득한 종속기업의 시장 안착시 차량용 전장 부품 전반에 시너지가 일어날 수 있을 것으로 판단함.

현금 흐름

〈단위 : 억원〉

항목	2015	2016
영업활동	378	-42
투자활동	-117	-153
재무활동	3	-11
순현금흐름	264	-205
기말현금	655	449

시장 대비 수익률

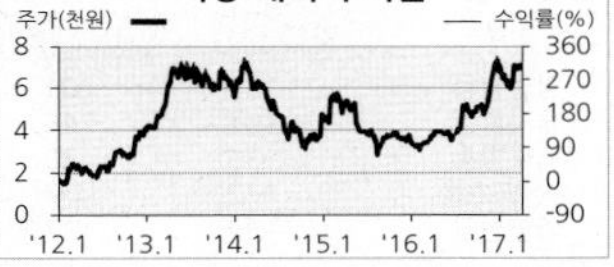

결산 실적

〈단위 : 억원〉

항목	2011	2012	2013	2014	2015	2016
매출액	2,238	2,012	2,112	2,823	2,960	2,636
영업이익	87	75	55	103	90	78
당기순이익	124	181	272	155	23	28

분기 실적

〈단위 : 억원〉

항목	2015.3Q	2015.4Q	2016.1Q	2016.2Q	2016.3Q	2016.4Q
매출액	828	740	766	568	716	586
영업이익	29	15	22	11	25	20
당기순이익	32	-8	44	-3	-12	-2

재무 상태

〈단위 : 억원〉

항목	2011	2012	2013	2014	2015	2016
총자산	1,591	1,874	2,183	2,440	2,444	2,829
유형자산	74	91	92	92	89	111
무형자산	16	12	12	11	11	108
유가증권	202	136	177	287	461	575
총부채	509	621	626	595	573	804
총차입금	128	106	110	104	165	243
자본금	66	66	67	67	135	135
총자본	1,082	1,253	1,557	1,845	1,871	2,025
지배주주지분	1,022	1,179	1,462	1,723	1,690	1,795

기업가치 지표

항목	2011	2012	2013	2014	2015	2016
주가(최고/저)(천원)	1.8/1.1	4.1/1.6	7.2/4.0	7.3/3.1	6.2/2.8	7.3/3.1
PER(최고/저)(배)	4.1/2.5	6.5/2.5	8.2/4.5	14.8/6.3	76.4/34.3	46.0/19.3
PBR(최고/저)(배)	0.5/0.3	1.0/0.4	1.5/0.8	1.3/0.6	1.0/0.5	1.1/0.5
EV/EBITDA(배)	4.0	13.6	28.2	10.2	7.4	23.3
EPS(원)	506	722	1,008	570	86	160
BPS(원)	8,028	9,123	11,068	12,790	6,326	6,706
CFPS(원)	1,056	1,489	2,059	1,185	109	182
DPS(원)	—	—	—	750	200	80
EBITDAPS(원)	708	617	458	812	357	312

재무 비율

〈단위 : %〉

연도	영업이익률	순이익률	부채비율	차입금비율	ROA	ROE	유보율	자기자본비율	EBITDA마진율
2016	3.0	1.1	39.7	12.0	1.1	2.5	1,241.2	71.6	3.2
2015	3.0	0.8	30.6	8.8	0.9	1.4	1,165.2	76.6	3.3
2014	3.7	5.5	32.2	5.6	6.7	9.6	2,457.9	75.6	3.9
2013	2.6	12.9	40.2	7.1	13.4	20.4	2,113.6	71.3	2.9

유니크 (A011320)
Unick

업 종 : 자동차부품		시 장 : KOSDAQ	
신용등급 : (Bond) ― (CP) ―		기업규모 : 우량	
홈페이지 : www.unick.co.kr		연 락 처 : 055)340-2000	
본 사 : 경남 김해시 진영읍 서부로 179번길 90 (진영농공단지내)			

설 립 일 1976.04.21	종 업 원 수 570명	대 표 이 사 안정구
상 장 일 1993.12.29	감사의견 적정 (삼일)	계 열
결 산 기 12월	보 통 주 1,932만주	종속회사수
액 면 가 500원	우 선 주	구 상 호

주주구성 (지분율,%)		출자관계 (지분율,%)		주요경쟁사 (외형,%)	
안영구	19.7	유니크	100		
안정구	9.2	삼성공조	33		
(외국인)	4.4	현대공업	84		

매출구성		비용구성		수출비중	
유압 SOLENOID VALVE	56.2	매출원가율	87.2	수출	―
기타	19.0	판관비율	9.3	내수	―
VALVE 류	12.1				

회사 개요
동사는 1976년에 설립, 김해 제조공장에서 20여종의 차량부품을 제조 및 판매하고 있으며 1993년 코스닥시장에 상장됨. 자동변속기의 핵심부품으로 밸브바디의 유압을 조정하는 기능을 갖고 있는 유압솔레노이드 밸브를 국산화하는데 성공하여 현대·기아자동차, 현대위텍 등에 납품하고 있으며, 국내시장의 약 80% 이상을 점유중임. 2002년부터 청도유니크부건유한공사를 설립하여 연결대상 종속회사로 보유 중임.

실적 분석
동사의 2016년 누적 연결기준 매출액은 2,546억원으로 전년동기 대비 10.3% 증가함. 매출확대로 인해 원가율 상승 및 개발관련 투자비용의 증가로 인한 비용부담 증가에도 불구하고 영업이익은 전년대비 45.9% 증가한 88.6억원을 시현함. 미국 Big3 완성차로부터의 수주와 중국 로컬업체들에 대한 향후 매출 증가가 기대되며, 고객 다변화도 진행 중에 있음.

현금 흐름 〈단위 : 억원〉

항목	2015	2016
영업활동	129	201
투자활동	-167	-246
재무활동	-35	39
순현금흐름	-72	-7
기말현금	134	127

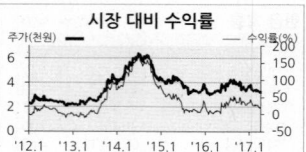

시장 대비 수익률

결산 실적 〈단위 : 억원〉

항목	2011	2012	2013	2014	2015	2016
매출액	1,827	1,977	2,169	2,258	2,309	2,547
영업이익	49	86	166	100	61	89
당기순이익	49	84	156	101	72	79

분기 실적 〈단위 : 억원〉

항목	2015.3Q	2015.4Q	2016.1Q	2016.2Q	2016.3Q	2016.4Q
매출액	520	625	608	662	604	673
영업이익	7	9	16	27	11	35
당기순이익	20	8	18	24	8	29

재무 상태 〈단위 : 억원〉

항목	2011	2012	2013	2014	2015	2016
총자산	1,309	1,398	1,597	1,681	1,769	1,873
유형자산	638	706	699	801	896	1,018
무형자산	9	11	10	8	8	13
유가증권	26	17	20	39	39	41
총부채	854	881	946	949	995	1,041
총차입금	424	524	559	535	510	567
자본금	97	97	97	97	97	97
총자본	455	516	650	731	773	832
지배주주지분	455	516	650	731	773	832

기업가치 지표

항목	2011	2012	2013	2014	2015	2016
주가(최고/저)(천원)	3.5/2.0	3.1/2.1	4.7/2.1	6.5/3.9	4.7/3.0	4.4/3.0
PER(최고/저)(배)	15.5/9.0	7.8/5.3	6.3/2.8	13.3/8.0	13.2/8.4	11.1/7.4
PBR(최고/저)(배)	1.6/0.9	1.2/0.8	1.4/0.7	1.8/1.1	1.2/0.8	1.0/0.7
EV/EBITDA(배)	6.9	5.4	4.5	6.4	7.5	6.0
EPS(원)	254	437	810	523	370	407
BPS(원)	2,424	2,761	3,542	3,955	4,173	4,477
CFPS(원)	567	791	1,192	900	749	872
DPS(원)	40	50	65	75	100	90
EBITDAPS(원)	568	799	1,242	897	693	924

재무 비율 〈단위 : % 〉

연도	영업이익률	순이익률	부채비율	차입금비율	ROA	ROE	유보율	자기자본비율	EBITDA마진율
2016	3.5	3.1	125.1	68.2	4.3	9.8	795.5	44.4	7.0
2015	2.6	3.1	128.7	66.0	4.2	9.5	734.6	43.7	5.8
2014	4.4	4.5	129.8	73.1	6.2	14.6	691.0	43.5	7.7
2013	7.7	7.2	145.5	85.9	10.5	26.8	608.5	40.7	11.1

유니테스트 (A086390)
UniTestorporation

업 종 : 반도체 및 관련장비		시 장 : KOSDAQ	
신용등급 : (Bond) ― (CP) ―		기업규모 : 우량	
홈페이지 : www.uni-test.com		연 락 처 : 031)205-6111	
본 사 : 경기도 용인시 기흥구 기곡로 27			

설 립 일 2000.03.21	종 업 원 수 149명	대 표 이 사 김종현
상 장 일 2006.12.05	감사의견 적정 (인덕)	계 열
결 산 기 12월	보 통 주 2,113만주	종속회사수
액 면 가 500원	우 선 주	구 상 호

주주구성 (지분율,%)		출자관계 (지분율,%)		주요경쟁사 (외형,%)	
김종현	18.9	유니청정에너지	100.0	유니테스트	100
신한비엔피파리바자산운용	5.1	유니솔라에너지	100.0	에스앤에스텍	46
(외국인)	1.7	테스티안	74.8	디엔에프	50

매출구성		비용구성		수출비중	
메모리 컴포넌트 테스트 장비/고속의 번인장비	89.0	매출원가율	69.1	수출	49.3
PL램프/ 태양광 시스템, 인버터 등	8.8	판관비율	21.0	내수	50.7
메모리 모듈, 테스트 장비	2.2				

회사 개요
동사는 반도체 검사 장비를 전문으로 개발 생산하는 업체로서, 메모리 모듈 테스터 및 메모리 컴포넌트 테스터의 개발 판매를 주력으로 함. 메모리 테스트 장비는 93.7%의 매출액을 구성. 동사는 국내 최초로 D램 주검장비의 국산화 및 상용화에 성공하여 이를 바탕으로 사업영역을 확장함. 뿐만 아니라 2015년 유니솔라에너지(주)와 유니청정에너지(주) 지분을 100% 인수해 태양광 사업으로도 확장, 4.73%의 매출을 구성함.

실적 분석
동사의 2016년 연결기준 결산 매출액은 1,677.7억원을 기록하며 전년동기 대비 12.6% 감소. 영업이익은 115.8억원, 당기순이익 82.3억원을 기록하며 전년동기 대비 각각 61.5%, 68.3% 감소. SK하이닉스와 14조 검사장비 공급계약을 체결하고 중국 장쑤성에 대표사무소를 설립하면서 중국시장 공략에도 나서기 시작, 17년 3월에는 중국 업체에 11억 규모의 반도체 검사장비 공급 계약을 시현.

현금 흐름 〈단위 : 억원〉

항목	2015	2016
영업활동	263	2
투자활동	-75	-43
재무활동	-8	-95
순현금흐름	180	-135
기말현금	246	111

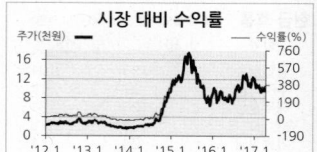

시장 대비 수익률

결산 실적 〈단위 : 억원〉

항목	2011	2012	2013	2014	2015	2016
매출액	512	435	163	625	1,335	1,168
영업이익	91	46	-77	82	301	116
당기순이익	83	24	-84	65	259	82

분기 실적 〈단위 : 억원〉

항목	2015.3Q	2015.4Q	2016.1Q	2016.2Q	2016.3Q	2016.4Q
매출액	176	222	140	140	517	371
영업이익	17	-12	-33	5	86	58
당기순이익	19	-25	-33	-9	75	49

재무 상태 〈단위 : 억원〉

항목	2011	2012	2013	2014	2015	2016
총자산	733	650	585	812	1,009	1,050
유형자산	247	239	233	221	277	260
무형자산	20	29	71	79	48	32
유가증권	3	4	5	7	21	46
총부채	380	287	316	425	359	331
총차입금	296	236	242	205	173	101
자본금	79	79	79	93	97	106
총자본	353	363	269	387	649	719
지배주주지분	352	362	270	387	650	720

기업가치 지표

항목	2011	2012	2013	2014	2015	2016
주가(최고/저)(천원)	3.2/1.2	3.8/2.0	3.4/1.5	9.2/1.6	18.6/5.9	13.3/7.0
PER(최고/저)(배)	6.6/2.5	26.6/13.9	―/―	25.5/4.5	13.8/4.4	32.8/17.1
PBR(최고/저)(배)	1.5/0.6	1.6/0.9	1.9/0.8	4.3/0.8	5.5/1.7	3.8/2.0
EV/EBITDA(배)	4.4	7.4	―	15.6	4.6	15.1
EPS(원)	519	148	-526	376	1,394	412
BPS(원)	2,325	2,411	1,883	2,240	3,496	3,591
CFPS(원)	693	320	-405	607	1,698	666
DPS(원)	60	―	―	80	200	150
EBITDAPS(원)	748	463	-362	708	1,924	824

재무 비율 〈단위 : % 〉

연도	영업이익률	순이익률	부채비율	차입금비율	ROA	ROE	유보율	자기자본비율	EBITDA마진율
2016	9.9	7.1	46.1	14.1	8.0	12.2	618.2	68.5	14.4
2015	22.5	19.4	55.3	26.6	28.5	49.9	599.2	64.4	26.8
2014	13.2	10.3	110.1	53.0	9.3	19.7	348.0	47.6	19.5
2013	-46.9	-51.2	117.4	90.1	-13.6	-26.4	276.6	46.0	-35.2

유니테크노 (A241690)
UNITEKNO

업 종 : 자동차부품		시 장 : KOSDAQ	
신용등급 : (Bond) — (CP) —		기업규모 : 벤처	
홈 페 이 지 : www.unitekno.co.kr		연 락 처 : 051)203-5460	
본 사 : 부산시 사하구 신산로13번길 54 (신평동)			

설 립 일	2000.06.23	종 업 원 수	247명	대표이사	이좌영
상 장 일	2016.09.20	감사의견	적정 (지평)	계 열	
결 산 기	12월	보 통 주	1,193만주	종속회사수	
액 면 가	500원	우 선 주		구 상 호	

주주구성 (지분율,%)		출자관계 (지분율,%)		주요경쟁사 (외형,%)	
이좌영	69.1	유니기전(위해)	100.0	유니테크노	100
김윤정	3.4	유니기전(강소)	100.0	인지컨트롤스	913
(외국인)	0.3			삼보모터스	1,250

매출구성		비용구성		수출비중	
Window Motor 용 부품	27.5	매출원가율	75.8	수출	—
Engine Power train 용 부품	25.8	판관비율	5.9	내수	—
EPS Motor용 부품	12.7				

회사 개요
동사는 현재 자동차 엔진 파워트레인용 플라스틱 사출품, 자동차용 전장품의 플라스틱 부품 및 조립, 전동식파워스티어링 휠의 핵심 부품인 모터의 일부 부품 생산 및 조립의 사업을 영위하고 있으며, 주요 고객사는 디와이오토, S&T모티브, 델파이파워트레인, Behr 사 등의 자동차 부품 제조 업체임. 현재 전기자동차 관련 핵심부품인 배터리를 의뢰 받아 개발중에 있음.

실적 분석
동사의 2016년 결산기준 누적매출액은 전년동기대비 16.9% 성장한 683.1억원을 달성하였음. 매출원가도 상승하였지만 판관비 절감 노력에 힘입어 영업이익은 전년동기대비 133.6% 상승한 124.9억원을 기록하였음. 전동식파워스티어링휠(EPS)의 핵심부품인 모터는 모터류로 급속히 전환되어, 현재 국내에서 생산되는 대부분의 승용차량에 적용되고 있고 이런 부품들은 특허낸 공법에 의한 것이므로 성장은 지속될 것으로 보임.

현금 흐름 〈단위 : 억원〉

항목	2015	2016
영업활동	83	101
투자활동	-104	-29
재무활동	51	85
순현금흐름	32	159
기말현금	40	199

시장 대비 수익률
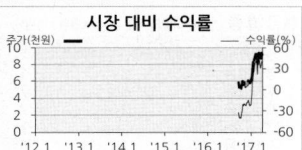

결산 실적 〈단위 : 억원〉

항목	2011	2012	2013	2014	2015	2016
매출액	154	156	199	345	584	683
영업이익	12	10	4	29	53	125
당기순이익	16	11	3	29	80	105

분기 실적 〈단위 : 억원〉

항목	2015.3Q	2015.4Q	2016.1Q	2016.2Q	2016.3Q	2016.4Q
매출액	148	—	—	152	175	—
영업이익	20	—	—	49	26	—
당기순이익	20	—	—	37	23	—

재무 상태 〈단위 : 억원〉

항목	2011	2012	2013	2014	2015	2016
총자산	156	231	244	310	515	697
유형자산	67	123	126	176	283	281
무형자산	0	0	0	6	13	22
유가증권	0	0	0	1	1	1
총부채	77	142	152	162	267	200
총차입금	55	117	116	104	135	73
자본금	20	20	20	20	22	30
총자본	79	89	92	148	247	497
지배주주지분	79	89	92	148	247	497

기업가치 지표

항목	2011	2012	2013	2014	2015	2016
주가(최고/저)(천원)	—/—	—/—	—/—	—/—	—/—	14.0/10.2
PER(최고/저)(배)	0.0/0.0	0.0/0.0	0.0/0.0	0.0/0.0	0.0/0.0	6.6/4.8
PBR(최고/저)(배)	0.0/0.0	0.0/0.0	0.0/0.0	0.0/0.0	0.0/0.0	1.7/1.2
EV/EBITDA(배)	2.5	5.4	5.3	2.2	1.3	3.8
EPS(원)	197	134	32	357	944	1,062
BPS(원)	39,479	44,640	45,938	74,071	5,536	8,334
CFPS(원)	12,218	10,995	9,659	21,014	2,311	2,580
DPS(원)						
EBITDAPS(원)	10,434	10,625	10,596	21,411	1,682	2,988

재무 비율 〈단위 : % 〉

연도	영업이익률	순이익률	부채비율	차입금비율	ROA	ROE	유보율	자기자본비율	EBITDA마진율
2016	18.3	15.3	40.3	14.7	17.3	28.2	1,566.7	71.3	21.6
2015	9.2	13.7	108.2	54.8	19.4	40.5	1,007.1	48.0	12.2
2014	8.5	8.3	109.3	69.9	—	640.7		47.8	12.4
2013	2.2	1.3	165.2	126.5	1.1	4.3	359.4	37.7	10.6

유니트론텍 (A142210)
Unitrontech

업 종 : 반도체 및 관련장비		시 장 : KOSDAQ	
신용등급 : (Bond) — (CP) —		기업규모 : 중견	
홈 페 이 지 : www.unitrontech.com		연 락 처 : 02)573-6800	
본 사 : 서울시 강남구 영동대로 638 삼보빌딩 9층			

설 립 일	1996.06.25	종 업 원 수	47명	대표이사	남궁선
상 장 일	2016.02.02	감사의견	적정 (삼정)	계 열	
결 산 기	12월	보 통 주	993만주	종속회사수	
액 면 가	500원	우 선 주		구 상 호	

주주구성 (지분율,%)		출자관계 (지분율,%)		주요경쟁사 (외형,%)	
남궁선	29.4	모비핀테크놀러지	15.0	유니트론텍	100
SERIAL MICROELECTRONICS PTE LTD	7.2	UnitrontechHKLimited	100.0	SKC 솔믹스	64
(외국인)	3.7	UnitrontechChinaCompanyLimited	55.0	프로텍	64

매출구성		비용구성		수출비중	
[반도체]DRAM SSD 등	92.8	매출원가율	89.0	수출	25.4
[디스플레이외]TFT-LCD 등	7.2	판관비율	5.3	내수	74.6

회사 개요
동사는 1996년 6월 19일 주식회사 일지텔레콤으로 설립했으며, 2003년 4월 30일 사명을 주식회사 유니트론텍으로 변경함. 전자제품 제조 및 판매, 전자부품 및 반제품 무역과 도매를 주요 사업으로 영위함. 주요 매출상품은 자동차용 반도체, 디스플레이 등이며 국내 시장에서 반도체 매출이 전체 매출의 대부분을 차지함. 반도체 수출은 국가별로 중국이 88억원, 대만 9억원을 기록함.

실적 분석
동사 2016년 결산기준 누적매출액은 전년동기대비 60.1% 성장한 1,484.2억원을 기록하였음. 매출원가도 크게 상승하였고 인건비 및 관리비도 증가하였으나 높은 매출 성장에 힘입어 영업이익은 전년동기대비 6.3% 상승한 85.1억원을 기록함. 반도체는 선진국 경제 사이클에 맞추어 수요가 결정되었으나 최근 중국 및 인도 등 신흥시장의 비중이 확대되어 수요처가 늘어나고 있음. 이에 따른 꾸준한 성장이 기대됨.

현금 흐름 〈단위 : 억원〉

항목	2015	2016
영업활동	-25	35
투자활동	-2	-6
재무활동	-1	180
순현금흐름	-28	212
기말현금	22	234

시장 대비 수익률
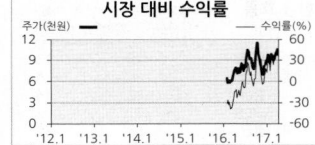

결산 실적 〈단위 : 억원〉

항목	2011	2012	2013	2014	2015	2016
매출액	457	429	750	864	927	1,484
영업이익	18	32	77	78	80	85
당기순이익	12	18	50	57	61	72

분기 실적 〈단위 : 억원〉

항목	2015.3Q	2015.4Q	2016.1Q	2016.2Q	2016.3Q	2016.4Q
매출액	267	260	373	370	356	385
영업이익	24	19	21	23	13	28
당기순이익	22	12	15	14	3	40

재무 상태 〈단위 : 억원〉

항목	2011	2012	2013	2014	2015	2016
총자산	123	157	218	326	363	699
유형자산	1	1	1	2	2	2
무형자산	1	1	3	3	3	8
유가증권	8	2	1	1	4	3
총부채	107	118	132	181	169	374
총차입금	86	100	93	109	119	222
자본금	4	4	4	14	14	50
총자본	17	39	86	145	194	326
지배주주지분	17	39	86	145	194	321

기업가치 지표

항목	2011	2012	2013	2014	2015	2016
주가(최고/저)(천원)	—/—	—/—	—/—	—/—	—/—	13.6/5.4
PER(최고/저)(배)	0.0/0.0	0.0/0.0	0.0/0.0	0.0/0.0	0.0/0.0	18.8/7.5
PBR(최고/저)(배)	0.0/0.0	0.0/0.0	0.0/0.0	0.0/0.0	0.0/0.0	4.3/1.7
EV/EBITDA(배)	2.6	2.5	1.0	0.7	1.2	10.2
EPS(원)	145	228	631	687	731	739
BPS(원)	26,771	48,390	107,721	5,181	6,919	3,263
CFPS(원)	14,864	23,369	63,585	2,089	2,223	748
DPS(원)					425	150
EBITDAPS(원)	22,826	41,165	97,135	2,867	2,890	875

재무 비율 〈단위 : % 〉

연도	영업이익률	순이익률	부채비율	차입금비율	ROA	ROE	유보율	자기자본비율	EBITDA마진율
2016	5.7	4.9	114.8	68.2	13.6	28.2	552.5	46.6	5.8
2015	8.6	6.6	87.3	61.5	17.8	36.2	1,283.7	53.4	8.7
2014	9.0	6.6	124.6	75.3	20.8	48.9	936.2	44.5	9.1
2013	10.3	6.7	152.9	107.9	—	2,054.4		39.5	10.4

유니포인트 (A121060)
UNIPOINT

업 종 : IT 서비스	시 장 : KONEX
신용등급 : (Bond) — (CP) —	기업규모 : —
홈 페 이 지 : www.unipoint.co.kr	연 락 처 : 02)6676-5500
본 사 : 서울시 동작구 남부순환로 2049 사당동 네오티스빌딩 2층	

설 립 일	1996.12.12	종 업 원 수	148명	대 표 이 사	권은영
상 장 일	2014.10.24	감 사 의 견	적정 (삼일)	계 열	
결 산 기	12월	보 통 주	60만주	종속회사수	
액 면 가	5,000원	우 선 주		구 상 호	

주주구성 (지분율,%)		출자관계 (지분율,%)		주요경쟁사 (외형,%)	
하이드렉스	20.9	유니포인트	100		
안국필	15.0	바른테크놀로지	29		
		씨아이테크	20		

매출구성		비용구성		수출비중	
IT인프라총괄(SI)	32.5	매출원가율	86.6	수출	0.6
Software(상품)	26.8	판관비율	11.3	내수	99.4
IT인프라총괄(유지보수)	15.1				

회사 개요
동사는 SI 및 솔루션 유통과 시스템소프트웨어 개발 및 공급 등 IT 관련 사업을 영위하며 1996년 12월 12일 우노시스템으로 설립돼 2006년 유니포인트로 사명을 변경함. 동사의 사업은 IT Service 산업에 포함되며 사업의 특성상 시스템통합과 유지보수가 연계된 형태로 추진되는 경우가 많음. 동사는 현재 상장사인 (주)네오티스, 비상장사인 하이드렉스(주) 등 여러 계열사를 거느리고 있음.

실적 분석
동사의 2016년 연결기준 연간 누적 매출액은 922.1억원으로 전년 동기(829.5억원) 대비 11.2% 증가함. 매출이 큰 폭으로 늘어나면서 고정비용 감소 효과로 인해 영업이익은 전년 동기 대비 약 23% 증가한 20.2억원을 시현함. 비영업손익 부문에서 일부 금융 손실이 발생했지만 전반적인 적자폭이 감소함에 따라 당기순이익은 전년 동기 대비 2배 가까이 증가한 13.5억원을 기록함.

현금 흐름 *IFRS 별도 기준 〈단위 : 억원〉

항목	2015	2016
영업활동	49	13
투자활동	-6	-29
재무활동	-22	14
순현금흐름	21	-2
기말현금	33	32

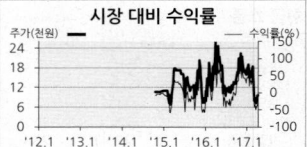
시장 대비 수익률

결산 실적 〈단위 : 억원〉

항목	2011	2012	2013	2014	2015	2016
매출액	527	751	782	670	829	922
영업이익	10	12	13	11	16	20
당기순이익	7	8	6	8	7	14

분기 실적 *IFRS 별도 기준 〈단위 : 억원〉

항목	2015.3Q	2015.4Q	2016.1Q	2016.2Q	2016.3Q	2016.4Q
매출액	—	—	—	—	—	—
영업이익	—	—	—	—	—	—
당기순이익	—	—	—	—	—	—

재무 상태 *IFRS 별도 기준 〈단위 : 억원〉

항목	2011	2012	2013	2014	2015	2016
총자산	266	400	405	384	376	395
유형자산	6	8	6	6	6	6
무형자산	—	2	3	2	3	9
유가증권	2	3	3	2	7	7
총부채	206	348	349	330	317	326
총차입금	52	53	66	96	75	91
자본금	29	30	30	30	30	30
총자본	60	52	56	54	59	69
지배주주지분	60	52	56	54	59	69

기업가치 지표 *IFRS 별도 기준

항목	2011	2012	2013	2014	2015	2016
주가(최고/저)(천원)	—/—	—/—	—/—	11.0/10.6	20.3/6.9	25.9/6.9
PER(최고/저)(배)	0.0/0.0	0.0/0.0	0.0/0.0	9.0/8.8	17.9/6.0	11.7/3.1
PBR(최고/저)(배)	0.0/0.0	0.0/0.0	0.0/0.0	1.1/1.1	1.8/0.6	2.0/0.5
EV/EBITDA(배)	2.6			10.9	4.7	5.0
EPS(원)	1,132	1,319	1,014	1,312	1,208	2,260
BPS(원)	10,136	10,709	11,404	11,069	11,978	13,527
CFPS(원)	1,437	1,760	1,442	1,735	1,714	2,749
DPS(원)				300	300	400
EBITDAPS(원)	1,992	2,409	2,656	2,300	3,196	3,863

재무 비율 〈단위 : % 〉

연도	영업이익률	순이익률	부채비율	차입금비율	ROA	ROE	유보율	자기자본비율	EBITDA마진율
2016	2.2	1.5	475.8	132.2	3.5	21.2	170.5	17.4	2.5
2015	1.9	0.9	535.2	126.2	1.9	12.8	139.6	15.7	2.3
2014	1.7	1.2	613.0	178.0	2.0	14.3	121.4	14.0	2.1
2013	1.7	0.8	624.6	118.6	1.5	11.3	128.1	13.8	2.0

유디피 (A091270)
UDP Technology

업 종 : 보안장비	시 장 : KONEX
신용등급 : (Bond) — (CP) —	기업규모 : —
홈 페 이 지 : www.udptechnology.co.kr	연 락 처 : 02)2605-1486
본 사 : 서울시 강서구 양천로 583, 4층(염창동, 우림블루나인)	

설 립 일	2000.11.22	종 업 원 수	96명	대 표 이 사	안정근
상 장 일	2014.12.12	감 사 의 견	적정 (한미)	계 열	
결 산 기	12월	보 통 주	734만주	종속회사수	
액 면 가	500원	우 선 주	23만주	구 상 호	

주주구성 (지분율,%)		출자관계 (지분율,%)		주요경쟁사 (외형,%)	
안정근	43.5	VCAInc	100.0	유디피	100
CBC Co.,Ltd.	10.2	Bonobo ltd.	100.0	아이디스	540
		UDPTECHNOLOGYLTD.	100.0	인콘	151

매출구성		비용구성		수출비중	
IP카메라	56.2	매출원가율	69.0	수출	85.6
DVR카드	18.4	판관비율	80.4	내수	14.4
기타	16.2				

회사 개요
동사는 2000년 11월 22일 전자접속카드제조업을 목적으로 설립된 지능형 IP카메라 등을 개발하는 영상분석 솔루션 서비스 업체임. 일명 '똑똑한 카메라'로 불리는 지능형 IP카메라는 일반 CCTV와 달리 매장 내 고객의 동선 분석, 고객 수 측정 등부터 차량 역주행까지 감지할 수 있는 강점이 있음. 현재 지능형 IP카메라 시장은 연평균 20~25%의 가파른 성장세를 보임. 동사는 2014년 12월 한국거래소가 개설한 코넥스시장에 상장하였음.

실적 분석
동사의 2016년 매출액은 239.6억원으로 전년 대비 32.8% 줄었음. 매출총이익도 41.4% 줄어든 74.4억원을 기록했으며 판매비와 관리비는 68.7%나 크게 증가했음. 인건비 증가, 경상개발비 증가, 매출채권 손상차손 증가 등으로 인한 결과임. 그 결과 영업이익은 -118.2억원으로 적자전환하는 모습. 비영업부문 손실 90.6억원까지 더해져 당기순손실도 248.3억원을 기록했음.

현금 흐름 *IFRS 별도 기준 〈단위 : 억원〉

항목	2015	2016
영업활동	39	-21
투자활동	-56	47
재무활동	24	-27
순현금흐름	6	-2
기말현금	10	6

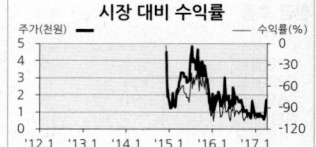
시장 대비 수익률

결산 실적 〈단위 : 억원〉

항목	2011	2012	2013	2014	2015	2016
매출액	221	248	270	295	347	240
영업이익	-8	2	2	11	10	-118
당기순이익	-7	8	7	19	17	-248

분기 실적 *IFRS 별도 기준 〈단위 : 억원〉

항목	2015.3Q	2015.4Q	2016.1Q	2016.2Q	2016.3Q	2016.4Q
매출액	—	—	—	—	—	—
영업이익	—	—	—	—	—	—
당기순이익	—	—	—	—	—	—

재무 상태 *IFRS 별도 기준 〈단위 : 억원〉

항목	2011	2012	2013	2014	2015	2016
총자산	255	319	387	395	463	95
유형자산	84	81	64	32	31	4
무형자산	53	92	114	140	145	0
유가증권	—	—	—	2	3	3
총부채	140	196	222	205	255	232
총차입금	109	133	152	154	180	162
자본금	33	33	37	38	38	37
총자본	115	122	165	190	208	-138
지배주주지분	115	122	165	190	208	-138

기업가치 지표 *IFRS 별도 기준

항목	2011	2012	2013	2014	2015	2016
주가(최고/저)(천원)	—/—	—/—	—/—	4.5/1.9	5.3/1.1	3.0/0.6
PER(최고/저)(배)	0.0/0.0	0.0/0.0	0.0/0.0	18.0/7.4	23.3/4.9	—/—
PBR(최고/저)(배)	0.0/0.0	0.0/0.0	0.0/0.0	1.8/0.7	1.9/0.4	-1.7/-0.4
EV/EBITDA(배)	—		10.1	5.1	6.3	5.1
EPS(원)	-183	124	102	251	227	-3,334
BPS(원)	1,742	1,857	2,249	2,512	2,746	-1,818
CFPS(원)	7	289	480	704	776	-3,049
DPS(원)						
EBITDAPS(원)	-40	190	412	602	685	-1,332

재무 비율 〈단위 : % 〉

연도	영업이익률	순이익률	부채비율	차입금비율	ROA	ROE	유보율	자기자본비율	EBITDA마진율
2016	-49.3	-103.6	완전잠식	완전잠식	-84.1	당기잠식	-453.6	-100.6	-40.2
2015	3.0	5.0	122.8	86.4	4.0	8.7	449.2	44.9	14.9
2014	3.8	6.4	107.9	81.2	4.9	10.7	402.3	48.1	15.5
2013	0.9	2.6	134.2	92.2	2.0	4.9	349.8	42.7	10.6

유라테크 (A048430)
Yura Tech

업　　종 : 자동차부품		시　　장 : KOSDAQ	
신용등급 : (Bond) — (CP) —		기업규모 : 우량	
홈페이지 : www.yuratech.co.kr		연 락 처 : (070)7878-3500	
본　　사 : 세종시 전동면 아래깊은내길 25			

설 립 일	1987.05.07	종 업 원 수	354명	대 표 이 사	엄대열
상 장 일	2001.01.11	감 사 의 견	적정 (신성)	계　　열	
결 산 기	12월	보 통 주	1,152만주	종속회사수	
액 면 가	500원	우 선 주		구　　상　　호	

주주구성 (지분율,%)		출자관계 (지분율,%)		주요경쟁사 (외형,%)	
엄대열	41.1	일조승우무역유한공사	100.0	유라테크	100
엄병윤	25.8	유라(일조)전자과기유한공사	48.8	동원금속	218
(외국인)	0.2			엔브이에이치코리아	270

매출구성		비용구성		수출비중	
(제품)고전압 변압기, 자동차 점화 장치	50.7	매출원가율	90.9	수출	27.2
(상품)자동차점화장치	28.6	판관비율	4.9	내수	72.8
(제품)전자,전기전달케이블	19.9				

회사 개요
자동차용 점화 코일, 점화 플러그를 제조하는 업체로 주요 고객은 현대, 기아차와 현대모비스임. 1987년 설립 이후 점화장치 부품만을 20년 이상 생산해 점화장치에 대한 노하우를 바탕으로 완성차 업체의 다양한 요구에 빠른 대응을 하고 있으며, 실제로 신 차종 개발 초기단계부터 완성차 업체와 협의를 하고 있음. 또한 완벽한 품질과 납기 100% 준수에 힘쓰고 있으며, 지속적인 국산화 작업과 연구개발을 통한 품질 및 가격 경쟁력 향상에 힘쓰고 있음

실적 분석
동사의 2016년 결산 매출액은 전년동기.대비 11.1% 증가한 2,111.9억원을 기록함. 점화품 및 와이어링하네스의 제품가격이 상승하면서 매출액은 상승하였지만 원가비용의 크게 증가함. 판관비 축소로 인하여 영업이익은 개선되고 있음. 동사의 주요 고객인 현대, 기아자동차의 국내 자동차시장과 관계가 높음. 마케팅 강화 등을 통한 납품선의 다변화가 필요하며, 원천기술 및 고효율, 친환경 자동차 부품의 기술력 확보가 중요함.

현금 흐름 〈단위 : 억원〉

항목	2015	2016
영업활동	157	85
투자활동	-99	-91
재무활동	-11	-75
순현금흐름	47	-81
기말현금	193	111

시장 대비 수익률

결산 실적 〈단위 : 억원〉

항목	2011	2012	2013	2014	2015	2016
매출액	1,045	1,425	1,621	1,713	1,901	2,112
영업이익	15	111	95	85	82	90
당기순이익	54	124	142	162	115	98

분기 실적 〈단위 : 억원〉

항목	2015.3Q	2015.4Q	2016.1Q	2016.2Q	2016.3Q	2016.4Q
매출액	416	567	511	535	477	589
영업이익	-1	39	12	26	12	39
당기순이익	3	65	15	25	8	49

재무 상태 〈단위 : 억원〉

항목	2011	2012	2013	2014	2015	2016
총자산	991	1,023	1,071	1,251	1,385	1,313
유형자산	477	447	466	507	551	556
무형자산	7	8	9	18	18	16
유가증권	45	46	50	34	30	29
총부채	514	434	364	404	447	297
총차입금	216	71	—	60	60	—
자본금	58	58	58	58	58	58
총자본	477	589	706	847	938	1,015
지배주주지분	477	589	706	847	938	1,015

기업가치 지표

항목	2011	2012	2013	2014	2015	2016
주가(최고/저)(천원)	5.4/2.1	6.7/2.8	6.9/3.9	10.2/5.8	10.1/4.8	16.1/6.4
PER(최고/저)(배)	12.7/4.8	6.7/2.8	5.9/3.3	7.6/4.3	10.4/4.9	19.1/7.7
PBR(최고/저)(배)	1.4/0.6	1.4/0.6	1.2/0.7	1.4/0.8	1.3/0.6	1.8/0.7
EV/EBITDA(배)	6.0	2.0	4.3	6.0	5.5	8.7
EPS(원)	473	1,075	1,233	1,403	994	850
BPS(원)	4,158	5,127	6,148	7,367	8,153	8,828
CFPS(원)	1,055	1,597	1,746	2,043	1,694	1,606
DPS(원)	75	100	100	100	135	135
EBITDAPS(원)	715	1,490	1,338	1,375	1,416	1,537

재무 비율 〈단위 : % 〉

연도	영업이익률	순이익률	부채비율	차입금비율	ROA	ROE	유보율	자기자본비율	EBITDA마진율
2016	4.3	4.6	29.3	0.0	7.3	10.0	1,665.6	77.4	8.4
2015	4.3	6.0	47.7	6.4	8.7	12.8	1,530.7	67.7	8.6
2014	4.9	9.4	47.7	7.1	13.9	20.8	1,373.3	67.7	9.3
2013	5.9	8.8	51.6	0.0	13.6	21.9	1,129.5	66.0	9.5

유바이오로직스 (A206650)
EuBiologics

업　　종 : 바이오		시　　장 : KOSDAQ	
신용등급 : (Bond) — (CP) —		기업규모 : 신성장	
홈페이지 : www.eubiologics.com		연 락 처 : (02)572-6675	
본　　사 : 서울시 서초구 마방로 8 (양재동, 봄날아침빌딩)6층			

설 립 일	2010.03.10	종 업 원 수	명	대 표 이 사	백영옥
상 장 일	2017.01.24	감 사 의 견	적정 (삼일)	계　　열	
결 산 기	12월	보 통 주	2,423만주	종속회사수	
액 면 가	500원	우 선 주		구　　상　　호	

주주구성 (지분율,%)		출자관계 (지분율,%)		주요경쟁사 (외형,%)	
바이오써포트	10.4			유바이오로직스	100
한국투자글로벌프론티어펀드제20호	9.7			팬젠	30
				랩지노믹스	497

매출구성		비용구성		수출비중	
CRMO	98.9	매출원가율	189.0	수출	47.0
콜레라 백신	1.1	판관비율	53.7	내수	53.0

회사 개요
동사는 2010년 03월 10일에 설립되었으며 업종은 물리, 화학 및 생물학 연구개발업으로서 세계 공중보건 증진에 기여할 수 있는 안전하고 효과적인 백신 개발 및 공급 사업과 신규의 백신제품 개발 및 바이오의약품에 대한. CRMO(수탁 연구 및 제조) 서비스 사업을 병행하는 바이오벤처임. 주요제품은 콜레라백신 치료제(유비콜)과 바이오의약품 수탁연구 및 수탁 제조 등이 있음.

실적 분석
동사의 2016년 결산기준 누적매출액은 전년동기대비 202.3% 증가한 48.5억원을 기록하였으나 매출원가 및 판관비도 크게 상승하여 영업이익은 적자를 지속중에 있음. 다만 전방산업인 바이오 의약품 시장은 연간 7% 이상 지속적으로 성장할 것으로 보고 있으며 백신시장도 연평균 11% 이상 성장할 것이라 기대하고 있음. 향후 콜레라 백신의 수요 및 수탁 연구 시장의 성장세를 볼때 지속적인 수익 개선이 기대됨.

현금 흐름 *IFRS 별도 기준 〈단위 : 억원〉

항목	2015	2016
영업활동	-34	-37
투자활동	-53	16
재무활동	68	28
순현금흐름	-19	8
기말현금	3	11

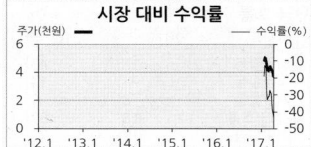
시장 대비 수익률

결산 실적 〈단위 : 억원〉

항목	2011	2012	2013	2014	2015	2016
매출액	—	10		31	16	48
영업이익	-12	-21		-18	-27	-69
당기순이익	-15	-23		-138	-28	-67

분기 실적 *IFRS 별도 기준 〈단위 : 억원〉

항목	2015.3Q	2015.4Q	2016.1Q	2016.2Q	2016.3Q	2016.4Q
매출액	11				5	
영업이익	1				-17	
당기순이익	3				-15	

재무 상태 *IFRS 별도 기준 〈단위 : 억원〉

항목	2011	2012	2013	2014	2015	2016
총자산	112	35		101	141	135
유형자산	107	8		44	65	59
무형자산	3	22		10	10	9
유가증권						
총부채	96	34		264	258	101
총차입금	91	6		239	232	46
자본금	30	37		39	51	105
총자본	16	1		-162	-116	34
지배주주지분	16	1		-162	-116	34

기업가치 지표 *IFRS 별도 기준

항목	2011	2012	2013	2014	2015	2016
주가(최고/저)(천원)	—/—	—/—	—/—	—/—	—/—	—/—
PER(최고/저)(배)	0.0/0.0	0.0/0.0	0.0/0.0	0.0/0.0	0.0/0.0	0.0/0.0
PBR(최고/저)(배)	0.0/0.0	0.0/0.0	0.0/0.0	0.0/0.0	0.0/0.0	0.0/0.0
EV/EBITDA(배)	—	—		—	—	—
EPS(원)	-388	-317		-1,007	-176	-340
BPS(원)	2,705	119		-10,726	-6,605	162
CFPS(원)	-3,864	-2,627		-9,389	-959	-260
DPS(원)						
EBITDAPS(원)	-3,136	-2,395		-647	-893	-270

재무 비율 〈단위 : % 〉

연도	영업이익률	순이익률	부채비율	차입금비율	ROA	ROE	유보율	자기자본비율	EBITDA마진율
2016	-142.7	-138.3	일부잠식	일부잠식	-48.5	전기잠식	-67.6	25.2	-110.0
2015	-169.8	-176.5	완전잠식	완전잠식	-23.3	잠식지속	-329.0	-82.2	-89.5
2014	-58.9	-447.0	완전잠식	완전잠식	0.0	0.0	-511.3	-160.1	-28.7
2013									

유비벨록스 (A089850)
UbiVelox

업 종 : 전자 장비 및 기기		시 장 : KOSDAQ	
신용등급 : (Bond) — (CP) —		기업규모 : 벤처	
홈페이지 : www.ubivelox.com		연 락 처 : 02)597-3023	
본 사 : 서울시 구로구 디지털로31길 1213.14층			

설 립 일 2000.09.01	종 업 원 수 250명	대 표 이 사 이흥복
상 장 일 2010.06.18	감사의견 적정 (삼일)	계 열
결 산 기 12월	보 통 주 712만주	종속회사수
액 면 가 500원	우 선 주	구 상 호

주주구성 (지분율,%)		출자관계 (지분율,%)		주요경쟁사 (외형,%)	
이흥복	19.6	라임아이	83.7	유비벨록스	100
엔에이치엔엔터테인먼트	8.8	유비벨록스테크놀러지	50.0	파크시스템스	25
(외국인)	2.7	유비벨록스모바일	42.3	엔에스	31

매출구성		비용구성		수출비중	
스마트카드	66.9	매출원가율	75.8	수출	10.3
스마트폰, 스마트카 등	15.5	판관비율	20.8	내수	89.7
시스템구축, 스마트카드 OS S/W등	14.5				

회사 개요
동사는 스마트 IT(스마트폰, 스마트카) 및 스마트카드 전문기업임. 주요 제품은 스마트카드 및 모바일 서비스로, 매출 비중은 각각 71.7%, 28.3%를 차지함. 이동통신사들의 근접무선통신(NFC) 채용 증가와 공격적 4G 전환에 따라 동사 스마트카드 부문의 실적 향상을 이끌고 있음. 통신카드, 기업형 앱, 스마트카 솔루션 등의 신규사업 부문에서 성장이 기대됨.

실적 분석
국내 신용카드 발급 제한 등으로 저조했던 스마트카드 부문이 안정세를 보이면서 동사의 2016년 연결기준 누적 매출액은 964.5억원으로 전년동기 대비 17.8% 증가함. 외형 확대로 영업이익은 32.6억원을 시현하며 흑자전환. 영업실적의 개선은 내수시장 개선에 따른 이익률 증가 및 해외매출 확대에 기인함. 금융손실의 증가로 비영업수지가 악화되며 당기순이익은 -30.7억원의 손실을 기록하며 전년대비 적자폭을 줄이는데 그침.

현금 흐름 〈단위 : 억원〉

항목	2015	2016
영업활동	-18	43
투자활동	-8	14
재무활동	8	9
순현금흐름	-18	67
기말현금	12	79

시장 대비 수익률

결산 실적 〈단위 : 억원〉

항목	2011	2012	2013	2014	2015	2016
매출액	949	872	809	619	819	964
영업이익	121	98	41	1	-25	33
당기순이익	86	66	-11	-43	-71	-31

분기 실적 〈단위 : 억원〉

항목	2015.3Q	2015.4Q	2016.1Q	2016.2Q	2016.3Q	2016.4Q
매출액	205	227	226	260	225	254
영업이익	1	-32	4	11	10	7
당기순이익	-37	-56	4	6	3	-43

재무 상태 〈단위 : 억원〉

항목	2011	2012	2013	2014	2015	2016
총자산	882	1,096	1,227	1,108	1,197	1,250
유형자산	48	138	146	136	142	165
무형자산	87	117	115	120	273	221
유가증권	9		7	24	52	18
총부채	344	406	541	447	535	514
총차입금	268	288	471	368	451	405
자본금	28	30	30	30	32	36
총자본	538	690	686	661	662	736
지배주주지분	538	690	686	661	660	721

기업가치 지표

항목	2011	2012	2013	2014	2015	2016
주가(최고/저)(천원)	33.7/22.7	31.4/13.4	27.2/9.0	18.5/11.2	21.0/9.4	—/—
PER(최고/저)(배)	20.9/10.5	27.1/19.6	—/—	—/—	—/—	—/—
PBR(최고/저)(배)	3.3/1.7	2.7/1.9	2.4/1.2	1.7/0.8	2.0/1.1	1.6/0.9
EV/EBITDA(배)	13.2	13.8	14.3	25.3	89.9	13.4
EPS(원)	1,611	1,159	-191	-714	-1,100	-283
BPS(원)	10,154	11,739	11,535	10,979	10,350	10,556
CFPS(원)	1,954	1,566	418	-97	-460	374
DPS(원)						
EBITDAPS(원)	2,541	2,139	1,286	642	251	1,114

재무 비율 〈단위 : % 〉

연도	영업이익률	순이익률	부채비율	차입금비율	ROA	ROE	유보율	자기자본비율	EBITDA마진율
2016	3.4	-3.2	69.9	55.1	-2.5	-2.9	2,011.2	58.9	8.2
2015	-3.1	-8.7	80.8	68.1	-6.2	-10.8	1,970.1	55.3	2.0
2014	0.2	-7.0	67.7	55.8	-3.7	-6.4	2,095.7	59.6	6.3
2013	5.0	-1.4	78.8	68.6	-1.0	-1.7	2,207.0	55.9	9.6

유비온 (A084440)
UBION

업 종 : 교육		시 장 : KONEX	
신용등급 : (Bond) — (CP) —		기업규모 : —	
홈페이지 : www.ubion.co.kr		연 락 처 : 02)2023-8778	
본 사 : 서울시 구로구 디지털로 34길 27 대륭포스트타워 3차 601호			

설 립 일 2000.01.11	종 업 원 수 166명	대 표 이 사 임재환
상 장 일 2014.01.21	감사의견 적정 (세림)	계 열
결 산 기 09월	보 통 주 300만주	종속회사수
액 면 가 500원	우 선 주 37만주	구 상 호

주주구성 (지분율,%)		출자관계 (지분율,%)		주요경쟁사 (외형,%)	
임재환	18.1	베리타스에듀	20.0	유비온	100
아주아이비투자	13.9			비앤에스미디어	42
				피엠디아카데미	52

매출구성		비용구성		수출비중	
이러닝	79.1	매출원가율	58.8	수출	—
에듀테크	12.3	판관비율	54.4	내수	—
도서출판	8.6				

회사 개요
동사는 2000년 1월 회사 설립 후 사업초기에 자체 콘텐츠를 보유하지 않고 주요 오프라인 성인교육기관들과의 전략적 제휴를 통해서 콘텐츠 확보를 시작함. 우선적으로 금융교육에 특화된 포지셔닝(wowpass.com)을 선택하고 이러닝(e-learning)의 시작 단계부터 초고속 통신망의 확대를 예상하여 VOD 방식으로 국내 최초 상품을 서비스하기 시작함. 원가절감을 통해 가격경쟁력을 갖춘 후 B2C와 B2B 모두 서비스하며 수익을 창출하는 기업임.

실적 분석
동사는 9월 결산법인으로 2016년 사업연도에는 금융3종 자격제도 변경으로 인한 매출 감소, 보육교사 이슈로 인한 평생교육원 매출 정체 등의 외부 환경 변화에 의해 17.8억원 영업 적자를 기록했음. 다만 랜드스쿨(공인중개사)의 무크 플랫폼화의 성공과 에듀테크센터 신설 등의 긍정적인 요인으로 총 매출은 2015년 대비 5% 정도 증가, 200억원 매출을 달성했음.

현금 흐름 *IFRS 별도 기준 〈단위 : 억원〉

항목	2016	2017.1Q
영업활동	-4	—
투자활동	-9	—
재무활동	11	—
순현금흐름	-2	—
기말현금	6	—

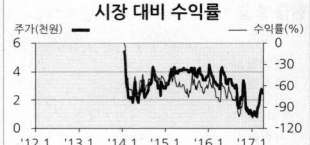

시장 대비 수익률

결산 실적 〈단위 : 억원〉

항목	2012	2013	2014	2015	2016	2017
매출액	201	172	220	194	202	
영업이익	3	11	7	-26	-18	
당기순이익	-3	5	3	-34	-66	

분기 실적 *IFRS 별도 기준 〈단위 : 억원〉

항목	2015.4Q	2016.1Q	2016.2Q	2016.3Q	2016.4Q	2017.1Q
매출액						
영업이익						
당기순이익						

재무 상태 *IFRS 별도 기준 〈단위 : 억원〉

항목	2012	2013	2014	2015	2016	2017.1Q
총자산	192	204	162	143	90	—
유형자산	31	31	2	2	2	—
무형자산	49	52	41	36	28	—
유가증권	9	12	3	3	0	—
총부채	140	147	104	118	116	—
총차입금	99	101	74	81	76	—
자본금	15	15	15	15	17	—
총자본	52	57	58	25	-26	—
지배주주지분	52	57	58	25	-26	—

기업가치 지표 *IFRS 별도 기준

항목	2012	2013	2014	2015	2016	2017.1Q
주가(최고/저)(천원)	—/—	—/—	7.6/1.8	4.3/2.0	4.5/1.2	—/—
PER(최고/저)(배)	0.0/0.0	0.0/0.0	75.8/17.5	—/—	—/—	—/—
PBR(최고/저)(배)	0.0/0.0	0.0/0.0	3.8/0.9	4.8/2.2	-6.9/-1.9	0.0/0.0
EV/EBITDA(배)	3.8	4.1	10.1			
EPS(원)	-110	181	100	-1,123	-1,952	
BPS(원)	1,728	1,909	2,009	898	-655	
CFPS(원)	489	530	557	-631	-1,513	
DPS(원)						
EBITDAPS(원)	703	711	691	-361	-90	

재무 비율 〈단위 : % 〉

연도	영업이익률	순이익률	부채비율	차입금비율	ROA	ROE	유보율	자기자본비율	EBITDA마진율
2016	-8.8	-32.4	완전잠식	완전잠식	-56.3	당기잠식	-231.0	-28.5	-1.5
2015	-13.2	-17.3	481.7	328.1	-22.1	-81.5	79.5	17.2	-5.6
2014	3.2	1.4	178.8	127.1	1.6	5.2	301.9	35.9	9.4
2013	6.3	3.2	257.5	177.8	2.8	10.0	281.9	28.0	12.4

유비케어 (A032620)
UBcare

업 종 : 의료 장비 및 서비스		시 장 : KOSDAQ	
신용 등급 : (Bond) — (CP) —		기업규모 : 중견	
홈 페 이 지 : www.ubcare.co.kr		연 락 처 : 02)2105-5000	
본 사 : 서울시 구로구 디지털로33길 28, 우림e-BIZCenter1차 10층			

설 립 일	1994.01.20	종업원수	200명	대표이사	이상경
상 장 일	1997.05.02	감사의견	적정 (안진)	계 열	
결 산 기	12월	보 통 주	4,029만주	종속회사수	
액 면 가	500원	우 선 주		구 상 호	

주주구성 (지분율,%)		출자관계 (지분율,%)		주요경쟁사 (외형,%)	
유니머스홀딩스	44.0	메디엔인터내셔널	16.2	유비케어	100
한국증권금융	4.3	피엔브이	10.5	메디아나	78
(외국인)	4.0	바이오넷	5.6	대한과학	68

매출구성		비용구성		수출비중	
의사랑,의팜시스템,자동조제기 등	91.5	매출원가율	45.0	수출	0.0
건강관리서비스 등	8.5	판관비율	45.7	내수	100.0

회사 개요
동사는 의료용 IT, 유통, 제약 솔루션 전문업체로서, 12,000여개의 병의원과 7,000여개의 약국 등 국내 최대의 병의원 네트워크를 확보 중임. 동사는 특화된 서비스로 뚜렷한 경쟁사가 없이 독점적인 영업망을 확보하고 있음. 국내 의료기술의 지속적인 발전에 따른 해외 환자 유입과 병의원 시스템 개선 추세에 따라 동사의 성장 전망도 비교적 양호한 편임. 건강서비스 및 컨설팅 업체 에버헬스케어 등을 자회사로 두고 있음.

실적 분석
동사의 2016년 연결기준 결산 매출액은 682.4억원으로 전년 동기 대비 14.8% 증가했음. 외형성장에 힘입어 영업이익은 전년 동기 대비 39.8% 증가한 63.4억원을 기록했음. 비영업손익 9.3억원 발생에도 불구하고 법인세비용이 21.3억원을 기록해 당기순이익은 전년 동기 대비 18.3% 감소한 50.7억원을 기록. 기반 산업인 ERM 솔루션은 매출이 증가해 매출비중이 93%를 달성, 의료소모품 프로모션 등으로 매출 다각화.

현금 흐름 〈단위 : 억원〉

항목	2015	2016
영업활동	78	31
투자활동	-53	52
재무활동	—	-38
순현금흐름	25	45
기말현금	89	135

시장 대비 수익률
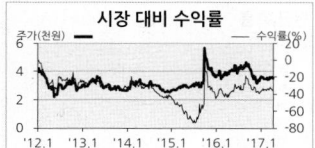

결산 실적 〈단위 : 억원〉

항목	2011	2012	2013	2014	2015	2016
매출액	568	650	655	558	594	682
영업이익	32	6	19	43	45	63
당기순이익	36	1	-43	-30	62	51

분기 실적 〈단위 : 억원〉

항목	2015.3Q	2015.4Q	2016.1Q	2016.2Q	2016.3Q	2016.4Q
매출액	198	99	159	—	—	—
영업이익	17	8	14	—	—	—
당기순이익	19	17	16	—	—	—

재무 상태 〈단위 : 억원〉

항목	2011	2012	2013	2014	2015	2016
총자산	567	615	550	528	642	648
유형자산	78	69	63	60	58	59
무형자산	74	131	106	36	26	18
유가증권	12	14	11	8	9	5
총부채	95	152	111	133	189	183
총차입금						
자본금	201	201	201	201	201	201
총자본	472	463	438	395	453	466
지배주주지분	472	477	441	395	453	466

기업가치 지표

항목	2011	2012	2013	2014	2015	2016
주가(최고/저)(천원)	4.1/1.6	4.8/2.2	3.7/2.6	3.4/2.5	5.7/2.6	4.7/3.0
PER(최고/저)(배)	47.1/18.0	186.7/86.0	—/—	—/—	37.5/17.3	37.8/23.8
PBR(최고/저)(배)	3.6/1.4	4.1/1.9	3.4/2.4	3.5/2.6	5.1/2.4	3.9/2.5
EV/EBITDA(배)	30.2	43.2	24.2	13.7	19.1	14.6
EPS(원)	90	26	-88	-64	154	126
BPS(원)	1,172	1,185	1,094	980	1,125	1,220
CFPS(원)	120	61	-52	-34	180	150
DPS(원)		—			30	30
EBITDAPS(원)	109	51	83	136	139	181

재무 비율 〈단위 : % 〉

연도	영업이익률	순이익률	부채비율	차입금비율	ROA	ROE	유보율	자기자본비율	EBITDA마진율
2016	9.3	7.4	39.2	0.0	7.9	11.0	143.9	71.8	10.7
2015	7.6	10.4	41.8	0.0	10.6	14.6	124.9	70.5	9.4
2014	7.7	-5.4	33.6	0.0	-5.6	-6.2	96.1	74.8	9.8
2013	2.9	-6.6	25.4	0.0	-7.4	-7.7	118.7	79.7	5.1

유비쿼스 (A264450)
Ubiquoss

업 종 : 통신장비		시 장 : KOSDAQ	
신용 등급 : (Bond) — (CP) —		기업규모 : 중견	
홈 페 이 지 : www.ubiquoss.com		연 락 처 : 070)4865-0500	
본 사 : 경기도 성남시 분당구 판교로255번길 68			

설 립 일	2017.03.01	종업원수	명	대표이사	최용호
상 장 일	2017.03.31	감사의견	(—)	계 열	
결 산 기	12월	보 통 주	512만주	종속회사수	
액 면 가	500원	우 선 주		구 상 호	

주주구성 (지분율,%)		출자관계 (지분율,%)		주요경쟁사 (외형,%)	
이상근	26.1			유비쿼스	
유비쿼스홀딩스	11.8			웨이브일렉트로	
(외국인)	12.6			아이쓰리시스템	

매출구성		비용구성		수출비중	
		매출원가율	0.0	수출	—
		판관비율	0.0	내수	—

회사 개요
동사는 스위치, FTTH 등을 주력 제품으로 하는 업체로서, KT, LG U+ 등의 인터넷가입자망을 구성하는데 사용됨. 통신과 방송의 융합 및 스마트폰, 스마트TV 보급이 활성화 됨에 따라 트래픽이 급격히 증가하는 추세로 서비스 품질 향상을 위해 망고도화를 진행. 네트워크 장비 사업 분야에서 FTTH 솔루션의 Full Line-Up 구축과 대형, 고부가 Carrier Class Ethernet 장비의 확보를 통해 시장우위를 지키고자 함.

실적 분석
동사는 유비쿼스에서 네트워크 사업부문의 인적분할하여 신설된 회사임. 이번 분할의 목적은 사업구조 다각화와 지배구조개선 및 기업가치 제고임. 분할 기일은 3월 1일이며 2월 27일부터 3월 30일까지 거래정지 후, 3월 31일 재상장 하였음. 통신 3사의 투자가 5G 표준이 확립되기 전까지는 하향 안정화 흐름을 보일 가능성이 높아 국내 사업의 가파른 성장을 기대하긴 어려우나 중장기적 측면에서 성장 가능성이 매우 큼.

현금 흐름 •IFRS 별도 기준 〈단위 : 억원〉

항목	2015	2016
영업활동	—	—
투자활동	—	—
재무활동	—	—
순현금흐름	—	—
기말현금	—	—

시장 대비 수익률
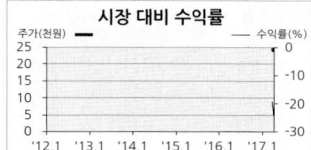

결산 실적 •IFRS 별도 기준 〈단위 : 억원〉

항목	2011	2012	2013	2014	2015	2016
매출액	—	—	—	—	—	—
영업이익	—	—	—	—	—	—
당기순이익	—	—	—	—	—	—

분기 실적 •IFRS 별도 기준 〈단위 : 억원〉

항목	2015.3Q	2015.4Q	2016.1Q	2016.2Q	2016.3Q	2016.4Q
매출액	—	—	—	—	—	—
영업이익	—	—	—	—	—	—
당기순이익	—	—	—	—	—	—

재무 상태 •IFRS 별도 기준 〈단위 : 억원〉

항목	2011	2012	2013	2014	2015	2016
총자산						
유형자산						
무형자산						
유가증권						
총부채						
총차입금						
자본금						
총자본						
지배주주지분						

기업가치 지표 •IFRS 별도 기준

항목	2011	2012	2013	2014	2015	2016
주가(최고/저)(천원)	—/—	—/—	—/—	—/—	—/—	—/—
PER(최고/저)(배)	0.0/0.0	0.0/0.0	0.0/0.0	0.0/0.0	0.0/0.0	0.0/0.0
PBR(최고/저)(배)	0.0/0.0	0.0/0.0	0.0/0.0	0.0/0.0	0.0/0.0	0.0/0.0
EV/EBITDA(배)	0.0	0.0	0.0	0.0	0.0	0.0
EPS(원)						
BPS(원)						
CFPS(원)						
DPS(원)						
EBITDAPS(원)						

재무 비율 〈단위 : % 〉

연도	영업이익률	순이익률	부채비율	차입금비율	ROA	ROE	유보율	자기자본비율	EBITDA마진율
2016	0.0	0.0	0.0	0.0	0.0	0.0	0.0	0.0	0.0
2015	0.0	0.0	0.0	0.0	0.0	0.0	0.0	0.0	0.0
2014	0.0	0.0	0.0	0.0	0.0	0.0	0.0	0.0	0.0
2013	0.0	0.0	0.0	0.0	0.0	0.0	0.0	0.0	0.0

유비쿼스홀딩스 (A078070)
Ubiquoss Holdings

업 종: 통신장비	시 장: KOSDAQ
신용등급: (Bond) — (CP) —	기업규모: 우량
홈페이지: www.ubiquoss.com	연락처: (070)4865-0500
본 사: 경기도 성남시 분당구 판교로255번길 68 유비쿼스B/D	

설 립 일 2000.07.11	종업원수 248명	대표이사 이상근
상 장 일 2009.01.23	감사의견 적정(지암)	계
결 산 기 12월	보 통 주 1,608만주	열
액 면 가 500원	우 선 주	종속회사수
		구 상 호 유비쿼스

주주구성 (지분율,%)
이상근	26.1
국민연금04-1기업구조조정조합QCP11호	3.6
(외국인)	13.9

출자관계 (지분율,%)
유비쿼스인베스트먼트	100.0
UI벤처투자조합2호	100.0
엔틱게임즈	27.3

주요경쟁사 (외형,%)
유비쿼스홀딩스	100
웨이브일렉트로	37
아이쓰리시스템	42

매출구성
스위치	60.3
FTTH	26.7
기타	13.0

비용구성
매출원가율	54.5
판관비율	25.4

수출비중
수출	2.4
내수	97.6

회사 개요
동사는 스위치, FTTH 등을 주력 제품으로 하는 업체로서, KT, LG U+ 등의 인터넷가입자망을 구성하는데 사용됨. 통신과 방송의 융합 및 스마트폰, 스마트TV 보급이 활성화 됨에 따라 트래픽이 급격히 증가하는 추세로 서비스 품질 향상을 위해 망고도화가 필요함. 네트워크 장비 사업 분야에서 FTTH 솔루션의 Full Line-Up 구축과 대형, 고부가 Carrier Class Ethernet 장비의 확보를 통해 시장우위를 지키고 있음.

실적 분석
동사의 2016년 연간 매출은 1,206.7억원으로 전년대비 25.7% 감소, 영업이익은 242.9억원으로 전년대비 17.7% 감소 시현. 당기순이익은 239.3억원으로 전년대비 18.9% 감소함. 국내 시장에서 LTE 투자 축소 등 전방산업의 투자 규모가 감소하면서 전체 외형도 감소 시현. 고정비 부담 증가 영향으로 수익성도 전년대비 부진. 동사는 신규 개발한 보안 솔루션의 제품 라인업 확대를 통한 매출증대에 기여할 계획임.

현금 흐름 〈단위 : 억원〉
항목	2015	2016
영업활동	498	160
투자활동	-378	-30
재무활동	-24	-124
순현금흐름	95	5
기말현금	281	287

시장 대비 수익률
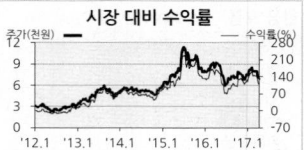

결산 실적 〈단위 : 억원〉
항목	2011	2012	2013	2014	2015	2016
매출액	737	748	1,184	1,199	1,623	1,207
영업이익	135	123	206	214	295	243
당기순이익	160	150	214	212	295	239

분기 실적 〈단위 : 억원〉
항목	2015.3Q	2015.4Q	2016.1Q	2016.2Q	2016.3Q	2016.4Q
매출액	318	467	319	337	249	302
영업이익	50	89	58	75	50	60
당기순이익	50	96	60	70	48	62

재무 상태 〈단위 : 억원〉
항목	2011	2012	2013	2014	2015	2016
총자산	1,492	1,668	1,892	2,256	2,600	2,501
유형자산	118	159	360	434	420	399
무형자산	10	48	43	17	26	22
유가증권	901	850	941	828	1,218	1,287
총부채	221	252	284	456	556	324
총차입금	39	55	28	21	22	1
자본금	106	106	106	106	106	106
총자본	1,271	1,416	1,608	1,800	2,044	2,178
지배주주지분	1,271	1,411	1,598	1,791	2,044	2,178

기업가치 지표
항목	2011	2012	2013	2014	2015	2016
주가(최고/저)(천원)	6.5/2.9	5.0/3.3	8.6/4.6	8.4/6.5	16.9/8.5	13.2/8.5
PER(최고/저)(배)	6.8/3.0	5.4/3.5	6.6/3.5	6.2/4.8	8.9/4.5	8.4/5.4
PBR(최고/저)(배)	0.8/0.4	0.5/0.4	0.8/0.4	0.7/0.6	1.2/0.6	0.9/0.6
EV/EBITDA(배)	1.1	3.0	5.2	5.5	3.9	3.6
EPS(원)	756	713	992	1,013	1,392	1,129
BPS(원)	6,447	7,107	7,990	8,901	10,095	10,959
CFPS(원)	808	768	1,075	1,153	1,531	1,277
DPS(원)	100	100	120	200	300	250
EBITDAPS(원)	686	635	1,056	1,149	1,531	1,294

재무 비율 〈단위 : % 〉
연도	영업이익률	순이익률	부채비율	차입금비율	ROA	ROE	유보율	자기자본비율	EBITDA마진율
2016	20.1	19.8	14.9	0.1	9.4	11.3	2,091.8	87.1	22.7
2015	18.2	18.2	27.2	1.1	12.2	15.4	1,919.1	78.6	20.0
2014	17.9	17.7	25.4	1.2	10.2	12.7	1,680.2	79.8	20.3
2013	17.4	18.1	17.7	1.7	13.0	14.0	1,498.0	85.0	18.9

유성기업 (A002920)
Yoosung Enterprise

업 종: 자동차부품	시 장: 거래소
신용등급: (Bond) — (CP) —	기업규모: 시가총액 소형주
홈페이지: www.ypr.co.kr	연락처: (041)539-5000
본 사: 충남 아산시 둔포면 아산밸리동로 22	

설 립 일 1960.03.15	종업원수 672명	대표이사 유시영
상 장 일 1988.10.10	감사의견 적정(삼정)	계
결 산 기 12월	보 통 주 2,595만주	열
액 면 가 500원	우 선 주	종속회사수
		구 상 호

주주구성 (지분율,%)
유시영	20.1
유시훈	5.6
(외국인)	19.0

출자관계 (지분율,%)
동성금속	42.2
동서페더럴모걸	40.0
신화정밀	35.0

주요경쟁사 (외형,%)
유성기업	100
동원금속	179
유라테크	82

매출구성
피스턴, S/P라이너	30.9
H.L.A, 발브시트외	29.6
피스턴링외	20.5

비용구성
매출원가율	93.1
판관비율	4.4

수출비중
수출	48.1
내수	51.9

회사 개요
동사는 내연기관 부품인 피스턴링, 실린더라이너, 카운터 SPINY 실린더라이너, 캠샤프트 등을 생산하여 주로 국내 자동차 회사, 중장비, 농기계회사 및 내연기관 생산업체등에 OEM 및 보수용 부품으로 공급. 국내 A/S용 시판과 미국, 동남아, 중국, 남미, 유럽등 세계 각국에 수출하고 있음. 동사관계회사에서 생산하는 자동차 및 내연기관 부품인 SPINY 실린더라이너, 피스턴, 핀, 발브시트 등을 국내외 자동차, 중장비 회사에 공급함.

실적 분석
동사의 2016년 결산 연결기준 매출액은 2,578.0억원으로 전년동기 대비 3.8%의 외형 감소를 보임. 영업이익은 65.3억원으로 전년동기 대비 31.8% 증가. 그러나 당기순이익은 108.0억원으로 전년동기 대비 26.9% 감소. 동사는 아직 2011년 5월 노동조합 파업사태와 관련하여 금속노조 유성지회와 다수의 소송이 진행중임. 이에 공급차질이 있어 시장점유율에도 악영향을 받고 있으며, 안정적인 생산에 힘쓰는 중임.

현금 흐름 〈단위 : 억원〉
항목	2015	2016
영업활동	450	365
투자활동	-268	-350
재무활동	-108	-72
순현금흐름	75	-56
기말현금	241	185

시장 대비 수익률
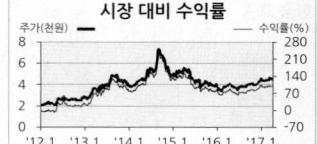

결산 실적 〈단위 : 억원〉
항목	2011	2012	2013	2014	2015	2016
매출액	2,797	2,987	2,843	3,035	2,679	2,578
영업이익	149	211	161	159	50	65
당기순이익	190	268	237	203	166	108

분기 실적 〈단위 : 억원〉
항목	2015.3Q	2015.4Q	2016.1Q	2016.2Q	2016.3Q	2016.4Q
매출액	610	682	629	685	559	705
영업이익	-5	-36	61	21	-15	-1
당기순이익	15	37	60	31	-21	38

재무 상태 〈단위 : 억원〉
항목	2011	2012	2013	2014	2015	2016
총자산	3,307	3,290	3,537	3,777	3,738	3,773
유형자산	1,242	1,206	1,252	1,155	1,194	1,101
무형자산	6	6	6	6	2	2
유가증권	197	230	367	627	660	919
총부채	1,305	1,096	1,040	1,104	912	882
총차입금	299	253	182	102	33	—
자본금	130	130	130	130	130	130
총자본	2,002	2,194	2,496	2,673	2,826	2,891
지배주주지분	1,887	2,029	2,309	2,457	2,569	2,623

기업가치 지표
항목	2011	2012	2013	2014	2015	2016
주가(최고/저)(천원)	4.0/1.8	2.9/2.0	5.0/2.6	7.4/3.7	5.7/3.7	4.4/3.4
PER(최고/저)(배)	7.5/3.3	4.1/2.8	6.9/3.6	12.4/6.3	13.1/8.4	13.2/10.3
PBR(최고/저)(배)	0.7/0.3	0.4/0.3	0.6/0.3	0.8/0.4	0.6/0.4	0.4/0.3
EV/EBITDA(배)	2.8	2.5	3.4	2.9	2.3	1.7
EPS(원)	654	832	815	643	462	338
BPS(원)	7,292	7,839	8,918	9,486	9,919	10,126
CFPS(원)	1,149	1,419	1,395	1,337	1,268	1,126
DPS(원)	100	130	130	130	120	120
EBITDAPS(원)	1,069	1,401	1,200	1,306	997	1,040

재무 비율 〈단위 : % 〉
연도	영업이익률	순이익률	부채비율	차입금비율	ROA	ROE	유보율	자기자본비율	EBITDA마진율
2016	2.5	4.2	30.5	0.0	2.9	3.4	1,925.1	76.6	10.5
2015	1.9	6.2	32.3	1.2	4.4	4.8	1,883.8	75.6	9.7
2014	5.2	6.7	41.3	3.8	5.6	7.0	1,797.3	70.8	11.2
2013	5.7	8.3	41.7	7.3	6.9	9.8	1,683.5	70.6	11.0

유성티엔에스 (A024800)
Yoosung T&S

업 종 : 금속 및 광물	시 장 : KOSDAQ
신용등급 : (Bond) BB+ (CP) —	기업규모 : 중견
홈 페 이 지 : www.ystns.co.kr	연 락 처 : 02)3416-6600
본 사 : 서울시 서초구 남부순환로 2583, 9층(서초동, 서희타워)	

설 립 일	1977.08.10	종업원수	642명	대표이사	손현곤
상 장 일	1999.12.10	감사의견	적정 (대주)	계 열	
결 산 기	12월	보 통 주	2,272만주	종속회사수	
액 면 가	500원	우 선 주		구 상 회	

주주구성 (지분율,%)		출자관계 (지분율,%)		주요경쟁사 (외형,%)	
이봉관	10.4	서유이엔씨	100.0	유성티엔에스	100
서희건설	7.4	유성강업	100.0	세아특수강	152
(외국인)	2.1	동화실업	100.0	현대비앤지스틸	150

매출구성		비용구성		수출비중	
철근, 강판	37.0	매출원가율	93.0	수출	0.0
운송	33.7	판관비율	3.3	내수	100.0
강관외	18.6				

회사 개요
동사는 철강재 전문 물류회사로 1986년 포스코를 시작으로 동부제철, 현대제철 등 다수의 업체와 철강 물류사업을 수행함. 광양제철소 연관단지 내에 소재한 공장에서 1992년부터 강관, C형강 제조 및 강판 가공을 하고 있음. 에너지사업은 CNG 이동식 및 파주 고정식 충전소사업을 근간으로 LNG사업을 확대함. 2014년부터 철강재 Total SCM 서비스를 개시하였으며, 중국, 인도네시아 등에 해외 물류인프라 구축을 위해 노력중임.

실적 분석
동사의 2016년 연결 기준 매출과 영업이익은 4407억원, 161억원으로 전년 대비 매출은 14.8% 줄었으나 영업이익은 25.1% 증가함. 별도 재무제표 기준으로 부문별 매출액을 보면 물류부문에서는 전기 대비 44억원 감소한 1786억원을, 철강부문에서는 1000억원 감소한 1879억원을, 휴게소부문에서는 88억원 증가한 522억원을 달성하여 총 매출액은 4187억원이며 영업이익은 147억원, 당기순이익은 40억원을 시현함.

현금 흐름 〈단위 : 억원〉
항목	2015	2016
영업활동	366	393
투자활동	-30	-405
재무활동	-309	-19
순현금흐름	38	-24
기말현금	379	355

시장 대비 수익률
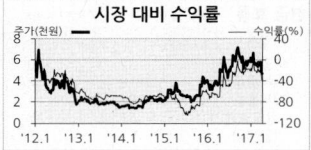

결산 실적 〈단위 : 억원〉
항목	2011	2012	2013	2014	2015	2016
매출액	3,981	3,915	4,970	5,377	5,171	4,407
영업이익	92	43	107	117	129	161
당기순이익	21	-31	-15	64	66	141

분기 실적 〈단위 : 억원〉
항목	2015.3Q	2015.4Q	2016.1Q	2016.2Q	2016.3Q	2016.4Q
매출액	1,385	1,270	1,072	1,150	1,025	1,161
영업이익	49	37	38	47	37	40
당기순이익	15	18	27	37	10	66

재무 상태 〈단위 : 억원〉
항목	2011	2012	2013	2014	2015	2016
총자산	3,335	3,413	3,477	3,621	3,401	3,455
유형자산	1,069	877	790	845	756	718
무형자산	38	27	85	75	82	69
유가증권	121	100	101	119	112	381
총부채	2,246	2,143	2,223	2,310	2,039	2,004
총차입금	1,667	1,568	1,426	1,485	1,330	1,322
자본금	79	114	114	114	114	114
총자본	1,089	1,271	1,254	1,311	1,362	1,451
지배주주지분	1,089	1,271	1,254	1,311	1,339	1,386

기업가치 지표
항목	2011	2012	2013	2014	2015	2016
주가(최고/저)(천원)	5.3/1.5	7.6/1.7	2.6/1.5	2.5/1.4	4.5/2.0	7.3/3.1
PER(최고/저)(배)	35.9/10.0	—/—	—/—	8.9/4.9	17.2/7.6	17.1/7.3
PBR(최고/저)(배)	0.8/0.2	1.4/0.3	0.5/0.3	0.4/0.2	0.7/0.3	1.1/0.5
EV/EBITDA(배)	14.1	16.8	7.7	7.4	7.6	8.5
EPS(원)	152	-175	-66	280	263	425
BPS(원)	7,042	5,693	5,621	5,869	6,217	6,476
CFPS(원)	494	160	228	698	704	827
DPS(원)	30	10	10	10	10	10
EBITDAPS(원)	1,024	578	766	932	1,009	1,112

재무 비율 〈단위 : % 〉
연도	영업이익률	순이익률	부채비율	차입금비율	ROA	ROE	유보율	자기자본비율	EBITDA마진율
2016	3.7	3.2	138.1	91.1	4.1	7.1	1,195.2	42.0	5.7
2015	2.5	1.3	149.7	97.6	1.9	4.5	1,143.3	40.1	4.4
2014	2.2	1.2	176.2	113.3	1.8	5.0	1,073.8	36.2	3.9
2013	2.2	-0.3	177.2	113.7	-0.4	-1.2	1,024.2	36.1	3.5

유수홀딩스 (A000700)
EUSU HOLDINGS COLTD

업 종 : 해상운수	시 장 : 거래소
신용등급 : (Bond) — (CP) —	기업규모 : 시가총액 소형주
홈 페 이 지 : www.eusu-holdings.com	연 락 처 : 02)6716-3000
본 사 : 서울시 영등포구 국제금융로2길 25 (여의도동)	

설 립 일	1949.12.23	종업원수	19명	대표이사	송영규
상 장 일	1956.03.03	감사의견	적정 (삼정)	계 열	
결 산 기	12월	보 통 주	2,604만주	종속회사수	
액 면 가	2,500원	우 선 주		구 상 회	한진해운홀딩스

주주구성 (지분율,%)		출자관계 (지분율,%)		주요경쟁사 (외형,%)	
최은영	18.1	유수로지스틱스	100.0	유수홀딩스	100
(재)양현	9.9	유수에스엠	100.0	팬오션	419
(외국인)	6.1	몬도브릿지	100.0		1,731

매출구성		비용구성		수출비중	
운송주선 등	66.2	매출원가율	74.4	수출	—
IT, 선박관리 등	29.1	판관비율	21.4	내수	—
임대업, 운송지원 등	5.8				

회사 개요
동사는 자회사의 주식 또는 지분을 취득, 소유함으로써 그 회사의 제반 사업내용을 지배, 경영지도, 정리, 육성하는 것을 목적으로 하는 지주회사로서 싸이버로지텍, 유수에스엠 등을 자회사로 두고 있음. 영업수익은 임대사업 수익, 배당수익 등으로 구성되었음. 동사의 자회사인 싸이버로지텍은 해운, 항만, 물류 분야에 특화된 소프트웨어 개발 및 판매업을, 유수에스엠은 선박관리 대행 사업을 영위 중임.

실적 분석
동사의 2016년 4분기 연결기준 누적 매출액은 4469.7억원으로 전년 동기(5163.7억원) 대비 13.4% 감소함. 영업이익(184.4억원) 역시 전년 동기 대비 72.6% 감소를 기록하며 외형 축소와 수익성 악화가 가시적으로 드러남. 한진해운 법정관리에 따른 자회사 매출채권 대손 반영과 사업조직 및 인력의 합리화 과정에서 추가 비용이 발생. 당기순이익은 전년 대비 약 400억원 감소한 78억원을 기록함.

현금 흐름 〈단위 : 억원〉
항목	2015	2016
영업활동	491	163
투자활동	-98	-278
재무활동	-36	-76
순현금흐름	356	-184
기말현금	853	669

시장 대비 수익률
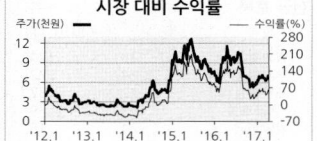

결산 실적 〈단위 : 억원〉
항목	2011	2012	2013	2014	2015	2016
매출액	362	106,065	4,729	4,808	5,164	4,470
영업이익	-3,018	-793	217	372	672	184
당기순이익	-2,859	-6,227	-6,591	-445	475	78

분기 실적 〈단위 : 억원〉
항목	2015.3Q	2015.4Q	2016.1Q	2016.2Q	2016.3Q	2016.4Q
매출액	1,316	1,301	1,249	1,226	1,080	916
영업이익	162	157	153	156	-98	-27
당기순이익	119	80	99	93	-96	-18

재무 상태 〈단위 : 억원〉
항목	2011	2012	2013	2014	2015	2016
총자산	8,652	112,764	108,288	4,104	4,645	4,652
유형자산	423	78,439	76,135	2,017	2,105	2,218
무형자산	0	1,218	1,189	34	53	103
유가증권		240	427	58	32	114
총부채	2,255	99,504	101,089	1,893	1,974	1,932
총차입금	1,950	67,825	67,046	846	853	843
자본금	2,190	2,190	2,190	651	651	651
총자본	6,397	13,260	7,199	2,211	2,671	2,720
지배주주지분	6,397	4,633	2,533	1,910	2,106	2,090

기업가치 지표
항목	2011	2012	2013	2014	2015	2016
주가(최고/저)(천원)	10.3/3.6	5.4/2.7	3.4/2.1	8.2/2.0	13.3/7.0	11.7/5.1
PER(최고/저)(배)	—/—	—/—	—/—	2.0/0.5	16.8/8.8	8,555.8/3,696.7
PBR(최고/저)(배)	1.3/0.5	0.9/0.5	0.9/0.6	1.0/0.3	1.5/0.8	1.3/0.6
EV/EBITDA(배)	—/—	19.9	13.9	1.7	3.4	9.5
EPS(원)	-3,265	-2,465	-2,723	4,156	804	1
BPS(원)	16,180	12,152	7,356	8,126	8,877	8,815
CFPS(원)	-6,498	4,960	4,938	7,779	950	146
DPS(원)					75	50
EBITDAPS(원)	-6,860	8,079	10,881	4,339	2,727	853

재무 비율 〈단위 : % 〉
연도	영업이익률	순이익률	부채비율	차입금비율	ROA	ROE	유보율	자기자본비율	EBITDA마진율
2016	4.1	1.7	71.0	31.0	1.7	0.0	252.6	58.5	5.0
2015	13.0	9.2	73.9	31.9	10.9	10.4	255.1	57.5	13.8
2014	7.7	-9.3	85.6	38.3	-0.8	97.0	225.1	53.9	46.8
2013	4.6	-139.4	1,404.2	931.3	-6.0	-66.6	47.1	6.7	100.8

유신 (A054930)
Yooshin Engineering

업 종: 건설	시 장: KOSDAQ
신용등급: (Bond) — (CP) —	기업규모: 중견
홈페이지: www.yooshin.com	연락처: 02)6202-0114
본 사: 서울시 강남구 역삼로 4길 8 (역삼동)	

설 립 일	1966.01.17	종 업 원 수	1,118명	대 표 이 사	성낙일
상 장 일	2002.01.15	감 사 의 견	적정(삼덕)	계 열	
결 산 기	12월	보 통 주	300만주	종속회사수	
액 면 가	5,000원	우 선 주		구 상 호	

주주구성 (지분율,%)		출자관계 (지분율,%)		주요경쟁사 (외형,%)	
전긍렬	25.2			유신	100
전경수	23.3			삼일기업공사	19
(외국인)	0.1			신원종합개발	76

매출구성		비용구성		수출비중	
감리(용역)	32.2	매출원가율	88.4	수출	13.9
기타설계(용역)	26.0	판관비율	10.7	내수	86.1
기타	16.3				

회사 개요
동사는 도로, 철도, 공항, 교량, 항만 등 교통시설부분야와 함께 수공분야, 도시계획, 레저조경 및 환경 등 생활환경과 직결된 분야, 엔지니어링 전분야에서 시공을 제외한 타당성조사, 기본 및 실시설계, 감리, 준공 후 유지관리업무 등 건설사업의 모든 분야를 대상으로 하고 있음. 사회간접자본(SOC)의 지속적인 수요증가가 예상되는 아시아, 중동, 아프리카 및 남미 시장에서 해외시장 진출의 교두보를 마련하기 위한 방안을 모색함.

실적 분석
동사의 연결기준 2016년 매출액은 1,516.4억원으로 전년 대비 4.1% 증가함. 또한 전년보다 9.4억원 증가한 13.5억원의 영업이익을 기록하였음. 비영업 부문에서 이익이 증가하여 최종적으로 전년보다 6.7억원 증가한 16.9억원의 순이익을 기록함. 산업의 특성상 발주처의 대부분이 관급이므로 정부 정책에 따라 시장의 방향이 결정되어 국내시장에서는 새로운 영역으로 진입하기 위한 노력을 펼침과 동시에 해외시장 진출을 적극적으로 진행 중.

현금 흐름 〈단위 : 억원〉
항목	2015	2016
영업활동	23	144
투자활동	-4	-22
재무활동	-22	-132
순현금흐름	-3	-9
기말현금	24	15

시장 대비 수익률
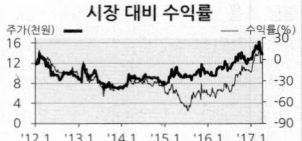

결산 실적 〈단위 : 억원〉
항목	2011	2012	2013	2014	2015	2016
매출액	1,802	1,503	1,538	1,410	1,457	1,516
영업이익	-99	-20	10	4	4	14
당기순이익	-70	-58	8	-29	10	17

분기 실적 〈단위 : 억원〉
항목	2015.3Q	2015.4Q	2016.1Q	2016.2Q	2016.3Q	2016.4Q
매출액	370	377	372	381	376	388
영업이익	12	26	-18	17	-2	17
당기순이익	13	20	-12	15	1	12

재무 상태 〈단위 : 억원〉
항목	2011	2012	2013	2014	2015	2016
총자산	1,443	1,402	1,386	1,472	1,470	1,424
유형자산	239	238	236	236	254	254
무형자산	4	4	4	4	4	4
유가증권	27	26	26	26	27	26
총부채	525	538	492	638	626	559
총차입금	145	235	200	247	224	91
자본금	150	150	150	150	150	150
총자본	918	864	895	834	844	865
지배주주지분	918	864	895	834	844	865

기업가치 지표
항목	2011	2012	2013	2014	2015	2016
주가(최고/저)(천원)	20.0/9.8	14.1/8.5	12.5/6.7	10.2/7.1	12.1/7.8	14.7/9.3
PER(최고/저)(배)	—/—	—/—	46.1/24.5	—/—	36.0/23.2	26.5/16.8
PBR(최고/저)(배)	0.7/0.3	0.5/0.3	0.4/0.2	0.4/0.3	0.4/0.3	0.5/0.3
EV/EBITDA(배)						
EPS(원)	-2,323	-1,933	277	-981	340	564
BPS(원)	30,607	28,784	29,820	27,813	28,123	28,835
CFPS(원)	-2,249	-1,851	361	-855	431	687
DPS(원)						200
EBITDAPS(원)	-3,221	-575	428	264	229	574

재무 비율 〈단위 : % 〉
연도	영업이익률	순이익률	부채비율	차입금비율	ROA	ROE	유보율	자기자본비율	EBITDA마진율
2016	0.9	1.1	64.6	10.5	1.2	2.0	476.7	60.7	1.1
2015	0.7	0.7	74.2	26.6	0.7	1.2	462.5	57.4	0.5
2014	0.3	-2.1	76.5	29.6	-2.1	-3.4	456.3	56.7	0.6
2013	0.7	0.5	54.9	22.3	0.6	0.9	496.4	64.5	0.8

유쎌 (A252370)
YOUCEL

업 종: 개인생활용품	시 장: KONEX
신용등급: (Bond) — (CP) —	기업규모: —
홈페이지: www.youcel.co.kr	연락처: 063)834-6877
본 사: 전북 익산시 함열읍 익산대로78길 265	

설 립 일	2008.08.18	종 업 원 수	명	대 표 이 사	차재영
상 장 일	2016.09.29	감 사 의 견	적정(한울)	계 열	
결 산 기	12월	보 통 주	120만주	종속회사수	
액 면 가	500원	우 선 주	80만주	구 상 호	

주주구성 (지분율,%)		출자관계 (지분율,%)		주요경쟁사 (외형,%)	
차재영	45.7			유쎌	100
신상민	31.4			제닉	5,287
				한국화장품	9,478

매출구성		비용구성		수출비중	
마스크팩	74.7	매출원가율	103.7	수출	—
시트	23.6	판관비율	108.8	내수	—
원료, 기타	1.7				

회사 개요
동사는 포도당(glucose, C6H12O6)의 발효결합 산물인 바이오 셀룰로오스 다당체를 제조하여 화장품 마스크 팩, 화상치료용 패치 등 제품으로 개발, 판매하는 회사임. 건조 바이오 셀룰로오스기술은 동사가 독자적으로 개발하였고 2013년 기술안정화를 이룸. 의료기기 창상피복재로 건조 바이오 셀룰로오스 시트를 국내외 식약청에 등록하고 본격적인 바이오 셀룰로오스 소재 개발사로서의 위상을 가지려는 계획을 진행 중.

실적 분석
동사의 2016년도 매출액은 17억원으로 전년 대비 32.8% 줄어든 실적임. 영업이익은 -19.1억원, 당기순이익은 -18.3억원으로 적자를 지속하는 모습. 당기 유동비율(유동자산을 유동부채로 나누는 수치)은 전년 1,590.8%에 비해 크게 줄어든 416.1%이며 부채비율은 27.2%에서 46.4%로 늘었음. 이렇게 비율이 악화된 원인은 현금성자산이 감소하고 1년이래 도래하는 장기차입금 증가, 결손금이 큰 탓임.

현금 흐름 *IFRS 별도 기준 〈단위 : 억원〉
항목	2015	2016
영업활동	-32	-30
투자활동	-18	2
재무활동	102	1
순현금흐름	53	-27
기말현금	55	28

시장 대비 수익률
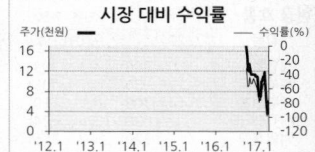

결산 실적 〈단위 : 억원〉
항목	2011	2012	2013	2014	2015	2016
매출액	—	—	7	40	25	17
영업이익	—	—	-10	5	-19	-19
당기순이익	—	—	-10	4	-20	-18

분기 실적 *IFRS 별도 기준 〈단위 : 억원〉
항목	2015.3Q	2015.4Q	2016.1Q	2016.2Q	2016.3Q	2016.4Q
매출액						
영업이익						
당기순이익						

재무 상태 *IFRS 별도 기준 〈단위 : 억원〉
항목	2011	2012	2013	2014	2015	2016
총자산	—	—	15	27	106	95
유형자산	—	—	6	12	24	22
무형자산	—	—	4	4	4	0
유가증권						
총부채	—	—	15	24	23	30
총차입금	—	—	11	13	16	17
자본금	—	—	4	4	10	10
총자본	—	—	-0	4	84	65
지배주주지분	—	—	-0	4	84	65

기업가치 지표 *IFRS 별도 기준
항목	2011	2012	2013	2014	2015	2016
주가(최고/저)(천원)	—/—	—/—	—/—	—/—	—/—	20.0/11.0
PER(최고/저)(배)	0.0/0.0	0.0/0.0	0.0/0.0	0.0/0.0	0.0/0.0	—/—
PBR(최고/저)(배)	0.0/0.0	0.0/0.0	0.0/0.0	0.0/0.0	0.0/0.0	6.1/3.4
EV/EBITDA(배)				1.4		
EPS(원)	—	—	-842	317	-1,608	-1,384
BPS(원)	—	—	-253	4,881	4,178	3,261
CFPS(원)	—	—	-13,067	5,498	-1,489	-1,230
DPS(원)	—	—				
EBITDAPS(원)	—	—	-12,327	6,624	-1,386	-1,287

재무 비율 〈단위 : % 〉
연도	영업이익률	순이익률	부채비율	차입금비율	ROA	ROE	유보율	자기자본비율	EBITDA마진율
2016	-112.5	-108.1	46.4	25.8	-18.2	-24.7	552.2	68.3	-100.5
2015	-74.3	-79.4	27.2	18.8	-30.0	-45.9	735.5	78.6	-68.4
2014	11.8	9.6	일부잠식	일부잠식	18.1	전기잠식	-2.4	13.3	12.4
2013	-139.0	-147.0	완전잠식	완전잠식	0.0	0.0	-105.1	-1.3	-132.9

유아이디 (A069330)
UID CO

업 종 : 디스플레이 및 관련부품		시 장 : KOSDAQ	
신용등급 : (Bond) — (CP) —		기업규모 : 벤처	
홈페이지 : www.uidkorea.co.kr		연락처 : 044)862-7576	
본 사 : 세종시 전동면 노장공단길 25-9			

설 립 일	1990.05.18	종 업 원 수	108명	대 표 이 사	박종수
상 장 일	2003.08.18	감 사 의 견	적정(삼덕)	계	열
결 산 기	12월	보 통 주	1,189만주	종속회사수	
액 면 가	500원	우 선 주		구 상 수	

주주구성 (지분율,%)		출자관계 (지분율,%)		주요경쟁사 (외형,%)	
박종수	38.1	송도애니파크	37.0	유아이디	100
KB자산운용	4.7	서우로이엘	30.0	리드	184
(외국인)	0.9				8

매출구성		비용구성		수출비중	
GLASS FILTER	87.9	매출원가율	82.2	수출	0.0
ITO COATING	12.1	판관비율	21.9	내수	100.0

회사 개요
동사는 1990년 설립된 TN/STN ITO, 터치패널용 ITO, 유기EL용 ITO 등 액정표시장치(LCD)에 사용되는 ITO 코팅 및 PDP TV의 핵심 소재인 PDP Filter용 강화유리를 생산하는 회사임. 조치원, 구미공장에서는 PDP Filter용 강화유리를 생산하고, 오창 2공장에서는 PDP 필터용 강화유리 완제품을 생산함. 오창공장에서는 ITO 코팅유리를 전문으로 생산함.

실적 분석
2016년 연결기준 연간 누적 매출액은 192.4억원으로 전년 동기 대비 9.9% 감소함. 주력 사업인 ITO COATING 제품 임가공 부문의 매출 축소가 실적 부진의 주 원인임. 매출감소로 매출원가 또한 큰 폭으로 줄고 판매비와 관리비 비용도 절감되면서 영업손실은 7.8억원으로 전년 동기 대비 적자 규모 감소. 관련기업 투자 등 관련손익 적자로 당기순손실 규모 늘어나며 48.6억원을 기록함.

현금 흐름 *IFRS 별도 기준 〈단위 : 억원〉

항목	2015	2016
영업활동	30	24
투자활동	-54	7
재무활동	11	-32
순현금흐름	-13	-1
기말현금	4	2

시장 대비 수익률
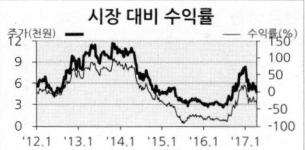

결산 실적 〈단위 : 억원〉

항목	2011	2012	2013	2014	2015	2016
매출액	581	580	734	467	214	192
영업이익	108	161	176	64	-17	-8
당기순이익	81	124	141	36	-29	-49

분기 실적 *IFRS 별도 기준 〈단위 : 억원〉

항목	2015.3Q	2015.4Q	2016.1Q	2016.2Q	2016.3Q	2016.4Q
매출액	48	62	60	39	48	45
영업이익	-12	0	1	-6	-3	-0
당기순이익	-13	-11	-3	-6	-2	-38

재무 상태 *IFRS 별도 기준 〈단위 : 억원〉

항목	2011	2012	2013	2014	2015	2016
총자산	445	630	738	715	700	607
유형자산	305	397	416	463	439	345
무형자산	6	8	8	6	4	3
유가증권	0	0	0	4	0	0
총부채	170	243	223	180	214	169
총차입금	100	173	99	162	194	161
자본금	59	59	59	59	59	59
총자본	276	387	515	535	486	437
지배주주지분	276	387	515	535	486	437

기업가치 지표 *IFRS 별도 기준

항목	2011	2012	2013	2014	2015	2016
주가(최고/저)(천원)	5.4/2.5	10.5/4.1	12.0/7.7	11.1/4.3	5.6/2.8	8.3/2.6
PER(최고/저)(배)	8.6/3.9	10.5/4.2	10.5/6.7	37.6/14.7	—/—	—/—
PBR(최고/저)(배)	2.3/1.1	3.2/1.3	2.7/1.8	2.4/0.9	1.3/0.6	2.1/0.7
EV/EBITDA(배)	5.5	6.6	6.4	5.7	19.4	37.4
EPS(원)	684	1,047	1,188	302	-246	-409
BPS(원)	2,544	3,482	4,560	4,723	4,404	3,995
CFPS(원)	830	1,226	1,433	579	62	-131
DPS(원)	150	150	150	100		
EBITDAPS(원)	1,057	1,535	1,729	817	166	212

재무 비율 〈단위 : % 〉

연도	영업이익률	순이익률	부채비율	차입금비율	ROA	ROE	유보율	자기자본비율	EBITDA마진율
2016	-4.1	-25.3	38.7	36.7	-7.4	-10.5	699.0	72.1	13.1
2015	-7.9	-13.7	44.1	40.0	-4.1	-5.7	780.7	69.4	9.3
2014	13.8	7.7	33.7	30.3	4.9	6.8	844.7	74.8	20.8
2013	24.0	19.2	43.3	19.3	20.6	31.3	812.0	69.8	28.0

유아이엘 (A049520)
DK UIL

업 종 : 휴대폰 및 관련부품		시 장 : KOSDAQ	
신용등급 : (Bond) — (CP) —		기업규모 : 우량	
홈페이지 : www.dkuil.com		연락처 : 031)948-1234	
본 사 : 경기도 파주시 광탄면 보광로 869-26			

설 립 일	1982.06.17	종 업 원 수	487명	대 표 이 사	김상주
상 장 일	2001.08.02	감 사 의 견	적정(안진)	계	열
결 산 기	12월	보 통 주	1,139만주	종속회사수	
액 면 가	500원	우 선 주		구 상 수	

주주구성 (지분율,%)		출자관계 (지분율,%)		주요경쟁사 (외형,%)	
유아이홀딩스	34.8	유테크	100.0	유아이엘	100
케이티씨	11.2	대일테크	30.0	이엠텍	51
(외국인)	10.9	DKUIL(H.K.)Limited	100.0	우주일렉트로	49

매출구성		비용구성		수출비중	
스마트폰 홈버튼, Side Key 및 피처폰 키패드 등	32.2	매출원가율	91.8	수출	—
금속 소재의 내장 외장 부품 등	23.3	판관비율	3.6	내수	—
방수, 방진 및 방열 부품 등	20.0				

회사 개요
동사는 삼성전자와 LG전자를 주요 매출사로 휴대폰용 키패드를 공급하고 있음. 2010년 베트남 공장을 설립하여 삼성전자 전체 휴대폰 생산의 약 50%를 담당하고 있는 베트남법인 및 헤주 법인에 키패드 공급을 점차 확대하고 있음. 사업경쟁력 확보를 위한 원가절감, 핵심요소 부품 내재화, Keypad 선행개발 역량강화를 중점적으로 추진할 것을 계획하고 있음.

실적 분석
동사의 2016년 연간 매출은 4,443.3억원으로 전년대비 2.1% 감소, 영업이익은 200.7억원으로 전년대비 16.6% 감소 시현, 당기순이익은 166억원으로 전년대비 23.4% 증가함. 국내 전략 거래선의 판매 이슈로 매출이 소폭 감소. 고정비 부담 증가로 영업이익도 소폭 감소 시현. 동사는 2017년 2월에 유아이엘홀딩스와 최대주주 변경을 수반하는 주식 담보 제공 계약을 체결. 채무금액 총액은 180억원, 담보설정금액은 216억원

현금 흐름 〈단위 : 억원〉

항목	2015	2016
영업활동	346	298
투자활동	-97	-214
재무활동	-168	-60
순현금흐름	85	28
기말현금	415	442

시장 대비 수익률
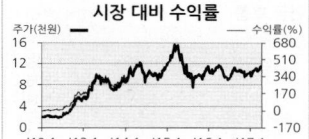

결산 실적 〈단위 : 억원〉

항목	2011	2012	2013	2014	2015	2016
매출액	1,497	1,575	2,863	4,169	4,540	4,443
영업이익	-22	79	194	270	241	201
당기순이익	-45	62	173	236	135	166

분기 실적 〈단위 : 억원〉

항목	2015.3Q	2015.4Q	2016.1Q	2016.2Q	2016.3Q	2016.4Q
매출액	1,358	1,046	1,150	1,094	1,105	1,094
영업이익	81	54	44	58	50	47
당기순이익	84	-7	30	50	2	84

재무 상태 〈단위 : 억원〉

항목	2011	2012	2013	2014	2015	2016
총자산	1,258	1,331	1,867	2,345	2,375	2,514
유형자산	386	418	660	733	767	784
무형자산	25	34	20	35	31	67
유가증권	95	41	188	203	69	155
총부채	248	271	648	969	919	777
총차입금	56	30	258	273	158	0
자본금	57	57	57	57	57	57
총자본	1,011	1,060	1,219	1,376	1,456	1,737
지배주주지분	1,011	1,060	1,219	1,376	1,456	1,737

기업가치 지표

항목	2011	2012	2013	2014	2015	2016
주가(최고/저)(천원)	3.2/1.5	5.7/1.8	9.9/5.2	12.1/8.3	16.0/7.5	11.7/8.8
PER(최고/저)(배)	—/—	13.1/4.2	8.0/4.2	6.9/4.7	15.2/7.2	8.6/6.4
PBR(최고/저)(배)	0.4/0.2	0.7/0.2	1.1/0.6	1.1/0.7	1.3/0.6	0.8/0.6
EV/EBITDA(배)		3.3	4.3	3.7	3.0	1.7
EPS(원)	-393	546	1,517	2,073	1,181	1,457
BPS(원)	9,628	10,059	11,454	13,392	14,094	15,619
CFPS(원)	-24	982	2,090	2,771	2,126	2,534
DPS(원)			100	500	600	620	700
EBITDAPS(원)	177	1,125	2,277	3,071	3,057	2,838

재무 비율 〈단위 : % 〉

연도	영업이익률	순이익률	부채비율	차입금비율	ROA	ROE	유보율	자기자본비율	EBITDA마진율
2016	4.5	3.7	44.7	0.0	6.8	10.4	3,023.8	69.1	7.3
2015	5.3	3.0	63.1	10.9	5.7	9.5	2,718.7	61.3	7.7
2014	6.5	5.7	70.4	19.8	11.2	18.2	2,578.5	58.7	8.4
2013	6.8	6.0	53.2	21.2	10.8	15.2	2,190.7	65.3	9.1

유안타증권 (A003470)
Yuanta Securities Korea

업　　　종 : 증권		시　　　장 : 거래소	
신용등급 : (Bond) A　　(CP) A2		기업규모 : 시가총액 중형주	
홈 페 이 지 : www.yuantakorea.com		연 락 처 : 02)3770-2000	
본　　　사 : 서울시 중구 을지로 76 동양종합금융증권빌딩			

설 립 일 1962.06.04	종 업 원 수 1,689명	대 표 이 사 서명석,황웨이청	
상 장 일 1988.01.21	감 사 의 견 적정(삼일)	계　　속　회　사 열	
결 산 기 12월	보 통 주 19,958만주	종 속 회 사 수	
액 면 가 5,000원	우 선 주 1,291만주	구 상 호 동양증권	

주주구성 (지분율,%)
Yuanta Securities Asia Financial Services Limited	54.2
미래에셋자산운용투자자문	2.7
(외국인)	58.2

출자관계 (지분율,%)
유안타인베스트먼트	100.0
동양자산운용	27.0
미루삼	19.8

주요경쟁사 (외형,%)
유안타증권	100
키움증권	155
대신증권	146

수익구성
금융상품 관련이익	59.3
수수료수익	20.1
이자수익	12.0

비용구성
이자비용	7.3
파생상품손실	0.0
판관비	20.2

수출비중
수출	—
내수	—

회사 개요
동사는 대만, 홍콩, 중국 등에서 증권, 은행, 벤처캐피탈 등의 금융업을 영위하는 대만 유안타그룹에 속한 계열회사임. 2001년 동양현대종합금융을 흡수합병하면서 동양종합금융증권으로 사명을 변경했으며, 2014년 유안타그룹이 동양증권을 인수하면서 현 사명으로 사명을 변경함. 동사는 투자매매업, 투자중개업, 투자자문업, 투자일임업, 신탁업 및 겸영업무와 부수업무를 영위 중임.

실적 분석
동사의 2016년 누적 연결기준 영업수익은 전년대비 소폭 증가한 1조 4,604억원을 기록함. 영업수익의 성장은 주로 금융상품평가및처분이익과 파생상품거래이익의 증가에 기인함. 반면 영업비용은 전년대비 증가하여 수익성 하락 요인으로 작용함. 당분기 누적 영업이익은 전년대비 큰 폭 감소한 131원, 당기순이익도 전년 대비 감소한 313원을 시현함. 중화권 특화 증권사로 차별화에 따른 실적 성장세가 기대됨.

현금 흐름 〈단위 : 억원〉
항목	2015	2016
영업활동	-10,008	-9,905
투자활동	960	-206
재무활동	11,550	9,504
순현금흐름	2,583	-595
기말현금	8,956	8,360

시장 대비 수익률
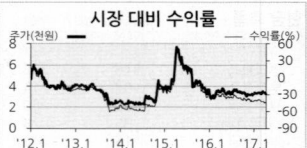

결산 실적 〈단위 : 억원〉
항목	2011	2012	2013	2014	2015	2016
순영업손익	4,702	4,079	1,120	1,861	3,457	3,055
영업이익	-455	-289	-2,070	-1,149	220	132
당기순이익	-493	-33	-3,873	-1,695	581	313

분기 실적 〈단위 : 억원〉
항목	2015.3Q	2015.4Q	2016.1Q	2016.2Q	2016.3Q	2016.4Q
순영업손익	875	641	674	836	800	745
영업이익	45	-93	-9	49	69	23
당기순이익	102	12	53	71	147	42

재무 상태 〈단위 : 억원〉
항목	2011	2012	2013	2014	2015	2016
총자산	151,090	145,775	59,681	71,498	89,232	103,631
유형자산	1,694	791	753	691	681	670
무형자산	1,330	1,204	915	693	576	515
유가증권	52,582	54,452	22,839	22,165	24,633	35,894
총부채	137,873	132,671	50,700	62,302	79,335	93,303
총차입금	45,281	44,284	17,584	24,892	37,289	49,426
자본금	6,885	6,885	6,885	10,456	10,624	10,624
총자본	13,218	13,104	8,981	9,196	9,897	10,327
지배주주지분	13,216	13,103	8,964	9,176	9,897	10,327

기업가치 지표
항목	2011	2012	2013	2014	2015	2016
주가(최고/저)(천원)	8.1/4.0	5.4/3.6	4.3/2.1	5.4/2.3	7.9/3.2	3.8/2.8
PER(최고/저)(배)	—/—	—/—	—/—	28.9/11.7	25.8/18.8	
PBR(최고/저)(배)	0.8/0.4	0.6/0.4	0.6/0.3	1.2/0.5	1.6/0.6	0.7/0.5
PSR(최고/저)(배)	2/1	2/1	5/3	5/2	5/2	3/2
EPS(원)	-358	-23	-2,812	-957	272	147
BPS(원)	10,007	9,925	6,919	4,657	4,923	5,125
CFPS(원)	-117	206	-2,651	-807	380	241
DPS(원)	50	50				
EBITDAPS(원)	-330	-210	-1,503	-648	104	62

재무 비율 〈단위 : % 〉
연도	계속사업이익률	순이익률	부채비율	차입금비율	ROA	ROE	유보율	자기자본증가율	총자산증가율
2016	10.8	10.3	일부잠식	일부잠식	0.3	3.1	2.5	10.0	16.1
2015	13.9	16.8	일부잠식	일부잠식	0.7	6.1	-1.6	10.1	24.8
2014	-90.4	-91.1	일부잠식	일부잠식	-2.6	-18.7	-6.9	12.9	-51.0
2013	-350.5	-345.8	564.5	195.8	-3.8	-35.1	38.4	15.1	-59.1

유앤아이 (A056090)
U&I

업　　　종 : 의료 장비 및 서비스		시　　　장 : KOSDAQ	
신용등급 : (Bond) —　　(CP) —		기업규모 : 신성장	
홈 페 이 지 : www.youic.com		연 락 처 : 031)860-6800	
본　　　사 : 경기도 의정부시 산단로76번길 20			

설 립 일 1997.08.21	종 업 원 수 118명	대 표 이 사 구자교	
상 장 일 2015.11.12	감 사 의 견 적정(한영)	계　　속　회　사 열	
결 산 기 12월	보 통 주 768만주	종 속 회 사 수	
액 면 가 500원	우 선 주	구 상 호	

주주구성 (지분율,%)
구자교	19.8
케이티앤지	12.6
(외국인)	0.6

출자관계 (지분율,%)
&IMEDICALTECHNOLOGIESUSAINC.	100.0

주요경쟁사 (외형,%)
유앤아이	100
제이브이엠	840
엘앤케이바이오	295

매출구성
척추고정장치	51.8
척추통증 치료용 미세침습 의료기기	32.5
골절치료장치	11.5

비용구성
매출원가율	45.5
판관비율	81.5

수출비중
수출	—
내수	—

회사 개요
동사가 영위하는 의료기기 시장은 선진국의 고령화와 중국 등 신흥국의 급성장에 따라 수요가 지속적으로 증가할 것으로 예상됨. 동사가 생산하는 제품은 크게 정형외과용 척추고정장치, 척추통증치료용 미세침습 의료기기, 골절치료장치, 생체흡수성 금속 임플란트 등 4개의 제품군임. 2010년 개발한 척추통증치료용 미세침습 의료기기 L'disQ는 세계 최초로 방향제어가 가능한 전극과 플라즈마를 이용한 디스크 수핵 제거용 의료기기로 국내 시장 점유율 1위임.

실적 분석
동사의 2016년 누적 매출액은 116.9억원으로 전년 대비 19.9% 감소함. 매출의 상당 부분을 차지하고 있는 척추고정장치, 척추통증 치료용 미세침습 의료기기, 골절치료장치의 판매가 부진한 것이 원인임. 영업손실은 전년 12.4억원에서 31.6억원으로 적자폭이 확대됐고 당기순손실도 20.8억원으로 적자시현함. 최근 생체흡수성 합금 임플란트 수요가 늘고 있고, 인구가 많은 중국, 인도, 브라질과 같은 국가들의 의료기기 산업이 성장하고 있음.

현금 흐름 〈단위 : 억원〉
항목	2015	2016
영업활동	-44	-35
투자활동	-313	52
재무활동	431	-81
순현금흐름	74	-64
기말현금	130	66

시장 대비 수익률
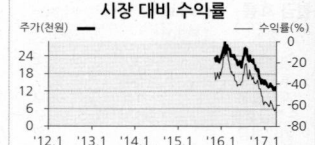

결산 실적 〈단위 : 억원〉
항목	2011	2012	2013	2014	2015	2016
매출액	122	136	141	156	146	117
영업이익	12	7	16	21	-12	-32
당기순이익	5	-36	10	16	-8	-21

분기 실적 〈단위 : 억원〉
항목	2015.3Q	2015.4Q	2016.1Q	2016.2Q	2016.3Q	2016.4Q
매출액	29	—	—	21	43	—
영업이익	-2	—	—	-10	11	—
당기순이익	-1	—	—	-9	7	—

재무 상태 〈단위 : 억원〉
항목	2011	2012	2013	2014	2015	2016
총자산	329	278	284	351	774	662
유형자산	106	119	121	119	130	136
무형자산	43	7	11	21	26	45
유가증권	0					
총부채	171	209	204	259	146	71
총차입금	123	160	159	207	94	32
자본금	26	22	22	22	38	38
총자본	158	69	80	93	628	591
지배주주지분	158	69	80	93	628	591

기업가치 지표
항목	2011	2012	2013	2014	2015	2016
주가(최고/저)(천원)	—/—	—/—	—/—	—/—	24.7/21.3	29.3/14.3
PER(최고/저)(배)	0.0/0.0	0.0/0.0	0.0/0.0	0.0/0.0	—/—	—/—
PBR(최고/저)(배)	0.0/0.0	0.0/0.0	0.0/0.0	0.0/0.0	3.0/2.6	3.7/1.8
EV/EBITDA(배)	5.8	10.7	5.6	4.9		
EPS(원)	89	-707	203	302	-131	-271
BPS(원)	3,090	1,350	1,570	1,651	8,234	7,952
CFPS(원)	199	-583	339	440	13	-103
DPS(원)						
EBITDAPS(원)	337	256	446	554	-56	-243

재무 비율 〈단위 : % 〉
연도	영업이익률	순이익률	부채비율	차입금비율	ROA	ROE	유보율	자기자본비율	EBITDA마진율
2016	-27.0	-17.8	12.0	5.4	-2.9	-3.4	1,490.3	89.3	-16.0
2015	-8.5	-5.6	23.2	15.0	-1.4	-2.3	1,546.8	81.2	-2.4
2014	13.7	9.9	279.5	223.9	4.9	18.0	317.0	26.4	18.2
2013	11.3	7.4	254.8	198.1	3.7	13.9	261.1	28.2	16.2

유양디앤유 (A011690)
YUYANG D&U

업　　종 : 전자 장비 및 기기		시　　장 : 거래소	
신용등급 : (Bond) BB　　(CP) —		기업규모 : 시가총액 소형주	
홈페이지 : www.yuyang.co.kr		연 락 처 : 031)350-7400	
본　　사 : 경기도 화성시 팔탄면 율암길 223			

설 립 일 1976.11.04	종 업 원 수 167명	대 표 이 사 김상욱	
상 장 일 1995.12.21	감 사 의 견 적정 (한영)	계　　　열	
결 산 기 12월	보 통 주 5,125만주	종 속 회 사 유	
액 면 가 500원	우 선 주	구 상 호	

주주구성 (지분율,%)		출자관계 (지분율,%)		주요경쟁사 (외형,%)	
유양투자1호조합	16.0	뉴온시스	5.9	유양디앤유	100
이오투자1호조합	12.1	세정이십일	1.2	옵트론텍	141
(외국인)	1.0	아름방송	1.0	에스씨디	137

매출구성		비용구성		수출비중	
POWER	89.9	매출원가율	94.7	수출	87.6
화공약품(도매)	8.6	판관비율	10.2	내수	12.4
기　타	0.6				

회사 개요
동사는 1976년에 설립돼 전원공급장치, 혼성집적회로 및 LED SOLUTION의 제조, 판매를 주요 사업으로 영위함. 1995년 한국거래소에 상장된 업체로 지분 100%를 보유한 청도유양전자유한공사를 자회사로 둠. 주거래처는 LG전자로 전체 평판 TV의 공급장치 중 약 30%를 담당하며, TV 전원(POWER) 매출 비중이 90%를 차지함. 2015년 중소기업청이 LED 조명시장에 대기업의 공공조달시장 참여에 따른 변화는 아직 없음.

실적 분석
동사의 2016년 매출액은 979.2억원으로 전년 대비 23.5% 감소함. 매출 축소와 판관비 증가의 영향으로 영업손실이 47.9억원 발생해 적자전환함. 학교, 병원, 지자체 등 집단 조명의 공급이 아닌 스마트솔루션을 보급해 나가고 있음. 해외에서는 북미지역에 스포츠 경기장용 LED 투광 등 수출 개시 등 신규 사업 확대를 추진 중이나 가시적인 성과는 크지 않은 수준임.

현금 흐름　　〈단위 : 억원〉

항목	2015	2016
영업활동	150	31
투자활동	-29	-156
재무활동	-106	194
순현금흐름	15	69
기말현금	66	136

시장 대비 수익률

결산 실적　　〈단위 : 억원〉

항목	2011	2012	2013	2014	2015	2016
매출액	1,501	1,435	1,157	1,371	1,279	979
영업이익	-35	17	-5	34	42	-48
당기순이익	-53	-15	-44	3	16	-51

분기 실적　　〈단위 : 억원〉

항목	2015.3Q	2015.4Q	2016.1Q	2016.2Q	2016.3Q	2016.4Q
매출액	388	309	300	184	267	229
영업이익	24	14	8	-6	2	-51
당기순이익	17	7	6	-9	-4	-44

재무 상태　　〈단위 : 억원〉

항목	2011	2012	2013	2014	2015	2016
총자산	1,137	1,055	1,033	1,055	970	1,021
유형자산	235	225	229	269	256	262
무형자산	43	41	38	43	57	50
유가증권	8	7	8	9	5	5
총부채	743	678	699	679	582	432
총차입금	601	555	553	560	450	315
자본금	187	187	187	187	187	231
총자본	394	377	335	376	388	589
지배주주지분	394	377	335	376	388	589

기업가치 지표

항목	2011	2012	2013	2014	2015	2016
주가(최고/저)(천원)	1.5/0.6	1.1/0.6	1.0/0.6	1.7/0.7	1.7/1.0	3.8/1.5
PER(최고/저)(배)	—/—	—/—	—/—	208.7/90.1	39.6/23.1	—/—
PBR(최고/저)(배)	1.3/0.6	1.0/0.5	1.0/0.6	1.7/0.7	1.7/1.0	3.0/1.2
EV/EBITDA(배)		15.4	23.8	12.5	12.0	—
EPS(원)	-143	-41	-117	8	43	-129
BPS(원)	1,157	1,112	999	1,006	1,039	1,277
CFPS(원)	-64	44	-30	108	141	-34
DPS(원)	—	—	—	—	—	—
EBITDAPS(원)	-14	130	73	192	211	-26

재무 비율　　〈단위 : % 〉

연도	영업이익률	순이익률	부채비율	차입금비율	ROA	ROE	유보율	자기자본비율	EBITDA마진율
2016	-4.9	-5.2	73.3	53.6	-5.1	-10.5	155.3	57.7	-1.1
2015	3.3	1.3	150.0	116.0	1.6	4.2	107.7	40.0	6.2
2014	2.5	0.2	180.6	148.9	0.3	0.9	101.1	35.6	5.2
2013	-0.5	-3.8	208.7	165.3	-4.2	-12.3	99.7	32.4	2.4

유엔젤 (A072130)
Uangel

업　　종 : IT 서비스		시　　장 : 거래소	
신용등급 : (Bond) —　　(CP) —		기업규모 : 시가총액 소형주	
홈페이지 : www.uangel.com		연 락 처 : 031)710-6200	
본　　사 : 경기도 성남시 분당구 황새울로240번길 3 현대오피스빌딩 10층			

설 립 일 1999.07.14	종 업 원 수 205명	대 표 이 사 최충열	
상 장 일 2003.07.01	감 사 의 견 적정 (바른)	계　　　열	
결 산 기 12월	보 통 주 1,320만주	종 속 회 사 유	
액 면 가 500원	우 선 주	구 상 호	

주주구성 (지분율,%)		출자관계 (지분율,%)		주요경쟁사 (외형,%)	
최충열	21.6			유엔젤	100
Giogno B.V.	4.6			케이사인	106
(외국인)	0.7			아이크래프트	263

매출구성		비용구성		수출비중	
핵심망(지능망, 메세징)	52.5	매출원가율	60.2	수출	—
플랫폼	34.9	판관비율	55.4	내수	—
Service	9.2				

회사 개요
동사는 1999년 7월 설립되어 국내외 유무선 통신사업자 및 단말제조사 등에게 지능망, 메세징, 해외 RBT 서비스, 유아교육 스마트러닝 및 스마트 금융 솔루션을 개발 및 공급하는 것을 주요 사업으로 하고 있음. 2003년 7월 유가증권시장에 상장되었으며, 태국, 브라질 등 해외에 4개의 종속회사가 있음. 이동통신사들과 함께 동사의 성장성도 둔화됐으나, 스마트폰용 어플리케이션 제작과 해외 솔루션시장 진출 등으로 성장성 회복이 기대됨.

실적 분석
동사의 2016년 연결기준 연간 누적 매출액은 303.4억원으로 전년 동기 대비 26.3% 감소함. 매출이 크게 감소하면서 매출원가도 줄었지만 매출감소로 인한 고정비 증가로 영업손실은 47.3억원으로 전년 동기 대비 적자전환함. 비영업손익 부문에서도 이익이 큰 폭으로 감소하여 당기순손실은 47.5억원으로 전년 동기 대비 적자 전환함. 매출 감소에 따른 수익성이 악화되고 있음.

현금 흐름　　〈단위 : 억원〉

항목	2015	2016
영업활동	8	-36
투자활동	36	-17
재무활동	-12	8
순현금흐름	28	-44
기말현금	126	81

시장 대비 수익률
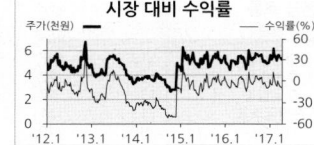

결산 실적　　〈단위 : 억원〉

항목	2011	2012	2013	2014	2015	2016
매출액	495	497	481	354	412	303
영업이익	20	-3	19	-42	6	-47
당기순이익	8	-92	-41	-96	11	-47

분기 실적　　〈단위 : 억원〉

항목	2015.3Q	2015.4Q	2016.1Q	2016.2Q	2016.3Q	2016.4Q
매출액	103	81	59	78	68	98
영업이익	6	-22	-24	-7	-8	-9
당기순이익	-9	-8	-21	2	-18	-10

재무 상태　　〈단위 : 억원〉

항목	2011	2012	2013	2014	2015	2016
총자산	913	814	726	602	621	583
유형자산	149	130	116	103	96	95
무형자산	87	31	30	25	26	20
유가증권	68	41	41	48	66	64
총부채	106	119	83	72	94	120
총차입금	30	57	35	30	30	50
자본금	66	66	66	66	66	66
총자본	807	695	643	530	527	463
지배주주지분	799	689	642	526	526	467

기업가치 지표

항목	2011	2012	2013	2014	2015	2016
주가(최고/저)(천원)	4.2/2.5	7.0/3.8	5.8/3.2	5.3/2.6	6.7/4.2	6.1/4.4
PER(최고/저)(배)	45.7/27.3	—/—	—/—	—/—	62.6/39.6	—/—
PBR(최고/저)(배)	0.7/0.4	1.3/0.7	1.1/0.6	1.2/0.6	1.5/0.9	1.4/1.0
EV/EBITDA(배)	4.3	22.6	6.6		32.4	—
EPS(원)	109	-682	-269	-732	111	-325
BPS(원)	6,840	6,006	5,650	4,765	4,767	4,319
CFPS(원)	367	-515	-127	-625	188	-275
DPS(원)	150	150	150	100	100	—
EBITDAPS(원)	409	142	283	-211	126	-308

재무 비율　　〈단위 : % 〉

연도	영업이익률	순이익률	부채비율	차입금비율	ROA	ROE	유보율	자기자본비율	EBITDA마진율
2016	-15.6	-15.7	26.0	10.8	-7.9	-8.6	763.8	79.4	-13.4
2015	1.6	2.7	17.8	5.7	1.8	2.8	853.4	84.9	4.0
2014	-11.8	-27.2	13.6	5.7	-14.5	-16.5	852.9	88.0	-7.9
2013	3.9	-8.4	12.9	5.5	-5.3	-5.3	1,029.9	88.6	7.8

유유제약 (A000220)
Yuyu Pharma

업 종 : 제약		시 장 : 거래소	
신용등급 : (Bond) — (CP) —		기업규모 : 시가총액 소형주	
홈페이지 : www.yuyu.co.kr		연 락 처 : (043)652-7981~6	
본 사 : 충북 제천시 바이오밸리1로 94			

설 립 일 1941.02.28	종업원수 238명	대표이사 유승필,최인석
상 장 일 1975.11.18	감사의견 적정 (한영)	계 속 열
결 산 기 03월	보통주 616만주	종속회사수
액 면 가 1,000원	우선주 130만주	구 상 호

주주구성 (지분율,%)		출자관계 (지분율,%)		주요경쟁사 (외형,%)	
유승필	13.0	유유헬스케어	49.8	유유제약	100
유원상	9.5	유유테진	49.1	명문제약	204
(외국인)	2.2	헤이리프라자	2.7	씨트리	29

매출구성		비용구성		수출비중	
맥스마빌 외	34.3	매출원가율	55.7	수출	—
피지오머 외	31.8	판관비율	42.0	내수	—
본키캅셀 외	20.6				

회사 개요
1941년 2월 유한무역이라는 회사로 설립된 후 1975년 11월 한국거래소에 상장됨. 2008년 5월 주식회사 유유제약으로 상호 변경함. 의약품 제조 및 판매를 하고 있으며 제천 본사에 제조공장을 가지고 있음. 건강기능식품 제조 및 판매를 하고 있는 유유헬스케어와 산소발생기 렌탈 사업을 하고 있는 유유테이진메디케어를 계열회사로 두고 있음. 주요 품목은 골다공증 치료제 '맥스마빌'과 혈액순환 개선제 '티나민', 항혈전제 '유크리드'임.

실적 분석
동사의 연결 기준 3분기 누적 매출액은 506.5억원으로 전년 동기 대비 3.1% 증가하였음. 매출원가는 전년 동기 대비 1.7% 증가하여 매출총이익은 4.7% 증가하였음. 비용의 적절한 관리로 판매비와관리비는 전년 동기 대비 8.8% 감소하여 영업이익은 20.1억원으로 흑자 전환함. 영업이익의 흑자 전환과 영업외수지의 개선으로 당기순이익도 44.2억원을 기록하며 흑자 전환에 성공함.

현금 흐름 〈단위 : 억원〉
항목	2015	2016.3Q
영업활동	-117	106
투자활동	-35	22
재무활동	139	-17
순현금흐름	-13	111
기말현금	98	210

시장 대비 수익률
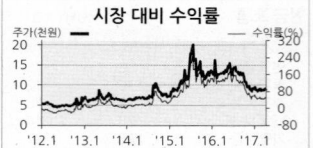

결산 실적 〈단위 : 억원〉
항목	2011	2012	2013	2014	2015	2016
매출액	588	620	620	628	697	—
영업이익	22	37	18	14	16	—
당기순이익	19	30	19	-74	-4	—

분기 실적 〈단위 : 억원〉
항목	2015.2Q	2015.3Q	2015.4Q	2016.1Q	2016.2Q	2016.3Q
매출액	171	172	206	151	164	191
영업이익	-1	1	28	-7	9	18
당기순이익	-3	6	1	4	22	18

재무 상태 〈단위 : 억원〉
항목	2011	2012	2013	2014	2015	2016.3Q
총자산	885	887	963	1,014	1,043	1,156
유형자산	463	458	448	465	472	476
무형자산	24	22	22	21	22	20
유가증권	7	9	24	30	23	11
총부채	213	192	240	299	306	388
총차입금	61	11	89	61	174	173
자본금	75	75	75	77	78	78
총자본	672	695	723	715	737	768
지배주주지분	673	694	714	704	729	757

기업가치 지표
항목	2011	2012	2013	2014	2015	2016.3Q
주가(최고/저)(천원)	7.3/4.1	7.9/4.4	8.8/6.0	11.2/6.6	21.0/10.1	15.7/8.2
PER(최고/저)(배)	25.9/14.7	17.5/9.8	30.4/20.5	—/—	—/—	—/—
PBR(최고/저)(배)	0.8/0.4	0.8/0.4	0.9/0.6	1.1/0.7	2.1/1.0	1.5/0.8
EV/EBITDA(배)	10.1	8.3	13.0	21.6	32.2	—
EPS(원)	318	497	313	-1,228	-40	665
BPS(원)	10,587	10,889	11,162	10,276	10,164	10,546
CFPS(원)	601	755	585	-980	205	849
DPS(원)	120	160	180	180	180	—
EBITDAPS(원)	643	879	565	474	502	502

재무 비율 〈단위 : % 〉
연도	영업이익률	순이익률	부채비율	차입금비율	ROA	ROE	유보율	자기자본비율	EBITDA마진율
2015	2.3	-0.6	41.5	23.7	-0.4	-0.4	867.5	70.7	4.5
2014	2.2	-11.7	41.8	8.6	-7.5	-10.5	877.1	70.5	4.6
2013	2.8	3.1	33.2	12.3	2.1	2.7	960.1	75.1	5.5
2012	6.0	4.8	27.6	1.6	3.4	4.4	934.2	78.4	8.5

유지인트 (A195990)
Ugint

업 종 : 기계		시 장 : KOSDAQ	
신용등급 : (Bond) — (CP) —		기업규모 : 우량	
홈페이지 : www.ugint.co.kr		연 락 처 : (053)582-8036	
본 사 : 대구시 달성군 유가면 테크노중앙대로 139			

설 립 일 2004.08.12	종업원수 98명	대표이사 이승환
상 장 일 2015.04.13	감사의견 적정 (대경)	계 속 열
결 산 기 12월	보통주 36,894만주	종속회사수
액 면 가 100원	우선주	구 상 호

주주구성 (지분율,%)		출자관계 (지분율,%)		주요경쟁사 (외형,%)	
딜던쉐어즈	10.2	유지글로벌	100.0	유지인트	100
이현우	7.0	유지에셋	75.0	기신정기	228
(외국인)	3.5	2016뉴스타트비전펀드	66.6	에버다임	681

매출구성		비용구성		수출비중	
머시닝센터	93.2	매출원가율	72.1	수출	30.7
ATC & SPINDLE 및 기타	6.9	판관비율	25.8	내수	69.3

회사 개요
1991년 설립된 동사는 소형 머시닝센터(MCT) 등을 제작하는 금속절삭기계 제조업을 영위하고 있음. 머시닝센터는 공작기계의 한 종류로 자동으로 공구를 교환하며 절삭가공을 수행하는 장비임. 공작기계의 수요가 전반적으로 부진한 상황임에도, 동사의 주력 제품인 소형 MCT는 스마트폰, 자동차 등 전방산업의 변화에 힘입어 성장세를 보이고 있음. 생산 CAPA 기준으로 화낙과 브라더에 이어 글로벌 3위 수준.

실적 분석
동사의 2016년 4분기 연결기준 누적 매출액은 전년 동기 대비 35.8% 감소한 495.2억원을 기록하고 있음. 원가율의 상승으로 매출총이익은 38.2% 감소한 138.1억원을 기록함. 판관비 비중이 증가하면서 수익성이 악화되어 영업이익은 전년 동기 대비 91.7% 감소한 10.5억원으로 줄어듦. 비영업 부문에서 4억원의 손실이 발생하면서 당기순손실은 1.7억원으로 전년 대비 적자전환함. 향후 거래처 확대로 실적 확대가 기대됨.

현금 흐름 〈단위 : 억원〉
항목	2015	2016
영업활동	2	-113
투자활동	-418	25
재무활동	188	250
순현금흐름	-228	163
기말현금	47	211

시장 대비 수익률

결산 실적 〈단위 : 억원〉
항목	2011	2012	2013	2014	2015	2016
매출액	419	602	532	860	771	495
영업이익	104	147	87	172	127	10
당기순이익	82	121	65	148	150	-2

분기 실적 〈단위 : 억원〉
항목	2015.3Q	2015.4Q	2016.1Q	2016.2Q	2016.3Q	2016.4Q
매출액	93	112	146	156	116	76
영업이익	7	6	15	22	-3	-23
당기순이익	4	6	9	19	-7	-22

재무 상태 〈단위 : 억원〉
항목	2011	2012	2013	2014	2015	2016
총자산	403	491	657	1,194	1,370	1,664
유형자산	105	145	142	306	314	441
무형자산	2	2	2	2	5	6
유가증권	53	—	4	38	273	180
총부채	120	156	250	526	332	522
총차입금	19	38	115	281	251	378
자본금	41	39	39	49	115	367
총자본	283	336	407	668	1,038	1,142
지배주주지분	283	336	407	668	1,038	1,097

기업가치 지표
항목	2011	2012	2013	2014	2015	2016
주가(최고/저)(천원)	—/—	—/—	—/—	—/—	0.8/0.4	0.8/0.3
PER(최고/저)(배)	0.0/0.0	0.0/0.0	0.0/0.0	0.0/0.0	17.7/7.8	16,288.9/5,992.5
PBR(최고/저)(배)	0.0/0.0	0.0/0.0	0.0/0.0	0.0/0.0	2.8/1.2	2.7/1.0
EV/EBITDA(배)	—	—	—	—	6.6	58.9
EPS(원)	35	51	28	60	47	0
BPS(원)	68,679	4,067	4,288	6,797	4,496	298
CFPS(원)	21,461	1,636	869	1,611	759	5
DPS(원)					140	—
EBITDAPS(원)	27,147	1,963	1,126	1,859	653	8

재무 비율 〈단위 : % 〉
연도	영업이익률	순이익률	부채비율	차입금비율	ROA	ROE	유보율	자기자본비율	EBITDA마진율
2016	2.1	-0.4	45.7	33.1	-0.1	0.0	198.4	68.6	5.7
2015	16.5	19.5	32.0	24.2	11.7	17.6	799.2	75.8	18.5
2014	19.9	17.2	78.8	42.1	15.9	27.5	1,259.3	55.9	20.9
2013	16.4	12.3	61.5	28.4	11.4	17.6	935.1	61.9	18.0

유진기업 (A023410)
Eugene

업 종 : 건축소재		시 장 : KOSDAQ	
신용등급 : (Bond) — (CP) A3-		기업규모 : 우량	
홈 페 이 지 : www.eugenes.co.kr		연 락 처 : 032)677-5111	
본 사 : 경기도 부천시 오정구 석천로 457 (삼정동)			

설 립 일 1984.06.13	종업원수 643명	대표이사 최종성
상 장 일 1994.10.07	감사의견 적정 (삼정)	계 열
결 산 기 12월	보 통 주 7,400만주	종속회사수
액 면 가 500원	우 선 주	구 상 호

주주구성 (지분율,%)
유경선	11.7
유창수	6.9
(외국인)	6.8

출자관계 (지분율,%)
유진에이엠씨	100.0
동화기업	100.0
한국통운	100.0

주요경쟁사 (외형,%)
유진기업	100
쌍용양회	192
동양	41

매출구성
레미콘	83.9
건자재유통	9.7
기타	2.4

비용구성
매출원가율	83.2
판관비율	7.8

수출비중
수출	0.8
내수	99.2

회사 개요
동사는 구축물 등에 사용되는 레미콘을 생산, 판매하고 있으며 유진AMC(유) 등 25개의 연결자회사를 두고 있음. 당분기 기준 연결자회사를 제외한 제품별 매출비중은 레미콘이 83.1%, 건자재유통이 13.5%, 골재 및 기타가 3.4%를 차지함. 주 사업부문인 레미콘의 주요 원자재는 시멘트, 모래, 자갈로써 원자재가 레미콘 제품의 매출구성에서 65% 이상을 차지하고 있어 원자재의 조달이 매우 중요함.

실적 분석
동사의 2016년 연결기준 매출액은 전년대비 20.8% 성장한 1조 746.5억원을 기록함. 레미콘 가격 인상과 주요 원재료인 시멘트의 가격 인하가 매출원가율 개선으로 이어져 영업이익과 당기순이익은 전년대비 각각 78.3%, 370.9% 증가함. 향후 꾸준한 주택 수요 증가와 경기진작 효과를 가져올 대규모 토목공사가 이루어 질 것으로 예상되어 성장세가 이어질 수 있을 것으로 기대됨.

현금 흐름 〈단위 : 억원〉
항목	2015	2016
영업활동	851	1,035
투자활동	-81	-1,726
재무활동	48	244
순현금흐름	819	-447
기말현금	1,169	721

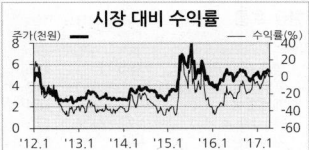
시장 대비 수익률

결산 실적 〈단위 : 억원〉
항목	2011	2012	2013	2014	2015	2016
매출액	6,918	6,657	6,788	7,390	8,896	10,746
영업이익	-14	-67	381	304	542	967
당기순이익	-872	-290	922	161	129	607

분기 실적 〈단위 : 억원〉
항목	2015.3Q	2015.4Q	2016.1Q	2016.2Q	2016.3Q	2016.4Q
매출액	2,404	2,592	2,138	2,859	2,618	3,131
영업이익	151	179	112	345	236	274
당기순이익	91	-120	71	237	172	126

재무 상태 〈단위 : 억원〉
항목	2011	2012	2013	2014	2015	2016
총자산	16,328	12,211	12,384	12,636	13,845	15,196
유형자산	2,864	3,222	3,268	4,018	4,177	4,194
무형자산	399	369	366	359	365	402
유가증권	651	684	475	413	558	113
총부채	11,223	6,925	6,532	6,677	7,917	8,716
총차입금	8,588	4,548	4,417	4,738	5,115	5,603
자본금	331	386	386	375	370	370
총자본	5,106	5,286	5,852	5,960	5,928	6,480
지배주주지분	5,100	5,286	5,852	5,960	5,783	6,331

기업가치 지표
항목	2011	2012	2013	2014	2015	2016
주가(최고/저)(천원)	6.3/1.8	5.6/2.3	3.6/2.5	4.0/2.5	8.0/3.0	5.6/3.5
PER(최고/저)(배)	—/—	—/—	3.3/2.3	20.0/12.6	50.2/19.2	7.1/4.5
PBR(최고/저)(배)	0.8/0.2	0.9/0.4	0.5/0.3	0.5/0.3	1.0/0.4	0.6/0.4
EV/EBITDA(배)	95.7	69.9	9.3	12.1	9.5	7.5
EPS(원)	-1,411	-393	1,195	213	166	815
BPS(원)	8,932	7,450	8,405	8,603	8,392	9,133
CFPS(원)	-1,218	-225	1,340	387	351	1,013
DPS(원)	—	100	50	50	70	150
EBITDAPS(원)	172	77	639	575	914	1,505

재무 비율 〈단위 : % 〉
연도	영업이익률	순이익률	부채비율	차입금비율	ROA	ROE	유보율	자기자본비율	EBITDA마진율
2016	9.0	5.7	134.5	86.5	4.2	10.0	1,726.6	42.6	10.4
2015	6.1	1.5	133.6	86.3	1.0	2.1	1,578.4	42.8	7.6
2014	4.1	2.2	112.0	79.5	1.3	2.7	1,620.6	47.2	5.9
2013	5.6	13.6	111.6	75.5	7.5	16.6	1,581.0	47.3	7.3

유진로봇 (A056080)
Yujin Robot

업 종 : 레저용품		시 장 : KOSDAQ	
신용등급 : (Bond) — (CP) —		기업규모 : 벤처	
홈 페 이 지 : www.yujinrobot.com		연 락 처 : 02)2026-1406	
본 사 : 서울시 금천구 디지털로 130, 남성프라자 1214호			

설 립 일 1993.12.07	종업원수 123명	대표이사 신경철
상 장 일 2001.11.13	감사의견 적정 (한영)	계 열
결 산 기 12월	보 통 주 2,333만주	종속회사수
액 면 가 500원	우 선 주	구 상 호

주주구성 (지분율,%)
신경철	12.6
Imanto AG	10.3
(외국인)	10.8

출자관계 (지분율,%)
가이아코퍼레이션	50.0
파텍시스템	33.3
심스미디어	22.5

주요경쟁사 (외형,%)
유진로봇	100
손오공	215
오로라	238

매출구성
지능형서비스로봇(기타)	75.3
플라스틱 승용완구류 외(기타)	22.9
기타	1.8

비용구성
매출원가율	78.2
판관비율	22.6

수출비중
수출	33.9
내수	66.1

회사 개요
동사는 2006년부터 청소 로봇, 지능형 로봇, 유비쿼터스 서비스 로봇과 판매를 시작하고, 군사용로봇 및 엔터테인먼트 로봇류를 개발해 기존의 완구 및 캐릭터 사업부문과 더불어 다양한 제품을 제조하고 있음. 사업부문은 지능형 서비스 로봇 등 판매, 제조와 장난감 및 취미용품 도매업으로 이뤄져 있으며 각각 전체 매출의 50.9%, 49.1%를 차지하고 있음. 주 매출원인 로봇사업부의 주요 고객은 현대모비스와, 코티넨탈오토모티브 등이 있음.

실적 분석
동사의 2016년 연결기준 누적 매출액은 602.8억원으로 전년 동기 422.8억원 대비 42.6% 증가. 프라스틱, 승용완구, 기능성완구류의 내수시장 매출액이 할인점 및 직영점의 활약으로 크게 성장해 전년보다 약 200억원 늘어난 덕분. 현재 유럽 등 수출을 진행하고 있으며 향후 미국, 중국 등으로 확대할 예정임. 단 매출원가와 판관비가 각각 43.7%, 49.8% 늘어난 탓에 영업이익은 적자전환, 4.8억원의 영업손실을 기록함.

현금 흐름 〈단위 : 억원〉
항목	2015	2016
영업활동	-37	-18
투자활동	-6	21
재무활동	38	4
순현금흐름	-5	1
기말현금	20	24

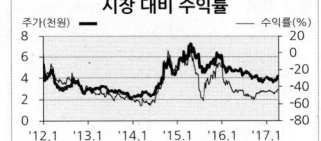
시장 대비 수익률

결산 실적 〈단위 : 억원〉
항목	2011	2012	2013	2014	2015	2016
매출액	246	239	260	368	423	603
영업이익	5	-28	-25	4	4	-5
당기순이익	3	-33	-34	-2	-19	-35

분기 실적 〈단위 : 억원〉
항목	2015.3Q	2015.4Q	2016.1Q	2016.2Q	2016.3Q	2016.4Q
매출액	102	152	128	134	138	203
영업이익	1	3	3	-8	-2	4
당기순이익	2	-22	3	-11	-10	-17

재무 상태 〈단위 : 억원〉
항목	2011	2012	2013	2014	2015	2016
총자산	357	365	362	398	517	544
유형자산	93	87	89	90	98	135
무형자산	32	30	27	28	48	54
유가증권	11	16	13	13	12	12
총부채	144	178	208	147	256	285
총차입금	92	138	155	95	135	109
자본금	96	96	96	111	114	117
총자본	213	187	154	251	261	258
지배주주지분	213	187	154	251	246	233

기업가치 지표
항목	2011	2012	2013	2014	2015	2016
주가(최고/저)(천원)	4.6/1.7	5.3/2.6	3.4/2.1	5.9/2.2	7.5/4.3	6.3/3.5
PER(최고/저)(배)	242.8/87.3	—/—	—/—	—/—	—/—	—/—
PBR(최고/저)(배)	4.1/1.5	5.4/2.6	4.2/2.6	5.2/1.9	6.9/4.0	6.3/3.5
EV/EBITDA(배)	60.0			81.6	106.8	165.4
EPS(원)	19	-171	-180	-12	-92	-196
BPS(원)	1,116	974	800	1,132	1,081	1,000
CFPS(원)	79	-109	-127	35	-45	-148
DPS(원)						
EBITDAPS(원)	86	-86	-80	66	63	27

재무 비율 〈단위 : % 〉
연도	영업이익률	순이익률	부채비율	차입금비율	ROA	ROE	유보율	자기자본비율	EBITDA마진율
2016	-0.8	-5.8	110.4	42.4	-6.6	-19.0	99.9	47.5	1.0
2015	0.9	-4.5	98.4	51.8	-4.2	-8.4	116.2	50.4	3.4
2014	1.1	-0.7	58.6	37.9	-0.6	-1.2	126.5	63.0	3.6
2013	-9.8	-13.3	135.4	101.1	-9.5	-20.2	60.1	42.5	-5.9

유진테크 (A084370)
Eugene Technology

업 종 : 반도체 및 관련장비		시 장 : KOSDAQ	
신용등급 : (Bond) — (CP) —		기업규모 : 우량	
홈페이지 : www.eugenetech.co.kr		연 락 처 : 031)323-5700	
본 사 : 경기도 용인시 처인구 양지면 추계로 42			

설 립 일 2000.01.05	종 업 원 수 138명	대 표 이 사 엄평용	
상 장 일 2006.01.17	감 사 의 견 적정 (신한)	계 열	
결 산 기 12월	보 통 주 2,292만주	종속회사수	
액 면 가 500원	우 선 주	구 상 호	

주주구성 (지분율,%)		출자관계 (지분율,%)		주요경쟁사 (외형,%)	
엄평용	35.6	유진테크머티리얼즈	45.0	유진테크	100
가치투자자문	4.5	에코라이트	44.5	원익머트리얼즈	124
(외국인)	31.1	유진태극무역(무석)	100.0	ISC	66

매출구성		비용구성		수출비중	
LPCVD, Plasma	88.3	매출원가율	52.9	수출	11.5
원부자재	11.7	판관비율	21.3	내수	88.5

회사 개요
2000년에 설립되어 2006년에 코스닥시장에 상장된 기업으로, 반도체의 박막을 형성시키는 전공정 프로세스 장비를 개발, 생산하고 있음. SK하이닉스, 삼성전자 외 대만과 미국 등에도 매출처를 보유함. 2009년에 미국법인을 설립하고, 2012년 반도체용 산업가스의 충전, 제조, 정제 및 판매를 사업목적으로 유진테크머티리얼즈를 설립함. 2013년 9월 중국에 반도체 장비 유지보수업을 사업목적으로 하는 유진태극무역(무석)유한공사를 설립함.

실적 분석
메모리반도체 등 전방사업 호조로 BlueJay Compact Product의 수주가 증가함에 따라 실적 개선세를 보임. 2016년 누적 매출액은 전년동기 대비 49% 증가한 1410.6억원을 시현했으며, 매출 증가에 힘입어 영업이익은 96.3% 증가한 364.5억원을 시현함. 금융이익 등 비영업손익 면에서도 40억원의 흑자가 발생하였고, 당기순이익은 전년동기 대비 58.9% 증가한 319.5억원의 실적을 시현함.

현금 흐름 〈단위 : 억원〉

항목	2015	2016
영업활동	356	436
투자활동	-153	-320
재무활동	-97	-42
순현금흐름	106	74
기말현금	427	501

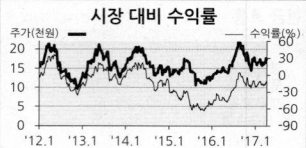
시장 대비 수익률

결산 실적 〈단위 : 억원〉

항목	2011	2012	2013	2014	2015	2016
매출액	1,308	1,683	1,064	784	947	1,411
영업이익	378	528	305	123	186	365
당기순이익	257	502	379	150	201	320

분기 실적 〈단위 : 억원〉

항목	2015.3Q	2015.4Q	2016.1Q	2016.2Q	2016.3Q	2016.4Q
매출액	329	132	540	407	292	171
영업이익	87	-2	149	116	85	14
당기순이익	76	22	120	94	71	35

재무 상태 〈단위 : 억원〉

항목	2011	2012	2013	2014	2015	2016
총자산	1,336	1,645	1,977	1,910	2,016	2,397
유형자산	117	161	334	359	368	370
무형자산	26	41	41	91	104	145
유가증권	—	4	12	16	70	178
총부채	588	395	363	178	177	279
총차입금	14	2	8	3		
자본금	66	102	105	109	112	115
총자본	747	1,251	1,614	1,732	1,839	2,117
지배주주지분	747	1,246	1,598	1,722	1,826	2,109

기업가치 지표

항목	2011	2012	2013	2014	2015	2016
주가(최고/저)(천원)	13.3/6.9	21.7/9.5	21.7/12.1	21.0/12.8	17.4/10.6	21.9/12.0
PER(최고/저)(배)	12.5/6.6	10.4/4.6	13.6/7.6	32.1/19.6	20.1/12.3	15.7/8.6
PBR(최고/저)(배)	4.2/2.2	4.1/1.8	3.2/1.8	2.9/1.8	2.1/1.3	2.3/1.3
EV/EBITDA(배)	6.3	3.7	7.7	16.9	7.2	6.0
EPS(원)	1,122	2,203	1,673	678	892	1,412
BPS(원)	5,721	6,214	7,707	8,034	8,566	9,589
CFPS(원)	2,029	2,626	1,872	804	1,079	1,576
DPS(원)	150	150	150	150	200	230
EBITDAPS(원)	2,939	2,740	1,499	656	995	1,754

재무 비율 〈단위 : % 〉

연도	영업이익률	순이익률	부채비율	차입금비율	ROA	ROE	유보율	자기자본비율	EBITDA마진율
2016	25.8	22.7	13.2	0.0	14.5	16.5	1,817.8	88.4	28.5
2015	19.6	21.2	9.6	0.0	10.2	11.5	1,613.2	91.2	23.5
2014	15.7	19.1	10.3	0.2	7.7	9.4	1,506.8	90.7	18.2
2013	28.7	35.6	22.5	0.5	20.9	27.0	1,441.3	81.7	29.7

유진투자증권 (A001200)
EUGENE INVESTMENT & SECURITIES CO

업 종 : 증권		시 장 : 거래소	
신용등급 : (Bond) A (CP) A2+		기업규모 : 시가총액 소형주	
홈페이지 : www.eugenefn.com		연 락 처 : 02)368-6000	
본 사 : 서울시 영등포구 국제금융로 24 (여의도동, 유진그룹빌딩)			

설 립 일 1954.05.12	종 업 원 수 683명	대 표 이 사 유창수	
상 장 일 1987.08.24	감 사 의 견 적정 (삼정)	계 열	
결 산 기 12월	보 통 주 9,687만주	종속회사수	
액 면 가 5,000원	우 선 주	구 상 호	

주주구성 (지분율,%)		출자관계 (지분율,%)		주요경쟁사 (외형,%)	
유진기업	27.3	유진투자선물	100.0	유진투자증권	100
영남상호저축은행	2.2	유진자산운용	100.0	SK증권	74
(외국인)	9.5	유진프라이빗에쿼티	100.0	HMC투자증권	80

수익구성		비용구성		수출비중	
금융상품 관련이익	37.6	이자비용	8.1	수출	—
파생상품거래이익	22.6	파생상품손실	27.1	내수	—
이자수익	21.1	판관비	25.6		

회사 개요
1954년 대림그룹 계열사인 서울증권으로 설립된 동사는 2001년 대림에서 계열분리 이후 2006년 유진기업으로 최대주주 변경 및 2007년 유진그룹에 편입되면서 유진투자증권으로 사명을 변경함. 동사는 자회사로 유진자산운용과 유진투자선물, 유진프라이빗에쿼티를 두고 있음. 2016년 상반기 기준 동사의 증권 주식 수탁수수료 시장 점유율은 1.35%, 유진투자선물의 국내선물 위탁 시장 점유율은 8.8%를 기록함.

실적 분석
동사의 연결기준 2016년 매출액은 7,152억원을 보이며 전년 동기대비 소폭 감소함. 영업수익의 비중은 금융상품평가및처분이익, 파생상품거래이익, 이자수익, 수수료수익 및 기타로 구성. 영업수익의 감소는 주로 금융상품평가및처분이익의 축소에 기인함. 2014~2015년에 걸쳐 인도네시아, 태국, 중국 등의 증권회사와 업무제휴를 지속하고 있으며 2015년 7월 일본주식 거래서비스를 오픈함.

현금 흐름 〈단위 : 억원〉

항목	2015	2016
영업활동	-450	456
투자활동	22	-12
재무활동	505	-264
순현금흐름	77	175
기말현금	698	873

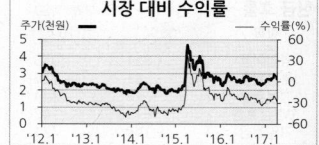
시장 대비 수익률

결산 실적 〈단위 : 억원〉

항목	2011	2012	2013	2014	2015	2016
순영업손익	1,528	931	1,206	1,521	2,310	2,290
영업이익	-48	-586	144	149	612	613
당기순이익	-151	-562	101	64	519	460

분기 실적 〈단위 : 억원〉

항목	2015.3Q	2015.4Q	2016.1Q	2016.2Q	2016.3Q	2016.4Q
순영업손익	568	420	545	657	528	559
영업이익	126	43	137	190	140	146
당기순이익	101	26	109	142	106	103

재무 상태 〈단위 : 억원〉

항목	2011	2012	2013	2014	2015	2016
총자산	33,243	37,103	38,157	46,632	55,843	58,908
유형자산	280	288	269	286	316	315
무형자산	313	258	230	365	356	344
유가증권	21,615	23,693	27,330	33,123	34,690	36,380
총부채	27,805	32,152	33,308	40,934	49,707	52,264
총차입금	17,951	21,749	21,314	24,275	26,389	27,656
자본금	3,431	3,431	3,431	5,376	5,376	5,376
총자본	5,438	4,951	4,849	5,698	6,135	6,644
지배주주지분	5,438	4,951	4,849	5,698	6,135	6,644

기업가치 지표

항목	2011	2012	2013	2014	2015	2016
주가(최고/저)(천원)	6.0/2.6	3.2/2.2	2.5/1.8	2.5/1.7	4.7/1.9	3.0/2.2
PER(최고/저)(배)	—/—	—/—	14.8/10.6	26.9/19.0	8.8/3.5	6.3/4.6
PBR(최고/저)(배)	0.7/0.3	0.4/0.3	0.3/0.2	0.4/0.3	0.7/0.3	0.4/0.3
PSR(최고/저)(배)	2/1	2/1	1/1	1/1	2/1	1/1
EPS(원)	-250	-932	168	92	536	475
BPS(원)	9,384	8,545	8,368	5,886	6,337	6,862
CFPS(원)	-110	-869	241	178	604	550
DPS(원)						
EBITDAPS(원)	-83	-1,011	249	214	632	633

재무 비율 〈단위 : % 〉

연도	계속사업이익률	순이익률	부채비율	차입금비율	ROA	ROE	유보율	자기자본비율	총자산증가율
2016	26.6	20.1	786.7	416.3	0.8	7.2	23.6	11.3	5.5
2015	26.2	22.5	810.2	430.1	1.0	8.8	14.2	11.0	19.8
2014	7.8	4.2	718.4	426.0	0.2	1.2	6.1	12.2	25.7
2013	9.6	8.4	687.0	439.6	0.3	2.1	41.4	12.7	2.8

유테크 (A178780)
U-Tech

업　종 : 디스플레이 및 관련부품	시　장 : KOSDAQ
신용등급 : (Bond) —　(CP) —	기업규모 : 벤처
홈페이지 : www.u-tech.co.kr	연락처 : 031)444-0202
본　사 : 경기도 안양시 만안구 전파로 48	

설　립　일	2006.08.01	종업원수	99명	대표이사	김덕용
상　장　일	2015.06.30	감사의견	적정 (정동)	계　　열	
결　산　기	12월	보통주	1,082만주	종속회사수	
액　면　가	500원	우선주		구상회사	

주주구성 (지분율,%)
에스앤피홀딩스	7.2
조진호	4.5
(외국인)	0.3

출자관계 (지분율,%)
에이디이	34.5
U-TECH VINA COMPANY LIMITED	100.0
소주역양태전자과기유한공사	25.0

주요경쟁사 (외형,%)
유테크	100
우리이티아이	5,409
씨엔플러스	87

매출구성
Mold Frame	44.4
LGP	42.4
기타	13.2

비용구성
매출원가율	121.7
판관비율	14.5

수출비중
수출	—
내수	—

회사 개요
동사는 2006년 8월 금형개발업체로서 금형 제조 및 판매업을 주요 사업목적으로 설립됐으며 현재는 모바일 디스플레이 부품 제조 및 판매업을 영위하고 있음. 현재 영위하고 있는 사업 이외에 신규 추진하고자 하는 사업은 의료용 기기 제조업 등이 있음. 현재 모바일 디스플레이 시장에서는 스마트폰과 태블릿 PC 외에도 스마트 와치 등의 다양한 디스플레이 시장이 형성되고 있음.

실적 분석
2016년 연결기준 연간 매출액은 283.5억원으로 전년대비 35.4% 감소함. 디스플레이 시장 경기침체의 영향으로 주력 제품인 몰드 프레임과 LGP의 매출이 감소함. 연결종속회사 사업초기에 따른 지분법적용 손실 증가로 순이익 적자전환함. 부품업계 경쟁심화으로 매 분기 단가 인하 상황에 놓여있으며, 신제품 개발과 기능 추가 등을 통해 평균 단가를 올리기 위한 노력 중임.

현금 흐름 〈단위 : 억원〉
항목	2015	2016
영업활동	126	-126
투자활동	-114	-41
재무활동	53	102
순현금흐름	65	-64
기말현금	98	34

시장 대비 수익률

결산 실적 〈단위 : 억원〉
항목	2011	2012	2013	2014	2015	2016
매출액	244	389	467	514	439	284
영업이익	29	26	60	67	32	-103
당기순이익	28	25	45	42	21	-114

분기 실적 〈단위 : 억원〉
항목	2015.3Q	2015.4Q	2016.1Q	2016.2Q	2016.3Q	2016.4Q
매출액	80	70	44	86	70	83
영업이익	-8	-16	-25	-29	-21	-28
당기순이익	-5	-12	-27	-29	-25	-32

재무 상태 〈단위 : 억원〉
항목	2011	2012	2013	2014	2015	2016
총자산	147	287	442	639	676	643
유형자산	58	135	230	402	357	358
무형자산	0	0	1	1	2	12
유가증권		0		1	91	47
총부채	90	208	292	404	309	374
총차입금	40	114	198	305	256	327
자본금	15	15	16	19	25	51
총자본	57	79	151	235	367	268
지배주주지분	57	79	151	235	367	268

기업가치 지표
항목	2011	2012	2013	2014	2015	2016
주가(최고/저)(천원)	—/—	—/—	—/—	—/—	8.1/5.3	11.3/6.4
PER(최고/저)(배)	0.0/0.0	0.0/0.0	0.0/0.0	0.0/0.0	35.8/23.2	—/—
PBR(최고/저)(배)	0.0/0.0	0.0/0.0	0.0/0.0	0.0/0.0	2.2/1.5	4.3/2.4
EV/EBITDA(배)	0.3	1.5	1.2	2.2	8.2	—
EPS(원)	1,389	422	655	576	227	-1,123
BPS(원)	19,050	26,483	37,284	58,279	7,225	2,641
CFPS(원)	51,202	23,786	21,844	24,757	1,831	-495
DPS(원)						
EBITDAPS(원)	51,437	23,983	25,871	30,883	2,071	-383

재무 비율 〈단위 : % 〉
연도	영업이익률	순이익률	부채비율	차입금비율	ROA	ROE	유보율	자기자본비율	EBITDA마진율
2016	-36.2	-40.2	139.4	121.9	-17.3	-35.9	428.3	41.8	-13.7
2015	7.2	4.7	84.1	69.8	3.1	6.8	1,344.9	54.3	21.6
2014	13.0	8.2	171.5	129.4	7.7	21.7	1,115.2	36.8	24.3
2013	13.0	9.6	193.6	131.2			841.4	34.1	21.3

유투바이오 (A221800)
U2BIO COLTD

업　종 : 의료 장비 및 서비스	시　장 : KONEX
신용등급 : (Bond) —　(CP) —	기업규모 :
홈페이지 : www.u2bio.co.kr	연락처 : 02)910-2100
본　사 : 서울시 송파구 거마로 65 4층(마천동)	

설　립　일	2009.01.02	종업원수	45명	대표이사	김진태
상　장　일	2015.06.29	감사의견	적정 (삼영)	계　　열	
결　산　기	12월	보통주	181만주	종속회사수	
액　면　가	500원	우선주		구상회사	

주주구성 (지분율,%)
김진태	19.3
휴맥스홀딩스	14.7

출자관계 (지분율,%)
U2BIO Thailand	34.0

주요경쟁사 (외형,%)
유투바이오	100
비트컴퓨터	224
하이로닉	98

매출구성
일반진단검사 서비스	54.3
상품	28.3
분자진단검사 서비스	14.5

비용구성
매출원가율	76.1
판관비율	19.6

수출비중
수출	—
내수	—

회사 개요
동사는 2009년 1월 2일에 설립되었으며 2015년 6월 29일 한국거래소 코넥스시장에 주식을 상장함. 분자진단검사를 진행한 후 상세 분석결과를 전국 병·의원에 통보해 주는 BT(Bio Technology) 서비스와 BT service 과정에서 산출된 검사 결과들을 병·의원의 전자의무기록 프로그램에 실시간으로 연동하여 검사결과를 전송하는 IT(Information Technology) service를 병·의원에 제공하고 있음.

실적 분석
동사의 2016년 매출액은 158.7억원으로 전년 130.2억원에서 증가함. 영업이익은 6.7억원으로 전년 6.2억원에서 소폭 늘었고, 당기순이익은 3.4억원으로 전년보다 5.5% 감소함. 신규사업으로 영유아와 산모 영양관리를 위한 위치기반 서비스인 모유 영양 분석 서비스와 간호사 등의 검진자가 검진 대상자를 직접 방문하여 검진을 하는 파라메딕(Paramedic) 서비스를 제공하기 위해 추진 중임.

현금 흐름 *IFRS 별도 기준 〈단위 : 억원〉
항목	2015	2016
영업활동	2	-2
투자활동	-9	-2
재무활동	2	12
순현금흐름	-5	8
기말현금	4	12

시장 대비 수익률
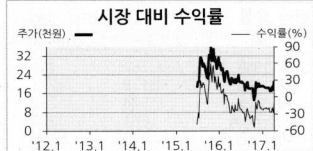

결산 실적 〈단위 : 억원〉
항목	2011	2012	2013	2014	2015	2016
매출액	—	—	94	110	130	159
영업이익	—	—	4	7	6	7
당기순이익	—	—	1	3	4	3

분기 실적 *IFRS 별도 기준 〈단위 : 억원〉
항목	2015.3Q	2015.4Q	2016.1Q	2016.2Q	2016.3Q	2016.4Q
매출액						
영업이익						
당기순이익						

재무 상태 *IFRS 별도 기준 〈단위 : 억원〉
항목	2011	2012	2013	2014	2015	2016
총자산	—	—	87	122	136	161
유형자산	—	—	3	6	5	5
무형자산	—	—	1	1	5	8
유가증권	—	—	1	1	4	
총부채	—	—	71	81	91	78
총차입금	—	—	37	44	49	26
자본금	—	—	6	7	7	9
총자본	—	—	16	41	45	83
지배주주지분	—	—	16	41	45	83

기업가치 지표 *IFRS 별도 기준
항목	2011	2012	2013	2014	2015	2016
주가(최고/저)(천원)	—/—	—/—	—/—	—/—	37.0/10.8	35.0/13.1
PER(최고/저)(배)	0.0/0.0	0.0/0.0	0.0/0.0	0.0/0.0	148.7/43.2	185.0/69.0
PBR(최고/저)(배)	0.0/0.0	0.0/0.0	0.0/0.0	0.0/0.0	12.0/3.5	7.7/2.9
EV/EBITDA(배)	0.0			5.2	3.7	54.9	39.8
EPS(원)	—	—	116	250	249	189
BPS(원)	—	—	1,347	2,842	3,092	4,573
CFPS(원)	—	—	283	440	447	308
DPS(원)	—	—				
EBITDAPS(원)	—	—	543	755	623	489

재무 비율 〈단위 : % 〉
연도	영업이익률	순이익률	부채비율	차입금비율	ROA	ROE	유보율	자기자본비율	EBITDA마진율
2016	4.2	2.2	93.9	31.3	2.3	5.4	814.5	51.6	5.6
2015	4.7	2.8	204.5	110.1	2.8	8.4	518.4	32.8	6.9
2014	6.2	2.8	196.7	106.5	2.9	10.7	468.3	33.7	8.3
2013	4.7	1.5	448.1	231.0		0.0	169.4	18.2	6.8

유한양행 (A000100)
Yuhan

업 종 : 제약		시 장 : 거래소	
신용등급 : (Bond) AA- (CP) —		기업규모 : 시가총액 대형주	
홈페이지 : www.yuhan.co.kr		연 락 처 : 02)828-0181	
본 사 : 서울시 동작구 노량진로 74			

설 립 일	1926.06.20	종 업 원 수	1,658명	대 표 이 사	이정희
상 장 일	1962.11.01	감 사 의 견	적정 (삼일)	계 열	
결 산 기	12월	보 통 주	1,167만주	종속회사수	
액 면 가	5,000원	우 선 주	24만주	구 상 호	

주주구성 (지분율,%)		출자관계 (지분율,%)		주요경쟁사 (외형,%)	
유한재단	15.5	유한화학	100.0	유한양행	100
국민연금공단	8.3	유한메디카	100.0	한미사이언스	50
(외국인)	27.8	이뮨온시아	51.0	한미약품	67

매출구성		비용구성		수출비중	
기타	36.0	매출원가율	70.5	수출	18.7
기타(레바넥스외)	25.2	판관비율	22.1	내수	81.3
FTC외	16.6				

회사 개요
국내 최대 제약 업체 중 하나로 전문의약품, 해외사업, 생활용품 등의 사업을 영위하고 있음. 2016년 기준 전체 사업에서 의약품 비중이 72.1%를 차지하고 있고, 해외사업이 19.1%, 생활용품이 7.7%를 차지하고 있음. 의약품 부문 2015년 시장점유율은 6.7%. 내수 부진을 타개하기 위해 외자 업체들의 전문의약품을 도입해 판매함. 길리어드의 비리어드, 베링거인겔하임의 트라젠타를 도입해 양호한 성과를 내고 있음.

실적 분석
API 수출이 기대치를 상회하며 동사의 2016년 4분기 연결기준 누적 매출액은 1조 3208.0억원을 기록. 전년동기대비 17.0% 증가함. R&D 비용과 광고선전비가 급증했으나 인건비 통제로 영업이익은 전년대비 13.9%증가한 977.9억원을 시현. 유한킴벌리, 유한크로락스 등 관련기업 투자이익의 증가로 당기순이익은 전년대비 27.9% 개선되는 모습을 보임. Product mix 개선과 비용구조 안정화로 올해 실적 양호할 전망.

현금 흐름 〈단위 : 억원〉

항목	2015	2016
영업활동	1,262	741
투자활동	-1,178	-771
재무활동	574	233
순현금흐름	661	230
기말현금	2,218	2,449

시장 대비 수익률
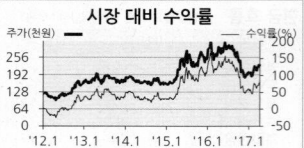

결산 실적 〈단위 : 억원〉

항목	2011	2012	2013	2014	2015	2016
매출액	6,792	7,765	9,436	10,175	11,287	13,208
영업이익	527	346	618	744	858	978
당기순이익	942	808	865	909	1,260	1,612

분기 실적 〈단위 : 억원〉

항목	2015.3Q	2015.4Q	2016.1Q	2016.2Q	2016.3Q	2016.4Q
매출액	3,117	3,030	2,765	3,327	3,618	3,498
영업이익	317	136	199	246	252	280
당기순이익	449	256	513	341	241	518

재무 상태 〈단위 : 억원〉

항목	2011	2012	2013	2014	2015	2016
총자산	13,141	14,031	15,140	16,160	18,803	20,459
유형자산	1,949	1,853	2,251	2,364	3,078	3,339
무형자산	94	85	98	97	118	159
유가증권	2,108	2,453	1,934	3,065	3,650	3,773
총부채	1,973	2,149	2,857	3,401	5,164	5,494
총차입금	102	81	521	702	1,516	1,966
자본금	569	569	569	569	569	569
총자본	11,167	11,882	12,282	12,759	13,639	14,966
지배주주지분	11,167	11,882	12,282	12,759	13,639	14,966

기업가치 지표

항목	2011	2012	2013	2014	2015	2016
주가(최고/저)(천원)	156/95.9	178/97.3	198/157	189/155	288/154	318/177
PER(최고/저)(배)	20.8/12.8	27.3/15.0	28.2/22.4	25.5/20.9	27.7/14.8	23.7/13.2
PBR(최고/저)(배)	1.6/1.0	1.7/0.9	1.8/1.4	1.6/1.3	2.3/1.2	2.3/1.3
EV/EBITDA(배)	16.1	30.9	22.4	15.4	23.6	14.7
EPS(원)	7,916	6,787	7,264	7,641	10,590	13,548
BPS(원)	107,887	113,958	119,850	125,883	134,142	145,888
CFPS(원)	9,834	8,623	9,252	10,314	13,795	17,927
DPS(원)	1,250	1,250	1,500	1,750	2,000	2,000
EBITDAPS(원)	6,191	4,569	7,090	8,860	10,264	12,355

재무 비율 〈단위 : % 〉

연도	영업이익률	순이익률	부채비율	차입금비율	ROA	ROE	유보율	자기자본비율	EBITDA마진율
2016	7.4	12.2	36.7	13.1	8.2	11.3	2,817.8	73.2	10.7
2015	7.6	11.2	37.9	11.1	7.2	9.6	2,582.8	72.5	10.4
2014	7.3	8.9	26.7	5.5	5.8	7.3	2,417.7	79.0	9.9
2013	6.6	9.2	23.3	4.2	5.9	7.2	2,297.0	81.1	8.6

유화증권 (A003460)
Yuhwa Securities

업 종 : 증권		시 장 : 거래소	
신용등급 : (Bond) — (CP) —		기업규모 : 시가총액 소형주	
홈페이지 : www.yhs.co.kr		연 락 처 : 02)3770-0100	
본 사 : 서울시 영등포구 국제금융로2길 36 유화증권빌딩			

설 립 일	1962.06.02	종 업 원 수	67명	대 표 이 사	윤경립
상 장 일	1987.08.24	감 사 의 견	적정 (삼덕)	계 열	
결 산 기	12월	보 통 주	1,134만주	종속회사수	
액 면 가	5,000원	우 선 주	350만주	구 상 호	

주주구성 (지분율,%)		출자관계 (지분율,%)		주요경쟁사 (외형,%)	
윤경립	22.0	한국예탁결제원	3.4	유화증권	100
윤대섭	4.3	한국거래소	2.9	SK증권	1,043
(외국인)	2.1	한국증권금융	0.4	HMC투자증권	1,120

수익구성		비용구성		수출비중	
이자수익	50.3	이자비용	13.3	수출	—
매도가능금융자산처분이익	18.2	파생상품손실	0.0	내수	—
수수료수익	18.2	판관비	79.7		

회사 개요
1962년에 설립된 동사는 자본시장법에 따라 사업을 영위하는 금융투자회사로서 투자매매업, 투자중개업, 투자자문업, 투자일임업 등을 영위하고 있음. 동사는 2016년 3분기 기준으로 업계 시장점유율이 0.23%임. 동사는 높은 영업용순자본비율 등 회사의 안정성 측면에서는 업계 최고를 기록하고 있으나, 1990년대 중후반 이후 지점 15개 이상을 지속적으로 폐점하며 브로커리지 영업의 열세와 신규사업 진출에 약점이 있음.

실적 분석
동사는 2016년 영업수익 188억원, 영업이익 62억원, 세전이익 96억원, 당기순이익 76억원의 영업실적을 시현함. 동사는 안전자산투자로 높은 영업용순자본비율을 기록하고 있음. 반면 조직 및 점포수의 열세로 브로커리지 영업의 열세와 신규사업 진출에 애로점을 보이고 있음. 소규모 자기자본을 중심으로 안전성 있는 사업을 영위 중이지만 확장성에 있어서는 한계가 있어 보임.

현금 흐름 *IFRS 별도 기준 〈단위 : 억원〉

항목	2015	2016
영업활동	20	105
투자활동	-137	-135
재무활동	-322	207
순현금흐름	-440	177
기말현금	25	202

시장 대비 수익률
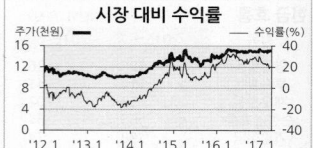

결산 실적 〈단위 : 억원〉

항목	2011	2012	2013	2014	2015	2016
순영업손익	182	193	171	147	210	163
영업이익	70	81	62	64	106	63
당기순이익	124	128	125	82	105	77

분기 실적 *IFRS 별도 기준 〈단위 : 억원〉

항목	2015.3Q	2015.4Q	2016.1Q	2016.2Q	2016.3Q	2016.4Q
순영업손익	32	67	43	54	39	27
영업이익	4	43	18	30	12	3
당기순이익	9	39	20	31	15	10

재무 상태 *IFRS 별도 기준 〈단위 : 억원〉

항목	2011	2012	2013	2014	2015	2016
총자산	8,173	6,556	6,112	6,416	6,082	6,308
유형자산	95	92	89	78	74	71
무형자산	15	12	10	9	8	2
유가증권	5,556	5,611	5,125	4,839	4,788	5,019
총부채	3,459	1,867	1,502	1,753	1,389	1,732
총차입금	2,624	1,201	819	719	474	924
자본금	742	742	742	742	742	742
총자본	4,714	4,689	4,610	4,663	4,694	4,576
지배주주지분	4,714	4,689	4,610	4,663	4,694	4,576

기업가치 지표 *IFRS 별도 기준

항목	2011	2012	2013	2014	2015	2016
주가(최고/저)(천원)	12.2/9.2	11.5/9.9	11.1/10.0	15.1/10.7	15.8/12.0	15.4/13.6
PER(최고/저)(배)	18.6/13.9	16.2/13.7	15.3/13.7	30.1/21.4	24.6/18.8	31.6/27.9
PBR(최고/저)(배)	0.5/0.4	0.4/0.4	0.4/0.4	0.5/0.4	0.5/0.4	0.5/0.4
PSR(최고/저)(배)	13/9	11/9	11/10	17/12	12/9	15/13
EPS(원)	835	864	845	553	707	516
BPS(원)	32,402	32,402	32,086	32,444	32,819	32,944
CFPS(원)	959	997	963	636	818	633
DPS(원)	550	600	600	450	700	850
EBITDAPS(원)	470	544	418	429	715	421

재무 비율 〈단위 : % 〉

연도	계속사업이익률	순이익률	부채비율	차입금비율	ROA	ROE	유보율	자기자본비율	총자산증가율
2016	58.9	46.9	37.9	20.2	1.2	1.7	558.9	72.5	3.7
2015	63.3	50.0	29.6	10.1	1.7	2.2	556.4	77.2	-0.5
2014	71.6	56.0	37.6	15.4	1.3	1.8	548.9	72.7	5.0
2013	93.1	73.4	32.6	17.8	2.0	2.7	541.7	75.4	-6.8

육일씨엔에쓰 (A191410)
RYUK-IL C&S

업 종 : 휴대폰 및 관련부품	시 장 : KOSDAQ
신용등급 : (Bond) — (CP) —	기업규모 : 중견
홈페이지 : www.61cns.co.kr	연 락 처 : 02)2659-1116
본 사 : 서울시 영등포구 국회대로70길 15-1 극동VIP빌딩 7층	

설 립 일	2007.03.14	종업원수	149명	대표이사	구자옥,김동훈
상 장 일	2015.12.24	감사의견	적정 (정일)	계 열	
결 산 월	12월	보통주	852만주	종속회사수	
액 면 가	500원	우선주		구상회	

주주구성 (지분율,%)		출자관계 (지분율,%)		주요경쟁사 (외형,%)	
구자옥	53.8	알와이	60.0	육일씨엔에쓰	100
메디치2014-1 세컨더리 투자조합	2.4	윌리언스	3.8	디스플레이텍	206
(외국인)	0.8			이엘케이	404

매출구성		비용구성		수출비중	
Main CG	45.4	매출원가율	104.5	수출	20.8
임가공 매출	33.2	판관비율	25.1	내수	79.2
3D Main CG	11.1				

회사 개요
동사는 윈도렌즈(강화유리) 제조 및 판매 등을 목적으로 2007년 3월 14일에 설립된 벤처기업으로 2007년 5월 LG전자 협력업체로 등록되었음. 동사의 제품은 형상에 따라 2D, 2.5D, 3D로 구분되며, 용도에 따라 Main CG, Back CG, Camera CG로 구분될 수 있음. 동사의 현재 목표시장은 휴대폰 CG 시장에 집중되어 있으며, 미래의 목표시장으로서 자동차용 CG시장을 설정함

실적 분석
동사의 2016년 연간 매출은 432.2억원으로 전년대비 45.6% 감소, 영업이익은 -128억원으로 전년대비 적자전환, 당기순이익도 -148.3억원으로 적자전환. 2016년 국내 전략거래선의 스마트폰 판매 부진으로 외형 축소, 고정비 부담 증가로 대규모 적자를 시현. 동사는 2017년 글로벌 3D 강화 유리 시장 확대 및 중화권 업체향 수출 확대 노력으로 매출 확대에 주력할 전망. 3D 강화 유리 생산능력을 확대하여 성장 동력을 확보 예정

현금 흐름 〈단위 : 억원〉
항목	2015	2016
영업활동	60	-21
투자활동	-158	-148
재무활동	53	135
순현금흐름	-44	-35
기말현금	101	67

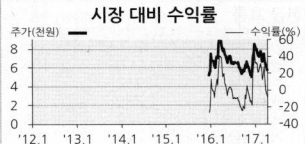

결산 실적 〈단위 : 억원〉
항목	2011	2012	2013	2014	2015	2016
매출액	604	1,161	1,398	1,069	795	432
영업이익	16	-2	104	81	23	-128
당기순이익	5	11	55	28	-5	-148

분기 실적 〈단위 : 억원〉
항목	2015.3Q	2015.4Q	2016.1Q	2016.2Q	2016.3Q	2016.4Q
매출액	118	98	82	78	90	182
영업이익	7	-38	-5	-54	-5	-64
당기순이익	-0	-38	-7	-45	-10	-87

재무 상태 〈단위 : 억원〉
항목	2011	2012	2013	2014	2015	2016
총자산	389	467	467	680	643	880
유형자산	152	151	194	238	336	450
무형자산	3	3	2	2	1	1
유가증권	17	—	3		15	15
총부채	325	410	312	497	330	709
총차입금	139	148	221	302	226	362
자본금	10	10	13	39	43	43
총자본	64	57	155	183	313	171
지배주주지분	64	57	152	181	311	170

기업가치 지표
항목	2011	2012	2013	2014	2015	2016
주가(최고/저)(천원)	—/—	—/—	—/—	—/—	5.6/5.0	9.1/5.0
PER(최고/저)(배)	0.0/0.0	0.0/0.0	0.0/0.0	0.0/0.0	—/—	—/—
PBR(최고/저)(배)	0.0/0.0	0.0/0.0	0.0/0.0	0.0/0.0	1.5/1.3	4.4/2.4
EV/EBITDA(배)	2.6		5.3	0.7	1.4	10.3
EPS(원)	91	178	972	369	-62	-1,733
BPS(원)	31,962	34,997	60,669	2,391	3,714	2,061
CFPS(원)	12,478	19,572	48,469	745	370	-1,324
DPS(원)						
EBITDAPS(원)	17,521	13,458	70,159	1,420	727	-1,093

재무 비율 〈단위 : % 〉
연도	영업이익률	순이익률	부채비율	차입금비율	ROA	ROE	유보율	자기자본비율	EBITDA마진율
2016	-29.6	-34.3	414.5	211.7	-19.5	-61.4	312.3	19.4	-21.6
2015	2.9	-0.7	105.7	72.3	-0.8	-2.0	642.8	48.6	7.2
2014	7.6	2.6	271.7	165.0	4.9	17.3	378.2	26.9	10.4
2013	7.4	4.0	201.2	142.7			1,113.4	33.2	10.3

율촌화학 (A008730)
Youl Chon Chemical

업 종 : 용기 및 포장	시 장 : 거래소
신용등급 : (Bond) A+ (CP) A1	기업규모 : 시가총액 중형주
홈페이지 : www.youlchon.com	연 락 처 : 02)822-0022
본 사 : 서울시 동작구 여의대방로 112, 도연관 15층 (신대방동)	

설 립 일	1973.05.01	종업원수	856명	대표이사	송녹정
상 장 일	1988.08.30	감사의견	적정 (한영)	계 열	
결 산 월	12월	보통주	2,480만주	종속회사수	
액 면 가	500원	우선주		구상회	

주주구성 (지분율,%)		출자관계 (지분율,%)		주요경쟁사 (외형,%)	
농심홀딩스	40.3	YOULCHONVINAPLASTIC,JSC	62.0	율촌화학	100
신춘호	13.5			태림포장	85
(외국인)	6.1			한진피앤씨	21

매출구성		비용구성		수출비중	
연포장, BOPP, CPP, 골판지 등(제품)	63.7	매출원가율	85.7	수출	13.1
이형지, 전자소재 외(제품)	24.9	판관비율	7.7	내수	86.9
연포장, BOPP, CPP, 등(상품)	7.4				

회사 개요
동사는 1973년에 설립되어 연포장, Film, 골판지등 포장재 및 포장관련 소재를 제조하는 업체임. 동사는 라면, 스낵, 냉동식품, 레토르트 등과 생활 용품류인 섬유유연제, 세제류 및 화장품, 의약품, 산업용 포장지 등 각종 포장지를 제조, 판매함. 동사의 최대주주는 농심(주)으로 식품회사인 계열사들과 긴밀한 협력관계를 유지해 시장점유율 1위를 유지하고 있음. 최근 몇년간 터치패드용 필름, 2차전지용 파우치 등 IT소재로 영역을 확장함.

실적 분석
2016년 연결기준 매출액은 전년대비 1.7% 증가한 4,434.8억원을 기록함. 영업이익은 전년대비 31.3% 증가한 291.2억원을 기록함. 매출 증가에 따른 매출총이익 증가뿐만 아니라 대손상각비 등 판관비 감소에 따라 영업외 비용 감소에 따라 전년대비 49.6% 증가한 209.2억원을 기록함. 계열 매출 비중이 크며 안정적인 사업구조로 우수한 수익성을 유지하고 있음.

현금 흐름 *IFRS 별도 기준 〈단위 : 억원〉
항목	2015	2016
영업활동	610	545
투자활동	-131	-230
재무활동	-664	-250
순현금흐름	-184	66
기말현금	105	171

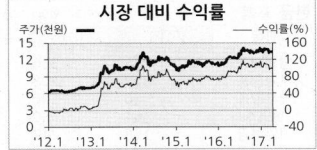

결산 실적 〈단위 : 억원〉
항목	2011	2012	2013	2014	2015	2016
매출액	3,766	4,057	4,407	4,519	4,362	4,435
영업이익	214	274	368	144	222	291
당기순이익	220	226	275	91	140	209

분기 실적 *IFRS 별도 기준 〈단위 : 억원〉
항목	2015.3Q	2015.4Q	2016.1Q	2016.2Q	2016.3Q	2016.4Q
매출액	1,083	1,051	1,105	1,137	1,103	1,090
영업이익	13	103	118	81	43	49
당기순이익	15	53	85	50	23	51

재무 상태 *IFRS 별도 기준 〈단위 : 억원〉
항목	2011	2012	2013	2014	2015	2016
총자산	3,890	4,446	5,229	5,662	5,152	5,268
유형자산	2,001	2,481	3,074	3,092	3,018	3,031
무형자산	93	75	72	69	68	72
유가증권	6	6	7	7	3	3
총부채	946	1,404	2,040	2,521	2,004	2,056
총차입금	104	482	1,083	1,662	1,125	999
자본금	148	148	148	148	148	148
총자본	2,943	3,042	3,189	3,141	3,148	3,212
지배주주지분	2,943	3,042	3,189	3,141	3,148	3,212

기업가치 지표 *IFRS 별도 기준
항목	2011	2012	2013	2014	2015	2016
주가(최고/저)(천원)	6.7/5.7	7.2/6.2	11.3/6.9	13.3/10.2	12.1/9.7	14.1/10.8
PER(최고/저)(배)	10.0/8.5	9.9/8.5	12.0/7.3	41.0/31.5	23.1/18.5	17.3/13.3
PBR(최고/저)(배)	0.8/0.6	0.7/0.6	1.0/0.6	1.2/0.9	1.0/0.8	1.1/0.9
EV/EBITDA(배)	5.3	5.4	7.1	11.7	8.6	8.2
EPS(원)	886	912	1,108	365	564	844
BPS(원)	11,868	12,265	12,859	12,665	12,694	12,951
CFPS(원)	1,515	1,546	1,812	1,208	1,475	1,752
DPS(원)	500	500	500	500	500	500
EBITDAPS(원)	1,494	1,740	2,187	1,422	1,805	2,083

재무 비율 〈단위 : % 〉
연도	영업이익률	순이익률	부채비율	차입금비율	ROA	ROE	유보율	자기자본비율	EBITDA마진율
2016	6.6	4.7	64.0	31.1	4.0	6.6	2,073.7	61.0	11.7
2015	5.1	3.2	63.7	35.7	2.6	4.5	2,030.5	61.1	10.3
2014	3.2	2.0	80.3	52.9	1.7	2.9	2,025.7	55.5	7.8
2013	8.4	6.2	64.0	34.0	5.7	8.8	2,058.2	61.0	12.3

이건산업 (A008250)
Eagon Industrial

업　　　종 : 종이 및 목재		시　　　장 : 거래소	
신 용 등 급 : (Bond) — 　(CP) —		기 업 규 모 : 시가총액 소형주	
홈 페 이 지 : www.eagon.com		연 락 처 : 032)760-0800	
본　　　사 : 인천시 남구 염전로 91 (도화동)			

설 립 일 1972.12.07	종 업 원 수 286명	대 표 이 사 박승준
상 장 일 1988.10.21	감 사 의 견 적정 (삼정)	계 열
결 산 기 12월	보 통 주 937만주	종 속 회 사 수
액 면 가 5,000원	우 선 주	구 상 호

주주구성 (지분율,%)
이건창호	16.2
박영주	10.0
(외국인)	4.0

출자관계 (지분율,%)
이건에너지	63.3
한빛인베스트먼트	4.0

주요경쟁사 (외형,%)
이건산업	100
무림페이퍼	390
페이퍼코리아	145

매출구성
[제품]합판, 합판마루	84.1
[상품]건축자재, 강화마루	13.9
[제품]증기, 전기	8.5

비용구성
매출원가율	84.4
판관비율	9.5

수출비중
수출	28.9
내수	71.1

회사 개요
동사는 1972년 설립된 이후 국내 건설용 합판 사업을 주도해 왔음. 2000년대 중반 이후 건설경기 부진 및 수입물량 증가 등으로 사업역량이 약화되면서 합판 위주의 사업구조를 개편하여, 목질계 바닥재 사업을 영위하는 이건리빙을 흡수합병하고, 현재에는 합판 및 마루사업에 주력하는 사업구조를 보유하고 있음. 합판 및 마루의 매출비중이 전체매출의 90%를 차지하고 있음.

실적 분석
동사의 2016년 연결기준 연간 매출액은 2,903.4억원으로 전년 대비 8.4% 증가함. 고정비 증가로 영업이익은 178.1억원으로 전년 대비 3.9% 감소함. 자회사 이건에너지㈜의 투자지분은 2017년 6월 이건산업㈜ 등에게 그 보유지분을 매수청구할 예정이며, 금융부채에 대한 이자비용 약 40억원을 선반영하여 영업외비용이 증가됨. 이로인해 당기순이익은 4.9억원으로 전년 대비 80.6% 감소함.

현금 흐름 〈단위 : 억원〉
항목	2015	2016
영업활동	275	356
투자활동	-397	-208
재무활동	66	-100
순현금흐름	-54	50
기말현금	166	217

시장 대비 수익률
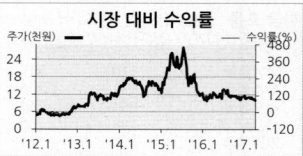

결산 실적 〈단위 : 억원〉
항목	2011	2012	2013	2014	2015	2016
매출액	2,201	2,464	2,285	2,460	2,677	2,903
영업이익	124	219	230	259	185	178
당기순이익	-39	45	105	130	25	5

분기 실적 〈단위 : 억원〉
항목	2015.3Q	2015.4Q	2016.1Q	2016.2Q	2016.3Q	2016.4Q
매출액	650	687	631	800	718	755
영업이익	40	29	52	55	41	30
당기순이익	-5	-45	45	-16	34	-58

재무 상태 〈단위 : 억원〉
항목	2011	2012	2013	2014	2015	2016
총자산	3,742	3,521	3,825	4,217	4,676	4,714
유형자산	1,568	1,520	1,648	2,003	2,406	2,423
무형자산	24	18	20	19	19	18
유가증권	21	31	25	23	54	59
총부채	2,507	2,282	2,394	2,625	3,072	3,093
총차입금	1,759	1,551	1,662	1,742	1,993	1,998
자본금	372	391	444	468	469	469
총자본	1,235	1,239	1,431	1,592	1,604	1,621
지배주주지분	1,235	1,224	1,358	1,580	1,585	1,603

기업가치 지표
항목	2011	2012	2013	2014	2015	2016
주가(최고/저)(천원)	7.8/3.8	7.8/4.3	13.4/7.3	18.1/10.8	29.4/10.8	14.7/9.8
PER(최고/저)(배)	—/—	14.5/8.1	11.7/6.4	14.2/8.5	167.0/61.6	217.5/145.7
PBR(최고/저)(배)	0.5/0.2	0.5/0.3	0.9/0.5	1.1/0.7	1.8/0.7	0.9/0.6
EV/EBITDA(배)	11.3	7.0	8.5	8.9	10.1	9.3
EPS(원)	-534	563	1,198	1,324	180	68
BPS(원)	16,614	15,668	15,297	16,904	16,913	17,112
CFPS(원)	159	1,517	1,950	2,052	1,345	1,360
DPS(원)	—	—	150	150	150	150
EBITDAPS(원)	2,361	3,892	3,436	3,536	3,146	3,192

재무 비율 〈단위 : % 〉
연도	영업이익률	순이익률	부채비율	차입금비율	ROA	ROE	유보율	자기자본비율	EBITDA마진율
2016	6.1	0.2	190.8	123.3	0.1	0.4	242.2	34.4	10.3
2015	6.9	0.9	191.5	124.3	0.6	1.1	238.3	34.3	11.0
2014	10.5	5.3	164.9	109.4	3.2	8.3	238.1	37.8	13.3
2013	10.1	4.6	167.3	116.1	2.9	8.0	206.4	37.4	12.9

이건창호 (A039020)
Eagon Windows & Doors

업　　　종 : 건축자재		시　　　장 : KOSDAQ	
신 용 등 급 : (Bond) — 　(CP) —		기 업 규 모 : 중견	
홈 페 이 지 : www.eagon.com		연 락 처 : 032)760-0001	
본　　　사 : 인천시 남구 염전로 91			

설 립 일 1988.04.14	종 업 원 수 330명	대 표 이 사 안기명
상 장 일 2000.05.04	감 사 의 견 적정 (삼정)	계 열
결 산 기 12월	보 통 주 1,433만주	종 속 회 사 수
액 면 가 1,000원	우 선 주	구 상 호

주주구성 (지분율,%)
박승준	20.0
박은정	8.5
(외국인)	0.3

출자관계 (지분율,%)
이건그린텍	100.0
뉴텍화이브	19.4
이건산업	16.2

주요경쟁사 (외형,%)
이건창호	100
덕신하우징	75
코리아에스이	9

매출구성
주택용창호	53.2
빌딩용 및 태양광창호	29.7
파레트류	18.5

비용구성
매출원가율	84.2
판관비율	13.2

수출비중
수출	15.0
내수	85.0

회사 개요
시스템창호와 커튼월, 태양광창호의 제조, 판매, 시공사업을 영위하는 창호부문(이건창호)과 물류포장재(파레트)의 제조 및 판매를 하는 파레트부문(이건그린텍)이 주요 사업임. 시스템창호를 국내에 최초로 도입한 업체로서 창호 부문 매출비중이 약 80%를 차지함. 염료감응형 태양전지 창호를 상용화했으며, 향후 태양전지를 조명에 사용할 수 있는 초전용 방식이나 특수 모듈로 개발하는 등 DSSC 기술의 적용 상품군을 확대한다는 전략임.

실적 분석
과거 공사로 인한 손실을 제거하기 위하여 제품수출위주로 사업정책을 바꾸었음. 특히, 북미시장의 커튼월사업을 성공적으로 진행하고 있음. 또한, B2B위주의 사업구조를 B2C로 전환하여 건설경기의 영향을 덜 받는 사업구조를 만들어 가고 있음. 이러한 사업구조 개선의 영향으로 외형은 전년 수준에 그쳤으나, 영업이익과 순이익은 각각 43.2억원, 38.7억원의 흑자로 전환됨. 창호 사업부문을 물적분할하고,분할 후 존속회사는 지주회사로 전환하기로 함.

현금 흐름 〈단위 : 억원〉
항목	2015	2016
영업활동	0	109
투자활동	217	50
재무활동	-239	-52
순현금흐름	-22	108
기말현금	42	150

시장 대비 수익률
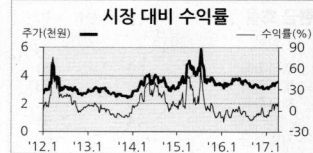

결산 실적 〈단위 : 억원〉
항목	2011	2012	2013	2014	2015	2016
매출액	1,597	1,754	1,685	1,920	1,608	1,626
영업이익	42	36	44	-41	-58	43
당기순이익	-39	-7	-18	-68	-78	39

분기 실적 〈단위 : 억원〉
항목	2015.3Q	2015.4Q	2016.1Q	2016.2Q	2016.3Q	2016.4Q
매출액	370	443	337	377	390	522
영업이익	-19	7	-3	0	-3	49
당기순이익	-25	4	30	-10	-3	21

재무 상태 〈단위 : 억원〉
항목	2011	2012	2013	2014	2015	2016
총자산	2,945	2,937	2,851	2,943	2,477	2,596
유형자산	1,077	1,069	1,055	1,174	1,166	1,179
무형자산	55	65	69	72	16	20
유가증권	47	81	84	82	82	71
총부채	1,893	1,917	1,861	1,915	1,537	1,623
총차입금	1,141	1,164	1,121	1,048	814	766
자본금	143	143	143	143	143	143
총자본	1,052	1,020	990	1,028	940	973
지배주주지분	1,052	1,020	990	1,028	940	973

기업가치 지표
항목	2011	2012	2013	2014	2015	2016
주가(최고/저)(천원)	4.9/2.1	5.3/2.6	3.2/2.4	4.2/2.6	6.2/3.1	3.8/3.1
PER(최고/저)(배)	—/—	—/—	—/—	—/—	—/—	14.4/11.5
PBR(최고/저)(배)	0.7/0.3	0.8/0.4	0.5/0.4	0.6/0.4	0.9/0.5	0.5/0.4
EV/EBITDA(배)	19.1	19.7	17.7	—	—	14.0
EPS(원)	-275	-51	-126	-474	-546	270
BPS(원)	7,727	7,505	7,296	7,562	6,946	7,179
CFPS(원)	-38	213	124	-252	-330	475
DPS(원)	50	50	50	30	30	30
EBITDAPS(원)	527	517	555	-61	-192	507

재무 비율 〈단위 : % 〉
연도	영업이익률	순이익률	부채비율	차입금비율	ROA	ROE	유보율	자기자본비율	EBITDA마진율
2016	2.7	2.4	166.8	78.7	1.5	4.0	617.9	37.5	4.5
2015	-3.6	-4.9	163.5	86.6	-2.9	-8.0	594.7	38.0	-1.7
2014	-2.1	-3.5	186.2	102.0	-2.3	-6.7	656.2	34.9	-0.5
2013	2.6	-1.1	187.9	113.3	-0.6	-1.8	629.6	34.7	4.7

이구산업 (A025820)
Lee Ku Industrial

업 종 : 금속 및 광물		시 장 : 거래소	
신용등급 : (Bond) — (CP) —		기업규모 : 시가총액 소형주	
홈페이지 : www.leeku.net		연 락 처 : 031)494-2929	
본 사 : 경기도 평택시 포승읍 포승공단로 42			

설 립 일 1971.01.16	종업원수 165명	대표이사 김영길,손인국	
상 장 일 1995.08.18	감사의견 적정 (한울)	계 열	
결 산 기 12월	보 통 주 3,344만주	종속회사수	
액 면 가 500원	우 선 주	구 상 호	

주주구성 (지분율,%)		출자관계 (지분율,%)		주요경쟁사 (외형,%)	
손인국	25.0	이구산업	100		
손재영	4.6	포스링크	4		
(외국인)	2.0	피제이메탈	50		

매출구성		비용구성		수출비중	
황동(제품)	55.3	매출원가율	92.4	수출	24.9
동(제품)	32.3	판관비율	2.6	내수	75.1
인청동(제품)	6.3				

회사 개요
동사는 1968년 산업용 동판 제조 및 판매를 목적으로 설립됨. 동, 황동, 인청동 등 동제품을 전문으로 생산하는 비철금속 전문 제조업체임. 제품생산을 위해 대단위 규모의 설비와 자본이 투자되는 장치산업으로 분류되며, 자동차, 전기전자부품 및 일반 생활용품 제조업 등 다양한 전방산업에 제품 공급중. 공급과잉 상태의 내수시장을 벗어나 중국 및 동남아 지역의 시장확대를 위해 노력중.

실적 분석
동사의 2016년 결산기준 매출액은 전년동기 대비 6.2% 하락한 1,975.4억원을 기록하였음. 비용면에서 전년동기대비 매출원가는 감소 하였으며 인건비는 거의 동일 하였고 광고선전비는 크게 감소 하였고 기타판매비와관리비도 마찬가지로 감소함. 매출액은 하락하였으나 매출원가의 절감이 커 그에 따라 매출액 하락 등에 의해 전년동기대비 영업이익은 99.5억원으로 흑자전환하였음. 최종적으로 전년동기대비 당기순이익은 흑자전환하여 45억원을 기록함.

현금 흐름 *IFRS 별도 기준 〈단위 : 억원〉

항목	2015	2016
영업활동	127	83
투자활동	21	20
재무활동	-144	-109
순현금흐름	4	-6
기말현금	19	13

시장 대비 수익률
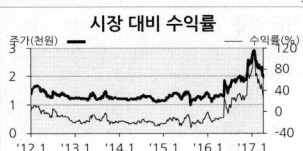

결산 실적 〈단위 : 억원〉

항목	2011	2012	2013	2014	2015	2016
매출액	2,709	2,444	2,440	2,386	2,106	1,975
영업이익	78	-65	-84	48	-90	100
당기순이익	12	-83	-97	21	-110	45

분기 실적 *IFRS 별도 기준 〈단위 : 억원〉

항목	2015.3Q	2015.4Q	2016.1Q	2016.2Q	2016.3Q	2016.4Q
매출액	511	475	491	471	452	562
영업이익	12	-87	26	15	18	41
당기순이익	-6	-69	5	22	46	-28

재무 상태 *IFRS 별도 기준 〈단위 : 억원〉

항목	2011	2012	2013	2014	2015	2016
총자산	3,139	3,017	2,757	2,750	2,497	2,619
유형자산	1,531	1,526	1,512	1,504	1,471	1,247
무형자산	1	1	1	1	1	1
유가증권	—	2	2	2	1	1
총부채	1,901	1,854	1,689	1,660	1,528	1,609
총차입금	1,631	1,561	1,443	1,438	1,309	1,223
자본금	167	167	167	167	167	167
총자본	1,237	1,163	1,068	1,089	969	1,010
지배주주지분	1,237	1,163	1,068	1,089	969	1,010

기업가치 지표 *IFRS 별도 기준

항목	2011	2012	2013	2014	2015	2016
주가(최고/저)(천원)	2.8/1.2	1.7/1.2	1.5/1.1	1.3/1.0	1.5/1.0	2.9/1.1
PER(최고/저)(배)	85.7/35.9	—/—	—/—	21.7/16.6	—/—	22.1/8.4
PBR(최고/저)(배)	0.8/0.3	0.5/0.4	0.5/0.4	0.4/0.3	0.5/0.4	1.0/0.4
EV/EBITDA(배)	17.5			19.7		13.8
EPS(원)	35	-250	-291	64	-328	135
BPS(원)	3,700	3,477	3,193	3,257	2,899	3,020
CFPS(원)	154	-121	-159	197	-188	275
DPS(원)	30			20		50
EBITDAPS(원)	353	-67	-119	275	-128	438

재무 비율 〈단위 : % 〉

연도	영업이익률	순이익률	부채비율	차입금비율	ROA	ROE	유보율	자기자본비율	EBITDA마진율
2016	5.0	2.3	159.3	121.1	1.8	4.6	504.0	38.6	7.4
2015	-4.3	-5.2	157.6	135.0	-4.2	-10.7	479.8	38.8	-2.0
2014	2.0	0.9	152.4	132.0	0.8	2.0	551.4	39.6	3.9
2013	-3.4	-4.0	158.2	135.1	-3.4	-8.7	538.6	38.7	-1.6

이그잭스 (A060230)
Exax

업 종 : 통신장비		시 장 : KOSDAQ	
신용등급 : (Bond) — (CP) —		기업규모 : 벤처	
홈페이지 : www.exax.co.kr		연 락 처 : 054)465-7395	
본 사 : 대구시 달성군 논공읍 논공로 556			

설 립 일 1999.12.22	종업원수 122명	대표이사 조근호	
상 장 일 2002.06.25	감사의견 적정 (삼일)	계 열	
결 산 기 12월	보 통 주 3,400만주	종속회사수	
액 면 가 500원	우 선 주	구 상 호	

주주구성 (지분율,%)		출자관계 (지분율,%)		주요경쟁사 (외형,%)	
일동케미칼	8.8	EXAXVINACO.,LTD	100.0	이그잭스	100
에스씨유나이티드	6.6			라이트론	90
(외국인)	0.6			텔레필드	93

매출구성		비용구성		수출비중	
NFC안테나, RFID태그,NFC태그	58.3	매출원가율	81.9	수출	44.3
OCR, PR, Resin, Ag Paste, BOE Etchant 등	40.8	판관비율	17.7	내수	55.7
기타	0.9				

회사 개요
동사는 1999년 설립된 화공약품류 및 전자재료 전문 생산업체로서 LCD, OLED 등의 디스플레이 제조공정에 필요한 세정액, 현상액 등의 화공약품 및 전자재료와 NFC안테나, RFID 태그 및 NFC태그 등의 전자부품이 주력상품임. 다양한 성질의 잉크 및 점성액체를 필름, 유리 등에 인쇄하여 전자소자를 만드는 인쇄전자사업도 영위중. 당분기 기준 전자소재와 전자부품이 각각 매출의 39.5%, 59.5% 가량을 차지하고 있음.

실적 분석
동사의 2016년 연간 매출은 461.8억원으로 전년대비 9.9% 감소하였으나 영업이익은 1.8억원으로 전년대비 흑자전환을 시현. 당기순이익은 -86.5억원으로 적자지속. 전방산업인 LCD 시장 경쟁 심화로 국내 업체의 생산 축소로 매출 정체 현상을 보임. 동사는 2017년 디스플레이 소재에 대한 중국 시장의 수요를 긍정적으로 평가, 고품질의 국내 양산경험을 바탕으로 현지 시장 공략을 본격화할 계획이라고 밝힘.

현금 흐름 *IFRS 별도 기준 〈단위 : 억원〉

항목	2015	2016
영업활동	-45	23
투자활동	10	-10
재무활동	36	45
순현금흐름	-0	58
기말현금	3	61

시장 대비 수익률

결산 실적 〈단위 : 억원〉

항목	2011	2012	2013	2014	2015	2016
매출액	469	556	721	771	512	462
영업이익	-69	23	35	-15	-11	2
당기순이익	-181	34	45	-124	-67	-86

분기 실적 〈단위 : 억원〉

항목	2015.3Q	2015.4Q	2016.1Q	2016.2Q	2016.3Q	2016.4Q
매출액	125	129	122	87	119	133
영업이익	-5	2	2	-1	1	0
당기순이익	-13	-28	-2	-49	-4	-32

재무 상태 〈단위 : 억원〉

항목	2011	2012	2013	2014	2015	2016
총자산	675	538	863	674	574	542
유형자산	407	358	476	367	320	292
무형자산	5	11	68	65	54	12
유가증권	2	4	10	6	2	0
총부채	643	454	698	591	392	335
총차입금	535	329	552	426	302	241
자본금	121	34	38	43	91	156
총자본	31	84	165	83	182	207
지배주주지분	31	84	165	83	182	207

기업가치 지표

항목	2011	2012	2013	2014	2015	2016
주가(최고/저)(천원)	12.4/2.1	2.9/0.8	5.6/2.0	4.2/2.0	2.5/1.1	2.2/1.1
PER(최고/저)(배)	—/—	6.8/1.8	12.4/4.4	—/—	—/—	—/—
PBR(최고/저)(배)	2.9/0.5	1.7/0.5	2.4/0.9	3.1/1.5	2.1/0.9	2.4/1.2
EV/EBITDA(배)		10.3	12.9	36.0	24.4	14.7
EPS(원)	-3,664	424	454	-1,118	-468	-398
BPS(원)	1,159	2,331	3,174	1,831	1,421	907
CFPS(원)	-713	1,041	986	-1,103	-253	-235
DPS(원)						
EBITDAPS(원)	-96	862	845	227	206	171

재무 비율 〈단위 : % 〉

연도	영업이익률	순이익률	부채비율	차입금비율	ROA	ROE	유보율	자기자본비율	EBITDA마진율
2016	0.4	-18.7	162.1	116.8	-15.5	-44.5	81.4	38.2	8.1
2015	-2.2	-13.0	215.0	165.6	-10.7	-50.3	184.2	31.7	4.9
2014	-2.0	-16.1	713.2	513.9	-16.2	-100.2	266.1	12.3	2.4
2013	4.9	6.3	422.8	334.2	6.5	36.4	534.8	19.1	8.7

이글루시큐리티 (A067920)
IGLOO SECURITY

업 종 : 일반 소프트웨어	시 장 : KOSDAQ
신용등급 : (Bond) — (CP) —	기업규모 : 벤처
홈페이지 : www.igloosec.co.kr	연 락 처 : 02)3452-8814
본 사 : 서울시 송파구 정의로8길 7 한스빌딩 6층 (문정동 640-3)	

설 립 일 1999.11.02	종업원수 644명	대표이사 이득춘	
상 장 일 2010.08.04	감사의견 적정(삼정)	계 열	
결 산 기 12월	보 통 주 1,039만주	종속회사	
액 면 가 500원	우 선 주	구 상 호	

주주구성 (지분율,%)		출자관계 (지분율,%)		주요경쟁사 (외형,%)	
이득춘	12.3	코바이노베이션	50.0	이글루시큐리티	100
에스원	11.7	디아이섹	20.0	포시에스	24
(외국인)	0.9	매일방송	0.1	한컴시큐어	25

매출구성		비용구성		수출비중	
보안관제서비스 외	71.4	매출원가율	0.0	수출	2.1
통합보안관리솔루션 외	28.6	판관비율	95.3	내수	97.9

회사 개요
동사는 통합보안관리 서비스 전문 업체로서, 보안관리 솔루션을 구축해 주는 솔루션 사업 부문과 보안시스템의 관리 및 정책 수립, 원격 관리 등의 서비스를 제공하는 보안관제 서비스를 영위함. 통합보안관리솔루션 IS-ESM이 대표 브랜드로서, 공공기관, 금융권, 통신 등 다양한 분야에 도입됨. 관제서비스 부문이 전체 매출의 70% 이상을 차지하며 새로이 e메일 보안 솔루션 출시, 수출은 점차 증가세이며 루마니아, 에티오피아 등 해외 시장 개척 노력 중.

실적 분석
동사의 2016년 결산 기준 누적 매출액은 581.1억원으로 전년 동기 548.7억원 대비 5.9% 증가. 영업이익은 27.5억원을 시현하며 전년 대비 흑자전환함. 당기순이익도 34.9억을 시현하며 전년 동기 대비 흑자전환. 정보보안의 중요성이 부각되고 있으며, ISO27001과 같은 국제규격인증을 획득하는 동시에 해외 수출성과를 거두고 있어 향후 성장성 기대는 유효함. 정보보호산업진흥법 반영에 의한 매출 성장 기대.

현금 흐름 〈단위 : 억원〉

항목	2015	2016
영업활동	51	32
투자활동	4	-22
재무활동	-2	-10
순현금흐름	52	1
기말현금	84	85

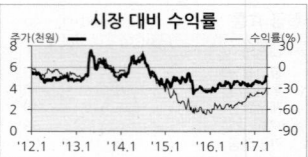
시장 대비 수익률

결산 실적 〈단위 : 억원〉

항목	2011	2012	2013	2014	2015	2016
매출액	362	470	540	564	549	581
영업이익	19	31	-7	-87	-28	28
당기순이익	27	37	2	-102	-38	35

분기 실적 〈단위 : 억원〉

항목	2015.3Q	2015.4Q	2016.1Q	2016.2Q	2016.3Q	2016.4Q
매출액	107	194	162	110	122	187
영업이익	-29	15	25	-5	-4	12
당기순이익	-28	-0	26	-4	-4	17

재무 상태 〈단위 : 억원〉

항목	2011	2012	2013	2014	2015	2016
총자산	447	630	647	480	445	437
유형자산	78	80	79	75	76	8
무형자산	28	42	20	19	22	29
유가증권	19	14	12	19	15	17
총부채	55	202	223	100	105	72
총차입금	—	118	122	—	—	—
자본금	38	38	38	51	51	51
총자본	391	427	424	380	340	366
지배주주지분	391	427	424	380	339	365

기업가치 지표

항목	2011	2012	2013	2014	2015	2016
주가(최고/저)(천원)	6.2/4.7	5.7/4.5	8.0/4.6	7.5/4.1	5.4/3.5	4.8/3.6
PER(최고/저)(배)	21.8/16.4	14.4/11.5	376.6/217.6	—/—	—/—	13.9/10.6
PBR(최고/저)(배)	1.4/1.1	1.2/0.9	1.7/1.0	2.0/1.1	1.6/1.0	1.3/1.0
EV/EBITDA(배)	14.1	6.9	59.8	—	—	6.6
EPS(원)	302	411	22	-1,042	-373	346
BPS(원)	5,535	6,015	5,964	3,939	3,536	3,872
CFPS(원)	457	614	202	-934	-263	444
DPS(원)	70	70	50	30	30	50
EBITDAPS(원)	344	537	78	-779	-161	366

재무 비율 〈단위 : % 〉

연도	영업이익률	순이익률	부채비율	차입금비율	ROA	ROE	유보율	자기자본비율	EBITDA마진율
2016	4.7	6.0	19.6	0.0	7.9	10.1	674.4	83.6	6.4
2015	-5.1	-7.0	30.9	0.0	-8.3	-10.6	607.3	76.4	-3.0
2014	-15.4	-18.1	26.4	0.0	-18.1	-25.4	687.9	79.1	-13.5
2013	-1.4	0.4	52.7	28.9	0.3	0.5	1,092.7	65.5	1.1

이-글벳 (A044960)
Eagle Vetrinary Technology

업 종 : 제약	시 장 : KOSDAQ
신용등급 : (Bond) — (CP) —	기업규모 : 벤처
홈페이지 : www.eaglevet.com	연 락 처 : 041)331-4100
본 사 : 충남 예산군 신암면 추사로 235-34	

설 립 일 1983.12.06	종업원수 113명	대표이사 강태성	
상 장 일 2000.11.16	감사의견 적정(대주)	계 열	
결 산 기 12월	보 통 주 1,167만주	종속회사	
액 면 가 500원	우 선 주	구 상 호	

주주구성 (지분율,%)		출자관계 (지분율,%)		주요경쟁사 (외형,%)	
강태성	14.5	르완다	19.0	이-글 벳	100
강승조	14.2	우간다	19.0	한국비엔씨	43
(외국인)	2.1	동물약품공업협동조합	3.6	삼일제약	335

매출구성		비용구성		수출비중	
기타	82.3	매출원가율	70.6	수출	10.5
NOW SB A/D Dog 3LB	6.6	판관비율	25.5	내수	89.5
NOW SB A/D Dog 25LB	4.1				

회사 개요
동사는 동물약품제조, 판매 등을 영위할 목적으로 1970년 10월 개인기업인 이글케미강공업사로 설립됨. 이후 1983년 12월 주식회사 이글케미칼 법인으로 조직 변경, 2000년 6월 (주)이-글벳으로 상호를 변경. 2000년 11월 코스닥시장에 상장됨. 설립 당시 순수 제조 및 판매에 주력하다가 1980년 초반부터 외국의 유명제품도 수입, 판매하기 시작함. 애완동물 사료 및 부외품 사업을 신규 사업으로 진행하고 있음.

실적 분석
동사의 2016년 매출액은 전년 대비 14.9% 증가하며 호조세를 보였음. 하지만 매출원가는 26.5% 증가하여 매출총이익은 전년 대비 5.8% 감소한 84.9억원에 그침. 판매비와관리비도 5.8% 증가하여 영업이익은 전년 대비 45.1% 감소한 11.3억원을 기록하며 부진함. 영업이익 감소에도 비영업손익의 흑자 전환으로 당기순이익은 전년 대비 116.1% 22.3억원을 기록함.

현금 흐름 *IFRS 별도 기준 〈단위 : 억원〉

항목	2015	2016
영업활동	-10	26
투자활동	-29	-21
재무활동	16	-4
순현금흐름	-23	0
기말현금	6	6

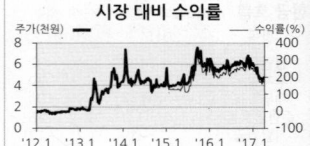
시장 대비 수익률

결산 실적 〈단위 : 억원〉

항목	2011	2012	2013	2014	2015	2016
매출액	159	150	165	203	251	288
영업이익	10	10	10	16	21	11
당기순이익	8	7	7	10	10	22

분기 실적 *IFRS 별도 기준 〈단위 : 억원〉

항목	2015.3Q	2015.4Q	2016.1Q	2016.2Q	2016.3Q	2016.4Q
매출액	66	61	65	72	69	83
영업이익	5	2	5	5	1	0
당기순이익	2	-1	3	4	-1	17

재무 상태 *IFRS 별도 기준 〈단위 : 억원〉

항목	2011	2012	2013	2014	2015	2016
총자산	202	214	273	417	440	462
유형자산	92	97	136	273	278	269
무형자산	1	1	1	1	2	2
유가증권	0	0	0	8	9	9
총부채	43	52	99	125	131	145
총차입금	27	37	81	105	112	118
자본금	35	35	35	56	58	58
총자본	159	162	174	291	309	317
지배주주지분	159	162	174	291	309	317

기업가치 지표 *IFRS 별도 기준

항목	2011	2012	2013	2014	2015	2016
주가(최고/저)(천원)	2.1/1.2	2.0/1.3	5.8/1.7	8.5/3.4	7.8/3.9	7.2/5.1
PER(최고/저)(배)	22.8/12.9	24.0/16.0	67.5/19.2	70.8/28.1	88.6/44.5	37.8/26.5
PBR(최고/저)(배)	1.2/0.7	1.0/0.7	2.8/0.8	3.3/1.3	3.0/1.5	2.6/1.8
EV/EBITDA(배)	11.5	12.8	29.4	25.7	27.3	27.8
EPS(원)	102	87	90	123	89	191
BPS(원)	2,244	2,281	2,455	2,611	2,651	2,794
CFPS(원)	147	136	148	178	183	336
DPS(원)	60	60	60	60	60	20
EBITDAPS(원)	171	187	190	247	270	241

재무 비율 〈단위 : % 〉

연도	영업이익률	순이익률	부채비율	차입금비율	ROA	ROE	유보율	자기자본비율	EBITDA마진율
2016	3.9	7.8	45.9	37.3	5.0	7.1	458.7	68.6	9.7
2015	8.2	4.1	42.3	36.3	2.4	3.4	430.1	70.3	12.6
2014	7.9	5.1	43.1	36.0	3.0	4.4	422.3	69.9	10.2
2013	6.2	4.3	56.6	46.7	2.9	4.2	391.1	63.9	8.2

이노션 (A214320)
Innocean Worldwide

업　　종 : 미디어
신용등급 : (Bond) —　　(CP) —
홈페이지 : www.innocean.com
본　　사 : 서울시 강남구 강남대로 308 (역삼동, 837-36)

시　　장 : 거래소
기업규모 : 시가총액 중형주
연 락 처 : 02)2016-2300

설 립 일	2005.05.17	종 업 원 수	645명
상 장 일	2015.07.17	감 사 의 견	적정 (한영)
결 산 기	12월	보 통 주	2,000만주
액 면 가	500원	우 선 주	

대 표 이 사 안건희
계 열
종 속 회 사 수
구 상 호

주주구성 (지분율,%)
정성이	28.0
NHPEA IV Highlight Holdings AB	18.0
(외국인)	17.6

출자관계 (지분율,%)
인스파이어코프	29.1
메이트커뮤니케이션즈	28.3
유니온컨텐츠밸류업투자조합	27.3

주요경쟁사 (외형,%)
이노션	100
CJ E&M	146
CJ CGV	136

매출구성
광고제작	23.2
기타	22.2
매체대행	21.1

비용구성
매출원가율	63.7
판관비율	26.8

수출비중
수출	—
내수	—

회사 개요
2005년 설립된 동사는 광고업(광고대행 및 광고물 제작 등)을 영위하는 현대자동차 그룹의 주력 광고계열사임. 광고 취급액이 제일기획에 이어 국내에서 두 번째로 많음. 현대차 계열사인 덕분에 안정적인 매출을 낼 수 있는 배경을 갖고 있으며, 2016년 매출액 가운데 현대차 등 계열사 매출 비중은 60% 이상임. 2015년 7월 17일 유가증권시장에 신규 상장되었음.

실적 분석
동사의 매출은 국내외 경기회복 지연, 정치적 불확실성 등 영향으로 주요 광고주의 마케팅 투자심리가 위축되었으나, 해외자회사의 안정적인 성장을 바탕으로 6.4% 성장한 1조 516억원을 기록함. 판관비는 신규 미국 합자법인 캔버스월드와이드 설립이 전년 대비 증가의 주요 원인이며, 본사의 디지털 핵심 역량 투자와 유럽 크리에이티브 허브 등 신규서비스 대행 확장 관련 인력 투자로 전년 대비 25.4%가 증가함.

현금 흐름 〈단위 : 억원〉
항목	2015	2016
영업활동	682	1,146
투자활동	-1,666	-1,060
재무활동	1,212	-252
순현금흐름	248	-105
기말현금	2,417	2,312

시장 대비 수익률
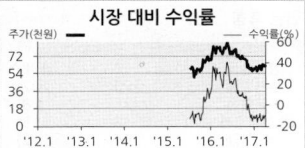

결산 실적 〈단위 : 억원〉
항목	2011	2012	2013	2014	2015	2016
매출액	6,941	7,105	6,341	7,447	9,879	10,516
영업이익	1,016	1,058	823	835	929	994
당기순이익	836	819	708	838	780	780

분기 실적 〈단위 : 억원〉
항목	2015.3Q	2015.4Q	2016.1Q	2016.2Q	2016.3Q	2016.4Q
매출액	2,406	3,127	2,751	2,368	2,317	3,080
영업이익	197	356	201	265	214	314
당기순이익	174	289	173	235	160	212

재무 상태 〈단위 : 억원〉
항목	2011	2012	2013	2014	2015	2016
총자산	8,537	8,317	8,667	11,742	14,305	16,751
유형자산	51	60	89	112	206	312
무형자산	48	45	196	562	636	602
유가증권	5	5	25	972	23	25
총부채	6,358	5,458	5,191	7,469	8,069	9,968
총차입금				0		11
자본금	90	90	90	90	100	100
총자본	2,179	2,859	3,476	4,273	6,236	6,783
지배주주지분	2,133	2,795	3,476	4,153	6,049	6,546

기업가치 지표
항목	2011	2012	2013	2014	2015	2016
주가(최고/저)(천원)	—/—	—/—	—/—	—/—	71.5/49.8	87.4/55.4
PER(최고/저)(배)	0.0/0.0	0.0/0.0	0.0/0.0	0.0/0.0	19.9/13.9	27.2/17.2
PBR(최고/저)(배)	0.0/0.0	0.0/0.0	0.0/0.0	0.0/0.0	2.4/1.7	2.7/1.7
EV/EBITDA(배)	—	—	—	—	8.4	4.7
EPS(원)	4,462	4,430	3,932	4,551	3,697	3,267
BPS(원)	118,502	155,275	193,135	230,720	30,246	32,728
CFPS(원)	45,788	46,174	41,433	48,356	3,999	3,559
DPS(원)					900	950
EBITDAPS(원)	57,633	60,638	47,836	49,226	5,209	5,264

재무 비율 〈단위 : % 〉
연도	영업이익률	순이익률	부채비율	차입금비율	ROA	ROE	유보율	자기자본비율	EBITDA마진율
2016	9.5	7.4	147.0	0.2	5.0	10.4	6,445.6	40.5	10.0
2015	9.4	7.9	129.4	0.0	6.0	13.7	5,949.2	43.6	10.0
2014	11.2	11.3	174.8	8.2	21.5	4,514.4	36.4	11.9	
2013	13.0	11.2	149.3			3,762.7	40.1	13.6	

이노와이어리스 (A073490)
Innowireless

업　　종 : 통신장비
신용등급 : (Bond) —　　(CP) —
홈페이지 : www.innowireless.co.kr
본　　사 : 경기도 성남시 분당구 서현로 190

시　　장 : KOSDAQ
기업규모 : 벤처
연 락 처 : 031)788-1700

설 립 일	2000.09.27	종 업 원 수	311명
상 장 일	2005.02.04	감 사 의 견	적정 (삼정)
결 산 기	12월	보 통 주	600만주
액 면 가	500원	우 선 주	

대 표 이 사 정종태
계 열
종 속 회 사 수
구 상 호 이노와이어

주주구성 (지분율,%)
정종태	18.6
신영자산운용	13.7
(외국인)	1.5

출자관계 (지분율,%)

주요경쟁사 (외형,%)
이노와이어리스	100
AP위성	47
쏠리드	553

매출구성
무선망 최적화 솔루션	35.4
Big Data 솔루션	20.6
용역	16.1

비용구성
매출원가율	68.5
판관비율	38.5

수출비중
수출	—
내수	—

회사 개요
동사는 유무선 자동측정 및 제어 시스템 개발 및 제조 등을 영위할 목적으로 2000년에 설립됨. 2015년 반기 기준 매출 비중은 무선망 최적화 솔루션 25.7%, Big Data 솔루션 30.3%, 통신 T&M 솔루션 2.5%, Small Cell 솔루션 7.2%, 용역 및 기타 부문이 34.3%로 구성되어 있음. 연결종속회사는 총 8개 업체로 모두 비상장이며 국내를 비롯 일본, 영국, 미국 등에 분포되어 있음.

실적 분석
2016년 누적 매출액은 전년동기대비 4% 감소한 527.1억원을 기록했으며, 영업이익은 적자폭을 늘리며 -37.3억원을 기록함. 통신 T&M 솔루션을 제외한 모든 제품부문의 매출이 감소하며 전년동기대비 외형축소. 매출 축소에 따라 수익성 악화되며 영업손실 이어감. 4분기 유럽, 일본지역으로 펨토셀 신규 매출 발생이 시작되며 2017년 수출이 본격화 될 경우 실적 전망이 매우 밝음.

현금 흐름 〈단위 : 억원〉
항목	2015	2016
영업활동	19	-6
투자활동	-24	-11
재무활동	-50	50
순현금흐름	-53	34
기말현금	170	204

시장 대비 수익률
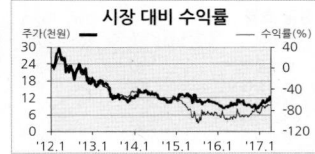

결산 실적 〈단위 : 억원〉
항목	2011	2012	2013	2014	2015	2016
매출액	731	768	749	560	549	527
영업이익	162	118	44	-3	-25	-37
당기순이익	153	99	47	13	-45	-98

분기 실적 〈단위 : 억원〉
항목	2015.3Q	2015.4Q	2016.1Q	2016.2Q	2016.3Q	2016.4Q
매출액	142	196	153	127	108	139
영업이익	10	18	13	-18	-20	-12
당기순이익	12	-1	3	-19	-25	-57

재무 상태 〈단위 : 억원〉
항목	2011	2012	2013	2014	2015	2016
총자산	888	913	928	978	903	822
유형자산	107	114	122	434	381	373
무형자산	34	29	30	25	24	20
유가증권	10	6	26	13	6	0
총부채	168	147	134	170	134	150
총차입금		9		50		50
자본금	30	30	30	30	30	30
총자본	720	766	795	808	769	672
지배주주지분	691	761	788	806	769	672

기업가치 지표
항목	2011	2012	2013	2014	2015	2016
주가(최고/저)(천원)	25.9/14.5	29.7/16.8	19.0/10.2	14.9/9.9	13.8/9.6	11.5/8.0
PER(최고/저)(배)	11.0/6.1	18.9/10.7	24.9/13.4	50.2/33.5	—/—	—/—
PBR(최고/저)(배)	2.3/1.3	2.4/1.3	1.5/0.8	1.1/0.7	1.1/0.8	1.0/0.7
EV/EBITDA(배)	6.2	9.5	6.2	33.1	—	—
EPS(원)	2,401	1,586	763	297	-747	-1,636
BPS(원)	11,507	12,670	13,135	13,432	12,808	11,194
CFPS(원)	2,682	1,898	1,090	608	-407	-1,316
DPS(원)	180	150				
EBITDAPS(원)	2,979	2,278	1,063	265	-73	-302

재무 비율 〈단위 : % 〉
연도	영업이익률	순이익률	부채비율	차입금비율	ROA	ROE	유보율	자기자본비율	EBITDA마진율
2016	-7.1	-18.6	22.3	7.4	-11.4	-13.6	2,138.9	81.8	-3.4
2015	-4.5	-8.2	17.4	0.0	-4.8	-5.7	2,461.6	85.2	-0.8
2014	-0.5	2.4	21.0	6.2	1.4	2.2	2,586.4	82.6	2.8
2013	5.9	6.2	16.8	0.0	5.1	5.9	2,527.1	85.6	8.5

이녹스 (A088390)
Innox

업 종 : 전자 장비 및 기기		시 장 : KOSDAQ	
신 용 등 급 : (Bond) — (CP) —		기업규모 : 우량	
홈 페 이 지 : www.innoxcorp.com		연 락 처 : 041)536-9999	
본 사 : 충남 아산시 둔포면 아산밸리로 171			

설 립 일 : 2001.11.08	종 업 원 수 358명	대 표 이 사 장경호,김필영	
상 장 일 : 2006.10.20	감 사 의 견 적정 (삼일)	계 열	
결 산 기 : 12월	보 통 주 1,232만주	종속회사수	
액 면 가 : 500원	우 선 주	구 상 호	

주주구성 (지분율,%)		출자관계 (지분율,%)		주요경쟁사 (외형,%)	
장경호	15.4	아이베스트	100.0	이녹스	100
박정진	8.1	알톤스포츠	46.6	엘앤에프	107
(외국인)	4.1	INNOXHONGKONGCo.,LTD.	100.0	비츠로셀	39

매출구성		비용구성		수출비중	
FPCB 소재	56.1	매출원가율	72.8	수출	51.7
알루미늄	15.5	판관비율	23.1	내수	48.3
반도체 패키지 소재	13.4				

회사 개요
동사는 2001년 설립되어 F-PCB 소재 생산 전문업체인데 주력 제품군은 반도체 관련 소재인 INNOSEM, F-PCB의 일반 소재인 INNOFEX, High End 제품군인 SMARTFLEX로 구분되어 있음. 성장 동력은 SMARTFLEX인데 주력 제품은 Digitizer 관련 차폐 필름, 2Layer, EMI 등이 있고 최근 OLED 봉지재 관련 제품도 생산 중에 있음. 2015년 3월 알톤스포츠를 인수하여 연결대상 회사로 편입했다가

실적 분석
동사의 2016년 매출액은 전년대비 9% 증가한 2,325.4억원을 기록함. 사업부문별로는 IT소재부문이 성장하면서 외형확대에 크게 기여하였고 레저부문 역시 증가함. 매출원가 부담이 늘고 광고비 등 판관비가 늘면서 영업이익은 10.6% 감소, 95.1억원을 기록함. 한편 2017년 이녹스첨단소재를 인적분할할 예정. 이에 따라 적자의 주요원인이었던 알톤스포츠의 핵심사업과 이녹스의 핵심 사업이 분리될 수 있다는 전망은 긍정적.

현금 흐름 〈단위 : 억원〉
항목	2015	2016
영업활동	82	-73
투자활동	-367	14
재무활동	403	72
순현금흐름	121	19
기말현금	429	448

시장 대비 수익률
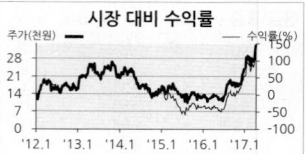

결산 실적 〈단위 : 억원〉
항목	2011	2012	2013	2014	2015	2016
매출액	1,159	1,423	1,861	1,448	2,134	2,325
영업이익	137	194	341	207	106	95
당기순이익	92	127	277	156	68	32

분기 실적 〈단위 : 억원〉
항목	2015.3Q	2015.4Q	2016.1Q	2016.2Q	2016.3Q	2016.4Q
매출액	673	424	521	635	684	485
영업이익	66	-35	16	38	58	-17
당기순이익	50	-40	17	26	38	-50

재무 상태 〈단위 : 억원〉
항목	2011	2012	2013	2014	2015	2016
총자산	1,277	1,474	1,873	1,831	2,900	3,128
유형자산	584	737	917	1,020	1,174	1,081
무형자산	53	34	28	25	436	380
유가증권	2	2	2	—	15	20
총부채	655	712	618	476	1,191	1,409
총차입금	536	549	375	271	880	982
자본금	44	46	62	62	62	62
총자본	622	761	1,255	1,355	1,709	1,719
지배주주지분	622	761	1,255	1,355	1,369	1,418

기업가치 지표
항목	2011	2012	2013	2014	2015	2016
주가(최고/저)(천원)	15.3/7.0	19.6/11.7	27.4/15.9	24.6/12.9	18.6/10.5	24.0/10.9
PER(최고/저)(배)	17.4/8.0	17.0/10.2	11.4/6.6	19.4/10.1	22.6/12.8	42.5/19.2
PBR(최고/저)(배)	2.6/1.2	2.8/1.7	2.7/1.5	2.1/1.1	1.5/0.9	1.9/0.8
EV/EBITDA(배)	10.2	8.2	6.3	5.8	9.2	15.6
EPS(원)	876	1,154	2,400	1,269	824	565
BPS(원)	7,110	8,435	10,347	11,536	12,349	12,944
CFPS(원)	1,588	2,153	3,188	2,077	2,043	1,755
DPS(원)						
EBITDAPS(원)	2,103	2,900	3,742	2,488	2,084	1,962

재무 비율 〈단위 : % 〉
연도	영업이익률	순이익률	부채비율	차입금비율	ROA	ROE	유보율	자기자본비율	EBITDA마진율
2016	4.1	1.4	82.0	57.2	1.1	5.0	2,488.8	55.0	10.4
2015	5.0	3.2	69.7	51.5	2.9	7.4	2,369.8	58.9	12.0
2014	14.3	10.8	35.2	20.0	8.4	12.0	2,207.2	74.0	21.2
2013	18.3	14.9	49.3	29.9	16.6	27.5	1,969.4	67.0	23.2

이니텍 (A053350)
Initech

업 종 : 일반 소프트웨어		시 장 : KOSDAQ	
신 용 등 급 : (Bond) — (CP) —		기업규모 : 우량	
홈 페 이 지 : www.initech.com		연 락 처 : 02)6445-7133	
본 사 : 서울시 구로구 디지털로26길 61, 11층 (구로동, 에이스하이앤드2차)			

설 립 일 : 1997.06.13	종 업 원 수 292명	대 표 이 사 장홍식	
상 장 일 : 2001.11.15	감 사 의 견 적정 (한영)	계 열	
결 산 기 : 12월	보 통 주 1,979만주	종속회사수	
액 면 가 : 500원	우 선 주	구 상 호	

주주구성 (지분율,%)		출자관계 (지분율,%)		주요경쟁사 (외형,%)	
에이치엔씨네트워크	57.0	스마트로	61.2	이니텍	100
Torrey Pines Master Fund Ltd	2.3			MDS테크	65
(외국인)	1.2			포비스티앤씨	48

매출구성		비용구성		수출비중	
타사 S/W, SERVER, PC, 주변기기등	25.1	매출원가율	81.6	수출	0.0
기타	24.0	판관비율	8.3	내수	100.0
SI	18.3				

회사 개요
동사는 인터넷 보안전문 기업으로서, 1997년 설립. 2001년 코스닥 시장 상장. 크게 보안사업과 금융사업 영위. 사용자에 대한 인증과 중요한 데이터의 암호화를 통해 개인 정보를 보호하는 공개키 기반의 보안 소프트웨어 개발 및 공급을 주력으로 함. 은행 등 금융권이 주요 거래처임. 최근 해킹 등 보안사고의 빈번한 발생으로 보안의 중요성이 부각되고 있어 우호적인 영업환경임.

실적 분석
동사는 인터넷 뱅킹 및 인터넷 대출 등 다양한 전자금융 서비스에 집중하고 있는 전자금융거래 처리를 위한 솔루션 등 SI 부문과 ITO 부문의 사업수주 확대로 2016년 결산 매출액은 전년 동기 대비 10.8% 증가함. 비용부담이 증가로 영업이익 및 당기순이익은 소폭 감소함. 인터넷뱅킹, 스마트폰 뱅킹 구축 관련 은행권 전자금융 SI 서비스의 경우 각각 45%, 37% 이상의 시스템구축 점유율을 보임.

현금 흐름 〈단위 : 억원〉
항목	2015	2016
영업활동	2	108
투자활동	-20	-27
재무활동	-28	38
순현금흐름	-46	118
기말현금	164	282

시장 대비 수익률
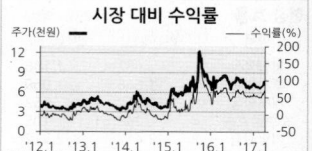

결산 실적 〈단위 : 억원〉
항목	2011	2012	2013	2014	2015	2016
매출액	1,405	1,760	1,919	1,867	2,090	2,315
영업이익	211	210	172	178	287	236
당기순이익	85	91	158	84	188	151

분기 실적 〈단위 : 억원〉
항목	2015.3Q	2015.4Q	2016.1Q	2016.2Q	2016.3Q	2016.4Q
매출액	528	648	516	582	592	625
영업이익	88	122	63	70	79	24
당기순이익	64	72	37	49	51	15

재무 상태 〈단위 : 억원〉
항목	2011	2012	2013	2014	2015	2016
총자산	1,776	2,267	2,304	1,987	2,175	2,409
유형자산	360	418	431	441	449	403
무형자산	422	414	412	407	444	460
유가증권	52	80	13	141	141	90
총부채	759	1,138	1,045	650	647	730
총차입금	468	783	669	303	275	315
자본금	99	99	99	99	99	99
총자본	1,017	1,129	1,259	1,337	1,528	1,678
지배주주지분	794	865	966	1,012	1,137	1,240

기업가치 지표
항목	2011	2012	2013	2014	2015	2016
주가(최고/저)(천원)	4.5/2.2	5.0/3.2	5.4/3.1	6.1/3.5	12.3/3.8	8.9/6.2
PER(최고/저)(배)	13.3/6.6	20.9/13.4	8.4/4.9	23.5/13.2	19.9/6.1	17.3/12.0
PBR(최고/저)(배)	1.1/0.6	1.2/0.7	1.1/0.6	1.2/0.7	2.1/0.7	1.4/1.0
EV/EBITDA(배)	3.3	4.5	3.4	3.0	4.1	3.9
EPS(원)	347	245	651	261	616	514
BPS(원)	4,079	4,429	4,933	5,166	5,789	6,306
CFPS(원)	1,089	899	1,387	1,031	1,483	1,640
DPS(원)			50			
EBITDAPS(원)	2,160	1,717	1,607	1,669	2,316	2,316

재무 비율 〈단위 : % 〉
연도	영업이익률	순이익률	부채비율	차입금비율	ROA	ROE	유보율	자기자본비율	EBITDA마진율
2016	10.2	6.5	43.5	18.8	6.6	8.6	1,161.2	69.7	19.8
2015	13.7	9.0	42.4	18.0	9.0	11.4	1,057.8	70.2	21.9
2014	9.5	4.5	48.6	22.7	3.9	5.2	933.3	67.3	17.7
2013	9.0	8.3	83.0	53.2	6.9	14.1	886.6	54.6	16.6

이디 (A033110)
ED

업 종: 교육	시 장: KOSDAQ
신용등급: (Bond) — (CP) —	기업규모: 벤처
홈 페 이 지: www.ed.co.kr	연 락 처: 031)730-7300
본 사: 경기도 성남시 중원구 사기막골로45번길 14 제19층 제에이-1902호	

설 립 일	1986.04.07	종 업 원 수	47명	대 표 이 사	박용후
상 장 일	1997.08.18	감 사 의 견	적정 (삼화)	계	열
결 산 기	12월	보 통 주	4,048만주	종 속 회 사 수	
액 면 가	500원	우 선 주		구 상 호	

주주구성 (지분율,%)		출자관계 (지분율,%)		주요경쟁사 (외형,%)	
엠피씨	12.2	디아이에스기술	100.0	이디	100
글로벌익스프레스	6.7	비앤비텍	49.0	메가스터디교육	500
(외국인)	0.1	이디미디어	45.0	정상제이엘에스	239

매출구성		비용구성		수출비중	
ED-4230 외	51.4	매출원가율	73.6	수출	74.0
오실로스코프외 홈네트워크장비	30.7	판관비율	45.7	내수	26.0
EP-1000외	10.1				

회사 개요
동사는 교육장비 및 지능형 로봇 및 전자계측기 제조 전문업체로 사업부문은 전자 교육장비, 전자 계측기, 전원 공급기 사업 등으로 구분되며 전자 교육장비부문이 주력사업임. 축적한 기술력과 개발 장비를 바탕으로 신재생에너지 교육장비, 산업용로봇 시뮬레이터 S/W, 바이오로봇, 로봇응용교육장비 등의 개발과 줄기세포성형상품을 통하여 의료 사업 진출 등 사업다각화를 위해 노력할 예정임.

실적 분석
동사의 2016년 연결기준 매출액은 전년 대비 297% 늘어난 348.9억원, 매출총이익은 339.5% 늘어난 92억원을 기록했음. 인건비, 감가상각비, 기타판매비와관리비 등 판관비가 전년 대비 140% 늘어난 140억원을 기록하며 전년과 마찬가지로 적자를 지속하는 상황. 비영업손익 역시 -29.4억원으로 적자를 지속했고, 당기순이익은 80.6억원의 손실을 기록하며 적자 지속함.

현금 흐름 〈단위 : 억원〉

항목	2015	2016
영업활동	-4	-90
투자활동	-18	-122
재무활동	15	242
순현금흐름	-7	90
기말현금	20	109

시장 대비 수익률

결산 실적 〈단위 : 억원〉

항목	2011	2012	2013	2014	2015	2016
매출액	165	138	192	97	88	349
영업이익	-37	-21	7	-42	-45	-67
당기순이익	-71	-10	3	-79	-91	-81

분기 실적 〈단위 : 억원〉

항목	2015.3Q	2015.4Q	2016.1Q	2016.2Q	2016.3Q	2016.4Q
매출액	22	11	15	166	117	51
영업이익	-3	-26	-11	-7	-19	-31
당기순이익	-8	-62	-15	-12	-16	-37

재무 상태 〈단위 : 억원〉

항목	2011	2012	2013	2014	2015	2016
총자산	371	356	414	373	327	1,081
유형자산	115	114	79	77	75	35
무형자산	37	28	28	28	14	294
유가증권	36	14	19	18	20	148
총부채	175	122	116	135	171	672
총차입금	103	64	44	71	81	516
자본금	80	104	119	126	127	164
총자본	197	234	298	238	157	409
지배주주지분	194	231	295	234	156	211

기업가치 지표

항목	2011	2012	2013	2014	2015	2016
주가(최고/저)(천원)	3.0/1.1	3.0/1.3	5.4/2.0	4.4/2.1	5.0/2.0	4.7/2.2
PER(최고/저)(배)	—/—	—/—	312.8/116.1	—/—	—/—	—/—
PBR(최고/저)(배)	2.3/0.9	2.5/1.1	4.1/1.5	4.4/2.1	7.4/3.0	7.2/3.4
EV/EBITDA(배)			38.2			
EPS(원)	-445	-51	17	-317	-354	-89
BPS(원)	1,307	1,184	1,301	994	677	645
CFPS(원)	-392	-21	40	-297	-335	-49
DPS(원)						
EBITDAPS(원)	-182	-89	52	-152	-160	-195

재무 비율 〈단위 : % 〉

연도	영업이익률	순이익률	부채비율	차입금비율	ROA	ROE	유보율	자기자본비율	EBITDA마진율
2016	-19.3	-23.1	164.3	126.2	-11.5	-14.0	29.0	37.8	-16.0
2015	-51.8	-103.5	109.0	51.4	-26.0	-46.1	35.4	47.9	-46.1
2014	-43.6	-82.0	56.6	30.0	-20.2	-29.5	98.7	63.9	-38.7
2013	3.4	1.4	39.1	14.8	0.9	1.5	160.2	71.9	6.0

이라이콤 (A041520)
e-Litecom

업 종: 휴대폰 및 관련부품	시 장: KOSDAQ
신용등급: (Bond) — (CP) —	기업규모: 우량
홈 페 이 지: www.e-litecom.com	연 락 처: 031)213-3881
본 사: 경기도 수원시 영통구 신원로250번길 32 (매탄동)	

설 립 일	1984.04.23	종 업 원 수	283명	대 표 이 사	김중헌,김성익
상 장 일	2003.07.04	감 사 의 견	적정 (대성)	계	열
결 산 기	12월	보 통 주	1,219만주	종 속 회 사 수	
액 면 가	500원	우 선 주		구 상 호	

주주구성 (지분율,%)		출자관계 (지분율,%)		주요경쟁사 (외형,%)	
김중헌	36.5	엠앤이텍	35.0	이라이콤	100
이근영	8.2	의래특광전(동관)	100.0	에스맥	46
(외국인)	24.1	E-LITECOMVINACO.,LTD.	100.0	젬백스테크놀러지	26

매출구성		비용구성		수출비중	
BLU	100.0	매출원가율	91.8	수출	99.5
		판관비율	6.8	내수	0.5

회사 개요
동사는 1984년 담배필터 제조업을 목적으로 신평물산으로 설립되었으나, 전자부품 제조업으로 업종 전환이 이루어져 2000년 7월 회사분할을 통해 존속법인인 이라이콤과 신설법인인 신평으로 나뉘어지고 상호가 변경되었음. 동사가 영위하는 TFT-LCD용 Back light Unit과 STN-LCD 용 Back light Unit 부문이며 이중 휴대폰용 TFT-LCD용 Back light Unit가 주력제품임.

실적 분석
2016년 누적매출은 3,060.2억원으로 전년동기 대비 51.9% 감소, 영업이익은 45.8억원으로 88.8% 감소, 순이익은 28.8억원에 그침. 이는 저가경쟁의 스마트폰 및 태블릿PC 판매 부진으로 관련 제품의 매출 감소에 기인. 하드웨어 경쟁이 지양되면서 평균판매단가 하락, 고정비부담 가중으로 수익성은 과거대비 부진. 주고객이 디스플레이에서 LCD에서 OLED로 전환 추진하는 점도 매출 증가에 부담으로 작용할 전망

현금 흐름 〈단위 : 억원〉

항목	2015	2016
영업활동	252	521
투자활동	-169	55
재무활동	-73	-91
순현금흐름	43	421
기말현금	793	1,214

시장 대비 수익률
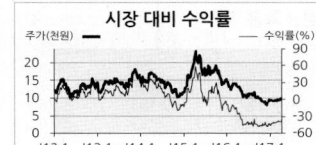

결산 실적 〈단위 : 억원〉

항목	2011	2012	2013	2014	2015	2016
매출액	4,549	5,421	6,899	6,478	6,355	3,060
영업이익	305	424	467	484	409	46
당기순이익	211	174	367	410	390	29

분기 실적 〈단위 : 억원〉

항목	2015.3Q	2015.4Q	2016.1Q	2016.2Q	2016.3Q	2016.4Q
매출액	1,647	1,250	722	693	702	944
영업이익	132	22	-13	23	-4	39
당기순이익	125	40	-20	20	-71	100

재무 상태 〈단위 : 억원〉

항목	2011	2012	2013	2014	2015	2016
총자산	2,014	2,394	3,422	3,661	3,423	3,338
유형자산	632	427	529	670	734	590
무형자산	30	22	20	25	32	22
유가증권	1	42	53	66	271	272
총부채	1,135	1,097	1,785	1,645	1,089	1,055
총차입금	415	385	465	195	198	202
자본금	61	61	61	61	61	61
총자본	879	1,297	1,638	2,016	2,333	2,283
지배주주지분	879	1,297	1,638	2,016	2,333	2,283

기업가치 지표

항목	2011	2012	2013	2014	2015	2016
주가(최고/저)(천원)	14.2/6.3	15.8/10.2	18.4/11.3	17.7/9.8	23.4/11.6	15.1/7.8
PER(최고/저)(배)	9.9/4.4	13.3/8.6	7.2/4.4	6.1/3.4	8.2/4.1	69.3/35.9
PBR(최고/저)(배)	2.1/1.0	1.8/1.2	1.6/1.0	1.3/0.7	1.4/0.7	0.9/0.5
EV/EBITDA(배)	5.4	3.8	4.3	1.7	2.4	—
EPS(원)	1,730	1,427	3,009	3,363	3,196	236
BPS(원)	8,020	10,643	13,438	16,543	19,144	18,727
CFPS(원)	2,249	1,981	3,389	3,876	3,818	858
DPS(원)	150	200	200	500	700	770
EBITDAPS(원)	3,020	4,031	4,216	4,488	3,974	998

재무 비율 〈단위 : % 〉

연도	영업이익률	순이익률	부채비율	차입금비율	ROA	ROE	유보율	자기자본비율	EBITDA마진율
2016	1.5	0.9	46.2	8.8	0.9	1.3	3,645.4	68.4	4.0
2015	6.4	6.1	46.7	8.5	11.0	17.9	3,728.8	68.2	7.6
2014	7.5	6.3	81.6	9.7	11.6	22.4	3,208.6	55.1	8.4
2013	6.8	5.3	109.0	28.4	12.6	25.0	2,587.6	47.9	7.5

이랜텍 (A054210)
Elentec

업 종 : 휴대폰 및 관련부품		시 장 : KOSDAQ	
신 용 등 급 : (Bond) — (CP) —		기업규모 : 우량	
홈 페 이 지 : www.elentec.co.kr		연 락 처 : 070)7098-8009	
본 사 : 경기도 수원시 영통구 삼성로 268번길 37			

설 립 일 1982.01.21	종 업 원 수 321명	대 표 이 사 이세용			
상 장 일 2002.05.09	감 사 의 견 적정(안경)	계 열			
결 산 기 12월	보 통 주 2,048만주	종 속 회 사 수			
액 면 가 500원	우 선 주	구 상 호			

주주구성 (지분율,%)		출자관계 (지분율,%)		주요경쟁사 (외형,%)	
이세용	24.2	이랜시스	49.0	이랜텍	100
이해성	6.8	제이엠피솔루텍	29.0	슈피겐코리아	30
(외국인)	4.7	아이티텔레콤	13.0	모베이스	47

매출구성		비용구성		수출비중	
Mobile Phone Battery Pack	31.5	매출원가율	89.5	수출	—
휴대폰 용 케이스	28.4	판관비율	7.3	내수	—
기타	24.1				

회사 개요
동사의 사업은 무선부문과 DM부문으로 구분되며 무선부문은 휴대폰용 배터리팩, 케이스, 충전기체, 로봇청소기, 전기자전거 등을 포함한 중소형 Battery Pack, 3D TV용 안경, 리모컨, 펀션보드 등 TV용 부품과, 기타 SET OEM 제품 등을 생산하고 있음. 배터리팩이 전체매출의 41%를 차지하며, 삼성전자 등의 업체들에 공급하고 있고 삼성전자 및 삼성SDI로의 매출이 전체의 90% 이상을 차지함.

실적 분석
동사의 2016년 연간 매출은 6,022억원으로 전년대비 2.3% 감소, 영업이익은 192.4억원으로 전년대비 13.7% 감소를 시현. 당기순이익은 135.8억원으로 전년대비 8.8% 감소를 기록. 전방산업인 스마트폰 성장 둔화와 국내 전략 거래선의 이수로 다소 하반기에 매출 정체를 보임. 동사는 2017년 해외시장 진출로 실적 개선에 주력할 전망. 휴대폰 부품뿐 아니라 일반 가전제품 사출물 사업 진출도 고려하고 있음.

현금 흐름
<단위 : 억원>

항목	2015	2016
영업활동	270	468
투자활동	-146	-277
재무활동	-183	-176
순현금흐름	-53	16
기말현금	586	601

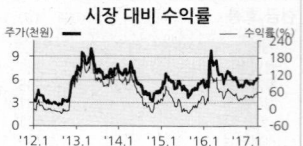
시장 대비 수익률

결산 실적
<단위 : 억원>

항목	2011	2012	2013	2014	2015	2016
매출액	4,504	5,489	6,547	5,793	6,161	6,022
영업이익	60	137	268	85	223	192
당기순이익	29	61	132	49	149	136

분기 실적
<단위 : 억원>

항목	2015.3Q	2015.4Q	2016.1Q	2016.2Q	2016.3Q	2016.4Q
매출액	1,705	1,523	1,538	1,383	1,512	1,590
영업이익	99	55	54	26	69	43
당기순이익	72	46	40	3	31	63

재무 상태
<단위 : 억원>

항목	2011	2012	2013	2014	2015	2016
총자산	2,841	3,747	4,327	4,207	4,203	4,367
유형자산	763	1,251	1,599	1,617	1,593	1,589
무형자산	46	47	48	55	52	81
유가증권	59	56	49	30	33	57
총부채	1,926	2,758	3,194	3,045	2,913	2,735
총차입금	1,263	1,659	2,145	2,154	2,017	1,638
자본금	71	71	78	78	80	102
총자본	916	989	1,133	1,163	1,290	1,632
지배주주지분	916	967	1,133	1,163	1,290	1,632

기업가치 지표

항목	2011	2012	2013	2014	2015	2016
주가(최고/저)(천원)	6.0/2.2	6.7/2.6	10.4/5.9	8.4/3.1	7.5/3.7	9.8/4.8
PER(최고/저)(배)	31.8/11.7	17.1/6.6	12.9/7.3	28.6/10.6	8.5/4.2	13.6/6.7
PBR(최고/저)(배)	1.0/0.4	1.1/0.4	1.5/0.9	1.2/0.5	1.0/0.5	1.3/0.6
EV/EBITDA(배)	8.3	8.2	5.9	8.5	6.5	5.9
EPS(원)	202	413	846	307	906	729
BPS(원)	6,406	6,768	7,284	7,453	8,019	7,970
CFPS(원)	897	1,320	2,009	1,424	1,833	1,656
DPS(원)	50	50	75	50	75	80
EBITDAPS(원)	1,114	1,857	2,939	1,656	2,295	1,959

재무 비율
<단위 : % >

연도	영업이익률	순이익률	부채비율	차입금비율	ROA	ROE	유보율	자기자본비율	EBITDA마진율
2016	3.2	2.3	167.6	100.3	3.2	9.3	1,494.1	37.4	6.1
2015	3.6	2.4	225.8	156.4	3.5	12.1	1,503.8	30.7	6.0
2014	1.5	0.9	261.9	185.3	1.2	4.3	1,390.6	27.6	4.5
2013	4.1	2.0	281.8	189.3	3.3	12.3	1,356.9	26.2	6.7

이루온 (A065440)
ELUON

업 종 : IT 서비스		시 장 : KOSDAQ	
신 용 등 급 : (Bond) — (CP) —		기업규모 : 벤처	
홈 페 이 지 : www.eluon.com		연 락 처 : 070)4489-1000	
본 사 : 경기도 성남시 분당구 대왕판교로 660 유스페이스1 A동 905호			

설 립 일 1998.04.23	종 업 원 수 131명	대 표 이 사 이승구			
상 장 일 2003.01.28	감 사 의 견 적정(서린)	계 열			
결 산 기 12월	보 통 주 1,528만주	종 속 회 사 수			
액 면 가 500원	우 선 주	구 상 호			

주주구성 (지분율,%)		출자관계 (지분율,%)		주요경쟁사 (외형,%)	
이승구	21.0			이루온	100
원태환	2.6			케이사인	61
(외국인)	0.4			유엔젤	58

매출구성		비용구성		수출비중	
핵심망 및 부가서비스솔루션	40.6	매출원가율	73.8	수출	1.6
디지털 아카이브	25.8	판관비율	25.2	내수	98.4
카드솔루션	21.9				

회사 개요
동사는 1998년 설립되어 이동통신 핵심망 솔루션, 통신 부가서비스 솔루션을 비롯 서비스사업 및 해외시장 진출을 적극 추진하고 있으며, 이동통신 트렌드 변화에 한발 앞서 진입하기 위하여 지속적인 국내외 사업 다각화와 기술개발을 통하여 WCDMA/HSDPA, Wibro, IMS 및 LTE 관련 다양한 솔루션 사업을 영위함. 해외사업으로는 영국의 통신사인 3UK의 전국 LTE망 구축에 영상처리시스템인 MRF를 담당함.

실적 분석
동사의 2016년 결산 매출액은 전년동기 수준인 525.5억원을 기록함. 매출의 대부분을 차지하는 내수부문은 성장세를 기록하고 있으나 수출실적이 저조함. 비용부담의 증가로 인하여 영업이익이 대폭 감소, 당기순이익은 적자전환함. 주 사업부분들은 경기변동, 당해년도 비즈 활성화, 데이터망 활성화, 유무선통합 가속화 등이 수요변동의 요인임. 26.59억원의 수주잔고를 보유하고 있음.

현금 흐름
<단위 : 억원>

항목	2015	2016
영업활동	6	18
투자활동	8	-49
재무활동	-9	81
순현금흐름	4	50
기말현금	27	77

시장 대비 수익률

결산 실적
<단위 : 억원>

항목	2011	2012	2013	2014	2015	2016
매출액	420	386	505	472	515	526
영업이익	12	-30	29	-27	17	5
당기순이익	-2	-30	14	-69	0	-10

분기 실적
<단위 : 억원>

항목	2015.3Q	2015.4Q	2016.1Q	2016.2Q	2016.3Q	2016.4Q
매출액	118	254	68	105	156	197
영업이익	6	38	-15	-9	-15	44
당기순이익	3	28	-17	-10	-17	34

재무 상태
<단위 : 억원>

항목	2011	2012	2013	2014	2015	2016
총자산	397	482	491	491	483	472
유형자산	18	142	136	132	137	130
무형자산	68	52	49	44	42	45
유가증권	66	24	8	8	7	8
총부채	204	320	310	385	376	274
총차입금	116	209	200	234	209	183
자본금	48	48	48	48	51	76
총자본	193	162	181	107	107	198
지배주주지분	194	163	181	107	107	198

기업가치 지표

항목	2011	2012	2013	2014	2015	2016
주가(최고/저)(천원)	1.9/1.0	4.4/1.3	2.3/1.3	3.6/1.5	3.4/1.7	5.3/2.0
PER(최고/저)(배)	461.5/228.1	—/—	17.2/10.2	—/—	1,415.2/699.8	—/—
PBR(최고/저)(배)	0.9/0.5	2.4/0.7	1.1/0.7	2.8/1.2	2.7/1.3	3.6/1.3
EV/EBITDA(배)	4.8		5.6		12.1	28.3
EPS(원)	4	-287	131	-673	2	-85
BPS(원)	2,285	1,969	2,156	1,383	1,318	1,470
CFPS(원)	214	-98	291	-578	147	18
DPS(원)						
EBITDAPS(원)	331	-102	449	-142	324	144

재무 비율
<단위 : % >

연도	영업이익률	순이익률	부채비율	차입금비율	ROA	ROE	유보율	자기자본비율	EBITDA마진율
2016	0.9	-2.0	138.8	92.6	-2.2	-6.8	194.0	41.9	3.3
2015	3.4	0.0	352.0	196.0	0.0	0.2	163.7	22.1	6.1
2014	-5.8	-14.7	360.2	219.1	-14.1	-48.2	176.5	21.7	-2.9
2013	5.7	2.7	171.4	110.8	2.8	7.8	331.1	36.9	8.6

이마트 (A139480)
E-MART

업　　종 : 도소매		시　　장 : 거래소	
신용등급 : (Bond) AA+　(CP) A1		기업규모 : 시가총액 대형주	
홈 페 이 지 : www.emartcompany.com		연 락 처 : 02)380-9279	
본　　사 : 서울시 성동구 뚝섬로 377			

설 립 일	2011.05.03	종 업 원 수	29,390명	대 표 이 사	이갑수
상 장 일	2011.06.10	감 사 의 견	적정 (삼일)	계　　　열	
결 산 기	12월	보 통 주	2,788만주	종속회사수	
액 면 가	5,000원	우 선 주		구 상 호	

주주구성 (지분율,%)		출자관계 (지분율,%)		주요경쟁사 (외형,%)	
이명희	18.2	신세계영랑호리조트	100.0	이마트	100
정용진	9.8	제주소주	100.0	BGF리테일	34
(외국인)	50.4	신세계엘앤비	100.0	GS리테일	50

매출구성		비용구성		수출비중	
[(주)이마트]식품 등(상품)	81.7	매출원가율	71.9	수출	0.3
[신세계푸드] 식음사업 및 식자재납품 등	6.6	판관비율	24.4	내수	99.7
[(주)에브리데이리테일] 식품 등(상품)	6.3				

회사 개요
동사는 2011년 신세계에서 인적분할하여 대형마트 사업을 단독으로 영위하고 있음. 이마트를 비롯해 종속회사로 신세계조선호텔, 신세계푸드, 에브리데이리테일 등이 있음. 이마트는 PL상품과 해외소싱상품 확대를 통해 경쟁력을 확보하고 있으며, 온라인 등 경쟁력을 미래 성장동력으로 여기고, 2016년 1월 아시아 최대의 온라인 그로서리 자동화 전용물류센터인 김포센터를 오픈해 온라인 물류인프라를 업계 최고수준으로 강화함.

실적 분석
내수경기 침체, 온라인 등 소비채널 다각화 에도 불구하고 영업 활성화를 위한 다양한 노력으로 2016년 연결기준 연간 매출액은 8.3% 증가한 14조 7,778.8억원을 시현함. 전체 매출의 약 95%를 유통업이 차지하고 있으며, 호텔업과 부동산업이 나머지를 구성하고 있음. 베트남 2호점 출점 준비, 몽골 프랜차이즈 1호점 오픈 등 해외사업 부문을 다변화하고 있으며, 현지 안정화 후 새로운 수익창출이 기대됨.

현금 흐름		〈단위 : 억원〉	
항목	2015	2016	
영업활동	7,757	7,223	
투자활동	-10,256	-10,692	
재무활동	2,591	3,511	
순현금흐름	29	24	
기말현금	634	658	

시장 대비 수익률

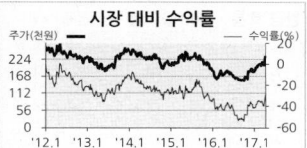

결산 실적　　　　　　　〈단위 : 억원〉

항목	2011	2012	2013	2014	2015	2016
매출액	79,946	126,850	130,353	131,536	136,400	147,779
영업이익	5,543	7,350	7,351	5,830	5,038	5,469
당기순이익	3,151	4,351	4,762	2,919	4,559	3,816

분기 실적　　　　　　　〈단위 : 억원〉

항목	2015.3Q	2015.4Q	2016.1Q	2016.2Q	2016.3Q	2016.4Q
매출액	36,837	33,252	36,300	34,535	40,340	36,605
영업이익	1,934	838	1,560	470	2,146	1,293
당기순이익	1,062	-464	1,200	122	1,497	997

재무 상태　　　　　　　〈단위 : 억원〉

항목	2011	2012	2013	2014	2015	2016
총자산	111,104	122,540	130,518	138,275	144,938	154,282
유형자산	76,343	82,413	87,280	92,656	98,054	97,092
무형자산	2,169	3,806	3,988	3,713	3,832	3,986
유가증권	12,164	14,157	15,631	17,511	13,301	13,631
총부채	55,350	61,248	63,539	67,677	72,544	73,040
총차입금	29,956	34,235	35,642	38,699	41,145	38,774
자본금	1,394	1,394	1,394	1,394	1,394	1,394
총자본	55,754	61,292	66,979	70,597	72,394	81,242
지배주주지분	54,861	60,234	65,680	69,078	69,861	76,962

기업가치 지표

항목	2011	2012	2013	2014	2015	2016
주가(최고/저)(천원)	319/214	277/210	264/180	264/193	249/187	193/152
PER(최고/저)(배)	30.2/20.2	18.9/14.3	16.2/11.1	26.0/19.0	15.5/11.6	14.5/11.4
PBR(최고/저)(배)	1.7/1.1	1.3/1.0	1.2/0.8	1.1/0.8	1.0/0.8	0.7/0.6
EV/EBITDA(배)	14.0	8.7	9.4	9.5	10.1	9.1
EPS(원)	10,971	15,213	16,762	10,404	16,312	13,497
BPS(원)	196,899	216,175	235,709	247,900	250,707	276,181
CFPS(원)	18,729	28,110	30,904	25,251	31,875	29,871
DPS(원)	750	1,500	1,500	1,500	1,500	1,500
EBITDAPS(원)	27,644	39,264	40,514	35,761	33,635	35,992

재무 비율　　　　　　　〈단위 : %〉

연도	영업이익률	순이익률	부채비율	차입금비율	ROA	ROE	유보율	자기자본비율	EBITDA마진율
2016	3.7	2.6	89.9	47.7	2.6	5.1	5,423.6	52.7	6.8
2015	3.7	3.3	100.2	56.8	3.2	6.6	4,914.1	50.0	6.9
2014	4.4	2.2	95.9	54.8	2.2	4.3	4,858.0	51.1	7.6
2013	5.6	3.7	94.9	53.2	3.8	7.4	4,614.2	51.3	8.7

이매진아시아 (A036260)
IMAGINE ASIA

업　　종 : 미디어		시　　장 : KOSDAQ	
신용등급 : (Bond) —　(CP) —		기업규모 : 중견	
홈 페 이 지 : www.imagineasia.com		연 락 처 : 02)3443-1960	
본　　사 : 서울시 강남구 압구정로 113 (압구정동, 뉴타운빌딩3층)			

설 립 일	1976.07.02	종 업 원 수	30명	대 표 이 사	박현서
상 장 일	1999.12.10	감 사 의 견	적정 (정명)	계　　　열	
결 산 기	12월	보 통 주	2,491만주	종속회사수	
액 면 가	500원	우 선 주		구 상 호	웰메이드예당

주주구성 (지분율,%)		출자관계 (지분율,%)		주요경쟁사 (외형,%)	
청호컴넷	6.1	아이엠에스이앤씨	100.0	이매진아시아	100
신형란	5.9	웰메이드필름	100.0	티비씨	121
(외국인)	0.6	스타아시아엔터테인먼트	100.0	오리콤	504

매출구성		비용구성		수출비중	
영화 드라마 제작	46.1	매출원가율	92.4	수출	—
매니지먼트	40.4	판관비율	19.5	내수	—
기타	8.3				

회사 개요
1976년 텐트 제조 등의 사업을 목적으로 설립되었으며, 2006년 스타엠엔터테인먼트와 주식교환으로 엔터테인먼트 및 매니지먼트업을 영위함. 2007년 이너테인먼트 및 매니지먼트 사업을 주사업으로 코스닥 시장에 상장됨. 주요 사업부문으로는 광고 및 영화, 드라마 매니지먼트 부문 이외의 영화제작과 음반 부문이 매출 규모면에서 증가 추세임. 동사에 소속된 가수로는 '씨클라운, 걸스데이, 주비스, 엠씨몽' 등이 있음.

실적 분석
동사의 2016년 결산기준 누적 매출액은 전년동기대비 -30% 하락한 321억원을 기록함. 비용면에서 전년동기대비 매출원가는 크게 감소 하였으며 인건비는 증가 하였고 광고선전비는 감소 하였고 기타판매비와관리비는 증가함. 그에 따라 매출액 하락 등에 의해 전년동기대비 영업손실은 38.1억원으로 적자전환하였음. 최종적으로 전년동기대비 당기순손실은 적자지속하여 26.2억원을 기록함.

현금 흐름		〈단위 : 억원〉	
항목	2015	2016	
영업활동	10	-18	
투자활동	-158	-176	
재무활동	170	143	
순현금흐름	22	-51	
기말현금	58	7	

시장 대비 수익률

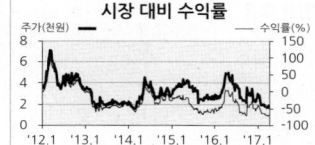

결산 실적　　　　　　　〈단위 : 억원〉

항목	2011	2012	2013	2014	2015	2016
매출액	214	137	152	387	458	321
영업이익	16	-11	-20	-1	1	-38
당기순이익	-25	-48	-55	-32	-30	-26

분기 실적　　　　　　　〈단위 : 억원〉

항목	2015.3Q	2015.4Q	2016.1Q	2016.2Q	2016.3Q	2016.4Q
매출액	76	161	84	130	78	29
영업이익	-8	17	-1	-7	-6	-24
당기순이익	-11	4	-7	15	7	-41

재무 상태　　　　　　　〈단위 : 억원〉

항목	2011	2012	2013	2014	2015	2016
총자산	148	164	225	345	507	413
유형자산	2	1	3	3	65	6
무형자산	11	11	42	42	78	2
유가증권	0	5	28	9	7	50
총부채	73	63	137	246	315	74
총차입금	21	2	62	86	148	42
자본금	132	170	54	66	85	125
총자본	75	101	88	100	192	338
지배주주지분	75	101	88	101	185	339

기업가치 지표

항목	2011	2012	2013	2014	2015	2016
주가(최고/저)(천원)	5.9/3.2	7.2/3.3	3.6/1.6	4.7/1.6	4.4/2.1	5.4/2.0
PER(최고/저)(배)	—/—	—/—	—/—	—/—	—/—	—/—
PBR(최고/저)(배)	5.2/2.8	6.1/2.8	4.3/1.9	6.0/2.0	4.0/1.9	4.0/1.5
EV/EBITDA(배)	12.6			77.1	42.5	
EPS(원)	-415	-673	-636	-273	-206	-175
BPS(원)	283	298	848	790	1,110	1,363
CFPS(원)	-88	-163	-613	-225	-149	-141
DPS(원)						
EBITDAPS(원)	80	-34	-202	43	67	-184

재무 비율　　　　　　　〈단위 : %〉

연도	영업이익률	순이익률	부채비율	차입금비율	ROA	ROE	유보율	자기자본비율	EBITDA마진율
2016	-11.9	-8.2	21.9	12.3	-5.7	-11.7	172.6	82.1	-10.0
2015	0.3	-6.6	164.2	77.2	-7.1	-22.3	122.1	37.9	2.3
2014	-0.2	-8.3	245.8	86.3	-11.2	-33.8	58.0	28.9	1.3
2013	-12.9	-36.4	155.8	70.8	-28.4	-58.3	69.7	39.1	-11.6

이미지스테크놀로지 (A115610)
IMAGIS

업 종 : 휴대폰 및 관련부품		시 장 : KOSDAQ	
신용등급 : (Bond) — (CP) —		기업규모 : 벤처	
홈페이지 : www.imagis.co.kr		연 락 처 : 031)888-5280	
본 사 : 경기도 수원시 영통구 광교로 105 경기R&DB센터 3층 301호			

설 립 일	2004.03.25	종업원수	61명	대표이사	김정철
상 장 일	2010.02.26	감사의견	적정 (신한)	계 열	
결 산 기	12월	보 통 주	767만주	종속회사수	
액 면 가	500원	우 선 주		구 상 호	

주주구성 (지분율,%)
김정철	28.4
한국증권금융	5.1
(외국인)	2.0

출자관계 (지분율,%)
이미지스시스템즈	51.0

주요경쟁사 (외형,%)
이미지스	100
디스플레이텍	198
육일씨엔에스	96

매출구성
[제품/Touch]ISA2000,IST3026,IST3032	83.0
[제품/Haptic]ISA1000외 다수	7.6
[제품/네비게이션]T770,TX200S외 다수	5.9

비용구성
매출원가율	84.5
판관비율	14.2

수출비중
수출	85.8
내수	14.2

회사 개요
동사는 2004년 3월 25일 설립되어 메모리 반도체 집적회로(IC)를 연구, 개발, 외주생산 및 판매에 관한사항을 주요사업으로 영위하고 있으며, 주요 제품인 Haptic Driver IC(힘과 운동감을 느끼도록 하는 촉각용 감성칩), Touch Controller IC(Touch & haptic Chip = One Chip)외에 xView(Mobile Display Image 화질개선칩) 등을 고객에게 판매를 하고 있음.

실적 분석
동사의 2016년 결산 매출액은 450.4억원으로 전년동기 대비 8.7% 감소함. 매출원가 및 비용부담으로 영업이익 및 당기순이익은 감소세를 보임. 동사의 신규제품 개발은 Haptic Driver IC, C-Touch Controller, 휴대폰 무선충전 및 자기 응용, 구동 반도체가 있음. 전방 산업인 반도체 경기가 호조세를 바탕으로 향후 수익성 중심의 제품 비중 확대, 거래선 다변화를 추진하여 흑자기조를 유지하는데 초점을 맞춤.

현금 흐름 〈단위 : 억원〉
항목	2015	2016
영업활동	4	47
투자활동	-35	-27
재무활동	-1	—
순현금흐름	-32	20
기말현금	68	87

시장 대비 수익률
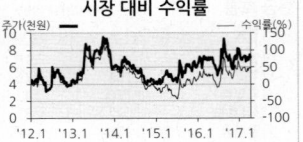

결산 실적 〈단위 : 억원〉
항목	2011	2012	2013	2014	2015	2016
매출액	143	139	311	500	493	450
영업이익	18	-7	14	9	8	6
당기순이익	18	2	20	14	15	8

분기 실적 〈단위 : 억원〉
항목	2015.3Q	2015.4Q	2016.1Q	2016.2Q	2016.3Q	2016.4Q
매출액	147	107	118	111	105	116
영업이익	9	4	0	0	0	4
당기순이익	11	4	2	3	0	3

재무 상태 〈단위 : 억원〉
항목	2011	2012	2013	2014	2015	2016
총자산	303	288	350	363	362	373
유형자산	3	3	9	7	9	10
무형자산	11	13	43	32	33	42
유가증권	1	1	1	—	—	—
총부채	35	21	67	67	51	54
총차입금	20	5	4	1	—	—
자본금	38	38	38	38	38	38
총자본	268	267	283	296	311	319
지배주주지분	268	267	280	294	308	317

기업가치 지표
항목	2011	2012	2013	2014	2015	2016
주가(최고/저)(천원)	8.2/2.6	6.4/3.1	9.9/4.1	7.2/3.9	7.5/4.0	9.3/5.0
PER(최고/저)(배)	35.1/11.2	230.5/112.2	39.8/16.7	40.7/22.1	39.7/21.2	76.9/41.4
PBR(최고/저)(배)	2.4/0.8	1.8/0.9	2.6/1.1	1.8/1.0	1.8/1.0	2.2/1.2
EV/EBITDA(배)	4.0		15.1	4.8	17.0	29.6
EPS(원)	238	28	248	177	189	121
BPS(원)	3,521	3,492	3,741	3,918	4,107	4,228
CFPS(원)	354	116	361	442	342	228
DPS(원)	50					
EBITDAPS(원)	350	-1	301	385	252	188

재무 비율 〈단위 : % 〉
연도	영업이익률	순이익률	부채비율	차입금비율	ROA	ROE	유보율	자기자본비율	EBITDA마진율
2016	1.4	1.8	17.0	0.0	2.1	3.0	745.6	85.5	3.2
2015	1.7	3.0	16.5	0.0	4.1	4.8	721.4	85.9	3.9
2014	1.8	2.8	22.7	0.4	3.9	4.7	683.6	81.5	5.9
2013	4.6	6.5	23.8	1.3	6.3	6.9	648.2	80.8	7.4

이베스트투자증권 (A078020)
EBEST INVESTMENT & SECURITIES

업 종 : 증권		시 장 : KOSDAQ	
신용등급 : (Bond) A (CP) A2+		기업규모 : 우량	
홈페이지 : www.ebestsec.co.kr		연 락 처 : 02)3779-0100	
본 사 : 서울시 영등포구 여의대로 14, KT빌딩 17층			

설 립 일	1999.12.15	종업원수	451명	대표이사	홍원식
상 장 일	2007.02.21	감사의견	적정 (안진)	계 열	
결 산 기	12월	보 통 주	4,048만주	종속회사수	
액 면 가	5,000원	우 선 주		구 상 호	이트레이드증권

주주구성 (지분율,%)
지앤에이사모투자전문회사	84.6
홍원식	0.4
(외국인)	0.0

출자관계 (지분율,%)
남춘천산업단지개발	19.1
한화평양특수목적전문투자조합	9.5
에스지아르게스제일호사모투자합자회사	8.0

주요경쟁사 (외형,%)
이베스트투자증권	100
키움증권	390
유안타증권	252

수익구성
파생상품평가 및 처분이익	51.6
금융상품평가 및 처분이익	27.7
수수료 수익	10.4

비용구성
이자비용	4.5
파생상품손실	57.8
판관비	14.2

수출비중
수출	—
내수	—

회사 개요
동사는 1999년에 국내 최초의 온라인 증권사로 출범하였으며 2007년 코스닥에 상장됨. 현재는 온라인을 근간으로 하는 종합증권사로서 기존의 온라인 사업부문과 홀세일, IB, Trading 부문이 시너지를 창출하고 있음. 차세대 HTS인 eBEST PRO를 통해 주식, 선물/옵션, 펀드 등의 실시간 주문 및 시세, 증권 정보를 조회할 수 있는 서비스를 제공하고 있음. 2015년 4월 1일부터 사명이 "이베스트투자증권주식회사"로 변경됨.

실적 분석
동사의 2016년 연결기준 연간 누적 영업수익(매출액)은 6,584.3억원으로 전년 동기(6,735억원) 대비 소폭 감소함. 매출은 소폭 줄었지만 영업비용은 오히려 증가하면서 영업이익은 321.8억원으로 전년 동기(618.4억원) 대비 절반 가까이 감소함. 영업이익의 대폭 감소하면서 당기순이익은 243.6억원으로 전년 동기(484.6억원) 대비 절반 수준. 최근 국내 주식시장이 박스권을 탈피하면서 향후 성장 기대됨.

현금 흐름 *IFRS 별도 기준 〈단위 : 억원〉
항목	2015	2016
영업활동	-2,719	-1,012
투자활동	-77	-11
재무활동	2,766	886
순현금흐름	-30	-137
기말현금	219	82

시장 대비 수익률
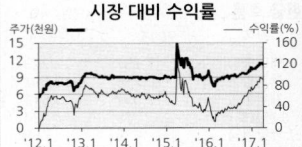

결산 실적 〈단위 : 억원〉
항목	2011	2012	2013	2014	2015	2016
순영업손익	1,104	866	629	1,114	1,652	1,214
영업이익	409	119	71	292	618	322
당기순이익	303	91	27	223	485	244

분기 실적 *IFRS 별도 기준 〈단위 : 억원〉
항목	2015.3Q	2015.4Q	2016.1Q	2016.2Q	2016.3Q	2016.4Q
순영업손익	191	319	291	291	291	300
영업이익	-3	59	69	106	62	85
당기순이익	-5	76	50	81	47	65

재무 상태 *IFRS 별도 기준 〈단위 : 억원〉
항목	2011	2012	2013	2014	2015	2016
총자산	20,087	18,084	18,397	19,685	26,540	26,693
유형자산	239	124	95	67	55	41
무형자산	170	363	316	247	193	138
유가증권	8,672	8,177	8,976	10,381	13,689	14,451
총부채	16,813	14,919	15,304	16,408	22,838	22,968
총차입금	9,064	8,536	9,488	10,050	12,877	13,823
자본금	1,930	2,024	2,024	2,024	2,024	2,024
총자본	3,273	3,165	3,093	3,277	3,701	3,724
지배주주지분	3,273	3,165	3,093	3,277	3,701	3,724

기업가치 지표 *IFRS 별도 기준
항목	2011	2012	2013	2014	2015	2016
주가(최고/저)(천원)	8.1/4.0	9.8/6.4	9.7/8.7	9.3/8.7	16.0/8.2	10.7/7.2
PER(최고/저)(배)	12.0/6.1	48.7/31.9	159.5/142.9	18.6/17.5	14.7/7.5	17.9/12.5
PBR(최고/저)(배)	1.1/0.6	1.3/0.9	1.3/1.2	1.1/1.1	1.7/0.9	1.1/0.7
PSR(최고/저)(배)	3/2	5/3	7/6	4/3	4/2	4/3
EPS(원)	749	224	67	550	1,197	602
BPS(원)	8,625	8,397	8,401	8,938	10,069	10,211
CFPS(원)	900	457	264	808	1,431	817
DPS(원)	300	70		73	510	515
EBITDAPS(원)	1,060	294	176	722	1,528	795

재무 비율 〈단위 : % 〉
연도	계속사업이익률	순이익률	부채비율	차입금비율	ROA	ROE	유보율	자기자본비율	총자산증가율
2016	26.6	20.1	616.7	371.2	0.9	6.6	104.2	14.0	0.6
2015	38.5	29.3	617.1	347.9	2.1	13.9	101.4	14.0	34.8
2014	26.5	20.0	500.8	306.7	1.2	7.0	78.8	16.7	8.9
2013	9.3	4.3	494.8	306.8	0.2	0.9	68.0	16.8	1.7

이비테크 (A208850)
EB TECH COLTD

업　　　종 : 전기장비	시　　　장 : KONEX
신용등급 : (Bond) — 　(CP) —	기업규모 :
홈 페 이 지 : www.eb-tech.com	연 락 처 : 042)930-7501
본　　　사 : 대전시 유성구 테크노2로 170-9	

설 립 일 2000.10.28	종업원수 명	대 표 이 사 김진규	
상 장 일 2016.06.22	감사의견 적정 (우리)	계　　　열	
결 산 기 12월	보 통 주 226만주	종속회사수	
액 면 가 1,000원	우 선 주	구 상 호	

주주구성 (지분율,%)		출자관계 (지분율,%)		주요경쟁사 (외형,%)	
IXYSCH GmbH	19.1			이비테크	100
한범수	16.4			지엔씨에너지	3,078
				선도전기	2,483

매출구성		비용구성		수출비중	
전자 가속기	61.4	매출원가율	75.8	수출	13.7
조사 서비스	29.8	판관비율	40.4	내수	86.3
기타 제품	8.8				

회사 개요
동사는 전자가속기 (Electron Beam Accelerator) 생산업체임. 전자가속기 전자총에서 방출되는 전자를 진공상태에서 고전압(액 1백만 볼트)을 이용, 빛의 속도에 가깝게 가속시켜 높은 에너지의 전자선을 만들어 내는 장치로 전자가속기로부터 나오는 전자선을 대상물질 조사하여 분자구조를 바꿈으로써 물리적, 화학적 특성을 변화시켜 물성개선 및 유해성분을 제거하는 신기술임.

실적 분석
동사는 2016년 전년보다 2.6% 감소한 37.8억원의 매출액을 기록하였음. 매출 부진에도 불구하고 매출원가는 전년보다 24.1% 상승하였으며 이는 매출총이익 41.8% 감소로 이어짐. 판관비 역시 10.4% 증가하였으며 동사는 6.1억원의 영업손실을 기록, 적자전환 하였음. 이외에도 영업외수익이 감소하였으며 최종적으로 동사는 6.1억원의 순손실을 기록, 적자전환하였음.

현금 흐름　　*IFRS 별도 기준　　〈단위 : 억원〉

항목	2015	2016
영업활동	-11	-6
투자활동	-5	-1
재무활동	1	18
순현금흐름	-14	8
기말현금	8	15

시장 대비 수익률
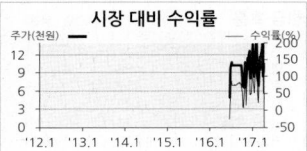

결산 실적　　　　　　〈단위 : 억원〉

항목	2011	2012	2013	2014	2015	2016
매출액	—	—	63	42	39	38
영업이익	—	—	11	5	2	-6
당기순이익	—	—	10	7	3	-6

분기 실적　　*IFRS 별도 기준　　〈단위 : 억원〉

항목	2015.3Q	2015.4Q	2016.1Q	2016.2Q	2016.3Q	2016.4Q
매출액						
영업이익						
당기순이익						

재무 상태　　*IFRS 별도 기준　　〈단위 : 억원〉

항목	2011	2012	2013	2014	2015	2016
총자산			85	98	91	105
유형자산			49	52	49	46
무형자산			0	0	2	2
유가증권						
총부채			25	32	22	40
총차입금			20	18	16	30
자본금			22	22	22	23
총자본			59	66	69	65
지배주주지분			59	66	69	65

기업가치 지표　　*IFRS 별도 기준

항목	2011	2012	2013	2014	2015	2016
주가(최고/저)(천원)	—/—	—/—	—/—	—/—	—/—	13.0/3.7
PER(최고/저)(배)	0.0/0.0	0.0/0.0	0.0/0.0	0.0/0.0	0.0/0.0	—/—
PBR(최고/저)(배)	0.0/0.0	0.0/0.0	0.0/0.0	0.0/0.0	0.0/0.0	4.5/1.3
EV/EBITDA(배)			0.0		1.5	
EPS(원)	—	—	477	308	128	-276
BPS(원)	—	—	13,751	15,289	15,927	2,861
CFPS(원)			3,192	2,032	1,356	-135
DPS(원)						
EBITDAPS(원)			3,367	1,730	1,161	-134

재무 비율　　　　　　〈단위 : % 〉

연도	영업이익률	순이익률	부채비율	차입금비율	ROA	ROE	유보율	자기자본비율	EBITDA마진율
2016	-16.2	-16.2	62.7	46.5	-6.3	-9.2	186.1	61.5	-7.9
2015	4.9	7.1	32.4	22.8	2.9	4.1	218.6	75.5	12.9
2014	12.8	15.9	48.5	27.8	7.3	10.6	205.8	67.3	17.9
2013	17.6	16.4	42.6	33.7			175.0	70.1	23.2

이상네트웍스 (A080010)
eSang Networks

업　　　종 : 인터넷 서비스	시　　　장 : KOSDAQ
신용등급 : (Bond) — 　(CP) —	기업규모 : 중견
홈 페 이 지 : www.e-sang.net	연 락 처 : 02)3397-0500
본　　　사 : 서울시 금천구 가산로9길 109 (가산동, 이에스빌딩)	

설 립 일 2000.02.28	종업원수 84명	대 표 이 사 조원표	
상 장 일 2005.09.30	감사의견 적정 (호연)	계　　　열	
결 산 기 12월	보 통 주 902만주	종속회사수	
액 면 가 500원	우 선 주	구 상 호	

주주구성 (지분율,%)		출자관계 (지분율,%)		주요경쟁사 (외형,%)	
황금에스티	24.8	아시아플러스대부	100.0	이상네트웍스	100
Macquarie Bank Limited	9.8	이상엠앤씨	56.0	이크레더블	81
(외국인)	22.1	이상글로벌	50.0	가비아	264

매출구성		비용구성		수출비중	
전자상거래, 전시 및 IT사업 등	52.7	매출원가율	67.1	수출	—
철강 상품 매입 및 제조, 구매대행	44.2	판관비율	16.0	내수	—
동남아 식품 수입 및 판매	1.9				

회사 개요
동사는 철강상품 매입및 제조와 기업간 전자상거래의 e-마켓플레이스로서 다수의 공급자와 다수의 판매자간 거래를 할 수 있도록 구축된 온라인 시장과 컨벤션 사업을 영위하고 있음. 종속회사인 이상글로벌은 글로벌 마케팅 및 온라인 무역지원 사업, 이상리테일은 동남아 식품수입 및 유통 사업을 영위중임. 한편 동사의 컨벤션사업은 경향하우징의 전시사업부문을 흡수합병하여 현재까지 경쟁력을 확보하고 있음.

실적 분석
동사의 2016년 결산기준 누적매출액은 전년동기대비 2.6% 소폭 상승한 387.6억원을 달성하였음. 매출액의 상승은 미비하지만 매출원가를 철감시켜 판관비 또한 크게 절약하여 영업이익은 전년동기대비 64.9% 상승한 65.7억원을 기록함. 동사는 매출액의 대부분이 전자상거래 및 전시, IT사업에서 발생하고 그 외는 철강관련 사업에서 발생함. 사업 특성상 향후 지속적으로 성장가능성이 보이고 있으므로 점진적으로 매출신장이 기대됨.

현금 흐름　　　　　　〈단위 : 억원〉

항목	2015	2016
영업활동	77	57
투자활동	-34	-4
재무활동	-5	-11
순현금흐름	38	47
기말현금	68	114

시장 대비 수익률
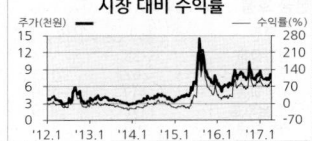

결산 실적　　　　　　〈단위 : 억원〉

항목	2011	2012	2013	2014	2015	2016
매출액	495	361	288	417	378	388
영업이익	41	22	16	25	40	66
당기순이익	29	24	18	24	27	62

분기 실적　　　　　　〈단위 : 억원〉

항목	2015.3Q	2015.4Q	2016.1Q	2016.2Q	2016.3Q	2016.4Q
매출액	88	72	126	73	86	102
영업이익	7	-1	42	5	10	9
당기순이익	3	-4	41	-3	7	17

재무 상태　　　　　　〈단위 : 억원〉

항목	2011	2012	2013	2014	2015	2016
총자산	622	606	652	678	699	814
유형자산	107	106	107	106	104	106
무형자산	108	106	107	145	155	179
유가증권	44	64	65	78	87	49
총부채	68	37	68	73	69	74
총차입금	39	17	38	34	21	19
자본금	45	45	45	45	45	45
총자본	555	568	584	605	630	740
지배주주지분	550	564	582	604	631	704

기업가치 지표

항목	2011	2012	2013	2014	2015	2016
주가(최고/저)(천원)	5.9/3.1	6.2/2.9	4.4/2.7	4.8/2.8	14.5/3.5	10.5/5.1
PER(최고/저)(배)	19.6/10.4	25.3/11.6	20.2/12.5	17.5/10.3	47.2/11.4	16.4/8.0
PBR(최고/저)(배)	1.0/0.5	1.0/0.5	0.7/0.4	0.7/0.4	2.0/0.5	1.3/0.7
EV/EBITDA(배)	4.9	6.9	9.9	9.3	11.5	4.8
EPS(원)	321	255	225	279	309	643
BPS(원)	6,255	6,411	6,607	6,855	7,152	7,965
CFPS(원)	363	302	269	325	384	717
DPS(원)	100	30	30	40		50
EBITDAPS(원)	495	289	220	320	517	804

재무 비율　　　　　　〈단위 : % 〉

연도	영업이익률	순이익률	부채비율	차입금비율	ROA	ROE	유보율	자기자본비율	EBITDA마진율
2016	17.0	16.0	10.0	2.6	8.2	8.7	1,493.0	91.0	18.7
2015	10.6	7.0	10.9	4.6	3.9	4.5	1,330.4	90.2	13.3
2014	5.9	5.9	12.0	5.7	3.7	4.2	1,271.1	89.3	6.9
2013	5.5	6.3	11.7	6.5	2.9	3.5	1,221.4	89.6	6.9

이수앱지스 (A086890)
ISU Abxis

업 종 : 바이오		시 장 : KOSDAQ	
신용등급 : (Bond) — (CP) —		기업규모 : 신성장	
홈 페 이 지 : www.abxis.com		연 락 처 : 031)696-4700	
본 사 : 경기도 성남시 분당구 대왕판교로712번길 22, 씨동 5층 (삼평동, 글로벌알앤디센터)			

설 립 일 2001.03.29	종업원수 114명	대표이사 이석주	
상 장 일 2009.02.03	감사의견 적정 (도원)	계 열	
결 산 기 12월	보 통 주 1,976만주	종속회사수	
액 면 가 500원	우 선 주	구 상 호	

주주구성 (지분율,%)
이수화학	35.6
김상범	5.4
(외국인)	1.2

출자관계 (지분율,%)
이수앱지스	100
바이오니아	114
녹십자엠에스	452

주요경쟁사 (외형,%)
(see left)

매출구성
바이오제약	99.6
기타	0.4

비용구성
매출원가율	38.9
판관비율	65.2

수출비중
수출	48.6
내수	51.4

회사 개요
2001년에 설립된 동사는 심혈관질환 재발을 예방하기 위해 혈전형성을 억제하는 항체치료제인 클로티넵을 생산해 판매하고 있음. 또 유전성 희귀질환인 고셔병과 파브리병 환자들을 치료하기 위한 효소치료제로서 애브서틴과 파바갈 등 2개 제품을 판매 중임. 시장점유율은 클로티넵이 80%, 애브서틴이 35%임. 파바갈은 2015년부터 본격적인 매출이 발생하고 있음. 동사는 이수화학을 비롯해 국내 계열사 11개, 해외 계열사 10개를 두고 있음.

실적 분석
동사의 2016년 4분기 누적매출액은 190.6억원으로 전년동기 대비 66.1% 증가함, 외형성장에도 영업손실 7.9억원, 당기순손실 20.4억원을 보이며 적자가 지속됨. 동사는 바이오의약품 개발사업 외에 건강기능 식품 판매, 세계 희귀의약품의 국내 도입과 판매 사업 진출 및 CMO사업을 고려하고 있음. 완제의 약품 도입품목인 페브레인은 2015년 식약처의 허가를 받아 매출이 발생할 것으로 예상됨. 새로운 치료제 개발 프로젝트도 계속 보강 중임.

현금 흐름 *IFRS 별도 기준   〈단위 : 억원〉
항목	2015	2016
영업활동	-39	-4
투자활동	-262	163
재무활동	249	-100
순현금흐름	-52	59
기말현금	66	125

시장 대비 수익률
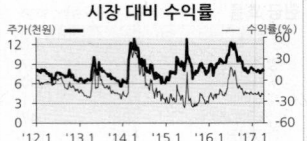

결산 실적   〈단위 : 억원〉
항목	2011	2012	2013	2014	2015	2016
매출액	51	56	82	71	115	191
영업이익	-61	-64	-63	-63	-51	-8
당기순이익	-59	-64	-82	-112	-98	-20

분기 실적 *IFRS 별도 기준   〈단위 : 억원〉
항목	2015.3Q	2015.4Q	2016.1Q	2016.2Q	2016.3Q	2016.4Q
매출액	27	42	31	58	61	41
영업이익	-11	-15	-5	5	1	-9
당기순이익	-42	-19	-12	3	-1	-11

재무 상태 *IFRS 별도 기준   〈단위 : 억원〉
항목	2011	2012	2013	2014	2015	2016
총자산	205	335	549	490	700	598
유형자산	27	73	115	116	112	113
무형자산	50	81	94	94	86	109
유가증권						
총부채	45	191	326	316	234	143
총차입금	1	157	291	290	183	84
자본금	56	56	64	69	98	99
총자본	160	144	223	174	466	456
지배주주지분	160	144	223	174	466	456

기업가치 지표 *IFRS 별도 기준
항목	2011	2012	2013	2014	2015	2016
주가(최고/저)(천원)	14.7/5.8	8.4/6.3	10.1/5.5	12.9/6.0	13.2/6.0	12.7/7.2
PER(최고/저)(배)	—/—	—/—	—/—	—/—	—/—	—/—
PBR(최고/저)(배)	10.9/4.3	7.0/5.2	6.1/3.3	10.9/5.0	5.6/2.5	5.5/3.1
EV/EBITDA(배)						83.7
EPS(원)	-494	-538	-648	-790	-576	-104
BPS(원)	1,419	1,278	1,742	1,254	2,379	2,308
CFPS(원)	-411	-452	-492	-664	-443	34
DPS(원)						
EBITDAPS(원)	-434	-454	-336	-303	-168	97

재무 비율   〈단위 : % 〉
연도	영업이익률	순이익률	부채비율	차입금비율	ROA	ROE	유보율	자기자본비율	EBITDA마진율
2016	-4.2	-10.7	31.3	18.4	-3.1	-4.4	361.6	76.2	10.0
2015	-44.4	-85.2	50.3	39.3	-16.4	-30.5	375.9	66.6	-24.8
2014	-89.3	-157.8	181.4	166.8	-21.6	-56.4	150.9	35.5	-57.3
2013	-77.4	-100.3	146.3	130.6	-18.5	-44.7	248.4	40.6	-49.3

이수페타시스 (A007660)
ISU PETASYS

업 종 : 전자 장비 및 기기		시 장 : 거래소	
신용등급 : (Bond) — (CP) —		기업규모 : 시가총액 소형주	
홈 페 이 지 : www.petasys.com		연 락 처 : 053)610-0300	
본 사 : 대구시 달성군 논공읍 논공로 53길 36			

설 립 일 1972.02.14	종업원수 872명	대표이사 김성민	
상 장 일 2003.10.07	감사의견 적정 (삼경)	계 열	
결 산 기 12월	보 통 주 4,127만주	종속회사수	
액 면 가 1,000원	우 선 주	구 상 호	

주주구성 (지분율,%)
이수	22.5
국민연금공단	8.1
(외국인)	4.4

출자관계 (지분율,%)
이수엑사보드	100.0
이수세컨러리1호투자조합출자	49.2
엠투엔	2.5

주요경쟁사 (외형,%)
이수페타시스	100
에코프로	31
자화전자	54

매출구성
PCB인쇄회로기판(제품)	86.3
PCB인쇄회로기판(상품)	13.7

비용구성
매출원가율	89.7
판관비율	8.3

수출비중
수출	95.0
내수	5.0

회사 개요
동사는 고다층 PCB(MLB)분야에서 세계 최고 수준의 기술을 보유한 PCB 전문기업임. 글로벌 유수 기업을 고객으로 확보하고 있으며 모바일용 PCB 시장에도 진출했음. 고다층 PCB는 통신장비에 주로 사용되는데 최근 LTE 투자가 주춤해진 영향으로 성장이 다소 둔화되고 있음. 자회사 이수엑사보드를 통해 생산하는 민생용 PCB 까지 제품군별 생산의 전문화를 통해 시너지 효과를 내면서 성장세를 이어가고 있음.

실적 분석
동사의 2016년 누적 매출액은 5,541.8억원으로 전년 대비 6.4% 증가함. 매출 확대에도 불구하고 원가율 악화와 판관비 증가로 영업이익은 전년비그 45.2% 줄어든 110.6억원을 기록함. 당기순이익은 2.4억원으로 전년 대비 96.4% 감소함. 모바일용 PCB는 안정적인 수요처를 확보했다는 점에서 전망이 긍정적임. MLB 시장은 서버 시장을 중심으로 지속적으로 성장할 것으로 기대함.

현금 흐름   〈단위 : 억원〉
항목	2015	2016
영업활동	488	-1
투자활동	-312	-105
재무활동	-132	114
순현금흐름	46	-15
기말현금	619	604

시장 대비 수익률
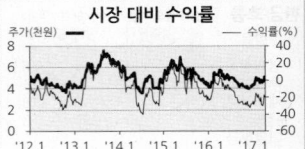

결산 실적   〈단위 : 억원〉
항목	2011	2012	2013	2014	2015	2016
매출액	3,866	4,182	5,354	5,048	5,209	5,542
영업이익	126	305	472	103	202	111
당기순이익	84	201	334	26	65	2

분기 실적 *IFRS 별도 기준   〈단위 : 억원〉
항목	2015.3Q	2015.4Q	2016.1Q	2016.2Q	2016.3Q	2016.4Q
매출액	1,291	1,205	1,279	1,449	1,389	1,426
영업이익	44	-22	40	53	29	-11
당기순이익	-32	-1	18	49	-4	-61

재무 상태   〈단위 : 억원〉
항목	2011	2012	2013	2014	2015	2016
총자산	3,301	3,410	4,676	5,216	5,063	5,511
유형자산	801	880	1,502	2,006	2,053	1,542
무형자산	87	80	147	161	161	156
유가증권	24	24	20	18	18	15
총부채	1,677	1,723	2,602	3,230	3,082	3,530
총차입금	1,064	1,025	1,508	2,120	2,034	2,281
자본금	413	413	413	413	413	413
총자본	1,623	1,687	2,073	1,986	1,981	1,981
지배주주지분	1,581	1,687	1,994	1,978	1,967	1,976

기업가치 지표
항목	2011	2012	2013	2014	2015	2016
주가(최고/저)(천원)	5.6/3.1	5.4/3.6	7.6/3.9	6.4/3.5	7.0/4.3	5.9/3.9
PER(최고/저)(배)	32.9/18.3	12.1/8.1	10.2/5.3	29.1/15.9	19.3/11.7	66.6/44.3
PBR(최고/저)(배)	1.6/0.9	1.5/1.0	1.7/0.9	1.4/0.8	1.5/0.9	1.2/0.8
EV/EBITDA(배)	10.3	5.5	6.1	8.8	6.7	8.5
EPS(원)	189	493	809	233	379	90
BPS(원)	3,832	4,105	4,855	4,922	4,896	4,927
CFPS(원)	500	796	1,108	897	1,023	748
DPS(원)	70	90	100	80	90	100
EBITDAPS(원)	615	1,041	1,441	914	1,134	925

재무 비율   〈단위 : % 〉
연도	영업이익률	순이익률	부채비율	차입금비율	ROA	ROE	유보율	자기자본비율	EBITDA마진율
2016	2.0	0.0	178.2	115.2	0.0	1.9	392.7	35.9	6.9
2015	3.9	1.2	155.6	102.7	1.3	7.9	389.6	39.1	9.0
2014	2.0	0.5	162.6	106.7	0.5	4.8	392.2	38.1	7.5
2013	8.8	6.2	125.5	72.8	8.3	18.2	385.5	44.3	11.1

이수화학 (A005950)
Isu Chemical

업 종 : 화학	시 장 : 거래소
신용등급 : (Bond) BBB- (CP) —	기업규모 : 시가총액 소형주
홈페이지 : www.isuchemical.co.kr	연 락 처 : 02)590-6600
본 사 : 서울시 서초구 사평대로 84 이수화학빌딩	

설 립 일 1969.01.17	종 업 원 수 374명	대 표 이 사 이규철	
상 장 일 1988.04.28	감사의견 적정 (선진)	계 열	
결 산 기 12월	보 통 주 1,528만주	종속회사수	
액 면 가 5,000원	우 선 주	구 상 호	

주주구성 (지분율,%)		출자관계 (지분율,%)		주요경쟁사 (외형,%)	
이수	34.8	하이씨네큐사모특별자산	75.0	이수화학	100
에셋플러스자산운용	4.9	이수건설	68.3	한국쉘석유	14
(외국인)	8.7	ISU-세컨더리1호투자조합	49.2	남해화학	72

매출구성		비용구성		수출비중	
석유화학제품(상품및제품)	58.5	매출원가율	91.3	수출	—
정밀화학제품 및 상품 (상품및제품)	12.1	판관비율	4.4	내수	—
건축사업(공사)	11.4				

회사 개요
동사는 합성세제(계면활성제)의 주원료로 사용되는 LAB(연성알킬벤젠)와 NP(노말파라핀)의 국내 유일 생산업체임. 생산능력은 연 22만톤. 국내 시장점유율은 LAB 80%, NP 98%로 독점적 지위를 확보하고 있음. 주력 제품에 대한 장단기 수요 변동 요인은 크게 없으나 국제유가 변동에 큰 영향을 받음. 건설사업과 의약사업을 함께 영위하나 석유화학부문이 매출의 약 60%를 차지함.

실적 분석
2016년 매출액은 1조 5,154.2억원을 기록하며 전년 대비 3.0% 증가함. 석유화학 사업부문이 약진을 보임. 영업이익은 의약 부문이 적자폭 축소, 석유화학, 건설 부문이 각각 353.8억원, 303.7억원을 기록하여 전사 649.6억원을 기록. 영업외단에서 금융비용, 관련기업투자 손실 등이 발생하여 당기순이익은 101.9억원을 기록함. 주요제품인 LAB의 시장 수급이 타이틀해질 전망이어서 화학부문의 영업이익이 확대될 것.

현금 흐름 〈단위 : 억원〉

항목	2015	2016
영업활동	370	775
투자활동	-165	-113
재무활동	-456	-186
순현금흐름	-251	479
기말현금	364	844

시장 대비 수익률

결산 실적 〈단위 : 억원〉

항목	2011	2012	2013	2014	2015	2016
매출액	20,559	22,367	20,727	18,516	14,712	15,154
영업이익	855	633	-1	-357	1	650
당기순이익	193	150	-605	-864	-546	102

분기 실적 〈단위 : 억원〉

항목	2015.3Q	2015.4Q	2016.1Q	2016.2Q	2016.3Q	2016.4Q
매출액	4,041	3,144	3,307	3,997	4,047	3,803
영업이익	128	-77	116	207	168	159
당기순이익	54	-288	69	227	66	-260

재무 상태 〈단위 : 억원〉

항목	2011	2012	2013	2014	2015	2016
총자산	11,901	13,089	12,913	10,938	10,286	11,002
유형자산	1,982	1,863	1,925	1,957	1,914	2,006
무형자산	85	152	166	167	157	185
유가증권	434	575	487	456	537	574
총부채	7,339	8,355	8,876	7,200	6,777	7,538
총차입금	4,669	5,887	6,780	5,484	4,545	4,561
자본금	675	764	764	764	764	764
총자본	4,562	4,734	4,037	3,738	3,508	3,464
지배주주지분	4,489	4,604	3,914	3,341	2,961	2,947

기업가치 지표

항목	2011	2012	2013	2014	2015	2016
주가(최고/저)(천원)	29.4/14.0	26.0/15.3	19.8/10.9	13.2/8.6	12.1/7.6	19.4/8.6
PER(최고/저)(배)	23.9/11.4	19.9/11.6	—/—	—/—	—/—	26.5/11.8
PBR(최고/저)(배)	1.0/0.5	1.0/0.6	0.8/0.5	0.6/0.4	0.6/0.4	1.0/0.4
EV/EBITDA(배)	6.7	9.5	71.8		54.5	8.5
EPS(원)	1,429	1,486	-3,679	-3,813	-2,840	753
BPS(원)	33,416	30,784	26,265	22,517	20,166	20,143
CFPS(원)	2,773	2,704	-3,027	-3,093	-2,144	1,520
DPS(원)	600	500	450	100	300	500
EBITDAPS(원)	7,671	5,477	646	-1,618	700	5,018

재무 비율 〈단위 : % 〉

연도	영업이익률	순이익률	부채비율	차입금비율	ROA	ROE	유보율	자기자본비율	EBITDA마진율
2016	4.3	0.7	217.6	131.7	1.0	3.9	302.9	31.5	5.1
2015	0.0	-3.7	193.2	129.6	-5.2	-13.8	303.3	34.1	0.7
2014	-1.9	-4.7	192.6	146.7	-7.3	-16.1	350.3	34.2	-1.3
2013	0.0	-2.9	219.9	168.0	-4.7	-13.2	425.3	31.3	0.5

이스타코 (A015020)
e-Starco

업 종 : 미디어	시 장 : 거래소
신용등급 : (Bond) — (CP) —	기업규모 : 시가총액 소형주
홈페이지 : www.e-starco.co.kr	연 락 처 : 02)2643-7922
본 사 : 서울시 양천구 오목로 325, 대학빌딩 5층	

설 립 일 1980.09.30	종 업 원 수 58명	대 표 이 사 김승제	
상 장 일 1988.12.23	감사의견 적정 (다산)	계 열	
결 산 기 12월	보 통 주 4,285만주	종속회사수	
액 면 가 500원	우 선 주	구 상 호	

주주구성 (지분율,%)		출자관계 (지분율,%)		주요경쟁사 (외형,%)	
김승제	33.2	얼반웍스미디어	60.0	이스타코	100
Morgan Stanley & co. International Limited	3.0	케이원제2호위탁관리부동산투자회사	26.3	티비씨	283
(외국인)	1.5			오리콤	1,180

매출구성		비용구성		수출비중	
영상제작, 광고서비스, 드라마, 영화매출	74.5	매출원가율	82.0	수출	6.8
주거용오피스텔 및 상가, 건물(부동산 임대)	10.1	판관비율	50.4	내수	93.2
주상복합아파트, 상가(분양)	9.4				

회사 개요
동사는 1980년 9월 30일에 설립되었고, 1988년 12월 23일자로 상장되었음. 동사의 사업부문으로 주택 및 상가를 신축 및 분양하는 부동산분양사업, 입시학원과 보습학원을 운영하는 교육사업, 소유부동산 및 미분양 부동산을 일시 임대하는 임대사업, 식음료를 판매하는 외식사업 등 크게 4가지 사업 부문으로 구분됨. 종속기업인 얼반웍스미디어는 광고대행, 프로모션 등의사업을 영위하고 있음.

실적 분석
동사의 연결기준 2016년도 매출액은 137.2억원으로 전년 대비 42.7% 감소함. 매출 부진에 따라 매출원가 감소에도 불구하고 44.5억원의 영업손실을 내어 전년에 이어 적자가 지속중임. 비영업 부문도 적자로 전환했으며 95.5억원의 당기순손실을 기록하여 적자 전환하였음. 동사는 2016년도중 임대사업을 제외한 사업(분양, 교육, 외식, 방송프로그램 제작용역 등)에서 영업손실을 기록함.

현금 흐름 〈단위 : 억원〉

항목	2015	2016
영업활동	-553	-11
투자활동	111	-50
재무활동	433	56
순현금흐름	6	-4
기말현금	18	14

시장 대비 수익률

결산 실적 〈단위 : 억원〉

항목	2011	2012	2013	2014	2015	2016
매출액	71	109	481	236	239	137
영업이익	-10	-21	245	-27	-19	-44
당기순이익	-27	-57	183	-31	12	-95

분기 실적 〈단위 : 억원〉

항목	2015.3Q	2015.4Q	2016.1Q	2016.2Q	2016.3Q	2016.4Q
매출액	59	70	32	41	35	29
영업이익	-12	2	-10	-6	-12	-16
당기순이익	-18	-10	-20	-17	-22	-36

재무 상태 〈단위 : 억원〉

항목	2011	2012	2013	2014	2015	2016
총자산	743	771	923	705	1,154	1,173
유형자산	400	394	396	388	384	380
무형자산	15	19	22	19	17	8
유가증권	22	12	11	5	1	8
총부채	351	438	405	218	638	751
총차입금	194	270	120	95	523	578
자본금	214	214	214	214	214	214
총자본	391	333	519	487	517	422
지배주주지분	391	334	517	486	509	429

기업가치 지표

항목	2011	2012	2013	2014	2015	2016
주가(최고/저)(천원)	0.5/0.3	1.7/0.3	2.1/0.5	5.0/1.6	3.0/1.5	2.3/1.1
PER(최고/저)(배)	—/—	—/—	4.9/1.2	—/—	111.0/53.4	—/—
PBR(최고/저)(배)	0.5/0.3	2.1/0.4	1.7/0.4	4.3/1.4	2.5/1.2	2.2/1.0
EV/EBITDA(배)			2.3			
EPS(원)	-62	-131	426	-71	27	-190
BPS(원)	955	818	1,245	1,172	1,226	1,040
CFPS(원)	-41	-104	457	-46	43	-177
DPS(원)						
EBITDAPS(원)	-2	-21	603	-38	-28	-91

재무 비율 〈단위 : % 〉

연도	영업이익률	순이익률	부채비율	차입금비율	ROA	ROE	유보율	자기자본비율	EBITDA마진율
2016	-32.4	-69.6	177.7	136.7	-8.2	-17.3	108.1	36.0	-28.5
2015	-7.8	5.1	123.4	101.3	1.3	2.4	145.1	44.8	-5.0
2014	-11.4	-13.2	44.9	19.6	-3.8	-6.1	134.3	69.0	-6.9
2013	51.0	38.0	78.0	23.2	21.6	42.9	149.0	56.2	53.7

이스트소프트 (A047560)
ESTsoft

업 종 : 게임 소프트웨어		시 장 : KOSDAQ	
신용등급 : (Bond) — (CP) —		기업규모 : 벤처	
홈페이지 : www.estsoft.co.kr		연 락 처 : 02)583-4620	
본 사 : 서울시 서초구 반포대로3 (서초동, 이스트빌딩)			

설 립 일 1993.10.02	종업원수 272명	대표이사 정상원	
상 장 일 2008.07.01	감사의견 적정 (삼정)	계 열	
결 산 기 12월	보 통 주 990만주	종속회사수	
액 면 가 500원	우 선 주	구 상 호	

주주구성 (지분율,%)
김장중	25.0
이엔피게임즈	4.9
(외국인)	1.0

출자관계 (지분율,%)
이스트글로벌	100.0
이스트시큐리티테크	100.0
이스트게임즈	100.0

주요경쟁사 (외형,%)
이스트소프트	100
파티게임즈	62
한빛소프트	61

매출구성
알툴즈패키지, 인터넷디스크 등	52.7
카발온라인, 카발2 등	29.1
제휴서비스 & 광고, 비즈하드 등	14.7

비용구성
매출원가율	55.8
판관비율	49.3

수출비중
수출	0.1
내수	99.9

회사 개요
동사는 1993년 설립된 소프트웨어 개발회사로 알약, 알송, 알집 등 알툴즈 패키지 7개 제품 등 5개 제품을 서비스하고 있음. 소프트웨어는 신버전 출시로 재구매를 유도하고 신규고객을 창출하는 효과가 있음. 이에 알약의 해외버전 및 업그레이드 버전을 개발하고 신작게임 하울링쏘드의 마케팅을 강화하고 있음. 2016년 기준 매출비중은 제품부문이 약 65%이며, 서비스 부문이 35%를 차지함.

실적 분석
알툴즈 패키지의 안정적인 판매 확대와 알툴즈 제품에서 파생된 부가 서비스 및 광고/웹 스토리지 서비스 등의 매출이 크게 증가함. 게임 전문 자회사 이스트게임즈도 '카발2'가 해외에서 인기를 얻으며 양호한 실적을 나타냄. 이에 서비스 줌닷컴을 운영하는 자회사 줌인터넷은 주력 상품인 검색광고가 큰 폭으로 성장함. 매출원가율이 크게 개선되었으나, 보안사업 강화와 신사업 추진을 위해 대규모 연구개발 인력을 채용하면서 인건비가 늘어나 적자를 지속함.

현금 흐름 〈단위 : 억원〉
항목	2015	2016
영업활동	-18	33
투자활동	2	-25
재무활동	-19	121
순현금흐름	-34	125
기말현금	54	180

시장 대비 수익률
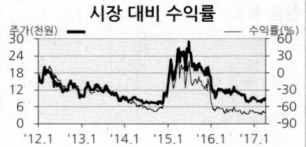

결산 실적 〈단위 : 억원〉
항목	2011	2012	2013	2014	2015	2016
매출액	323	313	365	429	441	505
영업이익	32	-55	-36	-16	-16	-26
당기순이익	67	-78	-43	-20	-21	-23

분기 실적 〈단위 : 억원〉
항목	2015.3Q	2015.4Q	2016.1Q	2016.2Q	2016.3Q	2016.4Q
매출액	100	124	135	128	116	127
영업이익	-16	11	10	-4	-21	-10
당기순이익	-12	3	9	-16	-24	8

재무 상태 〈단위 : 억원〉
항목	2011	2012	2013	2014	2015	2016
총자산	777	823	778	766	709	822
유형자산	391	400	426	404	391	421
무형자산	50	54	48	42	37	34
유가증권	13	3	2	0	3	4
총부채	404	535	527	498	428	502
총차입금	240	338	330	273	250	320
자본금	25	25	25	25	49	49
총자본	373	287	250	268	281	320
지배주주지분	379	306	273	275	286	303

기업가치 지표
항목	2011	2012	2013	2014	2015	2016
주가(최고/저)(천원)	20.0/5.6	20.1/9.3	14.8/7.7	11.9/6.9	29.6/10.7	15.6/7.4
PER(최고/저)(배)	25.6/7.2	—/—	—/—	—/—	—/—	—/—
PBR(최고/저)(배)	4.9/1.4	6.0/2.8	4.9/2.5	4.3/2.5	10.3/3.7	4.9/2.4
EV/EBITDA(배)	32.9			75.9	105.6	223.4
EPS(원)	782	-670	-391	-173	-219	-278
BPS(원)	8,190	6,692	6,038	5,576	2,887	3,162
CFPS(원)	1,900	-829	-181	295	105	30
DPS(원)	100					
EBITDAPS(원)	986	-603	-123	315	166	45

재무 비율 〈단위 : % 〉
연도	영업이익률	순이익률	부채비율	차입금비율	ROA	ROE	유보율	자기자본비율	EBITDA마진율
2016	-5.2	-4.6	157.0	99.9	-3.0	-9.4	532.5	38.9	0.9
2015	-3.5	-4.9	152.4	89.0	-2.9	-7.7	477.3	39.6	3.7
2014	-3.8	-4.7	185.8	101.9	-2.6	-6.3	1,015.1	35.0	3.6
2013	-9.8	-11.8	210.5	131.9	-5.4	-13.4	1,107.7	32.2	-1.7

이스트아시아홀딩스 (A900110)
East Asia Holdings Investment

업 종 : 레저용품		시 장 : KOSDAQ	
신용등급 : (Bond) — (CP) —		기업규모 :	
홈페이지 : www.eastasiasports.co.kr		연 락 처 : +852-8203-1868	
본 사 : Suite 501-2 5th Floor, ICBC Tower, 3 Garden Road, Central, Hong Kong			

설 립 일 2009.07.22	종업원수 1,620명	대표이사 정강위,정소영	
상 장 일 2010.04.23	감사의견 적정 (이촌)	계 열	
결 산 기 12월	보 통 주 7,788만주	종속회사수	
액 면 가	우 선 주	구 상 호 이스트아시아스포츠	

주주구성 (지분율,%)
Ting Keung Wai	20.0
Ding Shao Ying	8.8
(외국인)	2.7

출자관계 (지분율,%)
치우즈	100.0
동아(중국)혜복	100.0
신동아	100.0

주요경쟁사 (외형,%)
이스트아시아홀딩스	100
손오공	108
오로라	120

매출구성
매출원가율	0.0
판관비율	0.0

수출비중
수출	—
내수	—

회사 개요
동사는 중국에 소재하는 종속기업을 지배하는 것을 주된 사업목적으로 2009년에 홍콩에 설립된 지주회사임. 2012년 현재 사명으로 회사명을 변경. 2010년 한국 코스닥시장에 상장. 동사와 종속기업을 포함한 연결실체는 중국에서 스포츠용 신발류 제품과 스포츠용 의류 제품의 판매를 주된 영업활동으로 하고 있음. 5개의 신발 생산라인, 9개의 제품 시리즈, 400여 종류의 신발과 의류 제품을 보유하며 연간 약 6백만 켤레의 신발을 생산중.

실적 분석
2016년 기준 연결대상 종속법인은 6개사이며 각각의 종속회사는 신발 및 의류판매업, 건물 및 토지관리 사업, 신발 디자인 및 제조, 신발 및 의류 마케팅, 전자상거래업, 브랜드 기획업을 영위하고 있음. 당기 동사의 매출액은 1,084.2억원으로 전년동기 대비 9.1% 감소하였음. 관리비 증가로 영업이익은 37.5% 축소된 101.1억원을 시현하였고, 자회사 유형자산 손상차손 증가로 당기순손실 96.1억원을 시현하며 순이익 적자전환됨.

현금 흐름 〈단위 : 억원〉
항목	2015	2016
영업활동	-34	
투자활동	-4	
재무활동	188	
순현금흐름	149	
기말현금	516	

시장 대비 수익률
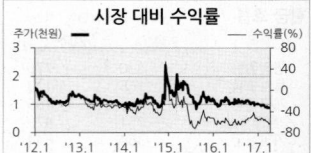

결산 실적 〈단위 : 억원〉
항목	2011	2012	2013	2014	2015	2016
매출액	1,843	1,733	1,521	1,063	1,192	
영업이익	311	260	229	128	162	
당기순이익	253	191	187	-84	35	

분기 실적 〈단위 : 억원〉
항목	2015.3Q	2015.4Q	2016.1Q	2016.2Q	2016.3Q	2016.4Q
매출액	312	316	216	313	292	
영업이익	38	55	30	23	39	
당기순이익	26	35	20	3	28	

재무 상태 〈단위 : 억원〉
항목	2011	2012	2013	2014	2015	2016
총자산	1,480	1,830	2,072	2,067	2,324	—
유형자산	113	348	430	425	369	—
무형자산						—
유가증권		17	53	54	37	—
총부채	292	549	560	610	398	—
총차입금	69	304	304	.190	74	—
자본금	37	35	45	379	689	—
총자본	1,187	1,281	1,513	1,457	1,927	—
지배주주지분	1,187	1,281	1,513	1,457	1,927	—

기업가치 지표
항목	2011	2012	2013	2014	2015	2016
주가(최고/저)(천원)	2.7/1.2	1.6/1.0	1.4/1.0	2.9/0.8	2.3/0.8	1.3/0.9
PER(최고/저)(배)	4.5/2.0	3.4/2.2	3.0/2.1	—/—	38.6/13.7	0.0/0.0
PBR(최고/저)(배)	1.0/0.4	0.5/0.3	0.4/0.3	0.9/0.3	0.8/0.3	0.0/0.0
EV/EBITDA(배)	0.3	0.6	0.1	3.6		0.0
EPS(원)	757	571	557	-229	73	
BPS(원)	5,163	5,570	5,005	4,383	3,449	
CFPS(원)	1,159	884	721	-212	99	
DPS(원)	100	30				
EBITDAPS(원)	1,389	1,161	845	326	339	

재무 비율 〈단위 : % 〉
연도	영업이익률	순이익률	부채비율	차입금비율	ROA	ROE	유보율	자기자본비율	EBITDA마진율
2016	0.0	0.0	0.0	0.0	0.0	0.0	0.0	0.0	0.0
2015	13.6	2.9	20.6	3.8	1.6	2.1	179.7	82.9	13.6
2014	12.1	-7.9	41.9	13.1	-4.0	-5.6	284.8	70.5	10.2
2013	15.0	12.3	37.0	20.1	9.6	13.4	3,246.3	73.0	15.4

이씨에스텔레콤 (A067010)
ECS Telecom

업 종 : IT 서비스	시 장 : KOSDAQ
신용등급 : (Bond) — (CP) —	기업규모 : 벤처
홈페이지 : www.ecstel.co.kr	연 락 처 : 02)3415-8300
본 사 : 서울시 서초구 반포대로28길 8 (서초동, 일흥빌딩 3,4,5층)	

설 립 일 1999.10.07	종업원수 149명	대표이사 현해남	
상 장 일 2007.12.18	감사의견 적정 (삼일)	계 열	
결 산 기 03월	보통주 750만주	종속회사수	
액 면 가 500원	우 선 주	구 상 호	

주주구성 (지분율,%)		출자관계 (지분율,%)		주요경쟁사 (외형,%)	
현해남	18.0	이씨에스	100		
스탁세컨더리리펀드(한국투데만드 05-08)	5.0	민앤지	54		
(외국인)	1.7	케이엘넷	46		

매출구성		비용구성		수출비중	
컨택센타솔루션	50.7	매출원가율	78.6	수출	0.1
IP Telephony(업무용)	24.9	판관비율	14.6	내수	99.9
유지보수	18.8				

회사 개요
동사는 IP Telephony, 업무용 교환기 등 IT 솔루션 및 용역서비스 사업을 영위하는 기업 음성 전문회사임. 주요 사업부문은 IP Telephony, TDM교환시스템, 컨택센타솔루션, Trading시스템, 유지보수 등이 있음. IP Telephony 기술의 확산단계로 기존의 TDM 방식의 기업음성시장이 IP방식의 솔루션으로 본격적인 전환이 이루어지고 있으며, 이러한 변화는 약 2018년까지 지속될 것으로 예상됨.

실적 분석
동사의 2016년 연결기준 연간 누적 매출액은 420억원으로 전년 동기 대비 16.5% 감소함. 매출이 줄면서 매출원가는 오히려 늘어나면서 영업이익은 전년 동기 대비 29% 감소한 25.2억원을 기록. 비영업손익 부분에서도 이익이 소폭 감소해 당기순이익은 전년 동기 대비 28.7% 감소한 23.7억원을 시현함. 매출 감소에 따른 수익성 일시적으로 하락.

현금 흐름 *IFRS 별도 기준 〈단위 : 억원〉

항목	2015	2016.3Q
영업활동	42	113
투자활동	-68	26
재무활동	-4	-22
순현금흐름	-30	117
기말현금	23	140

시장 대비 수익률

결산 실적 〈단위 : 억원〉

항목	2011	2012	2013	2014	2015	2016
매출액	449	546	581	623	757	—
영업이익	24	29	39	48	51	—
당기순이익	30	35	44	46	50	—

분기 실적 *IFRS 별도 기준 〈단위 : 억원〉

항목	2015.2Q	2015.3Q	2015.4Q	2016.1Q	2016.2Q	2016.3Q
매출액	145	211	254	150	135	135
영업이익	7	18	16	10	4	11
당기순이익	6	17	17	9	6	9

재무 상태 *IFRS 별도 기준 〈단위 : 억원〉

항목	2011	2012	2013	2014	2015	2016.3Q
총자산	361	444	478	508	632	546
유형자산	13	12	10	8	14	12
무형자산	26	30	30	31	32	32
유가증권	1	1	1	1	0	0
총부채	95	145	145	141	230	137
총차입금	27	45	17	0	17	11
자본금	38	38	38	38	38	38
총자본	266	299	333	368	402	409
지배주주지분	266	299	333	368	402	409

기업가치 지표 *IFRS 별도 기준

항목	2011	2012	2013	2014	2015	2016.3Q
주가(최고/저)(천원)	2.0/1.1	2.9/1.6	3.4/2.4	5.2/3.2	6.0/4.6	6.3/5.1
PER(최고/저)(배)	6.8/3.7	8.0/4.5	7.0/4.8	9.5/5.9	9.8/7.5	—/—
PBR(최고/저)(배)	0.7/0.4	0.9/0.5	0.9/0.6	1.1/0.7	1.2/0.9	1.2/1.0
EV/EBITDA(배)	1.3	2.1	1.3	2.9	4.0	—
EPS(원)	395	462	584	620	667	316
BPS(원)	3,947	4,290	4,738	5,201	5,662	5,758
CFPS(원)	556	602	727	781	830	459
DPS(원)	150	180	200	220	250	
EBITDAPS(원)	485	529	666	795	848	479

재무 비율 〈단위 : % 〉

연도	영업이익률	순이익률	부채비율	차입금비율	ROA	ROE	유보율	자기자본비율	EBITDA마진율
2015	6.8	6.6	57.1	4.3	8.8	13.0	1,032.4	63.6	8.4
2014	7.6	7.5	38.3	2.2	9.4	13.3	940.1	72.3	9.6
2013	6.8	7.5	43.6	5.2	9.5	13.9	847.6	69.7	8.6
2012	5.3	6.3	48.5	15.1	8.6	12.3	758.0	67.4	7.3

이아이디 (A093230)
E Investment&Development

업 종 : 석유 및 가스	시 장 : 거래소
신용등급 : (Bond) — (CP) —	기업규모 : 시가총액 소형주
홈페이지 : www.eid21.co.kr	연 락 처 : 031)763-1331
본 사 : 경기도 광주시 곤지암읍 경충대로 425,4층	

설 립 일 2002.06.27	종업원수 25명	대표이사 이하춘	
상 장 일 2007.11.01	감사의견 적정 (신우)	계 열	
결 산 기 12월	보통주 12,269만주	종속회사수	
액 면 가 200원	우 선 주	구 상 호 이필름	

주주구성 (지분율,%)		출자관계 (지분율,%)		주요경쟁사 (외형,%)	
이화전기공업	19.7	한양홀딩스	61.7	이아이디	100
쉘라인우리사주조합	1.0	스카이파워텍	49.3	E1	11,084
(외국인)	0.4	케이테코	34.0	리드코프	1,216

매출구성		비용구성		수출비중	
유류상품	98.8	매출원가율	98.6	수출	—
임대수입	0.7	판관비율	9.2	내수	—
기타	0.5				

회사 개요
동사는 2002년에 설립되어 2007년 11월에 유가증권시장에 상장되었음. 유류도소매, OMS 및 이동통신기기등이 주요사업부문으로 유류도소매는 국제유가정세 및 환율에 따른 가격변동에 대한 영향이 심해 정밀한 예측이 필요한 경향이 있음. 이동통신기기는 기구 Ass'y(Assembly:조립) 제조산업에 해당되어 있음. 유류사업은 현재 후발주자이므로 단가 경쟁등의 노력을 통해 시장확보를 꾀하는 중임.

실적 분석
동사의 2016년 결산기준 누적매출액은 전년 동기대비 9.4% 하락한 360.5억원을 기록하였음. 매출원가 및 인건비, 관리비 절감 노력을 통해 아직 적자지속 중이나 적자폭을 줄여가고 있음. 유류도매 및 OM 부문은 국제유가정세 및 환율에 대한 영향이 크고 경기에 민감하다는 특징이 있어 2016년 시장정세에 영향을 받아 매출이 축소된 것으로 보임. 지속된 노력을 통해 향후 매출액을 점진적으로 성장시킬 것이라 기대함.

현금 흐름 〈단위 : 억원〉

항목	2015	2016
영업활동	-40	-23
투자활동	30	85
재무활동	16	-18
순현금흐름	6	43
기말현금	25	68

시장 대비 수익률
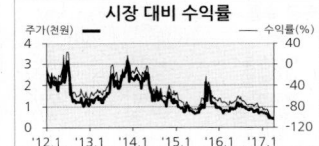

결산 실적 〈단위 : 억원 〉

항목	2011	2012	2013	2014	2015	2016
매출액	245	159	61	256	398	360
영업이익	-175	-96	-40	-74	-47	-28
당기순이익	-268	-273	-159	-227	-25	-141

분기 실적 〈단위 : 억원〉

항목	2015.3Q	2015.4Q	2016.1Q	2016.2Q	2016.3Q	2016.4Q
매출액	110	120	76	78	77	129
영업이익	-15	-2	-35	-8	-9	24
당기순이익	3	28	-44	-68	-32	4

재무 상태 〈단위 : 억원〉

항목	2011	2012	2013	2014	2015	2016
총자산	941	483	456	462	789	387
유형자산	355	137	121	292	334	165
무형자산	25	2	22	1	49	0
유가증권	2	2	21	4	260	32
총부채	350	173	261	298	412	104
총차입금	292	127	223	279	360	87
자본금	48	48	53	74	128	145
총자본	592	310	195	165	377	283
지배주주지분	593	310	195	159	377	279

기업가치 지표

항목	2011	2012	2013	2014	2015	2016
주가(최고/저)(천원)	3.8/1.3	3.2/0.9	3.2/1.0	2.8/1.0	2.5/0.6	1.4/0.7
PER(최고/저)(배)	—/—	—/—	—/—	—/—	—/—	—/—
PBR(최고/저)(배)	1.2/0.4	1.6/0.5	2.4/0.8	6.4/2.3	4.3/1.0	3.6/1.8
EV/EBITDA(배)						
EPS(원)	-1,114	-1,138	-656	-743	-34	-191
BPS(원)	7,847	1,960	1,335	428	589	384
CFPS(원)	-2,653	-1,088	-631	-722		-188
DPS(원)						
EBITDAPS(원)	-1,694	-349	-141	-227	-53	-35

재무 비율 〈단위 : % 〉

연도	영업이익률	순이익률	부채비율	차입금비율	ROA	ROE	유보율	자기자본비율	EBITDA마진율
2016	-7.7	-39.1	36.5	30.5	-24.0	-42.3	91.9	73.2	-7.0
2015	-11.8	-6.3	109.1	95.4	-4.0	-7.2	194.3	47.8	-7.4
2014	-29.1	-89.0	180.6	169.2	-49.5	-126.0	113.9	35.6	-26.6
2013	-66.4	-261.7	134.4	114.9	-33.8	-62.9	567.4	42.7	-56.4

이에스브이 (A223310)
ESV

업 종 : 자동차부품		시 장 : KOSDAQ	
신용등급 : (Bond) — (CP) —		기업규모 : 중견	
홈페이지 : www.esv.co.kr		연락처 : 070)7860-9660	
본 사 : 경기도 성남시 분당구 판교로 255 E동 1002호			

설 립 일 2011.01.19	종 업 원 수 32명	대 표 이 사 강조셉정환
상 장 일 2015.12.24	감 사 의 견 적정 (대주)	계 열
결 산 기 12월	보 통 주 7,546만주	종속회사수
액 면 가 500원	우 선 주	구 상 호

주주구성 (지분율,%)		출자관계 (지분율,%)	주요경쟁사 (외형,%)	
티엠에이치컨소시엄	58.3		이에스브이	100
코디엠	24.3		미동앤씨네마	88
(외국인)	2.3		팅크웨어	563

매출구성		비용구성		수출비중	
스마트카(대시 캠, 내비게이션 등)	96.1	매출원가율	91.3	수출	—
홈IoT(프리미엄 오디오, 로봇청소기 엔진 등)	2.4	판관비율	19.4	내수	—
기타(드론, 기타)	1.5				

회사 개요
동사는 2011년 1월 전자제품 부품 개발, 제조 및 판매를 주사업 목적으로 설립됨. 현재 영상처리 기술을 바탕으로 하여 대시 캠, 내비게이션, 드론, 프리미엄 오디오, 로봇청소기 관련 제품 등의 제조, 판매 사업을 영위중임. 향후 고성장이 예상되는 홈 IoT(사물인터넷)와 드론부문을 차세대 성장 사업으로 추진하고 있음. 2016년도 기준 매출 비중은 스마트카 사업부문이 92.61%, 홈IoT 4.95%, 기타 2.44%를 차지함.

실적 분석
동사의 2016년 연결기준 누적 매출액은 328.6억원으로 전년 동기대비 44.6% 감소함. 이는 경쟁 심화에 따른 실적이 감소한 것에 기인함. 또한 거래처 경영악화로 인한 비경상적 대손충당금이 발생하며 영업이익과 당기순이익 모두 적자전환함. 매출비중이 큰 스마트카 사업부문에서 가격경쟁력이 있는 제품 개발 수행과 더불어 다양한 거래선 확보 노력으로 매출 확대를 꾀하고 있음. 2017년 중 베트남 타이선 그룹향 대규모 공급 계약을 체결함.

현금 흐름 *IFRS 별도 기준 〈단위 : 억원〉
항목	2015	2016
영업활동	-36	-64
투자활동	-133	88
재무활동	161	23
순현금흐름	-8	47
기말현금	4	51

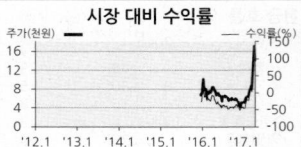
시장 대비 수익률

결산 실적 〈단위 : 억원〉
항목	2011	2012	2013	2014	2015	2016
매출액	—	—	138	336	594	329
영업이익	—	—	1	28	66	-35
당기순이익	—	—	2	27	51	-22

분기 실적 *IFRS 별도 기준 〈단위 : 억원〉
항목	2015.3Q	2015.4Q	2016.1Q	2016.2Q	2016.3Q	2016.4Q
매출액	126	114	129	95	66	38
영업이익	6	13	14	-9	-43	
당기순이익	1	8	13	5	-7	-34

재무 상태 *IFRS 별도 기준 〈단위 : 억원〉
항목	2011	2012	2013	2014	2015	2016
총자산			26	171	348	318
유형자산			0	7	4	6
무형자산			0	0	0	13
유가증권					2	11
총부채			19	136	66	49
총차입금				58	17	29
자본금			6	18	32	33
총자본			8	35	281	269
지배주주지분			8	35	281	269

기업가치 지표 *IFRS 별도 기준
항목	2011	2012	2013	2014	2015	2016
주가(최고/저)(천원)	—/—	—/—	—/—	—/—	14.4/11.8	20.1/7.6
PER(최고/저)(배)	0.0/0.0	0.0/0.0	0.0/0.0	0.0/0.0	54.1/45.0	—/—
PBR(최고/저)(배)	0.0/0.0	0.0/0.0	0.0/0.0	0.0/0.0	16.6/13.8	25.0/9.5
EV/EBITDA(배)		0.0	0.0	—	8.8	
EPS(원)	—	—	14	74	134	-34
BPS(원)	—	—	6,423	7,324	4,247	4,060
CFPS(원)	—	—	4,241	7,053	1,051	-281
DPS(원)	—	—			100	
EBITDAPS(원)	—	—	1,969	7,359	1,349	-474

재무 비율 〈단위 : % 〉
연도	영업이익률	순이익률	부채비율	차입금비율	ROA	ROE	유보율	자기자본비율	EBITDA마진율
2016	-10.7	-6.8	18.3	10.8	-6.8	-8.2	712.0	84.5	-9.6
2015	11.0	8.6	23.5	6.0	19.6	32.3	775.9	81.0	11.2
2014	8.4	8.0	385.7	165.0	27.3	124.2	81.3	20.6	8.6
2013	0.8	1.7	241.4	0.0	0.0	0.0	28.5	29.3	0.8

이에스산업 (A241510)
ES INDUSTRY COLTD

업 종 : 기계		시 장 : KONEX	
신용등급 : (Bond) — (CP) —.		기업규모 : —	
홈페이지 : www.es-is.co.kr		연락처 : 070)8667-4522	
본 사 : 충남 아산시 둔포면 봉신로 104-10			

설 립 일 2011.11.01	종 업 원 수 명	대 표 이 사 장지엔핑
상 장 일 2016.04.26	감 사 의 견 적정 (안진)	계 열
결 산 기 12월	보 통 주 598만주	종속회사수
액 면 가 500원	우 선 주	구 상 호

주주구성 (지분율,%)		출자관계 (지분율,%)	주요경쟁사 (외형,%)	
K&H INTERNATIONAL GROUP LIMITED	84.5	HongKongKPDInvestmentco.,Ltd 100.0	이에스산업	100
GUOPIN INVESTMENT (AUST) PTY LTD	15.4		수성	206
			흥국	458

매출구성		비용구성		수출비중	
드릴(전기+충전)	34.7	매출원가율	80.1	수출	0.0
Grinder 류	22.4	판관비율	18.1	내수	0.0
CUTTER 류	12.9				

회사 개요
동사는 2011년 설립돼 2014년부터 영업을 개시하고 2016년 한국거래소 코넥스증권시장에 주식을 상장함. 산업용품인 전동공구제조 관련사업을 운영하고 있음. 전동공구는 모터를 동력원으로 하여 기계, 기구, 장치를 만들 때 사용되는 연장임. 금융, 보험업을 주요 사업으로 영위하는 Hong Kong KPD Investment를 연결대상 종속회사로 보유하고 있음.

실적 분석
동사는 코넥스 상장 기업으로 분기와 반기 실적 공개 의무가 없음. 2016년 매출액은 136.9억원으로 전년도 매출액 134.4억원 대비 소폭 증가함. 매출원가율 개선과 판매비와 관리비 감소에 힘입어 전년도 5.1억원의 손실을 기록했던 영업이익은 2.4억원을 기록하며 흑자전환함. 전년도 8.8억원을 기록한 당기순이익은 119.3% 증가한 19.3억원을 시현함.

현금 흐름 *IFRS 별도 기준 〈단위 : 억원〉
항목	2015	2016
영업활동	11	-25
투자활동	-6	-21
재무활동	28	15
순현금흐름	33	-31
기말현금	37	6

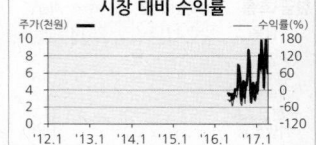
시장 대비 수익률

결산 실적 〈단위 : 억원〉
항목	2011	2012	2013	2014	2015	2016
매출액	—	—	—	102	134	137
영업이익	—	—	-0	-6	-5	2
당기순이익	—	—	-0	-25	9	19

분기 실적 *IFRS 별도 기준 〈단위 : 억원〉
항목	2015.3Q	2015.4Q	2016.1Q	2016.2Q	2016.3Q	2016.4Q
매출액						
영업이익						
당기순이익						

재무 상태 *IFRS 별도 기준 〈단위 : 억원〉
항목	2011	2012	2013	2014	2015	2016
총자산			22	58	105	135
유형자산				6	6	3
무형자산						
유가증권						
총부채			2	63	74	43
총차입금			2	44	32	8
자본금			20	20	22	30
총자본			20	-5	31	91
지배주주지분			20	-5	31	91

기업가치 지표 *IFRS 별도 기준
항목	2011	2012	2013	2014	2015	2016
주가(최고/저)(천원)	—/—	—/—	—/—	—/—	—/—	9.2/2.2
PER(최고/저)(배)	0.0/0.0	0.0/0.0	0.0/0.0	0.0/0.0	0.0/0.0	23.6/5.7
PBR(최고/저)(배)	0.0/0.0	0.0/0.0	0.0/0.0	0.0/0.0	0.0/0.0	6.0/1.5
EV/EBITDA(배)						70.2
EPS(원)	—	—	-4	-620	219	387
BPS(원)	—	—	9,922	-2,517	13,782	1,529
CFPS(원)	—	—	-78	-11,866	5,080	415
DPS(원)	—	—				
EBITDAPS(원)	—	—	-51	-2,286	-1,843	75

재무 비율 〈단위 : % 〉
연도	영업이익률	순이익률	부채비율	차입금비율	ROA	ROE	유보율	자기자본비율	EBITDA마진율
2016	1.7	14.1	47.4	8.6	16.1	31.5	205.9	67.8	2.7
2015	-3.8	6.5	241.6	104.1	10.8	전기잠식	37.8	29.3	-2.7
2014	-5.5	-24.4	완전잠식	완전잠식	-62.2	당기잠식	-125.2	-8.7	-4.5
2013	0.0	0.0	일부잠식	일부잠식	0.0	0.0	-0.8	91.2	0.0

이에스에이 (A052190)
ESA

업 종 : 게임 소프트웨어		시 장 : KOSDAQ	
신용등급 : (Bond) — (CP) —		기업규모 : 중견	
홈 페 이 지 : www.esa.co.kr		연 락 처 : 02)598-2554	
본 사 : 서울시 서초구 서초대로48길 33, 허브원빌딩 7층			

설 립 일 1994.10.28	종업원수 89명	대표이사 박광원	
상 장 일 2001.06.21	감사의견 적정 (지성)	계 열	
결 산 기 12월	보 통 주 828만주	종속회사수	
액 면 가 500원	우 선 주	구 상 호	

주주구성 (지분율,%)
이에스에이제2호투자조합	18.3
정영원	9.3
(외국인)	0.1

출자관계 (지분율,%)
디지털스튜디오투엘	55.0
에스에프에이치	49.7
케이앤그룹	27.9

주요경쟁사 (외형,%)
이에스에이	100
엔터메이트	672
엠게임	1,011

매출구성
상품 탄소응용소재	33.4
용역 온라인게임	27.6
제품 온라인게임	20.4

비용구성
매출원가율	269.7
판관비율	123.3

수출비중
수출	0.0
내수	100.0

회사 개요
동사는 1994년 설립되어 게임소프트웨어 개발과 공급 등을 주영업목적으로 하며 온라인 및 모바일 게임을 주력제품으로 하는 업체임. 현재 서비스 중인 온라인 게임의 해외 시장 진출 확대, 지속적인 온라인 게임 및 모바일 게임 개발을 통해 장기적인 매출 증대와 수익이 기대됨. 콘솔 게임의 매출은 미미한 편임. 또한, 개발에 집중되어 있던 사업 구조에서 벗어나 본격적인 퍼블리셔로 전환하기 위해 노력 중임.

실적 분석
동사의 2016년 결산기준 누적매출액은 전년동기대비 5.2% 감소한 30.2원을 기록함. 매출원가도 크게 상승하여 판관비 절감 노력에도 불구, 영업이익은 적자를 지속중임. 그러나 비영업이익이 흑자로 전환하면서 당기순손실은 그 폭을 줄임 상태임. 모바일 게임의 성장률이 점차 둔화되면서 신규 콘텐츠의 개발이 중요시되는 상황이므로 이에 발맞춘다면 향후 수익 개선이 일어날 수 있을 것이라 기대됨.

현금 흐름 *IFRS 별도 기준 〈단위 : 억원〉
항목	2015	2016
영업활동	-65	-49
투자활동	-54	-128
재무활동	85	181
순현금흐름	-34	4
기말현금	24	28

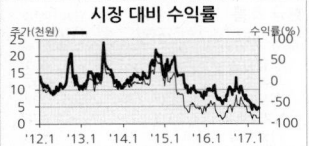

시장 대비 수익률

결산 실적 〈단위 : 억원〉
항목	2011	2012	2013	2014	2015	2016
매출액	84	56	127	31	32	30
영업이익	4	-7	28	-52	-102	-88
당기순이익	38	28	34	-53	-177	-72

분기 실적 *IFRS 별도 기준 〈단위 : 억원〉
항목	2015.3Q	2015.4Q	2016.1Q	2016.2Q	2016.3Q	2016.4Q
매출액	9	13	6	4	16	
영업이익	-30	-29	-26	-21	-22	-19
당기순이익	-42	-90	-27	-26	-27	8

재무 상태 *IFRS 별도 기준 〈단위 : 억원〉
항목	2011	2012	2013	2014	2015	2016
총자산	245	261	302	248	201	277
유형자산	2	2	1	2	3	3
무형자산	21	62	75	84	57	34
유가증권	17	14	14	14	25	56
총부채	22	11	18	16	138	124
총차입금	—		1	3	129	110
자본금	31	31	31	31	31	41
총자본	223	250	284	232	63	153
지배주주지분	223	250	284	232	63	153

기업가치 지표 *IFRS 별도 기준
항목	2011	2012	2013	2014	2015	2016
주가(최고/저)(천원)	17.5/4.6	21.7/8.1	25.5/10.3	22.2/10.5	20.7/7.0	13.6/5.7
PER(최고/저)(배)	28.3/7.4	49.0/18.3	46.5/18.8	—/—	—/—	—/—
PBR(최고/저)(배)	4.9/1.3	5.4/2.0	5.6/2.3	6.0/2.8	20.4/6.9	7.3/3.1
EV/EBITDA(배)	79.7		13.1			
EPS(원)	617	443	549	-847	-2,852	-1,106
BPS(원)	3,585	4,028	4,577	3,729	1,013	1,847
CFPS(원)	673	553	694	-716	-2,290	-573
DPS(원)	—					
EBITDAPS(원)	127	-6	602	-699	-1,087	-827

재무 비율 〈단위 : % 〉
연도	영업이익률	순이익률	부채비율	차입금비율	ROA	ROE	유보율	자기자본비율	EBITDA마진율
2016	-292.9	-238.3	119.5	96.1	-25.2	-66.6	269.4	45.6	-178.2
2015	-321.8	-556.7	219.7	205.8	-78.9	-120.3	102.5	31.3	-212.1
2014	-163.9	-167.3	7.1	1.3	-19.1	-20.4	645.9	93.4	-138.0
2013	22.4	26.9	6.3	0.4	12.1	12.8	815.4	94.1	29.5

이엔드디 (A101360)
E&D

업 종 : 자동차부품		시 장 : KONEX	
신용등급 : (Bond) — (CP) —		기업규모 : 중견	
홈 페 이 지 : www.endss.com		연 락 처 : 043)268-8588	
본 사 : 충북 청주시 흥덕구 직지대로 409번길 37			

설 립 일 2004.09.16	종업원수 78명	대표이사 김민용	
상 장 일 2013.07.01	감사의견 적정 (이산)	계 열	
결 산 기 12월	보 통 주 614만주	종속회사수	
액 면 가 500원	우 선 주 53만주	구 상 호	

주주구성 (지분율,%)
김민용	30.1
정재훈	8.1

출자관계 (지분율,%)
합비신주최화정화기유한공사	20.0

주요경쟁사 (외형,%)
이엔드디	100
구영테크	567
티에이치엔	1,123

매출구성
촉매/촉매OEM	34.0
시스템(매연저감장치)	32.7
이차전지	30.8

비용구성
매출원가율	85.6
판관비율	19.5

수출비중
수출	33.8
내수	66.2

회사 개요
동사는 매연저감장치, 촉매 OEM 사업 등을 영위하는 회사로 2004년 설립됨. 중소기업 최초로 제1종 DPF 인증을 획득하고, 국내 기업 최초로 독자기술 제2종 PPF 박막코팅 기술을 개발해 인증을 받음. 2차전지 사업에도 진출해 양극활물질 전구체를 제조함. 동사는 관련 제품을 하이브리드차와 전기차에도 공급할 계획임. 중국시장 진출을 위해 2012년 9월 중국 합비시에 유한공사(지분율 20%)을 설립하고 연간 50만대 규모의 공장을 설립함.

실적 분석
동사의 2016년 매출액은 261억원으로 전년대비 28.6% 증가함. 영업손실은 13.5억원으로 적자를 이어갔음. 당기순손실은 15.3억원으로 적자를 이어갔음. 동사의 매연저감장치는 환경부 예산 집행에 의해 수행되는 사업임. 정부 정책의 변동이 수요에 직간접적인 영향을 미침. 동사가 신성장동력으로 추진하는 2차전지 시장은 수요 증가로 꾸준한 성장세를 보일 전망임.

현금 흐름 *IFRS 별도 기준 〈단위 : 억원〉
항목	2015	2016
영업활동	-26	11
투자활동	-42	-8
재무활동	43	7
순현금흐름	-25	10
기말현금	6	16

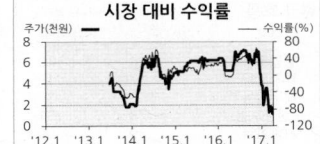

시장 대비 수익률

결산 실적 〈단위 : 억원〉
항목	2011	2012	2013	2014	2015	2016
매출액	174	201	224	179	203	262
영업이익	6	8	9	2	-43	-13
당기순이익	4	3	14	-5	-40	-15

분기 실적 *IFRS 별도 기준 〈단위 : 억원〉
항목	2015.3Q	2015.4Q	2016.1Q	2016.2Q	2016.3Q	2016.4Q
매출액	—	—	—	—	—	—
영업이익	—	—	—	—	—	—
당기순이익	—	—	—	—	—	—

재무 상태 *IFRS 별도 기준 〈단위 : 억원〉
항목	2011	2012	2013	2014	2015	2016
총자산	272	294	309	346	355	350
유형자산	137	130	136	135	148	139
무형자산	24	36	48	50	51	47
유가증권	0	0	0	0	1	1
총부채	169	187	193	224	273	282
총차입금	150	163	172	213	259	266
자본금	30	30	31	31	31	31
총자본	103	107	115	122	82	68
지배주주지분	103	107	115	122	82	68

기업가치 지표 *IFRS 별도 기준
항목	2011	2012	2013	2014	2015	2016
주가(최고/저)(천원)	—/—	—/—	4.7/1.8	6.7/1.9	6.5/4.4	7.3/4.8
PER(최고/저)(배)	0.0/0.0	0.0/0.0	45.2/17.3	179.4/50.6	—/—	—/—
PBR(최고/저)(배)	0.0/0.0	0.0/0.0	2.4/0.9	3.6/1.0	5.0/3.4	6.7/4.5
EV/EBITDA(배)	8.8	7.6	14.3	30.0		62.8
EPS(원)	61	57	104	37	-597	-229
BPS(원)	1,789	1,845	1,945	1,887	1,296	1,080
CFPS(원)	223	244	280	242	-319	101
DPS(원)						
EBITDAPS(원)	258	315	327	240	-364	128

재무 비율 〈단위 : % 〉
연도	영업이익률	순이익률	부채비율	차입금비율	ROA	ROE	유보율	자기자본비율	EBITDA마진율
2016	-5.2	-5.8	415.1	392.4	-4.3	-20.3	134.5	19.4	3.3
2015	-21.1	-19.6	331.5	314.6	-11.4	-39.0	181.6	23.2	-11.9
2014	1.3	1.4	184.3	175.3	2.1	—	309.9	35.2	9.0
2013	4.1	2.8	167.7	149.2	2.1	5.6	289.1	37.4	8.8

이엔쓰리 (A074610)
EN3

업 종 : 기계	시 장 : 거래소
신용등급 : (Bond) — (CP) —	기업규모 : 시가총액 소형주
홈 페 이 지 : www.en3.co.kr	연 락 처 : 031)366-9600
본 사 : 경기도 화성시 비봉면 현대기아로 818-11	

설 립 일	2003.12.03	종 업 원 수	41명	대 표 이 사	정영우
상 장 일	2003.12.23	감사의견	적정 (리안)	계 열	
결 산 기	12월	보 통 주	1,845만주	종속회사수	
액 면 가	500원	우 선 주		구 상 호	

주주구성 (지분율,%)		출자관계 (지분율,%)		주요경쟁사 (외형,%)	
림테크	7.4	이엔쓰리글로벌	100.0	이엔쓰리	100
전태랑	7.1	피에스제이아이앤씨	100.0	디케이락	136
(외국인)	0.7	PT.EN3GREENENERGY	99.0	서암기계공업	83

매출구성		비용구성		수출비중	
중형물탱크차 등	98.3	매출원가율	77.5	수출	0.0
부품, 외주가공품 등	1.8	판관비율	11.7	내수	100.0

회사 개요
동사는 2000년 오염정화업을 목적으로 설립되었으나, 2006년 소방용 기계기구의 제조업을 영위하는 스타코넷을 인수합병하며 상장한 후, 2008년에 기존 사업부문 중 환경사업부문을 물적분할하고 소방사업만을 영위함. 2006년 인도네시아 수라웨시 주정부와 바이오에탄올사업을 위한 협력개발 합의서를 체결하고 PT. EN3 GREEN ENERGY를 설립하여 원료가공플랜트를 운영 중임.

실적 분석
동사의 2016년 기준 연결대상 종속법인으로는 PT. EN3 GREEN ENERGY 및 이엔쓰리글로벌이 있으며, 신규계품 개발, 수주단가의 현실화와 원가절감을 통해 실적이 개선됨. 2016년 매출액은 383.6억원으로 전년동기 대비 112.1% 증가한 실적을 시현함. 매출 확대에 힘입어 41.3억원의 영업이익을 시현함. 한편, 당기순이익은 전년동기 6.9억원에서 당기 20.7억원으로 증가하여 실적 개선됨.

현금 흐름
〈단위 : 억원〉

항목	2015	2016
영업활동	4	19
투자활동	17	-19
재무활동	3	30
순현금흐름	23	31
기말현금	29	59

시장 대비 수익률
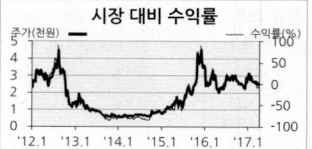

결산 실적
〈단위 : 억원〉

항목	2011	2012	2013	2014	2015	2016
매출액	138	159	158	167	181	384
영업이익	-25	-18	4	12	16	41
당기순이익	-53	-37	-13	8	14	21

분기 실적
〈단위 : 억원〉

항목	2015.3Q	2015.4Q	2016.1Q	2016.2Q	2016.3Q	2016.4Q
매출액	35	82	63	92	88	142
영업이익	2	10	6	10	7	18
당기순이익	3	11	5	-6	6	15

재무 상태
〈단위 : 억원〉

항목	2011	2012	2013	2014	2015	2016
총자산	198	125	98	123	142	218
유형자산	114	72	67	64	57	59
무형자산	15	3	4	5	3	3
유가증권	1	1	2	2	0	0
총부채	84	45	37	45	57	80
총차입금	45	23	21	3	26	21
자본금	282	73	73	81	81	88
총자본	114	80	61	77	84	138
지배주주지분	114	80	62	78	86	140

기업가치 지표

항목	2011	2012	2013	2014	2015	2016
주가(최고/저)(천원)	4.4/1.5	4.5/1.0	1.9/0.6	1.0/0.5	4.8/0.8	3.6/2.0
PER(최고/저)(배)	—/—	—/—	—/—	19.4/10.7	110.0/17.4	28.6/15.9
PBR(최고/저)(배)	5.4/1.8	8.1/1.9		2.0/1.1	9.1/1.4	4.5/2.5
EV/EBITDA(배)			11.7	9.6	32.2	15.9
EPS(원)	-378	-255	-86	50	44	124
BPS(원)	202	554	428	484	529	790
CFPS(원)	-75	-197	-60	61	55	134
DPS(원)						
EBITDAPS(원)	-26	-67	54	94	108	258

재무 비율
〈단위 : % 〉

연도	영업이익률	순이익률	부채비율	차입금비율	ROA	ROE	유보율	자기자본비율	EBITDA마진율
2016	10.8	5.4	57.7	15.4	11.5	18.4	58.1	63.4	11.2
2015	8.7	3.8	68.0	31.1	5.2	8.7	5.8	59.5	9.7
2014	7.4	4.5	일부잠식	일부잠식	6.8	10.8	-3.3	63.0	8.5
2013	2.5	-8.3	일부잠식	일부잠식	-11.8	-17.6	-14.3	62.5	4.9

이엔에프테크놀로지 (A102710)
ENF Technology

업 종 : 반도체 및 관련장비	시 장 : KOSDAQ
신용등급 : (Bond) — (CP) —	기업규모 : 우량
홈 페 이 지 : www.enftech.com	연 락 처 : 031)881-8200
본 사 : 경기도 용인시 기흥구 탑실로35번길 14 한국알콜산업그룹빌딩	

설 립 일	2000.05.01	종 업 원 수	356명	대 표 이 사	정진태,지용석
상 장 일	2009.05.28	감사의견	적정 (세일)	계 열	
결 산 기	12월	보 통 주	1,420만주	종속회사수	
액 면 가	500원	우 선 주		구 상 호	

주주구성 (지분율,%)		출자관계 (지분율,%)		주요경쟁사 (외형,%)	
한국알콜	26.1	엘바텍	74.0	이엔에프테크놀로지	100
Korean Chemicals Investment Limited (KCI)	9.5	진솔원	40.0	원익홀딩스	88
(외국인)	15.9	팸테크놀로지	36.0	테스	54

매출구성		비용구성		수출비중	
프로세스케미칼	84.2	매출원가율	76.0	수출	22.4
화인케미칼	7.0	판관비율	11.6	내수	77.6
Color paste	6.3				

회사 개요
동사는 반도체 및 TFT LCD 소재인 프로세스케미칼, 반도체 포토레지스트용 핵심원료 및 TFT LCD의 칼라필터용 칼라페이스트를 제조하며, 전방 산업은 반도체 및 TFT LCD 제조업임. 매출 구성을 살펴보면 LCD/반도체 전자재료 부문이 절대적으로 높음. 이 중 신너부문 매출이 35.3%를 차지하고 있음. 식각액(18.1%), 박리액(17.8%) 등이 차지하고 있음. 이차전지재료 사업부문의 점유율은 확대되고 있음.

실적 분석
동사의 2016년 연결 기준 매출과 영업이익은 3343억원, 413억원으로 전년 대비 각각 7.2%, 9.1% 증가함. 동사는 신규아이템의 추가 진입 및 대체아이템 개발을 통해 영업실적이 개선됨. 이차전지재료는 매출이 감소하였으나 향후 지속적인 성장이 기대되는 부문임. 주요 품목인 프로세스케미칼 매출이 2807억원으로 전년 대비 7% 증가함. 현금은 영업활동을 통하여 451억원, 재무활동을 통하여 34억원이 증가함.

현금 흐름
〈단위 : 억원〉

항목	2015	2016
영업활동	387	451
투자활동	-321	-247
재무활동	-57	34
순현금흐름	9	226
기말현금	94	320

시장 대비 수익률
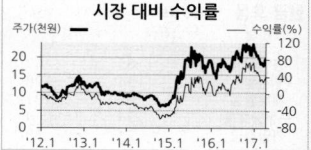

결산 실적
〈단위 : 억원〉

항목	2011	2012	2013	2014	2015	2016
매출액	1,643	2,324	2,201	2,486	3,119	3,343
영업이익	180	196	120	138	379	413
당기순이익	125	133	67	78	290	216

분기 실적
〈단위 : 억원〉

항목	2015.3Q	2015.4Q	2016.1Q	2016.2Q	2016.3Q	2016.4Q
매출액	809	815	801	803	848	891
영업이익	106	106	99	106	106	102
당기순이익	87	71	75	65	77	-0

재무 상태
〈단위 : 억원〉

항목	2011	2012	2013	2014	2015	2016
총자산	1,219	1,574	1,695	1,863	2,216	2,556
유형자산	398	818	976	991	1,122	1,166
무형자산	55	59	86	63	66	61
유가증권	—	—	—	—	—	—
총부채	446	565	603	698	759	893
총차입금	183	273	326	361	321	363
자본금	71	71	71	71	71	71
총자본	773	1,009	1,093	1,165	1,457	1,663
지배주주지분	765	901	999	1,095	1,397	1,617

기업가치 지표

항목	2011	2012	2013	2014	2015	2016
주가(최고/저)(천원)	13.3/6.6	14.7/8.3	13.4/8.5	10.2/5.9	24.0/6.6	24.5/14.1
PER(최고/저)(배)	15.4/7.6	14.8/8.3	22.0/14.0	14.4/8.3	11.4/3.2	14.1/8.1
PBR(최고/저)(배)	2.4/1.2	2.3/1.3	1.9/1.2	1.3/0.8	2.4/0.7	2.2/1.2
EV/EBITDA(배)	7.7	7.8	7.4	4.7	5.6	6.0
EPS(원)	884	1,016	620	718	2,121	1,741
BPS(원)	5,587	6,536	7,191	7,838	9,885	11,423
CFPS(원)	1,267	1,563	1,355	1,661	3,127	2,893
DPS(원)	50	50	50	50	50	50
EBITDAPS(원)	1,654	1,928	1,579	1,918	3,672	4,062

재무 비율
〈단위 : % 〉

연도	영업이익률	순이익률	부채비율	차입금비율	ROA	ROE	유보율	자기자본비율	EBITDA마진율
2016	12.4	6.5	53.7	21.8	9.1	16.4	2,184.5	65.1	17.3
2015	12.1	9.3	52.1	22.0	14.3	24.2	1,877.1	65.8	16.7
2014	5.6	3.1	59.9	31.0	4.4	9.7	1,467.6	62.5	11.0
2013	5.5	3.1	55.2	29.8	4.1	9.3	1,338.1	64.5	10.2

이엘케이 (A094190)
ELK

업　　종 : 휴대폰 및 관련부품
신용등급 : (Bond) B+　　(CP) —
홈페이지 : www.elk.co.kr
회　　사 : 대전시 유성구 테크노2로 89
시　　장 : KOSDAQ
기업규모 : 중견
연 락 처 : 042)939-9300

설 립 일 1999.04.28	종 업 원 수 330명	대 표 이 사 신동학
상 장 일 2007.10.29	감 사 의 견 적정 (삼정)	계　　　열
결 산 기 12월	보 통 주 3,101만주	종 속 회 사 수
액 면 가 500원	우 선 주	구 상 호

주주구성 (지분율,%)		출자관계 (지분율,%)		주요경쟁사 (외형,%)	
신동혁	9.5	두모전자	100.0	이엘케이	100
알리안츠글로벌인베스트자산운용	2.2	비씨앤티	100.0	디스플레이텍	51
(외국인)	1.6	에프피	19.7	육일씨엔에쓰	25

매출구성		비용구성		수출비중	
Touch Panel 외	98.7	매출원가율	118.4	수출	—
EL제품 외	1.3	판관비율	10.7	내수	—

회사 개요
동사는 1999년 설립된 휴대폰 부품 전문 업체로서, 정전용량 방식의 터치패널을 주로 생산 중임. 정전용량 방식 터치패널은 스마트폰을 통해 이미 소비자들에게 익숙해져 있으며, 태블릿PC 시장 확대까지 가세하여 지속적으로 수요 증가 추세에 있음. 동사는 국내 최대 규모의 정전용량 방식 터치패널 생산설비를 보유하고 있으며, LG전자, 모토로라, 소니 등 안정적인 거래처를 확보. 매출의 대부분을 수출이 차지. 최근 유상증자 및 투자유치에 성공함.

실적 분석
동사의 2016년 매출은 1,745.5억원으로 전년대비 21.3% 감소, 영업이익은 -509억원으로 적자확대, 당기순이익은 -717억원으로 전년대비 적자확대 시현. 전방산업은 스마트폰 사업 부진과 경쟁심화 영향으로 매출 부진, 고정비 부담 증가 등으로 수익성은 전년대비 부진한 모습을 시현. 중국 업체의 가격경쟁력 우위로 매출 증가에 어려움 상존.신규 사업 추진 및 글로벌 거래선 다변화 추진에 주력하고 있음

현금 흐름 〈단위 : 억원〉
항목	2015	2016
영업활동	250	-137
투자활동	22	45
재무활동	-280	3
순현금흐름	3	-88
기말현금	165	77

시장 대비 수익률

결산 실적 〈단위 : 억원〉
항목	2011	2012	2013	2014	2015	2016
매출액	2,360	1,839	2,878	3,456	2,219	1,746
영업이익	175	-60	-425	117	-146	-509
당기순이익	112	-74	-414	15	-348	-717

분기 실적 〈단위 : 억원〉
항목	2015.3Q	2015.4Q	2016.1Q	2016.2Q	2016.3Q	2016.4Q
매출액	534	576	390	229	409	717
영업이익	11	26	-75	-254	-60	-119
당기순이익	-33	22	-92	-328	-63	-234

재무 상태 〈단위 : 억원〉
항목	2011	2012	2013	2014	2015	2016
총자산	2,617	3,139	3,233	2,909	2,301	1,835
유형자산	928	1,309	1,515	1,459	1,054	820
무형자산	62	52	45	30	21	6
유가증권	9	9	9	9	9	9
총부채	1,647	2,209	2,288	1,865	1,589	1,666
총차입금	1,357	1,745	1,955	1,628	1,361	1,203
자본금	68	70	88	88	88	155
총자본	970	929	945	1,044	713	169
지배주주지분	970	929	945	1,044	713	169

기업가치 지표
항목	2011	2012	2013	2014	2015	2016
주가(최고/저)(천원)	21.5/7.5	21.0/7.6	18.3/4.1	6.2/2.6	4.7/2.4	2.6/1.3
PER(최고/저)(배)	28.2/9.9	—/—	—/—	77.4/31.9	—/—	—/—
PBR(최고/저)(배)	2.9/1.0	3.0/1.1	3.7/0.8	1.1/0.5	1.2/0.6	4.4/2.2
EV/EBITDA(배)	10.2	61.2		7.7	92.3	
EPS(원)	767	-502	-2,647	81	-1,832	-2,861
BPS(원)	7,945	7,544	5,383	5,936	4,132	592
CFPS(원)	1,615	429	-1,615	1,119	-1,040	-2,240
DPS(원)	100					
EBITDAPS(원)	2,084	529	-1,692	1,697	105	-1,410

재무 비율 〈단위 : % 〉
연도	영업이익률	순이익률	부채비율	차입금비율	ROA	ROE	유보율	자기자본비율	EBITDA마진율
2016	-29.2	-41.1	985.8	711.7	-34.7	-162.7	18.3	9.2	-20.3
2015	-6.6	-15.7	223.0	191.0	-13.4	-39.6	726.3	31.0	0.8
2014	3.4	0.4	178.6	155.9	0.5	1.5	1,087.1	35.9	8.6
2013	-14.8	-14.4	242.1	206.9	-13.0	-44.2	976.7	29.2	-8.5

이엘피 (A063760)
ELP

업　　종 : 디스플레이 및 관련부품
신용등급 : (Bond) —　　(CP) —
홈페이지 : www.elp.co.kr
회　　사 : 경기도 화성시 삼성1로5길 36
시　　장 : KOSDAQ
기업규모 : 벤처
연 락 처 : 031)8036-5800

설 립 일 1999.10.16	종 업 원 수 74명	대 표 이 사 이재혁
상 장 일 2017.04.06	감 사 의 견 적정 (삼덕)	계　　　열
결 산 기 12월	보 통 주 484만주	종 속 회 사 수
액 면 가 500원	우 선 주	구 상 호

주주구성 (지분율,%)		출자관계 (지분율,%)		주요경쟁사 (외형,%)	
이재혁	20.5	ELPSuzhouTechnologyCorporation	100.0	이엘피	100
KoFC-KTBN Pioneer Champ 2011-5호 투자조합	6.2	GNKHONGKONGLIMITED	100.0	디이엔티	147
(외국인)	0.3			세진티에스	106

매출구성		비용구성		수출비중	
OLED 패널검사	78.6	매출원가율	49.0	수출	25.9
모듈점등검사	20.8	판관비율	13.9	내수	74.1
기타	0.6				

회사 개요
측정, 시험, 항해 제어 및 기타 정밀기기 제조 업체이며, 주 제품은 AMOLED, LCD 디스플레이 검사장비를 생산하는 업체로써, 2015년 4월 28일 코넥스에 상장했음. AMOLED 패널에 대한 에이징 시스템과, 검사 시스템, 그리고 모듈 단위의 에이징 시스템을 판매하고 있으며 신뢰성 검사 등을 위한 시스템을 판매하고 있음. 연구개발에 지속적으로 투자하고 있으며, 차세대 플렉시블 디스플레이로 영역을 넓히고 있음.

실적 분석
동사의 2016년 연결기준 연간 누적 매출액은 309.1억원으로 전년 동기 대비 92.3% 증가함. 매출 증가에 따라 매출원가도 늘었지만 고정비용이 상대적으로 줄어들면서 영업이익은 전년 동기 대비 268.9% 증가한 114.5억원을 시현함. 영업이익도 대폭 늘어나면서 당기순이익은 전년 동기 대비 252.2% 증가한 107.5억원을 기록. 매출 증가에 따라 수익성도 좋아지고 있음.

현금 흐름 〈단위 : 억원〉
항목	2015	2016
영업활동	26	46
투자활동	-0	-93
재무활동		21
순현금흐름	26	-26
기말현금	68	43

시장 대비 수익률
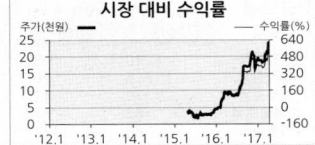

결산 실적 〈단위 : 억원〉
항목	2011	2012	2013	2014	2015	2016
매출액	—	61	147	102	161	309
영업이익	—	9	40	12	30	114
당기순이익	—	9	38	11	32	107

분기 실적 〈단위 : 억원〉
항목	2015.3Q	2015.4Q	2016.1Q	2016.2Q	2016.3Q	2016.4Q
매출액					80	
영업이익					38	
당기순이익					31	

재무 상태 〈단위 : 억원〉
항목	2011	2012	2013	2014	2015	2016
총자산	—	71	123	166	202	369
유형자산	—	10	17	74	72	121
무형자산	—	0	1	1	1	2
유가증권	—	0	0	0	0	—
총부채	—	6	20	49	53	110
총차입금	—			40	40	60
자본금	—	19	19	20	20	20
총자본	—	65	103	117	149	260
지배주주지분	—	65	103	117	149	260

기업가치 지표
항목	2011	2012	2013	2014	2015	2016
주가(최고/저)(천원)	—/—	—/—	—/—	—/—	6.2/2.0	24.9/5.1
PER(최고/저)(배)	0.0/0.0	0.0/0.0	0.0/0.0	0.0/0.0	6.7/2.1	8.0/1.6
PBR(최고/저)(배)	0.0/0.0	0.0/0.0	0.0/0.0	0.0/0.0	1.4/0.5	3.3/0.7
EV/EBITDA(배)	0.0				3.7	7.4
EPS(원)		239	971	270	806	2,688
BPS(원)		1,680	2,654	2,946	3,756	6,467
CFPS(원)		260	996	373	927	2,798
DPS(원)						
EBITDAPS(원)		266	1,059	416	887	2,973

재무 비율 〈단위 : % 〉
연도	영업이익률	순이익률	부채비율	차입금비율	ROA	ROE	유보율	자기자본비율	EBITDA마진율
2016	37.0	34.8	42.3	23.1	37.6	52.6	1,193.4	70.3	38.5
2015	18.9	19.9	35.4	26.8	17.4	24.0	651.2	73.8	21.9
2014	12.1	10.5	41.7	34.1	7.4	9.7	489.3	70.6	16.1
2013	27.2	25.6	19.6		38.7	44.8	430.8	83.6	27.9

이엠넷 (A123570)
EMNET

업 종 : 미디어		시 장 : KOSDAQ	
신용등급 : (Bond) — (CP) —		기업규모 : 중견	
홈페이지 : www.emnet.co.kr		연 락 처 : 02)2277-8877	
본 사 : 서울시 구로구 디지털로34길 27 (구로동, 대륭포스트타워 3차 14층)			

설 립 일 2000.04.20	종 업 원 수 246명	대 표 이 사 김영원	
상 장 일 2011.11.25	감 사 의 견 적정 (삼일)	계 열	
결 산 기 12월	보 통 주 1,114만주	종속회사수	
액 면 가 500원	우 선 주	구 상 호	

주주구성 (지분율,%)		출자관계 (지분율,%)		주요경쟁사 (외형,%)	
김영원	32.7	네프미디어	100.0	이엠넷	100
Transcosmos inc	25.1	eMnetJapan.Co.,ltd	100.0	팬엔터테인먼트	129
(외국인)	25.3	BeijingeMnetCo.ltd	100.0	에프엔씨애드컬쳐	42

매출구성		비용구성		수출비중	
[한국]네이버	40.5	매출원가율	0.0	수출	31.5
기타	24.3	판관비율	88.1	내수	68.5
[일본]애드워즈	14.0				

회사 개요
동사의 주요서비스는 광고주 비즈니스의 목적과 마케팅 방향에 따라 온라인마케팅 전략을 수립하며, 동사와 제휴된 온라인 매체를 통하여 디지털 환경에서의 광고(검색, 배너, 모바일, 바이럴 등)를 설계하고 집행함. 자체 기술력으로 개발한 솔루션은 국내와 일본에 특허 등록 되었으며, 각 솔루션은 광고 집행의 효율성 개선은 물론 광고 성과에 대한 객관적인 지표들을 제공함.

실적 분석
동사의 연결재무제표 기준 2016년 결산 매출액은 273.1억원으로 전년동기대비 8.8% 증가하였음. 인건비의 증가로 판관비가 확대되었지만 영업이익이 크게 성장함. 구글 광고매출이 증가하고 있으며 네이버 매출은 안정적으로 유지되고 있음. 2013년부터 이어진 엔화 약세로 인하여 원화 기준의 매출 RISK가 내재되어 있었지만, 최근 환율 RISK 해소 및 실적 개선을 통해 성장세 기록

현금 흐름
〈단위 : 억원〉

항목	2015	2016
영업활동	10	-3
투자활동	5	26
재무활동	-79	11
순현금흐름	-62	37
기말현금	84	122

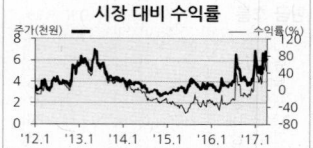

시장 대비 수익률

결산 실적
〈단위 : 억원〉

항목	2011	2012	2013	2014	2015	2016
매출액	274	321	286	267	251	273
영업이익	57	64	33	22	28	33
당기순이익	44	52	25	22	27	22

분기 실적
〈단위 : 억원〉

항목	2015.3Q	2015.4Q	2016.1Q	2016.2Q	2016.3Q	2016.4Q
매출액	61	68	69	66	67	71
영업이익	4	13	13	6	8	13
당기순이익	5	13	6	3	6	8

재무 상태
〈단위 : 억원〉

항목	2011	2012	2013	2014	2015	2016
총자산	473	548	588	641	619	644
유형자산	47	96	93	92	102	99
무형자산	2	2	3	2	2	2
유가증권	—	—	—	1	—	—
총부채	199	233	274	322	273	254
총차입금	18	4	70	95	24	17
자본금	28	28	28	28	28	55
총자본	274	315	314	319	345	390
지배주주지분	274	315	314	319	345	390

기업가치 지표

항목	2011	2012	2013	2014	2015	2016
주가(최고/저)(천원)	4.7/3.0	5.7/3.0	7.2/3.8	4.2/2.6	4.3/2.8	6.7/3.1
PER(최고/저)(배)	9.2/5.9	12.5/6.7	33.1/17.5	21.6/13.3	18.1/11.5	33.0/15.1
PBR(최고/저)(배)	1.9/1.2	2.1/1.1	2.5/1.3	1.4/0.9	1.3/0.8	1.9/0.9
EV/EBITDA(배)	2.5	5.5	6.5	2.7	7.2	10.9
EPS(원)	528	471	224	200	242	204
BPS(원)	4,988	5,725	5,982	6,200	6,719	3,546
CFPS(원)	1,130	1,007	519	476	563	256
DPS(원)	70	90	50	40	50	20
EBITDAPS(원)	1,455	1,235	672	469	589	348

재무 비율
〈단위 : % 〉

연도	영업이익률	순이익률	부채비율	차입금비율	ROA	ROE	유보율	자기자본비율	EBITDA마진율
2016	11.9	8.2	65.0	4.4	3.6	6.1	609.2	60.6	14.0
2015	11.2	10.6	79.1	6.8	4.2	8.0	1,243.8	55.8	12.9
2014	8.1	8.2	100.8	29.8	3.6	6.9	1,139.9	49.8	9.7
2013	11.6	8.6	87.1	22.1	4.3	7.8	1,096.4	53.5	12.9

이엠따블유 (A079190)
EMW

업 종 : 휴대폰 및 관련부품		시 장 : KOSDAQ	
신용등급 : (Bond) — (CP) —		기업규모 : 벤처	
홈페이지 : www.emw.co.kr		연 락 처 : 02)2107-5500	
본 사 : 인천시 남동구 남동서로 155(고잔동,남동공단 80블럭 4로트)			

설 립 일 1998.06.01	종 업 원 수 203명	대 표 이 사 류병훈	
상 장 일 2005.11.29	감 사 의 견 적정 (삼화)	계 열	
결 산 기 12월	보 통 주 3,007만주	종속회사수	
액 면 가 500원	우 선 주	구 상 호	

주주구성 (지분율,%)		출자관계 (지분율,%)		주요경쟁사 (외형,%)	
유병훈	17.4	EMW	100.0	EMW	100
성원모	5.7	E&TTechnologyCo.,Ltd	18.0	제주반도체	66
(외국인)	1.5	EMWVietnamCO.,Ltd	100.0	성우전자	200

매출구성		비용구성		수출비중	
안테나	92.8	매출원가율	74.8	수출	30.1
소재	3.7	판관비율	20.4	내수	69.9
자재등 기타	1.7				

회사 개요
동사는 1998년 설립되어 소형 안테나 사업을 영위하고 있으며 특히 휴대폰 안테나 사업부문에서 90% 이상 매출비중을 차지하고 있음. 또한 무선통신 설계 및 소재 관련 사업 등을 영위하고 있음. 안테나 부문 선도 기업으로 안테나와 연관된 RF 사업부문이나, 단말기 모듈화 사업 또는 다른 부품 사업에 진출할 계획을 가지고 있으며, 비교적 적은 투자비용으로 빠른 시간내 사업다각화가 가능할 것으로 판단됨.

실적 분석
동사의 2016년 연간 매출은 863.2억원으로 전년대비 31.9% 증가, 영업이익은 41.4억원으로 전년대비 흑자전환, 당기순이익은 21.7억원으로 흑자전환 시현. 국내 전략거래선향 매출 증가, 고부가 중심의 매출 구조 변화로 전체 매출은 전년대비 큰폭의 증가세 시현. 원가율 개선과 판매관리비 부담 축소 영향으로 수익성은 흑자전환 시현. 향후 5G 투자시에 안테나 부문의 변화 기대, 점유율 증가로 매출 측면의 반사이익 예상

현금 흐름
〈단위 : 억원〉

항목	2015	2016
영업활동	46	108
투자활동	-28	-56
재무활동	33	-2
순현금흐름	51	49
기말현금	99	148

시장 대비 수익률

결산 실적
〈단위 : 억원〉

항목	2011	2012	2013	2014	2015	2016
매출액	401	348	826	659	654	863
영업이익	-31	-51	61	-95	-34	41
당기순이익	-32	-40	35	-110	-69	22

분기 실적
〈단위 : 억원〉

항목	2015.3Q	2015.4Q	2016.1Q	2016.2Q	2016.3Q	2016.4Q
매출액	206	211	239	230	217	176
영업이익	17	6	17	20	18	-14
당기순이익	9	-6	10	7	3	2

재무 상태
〈단위 : 억원〉

항목	2011	2012	2013	2014	2015	2016
총자산	665	772	924	1,054	1,063	1,070
유형자산	374	364	454	635	579	509
무형자산	69	73	60	51	53	44
유가증권	24	11	9	9	1	22
총부채	315	450	546	682	624	627
총차입금	231	327	404	554	466	489
자본금	63	63	91	91	137	139
총자본	350	322	378	372	439	444
지배주주지분	330	302	378	372	439	444

기업가치 지표

항목	2011	2012	2013	2014	2015	2016
주가(최고/저)(천원)	3.0/1.4	3.3/1.3	4.9/2.8	3.9/2.0	3.2/1.4	3.8/2.1
PER(최고/저)(배)	—/—	—/—	29.3/16.5	—/—	—/—	47.9/26.9
PBR(최고/저)(배)	1.6/0.8	2.1/0.8	2.7/1.5	2.2/1.1	2.0/0.9	2.2/1.2
EV/EBITDA(배)	66.6	225.3	7.6	—	20.8	8.8
EPS(원)	-181	-213	169	-540	-319	79
BPS(원)	2,720	2,401	2,083	2,040	1,607	1,708
CFPS(원)	39	100	571	-170	88	375
DPS(원)						
EBITDAPS(원)	57	30	737	-91	248	446

재무 비율
〈단위 : % 〉

연도	영업이익률	순이익률	부채비율	차입금비율	ROA	ROE	유보율	자기자본비율	EBITDA마진율
2016	4.8	2.5	141.2	110.1	2.0	4.9	241.5	41.5	14.2
2015	-5.3	-10.6	142.1	106.2	-6.6	-17.1	221.4	41.3	8.3
2014	-14.5	-16.7	183.2	148.7	-11.1	-29.3	308.1	35.3	-2.5
2013	7.4	4.2	144.5	106.8	4.1	9.5	316.6	40.9	15.3

이엠코리아 (A095190)
ENERGY&MACHINERY KOREA

업 종 : 기계		시 장 : KOSDAQ	
신용 등급 : (Bond) — (CP) —		기업규모 : 중견	
홈 페 이 지 : www.yesemk.com		연 락 처 : 055)211-9600	
본 사 : 경남 함안군 군북면 함마대로 290-34			

설 립 일 2003.03.20	종 업 원 수 260명	대 표 이 사 강삼수
상 장 일 2007.10.29	감 사 의 견 적정 (삼덕)	계 열
결 산 기 12월	보 통 주 2,141만주	종 속 회 사 수
액 면 가 500원	우 선 주	구 상 호

주주구성 (지분율,%)
강삼수	33.1
한화자산운용	4.8
(외국인)	0.8

출자관계 (지분율,%)
이엠솔루션	100.0
엘켐텍	51.0
로테이팅시스템즈코리아	20.0

주요경쟁사 (외형,%)
이엠코리아	100
신진에스엠	49
동양물산	366

매출구성
공작기계 완제품 및 부품	44.4
방산부품/항공부품	27.5
BWTS /수소/음식물처리기	23.9

비용구성
매출원가율	94.0
판관비율	9.5

수출비중
수출	14.5
내수	85.5

회사 개요
동사는 공작기계를 주로 생산하는 업체임. 2005년 공작기계 핵심부품 및 방산제품, 발전설비제품 등을 생산하는 동우정밀을 인수했음. 자동차, 항공기, 선반, IT부품 및 기계부품 등의 초정밀 가공을 위한 '기계를 만드는 기계'를 생산함. 장갑차, 항공기, 구축함 등 방산정밀부품 시장 및 원자력발전 제어설비 시장도 진출. 공작기계 50.9%, 방산부품 45%, 발전설비부품 3.1%, 건설기계장비 0.3%, 기타부문 0.7%로 매출 구성.

실적 분석
동사의 2016년 연결기준 매출액은 1,025.5억원으로 전년도 대비 3.4% 감소함. 매출원가율 상승, 판매비와 관리비 증가로 인해 영업이익은 적자전환하며 36억원의 손실을 기록함. 비영업손실 적자폭 확대로 전년比 16.5억원이었던 당기순이익 또한 적자로 돌아섰음. 동사는 신성장동력을 발굴하기 위해 수소발생장치, 수소스테이션, 수소플랜트사업 개발을 추진하고 있음.

현금 흐름 〈단위 : 억원〉
항목	2015	2016
영업활동	31	39
투자활동	-86	-134
재무활동	-13	109
순현금흐름	-68	14
기말현금	30	43

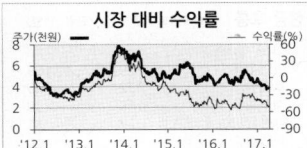
시장 대비 수익률

결산 실적 〈단위 : 억원〉
항목	2011	2012	2013	2014	2015	2016
매출액	817	878	922	1,114	1,062	1,026
영업이익	70	29	30	46	42	-36
당기순이익	22	41	23	22	16	-68

분기 실적 〈단위 : 억원〉
항목	2015.3Q	2015.4Q	2016.1Q	2016.2Q	2016.3Q	2016.4Q
매출액	264	255	233	269	231	292
영업이익	0	13	-22	-2	-13	2
당기순이익	1	7	-25	-19	-25	1

재무 상태 〈단위 : 억원〉
항목	2011	2012	2013	2014	2015	2016
총자산	1,271	1,320	1,425	1,682	1,673	1,746
유형자산	747	787	825	989	1,010	1,013
무형자산	105	96	126	115	104	108
유가증권	—	—	8	8	—	—
총부채	766	739	827	1,051	1,050	1,153
총차입금	649	598	699	860	871	941
자본금	69	82	82	107	107	107
총자본	505	581	598	631	622	593
지배주주지분	506	582	594	619	602	572

기업가치 지표
항목	2011	2012	2013	2014	2015	2016
주가(최고/저)(천원)	5.1/3.0	5.7/3.1	8.0/3.4	7.8/4.4	6.4/4.1	5.5/4.0
PER(최고/저)(배)	39.3/22.9	29.0/15.6	98.0/41.8	116.0/65.9	170.0/108.3	—/—
PBR(최고/저)(배)	2.0/1.2	2.1/1.1	2.9/1.2	2.7/1.5	2.2/1.4	2.0/1.4
EV/EBITDA(배)	15.1	17.6	29.6	17.6	17.9	61.7
EPS(원)	130	199	82	67	38	-323
BPS(원)	3,684	3,535	3,603	2,892	2,951	2,811
CFPS(원)	395	516	383	331	327	-20
DPS(원)	50	50	—	—	—	—
EBITDAPS(원)	719	439	461	478	486	135

재무 비율 〈단위 : % 〉
연도	영업이익률	순이익률	부채비율	차입금비율	ROA	ROE	유보율	자기자본비율	EBITDA마진율
2016	-3.5	-6.7	194.4	158.7	-4.0	-11.8	462.1	34.0	2.8
2015	4.0	1.6	168.8	139.9	1.0	1.3	490.3	37.2	9.8
2014	4.1	2.0	166.5	136.3	1.4	2.4	478.4	37.5	9.2
2013	3.3	2.5	138.3	116.8	1.7	3.0	620.7	42.0	8.2

이엠텍 (A091120)
EM-Tech

업 종 : 휴대폰 및 관련부품		시 장 : KOSDAQ	
신용 등급 : (Bond) — (CP) —		기업규모 : 우량	
홈 페 이 지 : www.em-tech.co.kr		연 락 처 : 055)710-6000	
본 사 : 부산시 금정구 부산대학로63번길 2-1 특성화공학관 401호			

설 립 일 2001.01.18	종 업 원 수 259명	대 표 이 사 정승규
상 장 일 2007.05.02	감 사 의 견 적정 (공감)	계 열
결 산 기 12월	보 통 주 1,405만주	종 속 회 사 수
액 면 가 500원	우 선 주	구 상 호

주주구성 (지분율,%)
정승규	13.9
박연구	4.8
(외국인)	4.4

출자관계 (지분율,%)
바이오사운드랩	8.1
지앤텍명장세컨더리투자조합	5.7
BOBU	11.5

주요경쟁사 (외형,%)
이엠텍	100
우주일렉트로	95
일야	32

매출구성
단방향 리시버	45.3
모듈일체형	32.5
단방향 스피커	15.2

비용구성
매출원가율	82.1
판관비율	10.7

수출비중
수출	68.8
내수	31.2

회사 개요
동사는 2001년 1월에 부산대 연구소에서 설립된 이동통신단말기용 마이크로 스피커 및 리시버 전문 제조업체로 스피커에 대한 해석 기술을 기반으로 제품 개발 기간을 단축시키고 다양한 휴대 단말기에 대응한 마이크로 스피커 및 리시버 개발 능력을 보유하고 있음. 기존 62개 특허(국제특허 5건 포함) 외에 2013년 14건, 2014년 43건의 특허를 등록하였으며, 국내외 출원중인 특허는 총 344건(국제특허 100건 포함)임.

실적 분석
동사의 2016년 누적 매출은 2,284억원으로 전년대비 10.6% 증가하고 영업이익은 전년대비 28% 증가한 166억원을 기록함. 당기순이익은 122.9억원으로 전년대비 0.4% 감소함. 전방산업인 스마트폰 수요 부진에도 불구하고 신규사업인 음향기기 사업 증가에 힘입어 높은 외형 성장세를 시현. 매출 확대로 원가율이 개선되면서 수익성도 큰 폭으로 호전. 국내 대기업 및 해외로 음향 기기 제품 및 스피커, 리서버 공급 확대 예상

현금 흐름 〈단위 : 억원〉
항목	2015	2016
영업활동	169	282
투자활동	-87	-59
재무활동	-74	-33
순현금흐름	11	189
기말현금	354	543

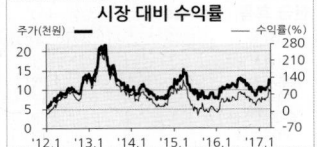
시장 대비 수익률

결산 실적 〈단위 : 억원〉
항목	2011	2012	2013	2014	2015	2016
매출액	1,366	2,997	2,675	1,836	2,066	2,284
영업이익	40	288	243	130	130	166
당기순이익	25	196	231	103	123	123

분기 실적 〈단위 : 억원〉
항목	2015.3Q	2015.4Q	2016.1Q	2016.2Q	2016.3Q	2016.4Q
매출액	568	543	687	587	547	461
영업이익	33	52	65	51	32	18
당기순이익	44	42	48	23	26	26

재무 상태 〈단위 : 억원〉
항목	2011	2012	2013	2014	2015	2016
총자산	810	1,214	1,263	1,749	1,798	1,934
유형자산	201	269	361	516	548	695
무형자산	7	6	7	65	60	57
유가증권	1	0	—	—	10	26
총부채	479	606	405	751	655	692
총차입금	133	95	157	380	319	324
자본금	23	67	67	68	70	70
총자본	331	608	858	998	1,143	1,242
지배주주지분	331	608	858	979	1,121	1,213

기업가치 지표
항목	2011	2012	2013	2014	2015	2016
주가(최고/저)(천원)	5.3/2.7	14.1/4.9	22.5/8.7	11.6/7.3	15.3/7.2	13.5/7.5
PER(최고/저)(배)	26.6/13.5	9.7/3.4	13.4/5.2	15.8/9.9	18.1/8.5	16.9/9.4
PBR(최고/저)(배)	2.0/1.0	3.2/1.1	3.6/1.4	1.7/1.0	1.9/0.9	1.5/0.9
EV/EBITDA(배)	8.3	4.5	3.0	6.6	4.2	4.3
EPS(원)	201	1,481	1,714	753	861	816
BPS(원)	7,302	4,507	6,356	7,187	8,204	9,001
CFPS(원)	1,227	1,874	2,287	1,289	1,547	1,712
DPS(원)	—	—	—	—	—	200
EBITDAPS(원)	1,566	2,576	2,372	1,492	1,611	2,078

재무 비율 〈단위 : % 〉
연도	영업이익률	순이익률	부채비율	차입금비율	ROA	ROE	유보율	자기자본비율	EBITDA마진율
2016	7.3	5.4	55.7	26.1	6.6	9.8	1,700.1	64.2	12.8
2015	6.3	6.0	57.3	27.9	7.0	11.5	1,540.8	63.6	10.9
2014	7.1	5.6	75.2	38.1	6.8	11.1	1,337.3	57.1	11.0
2013	9.1	8.6	47.2	18.7	18.7	31.6	1,171.2	67.9	12.0

이엠티 (A232530)
Energy Material Technology

업 종 : 전자 장비 및 기기		시 장 : KONEX	
신용등급 : (Bond) — (CP) —		기업규모 : —	
홈페이지 : www.emtcorp.com		연락처 : 070)7166-0203	
본 사 : 충북 충주시 대소원면 첨단산업3로 85-1			

설 립 일 2010.02.23	종 업 원 수 28명	대 표 이 사 유상열
상 장 일 2015.12.30	감 사 의 견 적정 (삼정)	계 열
결 산 기 12월	보 통 주 1,004만주	종 속 회 사 수
액 면 가 500원	우 선 주	구 상 호

주주구성 (지분율,%)
NINGBO JINHE LITHIUM BATTERY MATERIAL CO.,LTD	42.0
재세능원	25.3

출자관계 (지분율,%)

주요경쟁사 (외형,%)
이엠티	100
대주전자재료	756
상신이디피	855

매출구성
전구체(NCM계)	84.6
기 타	15.4

비용구성
매출원가율	112.4
판관비율	11.0

수출비중
수출	100.0
내수	0.0

회사 개요
동사는 2010년 2월 23일 설립되었으며, 리튬이차전지의 주요 소재인 양극재의 핵심 원료인 NCM 계열의 전구체를 생산 및 판매하고 있음. 주요 제품의 현황을 살펴보면 NCM 계열의 전구체가 84.56%, 기타 15.44%를 차지함. 경제성이 우수한 양극재에 선호하는 중·대형 리튬이차전지 시장의 성장에 의해 NCM 계열의 수요가 연평균 25% 이상 증가할 것으로 예상됨. 최근 중국 전기버스 NCM 규제는 동사의 위험요소일 것으로 예상함.

실적 분석
동사의 2016년 매출액은 89.9억원으로 전년 8.7억원 대비 10배 넘는 성장을 기록함. 매출 규모가 아직 매출원가와 판관비를 충당하지 못하고 있어 21.0억원의 영업손실을 기록, 적자가 지속되었음. 비영업 부문에서 이익이 발생하였음에도 동사는 4.1억원의 당기순손실을 기록하였음. 순손실 폭 좁혀진 것은 긍정적. 최근 중국 중·대형 리튬이차전지 시장의 성장세가 기대됨에 따라 매출 성장이 기대됨.

현금 흐름 *IFRS 별도 기준 〈단위 : 억원〉
항목	2015	2016
영업활동	-1	1
투자활동	-0	-3
재무활동	4	12
순현금흐름	2	9
기말현금	3	13

시장 대비 수익률
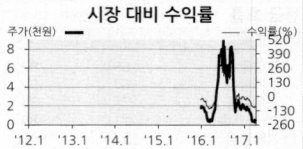

결산 실적 〈단위 : 억원〉
항목	2011	2012	2013	2014	2015	2016
매출액	0	2	—	—	9	90
영업이익	-12	-22	-18	-4	-16	-21
당기순이익	-12	-26	-22	-76	-22	-4

분기 실적 *IFRS 별도 기준 〈단위 : 억원〉
항목	2015.3Q	2015.4Q	2016.1Q	2016.2Q	2016.3Q	2016.4Q
매출액	—	—	—	—	—	—
영업이익	—	—	—	—	—	—
당기순이익	—	—	—	—	—	—

재무 상태 *IFRS 별도 기준 〈단위 : 억원〉
항목	2011	2012	2013	2014	2015	2016
총자산	120	155	164	97	104	110
유형자산	102	106	100	93	86	81
무형자산	3	12	31	0	0	0
유가증권						
총부채	60	82	107	109	77	61
총차입금	50	75	100	107	52	39
자본금	44	53	53	53	25	50
총자본	60	73	56	-12	28	48
지배주주지분	60	73	56	-12	28	48

기업가치 지표 *IFRS 별도 기준
항목	2011	2012	2013	2014	2015	2016
주가(최고/저)(천원)	—/—	—/—	—/—	—/—	1.8/1.8	9.2/0.2
PER(최고/저)(배)	0.0/0.0	0.0/0.0	0.0/0.0	0.0/0.0	—/—	—/—
PBR(최고/저)(배)	0.0/0.0	0.0/0.0	0.0/0.0	0.0/0.0	3.3/3.3	19.0/0.5
EV/EBITDA(배)	—	—	—	36.3	—	—
EPS(원)	-1,289	-1,965	-1,606	-5,428	-614	-47
BPS(원)	672	690	530	-111	540	482
CFPS(원)	-156	-196	-148	-650	-428	28
DPS(원)	—	—	—	—	—	—
EBITDAPS(원)	-154	-161	-107	27	-248	-167

재무 비율 〈단위 : % 〉
연도	영업이익률	순이익률	부채비율	차입금비율	ROA	ROE	유보율	자기자본비율	EBITDA마진율
2016	-23.3	-4.6	일부잠식	일부잠식	-3.8	-10.8	-3.7	44.1	-16.1
2015	-182.3	-257.4	279.0	190.6	-22.2	전기잠식	8.1	26.4	-104.2
2014	0.0	0.0	완전잠식	완전잠식	-58.3	당기잠식	-122.2	-12.2	0.0
2013	0.0	0.0	190.3	177.1	-14.1	-34.6	5.9	34.5	0.0

이연제약 (A102460)
REYON PHARMACEUTICAL

업 종 : 제약		시 장 : 거래소	
신용등급 : (Bond) — (CP) —		기업규모 : 시가총액 중형주	
홈페이지 : www.reyonpharm.co.kr		연락처 : 02)793-5557	
본 사 : 서울시 강남구 영동대로 416 8층 (대치동, 코스모타워)			

설 립 일 1964.11.25	종 업 원 수 346명	대 표 이 사 박수천
상 장 일 2010.06.10	감 사 의 견 적정 (삼덕)	계 열
결 산 기 12월	보 통 주 1,290만주	종 속 회 사 수
액 면 가 500원	우 선 주	구 상 호

주주구성 (지분율,%)
유용환	31.7
정순옥	10.2
(외국인)	5.7

출자관계 (지분율,%)
리온즈신약연구소	49.3
바이로메드	3.8

주요경쟁사 (외형,%)
이연제약	100
삼진제약	196
종근당홀딩스	275

매출구성
기타	44.8
옵티레이 외	25.7
세파제돈 외	12.3

비용구성
매출원가율	42.3
판관비율	45.0

수출비중
수출	0.5
내수	99.5

회사 개요
동사는 1964년 설립 이후 전문의약품과 원료의약품의 제조 및 판매를 주요 영업으로 하고 있음. 오리지널 약품으로 주력 제품인 CT용 조영제 '옵티레이'는 미국 타이코사와 장기 공급 계약을 체결하여 국내 독점 공급권을 가지고 있음. 혈관 및 신경질환 유전자치료제 시리즈 VM202RY, 항암DNA 백신 VM206RY의 임상 시험이 진행되고 있어 상용화될 경우 바이오의약품 사업과 바이오의약품 CMO 사업이 전개될 예정임.

실적 분석
2016년 제약업계는 정부의 약가인하 등 규제 정책의 영향으로 성장의 둔화가 예상되었음. 동사의 2016년 결산 매출액은 전년동기 대비 6.4% 증가한 1,218.5억원임. 외형성장에도 불구하고 원가상승 및 판매비와 관리비 증가로 인하여 영업이익은 전년동기 대비 22.0% 감소한 154.7억원을 나타냄. 당기순이익은 4.0% 소폭 증가한 117.9억원을 시현함.

현금 흐름 *IFRS 별도 기준 〈단위 : 억원〉
항목	2015	2016
영업활동	129	109
투자활동	39	-81
재무활동	-160	-39
순현금흐름	7	-11
기말현금	27	16

시장 대비 수익률
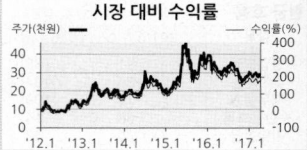

결산 실적 〈단위 : 억원〉
항목	2011	2012	2013	2014	2015	2016
매출액	1,244	1,143	1,097	1,121	1,145	1,218
영업이익	244	212	174	167	198	155
당기순이익	198	170	113	116	113	118

분기 실적 *IFRS 별도 기준 〈단위 : 억원〉
항목	2015.3Q	2015.4Q	2016.1Q	2016.2Q	2016.3Q	2016.4Q
매출액	278	317	303	302	311	303
영업이익	48	62	52	31	32	40
당기순이익	38	4	41	23	23	31

재무 상태 *IFRS 별도 기준 〈단위 : 억원〉
항목	2011	2012	2013	2014	2015	2016
총자산	1,342	1,569	1,784	1,912	2,609	2,239
유형자산	102	195	181	188	184	189
무형자산	71	96	130	149	186	208
유가증권	60	146	216	291	1,006	633
총부채	287	306	380	357	431	304
총차입금	115	130	208	148	20	20
자본금	65	65	65	65	65	65
총자본	1,055	1,264	1,404	1,555	2,178	1,934
지배주주지분	1,055	1,264	1,404	1,555	2,178	1,934

기업가치 지표 *IFRS 별도 기준
항목	2011	2012	2013	2014	2015	2016
주가(최고/저)(천원)	11.3/8.1	15.5/8.6	24.8/13.0	30.6/16.5	45.7/18.8	41.3/23.7
PER(최고/저)(배)	8.0/5.7	12.4/6.9	29.5/15.4	35.2/18.9	53.0/21.8	45.7/26.3
PBR(최고/저)(배)	1.5/1.1	1.7/0.9	2.4/1.2	2.6/1.4	2.8/1.1	2.8/1.6
EV/EBITDA(배)	3.6	6.1	10.5	12.6	20.8	19.6
EPS(원)	1,533	1,317	875	899	879	914
BPS(원)	8,176	9,795	10,883	12,055	16,886	14,994
CFPS(원)	1,700	1,499	1,061	1,042	1,015	1,065
DPS(원)	200	200	150	250	300	350
EBITDAPS(원)	2,056	1,827	1,537	1,440	1,674	1,350

재무 비율 〈단위 : % 〉
연도	영업이익률	순이익률	부채비율	차입금비율	ROA	ROE	유보율	자기자본비율	EBITDA마진율
2016	12.7	9.7	15.7	1.0	4.9	5.7	2,898.7	86.4	14.3
2015	17.3	9.9	19.8	0.9	5.0	6.1	3,277.2	83.5	18.9
2014	14.9	10.3	23.0	9.5	6.3	7.8	2,310.9	81.3	16.6
2013	15.9	10.3	27.1	14.8	6.7	8.5	2,076.7	78.7	18.1

이오테크닉스 (A039030)
EO Technics

업　　　종 : 반도체 및 관련장비　　　시　　　장 : KOSDAQ
신용등급 : (Bond) —　　(CP) —　　　기업규모 : 우량
홈페이지 : www.eotechnics.com　　　연 락 처 : 031)422-2501
본　　　사 : 경기도 안양시 동안구 동편로 91

설 립 일	1993.12.30	종업원수	649명	대표이사	성규동
상 장 일	2000.08.24	감사의견	적정(대주)	계　　열	
결 산 기	12월	보통주	1,228만주	종속회사수	
액 면 가	500원	우선주		구　상　호	

주주구성 (지분율,%)		출자관계 (지분율,%)		주요경쟁사 (외형,%)	
성규동	28.4	레비아텍청주	100.0	이오테크닉스	100
알리안츠글로벌인베스터스자산운용	4.9	레비아텍부산	100.0	SK하이닉스	5,589
(외국인)	16.9	레비아텍안산	100.0	SK머티리얼즈	150

매출구성		비용구성		수출비중	
레이저마커 및 응용기기	61.7	매출원가율	81.8	수출	47.8
상품 등	38.3	판관비율	11.3	내수	52.2

회사 개요
동사는 반도체 레이저마커, 레이저응용기기 제조 및 판매를 주된 사업으로 하며 1989년 4월 1일 설립되어 2000년 8월 24일 코스닥 시장에 상장됨. 동사를 제외하고 레비아텍 등을 포함하여 17개의 계열사를 가지고 있음. 설립 이래로 레이저 마킹분야를 시작으로 드릴링, 트리밍, 커팅 등 다양한 레이저 응용분야에 진출해오고 있음. 주요 제품들이 반도체 및 Display, PCB 등 경기의 부침이 심한 업종이지만 전반적인 성장세를 유지하고 있음.

실적 분석
동사의 2016년 연결 기준 매출과 영업이익은 3,088억원, 213억원으로 전년 대비 매출은 14% 늘었으나 영업이익은 25.5% 감소함. 동사의 자산총계는 전기 대비 약 9.6% 증가한 4,086억원이고, 부채는 전기 대비 약 27.4% 증가한 864억원, 자본총계는 전기 대비 171억원이 증가한 3,222억원임. 현금 및 현금성자산은 446억원을 시현함.

현금 흐름 〈단위 : 억원〉
항목	2015	2016
영업활동	94	351
투자활동	-55	-96
재무활동	-133	-197
순현금흐름	-67	63
기말현금	384	447

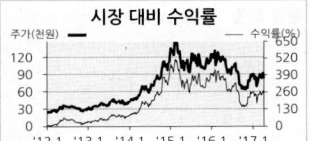
시장 대비 수익률

결산 실적 〈단위 : 억원〉
항목	2011	2012	2013	2014	2015	2016
매출액	1,537	1,906	2,322	3,018	2,700	3,077
영업이익	156	343	431	567	285	213
당기순이익	177	276	345	423	247	194

분기 실적 〈단위 : 억원〉
항목	2015.3Q	2015.4Q	2016.1Q	2016.2Q	2016.3Q	2016.4Q
매출액	775	681	642	569	775	1,092
영업이익	114	29	52	3	80	77
당기순이익	84	16	39	-14	57	113

재무 상태 〈단위 : 억원〉
항목	2011	2012	2013	2014	2015	2016
총자산	2,584	3,137	3,519	3,796	3,729	4,086
유형자산	888	1,418	1,578	1,502	1,389	1,300
무형자산	95	99	101	69	72	62
유가증권	59	79	59	58	65	40
총부채	794	1,092	1,146	995	678	864
총차입금	444	654	856	531	442	288
자본금	61	61	61	61	61	61
총자본	1,790	2,045	2,373	2,801	3,051	3,222
지배주주지분	1,766	2,019	2,343	2,767	3,008	3,176

기업가치 지표
항목	2011	2012	2013	2014	2015	2016
주가(최고/저)(천원)	42.9/19.8	36.3/23.2	46.9/29.2	125/41.4	151/84.0	135/61.9
PER(최고/저)(배)	30.8/14.2	16.4/10.5	17.0/10.6	36.6/12.1	76.4/42.6	87.0/39.8
PBR(최고/저)(배)	3.0/1.4	2.2/1.4	2.5/1.5	5.6/1.8	6.2/3.4	5.2/2.4
EV/EBITDA(배)	12.3	9.2	9.8	21.0	35.8	29.2
EPS(원)	1,414	2,237	2,783	3,421	1,977	1,558
BPS(원)	14,440	16,505	19,152	22,552	24,518	25,868
CFPS(원)	2,108	3,226	4,074	4,815	3,157	2,854
DPS(원)	100	100	100	200	100	100
EBITDAPS(원)	1,971	3,793	4,812	6,022	3,507	3,028

재무 비율 〈단위 : % 〉
연도	영업이익률	순이익률	부채비율	차입금비율	ROA	ROE	유보율	자기자본비율	EBITDA마진율
2016	6.9	6.3	26.8	8.9	5.0	6.2	5,073.5	78.9	12.1
2015	10.6	9.2	22.2	14.5	6.6	8.4	4,803.5	81.8	15.9
2014	18.8	14.0	35.5	19.0	11.6	16.4	4,410.4	73.8	24.4
2013	18.6	14.9	48.3	36.1	10.4	15.6	3,730.3	67.4	25.4

이원 (A017940)
E1

업　　　종 : 석유 및 가스　　　시　　　장 : 거래소
신용등급 : (Bond) AA-　　(CP) A1　　　기업규모 : 시가총액 중형주
홈페이지 : www.e1.co.kr　　　연 락 처 : 02)3441-4114
본　　　사 : 서울시 강남구 영동대로 517, 아셈타워 13,14층

설 립 일	1984.09.06	종업원수	257명	대표이사	구자용
상 장 일	1997.08.27	감사의견	적정(한영)	계　　열	
결 산 기	12월	보통주	686만주	종속회사수	
액 면 가	5,000원	우선주		구　상　호	

주주구성 (지분율,%)		출자관계 (지분율,%)		주요경쟁사 (외형,%)	
구자열	17.7	E1컨테이너	100.0	E1	100
신영자산운용	12.6	동방도시가스산업	100.0	리드코프	11
(외국인)	5.1	E1물류	100.0	에이치엘비파워	1

매출구성		비용구성		수출비중	
상품 매출(수출)	60.1	매출원가율	89.7	수출	59.9
상품 매출(내수)	39.9	판관비율	10.1	내수	40.1

회사 개요
동사는 1984년 설립됐으며, 주요사업으로 액화 석유 가스를 포함한 석유 제품과 각종 가스 및 가스 기기의 수출입, 제조, 저장, 운송 및 판매업과 부동산 임대업을 영위하고 있음. 연결대상 종속회사로는 LS네트웍스, 엠비케이코퍼레이션, 동방도시가스산업, 케이제이인터파드, E1물류 등이 있음. LPG부문 국내 시장점유율은 2016년 민수용 자사판매 기준 22.3%, 매출의 수출비중은 약 60% 수준임.

실적 분석
동사의 2016년 4분기 연결기준 누적매출액은 3조 9,959억원으로 전년동기 대비 13.4% 감소함. LPG 판매 기준가격인 평균 CP가 하락하고 동사 주요종속회사인 LS네트웍스의 실적 악화에 기인함. 영업이익은 전년보다 65% 감소한 110.9억원, 당기순이익은 적자전환하며 순손실 379.4억원을 기록함. 향후 CP가격 및 파생상품 거래가 수익성 개선 여부에 영향을 끼칠 것으로 예상됨.

현금 흐름 〈단위 : 억원〉
항목	2015	2016
영업활동	1,843	282
투자활동	-551	-105
재무활동	-614	-167
순현금흐름	678	9
기말현금	1,433	1,442

시장 대비 수익률

결산 실적 〈단위 : 억원〉
항목	2011	2012	2013	2014	2015	2016
매출액	70,592	74,133	72,054	69,005	46,143	39,959
영업이익	1,376	1,099	1,089	870	317	111
당기순이익	730	905	338	409	1	-379

분기 실적 〈단위 : 억원〉
항목	2015.3Q	2015.4Q	2016.1Q	2016.2Q	2016.3Q	2016.4Q
매출액	10,482	12,615	10,180	9,563	9,090	11,126
영업이익	102	-147	353	88	-289	-41
당기순이익	-118	-434	280	263	-315	-607

재무 상태 〈단위 : 억원〉
항목	2011	2012	2013	2014	2015	2016
총자산	32,704	35,124	36,297	36,582	35,098	35,442
유형자산	9,438	9,837	10,360	10,586	10,058	9,525
무형자산	296	273	261	255	236	198
유가증권	250	134	55	375	399	399
총부채	21,411	23,123	24,084	24,114	22,738	23,610
총차입금	13,609	14,592	15,286	17,338	16,926	17,139
자본금	343	343	343	343	343	343
총자본	11,293	12,002	12,213	12,468	12,360	11,832
지배주주지분	9,925	10,627	11,087	11,410	11,504	11,089

기업가치 지표
항목	2011	2012	2013	2014	2015	2016
주가(최고/저)(천원)	52.3/37.7	63.3/39.0	71.6/54.1	69.1/56.9	70.7/56.2	64.9/51.8
PER(최고/저)(배)	6.0/4.3	5.8/3.6	15.0/11.3	12.8/10.5	52.3/41.6	—/—
PBR(최고/저)(배)	0.4/0.3	0.5/0.3	0.5/0.4	0.5/0.4	0.4/0.4	0.4/0.3
EV/EBITDA(배)	9.5	11.4	11.7	15.0	22.8	30.2
EPS(원)	10,442	12,723	5,446	5,981	1,454	-3,869
BPS(원)	148,269	158,508	165,206	169,923	171,291	165,237
CFPS(원)	17,068	21,283	13,605	13,702	8,842	2,798
DPS(원)	1,500	1,600	2,000	2,000	2,600	2,000
EBITDAPS(원)	26,685	24,578	24,029	20,399	12,010	8,284

재무 비율 〈단위 : % 〉
연도	영업이익률	순이익률	부채비율	차입금비율	ROA	ROE	유보율	자기자본비율	EBITDA마진율
2016	0.3	-1.0	199.5	144.9	-1.1	-2.4	3,204.7	33.4	1.4
2015	0.7	0.0	184.0	136.9	0.0	0.9	3,325.8	35.2	1.8
2014	1.3	0.6	193.4	139.1	1.1	3.7	3,298.5	34.1	2.0
2013	1.5	0.5	197.2	125.2	0.9	3.4	3,204.1	33.7	2.3

이원컴포텍 (A088290)
EWON COMFORTECH

업　　　종 : 자동차부품		시　　　장 : KOSDAQ	
신 용 등 급 : (Bond) — (CP) —		기 업 규 모 : 중견	
홈 페 이 지 : www.ewonseat.com		연 락 처 : 041)742-6688	
본　　　사 : 충남 논산시 연무읍 원앙로 503번길 127-33			

설 립 일	1994.11.18	종 업 원 수	112명	대 표 이 사	류일주
상 장 일	2009.12.01	감 사 의 견	적정 (하나로)	계　　　열	
결 산 기	12월	보 통 주	1,253만주	종 속 회 사 수	
액 면 가	500원	우 선 주		구 상 호	

주주구성 (지분율,%)		출자관계 (지분율,%)		주요경쟁사 (외형,%)	
디이씨	47.8			이원컴포텍	100
이지창	4.0			세동	337
(외국인)	2.6			영신금속	314

매출구성		비용구성		수출비중	
에어 서스펜션 시트	36.8	매출원가율	106.4	수출	11.1
일반 고정형 시트	33.4	판관비율	5.6	내수	88.9
내장제품	12.2				

회사 개요

동사는 충남 논산에 소재하며 1994년에 설립되어 버스나 트럭의 시트 및 내장제품을 전문적으로 생산하여 현대·기아자동차, 현대모비스에 납품하는 사업을 영위하고 있으며, 2009년 12월 코스닥시장에 상장되었음. 2톤 이상 트럭 시트 및 내장제품과 11인승 초과 버스운전석에 대해서는 동사가 현대자동차와 기아자동차에 독점 생산. 주요 매출처 점유율은 현대차, 현대모비스, 기아차가 90% 이상을 차지.

실적 분석

동사의 2016년 연결기준 결산 매출액은 373.0억원으로 전년동기 대비 4.2% 감소. 주 거래처인 현대자동차로부터 에어 서스펜션시트 및 고정침대 수주물량 확대와 외형 성장에 따른 고정비 분산효과에도 수입차 판매 증가와 가계부채증가로 매출액은 감소. 외형 축소에 따라 영업손실은 44.8억원으로 적자 지속하고 당기순손실 역시 38.9억원을 기록하면서 적자전환. 높혀지는 시트를 개발하는 등 프리미엄 버스 시장 확대 노력 중.

현금 흐름 〈단위 : 억원〉

항목	2015	2016
영업활동	-13	30
투자활동	-2	-6
재무활동	20	-24
순현금흐름	3	1
기말현금	8	9

시장 대비 수익률

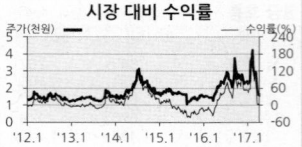

결산 실적 〈단위 : 억원〉

항목	2011	2012	2013	2014	2015	2016
매출액	267	241	245	345	389	373
영업이익	7	-1	-32	-7	-12	-45
당기순이익	8	1	-28	-14	7	-39

분기 실적 〈단위 : 억원〉

항목	2015.3Q	2015.4Q	2016.1Q	2016.2Q	2016.3Q	2016.4Q
매출액	87	106	75	97	81	120
영업이익	1	-2	-14	-14	-10	-6
당기순이익	19	-5	-13	-14	-13	1

재무 상태 〈단위 : 억원〉

항목	2011	2012	2013	2014	2015	2016
총자산	213	201	288	310	333	279
유형자산	66	80	131	135	125	125
무형자산	5	4	18	16	27	23
유가증권	0	0	0	0	0	0
총부채	82	72	160	195	213	182
총차입금	29	10	38	76	98	73
자본금	49	49	63	63	63	63
총자본	131	129	128	115	120	97
지배주주지분	131	129	128	115	120	97

기업가치 지표

항목	2011	2012	2013	2014	2015	2016
주가(최고/저)(천원)	1.8/1.0	1.8/1.2	1.9/1.2	3.2/1.4	2.1/1.1	3.8/1.3
PER(최고/저)(배)	24.4/13.1	306.5/206.6	—/—	—/—	36.4/18.6	—/—
PBR(최고/저)(배)	1.4/0.8	1.4/0.9	1.9/1.2	3.4/1.5	2.2/1.1	4.9/1.7
EV/EBITDA(배)	4.0	7.8	—	33.6	57.3	—
EPS(원)	78	6	-269	-108	58	-310
BPS(원)	1,344	1,322	1,018	919	960	776
CFPS(원)	180	108	-166	15	195	-162
DPS(원)	20	15				
EBITDAPS(원)	159	96	-201	69	40	-210

재무 비율 〈단위 : % 〉

연도	영업이익률	순이익률	부채비율	차입금비율	ROA	ROE	유보율	자기자본비율	EBITDA마진율
2016	-12.0	-10.4	187.1	74.6	-12.7	-35.7	55.2	34.8	-7.0
2015	-3.1	1.9	177.1	81.9	2.3	6.2	92.0	36.1	1.3
2014	-2.0	-3.9	169.1	66.2	-4.5	-11.2	83.8	37.2	2.5
2013	-12.9	-11.4	125.5	29.6	-11.4	-21.8	103.7	44.4	-8.5

이월드 (A084680)
E-WORLD

업　　　종 : 호텔 및 레저		시　　　장 : 거래소	
신 용 등 급 : (Bond) — (CP) —		기 업 규 모 : 시가총액 소형주	
홈 페 이 지 : www.eworld.kr		연 락 처 : 053)620-0001	
본　　　사 : 대구시 달서구 두류공원로 200 (두류동)			

설 립 일	2005.07.05	종 업 원 수	238명	대 표 이 사	유병천
상 장 일	2005.07.26	감 사 의 견	적정 (삼일)	계　　　열	
결 산 기	12월	보 통 주	9,051만주	종 속 회 사 수	
액 면 가	1,000원	우 선 주		구 상 호	

주주구성 (지분율,%)		출자관계 (지분율,%)		주요경쟁사 (외형,%)	
이랜드파크	62.9			이월드	100
E-LAND FASHION HONG KONG LIMITED	14.6			골프존뉴딘	820
(외국인)	14.7			AJ렌터카	2,182

매출구성		비용구성		수출비중	
티켓 수입	76.6	매출원가율	72.3	수출	0.0
기타 수입	13.5	판관비율	13.3	내수	100.0
식음료 수입	9.9				

회사 개요

동사는 1995년 우방타워랜드 개장을 시작으로 이랜드 그룹의 계열기업군으로 통합됨. 물가상승률, 새로운 어트랙션 도입에 따른 원가 상승분 등을 반영하고, 경쟁업체 가격 현황을 고려하여 입장가격을 변동하고 있음. 최근 소셜커머스 및 오픈마켓 등 이용권 판매를 강화하고 있으며, 사내의 영업조직과 외부의 대행사를 이용하고 있음. 도심에 위치한 지역 밀착형 테마파크라는 강점을 바탕으로 브랜드 이미지를 제고하고 있음.

실적 분석

동사의 연결기준 2016년 연간 매출액은 전년 대비 22.3% 증가한 296.8억원을 기록함. 2016년 상반기 신규 어트랙션 도입, 별빛벚꽃축제 등 성수기 시즌 축제 강화 등 다양한 콘텐츠 개발이 호응을 얻은 영향. 회사의 입장객 수는 177만명으로 전기 155만명 보다 22만명 가량 증가. 영업이익은 42.8억원을 기록하며 전년 5.1억원로 대폭 확대됨. 당기순이익도 흑자전환하며 20.8억원 시현.

현금 흐름 *IFRS 별도 기준 〈단위 : 억원〉

항목	2015	2016
영업활동	21	62
투자활동	-63	-131
재무활동	85	-7
순현금흐름	43	-77
기말현금	99	22

시장 대비 수익률

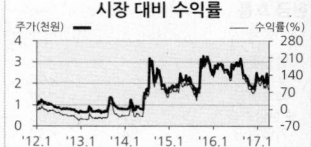

결산 실적 〈단위 : 억원〉

항목	2011	2012	2013	2014	2015	2016
매출액	169	281	307	219	243	297
영업이익	-23	-37	-60	-36	5	43
당기순이익	-65	-183	-181	40	-24	21

분기 실적 *IFRS 별도 기준 〈단위 : 억원〉

항목	2015.3Q	2015.4Q	2016.1Q	2016.2Q	2016.3Q	2016.4Q
매출액	53	69	62	88	59	87
영업이익	-4	8	3	22	-2	20
당기순이익	-11	-3	16	-7	14	

재무 상태 *IFRS 별도 기준 〈단위 : 억원〉

항목	2011	2012	2013	2014	2015	2016
총자산	1,821	1,865	2,044	1,775	2,180	2,202
유형자산	1,670	1,648	1,929	1,701	2,019	2,011
무형자산	2	1	1	1	0	0
유가증권						
총부채	809	923	1,379	851	917	922
총차입금	495	595	730	572	557	550
자본금	701	701	847	872	905	905
총자본	1,013	943	665	925	1,263	1,280
지배주주지분	1,013	943	665	925	1,263	1,280

기업가치 지표 *IFRS 별도 기준

항목	2011	2012	2013	2014	2015	2016
주가(최고/저)(천원)	1.9/0.9	1.3/0.6	1.4/0.6	3.6/0.7	3.9/1.4	3.2/1.7
PER(최고/저)(배)	—/—	—/—	—/—	76.8/15.9	—/—	137.7/75.4
PBR(최고/저)(배)	1.3/0.6	0.9/0.5	1.7/0.8	3.4/0.7	2.8/1.0	2.2/1.2
EV/EBITDA(배)	489.2	171.2	106.8	62.2	55.1	30.5
EPS(원)	-105	-97	-223	47	-28	23
BPS(원)	1,445	1,345	786	1,060	1,396	1,415
CFPS(원)	-63	-56	-157	125	24	71
DPS(원)						
EBITDAPS(원)	4	8	16	36	58	95

재무 비율 〈단위 : % 〉

연도	영업이익률	순이익률	부채비율	차입금비율	ROA	ROE	유보율	자기자본비율	EBITDA마진율
2016	14.4	7.0	72.0	43.0	1.0	1.6	41.5	58.1	29.1
2015	2.1	-10.0	72.6	44.1	-1.2	-2.2	39.6	57.9	21.0
2014	-16.3	18.1	92.0	61.9	2.1	4.6	6.0	52.1	13.9
2013	-19.4	-58.9	일부잠식	일부잠식	-8.8	-18.0	-5.8	32.5	-2.0

704

이젠텍 (A033600)
Ezen Tech

업　　종 : 자동차부품　　　　　　　　　　　시　　장 : KOSDAQ
신용등급 : (Bond) —　　(CP) —　　　　　　기업규모 : 벤처
홈페이지 : www.ezentech.co.kr　　　　　　연 락 처 : 031)660-9900
본　　사 : 경기도 평택시 산단로 255 (칠괴동)

설 립 일	1979.06.20	종 업 원 수	127명	대 표 이 사	이배근
상 장 일	2000.11.21	감 사 의 견	적정 (인덕)	계 열	
결 산 기	12월	보 통 주	1,150만주	종속회사수	
액 면 가	500원	우 선 주		구 상 호	

주주구성 (지분율,%)
이배근	35.7
이중후	4.4
(외국인)	1.0

출자관계 (지분율,%)
대신증권	0.4
한화투자증권	0.3

주요경쟁사 (외형,%)
이젠텍	100
이원컴포텍	96
세동	324

매출구성
FRONT HEAD 외	100.0

비용구성
매출원가율	106.9
판관비율	6.2

수출비중
수출	0.0
내수	100.0

회사 개요
동사는 1979년 자동차매출 증가, 흑자전환 부품 및 전자부품 제조 판매업 등을 영위할 목적으로 경기도 부천에 조양정밀공업이란 상호로 설립됨. 수차례 상호변경을 통해 현재의 이젠텍으로 변경됨. 2000년 코스닥 시장에 상장됨. 현대차 국산 1호 모델인 포니 승용차용 부품을 생산, 납품하기 시작한 현재 만도 브레이크, 핸들 조향 장치 부품, 한라비스테온공조의 자동차 에어컨 콤푸레샤 부품, (주)세정의 엔진 정화장치, 소음기용 부품을 생산함.

실적 분석
동사의 2016년 결산 기준 매출액은 387.6억원이며 전년동기 대비 19.7% 감소함. 영업이익은 50.8억원 손실이 발생하며 적자지속함. 당기순손실 또한 121.7억으로 적자 지속 중. 최근 세정과의 상호 신뢰와 긴밀한 협력 등으로 자동차 엔진정화장치 및 소음기용 부품의 대규모 공급 계약이 이뤄짐. 다양한 공급처와 거래를 한 덕분에 다이캐스팅 시장 경쟁이 치열해져도 안정적인 실적을 달성한 편이나, 경기침체 등에 따라 매출이 하강국면에 있음.

현금 흐름 *IFRS 별도 기준 〈단위 : 억원〉
항목	2015	2016
영업활동	-0	-33
투자활동	27	-1
재무활동	-18	32
순현금흐름	9	-3
기말현금	17	14

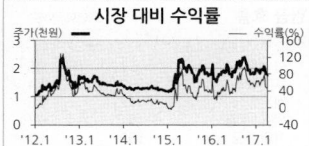
시장 대비 수익률

결산 실적 〈단위 : 억원〉
항목	2011	2012	2013	2014	2015	2016
매출액	750	472	484	628	482	388
영업이익	-1	-23	-25	6	-38	-51
당기순이익	-3	-37	-58	-20	-31	-122

분기 실적 *IFRS 별도 기준 〈단위 : 억원〉
항목	2015.3Q	2015.4Q	2016.1Q	2016.2Q	2016.3Q	2016.4Q
매출액	104	95	93	87	85	122
영업이익	-13	-19	-9	-9	-23	-14
당기순이익	-14	-7	-5	-10	-21	-86

재무 상태 *IFRS 별도 기준 〈단위 : 억원〉
항목	2011	2012	2013	2014	2015	2016
총자산	845	777	760	734	606	549
유형자산	515	494	489	471	447	401
무형자산	3	3	3	3	3	7
유가증권	71	71	60	64	67	61
총부채	408	380	415	432	343	337
총차입금	276	252	274	277	258	263
자본금	58	58	58	58	58	58
총자본	437	397	345	302	263	212
지배주주지분	437	397	345	302	263	212

기업가치 지표 *IFRS 별도 기준
항목	2011	2012	2013	2014	2015	2016
주가(최고/저)(천원)	1.2/0.9	2.6/1.1	1.8/1.3	1.4/1.2	2.5/1.2	2.5/1.5
PER(최고/저)(배)	97.6/73.2	—/—	—/—	—/—	—/—	—/—
PBR(최고/저)(배)	0.3/0.2	0.7/0.3	0.5/0.4	0.5/0.4	0.9/0.4	1.4/0.8
EV/EBITDA(배)	14.2	179.9	147.0	10.9	—	—
EPS(원)	14	-272	-297	-170	-266	-1,058
BPS(원)	4,288	3,943	3,492	3,116	2,773	1,842
CFPS(원)	247	-48	-58	97	-10	-872
DPS(원)	100	100				
EBITDAPS(원)	223	19	26	323	-78	-256

재무 비율 〈단위 : % 〉
연도	영업이익률	순이익률	부채비율	차입금비율	ROA	ROE	유보율	자기자본비율	EBITDA마진율
2016	-13.1	-31.4	159.2	124.3	-21.1	-51.3	268.4	38.6	-7.6
2015	-8.0	-6.3	130.7	98.3	-4.6	-11.4	454.6	43.3	-1.9
2014	1.0	-3.1	142.9	91.8	-2.7	-7.0	472.8	41.2	5.9
2013	-5.1	-11.9	156.1	79.5	-7.7	-18.1	480.8	39.1	0.6

이지 (A037370)
EG

업　　종 : 금속 및 광물　　　　　　　　　시　　장 : KOSDAQ
신용등급 : (Bond) —　　(CP) —　　　　　　기업규모 : 중견
홈페이지 : www.egcorp.co.kr　　　　　　연 락 처 : 041)750-7777
본　　사 : 충남 금산군 추부면 서대산로 459

설 립 일	1987.05.15	종 업 원 수	101명	대 표 이 사	문경환
상 장 일	2000.01.11	감 사 의 견	적정 (상지원)	계 열	
결 산 기	12월	보 통 주	750만주	종속회사수	
액 면 가	1,000원	우 선 주		구 상 호	

주주구성 (지분율,%)
박지만	26.0
티디케이한국	4.8
(외국인)	0.8

출자관계 (지분율,%)
EG포텍	100.0
EG메탈	88.1
EG테크	86.7

주요경쟁사 (외형,%)
EG	100
NI스틸	78
대호피앤씨	126

매출구성
무역사업(CCL외)	48.1
엔지니어링	27.7
산화철(SKM)	15.5

비용구성
매출원가율	90.5
판관비율	8.9

수출비중
수출	63.0
내수	37.0

회사 개요
동사는 1987년 페라이트 자성소재의 제조 판매를 영위할 목적으로 설립됨. 종속회사로 EG메탈, EG테크, EG라이텍 등을 두고 있고, Mn-Zn용 고급산화철 세계시장 점유율 1위를 차지함. 동사는 1999년 세계적인 Ferrite업체인 일본의 TDK사와 Ferrite용 복합재료 사업을 추진해 2000년 Ni-Zn복합재료, 2001년 Mg-Zn복합재료 공장을 완공함.

실적 분석
동사는 CCL외 금속 상품의 선전에도 불구하고 ENG 부문의 매출이 감소하며 2016년 결산 매출액은 전년동기 대비 소폭 감소함. 판관비가 증가하였지만 매출원가 절감에 따른 영업이익 흑자전환에 성공함. 영업외비용(기타비용) 증가에 따른 당기순손실 축소. 동사는 산화수설비의 설계 및 시공,운전능력을 모두 겸비하고 있는 세계 유일한 산화철 전문 업체로서 고급 산화철 세계시장 점유율 1위를 꾸준히 유지하고 있음.

현금 흐름 〈단위 : 억원〉
항목	2015	2016
영업활동	29	-21
투자활동	8	-10
재무활동	14	18
순현금흐름	54	-11
기말현금	109	97

시장 대비 수익률

결산 실적 〈단위 : 억원〉
항목	2011	2012	2013	2014	2015	2016
매출액	847	1,017	1,230	1,562	1,516	1,468
영업이익	23	7	63	53	-13	9
당기순이익	5	-12	47	32	-49	-1

분기 실적 〈단위 : 억원〉
항목	2015.3Q	2015.4Q	2016.1Q	2016.2Q	2016.3Q	2016.4Q
매출액	335	465	326	366	316	459
영업이익	-4	-17	5	11	1	-8
당기순이익	-7	-45	3	7	-2	-10

재무 상태 〈단위 : 억원〉
항목	2011	2012	2013	2014	2015	2016
총자산	764	850	866	939	987	978
유형자산	212	429	421	423	412	400
무형자산	11	11	10	26	9	9
유가증권	29	7	6	7	21	26
총부채	240	342	314	362	463	450
총차입금	96	172	142	146	178	190
자본금	75	75	75	75	75	75
총자본	524	508	552	578	524	529
지배주주지분	518	501	544	567	525	526

기업가치 지표
항목	2011	2012	2013	2014	2015	2016
주가(최고/저)(천원)	66.1/19.0	79.3/33.3	45.9/15.7	26.9/16.5	18.8/9.9	17.8/8.8
PER(최고/저)(배)	1,397.7/401.9	—/—	74.3/25.4	68.3/42.0	—/—	154.9/76.3
PBR(최고/저)(배)	9.8/2.8	12.1/5.1	6.4/2.2	3.6/2.2	2.7/1.4	2.6/1.3
EV/EBITDA(배)	106.1	111.9	15.7	18.2	101.2	24.4
EPS(원)	48	-172	627	398	-518	116
BPS(원)	6,904	6,680	7,257	7,564	6,995	7,013
CFPS(원)	325	103	890	686	-229	432
DPS(원)	50	50	50	50	50	50
EBITDAPS(원)	578	366	1,110	994	118	434

재무 비율 〈단위 : % 〉
연도	영업이익률	순이익률	부채비율	차입금비율	ROA	ROE	유보율	자기자본비율	EBITDA마진율
2016	0.6	-0.1	85.1	36.0	-0.1	1.7	601.3	54.0	2.2
2015	-0.8	-3.3	88.3	33.9	-5.1	-7.1	599.5	53.1	0.6
2014	3.4	2.0	62.7	25.4	3.5	5.4	656.4	61.5	4.8
2013	5.2	3.9	56.9	25.8	6.1	9.0	625.7	63.7	6.8

이지바이오 (A035810)
EASY BIO

업 종 : 식료품		시 장 : KOSDAQ	
신용등급 : (Bond) — (CP) —		기업규모 : 우량	
홈페이지 : www.easybio.co.kr		연 락 처 : 02)501-9988	
본 사 : 서울시 강남구 강남대로 310 (역삼동 837-11), 유니온센타 3층			

설 립 일 1988.03.14	종 업 원 수 240명	대 표 이 사 김지범,지원철	
상 장 일 1999.11.23	감 사 의 견 적정 (삼덕)	계 열	
결 산 기 12월	보 통 주 5,407만주	종 속 회 사 수	
액 면 가 500원	우 선 주	구 상 호	

주주구성 (지분율,%)		출자관계 (지분율,%)		주요경쟁사 (외형,%)	
지현욱	17.9	이지팜스	100.0	이지바이오	100
지원철	12.4	티앤엘	100.0	팜스코	68
(외국인)	6.8	금호영농조합법인	100.0	대한제당	90

매출구성		비용구성		수출비중	
사료사업부(FB)	62.1	매출원가율	82.2	수출	0.0
가금사업부(PB)	40.8	판관비율	12.2	내수	100.0
육가공사업부(LB)	26.3				

회사 개요
동사는 1988년에 설립된 축산사업 관련 사업지주회사로서 사료 및 사료첨가제 사업을 영위함. 사료, 육가공, 가금사업, 기타 곡물 및 수의서비스, 금융사업 등을 영위하는 자회사 38개를 보유하고 있음. 2003년부터 팜스토리, 강원LPC, 한국냉장 등의 인수로 양돈 수직계열화를 이룸. 매출 비중은 사료사업부가 절반 가까이 차지하는 가운데 육가공사업부와 가금사업부 등이 높은 비중을 차지하고 있음.

실적 분석
동사의 2016년 연결기준 연간 누적 매출액은 1조4,014.4억원으로 전년 동기 대비 2.7% 감소함. 매출이 줄면서 매출원가 또한 매출감소율 이상으로 감소해 영업이익은 전년 동기 대비 오히려 16.4% 증가한 790.5억원을 기록함. 비영업손익 부문에서도 금융 등에서 손실이 계속됐지만 적자 규모가 줄면서 당기순이익은 전년 동기 대비 114.2% 늘어난 331.3억원을 기록함.

현금 흐름 〈단위 : 억원〉
항목	2015	2016
영업활동	739	1,365
투자활동	-554	-405
재무활동	175	-1,677
순현금흐름	361	-721
기말현금	1,342	622

시장 대비 수익률
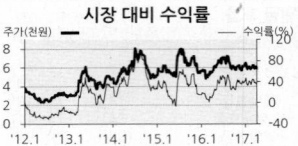

결산 실적 〈단위 : 억원〉
항목	2011	2012	2013	2014	2015	2016
매출액	10,702	15,446	15,045	14,808	14,406	14,014
영업이익	471	274	393	821	679	790
당기순이익	70	88	108	174	155	331

분기 실적 〈단위 : 억원〉
항목	2015.3Q	2015.4Q	2016.1Q	2016.2Q	2016.3Q	2016.4Q
매출액	3,481	3,834	3,365	3,599	3,362	3,688
영업이익	48	195	159	320	234	78
당기순이익	-25	31	92	130	129	-19

재무 상태 〈단위 : 억원〉
항목	2011	2012	2013	2014	2015	2016
총자산	10,815	14,729	14,747	14,944	15,810	15,099
유형자산	3,750	5,759	6,071	5,977	6,442	6,459
무형자산	405	751	739	614	569	567
유가증권	59	117	127	190	168	204
총부채	8,243	11,306	11,135	11,269	11,817	9,718
총차입금	5,948	8,925	8,768	9,241	9,599	7,286
자본금	234	239	239	256	269	269
총자본	2,572	3,423	3,613	3,675	3,993	5,380
지배주주지분	1,828	1,989	2,168	2,545	2,712	3,135

기업가치 지표
항목	2011	2012	2013	2014	2015	2016
주가(최고/저)(천원)	3.8/1.8	4.0/2.2	6.2/2.9	8.1/4.1	8.7/4.9	7.4/4.9
PER(최고/저)(배)	17.9/8.6	11.4/6.3	24.5/11.5	13.9/7.0	20.1/11.4	17.0/11.2
PBR(최고/저)(배)	1.0/0.5	1.0/0.5	1.4/0.7	1.7/0.8	1.7/1.0	1.3/0.8
EV/EBITDA(배)	10.3	19.2	15.5	10.0	11.5	10.0
EPS(원)	224	367	263	603	439	437
BPS(원)	3,970	4,318	4,698	5,036	5,117	5,914
CFPS(원)	654	914	885	1,225	1,101	1,104
DPS(원)	50	50	50	50	50	50
EBITDAPS(원)	1,453	1,131	1,458	2,246	1,943	2,159

재무 비율 〈단위 : % 〉
연도	영업이익률	순이익률	부채비율	차입금비율	ROA	ROE	유보율	자기자본비율	EBITDA마진율
2016	5.6	2.4	180.6	135.4	2.1	7.9	1,066.3	35.6	8.2
2015	4.7	1.1	295.9	240.4	1.0	8.9	909.0	25.3	7.2
2014	5.5	1.2	306.7	251.5	1.2	12.9	892.5	24.6	7.7
2013	2.6	0.7	308.2	242.7	0.7	6.0	824.7	24.5	4.6

이지웰페어 (A090850)
Ezwelfare

업 종 : 인터넷 서비스		시 장 : KOSDAQ	
신용등급 : (Bond) — (CP) —		기업규모 : 벤처	
홈페이지 : www.ezwel.com		연 락 처 : 02)3282-7900	
본 사 : 서울시 구로구 디지털로34길 43, 코오롱사이언스밸리1차 1401호			

설 립 일 2003.01.14	종 업 원 수 279명	대 표 이 사 조현철	
상 장 일 2013.12.27	감 사 의 견 적정 (삼일)	계 열	
결 산 기 12월	보 통 주 989만주	종 속 회 사 수	
액 면 가 500원	우 선 주	구 상 호	

주주구성 (지분율,%)		출자관계 (지분율,%)		주요경쟁사 (외형,%)	
김상용	23.6			이지웰페어	100
트러스톤자산운용	5.0			소리바다	75
(외국인)	1.2			SBI액시즈	132

매출구성		비용구성		수출비중	
복지품목여행, 컨텐츠 등(기타)	60.4	매출원가율	49.3	수출	0.0
총액 매출(상품)	39.2	판관비율	49.5	내수	100.0
임대 매출(기타)	0.4				

회사 개요
동사는 선택적 복지시장에서 약 50%의 시장점유율을 확보하고 있는 선도 업체로서 경쟁우위를 바탕으로 대구도시철도공사, 아워홈 등 대규모 고객사를 잇따라 수주하였음. 선택적 복지산업은 국내에 있는 기업 및 공공기관을 대상으로 선택적 복지서비스를 제공하며 국외사업자의 시장 진출은 없기 때문에, 국내 업체간 경쟁만 이루어지고 있음. 당기 중 제주도 신규사업을 위해 신규 자회사인 이지웰인터치(주)를 설립, 연결대상 종속회사로 편입하였음.

실적 분석
동사의 2016년 매출액은 523.2억원으로 전년대비 27.8% 증가함. 영업이익은 전년대비 86.8% 감소함. 당기순손실 3.3억원을 기록하며 적자 전환함. 영업이익이 감소한 것은 매출원가가 급등하였고 해외 진출로 인해 필요한 인력을 충원하면서 판관비가 증가했고, 아직 판매 실적이 가시화되지 않은 중국과 인도네시아에서 투자 비용이 발생하였기 때문으로 보임. 향후 비용 효율화를 통한 이익 개선이 기대됨.

현금 흐름 〈단위 : 억원〉
항목	2015	2016
영업활동	71	25
투자활동	-32	-74
재무활동	12	-23
순현금흐름	51	-71
기말현금	152	81

시장 대비 수익률

결산 실적 〈단위 : 억원〉
항목	2011	2012	2013	2014	2015	2016
매출액	262	271	326	340	409	523
영업이익	51	45	47	49	46	6
당기순이익	28	29	37	38	31	-3

분기 실적 〈단위 : 억원〉
항목	2015.3Q	2015.4Q	2016.1Q	2016.2Q	2016.3Q	2016.4Q
매출액	88	126	135	109	119	160
영업이익	4	-0	22	4	-3	-16
당기순이익	7	-6	16	0	-3	-17

재무 상태 〈단위 : 억원〉
항목	2011	2012	2013	2014	2015	2016
총자산	249	330	415	493	595	585
유형자산	48	49	46	51	54	51
무형자산	15	76	83	105	120	122
유가증권	3	3	3	1	1	56
총부채	146	173	179	276	341	357
총차입금	20	5				
자본금	34	44	49	49	49	49
총자본	103	157	236	216	254	229
지배주주지분	103	157	236	216	254	229

기업가치 지표
항목	2011	2012	2013	2014	2015	2016
주가(최고/저)(천원)	—/—	—/—	8.3/7.9	14.5/7.3	19.5/8.1	12.9/6.5
PER(최고/저)(배)	0.0/0.0	0.0/0.0	20.2/19.3	38.6/19.3	62.6/26.1	—/—
PBR(최고/저)(배)	0.0/0.0	0.0/0.0	3.5/3.4	5.5/2.7	6.5/2.7	4.4/2.2
EV/EBITDA(배)	—	—	12.3	15.2	17.8	27.5
EPS(원)	441	369	417	384	315	-33
BPS(원)	1,524	1,774	2,384	2,696	3,031	2,932
CFPS(원)	574	489	533	482	438	124
DPS(원)			50	75	75	40
EBITDAPS(원)	931	686	649	597	586	218

재무 비율 〈단위 : % 〉
연도	영업이익률	순이익률	부채비율	차입금비율	ROA	ROE	유보율	자기자본비율	EBITDA마진율
2016	1.2	-0.6	155.9	0.0	-0.6	-1.4	486.3	39.1	4.1
2015	11.2	7.6	134.0	0.0	5.7	13.2	506.2	42.7	14.2
2014	14.5	11.2	127.7	0.0	8.4	16.8	439.3	43.9	17.4
2013	14.6	11.4	75.9	0.0	10.0	18.9	376.8	56.9	17.7

이큐스앤자루 (A058530)
EQUISnZAROO

업　　종 : 전자 장비 및 기기	시　　장 : KOSDAQ
신용등급 : (Bond) —　　(CP) —	기업규모 : 벤처
홈페이지 : www.equisnzaroo.com	연락처 : (031)495-8262
본　　사 : 경기도 안산시 단원구 번영로 39(성곡동,728-3), 시화공단4바 204호	

설 립 일	1994.01.25	종 업 원 수	89명	대 표 이 사	임병진
상 장 일	2002.02.05	감 사 의 견	적정 (삼영)	계　　열	
결 산 기	12월	보 통 주	3,493만주	종속회사수	
액 면 가	500원	우 선 주		구 상 회 사	

주주구성 (지분율,%)
얼라이브투자조합	10.4
우진패션비즈	3.9
(외국인)	4.1

출자관계 (지분율,%)
제이케이인터내셔날	51.0
에스비사이언스	20.0
바이오씨에스	2.9

주요경쟁사 (외형,%)
이큐스앤자루	100
써니전자	35
광전자	286

매출구성
의류및신발 판매	36.7
기타	33.6
로더	12.1

비용구성
매출원가율	69.7
판관비율	23.8

수출비중
수출	37.4
내수	62.6

회사 개요
동사는 PCB 자동화기계 제조, 신약개발, 스포츠의류 유통 사업 등을 주사업으로 하고 있으며, 1994년 1월에 설립되어, 2002년 2월에 코스닥 시장에 상장됨. 자동화 장비 제조 부문의 비중은 63.4%를 차지하고 있음. 유통사업은 34.3%를 차지하고 있고, 신약개발의 매출 비중은 의미없는 수준임. 자동화 장비는 안정적 매출이 유지되고 있으며 유통사업 매출액의 변동성도 낮음.

실적 분석
동사의 연결기준 2016년 매출액은 598.0억원으로 전년 대비 156.8% 증가하였음. 영업이익은 전년보다 310.4% 증가한 39.3억원을 기록하였음. 동사의 실적개선은 2016년 7월 자회사로 편입된 JK인터내셔날의 도움이 큼. 다만 법인세비용 증가, 비영업손실 확대 등으로 인해 당기순이익은 0.7억원에 그침. 전년 4.2억원보다 3.5억원 감소한 금액임. 그러나 지속적인 수요가 예측되므로 향후 수익성장이 기대됨.

현금 흐름 〈단위 : 억원〉
항목	2015	2016
영업활동	-50	-123
투자활동	-9	-156
재무활동	56	268
순현금흐름	-3	-10
기말현금	37	27

시장 대비 수익률
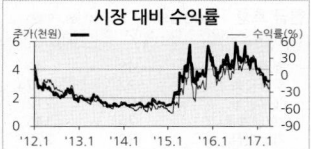

결산 실적 〈단위 : 억원〉
항목	2011	2012	2013	2014	2015	2016
매출액	209	216	248	225	233	598
영업이익	14	14	19	3	10	39
당기순이익	3	-36	7	-28	4	1

분기 실적 〈단위 : 억원〉
항목	2015.3Q	2015.4Q	2016.1Q	2016.2Q	2016.3Q	2016.4Q
매출액	60	64	85	64	152	297
영업이익	1	7	2	-1	2	36
당기순이익	2	1	2	-1	-0	0

재무 상태 〈단위 : 억원〉
항목	2011	2012	2013	2014	2015	2016
총자산	445	387	412	428	507	947
유동자산	115	100	101	98	98	126
무형자산	20	9	18	15	17	48
유가증권	2	2	1	0	1	5
총부채	259	213	219	221	218	436
총차입금	200	154	159	153	134	320
자본금	112	117	121	137	155	173
총자본	186	174	193	208	289	511
지배주주지분	186	171	190	205	289	474

기업가치 지표
항목	2011	2012	2013	2014	2015	2016
주가(최고/저)(천원)	3.3/0.7	3.9/1.7	2.2/1.3	1.9/1.4	6.0/1.4	6.4/3.4
PER(최고/저)(배)	272.1/60.1	—/—	72.7/43.7	—/—	431.2/104.4	—/—
PBR(최고/저)(배)	4.0/0.9	5.2/2.3	2.8/1.7	2.6/1.8	6.3/1.5	4.6/2.5
EV/EBITDA(배)	41.5	24.5	19.5	48.5	91.8	26.6
EPS(원)	12	-160	31	-110	14	-35
BPS(원)	842	737	794	754	942	1,377
CFPS(원)	35	-130	60	-81	39	34
DPS(원)	—	—	—	—	—	—
EBITDAPS(원)	87	93	111	40	58	189

재무 비율 〈단위 : % 〉
연도	영업이익률	순이익률	부채비율	차입금비율	ROA	ROE	유보율	자기자본비율	EBITDA마진율
2016	6.6	0.1	85.4	62.6	0.1	-3.0	175.3	53.9	10.3
2015	4.1	1.8	75.2	46.2	0.9	1.7	88.3	57.1	7.4
2014	1.3	-12.4	106.1	73.6	-6.7	-14.1	50.9	48.5	4.5
2013	7.9	2.9	113.1	82.5	1.8	4.0	58.9	46.9	10.6

이크레더블 (A092130)
e-Credible

업　　종 : 인터넷 서비스	시　　장 : KOSDAQ
신용등급 : (Bond) —　　(CP) —	기업규모 : 중견
홈페이지 : www.ecredible.co.kr	연락처 : (02)2101-9100
본　　사 : 서울시 구로구 디지털로33길 27, 삼성IT밸리 8층	

설 립 일	2001.08.06	종 업 원 수	156명	대 표 이 사	이진옥
상 장 일	2008.10.24	감 사 의 견	적정 (삼일)	계　　열	
결 산 기	12월	보 통 주	1,204만주	종속회사수	
액 면 가	500원	우 선 주		구 상 회 사	

주주구성 (지분율,%)
한국기업평가	64.5
KB자산운용	6.9
(외국인)	8.4

출자관계 (지분율,%)
이크레더블네트웍스	100.0

주요경쟁사 (외형,%)
이크레더블	100
가비아	324
인포바인	67

매출구성
전자신용인증서 등	80.3
TAMZ 서비스 등	11.0
위더스풀 서비스	7.0

비용구성
매출원가율	0.0
판관비율	61.5

수출비중
수출	0.4
내수	99.6

회사 개요
동사는 신용인증서비스와 B2B e-Market Place를 주 사업내용으로 설립되었으며, 450여 대기업과 60,000여 개사의 협력회사에 네트워크를 두고 서비스를 공급하고 있음. 전자신용인증사업은 협력업체(중소기업)의 재무상태를 등록하여 신용등급 정보를 생성, 대기업의 협력업체관리에 활용되는 서비스임. B2B e-Market Place는 B2B 전자상거래 사이트임.

실적 분석
동사의 2016년 연결기준 결산 매출액은 315.0억원으로 전년 대비 23.2% 증가함. 영업이익은 121.4억원으로 전년보다 28.4% 늘었고, 당기순이익도 98.5% 증가한 26.3억원을 시현. 주 매출원인 신용인증서비스 외에 B2B 전자상거래서비스인 TAMZ서비스의 매출이 지속적으로 성장하면서 실적이 개선됨. 은행권을 중심으로 기술신용평가(TCB)를 활용하는 기술금융이 확대되면서 신용조회회사들의 순이익이 확대 됨.

현금 흐름 〈단위 : 억원〉
항목	2015	2016
영업활동	80	109
투자활동	-39	-9
재무활동	-42	-51
순현금흐름	-1	49
기말현금	19	69

시장 대비 수익률
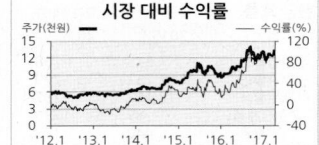

결산 실적 〈단위 : 억원〉
항목	2011	2012	2013	2014	2015	2016
매출액	169	184	191	201	256	315
영업이익	65	65	70	76	94	121
당기순이익	57	56	60	65	78	98

분기 실적 〈단위 : 억원〉
항목	2015.3Q	2015.4Q	2016.1Q	2016.2Q	2016.3Q	2016.4Q
매출액	54	50	56	143	62	55
영업이익	13	6	16	85	18	3
당기순이익	11	8	13	67	15	3

재무 상태 〈단위 : 억원〉
항목	2011	2012	2013	2014	2015	2016
총자산	261	283	313	342	384	446
유동자산	27	29	29	28	27	29
무형자산	9	9	11	12	15	12
유가증권	0	0	0	0	0	0
총부채	42	43	48	51	57	72
총차입금						
자본금	61	61	61	61	61	61
총자본	219	240	265	291	327	375
지배주주지분	219	240	265	291	327	375

기업가치 지표
항목	2011	2012	2013	2014	2015	2016
주가(최고/저)(천원)	6.9/4.7	6.1/4.7	6.5/5.2	8.5/6.2	11.3/7.4	14.0/8.3
PER(최고/저)(배)	19.1/13.1	16.1/12.6	15.6/12.3	17.8/13.0	19.0/12.4	17.9/10.6
PBR(최고/저)(배)	4.9/3.4	3.8/2.9	3.5/2.8	4.0/2.9	4.5/3.0	4.7/2.8
EV/EBITDA(배)	7.7	8.1	8.0	9.2	8.6	9.6
EPS(원)	465	467	495	537	647	817
BPS(원)	1,818	1,994	2,199	2,416	2,714	3,111
CFPS(원)	510	508	543	587	708	880
DPS(원)	290	300	320	350	420	530
EBITDAPS(원)	574	578	632	681	845	1,071

재무 비율 〈단위 : % 〉
연도	영업이익률	순이익률	부채비율	차입금비율	ROA	ROE	유보율	자기자본비율	EBITDA마진율
2016	38.5	31.3	19.1	0.0	23.7	28.1	509.5	84.0	40.9
2015	37.0	30.5	17.5	0.0	21.5	25.2	431.7	85.1	39.8
2014	37.8	32.2	17.6	0.0	19.8	23.3	373.5	85.0	40.8
2013	36.8	31.2	18.2	0.0	20.4	25.2	330.9	84.6	39.9

이테크건설 (A016250)
eTEC E&C

업 종 : 건설		시 장 : KOSDAQ	
신용등급 : (Bond) — (CP) —		기업규모 : 우량	
홈페이지 : www.etecenc.com		연 락 처 : 02)489-8211	
본 사 : 서울시 서초구 양재대로 246 송암빌딩 3~6층, 13층			

설 립 일 1982.09.14	종 업 원 수 642명	대 표 이 사 김선구,이복영	
상 장 일 1999.12.28	감 사 의 견 적정 (안진)	계 열	
결 산 기 12월	보 통 주 280만주	종속회사수	
액 면 가 5,000원	우 선 주	구 상 호	

주주구성 (지분율,%)		출자관계 (지분율,%)		주요경쟁사 (외형,%)	
삼광유리공업	30.7	군장에너지	47.7	이테크건설	100
유니드	7.3	에스엠지에너지	29.6	아이콘트롤스	16
(외국인)	2.5	에스지개발	24.6	코오롱글로벌	267

매출구성		비용구성		수출비중	
플랜트(신재생에너지, 석유화학, 정밀화학 등)	59.0	매출원가율	88.1	수출	—
발전(증기와 온수 공급, 전기판매)	23.1	판관비율	4.3	내수	—
토건(비주거용 산업건축물, 공동주택, 건축 등)	19.6				

회사 개요
동사는 1982년 설립된 영창건설이 모태로서 주요 사업부문은 플랜트, 토건, 터미널, 발전/에너지 사업 등임. 주력으로 영위하는 플랜트 사업은 신재생에너지, 정밀화학, 석유화학 등 다양한 산업의 플랜트 EPC를 제공함. 발전/에너지 사업은 군장에너지에서 공급원이며 생산된 전기는 한국전력거래소에 역송하여 판매하고 있음. 주요 종속회사인 군장에너지는 총 5,500억원 투입한 GE4 열병합발전소 증설 사업 준공을 완료함.

실적 분석
신규 수주 증가 및 종속회사인 군장에너지의 증설로 동사의 2016년 매출액은 전년대비 8.3% 증가한 1조1,915.7억원을 기록함. 매출액 증가에 따른 판관비 감소로 영업이익은 12.5%(100.1억원) 증가하였음. 관계기업 및 종속기업투자손상차손 등 영업외 비용이 다소 증가했으나 당기순이익은 투자세액 공제 등의 영향으로 전년대비 45.4%(189억원) 증가하였음.

현금 흐름
<단위 : 억원>

항목	2015	2016
영업활동	545	1,258
투자활동	-2,751	-779
재무활동	2,117	257
순현금흐름	-89	735
기말현금	440	1,175

시장 대비 수익률
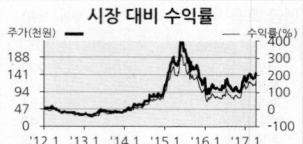

결산 실적
<단위 : 억원>

항목	2011	2012	2013	2014	2015	2016
매출액	6,991	7,855	6,675	8,772	11,007	11,916
영업이익	279	147	13	583	799	900
당기순이익	281	198	-115	446	418	607

분기 실적
<단위 : 억원>

항목	2015.3Q	2015.4Q	2016.1Q	2016.2Q	2016.3Q	2016.4Q
매출액	2,696	2,988	2,342	3,259	2,707	3,608
영업이익	95	157	217	219	197	266
당기순이익	23	64	115	130	97	266

재무 상태
<단위 : 억원>

항목	2011	2012	2013	2014	2015	2016
총자산	3,811	4,769	10,280	13,156	14,954	16,424
유형자산	23	23	5,406	8,419	10,694	11,231
무형자산	22	24	32	30	38	35
유가증권	114	136	234	206	185	165
총부채	2,167	2,952	7,682	10,170	11,600	12,537
총차입금	595	729	4,716	7,156	9,406	9,575
자본금	140	140	140	140	140	140
총자본	1,645	1,817	2,597	2,986	3,354	3,886
지배주주지분	1,647	1,829	1,570	1,787	2,006	2,336

기업가치 지표

항목	2011	2012	2013	2014	2015	2016
주가(최고/저)(천원)	89.4/38.8	55.3/30.6	46.7/29.3	105/40.8	237/106	137/84.0
PER(최고/저)(배)	9.2/4.0	7.7/4.2	—/—	15.8/6.2	28.1/12.6	10.7/6.6
PBR(최고/저)(배)	1.6/0.7	0.9/0.5	0.8/0.5	1.6/0.6	3.3/1.5	1.6/1.0
EV/EBITDA(배)	5.8	7.8	32.4	13.8	12.5	9.7
EPS(원)	10,082	7,438	-9,538	6,705	8,518	12,859
BPS(원)	59,563	66,059	56,899	64,651	72,477	84,240
CFPS(원)	10,444	7,865	-3,102	13,662	19,887	31,518
DPS(원)	500	500		500	500	750
EBITDAPS(원)	10,317	5,685	6,901	27,769	39,922	50,787

재무 비율
< 단위 : % >

연도	영업이익률	순이익률	부채비율	차입금비율	ROA	ROE	유보율	자기자본비율	EBITDA마진율
2016	7.6	5.1	322.6	246.4	3.9	16.6	1,584.8	23.7	11.9
2015	7.3	3.8	345.9	280.4	3.0	12.6	1,349.5	22.4	10.2
2014	6.6	5.1	340.6	239.7	3.8	11.2	1,193.0	22.7	8.9
2013	0.2	-1.7	295.8	181.6	-1.5	-15.7	1,038.0	25.3	2.9

이트론 (A096040)
E-TRON

업 종 : IT 서비스		시 장 : KOSDAQ	
신용등급 : (Bond) — (CP) —		기업규모 : 중견	
홈페이지 : www.e-trons.co.kr		연 락 처 : 02)528-9377	
본 사 : 서울시 금천구 범안로 1130, 1203층(가산동, 디지털엠파이어)			

설 립 일 1999.11.08	종 업 원 수 51명	대 표 이 사 노성혁	
상 장 일 2008.01.25	감 사 의 견 적정 (광교)	계 열	
결 산 기 12월	보 통 주 18,136만주	종속회사수	
액 면 가 200원	우 선 주	구 상 호 네오엠텔	

주주구성 (지분율,%)		출자관계 (지분율,%)		주요경쟁사 (외형,%)	
이아이디	8.9	승화프리텍	4.5	이트론	100
네오엠텔우리사주조합	0.4			다우기술	4,487
(외국인)	0.3			오상자이엘	236

매출구성		비용구성		수출비중	
서버 및 스토리지	100.0	매출원가율	92.5	수출	0.0
		판관비율	23.0	내수	100.0

회사 개요
동사는 1999년 설립돼 서버 및 스토리지 시스템 구축, IT 컨설팅, Intel Products(SSD, 메인보드 등) 기술 지원, 운영 및 유지보수 등 컴퓨터 관련 핵심 부품을 공급하는 IT 관련 제조 유통 전문 기업임. 상장 폐지 위기를 겪었지만 상폐 미해당에 해당되면서 거래 재개. 2015년 12월 동사의 서버 및 스토리지 제품이 중소기업간 경쟁제품으로 지정돼 향후 매출 및 수익에 긍정적 영향을 줄 것으로 예상됨.

실적 분석
동사의 2016년 연결기준 연간 누적 매출액은 257.1억원으로 전년 동기 대비 0.4% 감소함. 매출은 소폭 감소했지만 매출 원가 또한 감소하고 판매비와 관리비 등을 줄임으로써 영업손실은 40억원으로 전년 동기 대비 적자 규모가 축소됨. 비영업손익 부문서 금융 손실 등으로 적자 폭이 확대되면서 당기순손실은 98억원으로 전년 동기 대비 적자 폭이 늘어남.

현금 흐름
*IFRS 별도 기준 <단위 : 억원>

항목	2015	2016
영업활동	-48	-40
투자활동	-32	-27
재무활동	106	212
순현금흐름	26	145
기말현금	130	275

시장 대비 수익률
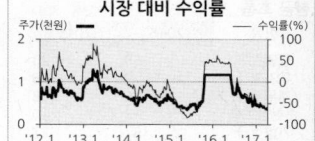

결산 실적
<단위 : 억원>

항목	2011	2012	2013	2014	2015	2016
매출액	96	34	419	235	258	257
영업이익	-67	-10	17	1	-51	-40
당기순이익	-96	-42	16	-21	-81	-98

분기 실적
*IFRS 별도 기준 <단위 : 억원>

항목	2015.3Q	2015.4Q	2016.1Q	2016.2Q	2016.3Q	2016.4Q
매출액	52	92	50	36	56	115
영업이익	-11	-21	-2	-10	-14	-13
당기순이익	-13	-51	-2	-11	-39	-46

재무 상태
*IFRS 별도 기준 <단위 : 억원>

항목	2011	2012	2013	2014	2015	2016
총자산	194	190	491	406	453	579
유형자산	16	2	102	15	16	16
무형자산	7	3	99	71	55	35
유가증권	12	0	6	36	28	42
총부채	4	15	308	97	116	74
총차입금			156	48	50	
자본금	32	32	40	111	200	363
총자본	190	175	183	308	337	505
지배주주지분	190	175	183	308	337	505

기업가치 지표
*IFRS 별도 기준

항목	2011	2012	2013	2014	2015	2016
주가(최고/저)(천원)	1.1/0.5	1.2/0.5	1.3/0.6	0.7/0.4	1.2/0.3	1.3/0.4
PER(최고/저)(배)	—/—	—/—	19.7/9.7	—/—	—/—	—/—
PBR(최고/저)(배)	1.2/0.6	1.4/0.6	2.0/1.0	1.5/0.9	3.5/1.0	4.7/1.5
EV/EBITDA(배)			14.0	51.5		
EPS(원)	-257	-65	66	-49	-104	-83
BPS(원)	3,113	2,879	914	556	337	278
CFPS(원)	-703	-155	114	-49	-100	-78
DPS(원)						
EBITDAPS(원)	-373	-110	105	11	-61	-30

재무 비율
< 단위 : % >

연도	영업이익률	순이익률	부채비율	차입금비율	ROA	ROE	유보율	자기자본비율	EBITDA마진율
2016	-15.6	-38.1	14.8	0.0	-19.0	-23.3	39.2	87.1	-13.6
2015	-19.8	-31.5	34.3	14.9	-18.9	-25.2	68.3	74.5	-18.7
2014	0.6	-8.8	31.6	15.7	-4.6	-8.4	177.8	76.0	1.7
2013	4.0	3.9	168.7	85.6	5.0	12.4	355.1	37.2	4.9

이퓨처 (A134060)
e-futureCo

업 종: 교육		시 장: KOSDAQ	
신용등급: (Bond) — (CP) —		기업규모: 벤처	
홈페이지: www.e-future.co.kr		연락처: 02)3400-0525	
본 사: 서울시 송파구 백제고분로 91, 엘케이빌딩 4~6층			

설립일 2000.01.21	종업원수 47명	대표이사 황경호	
상장일 2011.04.27	감사의견 적정 (삼일)	계 열	
결산기 12월	보통주 477만주	종속회사수	
액면가 500원	우선주	구상호	

주주구성 (지분율,%)		출자관계 (지분율,%)		주요경쟁사 (외형,%)	
이기현	23.8	이퓨처	100		
황경호	16.8	에이원앤	186		
(외국인)	1.0	메가엠디	771		

매출구성		비용구성		수출비중	
Phonics(제품)	42.2	매출원가율	33.9	수출	24.6
Grammar(제품)	16.4	판관비율	62.1	내수	75.4
기타	14.5				

회사 개요
동사는 파닉스 교재인 스마트 파닉스 등 실용영어 콘텐츠 개발에 주력해 온 실용영어교육 콘텐츠 업체임. ELT 시장은 지속적은 출산율 저하로 초등중심으로 학령인구 감소에 따라 시장이 위축되고 있지만 학습자 중심으로 개발된 동사의 컨텐츠가 정부의 공교육시장 정상화, 수능절대평가 및 선행학습금지법으로 저연령에서의 영어교육은 확대되는 상황. 저작권문제없이 교육시장에 다양한 형태의 디지털컨텐츠를 개발, 공급함.

실적 분석
동사의 2016년 매출액은 85.3억원으로 전년 74.9억원에 비해 13.9% 늘어난 모습. 매출원가, 판관비 등 비용 지출 구조를 잘 관리하면서 영업이익은 3.4억원을 기록해 전년 1.1억원에 비해 219.8% 늘었음. 경상개발비와 무형자산상각비, 광고선전비가 늘었음. 비영업손실 1.6억원이 더해진 결과 당기순이익은 1.9억원을 기록함. 전년 -3.6억원을 기록한데에서 흑자전환함.

현금 흐름
*IFRS 별도 기준 〈단위 : 억원〉

항목	2015	2016
영업활동	13	12
투자활동	-29	-14
재무활동		
순현금흐름	-16	-2
기말현금	22	20

시장 대비 수익률
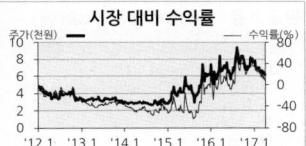

결산 실적
〈단위 : 억원〉

항목	2011	2012	2013	2014	2015	2016
매출액	77	74	84	80	75	85
영업이익	-4	-1	11	4	1	3
당기순이익	-1	0	8	4	-4	2

분기 실적
*IFRS 별도 기준 〈단위 : 억원〉

항목	2015.3Q	2015.4Q	2016.1Q	2016.2Q	2016.3Q	2016.4Q
매출액	17	24	23	18	18	27
영업이익	-1	3	4	0	-0	-0
당기순이익	0	-4	4	0	-1	-2

재무 상태
*IFRS 별도 기준 〈단위 : 억원〉

항목	2011	2012	2013	2014	2015	2016
총자산	190	190	203	197	197	213
유형자산	24	32	31	30	29	29
무형자산	8	19	21	26	29	39
유가증권	1	7	10	14	22	16
총부채	26	26	36	25	29	44
총차입금	—	—	11	—	—	—
자본금	19	24	24	24	24	24
총자본	164	163	167	172	168	169
지배주주지분	164	163	167	172	168	169

기업가치 지표
*IFRS 별도 기준

항목	2011	2012	2013	2014	2015	2016
주가(최고/저)(천원)	10.1/2.7	5.2/3.1	3.6/2.8	3.7/2.6	9.9/2.8	9.5/5.1
PER(최고/저)(배)	—/—	600.8/359.9	22.1/17.4	28.4/19.8	—/—	239.5/128.0
PBR(최고/저)(배)	2.9/0.8	1.5/0.9	1.0/0.8	1.0/0.7	2.7/0.8	2.5/1.3
EV/EBITDA(배)		60.4	5.5	8.9	33.1	24.1
EPS(원)	-24	9	162	131	-75	39
BPS(원)	4,392	3,532	3,704	3,807	3,727	3,762
CFPS(원)	-8	72	259	236	57	248
DPS(원)						
EBITDAPS(원)	-95	36	329	189	154	280

재무 비율
〈단위 : % 〉

연도	영업이익률	순이익률	부채비율	차입금비율	ROA	ROE	유보율	자기자본비율	EBITDA마진율
2016	4.0	2.2	25.8	0.0	0.9	1.1	652.3	79.5	15.7
2015	1.4	-4.8	17.5	0.0	-1.8	-2.1	645.4	85.1	9.8
2014	5.0	7.8	14.5	0.0	3.1	3.7	661.4	87.3	11.3
2013	13.2	9.2	21.7	6.6	3.9	4.7	640.8	82.2	18.7

이화공영 (A001840)
Ee-Hwa Construction

업 종: 건설		시 장: KOSDAQ	
신용등급: (Bond) — (CP) —		기업규모: 중견	
홈페이지: www.ee-hwa.co.kr		연락처: 02)3771-6000	
본 사: 서울시 마포구 양화로 104 (서교동,삼윤빌딩)			

설립일 1956.08.30	종업원수 148명	대표이사 최삼규,최종찬	
상장일 1994.11.23	감사의견 적정 (삼덕)	계 열	
결산기 12월	보통주 1,981만주	종속회사수	
액면가 500원	우선주	구상호	

주주구성 (지분율,%)		출자관계 (지분율,%)		주요경쟁사 (외형,%)	
최삼규	35.9	상명민자학사	19.0	이화공영	100
최종찬	4.9	푸른용산	12.0	범양건영	66
(외국인)	1.1	광장비태엘교육	2.0	한국종합기술	121

매출구성		비용구성		수출비중	
국내도급 건축공사 민간	78.1	매출원가율	94.9	수출	0.0
국내도급 건축공사 관급	17.5	판관비율	4.2	내수	100.0
국내도급 토목공사 관급	4.4				

회사 개요
동사는 1956년 설립된 기업으로 건축, 토목, 전기, 소방 등 건설관련 면허를 가지고 여러 분야에서 건설업을 영위하고 있음. 건축공사는 오피스, 학교, 제시설물 건설을 중점사업으로 시행하고 있으며, 토목공사는 정수처리시설공사, 교량공사, 토지조성공사 등을 공동으로 공동도급이행방식으로 시행하고 있음. 매출액은 건축 부문 97.3%, 토목 부문 2.7%로 구성되어 있으며 사업주체별로는 공공부문이 19.2%, 민간부문이 80.8%임.

실적 분석
동사의 2016년 매출액은 공사계약잔액 이월 물량 증가 및 신규수주로 인하여 전년대비 26.9% 증가한 1,650억원임. 매출비중은 건축공사 97.3%, 토목공사 2.7%로 수행하고 있으며 오피스, 학교, 연구소, 제약시설물 등 기타토목공사를 중심으로 안정적인 매출을 시현하고 있음. 영업이익은 전년대비 2.1억원 증가하였으며 매출증가에 따른 수주경쟁 심화, 물가상승 영향 등으로 높아진 상황. 당기순이익은 전년 대비 4.7% 감소한 14.1억원임.

현금 흐름
*IFRS 별도 기준 〈단위 : 억원〉

항목	2015	2016
영업활동	-11	4
투자활동	7	-27
재무활동	-7	-6
순현금흐름	-11	-29
기말현금	72	43

시장 대비 수익률
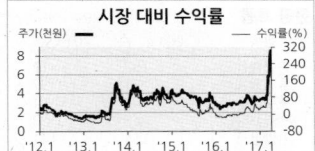

결산 실적
〈단위 : 억원〉

항목	2011	2012	2013	2014	2015	2016
매출액	712	1,041	1,343	1,796	1,300	1,650
영업이익	6	7	8	15	14	16
당기순이익	9	11	8	15	15	14

분기 실적
*IFRS 별도 기준 〈단위 : 억원〉

항목	2015.3Q	2015.4Q	2016.1Q	2016.2Q	2016.3Q	2016.4Q
매출액	338	320	256	419	431	545
영업이익	4	3	1	7	3	5
당기순이익	4	1	2	6	3	4

재무 상태
*IFRS 별도 기준 〈단위 : 억원〉

항목	2011	2012	2013	2014	2015	2016
총자산	468	618	587	710	620	817
유형자산	66	65	65	68	67	66
무형자산	3	9	9	9	9	9
유가증권	50	59	55	48	48	55
총부채	146	292	255	303	206	395
총차입금	—	—	—	—	—	—
자본금	72	72	72	99	99	99
총자본	322	326	332	407	414	422
지배주주지분	322	326	332	407	414	422

기업가치 지표
*IFRS 별도 기준

항목	2011	2012	2013	2014	2015	2016
주가(최고/저)(천원)	5.8/2.0	3.2/1.3	5.1/1.4	4.8/2.8	4.4/2.5	4.0/2.4
PER(최고/저)(배)	111.7/38.3	54.3/22.6	109.0/29.2	61.8/35.1	59.9/34.0	56.7/33.4
PBR(최고/저)(배)	3.3/1.1	1.8/0.7	2.8/0.7	2.4/1.4	2.1/1.2	1.9/1.1
EV/EBITDA(배)	28.2	3.4	29.2	33.6	23.3	22.0
EPS(원)	53	60	48	81	75	71
BPS(원)	2,242	2,273	2,314	2,056	2,093	2,129
CFPS(원)	82	91	76	92	86	82
DPS(원)				35	35	35
EBITDAPS(원)	60	66	75	89	80	91

재무 비율
〈단위 : % 〉

연도	영업이익률	순이익률	부채비율	차입금비율	ROA	ROE	유보율	자기자본비율	EBITDA마진율
2016	1.0	0.9	93.7	0.0	2.0	3.4	325.8	51.6	1.1
2015	1.1	1.1	49.7	0.0	2.2	3.6	318.6	66.8	1.2
2014	0.8	0.9	74.3	0.0	2.3	4.1	311.3	57.4	0.9
2013	0.8	0.6	76.7	0.0	1.4	2.6	362.9	56.6	0.8

이화산업 (A000760)
RIFA CO

업　　종 : 화학
신용등급 : (Bond) —　　(CP) —
홈페이지 : www.rifa.co.kr
본　　사 : 서울시 영등포구 선유동2로 70 (당산동 5가)

시　　장 : 거래소
기업규모 : 시가총액 소형주
연 락 처 : 02)2007-5555

설 립 일	1950.03.29	종 업 원 수	54명	대 표 이 사	홍성우
상 장 일	1994.04.29	감 사 의 견	적정 (신한)	계　　열	
결 산 기	12월	보 통 주	280만주	종속회사수	
액 면 가	5,000원	우 선 주		구 상 호	

주주구성 (지분율,%)		출자관계 (지분율,%)		주요경쟁사 (외형,%)	
조규완	29.9	이화물산	69.3	이화산업	100
이화소재	22.9	영화기업	44.4	동남합성	189
(외국인)	0.0	염료공업협동조합	20.2	엔피케이	122

매출구성		비용구성		수출비중	
염료상품	45.7	매출원가율	80.3	수출	14.8
화성품 상품(용역)	28.5	판관비율	17.6	내수	85.2
임대료	12.3				

회사 개요
동사는 식품 첨가물 및 용제류 등 유무기 화학품과 섬유 염색을 위한 염료의 도소매를 주요 사업으로 영위함. 섬유산업이 주된 전방산업으로서, 사업부문은 섬유염색을 위한 각종 염료 등을 판매하는 염료사업부문과 식품첨가물, 공업용첨가물, 용제류 등 유무기 화학품을 판매하는 유통사업부문으로 구분됨. 염료사업부문이 전체 매출의 51.4%, 유통사업부문이 38.0%이며 임대사업부문이 나머지를 차지함.

실적 분석
중국, 인도의 급격한 염료생산력과 품질 향상으로 국내외 경쟁에 어려움이 있어 동사 2016년 결산기준 누적매출액은 전년동기대비 17.6% 감소한 551.6억원을 기록하였음. 영업이익의 손실 폭을 줄이기 위해 원가 및 판관비 절감 노력을 기울여 영업이익은 11.9억원을 달성함. 경기상황에 따라 어려움이 지속 중이나 적극적인 영업을 지속하고 있으므로 향후 개선이 기대되고 있음.

현금 흐름　〈단위 : 억원〉

항목	2015	2016
영업활동	53	12
투자활동	-51	-37
재무활동	61	1
순현금흐름	63	-23
기말현금	164	141

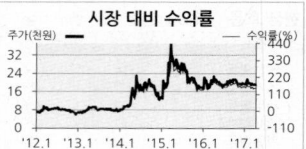
시장 대비 수익률

결산 실적　〈단위 : 억원〉

항목	2011	2012	2013	2014	2015	2016
매출액	709	714	794	833	669	552
영업이익	9	11	-15	3	15	12
당기순이익	-3	-73	-29	73	-1	-1

분기 실적　〈단위 : 억원〉

항목	2015.3Q	2015.4Q	2016.1Q	2016.2Q	2016.3Q	2016.4Q
매출액	177	152	190	170		192
영업이익	4	-2	13	4		-
당기순이익	0	-9	8	2		-11

재무 상태　〈단위 : 억원〉

항목	2011	2012	2013	2014	2015	2016
총자산	2,764	2,776	2,681	2,733	2,783	2,779
유형자산	213	206	203	82	86	84
무형자산	9	9	9	9	7	9
유가증권	85	2	1	0	0	0
총부채	678	936	869	856	905	896
총차입금	506	770	677	690	750	750
자본금	140	140	140	140	140	140
총자본	2,086	1,840	1,812	1,877	1,878	1,883
지배주주지분	938	1,064	1,031	1,095	1,095	1,103

기업가치 지표

항목	2011	2012	2013	2014	2015	2016
주가(최고/저)(천원)	11.3/5.6	9.0/6.1	10.0/7.4	36.8/9.6	32.8/16.7	23.6/18.1
PER(최고/저)(배)	—/—	24.0/16.2	—/—	14.4/3.8	—/—	245.8/188.9
PBR(최고/저)(배)	0.3/0.2	0.2/0.2	0.3/0.2	0.9/0.3	0.8/0.4	0.6/0.5
EV/EBITDA(배)	107.3	87.3	—	239.8	84.2	91.8
EPS(원)	-436	375	-1,206	2,560	-93	96
BPS(원)	33,504	38,013	36,828	39,123	39,104	39,405
CFPS(원)	-182	603	-982	2,776	161	414
DPS(원)						
EBITDAPS(원)	581	638	-322	333	808	742

재무 비율　〈단위 : %〉

연도	영업이익률	순이익률	부채비율	차입금비율	ROA	ROE	유보율	자기자본비율	EBITDA마진율
2016	2.2	-0.2	47.6	39.9	0.0	0.2	688.1	67.8	3.8
2015	2.3	-0.2	48.2	39.9	0.0	-0.2	682.1	67.5	3.4
2014	0.4	8.8	45.6	36.8	2.7	6.7	682.5	68.7	1.1
2013	-1.9	-3.6	48.0	37.4	-1.1	-3.2	636.6	67.6	-1.1

이화전기공업 (A024810)
Ehwa Technologies Information

업　　종 : 전기장비
신용등급 : (Bond) —　　(CP) —
홈페이지 : www.eti21.com
본　　사 : 서울시 강남구 논현로 746, 석호빌딩 7층

시　　장 : KOSDAQ
기업규모 : 중견
연 락 처 : 02)3440-0215

설 립 일	1965.06.03	종 업 원 수	170명	대 표 이 사	김영선
상 장 일	1994.12.29	감 사 의 견	적정 (현대)	계　　열	
결 산 기	12월	보 통 주	24,532만주	종속회사수	
액 면 가	200원	우 선 주		구 상 호	

주주구성 (지분율,%)		출자관계 (지분율,%)		주요경쟁사 (외형,%)	
최완식	3.6	셀바이오스	42.3	이화전기	100
칸인베스텍코리아	3.6	이아이디	22.6	성문전자	99
(외국인)	1.0			가온전선	1,638

매출구성		비용구성		수출비중	
무정전 전원장치 (UPS)	35.6	매출원가율	81.5	수출	0.1
정류기 (RECT)	23.2	판관비율	16.6	내수	99.9
기타	20.3				

회사 개요
동사는 UPS(무정전 전원장치) 및 몰드변압기, 정류기(통신용 정류기 포함), SCADA 등 다양한 전원공급장치 및 전력변환장치를 생산 공급하는 중전기기 전문회사로 발전소, 대규모 시설단지, 산업전원 설비, 전산센터 등의 민간분야와 철도, 지하철 등의 공공분야 및 방산분야의 사업영역에 진출하고 있음. 2015년 8월 10일에 (주)이아이디 유상신주 취득을 통해 현재 동사의 지분율은 25.41%임.

실적 분석
동사의 2016년 매출액은 457.5억원으로 전년 대비 11.7% 증가함. 매출 확대에도 불구하고 원가율 악화와 판관비 상승으로 영업이익은 전년보다 35.2% 줄어든 8.5억원을 기록함. 당기순손실은 43.4억원으로 전년 18.1억원에서 적자폭이 확대됨. 기술향상에 따른 제품의 고신뢰도 및 부품국산화에 따른 원가절감을 통한 가격경쟁력 향상이 경쟁요소임. 고품질, 소형화, 경량화 등의 첨단화 제품에 대한 수요가 높아지고 있어 성장 가능성이 큼.

현금 흐름　*IFRS 별도 기준　〈단위 : 억원〉

항목	2015	2016
영업활동	-60	-5
투자활동	25	-46
재무활동	45	101
순현금흐름	10	50
기말현금	30	80

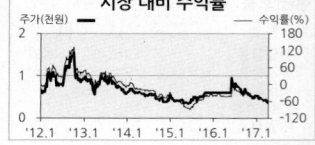
시장 대비 수익률

결산 실적　*IFRS 별도 기준　〈단위 : 억원〉

항목	2011	2012	2013	2014	2015	2016
매출액	596	1,267	1,205	1,074	410	457
영업이익	27	-71	-52	-154	13	9
당기순이익	10	-269	-331	-370	-18	-43

분기 실적　*IFRS 별도 기준　〈단위 : 억원〉

항목	2015.3Q	2015.4Q	2016.1Q	2016.2Q	2016.3Q	2016.4Q
매출액	67	183	92	104	57	204
영업이익	-4	12	-3	5	-12	19
당기순이익	5	-7	-14	-33	-13	19

재무 상태　*IFRS 별도 기준　〈단위 : 억원〉

항목	2011	2012	2013	2014	2015	2016
총자산	908	931	950	1,136	815	920
유형자산	255	292	250	536	321	317
무형자산	25	20	15	6	4	4
유가증권	32	14	73	15	19	56
총부채	191	270	356	604	318	258
총차입금	62	145	245	438	212	140
자본금	209	232	292	292	382	491
총자본	717	661	593	532	498	663
지배주주지분	717	661	593	532	498	663

기업가치 지표　*IFRS 별도 기준

항목	2011	2012	2013	2014	2015	2016
주가(최고/저)(천원)	1.1/0.4	1.7/0.6	1.1/0.5	0.7/0.4	0.6/0.3	1.0/0.4
PER(최고/저)(배)	125.6/48.1	—/—	—/—	—/—	—/—	—/—
PBR(최고/저)(배)	1.9/0.7	3.6/1.3	2.9/1.4	2.2/1.1	2.5/1.3	3.5/1.6
EV/EBITDA(배)	15.8	—	—	—	44.2	77.5
EPS(원)	8	-88	-124	-234	-10	-19
BPS(원)	686	570	406	364	260	270
CFPS(원)	27	-83	-123	-239	-4	-16
DPS(원)						
EBITDAPS(원)	42	-22	-3	-39	13	8

재무 비율　〈단위 : %〉

연도	영업이익률	순이익률	부채비율	차입금비율	ROA	ROE	유보율	자기자본비율	EBITDA마진율
2016	1.9	-9.5	38.9	21.1	-5.0	-7.5	35.1	72.0	3.7
2015	3.2	-4.4	63.8	42.6	-1.9	-4.0	30.1	61.0	3.4
2014	-14.3	-34.5	113.7	82.5	-30.4	-39.5	36.3	46.8	-12.4
2013	-4.3	-27.5	95.8	71.3	-25.0	-34.5	79.0	51.1	-2.4

인디에프 (A014990)
In the F

업　　종 : 섬유 및 의복　　　　　시　　장 : 거래소
신용등급 : (Bond) —　　(CP) —　　기업규모 : 시가총액 소형주
홈페이지 : www.inthef.co.kr　　연 락 처 : 02)3456-9000
본　　사 : 서울시 강남구 테헤란로104길 21

설 립 일	1980.09.08	종업원수	273명	대표이사	손수근
상 장 일	1989.06.20	감사의견	적정 (삼정)	계 열	
결 산 기	12월	보 통 주	5,893만주	종속회사수	
액 면 가	500원	우 선 주		구 상 호	

주주구성 (지분율,%)		출자관계 (지분율,%)		주요경쟁사 (외형,%)	
세아상역	69.0	나산실업	100.0	인디에프	100
안영숙	5.2			데코앤이	27
(외국인)	2.0			동일방직	405

매출구성		비용구성		수출비중	
조이너스	23.5	매출원가율	49.9	수출	0.3
테이트	23.4	판관비율	53.6	내수	99.7
기타	19.4				

회사 개요
동사는 1980년 창립된 나산이 전신인 패션 업체로, 종속회사로 나산실업(주)을 보유하고 있으며 자회사는 시설관리 사업을 영위하고 있음. 의류 OEM 업체인 글로벌세아(구.세아 상역)가 동사 지분을 69%로 보유하여 동사는 동 기업집단에 포함되어 있음. 동사가 보유한 브랜드로는 여성복 '조이너스', '꼼빠니아', '예츠', '에스비', 신사복 '트루젠', 'S+by트루젠', 'TATE', 편집스토어 "BIND" 등을 보유하고 있음.

실적 분석
2016년 동사의 매출액은 2,029억원으로 전기 대비 3.6% 증가한 실적을 시현함. 개성공단 가동 전면중단으로 인한 매출원가 증가와 신규브랜드(바인드)의 투자비용 증가로 원가와 판관비 부담이 늘면서 영업손실이 발생함. 전기 50.1억원 적자에서 적자폭이 확대된 70.3억원의 적자를 시현. 금융손실 등 비영업손익에서 25.4억원의 적자가 발생하며 당기순손실은 95.7억원을 시현, 전기 58.8억원 대비 적자가 확대됨.

현금 흐름 〈단위 : 억원〉
항목	2015	2016
영업활동	35	78
투자활동	-32	-20
재무활동	-82	8
순현금흐름	-79	67
기말현금	41	108

시장 대비 수익률

결산 실적 〈단위 : 억원〉
항목	2011	2012	2013	2014	2015	2016
매출액	2,463	2,154	1,974	1,873	1,958	2,029
영업이익	-152	-68	-36	-31	-50	-70
당기순이익	-254	-89	-61	-81	-59	-96

분기 실적 〈단위 : 억원〉
항목	2015.3Q	2015.4Q	2016.1Q	2016.2Q	2016.3Q	2016.4Q
매출액	317	787	457	435	340	798
영업이익	-54	-7	3	4	-44	-33
당기순이익	-57	-11	-1	-2	-47	-46

재무 상태 〈단위 : 억원〉
항목	2011	2012	2013	2014	2015	2016
총자산	2,269	2,093	1,988	1,799	1,614	1,597
유형자산	160	126	98	93	93	91
무형자산	84	77	53	4	2	1
유가증권						
총부채	1,222	1,138	1,088	987	859	941
총차입금	520	360	297	256	234	254
자본금	295	295	295	295	295	295
총자본	1,047	955	900	812	755	656
지배주주지분	1,047	955	900	812	755	656

기업가치 지표
항목	2011	2012	2013	2014	2015	2016
주가(최고/저)(천원)	1.0/0.6	0.9/0.5	1.4/0.5	1.4/0.6	4.0/1.3	4.0/1.6
PER(최고/저)(배)	—/—	—/—	—/—	—/—	—/—	—/—
PBR(최고/저)(배)	0.6/0.3	0.6/0.3	0.9/0.3	1.0/0.5	3.2/1.0	3.6/1.4
EV/EBITDA(배)		108.3	22.0	72.6		
EPS(원)	-431	-150	-104	-138	-100	-162
BPS(원)	1,777	1,621	1,527	1,378	1,281	1,114
CFPS(원)	-291	-27	2	-65	-36	-97
DPS(원)						
EBITDAPS(원)	-118	8	46	21	-21	-54

재무 비율 〈단위 : % 〉
연도	영업이익률	순이익률	부채비율	차입금비율	ROA	ROE	유보율	자기자본비율	EBITDA마진율
2016	-3.5	-4.7	143.3	38.7	-6.0	-13.6	122.8	41.1	-1.6
2015	-2.6	-3.0	113.9	31.0	-3.5	-7.5	156.2	46.8	-0.6
2014	-1.6	-4.3	121.5	31.5	-4.3	-9.5	175.7	45.1	0.7
2013	-1.8	-3.1	120.9	33.0	-3.0	-6.6	205.4	45.3	1.4

인바디 (A041830)
InBody

업　　종 : 의료 장비 및 서비스　　　시　　장 : KOSDAQ
신용등급 : (Bond) —　　(CP) —　　기업규모 : 벤처
홈페이지 : www.inbody.com　　연 락 처 : 02)501-3939
본　　사 : 서울시 강남구 논현로2길 54(개포동 1164-21) 인바디 빌딩

설 립 일	1996.05.15	종업원수	188명	대표이사	차기철
상 장 일	2000.12.14	감사의견	적정 (한영)	계 열	
결 산 기	12월	보 통 주	1,368만주	종속회사수	
액 면 가	500원	우 선 주		구 상 호	바이오스페이스

주주구성 (지분율,%)		출자관계 (지분율,%)		주요경쟁사 (외형,%)	
차기철	26.9	삼한정공	100.0	인바디	100
Wasatch Advisors, Inc.	5.0	DMBH	34.0	차바이오텍	563
(외국인)	20.4	InBodyIndiaPvt.Ltd	100.0	바디텍메드	69

매출구성		비용구성		수출비중	
체성분분석기(제품)	96.0	매출원가율	27.6	수출	70.9
용역매출(용역)	2.3	판관비율	44.8	내수	29.1
상품(상품)	1.8				

회사 개요
동사는 체성분 분석기를 포함한 전자 의료기기 및 생체 신호 측정장치 등을 제조, 판매하는 업체임. 동사의 제품은 치료 및 운동효과, 예방의학 측면에서 양방병원, 한방병원, 스포츠센터, 건강검진센터 등에서 폭 넓게 사용되고 있음. 국내시장점유율 1위, 세계시장점유율 2위를 기록 중임. 매출 비중은 수출 및 내수 각각 50% 수준이며, 세계 전자의료기기 시장은 연평균 약 6%의 꾸준한 성장이 예상됨.

실적 분석
동사의 2016년 매출액은 798.5억원으로 전년 대비 15.8% 증가함. 영업이익은 220.4억원으로 10.2% 늘었으나 비영업손익의 발생해 당기순이익은 1.9% 감소한 169.9억원을 기록함. 신규사업으로 홈네트워크 및 U-헬스케어시스템의 관련 분야로의 진출을 모색중에 있으며, 현재와 같은 성장세 당분간 이어질 전망임. 또 건강관리의 중요성에 대한 인식 증대에 따라 체력 증진 및 스포츠 사업의 일환으로 피트니스 클럽 운영 사업을 계획 중임.

현금 흐름 〈단위 : 억원〉
항목	2015	2016
영업활동	112	182
투자활동	-97	-126
재무활동	-8	-11
순현금흐름	9	46
기말현금	56	103

시장 대비 수익률

결산 실적 〈단위 : 억원〉
항목	2011	2012	2013	2014	2015	2016
매출액	316	332	368	489	689	798
영업이익	39	50	65	101	200	220
당기순이익	56	56	62	89	173	170

분기 실적 〈단위 : 억원〉
항목	2015.3Q	2015.4Q	2016.1Q	2016.2Q	2016.3Q	2016.4Q
매출액	184	203	227	190	180	201
영업이익	57	59	79	52	46	43
당기순이익	54	43	48	46	31	44

재무 상태 〈단위 : 억원〉
항목	2011	2012	2013	2014	2015	2016
총자산	438	482	537	632	825	971
유형자산	75	80	164	167	230	279
무형자산	14	23	22	22	17	17
유가증권	0					
총부채	17	20	21	36	61	47
총차입금						
자본금	68	68	68	68	68	68
총자본	421	461	516	596	763	923
지배주주지분	418	461	516	596	763	923

기업가치 지표
항목	2011	2012	2013	2014	2015	2016
주가(최고/저)(천원)	14.1/2.7	12.5/4.8	8.6/5.3	33.8/8.8	57.8/29.5	58.2/24.0
PER(최고/저)(배)	35.7/6.7	30.9/11.8	19.3/12.0	52.4/13.7	45.9/23.4	47.0/19.4
PBR(최고/저)(배)	4.7/0.9	3.8/1.4	2.3/1.4	7.8/2.0	10.4/5.3	8.6/3.6
EV/EBITDA(배)	33.3	9.9	13.1	35.9	35.6	13.7
EPS(원)	404	412	453	649	1,265	1,241
BPS(원)	3,076	3,390	3,787	4,373	5,596	6,764
CFPS(원)	439	454	520	730	1,365	1,369
DPS(원)	40	40	40	60	80	100
EBITDAPS(원)	317	407	542	819	1,562	1,738

재무 비율 〈단위 : % 〉
연도	영업이익률	순이익률	부채비율	차입금비율	ROA	ROE	유보율	자기자본비율	EBITDA마진율
2016	27.6	21.3	5.1	0.0	18.9	20.2	1,252.8	95.1	29.8
2015	29.0	25.1	8.0	0.0	23.8	25.5	1,019.2	92.6	31.0
2014	20.6	18.1	6.0	0.0	15.2	16.0	774.6	94.4	22.9
2013	17.7	16.8	4.1	0.0	12.2	12.7	657.3	96.1	20.2

인베니아 (A079950)
INVENIA

업 종 : 디스플레이 및 관련부품		시 장 : KOSDAQ	
신용등급 : (Bond) — (CP) —		기업규모 : 중견	
홈페이지 : www.inveniacorp.com		연 락 처 : 031)778-1114	
본 사 : 경기도 성남시 중원구 갈마치로 214			

설 립 일 2001.01.26	종업원수 250명	대표이사 신동찬	
상 장 일 2005.02.04	감사의견 적정 (삼일)	계 열	
결 산 기 12월	보통주 2,320만주	종속회사수	
액 면 가 500원	우선주	구상호 LIG인베니아	

주주구성 (지분율,%)
구자준	20.1
LG디스플레이	12.9
(외국인)	3.1

출자관계 (지분율,%)
유비전스	19.0

주요경쟁사 (외형,%)
인베니아	100
신화인터텍	142
에스엔유	38

매출구성
패널제조장비(상품및제품)	100.0

비용구성
매출원가율	85.3
판관비율	11.2

수출비중
수출	63.1
내수	36.9

회사 개요
동사는 2001년 1월 TFT-LCD용 장비제조 전문회사로 설립돼 LG디스플레이에 5세대 장비 납품을 시작으로 현재 8세대 장비를 양산납품 중에 있음. 2005년 코스닥시장에 상장했으며, 기업가치 향상을 위해 새로운 사업영역 발굴, 장비군의 차세대 개발, 국내외 시장점유율 확보와 수익성 개선에 노력하고 있음. 국내외 디스플레이 업체들의 설비 투자 증가로 큰 수혜를 보고 있음.

실적 분석
동사의 2016년 연결기준 연간 누적 매출액은 1515.1억원으로 전년 동기 대비 69.3% 증가함. 매출이 큰폭으로 늘어난만큼 매출원가도 크게 상승. 영업이익은 전년 동기 대비 16.9% 증가한 53.6억원을 기록함. 삼성디스플레이의 OLED 라인 전환 계획 및 LG디스플레이의 OLED 라인 투자 등 OLED 패널 사업의 성장을 주도하기 위해 국내 디스플레이 업체들이 설비투자를 검토 중.

현금 흐름 〈단위 : 억원〉
항목	2015	2016
영업활동	10	61
투자활동	-15	-29
재무활동	4	-42
순현금흐름	-0	-9
기말현금	30	21

시장 대비 수익률
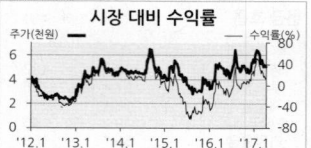

결산 실적 〈단위 : 억원〉
항목	2011	2012	2013	2014	2015	2016
매출액	1,158	229	1,516	1,069	895	1,515
영업이익	2	-187	76	-62	46	54
당기순이익	-17	-201	46	-40	12	83

분기 실적 〈단위 : 억원〉
항목	2015.3Q	2015.4Q	2016.1Q	2016.2Q	2016.3Q	2016.4Q
매출액	127	338	66	435	510	503
영업이익	-0	47	-52	15	55	36
당기순이익	-4	34	-66	43	43	63

재무 상태 〈단위 : 억원〉
항목	2011	2012	2013	2014	2015	2016
총자산	1,058	739	1,120	938	872	1,133
유형자산	255	247	246	232	222	222
무형자산	74	50	38	35	29	41
유가증권	1	1	1	1	1	11
총부채	516	414	752	607	531	712
총차입금	259	318	356	291	296	261
자본금	116	116	116	116	116	116
총자본	542	325	368	331	342	421
지배주주지분	542	325	368	331	342	421

기업가치 지표
항목	2011	2012	2013	2014	2015	2016
주가(최고/저)(천원)	6.7/2.3	4.2/2.1	5.7/2.4	6.6/3.9	5.7/2.8	6.6/3.0
PER(최고/저)(배)	—/—	—/—	28.7/12.2	—/—	110.1/53.2	18.4/8.4
PBR(최고/저)(배)	2.8/1.0	2.8/1.4	3.4/1.4	4.2/2.5	3.6/1.7	3.4/1.6
EV/EBITDA(배)	26.7		12.3		15.7	19.6
EPS(원)	-75	-867	200	-173	52	359
BPS(원)	2,377	1,509	1,713	1,551	1,598	1,941
CFPS(원)	73	-691	366	-50	168	470
DPS(원)						
EBITDAPS(원)	157	-629	492	-143	314	342

재무 비율 〈단위 : % 〉
연도	영업이익률	순이익률	부채비율	차입금비율	ROA	ROE	유보율	자기자본비율	EBITDA마진율
2016	3.5	5.5	169.0	61.9	8.3	21.8	288.1	37.2	5.2
2015	5.1	1.4	155.2	86.6	1.3	3.6	219.6	39.2	8.1
2014	-5.8	-3.8	183.5	88.1	-3.9	-11.5	210.1	35.3	-3.1
2013	5.0	3.1	204.2	96.7	5.0	13.4	242.5	32.9	7.5

인산가 (A062580)
INSAN

업 종 : 식료품		시 장 : KONEX	
신용등급 : (Bond) — (CP) —		기업규모 : —	
홈페이지 : www.insanga.co.kr		연 락 처 : 055)963-9991	
본 사 : 경남 함양군 수동면 수동농공길 23-26			

설 립 일 1992.03.02	종업원수 159명	대표이사 김윤세	
상 장 일 2015.12.21	감사의견 적정 (삼일)	계 열	
결 산 기 12월	보통주 440만주	종속회사수	
액 면 가 500원	우선주	구상호	

주주구성 (지분율,%)
김윤세	32.8
한국산업은행	22.7

출자관계 (지분율,%)
인산농장	90.0
INSANGAJUKYOM(M)SDN.BHD.	100.0

주요경쟁사 (외형,%)
인산가	100
사조해표	2,699
신송홀딩스	829

매출구성
죽염 및 죽염응용	33.3
기타	27.3
제품 기타	16.5

비용구성
매출원가율	39.9
판관비율	50.9

수출비중
수출	1.2
내수	98.8

회사 개요
동사는 1992년 3월 2일에 설립된 죽염 및 죽염응용식품 전문 제조/유통 업체임. 동사의 죽염 및 관련 식품의 제조방식은 가업 대대로 내려오는 경남 함양의 전통적인 방식을 따르고 있으며 죽염의 생산·판매는 2015년 기준 전체 매출의 33.3%를 차지하고 있으며 동사 안정적인 수익기반. 국내 식염시장은 약 2000억원 규모로 2010년 이후 연평균 20% 이상 빠르게 성장하고 있음.

실적 분석
동사의 2016년 연결기준 연간 누적 매출액은 249.7억원으로 전년 동기 대비 19.6% 증가함. 매출이 늘면서 매출원가와 판관비도 늘었지만 매출 증가에 따른 고정비용이 상대적으로 감소하면서 영업이익은 전년 동기 대비 75.2% 증가한 23억원을 시현함. 비영업손익 부문에서도 흑자 전환에 성공하며 당기순이익은 23.1억원으로 전년 동기 대비 흑자 전환에 성공함.

현금 흐름 *IFRS 별도 기준 〈단위 : 억원〉
항목	2015	2016
영업활동	17	23
투자활동	-20	-18
재무활동	-1	27
순현금흐름	-4	32
기말현금	5	38

시장 대비 수익률
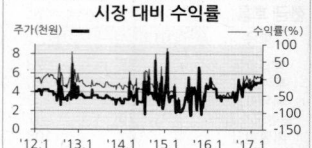

결산 실적 〈단위 : 억원〉
항목	2011	2012	2013	2014	2015	2016
매출액	168	168	175	200	209	250
영업이익	20	7	8	19	11	23
당기순이익	16	4	3	7	-15	23

분기 실적 *IFRS 별도 기준 〈단위 : 억원〉
항목	2015.3Q	2015.4Q	2016.1Q	2016.2Q	2016.3Q	2016.4Q
매출액	—	—	—	—	—	—
영업이익	—	—	—	—	—	—
당기순이익	—	—	—	—	—	—

재무 상태 *IFRS 별도 기준 〈단위 : 억원〉
항목	2011	2012	2013	2014	2015	2016
총자산	157	165	192	181	177	223
유형자산	84	82	89	85	84	86
무형자산	2	0	2	0	1	6
유가증권	0		0	1		
총부채	89	94	117	103	113	126
총차입금	68	72	93	78	78	88
자본금	17	17	17	17	17	22
총자본	69	71	75	78	64	97
지배주주지분	69	71	75	78	64	97

기업가치 지표 *IFRS 별도 기준
항목	2011	2012	2013	2014	2015	2016
주가(최고/저)(천원)	4.4/1.6	6.9/2.5	4.6/2.7	7.3/1.6	10.6/1.5	5.7/3.0
PER(최고/저)(배)	9.3/3.4	58.0/20.5	56.9/33.2	34.3/7.7	—/—	24.3/12.6
PBR(최고/저)(배)	2.2/0.8	3.3/1.2	2.1/1.2	3.0/0.7	5.4/0.7	2.4/1.3
EV/EBITDA(배)	6.2	10.9	9.9	4.5	13.0	10.8
EPS(원)	474	120	81	214	-429	236
BPS(원)	2,027	2,096	2,204	2,418	1,990	2,385
CFPS(원)	657	348	297	385	-268	393
DPS(원)						30
EBITDAPS(원)	775	425	450	726	475	527

재무 비율 〈단위 : % 〉
연도	영업이익률	순이익률	부채비율	차입금비율	ROA	ROE	유보율	자기자본비율	EBITDA마진율
2016	9.2	9.3	137.4	103.4	11.1	16.0	389.9	42.1	12.1
2015	5.1	-7.0	176.8	122.7	-8.2	-20.6	297.9	36.1	7.7
2014	9.5	3.7	132.0	99.4	3.9	9.5	383.7	43.1	12.4
2013	4.6	1.6	156.0	124.3	1.6	3.8	340.8	39.1	8.7

인선이엔티 (A060150)
INSUN Environmental New Technology

업 종 : 상업서비스		시 장 : KOSDAQ	
신용등급 : (Bond) — (CP) —		기업규모 : 중견	
홈페이지 : www.insun.com		연 락 처 : 031)969-1500	
본 사 : 경기도 고양시 일산동구 동국로 240 (식사동)			

설 립 일	1997.11.06	종 업 원 수	333명	대 표 이 사	권민석,이준길
상 장 일	2002.06.14	감 사 의 견	적정 (다산)	계 열	
결 산 기	12월	보 통 주	3,469만주	종속회사수	
액 면 가	500원	우 선 주		구 상 호	

주주구성 (지분율,%)		출자관계 (지분율,%)		주요경쟁사 (외형,%)	
아이에스엠베제일호유한회사	14.8	인선기업	100.0	아이에스동서	100
오종택	5.3	인선에너지	100.0	C&S자산관리	160
(외국인)	2.0	INSUNP&MPTE.LTD	100.0	코엔텍	41

매출구성		비용구성		수출비중	
건설폐기물중간처리 부문 (용역)	86.0	매출원가율	74.9	수출	0.0
금속연료재생처리 (제품)	9.1	판관비율	11.8	내수	100.0
순환골재판매 (제품)	3.2				

회사 개요
동사는 건설폐기물 수집 운반 및 중간처리사업, 폐자동차 해체재활용 사업, 파쇄재활용사업 등 친환경 자원 재활용 사업을 영위함. 건설폐기물 분야 국내 기업 중 유일하게 비계구조물 해체에서부터 건설폐기물의 수집·운반 및 중간처리, 순환골재 생산, 폐기물의 최종처리(매립)까지 폐기물 일괄처리 기술 및 특허를 보유함. 폐기물 재활용 및 처리사업 인프라를 기반으로 자동차재활용 사업에도 진출함.

실적 분석
동사의 2016년 매출액은 1,355.2억원으로 전년 대비 42.2% 증가함. 영업이익은 180.6억원으로 127.7% 증가함. 당기순이익은 당분간 일감이 확정돼 있는 상태이고, 광양에서 폐석면을 비롯한 저장폐기물 매립시설을 운영 중임. 고철 가격이 2016년 60~70% 상승했음. '폐차-부품-중고차' 수직계열화가 윤곽을 드러내고 있음.

현금 흐름 〈단위 : 억원〉

항목	2015	2016
영업활동	-66	87
투자활동	-25	-68
재무활동	120	-12
순현금흐름	28	8
기말현금	31	39

시장 대비 수익률

결산 실적 〈단위 : 억원〉

항목	2011	2012	2013	2014	2015	2016
매출액	999	869	686	672	953	1,355
영업이익	33	-46	2	-4	79	181
당기순이익	-6	-84	14	-53	-18	5

분기 실적 〈단위 : 억원〉

항목	2015.3Q	2015.4Q	2016.1Q	2016.2Q	2016.3Q	2016.4Q
매출액	276	259	284	367	335	369
영업이익	20	37	25	71	42	43
당기순이익	4	-11	1	23	9	-28

재무 상태 〈단위 : 억원〉

항목	2011	2012	2013	2014	2015	2016
총자산	2,647	2,695	2,651	2,879	2,915	3,010
유형자산	1,945	1,698	1,880	2,093	2,100	2,089
무형자산	97	55	48	49	48	27
유가증권	18	17	5	5	5	5
총부채	1,074	1,206	1,318	1,415	1,466	1,554
총차입금	692	867	924	1,055	1,182	1,196
자본금	171	171	171	171	171	171
총자본	1,573	1,490	1,334	1,464	1,450	1,457
지배주주지분	1,552	1,469	1,332	1,462	1,446	1,449

기업가치 지표

항목	2011	2012	2013	2014	2015	2016
주가(최고/저)(천원)	4.5/2.8	3.6/2.1	2.7/2.0	4.2/2.1	7.3/3.8	6.8/5.1
PER(최고/저)(배)	—/—	—/—	60.9/45.7	—/—	—/—	521.8/395.0
PBR(최고/저)(배)	1.0/0.6	0.8/0.5	0.6/0.5	1.0/0.5	1.7/0.9	1.6/1.2
EV/EBITDA(배)	17.8		42.1	85.2	24.6	14.1
EPS(원)	-10	-239	44	-155	-47	13
BPS(원)	4,547	4,304	4,382	4,284	4,238	4,239
CFPS(원)	151	-108	144	-62	97	181
DPS(원)						
EBITDAPS(원)	259	-4	106	82	376	696

재무 비율 〈단위 : % 〉

연도	영업이익률	순이익률	부채비율	차입금비율	ROA	ROE	유보율	자기자본비율	EBITDA마진율
2016	13.3	0.4	106.7	82.1	0.2	0.3	747.8	48.4	17.6
2015	8.3	-1.9	101.1	81.5	-0.6	-1.1	747.6	49.7	13.5
2014	-0.6	-7.9	96.7	72.1	-1.9	-3.8	756.9	50.8	4.2
2013	0.3	2.1	98.8	69.3	0.5	1.1	776.3	50.3	5.3

인성정보 (A033230)
Insung Information

업 종 : IT 서비스		시 장 : KOSDAQ	
신용등급 : (Bond) — (CP) —		기업규모 : 중견	
홈페이지 : www.insunginfo.co.kr		연 락 처 : 02)3400-7000	
본 사 : 서울시 송파구 위례성대로 22길 28			

설 립 일	1992.02.10	종 업 원 수	159명	대 표 이 사	원종윤
상 장 일	1999.07.30	감 사 의 견	적정 (삼일)	계 열	
결 산 기	12월	보 통 주	1,709만주	종속회사수	
액 면 가	500원	우 선 주		구 상 호	

주주구성 (지분율,%)		출자관계 (지분율,%)		주요경쟁사 (외형,%)	
윤재승	23.7	아이넷뱅크	100.0	인성정보	100
원종윤	8.6	인성디지탈	85.6	신세계 I&C	117
(외국인)	2.5	벤치비	49.3	오픈베이스	62

매출구성		비용구성		수출비중	
네트워크 장비 및 솔루션 외	41.5	매출원가율	88.6	수출	0.0
네트워크 장비 및 Auto ID 제품 외	33.7	판관비율	9.4	내수	100.0
상용 S/W 및 네트워크 장비 외	25.3				

회사 개요
동사는 1992년 설립돼 정보기술 인프라와 솔루션을 통합 공급하는 IT 전문기업임. Network, Voice(UC) 및 Video(IP-CCTV, DMS, TP), Storage, 가상화 등 IT 핵심 인프라 제품/솔루션을 제공함. 가상화 및 클라우드 컴퓨팅을 위해 시트릭스와 파트너를 체결하여 투자하고 있어 성장성이 예상됨. 동사는 인성디지탈, 아이넷뱅크 외 소수의 계열회사를 보유하고 있음.

실적 분석
동사의 2016년 연결기준 연간 누적 매출액은 2526.8억원으로 전년 동기 대비 1.5% 감소함. 매출이 줄어들면서 매출원가 또한 매출 감소율 이상으로 감소해 원가 부담이 줄면서 영업이익은 49.6억원으로 흑자전환에 성공함. 비영업손익 부문에서도 금융과 외환 손실 규모가 줄면서 적자 규모가 줄고 법인세비용도 감소해 당기순이익은 11.7억원으로 흑자 전환에 성공함.

현금 흐름 〈단위 : 억원〉

항목	2015	2016
영업활동	-123	144
투자활동	12	-36
재무활동	44	-57
순현금흐름	-67	51
기말현금	134	185

시장 대비 수익률

결산 실적 〈단위 : 억원〉

항목	2011	2012	2013	2014	2015	2016
매출액	2,508	2,586	2,556	2,574	2,565	2,527
영업이익	75	37	70	31	-31	50
당기순이익	40	25	72	-34	-107	12

분기 실적 〈단위 : 억원〉

항목	2015.3Q	2015.4Q	2016.1Q	2016.2Q	2016.3Q	2016.4Q
매출액	561	919	484	545	633	864
영업이익	2	-16	2	2	17	28
당기순이익	-12	-53	-22	-17	2	49

재무 상태 〈단위 : 억원〉

항목	2011	2012	2013	2014	2015	2016
총자산	1,404	1,501	1,480	1,754	1,640	1,567
유형자산	144	136	124	120	125	129
무형자산	28	24	25	26	26	22
유가증권	21	34	24	14	17	14
총부채	993	1,060	978	1,297	1,296	1,211
총차입금	405	459	382	582	663	594
자본금	85	85	85	85	85	85
총자본	411	441	503	456	344	356
지배주주지분	392	422	489	442	335	346

기업가치 지표

항목	2011	2012	2013	2014	2015	2016
주가(최고/저)(천원)	3.1/1.6	3.7/2.1	6.1/2.6	10.4/3.6	6.3/4.0	6.8/3.8
PER(최고/저)(배)	13.4/6.9	25.6/14.7	14.6/6.2	—/—	—/—	104.1/58.4
PBR(최고/저)(배)	1.2/0.6	1.3/0.8	2.0/0.8	3.6/1.3	2.8/1.8	3.0/1.7
EV/EBITDA(배)	8.0		14.3	10.3	25.5	15.7
EPS(원)	229	143	417	-201	-617	66
BPS(원)	2,591	2,733	3,124	2,848	2,216	2,280
CFPS(원)	303	231	507	-109	-513	157
DPS(원)						
EBITDAPS(원)	514	305	501	275	-81	383

재무 비율 〈단위 : % 〉

연도	영업이익률	순이익률	부채비율	차입금비율	ROA	ROE	유보율	자기자본비율	EBITDA마진율
2016	2.0	0.5	340.2	166.9	0.7	3.3	356.0	22.7	2.6
2015	-1.2	-4.2	376.1	192.5	-6.3	-27.0	343.2	21.0	-0.5
2014	1.2	-1.3	284.3	127.6	-2.1	-7.3	469.7	26.0	1.8
2013	2.7	2.8	194.4	76.0	4.9	15.5	524.9	34.0	3.3

인스코비 (A006490)
Inscobee

업 종 : 무선통신		시 장 : 거래소	
신용등급 : (Bond) — (CP) —		기업규모 : 시가총액 소형주	
홈페이지 : www.inscobee.co.kr		연 락 처 : 1661-9641	
본 사 : 서울시 금천구 디지털로9길 47 (가산동, 한신아이티타워2차 306-2호)			

설 립 일	1970.02.27	종 업 원 수	53명	대 표 이 사	유인수
상 장 일	1985.01.17	감 사 의 견	적정 (현대)	계 열	
결 산 기	12월	보 통 주	8,591만주	종속회사수	
액 면 가	500원	우 선 주		구 상 호	씨앤피로엔

주주구성 (지분율,%)		출자관계 (지분율,%)		주요경쟁사 (외형,%)	
밀레니엄홀딩스	5.7	프리텔레콤	100.0	인스코비	100
유인수	5.3	좋은사람들과푸른하늘	100.0	SK텔레콤	46,117
(외국인)	0.3	아시아리퍼블릭	100.0	KT	61,367

매출구성		비용구성		수출비중	
알뜰폰 통신서비스(기타)	71.3	매출원가율	42.7	수출	0.6
AMI 등(상품)	12.8	판관비율	64.1	내수	99.4
중고수입자동차(상품)	7.4				

회사 개요
동사는 1970년 설립되어 스마트그리드 관련 사업, 지능형 전력망, 전기선 통신기기 및 시스템 제조 판매, 시계부품 제조 및 판매업을 주요 사업으로 영위하고 있음. 또한 2011년 (주)오토컴퍼니를 인수하여 수입 중고차 유통사업에 진출하였으며 2015년 8월 스페이스넷을 인수하며 알뜰폰(MVNP) 시장에도 진출. 매출구성은 스마트그리드 4.6%, MVNO사업부문 93.3%으로 구분되어 있음

실적 분석
동사의 2016년 연결 재무제표 기준 매출액은 약 371억으로 2015년대비 127%가 늘어났고, 영업손실과 당기순손실은 각각 25억, 69억을 기록하여, 2015년 대비하여 그 손실폭이 대폭 감소함. 매출액 증가는 통신사업부의 매출증가가 주된 요인이었고, 영업손실과 당기순손실은 2015년 결산 실적 대비하여 기타비용(무형자산상각등) 감소가 주된 원인으로 파악됨.

현금 흐름
<단위 : 억원>

항목	2015	2016
영업활동	-53	-3
투자활동	-84	-1
재무활동	155	17
순현금흐름	20	13
기말현금	36	50

시장 대비 수익률
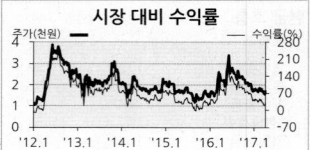

결산 실적
< 단위 : 억원 >

항목	2011	2012	2013	2014	2015	2016
매출액	55	80	123	258	163	371
영업이익	-39	-57	-69	-58	-48	-25
당기순이익	-35	-87	-71	-80	-245	-69

분기 실적
< 단위 : 억원 >

항목	2015.3Q	2015.4Q	2016.1Q	2016.2Q	2016.3Q	2016.4Q
매출액	62	68	84	93	96	99
영업이익	-3	-12	0	-15	-7	-4
당기순이익	-10	-153	-5	-15	-12	-37

재무 상태
< 단위 : 억원 >

항목	2011	2012	2013	2014	2015	2016
총자산	138	193	261	239	486	452
유형자산	30	42	23	10	8	8
무형자산	—	2	4	2	275	227
유가증권	—	1	1	12	18	43
총부채	28	50	33	30	233	133
총차입금	8	23	12	7	146	40
자본금	206	233	279	298	377	424
총자본	110	142	229	209	254	319
지배주주지분	110	142	229	209	259	332

기업가치 지표

항목	2011	2012	2013	2014	2015	2016
주가(최고/저)(천원)	1.3/0.5	3.9/1.0	3.1/1.4	2.5/1.4	2.3/1.2	3.4/1.4
PER(최고/저)(배)	—/—	—/—	—/—	—/—	—/—	—/—
PBR(최고/저)(배)	4.9/2.0	12.9/3.2	7.5/3.5	7.1/4.0	6.6/3.4	8.7/3.7
EV/EBITDA(배)						
EPS(원)	-96	-200	-144	-136	-353	-73
BPS(원)	266	306	410	351	344	392
CFPS(원)	-95	-198	-138	-128	-338	-52
DPS(원)						
EBITDAPS(원)	-106	-128	-135	-91	-56	-9

재무 비율
< 단위 : % >

연도	영업이익률	순이익률	부채비율	차입금비율	ROA	ROE	유보율	자기자본비율	EBITDA마진율
2016	-6.8	-18.5	일부잠식	일부잠식	-14.6	-20.7	-21.7	70.7	-2.1
2015	-29.1	-150.5	일부잠식	일부잠식	-67.7	-100.4	-31.2	52.2	-22.8
2014	-22.6	-30.9	일부잠식	일부잠식	-31.8	-36.4	-29.9	87.5	-20.7
2013	-56.1	-57.7	일부잠식	일부잠식	-31.3	-38.4	-17.9	87.5	-53.9

인지디스플레이 (A037330)
Inzi Display

업 종 : 디스플레이 및 관련부품		시 장 : KOSDAQ	
신용등급 : (Bond) — (CP) —		기업규모 : 중견	
홈페이지 : www.inzidisplay.co.kr		연 락 처 : 031)491-9771	
본 사 : 경기도 안산시 단원구 동산로 88(원시동)			

설 립 일	1992.03.17	종 업 원 수	139명	대 표 이 사	정혜승,정구용
상 장 일	1999.12.14	감 사 의 견	적정 (신한)	계 열	
결 산 기	12월	보 통 주	3,560만주	종속회사수	
액 면 가	500원	우 선 주		구 상 호	

주주구성 (지분율,%)		출자관계 (지분율,%)		주요경쟁사 (외형,%)	
인지컨트롤스	25.0	인지에이피	48.6	인지디스플레	100
인지플러스	8.4	인지솔라	44.4	탑엔지니어링	41
(외국인)	8.2	넥스플러스	29.5	동부라이텍	19

매출구성		비용구성		수출비중	
TOP/BTM CHASSIS	94.0	매출원가율	91.6	수출	87.5
SUS, AL 등	3.3	판관비율	5.7	내수	12.5
샘플외목업	1.8				

회사 개요
동사는 TFT-LCD 부품을 제조 및 판매하는 사업을 주요 사업으로 영위하고 있음. TFT-LCD 패널 모듈에 사용되는 TOP CHASSIS류 제품과 BLU(백라이트유닛)에 사용되는 BTM CHASSIS류의 제품으로 구성됨. 본격적인 경기 회복세와 맞물려 전세계적인 LCD TV의 판매량 증가, 디지털방송의 전환으로 인한 교체수요 발생의 영향으로 TFT-LCD 산업이 성장할 것으로 예상됨. 해외 사업부의 실적 부진이 부담으로 작용함.

실적 분석
동사의 2016년 연결기준 연간 매출액은 3,898.4억원으로 전년 대비 25.1% 증가함. 매출원가는 증가하였으나, 판관비의 감소로 영업이익은 106.4억원으로 전년 대비 16.4% 증가함. 이는 종속회사의 전반적인 물량증가의 영향임. 향후 미주와 아시아 신흥시장에서의 판매량 증가가 예상되며 이로 인한 제품 매출 성장 또한 증가 추세가 전환될 것으로 전망 되고 있음.

현금 흐름
<단위 : 억원>

항목	2015	2016
영업활동	106	279
투자활동	-15	-318
재무활동	105	-75
순현금흐름	199	-114
기말현금	376	262

시장 대비 수익률

결산 실적
< 단위 : 억원 >

항목	2011	2012	2013	2014	2015	2016
매출액	4,142	3,527	2,729	3,490	3,116	3,898
영업이익	253	278	48	119	91	106
당기순이익	295	213	-90	29	39	85

분기 실적
< 단위 : 억원 >

항목	2015.3Q	2015.4Q	2016.1Q	2016.2Q	2016.3Q	2016.4Q
매출액	824	713	653	832	1,114	1,300
영업이익	27	53	14	15	43	35
당기순이익	47	24	10	8	31	35

재무 상태
< 단위 : 억원 >

항목	2011	2012	2013	2014	2015	2016
총자산	3,546	2,802	2,685	2,577	2,553	2,653
유형자산	1,306	1,234	1,311	1,229	1,075	1,141
무형자산	25	22	21	22	19	61
유가증권	86	84	71	56	103	96
총부채	2,005	1,102	1,080	951	880	952
총차입금	702	403	501	373	494	475
자본금	177	178	178	178	178	178
총자본	1,541	1,701	1,605	1,626	1,674	1,701
지배주주지분	1,318	1,461	1,388	1,400	1,427	1,457

기업가치 지표

항목	2011	2012	2013	2014	2015	2016
주가(최고/저)(천원)	4.5/1.5	3.3/1.7	3.1/1.2	2.0/1.3	2.4/1.3	2.5/1.4
PER(최고/저)(배)	7.4/2.4	7.3/3.8	—/—	30.4/19.9	34.6/19.1	16.6/9.2
PBR(최고/저)(배)	1.4/0.5	0.9/0.5	0.9/0.3	0.6/0.4	0.6/0.4	0.6/0.3
EV/EBITDA(배)	3.7	3.3	4.3	3.9	3.7	5.1
EPS(원)	699	514	-179	71	73	154
BPS(원)	3,730	4,103	3,900	3,934	4,008	4,092
CFPS(원)	1,132	914	302	508	520	546
DPS(원)	50	50	50	50	50	50
EBITDAPS(원)	1,148	1,184	617	772	703	691

재무 비율
< 단위 : % >

연도	영업이익률	순이익률	부채비율	차입금비율	ROA	ROE	유보율	자기자본비율	EBITDA마진율
2016	2.7	2.2	56.0	27.9	3.3	3.8	718.5	64.1	6.3
2015	2.9	1.2	52.6	29.5	1.5	1.9	701.7	65.5	8.0
2014	3.4	0.8	58.5	22.9	1.1	1.8	686.8	63.1	7.9
2013	1.8	-3.3	67.3	31.2	-3.3	-4.5	680.1	59.8	8.0

인지컨트롤스 (A023800)
INZI CONTROLS COLTD

업 종 : 자동차부품			시 장 : 거래소	
신용등급 : (Bond) ─ (CP) ─			기업규모 : 시가총액 소형주	
홈페이지 : www.inzi.co.kr			연 락 처 : 031)496-1700	
본 사 : 경기도 시흥시 군자천로 171 (정왕동, 시화공단2다504)				

설 립 일 1978.01.31	종 업 원 수 584명	대 표 이 사 강철중,정구용	
상 장 일 1997.06.23	감 사 의 견 적정 (신한)	계 열	
결 산 기 12월	보 통 주 1,516만주	종속회사수	
액 면 가 500원	우 선 주	구 상 호	

주주구성 (지분율,%)		출자관계 (지분율,%)		주요경쟁사 (외형,%)	
정구용	18.6	인지개성	100.0	인지컨트롤스	100
인지플러스	12.4	인지에이원	46.7	삼보모터스	137
(외국인)	14.7	알루원	28.6	트루윈	5

매출구성		비용구성		수출비중	
PLASTIC류	31.3	매출원가율	87.7	수출	12.9
WTC류	22.2	판관비율	9.4	내수	87.1
기타	21.3				

회사 개요
동사는 1978년 자동차 부품 제조, 판매를 목적으로 설립됨. 동사는 자동차 엔진 냉각제어 분야에서 핵심적인 기술력을 바탕으로 온도 제어시스템 부품 등을 납품함. 현재 관련 부품 시장에서 90% 이상 점유율을 지속적으로 차지함. 친환경차에 적용하게 될 전자식 써모스타트와 멀티밸브의 연구개발, 양산화에 매진하고 있음. 최근 주력제품으로 부상한 엔지니어링 플라스틱 부품도 국내 시장에서 40%를 차지함.

실적 분석
동사의 2016년 연결 누적 매출액은 6240억 원으로 전년동기 대비 소폭 감소함. 주요 고객사인 현대기아차의 지속적인 성장, 해외법인에 대한 KD 매출 증가, 해외 완성차 업체로의 직수출 확대 등을 통한 지속적인 매출 증가가 기대됨. 비영업손익의 적자에도, 원가개선 및 감소에 힘입어 순이익은 32.5% 증가한 115.4억원을 시현함. 제품 다각화와 함께 추가적인 매출 성장을 꾀하고 있음.

현금 흐름 〈단위 : 억원〉
항목	2015	2016
영업활동	420	251
투자활동	-288	-243
재무활동	-79	81
순현금흐름	53	89
기말현금	182	271

시장 대비 수익률

결산 실적 〈단위 : 억원〉
항목	2011	2012	2013	2014	2015	2016
매출액	5,036	5,602	5,466	5,933	6,595	6,240
영업이익	134	191	96	99	182	184
당기순이익	402	311	-25	7	87	115

분기 실적 〈단위 : 억원〉
항목	2015.3Q	2015.4Q	2016.1Q	2016.2Q	2016.3Q	2016.4Q
매출액	1,577	1,726	1,630	1,628	1,446	1,536
영업이익	43	59	59	58	42	25
당기순이익	17	43	48	19	14	34

재무 상태 〈단위 : 억원〉
항목	2011	2012	2013	2014	2015	2016
총자산	6,969	3,845	4,116	4,463	4,721	4,803
유형자산	2,890	1,534	1,650	1,725	1,683	1,633
무형자산	138	101	105	108	123	118
유가증권	52	30	30	29	53	38
총부채	4,174	1,915	2,161	2,533	2,695	2,725
총차입금	1,673	856	1,131	1,275	1,270	1,393
자본금	76	76	76	76	76	76
총자본	2,795	1,930	1,955	1,930	2,026	2,078
지배주주지분	1,735	1,846	1,866	1,882	2,011	1,971

기업가치 지표
항목	2011	2012	2013	2014	2015	2016
주가(최고/저)(천원)	8.5/4.0	7.4/4.8	6.5/3.7	5.6/3.8	6.1/4.2	6.1/4.4
PER(최고/저)(배)	7.0/3.3	8.4/5.4	49.9/28.3	18.9/12.7	8.3/5.6	9.3/6.7
PBR(최고/저)(배)	0.8/0.4	0.7/0.4	0.6/0.3	0.5/0.3	0.5/0.3	0.5/0.3
EV/EBITDA(배)	8.8	3.8	6.2	6.6	4.8	4.4
EPS(원)	1,374	981	143	320	781	670
BPS(원)	11,573	12,301	12,437	12,542	13,394	13,131
CFPS(원)	2,765	3,030	1,328	1,568	2,209	2,173
DPS(원)	100	100	100	100	150	100
EBITDAPS(원)	2,278	3,307	1,818	1,902	2,630	2,714

재무 비율 〈단위 : % 〉
연도	영업이익률	순이익률	부채비율	차입금비율	ROA	ROE	유보율	자기자본비율	EBITDA마진율
2016	2.9	1.9	131.1	67.0	2.4	5.1	2,526.2	43.3	6.6
2015	2.8	1.3	133.0	62.7	1.9	6.1	2,578.9	42.9	6.1
2014	1.7	0.1	131.2	66.1	0.2	2.6	2,408.3	43.3	4.9
2013	1.8	-0.5	110.5	57.9	-0.6	1.2	2,387.4	47.5	5.0

인천도시가스 (A034590)
Incheon City Gas

업 종 : 가스			시 장 : 거래소	
신용등급 : (Bond) ─ (CP) ─			기업규모 : 시가총액 소형주	
홈페이지 : www.icgas.co.kr			연 락 처 : 1600-0002	
본 사 : 인천시 서구 백범로 934번길 23				

설 립 일 1983.03.07	종 업 원 수 196명	대 표 이 사 이가원,정진혁	
상 장 일 2006.11.07	감 사 의 견 적정 (한영)	계 열	
결 산 기 12월	보 통 주 437만주	종속회사수	
액 면 가 5,000원	우 선 주	구 상 호	

주주구성 (지분율,%)		출자관계 (지분율,%)		주요경쟁사 (외형,%)	
이종훈	40.8	인주이앤이	4.7	인천도시가스	100
인주이앤이	14.1	지트리비앤티	0.2	예스코	204
(외국인)	0.2			대성에너지	143

매출구성		비용구성		수출비중	
가스매출	99.4	매출원가율	87.8	수출	0.0
시설분담금수익	0.5	판관비율	10.0	내수	100.0
계량기수익	0.1				

회사 개요
동사는 도시가스 공급업을 주요사업으로 영위하고 있으며 도시가스 공급업의 매출이 전체 매출의 100%를 차지함. 인천광역시 부평구, 계양구, 서구, 강화군 전 지역과 남동구 일부, 중구(영종도) 일부, 동구 일부에 도시가스를 공급함. 총 76만4000개소에 가스를 공급하며 점유율은 94.3%임. 주택용이 전체 매출액의 약 48%로 가장 높은 비중을 차지함. 산업체, 영업용도 꾸준히 늘고 있음. 지난해 동사의 시장점유율은 3.6%임.

실적 분석
동사의 2016년 결산 매출액은 5,148.8억원으로 전년동기 대비 15.9% 감소함. 14년부터 유가하락 등으로 인한 가격경쟁력 등의 이유로 산업용 공급량이 감소하고 동절기 기온 상승 등의 이유로 난방공급량 또한 감소하는 모습을 보였으며 한국도시가스협회 월보 기준 16년의 공급량은 3% 증가하였음. 도시가스 요금은 원료비 연동제에 따라 매 홀수 월마다 유가, 환율 등이 3% 변동될 경우 적용됨.

현금 흐름 *IFRS 별도 기준 〈단위 : 억원〉
항목	2015	2016
영업활동	201	505
투자활동	-152	-116
재무활동	-59	-70
순현금흐름	-10	319
기말현금	454	773

시장 대비 수익률

결산 실적 〈단위 : 억원〉
항목	2011	2012	2013	2014	2015	2016
매출액	6,308	7,223	7,672	7,993	6,119	5,149
영업이익	116	100	119	111	58	110
당기순이익	111	96	103	234	72	86

분기 실적 *IFRS 별도 기준 〈단위 : 억원〉
항목	2015.3Q	2015.4Q	2016.1Q	2016.2Q	2016.3Q	2016.4Q
매출액	787	1,752	2,135	850	624	1,540
영업이익	-11	78	40	10	-19	78
당기순이익	-5	65	38	15	-12	46

재무 상태 *IFRS 별도 기준 〈단위 : 억원〉
항목	2011	2012	2013	2014	2015	2016
총자산	3,138	3,674	3,555	3,781	3,342	3,603
유형자산	1,324	1,490	1,533	1,583	1,605	1,645
무형자산	15	15	45	47	45	40
유가증권	9	9	6	7	46	71
총부채	1,854	2,349	2,168	2,217	1,746	1,974
총차입금	221	208	216	219	217	202
자본금	200	200	200	219	219	219
총자본	1,284	1,325	1,387	1,565	1,595	1,628
지배주주지분	1,284	1,325	1,387	1,565	1,595	1,628

기업가치 지표 *IFRS 별도 기준
항목	2011	2012	2013	2014	2015	2016
주가(최고/저)(천원)	16.2/13.2	17.4/14.8	23.4/16.9	31.7/20.8	37.3/29.0	31.2/26.7
PER(최고/저)(배)	8.3/6.8	9.9/8.4	11.7/8.4	6.6/4.3	24.6/19.2	16.3/14.1
PBR(최고/저)(배)	0.7/0.6	0.7/0.6	0.8/0.6	1.0/0.6	1.1/0.8	0.8/0.7
EV/EBITDA(배)	4.5	5.2	5.5	5.7	7.2	3.3
EPS(원)	2,547	2,190	2,351	5,354	1,636	1,964
BPS(원)	33,428	34,556	36,110	37,085	37,785	38,537
CFPS(원)	4,565	4,414	4,839	7,606	4,068	4,501
DPS(원)	1,250	1,250	1,250	1,250	1,250	1,250
EBITDAPS(원)	4,678	4,526	5,253	4,789	3,761	5,042

재무 비율 〈단위 : % 〉
연도	영업이익률	순이익률	부채비율	차입금비율	ROA	ROE	유보율	자기자본비율	EBITDA마진율
2016	2.1	1.7	121.3	12.4	2.5	5.3	670.7	45.2	4.3
2015	1.2	1.2	109.5	13.6	2.0	4.5	655.7	47.7	2.7
2014	1.4	2.9	141.7	14.0	6.4	15.9	641.7	41.4	2.6
2013	1.6	1.3	156.3	15.6	2.9	7.6	622.2	39.0	2.7

인카금융서비스 (A211050)
INCAR FINANCE SERVICE CO

업 종 : 보험		시 장 : KONEX	
신용등급 : (Bond) — (CP) —		기업규모 : —	
홈 페 이 지 : www.incar.co.kr		연 락 처 : 02)2192-8900	
본 사 : 서울시 성동구 성수이로7길 27 서울숲코오롱디지털타워 2층			

설 립 일 2007.10.22	종 업 원 수 238명	대 표 이 사 최병채	
상 장 일 2015.11.16	감 사 의 견 적정 (영앤진)	계 열	
결 산 기 12월	보 통 주 296만주	종속회사수	
액 면 가 500원	우 선 주 153만주	구 상 호	

주주구성 (지분율,%)	출자관계 (지분율,%)	주요경쟁사 (외형,%)
최병채 38.4		인카금융서비스 100
심두섭 10.7		동양생명 4,659
		한화손해보험 3,770

매출구성	비용구성	수출비중
판매수입수수료 - 손해보험 43.5	매출원가율 0.0	수출 —
판매수입수수료 - 생명보험 30.7	판관비율 98.9	내수 —
판매수입수수료 - 자동차보험 25.8		

회사 개요
동사는 보험판매 중개 업무를 목적으로 2007년 10월 22일 설립되어 현재 손해보험, 생명보험 27개사의 보험상품 비교 분석을 통한 전문 보험판매 사업을 영위하고 있음. 국내의 보험 GA는 크게 기업형 GA, 유니온 GA, 보험회사의 자회사 GA 세 부류로 나눌 수 있으며 대형 GA 사업자는 2015년 반기 기준 46개로 증가하였으며 중형 GA 사업자는 2015년 반기 기준 143개로 감소하였음.

실적 분석
동사의 2016년 연결기준 연간 누적 매출액은 1,309.7억원으로 전년 동기(1,196.2억원) 대비 약 10% 증가함. 매출이 증가하면서 상대적으로 고정 비용이 감소, 영업이익은 14.5억원으로 전년 동기와 비교해 흑자전환에 성공함. 영업이익 흑자 전환으로 당기순이익은 15억원을 시현, 전년 동기 대비 흑자전환함. 매출이 증가하면서 수익성이 좋아지고 있음.

현금 흐름 *IFRS 별도 기준 〈단위 : 억원〉
항목	2015	2016
영업활동	-5	-5
투자활동	-90	44
재무활동	91	-40
순현금흐름	-4	-1
기말현금	4	3

시장 대비 수익률
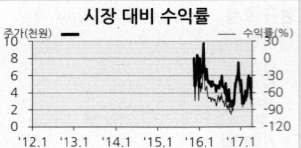

결산 실적 〈단위 : 억원〉
항목	2011	2012	2013	2014	2015	2016
매출액	—	446	731	1,020	1,196	1,310
영업이익	—	3	10	-8	-10	15
당기순이익	—	-1	8	-9	-11	15

분기 실적 *IFRS 별도 기준 〈단위 : 억원〉
항목	2015.3Q	2015.4Q	2016.1Q	2016.2Q	2016.3Q	2016.4Q
매출액	—	—	—	—	366	—
영업이익	—	—	—	—	6	—
당기순이익	—	—	—	—	7	—

재무 상태 *IFRS 별도 기준 〈단위 : 억원〉
항목	2011	2012	2013	2014	2015	2016
총자산	—	113	269	385	485	506
유형자산	37	39	43	48	45	
무형자산	1	16	0	4	4	
유가증권	5	9	5			
총부채	—	112	227	395	371	378
총차입금	55	128	136	95	58	
자본금	2	2	15	22	22	
총자본	1	42	-10	115	127	
지배주주지분	1	42	-10	115	127	

기업가치 지표 *IFRS 별도 기준
항목	2011	2012	2013	2014	2015	2016
주가(최고/저)(천원)	—/—	—/—	—/—	—/—	10.7/4.7	9.8/2.3
PER(최고/저)(배)	0.0/0.0	0.0/0.0	0.0/0.0	0.0/0.0		29.2/6.9
PBR(최고/저)(배)	0.0/0.0	0.0/0.0	0.0/0.0	0.0/0.0	4.2/1.8	3.4/0.8
EV/EBITDA(배)		7.8	5.2			7.2
EPS(원)	—	-56	299	-360	-259	335
BPS(원)		278	8,465	-328	2,549	2,833
CFPS(원)		477	2,435	-272	-151	473
DPS(원)						
EBITDAPS(원)		1,659	2,932	-234	-133	463

재무 비율 〈단위 : % 〉
연도	영업이익률	순이익률	부채비율	차입금비율	ROA	ROE	유보율	자기자본비율	EBITDA마진율
2016	1.1	1.2	297.2	45.8	3.0	12.4	466.7	25.2	1.6
2015	-0.8	-0.9	323.6	82.9	-2.5	전기잠식	409.9	23.6	-0.5
2014	-0.8	-0.9	완전잠식	완전잠식	-2.9	당기잠식	-165.7	-2.6	-0.6
2013	1.4	1.1	537.2	302.4	4.1	35.9	1,593.0	15.7	2.0

인콘 (A083640)
INCON

업 종 : 보안장비		시 장 : KOSDAQ	
신용등급 : (Bond) — (CP) —		기업규모 : 벤처	
홈 페 이 지 : www.in-con.biz		연 락 처 : 031)455-8600	
본 사 : 경기도 안양시 동안구 엘에스로 91번길 16-27, 원포넷빌딩			

설 립 일 2000.08.01	종 업 원 수 145명	대 표 이 사 권오언	
상 장 일 2005.12.27	감 사 의 견 적정 (한울)	계 열	
결 산 기 12월	보 통 주 639만주	종속회사수	
액 면 가 500원	우 선 주	구 상 호 원포넷	

주주구성 (지분율,%)	출자관계 (지분율,%)	주요경쟁사 (외형,%)
방준혁 35.6	따닥 73.3	인콘 100
권오언 15.4	싸이닉스 16.1	아이디스홀딩스 1,222
(외국인) 0.2	나다텔 3.6	아이디스 359

매출구성	비용구성	수출비중
용역 (SI솔루션등) 37.4	매출원가율 77.1	수출 36.2
DVR (Netsafe, Trium, Poswatch, HD/ED/FD등) 25.5	판관비율 25.1	내수 63.8
상품 23.4		

회사 개요
동사는 CCTV 영상을 저장하는 Digital Video Recorder 제품을 시작으로 Network Video Recorder, 네트워크 기반의 IP 카메라, 비디오 서버, 등을 연구개발·생산·판매해 오고 있는 영상보안전문기업임. DVR이란 아날로그 카메라로부터 들어오는 영상신호를 디지털로 압축/변환하여 하드디스크에 고화질의 디지털영상으로 저장해 주는 장치로 저장된 영상에 대한 감시, 저장, 검색, 분석을 가능하도록 해주는 제품임.

실적 분석
동사의 2016년 결산기준 연간 누적 매출액은 전년 동기대비 0.2% 소폭 변동한 361.2억원을 기록하였음. 비용면에서 전년동기대비 매출원가는 증가 하였으며 인건비도 증가, 광고선전비도 증가, 기타판매비와관리비도 마찬가지로 증가함. 이와 같이 상승한 매출액 대비 비용증가가 높아 그에 따라 전년동기대비 영업손실은 7.8억원으로 적자전환하였음. 최종적으로 전년동기대비 당기순손실은 적자전환하여 9.9억원을 기록함.

현금 흐름 〈단위 : 억원〉
항목	2015	2016
영업활동	18	5
투자활동	-20	-24
재무활동	87	2
순현금흐름	85	-16
기말현금	211	195

시장 대비 수익률
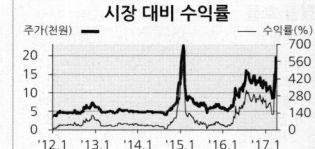

결산 실적 〈단위 : 억원〉
항목	2011	2012	2013	2014	2015	2016
매출액	354	402	418	386	361	361
영업이익	31	16	37	22	15	-8
당기순이익	26	15	33	24	22	-10

분기 실적 〈단위 : 억원〉
항목	2015.3Q	2015.4Q	2016.1Q	2016.2Q	2016.3Q	2016.4Q
매출액	85	142	67	81	64	149
영업이익	2	16	-8	-4	-6	10
당기순이익	14	5	-5	-3	-7	5

재무 상태 〈단위 : 억원〉
항목	2011	2012	2013	2014	2015	2016
총자산	451	345	409	459	556	516
유형자산	141	125	122	120	100	97
무형자산	68	46	48	47	45	32
유가증권	4	5	4	4	56	34
총부채	175	75	97	74	76	44
총차입금	43	8	30	0	—	—
자본금	26	32	32	32	32	32
총자본	276	270	313	385	480	472
지배주주지분	245	270	313	385	480	472

기업가치 지표
항목	2011	2012	2013	2014	2015	2016
주가(최고/저)(천원)	5.5/2.9	7.6/3.4	6.5/4.5	13.2/4.1	23.4/4.6	16.5/5.1
PER(최고/저)(배)	12.5/6.6	18.8/8.3	12.8/8.8	35.4/11.0	68.5/13.5	—
PBR(최고/저)(배)	1.1/0.6	1.4/0.6	1.1/0.8	2.0/0.6	3.1/0.6	2.2/0.7
EV/EBITDA(배)	4.8	10.8	4.4	15.2	3.8	41.8
EPS(원)	442	406	509	371	341	-123
BPS(원)	5,114	5,421	5,987	6,478	7,602	7,476
CFPS(원)	754	742	832	642	609	193
DPS(원)						
EBITDAPS(원)	910	614	898	619	509	195

재무 비율 〈단위 : % 〉
연도	영업이익률	순이익률	부채비율	차입금비율	ROA	ROE	유보율	자기자본비율	EBITDA마진율
2016	-2.2	-2.8	9.4	0.0	-1.9	-1.7	1,395.3	91.5	3.5
2015	4.3	6.1	15.8	0.0	5.1	5.1	1,420.3	86.4	9.0
2014	5.8	6.2	19.3	0.1	5.5	6.8	1,195.6	83.8	10.3
2013	8.8	7.8	30.9	9.4	8.6	11.2	1,097.4	76.4	13.7

인크로스 (A216050)
Incross

업 종 : 미디어	시 장 : KOSDAQ
신용등급 : (Bond) — (CP) —	기업규모 : 중견
홈 페 이 지 : www.incross.com	연 락 처 : 02)3475-2800
본 사 : 서울시 관악구 남부순환로 1926 (경동제약빌딩 5층,8층)	

설 립 일 2007.08.13	종업원수 명	대 표 이 사 이재원
상 장 일 2016.10.31	감사의견 적정 (삼일)	계 열
결 산 기 12월	보 통 주 309만주	종속회사수
액 면 가 500원	우 선 주	구 상 호

주주구성 (지분율,%)		출자관계 (지분율,%)		주요경쟁사 (외형,%)	
스톤브릿지디지털에드 사모투자전문회사	38.1	이노아이	29.0	인크로스	100
엔에이치엔엔터테인먼트	15.6	에스피테크놀러지	12.6	에코마케팅	53
(외국인)	2.2	북경인쿠광고유한회사	100.0	나스미디어	222

매출구성		비용구성		수출비중	
미디어렙	49.6	매출원가율	59.4	수출	0.0
광고 플랫폼	29.5	판관비율	12.0	내수	100.0
OMP 운영	14.0				

회사 개요
동사는 2007년 티노솔루션즈 주식회사로 설립되어, 2009년 인크로스로 상호 변경, 2016년 10월 코스닥에 상장됨. 디지털광고 업 중에서 광고주와 광고대행사를 대신해 매체 전략을 수립하고 광고를 집행하는 디지털 광고 미디어렙 사업과 국내 최초의 동영상 광고 네트워크 플랫폼인 '다윈'사업을 주력 사업으로 영위중임. 이외에도 광고 용역 사업과 통합 모바일 앱 마켓인 및 모바일 콘텐츠 플랫폼을 운영 대행하는 사업도 영위중임.

실적 분석
동사의 2016년 연결기준 매출액은 동영상 광고 네트워크 플랫폼 '다윈'의 매출 확대와 디지털 광고 미디어렙 사업부문의 광고취급고 및 매출 증가에 힘입어 314.5억원을 기록, 전년 대비 18.6% 증가함. 매출원가 증가는 9.0%에 불가해 영업이익은 전년 동기대비 62.6% 증가한 90.0억원을 기록함. 매체대행 범위 확대, 상품/기술력 증진, 모바일 동영상 리타겟팅 광고상품 출시로 안정적인 성장을 꾀하고 있음.

현금 흐름 *IFRS 별도 기준   〈단위 : 억원〉
항목	2015	2016
영업활동	-3	30
투자활동	15	-227
재무활동	-19	204
순현금흐름	-8	6
기말현금	21	28

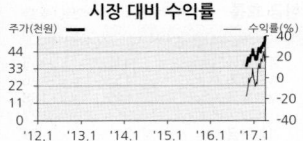
시장 대비 수익률

결산 실적   〈단위 : 억원〉
항목	2011	2012	2013	2014	2015	2016
매출액	860	834	363	521	265	315
영업이익	63	38	16	29	55	90
당기순이익	55	28	12	9	-2	63

분기 실적 *IFRS 별도 기준   〈단위 : 억원〉
항목	2015.3Q	2015.4Q	2016.1Q	2016.2Q	2016.3Q	2016.4Q
매출액	—	—	—	—	—	—
영업이익	—	—	—	—	—	—
당기순이익	—	—	—	—	—	—

재무 상태 *IFRS 별도 기준   〈단위 : 억원〉
항목	2011	2012	2013	2014	2015	2016
총자산	737	931	773	515	531	906
유형자산	13	15	14	7	5	3
무형자산	16	13	28	16	15	15
유가증권	—	—	—	26	30	27
총부채	394	561	390	303	316	438
총차입금	2	30	7	18	—	—
자본금	16	16	16	13	13	15
총자본	344	370	383	212	215	468
지배주주지분	344	370	383	212	215	468

기업가치 지표 *IFRS 별도 기준
항목	2011	2012	2013	2014	2015	2016
주가(최고/저)(천원)	—/—	—/—	—/—	—/—	—/—	47.4/34.6
PER(최고/저)(배)	0.0/0.0	0.0/0.0	0.0/0.0	0.0/0.0	0.0/0.0	20.2/14.7
PBR(최고/저)(배)	0.0/0.0	0.0/0.0	0.0/0.0	0.0/0.0	0.0/0.0	3.0/2.2
EV/EBITDA(배)						10.4
EPS(원)	2,077	1,054	916	328	-349	2,352
BPS(원)	104,659	113,012	116,790	84,117	8,619	15,924
CFPS(원)	20,763	12,557	10,710	6,859	-206	2,459
DPS(원)						
EBITDAPS(원)	23,315	15,801	10,570	23,432	2,246	3,455

재무 비율   〈단위 : % 〉
연도	영업이익률	순이익률	부채비율	차입금비율	ROA	ROE	유보율	자기자본비율	EBITDA마진율
2016	28.6	20.1	93.7	0.0	8.8	18.6	3,081.3	51.6	29.5
2015	20.9	-0.9	147.5	0.0	-0.4	-0.7	1,619.5	40.4	22.4
2014	5.6	1.7	143.0	8.5	1.3	3.3	1,597.7	41.2	7.4
2013	4.3	3.3	118.8	9.4	—	—	2,166.5	45.7	9.9

인탑스 (A049070)
Intops

업 종 : 휴대폰 및 관련부품	시 장 : KOSDAQ
신용등급 : (Bond) — (CP) —	기업규모 : 우량
홈 페 이 지 : www.intops.co.kr	연 락 처 : 031)441-4181
본 사 : 경기도 안양시 만안구 안양천서로 51	

설 립 일 1975.09.02	종업원수 589명	대 표 이 사 정사진
상 장 일 2002.02.21	감사의견 적정 (우리)	계 열
결 산 기 12월	보 통 주 1,720만주	종속회사수
액 면 가 500원	우 선 주	구 상 호

주주구성 (지분율,%)		출자관계 (지분율,%)		주요경쟁사 (외형,%)	
김재경	28.2	스카이브리지	100.0	인탑스	100
FID Low Priced Stock Fund	10.0	플라텔비나	85.0	블루콤	39
(외국인)	33.0	미래	71.3	KH바텍	61

매출구성		비용구성		수출비중	
휴대폰 ASS'Y	90.5	매출원가율	89.1	수출	10.9
금형 및 기타	6.4	판관비율	5.2	내수	89.1
프린터ASS'Y	3.1				

회사 개요
동사는 금형기술, 플라스틱 사출성형 기술을 기반으로 현재 이동전화단말기용 케이스 및 프린터 핵심부품의 복수 Item을 전문적으로 생산, 공급하고 있음. 이동통신단말기 사업부문은 동사 제품 전량을 삼성전자로 납품하고 있으며, 주매출처의 글로벌 시장점유율 상승에 따라 매출액이 확대되는 추세임. 동사의 Handset Casing 사업의 지속적인 확대로 내수 휴대폰 제조업체 중 선두업체로 평가 받고 있음.

실적 분석
동사의 2016년 연간 매출은 6,174억원으로 전년대비 6.7% 감소하였으나 영업이익은 352.1억원으로 전년대비 10.6% 증가함. 당기순이익은 351.4억원으로 전년대비 7.3% 증가세를 시현함. 억원으로 전년 동기 대비 10.2%, 33.4% 감소함. 향후에 모바일 중심의 구조에서 벗어나 자동차와 가전으로 사업영역을 확대할 전망. 자동차부품은 플라스틱 사출업과 시너지가 높을 전망. 동사는 자동차부품업체를 인수, 다각화 추진하고 있음

현금 흐름   〈단위 : 억원〉
항목	2015	2016
영업활동	575	568
투자활동	-456	-714
재무활동	143	-331
순현금흐름	265	-477
기말현금	995	518

시장 대비 수익률

결산 실적   〈단위 : 억원〉
항목	2011	2012	2013	2014	2015	2016
매출액	6,534	9,765	10,527	6,973	6,616	6,174
영업이익	381	593	421	-32	318	352
당기순이익	298	560	553	-14	327	351

분기 실적 *IFRS 별도 기준   〈단위 : 억원〉
항목	2015.3Q	2015.4Q	2016.1Q	2016.2Q	2016.3Q	2016.4Q
매출액	2,001	1,305	1,382	1,270	1,486	2,036
영업이익	147	69	75	53	92	132
당기순이익	174	76	40	81	46	184

재무 상태   〈단위 : 억원〉
항목	2011	2012	2013	2014	2015	2016
총자산	4,334	5,408	5,163	5,259	5,287	6,235
유형자산	1,255	1,582	1,671	1,610	1,582	2,172
무형자산	48	42	67	68	63	240
유가증권	942	1,156	329	190	486	453
총부채	1,428	2,078	1,329	1,482	1,207	2,002
총차입금	395	753	130	152	352	602
자본금	43	43	43	43	43	86
총자본	2,906	3,330	3,834	3,776	4,080	4,233
지배주주지분	2,880	3,218	3,591	3,454	3,641	3,810

기업가치 지표
항목	2011	2012	2013	2014	2015	2016
주가(최고/저)(천원)	11.4/6.6	13.4/7.2	15.9/8.7	11.7/6.9	10.8/7.2	11.8/9.0
PER(최고/저)(배)	7.9/4.5	5.6/3.0	7.7/4.2	—/—	10.3/6.8	9.6/7.4
PBR(최고/저)(배)	0.8/0.4	0.8/0.4	0.8/0.5	0.6/0.4	0.5/0.4	0.5/0.4
EV/EBITDA(배)	1.4	2.4	1.1	2.5	1.3	1.8
EPS(원)	1,623	2,590	2,233	-694	1,089	1,247
BPS(원)	33,485	37,422	41,760	40,158	42,341	22,153
CFPS(원)	4,104	6,611	6,358	473	4,818	2,720
DPS(원)	430	450	500	250	350	230
EBITDAPS(원)	5,289	8,320	6,788	1,485	6,341	3,520

재무 비율   〈단위 : % 〉
연도	영업이익률	순이익률	부채비율	차입금비율	ROA	ROE	유보율	자기자본비율	EBITDA마진율
2016	5.7	5.7	47.3	14.2	6.1	5.8	4,330.7	67.9	9.8
2015	4.8	5.0	29.6	8.6	6.2	5.3	8,368.2	77.2	8.2
2014	-0.5	-0.2	39.3	4.0	-0.3	-3.4	7,931.5	71.8	1.8
2013	4.0	5.3	34.7	3.4	10.5	11.3	8,252.0	74.3	5.6

인터로조 (A119610)
INTEROJO

업 종 : 의료 장비 및 서비스		시 장 : KOSDAQ	
신용등급 : (Bond) — (CP) —		기업규모 : 벤처	
홈페이지 : www.interojo.com		연 락 처 : 031)611-4760	
본 사 : 경기도 평택시 산단로 15번길 28			

설 립 일 2000.10.25	종 업 원 수 495명	대 표 이 사 노시철	
상 장 일 2010.07.28	감사의견 적정(이촌)	계 속 회 사 수 열	
결 산 기 12월	보 통 주 1,078만주		
액 면 가 500원	우 선 주	구 상 호	

주주구성 (지분율,%)		출자관계 (지분율,%)		주요경쟁사 (외형,%)	
노시철	28.9			인터로조	100
김승욱	4.9			휴비츠	91
(외국인)	12.6			인바디	108

매출구성		비용구성		수출비중	
1-Day disposable	53.0	매출원가율	41.7	수출	52.6
FRP	39.3	판관비율	26.7	내수	47.4
Conventional	7.5				

회사 개요
콘택트렌즈의 제조 및 판매를 목적으로 2000년 설립된 후 2010년 7월 코스닥 시장에 상장됨. 설립 이후 끊임없는 기술 개발을 통해 콘택트렌즈 제조를 위한 기반 기술을 확보하고, 디자인과 금형 제작 및 사출, 그리고 생산설비 기술측면에서 세계적인 수준에 도달함. 일반 소프트렌즈뿐 아니라 치료용 렌즈, 노안용 렌즈, 난시성 렌즈 등 기능성 렌즈 제조기술도 보유하고 있음. 국내 콘택트렌즈 시장에서는 아큐브에 이어 점유율 2위를 기록함.

실적 분석
국내시장의 신규 거래처 증가와 프리미엄 원데이 뷰티렌즈의 지속 성장, 중동시장에서의 뷰티렌즈 매출증가를 통해 2016년 매출액이 전년동기 대비 23.8% 급증하면서 사상 최대의 실적을 달성함. 해외 매출액은 중동향 컬러렌즈, 일본향 및 유럽향 원데이렌즈 수출 확대가 지속되고 있음. 또한 고부가의 뷰티렌즈 제품군의 판매호조와 생산성 향상을 통해 수익성도 대폭 개선됨. 알리바바의 티몰 입점으로 중국 판매가 본격적으로 진행되는 것도 긍정적임.

현금 흐름		〈단위 : 억원〉
항목	2015	2016
영업활동	171	151
투자활동	-132	-113
재무활동	-9	-60
순현금흐름	30	-22
기말현금	83	61

시장 대비 수익률

결산 실적
항목	2011	2012	2013	2014	2015	2016
매출액	245	301	401	454	596	737
영업이익	85	96	105	88	163	233
당기순이익	68	87	90	74	126	193

분기 실적
〈단위 : 억원〉
항목	2015.3Q	2015.4Q	2016.1Q	2016.2Q	2016.3Q	2016.4Q
매출액	162	167	159	177	191	211
영업이익	51	46	53	54	64	61
당기순이익	36	40	44	45	58	47

재무 상태
〈단위 : 억원〉
항목	2011	2012	2013	2014	2015	2016
총자산	467	596	674	758	927	1,070
유형자산	214	319	323	335	389	396
무형자산	1	3	3	4	4	8
유가증권	—	1			46	112
총부채	80	128	123	146	186	163
총차입금	36	89	61	85	79	42
자본금	27	54	54	54	54	54
총자본	387	467	552	612	741	906
지배주주지분	387	467	552	612	741	906

기업가치 지표
항목	2011	2012	2013	2014	2015	2016
주가(최고/저)(천원)	6.4/3.5	14.8/6.1	17.7/12.1	23.2/17.5	40.8/18.6	48.7/36.3
PER(최고/저)(배)	10.4/5.7	18.7/7.7	21.3/14.6	34.2/25.8	35.1/16.0	27.3/20.3
PBR(최고/저)(배)	1.8/1.0	3.5/1.4	3.5/2.4	4.1/3.1	5.9/2.7	5.7/4.2
EV/EBITDA(배)	6.1	13.2	14.1	16.8	20.2	14.4
EPS(원)	639	809	844	688	1,171	1,795
BPS(원)	7,239	4,366	5,155	5,787	6,932	8,619
CFPS(원)	1,555	1,017	1,131	997	1,519	2,186
DPS(원)	130	70	70	70	120	180
EBITDAPS(원)	1,874	1,101	1,271	1,128	1,863	2,553

재무 비율
〈단위 : % 〉
연도	영업이익률	순이익률	부채비율	차입금비율	ROA	ROE	유보율	자기자본비율	EBITDA마진율
2016	31.6	26.3	18.0	4.6	19.4	23.5	1,623.9	84.7	37.3
2015	27.4	21.1	25.1	10.7	15.0	18.6	1,286.4	80.0	33.6
2014	19.3	16.2	23.8	13.9	10.3	12.7	1,057.4	80.8	26.6
2013	26.3	22.5	22.2	11.1	14.2	17.7	930.9	81.8	33.9

인터불스 (A158310)
Interbulls

업 종 : 기계		시 장 : KOSDAQ	
신용등급 : (Bond) — (CP) —		기업규모 : 벤처	
홈페이지 : www.interbulls.co.kr		연 락 처 : 031)8085-0700	
본 사 : 경기도 안산시 단원구 엠티브이4로48번길 22 (목내동)			

설 립 일 1996.07.26	종 업 원 수 27명	대 표 이 사 김정상	
상 장 일 2013.04.03	감사의견 적정(삼덕)	계 속 회 사 수 열	
결 산 기 12월	보 통 주 605만주	종 속 회 사 수	
액 면 가 500원	우 선 주	구 상 호 세호로보트	

주주구성 (지분율,%)		출자관계 (지분율,%)		주요경쟁사 (외형,%)	
조대희	23.1			인터불스	100
리미트리스홀딩스	5.9			에이테크솔루션	4,446
(외국인)	0.9			디에스티로봇	875

매출구성		비용구성		수출비중	
기타장비	53.8	매출원가율	83.5	수출	9.8
기타	29.0	판관비율	132.4	내수	90.2
Vision Press	7.0				

회사 개요
동사는 FPB(Flexible PCB) 자동화 장비 및 TSP(Touch Screen Panel) 윈도우 글라스 가공장비 제조업체임. 국내외에 50여 고객사를 보유중이며, 국내에는 경쟁업체가 없어 주력 제품 대부분이 높은 시장점유율을 기록중임. 매출비중은 Vision Press 7%, Guide HolePuncher 5.5%이며 기타 장비가 53.8%, 기타 부품 등이 25.1% 차지함.

실적 분석
동사의 2016년 누적 매출액은 51.5억원으로 전년 대비 26.0% 감소함. 영업이익은 59.8억원 손실로 전년도에 이어 적자가 지속됨. 당기순이익 또한 82.9억원 손실로 적자가 지속됨. 매출은 줄고 적자가 지속되고 있으나, 매출원가를 큰 폭으로 절감하여 전년 대비 영업이익과 당기순이익의 적자폭을 크게 줄임. 중국 기업과 23억원 규모 공급 계약을 체결하는 등 적자폭 감소를 위한 노력을 계속함.

현금 흐름		〈단위 : 억원〉
항목	2015	2016
영업활동	-41	-15
투자활동	15	-126
재무활동	61	168
순현금흐름	35	27
기말현금	52	79

시장 대비 수익률

결산 실적
〈단위 : 억원〉
항목	2011	2012	2013	2014	2015	2016
매출액	194	247	251	126	70	52
영업이익	55	72	44	-10	-91	-60
당기순이익	45	58	45	-10	-119	-83

분기 실적
〈단위 : 억원〉
항목	2015.3Q	2015.4Q	2016.1Q	2016.2Q	2016.3Q	2016.4Q
매출액	14	19	16	13	9	14
영업이익	-11	-39	-2	-6	-7	-44
당기순이익	-14	-45	-3	-10	-5	-66

재무 상태
〈단위 : 억원〉
항목	2011	2012	2013	2014	2015	2016
총자산	171	257	353	321	229	354
유형자산	37	49	88	89	57	59
무형자산	0	4	5	4	4	5
유가증권	0	0	5	14		30
총부채	88	109	76	62	66	142
총차입금	23	11		26	50	103
자본금	10	16	21	21	22	30
총자본	83	149	276	259	162	212
지배주주지분	83	149	276	259	162	209

기업가치 지표
항목	2011	2012	2013	2014	2015	2016
주가(최고/저)(천원)	—/—	—/—	20.4/8.7	10.8/4.5	19.2/4.8	12.3/5.0
PER(최고/저)(배)	0.0/0.0	0.0/0.0	18.1/7.8	—/—	—/—	—/—
PBR(최고/저)(배)	0.0/0.0	0.0/0.0	3.1/1.3	1.7/0.7	5.1/1.3	3.4/1.4
EV/EBITDA(배)			5.8			
EPS(원)	2,171	2,365	1,127	-239	-2,778	-1,400
BPS(원)	4,281	4,759	6,543	6,301	3,777	3,581
CFPS(원)	2,370	2,403	1,177	-179	-2,721	-1,347
DPS(원)						
EBITDAPS(원)	2,869	2,959	1,169	-179	-2,068	-1,003

재무 비율
〈단위 : % 〉
연도	영업이익률	순이익률	부채비율	차입금비율	ROA	ROE	유보율	자기자본비율	EBITDA마진율
2016	-115.9	-160.8	67.1	48.9	-28.5	-42.6	616.1	59.9	-110.1
2015	-130.4	-170.4	40.8	30.9	-43.2	-56.4	655.4	71.0	-126.8
2014	-8.0	-8.0	24.1	10.1	-3.0	-3.8	1,160.2	80.6	-6.0
2013	17.7	17.8	27.7	4.4	14.6	21.0	1,208.7	78.3	18.5

인터엠 (A017250)
INTER-MCo

업 종 : 전자 장비 및 기기		시 장 : KOSDAQ	
신용등급 : (Bond) — (CP) —		기업규모 : 중견	
홈페이지 : www.inter-m.com		연 락 처 : 031)860-7101	
본 사 : 경기도 양주시 화합로 1402번길 73 (덕정동)			

설 립 일 1983.10.05	종 업 원 수 243명	대 표 이 사 조순구	
상 장 일 1996.01.03	감 사 의 견 적정 (대주)	계 열	
결 산 기 09월	보 통 주 2,105만주	종속회사수 2개사	
액 면 가 500원	우 선 주	구 상 호	

주주구성 (지분율,%)
조순구	26.8
조영구	6.6
(외국인)	0.0

출자관계 (지분율,%)
일렉트론바이오	10.2

주요경쟁사 (외형,%)
인터엠	100
남성	95
대동전자	43

매출구성
제품(P.A SYSTEM)	37.0
공사(공사매출)	32.1
기타(조달 외)	15.4

비용구성
매출원가율	71.5
판관비율	25.5

수출비중
수출	9.5
내수	90.5

회사 개요
동사는 1983년 자본금 1억원으로 시작하여 현재 자본금 93억원의 기업으로 성장한 산업용 전문 음향, 영상기기 생산업체임. 산업용 전문음향영상기기는 호텔, 관공서, 빌딩, 체육관, 학교 등의 장소에서 안내방송 및 BGM을 제공하는 전관방송 분야와 콘서트홀, 강당 등에서 퀄리티 있는 사운드를 전달하는 프로음향 분야가 있음. 매출 비중은 방송음향, 영상기기 제조판매가 전체의 46%를 차지하고 있음.

실적 분석
동사의 2016년 매출액은 284.4억원으로 전년 대비 36.3% 증가함. 영업이익은 18.7억원으로 206% 늘었고, 당기순이익은 전년 1.8억원에서 24.7억원으로 흑자전환함. 방송음향, 음악용 공사수주는 감소했으나 P.A AMP 등 상품 판매가 증가함. 사용자친화적인 시스템 개발과 SR스피커 장비의 국산화 등 신규사업을 추진 중임. 고부가가치 소프트웨어 개발 및 컨설팅 사업 확대에 적극적으로 나서고 있음.

현금 흐름 〈단위 : 억원〉
항목	2016	2017.1Q
영업활동	109	19
투자활동	-127	-5
재무활동	51	-26
순현금흐름	39	-18
기말현금	117	99

시장 대비 수익률
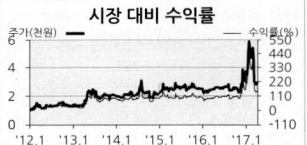

결산 실적 〈단위 : 억원〉
항목	2012	2013	2014	2015	2016	2017
매출액	730	778	817	848	885	—
영업이익	14	24	50	26	35	—
당기순이익	11	12	33	26	2	—

분기 실적 〈단위 : 억원〉
항목	2015.4Q	2016.1Q	2016.2Q	2016.3Q	2016.4Q	2017.1Q
매출액	273	209	181	190	306	284
영업이익	22	6	-7	-3	39	19
당기순이익	22	-2	-14	-6	23	25

재무 상태 〈단위 : 억원〉
항목	2012	2013	2014	2015	2016	2017.1Q
총자산	1,122	1,211	1,222	1,219	1,319	1,298
유형자산	367	394	400	385	478	475
무형자산	109	110	123	128	140	135
유가증권	11	39	36	27	23	22
총부채	401	495	486	459	581	551
총차입금	205	285	304	280	345	330
자본금	93	93	95	100	100	102
총자본	721	716	737	759	738	748
지배주주지분	714	712	733	756	736	746

기업가치 지표
항목	2012	2013	2014	2015	2016	2017.1Q
주가(최고/저)(천원)	1.6/0.8	2.5/0.8	3.1/1.3	2.9/1.8	2.9/1.9	—/—
PER(최고/저)(배)	37.0/19.3	46.0/23.7	19.2/11.5	23.2/14.6	211.1/158.6	—/—
PBR(최고/저)(배)	0.5/0.3	0.7/0.4	0.9/0.5	0.8/0.5	0.8/0.6	1.1/0.6
EV/EBITDA(배)	6.8	9.1	6.4	9.2	7.9	—/—
EPS(원)	54	65	182	139	14	125
BPS(원)	4,042	4,027	4,088	3,982	3,880	3,852
CFPS(원)	324	312	459	420	295	198
DPS(원)	100	100	120	120	120	—
EBITDAPS(원)	345	376	545	416	456	166

재무 비율 〈단위 : % 〉
연도	영업이익률	순이익률	부채비율	차입금비율	ROA	ROE	유보율	자기자본비율	EBITDA마진율
2016	4.0	0.2	78.7	46.7	0.2	0.4	676.0	56.0	10.3
2015	3.0	3.1	60.5	36.8	2.1	3.5	696.3	62.3	9.3
2014	6.2	4.1	65.9	41.2	2.7	4.7	717.5	60.3	12.5
2013	3.1	1.5	69.1	39.8	1.0	1.7	705.4	59.1	9.0

인터지스 (A129260)
INTERGIS CO

업 종 : 해상운수		시 장 : 거래소	
신용등급 : (Bond) — (CP) —		기업규모 : 시가총액 소형주	
홈페이지 : www.intergis.co.kr		연 락 처 : 051)604-3392	
본 사 : 부산시 중구 충장대로 9번길 52 마린센터빌딩 13층 1301호			

설 립 일 1956.02.23	종 업 원 수 558명	대 표 이 사 이인식	
상 장 일 2011.12.16	감 사 의 견 적정 (삼일)	계 열	
결 산 기 12월	보 통 주 2,975만주	종속회사수	
액 면 가 500원	우 선 주	구 상 호	

주주구성 (지분율,%)
동국제강	48.3
장승익	1.8
(외국인)	1.8

출자관계 (지분율,%)
인터지스중앙부두	100.0
인터지스웅동센터	90.0
인터지스신항센터	70.0

주요경쟁사 (외형,%)
인터지스	100
흥아해운	179
키위미디어그룹	1

매출구성
해상운송	36.6
육상운송 외	29.4
항만하역	22.6

비용구성
매출원가율	93.1
판관비율	4.5

수출비중
수출	0.0
내수	100.0

회사 개요
동사는 부두운영사로서 항만하역과 전국 각지의 물류네트워크를 활용해 후판, 형강, 봉강 등의 철강제품과 수출입컨테이너를 운송하는 화물운송을 주요 사업으로 영위하고 있음. 2012년 7월 디케이지에스앤드(주)를 합병함으로써 해상운송사업에 진출하여 동국제강(주)의 철강재료 해상운송과 더불어 국내외 유수의 3PL 고객들을 대상으로 남미, 호주, 미국 등에서 곡물, 철광석, 석탄 등을 운송함.

실적 분석
동사의 연결기준 2016년 결산 매출액은 4,654억원으로 전년동기 대비 22.4% 감소함. 해운시황 악화가 지속되는 가운데 브라질 건설 물류 종료에 따른 매출액 및 영업이익이 감소하였음. 최근 컨테이너부두가 동시 다발적으로 개발되고 있어 공급과잉을 우려하는 목소리가 높아지고 있고 산업의 특성상 유가와 인건비 등의 원가상승 압박이 높은 편임. 화물운송은 진입장벽이 낮아 경쟁이 치열함.

현금 흐름 〈단위 : 억원〉
항목	2015	2016
영업활동	28	84
투자활동	267	3
재무활동	-205	-134
순현금흐름	94	-43
기말현금	152	109

시장 대비 수익률
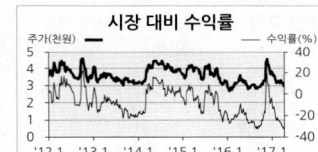

결산 실적 〈단위 : 억원〉
항목	2011	2012	2013	2014	2015	2016
매출액	3,840	4,520	5,242	5,775	5,995	4,654
영업이익	226	172	177	287	293	107
당기순이익	144	5	-121	36	132	74

분기 실적 〈단위 : 억원〉
항목	2015.3Q	2015.4Q	2016.1Q	2016.2Q	2016.3Q	2016.4Q
매출액	1,569	1,318	1,185	1,218	1,129	1,121
영업이익	36	34	43	44	13	7
당기순이익	3	14	13	-3	-9	73

재무 상태 〈단위 : 억원〉
항목	2011	2012	2013	2014	2015	2016
총자산	3,278	4,587	4,586	5,005	5,285	5,142
유형자산	1,411	1,515	1,710	1,840	1,860	1,833
무형자산	232	336	200	196	237	404
유가증권	39	—	51	59	31	11
총부채	1,261	2,613	2,728	3,011	3,138	2,933
총차입금	650	1,831	1,910	2,171	1,905	1,744
자본금	131	149	149	149	149	149
총자본	2,017	1,975	1,858	1,994	2,147	2,208
지배주주지분	1,946	1,890	1,689	1,770	1,911	1,972

기업가치 지표
항목	2011	2012	2013	2014	2015	2016
주가(최고/저)(천원)	3.4/3.0	4.7/3.2	4.2/3.0	4.6/3.1	4.6/3.0	4.6/2.7
PER(최고/저)(배)	4.7/4.1	—/—	—/—	—/—	11.5/7.3	17.8/10.5
PBR(최고/저)(배)	0.5/0.5	0.8/0.5	0.7/0.5	0.8/0.5	0.7/0.5	0.7/0.4
EV/EBITDA(배)	4.6	11.8	11.9	9.6	8.3	18.0
EPS(원)	815	-118	-685	-64	431	266
BPS(원)	14,815	13,707	12,357	12,542	6,663	6,864
CFPS(원)	2,336	233	-970	202	593	435
DPS(원)	100	120	60	150	100	120
EBITDAPS(원)	3,220	1,696	1,590	2,260	1,146	530

재무 비율 〈단위 : % 〉
연도	영업이익률	순이익률	부채비율	차입금비율	ROA	ROE	유보율	자기자본비율	EBITDA마진율
2016	2.3	1.6	132.8	79.0	1.4	4.1	1,272.6	43.0	3.4
2015	4.9	2.2	146.2	88.7	2.6	7.0	1,232.6	40.6	5.7
2014	5.0	0.6	151.0	108.9	0.8	-1.1	1,154.2	39.8	5.8
2013	3.4	-2.3	146.8	102.8	-2.6	-11.4	1,135.7	40.5	4.5

인터코스 (A240340)
Interkos

업　　종 : 개인생활용품		시　　장 : KONEX	
신용등급 : (Bond) — 　　(CP) —		기업규모 : —	
홈페이지 : www.interkos.co.kr		연락처 : 032)815-8081	
본　　사 : 인천시 남동구 남동서로362번길 62			

설 립 일	2014.10.10	종업원수	명	대표이사	김주덕
상 장 일	2016.04.21	감사의견	적정 (세림)	계　　열	
결 산 기	12월	보 통 주	322만주	종속회사수	
액 면 가	500원	우 선 주	87만주	구 상 호	

주주구성 (지분율,%)		출자관계 (지분율,%)		주요경쟁사 (외형,%)	
김주덕	27.3	엘모어	6.8	인터코스	100
이재숙	14.4			한국화장품	1,952
				한국화장품제조	789

매출구성		비용구성		수출비중	
기타 - 제품	31.3	매출원가율	73.5	수출	1.5
기초	23.2	판관비율	25.1	내수	98.5
헤어	22.2				

회사 개요
동사는 2011년 8월에 설립되어 2014년 10월에 법인전환 후 2016년 4월에 코넥스 시장에 상장한 화장품 ODM 전문 업체임. 동사는 2016년 2월 식약청에서 CGMP 인증을 취득하였으며 2015년 9월 기준 국내 화장품 분야의 CGMP 인증 업체는 74개사임. 이러한 인증 취득은 향후 중대형 고객사 및 수출 물량 수주의 확대 등 성장 모멘텀으로 작용할 것으로 기대됨.

실적 분석
동사 2016년도 매출액은 전년 대비 35.4% 증가한 82억원. 2016년 CGMP시설 확충 및 2016년 5월 이후 영업 및 마케팅 조직신설 등 사업의 재정비로 인해 매출이 신장됐음. 동사 유동자산은 68억원, 비유동자산은 120억원이며, 자산총계는 189억원. 자산은 전년 대비 23.6% 증가했고, 부채는 108억원으로 38.7% 증가. 이는 본사공장 3층 증축공사 및 마스크팩 생산설비 구축 관련 금융기관 차입이 주 원인.

현금 흐름　*IFRS 별도 기준　　〈단위 : 억원〉

항목	2015	2016
영업활동	12	1
투자활동	-82	-36
재무활동	120	12
순현금흐름	51	-23
기말현금	54	31

시장 대비 수익률
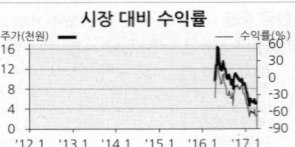

결산 실적　　〈단위 : 억원〉

항목	2011	2012	2013	2014	2015	2016
매출액	—	—	—	18	61	82
영업이익	—	—	—	2	11	1
당기순이익	—	—	—	2	11	4

분기 실적　*IFRS 별도 기준　　〈단위 : 억원〉

항목	2015.3Q	2015.4Q	2016.1Q	2016.2Q	2016.3Q	2016.4Q
매출액	—	—	—	—	—	—
영업이익	—	—	—	—	—	—
당기순이익	—	—	—	—	—	—

재무 상태　*IFRS 별도 기준　　〈단위 : 억원〉

항목	2011	2012	2013	2014	2015	2016
총자산	—	—	—	15	153	189
유형자산	—	—	—	1	82	115
무형자산	—	—	—	5	4	4
유가증권	—	—	—	—	—	1
총부채	—	—	—	12	78	109
총차입금	—	—	—	4	70	81
자본금	—	—	—	1	3	20
총자본	—	—	—	3	75	80
지배주주지분	—	—	—	3	75	80

기업가치 지표　*IFRS 별도 기준

항목	2011	2012	2013	2014	2015	2016
주가(최고/저)(천원)	—/—	—/—	—/—	—/—	—/—	18.8/7.8
PER(최고/저)(배)	0.0/0.0	0.0/0.0	0.0/0.0	0.0/0.0	0.0/0.0	175.4/72.3
PBR(최고/저)(배)	0.0/0.0	0.0/0.0	0.0/0.0	0.0/0.0	0.0/0.0	9.6/4.0
EV/EBITDA(배)	0.0	0.0	0.0	0.5	1.2	37.0
EPS(원)	—	—	—	103	488	107
BPS(원)	—	—	—	13,258	146,158	1,962
CFPS(원)	—	—	—	8,608	45,577	305
DPS(원)	—	—	—	—	—	—
EBITDAPS(원)	—	—	—	9,426	45,446	226

재무 비율　　〈단위 : % 〉

연도	영업이익률	순이익률	부채비율	차입금비율	ROA	ROE	유보율	자기자본비율	EBITDA마진율
2016	1.4	5.3	135.4	101.1	2.6	5.7	292.4	42.5	11.2
2015	18.6	18.7	105.1	93.8	13.5	29.4	2,823.2	48.8	21.7
2014	10.3	9.4	465.1	168.8	0.0	0.0	165.2	17.7	10.7
2013	0.0	0.0	0.0	0.0	0.0	0.0	0.0	0.0	0.0

인터파크 (A108790)
Interpark

업　　종 : 온라인쇼핑		시　　장 : KOSDAQ	
신용등급 : (Bond) — 　　(CP) —		기업규모 : 우량	
홈페이지 : www.interpark.com/int		연락처 : 02)6004-7777	
본　　사 : 서울시 강남구 삼성로 512 삼성동빌딩			

설 립 일	2006.12.01	종업원수	915명	대표이사	이상규
상 장 일	2014.02.06	감사의견	적정 (삼정)	계　　열	
결 산 기	12월	보 통 주	3,305만주	종속회사수	
액 면 가	500원	우 선 주		구 상 호	인터파크INT

주주구성 (지분율,%)		출자관계 (지분율,%)		주요경쟁사 (외형,%)	
인터파크	67.9	인터파크씨어터	100.0	인터파크	100
FID SERIES EMRG MRKTS FUND	9.1	인터파크씨엔이	100.0	현대홈쇼핑	208
(외국인)	12.4	인터파크투어	100.0	GS홈쇼핑	235

매출구성		비용구성		수출비중	
[투어]대행매출	38.7	매출원가율	52.4	수출	—
기타	27.0	판관비율	45.6	내수	—
[ENT]상품(스키 등)	17.5				

회사 개요
동사는 전자상거래에 의한 온라인 쇼핑 전반을 아우르는 도소매업(쇼핑 사업부문)부터 도서 판매(도서 사업부문), 공연장 운영과 공연 기획·제작 및 티켓예매와 판매대행업(ENT 사업부문), 일반여행업 및 여행중개업(투어 사업부문)까지 온라인에서 가능한 모든 사업 영역을 영위하고 있으며, 모바일 환경으로 진입하여 성장의 발판을 마련하였음. 동사는 4개 사업부문을 통해 온라인 사업에 최적화된 사업 포트폴리오를 구성하였음.

실적 분석
동사의 2016년 결산기준 누적매출액은 전년 동기대비 16% 상승한 4,664.9억원을 기록하였음. 그러나 원가도 그에 비례해 상승하였고 인건비 및 경상개발비, 광고비, 관리비등도 크게 상승하므로 영업이익은 전년동기대비 60.3% 하락한 93.2억원을 달성하였음. 공연 및 그에 따른 티켓판매, 여행은 다시 꾸준히 성장하고 있으나 영업이익의 축소는 광고비 및 관리비에 따른 부분이나 지속적인 매출성장이 이를 개선시킬 것이라 기대하고 있음.

현금 흐름　　〈단위 : 억원〉

항목	2015	2016
영업활동	291	-46
투자활동	-129	72
재무활동	-53	-63
순현금흐름	111	-37
기말현금	706	669

시장 대비 수익률
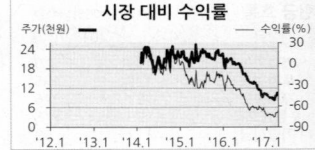

결산 실적　　〈단위 : 억원〉

항목	2011	2012	2013	2014	2015	2016
매출액	3,513	3,563	3,856	4,073	4,020	4,665
영업이익	76	154	205	171	235	93
당기순이익	87	109	130	110	166	25

분기 실적　　〈단위 : 억원〉

항목	2015.3Q	2015.4Q	2016.1Q	2016.2Q	2016.3Q	2016.4Q
매출액	1,038	1,131	1,153	1,028	1,109	1,376
영업이익	83	59	60	-57	52	39
당기순이익	57	45	40	-50	60	-25

재무 상태　　〈단위 : 억원〉

항목	2011	2012	2013	2014	2015	2016
총자산	2,509	3,577	3,698	4,277	4,649	4,673
유형자산	64	442	418	437	437	461
무형자산	41	899	866	891	849	826
유가증권	187	208	259	182	236	115
총부채	2,097	2,699	2,685	2,740	2,955	3,028
총차입금	200	780	563	403	368	380
자본금	83	135	135	163	164	165
총자본	412	877	1,013	1,537	1,694	1,646
지배주주지분	416	882	1,019	1,543	1,696	1,646

기업가치 지표

항목	2011	2012	2013	2014	2015	2016
주가(최고/저)(천원)	—/—	—/—	—/—	27.0/16.9	25.5/18.6	21.8/8.7
PER(최고/저)(배)	0.0/0.0	0.0/0.0	0.0/0.0	81.6/51.1	50.2/36.7	310.7/124.7
PBR(최고/저)(배)	0.0/0.0	0.0/0.0	0.0/0.0	5.9/3.7	5.0/3.7	4.4/1.8
EV/EBITDA(배)	—	0.5	—	26.4	20.3	14.3
EPS(원)	535	620	487	340	518	71
BPS(원)	2,513	3,279	3,770	4,737	5,158	4,981
CFPS(원)	852	1,052	797	616	803	358
DPS(원)	—	—	—	100	250	100
EBITDAPS(원)	776	1,304	1,069	810	1,002	570

재무 비율　　〈단위 : % 〉

연도	영업이익률	순이익률	부채비율	차입금비율	ROA	ROE	유보율	자기자본비율	EBITDA마진율
2016	2.0	0.5	184.0	23.1	0.5	1.4	896.2	35.2	4.0
2015	5.8	4.1	174.5	21.7	3.7	10.5	931.6	36.4	8.2
2014	4.2	2.7	178.3	26.2	2.8	8.5	847.5	35.9	6.4
2013	5.3	3.4	265.0	55.6	3.6	13.8	654.0	27.4	7.5

인터파크홀딩스 (A035080)
Interpark Holdings

업 종 : 온라인쇼핑	시 장 : KOSDAQ
신용등급 : (Bond) — (CP) —	기업규모 : 우량
홈페이지 : www.interpark.com/holding	연 락 처 : 02)6004-6840
본 사 : 서울시 강남구 삼성로 512 삼성동빌딩	

설 립 일 1997.10.01	종 업 원 수 20명	대 표 이 사 이기형
상 장 일 1999.07.05	감 사 의 견 적정 (안진)	계 열
결 산 기 12월	보 통 주 5,850만주	종 속 회 사 수
액 면 가 500원	우 선 주	구 상 호 인터파크

주주구성 (지분율,%)		출자관계 (지분율,%)		주요경쟁사 (외형,%)	
이기형	35.9	인터파크	68.0	인터파크홀딩스	100
Wasatch Advisors, Inc.	6.1	라이브톤	62.6	현대홈쇼핑	25
(외국인)	29.8	컴퍼니더블유	50.0	GS홈쇼핑	29

매출구성		비용구성		수출비중	
배당금수익	69.6	매출원가율	89.0	수출	—
임대료수익	30.4	판관비율	9.7	내수	—

회사 개요
동사는 출자한 회사의 지원과 관리 업무 및 신규사업 양성 등을 주 사업으로 영위하고 있음. B2C/C2C 사업 인터파크와 B2B 아이마켓코리아를 양축으로 하는 종합 ecommerce그룹 인터파크의 지주회사임. (주)인터파크, (주)아이마켓코리아를 포함해 연결사는 총 26개사임. 사업부문은 계열회사를 총괄관리 및 지원하는 지주사업, 전자상거래사업, 전자상거래 연관사업, 기타 사업으로 분류됨.

실적 분석
동사의 2016년 연결기준 결산 매출액은 3조8457.6억원으로 전년 동기 대비 8.7% 증가함. 매출은 증가했지만 매출원가도 또한 늘었으며 특히 판매비와 관리비가 대폭 증가하면서 영업이익은 전년 대비 오히려 24.0% 감소한 495.1억원을 시현함. 비영업손익 부문에서도 적자가 대폭 확대되면서 당기순손실 390.1억원으로 적자 전환. 매출은 늘었지만 수익성은 오히려 악화된 상황.

현금 흐름		〈단위 : 억원〉
항목	2015	2016
영업활동	-143	1,042
투자활동	-246	-549
재무활동	-353	-318
순현금흐름	-748	177
기말현금	1,219	1,396

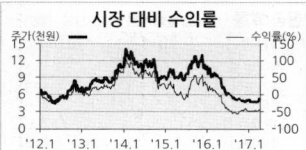
시장 대비 수익률

결산 실적					〈단위 : 억원〉	
항목	2011	2012	2013	2014	2015	2016
매출액	4,278	24,886	29,117	31,350	35,368	38,458
영업이익	-151	343	474	510	651	495
당기순이익	-123	284	240	315	430	-390

분기 실적					〈단위 : 억원〉	
항목	2015.3Q	2015.4Q	2016.1Q	2016.2Q	2016.3Q	2016.4Q
매출액	9,210	9,786	8,252	8,941	9,140	12,125
영업이익	194	130	108	40	116	230
당기순이익	115	66	96	17	113	-616

재무 상태					〈단위 : 억원〉	
항목	2011	2012	2013	2014	2015	2016
총자산	7,777	15,151	15,985	19,204	21,067	20,735
유형자산	431	642	596	580	569	573
무형자산	649	5,360	5,121	6,559	6,524	5,428
유가증권	395	115	169	250	253	228
총부채	4,488	7,808	8,466	10,200	12,029	12,332
총차입금	2,385	1,358	1,304	724	719	641
자본금	304	304	304	304	304	304
총자본	3,289	7,343	7,519	9,003	9,038	8,403
지배주주지분	3,210	3,888	3,964	4,417	4,501	3,869

기업가치 지표						
항목	2011	2012	2013	2014	2015	2016
주가(최고/저)(천원)	7.1/3.9	8.5/4.3	11.5/6.2	14.3/7.9	13.1/8.0	11.0/4.6
PER(최고/저)(배)	—/—	42.1/21.6	91.5/49.0	104.4/58.0	62.0/37.8	—/—
PBR(최고/저)(배)	1.1/0.6	1.3/0.7	1.7/0.9	1.9/1.1	1.7/1.0	1.6/0.7
EV/EBITDA(배)	—	12.3	12.3	8.7	9.2	6.2
EPS(원)	-156	205	128	139	215	-1,034
BPS(원)	6,391	6,867	6,963	7,634	7,863	6,814
CFPS(원)	-13	755	712	879	972	-312
DPS(원)		30	30	30	30	50
EBITDAPS(원)	-105	1,113	1,362	1,587	1,852	1,560

재무 비율								〈단위 : % 〉
연도	영업이익률	순이익률	부채비율	차입금비율	ROA	ROE	유보율	자기자본비율	EBITDA마진율
2016	1.3	-1.0	146.8	7.6	-1.9	-14.6	1,221.5	40.5	2.4
2015	1.8	1.2	133.1	8.0	2.1	2.9	1,437.9	42.9	3.1
2014	1.6	1.0	113.3	8.0	1.8	2.0	1,405.6	46.9	3.1
2013	1.6	0.8	112.6	17.3	1.5	2.0	1,292.6	47.0	2.9

인터플렉스 (A051370)
Interflex

업 종 : 전자 장비 및 기기	시 장 : KOSDAQ
신용등급 : (Bond) — (CP) —	기업규모 : 중견
홈페이지 : www.interflex.co.kr	연 락 처 : 031)436-5000
본 사 : 경기도 안산시 단원구 강촌로 149 스마트센터 (성곡동)	

설 립 일 1994.07.19	종 업 원 수 647명	대 표 이 사 이광식
상 장 일 2003.01.22	감 사 의 견 적정 (한영)	계 열
결 산 기 12월	보 통 주 2,108만주	종 속 회 사 수
액 면 가 500원	우 선 주	구 상 호

주주구성 (지분율,%)		출자관계 (지분율,%)		주요경쟁사 (외형,%)	
코리아써키트	31.8	VINACIRCUITCO.,LTD	55.0	인터플렉스	100
영풍	10.9	화하선로판(천진)유한공사	50.1	엘앤에프	43
(외국인)	5.7			비츠로셀	16

매출구성		비용구성		수출비중	
FPCB(제품)	57.3	매출원가율	104.2	수출	75.9
FPCB(상품)	42.7	판관비율	4.7	내수	24.1

회사 개요
동사는 F(Flexible) PCB 대표업체임. 삼성전자와 애플을 고객으로 보유하고 있는 국내 몇 안 되는 업체임. FPCB 중에서 DS(Double Side)와 Multi를 중심으로 생산하고 RF(Rigid-Flexible)에 대한 대응 능력도 높음. 현재 월 1,000억원 수준의 생산 능력을 보유하고 있으나 가동률이 크게 하락함. 매출액에서 삼성전자 비중은 약 52%, 애플 비중은 약 14% 수준임. 최근 국내업체 구조조정 수혜 기대.

실적 분석
동사의 2016년 매출액은 5,756.5억원으로 전년 5,294.5억원 대비 8.7% 증가하였으나 전방산업의 부진 및 CAPA 증설 대비 가동률 저조가 손익에도 반영되어 영업손실은 516억원, 적자가 지속되었음. 당기순손실은 557억원이 발생되었음. 다만 OLED 디스플레이를 채택한 아이폰8 모델의 생산비중이 상향될 것으로 전망되는 만큼 올해 동사는 애플향 연성PCB의 매출증가로 4년만에 영업이익이 흑자전환, 본격적인 턴어라운드가 기대됨.

현금 흐름		〈단위 : 억원〉
항목	2015	2016
영업활동	35	64
투자활동	62	333
재무활동	-63	-295
순현금흐름	34	102
기말현금	76	178

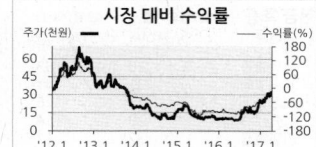
시장 대비 수익률

결산 실적					〈단위 : 억원〉	
항목	2011	2012	2013	2014	2015	2016
매출액	5,177	7,654	9,911	6,428	5,295	5,756
영업이익	404	465	1	-917	-848	-516
당기순이익	311	544	-7	-588	-827	-557

분기 실적					〈단위 : 억원〉	
항목	2015.3Q	2015.4Q	2016.1Q	2016.2Q	2016.3Q	2016.4Q
매출액	1,623	1,625	1,410	1,269	1,833	1,245
영업이익	-196	-88	-171	-79	68	-333
당기순이익	-207	-157	-200	-122	86	-322

재무 상태					〈단위 : 억원〉	
항목	2011	2012	2013	2014	2015	2016
총자산	4,919	8,753	7,057	5,807	4,793	4,311
유형자산	1,561	3,218	3,021	2,270	1,623	1,539
무형자산	16	20	19	15	19	35
유가증권	—	155	29			
총부채	2,415	5,750	3,362	2,700	2,290	1,788
총차입금	908	2,492	1,195	1,252	1,201	361
자본금	70	70	82	82	82	105
총자본	2,503	3,003	3,695	3,107	2,503	2,523
지배주주지분	2,503	3,003	3,695	3,107	2,200	2,132

기업가치 지표						
항목	2011	2012	2013	2014	2015	2016
주가(최고/저)(천원)	35.0/16.1	70.7/33.3	49.4/17.5	22.9/9.3	22.4/9.4	25.8/8.4
PER(최고/저)(배)	16.7/7.7	19.7/9.3	—/—	—/—	—/—	—/—
PBR(최고/저)(배)	2.1/1.0	3.6/1.7	2.3/0.8	1.3/0.5	1.8/0.7	2.6/0.8
EV/EBITDA(배)	9.0	11.7	5.3	—	—	—
EPS(원)	2,107	3,594	-47	-3,375	-5,139	-3,378
BPS(원)	17,907	21,481	22,558	18,968	13,429	10,116
CFPS(원)	3,663	6,301	5,076	1,510	-1,223	-1,687
DPS(원)	150					
EBITDAPS(원)	4,347	5,735	5,130	-500	-933	-1,214

재무 비율								〈단위 : % 〉
연도	영업이익률	순이익률	부채비율	차입금비율	ROA	ROE	유보율	자기자본비율	EBITDA마진율
2016	-9.0	-9.7	70.9	14.3	-12.2	-27.7	1,923.2	58.5	-3.7
2015	-16.0	-15.6	91.5	48.0	-15.6	-33.7	2,585.8	52.2	-2.9
2014	-14.3	-9.1	86.9	40.3	-9.1	-17.3	3,693.5	53.5	-1.3
2013	0.0	-0.1	91.0	32.3	-0.1	-0.2	4,411.6	52.4	7.6

인텍플러스 (A064290)
INTEKPLUS

업   종 : 반도체 및 관련장비
신용등급 : (Bond) —   (CP) —
홈페이지 : www.intekplus.com
본   사 : 대전시 유성구 테크노 2로 263 (탑립동)

시   장 : KOSDAQ
기업규모 : 벤처
연 락 처 : (042)930-9900

설 립 일	1995.10.13	종 업 원 수	146명	대 표 이 사	임쌍근
상 장 일	2011.01.05	감 사 의 견	적정 (삼정)	계 열	
결 산 기	12월	보 통 주	1,058만주	종속회사수	
액 면 가	500원	우 선 주		구 상 호	

주주구성 (지분율,%)		출자관계 (지분율,%)		주요경쟁사 (외형,%)	
이상윤	8.3	인텍지디에스	100.0	인텍플러스	100
최이배	7.9	대덕벤처드림타운	20.0	에이티세미콘	534
		티지아이시스	12.8	코디엠	265

매출구성		비용구성		수출비중	
iPIS, iMAS, iSSD, iSIS 등	61.6	매출원가율	73.6	수출	50.8
IDSS/CD Meter	27.4	판관비율	47.6	내수	49.2
기타	7.2				

회사 개요
동사는 반도체분야, 태양광분야, LED분야의 고속 2D/3D 자동화 외관검사장비를 주요제품으로 하는 업체임. 3D 측정 원천 기술, 머신비전 2D검사 기술 등 빠른 검사 속도와 정확한 검사품질을 구현하기 위한 핵심기술을 자체 개발하여 보유하고 있음. 전방산업의 선도기업들과 긴밀한 파트너쉽을 형성하고 있으며 동사의 외관검사산업은 다양한 산업 분야로의 적용이 가능하여 사업 영역 다각화의 기반이 됨.

실적 분석
동사의 2016년 결산 매출액은 예상 신규 사업의 수주 지연으로 인하여 167.3억원을 기록, 전년동기 230.5억원 대비 27.4% 감소했음. 원가율 악화, 판관비 증가로 영업손실 및 단기순손실을 기록함. 최근 스마트폰 및 스마트TV를 비롯한 IT기기에 반도체 채택이 증가하는 등 반도체 사업에 대한 투자를 확대에 대한 준비를 함에 따라 반도체 투자가 확대될 것으로 예상됨.

현금 흐름   *IFRS 별도 기준   〈단위 : 억원〉

항목	2015	2016
영업활동	20	-63
투자활동	31	43
재무활동	-28	6
순현금흐름	23	-14
기말현금	32	17

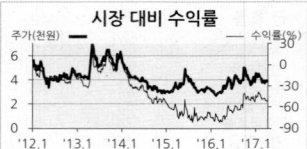

시장 대비 수익률

결산 실적   〈단위 : 억원〉

항목	2011	2012	2013	2014	2015	2016
매출액	289	269	154	126	231	167
영업이익	49	30	-68	-48	4	-36
당기순이익	49	31	-68	-56	5	-36

분기 실적   *IFRS 별도 기준   〈단위 : 억원〉

항목	2015.3Q	2015.4Q	2016.1Q	2016.2Q	2016.3Q	2016.4Q
매출액	80	15	16	31	50	71
영업이익	11	-17	-18	-10	1	-8
당기순이익	11	-18	-18	-10	1	-8

재무 상태   *IFRS 별도 기준   〈단위 : 억원〉

항목	2011	2012	2013	2014	2015	2016
총자산	408	501	414	333	276	249
유형자산	110	104	103	99	99	97
무형자산	14	17	15	13	10	11
유가증권	17	22	25	20	4	3
총부채	132	204	183	164	100	100
총차입금	84	131	155	103	78	71
자본금	46	46	46	46	46	49
총자본	276	297	231	169	177	149
지배주주지분	276	297	231	169	177	149

기업가치 지표   *IFRS 별도 기준

항목	2011	2012	2013	2014	2015	2016
주가(최고/저)(천원)	15.6/3.1	6.0/3.4	7.0/4.0	6.0/2.6	4.9/2.9	5.6/2.7
PER(최고/저)(배)	29.7/6.0	17.9/10.2	—/—	—/—	100.6/58.6	—/—
PBR(최고/저)(배)	5.1/1.0	1.8/1.0	2.8/1.6	3.0/1.3	2.4/1.4	3.3/1.6
EV/EBITDA(배)	6.7	7.8			26.2	
EPS(원)	542	337	-737	-607	49	-378
BPS(원)	3,152	3,351	2,483	1,985	2,072	1,698
CFPS(원)	619	425	-641	-510	123	-319
DPS(원)	100	50				
EBITDAPS(원)	625	419	-634	-430	123	-319

재무 비율   〈단위 : % 〉

연도	영업이익률	순이익률	부채비율	차입금비율	ROA	ROE	유보율	자기자본비율	EBITDA마진율
2016	-21.3	-21.2	66.9	47.8	-13.5	-21.8	239.5	59.9	-17.9
2015	1.9	2.0	56.4	43.9	1.5	2.6	314.5	64.0	4.9
2014	-38.2	-44.9	97.4	61.1	-15.1	-28.3	296.9	50.7	-31.8
2013	-43.9	-44.3	79.4	67.2	-14.9	-25.9	396.6	55.8	-38.1

인텔리안테크놀로지스 (A189300)
Intellian Technologies

업   종 : 통신장비
신용등급 : (Bond) —   (CP) —
홈페이지 : www.intelliantech.com
본   사 : 경기도 평택시 진위면 진위산단로 18-7

시   장 : KOSDAQ
기업규모 : 벤처
연 락 처 : 02)511-2244

설 립 일	2004.02.05	종 업 원 수	명	대 표 이 사	성상엽
상 장 일	2016.10.18	감 사 의 견	적정 (참)	계 열	
결 산 기	12월	보 통 주	721만주	종속회사수	
액 면 가	500원	우 선 주		구 상 호	

주주구성 (지분율,%)		출자관계 (지분율,%)		주요경쟁사 (외형,%)	
성상엽	24.3	신진브이에프	19.9	인텔리안테크	100
인텔리안시스템즈	8.2			삼지전자	1,416
(외국인)	0.4			AP위성	32

매출구성		비용구성		수출비중	
해상용 위성통신 안테나	69.0	매출원가율	50.5	수출	89.0
해상용 위성방송 수신안테나	17.0	판관비율	40.0	내수	11.0
기타	14.0				

회사 개요
동사는 2004년 설립, 2016년 10월 코스닥 시장에 신규상장됨. 환경적으로 통신 및 방송 서비스가 어려운 해상의 remote & mobility 환경에서, 인공 위성을 이용한 데이터 통신서비스(인터넷, VoIP 전화 등) 인터넷 서비스와 위성 방송 수신을 가능하게 하는 해상용 위성 통신 안테나 및 위성 방송 수신안테나 생산이 주요사업임. 현재 해상용 중심에서 향후 육상용, 항공용, 군사용으로 사업을 확대할 계획임

실적 분석
동사의 매출구성은 2016년 기준, 해상용 위성통신안테나 65%, 해상용 위성방송 수신안테나 17%, 기타 18%임. 2016년 연결기준 매출액은 777.9억원(전년대비 31% 증가), 영업이익 73.9억원(전년대비 42% 증가), 당기순이익 61.8억원(전년대비 15% 증가)를 기록하며 빠른 성장세를 나타내고 있음. 글로벌 선박경기 침체에도 동사의 주력제품인 해상용 위성통신안테나의 매출은 견조한 모습임.

현금 흐름   *IFRS 별도 기준   〈단위 : 억원〉

항목	2015	2016
영업활동	122	12
투자활동	-43	-83
재무활동	-63	306
순현금흐름	16	236
기말현금	17	253

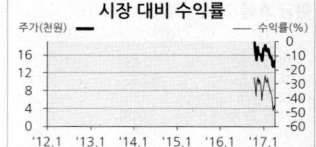

시장 대비 수익률

결산 실적   〈단위 : 억원〉

항목	2011	2012	2013	2014	2015	2016
매출액	211	280	443	595	595	778
영업이익	29	34	42	57	52	74
당기순이익	27	15	20	61	54	62

분기 실적   *IFRS 별도 기준   〈단위 : 억원〉

항목	2015.3Q	2015.4Q	2016.1Q	2016.2Q	2016.3Q	2016.4Q
매출액	—	—	—	—	—	—
영업이익	—	—	—	—	—	—
당기순이익	—	—	—	—	—	—

재무 상태   *IFRS 별도 기준   〈단위 : 억원〉

항목	2011	2012	2013	2014	2015	2016
총자산	338	389	558	593	549	978
유형자산	95	92	103	139	144	139
무형자산	37	48	61	52	69	95
유가증권	13	11	22	0	0	0
총부채	164	184	334	352	233	316
총차입금	134	139	204	235	140	166
자본금	26	28	28	26	28	36
총자본	174	205	224	240	316	662
지배주주지분	174	205	224	240	316	662

기업가치 지표   *IFRS 별도 기준

항목	2011	2012	2013	2014	2015	2016
주가(최고/저)(천원)	—/—	—/—	—/—	—/—	—/—	19.7/14.1
PER(최고/저)(배)	0.0/0.0	0.0/0.0	0.0/0.0	0.0/0.0	0.0/0.0	16.9/12.2
PBR(최고/저)(배)	0.0/0.0	0.0/0.0	0.0/0.0	0.0/0.0	0.0/0.0	2.1/1.5
EV/EBITDA(배)	2.5	2.1	3.3	3.1	1.3	11.2
EPS(원)	523	285	357	1,095	881	1,169
BPS(원)	3,330	3,712	4,068	4,358	5,620	9,236
CFPS(원)	779	551	631	1,344	1,211	1,577
DPS(원)						100
EBITDAPS(원)	819	891	1,028	1,371	1,662	1,569

재무 비율   〈단위 : % 〉

연도	영업이익률	순이익률	부채비율	차입금비율	ROA	ROE	유보율	자기자본비율	EBITDA마진율
2016	9.5	7.9	55.0	28.2	8.0	13.3	1,668.2	64.5	12.9
2015	8.8	9.0	89.8	51.3	9.3	20.9	954.2	52.7	12.1
2014	9.5	10.3	171.5	108.6	—	—	731.8	36.8	12.0
2013	9.4	4.4	148.7	90.9	4.2	9.2	713.6	40.2	12.8

인트로메딕 (A150840)
IntroMedic

업 종 : 의료 장비 및 서비스	시 장 : KOSDAQ
신용등급 : (Bond) — (CP) —	기업규모 : 신성장
홈 페 이 지 : www.intromedic.co.kr	연 락 처 : 02)801-9300
본 사 : 서울시 구로구 디지털로31길 41,1105호(구로동,이앤씨벤처드림타워6차)	

설 립 일 2004.09.03	종업원수 53명	대표이사 심한보	
상 장 일 2013.12.19	감사의견 적정 (안진)	계 열	
결 산 기 12월	보 통 주 720만주	종속회사수	
액 면 가 500원	우 선 주	구 상 호	

주주구성 (지분율,%)		출자관계 (지분율,%)		주요경쟁사 (외형,%)	
시너지-메티스톤 신기술사업투자조합	9.3	엔큐라젠	63.6	인트로메딕	100
심한보	9.2	아이지엠	12.2	엑세스바이오	422
(외국인)	0.9			나노엔텍	263

매출구성		비용구성		수출비중	
캡슐내시경(제품)	96.0	매출원가율	37.1	수출	95.8
기타	3.1	판관비율	105.1	내수	4.2
상품(상품)	0.7				

회사 개요
동사는 정보통신 신기 제조 및 판매업, 의료기기 제조 및 판매업 등을 주요사업으로 영위하고 있음. 2013년 12월 코스닥시장에 상장되었고, 동사의 종속회사로 INTROMEDIC AMERICA를 비롯해 2개 회사가 속해 있음. 동사의 매출 구성을 살펴보면 소장용 캡슐형 시경이 99.2%, 상부위장관용 일회용 연성내시경이 0.8%를 차지하고 있고, 캡슐내시경 검사에 대한 적용범위가 확대되고 있는 추세에 있어 검사건수는 꾸준히 증가 중에 있음

실적 분석
동사의 2016년 연결기준 매출액은 84.3억원으로 전년 동기 대비 2.1% 증가함. 중국지역 영업강화에 따른 원가 상승과 신규 바이오 의 약품 사업 진행에 따른 비용 증가로 수익성이 악화돼 영업손실과 당기순손실은 각각 35.5억, 70.4억원을 기록하며 적자지속중임. 통신 기능이 대폭 강화된 소장용 및 대장용 양방향 캡슐내시경 제품의 출시를 앞두고 있고, 데이터 수신 및 저장 시스템도 거의 개발 완료돼 본격적으로 매출에 반영될 것으로 기대됨

현금 흐름
〈단위 : 억원〉

항목	2015	2016
영업활동	10	-25
투자활동	-98	-13
재무활동	101	9
순현금흐름	13	-29
기말현금	57	28

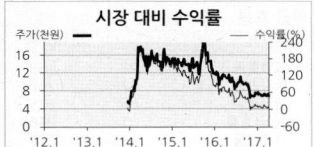
시장 대비 수익률

결산 실적
〈단위 : 억원〉

항목	2011	2012	2013	2014	2015	2016
매출액	76	86	106	109	83	84
영업이익	5	15	23	8	-13	-36
당기순이익	-5	5	24	12	-9	-70

분기 실적
〈단위 : 억원〉

항목	2015.3Q	2015.4Q	2016.1Q	2016.2Q	2016.3Q	2016.4Q
매출액	20	30	14	20	21	29
영업이익	-3	1	-11	-13	-2	-9
당기순이익	2	-2	-14	-16	-9	-30

재무 상태
〈단위 : 억원〉

항목	2011	2012	2013	2014	2015	2016
총자산	123	137	205	212	296	242
유형자산	3	3	2	3	3	7
무형자산	17	21	30	35	36	41
유가증권	2	2	1	1	1	1
총부채	181	131	32	26	101	105
총차입금	161	108	31		83	88
자본금	30	30	35	35	36	36
총자본	-58	6	173	186	195	137
지배주주지분	-58	6	173	186	195	135

기업가치 지표

항목	2011	2012	2013	2014	2015	2016
주가(최고/저)(천원)	—/—	—/—	5.7/5.1	20.2/5.0	19.0/11.3	13.0/6.4
PER(최고/저)(배)	0.0/0.0	0.0/0.0	14.9/13.2	115.4/28.5	—/—	—/—
PBR(최고/저)(배)	0.0/0.0	0.0/0.0	2.3/2.1	7.6/1.9	7.0/4.2	6.9/3.4
EV/EBITDA(배)	15.5		4.2	11.5	78.2	
EPS(원)	-87	76	384	175	-122	-928
BPS(원)	-979	104	2,466	2,640	2,724	1,877
CFPS(원)	-34	127	432	227	-66	-864
DPS(원)						
EBITDAPS(원)	140	296	415	172	-127	-430

재무 비율
〈단위 : %〉

연도	영업이익률	순이익률	부채비율	차입금비율	ROA	ROE	유보율	자기자본비율	EBITDA마진율
2016	-42.1	-83.5	76.3	64.4	-26.2	-40.4	275.4	56.7	-36.7
2015	-15.8	-10.6	51.6	42.3	-3.4	-4.6	444.8	66.0	-11.0
2014	7.7	11.2	13.9	0.0	5.9	6.8	427.9	87.8	11.0
2013	21.3	22.2	18.7	4.6	13.8	26.3	393.2	84.2	24.0

인트론바이오테크놀로지 (A048530)
iNtRON Biotechnology

업 종 : 바이오	시 장 : KOSDAQ
신용등급 : (Bond) — (CP) —	기업규모 : 신성장
홈 페 이 지 : www.intron.co.kr	연 락 처 : 031)739-5360
본 사 : 경기도 성남시 중원구 사기막골로 137 중앙인더스피아 701~704호	

설 립 일 1999.01.18	종업원수 100명	대표이사 윤경원,윤성준	
상 장 일 2011.01.26	감사의견 적정 (신한)	계 열	
결 산 기 12월	보 통 주 1,504만주	종속회사수	
액 면 가 500원	우 선 주 42만주	구 상 호	

주주구성 (지분율,%)		출자관계 (지분율,%)		주요경쟁사 (외형,%)	
윤성준	18.7	비알디코리아	21.4	인트론바이오	100
미래에셋자산운용투자자문	5.1	카브	3.1	셀트리온	6,560
(외국인)	4.8	에스브이인베스트먼트	2.4	바이로메드	67

매출구성		비용구성		수출비중	
유전자추출/증폭 등 (상품및제품)	49.1	매출원가율	50.8	수출	10.9
PML100 등 (제품)	39.7	판관비율	61.0	내수	89.1
AI, VRE, STI 등(제품)	11.2				

회사 개요
동사는 유전자시약, 분자진단, 동물용 항생제 대체재 분야를 주요 사업으로 하는 바이오 업체임. 다수의 신약개발 파이프라인에 의거하여 바이오신약 개발에 집중하고 있으며, 신약개발은 오랜 투자기간 및 개발비가 소요되는 특성상 다소 시간이 걸릴 것으로 예상됨. 유전자시약 및 분자진단 분야의 주요 원재료는 단백질 효소 및 화학물질류인데 핵심 단백질 효소는 직접 개발 생산하고 있으며 화학물질류는 주로 해외로부터 수입해 사용함.

실적 분석
동사의 2016년 매출액은 102.2억원으로 전년 대비 13.6% 감소함. 원가율 상승 및 판관비 증가로 12억원의 영업손실이 발생하며 적자전환했고, 당기순이익도 6.1억원으로 적자전환함. 실적은 다소 부진하나 동물용 항생제 수요가 늘고, 바이오 신약인 슈퍼박테리아 항생제 개발을 통한 신약출시 기대와 유전자 시약 등의 꾸준한 판매 등으로 외형성장, 수익성 개선 가능할 것으로 기대됨.

현금 흐름
*IFRS 별도 기준
〈단위 : 억원〉

항목	2015	2016
영업활동	17	-19
투자활동	-37	-103
재무활동	38	220
순현금흐름	18	98
기말현금	96	195

시장 대비 수익률

결산 실적
〈단위 : 억원〉

항목	2011	2012	2013	2014	2015	2016
매출액	86	82	93	100	118	102
영업이익	3	-11	1	11	21	-12
당기순이익	3	-12	4	0	16	-6

분기 실적
*IFRS 별도 기준
〈단위 : 억원〉

항목	2015.3Q	2015.4Q	2016.1Q	2016.2Q	2016.3Q	2016.4Q
매출액	22	30	23	24	22	32
영업이익	3	16	-2	-2	-4	-4
당기순이익	1	12	-2	-2	-4	3

재무 상태
*IFRS 별도 기준
〈단위 : 억원〉

항목	2011	2012	2013	2014	2015	2016
총자산	204	196	232	344	404	596
유형자산	34	34	34	30	66	78
무형자산	50	66	76	85	100	123
유가증권			0	34	37	82
총부채	104	77	57	150	59	105
총차입금	86	63	41	134	35	86
자본금	46	64	70	70	75	77
총자본	100	119	175	194	344	492
지배주주지분	100	119	175	194	344	492

기업가치 지표
*IFRS 별도 기준

항목	2011	2012	2013	2014	2015	2016
주가(최고/저)(천원)	8.6/4.0	12.1/6.1	16.9/8.8	17.2/12.5	67.7/13.7	92.5/24.1
PER(최고/저)(배)	316.9/145.2	—/—	641.9/334.2	11,703.2/8,471.2	653.5/132.3	—/—
PBR(최고/저)(배)	9.4/4.3	12.3/6.2	13.5/7.0	12.1/8.8	29.1/5.9	28.0/7.3
EV/EBITDA(배)	80.4		158.9	97.8	259.8	5,607.4
EPS(원)	27	-99	26	1	104	-38
BPS(원)	1,195	1,280	1,252	1,424	2,323	3,308
CFPS(원)	117	-20	103	60	168	43
DPS(원)						
EBITDAPS(원)	115	-12	81	139	206	5

재무 비율
〈단위 : %〉

연도	영업이익률	순이익률	부채비율	차입금비율	ROA	ROE	유보율	자기자본비율	EBITDA마진율
2016	-11.7	-6.0	21.3	17.5	-1.2	-1.5	561.3	82.5	0.5
2015	18.0	13.2	17.2	10.0	4.2	5.8	364.7	85.3	26.2
2014	11.3	0.2	77.4	69.2	0.1	0.1	184.7	56.4	19.4
2013	0.6	3.8	32.7	23.5	1.7	2.4	150.4	75.3	11.8

인팩 (A023810)
Infac

업   종 : 자동차부품
신용등급 : (Bond) —   (CP) —
홈 페 이 지 : www.infac.com
본   사 : 서울시 송파구 백제고분로 450
시   장 : 거래소
기업규모 : 시가총액 소형주
연 락 처 : 02)3432-3333

설 립 일	1972.01.24	종 업 원 수	454명	대 표 이 사	최오길,최웅선
상 장 일	2004.09.21	감 사 의 견	적정 (안진)	계 열	
결 산 기	12월	보 통 주	1,000만주	종속회사수	
액 면 가	500원	우 선 주		구 상 호	

주주구성 (지분율,%)		출자관계 (지분율,%)		주요경쟁사 (외형,%)	
최오길	20.0	인팩일렉스	49.0	인팩	100
최웅선	13.2	인팩혼시스템	20.0	삼성공조	36
(외국인)	14.2	인팩케이블	20.0	현대공업	91

매출구성		비용구성		수출비중	
[제품]컨트롤케이블	47.5	매출원가율	83.6	수출	32.1
[제품]이그니션케이블, 밸브류	42.5	판관비율	11.8	내수	67.9
[제품]전자식파킹브레이크케이블(EPB) 외	9.1				

회사 개요
동사는 자동차부품을 전문적으로 생산해온 전문업체로 자동차 케이블, 밸브 및 스위치 등을 생산함. 주요 매출품목은 콘트롤케이블류, 이그니션케이블 및 밸브, 스위치류와 2012년에 신규로 전자식파킹브레이크케이블 및 공기현가장치가 추가되나, 다양한 거래처에 안정적으로 제품을 공급하고 있음. 주요 거래처로는 현대자동차, 기아자동차, 지엠대우, 쌍용 등 국내 완성업체 및 해외 유수의 자동차 생산업체 및 부품업체임.

실적 분석
동사의 2016년 연결기준 매출액은 내수와 수출 모두 소폭 증가하며 2,340.3억원을 시현. 전년대비 5.1% 증가함. 판관비는 증가했으나 매출원가율이 하락하여 영업이익은 전년대비 16.9% 증가한 108.0억원을, 순이익은 외환손실 6.4억원과 관계기업 투자이익 감소로 전년대비 12.8% 감소한 92.7억원을 기록. 중국과 인도 자회사의 이익 시현세가 괄목할만함. 멕시코 공장은 현재 건설 중에 있음.

현금 흐름 〈단위 : 억원〉
항목	2015	2016
영업활동	134	147
투자활동	-144	-150
재무활동	2	-12
순현금흐름	-3	-17
기말현금	131	114

시장 대비 수익률
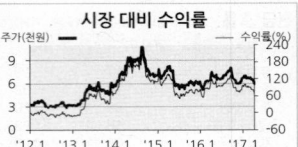

결산 실적 〈단위 : 억원〉
항목	2011	2012	2013	2014	2015	2016
매출액	1,851	2,071	2,190	2,184	2,228	2,340
영업이익	109	107	139	97	92	108
당기순이익	113	92	173	143	106	93

분기 실적 〈단위 : 억원〉
항목	2015.3Q	2015.4Q	2016.1Q	2016.2Q	2016.3Q	2016.4Q
매출액	501	645	568	599	541	632
영업이익	2	57	30	35	16	28
당기순이익	15	46	25	34	9	24

재무 상태 〈단위 : 억원〉
항목	2011	2012	2013	2014	2015	2016
총자산	1,336	1,463	1,588	1,640	1,894	2,014
유형자산	537	569	532	532	539	586
무형자산	45	38	41	41	42	54
유가증권	8	8	9	8	6	6
총부채	751	817	772	703	880	921
총차입금	263	306	210	195	217	225
자본금	50	50	50	50	50	50
총자본	585	646	816	938	1,013	1,093
지배주주지분	581	640	810	931	1,006	1,072

기업가치 지표
항목	2011	2012	2013	2014	2015	2016
주가(최고/저)(천원)	6.3/2.7	3.9/2.9	6.3/3.1	11.4/5.7	8.3/5.0	8.0/5.0
PER(최고/저)(배)	6.3/2.7	4.9/3.6	4.0/2.0	8.5/4.3	8.2/5.0	8.8/5.5
PBR(최고/저)(배)	1.3/0.5	0.7/0.5	0.9/0.4	1.3/0.7	0.9/0.5	0.8/0.5
EV/EBITDA(배)	3.6	3.6	4.4	6.4	4.3	4.2
EPS(원)	1,157	903	1,715	1,422	1,057	933
BPS(원)	5,806	6,404	8,096	9,307	10,063	10,724
CFPS(원)	1,668	1,565	2,407	2,099	1,750	1,652
DPS(원)	120	100	130	140	140	150
EBITDAPS(원)	1,598	1,735	2,080	1,644	1,617	1,799

재무 비율 〈단위 : % 〉
연도	영업이익률	순이익률	부채비율	차입금비율	ROA	ROE	유보율	자기자본비율	EBITDA마진율
2016	4.6	4.0	84.3	20.6	4.7	9.0	2,044.8	54.3	7.7
2015	4.2	4.8	86.9	21.4	6.0	10.9	1,912.6	53.5	7.3
2014	4.4	6.6	74.9	20.8	8.9	16.3	1,761.4	57.2	7.5
2013	6.3	7.9	94.6	25.8	11.3	23.7	1,519.2	51.4	9.5

인포마크 (A175140)
INFOMARK

업   종 : 휴대폰 및 관련부품
신용등급 : (Bond) —   (CP) —
홈 페 이 지 : www.infomark.co.kr
본   사 : 경기도 성남시 분당구 황새울로 216 (수내동,휴맥스빌리지3층)
시   장 : KOSDAQ
기업규모 : 벤처
연 락 처 : 031)714-0454

설 립 일	2002.01.24	종 업 원 수	104명	대 표 이 사	최혁
상 장 일	2015.09.23	감 사 의 견	적정 (한경)	계 열	
결 산 기	12월	보 통 주	357만주	종속회사수	
액 면 가	500원	우 선 주		구 상 호	

주주구성 (지분율,%)		출자관계 (지분율,%)		주요경쟁사 (외형,%)	
최혁	21.4			인포마크	100
에스비팬아시아펀드	16.9			피델릭스	89
(외국인)	1.1			알에프세미	101

매출구성		비용구성		수출비중	
라우터(LTE)	38.8	매출원가율	67.5	수출	—
키즈폰	35.6	판관비율	29.0	내수	—
모바일(WiMAX)	21.4				

회사 개요
동사는 2002년 설립된 소프트웨어 개발, 정보통신 하드웨어 제조업으로 주력 제품으로는 키즈폰 및 무선 데이터통신 단말기가 있음. 몸에 부착하여 사용하는 소형 IT기기인 웨어러블 단말 사업의 선도 업체로 키즈폰 시장에서의 시장 점유율을 높여 감. 무선데이터통신 단말 분야에도 국내 1위 업체로 미국, 일본, 호주 등에 모바일라우터를 250만대 이상 판매함. 매출 구성은 키즈폰 51%, 모바일라우터 46% 등으로 이루어짐.

실적 분석
동사의 연결 재무제표 기준 2016년 결산 매출액은 전년 동기 521.9 억원 대비 22.0% 증가한 636.7 억원 기록. 매출호조로 인한 매출원가 및 판관비 상승에도 불구하고 영업이익 22.2 억원을 기록, 전년 동기 대비 흑자 전환함. 당기순이익 역시 10.8억원을 시현하며, 흑자전환 하였음. 향후 웨어러블 기기 출시에 따른 매출 성장세가 기대되고 있음.

현금 흐름 *IFRS 별도 기준 〈단위 : 억원〉
항목	2015	2016
영업활동	-28	53
투자활동	-42	-50
재무활동	69	-19
순현금흐름	-1	-16
기말현금	18	2

시장 대비 수익률
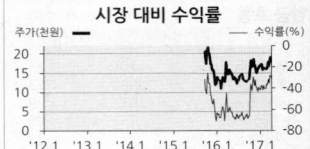

결산 실적 〈단위 : 억원〉
항목	2011	2012	2013	2014	2015	2016
매출액	382	776	612	707	522	637
영업이익	26	59	38	41	-10	22
당기순이익	17	27	20	34	-7	11

분기 실적 *IFRS 별도 기준 〈단위 : 억원〉
항목	2015.3Q	2015.4Q	2016.1Q	2016.2Q	2016.3Q	2016.4Q
매출액	103	76	232	127	135	142
영업이익	4	-45	15	23	0	-15
당기순이익	1	-37	10	12	1	-12

재무 상태 *IFRS 별도 기준 〈단위 : 억원〉
항목	2011	2012	2013	2014	2015	2016
총자산	288	406	384	372	442	460
유형자산	10	11	14	17	19	19
무형자산	30	56	43	60	80	86
유가증권	—		1	1	1	5
총부채	224	315	291	228	174	178
총차입금	170	168	224	196	141	120
자본금	6	8	9	13	18	18
총자본	64	91	93	144	268	282
지배주주지분	64	91	93	144	268	282

기업가치 지표 *IFRS 별도 기준
항목	2011	2012	2013	2014	2015	2016
주가(최고/저)(천원)	—/—	—/—	—/—	—/—	22.5/12.0	19.3/11.0
PER(최고/저)(배)	0.0/0.0	0.0/0.0	0.0/0.0	0.0/0.0	—/—	62.6/35.7
PBR(최고/저)(배)	0.0/0.0	0.0/0.0	0.0/0.0	0.0/0.0	2.9/1.6	2.4/1.4
EV/EBITDA(배)	3.8	1.9	4.1	3.1	66.7	12.1
EPS(원)	1,031	1,648	1,081	1,258	-224	308
BPS(원)	38,808	55,287	37,969	5,202	7,648	7,906
CFPS(원)	19,836	24,636	17,617	1,702	372	1,313
DPS(원)						
EBITDAPS(원)	25,292	44,017	27,173	1,979	272	1,636

재무 비율 〈단위 : % 〉
연도	영업이익률	순이익률	부채비율	차입금비율	ROA	ROE	유보율	자기자본비율	EBITDA마진율
2016	3.5	1.7	63.2	42.6	2.4	3.9	1,481.3	61.3	9.0
2015	-1.9	-1.3	65.1	52.7	-1.7	-3.3	1,429.7	60.6	1.6
2014	5.9	4.8	157.7	135.4	9.0	28.6	1,081.8	38.8	7.6
2013	6.1	3.3	312.8	241.5			778.7	24.2	8.2

인포바인 (A115310)
INFOvine co

업 종 : 인터넷 서비스		시 장 : KOSDAQ	
신용등급 : (Bond) — (CP) —		기업규모 : 벤처	
홈페이지 : www.infovine.co.kr		연 락 처 : 02)3775-3366	
본 사 : 서울시 마포구 마포대로 144 (공덕동, 태영빌딩 5층)			

설 립 일 2000.02.14	종업원수 72명	대표이사 권성준
상 장 일 2010.02.09	감사의견 적정 (삼일)	계 열
결 산 기 12월	보 통 주 311만주	종속회사수
액 면 가 500원	우 선 주	구 상 호

주주구성 (지분율,%)		출자관계 (지분율,%)		주요경쟁사 (외형,%)	
권성준	17.0	인포바인	100		
현종건	7.4	이크레더블	150		
(외국인)	16.1	가비아	487		

매출구성		비용구성		수출비중	
휴대폰인증서 보관서비스	99.1	매출원가율	0.0	수출	2.6
온라인게임 서비스	0.5	판관비율	40.4	내수	97.4
기타	0.4				

회사 개요
동사는 유무선 통신 부가서비스 사업을 영위하는 업체로, 휴대폰 인증서 보관서비스를 주력으로 함. 동 서비스는 유무선 네트워크 연동기술, 데이터 암호화 기술 및 모바일 어플리케이션 개발 기술을 기반으로 공인인증서를 휴대폰에 보관하고, 어느 PC에서나 자유롭게 사용할 수 있도록 하는 서비스임. 온라인 게임의 제4구역을 개발하여 태국 현지 상용화하는 등 게임 사업도 영위함. 휴대폰 인증서 보관서비스는 내수 매출이 전체의 대부분을 차지함.

실적 분석
동사의 2016년 연간 매출액은 209.7억원으로 전년대비 14.2% 증가함. 영업이익은 125억원으로 전년대비 12.4% 증가함. 당기순이익 역시 외형 성장의 영향으로 전년대비 12.6% 성장한 108.5억원 기록. 동사의 휴대폰인증서 보관서비스 시장의 경우 독점적 시장경쟁 형태이며, 보안수단으로서 공인인증서의 보급률이 절대적인 상황에서 사업 안정성이 당분간은 유지될 전망임. 모바일게임 및 어플리케이션 개발 및 출시로 부가적인 매출 증대 기대.

현금 흐름		〈단위 : 억원〉	
항목	2015	2016	
영업활동	100	98	
투자활동	252	-102	
재무활동	-204	-33	
순현금흐름	149	-36	
기말현금	171	134	

시장 대비 수익률

결산 실적					〈단위 : 억원〉	
항목	2011	2012	2013	2014	2015	2016
매출액	155	166	192	201	184	210
영업이익	102	105	127	132	111	125
당기순이익	94	100	117	122	96	109

분기 실적					〈단위 : 억원〉	
항목	2015.3Q	2015.4Q	2016.1Q	2016.2Q	2016.3Q	2016.4Q
매출액	45	46	52	51	52	54
영업이익	29	24	35	32	31	28
당기순이익	26	21	30	28	26	25

재무 상태					〈단위 : 억원〉	
항목	2011	2012	2013	2014	2015	2016
총자산	409	461	692	777	670	755
유형자산	3	3	2	2	1	5
무형자산	4	4	5	9	10	11
유가증권	90	70	60	110	174	192
총부채	24	25	174	175	25	35
총차입금	—		144	145	-0	0
자본금	15	15	15	15	16	16
총자본	386	436	518	602	645	720
지배주주지분	386	436	518	602	645	720

기업가치 지표						
항목	2011	2012	2013	2014	2015	2016
주가(최고/저)(천원)	18.5/11.6	24.3/14.8	29.5/19.7	31.4/23.2	35.7/20.3	27.7/21.5
PER(최고/저)(배)	7.2/4.5	8.6/5.2	8.6/5.8	8.7/6.4	12.2/7.2	8.2/6.4
PBR(최고/저)(배)	1.5/1.0	1.6/1.0	1.6/1.1	1.5/1.1	1.5/0.9	1.0/0.8
EV/EBITDA(배)	2.0	3.3	3.3	1.7	1.7	1.8
EPS(원)	3,083	3,279	3,853	3,981	3,119	3,486
BPS(원)	14,611	17,221	20,447	23,754	26,114	28,925
CFPS(원)	3,124	3,321	3,897	4,032	3,167	3,540
DPS(원)	750	780	810		1,750	900
EBITDAPS(원)	3,390	3,490	4,215	4,347	3,648	4,067

재무 비율								〈단위 : % 〉	
연도	영업이익률	순이익률	부채비율	차입금비율	ROA	ROE	유보율	자기자본비율	EBITDA마진율
2016	59.6	51.8	4.9	0.0	15.2	15.9	5,685.0	95.4	60.4
2015	60.6	52.5	3.9	0.0	13.3	15.5	5,122.7	96.2	61.4
2014	65.4	60.6	29.1	24.1	16.6	21.8	4,650.8	77.5	66.1
2013	66.3	61.3	33.7	27.8	20.4	24.6	3,989.3	74.8	67.0

인포뱅크 (A039290)
InfoBank

업 종 : 일반 소프트웨어		시 장 : KOSDAQ	
신용등급 : (Bond) — (CP) —		기업규모 : 벤처	
홈페이지 : www.infobank.net		연 락 처 : 031)628-1500	
본 사 : 경기도 성남시 분당구 대왕판교로 660 유스페이스1 A동 12층			

설 립 일 1995.06.14	종업원수 136명	대표이사 박태형
상 장 일 2006.07.04	감사의견 적정 (삼정)	계 열
결 산 기 12월	보 통 주 869만주	종속회사수
액 면 가 500원	우 선 주	구 상 호

주주구성 (지분율,%)		출자관계 (지분율,%)		주요경쟁사 (외형,%)	
박태형	18.3	인포뱅크	100		
장준호	9.6	인프라웨어	12		
(외국인)	0.5	피노텍	10		

매출구성		비용구성		수출비중	
메시징서비스	84.7	매출원가율	87.7	수출	0.4
기타모바일서비스	7.6	판관비율	11.8	내수	99.6
Smat Car 서비스	5.5				

회사 개요
동사는 유무선 및 방송 통신네트워크 소프트웨어 개발 및 서비스사업을 영위할 목적으로 1995년에 설립되었음. 국내 최초로 모바일 기업메시징 서비스를 개발한 벤처 1세대 기업. 사업분야로는 서비스사업(기업용메시징서비스, 양방향미디어서비스, 스마트카 서비스 등)과 기타사업(단말Embedded S/W 개발 등)을 영위하고 있음. 2006년에 코스닥 시장에 상장. 연결종속회사로 비상장사 2개사를 소유.

실적 분석
금융권 및 이동통신사 대상 모바일메시징 서비스의 외형성장에 힘입어, 동사의 2016년 매출액은 전년 대비 6.3% 신장한 1,097.7억원을 기록. 기대됐던 스마트카 서비스 부문은 현대차를 비롯한 전방 산업 부진으로 전년 유스의 절반 수준에도 못 미침. 매출원가가 9.0% 증가했고 판관비는 9.5% 감소하여 영업이익과 당기순이익은 각각 5.6억원, 17.9억원에 그침.

현금 흐름		〈단위 : 억원〉	
항목	2015	2016	
영업활동	28	77	
투자활동	-28	-16	
재무활동	-2	5	
순현금흐름	-3	65	
기말현금	87	152	

시장 대비 수익률

결산 실적					〈단위 : 억원〉	
항목	2011	2012	2013	2014	2015	2016
매출액	695	1,074	979	992	1,033	1,098
영업이익	-9	13	-42	-29	7	6
당기순이익	36	166	-17	-36	13	18

분기 실적					〈단위 : 억원〉	
항목	2015.3Q	2015.4Q	2016.1Q	2016.2Q	2016.3Q	2016.4Q
매출액	260	263	251	276	267	304
영업이익	1	-2	-6	7	6	-1
당기순이익	6	-3	-2	10	7	3

재무 상태					〈단위 : 억원〉	
항목	2011	2012	2013	2014	2015	2016
총자산	608	792	723	683	677	726
유형자산	27	246	234	218	197	190
무형자산	19	22	13	13	11	9
유가증권	225	70	42	27	55	55
총부채	164	225	191	202	175	203
총차입금	—		8	5	3
자본금	43	43	43	43	43	43
총자본	445	567	532	481	503	523
지배주주지분	445	554	514	461	480	498

기업가치 지표						
항목	2011	2012	2013	2014	2015	2016
주가(최고/저)(천원)	4.8/2.0	14.1/4.2	11.2/5.0	9.2/4.5	8.4/4.7	14.4/6.3
PER(최고/저)(배)	11.8/5.0	7.5/2.2	—/—	—/—	66.0/37.0	79.2/34.6
PBR(최고/저)(배)	0.9/0.4	2.2/0.6	1.8/0.8	1.7/0.8	1.5/0.8	2.4/1.1
EV/EBITDA(배)	99.4	20.4			29.0	62.9
EPS(원)	411	1,892	-218	-421	127	182
BPS(원)	5,289	6,566	6,119	5,584	5,794	5,953
CFPS(원)	538	2,106	1	-221	300	319
DPS(원)	30	30				
EBITDAPS(원)	28	367	-261	-133	250	202

재무 비율								〈단위 : % 〉	
연도	영업이익률	순이익률	부채비율	차입금비율	ROA	ROE	유보율	자기자본비율	EBITDA마진율
2016	0.5	1.6	38.8	0.6	2.6	3.2	1,090.6	72.1	1.6
2015	0.7	1.3	34.8	1.0	2.0	2.4	1,058.9	74.2	2.1
2014	-2.9	-3.7	42.0	1.7	-5.2	-7.5	1,016.9	70.4	-1.2
2013	-4.3	-1.7	36.0	0.0	-2.2	-3.5	1,123.7	73.6	-2.3

인프라웨어 (A041020)
Infraware

<table>
<tr><td>업　　　종 : 일반 소프트웨어</td><td>시　　　장 : KOSDAQ</td></tr>
<tr><td>신용등급 : (Bond) —　　(CP) —</td><td>기업규모 : 벤처</td></tr>
<tr><td>홈페이지 : www.infraware.co.kr</td><td>연 락 처 : 02)537-0538</td></tr>
<tr><td colspan="2">본　　　사 : 서울시 금천구 가산디지털1로 19, 대륭테크노타운 18차 20층</td></tr>
</table>

설 립 일	1997.04.03	종 업 원 수	230명	대 표 이 사	곽민철,이해석
상 장 일	2005.10.28	감 사 의 견	적정(삼정)	계 열	
결 산 기	12월	보 통 주	1,862만주	종속회사수	
액 면 가	500원	우 선 주		구 상 호	

주주구성 (지분율,%)
디오텍	11.3
국민연금공단	4.6
(외국인)	0.7

출자관계 (지분율,%)
인프라웨어테크놀러지	41.1
셀바스	40.0
셀바스에이아이	10.0

주요경쟁사 (외형,%)
인프라웨어테크놀러지	100
피노텍	83
SGA솔루션즈	375

매출구성
오피스 솔루션	57.8
모바일 솔루션	24.0
기타(모바일게임, 기타용역 등)	18.2

비용구성
| 매출원가율 | 0.0 |
| 판관비율 | 283.8 |

수출비중
| 수출 | 46.0 |
| 내수 | 54.0 |

회사 개요
동사는 1997년 설립된 임베디드 소프트웨어 전문 업체로, 2005년 코스닥 시장에 상장됨. 주력 제품은 모바일 오피스 솔루션인 POLARIS Office이며, 삼성전자, LG전자, HTC 등 글로벌 안드로이드 기반 스마트폰 및 태블릿 PC에 공급하고 있음. 계열회사인 디오텍, 셀바스, 인프라웨어 테크놀러지, 자원메디칼 등을 통해 기업용 오피스 및 PC 버전 오피스 등 오피스를 기반으로 한 사업 다각화에 힘쓰고 있음.

실적 분석
동사의 2016년 연간 매출액은 132억원으로 전년대비 41.2% 감소함. 매출 감소 원인은 모바일 프리로드 오피스 '폴라리스 오피스'의 실적 부진과 스마트폰 시장의 성장성 둔화. 스마트폰 폴라리스 오피스 선탑재가 사라지면서 관련 매출 사라짐. 외형 갑감으로 고정비용 부담이 가중되면서 영업적자 확대, 242.6억원의 적자 기록. 클라우드 오피스SW를 내놓으며 부분 유료화를 통해 시장 공략에 나서고 있으나 개선 기미는 미미한 상황임.

현금 흐름 〈단위 : 억원〉
항목	2015	2016
영업활동	-127	-220
투자활동	145	184
재무활동	-5	5
순현금흐름	15	-31
기말현금	101	70

시장 대비 수익률
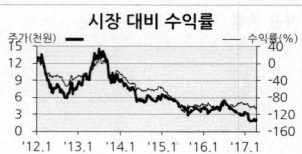

결산 실적 〈단위 : 억원〉
항목	2011	2012	2013	2014	2015	2016
매출액	335	479	534	408	224	132
영업이익	12	85	135	25	-182	-243
당기순이익	22	27	67	-70	-232	-261

분기 실적 〈단위 : 억원〉
항목	2015.3Q	2015.4Q	2016.1Q	2016.2Q	2016.3Q	2016.4Q
매출액	47	39	47	34	25	27
영업이익	-48	-68	-53	-61	-62	-66
당기순이익	-54	-81	-56	-80	-54	-71

재무 상태 〈단위 : 억원〉
항목	2011	2012	2013	2014	2015	2016
총자산	1,013	901	1,216	964	689	463
유형자산	14	18	31	32	15	7
무형자산	105	70	47	39	13	6
유가증권	—	17	32	—	177	213
총부채	299	152	318	120	76	133
총차입금	204	20	181	5	1	37
자본금	91	91	93	93	93	93
총자본	714	749	899	844	613	330
지배주주지분	712	749	908	843	613	330

기업가치 지표
항목	2011	2012	2013	2014	2015	2016
주가(최고/저)(천원)	17.4/6.3	16.7/7.0	17.5/9.6	11.5/6.1	8.0/3.4	6.7/3.3
PER(최고/저)(배)	108.2/38.8	94.5/39.4	28.2/15.4	—/—	—/—	—/—
PBR(최고/저)(배)	3.7/1.3	3.4/1.4	3.0/1.6	2.1/1.1	2.0/0.9	3.2/1.5
EV/EBITDA(배)	70.5	12.0	9.5	21.7		
EPS(원)	134	148	518	-328	-1,242	-1,404
BPS(원)	3,918	4,121	4,891	4,543	3,311	1,790
CFPS(원)	246	268	639	-235	-1,175	-1,350
DPS(원)						
EBITDAPS(원)	177	587	849	228	-909	-1,249

재무 비율 〈단위 : %〉
연도	영업이익률	순이익률	부채비율	차입금비율	ROA	ROE	유보율	자기자본비율	EBITDA마진율
2016	-183.8	-198.1	40.2	11.2	-45.4	-55.4	258.0	71.4	-176.2
2015	-81.0	-103.4	12.4	0.1	-28.1	-31.8	562.2	89.0	-75.4
2014	6.1	-17.1	14.2	0.6	-6.4	-7.0	808.5	87.6	10.4
2013	25.2	12.5	35.4	20.2	6.3	11.6	878.3	73.9	29.4

인프라웨어테크놀러지 (A247300)
INFRAWARE TECHNOLOGY

<table>
<tr><td>업　　　종 : 일반 소프트웨어</td><td>시　　　장 : KONEX</td></tr>
<tr><td>신용등급 : (Bond) —　　(CP) —</td><td>기업규모 :</td></tr>
<tr><td>홈페이지 : www.infrawaretech.com</td><td>연 락 처 : 02)6003-8800</td></tr>
<tr><td colspan="2">본　　　사 : 서울시 금천구 가산디지털1로 19 대륭테크노타운 18차 20층</td></tr>
</table>

설 립 일	2007.05.10	종 업 원 수	명	대 표 이 사	엄태철
상 장 일	2016.07.08	감 사 의 견	적정(인덕)	계 열	
결 산 기	12월	보 통 주	408만주	종속회사수	
액 면 가	500원	우 선 주		구 상 호	

주주구성 (지분율,%)
| 인프라웨어 | 41.1 |
| 곽민철 | 39.2 |

출자관계 (지분율,%)
| 쉬프트웍스 | 100.0 |

주요경쟁사 (외형,%)
인프라웨어테크놀러지	100
이글루시큐리티	814
포시에스	196

매출구성
인프라 서비스	47.7
플랫폼 개발	31.7
난독화 솔루션 외	13.0

비용구성
| 매출원가율 | 7.7 |
| 판관비율 | 93.9 |

수출비중
| 수출 | — |
| 내수 | — |

회사 개요
2007년 설립된 플랫폼 및 보안 솔루션을 보유한 기술 전문 기업으로 플랫폼/보안 솔루션 사업뿐만 아니라 유통, 인프라 서비스 등 IT 관련 사업을 영위 중임. 3개의 상장 계열회사와 11개의 비상장 계열회사를 보유하고 있음. 주요 사업부문은 스마트 디바이스용 플랫폼 사업부문과 모바일 보안 및 관제를 담당하는 보안 사업부문, 인트라넷/시스템 운영/품질, 형상관리 서비스를 제공하는 인프라 사업부문으로 분류할 수 있음.

실적 분석
동사의 2016년 매출액은 71.4억원, 영업손실은 1.1억원, 당기순손실은 1.9억원을 기록함. 향후 계열사 인프라웨어의 폴라리스오피스, 자원메디칼의 의료기기, 디오텍의 인공지능(AI) 기술을 융합해 시너지를 내고 향후 플랫폼에 특화한 기술로 국외 시장에도 진출할 계획임. 앱 보안 검증, 보안 관제, 생체 인식 분야로 보안 사업을 확장 중이며 혁신적인 연구개발과 지속적인 실적 개선을 통한 외형 성장 기대됨.

현금 흐름 *IFRS 별도 기준 〈단위 : 억원〉
항목	2015	2016
영업활동	0	-3
투자활동	-0	-0
재무활동	0	0
순현금흐름	5	-3
기말현금	12	9

시장 대비 수익률
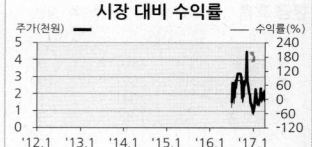

결산 실적 〈단위 : 억원〉
항목	2011	2012	2013	2014	2015	2016
매출액	—	—	34	44	50	71
영업이익	—	—	0	1	2	-1
당기순이익	—	—	-4	3	3	-2

분기 실적 *IFRS 별도 기준 〈단위 : 억원〉
항목	2015.3Q	2015.4Q	2016.1Q	2016.2Q	2016.3Q	2016.4Q
매출액						
영업이익						
당기순이익						

재무 상태 *IFRS 별도 기준 〈단위 : 억원〉
항목	2011	2012	2013	2014	2015	2016
총자산	—	—	18	21	31	34
유형자산	—	—	1	0	0	0
무형자산	—	—	0	0	0	0
유가증권	—	—				
총부채	—	—	10	11	18	22
총차입금	—	—			5	5
자본금	—	—	20	20	20	20
총자본	—	—	8	10	13	12
지배주주지분	—	—	8	10	13	12

기업가치 지표 *IFRS 별도 기준
항목	2011	2012	2013	2014	2015	2016
주가(최고/저)(천원)	—/—	—/—	—/—	—/—	—/—	4.5/1.0
PER(최고/저)(배)	0.0/0.0	0.0/0.0	0.0/0.0	0.0/0.0	0.0/0.0	—/—
PBR(최고/저)(배)	0.0/0.0	0.0/0.0	0.0/0.0	0.0/0.0	0.0/0.0	15.6/3.4
EV/EBITDA(배)						
EPS(원)	—	—	-129	81	86	-51
BPS(원)	—	—	1,909	2,573	3,280	286
CFPS(원)	—	—	-733	794	814	-42
DPS(원)						
EBITDAPS(원)	—	—	216	475	715	-22

재무 비율 〈단위 : %〉
연도	영업이익률	순이익률	부채비율	차입금비율	ROA	ROE	유보율	자기자본비율	EBITDA마진율
2016	-1.6	-2.7	일부잠식	일부잠식	-5.9	-15.4	-42.8	34.3	-1.2
2015	4.8	5.6	일부잠식	일부잠식	10.9	24.2	-34.4	42.7	5.7
2014	3.2	6.1	일부잠식	0.0	13.5	29.6	-48.5	48.1	4.4
2013	0.5	-10.5	일부잠식	0.0	0.0	-61.8	-42.8	42.8	2.5

인피니트헬스케어 (A071200)
INFINITT Healthcare

업 종 : 의료 장비 및 서비스		시 장 : KOSDAQ	
신용 등급 : (Bond) — (CP) —		기업 규모 : 중견	
홈 페 이 지 : www.infinitt.com		연 락 처 : 02)2194-1600	
본 사 : 서울시 구로구 디지털로34길 27, 대룡포스트타워3차 12층			

설 립 일	2002.12.30	종 업 원 수	272명	대 표 이 사	김동욱
상 장 일	2010.05.26	감 사 의 견	적정 (우리)	계 열	
결 산 기	12월	보 통 주	2,440만주	종 속 회 사 수	
액 면 가	500원	우 선 주		구 상 호	

주주구성 (지분율,%)
솔본	45.4
포커스신문사	0.4
(외국인)	2.2

출자관계 (지분율,%)
인피니트헬스케어	100
루트로닉	118
솔본	110

주요경쟁사 (외형,%)
(empty)

매출구성
영상의학과 PAC,심장학과 등	100.0

비용구성
매출원가율	44.7
판관비율	46.1

수출비중
수출	59.3
내수	40.7

회사 개요
동사는 2002년에 설립된 의료IT 전문기업으로 PACS(의료영상저장전송시스템) 및 3차원 의료영상 S/W를 개발하고 있음. PACS는 촬영 후 DB에 저장된 영상을 의료진의 PC에서 손쉽게 진단에 활용할 수 있도록 하는 디지털 솔루션임. 연결대상 종속회사로 해외 영업 목적의 9개의 해외 법인을 보유하고 있고, 국내 법인으로는 (주)제론헬스케어, 테크하임(주)을 보유하고 있음. 리노셈은 2015년 2월 지분매각을 완료함.

실적 분석
동사의 2016년 연결기준 매출액은 전기 대비 15.7% 확대된 715억원을 시현함. 매출 확대로 인한 고정비 부담 완화로 영업이익은 전년 동기 대비 49.6% 증가한 66.4억원을 시현. 비영업손익 면에서는 전기중의 리노셈 매각에 따른 일시적 수익이 발생했고, 당기에는 발생하지 않아 전년동기 대비 이익이 줄었음. 당기순이익은 전년동기 56.4억원 대비 27.3% 증가한 71.8억원을 시현함.

현금 흐름 〈단위 : 억원〉
항목	2015	2016
영업활동	69	57
투자활동	47	-18
재무활동	3	4
순현금흐름	131	48
기말현금	338	386

시장 대비 수익률
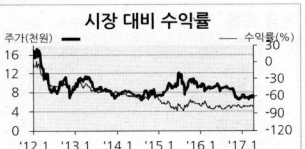

결산 실적 〈단위 : 억원〉
항목	2011	2012	2013	2014	2015	2016
매출액	1,095	811	646	628	618	715
영업이익	-3	-48	25	31	44	66
당기순이익	-31	-71	85	18	56	72

분기 실적 〈단위 : 억원〉
항목	2015.3Q	2015.4Q	2016.1Q	2016.2Q	2016.3Q	2016.4Q
매출액	157	164	176	174	172	193
영업이익	11	8	21	22	20	2
당기순이익	29	-20	20	25	15	12

재무 상태 〈단위 : 억원〉
항목	2011	2012	2013	2014	2015	2016
총자산	1,062	918	817	789	827	905
유형자산	164	161	114	82	71	69
무형자산	98	115	132	131	91	74
유가증권	11	6	6	3	3	3
총부채	548	466	282	228	208	210
총차입금	224	189	125	95	68	54
자본금	121	122	122	122	122	122
총자본	514	452	535	561	619	695
지배주주지분	501	440	534	564	622	697

기업가치 지표
항목	2011	2012	2013	2014	2015	2016
주가(최고/저)(천원)	18.2/6.1	18.5/6.9	12.2/6.7	9.0/6.3	12.4/7.1	10.0/6.0
PER(최고/저)(배)	—/—	—/—	33.1/18.3	99.3/69.7	53.2/30.8	34.3/20.6
PBR(최고/저)(배)	8.8/2.9	10.2/3.8	5.5/3.1	3.9/2.7	4.8/2.8	3.5/2.1
EV/EBITDA(배)	109.8		32.6	24.5	25.2	13.4
EPS(원)	-134	-285	367	91	232	291
BPS(원)	2,075	1,815	2,198	2,320	2,556	2,863
CFPS(원)	31	-126	470	241	379	429
DPS(원)	—	—	—	—	—	—
EBITDAPS(원)	152	-36	208	277	329	409

재무 비율 〈단위 : % 〉
연도	영업이익률	순이익률	부채비율	차입금비율	ROA	ROE	유보율	자기자본비율	EBITDA마진율
2016	9.3	10.0	30.2	7.8	8.3	10.8	472.7	76.8	14.0
2015	7.2	9.1	33.6	11.1	7.0	9.5	411.2	74.8	13.0
2014	4.9	2.9	40.7	17.0	2.3	4.0	364.0	71.1	10.7
2013	3.9	13.2	52.6	23.3	9.8	18.3	339.7	65.5	7.9

인화정공 (A101930)
Inhwa Precision

업 종 : 조선		시 장 : KOSDAQ	
신용 등급 : (Bond) — (CP) —		기업 규모 : 우량	
홈 페 이 지 : www.ihpre.co.kr		연 락 처 : 055)299-0954	
본 사 : 경남 창원시 의창구 차룡로14번길 55 (팔용동)			

설 립 일	1999.01.08	종 업 원 수	75명	대 표 이 사	이인
상 장 일	2010.10.22	감 사 의 견	적정 (이촌)	계 열	
결 산 기	12월	보 통 주	933만주	종 속 회 사 수	
액 면 가	500원	우 선 주		구 상 호	

주주구성 (지분율,%)
이인	50.8
신영자산운용	5.0
(외국인)	0.0

출자관계 (지분율,%)
삼환종합기계공업	100.0
대연정공	100.0
해동산업	100.0

주요경쟁사 (외형,%)
인화정공	100
에스앤더블유	44
케이프	128

매출구성
기타	47.3
창원지식산업센터 분양(기타)	22.9
DIFF GEAR(제품)	12.2

비용구성
매출원가율	91.0
판관비율	9.8

수출비중
수출	5.8
내수	94.2

회사 개요
1999년 설립된 동사는 선박엔진, 발전설비, 기계설비, 교량(현수교) 등 대형부품을 생산하는 사업을 영위하고 있음. 동사는 자동차 부품을 제조하는 (주)대연정공, 금속성형과 기계제조업을 영위하는 해동산업, 금속구조재를 만드는 삼환종합기계공업 등을 종속회사로 두고 있음. 동사는 선박엔진의 원천기술을 보유한 덴마크의 MAN DIESEL사에 제품을 2012년부터 납품하며 수출 확대를 꾀하고 있음.

실적 분석
조선업 전방산업 경기 부진으로 선박엔진부문이 역성장하며 2016년 연결기준 매출액은 전년 대비 22.2% 감소한 957.7억원을 기록. 매출 감소는 고정비 부담으로 이어져 7.7억원의 영업손실이 발생함. 당기순이익 또한 11.6억원의 손실이 발생하면서 적자전환함. 발전설비 부품 및 구조물구조재(교량) 부품 등의 신규사업을 추진해왔으며, 사업다각화를 통해 새로운 사업에 투자를 단행함.

현금 흐름 〈단위 : 억원〉
항목	2015	2016
영업활동	416	-23
투자활동	-12	-105
재무활동	-342	29
순현금흐름	62	-100
기말현금	228	128

시장 대비 수익률

결산 실적 〈단위 : 억원〉
항목	2011	2012	2013	2014	2015	2016
매출액	847	881	811	1,138	1,231	958
영업이익	149	85	32	85	79	-8
당기순이익	116	71	97	-19	80	-12

분기 실적 〈단위 : 억원〉
항목	2015.3Q	2015.4Q	2016.1Q	2016.2Q	2016.3Q	2016.4Q
매출액	279	259	216	249	225	268
영업이익	11	18	-11	-7	-4	14
당기순이익	7	22	-14	-11	1	12

재무 상태 〈단위 : 억원〉
항목	2011	2012	2013	2014	2015	2016
총자산	1,684	2,000	2,756	2,775	2,572	2,625
유형자산	1,144	1,209	1,671	1,291	1,234	1,199
무형자산	1	1	1	1	1	1
유가증권	7	41	32	40	24	106
총부채	519	796	1,444	1,485	1,205	1,221
총차입금	295	632	1,107	1,228	991	1,024
자본금	24	47	47	47	47	47
총자본	1,165	1,204	1,312	1,290	1,367	1,404
지배주주지분	1,165	1,204	1,312	1,290	1,367	1,404

기업가치 지표
항목	2011	2012	2013	2014	2015	2016
주가(최고/저)(천원)	11.8/6.8	7.9/5.1	7.7/5.2	7.2/5.3	6.4/5.0	5.4/4.3
PER(최고/저)(배)	10.2/5.8	10.9/6.9	7.8/5.2	—/—	7.7/5.9	—/—
PBR(최고/저)(배)	1.0/0.6	0.6/0.4	0.6/0.4	0.5/0.4	0.4/0.3	0.4/0.3
EV/EBITDA(배)	4.4	5.3	13.2	7.7	5.2	11.6
EPS(원)	1,231	763	1,035	-208	861	-121
BPS(원)	24,768	13,076	14,229	13,992	14,820	15,210
CFPS(원)	3,313	1,405	1,725	634	1,694	742
DPS(원)	200	50	50	50	50	50
EBITDAPS(원)	4,014	1,557	1,029	1,753	1,679	780

재무 비율 〈단위 : % 〉
연도	영업이익률	순이익률	부채비율	차입금비율	ROA	ROE	유보율	자기자본비율	EBITDA마진율
2016	-0.8	-1.2	87.0	73.0	-0.4	-0.8	2,955.7	53.5	7.6
2015	6.4	6.5	88.1	72.5	3.0	6.1	2,877.3	53.2	12.7
2014	7.5	-1.7	115.2	95.2	-0.7	-1.5	2,711.0	46.5	14.4
2013	3.9	11.9	110.1	84.4	4.1	7.7	2,758.6	47.6	11.8

일경산업개발 (A078940)
ILKYUNG

업　　종 : 에너지 시설 및 서비스		시　　장 : KOSDAQ	
신용등급 : (Bond) — 　(CP) —		기업규모 : 중견	
홈페이지 : www.ilkyung.com		연 락 처 : 02)820-2649	
본　　사 : 충남 공주시 흑수골길 12(신관동 248-3)			

설 립 일	2004.07.02	종 업 원 수	10명	대 표 이 사	김형일
상 장 일	2004.08.27	감 사 의 견	적정 (참)	계　　열	
결 산 기	12월	보 통 주	3,010만주	종속회사수	
액 면 가	500원	우 선 주		구 상 호	

주주구성 (지분율,%)		출자관계 (지분율,%)		주요경쟁사 (외형,%)	
벨에어인베스트먼트	4.1	이지모바일	100.0	일경산업개발	100
스마트파트너스	3.6	ILKYUNG.INC	100.0	에스에프씨	559
(외국인)	0.4	일경개발	100.0	유니슨	620

매출구성		비용구성		수출비중	
평창풍력공사(공사)	94.6	매출원가율	90.3	수출	—
효고 공사(공사)	2.9	판관비율	29.2	내수	—
평창HS90(20MW)(공사)	2.2				

회사 개요
동사는 2004년 미주제강이 영위하는 사업 중 레일사업부문을 인적분할하여 설립된 기업이나, 엘리베이터레일 사업 부진으로 2014년 엘리베이터레일 제조 및 판매를 중단함. 현재 회사의 주요영업은 태양광발전시설 및 풍력발전시설의 설계와 공사를 영위하는 신재생에너지 사업임. 연결대상 종속회사로 건설업 및 영화상영업을 영위하는 일경개발(주)와 미국소재의 태양광발전소 공사기업인 ILKYUNG. INC 통신사업자 이지모바일 등 3개사를 보유하고 있음.

실적 분석
동사의 연결 기준 2016년도 매출액은 전년동기 대비 22.3% 감소한 84.7억원을 시현함. 평창풍력발전단지 공사 완료에 따라 매출액이 감소했기 때문. 매출 감소 영향으로 영업손실 16.6억원을 시현하며 전기대비 적자가 확대됨. 당기중 사업다각화를 위해 이지모바일에 대한 포괄적 주식교환을 실시하였고, 이에 따른 종속기업 투자주식 손상차손 인식으로 인하여 당기순손실 규모가 144.9억원으로 전기 2.7억원 대비 크게 증가함.

현금 흐름　〈단위 : 억원〉

항목	2015	2016
영업활동	-14	-4
투자활동	-43	-50
재무활동	63	51
순현금흐름	5	-3
기말현금	6	3

시장 대비 수익률

결산 실적　〈단위 : 억원〉

항목	2011	2012	2013	2014	2015	2016
매출액	258	180	28	89	109	85
영업이익	-11	3	-2	1	-1	-17
당기순이익	-207	-46	-38	-67	-3	-145

분기 실적　〈단위 : 억원〉

항목	2015.3Q	2015.4Q	2016.1Q	2016.2Q	2016.3Q	2016.4Q
매출액	19	14	6	5	4	69
영업이익	-0	-1	-2	-7	-2	-6
당기순이익	-1	25	-4	-37	-16	-88

재무 상태　〈단위 : 억원〉

항목	2011	2012	2013	2014	2015	2016
총자산	493	386	350	262	289	706
유형자산	156	174	134	0	0	42
무형자산	60	46	15	0	0	225
유가증권	2	2	3	46	46	53
총부채	309	250	243	187	181	354
총차입금	221	162	141	117	149	250
자본금	305	30	34	59	74	150
총자본	184	137	108	75	109	352
지배주주지분	184	137	108	75	109	352

기업가치 지표

항목	2011	2012	2013	2014	2015	2016
주가(최고/저)(천원)	3.3/1.4	7.8/1.1	1.8/0.5	1.2/0.5	3.9/0.8	3.7/1.8
PER(최고/저)(배)	—/—	—/—	—/—	—/—	—/—	—/—
PBR(최고/저)(배)	1.1/0.5	3.5/0.5	1.1/0.3	1.9/0.8	5.3/1.2	3.1/1.5
EV/EBITDA(배)	114.8	21.6	59.8	57.2		
EPS(원)	-3,404	-753	-564	-658	-19	-731
BPS(원)	301	2,242	1,587	649	735	1,180
CFPS(원)	-319	-617	-492	-635	-15	-710
DPS(원)						
EBITDAPS(원)	4	185	41	38	-2	-63

재무 비율　〈단위 : % 〉

연도	영업이익률	순이익률	부채비율	차입금비율	ROA	ROE	유보율	자기자본비율	EBITDA마진율
2016	-19.5	-171.0	100.6	71.0	-29.1	-62.9	135.9	49.8	-14.7
2015	-0.7	-2.5	166.2	137.2	-1.0	-2.9	46.9	37.6	-0.3
2014	1.6	-75.0	247.6	155.7	-21.7	-72.6	29.8	28.8	4.3
2013	-7.4	-136.2	224.7	130.3	-10.3	-31.1	217.5	30.8	9.9

일동제약 (A249420)
IL DONG PHARMACEUTICAL CO

업　　종 : 제약		시　　장 : 거래소	
신용등급 : (Bond) — 　(CP) —		기업규모 : 시가총액 중형주	
홈페이지 : www.ildong.com		연 락 처 : 02)526-3114	
본　　사 : 서울시 서초구 바우뫼로27길 2			

설 립 일	2016.08.03	종 업 원 수	1,433명	대 표 이 사	윤웅섭
상 장 일	2016.08.31	감 사 의 견	적정 (삼정)	계　　열	
결 산 기	12월	보 통 주	1,963만주	종속회사수	
액 면 가	1,000원	우 선 주		구 상 호	

주주구성 (지분율,%)		출자관계 (지분율,%)		주요경쟁사 (외형,%)	
일동홀딩스	20.8	일동이커머스	100.0	일동제약	100
썬라이즈홀딩스	20.8			일동홀딩스	20
(외국인)	3.3			동아쏘시오홀딩스	361

매출구성		비용구성		수출비중	
		매출원가율	51.7	수출	—
		판관비율	41.0	내수	—

회사 개요
동사는 2016년 8월 1일을 기준으로 일동홀딩스와 인적분할되었음. 제약산업부분을 영위하고 있는데 첨단 부가가치 산업이라는 특징을 가지고 있음. 신약개발을 위한 연구에서부터 원료 및 완제 의약품의 생산과 판매 등 모든 과정을 포괄하고 있음. 정밀화학분야로서 점진적으로 시장규모가 커지고 있음. 신규사업으로 펩타이드 항암치료제, B형간염 치료제, 복합성분 고혈압치료제, 비만치료제 등을 개발하고 있음.

실적 분석
동사의 2016년 결산기준 누적매출액은 2,013.4억원을 달성하였음. 영업이익은 147.9억원을 기록하였음. 국내 시장은 300여개 제약사가 난립되어 있고 외국계 제약사들의 독자적 사업강화로 국내 제약 시장을 잠식하고 있으므로 시장현황이 쉬운 상황은 아님. 하지만 꾸준한 신규제품 개발을 통해 시장을 넓히고 의약품 온라인 쇼핑몰을 통한 유통 활성화로 매출 신장을 주도할 예정이므로 향후 활발한 성장이 기대되고 있음.

현금 흐름　〈단위 : 억원〉

항목	2015	2016
영업활동	—	192
투자활동	—	-138
재무활동	—	-1
순현금흐름	—	55
기말현금	—	199

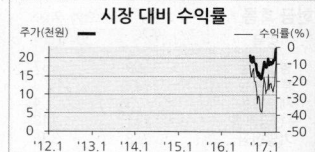

시장 대비 수익률

결산 실적　〈단위 : 억원〉

항목	2011	2012	2013	2014	2015	2016
매출액	—	—	—	—	—	2,013
영업이익	—	—	—	—	—	148
당기순이익	—	—	—	—	—	126

분기 실적　〈단위 : 억원〉

항목	2015.3Q	2015.4Q	2016.1Q	2016.2Q	2016.3Q	2016.4Q
매출액	—	—	—	—	—	2,013
영업이익	—	—	—	—	—	148
당기순이익	—	—	—	—	—	126

재무 상태　〈단위 : 억원〉

항목	2011	2012	2013	2014	2015	2016
총자산						5,504
유형자산						2,363
무형자산						760
유가증권						
총부채						2,819
총차입금						1,305
자본금						178
총자본						2,684
지배주주지분						2,684

기업가치 지표

항목	2011	2012	2013	2014	2015	2016
주가(최고/저)(천원)	—/—	—/—	—/—	—/—	—/—	22.8/14.0
PER(최고/저)(배)	0.0/0.0	0.0/0.0	0.0/0.0	0.0/0.0	0.0/0.0	36.1/22.2
PBR(최고/저)(배)	0.0/0.0	0.0/0.0	0.0/0.0	0.0/0.0	0.0/0.0	1.7/1.0
EV/EBITDA(배)						21.7
EPS(원)						641
BPS(원)						15,048
CFPS(원)						1,125
DPS(원)						400
EBITDAPS(원)						1,249

재무 비율　〈단위 : % 〉

연도	영업이익률	순이익률	부채비율	차입금비율	ROA	ROE	유보율	자기자본비율	EBITDA마진율
2016	7.4	6.3	105.0	48.6	0.0	0.0	1,404.8	48.8	11.1
2015	0.0	0.0	0.0	0.0	0.0	0.0	0.0	0.0	0.0
2014	0.0	0.0	0.0	0.0	0.0	0.0	0.0	0.0	0.0
2013	0.0	0.0	0.0	0.0	0.0	0.0	0.0	0.0	0.0

일동홀딩스 (A000230)
ILDONG HOLDINGS

업 종 : 제약		시 장 : 거래소	
신용등급 : (Bond) — (CP) A2-		기업규모 : 시가총액 소형주	
홈페이지 : www.ildong.com		연락처 : 02)526-3114	
본 사 : 서울시 서초구 바우뫼로 27길 2			

설립일	1941.03.14	종업원수	76명	대표이사	윤웅섭,이정치,정연진
상장일	1975.06.28	감사의견	적정 (삼일)	계열	
결산기	12월	보통주	1,049만주	종속회사수	
액면가	1,000원	우선주	—	구상호	일동제약

주주구성 (지분율,%)		출자관계 (지분율,%)		주요경쟁사 (외형,%)	
씨엠제이씨	17.0	유니기획	100.0	일동홀딩스	100
윤모영	14.8	일동바이오사이언스	100.0	동아쏘시오홀딩스	1,781
(외국인)	7.1	일동히알테크	100.0	JW중외제약	1,147

매출구성		비용구성		수출비중	
기타	71.4	매출원가율	56.6	수출	—
아로나민류(제품)	13.5	판관비율	52.5	내수	—
후루마린(제품)	6.2				

회사 개요
동사는 1941년 3월 설립되어 의약품, 의약품 원료, 건강보조식품 및 특수영양식품의 제조 및 판매 사업 등을 영위하고 있는 업체임. 1975년 6월 한국증권거래소에 상장됨. 활성 비타민인 아로나민류의 매출이 가장 큰 품목임. 2016년 3월 회사 분할을 결정함. 인적분할신설회사는 의약품 사업 부문을 영위하며 물적분할신설회사는 바이오 및 건강기능식품 사업 부문과 히알루론산 및 필러 사업 부문을 영위함.

실적 분석
인간 삶의 질 향상에 따른 관심으로 제약산업의 관련 수요는 점차 성장할 것으로 기대됨. 이런 기대를 바탕으로 매출액은 전년동기대비 6.5% 상승한 407.7억원을 달성하였음. 매출원가도 소폭 감소하였으나 인건비가 증가하였고 연구개발비 투자 등이 꾸준히 이루어지고 있으므로 영업이익은 적자를 지속하고 있음. 인적분할된 신설법인의 활약으로 매출을 견인해 나갈 것이라 기대하고 있음.

현금 흐름 〈단위 : 억원〉
항목	2015	2016
영업활동	561	466
투자활동	-399	-424
재무활동	420	-195
순현금흐름	582	-152
기말현금	701	548

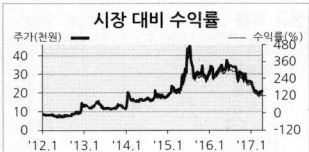

결산 실적 〈단위 : 억원〉
항목	2011	2012	2013	2014	2015	2016
매출액	3,485	3,628	3,952	4,175	383	408
영업이익	387	140	238	145	-46	-35
당기순이익	272	171	67	119	213	2,662

분기 실적 〈단위 : 억원〉
항목	2015.3Q	2015.4Q	2016.1Q	2016.2Q	2016.3Q	2016.4Q
매출액	87	-980	1,271	120	100	-1,084
영업이익	-21	-124	88	8	-14	-117
당기순이익	52	24	69	73	2,544	-24

재무 상태 〈단위 : 억원〉
항목	2011	2012	2013	2014	2015	2016
총자산	5,117	5,417	6,282	6,203	7,056	2,041
유형자산	2,333	2,645	2,987	3,081	3,112	495
무형자산	110	167	286	403	615	13
유가증권	97	95	43	56	82	181
총부채	2,015	2,173	3,016	2,874	3,557	972
총차입금	821	926	1,667	1,443	1,915	636
자본금	251	251	251	251	251	72
총자본	3,102	3,244	3,266	3,329	3,500	1,068
지배주주지분	3,098	3,238	3,258	3,316	3,481	1,048

기업가치 지표
항목	2011	2012	2013	2014	2015	2016
주가(최고/저)(천원)	9.7/7.5	16.1/7.0	15.4/10.8	21.2/11.6	47.2/17.4	37.5/24.6
PER(최고/저)(배)	9.7/7.5	25.3/11.0	62.3/43.7	46.3/25.3	57.4/21.2	2.5/1.7
PBR(최고/저)(배)	0.9/0.7	1.3/0.6	1.2/0.9	1.7/0.9	3.4/1.3	2.6/1.7
EV/EBITDA(배)	14.0	14.0	9.8	16.5	56.3	22.6
EPS(원)	1,089	674	259	473	837	15,023
BPS(원)	12,435	12,994	13,073	13,299	13,958	14,605
CFPS(원)	1,537	1,177	826	1,125	1,566	15,715
DPS(원)	180	150	160	200	300	150
EBITDAPS(원)	1,991	1,060	1,517	1,229	532	481

재무 비율 〈단위 : % 〉
연도	영업이익률	순이익률	부채비율	차입금비율	ROA	ROE	유보율	자기자본비율	EBITDA마진율
2016	-8.6	652.9	91.0	59.5	58.5	117.5	1,360.5	52.4	20.9
2015	-11.9	55.7	101.6	54.7	3.2	6.2	1,295.8	49.6	34.8
2014	3.5	2.9	86.3	43.4	1.9	3.6	1,229.9	53.7	7.4
2013	6.0	1.7	92.4	51.1	1.2	2.0	1,207.3	52.0	9.6

일성건설 (A013360)
IlSung Construction

업 종 : 건설		시 장 : 거래소	
신용등급 : (Bond) BB+ (CP) —		기업규모 : 시가총액 소형주	
홈페이지 : www.ilsungconst.co.kr		연락처 : 032)429-3270	
본 사 : 인천시 남동구 인하로507번길 80 (구월동)			

설립일	1978.06.23	종업원수	330명	대표이사	강영길
상장일	1989.12.02	감사의견	적정 (신우)	계열	
결산기	12월	보통주	534만주	종속회사수	
액면가	5,000원	우선주	6만주	구상호	

주주구성 (지분율,%)		출자관계 (지분율,%)		주요경쟁사 (외형,%)	
IB Capital Ltd	63.7	일성개발LLC	100.0	일성건설	100
		일성CM,LLC	70.0	성도이엔지	149
(외국인)	63.3	유씨오마케팅	41.5	희림	49

매출구성		비용구성		수출비중	
국내도급공사(건축)	39.7	매출원가율	91.2	수출	—
자체공사	25.9	판관비율	5.9	내수	—
국내도급공사(토목)	25.5				

회사 개요
동사는 1978년 6월에 설립, 시공능력평가 76위의 중견 건설업체임. 턴키(T/K), SOC(BTL) 등으로 발주되는 공사의 입찰에 참여하고 있으며 신탁사업, 소규모 재개발사업, FED 등의 수주 확대와 공공택지 확보를 통한 분양사업 활성화에 주력하고 있음. 자체브랜드인 일성트루엘로 수도권과 몽골 울란바타르에서 분양사업을 진행하였으며 몽골의 분양사업은 100%분양을 달성하였음. 2016년 분양 사업은 부산 반여동에서 100%분양에 성공하였음.

실적 분석
동사의 연결기준 2016년 매출액은 2,857.9억원으로 전년보다 23.7% 증가하였음. 동사의 매출액에서 공사수익 2,409.8억원, 분양수익 427.7억원, 기타수익 2.0억원으로 구성되어 있음. 다만 판관비와 매출원가도 함께 증가하며 영업이익은 81.2억원을 시현, 10.8%만 증가하는 데 그침. 비영업손실이 확대되면서 당기순이익도 전년보다 43.7% 축소됨.

현금 흐름 〈단위 : 억원〉
항목	2015	2016
영업활동	-119	213
투자활동	185	-84
재무활동	8	-126
순현금흐름	75	4
기말현금	217	221

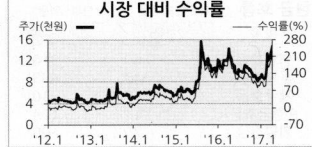

결산 실적 〈단위 : 억원〉
항목	2011	2012	2013	2014	2015	2016
매출액	2,404	2,469	2,585	1,921	2,311	2,858
영업이익	79	-100	96	-293	73	81
당기순이익	40	-155	-30	-374	37	21

분기 실적 〈단위 : 억원〉
항목	2015.3Q	2015.4Q	2016.1Q	2016.2Q	2016.3Q	2016.4Q
매출액	583	623	500	729	773	856
영업이익	47	15	4	41	17	20
당기순이익	33	-3	-17	33	-6	10

재무 상태 〈단위 : 억원〉
항목	2011	2012	2013	2014	2015	2016
총자산	2,596	2,651	2,848	2,647	2,590	2,775
유형자산	16	18	21	32	27	26
무형자산	23	20	18	19	19	24
유가증권	283	308	301	312	302	292
총부채	1,108	1,333	1,572	1,759	1,673	1,800
총차입금	470	669	849	982	998	865
자본금	270	270	270	270	270	270
총자본	1,488	1,318	1,276	888	917	974
지배주주지분	1,488	1,318	1,276	889	917	975

기업가치 지표
항목	2011	2012	2013	2014	2015	2016
주가(최고/저)(천원)	5.9/3.9	5.8/4.0	8.0/4.3	8.1/4.9	15.7/5.6	14.3/8.0
PER(최고/저)(배)	8.0/5.3	—/—	—/—	—/—	22.8/8.1	37.4/21.0
PBR(최고/저)(배)	0.2/0.2	0.3/0.2	0.4/0.2	0.5/0.3	0.9/0.3	0.8/0.5
EV/EBITDA(배)	4.4		6.6		13.7	8.3
EPS(원)	84	-321	-61	-701	70	39
BPS(원)	27,883	24,730	23,958	16,787	17,319	18,046
CFPS(원)	957	-3,116	-502	-6,799	933	679
DPS(원)	200	150				200
EBITDAPS(원)	1,760	-1,980	2,093	-5,277	1,603	1,808

재무 비율 〈단위 : % 〉
연도	영업이익률	순이익률	부채비율	차입금비율	ROA	ROE	유보율	자기자본비율	EBITDA마진율
2016	2.8	0.7	184.8	88.8	0.8	2.2	260.9	35.1	3.4
2015	3.2	1.6	182.6	108.9	1.4	4.2	246.4	35.4	3.7
2014	-15.3	-19.5	198.0	110.6	-13.6	-34.6	235.7	33.6	-14.7
2013	3.7	-1.2	123.2	66.5	-1.1	-2.3	379.2	44.8	3.9

일성신약 (A003120)
Ilsung Pharmaceuticals

업 종: 제약		시 장: 거래소	
신용 등급: (Bond) — (CP) —		기업규모: 시가총액 중형주	
홈 페이지: www.ilsung-ph.co.kr		연 락 처: 02)3271-8800	
본 사: 서울시 용산구 원효로 84길 9			

설 립 일	1961.02.15	종 업 원 수	254명	대 표 이 사	윤석근
상 장 일	1985.01.14	감 사 의 견	적정 (한영)	계 열	
결 산 기	12월	보 통 주	266만주	종속회사수	
액 면 가	5,000원	우 선 주		구 상 호	

주주구성 (지분율,%)		출자관계 (지분율,%)		주요경쟁사 (외형,%)	
윤석근	8.4	NH투자증권	0.1	일성신약	100
윤형진	8.0	매일방송	0.1	알보젠코리아	269
(외국인)	11.5			유나이티드제약	262

매출구성		비용구성		수출비중	
페니실린계항생제	41.2	매출원가율	63.0	수출	0.9
마취제	24.0	판관비율	33.4	내수	99.1
기타	18.5				

회사 개요
동사는 1954년에 설립되어 1985년에 거래소 시장에 상장한 항생제 품목을 주력으로 하고 있는 전문의약품 업체임. 대표 품목으로는 항생제 오구멘틴과 마취제 슈프레인, 골질환 치료제 원알파, 복합제 오구멘틴 듀오가 있음. 항생제 분류를 특화하기 위해 cGMP수준의 페니실린 생산시설을 완비했음. 시설의 활용도를 높이기 위해 제품 개발은 물론 국내외 위/수탁 사업을 활발하게 전개할 예정임. 마취제, 조영제분야에서 적극적인 시장 진출을 위해 노력중임.

실적 분석
동사의 연결 기준 2016년 매출액은 전년 대비 9.3% 증가한 674.6억원을 시현하며 안정적인 성장이 지속되고 있음. 매출원가는 7.3% 증가하여매출총이익률이 개선됨. 그러나 판매비와 관리비의 15.1% 증가로 영업이익은 전년 대비 5.2% 감소한 24.5억원에 그치며 부진함. 비영업손익의 큰 폭 감소로 당기순이익은 97.0% 감소한 30.2억원에 그침.

현금 흐름 *IFRS 별도 기준 〈단위 : 억원〉

항목	2015	2016
영업활동	60	-310
투자활동	-42	443
재무활동	-7	-10
순현금흐름	14	124
기말현금	75	199

시장 대비 수익률

결산 실적 〈단위 : 억원〉

항목	2011	2012	2013	2014	2015	2016
매출액	682	772	628	628	617	675
영업이익	36	13	14	24	26	25
당기순이익	351	365	80	40	989	30

분기 실적 *IFRS 별도 기준 〈단위 : 억원〉

항목	2015.3Q	2015.4Q	2016.1Q	2016.2Q	2016.3Q	2016.4Q
매출액	149	158	166	163	173	172
영업이익	4	-3	5	8	6	5
당기순이익	3	947	11	9	0	10

재무 상태 *IFRS 별도 기준 〈단위 : 억원〉

항목	2011	2012	2013	2014	2015	2016
총자산	4,132	3,836	3,727	3,784	3,670	3,385
유형자산	344	319	301	284	290	285
무형자산	13	11	8	7	4	2
유가증권	3,322	2,995	2,029	2,060	357	391
총부채	815	656	499	497	487	184
총차입금	35	15				
자본금	133	133	133	133	133	133
총자본	3,317	3,181	3,227	3,287	3,183	3,201
지배주주지분	3,317	3,181	3,227	3,287	3,183	3,201

기업가치 지표 *IFRS 별도 기준

항목	2011	2012	2013	2014	2015	2016
주가(최고/저)(천원)	94.2/62.5	87.3/71.6	82.8/72.5	125/72.4	155/98.6	124/102
PER(최고/저)(배)	7.4/4.9	6.5/5.4	28.3/24.7	84.1/48.5	4.2/2.7	109.8/90.8
PBR(최고/저)(배)	0.6/0.4	0.6/0.5	0.5/0.5	0.8/0.5	1.0/0.6	0.8/0.7
EV/EBITDA(배)	30.7	47.8	42.4	42.4	43.7	53.6
EPS(원)	13,189	13,704	2,991	1,517	37,163	1,134
BPS(원)	161,083	156,569	159,060	161,292	157,405	158,066
CFPS(원)	14,407	14,937	4,194	2,574	38,201	2,270
DPS(원)	500	300	250	500	750	750
EBITDAPS(원)	2,563	1,730	1,720	1,971	2,012	2,059

재무 비율 〈단위 : % 〉

연도	영업이익률	순이익률	부채비율	차입금비율	ROA	ROE	유보율	자기자본비율	EBITDA마진율
2016	3.6	4.5	5.8	0.0	0.9	1.0	3,061.3	94.6	8.1
2015	4.2	160.1	15.3	0.0	26.5	30.6	3,048.1	86.7	8.7
2014	3.9	6.4	15.1	0.0	1.1	1.2	3,125.8	86.9	8.3
2013	2.2	12.7	15.5	0.0	2.1	2.5	3,081.2	86.6	7.3

일신바이오베이스 (A068330)
ilShinbiobase

업 종: 바이오		시 장: KOSDAQ	
신용 등급: (Bond) — (CP) —		기업규모: 중견	
홈 페이지: www.1sbb.com		연 락 처: 031)867-1384	
본 사: 경기도 동두천시 삼육사로 548번길 84			

설 립 일	1994.09.27	종 업 원 수	49명	대 표 이 사	홍성대
상 장 일	2007.12.26	감 사 의 견	적정 (인덕)	계 열	
결 산 기	12월	보 통 주	4,422만주	종속회사수	
액 면 가	100원	우 선 주		구 상 호	

주주구성 (지분율,%)		출자관계 (지분율,%)		주요경쟁사 (외형,%)	
홍성대	29.5	아이이에스씨	44.0	일신바이오	100
이동건	4.2			바이오니아	162
(외국인)	0.9			이수앱지스	143

매출구성		비용구성		수출비중	
Lyoph-Pride	50.1	매출원가율	52.7	수출	18.6
Cryo-Pride	30.8	판관비율	24.8	내수	81.4
Freeze Dryer	9.7				

회사 개요
동사는 생명공학의 연구 및 식품, 제약업체의 생산, 연구에 필수적으로 사용되는 초저온냉동고, 동결건조기, PLANT형 동결건조기 등을 제조, 판매하는 바이오장비 전문회사임. 해외 시장 확대를 목표로 2011년까지 130억원을 투자해 경기도 동두천에 세계 최고 수준의 바이오장비 생산설비를 갖추고 생산성 향상 및 성능 개발에 매진함. 현재 세계일류상품인 초저온냉동고 등 기초바이오장비를 연간 5,000대 이상 양산할 수 있는 능력을 확보함.

실적 분석
동사의 2016년 누적매출액은 133.6억원으로 전년 대비 3.6% 증가함. 초저온냉동고와 동결건조기 FD모델이 호조세를 보이면서 실적이 개선됨. 영업이익은 31.1억원으로 전년보다 14.1% 늘었고, 당기순이익도 전년 대비 10.3% 증가한 26.9억원을 기록함. 네덜란드 유통업체와 초저온 냉동고 및 혈액 냉장고 독점 공급계약을 체결하여 서유럽 시장 공략에 나섬으로써 수출을 통한 실적개선이 기대됨.

현금 흐름 〈단위 : 억원〉

항목	2015	2016
영업활동	3	30
투자활동	1	-74
재무활동	-14	64
순현금흐름	-10	20
기말현금	20	40

시장 대비 수익률
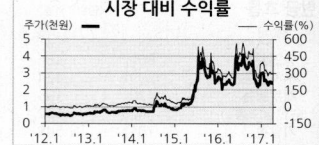

결산 실적 〈단위 : 억원〉

항목	2011	2012	2013	2014	2015	2016
매출액	90	124	97	124	129	134
영업이익	8	19	11	21	26	30
당기순이익	8	15	10	19	24	27

분기 실적 〈단위 : 억원〉

항목	2015.3Q	2015.4Q	2016.1Q	2016.2Q	2016.3Q	2016.4Q
매출액	22	41	31	33	27	43
영업이익	1	6	6	7	6	11
당기순이익	3	4	5	5	4	13

재무 상태 〈단위 : 억원〉

항목	2011	2012	2013	2014	2015	2016
총자산	272	283	268	282	296	377
유형자산	132	130	126	121	115	113
무형자산	8	8	8	6	4	12
유가증권	2	1	0	0	0	0
총부채	74	69	45	39	53	47
총차입금	30	30			5	
자본금	37	40	44	44	44	44
총자본	198	214	223	243	243	329
지배주주지분	198	213	222	242	243	330

기업가치 지표

항목	2011	2012	2013	2014	2015	2016
주가(최고/저)(천원)	1.1/0.5	0.7/0.5	0.8/0.6	1.3/0.7	4.0/0.8	4.3/2.0
PER(최고/저)(배)	59.8/27.0	20.4/13.1	37.6/26.3	31.9/16.5	69.6/13.6	69.8/33.5
PBR(최고/저)(배)	2.4/1.1	1.4/0.9	1.6/1.1	2.4/1.2	6.6/1.3	5.7/2.7
EV/EBITDA(배)	19.6	10.1	19.2	12.2	35.3	33.4
EPS(원)	19	35	23	42	58	61
BPS(원)	2,823	2,770	2,626	570	611	746
CFPS(원)	184	277	187	56	71	73
DPS(원)	50	50		5	—	—
EBITDAPS(원)	180	318	201	61	73	80

재무 비율 〈단위 : % 〉

연도	영업이익률	순이익률	부채비율	차입금비율	ROA	ROE	유보율	자기자본비율	EBITDA마진율
2016	22.5	20.1	14.3	0.0	8.0	9.4	646.0	87.5	26.6
2015	20.5	18.9	21.8	2.1	8.4	10.5	511.4	82.1	25.5
2014	16.8	15.2	16.2	0.0	6.8	8.0	470.4	86.1	21.8
2013	11.5	10.5	20.4	6.7	3.7	4.6	425.2	83.1	18.3

일신방직 (A003200)
Ilshin Spinning

업　　　종 : 섬유 및 의복		시　　　장 : 거래소	
신용 등급 : (Bond) ― 　(CP) ―		기업규모 : 시가총액 소형주	
홈 페 이 지 : www.ilshin.co.kr		연 락 처 : 02)3774-0114	
본　　　사 : 서울시 영등포구 은행로 11(여의도동) 일신빌딩			

설 립 일 1951.11.03	종 업 원 수 1,112명	대 표 이 사 김영호
상 장 일 1973.05.23	감 사 의 견 적정 (인덕)	계　　　열
결 산 기 12월	보 통 주 240만주	종속회사수
액 면 가 5,000원	우 선 주	구 상 호

주주구성 (지분율,%)	출자관계 (지분율,%)	주요경쟁사 (외형,%)
김영호　　　　20.7	신동　　　　　100.0	일신방직　　　100
신영자산운용　14.1	일신산업개발　100.0	에프티이앤이　　9
(외국인)　　　7.4	일신창업투자　85.5	BYC　　　　　44

매출구성	비용구성	수출비중
[섬유제품제조/제 품]원사　34.9	매출원가율 78.2	수출　41.9
화장품판매 등　　　　　　20.7	판관비율　17.5	내수　58.1
[섬유제품제조/제품]가공사　16.0		

회사 개요
1951년 설립된 동사는 면방 산업을 주력으로 영위함. 방적설비 보유현황 기준으로 2016년 말 국내 시장점유율은 약 17.8%를 차지함. 국내 면방산업 시장이 점차 어려워지면서 주류 수입 및 화장품 판매, 투자조합, 부동산 임대관리 등 매출 다변화에 나섬. 화장품 판매는는 자회사인 비에스케이코퍼레이션을 통해 이뤄지고 있으며, 신동와인은 주류수입 및 판매 사업을 영위하고 있음.

실적 분석
동사의 연결기준 2016년 누적 매출액은 4,783억원으로 전년 동기 대비 5.2% 증가. 영업이익은 205.8억원으로 전년 동기 대비 16.1% 증가함. 당기순이익은 206.9억원으로 전년 동기 대비 2.3% 증가함. 공급 과잉에 따른 치열한 내수 판매 경쟁, 중국 경기 부진에 따른 수요 감소에도 불구하고 고부가제품인 멜란지, 특수혼방사 등의 판매를 통해 수익성을 올리는데 주력하고 있음.

현금 흐름　〈단위 : 억원〉

항목	2015	2016
영업활동	180	392
투자활동	-829	-128
재무활동	581	-123
순현금흐름	-66	140
기말현금	137	277

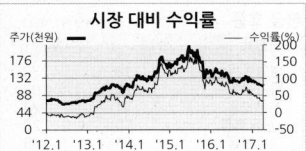

시장 대비 수익률

결산 실적　〈단위 : 억원〉

항목	2011	2012	2013	2014	2015	2016
매출액	4,819	4,391	4,223	4,318	4,547	4,783
영업이익	148	74	406	240	255	277
당기순이익	278	123	328	247	202	207

분기 실적　〈단위 : 억원〉

항목	2015.3Q	2015.4Q	2016.1Q	2016.2Q	2016.3Q	2016.4Q
매출액	1,079	1,177	1,120	1,246	1,201	1,215
영업이익	50	47	41	78	44	114
당기순이익	45	10	45	67	22	73

재무 상태　〈단위 : 억원〉

항목	2011	2012	2013	2014	2015	2016
총자산	7,535	7,373	7,762	8,183	8,895	9,048
유형자산	1,699	1,615	1,634	1,751	2,228	2,246
무형자산	35	43	39	32	26	21
유가증권	308	405	675	1,080	1,468	1,259
총부채	1,501	1,254	1,286	1,522	2,106	2,106
총차입금	397	223	270	397	1,059	1,030
자본금	120	120	120	120	120	120
총자본	6,034	6,119	6,476	6,661	6,789	6,942
지배주주지분	5,915	5,986	6,332	6,507	6,627	6,773

기업가치 지표

항목	2011	2012	2013	2014	2015	2016
주가(최고/저)(천원)	108/71.4	78.4/63.6	117/72.2	188/104	228/131	158/118
PER(최고/저)(배)	11.0/7.3	19.2/15.6	9.4/5.8	20.1/11.2	29.5/17.0	19.5/14.6
PBR(최고/저)(배)	0.5/0.3	0.3/0.3	0.5/0.3	0.7/0.4	0.9/0.5	0.6/0.4
EV/EBITDA(배)	11.3	8.2	3.3	9.3	9.6	5.8
EPS(원)	10,691	4,411	13,205	9,817	8,026	8,265
BPS(원)	248,428	251,753	265,072	272,553	277,837	283,986
CFPS(원)	17,017	11,043	19,821	16,423	14,110	15,387
DPS(원)	1,000	750	2,000	1,750	2,500	2,800
EBITDAPS(원)	4,839	4,473	18,666	12,893	13,468	15,696

재무 비율　〈단위 : % 〉

연도	영업이익률	순이익률	부채비율	차입금비율	ROA	ROE	유보율	자기자본비율	EBITDA마진율
2016	5.8	4.3	30.3	14.8	2.3	3.0	5,579.7	76.7	7.9
2015	5.6	4.5	31.0	15.6	2.4	2.9	5,456.7	76.3	7.1
2014	5.6	5.7	22.9	6.0	3.1	3.7	5,351.1	81.4	7.2
2013	9.6	7.8	19.9	4.2	4.3	5.2	5,201.4	83.4	10.6

일신석재 (A007110)
IlshinstoneCo

업　　　종 : 건축소재		시　　　장 : 거래소	
신용 등급 : (Bond) ― 　(CP) ―		기업규모 : 시가총액 소형주	
홈 페 이 지 : www.ilshinstone.co.kr		연 락 처 : 02)487-9009	
본　　　사 : 서울시 강동구 성내로 19, 서경빌딩 6층			

설 립 일 1971.02.26	종 업 원 수 78명	대 표 이 사 김학선
상 장 일 1986.03.04	감 사 의 견 적정 (안세)	계　　　열
결 산 기 12월	보 통 주 7,746만주	종속회사수
액 면 가 500원	우 선 주	구 상 호

주주구성 (지분율,%)	출자관계 (지분율,%)	주요경쟁사 (외형,%)
세계기독교통일신령협회　41.3	세일여행사　11.3	일신석재　　100
스토아트　　　　　　　　3.9	일화　　　　0.8	보광산업　　113
(외국인)　　　　　　　　1.5		쎄니트　　　275

매출구성	비용구성	수출비중
화강석,대리석 등　92.0	매출원가율 90.2	수출　0.1
석재시공　　　　　6.0	판관비율　16.0	내수　99.9
국내 하치장 임대　2.0		

회사 개요
동사는 1971년 2월 26일 설립되어 건축석재 가공 및 판매, 석산개발 및 채석, 석공사, 건축석 수출입, 석재공예품 판매 등의 사업을 영위하고 있음. 원석채취, 원석 및 석제품 가공, 석판재 수출입 및 유통 그리고 석공사 시공을 영위하는 종합석재업체로서 원석채취는 경기도 포천소재의 석산에서, 가공의 경우에는 경기도 이천 소재의 동사 물류센터에 입주한 외주업체에 의해 이루어 지고 있으며, 석재유통 및 석공사는 중국지사 등에서 이루어짐.

실적 분석
동사의 2016년 매출액은 석재시공부문의 약진으로 전년 대비 6.0% 증가하며 420.5억원을 기록. 판관비 하락에도 불구하고 매출원가율 상승으로 적자를 지속하며 영업손실 26.1억원, 당기순손실 22.4억원을 기록함. 건설경기 침체로 인해 석재제조 및 유통업 부진과 석공사업 부진해 최근 2년간 적자상태였음. 마감재 고급화로 인한 시장확대, 신규주택물량 증대에 따른 수혜로 인한 실적 턴어라운드의 가능성이 존재함.

현금 흐름　*IFRS 별도 기준　〈단위 : 억원〉

항목	2015	2016
영업활동	-13	-6
투자활동	11	49
재무활동	-4	-4
순현금흐름	-7	39
기말현금	27	67

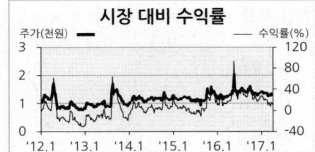

시장 대비 수익률

결산 실적　〈단위 : 억원〉

항목	2011	2012	2013	2014	2015	2016
매출액	581	396	380	394	397	421
영업이익	14	11	11	1	-25	-26
당기순이익	8	8	3	-6	-26	-22

분기 실적　*IFRS 별도 기준　〈단위 : 억원〉

항목	2015.3Q	2015.4Q	2016.1Q	2016.2Q	2016.3Q	2016.4Q
매출액	112	123	106	110	87	117
영업이익	5	-16	-4	-13	-10	1
당기순이익	4	-20	-5	-16	-12	10

재무 상태　*IFRS 별도 기준　〈단위 : 억원〉

항목	2011	2012	2013	2014	2015	2016
총자산	795	765	824	814	803	783
유형자산	405	402	424	429	429	374
무형자산	14	14	14	14	14	14
유가증권	17	17	17	17	14	14
총부채	241	207	264	261	279	280
총차입금	95	77	122	123	122	122
자본금	387	387	387	387	387	387
총자본	553	557	559	553	524	503
지배주주지분	553	557	559	553	524	503

기업가치 지표　*IFRS 별도 기준

항목	2011	2012	2013	2014	2015	2016
주가(최고/저)(천원)	2.3/0.7	1.7/0.8	1.7/0.8	1.4/0.9	1.6/0.9	2.0/1.1
PER(최고/저)(배)	224.8/67.3	162.7/72.9	399.5/191.1	—/—	—/—	—/—
PBR(최고/저)(배)	3.2/1.0	2.4/1.1	2.3/1.1	2.0/1.3	2.3/1.4	3.1/1.7
EV/EBITDA(배)	45.8	38.2	47.2	155.9		
EPS(원)	10	11	4	-7	-33	-29
BPS(원)	719	724	727	718	681	654
CFPS(원)	17	18	12	0	-25	-20
DPS(원)						
EBITDAPS(원)	25	22	22	9	-24	-25

재무 비율　*IFRS 별도 기준　〈단위 : % 〉

연도	영업이익률	순이익률	부채비율	차입금비율	ROA	ROE	유보율	자기자본비율	EBITDA마진율
2016	-6.2	-5.3	55.6	24.3	-2.8	-4.4	30.8	64.3	-4.6
2015	-6.2	-6.5	53.3	23.4	-3.2	-4.8	36.2	65.2	-4.7
2014	0.2	-1.4	47.2	22.2	-0.7	-1.0	43.7	67.9	1.7
2013	2.8	0.9	47.3	21.9	0.4	0.6	45.3	67.9	4.5

일야 (A058450)
ILYA

업　　종 : 휴대폰 및 관련부품　　　　시　　장 : KOSDAQ
신용등급 : (Bond) ―　　(CP) ―　　기업규모 : 벤처
홈페이지 : www.ilya.co.kr　　　　연 락 처 : 032)815-3500
본　　사 : 인천시 남동구 은봉로 129 (논현동)

설 립 일	1978.02.24	종 업 원 수	117명	대 표 이 사	강정훈
상 장 일	2002.01.17	감 사 의 견	적정 (우리)	계　　열	
결 산 월	12월	보 통 주	978만주	종속회사수	
액 면 가	500원	우 선 주		구 상 호	

주주구성 (지분율,%)		출자관계 (지분율,%)		주요경쟁사 (외형,%)	
강재우	21.1	일야	100	이엠텍	309
강정훈	15.7			우주일렉트로	295
(외국인)	4.0				

매출구성		비용구성		수출비중	
휴대폰 부품제품	99.0	매출원가율	88.4	수출	70.3
휴대폰 부품금형	0.7	판관비율	8.1	내수	29.7
합성수지외	0.3				

회사 개요
휴대폰 부품 제품 및 휴대폰 부품 금형의 제작,생산사업과 터치패널 제조 판매사업을 주력으로 영위. 2010년 하반기부터 향후 차세대 신규사업으로 정전용량방식 터치 패널 제조 기술사업에 진출하여 중소기업기술정보진흥원에 국책과제로 선정되었으며, 정전용량방식 터치 패널 제조기술 특허출원 완료한 상태. 향후 모든 전자기기에 폭넓게 사용되어질 터치윈도우 패널 중 멀티터치의 기능이 있는 정전용량방식 터치윈도우 패널의 수요 크게 증가할 전망.

실적 분석
동사의 2016년 4분기 매출액은 전년동기 대비 12.7% 증가한 739억원을 기록함. 스마트폰 휴대폰 이용자 비중이 90%를 초과하면서 성장 여력이 축소됨. 원가율의 소폭 증가와 판관비의 상대비중이 늘어남에 따라 영업이익은 전년동기 대비 29.5% 감소한 25.8억원을 시현하는데 그침. 비영업부문에서도 계속되는 적자로 인하여 당기순이익은 26.9% 감소한 20.8억원을 기록함.

현금 흐름 ■IFRS 별도 기준　　〈단위 : 억원〉

항목	2015	2016
영업활동	30	70
투자활동	-31	-76
재무활동	2	-16
순현금흐름	1	-22
기말현금	60	38

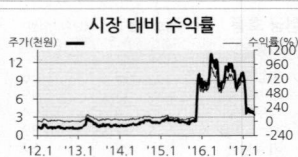
시장 대비 수익률

결산 실적　　〈단위 : 억원〉

항목	2011	2012	2013	2014	2015	2016
매출액	679	527	813	1,076	656	739
영업이익	-39	-63	13	51	37	26
당기순이익	-36	-86	15	33	28	21

분기 실적 ■IFRS 별도 기준　　〈단위 : 억원〉

항목	2015.3Q	2015.4Q	2016.1Q	2016.2Q	2016.3Q	2016.4Q
매출액	146	147	168	185	197	190
영업이익	9	8	9	6	8	3
당기순이익	9	3	9	7	8	-3

재무 상태 ■IFRS 별도 기준　　〈단위 : 억원〉

항목	2011	2012	2013	2014	2015	2016
총자산	338	366	395	421	375	406
유형자산	219	223	253	250	222	266
무형자산	7	6	5	5	9	5
유가증권	0	20	0		5	5
총부채	128	230	239	235	128	149
총차입금	20	126	114	89	49	43
자본금	49	49	49	49	49	49
총자본	210	136	155	186	247	257
지배주주지분	210	136	155	186	247	257

기업가치 지표 ■IFRS 별도 기준

항목	2011	2012	2013	2014	2015	2016
주가(최고/저)(천원)	2.7/0.8	1.9/1.0	2.9/1.2	2.6/1.5	10.6/1.8	14.4/7.2
PER(최고/저)(배)	―/―	―/―	20.1/8.1	8.2/4.7	37.3/6.5	68.7/34.3
PBR(최고/저)(배)	1.3/0.4	1.4/0.7	1.8/0.7	1.4/0.8	4.3/0.8	5.5/2.8
EV/EBITDA(배)			7.2	3.1	14.8	19.2
EPS(원)	-417	-881	151	333	291	213
BPS(원)	2,259	1,505	1,700	2,010	2,530	2,638
CFPS(원)	-264	-714	346	571	529	449
DPS(원)				70	110	―
EBITDAPS(원)	-302	-479	328	761	612	501

재무 비율　　〈단위 : % 〉

연도	영업이익률	순이익률	부채비율	차입금비율	ROA	ROE	유보율	자기자본비율	EBITDA마진율
2016	3.5	2.8	57.8	16.8	5.3	8.2	427.7	63.4	6.6
2015	5.6	4.3	52.0	19.8	7.1	13.2	406.0	65.8	9.1
2014	4.8	3.0	126.8	48.0	8.0	19.1	302.0	44.1	6.9
2013	1.6	1.8	154.1	73.5	3.9	10.0	240.1	39.4	3.9

일양약품 (A007570)
Ilyang Pharmaceutical

업　　종 : 제약　　　　　　　　시　　장 : 거래소
신용등급 : (Bond) ―　　(CP) ―　　기업규모 : 시가총액 중형주
홈페이지 : www.ilyang.co.kr　　연 락 처 : 031)281-7851
본　　사 : 경기도 용인시 기흥구 하갈로 110(하갈동)

설 립 일	1946.07.01	종 업 원 수	621명	대 표 이 사	김동연
상 장 일	1974.08.28	감 사 의 견	적정 (신한)	계　　열	
결 산 월	12월	보 통 주	1,905만주	종속회사수	
액 면 가	2,500원	우 선 주	45만주	구 상 호	

주주구성 (지분율,%)		출자관계 (지분율,%)		주요경쟁사 (외형,%)	
정도언	21.9	일양바이오팜	100.0	일양약품	100
국민연금공단	5.1	칸테크	80.2		172
(외국인)	5.6	일양한중(상해)	60.0	종근당	318

매출구성		비용구성		수출비중	
로자탄 외	61.9	매출원가율	52.8	수출	12.1
플루백신 외	11.8	판관비율	38.3	내수	87.9
기타	10.9				

회사 개요
동사는 1946년 7월 설립 후 1971년 12월 법인으로 전환함. 동사 제품의 수요처로는 전국의 15,000 여개의 약국과 1,200 여개의 도매상, 병원 등임. 동사는 정부의 지속적 약가 인하정책과 다수의 제약업체 난립으로 인한 과다 경쟁과 제네릭 위주 제품 출시로 인한 수익성 악화를 타개하기 위해 지속적으로 연구개발에 투자하여 국산 제14호, 제18호 신약을 출시함으로써 부가가치가 있는 제품을 통해 시장점유율 확대해 나가고 있음.

실적 분석
동사의 2016년 연결 기준 매출액은 전년 대비 40.4% 증가한 2,616.2억원을 기록함. 매출원가는 34.9% 증가하여 매출총이익률은 개선되었음. 동사는 정부의 지속적 약가 인하정책과 인건비 등의 증가로 판매비와관리비는 전년 대비 46.8% 증가함. 영업이익은 매출 성장에 힘입어 231.8억원으로 전년 대비 49.4% 신장함. 영업이익의 증가에도 비영업손익의 악화로 당기순이익은 전년 대비 44.1% 증가한 119.6억원을 기록함.

현금 흐름　　〈단위 : 억원〉

항목	2015	2016
영업활동	218	270
투자활동	-219	-107
재무활동	-51	-123
순현금흐름	-50	38
기말현금	95	133

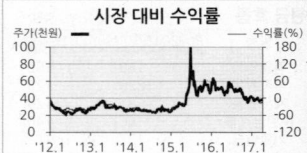
시장 대비 수익률

결산 실적　　〈단위 : 억원〉

항목	2011	2012	2013	2014	2015	2016
매출액	1,412	1,465	1,477	2,118	1,863	2,616
영업이익	30	32	47	62	155	232
당기순이익	14	21	40	-57	83	120

분기 실적　　〈단위 : 억원〉

항목	2015.3Q	2015.4Q	2016.1Q	2016.2Q	2016.3Q	2016.4Q
매출액	―	573	584	616	807	610
영업이익	―	70	73	42	52	64
당기순이익	―	50	41	27	27	24

재무 상태　　〈단위 : 억원〉

항목	2011	2012	2013	2014	2015	2016
총자산	3,608	3,777	3,984	4,308	4,316	4,313
유형자산	1,690	1,746	1,823	2,019	2,040	1,981
무형자산	193	271	362	404	508	531
유가증권	23	18	21	24	17	13
총부채	1,833	1,958	2,145	2,474	2,206	2,139
총차입금	1,380	1,494	1,715	1,910	1,641	1,550
자본금	456	459	459	459	487	487
총자본	1,775	1,819	1,839	1,835	2,110	2,174
지배주주지분	1,775	1,819	1,839	1,734	1,949	1,996

기업가치 지표

항목	2011	2012	2013	2014	2015	2016
주가(최고/저)(천원)	40.9/15.4	34.6/20.2	37.3/24.2	35.1/22.8	99.7/30.5	64.8/34.3
PER(최고/저)(배)	532.9/200.0	307.5/180.0	173.5/112.7	―/―	538.2/164.9	214.5/113.5
PBR(최고/저)(배)	4.1/1.5	3.4/2.0	3.6/2.3	3.6/2.3	9.6/2.9	6.1/3.2
EV/EBITDA(배)	94.8	112.5	64.8	47.4	45.0	27.9
EPS(원)	78	113	216	-598	186	303
BPS(원)	10,139	10,335	10,430	9,879	10,420	10,648
CFPS(원)	286	314	497	-16	665	887
DPS(원)			100	100		100
EBITDAPS(원)	377	377	539	922	1,275	1,774

재무 비율　　〈단위 : % 〉

연도	영업이익률	순이익률	부채비율	차입금비율	ROA	ROE	유보율	자기자본비율	EBITDA마진율
2016	8.9	4.6	98.4	71.3	2.8	3.0	325.9	50.4	13.2
2015	8.3	4.5	104.6	77.8	1.9	2.0	316.8	48.9	13.3
2014	3.0	-2.7	134.8	104.1	-1.4	-6.1	295.2	42.6	8.0
2013	3.2	2.7	116.7	93.3	1.0	2.2	317.2	46.2	6.7

일정실업 (A008500)
Il Jeong Industrial

업　　　종 : 자동차부품　　　　　시　　　장 : 거래소
신용등급 : (Bond) —　　(CP) —　　기업규모 : 시가총액 소형주
홈페이지 : www.iljeong.co.kr　　연　락　처 : 031)493-0031
본　　　사 : 경기도 안산시 단원구 산성로 21

설 립 일	1973.02.26	종 업 원 수	148명	대 표 이 사	고동현,고희석
상 장 일	1994.08.12	감 사 의 견	적정 (대주)	계　　　열	
결 산 기	12월	보 통 주	120만주	종 속 회 사 수	
액 면 가	5,000원	우 선 주		구 상 호	

주주구성 (지분율,%)		출자관계 (지분율,%)		주요경쟁사 (외형,%)	
고동수	21.7		일정실업	100
고동현	15.0		구영테크	*	188
(외국인)	3.1		티에이치엔		372

매출구성		비용구성		수출비중	
LAMI FABRIC 제품(TRICOT)	44.8	매출원가율	81.2	수출	69.9
LAMI FABRIC 제품(WOVEN)	22.7	판관비율	13.1	내수	30.1
SEAT FABRIC 제품(기타)	12.6				

회사 개요
동사는 자동차 시트용 원단에 특화된 섬유 업체임. 코오롱에 이어 국내 시트 원단 시장에서 2위권의 점유율을 보유함. 1973년 설립되어 1986년 현대자동차로부터 자동차원단 납품업체로 지정되었으며, 봉제용 원단과 가구용 원단 등도 생산 중임. 자동차 시트용 원단 부문이 전체매출의 약 90%를 차지하며, 수출비중은 60% 가량으로 제품 대부분을 수출 완성차 업체에 납품하는 업체임. 최근 3년 평균 배당수익률이 5%를 초과하고 있음.

실적 분석
동사의 2016년 연결기준 매출액은 788억원으로 전년 동기 대비 15.8% 증가함. 반면 외주가공비와 인건비가 증가하면서 판관비가 전년동기대비 16% 증가했음. 그럼에도 영업이익은 전년 대비 23% 증가한 44.5억원을 기록함. 비영업손익의 적자전환과 비용 증가로 당기순이익은 전년 동기 대비 대폭(-55.5%) 하락한 31.7억원을 시현하였음. 이는 완성차업체의 지속적인 가격인하요구와 동종업계의 경쟁심화에 따른 영향으로 분석됨.

현금 흐름 〈단위 : 억원〉
항목	2015	2016
영업활동	34	10
투자활동	4	10
재무활동	-42	-15
순현금흐름	-3	3
기말현금	51	54

시장 대비 수익률
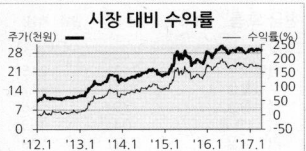

결산 실적 〈단위 : 억원〉
항목	2011	2012	2013	2014	2015	2016
매출액	791	966	960	786	681	789
영업이익	10	41	51	51	36	44
당기순이익	12	47	19	30	71	32

분기 실적 〈단위 : 억원〉
항목	2015.3Q	2015.4Q	2016.1Q	2016.2Q	2016.3Q	2016.4Q
매출액	130	200	213	212	178	186
영업이익	13	8	6	11	5	23
당기순이익	10	2	4	8	-5	25

재무 상태 〈단위 : 억원〉
항목	2011	2012	2013	2014	2015	2016
총자산	662	775	702	640	691	682
유형자산	307	337	309	242	286	279
무형자산	8	5	8	8	8	7
유가증권	2	3	3	3	33	10
총부채	171	268	194	120	115	93
총차입금	71	140	110	27	—	—
자본금	60	60	60	60	60	60
총자본	492	507	508	520	576	589
지배주주지분	492	507	508	520	576	589

기업가치 지표
항목	2011	2012	2013	2014	2015	2016
주가(최고/저)(천원)	11.7/8.2	12.5/10.1	20.3/11.9	22.3/17.5	29.3/19.3	31.0/25.9
PER(최고/저)(배)	17.3/12.1	4.2/3.4	15.8/9.3	10.2/8.0	5.4/3.6	12.3/10.2
PBR(최고/저)(배)	0.4/0.3	0.4/0.3	0.6/0.3	0.6/0.5	0.7/0.4	0.7/0.6
EV/EBITDA(배)	4.2		3.7	3.4	2.9	4.6	4.3
EPS(원)	978	3,958	1,563	2,516	5,929	2,641
BPS(원)	40,986	42,251	42,353	43,324	48,013	49,084
CFPS(원)	3,644	6,254	4,351	4,351	7,540	4,208
DPS(원)	1,250	1,250	1,250	1,250	1,250	1,250
EBITDAPS(원)	3,533	5,718	7,037	6,118	4,621	5,271

재무 비율 〈단위 : % 〉
연도	영업이익률	순이익률	부채비율	차입금비율	ROA	ROE	유보율	자기자본비율	EBITDA마진율
2016	5.6	4.0	15.8	0.0	4.6	5.4	881.7	86.4	8.0
2015	5.3	10.5	19.9	0.0	10.7	13.0	860.3	83.4	8.1
2014	6.5	3.8	23.1	5.2	4.5	5.9	766.5	81.2	9.3
2013	5.3	2.0	38.1	21.6	2.5	3.7	747.1	72.4	8.8

일지테크 (A019540)
ILJI TECHNOLOGY CO

업　　　종 : 자동차부품　　　　　시　　　장 : KOSDAQ
신용등급 : (Bond) —　　(CP) —　　기업규모 : 우량
홈페이지 : www.iljitech.co.kr　　연　락　처 : 053)856-8080
본　　　사 : 경북 경산시 진량읍 공단 4로 50

설 립 일	1986.11.24	종 업 원 수	375명	대 표 이 사	구본일,구준모
상 장 일	1992.11.03	감 사 의 견	적정 (안경)	계　　　열	
결 산 기	12월	보 통 주	1,351만주	종 속 회 사 수	
액 면 가	500원	우 선 주		구 상 호	

주주구성 (지분율,%)		출자관계 (지분율,%)		주요경쟁사 (외형,%)	
구준모	34.3		일지테크	100
브이아이피투자자문	8.3		영화금속	46
(외국인)	3.8		엠에스오토텍	218

매출구성		비용구성		수출비중	
차체 Parts	94.8	매출원가율	86.0	수출	11.6
부산물 설비등	5.2	판관비율	6.3	내수	88.4

회사 개요
동사는 1986년 설립되어 자동차부품 제조 및 판매업을 영위하는 업체임. 자동차의 차체를 구성하는 부분으로 P/Tray, Dash Compl 등 각종 Pannel류를 생산 및 판매하고 있음. 주요 고객사로는 국내외 모두 현대자동차 계열사이며, 자동차 부품 제품 매출이 전체의 96%를 차지하고 있음. 종속회사는 비상장 업체로서 자동차 차체 부품을 제조하는 북경일지차와기유한공사가 있음.

실적 분석
동사의 2016년 연결기준 연간 매출액과 영업이익은 각각 3,432.5억원, 266.1억원으로 전년 대비 12.6%, 43.7% 증가함. 이는 공격적인 마케팅에 따른 신차 수주로 매출액이 증가하였고, 전사적인 원가절감 활동으로 이익을 창출한 효과임. 동사는 기술보강 및 타 산업과의 공동연구를 통해 융합 시스템 기술 확보를 위한 선행기술 개발에 주력하여 세계 시장을 선도할 수 있는 경쟁력 우위를 확보하기 위해 노력중임.

현금 흐름 〈단위 : 억원〉
항목	2015	2016
영업활동	277	363
투자활동	-513	-322
재무활동	277	-53
순현금흐름	44	-13
기말현금	180	167

시장 대비 수익률
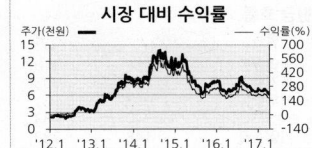

결산 실적 〈단위 : 억원〉
항목	2011	2012	2013	2014	2015	2016
매출액	811	1,353	1,927	2,445	3,048	3,432
영업이익	54	85	117	295	185	266
당기순이익	46	77	114	279	86	189

분기 실적 〈단위 : 억원〉
항목	2015.3Q	2015.4Q	2016.1Q	2016.2Q	2016.3Q	2016.4Q
매출액	680	952	871	921	667	974
영업이익	65	14	58	79	49	80
당기순이익	21	-13	41	50	10	89

재무 상태 〈단위 : 억원〉
항목	2011	2012	2013	2014	2015	2016
총자산	1,421	2,216	2,274	3,161	4,161	4,163
유형자산	673	1,054	1,236	1,679	2,486	2,508
무형자산	5	5	5	5	5	5
유가증권	26	31	38	19	27	15
총부채	860	1,594	1,514	2,126	3,050	2,918
총차입금	592	1,112	995	1,182	1,529	1,504
자본금	68	68	68	68	68	68
총자본	561	622	760	1,035	1,111	1,245
지배주주지분	561	622	760	1,035	1,111	1,245

기업가치 지표
항목	2011	2012	2013	2014	2015	2016
주가(최고/저)(천원)	2.8/1.8	4.0/1.9	9.9/3.0	14.3/7.9	13.3/6.0	9.2/6.3
PER(최고/저)(배)	9.1/5.9	7.6/3.5	12.3/3.7	7.2/4.0	21.7/9.7	6.7/4.6
PBR(최고/저)(배)	0.7/0.5	0.9/0.4	1.9/0.6	2.0/1.1	1.7/0.8	1.0/0.7
EV/EBITDA(배)	4.8	7.0	7.0	7.0	5.4	3.4
EPS(원)	341	567	847	2,064	635	1,401
BPS(원)	4,241	4,689	5,623	7,656	8,222	9,400
CFPS(원)	924	1,394	2,200	3,305	2,594	4,107
DPS(원)	40	50	60	100	100	150
EBITDAPS(원)	980	1,456	2,217	3,426	3,330	4,676

재무 비율 〈단위 : % 〉
연도	영업이익률	순이익률	부채비율	차입금비율	ROA	ROE	유보율	자기자본비율	EBITDA마진율
2016	7.8	5.5	234.3	120.8	4.6	16.1	1,780.0	29.9	18.4
2015	6.1	2.8	274.5	137.6	2.3	8.0	1,544.4	26.7	14.8
2014	12.1	11.4	205.5	114.2	10.3	31.1	1,431.2	32.7	18.9
2013	6.1	5.9	199.2	131.0	5.1	16.6	1,024.7	33.4	15.5

일진다이아몬드 (A081000)
Iljin Diamond

업　종 : 금속 및 광물	시　장 : 거래소
신용등급 : (Bond) ―　　(CP) ―	기업규모 : 시가총액 소형주
홈페이지 : www.iljindiamond.co.kr	연락처 : (043)879-4800
본　사 : 충북 음성군 대소면 대금로 157	

설 립 일 2004.12.02	종업원수 439명	대표이사 김기현
상 장 일 2004.12.22	감사의견 적정 (안진)	계　　열
결 산 기 12월	보통주 1,128만주	종속회사수
액 면 가 1,000원	우선주	구상호

주주구성 (지분율,%)
일진홀딩스	61.8
국민연금공단	4.1
(외국인)	2.9

출자관계 (지분율,%)
일진복합소재	100.0

주요경쟁사 (외형,%)
일진다이아	100
서원	229
CS홀딩스	114

매출구성
Hard Metal	85.9
Diamond Grit,Cutting Tool Blanks	14.1

비용구성
매출원가율	73.7
판관비율	20.4

수출비중
수출	81.5
내수	18.5

회사 개요
동사의 주요사업은 공업용 다이아몬드 분말과 소결체의 제조 및 판매임. 주요 생산목목인 공업용다이아몬드는 기계, 금속, 자동차, 건축, 토목, 광산, 전자산업, 태양광, LED 등 거의 모든 산업에 핵심 소재로 사용되고 있으며 매출비중은 80%를 소폭 웃돔. 공업용 합성 다이아몬드와 그 연관제품을 제조·판매하고 있는 회사는 국내에 동사가 유일함. 자회사인 알피니언메디컬시스템에서 초음파 의료기기를 개발하였으며, 상반기 부터 판매 실적이 발생

실적 분석
동사의 2016년 연결 기준 매출과 영업이익은 1084억원, 64억원으로 전년 대비 각각 1.1%, 55% 감소함. 당기순이익은 47억원, 매출총이익율은 26.34%, 영업이익율은 5.9%를 달성함. 동사의 자산현황은 유동자산 854억원, 비유동자산 611억원이며, 전년 대비 총자산은 3.87% 증가한 1465억원임. 부채비율은 전년 75%에서 73%로 다소 감소하였으며, 자본총계는 전년대비 5.2% 증가한 848억원을 기록함.

현금 흐름 〈단위 : 억원〉
항목	2015	2016
영업활동	88	118
투자활동	-42	-35
재무활동	-87	-1
순현금흐름	-40	83
기말현금	148	232

시장 대비 수익률
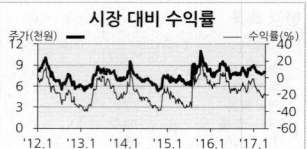

결산 실적 〈단위 : 억원〉
항목	2011	2012	2013	2014	2015	2016
매출액	920	963	877	909	1,096	1,084
영업이익	158	97	69	77	142	64
당기순이익	120	78	33	38	108	47

분기 실적 〈단위 : 억원〉
항목	2015.3Q	2015.4Q	2016.1Q	2016.2Q	2016.3Q	2016.4Q
매출액	289	270	242	285	278	278
영업이익	35	31	12	29	19	5
당기순이익	25	25	8	21	13	5

재무 상태 〈단위 : 억원〉
항목	2011	2012	2013	2014	2015	2016
총자산	1,182	1,344	1,338	1,390	1,410	1,465
유형자산	463	600	561	551	537	526
무형자산	5	35	34	34	32	37
유가증권	―	―	―	―	―	―
총부채	560	662	642	687	604	617
총차입금	345	444	404	356	275	290
자본금	113	113	113	113	113	113
총자본	622	682	696	702	807	848
지배주주지분	622	682	696	702	807	848

기업가치 지표
항목	2011	2012	2013	2014	2015	2016
주가(최고/저)(천원)	14.0/7.1	10.2/5.4	8.8/5.4	9.5/5.3	12.3/6.2	9.5/7.1
PER(최고/저)(배)	14.3/7.3	15.8/8.4	31.7/19.3	29.4/16.2	13.3/6.7	23.3/17.3
PBR(최고/저)(배)	2.8/1.4	1.8/1.0	1.5/0.9	1.6/0.9	1.8/0.9	1.3/1.0
EV/EBITDA(배)	5.6	6.8	8.3	7.7	5.5	8.6
EPS(원)	1,064	694	295	339	953	413
BPS(원)	5,518	6,050	6,176	6,229	7,153	7,521
CFPS(원)	1,595	1,251	826	814	1,439	940
DPS(원)	100	100	100	100	150	100
EBITDAPS(원)	1,933	1,420	1,146	1,155	1,749	1,093

재무 비율 〈단위 : %〉
연도	영업이익률	순이익률	부채비율	차입금비율	ROA	ROE	유보율	자기자본비율	EBITDA마진율
2016	5.9	4.3	72.7	34.2	3.2	5.6	652.1	57.9	11.4
2015	13.0	9.8	74.8	34.1	7.7	14.3	615.3	57.2	18.0
2014	8.4	4.2	97.9	50.7	2.8	5.5	522.9	50.5	14.3
2013	7.9	3.8	92.2	58.0	2.5	4.8	517.6	52.0	14.7

일진디스플레이 (A020760)
Iljin Display

업　종 : 디스플레이 및 관련부품	시　장 : 거래소
신용등급 : (Bond) ―　　(CP) ―	기업규모 : 시가총액 소형주
홈페이지 : www.iljindisplay.co.kr	연락처 : (043)879-4747
본　사 : 충북 음성군 대소면 대금로 157	

설 립 일 1994.04.01	종업원수 470명	대표이사 심임수
상 장 일 2002.01.09	감사의견 적정 (한영)	계　　열
결 산 기 12월	보통주 2,831만주	종속회사수
액 면 가 500원	우선주	구상호

주주구성 (지분율,%)
허진규	25.1
일진머티리얼즈	12.4
(외국인)	4.4

출자관계 (지분율,%)

주요경쟁사 (외형,%)
일진디스플	100
신화인터텍	128
에스엔유	34

매출구성
터치스크린패널	88.0
LED소재	12.0

비용구성
매출원가율	109.3
판관비율	8.4

수출비중
수출	94.3
내수	5.7

회사 개요
동사는 LED 기판재료로 사용되는 사파이어웨이퍼 및 태블릿PC/스마트폰 등에 사용되는 터치스크린 공급. 사파이어웨이퍼는 2인치 기준 월 600K 생산라인 가동 중. 2인치와 4인치를 주력으로 양산 납품하고 있음. 터치패널은 정전용량방식 기술을 인정받아 2010년부터 각종 태블릿PC에 납품 중임. 하지만 태블릿PC 시장 축소와 IT 시장 위축으로 회사 성장세가 둔화됨.

실적 분석
동사의 2016년 연결기준 연간 누적 매출액은 1688.1억원으로 전년 동기 대비 무려 45.9% 감소. 매출이 큰 폭으로 줄면서 매출원가와 판관비도 감소했지만 매출 하락 폭이 워낙 커 영업손실은 298.4억원으로 적자 폭이 확대됨. 비영업손실도 큰 폭으로 늘어 당기순손실은 666.8억원으로 전년 동기 대비 약 3배 적자 규모 늘어남. 매출 감소와 수익성 악화에 직면.

현금 흐름 *IFRS 별도 기준 〈단위 : 억원〉
항목	2015	2016
영업활동	212	-215
투자활동	-137	17
재무활동	29	36
순현금흐름	104	-163
기말현금	232	69

시장 대비 수익률
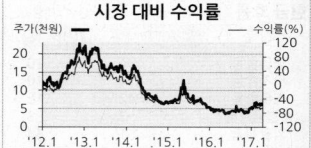

결산 실적 〈단위 : 억원〉
항목	2011	2012	2013	2014	2015	2016
매출액	3,244	5,965	6,591	4,542	3,122	1,688
영업이익	364	646	599	227	-131	-298
당기순이익	307	641	481	140	-236	-667

분기 실적 *IFRS 별도 기준 〈단위 : 억원〉
항목	2015.3Q	2015.4Q	2016.1Q	2016.2Q	2016.3Q	2016.4Q
매출액	793	610	511	340	410	427
영업이익	2	-149	-79	-83	-63	-74
당기순이익	-15	-233	-114	-122	-54	-376

재무 상태 *IFRS 별도 기준 〈단위 : 억원〉
항목	2011	2012	2013	2014	2015	2016
총자산	1,812	2,726	2,502	2,541	2,213	1,539
유형자산	630	870	1,404	1,514	1,438	951
무형자산	211	175	131	72	22	13
유가증권	1	1	1	1	―	―
총부채	914	1,217	998	958	907	901
총차입금	281	368	313	476	557	597
자본금	136	137	142	142	142	142
총자본	898	1,509	1,504	1,583	1,307	638
지배주주지분	898	1,509	1,504	1,583	1,307	638

기업가치 지표 *IFRS 별도 기준
항목	2011	2012	2013	2014	2015	2016
주가(최고/저)(천원)	12.1/6.7	22.9/10.4	22.5/14.0	16.9/6.0	12.8/4.9	5.8/3.6
PER(최고/저)(배)	11.0/6.1	10.1/4.6	13.6/8.4	34.8/12.3	―/―	―/―
PBR(최고/저)(배)	3.8/2.1	4.3/2.0	4.4/2.7	3.1/1.1	2.8/1.1	2.6/1.6
EV/EBITDA(배)	8.0	7.9	6.4	5.5	30.3	―
EPS(원)	1,153	2,356	1,703	493	-833	-2,355
BPS(원)	3,313	5,504	5,314	5,594	4,618	2,257
CFPS(원)	1,432	2,705	2,175	1,108	-152	-1,651
DPS(원)	100	200	200	100	―	―
EBITDAPS(원)	1,646	2,721	2,591	1,416	217	-349

재무 비율 〈단위 : %〉
연도	영업이익률	순이익률	부채비율	차입금비율	ROA	ROE	유보율	자기자본비율	EBITDA마진율
2016	-17.7	-39.5	141.2	93.6	-35.5	-68.6	351.5	41.5	-5.9
2015	-4.2	-7.6	69.4	42.6	-9.9	-16.3	823.5	59.0	2.0
2014	5.0	3.1	60.5	30.1	5.5	9.0	1,018.8	62.3	8.8
2013	9.1	7.3	66.4	20.8	18.4	31.9	962.9	60.1	11.1

일진머티리얼즈 (A020150)
IIJIN MATERIALS

업 종 : 전자 장비 및 기기		시 장 : 거래소	
신용등급 : (Bond) — (CP) —		기업규모 : 시가총액 중형주	
홈페이지 : www.iljinm.co.kr		연 락 처 : 063)835-3616	
본 사 : 전북 익산시 석암로3길 63-25			

설 립 일	1987.08.11	종 업 원 수	442명	대 표 이 사	주재환,허재명
상 장 일	2011.03.04	감 사 의 견	적정 (삼일)	계	열
결 산 기	12월	보 통 주	3,920만주	종속회사수	
액 면 가	500원	우 선 주		구 상 호	

주주구성 (지분율,%)		출자관계 (지분율,%)		주요경쟁사 (외형,%)	
허재명	62.8	삼영글로벌	100.0	일진머티리얼즈	100
한국산업은행	4.5	일진유니스코	79.4	삼성SDI	1,304
(외국인)	2.1	일진디스플레이	16.2	삼성전기	1,512

매출구성		비용구성		수출비중	
ICS	52.7	매출원가율	85.9	수출	90.1
I2B	40.0	판관비율	6.8	내수	9.9
LMO	3.3				

회사 개요
동사는 일렉포일(Elecfoil) 등의 제조, 공급 및 판매하는 회사로 PCB의 회로를 구성하는 얇은 구리박으로 동선(Mill berry 등)을 황산에 녹인 도금액을 전기분해법으로 회전드럼에 얇게 도금하여 말아내는 방법으로 제조함. Elecfoil을 생산하기 전인 1989년 이전에는 전량 일본에서의 수입에 의존하였으나, 동사가 본격적인 양산 및 판매를 개시한 1990년부터 수입을 대체하게 되어 현재는 국내 시장 점유율 1위를 차지하고 있음.

실적 분석
동사의 2016년 연결기준 누적매출액은 3,989.6억원으로 전년 대비 1.4% 증가함. 영업이익은 290.2억원으로 101.2% 늘었고, 당기순이익은 406.2억원으로 흑자 전환함. 에너지 사업 부문은 음극집전체용 일렉포인 사업을 활용해 리튬이차전지 메이커에 집중하는 영업전략을 전개할 계획임. 최근 전기자동차 및 전력저장용 전지같은 중대형 전지 시장이 신규로 형성되고 있어 실적 개선이 기대됨.

현금 흐름 〈단위 : 억원〉

항목	2015	2016
영업활동	349	729
투자활동	755	-503
재무활동	-1,049	-235
순현금흐름	55	-13
기말현금	279	265

시장 대비 수익률
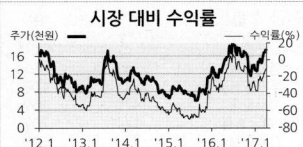

결산 실적 〈단위 : 억원〉

항목	2011	2012	2013	2014	2015	2016
매출액	3,296	3,932	3,500	4,148	3,934	3,990
영업이익	106	-68	-148	-285	144	290
당기순이익	135	-572	-90	-19	-633	406

분기 실적 〈단위 : 억원〉

항목	2015.3Q	2015.4Q	2016.1Q	2016.2Q	2016.3Q	2016.4Q
매출액	1,074	938	1,051	993	936	1,010
영업이익	-7	164	59	83	62	87
당기순이익	-73	-982	252	-16	40	130

재무 상태 〈단위 : 억원〉

항목	2011	2012	2013	2014	2015	2016
총자산	4,422	4,699	5,808	5,961	4,367	3,908
유동자산	2,439	2,226	2,754	2,670	1,787	1,762
무형자산	113	227	240	264	71	56
유가증권	414	441	555	449	349	481
총부채	1,151	1,988	2,954	3,034	2,039	961
총차입금	592	672	1,167	1,989	940	132
자본금	196	196	196	196	196	196
총자본	3,270	2,711	2,854	2,927	2,328	2,947
지배주주지분	3,270	2,711	2,690	2,713	2,331	2,864

기업가치 지표

항목	2011	2012	2013	2014	2015	2016
주가(최고/저)(천원)	35.5/10.8	18.2/7.8	17.3/7.4	13.5/6.9	12.3/5.8	19.6/10.9
PER(최고/저)(배)	98.3/30.0	—/—	—/—	156.8/80.5	—/—	19.6/10.9
PBR(최고/저)(배)	4.3/1.3	2.7/1.1	2.5/1.1	2.0/1.0	2.1/1.0	2.7/1.5
EV/EBITDA(배)	27.3	19.2	36.7	81.6	10.3	10.4
EPS(원)	363	-1,459	-187	86	-978	1,003
BPS(원)	8,342	6,916	6,861	6,921	5,945	7,305
CFPS(원)	790	-760	569	962	-24	1,581
DPS(원)	50					50
EBITDAPS(원)	710	525	377	148	1,322	1,318

재무 비율 〈단위 : % 〉

연도	영업이익률	순이익률	부채비율	차입금비율	ROA	ROE	유보율	자기자본비율	EBITDA마진율
2016	7.3	10.2	32.6	4.5	9.8	15.1	1,361.0	75.4	13.0
2015	3.7	-16.1	87.6	40.4	-12.3	-15.2	1,089.0	53.3	13.2
2014	-6.9	-0.5	103.7	68.0	-0.3	1.3	1,284.1	49.1	1.4
2013	-4.2	-2.6	103.5	40.9	-1.7	-2.7	1,272.2	49.1	4.2

일진전기 (A103590)
IIJIN ELECTRIC

업 종 : 전기장비		시 장 : 거래소	
신용등급 : (Bond) — (CP) —		기업규모 : 시가총액 소형주	
홈페이지 : www.iljinelectric.co.kr		연 락 처 : 031)220-0500	
본 사 : 경기도 화성시 만년로 905-17 (안녕동)			

설 립 일	2008.07.02	종 업 원 수	923명	대 표 이 사	김희수,허정석
상 장 일	2008.08.01	감 사 의 견	적정 (안진)	계	열
결 산 기	12월	보 통 주	3,708만주	종속회사수	
액 면 가	1,000원	우 선 주		구 상 호	

주주구성 (지분율,%)		출자관계 (지분율,%)		주요경쟁사 (외형,%)	
일진홀딩스	57.0	스마트파워	22.7	일진전기	100
알리안츠글로벌인베스터스자산운용	4.5	자본재공제조합	1.1	삼영전자	32
(외국인)	2.4	두산캐피탈	0.1	삼화콘덴서	25

매출구성		비용구성		수출비중	
동나선 및알미늄 나선	43.2	매출원가율	89.1	수출	47.8
GIS, 변압기, 보호개폐기장치 등	22.3	판관비율	10.2	내수	52.2
전력 및 절연선 통신선	21.8				

회사 개요
동사는 배전용 전기구류를 생산하는 일진금속을 모태로 일진전선, 일진, 일진중공업을 합병한 후 일진홀딩스로부터 인적분할하여 설립됨. 동사의 제품은 사업부문별로 전선(전력 및 절연선, 나선, 광통신케이블), 전력시스템(변압기, 수배전반, 모터 등), 기타부문(매연저감장치 등)으로 구분되어 사업부별 매출 비중은 전선 76.67%, 전력시스템 27.78% 및 연결조정 -4.44%으로 구성됨. 국내 시장 경쟁심화에도 아시아, 중동 시장의 전력수요기대

실적 분석
동사의 2016년 결산 기준 매출액은 전년 대비 5.1% 감소한 6,780.8억원임. 전선사업부와 전력시스템 사업부 매출액 모두 전년 대비 소폭 감소하였음. 매출원가는 4.9% 감소하였으나 판관비가 전년 대비 6.5% 증가함으로 인해 영업이익은 전년 대비 크게 감소한 44.6억원을 시현. 당기순이익은 전년 동기 83.3억원 대비 83%감소한 14.2억원을 시현함. 초 고압 가스절연차단기과 이차전지 관련 소재 등 고부가가치 제품 개발에 노력중.

현금 흐름 〈단위 : 억원〉

항목	2015	2016
영업활동	267	-100
투자활동	93	163
재무활동	-438	-41
순현금흐름	-64	26
기말현금	190	216

시장 대비 수익률
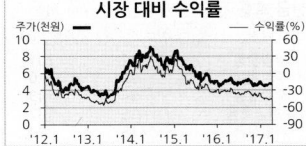

결산 실적 〈단위 : 억원〉

항목	2011	2012	2013	2014	2015	2016
매출액	10,178	9,868	8,001	7,707	7,146	6,781
영업이익	119	-67	202	305	142	45
당기순이익	-136	-126	50	129	83	14

분기 실적 〈단위 : 억원〉

항목	2015.3Q	2015.4Q	2016.1Q	2016.2Q	2016.3Q	2016.4Q
매출액	1,668	2,045	1,417	1,963	1,332	2,069
영업이익	-28	98	-22	61	-37	43
당기순이익	1	54	-36	49	-43	45

재무 상태 〈단위 : 억원〉

항목	2011	2012	2013	2014	2015	2016
총자산	7,686	8,284	8,358	7,945	7,354	7,288
유동자산	4,528	4,874	5,008	3,910	3,786	3,720
무형자산	146	128	134	123	115	49
유가증권	26	27	31	26	27	27
총부채	4,349	5,117	5,147	4,810	4,142	4,088
총차입금	2,408	2,877	3,045	2,706	2,299	2,258
자본금	371	371	371	371	371	371
총자본	3,337	3,166	3,211	3,135	3,213	3,199
지배주주지분	3,337	3,166	3,211	3,135	3,213	3,199

기업가치 지표

항목	2011	2012	2013	2014	2015	2016
주가(최고/저)(천원)	10.3/4.1	6.8/3.6	7.6/3.0	9.3/6.3	8.7/4.7	5.5/4.4
PER(최고/저)(배)	—/—	—/—	58.8/23.1	27.8/18.9	40.0/21.4	144.2/115.2
PBR(최고/저)(배)	1.2/0.5	0.8/0.5	0.9/0.4	1.1/0.8	1.0/0.6	0.6/0.5
EV/EBITDA(배)	19.0	99.6	17.2	12.0	13.8	19.9
EPS(원)	-368	-339	134	348	225	38
BPS(원)	9,015	8,557	8,678	8,473	8,666	8,629
CFPS(원)	-107	-49	484	732	614	439
DPS(원)	80	50	70	80	80	60
EBITDAPS(원)	581	110	894	1,208	771	522

재무 비율 〈단위 : % 〉

연도	영업이익률	순이익률	부채비율	차입금비율	ROA	ROE	유보율	자기자본비율	EBITDA마진율
2016	0.7	0.2	127.8	70.6	0.2	0.4	762.9	43.9	2.9
2015	2.0	1.2	128.9	71.6	1.1	2.6	766.6	43.7	4.0
2014	4.0	1.7	153.4	86.3	1.6	4.1	747.3	39.5	5.8
2013	2.5	0.6	160.3	94.9	0.6	1.6	767.8	38.4	4.2

일진파워 (A094820)
ILJIN Power

업　　종 : 에너지 시설 및 서비스　　　시　　장 : KOSDAQ
신용등급 : (Bond) ―　　(CP) ―　　　기업규모 : 중견
홈페이지 : www.ijeng.com　　　　　　연 락 처 : 052)237-5330
본　　사 : 울산시 울주군 온산읍 산암로 42

설 립 일	1990.03.01	종 업 원 수	645명	대 표 이 사	이광섭
상 장 일	2007.11.06	감 사 의 견	적정 (리안)	계　　열	
결 산 기	12월	보 통 주	1,508만주	종속회사수	
액 면 가	500원	우 선 주		구 상 호	일진에너지

주주구성 (지분율,%)		출자관계 (지분율,%)		주요경쟁사 (외형,%)	
신영자산운용	26.6	일진에너지	100.0	일진파워	100
이광섭	23.7	한국파워엔지니어링서비스	35.0	제이씨케미칼	117
(외국인)	0.6	SPC	8.4	제이엔케이히터	108

매출구성		비용구성		수출비중	
경상유지	89.8	매출원가율	90.2	수출	19.0
원자력	8.5	판관비율	3.6	내수	81.0
태양광, 가공	1.7				

회사 개요
동사는 원자력발전소의 기계설비에 대한 보수 및 제작을 영위하고 있으며 설립이래 화공기계설비제작, 산업기계설비제작, 플랜트설계시공, 플랜트기술용역 등의 수행을 통해 풍부한 경험의 설계인력과 화공기계 자체 제조능력을 보유하고 있음. 또한 플랜트의 설계부터 구매조달, 시공에 이르기까지의 턴키공사 등의 체계를 갖추었으며 신재생에너지 관련 기기제작 및 시공업을 사업목적 추가하여 영위 중에 있음.

실적 분석
동사는 화공기기 제작회사인 일진에너지를 연결대상 종속회사로 보유중임. 동사의 2016년 연결기준 매출액은 신규사업소 개소에 따른 영향으로 전년 대비 12.0% 증가한 1,327.3억원을 시현함. 외형성장에도 불구하고 매출원가의 상승으로 인해 영업이익은 전년동기 대비 0.3% 감소한 82.1억원을 시현했음. 그러나 법인세비용이 큰 폭으로 감소함에 따라 당기순이익은 전년동기 대비 127.7% 증가한 66.6억원을 기록했음.

현금 흐름　　〈단위 : 억원〉

항목	2015	2016
영업활동	71	251
투자활동	-22	-20
재무활동	-34	-43
순현금흐름	15	187
기말현금	18	204

시장 대비 수익률
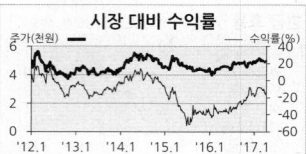

결산 실적　　〈단위 : 억원〉

항목	2011	2012	2013	2014	2015	2016
매출액	1,253	1,333	1,053	1,133	1,185	1,327
영업이익	54	27	63	83	82	82
당기순이익	47	5	44	53	29	67

분기 실적　　〈단위 : 억원〉

항목	2015.3Q	2015.4Q	2016.1Q	2016.2Q	2016.3Q	2016.4Q
매출액	287	367	245	354	302	426
영업이익	24	6	17	41	21	4
당기순이익	4	-10	21	22	24	1

재무 상태　　〈단위 : 억원〉

항목	2011	2012	2013	2014	2015	2016
총자산	1,014	1,127	1,098	984	1,049	1,147
유형자산	429	446	446	424	457	409
무형자산	32	31	24	19	13	12
유가증권	10	5	6	9	10	12
총부채	411	554	511	369	436	494
총차입금	212	314	247	177	166	146
자본금	75	75	75	75	75	75
총자본	603	573	587	615	613	653
지배주주지분	603	573	587	615	613	653

기업가치 지표

항목	2011	2012	2013	2014	2015	2016
주가(최고/저)(천원)	7.7/3.6	5.8/3.7	4.7/3.7	5.6/4.3	5.3/4.1	5.0/4.0
PER(최고/저)(배)	29.5/13.7	196.8/125.9	18.2/14.6	17.8/13.8	29.7/23.0	11.6/9.4
PBR(최고/저)(배)	2.3/1.1	1.8/1.1	1.3/1.1	1.5/1.1	1.4/1.1	1.2/0.9
EV/EBITDA(배)	14.9		23.7	11.9	8.9	6.7
EPS(원)	315	35	294	348	194	442
BPS(원)	3,999	3,864	4,011	4,198	4,179	4,446
CFPS(원)	400	139	417	481	331	585
DPS(원)	130	130	150	170	170	200
EBITDAPS(원)	444	282	538	686	682	687

재무 비율　　〈단위 : % 〉

연도	영업이익률	순이익률	부채비율	차입금비율	ROA	ROE	유보율	자기자본비율	EBITDA마진율
2016	6.2	5.0	75.7	22.4	6.1	10.5	789.2	56.9	7.8
2015	6.9	2.5	71.2	27.1	2.9	4.8	735.8	58.4	8.7
2014	7.4	4.6	59.9	28.7	5.0	8.7	739.5	62.5	9.1
2013	6.0	4.2	87.0	42.0	4.0	7.7	702.2	53.5	7.7

일진홀딩스 (A015860)
Iljin Holdings

업　　종 : 전기장비　　　　　　　　시　　장 : 거래소
신용등급 : (Bond) ―　　(CP) ―　　　기업규모 : 시가총액 소형주
홈페이지 : www.iljin.co.kr　　　　　연 락 처 : 031)220-0500
본　　사 : 경기도 화성시 만년로 905-17 (안녕동)

설 립 일	1982.01.27	종 업 원 수	16명	대 표 이 사	허정석
상 장 일	1990.03.22	감 사 의 견	적정 (한영)	계　　열	
결 산 기	12월	보 통 주	4,935만주	종속회사수	
액 면 가	1,000원	우 선 주		구 상 호	

주주구성 (지분율,%)		출자관계 (지분율,%)		주요경쟁사 (외형,%)	
허정석	29.1	일진디앤코	100.0	일진홀딩스	100
일진파트너스	24.6	알피니언메디칼시스템	93.5	대한전선	162
(외국인)	0.8	아트테크	80.9	LS	1,133

매출구성		비용구성		수출비중	
나동선, 알루미늄, 나선, 전력선,철연선 등/기타	60.9	매출원가율	84.4	수출	―
변압기, 중전기 등(기타)	19.3	판관비율	15.3	내수	―
Diamond Grit 외(기타)	10.6				

회사 개요
동사는 1982년 1월 27일 일진전기공업(주)으로 설립되었으며, 2008년 7월 1일 순수지주회사로 변경됨. 2016년 12월말 기준 일진전기, 일진다이아몬드, 일진디앤코, 아이텍, 전구방송, 알피니언메디칼시스템, 아트테크 등 총 7개 자회사와 11개의 손자회사를 두고 있음. 동사는 별도의 사업을 영위하지 않는 순수지주회사로 일진상표권의 소유주로 브랜드의 가치 제고 및 육성, 보호 활동을 종합적으로 수행해 나가고 있음.

실적 분석
동사의 2016년 누적매출액은 8,493.3억원으로 전년 대비 4.7% 감소함. 매출 축소에도 판관비가 전년보다 10.7% 늘면서 영업이익은 91.2% 감소한 26.5억원을 기록함. 한국전력 입찰제한의 영향과 일진다이아몬드 실적 부진, 지주 세무조사 영향으로 실적이 악화됨. 계절적 요인으로 4분기에 발주량이 증가하는데, 분기별 매출편차가 큰 것도 부담임. 알피니언의 성장이 더딘 상황이나 성장에 대한 기대감은 여전히 유효함.

현금 흐름　　〈단위 : 억원〉

항목	2015	2016
영업활동	343	-7
투자활동	-45	108
재무활동	-470	159
순현금흐름	-171	202
기말현금	398	600

시장 대비 수익률
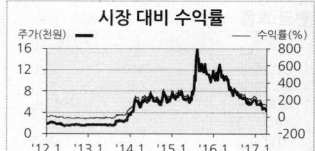

결산 실적　　〈단위 : 억원〉

항목	2011	2012	2013	2014	2015	2016
매출액	11,260	11,090	9,543	9,317	8,909	8,493
영업이익	163	-84	326	417	306	16
당기순이익	-146	-245	63	205	210	-114

분기 실적　　〈단위 : 억원〉

항목	2015.3Q	2015.4Q	2016.1Q	2016.2Q	2016.3Q	2016.4Q
매출액	2,073	2,560	1,813	2,414	1,729	2,538
영업이익	-34	159	-18	79	-44	-1
당기순이익	-3	114	-44	7	-27	-51

재무 상태　　〈단위 : 억원〉

항목	2011	2012	2013	2014	2015	2016
총자산	10,364	11,088	11,165	11,184	10,565	10,658
유형자산	5,172	5,654	5,742	4,590	4,445	4,542
무형자산	486	501	516	461	458	412
유가증권	97	92	87	55	63	63
총부채	5,900	6,913	6,945	6,788	5,904	6,136
총차입금	3,451	4,220	4,265	3,830	3,442	3,667
자본금	499	499	499	499	499	499
총자본	4,464	4,174	4,220	4,397	4,661	4,522
지배주주지분	2,656	2,413	2,456	2,644	2,969	2,809

기업가치 지표

항목	2011	2012	2013	2014	2015	2016
주가(최고/저)(천원)	4.1/1.6	2.2/1.5	3.6/1.5	7.8/3.6	17.0/5.9	13.0/5.4
PER(최고/저)(배)	―/―	―/―	66.3/28.6	29.0/13.4	66.2/23.1	―/―
PBR(최고/저)(배)	0.7/0.3	0.4/0.3	0.7/0.3	1.4/0.7	2.7/0.9	2.2/0.9
EV/EBITDA(배)	15.9	57.8	15.9	13.0	19.8	27.7
EPS(원)	-192	-434	56	275	260	-276
BPS(원)	6,123	5,630	5,717	5,696	6,356	6,030
CFPS(원)	193	-44	502	735	728	247
DPS(원)	50	30	50	70	70	30
EBITDAPS(원)	694	215	944	1,290	1,077	576

재무 비율　　〈단위 : % 〉

연도	영업이익률	순이익률	부채비율	차입금비율	ROA	ROE	유보율	자기자본비율	EBITDA마진율
2016	0.2	-1.4	135.7	81.1	-1.1	-4.7	496.9	42.4	3.4
2015	3.4	2.4	126.7	73.9	1.9	4.6	529.1	44.1	6.0
2014	4.5	2.2	154.4	87.1	1.8	5.3	463.8	39.3	6.8
2013	3.4	0.7	164.6	101.1	0.6	1.1	466.0	37.8	4.9

잇츠스킨 (A226320)
IT'S SKIN CO

업 종 : 개인생활용품		시 장 : 거래소	
신용등급 : (Bond) — (CP) —		기업규모 : 시가총액 중형주	
홈 페 이 지 : www.itsskin.com		연 락 처 : 02)3450-0343	
본 사 : 서울시 강남구 언주로 634(논현동 249번지)			

설 립 일 2006.02.07	종 업 원 수 114명	대 표 이 사 유근직
상 장 일 2015.12.28	감 사 의 견 적정 (삼덕)	계 열
결 산 기 12월	보 통 주 1,747만주	종속회사수
액 면 가 500원	우 선 주	구 상 호

주주구성 (지분율,%)
한불화장품	50.4
임병철	14.7
(외국인)	4.9

출자관계 (지분율,%)
IT'SSKINCHINACO.,LTD	100.0

주요경쟁사 (외형,%)
잇츠스킨	100
아모레퍼시픽	2,112
아모레G	2,505

매출구성
스킨케어 기초	67.9
스킨케어 베이직	24.7
포인트 메이크업	4.9

비용구성
매출원가율	38.7
판관비율	33.9

수출비중
수출	8.2
내수	91.8

회사 개요
동사는 2006년 2월 7일에 설립된 화장품 산업을 주요목적으로 하는 기업으로 피부 고민별로 해결책을 제시하는 클리니컬 스킨 솔루션 코스메틱 컨셉으로 피부고민을 집중적으로 탐구하는 체계적이고 신뢰적인 뷰티 브랜드임. 동사는 국내에 직영점 3개, 가맹점 115개, 유통점 109개, 면세점 28개 등 총255개의 매장을 보유하고 있으며, 해외 총 22개국에 진출하였음. 동사의 타겟연령대는 20세~40세이며, 서브타겟은 10세~20세임.

실적 분석
동사의 2016년 결산기준 누적매출액은 전년동기대비 13.6% 하락한 2,673.4억원을 기록하였음. 인건비와 광고비가 크게 늘어 영업이익은 전년동기대비 34.4% 감소한 732.9억원을 기록하였음. 화장품산업은 경기변동에 민감한 산업이나 필수소비재의 형태를 보이면서 지속적인 상승세를 보이고 있음. 중국수출이 높은 비중을 차지하나 국제정세의 변화로 계속 지속될 것인가에 대한 우려가 존재함. 다각적 판로를 통해 수익개선을 기대하고 있음.

현금 흐름 〈단위 : 억원〉
항목	2015	2016
영업활동	693	213
투자활동	-1,878	-176
재무활동	1,560	-353
순현금흐름	375	-316
기말현금	731	415

시장 대비 수익률
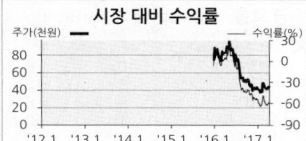

결산 실적 〈단위 : 억원〉
항목	2011	2012	2013	2014	2015	2016
매출액	225	318	524	2,419	3,096	2,673
영업이익	-13	28	84	991	1,118	733
당기순이익	-11	22	66	763	837	583

분기 실적 〈단위 : 억원〉
항목	2015.3Q	2015.4Q	2016.1Q	2016.2Q	2016.3Q	2016.4Q
매출액	515	842	834	619	571	649
영업이익	92	336	276	142	159	156
당기순이익	70	216	224	109	127	124

재무 상태 〈단위 : 억원〉
항목	2011	2012	2013	2014	2015	2016
총자산	92	103	266	1,548	3,880	3,689
유형자산	16	20	34	77	88	96
무형자산	1	1	3	12	13	24
유가증권	—	—	—	827	2,644	2,704
총부채	87	76	165	745	712	291
총차입금	2	—	—	—	—	—
자본금	40	40	40	40	44	87
총자본	4	27	100	802	3,168	3,397
지배주주지분	4	27	100	802	3,168	3,397

기업가치 지표
항목	2011	2012	2013	2014	2015	2016
주가(최고/저)(천원)	—/—	—/—	—/—	—/—	75.3/72.5	97.9/38.2
PER(최고/저)(배)	0.0/0.0	0.0/0.0	0.0/0.0	0.0/0.0	14.7/14.2	29.8/11.6
PBR(최고/저)(배)	0.0/0.0	0.0/0.0	0.0/0.0	0.0/0.0	4.2/4.1	4.9/1.9
EV/EBITDA(배)	—	—	—	—	8.6	5.6
EPS(원)	-70	139	412	4,771	5,207	3,340
BPS(원)	54	332	1,255	10,529	36,266	20,503
CFPS(원)	50	504	1,059	9,877	10,991	3,655
DPS(원)					1,915	701
EBITDAPS(원)	16	573	1,291	12,718	14,486	4,510

재무 비율 〈단위 : % 〉
연도	영업이익률	순이익률	부채비율	차입금비율	ROA	ROE	유보율	자기자본비율	EBITDA마진율
2016	27.4	21.8	8.6	0.0	15.4	17.8	4,000.6	92.1	29.5
2015	36.1	27.0	22.5	0.0	30.8	42.2	7,153.1	81.7	37.6
2014	41.0	31.6	92.9	0.0	84.2	169.1	2,005.8	51.8	42.1
2013	16.1	12.6	164.8	0.0		150.9		37.8	19.7

잉글우드랩(알eg에스) (A950140)
ENGLEWOOD LAB

업 종 : 개인생활용품		시 장 : KOSDAQ	
신용등급 : (Bond) — (CP) —		기업규모 :	
홈 페 이 지 : www.englewoodlab.com		연 락 처 : 1-201-567-2267	
본 사 : 88 W. SHEFFIELD AVENUE, ENGLEWOOD, NJ, 07631, USA			

설 립 일 2015.08.20	종 업 원 수 명	대 표 이 사 DavidC.Chung
상 장 일 2016.10.14	감 사 의 견 적정 (삼일)	계 열
결 산 기 12월	보 통 주 1,987만주	종속회사수
액 면 가	우 선 주	구 상 호

주주구성 (지분율,%)
David C. Chung	53.2
아이오케이컴퍼니	24.0
(외국인)	92.2

출자관계 (지분율,%)

주요경쟁사 (외형,%)
잉글우드랩(Reg.S)	100
한국화장품	270
코리아나	208

매출구성
CREAM	50.2
OTHERS	17.8
SERUM	12.9

비용구성
매출원가율	0.0
판관비율	0.0

수출비중
수출	—
내수	—

회사 개요
미국법인 잉글우드랩 주식회사(Englewood Lab, Inc.)는 미국 소재 잉글우드랩 유한회사(Englewood Lab, LLC)를 100% 소유하고 있고, 잉글우드랩 유한회사는 한국 소재 (주)잉글우드랩코리아를 100% 소유하고 있음. 잉글우드랩 유한회사는 미국 시장에서 실질적인 영업을 영위하고 있으며, (주)잉글우드랩코리아는 한국 및 아시아 시장 진출을 위하여 2015년 10월 6일 설립되었음.

실적 분석
동사의 주요 자회사이자 실질적인 영업을 영위하는 잉글우드랩 유한회사는 미국 내에서 화장품의 ODM(생산자 개발방식) 제조 및 OEM(주문자 상표부착방식) 제조를 주된 영업활동으로 하고 있음. 또한 잉글우드랩코리아를 설립하여, 한국 및 아시아 시장으로의 진출을 신규사업으로 준비중임. 2016년 결산연결기준 매출액 791억원, 영업이익 70억원 시현함.

현금 흐름 *IFRS 별도 기준 〈단위 : 억원〉
항목	2015	2016
영업활동	-0	—
투자활동	—	—
재무활동	—	—
순현금흐름	0	—
기말현금	0	—

시장 대비 수익률
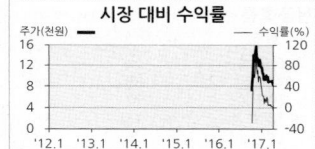

결산 실적 〈단위 : 억원〉
항목	2011	2012	2013	2014	2015	2016
매출액	—	—	—	390	596	—
영업이익	—	—	—	46	62	—
당기순이익	—	—	—	44	55	—

분기 실적 *IFRS 별도 기준 〈단위 : 억원〉
항목	2015.3Q	2015.4Q	2016.1Q	2016.2Q	2016.3Q	2016.4Q
매출액						
영업이익						
당기순이익						

재무 상태 *IFRS 별도 기준 〈단위 : 억원〉
항목	2011	2012	2013	2014	2015	2016
총자산					265	
유형자산						
무형자산						
유가증권						
총부채					5	
총차입금					0	
자본금					38	
총자본					260	
지배주주지분					260	

기업가치 지표 *IFRS 별도 기준
항목	2011	2012	2013	2014	2015	2016
주가(최고/저)(천원)	—/—	—/—	—/—	—/—	—/—	18.1/7.3
PER(최고/저)(배)	0.0/0.0	0.0/0.0	0.0/0.0	0.0/0.0	0.0/0.0	0.0/0.0
PBR(최고/저)(배)	0.0/0.0	0.0/0.0	0.0/0.0	0.0/0.0	0.0/0.0	0.0/0.0
EV/EBITDA(배)	0.0	0.0	0.0	0.0	0.0	0.0
EPS(원)	—	—	—	—	24	—
BPS(원)	—	—	—	—	2,005	—
CFPS(원)	—	—	—	—	24	—
DPS(원)	—	—	—	—	—	—
EBITDAPS(원)	—	—	—	—	-0	—

재무 비율 〈단위 : % 〉
연도	영업이익률	순이익률	부채비율	차입금비율	ROA	ROE	유보율	자기자본비율	EBITDA마진율
2016	0.0	0.0	0.0	0.0	0.0	0.0	0.0	0.0	0.0
2015	10.4	9.3	73.4	41.6	17.6	33.4	604.7	57.7	11.4
2014	11.9	11.3	156.7	74.8		135.2		39.0	13.2
2013									

잉크테크 (A049550)
Inktec

업　　　종 : 컴퓨터 및 주변기기		시　　　장 : KOSDAQ	
신용등급 : (Bond) ―　　(CP) ―		기업규모 : 벤처	
홈 페 이 지 : www.inktec.com		연 락 처 : 031)494-0001	
본　　　사 : 경기도 안산시 단원구 능안로 98-12			

설 립 일	1992.06.17	종 업 원 수	357명	대 표 이 사	정광춘
상 장 일	2002.02.28	감 사 의 견	적정 (정진)	계　　　열	
결 산 기	12월	보 통 주	933만주	종 속 회 사 수	
액 면 가	500원	우 선 주		구　상　호	

주주구성 (지분율,%)		출자관계 (지분율,%)		주요경쟁사 (외형,%)	
정광춘	22.9	InkTecEuropeLtd	100.0	잉크테크	100
한국증권금융	3.7	InkTecAmericaCorp	100.0	엠젠플러스	71
(외국인)	0.3			아이리버	71

매출구성		비용구성		수출비중	
산업용잉크	31.3	매출원가율	72.4	수출	65.9
잉크/코팅	20.5	판관비율	27.6	내수	34.1
Media, Toner 등	18.7				

회사 개요
동사는 DESKTOP(OA) 프린터 잉크, 실사용 프린터 잉크, UV잉크젯경화프린터, 인쇄전자사업의 LCD, LED용 및 반사갱용 반사필름, Paste Ink 등을 생산 판매하고 있으며 미디어용지, 토너 등과 같은 상품도 판매하고 있음. 고품질 UV잉크와 UV프린터를 동시에 제공하는 토탈 솔루션 차별화 전략으로 관련 시장에서 점유율을 높여 나갈 계획임. 또한 동사는 인쇄전자용잉크 및 인쇄전자 분야의 응용 제품으로 사업영역을 확대하고 있음.

실적 분석
동사의 2016년 연결기준 매출액은 전년대비 4.3% 감소한 738.9억원을 기록함. 외형 축소에도 매출원가율을 개선으로 영업손실은 0.6억원으로 제한되나 전년대비 대폭 축소됨. 비영업손실도 축소되어 당기순손실도 55.5억원 수준으로 손실폭 감소함. 2016년 기준 제품별 매출 비중은 산업용잉크 31.2%, Paste Ink 등 20.6%, 프린팅시스템 15.3%, 사무용잉크 13.0%, 상품 17.2% 및 기타 2.7%로 구성됨

현금 흐름
〈단위 : 억원〉

항목	2015	2016
영업활동	24	50
투자활동	-65	-44
재무활동	27	-14
순현금흐름	-13	-8
기말현금	29	22

시장 대비 수익률
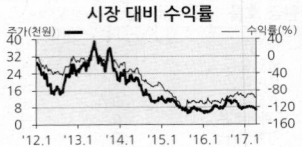

결산 실적
〈단위 : 억원〉

항목	2011	2012	2013	2014	2015	2016
매출액	582	810	898	856	772	739
영업이익	-73	55	28	-50	-43	-1
당기순이익	-93	18	5	-123	-195	-55

분기 실적
〈단위 : 억원〉

항목	2015.3Q	2015.4Q	2016.1Q	2016.2Q	2016.3Q	2016.4Q
매출액	182	196	174	197	184	184
영업이익	-20	3	-2	4	1	-3
당기순이익	-24	-136	-12	2	-16	-29

재무 상태
〈단위 : 억원〉

항목	2011	2012	2013	2014	2015	2016
총자산	908	1,046	1,423	1,392	1,267	1,212
유형자산	422	411	607	708	637	598
무형자산	165	170	185	162	101	103
유가증권	4	3	3	3	3	3
총부채	590	657	928	971	1,045	973
총차입금	368	441	686	715	746	669
자본금	42	43	45	46	46	50
총자본	318	389	495	421	222	238
지배주주지분	317	388	493	419	222	238

기업가치 지표

항목	2011	2012	2013	2014	2015	2016
주가(최고/저)(천원)	27.3/10.0	29.6/12.8	39.1/20.1	25.6/9.8	13.3/5.2	12.3/4.8
PER(최고/저)(배)	―/―	132.4/57.3	779.5/400.7	―/―	―/―	―/―
PBR(최고/저)(배)	6.3/2.3	5.8/2.5	6.5/3.4	5.2/2.0	4.8/1.9	4.8/1.9
EV/EBITDA(배)		21.5	24.5	56.7	39.1	20.8
EPS(원)	-1,209	224	50	-1,448	-2,250	-595
BPS(원)	4,352	5,071	5,994	4,920	2,761	2,563
CFPS(원)	-496	981	921	-509	-1,385	117
DPS(원)						
EBITDAPS(원)	-237	1,470	1,210	354	370	706

재무 비율
〈단위 : % 〉

연도	영업이익률	순이익률	부채비율	차입금비율	ROA	ROE	유보율	자기자본비율	EBITDA마진율
2016	-0.1	-7.5	408.4	280.5	-4.5	-24.1	381.5	19.7	8.9
2015	-5.6	-25.3	469.5	335.3	-14.7	-60.9	416.4	17.6	4.2
2014	-5.8	-14.4	230.8	169.9	-8.7	-27.0	820.1	30.2	3.5
2013	3.1	0.5	187.4	138.5	0.4	0.9	1,018.4	34.8	11.0

자비스 (A230400)
XAVIS CO

업　　　종 : 의료 장비 및 서비스		시　　　장 : KONEX	
신용등급 : (Bond) ―　　(CP) ―		기업규모 :	
홈 페 이 지 : www.xavis.co.kr		연 락 처 : 031)740-3800	
본　　　사 : 경기도 성남시 중원구 사기막골로 177, 619			

설 립 일	2002.04.06	종 업 원 수	53명	대 표 이 사	김형철
상 장 일	2015.11.17	감 사 의 견	적정 (삼정)	계　　　열	
결 산 기	12월	보 통 주	314만주	종 속 회 사 수	
액 면 가	500원	우 선 주	70만주	구　상　호	

주주구성 (지분율,%)		출자관계 (지분율,%)		주요경쟁사 (외형,%)	
김형철	81.9			자비스	100
이경구	2.4			아진엑스텍	123
				하이셈	111

매출구성		비용구성		수출비중	
Fscan	41.8	매출원가율	65.5	수출	
Xscan	40.3	판관비율	32.0	내수	
기타(A/S 등)	17.9				

회사 개요
동사는 2002년에 설립돼 X-Ray와 Machine Vision, 공장자동화(FA)장비용 소프트웨어를 활용하여 X-Ray 장비 및 시스템을 개발, 생산함. 주요 제품구성은 X-Ray를 이용한 반도체 및 산업용 부품들의 외관 및 내부 상태를 검사하는 제품 Fscan과 식품 내 이물질을 검사하는 제품 Xscan으로 구분됨. 매출 구성은 Fscan 41.8%, Xscan 40.3%임. 2015년 12월 300만불 수출의 탑을 수상함.

실적 분석
동사의 2016년 누적 매출액은 142.8억원으로 전년 127.2억원보다 12.3% 증가함. 영업이익과 당기순이익은 3.6억원을 기록함. 양산 시스템의 구축 및 품질 경쟁력으로 지속적인 성장을 하고 있으며, 국내외 해외 수주를 위한 노력을 지속 중임. 신규 사업으로 스테레오 방식 X-Ray 검사기와 In-line Die-casting 검사기 등 다수의 연구개발 과제를 진행 중임.

현금 흐름
*IFRS 별도 기준　　〈단위 : 억원〉

항목	2015	2016
영업활동	10	6
투자활동	-9	-12
재무활동	0	6
순현금흐름	1	-0
기말현금	10	10

시장 대비 수익률
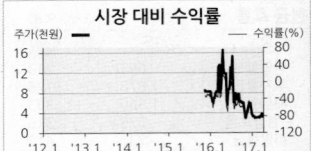

결산 실적
〈단위 : 억원〉

항목	2011	2012	2013	2014	2015	2016
매출액	103	109	116	124	127	143
영업이익	7	8	4	8	8	4
당기순이익	4	3	4	4	5	4

분기 실적
*IFRS 별도 기준　　〈단위 : 억원〉

항목	2015.3Q	2015.4Q	2016.1Q	2016.2Q	2016.3Q	2016.4Q
매출액	―	―	―	―	―	―
영업이익	―	―	―	―	―	―
당기순이익	―	―	―	―	―	―

재무 상태
*IFRS 별도 기준　　〈단위 : 억원〉

항목	2011	2012	2013	2014	2015	2016
총자산	101	116	120	132	142	170
유형자산	19	19	18	21	22	29
무형자산	12	16	22	25	24	27
유가증권	1	2	2	―	―	―
총부채	50	65	67	96	72	96
총차입금	29	44	49	66	46	53
자본금	1	1	1	20	24	24
총자본	51	51	54	36	70	74
지배주주지분	51	51	54	36	70	74

기업가치 지표
*IFRS 별도 기준

항목	2011	2012	2013	2014	2015	2016
주가(최고/저)(천원)	―/―	―/―	―/―	―/―	8.5/8.0	17.0/2.6
PER(최고/저)(배)	0.0/0.0	0.0/0.0	0.0/0.0	0.0/0.0	64.5/60.7	182.1/27.6
PBR(최고/저)(배)	0.0/0.0	0.0/0.0	0.0/0.0	0.0/0.0	4.6/4.4	8.8/1.3
EV/EBITDA(배)	2.6	3.4	5.8	4.9	19.9	12.0
EPS(원)	158	169	63	98	132	93
BPS(원)	363,919	391,678	411,592	11,355	1,831	1,924
CFPS(원)	68,857	80,279	50,567	2,007	301	354
DPS(원)						
EBITDAPS(원)	68,023	87,246	58,572	2,897	392	353

재무 비율
〈단위 : % 〉

연도	영업이익률	순이익률	부채비율	차입금비율	ROA	ROE	유보율	자기자본비율	EBITDA마진율
2016	2.5	2.5	130.0	71.5	2.3	5.0	208.3	43.5	9.5
2015	6.6	3.9	101.6	65.4	3.6	9.4	193.4	49.5	11.6
2014	6.0	3.2	270.3	184.2	3.1	8.8	74.3	27.0	9.4
2013	3.1	2.2	124.5	90.9	2.2	5.0	7,543.9	44.6	6.6

자연과환경 (A043910)
Nature & Environment

업 종 : 상업서비스		시 장 : KOSDAQ	
신용등급 : (Bond) — (CP) —		기업규모 : 중견	
홈 페 이 지 : www.e-nne.co.kr		연 락 처 : (041)852-3355	
본 사 : 충남 공주시 우성면 보흥1길 116-28			

설 립 일 1999.07.05	종 업 원 수 38명	대 표 이 사 송상욱,정대열	
상 장 일 2005.11.18	감 사 의 견 적정 (성율)	계 열	
결 산 기 12월	보 통 주 2,195만주	종 속 회 사 수	
액 면 가 500원	우 선 주	구 상 호	

주주구성 (지분율,%)
정대열	5.2
쓰리디엔터	3.8
(외국인)	0.8

출자관계 (지분율,%)
자연과환경스틸	100.0
에코바이오	100.0
에코트라움	40.0

주요경쟁사 (외형,%)
자연과환경	100
인선이엔티	1,340
C&S자산관리	2,148

매출구성
녹화공사, 수질정화외	47.0
토양오염복원 외 상품	31.1
호안블록 및 투수블록등	19.9

비용구성
매출원가율	96.3
판관비율	55.1

수출비중
수출	0.0
내수	100.0

회사 개요
1999년 설립된 동사는 환경생태복원사업, 조경사업, 환경플랜트사업을 영위함. 2005년 코스닥 시장에 상장됨. 토양오염정화업을 영위하는 에코바이오, 스테인레스파이프 제조 등을 하는 자연과환경스틸 등 계열사를 두고 있음. 환경생태복원사업의 경우 조달청에 등록된 업체만 270여개 달함. 시장규모는 3000억원 규모로 동사의 점유율은 약 2%임. 동사는 조경원예사업에서 약 10~15%(법면 자재 시장 기준)의 점유율을 차지함.

실적 분석
동사의 2016년 매출액은 101.2억원으로 전년 대비 3.1% 증가함. 영업손실은 52억원으로 적자전환함. 당기순손실은 97.1억원으로 적자전환함. 동사는 재무구조 개선, 운영자금, 신규사업 자금조달 목적으로 유상증자를 실시하기로 함. 국내 환경 산업은 경기 변동률에 의해 일시적인 영향을 받지만 지속적인 성장세를 유지하고 있음. 정부의 환경산업 육성 시책도 긍정적인 요인임.

현금 흐름 〈단위 : 억원〉
항목	2015	2016
영업활동	-80	-47
투자활동	24	-4
재무활동	62	50
순현금흐름	3	1
기말현금	20	22

시장 대비 수익률
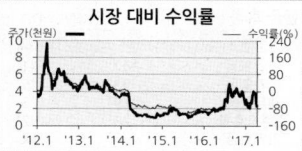

결산 실적 〈단위 : 억원〉
항목	2011	2012	2013	2014	2015	2016
매출액	344	458	165	129	98	101
영업이익	-72	-71	1	5	4	-52
당기순이익	-212	-68	-69	-253	3	-97

분기 실적 〈단위 : 억원〉
항목	2015.3Q	2015.4Q	2016.1Q	2016.2Q	2016.3Q	2016.4Q
매출액	33	21	50	4	28	19
영업이익	-1	2	1	-30	-4	-19
당기순이익	-2	-14	0	-49	-5	-44

재무 상태 〈단위 : 억원〉
항목	2011	2012	2013	2014	2015	2016
총자산	685	783	654	437	360	356
유형자산	219	230	237	108	185	203
무형자산	9	55	33	7	6	3
유가증권	38	39	4	5	18	8
총부채	361	389	310	313	157	172
총차입금	237	197	163	94	122	120
자본금	320	439	457	59	99	110
총자본	324	395	344	124	202	185
지배주주지분	324	389	338	119	197	167

기업가치 지표
항목	2011	2012	2013	2014	2015	2016
주가(최고/저)(천원)	8.9/3.2	10.4/3.4	5.9/3.2	4.0/0.9	2.4/1.0	5.0/1.3
PER(최고/저)(배)	—/—	—/—	—/—	—/—	89.8/37.1	—/—
PBR(최고/저)(배)	1.6/0.6	2.6/0.9	1.8/1.0	4.5/1.0	2.4/1.0	6.6/1.7
EV/EBITDA(배)			20.3	17.4	35.7	
EPS(원)	-3,068	-785	-681	-2,318	26	-447
BPS(원)	637	442	369	1,006	993	762
CFPS(원)	-309	-61	-50	-2,498	77	-407
DPS(원)						
EBITDAPS(원)	-83	-64	28	147	75	-212

재무 비율 〈단위 : % 〉
연도	영업이익률	순이익률	부채비율	차입금비율	ROA	ROE	유보율	자기자본비율	EBITDA마진율
2016	-51.4	-96.0	92.9	64.9	-27.1	-50.5	52.3	51.8	-43.2
2015	4.0	3.2	77.7	60.0	0.8	2.6	98.6	56.3	12.2
2014	4.1	-196.2	252.7	75.9	-46.4	-109.9	101.2	28.4	11.0
2013	0.9	-41.5	일부잠식	일부잠식	-9.5	-18.9	-26.1	52.6	15.2

자이글 (A234920)
Zaigle

업 종 : 내구소비재		시 장 : KOSDAQ	
신용등급 : (Bond) — (CP) —		기업규모 : 벤처	
홈 페 이 지 : www.zaigle.com		연 락 처 : (02)3665-9192	
본 사 : 서울시 강서구 허준로 217 가양테크노타운 11층 1114호			

설 립 일 2008.12.30	종 업 원 수 58명	대 표 이 사 이진희	
상 장 일 2016.09.06	감 사 의 견 적정 (안진)	계 열	
결 산 기 12월	보 통 주 1,353만주	종 속 회 사 수	
액 면 가 500원	우 선 주	구 상 호	

주주구성 (지분율,%)
이진희	64.7
안선영	1.6
(외국인)	1.1

출자관계 (지분율,%)

주요경쟁사 (외형,%)
자이글	100
쿠쿠전자	703
코웨이	2,330

매출구성
주방가전	99.8
기타	0.2
생활가전	0.0

비용구성
매출원가율	26.1
판관비율	61.1

수출비중
수출	4.3
내수	95.7

회사 개요
동사는 "휴먼 웰빙 라이프 전문 기업으로의 도약"을 모토로 건강과 환경을 생각하는 친환경 웰빙 관련 제품을 제조, 개발 및 수출하는 웰빙 생활가전 전문기업으로서, 2008년 12월 30일에 설립된 법인임. 동사 제품은 적외선램프 및 회전팬을 이용하여 상/하 양방향에서 음식물을 조리하는 방식으로 전기 프라이팬, 전기그릴과, 전자레인지, 전기오븐의 응용분야를 넓게 할 수 있으며, 이들 제품들이 복합적으로 구현된 적외선 전기 가열 조리기에 해당됨.

실적 분석
동사의 2016년 결산기준 누적매출액은 전년 동기대비 거의 동일한 1,020억원을 기록하였음. 매출원가도 소폭 하락하였으나 그에 반해 인건비 및 광고비, 관리비가 증가하여 영업이익은 전년동기대비 21.5% 하락한 131억원을 기록하였음. 생활가전제품은 특성상 불황기에는 구매보류 및 저가제품 선호가 두드러짐. 이에 따라 매출이 답보된 경향을 보이나 동사의 자이글 제품이 가지는 가격 경쟁력 및 활용성은 향후 매출을 점진적으로 성장시킬 것이라 기대함.

현금 흐름 *IFRS 별도 기준 〈단위 : 억원〉
항목	2015	2016
영업활동	208	98
투자활동	-128	-325
재무활동	-14	227
순현금흐름	66	2
기말현금	75	78

시장 대비 수익률
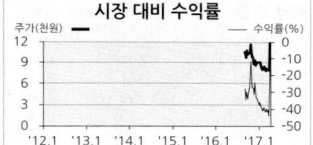

결산 실적 〈단위 : 억원〉
항목	2011	2012	2013	2014	2015	2016
매출액	—	—	267	647	1,019	1,020
영업이익			72	115	167	131
당기순이익			56	93	135	108

분기 실적 *IFRS 별도 기준 〈단위 : 억원〉
항목	2015.3Q	2015.4Q	2016.1Q	2016.2Q	2016.3Q	2016.4Q
매출액	191		345		232	—
영업이익			72		5	
당기순이익	3		57		4	

재무 상태 *IFRS 별도 기준 〈단위 : 억원〉
항목	2011	2012	2013	2014	2015	2016
총자산			120	269	574	865
유형자산			23	37	38	295
무형자산			7	7	236	210
유가증권						
총부채			47	117	95	51
총차입금			5			
자본금			6	6	9	68
총자본			74	152	478	813
지배주주지분			74	152	478	813

기업가치 지표 *IFRS 별도 기준
항목	2011	2012	2013	2014	2015	2016
주가(최고/저)(천원)	—/—	—/—	—/—	—/—	—/—	12.5/8.6
PER(최고/저)(배)	0.0/0.0	0.0/0.0	0.0/0.0	0.0/0.0	0.0/0.0	14.3/9.8
PBR(최고/저)(배)	0.0/0.0	0.0/0.0	0.0/0.0	0.0/0.0	0.0/0.0	2.1/1.5
EV/EBITDA(배)	0.0					6.0
EPS(원)			705	1,179	1,695	902
BPS(원)			57,597	118,791	263,126	6,082
CFPS(원)			46,893	74,887	121,657	1,137
DPS(원)						300
EBITDAPS(원)			59,430	92,324	146,465	1,328

재무 비율 〈단위 : % 〉
연도	영업이익률	순이익률	부채비율	차입금비율	ROA	ROE	유보율	자기자본비율	EBITDA마진율
2016	12.8	10.6	6.3	0.0	15.0	16.8	1,116.4	94.1	15.6
2015	16.4	13.2	19.9	0.0	32.0	42.8	5,162.5	83.4	18.6
2014	17.8	14.4	77.2	3.3	—	—	2,275.8	56.4	18.3
2013	26.8	20.8	63.4	0.0	—	—	1,052.0	61.2	28.5

자화전자 (A033240)
Jahwa Electronics

업　　　종 : 전자 장비 및 기기
신 용 등 급 : (Bond) —　　(CP) —
홈 페 이 지 : www.jahwa.co.kr
본　　　사 : 충북 청주시 청원구 북이면 충청대로 1217

시　　　장 : 거래소
기 업 규 모 : 시가총액 소형주
연 락 처 : 043)210-7124

설 립 일	1981.04.25	종 업 원 수	548명	대 표 이 사	김상면,류영대
상 장 일	1999.01.06	감 사 의 견	적정 (한영)	계　　열	
결 산 기	12월	보 통 주	1,790만주	종속회사수	
액 면 가	500원	우 선 주		구 상 호	

주주구성 (지분율,%)		출자관계 (지분율,%)		주요경쟁사 (외형,%)	
김상면	25.1	개성자화전자	100.0	자화전자	100
나노테크	7.1	플래티넘기술투자	53.0	에코프로	57
(외국인)	20.7	플래티넘START-UPFUND	15.0	코리아써키트	183

매출구성		비용구성		수출비중	
AFA, 진동모터(수출)	87.0	매출원가율	74.2	수출	93.5
OA부품,PTC,기타(수출)	6.0	판관비율	19.3	내수	6.5
OA부품,PTC,기타(내수)	4.4				

회사 개요
동사는 전자부품 제조업 등을 영위할 목적으로 1987년 설립됨. 이동통신기기, 레이져프린터, 디스플레이, 냉장고 에어컨 등 제조업체 등에 엔지니어링이란 원천기술을 기반으로 한 전자부품을 제조·납품하며 해외시장에 수출하는 업체임. 일부 제품은 국내시장에서 독점적인 지위를 갖고 있으며 세계시장에서도 높은 시장점유율을 갖고 있음. 핵심 제품은 카메라 모듈에 적용되는 AF(Auto Focusing) 일체형 액츄에이터임.

실적 분석
동사의 2016년 연결기준 연간 매출액은 2,984.9억원으로 전년 대비 11.7% 증가함. AFA, 진동모터 등 통신기기용 부품의 수출이 증대되었고, OA부품, PTC 등 기타 부품에 대한 매출도 증가함. 핵심소재(자석분말)를 자체적으로 신규개발하여 경쟁우위에 있음. 최근 출시되는 스마트폰의 주요 제품이 16백만화소 이상의 카메라폰으로, 동사가 생산하는 OIS일체형 AFA가 채택되어 수량이 증가할 것으로 예상됨.

현금 흐름 〈단위 : 억원〉

항목	2015	2016
영업활동	495	504
투자활동	-361	-568
재무활동	-96	54
순현금흐름	45	-14
기말현금	590	577

시장 대비 수익률
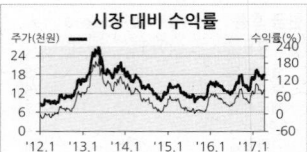

결산 실적 〈단위 : 억원〉

항목	2011	2012	2013	2014	2015	2016
매출액	2,511	3,304	4,686	3,261	2,673	2,985
영업이익	182	524	554	258	242	193
당기순이익	179	437	433	225	208	149

분기 실적 〈단위 : 억원〉

항목	2015.3Q	2015.4Q	2016.1Q	2016.2Q	2016.3Q	2016.4Q
매출액	686	639	750	812	816	608
영업이익	79	62	48	102	54	-11
당기순이익	41	44	-1	68	75	7

재무 상태 〈단위 : 억원〉

항목	2011	2012	2013	2014	2015	2016
총자산	2,369	3,139	3,571	3,596	3,993	4,268
유형자산	546	546	692	736	777	1,033
무형자산	17	16	17	17	16	14
유가증권	197	1,434	578	622	899	723
총부채	850	1,117	1,171	1,002	1,244	1,421
총차입금	397	523	513	596	782	850
자본금	89	89	90	90	90	90
총자본	1,519	2,022	2,400	2,594	2,749	2,847
지배주주지분	1,426	1,922	2,306	2,493	2,653	2,747

기업가치 지표

항목	2011	2012	2013	2014	2015	2016
주가(최고/저)(천원)	9.2/4.4	17.0/8.1	27.8/15.3	19.6/9.5	15.3/9.1	17.9/11.7
PER(최고/저)(배)	11.0/5.3	7.9/3.8	12.7/7.0	17.3/8.4	14.5/8.7	22.7/14.9
PBR(최고/저)(배)	1.2/0.6	1.7/0.8	2.3/1.3	1.5/0.7	1.1/0.6	1.2/0.8
EV/EBITDA(배)	4.3	4.0	3.9	2.8	3.6	5.2
EPS(원)	951	2,408	2,399	1,226	1,110	808
BPS(원)	8,970	11,292	13,385	14,430	15,325	15,726
CFPS(원)	1,556	2,876	3,259	2,128	2,523	2,121
DPS(원)	200	300	350	400	400	400
EBITDAPS(원)	1,628	3,405	3,957	2,341	2,764	2,393

재무 비율 〈단위 : % 〉

연도	영업이익률	순이익률	부채비율	차입금비율	ROA	ROE	유보율	자기자본비율	EBITDA마진율
2016	6.5	5.0	49.9	29.9	3.6	5.4	3,045.2	66.7	14.4
2015	9.1	7.8	45.2	28.5	5.5	7.7	2,965.0	68.9	18.5
2014	7.9	6.9	38.6	23.0	6.3	9.2	2,785.9	72.1	12.9
2013	11.8	9.3	48.8	21.4	12.9	20.3	2,577.0	67.2	15.1

장원테크 (A174880)
JANG WON TECH COLTD

업　　　종 : 휴대폰 및 관련부품
신 용 등 급 : (Bond) —　　(CP) —
홈 페 이 지 : www.jangwontech.co.kr
본　　　사 : 경북 구미시 1공단로7길 14-9 (공단동)

시　　　장 : KOSDAQ
기 업 규 모 : 중견
연 락 처 : 070)4016-3509

설 립 일	2000.01.06	종 업 원 수	209명	대 표 이 사	박세혁
상 장 일	2016.07.15	감 사 의 견	적정 (대경)	계　　열	
결 산 기	12월	보 통 주	605만주	종속회사수	
액 면 가	500원	우 선 주		구 상 호	

주주구성 (지분율,%)		출자관계 (지분율,%)		주요경쟁사 (외형,%)	
장현	48.0	JANGWONTECHVINACo.,Ltd.	100.0	장원테크	100
박희숙	13.2			엘컴텍	65
(외국인)	0.9			블루콤	236

매출구성		비용구성		수출비중	
스마트폰 Bracket	95.9	매출원가율	84.0	수출	85.3
IT외 기타	3.2	판관비율	10.9	내수	14.7
태블릿PC Bracket	0.8				

회사 개요
동사는 마그네슘합금, 알루미늄합금 등의 경량 금속소재를 사용하여 휴대폰, 테블릿 PC, 카메라, 노트북 등의 휴대용 IT기기에 외장 및 내장재, 조립품을 생산하고 있음. 또한 미래성장 사업으로 초음파 진단기용 케이스와 X-선 디텍터 등 의료기 부품, 자동차 헤드램프용 히트 싱크, IT 제품인 열화상 카메라용 부품을 생산하고 있음. 스마트폰의 성장과 테블릿PC의 신규시장이 형성되면서 제품의 슬림화 및 LCD화면의 대형화 추세에 대응.

실적 분석
주고 고객사 주문감소로 인하여 동사의 연결기준 2016년 누적매출액은 1,012억원으로 전년 동기 대비 대폭 감소함(-50%). 매출단가가 소폭 으로 감소하였지만, 판매비와 관리비가 증가해 영업이익은 80.4% 감소한 51.1억원에 그침. 금융손실이 10억원으로 적자가 지속되며 비영업손익이 적자지속하며 당기순이익은 33.1억원으로 전년대비 크게 감소함.

현금 흐름 〈단위 : 억원〉

항목	2015	2016
영업활동	342	-71
투자활동	-93	45
재무활동	-219	175
순현금흐름	28	152
기말현금	60	212

시장 대비 수익률
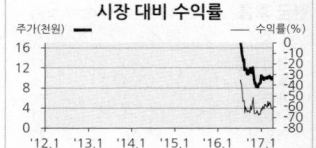

결산 실적 〈단위 : 억원〉

항목	2011	2012	2013	2014	2015	2016
매출액	425	817	1,057	1,090	2,025	1,012
영업이익	11	40	70	-70	261	51
당기순이익	11	32	50	-59	214	33

분기 실적 〈단위 : 억원〉

항목	2015.3Q	2015.4Q	2016.1Q	2016.2Q	2016.3Q	2016.4Q
매출액	641		365		189	
영업이익	117		40		-7	
당기순이익	115		32		-17	

재무 상태 〈단위 : 억원〉

항목	2011	2012	2013	2014	2015	2016
총자산	224	395	566	843	812	1,002
유형자산	125	213	237	385	437	524
무형자산	5	5	5	7	7	7
유가증권				0	0	0
총부채	150	271	342	656	412	373
총차입금	84	135	235	474	237	249
자본금	2	2	2	24	24	30
총자본	75	124	224	187	401	629
지배주주지분	75	124	224	187	401	629

기업가치 지표

항목	2011	2012	2013	2014	2015	2016
주가(최고/저)(천원)	—/—	—/—	—/—	—/—	—/—	16.8/8.1
PER(최고/저)(배)	0.0/0.0	0.0/0.0	0.0/0.0	0.0/0.0	0.0/0.0	27.9/13.4
PBR(최고/저)(배)	0.0/0.0	0.0/0.0	0.0/0.0	0.0/0.0	0.0/0.0	1.6/0.8
EV/EBITDA(배)	2.2	1.6	0.7		0.5	5.7
EPS(원)	285	801	1,244	-1,229	4,454	614
BPS(원)	373,354	619,820	973,032	3,888	8,347	10,690
CFPS(원)	158,060	277,502	355,423	-590	5,567	1,549
DPS(원)						200
EBITDAPS(원)	155,031	317,136	454,475	-817	6,545	1,882

재무 비율 〈단위 : % 〉

연도	영업이익률	순이익률	부채비율	차입금비율	ROA	ROE	유보율	자기자본비율	EBITDA마진율
2016	5.1	3.3	59.2	39.5	3.7	6.4	2,038.0	62.8	10.0
2015	12.9	10.6	102.7	59.2	25.8	72.8	1,569.4	49.3	15.5
2014	-6.4	-5.4	351.6	253.8	-8.4	-28.7	677.5	22.2	-3.6
2013	6.6	4.7	152.8	105.0	10.4	28.7	9,630.3	39.6	8.6

재영솔루텍 (A049630)
JAEYOUNG SOLUTEC

업 종 : 휴대폰 및 관련부품		시 장 : KOSDAQ	
신용등급 : (Bond) — (CP) —		기업규모 : 중견	
홈 페 이 지 : www.jysolutec.com		연 락 처 : 032)850-0700	
본 사 : 인천시 연수구 갯벌로 118 (송도동)			

설 립 일	1984.12.20	종 업 원 수	292명	대 표 이 사	김학권
상 장 일	2003.01.24	감 사 의 견	적정 (참)	계	열
결 산 기	12월	보 통 주	3,947만주	종 속 회 사 수	
액 면 가	500원	우 선 주	251만주	구 상 호	

주주구성 (지분율,%)		출자관계 (지분율,%)		주요경쟁사 (외형,%)	
신용보증기금	14.5	대일엠티에스	20.0	재영솔루텍	100
김학권	13.8	두산캐피탈	0.1	디지탈옵틱	46
				바이오로그디바이스	49

매출구성		비용구성		수출비중	
AF모듈	41.9	매출원가율	88.6	수출	54.7
단말기, 전자, 전기광학 반도체 검사용 소켓	32.3	판관비율	11.6	내수	45.3
금형	25.5				

회사 개요
동사는 핸드폰 카메라용 렌즈 등 나노광학부품, 반도체 검사용 IC 소켓 부품 및 플라스틱 사출금형의 제조 및 판매를 주요 사업 목적으로 하는 종합엔지니어링 회사임. 동사는 스마트폰용 8M 렌즈를 양산하기 시작하였으며, 최근 시장이 확대되고 있는 CCTV, 자동차용 렌즈의 개발 및 양산을 하고 있음. 부문별 매출은 나노광학 약 40%, 부품 25%, 금형 35% 등으로 구성됨.

실적 분석
2016년 부문별 매출은 나노광학(42%), 금형(35%), 부품(23%)으로 구성되어 있으며, 정부의 개성공단 가동 전면중단 결정으로 인해서 종속회사인 재영솔루텍개성의 생산이 사실상 중단됨에 따라 전년 대비 매출액은 15% 감소하였으며, 생산기반 상실로 인한 추가비용 증대로 인하여 영업이익과 순이익은 적자로 전환됨. 베트남 자체 생산기지를 건설 중에 있으며 향후 안정화를 통한 생산성 향상 및 인건비 절감을 통한 수익창출을 진행할 계획임.

현금 흐름 〈단위 : 억원〉
항목	2015	2016
영업활동	29	11
투자활동	-117	50
재무활동	115	-51
순현금흐름	28	12
기말현금	110	122

시장 대비 수익률
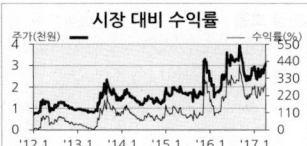

결산 실적 〈단위 : 억원〉
항목	2011	2012	2013	2014	2015	2016
매출액	1,351	1,583	1,727	1,515	1,641	1,388
영업이익	39	13	7	51	40	-2
당기순이익	-37	-69	-45	7	11	-49

분기 실적 〈단위 : 억원〉
항목	2015.3Q	2015.4Q	2016.1Q	2016.2Q	2016.3Q	2016.4Q
매출액	430	399	264	382	334	409
영업이익	13	29	-7	-7	-23	35
당기순이익	17	5	-19	-13	-43	27

재무 상태 〈단위 : 억원〉
항목	2011	2012	2013	2014	2015	2016
총자산	1,833	1,618	1,599	1,651	1,555	1,536
유형자산	1,136	1,071	958	869	857	794
무형자산	14	5	7	6	6	36
유가증권	9	7	3	3	2	2
총부채	1,396	1,253	1,283	1,332	1,207	1,138
총차입금	901	826	778	696	791	682
자본금	159	159	159	159	159	182
총자본	437	364	316	319	348	398
지배주주지분	432	356	306	309	337	386

기업가치 지표
항목	2011	2012	2013	2014	2015	2016
주가(최고/저)(천원)	1.2/0.6	1.5/0.7	2.5/0.8	2.0/1.1	3.5/1.3	4.0/1.5
PER(최고/저)(배)	—/—	—/—	—/—	113.6/60.7	104.1/39.3	—/—
PBR(최고/저)(배)	0.9/0.4	1.3/0.6	2.6/0.8	2.1/1.1	3.3/1.3	3.8/1.4
EV/EBITDA(배)	9.5	14.6	20.8	11.0	16.7	38.5
EPS(원)	-121	-225	-148	18	34	-136
BPS(원)	1,382	1,143	960	969	1,059	1,063
CFPS(원)	89	-43	1	166	186	-20
DPS(원)						
EBITDAPS(원)	333	221	171	307	277	110

재무 비율 〈단위 : % 〉
연도	영업이익률	순이익률	부채비율	차입금비율	ROA	ROE	유보율	자기자본비율	EBITDA마진율
2016	-0.2	-3.5	286.1	171.5	-3.2	-13.7	112.5	25.9	2.9
2015	2.4	0.7	346.4	227.0	0.7	3.3	111.7	22.4	5.4
2014	3.3	0.4	417.6	218.1	0.4	1.9	93.9	19.3	6.5
2013	0.4	-2.6	406.2	246.4	-2.8	-14.2	92.1	19.8	3.2

전방 (A000950)
Chonbang

업 종 : 섬유 및 의복		시 장 : 거래소	
신용등급 : (Bond) — (CP) —		기업규모 : 시가총액 소형주	
홈 페 이 지 : www.chonbang.co.kr		연 락 처 : 02)2122-6000	
본 사 : 서울시 서대문구 서소문로21 충정타워빌딩 13층			

설 립 일	1953.02.23	종 업 원 수	581명	대 표 이 사	김형건,조규옥
상 장 일	1968.10.21	감 사 의 견	적정 (새시대)	계	열
결 산 기	12월	보 통 주	168만주	종 속 회 사 수	
액 면 가	5,000원	우 선 주		구 상 호	

주주구성 (지분율,%)		출자관계 (지분율,%)		주요경쟁사 (외형,%)	
운산산업	5.6	광주방송	2.3	전방	100
삼영엔지니어링	4.5			진도	61
(외국인)	0.3			대한방직	122

매출구성		비용구성		수출비중	
사류·포류(섬유제품제조)	95.9	매출원가율	101.1	수출	—
상 품, 임대료(섬유제품제조)	4.1	판관비율	5.2	내수	—

회사 개요
동사는 섬유의 제조, 판매 및 수출입업을 영위하고 있으며, 시장점유율은 경방, 동일방직, 일신방직 등의 경쟁업체와 비슷한 비율을 유지하고 있음. 설비 면에서는 품질향상, 생산성 증대 및 원가절감을 통하여 경쟁력을 높이기 위해 광주 평동에 방적 5만추의 신공장이 완료되어 2012년 5월부터 정상가동 중임. 섬유제품 제조 이외 동사는 언더웨어 제조, 중고자동차 판매 그리고 전자부품 판매, 여행업의 사업을 함께 영위하고 있음.

실적 분석
동사의 2016년 매출액은 2,008억원으로 전년 대비 15.4% 감소함. 영업손실은 124.7억원, 당기순손실은 175.3억원으로 각각 적자가 지속됨. 제품 판매는 수출 판매 증가로 전년 대비 늘었으나, 직물 부문의 매출 감소, 사류 부문의 판매 저조 및 단가 하락으로 매출액이 감소함. 고부가가치 특수사 및 기능성 소재를 이용한 신제품 개발로 시장을 확대해 나간다는 방침임.

현금 흐름 〈단위 : 억원〉
항목	2015	2016
영업활동	20	44
투자활동	1	144
재무활동	-65	-178
순현금흐름	-45	10
기말현금	12	22

시장 대비 수익률
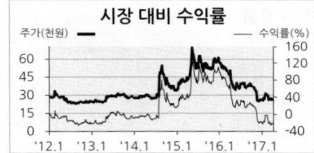

결산 실적 〈단위 : 억원〉
항목	2011	2012	2013	2014	2015	2016
매출액	3,065	2,952	2,938	2,452	2,373	2,008
영업이익	-246	-385	73	-113	-105	-125
당기순이익	-379	-351	-0	-242	-235	-175

분기 실적 〈단위 : 억원〉
항목	2015.3Q	2015.4Q	2016.1Q	2016.2Q	2016.3Q	2016.4Q
매출액	582	606	525	510	492	480
영업이익	-25	-48	-56	-32	-21	-16
당기순이익	-88	-54	-68	-23	-13	-72

재무 상태 〈단위 : 억원〉
항목	2011	2012	2013	2014	2015	2016
총자산	5,196	5,421	5,255	5,064	5,195	4,841
유형자산	3,212	3,589	3,458	3,339	3,627	3,494
무형자산	11	11	10	10	10	3
유가증권	51	51	62	75	73	36
총부채	2,830	3,405	3,251	3,297	3,336	3,179
총차입금	2,092	2,703	2,614	2,683	2,623	2,472
자본금	84	84	84	84	84	84
총자본	2,366	2,016	2,004	1,767	1,859	1,662
지배주주지분	2,289	1,936	1,946	1,715	1,807	1,616

기업가치 지표
항목	2011	2012	2013	2014	2015	2016
주가(최고/저)(천원)	49.0/27.1	33.2/22.7	31.6/24.0	56.0/26.1	70.1/34.1	59.6/24.7
PER(최고/저)(배)	—/—	—/—	111.1/84.4	—/—	—/—	—/—
PBR(최고/저)(배)	0.3/0.2	0.3/0.2	0.3/0.2	0.5/0.2	0.6/0.3	0.6/0.2
EV/EBITDA(배)			14.5	146.3	127.6	437.8
EPS(원)	-22,839	-21,066	285	-14,024	-13,977	-10,057
BPS(원)	148,208	127,239	127,800	114,082	119,555	108,195
CFPS(원)	-17,414	-13,824	8,649	-5,972	-6,006	-2,236
DPS(원)						
EBITDAPS(원)	-9,227	-15,660	12,716	1,323	1,720	399

재무 비율 〈단위 : % 〉
연도	영업이익률	순이익률	부채비율	차입금비율	ROA	ROE	유보율	자기자본비율	EBITDA마진율
2016	-6.2	-8.7	191.3	148.7	-3.5	-9.9	2,063.9	34.3	0.3
2015	-4.4	-9.9	179.4	141.1	-4.6	-13.3	2,291.1	35.8	1.2
2014	-4.6	-9.9	186.6	151.9	-4.7	-12.9	2,181.6	34.9	0.9
2013	2.5	0.0	162.2	130.4	-0.0	0.3	2,456.0	38.1	7.3

전우정밀 (A120780)
JEONWOO PRECISION

업 종 : 자동차부품		시 장 : KONEX	
신용등급 : (Bond) — (CP) —		기업규모 : —	
홈페이지 : www.jwjm.com		연락처 : (053)859-5404	
본 사 : 경북 경산시 진량읍 공단8로 24			

설 립 일	2001.09.26	종업원수	명	대표이사	김동진
상 장 일	2016.12.23	감사의견	적정 (정연)	계 열	
결 산 기	12월	보통주	310만주	종속회사수	
액 면 가	500원	우선주	169만주	구 상 호	

주주구성 (지분율,%)		출자관계 (지분율,%)		주요경쟁사 (외형,%)	
김동진	95.3	전우정밀기차배건유한공사	100.0	전우정밀	100
김재구	3.2	태창준욱기차배건유한공사	100.0	체시스	122
				팬스타엔터프라이즈	66

매출구성		비용구성		수출비중	
도어부품	50.2	매출원가율	87.4	수출	21.9
미션부품	18.6	판관비율	8.9	내수	78.1
기타	18.1				

회사 개요
전우정밀은 도어 부품 등을 만드는 자동차 부품 제조업체. 1992년 개인사업체인 전우정밀에서 2001년 9월 출자전환에 의하여 ㈜전우정밀로 법인전환. 2015년 기준 자기자본 178억5900만원, 매출액 362억8900만원, 순이익 8억2300만원을 기록. 동사는 금형제조, 금형 압단계품 제조, 자동차부품제조업을 영위하고 있음. 도어부품류, 에어백부품류, 미션부품류 등을 개발, 제조, 판매를 하고 있음.

실적 분석
동사는 창립 이후 꾸준한 제품개발 및 저비용·고효율을 달성하기 위해 로봇라인/트랜스퍼라인화를 통한 공정 자동화에 집중함에 따라 국내외 자동차 완성차 업체의 1차 부품업체에 자동차 부품을 공급하고 있음. 동사의 주요 매출품목으로는 도어부품으로서 주로 Door Striker Part, Door Latch Part, Door Hinge Part 등이 있음. 2016년 매출액 426.6억원, 영업이익 16억원, 당기순이익 7.7억원을 각각 기록.

현금 흐름 *IFRS 별도 기준 〈단위 : 억원〉

항목	2015	2016
영업활동	17	28
투자활동	-56	-26
재무활동	47	-11
순현금흐름	8	-9
기말현금	9	0

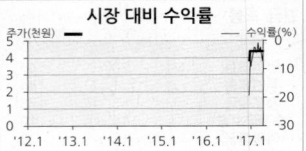

시장 대비 수익률

결산 실적 〈단위 : 억원〉

항목	2011	2012	2013	2014	2015	2016
매출액	244	313	334	319	363	427
영업이익	10	16	2	-10	18	16
당기순이익	9	10	13	-18	9	8

분기 실적 *IFRS 별도 기준 〈단위 : 억원〉

항목	2015.3Q	2015.4Q	2016.1Q	2016.2Q	2016.3Q	2016.4Q
매출액	—	—	—	—	—	—
영업이익	—	—	—	—	—	—
당기순이익	—	—	—	—	—	—

재무 상태 *IFRS 별도 기준 〈단위 : 억원〉

항목	2011	2012	2013	2014	2015	2016
총자산	242	256	371	415	479	486
유형자산	141	148	231	273	300	299
무형자산	14	16	19	27	33	39
유가증권	0	0	—	—	—	—
총부채	180	187	243	265	306	306
총차입금	160	162	215	243	270	259
자본금	16	16	22	22	24	24
총자본	61	69	128	150	174	180
지배주주지분	61	69	128	150	174	180

기업가치 지표 *IFRS 별도 기준

항목	2011	2012	2013	2014	2015	2016
주가(최고/저)(천원)	—/—	—/—	—/—	—/—	—/—	4.4/3.8
PER(최고/저)(배)	0.0/0.0	0.0/0.0	0.0/0.0	0.0/0.0	0.0/0.0	18.2/15.9
PBR(최고/저)(배)	0.0/0.0	0.0/0.0	0.0/0.0	0.0/0.0	0.0/0.0	1.2/1.0
EV/EBITDA(배)	9.7	6.0	14.0		6.7	9.8
EPS(원)	276	314	421	-576	279	241
BPS(원)	39,429	44,487	58,831	69,014	72,482	3,764
CFPS(원)	9,231	11,316	11,035	-5,450	12,557	983
DPS(원)						
EBITDAPS(원)	10,213	15,382	5,994	-1,686	16,603	1,244

재무 비율 〈단위 : % 〉

연도	영업이익률	순이익률	부채비율	차입금비율	ROA	ROE	유보율	자기자본비율	EBITDA마진율
2016	3.8	1.8	169.3	143.5	1.6	4.3	652.9	37.1	9.3
2015	4.9	2.4	175.9	155.3	2.0	5.5	624.8	36.3	10.1
2014	-3.1	-5.7	176.2	161.7	-4.6	-13.1	590.1	36.2	-1.2
2013	0.7	4.0	189.7	168.1	4.3	13.5	488.3	34.5	3.9

정다운 (A208140)
JUNGDAWN

업 종 : 식료품		시 장 : KOSDAQ	
신용등급 : (Bond) — (CP) —		기업규모 : 중견	
홈페이지 : www.jungdawn.co.kr		연락처 : (061)334-5289	
본 사 : 전남 나주시 동수농공단지길 137-17 (동수동)			

설 립 일	2014.10.20	종업원수	204명	대표이사	김영철
상 장 일	2014.12.17	감사의견	적정 (삼일)	계 열	
결 산 기	12월	보통주	2,052만주	종속회사수	
액 면 가	100원	우선주		구 상 호	엘아이지스팩2호

주주구성 (지분율,%)		출자관계 (지분율,%)		주요경쟁사 (외형,%)	
이지바이오	33.7	한국원종오리	3.2	정다운	100
한울파트너스	0.9	오비티	1.0	하림	1,430
(외국인)	1.5			동우	408

매출구성		비용구성		수출비중	
		매출원가율	80.1	수출	9.1
		판관비율	14.3	내수	90.9

회사 개요
동사는 2000년에 설립된 가금류 가공 및 저장 처리 기업으로, 주요제품으로는 오리털, 오리육 등이 있음. 연결대상 종속법인으로 보성군에 소재한 오리 사육기업인 농업회사법인(주)에디팜을 보유하고 있음. 엘아이지기업인수목적호 주식회사와 2015년 12월 합병계약을 체결하여 2016년 6월 21일 동사가 피흡수합병되었으나 실질적 합병회사로 코넥스 상장법인에서 코스닥 상장법인이 되었음.

실적 분석
동사는 2016년에 AI 등의 영향으로 전기 대비 0.8% 감소한 577.7억원의 매출액을 시현함. 매출 감소에 따른 원가부담이 늘고 판관비도 전년 동기 대비 22.7% 늘어남에 따라 영업이익은 전년 동기 대비 36.2% 감소한 32.6억원을 시현하는데 그침. 비영업손익 부문에서도 손실이 확대되면서 32.7억원의 적자를 시현하며, 이에 당기순손익 9.7억원을 시현하며 전기 27.6억원 흑자에서 적자로 전환함.

현금 흐름 〈단위 : 억원〉

항목	2015	2016
영업활동	-4	-16
투자활동	31	-23
재무활동	-18	-9
순현금흐름	10	-48
기말현금	66	19

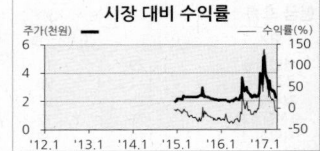

시장 대비 수익률

결산 실적 〈단위 : 억원〉

항목	2011	2012	2013	2014	2015	2016
매출액	823	807	789	551	583	578
영업이익	85	23	66	45	51	33
당기순이익	32	5	22	18	28	-10

분기 실적 〈단위 : 억원〉

항목	2015.3Q	2015.4Q	2016.1Q	2016.2Q	2016.3Q	2016.4Q
매출액	155	—	—	166	146	—
영업이익	14	—	—	12	5	—
당기순이익	6	—	—	-15	-2	—

재무 상태 〈단위 : 억원〉

항목	2011	2012	2013	2014	2015	2016
총자산	457	582	649	568	547	607
유형자산	222	316	359	282	265	239
무형자산	—	—	—	—	0	0
유가증권	8	—	30	2	18	62
총부채	311	437	484	395	332	318
총차입금	191	303	381	303	280	255
자본금	20	20	20	20	16	20
총자본	145	144	165	173	215	290
지배주주지분	145	144	160	172	214	288

기업가치 지표

항목	2011	2012	2013	2014	2015	2016
주가(최고/저)(천원)	—/—	—/—	—/—	2.0/1.9	3.2/2.0	5.7/2.0
PER(최고/저)(배)	0.0/0.0	0.0/0.0	0.0/0.0	19.5/18.7	21.4/13.6	—/—
PBR(최고/저)(배)	0.0/0.0	0.0/0.0	0.0/0.0	2.0/1.9	2.8/1.8	3.9/1.4
EV/EBITDA(배)	1.5	7.2	3.5	4.3	3.5	20.7
EPS(원)	222	28	133	.103	148	-54
BPS(원)	72,732	3,607	4,007	4,295	4,883	1,439
CFPS(원)	24,775	458	1,048	955	1,094	65
DPS(원)						
EBITDAPS(원)	57,233	915	2,117	1,646	1,625	284

재무 비율 〈단위 : % 〉

연도	영업이익률	순이익률	부채비율	차입금비율	ROA	ROE	유보율	자기자본비율	EBITDA마진율
2016	5.6	-1.7	109.7	87.9	-1.7	-4.2	1,339.0	47.7	9.7
2015	8.8	4.7	154.2	129.9	5.0	14.4	1,231.8	39.3	12.3
2014	8.2	3.2	229.0	175.4	2.9	10.7	758.9	30.4	12.0
2013	8.3	2.8	293.3	230.8	—	—	701.4	25.4	10.7

정산애강 (A022220)
JEONGSAN AIKANG COLTD

업 종 : 건축자재　　　　　　　　　　시 장 : KOSDAQ
신용등급 : (Bond) —　　(CP) —　　기업규모 : 중견
홈페이지 : www.jsak.co.kr　　　　　연 락 처 : 043)723-2007
본 사 : 충북 충주시 중앙탑면 기업도시로 422

설 립 일	1990.01.22	종 업 원 수	125명	대 표 이 사	신진용
상 장 일	2006.04.11	감 사 의 견	적정 (한영)	계	열
결 산 기	12월	보 통 주	5,179만주	종 속 회 사 수	
액 면 가	500원	우 선 주		구 상 호	애강리메텍

주주구성 (지분율,%)		출자관계 (지분율,%)		주요경쟁사 (외형,%)	
태광실업	44.1	하닌	81.1	정산애강	100
양찬모	8.4	지메텍	29.3	대림B&Co	304
(외국인)	0.4	프리텍	19.0	뉴보텍	52

매출구성		비용구성		수출비중	
[건설환경사업부문]C-PVC 외	35.7	매출원가율	80.1	수출	0.3
[건설환경사업부문]상품	27.7	판관비율	10.1	내수	99.7
[건설환경사업부문]PB파이프	23.9				

회사 개요
동사는 급수급탕용 배관재 및 난방용 배관재 등 다양한 용도의 배관재를 제조·판매하는 사업과 전자전지스크랩, 슬러지, 촉매 등에서 귀금속을 추출하여 재활용하는 사업 즉, 비철금속의 재생사업을 영위하고 있음. 배관재는 주택, 사무실, 공장 온천 등에 온수, 가스 등을 공급하여 필요로 하는 기능을 구현하게 하는 자재를 의미함. 주택의 건설에 있어서 현재 난방 및 급수 시스템의 가장 기본적인 자재라 할 수 있음.

실적 분석
동사의 2016년 결산기준 누적매출액은 전년 동기대비 28.9% 성장한 688.8억원을 기록하였음. 매출액 상승 효과로 영업이익은 전년대비 크게 상승하였음(+203%). 주요 사업인 배관재 사업은 건설 수요에 따라 직접적인 영향을 받기 때문에 경기 변화에 민감함. 점진적으로 회복되고 있는 건설 경기에 맞추어 매출이 늘어난것으로 보이며 건설 경기 회복이 안정적으로 진행된다면 향후 수익 성장이 기대됨.

현금 흐름　〈단위 : 억원〉

항목	2015	2016
영업활동	36	85
투자활동	-94	46
재무활동	57	-129
순현금흐름	-0	2
기말현금	0	2

시장 대비 수익률
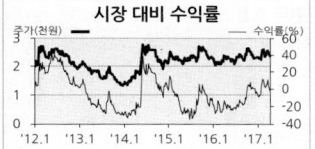

결산 실적　〈단위 : 억원〉

항목	2011	2012	2013	2014	2015	2016
매출액	1,824	1,159	856	486	534	689
영업이익	51	-20	-13	-39	22	67
당기순이익	-37	75	-92	-130	-19	48

분기 실적　〈단위 : 억원〉

항목	2015.3Q	2015.4Q	2016.1Q	2016.2Q	2016.3Q	2016.4Q
매출액	122	157	137	189	173	189
영업이익	-2	3	8	20	17	23
당기순이익	-17	-10	4	17	30	-2

재무 상태　〈단위 : 억원〉

항목	2011	2012	2013	2014	2015	2016
총자산	1,438	1,184	1,086	888	890	809
유형자산	658	474	406	413	387	214
무형자산	62	46	14	7	6	5
유가증권	20	30	30	35	35	16
총부채	1,068	715	762	363	386	259
총차입금	886	520	538	216	273	144
자본금	146	146	146	259	259	259
총자본	370	469	324	525	504	549
지배주주지분	368	469	324	525	504	549

기업가치 지표

항목	2011	2012	2013	2014	2015	2016
주가(최고/저)(천원)	3.9/1.8	2.9/1.9	2.2/1.3	2.8/1.3	2.7/2.0	2.8/2.0
PER(최고/저)(배)	—/—	11.4/7.5	—/—	—/—	—/—	30.1/21.0
PBR(최고/저)(배)	3.0/1.4	1.7/1.1	1.8/1.1	2.8/1.3	2.8/2.1	2.6/1.8
EV/EBITDA(배)	14.2	—	280.4	—	39.4	16.5
EPS(원)	-123	255	-316	-319	-36	93
BPS(원)	1,332	1,677	1,183	1,013	973	1,061
CFPS(원)	12	316	-262	-279	-7	119
DPS(원)						
EBITDAPS(원)	310	-7	11	-55	71	156

재무 비율　〈단위 : % 〉

연도	영업이익률	순이익률	부채비율	차입금비율	ROA	ROE	유보율	자기자본비율	EBITDA마진율
2016	9.8	7.0	47.2	26.2	5.7	9.2	112.1	67.9	11.8
2015	4.2	-3.5	76.6	54.2	-2.1	-3.6	94.6	56.6	6.9
2014	-8.0	-26.7	69.2	41.1	-13.1	-30.5	102.7	59.1	-4.6
2013	-1.5	-10.8	235.0	166.1	-8.1	-23.3	136.5	29.9	0.4

정상제이엘에스 (A040420)
JLS

업 종 : 교육　　　　　　　　　　　시 장 : KOSDAQ
신용등급 : (Bond) —　　(CP) —　　기업규모 : 우량
홈페이지 : www.gojls.com　　　　연 락 처 : 02)3413-9100
본 사 : 서울시 강남구 영동대로 229 (대치동 994-3)

설 립 일	1993.07.31	종 업 원 수	266명	대 표 이 사	이종현
상 장 일	2000.08.01	감 사 의 견	적정 (한길)	계	열
결 산 기	12월	보 통 주	1,568만주	종 속 회 사 수	
액 면 가	500원	우 선 주		구 상 호	

주주구성 (지분율,%)		출자관계 (지분율,%)		주요경쟁사 (외형,%)	
허용석	35.4	홍당무	33.3	정상제이엘에스	100
KB자산운용	15.8	JLSACADEMY,INC.	100.0	메가스터디교육	209
(외국인)	2.0			영인프런티어	35

매출구성		비용구성		수출비중	
Off-line 학원매출, 강의매출	63.6	매출원가율	75.7	수출	3.1
교재판매 등 상품	18.4	판관비율	13.9	내수	96.9
On-line 학원매출	14.6				

회사 개요
동사는 어학교육업 및 온라인교육업 등 학원사업 등을 영위할 목적으로 1986년 9월 설립되어, 2007년 12월 코스닥 상장사인 우리별텔레콤과의 합병을 통하여 코스닥시장에 상장됨. 동사는 초·중학생 대상의 실용영어 학원으로 유관하여 온라인 컨텐츠와 교재 출판 및 유통사업 등을 주요 사업으로하며 주요 매출사업부문은 전체 매출의 66.2%를 차지하는 Off-line 학원부문과 14.2%를 차지하는 On-line 학원매출로 구성됨.

실적 분석
동사는 사교육 시장 위축에도 학원사업부 및 프랜차이즈 사업부의 양호한 성장을 지속하고 있음. 2016년 연결기준 결산 매출액은 834.2억원을 기록하며 전년 대비 3.9% 성장하였으며, 영업이익은 매출원가의 감소에 따라 전년 대비 26.2% 성장한 86.8억원을 기록하였음. 동사의 매출요인 스토리북 판매 호조가 지속되며, 분원 수의 증가로 향후 매출 성장이 지속될 전망임.

현금 흐름　〈단위 : 억원〉

항목	2015	2016
영업활동	94	79
투자활동	-68	-94
재무활동	-46	-11
순현금흐름	-20	-26
기말현금	98	72

시장 대비 수익률

결산 실적　〈단위 : 억원〉

항목	2011	2012	2013	2014	2015	2016
매출액	870	828	766	782	803	834
영업이익	147	104	80	72	69	87
당기순이익	94	90	65	55	53	73

분기 실적　〈단위 : 억원〉

항목	2015.3Q	2015.4Q	2016.1Q	2016.2Q	2016.3Q	2016.4Q
매출액	197	191	214	210	207	204
영업이익	15	8	26	27	19	14
당기순이익	10	4	25	23	15	9

재무 상태　〈단위 : 억원〉

항목	2011	2012	2013	2014	2015	2016
총자산	690	709	705	711	730	808
유형자산	300	302	318	312	346	449
무형자산	48	73	100	85	69	50
유가증권	—	—	—	—	25	15
총부채	107	110	104	109	130	190
총차입금						50
자본금	85	85	85	85	85	85
총자본	584	599	600	602	600	619
지배주주지분	583	599	600	602	600	619

기업가치 지표

항목	2011	2012	2013	2014	2015	2016
주가(최고/저)(천원)	5.6/4.2	4.6/3.6	4.8/3.6	5.8/4.4	6.3/5.3	8.0/5.8
PER(최고/저)(배)	14.6/10.3	11.2/8.3	15.0/11.3	19.9/15.0	20.5/17.5	18.2/13.3
PBR(최고/저)(배)	2.0/1.4	1.5/1.1	1.4/1.1	1.6/1.2	1.6/1.4	1.9/1.4
EV/EBITDA(배)	4.5	4.4	6.1	7.0	8.1	9.3
EPS(원)	576	574	413	350	337	464
BPS(원)	4,251	4,413	4,425	4,406	4,382	4,489
CFPS(원)	798	812	678	627	592	712
DPS(원)	400	420	420	420	420	430
EBITDAPS(원)	1,127	900	774	737	694	801

재무 비율　〈단위 : % 〉

연도	영업이익률	순이익률	부채비율	차입금비율	ROA	ROE	유보율	자기자본비율	EBITDA마진율
2016	10.4	8.7	30.7	8.1	9.5	12.0	729.9	76.5	15.1
2015	8.6	6.6	21.7		7.3	8.8	710.3	82.2	13.6
2014	9.2	7.0	18.1		7.7	9.1	714.6	84.7	14.8
2013	10.4	8.5	17.3		9.2	10.8	718.1	85.2	15.8

정원엔시스 (A045510)
Zungwon EN-SYS

업 종 : IT 서비스		시 장 : KOSDAQ	
신용 등급 : (Bond) — (CP) —		기업규모 : 중견	
홈 페 이 지 : www.zungwon.co.kr		연 락 처 : 02)514-7007	
본 사 : 서울시 강남구 도산대로1길 46, (신사동)			

설 립 일 1969.06.27	종 업 원 수 140명	대 표 이 사 심재갑·백천일
상 장 일 2000.09.07	감 사 의 견 적정 (도원)	계 열
결 산 기 12월	보 통 주 3,221만주	종속회사수
액 면 가 500원	우 선 주	구 상 호

주주구성 (지분율,%)		출자관계 (지분율,%)		주요경쟁사 (외형,%)	
(유)하트엘	10.3	자	91.4	정원엔시스	100
박창호	9.7	젠시스	4.7	신세계 I&C	161
(외국인)	1.1	소프트웨어공제조합	0.1	오픈베이스	85

매출구성		비용구성		수출비중	
SI제품, 용역 매출	75.4	매출원가율	93.2	수출	—
정비보수	13.6	판매비율	5.4	내수	—
PC외	11.0				

회사 개요
동사는 시스템통합(SI)사업을 주요사업으로 영위하고 있으며, 하드웨어 유통사업과 고객지원사업부문 등을 보유하고 있음. SI는 국가기관이나 공공기관의 대형 정보화 프로젝트가 시장을 선도하고 있어 정부의 정책에 의한 영향력이 크게 미치고 있음. 국내 IT시장은 정부의 행정부처 이전이 마무리되면서 이전처럼 20~30% 이상 성장률을 기록하긴 어려울 것으로 전망됨.

실적 분석
동사의 2016년 연결기준 연간 누적 매출액은 1838.7억원으로 전년 동기 대비 27.1% 증가함. 매출이 증가하면서 매출원가 또한 큰 폭 늘고 판매비와 관리비 부담이 증가하면서 영업이익은 오히려 전년 동기 대비 36.9% 감소한 25.6억원을 시현함. 비영업손익 부문에서 적자 폭이 줄었지만 영업이익 감소로 인해 당기순이익은 23.1억원으로 전년 동기 대비 29.3% 감소함.

현금 흐름 〈단위 : 억원〉
항목	2015	2016
영업활동	-30	86
투자활동	-12	-7
재무활동	50	-30
순현금흐름	8	48
기말현금	11	59

시장 대비 수익률
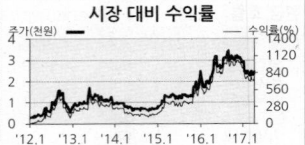

결산 실적 〈단위 : 억원〉
항목	2011	2012	2013	2014	2015	2016
매출액	1,765	1,361	1,180	1,285	1,447	1,839
영업이익	1	18	22	44	41	26
당기순이익	-21	6	-33	27	33	23

분기 실적 〈단위 : 억원〉
항목	2015.3Q	2015.4Q	2016.1Q	2016.2Q	2016.3Q	2016.4Q
매출액	362	549	466	388	420	564
영업이익	4	13	7	6	10	3
당기순이익	-1	12	5	4	8	6

재무 상태 〈단위 : 억원〉
항목	2011	2012	2013	2014	2015	2016
총자산	714	616	545	725	809	787
유형자산	216	180	173	169	165	162
무형자산	0	0	0	0	0	0
유가증권	3	3	2	7	2	3
총부채	533	416	378	531	546	408
총차입금	294	206	117	149	195	71
자본금	119	132	132	132	144	161
총자본	182	200	167	194	263	379
지배주주지분	182	200	167	194	263	378

기업가치 지표
항목	2011	2012	2013	2014	2015	2016
주가(최고/저)(천원)	0.7/0.2	1.8/0.3	1.7/0.7	1.0/0.6	2.2/0.7	3.6/1.7
PER(최고/저)(배)	—/—	79.7/11.6	—/—	10.0/5.8	18.3/6.1	45.4/21.3
PBR(최고/저)(배)	0.8/0.3	2.1/0.3	2.3/1.0	1.3/0.7	2.4/0.8	3.0/1.4
EV/EBITDA(배)	34.2	13.6	12.4	6.3	17.2	31.5
EPS(원)	-87	23	-124	103	119	78
BPS(원)	855	844	719	823	910	1,174
CFPS(원)	-47	64	-97	124	136	90
DPS(원)						
EBITDAPS(원)	42	114	111	189	164	100

재무 비율 〈단위 : % 〉
연도	영업이익률	순이익률	부채비율	차입금비율	ROA	ROE	유보율	자기자본비율	EBITDA마진율
2016	1.4	1.3	107.8	18.7	2.9	7.1	134.8	48.1	1.6
2015	2.8	2.3	207.4	74.1	4.3	14.3	82.0	32.5	3.1
2014	3.5	2.1	272.9	76.6	4.3	15.1	64.5	26.8	3.9
2013	1.9	-2.8	225.8	69.7	-5.7	-17.9	43.9	30.7	2.5

제낙스 (A065620)
JENAX

업 종 : 금속 및 광물		시 장 : KOSDAQ	
신용 등급 : (Bond) — (CP) —		기업규모 : 벤처	
홈 페 이 지 : www.jenaxinc.com		연 락 처 : 1899-9800	
본 사 : 부산시 부산진구 동성로 109			

설 립 일 1991.06.18	종 업 원 수 37명	대 표 이 사 신이현
상 장 일 2002.06.27	감 사 의 견 적정 (신한)	계 열
결 산 기 12월	보 통 주 2,149만주	종속회사수
액 면 가 500원	우 선 주	구 상 호 샤인

주주구성 (지분율,%)		출자관계 (지분율,%)		주요경쟁사 (외형,%)	
신이현	19.6	양광특수강고분유한공사	99.9	제낙스	100
무평산업	6.2			세아홀딩스	66,234
(외국인)	1.7			세아제강	29,511

매출구성		비용구성		수출비중	
기타	94.6	매출원가율	125.1	수출	51.6
와이어제품	5.4	판매비율	40.1	내수	48.4

회사 개요
동사는 스테인레스 와이어 및 로프, 용접봉 등의 제조를 주사업으로 영위하고 있음. 원재료인 Stainless Steel Wire Rod를 2차 가공하여 스테인레스 제품을 생산하여 자동차, 전기, 전자, 건설 등 전산업분야에 다품종 소량 유통하고 있음. 수출시장의 경우 전방산업의 경기변동에 영향을 적게 받는 안정적인 제품을 미국, 캐나다, 스페인, 일본 등 판매지역을 다변화하여 위험을 분산하고 있음.

실적 분석
동사의 2016년 결산기준 누적 매출액은 전년 동기대비 -42.9% 하락한 60.9억원을 기록하였음. 비용면에서 전년동기대비 매출원가는 감소 하였으며 인건비는 증가 하였고 광고선전비는 크게 감소 하였음 기타판매관리비와관리비는 증가가. 그에 따라 매출액 하락 등에 의해 전년동기대비 영업손실은 39.7억원으로 적자지속하였음. 최종적으로 전년동기대비 당기순손실은 적자지속하여 59.5억원을 기록함.

현금 흐름 〈단위 : 억원〉
항목	2015	2016
영업활동	-1	-42
투자활동	-2	-11
재무활동	15	54
순현금흐름	-2	0
기말현금	2	2

시장 대비 수익률
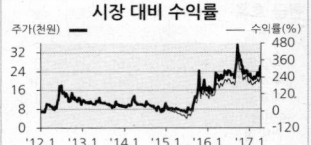

결산 실적 〈단위 : 억원〉
항목	2011	2012	2013	2014	2015	2016
매출액	275	205	163	104	107	61
영업이익	-29	-30	-80	-67	-4	-40
당기순이익	-46	-48	-93	-80	-24	-59

분기 실적 〈단위 : 억원〉
항목	2015.3Q	2015.4Q	2016.1Q	2016.2Q	2016.3Q	2016.4Q
매출액	17	50	18	13	14	15
영업이익	-11	23	-10	-10	-10	-9
당기순이익	-18	15	-14	-17	-19	-10

재무 상태 〈단위 : 억원〉
항목	2011	2012	2013	2014	2015	2016
총자산	461	445	511	458	533	561
유형자산	236	203	199	184	174	164
무형자산	18	28	193	212	307	354
유가증권	3	0	0	0	0	—
총부채	326	306	286	313	263	261
총차입금	288	268	251	283	234	221
자본금	89	92	105	105	107	107
총자본	135	139	225	145	270	299
지배주주지분	135	139	225	145	270	299

기업가치 지표
항목	2011	2012	2013	2014	2015	2016
주가(최고/저)(천원)	8.7/4.2	18.8/6.6	12.9/8.6	14.0/6.2	24.9/6.4	35.8/14.1
PER(최고/저)(배)	—/—	—/—	—/—	—/—	—/—	—/—
PBR(최고/저)(배)	10.4/4.9	22.8/8.0	11.4/7.6	18.6/8.2	19.2/4.9	25.2/9.9
EV/EBITDA(배)				672.8		
EPS(원)	-258	-263	-495	-381	-114	-277
BPS(원)	840	825	1,134	754	1,294	1,419
CFPS(원)	-134	-139	-375	-270	-68	-235
DPS(원)						
EBITDAPS(원)	-39	-42	-308	-209	27	-143

재무 비율 〈단위 : % 〉
연도	영업이익률	순이익률	부채비율	차입금비율	ROA	ROE	유보율	자기자본비율	EBITDA마진율
2016	-65.2	-97.6	87.3	73.9	-10.9	-20.9	183.9	53.4	-50.6
2015	-3.8	-22.8	97.6	86.6	-4.9	-11.7	158.8	50.6	5.4
2014	-64.5	-76.9	215.9	195.2	-16.6	-43.4	50.8	31.7	-42.0
2013	-49.1	-56.8	126.9	111.6	-19.4	-51.0	126.9	44.1	-35.3

제너셈 (A217190)
GENESEM

업 종 : 반도체 및 관련장비		시 장 : KOSDAQ	
신용등급 : (Bond) — (CP) —		기업규모 : 벤처	
홈페이지 : www.genesem.com		연락처 : 032)810-8400	
본 사 : 인천시 연수구 송도과학로 84번길 24			

설 립 일 2000.11.21	종 업 원 수 77명	대 표 이 사 한복우	
상 장 일 2015.09.25	감 사 의 견 적정 (안세)	계	열
결 산 기 12월	보 통 주 877만주	종속회사수	
액 면 가 500원	우 선 주	구 상 호	

주주구성 (지분율,%)		출자관계 (지분율,%)		주요경쟁사 (외형,%)	
한복우	44.0	제너셈	100		
고정란	0.3	에이디테크놀로지	127		
(외국인)	1.0	다믈멀티미디어	144		

매출구성		비용구성		수출비중	
기타	34.1	매출원가율	74.6	수출	35.8
Laser Marking	26.7	판관비율	39.2	내수	64.2
Test Handler	15.2				

회사 개요
동사는 반도체 후공정 자동화 장비 개발 및 제조, 판매를 영위할 목적으로 2000년 11월 21일에 설립됨. 주력 상품으로는 Laser Marking, Test Handler, Inspection, Pick & Place 외 기타 자동화 장비가 있으며 대부분의 장비는 customize화 되어 고객에게 납품되고 있음. 현재 동사의 주요 영업국가로는 한국, 미국, 중국, 일본, 필리핀, 대만, 브라질, 멕시코 등이 있음.

실적 분석
동사의 2016년 연결기준 누적매출액은 최대 매출처의 투자유보 및 PCB, 태양광시장의 침체로 인해 전년 동기대비 47.4% 감소한 178.1억원을 기록함. 또한 신규시장 개척을 위한 개발장비 투자로 원가율이 상승하여 영업이익 및 당기순이익 모두 적자전환함. 설비 구축 및 핵심기술 확보를 바탕으로 제품과 고객 다변화히, 제품 개발 및 영업을 전개하여 실적 개선을 꾀하는 중임.

현금 흐름 *IFRS 별도 기준 〈단위 : 억원〉

항목	2015	2016
영업활동	30	-57
투자활동	-144	-67
재무활동	144	95
순현금흐름	31	-29
기말현금	49	20

시장 대비 수익률
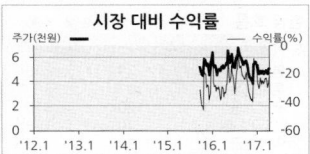

결산 실적 〈단위 : 억원〉

항목	2011	2012	2013	2014	2015	2016
매출액	201	230	180	322	339	178
영업이익	14	7	6	56	54	-25
당기순이익	10	2	4	50	48	-18

분기 실적 *IFRS 별도 기준 〈단위 : 억원〉

항목	2015.3Q	2015.4Q	2016.1Q	2016.2Q	2016.3Q	2016.4Q
매출액	71	105	42	55	20	60
영업이익	16	13	-1	-11	-10	-2
당기순이익	15	11	-2	-5	-14	3

재무 상태 *IFRS 별도 기준 〈단위 : 억원〉

항목	2011	2012	2013	2014	2015	2016
총자산	145	157	200	251	450	500
유형자산	29	65	115	118	169	262
무형자산	1	0	1	1	1	2
유가증권	1					
총부채	104	123	135	143	159	221
총차입금	50	79	87	74	82	167
자본금	15	14	11	11	44	44
총자본	41	35	64	108	291	279
지배주주지분	41	35	64	108	291	279

기업가치 지표 *IFRS 별도 기준

항목	2011	2012	2013	2014	2015	2016
주가(최고/저)(천원)	—/—	—/—	—/—	—/—	6.4/4.3	6.9/3.8
PER(최고/저)(배)	0.0/0.0	0.0/0.0	0.0/0.0	0.0/0.0	9.1/6.2	—/—
PBR(최고/저)(배)	0.0/0.0	0.0/0.0	0.0/0.0	0.0/0.0	2.0/1.3	2.2/1.2
EV/EBITDA(배)	1.6	6.6	8.3	0.9	8.3	—
EPS(원)	125	24	48	820	712	-204
BPS(원)	1,617	1,222	2,874	4,931	3,316	3,186
CFPS(원)	447	169	218	2,351	747	-167
DPS(원)					50	
EBITDAPS(원)	559	339	316	2,610	835	-243

재무 비율 〈단위 : % 〉

연도	영업이익률	순이익률	부채비율	차입금비율	ROA	ROE	유보율	자기자본비율	EBITDA마진율
2016	-13.8	-10.0	79.0	59.9	-3.8	-6.3	537.2	55.9	-12.0
2015	16.1	14.3	54.8	28.4	13.8	24.2	563.2	64.6	16.8
2014	17.4	15.6	131.6	67.9	22.3	58.2	886.2	43.2	18.1
2013	3.5	2.0	210.4	135.4			474.9	32.2	4.9

제넥신 (A095700)
Genexine

업 종 : 바이오		시 장 : KOSDAQ	
신용등급 : (Bond) — (CP) —		기업규모 : 신성장	
홈페이지 : www.genexine.com		연락처 : 031)628-3200	
본 사 : 경기도 성남시 분당구 대왕판교로 700, 코리아바이오파크 B동 4층			

설 립 일 1999.06.08	종 업 원 수 116명	대 표 이 사 경한수,서유석	
상 장 일 2009.09.15	감 사 의 견 적정 (삼경)	계	열
결 산 기 12월	보 통 주 1,785만주	종속회사수	
액 면 가 500원	우 선 주 167만주	구 상 호	

주주구성 (지분율,%)		출자관계 (지분율,%)		주요경쟁사 (외형,%)	
한독	25.0	바이젠	50.0	제넥신	100
성영철	11.7	에스엘포젠	50.0	셀트리온	5,907
(외국인)	4.1	아지노모도-제넥신	25.0	바이로메드	60

매출구성		비용구성		수출비중	
기타	52.0	매출원가율	42.1	수출	—
GX-H9(인성장호르몬)	23.3	판관비율	263.4	내수	—
GX-G3(호중구감소증치료제)	10.9				

회사 개요
동사는 바이오 의약품 전문 제조업체로서, 바이오시밀러 부문과 항체융합단백질 부문, 유전자 및 줄기세포치료제 부문 등 사업부문을 영위함. 원천기술을 바탕으로 다수의 제약사에 기술을 이전하여 매출이 발생함. 항체융합단백질 부문에서는 세계적인 기술력을 보유하고 있으며, 유전자 및 줄기세포치료제 부문은 난치성 질환의 치료제로서 본격적인 시장이 형성될 것을 기대하여 미래 성장동력으로 삼아 지속적인 연구개발을 수행 중임.

실적 분석
국내 파트너 제약사 및 해외 원작회사로의 조기 기술이전을 통한 기술수 수입이 감소하여 2016년 매출액은 전년의 절반 이하로 급감함. 외형축소에 따른 고정비용 부담과 연구개발비 및 무형자산감가상각비가 크게 늘어나 영업이익과 순이익은 대규모 적자를 기록함. 한독과 공동 개발 중인 지속형 성장호르몬 (GX-H9)이 성장호르몬 결핍증 치료제로서 미국FDA로부터 희귀의약품 지정을 받았으며, 임상2상이 오는 9월 중에 종료될 예정임.

현금 흐름 *IFRS 별도 기준 〈단위 : 억원〉

항목	2015	2016
영업활동	-16	-34
투자활동	-548	-644
재무활동	204	811
순현금흐름	-361	134
기말현금	91	224

시장 대비 수익률

결산 실적 〈단위 : 억원〉

항목	2011	2012	2013	2014	2015	2016
매출액	27	63	58	167	325	114
영업이익	-63	-27	-71	-52	11	-233
당기순이익	-71	-21	-90	-74	-14	-250

분기 실적 *IFRS 별도 기준 〈단위 : 억원〉

항목	2015.3Q	2015.4Q	2016.1Q	2016.2Q	2016.3Q	2016.4Q
매출액	7	206	29	20	7	58
영업이익	-84	91	-28	-101	-59	-46
당기순이익	-96	62	-31	-79	-67	-73

재무 상태 *IFRS 별도 기준 〈단위 : 억원〉

항목	2011	2012	2013	2014	2015	2016
총자산	391	634	558	1,141	1,421	1,987
유형자산	185	198	199	238	243	236
무형자산	6	63	112	206	357	448
유가증권	12	29	29	41	77	221
총부채	148	176	175	132	163	285
총차입금	104	123	134	73	30	200
자본금	25	31	31	43	45	97
총자본	244	458	383	1,009	1,258	1,702
지배주주지분	244	458	383	1,009	1,258	1,702

기업가치 지표 *IFRS 별도 기준

항목	2011	2012	2013	2014	2015	2016
주가(최고/저)(천원)	8.4/5.1	9.2/4.7	15.0/6.4	29.5/13.8	74.3/25.4	70.9/36.2
PER(최고/저)(배)	—/—	—/—	—/—	—/—	—/—	—/—
PBR(최고/저)(배)	3.5/2.1	2.5/1.3	4.9/2.1	4.7/2.2	10.2/3.5	8.1/4.1
EV/EBITDA(배)		140.1		229.4	162.2	
EPS(원)	-728	-199	-721	-498	-87	-1,390
BPS(원)	4,836	7,374	6,093	11,814	13,907	8,750
CFPS(원)	-1,303	255	-731	-113	250	-1,074
DPS(원)						
EBITDAPS(원)	-1,177	141	-419	179	537	-979

재무 비율 〈단위 : % 〉

연도	영업이익률	순이익률	부채비율	차입금비율	ROA	ROE	유보율	자기자본비율	EBITDA마진율
2016	-205.5	-220.5	16.7	11.8	-14.7	-16.9	1,650.1	85.7	-155.3
2015	3.3	-4.4	13.0	2.4	-1.1	-1.3	2,681.4	88.5	14.4
2014	-31.3	-44.5	13.1	7.2	-8.7	-10.7	2,262.7	88.5	8.1
2013	-122.5	-156.4	45.8	34.9	-15.1	-21.4	1,118.7	68.6	-45.5

제노텍 (A066830)
GENOTECH CORP

업   종 : 바이오
신용등급 : (Bond) —   (CP) —
홈 페 이 지 : www.genotech.co.kr
본   사 : 대전시 유성구 가정북로 26-69
시   장 : KONEX
기업규모 : —
연 락 처 : (042)862-8404

설 립 일	1997.07.08	종 업 원 수	명	대 표 이 사	김재종
상 장 일	2016.07.18	감 사 의 견	적정 (삼영)	계 열	
결 산 기	12월	보 통 주	493만주	종속회사	수
액 면 가	500원	우 선 주	57만주	구 상	호

주주구성 (지분율,%)		출자관계 (지분율,%)		주요경쟁사 (외형,%)	
김재종	32.5			제노텍	100
김일수	16.2			바이오니아	386
				이수앱지스	339

매출구성		비용구성		수출비중	
원료의약품	49.0	매출원가율	75.5	수출	20.2
합성유전자	30.1	판관비율	33.4	내수	79.8
유전자 분석 외 용역	18.0				

회사 개요
1997년 설립된 동사는 미생물 유전자정보분석·유전자조작, 신약개발 등의 사업을 영위하고 있는 바이오 벤처기업임. 유전자 기능평가에 필수적인 연구소재 및 유전정보를 활용한 신규 의약소재 등 고부가가치 생물소재를 개발, 생산하고 있음. 1998년 7월 기업부설연구소를 설립하여 미생물 유전체 분석기술과 유전정보 등 생물정보를 활용한 고부가가치 바이오의약품(원료의약품)을 개발해 왔음. 2016년 7월 코넥스시장에 신규상장됨.

실적 분석
동사의 2016년 누적매출액은 56.3억원으로 전년 대비 22.7% 감소함. 영업손실은 5억원으로 적자지속했지만, 원가율 하락과 판관비 감소에 힘입어 적자폭은 전년 10.1억원 대비 줄어듬. 당기순손실도 전년 13.2억원에서 8.6억원으로 다소 축소됨. 동사는 동반진단 분야에서 가시적인 성과를 거두고 있음. 2-3개의 약을 처방하기 위한 진단기법을 개발 완료했으며, 추가로 5개 이상의 진단기법을 개발 예정임.

현금 흐름 *IFRS 별도 기준 〈단위 : 억원〉
항목	2015	2016
영업활동	4	-10
투자활동	-3	-4
재무활동	8	4
순현금흐름	9	-10
기말현금	11	1

시장 대비 수익률
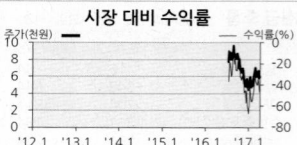

결산 실적 〈단위 : 억원〉
항목	2011	2012	2013	2014	2015	2016
매출액	65	69	63	64	73	56
영업이익	6	5	-8	0	-10	-5
당기순이익	4	4	-22	-4	-13	-9

분기 실적 *IFRS 별도 기준 〈단위 : 억원〉
항목	2015.3Q	2015.4Q	2016.1Q	2016.2Q	2016.3Q	2016.4Q
매출액						
영업이익						
당기순이익						

재무 상태 *IFRS 별도 기준 〈단위 : 억원〉
항목	2011	2012	2013	2014	2015	2016
총자산	148	139	117	155	152	150
유형자산	79	70	64	87	83	80
무형자산	12	9	1	1	2	1
유가증권	3	3	3	3	3	3
총부채	80	68	68	99	104	106
총차입금	70	60	61	85	89	90
자본금	26	26	26	24	24	25
총자본	68	71	49	55	48	44
지배주주지분	68	71	49	55	48	44

기업가치 지표 *IFRS 별도 기준
항목	2011	2012	2013	2014	2015	2016
주가(최고/저)(천원)	—/—	—/—	—/—	—/—	—/—	10.2/4.2
PER(최고/저)(배)	0.0/0.0	0.0/0.0	0.0/0.0	0.0/0.0	0.0/0.0	—/—
PBR(최고/저)(배)	0.0/0.0	0.0/0.0	0.0/0.0	0.0/0.0	—/—	12.6/5.2
EV/EBITDA(배)	2.5	2.6	90.4	7.1	—	413.7
EPS(원)	76	77	-421	-71	-250	-157
BPS(원)	1,290	1,349	927	1,045	888	804
CFPS(원)	363	323	-264	146	-124	-51
DPS(원)						
EBITDAPS(원)	408	345	12	218	-66	14

재무 비율 〈단위 : % 〉
연도	영업이익률	순이익률	부채비율	차입금비율	ROA	ROE	유보율	자기자본비율	EBITDA마진율
2016	-8.9	-15.3	238.7	203.0	-5.7	-18.6	79.4	29.5	1.4
2015	-13.9	-18.1	217.2	185.1	-8.6	-25.6	98.6	31.5	-4.8
2014	0.1	-5.8	180.2	154.2	—	—	134.3	35.7	17.8
2013	-12.2	-35.4	137.7	124.2	-17.4	-37.0	85.5	42.1	1.0

제노포커스 (A187420)
GenoFocus

업   종 : 바이오
신용등급 : (Bond) —   (CP) —
홈 페 이 지 : www.genofocus.com
본   사 : 대전시 유성구 테크노1로 65(관평동)
시   장 : KOSDAQ
기업규모 : 신성장
연 락 처 : (042)862-4483

설 립 일	2000.04.01	종 업 원 수	48명	대 표 이 사	김의중
상 장 일	2015.05.29	감 사 의 견	적정 (삼정)	계 열	
결 산 기	12월	보 통 주	900만주	종속회사	수
액 면 가	500원	우 선 주	179만주	구 상	호

주주구성 (지분율,%)		출자관계 (지분율,%)		주요경쟁사 (외형,%)	
반재구	29.3	GenofocusBiotechnologyInc.	100.0	제노포커스	100
김의중	12.3			코아스템	255
(외국인)	0.4			진원생명과학	446

매출구성		비용구성		수출비중	
Catalase	55.5	매출원가율	57.3	수출	48.2
Lactase	26.9	판관비율	23.8	내수	51.8
Phytase, 화장품소재 등	17.5				

회사 개요
동사는 2000년 설립된 산업용 효소 전문기업으로 기술성평가 특례를 통해 상장함. 효소는 크게 산업용, 특수용, 의료용으로 구분되며, 전세계 시장 규모는 약 12조원임. 그 중 동사가 주력하는 산업용효소시장 규모는 약 4조원임. 매출 비중은 카탈라아제가 43.16%로 가장 높고, 락타아제가 43.16%임. 카탈라아제는 반도체 식각 전공정에 들어가는 과산화수소를 분해하는 효소로, 반도체 제조 공정에 반드시 필요함.

실적 분석
지난해 미국 업체와 2020년까지 락타아제 공급 계약을 맺음. 현재 품질관리와 FDA 인증 관련 절차가 진행 중으로 본격적인 공급이 시작되면 실적이 개선될 전망임. 동사의 연결 재무제표 기준 2016년 결산 매출액은 전년 동기 66.4억원 대비 5.9% 증가한 70.3억원 기록. 영업이익 13.3억원을 기록, 전년 11.0억원 대비 20.8% 증가한 수치. 당기순이익 또한 33.3% 증가한 16.2억원을 시현함.

현금 흐름 〈단위 : 억원〉
항목	2015	2016
영업활동	29	5
투자활동	-107	-383
재무활동	120	310
순현금흐름	40	-68
기말현금	93	25

시장 대비 수익률
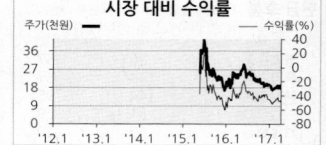

결산 실적 〈단위 : 억원〉
항목	2011	2012	2013	2014	2015	2016
매출액	—	20	24	61	66	70
영업이익	—	4	1	14	11	13
당기순이익	—	3	1	22	12	16

분기 실적 〈단위 : 억원〉
항목	2015.3Q	2015.4Q	2016.1Q	2016.2Q	2016.3Q	2016.4Q
매출액	18	14	16	17	19	18
영업이익	5	-1	2	4	5	2
당기순이익	8	-2	2	4	5	6

재무 상태 〈단위 : 억원〉
항목	2011	2012	2013	2014	2015	2016
총자산	—	22	90	169	305	632
유형자산	—	8	9	57	135	174
무형자산	—	2	7	18	32	45
유가증권	—	—	0	0	—	—
총부채	—	25	66	73	7	7
총차입금	—	18	65	—	—	—
자본금	—	19	28	31	45	54
총자본	—	-3	24	97	298	625
지배주주지분	—	-3	24	97	298	625

기업가치 지표
항목	2011	2012	2013	2014	2015	2016
주가(최고/저)(천원)	—/—	—/—	—/—	—/—	47.0/16.9	29.7/17.9
PER(최고/저)(배)	0.0/0.0	0.0/0.0	0.0/0.0	0.0/0.0	317.3/113.8	169.9/102.3
PBR(최고/저)(배)	0.0/0.0	0.0/0.0	0.0/0.0	0.0/0.0	14.1/5.1	5.1/3.1
EV/EBITDA(배)	—	0.0	2.2	—	124.1	81.9
EPS(원)		76	34	379	148	175
BPS(원)		-771	426	1,579	3,332	5,796
CFPS(원)		958	53	395	166	215
DPS(원)						
EBITDAPS(원)		1,373	75	258	153	184

재무 비율 〈단위 : % 〉
연도	영업이익률	순이익률	부채비율	차입금비율	ROA	ROE	유보율	자기자본비율	EBITDA마진율
2016	18.9	23.0	1.1	0.0	3.5	3.5	1,059.2	98.9	24.2
2015	16.5	18.2	2.5	0.0	5.1	6.1	566.3	97.6	18.8
2014	22.6	35.5	75.4	67.6	16.8	36.3	215.7	57.0	24.1
2013	10.1	6.1	일부잠식	일부잠식	2.6	전기잠식	-14.8	26.1	13.5

제놀루션 (A225220)
GENOLUTION

업 종 : 바이오 시 장 : KONEX
신용등급 : (Bond) — (CP) — 기업규모 : —
홈페이지 : www.genolution1.com 연 락 처 : 02)449-8670
본 사 : 서울시 송파구 법원로11길 11 A동 506호(문정동, 문정현대지식산업센터)

설 립 일	2006.02.20	종 업 원 수	23명	대 표 이 사	김기옥
상 장 일	2015.08.03	감 사 의 견	적정 (동서)	계	열
결 산 기	12월	보 통 주	281만주	종속회사수	
액 면 가	500원	우 선 주	51만주	구 상 호	

주주구성 (지분율,%)		출자관계 (지분율,%)		주요경쟁사 (외형,%)	
호일바이오메드	17.8			제놀루션	100
김동호	12.8			진매트릭스	339
				메디젠휴먼케어	108

매출구성		비용구성		수출비중	
핵산추출시약	33.8	매출원가율	17.9	수출	15.1
RNAi 서비스(siRNA/shRNA합성 및 기타서비스)	29.3	판관비율	76.9	내수	84.9
자동화핵산추출기	21.5				

회사 개요
동사는 유전자 기반으로 하는 분자진단기기 사업과 RNAi 연구 관련 제품생산 및 서비스 사업을 진행하고 있음. 동사가 현재 영위하고 있는 분자진단기기 사업은 인체로부터 유래된 시료(소변, Swab시료, 객담, 혈액, 혈장, 혈청 등)로부터 핵산(RNA/DNA)을 추출할 수 있는 핵산추출 시약과 시료로부터 RNA/DNA를 자동으로 추출할 수 있는 자동화핵산추출기기를 주요 제품으로 판매하고 있음.

실적 분석
동사의 2016년 누적매출액은 15억원으로 전년 11.8억원 대비 증가함. 영업이익은 0.8억원으로 전년에 이어 흑자를 기록함. 현재 식약처에 등록된 동사의 핵산추출 제품으로 STD Extraction Kit 외 5종으로 종합병원 및 검사수탁기관에 판매하고 있음. 인체에서 유래된 시료로부터 핵산을 추출하기 위해 핵심소재로 사용되는 마그네틱 비드를 개발할 예정임. 2016년 3월 중국 포순과 180만달러 규모의 공급계약을 체결함.

현금 흐름 *IFRS 별도 기준 〈단위 : 억원〉

항목	2015	2016
영업활동	-3	-0
투자활동	5	-4
재무활동	7	15
순현금흐름	9	11
기말현금	11	22

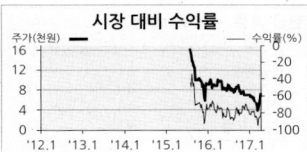

시장 대비 수익률

결산 실적 〈단위 : 억원〉

항목	2011	2012	2013	2014	2015	2016
매출액	—	12	15	16	12	15
영업이익	—	-5	-6	-7	0	1
당기순이익	—	-3	-5	-8	1	1

분기 실적 *IFRS 별도 기준 〈단위 : 억원〉

항목	2015.3Q	2015.4Q	2016.1Q	2016.2Q	2016.3Q	2016.4Q
매출액	—	—	—	—	—	—
영업이익	—	—	—	—	—	—
당기순이익	—	—	—	—	—	—

재무 상태 *IFRS 별도 기준 〈단위 : 억원〉

항목	2011	2012	2013	2014	2015	2016
총자산	—	26	21	14	22	40
유형자산	—	0	0	0	1	2
무형자산	—	2	2	1	1	4
유가증권	—					
총부채	—	3	3	4	3	6
총차입금	—	0	0			
자본금	—	15	15	10	16	17
총자본	—	23	18	10	18	34
지배주주지분	—	23	18	10	18	34

기업가치 지표 *IFRS 별도 기준

항목	2011	2012	2013	2014	2015	2016
주가(최고/저)(천원)	—/—	—/—	—/—	—/—	16.2/5.7	10.1/6.8
PER(최고/저)(배)	0.0/0.0	0.0/0.0	0.0/0.0	0.0/0.0	614.3/216.1	375.4/252.8
PBR(최고/저)(배)	0.0/0.0	0.0/0.0	0.0/0.0	0.0/0.0	27.7/9.7	9.8/6.6
EV/EBITDA(배)		0.0			357.5	112.2
EPS(원)	—	-93	-154	-265	26	27
BPS(원)	—	751	597	332	586	1,030
CFPS(원)	—	-75	-137	-243	40	50
DPS(원)	—					
EBITDAPS(원)	—	-149	-184	-207	19	47

재무 비율 〈단위 : % 〉

연도	영업이익률	순이익률	부채비율	차입금비율	ROA	ROE	유보율	자기자본비율	EBITDA마진율
2016	5.2	5.9	16.7	0.0	2.9	3.4	106.0	85.7	10.3
2015	1.4	6.9	17.7	0.0	4.6	5.7	17.1	85.0	5.0
2014	-42.4	-49.0	일부잠식	일부잠식	-46.2	-57.0	-33.6	71.6	-38.3
2013	-40.0	-30.7	14.5	0.1	-20.0	-22.9	19.3	87.3	-36.6

제닉 (A123330)
GENIC

업 종 : 개인생활용품 시 장 : KOSDAQ
신용등급 : (Bond) — (CP) — 기업규모 : 우량
홈페이지 : www.genic21.com 연 락 처 : 031)725-5600
본 사 : 경기도 성남시 분당구 판교로 255번길 34 3층

설 립 일	2001.09.27	종 업 원 수	186명	대 표 이 사	황진선
상 장 일	2011.08.03	감 사 의 견	적정 (삼정)	계	열
결 산 기	12월	보 통 주	693만주	종속회사수	
액 면 가	500원	우 선 주		구 상 호	

주주구성 (지분율,%)		출자관계 (지분율,%)		주요경쟁사 (외형,%)	
솔브레인	26.8			제닉	100
한국투자신탁운용	4.6	제닉상하이화장품	100.0	한국화장품	179
(외국인)	3.3	제닉상하이상무	100.0	한국화장품제조	72

매출구성		비용구성		수출비중	
하이드로겔마스크류(얼굴)(제품)	47.1	매출원가율	71.8	수출	41.4
에센스마스크류(제품)	34.6	판관비율	22.2	내수	58.6
하이드로겔마스크류(아이)(제품)	7.8				

회사 개요
동사는 2001년 화장품, 의약품 연구개발 제조, 판매를 목적으로 설립됨. 2011년 코스닥 시장에 등록됨. 화장품 제조, 판매가 주력이며, 글로벌특허인 하이드로겔 특허를 가지고 있음. 동사는 국내 마스크팩 시장의 약 30%를 차지함. 하이드로겔 마스크팩 시장에서는 대부분을 점유하고 있음. 기존 마스크팩 시장의 브랜드력, 제품력을 인정받아 미샤, 더페이스샵 외 다수 브랜드에 OEM, ODM 공급 중임.

실적 분석
동사의 2016년 연결기준 매출액은 전년 대비 21.7% 늘어난 896.7억원으로 매출총이익은 17.5% 늘어난 253억원을 기록했음. 판매비와 관리비는 전년 대비 8.3% 늘었으며 이에 따라 영업이익이 전년 대비 71.9% 늘어난 53.6억원을 시현했음. 비영업부문에서 금융손실 등으로 총 33.7억원 손실을 봤으며 그 결과 당기순이익은 전년 대비 58.1% 증가한 12.3억원을 기록했음.

현금 흐름 〈단위 : 억원〉

항목	2015	2016
영업활동	44	9
투자활동	-89	-15
재무활동	87	92
순현금흐름	42	90
기말현금	100	190

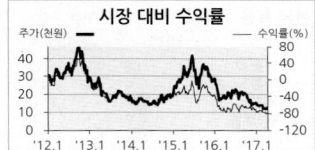

시장 대비 수익률

결산 실적 〈단위 : 억원〉

항목	2011	2012	2013	2014	2015	2016
매출액	1,053	858	622	635	737	897
영업이익	136	71	39	19	31	54
당기순이익	105	57	35	20	29	12

분기 실적 *IFRS 별도 기준 〈단위 : 억원〉

항목	2015.3Q	2015.4Q	2016.1Q	2016.2Q	2016.3Q	2016.4Q
매출액	199	205	199	284	211	203
영업이익	5	8	14	40	15	-14
당기순이익	5	7	9	6	8	-10

재무 상태 *IFRS 별도 기준 〈단위 : 억원〉

항목	2011	2012	2013	2014	2015	2016
총자산	588	601	649	755	870	1,016
유형자산	213	229	293	368	438	352
무형자산	5	3	3	3	26	28
유가증권	1	1	2	11	1	40
총부채	124	72	117	203	290	396
총차입금	4	7	31	87	173	265
자본금	24	25	28	30	32	33
총자본	464	529	532	552	580	619
지배주주지분	464	529	532	552	580	619

기업가치 지표

항목	2011	2012	2013	2014	2015	2016
주가(최고/저)(천원)	36.7/21.2	48.0/26.3	31.3/13.6	20.6/13.9	42.0/19.7	28.9/13.0
PER(최고/저)(배)	20.9/12.1	58.1/31.8	62.9/27.2	73.0/49.3	99.7/46.8	163.7/73.5
PBR(최고/저)(배)	5.4/3.1	6.3/3.5	3.9/1.7	2.5/1.7	4.8/2.2	3.1/1.4
EV/EBITDA(배)	11.0	19.2	17.0	25.2	27.8	11.8
EPS(원)	1,763	828	498	282	422	177
BPS(원)	9,537	10,644	10,202	9,682	9,695	9,851
CFPS(원)	2,849	1,684	1,164	880	1,114	805
DPS(원)		54	47	26	24	26
EBITDAPS(원)	3,567	1,975	1,239	873	1,145	1,431

재무 비율 〈단위 : % 〉

연도	영업이익률	순이익률	부채비율	차입금비율	ROA	ROE	유보율	자기자본비율	EBITDA마진율
2016	6.0	1.4	64.0	42.8	1.3	2.0	1,870.2	61.0	10.5
2015	4.2	4.0	49.9	29.9	3.6	5.2	1,838.9	66.7	9.8
2014	3.0	3.1	36.9	15.7	2.8	3.6	1,836.5	73.1	8.3
2013	6.2	5.6	22.0	5.8	5.5	6.5	1,940.5	82.0	11.0

제로투세븐 (A159580)
Zero to Seven

업　　　종 : 섬유 및 의복　　　　　　시　　　장 : KOSDAQ
신 용 등 급 : (Bond) —　　(CP) —　　기 업 규 모 : 중견
홈 페 이 지 : www.zerotoseven.co.kr　　연 락 처 : 02)740-3100
본　　　사 : 서울시 마포구 상암산로 76 YTN뉴스퀘어 17/18층

설 립 일	2000.02.03	종 업 원 수	251명	대 표 이 사	김정민,조성철
상 장 일	2013.02.19	감 사 의 견	적정 (삼일)	계 열	
결 산 기	12월	보 통 주	1,229만주	종 속 회 사 수	
액 면 가	500원	우 선 주		구 상 호	

주주구성 (지분율,%)		출자관계 (지분율,%)		주요경쟁사 (외형,%)	
매일유업	34.7	ZerotoSevenTrading(H.K)Co_Limited	100.0	제로투세븐	100
김정민	11.3	영도칠무역(상해)유한공사	100.0	방림	66
(외국인)	1.1			형지I&C	56

매출구성		비용구성		수출비중	
유통사업부문[궁중비책,토미피티 외]	46.5	매출원가율	58.6	수출	80.0
의류사업부문[알로앤루,알퐁소,포래즈,새르반]	41.7	판관비율	46.7	내수	20.0
중국사업부문[알로앤루,마마스앤파파스외]	12.7				

회사 개요
동사는 2000년 라이프파트너스로 설립됨. 2007년 제로투세븐으로 사명을 변경함. 2013년 코스닥 시장에 상장함. 설립 초기에는 임신, 출산 및 육아에 관련된 기업들의 고객관계관리(CRM) 서비스의 대행을 시작으로 유아동 의류 및 용품 등의 제조 및 판매를 주력 사업으로 전환해 사업을 영위하고 있음. 동사의 사업부는 의류사업, 유통사업, 중국사업부문으로 나뉨. 중국 상해에도 현지 법인을 설립해 중국 유아동 관련 사업을 영위함.

실적 분석
동사의 2016년 연결기준 연간 매출액은 2,297.7억원으로 전년 대비 15.1% 감소함. 이는 시장경쟁 심화 및 주요 거래처와의 거래 중단의 영향임. 영업손실 및 당기순손실은 각각 121.8억원, 102.3억원으로 적자지속됨. 브랜드 재정비 및 핵심사업 집중 육성을 위한 투자 증가로 일시적인 적자폭 확대됨. 동사는 모바일 비즈니스 플랫폼을 구축하였으며, 이를 통해 유아동전문 O2O쇼핑몰을 구축(17년2월 정식오픈)함.

현금 흐름 〈단위 : 억원〉

항목	2015	2016
영업활동	-138	-8
투자활동	4	-47
재무활동	134	111
순현금흐름	2	54
기말현금	53	107

시장 대비 수익률
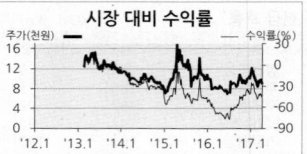

결산 실적 〈단위 : 억원〉

항목	2011	2012	2013	2014	2015	2016
매출액	2,051	2,472	2,401	2,446	2,706	2,298
영업이익	126	122	48	-1	-4	-122
당기순이익	59	85	37	-4	-11	-102

분기 실적 〈단위 : 억원〉

항목	2015.3Q	2015.4Q	2016.1Q	2016.2Q	2016.3Q	2016.4Q
매출액	683	768	649	545	506	598
영업이익	1	-12	-15	-30	-20	-57
당기순이익	14	-25	-13	-25	-18	-46

재무 상태 〈단위 : 억원〉

항목	2011	2012	2013	2014	2015	2016
총자산	786	833	980	1,096	1,256	1,252
유형자산	22	21	26	33	69	57
무형자산	17	18	18	28	25	47
유가증권						
총부채	562	532	401	495	662	771
총차입금	120	115		62	196	307
자본금	43	43	58	61	61	61
총자본	224	301	579	601	594	481
지배주주지분	224	301	579	601	594	481

기업가치 지표

항목	2011	2012	2013	2014	2015	2016
주가(최고/저)(천원)	—/—	—/—	16.0/10.8	11.8/8.2	18.6/6.9	11.6/6.8
PER(최고/저)(배)	0.0/0.0	0.0/0.0	48.0/32.3	—/—	—/—	—/—
PBR(최고/저)(배)	0.0/0.0	0.0/0.0	3.2/2.1	2.4/1.7	3.9/1.4	3.0/1.7
EV/EBITDA(배)	0.3	0.2	19.0	54.8	91.6	
EPS(원)	690	997	333	-34	-91	-832
BPS(원)	26,224	3,527	5,018	4,893	4,831	3,914
CFPS(원)	8,507	1,176	474	128	74	-640
DPS(원)						
EBITDAPS(원)	16,341	1,609	569	152	129	-799

재무 비율 〈단위 : % 〉

연도	영업이익률	순이익률	부채비율	차입금비율	ROA	ROE	유보율	자기자본비율	EBITDA마진율
2016	-5.3	-4.5	160.3	63.8	-8.2	-19.0	682.8	38.4	-4.3
2015	-0.2	-0.4	111.5	33.0	-1.0	-1.9	866.1	47.3	0.6
2014	-0.1	-0.2	82.3	10.3	-0.4	-0.7	878.6	54.9	0.8
2013	2.0	1.6	69.2		4.1	8.5	903.5	59.1	2.7

제룡산업 (A147830)
CHERYONG INDUSTRIAL COLTD

업　　　종 : 기계　　　　　　시　　　장 : KOSDAQ
신 용 등 급 : (Bond) —　　(CP) —　　기 업 규 모 : 벤처
홈 페 이 지 : www.cheryong.co.kr　　연 락 처 : 02)2204-3700
본　　　사 : 서울시 광진구 아차산로 628

설 립 일	2011.11.04	종 업 원 수	55명	대 표 이 사	박종태
상 장 일	2012.02.13	감 사 의 견	적정 (삼정)	계 열	
결 산 기	12월	보 통 주	1,000만주	종 속 회 사 수	
액 면 가	500원	우 선 주		구 상 호	

주주구성 (지분율,%)		출자관계 (지분율,%)		주요경쟁사 (외형,%)	
박종태	18.2			제룡산업	100
박인원	10.5			디케이락	148
(외국인)	0.7			서암기계공업	90

매출구성		비용구성		수출비중	
[금속제품]통신주	65.3	매출원가율	67.6	수출	0.0
[합성수지제품]지중케이블보호판	34.8	판관비율	13.3	내수	100.0

회사 개요
동사는 2011년 제룡전기로부터 송,배전용 금구류 및 합성수지 사업부문이 인적분할되어 설립됨. 금속 및 합성수지제품 제조 및 판매에 관한 사업을 주사업으로 영위하고 있는데, 전방산업은 전력산업 시장으로 환경 및 정책변수에 민감하지만, 한국전력공사의 연간 수급계획에 따라 시장예측이 어느 정도 안정적인 특성을 가지고 있음. 2016년 기준 사업 부문 중 금속제품 72.3%, 합성수지제품이 27.7% 비중 차지함.

실적 분석
동사의 2016년 연결기준 누적매출액은 고부가가치제품의 매출 증대로 352.1억원을 기록, 전년 동기대비 11.9% 증가함. 경영합리화 및 원가절감노력에 따라 영업이익은 전년 동기대비 29.9% 증가했으며, 투자부동산 처분에 따라 당기순이익은 87.0억원을 기록함. 한국전력공사의 송전금구류, 지중선로부문 및 한국철도시설공단의 고속철도 전차선자재 부문의 새로운 수요 창출 및 판매 확대로 매출 증대 계획중임.

현금 흐름 *IFRS 별도 기준 〈단위 : 억원〉

항목	2015	2016
영업활동	61	96
투자활동	49	-79
재무활동	-16	-75
순현금흐름	93	-58
기말현금	169	111

시장 대비 수익률
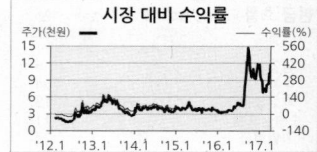

결산 실적 〈단위 : 억원〉

항목	2011	2012	2013	2014	2015	2016
매출액	44	315	335	335	315	352
영업이익	5	34	41	31	52	67
당기순이익	4	31	60	29	46	87

분기 실적 *IFRS 별도 기준 〈단위 : 억원〉

항목	2015.3Q	2015.4Q	2016.1Q	2016.2Q	2016.3Q	2016.4Q
매출액	65	73	92	110	77	73
영업이익	8	6	25	33	8	1
당기순이익	7	5	21	27	8	31

재무 상태 *IFRS 별도 기준 〈단위 : 억원〉

항목	2011	2012	2013	2014	2015	2016
총자산	281	356	448	456	494	540
유형자산	74	133	162	158	149	144
무형자산	5	8	6	0	0	0
유가증권	10	10		0	0	0
총부채	57	104	141	123	120	84
총차입금	20	66	87	88	75	6
자본금	40	40	40	40	40	50
총자본	224	252	307	333	374	456
지배주주지분	224	252	307	333	374	456

기업가치 지표 *IFRS 별도 기준

항목	2011	2012	2013	2014	2015	2016
주가(최고/저)(천원)	—/—	4.9/1.5	6.4/2.6	4.6/2.8	5.1/3.2	15.0/3.1
PER(최고/저)(배)	0.0/0.0	16.6/5.1	11.2/4.6	16.2/9.9	11.4/7.2	17.4/3.6
PBR(최고/저)(배)	0.0/0.0	2.1/0.6	2.2/0.9	1.4/0.9	1.4/0.9	3.3/0.7
EV/EBITDA(배)		8.7	5.1	7.4	3.7	11.9
EPS(원)	40	312	597	294	457	870
BPS(원)	2,818	3,172	3,874	4,195	4,721	4,558
CFPS(원)	63	488	875	502	747	948
DPS(원)	50	50	50	50	70	75
EBITDAPS(원)	77	528	634	525	825	753

재무 비율 〈단위 : % 〉

연도	영업이익률	순이익률	부채비율	차입금비율	ROA	ROE	유보율	자기자본비율	EBITDA마진율
2016	19.1	24.7	18.5	1.3	16.8	21.0	811.6	84.4	21.4
2015	16.5	14.5	31.9	20.1	9.6	12.9	844.2	75.8	20.8
2014	9.3	8.8	37.1	26.3	6.5	9.2	738.9	73.0	12.4
2013	12.1	17.8	45.8	28.3	14.9	21.4	674.8	68.6	15.0

제룡전기 (A033100)
CHERYONG ELECTRIC

업 종 : 전기장비		시 장 : KOSDAQ	
신용등급 : (Bond) — (CP) —		기업규모 : 벤처	
홈 페 이 지 : www.cheryongelec.com		연 락 처 : 02)2204-6300	
본 사 : 서울시 광진구 아차산로 628			

설 립 일	1986.12.18	종 업 원 수	124명	대 표 이 사	박광식
상 장 일	1997.08.18	감 사 의 견	적정 (신한)	계 열	
결 산 기	12월	보 통 주 수	1,606만주	종속회사수	
액 면 가	500원	우 선 주		구 상 호	

주주구성 (지분율,%)		출자관계 (지분율,%)		주요경쟁사 (외형,%)	
박종태	17.9			제룡전기	100
박인원	10.3			서울전자통신	223
(외국인)	1.1			비츠로테크	259

매출구성		비용구성		수출비중	
변압기(제품)	80.6	매출원가율	95.9	수출	5.2
제품기타(제품)	18.9	판관비율	14.7	내수	94.8
상품기타(상품)	0.5				

회사 개요
전압을 조정하기 위해 사용하는 변압기 제조, 판매가 주 사업으로, 변압기 매출 비중은 100%를 차지함. 2011년 신제품으로 개발된 복합형 COS, 리드선 부착형 폴리머 피뢰기 및 에폭시 몰드 개폐기 등의 중전기기로 신규 매출 창출을 기대하고 있음. 2012년에는 철도용 변압기와 친환경 Switchgear 등의 개발을 통하여 명실상부한 중전기기 업체의 글로벌 리더로서 부상함.

실적 분석
주 거래처의 발주물량 감소와 경쟁심화로 2016년 매출액은 전년 대비 37.1% 감소한 398.8억원을 기록함. 과당경쟁으로 인한 이익률 악화, 매출 급감에 따른 고정비비율 증가, 연구개발비 증가 등의 사유로 42.6억원의 영업손실을 기록. 2017년 또한 한국전력공사 및 발전사의 설비투자 감소가 예상되나, 신제품(170kV GIS, 내진변압기, 고효율 주상변압기, 컴팩트형 지상변압기 등) 신규매출 발생을 기대함.

현금 흐름 *IFRS 별도 기준   〈단위 : 억원〉

항목	2015	2016
영업활동	-3	75
투자활동	-104	-15
재무활동	3	-23
순현금흐름	-104	37
기말현금	102	138

시장 대비 수익률
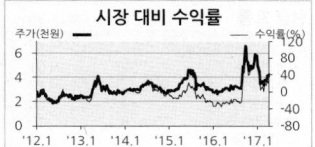

결산 실적   〈단위 : 억원〉

항목	2011	2012	2013	2014	2015	2016
매출액	323	408	520	573	634	399
영업이익	-5	7	47	52	32	-43
당기순이익	10	8	41	50	36	-27

분기 실적 *IFRS 별도 기준   〈단위 : 억원〉

항목	2015.3Q	2015.4Q	2016.1Q	2016.2Q	2016.3Q	2016.4Q
매출액	139	155	113	83	80	124
영업이익	-6	-0	0	-16	-17	-10
당기순이익	-2	4	0	-14	-21	9

재무 상태 *IFRS 별도 기준   〈단위 : 억원〉

항목	2011	2012	2013	2014	2015	2016
총자산	438	436	474	633	664	622
유형자산	198	193	191	188	249	232
무형자산	14	14	11	26	39	48
유가증권	10	10	1	1	1	1
총부채	108	103	106	119	123	116
총차입금	45	41	35	34	45	31
자본금	59	59	59	80	80	80
총자본	330	333	368	513	541	505
지배주주지분	330	333	368	513	541	505

기업가치 지표 *IFRS 별도 기준

항목	2011	2012	2013	2014	2015	2016
주가(최고/저)(천원)	3.2/1.7	3.2/1.8	4.2/2.3	3.8/2.6	4.8/2.8	7.2/2.6
PER(최고/저)(배)	70.3/38.3	51.6/29.8	13.9/7.4	10.4/7.3	22.2/13.0	—/—
PBR(최고/저)(배)	1.4/0.7	1.3/0.8	1.6/0.8	1.2/0.9	1.5/0.9	2.3/0.8
EV/EBITDA(배)	19.9	12.5	4.8	4.3	8.4	—
EPS(원)	50	67	322	377	221	-168
BPS(원)	2,776	2,797	3,092	3,196	3,367	3,145
CFPS(원)	284	236	507	518	341	-25
DPS(원)	50	50	50	50	55	50
EBITDAPS(원)	104	225	554	529	316	-123

재무 비율   〈단위 : % 〉

연도	영업이익률	순이익률	부채비율	차입금비율	ROA	ROE	유보율	자기자본비율	EBITDA마진율
2016	-10.7	-6.8	23.1	6.0	-4.2	-5.2	528.9	81.3	-4.9
2015	5.0	5.6	22.7	8.3	5.5	6.7	573.5	81.5	8.0
2014	9.0	8.8	23.2	6.6	9.1	11.4	539.2	81.2	12.3
2013	9.0	7.9	28.7	9.4	9.1	11.7	518.4	77.7	12.7

제미니투자 (A019570)
Gemini Investment

업 종 : 창업투자 및 종금		시 장 : KOSDAQ	
신용등급 : (Bond) — (CP) —		기업규모 :	
홈 페 이 지 : www.geminivc.co.kr		연 락 처 : 02)2051-9640	
본 사 : 서울시 서초구 서초대로78길 5 10층(서초동, 대각빌딩)			

설 립 일	1986.11.27	종 업 원 수	5명	대 표 이 사	임기룡
상 장 일	1989.03.14	감 사 의 견	적정 (태경)	계 열	
결 산 기	03월	보 통 주 수	4,000만주	종속회사수	
액 면 가	500원	우 선 주		구 상 호	

주주구성 (지분율,%)		출자관계 (지분율,%)		주요경쟁사 (외형,%)	
비앤에이치투자	13.4	바이오마린	40.0	제미니투자	100
더스퀘어에3호투자조합	10.0	제미니영상투자조합1호	33.3	우리금종	59,326
(외국인)	0.9	아스텐종합개발	12.5	글로본	4,971

수익구성		비용구성		수출비중	
금융상품 관련이익	86.7	이자비용	0.0	수출	—
배당금수익	5.6	투자및금융비	0.0	내수	—
창업투자 및 기업구조조정 수익	5.4	판관비	0.0		

회사 개요
동사는 중소기업 창업지원을 목적으로 1986년 11월 설립돼 중소기업 창업자에 대한 투자 및 융자와 중소기업창업투자조합의 관리, 창업기업에 대한 경영지원 등을 주된 영업으로 하고 있음. 창업투자회사는 1996년 53개사, 1998년 72개사, 2001년 145개사로 크게 늘었으며, it산업과 코스닥 시장의 정체로 소폭 줄었으나 2015년 말 115개로 줄었음. 창투사의 업무는 주식과 전환사채, 신주인수권부사채 인수, 투자조합 출자 등.

실적 분석
동사는 3월 말 결산법인임. 동사의 2015년 4월부터 12월말까지 총 3분기 누적 영업수익은 41.1억원으로 전년 동기 2.7억원에 비해 10배 이상 크게 증가했음. 다만 3분기에는 12.3억원만큼 영업수익이 마이너스를 기록했음. 영업이익은 3분기 누적 6.2억원이나 당분기 영업이익 역시 -16.2억원 손실을 기록함. 3분기 누적 당기순이익은 6.4억원, 당분기에는 16.3억원 손실을 기록함.

현금 흐름 *IFRS 별도 기준   〈단위 : 억원〉

항목	2015	2016.3Q
영업활동	-16	-132
투자활동	0	-3
재무활동	0	140
순현금흐름	-16	5
기말현금	4	9

시장 대비 수익률

결산 실적   〈단위 : 억원〉

항목	2011	2012	2013	2014	2015	2016
영업수익	93	65	50	38	3	—
영업이익	-25	2	-14	-12	-38	—
당기순이익	-24	2	-12	-12	-38	—

분기 실적 *IFRS 별도 기준   〈단위 : 억원〉

항목	2015.2Q	2015.3Q	2015.4Q	2016.1Q	2016.2Q	2016.3Q
영업수익	1	0	53	0	-12	
영업이익	-5	-3	-26	37	-15	-16
당기순이익	-5	-3	-26	37	-14	-16

재무 상태 *IFRS 별도 기준   〈단위 : 억원〉

항목	2011	2012	2013	2014	2015	2016.3Q
총자산	109	107	95	81	74	204
유형자산	1	1	1	0	0	2
무형자산	4	4	4	4	4	4
유가증권						
총부채	7	7	7	6	24	32
총차입금						
자본금	122	122	122	122	122	200
총자본	102	100	88	75	50	172
지배주주지분	102	100	88	75	50	172

기업가치 지표 *IFRS 별도 기준

항목	2011	2012	2013	2014	2015	2016.3Q
주가(최고/저)(천원)	0.4/0.2	0.8/0.3	0.6/0.3	0.5/0.3	2.2/0.3	2.7/1.4
PER(최고/저)(배)	—/—	107.1/35.8	—/—	—/—	—/—	—/—
PBR(최고/저)(배)	1.0/0.6	2.0/0.7	1.6/0.8	1.7/1.0	10.6/1.5	6.3/3.2
PSR(최고/저)(배)	1/1	3/1	3/1	3/2	176/25	—/—
EPS(원)	-99	8	-50	-50	-155	16
BPS(원)	416	409	359	308	206	429
CFPS(원)	-98	7	-49	-49	-154	17
DPS(원)						
EBITDAPS(원)	-100	8	-59	-50	-156	16

재무 비율   〈단위 : % 〉

연도	계속사업이익률	순이익률	부채비율	차입금비율	ROA	ROE	유보율	자기자본비율	총자산증가율
2015	-1,258.3	-1,258.3	일부잠식	0.0	-48.8	-60.4	-58.9	67.6	-8.4
2014	-32.4	-32.4	일부잠식	0.0	-13.9	-15.0	-38.4	92.8	-14.7
2013	-24.7	-24.7	일부잠식	0.0	-12.2	-13.1	-28.1	92.3	-10.9
2012	2.9	2.9	일부잠식	0.0	1.8	1.9	-18.2	93.5	-1.7

제우스 (A079370)
Zeus

업　종 : 반도체 및 관련장비　　　　　　시　　장 : KOSDAQ
신용등급 : (Bond) ―　　(CP) ―　　　기업규모 : 우량
홈페이지 : www.globalzeus.com　　　　연락처 : 031)377-9500
본　　사 : 경기도 오산시 경기동로 161-6 (부산동)

설 립 일	1988.12.12	종업원수	457명	대표이사	이종우
상 장 일	2006.02.01	감사의견	적정 (한영)	계　　열	
결 산 기	12월	보통주	1,038만주	종속회사수	
액 면 가	500원	우선주		구상호	

주주구성 (지분율,%)		출자관계 (지분율,%)		주요경쟁사 (외형,%)	
이종우	22.0	J.E.T	100.0	제우스	100
이동악	12.6	쓰리젯	100.0	아이에이	26
(외국인)	10.3	솔브리지	75.0	에스에이엠티	366

매출구성		비용구성		수출비중	
반도체 제조 장비	37.6	매출원가율	73.9	수출	57.1
상품(반도체장비 외)	23.8	판관비율	17.8	내수	42.9
LCD장비 및 태양전지 장비	21.5				

회사 개요
동사는 반도체 및 디스플레이 관련 생산장비 제조업체로 LCD, 반도체 제조장비 외에 산업용 설비라인에 들어가는 진공펌프와 태양전지장비도 생산하고 있음. 현재 해외 매출이 중국, 대만 등을 중심으로 이루어지고 있음. 그동안 LCD 장비(물류반송, 공정제어)에 매출이 특화되었으나, 점차 신규사업으로 반도체(세정기)와 태양전지(모듈라인 턴키 제작), 플러그 밸브 등의 제조 판매로 관련 매출이 가시화됨.

실적 분석
동사의 2016년 4분기 누적매출액은 전년동기 대비 0.3% 증가한 2,908.5억원의 실적을 기록함. 매출원가율이 소폭 개선되어 매출총이익이 증가하였으나, 인건비, 경상개발비 등 판관비가 증가함에 따라 영업이익은 전년동기 대비 1.4% 감소한 240.3억원 시현에 그침. 비영업이익도 전년동기 대비 11.4% 감소함에 따라 당기순이익은 전년동기 대비 2.8% 감소한 195.1억원을 기록했음.

현금 흐름　〈단위 : 억원〉

항목	2015	2016
영업활동	158	262
투자활동	90	-285
재무활동	-86	22
순현금흐름	164	4
기말현금	403	407

시장 대비 수익률
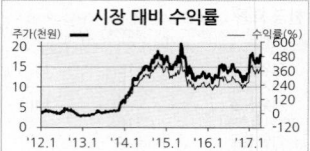

결산 실적　〈단위 : 억원〉

항목	2011	2012	2013	2014	2015	2016
매출액	2,617	1,557	2,049	2,410	2,901	2,908
영업이익	132	29	226	205	244	240
당기순이익	116	31	175	172	201	195

분기 실적　〈단위 : 억원〉

항목	2015.3Q	2015.4Q	2016.1Q	2016.2Q	2016.3Q	2016.4Q
매출액	671	713	714	612	683	900
영업이익	85	40	63	22	65	91
당기순이익	79	33	34	21	19	121

재무 상태　〈단위 : 억원〉

항목	2011	2012	2013	2014	2015	2016
총자산	1,844	1,616	2,147	2,369	2,522	2,908
유형자산	440	453	428	759	819	785
무형자산	25	26	29	63	61	59
유가증권	4	47	73	18	6	66
총부채	844	619	1,008	1,032	986	1,194
총차입금	416	323	510	509	433	483
자본금	47	47	47	47	52	52
총자본	1,000	997	1,138	1,337	1,536	1,714
지배주주지분	985	991	1,130	1,316	1,515	1,690

기업가치 지표

항목	2011	2012	2013	2014	2015	2016
주가(최고/저)(천원)	5.2/3.0	5.1/2.7	6.9/2.8	18.8/6.1	20.7/11.4	17.1/11.0
PER(최고/저)(배)	5.3/3.0	22.0/11.7	4.5/1.8	12.0/3.9	11.0/6.1	9.2/5.9
PBR(최고/저)(배)	0.6/0.3	0.6/0.3	0.6/0.2	1.6/0.5	1.5/0.8	1.1/0.7
EV/EBITDA(배)	3.0	4.5	2.6	7.1	4.1	3.7
EPS(원)	1,074	248	1,668	1,633	1,944	1,878
BPS(원)	10,892	10,955	12,434	13,944	14,588	16,276
CFPS(원)	1,481	602	2,263	2,279	2,487	2,383
DPS(원)	100	―	200	200	300	200
EBITDAPS(원)	1,700	637	2,826	2,657	2,891	2,819

재무 비율　〈단위 : %〉

연도	영업이익률	순이익률	부채비율	차입금비율	ROA	ROE	유보율	자기자본비율	EBITDA마진율
2016	8.3	6.7	69.6	28.2	7.2	12.2	3,155.1	59.0	10.1
2015	8.4	6.9	64.2	28.2	8.2	14.3	2,817.6	60.9	10.4
2014	8.5	7.1	77.2	38.1	7.6	13.9	2,688.8	56.4	10.4
2013	11.1	8.6	88.6	44.8	9.3	16.3	2,386.9	53.0	13.0

제이더블유생명과학 (A234080)
JW Life Science

업　종 : 제약　　　　　　　　　　시　　장 : 거래소
신용등급 : (Bond) ―　　(CP) ―　　　기업규모 : 시가총액 소형주
홈페이지 : www.jw-lifescience.co.kr　　연락처 : 041)351-7600
본　　사 : 충남 당진시 송악읍 한진1길 28

설 립 일	1994.05.21	종업원수	291명	대표이사	차성남
상 장 일	2016.10.27	감사의견	적정 (삼정)	계　　열	
결 산 기	12월	보통주	792만주	종속회사수	
액 면 가	5,000원	우선주		구상호	

주주구성 (지분율,%)		출자관계 (지분율,%)		주요경쟁사 (외형,%)	
JW홀딩스	50.0			JW생명과학	100
신영자산운용	5.4			대한약품	105
(외국인)	1.5			테라젠이텍스	77

매출구성		비용구성		수출비중	
기초수액	40.6	매출원가율	74.1	수출	2.6
TPN	27.4	판관비율	9.6	내수	97.4
특수수액	12.9				

회사 개요
동사는 1994년 5월 (주)중외화학으로 설립되어 2002년 6월 (주)중외, 2011년 3월 JW생명과학으로 사명을 변경하였고 2016년 10월 유가증권 시장에 상장한 의약품 제조, 판매업 전문 회사임. 주요 계열회사는 지주회사인 JW홀딩스 외 JW중외제약, JW신약 등이 있으며 현재 JW홀딩스가 50%의 지분을 보유중임. 연결대상종속기업은 화학제품 제조 및 도소매업을 영위하는 JW케미타운 1개사임.

실적 분석
동사의 2016년 연결기준 매출액은 전년대비 5.0% 성장한 1,322.9억원을 기록함. 안정적인 매출 성장과 원가율 개선으로 216.3억원의 영업이익과 151.6억원의 당기순이익을 기록하며 각각 전년대비 15.9%와 17.9% 증가하였고 수익성도 개선됨. 제품별 매출비중은 기초수액 39.4%, TPN 27.9%, 특수수액 14.4%, HEMO 9.2% 영양수액 8.3% 및 기타 등으로 구성됨.

현금 흐름　〈단위 : 억원〉

항목	2015	2016
영업활동	259	161
투자활동	-247	-113
재무활동	-4	-53
순현금흐름	8	-5
기말현금	9	4

시장 대비 수익률
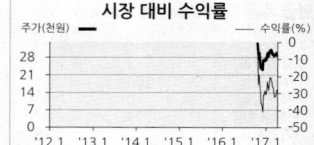

결산 실적　〈단위 : 억원〉

항목	2011	2012	2013	2014	2015	2016
매출액	841	891	886	1,111	1,260	1,323
영업이익	99	88	79	146	187	216
당기순이익	27	35	16	94	129	152

분기 실적　〈단위 : 억원〉

항목	2015.3Q	2015.4Q	2016.1Q	2016.2Q	2016.3Q	2016.4Q
매출액	317			339	316	―
영업이익	42			54	54	―
당기순이익	28			38	38	―

재무 상태　〈단위 : 억원〉

항목	2011	2012	2013	2014	2015	2016
총자산	1,700	1,561	1,542	1,638	1,799	1,922
유형자산	1,359	1,284	1,206	1,183	1,331	1,368
무형자산	35	38	47	52	44	43
유가증권	―	―	―	―	―	―
총부채	1,065	877	847	869	970	1,019
총차입금	833	698	638	619	676	687
자본금	302	302	396	396	396	396
총자본	635	684	695	769	828	903
지배주주지분	635	684	695	769	828	903

기업가치 지표

항목	2011	2012	2013	2014	2015	2016
주가(최고/저)(천원)	―/―	―/―	―/―	―/―	―/―	42.0/22.7
PER(최고/저)(배)	0.0/0.0	0.0/0.0	0.0/0.0	0.0/0.0	0.0/0.0	22.4/12.1
PBR(최고/저)(배)	0.0/0.0	0.0/0.0	0.0/0.0	0.0/0.0	0.0/0.0	3.8/2.0
EV/EBITDA(배)	3.9	3.5	3.3	2.3	2.1	8.2
EPS(원)	453	574	231	1,182	1,625	1,915
BPS(원)	10,511	11,321	8,783	9,718	10,462	11,406
CFPS(원)	2,370	2,428	1,862	2,698	3,219	3,579
DPS(원)						600
EBITDAPS(원)	3,561	3,303	2,751	3,362	3,950	4,396

재무 비율　〈단위 : %〉

연도	영업이익률	순이익률	부채비율	차입금비율	ROA	ROE	유보율	자기자본비율	EBITDA마진율
2016	16.4	11.5	112.9	76.1	8.2	17.5	128.1	47.0	26.3
2015	14.8	10.2	117.2	81.6	7.5	16.1	109.2	46.1	24.8
2014	13.2	8.4	113.0	80.5	5.9	12.8	94.4	47.0	24.0
2013	8.9	1.8	121.8	91.7	1.1	2.4	75.7	45.1	22.0

제이더블유신약 (A067290)
JW SHINYAK

업 종 : 제약		시 장 : KOSDAQ	
신용 등급 : (Bond) BBB (CP) —		기업 규모 : 중견	
홈 페 이 지 : www.jw-shinyak.co.kr		연 락 처 : 02)840-6856	
본 사 : 서울시 서초구 남부순환로 2477 (서초동)			

설 립 일 1981.08.13	종 업 원 수 257명	대 표 이 사 백승호	
상 장 일 2003.02.11	감 사 의 견 적정 (안진)	계 열	
결 산 기 12월	보 통 주 3,904만주	종 속 회 사 수	
액 면 가 500원	우 선 주	구 상 호 JW중외신약	

주주구성 (지분율,%)
JW홀딩스	27.0
이종호	6.0
(외국인)	2.6

출자관계 (지분율,%)
JW크레아젠	59.0

주요경쟁사 (외형,%)
JW신약	100
삼진제약	287
종근당홀딩스	403

매출구성
기타	74.7
모나드정	14.0
피디정	4.7

비용구성
매출원가율	43.6
판관비율	48.3

수출비중
수출	0.0
내수	100.0

회사 개요
동사는 전문의약품 생산 판매 업체로 항진균제, 비뇨기과용제 등을 제조하고 있음. 주요 고객 채널로는 피부과, 소아과, 비뇨기과, 이비인후과 등 클리닉 시장을 대상으로 함. 클리닉 중심의 영업 활동을 통해 해당 시장에서의 안정적인 매출을 유지하고 있으며, 이를 기반으로 미용, 비만 관련 제품 출시를 통해 제품 다변화에 노력하고 있음. 종속회사인 JW크레아젠은 수지상세포를 이용한 면역세포 치료제를 주력으로 연구 개발하고 있음.

실적 분석
동사의 2016년 매출액은 전년 대비 8.4% 증가하였음. 발모·탈모·염모·양모제인 모나드정과 알러지성 비염, 비계절성 알러지성 비염, 기관지염 등의 치료제인 피디정의 매출 호조 때문임. 매출원가는 원료인 피로에드정 등의 가격 상승으로 전년 대비 13.5% 증가함. 비용의 합리적인 집행으로 판매비와관리비는 전년 대비 3.6% 증가에 그침. 그 결과 영업이익은 66.8억원으로 전년 대비 11.7% 증가함. 비영업손익의 악화로 당기순이익은 적자임.

현금 흐름 〈단위 : 억원〉
항목	2015	2016
영업활동	-0	7
투자활동	30	-114
재무활동	-25	111
순현금흐름	4	4
기말현금	19	23

시장 대비 수익률
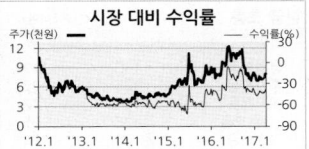

결산 실적 〈단위 : 억원〉
항목	2011	2012	2013	2014	2015	2016
매출액	708	699	707	730	769	834
영업이익	21	5	24	38	60	67
당기순이익	-22	-23	-31	-6	7	-5

분기 실적 〈단위 : 억원〉
항목	2015.3Q	2015.4Q	2016.1Q	2016.2Q	2016.3Q	2016.4Q
매출액	191	186	214	218	216	186
영업이익	13	-6	31	23	14	-1
당기순이익	4	-28	9	13	-9	-18

재무 상태 〈단위 : 억원〉
항목	2011	2012	2013	2014	2015	2016
총자산	1,028	1,152	1,263	1,270	1,277	1,436
유형자산	130	114	107	101	99	97
무형자산	563	576	565	562	539	542
유가증권	5	1	—	—	—	—
총부채	500	661	814	845	876	1,052
총차입금	292	426	611	672	658	802
자본금	174	179	184	190	195	195
총자본	528	491	449	425	401	384
지배주주지분	528	492	450	426	402	386

기업가치 지표
항목	2011	2012	2013	2014	2015	2016
주가(최고/저)(천원)	9.7/3.9	10.7/4.5	6.2/3.6	5.5/3.6	11.2/4.8	13.7/6.6
PER(최고/저)(배)	—/—	—/—	—/—	—/—	1,732.1/749.3	—/—
PBR(최고/저)(배)	7.2/2.9	8.5/3.6	5.4/3.1	5.0/3.3	10.6/4.6	13.4/6.5
EV/EBITDA(배)	101.7	91.5	39.8	39.0	45.4	43.1
EPS(원)	-56	-60	-79	-14	7	-12
BPS(원)	1,563	1,414	1,261	1,161	1,067	1,026
CFPS(원)	-12	-2	-11	57	77	42
DPS(원)	25	25	25	30	50	60
EBITDAPS(원)	111	82	139	171	223	225

재무 비율 〈단위 : % 〉
연도	영업이익률	순이익률	부채비율	차입금비율	ROA	ROE	유보율	자기자본비율	EBITDA마진율
2016	8.0	-0.6	273.7	208.8	-0.4	-1.2	105.1	26.8	10.6
2015	7.8	0.3	218.6	164.2	0.2	0.6	113.5	31.4	11.3
2014	5.2	-0.8	199.1	158.3	-0.4	-1.2	132.1	33.4	8.9
2013	3.5	-4.4	181.1	136.0	-2.6	-6.5	152.3	35.6	7.2

제이더블유중외제약 (A001060)
JW PHARMACEUTICAL

업 종 : 제약		시 장 : 거래소	
신용 등급 : (Bond) BBB (CP) —		기업 규모 : 시가총액 중형주	
홈 페 이 지 : www.jw-pharma.co.kr		연 락 처 : 02)840-6777	
본 사 : 서울시 서초구 남부순환로 2477 (서초동)			

설 립 일 1945.08.08	종 업 원 수 1,096명	대 표 이 사 이경하	
상 장 일 1976.06.14	감 사 의 견 적정 (안진)	계 열	
결 산 기 12월	보 통 주 1,912만주	종 속 회 사 수	
액 면 가 2,500원	우 선 주 205만주	구 상 호	

주주구성 (지분율,%)
JW홀딩스	42.3
미래에셋자산운용투자자문	2.8
(외국인)	3.1

출자관계 (지분율,%)
C&C신약연구소	50.0
JWTheriacPharmaceuticalCorporation	100.0

주요경쟁사 (외형,%)
JW중외제약	100
동아쏘시오홀딩스	155
한올바이오파마	18

매출구성
기타	60.3
일반수액(상/제품)	14.2
영양수액(상/제품)	12.9

비용구성
매출원가율	62.9
판관비율	32.7

수출비중
수출	4.0
내수	96.0

회사 개요
동사는 1945년 8월 8일 '조선중외제약소'라는 명칭으로 출발되어, 1953년 '대한중외제약 주식회사'로 법인을 설립, 1976년 기업공개를 거쳐 발행주식을 한국거래소유가증권시장에 상장됨. 동사는 전문의약품의 연구, 개발, 제조, 판매를 주요 사업으로 영위하고 있음. 수액제의 매출 비중이 가장 크고, 고지혈증 치료제 리바로, 전립선 비대증 치료제 트루패스 등 전문의약품도 판매하고 있음.

실적 분석
동사의 2016년 4분기 연결 기준 누적 매출액은 4,674.7억원으로 전년 동기 대비 7.6% 증가함. 영업이익은 전년 동기 대비 6.5% 감소한 203.3억원을 시현함. 당기순손실은 142.2억원을 기록하였으며 늘어난 판관비, 법인세비용과 비영업부문에서의 적자지속으로 인하여 전년대비 적자전환함. 2016년 9월 전환상환우선주를 발행하여 1,119.2억원의 자금을 조달함. 조달된 자금은 차입금 상환과 연구개발에 사용할 예정임.

현금 흐름 〈단위 : 억원〉
항목	2015	2016
영업활동	-42	67
투자활동	-73	-88
재무활동	147	338
순현금흐름	32	311
기말현금	82	393

시장 대비 수익률
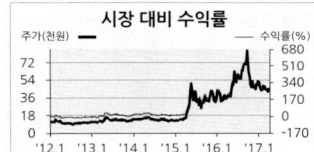

결산 실적 〈단위 : 억원〉
항목	2011	2012	2013	2014	2015	2016
매출액	4,310	3,971	3,942	4,128	4,344	4,675
영업이익	175	95	259	181	217	203
당기순이익	-98	-204	23	14	21	-142

분기 실적 〈단위 : 억원〉
항목	2015.3Q	2015.4Q	2016.1Q	2016.2Q	2016.3Q	2016.4Q
매출액	1,105	1,059	1,192	1,165	1,189	1,128
영업이익	54	52	76	52	44	31
당기순이익	11	10	14	-162	-48	54

재무 상태 〈단위 : 억원〉
항목	2011	2012	2013	2014	2015	2016
총자산	6,671	6,031	5,894	5,941	6,175	6,518
유형자산	2,349	1,519	1,441	1,363	1,297	1,270
무형자산	228	250	281	299	286	234
유가증권	21	14	8	22	20	1
총부채	4,968	4,395	3,886	3,703	3,881	3,748
총차입금	4,169	3,582	3,146	2,777	2,906	2,512
자본금	255	290	350	415	452	501
총자본	1,703	1,637	2,007	2,238	2,294	2,770
지배주주지분	1,703	1,637	2,007	2,238	2,294	2,770

기업가치 지표
항목	2011	2012	2013	2014	2015	2016
주가(최고/저)(천원)	16.7/9.3	14.4/9.1	16.7/10.7	16.6/12.1	59.1/12.6	91.7/32.0
PER(최고/저)(배)	—/—	—/—	117.3/75.3	206.1/150.5	531.8/113.8	—/—
PBR(최고/저)(배)	1.4/0.8	1.3/0.8	1.4/0.9	1.4/1.0	5.0/1.1	7.0/2.5
EV/EBITDA(배)	18.7	22.1	13.0	14.4	24.5	31.5
EPS(원)	-750	-1,499	146	82	112	-722
BPS(원)	16,689	14,144	14,347	13,487	12,702	13,351
CFPS(원)	301	-549	1,392	1,138	1,122	229
DPS(원)	200	125	125	125	150	250
EBITDAPS(원)	3,014	2,168	3,177	2,188	2,223	2,018

재무 비율 〈단위 : % 〉
연도	영업이익률	순이익률	부채비율	차입금비율	ROA	ROE	유보율	자기자본비율	EBITDA마진율
2016	4.4	-3.0	135.3	90.7	-2.2	-5.6	453.7	42.5	8.3
2015	5.0	0.5	169.2	126.7	0.4	0.9	408.1	37.2	9.1
2014	4.4	0.4	165.4	124.1	0.2	0.7	439.5	37.7	8.4
2013	6.6	0.6	193.6	156.7	0.4	1.3	473.9	34.1	10.7

제이더블유홀딩스 (A096760)
JW Holdings

업 종 : 제약		시 장 : 거래소	
신용등급 : (Bond) — (CP) —		기업규모 : 시가총액 중형주	
홈페이지 : www.jw-holdings.co.kr		연 락 처 : 02)840-6777	
본 사 : 서울시 서초구 남부순환로 2477 (서초동)			

설 립 일	2007.07.03	종업원수	147명	대표이사	전재광
상 장 일	2007.07.31	감사의견	적정 (안진)	계 열	
결 산 기	12월	보 통 주	6,159만주	종속회사수	
액 면 가	500원	우 선 주		구 상 호	

주주구성 (지분율,%)		출자관계 (지분율,%)		주요경쟁사 (외형,%)	
이경하	28.0	JW메디칼	100.0	JW홀딩스	100
중외학술복지재단	7.6	JW산업	100.0	아미코젠	10
(외국인)	2.6	JW중외제약전환상환우선주	59.1	동국제약	45

매출구성		비용구성		수출비중	
이미페넴	34.1	매출원가율	58.9	수출	42.8
기타	30.6	판관비율	35.4	내수	57.2
배당수입외	23.1				

회사 개요
2007년 JW중외제약의 투자사업부문과 해외 사업부문 등을 인적 분할하여 설립된 지주회 사임. 지주사업, 의약품도소매업, 수출입업, 부동산임대, 브랜드 및 지적재산권 라이선스 업, 투자경영자문 및 컨설팅업 등을 목적으로 함. 국내에 JW중외제약 등 10개사와 해외에 4개사 등 총 14개의 자회사를 보유함. 자회사 인 JW중외제약의 주요제품으로는 일반수액, 항생제인 이미페넴, 영양수액인 후리아민, 고 지혈증치료제 리바로, 혈심증치료제 시그마 트가 있음.

실적 분석
JW중외제약은 고지혈증치료제 리바로와 3체 임버 영양수액제 위너프 등 대형품목 판매량 이 증가하였으며, JW중외신약도 피디정, 리 스로마이신정 등 주력제품 판매가 늘어 실적 이 개선됨. 이러한 연결대상 자회사들의 실적 호조에 힘입어 2016년 연결기준 매출액은 전 년동기 대비 10.0% 증가하였으며, 영업이익 도 17.0% 상승함. 과도한 이자비용과 JW중 외제약 세무조사 추징금 납부로 인한 법인세 증가로 175.3억원의 순손실을 기록함.

현금 흐름
〈단위 : 억원〉

항목	2015	2016
영업활동	-240	-292
투자활동	-382	-510
재무활동	630	1,189
순현금흐름	12	379
기말현금	153	532

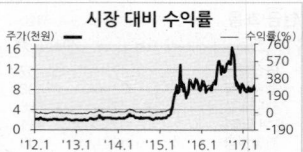
시장 대비 수익률

결산 실적
〈단위 : 억원〉

항목	2011	2012	2013	2014	2015	2016
매출액	5,160	5,119	5,303	5,739	6,228	6,848
영업이익	135	37	204	235	336	393
당기순이익	-447	-415	162	-51	4	-175

분기 실적
〈단위 : 억원〉

항목	2015.3Q	2015.4Q	2016.1Q	2016.2Q	2016.3Q	2016.4Q
매출액	1,607	1,556	1,751	1,778	1,752	1,567
영업이익	77	85	121	135	101	36
당기순이익	1	-14	22	-121	4	-80

재무 상태
〈단위 : 억원〉

항목	2011	2012	2013	2014	2015	2016
총자산	10,948	10,771	10,144	10,360	10,871	11,977
유형자산	4,730	3,856	2,476	2,097	2,113	2,069
무형자산	992	1,046	1,044	1,071	1,049	1,007
유가증권	52	55	125	135	136	122
총부채	8,482	8,717	7,784	8,241	8,126	9,190
총차입금	7,108	7,400	6,387	6,649	6,509	6,714
자본금	238	245	257	270	283	307
총자본	2,466	2,055	2,360	2,119	2,745	2,787
지배주주지분	998	774	1,054	959	1,056	1,172

기업가치 지표

항목	2011	2012	2013	2014	2015	2016
주가(최고/저)(천원)	3.3/1.5	2.3/1.8	2.9/1.8	3.1/2.0	12.9/2.2	17.4/7.5
PER(최고/저)(배)	—/—	—/—	9.6/6.0	—/—	6,159.2/1,051.0	—/—
PBR(최고/저)(배)	2.0/0.9	1.8/1.4	1.6/1.0	1.9/1.2	7.0/1.2	9.1/3.9
EV/EBITDA(배)	23.7	29.9	19.4	20.5	23.6	20.7
EPS(원)	-556	-382	309	-156	2	-163
BPS(원)	2,147	1,627	2,094	1,820	1,890	1,933
CFPS(원)	-105	142	841	209	386	199
DPS(원)	40	25	25	25	45	75
EBITDAPS(원)	854	666	891	811	976	1,003

재무 비율
〈단위 : %〉

연도	영업이익률	순이익률	부채비율	차입금비율	ROA	ROE	유보율	자기자본비율	EBITDA마진율
2016	5.7	-2.6	329.8	240.9	-1.5	-9.0	286.6	23.3	9.0
2015	5.4	0.1	296.0	237.1	0.0	0.1	278.1	25.3	8.9
2014	4.1	-0.9	388.8	313.7	-0.5	-8.9	264.0	20.5	7.6
2013	3.9	3.1	329.8	270.6	1.6	19.5	318.8	23.3	8.6

제이브이엠 (A054950)
JVM

업 종 : 의료 장비 및 서비스		시 장 : KOSDAQ	
신용등급 : (Bond) — (CP) —		기업규모 : 우량	
홈페이지 : www.myjvm.com		연 락 처 : 053)584-9999	
본 사 : 대구시 달서구 호산동로 121			

설 립 일	1996.10.12	종업원수	344명	대표이사	김준호,이용희
상 장 일	2006.06.07	감사의견	적정 (도원)	계 열	
결 산 기	12월	보 통 주	633만주	종속회사수	
액 면 가	500원	우 선 주		구 상 호	

주주구성 (지분율,%)		출자관계 (지분율,%)		주요경쟁사 (외형,%)	
한미사이언스	34.0			제이브이엠	100
한화자산운용	9.3			엘앤케이바이오	35
(외국인)	2.9			셀루메드	10

매출구성		비용구성		수출비중	
조제시스템 제품	49.6	매출원가율	56.6	수출	47.3
MRO 외	37.7	판관비율	28.4	내수	52.7
기타상품	12.7				

회사 개요
동사는 1977년 설립된 병원, 약국의 조제 업 무를 자동화하는데 필요한 기기와 시스템, 관 련 소프트웨어를 공급하는 전문기업임. 2006 년 코스닥 시장에 상장됨. 유럽 시장 확대 및 매출 증대를 위하여 현지 자회사 설립에 나서 2010년 6월 HD Medi B.V.의 지분 50%를 취득하였으며 2014년 7월 나머지 지분 50% 를 추가로 취득하여 100% 종속회사로 편입 함. 2015년 7월에는 중국에 천진철유명자동 화설비유한공사를 설립함

실적 분석
동사의 2016년 연결기준 누적 매출액은 981.5억원으로 전년 대비 11% 증가함. 판관 비가 278.5억원으로 전년보다 13.2% 줄면 서 영업이익이 128.6% 대폭 증가한 147.9 억원을 기록함. 당기순이익도 111억원으로 전년 대비 112.8% 늘어남. 국내에선 기존의 반자동포장기를 ATDPS로 저렴하게 대체하 며 직판 외에 체인 약국과의 제휴를 통한 판매 확대에 나서고 있음. 해외 지역별로 대리점을 두고 판매와 A/S를 전담하고 있음.

현금 흐름
〈단위 : 억원〉

항목	2015	2016
영업활동	133	149
투자활동	26	-97
재무활동	-184	12
순현금흐름	-26	65
기말현금	28	93

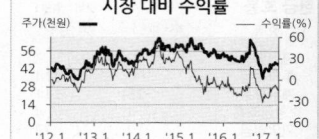
시장 대비 수익률

결산 실적
〈단위 : 억원〉

항목	2011	2012	2013	2014	2015	2016
매출액	755	779	816	882	885	981
영업이익	204	150	182	120	65	148
당기순이익	125	65	150	101	52	111

분기 실적
〈단위 : 억원〉

항목	2015.3Q	2015.4Q	2016.1Q	2016.2Q	2016.3Q	2016.4Q
매출액	220	255	209	270	223	279
영업이익	17	13	2	63	17	66
당기순이익	1	6	6	43	25	37

재무 상태
〈단위 : 억원〉

항목	2011	2012	2013	2014	2015	2016
총자산	1,868	1,636	1,618	1,700	1,623	1,766
유형자산	372	398	393	477	561	553
무형자산	117	127	119	190	192	187
유가증권	94	76	127	130	51	52
총부채	1,182	850	717	711	574	645
총차입금	1,020	664	542	478	349	405
자본금	32	32	32	32	32	32
총자본	687	786	901	988	1,049	1,122
지배주주지분	687	786	901	988	1,049	1,122

기업가치 지표

항목	2011	2012	2013	2014	2015	2016
주가(최고/저)(천원)	48.8/22.9	49.5/32.5	60.3/42.8	67.0/48.3	67.0/49.3	65.4/35.1
PER(최고/저)(배)	24.8/11.7	48.2/31.7	25.6/18.1	42.3/30.4	81.9/60.2	37.4/20.1
PBR(최고/저)(배)	4.4/2.1	4.0/2.6	4.1/2.9	4.1/3.0	3.7/2.7	3.3/1.8
EV/EBITDA(배)	13.9	18.0	14.8	23.6	29.1	13.4
EPS(원)	1,979	1,034	2,374	1,596	824	1,753
BPS(원)	11,214	12,421	14,768	16,314	18,210	19,771
CFPS(원)	2,368	1,556	2,991	2,319	1,781	2,795
DPS(원)						320
EBITDAPS(원)	3,618	2,889	3,490	2,625	1,979	3,378

재무 비율
〈단위 : %〉

연도	영업이익률	순이익률	부채비율	차입금비율	ROA	ROE	유보율	자기자본비율	EBITDA마진율
2016	15.1	11.3	57.5	36.2	6.6	10.2	3,854.3	63.5	21.8
2015	7.3	5.9	54.8	33.2	3.1	5.1	3,542.0	64.6	18.2
2014	13.7	11.5	72.0	48.4	6.1	10.7	3,162.9	58.1	18.8
2013	22.3	18.4	79.5	60.2	9.1	17.8	2,853.6	55.7	27.1

제이비금융지주 (A175330)
JB Financial Group

업 종 : 상업은행		시 장 : 거래소	
신용등급 : (Bond) AA+ (CP) —		기업규모 : 시가총액 중형주	
홈페이지 : www.jbfg.com		연 락 처 : 063)250-2754	
본 사 : 전북 전주시 덕진구 백제대로 566(금암동 669-2)			

설 립 일 2013.07.01	종 업 원 수 78명	대 표 이 사 김한	
상 장 일 2013.07.18	감 사 의 견 적정 (안진)	계	열
결 산 기 12월	보 통 주 15,544만주	종 속 회 사 수	
액 면 가 5,000원	우 선 주	구 상 호	

주주구성 (지분율,%)
Jubilee Asia B.V.	8.4
삼양바이오팜	8.4
(외국인)	38.2

출자관계 (지분율,%)
전북은행	100.0
JB우리캐피탈	100.0
JB자산운용	100.0

주요경쟁사 (외형,%)
JB금융지주	100
BNK금융지주	200
DGB금융지주	107

수익구성
비용구성
이자비용	32.9
파생상품손실	0.0
판관비	32.0

수출비중
수출	—
내수	—

회사 개요
동사는 2013년 7월 1일 전북은행은 주식의 포괄적 이전 방식에 의하여 JB금융지주를 설립함. 광주은행은 2014년 10월 자회사로 편입됨. 2015년 은행 계열사간 금융공동망 연결 및 공동상품 개발 등 그룹 연계영업 강화를 통해 지속적인 성장 기반을 마련함. 동사의 주 수익원은 자회사의 배당수익이나 그룹의 새로운 수익원 창출 등 수익구조 다변화를 위해 ASEAN 지역으로 해외진출을 추진중임.

실적 분석
동사의 연결 총자산은 45조7989억원으로 전년 대비 15% 증가했으며, 대출채권은 16.2% 증가한 35조3094억원(잔액기준), 예수부채는 18.3% 증가한 31조7977억원(잔액기준)을 기록했음. 수익성 부문에서는 저금리·저성장 지속에 따른 순이자마진(NIM)의 하락에도 불구하고 연결기준 영업이익이 2527억원, 당기순이익은 2019억원을 시현하며 각각 전년 대비 성장했음.

현금 흐름 〈단위 : 억원〉
항목	2015	2016
영업활동	-7,449	-6,692
투자활동	-570	21
재무활동	6,560	8,557
순현금흐름	-1,459	1,926
기말현금	5,123	7,049

시장 대비 수익률
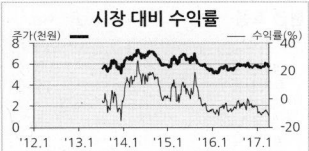

결산 실적 〈단위 : 억원〉
항목	2011	2012	2013	2014	2015	2016
이자수익	—	—	4,700	11,007	16,036	16,260
영업이익	—	—	525	816	1,964	2,527
당기순이익	—	—	347	5,576	1,509	2,019

분기 실적 〈단위 : 억원〉
항목	2015.3Q	2015.4Q	2016.1Q	2016.2Q	2016.3Q	2016.4Q
이자수익	4,055	3,961	3,919	3,997	4,131	4,213
영업이익	516	469	746	925	756	99
당기순이익	391	357	552	736	592	138

재무 상태 〈단위 : 억원〉
항목	2011	2012	2013	2014	2015	2016
총자산	—	—	161,861	355,074	398,112	457,989
유형자산	—	—	1,734	3,443	3,575	3,683
무형자산	—	—	485	1,053	987	1,050
유가증권	—	—	24,429	53,322	52,151	49,428
총부채	—	—	152,450	332,280	371,324	428,351
총차입금	—	—	48,381	86,944	90,893	98,781
자본금	—	—	3,341	6,325	7,772	7,772
총자본	—	—	9,411	22,794	26,787	29,638
지배주주지분	—	—	7,878	18,684	21,399	22,792

기업가치 지표
항목	2011	2012	2013	2014	2015	2016
주가(최고/저)(천원)	—/—	—/—	6.4/5.1	7.3/5.7	7.1/5.3	6.2/4.9
PER(최고/저)(배)	0.0/0.0	0.0/0.0	18.3/14.6	1.5/1.1	8.2/6.1	6.9/5.4
PBR(최고/저)(배)	0.0/0.0	0.0/0.0	0.6/0.5	0.5/0.4	0.5/0.4	0.4/0.3
PSR(최고/저)(배)			1/1	1/1	1/0	1/0
EPS(원)			365	5,176	882	918
BPS(원)			11,789	14,819	13,807	14,703
CFPS(원)			617	5,541	1,326	1,346
DPS(원)			100	100	50	50
EBITDAPS(원)			786	769	1,510	1,626

재무 비율 〈단위 : % 〉
연도	계속사업이익률	순이익률	부채비율	차입금비율	ROA	ROE	유보율	자기자본비율	총자산증가율
2016	16.1	12.4	1,445.3	333.3	0.5	6.5	194.1	6.5	15.0
2015	12.4	9.4	1,386.2	339.3	0.4	5.7	176.1	6.7	12.1
2014	52.7	50.7	1,457.7	381.4	2.2	41.3	196.4	6.4	119.4
2013	10.0	7.4	1,620.1	514.1	0.0	0.0	135.8	5.8	0.0

제이스테판 (A096690)
J Stephen Lab

업 종 : 컴퓨터 및 주변기기		시 장 : KOSDAQ	
신용등급 : (Bond) — (CP) —		기업규모 :	
홈페이지 : www.jstephenlab.com		연 락 처 : 031)8077-5000	
본 사 : 경기도 오산시 가장산업동로 28-6			

설 립 일 2002.04.08	종 업 원 수 135명	대 표 이 사 이준민	
상 장 일 2010.12.01	감 사 의 견 거절(감사범위제한) (상월)	계	열
결 산 기 12월	보 통 주 25,314만주	종 속 회 사 수	
액 면 가 100원	우 선 주	구 상 호 세우테크	

주주구성 (지분율,%)
제이스테판1호투자조합	21.7
전병운	5.5
(외국인)	0.3

출자관계 (지분율,%)
쏠레어인베스트먼트	95.0
에버리치파트너스	48.4
NHT컨소시엄	48.1

주요경쟁사 (외형,%)
제이스테판	100
빅솔론	258
메디프론	39

매출구성
[미니프린터]POS Printer	69.6
[미니프린터]Mobile Printer	19.1
[미니프린터]기타	6.3

비용구성
매출원가율	72.9
판관비율	26.8

수출비중
수출	82.9
내수	17.1

회사 개요
동사는 특수프린터라 할 수 있는 POS(Point of Sales)용 프린터, Label 프린터와 Mobile 프린터, 프린터 Mechanism 등 미니 프린터를 전문적으로 개발, 제조 및 판매하는 사업을 영위하고 있음. POS는 금전등록기와 컴퓨터 단말기의 기능을 결합한 시스템으로 매출 금액의 정산 뿐 아니라 소매경영에 필요한 각종 정보와 자료를 수집·처리해 주는 시스템으로 판매시점 관리 시스템임.

실적 분석
동사의 연간 매출은 339.6억원으로 전년대비 15.8% 증가함. 영업이익은 0.9억원으로 전년대비 97% 감소, 당기순이익은 -14.6억원으로 적자전환함. 동사는 제이스테판으로 변경상장함. 핵심 역량 확보로 성장 기반을 다진 중장기적 성장 모멘텀을 확보해 성장을 도모하고 있음. 동사는 2016년 결산 실적에 대한 외부 감사인의 감사 의견거절로 상장폐지 사유가 발생함.

현금 흐름 〈단위 : 억원〉
항목	2015	2016
영업활동	23	25
투자활동	8	-546
재무활동	11	873
순현금흐름	43	353
기말현금	88	442

시장 대비 수익률
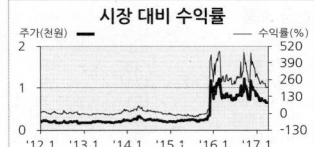

결산 실적 〈단위 : 억원〉
항목	2011	2012	2013	2014	2015	2016
매출액	274	269	314	278	293	340
영업이익	33	15	30	15	30	1
당기순이익	37	13	37	27	25	-15

분기 실적 〈단위 : 억원〉
항목	2015.3Q	2015.4Q	2016.1Q	2016.2Q	2016.3Q	2016.4Q
매출액	75	84	82	77	90	91
영업이익	10	10	4	-7	-1	4
당기순이익	14	-5	5	56	-19	-57

재무 상태 〈단위 : 억원〉
항목	2011	2012	2013	2014	2015	2016
총자산	345	368	408	406	447	1,817
유형자산	88	122	119	114	110	106
무형자산	24	35	31	25	25	28
유가증권	0	0	0	12	0	81
총부채	43	45	53	20	40	566
총차입금	20	22	25	8	24	249
자본금	25	50	50	50	50	230
총자본	301	323	355	386	406	1,251
지배주주지분	301	330	364	386	406	1,051

기업가치 지표
항목	2011	2012	2013	2014	2015	2016
주가(최고/저)(천원)	0.3/0.2	0.2/0.2	0.3/0.2	0.3/0.2	1.2/0.2	1.4/0.7
PER(최고/저)(배)	8.2/4.9	12.2/8.4	7.6/5.0	14.7/8.4	54.2/9.1	—/—
PBR(최고/저)(배)	1.0/0.6	0.9/0.6	0.8/0.5	1.0/0.6	3.3/0.6	2.9/1.5
EV/EBITDA(배)	2.2	3.5	3.1	2.8	21.2	134.3
EPS(원)	33	21	35	24	22	-6
BPS(원)	6,213	3,298	3,642	3,865	4,063	472
CFPS(원)	924	394	555	408	374	2
DPS(원)	100	50	50	50	—	—
EBITDAPS(원)	843	302	465	292	422	9

재무 비율 〈단위 : % 〉
연도	영업이익률	순이익률	부채비율	차입금비율	ROA	ROE	유보율	자기자본비율	EBITDA마진율
2016	0.3	-4.3	45.3	19.9	-1.3	-1.2	371.7	68.9	3.7
2015	10.1	8.5	9.9	6.0	5.8	6.3	712.6	91.0	14.4
2014	5.4	9.6	5.1	2.1	6.5	7.1	673.0	95.1	10.5
2013	9.7	11.9	15.0	7.1	9.6	11.3	628.4	87.0	14.8

제이스텍 (A090470)
JASTECH

업 종 : 디스플레이 및 관련부품　　시 장 : KOSDAQ
신용등급 : (Bond) —　　(CP) —　　기업규모 : 벤처
홈페이지 : www.jastech.co.kr　　연락처 : 032)510-3000
본 사 : 인천시 부평구 평천로 221(청천동)

설립일	1995.03.09	종업원수	341명	대표이사	정재송
상장일	2007.01.10	감사의견	적정 (대성)	계 열	
결산기	12월	보통주	1,460만주	종속회사수	
액면가	500원	우선주		구상호	AST젯텍

주주구성 (지분율,%)		출자관계 (지분율,%)		주요경쟁사 (외형,%)	
정재송	38.1	티에스티	34.5	제이스텍	100
최기열	6.1			오성엘에스티	30
(외국인)	5.7	JASTECHVIETNAM	100.0	미래컴퍼니	53

매출구성		비용구성		수출비중	
디스플레이 장비	70.0	매출원가율	81.3	수출	88.9
레이저 응용장비	12.0	판관비율	7.4	내수	11.1
워터젯 세정 도금 장비	9.0				

회사 개요
동사는 워터젯 디프레시장비, 도금장비 등의 반도체 장비와 아몰레드, LED, 모바일장비의 평판 디스플레이와 터치스크린 제조, 판매 등을 주요 사업으로 하고 있음. 2011년 1월 에이에스티와의 흡수합병을 통해 차세대 디스플레이 분야의 기술을 획득함으로써 태블릿 PC및 OLED전용 본딩 장비분야에도 진출할 수 있게 되었음. 장비별 매출 비중은 디스플레이 장비가 약 60% 가량 형성하는 가운데 레이저응용 장비와 워터넷 세정 도금 장비 등으로 구성.

실적 분석
동사의 2016년 연결기준 연간 누적 매출액은 1507.9억원으로 전년 동기대비 115.4% 증가함. 매출이 급격하게 늘어나면서 매출원가도 늘었지만 외형 확대에 따른 고정 비용 감소로 영업이익은 전년 동기 대비 무려 318.1% 증가한 169.6억원을 기록함. 비영업손익 부문에서 금융 손실로 적자 전환했지만 영업이익이 크게 늘면서 당기순이익은 전년 동기 대비 155.6% 증가한 118.6억원을 시현함.

현금 흐름　*IFRS 별도 기준　〈단위 : 억원〉

항목	2015	2016
영업활동	38	486
투자활동	-121	-50
재무활동	161	-26
순현금흐름	80	412
기말현금	102	514

시장 대비 수익률
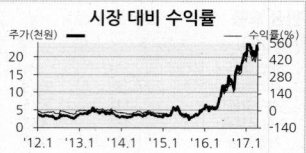

결산 실적　〈단위 : 억원〉

항목	2011	2012	2013	2014	2015	2016
매출액	554	436	295	507	700	1,508
영업이익	69	68	-47	40	41	170
당기순이익	48	51	-48	37	46	119

분기 실적　*IFRS 별도 기준　〈단위 : 억원〉

항목	2015.3Q	2015.4Q	2016.1Q	2016.2Q	2016.3Q	2016.4Q
매출액	143	230	271	229	270	737
영업이익	6	8	13	17	35	103
당기순이익	10	10	13	16	22	68

재무 상태　*IFRS 별도 기준　〈단위 : 억원〉

항목	2011	2012	2013	2014	2015	2016
총자산	481	497	478	510	748	1,475
유형자산	184	179	233	240	298	332
무형자산	48	48	39	42	43	39
유가증권	2	2	2	2	2	2
총부채	127	68	102	97	296	912
총차입금	13	11	42	14	181	181
자본금	38	49	73	73	73	73
총자본	355	428	376	413	452	563
지배주주지분	355	428	376	413	452	563

기업가치 지표　*IFRS 별도 기준

항목	2011	2012	2013	2014	2015	2016
주가(최고/저)(천원)	4.0/1.5	3.9/2.5	5.8/2.9	4.2/2.8	5.9/2.3	21.4/4.5
PER(최고/저)(배)	10.9/4.2	9.9/6.3	—/—	17.0/11.2	18.9/7.4	26.4/5.6
PBR(최고/저)(배)	1.5/0.6	1.4/0.9	2.3/1.1	1.5/1.0	1.9/0.7	5.5/1.2
EV/EBITDA(배)	4.6	5.3	—	8.6	16.8	15.2
EPS(원)	388	409	-326	255	318	810
BPS(원)	4,772	4,443	2,615	2,870	3,138	3,899
CFPS(원)	798	744	-255	347	400	909
DPS(원)	150	50		50	50	100
EBITDAPS(원)	1,076	943	-250	364	360	1,259

재무 비율　〈단위 : % 〉

연도	영업이익률	순이익률	부채비율	차입금비율	ROA	ROE	유보율	자기자본비율	EBITDA마진율
2016	11.3	7.9	161.4	33.5	10.7	23.3	680.1	38.3	12.2
2015	5.8	6.6	65.5	40.7	7.4	10.7	527.6	60.4	7.5
2014	7.8	7.3	23.5	3.5	7.5	9.4	473.9	81.0	10.5
2013	-15.9	-16.2	27.2	11.2	-9.8	-11.8	422.9	78.6	-12.4

제이씨케미칼 (A137950)
JC CHEMICAL

업 종 : 에너지 시설 및 서비스　　시 장 : KOSDAQ
신용등급 : (Bond) —　　(CP) —　　기업규모 : 중견
홈페이지 : www.jcchemical.co.kr　　연락처 : 052)707-7700
본 사 : 울산시 울주군 온산읍 화산1길 70

설립일	2006.03.24	종업원수	37명	대표이사	윤사호
상장일	2011.08.08	감사의견	적정 (안진)	계 열	
결산기	12월	보통주	1,934만주	종속회사수	
액면가	500원	우선주		구상호	

주주구성 (지분율,%)		출자관계 (지분율,%)		주요경쟁사 (외형,%)	
서울석유	57.4	LinkedHoldingsPTE.Ltd.	80.0	제이씨케미칼	100
김수남	5.7			일진파워	86
(외국인)	1.1			제이엔케이히터	93

매출구성		비용구성		수출비중	
바이오디젤(BD100)	68.4	매출원가율	82.9	수출	20.1
바이오중유,기타	29.4	판관비율	6.5	내수	79.9
부산물	2.2				

회사 개요
동사는 친환경 신재생 에너지인 바이오디젤, 바이오디젤연료유를 제조 판매하는 기업이며, 정유사와 방위사업청 등에 제품을 공급하고 있음. 바이오디젤 및 바이오디젤플랜트 해외수출, 원재료 관련사업, 부산물의 용도개발 및 고부가가치화사업 등으로 사업영역을 확대해 나갈 예정임. 동사는 SK에너지, 현대오일뱅크 등에 납품을 하며 시장 점유율이 약 15%정도의 시장점유율을 유지하고 있음.

실적 분석
동사는 바이오디젤 해외 수주 확대와 함께 바이오중유 등의 원재료 수주 증가를 바탕으로 2016년 결산 매출액은 1,548.4억원으로 전년동기 대비 40.5% 증가함. 높은 실적으로 인하여 영업이익 및 순이익은 대규모 이익을 거둠. 해외시장에서의 바이오디젤 수요 확대와 원재료의 수주 확대가 기대됨. 동사의 바이오디젤 생산능력은 연간 12만㎘로 산업통상자원부에 등록되어 있는 국내 바이오디젤 9개 생산업체 중에서 선두권에 위치함.

현금 흐름　*IFRS 별도 기준　〈단위 : 억원〉

항목	2015	2016
영업활동	39	99
투자활동	-289	-153
재무활동	154	-2
순현금흐름	-54	-67
기말현금	174	108

시장 대비 수익률

결산 실적　〈단위 : 억원〉

항목	2011	2012	2013	2014	2015	2016
매출액	1,124	928	1,015	764	1,102	1,548
영업이익	72	8	25	-11	40	164
당기순이익	71	27	17	-20	27	119

분기 실적　*IFRS 별도 기준　〈단위 : 억원〉

항목	2015.3Q	2015.4Q	2016.1Q	2016.2Q	2016.3Q	2016.4Q
매출액	310	370	374	463	366	345
영업이익	28	-0	29	84	30	21
당기순이익	26	-6	15	61	4	39

재무 상태　*IFRS 별도 기준　〈단위 : 억원〉

항목	2011	2012	2013	2014	2015	2016
총자산	700	594	756	1,061	1,371	1,471
유형자산	143	160	183	200	322	390
무형자산	5	55	56	58	58	54
유가증권	119	133	123	132	132	134
총부채	275	143	308	638	799	792
총차입금	244	110	256	578	623	647
자본금	67	67	67	67	97	97
총자본	426	451	448	423	572	679
지배주주지분	426	435	433	412	565	678

기업가치 지표

항목	2011	2012	2013	2014	2015	2016
주가(최고/저)(천원)	7.2/3.6	5.4/3.0	3.8/2.2	4.3/2.4	3.8/2.2	8.1/2.7
PER(최고/저)(배)	14.7/7.4	31.8/17.4	32.7/18.8	—/—	19.2/11.2	12.7/4.3
PBR(최고/저)(배)	2.7/1.3	1.9/1.0	1.3/0.8	1.5/0.9	1.3/0.8	2.3/0.8
EV/EBITDA(배)	9.7	27.4	17.2	58.3	15.0	6.3
EPS(원)	532	182	121	-105	204	646
BPS(원)	3,295	3,399	3,385	3,232	3,016	3,603
CFPS(원)	716	309	276	60	376	802
DPS(원)	100	40	80		60	100
EBITDAPS(원)	725	164	329	96	441	1,005

재무 비율　〈단위 : % 〉

연도	영업이익률	순이익률	부채비율	차입금비율	ROA	ROE	유보율	자기자본비율	EBITDA마진율
2016	10.6	7.7	116.6	95.2	8.4	20.1	620.5	46.2	12.6
2015	3.7	2.5	139.8	109.0	2.3	6.3	503.2	41.7	6.0
2014	-1.4	-2.6	150.8	136.5	-2.2	-3.7	546.4	39.9	1.7
2013	2.5	1.7	68.7	57.3	2.5	4.2	576.9	59.3	4.3

제이씨현시스템 (A033320)
JC hyun System

업　　종 : 컴퓨터 및 주변기기　　　　시　　장 : KOSDAQ
신용등급 : (Bond) —　　(CP) —　　기업규모 : 중견
홈페이지 : www.jchyun.com　　　　연 락 처 : 02)2105-9100
본　　사 : 서울시 용산구 새창로45길 74, 제이씨현빌딩

설 립 일 1991.05.11	종 업 원 수 98명	대 표 이 사 차중석,차현배	
상 장 일 1997.11.10	감 사 의 견 적정 (삼정)	계　　　열	
결 산 기 12월	보 통 주 1,911만주	종 속 회 사 수	
액 면 가 500원	우 선 주 —	구 상 호 제이씨현	

주주구성 (지분율,%)
차현배	31.9
차중석	8.4
(외국인)	0.4

출자관계 (지분율,%)

주요경쟁사 (외형,%)
제이씨현시스템	100
엠젠플러스	28
아이리버	28

매출구성
그래픽카드	33.7
기타	27.9
메인보드	19.7

비용구성
매출원가율	87.9
판관비율	8.0

수출비중
수출	0.0
내수	100.0

회사 개요
동사는 컴퓨터 관련 제품 및 카 인포테인먼트 기기 공급 사업부문과 기업용 보안솔루션 및 통합배선 장비, 프로젝터 장비 등을 판매하는 부문을 영위하고 있음. 업계 최고의 브랜드인 GIGABYTE사의 국내 독점공급원으로서 Winodws7의 성능지표, WEI(Windows Experience Index)그래픽 스코어 차트에 최상위 모델로 평가된 GIGABYTE그래픽카드를 주력제품으로 유통하고 있음.

실적 분석
결산 매출액은 1,898억원으로 전년동기 대비 30.9% 증가함. 외형성장 및 고정비 비중 감소로 영업이익 및 당기순이익은 전년동기 대비 각각 큰 폭으로 증가하며 77.5억원과 45.9억원을 시현하는 등 수익성 개선. 외형 및 수익성 크게 확대되는 모습 고무적. 대만 기가바이트사의 메인보드를 국내 유통하는 등 소비자에게 최고의 IT제품을 제공하기 위해 기술력이 뛰어난 해외 글로벌 IT기업들의 제품을 수입하여 국내시장에 공급중.

현금 흐름　〈단위 : 억원〉

항목	2015	2016
영업활동	12	49
투자활동	-47	-31
재무활동	34	4
순현금흐름	-2	18
기말현금	118	135

결산 실적　〈단위 : 억원〉
항목	2011	2012	2013	2014	2015	2016
매출액	1,257	1,196	1,264	1,253	1,450	1,898
영업이익	18	-7	21	15	27	77
당기순이익	27	-3	23	23	11	46

분기 실적　〈단위 : 억원〉
항목	2015.3Q	2015.4Q	2016.1Q	2016.2Q	2016.3Q	2016.4Q
매출액	357	434	446	423	470	558
영업이익	9	15	16	7	21	33
당기순이익	6	1	15	5	19	7

재무 상태　〈단위 : 억원〉
항목	2011	2012	2013	2014	2015	2016
총자산	720	749	800	886	975	1,022
유형자산	160	159	158	174	179	133
무형자산	17	15	14	42	44	10
유가증권	11	4	15	2	13	18
총부채	150	183	213	271	348	347
총차입금	38	69	78	118	152	139
자본금	96	96	96	96	96	96
총자본	570	565	587	615	627	674
지배주주지분	558	551	573	600	611	656

기업가치 지표
항목	2011	2012	2013	2014	2015	2016
주가(최고/저)(천원)	2.2/1.3	2.7/1.3	2.8/1.3	4.2/1.9	5.9/2.4	9.6/4.6
PER(최고/저)(배)	16.4/9.4	—/—	25.1/11.7	36.8/17.0	115.2/46.6	42.4/20.5
PBR(최고/저)(배)	0.8/0.4	0.9/0.4	0.9/0.4	1.3/0.6	1.9/0.8	2.8/1.3
EV/EBITDA(배)	6.6	28.1	10.3	23.7	18.7	14.2
EPS(원)	138	-18	114	114	52	227
BPS(원)	3,003	2,967	3,080	3,187	3,232	3,464
CFPS(원)	216	57	178	184	169	299
DPS(원)	20	—	15	15	15	25
EBITDAPS(원)	174	40	175	146	258	478

재무 비율　〈단위 : % 〉
연도	영업이익률	순이익률	부채비율	차입금비율	ROA	ROE	유보율	자기자본비율	EBITDA마진율
2016	4.1	2.4	51.5	20.7	4.6	6.8	592.8	66.0	4.8
2015	1.9	0.8	55.5	24.2	1.2	1.6	546.3	64.3	3.4
2014	1.2	1.8	44.0	19.1	2.7	3.7	537.3	69.4	2.2
2013	1.7	1.8	36.4	13.2	3.0	3.9	515.9	73.3	2.6

제이에스 (A194370)
JS

업　　종 : 섬유 및 의복　　　　시　　장 : 거래소
신용등급 : (Bond) —　　(CP) —　　기업규모 : 시가총액 소형주
홈페이지 : www.jskor.com　　　　연 락 처 : 02)2040-3413
본　　사 : 서울시 강남구 개포로 640

설 립 일 1987.12.26	종 업 원 수 148명	대 표 이 사 홍재성	
상 장 일 2016.02.04	감 사 의 견 적정 (태율)	계　　　열	
결 산 기 12월	보 통 주 1,325만주	종 속 회 사 수	
액 면 가 100원	우 선 주 9만주	구 상 호	

주주구성 (지분율,%)
홍재성	22.0
홍종훈	20.9
(외국인)	1.3

출자관계 (지분율,%)

주요경쟁사 (외형,%)
제이에스코퍼레이션	100
SG세계물산	164
엠케이트렌드	169

매출구성
[제품]핸드백	77.9
[상품]핸드백	21.5
기타	0.3

비용구성
매출원가율	74.8
판관비율	18.6

수출비중
수출	99.0
내수	1.0

회사 개요
동사는 1987년 설립됐으며, 핸드백 제조, 판매; 수출업을 영위하는 회사임. 생산능력 확대를 위하여 베트남 현지 공장에 JS VINA 법인을 설립하여 공장을 착공 중에 있음. 베트남 공장 시범 가동 시점에 청도공장의 중저가 라인을 베트남으로 이관하고, 청도공장에서 비교적 고가 라인업을 생산할 예정임. 핸드백 OEM 제조업체 중 글로벌 시장점유율 2.6%로 추정되며 국내업체중 시몬느에 이어 2위임.

실적 분석
주요 고객사의 주문감소 영향으로 동사의 2016년 연간 매출액은 1,885.2억원으로 전년 대비 21.6% 감소하였고 영업이익은 124.0억원으로 전년 대비 42.5% 감소함. 당기순이익은 105.1억원으로 전년 대비 46.4% 감소함. 중국 등 저가품의 공세로 인한 경쟁력 약화와 생산기지의 해외 이전 등으로 사업 여건이 악화되어 주요 고객사의 주문이 감소하였음.

현금 흐름　〈단위 : 억원〉
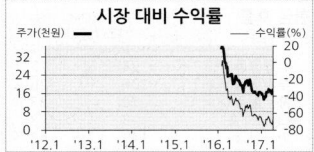
항목	2015	2016
영업활동	180	-64
투자활동	-71	-559
재무활동	229	332
순현금흐름	346	-287
기말현금	485	199

결산 실적　〈단위 : 억원〉
항목	2011	2012	2013	2014	2015	2016
매출액	1,085	1,124	1,049	1,620	2,403	1,885
영업이익	27	32	119	214	216	124
당기순이익	-32	-14	61	191	196	105

분기 실적　〈단위 : 억원〉
항목	2015.3Q	2015.4Q	2016.1Q	2016.2Q	2016.3Q	2016.4Q
매출액	789	446	396	425	531	533
영업이익	54	29	21	25	41	37
당기순이익	88	-10	19	21	3	61

재무 상태　〈단위 : 억원〉
항목	2011	2012	2013	2014	2015	2016
총자산	503	513	580	1,245	1,590	1,988
유형자산	132	255	77	104	153	246
무형자산	5	3	1	7	10	38
유가증권	68	0	62	12	2	223
총부채	205	227	214	683	604	434
총차입금	85	108	103	317	322	129
자본금	8	8	8	11	12	13
총자본	299	286	365	562	986	1,554
지배주주지분	307	285	364	550	985	1,552

기업가치 지표
항목	2011	2012	2013	2014	2015	2016
주가(최고/저)(천원)	—/—	—/—	—/—	—/—	—/—	38.5/14.4
PER(최고/저)(배)	0.0/0.0	0.0/0.0	0.0/0.0	0.0/0.0	0.0/0.0	49.1/18.4
PBR(최고/저)(배)	0.0/0.0	0.0/0.0	0.0/0.0	0.0/0.0	0.0/0.0	3.2/1.2
EV/EBITDA(배)	0.4	2.4	0.4	0.7	—	10.7
EPS(원)	-352	-170	747	2,167	1,644	796
BPS(원)	190,719	176,535	225,641	246,081	7,990	12,094
CFPS(원)	-14,151	-3,352	42,695	115,747	1,863	1,011
DPS(원)					250	250
EBITDAPS(원)	19,872	24,959	79,073	130,407	2,028	1,151

재무 비율　〈단위 : % 〉
연도	영업이익률	순이익률	부채비율	차입금비율	ROA	ROE	유보율	자기자본비율	EBITDA마진율
2016	6.6	5.6	28.0	8.3	5.9	8.3	12,158.0	78.2	8.1
2015	9.0	8.2	61.2	32.7	13.8	25.6	8,190.3	62.0	10.1
2014	13.2	11.8	121.5	56.4	20.9	41.3	4,821.6	45.1	14.0
2013	11.3	5.8	58.7	28.3			4,412.8	63.0	12.2

제이에스티나 (A026040)
JESTINA

업　　　종 : 섬유 및 의복		시　　　장 : KOSDAQ	
신 용 등 급 : (Bond) — 　(CP) —		기 업 규 모 : 우량	
홈 페 이 지 : www.jestina.com		연 락 처 : 02)2190-7000	
본　　　사 : 서울시 송파구 양재대로62길 53			

설 립 일	1988.04.02	종 업 원 수	409명	대 표 이 사	김기석
상 장 일	1999.12.21	감 사 의 견	적정 (삼덕)	계　　　열	
결 산 기	12월	보 통 주	1,650만주	종 속 회 사 수	
액 면 가	500원	우 선 주		구 상 호	로만손

주주구성 (지분율,%)		출자관계 (지분율,%)		주요경쟁사 (외형,%)	
김기문	20.6	YTN라디오	5.0	제이에스티나	100
김기석	11.2	에스엠이즈투티프리	2.1	제이에스코퍼레이션	111
(외국인)	1.5	홈&쇼핑	0.4	SG세계물산	181

매출구성		비용구성		수출비중	
주얼리(제품)	45.4	매출원가율	30.9	수출	4.4
핸드백	33.6	판관비율	64.5	내수	95.6
기타	9.5				

회사 개요
동사는 제이에스티나 브랜드로 주얼리와 핸드백 사업을, 로만손 브랜드로 손목시계 사업을 영위함. 생산은 외주생산 시스템을 유지하고 있으며, 디자인과 유통망을 확보하고 있음. 주얼리와 핸드백은 현재 내수 위주로 영업하고 있으며, 손목시계 수출 35%, 내수 65% 수준임. 2015년 제이에스티나 레드 브랜드로 주얼리와 색조화장품, 어패럴 등 편집매장을 열었음.

실적 분석
동사의 2016년 매출액은 1,702.5억원으로 전년 대비 9.6% 증가함. 영업이익은 78.9억원으로 90.8% 증가함. 당기순이익은 34.2억원으로 6.3% 증가함. 2014년부터 본격적으로 중국 시장에 진출함. 2016년 4월 홍콩 IT몰에 입점했으며, 7월 중국 베이징의 유명 백화점인 신광천지에도 입점함. 2017년 4월 제이에스티나 브랜드로 화장품 출시 계획임. 스킨케어, 베이스, 색조로 구성됨. 20~30대 여성 타깃임.

현금 흐름　〈단위 : 억원〉

항목	2015	2016
영업활동	124	77
투자활동	-205	-126
재무활동	78	-53
순현금흐름	-3	-102
기말현금	145	43

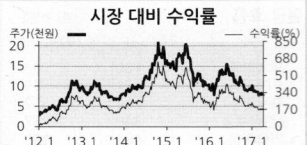

시장 대비 수익률

결산 실적　〈단위 : 억원〉

항목	2011	2012	2013	2014	2015	2016
매출액	1,040	1,224	1,393	1,586	1,553	1,703
영업이익	60	75	101	104	41	79
당기순이익	45	76	85	90	32	34

분기 실적　〈단위 : 억원〉

항목	2015.3Q	2015.4Q	2016.1Q	2016.2Q	2016.3Q	2016.4Q
매출액	368	430	428	480	385	409
영업이익	9	19	27	40	9	3
당기순이익	5	16	19	14	6	-5

재무 상태　〈단위 : 억원〉

항목	2011	2012	2013	2014	2015	2016
총자산	894	963	1,041	1,198	1,308	1,249
유형자산	182	213	236	257	261	250
무형자산	22	26	30	30	32	39
유가증권	5	5	5	5	19	19
총부채	436	414	411	439	477	455
총차입금	243	274	261	288	317	322
자본금	79	84	87	87	87	87
총자본	459	549	631	759	831	794
지배주주지분	459	549	631	759	831	794

기업가치 지표

항목	2011	2012	2013	2014	2015	2016
주가(최고/저)(천원)	3.0/1.9	13.1/2.6	11.8/6.4	20.9/7.6	21.1/9.6	15.8/7.9
PER(최고/저)(배)	10.4/6.4	28.2/5.7	23.6/12.9	39.6/14.5	110.4/50.5	77.1/38.5
PBR(최고/저)(배)	1.0/0.6	3.9/0.8	3.1/1.7	4.6/1.7	4.1/1.9	3.0/1.5
EV/EBITDA(배)	7.9	17.9	11.6	20.3	20.3	11.8
EPS(원)	311	489	521	543	195	207
BPS(원)	3,225	3,571	3,945	4,683	5,315	5,339
CFPS(원)	435	637	703	773	464	514
DPS(원)	50	100	125	100	100	100
EBITDAPS(원)	538	634	798	857	519	784

재무 비율　〈단위 : % 〉

연도	영업이익률	순이익률	부채비율	차입금비율	ROA	ROE	유보율	자기자본비율	EBITDA마진율
2016	4.6	2.0	57.3	40.6	2.7	4.2	914.5	63.6	7.6
2015	2.7	2.1	57.4	38.2	2.6	4.1	910.0	63.5	5.5
2014	6.5	5.7	57.8	37.9	8.0	12.9	790.0	63.4	8.9
2013	7.2	6.1	65.1	41.3	8.5	14.4	649.6	60.6	9.4

제이에스피브이 (A250300)
JSPV COLTD

업　　　종 : 에너지 시설 및 서비스		시　　　장 : KONEX	
신 용 등 급 : (Bond) — 　(CP) —		기 업 규 모 :	
홈 페 이 지 : www.jspv.co.kr		연 락 처 : 041)549-0600	
본　　　사 : 충남 아산시 둔포면 윤보선로 336번길 28			

설 립 일	2008.01.09	종 업 원 수	명	대 표 이 사	이정현
상 장 일	2016.08.10	감 사 의 견	적정 (한길)	계　　　열	
결 산 기	12월	보 통 주	2,312만주	종 속 회 사 수	
액 면 가	100원	우 선 주		구 상 호	

주주구성 (지분율,%)		출자관계 (지분율,%)		주요경쟁사 (외형,%)	
이정현	41.9	윈텍홀딩스	30.0	제이에스피브이	100
김정남	41.9	JSPVSOLARTECHNOLOGYSHANGHAI	35.0	신성이엔지	2,167
		JES-SOLARPV.AU.D.H.ETRADINGPTYLTD	35.0	에스에너지	3,039

매출구성		비용구성		수출비중	
태양광 모듈	100.0	매출원가율	99.4	수출	—
		판관비율	26.3	내수	—

회사 개요
동사는 2008년 01월 09일 무역업을 주된 사업으로 하여 설립되었으며 2012년부터 태양광 모듈공장을 건설하고 본격적으로 태양광 사업을 시작함. 설립당시 회사명은 '원코리아'였으나 2012년 7월 현재의 사명으로 변경함. 동사가 생산하는 태양광모듈은 태양전지를 종 및 횡으로 연결하여 결합한 형태로 개별 태양전지에서 생산된 전기를 모듈에 동시에 모이게 하는 기능을 가지고 있음

실적 분석
동사의 2016년말 연결기준 매출액은 100.3억원으로 국내 태양광 모듈 제조업체 중에서 낮은 점유율을 기록하고 있음. 낮은 원가율로 인해 25.7억원의 영업손실을 기록 중임. 영업손실과 비영업손실로 34.6억원의 당기순손실을 기록 중임. 동사는 태양광셀 제조를 통한 생산수직계열화를 이루기 위해서 충남 아산 둔포면 신남리에 신공장을 건설 중임. 2016년 중 공장을 완공 후 연간 생산능력이 400MW 증가할 것으로 예상됨

현금 흐름　*IFRS 별도 기준　〈단위 : 억원〉

항목	2015	2016
영업활동	4	26
투자활동	-58	-95
재무활동	57	61
순현금흐름	2	-7
기말현금	8	1

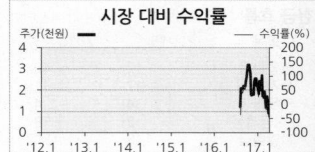

시장 대비 수익률

결산 실적　〈단위 : 억원〉

항목	2011	2012	2013	2014	2015	2016
매출액	—	—	153	193	219	100
영업이익	—	—	7	-1	17	-26
당기순이익	—	—	4	-2	11	-35

분기 실적　*IFRS 별도 기준　〈단위 : 억원〉

항목	2015.3Q	2015.4Q	2016.1Q	2016.2Q	2016.3Q	2016.4Q
매출액		52				
영업이익		-4				
당기순이익		3				

재무 상태　*IFRS 별도 기준　〈단위 : 억원〉

항목	2011	2012	2013	2014	2015	2016
총자산	—	—	102	144	205	256
유형자산	—	—	24	56	110	196
무형자산	—	—	6	4	3	5
유가증권	—	—	1	1	1	1
총부채	—	—	73	117	154	237
총차입금	—	—	31	78	122	182
자본금	—	—	15	15	22	23
총자본	—	—	30	28	51	18
지배주주지분	—	—	30	28	51	18

기업가치 지표　*IFRS 별도 기준

항목	2011	2012	2013	2014	2015	2016
주가(최고/저)(천원)	—/—	—/—	—/—	—/—	—/—	3.2/0.9
PER(최고/저)(배)	0.0/0.0	0.0/0.0	0.0/0.0	0.0/0.0	0.0/0.0	—/—
PBR(최고/저)(배)	0.0/0.0	0.0/0.0	0.0/0.0	0.0/0.0	0.0/0.0	40.2/11.5
EV/EBITDA(배)	0.0	0.0	2.5	34.4	5.6	—
EPS(원)	—	—	42	-13	64	-153
BPS(원)	—	—	198	184	231	80
CFPS(원)	—	—	79	10	85	-134
DPS(원)	—	—	—	—	—	—
EBITDAPS(원)	—	—	104	14	119	-95

재무 비율　〈단위 : % 〉

연도	영업이익률	순이익률	부채비율	차입금비율	ROA	ROE	유보율	자기자본비율	EBITDA마진율
2016	-25.7	-34.5	일부잠식	일부잠식	-15.0	-99.1	-20.4	7.2	-21.6
2015	7.6	4.9	298.8	237.9	6.2	27.5	131.3	25.1	9.3
2014	-0.7	-1.0	423.0	282.8	-1.6	-7.0	84.2	19.1	1.1
2013	4.3	2.7	245.5	104.1	5.3	16.4	97.6	28.9	6.6

제이엔케이히터 (A126880)
JNK Heaters

업　종 : 에너지 시설 및 서비스		시　장 : KOSDAQ	
신용등급 : (Bond) — (CP) —		기업규모 : 벤처	
홈페이지 : www.jnkheaters.co.kr		연 락 처 : 02)2026-4268	
본　사 : 서울시 금천구 가산디지털1로 168, C-1401호 (우림라이온스밸리)			

설 립 일	1998.09.28	종업원수	79명	대표이사	김방희
상 장 일	2011.01.31	감사의견	적정 (대주)	계　열	
결 산 기	12월	보통주	1,482만주	종속회사수	
액 면 가	500원	우선주		구상호	

주주구성 (지분율,%)		출자관계 (지분율,%)		주요경쟁사 (외형,%)	
김방희	24.4	비제이일렉트론	39.0	제이엔케이히터	100
현대커머셜	8.8	제이에프케이메탈	35.0	일진파워	92
(외국인)	0.3			제이씨케미칼	108

매출구성		비용구성		수출비중	
Fired Heater(기타)	64.8	매출원가율	88.3	수출	—
(제품)	17.1	판관비율	10.0	내수	—
열교환기압력용기TOWER등(제품)	14.4				

회사 개요
동사는 대림엔지니어링의 Fired Heater사업부에서 정유 및 석유화학 공장의 핵심설비인 산업용가열로를 국내에서 독자적으로 생산한다는 목표로 1986년 사업을 시작한 이래, 원천기술의 습득 및 기술개발과 노하우를 꾸준히 축적하여 선진국의 동종기업들과의 경쟁을 하면서 국내는 물론 해외에도 많은 산업용가열로를 납품하였음. 대림엔지니어링에서 분할 1998년 설립되었음. 미주, 호주 및 멕시코 등의 해외프로젝트에 다수 참여한 업력이 존재함.

실적 분석
동사의 2016년 결산 기준 매출액은 1,453.4억원으로, 파이어드 히터(Fired Heater) 국내 수주가 크게 늘어난 반면, 해외부문의 매출이 크게 줄어듬으로 인하여 전년동기 대비 16.3% 감소함. 영업이익도 25.6억원으로 전년동기 대비 72.2% 감소하였음. 비영업부문의 추가적인 손실 발생으로, 당기순손실은 17.2억원으로 전년동기 대비 적자전환함. 국내 및 중국의 가열로 공급 계약으로 매출 규모에 대한 호의적인 전망 유지 중임.

현금 흐름 <단위 : 억원>
항목	2015	2016
영업활동	223	-199
투자활동	-111	-16
재무활동	-46	228
순현금흐름	63	10
기말현금	298	308

시장 대비 수익률
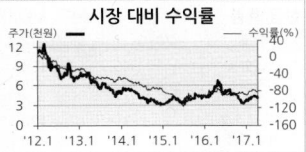

결산 실적 <단위 : 억원>
항목	2011	2012	2013	2014	2015	2016
매출액	1,057	1,363	1,139	1,415	1,715	1,435
영업이익	104	61	5	19	92	26
당기순이익	94	79	4	-176	33	-17

분기 실적 <단위 : 억원>
항목	2015.3Q	2015.4Q	2016.1Q	2016.2Q	2016.3Q	2016.4Q
매출액	523	517	370	404	271	390
영업이익	36	25	33	7	-18	3
당기순이익	20	-2	7	21	-36	-10

재무 상태 <단위 : 억원>
항목	2011	2012	2013	2014	2015	2016
총자산	1,218	1,501	1,449	1,606	1,616	1,770
유형자산	265	347	430	391	422	459
무형자산	21	24	26	17	19	16
유가증권	378	43	10	3	15	15
총부채	456	729	689	1,031	1,002	1,017
총차입금	178	515	487	680	626	682
자본금	40	40	40	40	40	74
총자본	763	773	759	575	614	754
지배주주지분	735	740	724	537	572	709

기업가치 지표
항목	2011	2012	2013	2014	2015	2016
주가(최고/저)(천원)	17.6/7.2	12.6/6.7	8.0/4.3	5.6/2.9	5.0/3.1	6.8/3.2
PER(최고/저)(배)	21.5/8.8	18.6/9.8	915.3/492.5	—/—	20.0/12.6	—/—
PBR(최고/저)(배)	2.7/1.1	1.8/0.9	1.1/0.6	1.0/0.5	0.9/0.6	1.4/0.6
EV/EBITDA(배)	11.1	15.7	39.4	16.9	7.2	16.7
EPS(원)	882	720	9	-1,671	255	-142
BPS(원)	9,375	10,068	9,866	7,530	7,758	5,113
CFPS(원)	1,268	1,094	225	-1,867	641	81
DPS(원)	250	200	100		100	50
EBITDAPS(원)	1,421	894	280	590	1,450	430

재무 비율 <단위 : % >
연도	영업이익률	순이익률	부채비율	차입금비율	ROA	ROE	유보율	자기자본비율	EBITDA마진율
2016	1.8	-1.2	134.9	90.5	-1.0	-2.7	922.6	42.6	3.7
2015	5.4	1.9	163.1	101.8	2.0	4.9	1,451.6	38.0	6.8
2014	1.3	-12.4	179.5	118.3	-11.5	-28.2	1,406.1	35.8	3.3
2013	0.5	0.4	90.7	64.2	0.3	0.1	1,873.3	52.4	2.0

제이엠아이 (A033050)
Jeong Moon Information

업　종 : 디스플레이 및 관련부품		시　장 : KOSDAQ	
신용등급 : (Bond) — (CP) —		기업규모 : 중견	
홈페이지 : www.jmikorea.co.kr		연 락 처 : 031)376-9494	
본　사 : 경기도 화성시 동탄면 동탄산단 8길 15-20			

설 립 일	1993.02.20	종업원수	79명	대표이사	정광훈
상 장 일	1997.08.18	감사의견	적정 (신한)	계　열	
결 산 기	12월	보통주	3,258만주	종속회사수	
액 면 가	1,000원	우선주		구상호	

주주구성 (지분율,%)		출자관계 (지분율,%)		주요경쟁사 (외형,%)	
제이엠티	15.8	엔디에스	43.0	제이엠아이	100
정광훈	12.5	이노비전	11.0	리드	32
(외국인)	1.0	사운드그래프	5.5		1

매출구성		비용구성		수출비중	
LED 모듈 및 기타 PBA	73.2	매출원가율	91.6	수출	87.8
CD, 매뉴얼, KIT(미국)	9.9	판관비율	4.9	내수	12.2
기타	7.2				

회사 개요
동사는 1993년 설립된 후 한 달만인 1993년 3월 미국 마이크로소프트사의 소프트웨어 인쇄 복제 계약을 체결한 공인복제(AR) 업체로서 MS사의 운영체제를 국내외 PC 제조회사에 공급하고 있음. 2009년부터 LED 조명 사업 시작해 2011년 3월 자체 제조라인을 구축하였음. 중국(정문전자유한공사)의 기존 LCD모듈에서 LED모듈로의 사업전환에 따라 모든 설비 세팅을 완료, 고객사 주문에 대응하고 있음.

실적 분석
동사의 2016년 연결기준 결산 매출액은 1,116.6억원으로 전년 대비 7.6% 감소하였으며, 원가율 감소 및 비용절감 노력으로 인해 영업이익은 전년 대비 135.9% 증가한 38.9억원을 기록하였음. 당기순손실은 전년 대비 적자를 지속하며 12.1억원의 손실을 기록함. 동사는 주요 매출원인 소프트웨어 복제 및 공급이 온라인 공급으로 변화됨에 따라 불가피한 사업구조의 변화를 경험하고 있음.

현금 흐름 <단위 : 억원>
항목	2015	2016
영업활동	-43	132
투자활동	53	-20
재무활동	-60	-57
순현금흐름	-48	59
기말현금	113	172

시장 대비 수익률
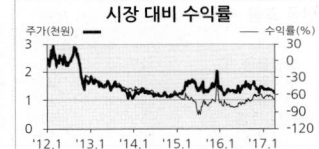

결산 실적 <단위 : 억원>
항목	2011	2012	2013	2014	2015	2016
매출액	3,436	2,208	2,478	1,948	1,208	1,117
영업이익	-87	-287	-116	34	16	39
당기순이익	-47	-339	-215	-34	-23	-12

분기 실적 <단위 : 억원>
항목	2015.3Q	2015.4Q	2016.1Q	2016.2Q	2016.3Q	2016.4Q
매출액	347	359	266	259	302	290
영업이익	10	3	6	1	18	14
당기순이익	-3	-10	-4	-13	6	-1

재무 상태 <단위 : 억원>
항목	2011	2012	2013	2014	2015	2016
총자산	2,247	1,677	1,557	1,313	1,167	1,100
유형자산	845	847	600	508	454	372
무형자산	27	26	7	5	5	5
유가증권	50	22	19	6	3	3
총부채	1,172	945	1,030	822	692	634
총차입금	341	365	468	338	318	274
자본금	326	326	326	326	326	326
총자본	1,075	732	528	491	475	466
지배주주지분	1,056	727	524	492	475	466

기업가치 지표
항목	2011	2012	2013	2014	2015	2016
주가(최고/저)(천원)	3.5/1.5	3.0/1.4	1.9/1.0	1.4/1.1	2.0/1.2	1.7/1.2
PER(최고/저)(배)	—/—	—/—	—/—	—/—	—/—	—/—
PBR(최고/저)(배)	1.1/0.5	1.3/0.6	1.2/0.6	0.9/0.7	1.3/0.8	1.1/0.8
EV/EBITDA(배)	33.0			4.5	7.3	5.1
EPS(원)	-116	-1,000	-650	-100	-70	-37
BPS(원)	3,305	2,293	1,672	1,572	1,522	1,494
CFPS(원)	209	-639	-343	112	141	143
DPS(원)				20		
EBITDAPS(원)	56	-520	-49	317	262	299

재무 비율 <단위 : % >
연도	영업이익률	순이익률	부채비율	차입금비율	ROA	ROE	유보율	자기자본비율	EBITDA마진율
2016	3.5	-1.1	136.0	58.7	-1.1	-2.6	49.4	42.4	8.7
2015	1.4	-1.9	145.6	66.9	-1.8	-4.7	52.2	40.7	7.1
2014	1.8	-1.7	167.2	68.7	-2.4	-6.4	57.2	37.4	5.3
2013	-4.7	-8.7	195.2	88.8	-13.3	-33.9	67.2	33.9	-0.7

제이엠티 (A094970)
JMT

업 종 : 디스플레이 및 관련부품	시 장 : KOSDAQ
신용등급 : (Bond) — (CP) —	기업규모 : 중견
홈페이지 : www.jmtkorea.com	연락처 : 070)7500-5135
본 사 : 경기도 평택시 산단로 63-19	

설 립 일 1998.06.01	종업원수 217명	대표이사 정수연
상 장 일 2007.10.12	감사의견 적정 (신한)	계 열
결 산 기 12월	보 통 주 1,675만주	종속회사수
액 면 가 500원	우 선 주	구 상 호

주주구성 (지분율,%)		출자관계 (지분율,%)		주요경쟁사 (외형,%)	
정수연	25.1	제이엠시에스	51.0	제이엠티	100
정도연	24.8	제이엠아이	15.8	리드	37
(외국인)	0.7	JMTVNCO.,LTD	100.0		2

매출구성		비용구성		수출비중	
TV-Source PBA	46.0	매출원가율	93.8	수출	68.8
Note/Monitor PBA	40.9	판관비율	5.4	내수	31.2
원자재매출, 개발매출 등	11.3				

회사 개요
동사는 1998년 설립되어 TFT-LCD 패널의 주요 부품 중 하나인 PBA를 전문으로 생산하는 업체로서, 생산설비를 이용해 전자제품 제조 및 납품에 관한 서비스를 일괄 제공함. PBA는 TFT-LCD 내에서 신호의 변환 및 송출을 담당하는 장치로서, 모니터, LCD TV 등의 핵심부품으로 이용됨. 고객사의 Forecast 기준으로 동사의 시장 점유율은 30~35%로 추정되며, 수출이 전체매출의 약 70% 가량을 차지하고 있음.

실적 분석
동사의 2016년 연결기준 누적매출액은 964.5원으로 전년 동기대비 7.8% 증가함. 이는 베트남 법인의 본격 생산활동이 매출에 잡히며 3분기부터 매출규모가 본격 증가세를 보인 것에 기인함. 또한 월차절감 등을 통한 수익성 개선을 통해 영업이익 및 당기순이익 모두 흑자전환에 성공함. 향후 지속적인 설비 투자를 통해 베트남 현지의 생산규모를 확대, 매출 및 수익성을 증대할 예정임.

현금 흐름 〈단위 : 억원〉
항목	2015	2016
영업활동	-19	3
투자활동	39	-83
재무활동	-76	29
순현금흐름	-55	-51
기말현금	101	50

시장 대비 수익률
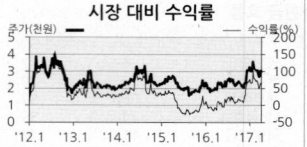

결산 실적 〈단위 : 억원〉
항목	2011	2012	2013	2014	2015	2016
매출액	1,262	1,603	1,519	1,562	895	965
영업이익	2	89	98	94	-1	8
당기순이익	-19	22	46	46	-71	7

분기 실적 〈단위 : 억원〉
항목	2015.3Q	2015.4Q	2016.1Q	2016.2Q	2016.3Q	2016.4Q
매출액	218	234	219	184	244	318
영업이익	3	6	13	-10	0	5
당기순이익	5	-58	12	-12	-5	12

재무 상태 〈단위 : 억원〉
항목	2011	2012	2013	2014	2015	2016
총자산	854	805	921	814	458	570
유형자산	342	368	341	276	148	187
무형자산	4	4	4	3	3	13
유가증권						
총부채	522	450	520	372	94	198
총차입금	276	227	192	88	20	49
자본금	84	84	84	84	84	84
총자본	331	355	402	442	364	372
지배주주지분	331	355	402	442	364	372

기업가치 지표
항목	2011	2012	2013	2014	2015	2016
주가(최고/저)(천원)	2.1/1.2	4.0/1.6	3.2/1.8	3.3/2.0	2.8/1.5	3.3/1.8
PER(최고/저)(배)	—/—	32.3/13.0	12.2/6.8	12.2/7.3	—/—	75.5/41.7
PBR(최고/저)(배)	1.1/0.6	2.0/0.8	1.4/0.8	1.3/0.8	1.3/0.7	1.5/0.8
EV/EBITDA(배)	10.6	3.1	2.4	1.7	4.7	10.2
EPS(원)	-112	130	276	277	-426	43
BPS(원)	1,987	2,127	2,405	2,647	2,180	2,229
CFPS(원)	163	576	770	804	-62	296
DPS(원)	—	—	50	50	—	—
EBITDAPS(원)	289	977	1,081	1,087	360	303

재무 비율 〈단위 : % 〉
연도	영업이익률	순이익률	부채비율	차입금비율	ROA	ROE	유보율	자기자본비율	EBITDA마진율
2016	0.9	0.8	53.1	13.2	1.4	2.0	345.8	65.3	5.3
2015	-0.1	-8.0	25.9	5.5	-11.2	-17.7	336.1	79.4	6.7
2014	6.0	3.0	84.2	19.8	5.4	11.0	429.3	54.3	11.7
2013	6.5	3.1	129.5	47.8	5.4	12.2	381.1	43.6	11.9

제이와이피엔터테인먼트 (A035900)
JYP Entertainment

업 종 : 미디어	시 장 : KOSDAQ
신용등급 : (Bond) — (CP) —	기업규모 : 벤처
홈페이지 : www.jype.com	연락처 : 02)3438-2300
본 사 : 서울시 강남구 도산대로 537(청담동 운촌빌딩 3층)	

설 립 일 1996.04.25	종업원수 109명	대표이사 정욱
상 장 일 2001.08.30	감사의견 적정 (선진)	계 열
결 산 기 12월	보 통 주 3,404만주	종속회사수
액 면 가 500원	우 선 주	구 상 호

주주구성 (지분율,%)		출자관계 (지분율,%)		주요경쟁사 (외형,%)	
박진영	16.4	제이와이피픽쳐스	100.0	JYP Ent.	100
원영식	1.3	진앤튠	50.0	YG PLUS	96
(외국인)	7.3	스튜디오제이	50.0	초록뱀	144

매출구성		비용구성		수출비중	
광고	25.1	매출원가율	62.9	수출	41.3
음반/음원	22.8	판관비율	18.4	내수	58.7
출연료	22.4				

회사 개요
동사는 소속연예인의 엔터테인먼트 활동(광고, 행사, 드라마출연, 공연 등)과 음반(CD), 음원의 제작 및 판매와 MD 부가사업을 주요 사업으로 하고 있음. 2013년 말 JYP엔터가 JYP를 흡수 합병한 이후 적자 법인인 미국 크리스탈 벨리와 AQ 레이블을 정리했고, 미국 법인도 사실상 청산하면서 정상화 노력에 힘쓰고 있음. 소속연예인으로는 미쓰에이, 박진영, 갓세븐, 백아연, G.Soul, 원더걸스 등이 있음.

실적 분석
동사의 2016년 매출액과 영업이익은 각각 736.5억원, 138.1억원을 기록함. 각각 전년 505.6억원보다 45.7%, 42.0억원보다 229.0% 증가한 수치임. 최종적으로 당기순이익은 전년보다 164.5% 늘어난 85.3억원을 시현함. TWICE의 성장을 기반으로 한 매출 규모 확대가 큰 특징임. 일명 '사드 보복'에 따라 중국 특수가 사실상 어려워진 상황에 중국 의존도를 낮추고 수익원을 다각화해야 한다는 분석이 나옴.

현금 흐름 〈단위 : 억원〉
항목	2015	2016
영업활동	49	154
투자활동	-32	-38
재무활동	-45	-0
순현금흐름	-25	120
기말현금	129	248

시장 대비 수익률
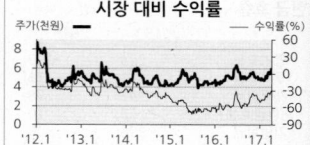

결산 실적 〈단위 : 억원〉
항목	2011	2012	2013	2014	2015	2016
매출액	102	151	213	485	506	736
영업이익	1	-65	-26	83	42	138
당기순이익	3	-99	-39	79	32	85

분기 실적 〈단위 : 억원〉
항목	2015.3Q	2015.4Q	2016.1Q	2016.2Q	2016.3Q	2016.4Q
매출액	133	181	110	179	190	257
영업이익	17	17	7	38	36	57
당기순이익	16	15	10	29	33	14

재무 상태 〈단위 : 억원〉
항목	2011	2012	2013	2014	2015	2016
총자산	230	246	690	739	741	866
유형자산	1	11	11	8	5	3
무형자산	3	2	291	311	331	310
유가증권	26	96	113	114	87	99
총부채	46	105	223	179	153	195
총차입금		63	51	41		
자본금	116	122	170	170	170	170
총자본	184	141	467	560	588	670
지배주주지분	184	142	464	556	584	664

기업가치 지표
항목	2011	2012	2013	2014	2015	2016
주가(최고/저)(천원)	4.7/1.1	9.1/3.9	6.6/4.1	6.1/4.0	6.0/3.9	6.6/4.1
PER(최고/저)(배)	345.1/80.8	—/—	—/—	26.9/17.7	64.0/41.3	26.8/16.8
PBR(최고/저)(배)	5.9/1.4	15.7/6.8	3.7/2.3	3.0/2.0	2.8/1.8	2.8/1.8
EV/EBITDA(배)	47.0			14.3	20.8	8.5
EPS(원)	14	-400	-141	226	94	246
BPS(원)	796	581	1,777	2,047	2,129	2,366
CFPS(원)	44	-381	-124	240	167	318
DPS(원)	—	—	—	—	—	—
EBITDAPS(원)	54	-262	-80	257	196	478

재무 비율 〈단위 : % 〉
연도	영업이익률	순이익률	부채비율	차입금비율	ROA	ROE	유보율	자기자본비율	EBITDA마진율
2016	18.8	11.6	29.1	0.0	10.6	13.4	373.1	77.4	22.1
2015	8.3	6.4	26.0	0.0	4.4	5.6	325.8	79.4	13.2
2014	17.0	16.2	32.1	7.3	11.0	15.1	309.4	75.7	18.0
2013	-12.0	-18.5	47.8	10.9	-8.4	-12.3	255.3	67.7	-10.0

제이웨이 (A058420)
J way

업 종 : 미디어		시 장 : KOSDAQ
신용등급 : (Bond) — (CP) —		기업규모 : 중견
홈페이지 : www.jway.kr		연 락 처 : 1566-1505
주 소 : 광주시 광산구 장신로50번길 9-22(장덕동,3층)		

설 립 일	1994.04.06	종업원수	25명	대표이사	이인범,박인홍
상 장 일	2002.01.10	감사의견	적정 (신우)	계 열	
결 산 기	12월	보 통 주	1,070만주	종속회사수	
액 면 가	500원	우 선 주		구 상 호	

주주구성 (지분율,%)		출자관계 (지분율,%)		주요경쟁사 (외형,%)	
김병건	16.4	박스넷	100.0	제이웨이	100
아이리스시스템	8.6	이프랜드	44.4	래몽라인	190
		우리_케이디미디어영상투자조합	28.6	세기상사	73

매출구성		비용구성		수출비중	
컨텐츠(영상사업부문(지배회사))	99.1	매출원가율	84.6	수출	0.0
컴퓨터 등(영상사업부문(지배회사))	1.0	판관비율	29.5	내수	100.0

회사 개요
동사는 2000년 설립되어 디지털 영화관 컨텐츠 공급 및 시스템 유지보수, VOD서비스 사업 등을 주요 사업으로 영위 중임. VOD서비스관련 숙박업소위탁 및 유통을 하는 박스넷을 종속회사로 두고 있음. 주력인 영상사업부문에서는 배급사로부터 영화 판권을 구입하여 모텔, DVD 감상실 등에 제공하는 사업을 영위함. 전기 모바일사업 부문을 영위하던 종속회사 '콜마너'에 대한 지배력을 지분율 하락으로 상실함에 따라 해당 사업은 중단함.

실적 분석
동사의 2016년 연결기준 누적매출액은 74.8억원을 기록, 전년 동기대비 16.3% 감소함. 중단사업으로 인하여 매출이 감소하고, 이로 인해 손익구조가 악영향을 받으며 당기순손실은 16.2억원을 기록, 적자지속됨. 영화감상실, 숙박업소, PC방 등의 영화 컨텐츠 공급 산업이 성장으로 영상사업부문의 성장세가 기대되며, 향후 저작권법 강화로 인해 컨텐츠시장이 투명화될 것으로 판단되어 지속적 매출을 기대중임.

현금 흐름 〈단위 : 억원〉
항목	2015	2016
영업활동	24	8
투자활동	-17	-22
재무활동	13	38
순현금흐름	20	24
기말현금	27	51

시장 대비 수익률
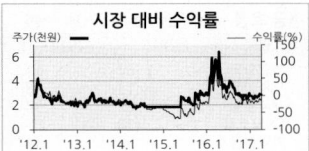

결산 실적 〈단위 : 억원〉
항목	2011	2012	2013	2014	2015	2016
매출액	171	124	129	138	89	75
영업이익	-28	-15	-17	-23	5	-10
당기순이익	-50	-30	-43	-34	2	-16

분기 실적 〈단위 : 억원〉
항목	2015.3Q	2015.4Q	2016.1Q	2016.2Q	2016.3Q	2016.4Q
매출액	36	-15	33	32	32	-23
영업이익	2	2	-2	-3	-1	-4
당기순이익	2	2	-1	-3	-1	-12

재무 상태 〈단위 : 억원〉
항목	2011	2012	2013	2014	2015	2016
총자산	143	147	125	79	89	104
유형자산	86	56	25	15	11	6
무형자산	27	31	16	18	17	12
유가증권			1			6
총부채	27	45	37	26	18	13
총차입금	4	17	20	3		
자본금	97	105	120	40	46	54
총자본	115	102	88	53	71	92
지배주주지분	115	102	88	53	71	92

기업가치 지표
항목	2011	2012	2013	2014	2015	2016
주가(최고/저)(천원)	3.6/1.6	4.2/1.9	3.1/1.8	2.4/1.7	3.2/1.9	6.4/2.4
PER(최고/저)(배)	—/—	—/—	—/—	—/—	181.0/104.6	—/—
PBR(최고/저)(배)	2.0/0.9	2.9/1.3	2.8/1.6	3.7/2.6	4.2/2.4	7.5/2.8
EV/EBITDA(배)		15.4	15.7	980.8	10.0	33.3
EPS(원)	-817	-453	-580	-428	18	-166
BPS(원)	592	482	367	656	759	856
CFPS(원)	-135	2	-46	-141	246	16
DPS(원)						
EBITDAPS(원)	-14	80	69	3	283	74

재무 비율 〈단위 : % 〉
연도	영업이익률	순이익률	부채비율	차입금비율	ROA	ROE	유보율	자기자본비율	EBITDA마진율
2016	-14.0	-21.7	13.7	0.0	-16.8	-19.9	71.3	88.0	9.7
2015	5.4	1.8	25.4	0.0	1.9	2.5	51.8	79.8	28.0
2014	-16.4	-24.8	49.7	5.1	-33.7	-48.7	31.1	66.8	0.2
2013	-13.4	-33.1	일부잠식	일부잠식	-31.4	-45.0	-26.6	70.5	11.9

제이준 (A025620)
Jayjun

업 종 : 섬유 및 의복		시 장 : 거래소
신용등급 : (Bond) — (CP) —		기업규모 : 시가총액 중형주
홈페이지 : www.shinwooholdings.co.kr		연 락 처 : 031)865-4300
주 소 : 경기도 양주시 남면 감악산로 83번길 157		

설 립 일	1975.04.20	종업원수	49명	대표이사	이승환
상 장 일	1995.07.08	감사의견	적정 (새시대)	계 열	
결 산 기	12월	보 통 주	6,192만주	종속회사수	
액 면 가	100원	우 선 주		구 상 호	SWH

주주구성 (지분율,%)		출자관계 (지분율,%)		주요경쟁사 (외형,%)	
제이준코스메틱	21.1	앨피스	100.0	제이준	100
미래성장3호투자조합	10.3			덕성	124
(외국인)	0.9			와이비로드	102

매출구성		비용구성		수출비중	
제혁 임가공	48.0	매출원가율	67.0	수출	19.5
유통 상품	36.1	판관비율	17.0	내수	80.5
제혁 제품	15.7				

회사 개요
동사는 가죽 원단을 생산하는 피혁전문업체임. 2012년 시장점유율 10%를 차지했으나 점차 감소하여 2014년 기준 시장점유율 1.7%. 2014년 기업회생절차에 들어가 2015년 1월 회생절차 종결 결정을 받음. 사업부문은 제혁사업부문의 제품매출과 기타매출로 구분됨. 유통사업부를 신설하여 홈쇼핑 생산투자 및 영업, 에이전트 사업을 통해 신규사업을 추진하고 있음.

실적 분석
동사의 2016년 매출액은 834.2억원으로 전년 대비 941.3% 증가함. 영업이익은 133.4억원으로 흑자전환에 성공함. 당기순이익은 125.4억원으로 흑자전환함. 마스크팩을 OEM 방식으로 생산해 중국에 수출해 오다 에스피엘 인수로 직접 생산 비중이 늘면서 외형 확대와 함께 수익성도 큰 폭으로 개선됐음. 중국판 블랙프라이데이인 광군절 수혜도 본 것으로 보임.

현금 흐름 〈단위 : 억원〉
항목	2015	2016
영업활동	-162	71
투자활동	96	-731
재무활동	137	659
순현금흐름	32	-1
기말현금	33	32

시장 대비 수익률
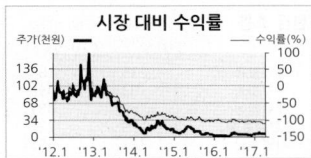

결산 실적 〈단위 : 억원〉
항목	2011	2012	2013	2014	2015	2016
매출액	576	504	301	71	80	834
영업이익	-88	-50	-128	-202	-107	133
당기순이익	-100	-57	-175	-81	-155	125

분기 실적 〈단위 : 억원〉
항목	2015.3Q	2015.4Q	2016.1Q	2016.2Q	2016.3Q	2016.4Q
매출액	32	16	47	21	431	336
영업이익	-33	-26	-8	-11	61	91
당기순이익	-47	-44	-8	-39	51	122

재무 상태 〈단위 : 억원〉
항목	2011	2012	2013	2014	2015	2016
총자산	553	565	853	307	327	1,153
유형자산	299	341	382	296	25	141
무형자산	1	1	0	0	14	70
유가증권	1	2	2		32	91
총부채	472	436	819	106	197	289
총차입금	378	324	407	10	142	196
자본금	147	212	49	306	62	54
총자본	81	130	34	201	130	864
지배주주지분	81	130	37	201	130	864

기업가치 지표
항목	2011	2012	2013	2014	2015	2016
주가(최고/저)(천원)	199/47.8	175/68.5	123/29.5	36.5/8.7	24.9/3.7	9.3/2.5
PER(최고/저)(배)	—/—	—/—	—/—	—/—	—/—	30.7/8.4
PBR(최고/저)(배)	15.8/3.8	12.5/4.9	35.2/8.4	37.1/8.8	39.4/5.8	5.8/1.6
EV/EBITDA(배)						21.4
EPS(원)	-15,539	-7,434	-17,496	-4,018	-752	302
BPS(원)	275	306	382	328	211	1,605
CFPS(원)	-300	-128	-1,781	-1,091	-240	309
DPS(원)						
EBITDAPS(원)	-261	-108	-1,340	-2,874	-163	328

재무 비율 〈단위 : % 〉
연도	영업이익률	순이익률	부채비율	차입금비율	ROA	ROE	유보율	자기자본비율	EBITDA마진율
2016	16.0	15.0	33.4	22.7	16.9	25.2	1,504.7	74.9	16.3
2015	-134.1	-193.4	151.0	108.8	-48.9	-93.5	110.9	39.9	-125.6
2014	-282.1	-112.8	일부잠식	일부잠식	-13.9	-72.6	-34.5	65.4	-259.7
2013	-42.6	-58.3	일부잠식	일부잠식	-24.8	-199.3	-23.7	4.0	-38.8

제이콘텐트리 (A036420)
Jcontentree corp

업　　종 : 미디어　　　　　　　　　　시　　장 : KOSDAQ
신용등급 : (Bond) BBB+　(CP) —　　기업규모 : 중견
홈페이지 : www.jcontentree.co.kr　　연락처 : 02)751-9811
본　　사 : 서울시 강남구 도산대로 156(논현동)

설 립 일	1987.09.28	종 업 원 수	170명	대 표 이 사	반용음
상 장 일	2000.03.23	감 사 의 견	적정 (안진)	계 열	
결 산 기	12월	보 통 주	11,407만주	종속회사수	
액 면 가	500원	우 선 주		구 상 호	

주주구성 (지분율,%)		출자관계 (지분율,%)		주요경쟁사 (외형,%)	
중앙미디어네트워크	21.4	한국멀티플렉스투자	95.8	제이콘텐트	100
홍석현	9.5	메가박스	50.0	에스엠	104
(외국인)	2.2	제이티비씨콘텐트허브	42.4	스카이라이프	198

매출구성		비용구성		수출비중	
잡지(여성중앙,쎄씨 등)	100.0	매출원가율	45.5	수출	6.1
		판관비율	45.8	내수	93.9

회사 개요
동사는 일간스포츠 신문의 발행을 주요 사업으로 영위하다 2009년 4월 1일자로 물적분할을 하여 신설회사인 아이에스일간스포츠를 설립하였으며 이후 2011년 5월24일 중앙엠앤비의 흡수합병을 통해 현재 매거진 발행과 메가박스센트럴 극장 운영, 광고 및 SO 영업 대행 등을 주요 사업으로 하고 있음. 또한, 종속회사를 통하여 극장 운영, 방송용프로그램의 제작 및 유통, 케이블채널(Qtv) 운영, 일간스포츠 발행, 문화사업(뮤지컬 등) 등을 영위중임.

실적 분석
동사의 결산 매출액은 전년동기 대비 9.6% 증가한 3,352억원을 기록함. 외형확대와 더불어 원가율 하락에도 불구하고 판관비 급증 여파로 영업이익은 전년동기 대비 12% 감소한 289.4억원 시현하는데 그침. 반면 당기순이익은 비영업손익 개선으로 지난해 대비 14.1% 증가한 224억원을 시현함. 관련기업 투자손익 증가에 기인함. 향후 콘텐츠 경쟁력 확대 및 영화부문의 매출 개선이 지속적인 실적 개선의 열쇠가 될 전망.

현금 흐름 〈단위 : 억원〉

항목	2015	2016
영업활동	235	184
투자활동	-153	-439
재무활동	-261	481
순현금흐름	-179	226
기말현금	327	553

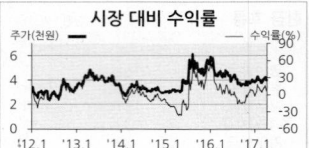

시장 대비 수익률

결산 실적 〈단위 : 억원〉

항목	2011	2012	2013	2014	2015	2016
매출액	1,368	3,932	3,803	3,695	3,058	3,352
영업이익	36	426	380	365	329	289
당기순이익	177	243	37	145	196	224

분기 실적 〈단위 : 억원〉

항목	2015.3Q	2015.4Q	2016.1Q	2016.2Q	2016.3Q	2016.4Q
매출액	1,030	449	918	797	1,057	580
영업이익	118	95	120	18	154	-2
당기순이익	87	17	66	-9	123	44

재무 상태 〈단위 : 억원〉

항목	2011	2012	2013	2014	2015	2016
총자산	2,627	5,145	5,065	4,811	4,560	5,502
유형자산	401	843	990	1,201	1,373	2,130
무형자산	218	888	792	822	770	761
유가증권	22	49	78	110	80	117
총부채	1,812	3,823	3,685	3,159	3,777	4,252
총차입금	1,189	2,289	2,182	1,781	2,466	2,914
자본금	328	328	328	330	570	570
총자본	815	1,322	1,380	1,652	782	1,250
지배주주지분	823	938	864	900	624	839

기업가치 지표

항목	2011	2012	2013	2014	2015	2016
주가(최고/저)(천원)	5.9/1.6	4.1/2.3	5.0/3.4	4.0/2.7	6.2/3.0	6.1/3.5
PER(최고/저)(배)	21.9/6.0	26.6/14.6	—/—	—/—	51.5/24.6	35.9/20.9
PBR(최고/저)(배)	5.0/1.4	3.1/1.7	4.1/2.8	3.2/2.2	10.5/5.0	7.8/4.5
EV/EBITDA(배)	21.9	6.8	7.8	7.2	17.3	16.7
EPS(원)	267	154	-133	-1	120	169
BPS(원)	1,334	1,510	1,397	1,438	592	780
CFPS(원)	487	491	198	332	299	291
DPS(원)						
EBITDAPS(원)	241	964	931	885	525	376

재무 비율 〈단위 : % 〉

연도	영업이익률	순이익률	부채비율	차입금비율	ROA	ROE	유보율	자기자본비율	EBITDA마진율
2016	8.6	6.7	340.1	233.1	4.5	26.3	56.1	22.7	12.8
2015	10.8	6.4	482.9	315.2	4.2	15.0	18.4	17.2	16.3
2014	9.9	3.9	191.3	107.8	2.9	-0.1	187.6	34.3	15.8
2013	10.0	1.0	267.1	158.2	0.7	-11.1	179.3	27.2	16.0

제이티 (A089790)
JT

업　　종 : 반도체 및 관련장비　　　　시　　장 : KOSDAQ
신용등급 : (Bond) —　(CP) —　　　　기업규모 : 벤처
홈페이지 : www.jtcorp.co.kr　　　　연락처 : 070)4172-0114
본　　사 : 충남 천안시 서북구 직산읍 4산단3로 135

설 립 일	1998.07.07	종 업 원 수	164명	대 표 이 사	임대호
상 장 일	2006.10.27	감 사 의 견	적정 (한신)	계 열	
결 산 기	12월	보 통 주	753만주	종속회사수	
액 면 가	500원	우 선 주		구 상 호	

주주구성 (지분율,%)		출자관계 (지분율,%)		주요경쟁사 (외형,%)	
유홍준	27.4			제이티	100
김종복	4.7			네패스신소재	82
(외국인)	1.0			피에스엠씨	183

매출구성		비용구성		수출비중	
Semiconductor	90.8	매출원가율	84.5	수출	45.9
LED, DDI 외	5.0	판관비율	53.9	내수	54.1
특수가스	4.2				

회사 개요
동사는 반도체 검사장비 관련 사업을 영위함. 반도체검사장비는 메모리및 비메모리 반도체생산의 후공정 전반을 책임지며, 삼성전자에 전량 납품하여 100% 가까운 시장점유율을 유지하고 있음. 주력상품 외에도 LED 검사장비와 태양광 장비까지 그 영역을 확대함. 2012년 6월 ITS사업(SOC사업부)을 물적분할하고 자본금 10억원의 신설회사 ㈜세인을 설립함. 유홍준, 박종서 각자대표에서 유홍준 단독대표로 변경됨.

실적 분석
동사의 2016년 연결 기준 매출과 영업손실은 224억원, 86억원으로 매출은 전년 대비 35.8% 감소하고 적자를 지속함. 당기순손실도 98억으로 적자를 지속함. 동사의 재무상태는 자산총액 416억원, 부채총액 268억원, 자본총액 148억으로 부채비율 181.1%임. 동사는 2015년 특수가스 사업을 하는 (주)씨엔지머트리얼스를 합병해 외형이 성장함.

현금 흐름 *IFRS 별도 기준 〈단위 : 억원〉

항목	2015	2016
영업활동	-67	-11
투자활동	-13	-18
재무활동	62	34
순현금흐름	-18	5
기말현금	9	14

시장 대비 수익률

결산 실적 〈단위 : 억원〉

항목	2011	2012	2013	2014	2015	2016
매출액	439	703	215	444	348	223
영업이익	61	37	-21	63	-34	-86
당기순이익	45	13	-20	63	-35	-98

분기 실적 *IFRS 별도 기준 〈단위 : 억원〉

항목	2015.3Q	2015.4Q	2016.1Q	2016.2Q	2016.3Q	2016.4Q
매출액	57	89	72	49	63	39
영업이익	-35	-15	1	-31	-14	-42
당기순이익	-24	-24	1	-29	-26	-44

재무 상태 *IFRS 별도 기준 〈단위 : 억원〉

항목	2011	2012	2013	2014	2015	2016
총자산	426	293	348	489	508	416
유형자산	157	100	98	151	167	169
무형자산	28	12	12	18	16	13
유가증권	3	—	30	30	—	—
총부채	250	93	161	221	281	268
총차입금	147	41	117	152	213	229
자본금	31	31	31	35	37	37
총자본	176	200	187	268	226	148
지배주주지분	176	200	187	268	226	148

기업가치 지표 *IFRS 별도 기준

항목	2011	2012	2013	2014	2015	2016
주가(최고/저)(천원)	4.9/3.2	7.9/3.5	5.5/2.8	6.1/3.3	9.8/3.1	5.6/3.1
PER(최고/저)(배)	6.9/4.5	38.9/17.2	—/—	6.4/3.5	—/—	—/—
PBR(최고/저)(배)	1.4/0.9	2.3/1.0	1.7/0.8	1.5/0.8	2.9/0.9	2.4/1.3
EV/EBITDA(배)	5.3	4.1		5.8		
EPS(원)	722	209	-328	967	-478	-1,314
BPS(원)	3,566	3,588	3,458	4,248	3,404	2,355
CFPS(원)	864	354	-240	1,075	-306	-1,132
DPS(원)				130		
EBITDAPS(원)	1,116	737	-249	1,072	-292	-965

재무 비율 〈단위 : % 〉

연도	영업이익률	순이익률	부채비율	차입금비율	ROA	ROE	유보율	자기자본비율	EBITDA마진율
2016	-38.4	-43.9	181.2	154.9	-21.3	-52.5	370.9	35.6	-32.3
2015	-9.9	-10.2	124.4	94.3	-7.1	-14.3	580.7	44.6	-6.2
2014	14.1	14.2	82.5	56.8	15.0	28.2	749.2	54.8	15.7
2013	-9.8	-9.5	86.2	62.6	-6.4	-10.6	591.7	53.7	-7.2

제일기획 (A030000)
Cheil Worldwide

업 종 : 미디어		시 장 : 거래소	
신용 등급 : (Bond) AA (CP) —		기업 규모 : 시가총액 대형주	
홈 페 이 지 : www.cheil.co.kr		연 락 처 : 02)3780-2114	
주 소 : 서울시 용산구 이태원로 222 제일기획			

설 립 일 1973.01.17	종 업 원 수 1,201명	대 표 이 사 임대기	
상 장 일 1998.03.03	감 사 의 견 적정 (삼일)	계 열	
결 산 기 12월	보 통 주 11,504만주	종속회사수	
액 면 가 200원	우 선 주	구 상 호	

주주구성 (지분율,%)		출자관계 (지분율,%)		주요경쟁사 (외형,%)	
삼성전자	25.2	수원삼성축구단	100.0	제일기획	100
국민연금공단	9.2	SVIC12호신기술사업투자조합	99.0	CJ E&M	48
(외국인)	28.7	삼성라이온즈	67.5	CJ CGV	44

매출구성		비용구성		수출비중	
종속회사	70.8	매출원가율	69.1	수출	—
광고물제작 등	22.0	판관비율	26.2	내수	—
뉴미디어 등	5.1				

회사 개요

광고주의 니즈에 적합한 미디어, 전략, 크리에이티브, 디지털 등 통합적인 광고 서비스를 제공. 삼성 계열사가 주력 광고주이며, 미국과 유럽, 신흥시장 등에 걸쳐 전 세계 43개국 52개 네트워크를 구축하고 있음. 2009년 이후 미국 BMB, 미국 TBG, 중국 OTC를 인수했고, 2012년 미국 매키니, 중국 브라보, 2015년 영국 아이리스를 추가 인수. 2016년에는 영국의 B2B 마케팅 전문기업을, 금년에는 캐나다 컨설팅 회사를 인수함.

실적 분석

매각이슈와 경영진단, 갤럭시노트7 판매 중단 등의 부정적인 요인이 있었으나, 갤럭시S7 광고 물량 확대와 중국 디지털 마케팅 특화 자회사의 실적이 크게 늘어남에 따라 2016년 영업수익은 전년동기 대비 15.2% 증가함. 삼성전자가 갤럭시노트7 실패를 만회하면서 갤럭시S8 마케팅을 강화하면서 수혜를 볼 것으로 기대됨. 그리고 내년 2월 동계올림픽은 국내에서 열리기 때문에 올해 말부터 기업 광고비가 늘어날 것으로 전망됨.

현금 흐름 〈단위 : 억원〉

항목	2015	2016
영업활동	1,163	1,141
투자활동	849	-474
재무활동	-1,628	-461
순현금흐름	355	203
기말현금	3,522	3,726

시장 대비 수익률

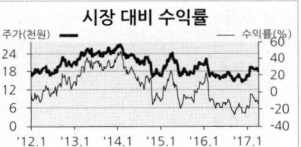

결산 실적 〈단위 : 억원〉

항목	2011	2012	2013	2014	2015	2016
매출액	17,582	23,650	27,093	26,663	28,067	32,326
영업이익	1,065	1,264	1,300	1,268	1,272	1,495
당기순이익	957	995	1,023	1,020	817	906

분기 실적 〈단위 : 억원〉

항목	2015.3Q	2015.4Q	2016.1Q	2016.2Q	2016.3Q	2016.4Q
매출액	6,831	8,052	6,594	8,199	7,809	9,725
영업이익	271	338	224	438	288	545
당기순이익	178	122	144	287	255	221

재무 상태 〈단위 : 억원〉

항목	2011	2012	2013	2014	2015	2016
총자산	18,106	19,947	17,045	18,439	18,669	21,514
유형자산	850	1,143	1,134	1,008	943	1,028
무형자산	382	991	1,537	1,505	2,291	1,693
유가증권	528	590	636	156	100	110
총부채	10,928	12,955	10,360	9,612	10,665	13,751
총차입금	25	39	132	184	270	195
자본금	230	230	230	230	230	230
총자본	7,178	6,992	6,686	8,827	8,003	7,763
지배주주지분	7,035	6,807	6,625	8,785	7,859	7,630

기업가치 지표

항목	2011	2012	2013	2014	2015	2016
주가(최고/저)(천원)	19.9/12.9	23.4/16.5	27.2/19.8	27.1/15.1	24.2/15.9	22.2/14.5
PER(최고/저)(배)	25.5/16.5	29.6/20.9	32.8/23.9	31.7/17.7	36.2/23.8	29.5/19.2
PBR(최고/저)(배)	3.3/2.1	3.4/2.4	3.6/2.6	3.2/1.8	2.7/1.8	2.5/1.6
EV/EBITDA(배)	13.0	13.5	18.3	9.5	12.3	7.6
EPS(원)	811	817	857	883	691	767
BPS(원)	6,374	7,020	7,816	8,704	9,289	9,090
CFPS(원)	918	975	1,096	1,175	1,032	1,099
DPS(원)	160				300	300
EBITDAPS(원)	1,033	1,256	1,369	1,394	1,447	1,632

재무 비율 〈단위 : % 〉

연도	영업이익률	순이익률	부채비율	차입금비율	ROA	ROE	유보율	자기자본비율	EBITDA마진율
2016	4.6	2.8	177.1	2.5	6.1	11.4	4,445.2	36.1	5.8
2015	4.5	2.9	133.3	3.4	4.4	9.6	4,544.7	42.9	5.9
2014	4.8	3.8	108.9	2.1	5.8	13.2	4,252.2	47.9	6.0
2013	4.8	3.8	155.0	2.0	5.5	14.7	3,807.9	39.2	5.8

제일바이오 (A052670)
CheilBio

업 종 : 제약		시 장 : KOSDAQ	
신용 등급 : (Bond) — (CP) —		기업 규모 : 중견	
홈 페 이 지 : www.cheilbio.com		연 락 처 : 031)494-8226	
주 소 : 경기도 안산시 단원구 산단로83번길 131 (목내동)			

설 립 일 1977.05.04	종 업 원 수 62명	대 표 이 사 심승규	
상 장 일 2002.01.24	감 사 의 견 적정 (인덕)	계 열	
결 산 기 12월	보 통 주 1,500만주	종속회사수	
액 면 가 500원	우 선 주	구 상 호	

주주구성 (지분율,%)		출자관계 (지분율,%)		주요경쟁사 (외형,%)	
심광경	24.7			제일바이오	100
푸르덴셜 자산운용	1.8			큐브스	11
(외국인)	1.3			KPX생명과학	121

매출구성		비용구성		수출비중	
기타	89.5	매출원가율	81.5	수출	12.4
사카로컬쳐	4.8	판관비율	16.2	내수	87.6
플로루맥스(주)	3.3				

회사 개요

동사는 동물의약품 전문회사로서 1977년 1월에 설립되어 2002년 1월 코스닥시장에 상장됨. 동물 의약품 및 방역 등 환경사업 전문업체로서 축산업이 전방산업임. 국내 동물 의약품시장은 특허를 보유한 다국적 기업으로부터 국내 업체가 원재료를 조달하여 가공 판매하는 특성을 보임. 이로 인해 실질적인 수입의존도가 매우 높은 편임. 2016년 기준 상품매출액은 83.7억원으로 전체 매출액 대비 23.4%를 차지하고 있음.

실적 분석

동사의 2016년 매출액은 전년 대비 2.4% 증가한 358.2억원에 그침. 매출원가는 1.1% 증가하여 매출총이익은 전년 대비 8.5% 증가한 66.3억원을 기록함. 인건비의 증가 등으로 판매비와관리비는 전년 대비 14.5% 증가한 58.0억원을 기록함. 그 결과 영업이익은 8.3억원으로 전년 대비 20.6% 감소함. 영업이익의 감소에도 비영업손익의 개선으로 당기순이익은 전년 대비 19.1% 신장한 10.1억원을 달성함.

현금 흐름 *IFRS 별도 기준 〈단위 : 억원〉

항목	2015	2016
영업활동	-1	21
투자활동	-156	3
재무활동	162	-17
순현금흐름	4	8
기말현금	16	23

시장 대비 수익률

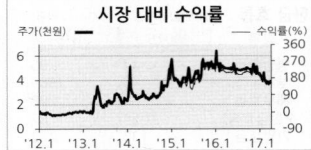

결산 실적 〈단위 : 억원〉

항목	2011	2012	2013	2014	2015	2016
매출액	256	369	384	395	350	358
영업이익	3	9	3	10	10	8
당기순이익	6	10	4	10	9	10

분기 실적 *IFRS 별도 기준 〈단위 : 억원〉

항목	2015.3Q	2015.4Q	2016.1Q	2016.2Q	2016.3Q	2016.4Q
매출액	85	91	85	95	93	85
영업이익	0	3	1	7	1	-1
당기순이익	-0	3	1	7	3	-1

재무 상태 *IFRS 별도 기준 〈단위 : 억원〉

항목	2011	2012	2013	2014	2015	2016
총자산	193	235	234	238	393	382
유형자산	46	54	52	59	61	67
무형자산	0	0	0	0	0	0
유가증권	24	14	16	0	0	5
총부채	40	73	70	65	60	40
총차입금	6	17	25	19	28	11
자본금	48	48	48	48	75	75
총자본	153	162	164	172	333	342
지배주주지분	153	162	164	172	333	342

기업가치 지표 *IFRS 별도 기준

항목	2011	2012	2013	2014	2015	2016
주가(최고/저)(천원)	1.8/0.9	1.6/1.1	3.7/1.3	5.1/2.2	6.8/3.5	6.5/4.4
PER(최고/저)(배)	32.1/16.6	16.7/11.5	111.3/39.3	57.4/25.4	96.7/50.1	95.9/64.8
PBR(최고/저)(배)	1.3/0.7	1.1/0.7	2.4/0.9	3.2/1.4	3.1/1.6	2.8/1.9
EV/EBITDA(배)	23.2	12.7	40.2	41.4	43.3	41.6
EPS(원)	56	95	33	89	70	68
BPS(원)	1,594	1,689	1,703	1,793	2,223	2,282
CFPS(원)	86	133	73	138	104	94
DPS(원)		30				
EBITDAPS(원)	56	116	62	144	120	81

재무 비율 〈단위 : % 〉

연도	영업이익률	순이익률	부채비율	차입금비율	ROA	ROE	유보율	자기자본비율	EBITDA마진율
2016	2.3	2.8	11.6	3.1	3.0	3.0	356.4	89.6	3.4
2015	3.0	2.5	18.0	8.3	2.7	3.4	344.6	84.8	4.1
2014	2.6	2.4	38.0	11.1	4.1	5.7	258.6	72.4	3.5
2013	0.7	0.9	42.9	15.2	1.5	2.2	240.7	70.0	1.6

제일약품 (A002620)
Jeil Pharmaceutical

업 종 : 제약		시 장 : 거래소	
신용등급 : (Bond) — (CP) —		기업규모 : 시가총액 중형주	
홈 페 이 지 : www.jeilpharm.co.kr		연 락 처 : 02)549-7451	
본 사 : 서울시 서초구 사평대로 343			

설 립 일	1959.03.07	종 업 원 수	1,190명	대 표 이 사	성석제
상 장 일	1988.01.20	감 사 의 견	적정 (삼정)	계 열	
결 산 기	12월	보 통 주	1,485만주	종속회사수	
액 면 가	500원	우 선 주		구 상 호	

주주구성 (지분율,%)
한승수	27.3
한승수	7.0
(외국인)	6.0

출자관계 (지분율,%)
제일야오	50.0
한국오츠카제약	22.5

주요경쟁사 (외형,%)
제일약품	100
녹십자	194
녹십자홀딩스	219

매출구성
기타	42.1
리피토	19.8
기타 (제품)	16.1

비용구성
매출원가율	78.1
판관비율	20.4

수출비중
수출	10.2
내수	89.8

회사 개요
동사는 1959년 3월 설립되었으며, 1988년 1월 한국거래소에 상장됨. 다국적 회사인 화이자로부터 고지혈증 치료제 리피토와 신경성통증치료제 리리카 등을 상품으로 도입해 판매하고 있음. 주요 제품으로는 위염치료제 넥실렌, 항암제 티에스원 등이 있음. 일반의 약품으로는 파스류 케펜텍이 주요 품목임. 2016년 연구개발금액은 223.1억원으로 매출액 대비 3.6%임.

실적 분석
동사의 2016년 연결 기준 매출액은 6,172.8억원으로 전년 대비 3.8% 증가함. 매출원가는 6.1% 증가하여 매출총이익은 3.6% 감소함. 판관비는 1.0% 감소하였으나 영업이익은 전년 대비 28.9% 감소한 93.5억원임. 당기순이익도 영업이익의 감소로 전년 대비 19.2% 감소한 78.9억원에 그치며 부진함. 2016년 11월 1일 일반사업부문을 물적분할의 형태로 분할하여 제일헬스사이언스 주식회사를 설립함.

현금 흐름 •IFRS 별도 기준 〈단위 : 억원〉
항목	2015	2016
영업활동	27	95
투자활동	-40	-309
재무활동	68	298
순현금흐름	54	87
기말현금	135	222

시장 대비 수익률
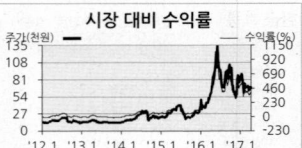

결산 실적 〈단위 : 억원〉
항목	2011	2012	2013	2014	2015	2016
매출액	4,629	4,268	4,520	5,127	5,947	6,173
영업이익	309	63	14	86	131	94
당기순이익	270	112	5	21	98	79

분기 실적 •IFRS 별도 기준 〈단위 : 억원〉
항목	2015.3Q	2015.4Q	2016.1Q	2016.2Q	2016.3Q	2016.4Q
매출액	1,521	1,525	1,550	1,594	1,502	1,515
영업이익	24	49	14	29	14	44
당기순이익	16	34	19	31	1	36

재무 상태 •IFRS 별도 기준 〈단위 : 억원〉
항목	2011	2012	2013	2014	2015	2016
총자산	3,841	3,908	3,961	4,096	4,452	4,815
유형자산	660	1,050	985	933	921	1,125
무형자산	40	38	40	53	48	44
유가증권	47	31	20	21	29	29
총부채	1,527	1,494	1,585	1,744	2,038	2,337
총차입금	60	281	140	156	263	570
자본금	74	74	74	74	74	74
총자본	2,314	2,414	2,376	2,352	2,414	2,477
지배주주지분	2,314	2,414	2,376	2,352	2,414	2,477

기업가치 지표 •IFRS 별도 기준
항목	2011	2012	2013	2014	2015	2016
주가(최고/저)(천원)	14.4/9.1	21.2/12.4	17.3/12.4	30.6/13.0	41.7/18.2	137/34.5
PER(최고/저)(배)	8.1/5.1	28.5/16.7	533.4/384.8	217.9/92.8	63.6/27.7	230.8/58.1
PBR(최고/저)(배)	0.9/0.6	1.3/0.8	1.1/0.8	1.9/0.8	2.5/1.1	7.9/2.0
EV/EBITDA(배)	4.2	15.2	19.4	19.0	26.9	69.1
EPS(원)	1,819	752	33	141	657	594
BPS(원)	15,802	16,570	16,517	16,358	16,984	17,411
CFPS(원)	2,121	1,193	596	716	1,227	1,109
DPS(원)	90	60	60	60	60	70
EBITDAPS(원)	2,379	866	656	1,151	1,455	1,199

재무 비율 〈단위 : % 〉
연도	영업이익률	순이익률	부채비율	차입금비율	ROA	ROE	유보율	자기자본비율	EBITDA마진율
2016	1.5	1.3	95.2	22.6	1.7	3.2	3,398.6	51.2	2.8
2015	2.2	1.6	84.4	10.9	2.3	4.1	3,296.5	54.2	3.6
2014	1.7	0.4	74.1	6.6	0.5	0.9	3,171.6	57.4	3.3
2013	0.3	0.1	66.7	5.9	0.1	0.2	3,203.4	60.0	2.2

제일연마공업 (A001560)
Cheil Grinding Wheel Ind

업 종 : 금속 및 광물		시 장 : 거래소	
신용등급 : (Bond) — (CP) —		기업규모 : 시가총액 소형주	
홈 페 이 지 : www.grinding.co.kr		연 락 처 : 054)285-8401	
본 사 : 경북 포항시 남구 대송로101번길 34(장흥동)			

설 립 일	1974.12.27	종 업 원 수	80명	대 표 이 사	오유인,오현수
상 장 일	2005.12.09	감 사 의 견	적정 (안경)	계 열	
결 산 기	12월	보 통 주	1,000만주	종속회사수	
액 면 가	500원	우 선 주		구 상 호	

주주구성 (지분율,%)
오유인	38.6
오현수	7.7
(외국인)	3.9

출자관계 (지분율,%)

주요경쟁사 (외형,%)
제일연마	100
서원	287
일진다이아	125

매출구성
레지노이드 연마석	72.7
비트리파이드 연마석	21.8
CBN 연마석	4.9

비용구성
매출원가율	81.9
판관비율	13.3

수출비중
수출	20.1
내수	79.9

회사 개요
1955년 11월 공업용 연마지석을 생산 및 판매하기 위하여 설립됨. 연결대상종속회사로 국내의 금성연마공업을 포함하며 미국, 중국, 인도네시아등에 총 5개사가 있음. 주요 생산제품인 레지노이드 연마지석은 기초소재산업, 비트리파이드 연마지석은 자동차, 선박, 항공기산업, 정밀가공분야, CBN(초지립) 연마지석은 고정밀 연삭이 필요한 작업에 주로 사용됨. 포스코, 현대중공업, 현대미포조선 등에 제품을 납품함.

실적 분석
2012년 이래로 꾸준히 연마지석의 단가계약을 체결 중임. 2016년 결산 영업이익은 41.8억원으로 전년동기 41.3억원에 비해 소폭 증가함. 철강, 조선 등의 경기변동이 심한 수요처 여건 영향함. 주요 원재료인 A, WA, C의 가격은 전기 대비 소폭 하락하였음. 비영업부문의 손실이 해소되며 흑자전환하며, 당기순이익은 전년 동기 대비 78.2% 증가한 47.0억원 시현함. 2016년 03월 기준으로 오현수 대표이사를 추가 선임하였음.

현금 흐름 〈단위 : 억원〉
항목	2015	2016
영업활동	88	121
투자활동	-42	-6
재무활동	-1	-48
순현금흐름	44	67
기말현금	127	193

시장 대비 수익률
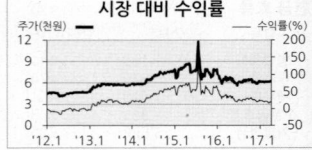

결산 실적 〈단위 : 억원〉
항목	2011	2012	2013	2014	2015	2016
매출액	877	861	859	882	866	864
영업이익	75	67	51	69	41	42
당기순이익	74	72	67	65	26	47

분기 실적 〈단위 : 억원〉
항목	2015.3Q	2015.4Q	2016.1Q	2016.2Q	2016.3Q	2016.4Q
매출액	223	217	209	220	210	225
영업이익	12	8	6	19	16	1
당기순이익	3	10	9	18	15	5

재무 상태 〈단위 : 억원〉
항목	2011	2012	2013	2014	2015	2016
총자산	925	979	901	966	974	984
유형자산	291	302	302	296	284	277
무형자산	19	30	30	28	24	23
유가증권	169	181	57	44	38	46
총부채	225	221	279	311	306	280
총차입금	119	111	156	178	197	162
자본금	50	50	50	50	50	50
총자본	700	758	622	655	668	704
지배주주지분	699	757	622	655	667	703

기업가치 지표
항목	2011	2012	2013	2014	2015	2016
주가(최고/저)(천원)	5.3/3.9	4.8/4.1	6.0/4.7	7.9/5.6	13.2/6.3	7.7/5.6
PER(최고/저)(배)	8.3/6.1	7.6/6.5	9.9/7.8	12.8/9.2	52.4/25.1	17.1/12.3
PBR(최고/저)(배)	0.9/0.7	0.7/0.6	0.8/0.7	1.0/0.7	1.7/0.8	0.9/0.7
EV/EBITDA(배)	4.8	4.7	8.2	8.3	10.5	7.3
EPS(원)	744	725	664	650	264	466
BPS(원)	6,992	7,572	7,864	8,197	8,320	8,675
CFPS(원)	1,109	1,085	1,054	1,046	646	815
DPS(원)	160	160	200	200	160	160
EBITDAPS(원)	1,110	1,032	902	1,082	795	766

재무 비율 〈단위 : % 〉
연도	영업이익률	순이익률	부채비율	차입금비율	ROA	ROE	유보율	자기자본비율	EBITDA마진율
2016	4.8	5.4	39.7	23.0	4.8	6.8	1,635.0	71.6	8.9
2015	4.8	3.0	45.8	29.5	2.7	4.0	1,563.9	68.6	9.2
2014	7.8	7.4	47.5	27.2	7.0	10.2	1,539.5	67.8	12.3
2013	6.0	7.7	44.8	25.1	7.1	9.6	1,472.9	69.1	10.5

제일제강공업 (A023440)
Jeilsteel MFG

업　　종 : 금속 및 광물
신용등급 : (Bond) —　　(CP) —
홈페이지 : www.jeilsteel.co.kr
본　　사 : 경기도 안산시 단원구 시화로 60, 301 (성곡동, 시화공단4다)
시　　장 : KOSDAQ
기업규모 : 중견
연락처 : (031)499-0771

설 립 일	1964.07.18	종 업 원 수	44명	대 표 이 사	김흥택
상 장 일	1994.10.07	감 사 의 견	적정 (한영)	계　　열	
결 산 기	12월	보 통 주	2,603만주	종속회사수	
액 면 가	500원	우 선 주		구 상 회	

주주구성 (지분율,%)		출자관계 (지분율,%)		주요경쟁사 (외형,%)	
최준석	13.8	강서청과	19.5	제일제강	100
양해준	3.7			경남스틸	701
(외국인)	0.7			부국철강	370

매출구성		비용구성		수출비중	
연강선재(제품)	82.8	매출원가율	91.8	수출	0.0
이형철근(상품)	17.2	판관비율	7.3	내수	100.0

회사 개요

동사는 건축용 이형철근과 형강 제품을 생산하기 위해 1964년에 설립돼 1994년 우회상장을 통해 코스닥 시장에 상장됨. 동사는 철강경기 침체에 대응하고 단일제품(이형철근) 생산의 한계를 극복하기 위해 2010년부터 2012년까지 450억원의 신규 시설투자를 단행해 선재, bar in coil(코일철근), 봉강을 양산 중. 이전 대표의 회사와 관련된 경영권 분쟁 이슈가 있고, 현 사내이사 최준석의 68억 횡령 혐의 발생으로 인해 거래정지중.

실적 분석

동사의 2016년 연결 기준 매출과 영업이익은 379억원, 4억원으로 전년 대비 매출은 17.2% 감소했지만 흑자전환함. 당기순손실은 11억원으로 적자를 지속했지만 전년 순손실 62억원에 비해 적자폭을 크게 줄임. 동사는 국내 경제상황의 점진적 성장과 건설경기 회복세 지속에 따른 수요량 증가, 중국 철강산업구조 재편으로 인한 제품가격인상, 회사의 원가절감 노력 등으로 흑자전환에 성공함.

현금 흐름　*IFRS 별도 기준　〈단위 : 억원〉

항목	2015	2016
영업활동	30	78
투자활동	-57	48
재무활동	52	-113
순현금흐름	24	13
기말현금	48	61

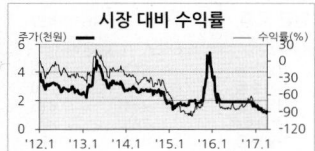
시장 대비 수익률

결산 실적　〈단위 : 억원〉

항목	2011	2012	2013	2014	2015	2016
매출액	78	84	494	420	457	379
영업이익	-7	-29	-76	2	-45	3
당기순이익	-5	-9	-79	-46	-62	-11

분기 실적　*IFRS 별도 기준　〈단위 : 억원〉

항목	2015.3Q	2015.4Q	2016.1Q	2016.2Q	2016.3Q	2016.4Q
매출액	115	137	77	96	95	111
영업이익	-25	12	-14	7	3	8
당기순이익	-30	10	-16	4	2	-0

재무 상태　*IFRS 별도 기준　〈단위 : 억원〉

항목	2011	2012	2013	2014	2015	2016
총자산	869	1,115	1,129	1,102	1,070	948
유형자산	515	711	707	691	675	642
무형자산	12	9	9	9	4	1
유가증권	0	0	0	0	0	0
총부채	407	661	704	633	550	373
총차입금	276	536	613	505	447	269
자본금	50	50	51	70	110	130
총자본	463	454	426	470	520	575
지배주주지분	463	454	426	470	520	575

기업가치 지표　*IFRS 별도 기준

항목	2011	2012	2013	2014	2015	2016
주가(최고/저)(천원)	3.5/2.2	3.9/2.3	4.8/2.2	3.0/1.7	5.4/1.4	3.9/1.6
PER(최고/저)(배)	—/—	—/—	—/—	—/—	—/—	—/—
PBR(최고/저)(배)	0.8/0.5	0.9/0.6	1.3/0.6	1.0/0.6	2.3/0.6	1.8/0.7
EV/EBITDA(배)				24.3		18.7
EPS(원)	-40	-74	-684	-320	-339	-47
BPS(원)	4,847	4,763	4,203	3,353	2,362	2,210
CFPS(원)	25	32	-519	-136	-182	76
DPS(원)						
EBITDAPS(원)	-0	-169	-490	235	-91	137

재무 비율　〈단위 : % 〉

연도	영업이익률	순이익률	부채비율	차입금비율	ROA	ROE	유보율	자기자본비율	EBITDA마진율
2016	0.9	-2.9	64.8	46.8	-1.1	-2.0	342.1	60.7	8.4
2015	-9.9	-13.5	105.8	86.0	-5.7	-12.5	372.4	48.6	-3.6
2014	0.5	-11.0	134.6	107.5	-4.1	-10.3	570.7	42.6	7.3
2013	-15.5	-16.1	165.4	144.0	-7.1	-18.0	740.5	37.7	-10.0

제일테크노스 (A038010)
JEIL TECHNOS

업　　종 : 건축자재
신용등급 : (Bond) —　　(CP) —
홈페이지 : www.jeil21c.co.kr
본　　사 : 경북 포항시 남구 장흥로39번길 7
시　　장 : KOSDAQ
기업규모 : 중견
연락처 : (054)278-2841

설 립 일	1971.03.04	종 업 원 수	178명	대 표 이 사	나주영
상 장 일	2000.01.11	감 사 의 견	적정 (삼일)	계　　열	
결 산 기	12월	보 통 주	900만주	종속회사수	
액 면 가	500원	우 선 주		구 상 회	

주주구성 (지분율,%)		출자관계 (지분율,%)		주요경쟁사 (외형,%)	
나주영	34.8	제이아이테크	42.0	제일테크노스	100
				이건창호	112
(외국인)	1.2			덕신하우징	84

매출구성		비용구성		수출비중	
일체형 DECK	40.8	매출원가율	86.0	수출	6.1
STEEL CUTTING	25.2	판관비율	10.8	내수	93.9
SHOT BLAST	15.0				

회사 개요

동사는 대형고층건물의 시공시 H-Beam위에 설치하는 바닥재용인 DECK PLATE, 강판의 발청을 보호하기 위한 PAINTING 작업인 SHOT BLAST, 조선용 후판을 거래처의요청에 따라 절단가공하는 STEEL CUTTING, 설비를 제작 납품하는 PLANT 등을 하고 있음. 특히 Deck Plate에서 국내 10개 업체가 경쟁관계에 있으며, 동사가 시장점유율 선두권을 유지하고 있음.

실적 분석

동사의 연결기준 2016년 4분기 누적매출액은 1,446.5억원으로 전년동기 대비 0.7% 소폭 증가하였음. 원가율이 늘어남에 따라 영업이익은 32.1% 감소한 45.3억원을 시현하는데 그쳤으며 당기순이익 역시 52.1% 감소한 22.3억원을 기록함. 매출의 40% 이상을 차지하는 DECK PLATE는 최근 동종업계 기업이 경쟁적으로 설비투자가 확대하며 저가 수주경쟁이 예상됨.

현금 흐름　*IFRS 별도 기준　〈단위 : 억원〉

항목	2015	2016
영업활동	76	13
투자활동	-72	-32
재무활동	40	-2
순현금흐름	45	-19
기말현금	95	76

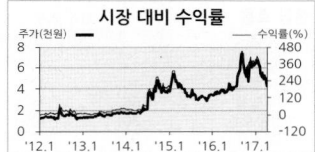
시장 대비 수익률

결산 실적　〈단위 : 억원〉

항목	2011	2012	2013	2014	2015	2016
매출액	1,224	1,378	1,358	1,462	1,436	1,446
영업이익	38	50	37	99	67	45
당기순이익	23	20	46	51	47	22

분기 실적　〈단위 : 억원〉

항목	2015.3Q	2015.4Q	2016.1Q	2016.2Q	2016.3Q	2016.4Q
매출액	333	403	303	381	351	412
영업이익	11	21	16	12	0	17
당기순이익	5	21	10	7	-2	7

재무 상태　〈단위 : 억원〉

항목	2011	2012	2013	2014	2015	2016
총자산	953	1,024	1,221	1,390	1,447	1,486
유형자산	589	675	821	952	961	937
무형자산	10	10	10	14	17	17
유가증권	27	27	28	15	14	24
총부채	631	686	837	772	796	821
총차입금	343	461	568	487	540	547
자본금	45	45	45	45	45	45
총자본	321	338	383	618	651	666
지배주주지분	321	338	383	618	651	666

기업가치 지표

항목	2011	2012	2013	2014	2015	2016
주가(최고/저)(천원)	1.7/0.9	2.2/1.2	1.8/1.3	4.9/1.7	5.4/2.9	8.3/3.3
PER(최고/저)(배)	7.4/4.1	10.3/5.7	3.8/2.7	9.1/3.1	10.8/5.7	33.9/13.5
PBR(최고/저)(배)	0.5/0.3	0.6/0.3	0.4/0.3	0.8/0.3	0.8/0.4	1.1/0.4
EV/EBITDA(배)	5.3	5.0	7.0	4.9	6.0	10.2
EPS(원)	253	227	510	562	517	248
BPS(원)	37,814	39,683	44,685	68,657	7,305	7,523
CFPS(원)	7,465	8,117	11,378	11,893	1,157	856
DPS(원)	200	100	900	800	80	60
EBITDAPS(원)	9,117	11,360	10,394	17,236	1,381	1,111

재무 비율　〈단위 : % 〉

연도	영업이익률	순이익률	부채비율	차입금비율	ROA	ROE	유보율	자기자본비율	EBITDA마진율
2016	3.1	1.5	123.3	82.2	1.5	3.4	1,404.6	44.8	6.9
2015	4.6	3.2	122.4	83.1	3.3	7.3	1,360.9	45.0	8.7
2014	6.8	3.5	124.9	78.8	3.9	10.1	1,273.1	44.5	10.6
2013	2.7	3.4	218.5	148.1	4.1	12.7	793.7	31.4	6.9

ㅈ

제주반도체 (A080220)
Jeju Semiconductor

업 종 : 휴대폰 및 관련부품		시 장 : KOSDAQ	
신용등급 : (Bond) ― (CP) ―		기업규모 : 중견	
홈페이지 : www.jeju-semi.com		연락처 : 064)740-1700	
본 사 : 제주도 제주시 청사로1길 18-4 제주상공회의소 2층			

설 립 일 2000.04.04	종 업 원 수 73명	대 표 이 사 박성식	
상 장 일 2005.02.01	감 사 의 견 적정 (안진)	계 열	
결 산 기 12월	보 통 주 2,507만주	종속회사수	
액 면 가 500원	우 선 주	구 상 호 EMLSI	

주주구성 (지분율,%)
박성식	11.2
Hsun Chieh Investment Co., Ltd	6.6
(외국인)	8.2

출자관계 (지분율,%)
램스웨이	99.0
미래비아이	10.0

주요경쟁사 (외형,%)
제주반도체	100
성우전자	305
한일진공	35

매출구성
NAND MCP	61.3
기타	19.0
셀룰러램(CRAM)	7.7

비용구성
매출원가율	79.5
판관비율	19.7

수출비중
수출	92.2
내수	7.8

회사 개요
동사는 대한민국 상법에 근거하여 "반도체, 정보통신에 관한 제품을 설계, 제조 및 이를 판매하는 사업 등"을 영위할 목적으로 2000년 04월 04일에 설립됨. 연결회사의 사업분야는 반도체사업부와 에너지사업부로 구분됨. 반도체사업부는 회사가 설립된 때로부터 영위한 주요 사업으로 휴대폰 등 모바일 응용기기에 적용되는 메모리 반도체를 개발, 제조하여 이를 판매. 에너지사업부는 사업 외연을 확장할 목적으로 2014년 하반기부터 사업을 개시함.

실적 분석
동사의 2016년 연간 매출은 566.3억원으로 전년대비 1.8% 감소, 영업이익은 4.6억원으로 전년대비 57.6% 감소. 당기순이익은 -8.1억원으로 전년에 이어 적자지속. 동사는 기존 주력 제품인 셀룰러램의 시장축소 및 스마트폰으로의 급속한 트렌드 변화에 민첩하게 대응하지 못해 매출 감소세를 지속하고 있음. 2017년 1월에 제3자배정 유상증자로 69억원 규모의 주식을 발생함.지난 1월에 대만 기업과 60억원 규모의 공급 계약 체결.

현금 흐름 〈단위 : 억원〉
항목	2015	2016
영업활동	-214	35
투자활동	-16	-44
재무활동	260	-4
순현금흐름	30	-10
기말현금	97	87

시장 대비 수익률
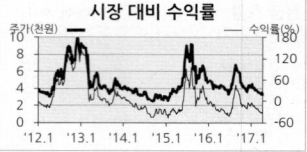

결산 실적 〈단위 : 억원〉
항목	2011	2012	2013	2014	2015	2016
매출액	822	287	140	333	577	566
영업이익	156	-28	-71	-71	11	5
당기순이익	131	-102	-97	-1	-6	-8

분기 실적 〈단위 : 억원〉
항목	2015.3Q	2015.4Q	2016.1Q	2016.2Q	2016.3Q	2016.4Q
매출액	178	44	146	114	126	179
영업이익	1	6	9	-7	4	-1
당기순이익	0	-9	7	-14	9	-11

재무 상태 〈단위 : 억원〉
항목	2011	2012	2013	2014	2015	2016
총자산	616	539	554	615	862	875
유형자산	20	39	30	42	36	19
무형자산	83	10	3	2	2	2
유가증권	39	38	36	23	16	30
총부채	56	46	158	213	475	497
총차입금		16	101	116	383	397
자본금	107	119	119	119	119	119
자본총	560	493	396	402	387	378
지배주주지분	559	492	395	401	386	378

기업가치 지표
항목	2011	2012	2013	2014	2015	2016
주가(최고/저)(천원)	4.6/2.6	10.1/2.9	9.6/3.3	4.3/2.5	9.9/2.6	6.8/3.2
PER(최고/저)(배)	7.0/4.0	—/—	—/—	—/—	—/—	—/—
PBR(최고/저)(배)	1.7/1.0	4.8/1.4	5.6/2.0	2.5/1.4	6.0/1.5	4.2/2.0
EV/EBITDA(배)	3.0				34.5	45.7
EPS(원)	658	-457	-416	-5	-26	-32
BPS(원)	2,676	2,115	1,701	1,727	1,664	1,629
CFPS(원)	830	-410	-351	77	79	50
DPS(원)						
EBITDAPS(원)	954	-76	-239	-220	152	102

재무 비율 〈단위 : % 〉
연도	영업이익률	순이익률	부채비율	차입금비율	ROA	ROE	유보율	자기자본비율	EBITDA마진율
2016	0.8	-1.4	131.6	105.2	-0.9	-2.0	221.6	43.2	4.2
2015	1.9	-1.1	122.7	99.0	-0.8	-1.5	228.5	44.9	6.2
2014	-21.3	-0.3	53.0	28.9	-0.2	-0.3	241.0	65.4	-15.5
2013	-50.8	-69.7	40.0	25.7	-17.8	-22.0	235.9	71.4	-40.0

제주은행 (A006220)
Jeju Bank

업 종 : 상업은행		시 장 : 거래소	
신용등급 : (Bond) AA+ (CP) ―		기업규모 : 시가총액 소형주	
홈페이지 : www.e-jejubank.com		연락처 : 064)720-0200	
본 사 : 제주도 제주시 오현길 90번지			

설 립 일 1969.03.20	종 업 원 수 442명	대 표 이 사 이동대	
상 장 일 1972.12.28	감 사 의 견 적정 (안진)	계 열	
결 산 기 12월	보 통 주 2,213만주	종속회사수	
액 면 가 5,000원	우 선 주	구 상 호	

주주구성 (지분율,%)
신한금융지주회사	68.9
국민연금공단	11.0
(외국인)	2.2

출자관계 (지분율,%)
제주미술관	10.0
청정서귀포	4.0
제주국제컨벤션센터	0.6

주요경쟁사 (외형,%)
제주은행	100
BNK금융지주	2,042
DGB금융지주	1,091

수익구성
환전업무 및 해외송금업무	0.0
신탁보수	0.0
대출금이자 등	0.0

비용구성
이자비용	36.8
파생상품손실	0.0
판관비	43.0

수출비중
수출	―
내수	―

회사 개요
1969년 설립된 동사는 1972년 유가증권시장에 상장된 제주 기반의 은행임. 대출 외에 카드, 환, 방카슈랑스, 수익증권 판매, 유가증권 운용 등 광범위한 금융 업무 영위 중임. 2016년 9월 기준 원화예수금 4조 809억원, 양도성예금증서 2,408억원, 외화예수금 107억원 등 총 4조 4,687억원의 수신고를 보임. 또한, 원화대출금 4조 572억원, 외화대출금 40억원 등 총 4조 1,581억원의 여신을 취급함.

실적 분석
동사는 실적개선에 따른 이익 증가 등으로 인해 영업이익이 전년대비 22.8% 증가한 312억원을, 당기순이익이 전년 대비 29.9% 증가한 252억원을 시현했음. 현금 및 예치금은 247억원 감소했으며 유가증권이 643억 증가하고 대출채권은 7093억원(전년 대비 19.8%)이 증가했음. 동사는 제주지역의 영업기반을 강화해 이 지역의 시장점유율을 증대시키고, 핵심고객 증대 및 크로스마케팅을 강화하여 안정적인 수익기반을 창출하고자 노력 중임.

현금 흐름 〈단위 : 억원〉
항목	2015	2016
영업활동	502	-968
투자활동	30	-730
재무활동	231	875
순현금흐름	765	-821
기말현금	1,416	595

시장 대비 수익률

결산 실적 〈단위 : 억원〉
항목	2011	2012	2013	2014	2015	2016
이자수익	1,696	1,693	1,488	1,405	1,370	1,594
영업이익	310	308	251	176	254	312
당기순이익	224	230	205	139	194	252

분기 실적 〈단위 : 억원〉
항목	2015.3Q	2015.4Q	2016.1Q	2016.2Q	2016.3Q	2016.4Q
이자수익	337	359	374	395	409	417
영업이익	69	51	76	98	48	89
당기순이익	52	37	61	74	36	81

재무 상태 〈단위 : 억원〉
항목	2011	2012	2013	2014	2015	2016
총자산	31,682	31,467	31,960	34,757	44,646	51,848
유형자산	294	303	338	357	371	392
무형자산	18	25	36	38	52	68
유가증권	5,239	6,078	5,997	5,342	5,252	5,895
총부채	29,203	28,688	29,040	31,702	41,466	48,492
총차입금	2,599	2,434	1,633	1,370	1,593	2,522
자본금	1,106	1,106	1,106	1,106	1,106	1,106
자본총	2,479	2,779	2,921	3,055	3,180	3,357
지배주주지분	2,479	2,779	2,921	3,055	3,180	3,357

기업가치 지표
항목	2011	2012	2013	2014	2015	2016
주가(최고/저)(천원)	5.6/4.3	4.9/4.0	5.5/4.2	8.2/5.1	12.4/6.7	9.9/6.7
PER(최고/저)(배)	5.9/4.5	5.1/4.1	6.3/4.7	13.5/8.5	14.4/7.8	8.8/6.0
PBR(최고/저)(배)	0.5/0.4	0.4/0.3	0.4/0.3	0.6/0.4	0.9/0.5	0.7/0.5
PSR(최고/저)(배)	1/1	1/1	1/1	1/1	2/1	1/1
EPS(원)	1,013	1,041	926	626	877	1,137
BPS(원)	11,201	12,558	13,200	13,805	14,371	15,168
CFPS(원)	1,143	1,172	1,067	816	1,107	1,397
DPS(원)		50	100	100	100	100
EBITDAPS(원)	1,403	1,392	1,135	794	1,149	1,410

재무 비율 〈단위 : % 〉
연도	계속사업이익률	순이익률	부채비율	차입금비율	ROA	ROE	유보율	자기자본비율	총자산증가율
2016	20.6	15.8	1,444.7	75.1	0.5	7.7	203.4	6.5	16.1
2015	18.1	14.2	1,303.9	50.1	0.5	6.2	187.4	7.1	28.5
2014	12.7	9.9	1,037.8	44.9	0.4	4.6	176.1	8.8	8.7
2013	17.5	13.8	994.2	55.9	0.7	7.2	164.0	9.1	1.6

제주항공 (A089590)
JEJUAIR CO

업 종 : 항공운수	시 장 : 거래소
신용등급 : (Bond) — (CP) —	기업규모 : 시가총액 중형주
홈 페 이 지 : www.jejuair.net	연 락 처 : 070)7420-1000
본 사 : 제주도 제주시 신대로 64 (연동건설공제회관3층)	

설 립 일 2005.01.25	종 업 원 수 1,705명	대 표 이 사 안용찬,최규남	
상 장 일 2015.11.06	감 사 의 견 적정 (한영)	계 열	
결 산 기 12월	보 통 주 2,629만주	종속회사수	
액 면 가 5,000원	우 선 주	구 상 호	

주주구성 (지분율,%)		출자관계 (지분율,%)		주요경쟁사 (외형,%)	
AK홀딩스	57.1	샤프테크닉스케이 12.4		제주항공	100
제주특별자치도청	7.6			대한항공	1,569
(외국인)	4.3			한진칼	133

매출구성		비용구성		수출비중	
여객수입	97.0	매출원가율	80.5	수출	—
기타수입	2.3	판관비율	11.7	내수	—
화물수입	0.7				

회사 개요
애경그룹 계열의 저가항공사로서 최대주주는 AK홀딩스임. 2005년 8월 정기항공운송사업 및 노선개설 면허를 취득하고, 국내 및 국제항공 여객운송업을 영위하고 있음. 국내 저가항공사는 동사를 포함하여 총 6개사가 영업 중이며, 항공기 보유대수와 탑승객수 모두에서 동사가 가장 큰 외형을 보유. 국내선 탑승객 점유율은 전체 14.7% 수준. 지난해 국내선에서 453만여명, 국제선에서 413만여명을 운송함.

실적 분석
국내외 여행수요 증가와 저가항공사의 점유율 확대로 동사의 2016년 연간 누적 매출액은 전년 동기 대비 23% 증가한 7476.1억원을 기록함. 영업이익과 당기순이익도 전년보다 각각 13.6%, 12.3% 증가하여 수익성 개선에도 성공. 전기대비 현금 및 현금성자산이 424억 증가하여 2016년 기준 현금 및 현금성자산 1682억원을 보유함. 최근엔 해외 판매 채널의 직영화와 방한외국인 유치를 위한 다양한 마케팅 활동도 진행 중.

현금 흐름 *IFRS 별도 기준   〈단위 : 억원〉
항목	2015	2016
영업활동	721	1,167
투자활동	-1,520	-691
재무활동	1,274	-74
순현금흐름	482	415
기말현금	1,258	1,673

시장 대비 수익률
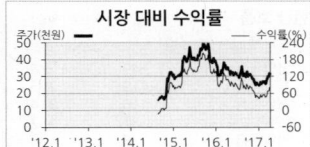

결산 실적   〈단위 : 억원〉
항목	2011	2012	2013	2014	2015	2016
매출액	2,577	3,412	4,341	5,106	6,081	7,476
영업이익	139	22	170	295	514	584
당기순이익	168	53	197	320	472	530

분기 실적 *IFRS 별도 기준   〈단위 : 억원〉
항목	2015.3Q	2015.4Q	2016.1Q	2016.2Q	2016.3Q	2016.4Q
매출액	1,667	1,546	1,732	1,621	2,217	1,907
영업이익	168	39	156	6	382	42
당기순이익	126	23	120	46	285	81

재무 상태 *IFRS 별도 기준   〈단위 : 억원〉
항목	2011	2012	2013	2014	2015	2016
총자산	1,010	1,225	1,809	2,637	4,777	6,004
유형자산	226	437	404	316	412	589
무형자산	18	13	19	78	116	119
유가증권	0	2				653
총부채	724	893	1,319	1,836	2,459	3,283
총차입금	108	68		30	243	203
자본금	1,100	1,100	1,100	1,100	1,295	1,315
총자본	286	332	490	801	2,318	2,722
지배주주지분	286	332	490	801	2,318	2,722

기업가치 지표 *IFRS 별도 기준
항목	2011	2012	2013	2014	2015	2016
주가(최고/저)(천원)	—/—	—/—	—/—	33.6/7.1	60.9/28.3	40.1/24.7
PER(최고/저)(배)	0.0/0.0	0.0/0.0	0.0/0.0	23.8/5.0	30.5/14.2	20.0/12.3
PBR(최고/저)(배)	0.0/0.0	0.0/0.0	0.0/0.0	9.5/2.0	7.0/3.3	4.0/2.4
EV/EBITDA(배)	—	—	—	14.8	12.9	4.6
EPS(원)	764	239	893	1,454	2,054	2,047
BPS(원)	1,300	1,511	2,228	3,639	8,948	10,351
CFPS(원)	888	420	1,246	1,836	2,479	2,589
DPS(원)					400	500
EBITDAPS(원)	754	279	1,127	1,723	2,664	2,798

재무 비율   〈단위 : % 〉
연도	영업이익률	순이익률	부채비율	차입금비율	ROA	ROE	유보율	자기자본비율	EBITDA마진율
2016	7.8	7.1	120.8	7.5	9.8	21.0	106.8	45.3	9.7
2015	8.5	7.8	106.1	10.5	12.7	30.2	79.0	48.5	10.1
2014	5.8	6.3	일부잠식	일부잠식	14.4	49.6	-27.2	30.4	7.4
2013	3.9	4.5	일부잠식		0.0	—	-55.4	27.1	5.7

젠큐릭스 (A229000)
Gencurix

업 종 : 의료 장비 및 서비스	시 장 : KONEX
신용등급 : (Bond) — (CP) —	기업규모 :
홈 페 이 지 : www.gencurix.com	연 락 처 : 070)7508-2340
본 사 : 서울시 구로구 디지털로 242, 9층 908~910호	

설 립 일 2011.09.21	종 업 원 수 39명	대 표 이 사 조상래	
상 장 일 2015.10.27	감 사 의 견 적정 (대주)	계 열	
결 산 기 12월	보 통 주 463만주	종속회사수	
액 면 가 500원	우 선 주	구 상 호	

주주구성 (지분율,%)		출자관계 (지분율,%)		주요경쟁사 (외형,%)	
조상래	23.0	엔젠바이오 50.2		젠큐릭스	100
김국향	8.7			메디아나	9,112
				유비케어	11,646

매출구성		비용구성		수출비중	
		매출원가율	96.3	수출	—
		판관비율	1353.4	내수	—

회사 개요
동사는 2011년 9월 22일 설립하였으며, 2015년 10월 27일에 코넥스시장에 상장됨. 분자진단 및 동반진단 제품의 생산을 전문으로 수행하는 벤처기업으로서 각종 질병의 진단, 치료, 경과, 처치, 예방에 대한 건강증진을 목적으로 하는 의료기기 개발 사업을 영위함. 특히 체외진단용 의료기기의 연구, 개발, 제조 및 판매와 관련된 서비스를 제공함. 빠르게 성장 중인 체외진단 시장은 2017년 626억 달러 규모로 추산됨.

실적 분석
동사의 2016년 매출액은 5.9억원으로 전년 대비 소폭 증가함. 영업손실 79.1억원, 당기순손실 88.2억원으로 아직 수익을 내지 못하고 있음. 특허권이 확보된 12개 유전자를 선별하여 GenesWellTM BAT Kit를 제작하였고, 식약처 인허가 추진을 통해 2015년 4월 제조 품목허가(식약처, Class II)를 획득함. 2016년 6월 운영자금 조달 목적으로 100억원 규모의 제3자배정유상증자를 실행함.

현금 흐름 *IFRS 별도 기준   〈단위 : 억원〉
항목	2015	2016
영업활동	-23	-58
투자활동	-27	-17
재무활동	78	100
순현금흐름	28	25
기말현금	39	64

시장 대비 수익률
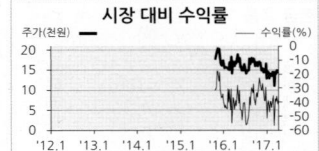

결산 실적   〈단위 : 억원〉
항목	2011	2012	2013	2014	2015	2016
매출액	—	—	—	—	6	6
영업이익	—	-2	-6	-18	-40	-79
당기순이익	—	-1	-6	-18	-40	-88

분기 실적 *IFRS 별도 기준   〈단위 : 억원〉
항목	2015.3Q	2015.4Q	2016.1Q	2016.2Q	2016.3Q	2016.4Q
매출액						
영업이익						
당기순이익						

재무 상태 *IFRS 별도 기준   〈단위 : 억원〉
항목	2011	2012	2013	2014	2015	2016
총자산		15	16	32	92	119
유형자산		2	2	7	8	9
무형자산		10	10	14	22	24
유가증권						
총부채		1	7	10	26	10
총차입금			4	8	6	6
자본금		12	12	14	20	23
총자본		14	9	23	66	109
지배주주지분		14	9	23	66	109

기업가치 지표 *IFRS 별도 기준
항목	2011	2012	2013	2014	2015	2016
주가(최고/저)(천원)	—/—	—/—	—/—	—/—	20.4/15.8	20.0/12.5
PER(최고/저)(배)	0.0/0.0	0.0/0.0	0.0/0.0	0.0/0.0	—/—	—/—
PBR(최고/저)(배)	0.0/0.0	0.0/0.0	0.0/0.0	0.0/0.0	12.1/9.4	8.5/5.3
EV/EBITDA(배)	0.0					
EPS(원)	—	-57	-244	-711	-1,216	-2,055
BPS(원)		626	382	791	1,687	2,359
CFPS(원)		-57	-229	-597	-1,077	-1,928
DPS(원)						
EBITDAPS(원)		-83	-233	-568	-1,069	-1,716

재무 비율   〈단위 : % 〉
연도	영업이익률	순이익률	부채비율	차입금비율	ROA	ROE	유보율	자기자본비율	EBITDA마진율
2016	-1,349.7	-1,505.2	9.4	5.0	-83.4	-100.7	371.9	91.4	-1,256.6
2015	-684.4	-689.2	39.2	8.3	-64.0	-89.9	237.4	71.8	-605.9
2014	0.0	0.0	44.0	33.3	-76.0	-116.4	58.3	69.5	0.0
2013	0.0	0.0	일부잠식	일부잠식	-36.3	-48.4	-23.6	56.7	0.0

젬백스앤카엘 (A082270)
GemVax&KAEL

업 종 : 반도체 및 관련장비		시 장 : KOSDAQ	
신용등급 : (Bond) — (CP) —		기업규모 : 중견	
홈 페 이 지 : www.kael.co.kr		연 락 처 : (042)931-6287	
본 사 : 대전시 유성구 테크노11로 58 (탑립동)			

설 립 일	1998.03.10	종 업 원 수	119명	대 표 이 사	김상재
상 장 일	2005.06.24	감 사 의 견	적정 (정일)	계 열	
결 산 기	12월	보 통 주	3,059만주	종속회사수	
액 면 가	500원	우 선 주		구 상 호	

주주구성 (지분율,%)
젬앤컴퍼니	10.5
KB자산운용	3.6
(외국인)	3.1

출자관계 (지분율,%)
화련젬백스	50.0
킹스맨	31.6
젬백스테크놀러지	19.4

주요경쟁사 (외형,%)
젬백스	100
지스마트글로벌	83
케이씨텍	447

매출구성
CA Filter	70.4
상품 외	17.9
media	13.3

비용구성
매출원가율	85.2
판관비율	31.0

수출비중
수출	33.8
내수	66.2

회사 개요
동사는 반도체와 디스플레이용 코팅수지 제조업체임. 본업이 반도체 소재업임에도 100% 지분을 가진 자회사 카엘젬백스가 췌장암 항암백신을 개발하고 있다는 점에서 바이오 종목으로 분류됨. 자회사의 지분인수를 통해 확보하게된 항암백신인 GV1001은 현재 췌장암 임상 3상 시험을 진행하고 있으며, 폐암 또한 임상 3상을 진행하고 있고 간암과 혈액암 그리고 흑색종의 경우 임상 2상이 완료된 보편적인 암백신임.

실적 분석
동사의 2016년 연결 기준 매출과 영업손실은 1091억원, 176억원으로 전년 대비 매출은 45.4% 증가했으나 영업적자를 지속함. 종속회사가 추가매출액은 증가하였으나, 종속회사 및 무형자산 손실에 따른 영향으로 손실폭이 확대됨. 동사는 2017년에 GV1001의 파이프라인 확대를 가속화하여 신약에 대한 기술력을 인정받는 데 주력할 계획임.

현금 흐름 〈단위 : 억원〉
항목	2015	2016
영업활동	-73	-127
투자활동	-522	-643
재무활동	624	662
순현금흐름	44	-108
기말현금	175	67

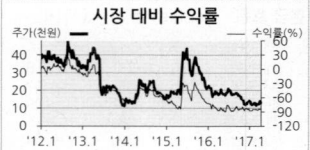
시장 대비 수익률

결산 실적 〈단위 : 억원〉
항목	2011	2012	2013	2014	2015	2016
매출액	521	318	665	1,011	751	1,091
영업이익	-81	-47	-106	-56	-28	-176
당기순이익	-105	-126	-33	-298	-95	-409

분기 실적 〈단위 : 억원〉
항목	2015.3Q	2015.4Q	2016.1Q	2016.2Q	2016.3Q	2016.4Q
매출액	109	206	233	223	357	278
영업이익	-39	25	-41	-48	-35	-51
당기순이익	-83	-19	-69	-63	-11	-266

재무 상태 〈단위 : 억원〉
항목	2011	2012	2013	2014	2015	2016
총자산	1,315	1,330	1,450	1,063	1,802	1,897
유형자산	231	240	257	238	239	266
무형자산	354	393	369	337	346	187
유가증권	68	3	135	62	218	166
총부채	576	717	784	624	811	893
총차입금	449	562	669	482	702	729
자본금	116	125	129	135	146	153
총자본	739	613	666	439	992	1,004
지배주주지분	374	448	434	106	477	534

기업가치 지표
항목	2011	2012	2013	2014	2015	2016
주가(최고/저)(천원)	48.8/12.9	47.9/31.2	47.8/10.8	26.1/11.2	43.8/15.4	24.0/11.0
PER(최고/저)(배)	—/—	—/—	964.7/217.0	—/—	—/—	—/—
PBR(최고/저)(배)	30.1/7.9	26.5/17.3	26.8/6.0	20.3/8.7	17.8/6.2	9.5/4.4
EV/EBITDA(배)					346.7	
EPS(원)	-400	-372	50	-1,187	-86	-696
BPS(원)	1,623	1,806	1,782	1,284	2,463	2,531
CFPS(원)	-322	-255	224	-1,028	87	-476
DPS(원)	—	—	—	—	—	—
EBITDAPS(원)	-274	-76	-243	-47	76	-365

재무 비율 〈단위 : % 〉
연도	영업이익률	순이익률	부채비율	차입금비율	ROA	ROE	유보율	자기자본비율	EBITDA마진율
2016	-16.1	-37.4	89.0	72.7	-22.1	-41.4	406.1	52.9	-10.1
2015	-3.7	-12.7	81.7	70.8	-6.6	-8.4	392.6	55.0	2.9
2014	-5.5	-29.5	141.9	109.8	-23.8	-118.3	156.8	41.3	-1.2
2013	-15.9	-5.0	117.8	100.6	-2.4	2.8	256.4	45.9	-9.2

젬백스테크놀러지 (A041590)
GemVax Technology

업 종 : 휴대폰 및 관련부품		시 장 : KOSDAQ	
신용등급 : (Bond) — (CP) —		기업규모 : 중견	
홈 페 이 지 : www.gemvaxtechnology.com		연 락 처 : (042)620-8000	
본 사 : 대전시 유성구 테크노1로 30 (관평동)			

설 립 일	1998.12.28	종 업 원 수	53명	대 표 이 사	김상재,서영운
상 장 일	2002.11.01	감 사 의 견	적정 (대주)	계 열	
결 산 기	12월	보 통 주	3,228만주	종속회사수	
액 면 가	500원	우 선 주		구 상 호	GemTech

주주구성 (지분율,%)
젬백스앤카엘	20.0
ABN AMRO Bank N.V. (London Branch)	1.4
(외국인)	0.5

출자관계 (지분율,%)
젬백스디바이스	100.0
미즈앤코	100.0
라프리마	51.0

주요경쟁사 (외형,%)
젬백스테크놀러지	100
에스맥	173
이라이콤	379

매출구성
LCD 모듈제조(제품)	98.2
기타	1.5
LCD 모듈제조(상품)	0.3

비용구성
매출원가율	91.4
판관비율	22.7

수출비중
수출	21.9
내수	78.1

회사 개요
동사는 1998년 설립되어 2002년에 코스닥 시장에 상장된 중소형 LCD 모듈 제조회사. 이 분야의 오래된 기술력을 바탕으로 국내외 유무선 정보통신기기 제조업체와 제품개발 초기단계부터 공동개발에 참여하고 있으며, 디스플레이 구동기술을 다각화하여 유무선 정보통신기기제조업체 및 소비자의 기호에 맞는 제품을 생산할 수 있는 토탈 솔루션을 제공하는 업체임. LCD모듈 제조업체인 에치엔에 치전자를 계열사로 두고 있음.

실적 분석
연간 매출은 807.3억원으로 전년 대비 80.2% 증가하였으나 영업이익은 -113.9억원으로 전년 대비 적자지속 시현. 당기순이익은 -237.3억원으로 전년대비 적자지속을 시현. 스마트폰 시장 성장 둔화세가 지속되고 있으나 성장성이 높은 사업군(바이오사업, 영유아 식품사업) 확보로 점진적인 매출 회복 기대됨. 2017년 2월에 필링크의 최대주주 지위를 확보, 또한 필링크가 크리스F&C를 인수함으로써 IT 및 패션 유통사업 진출을 본격적으로 추진함.

현금 흐름 〈단위 : 억원〉
항목	2015	2016
영업활동	-49	-70
투자활동	-419	-295
재무활동	416	314
순현금흐름	-37	-52
기말현금	78	26

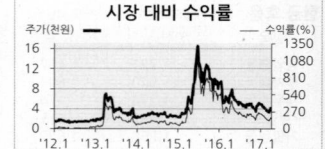
시장 대비 수익률

결산 실적 〈단위 : 억원〉
항목	2011	2012	2013	2014	2015	2016
매출액	560	726	545	751	448	807
영업이익	18	35	18	61	-52	-114
당기순이익	46	55	13	27	-84	-237

분기 실적 〈단위 : 억원〉
항목	2015.3Q	2015.4Q	2016.1Q	2016.2Q	2016.3Q	2016.4Q
매출액	42	128	187	164	237	219
영업이익	-23	-27	-16	-37	-39	-22
당기순이익	-38	-41	-29	-45	-54	-109

재무 상태 〈단위 : 억원〉
항목	2011	2012	2013	2014	2015	2016
총자산	324	364	584	548	1,203	1,210
유형자산	69	113	137	127	136	128
무형자산	10	11	11	11	80	41
유가증권	60	4	220	148	384	252
총부채	161	148	296	198	611	731
총차입금	103	62	251	140	522	609
자본금	81	81	86	104	129	151
총자본	163	216	287	350	591	479
지배주주지분	163	216	287	350	585	475

기업가치 지표
항목	2011	2012	2013	2014	2015	2016
주가(최고/저)(천원)	2.7/1.1	1.9/1.2	7.2/1.6	3.3/2.2	16.6/2.2	9.5/3.4
PER(최고/저)(배)	9.4/3.7	5.5/3.6	90.4/20.2	24.1/15.8	—/—	—/—
PBR(최고/저)(배)	2.5/1.0	1.3/0.9	4.2/0.9	1.9/1.3	7.2/1.0	5.9/2.1
EV/EBITDA(배)	6.0	3.7	8.2	6.2		
EPS(원)	289	339	80	138	-326	-805
BPS(원)	1,078	1,406	1,736	1,734	2,315	1,607
CFPS(원)	370	424	194	245	-224	-689
DPS(원)	—	—	—	—	—	—
EBITDAPS(원)	195	302	222	416	-107	-279

재무 비율 〈단위 : % 〉
연도	영업이익률	순이익률	부채비율	차입금비율	ROA	ROE	유보율	자기자본비율	EBITDA마진율
2016	-14.1	-29.4	152.7	127.2	-19.7	-43.8	221.5	39.6	-10.0
2015	-11.6	-18.8	103.4	88.4	-9.6	-17.3	362.9	49.2	-5.9
2014	8.2	3.7	56.6	40.1	4.8	8.6	246.9	63.9	11.0
2013	3.4	2.5	103.2	87.5	2.8	5.4	247.2	49.2	6.9

조광아이엘아이 (A044060)
Jokwang ILI

업 종 : 기계		시 장 : KOSDAQ	
신용등급 : (Bond) — (CP) —		기업규모 : 벤처	
홈 페 이 지 : www.jokwang.co.kr		연 락 처 : 055)360-0200	
본 사 : 경남 양산시 산막공단북10길 37 (산막동)			

설 립 일 1994.05.31	종업원수 111명	대표이사 임만수	
상 장 일 2001.01.18	감사의견 적정 (부원)	계 열	
결 산 기 12월	보통주 989만주	종속회사수	
액 면 가 500원	우선주	구 상 호	

주주구성 (지분율,%)		출자관계 (지분율,%)		주요경쟁사 (외형,%)	
임만수	19.4	아론티	39.3	조광ILI	100
임창수	10.1	청도조광특수밸브	100.0	에이테크솔루션	935
(외국인)	0.7			디에스티로봇	184

매출구성		비용구성		수출비중	
안전밸브	70.4	매출원가율	58.1	수출	18.9
기타제품	10.3	판관비율	27.9	내수	81.1
감압밸브	7.2				

회사 개요
동사는 산업용 특수밸브 제조업의 단일사업 부문만을 영위하고 있는 특수밸브 전문 생산업체로, 창립초기부터 성장기까지는 경상도 지역으로의 판매시장에 편중되어 있었으나, 최근 전국적인 수요대상을 목표로 국내 29개 대리점망을 구축하여 영업력을 강화하고 있음. 국외로는 동남아를 비롯한 수출파트너를 발굴해 IMF상황을 맞이한 일시적인 매출감소를 제외하고는 매년 매출이 점진적으로 늘어나고 있음. 주력제품 안전밸브는 점유율에 있어서 국내 상위를 점하고 있음.

실적 분석
밸브산업은 밀접한 연관산업인 조선, 석유화학, 건설경기, 일반기계산업의 경기변화에 민감함. 조선경기의 불황 및 밸브산업의 경쟁과열 등 불안한 경영환경이 지속되면서 동사는 2016년 4/4분기 전년동기 대비 21.6% 감소한 245.0억원의 매출을 달성하는데 그침. 영업이익은 원가절감 노력에도 판관비의 증가로 전년동기 대비 59.1% 감소함. 이에 따라 당기순이익도 전년동기 대비 53.8% 감소한 35.2억원을 시현함.

현금 흐름 〈단위 : 억원〉

항목	2015	2016
영업활동	36	87
투자활동	-82	29
재무활동	51	-47
순현금흐름	6	72
기말현금	38	110

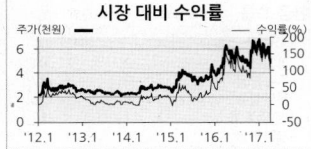
주가(천원) / 시장 대비 수익률 / 수익률(%)

결산 실적 〈단위 : 억원〉

항목	2011	2012	2013	2014	2015	2016
매출액	178	226	208	267	313	245
영업이익	26	27	23	59	84	34
당기순이익	-25	8	22	47	76	35

분기 실적 〈단위 : 억원〉

항목	2015.3Q	2015.4Q	2016.1Q	2016.2Q	2016.3Q	2016.4Q
매출액	91	109	42	68	66	70
영업이익	24	49	-2	7	16	13
당기순이익	17	50	2	8	12	13

재무 상태 〈단위 : 억원〉

항목	2011	2012	2013	2014	2015	2016
총자산	398	420	437	538	652	618
유형자산	185	187	185	285	267	310
무형자산	2	3	3	3	3	3
유가증권	60	70	80	50	36	58
총부채	92	115	116	180	231	133
총차입금	17	42	45	96	154	75
자본금	41	41	41	41	41	49
총자본	307	306	321	358	421	486
지배주주지분	307	306	321	358	421	486

기업가치 지표

항목	2011	2012	2013	2014	2015	2016
주가(최고/저)(천원)	3.3/1.7	3.9/2.1	2.7/2.1	3.0/2.2	4.7/2.4	7.6/3.7
PER(최고/저)(배)	—/—	46.3/24.5	10.8/8.6	5.6/4.2	5.3/2.7	19.3/9.5
PBR(최고/저)(배)	1.0/0.5	1.2/0.6	0.8/0.6	0.7/0.6	1.0/0.5	1.6/0.8
EV/EBITDA(배)	4.3	7.1	6.5	4.2	5.1	13.7
EPS(원)	-298	94	268	570	918	399
BPS(원)	3,723	3,712	3,892	4,322	5,079	4,914
CFPS(원)	-220	171	331	636	973	494
DPS(원)	80	80	80	80	80	80
EBITDAPS(원)	398	406	339	786	1,071	486

재무 비율 〈단위 : % 〉

연도	영업이익률	순이익률	부채비율	차입금비율	ROA	ROE	유보율	자기자본비율	EBITDA마진율
2016	14.0	14.4	27.3	15.5	5.5	7.8	882.8	78.6	17.5
2015	26.9	24.3	54.8	36.6	12.8	19.5	915.8	64.6	28.4
2014	22.3	17.7	50.2	26.8	9.7	13.9	764.3	66.6	24.3
2013	10.9	10.6	36.2	14.0	5.2	7.1	678.5	73.4	13.4

조광페인트 (A004910)
Chokwang Paint

업 종 : 건축자재		시 장 : 거래소	
신용등급 : (Bond) — (CP) —		기업규모 : 시가총액 소형주	
홈 페 이 지 : www.ckpc.co.kr		연 락 처 : 051)304-7701	
본 사 : 부산시 사상구 삼덕로5번길 148 (삼락동)			

설 립 일 1967.01.16	종업원수 434명	대표이사 이대은	
상 장 일 1976.12.27	감사의견 적정 (한영)	계 열	
결 산 기 12월	보통주 1,280만주	종속회사수	
액 면 가 500원	우선주	구 상 호	

주주구성 (지분율,%)		출자관계 (지분율,%)		주요경쟁사 (외형,%)	
양성아	17.8	조광요턴	50.0	조광페인트	100
양은아	5.8	KNN	3.7	노루홀딩스	366
(외국인)	3.9			삼화페인트	256

매출구성		비용구성		수출비중	
기타	50.2	매출원가율	77.5	수출	6.3
우레탄	24.2	판관비율	13.6	내수	93.7
원료외	14.6				

회사 개요
동사는 1967년 설립되어 일반용 도료와 관련 제품을 제조 및 판매하고 있음. 동사는 노르웨이의 도료업체인 요턴과 합작회사인 조광요턴을 50%씩 출자해 부산 강서구 외국인투자지역에 2009년 공장을 설립했음. 시장점유율 4.5%로 KCC와 노루페인트 등에 이어 국내업체 가운데 매출규모로 5위 수준임. 주요 고객으로 LG하우시스와 연합철강 등이 있으며 베트남에도 현지법인과 생산공장을 두고 있음.

실적 분석
동사의 2016년 매출액은 1,837억원으로 전년 대비 0.4% 감소하였으며, 영업이익은 166.6억원으로 전년 대비 9.0% 감소하였음. 전체적으로 성장이 정체하는 어려운 상황 속에서도 바닥방수, UV전기건자재료, 점접착제 및 플라스틱 분야에서 평균 20%대의 높은 성장률을 보였음. 당기순이익 감소는 경쟁 심화에 따른 판매단가 인하 및 원자재 가격 인하가 주된 이유로 분석됨.

현금 흐름 〈단위 : 억원〉

항목	2015	2016
영업활동	212	182
투자활동	-30	-66
재무활동	-181	-107
순현금흐름	2	10
기말현금	27	37

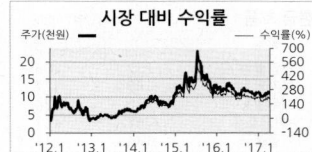
주가(천원) / 시장 대비 수익률 / 수익률(%)

결산 실적 〈단위 : 억원〉

항목	2011	2012	2013	2014	2015	2016
매출액	1,668	1,730	1,846	1,938	1,895	1,887
영업이익	64	71	102	164	183	167
당기순이익	60	128	117	168	193	182

분기 실적 〈단위 : 억원〉

항목	2015.3Q	2015.4Q	2016.1Q	2016.2Q	2016.3Q	2016.4Q
매출액	484	466	425	493	461	509
영업이익	46	33	32	61	40	34
당기순이익	60	19	66	77	29	10

재무 상태 〈단위 : 억원〉

항목	2011	2012	2013	2014	2015	2016
총자산	2,018	2,176	2,264	2,416	2,408	2,524
유형자산	788	816	832	963	969	1,007
무형자산	23	23	23	23	23	23
유가증권	41	48	48	64	79	99
총부채	856	905	898	914	747	691
총차입금	497	504	446	445	285	204
자본금	64	64	64	64	64	64
총자본	1,161	1,271	1,367	1,503	1,661	1,833
지배주주지분	1,161	1,271	1,367	1,503	1,661	1,833

기업가치 지표

항목	2011	2012	2013	2014	2015	2016
주가(최고/저)(천원)	3.7/2.5	11.6/2.9	6.8/3.7	10.7/5.8	26.1/10.8	13.9/10.4
PER(최고/저)(배)	9.4/6.4	13.4/3.3	8.2/4.5	8.7/4.7	18.2/7.5	10.1/7.6
PBR(최고/저)(배)	0.5/0.3	0.7/0.2	0.7/0.4	0.9/0.5	2.0/0.8	1.0/0.7
EV/EBITDA(배)	11.4	11.2	10.2	9.8	9.8	8.4
EPS(원)	471	996	918	1,309	1,508	1,422
BPS(원)	9,730	10,589	11,336	12,398	13,634	14,976
CFPS(원)	597	1,138	1,079	1,489	1,697	1,616
DPS(원)	180	180	200	200	250	400
EBITDAPS(원)	627	695	960	1,458	1,620	1,495

재무 비율 〈단위 : % 〉

연도	영업이익률	순이익률	부채비율	차입금비율	ROA	ROE	유보율	자기자본비율	EBITDA마진율
2016	8.8	9.7	37.7	11.1	7.4	10.4	2,895.2	72.6	10.1
2015	9.7	10.2	45.0	17.2	8.0	12.2	2,626.7	69.0	10.9
2014	8.5	8.7	60.8	29.6	7.2	11.7	2,379.6	62.2	9.6
2013	5.5	6.4	65.7	32.6	5.3	8.9	2,167.2	60.4	6.7

조광피혁 (A004700)
Chokwang Leather

업 종 : 섬유 및 의복		시 장 : 거래소	
신용등급 : (Bond) — (CP) —		기업규모 : 시가총액 소형주	
홈 페 이 지 : www.chokwang.co.kr		연 락 처 : 043)270-5316	
본 사 : 충북 청주시 흥덕구 공단로126번길 97(송정동, 공단2브럭)			

설 립 일 1966.08.03	종업원수 190명	대표이사 지길순			
상 장 일 1977.05.27	감사의견 적정 (정진)	계 열			
결 산 기 12월	보 통 주 665만주	종속회사수			
액 면 가 5,000원	우 선 주	구 상 호			

주주구성 (지분율,%)		출자관계 (지분율,%)		주요경쟁사 (외형,%)	
이연석	10.9	삼양통상	6.1	조광피혁	100
박영옥	10.9	청주방송	3.0	일신방직	241
(외국인)	1.3	광주신세계	1.5	에프티이앤이	23

매출구성		비용구성		수출비중	
F/G,M/C외	96.7	매출원가율	80.3	수출	36.5
부산물(제품)	2.7	판관비율	6.3	내수	63.5
자재등(상품)	0.6				

회사 개요

동사는 피혁원단만을 전문적으로 제조하는 피혁 전문업체임. 가죽원단, 자동차 시트 재단품이 전체 매출액의 97.92% 차지함. 대부분의 원자재를 해외에서 수입함으로 국제 원자재 가격의 동향에 따라 수익성이 크게 좌우됨. 최근에는 중국 및 동남아시아 업체들의 저가 제품이 가죽원단 시장을 공략하고 있으나, 국내 업체들은 앞선 기술력으로 급속한 잠식을 막아 내고 있음. 2016년 매출액 대비 연구개발비율은 0.45%임.

실적 분석

동사의 2016년 매출액은 1,985.7억원으로 전년 대비 9.2% 증가함. 영업이익은 266억원으로 259.2% 증가함. 당기순이익은 216.4억원으로 189.3% 증가함. 국내 완성차 업체의 신차 출시와 원자재 가격의 하락 반전이 긍정적인 요인임. 핸드백, 신발 관련 시장은 주문 감소로 어려움을 겪고 있음. 품질 향상과 고부가가치 고품질의 신제품 개발에 역점을 두고, 완제품 생산업체와 긴밀한 협조 체계를 구축함.

현금 흐름 〈단위 : 억원〉

항목	2015	2016
영업활동	232	206
투자활동	-135	-117
재무활동	-30	-24
순현금흐름	67	67
기말현금	144	211

시장 대비 수익률

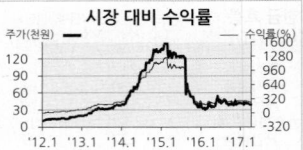

결산 실적 〈단위 : 억원〉

항목	2011	2012	2013	2014	2015	2016
매출액	1,805	1,939	1,897	1,982	1,819	1,986
영업이익	102	43	93	80	74	266
당기순이익	95	61	110	79	75	216

분기 실적 〈단위 : 억원〉

항목	2015.3Q	2015.4Q	2016.1Q	2016.2Q	2016.3Q	2016.4Q
매출액	416	511	521	522	507	436
영업이익	16	48	63	74	83	46
당기순이익	14	39	54	59	58	46

재무 상태 〈단위 : 억원〉

항목	2011	2012	2013	2014	2015	2016
총자산	1,767	1,790	1,930	2,037	1,969	2,266
유형자산	229	246	242	250	236	246
무형자산	2	2	2	2	2	2
유가증권	181	185	314	546	599	774
총부채	429	392	415	333	197	215
총차입금	295	208	228	139	23	2
자본금	342	342	342	342	342	342
총자본	1,338	1,398	1,515	1,704	1,771	2,052
지배주주지분	1,338	1,398	1,515	1,704	1,771	2,052

기업가치 지표

항목	2011	2012	2013	2014	2015	2016
주가(최고/저)(천원)	15.2/8.7	19.9/10.4	39.3/19.4	138/37.4	149/33.2	54.2/30.3
PER(최고/저)(배)	10.8/6.2	21.6/11.4	23.8/11.7	116.6/31.7	132.5/29.6	16.7/9.3
PBR(최고/저)(배)	0.7/0.4	0.9/0.5	1.6/0.8	5.0/1.4	5.2/1.2	1.6/0.9
EV/EBITDA(배)	7.6	16.6	20.6	84.7	26.3	8.9
EPS(원)	1,428	919	1,656	1,184	1,125	3,254
BPS(원)	22,339	23,240	24,994	27,835	28,796	33,016
CFPS(원)	1,591	1,344	1,993	1,560	1,530	3,695
DPS(원)	100					100
EBITDAPS(원)	1,701	1,071	1,740	1,587	1,519	4,440

재무 비율 〈단위 : % 〉

연도	영업이익률	순이익률	부채비율	차입금비율	ROA	ROE	유보율	자기자본비율	EBITDA마진율
2016	13.4	10.9	10.5	0.1	10.2	11.3	541.0	90.5	14.9
2015	4.1	4.1	11.2	1.3	3.7	4.3	459.1	90.0	5.6
2014	4.1	4.0	19.6	8.2	4.0	4.9	440.5	83.6	5.3
2013	4.9	5.8	27.4	15.1	5.9	7.6	385.3	78.5	6.1

조비 (A001550)
Chobi

업 종 : 화학		시 장 : 거래소	
신용등급 : (Bond) — (CP) —		기업규모 : 시가총액 소형주	
홈 페 이 지 : www.chobi.co.kr		연 락 처 : 02)3488-5840	
본 사 : 서울시 서초구 효령로77길 28 동오빌딩 (서초동 1337-4)			

설 립 일 1955.11.15	종업원수 106명	대표이사 김동락			
상 장 일 1976.12.28	감사의견 적정 (정진)	계 열			
결 산 기 12월	보 통 주 440만주	종속회사수			
액 면 가 5,000원	우 선 주	구 상 호			

주주구성 (지분율,%)		출자관계 (지분율,%)		주요경쟁사 (외형,%)	
경농	72.3	파이오니아	6.1	조비	100
서영실업	2.8	울산방송	4.0	진양화학	98
(외국인)	0.6			원풍	127

매출구성		비용구성		수출비중	
복합비료	80.3	매출원가율	76.3	수출	0.0
유기질/상토 외	15.7	판관비율	19.7	내수	100.0
원재료	4.0				

회사 개요

동사는 과학적 토양검정을 통해 공급되는 친환경 맞춤 비료와 완효성 비료 등을 생산할 수 있는 공정을 갖춘 비료전문메이커로서 100여 개 품목의 복합비료를 생산하여 농협 및 대리점을 통하여 판매하고 있음. 비료산업은 천연가스 산유국이나 인광석, 염화칼리 등 주요 원료 생산국을 제외하고는 국내수급을 안정적으로 유지하기 위한 내수 충당목적의 사업임. 원자재를 수입에 의존하고 있어 국제 경쟁력이 약하며, 원자재 가격 변동에 영향을 많이 받음.

실적 분석

동사의 2016년 매출액은 590.6억원으로 전년동기 대비 0.4% 증가함. 매출원가와 판관비의 증가로 영업이익은 전년동기 대비 35.9% 줄어든 23.4억원, 당기순이익은 40.8% 감소한 8.7억원을 기록함. 동사 매출의 90% 이상이 복합비료 제조 판매 분야이며, '단한번' 브랜드를 보유하고 있음. 그 외 '혼합유기질511' 등 친환경 농법에 사용되는 유기질비료분야 사업도 영위 중임.

현금 흐름 *IFRS 별도 기준 〈단위 : 억원〉

항목	2015	2016
영업활동	-2	81
투자활동	-3	-87
재무활동	16	-6
순현금흐름	11	-12
기말현금	15	3

시장 대비 수익률

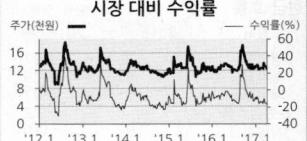

결산 실적 〈단위 : 억원〉

항목	2011	2012	2013	2014	2015	2016
매출액	404	485	614	548	588	591
영업이익	-74	-27	39	9	36	23
당기순이익	-125	-64	12	-23	15	9

분기 실적 *IFRS 별도 기준 〈단위 : 억원〉

항목	2015.3Q	2015.4Q	2016.1Q	2016.2Q	2016.3Q	2016.4Q
매출액	90	64	139	311	74	66
영업이익	-6	-4	5	42	-14	-10
당기순이익	-14	-9	1	34	-13	-13

재무 상태 *IFRS 별도 기준 〈단위 : 억원〉

항목	2011	2012	2013	2014	2015	2016
총자산	845	809	814	833	867	887
유형자산	391	385	385	398	395	478
무형자산	5	3	2	3	3	2
유가증권	12	12	12	12	12	12
총부채	735	663	507	548	553	511
총차입금	610	545	383	398	401	353
자본금	78	128	196	196	196	220
총자본	110	146	307	284	313	376
지배주주지분	110	146	307	284	313	376

기업가치 지표 *IFRS 별도 기준

항목	2011	2012	2013	2014	2015	2016
주가(최고/저)(천원)	32.4/10.4	18.4/8.7	17.1/10.9	14.5/10.6	18.1/10.6	17.7/11.6
PER(최고/저)(배)	—/—	—/—	49.9/31.7	—/—	48.1/28.1	88.7/58.1
PBR(최고/저)(배)	4.6/1.5	3.2/1.5	2.2/1.4	2.0/1.5	2.3/1.3	2.1/1.4
EV/EBITDA(배)	—	—	18.4	61.2	21.2	31.6
EPS(원)	-7,977	-3,956	343	-574	376	199
BPS(원)	7,033	5,706	7,825	7,244	7,977	8,563
CFPS(원)	-7,393	-3,612	502	-441	510	314
DPS(원)						
EBITDAPS(원)	-4,115	-1,305	1,290	357	1,063	648

재무 비율 〈단위 : % 〉

연도	영업이익률	순이익률	부채비율	차입금비율	ROA	ROE	유보율	자기자본비율	EBITDA마진율
2016	4.0	1.5	136.0	93.9	1.0	2.5	71.3	42.4	4.8
2015	6.2	2.5	176.7	128.1	1.7	4.9	59.6	36.1	7.1
2014	1.6	-4.1	192.8	140.0	-2.7	-7.6	44.9	34.2	2.6
2013	6.4	1.9	164.9	124.6	1.5	5.2	56.5	37.8	7.3

조선내화 (A000480)
Chosun Refractories

업　　종 : 금속 및 광물
신용등급 : (Bond) —　　(CP) —
홈페이지 : www.chosunref.co.kr
본　　사 : 전남 광양시 산업로 55 (태인동 1657-9)
시　　장 : 거래소
기업규모 : 시가총액 중형주
연 락 처 : 061)798-8114

설 립 일	1947.05.15	종 업 원 수	559명	대 표 이 사	김해봉
상 장 일	1978.06.30	감 사 의 견	적정 (삼일)	계　　　열	
결 산 기	12월	보 통 주	400만주	종속회사수	
액 면 가	5,000원	우 선 주		구 상 호	

주주구성 (지분율,%)		출자관계 (지분율,%)		주요경쟁사 (외형,%)	
이인옥	19.3	화인테크	100.0	조선내화	100
이화일	17.6	대한소결금속	51.0	세아홀딩스	565
(외국인)	3.0	화순컨트리클럽	50.0	제닉스	1

매출구성		비용구성		수출비중	
부정형	35.1	매출원가율	85.6	수출	—
자동차 부품	25.9	판관비율	9.4	내수	—
정형	22.9				

회사 개요
동사는 1947년 조선내화학공업주식회사로 설립돼 제철, 제강, 유리, 시멘트 및 기타 요 용 내화물을 제조판매하고 있으며 내화물 구입 및 판매사업, 내화물 관련 원재료 구입, 무역 및 일체의 부대사업, 폐기물 처리시설 및 환경관련 부대사업, 부동산에 대한 투자임대 관리 매매 및 개발에 관한 사업, 내화물의 제조도급 및 하청과 축로 사업, 내화공업의 기술용역 등 사업 경영상 필요한 사업에 투자 등을 영위하고 있음. 11개 자회사 보유.

실적 분석
동사의 2016년 결산기준 매출액은 7,145억원으로 전년동기대비 거의 동일한 수준을 유지하고 있음. 그러나 최근 중국 등 글로벌 경기부진에 따라 내화물 수요도 정체를 보이고 있어 관련 원부자재 가격이 안정화되고 있어 매출원가가 하락하였으므로 영업이익은 전년동기대비 39.2% 상승하여 360.1억원을 기록하였음. 불량추적365 운동 등 불량률의 꾸준한 감소 노력 및 원가절감을 통해 향후 점진적인 수익 성장이 기대됨.

현금 흐름 〈단위 : 억원〉
항목	2015	2016
영업활동	689	908
투자활동	-19	-687
재무활동	-496	-139
순현금흐름	171	81
기말현금	291	372

시장 대비 수익률
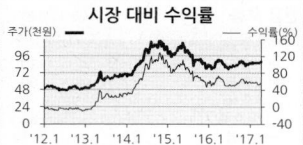

결산 실적 〈단위 : 억원〉
항목	2011	2012	2013	2014	2015	2016
매출액	7,724	8,356	8,482	7,578	7,283	7,145
영업이익	458	469	502	555	259	360
당기순이익	379	370	424	487	171	187

분기 실적 〈단위 : 억원〉
항목	2015.3Q	2015.4Q	2016.1Q	2016.2Q	2016.3Q	2016.4Q
매출액	1,837	1,800	1,800	1,762	1,730	1,854
영업이익	81	82	110	91	98	61
당기순이익	79	26	-25	74	77	61

재무 상태 〈단위 : 억원〉
항목	2011	2012	2013	2014	2015	2016
총자산	11,537	11,673	11,331	11,109	9,037	9,702
유형자산	4,494	4,618	4,707	4,486	3,774	3,638
무형자산	445	447	444	435	91	85
유가증권	2,418	2,279	2,271	2,074	1,477	1,852
총부채	5,318	5,302	4,946	4,605	3,024	3,360
총차입금	2,655	2,539	2,421	2,178	1,203	1,241
자본금	200	200	200	200	200	200
총자본	6,219	6,370	6,385	6,504	6,013	6,342
지배주주지분	5,432	5,367	5,415	5,479	5,128	5,429

기업가치 지표
항목	2011	2012	2013	2014	2015	2016
주가(최고/저)(천원)	53.8/43.7	53.9/46.8	73.4/50.5	120/66.8	114/77.2	90.5/77.2
PER(최고/저)(배)	8.1/6.6	8.0/6.9	9.4/6.4	12.9/7.2	31.9/21.5	27.8/23.7
PBR(최고/저)(배)	0.5/0.4	0.5/0.4	0.6/0.4	1.0/0.5	1.0/0.7	0.7/0.6
EV/EBITDA(배)	7.3	6.7	6.7	7.8	7.8	7.2
EPS(원)	8,644	8,473	9,270	10,479	3,904	3,388
BPS(원)	137,650	136,015	137,217	138,817	130,042	137,564
CFPS(원)	16,823	17,146	18,646	20,354	12,748	11,362
DPS(원)	3,000	3,500	4,000	4,000	4,000	3,500
EBITDAPS(원)	19,630	20,388	21,915	23,739	15,310	16,976

재무 비율 〈단위 : % 〉
연도	영업이익률	순이익률	부채비율	차입금비율	ROA	ROE	유보율	자기자본비율	EBITDA마진율
2016	5.0	2.6	53.0	19.6	2.0	2.6	2,651.3	65.4	9.5
2015	3.6	2.4	50.3	20.0	1.7	2.9	2,500.9	66.5	8.4
2014	7.3	6.4	70.8	33.5	4.3	7.7	2,676.4	58.6	12.5
2013	5.9	5.0	77.5	37.9	3.7	6.9	2,644.3	56.4	10.3

조선선재 (A120030)
CHOSUN WELDING POHANG

업　　종 : 금속 및 광물
신용등급 : (Bond) —　　(CP) —
홈페이지 : www.chosunwelding.com
본　　사 : 경북 포항시 남구 괴동로 43 (장흥동)
시　　장 : 거래소
기업규모 : 시가총액 소형주
연 락 처 : 054)289-8200

설 립 일	2010.01.01	종 업 원 수	132명	대 표 이 사	장원영
상 장 일	2010.02.19	감 사 의 견	적정 (가율)	계　　　열	
결 산 기	12월	보 통 주	126만주	종속회사수	
액 면 가	500원	우 선 주		구 상 호	

주주구성 (지분율,%)		출자관계 (지분율,%)		주요경쟁사 (외형,%)	
CS홀딩스	45.3			조선선재	100
신영자산운용	7.7			서원	393
(외국인)	1.2			일진다이아	172

매출구성		비용구성		수출비중	
용접재료 등	100.0	매출원가율	64.3	수출	—
		판관비율	8.5	내수	—

회사 개요
동사는 용접재료 생산 및 판매 등을 영위할 목적으로 2010년 1월 1일부로 CS홀딩스주식회사로부터 인적분할을 통해서 신설법인으로 설립됨. 피복용접재료 시장은 동사를 포함해 국내 업체들이 전체의 90% 이상을 점유하고 있고, 동사는 국내 내수시장의 70%를 차지하는 업계 선두 업체임. 특히 원자력 발전소용 용접재료에서 국내 업체보다 우위를 점하고 있음. 동사는 CS홀딩스 기업집단의 6개 계열사 중 하나임.

실적 분석
동사의 2016년 연결 기준 매출과 영업이익, 당기순이익은 630.9억원, 171.8억원, 144.6억원으로 전년 동기 대비 각각 4.9%감소, 2.5%감소, 0.7%감소함. 동사는 생산성 향상 등을 통한 원가절감과 원자재 가격 안정에 따라 영업이익률이 소폭 증가됨. 2016년 4월에는 주가를 안정시키고 주주가치를 높이기 위해 10억원 규모의 자사주 취득 신탁 계약을 맺음.

현금 흐름 ＊IFRS 별도 기준 〈단위 : 억원〉
항목	2015	2016
영업활동	182	143
투자활동	-61	-163
재무활동	2	-14
순현금흐름	122	-34
기말현금	385	351

시장 대비 수익률
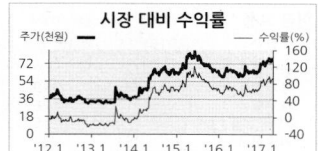

결산 실적 〈단위 : 억원〉
항목	2011	2012	2013	2014	2015	2016
매출액	758	734	722	709	663	631
영업이익	144	102	112	158	176	172
당기순이익	117	75	91	129	146	145

분기 실적 ＊IFRS 별도 기준 〈단위 : 억원〉
항목	2015.3Q	2015.4Q	2016.1Q	2016.2Q	2016.3Q	2016.4Q
매출액	161	166	154	164	147	165
영업이익	44	49	43	49	37	42
당기순이익	37	36	38	41	30	35

재무 상태 ＊IFRS 별도 기준 〈단위 : 억원〉
항목	2011	2012	2013	2014	2015	2016
총자산	451	502	603	743	890	1,009
유형자산	109	107	107	106	96	98
무형자산	0	0	0	0	0	0
유가증권						
총부채	124	100	119	134	137	130
총차입금				23	24	25
자본금	6	6	6	6	6	6
총자본	327	401	484	609	753	879
지배주주지분	327	401	484	609	753	879

기업가치 지표 ＊IFRS 별도 기준
항목	2011	2012	2013	2014	2015	2016
주가(최고/저)(천원)	54.9/25.6	49.7/31.0	50.5/31.0	70.9/36.3	85.8/59.4	72.6/57.5
PER(최고/저)(배)	6.1/2.8	8.5/5.3	7.1/4.4	7.1/3.6	7.6/5.2	6.3/5.1
PBR(최고/저)(배)	2.2/1.0	1.6/1.0	1.3/0.8	1.5/0.8	1.5/1.0	1.0/0.8
EV/EBITDA(배)	2.5	2.8	1.8	2.6	1.5	1.3
EPS(원)	9,276	5,948	7,240	10,241	11,578	11,500
BPS(원)	25,997	31,888	38,963	49,088	60,551	71,687
CFPS(원)	9,689	6,344	7,589	10,618	11,977	11,931
DPS(원)						1,500
EBITDAPS(원)	11,838	8,529	9,251	12,934	14,408	14,088

재무 비율 〈단위 : % 〉
연도	영업이익률	순이익률	부채비율	차입금비율	ROA	ROE	유보율	자기자본비율	EBITDA마진율
2016	27.2	22.9	14.8	2.9	15.2	17.7	14,237.4	87.1	28.1
2015	26.6	22.0	18.3	3.3	17.8	21.4	12,010.2	84.6	27.3
2014	22.3	18.2	22.0	3.7	19.2	23.6	9,717.7	81.9	22.9
2013	15.5	12.6	24.6	0	16.5	20.6	7,692.5	80.3	16.1

조아제약 (A034940)
CHOA PHARMACEURICAL

업　　　종 : 제약		시　　장 : KOSDAQ	
신용등급 : (Bond) — 　(CP) —		기업규모 : 중견	
홈페이지 : www.choa.co.kr		연 락 처 : 02)6670-9200	
본　　　사 : 서울시 영등포구 당산로2길 12 에이스테크노타워 101호			

설 립 일	1996.03.15	종 업 원 수	274명	대 표 이 사	조성배,조성환
상 장 일	1999.08.13	감 사 의 견	적정 (삼일)	계 열	
결 산 기	12월	보 통 주	2,831만주	종속회사수	
액 면 가	500원	우 선 주		구 상 호	

주주구성 (지분율,%)
조원기	17.5
한국증권금융	4.0
(외국인)	1.5

출자관계 (지분율,%)
케어몰	45.0
에프엔에이취넷	45.0
팬바이오텍	30.0

주요경쟁사 (외형,%)
조아제약	100
대한뉴팜	197
메지온	16

매출구성
기 타 제 품	43.4
기타	33.3
조아바이톤군	9.2

비용구성
매출원가율	51.7
판관비율	48.3

수출비중
수출	—
내수	—

회사 개요
동사는 1988년 삼강제약사를 인수해 의약품 제조 및 판매업을 주 목적으로 설립되어 1994년 경남 함안에 생산 공장을 신축하고 1995년 상호 변경이 이루어짐. 동사에서는 조아바이톤, 헤포스, 가레오, 훼마틴, 잘크톤 등 총 200여 가지의 의약품 및 건강기능식품을 생산, 공급하고있음. 전국적 체인망을 갖고 있는 약국 프랜차이즈인 메디팜을 자회사로 두고 있는데, 이는 일반의약품 위주의 제약회사로서의 강점이 될 수 있음.

실적 분석
동사의 2016년 매출액은 전년 대비 10.8% 증가한 555.5억원을 기록함. 매출원가는 12.6% 증가하여 매출총이익률은 소폭 낮아짐. 광고선전비의 증가 등으로 판매비와관리비는 전년 대비 9.6% 증가한 268.3억원을 기록함. 영업이익은 적자 전환되며 수익성은 부진하였음. 영업이익의 부진과 비영업손익의 감소로 당기순이익 또한 전년 대비 87.9% 감소한 1.1억원에 그침.

현금 흐름 〈단위 : 억원〉
항목	2015	2016
영업활동	12	9
투자활동	-8	-19
재무활동	-1	-6
순현금흐름	2	-15
기말현금	42	27

시장 대비 수익률
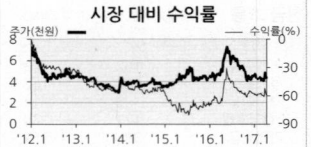

결산 실적 〈단위 : 억원〉
항목	2011	2012	2013	2014	2015	2016
매출액	389	423	439	431	501	556
영업이익	25	10	16	-40	1	-0
당기순이익	16	15	18	-41	9	1

분기 실적 〈단위 : 억원〉
항목	2015.3Q	2015.4Q	2016.1Q	2016.2Q	2016.3Q	2016.4Q
매출액	128	134	129	140	137	150
영업이익	5	-1	0	2	1	-3
당기순이익	3	4	1	-0	1	-1

재무 상태 〈단위 : 억원〉
항목	2011	2012	2013	2014	2015	2016
총자산	621	653	708	740	743	751
유형자산	148	158	158	201	205	215
무형자산	6	6	5	4	3	5
유가증권	32	29	34	34	25	30
총부채	142	163	202	280	272	280
총차입금	55	54	70	132	137	132
자본금	142	142	142	142	142	142
총자본	479	490	506	461	472	471
지배주주지분	479	495	512	467	479	478

기업가치 지표
항목	2011	2012	2013	2014	2015	2016
주가(최고/저)(천원)	6.4/4.0	7.9/4.0	4.8/2.9	4.5/3.4	6.0/3.5	8.1/4.0
PER(최고/저)(배)	113.1/70.8	155.7/79.6	75.2/46.0	—/—	167.9/97.8	1,405.3/696.6
PBR(최고/저)(배)	3.8/2.4	4.5/2.3	2.7/1.6	2.7/2.1	3.6/2.1	4.8/2.4
EV/EBITDA(배)	45.9	53.0	27.1		62.2	68.0
EPS(원)	57	51	64	-144	36	6
BPS(원)	1,694	1,750	1,808	1,650	1,690	1,690
CFPS(원)	92	97	114	-87	103	75
DPS(원)	—	—	—	—	—	—
EBITDAPS(원)	123	81	109	-86	72	69

재무 비율 〈단위 : % 〉
연도	영업이익률	순이익률	부채비율	차입금비율	ROA	ROE	유보율	자기자본비율	EBITDA마진율
2016	0.0	0.2	59.6	28.1	0.2	0.3	238.0	62.7	3.5
2015	0.3	1.9	57.7	29.0	1.3	2.1	238.1	63.4	4.1
2014	-9.4	-9.6	60.7	28.7	-5.7	-8.3	230.0	62.2	-5.6
2013	3.8	4.0	39.9	13.9	2.6	3.6	261.6	71.5	7.0

조이맥스 (A101730)
Joymax

업　　　종 : 게임 소프트웨어		시　　장 : KOSDAQ	
신용등급 : (Bond) — 　(CP) —		기업규모 : 중견	
홈페이지 : www.joymax.co.kr		연 락 처 : 02)420-8854	
본　　　사 : 경기도 성남시 분당구 대왕판교로 644번길 49 (삼평동) 위메이드타워 5층			

설 립 일	1997.04.10	종 업 원 수	40명	대 표 이 사	이길형
상 장 일	2009.06.03	감 사 의 견	적정 (한영)	계 열	
결 산 기	12월	보 통 주	851만주	종속회사수	
액 면 가	500원	우 선 주		구 상 호	

주주구성 (지분율,%)
위메이드엔터테인먼트	33.3
이길형	11.4
(외국인)	1.8

출자관계 (지분율,%)

주요경쟁사 (외형,%)
조이맥스	100
엔터메이트	64
엠게임	97

매출구성
SNG게임	34.8
로스트사가	24.3
기타	15.4

비용구성
매출원가율	0.0
판관비율	112.9

수출비중
수출	10.1
내수	89.9

회사 개요
1997년 4월 설립된 온라인 및 모바일게임 개발 회사로 2009년 코스닥시장에 상장. 모바일게임 54.27%, 온라인게임 38.56%, 기타 7.18%로 매출 구성됨. 대표 게임으로는 온라인게임 실크로드, 로스트사가와 모바일게임 에브리타운, 아틀란스토리, 윈드러너, 캔디팡 등이 존재. 주요 개발자회사로 아이오엔터, 피버스튜디오, 리니웍스 등 존재. 2014년 4월 편입된 자회사를 통해 소셜 네트워크 게임의 출시에 따른 매출 성장이 기대됨.

실적 분석
2016년 동사의 전체 매출은 전기대비 4% 증가한 315억원임. 모바일 SNG시장에서 꾸준한 매출을 유지하여 전체 모바일게임 매출이 전기대비 53% 증가한 268억원을 나타냄. 영업손실 41억원, 당기순손실 17.2억원을 시현하며 전년동기 대비 적자폭이 축소됨. 모바일 신작출시와 기 출시된 SNG게임의 매출증가로 인하여 영업수익은 전년대비 4% 증가하였으며, 당기순손실은 직접서비스 등에 따라 전년대비 195억원 감소하였음. ·

현금 흐름 〈단위 : 억원〉
항목	2015	2016
영업활동	1	-30
투자활동	-73	-60
재무활동	132	-0
순현금흐름	60	-88
기말현금	299	211

시장 대비 수익률
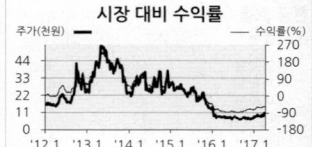

결산 실적 〈단위 : 억원〉
항목	2011	2012	2013	2014	2015	2016
매출액	266	276	514	305	303	315
영업이익	39	-16	181	-47	-79	-41
당기순이익	60	-48	146	-40	-213	-17

분기 실적 〈단위 : 억원〉
항목	2015.3Q	2015.4Q	2016.1Q	2016.2Q	2016.3Q	2016.4Q
매출액	91	84	80	75	77	83
영업이익	-17	-24	-9	-12	-7	-12
당기순이익	-16	-143	-5	-12	-18	18

재무 상태 〈단위 : 억원〉
항목	2011	2012	2013	2014	2015	2016
총자산	1,074	1,081	1,196	1,080	957	921
유형자산	133	51	48	47	40	40
무형자산	204	345	324	311	108	95
유가증권	34	65	79	100	61	61
총부채	85	82	105	89	205	186
총차입금	3				139	120
자본금	35	35	35	43	43	43
총자본	989	999	1,091	991	752	735
지배주주지분	988	954	969	931	719	701

기업가치 지표
항목	2011	2012	2013	2014	2015	2016
주가(최고/저)(천원)	19.2/9.6	44.6/13.8	55.8/21.4	39.1/21.2	30.8/13.2	13.9/6.9
PER(최고/저)(배)	22.5/11.3	—/—	55.0/21.1	—/—	—/—	—/—
PBR(최고/저)(배)	1.3/0.6	3.1/1.0	3.7/1.4	3.1/1.7	3.1/1.3	1.4/0.7
EV/EBITDA(배)	6.3	102.4	5.8			
EPS(원)	855	-577	1,014	-549	-2,404	-206
BPS(원)	15,030	14,539	14,938	12,460	9,945	9,652
CFPS(원)	1,154	-151	1,539	-59	-2,007	3
DPS(원)	—	—	—	—	—	—
EBITDAPS(원)	859	195	3,096	-116	-530	-267

재무 비율 〈단위 : % 〉
연도	영업이익률	순이익률	부채비율	차입금비율	ROA	ROE	유보율	자기자본비율	EBITDA마진율
2016	-12.9	-5.5	25.3	16.3	-1.8	-2.5	1,830.5	79.8	-7.2
2015	-26.1	-70.3	27.3	18.5	-20.9	-24.8	1,889.1	78.6	-4.9
2014	-15.4	-13.0	9.0	—	-3.5	-4.5	2,392.0	91.8	-3.0
2013	35.2	28.5	9.6	—	12.9	7.4	2,887.6	91.2	42.4

조이시티 (A067000)
JoyCity

업 종 : 게임 소프트웨어	시 장 : KOSDAQ
신용등급 : (Bond) — (CP) —	기업규모 : 벤처
홈 페 이 지 : www.joycity.com	연 락 처 : 031)789-6500
주 소 : 경기도 성남시 분당구 분당로 55 (서현동, 분당퍼스트타워)	

설 립 일	1994.05.30	종업원수	304명	대표이사	조성원
상 장 일	2008.05.30	감사의견	적정 (삼일)	계 열	
결 산 기	12월	보 통 주	1,178만주	종속회사수	
액 면 가	500원	우 선 주		구 상 호	JCE

주주구성 (지분율,%)		출자관계 (지분율,%)		주요경쟁사 (외형,%)	
엔드림	15.9	1$DREAMHOLDINGS	100.0	조이시티	100
디자인통	9.9	에브리펀	25.7	넥슨지티	84
(외국인)	1.9	화이트아웃	23.7	위메이드	149

매출구성		비용구성		수출비중	
온라인게임	62.2	매출원가율	0.0	수출	84.1
모바일게임	37.7	판관비율	95.8	내수	15.9
기타	0.1				

회사 개요
동사는 주요 사업은 온라인게임의 개발 및 퍼블리싱임. 중국사업을 위한 1$ Dream Holdings와 일본사업을 위한 JC Global을 종속회사로 두고 있음. 세계게임시장이나 국내 게임시장은 20% 성장세가 지속될 것으로 예상되는 성장산업이며, 온라인게임은 아케이드게임이나 PC게임과는 달리 경기변동에 민감하지 않은 특성으로 가지고 있어 온라인게임 비중이 90%이상 동사의 경우는 매우 유리한 위치에 있다고 할 수 있음.

실적 분석
동사의 2016년 매출액은 725.2억원으로 전년대비 26% 증가함. 영업이익은 판관비 증가의 영향으로 30.7억원을 기록, 전년대비 63% 감소함. 동사는 '앵그리버드다이스'로 글로벌 시장에서 성장세를 이어갈 예정이며, '오션앤엠파이어' 또한 2016년 11월 중 글로벌 출시를 목표 하고 있음. 또한 건십배틀2 VR과 3on3 Freestyle 출시를 통해 VR과 콘솔등 다양한 플랫폼으로 매출 증대를 기대함.

현금 흐름 〈단위 : 억원〉

항목	2015	2016
영업활동	5	60
투자활동	-209	20
재무활동	90	-177
순현금흐름	-114	-98
기말현금	220	122

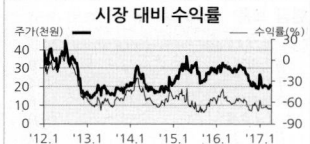

시장 대비 수익률

결산 실적 〈단위 : 억원〉

항목	2011	2012	2013	2014	2015	2016
매출액	438	630	375	465	575	725
영업이익	63	82	-10	56	83	31
당기순이익	66	78	-93	34	11	-53

분기 실적 〈단위 : 억원〉

항목	2015.3Q	2015.4Q	2016.1Q	2016.2Q	2016.3Q	2016.4Q
매출액	147	202	240	180	155	150
영업이익	24	26	25	11	10	-15
당기순이익	3	-9	6	2	2	-63

재무 상태 〈단위 : 억원〉

항목	2011	2012	2013	2014	2015	2016
총자산	758	822	754	728	767	588
유형자산	121	21	21	17	13	12
무형자산	75	66	34	65	66	62
유가증권	1	1	1	14	16	40
총부채	136	141	147	164	85	135
총차입금	36	5			0	
자본금	57	58	59	59	59	59
총자본	623	681	607	565	682	453
지배주주지분	623	681	607	565	682	453

기업가치 지표

항목	2011	2012	2013	2014	2015	2016
주가(최고/저)(천원)	40.5/14.4	45.3/15.0	21.5/13.4	31.7/16.4	36.8/20.4	33.0/17.9
PER(최고/저)(배)	70.5/25.0	67.5/22.3	—/—	108.9/56.3	402.5/222.9	—/—
PBR(최고/저)(배)	7.5/2.7	7.7/2.5	4.1/2.6	5.6/2.9	5.8/3.2	5.6/3.0
EV/EBITDA(배)	52.3	12.6	169.4	26.3	27.5	37.3
EPS(원)	580	675	-798	291	91	-453
BPS(원)	5,461	5,922	5,186	5,627	6,364	5,947
CFPS(원)	740	916	-618	470	333	-202
DPS(원)	100	100	—	—	—	—
EBITDAPS(원)	716	954	97	651	947	512

재무 비율 〈단위 : %〉

연도	영업이익률	순이익률	부채비율	차입금비율	ROA	ROE	유보율	자기자본비율	EBITDA마진율
2016	4.2	-7.4	29.9	0.0	-7.9	-9.4	1,089.4	77.0	8.3
2015	14.4	1.9	12.5	0.0	1.4	1.7	1,172.9	88.9	19.4
2014	12.0	7.4	29.0	0.0	4.6	5.9	1,025.3	77.5	16.5
2013	-2.6	-24.9	24.2	0.0	-11.8	-14.5	937.1	80.5	3.0

조일알미늄 (A018470)
Choil Aluminum

업 종 : 금속 및 광물	시 장 : 거래소
신용등급 : (Bond) — (CP) —	기업규모 : 시가총액 소형주
홈 페 이 지 : www.choilal.co.kr	연 락 처 : 053)856-5252
주 소 : 경북 경산시 진량읍 공단6로 98	

설 립 일	1985.09.19	종업원수	384명	대표이사	이영호
상 장 일	1988.11.22	감사의견	적정 (안경)	계 열	
결 산 기	12월	보 통 주	6,960만주	종속회사수	
액 면 가	500원	우 선 주		구 상 호	

주주구성 (지분율,%)		출자관계 (지분율,%)		주요경쟁사 (외형,%)	
이영호	27.4	엠에스상호저축은행	5.7	조일알미늄	100
조광	22.8			고려아연	2,139
(외국인)	6.1			포스코켐텍	409

매출구성		비용구성		수출비중	
알미늄판	100.0	매출원가율	96.5	수출	21.6
알미늄판 임가공	0.0	판관비율	4.2	내수	78.4

회사 개요
동사는 알미늄판 제조·판매를 주요한 사업목적으로 1985년 7월에 설립되었으며, 알미늄판을 제조하여 국내외에 판매하고 있음. 동사의 주요사업인 알미늄 압연 산업은 대규모 자본을 필요로 하며 기술의 축적과 경험이 필요한 진입 장벽이 매우 높은 산업으로 동사를 비롯한 노벨리스코리아, 대호에이엘, 뉴알텍 등 소수기업이 시장을 과점하고 있음. 판매단가는 LME 알루미늄 가격에 연동됨.

실적 분석
동사의 2016년 연결 기준 매출과 영업손실은 2,734억원, 20억원으로 전년 대비 매출은 0.6% 증가했으나 적자를 지속함. 매출증가의 원인은 매출물량이 전년 대비 8.5% 증가한 덕분임. 매출원가는 전년 대비 29억원 감소한 2,638억원으로 매출총이익은 96억원임. 판매비와 관리비는 대손상각비 증가 등으로 전년대비 11억원 증가한 116억원임. 판매량 증가와 원가절감으로 적자폭이 감소함.

현금 흐름 *IFRS 별도 기준 〈단위 : 억원〉

항목	2015	2016
영업활동	165	-159
투자활동	-333	-58
재무활동	65	166
순현금흐름	-103	-50
기말현금	300	249

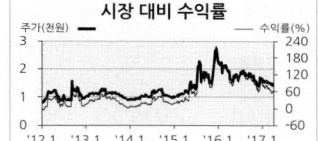

시장 대비 수익률

결산 실적 〈단위 : 억원〉

항목	2011	2012	2013	2014	2015	2016
매출액	3,963	3,590	3,262	3,090	2,718	2,734
영업이익	145	61	26	-41	-54	-20
당기순이익	107	89	25	-20	-57	331

분기 실적 *IFRS 별도 기준 〈단위 : 억원〉

항목	2015.3Q	2015.4Q	2016.1Q	2016.2Q	2016.3Q	2016.4Q
매출액	675	689	662	668	604	800
영업이익	-4	8	14	-3	-9	-21
당기순이익	4	5	356	-2	-11	-12

재무 상태 *IFRS 별도 기준 〈단위 : 억원〉

항목	2011	2012	2013	2014	2015	2016
총자산	2,914	2,504	2,588	2,848	2,755	3,239
유형자산	940	870	915	1,167	1,374	1,331
무형자산	5	5	5	5	10	9
유가증권	52	12	12	14	16	16
총부채	1,244	790	861	1,145	1,105	1,266
총차입금	835	399	534	759	824	1,001
자본금	348	348	348	348	348	348
총자본	1,670	1,714	1,727	1,703	1,650	1,973
지배주주지분	1,670	1,714	1,727	1,703	1,650	1,973

기업가치 지표 *IFRS 별도 기준

항목	2011	2012	2013	2014	2015	2016
주가(최고/저)(천원)	1.1/0.7	1.8/0.8	1.3/0.9	1.3/0.9	2.8/1.0	2.4/1.3
PER(최고/저)(배)	8.0/5.2	14.7/6.6	37.1/25.3	—/—	—/—	5.1/2.9
PBR(최고/저)(배)	0.5/0.3	0.8/0.4	0.5/0.4	0.5/0.4	1.2/0.4	0.9/0.5
EV/EBITDA(배)	5.5	6.7	10.0	78.8	1,621.8	26.3
EPS(원)	153	128	36	-28	-82	476
BPS(원)	23,987	2,462	2,481	2,447	2,371	2,835
CFPS(원)	2,584	237	115	50	-2	607
DPS(원)	200	20	15	—	15	15
EBITDAPS(원)	3,133	195	116	20	2	103

재무 비율 〈단위 : %〉

연도	영업이익률	순이익률	부채비율	차입금비율	ROA	ROE	유보율	자기자본비율	EBITDA마진율
2016	-0.7	12.1	64.2	50.7	11.1	18.3	467.1	60.9	2.6
2015	-2.0	-2.1	67.0	49.9	-2.0	-3.4	374.2	59.9	0.1
2014	-1.3	-0.6	67.2	44.6	-0.7	-1.2	389.4	59.8	0.4
2013	0.8	0.8	49.9	31.0	1.0	1.5	396.2	66.7	2.5

조흥 (A002600)
Choheung

업 종 : 식료품　　　　　　　　　　　시 장 : 거래소
신용등급 : (Bond) —　　(CP) —　　기업규모 : 시가총액 소형주
홈페이지 : www.choheung.co.kr　　연 락 처 : 031)310-7000
본 사 : 경기도 안산시 단원구 시화로 38 (성곡동)

설 립 일	1959.02.11	종업원수	162명	대표이사	박찬일,유익제
상 장 일	1976.12.23	감사의견	적정 (이현)	계 열	
결 산 기	12월	보통주	60만주	종속회사수	
액 면 가	5,000원	우선주		구 상 호	

주주구성 (지분율,%)		출자관계 (지분율,%)		주요경쟁사 (외형,%)	
오뚜기	30.0	조흥	100		
함영준	7.0	SPC삼립	1,442		
		서울식품	34		

매출구성		비용구성		수출비중	
[제품]이스트,빵크림,치즈 등	76.3	매출원가율	82.7	수출	0.1
[상품]치즈 등	23.4	판관비율	8.4	내수	99.9
임대료외	0.4				

회사 개요
동사는 1959년 기초화학물을 제조 판매하는 목적으로 설립하였으나, 화학제품의 생산을 중단한 뒤 현재는 식품 및 식품첨가물을 제조함. 크라운베이커리·샤니·파리크라상·기린식품 등에 제과제빵 재료와 피자치즈를 판매하고 있으며, 최대주주는 (주)오뚜기임. 제빵원료 및 치즈가공사업은 외식산업의 성장과 젊은층의 서구화된 식생활에 따라 지속적 성장 추세임. 2016년 1분기 치즈사업부분의 시장 점유율은 22%로 추정됨.

실적 분석
동사의 2016년 연간 매출액은 1,296.9억원으로 전년 대비 14.6% 증가함. 영업이익은 치즈부문의 판매 증가와 원가 절감으로 인해 전년 동기 대비 75.1% 증가하며 115.3억원을 시현함. 소비자의 소비패턴이 다양화, 고급화되어 가고 있는 추세. 판촉활동의 강화 및 소비자의 욕구를 충족시킬 수 있는 맛에 대한 기초적인 연구와 생산성향상을 위한 기술개발에 노력한다면 지속적이고 안정적인 발전이 기대되는 분야임.

현금 흐름　•IFRS 별도 기준　〈단위 : 억원〉

항목	2015	2016
영업활동	36	71
투자활동	36	-90
재무활동	78	49
순현금흐름	150	30
기말현금	202	232

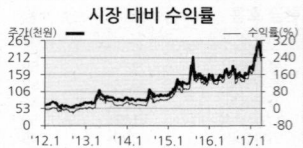
시장 대비 수익률

결산 실적　〈단위 : 억원〉

항목	2011	2012	2013	2014	2015	2016
매출액	990	962	996	1,127	1,132	1,297
영업이익	98	65	56	72	66	115
당기순이익	82	79	46	53	66	81

분기 실적　•IFRS 별도 기준　〈단위 : 억원〉

항목	2015.3Q	2015.4Q	2016.1Q	2016.2Q	2016.3Q	2016.4Q
매출액	277	308	297	312	334	355
영업이익	12	25	34	17	30	33
당기순이익	1	28	29	14	30	9

재무 상태　•IFRS 별도 기준　〈단위 : 억원〉

항목	2011	2012	2013	2014	2015	2016
총자산	1,329	1,266	1,180	1,306	1,490	1,635
유형자산	360	526	503	507	515	586
무형자산	6	6	6	6	6	4
유가증권	3	3	2	2	2	0
총부채	449	322	206	289	422	503
총차입금	327	260	128	185	289	367
자본금	30	30	30	30	30	30
총자본	880	944	975	1,017	1,068	1,132
지배주주지분	880	944	975	1,017	1,068	1,132

기업가치 지표　•IFRS 별도 기준

항목	2011	2012	2013	2014	2015	2016
주가(최고/저)(천원)	68.8/44.5	73.5/54.5	112/67.3	114/76.8	265/95.1	199/139
PER(최고/저)(배)	5.8/3.8	6.3/4.7	15.9/9.6	13.8/9.4	25.0/9.0	15.2/10.5
PBR(최고/저)(배)	0.5/0.4	0.5/0.4	0.8/0.5	0.7/0.5	1.6/0.6	1.1/0.8
EV/EBITDA(배)	2.3	4.6	4.0	4.4	4.5	6.6
EPS(원)	13,669	13,116	7,657	8,792	11,063	13,533
BPS(원)	146,591	157,286	162,441	169,429	177,946	188,612
CFPS(원)	17,107	16,807	12,856	13,168	15,192	18,067
DPS(원)	2,500	2,500	1,500	2,500	2,500	5,000
EBITDAPS(원)	19,734	14,490	14,550	16,312	15,099	23,746

재무 비율　〈단위 : % 〉

연도	영업이익률	순이익률	부채비율	차입금비율	ROA	ROE	유보율	자기자본비율	EBITDA마진율
2016	8.9	6.3	44.4	32.4	5.2	7.4	3,672.2	69.2	11.0
2015	5.8	5.9	39.6	27.0	4.8	6.4	3,458.9	71.7	8.0
2014	6.4	4.7	28.5	18.2	4.2	5.3	3,288.6	77.9	8.7
2013	5.6	4.6	21.1	13.1	3.8	4.8	3,148.8	82.6	8.8

종근당 (A185750)
Chong Kun Dang Pharmaceutical

업 종 : 제약　　　　　　　　　　　시 장 : 거래소
신용등급 : (Bond) —　　(CP) —　　기업규모 : 시가총액 중형주
홈페이지 : www.ckdpharm.com　　연 락 처 : 02)2194-0300
본 사 : 서울시 서대문구 충정로 8 (충정로 3가) 종근당빌딩

설 립 일	2013.11.05	종업원수	1,906명	대표이사	김영주
상 장 일	2013.12.06	감사의견	적정 (한영)	계 열	
결 산 기	12월	보통주	941만주	종속회사수	
액 면 가	2,500원	우선주		구 상 호	

주주구성 (지분율,%)		출자관계 (지분율,%)		주요경쟁사 (외형,%)	
종근당홀딩스	20.2	씨앤비인터내셔널	10.0	종근당	100
국민연금공단	13.3	한국능률협회컨설팅	4.9		54
(외국인)	6.9	TV조선·대성상생투자조합	2.4	휴젤	15

매출구성		비용구성		수출비중	
기타	79.0	매출원가율	59.7	수출	5.2
딜라트렌	6.7	판관비율	32.9	내수	94.8
리피로우	6.2				

회사 개요
종근당은 2013년 11월 2일을 분할기준일로 투자사업부문을 담당하는 존속법인 종근당홀딩스와 의약품사업부문을 담당하는 신설회사인 동사로 인적분할되어 설립됨. 동사는 2013년 12월 6일에 한국거래소 유가증권시장에 재상장됨. 동사의 2016년도 연구개발비용은 1021억원으로 전체 매출의 12.2%를 차지함. 연구인력 및 R&D 투자비용을 점차 증가시켜 나아갈 예정임.

실적 분석
동사의 2016년 결산 매출액은 8,320억원으로 전년 매출 5,925억원 대비 40% 증가하였으며, 영업이익은 613억원을 기록, 전년 427억원 대비 43% 증가함. 동사 대표제품인 리피로우, 텔미누보, 타크로벨 등 기존제품의 성장과 2016년 도입한 자누비아, 글리아티린 등이 매출성장에 기여했으며, 지속 성장을 위한 R&D 투자 확대에도 불구하고 영업이익은 증가하였음. 기존 대표제품과 신제품의 꾸준한 성장으로 수익성은 유지될 것으로 기대됨.

현금 흐름　•IFRS 별도 기준　〈단위 : 억원〉

항목	2015	2016
영업활동	73	578
투자활동	-359	-434
재무활동	-75	-56
순현금흐름	-359	89
기말현금	129	217

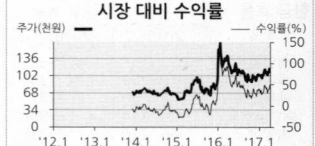
시장 대비 수익률

결산 실적　〈단위 : 억원〉

항목	2011	2012	2013	2014	2015	2016
매출액	—	—	863	5,441	5,925	8,320
영업이익	—	—	75	539	427	612
당기순이익	—	—	44	352	-68	409

분기 실적　•IFRS 별도 기준　〈단위 : 억원〉

항목	2015.3Q	2015.4Q	2016.1Q	2016.2Q	2016.3Q	2016.4Q
매출액	1,497	1,555	2,019	2,057	2,047	2,197
영업이익	118	106	83	106	222	202
당기순이익	84	52	56	73	149	132

재무 상태　•IFRS 별도 기준　〈단위 : 억원〉

항목	2011	2012	2013	2014	2015	2016
총자산	—	—	5,220	5,738	5,763	6,417
유형자산	—	—	2,147	2,152	2,280	2,447
무형자산	—	—	178	161	158	149
유가증권	—	—	74	159	111	99
총부채	—	—	2,238	2,423	2,617	2,874
총차입금	—	—	1,246	1,246	1,246	1,246
자본금	—	—	235	235	235	235
총자본	—	—	2,981	3,314	3,146	3,543
지배주주지분	—	—	2,981	3,314	3,146	3,543

기업가치 지표　•IFRS 별도 기준

항목	2011	2012	2013	2014	2015	2016
주가(최고/저)(천원)	—/—	—/—	70.6/62.3	77.9/61.7	101/53.9	167/89.7
PER(최고/저)(배)	0.0/0.0	0.0/0.0	155.3/137.0	21.4/17.0	—/—	38.7/20.8
PBR(최고/저)(배)	0.0/0.0	0.0/0.0	2.3/2.0	2.3/1.8	3.1/1.6	4.5/2.4
EV/EBITDA(배)			69.3	9.2	15.5	12.8
EPS(원)	—	—	469	3,736	-720	4,352
BPS(원)	—	—	31,726	35,267	33,473	37,691
CFPS(원)	—	—	818	5,920	1,690	6,895
DPS(원)	—	—	300	800	600	900
EBITDAPS(원)	—	—	1,150	7,916	6,949	9,053

재무 비율　〈단위 : % 〉

연도	영업이익률	순이익률	부채비율	차입금비율	ROA	ROE	유보율	자기자본비율	EBITDA마진율
2016	7.4	4.9	81.1	35.2	6.7	12.2	1,407.6	55.2	10.2
2015	7.2	-1.1	83.2	39.6	-1.2	-2.1	1,238.9	54.6	11.7
2014	9.9	6.5	73.1	37.6	6.4	11.2	1,310.7	57.8	13.7
2013	8.7	5.1	75.1	41.8	0.9	0.0	1,169.0	57.1	12.5

종근당바이오 (A063160)
CKD Bio

업　　종 : 제약	시　　장 : 거래소
신용등급 : (Bond) — 　　(CP) —	기업규모 : 시가총액 소형주
홈페이지 : www.ckdbio.com	연 락 처 : 02)2194-0555
본　　사 : 서울시 서대문구 충정로 8 (충정로3가)	

설 립 일 2001.11.13	종 업 원 수 286명	대 표 이 사 강희일	
상 장 일 2001.12.11	감사의견 적정 (안진)	계　　　　열	
결 산 기 12월	보 통 주 523만주	종속회사수	
액 면 가 2,500원	우 선 주	구 상 호	

주주구성 (지분율,%)		출자관계 (지분율,%)		주요경쟁사 (외형,%)	
종근당홀딩스	36.6	종근당바이오	100		
국민연금공단	5.0	테라젠이텍스	90		
(외국인)	6.9	삼성제약	43		

매출구성		비용구성		수출비중	
Potassium Clavulanate	38.2	매출원가율	76.7	수출	80.8
기타	23.6	판관비율	13.1	내수	19.2
DMCT	18.0				

회사 개요
동사는 2001년 종근당에서 분할 신설되어 항생제 및 면역억제제 등의 원료의약품을 생산하여 국내외 완제회사에 공급하고 있음. 또한 완제의약품을 국내외에서 구입하여 수출 및 국내공급하고 있으며 국내제약회사의 완제약품 등의 무역대리업무 수행하고 있음. Potassium Clavulanate, DMCT, Rifampicin 등 항생제 원료가 주요 생산 품목임.

실적 분석
동사의 2016년기준 결산 매출액은 1,130.1억원으로 전년 대비 5.9% 증가함. 반면 원자재 가격하락의 영향으로 원가율이 개선되어 매출총이익이 28.6% 증가하였음. 영업이익은 원가율의 큰 폭 감소 및 판관비 증가 억제 노력에 힘입어 116.2억원을 시현하며 전년 대비 대폭(44.4% 증가) 성장하였음. 당기순이익 또한 94.4억원을 시현하며 전년 대비 41.8% 대폭 성장에 성공함.

현금 흐름　*IFRS 별도 기준　〈단위 : 억원〉

항목	2015	2016
영업활동	143	155
투자활동	-120	-111
재무활동	-23	1
순현금흐름	1	45
기말현금	104	149

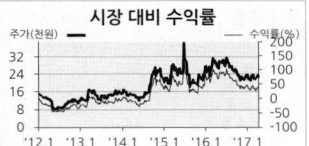

결산 실적　〈단위 : 억원〉

항목	2011	2012	2013	2014	2015	2016
매출액	1,105	1,138	1,004	1,064	1,067	1,130
영업이익	94	88	19	-26	80	116
당기순이익	109	71	17	-11	67	94

분기 실적　*IFRS 별도 기준　〈단위 : 억원〉

항목	2015.3Q	2015.4Q	2016.1Q	2016.2Q	2016.3Q	2016.4Q
매출액	270	271	288	277	294	271
영업이익	34	30	46	34	25	11
당기순이익	29	21	32	31	13	18

재무 상태　*IFRS 별도 기준　〈단위 : 억원〉

항목	2011	2012	2013	2014	2015	2016
총자산	1,983	1,854	1,755	1,651	1,706	1,809
유형자산	1,101	1,041	966	899	911	928
무형자산	2	1	1	0	0	0
유가증권	0	0	0	0	0	0
총부채	793	613	516	432	433	457
총차입금	326	287	172	103	86	116
자본금	131	131	131	131	131	131
총자본	1,190	1,241	1,239	1,218	1,274	1,352
지배주주지분	1,190	1,241	1,239	1,218	1,274	1,352

기업가치 지표　*IFRS 별도 기준

항목	2011	2012	2013	2014	2015	2016
주가(최고/저)(천원)	17.9/10.8	16.5/7.9	17.5/11.3	27.4/12.0	40.3/17.5	31.8/20.4
PER(최고/저)(배)	9.4/5.7	13.0/6.3	57.4/37.1	—/—	32.6/14.2	17.9/11.5
PBR(최고/저)(배)	0.9/0.5	0.7/0.4	0.8/0.5	1.2/0.5	1.7/0.7	1.2/0.8
EV/EBITDA(배)	5.9	3.7	6.6	13.1	7.5	5.7
EPS(원)	2,088	1,358	317	-211	1,272	1,804
BPS(원)	23,070	24,054	24,001	23,613	24,671	26,160
CFPS(원)	3,886	3,566	2,557	1,972	3,357	3,524
DPS(원)	350	350	100	100	350	400
EBITDAPS(원)	3,604	3,891	2,612	1,678	3,623	3,942

재무 비율　〈단위 : % 〉

연도	영업이익률	순이익률	부채비율	차입금비율	ROA	ROE	유보율	자기자본비율	EBITDA마진율
2016	10.3	8.4	33.9	8.6	5.4	7.2	946.4	74.7	18.2
2015	7.5	6.2	34.0	6.7	4.0	5.3	886.8	74.6	17.7
2014	-2.5	-1.0	35.5	8.4	-0.7	-0.9	844.5	73.8	8.3
2013	1.9	1.7	41.7	13.9	0.9	1.3	860.1	70.6	13.6

종근당홀딩스 (A001630)
Chong Kun Dang Holdings

업　　종 : 제약	시　　장 : 거래소
신용등급 : (Bond) — 　　(CP) —	기업규모 : 시가총액 소형주
홈페이지 : www.ckd-holdings.com	연 락 처 : 02)6373-0600
본　　사 : 서울시 서대문구 충정로 8 종근당빌딩	

설 립 일 1956.01.10	종 업 원 수 21명	대 표 이 사 김정우	
상 장 일 1976.06.30	감사의견 적정 (한영)	계　　　　열	
결 산 기 12월	보 통 주 501만주	종속회사수	
액 면 가 2,500원	우 선 주	구 상 호 종근당	

주주구성 (지분율,%)		출자관계 (지분율,%)		주요경쟁사 (외형,%)	
이장한	30.9	벨컴	91.0	종근당홀딩스	100
국민연금공단	8.3	CKD창업투자	56.0	삼진제약	71
(외국인)	6.9	CKDS코리아더블타임벤처투자조합	53.0	이연제약	36

매출구성		비용구성		수출비중	
기타	36.1	매출원가율	69.5	수출	—
일반 API	29.7	판관비율	23.7	내수	—
세파계 항생제 API	17.1				

회사 개요
동사는 투자사업부문을 담당하는 종근당홀딩스(존속법인)와 의약사업부문의 종근당(신설법인)으로 2013년 11월 인적분할을 통해 지주회사 체제로 전환했음. 분할전회사인 종근당이 보유한 자회사 및 관계회사 지분을 계속 유지하게 됨. 주요 자회사는 원료의약품 전문업체인 경보제약(지분율 33.4%)과 종근당바이오(36.6%)가 있음. 완제의약품 전문 업체인 종근당의 지분은 20.2% 보유하고 있음.

실적 분석
동사의 2016년 연결 기준 연간 매출액은 3,356.8억원임. 내수 매출은 2,127.1억원으로 매출 비중은 63% 수준임. 매출총이익은 1,025.3억원으로 매출총이익률은 30.5%임. 판매비와관리비는 794.8억원으로 매출 비중은 23.7%임. 영업이익은 230.5억원으로 영업이익률은 6.9%임. 경상개발비는 64.7억원으로 전체 매출 대비 1.9%에 불과함. 당기순이익은 비영업손익의 호조로 428.6억원을 기록함.

현금 흐름　*IFRS 별도 기준　〈단위 : 억원〉

항목	2015	2016
영업활동	82	194
투자활동	-498	-252
재무활동	862	-51
순현금흐름	448	19
기말현금	774	793

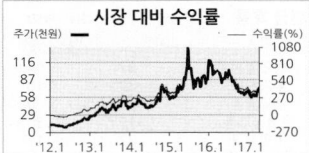

결산 실적　〈단위 : 억원〉

항목	2011	2012	2013	2014	2015	2016
매출액	5,692	5,808	5,606	1,814	2,218	3,357
영업이익	836	798	824	307	282	231
당기순이익	565	374	4,236	133	306	429

분기 실적　*IFRS 별도 기준　〈단위 : 억원〉

항목	2015.3Q	2015.4Q	2016.1Q	2016.2Q	2016.3Q	2016.4Q
매출액	644	646	672	712	1,012	961
영업이익	72	64	70	45	66	49
당기순이익	71	109	98	71	169	91

재무 상태　*IFRS 별도 기준　〈단위 : 억원〉

항목	2011	2012	2013	2014	2015	2016
총자산	6,755	7,080	2,775	3,027	5,010	7,057
유형자산	2,189	2,521	439	554	835	1,859
무형자산	196	200	36	45	48	280
유가증권	224	258	750	318	382	222
총부채	3,162	3,234	922	1,142	1,198	1,576
총차입금	1,887	1,862	363	570	493	621
자본금	326	326	91	91	112	125
총자본	3,593	3,847	1,853	1,885	3,812	5,480
지배주주지분	3,378	3,583	1,488	1,580	2,929	3,604

기업가치 지표

항목	2011	2012	2013	2014	2015	2016
주가(최고/저)(천원)	20.0/10.5	25.1/8.6	51.5/23.2	79.8/39.4	141/54.2	133/59.9
PER(최고/저)(배)	5.6/3.0	11.3/3.9	1.6/0.7	32.1/15.9	40.0/15.4	21.8/9.8
PBR(최고/저)(배)	0.9/0.5	1.0/0.3	1.3/0.6	1.9/0.9	2.2/0.8	1.9/0.8
EV/EBITDA(배)	3.7	6.2	1.6	6.7	14.5	12.4
EPS(원)	4,102	2,453	35,899	2,598	3,646	6,227
BPS(원)	26,973	28,554	42,448	44,979	66,689	73,078
CFPS(원)	5,295	3,916	37,729	4,602	5,748	9,756
DPS(원)	700	700	1,700	700	1,200	1,400
EBITDAPS(원)	7,599	7,580	8,948	10,443	8,859	8,406

재무 비율　〈단위 : % 〉

연도	영업이익률	순이익률	부채비율	차입금비율	ROA	ROE	유보율	자기자본비율	EBITDA마진율
2016	6.9	12.8	28.8	11.3	7.1	9.0	2,823.1	77.7	11.8
2015	12.7	13.8	31.4	12.9	7.6	6.8	2,567.6	76.1	16.7
2014	16.9	7.3	60.6	30.2	4.6	6.2	1,699.1	62.3	21.0
2013	14.7	75.6	49.8	19.6	86.0	164.0	1,597.9	66.8	18.5

좋은사람들 (A033340)
GOODPEOPLE

업　종 : 섬유 및 의복		시　장 : KOSDAQ	
신용등급 : (Bond) — 　(CP) —		기업규모 : 중견	
홈페이지 : www.gpin.co.kr		연락처 : 02)320-6600	
본　사 : 서울시 마포구 양화로 162, 삼성생명동교동빌딩			

설 립 일	1993.05.01	종 업 원 수	399명	대 표 이 사	윤우환
상 장 일	1997.11.03	감 사 의 견	적정(세일)	계　　열	
결 산 기	12월	보 통 주	2,641만주	종속회사수	
액 면 가	500원	우 선 주		구 상 호	

주주구성 (지분율,%)		출자관계 (지분율,%)		주요경쟁사 (외형,%)	
염덕희	12.0	좋은사람들개성1공장	100.0	좋은사람들	100
지앤지인베스트	8.0	GoodPeople(CAMBODIA)Co.ltd	100.0	우노앤컴퍼니	31
(외국인)	0.6	고비이상해상무	100.0	아즈텍WB	42

매출구성		비용구성		수출비중	
내의류(제품)	99.9	매출원가율	56.3	수출	0.0
기타	0.1	판관비율	47.0	내수	100.0

회사 개요
동사는 보디가드, 섹시쿠키, 예스, 리바이스 등의 브랜드를 운영하고 있음. 국내 내의시장의 상위 5위사가 75% 이상의 점유율을 차지함. 브랜드 차별화와 로드샵을 통해 점진적인 매출 확대를 추진중임. 2011년 캄보디아 소재 생산공장 설립과 홍콩 판매법인 신설로 원가 절감 및 수익성 개선에 주력함. 2012년도에는 SPA브랜드 퍼스트올로를 출시해 활발한 매장 전개를 진행하고 있음.

실적 분석
동사의 2016년 매출액은 1,266.4억원으로 전년 대비 2.2% 증가함. 영업손실은 41.6억으로 적자전환함. 당기순손실은 41.7억으로 적자전환함. 사물인터넷(IoT) 융복합 '스마트이너웨어'를 개발해 상용화 준비 중에 있음. 고기능성 제품은 물론 액티브 시니어, B2B 사업을 적극 확대할 예정임. 개성공단은 2016년 2월 가동이 중단됨. 대신 캄보디아, 필리핀, 베트남 등 새로운 생산기지로 대체한다는 전략임.

현금 흐름
〈단위 : 억원〉

항목	2015	2016
영업활동	82	54
투자활동	-33	-16
재무활동	-28	0
순현금흐름	19	35
기말현금	82	117

시장 대비 수익률
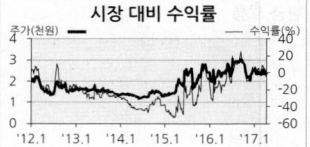

결산 실적
〈단위 : 억원〉

항목	2011	2012	2013	2014	2015	2016
매출액	1,283	1,371	1,462	1,355	1,240	1,266
영업이익	11	30	7	24	12	-42
당기순이익	-3	16	8	16	10	-42

분기 실적
〈단위 : 억원〉

항목	2015.3Q	2015.4Q	2016.1Q	2016.2Q	2016.3Q	2016.4Q
매출액	330	308	308	322	341	295
영업이익	5	-4	-4	-21	-4	-12
당기순이익	6	-4	23	-50	-5	-10

재무 상태
〈단위 : 억원〉

항목	2011	2012	2013	2014	2015	2016
총자산	1,097	1,173	1,167	1,154	1,143	1,114
유형자산	189	172	160	148	149	105
무형자산	19	31	38	39	40	35
유가증권	0	0	0	0	0	0
총부채	402	377	346	321	296	302
총차입금	228	177	159	132	98	98
자본금	90	122	128	129	132	132
총자본	695	796	821	833	847	811
지배주주지분	695	797	821	833	847	811

기업가치 지표

항목	2011	2012	2013	2014	2015	2016
주가(최고/저)(천원)	2.8/1.2	2.4/1.3	1.8/1.3	1.6/1.2	3.4/1.3	3.2/1.9
PER(최고/저)(배)	—/—	37.4/20.2	56.1/40.7	26.5/19.2	89.4/34.6	—/—
PBR(최고/저)(배)	0.7/0.3	0.7/0.4	0.6/0.4	0.5/0.4	1.0/0.4	1.0/0.6
EV/EBITDA(배)	13.2	7.8	11.3	6.7	14.8	
EPS(원)	-17	67	33	61	38	-158
BPS(원)	4,039	3,372	3,317	3,345	3,311	3,177
CFPS(원)	151	213	170	198	158	-60
DPS(원)		20		10		
EBITDAPS(원)	227	269	164	230	166	-59

재무 비율
〈단위 : % 〉

연도	영업이익률	순이익률	부채비율	차입금비율	ROA	ROE	유보율	자기자본비율	EBITDA마진율
2016	-3.3	-3.3	37.3	12.1	-3.7	-5.0	535.4	72.9	-1.2
2015	1.0	0.8	35.0	11.6	0.9	1.2	562.1	74.1	3.5
2014	1.8	1.2	38.5	15.9	1.4	1.9	569.1	72.2	4.4
2013	0.5	0.6	42.1	19.3	0.7	1.0	563.5	70.4	2.9

주성엔지니어링 (A036930)
Jusung Engineering

업　종 : 반도체 및 관련장비		시　장 : KOSDAQ	
신용등급 : (Bond) — 　(CP) —		기업규모 : 중견	
홈페이지 : www.jseng.com		연락처 : 031)760-7000	
본　사 : 경기도 광주시 오포읍 오포로 240			

설 립 일	1995.04.13	종 업 원 수	408명	대 표 이 사	황철주
상 장 일	1999.12.24	감 사 의 견	적정(한영)	계　　열	
결 산 기	12월	보 통 주	4,825만주	종속회사수	
액 면 가	500원	우 선 주		구 상 호	

주주구성 (지분율,%)		출자관계 (지분율,%)		주요경쟁사 (외형,%)	
황철주	24.2	파이온텍	10.6	주성엔지니어링	100
Grantham, Mayo, Van Otterloo & Co. (GMO)	3.0	소프트에피	9.0	지스마트글로벌	34
(외국인)	16.0	하이셈	7.2	케이씨텍	182

매출구성		비용구성		수출비중	
반도체 장비	60.4	매출원가율	59.0	수출	22.6
디스플레이 장비	33.1	판관비율	27.0	내수	77.4
태양전지 장비	6.5				

회사 개요
동사는 태양전지 사업을 중심으로 북미와 중국을 시작으로 유럽과 아프리카 등 해외시장 확대에 주력하고 있음. 동사는 업계 최고 수준의 고효율 결정형/박막 턴키(turn-key) 제공 능력을 갖추고 있으며 4세대 OLED encap 장비를 이미 신규 수주 받았을 정도로 기술력이 탄탄한 회사임. 최근 중국 공동 투자사인 쨩쑤중이(Jiangsu Zongyi)그룹이 미국 뉴저지에 중이솔라에너지(미국) 유한회사를 설립함.

실적 분석
동사의 2016년 연결 기준 매출과 영업이익은 2680억원, 377억원으로 전년 대비 각각 52.6%, 146.8% 증가함. 동사는 OLED 대형 및 중소형 신규 라인 설비 투자와 반도체 D램 시장의 수요회복, 미세화공정 대응을 위한 설비투자에 힘입어 디스플레이를 중심으로 지속 성장함. 전체 매출액 중 반도체장비가 차지하는 비율은 약 42%, 디스플레이 50%, 태양광장비 8%로 OLED 디스플레이 장비가 전체 매출성장을 견인함.

현금 흐름
〈단위 : 억원〉

항목	2015	2016
영업활동	303	447
투자활동	-54	-45
재무활동	-104	-381
순현금흐름	149	19
기말현금	296	315

시장 대비 수익률

결산 실적
〈단위 : 억원〉

항목	2011	2012	2013	2014	2015	2016
매출액	3,192	800	1,537	1,420	1,756	2,680
영업이익	-37	-838	10	96	153	377
당기순이익	-130	-1,103	-363	-211	77	326

분기 실적
〈단위 : 억원〉

항목	2015.3Q	2015.4Q	2016.1Q	2016.2Q	2016.3Q	2016.4Q
매출액	517	486	543	696	630	811
영업이익	87	39	80	93	83	121
당기순이익	76	6	68	67	67	124

재무 상태
〈단위 : 억원〉

항목	2011	2012	2013	2014	2015	2016
총자산	5,252	4,075	3,709	3,033	3,077	3,275
유형자산	1,238	1,334	1,339	1,402	1,328	1,285
무형자산	92	74	71	128	147	122
유가증권	693	649	427	224	188	89
총부채	3,095	2,763	2,727	1,963	1,935	1,798
총차입금	2,332	2,234	2,065	1,442	943	395
자본금	173	206	206	241	241	241
총자본	2,157	1,312	982	1,070	1,142	1,477
지배주주지분	2,145	1,302	982	1,070	1,141	1,477

기업가치 지표

항목	2011	2012	2013	2014	2015	2016
주가(최고/저)(천원)	20.0/6.8	12.1/4.0	7.1/4.4	5.8/2.8	8.1/3.2	11.3/7.1
PER(최고/저)(배)	—/—	—/—	—/—	50.8/20.1	16.7/10.4	
PBR(최고/저)(배)	3.4/1.2	3.9/1.3	3.1/1.9	2.6/1.3	3.4/1.4	3.7/2.3
EV/EBITDA(배)	98.3		37.7	14.2	17.3	10.2
EPS(원)	-355	-2,990	-855	-466	160	676
BPS(원)	6,192	3,157	2,381	2,218	2,365	3,062
CFPS(원)	-100	-2,750	-641	-227	376	926
DPS(원)						
EBITDAPS(원)	169	-2,015	264	451	533	1,031

재무 비율
〈단위 : % 〉

연도	영업이익률	순이익률	부채비율	차입금비율	ROA	ROE	유보율	자기자본비율	EBITDA마진율
2016	14.1	12.2	121.7	26.7	10.3	24.9	512.4	45.1	18.6
2015	8.7	4.4	169.4	82.5	2.5	7.0	373.1	37.1	18.6
2014	6.7	-14.8	183.4	134.7	-6.3	-20.5	343.9	35.3	14.4
2013	0.7	-23.6	277.6	210.3	-9.3	-31.8	376.2	26.5	7.1

주연테크 (A044380)
Jooyontech

업 종 : 컴퓨터 및 주변기기		시 장 : 거래소	
신용등급 : (Bond) — (CP) —		기업규모 : 시가총액 소형주	
홈페이지 : www.jooyon.co.kr		연 락 처 : 070)7600-3206	
본 사 : 서울시 마포구 매봉산로 45 (상암동)			

설 립 일 1988.05.10	종 업 원 수 128명	대 표 이 사 김희라
상 장 일 2006.11.15	감 사 의 견 적정 (대성)	계 열
결 산 기 12월	보 통 주 5,808만주	종속회사수
액 면 가 100원	우 선 주	구 상 호

주주구성 (지분율,%)		출자관계 (지분율,%)		주요경쟁사 (외형,%)	
화평홀딩스	17.1	주연글로시스	100.0	주연테크	100
김상범	5.2	주연전자	70.0	딜리	78
(외국인)	0.3	썬라이즈베트남	5.3	청호컴넷	173

매출구성		비용구성		수출비중	
PC본체	72.7	매출원가율	81.8	수출	0.3
PC용 모니터 외	27.3	판관비율	17.4	내수	99.7
가맹점	0.0				

회사 개요
동사는 1988년 설립되어 PC완제품 제조 및 유통, 수출입업 등의 사업을 영위하고 있음. 530여개의 전문대리점과 TV홈쇼핑, 양판점, 할인점, 인터넷쇼핑몰 등 일반 소비자들이 접할 수 있는 모든 유통채널을 확보하여 접근성을 높임. 또한 2010년 9월부터 출시되는 전 제품에 대해 2년무상 A/S를 실행하고 있으며, 직영체제로 연중무휴콜센터를 운영하는 등 적극적으로 시장에 대응하고 있음.

실적 분석
동사의 2016년 누적매출액은 496.9억원으로 전년 동기 대비 4.5% 감소함. 매출 축소에도 원가율 개선으로 영업이익은 3.7억으로 흑자전환됨. 영업실적 개선과 금융상품처분이익의 영향으로 당기순이익 역시 9.2억원의 흑자기록. 최근 와이제이엠게임즈와의 합작법인 주연YJM을 통해 VR(가상현실) PC방 '브리즈'(VRIZ) 홍대 본점을 오픈하고 VR사업에 전격 진출함.

현금 흐름 *IFRS 별도 기준 〈단위 : 억원〉

항목	2015	2016
영업활동	11	-18
투자활동	100	-271
재무활동	—	230
순현금흐름	111	-59
기말현금	133	74

시장 대비 수익률
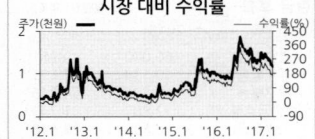

결산 실적 〈단위 : 억원〉

항목	2011	2012	2013	2014	2015	2016
매출액	647	747	602	428	520	497
영업이익	-91	-25	-20	-17	-54	4
당기순이익	-93	-20	-13	-11	-53	9

분기 실적 *IFRS 별도 기준 〈단위 : 억원〉

항목	2015.3Q	2015.4Q	2016.1Q	2016.2Q	2016.3Q	2016.4Q
매출액	94	200	135	110	109	142
영업이익	-27	-14	3	3	-1	0
당기순이익	-28	-15	6	4	1	-2

재무 상태 *IFRS 별도 기준 〈단위 : 억원〉

항목	2011	2012	2013	2014	2015	2016
총자산	382	347	322	306	285	501
유형자산	3	2	1	3	3	4
무형자산	6	3	3	3	2	23
유가증권	17	2	2	0	5	40
총부채	86	71	59	56	86	172
총차입금						109
자본금	43	43	43	43	43	58
총자본	296	276	263	251	198	328
지배주주지분	296	276	263	251	198	328

기업가치 지표 *IFRS 별도 기준

항목	2011	2012	2013	2014	2015	2016
주가(최고/저)(천원)	0.5/0.3	1.4/0.4	1.2/0.5	0.8/0.4	1.4/0.5	1.9/0.9
PER(최고/저)(배)	—/—	—/—	—/—	—/—	—/—	107.8/47.6
PBR(최고/저)(배)	0.7/0.5	2.0/0.5	1.8/0.7	1.2/0.6	2.8/0.9	3.1/1.4
EV/EBITDA(배)						87.6
EPS(원)	-216	-46	-30	-26	-123	18
BPS(원)	755	708	677	649	526	612
CFPS(원)	-210	-42	-28	-23	-120	21
DPS(원)						
EBITDAPS(원)	-207	-56	-44	-37	-123	12

재무 비율 〈단위 : % 〉

연도	영업이익률	순이익률	부채비율	차입금비율	ROA	ROE	유보율	자기자본비율	EBITDA마진율
2016	0.8	1.8	53.3	33.0	2.3	3.5	512.3	65.2	1.1
2015	-10.4	-10.2	43.6		-17.9	-23.6	426.3	69.6	-10.2
2014	-4.0	-2.6	22.2		-3.5	-4.3	548.7	81.9	-3.7
2013	-3.3	-2.1	22.5		-3.9	-4.8	577.4	81.6	-3.1

줌인터넷 (A229480)
ZUM internet

업 종 : 인터넷 서비스		시 장 : KONEX	
신용등급 : (Bond) — (CP) —		기업규모 :	
홈페이지 : www.zuminternet.com		연 락 처 : 02)583-4640	
본 사 : 서울시 서초구 반포대로 3, 7층 (서초동, 이스트빌딩)			

설 립 일 2009.06.10	종 업 원 수 명	대 표 이 사 김우승
상 장 일 2016.06.10	감 사 의 견 적정 (삼정)	계 열
결 산 기 12월	보 통 주 1,057만주	종속회사수
액 면 가 500원	우 선 주	구 상 호

주주구성 (지분율,%)		출자관계 (지분율,%)		주요경쟁사 (외형,%)	
이스트소프트	72.0			줌인터넷	100
스카이레이크제4호 0901사모투자전문회사	9.1				

매출구성		비용구성		수출비중	
검색	58.1	매출원가율	76.4	수출	0.0
쇼핑 광고	22.0	판관비율	15.8	내수	100.0
디스플레이	19.2				

회사 개요
2009년 6월 10일 주식회사 이스트엠엔에스로 설립되어 2011년 10월 5일 주식회사 이스트인터넷과 합병하면서 상호를 주식회사 줌인터넷으로 변경함. 2016년 6월 10일 코넥스시장에 상장함. 인터넷 포털 사이트인 "줌닷컴(zum.com)"의 운영을 통해 검색, 뉴스, 커뮤니티, 쇼핑, 블로그 등 다양한 인터넷 기반의 서비스를 제공하고 있으며, 해당 서비스를 기반으로 온라인 광고상품을 판매하고 있음.

실적 분석
동사의 2016년 매출액은 192.9억원으로 전년 대비 19.5% 증가함. 영업이익은 15억원 기록, 당기순이익은 15.3억원 기록하며 흑자지속. 동사 서비스 '줌닷컴'은 출시 9개월 만에 코리안클릭 기준 월간사용자수(MAU) 600만명을 달성하였으며 2015년 10월에는 MAU가 1,000만명을 돌파함. 기술력 확보와 실적 증가, 두 가지 과제를 차질 없이 달성하여 2017년 직상장 또는 스팩합병으로 코스닥시장에 이전상장하는 것이 목표임.

현금 흐름 *IFRS 별도 기준 〈단위 : 억원〉

항목	2015	2016
영업활동	8	11
투자활동	-17	-23
재무활동	—	-2
순현금흐름	-8	-4
기말현금	11	6

시장 대비 수익률
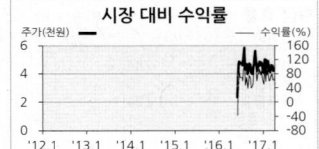

결산 실적 〈단위 : 억원〉

항목	2011	2012	2013	2014	2015	2016
매출액	—	—	100	152	161	193
영업이익	—	—	—	-11	2	15
당기순이익	—	—	—	-18	1	15

분기 실적 *IFRS 별도 기준 〈단위 : 억원〉

항목	2015.3Q	2015.4Q	2016.1Q	2016.2Q	2016.3Q	2016.4Q
매출액	—	—	—	—	—	—
영업이익	—	—	—	—	—	—
당기순이익	—	—	—	—	—	—

재무 상태 *IFRS 별도 기준 〈단위 : 억원〉

항목	2011	2012	2013	2014	2015	2016
총자산			65	69	68	77
유형자산			28	30	25	22
무형자산			4	3	3	2
유가증권						
총부채			163	106	101	21
총차입금			115	50	50	
자본금			35	45	45	53
총자본			-99	-37	-33	56
지배주주지분			-99	-37	-33	56

기업가치 지표 *IFRS 별도 기준

항목	2011	2012	2013	2014	2015	2016
주가(최고/저)(천원)	—/—	—/—	—/—	—/—	—/—	6.8/2.3
PER(최고/저)(배)	0.0/0.0	0.0/0.0	0.0/0.0	0.0/0.0	0.0/0.0	46.7/15.9
PBR(최고/저)(배)	0.0/0.0	0.0/0.0	0.0/0.0	0.0/0.0	0.0/0.0	13.0/4.4
EV/EBITDA(배)	0.0				2.0	16.9
EPS(원)	—	—	-238	-197	8	146
BPS(원)	—	—	-1,199	-360	-321	528
CFPS(원)	—	—	-152	-89	119	255
DPS(원)	—	—				
EBITDAPS(원)	—	—	-66	-11	126	253

재무 비율 〈단위 : % 〉

연도	영업이익률	순이익률	부채비율	차입금비율	ROA	ROE	유보율	자기자본비율	EBITDA마진율
2016	7.8	7.9	38.2	0.0	21.0	전기잠식	5.6	72.4	13.6
2015	1.0	0.5	완전잠식	완전잠식	1.2	잠식지속	-173.0	-48.2	8.0
2014	-7.0	-11.6	완전잠식	완전잠식	-26.5	잠식지속	-182.0	-53.5	-0.7
2013	—	-19.7	완전잠식	완전잠식	0.0	0.0	-382.6	-153.2	-5.4

중국원양자원 (A900050)
CHINA OCEAN RESOURCES CO

업 종 : 식료품	시 장 : 거래소
신용등급 : (Bond) — (CP) —	기업규모 : —
홈 페 이 지 : www.chinaocean.co.kr	연 락 처 : 86-591-87271297
본 사 : Suites 3701-10, 37/F, Jardine House, 1 Connaught Place,Central Hong Kong	

설 립 일 2007.08.27	종 업 원 수 10명	대 표 이 사 임경청,장화리,장화리
상 장 일 2009.05.22	감 사 의 견 적정 (신한)	계 열
결 산 기 12월	보 통 주 12,786만주	종속회사수
액 면 가	우 선 주	구 상 호

주주구성 (지분율,%)	출자관계 (지분율,%)	주요경쟁사 (외형,%)
(홍콩)중윤투자집단유한공사 24.1	복건성연강현원양어업유한공사 100.0	중국원양자원 100
OCEAN AMPLE OVERSEAS LIMITED 8.8	복건성연강현정복어업유한공사 100.0	오뚜기 1,750
(외국인) 3.7	연강신의안수산 100.0	농심 1,929

매출구성	비용구성	수출비중
	매출원가율 0.0	수출 —
	판관비율 0.0	내수 —

회사 개요
중국에 소재한 자회사 복건성연강현원양어업유한공사의 한국거래소 상장을 위해 2007년 홍콩에 설립된 역외지주회사임. 전통적인 투망 기법이 아닌 수심별로 특정 어종을 목표로 하여 조업하는 주낙기법을 쓰고 있음. 조업 어종들이 유사 해역에서 수심별로 차이를 두고 분포하는 형태를 띠고 있음. 동사는 수산물가공기업 및 수산물 양식업 등의 사업을 추가적으로 진출할 구상을 가지고 있음.

실적 분석
동사의 2016년 3분기 매출액은 808.0억원으로 전년동기 655.1억원 대비 23.3% 증가함. 매출증가에도 불구하고 매출원가가 전년동기 대비 118.4% 증가함에 따라 1,191.6억원의 영업손실을 기록하며 전년동기에 이어 적자를 지속함. 비영업부문에서도 340.7억원의 손실을 기록함에 따라 손실폭은 더욱 확대되어 1,532.3억원의 당기순손실을 기록함. 당기순손실폭이 전년동기 대비 5배 이상 증가함.

현금 흐름 〈단위 : 억원〉

항목	2015	2016
영업활동	-284	
투자활동	0	
재무활동	274	
순현금흐름	-11	
기말현금	1	

시장 대비 수익률
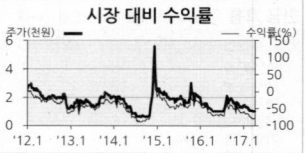

결산 실적 〈단위 : 억원〉

항목	2011	2012	2013	2014	2015	2016
매출액	1,851	1,696	1,680	255	1,149	
영업이익	730	941	865	-1,026	-173	
당기순이익	667	835	800	-942	-835	

분기 실적 〈단위 : 억원〉

항목	2015.3Q	2015.4Q	2016.1Q	2016.2Q	2016.3Q	2016.4Q
매출액	173	504	271	17	529	
영업이익	-140	142	-430	-646	-480	
당기순이익	-140	-527	-430	-646	-480	

재무 상태 〈단위 : 억원〉

항목	2011	2012	2013	2014	2015	2016
총자산	4,567	4,766	5,578	5,011	5,592	—
유형자산	3,906	3,675	3,655	4,204	4,501	
무형자산		413	422	430	438	
유가증권						
총부채	1,050	794	635	511	1,654	
총차입금	813	364	191		89	
자본금	111	104	104	1,501	1,818	
총자본	3,517	3,972	4,943	4,500	3,937	
지배주주지분	3,517	3,972	4,920	4,483	3,938	

기업가치 지표

항목	2011	2012	2013	2014	2015	2016
주가(최고/저)(천원)	5.9/2.4	3.0/1.2	2.4/1.0	6.4/0.6	3.4/1.5	2.3/1.0
PER(최고/저)(배)	13.3/5.3	5.4/2.1	4.5/2.0	—/—	—/—	0.0/0.0
PBR(최고/저)(배)	2.5/1.0	1.1/0.4	0.7/0.3	2.7/0.2	1.7/0.7	0.0/0.0
EV/EBITDA(배)	4.6	2.1	2.9			0.0
EPS(원)	889	1,113	1,052	-1,205	-880	
BPS(원)	4,684	5,290	6,424	4,765	4,024	
CFPS(원)	959	1,223	1,181	-1,062	-762	
DPS(원)	136					
EBITDAPS(원)	1,492	1,210	1,120	-1,175	-64	

재무 비율 〈단위 : % 〉

연도	영업이익률	순이익률	부채비율	차입금비율	ROA	ROE	유보율	자기자본비율	EBITDA마진율
2016									
2015	-15.0	-72.7	42.0	2.3	-15.8	-19.8	116.6	70.4	-5.3
2014	-402.1	-369.5	11.4		-17.8	-19.9	198.7	89.8	-358.3
2013	51.5	47.6	12.8	3.9	15.5	17.9	4,620.4	88.6	50.4

중소기업은행 (A024110)
Industrial Bank Of Korea

업 종 : 상업은행	시 장 : 거래소
신용등급 : (Bond) AAA (CP) —	기업규모 : 시가총액 대형주
홈 페 이 지 : www.ibk.co.kr	연 락 처 : 02)729-6114
본 사 : 서울시 중구 을지로 79 (을지로 2가 50), 중소기업은행본점건물	

설 립 일 1961.08.01	종 업 원 수 12,464명	대 표 이 사 Kim,Do-jin
상 장 일 2003.12.24	감 사 의 견 적정 (삼일)	계 열
결 산 기 12월	보 통 주 55,998만주	종속회사수
액 면 가 5,000원	우 선 주 9,797만주	구 상 호

주주구성 (지분율,%)	출자관계 (지분율,%)	주요경쟁사 (외형,%)
기획재정부 51.8	아이비케이캐피탈 100.0	기업은행 100
국민연금공단 9.2	아이비케이연금보험 100.0	신한지주 144
(외국인) 17.9	아이비케이저축은행 100.0	KB금융 129

수익구성	비용구성	수출비중
예수금,외국환, 신탁업무 0.0	이자비용 21.1	수출 —
	파생상품손실 1.3	내수 —
	판관비 15.7	

회사 개요
동사는 중소기업대출 특화 전문은행으로 중소기업대출 점유율이 22.8%로 1위 자리를 유지함. 자회사로는 캐피탈, 증권, 자산운용 등이 있음. 순이자마진(NIM)은 1.9%를 기록함. 2016년 9월, 비대면 전용상품 i-ONE 뱅크이터myg적금과 IBK평생설계 증여신탁의 판매를 개시함. 또한, 2016 아시아투데이 금융대상, 은행 및 저축은행 부문 리스크관리 최우수상을 수상한 바 있음.

실적 분석
동사는 2016년 전체 중소기업대출 순증액의 약 27.4%인 8조4000억원을 지원해 국내 금융권 최초로 중소기업대출 130조원을 돌파했음. 성장성과 수익성 부문에서도 우수한 성과를 거둠. 2016년말 총대출은 전년대비 5.5% 증가한 178조6000억원, 총수신은 전년 대비 7.6% 증가한 201조7000억원을 기록했음. 당기순이익은 1조267억원(은행별도 기준)을 시현해, 2년 연속 1조원을 달성했음.

현금 흐름 〈단위 : 억원〉

항목	2015	2016
영업활동	-60,070	-40,981
투자활동	-10,134	-12,191
재무활동	66,536	54,346
순현금흐름	-2,807	1,743
기말현금	26,896	28,638

시장 대비 수익률
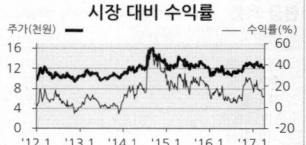

결산 실적 〈단위 : 억원〉

항목	2011	2012	2013	2014	2015	2016
이자수익	93,731	94,754	86,941	85,975	79,866	77,789
영업이익	19,271	16,123	11,424	13,883	14,997	15,326
당기순이익	14,401	11,813	8,542	10,320	11,506	11,646

분기 실적 〈단위 : 억원〉

항목	2015.3Q	2015.4Q	2016.1Q	2016.2Q	2016.3Q	2016.4Q
이자수익	19,789	19,653	19,469	19,480	19,375	19,466
영업이익	3,311	3,341	4,813	3,920	3,805	2,788
당기순이익	2,476	2,260	3,777	2,896	2,821	2,151

재무 상태 〈단위 : 억원〉

항목	2011	2012	2013	2014	2015	2016
총자산	1,859,761	1,982,703	2,125,828	2,197,608	2,398,428	2,568,514
유형자산	13,977	15,098	15,052	15,086	14,844	18,209
무형자산	1,575	1,601	2,475	3,372	3,025	2,584
유가증권	272,726	330,603	347,565	345,619	368,601	371,314
총부채	1,727,740	1,843,311	1,981,537	2,041,145	2,225,490	2,388,040
총차입금	954,998	951,648	1,042,717	1,053,565	1,118,048	1,175,336
자본금	32,199	32,199	32,408	32,559	32,719	32,898
총자본	132,021	139,392	144,291	156,463	172,938	180,474
지배주주지분	131,290	138,653	143,499	155,623	172,030	179,500

기업가치 지표

항목	2011	2012	2013	2014	2015	2016
주가(최고/저)(천원)	16.7/9.8	12.3/9.4	11.7/9.5	16.4/10.8	14.7/11.6	13.4/10.3
PER(최고/저)(배)	8.4/4.9	7.3/5.5	9.3/7.6	10.6/6.9	8.3/6.5	7.2/5.6
PBR(최고/저)(배)	1.0/0.6	0.7/0.5	0.6/0.5	0.8/0.5	0.6/0.5	0.5/0.4
PSR(최고/저)(배)	1/1	1/1	1/1	1/1	1/1	1/1
EPS(원)	2,453	1,998	1,429	1,719	1,902	1,917
BPS(원)	20,388	21,531	22,603	23,898	26,289	27,282
CFPS(원)	2,696	2,289	1,748	2,029	2,224	2,220
DPS(원)	580	400	330	430	450	480
EBITDAPS(원)	3,262	2,729	1,924	2,324	2,495	2,538

재무 비율 〈단위 : % 〉

연도	계속사업이익률	순이익률	부채비율	차입금비율	ROA	ROE	유보율	자기자본비율	총자산증가율
2016	19.5	15.0	1,323.2	651.3	0.5	6.6	445.6	7.0	7.1
2015	18.4	14.4	1,286.9	646.5	0.5	7.0	425.8	7.2	9.1
2014	15.6	12.0	1,304.6	673.4	0.5	6.9	378.0	7.1	3.4
2013	13.1	9.8	1,373.3	722.7	0.4	6.1	352.1	6.8	7.2

중앙백신연구소 (A072020)
Choong Ang Vaccine Laboratory

업 종 : 제약		시 장 : KOSDAQ	
신용등급 : (Bond) — (CP) —		기업규모 : 벤처	
홈페이지 : www.cavac.co.kr		연 락 처 : 042)870-0526	
본 사 : 대전시 유성구 유성대로 1476-37			

설 립 일 1994.10.04	종 업 원 수 141명	대 표 이 사 윤인중
상 장 일 2003.10.31	감 사 의 견 적정 (영앤진)	계 열
결 산 월 12월	보 통 주 732만주	종 속 회 사 수
액 면 가 500원	우 선 주	구 상 호

주주구성 (지분율,%)		출자관계 (지분율,%)		주요경쟁사 (외형,%)	
윤인중	34.8	한수양돈연구회	33.0	중앙백신	100
김필봉	4.8	에스브이씨	19.0	테라젠이텍스	267
(외국인)	3.4	한수약품	2.0	삼성제약	127

매출구성		비용구성		수출비중	
수이샷(SuiShot) 양돈백신	39.3	매출원가율	55.5	수출	15.8
구제역	28.8	판관비율	26.1	내수	84.2
포울샷(PoulShot)가금백신	14.1				

회사 개요
동사는 2003년 7월 코스닥시장에 상장된 동물약품 전문 제조업체로 동물 백신의 생산 판매를 주력으로 하고 있으며 사료첨가제, 구충제 등의 상품 판매도 하고 있음. 가축 종류에 따라 양돈백신, 포울샷 가금백신, 캐니샷 애견백신, 보비샷 축우백신 등의 동물 백신을 제조 판매하고 있음. 상반기 최대 매출 품목은 양돈 백신으로 81.2억원의 매출을 기록함. 상반기 수출은 25.5억원임.

실적 분석
동사의 2016년 4분기 누적 매출액은 전년 동기 대비 9.5% 증가한 379억원을 기록함. 수이샷 양돈백신과 포울샷 가금백신, 애견 백신의 매출이 증가하였기 때문임. 추가적으로 매출원가율이 하락하여 매출총이익도 전년 동기 대비 38.2% 증가함. 판매비와관리비는 15.3% 증가하여 영업이익은 전년 동기 대비 92.3% 증가한 69.9억원을 시현함. 영업이익 증가에 힘입어 당기순이익도 90.8% 증가한 62.1억원을 기록함.

현금 흐름 *IFRS 별도 기준 〈단위 : 억원〉

항목	2015	2016
영업활동	99	77
투자활동	-49	-80
재무활동	-35	58
순현금흐름	14	57
기말현금	88	145

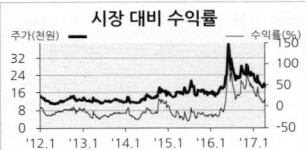

시장 대비 수익률

결산 실적 〈단위 : 억원〉

항목	2011	2012	2013	2014	2015	2016
매출액	156	193	243	296	346	379
영업이익	28	44	51	55	36	70
당기순이익	24	44	44	43	33	62

분기 실적 *IFRS 별도 기준 〈단위 : 억원〉

항목	2015.3Q	2015.4Q	2016.1Q	2016.2Q	2016.3Q	2016.4Q
매출액	78	96	102	90	90	98
영업이익	10	19	17	14	20	19
당기순이익	10	18	11	14	17	20

재무 상태 *IFRS 별도 기준 〈단위 : 억원〉

항목	2011	2012	2013	2014	2015	2016
총자산	424	508	570	606	621	735
유형자산	174	292	306	309	301	339
무형자산	11	8	11	13	13	11
유가증권	22	47	10	3	3	3
총부채	23	67	89	86	72	132
총차입금	2	27	31	35	4	66
자본금	37	37	37	37	37	37
총자본	401	441	481	520	549	604
지배주주지분	401	441	481	520	549	604

기업가치 지표 *IFRS 별도 기준

항목	2011	2012	2013	2014	2015	2016
주가(최고/저)(천원)	16.6/9.8	15.6/10.7	14.8/10.7	19.3/11.1	23.9/13.4	39.6/14.3
PER(최고/저)(배)	52.4/30.9	26.5/18.3	24.6/17.8	33.3/19.1	54.0/30.4	46.7/16.9
PBR(최고/저)(배)	3.1/1.8	2.6/1.8	2.3/1.6	2.8/1.6	3.2/1.8	4.8/1.7
EV/EBITDA(배)	16.9	13.1	9.6	12.3	14.3	16.6
EPS(원)	323	597	608	585	445	848
BPS(원)	5,476	6,027	6,574	7,102	7,497	8,247
CFPS(원)	600	882	1,073	1,006	942	1,256
DPS(원)	50	50	50	50	50	50
EBITDAPS(원)	662	889	1,161	1,177	994	1,363

재무 비율 〈단위 : % 〉

연도	영업이익률	순이익률	부채비율	차입금비율	ROA	ROE	유보율	자기자본비율	EBITDA마진율
2016	18.4	16.4	21.8	10.9	9.2	10.8	1,549.3	82.1	26.3
2015	10.5	9.4	13.2	0.7	5.3	6.1	1,399.5	88.4	21.0
2014	18.7	14.5	16.6	6.7	7.3	8.6	1,320.5	85.8	29.1
2013	20.9	18.3	18.5	6.5	8.3	9.4	1,214.8	84.4	34.9

중앙에너비스 (A000440)
Joong Ang Enervis

업 종 : 석유 및 가스		시 장 : KOSDAQ	
신용등급 : (Bond) — (CP) —		기업규모 : 중견	
홈페이지 : www.enervis.co.kr		연 락 처 : 070)8707-4500	
본 사 : 서울시 용산구 한남대로 82 (한남동)			

설 립 일 1946.10.01	종 업 원 수 108명	대 표 이 사 한상은
상 장 일 1993.03.24	감 사 의 견 적정 (우덕)	계 열
결 산 월 12월	보 통 주 125만주	종 속 회 사 수
액 면 가 2,500원	우 선 주	구 상 호

주주구성 (지분율,%)		출자관계 (지분율,%)		주요경쟁사 (외형,%)	
한상열	17.1	에너비스솔라	100.0	중앙에너비스	100
한상은	16.9			아이이	13
				흥구석유	157

매출구성		비용구성		수출비중	
일반유, LPG	73.5	매출원가율	76.4	수출	0.0
산업용, 생활용 세제등	25.7	판관비율	21.3	내수	100.0
임대수입외	0.9				

회사 개요
동사는 석유 판매업을 주요 사업으로 영위함. 1972년 12월 SK에너지주식회사와 대리점 계약을 맺고 휘발유, 경유, 등유 등의 일반유와 LPG를 매입하여 서울, 경기, 인천지역의 직영 사업장을 위주로 하는 도·소매업을 하고 있음. 직영 사업장의 경우 인근의 고정 거래처와 통행차량에 대해 석유제품을 공급하고 있음. 합성세제를 제조 판매하는 대성씨앤에스를 연결대상 종속회사로 두고 있음.

실적 분석
동사의 2016년 연결기준 누적 매출액은 916.3억원으로 전년동기 대비 1.3% 증가함. 매출 정체 및 고정비 증가로 영업이익 역시 21.1억원을 기록하며 정체된 모습. 매출은 내수 100%로, 일반유와 LPG등을 판매하는 유류부문이 전체 매출의 70% 이상을 차지하는 주 매출원임. 정부의 환경규제 정책 강화와 난방용 등의 수요 감소 등 우호적이지 않은 영업환경에서 수익성이 정체되는 모습임.

현금 흐름 〈단위 : 억원〉

항목	2015	2016
영업활동	40	34
투자활동	-44	-1
재무활동	3	-18
순현금흐름	-2	17
기말현금	6	23

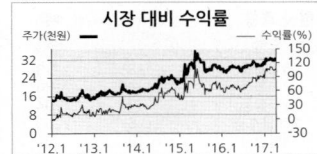

시장 대비 수익률

결산 실적 〈단위 : 억원〉

항목	2011	2012	2013	2014	2015	2016
매출액	1,133	1,052	864	1,014	904	916
영업이익	38	27	25	27	21	21
당기순이익	34	18	18	28	12	14

분기 실적 〈단위 : 억원〉

항목	2015.3Q	2015.4Q	2016.1Q	2016.2Q	2016.3Q	2016.4Q
매출액	229	237	216	227	243	230
영업이익	5	5	3	4	10	5
당기순이익	3	4	2	2	6	3

재무 상태 〈단위 : 억원〉

항목	2011	2012	2013	2014	2015	2016
총자산	573	580	580	743	774	775
유형자산	395	416	404	485	539	527
무형자산	14	19	21	24	23	22
유가증권	0	0	0	2	1	1
총부채	134	138	131	242	267	268
총차입금	107	104	113	182	195	190
자본금	31	31	31	31	31	31
총자본	439	442	449	501	507	508
지배주주지분	439	442	449	459	462	461

기업가치 지표

항목	2011	2012	2013	2014	2015	2016
주가(최고/저)(천원)	19.4/13.3	20.1/13.0	22.2/14.5	24.8/17.5	36.1/21.4	32.1/26.3
PER(최고/저)(배)	8.6/5.9	15.9/10.2	17.5/11.4	12.8/9.0	54.8/32.4	38.8/31.8
PBR(최고/저)(배)	0.6/0.4	0.6/0.4	0.6/0.4	0.6/0.5	0.9/0.5	0.8/0.6
EV/EBITDA(배)	6.9	10.4	10.8	12.8	14.6	14.9
EPS(원)	2,759	1,484	1,432	2,114	696	849
BPS(원)	39,440	40,217	40,967	42,385	42,667	42,910
CFPS(원)	3,281	2,090	2,122	3,345	2,175	2,384
DPS(원)	800	800	800	800	800	800
EBITDAPS(원)	3,602	2,813	2,735	3,360	3,193	3,226

재무 비율 〈단위 : % 〉

연도	영업이익률	순이익률	부채비율	차입금비율	ROA	ROE	유보율	자기자본비율	EBITDA마진율
2016	2.3	1.5	52.7	37.4	1.8	2.3	1,616.4	65.5	4.4
2015	2.4	1.3	52.6	38.5	1.6	1.9	1,606.7	65.5	4.4
2014	2.6	2.8	48.2	36.4	4.3	5.8	1,595.4	67.5	4.1
2013	3.0	2.1	29.3	25.2	3.1	4.0	1,538.7	77.4	3.9

중앙오선 (A054180)
ChoongAng Ocean

업 종 : 조선		시 장 : KOSDAQ	
신용등급 : (Bond) — (CP) —		기업규모 : 중견	
홈페이지 : www.c-ocean.co.kr		연 락 처 : 02)3218-9500	
본 사 : 서울시 영등포구 여의나루로 71, 1202 (동화빌딩 12층)			

설 립 일 1999.01.26	종 업 원 수 31명	대 표 이 사 전병철			
상 장 일 2001.10.16	감 사 의 견 적정 (성도)	계 열			
결 산 기 06월	보 통 주 2,186만주	종속회사수 1개사			
액 면 가 500원	우 선 주	구 상 호			

주주구성 (지분율,%)		출자관계 (지분율,%)		주요경쟁사 (외형,%)	
전병철	36.1	씨엠지	100.0	중앙오선	100
한아름	11.6			STX중공업	2,133
				삼영이엔씨	184

매출구성		비용구성		수출비중	
조선기자재(선박블록제작)	97.2	매출원가율	84.8	수출	0.0
기타	2.8	판관비율	8.3	내수	100.0

회사 개요
동사는 씨오텍이라는 상호로 1998년 소프트웨어 개발 및 공급을 목적으로 설립되어 2001년 코스닥 시장에 상장되었으나, 매출 안정성 저하로 2010년에 조선기자재 사업을 영위하는 중앙오선과 합병하여 중앙오선으로 사명을 변경하고 초대형 선박의 선수, 선미, 프로펠라보스, 엔진룸 등의 블록제작을 주요 사업으로 영위하고 있다. 현대중공업 및 현대미포조선의 1차 협력업체이며 산업용 전동기 기업 씨엠지를 연결대상 종속법인으로 보유함.

실적 분석
동사의 당반기('16.07~'16.12) 매출액은 94.4억원으로 전년동기 대비 2.7% 감소하였으며 매출원가 증가로 매출총이익도 감소함. 영업이익도 전년동기 10.6억원에서 2.6억원으로 크게 감소했고 당기순이익은 9억원 흑자에서 50.8억원 적자로 전환됨. 당반기중 유형자산재평가손실 40억원이 발생하며 기타비용이 크게 증가했기 때문. Omani-Korea Company, 북경진로음료유한공사를 계열회사로 보유하고 있으나 매출과 수익은 없음.

현금 흐름
<단위 : 억원>

항목	2016	2017.2Q
영업활동	18	3
투자활동	-4	-34
재무활동	-9	94
순현금흐름	6	63
기말현금	19	81

시장 대비 수익률

결산 실적
〈단위 : 억원〉

항목	2012	2013	2014	2015	2016	2017
매출액	273	204	203	178	195	
영업이익	36	23	25	12	19	
당기순이익	-68	59	17	36	10	

분기 실적
〈단위 : 억원〉

항목	2016.1Q	2016.2Q	2016.3Q	2016.4Q	2017.1Q	2017.2Q
매출액	—	58	—	—	—	53
영업이익	—	8	—	—	—	1
당기순이익	—	3	—	—	—	-16

재무 상태
〈단위 : 억원〉

항목	2012	2013	2014	2015	2016	2017.2Q
총자산	484	464	451	477	475	520
유형자산	407	402	398	427	421	399
무형자산	0	0	0	0	0	0
유가증권	2	1				
총부채	389	310	280	269	258	340
총차입금	270	244	218	242	233	313
자본금	109	109	109	109	109	109
총자본	95	154	171	207	217	180
지배주주지분	95	154	171	207	217	180

기업가치 지표

항목	2012	2013	2014	2015	2016	2017.2Q
주가(최고/저)(천원)	2.2/1.2	1.3/0.7	1.6/0.4	2.9/0.9	4.0/0.8	—/—
PER(최고/저)(배)	—/—	5.0/1.3	21.1/11.2	17.7/4.8	83.5/38.6	—/—
PBR(최고/저)(배)	5.0/1.5	1.9/0.5	2.1/1.1	3.1/0.8	4.0/1.8	4.1/2.0
EV/EBITDA(배)	12.0	17.0	12.6	32.9	31.9	
EPS(원)	-309	270	77	165	47	-232
BPS(원)	434	707	783	949	993	825
CFPS(원)	-281	296	110	203	91	-208
DPS(원)						
EBITDAPS(원)	194	133	146	94	129	36

재무 비율
〈단위 : %〉

연도	영업이익률	순이익률	부채비율	차입금비율	ROA	ROE	유보율	자기자본비율	EBITDA마진율
2016	9.6	5.3	118.9	107.6	2.2	4.9	98.6	45.7	14.5
2015	6.9	20.3	129.7	116.6	7.8	19.1	89.9	43.5	11.5
2014	12.2	8.3	163.8	127.5	3.7	10.4	56.6	37.9	15.7
2013	11.5	28.9	200.7	158.1	12.5	47.4	41.4	33.3	14.3

지노믹트리 (A228760)
Genomictree

업 종 : 의료 장비 및 서비스		시 장 : KONEX	
신용등급 : (Bond) — (CP) —		기업규모 :	
홈페이지 : www.genomictree.com		연 락 처 : 042)861-4551	
본 사 : 대전시 유성구 테크노10로 44-6			

설 립 일 2000.10.06	종 업 원 수 명	대 표 이 사 안성환			
상 장 일 2016.07.19	감 사 의 견 적정 (삼덕)	계 열			
결 산 기 12월	보 통 주 231만주	종속회사수			
액 면 가 500원	우 선 주	구 상 호			

주주구성 (지분율,%)		출자관계 (지분율,%)		주요경쟁사 (외형,%)	
안성환	25.5	이바이오젠	16.7	지노믹트리	100
산은캐피탈	10.8			나노바이오시스	293
				엑세스바이오	6,493

매출구성		비용구성		수출비중	
유전체분석	100.0	매출원가율	83.7	수출	1.2
		판관비율	252.4	내수	98.8

회사 개요
동사는 2016년 7월에 코넥스 시장에 상장된 기업으로, 분자진단 사업을 영위하고 있다. 신규 DNA 바이오마커를 이용한 암 분자진단을 핵심사업으로 하여, 분자유전진단과 유전체분석 사업을 추진하고 있다. 분자진단 제품인 EarlyTectTM-GI SDC2를 개발하고, 국내 최초로 한국식품의약품안전처로부터 품목허가를 받았음. 2016년 10월에 대장암 진단용 종양관련유전자검사시약(GT-CRC-1)의 확증임상시험 승인을 받음.

실적 분석
동사의 20176년 매출액은 5.5억원으로 전년 10.5억원과 비교해 대폭 감소함. 원가율과 판관비 상승으로 영업손실 13억원이 발생하면서 적자폭이 확대되었음. 현재 분변을 이용한 대장암 분자진단 제품, 소변을 이용한 방광암 분자진단 제품, 혈액을 이용한 폐암 분자진단 제품의 임상시험을 실시 또는 실시 예정임. 유럽 시장 진출을 위해 ISO13485 인증을 획득하였으며, 대장암 조기진단용 제품의 등록을 추진 중임.

현금 흐름
*IFRS 별도 기준 〈단위 : 억원〉

항목	2015	2016
영업활동	-6	-7
투자활동	-31	-0
재무활동	16	-0
순현금흐름	-21	12
기말현금	1	13

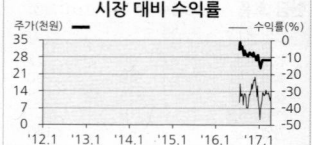
시장 대비 수익률

결산 실적
*IFRS 별도 기준 〈단위 : 억원〉

항목	2011	2012	2013	2014	2015	2016
매출액			12	11	10	5
영업이익			-1	-3	-8	-13
당기순이익			0	-16	-8	-21

분기 실적
*IFRS 별도 기준 〈단위 : 억원〉

항목	2015.3Q	2015.4Q	2016.1Q	2016.2Q	2016.3Q	2016.4Q
매출액			2	—	—	—
영업이익			-3	—	—	—
당기순이익			-3	—	—	—

재무 상태
*IFRS 별도 기준 〈단위 : 억원〉

항목	2011	2012	2013	2014	2015	2016
총자산			41	49	66	55
유형자산			16	16	24	25
무형자산			12	4	6	4
유가증권			0	1	1	1
총부채			22	21	17	20
총차입금			11	9	5	5
자본금			9	11	12	12
총자본			19	28	48	35
지배주주지분			19	28	48	35

기업가치 지표
*IFRS 별도 기준

항목	2011	2012	2013	2014	2015	2016
주가(최고/저)(천원)	—/—	—/—	—/—	—/—	—/—	36.8/23.6
PER(최고/저)(배)	0.0/0.0	0.0/0.0	0.0/0.0	0.0/0.0	0.0/0.0	—/—
PBR(최고/저)(배)	0.0/0.0	0.0/0.0	0.0/0.0	0.0/0.0	0.0/0.0	24.3/15.5
EV/EBITDA(배)	0.0					
EPS(원)			0	-733	-358	-894
BPS(원)			10,287	12,717	2,101	1,517
CFPS(원)			305	-6,951	-301	-843
DPS(원)						
EBITDAPS(원)			-488	-1,203	-290	-511

재무 비율
〈단위 : % 〉

연도	영업이익률	순이익률	부채비율	차입금비율	ROA	ROE	유보율	자기자본비율	EBITDA마진율
2016	-236.1	-375.8	57.3	23.0	-34.1	-49.4	203.3	63.6	-214.8
2015	-73.1	-75.5	36.1	10.3	-13.8	-20.8	320.2	73.5	-61.2
2014	-31.2	-144.7	75.8	32.4	-35.7	-68.8	154.3	56.9	-23.8
2013	-12.3	0.0	116.8	58.5	0.0	0.0	105.7	46.1	-7.6

지디 (A155960)
Global Display

업 종 : 디스플레이 및 관련부품	시 장 : KOSDAQ
신용등급 : (Bond) — (CP) —	기업규모 : 벤처
홈페이지 : www.g-display.com	연 락 처 : (070)7435-3721
본 사 : 충북 청주시 흥덕구 대신로 146번길 174(송정동)	

설 립 일 2005.06.21	종업원수 223명	대표이사 김명선	
상 장 일 2013.02.13	감사의견 적정 (삼일)	계 열	
결 산 기 12월	보 통 주 1,819만주	종속회사수	
액 면 가 500원	우 선 주	구 상 회	

주주구성 (지분율,%)		출자관계 (지분율,%)		주요경쟁사 (외형,%)	
김명선	27.0	지디플러스	99.5	지디	100
에스에프아이파트너스	23.1	패러머티리얼즈	40.6	우리이앤엘	457
(외국인)	3.4	엘앤에스지디청년창업투자조합	33.3	우리조명	4,855

매출구성		비용구성		수출비중	
Slimming 및 ITO코팅(용역)	100.0	매출원가율	114.7	수출	0.0
		판관비율	18.8	내수	100.0

회사 개요
동사는 디스플레이 패널(LCD)의 두께를 얇게 가공하는 Slimming 및 ITO Coating이 주력 사업부문임. LCD 또는 OLED 패널 제조사로부터 합착패널을 제공받아 패널의 박형화 제조공정을 거친 후 다시 고객사로 납품하는 임가공형태의 사업을 영위하고 있음. 국내 제조사 삼성디스플레이와 LG디스플레이 등과 협력관계를 형성하고 있으며, 사업의 특성인 보안이슈, 제한적인 고객군으로 인해 대형 단일 고객사와 거래할 수 밖에 없는 특성을 가짐

실적 분석
동사의 2016년 연결기준 매출액은 322.2억원으로 전년 대비 33.7% 감소함. 매출 감소에 따라 전체 매출 대비 고정비용 비율도 늘어나면서 영업손실은 적자폭이 확대되어 107.9억원을 기록함. 영업실적 부진에도 에이치엠엘 지분 일부 매각하여 발생된 중단영업이익이 실적에 반영되면서 당기순손실은 146.4억원으로 전년대비 축소됨. 패널 slimming 사업과의 시너지를 극대화할 수 신사업을 추진중

현금 흐름 〈단위 : 억원〉

항목	2015	2016
영업활동	81	54
투자활동	-73	-141
재무활동	21	79
순현금흐름	29	-7
기말현금	266	259

시장 대비 수익률

결산 실적 〈단위 : 억원〉

항목	2011	2012	2013	2014	2015	2016
매출액	357	854	902	723	486	322
영업이익	112	338	248	27	-68	-108
당기순이익	94	280	238	14	-194	-146

분기 실적 〈단위 : 억원〉

항목	2015.3Q	2015.4Q	2016.1Q	2016.2Q	2016.3Q	2016.4Q
매출액	101	135	107	72	69	74
영업이익	-25	-3	-25	-34	-28	-21
당기순이익	-41	-109	42	-23	-25	-140

재무 상태 〈단위 : 억원〉

항목	2011	2012	2013	2014	2015	2016
총자산	512	882	1,450	1,603	1,387	1,248
유형자산	446	471	969	995	818	614
무형자산	1	7	12	63	9	6
유가증권		19	38	81	104	122
총부채	322	278	191	331	322	323
총차입금	244	119	55	224	259	254
자본금	25	48	60	91	91	91
총자본	190	603	1,259	1,272	1,065	925
지배주주지분	190	603	1,259	1,258	1,065	924

기업가치 지표

항목	2011	2012	2013	2014	2015	2016
주가(최고/저)(천원)	—/—	—/—	17.5/11.2	12.4/5.9	7.4/3.4	5.4/2.9
PER(최고/저)(배)	0.0/0.0	0.0/0.0	13.3/8.5	128.7/61.6	—/—	—/—
PBR(최고/저)(배)	0.0/0.0	0.0/0.0	2.6/1.6	1.8/0.9	1.3/0.6	1.1/0.6
EV/EBITDA(배)	1.6		5.9	4.8	3.8	13.4
EPS(원)	748	1,986	1,351	98	-991	-807
BPS(원)	3,135	6,327	10,496	6,949	5,869	5,077
CFPS(원)	2,235	3,750	2,960	1,071	101	84
DPS(원)		150	200	100		
EBITDAPS(원)	2,569	4,370	3,049	1,126	714	296

재무 비율 〈단위 : % 〉

연도	영업이익률	순이익률	부채비율	차입금비율	ROA	ROE	유보율	자기자본비율	EBITDA마진율
2016	-33.5	-45.5	34.9	27.5	-11.1	-14.7	915.3	74.1	16.7
2015	-14.1	-39.9	30.2	24.3	-13.0	-15.5	1,073.8	76.8	26.7
2014	3.8	1.9	26.1	17.6	0.9	1.4	1,289.9	79.3	28.1
2013	27.5	26.4	15.1	4.4	20.4	25.6	1,999.2	86.9	39.7

지란지교시큐리티 (A208350)
Jiransecurity

업 종 : 일반 소프트웨어	시 장 : KOSDAQ
신용등급 : (Bond) — (CP) —	기업규모 : 중견
홈페이지 : www.jiransecurity.com	연 락 처 : (02)569-6110
본 사 : 서울시 강남구 역삼로 542 5층 502호(대치동, 신사제2빌딩)	

설 립 일 2014.09.30	종업원수 124명	대표이사 조형인	
상 장 일 2014.12.24	감사의견 적정 (이촌)	계 열	
결 산 기 12월	보 통 주 3,267만주	종속회사수	
액 면 가 100원	우 선 주	구 상 회 케이비제5호스팩	

주주구성 (지분율,%)		출자관계 (지분율,%)		주요경쟁사 (외형,%)	
지란지교	56.8	쏘마	20.0	지란지교시큐리티	100
프리미어 Growth-M&A 투자조합	18.0	모니터랩	12.0	라온시큐어	84
(외국인)	0.1			알서포트	108

매출구성		비용구성		수출비중	
		매출원가율	50.0	수출	4.5
		판관비율	36.0	내수	95.5

회사 개요
동사는 1994년 설립된 지란지교소프트 보안사업본부에서 2014년 1월 지란지교시큐리티라는 이름으로 분사하였으며 케이비제5호 기업인수목적회사와 합병을 통해 2016년 9월 9일 코스닥시장에 상장함. 2000년 국내 정보 보안 시장 규모는 2,000억원에 불과했으나 현재는 약 2조원 규모로 성장하였음. 동사는 일본 외에도 미국 시장과 싱가포르/인도네시아/말레이시아/베트남 등 동남아시아 시장, 스웨덴을 거점으로 한 유럽 시장 진출을 시도중임.

실적 분석
동사의 2016년 결산기준 누적 매출액은 전년 동기대비 28% 상승한 198.6억원을 기록하였음. 비용면에서 전년동기대비 매출원가는 증가 했으며 인건비도 증가, 광고선전비도 증가, 기타판매비와관리비도 마찬가지로 증가함. 이와 같이 상승한 매출액 대비 비용증가가 높아 그에 따라 전년동기대비 영업이익은 27.7억원으로 -11.3% 하락하였음. 최종적으로 전년동기대비 당기순손실은 적자전환하여 19.1억원을 기록함.

현금 흐름 *IFRS 별도 기준 〈단위 : 억원〉

항목	2015	2016
영업활동	27	4
투자활동	-4	-17
재무활동	14	2
순현금흐름	38	-12
기말현금	61	50

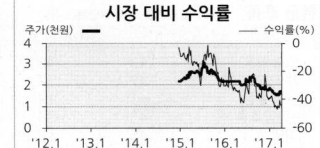
시장 대비 수익률

결산 실적 〈단위 : 억원〉

항목	2011	2012	2013	2014	2015	2016
매출액	—	—	—	96	155	199
영업이익	—	—	—	14	31	28
당기순이익	—	—	—	7	25	-19

분기 실적 *IFRS 별도 기준 〈단위 : 억원〉

항목	2015.3Q	2015.4Q	2016.1Q	2016.2Q	2016.3Q	2016.4Q
매출액	42				31	
영업이익	7				-7	
당기순이익	8				-52	

재무 상태 *IFRS 별도 기준 〈단위 : 억원〉

항목	2011	2012	2013	2014	2015	2016
총자산	—	—	—	71	115	281
유형자산	—	—	—	3	3	5
무형자산	—	—	—	7	8	5
유가증권	—	—	—	0	0	47
총부채	—	—	—	51	35	73
총차입금	—	—	—	31		22
자본금	—	—	—	10	27	32
총자본	—	—	—	20	80	208
지배주주지분	—	—	—	20	80	208

기업가치 지표 *IFRS 별도 기준

항목	2011	2012	2013	2014	2015	2016
주가(최고/저)(천원)	—/—	—/—	—/—	2.2/2.2	3.1/2.2	2.5/1.7
PER(최고/저)(배)	0.0/0.0	0.0/0.0	0.0/0.0	93.0/92.7	34.9/24.4	—/—
PBR(최고/저)(배)	0.0/0.0	0.0/0.0	0.0/0.0	31.0/30.9	12.7/8.9	3.9/2.7
EV/EBITDA(배)	0.0			4.8	1.3	13.0
EPS(원)				24	90	-59
BPS(원)				852	3,431	642
CFPS(원)				654	1,233	-46
DPS(원)						17
EBITDAPS(원)				990	1,486	98

재무 비율 〈단위 : % 〉

연도	영업이익률	순이익률	부채비율	차입금비율	ROA	ROE	유보율	자기자본비율	EBITDA마진율
2016	14.0	-9.6	35.0	10.6	-9.7	-13.3	542.1	74.1	16.1
2015	20.2	16.3	43.5		27.3	50.8	193.8	69.7	22.4
2014	15.0	6.9	257.2	154.7			98.8	28.0	24.0
2013	0.0	0.0			0.0	0.0			0.0

지성이씨에스 (A138290)
ZISUNG ECS CO

업 종 : 건설		시 장 : KONEX	
신용등급 : (Bond) — (CP) —		기업규모 : —	
홈 페 이 지 : www.zisung.co.kr		연 락 처 : 02)517-1148	
본 사 : 경기도 남양주시 별내3로 340, 4층 403-1(별내동, 천보프라자)			

설 립 일 2002.04.18	종 업 원 수 38명	대 표 이 사 윤남식
상 장 일 2015.11.30	감 사 의 견 적정 (삼덕)	계 열
결 산 기 12월	보 통 주 235만주	종 속 회 사
액 면 가 1,000원	우 선 주	구 상 호

주주구성 (지분율,%)
윤남식	18.3
박재만	15.7

출자관계 (지분율,%)
지성에스엔씨	100.0
지성특수건설	100.0

주요경쟁사 (외형,%)
지성이씨에스	100
엄지하우스	316
청광종건	498

매출구성
사면보강사업	63.0
건축공사업	25.4
토목공사업	7.8

비용구성
매출원가율	80.0
판관비율	11.3

수출비중
수출	0.0
내수	100.0

회사 개요
동사는 2002년 4월 18일 설립되었으며 사면보강사업과 관급공사업, 자체개발사업(마크타워: 소형오피스텔 및 도시형생활주택 브랜드)등 크게 3가지의 사업을 영위하고 있음. 건설업의 경우 2013년 말 기준 건설협회 등록 약 10,000여개의 업체가 건설시장에 존재함. 2016년 기준 전체 매출액에서 사면보강사업이 44.84%, 건축공사업이 42.93%, 토목공사업이 11.41%를 차지함.

실적 분석
동사의 2016년 매출액은 재무제표기준 245.7억원으로 전년 동기 대비 31.24% 증가하였으며, 영업이익은 21.4억원을 시현하였음. 동사는 전년대비 매출액 증가율(31.24%)보다 영업이익 증가율(-21.96%)이 낮으며 현금은 정기예금과 영업이익의 감소로 인하여 순현금 보유 또한 감소한 것으로 나타나고 있음. 최종적으로 동사의 당기순이익은 18.2억원을 기록, 전년보다 33.7% 감소하였음.

현금 흐름 *IFRS 별도 기준   〈단위 : 억원〉
항목	2015	2016
영업활동	-3	-42
투자활동	47	-7
재무활동	-1	19
순현금흐름	43	-30
기말현금	45	15

시장 대비 수익률
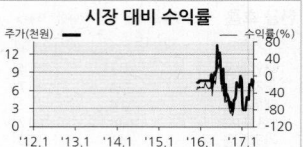

결산 실적   〈단위 : 억원〉
항목	2011	2012	2013	2014	2015	2016
매출액	92	151	148	184	187	246
영업이익	6	12	6	16	27	21
당기순이익	5	14	3	14	27	18

분기 실적 *IFRS 별도 기준   〈단위 : 억원〉
항목	2015.3Q	2015.4Q	2016.1Q	2016.2Q	2016.3Q	2016.4Q
매출액	—	—	—	—	—	—
영업이익	—	—	—	—	—	—
당기순이익	—	—	—	—	—	—

재무 상태 *IFRS 별도 기준   〈단위 : 억원〉
항목	2011	2012	2013	2014	2015	2016
총자산	118	135	153	154	186	232
유형자산	29	26	21	28	36	35
무형자산	5	3	2	1	0	0
유가증권	6	6	20	20	20	28
총부채	30	39	55	44	61	90
총차입금	9	11	19	16	20	39
자본금	24	24	24	24	24	24
총자본	88	96	98	110	125	142
지배주주지분	88	96	98	110	125	142

기업가치 지표 *IFRS 별도 기준
항목	2011	2012	2013	2014	2015	2016
주가(최고/저)(천원)	—/—	—/—	—/—	—/—	7.6/6.5	14.4/2.5
PER(최고/저)(배)	0.0/0.0	0.0/0.0	0.0/0.0	0.0/0.0	6.6/5.7	18.8/3.2
PBR(최고/저)(배)	0.0/0.0	0.0/0.0	0.0/0.0	0.0/0.0	1.4/1.2	2.3/0.4
EV/EBITDA(배)	—	—	—	—	5.2	9.1
EPS(원)	202	575	147	607	1,168	774
BPS(원)	3,759	4,117	4,186	4,716	5,697	6,420
CFPS(원)	294	683	246	687	1,234	815
DPS(원)					80	80
EBITDAPS(원)	348	616	349	757	1,232	951

재무 비율   〈단위 : % 〉
연도	영업이익률	순이익률	부채비율	차입금비율	ROA	ROE	유보율	자기자본비율	EBITDA마진율
2016	8.7	7.4	63.0	27.3	8.7	13.6	542.1	61.4	9.1
2015	14.7	14.7	49.0	16.0	16.2	23.4	469.7	67.1	15.5
2014	8.6	7.8	39.7	14.6	9.3	13.8	371.6	71.6	9.7
2013	4.0	2.3	56.4	20.0	2.4	3.6	318.6	64.0	5.5

지스마트글로벌 (A114570)
G-SMATT GLOBAL

업 종 : 반도체 및 관련장비		시 장 : KOSDAQ	
신용등급 : (Bond) — (CP) —		기업규모 : 벤처	
홈 페 이 지 : www.niceseti.com, www.g-smattg		연 락 처 : 031)708-4412	
본 사 : 경기도 성남시 분당구 판교역로 241번길 20, 미래에셋벤처타워 1층			

설 립 일 2000.05.26	종 업 원 수 103명	대 표 이 사 이기성,이호준
상 장 일 2010.02.04	감 사 의 견 적정 (세림)	계 열
결 산 기 12월	보 통 주 2,043만주	종 속 회 사
액 면 가 500원	우 선 주	구 상 호 에스티아이

주주구성 (지분율,%)
지스마트	20.0
조형섭	1.6
(외국인)	1.9

출자관계 (지분율,%)
지스마트평택에프씨	25.0
지스마트	7.4
G-SmattHongKongLTD	20.0

주요경쟁사 (외형,%)
지스마트글로벌	100
케이씨텍	541
젬백스	121

매출구성
[상품]LED전광유리	41.5
[제품]PKG	36.6
[로열티]LED전광유리	14.7

비용구성
매출원가율	65.0
판관비율	13.6

수출비중
수출	69.1
내수	30.9

회사 개요
동사는 2000년에 설립되어 비메모리 반도체의 일종인 CMOS 이미지 센서의 개발과 판매를 전문으로 하는 팹리스(Fabless)업체로 주로 카메라폰과 노트북에 사용되는 2만 5천 화소급부터 2백만 화소급 제품까지의 이미지센서 판매 사업을 영위함. 2014년 1월에 사업다각화를 위하여 LED 투명 전광유리(SMART GLASS) 도소매업을 사업목적에 추가하여 매출 증대를 도모하고 있음.

실적 분석
동사의 2016년 기준 누적 매출액은 전년대비 91.3%성장한 901.6억원을 기록함. 큰 폭의 매출액 성장은 SMART GLASS의 판매 증가에 기인함. 매출액 성장에 따른 고정비부담 완화로 영업이익 192.1억원, 당기순이익 133.0억원을 기록함. 관련기업투자손실로 비영업손실 규모는 다소 확대됨. 2016년 기준 제품별 매출비중은 이미지센서 24%, SMART GLASS 76%로 구성됨.

현금 흐름 *IFRS 별도 기준   〈단위 : 억원〉
항목	2015	2016
영업활동	-17	-99
투자활동	-360	-13
재무활동	436	88
순현금흐름	60	-24
기말현금	82	58

시장 대비 수익률
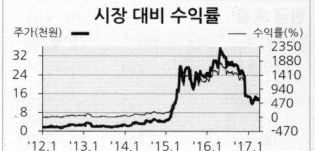

결산 실적   〈단위 : 억원〉
항목	2011	2012	2013	2014	2015	2016
매출액	558	418	257	262	471	902
영업이익	-85	3	-35	21	81	192
당기순이익	-102	-48	-52	12	102	133

분기 실적 *IFRS 별도 기준   〈단위 : 억원〉
항목	2015.3Q	2015.4Q	2016.1Q	2016.2Q	2016.3Q	2016.4Q
매출액	121	158	120	251	241	289
영업이익	20	29	21	65	65	41
당기순이익	20	54	26	64	57	-14

재무 상태 *IFRS 별도 기준   〈단위 : 억원〉
항목	2011	2012	2013	2014	2015	2016
총자산	390	292	343	343	882	1,150
유형자산	29	11	7	27	11	10
무형자산	62	43	33	46	152	128
유가증권	—	—	—	13	101	107
총부채	259	107	183	102	241	277
총차입금	192	64	73	28	187	192
자본금	23	57	62	80	91	99
총자본	131	184	160	240	641	873
지배주주지분	131	184	160	240	641	873

기업가치 지표 *IFRS 별도 기준
항목	2011	2012	2013	2014	2015	2016
주가(최고/저)(천원)	3.4/1.5	3.0/1.2	3.8/1.7	5.2/2.2	30.1/4.5	35.5/14.3
PER(최고/저)(배)	—/—	—/—	—/—	65.6/27.6	50.9/7.6	52.3/21.0
PBR(최고/저)(배)	1.5/0.6	1.9/0.8	0.3/1.3	3.5/1.5	8.5/1.3	8.0/3.2
EV/EBITDA(배)	—	11.3	—	19.8	42.6	14.4
EPS(원)	-1,606	-576	-438	79	593	679
BPS(원)	3,088	1,605	1,297	1,510	3,529	4,414
CFPS(원)	-1,754	-299	-317	180	716	760
DPS(원)						
EBITDAPS(원)	-1,395	324	-172	239	591	1,062

재무 비율   〈단위 : % 〉
연도	영업이익률	순이익률	부채비율	차입금비율	ROA	ROE	유보율	자기자본비율	EBITDA마진율
2016	21.3	14.8	31.8	22.0	13.1	17.6	782.7	75.9	23.1
2015	17.1	21.7	37.5	29.2	16.7	23.2	605.8	72.7	21.6
2014	8.0	4.7	42.5	11.6	3.6	6.1	201.9	70.2	13.8
2013	-13.6	-20.1	114.4	45.5	-16.2	-29.9	159.5	46.7	-7.7

지알티 (A900290)
Great Rich Technologies

업 종 : 용기 및 포장		시 장 : KOSDAQ	
신용등급 : (Bond) — (CP) —		기업규모 : —	
홈페이지 : 0		연 락 처 : 852-3645-8129	
주 소 : Room 01, 21/F, Prosper Commercial Building, 9 Yin Chong Street, Kowloon, Hong Kong			

설 립 일	2012.09.11	종업원수	명	대표이사	주영남
상 장 일	2016.10.25	감사의견	적정 (이촌)	계 열	
결 산 기	06월	보통주	6,738만주	종속회사수	2개사
액 면 가		우선주		구상회사	

주주구성 (지분율,%)		출자관계 (지분율,%)		주요경쟁사 (외형,%)	
주영남	38.3	강소준휘광전과기유한공사	100.0	GRT	100
CDIB Capital Asia Partners L.P.	12.2	강용통리광전과기유한공사	100.0	한진피앤씨	55
(외국인)	4.1			율촌화학	270

매출구성		비용구성		수출비중	
광학보호필름	53.3	매출원가율	0.0	수출	—
포장필름	40.3	판관비율	0.0	내수	—
블루라이트 필름	5.8				

회사 개요
동사는 해외상장을 목적으로 2012년 09월 11일 홍콩지주회사인 "그레이트리치과기유한공사(Great Rich Technologies Limited)"를 설립하였음. 동사는 TFT-LCD 광학막, TFT-LCD 광학보호막, 기능성박막재료(표면보호막) 및 기타플라스틱제품, 전자제품의연구, 개발, 제조, 가공. 플라스틱입자, 철물 및 배전교류설비, 방직원료의 판매. 각종상품 및 기술의 수출입업무 및 수출입무대리 주력 사업임.

실적 분석
동사의 연결기준 2016년 결산 매출액은 1,103.2억원으로 전년대비 27.2% 성장을 기록하였음. 반면 판관비의 대폭증가(76.0억원, 전년 대비 83.1%증가)에 따라 영업이익은 전년 대비 19.3% 증가한 309.3억원을 기록하였음. 당기순이익 역시 영업이익 증가와 비영업손실의 적자폭 축소에 힘입어 전년 대비 68.3% 성장한 254.2억원을 기록하였음.

현금 흐름 〈단위 : 억원〉

항목	2016	2017.2Q
영업활동	441	210
투자활동	-682	-207
재무활동	397	869
순현금흐름	156	880
기말현금	981	1,853

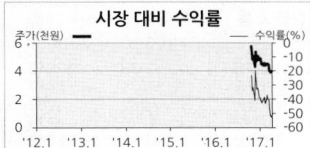

시장 대비 수익률

결산 실적 〈단위 : 억원〉

항목	2012	2013	2014	2015	2016	2017
매출액	—	—	—	—	1,645	—
영업이익	—	—	—	—	488	—
당기순이익	—	—	—	—	350	—

분기 실적 〈단위 : 억원〉

항목	2016.1Q	2016.2Q	2016.3Q	2016.4Q	2017.1Q	2017.2Q
매출액	447	425			472	630
영업이익	—	117			140	169
당기순이익	—	73			113	141

재무 상태 〈단위 : 억원〉

항목	2012	2013	2014	2015	2016	2017.2Q
총자산					2,649	3,845
유형자산					1,205	1,338
무형자산					0	0
유가증권						1
총부채					960	1,071
총차입금					701	727
자본금					500	1,334
총자본					1,689	2,774
지배주주지분					1,689	2,774

기업가치 지표

항목	2012	2013	2014	2015	2016	2017.2Q
주가(최고/저)(천원)	—/—	—/—	—/—	—/—	—/—	—/—
PER(최고/저)(배)	0.0/0.0	0.0/0.0	0.0/0.0	0.0/0.0	0.0/0.0	—/—
PBR(최고/저)(배)	0.0/0.0	0.0/0.0	0.0/0.0	0.0/0.0	0.0/0.0	1.9/1.0
EV/EBITDA(배)	—	—	—	—	—	—
EPS(원)	—	—	—	—	1,394	448
BPS(원)	—	—	—	—	3,378	4,118
CFPS(원)	—	—	—	—	1,506	526
DPS(원)	—	—	—	—	—	—
EBITDAPS(원)	—	—	—	—	2,055	623

재무 비율 〈단위 : % 〉

연도	영업이익률	순이익률	부채비율	차입금비율	ROA	ROE	유보율	자기자본비율	EBITDA마진율
2016	29.7	21.3	56.8	41.5	0.0	0.0	237.6	63.8	31.4
2015	0.0	0.0	0.0	0.0	0.0	0.0	0.0	0.0	0.0
2014	0.0	0.0	0.0	0.0	0.0	0.0	0.0	0.0	0.0
2013	0.0	0.0	0.0	0.0	0.0	0.0	0.0	0.0	0.0

지어소프트 (A051160)
GAEASOFT

업 종 : IT 서비스		시 장 : KOSDAQ	
신용등급 : (Bond) — (CP) —		기업규모 : 중견	
홈페이지 : www.gaeasoft.co.kr		연 락 처 : 02)2155-5100	
주 소 : 서울시 서초구 강남대로 327, 대륭서초타워 12,13층			

설 립 일	1998.08.13	종업원수	211명	대표이사	김영준
상 장 일	2002.05.28	감사의견	적정 (이촌)	계 열	
결 산 기	12월	보통주	1,282만주	종속회사수	
액 면 가	500원	우선주		구상회사	디지털오션

주주구성 (지분율,%)		출자관계 (지분율,%)		주요경쟁사 (외형,%)	
김영준	10.8	우리네트웍스	79.4	지어소프트	100
김수철	10.5	우리인베스트먼트	53.7	민앤지	51
(외국인)	0.1	와이티엔디엠비	9.8	아이오케이	17

매출구성		비용구성		수출비중	
모바일 서비스 및 모바일솔루션/플랫폼	66.3	매출원가율	87.8	수출	0.0
디지털온라인 광고대행	33.6	판관비율	14.0	내수	100.0
배급매출 및 기타	0.2				

회사 개요
동사는 1998년 8월 13일에 설립되어 모바일 관련 소프트웨어 및 솔루션 제공 사업부문과 미디어(온라인 광고) 사업부문을 주력 사업부문으로 하고 있음. 광고사업 다각화를 위해 연예매니지먼트 회사인 iHQ와 광고분야를 포함한 모바일 커머스, 앱 등 사업 범위를 확장하고 있음. 또한, 편의점할인 쿠폰업체인 씨부이에스넷과 광고분야 사업협력을 하는 등 온라인 광고사업도 강화하고 있음.

실적 분석
동사의 2016년 연결기준 연간 누적 매출액은 795.9억원으로 전년 동기 대비 108.2% 증가함. 매출은 증가했으나 초기 매장 투자 비용 증가, 판매비와 관리비 상승 등의 영향으로 영업적자는 14.8억원으로 전년 동기 대비 적자폭이 커짐. 각종 영업외 비용도 늘어나면서 당기순이익은 71.9억원으로 전년 동기 대비 -212.9%를 기록함. 매출은 늘었지만 비용 또한 큰 폭으로 증가해 수익성이 악화됨.

현금 흐름 〈단위 : 억원〉

항목	2015	2016
영업활동	-21	37
투자활동	19	-29
재무활동	-0	21
순현금흐름	-3	28
기말현금	8	36

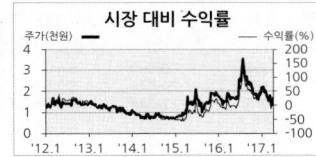

시장 대비 수익률

결산 실적 〈단위 : 억원〉

항목	2011	2012	2013	2014	2015	2016
매출액	500	397	372	362	382	796
영업이익	12	-29	-60	-7	-6	-15
당기순이익	-126	0	-55	-24	-23	-72

분기 실적 〈단위 : 억원〉

항목	2015.3Q	2015.4Q	2016.1Q	2016.2Q	2016.3Q	2016.4Q
매출액	104	112	123	206	204	263
영업이익	2	7	1	-6	-10	0
당기순이익	1	-4	-0	-12	-14	-46

재무 상태 〈단위 : 억원〉

항목	2011	2012	2013	2014	2015	2016
총자산	393	302	322	278	263	286
유형자산	11	8	5	6	9	17
무형자산	19	27	25	24	23	20
유가증권	25	22	39	30	17	8
총부채	207	117	165	145	133	211
총차입금	10	0	15	23	23	33
자본금	61	61	61	61	61	64
총자본	186	185	157	133	130	75
지배주주지분	186	185	137	119	104	65

기업가치 지표

항목	2011	2012	2013	2014	2015	2016
주가(최고/저)(천원)	2.7/0.8	1.7/1.2	1.5/0.9	1.1/0.7	2.2/0.7	3.6/1.4
PER(최고/저)(배)	—/—	984.5/688.9	—/—	—/—	—/—	—/—
PBR(최고/저)(배)	1.8/0.5	1.1/0.8	1.3/0.8	1.1/0.7	2.5/0.8	7.0/2.7
EV/EBITDA(배)	3.2			77.2	65.2	175.8
EPS(원)	-1,045	2	-426	-145	-139	-432
BPS(원)	1,537	1,522	1,124	977	857	510
CFPS(원)	-959	91	-340	-76	-60	-304
DPS(원)						
EBITDAPS(원)	184	-149	-406	12	32	12

재무 비율 〈단위 : % 〉

연도	영업이익률	순이익률	부채비율	차입금비율	ROA	ROE	유보율	자기자본비율	EBITDA마진율
2016	-1.9	-9.0	279.8	44.1	-26.2	-65.3	2.0	26.3	0.2
2015	-1.5	-6.0	102.4	17.3	-8.5	-15.2	71.4	49.4	1.0
2014	-1.9	-6.6	108.9	17.2	-8.0	-13.8	95.5	47.9	0.4
2013	-16.1	-14.7	105.3	9.3	-17.5	-32.2	124.8	48.7	-13.3

지에스 (A078930)
GS Holdings

업　　종: 석유 및 가스		시　　장: 거래소	
신용등급: (Bond) AA-　(CP) A1		기업규모: 시가총액 대형주	
홈페이지: www.gs.co.kr		연락처: 02)2005-8143	
본　　사: 서울시 강남구 논현로 508, GS타워 23층			

설립일	2004.07.01	종업원수	26명	대표이사	정택근
상장일	2004.08.05	감사의견	적정 (삼일)	계　　열	
결산기	12월	보통주	9,292만주	종속회사수	
액면가	5,000원	우선주	178만주	구상호	

주주구성 (지분율,%)		출자관계 (지분율,%)		주요경쟁사 (외형,%)	
국민연금공단	10.3	GS에너지	100.0	GS	100
신영자산운용	7.0	GS스포츠	100.0	SK	621
(외국인)	18.6	GS이피에스	70.0	SK이노베이션	294

매출구성		비용구성		수출비중	
전기(기타)	48.2	매출원가율	76.3	수출	—
편의점	31.7	판관비율	10.7	내수	—
coil 외(기타)	18.7				

회사 개요
동사는 2004년 LG를 인적분할해 설립된 회사임. GS에너지, GS리테일, GS홈쇼핑, GS스포츠 등 관련 자회사를 두고 있음. 이중 GS에너지는 GS가 보유하고 있던 GS칼텍스 주식 전부를 물적 분할해 설립한 중간 사업지주회사임. GS칼텍스가 영위하던 자원개발, 가스&파워, 녹색성장 사업 등을 주로 함. 또 자회사 GS칼텍스를 통해 정유, 석유화학, 윤활기유 사업 등에서도 경쟁력을 확보하고 있음.

실적 분석
동사의 2016년 4분기 누적 연결기준 매출액은 13조 4,624.3억원으로 전년동기 대비 10.5% 신장함. 매출원가율 증가 및 판관비의 증가에도 영업이익은 전년대비 9.3% 증가한 1조 7,542.2억원을 기록함. 비영업부문에서 1,251.5억원의 적자가 지속됨에도 불구하고 외형성장과 법인세비용이 줄어듦으로 인해 당기순이익 역시 9,233.1억원을 시현하며 전년동기대비 81.3% 증가함.

현금 흐름		〈단위 : 억원〉
항목	2015	2016
영업활동	6,530	8,517
투자활동	-29,441	-5,236
재무활동	22,044	-3,363
순현금흐름	-731	-29
기말현금	5,067	5,038

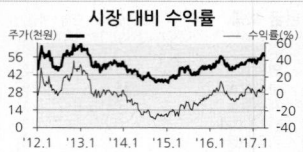

결산 실적 〈단위 : 억원〉

항목	2011	2012	2013	2014	2015	2016
매출액	85,187	97,157	95,832	108,661	121,795	134,624
영업이익	9,321	6,843	5,521	-343	16,043	17,542
당기순이익	8,101	5,729	4,352	-3,207	5,093	9,233

분기 실적 〈단위 : 억원〉

항목	2015.3Q	2015.4Q	2016.1Q	2016.2Q	2016.3Q	2016.4Q
매출액	29,530	30,306	30,930	33,516	33,434	36,744
영업이익	3,178	3,856	3,241	5,038	4,162	5,101
당기순이익	772	324	1,641	2,865	1,819	2,908

재무 상태 〈단위 : 억원〉

항목	2011	2012	2013	2014	2015	2016
총자산	104,248	127,124	126,363	150,728	190,230	203,412
유형자산	15,623	24,668	22,828	42,426	69,443	78,655
무형자산	2,383	5,492	5,913	12,003	19,353	18,901
유가증권	1,092	2,104	1,302	1,781	957	1,436
총부채	36,356	55,394	52,117	78,549	109,252	114,209
총차입금	23,364	38,684	35,825	58,859	84,441	85,535
자본금	4,735	4,735	4,735	4,735	4,735	4,735
총자본	67,893	71,730	74,245	72,179	80,979	89,203
지배주주지분	60,157	63,429	65,744	59,069	63,209	69,642

기업가치 지표

항목	2011	2012	2013	2014	2015	2016
주가(최고/저)(천원)	88.0/41.8	66.1/44.5	67.7/44.0	51.7/36.0	49.4/35.6	58.2/45.6
PER(최고/저)(배)	12.6/6.0	14.4/9.7	20.0/13.0	—/—	10.1/7.3	7.0/5.5
PBR(최고/저)(배)	1.6/0.8	1.1/0.8	1.1/0.7	0.9/0.6	0.8/0.6	0.8/0.6
EV/EBITDA(배)	7.3	14.9	15.4		8.9	8.4
EPS(원)	8,170	5,217	3,778	-3,663	5,198	8,508
BPS(원)	63,529	66,984	69,429	62,381	66,752	73,546
CFPS(원)	8,170	5,217	3,778	-3,663	5,198	8,508
DPS(원)	1,350	1,350	1,350	1,200	1,500	1,600
EBITDAPS(원)	9,843	7,226	5,830	-362	16,941	18,524

재무 비율 〈단위 : %〉

연도	영업이익률	순이익률	부채비율	차입금비율	ROA	ROE	유보율	자기자본비율	EBITDA마진율
2016	13.0	6.9	128.0	95.9	4.7	12.1	1,370.9	43.9	13.0
2015	13.2	4.2	134.9	104.3	3.0	8.1	1,235.1	42.6	13.2
2014	-0.3	-3.0	108.8	81.6	-2.3	-5.6	1,147.6	47.9	-0.3
2013	5.8	4.5	70.2	48.3	3.4	5.5	1,288.6	58.8	5.8

지에스건설 (A006360)
GS Engineering & Construction

업　　종: 건설		시　　장: 거래소	
신용등급: (Bond) A-　(CP) A2-		기업규모: 시가총액 중형주	
홈페이지: www.gsenc.com		연락처: 02)2154-1112	
본　　사: 서울시 종로구 종로33 그랑서울			

설립일	1969.12.19	종업원수	6,223명	대표이사	허창수
상장일	1981.08.03	감사의견	적정 (한영)	계　　열	
결산기	12월	보통주	7,100만주	종속회사수	
액면가	5,000원	우선주		구상호	

주주구성 (지분율,%)		출자관계 (지분율,%)		주요경쟁사 (외형,%)	
허창수	10.9	자이오엔엠	100.0	GS건설	100
국민연금공단	9.9	비에스엠	100.0	현대건설	170
(외국인)	14.7	지에스텍	100.0	현대산업	43

매출구성		비용구성		수출비중	
해외도급공사(공사)	56.7	매출원가율	95.6	수출	—
건축(공사)	20.3	판관비율	3.1	내수	—
기타	9.9				

회사 개요
동사는 토목과 건축, 주택신축판매, 석유정제설비 등을 설치하는 플랜트, 전력 및 해외종합건설업 등을 주요 사업으로 영위하고 있음. 지에스 계열에 속해 있으며 국내 계열회사 69개, 해외 계열회사 109개를 두고 있음. 동사는 과거 GS칼텍스정유 등 풍부한 계열사 플랜트 공사 경험을 축적해 특히 정유 및 석유화학 플랜트 공사에서 높은 수준의 수주 경쟁력을 보유함.

실적 분석
국내 주택사업의 실적호전으로 동사의 2016년 누적매출액은 11조 356억원을 기록하며 전년대비 4.4% 성장함. 영업이익은 전년대비 17.1% 증가한 1,430억원을 거두었으며 2015년의 2,700억원의 대규모 금융손실에 이어 2016년에 약 2,000억원의 금융손실이 이어져 204.3억원의 당기순손실을 기록하며 적자전환함. 동사는 해외 저가수주 현장이 마무리되어 향후 실적개선 여지가 있으나 국내 주택사업에서 불확실성이 있음.

현금 흐름		〈단위 : 억원〉
항목	2015	2016
영업활동	-78	812
투자활동	5,079	-2,487
재무활동	-2,282	782
순현금흐름	2,774	-723
기말현금	24,286	23,563

결산 실적 〈단위 : 억원〉

항목	2011	2012	2013	2014	2015	2016
매출액	90,522	95,686	95,658	94,876	105,726	110,356
영업이익	4,310	1,761	-9,355	512	1,221	1,430
당기순이익	4,274	950	-8,273	-225	295	-204

분기 실적 〈단위 : 억원〉

항목	2015.3Q	2015.4Q	2016.1Q	2016.2Q	2016.3Q	2016.4Q
매출액	27,889	29,769	26,391	27,064	25,747	31,154
영업이익	109	530	291	227	384	528
당기순이익	534	-301	78	77	-187	-173

재무 상태 〈단위 : 억원〉

항목	2011	2012	2013	2014	2015	2016
총자산	112,636	117,760	124,273	130,947	130,055	133,766
유형자산	21,953	22,539	22,429	24,560	13,385	9,781
무형자산	537	2,214	1,949	1,700	1,446	1,936
유가증권	2,705	3,077	2,913	5,105	3,555	4,025
총부채	73,055	78,475	92,680	95,131	96,575	100,234
총차입금	19,772	27,961	45,464	41,972	37,052	36,432
자본금	2,550	2,550	2,550	3,550	3,550	3,550
총자본	39,580	39,285	31,593	35,816	33,480	33,532
지배주주지분	37,351	36,282	28,640	32,709	32,843	32,788

기업가치 지표

항목	2011	2012	2013	2014	2015	2016
주가(최고/저)(천원)	123/67.5	101/43.7	54.9/24.4	39.7/23.0	36.4/19.0	31.3/18.8
PER(최고/저)(배)	15.6/8.6	62.4/27.1	—/—	—/—	99.8/52.2	—/—
PBR(최고/저)(배)	1.7/1.0	1.5/0.6	1.0/0.4	0.9/0.5	0.8/0.4	0.7/0.4
EV/EBITDA(배)	9.8	14.6		26.7	10.3	12.7
EPS(원)	7,967	1,623	-15,574	-652	367	-363
BPS(원)	74,846	72,626	57,641	47,136	47,324	47,247
CFPS(원)	9,532	3,743	-14,152	570	1,542	591
DPS(원)	1,000	250				
EBITDAPS(원)	9,675	5,503	-16,255	2,033	2,895	2,968

재무 비율 〈단위 : %〉

연도	영업이익률	순이익률	부채비율	차입금비율	ROA	ROE	유보율	자기자본비율	EBITDA마진율
2016	1.3	-0.2	298.9	108.7	-0.2	-0.8	844.9	25.1	1.9
2015	1.2	0.3	288.5	110.7	0.2	0.8	846.5	25.7	1.9
2014	0.5	-0.2	265.6	117.2	-0.2	-1.3	842.7	27.4	1.4
2013	-9.8	-8.7	293.4	143.9	-6.8	-25.5	1,052.8	25.4	-8.7

지에스글로벌 (A001250)
GS Global

업　　종 : 무역		시　　장 : 거래소	
신용등급 : (Bond) A-　(CP) —		기업규모 : 시가총액 소형주	
홈 페 이 지 : www.gsgcorp.com		연 락 처 : 02)2005-5300	
본　　사 : 서울시 강남구 논현로 508, GS타워 10층			

설 립 일	1954.07.31	종 업 원 수	238명	대 표 이 사	이완경
상 장 일	1976.06.26	감 사 의 견	적정 (안진)	계　　　열	
결 산 기	12월	보 통 주	8,253만주	종 속 회 사 수	
액 면 가	2,500원	우 선 주		구 상 호	

주주구성 (지분율,%)		출자관계 (지분율,%)		주요경쟁사 (외형,%)	
GS	50.7	피엘에스	90.0	GS글로벌	100
트러스톤자산운용	1.1	GS엔텍	79.0	포스코대우	646
(외국인)	3.7	에스피텍	29.0	LG상사	469

매출구성		비용구성		수출비중	
[산업재]철강재 등	101.6	매출원가율	95.9	수출	—
[수입유통]혼다 엔진 등	18.6	판관비율	2.7	내수	—
연결조정	-20.2				

회사 개요
1954년 금성산업으로 최초 설립된 후, 1975년에 쌍용으로 상호가 변경되었으며, 1976년에 유가증권시장에 상장됨. 2009년 GS로 대주주가 변경되고, 지에스글로벌로 사명이 변경됨. 동사는 크게 산업재 부문과 수입유통 부문 사업을 영위하고 있음. 산업재 부문에는 철강금속, 석유화학, 시멘트 및 석탄, 자원개발 부문이 있으며 수입유통 부문에는 혼다 엔진 수입, 수입자동차PDI 서비스 부문이 있음. 매출의 대부분을 산업재 수출이 차지함.

실적 분석
2016년 4분기 누적 연결기준 매출액은 전년동기 대비 12.9% 증가한 2조 5,537.9억원을 기록함. 원가율이 소폭 개선됨에 따라 매출총이익은 14.4% 증가한 1,055.8억원을 시현하였고, 영업이익은 전년동기 대비 26% 증가한 364.1억원을 시현함. 이로 인해 178.6억원의 비영업손실에도 불구하고 당기순이익은 160.7억원으로 전년동기 대비 흑자전환함. 해외 자원개발 등 신성장동력 확보를 위한 투자를 적극 추진함.

현금 흐름		〈단위 : 억원〉
항목	2015	2016
영업활동	-15	850
투자활동	71	-1,671
재무활동	7	774
순현금흐름	80	-17
기말현금	509	492

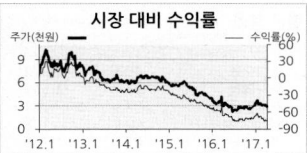

시장 대비 수익률

결산 실적					〈단위 : 억원〉	
항목	2011	2012	2013	2014	2015	2016
매출액	28,969	31,027	24,012	27,700	22,620	25,538
영업이익	106	280	137	234	289	364
당기순이익	-155	237	196	70	-467	161

분기 실적					〈단위 : 억원〉	
항목	2015.3Q	2015.4Q	2016.1Q	2016.2Q	2016.3Q	2016.4Q
매출액	5,097	5,178	5,675	6,182	5,974	7,707
영업이익	89	67	57	112	77	117
당기순이익	13	-553	57	60	53	-9

재무 상태					〈단위 : 억원〉	
항목	2011	2012	2013	2014	2015	2016
총자산	10,661	11,440	7,003	8,566	8,007	13,264
유형자산	2,732	3,702	866	1,071	1,071	4,234
무형자산	617	791	298	315	312	922
유가증권	84	76	133	179	81	109
총부채	8,079	8,711	4,436	6,049	5,980	9,722
총차입금	5,074	5,548	2,170	3,356	3,915	5,906
자본금	563	563	563	563	563	2,063
총자본	2,582	2,730	2,567	2,517	2,027	3,543
지배주주지분	2,246	2,354	2,522	2,506	2,018	3,126

기업가치 지표						
항목	2011	2012	2013	2014	2015	2016
주가(최고/저)(천원)	12.6/6.6	10.4/7.0	8.3/6.0	6.9/5.6	6.4/3.9	4.2/2.2
PER(최고/저)(배)	—/—	13.6/9.1	11.5/8.2	24.9/20.2	—/—	15.5/8.2
PBR(최고/저)(배)	1.5/0.8	1.2/0.8	0.9/0.6	0.7/0.6	0.8/0.5	1.1/0.6
EV/EBITDA(배)	40.0	24.6	14.3	13.9	10.3	13.1
EPS(원)	-259	797	745	282	-1,825	272
BPS(원)	10,001	10,476	11,224	11,152	8,987	3,796
CFPS(원)	-17	1,035	1,301	829	-1,362	740
DPS(원)	125	125	125	125	—	—
EBITDAPS(원)	779	1,372	1,064	1,547	1,993	1,103

재무 비율								〈단위 : % 〉
연도	영업이익률	순이익률	부채비율	차입금비율	ROA	ROE	유보율	자기자본비율	EBITDA마진율
2016	1.4	0.6	274.4	166.7	1.5	6.1	51.8	26.7	2.5
2015	1.3	-2.1	295.0	193.1	-5.6	-20.6	259.5	25.3	2.0
2014	0.8	0.3	240.3	133.3	0.9	2.9	346.1	29.4	1.3
2013	0.6	0.8	172.8	84.5	2.1	7.8	348.9	36.7	1.0

지에스리테일 (A007070)
GS Retail

업　　종 : 도소매		시　　장 : 거래소	
신용등급 : (Bond) AA　(CP) A1		기업규모 : 시가총액 대형주	
홈 페 이 지 : www.gsretail.com		연 락 처 : 02)2006-3111	
본　　사 : 서울시 강남구 논현로 508GS타워(역삼점 679)			

설 립 일	1971.02.13	종 업 원 수	8,967명	대 표 이 사	허연수
상 장 일	2011.12.23	감 사 의 견	적정 (삼정)	계　　　열	
결 산 기	12월	보 통 주	7,700만주	종 속 회 사 수	
액 면 가	1,000원	우 선 주		구 상 호	

주주구성 (지분율,%)		출자관계 (지분율,%)		주요경쟁사 (외형,%)	
GS	65.8	지에스넷비전	100.0	GS리테일	100
국민연금공단	6.0	후레시서브	100.0	BGF리테일	68
(외국인)	17.4	파르나스호텔	67.6	이마트	200

매출구성		비용구성		수출비중	
㈜GS리테일 (편의점)	74.2	매출원가율	81.3	수출	0.0
㈜GS리테일 (슈퍼마켓)	22.2	판관비율	15.8	내수	100.0
㈜GS리테일㈜후레쉬서브㈜지에스넷비전 (상품 외	2.3				

회사 개요
동사는 2002년 LG수퍼와 LG백화점을 통합한 이래로 선진구조를 지닌 종합 유통회사로 발돋움함. 2004년 GS그룹과 LG그룹의 계열분리에 따라 최대주주가 GS홀딩스로 변동되었고, 2005년 현재의 GS리테일로 상호를 변경한 이후 편의점(GS25), 슈퍼마켓(GS수퍼마켓)사업을 영위하여 옴. 2010년 백화점과 마트사업을 롯데계열사에 매각하며 기존사업의 확대 및 소비자/유통업 트렌드를 기반으로 한 사업 등을 영위하고 있음.

실적 분석
동사의 연결기준 2016년 매출액은 전년 대비 18% 늘어난 7조4,020.1억원을 기록했음. 매출원가가 전년 대비 19.5% 증가, 판매비와 관리비는 전년 대비 15.4% 늘어나면서 영업이익은 3.4% 줄어든 2,180.6억원을 기록했음. 판관비 증가는 인건비, 기타판매비와관리비 증가가 영향을 미쳤음. 금융손실 265.4억원, 관련기업투자 등 관련손실 22.5억원이 발생. 당기순이익은 전년 대비 64.6% 늘어난 2,735.4억원을 시현함.

현금 흐름		〈단위 : 억원〉
항목	2015	2016
영업활동	4,440	4,345
투자활동	-8,857	78
재무활동	4,026	-4,635
순현금흐름	-391	-213
기말현금	653	440

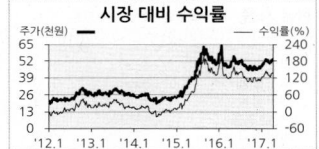

시장 대비 수익률

결산 실적					〈단위 : 억원〉	
항목	2011	2012	2013	2014	2015	2016
매출액	39,816	43,776	47,086	49,624	62,731	74,020
영업이익	939	1,405	1,550	1,433	2,258	2,181
당기순이익	934	1,235	1,190	1,113	1,662	2,735

분기 실적					〈단위 : 억원〉	
항목	2015.3Q	2015.4Q	2016.1Q	2016.2Q	2016.3Q	2016.4Q
매출액	17,239	16,565	16,403	18,509	19,873	19,235
영업이익	777	388	265	679	853	384
당기순이익	588	239	189	501	637	1,407

재무 상태					〈단위 : 억원〉	
항목	2011	2012	2013	2014	2015	2016
총자산	29,940	29,138	28,801	29,201	47,355	47,214
유형자산	6,831	7,486	7,069	7,488	20,953	22,824
무형자산	1,103	1,305	1,504	1,491	1,632	1,553
유가증권	576	605	696	706	246	430
총부채	15,594	13,894	12,655	12,385	25,765	23,638
총차입금	9,104	7,524	5,981	5,003	11,969	8,190
자본금	770	770	770	770	770	770
총자본	14,346	15,245	16,146	16,815	21,590	23,575
지배주주지분	14,302	15,245	16,146	16,815	17,926	19,898

기업가치 지표						
항목	2011	2012	2013	2014	2015	2016
주가(최고/저)(천원)	21.5/20.2	31.7/18.6	31.2/24.4	27.0/19.2	64.2/23.7	64.1/43.7
PER(최고/저)(배)	19.7/18.4	21.7/12.7	21.9/17.1	19.7/14.2	31.3/11.6	18.4/12.6
PBR(최고/저)(배)	1.3/1.2	1.8/1.0	1.6/1.3	1.3/0.9	2.9/1.1	2.5/1.7
EV/EBITDA(배)	9.0	8.8	7.1	6.3	10.1	10.1
EPS(원)	1,215	1,603	1,546	1,445	2,133	3,562
BPS(원)	18,574	19,798	20,969	21,838	23,281	25,842
CFPS(원)	2,782	3,587	3,779	3,788	4,717	6,601
DPS(원)	300	400	450	600	850	1,100
EBITDAPS(원)	2,787	3,808	4,247	4,204	5,517	5,871

재무 비율								〈단위 : % 〉
연도	영업이익률	순이익률	부채비율	차입금비율	ROA	ROE	유보율	자기자본비율	EBITDA마진율
2016	3.0	3.7	100.3	34.7	5.8	14.5	2,484.2	49.9	6.1
2015	3.6	2.7	119.3	55.4	4.3	9.5	2,228.1	45.6	6.8
2014	2.9	2.2	73.7	29.8	3.8	6.8	2,083.8	57.6	6.5
2013	3.3	2.5	78.4	37.0	4.1	7.6	1,996.9	56.1	6.9

지에스이 (A053050)
GSE

업 종 : 가스		시 장 : KOSDAQ	
신용등급 : (Bond) — (CP) —		기업규모 : 중견	
홈페이지 : www.yesgse.com		연 락 처 : 055)850-0120	
본 사 : 경남 사천시 사천읍 구암두문로 412-30			

설 립 일 1989.04.21	종 업 원 수 65명	대 표 이 사 유석형
상 장 일 2001.10.11	감 사 의 견 적정 (청남)	계 열
결 산 기 12월	보 통 주 2,997만주	종속회사수
액 면 가 500원	우 선 주	구 상 호

주주구성 (지분율,%)
서경산업	33.3
유수언	11.3
(외국인)	0.6

출자관계 (지분율,%)
지에스이	100
예스코	1,009
대성에너지	709

주요경쟁사 (외형,%)

매출구성
LNG	92.1
CNG	7.3
기타수익2	0.6

비용구성
매출원가율	78.6
판관비율	14.5

수출비중
수출	0.0
내수	100.0

회사 개요
동사는 도시가스공급사업을 주요사업으로 영위하고 있음. 공급권역은 경상남도 진주, 사천, 함양, 하동, 거창 등임. 함양군, 하동군, 거창군은 2009년 4월 공급권역으로 지정됨. 따라서 경상남도내 공급권역이 10.6%에서 31.5%로 확대됨. 2004년부터는 정부의 CNG버스 보급사업에 동참하여 현재 2곳의 CNG차량충전소를 운영중임. 공격적인 영업과 투자로 공급권역내 도시가스 수요개발에 힘쓴 결과 연평균 10% 이상의 수요가스 증가율을 유지.

실적 분석
동사의 2016년 4분기 매출액은 전년동기 대비 15.4% 감소한 1,041.5억원을 기록함. 판관비의 소폭 증가와 원가율의 개선으로 인해 영업이익은 72.5억원을 시현하며 전년동기 대비 4.9% 증가함. 비영업손실은 4.5억원으로 전년동기대비 적자지속함에 따라 당기순이익은 9.2% 늘어난 56.6억원을 기록함. 우리나라의 계절적 특성으로 인한 계절간 수요 격차가 큼.

현금 흐름 *IFRS 별도 기준 〈단위 : 억원〉
항목	2015	2016
영업활동	133	113
투자활동	-55	-100
재무활동	-64	-29
순현금흐름	15	-16
기말현금	33	17

시장 대비 수익률 〈단위:억원〉
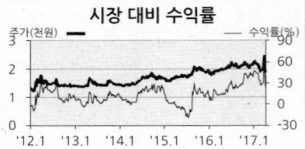

결산 실적 〈단위 : 억원〉
항목	2011	2012	2013	2014	2015	2016
매출액	1,016	1,177	1,393	1,444	1,231	1,042
영업이익	69	57	59	59	69	73
당기순이익	39	38	39	40	52	57

분기 실적 *IFRS 별도 기준 〈단위 : 억원〉
항목	2015.3Q	2015.4Q	2016.1Q	2016.2Q	2016.3Q	2016.4Q
매출액	175	331	425	188	132	297
영업이익	5	20	37	18	0	18
당기순이익	4	11	29	16	-1	13

재무 상태 *IFRS 별도 기준 〈단위 : 억원〉
항목	2011	2012	2013	2014	2015	2016
총자산	1,149	1,190	1,360	1,371	1,311	1,353
유형자산	810	903	980	1,006	1,026	1,082
무형자산	6	4	4	4	6	8
유가증권	2	5	16	14	11	2
총부채	744	762	893	892	803	802
총차입금	385	320	364	328	289	279
자본금	139	139	139	141	141	143
총자본	404	428	468	479	508	550
지배주주지분	404	428	468	479	508	550

기업가치 지표 *IFRS 별도 기준
항목	2011	2012	2013	2014	2015	2016
주가(최고/저)(천원)	1.8/1.0	1.8/1.2	1.8/1.4	1.9/1.4	2.1/1.5	2.4/1.8
PER(최고/저)(배)	15.5/9.0	16.0/10.7	14.8/11.2	14.2/10.6	11.8/8.9	12.0/9.0
PBR(최고/저)(배)	1.1/0.6	1.0/0.7	0.9/0.7	0.9/0.7	0.9/0.7	1.0/0.7
EV/EBITDA(배)	7.3	8.1	7.4	7.9	7.1	7.2
EPS(원)	145	141	144	145	189	204
BPS(원)	2,075	2,164	2,308	2,329	2,435	2,535
CFPS(원)	256	279	297	307	355	376
DPS(원)	40	80	80	85	100	60
EBITDAPS(원)	365	349	370	376	418	433

재무 비율 〈단위 : % 〉
연도	영업이익률	순이익률	부채비율	차입금비율	ROA	ROE	유보율	자기자본비율	EBITDA마진율
2016	7.0	5.4	145.7	50.6	4.3	10.7	396.1	40.7	11.5
2015	5.6	4.2	158.0	56.9	3.9	10.5	376.1	38.8	9.3
2014	4.1	2.7	186.2	68.5	2.9	8.4	355.4	34.9	7.1
2013	4.2	2.8	191.0	77.9	3.1	8.8	351.3	34.4	7.2

지에스홈쇼핑 (A028150)
GS Home Shopping

업 종 : 온라인쇼핑		시 장 : KOSDAQ	
신용등급 : (Bond) — (CP) —		기업규모 : 우량	
홈페이지 : company.gsshop.co.kr		연 락 처 : 02)2007-4153	
본 사 : 서울시 영등포구 선유로 75 GS 강서타워			

설 립 일 1994.12.23	종 업 원 수 1,060명	대 표 이 사 허태수
상 장 일 2000.01.20	감 사 의 견 적정 (삼정)	계 열
결 산 기 12월	보 통 주 656만주	종속회사수
액 면 가 5,000원	우 선 주	구 상 호

주주구성 (지분율,%)
GS홀딩스	30.0
Matthews International Capital Management LLC	6.3
(외국인)	38.4

출자관계 (지분율,%)
GS텔레서비스	100.0
에이플러스비	96.8
텐바이텐	80.0

주요경쟁사 (외형,%)
GS홈쇼핑	100
현대홈쇼핑	88
CJ오쇼핑	201

매출구성
수수료매출(기타)	69.6
기타	15.7
상품매출(상품)	14.7

비용구성
매출원가율	12.9
판관비율	75.6

수출비중
수출	2.0
내수	98.0

회사 개요
동사는 케이블 TV, 인터넷 및 카탈로그를 통해 상품을 판매하는 홈쇼핑업체로서 중국 및 동남아시장 진출을 지속하고 있음. 동사는 2012년 업계 최초로 취급고 3조원 시대를 열었으며, 현재 인도, 태국, 베트남, 중국, 인도네시아, 터키, 말레이시아 등 7개국에 진출해 있음. 동사는 수익성이 낮은 가전제품 비중을 줄이고 수익성이 높은 제품군인 의류와 패션 제품의 비중 늘리고 있음.

실적 분석
동사의 2016년 연결기준 연간 누적 매출액은 1조977.7억원으로 전년 동기 대비 2.2% 소폭 감소함. 매출은 줄었지만 매출 원가도 감소했고 판매비와 관리비도 줄면서 수익성은 오히려 개선. 영업이익은 1,264억원으로 전년 동기 대비 19.6% 증가. 비영업손익 부문에서도 금융이익이 증가하고 법인세비용이 감소하면서 당기순이익은 1,058.1억원으로 전년 동기 대비 35% 증가함.

현금 흐름 〈단위 : 억원〉
항목	2015	2016
영업활동	469	1,922
투자활동	-967	-1,549
재무활동	-528	-481
순현금흐름	-1,024	-108
기말현금	1,874	1,766

시장 대비 수익률 〈단위:억원〉
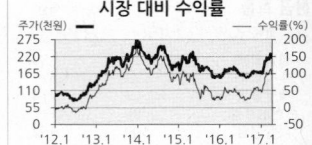

결산 실적 〈단위 : 억원〉
항목	2011	2012	2013	2014	2015	2016
매출액	9,216	10,164	10,491	10,855	11,224	10,978
영업이익	1,034	1,351	1,537	1,373	1,057	1,264
당기순이익	2,002	1,066	1,218	1,145	784	1,058

분기 실적 〈단위 : 억원〉
항목	2015.3Q	2015.4Q	2016.1Q	2016.2Q	2016.3Q	2016.4Q
매출액	2,549	3,153	2,818	2,668	2,580	2,912
영업이익	165	394	316	264	234	450
당기순이익	119	216	351	206	145	357

재무 상태 〈단위 : 억원〉
항목	2011	2012	2013	2014	2015	2016
총자산	9,698	10,558	11,793	12,956	12,372	13,594
유형자산	641	773	1,046	1,626	1,938	2,054
무형자산	238	210	451	539	589	469
유가증권	525	458	408	564	876	926
총부채	3,634	3,732	3,954	4,173	3,217	3,839
총차입금			16	16	4	32
자본금	328	328	328	328	328	328
총자본	6,064	6,826	7,838	8,783	9,156	9,756
지배주주지분	6,064	6,826	7,830	8,774	9,149	9,747

기업가치 지표
항목	2011	2012	2013	2014	2015	2016
주가(최고/저)(천원)	136/80.8	136/77.6	276/134	277/168	237/150	189/149
PER(최고/저)(배)	5.2/3.1	9.4/5.5	16.5/8.1	17.7/10.7	21.3/13.5	12.2/9.6
PBR(최고/저)(배)	1.7/1.0	1.4/0.8	2.5/1.2	2.2/1.4	1.8/1.1	1.3/1.0
EV/EBITDA(배)	1.3	2.4	7.7	4.2	3.5	2.5
EPS(원)	30,837	16,246	18,597	17,427	11,987	16,114
BPS(원)	94,521	107,806	123,130	138,114	144,567	156,531
CFPS(원)	32,222	17,757	20,393	19,986	15,564	19,859
DPS(원)	3,500	3,000	3,500	7,700	5,200	7,000
EBITDAPS(원)	17,140	22,092	25,224	23,394	19,683	23,005

재무 비율 〈단위 : % 〉
연도	영업이익률	순이익률	부채비율	차입금비율	ROA	ROE	유보율	자기자본비율	EBITDA마진율
2016	11.5	9.6	39.4	0.3	8.2	11.2	3,030.6	71.8	13.8
2015	9.4	7.0	35.1	0.0	6.2	8.8	2,791.3	74.0	11.5
2014	12.7	10.5	47.5	0.2	9.3	13.8	2,662.3	67.8	14.1
2013	14.7	11.6	50.4	0.2	10.9	16.7	2,362.6	66.5	15.8

지에이치신소재 (A130500)
GH Advanced Materials

업 종 : 자동차부품	시 장 : KOSDAQ
신용등급 : (Bond) — (CP) —	기업규모 : 중견
홈페이지 : www.gumho-nt.com/	연락처 : (054)460-8100
본 사 : 경북 구미시 1공단로4길 141-54	

설 립 일	2001.12.07	종업원수	85명	대표이사	강경순
상 장 일	2013.08.02	감사의견	적정 (삼일)	계 열	
결 산 월	12월	보 통 주	1,100만주	종속회사수	
액 면 가	500원	우 선 주		구 상 호	

주주구성 (지분율,%)		출자관계 (지분율,%)		주요경쟁사 (외형,%)	
엔브이에이치코리아	45.2	동남테크	14.0	GH신소재	100
브이피코리아	24.8			구영테크	269
(외국인)	1.6			티에이엔	534

매출구성		비용구성		수출비중	
기타	34.2	매출원가율	86.3	수출	2.9
[한국]ISO Dash	22.4	판관비율	9.4	내수	97.1
[한국]Floor Carpet	15.9				

회사 개요
동사는 1979년 삼창석유화학공업사로 설립됨. 2011년 금호엔티로 상호를 변경하고 법인 전환함. 부직포 및 펠트 제조업을 주요 사업으로 영위함. 구미 공장에서는 부직포 사업을, 경주공장에서는 외부 소음 차단 및 차 실내의 분위기, 안락성을 높이기 위한 목적으로 장착되는 자동차 헤드라이너(천정재)에 적용되는 소재인 PU Form 사업을 담당함. 주력 제품은 니들 펀치 방식의 부직포임. 완성차업체의 1차 납품업체에 판매됨.

실적 분석
내수시장 침체에 따라 동사의 2016년 결산 누적매출액은 550.3억원으로 전년 동기대비 1.9% 감소하였으나 매출원가가 감소하며 영업이익은 전년 동기대비 19.2% 증가한 23.2억원을 기록함. 해외 현지 자동차용 부직포 공장(인도)을 통해 해외 시장에서의 판매 비중을 높여갈 예정임. 또한 최근 환경 규제의 압박이 심해짐에 따라, 향후 금속소재를 산업용 섬유로 대체하려는 수요가 증가할 전망으로 성장세가 예상됨.

현금 흐름		〈단위 : 억원〉
항목	2015	2016
영업활동	31	44
투자활동	-4	-31
재무활동	-60	23
순현금흐름	-32	35
기말현금	48	83

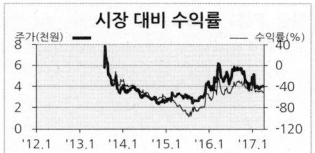
시장 대비 수익률

결산 실적 〈단위 : 억원〉

항목	2011	2012	2013	2014	2015	2016
매출액	519	505	531	515	561	550
영업이익	45	40	25	7	19	23
당기순이익	36	30	16	12	21	24

분기 실적 〈단위 : 억원〉

항목	2015.3Q	2015.4Q	2016.1Q	2016.2Q	2016.3Q	2016.4Q
매출액	137	151	137	142	124	147
영업이익	6	10	6	10	7	-0
당기순이익	6	10	6	8	5	5

재무 상태 〈단위 : 억원〉

항목	2011	2012	2013	2014	2015	2016
총자산	384	384	455	462	429	474
유형자산	155	155	145	145	138	149
무형자산	1	1	1	0	0	0
유가증권	1	1	1	1	1	1
총부채	230	205	194	192	143	169
총차입금	84	82	72	64	10	41
자본금	23	23	35	35	35	35
총자본	153	179	261	270	286	305
지배주주지분	153	179	261	270	286	305

기업가치 지표

항목	2011	2012	2013	2014	2015	2016
주가(최고/저)(천원)	—/—	—/—	8.7/3.2	4.1/2.3	5.8/2.3	6.4/3.3
PER(최고/저)(배)	0.0/0.0	0.0/0.0	33.1/12.2	26.5/15.0	19.9/7.9	18.8/9.7
PBR(최고/저)(배)	0.0/0.0	0.0/0.0	2.5/0.9	1.1/0.6	1.5/0.6	1.5/0.8
EV/EBITDA(배)	1.1	1.2	7.7	10.1	10.2	8.3
EPS(원)	786	642	282	164	302	349
BPS(원)	3,334	3,888	3,734	3,856	4,087	4,358
CFPS(원)	1,105	968	555	352	478	530
DPS(원)			50	75	90	90
EBITDAPS(원)	1,304	1,205	712	283	454	513

재무 비율 〈단위 : % 〉

연도	영업이익률	순이익률	부채비율	차입금비율	ROA	ROE	유보율	자기자본비율	EBITDA마진율
2016	4.2	4.4	55.4	13.3	5.4	8.3	771.5	64.4	6.5
2015	3.5	3.8	50.0	3.5	4.8	7.6	717.4	66.7	5.7
2014	1.3	2.2	71.2	23.8	2.5	4.3	671.2	58.4	3.9
2013	4.7	3.0	74.1	27.6	3.8	7.2	646.8	57.4	7.5

지엔씨에너지 (A119850)
GnCenergy

업 종 : 전기장비	시 장 : KOSDAQ
신용등급 : (Bond) — (CP) —	기업규모 : 벤처
홈페이지 : www.gncenergy.co.kr	연락처 : (02)2164-9200
본 사 : 서울시 영등포구 양산로 43 우림이비지센터 911,912호(양평동3가)	

설 립 일	1993.06.23	종업원수	61명	대표이사	안병철
상 장 일	2013.10.02	감사의견	적정 (대주)	계 열	
결 산 월	12월	보 통 주	826만주	종속회사수	
액 면 가	500원	우 선 주		구 상 호	

주주구성 (지분율,%)		출자관계 (지분율,%)		주요경쟁사 (외형,%)	
안병철	33.5			지엔씨에너지	100
09-5KB벤처조합	3.6			서울전자통신	77
(외국인)	2.9			비츠로테크	89

매출구성		비용구성		수출비중	
디젤엔진 발전기	96.8	매출원가율	87.4	수출	11.3
바이오가스발전기(바이오가스열병합 포함)	2.0	판관비율	3.3	내수	88.7
열병합발전기	0.9				

회사 개요
동사의 영업부문은 디젤엔진 발전사업(97.3%), 소형열병합 발전사업(1.0%), 바이오가스 발전사업(1.4%)으로 구성되어 있음. 현재 회사의 주력사업부는 디젤엔진 비상 발전사업에 해당함. 동사가 미래의 수익창출을 위한 한 신성장동력으로 육성하고 있는 바이오가스 발전은 미래 지향적인 신재생 에너지 사업으로 국산화 연구와 실증사업을 완료 후 상업운전에 돌입하였으며, 환경부로부터 녹색기술인증을 획득하는 등 타사와 비교하여 기술경쟁력을 보유함.

실적 분석
동사 연결기준 2016년 결산 매출액은 전년 대비 5.6% 증가한 1,164.4억원을 기록하였음. 매출 증가 및 원가율 개선, 판관비 절감(전년 대비 17.3% 감소)에 힘입어 영업이익은 전년 대비 17.7% 증가한 108.3억원을 기록하였음. 비영업손실의 적자가 지속되었지만, 매출 증가와 비용감소에 따라 당기순이익은 전년대비 8.4% 증가한 69.2억원을 기록하였음.

현금 흐름	*IFRS 별도 기준	〈단위 : 억원〉
항목	2015	2016
영업활동	31	56
투자활동	-21	29
재무활동	-33	39
순현금흐름	-23	124
기말현금	37	162

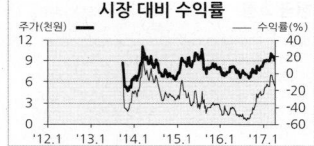
시장 대비 수익률

결산 실적 〈단위 : 억원〉

항목	2011	2012	2013	2014	2015	2016
매출액	593	605	685	724	1,103	1,164
영업이익	49	41	58	53	92	108
당기순이익	24	37	44	42	64	69

분기 실적 *IFRS 별도 기준 〈단위 : 억원〉

항목	2015.3Q	2015.4Q	2016.1Q	2016.2Q	2016.3Q	2016.4Q
매출액	289	273	299	192	253	421
영업이익	30	24	24	21	32	32
당기순이익	16	21	10	18	24	17

재무 상태 *IFRS 별도 기준 〈단위 : 억원〉

항목	2011	2012	2013	2014	2015	2016
총자산	538	613	653	807	888	980
유형자산	128	157	210	211	225	225
무형자산	3	3	2	2	1	1
유가증권	10	0	47	45	52	56
총부채	349	390	251	297	321	373
총차입금	251	280	182	201	176	255
자본금	16	16	28	43	43	43
총자본	189	223	402	510	567	607
지배주주지분	189	223	402	510	567	607

기업가치 지표 *IFRS 별도 기준

항목	2011	2012	2013	2014	2015	2016
주가(최고/저)(천원)	—/—	—/—	10.2/4.4	11.3/5.9	10.7/6.6	8.4/6.5
PER(최고/저)(배)	0.0/0.0	0.0/0.0	14.0/6.1	22.3/11.7	14.7/9.1	10.5/8.1
PBR(최고/저)(배)	0.0/0.0	0.0/0.0	1.9/0.8	1.9/1.0	1.6/1.0	1.1/0.9
EV/EBITDA(배)	3.6	4.5	8.1	10.7	7.7	6.4
EPS(원)	466	618	761	525	746	811
BPS(원)	4,191	4,950	7,159	6,172	6,915	7,644
CFPS(원)	661	863	1,107	627	867	953
DPS(원)			50	70	80	120
EBITDAPS(원)	1,202	976	1,426	761	1,195	1,411

재무 비율 〈단위 : % 〉

연도	영업이익률	순이익률	부채비율	차입금비율	ROA	ROE	유보율	자기자본비율	EBITDA마진율
2016	9.3	5.9	61.6	42.0	7.4	11.8	1,375.2	61.9	10.3
2015	8.3	5.8	56.7	31.0	7.5	11.9	1,283.0	63.8	9.3
2014	7.3	5.8	58.4	39.4	5.7	9.2	1,134.4	63.2	8.4
2013	8.5	6.4	62.6	45.3	6.9	13.6	1,329.9	61.5	9.6

지엔코 (A065060)
GNCO

업 종 : 섬유 및 의복		시 장 : KOSDAQ	
신용등급 : (Bond) — (CP) —		기업규모 : 중견	
홈 페 이 지 : www.gnco.co.kr		연 락 처 : 02)2185-8500	
본 사 : 서울시 송파구 동남로4길 41(문정동)			

설 립 일 1997.05.31	종 업 원 수 162명	대 표 이 사 김석주
상 장 일 2002.05.28	감 사 의 견 적정(신정)	계 열
결 산 기 12월	보 통 주 7,983만주	종속회사수
액 면 가 500원	우 선 주	구 상 호

주주구성 (지분율,%)		출자관계 (지분율,%)		주요경쟁사 (외형,%)	
큐로컴	14.5	큐로베스티스	100.0	지엔코	100
케이파트너스	3.3	큐로모터스	100.0	데코앤이	45
(외국인)	4.0	큐로트레이더스	49.1	동일방직	675

매출구성		비용구성		수출비중	
감성컴퓨터블캐주얼	64.0	매출원가율	41.9	수출	5.3
남성어반캐릭터캐주얼	28.4	판관비율	57.2	내수	94.7
금융서비스(투자)	5.7				

회사 개요
동사는 캐주얼 전문 업체로 1997년에 설립되어 2002년에 코스닥시장에 상장됨. 컴포터블 감성캐주얼 브랜드인 Thursday Island, 남성 어반캐릭터캐주얼 T.I For Me과 기타 라우드무트 등의 의류 브랜드를 보유하고 있음. 연결대상 종속회사로는 무역 회사인 지엔코국제무역유한공사와 의류사업을 영위하는 큐로베스티스, 투자 기업인 큐캐피탈파트너스, 자동차 판매회사 큐로모터드 등 4개사가 있음.

실적 분석
동사의 2016년말 기준 큐로컴 등이 지분 21.94%를 소유한 최대주주임. 당기 기준 매출액은 경기 침체 등의 영향으로 전기 대비 1.7% 감소한 1,218.1억원을 시현함. 매출액은 줄었으나 원가와 판관비 통제로 당기 영업이익은 전년동기 0.2억원 적자에서 흑자전환하여 10.9억원을 시현함. 금융관련 손실과 투자기업 손실이 발생하면서 비영업손익에선 64.8억원의 적자를 시현하였고, 당기순손실은 58.7억원에 이름.

현금 흐름 〈단위 : 억원〉

항목	2015	2016
영업활동	16	5
투자활동	-56	-246
재무활동	92	257
순현금흐름	52	16
기말현금	76	92

시장 대비 수익률
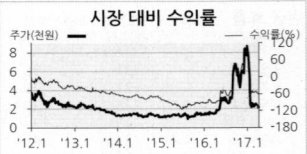

결산 실적 〈단위 : 억원〉

항목	2011	2012	2013	2014	2015	2016
매출액	1,232	1,310	1,320	1,295	1,239	1,218
영업이익	156	125	87	38	-0	11
당기순이익	65	44	13	-90	-0	-59

분기 실적 〈단위 : 억원〉

항목	2015.3Q	2015.4Q	2016.1Q	2016.2Q	2016.3Q	2016.4Q
매출액	265	365	291	305	246	376
영업이익	-17	16	7	1	-11	14
당기순이익	-21	48	-9	-6	-34	-10

재무 상태 〈단위 : 억원〉

항목	2011	2012	2013	2014	2015	2016
총자산	1,275	1,477	2,045	2,080	2,173	2,367
유형자산	207	209	260	257	250	257
무형자산	6	17	119	118	102	98
유가증권	5	8	135	245	221	177
총부채	412	523	701	817	771	580
총차입금	187	311	506	603	617	417
자본금	191	213	227	227	265	398
총자본	863	954	1,344	1,264	1,403	1,787
지배주주지분	863	954	1,004	928	1,017	1,368

기업가치 지표

항목	2011	2012	2013	2014	2015	2016
주가(최고/저)(천원)	4.5/1.0	4.0/2.2	2.7/1.2	1.6/1.1	1.7/0.9	9.0/1.4
PER(최고/저)(배)	24.9/5.7	38.6/21.3	97.8/43.8	—/—	64.6/34.8	—/—
PBR(최고/저)(배)	2.0/0.5	1.8/1.0	1.2/0.6	0.8/0.5	0.9/0.5	5.2/0.8
EV/EBITDA(배)	8.1	5.5	8.7	17.1	45.6	139.7
EPS(원)	181	104	28	-181	26	-81
BPS(원)	2,268	2,252	2,216	2,049	1,976	1,739
CFPS(원)	240	160	104	-106	92	-33
DPS(원)						
EBITDAPS(원)	493	353	281	160	65	62

재무 비율 〈단위 : % 〉

연도	영업이익률	순이익률	부채비율	차입금비율	ROA	ROE	유보율	자기자본비율	EBITDA마진율
2016	0.9	-4.8	32.4	23.4	-2.6	-5.0	247.8	75.5	3.8
2015	-0.0	2.1	54.9	44.0	1.4	1.9	295.2	64.5	2.8
2014	3.0	-6.9	64.6	47.7	-4.4	-8.5	309.9	60.7	5.6
2013	6.6	1.0	52.2	37.6	0.7	1.2	343.2	65.7	9.1

지엘팜텍 (A204840)
GL Pharm Tech

업 종 : 제약		시 장 : KOSDAQ	
신용등급 : (Bond) — (CP) —		기업규모 : 신성장	
홈 페 이 지 : www.glpt.co.kr		연 락 처 : 031)739-5220	
본 사 : 경기도 성남시 중원구 사기막골로 137, 중앙인더스피아 5차 714호			

설 립 일 2014.07.29	종 업 원 수 29명	대 표 이 사 송영주
상 장 일 2014.11.20	감 사 의 견 적정(삼일)	계 열
결 산 기 12월	보 통 주 3,072만주	종속회사수
액 면 가 100원	우 선 주	구 상 호 IBKS제2호스팩

주주구성 (지분율,%)		출자관계 (지분율,%)		주요경쟁사 (외형,%)	
케이씨틱	11.0			지엘팜텍	100
진바이오텍	7.4			동아에스티	12,091
(외국인)	0.9			녹십자	25,839

매출구성		비용구성		수출비중	
		매출원가율	102.2	수출	0.8
		판관비율	57.5	내수	99.2

회사 개요
2002년 8월 1일에 설립되었으며, 아이비케이에스제2호기업인수목적 주식회사와 2016년 9월 22일 합병을 완료한 후 사명을 지엘팜텍(주)로 변경함. 의약품 연구개발업, 의약품 제조 및 판매업, 의약품 생산업, 식품 연구개발업 등을 영위하고 있음. 매출은 2016년 기준 지소렌정 27.72%, 클리어틴이부스팟톡크림 13.40%, 기술이전료 29.88%, 경상기술료 27.18% 등으로 구성됨.

실적 분석
동사의 2016년 매출액은 28.4% 감소한 46.4억, 영업이익은 적자전환한 -27.7억원을 기록함. 고객사 니즈에 맞춘 개량신약 기술이전 제안, 재고 및 매출채권 관리에 대한 부담을 제거하는 영업전략을 바탕으로 매출증대에 힘쓰고 있음. 제형 설계 기술을 활용한 개량신약의 개발, 시장 니즈를 반영한 의약품에 대한 다양한 규제를 고려하여 새 제품을 개발하는 방향으로 연구 개발 진행 중.

현금 흐름 *IFRS 별도 기준 〈단위 : 억원〉

항목	2015	2016
영업활동	28	-42
투자활동	-41	57
재무활동	18	-17
순현금흐름	5	-2
기말현금	8	6

시장 대비 수익률
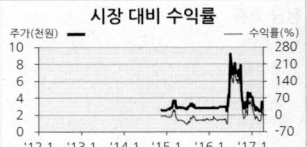

결산 실적 〈단위 : 억원〉

항목	2011	2012	2013	2014	2015	2016
매출액	—	40	—	73	65	46
영업이익	—	1	—	3	9	-28
당기순이익	—	0	—	3	11	-55

분기 실적 *IFRS 별도 기준 〈단위 : 억원〉

항목	2015.3Q	2015.4Q	2016.1Q	2016.2Q	2016.3Q	2016.4Q
매출액	10	—	—	—	8	—
영업이익	-2	—	—	—	-15	—
당기순이익	-2	—	—	—	-41	—

재무 상태 *IFRS 별도 기준 〈단위 : 억원〉

항목	2011	2012	2013	2014	2015	2016
총자산	—	59	—	53	89	124
유형자산	—	9	—	10	13	14
무형자산	—	3	—	1	1	1
유가증권	—	17	—	10	37	74
총부채	—	23	—	63	62	38
총차입금	—	17	—	34	30	20
자본금	—	12	—	9	23	30
총자본	—	36	—	-10	27	86
지배주주지분	—	36	—	-10	27	86

기업가치 지표 *IFRS 별도 기준

항목	2011	2012	2013	2014	2015	2016
주가(최고/저)(천원)	—/—	—/—	—/—	2.6/2.5	3.8/2.5	9.2/2.2
PER(최고/저)(배)	0.0/0.0	0.0/0.0	0.0/0.0	209.3/207.1	88.7/59.4	—/—
PBR(최고/저)(배)	0.0/0.0	0.0/0.0	0.0/0.0	-67.1/-66.4	38.9/26.0	32.5/7.6
EV/EBITDA(배)	0.0	0.1	0.0	25.3	6.1	—
EPS(원)	—	0	—	12	43	-194
BPS(원)	—	16,512	—	-4,423	1,224	284
CFPS(원)	—	1,275	—	1,927	686	-185
DPS(원)						
EBITDAPS(원)	—	1,888	—	2,004	608	-88

재무 비율 〈단위 : % 〉

연도	영업이익률	순이익률	부채비율	차입금비율	ROA	ROE	유보율	자기자본비율	EBITDA마진율
2016	-59.6	-118.5	44.2	23.3	-51.8	-97.6	183.6	69.4	-53.7
2015	14.5	16.7	228.8	112.4	15.3	전기잠식	16.0	30.4	17.5
2014	4.5	4.2	완전잠식	완전잠식	0.0	0.0	-205.0	-18.2	6.0
2013	0.0	0.0	0.0	0.0	0.0	0.0	0.0	0.0	0.0

지엠비코리아 (A013870)
GMB Korea

업   종 : 자동차부품
신용등급 : (Bond) —   (CP) —
홈페이지 : www.gmb.co.kr
본   사 : 경남 창원시 성산구 웅남로 618

시   장 : 거래소
기업규모 : 시가총액 소형주
연 락 처 : 055)263-2131

설 립 일	1979.03.20	종 업 원 수	665명
상 장 일	2012.11.20	감 사 의 견	적정 (안진)
결 산 기	12월	보 통 주	1,907만주
액 면 가	500원	우 선 주	

대 표 이 사 변종문
계 열
종속회사수
구 상 호

주주구성 (지분율,%)		출자관계 (지분율,%)		주요경쟁사 (외형,%)	
GMB CORP.	54.4	에이지테크	60.0	지엠비코리아	100
구봉집	2.0	삼현	10.0	영화금속	32
(외국인)	58.6	GMBAutomotive(NANTONG)	100.0	엠에스오토텍	151

매출구성		비용구성		수출비중	
Transmission Parts	44.9	매출원가율	85.0	수출	57.9
Engine Parts	36.5	판관비율	10.1	내수	42.1
Chassis Parts	26.1				

회사 개요
동사는 1979년에 자동차부품 및 기계공구류의 제조·가공 및 판매를 목적으로 설립되었으며, 1982년 체결된 일본GMB와의 합작투자계약에 의거 외국인투자촉진법에 의한 외국인투자기업으로 기획재정부에 등록하고, 상호를 한국GMB공업주식회사에서 지엠비코리아 주식회사로 변경함. 기술/제품개발, 경쟁력 강화를 통한 매출 7,000억 비전을 제시함(WIND 7000). 미국과 중국이 자동차 산업성장을 견인할 전망으로 동사의 성장이 기대됨

실적 분석
동사의 2016년 연결 기준 매출액은 4,951억원으로 전년대비 5.9% 증가하였음. 내수는 전년과 비슷한 수준이나 수출액 증가로 외형성장을 이룸. 매출원가와 판관비 또한 4.8%, 2.2% 증가하여, 영업이익의 43.6%를 대폭 상승으로 당기순이익은 전년동기 대비 63.4% 증가한 195억원을 시현함. 국내 완성차 업체 실적 둔화에도 불구하고 외형성장을 이룩한 점은 글로벌 시장에서의 동사의 경쟁력을 입증한다고 판단됨.

현금 흐름 〈단위 : 억원〉
항목	2015	2016
영업활동	143	419
투자활동	-384	-335
재무활동	154	-95
순현금흐름	-79	-11
기말현금	154	143

시장 대비 수익률

결산 실적 〈단위 : 억원〉
항목	2011	2012	2013	2014	2015	2016
매출액	4,378	4,366	4,628	4,594	4,675	4,951
영업이익	308	227	251	192	169	243
당기순이익	258	141	199	175	120	195

분기 실적 〈단위 : 억원〉
항목	2015.3Q	2015.4Q	2016.1Q	2016.2Q	2016.3Q	2016.4Q
매출액	1,074	1,231	1,207	1,267	1,133	1,345
영업이익	-4	76	65	61	26	91
당기순이익	-20	52	59	33	11	93

재무 상태 〈단위 : 억원〉
항목	2011	2012	2013	2014	2015	2016
총자산	3,312	3,541	3,780	4,308	4,594	4,663
유형자산	1,479	1,551	1,699	2,076	2,214	2,245
무형자산	5	5	9	11	19	23
유가증권	0	0	11	11	11	11
총부채	1,803	1,815	1,835	2,223	2,451	2,374
총차입금	689	781	738	1,106	1,335	1,281
자본금	83	95	95	95	95	95
총자본	1,509	1,726	1,945	2,085	2,143	2,290
지배주주지분	1,477	1,695	1,890	2,020	2,076	2,218

기업가치 지표
항목	2011	2012	2013	2014	2015	2016
주가(최고/저)(천원)	—/—	5.2/4.5	8.8/4.4	8.2/5.5	6.5/4.6	5.4/3.9
PER(최고/저)(배)	0.0/0.0	7.1/6.2	9.5/4.7	9.9/6.7	11.1/7.6	5.6/4.1
PBR(최고/저)(배)	0.0/0.0	0.7/0.6	1.0/0.5	0.9/0.6	0.6/0.4	0.5/0.4
EV/EBITDA(배)	1.5	4.4	5.2	5.7	5.4	4.4
EPS(원)	1,536	823	1,029	902	618	983
BPS(원)	8,898	8,885	9,909	10,593	10,884	11,628
CFPS(원)	2,273	1,656	1,856	1,839	1,777	2,264
DPS(원)		120	170	200	120	150
EBITDAPS(원)	2,594	2,171	2,143	1,943	2,046	2,556

재무 비율 〈단위 : % 〉
연도	영업이익률	순이익률	부채비율	차입금비율	ROA	ROE	유보율	자기자본비율	EBITDA마진율
2016	4.9	3.9	103.7	55.9	4.2	8.7	2,225.7	49.1	9.8
2015	3.6	2.6	114.4	62.3	2.7	5.8	2,076.7	46.7	8.4
2014	4.2	3.8	106.6	53.1	4.3	8.8	2,018.6	48.4	8.1
2013	5.4	4.3	94.4	38.0	5.4	11.0	1,881.8	51.5	8.8

지엠알머티리얼즈 (A032860)
GMR Materials

업   종 : 금속 및 광물
신용등급 : (Bond) —   (CP) —
홈페이지 : www.gmrmaterials.com
본   사 : 충남 아산시 인주면 인주산단로 65

시   장 : KOSDAQ
기업규모 :
연 락 처 : 041)533-8449

설 립 일	1986.01.01	종 업 원 수	17명
상 장 일	1997.07.04	감 사 의 견	적정 (안세)
결 산 기	12월	보 통 주	6,376만주
액 면 가	500원	우 선 주	

대 표 이 사 김동은
계 열
종속회사수
구 상 호 스틸앤리소시즈

주주구성 (지분율,%)		출자관계 (지분율,%)		주요경쟁사 (외형,%)	
지엠알코리아	18.8	도원철강	100.0	GMR 머티리얼즈	100
철강자원협동조합	12.6	스크랩워치	23.0	황금에스티	337
		GMRMATERIALS,INC.	100.0	금강철강	243

매출구성		비용구성		수출비중	
철스크랩(내수)	64.1	매출원가율	93.4	수출	44.9
철스크랩(수출)	35.9	판관비율	8.6	내수	55.1

회사 개요
동사는 철스크랩의 가공 및 재활용 제품 생산을 중심으로 하는 금속 및 비금속 원료재생사업부문과 마담포라 의류브랜드로 여성의류를 제조 및 판매하는 의류사업부문을 영위함. 2010년 10월 가람교과의 합병에 따라 전체매출의 대부분이 금속 및 비금속 원료재생사업부문에서 발생하며 주된 사업부문으로 자리매김함. 기업의 안정성을 강화하기 위해 2012년 12월 의류사업부문을 분할하여, 현재는 금속 및 비금속 원료재생 가공하는 단일사업부문으로 구성됨.

실적 분석
동사의 2016년 누적 매출액은 668.5억원으로 전년 대비 20.8% 증가하였으나 경기불황 및 시장상황 악화에 따른 원가율 상승으로 영업이익은 적자로 전환하였고 63.3억원의 당기순손실을 기록하며 전년에 이어 적자를 지속함. 동사는 2013년 최대 실적을 기록한 이래 2015년도 하반기부터 금속 및 비금속 원료 재생사업중 철스크랩 국내외 유통사업에 집중하고 있으나 철강경기 위축에 따른 지속적인 철스크랩 단가 하락으로 수익성 제약을 받고 있음

현금 흐름 〈단위 : 억원〉
항목	2015	2016
영업활동	-3	-93
투자활동	34	14
재무활동	-23	103
순현금흐름	8	24
기말현금	8	32

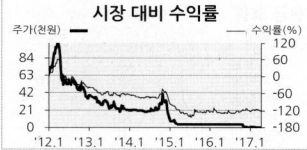
시장 대비 수익률

결산 실적 〈단위 : 억원〉
항목	2011	2012	2013	2014	2015	2016
매출액	1,359	1,821	1,972	827	553	669
영업이익	71	-25	14	-6	1	-13
당기순이익	16	-139	-34	-508	-436	-63

분기 실적 〈단위 : 억원〉
항목	2015.3Q	2015.4Q	2016.1Q	2016.2Q	2016.3Q	2016.4Q
매출액	73	—	155	192	—	
영업이익	3	—	-0	-2	—	
당기순이익	-57	—	-7	1	—	

재무 상태 〈단위 : 억원〉
항목	2011	2012	2013	2014	2015	2016
총자산	1,163	1,061	1,418	869	313	392
유형자산	332	356	382	314	2	40
무형자산	1	1	1	0	0	0
유가증권	7				17	15
총부채	919	855	968	818	481	169
총차입금	548	645	684	629	434	135
자본금	107	124	314	376	85	300
총자본	244	206	450	52	-168	223
지배주주지분	244	206	450	52	-168	223

기업가치 지표
항목	2011	2012	2013	2014	2015	2016
주가(최고/저)(천원)	76.9/43.3	104/33.1	39.0/19.3	43.2/10.6	11.5/4.1	4.4/0.8
PER(최고/저)(배)	117.6/66.2	—/—	—/—	—/—	—/—	—/—
PBR(최고/저)(배)	0.3/0.2	0.5/0.2	0.2/0.1	1.7/0.4	-0.7/-0.3	10.5/1.8
EV/EBITDA(배)	13.7		39.2	70.7	50.7	
EPS(원)	654	-122,247	-22,837	-182,512	-74,191	-126
BPS(원)	1,362	954	765	109	-805	423
CFPS(원)	179	-529	-44	-731	-3,584	-124
DPS(원)						
EBITDAPS(원)	482	-53	90	20	134	-23

재무 비율 〈단위 : % 〉
연도	영업이익률	순이익률	부채비율	차입금비율	ROA	ROE	유보율	자기자본비율	EBITDA마진율
2016	-1.9	-9.5	일부잠식	일부잠식	-17.9	전기잠식	-15.4	56.9	-1.8
2015	0.3	-78.7	완전잠식	완전잠식	-73.7	당기잠식	-260.9	-53.6	2.9
2014	-0.7	-61.5	일부잠식	일부잠식	-44.5	-202.7	-78.2	5.9	1.6
2013	0.7	-1.7	215.0	151.9	-2.8	-10.4	53.1	31.7	1.6

지엠피 (A018290)
GMP

업 종 : 용기 및 포장		시 장 : KOSDAQ	
신용등급 : (Bond) — (CP) —		기업규모 : 벤처	
홈페이지 : www.gmp.co.kr		연 락 처 : 031)943-4600	
본 사 : 경기도 파주시 산업단지길 139 (문발동)			

설 립 일	1986.11.07	종업원수	198명	대표이사	김양평,박종갑
상 장 일	1994.09.07	감사의견	적정 (안진)	계 열	
결 산 기	12월	보 통 주	1,743만주	종속회사수	
액 면 가	500원	우 선 주		구 상 호	

주주구성 (지분율,%)		출자관계 (지분율,%)		주요경쟁사 (외형,%)	
박종갑	12.9	지엠피	100		
김양평	6.0	원림	207		
(외국인)	2.4	한국팩키지	144		

매출구성		비용구성		수출비중	
라미네이팅필름	58.8	매출원가율	99.0	수출	75.1
라미네이팅기계	41.0	판관비율	22.1	내수	24.9
바인딩기계외	0.2				

회사 개요
동사는 1986년 설립된 라미네이팅 기계 전문 회사로서 사진, 문서, 신분증, 여권 등 각종 보존서류의 장기보존과 위변조 및 훼손방지를 목적으로 하는 라미네이팅 관련 기계와 필름을 제조판매하는 업체임. 전세계 100개국 이상에 수출 중임. 동사의 매출비중은 라미네이팅 필름 56.11%, 기계 43.81%, 기타 0.08%로 구성됨. 다양한 두께의 코팅물을 라미네이팅 할 수 있는 자동 라미네이터에 관한 특허 보유하고 있음.

실적 분석
동사의 2016년 연결기준 결산 매출액은 411.4억원으로 전년대비 12.5% 감소함. 수익성이 저하되면서 86.9억원의 영업손실을 기록하면서 적자가 지속됨. 다만 원가절감의 노력으로 인해 영업손실 규모는 전년대비 감소함. 영업손실과 비영업손실로 145.7억원의 당기순손실을 기록하면서 적자가 지속됨. 라미네이팅 기계 시장에서 높은 점유율을 보유하고 있음에도 매출액 및 수익성 감소가 지속되어 왔음.

현금 흐름 *IFRS 별도 기준 〈단위 : 억원〉

항목	2015	2016
영업활동	24	2
투자활동	-8	-103
재무활동	-17	117
순현금흐름	-0	15
기말현금	0	15

시장 대비 수익률
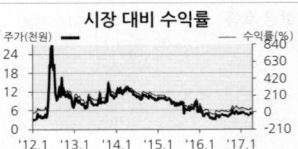

결산 실적 〈단위 : 억원〉

항목	2011	2012	2013	2014	2015	2016
매출액	591	540	526	538	470	411
영업이익	-20	-46	17	4	-125	-87
당기순이익	-74	-10	12	-36	-240	-146

분기 실적 *IFRS 별도 기준 〈단위 : 억원〉

항목	2015.3Q	2015.4Q	2016.1Q	2016.2Q	2016.3Q	2016.4Q
매출액	121	121	104	106	105	97
영업이익	-46	-46	5	8	3	-104
당기순이익	-66	-124	1	2	-16	-132

재무 상태 *IFRS 별도 기준 〈단위 : 억원〉

항목	2011	2012	2013	2014	2015	2016
총자산	895	789	788	796	624	621
유형자산	335	322	312	301	285	273
무형자산	32	21	22	27	31	35
유가증권	0	0	0	0	0	0
총부채	669	569	554	602	461	287
총차입금	516	433	412	436	312	141
자본금	307	307	307	307	206	87
총자본	225	219	233	194	164	334
지배주주지분	225	219	233	194	164	334

기업가치 지표 *IFRS 별도 기준

항목	2011	2012	2013	2014	2015	2016
주가(최고/저)(천원)	5.1/2.9	30.7/2.9	14.9/6.4	14.1/9.2	10.5/4.9	8.1/3.2
PER(최고/저)(배)	—/—	—/—	61.2/26.5	—/—	—/—	—/—
PBR(최고/저)(배)	1.0/0.6	6.2/0.6	2.8/1.2	3.2/2.1	6.4/3.0	4.2/1.7
EV/EBITDA(배)	99.0		21.1	31.2		
EPS(원)	-1,522	-201	243	-748	-4,917	-1,121
BPS(원)	402	391	414	351	398	1,918
CFPS(원)	-78	21	51	-26	-1,088	-958
DPS(원)						
EBITDAPS(원)	10	-38	60	40	-519	-506

재무 비율 〈단위 : % 〉

연도	영업이익률	순이익률	부채비율	차입금비율	ROA	ROE	유보율	자기자본비율	EBITDA마진율
2016	-21.1	-35.4	85.8	42.3	-23.4	-58.5	283.7	53.8	-16.0
2015	-26.6	-51.1	일부잠식	일부잠식	-33.8	-134.3	-20.4	26.2	-22.4
2014	0.8	-6.7	일부잠식	일부잠식	-4.6	-17.0	-29.8	24.4	4.6
2013	3.3	2.2	일부잠식	일부잠식	1.5	5.2	-17.1	29.6	7.0

지오씨 (A135160)
GOC

업 종 : 통신장비		시 장 : KONEX	
신용등급 : (Bond) — (CP) —		기업규모 :	
홈페이지 : www.goc2001.com		연 락 처 : 062)973-6114	
본 사 : 광주시 북구 첨단벤처로 60번길 10			

설 립 일	2001.03.02	종업원수	102명	대표이사	박인철
상 장 일	2015.12.28	감사의견	적정 (신한)	계 열	
결 산 기	12월	보 통 주	273만주	종속회사수	
액 면 가	500원	우 선 주	75만주	구 상 호	글로벌광통신

주주구성 (지분율,%)		출자관계 (지분율,%)		주요경쟁사 (외형,%)	
박인철	56.5	피큐브	36.9	지오씨	100
엠차이나펀드1호	7.3	GOCI	99.0	라이트론	103
		INTI-GOC	75.0	서화정보통신	32

매출구성		비용구성		수출비중	
Drop cable	30.5	매출원가율	77.5	수출	60.7
기타	26.7	판관비율	16.2	내수	39.3
Cord cable	19.3				

회사 개요
동사는 2001년 3월 2일 광섬유 케이블 제조, 개발, 판매를 목적으로 설립되었으며 본사는 광주광역시에 소재하고있음. 광케이블은 노동, 기술집약적인 산업으로 신규업체의 시장진입이 여타산업에 비해 불리한 산업으로 경기에 큰 영향을 받음. 세계 경제불황에 의해 부동산시장 및 건설경기가 동반 하락할 경우 동사의 영업에 악영향을 초래할 가능성이 존재함. 2015년 반기 기준 매출액의 26.3%가 인도네시아 사업에서 발생함.

실적 분석
회사 사명을 2016년 9월에 글로벌광통신에서 지오씨로 변경함. 2016년 연간 매출은 404.7억원으로 전년대비 20.1% 증가, 영업이익은 25.9억원으로 전년대비 23.8% 증가함. 당기순이익은 18.3억원으로 전년대비 2.5% 증가를 시현함. 글로벌 데이터 센터 투자 확대 및 초고속 통신망 수요는 견조한 것으로 전망. 16개의 제품군 150여종의 케이블 생산 능력을 보유중이며 국내 시장에서 지배적인 제품력을 보유하고 있음.

현금 흐름 *IFRS 별도 기준 〈단위 : 억원〉

항목	2015	2016
영업활동	0	-15
투자활동	-4	-22
재무활동	-1	35
순현금흐름	4	-2
기말현금	11	9

시장 대비 수익률
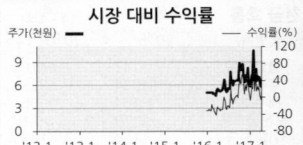

결산 실적 〈단위 : 억원〉

항목	2011	2012	2013	2014	2015	2016
매출액	200	190	271	287	337	405
영업이익	1	-41	23	20	21	26
당기순이익	2	-35	11	21	18	18

분기 실적 *IFRS 별도 기준 〈단위 : 억원〉

항목	2015.3Q	2015.4Q	2016.1Q	2016.2Q	2016.3Q	2016.4Q
매출액	—	—	—	—	—	—
영업이익	—	—	—	—	—	—
당기순이익	—	—	—	—	—	—

재무 상태 *IFRS 별도 기준 〈단위 : 억원〉

항목	2011	2012	2013	2014	2015	2016
총자산	201	189	231	333	378	426
유형자산	74	73	80	71	66	88
무형자산	0	0	0	0	0	0
유가증권	0	7	21	52	54	50
총부채	149	150	168	239	261	276
총차입금	115	125	119	168	164	186
자본금	11	14	14	15	16	17
총자본	52	39	63	94	117	150
지배주주지분	52	39	63	94	117	150

기업가치 지표 *IFRS 별도 기준

항목	2011	2012	2013	2014	2015	2016
주가(최고/저)(천원)	—/—	—/—	—/—	—/—	5.0/5.0	10.5/4.4
PER(최고/저)(배)	0.0/0.0	0.0/0.0	0.0/0.0	0.0/0.0	8.9/8.9	19.1/8.1
PBR(최고/저)(배)	0.0/0.0	0.0/0.0	0.0/0.0	0.0/0.0	1.4/1.4	2.4/1.0
EV/EBITDA(배)	5.6		2.6	4.7	9.4	10.8
EPS(원)	89	-1,302	417	721	563	550
BPS(원)	2,356	1,420	2,311	3,162	3,677	4,318
CFPS(원)	776	-628	1,035	1,131	823	748
DPS(원)						
EBITDAPS(원)	753	-852	1,449	1,085	919	976

재무 비율 〈단위 : % 〉

연도	영업이익률	순이익률	부채비율	차입금비율	ROA	ROE	유보율	자기자본비율	EBITDA마진율
2016	6.4	4.5	184.0	124.2	4.6	13.7	763.6	35.2	8.0
2015	6.2	5.3	223.8	140.6	5.0	17.0	635.5	30.9	8.7
2014	6.9	7.4	254.5	178.9	7.5	27.0	532.5	28.2	11.1
2013	8.3	4.2	266.2	188.7	5.4	20.4	362.2	27.3	14.5

지코 (A010580)
Jico

업 종 : 자동차부품		시 장 : 거래소	
신용 등급 : (Bond) — (CP) —		기업 규모 : 시가총액 소형주	
홈 페 이 지 : www.jico21.com		연 락 처 : 031)610-3219	
본 사 : 경기도 평택시 장안외길 27-16			

설 립 일 1975.04.11	종 업 원 수 123명	대 표 이 사 엄은종			
상 장 일 1994.12.27	감 사 의 견 적정 (한영)	계 열			
결 산 기 12월	보 통 주 4,500만주	종 속 회 사 수			
액 면 가 500원	우 선 주	구 상 호			

주주구성 (지분율,%) / 출자관계 (지분율,%) / 주요경쟁사 (외형,%)

주주구성 (지분율,%)		출자관계 (지분율,%)		주요경쟁사 (외형,%)	
맨하탄에셋	18.6	정일금속	19.0	지코	100
코다코	15.2	일정금속	18.3	디젠스	155
(외국인)	0.3	고요지코코리아	15.6	광진윈텍	137

매출구성 / 비용구성 / 수출비중

매출구성		비용구성		수출비중	
W/PUMP	62.2	매출원가율	102.5	수출	62.4
AUTO PART	16.9	판관비율	3.3	내수	37.6
AL CYLINDER HEAD	9.3				

회사 개요
동사는 자동차 부품제조 전문회사로서 Water Pump, Front Case, Auto Part, AL Cylinder Head 등 자동차 엔진 및 미션계통의 제품을 생산하여 국내 완성차 업체 및 부품 전문기업(현대자동차, 기아자동차, 현대모비스 등)에 공급하고 있음. 원재료로는 알루미늄과 베어링이 주로 사용되며 위 원재료는 환율에 영향을 받음. 국내 알루미늄 가격과 연동하여 원재료 가격이 변동됨

실적 분석
동사의 연결 재무제표 기준 2016년 매출액은 전년 대비 11.3% 감소한 772억원 기록. 안정적인 매출원가 관리에도 불구하고 영업이익은 적자로 돌아섰고, 당기순손실 또한 54.9억원을 시현하며 부진한 실적을 기록함. 동사의 실적은 주요 납품처인 현대자동차 및 기아자동차의 신차 출시, 출하량에 따라 변동됨. 전방산업 둔화로 인해 매출 증대를 쉽게 기대하기 힘든 상황임.

현금 흐름   *IFRS 별도 기준   〈단위 : 억원〉

항목	2015	2016
영업활동	6	29
투자활동	8	-3
재무활동	-17	-13
순현금흐름	-3	12
기말현금	6	18

시장 대비 수익률
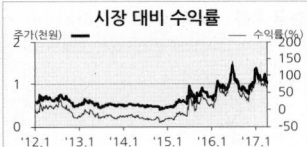

결산 실적   〈단위 : 억원〉

항목	2011	2012	2013	2014	2015	2016
매출액	958	887	912	924	871	772
영업이익	-26	-61	-22	-8	1	-44
당기순이익	-13	-26	-22	-15	-30	-55

분기 실적   *IFRS 별도 기준   〈단위 : 억원〉

항목	2015.3Q	2015.4Q	2016.1Q	2016.2Q	2016.3Q	2016.4Q
매출액	189	219	196	198	172	206
영업이익	-2	7	-3	-12	-11	-19
당기순이익	-5	-15	-6	-18	-14	-17

재무 상태   *IFRS 별도 기준   〈단위 : 억원〉

항목	2011	2012	2013	2014	2015	2016
총자산	665	641	786	729	643	604
유형자산	432	369	466	441	441	419
무형자산	7	7	4	10	7	6
유가증권	6	5	5	6	2	2
총부채	452	455	610	568	504	427
총차입금	229	235	315	336	327	219
자본금	139	139	139	139	139	220
총자본	214	186	176	161	139	177
지배주주지분	214	186	176	161	139	177

기업가치 지표   *IFRS 별도 기준

항목	2011	2012	2013	2014	2015	2016
주가(최고/저)(천원)	0.9/0.5	0.8/0.5	0.7/0.4	0.5/0.4	1.0/0.4	1.6/0.6
PER(최고/저)(배)	—/—	—/—	—/—	—/—	—/—	—/—
PBR(최고/저)(배)	1.3/0.8	1.3/0.8	1.1/0.8	1.0/0.7	2.1/1.0	4.0/1.5
EV/EBITDA(배)	—	—	72.4	20.1	17.6	—
EPS(원)	-42	-83	-71	-50	-98	-157
BPS(원)	772	672	637	583	501	402
CFPS(원)	40	-2	20	53	-1	-66
DPS(원)						
EBITDAPS(원)	-7	-129	21	80	111	-36

재무 비율   〈단위 : % 〉

연도	영업 이익률	순 이익률	부채 비율	차입금 비율	ROA	ROE	유보율	자기자본 비율	EBITDA 마진율
2016	-5.8	-7.1	일부잠식	일부잠식	-8.8	-34.8	-19.6	29.3	-1.6
2015	0.1	-3.5	363.7	235.7	-4.4	-20.1	0.3	21.6	3.5
2014	-0.9	-1.7	351.9	208.3	-2.0	-9.2	16.7	22.1	2.4
2013	-2.4	-2.4	346.4	178.7	-3.1	-12.2	27.3	22.4	0.7

지투알 (A035000)
G I I R

업 종 : 미디어		시 장 : 거래소	
신용 등급 : (Bond) — (CP) —		기업 규모 : 시가총액 소형주	
홈 페 이 지 : www.g2rgroup.com		연 락 처 : 02)705-2700	
본 사 : 서울시 마포구 마포대로 155 LG마포빌딩 15층			

설 립 일 1984.05.31	종 업 원 수 83명	대 표 이 사 김종립			
상 장 일 1999.08.11	감 사 의 견 적정 (삼정)	계 열			
결 산 기 12월	보 통 주 1,657만주	종 속 회 사 수			
액 면 가 1,000원	우 선 주	구 상 호 G I I R			

주주구성 (지분율,%) / 출자관계 (지분율,%) / 주요경쟁사 (외형,%)

주주구성 (지분율,%)		출자관계 (지분율,%)		주요경쟁사 (외형,%)	
엘지	35.0	에이치에스애드	100.0	지투알	100
Cavendish Square Holdings B.V.	29.9	엘베스트	100.0	디지틀조선	10
(외국인)	32.2	NH투자증권	0.1	세븐스타웍스	6

매출구성 / 비용구성 / 수출비중

매출구성		비용구성		수출비중	
제작매출액, 대행수수료(에이치에스애드)	52.3	매출원가율	64.6	수출	—
기타	13.1	판관비율	30.6	내수	—
제작매출액, 대행수수료(GIIR America)	11.9				

회사 개요
동사는 1984년 LG그룹의 계열사인 LG애드로 설립돼 2004년 8월 자회사에 대한 투자 및 경영자문 등의 사업을 영위하는 지투알과 광고사업을 맡는 엘지애드로 분할됨. 동사는 의사결정권 절반 이상을 소유한 종속회사가 에이치에스애드, 엘베스트 등 13개사임. 종속회사가 영위하는 사업은 모두 광고업이며, 경영관리용역수익 및 배당수익 등을 영업수익의 원천으로 하고 있음. 광고시장 부진에도 불구하고 글로벌 부문의 지속적인 성장을 보이고 있음.

실적 분석
동사의 2016년 매출액은 4,079.6억원으로 전년 대비 14.9% 감소하였음. 매출액은 제작매출액이 3,271억원으로 대부분을 차지함. 매출총이익은 매출액 증가에 힘입어 전년 대비 7.3%증가한 1,446억원을 달성함. 글로벌 부문에서의 지속적인 성장 및 국내 시장에서의 비계열물량 확대가 주요인임. 영업이익은 전년 대비 41.9% 증가한 196억원을 달성하였음 매출총이익 증가율이 비용 증가율보다 높은 것이 주요인임.

현금 흐름   〈단위 : 억원〉

항목	2015	2016
영업활동	179	136
투자활동	-55	-140
재무활동	-29	-38
순현금흐름	76	-56
기말현금	540	484

시장 대비 수익률
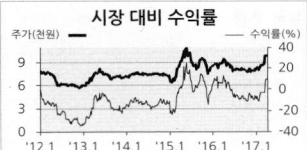

결산 실적   〈단위 : 억원〉

항목	2011	2012	2013	2014	2015	2016
매출액	3,241	3,358	3,491	3,856	4,793	4,080
영업이익	136	151	161	128	138	196
당기순이익	75	123	124	95	116	149

분기 실적   *IFRS 별도 기준   〈단위 : 억원〉

항목	2015.3Q	2015.4Q	2016.1Q	2016.2Q	2016.3Q	2016.4Q
매출액	1,178	1,842	870	907	945	1,358
영업이익	29	124	-30	46	12	168
당기순이익	30	102	-41	47	11	133

재무 상태   *IFRS 별도 기준   〈단위 : 억원〉

항목	2011	2012	2013	2014	2015	2016
총자산	3,667	3,639	4,085	3,984	4,828	5,071
유형자산	35	38	35	35	39	38
무형자산	112	117	115	118	117	119
유가증권	30	32	27	29	27	25
총부채	2,614	2,507	2,869	2,731	3,479	3,610
총차입금	17	27	127	38	107	49
자본금	176	176	176	176	176	176
총자본	1,053	1,132	1,217	1,254	1,349	1,461
지배주주지분	1,086	1,129	1,209	1,254	1,349	1,461

기업가치 지표

항목	2011	2012	2013	2014	2015	2016
주가(최고/저)(천원)	9.3/7.1	7.9/5.5	8.2/5.9	7.7/7.0	11.0/6.4	9.4/7.5
PER(최고/저)(배)	23.3/17.8	12.1/8.6	12.6/9.1	14.3/12.9	16.6/9.6	10.8/8.6
PBR(최고/저)(배)	1.6/1.2	1.2/0.9	1.2/0.9	1.1/0.9	1.4/0.8	1.1/0.8
EV/EBITDA(배)	2.9	2.1	2.8	3.2	3.6	1.9
EPS(원)	465	741	722	584	700	902
BPS(원)	6,981	7,243	7,726	7,996	8,572	9,245
CFPS(원)	586	869	870	739	859	1,064
DPS(원)	200	200	200	200	200	250
EBITDAPS(원)	939	1,040	1,122	930	992	1,345

재무 비율   〈단위 : % 〉

연도	영업 이익률	순 이익률	부채 비율	차입금 비율	ROA	ROE	유보율	자기자본 비율	EBITDA 마진율
2016	4.8	3.7	247.1	3.4	3.0	10.6	771.7	28.8	5.5
2015	2.9	2.4	257.9	7.9	2.6	8.9	708.2	27.9	3.4
2014	3.3	2.5	217.8	3.1	2.4	7.9	653.9	31.5	4.0
2013	4.6	3.6	235.8	10.5	3.2	10.2	628.5	29.8	5.3

지트리비앤티 (A115450)
G-treeBNT

업　　종 : 일반 소프트웨어	시　　장 : KOSDAQ
신용등급 : (Bond) —　　(CP) —	기업규모 : 중견
홈 페 이 지 : www.gtreebnt.com	연 락 처 : 031)786-7800
본　　사 : 경기도 성남시 분당구 정자일로 248, 파크뷰타워 22층	

설 립 일	2000.06.07	종 업 원 수	89명	대 표 이 사	박일,양원석
상 장 일	2010.03.26	감 사 의 견	적정 (한영)	계　　　열	
결 산 기	12월	보 통 주	2,284만주	종속회사수	
액 면 가	500원	우 선 주		구 상 호	디지털아리아

주주구성 (지분율,%)
유양디앤유	16.4
인터베스트글로벌제약펀드	4.8
(외국인)	2.6

출자관계 (지분율,%)
지트리파마슈티컬	100.0
한국영재에듀	51.0
Oblato,Inc.	100.0

주요경쟁사 (외형,%)
지트리비앤티	100
더존비즈온	998
안랩	807

매출구성
펌프(기타)	45.9
기타 및 연결조정	24.2
모터(기타)	18.3

비용구성
매출원가율	81.4
판관비율	41.4

수출비중
수출	48.4
내수	51.6

회사 개요
2014년 3월 미국 RegeneRx와 신약공동개발을 체결하며 바이오/제약 사업에 진출하며 지트리비앤티로 사명을 변경. 안구건조증 치료제 신약 GBT-201 2b/3상 임상시험 및 신경영양성각막염 치료제 GBT-201 3상 임상시험을 미국 FDA로부터 승인을 받아 진행중. 2015년 12월 뇌종양 희귀질환 교모세포종 치료제 파이프라인을 도입하였으며 미국 내 자회사 Oblato, Inc. 를 설립하여 OKN-007 임상 1b 진행중.

실적 분석
2016년 연결기준 매출액은 전년 대비 5.5% 상승한 177.1억원을 기록했으나 영업이익은 적자지속하며 -40.4억원을 시현. 외형성장에도 불구하고 매출원가율 상승과 고정비 부담으로 영업적자가 지속됨. 희귀의약품인 신경영양성각막염 치료제 임상을 진행하고 있어, 상업화 성공 시 고부가가치 제품이 될 수 있을 것. 탄탄한 파이프라인 확보를 통해 바이오 벤처기업으로 탈바꿈 하고 있는 만큼 향후 턴어라운드를 기대함.

현금 흐름 〈단위 : 억원〉
항목	2015	2016
영업활동	-43	-27
투자활동	5	-65
재무활동	76	77
순현금흐름	39	-15
기말현금	58	43

시장 대비 수익률
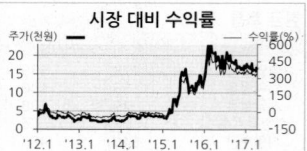

결산 실적 〈단위 : 억원〉
항목	2011	2012	2013	2014	2015	2016
매출액	158	593	209	176	168	177
영업이익	8	-9	-18	-9	-31	-40
당기순이익	-332	-54	-39	-16	-43	-54

분기 실적 〈단위 : 억원〉
항목	2015.3Q	2015.4Q	2016.1Q	2016.2Q	2016.3Q	2016.4Q
매출액	43	47	48	40	43	47
영업이익	-7	-8	-7	-8	-9	-17
당기순이익	-9	-11	-10	-9	-11	-23

재무 상태 〈단위 : 억원〉
항목	2011	2012	2013	2014	2015	2016
총자산	622	543	367	585	503	516
유형자산	134	113	102	100	97	95
무형자산	149	129	97	6	126	250
유가증권	41	0		31	107	75
총부채	439	402	263	360	169	147
총차입금	236	268	213	85	124	103
자본금	50	50	50	95	101	111
총자본	184	141	104	225	335	370
지배주주지분	188	138	101	223	301	339

기업가치 지표
항목	2011	2012	2013	2014	2015	2016
주가(최고/저)(천원)	11.1/3.2	7.2/2.0	3.6/1.9	4.2/2.1	17.4/2.9	24.8/13.7
PER(최고/저)(배)	—/—	—/—	—/—	—/—	—/—	—/—
PBR(최고/저)(배)	5.1/1.5	4.8/1.4	3.1/1.5	3.0/1.5	10.4/1.7	14.5/8.0
EV/EBITDA(배)	45.1	711.6				
EPS(원)	-5,664	-521	-329	-88	-212	-235
BPS(원)	2,634	1,806	1,410	1,381	1,673	1,706
CFPS(원)	-6,751	-529	-326	-53	-187	-214
DPS(원)						
EBITDAPS(원)	231	8	-112	-13	-130	-161

재무 비율 〈단위 : %〉
연도	영업이익률	순이익률	부채비율	차입금비율	ROA	ROE	유보율	자기자본비율	EBITDA마진율
2016	-22.8	-30.5	39.7	27.9	-10.6	-16.3	241.3	71.6	-20.1
2015	-18.7	-25.7	50.4	37.0	-7.9	-16.4	234.6	66.5	-15.7
2014	-5.0	-8.8	159.9	37.8	-3.3	-9.9	176.2	38.5	-1.4
2013	-8.7	-18.9	253.5	205.0	-8.7	-32.9	182.0	28.3	-5.3

지티지웰니스 (A219750)
GTG Wellness

업　　종 : 의료 장비 및 서비스	시　　장 : KONEX
신용등급 : (Bond) —　　(CP) —	기업규모 : 중견
홈 페 이 지 : www.gtgwellness.co.kr	연 락 처 : 031)702-4418
본　　사 : 경기도 용인시 수지구 신수로 767 (동천동, 분당수지유타워 지식산업센터)	

설 립 일	1999.02.12	종 업 원 수	36명	대 표 이 사	김태현
상 장 일	2015.06.17	감 사 의 견	적정 (한영)	계　　　열	
결 산 기	12월	보 통 주	156만주	종속회사수	
액 면 가	500원	우 선 주	23만주	구 상 호	

주주구성 (지분율,%)
김태현	72.7
김태호	3.1

출자관계 (지분율,%)
지티지코리아	100.0
GTGWELLNESSSDNBHD.	100.0

주요경쟁사 (외형,%)
지티지웰니스	100
메디아나	250
유비케어	320

매출구성
[제품]전문가용 의료기기	49.1
[상품]에스테틱 미용기기	21.5
[상품]전문가용 의료기기	15.9

비용구성
매출원가율	46.8
판관비율	44.7

수출비중
수출	—
내수	—

회사 개요
동사는 1999년 설립대 피부미용 의료기기 관련 사업을 영위하고 있으며, 2015년 6월 17일에 코넥스시장에 상장됨. 1999년 해외영업 독점계약을 시작으로 2007년부터 레이저 의료기기를 OEM방식으로 개발, 본격적인 미용 의료기기 해외 판매를 시작함. 2013년부터 미용 의료기기의 직접 제조를 위해 자체 제조라인 및 기술연구소를 설립함. 2015년엔 소모품 판매 규모 확대 및 홈케어, 에스테틱용 장비, 기능성 화장품을 출시함.

실적 분석
동사의 2016년 누적매출액은 213.4억원으로 전년 대비 98.8% 증가함. 영업이익은 18.2억원으로 전년보다 104.1% 늘었고, 당기순이익은 487.3% 증가한 13.5억원을 기록함. 의료기기, 뷰티케어 및 홈케어 장비 판매에 이어 이들에 필요한 소모품 매출이 늘어나면서 수익성이 크게 개선됨. 에스테틱 산업 트렌드 변화로 인한 장비 교체 수요 증가로 매출이 확대될 것으로 기대됨.

현금 흐름 *IFRS 별도 기준 〈단위 : 억원〉
항목	2015	2016
영업활동	-32	-6
투자활동	-2	-46
재무활동	69	64
순현금흐름	35	12
기말현금	35	47

시장 대비 수익률
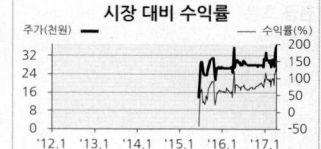

결산 실적 〈단위 : 억원〉
항목	2011	2012	2013	2014	2015	2016
매출액	—	97	91	66	108	213
영업이익	—	5	5	-2	11	18
당기순이익	—	3	2	0	11	13

분기 실적 *IFRS 별도 기준 〈단위 : 억원〉
항목	2015.3Q	2015.4Q	2016.1Q	2016.2Q	2016.3Q	2016.4Q
매출액						
영업이익						
당기순이익						

재무 상태 *IFRS 별도 기준 〈단위 : 억원〉
항목	2011	2012	2013	2014	2015	2016
총자산		36	73	69	145	220
유형자산		3	6	10	10	37
무형자산			10	10	3	8
유가증권						
총부채		21	53	49	49	161
총차입금		12	19	42	26	142
자본금		1	3	3	8	8
총자본		15	20	20	96	58
지배주주지분		15	20	20	96	58

기업가치 지표 *IFRS 별도 기준
항목	2011	2012	2013	2014	2015	2016
주가(최고/저)(천원)	—/—	—/—	—/—	—/—	31.0/10.6	35.5/24.7
PER(최고/저)(배)	0.0/0.0	0.0/0.0	0.0/0.0	0.0/0.0	53.9/18.4	65.1/45.2
PBR(최고/저)(배)	0.0/0.0	0.0/0.0	0.0/0.0	0.0/0.0	5.8/2.0	10.9/7.5
EV/EBITDA(배)	0.0	2.3	2.9		31.6	30.5
EPS(원)		1,241	616	27	576	545
BPS(원)		308,909	79,256	80,599	5,359	3,267
CFPS(원)		73,185	37,502	4,588	709	716
DPS(원)						
EBITDAPS(원)		102,310	72,122	-5,199	771	1,035

재무 비율 〈단위 : %〉
연도	영업이익률	순이익률	부채비율	차입금비율	ROA	ROE	유보율	자기자본비율	EBITDA마진율
2016	8.5	6.3	285.1	248.5	7.4	17.7	631.7	26.0	10.1
2015	10.0	9.0	51.7	26.8	9.1	16.7	971.8	65.9	12.1
2014	-3.2	0.5	243.0	108.4	0.5	1.7	706.0	29.2	-2.0
2013	5.5	2.6	269.7	96.8	4.3	13.4	692.6	27.1	6.1

진도 (A088790)
Jindo

업 종 : 섬유 및 의복
신용등급 : (Bond) —　　(CP) —
홈페이지 : www.jindofn.co.kr
본 사 : 서울시 금천구 가산디지털 1로 75 (가산동)

시 장 : 거래소
기업규모 : 시가총액 소형주
연 락 처 : 02)850-8263

설 립 일	2006.03.03	종 업 원 수	262명	대 표 이 사 임영준
상 장 일	2006.03.28	감 사 의 견	적정 (대현)	계
결 산 기	12월	보 통 주	1,245만주	종속회사수
액 면 가	500원	우 선 주	2만주	구 상 호 열

주주구성 (지분율,%)		출자관계 (지분율,%)		주요경쟁사 (외형,%)	
임오파트너스	40.7	진도유통	100.0	진도	100
신영자산운용	10.3	BEIJINGJINDOFASHION	100.0	대한방직	200
(외국인)	1.0			전방	163

매출구성		비용구성		수출비중	
모피	45.2	매출원가율	55.7	수출	0.0
끌레베	33.0	판관비율	35.4	내수	100.0
엘페	11.2				

회사 개요
동사는 2006년 인적분할을 통해 설립된 국내 모피시장 1위 기업임. 국내 모피판매가 허용된 1988년 9월 이후 모피 시장에서 최고 브랜드로 인정받고 있는 진도모피를 비롯해 젊은 계층을 겨냥한 엘페, 우븐 브랜드인 우바 및 홈쇼핑 브랜드인 끌레베 등의 브랜드를 보유하고 있음. 백화점에 편중된 유통망 구조를 홈쇼핑, 온라인 쇼핑몰, 아울렛 부문으로 확대하고 신규시장 개척을 통해 매출 증대에 나서고 있음. 2005년 중국시장에도 진출했음.

실적 분석
이상고온과 중국 내수시장 침체로 여성용 기성의류인 우바와 홈쇼핑용 중저가 모피의류인 끌레베의 판매가 부진하였으나, 백화점용 진도모피의 판매가 호조세를 나타내어 2016년 매출액은 전년 대비 소폭 증가함. 고부가제품의 판매비중 증가와 원재료 가격 하락의 영향으로 영업이익은 109.4억원을 기록하며 수익성이 큰 폭으로 개선됨. 개별소비세 인하로 모피에 대한 국내수요가 회복되고, 중국인의 수요도 빠르게 증가하고 있음.

현금 흐름　　〈단위 : 억원〉
항목	2015	2016
영업활동	138	109
투자활동	-12	-1
재무활동	-111	-99
순현금흐름	14	9
기말현금	74	84

시장 대비 수익률
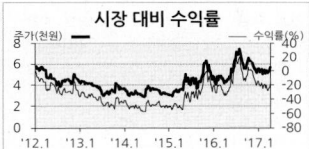

결산 실적　　〈단위 : 억원〉
항목	2011	2012	2013	2014	2015	2016
매출액	1,427	1,605	1,526	1,209	1,217	1,230
영업이익	169	102	63	49	52	109
당기순이익	73	-49	2	76	33	83

분기 실적　　〈단위 : 억원〉
항목	2015.3Q	2015.4Q	2016.1Q	2016.2Q	2016.3Q	2016.4Q
매출액	250	494	350	115	259	505
영업이익	11	39	38	-2	21	53
당기순이익	2	31	29	-1	19	36

재무 상태　　〈단위 : 억원〉
항목	2011	2012	2013	2014	2015	2016
총자산	1,801	1,913	1,837	1,565	1,508	1,493
유형자산	499	492	485	447	333	330
무형자산	3	3	3	3	3	0
유가증권	0	0	0	0	0	0
총부채	1,033	1,235	1,156	808	619	538
총차입금	761	861	763	646	436	361
자본금	50	50	50	50	62	62
총자본	768	678	682	757	890	956
지배주주지분	768	678	682	757	890	956

기업가치 지표
항목	2011	2012	2013	2014	2015	2016
주가(최고/저)(천원)	7.0/3.0	6.1/3.8	4.4/3.0	3.9/2.8	6.3/2.9	7.5/4.1
PER(최고/저)(배)	10.7/4.7	—/—	228.1/152.6	5.5/4.0	22.5/10.3	11.7/6.3
PBR(최고/저)(배)	1.0/0.4	1.0/0.6	0.7/0.5	0.6/0.4	0.9/0.4	1.0/0.6
EV/EBITDA(배)	7.2	10.8	14.4	15.4	16.4	8.2
EPS(원)	731	-492	21	759	299	667
BPS(원)	7,654	6,752	6,788	7,544	7,138	7,668
CFPS(원)	872	-344	156	861	376	728
DPS(원)	300	—	—	—	150	200
EBITDAPS(원)	1,821	1,166	762	592	550	939

재무 비율　　〈단위 : %〉
연도	영업이익률	순이익률	부채비율	차입금비율	ROA	ROE	유보율	자기자본비율	EBITDA마진율
2016	8.9	6.8	56.3	37.8	5.5	9.0	1,433.6	64.0	9.5
2015	4.2	2.7	69.5	49.0	2.1	4.0	1,327.6	59.0	4.9
2014	4.1	6.3	106.6	85.3	4.5	10.6	1,408.9	48.4	4.9
2013	4.1	0.1	169.6	112.0	0.1	0.3	1,257.6	37.1	5.0

진로발효 (A018120)
Jinro Distillers

업 종 : 음료
신용등급 : (Bond) —　　(CP) —
홈페이지 : www.jrdcl.com
본 사 : 경기도 안산시 단원구 별망로 594

시 장 : KOSDAQ
기업규모 : 우량
연 락 처 : 031)491-2675

설 립 일	1984.12.31	종 업 원 수	53명	대 표 이 사 김종식
상 장 일	1993.12.29	감 사 의 견	적정 (인덕)	계
결 산 기	12월	보 통 주	752만주	종속회사수
액 면 가	500원	우 선 주		구 상 호 열

주주구성 (지분율,%)		출자관계 (지분율,%)		주요경쟁사 (외형,%)	
서태선	27.4	안동소주일품	49.6	진로발효	100
장진혁	18.3	서안주정	18.0	국순당	80
(외국인)	9.5	대한주정판매	17.5	풍국주정	111

매출구성		비용구성		수출비중	
발효주정	56.6	매출원가율	72.3	수출	0.0
정제주정	37.3	판관비율	3.0	내수	100.0
알코올소독제	6.1				

회사 개요
동사는 소주의 원료가 되는 발효주정과 정제주정을 생산, 판매하고 있으며 부수적으로 주정소비 촉진을 위해 알코올소독제(크린콜 등)를 생산 판매하고 있음. 매출비중은 발효, 정제주정을 하는 주정사업이 94%, 기타 알콜소독제가 6%를 차지함. 국내 경쟁업체 10개사 중 최대생산 설비를 보유하고 있으며 2015년 기준 시장점유율은 16.4%로 시장점유율 1위 업체임.

실적 분석
동사의 2016년 연결기준 누적매출액은 전년동기 대비 3.8% 감소한 868.1억원을 기록함. 매출 부진에 판관비는 크게 증가하면서 영업이익은 전년동기 대비 1% 감소한 214.5억원을 시현. 인기를 끌었던 순하리 등 저도수 소주의 수요가 주춤하면서 매출이 정체되는 모습. 수입 맥주 인기로 경쟁이 심해진 맥주시장에 비해 소주 판매량은 상대적으로 선방해왔고, 올해 각 업체가 신제품 소주를 선보이게 되면 주정 판매량도 회복될 것으로 전망됨

현금 흐름　　〈단위 : 억원〉
항목	2015	2016
영업활동	253	162
투자활동	-166	-134
재무활동	-75	-72
순현금흐름	12	-35
기말현금	43	9

시장 대비 수익률
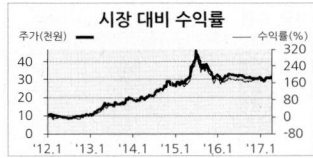

결산 실적　　〈단위 : 억원〉
항목	2011	2012	2013	2014	2015	2016
매출액	759	806	816	857	887	868
영업이익	102	129	183	194	217	214
당기순이익	101	155	141	163	176	181

분기 실적　　〈단위 : 억원〉
항목	2015.3Q	2015.4Q	2016.1Q	2016.2Q	2016.3Q	2016.4Q
매출액	200	231	222	235	174	237
영업이익	43	35	54	73	41	47
당기순이익	36	26	44	58	33	45

재무 상태　　〈단위 : 억원〉
항목	2011	2012	2013	2014	2015	2016
총자산	1,179	625	659	781	919	1,011
유형자산	191	176	179	169	162	228
무형자산	46	40	25	31	31	31
유가증권	32	31	31	29	33	33
총부채	120	131	99	140	176	163
총차입금	32	48	34	59	59	75
자본금	68	40	40	40	40	40
총자본	1,059	494	560	642	743	847
지배주주지분	1,059	494	560	642	743	837

기업가치 지표
항목	2011	2012	2013	2014	2015	2016
주가(최고/저)(천원)	10.8/9.7	10.9/8.6	20.0/10.5	30.0/17.8	47.3/25.5	33.2/29.3
PER(최고/저)(배)	18.6/16.7	7.1/5.6	12.4/6.5	15.4/9.1	21.7/11.7	14.5/12.8
PBR(최고/저)(배)	1.8/1.6	2.1/1.7	3.1/1.6	3.9/2.3	5.1/2.8	3.1/2.7
EV/EBITDA(배)	8.5	4.3	6.2	8.3	9.8	8.7
EPS(원)	763	1,924	1,876	2,164	2,336	2,384
BPS(원)	8,021	6,573	7,446	8,531	9,878	11,123
CFPS(원)	866	2,088	2,060	2,354	2,524	2,596
DPS(원)	500	1,000	1,000	1,000	1,100	1,210
EBITDAPS(원)	876	1,774	2,621	2,771	3,066	3,062

재무 비율　　〈단위 : %〉
연도	영업이익률	순이익률	부채비율	차입금비율	ROA	ROE	유보율	자기자본비율	EBITDA마진율
2016	24.7	20.8	19.3	8.9	18.7	22.7	2,000.3	83.8	26.5
2015	24.4	19.8	23.6	8.0	20.7	25.4	1,765.3	80.9	26.0
2014	22.7	19.0	21.8	9.2	22.6	27.1	1,510.9	82.1	24.3
2013	22.5	17.3	17.7	6.1	22.0	26.8	1,306.0	85.0	24.2

진매트릭스 (A109820)
GENEMATRIX

업　　종 : 바이오		시　　장 : KOSDAQ	
신용등급 : (Bond) — (CP) —		기업규모 : 신성장	
홈페이지 : www.genematrix.net		연 락 처 : 031)628-2000	
본　　사 : 경기도 성남시 분당구 대왕판교로 700 (삼평동, 코리아바이오파크 7~8층)			

설 립 일	2000.12.07	종 업 원 수	35명	대 표 이 사	김수옥
상 장 일	2009.11.06	감 사 의 견	적정 (삼일)	계　　열	
결 산 기	12월	보 통 주	1,022만주	종속회사수	
액 면 가	500원	우 선 주		구 상 호	

주주구성 (지분율,%)		출자관계 (지분율,%)		주요경쟁사 (외형,%)	
김수옥	9.3	에치비아이	53.8	진매트릭스	100
KB지식재산투자조합	7.1			에이씨티	494
(외국인)	0.4			듀켐바이오	261

매출구성		비용구성		수출비중	
[의약품개발]제품	54.3	매출원가율	62.0	수출	5.1
[진단시약]제품	22.5	판관비율	116.4	내수	94.9
[의약품개발]상품	11.1				

회사 개요
동사는 생물공학을 통한 항암, 항바이러스, 항생물질 등의 의약품 개발, DNA변이 연구를 통한 진단제 개발을 목적으로 2000년 12월 7일에 설립됨. 현재 진단, 의료기기, 천연물을 포함한 신약과 친환경과 관련된 기술 및 제품을 연구개발, 제조, 판매함. 동사는 2011년 2월 종속회사인 에치바이오(주)의 지분 53.77%를 인수해 계열회사로 편입하고 있음. RFMP 원천기술을 보유해 기술료 수익을 창출하고 있음.

실적 분석
동사의 2016년도 누적 매출액은 50.8억원으로 전년동기 대비 4.4% 감소함. 영업손실은 39.8억원으로, 전년도에 이어 적자가 지속되고있음. 당기순손실 또한 40.9억원으로 적자가 지속됨.적자 지속에도 불구하고 지카바이러스 백신 개발 정부 용역과제를 계약하였으며, 미국 루미넥스와 분자진단 제품 사업화 협약하는 등 흑자 전환을 위한 노력을 지속중임. 감염성 질환과 관련된 다중 분자진단 신제품을 출시하고 해외시장에도 진출할 계획임.

현금 흐름 〈단위 : 억원〉

항목	2015	2016
영업활동	-6	-4
투자활동	-24	-23
재무활동	58	2
순현금흐름	28	-25
기말현금	37	12

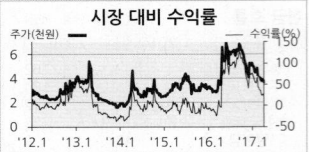

시장 대비 수익률

결산 실적 〈단위 : 억원〉

항목	2011	2012	2013	2014	2015	2016
매출액	100	81	73	67	53	51
영업이익	-7	-12	-14	-13	-22	-40
당기순이익	-10	-25	-14	-11	-24	-41

분기 실적 〈단위 : 억원〉

항목	2015.3Q	2015.4Q	2016.1Q	2016.2Q	2016.3Q	2016.4Q
매출액	13	14	14	12	12	13
영업이익	-3	-6	-5	-5	-4	-27
당기순이익	-4	-8	-5	-6	-5	-25

재무 상태 〈단위 : 억원〉

항목	2011	2012	2013	2014	2015	2016
총자산	226	203	197	171	208	193
유형자산	79	76	73	70	67	67
무형자산	21	7	6	6	2	1
유가증권	0	0	0	0	0	0
총부채	69	64	69	52	107	57
총차입금	44	41	42	37	92	41
자본금	21	21	21	42	42	51
총자본	157	139	128	119	100	136
지배주주지분	142	125	113	102	87	125

기업가치 지표

항목	2011	2012	2013	2014	2015	2016
주가(최고/저)(천원)	5.0/1.9	3.9/2.2	5.5/1.5	5.0/1.7	4.7/2.5	7.7/2.8
PER(최고/저)(배)	—/—	—/—	—/—	—/—	—/—	—/—
PBR(최고/저)(배)	2.8/1.1	2.5/1.5	3.9/1.1	3.9/1.3	4.6/2.4	6.3/2.3
EV/EBITDA(배)						
EPS(원)	-120	-274	-177	-133	-239	-371
BPS(원)	3,524	3,023	2,751	1,269	1,024	1,222
CFPS(원)	-115	-402	-207	-63	-179	-333
DPS(원)						
EBITDAPS(원)	-39	-137	-189	-87	-195	-353

재무 비율 〈단위 : % 〉

연도	영업이익률	순이익률	부채비율	차입금비율	ROA	ROE	유보율	자기자본비율	EBITDA마진율
2016	-78.4	-80.4	42.1	30.1	-20.4	-35.7	144.4	70.4	-70.7
2015	-40.7	-44.9	107.1	91.7	-12.6	-21.4	104.8	48.3	-31.1
2014	-19.8	-16.7	43.4	31.1	-6.1	-10.5	153.8	69.7	-11.0
2013	-19.4	-19.8	54.0	32.9	-7.2	-12.6	450.2	65.0	-11.1

진바이오텍 (A086060)
GeneBioTech

업　　종 : 제약		시　　장 : KOSDAQ	
신용등급 : (Bond) — (CP) —		기업규모 : 중견	
홈페이지 : www.genebiotech.co.kr		연 락 처 : 041)853-9961	
본　　사 : 충남 공주시 계룡면 신원사로 166			

설 립 일	2000.03.15	종 업 원 수	38명	대 표 이 사	이찬호
상 장 일	2006.04.28	감 사 의 견	적정 (신우)	계　　열	
결 산 기	12월	보 통 주	861만주	종속회사수	
액 면 가	500원	우 선 주		구 상 호	

주주구성 (지분율,%)		출자관계 (지분율,%)		주요경쟁사 (외형,%)	
이찬호	28.1	다원케미칼	100.0	진바이오텍	100
현대동양농식품사모투자전문회사	4.6	지엠팜텍	7.5	한국비엔씨	22
(외국인)	0.3	Nutrafermalnc.	49.6	이-글 벳	52

매출구성		비용구성		수출비중	
동물약품	46.1	매출원가율	80.9	수출	—
기능성사료첨가제(한국)	39.6	판관비율	12.9	내수	—
기능성사료첨가제(미국)	14.3				

회사 개요
동사는 유익 미생물을 이용한 기능성 사료첨가제의 제조, 판매 등을 주 영업 목적으로 2000년 설립되어 2006년 코스닥시장에 상장됨. 유익한 미생물을 이용하여 천연적이며 친환경적인 사료 원료 및 첨가제를 제조하여 배합사료 공장 및 농가에 공급하고 있음. 미국 현지법인인 Nutraferma Inc.를 계열회사로 두고 있음. 주요 제품으로는 기능성 펩타이드, 환경개선생균제, 항생제 대체제, 바이오 스타치 등이 있음.

실적 분석
2016년 결산기준 매출은 전년 동기 대비 6.5% 증가한 556.3억원을 기록하였으며 미국 Nutraferma의 매출이 대폭 증가하였음. 당기순이익은 전년 동기 대비 334.2% 증가한 25.4억원임. 손익 증가의 주요 원인은 국제 곡물가격, 유가 등 하락에 따른 이익률의 증가가 주요 요인으로 파악됨. 전기대비 유동성비율은 3.68%% 감소한 241.92%이고, 부채비율 및 차입금 의존도는 감소하였음.

현금 흐름 〈단위 : 억원〉

항목	2015	2016
영업활동	26	53
투자활동	-4	2
재무활동	-2	-26
순현금흐름	20	29
기말현금	58	87

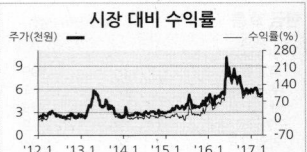

시장 대비 수익률

결산 실적 〈단위 : 억원〉

항목	2011	2012	2013	2014	2015	2016
매출액	291	589	550	516	523	556
영업이익	13	13	2	10	11	34
당기순이익	3	-1	-8	1	6	25

분기 실적 〈단위 : 억원〉

항목	2015.3Q	2015.4Q	2016.1Q	2016.2Q	2016.3Q	2016.4Q
매출액	144	134	135	140	140	142
영업이익	5	3	6	9	11	8
당기순이익	4	1	3	9	5	9

재무 상태 〈단위 : 억원〉

항목	2011	2012	2013	2014	2015	2016
총자산	463	458	484	473	492	592
유형자산	201	214	203	198	200	201
무형자산	9	9	9	9	9	9
유가증권	6	6	6	6	6	94
총부채	268	245	253	239	226	226
총차입금	208	188	188	170	148	121
자본금	31	31	34	35	42	43
총자본	195	213	231	234	266	365
지배주주지분	201	203	231	244	288	390

기업가치 지표

항목	2011	2012	2013	2014	2015	2016
주가(최고/저)(천원)	2.2/1.7	3.6/2.1	5.8/2.4	3.6/2.4	5.2/2.8	10.3/3.9
PER(최고/저)(배)	26.9/20.7	39.1/22.5	194.9/78.6	23.2/15.7	24.1/13.1	32.7/12.3
PBR(최고/저)(배)	0.7/0.6	1.1/0.6	1.8/0.7	1.1/0.7	1.5/0.8	2.3/0.9
EV/EBITDA(배)	10.1	11.5	16.0	11.2	16.3	9.1
EPS(원)	89	98	31	160	220	318
BPS(원)	3,378	3,401	3,398	3,477	3,455	4,532
CFPS(원)	271	323	254	369	410	494
DPS(원)	50	30	30	30	30	30
EBITDAPS(원)	391	433	248	357	327	576

재무 비율 〈단위 : % 〉

연도	영업이익률	순이익률	부채비율	차입금비율	ROA	ROE	유보율	자기자본비율	EBITDA마진율
2016	6.2	4.6	61.9	33.0	4.7	8.1	806.4	61.8	8.9
2015	2.0	1.1	84.8	55.8	1.2	6.4	590.9	54.1	4.9
2014	2.0	0.3	102.1	72.6	0.3	4.6	595.4	49.5	4.7
2013	0.3	-1.5	109.3	81.6	-1.5	0.9	579.6	47.8	3.0

진성티이씨 (A036890)
Jinsung TEC

업 종 : 기계
신용등급 : (Bond) —   (CP) —
홈페이지 : www.jinsungtec.com
본 사 : 경기도 평택시 세교산단로 3 (세교동)

시 장 : KOSDAQ
기업규모 : 우량
연 락 처 : 031)658-0100

설 립 일	1982.04.28	종업원수	195명
상 장 일	2000.07.20	감사의견	적정 (삼일)
결 산 기	12월	보통주	2,248만주
액 면 가	500원	우선주	

대 표 이 사 윤성수
계   열
종속회사수
구 상 호

주주구성 (지분율,%)
윤우석	15.1
윤성수	11.2
(외국인)	2.3

출자관계 (지분율,%)
진성씨에이치	100.0
JINSUNG AMERICA CORP	100.0

주요경쟁사 (외형,%)
진성티이씨	100
SIMPAC	150
영풍정밀	34

매출구성
Roller류	100.0

비용구성
매출원가율	83.1
판관비율	10.5

수출비중
수출	43.5
내수	56.5

회사 개요
동사는 건설중장비 등을 받쳐주는 하부주행체 중에서 상부 Roller, 하부 Roller, Front Idler(또는 Idler) 및 Sprocket 등의 제품을 생산, 판매하고 있음. 동사의 매출 비중 중 15% 이상을 차지하는 주요 매출처는 한국의 두산인프라코어, 미국의 캐터필러, 일본의 히다치이며, 그 외에도 스미토모, TEREX 등 글로벌 건설중장비 생산자들과 장기적인 협력관계를 유지하고 있음.

실적 분석
동사의 2016년 4/4분기 연결기준 누적 매출액은 전년동기 대비 0.3% 증가한 1,778.1억원을 기록하였음. 그러나 원가 및 판관비의 증가로 인해 영업이익은 23.2% 감소한 114.9억원을 기록함. 중국시장은 회복세가 악화되어 여전히 어려운 상황이나 동사는 고객사의 다변화를 통해 이를 타개하려 함. 미국 조지아 공장의 본격적인 양산이 진행됨에 따라 점진적인 성장세를 나타내고 있으나, 글로벌 시장 악화 및 대형물량이 일부 감소하고 있음

현금 흐름 〈단위 : 억원〉
항목	2015	2016
영업활동	133	27
투자활동	-61	4
재무활동	-47	-4
순현금흐름	25	27
기말현금	102	129

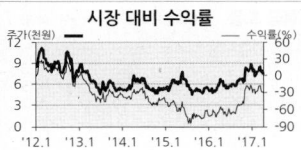

결산 실적 〈단위 : 억원〉
항목	2011	2012	2013	2014	2015	2016
매출액	2,013	1,784	1,682	1,864	1,773	1,778
영업이익	212	102	82	153	149	115
당기순이익	158	43	21	97	128	99

분기 실적 〈단위 : 억원〉
항목	2015.3Q	2015.4Q	2016.1Q	2016.2Q	2016.3Q	2016.4Q
매출액	408	418	462	453	424	440
영업이익	32	30	30	31	30	23
당기순이익	48	10	20	36	6	37

재무 상태 〈단위 : 억원〉
항목	2011	2012	2013	2014	2015	2016
총자산	3,145	2,223	1,628	1,681	1,697	1,692
유형자산	551	619	648	661	662	632
무형자산	14	14	16	18	18	21
유가증권	16	3	3	1	1	1
총부채	2,623	1,573	1,001	966	830	698
총차입금	2,456	1,430	772	720	605	450
자본금	80	100	100	100	106	112
총자본	521	650	627	715	867	994
지배주주지분	521	650	627	715	867	994

기업가치 지표
항목	2011	2012	2013	2014	2015	2016
주가(최고/저)(천원)	12.0/5.9	11.4/6.3	9.1/4.5	7.3/4.6	7.8/4.4	8.8/4.8
PER(최고/저)(배)	15.5/7.7	55.3/30.5	94.3/46.2	16.2/10.2	13.4/7.6	20.1/11.0
PBR(최고/저)(배)	4.4/2.2	3.5/1.9	2.7/1.3	1.9/1.2	1.7/1.0	1.7/0.9
EV/EBITDA(배)	15.4	19.0	13.2	8.3	7.3	13.1
EPS(원)	857	227	105	484	603	441
BPS(원)	3,472	3,588	3,680	4,128	4,763	5,127
CFPS(원)	1,217	471	346	750	875	692
DPS(원)	100	100	100	120	150	160
EBITDAPS(원)	1,559	779	649	1,033	975	762

재무 비율 〈단위 : % 〉
연도	영업이익률	순이익률	부채비율	차입금비율	ROA	ROE	유보율	자기자본비율	EBITDA마진율
2016	6.5	5.6	70.2	45.3	5.9	10.7	925.4	58.8	9.6
2015	8.4	7.2	95.7	69.8	7.6	16.2	852.7	51.1	11.7
2014	8.2	5.2	135.0	100.6	5.9	14.4	725.6	42.6	11.1
2013	4.9	1.3	159.6	123.1	1.1	3.3	636.1	38.5	7.7

진양산업 (A003780)
Chin Yang Industry

업 종 : 화학
신용등급 : (Bond) —   (CP) —
홈페이지 : www.cyc1963.com
본 사 : 경남 양산시 유산공단7길 42-1

시 장 : 거래소
기업규모 : 시가총액 소형주
연 락 처 : 055)382-8981

설 립 일	1963.07.18	종업원수	56명
상 장 일	1973.06.26	감사의견	적정 (삼화)
결 산 기	12월	보통주	1,300만주
액 면 가	500원	우선주	

대 표 이 사 임규호
계   열
종속회사수
구 상 호

주주구성 (지분율,%)
진양홀딩스	51.0
머스트투자자문	3.5
(외국인)	3.3

출자관계 (지분율,%)
VINAFOAM	100.0

주요경쟁사 (외형,%)
진양산업	100
한솔씨앤피	131
WISCOM	317

매출구성
PU Foam	98.9
임대	1.1

비용구성
매출원가율	76.1
판관비율	11.7

수출비중
수출	0.0
내수	100.0

회사 개요
동사는 각종 신발과 합성수지 제품의 제조 및 판매를 주요 산업으로 영위함. 원료 상태의 플라스틱 재료를 가공 처리하여 다양한 형태와 용도로 가공품으로 제조한 폴리우레탄 폼을 생산, 판매하는 플라스틱발포성형 업체임. 시장점유율은 약 15%를 차지하고 있음. 2016년말 기준 진양홀딩스, 진양화학, 진양폴리우레탄, KPX홀딩스, KPX케미칼 등 주력사업 관련 계열사를 보유하고 있음. 2016년 하반기에 50억원을 투자하여 생산공장을 증축함.

실적 분석
자동차 등 전방산업의 부진으로 하반기에 플라스틱발포성형 제품의 주문이 감소하여 2016년 매출액은 전년동기 대비 3.0% 감소함. 주요 원재료의 가격이 하락하였으나, 인건비 등 판관비 부담이 늘어 부담이 늘어나 영업이익도 25.7% 줄어듦. 수요부진과 국내업체 간의 과당경쟁으로 어려움이 있으나, 독자적인 고부가 제품 개발과 다양화, 생산성 향상 등으로 실적을 유지하고 있음. 투자부동산폐기손실 13.2억원이 발생함.

현금 흐름 〈단위 : 억원〉
항목	2015	2016
영업활동	57	48
투자활동	-24	-32
재무활동	-22	-26
순현금흐름	10	-9
기말현금	35	25

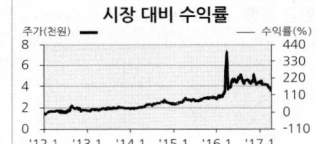

결산 실적 〈단위 : 억원〉
항목	2011	2012	2013	2014	2015	2016
매출액	371	364	362	385	437	424
영업이익	53	36	38	41	70	52
당기순이익	42	30	29	30	53	13

분기 실적 〈단위 : 억원〉
항목	2015.3Q	2015.4Q	2016.1Q	2016.2Q	2016.3Q	2016.4Q
매출액	114	127	108	105	97	114
영업이익	18	22	16	16	8	12
당기순이익	14	16	14	2	6	-8

재무 상태 〈단위 : 억원〉
항목	2011	2012	2013	2014	2015	2016
총자산	312	318	388	394	431	466
유형자산	141	141	140	142	151	235
무형자산	11	10	10	10	10	10
유가증권	—	2	—	5	5	—
총부채	68	65	65	62	65	112
총차입금	18	18	10	9	6	8
자본금	50	50	65	65	65	65
총자본	244	253	322	332	365	354
지배주주지분	244	253	322	332	365	354

기업가치 지표
항목	2011	2012	2013	2014	2015	2016
주가(최고/저)(천원)	1.7/1.1	2.1/1.4	2.1/1.7	2.8/1.9	3.0/2.3	7.3/2.8
PER(최고/저)(배)	5.9/4.0	9.9/6.4	10.5/8.5	13.6/9.4	8.0/6.1	73.1/27.8
PBR(최고/저)(배)	1.0/0.7	1.2/0.8	1.0/0.8	1.3/0.9	1.2/0.9	2.8/1.1
EV/EBITDA(배)	3.1	4.8	6.4	6.6	4.6	9.4
EPS(원)	418	294	244	234	409	103
BPS(원)	2,438	2,530	2,480	2,555	2,809	2,726
CFPS(원)	478	341	282	276	460	160
DPS(원)	200	200	150	150	200	175
EBITDAPS(원)	588	407	360	361	587	455

재무 비율 〈단위 : % 〉
연도	영업이익률	순이익률	부채비율	차입금비율	ROA	ROE	유보율	자기자본비율	EBITDA마진율
2016	12.2	3.2	31.5	2.2	3.0	3.7	445.1	76.0	14.0
2015	15.9	12.2	17.9	1.7	12.9	15.2	461.9	84.8	17.5
2014	10.8	7.9	18.7	2.6	7.8	9.3	411.1	84.2	12.2
2013	10.6	8.1	20.3	8.3	8.3	10.1	396.1	83.1	11.9

진양제약 (A007370)
JIN YANG PHARMACEUTICAL CO

업 종: 제약		시 장: KOSDAQ	
신용등급: (Bond) — (CP) —		기업규모: 중견	
홈페이지: www.jinyangpharm.com		연락처: 02)3470-0300	
본 사: 서울시 서초구 효령로 231			

설 립 일 1978.06.07	종 업 원 수 226명	대 표 이 사 최재준	
상 장 일 2000.07.27	감사의견 적정(삼경)	계 열	
결 산 기 12월	보 통 주 1,200만주	종속회사수	
액 면 가 500원	우 선 주	구 상 호	

주주구성 (지분율,%)
최재준	24.5
한국증권금융	3.9
(외국인)	1.7

출자관계 (지분율,%)
한국피엠지제약	5.5
이담	2.7
원주기업도시	2.0

주요경쟁사 (외형,%)
진양제약	100
큐브스	11
KPX생명과학	120

매출구성
기타	34.8
크리빅스정 외	32.2
라미스타정 외	14.1

비용구성
매출원가율	52.2
판관비율	75.4

수출비중
수출	1.8
내수	98.2

회사 개요
동사는 1971년 설립되어 2000년 7월 코스닥 시장에 상장되었음. 의약품 제조 및 판매(수출입 포함)를 지배적 사업부문으로 영위하고 있으며, 순환계, 소화기계, 중추신경계 치료제 등을 주력으로 하고 있음. 대표품목으로는 순환계 치료제인 '크리빅스정'과 소화기관용인 '리베라', 기타 대사성 의약품인 '미아릴정'이 있음. 2016년 제품 매출액은 290.7억원으로 전체의 80.5%를 차지하고 있음.

실적 분석
동사의 2016년 매출액은 361.3억원으로 전년 대비 10.0% 감소하며 부진하였음. 신공장 가동에따른 고정비 증가로 매출원가는 전년 대비 5.7% 증가함. 그 결과 매출총이익은 22.6% 감소한 172.8억원에 그침. 대손상각비의 큰 폭 증가로 판매비와 관리비는 16.65% 증가함. 영업이익은 적자를 지속하고 있음. 당기순이익도 적자에서 벗어나지 못하고 있어 실적 부진이 이어지고 있음.

현금 흐름 *IFRS 별도 기준 〈단위 : 억원〉
항목	2015	2016
영업활동	-28	-0
투자활동	-127	-26
재무활동	131	-12
순현금흐름	-23	-39
기말현금	40	14

시장 대비 수익률
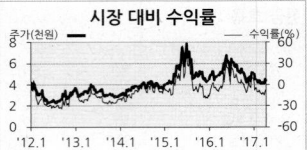

결산 실적 〈단위 : 억원〉
항목	2011	2012	2013	2014	2015	2016
매출액	363	371	402	452	401	361
영업이익	4	40	49	61	-11	-100
당기순이익	11	25	42	40	-10	-91

분기 실적 *IFRS 별도 기준 〈단위 : 억원〉
항목	2015.3Q	2015.4Q	2016.1Q	2016.2Q	2016.3Q	2016.4Q
매출액	90	100	59	109	95	99
영업이익	-6	-18	-25	4	-4	-75
당기순이익	-1	-18	-18	2	-2	-73

재무 상태 *IFRS 별도 기준 〈단위 : 억원〉
항목	2011	2012	2013	2014	2015	2016
총자산	670	696	741	767	869	768
유형자산	196	193	193	210	352	389
무형자산	11	11	23	20	20	18
유가증권	58	63	34	21	17	15
총부채	121	131	151	152	277	276
총차입금	2		20		163	148
자본금	60	60	60	60	60	60
총자본	549	564	590	615	592	491
지배주주지분	549	564	590	615	592	491

기업가치 지표 *IFRS 별도 기준
항목	2011	2012	2013	2014	2015	2016
주가(최고/저)(천원)	3.2/1.8	4.5/2.2	4.2/2.8	4.4/2.9	9.9/3.9	7.6/4.0
PER(최고/저)(배)	42.4/23.6	24.2/11.8	13.2/8.8	14.1/9.4	—/—	—/—
PBR(최고/저)(배)	0.8/0.4	1.1/0.5	0.9/0.6	0.9/0.6	2.0/0.8	1.8/0.9
EV/EBITDA(배)	15.2	5.6	3.2	5.3		
EPS(원)	88	211	349	334	-84	-758
BPS(원)	4,750	4,874	5,086	5,374	5,187	4,351
CFPS(원)	182	300	432	414	2	-624
DPS(원)	100	100	100	100	100	
EBITDAPS(원)	124	423	490	590	-3	-697

재무 비율 〈단위 : % 〉
연도	영업이익률	순이익률	부채비율	차입금비율	ROA	ROE	유보율	자기자본비율	EBITDA마진율
2016	-27.6	-25.2	56.2	30.0	-11.1	-16.8	770.3	64.0	-23.2
2015	-2.7	-2.5	46.9	27.5	-1.2	-1.7	937.4	68.1	-0.1
2014	13.5	8.9	24.7	3.3	5.3	6.7	974.7	80.2	15.7
2013	12.1	10.4	25.6	0.0	5.8	7.3	917.3	79.6	14.6

진양폴리우레탄 (A010640)
CHIN YANG POLY-URETHANE COLTD

업 종: 화학		시 장: 거래소	
신용등급: (Bond) — (CP) —		기업규모: 시가총액 소형주	
홈페이지: www.chinyangpoly.kr		연락처: 031)657-2545	
본 사: 경기도 평택시 세교산단로 85번지 (세교동)			

설 립 일 1975.06.07	종 업 원 수 32명	대 표 이 사 조영태	
상 장 일 1989.09.30	감사의견 적정(대주)	계 열	
결 산 기 12월	보 통 주 1,000만주	종속회사수	
액 면 가 500원	우 선 주	구 상 호	

주주구성 (지분율,%)
진양홀딩스	49.9
김성진	3.0
(외국인)	0.6

출자관계 (지분율,%)

주요경쟁사 (외형,%)
진양폴리	100
아스팩오일	189
씨앗	127

매출구성
Foamtex, 메모리폼	91.0
원자재	9.0

비용구성
매출원가율	87.3
판관비율	13.5

수출비중
수출	0.2
내수	99.8

회사 개요
동사는 1975년에 설립되어 1989년 9월에 상장한 상장회사로서 폴리우레탄 제품의 제조, 판매 등을 주 영업목적으로 하고 있음. 계열회사인 진양산업 및 진양화학과 더불어 각 회사의 투자사업부문을 2008년 1월 인적분할함과 동시에 합병하여 진양홀딩스를 설립하는 분할합병을 실시하였으며, 회사명을 현재와 같이 변경함. 폴리우레탄품이 전체 매출의 100%를 차지하고 있으며 시장점유율은 9%를 유지하고 있음.

실적 분석
동사의 2016년 연간 매출액은 공장화재로 인하여 9.1% 감소한 173.2억원을 시현함. 부대비용증가로 영업손실 1.5억원을 보이며 적자전환함. 반면 보험금 수령으로 인해 당기순이익은 70.1억원으로 흑자전환함. 동사는 향후 복구에 만전을 기하고, 좀 더 공격적인 영업활동과 신제품 개발로 국내 및 해외시장을 겨냥한 제품의 다양화, 저원가, 고생산성 등의 노력을 경주할 것임.

현금 흐름 *IFRS 별도 기준 〈단위 : 억원〉
항목	2015	2016
영업활동	15	-3
투자활동	-28	-139
재무활동	19	137
순현금흐름	6	-5
기말현금	6	1

시장 대비 수익률
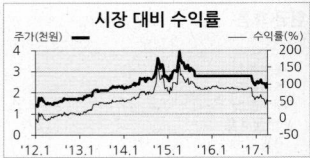

결산 실적 〈단위 : 억원〉
항목	2011	2012	2013	2014	2015	2016
매출액	224	217	216	223	190	173
영업이익	25	17	17	9	6	-2
당기순이익	15	13	13	6	-38	70

분기 실적 *IFRS 별도 기준 〈단위 : 억원〉
항목	2015.3Q	2015.4Q	2016.1Q	2016.2Q	2016.3Q	2016.4Q
매출액	40	38	38	43	41	52
영업이익	1	-3	-5	1	5	2
당기순이익	-28	-17	-4	40	1	33

재무 상태 *IFRS 별도 기준 〈단위 : 억원〉
항목	2011	2012	2013	2014	2015	2016
총자산	247	239	235	220	196	348
유형자산	157	154	151	151	156	291
무형자산	0	0	0	0	0	0
유가증권	5					
총부채	74	67	71	63	89	172
총차입금	25	21	26	20	1	47
자본금	50	50	50	50	50	50
총자본	173	172	165	157	107	176
지배주주지분	173	172	165	157	107	176

기업가치 지표 *IFRS 별도 기준
항목	2011	2012	2013	2014	2015	2016
주가(최고/저)(천원)	1.6/0.9	1.8/1.2	2.3/1.7	3.9/2.2	4.0/2.5	2.8/2.3
PER(최고/저)(배)	14.3/8.2	17.3/12.2	20.5/14.9	74.5/42.1	—/—	4.0/3.4
PBR(최고/저)(배)	1.3/0.7	1.3/0.9	1.6/1.2	2.6/1.5	3.7/2.4	1.6/1.3
EV/EBITDA(배)	5.4	8.8	11.3	20.5	24.4	132.3
EPS(원)	153	127	127	55	-379	701
BPS(원)	1,730	1,719	1,646	1,575	1,068	1,764
CFPS(원)	187	164	164	93	-345	737
DPS(원)	150	175	125	125	25	
EBITDAPS(원)	284	208	203	126	92	21

재무 비율 〈단위 : % 〉
연도	영업이익률	순이익률	부채비율	차입금비율	ROA	ROE	유보율	자기자본비율	EBITDA마진율
2016	-0.9	40.5	97.5	26.7	25.7	49.5	252.9	50.6	1.2
2015	3.1	-19.9	83.7	0.7	-18.2	-28.7	113.7	54.5	4.9
2014	3.9	2.5	39.9	12.4	2.4	3.4	214.9	71.5	5.7
2013	7.7	5.9	42.9	16.1	5.4	7.6	229.1	70.0	9.4

진양홀딩스 (A100250)
Chinyang Holdings

업 종 : 화학
신용등급 : (Bond) —   (CP) —
홈페이지 : www.cyholdings.kr
본   사 : 부산시 부산진구 시민공원로 20번길 8(부암동)

시 장 : 거래소
기업규모 : 시가총액 소형주
연 락 처 : 051)809-8813

설 립 일	2008.01.07	종 업 원 수	3명
상 장 일	2008.02.15	감 사 의 견	적정 (삼화)
결 산 월	12월	보 통 주	5,590만주
액 면 가	500원	우 선 주	

대 표 이 사 양규모,양준영,임규호
계   열
종 속 회 사 수
구 상 호

주주구성 (지분율,%)
KPX홀딩스	41.2
삼락상사	13.7
(외국인)	4.3

출자관계 (지분율,%)
진양물산	100.0
진양물	100.0
진양폼테크	100.0

주요경쟁사 (외형,%)
진양홀딩스	100
한국카본	99
NPC	146

매출구성
배당금수익	75.4
TDI	20.4
브랜드수익	2.2

비용구성
매출원가율	80.8
판관비율	10.6

수출비중
수출	—
내수	—

회사 개요
동사는 지주회사로 배당수익, 브랜드 수익, 경영자문 수익 등을 주된 영업활동으로 영위하고 있음. 2015년 6월 말 기준 진양사업, 진양화학, 진양폴리우레탄 등 9개의 자회사를 두고 있음. '진양' 브랜드를 사용하고 있는 자회사 7개로부터 매출의 0.1%를 브랜드사용료로서, 경영자문을 제공하는 계열회사 9개로부터 매출의 0.1%를 경영자문료로 받고 있음. 상품수출의 경우 원부자재를 구입하여 가공하지 않고 수출대행업체에 상품으로 판매함.

실적 분석
동사의 2016년 결산기준 매출액은 전년동기 대비 0.5% 감소한 2,597.1억원을 기록함. 판관비가 소폭 증가하였으며, 영업이익은 4.5% 감소한 224.1억원을 기록함. 비영업부문에서 224.1억원의 이익이 발생하며 당기순이익은 전년대비 535.8% 증가한 347.7억원을 시현하였음. 자동차부품의 수요 증가, 폴리우레탄 부문의 매출증가가 이뤄지고 있으며, 지주 부문의 실적이 개선될 전망임.

현금 흐름 〈단위 : 억원〉
항목	2015	2016
영업활동	170	198
투자활동	-137	-263
재무활동	37	35
순현금흐름	69	-29
기말현금	162	133

시장 대비 수익률
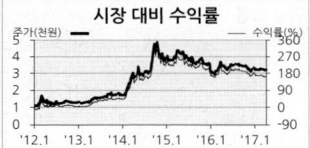

결산 실적 〈단위 : 억원〉
항목	2011	2012	2013	2014	2015	2016
매출액	2,662	2,662	2,661	2,736	2,609	2,597
영업이익	174	186	223	226	234	224
당기순이익	163	109	244	215	55	348

분기 실적 〈단위 : 억원〉
항목	2015.3Q	2015.4Q	2016.1Q	2016.2Q	2016.3Q	2016.4Q
매출액	627	628	578	656	624	740
영업이익	63	45	43	81	41	59
당기순이익	14	-106	31	239	42	35

재무 상태 〈단위 : 억원〉
항목	2011	2012	2013	2014	2015	2016
총자산	5,166	5,078	5,282	5,339	5,366	5,543
유형자산	2,275	2,250	2,178	2,177	2,175	2,390
무형자산	87	71	62	67	69	61
유가증권	397	672	635	632	768	656
총부채	1,588	1,549	1,611	1,571	1,684	1,605
총차입금	259	256	253	237	349	367
자본금	279	279	279	279	279	279
총자본	3,578	3,529	3,671	3,769	3,683	3,938
지배주주지분	2,804	2,777	2,887	2,959	2,910	3,015

기업가치 지표
항목	2011	2012	2013	2014	2015	2016
주가(최고/저)(천원)	1.3/0.8	1.7/1.0	1.9/1.2	5.1/1.7	4.5/3.4	3.8/2.9
PER(최고/저)(배)	9.2/5.4	28.7/16.8	7.0/4.7	21.5/7.2	31.5/23.6	13.3/10.2
PBR(최고/저)(배)	0.4/0.2	0.5/0.3	0.4/0.3	1.1/0.4	0.9/0.7	0.7/0.6
EV/EBITDA(배)	5.0	4.4	4.7	8.7	8.1	8.1
EPS(원)	189	78	314	263	153	295
BPS(원)	5,016	5,001	5,196	5,325	5,237	5,425
CFPS(원)	346	242	466	413	286	426
DPS(원)	85	110	135	165	140	140
EBITDAPS(원)	469	496	551	555	552	532

재무 비율 〈단위 : % 〉
연도	영업이익률	순이익률	부채비율	차입금비율	ROA	ROE	유보율	자기자본비율	EBITDA마진율
2016	8.6	13.4	40.8	9.3	6.4	5.6	985.0	71.0	11.5
2015	9.0	2.1	45.7	9.5	1.0	2.9	947.4	68.6	11.8
2014	8.3	7.9	41.7	6.3	4.1	5.0	965.0	70.6	11.3
2013	8.4	9.2	43.9	6.9	4.7	6.2	939.2	69.5	11.6

진양화학 (A051630)
ChinYang Chemical

업 종 : 화학
신용등급 : (Bond) —   (CP) —
홈페이지 : www.chinyang.co.kr
본   사 : 울산시 남구 장생포로 93 (여천동)

시 장 : 거래소
기업규모 : 시가총액 소형주
연 락 처 : 052)278-0701

설 립 일	2001.01.03	종 업 원 수	142명
상 장 일	2001.01.29	감 사 의 견	적정 (삼화)
결 산 월	12월	보 통 주	1,200만주
액 면 가	500원	우 선 주	

대 표 이 사 김상용,임규호
계   열
종 속 회 사 수
구 상 호

주주구성 (지분율,%)
진양홀딩스	65.4
(외국인)	1.3

출자관계 (지분율,%)

주요경쟁사 (외형,%)
진양화학	100
조비	103
원풍	130

매출구성
바닥재 레쟈류(제품)	90.0
바닥재 레쟈류(상품)	10.0

비용구성
매출원가율	86.3
판관비율	11.5

수출비중
수출	25.5
내수	74.5

회사 개요
동사는 PVC 바닥재 전문 제조업체로서, 2001년 진양으로부터 분할 설립됨. KPX케미칼, 진양홀딩스 등과 함께 KPX홀딩스의 계열회사임. 국내 바닥재 시장에서 5% 가량의 점유율을 보유함. 수출이 전체 매출의 24% 가량을 차지함. 목질계 바닥재의 시장규모가 보합세를 보이고 있는 반면, PVC 바닥재는 제품의 친환경화로 인한 인식 개선의 효과와 전월세 거래량의 증가로 인해 수요가 반등할 것으로 예상됨.

실적 분석
동사의 2016년 누적매출액은 576.1억원으로 전년 대비 18.6% 감소함. 판매부진의 영향으로 영업이익은 전년보다 55.1% 줄어든 12.9억원을 기록했고, 당기순이익도 13.1억원으로 전년 대비 48.9% 감소함. 국내 바닥재 시장은 LG하우시스, 한화, KCC 등 대기업이 대부분 시장을 점유하고 있으나 신제품 및 신소재 개발에 적극적으로 나서는 한편 브랜드 홍보를 위해서 각종 매체 광고 등을 추진 중임.

현금 흐름 *IFRS 별도 기준 〈단위 : 억원〉
항목	2015	2016
영업활동	23	19
투자활동	-2	-21
재무활동	-23	-12
순현금흐름	-2	-14
기말현금	17	3

시장 대비 수익률
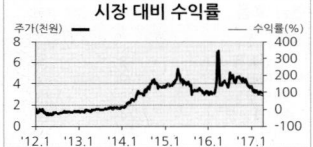

결산 실적 〈단위 : 억원〉
항목	2011	2012	2013	2014	2015	2016
매출액	628	644	703	793	708	576
영업이익	15	32	51	61	29	13
당기순이익	15	25	36	52	26	13

분기 실적 *IFRS 별도 기준 〈단위 : 억원〉
항목	2015.3Q	2015.4Q	2016.1Q	2016.2Q	2016.3Q	2016.4Q
매출액	178	161	136	149	142	148
영업이익	10	7	2	7	-1	4
당기순이익	8	8	2	7	-0	5

재무 상태 *IFRS 별도 기준 〈단위 : 억원〉
항목	2011	2012	2013	2014	2015	2016
총자산	391	406	443	460	425	433
유형자산	282	277	278	281	278	272
무형자산	7	11	14	16	17	16
유가증권	—	—	—	—	—	—
총부채	151	151	170	161	123	127
총차입금	3	3	1	1	1	1
자본금	60	60	60	60	60	60
총자본	240	254	273	299	302	306
지배주주지분	240	254	273	299	302	306

기업가치 지표 *IFRS 별도 기준
항목	2011	2012	2013	2014	2015	2016
주가(최고/저)(천원)	1.9/0.7	1.6/1.1	1.8/1.4	4.4/1.7	5.4/2.9	7.6/3.0
PER(최고/저)(배)	20.1/7.7	9.9/6.6	7.2/5.6	11.2/4.5	26.6/14.1	70.4/27.8
PBR(최고/저)(배)	1.3/0.5	1.0/0.7	0.9/0.7	2.0/0.8	2.3/1.2	3.0/1.2
EV/EBITDA(배)	7.5	4.5	3.3	6.2	9.4	16.9
EPS(원)	125	210	298	437	214	109
BPS(원)	1,996	2,119	2,277	2,491	2,516	2,549
CFPS(원)	209	292	376	523	305	211
DPS(원)	75	100	185	215	125	75
EBITDAPS(원)	212	346	503	590	329	209

재무 비율 〈단위 : % 〉
연도	영업이익률	순이익률	부채비율	차입금비율	ROA	ROE	유보율	자기자본비율	EBITDA마진율
2016	2.2	2.3	41.4	0.2	3.1	4.3	409.8	70.7	4.4
2015	4.0	3.6	40.9	0.2	5.8	8.5	403.2	71.0	5.6
2014	7.6	6.6	54.0	0.2	11.6	18.3	398.2	64.9	8.9
2013	7.3	5.1	62.3	0.2	8.4	13.6	355.4	61.6	8.6

진원생명과학 (A011000)
GeneOne Life Science

업 종: 바이오		시 장: 거래소	
신용등급: (Bond) — (CP) —		기업규모: 시가총액 소형주	
홈페이지: www.genels.com		연 락 처: 02)527-0600	
본 사: 서울시 강남구 테헤란로 223, 역삼동 큰길타워 1903호			

설 립 일	1976.01.27	종 업 원 수	29명	대 표 이 사	박영근
상 장 일	1987.11.16	감 사 의 견	적정 (대주)	계 열	
결 산 기	12월	보 통 주	1,616만주	종속회사수	
액 면 가	1,000원	우 선 주		구 상 호	VGX인터

주주구성 (지분율,%)
VGX Pharmaceuticals, Inc.	10.2
박영근	2.9
(외국인)	11.9

출자관계 (지분율,%)
VGXI,Inc.	100.0
Dong-IlInterlining,Ltd.	100.0
INOVIOPharmaceuticals,Inc.	0.1

주요경쟁사 (외형,%)
진원생명과학	100
코아스템	57
제노포커스	22

매출구성
Plasmid(제품)	41.3
심지(제품)	38.4
상품, 자수사(상품)	18.8

비용구성
매출원가율	74.2
판관비율	70.4

수출비중
수출	85.1
내수	14.9

회사 개요
동사는 바이오의약품 사업을 영위하며 바이오의약품 CMO사업과 플라스미드 DNA기반 신약개발사업으로 구분됨. 바이오의약품 CMO사업은 임상시험에 필요한 유전자치료제 및 DNA백신의 원료인 국제규격(cGMP) 플라스미드 DNA 제품을 2008년 6월 미국에 설립한 현지법인인 VGXI, Inc.,에서 생산하여 판매 중임. 동사는 DNA백신사업 및 유전체기반 맞춤형 치료제 등 신약개발사업을 추진 중임.

실적 분석
동사의 2016년 매출액은 313.7억원으로 전년동기 대비 10.6% 증가함. 매출원가가 늘고 판관비가 크게 증가하여 139.9억원의 영업손실을 기록, 적자지속하며 적자폭이 확대됨. 또한 156억원의 당기순손실을 기록하여 적자전환함. 2016년중 동사는 FDA로부터 지카 예방 DNA백신의 추가 임상승인을 받았고, 메르스 예방 DNA백신이 한국내 개발 및 응급백신공급에 대하여 국제백신연구소와 지원계약을 체결함.

현금 흐름 〈단위 : 억원〉
항목	2015	2016
영업활동	8	-66
투자활동	-9	-79
재무활동	25	252
순현금흐름	24	111
기말현금	97	208

시장 대비 수익률
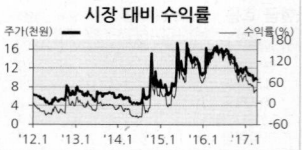

결산 실적 〈단위 : 억원〉
항목	2011	2012	2013	2014	2015	2016
매출액	277	194	207	246	284	314
영업이익	-40	-84	-63	-64	-36	-140
당기순이익	-49	-89	-84	-65	14	-156

분기 실적 〈단위 : 억원〉
항목	2015.3Q	2015.4Q	2016.1Q	2016.2Q	2016.3Q	2016.4Q
매출액	74	66	73	79	73	90
영업이익	-1	-15	-12	-51	-37	-40
당기순이익	35	-4	-12	-52	-47	-45

재무 상태 〈단위 : 억원〉
항목	2011	2012	2013	2014	2015	2016
총자산	405	400	318	408	477	657
유형자산	26	19	14	17	30	43
무형자산	87	71	59	49	43	42
유가증권	2	5	12	11	11	14
총부채	67	132	81	60	83	298
총차입금	33	106	27	8	12	221
자본금	102	102	112	156	161	162
총자본	338	267	237	347	394	359
지배주주지분	338	267	237	347	394	359

기업가치 지표
항목	2011	2012	2013	2014	2015	2016
주가(최고/저)(천원)	8.4/4.3	8.7/4.1	9.0/4.6	15.1/4.2	22.8/6.1	21.1/10.5
PER(최고/저)(배)	—/—	—/—	—/—	—/—	258.6/69.5	—/—
PBR(최고/저)(배)	2.9/1.5	3.7/1.8	4.7/2.4	6.3/1.8	8.8/2.4	8.9/4.4
EV/EBITDA(배)						
EPS(원)	-428	-712	-632	-456	88	-968
BPS(원)	707	569	467	476	2,599	2,367
CFPS(원)	-55	-134	-119	-67	158	-897
DPS(원)						
EBITDAPS(원)	-36	-125	-81	-67	-156	-798

재무 비율 〈단위 : % 〉
연도	영업이익률	순이익률	부채비율	차입금비율	ROA	ROE	유보율	자기자본비율	EBITDA마진율
2016	-44.6	-49.7	83.2	61.6	-27.5	-41.4	136.7	54.6	-41.0
2015	-12.8	5.0	20.9	3.0	3.2	3.8	159.9	82.7	-8.8
2014	-26.1	-26.4	17.4	2.4	-17.9	-22.2	137.8	85.2	-19.5
2013	-30.6	-40.5	34.2	11.4	-23.3	-33.2	133.4	74.5	-21.4

진흥기업 (A002780)
ChinHung International

업 종: 건설		시 장: 거래소	
신용등급: (Bond) BB (CP) —		기업규모: 시가총액 소형주	
홈페이지: www.chinhung.co.kr		연 락 처: 032)432-0658	
본 사: 인천시 연수구 컨벤시아대로 69, 송도밀레니엄 807호			

설 립 일	1959.09.03	종 업 원 수	217명	대 표 이 사	차천수
상 장 일	1977.06.25	감 사 의 견	적정 (안진)	계 열	
결 산 기	12월	보 통 주	13,970만주	종속회사수	
액 면 가	500원	우 선 주	115만주	구 상 호	

주주구성 (지분율,%)
효성	47.7
우리은행	26.5
(외국인)	0.1

출자관계 (지분율,%)
태억건설	100.0
희망꿈나무	23.6
대한	19.4

주요경쟁사 (외형,%)
진흥기업	100
아이에스동서	267
태영건설	318

매출구성
[국내도급공사]건축공사(민간)	69.4
[국내도급공사]토목공사(관급)	18.7
[국내도급공사]건축공사(관급)	11.8

비용구성
매출원가율	89.3
판관비율	1.5

수출비중
수출	0.0
내수	100.0

회사 개요
동사는 2015년 기준 시공능력평가 43위의 중견 종합건설업체임. 2002년부터 호황을 누리기 시작한 국내 주택시장에 초점을 맞춰 '진흥 더블파크'브랜드를 성공적으로 런칭하고, 공격적인 주택수주에 나섬. 또한 2008년에는 효성그룹에 인수되면서 도약할 수 있는 발판을 마련하게 되었음. 그러나 글로벌 금융위기 후 국내 부동산 경기 침체가 가속화되면서, 재무구조와 실적 악화로 인해 현재 워크아웃 진행 중임.

실적 분석
동사의 2016년 누적 매출액은 전년동기대비 -11.2% 하락한 6,465.8억원을 기록함. 비용면에서 전년동기대비 매출원가는 감소 하였으며 인건비도 크게 감소, 광고선전비도 크게 감소, 기타판매비와관리비는 크게 감소함. 매출액은 하락하였으나 매출원가의 절감이 커 그에 따라 매출액 하락 등에 의해 전년동기대비 영업이익은 595.2억원으로 525.7% 크게 상승하였음. 그러나 비영업손익의 적자지속으로 전년동기대비 당기순이익은 적자지속함.

현금 흐름 〈단위 : 억원〉
항목	2015	2016
영업활동	1,002	-428
투자활동	-993	684
재무활동	-1	-149
순현금흐름	8	107
기말현금	126	233

시장 대비 수익률
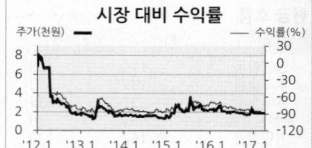

결산 실적 〈단위 : 억원〉
항목	2011	2012	2013	2014	2015	2016
매출액	5,564	4,668	4,796	6,381	7,278	6,466
영업이익	-1,510	-153	-30	220	95	595
당기순이익	-2,138	-857	-724	-176	-428	-752

분기 실적 〈단위 : 억원〉
항목	2015.3Q	2015.4Q	2016.1Q	2016.2Q	2016.3Q	2016.4Q
매출액	1,719	2,604	1,408	1,619	1,605	1,834
영업이익	82	144	90	108	211	187
당기순이익	59	44	-29	-36	6	-693

재무 상태 〈단위 : 억원〉
항목	2011	2012	2013	2014	2015	2016
총자산	6,627	5,402	4,878	4,421	5,305	3,021
유형자산	47	47	45	42	42	41
무형자산	16	12	11	10	9	9
유가증권	390	400	360	356	1,202	330
총부채	6,736	4,339	4,527	3,322	4,646	3,121
총차입금	3,746	1,662	1,666	559	504	328
자본금	3,254	2,251	473	623	769	769
총자본	-108	1,063	351	1,099	659	-100
지배주주지분	-108	1,063	351	1,099	659	-100

기업가치 지표
항목	2011	2012	2013	2014	2015	2016
주가(최고/저)(천원)	15.0/4.6	8.3/1.6	3.4/1.2	1.7/1.2	3.9/1.4	2.8/1.7
PER(최고/저)(배)	—/—	—/—	—/—	—/—	—/—	—/—
PBR(최고/저)(배)	-9.9/-3.0	4.0/0.8	4.9/1.4	1.1/0.8	4.9/1.7	-23.0/-13.7
EV/EBITDA(배)				6.7	31.2	5.5
EPS(원)	-40,985	-2,068	-1,461	-354	-532	-930
BPS(원)	-15	237	372	882	429	-65
CFPS(원)	-333	-237	-770	-184	-280	-491
DPS(원)						
EBITDAPS(원)	-235	-40	-27	239	65	392

재무 비율 〈단위 : % 〉
연도	영업이익률	순이익률	부채비율	차입금비율	ROA	ROE	유보율	자기자본비율	EBITDA마진율
2016	9.2	-11.6	완전잠식	완전잠식	-18.1	당기잠식	-112.9	-3.3	9.3
2015	1.3	-5.9	일부잠식	일부잠식	-8.8	-48.7	-14.2	12.4	1.4
2014	3.4	-2.8	302.4	50.9	-3.8	-24.2	76.4	24.9	3.5
2013	-0.6	-15.1	일부잠식	일부잠식	-14.1	-102.4	-25.6	7.2	-0.5

차바이오텍 (A085660)
Chabiotech

업　　종 : 의료 장비 및 서비스　　　　시　　장 : KOSDAQ
신용등급 : (Bond) —　　(CP) —　　　　기업규모 : 중견
홈페이지 : www.chabio.com　　　　　　연락처 : 02)3015-5000
본　　사 : 서울시 강남구 도산대로 442 청담동 피엔폴루스 3층

설 립 일	2002.11.06	종 업 원 수	131명	대 표 이 사	최종수
상 장 일	2005.12.27	감 사 의 견	적정 (삼정)	계	열
결 산 기	12월	보 통 주	5,058만주	종속회사수	
액 면 가	500원	우 선 주		구 상 호	차바이오앤

주주구성 (지분율,%)		출자관계 (지분율,%)		주요경쟁사 (외형,%)	
차광렬	5.9	차헬스케어	98.7	차바이오텍	100
케이에이치그린	4.8	서울CRO	88.3	인바디	18
(외국인)	6.4	차메디텍	72.6	바디텍메드	12

매출구성		비용구성		수출비중	
의료서비스	58.5	매출원가율	66.3	수출	—
기타	23.1	판관비율	24.9	내수	—
화장품/화장품원료 등	8.5				

회사 개요
2002년 휴대폰용 카메라렌즈 및 렌즈모듈 개발/제조를 주 영업목적으로 설립된 동사는 2009년 2월 차바이오텍과 합병해 제대혈 보관 및 공여, 줄기세포연구, 세포치료제 개발 등의 사업에 진출하였으며, 2010년 1월 핸슨바이오텍과 합병을 통해 의료기기사업 및 성장인자관련사업에도 진출했다. 2011년 5월 국내 최초로 배아줄기세포 실명 치료제 임상시험을 식약청으로부터 승인을 받았음. 차헬스케어, CMG제약, 차메디텍이 주요 종속회사임.

실적 분석
동사의 2016년 누적매출액은 4,492.6억원으로 전년 대비 14.1% 증가함. 영업이익은 전년보다 125.4% 늘어난 397.7억원을 기록했고, 당기순이익은 274억원으로 흑자전환함. 동사의 제대혈은행 '아이코드'는 국내 유일 의료그룹 운영의 제대혈 은행이라는 강점을 바탕으로 후발주자임에도 시장 점유율 3위, 국내 최다 제대혈이식실적을 보유하고 있음. 또 일대일 고객 맞춤형 통합줄기세포 보관 서비스를 제공하고 있어 고객 만족도가 높다.

현금 흐름 〈단위 : 억원〉
항목	2015	2016
영업활동	161	443
투자활동	-49	-1,548
재무활동	196	784
순현금흐름	349	-304
기말현금	1,643	1,339

시장 대비 수익률

결산 실적 〈단위 : 억원〉
항목	2011	2012	2013	2014	2015	2016
매출액	3,692	4,785	3,868	3,453	3,938	4,493
영업이익	76	394	272	117	176	398
당기순이익	36	234	259	29	-129	274

분기 실적 〈단위 : 억원〉
항목	2015.3Q	2015.4Q	2016.1Q	2016.2Q	2016.3Q	2016.4Q
매출액	1,021	1,048	1,076	1,093	1,065	1,259
영업이익	71	27	95	150	57	96
당기순이익	6	-180	95	64	10	106

재무 상태 〈단위 : 억원〉
항목	2011	2012	2013	2014	2015	2016
총자산	4,750	5,259	6,855	6,209	6,448	7,689
유형자산	1,175	1,304	1,385	1,305	1,435	1,592
무형자산	548	695	621	580	503	535
유가증권	55	45	233	122	50	628
총부채	1,896	1,903	1,731	1,834	1,983	3,901
총차입금	536	506	244	235	410	2,233
자본금	320	323	343	251	252	253
총자본	2,855	3,357	5,123	4,375	4,466	3,789
지배주주지분	2,844	3,073	3,838	2,972	2,901	2,863

기업가치 지표
항목	2011	2012	2013	2014	2015	2016
주가(최고/저)(천원)	17.8/9.2	15.1/8.9	15.3/10.4	18.9/10.4	19.2/12.6	17.0/11.3
PER(최고/저)(배)	281.9/145.5	39.8/23.5	40.3/27.3	—/—	—/—	50.9/33.7
PBR(최고/저)(배)	3.9/2.0	3.1/1.8	2.7/1.8	3.1/1.7	3.3/2.1	2.9/1.9
EV/EBITDA(배)	24.3	8.9	11.3	20.4	19.3	11.5
EPS(원)	63	378	380	-76	-297	334
BPS(원)	4,554	4,871	5,712	6,038	5,900	5,815
CFPS(원)	319	659	735	230	20	637
DPS(원)						
EBITDAPS(원)	374	890	761	512	668	1,090

재무 비율 〈단위 : % 〉
연도	영업이익률	순이익률	부채비율	차입금비율	ROA	ROE	유보율	자기자본비율	EBITDA마진율
2016	8.9	6.1	103.0	58.9	3.9	5.9	1,063.0	49.3	12.3
2015	4.5	-3.3	44.4	9.2	-2.0	-5.1	1,080.0	69.3	8.5
2014	3.4	0.8	41.9	5.4	0.4	-1.3	1,107.6	70.5	8.4
2013	7.0	6.7	33.8	4.8	4.3	7.4	1,042.4	74.7	13.2

차이나그레이트 (A900040)
CHINA GREAT STAR INTERNATIONAL

업　　종 : 섬유 및 의복　　　　시　　장 : KOSDAQ
신용등급 : (Bond) —　　(CP) —　　　　기업규모 :
홈페이지 : www.chinagreatstar.co.kr　　연락처 : +86-595-8673-2222
본　　사 : Grand Pavilion, Hibiscus Way, 802 West Bay Road, P.O. Box 31119, KY1-1205, Cayman Islands

설 립 일	2008.05.30	종 업 원 수	5명	대 표 이 사	우쿤량
상 장 일	2009.05.29	감 사 의 견	적정 (다산)	계	열
결 산 기	12월	보 통 주	11,443만주	종속회사수	
액 면 가		우 선 주		구 상 호	

주주구성 (지분율,%)		출자관계 (지분율,%)		주요경쟁사 (외형,%)	
Wu you zhi	40.9	홍싱워덩카	100.0	차이나그레이트	100
신영자산운용	3.7	워덩카경공업	100.0	제이에스코퍼레이션	30
(외국인)	45.5	워덩카신발재료	100.0	SG세계물산	50

매출구성		비용구성		수출비중	
		매출원가율	0.0	수출	—
		판관비율	0.0	내수	—

회사 개요
동사는 캐주얼 신발과 의류를 생산, 판매하는 자회사들을 코스닥시장에 상장시키기 위해 2008년 설립된 역외지주회사임. 2009년 코스닥 시장에 상장됨. 현재 3개 자회사(홍싱워덩카, 워덩카경공업, 워덩카신발재료)와 4개의 손자회사(취엔저우콰이부/워덩카무역, 워덩카연구, 워덩카상무)를 소유하고 있음. 자회사 중 대부분 매출은 홍싱워덩카에서 발생하고 있으며, 다른 자회사의 경우 신규상품 개발 및 디자인과 의류 상품의 매출 등 업무를 담당함.

실적 분석
동사는 자체 브랜드 '워덩카'로 중국의 새로운 소비자 층으로 떠오르는 젊은층을 타깃으로 신발사업을 영위중임. 동사의 2016년 매출액은 6,190.7억원으로 전기 대비 7.1% 확대됨. 매출 확대에 따라 영업이익은 당기 818.6억원으로 전기 735.6억원 대비 11.3% 늘었으며, 당기순이익은 당기 748.8억원으로 전기 549.3억원 대비 36.3% 증가함.

현금 흐름 〈단위 : 억원〉
항목	2015	2016
영업활동	724	
투자활동	7	
재무활동	-19	
순현금흐름	739	
기말현금	2,948	

시장 대비 수익률

결산 실적 〈단위 : 억원〉
항목	2011	2012	2013	2014	2015	2016
매출액	4,159	4,914	5,502	5,870	6,191	—
영업이익	636	704	777	801	819	—
당기순이익	466	515	609	204	749	—

분기 실적 〈단위 : 억원〉
항목	2015.3Q	2015.4Q	2016.1Q	2016.2Q	2016.3Q	2016.4Q
매출액	1,359	1,582	1,709	1,622	1,266	
영업이익	153	154	267	230	141	
당기순이익	134	170	185	177	93	

재무 상태 〈단위 : 억원〉
항목	2011	2012	2013	2014	2015	2016
총자산	3,083	3,533	4,139	5,347	5,930	—
유형자산	473	412	370	340	310	—
무형자산						
유가증권						
총부채	905	1,040	1,019	1,959	1,289	—
총차입금				859	288	—
자본금	118	118	119	121	140	
총자본	2,178	2,493	3,121	3,389	4,641	—
지배주주지분	2,178	2,493	3,121	3,389	4,641	—

기업가치 지표
항목	2011	2012	2013	2014	2015	2016
주가(최고/저)(천원)	1.9/1.2	1.6/1.1	1.7/1.2	3.9/1.4	3.2/1.8	2.0/1.1
PER(최고/저)(배)	4.3/2.7	3.1/2.1	2.8/2.0	19.1/6.9	4.8/2.8	0.0/0.0
PBR(최고/저)(배)	0.9/0.6	0.6/0.4	0.6/0.4	1.2/0.4	0.8/0.4	0.0/0.0
EV/EBITDA(배)	1.2	0.9	0.6	1.9	—	0.0
EPS(원)	466	515	609	204	654	
BPS(원)	2,200	2,493	3,121	3,389	4,056	
CFPS(원)	500	548	658	240	686	
DPS(원)	72					
EBITDAPS(원)	681	737	826	837	747	

재무 비율 〈단위 : % 〉
연도	영업이익률	순이익률	부채비율	차입금비율	ROA	ROE	유보율	자기자본비율	EBITDA마진율
2016	0.0	0.0	0.0	0.0	0.0	0.0	0.0	0.0	0.0
2015	13.2	12.1	27.8	6.2	13.3	18.7	3,223.2	78.3	13.8
2014	13.6	3.5	57.8	25.3	4.3	6.3	2,691.4	63.4	14.3
2013	14.1	11.1	32.6	0.0	15.9	21.7	2,517.1	75.4	15.0

차이나하오란 (A900090)
China Hao Ran Recycling

업 종 : 종이 및 목재		시 장 : KOSDAQ	
신용등급 : (Bond) — (CP) —		기업규모 :	
홈페이지 : www.china-haoran.com		연 락 처 : +852-2533-3618	
본 사 : Suite 3201, Jardine House, 1 Connaught Place Central, Hong Kong			

설 립 일 2009.07.15	종업원수 3명	대표이사 장하오롱			
상 장 일 2010.02.05	감사의견 적정 (이촌)	계 열			
결 산 기 12월	보 통 주 5,400만주	종속회사수			
액 면 가	우 선 주	구 상 호			

주주구성 (지분율,%)		출자관계 (지분율,%)		주요경쟁사 (외형,%)	
Zhang Hao Rong	23.1	장인신하오제지	100.0	차이나하오란	100
Lu Li	14.6	신하오싱가폴	100.0	무림페이퍼	278
(외국인)	41.1	상치우신롱제지	100.0	페이퍼코리아	103

매출구성		비용구성		수출비중	
		매출원가율 0.0		수출 —	
		판관비율 0.0		내수 —	

회사 개요
동사는 중국 소재 종속기업을 지배하는 것을 주된 사업목적으로 홍콩에 설립된 회사임. 동사 자회사들은 고급코팅백판지, 포커지, 백색 카드지의 생산과 원료재생용지의 회수, 분류, 판매를 하는 업체들임. 사업부문별로는 제지 사업부문과 제지의 원료인 펄프를 생산하는 펄프사업부문, 재생펄프의 원료인 원료용지를 공급하며 동사가 이용할 수 없는 원료용지를 외부에 판매하는 원료용지 재생사업 부문으로 나뉨.

실적 분석
동사의 2016년 연결기준 결산 매출액은 4,124.6억원으로 전년 대비 1.16% 증가하였음. 영업이익은 396.2억원을 기록하며 전년 대비 19.0% 성장함. 향후 중국 내수경제의 지속적인 성장세로 백판지 및 원료용지 수요 증가, 식품 포장지용 백색카드지 수요 증가하며 매출 성장 전망. 매출 성장에 따른 고정비 부담의 완화와 고지 및 펄프 가격의 안정세 등으로 수익성 역시 개선될 것으로 보임.

현금 흐름 〈단위 : 억원〉
항목	2015	2016
영업활동	72	—
투자활동	-107	—
재무활동	-139	—
순현금흐름	-175	—
기말현금	430	—

시장 대비 수익률
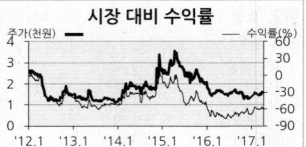

결산 실적 〈단위 : 억원〉
항목	2011	2012	2013	2014	2015	2016
매출액	4,960	4,434	3,359	3,485	4,077	—
영업이익	394	333	248	305	333	—
당기순이익	237	222	139	169	193	—

분기 실적 〈단위 : 억원〉
항목	2015.3Q	2015.4Q	2016.1Q	2016.2Q	2016.3Q	2016.4Q
매출액	1,093	1,106	819	1,064	1,088	—
영업이익	96	83	62	80	105	—
당기순이익	57	48	37	45	67	—

재무 상태 〈단위 : 억원〉
항목	2011	2012	2013	2014	2015	2016
총자산	2,409	2,814	3,290	4,121	3,903	—
유형자산	713	969	1,148	1,279	1,355	—
무형자산						
유가증권						
총부채	894	1,179	1,502	1,955	1,491	—
총차입금	349	700	1,098	1,584	938	—
자본금	64	61	61	701	714	—
총자본	1,515	1,634	1,788	2,165	2,412	—
지배주주지분	1,535	1,645	1,791	2,158	2,391	—

기업가치 지표
항목	2011	2012	2013	2014	2015	2016
주가(최고/저)(천원)	4.5/2.3	2.7/1.2	1.8/1.1	3.9/1.1	3.7/1.9	2.1/1.2
PER(최고/저)(배)	7.5/3.8	5.5/2.4	5.8/3.6	11.2/3.3	11.1/5.7	0.0/0.0
PBR(최고/저)(배)	1.3/0.7	0.7/0.3	0.4/0.3	1.0/0.3	0.8/0.4	0.0/0.0
EV/EBITDA(배)	3.4	2.8	4.3	6.0	3.4	0.0
EPS(원)	606	488	300	347	334	—
BPS(원)	3,837	4,113	4,477	3,995	4,428	—
CFPS(원)	774	624	439	516	502	—
DPS(원)	14	10				—
EBITDAPS(원)	897	791	612	753	730	—

재무 비율 〈단위 : % 〉
연도	영업이익률	순이익률	부채비율	차입금비율	ROA	ROE	유보율	자기자본비율	EBITDA마진율
2016	0.0	0.0	0.0	0.0	0.0	0.0	0.0	0.0	0.0
2015	8.2	4.7	61.8	38.9	4.8	7.9	234.8	61.8	9.7
2014	8.8	4.9	90.3	73.2	4.6	8.0	207.7	52.6	9.9
2013	7.4	4.2	84.0	61.4	4.6	7.6	2,819.1	54.4	7.3

참엔지니어링 (A009310)
Charm Engineering

업 종 : 디스플레이 및 관련부품		시 장 : 거래소	
신용등급 : (Bond) — (CP) —		기업규모 : 시가총액 소형주	
홈페이지 : www.charmeng.com		연 락 처 : 031)330-8500	
본 사 : 경기도 용인시 처인구 남사면 형제로 5			

설 립 일 1973.10.04	종업원수 259명	대표이사 김인한			
상 장 일 1987.11.12	감사의견 적정 (삼일)	계 열			
결 산 기 12월	보 통 주 4,919만주	종속회사수			
액 면 가 500원	우 선 주	구 상 호			

주주구성 (지분율,%)		출자관계 (지분율,%)		주요경쟁사 (외형,%)	
김인한	14.3	참앤씨디벨롭먼트	100.0	참엔지니어링	100
휴넥스젠홀딩스	9.3	참스틸엔지	100.0	우리이티아이	830
(외국인)	5.1	디씨티파트너스	68.3	유테크	15

매출구성		비용구성		수출비중	
Laser Repair	65.4	매출원가율 64.7		수출 —	
상호저축은행업	33.2	판관비율 20.4		내수 —	
아파트 분양 등	1.3				

회사 개요
동사는 디스플레이 및 반도체 장비 제조업을 영위하고 있으며, FPD 사업부문과 반도체 사업부문으로 구분됨. AMOLED 등 신규패널의 대형 패널 확산으로 시장규모의 급성장이 예상되며, LCD장비와 AMOLED 관련 주요 장비를 보유와 설비투자에 대한 수혜가 클 것으로 기대됨. 현재 반도체 기술을 다변화하여 TSV 관련 장비에 대한 독자적인 기술을 개발 중임.

실적 분석
동사의 2016년 연결기준 연간 누적 매출액은 1,848.3억원으로 전년 동기 대비 6.1% 감소함. 매출은 줄었지만 매출원가 또한 큰 폭으로 줄어들면서 영업이익은 274.6억원으로 전년 동기 대비 63.9% 늘어남. 비영업손익 부문에서 적자 폭이 줄면서 당기순이익은 130.1억원으로 흑자 전환에 성공. 매출은 다소 줄었지만 동사의 수익성은 오히려 개선되고 있으며 중국 LCD 시장 투자 확대 또한 호재가 될 것으로 전망.

현금 흐름 〈단위 : 억원〉
항목	2015	2016
영업활동	364	-251
투자활동	-82	214
재무활동	37	38
순현금흐름	320	1
기말현금	406	406

시장 대비 수익률
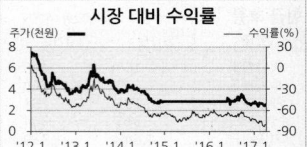

결산 실적 〈단위 : 억원〉
항목	2011	2012	2013	2014	2015	2016
매출액	2,114	989	1,359	1,130	1,969	1,848
영업이익	193	-132	117	-141	168	275
당기순이익	155	-199	128	-314	-175	130

분기 실적 〈단위 : 억원〉
항목	2015.3Q	2015.4Q	2016.1Q	2016.2Q	2016.3Q	2016.4Q
매출액	484	530	560	384	395	508
영업이익	-10	187	112	130	34	-2
당기순이익	-17	23	62	90	-8	-14

재무 상태 〈단위 : 억원〉
항목	2011	2012	2013	2014	2015	2016
총자산	2,092	4,839	5,334	5,663	6,433	6,870
유형자산	350	692	803	869	586	550
무형자산	200	246	293	256	217	202
유가증권	143	382	193	360	263	106
총부채	1,060	3,974	4,393	5,297	6,182	6,334
총차입금	761	902	776	766	669	517
자본금	167	167	167	167	206	250
총자본	1,032	865	941	366	251	-536
지배주주지분	1,033	791	833	308	216	427

기업가치 지표
항목	2011	2012	2013	2014	2015	2016
주가(최고/저)(천원)	8.4/3.9	7.5/3.6	6.4/3.6	4.4/2.4	2.9/2.9	3.6/2.4
PER(최고/저)(배)	18.3/8.5	—/—	29.3/16.6	—/—	—/—	29.5/20.0
PBR(최고/저)(배)	2.5/1.1	2.7/1.3	2.2/1.3	3.4/1.8	3.5/3.5	3.5/2.4
EV/EBITDA(배)	6.7					0.2
EPS(원)	471	-632	219	-990	-509	122
BPS(원)	3,512	2,755	2,881	1,299	821	1,029
CFPS(원)	594	-527	356	-851	-370	227
DPS(원)	70					—
EBITDAPS(원)	714	-299	497	-295	644	669

재무 비율 〈단위 : % 〉
연도	영업이익률	순이익률	부채비율	차입금비율	ROA	ROE	유보율	자기자본비율	EBITDA마진율
2016	14.9	7.0	1,181.8	96.6	2.0	18.5	102.3	7.8	17.6
2015	8.5	-8.9	2,459.0	266.2	-2.9	-64.5	60.8	3.9	10.9
2014	-12.5	-27.8	1,447.5	209.3	-5.7	-56.6	153.1	6.5	-8.5
2013	8.6	9.4	466.9	82.5	2.5	8.8	461.5	17.6	11.9

참좋은레져 (A094850)
Very Good Leisure

업 종 : 레저용품		시 장 : KOSDAQ	
신용등급 : (Bond) — (CP) —		기업규모 : 우량	
홈페이지 : www.verygoodleisure.com		연 락 처 : 02)3014-4013	
본 사 : 서울시 서초구 서초대로 274(서초동, 3000타워)			

설 립 일 2007.02.20	종업원수 330명	대표이사 윤대승,이상호	
상 장 일 2007.04.30	감사의견 적정 (삼일)	계 열	
결 산 기 12월	보통주 1,400만주	종속회사수	
액 면 가 500원	우 선 주	구 상 호	

주주구성 (지분율,%)
삼천리자전거	38.6
박영옥	13.5
(외국인)	2.9

출자관계 (지분율,%)
참좋은레져	100
삼천리자전거	194
엔에스엔	26

주요경쟁사 (외형,%)

매출구성
여행알선수입(기타)	40.8
자전거(제품)	29.1
자전거 및 부품(상품)	26.4

비용구성
매출원가율	33.9
판관비율	54.6

수출비중
수출	0.0
내수	100.0

회사 개요
고급자전거, 자전거용 부품 등을 판매하는 자전거사업과 여행패키지, 항공권 등을 판매하는 여행사업을 영위하고 있음. 일반 생활자전거를 위주로 판매하는 삼천리자전거로부터 2007년 2월 인적분할한 기업임. 주요상품으로는 CELLO, BLACKCAT, GT 등의 완성자전거와 MOOTS, BBB 등의 용부품 등이 있음. 동사의 매출구성은 자전거 사업과 여행 사업이 거의 반반씩을 차지함. 수출보다 내수시장 판매에 주력하고 있음.

실적 분석
동사의 2016년 4분기 누적 매출액은 735.2억원으로 전년대비 7.1% 감소함. 고가 자전거에 대한 수요 감소로 자전거사업부문 실적이 부진함. 해당 매출은 전년 동기대비 28%. 반면 여행사업부문은 전년 대비 18% 매출 증가를 기록하며 견조한 성장 지속 중. 여행상품 재구매 고객을 대상으로 판매한 동남아 및 일본 프리미엄 상품이 모객에 성공하면서 ASP가 올랐음. 이에 힘입어 영업이익은 84.9억원으로 전년대비 31.5% 증가함.

현금 흐름 *IFRS 별도 기준 〈단위 : 억원〉
항목	2015	2016
영업활동	61	209
투자활동	-105	-183
재무활동	31	131
순현금흐름	-13	157
기말현금	50	207

시장 대비 수익률
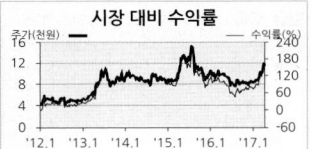

결산 실적 〈단위 : 억원〉
항목	2011	2012	2013	2014	2015	2016
매출액	548	619	713	755	792	735
영업이익	23	32	58	61	65	85
당기순이익	15	88	50	34	58	69

분기 실적 *IFRS 별도 기준 〈단위 : 억원〉
항목	2015.3Q	2015.4Q	2016.1Q	2016.2Q	2016.3Q	2016.4Q
매출액	212	138	215	203	193	123
영업이익	30	-8	32	30	41	-18
당기순이익	24	-2	26	27	36	-20

재무 상태 *IFRS 별도 기준 〈단위 : 억원〉
항목	2011	2012	2013	2014	2015	2016
총자산	767	872	869	989	1,123	1,458
유형자산	69	42	35	24	24	31
무형자산	14	10	10	23	28	33
유가증권	15	10	0	0	0	59
총부채	339	366	330	435	538	825
총차입금	227	200	152	193	248	401
자본금	70	70	70	70	70	70
총자본	428	506	539	554	585	632
지배주주지분	428	506	539	554	585	632

기업가치 지표 *IFRS 별도 기준
항목	2011	2012	2013	2014	2015	2016
주가(최고/저)(천원)	6.5/3.0	5.8/4.1	11.0/5.1	10.6/7.8	16.2/8.3	10.6/7.5
PER(최고/저)(배)	64.3/29.4	10.0/7.1	32.5/15.0	45.9/33.9	40.5/20.7	21.9/15.6
PBR(최고/저)(배)	2.3/1.0	1.7/1.2	3.0/1.4	2.8/2.1	3.9/2.0	2.3/1.7
EV/EBITDA(배)	27.7	17.6	19.2	18.9	22.1	12.9
EPS(원)	109	626	356	241	412	493
BPS(원)	3,068	3,628	3,862	3,969	4,253	4,650
CFPS(원)	143	663	433	282	459	574
DPS(원)	50	100	100	100	100	150
EBITDAPS(원)	196	266	494	477	508	687

재무 비율 〈단위 : % 〉
연도	영업이익률	순이익률	부채비율	차입금비율	ROA	ROE	유보율	자기자본비율	EBITDA마진율
2016	11.6	9.4	130.6	63.5	5.4	11.4	830.0	43.4	13.1
2015	8.2	7.3	92.0	42.3	5.5	10.1	750.5	52.1	9.0
2014	8.1	4.5	78.6	34.9	3.6	6.2	693.8	56.0	8.8
2013	8.2	7.0	61.3	28.2	5.7	9.5	672.5	62.0	9.7

창해에탄올 (A004650)
Changhae Ethanol

업 종 : 음료		시 장 : KOSDAQ	
신용등급 : (Bond) — (CP) —		기업규모 : 우량	
홈페이지 : www.chethanol.com		연 락 처 : 063)214-7800	
본 사 : 전북 전주시 덕진구 원만성로 15			

설 립 일 1966.06.16	종업원수 46명	대표이사 서상국	
상 장 일 2014.07.30	감사의견 적정 (신한)	계 열	
결 산 기 12월	보통주 919만주	종속회사수	
액 면 가 500원	우 선 주	구 상 호	

주주구성 (지분율,%)
임성우	15.9
삼성자산운용	3.7
(외국인)	0.9

출자관계 (지분율,%)
전라주정	100.0
창해에탄지	100.0
보해양조	32.0

주요경쟁사 (외형,%)
창해에탄올	100
롯데칠성	1,115
하이트진로	889

매출구성
소주외	54.4
발효주정	18.0
정제주정	13.6

비용구성
매출원가율	67.8
판관비율	28.5

수출비중
수출	5.5
내수	94.5

회사 개요
동사는 주정 제조를 주요 사업으로 하고 사료 및 임대업을 부수 사업으로 하고 있음. 주요 계열사 보해양조는 소주를 비롯해 과실주, 탁주 등을 제조, 판매하고 있음. 주정의 국내 시장에는 총 10개의 생산업체가 있으며, 이 중 1위 사업자 진로발효와 함께 동사가 전체 주정 생산량의 30% 이상을 차지하고 있음. 연간 총 생산량은 약 165.4만 kl 드럼임. 정부의 제조면허제 방식을 통한 주정업은 진입장벽이 높아 기존 사업자의 안정적 운영이 장점임.

실적 분석
동사의 2016년 연결기준 연간 매출액은 2,125.8억원으로 전년 대비 6.6% 감소함. 당기 창해웰빙푸드 등 연결대상범위에 변동이 있음. 종속회사의 매출감소와 마케팅 비용 등의 증가로 영업이익은 전년 대비 65% 감소한 78.3억원을 기록함. 반면, 주류 소비 트렌드에 맞춘 '슬탄오브콜라'와 '언니네부르스' 출시로 부라더#소다에 이은 새로운 매출 증대를 기대함.

현금 흐름 〈단위 : 억원〉
항목	2015	2016
영업활동	310	88
투자활동	-322	-989
재무활동	143	776
순현금흐름	133	-104
기말현금	248	144

시장 대비 수익률
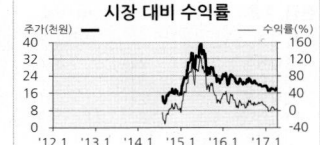

결산 실적 〈단위 : 억원〉
항목	2011	2012	2013	2014	2015	2016
매출액	653	1,245	1,362	2,352	2,275	2,126
영업이익	49	26	87	217	224	78
당기순이익	86	-190	198	121	149	-28

분기 실적 〈단위 : 억원〉
항목	2015.3Q	2015.4Q	2016.1Q	2016.2Q	2016.3Q	2016.4Q
매출액	487	618	557	492	575	502
영업이익	51	15	37	29	17	-4
당기순이익	31	7	26	20	7	-81

재무 상태 〈단위 : 억원〉
항목	2011	2012	2013	2014	2015	2016
총자산	1,272	1,216	2,916	3,113	3,437	4,145
유형자산	276	308	1,216	1,227	1,466	1,803
무형자산	19	30	59	56	55	578
유가증권	223	136	120	153	141	135
총부채	585	567	1,936	1,653	1,540	2,264
총차입금	455	402	1,280	900	722	1,613
자본금	27	27	27	33	39	42
총자본	687	649	980	1,460	1,897	1,881
지배주주지분	687	540	690	941	1,152	1,141

기업가치 지표
항목	2011	2012	2013	2014	2015	2016
주가(최고/저)(천원)	—/—	—/—	—/—	18.0/11.0	40.3/14.8	25.8/18.8
PER(최고/저)(배)	0.0/0.0	0.0/0.0	0.0/0.0	12.9/7.9	28.3/10.4	130.9/95.5
PBR(최고/저)(배)	0.0/0.0	0.0/0.0	0.0/0.0	1.3/0.8	2.9/1.1	1.9/1.4
EV/EBITDA(배)	3.7		4.1	9.3	6.7	17.5
EPS(원)	1,657	-3,008	4,643	1,506	1,493	202
BPS(원)	13,319	10,999	15,115	14,550	14,659	13,826
CFPS(원)	2,617	-2,000	5,944	3,664	3,181	1,872
DPS(원)				500	500	500
EBITDAPS(원)	1,906	1,491	2,939	5,853	4,590	2,610

재무 비율 〈단위 : % 〉
연도	영업이익률	순이익률	부채비율	차입금비율	ROA	ROE	유보율	자기자본비율	EBITDA마진율
2016	3.7	-1.3	120.4	85.8	-0.7	1.5	2,665.3	45.4	10.2
2015	9.8	6.6	81.2	38.1	4.6	11.0	2,831.7	55.2	15.5
2014	9.2	5.2	113.2	61.7	4.0	10.8	2,810.0	46.9	14.6
2013	6.4	14.5	197.6	130.6	9.6	40.2	2,923.1	33.6	11.5

처음앤씨 (A111820)
Cheoum & C

업 종 : 인터넷 서비스		시 장 : KOSDAQ	
신용등급 : (Bond) — (CP) —		기업규모 : 중견	
홈페이지 : www.mp1.co.kr		연락처 : 02)6950-9500	
본 사 : 서울시 광진구 광나루로56길 85 프라임센터 35층			

설 립 일	2006.12.19	종 업 원 수	64명	대 표 이 사	금상연,김정국
상 장 일	2010.06.18	감 사 의 견	적정 (신한)	계 열	
결 산 기	12월	보 통 주	1,927만주	종속회사수	
액 면 가	500원	우 선 주		구 상 호	

주주구성 (지분율,%)
금상연	20.3
CHINA ESAT GOLD COLLECTION INVESTMENT LIMITED	10.2
(외국인)	10.6

출자관계 (지분율,%)
큰빛	100.0
성은창신(북경)과기유한공사	100.0

주요경쟁사 (외형,%)
처음앤씨	100
KG이니시스	1,653
NHN한국사이버결제	642

매출구성
B2B 공동구매(공동구매.구매대행등)	89.3
B2B 전자결제(전자결제 중개 수수료 매출)	9.2
기타 서비스(용역 및 기타 매출)	1.5

비용구성
매출원가율	73.1
판관비율	24.2

수출비중
수출	0.0
내수	100.0

회사 개요
동사는 2006년 설립된 B2B 전자결제 중개서비스를 목적 사업으로 영위하는 기업임. 2009년 4월 '이엠투네트웍스'에서 '처음앤씨'로 상호를 변경하였으며, 약 64,000개의 회원사를 보유한 시장점유율 1위 업체임. 주요사업은 에스크로 B2B e-Marketplace사업으로 이는 결제형 B2B e-MP, 담보형 B2B e-MP, 구매대행 및 공동구매로 구분되며, 부문별 매출 비중은 B2B e-MP 사업 13.15%, 구매대행 86.8%

실적 분석
동사의 2016년 매출액은 424.2억원으로 전년대비 2.5% 감소함. 매출총이익은 매출원가의 감소로 인해 전년대비 36.1% 성장한 114억원 기록. 영업이익은 전년대비 3.8% 성장한 11.5억원 기록. 당기순이익은 2.9억원을 시현, 흑자전환에 성공함. 중국 정부가 추진하는 전자상거래 플랫폼 개발 프로젝트가 진행됨에 따라 중국시장 진출로 인한 수익 성장이 기대됨.

현금 흐름 〈단위 : 억원〉
항목	2015	2016
영업활동	22	-334
투자활동	81	-36
재무활동	-22	261
순현금흐름	82	-110
기말현금	173	64

시장 대비 수익률

결산 실적 〈단위 : 억원〉
항목	2011	2012	2013	2014	2015	2016
매출액	244	656	667	488	435	424
영업이익	34	42	62	5	11	12
당기순이익	26	35	22	6	-4	3

분기 실적 〈단위 : 억원〉
항목	2015.3Q	2015.4Q	2016.1Q	2016.2Q	2016.3Q	2016.4Q
매출액	90	145	94	118	97	115
영업이익	4	1	2	10	3	-3
당기순이익	-8	-1	3	7	3	-9

재무 상태 〈단위 : 억원〉
항목	2011	2012	2013	2014	2015	2016
총자산	334	423	582	575	609	880
유형자산	2	2	2	31	29	30
무형자산	4	7	6	12	11	10
유가증권	48	37	22	76	40	61
총부채	103	106	219	182	94	81
총차입금	86	67	173	157	60	44
자본금	23	27	29	34	52	96
총자본	231	318	363	393	515	799
지배주주지분	231	318	363	393	515	799

기업가치 지표
항목	2011	2012	2013	2014	2015	2016
주가(최고/저)(천원)	3.3/1.8	4.5/2.2	6.4/3.2	5.9/3.7	12.8/4.0	10.6/6.0
PER(최고/저)(배)	11.8/6.6	12.0/5.9	30.8/15.5	118.6/73.4	—/—	685.7/384.5
PBR(최고/저)(배)	1.1/0.6	1.4/0.7	1.8/0.9	1.7/1.1	3.7/1.2	2.5/1.4
EV/EBITDA(배)	2.1	7.4	7.2	55.9	64.1	67.8
EPS(원)	316	400	216	50	-31	16
BPS(원)	5,792	6,114	6,439	6,065	5,218	4,202
CFPS(원)	585	736	404	122	-22	25
DPS(원)	240	210	260	200	—	—
EBITDAPS(원)	766	879	1,111	106	147	71

재무 비율 〈단위 : % 〉
연도	영업이익률	순이익률	부채비율	차입금비율	ROA	ROE	유보율	자기자본비율	EBITDA마진율
2016	2.7	0.7	10.2	5.5	0.4	0.4	740.3	90.7	3.1
2015	2.6	-1.0	18.3	11.7	-0.7	-0.9	943.5	84.5	3.0
2014	1.0	1.2	46.4	39.9	1.0	1.6	1,113.1	68.3	1.5
2013	9.3	3.3	60.3	47.8	4.4	6.4	1,187.8	62.4	9.5

천일고속 (A000650)
Chunil Express

업 종 : 육상운수		시 장 : 거래소	
신용등급 : (Bond) — (CP) —		기업규모 : 시가총액 소형주	
홈페이지 : www.chunilexpress.com		연락처 : 051)254-5086~7	
본 사 : 부산시 동구 중앙대로 168 (초량동)			

설 립 일	1949.09.30	종 업 원 수	430명	대 표 이 사	박도현
상 장 일	1977.06.23	감 사 의 견	적정 (동원)	계 열	
결 산 기	12월	보 통 주	143만주	종속회사수	
액 면 가	5,000원	우 선 주		구 상 호	

주주구성 (지분율,%)
박도현	45.0
박주현	37.2
(외국인)	0.6

출자관계 (지분율,%)

주요경쟁사 (외형,%)
천일고속	100
현대글로비스	26,262
CJ대한통운	10,412

매출구성
여객운송	97.6
임대	2.4

비용구성
매출원가율	82.1
판관비율	16.1

수출비중
수출	0.0
내수	100.0

회사 개요
1949년에 설립된 동사는 고속버스 42개 노선에 187대를 투입해 고속버스 여객운송업을 영위하고 있음. 전체고속버스회사 8개사, 고속버스 노선 166개 중 시장점유율 약 10%가량을 차지함. 동사는 여객운송과 부동산 임대사업에 매출이 발생하며 전체 매출의 98%가 여객운송에서 나옴. 운송원가는 기름(경유)가격의 영향을 받음. 최근 국제유가가 하락하였으나 경기불황으로 인해 승객 증가가 미미한 수준임.

실적 분석
동사의 2016년 누적매출액은 584.1억원으로 전년동기 대비 0.8% 감소함. 같은 기간 영업이익은 10.8억원으로 61.7% 감소함. 순이익은 25억원으로 46% 감소함. 판관비가 94억원으로 전년 동기대비 4.5% 증가한 것이 수익성 악화에 영향을 미침. 승객의 증감이 미미하고 거의 고정되어 있으므로 산업 성장성 자체가 제한되어 있는 상태임. 또한 지정노선에 따라 운행횟수를 공동 조정하므로 시장이 매우 제한되어 있음.

현금 흐름 *IFRS 별도 기준 〈단위 : 억원〉
항목	2015	2016
영업활동	34	52
투자활동	-18	64
재무활동	-2	-128
순현금흐름	15	-12
기말현금	35	23

시장 대비 수익률
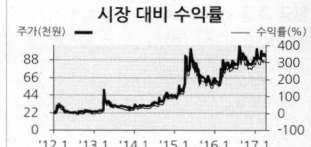

결산 실적 〈단위 : 억원〉
항목	2011	2012	2013	2014	2015	2016
매출액	525	553	571	602	589	584
영업이익	10	-5	13	26	28	11
당기순이익	27	18	59	48	46	25

분기 실적 *IFRS 별도 기준 〈단위 : 억원〉
항목	2015.3Q	2015.4Q	2016.1Q	2016.2Q	2016.3Q	2016.4Q
매출액	153	147	145	144	150	146
영업이익	8	5	7	6	4	-7
당기순이익	10	8	9	20	6	-10

재무 상태 *IFRS 별도 기준 〈단위 : 억원〉
항목	2011	2012	2013	2014	2015	2016
총자산	547	572	603	623	631	525
유형자산	110	104	112	143	152	137
무형자산	6	6	6	7	7	7
유가증권	74	74	74	74	74	74
총부채	136	161	158	160	139	137
총차입금						
자본금	71	71	71	71	71	71
총자본	411	412	446	463	492	389
지배주주지분	411	412	446	463	492	389

기업가치 지표 *IFRS 별도 기준
항목	2011	2012	2013	2014	2015	2016
주가(최고/저)(천원)	32.3/21.0	35.8/21.2	50.7/22.8	48.4/28.3	109/41.7	121/57.4
PER(최고/저)(배)	20.3/13.2	33.2/19.7	14.6/6.6	17.0/10.0	39.8/15.2	73.2/35.9
PBR(최고/저)(배)	1.3/0.9	1.5/0.9	1.9/0.9	1.8/1.0	3.7/1.4	4.7/2.3
EV/EBITDA(배)	10.4	10.0	10.4	10.4	15.1	32.1
EPS(원)	1,883	1,275	4,116	3,365	3,238	1,749
BPS(원)	28,811	28,862	31,241	32,418	34,463	27,238
CFPS(원)	3,533	3,036	5,812	5,117	5,108	3,587
DPS(원)					6,000	8,000
EBITDAPS(원)	2,372	1,406	2,631	3,593	3,845	2,594

재무 비율 〈단위 : % 〉
연도	영업이익률	순이익률	부채비율	차입금비율	ROA	ROE	유보율	자기자본비율	EBITDA마진율
2016	1.9	4.3	35.2	0.0	4.3	5.7	444.8	74.0	6.4
2015	4.8	7.9	28.2	0.0	7.4	9.7	589.3	78.0	9.3
2014	4.4	8.0	34.6	0.0	7.8	10.6	548.4	74.3	8.5
2013	2.3	10.3	35.4	0.0	10.0	13.7	524.8	73.9	6.6

청광종합건설 (A140290)
CHUNGKWANG CONSTRUCTION

업 종 : 건설		시 장 : KONEX	
신용등급 : (Bond) — (CP) —		기업규모 : —	
홈페이지 : www.chungkwang.co.kr		연 락 처 : 02)3461-3600	
본 사 : 서울시 강남구 언주로 550 청광빌딩			

설 립 일 2006.11.20	종업원수 65명	대표이사 허숭	
상 장 일 2013.12.20	감사의견 적정 (삼정)	계 열	
결 산 기 12월	보통주 1,056만주	종속회사수	
액 면 가 500원	우 선 주 20만주	구 상 호	

주주구성 (지분율,%)		출자관계 (지분율,%)		주요경쟁사 (외형,%)	
청광건설	85.3	서울학교사랑	12.1	청광종건	100
허찬	0.0	푸른용산	11.6	엄지하우스	63
		반올림교육삼호	10.5	르네코	5

매출구성		비용구성		수출비중	
건축	70.8	매출원가율	77.2	수출	0.0
자체공사	17.5	판관비율	13.1	내수	100.0
토목	11.6				

회사 개요
동사는 2006년 11월에 설립되어 관공서, 민자/민수, FED, IDIQ, 토목, 주택/오피스텔 등의 다양한 사업을 영위하는 종합건설회사임. 동사는 2015년 말 기준 시공능력평가에서 전체 건설회사 중 213위에 위치하고 있으며, 관급공사 위주의 안정적 매출처를 보유하고 있음. 사업부문별 매출 구성을 보면 2016년 기준 자체사업과 민간도급, 민간투자사업(BTL) 순으로 각각 74.6%, 14.9%, 4.1%를 차지함.

실적 분석
동사의 연결기준 2016년 매출액은 전년보다 42% 증가한 1,224.4억원을 기록해 큰폭의 외형 성장세를 나타냄. 매출원가 부담이 줄어들어 매출총이익도 169.9% 증가한 278.6억원을 기록하였음. 전년 35.6억원 수준이었던 영업이익은 2016년 118.8억원으로 증가하였음. 다만 금융손실 등 비영업 부문에서 손실이 지속되었으며 최종적으로 동사의 2016년 당기순이익은 13억원 증가한 30.1억원을 시현하는 데 그침.

현금 흐름 *IFRS 별도 기준 〈단위 : 억원〉

항목	2015	2016
영업활동	-446	338
투자활동	19	29
재무활동	398	-386
순현금흐름	-29	-20
기말현금	50	30

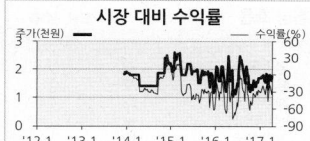

결산 실적 〈단위 : 억원〉

항목	2011	2012	2013	2014	2015	2016
매출액	417	529	706	730	862	1,224
영업이익	23	45	54	34	36	119
당기순이익	21	26	39	22	17	30

분기 실적 *IFRS 별도 기준 〈단위 : 억원〉

항목	2015.3Q	2015.4Q	2016.1Q	2016.2Q	2016.3Q	2016.4Q
매출액	—	—	—	—	—	—
영업이익	—	—	—	—	—	—
당기순이익	—	—	—	—	—	—

재무 상태 *IFRS 별도 기준 〈단위 : 억원〉

항목	2011	2012	2013	2014	2015	2016
총자산	307	504	519	440	1,169	696
유형자산	1	0	0	1	1	1
무형자산	—	19				
유가증권	38	38	34	31	35	30
총부채	150	321	284	171	881	378
총차입금	49	129	52	93	513	128
자본금	50	50	50	53	53	53
총자본	157	183	236	269	287	318
지배주주지분	157	183	236	269	287	318

기업가치 지표 *IFRS 별도 기준

항목	2011	2012	2013	2014	2015	2016
주가(최고/저)(천원)	—/—	—/—	1.9/1.8	2.8/1.4	2.6/1.0	2.9/1.0
PER(최고/저)(배)	0.0/0.0	0.0/0.0	4.4/4.3	11.9/5.9	15.5/5.9	9.9/3.4
PBR(최고/저)(배)	0.0/0.0	0.0/0.0	0.8/0.8	1.1/0.6	1.0/0.4	1.0/0.3
EV/EBITDA(배)	—	0.9	1.9	5.3	17.6	2.2
EPS(원)	208	259	423	236	168	292
BPS(원)	31,334	36,620	2,356	2,502	2,672	2,960
CFPS(원)	4,255	5,764	427	239	171	295
DPS(원)						
EBITDAPS(원)	4,771	9,599	513	286	294	1,084

재무 비율 〈단위 : % 〉

연도	영업이익률	순이익률	부채비율	차입금비율	ROA	ROE	유보율	자기자본비율	EBITDA마진율
2016	9.7	2.5	169.9	84.1	2.9	10.4	474.7	37.1	9.8
2015	4.1	2.0	361.3	224.9	1.9	6.5	420.3	21.7	4.2
2014	4.7	3.1	110.5	77.2	3.8	9.2	385.4	47.5	4.8
2013	7.7	5.6	175.7	70.4			351.0	36.3	7.9

청담러닝 (A096240)
Chungdahm Learning

업 종 : 교육		시 장 : KOSDAQ	
신용등급 : (Bond) — (CP) —		기업규모 : 중견	
홈페이지 : company.chungdahm.com		연 락 처 : 02)3429-9407	
본 사 : 서울시 강남구 영동대로 731 신영빌딩 15층			

설 립 일 2002.06.05	종업원수 591명	대표이사 김영화	
상 장 일 2008.06.27	감사의견 적정 (삼일)	계 열	
결 산 기 12월	보통주 690만주	종속회사수	
액 면 가 500원	우 선 주	구 상 호	

주주구성 (지분율,%)		출자관계 (지분율,%)		주요경쟁사 (외형,%)	
김영화	13.2	인중교육	91.9	청담러닝	100
김혜련	7.4	씨비전	75.0	메가스터디교육	124
(외국인)	2.9	퓨처북	62.7	정상제이엘에스	59

매출구성		비용구성		수출비중	
학원 수강료	37.1	매출원가율	0.0	수출	1.3
학원러닝	33.4	판관비율	96.2	내수	98.7
교재 수입	19.4				

회사 개요
동사는 학원운영업, 교육관련 서비스업을 영위할 목적으로 1998년 설립됨. 2002년 법인으로 전환했으며 2008년 코스닥에 상장됨. 교육 전문 기업으로 오프라인 학원을 직영, 가맹형태로 운영하는 학원 사업과 스마트러닝, 온오프라인 교육 콘텐츠를 담당하는 스마트 솔루션 및 콘텐츠 사업 등 크게 두 가지 사업을 영위함. 학원 사업의 경우 두개의 영어학원 브랜드(청담어학원, April어학원)을 가지고 있음. 동사를 제외하고 15개 계열사가 있음.

실적 분석
동사의 2016년 연결기준 연간 매출액은 전년 대비 4.1% 증가한 1,410.5억원을 기록함. 해외 매출의 수익인식 기준을 발생주의에서 현금·안분주의로 전환함. 반면 고정비의 증가로 영업이익은 53.3억원으로 전년 대비 22.7% 감소함. 비영업부문의 손실폭이 확대되며 당기순손실 또한 171억원으로 적자전환됨. 현재 베트남, 중국, 말레이시아 및 미얀마를 비롯한 아시아교육 시장 성장에 따라 해외사업을 활발하게 진행하고 있음.

현금 흐름 〈단위 : 억원〉

항목	2015	2016
영업활동	163	154
투자활동	-102	-530
재무활동	-8	333
순현금흐름	53	-38
기말현금	183	145

결산 실적 〈단위 : 억원 〉

항목	2011	2012	2013	2014	2015	2016
매출액	1,033	1,192	1,253	1,305	1,355	1,411
영업이익	116	145	159	113	69	53
당기순이익	108	111	91	85	17	-171

분기 실적 〈단위 : 억원 〉

항목	2015.3Q	2015.4Q	2016.1Q	2016.2Q	2016.3Q	2016.4Q
매출액	334	346	389	358	343	320
영업이익	22	12	48	32	21	-48
당기순이익	15	-4	35	15	9	-229

재무 상태 〈단위 : 억원 〉

항목	2011	2012	2013	2014	2015	2016
총자산	785	984	1,219	1,208	1,254	1,492
유형자산	21	49	109	150	124	369
무형자산	174	280	308	391	367	318
유가증권	59	95	112	91	97	158
총부채	146	336	545	621	697	699
총차입금	3	25	245	231	292	448
자본금	31	31	31	31	31	34
총자본	639	648	674	587	557	793
지배주주지분	638	627	660	553	497	582

기업가치 지표

항목	2011	2012	2013	2014	2015	2016
주가(최고/저)(천원)	12.7/7.2	13.3/8.5	13.6/9.6	12.6/9.6	13.5/8.9	28.7/10.8
PER(최고/저)(배)	9.8/5.5	9.3/5.9	12.6/8.9	23.0/17.4	—/—	—/—
PBR(최고/저)(배)	1.4/0.8	1.3/0.8	1.3/0.9	1.3/1.0	1.5/1.0	2.9/1.1
EV/EBITDA(배)	2.7	4.1	3.9	3.7	4.3	9.1
EPS(원)	1,736	1,834	1,331	642	-206	-3,059
BPS(원)	12,233	11,672	12,629	11,058	10,137	10,305
CFPS(원)	2,660	2,750	2,297	2,348	1,923	-1,157
DPS(원)	500	500	500	800	800	800
EBITDAPS(원)	2,787	3,242	3,522	3,530	3,237	2,712

재무 비율 〈단위 : % 〉

연도	영업이익률	순이익률	부채비율	차입금비율	ROA	ROE	유보율	자기자본비율	EBITDA마진율
2016	3.8	-12.1	88.2	56.5	-12.5	-37.3	1,960.9	53.1	12.6
2015	5.1	0.8	125.1	52.4	0.8	-2.4	1,927.4	44.4	14.8
2014	8.7	6.5	105.9	39.5	7.0	6.6	2,111.6	48.6	16.8
2013	12.7	7.3	81.0	36.4	8.3	12.9	2,425.8	55.3	17.5

청보산업 (A013720)
Cheong Bo Industrial

업 종 : 자동차부품		시 장 : KOSDAQ	
신용 등급 : (Bond) — (CP) —		기업규모 : 중견	
홈 페 이 지 : www.cheongbo.co.kr		연 락 처 : (032)816-3550	
본 사 : 인천시 남동구 남동대로 208 남동공단2단지 71BL 16LT			

설 립 일	1979.01.01	종 업 원 수	116명	대 표 이 사	안상욱
상 장 일	1993.12.29	감 사 의 견	적정 (인일)	계 열	
결 산 기	12월	보 통 주	797만주	종속회사수	
액 면 가	500원	우 선 주		구 상 호	

주주구성 (지분율,%)		출자관계 (지분율,%)		주요경쟁사 (외형,%)	
박순이	10.2	청보산업	100		
안상욱	8.8	디젠스	574		
(외국인)	2.3	광진윈텍	506		

매출구성		비용구성		수출비중	
TAPPET	32.6	매출원가율	87.3	수출	45.9
HOUSING	32.5	판관비율	12.2	내수	54.1
기타	19.4				

회사 개요
동사는 자동차 부품, 주물 제조업 등을 목적으로 1978년 설립됨. 동사는 자동차 엔진 부품, 미션 부품을 제조해 완성차 업체에 납품하는 부품 소재 전문 기업임. 현대기아, 메르세데스-벤츠, 한국GM, 두산인프라코어, 미쓰비시, 푸조 등 안정적인 거래처를 확보함. 동사 생산품목 대부분은 선진국으로부터의 선진 부품을 독자기술로 국산화한 제품임. 최근 개발된 베어링저널은 다임러벤츠를 통해 전세계 시장 진출을 준비 중임.

실적 분석
동사의 연결재무제표 기준 2016년 누적 매출액은 전년동기 210억원 대비 0.8% 감소한 209억원을 기록함. 당기순이익은 전년동기 대비 8.6% 증가) 및 매출의 감소로, 영업이익은 전년동기 대비 큰 폭 감소하며 1억원을 기록하였음. 당기순이익은 매출감소와 비용 증가에 따라 전년 동기 대비 26.3% 감소한, 2.6억원을 기록하였음. 동사는 매출처 다변화 전략을 통한 성장동력 마련을 추진 중임. 향후 성과 개선이 기대됨.

현금 흐름
*IFRS 별도 기준 〈단위 : 억원〉

항목	2015	2016
영업활동	27	11
투자활동	-25	-11
재무활동	1	5
순현금흐름	3	5
기말현금	15	20

시장 대비 수익률
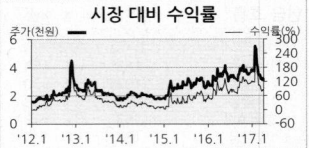

결산 실적
〈단위 : 억원〉

항목	2011	2012	2013	2014	2015	2016
매출액	246	239	247	245	211	209
영업이익	22	11	8	8	5	1
당기순이익	28	17	9	6	3	3

분기 실적
*IFRS 별도 기준 〈단위 : 억원〉

항목	2015.3Q	2015.4Q	2016.1Q	2016.2Q	2016.3Q	2016.4Q
매출액	47	50	49	53	52	55
영업이익	-2	-0	-2	2	-2	3
당기순이익	-2	0	-1	4	-1	1

재무 상태
*IFRS 별도 기준 〈단위 : 억원〉

항목	2011	2012	2013	2014	2015	2016
총자산	271	324	359	354	356	367
유형자산	173	195	244	241	263	255
무형자산	2	2	2	2	2	2
유가증권	1	1	1	0	0	0
총부채	133	169	195	189	173	164
총차입금	88	125	148	137	125	115
자본금	30	30	30	30	35	39
총자본	138	155	163	165	183	203
지배주주지분	138	155	163	165	183	203

기업가치 지표
*IFRS 별도 기준

항목	2011	2012	2013	2014	2015	2016
주가(최고/저)(천원)	1.9/1.4	4.6/1.5	3.2/1.7	2.3/1.7	3.4/1.8	4.6/2.6
PER(최고/저)(배)	4.6/3.3	17.4/5.8	23.5/12.2	26.3/18.7	65.9/34.0	135.4/76.6
PBR(최고/저)(배)	0.9/0.7	1.9/0.6	1.2/0.6	0.9/0.6	1.3/0.7	1.7/1.0
EV/EBITDA(배)	4.8	9.8	8.2	7.1	11.3	17.0
EPS(원)	467	286	145	93	53	34
BPS(원)	2,349	2,640	2,770	2,794	2,707	2,653
CFPS(원)	713	551	465	466	387	320
DPS(원)	50	50	50	50	25	—
EBITDAPS(원)	613	443	447	513	419	300

재무 비율
〈단위 : % 〉

연도	영업이익률	순이익률	부채비율	차입금비율	ROA	ROE	유보율	자기자본비율	EBITDA마진율
2016	0.5	1.2	80.7	56.7	0.7	1.3	430.7	55.4	10.8
2015	2.6	1.6	94.2	68.2	1.0	2.0	441.4	51.5	13.0
2014	3.5	2.3	114.7	83.3	1.6	3.4	458.8	46.6	12.6
2013	3.1	3.6	119.7	90.4	2.6	5.5	454.0	45.5	10.9

청호컴넷 (A012600)
ChungHo Comnet

업 종 : 컴퓨터 및 주변기기		시 장 : 거래소	
신용 등급 : (Bond) — (CP) —		기업규모 : 시가총액 소형주	
홈 페 이 지 : www.chunghocomnet.com		연 락 처 : 02)3670-7700	
본 사 : 서울시 강남구 도산대로 318			

설 립 일	1977.10.13	종 업 원 수	96명	대 표 이 사	이정우
상 장 일	1990.07.10	감 사 의 견	적정 (한길)	계 열	
결 산 기	12월	보 통 주	838만주	종속회사수	
액 면 가	5,000원	우 선 주		구 상 호	

주주구성 (지분율,%)		출자관계 (지분율,%)		주요경쟁사 (외형,%)	
청호엔터프라이스	15.5	청호메카트로닉스	100.0	청호컴넷	100
글로리1호조합	9.9	청호에스엔지호남	100.0	빅솔론	102
(외국인)	18.5	청호에스엔지경남	100.0	메디프론	15

매출구성		비용구성		수출비중	
내연기관용 필터	33.0	매출원가율	86.0	수출	7.2
Art-100W외	22.1	판관비율	20.6	내수	92.8
기기 A/S 용역수수료	20.7				

회사 개요
1977년 10월 현금자동입출금기의 제조, 판매 목적으로 설립된 동사는 1990년 한국거래소 유가증권 시장에 상장됨. 동사는 18개 종속 계열회사를 두고 있고, 이 중에는 각 지역의 기기를 유지 및 수리하는 업체들이 포함됨. 금융자동화기기(ATM) 시장에 최초주자로 진입한 이후 국내 금융권 시장변화가 급변한 시점에 동사는 FKM을 인수해 국내 모든 은행권에 안정적인 대고객 서비스를 제공 중임.

실적 분석
동사의 연간 매출은 857.8억원으로 전년대비 3.6% 감소, 영업이익은 -56.7억원으로 적자지속을 시현. 당기순이익도 -161.2억원으로 적자지속을 기록. 금융권의 지점 축소 및 인터넷 거래 비중이 증가하면서 주력 제품인(ATM) 수요가 부담으로 작용. 동사는 최근 핀테크 4차산업에 대한 관심이 증가하고 있는 만큼 미래 경제가 주목하는 혁신적 ATM 개발을 통해 4차산업혁명 트렌드에 대응해 나갈 전망.인터넷 전문은행 대상으로 영업 확대 목표

현금 흐름
〈단위 : 억원〉

항목	2015	2016
영업활동	-3	-23
투자활동	72	-185
재무활동	-73	215
순현금흐름	-4	7
기말현금	12	19

시장 대비 수익률
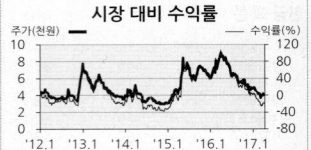

결산 실적
〈단위 : 억원〉

항목	2011	2012	2013	2014	2015	2016
매출액	1,138	733	1,009	957	890	858
영업이익	-156	-119	-201	-97	-58	-57
당기순이익	-401	82	-340	-146	-162	-161

분기 실적
〈단위 : 억원〉

항목	2015.3Q	2015.4Q	2016.1Q	2016.2Q	2016.3Q	2016.4Q
매출액	196	295	216	201	171	270
영업이익	1	3	-10	-15	-29	-3
당기순이익	-1	-86	-19	-31	-33	-79

재무 상태
〈단위 : 억원〉

항목	2011	2012	2013	2014	2015	2016
총자산	1,944	1,154	1,193	968	747	792
유형자산	459	190	417	403	325	316
무형자산	182	138	250	207	141	108
유가증권	17	34	19	12	12	33
총부채	1,105	315	679	602	481	449
총차입금	730	205	495	462	341	328
자본금	305	305	305	305	364	419
총자본	839	839	514	366	266	344
지배주주지분	832	836	512	364	265	299

기업가치 지표

항목	2011	2012	2013	2014	2015	2016
주가(최고/저)(천원)	8.6/3.5	7.0/3.2	7.9/3.5	5.4/2.9	8.4/3.0	9.1/4.4
PER(최고/저)(배)	—/—	5.3/2.4	—/—	—/—	—/—	—/—
PBR(최고/저)(배)	0.6/0.2	0.5/0.2	0.8/0.4	0.8/0.4	1.8/0.7	2.1/1.0
EV/EBITDA(배)						
EPS(원)	-6,545	1,317	-5,599	-2,392	-2,319	-2,041
BPS(원)	14,776	14,853	9,541	7,119	4,618	4,412
CFPS(원)	-5,501	2,023	-4,558	-1,564	-1,694	-1,658
DPS(원)	—	—	—	—	—	—
EBITDAPS(원)	-1,513	-1,243	-2,258	-762	-212	-328

재무 비율
〈단위 : % 〉

연도	영업이익률	순이익률	부채비율	차입금비율	ROA	ROE	유보율	자기자본비율	EBITDA마진율
2016	-6.6	-18.8	일부잠식	일부잠식	-21.0	-57.7	-11.8	43.4	-3.1
2015	-6.6	-18.2	일부잠식	일부잠식	-18.9	-51.4	-7.7	35.7	-1.7
2014	-10.2	-15.3	164.7	126.4	-13.5	-33.3	42.4	37.8	-4.9
2013	-20.0	-33.7	132.2	96.4	-29.0	-50.7	90.8	43.1	-13.7

체시스 (A033250)
Chasys

업　　종 : 자동차부품		시　　장 : 거래소	
신용등급 : (Bond) — (CP) —		기업규모 : 시가총액 소형주	
홈페이지 : www.chasys.com		연 락 처 : 053)851-8511	
본　　사 : 경북 경산시 진량읍 일연로 528			

설 립 일 1989.08.03	종 업 원 수 184명	대 표 이 사 김성광	
상 장 일 1999.08.11	감 사 의 견 적정 (삼정)	계　　　열	
결 산 기 06월	보 통 주 2,400만주	종속회사수 1개사	
액 면 가 500원	우 선 주	구 상 회	

주주구성 (지분율,%)		출자관계 (지분율,%)		주요경쟁사 (외형,%)	
엠에스에이치씨	21.9	서진산업	74.0	체시스	100
이명곤	17.6	에스엠씨	21.4	팬스타엔터프라이즈	54
(외국인)	1.3	넬바이오텍	17.7	두올산업	75

매출구성		비용구성		수출비중	
AXLE	39.4	매출원가율	95.7	수출	—
CROSS MBR	27.7	판관비율	9.4	내수	—
ARM	18.9				

회사 개요
동사의 주요 시장은 자동차 회사로 전량 주문생산에 의해 생산, 공급하고 있으며 전제품이 단독개발제품으로 구성되어 있음. 부품업체의 경쟁력은 설비 및 공정개선, 숙련도 등을 통해 확보되는 생산기술상의 비교우위와 핵심요소로서의 설계능력이 중요함. 동사는 자동차 사시 부분의 설계능력을 보유하여 Concept Car 개발시점부터 자동차 메이커와 함께 개발에 들어감.

실적 분석
동사는 6월 결산법인임. 매출액은 263.3억원으로 전년동기 대비 소폭 증가함. 높은 원가율이 지속되어 영업손실 및 당기순손실이 지속되고 있음. 2016년 자동차산업의 내수는 상반기 개별소비세 인하 연장, 다양한 신차 출시에도 불구하고 하반기 개별소비세 인하 혜택 종료, 아우디폭스바겐 판매금지 등으로 판매가 급감하였으며 수출 역시 신흥시장 경기침체 지속, 해외생산 증가로 감소세를 보임.

현금 흐름	〈단위 : 억원〉		
항목	2016	2017.2Q	
영업활동	54	-23	
투자활동	-24	13	
재무활동	29	35	
순현금흐름	59	25	
기말현금	66	91	

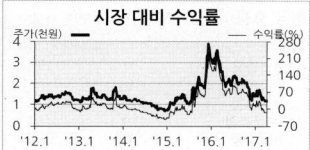
시장 대비 수익률

결산 실적					〈단위 : 억원〉	
항목	2012	2013	2014	2015	2016	2017
매출액	1,095	984	746	587	522	—
영업이익	61	21	-39	-30	17	—
당기순이익	47	-1	-75	-46	-4	—

분기 실적					〈단위 : 억원〉	
항목	2016.1Q	2016.2Q	2016.3Q	2016.4Q	2017.1Q	2017.2Q
매출액	120	133	132	137	115	149
영업이익	-7	1	9	15	-12	-3
당기순이익	-2	-15	3	11	-27	6

재무 상태					〈단위 : 억원〉	
항목	2012	2013	2014	2015	2016	2017.2Q
총자산	917	946	891	864	911	937
유형자산	459	484	530	553	537	523
무형자산	25	20	17	13	7	6
유가증권	34	34	34	30	23	17
총부채	586	624	639	613	572	617
총차입금	275	308	423	433	366	401
자본금	83	83	83	83	120	120
총자본	332	323	252	250	339	321
지배주주지분	332	323	252	250	339	321

기업가치 지표						
항목	2012	2013	2014	2015	2016	2017.2Q
주가(최고/저)(천원)	1.5/0.7	2.1/1.0	1.8/1.1	1.7/1.1	3.9/0.7	—/—
PER(최고/저)(배)	7.0/4.7	—/—	—/—	—/—	—/—	—/—
PBR(최고/저)(배)	1.0/0.7	1.3/0.7	1.5/0.9	1.4/0.6	2.8/0.7	1.8/0.9
EV/EBITDA(배)	4.7	6.8	31.1	30.0	10.5	—
EPS(원)	229	-6	-364	-226	-19	-87
BPS(원)	2,000	1,945	1,518	1,509	1,411	1,336
CFPS(원)	573	307	-100	26	223	27
DPS(원)	50	20				
EBITDAPS(원)	656	441	116	125	319	50

재무 비율								〈단위 : % 〉	
연도	영업이익률	순이익률	부채비율	차입금비율	ROA	ROE	유보율	자기자본비율	EBITDA마진율
2016	3.3	-0.8	168.9	108.0	-0.5	-1.5	182.2	37.2	13.8
2015	-5.1	-7.9	244.9	172.8	-5.3	-18.4	201.8	29.0	3.5
2014	-5.2	-10.0	253.5	168.1	-8.1	-26.0	203.7	28.3	2.6
2013	2.1	-0.1	193.2	95.5	-0.1	-0.4	289.1	34.1	7.4

초록뱀미디어 (A047820)
Chorokbaem Media

업　　종 : 미디어		시　　장 : KOSDAQ	
신용등급 : (Bond) — (CP) —		기업규모 : 중견	
홈페이지 : www.chorokbaem.com		연 락 처 : 02)6925-7000	
본　　사 : 서울시 강남구 언주로148길 19 청호빌딩 4층			

설 립 일 1998.05.26	종 업 원 수 20명	대 표 이 사 오민수,김상헌	
상 장 일 2002.12.24	감 사 의 견 적정 (이현)	계　　　열	
결 산 기 12월	보 통 주 5,663만주	종속회사수	
액 면 가 500원	우 선 주	구 상 회	

주주구성 (지분율,%)		출자관계 (지분율,%)		주요경쟁사 (외형,%)	
DMG (Hong Kong) Group Limited	24.4	SH엔터테인먼트그룹	100.0	초록뱀	100
So-net Entertainment	7.4	초록뱀아트센터	100.0	YG PLUS	66
(외국인)	34.9	W투자금융채권투자조합제5호	47.5	씨그널엔터테인먼트그룹	23

매출구성		비용구성		수출비중	
방영수입(프로듀사 등)	90.8	매출원가율	85.1	수출	20.0
부가사업수입(추노 OST 등)	6.7	판관비율	7.6	내수	80.0
판권수입(총총사 등)	1.7				

회사 개요
동사는 TV드라마 제작을 중심으로 하는 컨텐츠 제작사업과 드라마 컨텐츠를 기반으로 하는 각종 부가사업(OST, 컬러링, 캐릭터상품, 테마파크 개발)을 영위함. 향후 드라마 제작 사업계획의 기본방향은 인적자원(연출가, 작가, 기획PD)과 작가 및 연기자 양성을 바탕으로 자체제작 역량을 강화하고 해외판권 확보, SPC설립 등을 통한 제작투자 확보 및 제작비 절감으로 수익성 개선을 목표함.

실적 분석
동사의 연결기준 2016년 매출액은 전년 248.4억원보다 810.7억원 증가한 1,059.1억원을 기록하였음. 이에 따라 매출총이익 158.0억원, 영업이익 77.3억원을 기록하는 등 실적이 대폭 개선되었음. 동사는 '케이팝 스타 시즌5', '또 오해영', '더텨유', '옥중화'를 성공적으로 제작함. 동사는 중국 DMG그룹 및 일본 소넷과 긴밀한 협력관계를 유지하고 있으며 방송영상 콘텐츠 제작에 새로운 비즈니스 기회로 작용할 것으로 기대됨.

현금 흐름	〈단위 : 억원〉		
항목	2015	2016	
영업활동	-22	67	
투자활동	-740	28	
재무활동	780	-46	
순현금흐름	62	53	
기말현금	77	130	

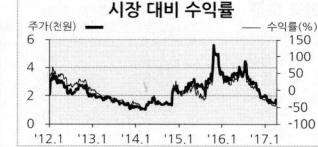
시장 대비 수익률

결산 실적						〈단위 : 억원〉
항목	2011	2012	2013	2014	2015	2016
매출액	183	293	226	256	248	1,059
영업이익	7	16	-19	-21	-23	77
당기순이익	8	15	-24	-20	-6	49

분기 실적					〈단위 : 억원〉	
항목	2015.3Q	2015.4Q	2016.1Q	2016.2Q	2016.3Q	2016.4Q
매출액	58	30	130	203	306	420
영업이익	-0	-21	2	2	36	38
당기순이익	1	-7	-11	-21	21	60

재무 상태					〈단위 : 억원〉	
항목	2011	2012	2013	2014	2015	2016
총자산	294	279	251	269	1,141	1,242
유형자산	1	1	1	1	4	6
무형자산	33	48	44	52	378	315
유가증권	5	1		3	21	116
총부채	47	17	15	53	500	519
총차입금	0			29	428	394
자본금	128	128	128	128	246	247
총자본	248	262	236	216	642	723
지배주주지분	243	258	232	213	636	717

기업가치 지표						
항목	2011	2012	2013	2014	2015	2016
주가(최고/저)(천원)	2.8/1.2	3.6/1.9	2.1/1.1	3.2/1.0	6.1/2.0	4.8/1.8
PER(최고/저)(배)	87.9/37.9	62.4/33.1	—/—	—/—	—/—	48.6/17.8
PBR(최고/저)(배)	2.9/1.3	3.6/1.9	2.4/1.2	3.8/1.2	4.8/1.6	3.3/1.2
EV/EBITDA(배)	53.2	21.5				12.2
EPS(원)	31	57	-92	-79	-18	98
BPS(원)	947	1,006	908	831	1,291	1,448
CFPS(원)	35	67	-91	-78	-17	115
DPS(원)						
EBITDAPS(원)	30	71	-72	-82	-66	173

재무 비율								〈단위 : % 〉	
연도	영업이익률	순이익률	부채비율	차입금비율	ROA	ROE	유보율	자기자본비율	EBITDA마진율
2016	7.3	4.6	71.9	54.5	4.1	7.2	189.7	58.2	8.1
2015	-9.4	-2.5	77.9	66.8	-0.9	-1.5	158.3	56.2	-9.3
2014	-8.4	-7.9	24.4	13.6	-7.8	-9.1	66.2	80.4	-8.2
2013	-8.3	-10.4	6.5		-8.9	-9.7	81.5	93.9	-8.2

칩스앤미디어 (A094360)
Chips&Media

업 종 : 반도체 및 관련장비		시 장 : KOSDAQ	
신용등급 : (Bond) — (CP) —		기업규모 : 벤처	
홈 페 이 지 : www.chipsnmedia.com		연 락 처 : 02)568-3767	
본 사 : 서울시 강남구 삼성로 85길 26, 브이앤에스 11~13층			

설 립 일 2003.03.06	종 업 원 수 62명	대 표 이 사 김상현	
상 장 일 2015.08.05	감 사 의 견 적정 (신한)	계 열	
결 산 기 12월	보 통 주 741만주	종속회사수	
액 면 가 500원	우 선 주	구 상 호	

주주구성 (지분율,%)		출자관계 (지분율,%)		주요경쟁사 (외형,%)	
텔레칩스	34.5	비트리	16.7	칩스앤미디어	100
Manulife Asset Management(Hong Kong) Limited	4.0	심매반도체유한공사	100.0	에이디테크놀로지	166
(외국인)	8.7			제너셈	130

매출구성		비용구성		수출비중	
로열티	47.5	매출원가율	0.0	수출	91.8
라이선스	46.3	판관비율	79.5	내수	8.2
용역	6.2				

회사 개요
동사는 반도체 설계자산(Silicon Intellectual Property) 전문업체임. 반도체 설계자산은 "반도체 IP" 또는 간단하게 "IP"라고 통칭하며, 동사의 주요 사업 영역은 "비디오 IP" 기술 분야이며, 국내 1위임. 동사의 수익구조는 라이선스 수수료, 로열티 수수료, 용역 수수료로 구성됨. 비디오 IP를 상업적으로 라이선스 하고 있거나 비디오 IP 사업에 진입할 가능성이 있는 업체는 세계적으로 10여 개社이며 국내 유일.

실적 분석
동사의 2016년 결산 기준 매출액과 순이익은 136.8억원, 28.1억원으로 전년 대비 13.5%, 19.6% 증가함. 동사는 비디오 코덱 관련 설계자산(IP) 업체로, 매출은 IP의 라이선스 아웃 수익과 로열티 수익으로 이뤄짐. 자동차 전장 산업의 성장은 동사에게 새로운 기회 요인임. 대시보드가 전자식으로 전환되고 ADAS가 적용될수록 자동차 안에서 비디오 관련 칩(AP)의 사용량이 증가함. 수출의 확대와 VR기술 도래등으로 긍정적 전망.

현금 흐름
〈단위 : 억원〉

항목	2015	2016
영업활동	32	39
투자활동	-64	-48
재무활동	48	3
순현금흐름	17	-5
기말현금	50	45

시장 대비 수익률

결산 실적
〈단위 : 억원〉

항목	2011	2012	2013	2014	2015	2016
매출액	86	89	100	108	120	137
영업이익	16	9	13	20	23	28
당기순이익	13	5	7	25	29	36

분기 실적
〈단위 : 억원〉

항목	2015.3Q	2015.4Q	2016.1Q	2016.2Q	2016.3Q	2016.4Q
매출액	31	47	30	28	35	45
영업이익	8	18	5	1	10	11
당기순이익	10	18	7	2	5	21

재무 상태
〈단위 : 억원〉

항목	2011	2012	2013	2014	2015	2016
총자산	186	170	178	194	276	316
유형자산	3	3	3	5	5	5
무형자산	5	5	8	11	14	10
유가증권	2	3	4	7	9	20
총부채	68	47	46	38	22	24
총차입금	55	31	33	21	—	—
자본금	15	15	15	15	19	38
총자본	118	123	132	156	254	292
지배주주지분	118	123	132	156	254	292

기업가치 지표

항목	2011	2012	2013	2014	2015	2016
주가(최고/저)(천원)	—/—	—/—	2.2/1.6	2.1/1.4	7.9/1.4	15.4/4.3
PER(최고/저)(배)	0.0/0.0	0.0/0.0	17.4/12.5	4.9/3.3	17.1/3.1	30.9/8.6
PBR(최고/저)(배)	0.0/0.0	0.0/0.0	1.0/0.7	0.8/0.5	2.2/0.4	3.8/1.1
EV/EBITDA(배)	—	—	2.7	0.1	8.5	22.8
EPS(원)	232	87	129	452	480	501
BPS(원)	3,909	4,255	4,562	5,544	7,370	4,034
CFPS(원)	587	278	370	1,068	1,178	604
DPS(원)					170	95
EBITDAPS(원)	664	411	560	896	992	498

재무 비율
〈단위 : % 〉

연도	영업이익률	순이익률	부채비율	차입금비율	ROA	ROE	유보율	자기자본비율	EBITDA마진율
2016	20.5	26.0	8.4	0.0	12.0	13.0	676.1	92.3	25.8
2015	19.5	24.2	8.8	0.0	12.4	14.2	1,260.6	91.9	25.1
2014	18.8	23.3	24.1	13.2	13.5	17.5	938.0	80.6	23.5
2013	12.7	7.2	35.1	24.8	4.2	5.7	772.7	74.0	16.1

카스 (A016920)
CAS

업 종 : 기계		시 장 : KOSDAQ	
신용등급 : (Bond) — (CP) —		기업규모 :	
홈 페 이 지 : www.cas.co.kr		연 락 처 : 031)820-1100	
본 사 : 경기도 양주시 광적면 그루고개로 262			

설 립 일 1983.04.19	종 업 원 수 338명	대 표 이 사 한성호	
상 장 일 1990.01.04	감 사 의 견 적정 (한영)	계 열	
결 산 기 12월	보 통 주 1,617만주	종속회사수	
액 면 가 500원	우 선 주	구 상 호	

주주구성 (지분율,%)		출자관계 (지분율,%)		주요경쟁사 (외형,%)	
김동진	25.9	CASZHEJIANG	100.0	카스	100
레이블코리아	13.6	CASSHANGHAI	100.0	맥스로텍	30
(외국인)	1.5	CAS.S.A	100.0	에너토크	20

매출구성		비용구성		수출비중	
상업용 전자저울(제품)	47.6	매출원가율	71.5	수출	—
산업용전자저울등(상품등)	41.3	판관비율	26.4	내수	—
로드셀	11.1				

회사 개요
동사는 전자저울과 로드셀 제조와 판매를 주요사업으로 영위하고 있음. 국내 전자저울시장의 70%를 점유하는 1위업체로 해외 10여 개 국가에서도 점유율 1위임. 1983년 설립되어 1989년 코스닥시장에 상장함. 'CAS SHANGHAI', 'CAS JAPAN' 등 5개의 연결대상 종속회사를 보유하고 있음. 미국 법인은 부동산 임대업을 영위함. 향후 사업영역 다각화를 위해 의료기기 판매업을 추가할 예정임.

실적 분석
2016년 연결기준 동사의 매출액은 1316.4억원으로 전년도 대비 3.1% 증가함. 매출원가율이 감소하고 판매비와 관리비 역시 소폭 줄어 영업이익은 전년도 대비 증가한 28.2억원을 기록함. 그러나 금융손실과 외환손실이 커져 비영업손실 폭이 증가했음. 이로 인해 당기순손실은 전년 대비 적자폭이 커졌음. 고정비를 축소해 수익성을 개선하려는 노력은 계속되고 있음.

현금 흐름
〈단위 : 억원〉

항목	2015	2016
영업활동	20	143
투자활동	-14	31
재무활동	-8	-120
순현금흐름	-1	54
기말현금	42	96

시장 대비 수익률
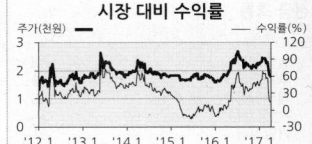

결산 실적
〈단위 : 억원〉

항목	2011	2012	2013	2014	2015	2016
매출액	1,144	1,217	1,239	1,312	1,277	1,316
영업이익	36	48	39	-24	8	28
당기순이익	-12	11	10	-58	-21	-29

분기 실적
〈단위 : 억원〉

항목	2015.3Q	2015.4Q	2016.1Q	2016.2Q	2016.3Q	2016.4Q
매출액	348	278	303	323	323	368
영업이익	-10	10	5	6	15	3
당기순이익	-8	-6	2	-0	5	-35

재무 상태
〈단위 : 억원〉

항목	2011	2012	2013	2014	2015	2016
총자산	1,051	1,133	1,174	1,309	1,304	1,217
유형자산	196	238	271	388	394	373
무형자산	41	34	37	33	46	52
유가증권	7	7	8	6	7	1
총부채	631	727	768	931	957	896
총차입금	449	540	551	662	668	558
자본금	81	81	81	81	81	81
총자본	420	406	406	378	347	321
지배주주지분	420	406	406	378	347	321

기업가치 지표

항목	2011	2012	2013	2014	2015	2016
주가(최고/저)(천원)	1.6/0.9	2.3/1.2	2.7/1.7	2.5/1.7	1.9/1.6	2.7/1.6
PER(최고/저)(배)	—/—	36.0/19.6	44.8/28.3	—/—	—/—	—/—
PBR(최고/저)(배)	0.7/0.4	1.0/0.5	1.1/0.7	1.1/0.8	0.9/0.7	1.4/0.8
EV/EBITDA(배)	9.6	10.2	14.2	—	28.3	16.6
EPS(원)	-73	70	64	-356	-131	-177
BPS(원)	2,654	2,565	2,566	2,396	2,202	2,040
CFPS(원)	50	178	169	-220	6	-48
DPS(원)	50	50	50	25	25	25
EBITDAPS(원)	347	404	349	-12	188	303

재무 비율
〈단위 : % 〉

연도	영업이익률	순이익률	부채비율	차입금비율	ROA	ROE	유보율	자기자본비율	EBITDA마진율
2016	2.1	-2.2	279.4	174.0	-2.3	-8.6	307.9	26.4	3.7
2015	0.7	-1.7	275.9	192.4	-1.6	-5.9	340.4	26.6	2.4
2014	-1.8	-4.4	246.0	175.1	-4.6	-14.7	379.3	28.9	-0.2
2013	3.2	0.8	189.2	135.7	0.9	2.6	413.2	34.6	4.6

카이노스메드 (A220250)
KAINOS MEDICINE

업 종 : 제약	시 장 : KONEX
신용등급 : (Bond) — (CP) —	기업규모 : —
홈페이지 : www.kainosmedicine.com	연 락 처 : 02)567-7419
본 사 : 경기도 성남시 분당구 대왕판교로712번길 16 한국파스퇴르연구소 4층	

설 립 일 2007.06.15	종업원수 13명	대표이사 이기섭
상 장 일 2015.09.10	감사의견 적정 (송강)	계 열
결 산 기 12월	보통주 1,169만주	종속회사수
액 면 가 500원	우선주 13만주	구 상 사

주주구성 (지분율,%)		출자관계 (지분율,%)		주요경쟁사 (외형,%)	
이기섭	18.8			카이노스메드	100
이애주	6.8			명문제약	6,582
				유유제약	3,229

매출구성		비용구성		수출비중	
기술이전	100.0	매출원가율	3.5	수출	100.0
		판관비율	215.7	내수	0.0

회사 개요
동사는 2007년 설립되어 2015년 9월 코넥스 시장에 상장됨. 합성신약 연구 개발 목적으로 설립되어 의약화학(medicinal chemistry)을 기반으로 합성신약을 연구, 개발하고 있음. 적정 개발 단계에서 신약 후보 물질의 기술 수출을 통한 수익 창출을 주요 사업으로 영위하고 있음. 주요 사업 분야는 항암제, 항바이러스제, 비만당뇨치료제 분야를 중심으로 신약 개발 후보 물질 창출에 전념하고 있음.

실적 분석
동사의 2016년 매출액은 21.6억원으로 전년 3.6억원 대비 크게 증가함. 매출원가는 0.8억원으로 매출총이익은 20.9억원을 기록하였음. 인건비 6.1억원, 경상개발비 30.1억원 등 판매비와관리비는 46.6억원임. 그 결과 영업이익은 25.7억원의 적자이며 당기순이익도 적자 상태임. 연구 중인 프로젝트의 목표 시장을 질환별로 분류해보면 에피제네틱스 항암제, 항바이러스(에이즈치료제), 대사질환(비만당뇨치료제)분야임.

현금 흐름	*IFRS 별도 기준	〈단위 : 억원〉
항목	2015	2016
영업활동	-27	-24
투자활동	-2	-1
재무활동	41	7
순현금흐름	12	-17
기말현금	20	3

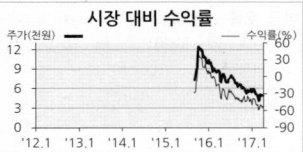

결산 실적 〈단위 : 억원〉

항목	2011	2012	2013	2014	2015	2016
매출액	—	0	1	1	4	22
영업이익	-33	-47	-24	-22	-22	-26
당기순이익	-31	-94	-58	-25	-29	-25

분기 실적 *IFRS 별도 기준 〈단위 : 억원〉

항목	2015.3Q	2015.4Q	2016.1Q	2016.2Q	2016.3Q	2016.4Q
매출액						
영업이익						
당기순이익						

재무 상태 *IFRS 별도 기준 〈단위 : 억원〉

항목	2011	2012	2013	2014	2015	2016
총자산	177	96	22	14	30	12
유형자산	3	3	0	0	0	1
무형자산	114	72	4	4	5	4
유가증권						
총부채	48	47	7	82	9	15
총차입금				76	1	5
자본금	47	49	52	44	58	58
총자본	129	49	15	-68	21	-3
지배주주지분	129	49	15	-68	21	-3

기업가치 지표 *IFRS 별도 기준

항목	2011	2012	2013	2014	2015	2016
주가(최고/저)(천원)	—/—	—/—	—/—	—/—	13.0/6.8	10.3/5.2
PER(최고/저)(배)	0.0/0.0	0.0/0.0	0.0/0.0	0.0/0.0	—/—	—/—
PBR(최고/저)(배)	0.0/0.0	0.0/0.0	0.0/0.0	0.0/0.0	72.6/38.0	-406.6/-205.3
EV/EBITDA(배)						
EPS(원)	-330	-993	-573	-235	-252	-211
BPS(원)	1,373	502	147	-631	179	-25
CFPS(원)	-315	-980	-562	-234	-251	-210
DPS(원)						
EBITDAPS(원)	-341	-482	-228	-202	-193	-216

재무 비율 〈단위 : % 〉

연도	영업이익률	순이익률	부채비율	차입금비율	ROA	ROE	유보율	자기자본비율	EBITDA마진율
2016	-119.2	-115.6	완전잠식	완전잠식	-119.3	당기잠식	-105.1	-24.6	-118.4
2015	-618.9	-802.9	일부잠식	일부잠식	-130.6	전기잠식	-63.8	71.3	-616.1
2014	-1,486.4	-1,725.4	완전잠식	완전잠식	—	-255.0	-478.0	-1,481.9	
2013	-2,417.3	-5,800.0	일부잠식	0.0	-97.9	-180.0	-70.7	69.5	-2,307.3

카카오 (A035720)
Kakao

업 종 : 인터넷 서비스	시 장 : KOSDAQ
신용등급 : (Bond) AA- (CP) A1	기업규모 : 우량
홈페이지 : www.kakaocorp.com	연 락 처 : 1577-3321, 1577-37
본 사 : 제주도 제주시 첨단로 242 (영평동)	

설 립 일 1995.02.16	종업원수 2,738명	대표이사 임지훈
상 장 일 1999.11.11	감사의견 적정 (삼일)	계 열
결 산 기 12월	보통주 6,772만주	종속회사수
액 면 가 500원	우선주	구 상 사 다음카카오

주주구성 (지분율,%)		출자관계 (지분율,%)		주요경쟁사 (외형,%)	
김범수	18.5	케이벤처그룹	100.0	카카오	100
케이큐브홀딩스	14.7	카카오프렌즈	100.0	NAVER	275
(외국인)	24.4	케이큐브벤처스	100.0	KTH	14

매출구성		비용구성		수출비중	
광고(기타)	62.6	매출원가율	0.0	수출	—
게임(기타)	24.9	판관비율	92.1	내수	—
커머스(기타)	7.2				

회사 개요
동사는 1995년 다음커뮤니케이션으로 설립되었으며 카카오와 합병 후, 2015년 9월 주식회사 카카오로 상호 변경함. 국내 1위 메신저 카카오톡, 국내 1위 SNS 카카오스토리를 포함, 다양한 모바일 서비스를 제공하고 있으며 모바일 게임·광고·커머스·콘텐츠 등의 서비스를 연계하여 수익을 창출함. 또한, 카카오택시 등 O2O 서비스와 다음 포털 사이트를 기반으로 한 온라인 광고 상품 판매사업을 영위하고 있음. 최근 인공지능 사업에 적극 투자 중.

실적 분석
동사의 2016년 연간 매출액은 1조 4,642.3억원으로 전년대비 57.1% 증가함. 영업이익은 전년대비 31.1% 증가한 1,161.4억원을 기록. 전체 매출은 콘텐츠 플랫폼 47.9%, 광고 플랫폼 36.5%, 기타 15.6%로 구성되어 있음. 콘텐츠 플랫폼의 매출액이 전년대비 156.5% 증가함. 최근 모바일 결제'카카오페이'가 중국 알리페이로부터 약 2억달러 규모 투자 유치. 향후 모바일결제, O2O, 인공지능 등 사업 성장이 기대됨.

현금 흐름	*단위 : 억원〉	
항목	2015	2016
영업활동	1,998	3,328
투자활동	-4,495	-10,192
재무활동	1,949	9,273
순현금흐름	-541	2,445
기말현금	3,972	6,416

결산 실적 〈단위 : 억원〉

항목	2011	2012	2013	2014	2015	2016
매출액	4,213	4,534	2,108	4,989	9,322	14,642
영업이익	1,168	1,018	659	1,764	886	1,161
당기순이익	1,080	766	614	1,498	788	655

분기 실적 〈단위 : 억원〉

항목	2015.3Q	2015.4Q	2016.1Q	2016.2Q	2016.3Q	2016.4Q
매출액	2,296	2,417	2,425	3,765	3,914	4,538
영업이익	162	206	211	266	303	382
당기순이익	148	118	109	132	136	276

재무 상태 〈단위 : 억원〉

항목	2011	2012	2013	2014	2015	2016
총자산	5,587	6,119	2,172	27,680	31,885	54,841
유형자산	891	1,012	203	1,969	2,191	2,539
무형자산	427	739	14	16,890	18,556	37,332
유가증권	242	229		253	311	932
총부채	1,025	919	399	3,048	6,030	17,812
총차입금	6			3	2,303	10,072
자본금	68	68	210	291	301	339
총자본	4,562	5,199	1,773	24,632	25,855	37,029
지배주주지분	4,565	5,153	1,773	24,546	25,524	34,325

기업가치 지표

항목	2011	2012	2013	2014	2015	2016
주가(최고/저)(천원)	142/73.5	129/81.5	108/76.9	176/68.4	157/100	120/71.2
PER(최고/저)(배)	18.3/9.5	23.4/14.9	24.2/17.3	29.0/11.2	124.0/79.1	137.1/81.6
PBR(최고/저)(배)	4.3/2.2	3.5/2.2	8.4/6.0	4.2/1.6	3.7/2.4	2.4/1.4
EV/EBITDA(배)	9.6	11.0	13.9	32.6	39.3	24.4
EPS(원)	8,080	5,656	4,532	6,117	1,269	874
BPS(원)	34,297	38,158	13,072	42,651	42,485	50,777
CFPS(원)	10,092	8,310	5,029	7,057	2,534	2,598
DPS(원)	1,607	1,110	1,133	173	167	148
EBITDAPS(원)	10,708	10,199	5,357	8,129	2,751	3,484

재무 비율 〈단위 : % 〉

연도	영업이익률	순이익률	부채비율	차입금비율	ROA	ROE	유보율	자기자본비율	EBITDA마진율
2016	7.9	4.5	48.1	27.2	1.5	1.9	10,040.4	67.5	15.7
2015	9.5	8.5	23.3	8.9	2.6	3.0	8,382.9	81.1	17.6
2014	35.4	30.0	12.4	0.0	10.0	11.4	8,415.6	89.0	40.0
2013	31.2	29.1	22.5	0.0	14.8	17.7	744.2	81.6	34.4

카프로 (A006380)
Capro

업 종 : 화학		시 장 : 거래소	
신 용 등 급 : (Bond) — (CP) —		기 업 규 모 : 시가총액 소형주	
홈 페 이 지 : www.hcccapro.co.kr		연 락 처 : 02)399-1200	
본 사 : 서울시 종로구 인사동 7길 12 백상빌딩 11,12층 (관훈동)			

설 립 일 1969.12.30	종 업 원 수 241명		대 표 이 사 박승언	
상 장 일 1974.05.28	감 사 의 견 적정 (삼일)		계 열	
결 산 기 12월	보 통 주 수 4,000만주		종속회사수	
액 면 가 500원	우 선 주		구 상 호	

주주구성 (지분율,%)		출자관계 (지분율,%)		주요경쟁사 (외형,%)	
효성	11.7			카프로	100
코오롱인더스트리	9.6			경인양행	80
(외국인)	1.6			한국알콜	55

매출구성		비용구성		수출비중	
카프로락탐 유안비료	88.2	매출원가율	102.1	수출	45.2
기타품목	11.8	판관비율	2.5	내수	54.8

회사 개요
동사는 1969년 설립돼 나일론의 원료인 카프로락탐 및 기타 화학제품을 생산하고 있음. 카프로락탐은 나일론 섬유나 수지를 제조하는 원료로 국내에서는 동사가 독점적으로 생산 중임. 나일론 제조 업체 등 국내 총수요의 약 71.4%를 동사가 공급하고 있으며 나머지 물량은 수입으로 대체됨. 동사는 국내 최대 유안비료 생산업체로 전체의 82% 이상을 수출하고 나머지는 농업용, 원료용, 공업용으로 국내에 판매하고 있음.

실적 분석
동사의 2016년 연결 기준 누적 매출액은 3,454.6억원으로 전년 대비 60.7% 증가함. 매출 증가에도 불구하고 원가 및 판관비 상승으로 159.8억원의 영업손실이 발생하며 적자 지속됨. 가격경쟁력을 앞세운 중국업체들이 카프로락탐 공급량을 공격적으로 늘리면서 한 때 90%에 육박했던 국내 시장점유율이 70%대로 낮아지는 등 어려움을 겪고 있음. 중국이 나일론 원료를 자급하기 시작하면서 중국 수출이 급감한 것도 수익성 악화의 원인임.

현금 흐름 *IFRS 별도 기준 〈단위 : 억원〉

항목	2015	2016
영업활동	-36	-571
투자활동	216	146
재무활동	-395	230
순현금흐름	-215	-194
기말현금	273	79

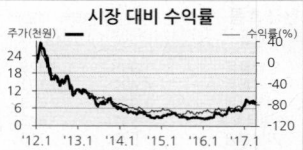

결산 실적 〈단위 : 억원〉

항목	2011	2012	2013	2014	2015	2016
매출액	11,728	9,566	7,718	3,915	2,150	3,455
영업이익	2,163	-240	-1,127	-1,014	-483	-160
당기순이익	1,570	-192	-892	-792	-61	-76

분기 실적 *IFRS 별도 기준 〈단위 : 억원〉

항목	2015.3Q	2015.4Q	2016.1Q	2016.2Q	2016.3Q	2016.4Q
매출액	661	431	554	758	945	1,198
영업이익	-53	-175	-145	-35	10	10
당기순이익	-51	188	-105	12	4	13

재무 상태 *IFRS 별도 기준 〈단위 : 억원〉

항목	2011	2012	2013	2014	2015	2016
총자산	8,875	7,346	6,434	4,984	4,374	4,739
유형자산	3,472	3,450	3,261	2,973	2,663	2,295
무형자산	12	21	19	17	15	13
유가증권	154	176	199	216	0	0
총부채	3,745	2,776	2,847	2,169	1,771	2,219
총차입금	804	1,028	1,802	1,703	1,300	1,223
자본금	200	200	200	200	200	200
총자본	5,131	4,570	3,587	2,815	2,602	2,519
지배주주지분	5,131	4,570	3,587	2,815	2,602	2,519

기업가치 지표 *IFRS 별도 기준

항목	2011	2012	2013	2014	2015	2016
주가(최고/저)(천원)	34.9/17.2	29.3/10.3	13.0/5.8	6.2/2.5	4.7/2.3	6.8/2.2
PER(최고/저)(배)	9.5/4.7	—/—	—/—	—/—	—/—	—/—
PBR(최고/저)(배)	2.9/1.4	2.6/0.9	1.5/0.7	0.9/0.4	0.7/0.4	1.1/0.4
EV/EBITDA(배)	2.8	116.2				33.4
EPS(원)	3,924	-481	-2,229	-1,980	-151	-191
BPS(원)	12,827	11,425	8,969	7,037	6,505	6,298
CFPS(원)	4,916	229	-1,520	-1,249	582	479
DPS(원)	1,000	250				
EBITDAPS(원)	6,401	110	-2,109	-1,805	-474	270

재무 비율 〈단위 : % 〉

연도	영업이익률	순이익률	부채비율	차입금비율	ROA	ROE	유보율	자기자본비율	EBITDA마진율
2016	-4.6	-2.2	88.1	48.5	-1.7	-3.0	1,159.7	53.2	3.1
2015	-22.5	-2.8	68.1	50.0	-1.3	-2.2	1,201.1	59.5	-8.8
2014	-25.9	-20.2	77.1	60.5	-13.9	-24.7	1,307.4	56.5	-18.4
2013	-14.6	-11.6	79.4	50.2	-12.9	-21.9	1,693.7	55.8	-10.9

캐로스 (A260490)
CAROS CO

업 종 : 내구소비재		시 장 : KONEX	
신 용 등 급 : (Bond) — (CP) —		기 업 규 모 :	
홈 페 이 지 : www.caros.co.kr		연 락 처 : 031)612-3000	
본 사 : 경기도 이천시 마장면 둔터로 40			

설 립 일 2009.03.02	종 업 원 수 명		대 표 이 사 유영민	
상 장 일 2016.12.23	감 사 의 견 적정 (한빛)		계 열	
결 산 기 12월	보 통 주 수 182만주		종속회사수	
액 면 가 500원	우 선 주		구 상 호	

주주구성 (지분율,%)		출자관계 (지분율,%)		주요경쟁사 (외형,%)	
유영민	55.0			캐로스	100
임재균	7.7			PN풍년	1,261
				파세코	1,688

매출구성		비용구성		수출비중	
눈꽃빙수기	75.6	매출원가율	92.3	수출	—
온풍기	10.3	판관비율	36.2	내수	—
정수기	9.2				

회사 개요
동사는 생활가전 및 상업용 기계장비를 제조, 판매 등을 영위할 목적으로 2009년 3월 2일에 설립됨. 설립초기에는 가정용 냉온정수기를 ODM의 형식으로 직접 개발, 제조하여 홈쇼핑렌탈판매 업체에 주로 공급하였음. 동사의 제품은 한샘, 에넥스, 현대 등에 공급되어 CJ홈쇼핑, GS홈쇼핑, 롯데홈쇼핑 등에서 판매가 이뤄지며 초창기 냉온정수기 렌탈 시장의 대중화에 공헌함.

실적 분석
동사는 2016년 연결 기준으로 매출 60.4억원, 영업손실 17.2억원, 당기순이익 4.6억원을 기록함. 이는 전년 대비 매출은 21억원 감소한 수치이며 영업손실은 전년 9억원에서 적자폭이 확대됨. 자산총계는 112억원으로 전년(158억원) 대비 46억원 감소함. 부채총계는 103억원으로 전년(140억원) 대비 37억원 감소함. 자본총계는 9억원으로 전년(18억원) 대비 9억원 감소함.

현금 흐름 *IFRS 별도 기준 〈단위 : 억원〉

항목	2015	2016
영업활동	10	-11
투자활동	-5	26
재무활동	-5	-15
순현금흐름	0	-0
기말현금	0	0

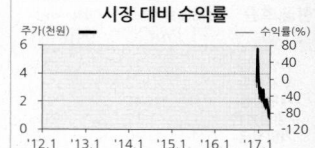

결산 실적 〈단위 : 억원〉

항목	2011	2012	2013	2014	2015	2016
매출액	—	—	63	77	81	60
영업이익	—	—	-4	13	-9	-17
당기순이익	—	—	-7	6	-14	5

분기 실적 *IFRS 별도 기준 〈단위 : 억원〉

항목	2015.3Q	2015.4Q	2016.1Q	2016.2Q	2016.3Q	2016.4Q
매출액						
영업이익						
당기순이익						

재무 상태 *IFRS 별도 기준 〈단위 : 억원〉

항목	2011	2012	2013	2014	2015	2016
총자산			146	171	158	112
유형자산			93	98	81	50
무형자산			3	5	6	7
유가증권						
총부채			117	136	140	103
총차입금			96	99	94	75
자본금			6	6	6	9
총자본			29	35	18	9
지배주주지분			29	35	18	9

기업가치 지표 *IFRS 별도 기준

항목	2011	2012	2013	2014	2015	2016
주가(최고/저)(천원)	—/—	—/—	—/—	—/—	—/—	5.8/3.5
PER(최고/저)(배)	0.0/0.0	0.0/0.0	0.0/0.0	0.0/0.0	0.0/0.0	15.8/9.5
PBR(최고/저)(배)	0.0/0.0	0.0/0.0	0.0/0.0	0.0/0.0	0.0/0.0	11.3/6.8
EV/EBITDA(배)					6.0	
EPS(원)	—	—	-593	462	-1,165	364
BPS(원)	—	—	23,481	28,097	14,626	510
CFPS(원)	—	—	-3,981	7,351	-7,842	772
DPS(원)	—	—				
EBITDAPS(원)	—	—	-1,672	12,979	-3,357	-943

재무 비율 〈단위 : % 〉

연도	영업이익률	순이익률	부채비율	차입금비율	ROA	ROE	유보율	자기자본비율	EBITDA마진율
2016	-28.5	7.7	1,110.7	809.1	3.4	33.9	1.9	8.3	-19.9
2015	-10.9	-17.7	773.9	518.4	-8.8	-54.5	192.5	11.4	-5.1
2014	16.5	7.4	391.6	283.8	3.6	17.9	461.9	20.3	20.9
2013	-7.2	-11.7	401.6	331.4	0.0	0.0	369.6	19.9	-3.3

캐스텍코리아 (A071850)
CASTEC KOREA COLTD

업 종 : 자동차부품		시 장 : KOSDAQ	
신용등급 : (Bond) — (CP) —		기업규모 : 우량	
홈페이지 : www.castec.co.kr		연 락 처 : 051)974-4222	
본 사 : 부산시 사상구 학장로 63번길 24			

설 립 일 1998.12.23	종업원수 381명	대표이사 윤상원	
상 장 일 2014.05.27	감사의견 적정 (한영)	계 열	
결 산 기 12월	보 통 주 1,237만주	종속회사수	
액 면 가 500원	우 선 주 —	구 상 호	

주주구성 (지분율,%)
윤상원	14.0
신영자산운용	4.8
(외국인)	0.8

출자관계 (지분율,%)
소주과태과기유한공사	100.0
CASTECVINACO.,LTD	100.0
진황도과태과업유한공사	100.0

주요경쟁사 (외형,%)
캐스텍코리아	100
삼보모터스	377
트루윈	15

매출구성
자동차 터보부품 (주물소재 및 가공/부품조립)	61.6
전자 Comp.부품(Scroll & Rotary Comp.)	20.4
자동차용 Comp.부품	12.7

비용구성
매출원가율	85.8
판관비율	8.1

수출비중
수출	—
내수	—

회사 개요
동사는 1998년 12월에 전자제품 및 자동차의 부품을 주물공정을 통해 생산하는 것을 주목적으로 하여 설립함. 주요 사업으로 주물제조 및 판매업, 주물기술 컨설팅, 주조 설비 제조, 판매업, 절삭 가공업, 임대업을 영위함. 동사에서 생산되는 주요제품은 자동차 터보 부품 외에 자동차용 Comp부품, 전자 Comp부품, 기타 자동차 부품, Pump and Motor 부품으로 구분할 수 있음.

실적 분석
주 매출원인 자동차 터보차저 및 에어컨 Compressor 부품의 매출이 증가하면서 동사의 2016년도 연결기준 누적매출액은 전년동기 대비 4.0% 증가한 2,266.1억원을 시현. 원재료 가격 하락과 환율의 영향에도 불구하고 영업이익은 12.1% 감소한 137억원을 시현함. 터보차저는 디젤을 넘어 가솔린 모델로 확대되고 있고, 장착 또한 확대추세에 있어 핵심부품을 생산하는 동사의 수혜가 기대됨.

현금 흐름 〈단위 : 억원〉
항목	2015	2016
영업활동	158	240
투자활동	-169	-281
재무활동	-0	44
순현금흐름	-3	14
기말현금	44	58

시장 대비 수익률
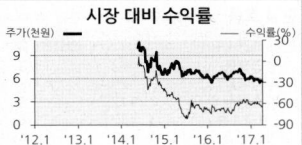

결산 실적 〈단위 : 억원〉
항목	2011	2012	2013	2014	2015	2016
매출액	1,786	1,879	2,018	2,032	2,179	2,266
영업이익	102	133	136	141	156	137
당기순이익	55	68	95	76	98	74

분기 실적 〈단위 : 억원〉
항목	2015.3Q	2015.4Q	2016.1Q	2016.2Q	2016.3Q	2016.4Q
매출액	514	589	583	595	517	572
영업이익	29	41	49	53	28	7
당기순이익	28	10	37	35	5	-2

재무 상태 〈단위 : 억원〉
항목	2011	2012	2013	2014	2015	2016
총자산	1,940	1,848	2,008	2,089	2,295	2,434
유형자산	917	881	986	1,063	1,131	1,278
무형자산	67	60	54	51	48	40
유가증권	8	2	2	2	0	0
총부채	1,310	1,172	1,244	1,113	1,245	1,343
총차입금	845	834	855	732	784	866
자본금	39	40	49	62	62	62
총자본	631	675	764	976	1,050	1,091
지배주주지분	631	675	764	976	1,050	1,091

기업가치 지표
항목	2011	2012	2013	2014	2015	2016
주가(최고/저)(천원)	—/—	—/—	—/—	11.0/6.3	8.4/5.9	7.2/5.5
PER(최고/저)(배)	0.0/0.0	0.0/0.0	0.0/0.0	17.5/9.8	11.0/7.7	12.3/9.3
PBR(최고/저)(배)	0.0/0.0	0.0/0.0	0.0/0.0	1.5/0.8	1.0/0.7	0.8/0.6
EV/EBITDA(배)	4.1	3.3	3.5	6.2	6.2	6.4
EPS(원)	573	714	967	670	795	600
BPS(원)	8,087	8,439	7,802	7,999	8,644	8,971
CFPS(원)	1,982	2,195	1,975	1,512	1,558	1,439
DPS(원)				120	130	130
EBITDAPS(원)	2,584	3,020	2,393	2,079	2,024	1,946

재무 비율 〈단위 : % 〉
연도	영업이익률	순이익률	부채비율	차입금비율	ROA	ROE	유보율	자기자본비율	EBITDA마진율
2016	6.1	3.3	123.1	79.3	3.1	6.9	1,694.1	44.8	10.6
2015	7.2	4.5	118.5	74.6	4.5	9.7	1,628.8	45.8	11.5
2014	7.0	3.8	114.0	75.0	3.7	8.8	1,499.8	46.7	11.7
2013	6.7	4.7	162.7	111.9	4.9	13.2	1,460.4	38.1	11.6

캠시스 (A050110)
CammSys

업 종 : 휴대폰 및 관련부품		시 장 : KOSDAQ	
신용등급 : (Bond) — (CP) —		기업규모 : 우량	
홈페이지 : www.cammsys.net		연 락 처 : 070)4680-2509	
본 사 : 인천시 연수구 벤처로100번길 26 (송도동)			

설 립 일 1993.02.01	종업원수 194명	대표이사 박영태	
상 장 일 2001.05.17	감사의견 적정 (삼정)	계 열	
결 산 기 12월	보 통 주 5,542만주	종속회사수	
액 면 가 500원	우 선 주 —	구 상 호	

주주구성 (지분율,%)
권현진	10.8
권영천	9.0
(외국인)	0.9

출자관계 (지분율,%)
엔제너스	100.0
토프엔터테인먼트	100.0
베프스	92.7

주요경쟁사 (외형,%)
캠시스	100
세코닉스	85
엠씨넥스	113

매출구성
휴대폰 카메라모듈	98.7
차량용 블랙박스	1.3

비용구성
매출원가율	95.0
판관비율	9.9

수출비중
수출	97.5
내수	2.5

회사 개요
동사는 1993년 설립 이후 반도체 생산용장비 제조를 시작으로 현재는 휴대폰 카메라모듈 제조 및 관련 원재료, 상품 도소매 판매사업을 영위하고 있음. 해외시장 개척에 주력함으로써 고부가가치를 창출하고 있음. 국내 경쟁사로는 삼성전기, 삼성광통신 등이 있으며, 기술력과 영업망, 고객대응력을 바탕으로 비교 우위를 점하고 있음. 휴대폰의 500만 화소 이상급 채택이 늘어남에 따라, 전문개발인력을 보유한 동사의 시장지배력 증대가 기대됨.

실적 분석
2016년 연결기준 누적 매출은 3,658.2억원으로 전년대비 13% 감소, 영업손실은 176.7억원으로 적자전환, 순손실 또한 281.1억원으로 적자전환함. 휴대폰 카메라 모듈 부문을 포함, CM사업부문에서 외형축소함. 전방산업인 스마트폰 시장의 경쟁심화와 하드웨어 경쟁 지양으로 주요 제품의 매출 둔화하였으며, 평균판매가격의 하락으로 수익성이 부진. 동사는 외형 정체를 벗어나기 위해 신규 거래선 확보에 노력 중임.

현금 흐름 〈단위 : 억원〉
항목	2015	2016
영업활동	38	159
투자활동	-191	-137
재무활동	122	-15
순현금흐름	-24	-1
기말현금	247	255

시장 대비 수익률

결산 실적 〈단위 : 억원〉
항목	2011	2012	2013	2014	2015	2016
매출액	1,833	2,563	3,809	3,962	4,223	3,658
영업이익	12	61	260	191	79	-177
당기순이익	-55	-52	102	34	9	-281

분기 실적 〈단위 : 억원〉
항목	2015.3Q	2015.4Q	2016.1Q	2016.2Q	2016.3Q	2016.4Q
매출액	1,240	805	872	796	938	1,052
영업이익	14	-24	-22	-103	-52	-52
당기순이익	28	-41	-29	-138	1	-115

재무 상태 〈단위 : 억원〉
항목	2011	2012	2013	2014	2015	2016
총자산	1,252	1,577	2,254	2,430	2,583	2,555
유형자산	416	598	790	973	1,103	1,030
무형자산	32	29	43	65	89	158
유가증권	48	152	39	64	46	3
총부채	456	854	1,376	1,500	1,592	1,664
총차입금	147	548	686	947	1,042	802
자본금	191	191	210	210	216	262
총자본	796	723	878	930	991	891
지배주주지분	796	723	874	920	977	877

기업가치 지표
항목	2011	2012	2013	2014	2015	2016
주가(최고/저)(천원)	2.2/1.0	2.4/1.4	4.1/2.0	3.2/1.4	2.3/1.4	4.4/2.1
PER(최고/저)(배)	—/—	—/—	16.4/7.8	42.8/18.4	193.1/116.5	—/—
PBR(최고/저)(배)	1.0/0.5	1.2/0.7	2.0/1.0	1.4/0.6	1.0/0.6	2.6/1.3
EV/EBITDA(배)	15.6	9.3	4.3	5.1	8.9	—
EPS(원)	-143	-135	256	75	12	-532
BPS(원)	2,160	1,970	2,111	2,226	2,278	1,673
CFPS(원)	-50	-28	418	262	285	-252
DPS(원)				30		
EBITDAPS(원)	124	267	804	643	455	-60

재무 비율 〈단위 : % 〉
연도	영업이익률	순이익률	부채비율	차입금비율	ROA	ROE	유보율	자기자본비율	EBITDA마진율
2016	-4.8	-7.7	186.6	90.0	-10.9	-29.9	234.6	34.9	-0.9
2015	1.9	0.2	160.6	105.2	0.4	0.6	355.5	38.4	4.6
2014	4.8	0.9	161.2	101.7	1.5	3.5	345.3	38.3	6.8
2013	6.8	2.7	156.8	78.1	5.3	13.0	322.2	39.0	8.6

컴투스 (A078340)
Com2uS

업 종 : 게임 소프트웨어	시 장 : KOSDAQ
신용 등급 : (Bond) — (CP) —	기업규모 : 우량
홈 페 이 지 : www.com2us.com	연 락 처 : 02)6292-6000
본 사 : 서울시 금천구 가산디지털1로 131 BYC하이시티 A동	

설 립 일	1998.07.31	종 업 원 수	679명	대 표 이 사	송병준
상 장 일	2007.07.06	감 사 의 견	적정 (안진)	계 열	
결 산 기	12월	보 통 주	1,287만주	종속회사수	
액 면 가	500원	우 선 주		구 상 호	

주주구성 (지분율,%)		출자관계 (지분율,%)		주요경쟁사 (외형,%)	
게임빌	24.5	인모스트파트너스투자조합	31.3	컴투스	100
KB자산운용	24.4	미래창조펀드SliCreativeMobile	20.0	엔씨소프트	192
(외국인)	24.9	클래게임즈	18.2	NHN엔터테인먼트	167

매출구성		비용구성		수출비중	
모바일게임 (서머너즈 워, 낚시의 신 등)	99.6	매출원가율	10.0	수출	85.9
기타 (골프스타 등)	0.4	판관비율	52.5	내수	14.1

회사 개요
1998년 설립된 모바일게임 개발사. 2007년 코스닥 시장에 등록. 대표게임으로 홈런배틀, 타이니팜, 컴투스프로야구, 슬라이스앤, 골프스타 등이 있으며 2013년 동종업계인 게임빌이 최대주주가 되며 시너지 효과 발생, 15년 7월 추가주식매수로 24%이상 지분 보유하며 한솥밥을 먹게 됨. 게임시장의 서머너즈워와 북미 유럽 진출과 M&A를 통한 수익처 다각화 추진하며 내부 게임 개발 및 외부 라인 확대에 집중

실적 분석
동의의 2016년 연결기준 결산 매출액은 전년 동기 대비 18.3% 증가한 5,130.5억원을 기록. 광고선전비가 50% 이상 감소했으나 인건비 증가하며 판관비가 크게 증가. 4분기부터 모바일 게임 '소울즈'를 필두로 2017년 1분기 '낚시의 신VR' 등 10개 이상의 신작을 출시할 예정. 다행이 서머너즈워의 장기 흥행으로 매출과 순이익 증가는 견조한 상황.

현금 흐름 〈단위 : 억원〉

항목	2015	2016
영업활동	1,380	1,560
투자활동	-2,464	-1,314
재무활동	1,810	-196
순현금흐름	728	52
기말현금	848	900

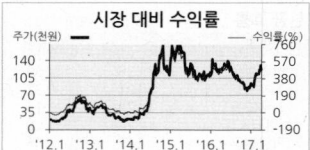
시장 대비 수익률

결산 실적 〈단위 : 억원〉

항목	2011	2012	2013	2014	2015	2016
매출액	362	769	814	2,347	4,335	5,130
영업이익	31	161	77	1,012	1,659	1,920
당기순이익	41	205	193	792	1,258	1,518

분기 실적 〈단위 : 억원〉

항목	2015.3Q	2015.4Q	2016.1Q	2016.2Q	2016.3Q	2016.4Q
매출액	1,149	1,167	1,351	1,266	1,181	1,332
영업이익	423	477	598	486	411	424
당기순이익	318	356	464	380	309	364

재무 상태 〈단위 : 억원〉

항목	2011	2012	2013	2014	2015	2016
총자산	753	1,004	1,183	2,497	5,821	7,120
유형자산	25	41	34	29	34	26
무형자산	30	20	26	23	29	26
유가증권	241	211	229	1,245	2,747	2,865
총부채	52	93	104	391	731	770
총차입금	1	—	0	—	—	—
자본금	50	50	50	50	64	64
총자본	700	911	1,079	2,106	5,090	6,350
지배주주지분	700	911	1,078	2,106	5,090	6,350

기업가치 지표

항목	2011	2012	2013	2014	2015	2016
주가(최고/저)(천원)	28.0/8.8	63.9/15.9	51.5/16.2	170/19.4	178/98.3	143/77.3
PER(최고/저)(배)	77.1/24.2	35.6/8.9	30.1/9.5	24.4/2.8	17.0/9.4	12.3/6.7
PBR(최고/저)(배)	4.4/1.4	7.7/1.9	5.2/1.7	9.1/1.0	4.5/2.5	2.8/1.5
EV/EBITDA(배)	40.5	24.7	20.2	11.9	6.4	2.8
EPS(원)	369	1,822	1,741	7,059	10,599	11,796
BPS(원)	7,290	9,419	11,112	21,185	39,844	51,150
CFPS(원)	550	2,263	2,191	8,119	10,869	12,043
DPS(원)	—	—	—	—	—	1,400
EBITDAPS(원)	450	1,827	1,020	10,295	14,248	15,168

재무 비율 〈단위 : %〉

연도	영업이익률	순이익률	부채비율	차입금비율	ROA	ROE	유보율	자기자본비율	EBITDA마진율
2016	37.4	29.6	12.1	0.0	23.5	26.5	10,130.0	89.2	38.0
2015	38.3	29.0	14.4	0.0	30.3	35.0	7,868.9	87.4	39.0
2014	43.1	33.8	18.6	0.0	43.1	49.8	4,137.0	84.3	44.3
2013	9.5	23.8	9.6	0.0	17.7	19.6	2,122.5	91.2	12.7

케미메디 (A205290)
KEMIMEDI CO

업 종 : 제약	시 장 : KONEX
신용 등급 : (Bond) — (CP) —	기업규모 :
홈 페 이 지 : www.wellcan.co.kr	연 락 처 : 02)3443-9252
본 사 : 경북 안동시 풍산읍 산업단지2길 5, 2층(약용작물개발센터)	

설 립 일	2008.07.02	종 업 원 수	명	대 표 이 사	최건섭
상 장 일	2017.01.13	감 사 의 견	적정 (삼정)	계 열	
결 산 기	12월	보 통 주	750만주	종속회사수	
액 면 가	500원	우 선 주		구 상 호	

주주구성 (지분율,%)		출자관계 (지분율,%)		주요경쟁사 (외형,%)	
금경수	9.1			케미메디	100
엘앤에스농식품6차산업화투자조합	5.1			서울제약	343
				하이텍팜	410

매출구성		비용구성		수출비중	
생활용품,주방가전	72.4	매출원가율	65.2	수출	0.0
건강기능식품	19.5	판관비율	48.8	내수	100.0
기타 상품	4.6				

회사 개요
동사는 신약 연구 개발 등을 영위할 목적으로 2008년 7월에 설립됨. 2017년 1월 코넥스 시장에 신규 상장됨. 중증 난치성 질환에 대한 합성 신약 및 천연물 신약 개발과 건강기능식품(개별인정형) 및 원료를 연구·개발하고 제조 판매하는 양·한방 융합 바이오 연구개발 기업. 창업 이래 양·한방 대학병원과 정부출연 연구소, 산학연과 공동 연구 기반을 구축하였으며, 꾸준한 연구 활동을 통해 독창적인 기술 플랫폼을 확보한 약학 연구개발 업체임.

실적 분석
동사의 2016년 매출액은 133.9억원을 기록함. 생활용품/주방가전 매출이 79.1억원으로 59.1%의 비중을 차지하고 있음. 매출원가는 87.3억원, 판매비와관리비는 65.3억원을 기록하여 영업이익은 18.7억원의 적자임. 알러지성 비염(임상2상), 항우울증(임상2상), 남성불임(GLP 독성시험), 췌장염치료제(GLP 독성시험) 등 천연물신약 및 배뇨개선, 전립선 등 갱년기증상 분야의 건강기능식품 분야의 신제품을 개발(공동개발)하고 있음.

현금 흐름 *IFRS 별도 기준 〈단위 : 억원〉

항목	2015	2016
영업활동	-62	28
투자활동	-29	-62
재무활동	112	6
순현금흐름	22	-28
기말현금	43	14

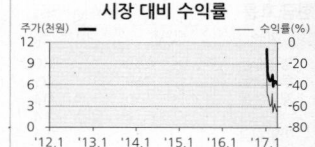
시장 대비 수익률

결산 실적 〈단위 : 억원〉

항목	2011	2012	2013	2014	2015	2016
매출액	—	—	21	98	221	134
영업이익	—	—	-3	-33	-39	-19
당기순이익	—	—	-13	-40	-47	-44

분기 실적 *IFRS 별도 기준 〈단위 : 억원〉

항목	2015.3Q	2015.4Q	2016.1Q	2016.2Q	2016.3Q	2016.4Q
매출액			54	52	17	11
영업이익			5	-3	-10	-10
당기순이익			4	-2	-10	-35

재무 상태 *IFRS 별도 기준 〈단위 : 억원〉

항목	2011	2012	2013	2014	2015	2016
총자산			27	86	151	114
유형자산			1	1	3	5
무형자산			0	1	1	1
유가증권				4	—	20
총부채			43	99	67	50
총차입금			33	84	59	44
자본금			18	22	33	38
총자본			-16	-13	84	64
지배주주지분			-16	-13	84	64

기업가치 지표 *IFRS 별도 기준

항목	2011	2012	2013	2014	2015	2016
주가(최고/저)(천원)	—/—	—/—	—/—	—/—	—/—	—/—
PER(최고/저)(배)	0.0/0.0	0.0/0.0	0.0/0.0	0.0/0.0	0.0/0.0	0.0/0.0
PBR(최고/저)(배)	0.0/0.0	0.0/0.0	0.0/0.0	0.0/0.0	0.0/0.0	0.0/0.0
EV/EBITDA(배)	0.0	0.0	0.0			
EPS(원)			-368	-952	-785	-612
BPS(원)			-452	-270	1,256	854
CFPS(원)			-368	-939	-769	-598
DPS(원)						
EBITDAPS(원)			-84	-779	-635	-245

재무 비율 〈단위 : %〉

연도	영업이익률	순이익률	부채비율	차입금비율	ROA	ROE	유보율	자기자본비율	EBITDA마진율
2016	-14.0	-33.1	77.5	68.7	-33.5	-60.0	70.9	56.3	-13.2
2015	-17.5	-21.1	80.3	70.4	-39.5	전기잠식	151.3	55.5	-17.1
2014	-33.8	-40.7	완전잠식	완전잠식	-70.5	잠식지속	-153.9	-14.7	-33.3
2013	-14.4	-63.1	완전잠식	완전잠식	0.0	완전잠식	-190.4	-60.5	-14.4

케어젠 (A214370)
CAREGEN CO

업 종 : 개인생활용품		시 장 : KOSDAQ	
신용 등급 : (Bond) — (CP) —		기업규모 : 중견	
홈페이지 : www.caregen.co.kr		연 락 처 : 031)420-9241	
본 사 : 경기도 안양시 동안구 엘에스로91번길 46-38(호계동)			

설 립 일 2001.08.23	종 업 원 수 115명	대 표 이 사 정용지
상 장 일 2015.11.17	감 사 의 견 적정(삼정)	계 열
결 산 기 12월	보 통 주 1,071만주	종속회사수
액 면 가 500원	우 선 주 —	구 상 주

주주구성 (지분율,%)		출자관계 (지분율,%)		주요경쟁사 (외형,%)	
정용지	62.0			케어젠	100
SHANGHAI SIYANLI INDUSTRIAL COMPANY LIMITED	8.4			콜마비앤에이치	547
(외국인)	2.7			에이블씨엔씨	928

매출구성		비용구성		수출비중	
안면미용(전문테라피용)	43.7	매출원가율	17.4	수출	92.9
기능성화장품(홈케어용)	22.0	판관비율	27.8	내수	7.1
기타	19.5				

회사 개요
동사는 2001년 8월 23일에 설립된 성장인자와 바이오미메틱 펩타이드 기술을 바탕으로 한 피부 미용 전문기업임. 동사는 테라피제품을 전문테라피용, 홈케어용으로 분류를 하며 이 중 필러를 이용하는 전문 테라피(안면 미용, 탈모 두피, 바디 비만) 매출 비중이 57.8%로 가장 높으며 홈케어와 효능 원료 비중은 각각 34.8%, 6.1%임. 동사의 수출 비중은 90% 이상으로 내수보다는 해외 시장을 타겟으로 하고 있음.

실적 분석
동사의 2016년 결산기준 매출액은 전년동기 대비 28.6% 상승한 468.4억원을 기록하였음. 비용면에서 전년동기대비 매출원가는 증가 하였으며 인건비도 증가, 광고선전비는 거의 동일 하였고 기타판매비와관리비는 증가함. 이와 같이 상승한 매출 만큼 비용증가도 있었으나 매출액의 더 큰 상승에 힘입어 그에 따라 전년동기대비 영업이익은 256.8억원으로 25.1% 상승하였음. 최종적으로 전년동기 대비 당기순이익은 상승하여 227.6억원을 기록함.

현금 흐름 〈단위 : 억원〉
항목	2015	2016
영업활동	116	137
투자활동	-874	-269
재무활동	1,727	-353
순현금흐름	969	-464
기말현금	1,170	705

시장 대비 수익률
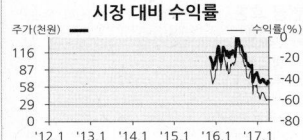

결산 실적 〈단위 : 억원〉
항목	2011	2012	2013	2014	2015	2016
매출액	146	183	212	286	364	468
영업이익	64	79	87	160	205	257
당기순이익	58	84	83	142	193	228

분기 실적 〈단위 : 억원〉
항목	2015.3Q	2015.4Q	2016.1Q	2016.2Q	2016.3Q	2016.4Q
매출액	—	—	83	156	71	158
영업이익	—	—	35	102	21	99
당기순이익	—	—	36	87	11	94

재무 상태 〈단위 : 억원〉
항목	2011	2012	2013	2014	2015	2016
총자산	257	501	450	631	2,565	2,491
유형자산	82	156	160	150	238	264
무형자산	1	5	12	13	12	12
유가증권	100	222	113	89	583	319
총부채	35	89	62	67	76	104
총차입금	—	0	0	1	—	—
자본금	15	15	15	15	54	54
총자본	222	412	388	564	2,489	2,388
지배주주지분	222	412	388	564	2,489	2,341

기업가치 지표
항목	2011	2012	2013	2014	2015	2016
주가(최고/저)(천원)	—/—	—/—	—/—	—/—	114/85.9	143/61.3
PER(최고/저)(배)	0.0/0.0	0.0/0.0	0.0/0.0	0.0/0.0	56.5/42.4	67.6/28.9
PBR(최고/저)(배)	0.0/0.0	0.0/0.0	0.0/0.0	0.0/0.0	5.0/3.8	5.8/2.5
EV/EBITDA(배)					41.1	25.9
EPS(원)	645	928	926	1,570	2,065	2,144
BPS(원)	7,412	13,738	12,940	18,627	23,237	24,991
CFPS(원)	2,075	3,017	3,072	5,011	2,184	2,300
DPS(원)					600	1,000
EBITDAPS(원)	2,274	2,867	3,206	5,610	2,322	2,554

재무 비율 〈단위 : % 〉
연도	영업이익률	순이익률	부채비율	차입금비율	ROA	ROE	유보율	자기자본비율	EBITDA마진율
2016	54.8	48.6	4.4	0.0	9.0	9.5	4,898.1	95.8	58.4
2015	56.4	52.9	3.1	0.0	12.0	12.6	4,547.5	97.0	59.1
2014	55.8	49.5	11.9	0.2	26.2	29.7	3,625.3	89.4	59.0
2013	41.2	39.3	16.0	0.1	17.5	20.8	2,487.9	86.2	45.3

케이디건설 (A044180)
KD Construction

업 종 : 건설		시 장 : KOSDAQ	
신용 등급 : (Bond) — (CP) —		기업규모 : 중견	
홈페이지 : www.kdcon.co.kr		연 락 처 : 031)706-8577	
본 사 : 경기도 안산시 단원구 광덕서로 102, 406-3호			

설 립 일 1976.08.06	종 업 원 수 33명	대 표 이 사 구정회
상 장 일 2000.11.16	감 사 의 견 적정(대현)	계 열
결 산 기 12월	보 통 주 25,249만주	종속회사수
액 면 가 100원	우 선 주 —	구 상 주 케이디건설

주주구성 (지분율,%)		출자관계 (지분율,%)		주요경쟁사 (외형,%)	
KD기술투자	6.9	디와이	95.7	KD건설	100
아이벤처투자	0.5	국제건설	64.2	범양건영	294
(외국인)	2.7	대신프론테크	25.0	한국종합기술	538

매출구성		비용구성		수출비중	
주거용 오피스텔, 상가, 아파트 민간공사	81.8	매출원가율	82.5	수출	—
가전 및 Display 금형 등의 틀 제작	17.3	판관비율	12.4	내수	—
안산시청 공사	0.9				

회사 개요
동사는 플라스틱 사출품의 틀이 되는 몰드베이스 생산업과, 주거용 오피스텔 및 상가 등의 건설사업을 영위하고 있음. 1980년 3월 국내 최초로 몰드베이스 국산화에 성공하였음. 2000년 11월 코스닥시장에 상장되었으며, 건설분야에 진출하면서 2015년 3월 국제디아이에서 케이디건설로 상호를 변경함. 현재 대주주는 국제실업이며, 연결대상 종속회사는 위해성진금형유한공사, 디와이(구.동호정공) 등 2개사를 보유함.

실적 분석
동사의 2016년 연결 매출액은 370.5억원으로 전년동기 대비 29.1% 증가하였는데, 건설부문 매출이 전체매출의 약 86.1%를 차지하는 수준으로 성장함. 몰드베이스 분야는 13.9%의 매출비중을 차지하며, 국내 금형시장이 하향세를 보임에 따라 몰드베이스 분야 매출액은 지속적으로 감소하고 있음. 매출증가와 원가부담 감소로 영업이익은 18.8억원을 시현하며 65.9% 증가함. 문정동 지식산업센터와 동해 KD아람채 아파트 공사를 진행중임.

현금 흐름 〈단위 : 억원〉
항목	2015	2016
영업활동	33	-209
투자활동	-36	-29
재무활동	18	255
순현금흐름	16	17
기말현금	20	37

시장 대비 수익률
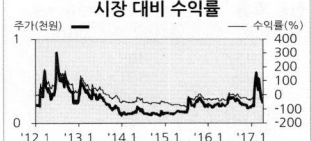

결산 실적 〈단위 : 억원〉
항목	2011	2012	2013	2014	2015	2016
매출액	152	125	224	226	287	371
영업이익	6	7	-18	-46	11	19
당기순이익	-150	-199	-70	-56	3	3

분기 실적 〈단위 : 억원〉
항목	2015.3Q	2015.4Q	2016.1Q	2016.2Q	2016.3Q	2016.4Q
매출액	51	133	81	124	80	86
영업이익	-3	25	-6	15	4	6
당기순이익	-8	25	-7	2	1	7

재무 상태 〈단위 : 억원〉
항목	2011	2012	2013	2014	2015	2016
총자산	760	237	232	268	376	595
유형자산	100	80	83	77	97	125
무형자산	1	1	1	1	1	1
유가증권	89	6	10	8	9	9
총부채	524	142	165	129	209	203
총차입금	179	7	27	82	83	131
자본금	54	88	36	136	152	252
총자본	237	96	67	139	167	393
지배주주지분	223	118	67	139	168	393

기업가치 지표
항목	2011	2012	2013	2014	2015	2016
주가(최고/저)(천원)	0.4/0.2	1.0/0.2	0.5/0.1	0.2/0.1	0.3/0.1	0.3/0.2
PER(최고/저)(배)	—/—	—/—	—/—	—/—	173.5/54.9	190.8/96.0
PBR(최고/저)(배)	0.5/0.2	3.5/0.7	3.8/0.7	2.1/0.9	3.2/1.0	2.2/1.1
EV/EBITDA(배)	8.8	6.3			20.9	22.1
EPS(원)	-375	-459	-151	-58	2	1
BPS(원)	415	134	187	103	110	156
CFPS(원)	-146	-199	-174	-58	6	4
DPS(원)						
EBITDAPS(원)	38	21	-25	-48	12	12

재무 비율 〈단위 : % 〉
연도	영업이익률	순이익률	부채비율	차입금비율	ROA	ROE	유보율	자기자본비율	EBITDA마진율
2016	5.1	0.9	51.7	33.3	0.7	1.2	55.6	65.9	6.2
2015	3.9	1.1	124.7	49.5	1.0	2.0	10.1	44.5	6.0
2014	-20.6	-24.7	93.2	59.2	-22.3	-53.6	2.6	51.8	-18.8
2013	-8.1	-31.1	246.9	40.3	-29.7	-70.3	87.0	28.8	-3.4

케이디켐 (A221980)
KDCHEM CO

업 종 : 화학		시 장 : KOSDAQ	
신용등급 : (Bond) — (CP) —		기업규모 : 중견	
홈 페 이 지 : www.kdchem.co.kr		연 락 처 : 043)543-8420	
본 사 : 충북 보은군 보은읍 매화구인로 345			

설 립 일 1986.07.18	종 업 원 수 39명	대 표 이 사 민남규
상 장 일 2015.11.19	감 사 의 견 적정 (한주)	계 열
결 산 기 12월	보 통 주 403만주	종속회사수
액 면 가 500원	우 선 주	구 상 호

주주구성 (지분율,%)
민남규	47.6
자강산업	13.9
(외국인)	0.5

출자관계 (지분율,%)
자강산업	25.0
제이케이머티리얼즈	10.8
산동KDC화학유한공사	100.0

주요경쟁사 (외형,%)
케이디켐	100
KPX그린케미칼	511
세우글로벌	89

매출구성
유기액상안정제 (제품)	69.7
상품	23.8
기타안정제(제품)	6.3

비용구성
매출원가율	71.5
판관비율	11.6

수출비중
수출	35.8
내수	64.2

회사 개요
동사는 1986년 7월 18일에 한국대협화성으로 설립되어 2008년 6월 회사명을 케이디켐으로 변경하였으며 PVC 안정제(플라스틱 첨가제)의 제조 및 판매를 목적으로 하고 있음. PVC안정제는 크게 분말형태의 납계안정제, Ca-Zn 등 금속 석검계 분말안정제, 액상형태의 유기Tin계안정제와 유기액상안정제로 구분되며, 동사는 유기액상안정제 생산에 주력하고 있음. 최근 친환경이 유행하면서 유기액상안정제 시장도 친환경적으로 빠르게 전환 중임.

실적 분석
동사의 2016년 결산기준 누적 매출액은 전년동기대비 3.9% 상승한 477원을 기록하였음. 비용면에서 전년동기대비 매출원가는 증가 하였으며 인건비도 증가, 기타판매비와관리비는 감소함. 이와 같이 상승한 매출액 만큼 비용증가도 있었으나 매출액의 더 큰 상승에 힘입어 그에 따라 전년동기대비 영업이익은 80.5억원으로 13.2% 상승하였음. 최종적으로 전년동기대비 당기순이익은 상승하여 82.2억원을 기록함.

현금 흐름 〈단위 : 억원〉
항목	2015	2016
영업활동	105	34
투자활동	-191	-33
재무활동	159	-19
순현금흐름	73	-19
기말현금	77	58

시장 대비 수익률

결산 실적 〈단위 : 억원〉
항목	2011	2012	2013	2014	2015	2016
매출액	353	407	442	433	459	477
영업이익	44	46	42	62	71	81
당기순이익	19	28	34	54	63	82

분기 실적 〈단위 : 억원〉
항목	2015.3Q	2015.4Q	2016.1Q	2016.2Q	2016.3Q	2016.4Q
매출액	121	113	113	126	117	121
영업이익	21	15	18	22	18	22
당기순이익	19	14	20	21	19	22

재무 상태 〈단위 : 억원〉
항목	2011	2012	2013	2014	2015	2016
총자산	573	390	422	427	651	713
유형자산	172	87	85	79	78	105
무형자산	0	—	—	2	1	1
유가증권	17	—	—	—	—	—
총부채	285	153	151	107	69	74
총차입금	244	108	98	61	19	21
자본금	4	4	4	4	20	20
총자본	288	237	271	320	583	640
지배주주지분	288	237	271	320	583	640

기업가치 지표
항목	2011	2012	2013	2014	2015	2016
주가(최고/저)(천원)	—/—	—/—	—/—	—/—	13.4/11.3	20.5/12.9
PER(최고/저)(배)	0.0/0.0	0.0/0.0	0.0/0.0	0.0/0.0	4.7/3.9	10.4/6.5
PBR(최고/저)(배)	0.0/0.0	0.0/0.0	0.0/0.0	0.0/0.0	1.0/0.8	1.3/0.8
EV/EBITDA(배)	3.9	1.9	1.8	0.8	4.0	5.9
EPS(원)	2,417	3,584	4,281	6,801	3,075	2,037
BPS(원)	359,970	300,237	34,281	40,501	14,442	15,850
CFPS(원)	46,249	47,289	4,935	7,436	3,323	2,151
DPS(원)					500	550
EBITDAPS(원)	76,516	69,125	5,953	8,469	3,712	2,109

재무 비율 〈단위 : % 〉
연도	영업이익률	순이익률	부채비율	차입금비율	ROA	ROE	유보율	자기자본비율	EBITDA마진율
2016	16.9	17.2	11.6	3.3	12.1	13.5	3,070.0	89.6	17.8
2015	15.5	13.8	11.8	3.3	11.7	14.0	2,788.4	89.5	16.6
2014	14.3	12.4	33.3	18.9	12.7	18.2	8,000.3	75.0	15.5
2013	9.5	7.7	55.7	36.1	8.3	13.3	6,756.2	64.2	10.7

케이맥 (A043290)
Korea Materials & Analysis

업 종 : 디스플레이 및 관련부품		시 장 : KOSDAQ	
신용등급 : (Bond) — (CP) —		기업규모 : 벤처	
홈 페 이 지 : www.kmac.com		연 락 처 : 042)930-3800	
본 사 : 대전시 유성구 테크노8로 33(용산동)			

설 립 일 1996.11.01	종 업 원 수 291명	대 표 이 사 이재원
상 장 일 2011.10.25	감 사 의 견 적정 (신한)	계 열
결 산 기 12월	보 통 주 684만주	종속회사수
액 면 가 500원	우 선 주	구 상 호

주주구성 (지분율,%)
에이치비콥	19.0
에이치비테크놀러지	7.6
(외국인)	1.6

출자관계 (지분율,%)

주요경쟁사 (외형,%)
케이맥	100
한국컴퓨터	263
와이엠씨	137

매출구성
FPD 검사장비(박막두께 측정기,색도 측정기 등)	81.0
바이오/의료진단기기(POCT BIOSENSOR,BIO CHIP)	9.5
용역	5.3

비용구성
매출원가율	60.9
판관비율	25.8

수출비중
수출	47.1
내수	52.9

회사 개요
동사는 광학측정의 원천기술 및 설계기술, Mechatronics 기술, Nano 계측, S/W 기술 및 기타 이화학 관련 분석.측정 기술을 기반으로 하는 산업용 초정밀 분석, 측정장비를 제조·판매하는 업체임. 동사는 사업다각화를 위해 FPD 산업, 바이오 및 의료진단 산업, 분석기기 산업에 진출하고 있음. 동사는 최근 DNA칩에 쓰이는 핵심기술 2건의 특허를 취득하였음. 이로 인해 DNA칩을 필두로 세계 바이오 시장 공략을 계획함.

실적 분석
2016년 연결기준 매출액은 전년동기 대비 103.3% 증가한 895.2억원, 영업이익은 309% 증가한 118.9억원을 기록함. 바이오 및 의료진단기기 사업 부문을 제외한 전 사업부문에서 매출이 증가하며 외형성장함. 특히 FPD검사장비, 분석기기사업 부문에서 매출이 폭발적으로 증가함. 차세대 디스플레이 시장에 진입하여 점유율을 높이기 위해 노력하고 있으며, 다양한 바이오/의료진단 자동화 플랫폼을 개발, 제품화 하고 있음.

현금 흐름 〈단위 : 억원〉
항목	2015	2016
영업활동	-27	-41
투자활동	-27	8
재무활동	46	79
순현금흐름	-9	46
기말현금	7	54

시장 대비 수익률
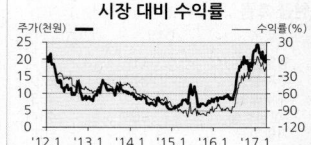

결산 실적 〈단위 : 억원〉
항목	2011	2012	2013	2014	2015	2016
매출액	372	210	449	274	440	895
영업이익	67	-33	62	-58	29	119
당기순이익	65	-27	42	-46	27	97

분기 실적 〈단위 : 억원〉
항목	2015.3Q	2015.4Q	2016.1Q	2016.2Q	2016.3Q	2016.4Q
매출액	156	126	30	191	180	494
영업이익	33	7	-32	37	24	90
당기순이익	23	16	-22	34	23	62

재무 상태 〈단위 : 억원〉
항목	2011	2012	2013	2014	2015	2016
총자산	606	608	709	668	737	1,058
유형자산	115	193	241	247	235	231
무형자산	66	114	142	136	135	97
유가증권	1	2	2	0	0	1
총부채	177	247	317	323	366	474
총차입금	140	196	239	250	291	258
자본금	31	32	34	34	34	34
총자본	429	361	391	345	371	583
지배주주지분	429	361	391	345	371	584

기업가치 지표
항목	2011	2012	2013	2014	2015	2016
주가(최고/저)(천원)	28.1/15.2	22.0/8.1	14.0/7.3	10.3/5.3	12.8/5.3	23.0/7.6
PER(최고/저)(배)	22.9/12.4	—/—	22.6/11.8	—/—	32.3/13.3	16.1/5.3
PBR(최고/저)(배)	4.0/2.2	3.5/1.3	2.1/1.1	1.7/0.9	2.0/0.8	2.7/0.9
EV/EBITDA(배)	12.2		10.1		13.4	11.2
EPS(원)	1,244	-426	619	-674	395	1,422
BPS(원)	7,132	6,275	6,648	5,974	6,356	8,537
CFPS(원)	1,572	-52	1,015	-258	863	1,990
DPS(원)	200					
EBITDAPS(원)	1,602	-143	1,315	-438	893	2,307

재무 비율 〈단위 : % 〉
연도	영업이익률	순이익률	부채비율	차입금비율	ROA	ROE	유보율	자기자본비율	EBITDA마진율
2016	13.3	10.9	81.3	44.2	10.8	20.4	1,607.3	55.2	17.6
2015	6.6	6.1	98.8	78.6	3.8	7.6	1,171.3	50.3	13.9
2014	-21.3	-16.8	93.6	72.5	-6.7	-12.5	1,094.7	51.7	-10.9
2013	13.9	9.3	81.2	61.0	6.4	11.2	1,229.7	55.2	19.9

케이비금융지주 (A105560)
KB Financial Group

업　　종 : 상업은행　　　　　　　　시　　장 : 거래소
신용등급 : (Bond) AAA　　(CP) A1　　기업규모 : 시가총액 대형주
홈페이지 : www.kbfg.com　　　　　　연락처 : 02)2073-7114
본　　사 : 서울시 중구 남대문로 84(을지로2가)

설 립 일 2008.09.29	종업원수 159명	대표이사 윤종규	
상 장 일 2008.10.10	감사의견 적정 (삼일)	계　　열	
결 산 기 12월	보유주식 41,811만주	종속회사수	
액 면 가 5,000원	우 선 주	구 상 호	

주주구성 (지분율,%)		출자관계 (지분율,%)		주요경쟁사 (외형,%)	
국민연금공단	9.9	KB국민은행	100.0	KB금융	100
Citibank(DR)	6.7	KB증권	100.0	신한지주	112
(외국인)	65.1	KB국민카드	100.0	하나금융지주	84

수익구성		비용구성		수출비중	
		이자비용	15.3	수출	—
		파생상품손실	0.0	내수	—
		판관비	22.1		

회사 개요
동사는 2008년 9월 국민은행, KB부동산신탁, KB인베스트먼트(구, KB창업투자), KB신용정보, KB데이터시스템, KB자산운용, KB투자증권의 포괄적 주식이전을 통해 설립됨. 2008년 유가증권시장에 상장됨. 항아리형 인력구조, 확일화된 영업점 창구배치 및 영업채널, 노후화된 업무프로세스 등을 개선해 조직 및 경영 효율성 제고 방안을 추진함.

실적 분석
핵심 Biz중심의 은행 및 비은행 안정적 성장과 잠재부실여신 선제적 감축 등 지속적인 건전성 개선노력을 통해 전년 대비 4460억원 증가한 2조1440억의 당기순이익을 시현함. 이자 이익이 전년 대비 2000억원 증가한. 이자 이익이 전년 대비 2000억원 증가함. 비은행 중심으로 수수료 수익이 전년 대비 500억원 증가하면서 총영업이익역시 전년 대비 630억원 증가한 7조4450억원을 달성했음.

현금 흐름　〈단위 : 억원〉

항목	2015	2016
영업활동	21,936	11,250
투자활동	-50,753	-44,385
재무활동	32,553	31,813
순현금흐름	4,391	-431
기말현금	74,579	74,148

시장 대비 수익률
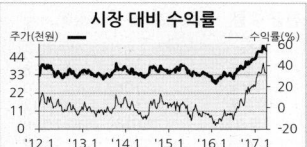

결산 실적　〈단위 : 억원〉

항목	2011	2012	2013	2014	2015	2016
이자수익	139,563	142,101	123,569	116,353	103,758	100,219
영업이익	33,983	24,322	20,270	19,591	18,211	16,769
당기순이익	24,286	17,401	12,747	14,151	17,273	21,902

분기 실적　〈단위 : 억원〉

항목	2015.3Q	2015.4Q	2016.1Q	2016.2Q	2016.3Q	2016.4Q
이자수익	25,547	25,236	24,663	24,646	24,816	26,094
영업이익	5,413	3,460	6,679	6,250	7,214	-3,374
당기순이익	4,239	3,517	5,542	5,954	5,774	4,631

재무 상태　〈단위 : 억원〉

항목	2011	2012	2013	2014	2015	2016
총자산	2,776,008	2,857,511	2,921,676	3,083,557	3,290,655	3,756,737
유형자산	31,860	31,004	30,608	30,830	32,874	36,213
무형자산	3,252	2,835	2,376	2,265	2,044	3,899
유가증권	411,836	458,345	439,319	452,164	495,129	716,446
총부채	2,545,010	2,609,879	2,661,853	2,808,430	3,001,627	3,444,123
총차입금	438,937	402,357	411,409	450,652	488,413	612,435
자본금	19,318	19,318	19,318	19,318	19,318	20,906
총자본	230,998	247,631	259,823	275,127	289,027	312,614
지배주주지분	229,180	245,686	259,823	273,151	286,806	309,980

기업가치 지표

항목	2011	2012	2013	2014	2015	2016
주가(최고/저)(천원)	54.8/30.5	40.5/29.7	40.2/29.8	39.8/31.6	39.6/32.0	43.3/27.5
PER(최고/저)(배)	10.1/5.6	10.0/7.4	13.4/9.9	11.9/9.4	9.5/7.5	8.1/5.2
PBR(최고/저)(배)	1.1/0.6	0.7/0.5	0.7/0.5	0.6/0.5	0.6/0.5	0.6/0.4
PSR(최고/저)(배)	2/1	1/1	1/1	1/1	2/1	2/1
EPS(원)	6,142	4,480	3,291	3,626	4,396	5,458
BPS(원)	59,319	63,591	67,250	70,700	74,234	75,865
CFPS(원)	7,029	5,330	4,034	4,302	5,062	6,195
DPS(원)	720	600	500	780	980	1,250
EBITDAPS(원)	8,796	6,295	5,246	5,071	4,714	4,270

재무 비율　〈단위 : %〉

연도	계속사업이익률	순이익률	부채비율	차입금비율	ROA	ROE	유보율	자기자본비율	총자산증가율
2016	26.2	21.9	1,101.7	195.9	0.6	7.2	1,417.3	8.3	14.2
2015	20.9	16.7	1,038.5	169.0	0.5	6.1	1,384.7	8.1	6.7
2014	16.3	12.2	1,020.8	163.8	0.5	5.3	1,314.0	8.9	5.5
2013	14.7	10.3	1,024.5	158.3	0.4	5.0	1,245.0	8.9	2.3

케이비손해보험 (A002550)
KB Insurance

업　　종 : 보험　　　　　　　　　　시　　장 : 거래소
신용등급 : (Bond) —　　(CP) —　　　기업규모 : 시가총액 중형주
홈페이지 : www.kbinsure.co.kr　　　연락처 : 1544-0114
본　　사 : 서울시 강남구 테헤란로 117 KB손해보험타워

설 립 일 1959.01.27	종업원수 3,294명	대표이사 양종희	
상 장 일 1976.07.05	감사의견 적정 (삼일)	계　　열	
결 산 기 12월	보유주식 6,650만주	종속회사수	
액 면 가 500원	우 선 주	구 상 호 LIG손해보험	

주주구성 (지분율,%)		출자관계 (지분율,%)		주요경쟁사 (외형,%)	
KB금융지주	39.8	케이비골든라이프케어	100.0	KB손해보험	100
국민연금공단	9.4	KB자동차손해사정	100.0	삼성생명	178
(외국인)	18.7	KB손보CNS	100.0	삼성화재	198

수익구성		비용구성		수출비중	
장기	65.3	책임준비금전입	18.5	수출	—
자동차	19.2	보험금비용	31.2	내수	—
특종	8.2	사업비	9.3		

회사 개요
동사는 1959년 영업을 개시하였으며 1976년 기업공개를 거쳐 유가증권시장에 상장함. 손해보험업을 주업무로 자산운용을 겸영업무와 손해사정 등의 부수업무를 주요사업으로 영위하고 있음. 2015년 LIG손해보험에서 KB손해보험으로 사명 변경하였으며 주요 종속회사로는 LIG투자증권과 LIG재산보험(중국)유한공사를 두고 있음. 2016년 1분기말 현재 국내시장 점유율은 13.6%로 4위를 기록함.

실적 분석
동사의 2016년 연결기준 영업수익은 전년대비 소폭 증가한 11조 3,184억원을 기록함. 외형 성장은 보험료수익과 파생상품관련이익의 증가에 기인함. 영업수익의 성장과 비용통제로 영업이익은 전년대비 대폭 성장한 3,889억원, 당기순이익 또한 대폭 성장한 3,021억원을 시현함. 동기간 국내 손해보험시장은 전년대비 3.8% 성장하여 시장대비 높은 성장률을 보임.

현금 흐름　〈단위 : 억원〉

항목	2015	2016
영업활동	16,577	21,688
투자활동	-18,119	-23,568
재무활동	3,673	2,424
순현금흐름	2,030	542
기말현금	7,692	8,347

시장 대비 수익률
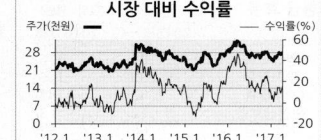

결산 실적　〈단위 : 억원〉

항목	2011	2012	2013	2014	2015	2016
보험료수익	79,002	88,937	66,555	88,375	91,243	94,219
영업이익	2,976	2,654	1,599	1,336	2,424	3,889
당기순이익	2,038	2,004	1,172	1,092	1,593	3,021

분기 실적　〈단위 : 억원〉

항목	2015.3Q	2015.4Q	2016.1Q	2016.2Q	2016.3Q	2016.4Q
보험료수익	22,674	23,194	23,420	23,650	23,235	23,914
영업이익	565	572	972	1,416	826	676
당기순이익	433	117	758	1,085	646	532

재무 상태　〈단위 : 억원〉

항목	2011	2012	2013	2014	2015	2016
총자산	157,669	188,827	206,372	239,417	275,213	294,389
유형자산	9,005	8,279	8,011	8,100	7,609	7,919
무형자산	981	912	734	512	412	379
유가증권	56,308	71,276	78,709	98,783	111,294	138,034
총부채	144,129	172,881	191,348	221,881	254,101	269,914
총차입금	5,404	4,726	4,174	2,953	42	44
자본금	300	300	300	300	300	333
총자본	13,541	15,946	15,024	17,536	21,112	24,475
지배주주지분	13,176	15,584	14,677	17,172	20,807	24,431

기업가치 지표

항목	2011	2012	2013	2014	2015	2016
주가(최고/저)(천원)	26.2/16.5	26.7/20.2	31.3/20.0	31.7/24.0	28.6/20.9	33.3/25.5
PER(최고/저)(배)	8.6/5.4	8.7/6.6	16.8/10.8	18.4/13.9	10.7/7.9	6.8/5.2
PBR(최고/저)(배)	1.3/0.8	1.1/0.8	1.3/0.8	1.1/0.9	0.8/0.6	0.9/0.7
PSR(최고/저)(배)	0/0	0/0	0/0	0/0	0/0	0/0
EPS(원)	3,382	3,327	1,965	1,822	2,737	5,016
BPS(원)	22,835	26,922	25,405	29,563	34,678	36,738
CFPS(원)	4,426	4,491	2,844	2,862	3,613	5,840
DPS(원)	800	550	500	500	400	600
EBITDAPS(원)	4,959	4,424	2,666	2,226	4,040	6,478

재무 비율　〈단위 : %〉

연도	계속사업이익률	순이익률	부채비율	차입금비율	ROA	ROE	유보율	자기자본비율	총자산증가율
2016	4.2	3.2	1,102.8	0.2	1.1	13.3	7,247.5	8.3	7.0
2015	2.7	1.8	1,203.6	0.2	0.6	8.7	6,835.6	7.7	15.0
2014	1.5	1.2	1,265.3	16.8	0.5	6.9	5,812.6	7.3	26.8
2013	2.4	1.8	1,273.6	27.8	0.6	7.8	4,981.0	7.3	9.3

케이비오토시스 (A024120)
KB Autosys

업 종 : 자동차부품		시 장 : KOSDAQ	
신용등급 : (Bond) — (CP) —		기업규모 : 중견	
홈페이지 : www.kbautosys.com		연락처 : 041)537-5345	
본 사 : 충남 아산시 음봉면 아산온천로 528-24			

설 립 일 1985.10.14	종업원수 264명	대표이사 김신완	
상 장 일 1994.12.07	감사의견 적정 (삼정)	계 열	
결 산 기 12월	보통주 1,150만주	종속회사수	
액 면 가 500원	우 선 주	구 상 호	

주주구성 (지분율,%)		출자관계 (지분율,%)		주요경쟁사 (외형,%)	
F-M MOTORPARTS LIMITED	33.6	KB오토시스	100	우수AMS	144
김용웅	21.8	KBAutosys(Zhangjiagang)Co.,Ltd 100.0		대성엘텍	219
(외국인)	39.5				

매출구성		비용구성		수출비중	
기타	95.5	매출원가율	84.1	수출	30.6
PAD&LINING(제품)	4.5	판관비율	4.9	내수	69.4

회사 개요
동사는 브레이크 패드(마찰재)의 제조 및 판매 등을 주요 사업으로 영위하고 있으며, 자동차 산업을 전방산업으로 하고 있음. 마찰재시장의 낮은 진입장벽으로 인해 다수의 소수업체들이 참여하고 있음. 브레이크 패드(마찰재) 제조업의 매출액의 90% 이상을 차지함. 해외 시장에서는 2014년부터 만도 및 TRW를 통한 GM에 D2XX Program PAD를 공급하는 계약을 2011년에 체결해 2014년부터 양산됨.

실적 분석
동사의 2016년도 연결기준 결산 매출액은 전년 대비 29.2% 증가한 1,673.8억원을 기록함. 영업이익은 전년 대비 112.8% 증가한 185.2억원을 시현함. 해외시장에서 인도법인을 포함한 현지법인을 활용해 매출 신장을 계획하고 있음. 내수 시장에서는 2016년 출시되는 신규 차종에 적용하기 위해 OEM/AM업체에 대해 기술개발 및 마케팅 활동을 강화함과 동시에 기존 적용 차종에 대한 납품량을 증가시킬 계획임.

현금 흐름 〈단위 : 억원〉

항목	2015	2016
영업활동	103	216
투자활동	-95	-166
재무활동	2	-47
순현금흐름	12	3
기말현금	64	67

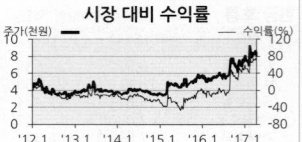

결산 실적 〈단위 : 억원〉

항목	2011	2012	2013	2014	2015	2016
매출액	1,136	1,285	1,288	1,155	1,295	1,674
영업이익	21	65	76	60	87	185
당기순이익	16	40	42	36	54	143

분기 실적 〈단위 : 억원〉

항목	2015.3Q	2015.4Q	2016.1Q	2016.2Q	2016.3Q	2016.4Q
매출액	319	380	395	414	402	462
영업이익	20	33	31	36	38	81
당기순이익	16	13	25	23	15	79

재무 상태 〈단위 : 억원〉

항목	2011	2012	2013	2014	2015	2016
총자산	1,070	1,045	1,151	1,157	1,272	1,419
유형자산	557	539	597	643	667	766
무형자산	27	29	28	31	31	20
유가증권	1	1	1	1	1	1
총부채	528	481	561	543	623	653
총차입금	341	317	338	388	416	392
자본금	58	58	58	58	58	58
총자본	542	563	590	614	650	766
지배주주지분	542	563	590	614	650	766

기업가치 지표

항목	2011	2012	2013	2014	2015	2016
주가(최고/저)(천원)	6.3/2.4	5.3/3.2	5.0/3.6	4.3/3.4	6.0/3.4	8.5/5.0
PER(최고/저)(배)	55.1/20.9	17.9/10.9	16.0/11.4	15.6/12.3	13.8/7.8	7.1/4.2
PBR(최고/저)(배)	1.6/0.6	1.3/0.8	1.1/0.8	0.9/0.7	1.2/0.7	1.3/0.8
EV/EBITDA(배)	10.5	5.9	5.5	6.2	6.5	4.5
EPS(원)	138	352	363	311	470	1,241
BPS(원)	4,712	4,897	5,133	5,342	5,650	6,665
CFPS(원)	647	901	891	889	1,106	1,972
DPS(원)	115	120	125	180	200	300
EBITDAPS(원)	693	1,115	1,190	1,100	1,393	2,341

재무 비율 〈단위 : % 〉

연도	영업이익률	순이익률	부채비율	차입금비율	ROA	ROE	유보율	자기자본비율	EBITDA마진율
2016	11.1	8.5	85.2	51.1	10.6	20.2	1,233.0	54.0	16.1
2015	6.7	4.2	95.8	64.1	4.5	8.6	1,030.0	51.1	12.4
2014	5.2	3.1	88.4	63.2	3.1	5.9	968.4	53.1	11.0
2013	5.9	3.2	95.0	57.2	3.8	7.3	926.7	51.3	10.6

케이비캐피탈 (A021960)
KB Capital COLTD

업 종 : 소비자 금융		시 장 : 거래소	
신용등급 : (Bond) AA- (CP) A1		기업규모 : 시가총액 중형주	
홈페이지 : www.kbcapital.co.kr		연락처 : 1544-1200	
본 사 : 경기도 수원시 팔달구 효원로 295			

설 립 일 1989.09.12	종업원수 696명	대표이사 오정식	
상 장 일 1996.11.19	감사의견 적정 (삼일)	계 열	
결 산 기 12월	보통주 2,149만주	종속회사수	
액 면 가 5,000원	우 선 주	구 상 호 케이비캐피탈	

주주구성 (지분율,%)		출자관계 (지분율,%)		주요경쟁사 (외형,%)	
KB금융지주	52.0	SY오토캐피탈	49.0	KB캐피탈	100
KB자산운용	23.9			삼성카드	1,274
(외국인)	5.4			아주캐피탈	96

수익구성		비용구성		수출비중	
대출 및 팩토링	56.6	이자비용	39.9	수출	—
시 설 대 여	23.3	파생상품손실	0.2	내수	—
할부금융	16.9	판관비	26.9		

회사 개요
동사는 1989년 설립됐음. 처음 설립됐을 때의 사명은 한미리스로 의료기와 각종 기계류, 자동차 리스를 주력사업으로 성장했고, 현재는 여신전문업을 영위하며, 주요사업으로는 자동차 및 내구재 할부금융업, 시설대여, 가계대출, 기업대출 등의 사업을 영위하고 있음. 2014년 3월 최대주주 KB금융지주로 변경 및 우리파이낸셜㈜에서 케이비캐피탈㈜로 상호를 변경함.

실적 분석
동사는 지난해 총자산이 7조4587억원으로 자산규모 7조원을 돌파했으며 전년 대비 33.4% 성장했음. 신규 영업실행의 경우 목표대비 160%를 초과해 6조9474억원을 달성했음. 동사는 창사이래 최고 수준인 총영업이익 2651억원, 당기순이익 967억원을 시현하여 총자산 기준으로 2015년 말 캐피탈업계 5위권에서 3단계 상승하여, 2위에 도달했음.

현금 흐름 *IFRS 별도 기준 〈단위 : 억원〉

항목	2015	2016
영업활동	-11,401	-17,838
투자활동	-96	-70
재무활동	13,516	16,712
순현금흐름	2,018	-1,196
기말현금	2,466	1,269

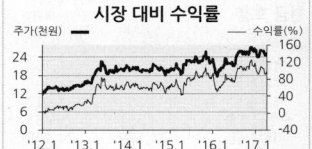

결산 실적 〈단위 : 억원〉

항목	2011	2012	2013	2014	2015	2016
순영업손익	1,241	1,276	1,290	1,080	1,531	2,205
영업이익	696	718	738	432	823	1,274
당기순이익	517	537	541	326	631	967

분기 실적 *IFRS 별도 기준 〈단위 : 억원〉

항목	2015.3Q	2015.4Q	2016.1Q	2016.2Q	2016.3Q	2016.4Q
순영업손익	444	343	419	642	577	566
영업이익	269	139	240	416	357	262
당기순이익	204	106	193	311	270	192

재무 상태 *IFRS 별도 기준 〈단위 : 억원〉

항목	2011	2012	2013	2014	2015	2016
총자산	31,618	35,376	39,399	40,474	55,877	74,528
유형자산	133	126	134	182	170	188
무형자산	45	34	25	20	21	36
유가증권	146	81	62	69	45	39
총부채	28,897	31,655	35,276	36,197	50,089	66,462
총차입금	26,458	29,067	32,577	32,970	45,604	60,994
자본금	848	1,075	1,075	1,075	1,075	1,075
총자본	2,721	3,721	4,123	4,278	5,787	8,066
지배주주지분	2,721	3,721	4,123	4,278	5,787	8,066

기업가치 지표 *IFRS 별도 기준

항목	2011	2012	2013	2014	2015	2016
주가(최고/저)(천원)	14.8/10.5	15.4/11.4	22.7/15.2	21.7/18.0	25.9/18.3	27.6/17.7
PER(최고/저)(배)	6.0/4.2	6.0/4.6	9.8/6.6	15.2/12.6	9.2/6.5	6.3/4.0
PBR(최고/저)(배)	1.1/0.8	1.0/0.7	1.3/0.9	1.2/1.0	1.0/0.7	0.8/0.5
PSR(최고/저)(배)	2/2	3/2	4/3	4/3	4/3	3/2
EPS(원)	2,998	2,819	2,519	1,519	2,935	4,499
BPS(원)	16,038	17,312	19,182	19,904	26,928	37,530
CFPS(원)	3,247	2,935	2,643	1,935	3,880	6,227
DPS(원)	910	590	640	450	500	500
EBITDAPS(원)	4,102	3,764	3,432	2,009	3,830	5,930

재무 비율 *IFRS 별도 기준 〈단위 : % 〉

연도	계속사업이익률	순이익률	부채비율	차입금비율	ROA	ROE	유보율	자기자본비율	총자산증가율
2016	56.1	43.9	824.0	756.2	1.5	14.0	650.6	10.8	33.4
2015	53.8	41.2	865.5	788.0	1.3	12.5	438.6	10.4	38.1
2014	39.6	30.2	846.2	770.7	0.8	7.8	298.1	10.6	2.7
2013	55.6	42.0	855.7	790.2	1.5	13.8	283.6	10.5	11.4

케이사인 (A192250)
KSIGN

업 종 : IT 서비스		시 장 : KOSDAQ	
신용등급 : (Bond) — (CP) —		기업규모 : 벤처	
홈페이지 : www.ksign.com		연락처 : 02)564-0182	
본 사 : 서울시 강남구 논현로64길 18 경풍빌딩 3, 4, 5층			

설 립 일	2013.12.26	종업원수	103명	대표이사	최승락
상 장 일	2014.04.28	감사의견	적정 (이촌)	계 열	
결 산 기	12월	보 통 주	6,148만주	종속회사수	
액 면 가	100원	우 선 주		구 상 호	케이비제2호스팩

주주구성 (지분율,%)		출자관계 (지분율,%)		주요경쟁사 (외형,%)	
최승락	28.3	지란지교시큐리티	2.8	케이사인	100
구자동	5.1	SECUREDBJAPAN	79.0	유엔젤	94
(외국인)	1.3	AllthatSoftCo	55.8	아이크래프트	248

매출구성		비용구성		수출비중	
SecureDB	70.2	매출원가율	0.0	수출	0.0
기타	17.3	판관비율	83.2	내수	100.0
Access	6.8				

회사 개요
개인정보보호 솔루션 기업인 케이사인은 '케이비제2호기업인수목적(스팩)'과의 합병 이후 2014년 11월에 상장함. 케이사인은 현재 삼성그룹 DB 암호화 표준기업으로 선정됐고 LG그룹, SK그룹, 롯데, 농심 등을 고객사로 보유하고 있음. KTB투자증권과 한국투자증권, 한화생명 등 금융기관도 상당수 확보. 개정된 개인정보보호법에서는 주민번호를 유출하거나 암호화를 통해 안전하게 보관하지 않았을 경우 최대 5억 원까지 과징금을 부과하도록 함.

실적 분석
지속된 개인정보 유출 등에 따른 보안시장 중요성이 부각되며 Secure DB 등 동사의 주요 제품 수요가 확대되고 있었으나 2016년 하반기에는 시장 성장이 정체를 보였음. 이에 매출액은 전년 대비 2.0% 신장에 그침. 영업이익은 판관비 증가로 53.9억원을 기록하며 전년 대비 37.3% 감소. 2016년 10월 운영자금 조달 목적으로 200억원 규모의 전환사채를 발행함. 2016년 말 기준으로 부채비율은 46.1%임.

현금 흐름 〈단위 : 억원〉
항목	2015	2016
영업활동	69	9
투자활동	71	-73
재무활동	-23	184
순현금흐름	117	121
기말현금	180	301

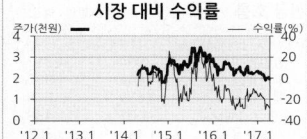
시장 대비 수익률

결산 실적 〈단위 : 억원〉
항목	2011	2012	2013	2014	2015	2016
매출액	128	193	207	261	315	321
영업이익	24	51	54	70	86	54
당기순이익	25	47	54	9	78	50

분기 실적 〈단위 : 억원〉
항목	2015.3Q	2015.4Q	2016.1Q	2016.2Q	2016.3Q	2016.4Q
매출액	46	141	71	71	36	143
영업이익	6	48	8	18	7	21
당기순이익	7	40	10	17	9	15

재무 상태 〈단위 : 억원〉
항목	2011	2012	2013	2014	2015	2016
총자산	135	200	257	455	536	776
유형자산	5	6	7	10	11	11
무형자산	14	14	19	40	69	90
유가증권	3	0	10	43	67	69
총부채	50	67	71	66	54	245
총차입금	30	30	32	27		190
자본금	25	25	27	59	61	61
총자본	85	133	186	389	482	531
지배주주지분	85	133	185	389	472	519

기업가치 지표
항목	2011	2012	2013	2014	2015	2016
주가(최고/저)(천원)	—/—	—/—	—/—	2.6/1.8	3.7/2.2	2.9/2.1
PER(최고/저)(배)	0.0/0.0	0.0/0.0	0.0/0.0	157.3/107.8	29.5/17.2	35.7/25.4
PBR(최고/저)(배)	0.0/0.0	0.0/0.0	0.0/0.0	4.0/2.7	4.9/2.9	3.5/2.5
EV/EBITDA(배)	—	—	—	15.7	15.2	17.3
EPS(원)	46	87	89	17	128	83
BPS(원)	1,673	2,512	3,345	664	768	844
CFPS(원)	596	991	1,022	29	145	109
DPS(원)				25	30	20
EBITDAPS(원)	574	1,059	1,090	134	158	114

재무 비율 〈단위 : % 〉
연도	영업이익률	순이익률	부채비율	차입금비율	ROA	ROE	유보율	자기자본비율	EBITDA마진율
2016	16.8	15.6	46.2	35.8	7.7	10.3	744.0	68.4	21.9
2015	27.3	24.7	11.3	0.0	15.7	18.2	668.2	89.9	30.6
2014	26.7	3.4	16.9	6.9	2.5	3.4	563.9	85.6	29.3
2013	26.2	24.3	38.4	17.4	22.0	31.7	594.2	72.3	29.0

케이씨그린홀딩스 (A009440)
KC Green Holdings

업 종 : 상업서비스		시 장 : 거래소	
신용등급 : (Bond) — (CP) —		기업규모 : 시가총액 소형주	
홈페이지 : www.kcgreenholdings.com		연락처 : 02)320-6114	
본 사 : 서울시 마포구 상암산로 34 디지털큐브 12층			

설 립 일	1973.11.27	종업원수	29명	대표이사	이태영
상 장 일	1994.11.05	감사의견	적정 (참)	계 열	
결 산 기	12월	보 통 주	2,243만주	종속회사수	
액 면 가	500원	우 선 주		구 상 호	

주주구성 (지분율,%)		출자관계 (지분율,%)		주요경쟁사 (외형,%)	
이태영	31.6	KC환경서비스	100.0	KC그린홀딩스	100
산연	8.9	KC써멀	100.0	퍼스텍	39
(외국인)	2.7	KC에코물류	100.0	빅텍	10

매출구성		비용구성		수출비중	
투자사업	100.0	매출원가율	81.8	수출	—
		판관비율	11.6	내수	—

회사 개요
1973년 한국코트렐공업으로 출발한 동사는 2010년 1월 기업분할을 통해 제조사업부문과 투자사업부문을 분리, 지주회사로 전환함. 동사는 국내를 비롯한 미국, 중국, 영국, 베트남, 대만, 인도 등 세계 각지에 위치한 관계사 간의 효과적인 네트워크를 통해 대기오염방지플랜트, 환경서비스(폐기물 소각, 재활용), 신재생에너지(태양광발전소), 친환경경제조사 등을 영위함.

실적 분석
동사의 2016년 매출액은 3,913.7억원으로 전년 대비 3.6% 증가함. 영업이익은 258.7억원으로 60.5% 증가함. 당기순이익은 67.4억원으로 49.8% 감소함. 폐기물 및 바이오매스 에너지화 설비 사업, 에너지절약전문기업 사업 등 신규 사업을 추진함. 탄소 포집 및 저장 기술인 CCS 기술을 통해 저탄소 사회 대응에도 적극 나서고 있음. 현재 한국남부발전의 화동화력발전소에서 관련 기술 개발 중임.

현금 흐름 〈단위 : 억원〉
항목	2015	2016
영업활동	390	350
투자활동	-393	-410
재무활동	-40	9
순현금흐름	-40	-50
기말현금	411	361

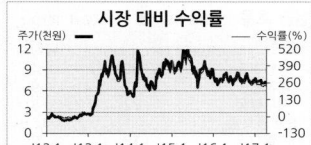
시장 대비 수익률

결산 실적 〈단위 : 억원〉
항목	2011	2012	2013	2014	2015	2016
매출액	3,204	5,026	4,873	3,841	3,777	3,914
영업이익	233	465	209	178	161	259
당기순이익	193	383	145	0	134	67

분기 실적 〈단위 : 억원〉
항목	2015.3Q	2015.4Q	2016.1Q	2016.2Q	2016.3Q	2016.4Q
매출액	928	937	998	903	901	1,111
영업이익	31	4	74	56	55	74
당기순이익	15	11	57	36	34	-59

재무 상태 〈단위 : 억원〉
항목	2011	2012	2013	2014	2015	2016
총자산	4,168	4,853	4,299	4,375	4,503	4,628
유형자산	1,575	1,528	1,347	1,465	1,693	1,795
무형자산	357	345	360	359	383	384
유가증권	26	39	73	70	90	63
총부채	2,510	2,931	2,179	2,434	2,545	2,544
총차입금	950	903	676	852	892	977
자본금	112	112	112	112	112	112
총자본	1,658	1,922	2,120	1,941	1,958	2,083
지배주주지분	1,152	1,318	1,473	1,453	1,539	1,580

기업가치 지표
항목	2011	2012	2013	2014	2015	2016
주가(최고/저)(천원)	3.6/1.9	2.9/1.8	11.3/2.6	11.8/5.0	12.5/6.5	8.8/6.8
PER(최고/저)(배)	9.1/4.7	2.9/1.8	28.7/6.6	110.9/47.0	21.0/11.0	43.0/33.3
PBR(최고/저)(배)	0.8/0.4	0.5/0.3	1.8/0.4	1.9/0.8	1.8/1.0	1.3/1.0
EV/EBITDA(배)	3.0	2.2	5.0	10.5	9.6	6.6
EPS(원)	438	1,057	413	109	606	208
BPS(원)	5,136	6,046	6,630	6,542	6,922	7,108
CFPS(원)	1,055	1,904	1,371	654	1,213	918
DPS(원)	50	70	100	50	80	100
EBITDAPS(원)	1,656	2,919	1,888	1,338	1,325	1,863

재무 비율 〈단위 : % 〉
연도	영업이익률	순이익률	부채비율	차입금비율	ROA	ROE	유보율	자기자본비율	EBITDA마진율
2016	6.6	1.7	122.1	46.9	1.5	3.0	1,321.6	45.0	10.7
2015	4.3	3.6	130.0	45.6	3.0	9.1	1,284.5	43.5	7.9
2014	4.6	0.0	125.4	43.9	0.0	1.7	1,208.4	44.4	7.8
2013	4.3	3.0	102.8	31.9	3.6	6.6	1,226.0	49.3	8.7

케이씨산업 (A112190)
KC INDUSTRY COLTD

업 종 : 건축소재		시 장 : KONEX	
신용등급 : (Bond) — (CP) —		기업규모 :	
홈 페 이 지 : www.kccond.co.kr		연 락 처 : 031)883-8684	
본 사 : 경기도 여주시 가남읍 가남로 465			

설 립 일	1995.12.21	종업원수	명	대표이사	이강주
상 장 일	2016.05.31	감사의견	적정 (한올)	계	열
결 산 기	12월	보통주	503만주	종속회사수	
액 면 가	500원	우선주		구 상 호	

주주구성 (지분율,%)		출자관계 (지분율,%)		주요경쟁사 (외형,%)	
이강주	16.3	케이씨산업	100		
박광노	14.2				

매출구성		비용구성		수출비중	
P.C Box 제품	54.3	매출원가율	88.9	수출	0.0
P.C Box 공사	25.7	판관비율	5.8	내수	100.0
DSM	10.8				

회사 개요
동사는 1995년 12월 21일 건설자재 생산·판매업을 목적으로 주식회사 토암산업으로 설립되었으며, 이후 전문건설업인 상하수도 설비공사, 철근콘크리트 및 토공사종목을 추가하였고 2015년 4월 상호를 주식회사 케이씨산업으로 변경하였음. 동사는 현재 콘크리트관 및 기타コ구용 콘크리트제품 제조업을 주요사업으로 영위하고 있음. 토목·건축분야 프리캐스트 공법에 사용되는 PC제품을 전문적으로 생산·시공하고, 특수(특허공법) 토공사를 전문으로 함.

실적 분석
동사의 2016년 매출액은 520.0억원으로 전년 553.9억원보다 6.12% 감소함. 영업이익은 전년보다 33.1억원(10.8%) 감소한 27.4억원을 기록함. 영업외 수익 또한 대폭 줄어들며 당기순이익은 4.4억원을 기록, 전년 25.5억원보다 대폭 감소하였음. 동사는 향후 PC제품 시장의 증대와 도심지 개발공사의 어려움으로 비굴착 공법인 DSM공법의 활용이 기대됨.

현금 흐름 *IFRS 별도 기준		〈단위 : 억원〉	
항목	2015	2016	
영업활동	55	4	
투자활동	-31	-9	
재무활동	-22	-5	
순현금흐름	1	-10	
기말현금	19	9	

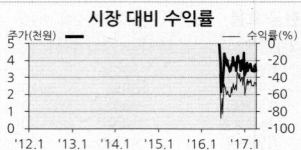
시장 대비 수익률

결산 실적
〈단위 : 억원〉

항목	2011	2012	2013	2014	2015	2016
매출액	532	406	327	333	554	520
영업이익	-0	2	2	20	31	27
당기순이익	-15	-451	-32	36	25	4

분기 실적 *IFRS 별도 기준
〈단위 : 억원〉

항목	2015.3Q	2015.4Q	2016.1Q	2016.2Q	2016.3Q	2016.4Q
매출액	—	—	105	—	—	—
영업이익	—	—	1	—	—	—
당기순이익	—	—	1	—	—	—

재무 상태 *IFRS 별도 기준
〈단위 : 억원〉

항목	2011	2012	2013	2014	2015	2016
총자산	557	329	305	270	237	326
유형자산	137	129	129	24	48	42
무형자산	0	0	0	4	4	4
유가증권	32	0	13	14	14	14
총부채	469	333	291	264	180	264
총차입금	175		71	28	36	55
자본금	34	28	28	15	25	25
총자본	89	-4	14	6	57	62
지배주주지분	89	-4	14	6	57	62

기업가치 지표 *IFRS 별도 기준

항목	2011	2012	2013	2014	2015	2016
주가(최고/저)(천원)	—/—	—/—	—/—	—/—	—/—	5.0/1.9
PER(최고/저)(배)	0.0/0.0	0.0/0.0	0.0/0.0	0.0/0.0	0.0/0.0	57.0/21.9
PBR(최고/저)(배)	0.0/0.0	0.0/0.0	0.0/0.0	0.0/0.0	0.0/0.0	4.1/1.6
EV/EBITDA(배)	—	—	9.0	0.4	0.3	7.1
EPS(원)	-11,586	-284,480	-3,475	2,948	752	88
BPS(원)	1,305	-79	246	208	1,137	1,228
CFPS(원)	-101	-46,758	-497	1,621	949	281
DPS(원)						
EBITDAPS(원)	113	911	126	944	1,103	740

재무 비율
〈단위 : % 〉

연도	영업이익률	순이익률	부채비율	차입금비율	ROA	ROE	유보율	자기자본비율	EBITDA마진율
2016	5.3	0.8	427.7	89.3	1.6	7.4	145.6	19.0	7.1
2015	5.6	4.6	316.3	64.0	10.1	80.7	127.5	24.0	6.8
2014	5.9	10.8	일부잠식	일부잠식	12.6	361.4	-58.5	2.4	6.9
2013	0.7	-9.8	일부잠식	일부잠식	-10.1	전기잠식	-50.9	4.5	2.1

케이씨씨 (A002380)
KCC

업 종 : 건축자재		시 장 : 거래소	
신용등급 : (Bond) AA (CP) A1		기업규모 : 시가총액 대형주	
홈 페 이 지 : www.kccworld.co.kr		연 락 처 : 02)3480-5000	
본 사 : 서울시 서초구 사평대로 344			

설 립 일	1958.08.12	종업원수	5,132명	대표이사	정몽익,정몽진
상 장 일	1973.06.25	감사의견	적정 (삼정)	계	열
결 산 기	12월	보통주	1,056만주	종속회사수	
액 면 가	5,000원	우선주		구 상 호	

주주구성 (지분율,%)		출자관계 (지분율,%)		주요경쟁사 (외형,%)	
정몽진	18.1	인스파이어인티그레이티드리조트	40.7	KCC	100
국민연금공단	11.7	케이씨씨건설	36.0	LG하우시스	84
(외국인)	16.5	동신포리마	26.0	벽산	13

매출구성		비용구성		수출비중	
석고보드, 마이톤, KCC 글라스,KCC창호 외	32.3	매출원가율	73.4	수출	15.0
숲으로, EgisPacific, ECO3000-B,IZ180(N)-A 외	29.9	판관비율	17.3	내수	85.0
기타	17.9				

회사 개요
동사는 국내 최대의 도료 생산업체로서 자동차용, 선박용, 공업용, 건축용, 중방식용 등 다양한 분야에 적용할 수 있는 제품 포트폴리오를 구축하여 최고의 품질로 생산 공급하고 있음. 사업구조는 건자재부문, 도료부문, 기타부문으로 구성되어 있으며, 건자재부문 사업은 유리, PVC 등이 있으며, 도료부문 사업은 자동차용 도료, 선박용 도료 등으로 구분됨. 또한 기타부문 사업은 유·무기 실리콘, 홈씨씨 등 유통사업으로 구분되어 있음.

실적 분석
동사의 2016년 연결기준 누적 매출액은 3조 4,904.9억원으로 전년 동기 대비 소폭 증가함. 매출의 정체는 산업용 도료와 건자재 관련 수요의 정체에 기인함. 반면 원자재 가격의 하락과 시설투자의 효과로 원가율이 크게 개선되면서 영업이익은 전년대비 5.6%가 증가한 3,265.8억원을 실현. 올해도 분양물량 증가에 따른 건자재 수요의 증가와 홈씨씨인테리어 출점 확대에 따른 B2C매출 확대 등 양호한 실적 성장세가 기대됨.

현금 흐름		〈단위 : 억원〉	
항목	2015	2016	
영업활동	954	4,311	
투자활동	-8,647	-4,980	
재무활동	4,639	2,019	
순현금흐름	-3,007	1,438	
기말현금	4,445	5,883	

시장 대비 수익률

결산 실적
〈단위 : 억원〉

항목	2011	2012	2013	2014	2015	2016
매출액	33,709	32,462	32,330	33,998	34,144	34,905
영업이익	1,228	1,989	2,317	2,734	3,092	3,266
당기순이익	3,270	4,463	2,490	3,267	1,851	1,530

분기 실적
〈단위 : 억원〉

항목	2015.3Q	2015.4Q	2016.1Q	2016.2Q	2016.3Q	2016.4Q
매출액	8,663	9,200	7,866	9,087	8,574	9,378
영업이익	997	593	857	1,052	990	367
당기순이익	-188	838	587	604	631	-293

재무 상태
〈단위 : 억원〉

항목	2011	2012	2013	2014	2015	2016
총자산	73,423	68,240	70,517	86,545	86,684	91,624
유형자산	26,756	27,089	26,274	25,630	25,147	25,725
무형자산	325	332	331	317	413	401
유가증권	16,982	19,265	18,516	29,173	30,946	31,584
총부채	23,168	18,621	19,585	24,252	27,998	31,954
총차입금	10,385	8,614	9,953	10,495	16,497	20,078
자본금	563	563	563	563	564	564
총자본	50,255	49,619	50,933	62,293	58,687	59,669
지배주주지분	49,942	49,297	50,610	61,970	58,579	59,560

기업가치 지표

항목	2011	2012	2013	2014	2015	2016
주가(최고/저)(천원)	342/180	333/228	444/257	686/430	565/343	433/355
PER(최고/저)(배)	12.6/6.6	8.8/6.0	20.4/11.8	23.5/14.8	33.9/20.5	30.8/24.9
PBR(최고/저)(배)	0.8/0.4	0.8/0.5	1.0/0.6	1.2/0.8	1.0/0.6	0.8/0.6
EV/EBITDA(배)	8.7	10.0	13.5	12.7	11.6	9.4
EPS(원)	30,967	42,265	23,558	30,964	17,443	14,430
BPS(원)	486,417	480,284	492,764	600,744	566,549	575,837
CFPS(원)	53,254	57,838	38,519	45,662	32,989	33,688
DPS(원)	8,000	8,000	8,000	9,000	9,000	9,000
EBITDAPS(원)	33,957	34,485	36,990	40,686	44,930	50,194

재무 비율
〈단위 : % 〉

연도	영업이익률	순이익률	부채비율	차입금비율	ROA	ROE	유보율	자기자본비율	EBITDA마진율
2016	9.4	4.4	53.6	33.7	1.7	2.6	10,671.4	65.1	15.2
2015	9.1	5.4	47.7	28.1	2.1	3.1	10,497.5	67.7	13.9
2014	8.0	9.6	38.9	16.9	4.2	5.8	11,134.8	72.0	12.6
2013	7.2	7.7	38.5	19.5	3.6	5.0	9,115.4	72.2	12.0

케이씨씨건설 (A021320)
KCC Engineering & Construction

업 종 : 건설		시 장 : KOSDAQ	
신용등급 : (Bond) A- (CP) A2-		기업규모 : 중견	
홈페이지 : www.kccworld.net		연 락 처 : 02)513-5500	
본 사 : 서울시 서초구 강남대로 587 (잠원동)			

설 립 일 1989.01.27	종 업 원 수 1,290명	대 표 이 사 윤희영,정몽열	
상 장 일 2001.08.21	감 사 의 견 적정 (삼정)	계 열	
결 산 기 12월	보 통 주 2,140만주	종속회사수	
액 면 가 5,000원	우 선 주	구 상 호	

주주구성 (지분율,%)		출자관계 (지분율,%)		주요경쟁사 (외형,%)	
케이씨씨	36.0	대산컴플렉스개발	80.0	KCC건설	100
정몽열	30.0	화랑관사비티엘	25.8	서희건설	96
(외국인)	1.6	미래	23.6	고려개발	56

매출구성		비용구성		수출비중	
건축	63.6	매출원가율	91.8	수출	0.1
토목	25.4	판관비율	5.1	내수	99.9
분양	11.0				

회사 개요
동사는 1989년 (주)금강에서 건설부문을 분리하여 설립되고, 2016년도 시공능력평가순위 25위의 KCC그룹 계열 건설사임. 인력구성과 기술개발, 품질관리를 통해 축적된 기술로 지하철, 고속도로 등 토목건설 및 호텔, 병원 등 건축물을 국내외에 건립하고 있음. 동사의 2016년의 부문별 매출은 건축 74%, 토목 21.4%, 분양 4.6%로 구성됨. 2011년부터 종속회사로 카자흐스탄 도로공사를 수행하는 지분율 55%의 자회사를 두고 있음.

실적 분석
동사의 2016년 매출액은 신규 수주물량과 소화물량이 증가한 영향으로 1조 1,207억원을 기록하여 전년대비 15.6% 증가함. 매출원가율 개선 및 판관비가 전년의 절반으로 대폭 절감되며 352억원의 영업이익을 거둠. 비영업손실이 132억원으로 전년대비 감소함에 따라 166.5억원의 당기이익을 실현하며 전년도 적자에서 흑자로 전환함. 매출총이익 기준으로 건축 및 토목사업에서 전년대비 이익이 증가하였고 분양사업에서 적자를 시현함.

현금 흐름		〈단위 : 억원〉
항목	2015	2016
영업활동	290	56
투자활동	563	99
재무활동	-1,404	-110
순현금흐름	-541	46
기말현금	1,201	1,247

시장 대비 수익률
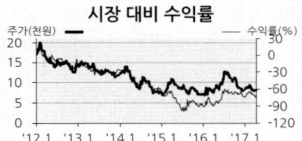

결산 실적
〈단위 : 억원〉

항목	2011	2012	2013	2014	2015	2016
매출액	11,842	12,748	10,650	10,003	9,696	11,207
영업이익	416	110	-521	10	-936	352
당기순이익	332	85	-1,412	10	-853	166

분기 실적
〈단위 : 억원〉

항목	2015.3Q	2015.4Q	2016.1Q	2016.2Q	2016.3Q	2016.4Q
매출액	2,553	2,198	2,314	2,522	2,986	3,386
영업이익	-188	-743	114	117	71	50
당기순이익	12	-880	84	19	57	6

재무 상태
〈단위 : 억원〉

항목	2011	2012	2013	2014	2015	2016
총자산	11,225	10,800	11,178	11,300	8,381	9,028
유형자산	375	324	279	68	39	36
무형자산	78	72	66	61	55	49
유가증권	524	628	636	623	529	408
총부채	7,030	6,575	8,377	7,441	5,392	5,927
총차입금	3,106	3,168	5,011	4,199	3,051	2,898
자본금	290	290	290	1,070	1,070	1,070
총자본	4,195	4,225	2,800	3,858	2,989	3,100
지배주주지분	4,192	4,219	2,799	3,861	2,990	3,102

기업가치 지표

항목	2011	2012	2013	2014	2015	2016
주가(최고/저)(천원)	28.4/15.7	20.0/12.3	15.2/11.3	13.9/7.2	11.4/6.9	12.9/6.9
PER(최고/저)(배)	6.5/3.6	17.7/10.9	—/—	152.7/79.1	—/—	16.8/9.0
PBR(최고/저)(배)	0.5/0.3	0.3/0.2	0.4/0.3	0.8/0.4	0.8/0.5	0.9/0.5
EV/EBITDA(배)	5.8	18.4		57.3		7.2
EPS(원)	4,844	1,203	-20,624	95	-3,984	778
BPS(원)	72,270	72,744	48,262	18,041	13,972	14,493
CFPS(원)	6,577	2,666	-23,055	495	-3,818	883
DPS(원)	1,000	500		250		100
EBITDAPS(원)	8,050	3,145	-7,768	467	-4,206	1,749

재무 비율
〈단위 : % 〉

연도	영업이익률	순이익률	부채비율	차입금비율	ROA	ROE	유보율	자기자본비율	EBITDA마진율
2016	3.1	1.5	191.2	93.5	1.9	5.5	189.9	34.3	3.3
2015	-9.7	-8.8	180.4	102.1	-8.7	-24.9	179.4	35.7	-9.3
2014	0.1	0.1	192.9	108.8	0.1	0.4	260.8	34.2	0.7
2013	-4.9	-13.3	299.2	178.9	-12.9	-40.1	865.3	25.1	-4.2

케이씨아이 (A036670)
KCI

업 종 : 가정생활용품		시 장 : KOSDAQ	
신용등급 : (Bond) — (CP) —		기업규모 : 중견	
홈페이지 : www.kciltd.com		연 락 처 : 041)660-7900	
본 사 : 충남 서산시 대산읍 대죽1로 221			

설 립 일 1991.07.13	종 업 원 수 119명	대 표 이 사 윤광호,윤재구	
상 장 일 2001.01.03	감 사 의 견 적정 (한경)	계 열	
결 산 기 12월	보 통 주 1,127만주	종속회사수	
액 면 가 500원	우 선 주	구 상 호	

주주구성 (지분율,%)		출자관계 (지분율,%)		주요경쟁사 (외형,%)	
윤영호	20.6	오엔오케미칼	49.0	KCI	100
윤광호	8.9	비오스케미칼	10.0	LG생활건강	13,754
(외국인)	0.8	KCI-Japan	45.0	모나리자	274

매출구성		비용구성		수출비중	
POLYMER	34.5	매출원가율	65.2	수출	—
계면활성제	32.2	판관비율	16.2	내수	—
기타	19.1				

회사 개요
동사는 생활화학 전문기업으로서 샴푸와 린스의 고급첨가물로 쓰이는 폴리머와 계면활성제 등을 주로 생산함. 제품 특성상 타업종에 비하여 경기변동에 상대적으로 덜 민감함. 경기침체에도 불구하고 2010년 이후 지속적인 외형성장과 흑자기조를 이어오고 있음. 다국적기업인 P&G, 로레알, 유니레버사 등과 지속적으로 거래가 증가하고 있음. 중국, 인도, 아프리카 등 신흥시장 형성으로 향후 수요 전망도 안정적인 편임.

실적 분석
동사의 2016년도 연결기준 매출액은 443.1억원으로 2015년(386.8억원)에 비해 14.6% 성장한 수치로 나타냄. 매출원가와 판매비와관리비가 각각 전년에 비해 15.1%, 0.4%씩 늘었으나 영업이익은 전년에 비해 28%늘며 82.3억원을 달성함. 영업이익 아랫 단에서 금융손실 1억원, 외환손익 4.6억원, 관련기업투자 관련손실 1.6억원을 기록했으므로 결과적으로 당기순이익은 전년 대비 23.3% 늘어난 67.3억원을 기록함.

현금 흐름	*IFRS 별도 기준	〈단위 : 억원〉
항목	2015	2016
영업활동	97	12
투자활동	-11	-41
재무활동	-47	-6
순현금흐름	39	-35
기말현금	74	40

시장 대비 수익률
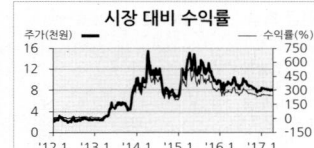

결산 실적
〈단위 : 억원〉

항목	2011	2012	2013	2014	2015	2016
매출액	268	300	333	392	387	443
영업이익	14	22	24	33	64	82
당기순이익	15	19	23	33	55	67

분기 실적
*IFRS 별도 기준 〈단위 : 억원〉

항목	2015.3Q	2015.4Q	2016.1Q	2016.2Q	2016.3Q	2016.4Q
매출액	93	98	94	115	111	123
영업이익	17	18	22	25	15	20
당기순이익	13	15	16	23	9	19

재무 상태
*IFRS 별도 기준 〈단위 : 억원〉

항목	2011	2012	2013	2014	2015	2016
총자산	520	530	542	562	556	604
유형자산	286	325	322	299	280	281
무형자산	7	7	9	6	6	5
유가증권	3	2	0	2	3	6
총부채	198	195	166	159	114	134
총차입금	181	182	144	124	79	93
자본금	55	55	55	56	56	56
총자본	322	335	376	403	442	470
지배주주지분	322	335	376	403	442	470

기업가치 지표
*IFRS 별도 기준

항목	2011	2012	2013	2014	2015	2016
주가(최고/저)(천원)	4.0/1.8	3.2/1.9	8.9/2.4	15.5/6.5	15.6/6.8	10.7/7.7
PER(최고/저)(배)	33.6/14.8	20.5/12.2	46.5/12.4	55.6/23.3	33.5/14.5	18.3/13.1
PBR(최고/저)(배)	1.4/0.6	1.1/0.7	2.8/0.8	4.5/1.9	4.0/1.7	2.4/1.7
EV/EBITDA(배)	10.1	8.8	20.8	13.3	12.5	9.2
EPS(원)	132	171	203	293	484	597
BPS(원)	3,093	3,210	3,350	3,612	4,067	4,537
CFPS(원)	366	419	473	573	711	779
DPS(원)	50	50	75	90	130	180
EBITDAPS(원)	363	452	483	573	796	911

재무 비율
〈단위 : % 〉

연도	영업이익률	순이익률	부채비율	차입금비율	ROA	ROE	유보율	자기자본비율	EBITDA마진율
2016	18.6	15.2	28.5	19.7	11.6	14.8	807.5	77.8	23.2
2015	16.6	14.1	25.9	17.9	9.8	12.9	713.3	79.4	23.2
2014	8.5	8.4	39.3	30.6	6.0	8.5	631.5	71.8	16.5
2013	7.2	6.9	44.2	38.4	4.3	6.5	586.5	69.3	16.4

케이씨에스 (A115500)
Korea Computer & Systems

업 종: IT 서비스		시 장: KOSDAQ
신용등급: (Bond) — (CP) —		기업규모: 중견
홈페이지: www.kcins.co.kr		연락처: 02)6377-5221
본 사: 경북 구미시 3공단1로 284 (임수동)		

설립일 2002.12.06	종업원수 49명	대표이사 이규현
상장일 2010.04.14	감사의견 적정 (삼정)	계 열
결산기 12월	보통주 1,200만주	종속회사수 —
액면가 500원	우선주 —	구상호 —

주주구성 (지분율,%)		출자관계 (지분율,%)		주요경쟁사 (외형,%)	
한국컴퓨터지주	70.0	소프트웨어공제조합	0.1	케이씨에스	100
이규현	0.5			동부	793
(외국인)	0.1			엑셈	107

매출구성		비용구성		수출비중	
유지보수 및 용역(용역)	37.9	매출원가율	86.6	수출	—
H/W(NSK외)(상품)	35.7	판관비율	9.1	내수	—
S/W (Solution 외)(상품)	19.7				

회사 개요
동사는 금융기관에 사용되는 중대형 서버 등의 제조,판매 및 유지보수를 목적으로 사업을 영위하고 있음. 핵심사업은 크게 Nonstop SI, Enterprise Solution, 철도 및 도로 교통 인프라 사업, KIOSK 단말 사업 4가지로 구분. 국내 신용카드 승인시스템 시장의 70%이상을 점유하고 있고, 버스운행정보시스템과 단말기 구축사업의 경우 전국 지자체에 공급하고 있는 가운데 여전히 국내 BIT 설치율이 낮아 시장성은 높은 상황임.

실적 분석
동사의 2016년 연결기준 결산 매출액은 전년 대비 27.9% 증가한 258.1억원, 영업이익은 전년대비 11.3% 증가한 11.3억원을 기록하였음. 당기순이익 역시 전년대비 6.7% 증가한 10.4억원을 기록함. 동사는 현재 디바이스 암호화사업과 빅데이터 및 BI, 미들웨어 솔루션 등 신규 비즈니스를 통해 새로운 성장동력 발굴 중에 있으나 실적 가시화까지는 다소 시일 소요 전망됨.

현금 흐름	*IFRS 별도 기준	〈단위 : 억원〉
항목	2015	2016
영업활동	1	12
투자활동	-15	50
재무활동	-17	-8
순현금흐름	-30	54
기말현금	73	127

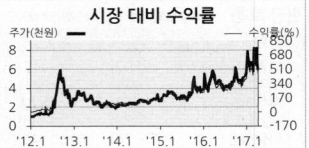
시장 대비 수익률

결산 실적					〈단위 : 억원〉	
항목	2011	2012	2013	2014	2015	2016
매출액	166	243	235	241	202	258
영업이익	8	28	20	27	10	11
당기순이익	11	18	14	24	10	10

분기 실적	*IFRS 별도 기준				〈단위 : 억원〉	
항목	2015.3Q	2015.4Q	2016.1Q	2016.2Q	2016.3Q	2016.4Q
매출액	51	68	25	46	68	119
영업이익	1	0	-2	0	2	11
당기순이익	1	1	-1	0	2	9

재무 상태	*IFRS 별도 기준				〈단위 : 억원〉	
항목	2011	2012	2013	2014	2015	2016
총자산	212	204	220	249	224	275
유형자산	2	1	1	17	17	16
무형자산	15	6	1	2	2	2
유가증권	2	2	6	2	52	2
총부채	53	34	46	67	48	97
총차입금	—	—	—	—	—	—
자본금	60	60	60	60	60	60
총자본	158	171	173	182	176	177
지배주주지분	158	171	173	182	176	177

기업가치 지표	*IFRS 별도 기준					
항목	2011	2012	2013	2014	2015	2016
주가(최고/저)(천원)	1.9/0.8	6.5/1.0	4.0/1.9	3.6/2.0	5.3/2.6	6.4/3.7
PER(최고/저)(배)	26.3/11.5	51.8/7.6	38.8/17.9	19.5/10.7	67.7/33.7	75.4/42.9
PBR(최고/저)(배)	1.8/0.8	5.4/0.8	3.1/1.5	2.6/1.4	3.7/1.9	4.4/2.5
EV/EBITDA(배)	2.2	8.2	6.3	6.5	30.8	42.5
EPS(원)	90	148	117	199	81	86
BPS(원)	1,320	1,423	1,446	1,515	1,464	1,476
CFPS(원)	97	154	122	205	88	92
DPS(원)	60	100	100	140	70	70
EBITDAPS(원)	73	235	168	231	91	100

재무 비율								〈단위 : % 〉	
연도	영업이익률	순이익률	부채비율	차입금비율	ROA	ROE	유보율	자기자본비율	EBITDA마진율
2016	4.4	4.0	55.0	0.0	4.2	5.9	195.2	64.5	4.7
2015	5.0	4.8	27.3	0.0	4.1	5.4	192.8	78.5	5.4
2014	11.2	9.9	37.0	0.0	10.2	13.5	202.9	73.0	11.5
2013	8.4	6.0	26.7	0.0	6.6	8.2	189.1	78.9	8.6

케이씨코트렐 (A119650)
KC Cottrell

업 종: 상업서비스		시 장: 거래소
신용등급: (Bond) — (CP) —		기업규모: 시가총액 소형주
홈페이지: www.kc-cottrell.com		연락처: 02)320-6114
본 사: 서울시 마포구 상암산로 34 디지털큐브 12층		

설립일 2010.01.06	종업원수 215명	대표이사 서동영
상장일 2010.01.29	감사의견 적정 (참)	계 열
결산기 12월	보통주 1,300만주	종속회사수 —
액면가 500원	우선주 —	구상호 —

주주구성 (지분율,%)		출자관계 (지분율,%)		주요경쟁사 (외형,%)	
KC그린홀딩스	35.0			KC코트렐	100
국민연금기금	2.9			인선이엔티	76
(외국인)	2.8			C&S자산관리	121

매출구성		비용구성		수출비중	
분진처리설비	58.0	매출원가율	86.9	수출	41.4
기타	35.5	판관비율	9.8	내수	58.6
GAS처리설비	6.6				

회사 개요
동사는 2010년 케이씨그린홀딩스로부터 인적분할을 통해 신설됨. 사업군별로 보면 발전소, 제철소, 시멘트 공장 등에서 발생되는 미세먼지를 포집, 제거하는 장치인 전기집진기를 주력상품으로 하는 분진처리부문과 화석연료를 사용하는 시설에서 발생하는 황, 질소산화물을 제거하는 설비를 생산하는 가스&리설비사업부문, 태양광 등의 설비를 생산하는 신재생에너지 사업부분이 있음.

실적 분석
동사의 2016년 매출액은 1792.8억원으로 전년 대비 4% 감소함. 영업이익은 59.7억원으로 흑자전환함. 당기순이익은 9.1억원으로 흑자전환함. 환경플랜트 사업 부문에서는 국내 및 해외 매출 비중 중 해외프로젝트 수주 비율이 더 높게 나타남. 해외 태양광 시장 진출을 위해 해외 관계사들과의 네트워크를 이용해 전략적 입찰 참여에 적극 나선다는 계획임.

현금 흐름		〈단위 : 억원〉
항목	2015	2016
영업활동	-19	119
투자활동	-13	-66
재무활동	-36	63
순현금흐름	-67	116
기말현금	48	164

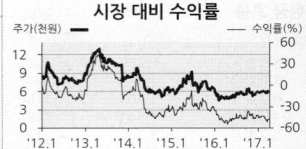
시장 대비 수익률

결산 실적					〈단위 : 억원〉	
항목	2011	2012	2013	2014	2015	2016
매출액	2,114	3,321	2,909	2,097	1,868	1,793
영업이익	84	147	7	-63	-87	60
당기순이익	104	164	38	-76	-68	9

분기 실적					〈단위 : 억원〉	
항목	2015.3Q	2015.4Q	2016.1Q	2016.2Q	2016.3Q	2016.4Q
매출액	400	375	431	370	410	581
영업이익	-35	-53	6	5	19	30
당기순이익	-32	-37	5	-5	14	-5

재무 상태					〈단위 : 억원〉	
항목	2011	2012	2013	2014	2015	2016
총자산	1,735	2,355	1,637	1,707	1,467	1,535
유형자산	387	387	315	363	365	358
무형자산	5	5	21	21	22	28
유가증권	19	24	25	25	26	24
총부채	1,135	1,623	919	1,104	907	832
총차입금	92	157	111	136	101	66
자본금	31	50	50	50	50	65
총자본	600	731	718	603	561	703
지배주주지분	600	731	718	603	555	690

기업가치 지표						
항목	2011	2012	2013	2014	2015	2016
주가(최고/저)(천원)	12.3/7.2	10.9/7.1	13.2/7.8	10.4/5.2	10.0/5.6	6.9/4.6
PER(최고/저)(배)	13.5/7.9	7.5/4.9	37.0/21.7	—/—	—/—	91.3/60.9
PBR(최고/저)(배)	2.4/1.4	1.7/1.1	2.0/1.2	1.8/0.9	1.9/1.1	1.3/0.9
EV/EBITDA(배)	6.2	4.4	48.5	—	—	9.5
EPS(원)	995	1,562	363	-729	-630	76
BPS(원)	9,804	7,313	7,182	6,032	5,550	5,305
CFPS(원)	1,872	1,806	488	-655	-553	170
DPS(원)	420	470	100	—	—	40
EBITDAPS(원)	1,541	1,635	180	-525	-764	602

재무 비율								〈단위 : % 〉	
연도	영업이익률	순이익률	부채비율	차입금비율	ROA	ROE	유보율	자기자본비율	EBITDA마진율
2016	3.3	0.5	118.3	9.4	0.6	1.4	961.0	45.8	4.0
2015	-4.7	-3.6	161.7	18.0	-4.3	-11.4	1,010.0	38.2	-4.1
2014	-3.0	-3.7	183.0	22.6	-4.6	-11.6	1,106.4	35.3	-2.5
2013	0.3	1.3	127.9	15.5	1.9	5.3	1,336.4	43.9	0.6

케이씨텍 (A029460)
KCTech

업 종 : 반도체 및 관련장비	시 장 : 거래소
신용등급 : (Bond) — (CP) —	기업규모 : 시가총액 중형주
홈페이지 : www.kctech.com	연 락 처 : 031)670-8900
본 사 : 경기도 안성시 미양면 제2공단2길 39	

설 립 일	1987.02.16	종업원수	557명	대표이사	최동규
상 장 일	1997.11.25	감사의견	적정 (삼정)	계 열	
결 산 기	12월	보 통 주	3,339만주	종속회사수	
액 면 가	500원	우 선 주		구 상 호	

주주구성 (지분율,%)
고석태	33.7
KB자산운용	9.5
(외국인)	16.9

출자관계 (지분율,%)
케이씨아이앤에스	100.0
케이피씨	58.1
케이씨이앤씨	57.2

주요경쟁사 (외형,%)
케이씨티	100
지스마트글로벌	18
젬백스	22

매출구성
반도체부문	51.7
디스플레이부분	25.3
공사매출부문	22.1

비용구성
매출원가율	76.1
판관비율	12.8

수출비중
수출	28.2
내수	71.8

회사 개요
동사는 반도체 및 디스플레이 제조를 위한 공정용 장비 및 소재를 생산, 판매함. 반도체 제조장비 산업은 반도체 소자업체에 대한 의존도가 매우 높고, 소자업체의 설비투자계획에 따라 국내외 반도체 제조장비 시장이 형성됨. 소자업체의 설비투자에 따라 매출액이 유동적인 모습을 보이는 상황임. 디스플레이 시장은 스마트폰, 태블릿PC 시장상황과 동행함. 또한 중국 정부의 투자 정책으로 중국 시장을 둘러싸고 치열하게 경쟁함.

실적 분석
동사의 모든 사업부문의 매출이 증가하면서 2016년 결산 매출액은 11.9% 증가하였지만 원가 및 판관비의 증가로 영업이익은 직전 수준을 기록하였음. 최근 스마트폰 및 스마트TV를 비롯한 IT기기에 반도체 채택이 증가하는 등 반도체 및 디스플레이 사업에 대한 투자를 확대에 대한 준비를 함에 따라 반도체 투자가 확대될 것으로 예상됨. 2017.03.24 경기 주총결과 주당 150의 배당을 지급함.

현금 흐름 〈단위 : 억원〉
항목	2015	2016
영업활동	491	296
투자활동	-506	-190
재무활동	-32	-129
순현금흐름	-44	-18
기말현금	374	355

시장 대비 수익률

결산 실적 〈단위 : 억원〉
항목	2011	2012	2013	2014	2015	2016
매출액	2,612	1,716	2,841	3,570	4,355	4,875
영업이익	130	89	309	312	537	541
당기순이익	138	112	262	256	457	511

분기 실적 〈단위 : 억원〉
항목	2015.3Q	2015.4Q	2016.1Q	2016.2Q	2016.3Q	2016.4Q
매출액	1,182	1,254	897	938	1,315	1,725
영업이익	136	214	120	132	119	170
당기순이익	115	175	129	124	105	155

재무 상태 〈단위 : 억원〉
항목	2011	2012	2013	2014	2015	2016
총자산	2,525	2,383	3,059	3,524	4,039	4,729
유형자산	549	573	630	654	755	1,081
무형자산	101	88	96	87	80	72
유가증권	86	85	58	67	70	34
총부채	524	305	655	897	1,010	1,328
총차입금	50	—	—	36	28	81
자본금	162	167	167	167	167	167
총자본	2,001	2,078	2,404	2,627	3,029	3,401
지배주주지분	1,913	1,992	2,215	2,440	2,832	3,165

기업가치 지표
항목	2011	2012	2013	2014	2015	2016
주가(최고/저)(천원)	8.7/3.5	5.7/3.3	5.5/3.5	8.4/4.9	14.1/7.1	18.0/10.3
PER(최고/저)(배)	20.1/8.1	17.7/10.3	7.4/4.8	11.3/6.5	11.3/5.7	12.6/7.2
PBR(최고/저)(배)	1.6/0.7	1.0/0.6	0.9/0.6	1.2/0.7	1.7/0.8	1.8/1.0
EV/EBITDA(배)	7.1	4.7	2.9	4.8	4.5	7.3
EPS(원)	459	338	778	771	1,284	1,436
BPS(원)	5,902	6,024	6,778	7,486	8,675	9,955
CFPS(원)	671	558	1,004	1,018	1,549	1,739
DPS(원)	30	20	70	100	150	150
EBITDAPS(원)	600	485	1,152	1,181	1,874	1,923

재무 비율 〈단위 : % 〉
연도	영업이익률	순이익률	부채비율	차입금비율	ROA	ROE	유보율	자기자본비율	EBITDA마진율
2016	11.1	10.5	39.1	2.4	11.7	16.0	1,890.9	71.9	13.2
2015	12.3	10.5	33.4	0.9	12.1	16.3	1,634.9	75.0	14.4
2014	8.7	7.2	34.2	1.4	7.8	11.1	1,397.1	74.5	11.1
2013	10.9	9.2	27.3	—	9.6	12.4	1,255.5	78.6	13.5

케이씨티 (A089150)
Korea Computer Terminal

업 종 : 컴퓨터 및 주변기기	시 장 : KOSDAQ
신용등급 : (Bond) — (CP) —	기업규모 : 중견
홈페이지 : www.kctinc.co.kr	연 락 처 : 02)6377-5622
본 사 : 경기도 수원시 권선구 일월천로4번길 7-10 (구운동)	

설 립 일	2002.12.14	종업원수	60명	대표이사	이호성
상 장 일	2006.12.13	감사의견	적정 (삼정)	계 열	
결 산 기	12월	보 통 주	1,715만주	종속회사수	
액 면 가	500원	우 선 주		구 상 호	한국컴퓨터

주주구성 (지분율,%)
한국컴퓨터지주	63.3
한국증권금융	4.0
(외국인)	1.4

출자관계 (지분율,%)
제이티비씨	0.9
소프트웨어공제조합	0.5

주요경쟁사 (외형,%)
케이씨텍	100
빅솔론	335
메디프론	50

매출구성
자동화기기	39.4
금융단말기	31.8
용역	28.9

비용구성
매출원가율	78.0
판관비율	13.3

수출비중
수출	10.1
내수	89.9

회사 개요
동사는 각종 금융 단말시스템 솔루션 및 금융 자동화기기 솔루션을 국내 금융 고객에게 공급하고 있으며, 국내사업장을 두고 있는 금융기관 및 한국마사회와 국민체육진흥공단 등의 공공부문 고객들이 주된 고객임. 금융단말기, 자동화기기, 유지보수 등의 용역 부문의 사업분야를 보유. 매출처 다변화를 위해 기존 고객인 은행권에 대하여는 기존 제품 및 신규개발제품의 판로를 더욱 확대하고 제2금융권인 증권, 보험 등의 고객확대를 위한 지속적 영업노력을 모색.

실적 분석
동사의 연간 매출은 261.5억원으로 전년대비 30.2% 감소하였으나 영업이익은 22.6억원으로 전년대비 70% 증가함. 당기순이익은 15.5억원으로 전년대비 28.8% 증가함. 금융권의 투자 축소로 매출은 감소하였으나 내부적으로 원가율 개선과 판매관리비 감소로 수익성은 호전된 것으로 판단. 금융기관 및 한국마사회와 국민체육진흥공단, 인천공항공사 등 공공부문 고객을 주요 매출처로 확보한 점은 경쟁력으로 평가.

현금 흐름 *IFRS 별도 기준 〈단위 : 억원〉
항목	2015	2016
영업활동	32	3
투자활동	-439	5
재무활동	169	-20
순현금흐름	-238	-12
기말현금	90	78

시장 대비 수익률
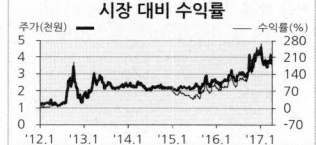

결산 실적 〈단위 : 억원〉
항목	2011	2012	2013	2014	2015	2016
매출액	395	549	486	400	374	262
영업이익	18	61	36	9	13	23
당기순이익	18	42	24	23	12	16

분기 실적 *IFRS 별도 기준 〈단위 : 억원〉
항목	2015.3Q	2015.4Q	2016.1Q	2016.2Q	2016.3Q	2016.4Q
매출액	101	135	56	39	81	86
영업이익	2	9	5	-0	4	13
당기순이익	1	7	3	-1	2	11

재무 상태 *IFRS 별도 기준 〈단위 : 억원〉
항목	2011	2012	2013	2014	2015	2016
총자산	472	509	480	466	651	634
유형자산	58	5	11	23	19	18
무형자산	3	3	2	1	1	0
유가증권	82	55	65	52	49	43
총부채	115	134	89	72	266	243
총차입금					140	130
자본금	86	86	86	86	86	86
총자본	357	376	391	394	385	391
지배주주지분	357	376	391	394	385	391

기업가치 지표 *IFRS 별도 기준
항목	2011	2012	2013	2014	2015	2016
주가(최고/저)(천원)	1.4/0.9	3.4/1.1	3.2/1.6	2.6/2.0	3.1/1.9	4.5/2.2
PER(최고/저)(배)	16.4/10.8	17.3/5.4	26.2/12.6	21.4/16.6	45.1/27.7	50.4/25.1
PBR(최고/저)(배)	0.8/0.6	1.9/0.6	1.6/0.8	1.2/1.0	1.4/0.9	2.0/1.0
EV/EBITDA(배)	4.1	2.6	6.9	3.8	27.5	27.9
EPS(원)	107	245	141	132	70	90
BPS(원)	2,083	2,190	2,282	2,297	2,243	2,278
CFPS(원)	139	272	167	174	100	119
DPS(원)	60	150	120	120	60	60
EBITDAPS(원)	139	382	236	93	107	160

재무 비율 〈단위 : % 〉
연도	영업이익률	순이익률	부채비율	차입금비율	ROA	ROE	유보율	자기자본비율	EBITDA마진율
2016	8.6	5.9	62.2	33.3	2.4	4.0	355.6	61.7	10.5
2015	3.6	3.2	69.2	36.4	2.2	3.1	348.5	59.1	4.9
2014	2.2	5.7	18.2	0.0	4.8	5.8	359.4	84.6	4.0
2013	7.4	5.0	22.7	0.0	4.9	6.3	356.5	81.5	8.3

케이씨티시 (A009070)
KCTC

업 종 : 육상운수		시 장 : 거래소	
신용등급 : (Bond) — (CP) —		기업규모 : 시가총액 소형주	
홈페이지 : www.kctc.co.kr		연 락 처 : 02)310-0700	
본 사 : 서울시 중구 남대문로 63, 한진빌딩 16층			

설 립 일	1973.07.20	종 업 원 수	364명	대 표 이 사	이준환
상 장 일	1978.09.29	감 사 의 견	적정 (삼일)	계	열
결 산 기	12월	보 통 주	3,000만주	종속회사수	
액 면 가	500원	우 선 주		구 상 호	

주주구성 (지분율,%)		출자관계 (지분율,%)		주요경쟁사 (외형,%)	
양재원	12.3	고려항만	100.0	KCTC	100
이동혁	8.5	고려사일로	100.0	동양고속	44
(외국인)	0.4	고려종합국제운송	98.8	W홀딩컴퍼니	5

매출구성		비용구성		수출비중	
운송(용역)	37.9	매출원가율	84.2	수출	0.0
소화물(용역)	24.8	판관비율	11.9	내수	100.0
하역(용역)	17.4				

회사 개요
동사는 항만하역사업 및 화물운송업을 영위하는 업체로 수출입 화물의 항만하역, 창고보관, 육해상 운송, 중량화물 운송 및 설치, 3자물류, 국제물류주선 등 다양한 분야에서 글로벌 종합물류기업으로의 사업영역 확장과 최첨단 물류시대에 맞는 기술개발, 전문인력 육성, 글로벌 네트워크 구축으로 최상의 종합물류 서비스를 제공하고 있음. 경기도 이천에 TPL 종합물류센터 부지를 매입하여 거점시설의 확충작업을 추진하고 있음.

실적 분석
2016년의 부진한 시장환경에도 영향을 받지 않고 결산 기준 매출액은 전년동기대비 거의 유사한 수준을 유지하고 있음. 매출원가를 소폭 절감하여 영업이익은 전년대비 2% 증가함. 이는 2015년 준공한 TPL 덕평종합물류센터의 조기 활성화, 벌크 국제물류사업에서의 초대형 프로젝트 시행, 광양 배후부지 창고사업 구축 등의 사업 확대가 지속되었기 때문으로 보임. 향후 관련사업을 확대해 감에 따라 수익이 더욱 성장할 것이라 기대됨.

현금 흐름 〈단위 : 억원〉
항목	2015	2016
영업활동	140	158
투자활동	-261	6
재무활동	235	-306
순현금흐름	114	-141
기말현금	314	173

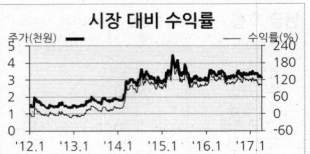
시장 대비 수익률

결산 실적 〈단위 : 억원〉
항목	2011	2012	2013	2014	2015	2016
매출액	2,869	3,372	3,758	3,561	3,570	3,498
영업이익	90	167	195	153	134	137
당기순이익	34	0	41	171	90	82

분기 실적 〈단위 : 억원〉
항목	2015.3Q	2015.4Q	2016.1Q	2016.2Q	2016.3Q	2016.4Q
매출액	968	767	845	951	838	864
영업이익	46	19	32	54	27	24
당기순이익	62	19	26	41	-2	17

재무 상태 〈단위 : 억원〉
항목	2011	2012	2013	2014	2015	2016
총자산	2,726	2,976	3,041	3,336	3,636	3,421
유형자산	1,432	1,463	1,554	1,859	2,144	2,134
무형자산	98	164	154	142	59	65
유가증권	108	177	162	202	131	52
총부채	1,242	1,488	1,518	1,686	1,915	1,636
총차입금	613	834	903	1,063	1,309	1,013
자본금	150	150	150	150	150	150
총자본	1,484	1,488	1,523	1,650	1,720	1,785
지배주주지분	1,453	1,446	1,463	1,631	1,703	1,769

기업가치 지표
항목	2011	2012	2013	2014	2015	2016
주가(최고/저)(천원)	2.2/1.3	2.3/1.3	2.1/1.4	3.7/1.8	4.5/2.7	3.8/2.9
PER(최고/저)(배)	23.4/14.1	—/—	21.8/14.6	6.9/3.3	15.4/9.5	14.0/10.7
PBR(최고/저)(배)	0.5/0.3	0.5/0.3	0.5/0.3	0.7/0.3	0.8/0.5	0.6/0.5
EV/EBITDA(배)	5.7	4.6	4.0	6.9	8.7	8.1
EPS(원)	99	-23	100	553	295	271
BPS(원)	48,484	48,243	48,835	5,447	5,688	5,906
CFPS(원)	3,190	1,900	3,372	798	553	550
DPS(원)	200	250	250	30	35	35
EBITDAPS(원)	5,206	7,706	8,873	754	704	735

재무 비율 〈단위 : % 〉
연도	영업이익률	순이익률	부채비율	차입금비율	ROA	ROE	유보율	자기자본비율	EBITDA마진율
2016	3.9	2.4	91.6	56.7	2.3	4.7	1,081.2	52.2	6.3
2015	3.8	2.5	111.3	76.1	2.6	5.3	1,037.6	47.3	5.9
2014	4.3	4.8	102.2	64.5	5.4	10.7	989.5	49.5	6.4
2013	5.2	1.1	99.7	59.3	1.4	2.1	876.7	50.1	7.1

케이씨피드 (A025880)
KC Feed

업 종 : 식료품		시 장 : KOSDAQ	
신용등급 : (Bond) — (CP) —		기업규모 : 중견	
홈페이지 : www.kcfeed.co.kr		연 락 처 : 054)332-6511~9	
본 사 : 경북 영천시 금호읍 금호로 320			

설 립 일	1970.05.06	종 업 원 수	68명	대 표 이 사	김희철,정한식
상 장 일	1995.07.07	감 사 의 견	적정 (다산)	계	열
결 산 기	12월	보 통 주	1,615만주	종속회사수	
액 면 가	500원	우 선 주		구 상 호	

주주구성 (지분율,%)		출자관계 (지분율,%)		주요경쟁사 (외형,%)	
정한식	20.5	케이씨대부파이낸스	100.0	케이씨피드	100
정혜욱	3.6	케이씨프레쉬	96.0	고려산업	213
(외국인)	9.8	케이씨팜	84.7	대주산업	105

매출구성		비용구성		수출비중	
배합사료(제품)	100.0	매출원가율	85.5	수출	0.0
		판관비율	12.2	내수	100.0

회사 개요
동사는 1970년 경북축산주식회사로 설립되어 가축, 가금용 배합사료의 제조 및 판매를 주업으로 하고 있으며, 1995년 경축으로 사명을 변경하고 동년 코스닥시장에 상장된후 2007년 상호를 케이씨피드로 변경함. 주 사업인 배합사료 외에 주요 고객인 농가에 대한 대부업, 계란 판매업 등을 영위하기 위해 케이씨팜(농장운영), 케이씨프레쉬(계란가공), 케이씨대부파이낸스(금융) 3개의 종속회사를 두고 있음.

실적 분석
동사는 전국 사료생산량의 약 2% 시장점유율을 보유중임. 사료부문의 2016년도 동사물량이 189,531M/T으로 2015년도 판매물량 185,388M/T 대비 증가했음에도 동사의 2016년 4/4분기 연결기준 누적 매출액은 전년동기 대비 3.2% 감소한 807.8억원을 기록하는데 그침. 그러나 원가율이 소폭 개선되어 영업이익은 19.0억원을 시현하며 전년동기대비 흑자전환함. 당기순이익도 7.6억원으로 흑자전환함.

현금 흐름 〈단위 : 억원〉
항목	2015	2016
영업활동	35	24
투자활동	163	14
재무활동	-218	60
순현금흐름	-19	100
기말현금	72	171

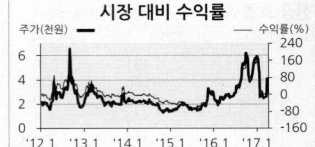
시장 대비 수익률

결산 실적 〈단위 : 억원〉
항목	2011	2012	2013	2014	2015	2016
매출액	780	924	1,018	929	834	808
영업이익	33	21	21	-11	-4	19
당기순이익	19	21	3	-30	-21	8

분기 실적 〈단위 : 억원〉
항목	2015.3Q	2015.4Q	2016.1Q	2016.2Q	2016.3Q	2016.4Q
매출액	192	213	210	194	191	212
영업이익	-1	3	7	9	3	1
당기순이익	-14	4	5	6	4	-7

재무 상태 〈단위 : 억원〉
항목	2011	2012	2013	2014	2015	2016
총자산	812	1,100	1,050	1,231	997	1,063
유형자산	205	315	335	324	311	311
무형자산	4	4	4	4	4	4
유가증권	0	0	0	0	0	0
총부채	345	611	556	766	556	542
총차입금	281	485	465	649	466	464
자본금	58	60	62	62	62	81
총자본	468	490	495	466	441	521
지배주주지분	463	489	494	467	443	523

기업가치 지표
항목	2011	2012	2013	2014	2015	2016
주가(최고/저)(천원)	2.6/1.0	6.8/1.6	4.2/1.8	2.5/1.3	3.3/1.4	6.2/1.9
PER(최고/저)(배)	17.9/6.9	39.9/9.1	120.6/51.3	—/—	—/—	116.6/35.8
PBR(최고/저)(배)	0.8/0.3	1.9/0.4	1.2/0.5	0.7/0.4	1.0/0.4	1.9/0.6
EV/EBITDA(배)	11.0	19.2	15.8	50.5	44.4	29.3
EPS(원)	158	183	36	-201	-153	54
BPS(원)	4,070	4,121	4,020	3,795	3,606	3,269
CFPS(원)	239	282	157	-56	2	192
DPS(원)	40	45	40	25	35	35
EBITDAPS(원)	359	262	293	79	139	268

재무 비율 〈단위 : % 〉
연도	영업이익률	순이익률	부채비율	차입금비율	ROA	ROE	유보율	자기자본비율	EBITDA마진율
2016	2.4	0.9	104.0	89.0	0.7	1.6	553.8	49.0	4.9
2015	-0.5	-2.6	125.9	105.6	-1.9	-4.6	621.2	44.3	2.1
2014	-1.2	-3.2	164.5	139.4	-2.6	-5.7	659.0	37.8	1.1
2013	2.1	0.3	112.4	94.1	0.3	1.0	703.9	47.1	3.5

케이아이에스씨오홀딩스 (A001940)
KISCO Holdings

업 종 : 금속 및 광물		시 장 : 거래소	
신용등급 : (Bond) — (CP) —		기업규모 : 시가총액 소형주	
홈페이지 : www.kiscoholdings.co.kr		연 락 처 : 055)260-0500	
본 사 : 경남 창원시 성산구 공단로103번길 12			

설 립 일	1957.02.19	종업원수	22명	대표이사	장세홍,정찬현
상 장 일	1989.11.13	감사의견	적정 (삼일)	계 열	
결 산 기	12월	보통주	370만주	종속회사수	
액 면 가	5,000원	우선주		구상호	

주주구성 (지분율,%)		출자관계 (지분율,%)		주요경쟁사 (외형,%)	
장세홍	35.0	대흥산업	88.7	KISCO홀딩스	100
한국투자밸류자산운용	11.9	환영철강공업	83.5	풍산홀딩스	28
(외국인)	8.5	한국철강	40.8	한국주철관	31

매출구성		비용구성		수출비중	
용역 및 배당	100.0	매출원가율	85.7	수출	—
		판관비율	6.1	내수	—

회사 개요
동사는 다른 회사의 주식을 소유함으로써 그 회사를 지배하는 것을 목적으로 하는 지주회사로 종속기업으로는 철강제조부문의 한국철강, 환영철강공업과 대흥산업(와이어로프제조), 서륭(섬유판매) 등이 있음. 주요 전방산업은 철강부문의 경우 건설산업, 와이어로프는 자동차, 섬유는 의류산업 등임. 지주회사의 영업수익은 배당금수익과 용역수익(경영관리 용역 및 기타용역) 등으로 구성되며 연결매출액의 99% 이상을 철강부문이 차지하고 있음.

실적 분석
동사의 2016년 연결 기준 매출과 영업이익은 1조581억원, 871억원으로 전년 대비 각각 2.7%, 3.7% 감소함. 동사의 자산은 전년대비 868억(5.81%) 증가한 1조4940억원임. 매출의 회복에 힘입어 현금및 현금성자산(9.35%)증가, 기타금융자산(28.13%)이 증가함. 부채는 전년대비 149억(6.78%) 증가한 2,200억원으로 차입금은 감소하였으나, 매입채무및기타지급채무(9.57%)가 소폭 증가함.

현금 흐름 〈단위 : 억원〉

항목	2015	2016
영업활동	2,016	1,150
투자활동	-1,582	-985
재무활동	-234	-72
순현금흐름	200	93
기말현금	899	992

시장 대비 수익률

결산 실적 〈단위 : 억원〉

항목	2011	2012	2013	2014	2015	2016
매출액	6,650	15,726	13,276	11,594	10,875	10,581
영업이익	393	351	73	68	904	871
당기순이익	-263	462	200	149	780	779

분기 실적 〈단위 : 억원〉

항목	2015.3Q	2015.4Q	2016.1Q	2016.2Q	2016.3Q	2016.4Q
매출액	2,815	2,583	2,230	2,908	2,591	2,852
영업이익	308	300	142	444	134	151
당기순이익	263	111	175	377	133	94

재무 상태 〈단위 : 억원〉

항목	2011	2012	2013	2014	2015	2016
총자산	7,797	13,987	13,774	13,797	14,071	14,940
유형자산	1,822	6,148	5,979	5,811	5,646	5,431
무형자산	21	36	35	43	43	40
유가증권	3	212	1,513	1,944	2,965	3,474
총부채	970	2,793	2,418	2,503	2,051	2,200
총차입금	245	369	103	154	13	33
자본금	185	185	185	185	185	185
총자본	6,827	11,194	11,356	11,294	12,020	12,740
지배주주지분	6,201	6,502	6,627	6,559	7,048	7,494

기업가치 지표

항목	2011	2012	2013	2014	2015	2016
주가(최고/저)(천원)	47.8/27.0	35.6/30.0	45.8/30.9	51.5/37.4	75.7/44.5	69.0/53.5
PER(최고/저)(배)	—/—	4.8/4.0	14.3/9.7	39.2/28.5	6.6/3.9	5.6/4.4
PBR(최고/저)(배)	0.3/0.2	0.2/0.2	0.3/0.2	0.3/0.2	0.4/0.2	0.3/0.3
EV/EBITDA(배)	1.5	4.7	8.1	9.8	2.6	1.9
EPS(원)	-8,038	8,215	3,426	1,378	11,825	12,414
BPS(원)	168,607	176,775	180,160	178,317	191,532	203,609
CFPS(원)	-4,544	18,734	13,595	11,276	21,413	21,844
DPS(원)	900	900	900	900	900	900
EBITDAPS(원)	14,125	20,030	12,140	11,746	34,040	32,989

재무 비율 〈단위 : % 〉

연도	영업이익률	순이익률	부채비율	차입금비율	ROA	ROE	유보율	자기자본비율	EBITDA마진율
2016	8.2	7.4	17.3	0.3	5.4	6.3	3,972.2	85.3	11.5
2015	8.3	7.2	17.1	0.1	5.6	6.4	3,730.7	85.4	11.6
2014	0.6	1.3	22.2	1.4	1.1	0.8	3,466.3	81.9	3.7
2013	0.6	1.5	21.3	0.9	1.4	1.9	3,503.2	82.4	3.4

케이아이엔엑스 (A093320)
KINX

업 종 : 인터넷 서비스		시 장 : KOSDAQ	
신용등급 : (Bond) — (CP) —		기업규모 : 중견	
홈페이지 : www.kinx.net		연 락 처 : 02)526-0900	
본 사 : 서울시 강남구 언주로30길 13, 대림아크로텔 5층			

설 립 일	2000.06.17	종업원수	92명	대표이사	이선영
상 장 일	2011.02.08	감사의견	적정 (대주)	계 열	
결 산 기	12월	보통주	488만주	종속회사수	
액 면 가	500원	우선주		구상호	

주주구성 (지분율,%)		출자관계 (지분율,%)		주요경쟁사 (외형,%)	
가비아	36.3			케이아이엔엑스	100
한국투자밸류자산운용	10.8			이크레더블	71
(외국인)	4.4			가비아	231

매출구성		비용구성		수출비중	
호스팅/IDC/솔루션	65.4	매출원가율	54.0	수출	—
IX	20.9	판관비율	28.4	내수	—
CDN	11.1				

회사 개요
동사는 인터넷 연동 및 인터넷 회선 접속 서비스의 제공과 관련하여 전기통신사업법 제4조에 의해 기간통신사업자의 전기통신회선설비 등을 제공하여 기간통신역무를 제공하는 별정통신사업자임. 동 법에 의해 IDC 사업자로서 부가통신사업자로도 등록되어 있음. 동사가 보유한 통신인프라는 국가의 기간통신망의 한 부분으로서, 정보통신기반보호법 제 8조에 의해 주요정보통신기반시설로 지정되어 있음.

실적 분석
동사의 2016년 연간 매출액은 441.9억원으로 전년 대비 4.9% 증가함. 판매비와 관리비는 125.3억원으로 전년 대비 소폭 감소함. 영업이익은 78억원으로 전년 대비 9.9% 증가함. 인터넷 트래픽 증가에 따라 꾸준한 실적 성장. 사물인터넷, 빅데이터 등 시장 수요 확대로 성장 지속 전망. 향후 케이아이엔엑스 주력제품인 IX(Internet exchange)와 IDC(Internet Data Center) 서비스 매출 확대가 기대됨.

현금 흐름 〈단위 : 억원〉

항목	2015	2016
영업활동	91	112
투자활동	-73	-83
재무활동	-2	-6
순현금흐름	18	28
기말현금	108	136

시장 대비 수익률
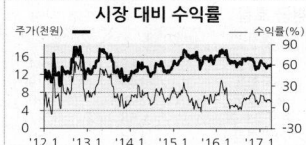

결산 실적 〈단위 : 억원〉

항목	2011	2012	2013	2014	2015	2016
매출액	202	272	306	365	421	442
영업이익	44	53	54	63	71	78
당기순이익	41	44	51	56	45	63

분기 실적 〈단위 : 억원〉

항목	2015.3Q	2015.4Q	2016.1Q	2016.2Q	2016.3Q	2016.4Q
매출액	107	111	110	112	113	107
영업이익	22	19	21	23	24	10
당기순이익	21	0	17	22	19	5

재무 상태 〈단위 : 억원〉

항목	2011	2012	2013	2014	2015	2016
총자산	325	367	424	478	524	602
유형자산	97	103	106	111	111	102
무형자산	16	27	34	54	36	15
유가증권	14	13	20	46	86	26
총부채	21	23	26	27	31	52
총차입금						
자본금	24	24	24	24	24	24
총자본	304	345	398	450	493	550
지배주주지분	303	340	390	438	480	533

기업가치 지표

항목	2011	2012	2013	2014	2015	2016
주가(최고/저)(천원)	8.9/4.3	19.5/7.2	18.4/10.1	18.0/11.4	18.7/12.5	18.1/13.0
PER(최고/저)(배)	10.9/5.3	24.0/8.9	19.2/10.5	17.4/11.0	20.3/13.6	15.4/11.1
PBR(최고/저)(배)	1.4/0.7	2.8/1.0	2.3/1.3	2.0/1.3	1.9/1.3	1.7/1.2
EV/EBITDA(배)	3.1	6.6	5.2	5.5	5.6	4.3
EPS(원)	839	832	984	1,055	934	1,182
BPS(원)	6,411	7,236	8,195	9,173	10,006	11,091
CFPS(원)	1,221	1,255	1,433	1,582	1,548	1,747
DPS(원)			80	80	100	120
EBITDAPS(원)	1,318	1,521	1,563	1,819	2,069	2,163

재무 비율 〈단위 : % 〉

연도	영업이익률	순이익률	부채비율	차입금비율	ROA	ROE	유보율	자기자본비율	EBITDA마진율
2016	17.7	14.3	9.5	0.0	11.2	11.4	2,118.2	91.3	23.9
2015	16.9	10.8	6.2	0.0	9.1	9.9	1,901.3	94.1	24.2
2014	17.2	15.5	6.1	0.0	12.5	12.4	1,734.6	94.3	24.2
2013	17.7	16.8	6.5	0.0	13.0	13.1	1,539.1	93.9	24.8

케이알모터스 (A000040)
KR Motors

업 종 : 자동차	시 장 : 거래소
신용등급 : (Bond) B- (CP) —	기업규모 : 시가총액 소형주
홈페이지 : www.krmotors.com	연 락 처 : 055)282-7011
본 사 : 경남 창원시 성산구 완암로 28 (성산동)	

설 립 일 1917.09.17	종 업 원 수 250명	대 표 이 사 성상용
상 장 일 1976.05.25	감 사 의 견 적정 (대주)	계 열
결 산 기 12월	보 통 주 17,613만주	종속회사수
액 면 가 500원	우 선 주	구 상 호 S&T모터스

주주구성 (지분율,%)		출자관계 (지분율,%)		주요경쟁사 (외형,%)	
코라오홀딩스	25.2	KR글로벌네트웍스	100.0	KR모터스	100
오세영	15.6	아이티앤티	100.0	현대차	106,949
(외국인)	11.5	KRMAmerica,LLC	100.0	기아차	60,199

매출구성		비용구성		수출비중	
이륜차	64.3	매출원가율	90.7	수출	51.0
부품	35.7	판관비율	17.9	내수	49.0

회사 개요
사업분야는 이륜차의 제조 및 판매로 국내 유일하게 250cc급 이상 700cc급까지의 고배기량 엔진 자체보유 메이커로서 경쟁이 치열한 125cc이하의 국내시장보다는 지속적인 성장세를 유지하고 있는 250cc급 이상의 고배기량 모터사이클 중심의 수출위주 마케팅 전략을 펴나가고 있으며, 차세대 성장동력인 친환경 전기이륜차의 개발로 경쟁에서 우위를 점할 것으로 전망됨. 시장점유율은 판매대수기준 내수점유율 30%를 기록하고 있음.

실적 분석
동사의 2016년 연결기준 매출액은 875.6억원으로 전년동기대비 5.3%의 외형 성장을 보임. 반면, 영업손실 75.1억원, 당기순손실 99.8억원을 기록하며 적자 상태가 지속. 원가율 개선에 실패하면서 손실폭은 전년 대비 크게 늘어난 상황. 현지 맞춤형 신기종의 본격 개발공급과 공격적인 해외시장 개척, 제품 품질력 향상 및 가격경쟁력 강화에 매진할 계획으로 향후 긍정적일 전망임.

현금 흐름 〈단위 : 억원〉
항목	2015	2016
영업활동	-195	-94
투자활동	-143	129
재무활동	396	-6
순현금흐름	58	32
기말현금	118	150

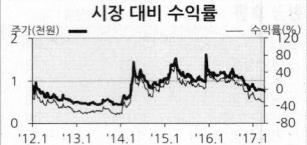
시장 대비 수익률

결산 실적 〈단위 : 억원〉
항목	2011	2012	2013	2014	2015	2016
매출액	1,277	979	996	808	832	876
영업이익	25	-62	-35	-113	-156	-75
당기순이익	19	-82	-66	-126	-161	-100

분기 실적 〈단위 : 억원〉
항목	2015.3Q	2015.4Q	2016.1Q	2016.2Q	2016.3Q	2016.4Q
매출액	268	159	198	297	258	123
영업이익	-26	-69	-27	9	8	-64
당기순이익	-11	-86	-35	3	-19	-50

재무 상태 〈단위 : 억원〉
항목	2011	2012	2013	2014	2015	2016
총자산	1,333	1,193	1,169	1,370	1,582	1,495
유형자산	578	558	564	640	664	589
무형자산	22	15	6	46	84	117
유가증권	0	0	0	0	0	0
총부채	646	585	596	911	898	861
총차입금	103	104	106	567	611	624
자본금	597	597	597	597	877	881
총자본	688	608	573	459	684	634
지배주주지분	709	636	573	459	684	591

기업가치 지표
항목	2011	2012	2013	2014	2015	2016
주가(최고/저)(천원)	1.0/0.4	1.1/0.5	0.6/0.4	1.5/0.4	1.6/0.9	1.3/0.8
PER(최고/저)(배)	64.9/27.8	—/—	—/—	—/—	—/—	—/—
PBR(최고/저)(배)	1.7/0.7	2.1/0.9	1.2/0.9	3.8/1.1	4.1/2.3	3.9/2.3
EV/EBITDA(배)	11.0		7,085.4			
EPS(원)	16	-62	-52	-105	-92	-57
BPS(원)	594	533	480	385	390	335
CFPS(원)	50	-32	-23	-82	-74	-39
DPS(원)						
EBITDAPS(원)	55	-22	0	-71	-71	-25

재무 비율 〈단위 : % 〉
연도	영업이익률	순이익률	부채비율	차입금비율	ROA	ROE	유보율	자기자본비율	EBITDA마진율
2016	-8.6	-11.4	일부잠식	일부잠식	-6.5	-15.7	-32.9	42.4	-5.0
2015	-18.7	-19.4	일부잠식	일부잠식	-10.9	-28.2	-22.0	43.2	-15.0
2014	-14.0	-15.6	일부잠식	일부잠식	-9.9	-24.4	-23.0	33.5	-10.5
2013	-3.5	-6.6	일부잠식	일부잠식	-5.6	-10.3	-3.9	49.0	0.0

케이에스씨비 (A065940)
KSCB

업 종 : 화학	시 장 : KOSDAQ
신용등급 : (Bond) — (CP) —	기업규모 : 중견
홈페이지 : www.kscbys.co.kr	연 락 처 : 055)383-7890
본 사 : 경남 양산시 두전길 94	

설 립 일 1986.11.24	종 업 원 수 72명	대 표 이 사 최영석,이종설
상 장 일 2003.01.07	감 사 의 견 적정 (지암)	계 열
결 산 기 12월	보 통 주 2,355만주	종속회사수
액 면 가 500원	우 선 주	구 상 호

주주구성 (지분율,%)		출자관계 (지분율,%)		주요경쟁사 (외형,%)	
폴루스1호조합	12.5	이피코리아	100.0	케이에스씨비	100
장위	10.8	제이이피코리아	100.0	경농	624
(외국인)	0.3	케이디알플러스	100.0	효성오앤비	124

매출구성		비용구성		수출비중	
표면처리제	34.6	매출원가율	56.8	수출	23.8
착색제	31.3	판관비율	48.2	내수	76.2
기타	13.5				

회사 개요
동사는 1976년에 설립되고 2002년에 코스닥 시장에 증권을 상장함. 2011년에 사명을 풍경정화에서 케이에스비씨로 변경하였다가 2017년 바이오빌로 다시 변경함. 연결대상 종속회사로 한국줄기세포뱅크와 케이디알플러스, 팔라우튜나와 PalauTuna Inc.,에프앤디컨설팅그룹 및 사후면세점 사업체인 이피코리아, 제이이피코리아 등을 보유함. 연결실체는 화학사업, 세포보관사업, 자동차 대여업, 건강식품사업, 헬스케어컨설팅사업 등을 영위함.

실적 분석
동사의 2016년 연결기준 매출액은 326.7억원으로 전년동기 대비 7.7% 증가하며 외형 확대됨. 한국줄기세포뱅크의 매출증가와 팔라우튜나의 연결결합, 에프앤디컨설팅크롬 설립으로 매출은 증가했으나, 판매관리비 증가와 종속회사에의 투자비용 등으로 전기에 이어 적자가 지속되며 16.4억원의 영업손실을 시현함. 매도가능증권 처분손실과 종속기업상장손 계상으로 비영업손익에서 93.2억원의 손실이 발생하며 당기에 105.3억원의 당기순손실을 시현함.

현금 흐름 〈단위 : 억원〉
항목	2015	2016
영업활동	-0	-27
투자활동	-33	-192
재무활동	56	272
순현금흐름	23	52
기말현금	51	104

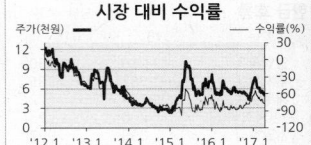
시장 대비 수익률

결산 실적 〈단위 : 억원〉
항목	2011	2012	2013	2014	2015	2016
매출액	216	260	264	244	303	327
영업이익	-31	-15	-40	-7	-20	-16
당기순이익	-21	-44	-72	36	43	-105

분기 실적 〈단위 : 억원〉
항목	2015.3Q	2015.4Q	2016.1Q	2016.2Q	2016.3Q	2016.4Q
매출액	76	90	88	70	83	85
영업이익	-3	-5	0	-2	-2	-7
당기순이익	27	-10	-5	-4	-14	-83

재무 상태 〈단위 : 억원〉
항목	2011	2012	2013	2014	2015	2016
총자산	582	712	646	725	910	1,078
유형자산	129	129	191	204	145	175
무형자산	4	53	55	63	103	63
유가증권	18	3	1	135	230	148
총부채	195	506	225	264	339	376
총차입금	111	412	150	186	190	245
자본금	50	50	70	70	76	104
총자본	386	206	421	461	571	702
지배주주지분	386	202	417	458	567	700

기업가치 지표
항목	2011	2012	2013	2014	2015	2016
주가(최고/저)(천원)	13.5/1.2	12.6/6.5	9.3/4.4	4.7/2.3	10.4/2.3	8.5/4.2
PER(최고/저)(배)	—/—	—/—	—/—	18.6/9.1	35.6/7.8	—/—
PBR(최고/저)(배)	3.5/0.3	6.2/3.2	3.1/1.5	1.4/0.7	2.8/0.6	2.5/1.3
EV/EBITDA(배)				57.8		
EPS(원)	-206	-442	-508	252	293	-534
BPS(원)	3,868	2,021	2,969	3,256	3,749	3,352
CFPS(원)	-157	-364	-442	342	392	-468
DPS(원)						
EBITDAPS(원)	-263	-68	-216	42	-37	-20

재무 비율 〈단위 : % 〉
연도	영업이익률	순이익률	부채비율	차입금비율	ROA	ROE	유보율	자기자본비율	EBITDA마진율
2016	-5.0	-32.2	53.6	34.9	-10.6	-16.3	570.4	65.1	-1.2
2015	-6.6	14.1	59.4	33.2	5.2	8.4	649.9	62.7	-1.8
2014	-2.8	14.9	57.4	40.5	5.3	8.1	551.2	63.6	2.4
2013	-15.1	-27.4	53.6	35.5	-10.6	-23.1	493.8	65.1	-11.5

820

케이에스에스해운 (A044450)
KSS LINE

업　　　종 : 해상운수	시　　　장 : 거래소
신용등급 : (Bond) —　　(CP) —	기업규모 : 시가총액 소형주
홈페이지 : www.kssline.com	연락처 : 02)3702-2700
본　　　사 : 서울시 종로구 인사동길 12 대일빌딩 8층	

설립일 1984.06.27	종업원수 292명	대표이사 이대성
상장일 2007.10.26	감사의견 적정(삼덕)	계열
결산기 12월	보통주 2,319만주	종속회사수
액면가 500원	우선주	구상호

주주구성 (지분율,%)
박종규	22.4
브이아이피투자자문	15.3
(외국인)	5.6

출자관계 (지분율,%)
케이에스에스마린	100.0
FAREASTVENTURA	75.0
YANBIANDONGLONG	45.5

주요경쟁사 (외형,%)
KSS해운	100
팬오션	1,328
	5,481

매출구성
LPG, NH., VCM,ETHYLENE 등 GAS 화물	79.3
MEG, BZ, CUMENE 등CHEMICAL 화물	20.7

비용구성
매출원가율	70.0
판관비율	6.9

수출비중
수출	—
내수	—

회사 개요
동사는 1984년 한국특수선이라는 명칭으로 설립되어 2007년 유가증권시장에 상장된 업체로 해상 운송서비스의 생산과 판매를 업으로 하고 있음. 가스선 및 케미칼선을 보유하여 국내외 화주의 가스화물 및 케미칼화물 운송과 관련한 다양한 해양 운송서비스를 제공 중에 있으며, 2016년 기준 가스선 매출 비중이 77.9% 차지. 100% 자회사 KSS마린은 2016년 1월부로 선박관리 및 전산개발을 전문으로 수행함.

실적 분석
유가하락의 영향으로 동사의 2016년 연결기준 연간 누적 매출액은 전년동기 대비 1.6% 감소한 1,411.4억원을 기록함. 초대형 가스운반선의 장기 운송 계약을 기반으로 안정적인 매출 기록. 동사 영업이익은 326.2억원으로 전년보다 9.7% 증가함. 신규선박 'Gas Tiger'호의 운항과 비용절감이 반영된 결과임. 단 비영업부문에서 192.3억원의 손실을 기록하며 당기순이익은 전년대비 42.7% 축소된 132.7억원을 기록.

현금 흐름 〈단위 : 억원〉
항목	2015	2016
영업활동	536	420
투자활동	-415	-144
재무활동	-126	-192
순현금흐름	-6	84
기말현금	66	150

시장 대비 수익률
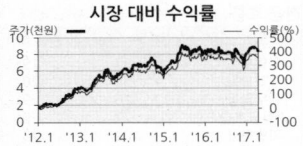

결산 실적 〈단위 : 억원〉
항목	2011	2012	2013	2014	2015	2016
매출액	984	1,122	1,187	1,375	1,435	1,411
영업이익	139	123	190	220	297	326
당기순이익	241	129	264	210	231	133

분기 실적 〈단위 : 억원〉
항목	2015.3Q	2015.4Q	2016.1Q	2016.2Q	2016.3Q	2016.4Q
매출액	391	355	364	335	339	374
영업이익	99	61	79	71	83	93
당기순이익	84	34	43	-67	39	118

재무 상태 〈단위 : 억원〉
항목	2011	2012	2013	2014	2015	2016
총자산	2,902	3,091	3,391	4,949	5,457	6,480
유형자산	2,474	2,753	3,097	4,565	5,101	6,129
무형자산	8	5	3	4	4	4
유가증권	9	9	9	9	13	16
총부채	1,565	1,718	1,783	3,106	3,336	4,120
총차입금	1,370	1,519	1,590	2,871	3,060	3,875
자본금	58	58	58	58	58	116
총자본	1,337	1,373	1,608	1,843	2,121	2,360
지배주주지분	1,333	1,369	1,604	1,843	2,121	2,360

기업가치 지표
항목	2011	2012	2013	2014	2015	2016
주가(최고/저)(천원)	2.4/1.4	4.2/1.7	6.2/3.6	7.6/5.6	9.1/5.6	8.8/6.8
PER(최고/저)(배)	2.5/1.5	8.1/3.4	5.8/3.4	8.8/6.5	9.5/5.8	15.8/12.1
PBR(최고/저)(배)	0.5/0.3	0.8/0.3	1.0/0.6	1.0/0.7	1.0/0.6	0.9/0.7
EV/EBITDA(배)	7.3	9.7	8.9	10.6	9.5	9.8
EPS(원)	1,036	553	1,135	907	998	571
BPS(원)	11,672	11,901	13,836	15,986	18,906	10,235
CFPS(원)	2,864	2,221	3,511	3,371	3,831	1,622
DPS(원)	90	90	130	200	260	170
EBITDAPS(원)	1,986	2,180	2,885	3,458	4,399	2,458

재무 비율 〈단위 : % 〉
연도	영업이익률	순이익률	부채비율	차입금비율	ROA	ROE	유보율	자기자본비율	EBITDA마진율
2016	23.1	9.4	174.6	164.2	2.2	5.9	1,947.1	36.4	40.4
2015	20.7	16.1	157.2	144.3	4.5	11.7	3,681.2	38.9	35.5
2014	16.0	15.3	168.5	155.7	5.0	12.2	3,097.2	37.3	29.2
2013	16.1	22.2	110.9	98.9	8.1	17.7	2,667.2	47.4	28.2

---

*관리종목

케이에스피 (A073010)
KSP

업　　　종 : 조선	시　　　장 : KOSDAQ
신용등급 : (Bond) —　　(CP) —	기업규모 :
홈페이지 : www.kspvalve.co.kr	연락처 : 051)979-5732
본　　　사 : 부산시 강서구 녹산산단381로 86번길 43	

설립일 2000.06.28	종업원수 80명	대표이사 류흥목
상장일 2004.12.17	감사의견 적정(성도)	계열
결산기 12월	보통주 754만주	종속회사수
액면가 500원	우선주	구상호

주주구성 (지분율,%)
한국공작기계	17.8
국민연금206·214호운용위2기업구조조정조합	4.2
(외국인)	0.3

출자관계 (지분율,%)

주요경쟁사 (외형,%)
케이에스피	100
현진소재	660
대창솔루션	188

매출구성
대형(저속) 엔진밸브	37.7
콘로드外	21.1
기타	16.9

비용구성
매출원가율	118.6
판관비율	16.8

수출비중
수출	19.5
내수	80.5

회사 개요
1991년 한국특수용접공업사로 설립되어 1994년부터 현재 주력사업인 선박용엔진밸브사업을 시작, 2000년 사명을 케이에스피로 전환했음. 동사는 전체 매출의 60% 이상을 차지하는 엔진부품 사업 이외에 형단조, 특수용접업 F/W사업을 영위하고 있음. 동사의 주된 판매처는 국내외 조선소와 엔진 제조업체임. 연간 생산량의 40% 이상을 대우조선해양과 현대중공업 중장비 부문으로 납품하고 있음. 한국공작기계가 최대주주로 지분 46% 보유 중임.

실적 분석
전방산업인 조선업의 부진으로 주력 사업인 엔진부품과 형단조 부문은 물론 F/W사업부의 수주도 줄어들어 2016년 매출액은 전년 대비 35.0% 감소함. 원가율 상승과 대손상각 등으로 대규모 적자가 발생함. 최대주주인 한국공작기계가 지분매각을 진행 중이며, 매출채권 이외의 채권에서 453.9억원 규모의 손상차손이 발생하여 매매거래가 중지됨. 최근 전경영진이 배임혐의로 피소됨. 법원은 최대주 감자 및 출자전환을 통한 회생인가를 결정함.

현금 흐름 *IFRS 별도 기준 〈단위 : 억원〉
항목	2015	2016
영업활동	39	19
투자활동	-123	-54
재무활동	26	31
순현금흐름	-58	-3
기말현금	17	14

시장 대비 수익률
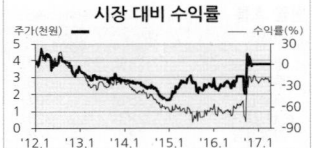

결산 실적 〈단위 : 억원〉
항목	2011	2012	2013	2014	2015	2016
매출액	601	501	380	369	403	262
영업이익	75	9	4	-11	-17	-93
당기순이익	69	4	16	-9	-25	-602

분기 실적 *IFRS 별도 기준 〈단위 : 억원〉
항목	2015.3Q	2015.4Q	2016.1Q	2016.2Q	2016.3Q	2016.4Q
매출액	100	101	72	90	58	42
영업이익	-4	-15	2	-31	-28	-36
당기순이익	0	-31	1	-375	-117	-111

재무 상태 *IFRS 별도 기준 〈단위 : 억원〉
항목	2011	2012	2013	2014	2015	2016
총자산	866	844	862	1,122	1,112	575
유형자산	277	279	299	287	298	299
무형자산	22	25	26	27	23	13
유가증권	0	0	0	16	0	0
총부채	154	158	158	429	444	478
총차입금	1	14	12	307	306	285
자본금	47	47	47	47	47	47
총자본	712	686	703	693	668	97
지배주주지분	712	686	703	693	668	97

기업가치 지표 *IFRS 별도 기준
항목	2011	2012	2013	2014	2015	2016
주가(최고/저)(천원)	5.7/3.4	4.9/3.0	3.5/2.6	2.9/1.6	3.1/1.7	4.9/2.0
PER(최고/저)(배)	5.6/3.3	78.4/48.5	14.4/10.7	—/—	—/—	—/—
PBR(최고/저)(배)	0.5/0.3	0.5/0.3	0.3/0.2	0.3/0.2	0.3/0.2	2.8/1.1
EV/EBITDA(배)	3.4	10.3	7.4	29.3	144.5	
EPS(원)	1,053	62	244	-130	-385	-9,172
BPS(원)	7,538	7,475	7,656	7,553	7,287	1,239
CFPS(원)	928	250	384	140	-57	-6,187
DPS(원)	125	—	—	—	—	—
EBITDAPS(원)	995	302	256	113	29	-796

재무 비율 〈단위 : % 〉
연도	영업이익률	순이익률	부채비율	차입금비율	ROA	ROE	유보율	자기자본비율	EBITDA마진율
2016	-35.4	-229.7	491.8	293.4	-71.3	-157.2	147.8	16.9	-28.7
2015	-4.2	-6.3	66.4	45.9	-2.3	-3.7	1,357.4	60.1	0.7
2014	-3.0	-2.3	61.9	44.3	-0.9	-1.2	1,410.5	61.8	2.9
2013	1.0	4.2	22.5	1.8	1.9	2.3	1,431.3	81.6	6.4

케이에이치바텍 (A060720)
KHVATEC

업　　종 : 휴대폰 및 관련부품		시　　장 : KOSDAQ	
신용등급 : (Bond) — 　(CP) —		기업규모 : 우량	
홈페이지 : www.khvatec.com		연락처 : (054)465-0630	
본　　사 : 경북 구미시 1공단로10길 53-12			

설립일 1992.11.23	종업원수 365명	대표이사 남광희	
상장일 2002.05.21	감사의견 적정 (한영)	계　　열	
결산기 12월	보통주 2,000만주	종속회사수	
액면가 500원	우선주	구상위	

주주구성 (지분율,%)		출자관계 (지분율,%)		주요경쟁사 (외형,%)	
남광희	15.7	애니인포넷	78.8	KH바텍	100
김종숙	9.5	KHV(천진)정밀제조유한공사	100.0	블루콤	63
(외국인)	6.4	KHV(혜주)정밀제조유한공사	100.0	서원인텍	95

매출구성		비용구성		수출비중	
알루미늄캐스팅	72.0	매출원가율	96.3	수출	88.5
마그네슘캐스팅	10.0	판관비율	7.7	내수	11.5
금형 및 상품등	10.0				

회사 개요
동사는 1992년 설립된 비철금속을 이용해 휴대폰, 노트북 등에 사용되는 외장 및 내장재, 조립모듈 제작을 주된 사업으로 하고 있으며, FPCB, LED조명 등의 제조를 함께 영위하고 있음. 정밀기구가 매출의 95% 이상을 차지하고, 특히 마그네슘 캐스팅은 2013년에만 6,244억원의 매출을 기록해 전체 매출의 76%를 차지했음. 동사는 FPCB를 생산, 판매하는 KH엘텍과 LED조명사업을 영위하는 KH라이텍을 두고 있음.

실적 분석
동사의 2016년 연간 매출은 3,782억원으로 전년대비 48.7% 감소, 영업이익은 -153.4억원으로 전년대비 적자전환, 당기순이익은 -185억원으로 적자전환. 국내 전략거래선의 스마트폰 판매 둔화, 글로벌 거래선의 경쟁력 약화로 주력 제품의 판매 감소로 전체 외형이 전년대비 감소. 고정비 부담 지속으로 수익성은 전년대비 적자전환 시현. 2017년 비용구조 효율화, 신거래선 추가 노력으로 매출 증가, 수익성 회복에 주력.

현금 흐름 〈단위 : 억원〉

항목	2015	2016
영업활동	255	327
투자활동	-288	-536
재무활동	-251	-107
순현금흐름	-283	-323
기말현금	782	460

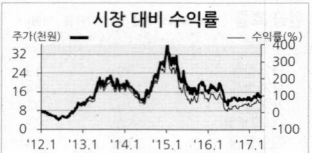
시장 대비 수익률

결산 실적 〈단위 : 억원〉

항목	2011	2012	2013	2014	2015	2016
매출액	3,159	3,559	8,242	5,900	7,379	3,782
영업이익	101	77	668	350	312	-153
당기순이익	100	-32	572	249	199	-185

분기 실적 〈단위 : 억원〉

항목	2015.3Q	2015.4Q	2016.1Q	2016.2Q	2016.3Q	2016.4Q
매출액	1,893	1,877	1,042	848	966	926
영업이익	111	125	-17	-83	-25	-28
당기순이익	63	82	-26	-78	-52	-29

재무 상태 〈단위 : 억원〉

항목	2011	2012	2013	2014	2015	2016
총자산	3,662	4,043	4,441	5,763	4,554	4,146
유형자산	1,511	1,676	1,858	2,001	2,368	2,101
무형자산	62	63	70	83	115	103
유가증권	57	1	—	—	—	—
총부채	1,706	2,159	1,988	3,099	1,735	1,637
총차입금	1,041	1,147	1,152	966	852	832
자본금	80	80	80	84	100	100
총자본	1,956	1,884	2,453	2,664	2,818	2,508
지배주주지분	1,956	1,884	2,445	2,668	2,831	2,514

기업가치 지표

항목	2011	2012	2013	2014	2015	2016
주가(최고/저)(천원)	19.0/4.7	11.7/4.0	22.8/10.7	32.9/11.3	36.0/13.7	19.6/10.4
PER(최고/저)(배)	39.9/9.8	—/—	8.2/3.9	25.7/8.9	35.3/13.4	—/—
PBR(최고/저)(배)	2.0/0.5	1.3/0.4	1.9/0.9	2.5/0.9	2.5/1.0	1.5/0.8
EV/EBITDA(배)	7.5	13.3	4.2	10.8	6.0	18.7
EPS(원)	499	-160	2,907	1,309	1,043	-899
BPS(원)	12,687	12,233	15,740	17,135	14,534	13,127
CFPS(원)	1,329	571	4,877	2,978	2,353	553
DPS(원)	—	—	370	500	300	50
EBITDAPS(원)	1,336	1,251	5,422	3,532	2,869	685

재무 비율 〈단위 : % 〉

연도	영업이익률	순이익률	부채비율	차입금비율	ROA	ROE	유보율	자기자본비율	EBITDA마진율
2016	-4.1	-4.9	65.3	33.2	-4.3	-6.7	2,525.4	60.5	3.6
2015	4.2	2.7	61.6	30.2	3.9	7.6	2,806.8	61.9	7.8
2014	5.9	4.2	116.3	36.3	4.9	10.2	3,326.9	46.2	9.6
2013	8.1	6.9	81.0	47.0	13.5	26.9	3,048.0	55.2	10.5

케이엔더블유 (A105330)
KNW

업　　종 : 자동차부품		시　　장 : KOSDAQ	
신용등급 : (Bond) — 　(CP) —		기업규모 : 벤처	
홈페이지 : www.knwkorea.com		연락처 : (031)950-0200	
본　　사 : 경기도 파주시 문산읍 돈유3로 51			

설립일 2001.01.12	종업원수 97명	대표이사 오원석	
상장일 2009.09.29	감사의견 적정 (이촌)	계　　열	
결산기 12월	보통주 566만주	종속회사수	
액면가 500원	우선주	구상위	

주주구성 (지분율,%)		출자관계 (지분율,%)		주요경쟁사 (외형,%)	
오원석	22.1	케이글라스	67.0	케이엔더블유	100
오범석	17.7	북경풍축가기기발부건유한공사	100.0	풍강	127
(외국인)	0.3	K.M.Wvietnam	100.0	크린앤사이언스	88

매출구성		비용구성		수출비중	
[제품]자동차 내장재	68.5	매출원가율	85.0	수출	73.2
[제품]DOF,보호필름,Blanket 등	31.1	판관비율	15.2	내수	26.8
[상품]POP라벨 등	0.4				

회사 개요
동사는 2001년 설립된 디스플레이 부품 소재 제조 및 유통 업체로 2008년 (주)케이엔더블유로 상호를 변경하고 2009년 코스닥 상장함. 동사는 Display Frameless Filter 제작에 필요한 재료, 소재 제작에 필요한 중간 소재 및 기능성 필름의 기능 및 외관을 보호하는 부품 소재 사업과 태양광 모듈 보호용 Sheet등을 주 생산 품목으로 사업을 영위. 전자부품소재 31.7%, 자동차 부품 소재 68.3%으로 매출 구성.

실적 분석
동사의 연결 재무제표 기준 2016년 결산 누적 매출은 전년 동기 647.8억원 대비 4.9% 증가한 679.8억원 기록. 매출액은 소폭 증가한 가운데 매출원가 및 판관비 부담이 증대되며 영업손실 1.3억원을 기록, 전년 동기 16.3억원 대비 적자전환함. 같은 기간 당기순손실 6.9억원을 기록하며 전년 동기 대비 적자전환함. 원가율 확대로 수익성 악화가 지속되고 있음.

현금 흐름 〈단위 : 억원〉

항목	2015	2016
영업활동	-37	19
투자활동	-56	-20
재무활동	16	-9
순현금흐름	-77	-9
기말현금	102	93

시장 대비 수익률

결산 실적 〈단위 : 억원〉

항목	2011	2012	2013	2014	2015	2016
매출액	593	386	651	716	648	680
영업이익	29	-24	1	39	16	-1
당기순이익	19	-23	-8	32	8	-7

분기 실적 〈단위 : 억원〉

항목	2015.3Q	2015.4Q	2016.1Q	2016.2Q	2016.3Q	2016.4Q
매출액	167	150	174	161	165	179
영업이익	4	-5	1	0	-3	-1
당기순이익	3	-5	1	-0	-4	-3

재무 상태 〈단위 : 억원〉

항목	2011	2012	2013	2014	2015	2016
총자산	547	517	517	630	653	682
유형자산	191	266	257	245	274	262
무형자산	4	4	3	4	3	3
유가증권	13	9	—	—	—	—
총부채	187	187	182	214	232	272
총차입금	120	115	106	99	120	111
자본금	22	22	24	28	28	28
총자본	360	331	335	416	421	410
지배주주지분	360	331	335	416	420	411

기업가치 지표

항목	2011	2012	2013	2014	2015	2016
주가(최고/저)(천원)	14.8/3.4	5.5/3.4	7.3/3.9	9.9/5.4	7.2/4.4	10.9/5.7
PER(최고/저)(배)	36.3/8.2	—/—	15.9/8.8	46.8/29.0	—/—	—/—
PBR(최고/저)(배)	1.8/0.4	0.7/0.5	1.0/0.5	1.3/0.7	0.9/0.6	1.5/0.8
EV/EBITDA(배)	1.6	—	10.8	3.7	7.8	14.1
EPS(원)	426	-525	-166	631	153	-104
BPS(원)	8,483	7,831	7,365	7,496	7,577	7,404
CFPS(원)	830	-135	397	1,157	652	446
DPS(원)	—	—	—	100	—	—
EBITDAPS(원)	1,062	-156	577	1,297	787	528

재무 비율 〈단위 : % 〉

연도	영업이익률	순이익률	부채비율	차입금비율	ROA	ROE	유보율	자기자본비율	EBITDA마진율
2016	-0.2	-1.0	66.2	27.0	-1.0	-1.4	1,380.8	60.2	4.4
2015	2.5	1.2	55.0	28.4	1.3	2.1	1,415.4	64.5	6.9
2014	5.5	4.5	51.4	23.7	5.6	8.5	1,399.3	66.0	9.2
2013	0.1	-1.2	54.3	31.6	-1.5	-2.3	1,373.0	64.8	4.1

케이엔엔 (A058400)
KOREA NEW NETWORK

업 종 : 미디어
신용등급 : (Bond) — (CP) —
홈페이지 : www.knn.co.kr
본 사 : 부산시 해운대구 센텀서로 30 케이엔엔타워

시 장 : KOSDAQ
기업규모 : 우량
연 락 처 : 051)850-9230

설 립 일	1994.09.07	종 업 원 수	131명	대 표 이 사	강병중,이성림
상 장 일	2010.11.03	감 사 의 견	적정(안경)	계 열	
결 산 기	12월	보 통 주	13,243만주	종속회사수	
액 면 가	500원	우 선 주		구 상 호	

주주구성 (지분율,%)		출자관계 (지분율,%)		주요경쟁사 (외형,%)	
넥센	39.3	케이엔엔디앤씨	100.0	KNN	100
태영건설	6.3	iKNN	69.6	지투알	660
		BGV	50.0	디지틀조선	63

매출구성		비용구성		수출비중	
협찬사업	54.0	매출원가율	68.7	수출	0.0
TV 방송광고	36.5	판관비율	21.7	내수	100.0
Radio 방송광고	6.9				

회사 개요
1994년 9월에 설립된 회사로 2005년 7월 방송위원회로부터 부산, 경남지역 민영방송 광역화 사업자로 선정되었으며, 2006년 5월에 현재의 케이엔엔으로 사명 변경함. 방송법에 근거하여 지상파 TV, 라디오 방송, 광고 사업을 주된 사업으로 하고 있으며, 지상파 콘텐츠의 판매 및 전시, 공연사업 등 문화사업 비중도 점차 확대하고 있음. iKNN, iKNN//경남을 연결대상 종속회사로 보유하고 있으며 동사의 최대주주는 넥센임.

실적 분석
TV 및 라디오 방송광고수입이 38.7%, 협찬사업 58.0%, 기타 임대사업 3.3%의 매출로 구성된 동사의 2016년 4/4분기 연결기준 누적 매출액은 전년동기 대비 1.5% 감소한 618.3억원임. 외형축소에도 매출원가가 증가함에 따라 영업이익은 전년동기 대비 28.1% 감소한 59.4억원을 기록하는데 그침. 그러나 비영업부문에서 28.4억원의 이익을 시현함에 따라 68.9억원의 당기순이익을 기록하며 전년동기 대비 소폭 증가함

현금 흐름 〈단위 : 억원〉

항목	2015	2016
영업활동	131	123
투자활동	-126	-51
재무활동	-33	-37
순현금흐름	-27	35
기말현금	76	111

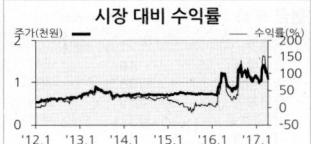

시장 대비 수익률

결산 실적 〈단위 : 억원〉

항목	2011	2012	2013	2014	2015	2016
매출액	573	587	588	591	627	618
영업이익	103	78	35	74	83	59
당기순이익	85	262	119	56	69	69

분기 실적 〈단위 : 억원〉

항목	2015.3Q	2015.4Q	2016.1Q	2016.2Q	2016.3Q	2016.4Q
매출액	130	237	106	165	119	228
영업이익	9	23	9	33	-5	22
당기순이익	9	16	11	38	2	18

재무 상태 〈단위 : 억원〉

항목	2011	2012	2013	2014	2015	2016
총자산	1,557	1,892	1,818	1,846	1,899	1,985
유형자산	748	1,060	858	829	865	791
무형자산	10	10	10	10	10	10
유가증권	160	133	141	236	307	285
총부채	175	278	128	129	150	203
총차입금	0	1	0	0	0	—
자본금	662	662	662	662	662	662
총자본	1,381	1,614	1,690	1,717	1,749	1,782
지배주주지분	1,378	1,610	1,686	1,714	1,746	1,778

기업가치 지표

항목	2011	2012	2013	2014	2015	2016
주가(최고/저)(천원)	0.5/0.4	0.7/0.5	0.9/0.6	0.7/0.7	0.8/0.7	1.4/0.7
PER(최고/저)(배)	10.1/7.8	3.9/3.1	11.1/7.8	18.7/17.0	15.3/13.6	27.5/13.4
PBR(최고/저)(배)	0.6/0.5	0.6/0.5	0.8/0.6	0.6/0.6	0.6/0.5	1.1/0.5
EV/EBITDA(배)	4.8	6.5	7.9	5.3	5.4	11.3
EPS(원)	64	197	90	43	52	52
BPS(원)	10,404	12,159	12,731	12,940	13,187	1,343
CFPS(원)	802	2,223	1,260	775	873	89
DPS(원)	225	300	250	250	250	20
EBITDAPS(원)	932	840	623	907	972	82

재무 비율 〈단위 : % 〉

연도	영업이익률	순이익률	부채비율	차입금비율	ROA	ROE	유보율	자기자본비율	EBITDA마진율
2016	9.6	11.2	11.4	0.0	3.6	3.9	168.6	89.8	17.5
2015	13.2	11.0	8.6	0.0	3.7	4.0	163.7	92.1	20.5
2014	12.5	9.5	7.5	0.0	3.1	3.3	158.8	93.0	20.3
2013	5.9	20.3	7.6	0.0	6.4	7.2	154.6	93.0	14.0

케이엘넷 (A039420)
KL-Net

업 종 : IT 서비스
신용등급 : (Bond) — (CP) —
홈페이지 : www.klnet.co.kr
본 사 : 서울시 강남구 역삼로 153, 케이엘넷빌딩 3층 (역삼동)

시 장 : KOSDAQ
기업규모 : 중견
연 락 처 : 02)538-7227

설 립 일	1994.03.30	종 업 원 수	165명	대 표 이 사	강범구,정지원
상 장 일	2002.03.12	감 사 의 견	적정(대주)	계 열	
결 산 기	12월	보 통 주	2,415만주	종속회사수	
액 면 가	500원	우 선 주		구 상 호	

주주구성 (지분율,%)		출자관계 (지분율,%)		주요경쟁사 (외형,%)	
정지원	22.9	해양물류정보연구소	100.0	케이엘넷	100
창명해운	4.7	케이씨넷	14.7	쌍용정보통신	626
(외국인)	1.2	한국해양조사협회	3.2	바른테크놀로지	75

매출구성		비용구성		수출비중	
EDI	49.9	매출원가율	84.3	수출	0.0
SI	30.5	판관비율	11.6	내수	100.0
SM	18.2				

회사 개요
동사는 1994년 물류비 절감을 통한 국가경쟁력 강화를 목적으로 물류관련 기관과 기업들이 공동 출자하여 설립한 회사로, 전자문서중계서비스를 기반으로 정보시스템 구축(SI)과 IT컨설팅, 물류솔루션 개발 · 판매, IT 아웃소싱 수행 등 물류분야의 토탈 U- IT서비스를 제공하고 있는 글로벌 물류IT 전문기업임. 국내외 IT 시장이 전반적으로 줄어들 것으로 예상되면서 동사 IT 사업도 위축될 전망.

실적 분석
동사의 2016년 연결기준 연간 누적 매출액은 350.8억원으로 전년 동기 대비 3.2% 감소했음. 매출 감소에 따른 고정비 비용 증가로 인해 영업이익 또한 14.3억원으로 전년 동기 대비 무려 51% 감소함. 영업이익이 대폭 줄어들면서 법인세 비용이 감소했음에도 불구하고 당기순이익은 16.1억원으로 전년 동기 대비 34.6% 감소. 매출은 소폭 감소한 반면, 수익성은 크게 악화되고 있음.

현금 흐름 〈단위 : 억원〉

항목	2015	2016
영업활동	37	33
투자활동	-29	-18
재무활동	3	-4
순현금흐름	12	10
기말현금	53	63

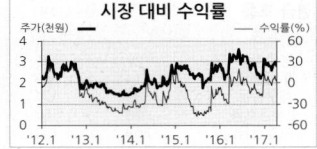

시장 대비 수익률

결산 실적 〈단위 : 억원〉

항목	2011	2012	2013	2014	2015	2016
매출액	368	338	350	357	340	351
영업이익	8	12	9	26	29	14
당기순이익	6	-5	14	26	25	16

분기 실적 〈단위 : 억원〉

항목	2015.3Q	2015.4Q	2016.1Q	2016.2Q	2016.3Q	2016.4Q
매출액	112	73	65	79	82	126
영업이익	13	8	2	2	-4	14
당기순이익	10	2	1	3	-3	15

재무 상태 〈단위 : 억원〉

항목	2011	2012	2013	2014	2015	2016
총자산	385	383	372	368	381	404
유형자산	145	176	173	154	149	143
무형자산	8	11	11	14	16	16
유가증권	8	7	9	16	18	18
총부채	130	122	107	81	75	89
총차입금	38			0		—
자본금	121	121	121	121	121	121
총자본	254	260	265	287	306	315
지배주주지분	254	260	265	281	306	315

기업가치 지표

항목	2011	2012	2013	2014	2015	2016
주가(최고/저)(천원)	3.6/1.5	3.4/1.7	2.2/1.4	2.9/1.4	3.1/1.7	3.7/2.1
PER(최고/저)(배)	156.9/63.6	—/—	39.2/24.9	26.9/13.4	31.3/17.2	56.5/32.5
PBR(최고/저)(배)	3.5/1.4	3.1/1.5	1.9/1.2	2.3/1.2	2.4/1.3	2.7/1.6
EV/EBITDA(배)	18.9	14.0	9.4	11.3	11.8	18.1
EPS(원)	24	-21	57	109	102	67
BPS(원)	1,053	1,122	1,190	1,257	1,358	1,399
CFPS(원)	87	49	147	205	203	166
DPS(원)	—	—	25		15	20
EBITDAPS(원)	97	120	127	205	221	159

재무 비율 〈단위 : % 〉

연도	영업이익률	순이익률	부채비율	차입금비율	ROA	ROE	유보율	자기자본비율	EBITDA마진율
2016	4.1	4.6	28.2	0.0	4.1	5.2	179.7	78.0	10.9
2015	8.6	7.2	24.7	0.0	6.6	8.4	171.6	80.2	15.7
2014	7.4	7.4	28.4	0.1	7.1	9.6	151.4	77.9	13.9
2013	2.6	3.9	40.2	0.0	3.7	5.2	137.9	71.3	8.8

케이엠 (A083550)
KM

업　　종 : 반도체 및 관련장비　　　　시　　장 : KOSDAQ
신용등급 : (Bond) —　　(CP) —　　기업규모 : 중견
홈페이지 : www.kmbiz.com　　　　연락처 : 033)333-6660
본　　사 : 강원도 평창군 평창읍 농공단지길 23-21

설 립 일	1989.09.28	종 업 원 수	185명	대 표 이 사	신병순
상 장 일	2005.12.20	감 사 의 견	적정 (이촌)	계　　　열	
결 산 기	12월	보 통 주	987만주	종속회사수	
액 면 가	500원	우 선 주		구 상 호	

주주구성 (지분율,%)		출자관계 (지분율,%)		주요경쟁사 (외형,%)	
신병순	24.8	동산	58.0	케이엠	100
한국증권금융	4.2	케이엠헬스케어	33.0	매커스	62
(외국인)	3.6	우진무진과기	100.0	엑시콘	41

매출구성		비용구성		수출비중	
기타	39.2	매출원가율	83.1	수출	18.8
Cleanroom Class 10 Wiper(제품)	20.7	판관비율	13.6	내수	81.2
용역,임대소계	18.0				

회사 개요
동사는 수입에 의존해 오던 청정(크린룸) 용품을 국산화하여 생산 및 판매하고 있음. 현재 ESD CLASS 10 GLOVE는 미국 OAK사와 세계 시장을 양분하고 있으며, 한국에서는 완전 독점 생산, 공급하고 있음. 동사는 또한 태양전지 사업 부문을 영위하고 있으나, 2011년 하반기부터 냉각된 태양광시장의 영향으로 동사의 태양전지사업부문에 어려움이 예상되고 있음.

실적 분석
동사의 2016년 연결 기준 매출과 영업이익은 1,096억원, 36억원으로 전년 대비 각각 5.6%, 43.2% 감소함. 당기순이익도 34억원으로 전년 대비 49% 감소함. Roll Wiper 매출 감소에 따라 실적이 악화됨. 동사의 자산, 부채총계는 975억원, 241억원으로 전년 대비 각각 5.4%, 23.2% 감소함. 자본총계는 735억원으로 전년 대비 2.4% 증가함.

현금 흐름　〈단위 : 억원〉

항목	2015	2016
영업활동	127	75
투자활동	-14	-69
재무활동	-35	-71
순현금흐름	78	-57
기말현금	209	152

시장 대비 수익률
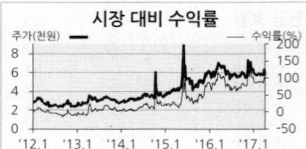

결산 실적　〈단위 : 억원〉

항목	2011	2012	2013	2014	2015	2016
매출액	1,164	1,143	1,233	1,145	1,162	1,096
영업이익	73	23	35	24	64	36
당기순이익	49	28	22	31	68	34

분기 실적　〈단위 : 억원〉

항목	2015.3Q	2015.4Q	2016.1Q	2016.2Q	2016.3Q	2016.4Q
매출액	311	308	289	249	269	290
영업이익	21	27	9	3	9	16
당기순이익	26	24	6	4	7	17

재무 상태　〈단위 : 억원〉

항목	2011	2012	2013	2014	2015	2016
총자산	1,008	1,017	1,010	976	1,031	975
유형자산	333	321	308	302	290	281
무형자산	10	11	12	12	22	20
유가증권	2	1	1	1	0	0
총부채	396	402	379	321	314	241
총차입금	238	223	207	171	134	88
자본금	48	49	49	49	49	49
총자본	613	614	631	655	717	735
지배주주지분	577	577	593	614	673	702

기업가치 지표

항목	2011	2012	2013	2014	2015	2016
주가(최고/저)(천원)	5.7/2.0	3.3/2.3	4.0/2.4	6.1/2.8	8.9/3.6	7.3/5.3
PER(최고/저)(배)	13.1/4.7	15.1/10.7	18.7/11.4	21.7/10.0	13.6/5.4	20.0/14.5
PBR(최고/저)(배)	1.0/0.4	0.6/0.4	0.7/0.4	1.0/0.4	1.3/0.5	1.0/0.7
EV/EBITDA(배)	4.2	5.4	5.5	7.4	5.6	7.2
EPS(원)	472	233	226	290	669	367
BPS(원)	6,218	6,187	6,353	6,564	7,174	7,468
CFPS(원)	737	745	508	568	1,000	721
DPS(원)	58	30	50	70	100	35
EBITDAPS(원)	1,015	746	642	523	978	721

재무 비율　〈단위 : % 〉

연도	영업이익률	순이익률	부채비율	차입금비율	ROA	ROE	유보율	자기자본비율	EBITDA마진율
2016	3.3	3.1	32.8	12.0	3.4	5.3	1,393.6	75.3	6.4
2015	5.5	5.8	43.7	18.7	6.8	10.3	1,334.9	69.6	8.2
2014	2.1	2.7	49.1	26.2	3.1	4.7	1,212.8	67.1	4.5
2013	2.9	1.8	60.1	32.9	2.2	3.8	1,170.5	62.5	5.1

케이엠더블유 (A032500)
KMW

업　　종 : 통신장비　　　　시　　장 : KOSDAQ
신용등급 : (Bond) —　　(CP) —　　기업규모 : 중견
홈페이지 : www.kmw.co.kr　　　　연락처 : 031)370-8600
본　　사 : 경기도 화성시 영천로 183-19

설 립 일	1994.10.05	종 업 원 수	495명	대 표 이 사	김덕용
상 장 일	2000.03.21	감 사 의 견	적정 (진일)	계　　　열	
결 산 기	12월	보 통 주	1,610만주	종속회사수	
액 면 가	500원	우 선 주		구 상 호	

주주구성 (지분율,%)		출자관계 (지분율,%)		주요경쟁사 (외형,%)	
김덕용	35.6	닛시	100.0	케이엠더블유	100
김찬경	5.1	케이피티	100.0	유비쿼스홀딩스	57
(외국인)	1.0	BMS코리아	100.0	웨이브일렉트로	21

매출구성		비용구성		수출비중	
FILTER 外(제품)	56.0	매출원가율	76.7	수출	88.0
RRH 류(제품)	22.7	판관비율	30.2	내수	12.0
LED(제품)	13.8				

회사 개요
1991년에 설립된 동사는 무선통신사업 관련 RF 부품산업에서 핵심 기술을 보유하고 있는 업체로 이동통신 장비를 제조, 판매하고 있음. 동사는 고성능 앰프, 초소형기지국(RRH), 세계 최초로 개발한 Black hole filter 등을 성공적으로 제조해 지난 2년간 큰 폭의 성장을 기록함. 동사는 안테나 및 RF 설계기술과 LED조명기술을 융합하여 차별화된 조명제품을 개발하여 사업을 추진 중임. 2015년 결산 기준 RF부문에서 매출의 86% 발생.

실적 분석
동사의 2016년 연간 매출은 2,105.4억원으로 전년대비 4.2% 감소, 영업이익은 -145억원으로 적자지속 시현. 반면에 당기순이익은 37.1억원으로 흑자전환 시현. 이는 보유중인 텔코의 지분을 매도하였기 때문임. 2018년 전후로 5G 투자 개시 예상, LED 산업 회복 이후 매출 증가를 기대해볼 수 있음. 동사는 2017년 3월에 무보증 사모 교환사채(248억원)를 발행하였으며, 향후에 전량 소각 예정이라고 밝힘.

현금 흐름　〈단위 : 억원〉

항목	2015	2016
영업활동	-46	137
투자활동	-198	768
재무활동	289	-803
순현금흐름	-132	98
기말현금	144	242

시장 대비 수익률
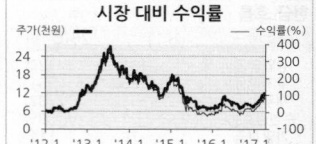

결산 실적　〈단위 : 억원〉

항목	2011	2012	2013	2014	2015	2016
매출액	1,510	2,925	3,179	2,107	2,198	2,105
영업이익	-151	417	435	-189	-449	-145
당기순이익	-346	375	399	-125	-478	37

분기 실적　〈단위 : 억원〉

항목	2015.3Q	2015.4Q	2016.1Q	2016.2Q	2016.3Q	2016.4Q
매출액	595	581	708	395	400	602
영업이익	-105	-121	18	-86	-43	-34
당기순이익	-114	-153	190	-120	25	-58

재무 상태　〈단위 : 억원〉

항목	2011	2012	2013	2014	2015	2016
총자산	2,069	2,351	2,509	2,955	3,206	2,083
유형자산	863	923	1,107	1,239	1,241	848
무형자산	53	31	32	33	46	43
유가증권	7	7	5	10	6	6
총부채	1,935	1,871	1,639	1,936	2,609	1,627
총차입금	1,349	1,237	1,085	1,365	1,626	877
자본금	81	81	81	81	81	81
총자본	134	480	870	1,019	597	456
지배주주지분	114	462	845	847	423	456

기업가치 지표

항목	2011	2012	2013	2014	2015	2016
주가(최고/저)(천원)	7.6/3.8	13.7/5.0	27.8/12.2	19.4/10.0	18.2/6.2	11.4/6.4
PER(최고/저)(배)	—/—	6.0/2.2	11.4/5.0	—/—	—/—	46.6/26.2
PBR(최고/저)(배)	4.6/2.3	3.6/1.3	4.5/2.0	3.1/1.6	5.1/1.8	3.0/1.7
EV/EBITDA(배)		4.0	6.8			717.8
EPS(원)	-2,174	2,268	2,435	-824	-2,976	244
BPS(원)	1,640	3,804	6,182	6,192	3,560	3,763
CFPS(원)	-1,653	2,895	3,009	-169	-2,133	1,161
DPS(원)						
EBITDAPS(원)	-415	3,214	3,274	-521	-1,945	16

재무 비율　〈단위 : % 〉

연도	영업이익률	순이익률	부채비율	차입금비율	ROA	ROE	유보율	자기자본비율	EBITDA마진율
2016	-6.9	1.8	357.2	192.5	1.4	9.0	652.7	21.9	0.1
2015	-20.4	-21.8	437.1	272.4	-15.5	-75.5	611.9	18.6	-14.2
2014	-9.0	-5.9	190.1	134.0	-4.6	-15.7	1,138.4	34.5	-4.0
2013	13.7	12.6	188.5	124.7	16.4	60.0	1,136.4	34.7	16.6

케이엠에이치 (A122450)
KMH

업　　종 : 미디어	시　　장 : KOSDAQ
신용등급 : (Bond) — 　(CP) —	기업규모 : 중견
홈페이지 : www.ikmh.co.kr	연락처 : 02)2647-1255
본　　사 : 서울시 양천구 목동서로 201 KT정보전산센터 7층	

설 립 일 2000.10.19	종업원수 102명	대표이사 한찬수	
상 장 일 2011.05.25	감사의견 적정 (신우)	계　　열	
결 산 기 12월	보 통 주 1,347만주	종속회사수	
액 면 가 500원	우 선 주	구 상 회	

주주구성 (지분율,%)		출자관계 (지분율,%)		주요경쟁사 (외형,%)	
KB자산운용	20.3	에프앤에이치	24.0	KMH	100
최상주	19.8	지앤티	15.0	지투알	256
(외국인)	2.3	스카이라이프티브이	7.1	디지틀조선	25

매출구성		비용구성		수출비중	
디원 등	29.0	매출원가율	56.1	수출	0.0
(주)아시아경제	27.1	판관비율	27.1	내수	100.0
(주)팍스넷	16.2				

회사 개요
동사는 2000년 10월 채널사용사업을 목적으로 설립되어, 현재는 방송송출 및 전문 채널사용사업을 고유 사업으로 하고, 2011년 5월 25일부로 코스닥에 상장된 회사임. 주요 종속회사는 채널사용사업을 주력으로 하는 엠엔씨넷미디어, 신문제조업 및 금융 아시아경제신문사, 인터넷 서비스업 및 금융정보업을 영위하는 팍스넷이 있음. 종속회사들의 시너지를 통해 뉴스, 경제 콘텐츠 경쟁력을 확보 중임.

실적 분석
동사의 2016년 매출액은 전년 대비 61.3% 증가한 1,594.7억원을 기록하였음. 외형이 확대됨에 따라 영업이익 또한 43.1% 증가한 268.4억원을 기록함. 비영업 부문에서 129.2억원의 수익이 발생, 흑자전환하였으며 최종적으로 356.2억원의 당기순이익을 기록함. 동사는 방송 솔루션 연구개발, 데이터 방송채널운영 등으로 뉴미디어 변화에 대응할 예정이며 뉴미디어사업본부와 R&D센터를 중심으로 신규사업을 추진 중임.

현금 흐름 〈단위 : 억원〉

항목	2015	2016
영업활동	161	402
투자활동	-101	-257
재무활동	203	-103
순현금흐름	263	43
기말현금	490	533

시장 대비 수익률
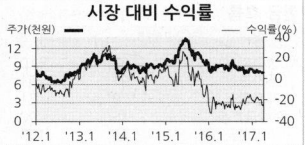

결산 실적 〈단위 : 억원〉

항목	2011	2012	2013	2014	2015	2016
매출액	435	620	894	1,147	989	1,595
영업이익	132	121	123	172	188	268
당기순이익	108	109	84	110	109	356

분기 실적 〈단위 : 억원〉

항목	2015.3Q	2015.4Q	2016.1Q	2016.2Q	2016.3Q	2016.4Q
매출액	308	52	285	488	455	367
영업이익	33	51	29	91	75	73
당기순이익	29	-0	23	335	45	-46

재무 상태 〈단위 : 억원〉

항목	2011	2012	2013	2014	2015	2016
총자산	712	1,064	1,251	1,326	1,695	3,934
유형자산	114	232	217	216	186	2,096
무형자산	61	136	164	196	233	261
유가증권	343	39	83	43	30	186
총부채	89	377	380	346	301	1,168
총차입금	10	223	210	183	98	580
자본금	63	64	64	64	67	67
총자본	624	687	871	980	1,394	2,766
지배주주지분	622	722	739	827	997	1,209

기업가치 지표

항목	2011	2012	2013	2014	2015	2016
주가(최고/저)(천원)	9.4/5.0	8.4/6.2	11.4/7.6	9.9/7.9	14.7/9.1	10.0/7.6
PER(최고/저)(배)	10.0/5.3	10.1/7.4	17.8/11.9	13.9/11.1	21.0/13.0	5.6/4.2
PBR(최고/저)(배)	2.0/1.0	1.5/1.1	2.0/1.3	1.5/1.2	1.9/1.2	1.1/0.8
EV/EBITDA(배)	3.8	4.8	4.3	4.1	4.1	7.0
EPS(원)	964	839	640	713	699	1,787
BPS(원)	4,936	5,653	5,783	6,483	7,614	9,205
CFPS(원)	1,297	1,234	1,123	1,231	1,205	2,511
DPS(원)	200					
EBITDAPS(원)	1,506	1,349	1,450	1,865	1,926	2,717

재무 비율 〈단위 : % 〉

연도	영업이익률	순이익률	부채비율	차입금비율	ROA	ROE	유보율	자기자본비율	EBITDA마진율
2016	16.8	22.3	42.2	21.0	12.7	21.8	1,741.1	70.3	23.0
2015	19.0	11.0	21.6	7.1	7.2	10.1	1,422.8	82.3	25.7
2014	15.0	9.6	35.3	18.6	8.6	11.6	1,196.5	73.9	20.8
2013	13.8	9.4	43.7	24.1	7.2	11.2	1,056.6	69.6	20.7

케이엠에이치하이텍 (A052900)
KMH HITECH COLTD

업　　종 : 반도체 및 관련장비	시　　장 : KOSDAQ
신용등급 : (Bond) — 　(CP) —	기업규모 : 중견
홈페이지 : www.kmhhitech.com	연락처 : 041)539-6114
본　　사 : 충남 아산시 음봉면 연암율금로 330	

설 립 일 1997.03.05	종업원수 172명	대표이사 심현섭	
상 장 일 2005.01.18	감사의견 적정 (우덕)	계　　열	
결 산 기 12월	보 통 주 4,679만주	종속회사수	
액 면 가 500원	우 선 주	구 상 회	

주주구성 (지분율,%)		출자관계 (지분율,%)		주요경쟁사 (외형,%)	
케이엠에이치	18.6	에프앤에이치	24.0	KMH하이텍	100
대은디브이피	2.1	케이엠에이치신라레저	14.8	KEC	486
(외국인)	1.4	지앤티	15.0		447

매출구성		비용구성		수출비중	
반도체재료(IC-Tray, Module-Tray 등)	72.4	매출원가율	77.1	수출	68.2
반도체장비(Slurry Supply System, 면취후세정기)	15.5	판관비율	19.0	내수	31.8
스마트그리드	12.1				

회사 개요
동사는 반도체 재료 및 장비 전문기업으로서, 재료 부문이 전체매출의 70% 가량을 차지하고 있음. 재료 부문에서는 반도체 패키징용 IC-Tray 등 주로 후공정재료를 생산하고 있음. 현재 전공정 부문에 진입하고자 노력하여 일부 성과를 보임. 제조장비 부문에서는 반도체칩 제조공정인 전공정에 사용되는 장비 중 하나인 Slurry 공급장치와 세정장비 등의 장비를 생산 중임. 2014년 들어 수출비중이 확대되며 전체 매출의 절반 이상을 차지함.

실적 분석
동사의 2016년 누적 연결 기준 매출과 영업이익, 당기순이익은 468.9억원, 18.4억원, 19.3억원으로 전년 동기 대비 매출은 20.8% 감소했으나 영업이익과 당기순이익은 크게 증가함. 높은 원가율로 인해 수익성이 좋지 못한 사업군을 단계적으로 축소함에 따라 외형적인 성장은 부진하였으나, 공정개발 및 투자 확대 등 자구노력을 통하여 손익구조가 크게 개선됨.

현금 흐름 〈단위 : 억원〉

항목	2015	2016
영업활동	-3	58
투자활동	34	-98
재무활동	-22	94
순현금흐름	9	53
기말현금	39	92

시장 대비 수익률
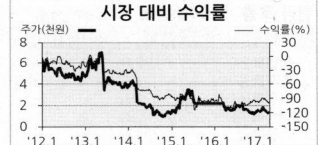

결산 실적 〈단위 : 억원〉

항목	2011	2012	2013	2014	2015	2016
매출액	684	775	724	733	592	469
영업이익	-9	-23	3	46	6	18
당기순이익	-22	-67	-265	26	6	19

분기 실적 〈단위 : 억원〉

항목	2015.3Q	2015.4Q	2016.1Q	2016.2Q	2016.3Q	2016.4Q
매출액	156	116	99	115	119	137
영업이익	7	-0	2	7	7	5
당기순이익	9	-2	2	4	4	10

재무 상태 〈단위 : 억원〉

항목	2011	2012	2013	2014	2015	2016
총자산	817	757	687	544	497	634
유형자산	462	441	281	250	242	256
무형자산	11	11	11	13	7	6
유가증권	14	14	31	31	31	108
총부채	488	428	623	184	126	149
총차입금	287	253	457	94	72	71
자본금	50	55	62	180	180	219
총자본	329	329	64	361	371	485
지배주주지분	329	329	64	361	371	485

기업가치 지표

항목	2011	2012	2013	2014	2015	2016
주가(최고/저)(천원)	7.3/2.7	6.4/4.1	7.2/3.4	4.4/0.9	3.6/1.2	2.4/1.2
PER(최고/저)(배)	—/—	—/—	—/—	35.3/7.2	237.6/82.7	54.7/26.5
PBR(최고/저)(배)	2.4/0.9	2.5/1.6	10.1/4.8	3.9/0.8	3.1/1.1	2.0/1.0
EV/EBITDA(배)	23.6	29.4	16.5	5.8	22.7	13.9
EPS(원)	-189	-539	-1,857	124	15	44
BPS(원)	3,554	3,014	836	1,110	1,137	1,198
CFPS(원)	277	-143	-1,772	265	87	111
DPS(원)						
EBITDAPS(원)	413	-270	429	358	89	109

재무 비율 〈단위 : % 〉

연도	영업이익률	순이익률	부채비율	차입금비율	ROA	ROE	유보율	자기자본비율	EBITDA마진율
2016	3.9	4.1	30.7	14.7	3.4	4.5	139.7	76.5	10.0
2015	1.1	0.9	34.1	19.4	1.1	1.5	127.4	74.6	5.4
2014	6.3	3.6	51.0	26.1	4.3	12.5	121.9	66.2	10.4
2013	0.4	-36.5	967.2	708.9	-36.7	-134.5	67.3	9.4	7.2

케이엠제약 (A237720)
KM PHARMACY COLTD

업 종 : 개인생활용품		시 장 : KONEX
신용등급 : (Bond) — (CP) —		기업규모 :
홈페이지 : www.kmkmp.com		연 락 처 : 031)683-1749
본 사 : 경기도 평택시 포승읍 평택항로 268번길 121		

설 립 일	2001.06.01	종 업 원 수	55명	대 표 이 사	강일모
상 장 일	2016.02.24	감 사 의 견	적정 (신승)	계 열	
결 산 기	03월	보 통 주	224만주	종속회사수	
액 면 가	100원	우 선 주		구 상 호	

주주구성 (지분율,%)		출자관계 (지분율,%)		주요경쟁사 (외형,%)	
강일모	62.3	케이엠제약	100		
문성근	11.2	유니더스	95		
		하우동천	70		

매출구성		비용구성		수출비중	
바디제품 - 샴푸 등	48.2	매출원가율	59.3	수출	20.1
구강제품 - 치약	26.0	판관비율	21.2	내수	79.9
구강제품 - 칫솔	19.4				

회사 개요
동사의 핵심사업인 구강위생용품 사업의 주제품군은 치약, 칫솔, 구강청결제등 생활필수품으로서 일상생활에서 사용하는 세정용품과 스타일링 제품으로 샴푸, 바디워시, 비누, 세탁세제, 섬유유연제, 주방세제 등의 필수 소비재를 포함하고 있음. 아이코닉스와의 캐릭터 라이센스를 통한 캐릭터를 제품화하여 유, 아동용 전문 구강제품을 생산하며 진입 장벽이 높은 생활용품시장의 니치마켓을 공략하고 있음.

실적 분석
동사는 2016년 3월 말 기준 매출액이 전년(83.5억원)의 약 2배 규모인 160.7억원을 달성. 매출의 주요 증가 원인은 뿐로로 제품군의 중국시장 판매량 증가와 바디제품, 모이스춰크림 등으로 분류되는 화장품 부문에서의 매출부문에 있음. 특히 동사의 제품 포트폴리오 구성에서 기타 부문이 크게 늘어난 것을 확인할 수 있는데 이것은 화장품 제품군의 매출성장과 밀접한 연관이 있음.

현금 흐름 *IFRS 별도 기준 〈단위 : 억원〉

항목	2015	2016.3Q
영업활동	24	
투자활동	-33	
재무활동	13	
순현금흐름	3	
기말현금	7	

시장 대비 수익률

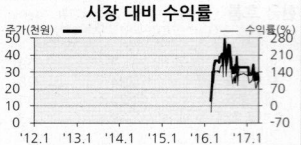

결산 실적 〈단위 : 억원〉

항목	2011	2012	2013	2014	2015	2016
매출액	—	67	73	83	161	
영업이익	—	10	10	17	31	
당기순이익	—	7	6	12	22	

분기 실적 *IFRS 별도 기준 〈단위 : 억원〉

항목	2015.2Q	2015.3Q	2015.4Q	2016.1Q	2016.2Q	2016.3Q
매출액						
영업이익						
당기순이익						

재무 상태 *IFRS 별도 기준 〈단위 : 억원〉

항목	2011	2012	2013	2014	2015	2016.3Q
총자산		94	93	106	149	
유형자산		52	52	57	84	
무형자산		0	0	0	0	
유가증권						
총부채		70	64	64	82	
총차입금		61	55	51	60	
자본금		2	2	2	2	
총자본		24	29	42	68	
지배주주지분		24	29	42	68	

기업가치 지표 *IFRS 별도 기준

항목	2011	2012	2013	2014	2015	2016.3Q
주가(최고/저)(천원)	—/—	—/—	—/—	—/—	36.9/10.0	54.9/24.6
PER(최고/저)(배)	0.0/0.0	0.0/0.0	0.0/0.0	0.0/0.0	33.4/9.1	—/—
PBR(최고/저)(배)	0.0/0.0	0.0/0.0	0.0/0.0	0.0/0.0	11.1/3.0	0.0/0.0
EV/EBITDA(배)	0.0	4.6	4.2	2.4	23.6	
EPS(원)	—	337	303	603	1,109	
BPS(원)	—	59,150	71,765	103,818	3,348	
CFPS(원)	—	20,950	20,063	35,293	1,234	
DPS(원)	—				50	
EBITDAPS(원)	—	28,625	30,332	46,898	1,690	

재무 비율 〈단위 : % 〉

연도	영업이익률	순이익률	부채비율	차입금비율	ROA	ROE	유보율	자기자본비율	EBITDA마진율
2015	19.5	13.8	120.7	88.6	17.4	40.7	3,247.9	45.3	21.1
2014	20.0	14.5	155.1	122.7			1,976.4	39.2	22.5
2013	13.8	8.2	223.8	191.9	6.5	23.1	1,335.3	30.9	16.5
2012	14.6	10.1	295.6	256.6		0.0	1,083.0	25.3	17.1

케이이씨 (A092220)
KEC

업 종 : 반도체 및 관련장비		시 장 : 거래소
신용등급 : (Bond) — (CP) —		기업규모 : 시가총액 소형주
홈페이지 : www.kec.co.kr		연 락 처 : 02)2025-5000
본 사 : 서울시 서초구 마방로 10길 5		

설 립 일	2006.09.12	종 업 원 수	620명	대 표 이 사	황창섭
상 장 일	2006.10.16	감 사 의 견	적정 (삼정)	계 열	
결 산 기	12월	보 통 주	8,905만주	종속회사수	
액 면 가	500원	우 선 주		구 상 호	

주주구성 (지분율,%)		출자관계 (지분율,%)		주요경쟁사 (외형,%)	
한국전자홀딩스	34.8	WUXIKECSEMICONDUCTORCO.,LTD.	100.0	KEC	100
곽정기	1.4	KECTHAILANDCO.,LTD	78.0	KMH하이텍	21
(외국인)	5.9				92

매출구성		비용구성		수출비중	
TR외(제품)	100.0	매출원가율	85.2	수출	77.6
설비(상품)	0.0	판관비율	13.1	내수	22.4

회사 개요
동사는 트렌지스터 생산, 판매업체로 2006년에 투자부문은 KEC홀딩스로, 사업부문은 동사로 분할설립되었음. 주력제품은 SSTR(Small Signal Transistor)로 낮은 전력소비를 필요로 하는 모바일 기기에 사용되는 전자부품임. SSTR 부문에서는 2011년 기준, 동사가 Rohm, ON SEMI, INFINEON, NXP에 이은 세계5위의 업체이나, 2~5위간 차이는 근소함. 연결대상 종속회사로 태국과 중국에 법인 4개사를 보유

실적 분석
동사의 2016년 연결 기준 매출과 영업이익은 2277억원, 40억원으로 전년 대비 매출은 8.9% 증가했으나 영업이익은 17.4% 감소함. 모바일향 반도체 매출 증가로 인하여 매출이 증가하였으나, 외주처 변경 등 구조조정 비용으로 인하여 전기대비 매출원가율은 1.6% 증가하였고, 영업이익률은 0.6% 감소함. 파생상품 평가와 선물거래손익이 각각 16억원, 5억원 증가했으나 외환수지 6억원 감소 등으로 총 영업외손익은 4억원 증가함.

현금 흐름 〈단위 : 억원〉

항목	2015	2016
영업활동	67	310
투자활동	-91	-291
재무활동	9	71
순현금흐름	-15	90
기말현금	65	155

시장 대비 수익률

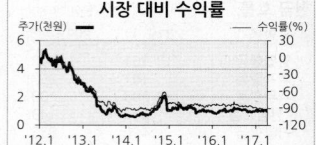

결산 실적 〈단위 : 억원〉

항목	2011	2012	2013	2014	2015	2016
매출액	3,018	2,623	2,598	2,199	2,091	2,277
영업이익	-296	-229	-75	31	49	40
당기순이익	-403	-527	-280	32	5	1

분기 실적 〈단위 : 억원〉

항목	2015.3Q	2015.4Q	2016.1Q	2016.2Q	2016.3Q	2016.4Q
매출액	490	584	583	520	551	623
영업이익	2	37	40	-27	17	10
당기순이익	-15	35	21	-5	0	-16

재무 상태 〈단위 : 억원〉

항목	2011	2012	2013	2014	2015	2016
총자산	4,790	4,094	3,762	3,466	3,405	3,831
유형자산	2,691	2,398	2,001	1,802	1,674	2,025
무형자산	37	22	20	20	20	19
유가증권	0	0	0	0		9
총부채	3,125	2,547	2,203	1,953	1,895	1,809
총차입금	2,529	2,033	1,647	1,406	1,394	1,255
자본금	711	952	295	295	295	445
총자본	1,665	1,546	1,559	1,514	1,510	2,022
지배주주지분	1,609	1,488	1,497	1,471	1,467	1,972

기업가치 지표

항목	2011	2012	2013	2014	2015	2016
주가(최고/저)(천원)	7.1/3.1	5.7/2.9	3.0/0.6	2.2/0.6	1.5/0.9	1.3/0.8
PER(최고/저)(배)	—/—	—/—	—/—	28.2/7.5	110.1/65.5	341.8/220.6
PBR(최고/저)(배)	0.8/0.4	1.0/0.5	1.3/0.3	1.0/0.3	0.7/0.4	0.6/0.4
EV/EBITDA(배)	29.8	26.1	9.6	8.4	8.8	10.3
EPS(원)	-2,006	-2,785	-914	78	13	4
BPS(원)	1,132	781	2,536	2,490	2,485	2,215
CFPS(원)	27	-137	-14	450	323	192
DPS(원)						
EBITDAPS(원)	80	74	755	414	390	241

재무 비율 〈단위 : % 〉

연도	영업이익률	순이익률	부채비율	차입금비율	ROA	ROE	유보율	자기자본비율	EBITDA마진율
2016	1.8	0.0	89.5	62.1	0.0	0.2	342.9	52.8	8.1
2015	2.3	0.3	125.5	92.3	0.2	0.6	397.0	44.4	11.0
2014	1.4	1.5	129.0	92.9	0.0	3.5	398.1	43.7	11.1
2013	-2.9	-10.8	141.3	105.7	-7.1	-19.4	407.2	41.4	8.1

케이제이프리텍 (A083470)
KJPretech

업 종: 휴대폰 및 관련부품		시 장: KOSDAQ	
신용등급: (Bond) — (CP) —		기업규모: 벤처	
홈페이지: www.kjpretech.com		연 락 처: 031)230-6902	
본 사: 경기도 화성시 반월남길 77			

설 립 일 1999.09.30	종업원수 124명	대 표 이 사 박재홍	
상 장 일 2008.09.18	감 사 의 견 적정 (신승)	계 열	
결 산 기 12월	보 통 주 2,127만주	종속회사수	
액 면 가 500원	우 선 주	구 상 호	

주주구성 (지분율,%)
마누스파트너스	9.9
이기태	9.4
(외국인)	1.1

출자관계 (지분율,%)
케이파워창업투자	45.6
동양네트웍스	15.5
KJPretechAsiaHoldings	100.0

주요경쟁사 (외형,%)
KJ프리텍	100
디스플레이텍	72
육일씨엔에쓰	35

매출구성
BLU(상품)	78.5
금형(제품)	9.7
기술이전료(기타)	4.2

비용구성
| 매출원가율 | 87.2 |
| 판관비율 | 14.4 |

수출비중
| 수출 | 81.2 |
| 내수 | 18.8 |

회사 개요
동사는 1999년 일본 쥬겐 공업 계약사로 출발하여 현재 초정밀부품제조를 위한 금형제작, 초정밀 부품 제조 및 중소형 백라이트유닛(BLU)을 제조하는 기업으로 주로 샤프와 LG 디스플레이에 납품하고 있음. 6년간에 걸쳐 개발한 LCD 백라이트유닛 자동화 조립·검사 장비가 신성장동력이 될 전망임. 홍콩 및 중국 등지에 총 4개의 연결대상 종속회사를 보유하고 있으며, 최근 장외거래를 통해 최대주주가 된 마누스파트너스에 150억원어치의 CB를 발행함.

실적 분석
금형과 정밀 부문의 실적은 부진하였으나, 주력사업인 백라이트유닛(BLU)의 안정적인 성장으로 2016년 매출액은 전년 대비 9.4% 증가함. 판가하락으로 원가율이 악화되고, 인건비 등 판관비가 늘어나 영업이익은 19.7억원의 적자로 전환됨. 외환 관련 손실과 지분법손실이 증가하여 영업외수지도 악화됨. 동사는 향후 배우 매니지먼트사업, 음악사업 아이돌 그룹 제작, 드라마제작, 영화투자 등 엔터테인먼트 사업에 진출하여 투자를 확대할 계획임.

현금 흐름 〈단위 : 억원〉
항목	2015	2016
영업활동	136	-14
투자활동	-247	-65
재무활동	52	82
순현금흐름	-57	3
기말현금	83	86

시장 대비 수익률
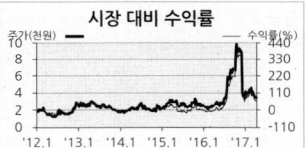

결산 실적 〈단위 : 억원〉
항목	2011	2012	2013	2014	2015	2016
매출액	986	898	1,200	1,307	1,138	1,244
영업이익	-1	58	2	88	49	-20
당기순이익	-79	28	4	85	47	-31

분기 실적 〈단위 : 억원〉
항목	2015.3Q	2015.4Q	2016.1Q	2016.2Q	2016.3Q	2016.4Q
매출액	283	259	302	321	275	347
영업이익	21	-3	1	-4	-17	1
당기순이익	29	-23	-9	-8	-33	17

재무 상태 〈단위 : 억원〉
항목	2011	2012	2013	2014	2015	2016
총자산	617	598	721	899	929	1,035
유형자산	276	240	250	250	277	253
무형자산	16	17	23	14	34	34
유가증권	1	3	16	61	37	39
총부채	482	357	408	451	464	568
총차입금	311	196	219	202	261	305
자본금	45	70	87	97	97	105
총자본	135	241	314	448	466	467
지배주주지분	135	241	314	448	466	467

기업가치 지표
항목	2011	2012	2013	2014	2015	2016
주가(최고/저)(천원)	5.7/1.8	2.9/1.2	3.1/1.8	2.9/1.7	3.5/2.2	10.0/2.1
PER(최고/저)(배)	—/—	13.4/5.5	111.6/63.0	6.0/3.6	14.5/8.9	—/—
PBR(최고/저)(배)	3.6/1.2	1.7/0.7	1.7/1.0	1.2/0.7	1.5/0.9	4.5/1.0
EV/EBITDA(배)	10.5	5.3	12.4	3.5	6.8	34.6
EPS(원)	-1,062	217	28	476	245	-149
BPS(원)	1,584	1,730	1,795	2,312	2,403	2,222
CFPS(원)	-542	495	255	702	468	60
DPS(원)	—	—	—	—	—	—
EBITDAPS(원)	502	729	240	719	477	116

재무 비율 〈단위 : % 〉
연도	영업이익률	순이익률	부채비율	차입금비율	ROA	ROE	유보율	자기자본비율	EBITDA마진율
2016	-1.6	-2.5	121.6	65.3	-3.2	-6.7	344.5	45.1	2.0
2015	4.3	4.2	99.6	56.0	5.2	10.4	380.5	50.1	8.1
2014	6.8	6.5	100.7	45.2	10.5	22.4	362.3	49.8	9.9
2013	0.2	0.4	130.0	69.8	0.7	1.6	259.0	43.5	3.1

케이지모빌리언스 (A046440)
KGMobilians

업 종: 인터넷 서비스		시 장: KOSDAQ	
신용등급: (Bond) — (CP) —		기업규모: 우량	
홈페이지: www.mobilians.co.kr		연 락 처: 02)2192-2000	
본 사: 경기도 성남시 분당구 대왕판교로 660 유스페이스1 A동 5층(삼평동)			

설 립 일 2000.03.17	종업원수 166명	대 표 이 사 권오훈	
상 장 일 2004.12.14	감 사 의 견 적정 (삼경)	계 열	
결 산 기 12월	보 통 주 2,971만주	종속회사수	
액 면 가 500원	우 선 주	구 상 호 모빌리언스	

주주구성 (지분율,%)
케이지이니시스	47.8
한국증권금융	2.5
(외국인)	4.5

출자관계 (지분율,%)
스룩	100.0
KG패스원	40.0
포스트텔링크	5.0

주요경쟁사 (외형,%)
KG모빌리언스	100
KG이니시스	513
NHN한국사이버결제	199

매출구성
휴대폰 결제 등	55.3
B2B 유통사업	22.2
기타	12.8

비용구성
| 매출원가율 | 54.7 |
| 판관비율 | 28.4 |

수출비중
| 수출 | 0.0 |
| 내수 | 100.0 |

회사 개요
2000년 3월에 설립된 유무선전화결제서비스 업체로 국내 시장 점유율 1위임. 경쟁사인 다날과 함께 국내 시장의 90% 이상을 과점하고 있음. 온라인 휴대폰결제를 중심으로 ARS, Phone-bill결제, 계좌이체, 선불카드, 상품권 결제까지 다양한 결제수단을 제공하고 있음. 기타 사업으로는 MOTP, 휴대폰 본인 확인 서비스를 영위하고 있으며, 신규사업으로 오프라인 휴대폰 소액결제(M-Tic)를 서비스하고 있음.

실적 분석
동사의 2016년 누적 매출액은 전년동기대비 -20.9% 하락한 1,366.9억원을 기록함. 비용면에서 전년동기대비 매출원가는 크게 감소하였으며 인건비는 증가 했고 기타판매비와 관리비도 마찬가지로 증가함. 하락 폭을 줄이기 위해 매출액이 절감 노력을 기울였으나 그에 따라 매출액 하락 등에 의해 전년동기대비 영업이익은 230.3억원으로 -8.9% 하락하였음. 최종적으로 전년동기대비 당기순이익은 상승하여 108.1억원을 기록함.

현금 흐름 〈단위 : 억원〉
항목	2015	2016
영업활동	-164	-48
투자활동	-9	-93
재무활동	178	349
순현금흐름	5	208
기말현금	16	223

시장 대비 수익률
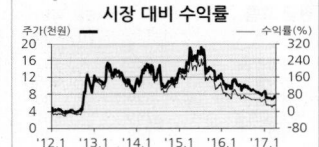

결산 실적 〈단위 : 억원〉
항목	2011	2012	2013	2014	2015	2016
매출액	824	950	1,186	1,484	1,729	1,367
영업이익	125	151	204	252	253	230
당기순이익	93	157	89	150	79	108

분기 실적 〈단위 : 억원〉
항목	2015.3Q	2015.4Q	2016.1Q	2016.2Q	2016.3Q	2016.4Q
매출액	454	—	—	318	329	—
영업이익	63	—	—	64	63	—
당기순이익	45	—	—	34	45	—

재무 상태 〈단위 : 억원〉
항목	2011	2012	2013	2014	2015	2016
총자산	1,745	2,629	2,788	3,121	3,859	3,783
유형자산	13	208	204	220	229	200
무형자산	25	37	41	38	43	59
유가증권	83	22	12	20	17	112
총부채	929	1,644	1,688	1,884	2,471	2,317
총차입금	267	506	673	869	1,054	1,516
자본금	93	93	93	94	104	104
총자본	816	985	1,099	1,237	1,388	1,466
지배주주지분	816	985	1,099	1,237	1,388	1,466

기업가치 지표
항목	2011	2012	2013	2014	2015	2016
주가(최고/저)(천원)	4.9/2.6	13.2/3.4	15.3/8.1	15.2/9.3	20.1/10.7	12.6/7.6
PER(최고/저)(배)	10.5/5.5	16.6/4.3	33.7/17.9	20.0/12.2	53.7/28.5	24.7/14.9
PBR(최고/저)(배)	1.2/0.6	2.6/0.7	2.7/1.4	2.4/1.5	2.9/1.5	1.7/1.0
EV/EBITDA(배)	8.2	14.8	11.6	13.4	14.5	12.5
EPS(원)	501	845	480	797	387	522
BPS(원)	4,571	5,369	5,986	6,621	7,264	7,643
CFPS(원)	549	918	552	884	498	648
DPS(원)	75	100	125	150	150	200
EBITDAPS(원)	725	883	1,169	1,428	1,356	1,238

재무 비율 〈단위 : % 〉
연도	영업이익률	순이익률	부채비율	차입금비율	ROA	ROE	유보율	자기자본비율	EBITDA마진율
2016	16.9	7.9	158.0	103.4	2.8	7.6	1,428.6	38.8	18.8
2015	14.6	4.6	178.1	76.0	2.3	6.0	1,352.9	36.0	15.9
2014	17.0	10.1	152.4	70.3	5.1	12.8	1,224.2	39.6	18.1
2013	17.2	7.5	153.6	61.2	3.3	8.6	1,097.1	39.4	18.3

케이지이니시스 (A035600)
KGINICIS

업 종 : 인터넷 서비스	시 장 : KOSDAQ
신용등급 : (Bond) — (CP) —	기업규모 : 우량
홈 페 이 지 : www.inicis.com	연 락 처 : 1588-4954
본 사 : 경기도 성남시 분당구 대왕판교로 660 유스페이스1 A동 5층	

설 립 일	1998.11.03	종 업 원 수	208명	대 표 이 사	권오흠
상 장 일	2002.11.22	감 사 의 견	적정 (한영)	계 열	
결 산 기	12월	보 통 주	2,658만주	종속회사수	
액 면 가	500원	우 선 주		구 상 호	케이지이니시스

주주구성 (지분율,%)		출자관계 (지분율,%)		주요경쟁사 (외형,%)	
KG케미칼	30.8	스룩	100.0	KG이니시스	100
케이지	10.7	KG패스원	40.0	NHN한국사이버결제	39
(외국인)	4.5	포스트텔링크	5.0	KG모빌리언스	19

매출구성		비용구성		수출비중	
전자결제	67.1	매출원가율	83.2	수출	0.0
운송업	32.9	판관비율	12.6	내수	100.0

회사 개요
동사는 전자지불결제서비스(PG)를 주 사업으로 영위하고 있으며, 종속회사는 (주)케이지모빌리언스, 케이지로지스 등 3개사임. 사업부문은 전자지불결제대행서비스 및 유통망을 활용한 상품 사업부문인 전자상거래 및 유통, 화물운송 등 운송업 사업부문으로 나뉨. 신규사업은 오프라인 휴대폰소액결제(M-Tic)과 무인 상품권 발권기 사업(터치페이), 모바일 선불카드 사업 등임.

실적 분석
동사의 2016년 연간 매출액은 7,010.5억원으로 전년 대비 0.6% 증가함. 자회사 KG모빌리언스의 저수익 B2B 유통매출 조정으로 인한 영향으로, 핵심 영역인 결제 부문의 매출액은 오히려 성장하고 있는 추세임. 2016년 영업이익은 자회사 KG로지스의 실적이 대폭 개선되며 295억원을 기록, 전년대비 47.5% 크게 증가함. 러시아 진출 및 폰빌카드를 활용한 온오프라인 연계 O2O 비즈니스를 준비 중에 있어 향후 실적 성장 기대.

현금 흐름 〈단위 : 억원〉

항목	2015	2016
영업활동	-1,046	1,182
투자활동	268	-865
재무활동	529	80
순현금흐름	-249	561
기말현금	188	749

시장 대비 수익률
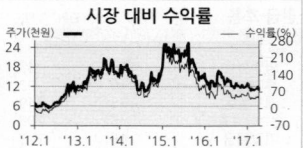

결산 실적 〈단위 : 억원〉

항목	2011	2012	2013	2014	2015	2016
매출액	1,814	3,101	4,158	5,478	6,969	7,010
영업이익	149	306	360	398	200	295
당기순이익	158	326	216	257	34	136

분기 실적 〈단위 : 억원〉

항목	2015.3Q	2015.4Q	2016.1Q	2016.2Q	2016.3Q	2016.4Q
매출액	1,749	1,840	1,602	1,618	1,715	2,076
영업이익	70	22	82	85	105	23
당기순이익	40	-36	46	66	77	-52

재무 상태 〈단위 : 억원〉

항목	2011	2012	2013	2014	2015	2016
총자산	2,128	4,466	5,253	5,623	6,112	7,360
유형자산	64	260	366	382	442	463
무형자산	43	219	231	225	303	564
유가증권	118	152	242	416	557	931
총부채	924	2,513	3,099	3,275	3,861	4,785
총차입금	—	506	1,016	1,227	1,606	2,235
자본금	127	127	127	129	133	133
총자본	1,205	1,953	2,153	2,348	2,250	2,574
지배주주지분	1,204	1,426	1,565	1,694	1,563	1,769

기업가치 지표

항목	2011	2012	2013	2014	2015	2016
주가(최고/저)(천원)	8.4/3.7	14.5/5.3	21.6/11.1	19.6/10.0	26.7/13.7	16.9/11.2
PER(최고/저)(배)	9.0/4.0	16.5/6.0	34.3/17.7	29.4/15.0	—/—	56.5/37.5
PBR(최고/저)(배)	1.9/0.8	2.7/1.0	3.6/1.9	3.0/1.5	4.1/2.1	2.5/1.7
EV/EBITDA(배)	4.3	8.5	10.8	11.9	22.0	12.1
EPS(원)	1,008	943	664	695	-33	304
BPS(원)	4,842	5,714	6,260	6,930	6,805	6,808
CFPS(원)	1,069	1,035	774	856	207	598
DPS(원)	100	125	150	200	200	250
EBITDAPS(원)	899	1,294	1,527	1,720	995	1,404

재무 비율 〈단위 : % 〉

연도	영업이익률	순이익률	부채비율	차입금비율	ROA	ROE	유보율	자기자본비율	EBITDA마진율
2016	4.2	1.9	185.9	86.8	2.0	4.9	1,261.6	35.0	5.3
2015	2.9	0.5	171.6	71.4	0.6	-0.5	1,261.1	36.8	3.8
2014	7.3	4.7	139.5	52.3	4.7	10.9	1,286.1	41.8	8.0
2013	8.7	5.2	143.9	47.2	4.5	11.3	1,152.0	41.0	9.3

케이지이티에스 (A151860)
KG Eco Technology Services

업 종 : 에너지 시설 및 서비스	시 장 : KOSDAQ
신용등급 : (Bond) — (CP) —	기업규모 : 우량
홈 페 이 지 : www.kgets.co.kr	연 락 처 : 031)488-1121
본 사 : 경기도 시흥시 소망공원로 5 정왕동	

설 립 일	1999.10.29	종 업 원 수	141명	대 표 이 사	엄기민
상 장 일	2013.07.24	감 사 의 견	적정 (삼경)	계 열	
결 산 기	12월	보 통 주	3,600만주	종속회사수	
액 면 가	500원	우 선 주		구 상 호	

주주구성 (지분율,%)		출자관계 (지분율,%)		주요경쟁사 (외형,%)	
케이지	41.3	이데일리	37.4	KG ETS	100
신영자산운용	5.3	KG써닝라이프	21.7	파루	111
(외국인)	5.9	KG네트웍스	11.0	에이치엘비생명과학	44

매출구성		비용구성		수출비중	
증기	42.0	매출원가율	83.8	수출	2.5
폐기물	20.2	판관비율	4.3	내수	97.5
산화동 및 황산동	20.0				

회사 개요
동사는 1999년 프랑스의 세계적 폐기물 처리 업체인 Veolia의 투자로 설립되었으며, 2010년 4월 KG가 Veolia와 Teris의 지분을 100% 인수하면서 KG그룹에 편입됨. 동사가 소속된 기업집단 KG그룹엔 KG이니시스, KG모빌리언스, KG케미칼 등의 상장사를 비롯해 KG옐로우캡, 이데일리, KG제로인, KG패스원, KG상사 등의 비상장사들이 있음. 동사는 2011년 KG에너지와 합병하여 KG에코서비스코리아에서 사명을 변경함.

실적 분석
동사의 2016년 매출액은 953.6억원으로 전년 대비 2.7% 증가함. 그럼에도 불구하고 매출원가 상승에 따른 원가율 상승으로 매출총이익 감소와 함께 영업이익은 전년 대비 10.9% 감소한 114.1억원을 기록함. 영업이익 감소에 따른 수익성 저하로 인해 당기순이익 또한 전년 대비 75.6% 감소한 49.3억원을 기록함. 4분기 중 주원전주와 739억원 규모의 폐기물 공급처리 계약을 체결함.

현금 흐름 *IFRS 별도 기준 〈단위 : 억원〉

항목	2015	2016
영업활동	108	213
투자활동	-228	-117
재무활동	80	-74
순현금흐름	-40	22
기말현금	20	42

시장 대비 수익률

결산 실적 〈단위 : 억원〉

항목	2011	2012	2013	2014	2015	2016
매출액	448	940	1,008	1,057	928	954
영업이익	84	156	187	213	128	114
당기순이익	61	98	124	162	202	49

분기 실적 *IFRS 별도 기준 〈단위 : 억원〉

항목	2015.3Q	2015.4Q	2016.1Q	2016.2Q	2016.3Q	2016.4Q
매출액	213	243	239	237	214	264
영업이익	28	28	34	27	22	32
당기순이익	22	125	21	26	17	-15

재무 상태 *IFRS 별도 기준 〈단위 : 억원〉

항목	2011	2012	2013	2014	2015	2016
총자산	1,698	1,651	1,702	1,695	1,936	1,949
유형자산	1,126	1,075	1,071	1,094	1,083	1,008
무형자산	1	1	1	1	2	3
유가증권	3	55	55	33	181	181
총부채	981	871	640	497	567	565
총차입금	768	628	372	249	359	318
자본금	180	124	201	201	201	201
총자본	717	780	1,062	1,198	1,369	1,384
지배주주지분	717	780	1,062	1,198	1,369	1,384

기업가치 지표 *IFRS 별도 기준

항목	2011	2012	2013	2014	2015	2016
주가(최고/저)(천원)	—/—	—/—	5.1/4.1	5.7/4.2	6.4/2.7	4.0/2.5
PER(최고/저)(배)	0.0/0.0	0.0/0.0	14.7/11.8	13.7/10.0	12.1/5.1	29.7/18.9
PBR(최고/저)(배)	0.0/0.0	0.0/0.0	1.9/1.5	1.8/1.3	1.8/0.8	1.1/0.7
EV/EBITDA(배)	5.6	2.4	7.5	6.9	6.9	7.6
EPS(원)	239	280	378	450	562	137
BPS(원)	46,003	2,573	2,951	3,372	3,833	3,864
CFPS(원)	7,929	494	590	687	802	379
DPS(원)			50	100	100	100
EBITDAPS(원)	10,098	650	753	829	595	559

재무 비율 〈단위 : % 〉

연도	영업이익률	순이익률	부채비율	차입금비율	ROA	ROE	유보율	자기자본비율	EBITDA마진율
2016	12.0	5.2	40.8	23.0	2.5	3.6	593.7	71.0	21.1
2015	13.8	21.8	41.4	26.2	11.2	15.8	588.1	70.7	23.1
2014	20.2	15.3	41.4	20.8	9.4	14.3	504.6	70.7	28.2
2013	18.5	12.3	62.3	36.8	7.2	13.4	434.9	61.6	26.3

케이지케미칼 (A001390)
KG Chemical

업　　종 : 화학		시　　장 : 거래소	
신용등급 : (Bond) — 　(CP) —		기업규모 : 시가총액 소형주	
홈페이지 : www.kgchem.co.kr		연 락 처 : (052)231-1840	
본　　사 : 울산시 울주군 온산읍 당월로 322			

설 립 일 1954.12.31	종 업 원 수 212명	대 표 이 사 신영기	
상 장 일 1989.08.25	감 사 의 견 적정 (삼정)	계　　　　열	
결 산 기 12월	보 통 주 1,158만주	종 속 회 사 수	
액 면 가 5,000원	우 선 주	구　상　호	

주주구성 (지분율,%)		출자관계 (지분율,%)		주요경쟁사 (외형,%)	
곽재선	19.3	케이지	81.5	KG케미칼	100
세일기공	7.8	KG알머티어	75.0	경인양행	27
(외국인)	6.9	KG이지콘	57.1	한국알콜	18

매출구성		비용구성		수출비중	
PG	39.3	매출원가율	79.6	수출	—
택배서비스	22.6	판관비율	15.2	내수	—
기타	21.6				

회사 개요
동사는 화학, 에너지, 물류, 전자결제, 미디어 및 금융 부문을 영위하고 있으며, 주력 분야는 화학 부문으로 복합비료, 가리칠비료, 인산질비료 등을 생산함. 판매처는 농협중앙회, 단위농협 등임. 국내 비료시장에서 동사 시장 점유율은 2016년 반기 기준 약 7%임. 자회사인 KG이니시스는 전자결제 1위 업체로, 모바일 결제 솔루션인 이니페이 모바일을 통하여 그 영역을 확장하고 있음.

실적 분석
동사의 2016년 연결기준 누적매출액은 1조 314.5억원으로 전년 대비 소폭 증가함. 비용절감에 따른 수익성 개선으로 영업이익은 전년동기 대비 17.5% 증가한 533.1억원을 시현. 미디어, 금융부문을 제외한 전 사업분야에서 매출이 주춤한 모습을 보였으나, 전자결제 부분의 수익성 개선이 전체 실적을 견인함. 관련기업의 손실 등이 증가하면서 비영업수지가 악화되어 당기순이익은 32.3% 감소한 283.5억원에 그침.

현금 흐름 〈단위 : 억원〉
항목	2015	2016
영업활동	-521	757
투자활동	-435	-764
재무활동	683	613
순현금흐름	-273	607
기말현금	378	986

시장 대비 수익률
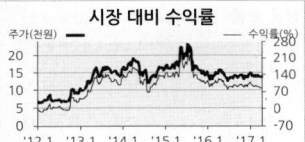

결산 실적 〈단위 : 억원〉
항목	2011	2012	2013	2014	2015	2016
매출액	5,613	8,495	8,506	8,776	10,145	10,314
영업이익	354	431	590	710	454	533
당기순이익	123	310	230	407	419	283

분기 실적 〈단위 : 억원〉
항목	2015.3Q	2015.4Q	2016.1Q	2016.2Q	2016.3Q	2016.4Q
매출액	2,445	2,536	2,377	2,616	2,458	2,863
영업이익	119	68	135	172	163	63
당기순이익	70	225	75	188	100	-80

재무 상태 〈단위 : 억원〉
항목	2011	2012	2013	2014	2015	2016
총자산	8,540	10,115	9,111	9,289	11,425	12,635
유동자산	1,814	1,962	1,901	1,920	3,668	3,557
무형자산	1,365	1,441	1,290	1,284	1,355	1,613
유가증권	189	100	218	394	522	934
총부채	5,742	6,741	4,989	4,958	6,784	7,533
총차입금	3,943	3,791	2,263	2,362	3,888	4,390
자본금	558	558	558	566	597	602
총자본	2,799	3,374	4,123	4,332	4,640	5,102
지배주주지분	1,738	1,788	1,990	1,979	1,984	2,078

기업가치 지표
항목	2011	2012	2013	2014	2015	2016
주가(최고/저)(천원)	9.5/5.0	10.5/6.4	17.4/9.7	19.0/12.0	24.7/14.0	15.7/12.5
PER(최고/저)(배)	25.5/13.4	18.2/10.9	46.8/26.2	16.8/10.7	17.4/9.9	14.4/11.4
PBR(최고/저)(배)	0.6/0.3	0.7/0.4	1.0/0.6	1.1/0.7	1.4/0.8	0.8/0.7
EV/EBITDA(배)	8.8	8.4	5.9	5.7	11.1	9.0
EPS(원)	426	666	420	1,207	1,488	1,117
BPS(원)	17,049	17,761	19,649	19,244	18,244	19,061
CFPS(원)	1,827	2,298	2,011	2,853	3,287	3,278
DPS(원)	250	150	1,000	350	350	350
EBITDAPS(원)	4,711	5,655	7,110	8,201	5,805	6,798

재무 비율 〈단위 : % 〉
연도	영업이익률	순이익률	부채비율	차입금비율	ROA	ROE	유보율	자기자본비율	EBITDA마진율
2016	5.2	2.8	147.7	86.1	2.4	6.3	266.6	40.4	7.6
2015	4.5	4.1	146.2	83.8	4.0	8.5	250.8	40.6	6.5
2014	8.1	4.6	114.5	54.5	4.4	6.6	269.2	46.6	10.1
2013	6.9	2.7	121.0	54.9	2.4	2.4	276.7	45.3	8.9

케이지피 (A109070)
KOREA GREEN PAPER MFG

업　　종 : 종이 및 목재		시　　장 : 거래소	
신용등급 : (Bond) — 　(CP) —		기업규모 : 시가총액 소형주	
홈페이지 : www.k-paper.kr		연 락 처 : (031)627-9322	
본　　사 : 경기도 용인시 처인구 이동면 백옥대로 563			

설 립 일 2009.02.25	종 업 원 수 75명	대 표 이 사 곽종윤,최우식	
상 장 일 2009.03.17	감 사 의 견 한정(감사범위제한) (단암)	계　　　　열	
결 산 기 12월	보 통 주 6,581만주	종 속 회 사 수	
액 면 가 500원	우 선 주	구　상　호	

주주구성 (지분율,%)		출자관계 (지분율,%)		주요경쟁사 (외형,%)	
더블유글로벌3호조합	3.6	알에프윈도우	45.9	KGP	100
제이피에셋투자	1.9			한창제지	423
(외국인)	2.3			영풍제지	190

매출구성		비용구성		수출비중	
크라프트지(시멘트,비료,벽지등)	96.3	매출원가율	107.9	수출	8.4
과실봉지(과실봉지)	3.7	판관비율	11.5	내수	91.6

회사 개요
1977년 온양펄프로 설립된 동사는 2009년 이앤페이퍼로부터 분할됨. 그 해 3월 코스피 시장에 재상장함. 동사는 각종 지류의 제조 및 판매업을 주 사업으로 영위하고 있음. 주요 원재료인 화학펄프의 해외의존도가 80% 이상으로 상당히 높은 편이며, 무림피앤피를 통한 조달분(10%)을 제외한 나머지는 전량 수입에 의존하고 있음. 크라프트지 국내수요 20만톤 가운데 약 15%를 점유하고 있음.

실적 분석
동사의 2016년 누적 연결기준 매출액은 459.8억원으로 전년동기 대비 4.3% 감소함. 영업손실과 당기순손실은 각각 88.9억원, 163.3억원을 기록하며 적자폭이 확대됨. 인도네시아와 중국은 자국산 원료와 가격경쟁력을 바탕으로 설비 확장 중. 동사는 주사업장인 아산공장의 생산열원을 폐기물 소각에 의한 증기열원 사용을 통해 제품공정상의 생산효율성을 높이고 생산원가를 낮추는 전략을 지속적으로 추진하고 있음.

현금 흐름　*IFRS 별도 기준　〈단위 : 억원〉
항목	2015	2016
영업활동	9	-24
투자활동	-19	26
재무활동	33	40
순현금흐름	23	42
기말현금	25	67

시장 대비 수익률

결산 실적 〈단위 : 억원〉
항목	2011	2012	2013	2014	2015	2016
매출액	1,196	910	564	504	480	460
영업이익	-57	-43	-13	-17	-28	-89
당기순이익	-153	-106	-90	-48	-56	-163

분기 실적　*IFRS 별도 기준　〈단위 : 억원〉
항목	2015.3Q	2015.4Q	2016.1Q	2016.2Q	2016.3Q	2016.4Q
매출액	118	119	115	116	107	122
영업이익	-7	-11	-15	-25	-11	-38
당기순이익	-20	-13	-21	-28	-12	-115

재무 상태　*IFRS 별도 기준　〈단위 : 억원〉
항목	2011	2012	2013	2014	2015	2016
총자산	1,466	1,057	745	675	683	502
유동자산	520	440	416	393	378	127
무형자산					15	
유가증권	0	0			31	8
총부채	1,208	912	689	620	561	385
총차입금	824	590	516	477	392	189
자본금	445	224	67	99	189	321
총자본	257	145	56	55	121	117
지배주주지분	257	145	56	55	121	117

기업가치 지표　*IFRS 별도 기준
항목	2011	2012	2013	2014	2015	2016
주가(최고/저)(천원)	1.2/0.5	0.8/0.4	0.5/0.4	0.8/0.4	3.0/0.5	2.6/0.7
PER(최고/저)(배)	—/—	—/—	—/—	—/—	—/—	—/—
PBR(최고/저)(배)	0.8/0.4	0.9/0.5	1.7/1.2	3.6/2.0	10.2/1.7	14.1/3.8
EV/EBITDA(배)	—	—	53.8	117.8	—	—
EPS(원)	-897	-616	-527	-252	-142	-391
BPS(원)	2,894	3,241	415	275	322	183
CFPS(원)	-1,349	-1,759	-495	-170	-93	-340
DPS(원)						
EBITDAPS(원)	-274	-361	80	39	-15	-147

재무 비율 〈단위 : % 〉
연도	영업이익률	순이익률	부채비율	차입금비율	ROA	ROE	유보율	자기자본비율	EBITDA마진율
2016	-19.3	-35.5	일부잠식	일부잠식	-22.2	-130.2	-59.7	28.8	-14.3
2015	-5.9	-11.8	일부잠식	일부잠식	-8.3	-64.1	-35.6	17.8	-1.2
2014	-3.4	-9.6	일부잠식	일부잠식	-6.8	-87.6	-44.9	8.1	1.2
2013	-2.4	-16.0	일부잠식	일부잠식	-10.0	-90.3	-17.1	7.5	1.9

케이티 (A030200)
KT

업　　　종 : 무선통신		시　　　장 : 거래소	
신용등급 : (Bond) AAA　(CP) A1		기업규모 : 시가총액 대형주	
홈페이지 : www.kt.com		연락처 : 031)727-0114	
본　　　사 : 경기도 성남시 분당구 불정로 90 (정자동)			

설 립 일	1981.12.10	종 업 원 수	23,605명	대 표 이 사	황창규
상 장 일	1998.12.23	감 사 의 견	적정 (삼일)	계 　 열	
결 산 기	12월	보 통 주	26,111만주	종 속 회 사 수	
액 면 가	5,000원	우 선 주		구 상 호	

주주구성 (지분율,%)		출자관계 (지분율,%)		주요경쟁사 (외형,%)	
Citibank(DR)	23.8	케이티에스테이트	100.0	KT	100
국민연금공단	10.5	케이티샛	100.0	SK텔레콤	75
(외국인)	49.0	케이티엠모바일	100.0	LG유플러스	50

매출구성		비용구성		수출비중	
서비스의 제공	85.6	매출원가율	0.0	수출	—
재화의 판매	14.4	판관비율	93.7	내수	—

회사 개요
동사는 국내 최대 통신사업자 중 하나로 초고속인터넷, 시내전화(구내, ISDN, DID포함), 이동전화, IPTV 등 다양한 사업을 영위하고 있음. 동사는 아이폰 시리즈 등 다양한 스마트폰과 아이패드 등 이머징 디바이스를 성공적으로 도입함으로써 경쟁력을 강화. 이 외에도 삼성전자 갤럭시 시리즈, LG전자 G시리즈 등을 들여옴. 다양한 사업과 높은 진입장벽으로 인해 안정적으로 사업을 운영.

실적 분석
동사의 2016년 연결기준 연간 누적 매출액은 22조 7,436.7억원으로 전년 동기 대비 2.1% 증가함. 매출이 늘면서 판매비와 관리비도 소폭 감소했지만 매출 증가 폭이 이를 상회하면서 영업이익은 1조 4,399.8억원으로 전년 동기 대비 11.4% 증가함. 인력 등 각종 구조조정의 효과를 거두고 있다는 분석. 비영업부문도 금융과 외환 등에서 손실 규모가 큰 폭으로 줄면서 당기순이익은 7,978.4억원으로 전년 동기 대비 26.4% 증가함.

현금 흐름 〈단위 : 억원〉
항목	2015	2016
영업활동	42,300	47,708
투자활동	-24,019	-34,850
재무활동	-11,640	-9,433
순현금흐름	6,708	3,408
기말현금	25,595	29,003

시장 대비 수익률
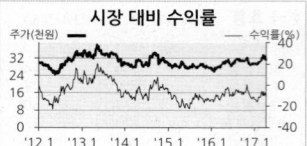

결산 실적 〈단위 : 억원〉
항목	2011	2012	2013	2014	2015	2016
매출액	212,720	238,564	238,106	223,117	222,812	227,437
영업이익	17,484	12,092	8,393	-4,066	12,929	14,400
당기순이익	14,520	11,054	-603	-9,662	6,313	7,978

분기 실적 〈단위 : 억원〉
항목	2015.3Q	2015.4Q	2016.1Q	2016.2Q	2016.3Q	2016.4Q
매출액	54,922	59,589	55,150	56,776	55,299	60,211
영업이익	3,433	2,672	3,851	4,270	4,016	2,263
당기순이익	1,260	-971	2,151	2,552	2,345	930

재무 상태 〈단위 : 억원〉
항목	2011	2012	2013	2014	2015	2016
총자산	320,854	345,579	348,465	337,755	293,412	305,877
유형자산	140,227	158,064	163,870	164,682	144,789	143,121
무형자산	26,435	32,136	38,274	35,440	25,998	30,228
유가증권	6,337	6,644	10,094	8,276	5,919	9,753
총부채	195,476	213,399	219,816	219,852	171,757	177,930
총차입금	114,315	116,196	117,924	130,846	89,384	84,102
자본금	15,645	15,645	15,645	15,645	15,645	15,645
총자본	125,378	132,180	128,649	117,903	121,655	127,948
지배주주지분	117,042	123,092	117,552	103,410	108,451	114,419

기업가치 지표
항목	2011	2012	2013	2014	2015	2016
주가(최고/저)(천원)	38.1/28.6	35.1/24.5	38.1/27.9	35.2/27.1	30.9/27.2	32.4/25.7
PER(최고/저)(배)	8.2/6.2	9.9/6.9	—/—	—/—	15.2/13.3	12.2/9.7
PBR(최고/저)(배)	0.9/0.7	0.8/0.6	0.8/0.6	0.9/0.7	0.7/0.6	0.7/0.6
EV/EBITDA(배)	4.0	4.1	3.9	5.7	3.0	2.8
EPS(원)	5,540	4,006	-622	-4,040	2,118	2,723
BPS(원)	48,477	50,707	48,552	42,921	44,851	47,113
CFPS(원)	16,998	16,698	13,245	10,722	16,058	15,827
DPS(원)	2,000	2,000	800		500	800
EBITDAPS(원)	18,154	17,322	17,081	13,206	18,892	18,618

재무 비율 〈단위 : %〉
연도	영업이익률	순이익률	부채비율	차입금비율	ROA	ROE	유보율	자기자본비율	EBITDA마진율
2016	6.3	3.5	139.1	65.7	2.7	6.4	686.3	41.8	21.4
2015	5.8	2.8	141.2	73.5	2.0	5.2	648.6	41.5	22.1
2014	-1.8	-4.3	186.5	111.0	-2.8	-9.6	616.4	34.9	15.5
2013	3.5	-0.3	170.9	91.7	-0.2	-1.4	710.3	36.9	18.7

케이티뮤직 (A043610)
KT Music

업　　　종 : 인터넷 서비스		시　　　장 : KOSDAQ	
신용등급 : (Bond) —　(CP) —		기업규모 : 벤처	
홈페이지 : www.ktmusic.co.kr		연락처 : 02)3282-2600	
본　　　사 : 서울시 강남구 영동대로106길 17			

설 립 일	1991.02.07	종 업 원 수	188명	대 표 이 사	김성욱
상 장 일	2000.07.20	감 사 의 견	적정 (안진)	계 　 열	
결 산 기	12월	보 통 주	4,919만주	종 속 회 사 수	
액 면 가	500원	우 선 주		구 상 호	

주주구성 (지분율,%)		출자관계 (지분율,%)		주요경쟁사 (외형,%)	
케이티	58.4	KT음악컨텐츠투자조합	50.0	KT뮤직	100
베어링자산운용	4.2	오스카이엔티	49.0	NAVER	3,615
(외국인)	1.7			카카오	1,316

매출구성		비용구성		수출비중	
음악사업매출	97.3	매출원가율	0.0	수출	—
용역외	2.7	판관비율	95.6	내수	—

회사 개요
동사는 1991년 설립된 KT의 계열사로 음악 콘텐츠의 제작, 유통 및 유무선 인터넷 기반 음악사업을 주요사업으로 하고 있음. 2013년 6월 KMP홀딩스를 흡수합병함. 동사의 음악서비스 '올레뮤직'은 2012년 기준 디지털 음악서비스 시장에서 4위를 차지하고 있으며, 기존 스마트폰 어플리케이션의 지속적인 업그레이드 및 모바일 환경하에서의 다양한 서비스 모델 개발을 추진하고 있음.

실적 분석
동사의 2016년 연간 매출액은 전년대비 24.8% 증가한 1,112.9억원을 기록함. 판매비와 관리비는 1,063.9억원으로 전년대비 21.9% 증가했으나 광고선전비가 32.2억원으로 전년대비 7% 감소함. 영업이익은 49억원으로 전년대비 153.1% 증가함. 온라인 음원 스트리밍 시장의 급성장세가 영향을 미친 것으로 보이며 2016년 연간 당기순이익은 전년대비 143.5% 크게 증가함.

현금 흐름 *IFRS 별도 기준 〈단위 : 억원〉
항목	2015	2016
영업활동	85	134
투자활동	-165	-110
재무활동	—	—
순현금흐름	-80	23
기말현금	261	285

시장 대비 수익률

결산 실적 〈단위 : 억원〉
항목	2011	2012	2013	2014	2015	2016
매출액	313	314	508	863	892	1,113
영업이익	-18	6	-22	75	19	49
당기순이익	-24	-21	-51	32	34	82

분기 실적 *IFRS 별도 기준 〈단위 : 억원〉
항목	2015.3Q	2015.4Q	2016.1Q	2016.2Q	2016.3Q	2016.4Q
매출액	232	245	239	269	279	327
영업이익	14	11	19	5	12	13
당기순이익	17	12	20	5	15	43

재무 상태 *IFRS 별도 기준 〈단위 : 억원〉
항목	2011	2012	2013	2014	2015	2016
총자산	278	730	830	834	905	1,101
유형자산	34	30	24	22	19	14
무형자산	46	211	169	107	98	85
유가증권	4	3	2	2	104	156
총부채	77	331	483	271	308	420
총차입금	5	176	184			
자본금	149	181	181	209	209	209
총자본	201	400	347	563	598	681
지배주주지분	201	400	347	563	598	681

기업가치 지표 *IFRS 별도 기준
항목	2011	2012	2013	2014	2015	2016
주가(최고/저)(천원)	3.4/1.5	3.8/1.9	5.6/2.8	9.2/2.9	6.8/3.9	4.8/3.1
PER(최고/저)(배)	—/—	—/—	—/—	118.1/37.1	84.2/48.4	24.4/15.6
PBR(최고/저)(배)	5.0/2.2	3.5/1.7	5.8/2.9	6.8/2.1	4.8/2.7	3.0/1.9
EV/EBITDA(배)	56.5	29.4	63.7	18.1	29.4	11.9
EPS(원)	-81	-70	-141	77	81	197
BPS(원)	676	1,105	959	1,347	1,429	1,629
CFPS(원)	21	32	-40	144	146	265
DPS(원)						
EBITDAPS(원)	40	121	40	246	112	185

재무 비율 〈단위 : %〉
연도	영업이익률	순이익률	부채비율	차입금비율	ROA	ROE	유보율	자기자본비율	EBITDA마진율
2016	4.4	7.4	61.6	0.0	8.2	12.9	225.9	61.9	7.0
2015	2.2	3.8	51.5	0.0	3.9	5.8	185.8	66.0	5.2
2014	8.7	3.8	48.1	0.0	3.9	7.1	169.4	67.5	11.9
2013	-4.3	-10.0	139.1	52.9	-6.5	-13.6	91.9	41.8	2.9

케이티비투자증권 (A030210)
KTB Investment & Securities

업 종 : 증권	시 장 : 거래소	
신용등급 : (Bond) A- (CP) A2-	기업규모 : 시가총액 소형주	
홈페이지 : www.ktb.co.kr	연 락 처 : 02)2184-2000	
본 사 : 서울시 영등포구 여의대로 66 KTB빌딩		

설 립 일 1981.05.01	종업원수 361명	대표이사 권성문	
상 장 일 1996.11.19	감사의견 적정 (삼정)	계 열	
결 산 기 12월	보 통 주 6,031만주	종속회사수	
액 면 가 5,000원	우 선 주 1,028만주	구 상 호	

주주구성 (지분율,%)
권성문	22.0
이병철	15.9
(외국인)	7.6

출자관계 (지분율,%)
KTB네트워크	100.0
KTBIM	100.0
KTB신용정보	100.0

주요경쟁사 (외형,%)
KTB투자증권	100
부국증권	56
유화증권	9

수익구성
유가증권평가 및 처분이익	40.9
수수료수익	27.1
이자수익	15.8

비용구성
이자비용	7.9
파생상품손실	0.0
판관비	69.5

수출비중
수출	—
내수	—

회사 개요
동사는 1981년 한국기술개발주식회사로 설립되어 1996년 유가증권시장에 상장한 금융투자회사임. 주요 사업은 PEF 투자와 함께 IB업무, 기관투자 중심의 홀세일 투자중개업과 장내파생상품 및 채권의 투자매매업을 중심으로 금융투자업무 영역하고 있으며, 투자중개업에 있어 일반 투자자 대상의 리테일 부문까지 업무 영역을 확대하고 있음. 2016년 1분기말 현재 KTB자산운용 등 11개 연결자회사를 보유하고 있음.

실적 분석
동사의 2016년 연결기준 영업수익은 2631억원, 영업이익은 287억원으로, 전년 대비 각각 10%, 288% 증가함. 자산총계는 전기 대비 3,391억원(33.2%) 증가한 1조3,596억원을 기록했으며 부채총계 또한 3,025억원(50.5%) 증가한 9,017억원을 기록함. 자본총계는 367억원(8.7%) 증가한 4,579억원을 기록함. 자기자본이익률(ROE)은 2015년 7.87%에서 8.33%로 0.46%포인트 소폭 상승함.

현금 흐름 〈단위 : 억원〉
항목	2015	2016
영업활동	428	-1,496
투자활동	170	169
재무활동	-431	2,158
순현금흐름	168	831
기말현금	1,787	2,618

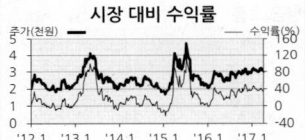

시장 대비 수익률

결산 실적 〈단위 : 억원〉
항목	2011	2012	2013	2014	2015	2016
순영업손익	2,048	2,219	1,260	1,601	1,579	1,917
영업이익	107	193	-367	78	100	287
당기순이익	121	129	-404	-534	315	364

분기 실적 〈단위 : 억원〉
항목	2015.3Q	2015.4Q	2016.1Q	2016.2Q	2016.3Q	2016.4Q
순영업손익	363	396	370	520	454	572
영업이익	8	7	22	111	18	136
당기순이익	40	57	83	103	27	151

재무 상태 〈단위 : 억원〉
항목	2011	2012	2013	2014	2015	2016
총자산	18,019	19,601	8,938	10,438	10,204	13,596
유형자산	208	219	192	218	190	124
무형자산	331	269	232	169	168	135
유가증권	9,748	9,936	2,949	3,708	2,877	4,179
총부채	13,034	14,809	4,638	6,661	5,992	9,017
총차입금	9,635	11,452	3,242	4,755	4,331	6,415
자본금	3,530	3,530	3,530	3,530	3,530	3,530
총자본	4,985	4,792	4,300	3,777	4,212	4,579
지배주주지분	4,732	4,742	4,263	3,763	4,204	4,540

기업가치 지표
항목	2011	2012	2013	2014	2015	2016
주가(최고/저)(천원)	4.5/2.0	3.8/1.8	4.2/2.0	2.8/1.8	4.9/1.7	3.2/1.9
PER(최고/저)(배)	17.3/7.7	19.9/9.4	—/—	—/—	9.9/3.4	5.7/3.4
PBR(최고/저)(배)	0.7/0.3	0.6/0.3	0.7/0.3	0.5/0.3	0.8/0.3	0.5/0.3
PSR(최고/저)(배)	1/1	1/1	1/1	2/1	1/1	1/1
EPS(원)	260	191	-631	-795	492	569
BPS(원)	6,793	6,808	6,113	5,404	6,029	6,431
CFPS(원)	416	299	-542	-695	565	634
DPS(원)						
EBITDAPS(원)	168	303	-575	122	157	451

재무 비율 〈단위 : % 〉
연도	계속사업이익률	순이익률	부채비율	차입금비율	ROA	ROE	유보율	자기자본비율	총자산증가율
2016	20.3	19.0	196.9	140.1	3.1	8.3	28.6	33.7	33.2
2015	22.7	19.9	142.3	102.8	3.1	7.9	20.6	41.3	-2.2
2014	-30.9	-33.4	176.4	125.9	-5.5	-12.6	8.1	36.2	-46.8
2013	-32.4	-32.1	107.9	75.4	-2.8	-8.9	22.3	48.1	-54.4

케이티서브마린 (A060370)
KT Submarine

업 종 : 건설	시 장 : KOSDAQ	
신용등급 : (Bond) — (CP) —	기업규모 : 우량	
홈페이지 : www.ktsubmarine.co.kr	연 락 처 : 051)709-3312	
본 사 : 부산시 해운대구 송정광어골로 42 kt 송정타워 6층		

설 립 일 1995.04.17	종업원수 75명	대표이사 박용화	
상 장 일 2002.02.15	감사의견 적정 (안진)	계 열	
결 산 기 12월	보 통 주 2,190만주	종속회사수	
액 면 가 1,000원	우 선 주	구 상 호	

주주구성 (지분율,%)
케이티	36.9
한국증권금융	4.4
(외국인)	2.4

출자관계 (지분율,%)

주요경쟁사 (외형,%)
KT서브마린	100
남광토건	219
계룡건설	2,333

매출구성
건설공사(공사)	66.0
유지보수(기타)	19.0
기타	15.0

비용구성
매출원가율	85.0
판관비율	5.3

수출비중
수출	—
내수	—

회사 개요
동사는 국제통신 및 초고속정보통신망의 주요 전송로인 해저케이블의 건설과 유지보수, 도서간의 전력선을 연결하는 해저전력케이블의 건설 및 유지보수사업을 영위하는 업체임. 사업다각화의 일환으로 해양 Offshore 사업, 해양심층수 취수관설치사업, 해양구조물사업, 신재생에너지사업 등에 지속적으로 진출하고 있음. 특히 서해안 해상풍력단지 조성과 국내 지자체, 서남해안 지역 해상풍력단지 건설 프로젝트의 전력 연계계통 해저케이블공사 사업에 진출을 추진하고 있음.

실적 분석
동사의 연결기준 2016년 4분기 누적 매출액은 전년동기 대비 26.4% 증가한 839.6억원을 기록했음. 또한 원가율이 소폭 증가되고 판매비와 관리비가 유지됨에 따라 영업이익은 전년동기 61.7억원에서 2016년 80.7억원으로 30.7% 늘어남. 또한 금융손실이 발생하며 외환손실이 발생되는 등 비영업이익 적자지속했음에도 51.5억원의 당기순이익을 기록하며, 전년동기 대비 24.2% 증가하였음.

현금 흐름 *IFRS 별도 기준 〈단위 : 억원〉
항목	2015	2016
영업활동	163	101
투자활동	-747	-85
재무활동	316	-44
순현금흐름	-268	-27
기말현금	32	4

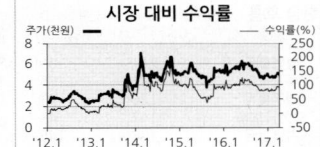

시장 대비 수익률

결산 실적 〈단위 : 억원〉
항목	2011	2012	2013	2014	2015	2016
매출액	1,115	689	826	767	664	840
영업이익 *	104	99	82	108	62	81
당기순이익	67	80	61	90	41	51

분기 실적 *IFRS 별도 기준 〈단위 : 억원〉
항목	2015.3Q	2015.4Q	2016.1Q	2016.2Q	2016.3Q	2016.4Q
매출액	154	250	249	212	190	187
영업이익	14	45	48	15	3	14
당기순이익	-5	43	41	4	8	-2

재무 상태 *IFRS 별도 기준 〈단위 : 억원〉
항목	2011	2012	2013	2014	2015	2016
총자산	1,271	1,098	1,158	1,119	1,603	1,570
유형자산	673	719	661	655	1,322	1,285
무형자산	11	10	9	11	8	8
유가증권	3	3			3	3
총부채	480	250	274	165	635	556
총차입금	236	127	23	—	367	342
자본금	219	219	219	219	219	219
총자본	791	848	883	954	968	1,014
지배주주지분	791	848	883	954	968	1,014

기업가치 지표 *IFRS 별도 기준
항목	2011	2012	2013	2014	2015	2016
주가(최고/저)(천원)	3.6/1.7	3.4/2.3	5.2/2.4	7.2/3.8	6.3/3.8	6.2/4.5
PER(최고/저)(배)	13.6/6.5	10.4/6.9	20.0/9.3	18.3/9.5	33.8/20.3	26.9/19.5
PBR(최고/저)(배)	1.1/0.5	1.0/0.6	1.4/0.6	1.7/0.9	1.4/0.9	1.3/1.0
EV/EBITDA(배)	3.9	4.1	4.7	4.7	11.2	6.9
EPS(원)	306	363	281	412	189	235
BPS(원)	18,465	19,765	4,117	4,440	4,503	4,714
CFPS(원)	2,605	3,251	589	715	532	807
DPS(원)	500	500	117	120	50	50
EBITDAPS(원)	3,456	3,698	682	795	625	941

재무 비율 〈단위 : % 〉
연도	영업이익률	순이익률	부채비율	차입금비율	ROA	ROE	유보율	자기자본비율	EBITDA마진율
2016	9.6	6.1	54.8	33.7	3.2	5.2	371.4	64.6	24.5
2015	9.3	6.2	65.6	38.0	3.1	4.3	350.3	60.4	20.6
2014	14.1	11.8	17.2	0.0	7.9	9.8	344.0	85.3	22.7
2013	9.9	7.4	31.1	2.6	5.5	7.1	311.7	76.3	18.1

케이티스 (A058860)
ktis

업 종 : 상업서비스		시 장 : 거래소	
신용등급 : (Bond) ― (CP) ―		기업규모 : 시가총액 소형주	
홈페이지 : www.ktis.co.kr		연 락 처 : 02)3215-2114	
본 사 : 서울시 영등포구 여의대로 14, KT빌딩 10층			

설 립 일	2001.06.27	종 업 원 수	8,963명	대 표 이 사	맹수호
상 장 일	2010.12.17	감 사 의 견	적정 (삼일)	계 열	
결 산 기	12월	보 통 주	3,480만주	종 속 회 사 수	
액 면 가	500원	우 선 주		구 상 호	

주주구성 (지분율,%)
케이티	29.3
KB자산운용	4.5
(외국인)	4.7

출자관계 (지분율,%)
케이티씨에스	11.6
케이티스포츠	6.0
케이티하이텔	3.4

주요경쟁사 (외형,%)
케이티스	100
쎄트렉아이	8
한국전자금융	49

매출구성
업무위탁용역수익	46.2
유통사업수익	28.0
컨택센터사업수익	16.0

비용구성
매출원가율	0.0
판관비율	97.0

수출비중
수출	―
내수	―

회사 개요
2001년 KT의 114번호안내서비스 사업이 분사하여 설립되었으며, KT고객센터, 114전화번호안내, 지역광고(우선번호안내서비스) 및 컨택센터, 유통사업 등을 영위함. 컨택센터 서비스 시장의 아웃소싱 총 시장규모는 10조원으로 추정됨. KT 유무선 통신상품 판매 사업자로 무선은 KT 가입자 기준 약 1.03%, 유선은 약 0.69%의 시장 점유율을 차지함. 외국인 대상 내국세 환급 사업인 KT TAX리펀드 서비스도 제공하고 있음.

실적 분석
동사의 2016년 매출액은 4367.3억원으로 전년 동기 대비 5.3% 감소함. 영업이익은 131.8억원으로 전년 대비 111.1% 증가함. 당기순이익은 99.9억원으로 전년 대비 33.6% 감소함. 114번호안내의 지속 감소 및 컨택센터 시장 경쟁심화와 함께 모바일 상품을 중심으로 한 유통사업의 부진이 외형 감소의 배경임. 외국인 관광객 대상 내국세 환급사업은 관광산업 활성화 및 이용률 증가로 지속적인 성장이 전망됨.

현금 흐름
*IFRS 별도 기준 〈단위 : 억원〉
항목	2015	2016
영업활동	211	69
투자활동	-238	-135
재무활동	-120	23
순현금흐름	-147	-43
기말현금	188	145

시장 대비 수익률
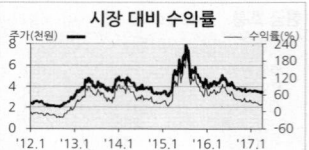

결산 실적
〈단위 : 억원〉
항목	2011	2012	2013	2014	2015	2016
매출액	3,734	3,886	3,877	4,507	4,611	4,367
영업이익	251	205	172	81	*62	132
당기순이익	216	183	138	94	150	100

분기 실적
*IFRS 별도 기준 〈단위 : 억원〉
항목	2015.3Q	2015.4Q	2016.1Q	2016.2Q	2016.3Q	2016.4Q
매출액	1,089	1,166	1,030	1,085	1,088	1,165
영업이익	22	33	49	21	39	23
당기순이익	21	22	37	20	20	22

재무 상태
*IFRS 별도 기준 〈단위 : 억원〉
항목	2011	2012	2013	2014	2015	2016
총자산	1,738	1,775	1,816	2,162	2,113	2,214
유형자산	92	61	37	46	572	576
무형자산	71	77	96	115	94	94
유가증권	111	105	151	177	174	143
총부채		532	500	683	555	641
총차입금	3	9	―	―	―	―
자본금	174	174	174	174	174	174
총자본	1,213	1,244	1,316	1,480	1,558	1,573
지배주주지분	1,213	1,244	1,316	1,480	1,558	1,573

기업가치 지표
*IFRS 별도 기준
항목	2011	2012	2013	2014	2015	2016
주가(최고/저)(천원)	3.7/2.1	3.0/2.0	4.9/2.9	5.0/3.2	8.3/3.1	5.1/3.4
PER(최고/저)(배)	6.9/4.1	6.5/4.4	13.6/7.9	19.9/12.8	20.0/7.4	18.3/12.1
PBR(최고/저)(배)	1.2/0.7	0.9/0.6	1.3/0.8	1.3/0.8	1.9/0.7	1.1/0.8
EV/EBITDA(배)	0.5	1.1	4.6	5.7	13.8	5.3
EPS(원)	619	525	397	270	432	287
BPS(원)	3,484	3,912	4,120	4,252	4,564	4,625
CFPS(원)	708	634	501	363	542	397
DPS(원)	70	100	120	120	100	80
EBITDAPS(원)	809	697	597	325	289	488

재무 비율
〈단위 : % 〉
연도	영업이익률	순이익률	부채비율	차입금비율	ROA	ROE	유보율	자기자본비율	EBITDA마진율
2016	3.0	2.3	40.8	0.0	4.6	6.4	825.1	71.1	3.9
2015	1.4	3.3	35.6	0.0	7.0	9.9	812.7	73.7	2.2
2014	1.8	2.1	46.1	0.0	4.7	6.7	750.4	68.4	2.5
2013	4.4	3.6	38.0	0.0	7.7	10.8	724.0	72.5	5.4

케이티스카이라이프 (A053210)
KT Skylife

업 종 : 미디어		시 장 : 거래소	
신용등급 : (Bond) AA- (CP) ―		기업규모 : 시가총액 중형주	
홈페이지 : www.ktskylife.co.kr		연 락 처 : 02)2003-3000	
본 사 : 서울시 마포구 매봉산로 75 DDMC 빌딩 8, 9층			

설 립 일	2001.01.12	종 업 원 수	320명	대 표 이 사	이남기
상 장 일	2011.06.03	감 사 의 견	적정 (안진)	계 열	
결 산 기	12월	보 통 주	4,782만주	종 속 회 사 수	
액 면 가	2,500원	우 선 주		구 상 호	

주주구성 (지분율,%)
케이티	50.0
KBS한국방송	6.8
(외국인)	17.5

출자관계 (지분율,%)
스카이라이프티브이	77.7
KT-미시간글로벌콘텐츠펀드	31.7
케이티스포츠	18.0

주요경쟁사 (외형,%)
스카이라이프	100
에스엠	53
와이지엔터테인먼트	48

매출구성
서비스 용역	100.0

비용구성
매출원가율	0.0
판관비율	87.9

수출비중
수출	0.0
내수	100.0

회사 개요
동사는 디지털 기술을 기반으로 한 수백 개의 채널 서비스, 위성의 특징인 동시성과 광역성을 이용한 전국 동일 방송 실시, 쌍방향 커뮤니케이션을 통한 데이터방송 서비스, PPV 서비스, 전문 오디오 채널 서비스 등을 실시하는 다채널 디지털 위성방송국임. 2000년 12월 19일 위성방송 사업권을 획득한 이후 2015년 6월말 현재 4.29백만명의 가입자를 유지하고 있음.

실적 분석
동사는 홈쇼핑송출 수수료 및 광고판매 증가에도 IPTV와의 경쟁 심화에 따른 가입자 증가세 둔화로 수신료수익 감소하며 매출 규모 전년과 비슷한 수준을 보임. 반면 인건비 상승, 광고선전비 및 대손상각비 등 판관비의 증가 영향으로 영업이익률이 19% 하락하였으며, 법인세비용 감소로 당기순이익은 5.7% 하락에 그침. UHD채널 가입자 확대 및 이에 따른 수신료 증가가 기대되며 OTS 가입자 유치 확대에 따른 순 증가입자 증가로 외형 회복 전망됨.

현금 흐름
〈단위 : 억원〉
항목	2015	2016
영업활동	1,631	1,593
투자활동	-977	-2,144
재무활동	-360	-166
순현금흐름	294	-717
기말현금	1,397	680

시장 대비 수익률
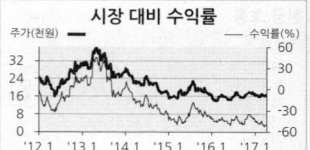

결산 실적
〈단위 : 억원〉
항목	2011	2012	2013	2014	2015	2016
매출액	4,713	5,665	6,234	6,528	6,610	6,651
영업이익	368	658	1,021	792	996	806
당기순이익	266	556	731	552	730	689

분기 실적
〈단위 : 억원〉
항목	2015.3Q	2015.4Q	2016.1Q	2016.2Q	2016.3Q	2016.4Q
매출액	1,690	1,738	1,576	1,722	1,710	1,642
영업이익	133	270	248	284	175	100
당기순이익	91	185	205	220	142	121

재무 상태
〈단위 : 억원〉
항목	2011	2012	2013	2014	2015	2016
총자산	5,373	6,373	6,822	6,830	7,113	7,779
유형자산	2,027	2,486	2,912	3,115	3,110	2,984
무형자산	548	549	557	582	643	647
유가증권	838	612	1,476	461	252	1,453
총부채	2,451	2,884	2,736	2,463	2,179	2,315
총차입금	1,074	868	864	837	646	639
자본금	1,192	1,195	1,196	1,196	1,196	1,196
총자본	2,922	3,489	4,086	4,367	4,934	5,465
지배주주지분	2,878	3,450	4,049	4,328	4,893	5,419

기업가치 지표
항목	2011	2012	2013	2014	2015	2016
주가(최고/저)(천원)	29.4/16.3	31.4/15.9	39.4/23.8	28.8/17.3	22.9/14.5	18.1/13.8
PER(최고/저)(배)	55.6/30.8	29.2/14.8	27.8/16.8	26.6/15.9	15.7/10.0	12.9/9.8
PBR(최고/저)(배)	5.3/3.0	4.8/2.4	5.0/3.0	3.3/2.0	2.3/1.5	1.6/1.2
EV/EBITDA(배)	14.4	11.7	7.6	4.9	3.7	3.8
EPS(원)	578	1,174	1,533	1,151	1,521	1,436
BPS(원)	6,038	7,220	8,589	9,207	10,388	11,488
CFPS(원)	1,716	2,511	3,065	2,937	3,527	3,504
DPS(원)		350	455	350	350	415
EBITDAPS(원)	1,927	2,717	3,668	3,441	4,089	3,754

재무 비율
〈단위 : % 〉
연도	영업이익률	순이익률	부채비율	차입금비율	ROA	ROE	유보율	자기자본비율	EBITDA마진율
2016	12.1	10.4	42.4	11.7	9.3	13.3	359.5	70.3	27.0
2015	15.1	11.0	44.2	13.1	10.5	15.8	315.5	69.4	29.6
2014	12.1	8.5	56.4	19.2	8.1	13.1	268.3	63.9	25.2
2013	16.4	11.7	67.0	21.1	11.1	19.6	243.6	59.9	28.1

케이티씨에스 (A058850)
ktcs

업　　　종 : 상업서비스
신용등급 : (Bond) —　　　(CP) —
홈페이지 : www.ktcs.co.kr
본　　　사 : 대전시 서구 갈마로 160 (괴정동)

시　　　장 : 거래소
기업규모 : 시가총액 소형주
연락처 : 042)604-5133, 5134

설 립 일	2001.07.02	종 업 원 수	10,414명
상 장 일	2010.09.16	감 사 의 견	적정 (삼일)
결 산 기	12월	보 통 주	4,269만주
액 면 가	500원	우 선 주	
대 표 이 사	임덕래		
계　　열			
종속회사수			
구 상 호			

주주구성 (지분율,%)		출자관계 (지분율,%)		주요경쟁사 (외형,%)	
케이티스	11.6	케이티커머스	81.0	KTcs	100
케이티하이텔	11.3	케이티스포츠	6.0	양지사	5
(외국인)	7.7			한국코퍼레이션	16

매출구성		비용구성		수출비중	
B2B매출	53.4	매출원가율	0.0	수출	—
고객서비스수익	19.4	판관비율	99.1	내수	—
유통사업수익	11.2				

회사 개요
동사는 2001년 6월 케이티의 114번호안내 서비스 사업이 분사해 설립됨. kt 컨택센터, 오픈마켓 컨택센터, 114사업, 유통사업 등을 주요사업으로 영위함. 2009년 10월 21일자로 사명을 '한국인포데이터 주식회사'에서 '주식회사 케이티씨에스'로 변경함. 동 시장은 금융, 병원 등을 중심으로 향후 5% 수준 지속 성장할 것으로 보임. 현재 컨택센터 시장점유율은 업계 5위권 수준으로 판단됨.

실적 분석
동사의 2016년 매출액은 9536.7억원으로 전년 동기 대비 10.5% 감소함. 영업이익은 88억원으로 전년 대비 46.2% 감소함. 당기순이익은 78.6억원으로 전년 대비 42% 감소함. 동사는 공공기관 및 지방자치단체뿐만 아니라 일반 민간분야 콜센터까지 확대해 신규시장 영역을 넓혀간다는 계획임. 유통사업과 강사 위탁 사업 등 신규 사업도 하고 있음.

현금 흐름 〈단위 : 억원〉
항목	2015	2016
영업활동	210	93
투자활동	204	-30
재무활동	-84	-43
순현금흐름	330	20
기말현금	476	495

시장 대비 수익률

결산 실적 〈단위 : 억원〉
항목	2011	2012	2013	2014	2015	2016
매출액	3,805	3,842	3,962	5,947	10,658	9,537
영업이익	246	207	179	177	164	88
당기순이익	194	177	125	133	135	79

분기 실적 〈단위 : 억원〉
항목	2015.3Q	2015.4Q	2016.1Q	2016.2Q	2016.3Q	2016.4Q
매출액	2,516	3,622	1,851	2,284	2,224	3,178
영업이익	22	44	3	28	9	48
당기순이익	20	29	7	27	12	33

재무 상태 〈단위 : 억원〉
항목	2011	2012	2013	2014	2015	2016
총자산	1,704	1,811	1,801	3,037	3,470	3,228
유형자산	84	144	133	157	186	188
무형자산	63	58	70	104	101	92
유가증권	—	189	116	114	145	74
총부채	548	585	572	1,562	1,944	1,666
총차입금	3	2	3	2	3	2
자본금	238	238	238	238	238	238
총자본	1,156	1,227	1,229	1,475	1,526	1,561
지배주주지분	1,156	1,227	1,229	1,433	1,474	1,507

기업가치 지표
항목	2011	2012	2013	2014	2015	2016
주가(최고/저)(천원)	2.1/1.5	2.0/1.6	3.3/1.9	3.2/2.3	4.4/2.5	3.2/2.2
PER(최고/저)(배)	6.2/4.5	6.2/5.0	13.9/7.8	12.1/8.6	16.2/9.3	18.2/12.9
PBR(최고/저)(배)	1.0/0.7	0.8/0.6	1.2/0.7	1.1/0.8	1.3/0.8	0.9/0.6
EV/EBITDA(배)	0.7	0.9	4.3	3.7	3.4	3.3
EPS(원)	414	386	275	298	292	179
BPS(원)	2,671	2,983	3,077	3,357	3,531	3,608
CFPS(원)	449	414	309	363	388	273
DPS(원)	70	100	120	120	100	80
EBITDAPS(원)	562	480	425	472	479	300

재무 비율 〈단위 : % 〉
연도	영업이익률	순이익률	부채비율	차입금비율	ROA	ROE	유보율	자기자본비율	EBITDA마진율
2016	0.9	0.8	106.7	0.1	2.4	5.1	546.0	48.4	1.3
2015	1.5	1.3	127.3	0.2	4.2	8.6	532.2	44.0	1.9
2014	3.0	2.2	105.9	0.1	5.5	9.7	501.0	48.6	3.4
2013	4.5	3.2	46.6	0.2	6.9	10.2	489.6	68.2	4.9

케이티앤지 (A033780)
KT&G

업　　　종 : 담배
신용등급 : (Bond) —　　　(CP) —
홈페이지 : www.ktng.com
본　　　사 : 대전시 대덕구 빛꽃길 71

시　　　장 : 거래소
기업규모 : 시가총액 대형주
연락처 : 080)931-0399

설 립 일	1987.04.01	종 업 원 수	4,028명
상 장 일	1999.10.08	감 사 의 견	적정 (삼정)
결 산 기	12월	보 통 주	13,729만주
액 면 가	5,000원	우 선 주	
대 표 이 사	백복인		
계　　열			
종속회사수			
구 상 호			

주주구성 (지분율,%)		출자관계 (지분율,%)		주요경쟁사 (외형,%)	
국민연금공단	8.7	한국인삼공사	100.0	KT&G	100
중소기업은행	6.9	케이지씨예본	100.0		
(외국인)	53.4	상상스테이	100.0		

매출구성		비용구성		수출비중	
궐련(제조담배)	93.0	매출원가율	39.9	수출	29.7
분양수익	3.5	판관비율	27.5	내수	70.3
임대수익	1.6				

회사 개요
동사는 1987년 4월 한국전매공사로 설립됐으며, 정부의 공기업 민영화 방침에 따라 민영화됨. 담배의 제조와 판매를 주사업으로 하고 있으며, 국내는 물론 중동·중앙아 및 러시아 등 60여개국에도 수출을 하고 있음. 레종카페,라보르그니, 모히토 더블 등의 차별적인 제품 출시, 에쎄 센스의 슬림 담배 시장 성공적 런칭 등에 힘입어 국내 시장 점유율 59.5%로 1위를 유지하고 있음. 매출 비중은 담배 약 93.6%, 기타 6.4% 등으로 구성됨.

실적 분석
동사 2016년 결산기준 매출액은 전년 대비 8.0% 증가한 4조 5,032.8억원을 기록하였음. 매출원가 및 판관비도 일부 증가하였으나 매출액 증가분이 커 영업이익은 전년동기대비 7.6% 성장한 1조 4,701억원을 달성하였음. 신시장확대에 힘입어 수출 실적이 꾸준한 성장을 보이고 있으며 이에 따라 점진적으로 매출이 성장하고 있으로 보임. 국가 정책등 일부 불안요소가 존재하나 다양한 활로를 통해 꾸준한 성장을 모색중임.

현금 흐름 〈단위 : 억원〉
항목	2015	2016
영업활동	12,592	14,978
투자활동	-7,476	-7,026
재무활동	-3,810	-4,884
순현금흐름	1,298	3,046
기말현금	5,462	8,508

시장 대비 수익률

결산 실적 〈단위 : 억원〉
항목	2011	2012	2013	2014	2015	2016
매출액	37,230	39,847	38,217	41,129	41,698	45,033
영업이익	10,903	10,359	10,133	11,719	13,659	14,701
당기순이익	8,169	7,251	5,593	8,138	10,322	12,260

분기 실적 〈단위 : 억원〉
항목	2015.3Q	2015.4Q	2016.1Q	2016.2Q	2016.3Q	2016.4Q
매출액	11,344	8,667	10,913	10,881	12,202	11,036
영업이익	3,705	2,579	3,930	3,459	4,263	3,049
당기순이익	3,006	1,622	2,847	2,856	2,499	4,058

재무 상태 〈단위 : 억원〉
항목	2011	2012	2013	2014	2015	2016
총자산	62,764	67,960	70,750	74,187	86,734	98,126
유형자산	15,843	16,314	16,223	17,534	17,898	16,019
무형자산	2,586	2,468	2,326	1,549	1,054	1,049
유가증권	2,595	9,141	2,966	3,268	3,647	3,866
총부채	13,913	16,015	17,095	17,106	23,979	26,943
총차입금	1,238	2,044	2,183	2,809	3,363	2,621
자본금	9,550	9,550	9,550	9,550	9,550	9,550
총자본	48,851	51,944	53,655	57,081	62,755	71,183
지배주주지분	47,881	50,909	52,750	56,306	62,089	70,457

기업가치 지표
항목	2011	2012	2013	2014	2015	2016
주가(최고/저)(천원)	67.3/42.9	76.1/58.7	69.6/61.5	93.2/65.8	111/71.2	132/93.7
PER(최고/저)(배)	14.2/9.1	17.1/13.2	19.5/17.2	17.3/12.2	15.7/10.1	15.3/10.8
PBR(최고/저)(배)	2.3/1.4	2.3/1.8	2.0/1.8	2.4/1.7	2.5/1.6	2.6/1.8
EV/EBITDA(배)	8.5	8.5	8.0	7.3	8.5	7.2
EPS(원)	5,944	5,376	4,157	6,013	7,544	8,968
BPS(원)	37,378	39,550	40,891	43,481	47,679	53,709
CFPS(원)	7,090	6,675	5,448	7,194	8,723	10,120
DPS(원)	3,200	3,200	3,200	3,400	3,400	3,600
EBITDAPS(원)	9,088	8,845	8,673	9,716	11,128	11,860

재무 비율 〈단위 : % 〉
연도	영업이익률	순이익률	부채비율	차입금비율	ROA	ROE	유보율	자기자본비율	EBITDA마진율
2016	32.7	27.2	37.9	3.7	13.3	18.6	672.2	72.5	36.2
2015	32.8	24.8	38.2	5.4	12.8	17.5	585.5	72.4	36.6
2014	28.5	19.8	30.0	4.9	11.2	15.1	525.1	76.9	32.4
2013	26.5	14.6	31.9	4.1	8.1	11.0	487.9	75.8	31.2

케이티하이텔 (A036030)
KT Hitel

업 종 : 인터넷 서비스		시 장 : KOSDAQ	
신용등급 : (Bond) — (CP) —		기업규모 : 우량	
홈페이지 : www.kthcorp.com		연락처 : 1588-5668	
본 사 : 서울시 동작구 보라매로5길 23 삼성보라매옴니타워			

설 립 일 1991.12.09	종업원수 581명	대표이사 오세영
상 장 일 1999.12.24	감사의견 적정 (안진)	계 열
결 산 기 12월	보통주 3,572만주	종속회사수
액 면 가 1,000원	우선주	구 상 호

주주구성 (지분율,%)		출자관계 (지분율,%)		주요경쟁사 (외형,%)	
케이티	63.7	ISU-kth콘텐츠투자조합	38.8	KTH	100
케이티스	3.4	케이티씨에스	11.3	NAVER	2,024
(외국인)	2.5	리틀빅픽처스	7.7	카카오	737

매출구성		비용구성		수출비중	
GIS, 링고, 기타	40.3	매출원가율	92.1	수출	0.0
영화, 애니, playy	34.0	판관비율	4.8	내수	100.0
K쇼핑	25.7				

회사 개요
동사는 1991년에 설립된 KT그룹 계열의 인터넷포탈 업체임. 주요 사업은 IPTV, 스마트TV, 아이패드 등 스마트디바이스 기반을 중심으로 영화, 영상, 교육 등의 컨텐츠를 제공하고 있으며 통화 연결음 '링고', GIS 등 KT그룹의 에코시스템 구축을 위한 플랫폼 구축 및 운영사업을 영위하고 있음. 아울러 최근 국내 최초로 데이터방송 T커머스 채널 'K쇼핑'을 오픈하여 T커머스 시장을 선도하고 있음.

실적 분석
인터넷상의 최종 소비자층에서 발생되는 영화, 애니메이션 등의 컨텐츠 부문, K쇼핑의 T커머스 부문, ICT플랫폼 등 전 사업부문이 성장하여 동사의 2016년 결산 매출액은 1,987.4억원으로 전년동기 대비 23.8% 증가함. 주 사업부문 중 T커머스는 2년 연속 2배 가까운 성장세를 보이고 있음. 이러한 상승세를 바탕으로 영업이익은 증가, 당기순이익은 전기의 매도가능증권 처분이익의 소멸로 43억원을 기록함.

현금 흐름 *IFRS 별도 기준		〈단위 : 억원〉
항목	2015	2016
영업활동	226	290
투자활동	-200	-332
재무활동	—	—
순현금흐름	26	-42
기말현금	337	295

시장 대비 수익률

결산 실적
〈단위 : 억원〉

항목	2011	2012	2013	2014	2015	2016
매출액	4,630	4,434	5,800	1,361	1,605	1,987
영업이익	-59	-52	70	69	53	63
당기순이익	-20	-89	36	122	73	43

분기 실적 *IFRS 별도 기준
〈단위 : 억원〉

항목	2015.3Q	2015.4Q	2016.1Q	2016.2Q	2016.3Q	2016.4Q
매출액	418	452	443	470	472	603
영업이익	7	11	13	11	18	20
당기순이익	42	-9	14	-10	13	26

재무 상태 *IFRS 별도 기준
〈단위 : 억원〉

항목	2011	2012	2013	2014	2015	2016
총자산	2,023	1,905	2,937	2,270	2,358	2,492
유형자산	239	212	184	167	163	172
무형자산	145	170	188	254	279	257
유가증권	703	686	752	634	290	290
총부채	313	316	1,026	314	339	469
총차입금	—	—	—	—	—	—
자본금	345	345	357	357	357	357
총자본	1,710	1,589	1,910	1,956	2,018	2,023
지배주주지분	1,710	1,589	1,910	1,956	2,018	2,023

기업가치 지표 *IFRS 별도 기준

항목	2011	2012	2013	2014	2015	2016
주가 (최고/저)(천원)	8.2/6.1	9.3/5.0	11.9/7.2	9.6/7.1	14.8/7.6	9.3/6.1
PER(최고/저)(배)	—/—	—/—	117.6/71.0	28.0/20.8	72.8/37.4	76.9/50.7
PBR(최고/저)(배)	1.7/1.2	2.0/1.1	2.2/1.3	1.8/1.3	2.6/1.3	1.6/1.1
EV/EBITDA(배)	132.6	38.4	13.7	8.3	8.0	5.0
EPS(원)	-330	-306	101	342	203	120
BPS(원)	4,957	4,605	5,348	5,476	5,651	5,663
CFPS(원)	31	126	592	887	893	821
DPS(원)	—	—	—	—	—	—
EBITDAPS(원)	52	217	553	739	840	875

재무 비율
〈단위 : % 〉

연도	영업이익률	순이익률	부채비율	차입금비율	ROA	ROE	유보율	자기자본비율	EBITDA마진율
2016	3.2	2.2	23.2	0.0	1.8	2.1	466.3	81.2	15.7
2015	3.3	4.5	16.8	0.0	3.1	3.7	465.1	85.6	18.7
2014	5.1	9.0	16.1	0.0	4.7	6.4	447.6	86.2	19.4
2013	1.2	0.6	53.7	0.0	1.3	1.9	425.3	65.1	4.2

케이프 (A064820)
CAPE INDUSTREIS

업 종 : 조선		시 장 : KOSDAQ	
신용등급 : (Bond) — (CP) —		기업규모 : 중견	
홈페이지 : www.cape.co.kr		연락처 : 055)370-1234	
본 사 : 경남 양산시 상북면 양산대로 1303			

설 립 일 1983.12.26	종업원수 131명	대표이사 정정석
상 장 일 2007.05.29	감사의견 적정 (세림)	계 열
결 산 기 12월	보통주 1,852만주	종속회사수
액 면 가 500원	우선주	구 상 호 소셜미디어99

주주구성 (지분율,%)		출자관계 (지분율,%)		주요경쟁사 (외형,%)	
김종호	21.1	케이프인베스트먼트	100.0	케이프	100
백수영	11.9	소셜인어스	71.7	에스앤드블루	35
(외국인)	0.3	이니티움2016	28.4	인화정공	78

매출구성		비용구성		수출비중	
실린더 라이너	85.9	매출원가율	68.3	수출	35.8
창고 및 부지임대	8.1	판관비율	26.7	내수	64.2
유료 아이템	3.2				

회사 개요
동사는 엔진 부품 대리점 사업을 목적으로 설립. 주요 사업은 신규선박에 장착되는 엔진의 실린더라이너 생산 및 교체용 실린더라이너를 생산하고 있음. 실린더라이너는 5~7년 주기로 교환을 필요로 하는 소모품이나 조선업황에 따라 영향을 많이 받는 구조임. 주요 종속회사인 LIG투자증권(주)은 금융업무 및 부수업무를 주요사업으로 하고 있음. 매출구성은 실린더 제조부문 100.0% 등으로 구성됨.

실적 분석
동사의 2016년 연결기준 매출액은 1,221.1억원으로 전년대비 532.9% 증가하였음. 이에 따라 매출총이익 규모가 크게 증가했으며, 영업이익도 61.2억원으로 흑자전환함. 영업이익 흑자와 비영업손익 흑자로 당기순이익 78.3억원을 기록하며 흑자전환함. 조선 업황 불황으로 인해 선박 신규 발주 물량이 감소하고 기존 선박을 계속 사용함에 따라 동사의 선박용 실린더 부품 교체주기가 짧아지면서 매출이 크게 개선됐음.

현금 흐름		〈단위 : 억원〉
항목	2015	2016
영업활동	1	301
투자활동	-32	-873
재무활동	-7	754
순현금흐름	-38	183
기말현금	37	220

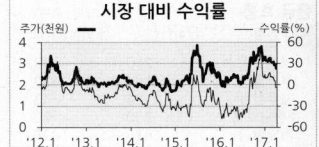

시장 대비 수익률

결산 실적
〈단위 : 억원〉

항목	2011	2012	2013	2014	2015	2016
매출액	366	258	181	224	193	1,221
영업이익	71	4	-44	-47	-34	61
당기순이익	32	23	-150	2	-29	78

분기 실적
〈단위 : 억원〉

항목	2015.3Q	2015.4Q	2016.1Q	2016.2Q	2016.3Q	2016.4Q
매출액	42	44	42	60	481	638
영업이익	-15	-3	-13	3	51	19
당기순이익	-28	11	-16	329	59	-293

재무 상태
〈단위 : 억원〉

항목	2011	2012	2013	2014	2015	2016
총자산	1,698	1,844	1,955	1,598	1,554	14,698
유형자산	845	790	749	722	688	935
무형자산	22	99	63	55	54	83
유가증권	252	261	274	75	87	9,992
총부채	691	796	1,051	686	664	13,079
총차입금	613	734	1,000	621	616	4,618
자본금	45	45	45	91	93	93
총자본	1,007	1,048	904	911	890	1,619
지배주주지분	1,007	1,035	891	906	887	1,254

기업가치 지표

항목	2011	2012	2013	2014	2015	2016
주가 (최고/저)(천원)	4.3/2.1	3.5/2.0	2.6/1.9	2.5/1.6	4.1/1.7	3.9/1.9
PER(최고/저)(배)	24.2/11.7	24.8/14.4	—/—	78.3/51.6	—/—	10.3/5.0
PBR(최고/저)(배)	0.8/0.4	0.6/0.3	0.5/0.4	0.5/0.3	0.8/0.4	0.6/0.3
EV/EBITDA(배)	6.0	12.8	—	217.0	—	—
EPS(원)	181	140	-819	32	-146	374
BPS(원)	11,364	11,678	10,079	5,040	4,876	6,856
CFPS(원)	831	745	-1,191	234	58	577
DPS(원)	99	—	—	—	—	—
EBITDAPS(원)	1,259	512	-57	-56	21	533

재무 비율
〈단위 : % 〉

연도	영업이익률	순이익률	부채비율	차입금비율	ROA	ROE	유보율	자기자본비율	EBITDA마진율
2016	5.0	6.4	807.8	285.3	1.0	6.5	1,271.2	11.0	8.1
2015	-17.5	-15.2	74.6	69.2	-1.9	-3.0	875.1	57.3	2.0
2014	-21.1	0.7	75.3	68.1	0.1	0.7	908.0	57.0	-4.6
2013	-24.2	-83.3	116.3	110.6	-7.9	-15.1	1,915.9	46.2	-2.8

케이피에스 (A256940)
KPS

업 종 : 디스플레이 및 관련부품		시 장 : KONEX	
신용등급 : (Bond) — (CP) —		기업규모 :	
홈페이지 : www.kpscorp.co.kr		연락처 : 031)8041-5400	
본 사 : 경기도 화성시 동탄면 동탄산단10길 52			

설 립 일	2000.09.04	종 업 원 수	명	대 표 이 사	김정호
상 장 일	2016.12.21	감 사 의 견	적정 (삼일)	계 열	
결 산 기	12월	보 통 주	316만주	종속회사수	
액 면 가	500원	우 선 주		구 상 호	

주주구성 (지분율,%)		출자관계 (지분율,%)		주요경쟁사 (외형,%)	
송준호	23.8	케이피에스	100		
김정호	13.9	엘디티	44		
		디이엔티	259		

매출구성		비용구성		수출비중	
OLED 메탈 마스크 인장기	91.1	매출원가율	65.2	수출	—
정밀 Stage	7.9	판관비율	19.3	내수	—
기타	0.5				

회사 개요
2000년 9월 설립된 동사는 산업용 자동화 장비의 설계, 제작, 설치 용역 등을 주요 사업으로 영위하고 있음. 동사는 디스플레이 패널업체를 대상으로 OLED(Organic Light Emitting Diode) 공정에서 유기물의 진공 증착 공정과 관련하여 모바일용 분할 메탈 마스크를 처짐이 없도록 프레임에 인장, 고정하는 장비를 개발 및 공급하는 사업을 진행 중.

실적 분석
동사의 2016년 연결기준 연간 누적 매출액은 175.5억원으로 전년 동기(85.5억원) 대비 2배 이상 증가함. 매출 증가에 따라 고정비용 감소효과로 인해 영업이익은 27.2억원으로 전년 동기(영업손실 9.2억원) 대비 흑자 전환에 성공함. 영업이익이 늘면서 당기순이익은 25.6억원을 기록해 전년 동기(순손실 14.3억원) 대비 흑자 전환. 매출이 대폭 늘어나면서 수익성 또한 개선되고 있음.

현금 흐름   *IFRS 별도 기준   〈단위 : 억원〉

항목	2015	2016
영업활동	-11	16
투자활동	-10	-10
재무활동	21	19
순현금흐름	-0	25
기말현금	0	25

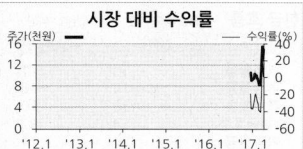

시장 대비 수익률

결산 실적   〈단위 : 억원〉

항목	2011	2012	2013	2014	2015	2016
매출액	—	—	71	109	86	175
영업이익	—	—	-13	9	-9	27
당기순이익	—	—	-15	6	-9	26

분기 실적   *IFRS 별도 기준   〈단위 : 억원〉

항목	2015.3Q	2015.4Q	2016.1Q	2016.2Q	2016.3Q	2016.4Q
매출액						
영업이익						
당기순이익						

재무 상태   *IFRS 별도 기준   〈단위 : 억원〉

항목	2011	2012	2013	2014	2015	2016
총자산			96	125	129	271
유형자산			65	62	62	57
무형자산			4	8	6	8
유가증권				0	0	0
총부채			80	99	112	208
총차입금			63	63	85	143
자본금			12	12	12	15
총자본			16	26	17	62
지배주주지분			16	26	17	62

기업가치 지표   *IFRS 별도 기준

항목	2011	2012	2013	2014	2015	2016
주가(최고/저)(천원)	—/—	—/—	—/—	—/—	—/—	10.6/8.0
PER(최고/저)(배)	0.0/0.0	0.0/0.0	0.0/0.0	0.0/0.0	0.0/0.0	10.6/8.1
PBR(최고/저)(배)	0.0/0.0	0.0/0.0	0.0/0.0	0.0/0.0	0.0/0.0	4.9/3.7
EV/EBITDA(배)	0.0	0.0		4.5		8.3
EPS(원)	—	—	-620	232	-373	993
BPS(원)	—	—	681	1,057	684	2,137
CFPS(원)	—	—	-539	454	-20	1,428
DPS(원)	—	—				
EBITDAPS(원)	—	—	-449	582	-8	1,493

재무 비율   〈단위 : % 〉

연도	영업이익률	순이익률	부채비율	차입금비율	ROA	ROE	유보율	자기자본비율	EBITDA마진율
2016	15.5	14.6	332.9	228.1	12.8	64.5	327.3	23.1	21.9
2015	-10.3	-10.6	672.5	510.6	-7.2	-42.8	36.8	13.0	-0.2
2014	8.0	5.1	383.3	245.7	5.0	26.5	111.3	20.7	12.8
2013	-17.8	-20.8	491.9	391.4	0.0	0.00	36.1	16.9	-15.1

케이피에프 (A024880)
Korea Parts & Fasteners

업 종 : 기계		시 장 : KOSDAQ	
신용등급 : (Bond) — (CP) —		기업규모 : 중견	
홈페이지 : www.kpf-global.com		연락처 : 031)8038-9700	
본 사 : 경기도 성남시 분당구 운중로 136 판교송현타워			

설 립 일	1963.10.31	종 업 원 수	447명	대 표 이 사	도성득
상 장 일	1994.12.29	감 사 의 견	적정 (삼일)	계 열	
결 산 기	12월	보 통 주	1,489만주	종속회사수	
액 면 가	500원	우 선 주		구 상 호	

주주구성 (지분율,%)		출자관계 (지분율,%)		주요경쟁사 (외형,%)	
티엠씨	43.2	케이피에프글로벌	50.0	케이피에프	100
국민연금공단	4.0	디에스정밀부품	40.0	대경기계	56
(외국인)	0.3	골든페넌트	20.0	비에이치아이	92

매출구성		비용구성		수출비중	
제품(볼트,너트,단조품)	96.3	매출원가율	86.6	수출	52.5
상품(볼트,너트,단조품)	2.0	판관비율	9.0	내수	47.5
임대료	1.7				

회사 개요
동사는 건설, 산업기계, 플랜트, 중장비 등에 쓰이는 산업용 화스너를 생산하는 화스너 사업부와 베어링부품, 기어류 등 자동차용 단조부품을 생산하는 자동차부품사업부로 구성돼 있음. 화스너 부문 매출이 전체의 약 40%, 자동차 부문이 약 60%를 차지함. 베트남, 중국 등에 화스너와 자동차용 단조부품을 생산하는 해외 자회사를 운영하고 있으며, 미국과 독일, 중국 등에 판매를 담당하는 영업 사무소를 두고 글로벌 시장을 공략하고 있음.

실적 분석
동사의 2016년 연결기준 매출액은 3,401.9억원으로 전년 동기 3,290.9억원 대비 3.4% 증가함. 영업이익과 당기순이익은 각각 11.4%, 59.8% 감소함. 순익 감소는 티엠씨 등 지분증권 전량을 매각함에 따라 기 반영된 처분손익 및 법인세 효과 등을 모두 제거한 것에 기인함. 지속적인 기술개발을 통한 신제품 개발과, 해외 신규 거래선 적극 개척으로 매출 확대 노력중임.

현금 흐름   〈단위 : 억원〉

항목	2015	2016
영업활동	43	178
투자활동	-109	-11
재무활동	-7	45
순현금흐름	-73	212
기말현금	51	263

시장 대비 수익률

결산 실적   〈단위 : 억원〉

항목	2011	2012	2013	2014	2015	2016
매출액	2,811	3,083	3,176	3,137	3,291	3,402
영업이익	162	128	165	103	166	147
당기순이익	90	33	29	-234	110	44

분기 실적   *IFRS 별도 기준   〈단위 : 억원〉

항목	2015.3Q	2015.4Q	2016.1Q	2016.2Q	2016.3Q	2016.4Q
매출액	827	780	825	886	811	880
영업이익	65	31	40	54	30	24
당기순이익	8	-48	34	36	8	-33

재무 상태   *IFRS 별도 기준   〈단위 : 억원〉

항목	2011	2012	2013	2014	2015	2016
총자산	2,554	3,303	3,747	3,668	3,804	3,959
유형자산	808	1,201	1,354	1,361	1,376	1,370
무형자산	58	70	24	24	28	23
유가증권	15	33	174	157	313	2
총부채	1,317	1,842	2,250	2,428	2,537	2,637
총차입금	893	1,418	1,747	2,008	2,087	2,174
자본금	57	74	74	74	74	74
총자본	1,237	1,460	1,498	1,241	1,267	1,321
지배주주지분	1,237	1,460	1,498	1,241	1,267	1,321

기업가치 지표

항목	2011	2012	2013	2014	2015	2016
주가(최고/저)(천원)	7.5/4.6	10.2/5.5	9.8/5.2	6.1/3.1	4.9/3.3	5.2/3.4
PER(최고/저)(배)	10.7/6.6	42.3/22.9	56.9/30.1	—/—	7.0/4.7	18.1/11.6
PBR(최고/저)(배)	0.8/0.5	1.2/0.6	1.1/0.6	0.8/0.4	0.6/0.4	0.6/0.4
EV/EBITDA(배)	6.8	12.6	8.9	9.9	8.1	8.3
EPS(원)	811	274	193	-1,573	741	298
BPS(원)	11,053	9,923	10,173	8,433	8,619	9,053
CFPS(원)	1,337	885	792	-852	1,521	1,085
DPS(원)	150	150	120	100	150	150
EBITDAPS(원)	1,956	1,684	1,708	1,415	1,895	1,775

재무 비율   〈단위 : % 〉

연도	영업이익률	순이익률	부채비율	차입금비율	ROA	ROE	유보율	자기자본비율	EBITDA마진율
2016	4.3	1.3	199.6	164.5	1.1	3.4	1,710.5	33.4	7.8
2015	5.0	3.4	200.2	164.7	3.0	8.8	1,623.9	33.3	8.6
2014	3.3	-7.5	195.6	161.8	-6.3	-17.1	1,586.6	33.8	6.7
2013	5.2	0.9	150.2	116.7	0.8	1.9	1,934.7	40.0	8.0

ㄱ

케이피엑스그린케미칼 (A083420)
KPX Green Chemical

업 종 : 화학		시 장 : 거래소	
신용등급 : (Bond) —	(CP) —	기업규모 : 시가총액 소형주	
홈페이지 : www.kpxgc.com		연 락 처 : 041)661-5000	
본 사 : 충남 서산시 대산읍 독곶2로 103			

설 립 일	2003.01.01	종 업 원 수	142명	대 표 이 사	양준화
상 장 일	2005.10.20	감 사 의 견	적정 (서우)	계 열	
결 산 기	12월	보 통 주	2,000만주	종속회사수	
액 면 가	500원	우 선 주		구 상 호	

주주구성 (지분율,%)		출자관계 (지분율,%)		주요경쟁사 (외형,%)	
KPX홀딩스	23.8			KPX그린케미칼	100
건덕상사	16.7			세우글로벌	17
(외국인)	2.6			대정화금	25

매출구성		비용구성		수출비중	
계면활성제 외 (제품)	99.5	매출원가율	94.6	수출	49.4
상품	0.5	판관비율	3.8	내수	50.6

회사 개요
동사는 비이온계면활성제인 Ethoxylates(EOA) 및 Ethanolamines(ETA) 및 Polycarbonates 중간원료인 Dimethyl Carbonate(DMC)를 전문으로 생산하는 기능성 화학제품 제조사임. EOA ETA는 콘크리트 혼화제에 주로 사용되는 계면활성제로 고층빌딩, 원자력발전소 등 시공 시 사용비중이 확대되고 있으며, DMC는 자동차 IT에 사용되는 PC의 원료임.

실적 분석
동사의 2016년 매출액은 2,436.1억원으로 전년 대비 10.8% 증가함. 영업이익은 40.7억원으로 33.5% 늘었으나, 비영업손실이 7억원 발생하면서 당기순이익은 전년보다 18.7% 감소한 28.7억원을 기록함. 동사는 다품종 소량 생산에 적합한 생산시설을 갖추고 있어 경쟁업체들이 생산하지 못하는 특수 Grade 제품에 대한 연구개발 집중을 통해 부가가치가 높은 특수 Grade의 비중을 지속적으로 확대하고 있음.

현금 흐름   *IFRS 별도 기준   〈단위 : 억원〉

항목	2015	2016
영업활동	154	155
투자활동	-344	-88
재무활동	201	-41
순현금흐름	10	26
기말현금	31	57

시장 대비 수익률

결산 실적   〈단위 : 억원〉

항목	2011	2012	2013	2014	2015	2016
매출액	1,774	2,172	2,430	2,516	2,199	2,436
영업이익	128	141	117	142	30	41
당기순이익	109	117	107	130	35	29

분기 실적   *IFRS 별도 기준   〈단위 : 억원〉

항목	2015.3Q	2015.4Q	2016.1Q	2016.2Q	2016.3Q	2016.4Q
매출액	580	581	585	598	615	638
영업이익	8	-7	7	11	14	9
당기순이익	7	-6	3	8	10	9

재무 상태   *IFRS 별도 기준   〈단위 : 억원〉

항목	2011	2012	2013	2014	2015	2016
총자산	1,299	1,587	1,621	1,964	2,186	2,064
유형자산	697	820	818	1,242	1,406	1,267
무형자산	14	14	32	46	58	57
유가증권	33	94	115	52	62	43
총부채	396	601	558	806	1,026	909
총차입금	102	230	140	312	545	535
자본금	100	100	100	100	100	100
총자본	903	986	1,062	1,158	1,159	1,155
지배주주지분	903	986	1,062	1,158	1,159	1,155

기업가치 지표   *IFRS 별도 기준

항목	2011	2012	2013	2014	2015	2016
주가(최고/저)(천원)	3.6/2.0	4.1/2.5	4.7/3.7	6.0/4.2	5.6/3.4	4.7/3.6
PER(최고/저)(배)	8.2/4.5	8.1/5.1	10.1/7.8	10.1/7.2	34.2/20.4	34.1/26.0
PBR(최고/저)(배)	1.0/0.6	1.0/0.6	1.0/0.8	1.1/0.8	1.0/0.6	0.9/0.7
EV/EBITDA(배)	2.7	4.3	3.9	4.9	6.6	5.6
EPS(원)	547	585	535	649	177	144
BPS(원)	4,513	4,928	5,311	5,791	5,797	5,775
CFPS(원)	894	1,024	1,026	1,246	917	1,061
DPS(원)	150	150	150	160	160	160
EBITDAPS(원)	986	1,142	1,077	1,307	892	1,120

재무 비율   〈단위 : % 〉

연도	영업이익률	순이익률	부채비율	차입금비율	ROA	ROE	유보율	자기자본비율	EBITDA마진율
2016	1.7	1.2	78.7	46.3	1.4	2.5	1,055.0	56.0	9.2
2015	1.4	1.6	88.5	47.0	1.7	3.1	1,059.4	53.0	8.1
2014	5.7	5.2	69.6	27.0	7.2	11.7	1,058.2	59.0	10.4
2013	4.8	4.4	52.6	13.2	6.7	10.5	962.1	65.5	8.9

케이피엑스라이프사이언스 (A114450)
KPX LIFESCIENCE

업 종 : 제약		시 장 : KOSDAQ	
신용등급 : (Bond) —	(CP) —	기업규모 : 중견	
홈페이지 : www.kpxls.com		연 락 처 : 061)688-4600	
본 사 : 전남 여수시 여수산단2로 84 (화치동)			

설 립 일	2005.04.01	종 업 원 수	64명	대 표 이 사	최수동,양준영
상 장 일	2009.12.22	감 사 의 견	적정 (안진)	계 열	
결 산 기	12월	보 통 주	1,500만주	종속회사수	
액 면 가	500원	우 선 주		구 상 호	

주주구성 (지분율,%)		출자관계 (지분율,%)		주요경쟁사 (외형,%)	
KPX홀딩스	63.3			KPX생명과학	100
최수동	0.1			큐브스	9
(외국인)	1.1			바이오씨앤디	0

매출구성		비용구성		수출비중	
AMZ	34.5	매출원가율	82.9	수출	93.4
CCIM	25.2	판관비율	5.4	내수	6.6
항생제 외	15.7				

회사 개요
동사는 원료의약 및 의약품 중간체 제조 부문의 사업을 영위하며 견고한 성장세를 유지하고 있음. 국내 최초로 피페라실린계 항생제의 중간체인 EDP-CL을 개발하여 세계적인 제약회사에게나 17년간 지속적으로 공급하고 있으며, 합성공장으로서는 국내 최초로 미국 FDA 승인을 받음. 제품은 수출이 대부분을 차지하고 있으며, 주요제품으로는 AMZ, CCIM, EDP-CL이 있음

실적 분석
주 매출원인 AMZ, CCIM 등의 수출물량이 줄어들면서 동사의 2016년 누적 매출액은 전년 동기 대비 4.8% 감소한 433억원을 시현. 외형 축소에도 판관비 등 원가율이 증가하면서 영업이익과 당기순이익 역시 각각 50.3억원과 45억원을 시현하는데 국내 최초로 미국 TMT, CMMNA와 Hydrazine Hydrate 100% 등의 가격 인하에도 외형축소와 인건비 등 판관비가 증가한 것이 수익성 감소의 원인.

현금 흐름   *IFRS 별도 기준   〈단위 : 억원〉

항목	2015	2016
영업활동	56	71
투자활동	-16	-46
재무활동	-36	10
순현금흐름	4	37
기말현금	34	71

시장 대비 수익률
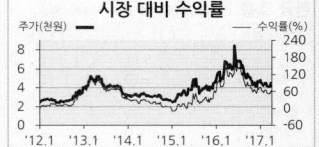

결산 실적   〈단위 : 억원〉

항목	2011	2012	2013	2014	2015	2016
매출액	552	542	345	371	455	433
영업이익	33	31	-19	-18	55	50
당기순이익	32	24	-13	-11	54	45

분기 실적   *IFRS 별도 기준   〈단위 : 억원〉

항목	2015.3Q	2015.4Q	2016.1Q	2016.2Q	2016.3Q	2016.4Q
매출액	131	118	86	126	137	84
영업이익	17	20	11	18	16	5
당기순이익	13	23	10	11	15	9

재무 상태   *IFRS 별도 기준   〈단위 : 억원〉

항목	2011	2012	2013	2014	2015	2016
총자산	714	747	721	664	671	771
유형자산	307	291	356	336	313	293
무형자산	18	15	17	8	7	9
유가증권	49	130	114	71	121	65
총부채	93	139	200	149	103	154
총차입금	30	70	115	104	67	78
자본금	75	75	75	75	75	75
총자본	622	609	521	515	569	617
지배주주지분	622	609	521	515	569	617

기업가치 지표   *IFRS 별도 기준

항목	2011	2012	2013	2014	2015	2016
주가(최고/저)(천원)	3.4/2.1	4.1/2.3	5.3/3.1	3.6/2.6	5.1/2.5	8.4/4.0
PER(최고/저)(배)	19.3/11.6	27.0/16.7	—/—	—/—	14.2/6.9	28.0/13.3
PBR(최고/저)(배)	1.0/0.6	1.1/0.7	1.5/0.9	1.0/0.8	1.3/0.7	2.0/1.0
EV/EBITDA(배)	5.5	7.3	60.5	43.3	7.2	6.2
EPS(원)	215	162	-87	-71	359	300
BPS(원)	4,145	4,058	3,474	3,435	3,793	4,111
CFPS(원)	376	383	95	105	558	528
DPS(원)	225	600				
EBITDAPS(원)	381	431	55	54	569	564

재무 비율   〈단위 : % 〉

연도	영업이익률	순이익률	부채비율	차입금비율	ROA	ROE	유보율	자기자본비율	EBITDA마진율
2016	11.6	10.4	25.0	12.7	6.3	7.6	722.2	80.0	19.5
2015	12.2	11.8	18.0	11.9	8.1	9.9	658.6	84.7	18.8
2014	-4.9	-2.9	28.9	20.1	-1.5	-2.1	587.1	77.6	2.2
2013	-5.6	-3.8	38.4	22.0	-1.8	-2.3	594.9	72.3	2.4

케이피엑스케미칼 (A025000)
KPX CHEMICAL

업　　종: 화학	시　　장: 거래소
신용등급: (Bond) —　(CP) —	기업규모: 시가총액 소형주
홈페이지: www.kpxchemical.com	연락처: 02)2014-4000
본　　사: 서울시 마포구 마포대로 137 KPX빌딩 17층	

설 립 일 1974.07.01	종 업 원 수 296명	대 표 이 사 김문영,양준영,이하우
상 장 일 1994.12.27	감 사 의 견 적정 (안진)	계　　열
결 산 기 12월	보 통 주 484만주	종속회사수
액 면 가 5,000원	우 선 주	구 상 호

주주구성 (지분율,%)		출자관계 (지분율,%)		주요경쟁사 (외형,%)	
KPX홀딩스	43.9	KPXCHEMICAL(GEORGIA)	100.0	KPX케미칼	100
Toyota Tsusho Corporation	10.1	KPXCHEMICAL(NANJING)	81.1	후성	30
(외국인)	32.5			유니드	114

매출구성		비용구성		수출비중	
PPG, PU-RESIN, CHEMICAL	93.0	매출원가율	86.3	수출	—
상품	7.0	판관비율	6.9	내수	—

회사 개요
동사는 1974년 유기화학제품 및 화공약품의 제조 및 판매 등을 주영업목적으로 설립됐으며, 폴리프로필렌글리콜 및 전자재료의 제조 및 판매사업을 목적사업으로 하고 있음. 주요 사업으로는 우레탄 사업, 전자재료 사업을 영위하고 있음. 전량 수입에 의존하던 폴리프로필렌글리콜을 최초로 국산화해 국내에 공급했으며, 시장점유율 1위를 고수하고 있음. 내수와 수출의 비율은 61:38 정도임.

실적 분석
동사의 2016년 연결기준 누적 매출액은 6,473.6억원으로 전년 대비 13% 감소함. 매출 감소와 더불어 판관비도 증가하며 영업이익은 전년보다 9.3% 줄어든 442.9억원을 기록함. 당기순이익도 106.9억원으로 10.7% 감소함. 주원료인 PO(프로필렌 옥사이드)업체의 PPG(폴리프로필렌 글리콜) 사업 진출로 인한 공급과잉으로 대외적인 경영환경이 악화되고 있는 상황에서 94일간의 파업이 발생하여 실적이 악화됨.

현금 흐름 〈단위 : 억원〉
항목	2015	2016
영업활동	424	636
투자활동	-414	-120
재무활동	-199	-196
순현금흐름	-187	325
기말현금	298	623

시장 대비 수익률
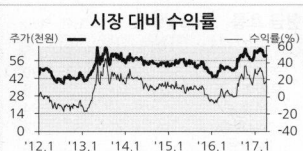

결산 실적 〈단위 : 억원〉
항목	2011	2012	2013	2014	2015	2016
매출액	7,804	7,620	7,815	8,267	7,439	6,474
영업이익	656	473	335	451	488	443
당기순이익	516	370	255	409	356	341

분기 실적 〈단위 : 억원〉
항목	2015.3Q	2015.4Q	2016.1Q	2016.2Q	2016.3Q	2016.4Q
매출액	1,873	1,627	1,387	1,679	1,609	1,798
영업이익	120	138	130	137	97	78
당기순이익	85	42	98	106	88	48

재무 상태 〈단위 : 억원〉
항목	2011	2012	2013	2014	2015	2016
총자산	4,450	4,504	4,717	5,121	5,076	5,320
유형자산	1,042	1,003	1,003	1,088	1,247	1,308
무형자산	38	38	149	156	87	64
유가증권	728	794	1,130	1,122	1,172	1,097
총부채	1,377	1,132	1,224	1,296	1,010	1,020
총차입금	366	358	474	522	412	316
자본금	242	242	242	242	242	242
총자본	3,073	3,372	3,492	3,825	4,066	4,300
지배주주지분	3,021	3,323	3,441	3,764	3,985	4,216

기업가치 지표
항목	2011	2012	2013	2014	2015	2016
주가(최고/저)(천원)	54.9/40.3	50.1/37.6	67.6/39.2	62.5/51.2	59.2/44.8	65.7/42.5
PER(최고/저)(배)	6.4/4.7	7.9/5.9	14.7/8.5	8.4/6.8	9.1/6.8	9.9/6.5
PBR(최고/저)(배)	1.1/0.8	0.9/0.7	1.1/0.6	0.9/0.7	0.8/0.6	0.8/0.5
EV/EBITDA(배)	2.7	3.0	6.3	3.9	2.7	2.9
EPS(원)	10,506	7,603	5,190	8,243	6,968	6,782
BPS(원)	62,418	68,667	71,094	77,767	82,337	87,108
CFPS(원)	12,615	9,848	7,504	10,558	10,345	9,967
DPS(원)	1,500	3,000	1,500	1,750	1,750	2,000
EBITDAPS(원)	15,667	12,025	9,225	11,642	13,468	12,336

재무 비율 〈단위 : %〉
연도	영업이익률	순이익률	부채비율	차입금비율	ROA	ROE	유보율	자기자본비율	EBITDA마진율
2016	6.8	5.3	23.7	7.4	6.6	8.0	1,642.2	80.8	9.2
2015	6.6	4.8	24.9	10.1	7.0	8.7	1,546.7	80.1	8.8
2014	5.5	5.0	33.9	13.6	8.3	11.1	1,455.4	74.7	6.8
2013	4.3	3.3	35.1	13.6	5.5	7.4	1,321.9	74.1	5.7

케이피엑스홀딩스 (A092230)
KPX Holdings

업　　종: 화학	시　　장: 거래소
신용등급: (Bond) —　(CP) —	기업규모: 시가총액 소형주
홈페이지: www.kpxholdings.com	연락처: 02)2014-4150
본　　사: 서울시 마포구 마포대로 137 (공덕동) KPX빌딩 19층	

설 립 일 2006.09.01	종 업 원 수 16명	대 표 이 사 양규모,양준영
상 장 일 2006.10.12	감 사 의 견 적정 (안진)	계　　열
결 산 기 12월	보 통 주 422만주	종속회사수
액 면 가 5,000원	우 선 주	구 상 호

주주구성 (지분율,%)		출자관계 (지분율,%)		주요경쟁사 (외형,%)	
Toyota Tsusho Corporation	24.9	KPX인더스트리	100.0	KPX홀딩스	100
양규모	19.6	KPX개발	100.0	후성	20
(외국인)	30.6	KPX라이프사이언스	63.3	유니드	79

매출구성		비용구성		수출비중	
종속기업및관계기업배당금수익(기타)	59.3	매출원가율	88.1	수출	—
수수료수익(기타)	31.1	판관비율	6.0	내수	—
브랜드수익(기타)	9.1				

회사 개요
동사는 2006년 9월 한국폴리올, 한국회인케미칼의 투자사업 부분을 각각 분할 합병하여 설립된 지주회사로 KPX케미칼, KPX화인케미칼, KPX그린케미칼, KPX라이프사이언스, 진양홀딩스 등 4개 상장회사와 KPX개발, KPX인더스트리 등 2개 비상장회사의 사업내용을 지배하는 것을 주된 사업으로 하고 있음. 주력 분야인 우레탄사업 외 사업포트폴리오를 친환경케미칼, 엔지니어링 플라스틱, 의약품 중간재 등으로 다각화하고 있음.

실적 분석
동사의 2016년 연결기준 누적매출액은 9,376.5억원으로 전년 대비 7.5% 감소함. 매출 축소에도 판관비는 8.2% 늘면서 영업이익이 전년보다 9.3% 감소한 558.1억원을 기록함. 당기순이익은 534.3억원으로 전년 대비 13.2% 감소함. 종속회사인 KPX CHEMICAL(NANJING)과 2006년 12월 기술계약을 체결해 동사가 보유한 우레탄용 포리올의 제조와 응용에 관한 노하우를 통한 매출액의 일정 부분을 로열티로 수령함.

현금 흐름 〈단위 : 억원〉
항목	2015	2016
영업활동	622	1,003
투자활동	-775	-367
재무활동	-28	-206
순현금흐름	-179	439
기말현금	442	880

시장 대비 수익률

결산 실적 〈단위 : 억원〉
항목	2011	2012	2013	2014	2015	2016
매출액	12,166	13,190	10,521	11,067	10,140	9,376
영업이익	595	577	483	612	615	558
당기순이익	627	428	62	381	615	534

분기 실적 〈단위 : 억원〉
항목	2015.3Q	2015.4Q	2016.1Q	2016.2Q	2016.3Q	2016.4Q
매출액	2,596	2,338	2,068	2,410	2,371	2,528
영업이익	154	159	155	175	133	95
당기순이익	122	122	130	195	120	89

재무 상태 〈단위 : 억원〉
항목	2011	2012	2013	2014	2015	2016
총자산	11,332	12,249	11,802	11,540	11,712	12,099
유형자산	3,625	3,683	3,595	3,327	3,644	3,661
무형자산	126	129	234	241	185	165
유가증권	474	2,025	2,253	2,330	2,411	2,169
총부채	2,843	3,406	3,209	2,952	2,726	2,736
총차입금	1,336	1,468	1,410	1,442	1,559	1,517
자본금	211	211	211	211	211	211
총자본	8,489	8,843	8,593	8,588	8,986	9,362
지배주주지분	5,187	5,197	5,166	5,378	5,570	5,779

기업가치 지표
항목	2011	2012	2013	2014	2015	2016
주가(최고/저)(천원)	46.3/29.0	38.1/32.8	45.6/33.5	76.6/40.2	80.6/54.6	66.5/52.6
PER(최고/저)(배)	6.6/4.1	10.6/9.2	32.3/24.0	12.8/6.8	10.7/7.2	9.7/7.8
PBR(최고/저)(배)	0.5/0.3	0.4/0.3	0.4/0.3	0.7/0.3	0.7/0.4	0.5/0.4
EV/EBITDA(배)	4.3	5.1	6.0	5.8	5.5	5.1
EPS(원)	8,971	4,321	1,605	6,493	8,050	7,000
BPS(원)	122,781	124,443	123,691	128,703	133,251	138,216
CFPS(원)	15,774	12,618	10,184	14,806	16,438	16,216
DPS(원)	1,800	2,500	2,050	2,100	2,100	2,100
EBITDAPS(원)	20,896	21,954	20,006	22,799	22,953	22,427

재무 비율 〈단위 : %〉
연도	영업이익률	순이익률	부채비율	차입금비율	ROA	ROE	유보율	자기자본비율	EBITDA마진율
2016	6.0	5.7	29.2	16.2	4.5	5.2	2,664.3	77.4	10.1
2015	6.1	6.1	30.3	17.4	5.3	6.2	2,565.0	76.7	9.6
2014	5.5	3.4	34.4	16.8	3.3	5.2	2,474.1	74.4	8.7
2013	4.6	0.6	37.4	16.8	0.5	1.3	2,373.8	72.8	8.0

케이피엠테크 (A042040)
KPMTECH

업　　종 : 화학	시　　장 : KOSDAQ
신용등급 : (Bond) ―　　(CP) ―	기업규모 : 중견
홈페이지 : www.kpmtech.co.kr	연 락 처 : 031)489-4100
본　　사 : 경기도 안산시 단원구 산단로 163번길 122	

설 립 일 1978.12.28	종 업 원 수 71명	대 표 이 사 이청균,이희신
상 장 일 2003.01.07	감 사 의 견 적정 (신정)	계　　　열
결 산 기 12월	보 통 주 1,111만주	종속회사수
액 면 가 500원	우 선 주	구 상 호

주주구성 (지분율,%)
텔콘	24.4
Emmaus Life Sciences Inc.(USA)	7.7
(외국인)	0.1

출자관계 (지분율,%)
하나켐텍	100.0
텔콘생명과학	30.0
중원제약	21.7

주요경쟁사 (외형,%)
케이피엠테크	100
바이온	127
리켐	162

매출구성
PCB 도금장치,ABS 도금장치(제품)	74.1
PCB 약품,기능성도금약품 및 일반장식약품(제품)	18.1
PCB 약품, 기능성도금 약품 및 일반장식약품(상	7.0

비용구성
매출원가율	97.1
판관비율	20.5

수출비중
수출	27.3
내수	72.7

회사 개요
동사는 주로 수입에 의존하던 도금약품의 국산화를 목적으로 1978년 설립된 기업으로, 도금화학약품 및 전자용 도금장치의 약품 및 도금설비 기계장치 생산을 주사업으로 영위함. 또한 신규사업인 항균섬유산업 그리고 반도체(TSV)산업도 시작함. 동사는 국내 표면처리업계에서는 최고의 위치를 유지하고 있으며, 세계시장에서는 일본, 독일, 대만 업체들과 경쟁하고 있음. 가격 및 품질에 따른 국내시장 점유율은 더욱 증가할 것으로 전망됨.

실적 분석
동사의 2016년 연결기준 4분기 매출액은 219.2억원으로 전년동기 대비 54.4% 감소하였고 매출원가 또한 전년대비 53% 감소함에 따라 매출총이익은 6.3억원으로 전년대비 77.3% 감소함. 판관비는 8.5% 감소한 44.9억원이었으나 고정비 지출에 따른 영업손실은 38.6억원으로 적자지속됨. 3.9억원의 비영업손실 또한 기록하며 당기순손실 30.6억원으로 적자전환함. 원가율의 개선에 따라 이익률이 저하됨.

현금 흐름 〈단위 : 억원〉
항목	2015	2016
영업활동	-57	-56
투자활동	23	-346
재무활동	0	509
순현금흐름	-39	104
기말현금	9	113

시장 대비 수익률
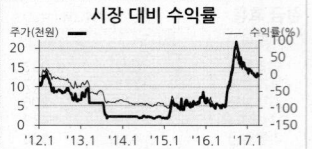

결산 실적 〈단위 : 억원〉
항목	2011	2012	2013	2014	2015	2016
매출액	755	487	209	391	481	219
영업이익	-18	-106	-82	26	-21	-39
당기순이익	-39	-209	-135	40	20	-31

분기 실적 〈단위 : 억원〉
항목	2015.3Q	2015.4Q	2016.1Q	2016.2Q	2016.3Q	2016.4Q
매출액	198	31	44	75	32	68
영업이익	-13	-6	-8	-13	-13	-5
당기순이익	21	-28	-8	-14	1	-10

재무 상태 〈단위 : 억원〉
항목	2011	2012	2013	2014	2015	2016
총자산	909	852	370	505	355	833
유동자산	269	324	153	141	134	128
무형자산	31	17	9	4	1	1
유가증권	16	1	0	0	0	383
총부채	703	846	350	439	271	369
총차입금	531	603	251	204	199	266
자본금	71	71	24	40	40	56
총자본	206	6	20	66	84	464
지배주주지분	206	5	23	70	89	464

기업가치 지표
항목	2011	2012	2013	2014	2015	2016
주가(최고/저)(천원)	23.3/8.4	14.2/5.9	9.8/1.7	2.5/1.7	9.1/1.8	21.8/4.2
PER(최고/저)(배)	―/―	―/―	―/―	4.6/3.0	35.2/7.0	―/―
PBR(최고/저)(배)	4.6/1.7	18.1/7.5	20.3/3.5	2.9/1.9	8.2/1.6	5.2/1.0
EV/EBITDA(배)	409.3			6.3		
EPS(원)	-816	-4,412	-2,840	545	258	-346
BPS(원)	1,675	262	486	873	1,107	4,176
CFPS(원)	-127	-1,171	-2,170	750	413	-243
DPS(원)	―	―	―	―	―	―
EBITDAPS(원)	15	-447	-1,052	559	-111	-335

재무 비율 〈단위 : %〉
연도	영업이익률	순이익률	부채비율	차입금비율	ROA	ROE	유보율	자기자본비율	EBITDA마진율
2016	-17.6	-13.9	79.6	57.3	-5.1	-11.1	735.2	55.7	-13.5
2015	-4.4	4.2	322.9	237.3	4.6	26.1	121.4	23.7	-1.8
2014	6.6	10.2	665.3	309.3	9.1	85.9	74.6	13.1	10.5
2013	-39.3	-64.8	일부잠식	일부잠식	-22.2	-949.7	-2.8	5.3	-24.0

케이피티유 (A054410)
Korea Plasma Technology U

업　　종 : 금속 및 광물	시　　장 : KOSDAQ
신용등급 : (Bond) ―　　(CP) ―	기업규모 : 벤처
홈페이지 : www.kpt4u.com	연 락 처 : 031)831-3000
본　　사 : 경기도 화성시 정남면 괘랑2길 1	

설 립 일 1995.08.09	종 업 원 수 84명	대 표 이 사 임훈
상 장 일 2002.04.25	감 사 의 견 적정 (신성)	계　　　열
결 산 기 12월	보 통 주 506만주	종속회사수
액 면 가 500원	우 선 주	구 상 호

주주구성 (지분율,%)
알루텍	50.4
이원준	4.9
(외국인)	0.4

출자관계 (지분율,%)
알루코	19.6

주요경쟁사 (외형,%)
케이피티	100
포스링크	39
피제이메탈	466

매출구성
AL형재, 공구강(상품)	26.9
열처리(제품)	24.3
압출금형가공(제품)	19.8

비용구성
매출원가율	85.2
판관비율	11.4

수출비중
수출	11.3
내수	88.7

회사 개요
동사는 금속의 열처리 및 표면처리 사업을 주업종으로, 압출금형 및 프레스금형 제작, LCD 패널 생산, 공구강 및 건축자재 등의 판매 사업을 영위함. 1988년 12월 30일 금형열처리업 영위를 목적으로 개인기업 '장안종합열처리'를 개업하며, 1995년 8월 9일 법인전환하였음. 관계사인 동양강재, 현대알미늄비나가 주요 매출처임. '동양강철', '고강알루미늄' 등 13의 계열회사를 보유하고 있음.

실적 분석
동사의 2016년 결산기준 매출액은 전년대비 5.0% 감소한 213억원임. 국내철강산업 내 수부진으로 인해 동사의 주사업군인 금속열처리 및 압출금형가공 매출이 감소하였으나, AL형재(30.82%) 및 공구강 수출(210%)실적 상승으로 내수부진의 어려움을 매출다변화로 노력함. 당기순이익은 압출금형 사업부 해외이전관련비용 및 영업이익 확보, 알루코 지분율 하락으로 인한 지분법이익 재측정요소가 반영되어 전년대비 22.5%로 감소한 37억원을 시현

현금 흐름 *IFRS 별도 기준 〈단위 : 억원〉
항목	2015	2016
영업활동	1	39
투자활동	44	19
재무활동	-47	-34
순현금흐름	-2	24
기말현금	1	26

시장 대비 수익률
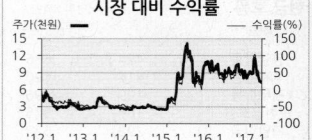

결산 실적 〈단위 : 억원〉
항목	2011	2012	2013	2014	2015	2016
매출액	160	170	220	202	224	213
영업이익	12	15	18	12	18	7
당기순이익	-32	-19	4	25	48	37

분기 실적 *IFRS 별도 기준 〈단위 : 억원〉
항목	2015.3Q	2015.4Q	2016.1Q	2016.2Q	2016.3Q	2016.4Q
매출액	67	55	52	55	49	58
영업이익	8	4	2	4	0	1
당기순이익	35	-12	14	18	6	-2

재무 상태 *IFRS 별도 기준 〈단위 : 억원〉
항목	2011	2012	2013	2014	2015	2016
총자산	530	501	539	580	570	595
유동자산	85	85	96	110	108	114
무형자산						1
유가증권	0	0	0	0	0	0
총부채	201	288	320	358	314	311
총차입금	155	210	242	270	232	209
자본금	25	25	25	25	25	25
총자본	329	213	219	222	256	284
지배주주지분	329	213	219	222	256	284

기업가치 지표 *IFRS 별도 기준
항목	2011	2012	2013	2014	2015	2016
주가(최고/저)(천원)	7.2/2.3	5.4/2.4	4.8/2.6	3.4/2.4	14.8/2.5	11.3/7.7
PER(최고/저)(배)	58.7/19.1	―/―	62.3/33.4	6.8/4.8	15.9/2.7	15.6/10.6
PBR(최고/저)(배)	1.1/0.4	1.3/0.6	1.1/0.6	0.8/0.5	3.0/0.5	2.0/1.4
EV/EBITDA(배)	19.3	15.0	14.3	19.5	31.9	46.3
EPS(원)	124	-372	77	503	942	731
BPS(원)	6,498	4,204	4,336	4,397	5,055	5,617
CFPS(원)	206	-273	159	613	1,071	851
DPS(원)	―	―	―	―	50	50
EBITDAPS(원)	324	390	437	338	478	263

재무 비율 〈단위 : %〉
연도	영업이익률	순이익률	부채비율	차입금비율	ROA	ROE	유보율	자기자본비율	EBITDA마진율
2016	3.4	17.4	109.3	73.4	6.4	13.7	1,023.5	47.8	6.2
2015	7.9	21.3	122.7	90.8	8.3	19.9	911.0	44.9	10.8
2014	5.7	12.6	160.8	121.4	4.6	11.5	779.3	38.4	8.5
2013	8.2	1.8	145.9	110.7	0.8	1.8	767.2	40.7	10.0

켐온 (A217600)
Ebest Special Purpose Acquisition 2

업 종 : 바이오			시 장 : KOSDAQ	
신용등급 : (Bond) —	(CP) —		기업규모 : 중견	
홈페이지 : 0			연락처 : 02)3779-8982	
본 사 : 서울시 강서구 강서로 426, 605호 (등촌동)				

설 립 일	2015.03.26	종 업 원 수	명	대 표 이 사	김웅
상 장 일	2015.06.26	감 사 의 견	적정 (한길)	계 열	
결 산 기	12월	보 통 주	6,215만주	종속회사수	
액 면 가	100원	우 선 주		구 상 호	이베스트스팩2호

주주구성 (지분율,%)		출자관계 (지분율,%)		주요경쟁사 (외형,%)	
코아스템	54.5			켐온	100
장진태	1.9			바이오톡스텍	144
(외국인)	0.3			팬젠	9

매출구성		비용구성		수출비중	
		매출원가율	0.0	수출	—
		판관비율	0.0	내수	—

회사 개요
동사는 줄기세포 바이오벤처 코아스템의 계열사로, 17년 3월 스팩기업에서 제조업으로 합병 신규상장한 기업임. 비임상CRO 전문기관으로 전방산업인 생명공학산업(제약/바이오산업 등) 시장의 성장과 연관성이 높음. 주요 고객은 16년 3분기 기준, 제약사가 44.6%, 바이오벤처 34.1% 그외 대학 및 병원 등으로 이루어져있음. 제약사의 신약개발에 따른 용역의뢰가 매출의 44%이상을 차지하고 있음.

실적 분석
동사의 2016년 연간 매출액은 154.2억으로 전년대비 5.4% 증가. 매출이 비용 대부분을 차지하는 연구인력 비용에 대한 고정비 회수효과를 반영하지 못하여 순이익은 전년대비 감소. 매출의 대부분은 안전성 평가시장에서 발생, 안전성 평가시장에 집중하여 인력과 시설을 배치. 2017년 9월에 가동예정인 연구3동 신축을 계기로 유효성시장에서의 매출증대를 계획함.

현금 흐름 *IFRS 별도 기준 〈단위 : 억원〉
항목	2015	2016
영업활동	40	25
투자활동	-11	-107
재무활동	0	112
순현금흐름	29	31
기말현금	43	74

시장 대비 수익률
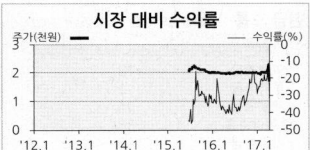

결산 실적 〈단위 : 억원〉
항목	2011	2012	2013	2014	2015	2016
매출액	—	—	—	133	146	154
영업이익	—	—	—	21	31	21
당기순이익	—	—	—	16	25	17

분기 실적 *IFRS 별도 기준 〈단위 : 억원〉
항목	2015.3Q	2015.4Q	2016.1Q	2016.2Q	2016.3Q	2016.4Q
매출액	—	—	—	40	—	—
영업이익	—	—	—	3	—	—
당기순이익	—	—	—	2	—	—

재무 상태 *IFRS 별도 기준 〈단위 : 억원〉
항목	2011	2012	2013	2014	2015	2016
총자산				153	185	312
유형자산				86	88	130
무형자산				1	1	1
유가증권						
총부채				49	56	45
총차입금						
자본금				35	36	43
총자본				104	130	268
지배주주지분				104	130	268

기업가치 지표 *IFRS 별도 기준
항목	2011	2012	2013	2014	2015	2016
주가(최고/저)(천원)	—/—	—/—	—/—	—/—	2.3/2.0	2.0/1.9
PER(최고/저)(배)	0.0/0.0	0.0/0.0	0.0/0.0	0.0/0.0	46.4/40.7	66.5/64.0
PBR(최고/저)(배)	0.0/0.0	0.0/0.0	0.0/0.0	0.0/0.0	9.0/7.9	4.7/4.5
EV/EBITDA(배)					2.5	0.3
EPS(원)	—	—	—	30	49	30
BPS(원)	—	—	—	1,466	1,824	3,135
CFPS(원)	—	—	—	315	465	331
DPS(원)	—	—	—			
EBITDAPS(원)	—	—	—	391	548	385

재무 비율 〈단위 : % 〉
연도	영업이익률	순이익률	부채비율	차입금비율	ROA	ROE	유보율	자기자본비율	EBITDA마진율
2016	13.9	11.3	16.7	0.0	6.9	8.7	527.0	85.7	19.4
2015	21.3	17.3	42.8	0.0	14.9	21.6	264.8	70.1	26.7
2014	15.8	11.7	47.0	0.0			193.3	68.0	20.9
2013	0.0	0.0	0.0	0.0					

켐트로닉스 (A089010)
Chemtronics

업 종 : 화학			시 장 : KOSDAQ	
신용등급 : (Bond) —	(CP) —		기업규모 : 중견	
홈페이지 : www.chemtronics.co.kr			연락처 : 044)868-3011	
본 사 : 세종시 전동면 배일길 31				

설 립 일	1997.04.01	종 업 원 수	296명	대 표 이 사	김보균
상 장 일	2007.01.17	감 사 의 견	적정 (대성)	계 열	
결 산 기	12월	보 통 주	1,166만주	종속회사수	
액 면 가	500원	우 선 주		구 상 호	

주주구성 (지분율,%)		출자관계 (지분율,%)		주요경쟁사 (외형,%)	
김보균	18.4	에이치에스솔라	60.0	켐트로닉스	100
김웅수	4.6	천진협진전자	100.0	동남합성	42
(외국인)	5.3	CHEMTROVINA	100.0	엔피케이	27

매출구성		비용구성		수출비중	
Glycol류, TG(제품)	42.7	매출원가율	91.3	수출	48.2
PBA, 하네스, 무선충전(제품)	34.1	판관비율	8.4	내수	51.8
Solvent류(상품)	22.3				

회사 개요
동사는 터치센서IC, 터치보드, EMC를 생산하는 전자사업, 공업용 유기화학 Solvent를 생산하는 화학사업의 2가지 사업부문을 영위하는 업체임. 다양하고 안정적인 사업 포트폴리오를 통해 삼성전자, LG전자, 동진쎄미켐, KCC, 삼화페인트 등 글로벌 우량회사를 주요 고객사로 보유하고 있으며, 천진협진전자, 에이치에스솔라 등 6개의 종속회사를 보유 중임. 무선충전 관련 제품을 통한 성장을 모색하고 있음.

실적 분석
동사의 2016년 누적매출액은 2,461.2억원으로 전년 대비 7.3% 감소함. 원가율 개선과 판관비 절감으로 5.9억원의 영업이익을 내며 흑자전환함. 비영업손실 축소로 당기순손실도 59.1억원으로 적자폭을 줄였음. 전자사업 부진과 가동률 하락에 따른 고정비 비중이 낮은 수익성의 원인으로 판단됨. 동사가 보유한 EMC 기술을 바탕으로 무선충전 시장에 안정적으로 진입할 수 있을 것으로 기대하고 있음.

현금 흐름 *IFRS 별도 기준 〈단위 : 억원〉
항목	2015	2016
영업활동	-18	268
투자활동	-132	-193
재무활동	204	-105
순현금흐름	53	-30
기말현금	122	92

시장 대비 수익률
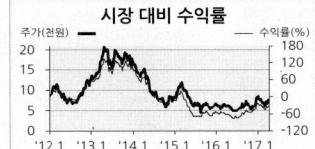

결산 실적 〈단위 : 억원〉
항목	2011	2012	2013	2014	2015	2016
매출액	2,364	2,498	3,148	2,787	2,656	2,461
영업이익	175	149	233	-28	-31	6
당기순이익	91	138	209	-46	-91	-59

분기 실적 *IFRS 별도 기준 〈단위 : 억원〉
항목	2015.3Q	2015.4Q	2016.1Q	2016.2Q	2016.3Q	2016.4Q
매출액	684	676	612	582	624	643
영업이익	-9	8	-14	2	14	4
당기순이익	-30	-4	-13	-24	-2	-20

재무 상태 *IFRS 별도 기준 〈단위 : 억원〉
항목	2011	2012	2013	2014	2015	2016
총자산	1,690	1,832	2,190	2,228	2,349	2,264
유형자산	751	725	1,049	1,109	1,079	1,142
무형자산	42	32	36	35	84	108
유가증권	14	14	34	28	13	4
총부채	1,185	1,079	1,251	1,373	1,557	1,490
총차입금	961	812	913	1,117	1,325	1,240
자본금	32	40	42	44	47	51
총자본	506	753	939	855	792	774
지배주주지분	504	751	937	852	788	771

기업가치 지표
항목	2011	2012	2013	2014	2015	2016
주가(최고/저)(천원)	9.7/5.7	13.2/6.3	21.1/11.9	17.1/5.8	12.0/4.4	8.4/4.7
PER(최고/저)(배)	10.9/6.4	9.7/4.7	10.9/6.2	—/—	—/—	—/—
PBR(최고/저)(배)	1.9/1.1	1.9/0.9	2.3/1.3	2.0/0.7	1.5/0.6	1.1/0.6
EV/EBITDA(배)	6.1	4.7	8.0	8.1	16.2	13.2
EPS(원)	941	1,409	1,967	-437	-858	-559
BPS(원)	6,964	9,619	11,802	10,314	9,160	8,187
CFPS(원)	2,161	2,877	3,758	1,080	651	854
DPS(원)	265	265	425	25	50	25
EBITDAPS(원)	3,293	3,009	4,055	1,289	1,302	1,499

재무 비율 〈단위 : % 〉
연도	영업이익률	순이익률	부채비율	차입금비율	ROA	ROE	유보율	자기자본비율	EBITDA마진율
2016	0.2	-2.4	192.4	160.2	-2.6	-7.7	1,537.5	34.2	6.2
2015	-1.2	-3.4	196.8	167.4	-4.0	-11.2	1,732.1	33.7	4.6
2014	-1.0	-1.7	160.7	130.7	-2.1	-5.2	1,962.8	38.4	4.1
2013	7.4	6.6	133.2	97.2	10.4	24.7	2,260.3	42.9	10.8

코나아이 (A052400)
KONA I

업　　　종 : 전자 장비 및 기기　　　　시　　　장 : KOSDAQ
신 용 등 급 : (Bond) ―　　(CP) ―　　기 업 규 모 : 우량
홈 페 이 지 : www.konai.co.kr　　　　연 락 처 : 02)2168-7500
본　　　사 : 서울시 영등포구 은행로 3 (여의도동, 익스콘벤처타워 8층)

설 립 일 1998.03.11	종 업 원 수 195명	대 표 이 사 조정일	
상 장 일 2001.10.18	감 사 의 견 적정 (삼일)	계 열	
결 산 기 12월	보 통 주 1,556만주	종 속 회 사 수	
액 면 가 500원	우 선 주	구 상 회 사 케이비티	

주주구성 (지분율,%)
조정일	22.0
Wasatch Advisors, Inc.	4.9
(외국인)	9.3

출자관계 (지분율,%)
코나에이치	100.0
코나씨	59.0
핀마트	30.0

주요경쟁사 (외형,%)
코나아이	100
아트라스BX	471
녹십자셀	24

매출구성
COB외(COB, 스마트카드 외)	65.7
스마트카드(KONA카드, 콤비카드, 통신카드)	32.4
수수료 (교통,유통, 유지보수료 외)	1.9

비용구성
매출원가율	75.4
판관비율	29.6

수출비중
수출	50.5
내수	49.5

회사 개요
동사는 스마트카드 관련 토탈 솔루션을 제공하는 업체로서 스마트카드 핵심기술인 자바 오픈 플랫폼 기반의 IC Chip OS인 COS를 자체 개발, 제조 및 판매하는 스마트카드 전문기업임. 다양한 스마트카드 제품군을 KONA라는 자체 브랜드를 이용하여 금융 IC Chip 카드, 이동 통신용 USIM카드, 후불 하이패스카드 등 스마트카드 산업 전반에 관련된 단일 사업을 영위함.

실적 분석
동사의 연결기준 2016년 매출액은 1,179.0억원으로 전년 2,167.2억원 대비 45.6% 감소함. 매출액이 크게 감소하면서 판관비 부담이 늘었으며 58.5억원의 영업손실이 발생, 적자전환하였음. 비영업부문에서도 손실이 발생하였고 결과적으로 4.3억원의 당기순손실 발생, 적자전환 하였음. 해외 수출 물량 감소 및 비우호적인 환율 움직임 등의 요인이 매출 감소에 작용한 것으로 판단됨.

현금 흐름　〈단위 : 억원〉
항목	2015	2016
영업활동	233	313
투자활동	115	-104
재무활동	-80	-266
순현금흐름	287	-43
기말현금	929	886

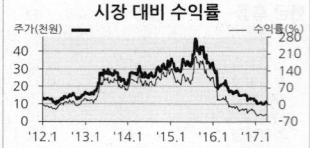

결산 실적　〈단위 : 억원〉
항목	2011	2012	2013	2014	2015	2016
매출액	1,353	1,381	1,718	2,142	2,167	1,179
영업이익	270	252	257	298	361	-58
당기순이익	286	189	214	260	292	-4

분기 실적　〈단위 : 억원〉
항목	2015.3Q	2015.4Q	2016.1Q	2016.2Q	2016.3Q	2016.4Q
매출액	502	372	325	316	267	271
영업이익	78	15	24	14	-25	-72
당기순이익	94	-30	22	9	-64	29

재무 상태　〈단위 : 억원〉
항목	2011	2012	2013	2014	2015	2016
총자산	1,902	1,954	2,554	3,065	2,898	2,534
유형자산	362	371	356	338	206	181
무형자산	329	361	420	493	525	524
유가증권	66	112	20	170	66	64
총부채	1,019	879	1,157	1,264	792	672
총차입금	750	634	855	744	566	535
자본금	47	49	53	78	78	78
총자본	883	1,076	1,397	1,801	2,106	1,862
지배주주지분	868	1,059	1,379	1,781	2,019	1,767

기업가치 지표
항목	2011	2012	2013	2014	2015	2016
주가(최고/저)(천원)	13.4/8.2	16.2/9.7	29.6/14.8	34.6/21.6	47.3/27.7	32.8/11.7
PER(최고/저)(배)	5.7/3.5	11.4/6.8	20.0/10.0	20.8/13.0	26.2/15.4	―/―
PBR(최고/저)(배)	2.0/1.2	2.0/1.2	3.0/1.5	3.1/1.9	3.7/2.2	2.6/0.9
EV/EBITDA(배)	6.0	7.3	10.0	12.7	10.4	34.8
EPS(원)	2,505	1,489	1,547	1,725	1,854	-78
BPS(원)	9,432	11,153	13,224	11,588	13,124	12,719
CFPS(원)	3,932	2,724	2,841	2,463	2,602	589
DPS(원)	300	200	200	250	250	―
EBITDAPS(원)	3,813	3,423	3,263	2,735	3,071	292

재무 비율　〈단위 : % 〉
연도	영업이익률	순이익률	부채비율	차입금비율	ROA	ROE	유보율	자기자본비율	EBITDA마진율
2016	-5.0	-0.4	36.1	28.7	-0.2	-0.6	2,443.8	73.5	3.9
2015	16.7	13.5	37.6	26.9	9.8	15.2	2,524.7	72.7	22.1
2014	13.9	12.1	70.2	41.3	9.3	16.3	2,217.7	58.8	19.1
2013	15.0	12.5	82.9	61.2	9.5	17.5	2,544.8	54.7	20.1

코닉글로리 (A094860)
KORNICGLORYCO

업　　　종 : 일반 소프트웨어　　　　시　　　장 : KOSDAQ
신 용 등 급 : (Bond) ―　　(CP) ―　　기 업 규 모 : 벤처
홈 페 이 지 : www.kornicglory.co.kr　　연 락 처 : 02)3476-4200
본　　　사 : 서울시 강남구 학동로 155, 3, 4층 (논현동, 원영빌딩)

설 립 일 2007.02.20	종 업 원 수 52명	대 표 이 사 조명제	
상 장 일 2007.04.16	감 사 의 견 적정 (길인)	계 열	
결 산 기 12월	보 통 주 4,765만주	종 속 회 사 수	
액 면 가 100원	우 선 주	구 상 회	

주주구성 (지분율,%)
조명제	11.7
임재인	3.7
(외국인)	0.2

출자관계 (지분율,%)
네오플랜트	45.3
시큐리티존	30.0
솔리드원인베스트	11.9

주요경쟁사 (외형,%)
코닉글로리	100
포시에스	132
한컴시큐어	136

매출구성
제품, 용역 (TESS TMS, AIRTMS)	69.9
네트워크솔루션 (Alteon 외)	22.9
SI, 용역	7.2

비용구성
매출원가율	49.7
판관비율	42.7

수출비중
수출	5.2
내수	94.8

회사 개요
동사는 보안솔루션, 네트워크 솔루션, SI사업을 주요사업으로 영위하고 있음. 보안솔루션은 인터넷 기반 및 스마트기기 사용자의 폭발적인 증가에 따라 정보보호의 중요성에 대한 인식 및 수요가 증가하고 있어 경기변동의 영향이 적은 편이며 네트워크 솔루션사업도 IT 설비투자에 따라 수요가 변동됨. 한편 판매방식은 직판과 리셀러를 통한 두가지 매출로 구분되며 직판의 비중이 더 높은 편임.

실적 분석
외부침입의 탐지 및 차단하는 유무선 보안솔루션이 주력인 동사의 2016년 4분기 연결 기준 매출은 전년동기 대비 14.2% 감소한 106.6억원을 기록함. 그러나 원가 및 판관비 감소로 8.1억원의 영업이익을 기록하며 흑자로 전환됐으며 당기순이익도 6.8억원으로 흑자전환함. 매출 감소는 네트워크 사업부문 축소 및 SI 사업부문 폐쇄에 기인함. 사업부문 조정으로 인건비, 경상개발비는 절감하였으나 캐쉬카우 및 성장동력이 없는 상태로 판단됨.

현금 흐름　*IFRS 별도 기준　〈단위 : 억원〉
항목	2015	2016
영업활동	-18	17
투자활동	1	-12
재무활동	-16	-5
순현금흐름	-33	-0
기말현금	29	29

결산 실적　*IFRS 별도 기준　〈단위 : 억원〉
항목	2011	2012	2013	2014	2015	2016
매출액	429	247	416	346	124	107
영업이익	14	15	-18	-58	-28	8
당기순이익	6	-28	-124	-182	-34	7

분기 실적　*IFRS 별도 기준　〈단위 : 억원〉
항목	2015.3Q	2015.4Q	2016.1Q	2016.2Q	2016.3Q	2016.4Q
매출액	26	34	17	26	29	34
영업이익	-6	-6	-5	3	4	6
당기순이익	-7	-14	-4	3	4	5

재무 상태　*IFRS 별도 기준　〈단위 : 억원〉
항목	2011	2012	2013	2014	2015	2016
총자산	505	433	416	303	154	156
유형자산	128	22	17	11	5	5
무형자산	31	91	94	61	59	61
유가증권	0	0	21	4	4	4
총부채	201	167	192	183	45	38
총차입금	164	95	81	49	13	9
자본금	73	83	121	201	45	45
총자본	304	267	224	120	110	118
지배주주지분	304	267	224	120	110	118

기업가치 지표　*IFRS 별도 기준
항목	2011	2012	2013	2014	2015	2016
주가(최고/저)(천원)	3.6/2.3	3.7/2.2	2.3/0.8	0.9/0.4	1.5/0.3	1.3/0.6
PER(최고/저)(배)	93.8/60.6	―/―	―/―	―/―	―/―	84.0/40.8
PBR(최고/저)(배)	2.0/1.3	2.7/1.6	2.7/0.9	3.1/1.5	5.9/1.1	4.8/2.3
EV/EBITDA(배)	24.5	24.7	―	―	―	19.0
EPS(원)	38	-162	-512	-582	-81	15
BPS(원)	2,092	1,611	931	300	248	266
CFPS(원)	110	-136	-477	-531	-46	38
DPS(원)	―	―	―	―	―	―
EBITDAPS(원)	149	155	-12	-136	-33	41

재무 비율　〈단위 : % 〉
연도	영업이익률	순이익률	부채비율	차입금비율	ROA	ROE	유보율	자기자본비율	EBITDA마진율
2016	7.6	6.3	32.1	8.0	4.4	5.9	166.4	75.7	17.1
2015	-22.6	-27.2	40.6	11.4	-14.8	-29.4	147.6	71.1	-11.0
2014	-16.9	-52.7	일부잠식	일부잠식	-50.7	-105.8	-40.0	39.6	-12.3
2013	-4.3	-29.8	85.4	36.0	-29.2	-50.5	86.3	53.9	-0.6

코다코 (A046070)
KODACO CO

업 종 : 자동차부품		시 장 : KOSDAQ	
신용등급 : (Bond) — (CP) —		기업규모 : 우량	
홈 페 이 지 : www.kodaco.co.kr		연 락 처 : 041)411-3100	
본 사 : 충남 천안시 서북구 입장면 신대길 8			

설 립 일 1997.02.14	종 업 원 수 343명	대 표 이 사 인귀승
상 장 일 2000.12.26	감 사 의 견 적정 (도원)	계 열
결 산 기 12월	보 통 주 3,634만주	종속회사수
액 면 가 500원	우 선 주	구 상 회

주주구성 (지분율,%)
인귀승	13.0
키스톤송형별류크라이메이션 사모투자전문회사	11.2
(외국인)	1.6

출자관계 (지분율,%)
코다코글로벌	66.7
앤케이디씨	25.2

주요경쟁사 (외형,%)
코다코	100
아진산업	177
에이엔피	36

매출구성
변속부문	33.5
엔진부문	22.9
조향부문	20.7

비용구성
매출원가율	81.4
판관비율	11.5

수출비중
수출	65.1
내수	34.9

회사 개요
동사는 1997년 설립된 회사로 크게 다이캐스팅 자동차부품 및 무선통신기기를 제조함. 동사는 'Stop&Start' 시스템용 어큐뮬레이터 사업과, 미래전략사업의 일환으로 전기자동차용 부품산업 분야에서 배터리히터하우징 등을 생산중. 한라비스테온 공조와 LG전자, 현대파워텍등 다수 업체에 전기차와 자동차 경량화 관련 부품을 납품하고 있음. 2017년까지 멕시코 차 부품공장을 준공할 것을 발표하였으며, 전기차 및 경량화 추세에 따라 상승세임.

실적 분석
동사의 2016년 누적 매출액은 2863억원으로 전년대비 8%증가함. 이는 북미 완성차시장 판매 증가와 배터리히터하우징과 전동 컴프레서 하우징 납품실적 증가에 따름. 전년부터 이어진 외형성장에 탄력이 붙어 영업이익은 전년대비 12.8% 증가한 205억원을 달성함. 비영업손익의 적자가 지속중이나, 성장에 힘입어 순이익은 전년동기대비 77.2% 증가한 107.5억원을 시현함. 고연비, 친환경이 트렌드인 자동차 산업에서 수혜 예상됨.

현금 흐름 〈단위 : 억원〉
항목	2015	2016
영업활동	190	359
투자활동	-433	-557
재무활동	273	444
순현금흐름	31	245
기말현금	44	289

시장 대비 수익률

결산 실적 〈단위 : 억원〉
항목	2011	2012	2013	2014	2015	2016
매출액	1,869	2,099	2,250	2,421	2,651	2,864
영업이익	112	113	137	173	182	205
당기순이익	19	31	54	52	61	108

분기 실적 〈단위 : 억원〉
항목	2015.3Q	2015.4Q	2016.1Q	2016.2Q	2016.3Q	2016.4Q
매출액	651	709	696	699	712	756
영업이익	42	53	59	42	56	48
당기순이익	10	18	31	18	4	54

재무 상태 〈단위 : 억원〉
항목	2011	2012	2013	2014	2015	2016
총자산	1,686	2,088	2,515	2,872	3,173	3,834
유형자산	1,004	1,288	1,593	1,787	1,958	2,234
무형자산	14	14	17	6	11	30
유가증권	0	0	0	1	2	0
총부채	1,296	1,605	1,911	2,169	2,335	2,709
총차입금	1,093	1,379	1,560	1,768	1,985	2,265
자본금	86	105	124	141	146	182
총자본	390	483	603	703	838	1,124
지배주주지분	390	484	603	703	782	1,055

기업가치 지표
항목	2011	2012	2013	2014	2015	2016
주가(최고/저)(천원)	2.6/1.4	2.9/1.8	2.9/1.9	3.0/1.9	4.7/2.2	4.4/2.9
PER(최고/저)(배)	23.5/12.8	15.2/9.7	12.4/8.4	16.9/11.1	24.7/11.2	16.8/11.0
PBR(최고/저)(배)	1.2/0.6	1.3/0.8	1.2/0.8	1.2/0.8	1.8/0.8	1.5/1.0
EV/EBITDA(배)	6.4	6.9	6.7	6.4	8.3	7.1
EPS(원)	116	203	247	184	198	269
BPS(원)	2,344	2,404	2,510	2,567	2,748	2,952
CFPS(원)	752	966	987	871	942	935
DPS(원)			50	50	55	50
EBITDAPS(원)	1,314	1,408	1,380	1,308	1,369	1,231

재무 비율 〈단위 : % 〉
연도	영업이익률	순이익률	부채비율	차입금비율	ROA	ROE	유보율	자기자본비율	EBITDA마진율
2016	7.2	3.8	241.0	201.5	3.1	10.6	490.3	29.3	15.6
2015	6.9	2.3	278.7	236.9	2.0	7.7	449.6	26.4	15.0
2014	7.2	2.2	308.3	251.3	1.9	7.9	413.3	24.5	15.1
2013	6.1	2.4	316.8	258.6	2.4	9.7	402.0	24.0	13.2

코데즈컴바인 (A047770)
Codes Combine

업 종 : 섬유 및 의복		시 장 : KOSDAQ	
신용등급 : (Bond) — (CP) —		기업규모 :	
홈 페 이 지 : www.codes-combine.co.kr		연 락 처 : 02)6361-2411	
본 사 : 서울시 강남구 강남대로 574, 4층 전기공사공제조합회관			

설 립 일 1995.08.16	종 업 원 수 23명	대 표 이 사 김보선,송영탁
상 장 일 2001.09.18	감 사 의 견 적정 (신승)	계 열
결 산 기 12월	보 통 주 3,784만주	종속회사수
액 면 가 500원	우 선 주	구 상 회

주주구성 (지분율,%)
코튼클럽	60.0
박지민	0.1
(외국인)	0.1

출자관계 (지분율,%)
씨앤씨로우	100.0
제이앤지산	45.0
정글시스템	24.0

주요경쟁사 (외형,%)
코데즈컴바인	100
영원무역	12,252
한세실업	9,473

매출구성
codes combine for women/men	34.0
basic+ by codes combine	30.1
키즈	27.4

비용구성
매출원가율	69.2
판관비율	22.7

수출비중
수출	—
내수	—

회사 개요
동사는 2002년 코데즈컴바인이란 브랜드를 론칭한 이후 토탈 패밀리 브랜드를 구축해 왔음. 코데즈 컴바인은 젊고 세련되며 개성있는 브랜드로 자리잡음. 캐릭터 캐쥬얼 브랜드인 codes combine for women/men, basic+ by codes combine을 운영중임. 주력 브랜드인 codes combine for women/men, basic+ by codes combine 브랜드가 전체 제품 매출액의 50% 이상 차지함.

실적 분석
동사의 2016년 매출액은 163.4억원으로 전년 대비 7.4% 감소함. 영업이익은 13.2억원으로 흑자전환함. 당기순이익은 14.8억원으로 흑자전환함. 위해 백화점, 대리점, 온라인 패션 쇼핑몰, 홈쇼핑 등 유통시장을 더욱 세분화하여 영업력을 확보하고 매출 개선을 위해 노력중임. 브랜드 인지도, SPA 패션브랜드 확장, 계절성 반영 등을 통해 시장에 탄력적으로 대응한다는 계획임.

현금 흐름 〈단위 : 억원〉
항목	2015	2016
영업활동	-66	20
투자활동	49	16
재무활동	36	-14
순현금흐름	20	22
기말현금	22	44

시장 대비 수익률
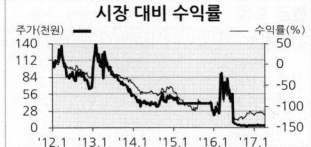

결산 실적 〈단위 : 억원〉
항목	2011	2012	2013	2014	2015	2016
매출액	2,223	1,996	1,513	1,032	176	163
영업이익	103	-80	-169	-299	-213	13
당기순이익	30	-157	-196	-238	-124	15

분기 실적 〈단위 : 억원〉
항목	2015.3Q	2015.4Q	2016.1Q	2016.2Q	2016.3Q	2016.4Q
매출액	26	—	17	41	47	59
영업이익	-28	-35	0	3	3	7
당기순이익	168	-6	2	5	2	6

재무 상태 〈단위 : 억원〉
항목	2011	2012	2013	2014	2015	2016
총자산	1,932	1,764	1,332	710	291	290
유형자산	257	245	226	183	120	118
무형자산	12	12	2	1	—	—
유가증권	53	24	2	2	2	2
총부채	1,297	1,276	1,040	658	71	51
총차입금	486	541	468	217	30	14
자본금	249	251	254	254	189	189
총자본	635	488	292	52	221	239
지배주주지분	618	472	276	64	238	256

기업가치 지표
항목	2011	2012	2013	2014	2015	2016
주가(최고/저)(천원)	3.4/0.9	1.8/0.8	1.9/0.7	0.8/0.4	49.5/19.7	151/2.9
PER(최고/저)(배)	3.3/0.9	—/—	—/—	—/—	—/—	3,854.3/73.6
PBR(최고/저)(배)	0.2/0.0	0.1/0.1	0.2/0.1	0.4/0.2	78.7/31.3	223.7/4.3
EV/EBITDA(배)	8.0					77.4
EPS(원)	81,469	-413,953	-515,549	-622,025	-811	39
BPS(원)	1,256	955	543	126	629	675
CFPS(원)	126	-230	-312	-393	-720	47
DPS(원)						
EBITDAPS(원)	275	-76	-257	-513	-1,371	43

재무 비율 〈단위 : % 〉
연도	영업이익률	순이익률	부채비율	차입금비율	ROA	ROE	유보율	자기자본비율	EBITDA마진율
2016	8.1	9.1	21.5	5.8	5.1	6.0	35.1	82.3	10.0
2015	-120.6	-70.2	31.9	13.4	-24.7	-78.2	25.8	75.8	-113.0
2014	-29.0	-23.1	일부잠식	일부잠식	-23.3	-140.5	-74.9	7.4	-25.2
2013	-11.2	-13.0	356.7	160.6	-12.7	-52.7	8.6	21.9	-8.6

코디 (A080530)
KODI

업 종: 반도체 및 관련장비	시 장: KOSDAQ
신용등급: (Bond) — (CP) —	기업규모: 벤처
홈페이지: www.kodi-corp.com	연락처: 031)322-7788
본 사: 경기도 용인시 기흥구 중부대로 200 (영덕동)	

설립일 1999.02.13	종업원수 26명	대표이사 김근영,이현수	
상장일 2010.01.05	감사의견 적정 (영앤진)	계	
결산기 12월	보통주 1,749만주	열	
액면가 500원	우선주	종속회사수	
		구상호 코디에스	

주주구성 (지분율,%)
토러스대체투자전문투자형사모투자신탁제1호	10.2
파로스생명과학	5.7
(외국인)	0.2

출자관계 (지분율,%)
파로스백신	50.2
테크노프로브코리아	50.0
펨토펩	6.9

주요경쟁사 (외형,%)
코디	100
KEC	2,139
KMH하이텍	441

매출구성
[반도체장비] LOZIX외	82.0
[Display] Probe Unit외	13.8
[용역수수료]검사수수료	3.5

비용구성
매출원가율	79.8
판관비율	67.3

수출비중
수출	23.9
내수	76.1

회사 개요
디스플레이부문에서 UHD를 포함한 Display 패널의 행상도와 휘도를 검사하는 장치 Probe Unit과 LED Chip의 회로가 설계대로 제작되었는지를 검사하는 Probe Card 를 생산하며, 에너지부문에서는 전기차 완속/급속 충전기 제조 및 산업용 배터리 판매 사업을 영위하고 있음. 연결대상 종속회사로는 반도체 장비를 제조하는 코디엠(2015.12 코스닥시장 상장), 디스플레이 검사장비를 제조하는 코디에스전자(쑤저우)유한회사 등이 있음.

실적 분석
2016년 연결기준 누적 매출액은 전년동기 대비 3.7% 증가한 106.4억원을 기록. 원가상승으로 영업손실 50.2억원을 기록하여 적자 폭이 확대됨. 비영업손실이 크게 발생하여 당기순손실 역시 123.1억원으로 전년대비 큰 폭으로 증가함. 현금성자산, 매출채권 및 기타채권 등의 증가로 전년대비 유동자산은 40.3% 증가한 378억원임. 최근 마린코스메틱을 인수, 화장품 사업으로 영역을 확장하면서 수익성 다변화를 위해 노력중에 있음.

현금 흐름 〈단위 : 억원〉
항목	2015	2016
영업활동	10	-71
투자활동	15	-125
재무활동	36	178
순현금흐름	62	-29
기말현금	139	110

시장 대비 수익률
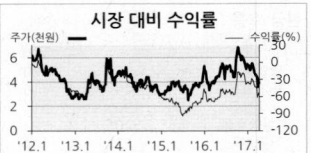

결산 실적 〈단위 : 억원〉
항목	2011	2012	2013	2014	2015	2016
매출액	250	391	439	537	103	106
영업이익	34	-70	11	10	-45	-50
당기순이익	34	-74	-2	7	-36	-123

분기 실적 〈단위 : 억원〉
항목	2015.3Q	2015.4Q	2016.1Q	2016.2Q	2016.3Q	2016.4Q
매출액	39	-211	33	82	83	-92
영업이익	-47	12	-18	-11	-27	5
당기순이익	-41	3	-20	-14	120	-209

재무 상태 〈단위 : 억원〉
항목	2011	2012	2013	2014	2015	2016
총자산	464	599	732	719	637	806
유형자산	149	240	231	234	211	257
무형자산	24	73	52	40	39	106
유가증권	16	17	30	38	24	232
총부채	184	355	448	369	239	387
총차입금	159	306	335	224	192	328
자본금	43	46	52	60	60	80
총자본	279	245	284	350	398	419
지배주주지분	279	232	276	334	308	392

기업가치 지표
항목	2011	2012	2013	2014	2015	2016
주가(최고/저)(천원)	7.6/3.6	6.8/2.6	6.2/2.6	5.2/2.8	5.3/2.5	7.0/3.3
PER(최고/저)(배)	19.0/9.0	—/—	462.8/195.7	2,091.4/1,110.1	—/—	—/—
PBR(최고/저)(배)	2.3/1.1	2.5/1.0	2.2/0.9	1.8/0.9	2.0/0.9	2.8/1.3
EV/EBITDA(배)	13.3		23.7	17.3		
EPS(원)	399	-688	13	2	-408	-785
BPS(원)	3,232	2,740	2,844	2,949	2,673	2,553
CFPS(원)	503	-431	200	163	-265	-714
DPS(원)						
EBITDAPS(원)	499	-506	303	244	-227	-276

재무 비율 〈단위 : % 〉
연도	영업이익률	순이익률	부채비율	차입금비율	ROA	ROE	유보율	자기자본비율	EBITDA마진율
2016	-47.1	-115.7	92.3	78.1	-17.1	-32.4	410.5	52.0	-37.6
2015	-43.4	-35.3	60.2	48.4	-5.4	-15.3	446.8	62.4	-26.5
2014	1.8	1.3	105.4	64.0	1.0	0.1	489.9	48.7	5.3
2013	2.5	-0.5	157.3	117.9	-0.3	0.5	468.8	38.9	6.5

코디엠 (A224060)
KODI-M COLTD

업 종: 반도체 및 관련장비	시 장: KOSDAQ
신용등급: (Bond) — (CP) —	기업규모: 벤처
홈페이지: www.kodi-m.com	연락처: 041)620-9000
본 사: 충남 천안시 서북구 백석공단2길 62 (백석동)	

설립일 1999.07.27	종업원수 69명	대표이사 문용배	
상장일 2015.12.29	감사의견 적정 (한영)	계	
결산기 12월	보통주 8,512만주	열	
액면가 100원	우선주	종속회사수	
		구상호	

주주구성 (지분율,%)
케이바이오 투자조합	12.9
에디치2014-2.스타트업투자조합	3.5
(외국인)	0.8

출자관계 (지분율,%)
제이팩	100.0
브로드오크아시아	100.0
네오테크론	90.9

주요경쟁사 (외형,%)
코디엠	100
에이티세미콘	202
에이티테크놀러지	11

매출구성
[반도체]세정장비	48.8
[디스플레이]HP/CP	17.4
[반도체]접착장비	12.5

비용구성
매출원가율	96.8
판관비율	12.2

수출비중
수출	0.3
내수	99.7

회사 개요
동사는 반도체 장비, LCD 장비 및 유기발광다이오드 장비의 제조/판매 등을 주 사업목적으로 1999년 7월 27일에 설립되었음. 2013년 3월 25일자로 사명을 오에프티 주식회사에서 주식회사 코디엠으로 변경하였으며 동사의 주력제품인 반도체, 디스플레이 장비의 경우 주로 삼성전자의 자회사인 세메스와 삼성디스플레이에 판매하고 있음. 동사의 반도체장비는 반도체 제조 전공정에 사용되고 있으며, 세정장비인 IRIS와 노광장비인 LOZIX로 구성됨.

실적 분석
동사의 2016년도 연결기준 결산매출액은 442.6억원을 기록하며 전년동기 대비 5.1% 감소하며 영업손실은 39.6억으로 전년동기 대비 295.9% 감소를 기록하며 적자전환함으로써 당기순손실은 54.1억원을 기록하며 적자전환. 15년 부터 접착장비 OEM 방식으로 제작 판매하여 삼성(온양, 중국 시안)에 납입함으로써 매출 확대 꾀함에도 불구하고 매출 진척효과는 미미.

현금 흐름 〈단위 : 억원〉
항목	2015	2016
영업활동	22	-79
투자활동	-10	-274
재무활동	26	428
순현금흐름	38	75
기말현금	38	113

시장 대비 수익률
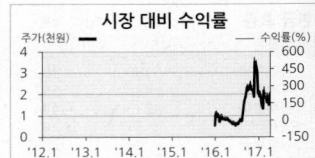

결산 실적 〈단위 : 억원〉
항목	2011	2012	2013	2014	2015	2016
매출액	303	234	255	381	467	443
영업이익	0	-27	-5	19	20	-40
당기순이익	1	-31	-10	19	15	-54

분기 실적 〈단위 : 억원〉
항목	2015.3Q	2015.4Q	2016.1Q	2016.2Q	2016.3Q	2016.4Q
매출액	—	—	20	—	—	—
영업이익	—	—	-12	—	—	—
당기순이익	—	—	-11	—	—	—

재무 상태 〈단위 : 억원〉
항목	2011	2012	2013	2014	2015	2016
총자산	217	154	202	263	201	682
유형자산	33	42	39	37	41	52
무형자산	22	2	2	2	1	14
유가증권	—	—	—	—	—	37
총부채	150	117	175	216	78	523
총차입금	57	91	85	84	47	410
자본금	12	12	12	12	19	68
총자본	67	37	27	47	123	159
지배주주지분	67	37	27	47	123	158

기업가치 지표
항목	2011	2012	2013	2014	2015	2016
주가(최고/저)(천원)	—/—	—/—	—/—	—/—	0.5/0.4	3.6/0.5
PER(최고/저)(배)	0.0/0.0	0.0/0.0	0.0/0.0	0.0/0.0	14.0/10.8	—/—
PBR(최고/저)(배)	0.0/0.0	0.0/0.0	0.0/0.0	0.0/0.0	2.5/1.9	15.3/2.3
EV/EBITDA(배)	5.5		345.6	3.4	11.8	
EPS(원)	2	-86	-28	53	38	-92
BPS(원)	27,909	15,412	11,438	19,478	3,238	235
CFPS(원)	4,032	-7,532	-1,805	10,345	804	-79
DPS(원)						
EBITDAPS(원)	3,965	-5,717	102	10,342	1,017	-55

재무 비율 〈단위 : % 〉
연도	영업이익률	순이익률	부채비율	차입금비율	ROA	ROE	유보율	자기자본비율	EBITDA마진율
2016	-8.9	-12.2	329.3	258.0	-12.3	-38.5	134.7	23.3	-7.3
2015	4.3	3.2	63.5	38.5	6.3	17.3	547.5	61.2	5.7
2014	5.0	5.0	462.6	179.2	8.2	51.6	289.6	17.8	6.5
2013	-2.1	-3.9	636.1	310.8	-5.6	-30.8	128.8	13.6	0.1

코라오홀딩스 (A900140)
Kolao Holdings

업 종 : 자동차	시 장 : 거래소
신용등급 : (Bond) — (CP) —	기업규모 : —
홈 페 이 지 : www.kolaoholdings.com	연 락 처 : —
본 사 : Capital Tower, 23 Singha Rd, Nongbone village, Saysettha dis, Vientiane, Lao P.D.R	

설 립 일 2009.06.16	종업원수 3,386명	대표이사 오세영	
상 장 일 2010.11.30	감사의견 적정 (안진)	계 열	
결 산 기 12월	보 통 주 4,787만주	종속회사수	
액 면 가 —	우 선 주 —	구 상 사	

주주구성 (지분율,%)
오세영	44.4
흥국생명보험	16.7
(외국인)	11.9

출자관계 (지분율,%)
케이알모터스	25.0

주요경쟁사 (외형,%)
코라오홀딩스	100
현대차	21,066
기아차	11,858

매출구성
자동차	73.9
오토바이	18.8
부품 및 소모품	6.0

비용구성
매출원가율	0.0
판관비율	0.0

수출비중
수출	—
내수	—

회사 개요
동사는 2009년 종속회사 코라오디벨로핑을 유가증권시장에 상장하기 위해 설립된 역외 지주회사임. 코라오디벨로핑은 라오스에 신차 판매, 중고차 제조 판매, 오토바이 제조 판매 AS 등을 주력으로 하고 있음. 동사는 현대차, 기아차, 체리차 등과 계약을 체결해 라오스에서 완성 자동차 판매하며. 자체 브랜드(DAEHAN) 상용트럭, 픽업트럭 진출, 자동차 할부금융 사업, 미얀마 등 보디어를 포함한 주변국으로의 사업 확대 등을 향후 신사업으로 보고 있음.

실적 분석
동사의 2016년 연결기준 결산 보고서 공시 지연으로 3분기 실적을 살펴보면, 누적 매출액은 2,936.8억원으로 전년 동기보다 14.1% 하락. 영업이익은 163.4억원으로 48.6% 하락, 당기순이익은 295.4억원으로 19.7% 하락. 동남아 자동차 시장의 성장이 둔화되는 추세 속에서 라오스 시장도 일부 영향을 받고 경쟁도 더욱 심화돼 대부분의 자동차 브랜드들은 실적 감소를 면치 못함 코라오홀딩스 역시 예전 대비 실적 성장률이 다소 감소.

현금 흐름 〈단위 : 억원〉
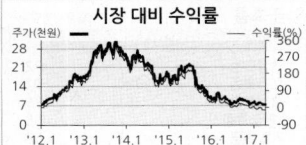

시장 대비 수익률

항목	2015	2016
영업활동	-186	
투자활동	-261	
재무활동	310	
순현금흐름	-139	
기말현금	138	

결산 실적 〈단위 : 억원〉
항목	2011	2012	2013	2014	2015	2016
매출액	1,857	2,759	3,345	3,800	4,445	
영업이익	222	294	338	395	477	
당기순이익	219	292	277	420	469	

분기 실적 〈단위 : 억원〉
항목	2015.3Q	2015.4Q	2016.1Q	2016.2Q	2016.3Q	2016.4Q
매출액	1,109	1,073	1,059	982	948	
영업이익	100	149	122	212	125	
당기순이익	77	107	81	154	65	

재무 상태 〈단위 : 억원〉
항목	2011	2012	2013	2014	2015	2016
총자산	1,117	1,426	3,426	4,575	6,002	
유형자산	102	200	413	684	854	
무형자산		0	29	59	48	
유가증권	—	—	—	364	120	
총부채	164	274	704	1,389	2,149	
총차입금		114	445	1,045	1,513	
자본금	111	103	119	132	140	
총자본	952	1,152	2,722	3,186	3,853	
지배주주지분	952	1,152	2,717	3,183	3,858	

기업가치 지표
항목	2011	2012	2013	2014	2015	2016
주가(최고/저)(천원)	7.8/4.3	19.5/7.0	31.1/16.4	27.3/14.7	22.6/9.3	11.8/7.0
PER(최고/저)(배)	15.7/8.8	29.3/10.6	50.0/26.4	31.7/17.1	23.4/9.6	0.0/0.0
PBR(최고/저)(배)	3.6/2.0	7.4/2.7	5.6/3.0	4.1/2.2	2.8/1.2	0.0/0.0
EV/EBITDA(배)	13.6	24.1	34.0	24.3	15.0	0.0
EPS(원)	514	683	638	884	994	
BPS(원)	2,480	3,001	6,016	6,847	8,288	
CFPS(원)	598	794	725	980	1,152	
DPS(원)	88	13	12	20	100	
EBITDAPS(원)	604	798	873	852	859	

재무 비율 〈단위 : % 〉
연도	영업이익률	순이익률	부채비율	차입금비율	ROA	ROE	유보율	자기자본비율	EBITDA마진율
2016	0.0	0.0	0.0	0.0	0.0	0.0			0.0
2015	10.7	10.5	55.8	39.3	8.9	13.5	2,728.7	64.2	9.3
2014	10.4	11.1	43.6	32.8	10.5	14.3	2,391.5	69.6	10.7
2013	10.1	8.3	25.9	16.3	11.4	14.3	2,180.2	79.5	10.7

코렌 (A078650)
KOLEN

업 종 : 휴대폰 및 관련부품	시 장 : KOSDAQ
신용등급 : (Bond) — (CP) —	기업규모 : 중견
홈 페 이 지 : www.kolen.com	연 락 처 : 031)740-6800
본 사 : 경기도 성남시 중원구 사기막골로 90 (상대원동)	

설 립 일 1999.11.03	종업원수 368명	대표이사 이종진	
상 장 일 2010.10.22	감사의견 적정 (삼정)	계 열	
결 산 기 12월	보 통 주 1,407만주	종속회사수	
액 면 가 500원	우 선 주 —	구 상 사	

주주구성 (지분율,%)
이종진	10.6
이종영	4.1
(외국인)	0.1

출자관계 (지분율,%)
GBPLENCorporation	100.0
영성고려광학	100.0

주요경쟁사 (외형,%)
코렌	100
디지탈옵틱	68
바이오로그디바이스	74

매출구성
LENS ASSY	98.2
상품	1.1
HOLDER	0.6

비용구성
매출원가율	94.3
판관비율	15.3

수출비중
수출	45.3
내수	54.7

회사 개요
동사는 이미지센서용 카메라렌즈를 제조 및 판매하고 있음. 휴대폰용 카메라 렌즈 사업 부문에서 삼성전자 및 LG전자 모두 동사의 제품을 채택하고 있으며, 지문인식기 시장에서 슈프리마에 대한 납품선점을 하고 있음. 터치패널 사업과 관련하여 팬택향 휴대폰용 터치패널 2개 모델을 통하여 성공적인 시장 진입을 완료하였으며. 차량용, CCTV, 의료용 카메라 렌즈 모듈을 신규사업으로 진행중임.

실적 분석
동사의 2016년 연간 매출은 930.3억원으로 전년대비 6.9% 증가하였으나 영업이익은 -89.4억원으로 적자지속, 당기순이익은 -155.8억원으로 적자지속을 시현. 스마트폰 시장의 정체로 렌즈 수요 증가가 과거대비 낮은 점은 부담으로 작용. 다만 2017년 듀얼 카메라 수요 증가로 렌즈 수요는 전년대비 증가할 것으로 추정되는 가운데 국내 전략 거래선 내에서 점유율 증가가 중요한 역할을 할 것으로 전망.

현금 흐름 〈단위 : 억원〉
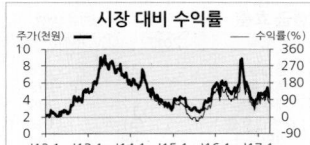

시장 대비 수익률

항목	2015	2016
영업활동	159	101
투자활동	-227	-53
재무활동	47	-51
순현금흐름	-20	-3
기말현금	8	6

결산 실적 〈단위 : 억원〉
항목	2011	2012	2013	2014	2015	2016
매출액	508	865	1,290	813	870	930
영업이익	-46	38	146	-68	-38	-89
당기순이익	-51	20	93	-73	-133	-156

분기 실적 〈단위 : 억원〉
항목	2015.3Q	2015.4Q	2016.1Q	2016.2Q	2016.3Q	2016.4Q
매출액	245	187	280	239	234	178
영업이익	19	-30	23	-9	-22	-82
당기순이익	13	-113	5	-18	-41	-102

재무 상태 〈단위 : 억원〉
항목	2011	2012	2013	2014	2015	2016
총자산	992	1,030	1,224	1,272	1,302	1,142
유형자산	540	531	782	790	869	803
무형자산	67	79	52	46	27	17
유가증권	0	5	6	5	2	1
총부채	759	759	842	939	1,049	902
총차입금	519	503	647	770	810	620
자본금	31	38	38	43	50	69
총자본	233	271	382	332	253	240
지배주주지분	233	271	382	332	253	240

기업가치 지표
항목	2011	2012	2013	2014	2015	2016
주가(최고/저)(천원)	4.1/1.6	5.4/2.0	9.2/4.6	7.5/2.9	5.7/2.5	8.9/3.0
PER(최고/저)(배)	—/—	18.1/6.7	7.9/4.0	—/—	—/—	—/—
PBR(최고/저)(배)	1.1/0.4	1.6/0.6	1.9/1.0	2.0/0.8	2.3/1.0	5.1/1.8
EV/EBITDA(배)	14.6	5.3	3.9	12.7	11.6	19.5
EPS(원)	-800	301	1,170	-852	-1,296	-1,340
BPS(원)	3,849	3,658	5,052	3,942	2,555	1,737
CFPS(원)	620	2,218	3,012	914	246	-57
DPS(원)						
EBITDAPS(원)	715	2,489	3,713	974	1,210	515

재무 비율 〈단위 : % 〉
연도	영업이익률	순이익률	부채비율	차입금비율	ROA	ROE	유보율	자기자본비율	EBITDA마진율
2016	-9.6	-16.8	375.9	258.2	-12.8	-63.2	247.3	21.0	6.4
2015	-4.4	-15.3	414.7	320.2	-10.4	-45.6	411.0	19.4	13.7
2014	-8.4	-9.0	282.6	231.7	-5.8	-20.4	688.4	26.1	9.8
2013	11.3	7.2	220.1	169.3	8.2	28.3	910.5	31.2	21.8

코렌텍 (A104540)
Corentec

업 종 : 의료 장비 및 서비스	시 장 : KOSDAQ
신용등급 : (Bond) — (CP) —	기업규모 : 신성장
홈페이지 : www.corentec.com	연락처 : 041)585-7114
본 사 : 충남 천안시 서북구 입장면 영산홍1길 12	

설립일 2000.05.30	종업원수 146명	대표이사 선두훈
상장일 2013.03.05	감사의견 적정(안진)	계 열
결산기 12월	보통주 980만주	종속회사수
액면가 500원	우선주	구상호

주주구성 (지분율,%)		출자관계 (지분율,%)		주요경쟁사 (외형,%)	
선두훈	7.6	인스텍	27.9	코렌텍	100
현대위아	7.3	CORENTEC AMERICA	100.0	제이브이엠	273
(외국인)	1.7	CORENTEC(H.K.).LIMITED	100.0	엘앤케이바이오	96

매출구성		비용구성		수출비중	
THR(제품)	49.5	매출원가율	41.1	수출	32.6
TKR(제품)	46.6	판관비율	54.6	내수	67.4
기타	1.9				

회사 개요

동사는 인공관절 등 정형용 임플란트 제품을 생산하여 전국의 병원에 자체 브랜드로 공급 중임. 국내 인공관절 시장은 2009년 이전까지는 Zimmer, Stryker, DePuy 등 다국적 기업이 지배하는 시장이었으나, 2011년 하반기부터 국내 인공고관절 시장 점유율 1위를 차지했고, 2012년 이후에는 2위와 격차를 크게 벌리며 1위를 유지하고 있음. 터키, 이란, 미얀마, 이탈리아, 수단, 몽고, 베트남, 미국 등에 수출을 하고 있음.

실적 분석

동사의 2016년 누적 매출액은 359.7억원으로 전년 대비 18.5% 증가함. 영업이익은 전년보다 61.1% 늘어난 15.7억원을 기록했으며, 당기순이익은 12억원으로 흑자전환함. 모든 분야에서 매출 증가가 이뤄진 가운데, 국내 인공고관절 시장 점유율 1위를 달리고 있는 동사는 해외시장 개척과 인공관절 제품 라인업 확장, 생체구조형 관절 모듈의 개발을 통해서 지속적인 실적 개선이 기대됨.

현금 흐름 〈단위 : 억원〉

항목	2015	2016
영업활동	25	28
투자활동	-94	-162
재무활동	17	235
순현금흐름	-51	102
기말현금	98	200

시장 대비 수익률

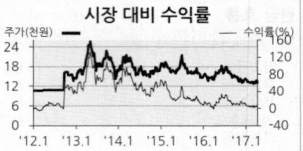

결산 실적 〈단위 : 억원〉

항목	2011	2012	2013	2014	2015	2016
매출액	119	234	262	266	303	360
영업이익	-16	17	17	-2	10	16
당기순이익	-39	5	33	-15	-9	12

분기 실적 〈단위 : 억원〉

항목	2015.3Q	2015.4Q	2016.1Q	2016.2Q	2016.3Q	2016.4Q
매출액	72	90	91	89	79	101
영업이익	1	6	6	5	1	5
당기순이익	-3	-0	3	4	-5	10

재무 상태 〈단위 : 억원〉

항목	2011	2012	2013	2014	2015	2016
총자산	318	388	602	705	715	970
유형자산	73	94	104	137	149	200
무형자산	67	70	73	84	98	110
유가증권	—	—	10	5	5	5
총부채	371	187	157	222	153	353
총차입금	294	107	77	139	63	242
자본금	21	34	41	42	48	49
총자본	-52	201	445	483	563	617
지배주주지분	-52	201	445	483	563	617

기업가치 지표

항목	2011	2012	2013	2014	2015	2016
주가(최고/저)(천원)	12.2/10.6	16.2/10.7	25.7/13.8	21.4/13.7	21.6/14.1	18.2/12.6
PER(최고/저)(배)	—/—	220.6/144.8	61.2/32.9	—/—	—/—	147.3/102.2
PBR(최고/저)(배)	-9.8/-8.5	5.5/3.6	4.8/2.6	3.8/2.4	3.7/2.4	2.9/2.0
EV/EBITDA(배)	794.3	30.0	28.7	48.7	27.7	22.6
EPS(원)	-1,031	74	420	-178	-90	123
BPS(원)	-1,244	2,947	5,409	5,695	5,870	6,303
CFPS(원)	-592	457	778	225	332	593
DPS(원)						
EBITDAPS(원)	22	636	570	379	523	630

재무 비율 〈단위 : % 〉

연도	영업이익률	순이익률	부채비율	차입금비율	ROA	ROE	유보율	자기자본비율	EBITDA마진율
2016	4.4	3.3	57.2	39.3	1.4	2.0	1,160.6	63.6	17.1
2015	3.2	-2.8	27.1	11.2	-1.2	-1.6	1,074.0	78.7	16.5
2014	-0.8	-5.5	46.0	28.7	-2.2	-3.2	1,038.9	68.5	11.8
2013	6.4	12.8	35.4	17.2	6.8	10.4	981.9	73.9	17.4

코리드 (A033430)
KORID

업 종 : 금속 및 광물	시 장 : KOSDAQ
신용등급 : (Bond) — (CP) —	기업규모 :
홈페이지 : www.korid.co.kr	연락처 : 031)997-6181
본 사 : 경기도 김포시 대곶면 대명항로 403번길 109	

설립일 1995.05.11	종업원수 47명	대표이사 주정호
상장일 1998.05.25	감사의견 적정(삼덕)	계 열
결산기 12월	보통주 925만주	종속회사수
액면가 500원	우선주	구상호 한국자원투자개발

주주구성 (지분율,%)		출자관계 (지분율,%)		주요경쟁사 (외형,%)	
한강홀딩스	21.3	BHK Resources Inc	15.0	코리드	100
제이앤케이엔터프라이즈	6.8	Protean wave energy Ltd	1.0	나라케이아이씨	176
				비엔씨컴퍼니	41

매출구성		비용구성		수출비중	
몰리브덴,메탈실리콘	94.3	매출원가율	69.4	수출	—
임대	5.7	판관비율	30.6	내수	—

회사 개요

동사는 반도체 검사장비 생산을 목적으로 설립된후 2010년 하반기 자원개발사업본부를 신설, 몰리브덴과 희토류 유통사업을 시작함. 합금원료인 몰리브덴은 국내수요의 전량을 수입에 의존하고 있으며, 동사는 페루 등지에서 수입하여 포스코엠텍 등에 전량 납품함. 2015년 기준 사업부문 매출비중은 자원개발 사업부문이 91%, 기타 임대료수입 6%임. 주사업이 시스템사업에서 자원개발사업으로 변경됨.

실적 분석

동사의 2016년 연결 기준 매출과 영업손실은 312억원, 2000만원으로 전년 대비 매출은 150.1% 늘었으나 적자를 지속함. 단 영업손실은 전년 22억원에서 적자폭이 크게 감소함. 자산총계는 786억원으로 전년(916억원) 대비 130억원 감소함. 부채총계는 573억원으로 전년(484억원) 대비 89억원 증가함. 자본총계는 전년 432억원에서 213억원으로 219억원 감소함.

현금 흐름 〈단위 : 억원〉

항목	2015	2016
영업활동	-17	-32
투자활동	380	-91
재무활동	-361	179
순현금흐름	2	55
기말현금	3	58

시장 대비 수익률

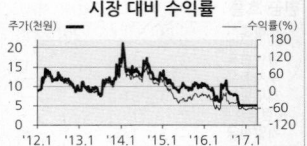

결산 실적 〈단위 : 억원〉

항목	2011	2012	2013	2014	2015	2016
매출액	102	83	68	65	125	312
영업이익	6	-28	-15	-25	-22	-0
당기순이익	-33	-65	-45	-144	-176	-439

분기 실적 〈단위 : 억원〉

항목	2015.3Q	2015.4Q	2016.1Q	2016.2Q	2016.3Q	2016.4Q
매출액	31	29	32	21	117	142
영업이익	-2	-5	-4	-16	8	12
당기순이익	-6	-95	-8	-114	-2	-315

재무 상태 〈단위 : 억원〉

항목	2011	2012	2013	2014	2015	2016
총자산	364	327	435	1,030	916	786
유형자산	2	1	0	0	89	127
무형자산	0	0	0	7	265	65
유가증권	28	28	17	393	2	5
총부채	209	200	260	589	484	573
총차입금	135	118	198	495	245	282
자본금	174	208	285	591	708	462
총자본	155	127	175	440	432	213
지배주주지분	155	127	175	440	311	242

기업가치 지표

항목	2011	2012	2013	2014	2015	2016
주가(최고/저)(천원)	1.8/0.8	1.6/0.8	1.7/0.7	2.1/1.1	1.4/0.8	1.2/0.5
PER(최고/저)(배)	—/—	—/—	—/—	—/—	—/—	—/—
PBR(최고/저)(배)	1.8/0.8	2.3/1.2	2.6/1.1	2.8/1.5	3.1/1.8	4.2/1.8
EV/EBITDA(배)	117.1					33.7
EPS(원)	-2,001	-3,346	-2,051	-2,740	-2,574	-2,515
BPS(원)	502	334	329	383	229	275
CFPS(원)	-85	-155	-96	-135	-127	-232
DPS(원)						
EBITDAPS(원)	6	-59	-28	-22	-15	19

재무 비율 〈단위 : % 〉

연도	영업이익률	순이익률	부채비율	차입금비율	ROA	ROE	유보율	자기자본비율	EBITDA마진율
2016	-0.1	-140.5	일부잠식	일부잠식	-51.5	-74.8	-45.1	27.1	5.1
2015	-17.6	-141.3	일부잠식	일부잠식	-18.1	-44.2	-54.3	47.2	-15.6
2014	-38.3	-221.0	일부잠식	일부잠식	-19.7	-46.9	-23.4	42.8	-34.8
2013	-21.9	-66.6	일부잠식	일부잠식	-11.9	-30.0	-34.2	40.2	-17.9

코리아나화장품 (A027050)
COREANA COSMETICS CO

업 종 : 개인생활용품		시 장 : KOSDAQ	
신용등급 : (Bond) — (CP) —		기업규모 : 벤처	
홈페이지 : www.coreana.com		연 락 처 : 041)560-9900	
본 사 : 충남 천안시 서북구 성거읍 삼곡2길 6			

설 립 일 1988.11.15	종 업 원 수 361명	대 표 이 사 유학수	
상 장 일 1999.12.10	감 사 의 견 적정 (삼일)	계 열	
결 산 기 12월	보 통 주 4,000만주	종 속 회 사 수	
액 면 가 500원	우 선 주	구 상 호	

주주구성 (지분율,%)
유학수	6.2	코비스코퍼레이션	100.0
유승희	5.2	아트피아	63.2
(외국인)	4.3	이노이브코리아	32.2

출자관계 (지분율,%) / 주요경쟁사 (외형,%)
코리아나	100
네오팜	34
보령메디앙스	110

매출구성
기초(세안,보습)	61.0
기타(건강식품, 헤어, 보디)	27.2
색조(용모미화)	5.3

비용구성
매출원가율	42.5
판관비율	54.2

수출비중
수출	10.5
내수	89.5

회사 개요
동사는 1988년에 설립된 기초화장품과 색조화장품 등을 생산·판매하는 종합화장품회사로 라비다(구.코리아나), 자인, 세니떼, 비취가인, 텐세컨즈 등의 브랜드를 보유하고 있는 기업. 화장품 시장은 아모레퍼시픽, LG생활건강, 더페이스샵, 에이블씨엔씨, 동사 등이 상위권을 유지하고 있는 상황. 연결대상 종속기업으로는 코리아나천진유한공사, ㈜아트피아 등 2개사가 있음.

실적 분석
해외 수출 증가로 1천만불 수출탑을 수상한 반면, 방문판매와 ODM 부문 매출 감소로 동사는 2016년에 전기 대비 9.2% 감소한 1,240.2억원의 매출을 시현함. 연결기업이던 (주)코비스코퍼레이션은 2016년 3월 청산이 종결되어 연결대상에서 제외됨. 매출 감소에 따른 원가 부담으로 당기 영업이익은 전기 64.2억원 대비 37.5% 축소된 40.1억원을 시현함. 당기순이익도 전기 대비 34.8% 감소한 40.7억원 달성에 그침.

현금 흐름 〈단위 : 억원〉
항목	2015	2016
영업활동	33	59
투자활동	-83	-24
재무활동	11	-51
순현금흐름	-38	-16
기말현금	72	56

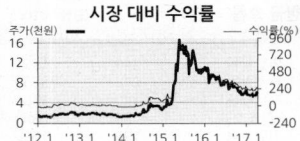
시장 대비 수익률

결산 실적 〈단위 : 억원〉
항목	2011	2012	2013	2014	2015	2016
매출액	1,056	977	957	1,011	1,365	1,240
영업이익	-37	-15	-10	-50	64	40
당기순이익	6	113	3	-57	62	41

분기 실적 〈단위 : 억원〉
항목	2015.3Q	2015.4Q	2016.1Q	2016.2Q	2016.3Q	2016.4Q
매출액	327	338	330	339	265	306
영업이익	17	-1	10	26	3	2
당기순이익	18	2	10	25	-2	8

재무 상태 〈단위 : 억원〉
항목	2011	2012	2013	2014	2015	2016
총자산	1,161	973	1,132	1,144	1,216	1,185
유형자산	457	503	609	622	656	668
무형자산	33	30	25	27	24	24
유가증권	16	15	15	14	24	14
총부채	543	248	407	485	425	376
총차입금	142	21	164	219	142	113
자본금	200	200	200	200	200	200
총자본	617	726	725	660	791	810
지배주주지분	621	729	728	662	794	813

기업가치 지표
항목	2011	2012	2013	2014	2015	2016
주가(최고/저)(천원)	1.6/0.9	2.5/0.9	2.2/1.2	3.9/1.3	16.8/2.7	11.4/5.3
PER(최고/저)(배)	103.5/56.3	8.9/3.4	323.5/179.8	—/—	109.3/17.6	111.8/52.4
PBR(최고/저)(배)	0.9/0.5	1.2/0.4	1.0/0.6	2.0/0.7	7.5/1.2	4.9/2.3
EV/EBITDA(배)	181.2	29.3	27.3		44.0	34.8
EPS(원)	16	281	7	-143	156	102
BPS(원)	1,875	2,146	2,144	1,978	2,284	2,332
CFPS(원)	113	369	90	-52	245	190
DPS(원)	—	—	—	—	50	50
EBITDAPS(원)	5	52	57	-35	250	187

재무 비율 〈단위 : % 〉
연도	영업이익률	순이익률	부채비율	차입금비율	ROA	ROE	유보율	자기자본비율	EBITDA마진율
2016	3.2	3.3	46.4	14.0	3.4	5.1	366.4	68.3	6.0
2015	4.7	4.6	53.8	17.9	5.3	8.6	356.8	65.0	7.3
2014	-5.0	-5.7	73.5	33.2	-5.0	-8.2	295.6	57.6	-1.4
2013	-1.1	0.3	56.2	22.6	0.3	0.4	328.8	64.0	2.4

코리아써키트 (A007810)
KOREA CIRCUIT COLTD

업 종 : 전자 장비 및 기기		시 장 : 거래소	
신용등급 : (Bond) — (CP) —		기업규모 : 시가총액 소형주	
홈페이지 : www.kcg.co.kr		연 락 처 : 031)491-3061	
본 사 : 경기도 안산시 단원구 강촌로 139번길 9			

설 립 일 1972.04.11	종 업 원 수 602명	대 표 이 사 이광원	
상 장 일 1985.09.09	감 사 의 견 적정 (한영)	계 열	
결 산 기 12월	보 통 주 2,362만주	종 속 회 사 수	
액 면 가 500원	우 선 주 375만주	구 상 호	

주주구성 (지분율,%)
영풍	36.1	테라닉스	50.1
시그네틱스	9.5	인터플렉스	31.8
(외국인)	8.6	VINACIRCUITCO.,LTD	15.0

출자관계 (지분율,%) / 주요경쟁사 (외형,%)
코리아써키트	100
에코프로	31
자화전자	55

매출구성
PCB	84.3
특수 PCB	14.8
임대 외	1.5

비용구성
매출원가율	94.2
판관비율	2.9

수출비중
수출	88.3
내수	11.7

회사 개요
동사는 전자제품의 핵심부품인 PCB 전문 생산업체로 이동통신기기, 메모리 모듈, LCD 등에 사용되는 PCB와 반도체 Package용 PCB 등을 생산하여 국내외 전자업체에 판매 중임. 국내 PCB산업은 일본, 미국의 첨단 제품과 대만, 중국 및 동남아시아 범용제품의 사이에 끼는 시장에서 일본의 선진 기술과 중국 및 동남아시아의 저가공세를 받고 있어 어려운 상황임.

실적 분석
동사의 2016년 누적 매출액은 5,453억원으로 전년 대비 3.4% 감소함. 영업이익은 전년보다 65.9% 줄어든 160.5억원을 기록했고, 당기순이익은 41.9억원으로 적자전환함. 최근 불확실한 시장 환경을 극복하기 위해 중화권 신규 고객사 확보에 나서고 있고, Finger Print Sensor(지문인식센서) 제품군에 적용하는 PCB를 신규 양산해 포트폴리오를 다변화하는 등 매출 확대를 위해 노력하고 있음.

현금 흐름 〈단위 : 억원〉
항목	2015	2016
영업활동	616	148
투자활동	-320	-369
재무활동	-28	-5
순현금흐름	268	-226
기말현금	694	468

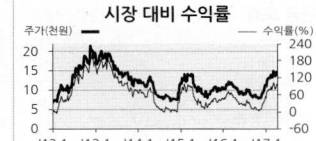
시장 대비 수익률

결산 실적 〈단위 : 억원〉
항목	2011	2012	2013	2014	2015	2016
매출액	4,020	5,195	5,471	5,532	5,643	5,453
영업이익	49	443	468	326	470	160
당기순이익	139	418	340	47	74	-42

분기 실적 〈단위 : 억원〉
항목	2015.3Q	2015.4Q	2016.1Q	2016.2Q	2016.3Q	2016.4Q
매출액	1,582	1,300	1,407	1,352	1,284	1,410
영업이익	133	80	106	28	0	26
당기순이익	49	-14	11	-7	8	-53

재무 상태 〈단위 : 억원〉
항목	2011	2012	2013	2014	2015	2016
총자산	4,195	4,623	5,512	5,426	5,270	5,205
유형자산	1,674	1,848	2,127	2,192	2,119	1,951
무형자산	7	5	4	5	8	8
유가증권	319	305	328	318	284	275
총부채	1,713	1,756	1,551	1,451	1,282	1,296
총차입금	952	779	484	354	356	379
자본금	108	108	137	137	137	137
총자본	2,482	2,867	3,961	3,974	3,988	3,909
지배주주지분	2,235	2,582	3,617	3,591	3,584	3,483

기업가치 지표
항목	2011	2012	2013	2014	2015	2016
주가(최고/저)(천원)	8.7/3.0	21.8/6.9	20.4/10.4	13.6/7.2	14.5/7.8	12.2/7.7
PER(최고/저)(배)	14.5/5.1	13.4/4.2	18.0/9.2	627.7/331.4	91.2/48.7	—/—
PBR(최고/저)(배)	0.9/0.3	2.0/0.6	1.6/0.8	1.1/0.6	1.1/0.6	1.0/0.6
EV/EBITDA(배)	9.7	6.7	4.2	4.3	2.9	5.6
EPS(원)	623	1,688	1,176	22	162	-278
BPS(원)	10,300	11,900	13,216	13,119	13,095	12,727
CFPS(원)	1,725	3,093	2,696	1,725	2,048	1,366
DPS(원)	—	—	100	100	100	100
EBITDAPS(원)	1,306	3,388	3,373	3,038	3,814	2,301

재무 비율 〈단위 : % 〉
연도	영업이익률	순이익률	부채비율	차입금비율	ROA	ROE	유보율	자기자본비율	EBITDA마진율
2016	2.9	-0.8	33.2	9.7	-0.8	-1.9	2,445.5	75.1	10.3
2015	8.3	1.3	32.2	8.9	1.4	1.1	2,518.9	75.7	16.5
2014	5.9	0.8	36.5	8.9	0.9	0.2	2,523.9	73.3	13.4
2013	8.6	6.2	39.2	12.2	5.6	9.6	2,543.2	71.9	15.6

코리아에스이 (A101670)
KOREASE

업 종: 건축자재		시 장: KOSDAQ	
신용등급: (Bond) — (CP) —		기업규모: 벤처	
홈페이지: www.korease.co.kr		연락처: 031)766-4822	
본 사: 경기도 광주시 오포읍 오포안로 46-10			

설립일	1995.01.27	종업원수	53명	대표이사	남홍기
상장일	2008.07.15	감사의견	적정(대주)	계 열	
결산기	12월	보통주	1,890만주	종속회사수	
액면가	200원	우선주		구상호	

주주구성 (지분율,%)		출자관계 (지분율,%)		주요경쟁사 (외형,%)	
에스이	25.4	코리아에스이	100		
남진기	6.8	이건창호	1,107		
(외국인)	26.3	덕신하우징	828		

매출구성		비용구성		수출비중	
PAP 옹벽공사	51.9	매출원가율	66.7	수출	0.0
[제품]영구앵커	18.5	판관비율	27.0	내수	100.0
기타	13.6				

회사 개요

동사는 일본의 SE사와 기술제휴로 국내에 영구앵커, 타이케이블, 교량용케이블, PAP옹벽공법, 케이스톤그리등의 신 제품을 출시하여 영구적인 사면안정공법을 보급하고 있음. 주력 제품에 해당하는 SEEE 영구앵커, 타이케이블, 케이스톤그리, 교량용 케이블은 주로, 교량, 철도, 해운, 항만 등 SOC 건설시에 필수적인 건축자재로 정부의 SOC 예산집행의 특성상 3분기 이후에 매출이 집중됨. 2012년 4월 당진공장을 취득하여 설비 확장을 모색함.

실적 분석

동사의 연결기준 2016년 결산 매출액은 전년동기 대비 7.8% 증가한 146.9억원을 기록하였음. SEC앵커가 다소 부진한 모습을 보였지만 주요관광지 출렁다리 신설 수요증가에 따라 교량시공공사가 크게 증가함. 매출원가 상승, 판관비 증가에도 불구하고 영업이익은 증가함. 당기순이익은 소폭 하락함. 91억원 규모의 수주잔고를 보유하고 있으며 PAP 부문에 집중되어 있음.

현금 흐름 *IFRS 별도 기준   〈단위 : 억원〉

항목	2015	2016
영업활동	2	15
투자활동	-6	21
재무활동	-2	-16
순현금흐름	-7	20
기말현금	51	71

시장 대비 수익률
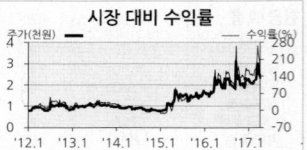

결산 실적   〈단위 : 억원〉

항목	2011	2012	2013	2014	2015	2016
매출액	170	150	153	101	136	147
영업이익	31	13	16	-3	9	9
당기순이익	30	19	12	5	10	9

분기 실적 *IFRS 별도 기준   〈단위 : 억원〉

항목	2015.3Q	2015.4Q	2016.1Q	2016.2Q	2016.3Q	2016.4Q
매출액	37	49	21	42	42	42
영업이익	3	5	-4	5	1	7
당기순이익	4	4	-3	5	2	5

재무 상태 *IFRS 별도 기준   〈단위 : 억원〉

항목	2011	2012	2013	2014	2015	2016
총자산	318	324	328	323	331	323
유형자산	57	89	88	100	98	94
무형자산	4	4	4	4	1	1
유가증권	71	29	19	35	36	14
총부채	37	35	32	27	28	24
총차입금						
자본금	38	38	38	38	38	38
총자본	282	289	296	296	303	298
지배주주지분	282	289	296	296	303	298

기업가치 지표 *IFRS 별도 기준

항목	2011	2012	2013	2014	2015	2016
주가(최고/저)(천원)	1.2/0.6	1.2/0.8	1.2/0.8	1.0/0.8	1.9/0.8	3.6/1.5
PER(최고/저)(배)	8.6/4.5	13.6/8.5	19.6/14.0	42.5/32.7	38.3/15.4	76.9/30.9
PBR(최고/저)(배)	0.9/0.5	0.8/0.5	0.8/0.5	0.6/0.5	1.1/0.5	2.1/0.9
EV/EBITDA(배)	0.4	6.5	5.0	13.7	14.7	18.1
EPS(원)	161	101	64	25	51	48
BPS(원)	4,000	4,103	4,197	4,185	4,286	1,726
CFPS(원)	454	292	193	159	239	97
DPS(원)	150	80	80	30	60	40
EBITDAPS(원)	462	218	241	58	226	98

재무 비율   〈단위 : % 〉

연도	영업이익률	순이익률	부채비율	차입금비율	ROA	ROE	유보율	자기자본비율	EBITDA마진율
2016	6.3	6.2	8.2	0.0	2.8	3.0	762.8	92.4	12.7
2015	6.4	7.1	9.2	0.0	3.0	3.2	757.2	91.6	12.5
2014	-3.0	4.6	9.3	0.0	1.4	1.6	737.0	91.5	4.3
2013	10.3	8.0	10.8	0.0	3.7	4.2	739.3	90.3	11.9

코리아에프티 (A123410)
KOREA FUEL-TECH

업 종: 자동차부품		시 장: KOSDAQ	
신용등급: (Bond) — (CP) —		기업규모: 우량	
홈페이지: www.kftec.com		연락처: 070)7093-1500	
본 사: 경기도 안성시 원곡면 섬바위길 23			

설립일	2010.02.24	종업원수	545명	대표이사	오원석
상장일	2010.08.27	감사의견	적정(안진)	계 열	
결산기	12월	보통주	2,784만주	종속회사수	
액면가	100원	우선주		구상호	

주주구성 (지분율,%)		출자관계 (지분율,%)		주요경쟁사 (외형,%)	
S.I.S SRL	34.9	KFTP	100.0	코리아에프티	100
김재년	16.1	KFTI	100.0	삼원강재	73
(외국인)	1.5	BKFTC	87.5	코프라	35

매출구성		비용구성		수출비중	
CANISTER	42.1	매출원가율	83.0	수출	63.9
FILLER NECK	29.3	판관비율	12.5	내수	36.1
의장부품	26.5				

회사 개요

동사는 1996년 7월 데이코코리아(주)로 설립한 가공전문 부품업체로, 연료계통부품과 의장부품을 생산함. 주요 거래처로는 현대 기아, GM, 르노 등이 있음. 동사는 2011년 말 해외 법인의 설비 투자가 완료되면서 2012년부터 본격적으로 글로벌 완성차 업체에 납품을 하게 됨. 연결대상 종속법인으로는 중국, 인도, 폴란드, 슬로바키아 소재의 해외법인 5개를 보유함.

실적 분석

동사의 2016년 연결기준 매출액은 3,666.6억으로 전기 대비 18.1% 증가한 실적을 시현함. 중국법인, 인도법인, 폴란드법인에서 전체적으로 매출이 크게 증가하였기 때문임. 매출원가 및 판관비가 상승했음에도 불구하고 매출 확대에 따라 영업이익은 전기보다 19% 확대된 164.5억원을 시현하였음. 비영업손익면에서는 환율변동 영향으로 11억원의 적자가 발생하며 당기순이익은 전기 대비 18% 축소된 125.5억원을 시현함.

현금 흐름   〈단위 : 억원〉

항목	2015	2016
영업활동	249	199
투자활동	-248	-383
재무활동	-40	156
순현금흐름	-36	-36
기말현금	195	159

시장 대비 수익률
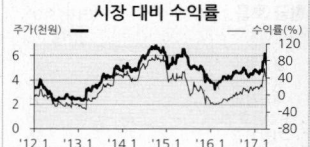

결산 실적   〈단위 : 억원〉

항목	2011	2012	2013	2014	2015	2016
매출액	2,061	2,404	2,622	2,759	3,106	3,667
영업이익	147	177	233	234	138	164
당기순이익	99	180	181	183	153	125

분기 실적 *IFRS 별도 기준   〈단위 : 억원〉

항목	2015.3Q	2015.4Q	2016.1Q	2016.2Q	2016.3Q	2016.4Q
매출액	723	959	924	953	840	950
영업이익	20	53	50	59	2	55
당기순이익	37	32	39	41	5	41

재무 상태   〈단위 : 억원〉

항목	2011	2012	2013	2014	2015	2016
총자산	1,419	1,780	2,009	2,363	2,689	3,041
유형자산	572	605	798	1,025	1,155	1,366
무형자산	58	61	67	78	82	86
유가증권	1	1	3	3	3	3
총부채	1,016	1,005	1,061	1,266	1,487	1,786
총차입금	481	542	581	619	619	804
자본금	24	27	28	28	28	28
총자본	403	775	948	1,096	1,202	1,255
지배주주지분	363	732	900	1,041	1,141	1,191

기업가치 지표

항목	2011	2012	2013	2014	2015	2016
주가(최고/저)(천원)	3.9/3.1	4.0/2.3	5.3/2.3	6.9/4.6	6.6/3.8	5.0/3.3
PER(최고/저)(배)	13.2/10.6	7.5/4.2	9.5/4.1	12.2/8.2	13.7/7.8	12.8/8.3
PBR(최고/저)(배)	3.2/2.6	1.6/0.9	1.7/0.7	2.0/1.3	1.7/1.0	1.2/0.8
EV/EBITDA(배)	2.8	3.8	5.0	6.1	6.1	6.5
EPS(원)	338	627	612	605	506	403
BPS(원)	1,501	2,938	3,355	3,740	4,100	4,276
CFPS(원)	750	968	1,023	1,017	958	934
DPS(원)		150	120	130	110	110
EBITDAPS(원)	991	991	1,252	1,251	949	1,121

재무 비율   〈단위 : % 〉

연도	영업이익률	순이익률	부채비율	차입금비율	ROA	ROE	유보율	자기자본비율	EBITDA마진율
2016	4.5	3.4	142.3	64.1	4.4	9.6	4,176.4	41.3	8.5
2015	4.5	4.9	123.7	51.5	6.1	12.9	3,999.9	44.7	8.5
2014	8.5	6.6	115.5	56.5	8.4	17.4	3,640.1	46.4	12.6
2013	8.9	6.9	111.9	61.4	9.6	20.8	3,255.0	47.2	13.2

코리아오토글라스 (A152330)
KOREA AUTO GLASS CO

업 종 : 자동차부품		시 장 : 거래소	
신용등급 : (Bond) — (CP) —		기업규모 : 시가총액 중형주	
홈 페 이 지 : kac.kccworld.co.kr		연 락 처 : 044)860-5000	
본 사 : 세종시 전의면 산단길 134			

설 립 일 2000.08.30	종 업 원 수 523명	대 표 이 사 우종철	
상 장 일 2015.12.29	감 사 의 견 적정 (삼정)	계 열	
결 산 기 12월	보 통 주 2,000만주	종 속 회 사 수	
액 면 가 5,000원	우 선 주	구 상 호	

주주구성 (지분율,%)		출자관계 (지분율,%)		주요경쟁사 (외형,%)	
정몽익	20.0	삼부건설공업 100.0		코리아오토글라스	100
Asahi Glass Co., Ltd.	19.9			한라홀딩스	227
(외국인)	3.3			세방전지	218

매출구성		비용구성		수출비중	
접합유리	52.1	매출원가율	78.8	수출	60.9
강화유리	47.9	판관비율	10.5	내수	39.1
부자재	0.0				

회사 개요
동사는 KCC와 일본 AGC의 합작으로 2000년 8월 설립되어 자동차용 안전유리 제조, 판매, 수출업을 영위하고 있음. 2016년 기준 고객 비중은 현대차 29.44%, 기아차 29.28%, 현대글로벅스 14.31%, 한국GM 11.25%임. 강화유리는 동사의 매출에서 43.37%를 차지하고 있으며 접합유리는 55.81%를 차지함. 동사는 국내 납품 위주에서 2009년 유럽, 2010년 미국, 러시아 생산거점으로 공급 확대중에 있음.

실적 분석
고객사의 신차 출시가 이어진 가운데, 동사의 2016년 연결기준 누적매출액은 4,402.3억원으로 전년 동기대비 0.7% 증가함. 로열티 감소로 매출원가가 줄어들며 영업이익은 전년 동기대비 31.0% 증가한 469.9억원을 기록함. 지속적인 신제품 개발로 소비자 수요를 창출하고, 신규 수출국 개발 및 시장 다변화를 위한 판매전략을 추진함으로써 매출 증대에 노력중임.

현금 흐름 *IFRS 별도 기준 〈단위 : 억원〉

항목	2015	2016
영업활동	613	451
투자활동	-260	-876
재무활동	-290	459
순현금흐름	64	35
기말현금	91	126

시장 대비 수익률

결산 실적 〈단위 : 억원〉

항목	2011	2012	2013	2014	2015	2016
매출액	3,692	3,904	3,900	4,297	4,371	4,402
영업이익	332	303	222	296	359	470
당기순이익	306	269	182	275	334	422

분기 실적 *IFRS 별도 기준 〈단위 : 억원〉

항목	2015.3Q	2015.4Q	2016.1Q	2016.2Q	2016.3Q	2016.4Q
매출액	990	1,188	1,126	1,138	938	1,185
영업이익	71	82	142	141	69	115
당기순이익	67	85	122	120	60	119

재무 상태 *IFRS 별도 기준 〈단위 : 억원〉

항목	2011	2012	2013	2014	2015	2016
총자산	3,300	3,601	3,612	3,740	3,918	4,600
유형자산	2,023	2,413	2,291	2,333	2,381	2,210
무형자산	13	18	19	17	23	21
유가증권	1	1	1	1	3	11
총부채	1,420	1,470	1,497	1,554	1,539	1,808
총차입금	260	640	345	281	141	620
자본금	1,000	1,000	1,000	1,000	1,000	1,000
총자본	1,880	2,131	2,114	2,186	2,379	2,792
지배주주지분	1,880	2,131	2,114	2,186	2,379	2,792

기업가치 지표 *IFRS 별도 기준

항목	2011	2012	2013	2014	2015	2016
주가(최고/저)(천원)	—/—	—/—	—/—	—/—	15.2/13.3	23.2/14.0
PER(최고/저)(배)	0.0/0.0	0.0/0.0	0.0/0.0	0.0/0.0	9.4/8.2	11.3/6.8
PBR(최고/저)(배)	0.0/0.0	0.0/0.0	0.0/0.0	0.0/0.0	1.3/1.1	1.7/1.0
EV/EBITDA(배)	0.5	1.2	0.7	0.5	5.2	5.2
EPS(원)	1,530	1,344	911	1,376	1,669	2,101
BPS(원)	9,398	10,656	10,572	10,930	11,895	13,958
CFPS(원)	2,303	2,359	2,099	2,576	2,922	3,329
DPS(원)	—	—	—	—	100	400
EBITDAPS(원)	2,434	2,531	2,300	2,682	3,046	3,566

재무 비율 〈단위 : % 〉

연도	영업이익률	순이익률	부채비율	차입금비율	ROA	ROE	유보율	자기자본비율	EBITDA마진율
2016	10.7	9.6	73.3	22.2	9.6	16.3	179.3	57.7	16.3
2015	8.2	7.6	64.7	5.9	8.7	14.6	137.9	60.7	13.9
2014	6.9	6.4	71.1	12.8	7.5	12.8	118.6	58.5	12.5
2013	5.7	4.7	70.8	16.3	5.1	8.6	111.4	58.5	11.8

코리안리재보험 (A003690)
Korean Reinsurance

업 종 : 보험		시 장 : 거래소	
신용등급 : (Bond) — (CP) —		기업규모 : 시가총액 중형주	
홈 페 이 지 : www.koreanre.co.kr		연 락 처 : 02)3702-6000	
본 사 : 서울시 종로구 종로5길 68(수송동) 코리안리빌딩			

설 립 일 1963.03.19	종 업 원 수 310명	대 표 이 사 원종규	
상 장 일 1969.12.22	감 사 의 견 적정 (한영)	계 열	
결 산 기 12월	보 통 주 12,037만주	종 속 회 사 수	
액 면 가 500원	우 선 주	구 상 호	

주주구성 (지분율,%)		출자관계 (지분율,%)		주요경쟁사 (외형,%)	
한국투자밸류자산운용	8.8	VIG제3-1호PEF	11.9	코리안리	100
국민연금공단	6.4	코람코자산신탁	9.7	메리츠화재	90
(외국인)	35.7	신영자산운용	9.4	동양생명	91

수익구성		비용구성		수출비중	
[손해보험]장기	24.6	책임준비금전입	3.6	수출	—
[손해보험]	22.6	보험금비용	56.5	내수	—
[손해보험]외국수재	21.4	사업비	13.5		

회사 개요
1963년 대한손해보험공사로 설립된 동사는 1978년 주식회사로 전환함. 2002년 현재의 사명으로 변경함. 동사가 영위하는 재보험업은 보험회사가 인수한 계약의 일부를 다른 보험회사에 넘기는 것으로 '보험을 위한 보험'이라고 불림. 재보험업은 기업 고객이 많아 개인고객 위주의 원수보험 시장보다 경기변동에 대한 민감도가 상대적으로 낮음. 동사의 연결대상 종속회사는 홍콩과 영국의 현지법인 2개사임.

실적 분석
동사의 2016년 연결기준 누적 영업수익은 6조6845억원, 영업이익은 2072억원으로, 전년 대비 영업수익은 4.7% 늘었으나, 영업이익은 15.5% 감소함. 경과손해율은 전년 동기 대비 1.1%p 증가한 81.8%을 시현하였으며, 순사업비율은 전년 동기 대비 0.5%p 감소한 17.5%를 시현함. 보험영업부문에서는 해외 자연재해사고 증가 등으로 전년 대비 실적이 감소함. 투자영업부문에서는 3.7%의 운용자산이익률을 시현함.

현금 흐름 〈단위 : 억원〉

항목	2015	2016
영업활동	1,142	4,171
투자활동	-1,434	-3,692
재무활동	-366	-504
순현금흐름	-660	-27
기말현금	1,963	1,936

시장 대비 수익률
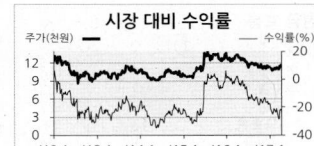

결산 실적 〈단위 : 억원〉

항목	2011	2012	2013	2014	2015	2016
보험료수익	51,807	56,455	45,664	59,895	63,844	66,845
영업이익	508	1,865	1,646	1,584	2,453	2,072
당기순이익	252	1,412	1,239	1,175	1,865	1,600

분기 실적 〈단위 : 억원〉

항목	2015.3Q	2015.4Q	2016.1Q	2016.2Q	2016.3Q	2016.4Q
보험료수익	15,189	16,618	15,842	17,827	16,336	16,841
영업이익	479	99	628	813	401	231
당기순이익	363	92	474	617	303	206

재무 상태 〈단위 : 억원〉

항목	2011	2012	2013	2014	2015	2016
총자산	69,596	73,061	76,200	84,639	89,785	95,811
유형자산	798	794	794	826	809	811
무형자산	160	160	160	365	288	233
유가증권	24,648	25,635	27,297	32,413	39,293	42,873
총부채	57,016	58,933	61,691	66,249	69,617	74,695
총차입금	—	—	—	—	—	—
자본금	580	591	591	602	602	602
총자본	12,580	14,128	14,509	18,390	20,168	21,116
지배주주지분	12,580	14,128	14,509	18,390	20,168	21,116

기업가치 지표

항목	2011	2012	2013	2014	2015	2016
주가(최고/저)(천원)	13.9/10.5	12.3/8.6	11.7/9.1	11.1/9.0	14.2/9.5	13.7/10.9
PER(최고/저)(배)	73.6/55.4	11.6/8.1	12.2/9.5	12.2/9.9	9.7/6.5	10.6/8.4
PBR(최고/저)(배)	1.4/1.1	1.1/0.8	1.0/0.8	0.8/0.6	0.9/0.6	0.8/0.6
PSR(최고/저)(배)	0/0	0/0	0/0	0/0	0/0	0/0
EPS(원)	209	1,173	1,029	976	1,549	1,330
BPS(원)	11,158	12,260	12,583	15,571	17,048	17,836
CFPS(원)	236	1,214	1,063	1,016	1,624	1,407
DPS(원)	70	250	185	225	350	325
EBITDAPS(원)	438	1,579	1,393	1,316	2,038	1,722

재무 비율 〈단위 : % 〉

연도	계속사업이익률	순이익률	부채비율	차입금비율	ROA	ROE	유보율	자기자본비율	총자산증가율
2016	3.1	2.4	353.7	0.0	1.7	7.8	3,467.2	22.0	6.7
2015	3.8	2.9	345.2	0.0	2.1	9.7	3,309.6	22.5	6.1
2014	2.6	2.0	360.3	0.0	1.5	7.1	3,014.2	21.7	15.9
2013	3.6	2.7	425.2	0.0	1.7	8.7	2,416.6	19.0	4.3

코맥스 (A036690)
Commax

업 종 : 보안장비		시 장 : KOSDAQ	
신용등급 : (Bond) — (CP) —		기업규모 : 중견	
홈페이지 : www.commax.com		연락처 : 031)731-8791	
본 사 : 경기도 성남시 중원구 둔촌대로 494 (상대원동)			

설 립 일	1976.12.03	종 업 원 수	206명	대 표 이 사	변봉덕
상 장 일	2000.01.18	감 사 의 견	적정 (신정)	계 열	
결 산 기	12월	보 통 주	1,400만주	종속회사수	
액 면 가	500원	우 선 주		구 상 호	

주주구성 (지분율,%)		출자관계 (지분율,%)		주요경쟁사 (외형,%)	
변봉덕	24.4	이니셜티	11.8	코맥스	100
변우석	8.5			코콤	86
(외국인)	3.6			슈프리마	32

매출구성		비용구성		수출비중	
홈네트워크	47.2	매출원가율	76.5	수출	26.9
비디오폰	33.9	판관비율	14.7	내수	73.1
인터폰	12.3				

회사 개요
홈오토메이션과 홈네트워크의 원천기술인 원격제어 기술, 자동화 기술, 통합제어 기술을 자체 개발한 세계 3위의 스마트홈 전문기업임. 주요 제품 및 서비스는 인터폰, 비디오폰, 홈 오토메이션 및 홈 네트워크 시스템, CCTV 시스템, 디지털도어락 등이 있으며, 현재 세계 120개 국가로 수출하고 있음. 스마트홈과 시큐리티를 연동하는 융복합 솔루션과 사람, 사물, 공간이 함께 어우러진 IoT 솔루션 부문에 향후 집중 투자할 계획임.

실적 분석
동사의 2016년 연결 기준 매출액은 1318억원으로 전년 대비 15.4% 늘어난 실적을 기록함. 매출원가가 13.6% 늘어났으며 매출총이익은 21.6% 늘어난 310.1억원을 시현함. 판관비가 총 6.% 늘어났으나 비용 구조가 좋아지면서 영업이익은 전년 대비 58.2% 늘어난 115.9억원을 기록했음. 비영업부문 이익 2억원이 더해졌으며 당기순이익은 전년 대비 53.9% 늘어난 89.7억원을 기록.

현금 흐름 〈단위 : 억원〉

항목	2015	2016
영업활동	70	118
투자활동	-22	-22
재무활동	-36	-27
순현금흐름	13	66
기말현금	28	94

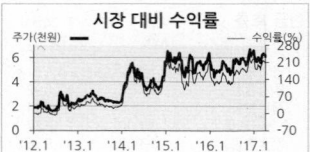

시장 대비 수익률

결산 실적 〈단위 : 억원〉

항목	2011	2012	2013	2014	2015	2016
매출액	972	885	1,012	1,096	1,143	1,318
영업이익	101	89	97	75	73	116
당기순이익	57	51	77	45	58	90

분기 실적 〈단위 : 억원〉

항목	2015.3Q	2015.4Q	2016.1Q	2016.2Q	2016.3Q	2016.4Q
매출액	292	336	299	346	303	370
영업이익	28	36	15	34	21	46
당기순이익	20	32	11	25	18	36

재무 상태 〈단위 : 억원〉

항목	2011	2012	2013	2014	2015	2016
총자산	851	773	835	857	891	968
유형자산	246	242	246	249	249	254
무형자산	38	32	33	40	39	40
유가증권	18	18	17	17	15	10
총부채	545	426	425	415	399	395
총차입금	379	268	194	130	97	87
자본금	66	66	66	66	66	69
총자본	305	347	410	442	493	573
지배주주지분	305	346	408	441	491	570

기업가치 지표

항목	2011	2012	2013	2014	2015	2016
주가(최고/저)(천원)	1.9/1.3	3.2/1.6	3.3/2.3	5.6/2.4	6.8/4.3	6.8/4.4
PER(최고/저)(배)	5.5/3.8	9.9/4.8	6.4/4.4	18.1/7.7	16.8/10.5	10.8/6.9
PBR(최고/저)(배)	1.0/0.7	1.4/0.7	1.2/0.8	1.8/0.8	1.9/1.2	1.7/1.1
EV/EBITDA(배)	5.4	5.8	4.9	9.9	10.5	6.7
EPS(원)	407	364	548	318	413	637
BPS(원)	2,405	2,716	3,190	3,435	3,738	4,245
CFPS(원)	516	468	662	435	570	783
DPS(원)	100	100	100	60	60	60
EBITDAPS(원)	850	760	814	665	684	977

재무 비율 〈단위 : % 〉

연도	영업이익률	순이익률	부채비율	차입금비율	ROA	ROE	유보율	자기자본비율	EBITDA마진율
2016	8.8	6.8	69.0	15.3	9.7	16.8	749.1	59.2	10.2
2015	6.4	5.1	80.9	19.7	6.7	12.4	647.6	55.3	8.1
2014	6.8	4.1	94.0	29.3	5.3	10.5	586.9	51.6	8.0
2013	9.6	7.6	103.8	47.2	9.6	20.4	538.0	49.1	10.6

코메론 (A049430)
Komelon

업 종 : 기계		시 장 : KOSDAQ	
신용등급 : (Bond) — (CP) —		기업규모 : 중견	
홈페이지 : www.komelon.co.kr		연락처 : 051)290-3100	
본 사 : 부산시 사하구 장평로 73 (장림동)			

설 립 일	1983.01.25	종 업 원 수	103명	대 표 이 사	강동헌
상 장 일	2001.01.16	감 사 의 견	적정 (한울)	계 열	
결 산 기	12월	보 통 주	905만주	종속회사수	
액 면 가	500원	우 선 주		구 상 호	

주주구성 (지분율,%)		출자관계 (지분율,%)		주요경쟁사 (외형,%)	
강동헌	38.1	시몬스아이케이	100.0	코메론	100
한국투자밸류자산운용	3.7	청도정도공구유한공사	100.0	신진에스엠	72
(외국인)	9.5	K-USA	100.0	동양물산	545

매출구성		비용구성		수출비중	
STEEL POCKETTAPE, STEEL LONG TAPE, FIBER GLAS	73.3	매출원가율	58.8	수출	68.0
자동차 부품 - PISTON HOUSING 외	15.2	판관비율	19.9	내수	32.0
특수강 스텐강	6.1				

회사 개요
동사는 출자사업, 압연사업, 자동차부품사업을 주력으로 하는 기업으로 2016년도 매출비중은 출자사업 76%, 자동차부품사업 12%, 압연사업 7%수임. 각각 부산과 인천에 별도의 공장을 두고 있으며, 관리조직 및 생산부서 등도 분리하여 운영함. 출자사업부문의 주요 제품은 Steel Pocket Tape, Steel Long Tape, Fiber Glass Tape이며, 압연사업부문의 주요 제품은 특수강 및 스텐레스강임.

실적 분석
동사의 2016년 누적 매출액은 689억원으로 전년 대비 1.5% 증가함. 매출원가가 전년대비 4.3% 감소 하면서 영업이익은 전년 대비 9.8% 늘어난 146.7억원을 기록함. 금융이익과 외환이익에도 불구하고 비영업이익은 22억원으로 11.1% 감소함. 당기순이익은 4.4% 증가한 127.5억원을 시현함. 2016년 중 해외매출이 68%, 국내매출이 32%이며 미국지역 매출이 전체 매출의 52%를 차지함.

현금 흐름 〈단위 : 억원〉

항목	2015	2016
영업활동	139	173
투자활동	-82	-132
재무활동	-83	68
순현금흐름	-24	104
기말현금	80	184

시장 대비 수익률

결산 실적 〈단위 : 억원〉

항목	2011	2012	2013	2014	2015	2016
매출액	712	647	573	620	679	689
영업이익	103	74	75	100	134	147
당기순이익	47	71	51	79	122	127

분기 실적 〈단위 : 억원〉

항목	2015.3Q	2015.4Q	2016.1Q	2016.2Q	2016.3Q	2016.4Q
매출액	174	176	178	181	173	157
영업이익	20	49	43	38	46	19
당기순이익	36	36	32	38	28	29

재무 상태 〈단위 : 억원〉

항목	2011	2012	2013	2014	2015	2016
총자산	924	957	1,025	1,104	1,165	1,367
유형자산	296	236	207	206	195	187
무형자산	40	37	35	37	36	34
유가증권	123	106	116	198	304	314
총부채	196	180	198	213	159	242
총차입금	59	84	87	114	39	118
자본금	45	45	45	45	45	45
총자본	728	776	828	891	1,006	1,125
지배주주지분	728	776	828	891	1,006	1,125

기업가치 지표

항목	2011	2012	2013	2014	2015	2016
주가(최고/저)(천원)	3.4/2.5	5.5/3.0	4.4/3.1	6.9/3.1	11.9/5.6	12.0/7.0
PER(최고/저)(배)	7.3/5.2	7.6/4.2	8.3/5.8	8.2/3.8	9.0/4.3	8.7/5.0
PBR(최고/저)(배)	0.5/0.3	0.7/0.4	0.5/0.4	0.7/0.3	1.1/0.5	1.0/0.6
EV/EBITDA(배)	1.0	1.8	0.7	2.5	2.6	3.1
EPS(원)	523	779	569	874	1,349	1,409
BPS(원)	8,065	8,630	9,198	9,899	11,168	12,487
CFPS(원)	696	999	835	1,150	1,646	1,686
DPS(원)	100	65	50	150	120	160
EBITDAPS(원)	1,309	1,035	1,092	1,378	1,773	1,897

재무 비율 〈단위 : % 〉

연도	영업이익률	순이익률	부채비율	차입금비율	ROA	ROE	유보율	자기자본비율	EBITDA마진율
2016	21.3	18.5	21.5	10.5	10.1	12.0	2,397.4	82.3	24.9
2015	19.7	18.0	15.8	3.9	10.9	12.9	2,133.6	86.3	23.6
2014	16.1	12.7	23.9	12.8	7.4	9.2	1,879.8	80.7	20.1
2013	13.1	9.0	23.9	10.5	5.2	6.4	1,739.5	80.7	17.3

코미코 (A183300)
KoMiCo

업　　종 : 반도체 및 관련장비	시　　장 : KOSDAQ
신용등급 : (Bond) —　　(CP) —	기업규모 : 벤처
홈페이지 : www.komico.com	연락처 : 031)8056-5800
본　　사 : 경기도 안성시 모산로 8	

설 립 일 2013.08.13	종 업 원 수 명	대 표 이 사 김태룡	
상 장 일 2017.03.23	감 사 의 견 적정 (대경)	계　　열	
결 산 기 12월	보 통 주 808만주	종속회사수	
액 면 가 500원	우 선 주	구 상 호	

주주구성 (지분율,%) / 출자관계 (지분율,%) / 주요경쟁사 (외형,%)

주주구성 (지분율,%)		출자관계 (지분율,%)		주요경쟁사 (외형,%)	
미코	43.3	코미코	100		
케이엠씨홀딩스	18.4	SKC 솔믹스	101		
(외국인)	0.1	프로텍	101		

매출구성 / 비용구성 / 수출비중

매출구성		비용구성		수출비중	
세정	49.4	매출원가율	54.1	수출	1.3
코팅	37.3	판관비율	27.0	내수	98.7
부품(상품)	8.4				

회사 개요
동사는 2013년 주식회사 코미코에서 물적분할을 통해 신설된 회사임. 존속회사(주식회사 미코)의 반도체 부품 세정, 코팅 사업부문의 독립성과 전문성을 극대화하는 것을 목적으로 함. 20년전 국내 최초의 세정, 코팅 전문 서비스를 사업화하여, 최적의 솔루션을 제시함. 한국, 미국, 중국, 대만, 싱가포르 등 반도체 최고 국가에서 Major 고객에게 서비스를 제공하며, 각지에 현지법인을 설립하여 네트워크 확장 가능성을 보유하고 있음.

실적 분석
동사의 2016년 연결기준 연간 매출액은 939.8억원으로 전년대비 11.7% 증가함. 반도체 부품 표면층의 세정 부문은 내수 매출 증가, 코팅 부문은 수출 매출 증가가 있었음. 신규사업으로 반도체, 태양광, 디스플레이 산업 부문의 정밀 세정과 특수 코팅, 반도체 부품 판매사업을 추진 중에 있음. 관련 기술 진행을 위해 약 17억원을 투자해 2017년 5월 중 별도의 생산라인 건설을 완료할 예정임.

현금 흐름 *IFRS 별도 기준　〈단위 : 억원〉

항목	2015	2016
영업활동	95	66
투자활동	-16	-16
재무활동	-54	-31
순현금흐름	24	19
기말현금	29	48

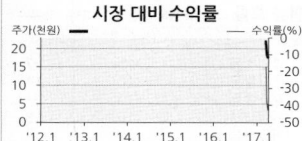
시장 대비 수익률

결산 실적　〈단위 : 억원〉

항목	2011	2012	2013	2014	2015	2016
매출액	—	—	287	706	842	940
영업이익	—	—	12	72	141	177
당기순이익	—	—	2	22	74	108

분기 실적 *IFRS 별도 기준　〈단위 : 억원〉

항목	2015.3Q	2015.4Q	2016.1Q	2016.2Q	2016.3Q	2016.4Q
매출액						
영업이익						
당기순이익						

재무 상태 *IFRS 별도 기준　〈단위 : 억원〉

항목	2011	2012	2013	2014	2015	2016
총자산			427	612	665	812
유형자산			167	216	216	214
무형자산			3	2	1	1
유가증권						
총부채			303	380	361	424
총차입금			208	275	233	274
자본금			35	35	35	35
총자본			123	232	304	388
지배주주지분			123	232	304	388

기업가치 지표 *IFRS 별도 기준

항목	2011	2012	2013	2014	2015	2016
주가(최고/저)(천원)	—/—	—/—	—/—	—/—	—/—	—/—
PER(최고/저)(배)	0.0/0.0	0.0/0.0	0.0/0.0	0.0/0.0	0.0/0.0	0.0/0.0
PBR(최고/저)(배)	0.0/0.0	0.0/0.0	0.0/0.0	0.0/0.0	0.0/0.0	0.0/0.0
EV/EBITDA(배)	0.0		10.3	6.5	2.7	2.4
EPS(원)	—	—	185	297	1,022	1,529
BPS(원)	—	—	1,764	3,311	4,343	5,543
CFPS(원)	—	—	244	493	1,288	1,809
DPS(원)	—	—				462
EBITDAPS(원)	—	—	248	553	1,090	1,316

재무 비율　〈단위 : % 〉

연도	영업이익률	순이익률	부채비율	차입금비율	ROA	ROE	유보율	자기자본비율	EBITDA마진율
2016	18.9	11.5	132.0	76.4	12.2	31.0	989.3	43.1	23.5
2015	16.7	8.8	156.9	97.1	9.3	26.7	768.7	38.9	22.5
2014	10.2	3.2	210.8	154.2	3.1	9.5	562.1	32.2	15.5
2013	4.3	0.8	199.5	146.0	0.0	0.0	486.5	33.4	8.5

코미팜 (A041960)
Komipharm International

업　　종 : 제약	시　　장 : KOSDAQ
신용등급 : (Bond) —　　(CP) —	기업규모 : 벤처
홈페이지 : www.komipharm.com	연락처 : 031)498-6104
본　　사 : 경기도 시흥시 경제로 17 (정왕동)	

설 립 일 1972.09.21	종 업 원 수 155명	대 표 이 사 문성철,송태종,양용진	
상 장 일 2001.10.30	감 사 의 견 적정 (삼덕)	계　　열	
결 산 기 12월	보 통 주 5,470만주	종속회사수	
액 면 가 100원	우 선 주	구 상 호	

주주구성 (지분율,%) / 출자관계 (지분율,%) / 주요경쟁사 (외형,%)

주주구성 (지분율,%)		출자관계 (지분율,%)		주요경쟁사 (외형,%)	
양용진	29.6	K.I.A,Inc.	100.0	코미팜	100
황부연	5.7	K.I.AU,Pty.Ltd	72.3	한미사이언스	1,768
(외국인)	1.9	Kominox,Inc.	40.0	한미약품	2,345

매출구성 / 비용구성 / 수출비중

매출구성		비용구성		수출비중	
기타	55.3	매출원가율	70.9	수출	29.2
돼지구제역예방백신 (백신)	27.1	판관비율	27.5	내수	70.8
돼지PCV2예방유전자재조합백신	10.0				

회사 개요
동사는 1972년 9월 설립되어 2001년 10월 코스닥시장에 상장됨. 동물용 백신 등 동물약품을 생산 판매하고 임상병리검사 분석 대행 서비스업을 영위하고 있음. 동물의약품 사업 부문이외에 신규 사업으로 항암제 및 암성통증 치료제인 코미녹스(KML001)를 개발하고 있음. 2016년 8월 호주에서 코미녹스의 판매 허가를 받음.2016년 기준 연구개발비용은 25.6억원으로 매출액 대비 6.6%를 차지함.

실적 분석
동사의 2016년 매출액은 전년 대비 3.4% 증가한 376.4억원을 기록함. 매출원가는 5.1% 증가하여 매출총이익은 0.6% 감소한 109.6억원에 그침. 인건비 감소 등 비용 절감으로 판매비와관리비는 전년 대비 10.7% 감소한 103.5억원을 기록함. 그 결과 영업이익은 6.1억원으로 흑자 전환에 성공함. 영업이익의 증가에 힘입어 당기순이익도 2.3억원을 시현하며 흑자 전환하였음.

현금 흐름　〈단위 : 억원〉

항목	2015	2016
영업활동	-29	12
투자활동	-60	-66
재무활동	152	190
순현금흐름	63	140
기말현금	129	268

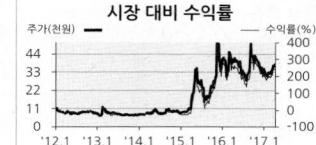
시장 대비 수익률

결산 실적　〈단위 : 억원〉

항목	2011	2012	2013	2014	2015	2016
매출액	203	221	265	345	364	376
영업이익	1	7	5	2	-6	6
당기순이익	-1	10	-1	-21	-65	2

분기 실적　〈단위 : 억원〉

항목	2015.3Q	2015.4Q	2016.1Q	2016.2Q	2016.3Q	2016.4Q
매출액	72	118	89	103	77	107
영업이익	-13	6	2	6	-0	-1
당기순이익	-27	-38	7	3	-8	-0

재무 상태　〈단위 : 억원〉

항목	2011	2012	2013	2014	2015	2016
총자산	641	770	1,088	1,244	1,334	1,498
유형자산	229	311	550	612	661	720
무형자산	40	60	98	155	190	209
유가증권	2	2	102	102	52	2
총부채	249	364	641	712	573	505
총차입금	211	318	538	642	486	453
자본금	50	50	50	50	54	55
총자본	392	406	447	532	761	993
지배주주지분	392	406	447	532	761	932

기업가치 지표

항목	2011	2012	2013	2014	2015	2016
주가(최고/저)(천원)	12.8/7.1	11.5/7.5	12.2/6.6	11.0/7.3	54.7/8.5	50.2/26.0
PER(최고/저)(배)	—/—	568.5/370.8	—/—	—/—	—/—	9,454.1/4,896.6
PBR(최고/저)(배)	15.6/8.7	13.6/8.9	13.2/7.2	10.4/6.9	38.8/6.0	29.4/15.2
EV/EBITDA(배)	482.4	287.1	274.2	234.9	1,031.5	491.4
EPS(원)	-3	20	-2	-42	-124	5
BPS(원)	820	846	923	1,062	1,408	1,711
CFPS(원)	15	36	19	-4	-74	66
DPS(원)						
EBITDAPS(원)	20	30	30	42	39	72

재무 비율　〈단위 : % 〉

연도	영업이익률	순이익률	부채비율	차입금비율	ROA	ROE	유보율	자기자본비율	EBITDA마진율
2016	1.6	0.6	50.8	45.7	0.2	0.3	1,610.6	66.3	10.5
2015	-1.6	-18.0	75.2	63.9	-5.1	-10.1	1,308.2	57.1	5.7
2014	0.5	-6.2	134.0	120.7	-1.8	-4.4	961.9	42.7	6.2
2013	1.8	-0.3	143.3	120.2	-0.1	-0.2	822.7	41.1	5.8

코센 (A009730)
KOSSEN

업 종 : 금속 및 광물		시 장 : KOSDAQ	
신용등급 : (Bond) — (CP) —		기업규모 : 중견	
홈페이지 : www.kossen.co.kr		연 락 처 : 063)584-6464	
본 사 : 전북 부안군 행안면 부안농공단지길 29			

설 립 일	1974.03.25	종 업 원 수	90명	대 표 이 사	박형채,이제원
상 장 일	1990.07.27	감사의견 적정 (위드)		계 열	
결 산 기	12월	보 통 주	3,739만주	종속회사수	
액 면 가	500원	우 선 주		구 상 호	DS제강

주주구성 (지분율,%)		출자관계 (지분율,%)		주요경쟁사 (외형,%)	
이제원	23.9	이티에이치	39.8	코센	100
한완선	0.9	울돌목	30.0	NI스틸	212
(외국인)	0.2	코센케이에이치	29.5	EG	272

매출구성		비용구성		수출비중	
스테인리스강관(제품)	80.7	매출원가율	101.0	수출	5.3
STS PIPE 외(기타)	19.3	판관비율	11.0	내수	94.7

회사 개요
1974년 설립되어 스테인리스 강관사업 및 배관용 조선기자재사업을 영위하고 있는 기업. 스테인리스 강관사업은 산업 전분야의 경기 변동과 밀접한 관계를 가짐. 2010년말 내수 판매량 기준 동사의 시장점유율은 약 15%로 추정됨. 2009년말 부산에 배관용 조선기자재 공장을 완공하여 상업생산에 착수하였으며, 주로 배관용 조선기자재를 제작하여 조선소에 납품하는 사업으로 기존 스테인리스 강관을 활용하게 되어 두 사업간 시너지 효과 기대되는 상황.

실적 분석
동사의 2016년 연결 기준 매출과 영업손실은 539억원, 65억원으로 전년 대비 매출은 6.7% 감소하고 적자전환함. 당기순손실도 88억으로 적자 전환함. 동사의 매출 감소 원인은 국제원자재 가격 하락에 따른 매출단가 하락에 기인함. 또한 고가의 장기재고 정리로 매출원가가 증가하고 악성채권 대손상각으로 인해 판매관리비 증가 등이 적자전환에 영향을 미친 것으로 분석됨.

현금 흐름 〈단위 : 억원〉

항목	2015	2016
영업활동	48	29
투자활동	-75	-65
재무활동	26	36
순현금흐름	-0	0
기말현금	4	5

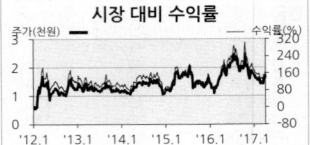

결산 실적 〈단위 : 억원〉

항목	2011	2012	2013	2014	2015	2016
매출액	571	575	548	606	578	539
영업이익	-34	-32	18	8	17	-65
당기순이익	-86	-71	9	12	11	-88

분기 실적 〈단위 : 억원〉

항목	2015.3Q	2015.4Q	2016.1Q	2016.2Q	2016.3Q	2016.4Q
매출액	117	123	119	131	238	53
영업이익	-4	-7	-8	-11	-6	-39
당기순이익	-9	4	-9	-15	-9	-55

재무 상태 〈단위 : 억원〉

항목	2011	2012	2013	2014	2015	2016
총자산	495	479	550	641	589	600
유형자산	118	98	105	136	99	89
무형자산				5	5	—
유가증권	8	0	0	12	27	27
총부채	325	353	355	404	344	363
총차입금	134	179	153	219	243	213
자본금	100	123	157	166	167	187
총자본	170	126	195	237	245	238
지배주주지분	170	126	195	234	245	238

기업가치 지표

항목	2011	2012	2013	2014	2015	2016
주가(최고/저)(천원)	0.7/0.3	1.8/0.6	1.5/1.0	1.6/1.0	2.1/1.1	2.5/1.1
PER(최고/저)(배)	—/—	—/—	54.3/36.1	37.5/23.9	61.6/33.7	—/—
PBR(최고/저)(배)	0.9/0.4	3.5/1.1	2.4/1.6	2.3/1.5	2.9/1.6	4.0/1.7
EV/EBITDA(배)			16.4	28.6	25.2	
EPS(원)	-430	-293	28	43	34	-235
BPS(원)	851	514	622	705	732	635
CFPS(원)	-364	-240	61	77	65	-208
DPS(원)						
EBITDAPS(원)	-105	-81	90	59	81	-146

재무 비율 〈단위 : % 〉

연도	영업이익률	순이익률	부채비율	차입금비율	ROA	ROE	유보율	자기자본비율	EBITDA마진율
2016	-12.0	-16.3	152.6	89.5	-14.8	-36.4	27.0	39.6	-10.1
2015	2.9	1.9	140.3	99.3	1.8	4.7	46.5	41.6	4.7
2014	1.3	2.0	170.7	92.4	2.0	6.6	40.9	37.0	3.2
2013	3.3	1.6	181.7	78.4	1.7	5.4	24.5	35.5	5.2

코셋 (A189350)
Coset

업 종 : 통신장비		시 장 : KONEX	
신용등급 : (Bond) — (CP) —		기업규모 : —	
홈페이지 : www.coset.com		연 락 처 : 062)975-8811	
본 사 : 광주시 북구 첨단벤처로 60번길 39(대촌동)			

설 립 일	1999.10.11	종 업 원 수	82명	대 표 이 사	주관종
상 장 일	2013.12.24	감사의견 적정 (대주)		계 열	
결 산 기	12월	보 통 주	400만주	종속회사수	
액 면 가	500원	우 선 주		구 상 호	

주주구성 (지분율,%)		출자관계 (지분율,%)		주요경쟁사 (외형,%)	
오치형	41.3	CSLaserLimitedLiabilityPartnership	50.0	코셋	100
3S PHOTONICS	19.5			옵티시스	158
				텔레필드	398

매출구성		비용구성		수출비중	
Pump LD	100.0	매출원가율	68.8	수출	—
		판관비율	28.4	내수	—

회사 개요
1999년에 설립된 동사는 광통신에 사용되는 증폭기(Pump LD Module)를 Bonding & Packaging 하는 업체로 2013년 12월에 코넥스 시장에 상장됨. 동사의 주력 제품인 Pump LD(Laser Diode)는 광통신의 EDFA (Erbium-Doped Fiber Amplifier,어븀이 도핑된 광선로 증폭기)에 적용되어 손실된 광신호 복구에 사용되는 제품으로 광통신에 필수적 부품으로 자리잡고 있음

실적 분석
2016년 연간 매출은 108억원, 영업이익은 3억원, 당기순이익은 9.9억원을 시현함. 광통신에 사용되는 증폭기 사업을 주력으로 영위하고 있으나 전방산업의 투자 축소로 매출 정체를 보이고 있음. 동사는 100Gbps용 TOSA/ROSA와 광섬유 펌핑용 고출력 LD, 의료용 LD 등으로 신규사업을 확대하면서 매출, 거래선 다변화에 노력. 외형 확대를 통한 고정비 절감, 고부가 중심의 매출 구조 다변화로 수익성 개선에 집중.

현금 흐름 *IFRS 별도 기준 〈단위 : 억원〉

항목	2015	2016
영업활동	16	-7
투자활동	10	-11
재무활동	-10	—
순현금흐름	16	-18
기말현금	22	4

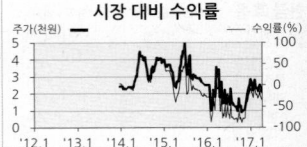

결산 실적 〈단위 : 억원〉

항목	2011	2012	2013	2014	2015	2016
매출액	93	87	98	82	84	108
영업이익	9	11	18	-39	4	3
당기순이익	14	13	16	-28	9	10

분기 실적 *IFRS 별도 기준 〈단위 : 억원〉

항목	2015.3Q	2015.4Q	2016.1Q	2016.2Q	2016.3Q	2016.4Q
매출액	—	—	—	—	—	—
영업이익	—	—	—	—	—	—
당기순이익	—	—	—	—	—	—

재무 상태 *IFRS 별도 기준 〈단위 : 억원〉

항목	2011	2012	2013	2014	2015	2016
총자산	100	106	131	145	147	164
유형자산	14	40	65	69	68	68
무형자산	0	0	0	0	0	0
유가증권	0	0	0	0	0	0
총부채	15	9	11	54	46	50
총차입금				40	30	30
자본금	20	20	20	20	20	20
총자본	85	98	120	91	101	113
지배주주지분	85	98	120	91	101	113

기업가치 지표 *IFRS 별도 기준

항목	2011	2012	2013	2014	2015	2016
주가(최고/저)(천원)	—/—	—/—	2.4/2.4	4.5/2.3	5.5/2.2	3.6/0.9
PER(최고/저)(배)	0.0/0.0	0.0/0.0	6.0/6.0	—/—	23.9/9.7	14.3/3.6
PBR(최고/저)(배)	0.0/0.0	0.0/0.0	0.8/0.8	2.0/1.0	2.2/0.9	1.3/0.3
EV/EBITDA(배)			4.1		13.1	17.5
EPS(원)	357	332	409	-711	230	248
BPS(원)	2,114	2,438	2,990	2,280	2,532	2,831
CFPS(원)	379	410	500	-578	334	355
DPS(원)						
EBITDAPS(원)	249	364	549	-847	210	182

재무 비율 〈단위 : % 〉

연도	영업이익률	순이익률	부채비율	차입금비율	ROA	ROE	유보율	자기자본비율	EBITDA마진율
2016	2.8	9.2	44.4	26.5	6.4	9.3	466.1	69.3	6.7
2015	5.0	11.0	45.1	29.6	6.3	9.6	406.5	68.9	10.0
2014	-47.8	-34.7	58.8	43.9	-20.6	-27.0	355.9	63.0	-41.3
2013	18.7	16.7	9.5	0.0	13.8	15.1	498.1	91.4	22.5

코스맥스 (A192820)
COSMAX

업 종: 개인생활용품		시 장: 거래소	
신용 등 급: (Bond) — (CP) —		기업 규모: 시가총액 중형주	
홈 페 이 지: www.cosmax.com		연 락 처: 031)359-0300	
본 사: 경기도 화성시 향남읍 제약공단 1길27, 2길 46			

설 립 일 1992.11.12	종 업 원 수 761명	대 표 이 사 김재천,이경수	
상 장 일 2014.04.07	감 사 의 견 적정 (삼덕)	계 열	
결 산 기 12월	보 통 주 1,005만주	종속회사수	
액 면 가 500원	우 선 주 —	구 상 호	

주주구성 (지분율,%)		출자관계 (지분율,%)		주요경쟁사 (외형,%)	
코스맥스비티아이	25.7	코스맥스닷랩	100.0	코스맥스	100
국민연금공단	12.0	코스맥스향수원	90.0	아모레퍼시픽	746
(외국인)	26.4	코스맥스아이큐어	51.0	아모레G	885

매출구성		비용구성		수출비중	
색조제품류	54.0	매출원가율	84.4	수출	—
기초제품류	32.1	판관비율	8.7	내수	—
기타	10.8				

회사 개요
기존 코스맥스는 2014년 4월 인적분할을 통해 코스맥스비티아이와 동사로 각각 재상장 및 신규상장함. 분할 후 종속법인인 코스맥스비티아이는 지주회사 역할을 수행할 예정으로 화장품을 제외한 건강기능식품 사업을 영위하는 코스맥스바이오 등이 코스맥스비티아이로 자회사로 편입될 예정임. 사업회사인 동사는 본사 화장품 ODM 및 화장품 관련 국내외 법인을 모두 보유하게 됨.

실적 분석
동사의 2016년 결산 연결기준 매출액 규모는 전년 동기 대비 41.9% 증가한 7,569.6억원을 기록했음. 인건비, 매출채권상차손, 광고선전비 등의 판관비가 증가했음. 그럼에도 매출액 증가에 힘입어 영업이익은 전년 동기 대비 46.4% 증가한 526.2억원을 기록했음. 비영업부문에서 금융손실 66.8억원, 외환손실 6.1억원이 더해지면서 비영업손실 66.8억원이 발생했으며 당기순이익은 전년 동기 대비 66.5% 증가한 314.4억원을 시현

현금 흐름 〈단위 : 억원〉
항목	2015	2016
영업활동	-65	235
투자활동	-471	-975
재무활동	602	1,249
순현금흐름	66	511
기말현금	173	683

시장 대비 수익률
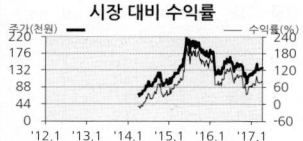

결산 실적 〈단위 : 억원〉
항목	2011	2012	2013	2014	2015	2016
매출액	—	—	—	3,340	5,333	7,570
영업이익				243	359	526
당기순이익				158	189	314

분기 실적 〈단위 : 억원〉
항목	2015.3Q	2015.4Q	2016.1Q	2016.2Q	2016.3Q	2016.4Q
매출액	1,247	1,462	1,735	1,977	1,861	1,997
영업이익	95	50	131	182	119	95
당기순이익	50	3	86	104	60	65

재무 상태 〈단위 : 억원〉
항목	2011	2012	2013	2014	2015	2016
총자산				3,257	4,389	6,659
유형자산				1,324	1,626	2,359
무형자산				33	54	56
유가증권				29	29	112
총부채				2,452	3,424	4,586
총차입금				1,450	2,106	2,497
자본금				45	45	50
총자본				805	965	2,073
지배주주지분				808	979	2,109

기업가치 지표
항목	2011	2012	2013	2014	2015	2016
주가(최고/저)(천원)	—/—	—/—	—/—	127/64.4	222/95.6	190/96.5
PER(최고/저)(배)	0.0/0.0	0.0/0.0	0.0/0.0	72.1/36.4	97.9/42.1	51.0/25.9
PBR(최고/저)(배)	0.0/0.0	0.0/0.0	0.0/0.0	14.8/7.5	21.2/9.1	9.1/4.6
EV/EBITDA(배)	0.0	0.0	0.0	33.2	40.9	21.1
EPS(원)	—	—	—	1,798	2,301	3,759
BPS(원)	—	—	—	9,003	10,900	21,013
CFPS(원)	—	—	—	2,577	3,375	5,115
DPS(원)	—	—	—	500	700	1,000
EBITDAPS(원)	—	—	—	3,436	5,007	7,042

재무 비율 〈단위 : % 〉
연도	영업이익률	순이익률	부채비율	차입금비율	ROA	ROE	유보율	자기자본비율	EBITDA마진율
2016	7.0	4.2	221.2	120.5	5.7	22.5	4,102.6	31.1	8.6
2015	6.7	3.5	354.8	218.2	4.9	23.8	2,080.0	22.0	8.5
2014	7.3	4.7	304.4	180.1	6.1	—	1,700.6	24.7	9.3
2013	0.0	0.0	0.0	0.0					

코스맥스비티아이 (A044820)
COSMAX BTI

업 종: 식료품		시 장: 거래소	
신용 등 급: (Bond) — (CP) —		기업 규모: 시가총액 소형주	
홈 페 이 지: www.cosmaxbti.com		연 락 처: 031)789-3000	
본 사: 경기도 성남시 분당구 판교로 255, F동 6층 601호			

설 립 일 1992.11.12	종 업 원 수 69명	대 표 이 사 김준배,이경수	
상 장 일 2006.11.13	감 사 의 견 적정 (삼덕)	계 열	
결 산 기 12월	보 통 주 960만주	종속회사수	
액 면 가 500원	우 선 주 —	구 상 호 코스맥스	

주주구성 (지분율,%)		출자관계 (지분율,%)		주요경쟁사 (외형,%)	
이경수	34.0	싸이칸아이티티	100.0	코스맥스비티아이	100
서성석	20.6	코스맥스파마	100.0	뉴트리바이오텍	45
(외국인)	7.6	코스맥스바이오	62.5	넥스트BT	28

매출구성		비용구성		수출비중	
기타(건강보조)	63.6	매출원가율	76.5	수출	—
기타 및 연결조정	27.8	판관비율	16.0	내수	—
홍삼	3.5				

회사 개요
동사는 코스맥스 계열 자회사들의 지주회사 역할을 하는 업체로서, 코스맥스바이오, 생명의나무에프엔비, 뉴트리바이오텍, 쓰리애플즈코스메틱스 등의 연결자회사 보유하고 있음. 2014년 3월 ODM 사업을 중심으로 화장품 제조 부문을 담당하는 코스맥스로부터 인적분할을 통해 설립 및 재상장됐으며, 2014년 8월 코스맥스 계열 자회사들을 거느리는 지주회사 체제로 전환을 완료함.

실적 분석
동사의 2016년 연결기준 연간 누적 매출액은 2669.3억원으로 전년 동기 대비 33.6% 증가함. 매출이 증가하면서 매출 원가와 판관비도 늘었지만 고정비용 감소 효과로 인해 영업이익은 201.6억원을 기록해 전년 동기 대비 79% 증가함. 비영업손익에서도 관련기업 투자로 인한 이익이 발생하면서 당기순이익은 전년 동기 대비 137.6% 증가한 245억원을 시현함. 매출과 이익 모두 안정적인 성장세를 기록하고 있음.

현금 흐름 〈단위 : 억원〉
항목	2015	2016
영업활동	239	128
투자활동	-1,407	-656
재무활동	1,190	739
순현금흐름	23	209
기말현금	127	336

시장 대비 수익률

결산 실적 〈단위 : 억원〉
항목	2011	2012	2013	2014	2015	2016
매출액	2,440	3,126	641	1,359	1,999	2,669
영업이익	169	261	30	72	113	202
당기순이익	115	223	244	159	103	245

분기 실적 〈단위 : 억원〉
항목	2015.3Q	2015.4Q	2016.1Q	2016.2Q	2016.3Q	2016.4Q
매출액	505	541	625	704	697	643
영업이익	46	1	51	67	70	14
당기순이익	36	-7	45	76	50	73

재무 상태 〈단위 : 억원〉
항목	2011	2012	2013	2014	2015	2016
총자산	1,993	2,417	3,079	4,056	5,446	6,707
유형자산	877	1,025	1,274	849	1,734	2,346
무형자산	26	43	91	192	194	246
유가증권	40	65	34	9	9	35
총부채	1,382	1,617	2,056	1,300	2,192	3,241
총차입금	726	952	1,204	879	1,545	2,295
자본금	68	68	68	48	48	48
총자본	611	800	1,023	2,756	3,254	3,466
지배주주지분	603	772	949	2,603	2,793	2,902

기업가치 지표
항목	2011	2012	2013	2014	2015	2016
주가(최고/저)(천원)	18.4/9.0	54.4/15.0	56.9/38.8	66.1/38.7	102/44.6	78.0/28.4
PER(최고/저)(배)	22.6/11.1	37.1/10.2	36.0/24.5	39.5/23.2	123.6/53.9	49.0/17.9
PBR(최고/저)(배)	4.3/2.1	9.8/2.7	8.3/5.6	2.5/1.4	3.5/1.5	2.6/1.0
EV/EBITDA(배)	12.6	20.9	71.0	44.2	44.2	20.2
EPS(원)	847	1,507	1,613	1,693	833	1,599
BPS(원)	4,482	5,726	7,023	27,148	29,120	30,259
CFPS(원)	1,198	1,936	2,207	2,403	1,563	2,645
DPS(원)	200	270	330	240	130	200
EBITDAPS(원)	1,593	2,350	812	1,608	1,902	3,145

재무 비율 〈단위 : % 〉
연도	영업이익률	순이익률	부채비율	차입금비율	ROA	ROE	유보율	자기자본비율	EBITDA마진율
2016	7.6	9.2	93.5	66.2	4.0	5.4	5,951.8	51.7	11.3
2015	5.6	5.2	67.4	47.5	2.2	3.0	5,724.1	59.8	9.1
2014	5.3	11.7	47.2	31.9	4.5	7.6	5,329.7	67.9	9.5
2013	4.6	38.0	201.0	117.7	8.9	25.5	1,304.7	33.2	17.2

코스메카코리아 (A241710)
COSMECCA KOREA CO

업 종 : 개인생활용품	시 장 : KOSDAQ
신용등급 : (Bond) — (CP) —	기업규모 : 벤처
홈페이지 : www.cosmecca.com	연락처 : 043)535-0500
본 사 : 충북 음성군 대소면 대금로 196번길 17-12	

설 립 일 1999.10.05	종 업 원 수 명	대 표 이 사 조임래,박은희	
상 장 일 2016.10.28	감 사 의 견 적정 (한영)	계 열	
결 산 기 12월	보 통 주 534만주	종속회사수	
액 면 가 500원	우 선 주	구 상 호	

주주구성 (지분율,%)
박은희	25.2
조임래	7.7
(외국인)	13.7

출자관계 (지분율,%)

주요경쟁사 (외형,%)
코스메카코리아	100
한국콜마	404
아모레퍼시픽	3,418

매출구성
기초 제품	58.0
색조 제품	36.7
상품	5.3

비용구성
매출원가율	78.7
판관비율	13.3

수출비중
수출	—
내수	—

회사 개요
동사는 1999년 10월에 설립되어 화장품 주문자 표시 제조 및 판매, 개발 등을 영위하는 업체로 2016년 10월 KOSDAQ 시장에 상장함. 현재 국내외 생산판매법인을 보유하고 있으며 연결대상 종속회사는 엔돈핀코스메틱 등 5개사를 보유하고 있음. 주요 취급 품목은 기초,색조, 기능성, 어린이용, 헤어, 바디케어, 방향용 화장품용 제품류와 의약외품류 등임.

실적 분석
동사의 2016년 연결기준 매출액은 전년대비 66.6% 성장한 1,651.8억원을 기록함. 큰폭의 매출 성장과 판관비 통제로 영업이익과 당기순이익은 전년대비 각각 105.5%와 128.9% 증가한 131.3억원과 115.1억원을 시현함. 매출비중은 제품 97.0%(기초 54.6%, 색조 42.4%) 및 상품 3.0%로 구성됨. 2017년에는 기존 중국지역 수출 증가 외에 신규 납품을 시작한 글로벌 고객사향 매출 증가가 전망됨.

현금 흐름 *IFRS 별도 기준 〈단위 : 억원〉
항목	2015	2016
영업활동	35	55
투자활동	-22	-175
재무활동	-7	553
순현금흐름	5	434
기말현금	19	453

시장 대비 수익률
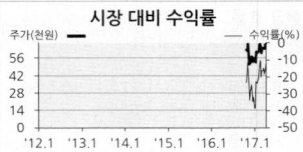

결산 실적 〈단위 : 억원〉
항목	2011	2012	2013	2014	2015	2016
매출액	502	643	629	683	991	1,652
영업이익	17	32	19	25	64	131
당기순이익	3	28	11	14	50	115

분기 실적 *IFRS 별도 기준 〈단위 : 억원〉
항목	2015.3Q	2015.4Q	2016.1Q	2016.2Q	2016.3Q	2016.4Q
매출액	—	—	—	—	—	—
영업이익	—	—	—	—	—	—
당기순이익	—	—	—	—	—	—

재무 상태 *IFRS 별도 기준 〈단위 : 억원〉
항목	2011	2012	2013	2014	2015	2016
총자산	325	364	401	504	685	1,363
유형자산	177	176	215	224	219	321
무형자산	0	0	1	3	7	7
유가증권	0	0	0	13	15	17
총부채	222	228	260	310	430	310
총차입금	130	118	143	161	157	1
자본금	15	20	20	20	20	27
총자본	103	136	140	195	255	1,052
지배주주지분	103	136	140	195	255	1,052

기업가치 지표 *IFRS 별도 기준
항목	2011	2012	2013	2014	2015	2016
주가(최고/저)(천원)	—/—	—/—	—/—	—/—	—/—	67.7/48.8
PER(최고/저)(배)	0.0/0.0	0.0/0.0	0.0/0.0	0.0/0.0	0.0/0.0	31.9/23.0
PBR(최고/저)(배)	0.0/0.0	0.0/0.0	0.0/0.0	0.0/0.0	0.0/0.0	3.4/2.5
EV/EBITDA(배)	3.5	1.5	3.2	2.2	1.3	20.1
EPS(원)	99	915	263	705	1,579	2,119
BPS(원)	34,290	33,894	35,051	48,634	63,822	19,709
CFPS(원)	5,935	15,053	7,441	10,980	20,140	2,589
DPS(원)						
EBITDAPS(원)	10,492	16,506	9,510	13,797	22,317	2,895

재무 비율 〈단위 : % 〉
연도	영업이익률	순이익률	부채비율	차입금비율	ROA	ROE	유보율	자기자본비율	EBITDA마진율
2016	8.0	7.0	36.4	2.3	10.8	18.0	3,826.6	73.3	9.6
2015	6.4	5.1	205.7	79.1	8.3	24.6	1,043.3	32.7	8.9
2014	3.7	2.0	182.7	95.7	—	—	801.6	35.4	6.7
2013	3.0	1.7	185.7	102.2	2.8	7.6	601.0	35.0	6.1

코스모신소재 (A005070)
Cosmo Advanced Materials & Technology

업 종 : 컴퓨터 및 주변기기	시 장 : 거래소
신용등급 : (Bond) — (CP) —	기업규모 : 시가총액 소형주
홈페이지 : www.cosmoamt.com	연락처 : 043)850-1114
본 사 : 인천시 서구 가석로 36 (가좌동)	

설 립 일 1967.05.16	종 업 원 수 291명	대 표 이 사 허경수,홍동환	
상 장 일 1987.09.28	감 사 의 견 적정 (예일)	계 열	
결 산 기 12월	보 통 주 1,508만주	종속회사수	
액 면 가 5,000원	우 선 주	구 상 호	

주주구성 (지분율,%)
코스모화학	39.0
현대캐피탈	4.5
(외국인)	0.2

출자관계 (지분율,%)

주요경쟁사 (외형,%)
코스모신소재	100
잉크테크	39
미래테크놀로지	12

매출구성
TONER, LCO 등	55.7
기능성필름 등	44.3

비용구성
매출원가율	92.3
판관비율	5.0

수출비중
수출	85.8
내수	14.2

회사 개요
동사는 1967년 설립되어 기능성필름(이형필름, 점착필름, 인슐레이션필름)과 2차전지용 양극활물질, 토너, 토너용 자성체 등을 제조 판매하는 사업을 영위하고 있음. 또한 2차전지용 양극활물질과 토너를 생산하고 있음. 동사는 2010년에 GS그룹에 인수되어 법률상 GS그룹에 속한 계열회사이었으나, 독점규제 및 공정거래에 관한 법률시행령 제3조의2 제1항에 의거 2015년 7월 22일자로 상호출자제한기업집단 'GS' 에서 분리됨.

실적 분석
동사의 2016년 연간 매출은 1,902.8억원으로 전년대비 42.6% 증가하면서 영업이익 50.4억원을 보이며 흑자전환함. 당기순이익도 13.9억원으로 흑자전환을 기록. 2차전지용 양극활물질을 통해 턴어라운드를 시현. 향후에 국내 대기업 중심 납품구조를 개선, 해외로 거래처를 확대하면서 수출비중을 확대할 전망. 또한 중국 현지 합작법인으로 전기차시장 공략으로 추진하여 신성장 확보에 주력.

현금 흐름 *IFRS 별도 기준 〈단위 : 억원〉
항목	2015	2016
영업활동	101	107
투자활동	43	5
재무활동	-157	-90
순현금흐름	-13	22
기말현금	47	69

시장 대비 수익률

결산 실적 〈단위 : 억원〉
항목	2011	2012	2013	2014	2015	2016
매출액	1,576	1,291	1,533	1,493	1,334	1,903
영업이익	16	-107	-33	-132	-70	50
당기순이익	2	-149	-86	-233	-247	14

분기 실적 *IFRS 별도 기준 〈단위 : 억원〉
항목	2015.3Q	2015.4Q	2016.1Q	2016.2Q	2016.3Q	2016.4Q
매출액	307	355	397	483	505	518
영업이익	-20	-27	11	13	14	13
당기순이익	-54	-130	-5	1	1	16

재무 상태 *IFRS 별도 기준 〈단위 : 억원〉
항목	2011	2012	2013	2014	2015	2016
총자산	2,185	2,339	2,741	2,652	2,226	2,297
유형자산	1,637	1,860	2,061	2,028	1,439	1,382
무형자산	15	19	18	18	13	4
유가증권	5	5	44	40	2	—
총부채	1,144	1,458	1,744	1,930	1,739	1,783
총차입금	869	1,178	1,388	1,437	1,337	1,265
자본금	699	699	749	749	749	754
총자본	1,041	880	997	722	487	514
지배주주지분	1,041	880	997	722	487	514

기업가치 지표 *IFRS 별도 기준
항목	2011	2012	2013	2014	2015	2016
주가(최고/저)(천원)	9.4/5.0	8.1/4.1	7.3/3.8	7.8/2.7	3.9/2.2	6.4/2.0
PER(최고/저)(배)	595.7/315.7	—/—	—/—	—/—	—/—	68.9/22.1
PBR(최고/저)(배)	1.3/0.7	1.3/0.7	1.1/0.6	1.6/0.6	1.2/0.7	1.9/0.6
EV/EBITDA(배)	26.0	—	55.7	—	90.4	15.2
EPS(원)	16	-1,069	-600	-1,556	-1,649	92
BPS(원)	7,441	6,295	6,652	4,816	3,246	3,407
CFPS(원)	403	-596	-104	-985	-1,056	624
DPS(원)						
EBITDAPS(원)	501	-290	267	-312	124	867

재무 비율 〈단위 : % 〉
연도	영업이익률	순이익률	부채비율	차입금비율	ROA	ROE	유보율	자기자본비율	EBITDA마진율
2016	2.7	0.7	일부잠식	일부잠식	0.6	2.8	-31.9	22.4	6.8
2015	-5.3	-18.5	일부잠식	일부잠식	-10.1	-40.9	-35.1	21.9	1.4
2014	-8.9	-15.6	일부잠식	일부잠식	-8.7	-27.1	-3.7	27.2	-3.1
2013	-2.1	-5.6	175.0	139.2	-3.4	-9.2	33.0	36.4	2.5

코스모화학 (A005420)
Cosmo Chemical

업 종: 화학		시 장: 거래소	
신용등급: (Bond) — (CP) —		기업규모: 시가총액 소형주	
홈페이지: www.cosmochem.co.kr		연 락 처: (052)231-6700	
본 사: 서울시 서초구 반포대로 43 코스모빌딩 5층			

설 립 일 1968.02.12	종업원수 176명	대표이사 성준경	
상 장 일 1987.07.23	감사의견 적정(이현)	계 열	
결 산 기 12월	보통주 1,333만주	종속회사수	
액 면 가 5,000원	우 선 주	구 상 사	

주주구성 (지분율,%)
코스모턴어라운드 유한회사	33.9		
김석조	3.8		
(외국인)	2.0		

출자관계 (지분율,%)
코스모신소재	39.0
마루망코리아	30.0

주요경쟁사 (외형,%)
코스모화학	100
한솔씨앤피	19
WISCOM	47

매출구성
COTIOX KA-100 COTIOX KA-300	73.4
코페리스 COTIOX R-720	13.7
COCOS	12.9

비용구성
매출원가율	94.9
판관비율	10.0

수출비중
수출	56.8
내수	43.2

회사 개요
동사는 1968년 산화티타늄 제조판매업을 목적으로 설립되어 현재 국내 유일의 이산화티타늄(아나타제 생산, 루타일 수입) 및 황산코발트 제조일체형. 2016년 3월 효율적 경영을 위한 구조조정의 일환으로 인천공장을 매각해 현재는 온산공장의 30,000톤 생산능력을 보유하고 있음. 코스모화학의 모기업인 코스모그룹은 GS그룹의 방계회사로 코스모그룹 허경수 회장은 허창수 GS그룹 회장과 사촌 관계임.

실적 분석
동사의 2016년 연결 기준 누적 매출액은 2,865.1억원으로 전년 대비 14.6% 증가함. 영업손실은 139.8억원으로 적자가 지속됐으나 전년 392.5억원으로 적자폭이 크게 줄어듬. 당기순손실은 725.1억원으로 전년 1,218.9억원으로 손실 폭이 감소함. 동사는 국내시장에서 KA-100(범용이산화티타늄)의 안정적인 공급과 함께 고부가치제품인 KA-300 등 다양한 스펙의 제품으로 수익성 개선에 나서고 있음.

현금 흐름 〈단위 : 억원〉
항목	2015	2016
영업활동	-21	-168
투자활동	394	1,036
재무활동	-407	-843
순현금흐름	-34	24
기말현금	48	72

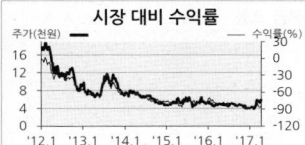

시장 대비 수익률

결산 실적 〈단위 : 억원〉
항목	2011	2012	2013	2014	2015	2016
매출액	1,724	3,092	3,154	2,818	2,500	2,865
영업이익	212	-51	-141	-361	-392	-140
당기순이익	140	-263	-58	-564	-1,219	-725

분기 실적 〈단위 : 억원〉
항목	2015.3Q	2015.4Q	2016.1Q	2016.2Q	2016.3Q	2016.4Q
매출액	674	587	687	727	736	715
영업이익	-60	-177	-3	-56	-49	-32
당기순이익	-123	-934	-49	-123	-169	-384

재무 상태 〈단위 : 억원〉
항목	2011	2012	2013	2014	2015	2016
총자산	5,276	7,168	7,642	8,089	6,305	4,781
유형자산	3,441	5,277	5,686	6,271	4,169	3,426
무형자산	29	47	50	43	22	13
유가증권	64	66	105	74	6	3
총부채	2,728	4,298	4,597	5,382	4,761	3,726
총차입금	1,847	3,239	3,446	3,419	3,097	2,322
자본금	655	655	655	655	666	666
총자본	2,548	2,869	3,044	2,707	1,544	1,055
지배주주지분	2,548	2,359	2,438	2,268	1,248	741

기업가치 지표
항목	2011	2012	2013	2014	2015	2016
주가(최고/저)(천원)	21.2/6.1	19.8/7.8	11.9/6.5	8.2/4.6	7.1/4.4	5.5/3.8
PER(최고/저)(배)	18.2/5.2	—/—	—/—	—/—	—/—	—/—
PBR(최고/저)(배)	1.1/0.3	1.1/0.4	0.6/0.4	0.5/0.3	0.8/0.5	1.0/0.7
EV/EBITDA(배)	10.9	23.3	37.2			73.6
EPS(원)	1,164	-1,347	-40	-3,225	-8,059	-5,504
BPS(원)	19,457	18,015	18,622	17,325	9,379	5,574
CFPS(원)	2,276	546	1,980	-1,143	-5,872	-4,141
DPS(원)						
EBITDAPS(원)	2,873	1,505	947	-677	-773	314

재무 비율 〈단위 : % 〉
연도	영업이익률	순이익률	부채비율	차입금비율	ROA	ROE	유보율	자기자본비율	EBITDA마진율
2016	-4.9	-25.3	353.3	220.2	-13.1	-73.7	11.5	22.1	1.5
2015	-15.7	-48.8	308.3	200.5	-16.9	-60.8	87.6	24.5	-4.1
2014	-12.8	-20.0	198.8	126.3	-7.2	-18.0	246.5	33.5	-3.2
2013	-4.5	-1.8	151.0	113.2	-0.8	-0.2	272.4	39.8	3.9

코스온 (A069110)
COSON

업 종: 개인생활용품		시 장: KOSDAQ	
신용등급: (Bond) — (CP) —		기업규모: 벤처	
홈페이지: www.coson.co.kr		연 락 처: 02)3454-0276	
본 사: 서울시 강남구 영동대로 333, 6층 (대치동, 일동빌딩)			

설 립 일 1999.12.07	종업원수 204명	대표이사 이동건	
상 장 일 2003.10.14	감사의견 적정(대주)	계 열	
결 산 기 12월	보통주 1,751만주	종속회사수	
액 면 가 500원	우 선 주 69만주	구 상 사 3H	

주주구성 (지분율,%)
이동건	14.3
우국환	4.3
(외국인)	1.6

출자관계 (지분율,%)
빌라쥬11팩토리	49.0
스마트팜코스메틱스	30.0
에프엠에스	7.3

주요경쟁사 (외형,%)
코스온	100
케어젠	56
콜마비앤에이치	308

매출구성
기초제품류	78.1
색조제품류	17.3
상품 기타	3.3

비용구성
매출원가율	74.6
판관비율	15.7

수출비중
수출	7.4
내수	92.6

회사 개요
동사는 1999년 디지털 영상저장장치 DVR 시스템 제조 및 도소매업을 영위할 목적으로 설립됨. 2012년 아모레퍼시픽 연구원 출신이 동사를 인수하여 코스온으로 사명이 변경됨. 지난해 비화장품 부문을 정리하고 올해부터 화장품 사업에 집중하고 있음. 얼마 전 CGMP급 화장품 생산공장을 경기도 오산에 건립했음. 생산능력은 생산가 기준으로 400~500억원 규모임. OEM보다 ODM에 주력하고 국내보다 해외에 집중할 계획임.

실적 분석
동사의 2016년 매출액은 830.7억원으로 전년 대비 34.2% 증가했음. 매출원가와 판매비와관리비가 각각 36.8%, 34.4% 증가했음에도 영업이익은 16.4% 늘어난 80.5억원을 기록함. 비영업손익은 전년比 18.1억원 손실에 이어 6.1억원 손실로 적자를 지속. 금융손실, 관련기업투자 관련손실에 따른 것. 그러나 당기순이익을 전년 대비 49.7% 늘어난 67.9억원을 기록했음.

현금 흐름 〈단위 : 억원〉
항목	2015	2016
영업활동	-10	-136
투자활동	-136	-94
재무활동	209	151
순현금흐름	62	-78
기말현금	153	75

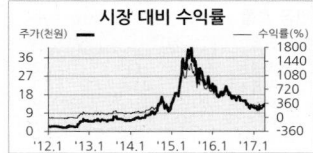

시장 대비 수익률

결산 실적 〈단위 : 억원〉
항목	2011	2012	2013	2014	2015	2016
매출액	127	196	106	265	619	831
영업이익	-2	1	-4	22	69	81
당기순이익	1	2	-27	5	45	68

분기 실적 〈단위 : 억원〉
항목	2015.3Q	2015.4Q	2016.1Q	2016.2Q	2016.3Q	2016.4Q
매출액	155	174	207	209	200	214
영업이익	15	21	19	19	18	24
당기순이익	8	10	13	14	16	26

재무 상태 〈단위 : 억원〉
항목	2011	2012	2013	2014	2015	2016
총자산	89	124	231	405	740	1,018
유형자산	14	3	86	107	152	220
무형자산	0	0	2	3	2	5
유가증권	2	0	8	32	54	76
총부채	19	48	129	170	233	405
총차입금	6	46	112	119	115	249
자본금	67	67	69	80	89	91
총자본	70	76	102	236	507	613
지배주주지분	70	76	102	236	507	603

기업가치 지표
항목	2011	2012	2013	2014	2015	2016
주가(최고/저)(천원)	4.5/0.8	6.1/1.7	7.3/4.9	16.9/5.4	41.5/13.2	23.3/10.7
PER(최고/저)(배)	1,148.9/203.3	457.9/128.9	—/—	488.8/154.7	154.0/49.0	60.8/28.0
PBR(최고/저)(배)	8.3/1.5	10.4/2.9	10.0/6.7	11.4/3.6	14.6/4.6	6.9/3.2
EV/EBITDA(배)		470.4		65.6	45.7	22.4
EPS(원)	4	13	-193	35	270	382
BPS(원)	547	589	735	1,477	2,850	3,373
CFPS(원)	11	16	-181	86	344	500
DPS(원)						
EBITDAPS(원)	-5	10	-16	192	485	565

재무 비율 〈단위 : % 〉
연도	영업이익률	순이익률	부채비율	차입금비율	ROA	ROE	유보율	자기자본비율	EBITDA마진율
2016	9.7	8.2	66.1	40.6	7.7	12.4	574.6	60.2	12.3
2015	11.2	7.3	46.0	22.7	7.9	12.2	470.0	68.5	13.2
2014	8.2	2.0	72.0	50.4	1.7	3.2	195.4	58.2	11.2
2013	-3.6	-25.2	127.1	110.4	-15.0	-30.1	47.0	44.0	-2.1

코아로직 (A048870)
Core Logic

업 종 : 전자 장비 및 기기		시 장 : KOSDAQ		
신용 등급 : (Bond) — (CP) —		기업 규모 : —		
홈 페 이 지 : www.corelogic.co.kr		연 락 처 : 02)2191-0716		
본 사 : 경기도 성남시 분당구 판교로 255번길 20 E동 504호 (삼평동)				

설 립 일	1998.04.02	종 업 원 수	26명	대 표 이 사	김한기
상 장 일	2004.08.13	감 사 의 견	적정 (오성)	계 열	
결 산 기	12월	보 통 주	4,439만주	종 속 회 사 수	
액 면 가	500원	우 선 주		구 상 호	

주주구성 (지분율,%)		출자관계 (지분율,%)		주요경쟁사 (외형,%)	
Lead Dragon Limited	36.6	코메드생명과학	100.0	코아로직	100
시너지아이비투자	18.9	재원씨앤씨	100.0	삼성SDI	29,758
(외국인)	46.3	엠큐브웍스	100.0	삼성전기	34,520

매출구성		비용구성		수출비중	
AP/MAP	81.6	매출원가율	63.9	수출	38.4
상품/기타매출	18.4	판관비율	42.5	내수	61.6

회사 개요
동사는 1998년 전자부품, 영상, 음향 및 통신장비 제조를 주 사업목적으로 설립. 2004년 8월에 코스닥시장에 상장. Fabless 반도체 개발업체. 주력 제품은 AP/MAP, CIS, SPS 등. AP/MAP 매출 비중이 80.9%, 상품 매출이 19.1%. 국 블랙박스 시장에 높은 점유율을 갖고 있으나 시장 성장이 둔화되고 있어서 신규 제품 개발을 통한 돌파구가 필요한 시점. 동사는 최대 주주 변경으로 유상증자 유치에 성공하였음.

실적 분석
동사의 2016년 매출액은 174.8억원으로 전년 148.7억원 대비 17.5% 증가하였음. 판관비를 대폭 줄였지만 11.1억원의 영업손실이 발생하였음. 다만 이는 전년 140.0억원 손실보다 축소된 규모. 관계기업 흑자전환 등으로 150.1억원의 비영업이익을 기록하며 흑자전환함. 그에 따라 당기순이익은 105.7억원으로 전년 대비 흑자전환하였음. 동사는 의료기기 전문 제조 계열사인 엠아이텍을 인수해 중국시장 진출, 매출성장을 기대 중.

현금 흐름 〈단위 : 억원〉
항목	2015	2016
영업활동	-61	-12
투자활동	247	-413
재무활동	-128	369
순현금흐름	58	-2
기말현금	60	58

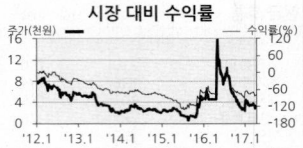
시장 대비 수익률

결산 실적 〈단위 : 억원〉
항목	2011	2012	2013	2014	2015	2016
매출액	425	618	300	309	149	175
영업이익	-27	-36	-137	-50	-140	-11
당기순이익	-101	-42	-375	-120	-514	106

분기 실적 〈단위 : 억원〉
항목	2015.3Q	2015.4Q	2016.1Q	2016.2Q	2016.3Q	2016.4Q
매출액	24	24	13	22	42	98
영업이익	-18	-14	-4	5	1	-13
당기순이익	-42	-105	134	6	12	-47

재무 상태 〈단위 : 억원〉
항목	2011	2012	2013	2014	2015	2016
총자산	1,270	1,302	966	821	161	597
유형자산	56	56	50	41	8	97
무형자산	404	498	317	220	22	174
유가증권	484	308	393	338	47	27
총부채	559	546	543	520	357	458
총차입금	425	395	394	426	278	369
자본금	53	78	78	79	86	222
총자본	711	756	423	301	-196	139
지배주주지분	701	743	411	301	-196	135

기업가치 지표
항목	2011	2012	2013	2014	2015	2016
주가(최고/저)(천원)	8.7/3.1	8.9/4.4	5.9/1.8	3.6/1.9	6.5/0.6	19.1/2.4
PER(최고/저)(배)	—/—	—/—	—/—	—/—	—/—	48.5/6.0
PBR(최고/저)(배)	0.1/0.0	0.2/0.1	0.2/0.1	0.1/0.1	-1.3/-0.1	63.0/7.8
EV/EBITDA(배)	18.5	22.6	—	487.4	—	382.0
EPS(원)	-9,859	-3,652	-24,659	-7,924	-30,755	394
BPS(원)	7,713	5,500	3,370	2,615	-483	303
CFPS(원)	-400	157	-1,878	-451	-2,823	436
DPS(원)	—	—	—	—	—	—
EBITDAPS(원)	373	228	-354	6	-645	10

재무 비율 〈단위 : % 〉
연도	영업이익률	순이익률	부채비율	차입금비율	ROA	ROE	유보율	자기자본비율	EBITDA마진율
2016	-6.4	60.5	일부잠식	일부잠식	27.9	전기잠식	-39.3	23.3	2.0
2015	-94.2	-345.4	완전잠식	완전잠식	-104.6	당기잠식	-196.6	-121.5	-74.3
2014	-16.1	-39.0	172.7	141.5	-13.5	-34.3	423.1	36.7	0.3
2013	-45.5	-124.8	128.5	93.3	-33.1	-64.8	573.9	43.8	-18.4

코아스 (A071950)
KOAS CO

업 종 : 내구소비재		시 장 : 거래소		
신용 등급 : (Bond) — (CP) —		기업 규모 : 시가총액 소형주		
홈 페 이 지 : www.ikoas.com		연 락 처 : 02)2163-6000		
본 사 : 서울시 영등포구 선유로52길 17				

설 립 일	1992.07.24	종 업 원 수	312명	대 표 이 사	노재근
상 장 일	2005.08.04	감 사 의 견	적정 (안진)	계 열	
결 산 기	12월	보 통 주	3,091만주	종 속 회 사 수	
액 면 가	500원	우 선 주		구 상 호	

주주구성 (지분율,%)		출자관계 (지분율,%)		주요경쟁사 (외형,%)	
노재근	18.2	광주시핵오아시판공가구유한회사	100.0	코아스	100
노형우	6.6	KOASVietnamLLC	50.0	한국가구	59
(외국인)	1.8			YW	30

매출구성		비용구성		수출비중	
기타	33.8	매출원가율	67.6	수출	4.3
의자	28.3	판관비율	36.0	내수	95.7
캐비넷	15.3				

회사 개요
1992년 설립된 사무용가구 전문생산업체로 밀레니엄, 후레코, 넥시스, D-MOLO, U-Plex 등의 사무용 가구와 학생용 책, 걸상인 스칼라, 임원용인 클라리스를 생산중. 전국에 170여개의 대리점을 운영중인데 200개로 확대를 추진중임. 사무용가구는 퍼시스, 리바트, 보루네오가구와 동사가 4대 메이저업체인데 2012년 기준으로 동사는 18.34%의 시장을 점유중임. 향후 동사는 교육용 가구시장 확대를 추진중임.

실적 분석
동사 2016년 결산기준 누적매출액은 전년동기대비 거의 동일한 971.2억원을 달성하였음. 그러나 매출원가의 절감에 힘을 기울임으로서 영업이익의 적자폭을 감소시키기 위해 노력함. 사무용가구는 경기 및 계절의 영향을 받음 2016년 하반기는 전반적으로 경기침체가 지속되었고 이에 따라 내수경기가 어려웠던 시기였으므로 매출액의 큰 성장을 달성하기 어려웠던 것으로 보임. 점진적인 시장 개선 현황을 볼때 향후 수익개선이 기대됨.

현금 흐름 〈단위 : 억원〉
항목	2015	2016
영업활동	113	-20
투자활동	-43	-37
재무활동	5	-2
순현금흐름	75	-59
기말현금	139	80

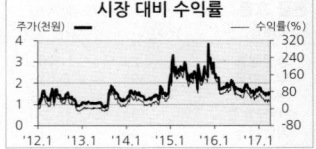
시장 대비 수익률

결산 실적 〈단위 : 억원〉
항목	2011	2012	2013	2014	2015	2016
매출액	857	767	882	989	965	971
영업이익	52	26	4	21	-78	-35
당기순이익	12	3	-81	6	-109	-77

분기 실적 〈단위 : 억원〉
항목	2015.3Q	2015.4Q	2016.1Q	2016.2Q	2016.3Q	2016.4Q
매출액	208	256	265	211	217	279
영업이익	3	-93	2	-13	2	-27
당기순이익	1	-113	1	-30	1	-49

재무 상태 〈단위 : 억원〉
항목	2011	2012	2013	2014	2015	2016
총자산	1,053	1,034	986	1,010	894	769
유형자산	249	196	263	264	282	317
무형자산	15	14	11	12	11	8
유가증권	7	7	7	7	6	6
총부채	661	612	607	603	586	523
총차입금	366	338	286	251	246	224
자본금	100	113	133	143	148	155
총자본	392	422	379	407	308	246
지배주주지분	392	422	379	407	308	246

기업가치 지표
항목	2011	2012	2013	2014	2015	2016
주가(최고/저)(천원)	1.8/0.8	1.9/0.8	1.9/0.8	2.1/1.2	3.9/1.7	2.7/1.4
PER(최고/저)(배)	22.2/10.0	118.8/52.0	—/—	100.2/55.7	—/—	—/—
PBR(최고/저)(배)	0.9/0.4	1.0/0.4	1.3/0.6	1.5/0.8	3.8/1.7	3.4/1.7
EV/EBITDA(배)	7.5	13.0	29.0	19.5	—	—
EPS(원)	80	16	-337	21	-366	-250
BPS(원)	1,955	1,866	1,424	1,423	1,041	797
CFPS(원)	165	86	-267	79	-304	-185
DPS(원)	—	—	—	—	—	—
EBITDAPS(원)	428	192	85	131	-204	-49

재무 비율 〈단위 : % 〉
연도	영업이익률	순이익률	부채비율	차입금비율	ROA	ROE	유보율	자기자본비율	EBITDA마진율
2016	-3.6	-7.9	212.3	90.9	-9.3	-27.6	59.4	32.0	-1.5
2015	-8.1	-11.3	190.4	80.0	-11.4	-30.2	108.1	34.4	-6.2
2014	2.1	0.6	148.4	61.8	0.6	1.5	184.5	40.3	3.8
2013	0.4	-9.2	160.2	75.6	-8.0	-20.2	184.8	38.4	2.3

코아스템 (A166480)
CORESTEM

업 종 : 바이오		시 장 : KOSDAQ	
신용등급 : (Bond) — (CP) —		기업규모 : 신성장	
홈페이지 : www.corestem.com		연락처 : 02)497-3711	
본 사 : 경기도 성남시 분당구 판교로 255번길 24 (삼평동)			

설 립 일	2003.12.29	종 업 원 수	49명	대 표 이 사	장진태
상 장 일	2015.06.26	감 사 의 견	적정 (삼덕)	계 열	
결 산 기	12월	보 통 주	1,572만주	종속회사수	
액 면 가	500원	우 선 주		구 상 상	

주주구성 (지분율,%)		출자관계 (지분율,%)		주요경쟁사 (외형,%)	
김경숙	22.5			코아스템	100
서울글로벌바이오0메디칼성장동력투자펀드	7.3			진원생명과학	175
(외국인)	1.1			제노포커스	39

매출구성		비용구성		수출비중	
비임상CRO	78.3	매출원가율	71.0	수출	0.0
세포치료제	21.8	판관비율	38.1	내수	100.0

회사 개요
동사는 줄기세포기술을 기반으로 희귀/난치성질환에 대한 새로운 줄기세포 치료제를 개발, 생산 및 판매함. 동사는 전세계에서 5번째로 줄기세포치료제의 상용화에 성공한 2005년 2월부터 환자에게 투약을 개시했음. 또한 희귀/난치성 질환에 대한 줄기세포치료제들을 신규로 개발하고 있고, 2대대(차세대) 줄기세포치료제에 대한 기초연구와 공정자동화기술의 연구 및 개발을 진행 중임.

실적 분석
동사의 2016년 연결기준 연간 매출액은 179.5억원을 기록하며 전년 대비 소폭 감소함. 루게릭병 줄기세포치료제인 뉴로나타-알®의 처방 감소가 주된 요인임. 영업손실 또한 연구개발비의 증가 및 연결대상 종속회사의 우리사주발행에 따른 주식보상비용의 계상으로 인해 16.2억원으로 적자전환됨. 동사는 줄기세포 이동성 개선용 조성물에 관한 유럽 특허를 취득함.

현금 흐름 〈단위 : 억원〉

항목	2015	2016
영업활동	-10	35
투자활동	-194	-247
재무활동	364	112
순현금흐름	160	-100
기말현금	183	83

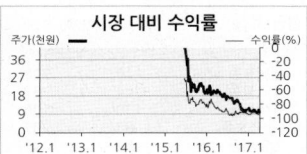
시장 대비 수익률

결산 실적 〈단위 : 억원〉

항목	2011	2012	2013	2014	2015	2016
매출액	—	0	37	130	186	180
영업이익	—	-16	-24	-18	14	-16
당기순이익	—	-14	-34	-63	3	-12

분기 실적 〈단위 : 억원〉

항목	2015.3Q	2015.4Q	2016.1Q	2016.2Q	2016.3Q	2016.4Q
매출액	53	53	35	45	52	48
영업이익	6	-1	-8	-8	11	-11
당기순이익	4	-1	-6	-3	9	-11

재무 상태 〈단위 : 억원〉

항목	2011	2012	2013	2014	2015	2016
총자산	—	80	308	360	750	857
유형자산		13	83	114	126	170
무형자산		2	60	58	57	55
유가증권					227	381
총부채		106	250	203	79	79
총차입금		79	192	137		
자본금		29	39	56	79	79
총자본		-26	59	157	671	778
지배주주지분		-26	24	115	630	667

기업가치 지표

항목	2011	2012	2013	2014	2015	2016
주가(최고/저)(천원)	—/—	—/—	—/—	—/—	45.4/18.5	23.1/10.0
PER(최고/저)(배)	0.0/0.0	0.0/0.0	0.0/0.0	0.0/0.0	—/—	—/—
PBR(최고/저)(배)	0.0/0.0	0.0/0.0	0.0/0.0	0.0/0.0	11.3/4.6	5.4/2.4
EV/EBITDA(배)	0.0				111.5	
EPS(원)	—	-227	-503	-771	-35	-106
BPS(원)	—	-3,437	2,047	877	4,011	4,245
CFPS(원)	—	-1,828	-3,453	-665	39	-31
DPS(원)	—					
EBITDAPS(원)	—	-2,238	-2,198	-99	168	-28

재무 비율 〈단위 : % 〉

연도	영업이익률	순이익률	부채비율	차입금비율	ROA	ROE	유보율	자기자본비율	EBITDA마진율
2016	-9.0	-6.8	10.2	0.0	-1.5	-2.6	749.1	90.8	-2.5
2015	7.4	1.5	11.7	0.0	0.5	-1.4	702.2	89.5	13.1
2014	-13.9	-48.7	129.8	87.4	-18.9	-97.8	105.3	43.5	-6.7
2013	-65.8	-93.9	424.1	326.8	-17.7	전기잠식	-38.9	19.1	-56.1

코아시아홀딩스 (A045970)
CoAsia Holdings

업 종 : 전자 장비 및 기기		시 장 : KOSDAQ	
신용등급 : (Bond) B (CP) —		기업규모 : 중견	
홈페이지 : www.coasiaholdings.com		연락처 : 032)500-1713	
본 사 : 인천시 남동구 남동서로 193 (고잔동)			

설 립 일	1993.05.25	종 업 원 수	14명	대 표 이 사	이희준
상 장 일	2000.08.03	감 사 의 견	적정 (안진)	계 열	
결 산 기	12월	보 통 주	1,696만주	종속회사수	
액 면 가	500원	우 선 주		구 상 상	비에스이

주주구성 (지분율,%)		출자관계 (지분율,%)		주요경쟁사 (외형,%)	
이희준	36.7	비에스이	100.0	코아시아홀딩스	100
박진수	11.0	이츠웰	82.6	옵트로텍	35
(외국인)	10.0	한국미래기술	60.0	에스씨디	34

매출구성		비용구성		수출비중	
자문수수료수익(기타)	62.4	매출원가율	84.2	수출	—
상표권수익(기타)	24.7	판관비율	12.4	내수	—
대행매출(용역)	12.9				

회사 개요
동사는 다른 회사의 주식을 소유함으로써 그 회사를 지배하는 것을 목적으로 하는 지주회사로서 휴대폰에 주로 쓰이는 소형 마이크(ECM, Si-MEMS, Digital MIC)분야와 스피커분야에서 세계적인 기술력과 인지도를 가지고 있는 비에스이를 자회사로 두고 있고 또한 2007년 6월에는 발광다이오드(LED) Packaging과 관련 제품을 제조하는 이츠웰을 자회사로 편입하였음. 2015년 4월에 에이치엔일렉트로닉스를 편입함.

실적 분석
동사의 2016년 연결기준 연간 매출액은 3,960.6억원으로 전년 대비 42.7% 증가함. 매출액 증가는 에이치엔일렉트로닉스 매출 포함이 가장 큰 이유임. 매출 원가 및 판관비의 증가에도 불구하고 영업이익은 135.6억원으로 전년 대비 131.7% 증가함. 반면 종속회사 처분손실, 무형자산손상차손 및 법인세비용 등으로 인하여 당기순손실은 18.9억원으로 적자전환됨.

현금 흐름 〈단위 : 억원〉

항목	2015	2016
영업활동	418	391
투자활동	-393	-214
재무활동	202	-334
순현금흐름	331	-92
기말현금	577	485

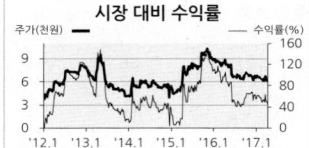
시장 대비 수익률

결산 실적 〈단위 : 억원〉

항목	2011	2012	2013	2014	2015	2016
매출액	2,256	2,327	2,876	2,562	2,776	3,961
영업이익	16	38	1	-168	59	136
당기순이익	19	58	-30	-224	9	-19

분기 실적 〈단위 : 억원〉

항목	2015.3Q	2015.4Q	2016.1Q	2016.2Q	2016.3Q	2016.4Q
매출액	714	1,083	1,047	934	988	992
영업이익	49	88	47	50	42	-3
당기순이익	19	58	6	-3	2	-23

재무 상태 〈단위 : 억원〉

항목	2011	2012	2013	2014	2015	2016
총자산	2,301	2,382	2,727	2,420	3,517	3,255
유형자산	613	637	785	827	1,267	1,234
무형자산	29	31	30	27	276	278
유가증권	18	6	4	1	7	1
총부채	1,299	1,359	1,726	1,559	2,255	1,828
총차입금	773	926	1,210	1,212	1,614	1,253
자본금	66	66	66	66	66	80
총자본	1,001	1,023	1,001	861	1,262	1,427
지배주주지분	984	1,004	965	757	928	960

기업가치 지표

항목	2011	2012	2013	2014	2015	2016
주가(최고/저)(천원)	5.7/3.4	8.2/3.7	9.8/4.0	6.5/3.9	10.3/4.3	9.2/6.0
PER(최고/저)(배)	62.2/37.0	21.7/9.7	—/—	—/—	—/—	—/—
PBR(최고/저)(배)	0.8/0.5	1.1/0.5	1.3/0.6	1.1/0.7	1.5/0.6	1.5/1.0
EV/EBITDA(배)	7.1	12.0	13.5		11.4	6.5
EPS(원)	91	378	-350	-1,768	-88	-442
BPS(원)	7,439	7,591	7,299	5,747	7,051	6,020
CFPS(원)	567	883	297	-712	1,080	726
DPS(원)						
EBITDAPS(원)	596	789	656	-213	1,610	2,014

재무 비율 〈단위 : % 〉

연도	영업이익률	순이익률	부채비율	차입금비율	ROA	ROE	유보율	자기자본비율	EBITDA마진율
2016	3.4	-0.5	128.2	87.8	-0.6	-7.5	1,103.9	43.8	8.2
2015	2.1	0.3	178.7	127.9	0.3	-1.4	1,310.3	35.9	7.7
2014	-6.6	-8.7	181.2	140.8	-8.7	-27.2	1,049.3	35.6	-1.1
2013	0.0	-1.0	172.4	120.9	-1.2	-4.7	1,359.8	36.7	3.0

코아크로스 (A038530)
CORECross

업 종 : 식료품		시 장 : KOSDAQ	
신용 등급 : (Bond) — (CP) —		기업규모 :	
홈 페 이 지 : www.corecross.com		연 락 처 : 054)471-7993	
본 사 : 경북 구미시 1공단로6길 53-35 (공단동)			

설 립 일	1997.06.24	종 업 원 수	36명	대 표 이 사	김민기
상 장 일	2000.06.09	감 사 의 견	적정 (태영)	계 열	
결 산 기	12월	보 통 주	5,851만주	종 속 회 사 수	
액 면 가	500원	우 선 주		구 상 호	

주주구성 (지분율,%)		출자관계 (지분율,%)		주요경쟁사 (외형,%)	
바이오프리벤션	7.9	오션블루냉장	48.1	코아크로스	100
라마르홀딩스	4.5	휘라포토닉스	34.9	아이에스이커머스	462
(외국인)	0.0	케빈우드텍	26.9	인터파크	2,741

매출구성		비용구성		수출비중	
웨이퍼 & 칩	63.2	매출원가율	87.2	수출	51.3
식자재유통외	24.8	판관비율	58.9	내수	48.7
자동차부품	8.3				

회사 개요
1997년에 설립된 동사는 광통신부품(웨이퍼, 칩, 케이블 방송용 CAS모듈 등) 제조, 직자재 유통사업을 영위하고 있음. 계열회사인 휘라포토닉스는 동사와 같은 광통신부품, 케빈우드텍은 원목마루와 기능성마루 등을 생산하고 있음. 생산제품은 현재 국내와 중국에 공급하고 있으며 전방산업인 광통신 PLC 웨이퍼 업황이 점차 개선되고 있음. 장기적인 성장을 위해 2016년 초 식자재 유통과 O2O 사업에 진출함.

실적 분석
신규사업으로 식자재 유통부문이 추가되었으나, 광신호분배, 주문형반도체 등 광통신부품 부문의 매출이 급감하면서 2016년 매출액은 전년 대비 8.7% 줄어듦. 원가율이 큰 폭으로 개선되었으나, 인건비, 대손상각비 등 판관비 부담과 자산 상각에 따른 영업외손실 인식으로 영업이익과 순이익은 각각 78.4억원, 227.2억원의 적자를 지속함. 에스파이낸싱 대부의 파산 신청은 법원이 기각하였으며, 재무구조 개선을 위해 감자를 검토하고 있음.

현금 흐름 *IFRS 별도 기준 〈단위 : 억원〉

항목	2015	2016
영업활동	-56	-65
투자활동	13	-4
재무활동	71	65
순현금흐름	28	-4
기말현금	30	26

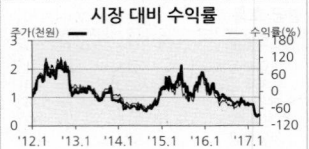
시장 대비 수익률

결산 실적 〈단위 : 억원〉

항목	2011	2012	2013	2014	2015	2016
매출액	112	105	72	165	186	170
영업이익	23	7	-61	-58	-82	-78
당기순이익	10	3	-94	-74	-102	-227

분기 실적 *IFRS 기준 〈단위 : 억원〉

항목	2015.3Q	2015.4Q	2016.1Q	2016.2Q	2016.3Q	2016.4Q
매출액	79	-18	41	40	38	51
영업이익	-27	-14	-13	-13	-5	-48
당기순이익	-35	-14	-15	-13	-9	-190

재무 상태 *IFRS 별도 기준 〈단위 : 억원〉

항목	2011	2012	2013	2014	2015	2016
총자산	275	299	305	319	286	179
유형자산	101	87	72	56	26	13
무형자산	17	18	31	20	44	20
유가증권	2	3	—	—	—	—
총부채	56	69	134	150	74	153
총차입금	43	58	105	112	56	76
자본금	112	116	129	176	265	293
총자본	218	229	171	169	212	26
지배주주지분	218	229	171	169	212	26

기업가치 지표 *IFRS 별도 기준

항목	2011	2012	2013	2014	2015	2016
주가(최고/저)(천원)	1.8/0.6	2.4/1.0	1.4/0.8	1.2/0.5	2.1/0.9	1.8/0.7
PER(최고/저)(배)	40.6/14.2	212.5/90.3	—/—	—/—	—/—	—/—
PBR(최고/저)(배)	1.8/0.6	2.4/1.0	2.1/1.2	2.4/1.0	5.2/2.2	35.9/13.7
EV/EBITDA(배)	5.2	9.2	—	—	—	—
EPS(원)	44	11	-351	-259	-220	-421
BPS(원)	992	1,004	679	491	406	50
CFPS(원)	114	116	-245	-174	-171	-399
DPS(원)						
EBITDAPS(원)	173	137	-126	-127	-128	-123

재무 비율 〈단위 : % 〉

연도	영업이익률	순이익률	부채비율	차입금비율	ROA	ROE	유보율	자기자본비율	EBITDA마진율
2016	-46.1	-133.5	일부잠식	일부잠식	-97.7	-191.0	-89.9	14.5	-39.0
2015	-44.2	-54.8	일부잠식	일부잠식	-29.0	-55.4	-18.8	74.2	-32.5
2014	-35.3	-44.8	일부잠식	일부잠식	-19.5	-47.8	-8.7	39.5	-19.5
2013	-85.6	-130.9	108.1	86.5	-29.5	-48.0	28.7	48.1	-49.5

코엔텍 (A029960)
Korea Environment Technology

업 종 : 상업서비스		시 장 : KOSDAQ	
신용 등급 : (Bond) — (CP) —		기업규모 : 중견	
홈 페 이 지 : www.koentec.co.kr		연 락 처 : 052)228-7300	
본 사 : 울산시 남구 용잠로 328 (용잠동)			

설 립 일	1993.07.16	종 업 원 수	69명	대 표 이 사	이민석
상 장 일	2004.06.18	감 사 의 견	적정 (안진)	계 열	
결 산 기	12월	보 통 주	5,000만주	종 속 회 사 수	
액 면 가	500원	우 선 주		구 상 호	

주주구성 (지분율,%)		출자관계 (지분율,%)		주요경쟁사 (외형,%)	
후성에이치디에스	20.3	용신환경개발	100.0	코엔텍	100
김근수	7.5	한텍	3.0	인선이엔티	246
(외국인)	3.2			C&S자산관리	394

매출구성		비용구성		수출비중	
소각처리	46.4	매출원가율	62.3	수출	0.0
매립처리	27.3	판관비율	9.6	내수	100.0
스팀판매	26.3				

회사 개요
동사는 1993년 설립된 업체로 폐기물 중간처리업, 폐기물 최종처리업, 유틸리티 공급사업 등을 주요 사업으로 하고 있음. 조선, 자동차 및 중화학 공업이 위치한 울산지역과 경북의 구미공단 등 배출업체의 가동률에 따라 계절적 변동의 영향을 받으며 경기 보수 기간에는 평달 대비 약 10% 정도 발생량이 증가하고 휴가철은 감소하는 것으로 나타남. 산업폐기물 처리산업은 과점적 성격의 산업으로 경쟁업체의 진입이 상당히 어려움.

실적 분석
동사의 2016년 매출액은 551.0억원으로 전년 대비 30.3% 증가함. 영업이익은 154.8억원으로 전년 대비 63.4% 증가함. 당기순이익은 147.2억원으로 76.4% 증가함. 동사는 경쟁사 대비 우수한 처리시설과 기술을 구비해 배출처가 안심하며 배출할 수 있다는 장점을 지님. 고정적인 대형 배출업체 확보, 안정적인 물량 확보에서 경쟁 우위를 점하고 있음.

현금 흐름 〈단위 : 억원〉

항목	2015	2016
영업활동	129	218
투자활동	-354	-87
재무활동	138	106
순현금흐름	-88	237
기말현금	52	289

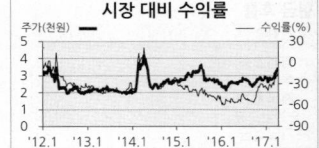
시장 대비 수익률

결산 실적 〈단위 : 억원〉

항목	2011	2012	2013	2014	2015	2016
매출액	325	380	388	416	423	551
영업이익	61	103	88	107	95	155
당기순이익	61	97	90	98	83	147

분기 실적 *IFRS 기준 〈단위 : 억원〉

항목	2015.3Q	2015.4Q	2016.1Q	2016.2Q	2016.3Q	2016.4Q
매출액	107	106	126	127	139	159
영업이익	29	3	39	34	40	42
당기순이익	25	6	32	28	33	54

재무 상태 *IFRS 별도 기준 〈단위 : 억원〉

항목	2011	2012	2013	2014	2015	2016
총자산	730	838	931	1,045	1,306	1,539
유형자산	472	465	481	607	925	911
무형자산	53	53	53	53	53	55
유가증권	4	4	34	34	24	21
총부채	96	109	111	144	333	433
총차입금	1				150	269
자본금	250	250	250	250	250	250
총자본	634	729	820	901	972	1,106
지배주주지분	634	729	820	901	972	1,106

기업가치 지표

항목	2011	2012	2013	2014	2015	2016
주가(최고/저)(천원)	4.1/1.5	3.6/1.8	2.4/1.9	4.2/2.0	3.7/2.4	2.9/2.1
PER(최고/저)(배)	35.0/12.5	19.4/9.5	13.6/10.9	21.9/10.2	22.4/14.7	10.0/7.3
PBR(최고/저)(배)	3.4/1.2	2.6/1.3	1.5/1.2	2.4/1.1	1.9/1.3	1.3/1.0
EV/EBITDA(배)	14.4	5.3	6.4	7.2	9.3	6.0
EPS(원)	122	193	180	197	167	294
BPS(원)	1,270	1,460	1,642	1,804	1,946	2,214
CFPS(원)	222	297	283	301	248	430
DPS(원)			25	25	25	25
EBITDAPS(원)	221	310	279	318	270	445

재무 비율 〈단위 : % 〉

연도	영업이익률	순이익률	부채비율	차입금비율	ROA	ROE	유보율	자기자본비율	EBITDA마진율
2016	28.1	26.7	39.1	24.3	10.4	14.2	342.9	71.9	40.4
2015	22.4	19.7	34.3	15.4	7.1	8.9	289.3	74.5	31.9
2014	25.8	23.7	16.0	0.0	10.0	11.4	260.9	86.2	38.2
2013	22.7	23.2	13.5	0.0	10.2	11.6	228.4	88.1	36.0

코오롱 (A002020)
Kolon

업 종 : 복합 산업
신용등급 : (Bond) —   (CP) —
홈페이지 : www.kolon.com
본 사 : 경기도 과천시 코오롱로 11, 코오롱타워
시 장 : 거래소
기업규모 : 시가총액 중형주
연 락 처 : 02)3677-3111

설 립 일 1957.04.12	종업원수 90명	대표이사	안병덕
상 장 일 1975.06.23	감사의견 적정 (한영)	계	열
결 산 기 12월	보통주 1,206만주	종속회사수	
액 면 가 5,000원	우선주 108만주	구 상 호	

주주구성 (지분율,%)		출자관계 (지분율,%)		주요경쟁사 (외형,%)	
이웅열	47.4	코오롱엘에스아이 100.0		코오롱	100
국민연금공단	6.1	코오롱오토모티브 100.0		SK네트웍스	469
(외국인)	8.3	코오롱이노베이스 100.0		대상홀딩스	84

매출구성		비용구성		수출비중	
수입수수료	58.6	매출원가율	88.4	수출	—
임대수익	32.9	판관비율	8.1	내수	—
배당금수익	8.5				

회사 개요
동사는 국내 최초로 나일론 섬유를 생산하는 기업으로 설립되어 2009년 인적분할을 통해 지주회사로 전환되었으며, 연결대상 회사들이 영위하는 사업으로는 종합건설, 하수 및 폐수처리, 전자제품 제조, 시스템소프트웨어 개발, 폐기물처리 등이 있음. 매출구성은 유통사업 44.01%, 건설사업 37.17%, IT사업 10.75%, 지주사업 2.96%, 기타사업 2.87%, 환경사업 2.84%, 제약사업부문 2.16%로 이루어짐.

실적 분석
동사의 2016년 연결기준 매출액은 전년대비 9.6% 증가한 39,368.6억원을 기록함. 매출 증가세에 힘입어 영업이익은 전년대비 372.1% 증가한 1,368.7억원으로 큰 폭의 수익성 개선세를 보임. 당기순이익 또한 영업이익 호조에 힘입어 284.1억원으로 흑자전환함. 이는 자동차 소재부문, 화학부문의 실적 상승세 지속과 기타사업부문의 턴어라운드 등의 영향에 기인함.

현금 흐름 〈단위 : 억원〉

항목	2015	2016
영업활동	2,259	1,370
투자활동	68	-968
재무활동	-1,828	-518
순현금흐름	501	-116
기말현금	1,124	1,009

시장 대비 수익률

결산 실적 〈단위 : 억원〉

항목	2011	2012	2013	2014	2015	2016
매출액	5,921	47,771	44,277	36,199	35,908	39,369
영업이익	917	433	769	955	290	1,369
당기순이익	888	-120	-849	206	-758	284

분기 실적 〈단위 : 억원〉

항목	2015.3Q	2015.4Q	2016.1Q	2016.2Q	2016.3Q	2016.4Q
매출액	9,000	9,503	8,463	9,956	9,435	11,514
영업이익	344	274	405	408	325	230
당기순이익	-113	-1,100	268	157	108	-249

재무 상태 〈단위 : 억원〉

항목	2011	2012	2013	2014	2015	2016
총자산	38,087	39,173	37,756	35,784	32,918	33,336
유형자산	2,854	3,311	6,081	6,119	4,635	4,559
무형자산	1,782	1,970	2,142	1,985	1,983	1,561
유가증권	1,424	1,379	1,601	1,207	1,098	843
총부채	28,140	30,063	29,481	26,576	24,863	25,023
총차입금	15,154	15,740	15,821	14,590	12,488	12,635
자본금	657	657	657	657	657	657
총자본	9,947	9,110	8,274	9,208	8,055	8,313
지배주주지분	7,606	7,157	6,512	6,390	5,709	6,003

기업가치 지표

항목	2011	2012	2013	2014	2015	2016
주가(최고/저)(천원)	31.0/16.5	25.6/14.2	25.2/15.1	30.8/15.1	89.4/22.1	78.1/49.3
PER(최고/저)(배)	5.3/2.8	108.7/60.4	—/—	41.3/20.2	—/—	50.6/31.9
PBR(최고/저)(배)	0.6/0.3	0.5/0.3	0.5/0.3	0.7/0.3	2.1/0.5	1.7/1.1
EV/EBITDA(배)	16.4	21.2	15.3	14.6	37.2	12.5
EPS(원)	6,590	258	-3,385	775	-4,873	1,557
BPS(원)	57,896	54,480	49,570	48,642	43,459	45,691
CFPS(원)	7,398	2,514	-871	3,114	-2,479	3,698
DPS(원)	500	500	500	500	500	500
EBITDAPS(원)	7,919	5,551	8,369	9,606	4,601	12,558

재무 비율 〈단위 : % 〉

연도	영업이익률	순이익률	부채비율	차입금비율	ROA	ROE	유보율	자기자본비율	EBITDA마진율
2016	3.5	0.7	301.0	152.0	0.9	3.5	813.8	24.9	4.2
2015	0.8	-2.1	308.7	155.0	-2.2	-10.6	769.2	24.5	1.7
2014	2.6	0.6	288.6	158.5	0.6	1.6	872.8	25.7	3.5
2013	1.7	-1.9	356.3	191.2	-2.2	-6.5	891.4	21.9	2.5

코오롱글로벌 (A003070)
KOLONGLOBAL

업 종 : 건설
신용등급 : (Bond) —   (CP) —
홈페이지 : www.kolonglobal.com
본 사 : 경기도 과천시 코오롱로 11
시 장 : 거래소
기업규모 : 시가총액 소형주
연 락 처 : 02)3677-5114

설 립 일 1960.12.28	종업원수 2,803명	대표이사	윤창운
상 장 일 1978.09.15	감사의견 적정 (안진)	계	열
결 산 기 12월	보통주 1,641만주	종속회사수	
액 면 가 5,000원	우선주 463만주	구 상 호	

주주구성 (지분율,%)		출자관계 (지분율,%)		주요경쟁사 (외형,%)	
코오롱	62.3	네이처브리지 100.0		코오롱글로벌	100
KB자산운용	9.9	코오롱하우스비젼 100.0		이테크건설	37
(외국인)	2.8	테크비전 100.0		아이콘트롤스	6

매출구성		비용구성		수출비중	
제품매출	58.5	매출원가율	90.8	수출	15.7
건설계약매출	39.8	판관비율	7.3	내수	84.3
용역매출	1.6				

회사 개요
동사는 1960년에 설립되어 1978년 9월에 한국거래소가 개설한 유가증권시장에 상장하였으며 1982년에 상호를 코오롱건설(주)로 변경하고, 2011년에 코오롱글로벌 주식회사로 상호를 변경함. 현재 토목, 건축, 주택, 플랜트, 환경공사 등을 국내 및 해외에서 영위하는 건설부문과 철강 및 산업자재 등을 수입하는 무역부문, 수입자동차 판매를 목적으로 하는 유통서비스 부문 등으로 사업이 다각화되어 있음.

실적 분석
동사의 2016년 연결기준 매출액은 전년대비 5.2% 성장한 3조 1,850.8억원을 기록함. 소폭의 매출액 성장과 원가율 개선으로 영업이익은 전년대비 44.1% 증가한 606.9억원, 당기순이익 61.4억원으로 흑자전환에 성공함. 당기순이익을 보일수 있었던 이유는 금융손실 등 비영업손실의 대폭 축소에 기인함. 사업부문별 매출비중은 건설 47.6%, 상사 21.6%, 자동차판매 28.9%, 기타 등으로 구성됨.

현금 흐름 〈단위 : 억원〉

항목	2015	2016
영업활동	1,882	979
투자활동	495	-649
재무활동	-2,064	-294
순현금흐름	332	29
기말현금	639	667

시장 대비 수익률
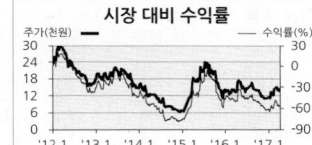

결산 실적 〈단위 : 억원〉

항목	2011	2012	2013	2014	2015	2016
매출액	15,197	40,597	36,628	28,243	30,291	31,851
영업이익	-203	-136	218	78	421	607
당기순이익	137	-233	-760	214	-254	61

분기 실적 〈단위 : 억원〉

항목	2015.3Q	2015.4Q	2016.1Q	2016.2Q	2016.3Q	2016.4Q
매출액	7,400	8,652	6,221	7,932	7,509	10,188
영업이익	165	112	119	140	147	201
당기순이익	-103	-445	15	1	1	45

재무 상태 〈단위 : 억원〉

항목	2011	2012	2013	2014	2015	2016
총자산	27,935	27,614	24,400	22,181	19,797	20,837
유형자산	2,230	2,408	5,279	5,340	4,163	3,917
무형자산	1,010	1,051	1,196	986	1,016	973
유가증권	1,695	1,109	1,178	1,039	938	813
총부채	23,147	23,164	20,465	17,136	15,420	16,475
총차입금	11,187	10,881	9,598	7,920	5,934	6,134
자본금	4,188	4,188	4,188	1,058	1,058	1,061
총자본	4,788	4,450	3,935	5,044	4,376	4,362
지배주주지분	4,547	4,251	3,737	4,850	4,376	4,362

기업가치 지표

항목	2011	2012	2013	2014	2015	2016
주가(최고/저)(천원)	27.0/17.4	30.0/14.6	23.1/14.2	16.3/6.2	24.9/6.5	17.9/10.6
PER(최고/저)(배)	11.6/7.5	—/—	—/—	11.4/4.4	—/—	49.1/29.2
PBR(최고/저)(배)	1.0/0.6	1.1/0.5	1.0/0.6	0.7/0.3	1.2/0.3	0.9/0.5
EV/EBITDA(배)	—	—	29.6	38.7	12.7	9.1
EPS(원)	2,401	-1,421	-4,643	1,442	-1,532	369
BPS(원)	5,811	5,429	4,470	23,127	20,908	20,837
CFPS(원)	613	-148	-773	2,244	-764	1,229
DPS(원)	100					150
EBITDAPS(원)	-592	-32	414	1,299	3,306	4,508

재무 비율 〈단위 : % 〉

연도	영업이익률	순이익률	부채비율	차입금비율	ROA	ROE	유보율	자기자본비율	EBITDA마진율
2016	1.9	0.2	377.7	140.6	0.3	1.4	313.3	20.9	2.4
2015	1.4	-0.8	352.4	135.6	-1.2	-5.5	314.7	22.1	1.8
2014	0.3	0.8	339.7	157.0	0.9	5.3	358.8	22.7	0.7
2013	0.6	-2.1	일부잠식	일부잠식	-2.9	-18.9	-10.8	16.1	0.9

코오롱생명과학 (A102940)
KOLON LIFE SCIENCE

업 종 : 제약	시 장 : KOSDAQ
신용등급 : (Bond) — (CP) —	기업규모 : 우량
홈 페 이 지 : www.kolonls.co.kr	연 락 처 : 02)3677-4150
본 사 : 경기도 과천시 코오롱로 13 (별양동, 코오롱타워별관7층)	

설 립 일 2000.04.21	종 업 원 수 417명	대 표 이 사 이우석
상 장 일 2009.04.07	감 사 의 견 적정 (한영)	계 열
결 산 기 12월	보 통 주 761만주	종속회사수
액 면 가 500원	우 선 주	구 상 호

주주구성 (지분율,%)		출자관계 (지분율,%)		주요경쟁사 (외형,%)	
코오롱	20.3	TissueGene,Inc	14.4	코오롱생명과학	100
이웅열	14.4	KOLONCHINA(HK)COMPANYLIMITED	2.4	녹십자	757
(외국인)	3.7			녹십자홀딩스	856

매출구성		비용구성		수출비중	
의약사업(원료의약, 의약중간체 등)	42.0	매출원가율	69.3	수출	80.3
환경소재사업(항균제 등)	31.8	판관비율	19.0	내수	19.7
워터솔루션사업(수처리제 등)	26.3				

회사 개요
동사는 원료의약, 의약중간체, 항균제, 화학소재, 수처리제 등의 생산/판매 및 바이오신약 연구개발을 영위할 목적으로 2000년 4월 설립되었으며 2009년 4월 코스닥시장에 상장됨. 미래성장동력으로서 의약사업과 환경소재사업(환경소재, 워터솔루션)에서 축적된 연구개발력과 경험을 바이오신약사업으로 확대하고 있음. 세포유전자 치료기술을 바탕으로 퇴행성관절염 치료제 '티슈진-C'(브랜드명 인보사)을 식품의약품안전처에 국내 시판허가(품목승인) 신청함.

실적 분석
동사의 2016년 매출액은 전년 대비 30.6% 증가한 1,582.8억원을 기록함. 퇴행성관절염 치료제 '티슈진-C'(브랜드명 인보사)의 기술수출 때문임. 매출원가는 15.1% 증가하여 매출총이익은 87.7% 증가한 486.0억원을 기록함. 판매비와관리비는 27.1% 증가한 301.4억원임. 그 결과 영업이익은 184.6억원으로 크게 증가함. 영업이익의 증가로 당기순이익도 큰 폭으로 신장함.

현금 흐름 *IFRS 별도 기준 〈단위 : 억원〉

항목	2015	2016
영업활동	208	281
투자활동	-156	-172
재무활동	168	996
순현금흐름	219	1,107
기말현금	270	1,377

시장 대비 수익률
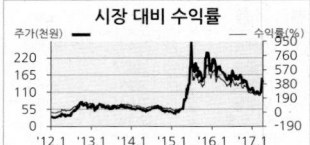

결산 실적 〈단위 : 억원〉

항목	2011	2012	2013	2014	2015	2016
매출액	1,172	1,413	1,396	1,306	1,212	1,583
영업이익	126	223	183	94	22	185
당기순이익	112	189	172	59	8	127

분기 실적 *IFRS 별도 기준 〈단위 : 억원〉

항목	2015.3Q	2015.4Q	2016.1Q	2016.2Q	2016.3Q	2016.4Q
매출액	307	299	309	361	296	616
영업이익	-4	22	27	34	29	94
당기순이익	-4	18	21	23	24	58

재무 상태 *IFRS 별도 기준 〈단위 : 억원〉

항목	2011	2012	2013	2014	2015	2016
총자산	1,496	1,923	2,069	2,089	2,286	3,546
유형자산	457	1,040	1,083	1,131	1,167	1,256
무형자산	51	51	63	108	134	148
유가증권	5	44	44	147	147	147
총부채	762	856	833	727	932	948
총차입금	552	600	617	561	752	624
자본금	21	26	26	33	33	38
총자본	733	1,067	1,236	1,362	1,354	2,598
지배주주지분	733	1,067	1,236	1,362	1,354	2,598

기업가치 지표 *IFRS 별도 기준

항목	2011	2012	2013	2014	2015	2016
주가(최고/저)(천원)	33.5/19.9	79.4/28.0	73.5/49.5	64.0/44.2	271/40.7	223/109
PER(최고/저)(배)	16.5/9.9	24.9/8.8	27.5/18.5	73.3/50.6	2,326.7/349.0	128.3/62.7
PBR(최고/저)(배)	2.6/1.5	4.8/1.7	3.9/2.6	3.2/2.2	13.7/2.1	6.6/3.2
EV/EBITDA(배)	11.2	17.7	17.5	20.3	120.6	29.3
EPS(원)	2,055	3,240	2,694	879	117	1,745
BPS(원)	17,152	20,773	23,466	20,405	20,295	34,180
CFPS(원)	3,449	4,798	4,674	2,339	1,500	3,051
DPS(원)	30	750	120	200	100	200
EBITDAPS(원)	3,784	5,515	4,887	2,883	1,706	3,849

재무 비율 〈단위 : % 〉

연도	영업이익률	순이익률	부채비율	차입금비율	ROA	ROE	유보율	자기자본비율	EBITDA마진율
2016	11.7	8.0	36.5	24.0	4.3	6.4	6,736.0	73.3	17.7
2015	1.8	0.7	68.8	55.5	0.4	0.6	3,959.1	59.2	9.4
2014	7.2	4.5	53.4	41.2	2.8	4.5	3,981.0	65.2	14.4
2013	13.1	12.3	67.4	49.9	8.6	15.0	4,593.1	59.8	18.2

코오롱인더스트리 (A120110)
KOLON INDUSTRIES

업 종 : 화학	시 장 : 거래소
신용등급 : (Bond) A (CP) A2	기업규모 : 시가총액 중형주
홈 페 이 지 : www.koloninderstries.com	연 락 처 : 02)3677-3114
본 사 : 경기도 과천시 코오롱로 11 (별양동) 코오롱타워	

설 립 일 2010.01.05	종 업 원 수 3,671명	대 표 이 사 박동문
상 장 일 2010.02.01	감 사 의 견 적정 (삼정)	계 열
결 산 기 12월	보 통 주 2,515만주	종속회사수
액 면 가 5,000원	우 선 주 277만주	구 상 호

주주구성 (지분율,%)		출자관계 (지분율,%)		주요경쟁사 (외형,%)	
코오롱	32.2	코오롱에버레이	100.0	코오롱인더	100
국민연금공단	13.1	케이에프엔티	100.0	LG화학	453
(외국인)	21.0	씨에이텍	100.0	한화케미칼	203

매출구성		비용구성		수출비중	
산업자재군	36.2	매출원가율	71.9	수출	40.3
패션군	23.7	판관비율	22.0	내수	59.7
화학소재군	21.0				

회사 개요
코오롱의 제조사업부문이 2009년 분할돼 설립된 동사와 종속회사는 자동차소재 등을 생산하고 있는 산업자재군, 종합화학제품을 생산하고 있는 화학소재군, 필름, 전자재료 및 IT용 소재를 생산하고 있는 필름/전자재료군, 패션 및 아웃도어 제품의 생산 및 판매를 담당하고 있는 패션군, 의류소재군 등의 5개 사업군으로 나뉨. 동사의 연결대상 종속회사는 31개임. 동사가 소속된 코오롱그룹은 국내 37개 계열사와 해외 23개 법인을 두고 있음.

실적 분석
동사의 2016년 연결기준 누적 매출액은 4조 5,622.3억원으로 전년 대비 6.1% 감소함. 영업이익은 2,767.3억원으로 전년보다 1.3% 줄었으며, 비영업손실이 크게 감소하면서 당기순이익은 1,759.7억원으로 흑자 전환함. 원료가 상승에 따른 판가 반영 지연의 영향으로 매출이 축소됨. 산업자재 호조, 필름 턴어라운드 및 기타/의류소재 부문 적자 축소로 성장성이 기대됨.

현금 흐름 〈단위 : 억원〉

항목	2015	2016
영업활동	3,658	3,396
투자활동	-3,766	-2,618
재무활동	411	-185
순현금흐름	315	536
기말현금	935	1,472

시장 대비 수익률
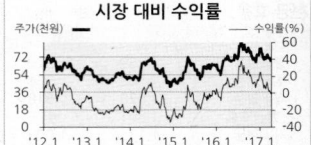

결산 실적 〈단위 : 억원〉

항목	2011	2012	2013	2014	2015	2016
매출액	54,201	53,130	52,615	53,377	48,565	45,622
영업이익	4,022	2,940	2,316	1,688	2,805	2,767
당기순이익	3,386	1,711	1,137	396	-1,451	1,760

분기 실적 〈단위 : 억원〉

항목	2015.3Q	2015.4Q	2016.1Q	2016.2Q	2016.3Q	2016.4Q
매출액	11,478	12,735	11,505	11,342	10,373	12,403
영업이익	623	723	862	775	481	649
당기순이익	332	312	559	643	295	262

재무 상태 〈단위 : 억원〉

항목	2011	2012	2013	2014	2015	2016
총자산	47,976	46,283	47,199	47,492	49,861	52,491
유형자산	19,658	19,527	21,136	21,510	21,529	22,023
무형자산	1,002	1,274	1,249	1,601	1,970	1,918
유가증권	2,499	1,845	1,395	1,121	1,413	2,193
총부채	30,058	27,457	27,743	27,401	30,217	31,239
총차입금	16,821	17,635	18,316	18,447	18,846	19,254
자본금	1,390	1,391	1,391	1,394	1,394	1,396
총자본	17,918	18,826	19,456	20,091	19,644	21,253
지배주주지분	17,232	17,534	18,175	18,844	18,320	19,810

기업가치 지표

항목	2011	2012	2013	2014	2015	2016
주가(최고/저)(천원)	117/51.1	75.4/48.2	62.6/43.9	71.4/40.9	72.3/44.4	90.3/53.5
PER(최고/저)(배)	10.5/4.6	13.3/8.5	16.3/11.4	48.7/27.9	—/—	15.0/8.9
PBR(최고/저)(배)	1.9/0.8	1.2/0.8	0.9/0.7	1.1/0.6	1.1/0.7	1.3/0.8
EV/EBITDA(배)	5.7	6.4	6.9	7.7	8.7	8.0
EPS(원)	11,968	6,010	4,008	1,517	-5,177	6,102
BPS(원)	66,952	67,989	70,208	67,609	65,694	70,954
CFPS(원)	17,518	12,200	10,555	8,391	1,777	13,221
DPS(원)	1,200	900	600	500	500	1,100
EBITDAPS(원)	20,446	16,755	14,871	12,932	17,013	17,039

재무 비율 〈단위 : % 〉

연도	영업이익률	순이익률	부채비율	차입금비율	ROA	ROE	유보율	자기자본비율	EBITDA마진율
2016	6.1	3.9	147.0	90.6	3.4	8.9	1,319.1	40.5	10.4
2015	5.8	-3.0	153.8	95.9	-3.0	-7.8	1,213.9	39.4	9.8
2014	3.2	0.7	136.4	91.8	0.8	2.3	1,252.2	42.3	6.8
2013	4.4	2.2	142.6	94.1	2.4	6.3	1,304.2	41.2	7.9

코오롱패션머티리얼 (A144620)
Kolon Fashion Material

업　　종 : 화학
신용등급 : (Bond) —　　(CP) —
홈페이지 : www.kolonfm.com
본　　사 : 경기도 과천시 코오롱로 13 코오롱타워 별관 8층

시　　장 : 거래소
기업규모 : 시가총액 소형주
연락처 : 02)3677-3745

설립일	2008.03.03	종업원수	357명	대표이사	이해운
상장일	2012.04.05	감사의견	적정 (삼정)	계　　열	
결산기	12월	보통주	900만주	종속회사수	
액면가	5,000원	우선주		구상호	

주주구성 (지분율,%)		출자관계 (지분율,%)		주요경쟁사 (외형,%)	
코오롱인더스트리	66.7	나노포라	49.0	코오롱머티리얼	100
신영자산운용	6.3	KOLONCHINA	2.4	씨큐브	11
(외국인)	0.9			원익큐브	61

매출구성		비용구성		수출비중	
폴리에스터(상품및제품)	40.0	매출원가율	93.1	수출	56.9
나일론(상품및제품)	28.8	판관비율	7.6	내수	43.1
우븐(Woven)(상품및제품)	14.7				

회사 개요
동사는 화학섬유의 제조, 판매 및 염색가공을 주요 사업으로 영위하고 있으며, 경기도 과천시에 본사를 두고 경상북도 김천, 구미 및 대구에 제조시설을 가지고 있음. 동사는 합성섬유의 생산에서 기능성 원단의 제조 판매에 이르는 섬유소재의 일관 사업 체제를 구축하는 사업을 영위하고 있음. 2014년 기준 국내 화섬업체 중 나일론은 점유율이 22%로 2위이며 폴리에스터는 9%의 점유율로 5위의 생산 규모를 가지고 있음.

실적 분석
동사의 2016년 연결기준 결산 매출액은 3,389.1억원으로 전년 대비 9.1% 하락하였음. 원가율 개선과 판관비 절감 노력(257.0억원)에도 불구하고, 영업이익은 전년 대비 적자를 지속하며 24.5억원 손실을 기록하였음. 당기순이익은 비영업이익 부문의 흑자전환 및 큰폭 성장에 따라 24.6억원을 기록하며 전년 대비 흑자 전환에 성공하였음.

현금 흐름 *IFRS 별도 기준 　〈단위 : 억원〉

항목	2015	2016
영업활동	-156	-42
투자활동	-99	254
재무활동	254	-193
순현금흐름	-1	17
기말현금	8	25

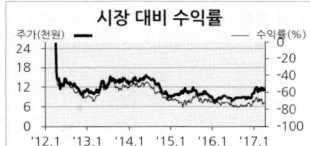

결산 실적 　〈단위 : 억원〉

항목	2011	2012	2013	2014	2015	2016
매출액	6,412	5,440	5,469	4,797	3,728	3,389
영업이익	275	17	112	-68	-77	-25
당기순이익	185	33	82	-100	-95	25

분기 실적 *IFRS 별도 기준 　〈단위 : 억원〉

항목	2015.3Q	2015.4Q	2016.1Q	2016.2Q	2016.3Q	2016.4Q
매출액	873	848	908	889	740	852
영업이익	-32	-54	5	12	-38	-4
당기순이익	-33	-71	1	13	-39	49

재무 상태 *IFRS 별도 기준 　〈단위 : 억원〉

항목	2011	2012	2013	2014	2015	2016
총자산	2,782	2,942	3,024	2,947	3,035	2,882
유형자산	1,040	1,068	1,291	1,356	1,183	1,082
무형자산	153	153	149	159	196	195
유가증권	167	206	178	175	180	176
총부채	1,258	951	975	1,014	1,199	1,027
총차입금	178	101	102	302	568	395
자본금	300	450	450	450	450	450
총자본	1,524	1,991	2,049	1,932	1,836	1,855
지배주주지분	1,524	1,991	2,049	1,932	1,836	1,855

기업가치 지표 *IFRS 별도 기준

항목	2011	2012	2013	2014	2015	2016
주가(최고/저)(천원)	—/—	25.6/9.5	15.5/9.8	15.6/8.7	12.1/8.7	10.3/7.3
PER(최고/저)(배)	0.0/0.0	66.8/24.7	17.5/11.0	—/—	—/—	37.7/27.0
PBR(최고/저)(배)	0.0/0.0	1.2/0.4	0.7/0.4	0.7/0.4	0.6/0.4	0.5/0.4
EV/EBITDA(배)	0.5	14.0	7.6			31.8
EPS(원)	617	79	182	-222	-211	55
BPS(원)	25,394	22,127	22,763	21,470	20,403	20,613
CFPS(원)	3,756	938	1,449	-473	-374	998
DPS(원)		100	200			100
EBITDAPS(원)	5,265	742	1,778	-119	-178	452

재무 비율 　〈단위 : % 〉

연도	영업이익률	순이익률	부채비율	차입금비율	ROA	ROE	유보율	자기자본비율	EBITDA마진율
2016	-0.7	0.7	55.3	21.3	0.8	1.3	312.3	64.4	1.2
2015	-2.1	-2.6	65.3	31.0	-3.2	-5.0	308.1	60.5	-0.4
2014	-1.4	-2.1	52.5	15.6	-3.3	-5.0	329.4	65.6	-0.2
2013	2.0	1.5	47.6	5.0	2.8	4.1	355.3	67.8	2.9

코오롱플라스틱 (A138490)
KOLON PLASTICS

업　　종 : 화학
신용등급 : (Bond) —　　(CP) —
홈페이지 : www.kolonplastics.com
본　　사 : 경북 김천시 공단3길 64 (응명동)

시　　장 : 거래소
기업규모 : 시가총액 소형주
연락처 : 054)420-8371

설립일	1996.03.15	종업원수	260명	대표이사	장희구
상장일	2011.06.15	감사의견	적정 (한영)	계　　열	
결산기	12월	보통주	3,800만주	종속회사수	
액면가	1,000원	우선주		구상호	

주주구성 (지분율,%)		출자관계 (지분율,%)		주요경쟁사 (외형,%)	
코오롱인더스트리	66.7	코오롱바스프이노폼	50.0	코오롱바스프이노폼	100
코오롱플라스틱우리사주조합	3.8	KolonPlastics(BEIJING),INC	90.0	휴켐스	251
(외국인)	0.7	KOLONCHINA(HK)COMPANYLIMITED	2.4	송원산업	291

매출구성		비용구성		수출비중	
Compound 제품	59.9	매출원가율	81.9	수출	46.4
POM	40.1	판관비율	10.6	내수	53.6

회사 개요
동사는 엔지니어링 플라스틱의 제조, 가공, 판매업을 영위함. 구조용 및 기계 부품에 적합한 고성능 엔지니어링 플라스틱은 일반 범용 플라스틱에 비해 내열성과 인장강도, 굴곡탄성률 등에서 우수한 물적 특성을 가짐. 동사는 엔지니어링 플라스틱 중 폴리아미드(PA), 폴리옥시메틸렌(POM) 등을 생산, 판매함. 2011년 이후 엔지니어링 플라스틱 시장이 연평균 5%씩 성장하고 있음.

실적 분석
동사의 2016년 연결기준 결산 매출액은 2,383.8억원으로 전년 대비 4.8% 감소하였음. 영업이익은 판관비의 증가(전년대비 26.4% 상승)에도 불구하고, 원가율의 대폭 개선에 힘입어 179.3억원을 기록하며 전년 대비 26.4% 증가하였음. 최종적으로 당기순이익은 176.8억원으로 전년대비 96.7% 증가하였음. 매출원가 감소에 따른 원가율 개선이 수익성을 높인 것으로 보여짐.

현금 흐름 　〈단위 : 억원〉

항목	2015	2016
영업활동	242	382
투자활동	-64	-712
재무활동	-170	439
순현금흐름	10	112
기말현금	61	173

결산 실적 　〈단위 : 억원〉

항목	2011	2012	2013	2014	2015	2016
매출액	2,092	2,301	2,229	2,453	2,504	2,384
영업이익	134	102	13	60	142	179
당기순이익	115	78	-31	18	90	177

분기 실적 　〈단위 : 억원〉

항목	2015.3Q	2015.4Q	2016.1Q	2016.2Q	2016.3Q	2016.4Q
매출액	589	650	601	625	561	596
영업이익	43	37	58	63	50	9
당기순이익	27	29	43	48	54	33

재무 상태 　〈단위 : 억원〉

항목	2011	2012	2013	2014	2015	2016
총자산	1,965	2,085	2,196	2,143	2,086	3,083
유형자산	1,128	1,181	1,164	1,159	1,108	1,411
무형자산	7	33	33	46	68	75
유가증권		12	12	12	14	16
총부채	1,088	1,151	1,310	1,237	1,111	1,335
총차입금	484	786	951	867	745	615
자본금	290	290	290	290	290	380
총자본	877	934	885	905	975	1,748
지배주주지분	877	934	885	905	974	1,747

기업가치 지표

항목	2011	2012	2013	2014	2015	2016
주가(최고/저)(천원)	9.9/4.1	8.2/4.6	5.4/3.7	5.4/3.6	8.3/4.4	9.4/5.9
PER(최고/저)(배)	23.4/9.6	33.0/18.5	—/—	92.0/62.0	28.4/15.1	18.5/11.6
PBR(최고/저)(배)	3.6/1.5	2.8/1.5	1.9/1.3	1.8/1.2	2.6/1.4	2.1/1.3
EV/EBITDA(배)	12.5	11.9	20.4	14.5	11.6	10.7
EPS(원)	447	261	-106	60	301	516
BPS(원)	3,024	3,220	3,051	3,119	3,358	4,596
CFPS(원)	535	593	199	381	644	795
DPS(원)	50	50		50	75	100
EBITDAPS(원)	609	675	351	525	825	803

재무 비율 　〈단위 : % 〉

연도	영업이익률	순이익률	부채비율	차입금비율	ROA	ROE	유보율	자기자본비율	EBITDA마진율
2016	7.5	7.4	76.4	35.2	6.8	13.0	359.6	56.7	11.5
2015	5.7	3.6	113.9	76.4	4.3	9.5	235.8	46.7	9.6
2014	2.4	0.8	136.7	95.8	0.9	2.0	211.9	42.3	6.2
2013	0.6	-1.4	148.0	107.5	-1.5	-3.5	205.1	40.3	4.6

코웨이 (A021240)
Coway

업 종 : 내구소비재		시 장 : 거래소	
신용등급 : (Bond) — (CP) A1		기업규모 : 시가총액 대형주	
홈페이지 : www.coway.co.kr		연 락 처 : 041)850-7800	
본 사 : 충남 공주시 유구읍 유구마곡사로 136-23			

설 립 일 1989.05.02	종업원수 4,780명	대표이사 김동현
상 장 일 2001.08.07	감사의견 적정 (한영)	계	열
결 산 기 12월	보 통 주 7,561만주	종속회사수
액 면 가 500원	우 선 주	구 상 호 웅진코웨이

주주구성 (지분율,%)		출자관계 (지분율,%)		주요경쟁사 (외형,%)	
코웨이홀딩스	31.5	코웨이엔텍	100.0	코웨이	100
Government of Singapore Investment Corporation Pte Ltd	7.2	포천맑은물	70.0	쿠쿠전자	30
(외국인)	54.6	아카데미인프라	7.8	경동나비엔	25

매출구성		비용구성		수출비중	
[렌탈 및 멤버쉽 매출]정수기군	42.3	매출원가율	34.2	수출	—
기타	28.5	판관비율	51.6	내수	—
[렌탈 및 멤버쉽 매출]비데군	12.2				

회사 개요
동사의 주요 사업분야는 정수기, 비데, 공기청정기, 연수기를 주력으로 하는 환경가전 사업으로 국내 뿐 아니라 해외로도 판매를 확대하고 있음. 2010년에 화장품 사업에 진출하여 방문판매 중심의 고기능성 프리미엄 화장품을 판매하고 있으며, 2011년에는 매트리스 사업을 시작하여 렌탈판매 방식을 시장에 도입. 사모펀드인 엠비케이파트너스의 경영권인수로 웅진그룹으로 부터 분리됨.

실적 분석
동사의 2016년 연결 기준 결산 매출액은 2조 3,763억원으로 전기 대비 2.6% 증가하였으나, 원가율 및 판관비중 증가 여파로 영업이익은 26.9% 감소한 3,388억원 시현함. 니켈검출 정수기 파문으로 얼음정수기 11만대를 전량 환불 및 폐기처리하고, 이와 관련한 해약률 상승과 계정감소 등으로 일시적으로 매출액이 감소했지만 8월 이후 점진적으로 회복세를 보이고 있으며, 마케팅 확대를 바탕으로 수익성 또한 개선되고 있음.

현금 흐름 〈단위 : 억원〉
항목	2015	2016
영업활동	5,450	4,693
투자활동	-3,712	-4,709
재무활동	-2,038	-483
순현금흐름	-311	-500
기말현금	1,163	663

시장 대비 수익률
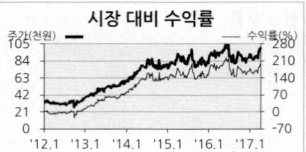

결산 실적 〈단위 : 억원〉
항목	2011	2012	2013	2014	2015	2016
매출액	18,244	19,928	21,183	21,603	23,152	23,763
영업이익	2,347	2,261	3,390	3,644	4,633	3,388
당기순이익	1,671	940	2,451	2,497	3,431	2,433

분기 실적 〈단위 : 억원〉
항목	2015.3Q	2015.4Q	2016.1Q	2016.2Q	2016.3Q	2016.4Q
매출액	5,804	6,313	6,237	5,550	5,835	6,141
영업이익	1,239	1,286	1,236	118	1,070	964
당기순이익	924	905	952	28	677	777

재무 상태 〈단위 : 억원〉
항목	2011	2012	2013	2014	2015	2016
총자산	16,247	17,551	16,679	16,216	17,754	19,677
유형자산	5,689	6,304	6,383	6,752	6,995	6,694
무형자산	1,832	1,837	1,768	1,706	1,688	1,830
유가증권	26	25	25	24	24	25
총부채	8,868	9,700	7,270	5,822	5,372	7,844
총차입금	5,474	5,943	3,419	1,655	881	3,519
자본금	407	407	407	407	407	407
총자본	7,379	7,851	9,409	10,394	12,382	11,833
지배주주지분	7,379	7,851	9,409	10,385	12,374	11,828

기업가치 지표
항목	2011	2012	2013	2014	2015	2016
주가(최고/저)(천원)	35.1/26.6	38.3/26.1	60.1/37.5	85.6/57.3	97.7/73.1	108/77.8
PER(최고/저)(배)	19.3/14.6	36.4/24.7	21.1/13.7	29.2/19.6	23.7/17.7	35.7/25.7
PBR(최고/저)(배)	3.8/2.9	3.9/2.7	4.9/3.2	6.3/4.2	6.0/4.5	6.3/4.5
EV/EBITDA(배)	8.3	5.9	8.7	11.3	9.3	12.2
EPS(원)	2,166	1,219	3,178	3,238	4,449	3,167
BPS(원)	10,962	11,354	13,535	15,146	17,654	17,891
CFPS(원)	4,234	3,600	5,748	6,007	7,401	6,198
DPS(원)	1,050		2,710	2,000	2,800	3,200
EBITDAPS(원)	5,111	5,313	6,966	7,495	8,960	7,435

재무 비율 〈단위 : % 〉
연도	영업이익률	순이익률	부채비율	차입금비율	ROA	ROE	유보율	자기자본비율	EBITDA마진율
2016	14.3	10.2	66.3	29.7	13.0	20.1	3,260.7	60.1	24.1
2015	20.0	14.8	43.4	7.1	20.2	30.2	3,248.4	69.7	29.9
2014	16.9	11.6	56.0	15.9	15.2	25.2	2,772.8	64.1	26.8
2013	16.0	11.6	77.3	36.3	14.3	28.4	2,467.3	56.4	25.4

코웰패션 (A033290)
COWELL FASHION

업 종 : 전자 장비 및 기기		시 장 : KOSDAQ	
신용등급 : (Bond) — (CP) —		기업규모 : 중견	
홈페이지 : www.cowellfashion.co.kr		연 락 처 : 031)546-5200	
본 사 : 경기도 수원시 영통구 신원로 270 (원천동)			

설 립 일 1974.06.11	종업원수 390명	대표이사 최용석,임종민
상 장 일 1997.10.13	감사의견 적정 (대주)	계	열
결 산 기 12월	보 통 주 9,206만주	종속회사수
액 면 가 500원	우 선 주	구 상 호 필코전자

주주구성 (지분율,%)		출자관계 (지분율,%)		주요경쟁사 (외형,%)	
대명화학	67.5	씨에프크리에이티브	100.0	코웰패션	100
이순섭	11.3	씨에프에이	50.0	아트라스BX	222
(외국인)	0.1	씨에프코스메틱스	49.0	녹십자셀	11

매출구성		비용구성		수출비중	
내의류및 잡화	83.2	매출원가율	48.4	수출	44.6
콘덴서(상품)	13.2	판관비율	37.8	내수	55.4
콘덴서(제품)	10.6				

회사 개요
동사는 콘덴서와 저항기를 제조, 판매하는 전자부품 전문기업임. 제품 소형화를 통한 신제품 출시와 가격 경쟁력을 바탕으로 수익성 개선 작업을 추진 중임. 동사는 일본 등 해외 시장의 공격적 진출을 통해 외형 확대에 노력 중임. 2015년 4월 1일 속옷 전문 생산업체인 코웰패션을 흡수 합병해 푸마 및 아디다스 언더웨어를 생산 판매 중임. 2016년 6월 16일 씨에프코스메틱스 연결 자회사로 포함됨.

실적 분석
동사의 2016년 누적매출액은 2,496.9억원으로 전년 대비 54.6% 증가함. 영업이익은 345.1억원으로 102.5% 늘었고, 당기순이익은 전년보다 41.8% 증가한 220억원을 기록함. 패션사업부 매출이 큰 폭으로 증가한 것은 매출 증가의 원인임. 친환경 추세에 발맞춰 LED조명, 태양광발전관련 Film Capacitor, 전력충전에너지분야, 전해콘덴서 등에 R&D를 집중하고 있음. 화장품 사업 진출로 추가 외형 성장이 기대됨.

현금 흐름 〈단위 : 억원〉
항목	2015	2016
영업활동	11	348
투자활동	-8	-75
재무활동	17	-78
순현금흐름	62	195
기말현금	84	278

시장 대비 수익률
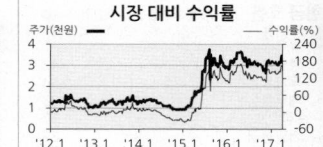

결산 실적 〈단위 : 억원〉
항목	2011	2012	2013	2014	2015	2016
매출액	1,267	525	466	492	1,615	2,497
영업이익	146	-15	-41	-24	170	345
당기순이익	67	-43	113	-73	104	220

분기 실적 〈단위 : 억원〉
항목	2015.3Q	2015.4Q	2016.1Q	2016.2Q	2016.3Q	2016.4Q
매출액	383	571	571	545	574	807
영업이익	42	62	78	79	64	124
당기순이익	24	23	61	52	50	57

재무 상태 〈단위 : 억원〉
항목	2011	2012	2013	2014	2015	2016
총자산	2,383	2,350	1,268	1,091	1,821	2,085
유형자산	1,175	1,138	641	603	711	666
무형자산	151	129	2	2	5	5
유가증권	18	69	103	223	130	120
총부채	1,099	1,092	423	311	645	733
총차입금	813	852	342	233	413	389
자본금	138	138	138	144	465	465
총자본	1,284	1,258	844	780	1,176	1,352
지배주주지분	795	692	844	780	1,161	1,312

기업가치 지표
항목	2011	2012	2013	2014	2015	2016
주가(최고/저)(천원)	1.8/0.8	1.7/1.0	1.6/1.0	1.4/0.9	3.7/0.9	3.7/2.7
PER(최고/저)(배)	—/—	—/—	—/—	—/—	30.2/7.3	17.4/12.3
PBR(최고/저)(배)	0.6/0.3	0.7/0.4	0.5/0.3	0.5/0.3	3.0/0.7	2.6/1.8
EV/EBITDA(배)	5.4	10.2	5.5	16.4	14.3	7.7
EPS(원)	-194	-406	-22	-258	124	215
BPS(원)	2,892	2,517	3,070	2,701	1,247	1,456
CFPS(원)	137	89	504	-84	170	251
DPS(원)						
EBITDAPS(원)	876	442	376	90	266	407

재무 비율 〈단위 : % 〉
연도	영업이익률	순이익률	부채비율	차입금비율	ROA	ROE	유보율	자기자본비율	EBITDA마진율
2016	13.8	8.8	54.2	28.8	11.3	16.2	191.3	64.9	15.2
2015	10.6	6.5	54.8	35.1	7.2	9.9	149.4	64.6	12.7
2014	-4.8	-14.7	39.8	29.9	-6.2	-8.9	440.2	71.5	5.1
2013	-8.8	24.2	50.1	40.5	6.2	-0.8	514.1	66.6	22.2

코위버 (A056360)
Communication Weaver

업　　종 : 통신장비　　　　　　　　　　시　　장 : KOSDAQ
신용등급 : (Bond) —　　(CP) —　　　　기업규모 : 우량
홈페이지 : www.coweaver.co.kr　　　　연 락 처 : 02)3140-3300
본　　사 : 서울시 마포구 동교로19길 12 (서교동)

설 립 일 2000.02.18	종 업 원 수 129명	대 표 이 사	황인환
상 장 일 2001.12.04	감 사 의 견 적정 (세일)	계	열
결 산 기 12월	보 통 주 980만주	종 속 회 사 수	
액 면 가 500원	우 선 주	구 상 호	

주주구성 (지분율,%)		출자관계 (지분율,%)		주요경쟁사 (외형,%)	
황인환	16.8	위버브릿지 100.0		코위버	100
김근식	9.7	모비리안 100.0		콤텍시스템	284
(외국인)	1.5			오이솔루션	136

매출구성		비용구성		수출비중	
MSPP	39.4	매출원가율	67.2	수출	0.0
WDM	27.4	판관비율	24.0	내수	100.0
기타	20.2				

회사 개요
유선 광전송장비 개발 및 제조 등을 주요 사업으로 영위하고 있으며, KT, LGU+, SK브로드밴드, SK C&C, 도로공사 등 국내 메이저 통신 사업자 및 주요 공공기관을 거래선으로 확보하고 있음. 주력 제품인 MSPP가 전체 매출액에서 약 25%를 차지하고 있음. 경쟁업체와 다른 점은 100% 내수 매출만 확보하고 있다는 것임. 종속회사로는 수입차 전문전비공장과 중고차 부품 판매를 하는 모비리안과 통신 장비 제조업체인 위버브릿지 등이 있음.

실적 분석
2016년 연간 매출은 587억원으로 전년대비 2.2% 감소, 영업이익은 51.9억원으로 전년 대비 16.5% 감소함. 국내 LTE 관련 투자 축소로 주력 제품의 매출 둔화 모습을 보임. 매출 정체로 원가율 부담, 판매관리비 증가 영향으로 영업이익은 부진하였으로 보임. 향후 5G 투자 가능성과 사물인터넷 등을 종합해보면 유,무선 분야의 설비투자 규모가 증가할 것으로 전망

현금 흐름 〈단위 : 억원〉

항목	2015	2016
영업활동	119	48
투자활동	-17	-12
재무활동	17	33
순현금흐름	119	69
기말현금	202	271

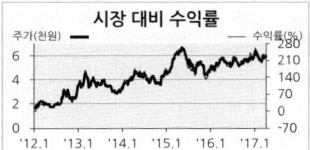

결산 실적 〈단위 : 억원〉

항목	2011	2012	2013	2014	2015	2016
매출액	452	453	614	587	600	587
영업이익	13	18	48	72	62	52
당기순이익	17	29	63	75	93	66

분기 실적 〈단위 : 억원〉

항목	2015.3Q	2015.4Q	2016.1Q	2016.2Q	2016.3Q	2016.4Q
매출액	74	317	63	133	122	269
영업이익	-11	61	-6	6	11	42
당기순이익	-6	85	-8	11	10	54

재무 상태 〈단위 : 억원〉

항목	2011	2012	2013	2014	2015	2016
총자산	655	678	806	851	1,020	1,146
유형자산	153	152	148	148	148	146
무형자산	49	51	53	43	36	27
유가증권	25	5	5	47	45	62
총부채	86	78	149	130	193	262
총차입금	10	24	30	30	30	70
자본금	49	49	49	49	49	49
총자본	570	600	657	720	827	884
지배주주지분	570	600	657	720	827	884

기업가치 지표

항목	2011	2012	2013	2014	2015	2016
주가(최고/저)(천원)	2.1/1.3	3.2/1.5	4.6/2.8	4.7/3.2	7.0/4.3	5.9/4.7
PER(최고/저)(배)	13.6/8.7	12.1/5.7	7.9/4.8	6.6/4.4	7.6/4.7	8.8/7.1
PBR(최고/저)(배)	0.4/0.3	0.6/0.3	0.7/0.4	0.7/0.4	0.8/0.5	0.7/0.5
EV/EBITDA(배)	2.7		9.1	5.4	4.6	3.6	5.0
EPS(원)	173	295	643	767	948	676
BPS(원)	6,106	6,409	6,996	7,641	8,574	9,162
CFPS(원)	327	452	772	910	1,093	807
DPS(원)	—	60	100	130	100	70
EBITDAPS(원)	283	337	623	875	779	661

재무 비율 〈단위 : % 〉

연도	영업이익률	순이익률	부채비율	차입금비율	ROA	ROE	유보율	자기자본비율	EBITDA마진율
2016	8.8	11.3	29.7	7.9	6.1	7.7	1,732.3	77.1	11.0
2015	10.4	15.5	23.4	3.7	9.9	12.0	1,614.8	81.1	12.7
2014	12.2	12.8	18.1	4.2	9.1	10.9	1,428.3	84.7	14.6
2013	7.9	10.3	22.7	4.6	8.5	10.0	1,299.2	81.5	9.9

코이즈 (A121850)
KOYJ CO

업　　종 : 디스플레이 및 관련부품　　　시　　장 : KOSDAQ
신용등급 : (Bond) —　　(CP) —　　　　기업규모 : 벤처
홈페이지 : www.koyj.co.kr　　　　　　연 락 처 : 070)8230-5433
본　　사 : 충북 충주시 대소원면 첨단산업로 146

설 립 일 2006.02.16	종 업 원 수 97명	대 표 이 사	조재형
상 장 일 2012.09.27	감 사 의 견 적정 (삼정)	계	열
결 산 기 12월	보 통 주 994만주	종 속 회 사 수	
액 면 가 500원	우 선 주	구 상 호	

주주구성 (지분율,%)		출자관계 (지분율,%)		주요경쟁사 (외형,%)	
조재형	39.6	충경고일지광전유한공사 100.0		코이즈	100
최연주	14.8	남경고일지광전유한공사 100.0		우리이티아이	4,877
(외국인)	1.1			유테크	90

매출구성		비용구성		수출비중	
제품[광학코팅]	62.4	매출원가율	82.5	수출	—
제품[도광판]	33.7	판관비율	15.0	내수	—
상품매출	2.1				

회사 개요
동사는 2006년에 설립된 보호필름 제조 및 LCD의 부품인 백라이트유닛(BLU)의 구성 요소인 광학필름의 코팅과 도광판 제조 기업으로, 2012년 9월에 코스닥시장에 신규상장됨. 광학필름 중에서도 프리즘시트 백코팅(후면코팅) 위주로 사업을 영위하고 있으며, 자체적으로 원료를 구입하여 직접 필름 원단의 성질별로 코팅액을 조액함으로써 생산 원가 및 품질에서 우위를 보유함.

실적 분석
동사의 2016년 연결기준 연간 누적 매출액은 314.4억원으로 전년 동기 대비 20.9% 증가함. 매출 증가에 따라 매출원가가 비용도 늘었지만 판매비와 관리비는 오히려 감소. 고정 비용 감소 효과로 인해 영업이익은 7.9억원으로 전년 동기 대비 흑자전환에 성공함. 비영업손익 부문에서도 금융손실이 감소하면서 당기순이익은 15억원으로 전년 동기 대비 흑자전환

현금 흐름 〈단위 : 억원〉

항목	2015	2016
영업활동	45	-7
투자활동	-27	63
재무활동	-17	-49
순현금흐름	1	7
기말현금	54	62

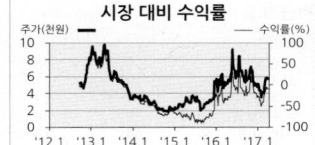

결산 실적 〈단위 : 억원〉

항목	2011	2012	2013	2014	2015	2016
매출액	278	355	241	279	260	314
영업이익	60	80	-1	-1	-15	8
당기순이익	51	51	-7	-5	-24	15

분기 실적 〈단위 : 억원〉

항목	2015.3Q	2015.4Q	2016.1Q	2016.2Q	2016.3Q	2016.4Q
매출액	110	37	93	68	75	79
영업이익	-17	6	1	2	-2	7
당기순이익	-20	6	2	4	-10	19

재무 상태 〈단위 : 억원〉

항목	2011	2012	2013	2014	2015	2016
총자산	327	459	591	575	580	549
유형자산	192	213	288	327	329	233
무형자산	10	17	19	21	17	16
유가증권	—	—	—	—	—	—
총부채	164	138	288	278	307	251
총차입금	126	83	234	242	261	198
자본금	21	33	33	33	48	50
총자본	162	321	303	297	273	298
지배주주지분	162	321	303	297	273	298

기업가치 지표

항목	2011	2012	2013	2014	2015	2016
주가(최고/저)(천원)	—/—	8.3/4.6	9.9/3.3	3.9/1.8	5.6/1.9	9.2/3.9
PER(최고/저)(배)	0.0/0.0	13.4/7.6	—/—	—/—	—/—	61.0/26.1
PBR(최고/저)(배)	0.0/0.0	2.5/1.4	3.0/1.0	1.2/0.6	1.9/0.7	2.9/1.3
EV/EBITDA(배)	1.1	7.4	14.9	12.1	44.4	16.8
EPS(원)	761	624	-72	-48	-252	153
BPS(원)	3,057	4,900	4,894	4,839	3,023	3,198
CFPS(원)	1,426	1,278	311	383	57	442
DPS(원)	—	150	—	—	—	55
EBITDAPS(원)	1,620	1,776	405	432	155	370

재무 비율 〈단위 : % 〉

연도	영업이익률	순이익률	부채비율	차입금비율	ROA	ROE	유보율	자기자본비율	EBITDA마진율
2016	2.5	4.8	84.3	66.4	2.7	5.2	539.7	54.3	11.5
2015	-5.8	-9.4	112.2	95.4	-4.2	-8.6	504.5	47.1	5.8
2014	-0.5	-1.7	93.6	81.3	-0.8	-1.6	867.7	51.6	10.2
2013	-0.4	-2.9	95.3	77.2	-1.3	-2.2	878.8	51.2	11.0

861

코콤 (A015710)
Kocom

업 종 : 보안장비		시 장 : KOSDAQ	
신용등급 : (Bond) — (CP) —		기업규모 : 우량	
홈 페 이 지 : www.kocom.co.kr		연 락 처 : 02)6675-2135	
본 사 : 경기도 부천시 원미구 원미로 177번길 21(원미동 8-3)			

설 립 일 1976.06.01	종 업 원 수 138명	대 표 이 사 고성욱			
상 장 일 1997.09.30	감 사 의 견 적정 (안진)	계 열			
결 산 기 12월	보 통 주 1,753만주	종속회사수			
액 면 가 500원	우 선 주	구 상 호			

주주구성 (지분율,%)
한세전자	16.9
고성욱	16.3
(외국인)	1.1

출자관계 (지분율,%)
코콤하이엠	70.0
정보통신공제조합	0.1
KOCOMSDNBHD	9.1

주요경쟁사 (외형,%)
코콤	100
슈프리마	37
현대통신	77

매출구성
스마트 홈 시스템(IoT/홈 네트워크 시스템)	81.9
기타	10.7
LED조명	5.8

비용구성
매출원가율	72.5
판관비율	19.7

수출비중
수출	11.3
내수	88.7

회사 개요
2011년에 설립된 동사는 네트워크 통신기기, 디지털카메라, 비디오폰, 인터폰, LED조명기기 등의 판매를 주사업으로 하고 있음. 사업부문은 크게 주택설비 사업부문, CCTV사업부문, 솔루션 사업부문, LED조명사업부문, 부가통신 사업부문으로 나뉨. 동사는 스마트 홈 시스템 부문에서 국내 30~35%의 시장점유율을 차지하고 있을 것으로 추정됨. 매출 비중은 스마트홈시스템이 약 70%, 인터폰과 LED가 10% 상회, CCTV 및 기타가 나머지.

실적 분석
동사의 2016년 매출액은 1138.9억원으로 전년에 대비해 2.8% 증가했으며 영업이익은 88.4억원으로 전년 대비 9.9억원 감소했음. 당기순이익은 72.1억원으로 전년 대비 0.2억원이 감소한 경영실적을 실현했음. 동사는 적극적인 영업활동으로 매출액이 증가했으며, 원가절감에 총력을 기울였지만 환율변동 및 경기침체, 국내외 시장 불안정으로 영업이익 및 당기순이익이 감소했음.

현금 흐름 〈단위 : 억원〉
항목	2015	2016
영업활동	52	48
투자활동	-19	-61
재무활동	-24	-17
순현금흐름	10	-29
기말현금	44	15

시장 대비 수익률
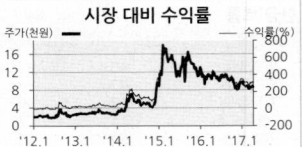

결산 실적 〈단위 : 억원〉
항목	2011	2012	2013	2014	2015	2016
매출액	810	833	952	1,035	1,108	1,139
영업이익	34	57	50	96	98	88
당기순이익	33	34	30	58	72	72

분기 실적 〈단위 : 억원〉
항목	2015.3Q	2015.4Q	2016.1Q	2016.2Q	2016.3Q	2016.4Q
매출액	325	308	227	277	268	367
영업이익	40	12	21	25	26	16
당기순이익	31	2	13	20	19	20

재무 상태 〈단위 : 억원〉
항목	2011	2012	2013	2014	2015	2016
총자산	906	1,019	1,115	1,059	1,101	1,178
유형자산	247	253	255	252	250	302
무형자산	30	24	21	20	16	14
유가증권	39	13	4	4	4	4
총부채	251	336	409	303	212	237
총차입금	67	151	160	112	0	3
자본금	88	88	88	88	88	88
총자본	655	683	706	756	889	940
지배주주지분	652	681	706	755	889	940

기업가치 지표
항목	2011	2012	2013	2014	2015	2016
주가(최고/저)(천원)	2.4/1.6	3.6/1.7	3.8/2.4	9.8/2.6	21.2/8.9	13.4/8.0
PER(최고/저)(배)	13.9/9.2	19.9/9.4	22.2/13.7	30.4/8.1	52.3/22.0	33.0/19.7
PBR(최고/저)(배)	0.7/0.4	0.9/0.4	0.9/0.6	2.2/0.6	4.2/1.8	2.5/1.5
EV/EBITDA(배)	10.2	9.0	10.0	15.7	20.3	16.7
EPS(원)	191	197	183	331	416	412
BPS(원)	4,006	4,168	4,312	4,593	5,243	5,538
CFPS(원)	239	248	254	412	488	478
DPS(원)	25	50	50	100	125	150
EBITDAPS(원)	240	379	358	631	634	571

재무 비율 〈단위 : % 〉
연도	영업이익률	순이익률	부채비율	차입금비율	ROA	ROE	유보율	자기자본비율	EBITDA마진율
2016	7.8	6.3	25.2	0.3	6.3	7.9	1,007.7	79.9	8.8
2015	8.9	6.5	23.9	0.1	6.7	8.9	948.6	80.7	10.0
2014	9.3	5.6	40.1	14.8	5.3	7.9	818.7	71.4	10.7
2013	5.3	3.2	57.8	22.6	2.8	4.6	762.3	63.4	6.6

코텍 (A052330)
Kortek

업 종 : 디스플레이 및 관련부품		시 장 : KOSDAQ	
신용등급 : (Bond) — (CP) —		기업규모 : 우량	
홈 페 이 지 : www.kortek.co.kr		연 락 처 : 032)860-3000	
본 사 : 인천시 연수구 벤처로 24번길 26 (송도동)			

설 립 일 1987.03.06	종 업 원 수 400명	대 표 이 사 김영달			
상 장 일 2001.07.10	감 사 의 견 적정 (한울)	계 열			
결 산 기 12월	보 통 주 1,557만주	종속회사수			
액 면 가 500원	우 선 주	구 상 호			

주주구성 (지분율,%)
아이디스홀딩스	33.0
베어링자산운용	7.0
(외국인)	23.9

출자관계 (지분율,%)
KortekCorporationUSA	98.0

주요경쟁사 (외형,%)
코텍	100
HB테크놀러지	91
동아엘텍	73

매출구성
AS 외	95.9
TFT-LCD 모니터	4.1

비용구성
매출원가율	75.8
판관비율	14.3

수출비중
수출	97.7
내수	2.3

회사 개요
현재 동사의 양대 사업축은 카지노용 모니터와 PID(Public Information Display)사업이라 할 수 있으며, 카지노 모니터는 세계 시장 점유율의 50% 이상 차지하고 있음. 의료용 모니터 등 특수 목적용 모니터는 신규 사업으로 동사는 지멘스, GE 등에서 공급하는 초음파 진단기 시장에 진입함. 특수용 디스플레이는 현재 항공, 군사 분야에 집중적으로 연구개발이 진행되고 있으며 2017년 창립30주년을 맞아 새로운 도약을 계획중임.

실적 분석
동사의 2016년 기준 매출액은 전년대비 23.1% 성장한 2,979.6억원을 기록함. 매출원가율은 하락했으나 판관비율은 상승하였고 그 결과 영업이익 292.8억원, 당기순이익 377.5억원으로 전년대비 각각 11.4%, 62.8% 증가함. 큰 폭의 순이익 증가는 비영업이익과 법인세 환급에 기인함. 2016년 기준 제품별 매출비중은 TFT-LCD 모니터 96.4%, AS 외 3.6%로 구성됨.

현금 흐름 *IFRS 별도 기준 〈단위 : 억원〉
항목	2015	2016
영업활동	152	200
투자활동	174	-116
재무활동	243	-85
순현금흐름	572	2
기말현금	588	591

시장 대비 수익률
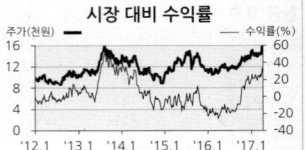

결산 실적 〈단위 : 억원〉
항목	2011	2012	2013	2014	2015	2016
매출액	1,604	1,603	1,698	1,488	2,420	2,980
영업이익	206	206	207	55	263	293
당기순이익	213	175	174	63	232	377

분기 실적 *IFRS 별도 기준 〈단위 : 억원〉
항목	2015.3Q	2015.4Q	2016.1Q	2016.2Q	2016.3Q	2016.4Q
매출액	719	613	521	748	813	897
영업이익	95	59	63	60	93	76
당기순이익	102	28	35	67	146	129

재무 상태 *IFRS 별도 기준 〈단위 : 억원〉
항목	2011	2012	2013	2014	2015	2016
총자산	1,688	1,711	1,839	1,823	2,354	2,758
유형자산	447	441	440	429	428	447
무형자산	39	38	47	56	54	41
유가증권	86	90	79	101	70	53
총부채	305	214	195	172	226	328
총차입금	77	22	11	—	—	2
자본금	64	64	65	65	78	78
총자본	1,383	1,497	1,645	1,651	2,128	2,430
지배주주지분	1,383	1,497	1,645	1,651	2,128	2,430

기업가치 지표 *IFRS 별도 기준
항목	2011	2012	2013	2014	2015	2016
주가(최고/저)(천원)	9.0/6.1	11.5/8.6	16.4/10.0	14.4/8.8	15.3/9.8	14.3/10.3
PER(최고/저)(배)	6.2/4.2	9.6/7.2	13.6/8.3	32.3/19.7	9.4/6.1	6.0/4.4
PBR(최고/저)(배)	1.0/0.7	1.1/0.8	1.4/0.9	1.2/0.7	1.1/0.7	0.9/0.7
EV/EBITDA(배)	4.7	4.9	6.5	13.0	4.0	4.3
EPS(원)	1,631	1,327	1,307	475	1,694	2,424
BPS(원)	10,862	11,628	12,673	12,951	13,965	16,166
CFPS(원)	1,861	1,545	1,507	660	1,846	2,554
DPS(원)	250	250	250	200	250	300
EBITDAPS(원)	1,807	1,792	1,768	595	2,073	2,010

재무 비율 〈단위 : % 〉
연도	영업이익률	순이익률	부채비율	차입금비율	ROA	ROE	유보율	자기자본비율	EBITDA마진율
2016	9.8	12.7	13.5	0.1	14.8	16.6	3,133.2	88.1	10.5
2015	10.9	9.6	10.6	0.1	11.1	12.3	2,693.1	90.4	11.7
2014	3.7	4.3	10.4	0.0	3.5	3.8	2,490.1	90.5	5.2
2013	12.2	10.2	11.8	0.6	9.8	11.1	2,434.6	89.4	13.5

코프라 (A126600)
KOPLA

업　　종 : 자동차부품		시　　장 : KOSDAQ	
신용등급 : (Bond) — (CP) —		기업규모 : 우량	
홈페이지 : www.kopla.com		연 락 처 : 031)499-2195	
본　　사 : 경기도 화성시 장안면 상두원길 142			

설 립 일	1997.10.13	종 업 원 수	98명	대 표 이 사	한상용
상 장 일	2010.11.12	감 사 의 견	적정 (삼일)	계　　　열	
결 산 기	12월	보 통 주	975만주	종 속 회 사 수	
액 면 가	500원	우 선 주		구 상 호	

주주구성 (지분율,%)		출자관계 (지분율,%)		주요경쟁사 (외형,%)	
한상용	18.5	코프라	100		
조인선	12.3	삼원강재	206		
(외국인)	1.7	쌍용머티리얼	82		

매출구성		비용구성		수출비중	
PA66	49.6	매출원가율	80.2	수출	29.9
PA6	22.7	판관비율	9.0	내수	70.1
PP	20.5				

회사 개요
동사는 고기능성 폴리머 소재를 생산·판매하는 사업을 영위하고 있음. 사업부문으로는 자동차분야, 전기전자분야, 가구 분야등이 있으며 전산업의 발전과 밀접하게 연관되어 있음. 특히 자동차분야가 80% 이상의 매출비중을 차지하고 있어 자동차 산업의 발전 및 자동차 관련 고기능성 폴리모 소재와의 연관성이 큼. 최근 중국에 신규 컴파운드 공장투자를 결정하였으며, 플라스틱 사출업체들에게 PA 컴파운드 칩을 공급할 예정임.

실적 분석
2016년 결산 기준 매출액은 1,301.3억원을 기록하면서 전년동기 대비 12.4% 증가함. 매출액이 증가함에 따라 영업이익은 전년동기 대비 12.8% 증가한 141.5억원을 기록하였고, 당기순이익은 17.3% 증가한 123.1억원을 기록함. 금속을 대신한 고기능성 폴리머 소재(칩)의 수요 및 중요성이 지속적으로 증가하고 있으며 이를 통해 매출 증대를 기대함. 중국 공장 투자에 따라 추가 성장성 확보, 전기차 부품 산업 성장에 따른 수혜기대.

현금 흐름
〈단위 : 억원〉

항목	2015	2016
영업활동	105	66
투자활동	-216	-62
재무활동	116	9
순현금흐름	6	12
기말현금	37	49

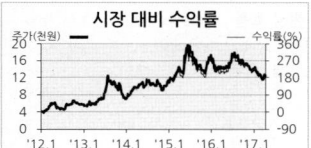
시장 대비 수익률

결산 실적
〈단위 : 억원〉

항목	2011	2012	2013	2014	2015	2016
매출액	842	884	913	1,053	1,158	1,301
영업이익	47	71	93	104	125	141
당기순이익	39	60	71	86	105	123

분기 실적
〈단위 : 억원〉

항목	2015.3Q	2015.4Q	2016.1Q	2016.2Q	2016.3Q	2016.4Q
매출액	272	323	314	329	296	363
영업이익	29	37	40	37	32	32
당기순이익	25	30	34	31	25	33

재무 상태
〈단위 : 억원〉

항목	2011	2012	2013	2014	2015	2016
총자산	512	538	658	839	1,072	1,247
유형자산	150	167	170	299	322	329
무형자산	2	5	7	8	7	8
유가증권	—	1	51	101	281	304
총부채	175	147	195	285	306	369
총차입금	102	78	102	162	183	211
자본금	29	44	44	44	49	49
총자본	338	391	463	554	766	878
지배주주지분	338	391	463	554	766	878

기업가치 지표

항목	2011	2012	2013	2014	2015	2016
주가(최고/저)(천원)	7.5/2.3	7.1/3.7	13.0/5.2	11.7/7.0	19.8/10.6	18.3/13.0
PER(최고/저)(배)	17.9/5.5	10.9/5.7	16.6/6.7	12.3/7.3	17.8/9.6	14.7/10.4
PBR(최고/저)(배)	2.1/0.6	1.7/0.9	2.6/1.0	1.9/1.2	2.6/1.4	2.1/1.5
EV/EBITDA(배)	9.9	7.4	5.9	4.8	10.8	7.5
EPS(원)	450	688	819	985	1,135	1,263
BPS(원)	5,820	4,496	5,318	6,257	7,861	9,005
CFPS(원)	799	802	950	1,157	1,367	1,506
DPS(원)	100	80	100	150	150	150
EBITDAPS(원)	941	929	1,200	1,361	1,589	1,694

재무 비율
〈단위 : % 〉

연도	영업이익률	순이익률	부채비율	차입금비율	ROA	ROE	유보율	자기자본비율	EBITDA마진율
2016	10.9	9.5	42.0	24.1	10.6	15.0	1,701.1	70.4	12.7
2015	10.8	9.1	39.9	23.9	11.0	15.9	1,472.2	71.5	12.7
2014	9.9	8.2	51.4	29.2	11.5	17.0	1,151.3	66.1	11.3
2013	10.2	7.8	42.2	22.1	11.9	16.7	963.6	70.3	11.4

콜마비앤에이치 (A200130)
Kolmar BNH

업　　종 : 개인생활용품		시　　장 : KOSDAQ	
신용등급 : (Bond) — (CP) —		기업규모 : 우량	
홈페이지 : www.kolmarbnh.co.kr		연 락 처 : 044)860-4200	
본　　사 : 대전시 유성구 테크노3로 22 (관평동)			

설 립 일	2014.04.22	종 업 원 수	189명	대 표 이 사	김치봉,정화영
상 장 일	2014.07.23	감 사 의 견	적정 (삼일)	계　　　열	
결 산 기	12월	보 통 주	2,954만주	종 속 회 사 수	
액 면 가	500원	우 선 주		구 상 호	미래에셋제2호스팩

주주구성 (지분율,%)		출자관계 (지분율,%)		주요경쟁사 (외형,%)	
한국콜마홀딩스	56.2	근오농림	75.0	콜마비앤에이치	100
한국원자력연구원	12.0	에치엔지	49.8	케어젠	18
(외국인)	1.5	선앤원코스메틱	40.0	에이블씨엔씨	170

매출구성		비용구성		수출비중	
[식품]헤모힘 외 300개 품목 (제품)	45.8	매출원가율	82.5	수출	13.0
[화장품]스킨케어 6 시스템 외 70개 품목 (상품)	43.2	판관비율	3.4	내수	87.0
[식품]쏘팔메토 외 28개 품목(상품)	7.0				

회사 개요
동사는 소재 연구개발 전문기업으로 천연물을 이용하여 건강기능식품, 화장품 생산에 사용되는 원료를 직접 개발하여 ODM/OEM 형태로 유통업체에게 제품을 공급하고 있음. 2001년 한국원자력연구원과 기술이전 협약을 체결하고 2004년 한국원자력연구원과 한국콜마가 공동출자를 통해 설립됨. 2015년 매출액 기준 건강기능식품이 약 55%, 화장품이 45%를 차지함. 동사는 미래에셋제2호스팩과 합병이 완료되어 2015년 2월 우회 상장됨.

실적 분석
2016년 연결기준 매출액이 전년 대비 8.4% 늘어난 2,560.1억원을 기록. 매출총이익은 5.7% 늘었으며 판매비와 관리비는 인건비 8.5% 증가, 경상개발비 53.2% 감소, 기타 판관비 14.3% 증가 등으로 전년 대비 8.5% 증가. 영업이익은 362.1억원을 시현했으며 이는 전년 대비 5.1% 성장한 수치임. 비영업부문에서 손익 23.0억원을 기록했으며 이는 관련기업투자 관련 손익 19.0억원이 포함된 것.

현금 흐름
〈단위 : 억원〉

항목	2015	2016
영업활동	167	213
투자활동	-42	-206
재무활동	-32	41
순현금흐름	93	48
기말현금	121	170

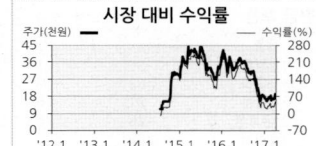
시장 대비 수익률

결산 실적
〈단위 : 억원〉

항목	2011	2012	2013	2014	2015	2016
매출액	528	883	939	1,739	2,362	2,560
영업이익	69	118	130	228	344	362
당기순이익	58	64	98	210	12	297

분기 실적
〈단위 : 억원〉

항목	2015.3Q	2015.4Q	2016.1Q	2016.2Q	2016.3Q	2016.4Q
매출액	608	564	635	678	592	655
영업이익	100	77	94	103	79	86
당기순이익	82	44	80	83	84	51

재무 상태
〈단위 : 억원〉

항목	2011	2012	2013	2014	2015	2016
총자산	240	537	606	920	1,271	1,587
유형자산	101	220	269	386	395	489
무형자산	2	1	6	4	4	3
유가증권	14	3	54	122	351	369
총부채	84	244	209	314	261	299
총차입금	11	77	55	55	6	70
자본금	20	24	24	65	74	148
총자본	156	293	398	606	1,009	1,287
지배주주지분	156	293	388	591	996	1,271

기업가치 지표

항목	2011	2012	2013	2014	2015	2016
주가(최고/저)(천원)	—/—	—/—	—/—	32.3/10.7	46.2/26.4	42.5/15.2
PER(최고/저)(배)	0.0/0.0	0.0/0.0	0.0/0.0	44.9/14.9	1,218.1/696.3	42.6/15.2
PBR(최고/저)(배)	0.0/0.0	0.0/0.0	0.0/0.0	15.9/5.3	13.8/7.9	9.9/3.6
EV/EBITDA(배)	—	—	—	2.5	30.0	13.0
EPS(원)	235	391	340	725	38	1,006
BPS(원)	39,026	62,268	82,434	125,748	6,750	4,307
CFPS(원)	15,064	25,465	22,878	47,426	204	1,078
DPS(원)					125	130
EBITDAPS(원)	17,892	29,644	29,643	51,289	2,459	1,298

재무 비율
〈단위 : % 〉

연도	영업이익률	순이익률	부채비율	차입금비율	ROA	ROE	유보율	자기자본비율	EBITDA마진율
2016	14.1	11.6	23.3	5.4	20.8	26.2	761.4	81.1	15.0
2015	14.6	0.5	25.9	0.6	1.1	1.4	1,250.0	79.4	15.4
2014	13.1	12.1	51.7	9.1	27.5	42.9	804.9	65.9	13.9
2013	13.9	10.5	52.5	13.8	17.2	28.9	1,548.7	65.6	14.9

콤텍시스템 (A031820)
Comtec Systems

업   종 : 통신장비
신용등급 : (Bond) —   (CP) —
홈 페 이 지 : www.comtec.co.kr
본   사 : 서울시 영등포구 가마산로 343

시   장 : 거래소
기업규모 : 시가총액 소형주
연 락 처 : 02)3289-0114

설 립 일	1983.08.18	종 업 원 수	389명	대 표 이 사	남석우
상 장 일	1997.02.12	감 사 의 견	적정 (대주)	계	열
결 산 기	12월	보 통 주	3,185만주	종속회사수	
액 면 가	500원	우 선 주		구 상 호	

주주구성 (지분율,%)		출자관계 (지분율,%)		주요경쟁사 (외형,%)	
남석우	15.9	에스에스산업	67.4	콤텍시스템	100
남진우	7.0	알파인기술투자	38.4	오이솔루션	48
(외국인)	3.3	콤텍정보통신	29.5	아이즈비전	96

매출구성		비용구성		수출비중	
LAN부문/WAN부문	88.3	매출원가율	89.3	수출	1.5
용역 및 장비임대	11.0	판관비율	9.8	내수	98.5
건축 및 토목 섬유 부문	0.7				

회사 개요
동사는 전통적으로 공공시장 및 금융권 네트워크통합 장비 및 솔루션 사업에서 경쟁력을 지니고 있으며 최근 SI를 포함한 토탈 서비스 전문기업으로의 전환을 이루고 있음. SW산업진흥법에 따라 대기업이 빠진 공공시장에서 성장을 이룩함. 보안사업의 경우 지식정보 보안컨설팅 전문업체 지정을 추진 등의 전략 솔루션을 추가로 발굴하여 통합서비스 전문기업으로서의 성장동력을 마련.

실적 분석
2016년 연간 매출은 1,668.6억원으로 전년대비 14.1% 증가, 영업이익은 15.2억원으로 전년래비 117% 증가함. 당기순이익은 40.4억원으로 전년대비 130.7% 증가하는 매출과 수익성이 동시에 큰 폭으로 개선. 글로벌적으로 데이터 센터 구축관련한 전산 투자 지속, 고객 요구 네트워크에 대한 토탈 솔루션 제공으로 수주 상황은 긍정적으로 평가. 향후에 5G 투자 및 사물인터넷 환경의 확산은 동사의 영업환경에 긍정적인 요인으로 판단

현금 흐름		〈단위 : 억원〉
항목	2015	2016
영업활동	-55	111
투자활동	63	-19
재무활동	21	-16
순현금흐름	28	76
기말현금	229	305

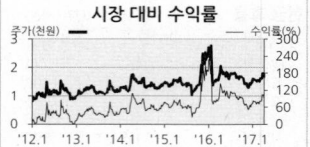
시장 대비 수익률

결산 실적
〈단위 : 억원〉

항목	2011	2012	2013	2014	2015	2016
매출액	1,807	1,604	1,817	1,861	1,463	1,669
영업이익	4	8	-10	-51	7	15
당기순이익	32	67	22	-34	18	40

분기 실적
〈단위 : 억원〉

항목	2015.3Q	2015.4Q	2016.1Q	2016.2Q	2016.3Q	2016.4Q
매출액	251	715	258	296	288	827
영업이익	-1	29	1	-38	7	46
당기순이익	-7	55	-7	-39	6	81

재무 상태
〈단위 : 억원〉

항목	2011	2012	2013	2014	2015	2016
총자산	1,167	1,197	1,198	1,169	1,078	1,303
유형자산	47	47	52	94	77	79
무형자산	22	22	20	20	24	22
유가증권	63	38	25	23	37	38
총부채	664	646	640	658	538	732
총차입금	3	16	26	20	40	27
자본금	159	159	159	159	159	159
총자본	503	551	558	510	540	571
지배주주지분	495	542	550	503	533	564

기업가치 지표

항목	2011	2012	2013	2014	2015	2016
주가(최고/저)(천원)	1.0/0.6	1.6/0.7	1.5/1.0	1.8/1.1	2.7/1.0	2.9/1.3
PER(최고/저)(배)	10.3/6.0	8.0/3.7	22.2/14.1	—/—	50.0/18.5	23.1/9.9
PBR(최고/저)(배)	0.7/0.4	1.0/0.5	0.9/0.6	1.2/0.7	1.6/0.6	1.7/0.7
EV/EBITDA(배)	3.5	1.6			22.4	4.3
EPS(원)	108	211	71	-106	55	128
BPS(원)	1,555	1,703	1,727	1,578	1,672	1,770
CFPS(원)	129	234	95	-73	110	184
DPS(원)	—	30	30	—	—	—
EBITDAPS(원)	34	47	-9	-129	77	105

재무 비율
〈단위 : % 〉

연도	영업이익률	순이익률	부채비율	차입금비율	ROA	ROE	유보율	자기자본비율	EBITDA마진율
2016	0.9	2.4	128.1	4.6	3.4	7.4	253.9	43.8	2.0
2015	0.5	1.2	99.5	7.5	1.6	3.4	234.4	50.1	1.7
2014	-2.8	-1.8	129.0	3.9	-2.9	-6.4	215.6	43.7	-2.2
2013	-0.6	1.2	114.8	4.7	1.8	4.2	245.4	46.6	-0.2

쿠첸 (A225650)
Cuchen

업   종 : 내구소비재
신용등급 : (Bond) —   (CP) —
홈 페 이 지 : www.cuchen.com
본   사 : 서울시 강남구 삼성로 528 부방빌딩

시   장 : KOSDAQ
기업규모 : 중견
연 락 처 : 02)2008-7272

설 립 일	2015.08.04	종 업 원 수	328명	대 표 이 사	이대희,이재성
상 장 일	2015.09.04	감 사 의 견	적정 (삼정)	계	열
결 산 기	12월	보 통 주	1,069만주	종속회사수	
액 면 가	500원	우 선 주		구 상 호	

주주구성 (지분율,%)		출자관계 (지분율,%)		주요경쟁사 (외형,%)	
부방	44.7			쿠첸	100
이중희	12.7			코웨이	872
(외국인)	1.7			쿠쿠전자	263

매출구성		비용구성		수출비중	
IH압력밥솥	56.8	매출원가율	59.9	수출	5.9
열판압력밥솥	15.5	판관비율	36.5	내수	94.1
전기레인지	11.1				

회사 개요
동사는 2009년 리홈쿠첸 내 전기밥솥 사업부로 설립되어, 2015년 8월을 기일로 리홈쿠첸에서 전기밥솥 및 전기레인지 등 생활가전사업을 주력으로 한 리빙사업부로 분할됨. 기존 대기업 위주의 시장에서 최근 쿠첸을 비롯 쿠쿠전자 등이 전기밥솥 시장의 대부분을 차지하는 과점 형태를 보이고 있음. 2015년 기준 쿠쿠전자와의 점유는 65:35 정도로 다소 열위에 있으나, 지속적인 개발과 브랜드 관리를 통해 점차 차이를 줄여가고 있음.

실적 분석
동사의 2016년 연결 기준 매출과 영업이익은 2,726.2억원, 97.9억원을 기록함. IH압력밥솥, 열판압력밥솥, 일반밥솥, 전기레인지 등 전 부문에서의 매출액이 2-3배 성장 중. 특히 열판압력밥솥과 전기레인지는 성장이 괄목할만함. 2013년 27억원에 불과했던 전기레인지 매출도 2016년 354.0억원으로 증가함. 동사는 신제품 출시를 통해 프리미엄 시장 점유율을 높인다는 계획임.

현금 흐름 *IFRS 별도 기준		〈단위 : 억원〉
항목	2015	2016
영업활동	111	43
투자활동	-41	-136
재무활동	-2	0
순현금흐름	68	-93
기말현금	98	6

시장 대비 수익률

결산 실적
〈단위 : 억원〉

항목	2011	2012	2013	2014	2015	2016
매출액	—	—	—	—	1,058	2,726
영업이익	—	—	—	—	22	98
당기순이익	—	—	—	—	16	65

분기 실적
*IFRS 별도 기준 〈단위 : 억원〉

항목	2015.3Q	2015.4Q	2016.1Q	2016.2Q	2016.3Q	2016.4Q
매출액	409	648	695	637	690	704
영업이익	13	8	35	-0	18	45
당기순이익	14	2	27	-10	16	32

재무 상태
*IFRS 별도 기준 〈단위 : 억원〉

항목	2011	2012	2013	2014	2015	2016
총자산					978	1,064
유형자산					324	292
무형자산					7	6
유가증권					20	39
총부채					372	402
총차입금						
자본금					53	53
총자본					606	663
지배주주지분					606	663

기업가치 지표
*IFRS 별도 기준

항목	2011	2012	2013	2014	2015	2016
주가(최고/저)(천원)	—/—	—/—	—/—	—/—	30.5/18.5	20.7/9.9
PER(최고/저)(배)	0.0/0.0	0.0/0.0	0.0/0.0	0.0/0.0	199.5/120.7	34.0/16.3
PBR(최고/저)(배)	0.0/0.0	0.0/0.0	0.0/0.0	0.0/0.0	5.4/3.2	3.3/1.6
EV/EBITDA(배)	0.0	0.0	0.0	0.0	45.7	7.1
EPS(원)					153	607
BPS(원)					5,686	6,216
CFPS(원)					360	1,132
DPS(원)					—	—
EBITDAPS(원)					409	1,442

재무 비율
〈단위 : % 〉

연도	영업이익률	순이익률	부채비율	차입금비율	ROA	ROE	유보율	자기자본비율	EBITDA마진율
2016	3.6	2.4	60.6	0.0	6.4	10.2	1,143.1	62.3	5.7
2015	2.0	1.5	61.4	0.0	0.0	0.0	1,037.2	62.0	4.1
2014	0.0	0.0	0.0	0.0	0.0	0.0	0.0	0.0	0.0
2013	0.0	0.0	0.0	0.0	0.0	0.0	0.0	0.0	0.0

쿠쿠전자 (A192400)
CUCKOO ELECTRONICS CO

업 종 : 내구소비재		시 장 : 거래소	
신용등급 : (Bond) — (CP) —		기업규모 : 시가총액 중형주	
홈페이지 : www.cuckoo.co.kr		연 락 처 : 055)380-0700	
본 사 : 경남 양산시 유산공단2길 14 (교동)			

설 립 일 1978.11.15	종 업 원 수 1,088명	대 표 이 사 구본학,구자신
상 장 일 2014.08.06	감 사 의 견 적정 (안경)	계 열
결 산 기 12월	보 통 주 980만주	종속회사수
액 면 가 500원	우 선 주	구 상 호

주주구성 (지분율,%)		출자관계 (지분율,%)		주요경쟁사 (외형,%)	
구본학	33.1	쿠쿠전자개성법인	100.0	쿠쿠전자	100
구본진	14.4	엔탑	42.2	코웨이	332
(외국인)	7.6	가야개발	13.5	경동나비엔	81

매출구성		비용구성		수출비중	
IH압력밥솥	47.9	매출원가율	54.1	수출	11.6
정수기 등	22.8	판관비율	32.6	내수	88.4
열판압력밥솥	17.5				

회사 개요
동사는 전기 밥솥·전기 압력 밥솥, 웰빙 쿠커·청국장 발효기·전기 그릴·식기 건조기·전기 주전자·보온 포트·믹서기 등의 주방 가전, 청소기·공기 청정기·비데 등의 생활 가전을 생산하는 회사로, 구매력이 높고 트렌드에 민감한 1~2인 가구가 늘어나면서 국내 소형 생활가전 시장이 꾸준히 성장하고 있는 것은 동사에 기회요인임. 2014년 8월 6일 유가증권시장에 상장했음.

실적 분석
동사의 2016년 4분기 연결 기준 누적매출과 영업이익은 7,167.4억원, 954억원으로 전년 동기 대비 각각 7.4%, 4.1% 증가함. 비영업이익은 95억원으로 전년동기대비 51.9% 증가하였고 그에 따라 당기순이익은 800.9억원을 기록하였음. 렌탈부문 매출액은 가전부문에 비해 뚜렷한 계절성 없이 성장세를 지속하고 있음. IH압력밥솥이 신제품 판매효과로 예상보다 높은 영업이익을 기록하면서 전사 영업이익은 예상치에 부합.

현금 흐름		〈단위 : 억원〉
항목	2015	2016
영업활동	218	15
투자활동	-96	-144
재무활동	-102	108
순현금흐름	18	-26
기말현금	507	482

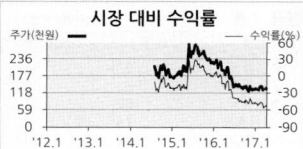

결산 실적
〈단위 : 억원〉

항목	2011	2012	2013	2014	2015	2016
매출액	2,727	3,067	5,088	5,667	6,675	7,167
영업이익	323	336	685	786	916	954
당기순이익	231	289	574	907	746	801

분기 실적
〈단위 : 억원〉

항목	2015.3Q	2015.4Q	2016.1Q	2016.2Q	2016.3Q	2016.4Q
매출액	1,639	1,769	1,946	1,636	1,760	1,826
영업이익	189	182	275	223	238	218
당기순이익	97	171	236	186	187	192

재무 상태
〈단위 : 억원〉

항목	2011	2012	2013	2014	2015	2016
총자산	1,453	3,952	4,559	5,533	6,210	7,148
유형자산	173	748	897	1,199	1,531	1,922
무형자산	3	31	29	38	45	44
유가증권	65	252	358	780	1,472	1,546
총부채	290	778	967	1,124	1,148	1,475
총차입금	17	25	29	32	1	1
자본금	18	49	49	49	49	49
총자본	1,162	3,174	3,592	4,410	5,062	5,673
지배주주지분	1,162	3,174	3,592	4,410	5,053	5,641

기업가치 지표

항목	2011	2012	2013	2014	2015	2016
주가(최고/저)(천원)	—/—	—/—	—/—	228/168	299/158	238/122
PER(최고/저)(배)	0.0/0.0	0.0/0.0	0.0/0.0	25.7/18.9	40.6/21.4	29.5/15.1
PBR(최고/저)(배)	0.0/0.0	0.0/0.0	0.0/0.0	4.5/3.3	5.2/2.8	3.7/1.9
EV/EBITDA(배)	—	—	—	14.7	17.7	8.3
EPS(원)	6,279	6,849	5,859	9,255	7,611	8,272
BPS(원)	315,871	401,007	443,612	52,489	59,047	65,635
CFPS(원)	65,919	74,977	82,728	12,152	10,228	12,099
DPS(원)				1,500	2,100	3,100
EBITDAPS(원)	90,833	86,165	93,973	10,912	11,964	13,559

재무 비율
〈단위 : % 〉

연도	영업이익률	순이익률	부채비율	차입금비율	ROA	ROE	유보율	자기자본비율	EBITDA마진율
2016	13.3	11.2	26.0	0.0	12.0	15.2	13,026.9	79.4	18.6
2015	13.7	11.2	22.7	0.0	12.7	15.8	11,709.5	81.5	17.6
2014	13.9	16.0	25.5	0.7	18.0	22.7	10,397.9	79.7	18.9
2013	13.5	11.3	26.9	0.8	13.5	17.0	8,772.2	78.8	18.1

큐렉소 (A060280)
CUREXO

업 종 : 식료품		시 장 : KOSDAQ	
신용등급 : (Bond) — (CP) —		기업규모 : 중견	
홈페이지 : www.curexo.com		연 락 처 : 02)3446-0663	
본 사 : 서울시 서초구 강남대로 577 (잠원동, 4층)			

설 립 일 1992.02.29	종 업 원 수 30명	대 표 이 사 이재준
상 장 일 2002.07.03	감 사 의 견 적정 (신성)	계 열
결 산 기 12월	보 통 주 2,695만주	종속회사수
액 면 가 500원	우 선 주	구 상 호

주주구성 (지분율,%)		출자관계 (지분율,%)		주요경쟁사 (외형,%)	
한국야쿠르트	41.2	ThinkSurgical,Inc.	33.3	큐렉소	100
삼지전자	3.3			오뚜기	6,689
(외국인)	0.3			농심	7,375

매출구성		비용구성		수출비중	
라면원재료 및 발효유 원재료(상품)	83.4	매출원가율	84.6	수출	—
ROBODOC 소모품 및 기타 의료기기(상품)	13.5	판관비율	149.7	내수	—
ROBODOC(제품)	2.3				

회사 개요
동사는 1992년 설립돼 2002년 코스닥 시장에 상장함. 사업 부문은 의료기기를 제조, 판매하고 있는 의료기기 부문, 식품 원료를 수입해 판매하는 무역 부문으로 나뉨. 해외 종속회사인 Think Surgical, Inc.가 의료기기 부문을 영위하고 있음. 의료기기 부문은 정형외과 수술로봇 로보닥 및 임플란트 등 기타 의료기기를 제조, 판매하고 있음. 무역사업부의 상품은 팜유와 치커리식이섬유, 냉동当함량이 매출액의 60% 이상을 차지함.

실적 분석
동사의 2016년 연결기준 연간 누적 매출액은 300.6억원으로 전년 동기 대비 9.2% 증가함. 매출은 늘었지만 매출원가와 함께 특히 판매비와 관리비용이 급격히 늘어나면서 영업손실은 403.9억원으로 적자 폭이 오히려 확대됨. 매출 보다 영업손실이 더 큰 상황. 다만 비영업손익 부문에서 큰 폭의 이익을 거둬 당기순손실은 13.8억원으로 적자 규모는 크게 감소함.

현금 흐름		〈단위 : 억원〉
항목	2015	2016
영업활동	-198	-392
투자활동	-28	-28
재무활동	405	468
순현금흐름	111	-148
기말현금	182	35

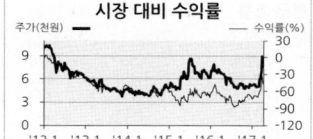

결산 실적
〈단위 : 억원〉

항목	2011	2012	2013	2014	2015	2016
매출액	105	243	311	261	275	301
영업이익	-71	-142	-134	-210	-246	-404
당기순이익	-106	-182	-146	-223	-250	-14

분기 실적
〈단위 : 억원〉

항목	2015.3Q	2015.4Q	2016.1Q	2016.2Q	2016.3Q	2016.4Q
매출액	71	65	66	74	74	87
영업이익	-13	-104	-103	-107	-111	-82
당기순이익	-14	-106	-104	-108	-110	309

재무 상태
〈단위 : 억원〉

항목	2011	2012	2013	2014	2015	2016
총자산	881	514	395	403	586	782
유형자산	12	19	20	29	35	6
무형자산	70	56	54	51	120	20
유가증권	2					
총부채	557	19	45	264	64	52
총차입금	459	1	21	220	30	30
자본금	120	135	135	135	135	135
총자본	324	495	351	139	522	731
지배주주지분	399	378	304	191	335	731

기업가치 지표

항목	2011	2012	2013	2014	2015	2016
주가(최고/저)(천원)	16.1/5.6	10.9/6.1	6.2/3.7	5.3/3.8	8.9/4.7	8.0/4.5
PER(최고/저)(배)	—/—	—/—	—/—	—/—	—/—	—/—
PBR(최고/저)(배)	9.5/3.3	7.6/4.2	5.3/3.1	7.1/5.2	7.0/3.6	2.9/1.6
EV/EBITDA(배)	—	—	—	—	—	—
EPS(원)	-199	-527	-277	-403	-349	-51
BPS(원)	1,702	1,436	1,162	741	1,276	2,744
CFPS(원)	-132	-503	-248	-355	-278	67
DPS(원)						
EBITDAPS(원)	-285	-549	-469	-732	-843	-1,380

재무 비율
〈단위 : % 〉

연도	영업이익률	순이익률	부채비율	차입금비율	ROA	ROE	유보율	자기자본비율	EBITDA마진율
2016	-134.4	-4.6	7.1	4.1	-2.0	-2.6	448.8	93.4	-123.7
2015	-89.5	-90.9	12.3	5.8	-50.6	-35.7	155.2	89.0	-82.5
2014	-80.4	-85.2	189.3	157.7	-55.8	-43.8	48.3	34.6	-75.5
2013	-43.2	-46.9	12.7	6.0	-32.1	-21.9	132.4	88.7	-40.7

큐로컴 (A040350)
Curocom

업   종 : IT 서비스
신용등급 : (Bond) —　　(CP) —
홈 페 이 지 : www.curocom.com
본　　사 : 서울시 강남구 테헤란로77길 7(삼성동, 동원빌딩 4층)
시　　장 : KOSDAQ
기업규모 : 벤처
연 락 처 : 02)2141-3000

설 립 일	1997.04.24	종 업 원 수	39명	대 표 이 사	조중기
상 장 일	2002.01.10	감 사 의 견	적정 (신정)	계　　열	
결 산 기	12월	보 통 주	9,355만주	종속회사수	
액 면 가	500원	우 선 주		구 상 호	

주주구성 (지분율,%)		출자관계 (지분율,%)		주요경쟁사 (외형,%)	
큐로홀딩스	9.9	스마젠	64.8	큐로링	100
큐캐피탈파트너스	2.1	큐로트레이더스	50.4	삼성에스디에스	43,088
(외국인)	1.0	큐로에프앤비	49.1	포스코 ICT	4,566

매출구성		비용구성		수출비중	
S/W 개발, 유지보수	60.3	매출원가율	83.6	수출	0.0
컴퓨터 및 주변기기	39.1	판관비율	43.3	내수	100.0
기타	0.6				

회사 개요
금융기관을 대상으로 한 금융컨설팅과 소프트웨어를 개발하여 공급하는 금융전문 IT업체임. 2005년 6월 Banking Solution 업계의 Leader인 에프엔에스닷컴과의 합병으로 솔루션을 보유한 SI업체로 출발함. 금융전문 IT업체로서 다수의 금융 및 제2금융권에 코아뱅킹 솔루션 BANCS 프레임워크와 BANCS Package를 공급하고 있음. 연결대상 회사로 AIDS백신과 C형 간염 백신 개발하는 스마젠과 커피 체인점업체 등이 있음

실적 분석
동사의 2016년 4/4분기 연결기준 누적 매출액은 189.9억원으로 전년 동기 대비 15.4% 감소. 매출원가와 판관비가 전년동기 대비 각각 9.0%, 17.1% 감소했음에도 외형축소의 영향으로 51.1억원의 영업손실을 기록하며 적자를 지속함. 비영업부문에서는 175.5억원의 손실을 기록함에 따라 손실폭이 확대되어 231.2억원의 당기순손실을 기록하며 적자로 전환됨.

현금 흐름　　〈단위 : 억원〉

항목	2015	2016
영업활동	-55	-28
투자활동	45	102
재무활동	17	373
순현금흐름	7	447
기말현금	10	457

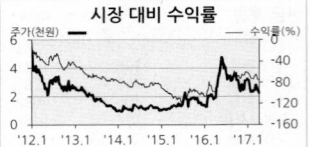
시장 대비 수익률

결산 실적　　〈단위 : 억원〉

항목	2011	2012	2013	2014	2015	2016
매출액	98	183	222	213	224	190
영업이익	-27	-77	-52	-56	-49	-51
당기순이익	-50	-92	-63	-62	266	-231

분기 실적　　〈단위 : 억원〉

항목	2015.3Q	2015.4Q	2016.1Q	2016.2Q	2016.3Q	2016.4Q
매출액	74	58	61	57	38	34
영업이익	-4	-16	-13	-11	-15	-12
당기순이익	-17	139	-81	-95	-19	-36

재무 상태　　〈단위 : 억원〉

항목	2011	2012	2013	2014	2015	2016
총자산	607	649	620	614	919	1,105
유형자산	2	5	4	3	2	1
무형자산	83	103	138	156	149	182
유가증권	1	1	1	1	109	1
총부채	189	236	105	112	109	353
총차입금	140	176	42	40	47	263
자본금	357	387	436	441	460	465
총자본	418	413	516	502	809	751
지배주주지분	445	449	526	496	830	661

기업가치 지표

항목	2011	2012	2013	2014	2015	2016
주가(최고/저)(천원)	6.3/0.7	5.4/2.1	2.8/1.0	1.5/0.9	2.4/1.0	4.9/1.3
PER(최고/저)(배)	—/—	—/—	—/—	—/—	7.5/3.2	—/—
PBR(최고/저)(배)	10.2/1.2	9.3/3.7	4.6/1.6	2.6/1.6	2.7/1.1	6.8/1.8
EV/EBITDA(배)	—	—	—	—	—	—
EPS(원)	-46	-67	-39	-42	322	-222
BPS(원)	631	587	609	569	909	716
CFPS(원)	-44	-58	-36	-40	324	-220
DPS(원)	—	—	—	—	—	—
EBITDAPS(원)	-36	-90	-60	-62	-52	-53

재무 비율　　〈단위 : % 〉

연도	영업이익률	순이익률	부채비율	차입금비율	ROA	ROE	유보율	자기자본비율	EBITDA마진율
2016	-26.9	-121.8	47.0	35.0	-22.9	-27.7	43.2	68.0	-25.9
2015	-22.0	118.5	13.5	5.8	34.7	44.2	81.7	88.1	-21.1
2014	-26.3	-29.2	22.4	8.0	-10.1	-7.2	13.8	81.7	-25.6
2013	-23.3	-28.3	20.3	9.4	-9.9	-6.6	21.7	83.1	-22.0

큐로홀딩스 (A051780)
CUROHOLDINGS

업   종 : 음료
신용등급 : (Bond) —　　(CP) —
홈 페 이 지 : www.curoholdings.com
본　　사 : 서울시 강남구 테헤란로77길 7(삼성동, 동원빌딩4층)
시　　장 : KOSDAQ
기업규모 : 중견
연 락 처 : 02)2141-3000

설 립 일	1987.12.29	종 업 원 수	50명	대 표 이 사	조중기
상 장 일	2001.06.26	감 사 의 견	적정 (신정)	계　　열	
결 산 기	12월	보 통 주	6,019만주	종속회사수	
액 면 가	500원	우 선 주		구 상 호	

주주구성 (지분율,%)		출자관계 (지분율,%)		주요경쟁사 (외형,%)	
권경훈	3.2	피아이엔터테인먼트	100.0	큐로홀딩스	100
큐캐피탈파트너스	3.2	열음엔터테인먼트	99.8	네이처셀	184
(외국인)	1.0	큐로웍스	60.0	흥국에프엔비	284

매출구성		비용구성		수출비중	
커피 및 커피머신	61.1	매출원가율	150.9	수출	—
드라마 외	33.1	판관비율	56.7	내수	—
Oil and Gas	5.7				

회사 개요
동사는 1987년 설립되어 반도체 장비 및 부품의 제조, 커피 및 커피 관련 제품의 판매를 주된 사업으로 영위 중임. 반도체 부문은 해외 주고객사의 파산 영향으로 2009년부터 급감하였으나, 새로운 거래처를 지속적으로 개척 중임. 2009년부터는 신규사업으로 커피유통 사업 시작, 이탈리아 커피브랜드인 일리로부터 커피 제품을 수입하여 호텔, 백화점 및 직영매장에 공급 판매 중임. 자원개발업체 Curocom Energy를 종속회사로 두고 있음.

실적 분석
커피사업부문은 유통업체간의 경쟁이 심화되고, 직영매장의 축소로 매출이 상당히 감소하였으나 엔터테인먼트부문의 종속회사 편입으로 2016년 결산 전체 매출액은 1.7%정도 감소함. 당기순손실은 전기대비 판매비와 관리비의 약 101% 증가와 영업외수익 약 91%의 감소로 2015년 당기순이익 21.9억원에서 2016년 당기순손실 171.1억원으로 적자전환 하였음.

현금 흐름　　〈단위 : 억원〉

항목	2015	2016
영업활동	-53	-56
투자활동	-82	-96
재무활동	152	132
순현금흐름	24	-7
기말현금	31	24

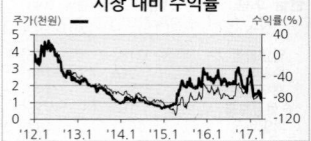
시장 대비 수익률

결산 실적　　〈단위 : 억원〉

항목	2011	2012	2013	2014	2015	2016
매출액	134	170	157	131	148	146
영업이익	-18	-14	4	-1	-3	-157
당기순이익	-29	-66	-35	-30	22	-171

분기 실적　　〈단위 : 억원〉

항목	2015.3Q	2015.4Q	2016.1Q	2016.2Q	2016.3Q	2016.4Q
매출액	43	56	57	38	23	27
영업이익	3	-1	-0	-16	-11	-130
당기순이익	1	15	-13	-32	-27	-99

재무 상태　　〈단위 : 억원〉

항목	2011	2012	2013	2014	2015	2016
총자산	754	834	764	768	922	913
유형자산	62	59	12	7	8	57
무형자산	372	445	450	457	495	435
유가증권	4	3	3	3	53	60
총부채	522	651	580	446	285	199
총차입금	432	553	507	394	266	156
자본금	92	97	107	113	189	301
총자본	232	183	183	322	637	714
지배주주지분	232	183	183	153	440	535

기업가치 지표

항목	2011	2012	2013	2014	2015	2016
주가(최고/저)(천원)	4.7/1.5	4.9/2.2	2.6/1.0	1.4/0.6	3.0/0.7	3.2/1.6
PER(최고/저)(배)	—/—	—/—	—/—	—/—	77.4/17.2	—/—
PBR(최고/저)(배)	3.1/1.0	4.1/1.8	2.4/0.9	1.6/0.7	2.3/0.5	3.3/1.6
EV/EBITDA(배)	—	—	—	32.0	40.5	105.5
EPS(원)	-156	-341	-173	-139	39	-208
BPS(원)	1,547	1,213	1,104	908	1,304	976
CFPS(원)	-126	-275	-80	-55	98	-52
DPS(원)	—	—	—	—	—	—
EBITDAPS(원)	-70	-6	111	81	49	-109

재무 비율　　〈단위 : % 〉

연도	영업이익률	순이익률	부채비율	차입금비율	ROA	ROE	유보율	자기자본비율	EBITDA마진율
2016	-107.7	-117.3	27.9	21.9	-18.7	-25.2	95.1	78.2	-44.4
2015	-1.9	14.8	44.7	41.8	2.6	3.6	160.9	69.1	9.1
2014	-0.6	-23.0	138.4	122.2	-4.0	-18.0	81.6	42.0	13.4
2013	2.3	-22.0	316.6	276.6	-4.3	-18.9	120.7	24.0	14.1

큐리언트 (A115180)
Qurient

업 종 : 제약		시 장 : KOSDAQ	
신용등급 : (Bond) — (CP) —		기업규모 : 신성장	
홈페이지 : www.qurient.com		연 락 처 : 031)8060-1600	
본 사 : 경기도 성남시 분당구 판교로 242, C동 8층			

설 립 일	2008.07.02	종업원수	17명	대표이사	남기연
상 장 일	2016.02.29	감사의견	적정 (삼일)	계 열	
결 산 기	12월	보 통 주	739만주	종속회사수	
액 면 가	500원	우 선 주		구 상 호	

주주구성 (지분율,%)		출자관계 (지분율,%)	주요경쟁사 (외형,%)	
한국파스퇴르연구소	13.2		큐리언트	
한화자산운용	7.2		알보젠코리아	
(외국인)	5.5		유나이티드제약	

매출구성		비용구성		수출비중	
약제내성결핵치료제	100.0	매출원가율	0.0	수출	—
		판관비율	0.0	내수	—

회사 개요
동사는 의약품 연구 개발을 주요 사업으로 2008년 7월 설립, 2016년 2월 코스닥시장 예상장. 개발 단계 프로그램으로 약제내성 결핵 치료제 Q203, 아토피성 피부염 치료제 Q301, 항암면역/내성암 치료제 Q701이 있음. 연구단계 프로그램인 5LO 저해 천식 치료제, CDK7 저해 항암제가 주요 포트폴리오임. Q203은 미국 FDA 임상 1상 진행, Q301은 미국 FDA 임상 2상을 진행완료 후 올해 임상 2B들어갈 예정.

실적 분석
동사의 2016년 연결 기준 결산 매출은 발생하지 않았음. 의약품 연구 개발을 주요 사업으로 하기에 기술 수출이 이루어지지 않으면 매출이 발생하지 않는 구조임. 인건비가 전년동기 대비 30.7% 증가하며 판관비는 55.6% 증가하여 영업손실은 110.8억원으로 폭이 확대되었음. 당기순손실도 105.4억원으로 적자지속. 아토피치료제신약개발에 열을 올리며 올해 Q301이 미국 FDA 임상 2상을 진행을 완료해 올해 임상 2B들어갈 예정.

현금 흐름 *IFRS 별도 기준 〈단위 : 억원〉

항목	2015	2016
영업활동	-70	-105
투자활동	0	-16
재무활동	-6	324
순현금흐름	-75	204
기말현금	33	237

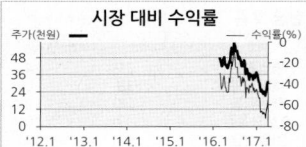
시장 대비 수익률

결산 실적 〈단위 : 억원〉

항목	2011	2012	2013	2014	2015	2016
매출액	—	—	—	2	—	—
영업이익	—	—	-43	-66	-82	-111
당기순이익	—	—	-48	-107	-93	-105

분기 실적 *IFRS 별도 기준 〈단위 : 억원〉

항목	2015.3Q	2015.4Q	2016.1Q	2016.2Q	2016.3Q	2016.4Q
매출액	—	—	—	—	—	—
영업이익	-29	-18	-43	-33	-23	-12
당기순이익	-29	-18	-42	-31	-22	-10

재무 상태 *IFRS 별도 기준 〈단위 : 억원〉

항목	2011	2012	2013	2014	2015	2016
총자산	—	—	24	114	39	262
유형자산	—	—	1	3	2	2
무형자산	—	—	0	0	1	2
유가증권	—	—	10			
총부채	—	—	134	331	10	19
총차입금	—	—	126	323		
자본금	—	—	9	9	28	36
총자본	—	—	-110	-217	29	243
지배주주지분	—	—	-110	-217	29	243

기업가치 지표 *IFRS 별도 기준

항목	2011	2012	2013	2014	2015	2016
주가(최고/저)(천원)	—/—	—/—	—/—	—/—	—/—	58.3/29.8
PER(최고/저)(배)	0.0/0.0	0.0/0.0	0.0/0.0	0.0/0.0	0.0/0.0	—/—
PBR(최고/저)(배)	0.0/0.0	0.0/0.0	0.0/0.0	0.0/0.0	0.0/0.0	17.3/8.9
EV/EBITDA(배)	0.0					
EPS(원)	—	—	-1,958	-3,385	-1,969	-1,507
BPS(원)	—	—	-6,466	-8,141	514	3,369
CFPS(원)	—	—	-3,088	-4,719	-1,939	-1,491
DPS(원)	—	—				
EBITDAPS(원)	—	—	-2,776	-2,915	-1,712	-1,568

재무 비율 〈단위 : % 〉

연도	영업이익률	순이익률	부채비율	차입금비율	ROA	ROE	유보율	자기자본비율	EBITDA마진율
2016	0.0	0.0	7.8	0.0	-70.0	-77.4	573.8	92.8	0.0
2015	0.0	0.0	33.3	0.0	-121.7	전기잠식	2.8	75.0	0.0
2014	-3,087.1	-4,973.2	완전잠식	완전잠식	-154.3	잠식지속	-2,478.1	-189.7	-3,047.5
2013	0.0	0.0	완전잠식	완전잠식	0.0	0.0	-1,301.9	-448.2	0.0

큐브스 (A065560)
Cubes

업 종 : 제약		시 장 : KOSDAQ	
신용등급 : (Bond) — (CP) —		기업규모 :	
홈페이지 : www.cubes.net		연 락 처 : 02)2025-6500	
본 사 : 서울시 금천구 가산디지털 1로 165 가산비지니스센터 13층			

설 립 일	1987.05.07	종업원수	25명	대표이사	청상훈
상 장 일	2003.07.01	감사의견	한정(불확실성) (삼덕)	계 열	
결 산 기	12월	보 통 주	3,131만주	종속회사수	
액 면 가	500원	우 선 주		구 상 호	선도소프트

주주구성 (지분율,%)		출자관계 (지분율,%)		주요경쟁사 (외형,%)	
모우	7.5	다인클린텍	100.0	큐브스	100
쏘마그로스투자조합	5.9	씨에이치큐	100.0	KPX생명과학	1,117
(외국인)	0.2	두비셈	49.0	바이오씨앤디	4

매출구성		비용구성		수출비중	
제약(의약품)	43.6	매출원가율	81.8	수출	71.1
개발/ ESRI 소프트웨어 등	31.6	판관비율	78.7	내수	28.9
LED 용역	15.0				

회사 개요
동사는 1987년 5월 캐드캠 시스템 사업을 주 사업목적으로 설립되었음. 현재는 지리정보 산업 및 시스템개발업, GIS S/W 판매 및 솔루션 구축, 인터넷 지도 서비스를 주요사업으로 영위하고 있음. 2003년 7월 코스닥 시장에 상장됨. 2015년 사업부문 구조조정을 통하여 유통 부문(제약), 솔루션 부문(GIS,지리정보) 및 LED 부문으로 사업부로 재편함. 2016년 4월 신규사업으로 산업용 마이크로 필터를 서브원에 공급하는 사업을 진행.

실적 분석
동사의 2016년 매출액은 전년 대비 47.1% 감소한 38.8억원에 그침. 유통, 솔루션, LED 사업 부문 모두 매출이 감소하였음. 매출이 감소로 매출총이익 또한 전년 대비 79.4% 감소함. 대손상각비의 증가 등으로 판매비와관리비는 전년 대비 3.1% 증가함. 그 결과 영업이익은 23.5억원의 적자를 시현함. 영업이익의 부진으로 당기순이익도 적자를 지속하며 부진한 모습임.

현금 흐름 〈단위 : 억원〉

항목	2015	2016
영업활동	-53	-19
투자활동	-116	-48
재무활동	158	60
순현금흐름	-11	-7
기말현금	10	3

시장 대비 수익률

결산 실적 〈단위 : 억원〉

항목	2011	2012	2013	2014	2015	2016
매출액	311	277	151	33	73	39
영업이익	5	-16	-36	-34	5	-23
당기순이익	9	-47	-56	-50	-138	-110

분기 실적 〈단위 : 억원〉

항목	2015.3Q	2015.4Q	2016.1Q	2016.2Q	2016.3Q	2016.4Q
매출액	22	22	12	17	6	4
영업이익	12	40	-4	-5	-5	-10
당기순이익	16	-104	-6	-14	-5	-85

재무 상태 〈단위 : 억원〉

항목	2011	2012	2013	2014	2015	2016
총자산	208	193	127	219	248	111
유형자산	44	44	34	31	130	1
무형자산	11	10	7	51	4	33
유가증권	8	9	8	10	12	12
총부채	113	109	68	93	65	14
총차입금	46	55	54	54	37	9
자본금	45	58	65	103	120	136
총자본	95	85	59	127	183	97
지배주주지분	94	79	59	121	121	97

기업가치 지표

항목	2011	2012	2013	2014	2015	2016
주가(최고/저)(천원)	4.3/0.6	4.0/1.4	3.5/1.6	3.2/1.1	7.9/1.6	4.3/2.5
PER(최고/저)(배)	49.0/7.0	—/—	—/—	—/—	—/—	—/—
PBR(최고/저)(배)	4.2/0.6	5.3/1.8	6.7/3.0	5.0/1.7	15.5/3.2	11.8/7.0
EV/EBITDA(배)	8.7			128.1		
EPS(원)	88	-544	-471	-343	-604	-418
BPS(원)	1,036	753	524	635	508	362
CFPS(원)	162	-461	-425	-301	-585	-408
DPS(원)						
EBITDAPS(원)	133	-87	-251	-209	40	-79

재무 비율 〈단위 : % 〉

연도	영업이익률	순이익률	부채비율	차입금비율	ROA	ROE	유보율	자기자본비율	EBITDA마진율
2016	-60.5	-284.6	일부잠식	일부잠식	-61.4	-101.0	-27.7	87.4	-53.6
2015	6.2	-188.7	35.8	20.2	-59.2	-112.9	1.6	73.6	12.3
2014	-105.2	-154.6	73.2	42.9	-29.1	-52.1	27.1	57.8	-87.7
2013	-23.7	-37.4	일부잠식	일부잠식	-35.3	-82.6	4.9	46.4	-20.0

큐브엔터테인먼트 (A182360)
CUBE ENTERTAINMENT

업　　종 : 미디어		시　　장 : KOSDAQ	
신용등급 : (Bond) — 　(CP) —		기업규모 : 중견	
홈페이지 : www.cubeent.co.kr		연 락 처 : 02)3445-1045	
본　　사 : 서울시 성동구 아차산로 83 (성수동) F2빌딩 7층			

설 립 일	2013.07.25	종 업 원 수	80명	대 표 이 사	신대남
상 장 일	2013.11.21	감 사 의 견	적정 (삼일)	계　　열	
결 산 월	12월	보 통 주	2,657만주	종 속 회 사 수	
액 면 가	100원	우 선 주		구 상 호	우리스팩2호

주주구성 (지분율,%)		출자관계 (지분율,%)		주요경쟁사 (외형,%)	
아이에이치큐	30.6	스타라인엔터테인먼트	100.0	큐브엔터	100
홍승성	14.6	CUBEENTERTAINMENTJAPANCo.,Ltd	100.0	티비씨	199
(외국인)	0.2			오리콤	832

매출구성		비용구성		수출비중	
기타	36.0	매출원가율	105.5	수출	30.6
행사매출	25.6	판관비율	23.8	내수	69.4
음원매출	14.6				

회사 개요
동사는 음반제작, 비주얼컨텐츠 제작, 연기자 매니지먼트, 콘서트, 신인 아티스트 발굴등을 주로 하는 종합엔터테인먼트 회사임. 대표적인 아티스트로는 비, 비스트, 지나, 비투비 등 아이돌 가수들이고 신인 아티스트로는 CLC 등이 있음. 동사는 2015년 4월 9일 코스닥 시장에 상장하였으며 기존 아티스트들의 콘서트 및 신규 앨범 판매에 따라 매출에 큰 영향을 받음.

실적 분석
동사의 2016년 결산기준 누적 매출액은 전년 동기대비 -13.1% 하락한 194.7억원을 기록하였음. 비용면에서 전년동기대비 매출원가는 증가 하였으며 인건비도 증가, 광고선전비도 증가, 기타판매비와관리비도 마찬가지로 증가함. 그에 따라 매출액 하락 등에 의해 전년동기대비 영업손실은 57억원으로 적자전환하였음. 최종적으로 전년동기대비 당기순손실은 적자지속하여 51.8억원을 기록함.

현금 흐름 〈단위 : 억원〉

항목	2015	2016
영업활동	8	-68
투자활동	90	-22
재무활동	-2	2
순현금흐름	95	-88
기말현금	132	44

시장 대비 수익률
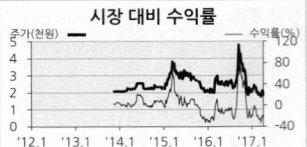

결산 실적 〈단위 : 억원〉

항목	2011	2012	2013	2014	2015	2016
매출액	173	244	226	194	224	195
영업이익	36	2	24	15	7	-57
당기순이익	28	0	17	10	-57	-52

분기 실적 〈단위 : 억원〉

항목	2015.3Q	2015.4Q	2016.1Q	2016.2Q	2016.3Q	2016.4Q
매출액	77	60	41	50	60	44
영업이익	7	-4	0	-17	-4	-36
당기순이익	7	-7	0	-15	-4	-33

재무 상태 〈단위 : 억원〉

항목	2011	2012	2013	2014	2015	2016
총자산	96	105	109	119	276	215
유형자산	2	10	9	7	5	13
무형자산	1	1	1	1	1	0
유가증권	0	0	1	0	56	55
총부채	55	66	52	52	68	42
총차입금					8	—
자본금	1	1	1	18	26	27
총자본	41	39	57	67	209	172
지배주주지분	41	39	57	67	209	172

기업가치 지표

항목	2011	2012	2013	2014	2015	2016
주가(최고/저)(천원)	—/—	—/—	2.1/2.1	2.5/2.1	4.0/1.9	4.8/1.9
PER(최고/저)(배)	0.0/0.0	0.0/0.0	30.3/29.7	62.5/50.6	—/—	—/—
PBR(최고/저)(배)	0.0/0.0	0.0/0.0	9.2/9.1	9.5/7.7	4.9/2.3	7.4/2.9
EV/EBITDA(배)	—	—	3.8	6.1	40.0	—
EPS(원)	110	1	69	41	-223	-195
BPS(원)	227,148	218,856	315,833	1,279	815	648
CFPS(원)	158,355	14,404	114,389	257	-211	-173
DPS(원)						
EBITDAPS(원)	199,184	26,011	148,744	356	40	-192

재무 비율 〈단위 : % 〉

연도	영업이익률	순이익률	부채비율	차입금비율	ROA	ROE	유보율	자기자본비율	EBITDA마진율
2016	-29.3	-26.6	24.7	0.0	-21.1	-27.2	548.1	80.2	-26.2
2015	3.2	-25.5	32.6	4.0	-28.9	-41.5	714.8	75.4	4.6
2014	7.9	5.3	78.2	0.0	8.9	16.5	269.5	56.1	9.6
2013	10.4	7.7	91.8	0.0	16.2	36.1	6,216.7	52.1	11.9

큐에스아이 (A066310)
QSI

업　　종 : 반도체 및 관련장비		시　　장 : KOSDAQ	
신용등급 : (Bond) — 　(CP) —		기업규모 : 벤처	
홈페이지 : www.qsilaser.com		연 락 처 : 041)410-5000	
본　　사 : 충남 천안시 서북구 성거읍 천흥8길 17			

설 립 일	2000.07.07	종 업 원 수	125명	대 표 이 사	이청대
상 장 일	2006.11.24	감 사 의 견	적정 (한울)	계　　열	
결 산 월	12월	보 통 주	828만주	종 속 회 사 수	
액 면 가	500원	우 선 주		구 상 호	

주주구성 (지분율,%)		출자관계 (지분율,%)		주요경쟁사 (외형,%)	
삼화양행	29.8	Quintec	100.0	큐에스아이	100
이청대	4.6			KEC	1,034
(외국인)	3.1			KMH하이텍	213

매출구성		비용구성		수출비중	
Power Tool	33.8	매출원가율	74.2	수출	90.6
기타	27.1	판관비율	21.7	내수	9.4
Barcode Scanner	18.4				

회사 개요
동사는 반도체 레이저 전문 제조기업으로 설립초기부터 반도체 레이저 관련 기술력을 축적해 다양한 Application에 장착되는 제품을 생산 공급함. 주요 제품 등의 현황으로는 Power Tools은 30.1%, BarCode Scanner은 16.4%, Laser Beam printer은 22.3% 차지함. LD는 경쟁력 있는 단가와 안정적인 품질을 인정받아 삼성 Laser Beam Printer에 공급함.

실적 분석
동사의 2016년 연결 기준 매출과 영업이익은 220억원, 9억원으로 전년 대비 각각 13.6%, 36.2% 감소함. 당기순이익은 14억원으로 전년 대비 2.4% 증가함. 신제품의 고출력LD 매출액 21억원 감소, 주력 제품인 PT, BSC 등 LD 매출액 14억원 감소로 외형이 축소됨. 고가제품의 판매와 주력 제품의 수요가 감소하면서 매출액과 영업이익이 동시에 하락함.

현금 흐름 〈단위 : 억원〉

항목	2015	2016
영업활동	31	24
투자활동	-38	-0
재무활동	-0	2
순현금흐름	3	25
기말현금	94	119

시장 대비 수익률
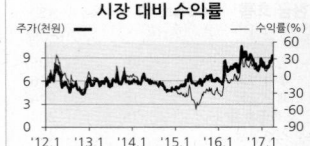

결산 실적 〈단위 : 억원〉

항목	2011	2012	2013	2014	2015	2016
매출액	272	267	256	242	255	220
영업이익	45	26	37	35	14	9
당기순이익	44	20	37	32	14	14

분기 실적 〈단위 : 억원〉

항목	2015.3Q	2015.4Q	2016.1Q	2016.2Q	2016.3Q	2016.4Q
매출액	59	58	58	61	53	49
영업이익	1	3	6	7	1	-4
당기순이익	3	-4	4	9	-5	7

재무 상태 〈단위 : 억원〉

항목	2011	2012	2013	2014	2015	2016
총자산	415	489	536	569	557	555
유형자산	90	137	165	163	154	154
무형자산	19	25	29	30	33	33
유가증권	24	55	110	108	129	114
총부채	43	44	53	59	35	28
총차입금	7	3	3	6	2	2
자본금	41	41	41	41	41	41
총자본	372	445	483	510	522	528
지배주주지분	372	445	483	510	522	528

기업가치 지표

항목	2011	2012	2013	2014	2015	2016
주가(최고/저)(천원)	6.9/4.0	8.2/4.1	7.6/4.9	6.9/4.6	6.9/4.9	10.7/5.6
PER(최고/저)(배)	13.5/7.8	34.3/17.0	17.2/11.1	18.3/12.1	42.0/29.8	62.7/32.6
PBR(최고/저)(배)	1.4/0.8	1.6/0.8	1.3/0.9	1.1/0.8	1.1/0.8	1.7/0.9
EV/EBITDA(배)	5.1	9.2	5.4	4.0	9.0	15.8
EPS(원)	527	244	449	385	167	171
BPS(원)	5,046	5,379	5,829	6,170	6,324	6,407
CFPS(원)	628	385	675	616	445	479
DPS(원)			50		50	
EBITDAPS(원)	646	455	674	651	447	415

재무 비율 〈단위 : % 〉

연도	영업이익률	순이익률	부채비율	차입금비율	ROA	ROE	유보율	자기자본비율	EBITDA마진율
2016	4.1	6.4	5.2	0.4	2.6	2.7	1,181.3	95.1	15.6
2015	5.5	5.4	6.8	0.4	2.5	2.7	1,164.8	93.7	14.5
2014	14.4	13.2	11.5	1.1	5.8	6.4	1,134.1	89.7	22.3
2013	14.5	14.5	11.1	0.6	7.3	8.0	1,065.8	90.0	21.8

큐엠씨 (A136660)
QMC

업 종 : 반도체 및 관련장비		시 장 : KONEX	
신용등급 : (Bond) — (CP) —		기업규모 : —	
홈페이지 : www.iqmc.co.kr		연 락 처 : (031)427-0710	
본 사 : 경기도 안양시 동안구 흥안대로 439번길 55 (관양동, QMC)			

설 립 일 2003.07.29	종 업 원 수 73명	대 표 이 사 유병소
상 장 일 2014.07.01	감 사 의 견 적정 (동남)	계 열
결 산 월 12월	보 통 주 89만주	종속회사수
액 면 가 500원	우 선 주	구 상 호

주주구성 (지분율,%)		출자관계 (지분율,%)		주요경쟁사 (외형,%)
유병소	49.6	쿤산호인기	100.0	큐엠씨
한국투자 해외진출 Platform 펀드	12.4	상하이브이소테크놀로지유한책임회사	33.3	제이티
				성우테크론

매출구성		비용구성		수출비중	
Processing System	85.2	매출원가율	0.0	수출	30.5
Tester	8.7	판관비율	0.0	내수	69.5
Handler	3.9				

회사 개요
동사는 2003년 7월에 설립되었으며, LED, 반도체 및 에프피디(FPD) 제조에 필요한 공정장비 제조를 주된 사업으로 영위하고 있음. 제품은 LED, 반도체, FPD 등 제조공정에서 사용되는 Processing System(공정장비), Tester(검사장비), Handler(이송장비)로 크게 구분하고 있으며, 제품별 매출 비중은 각각 73%, 23%, 4%를 차지하고 있음. 국내판매는 100% 영업그룹을 통한 직접판매방식을 유지함.

실적 분석
동사의 2016년 연결 기준 매출과 영업손실, 당기순손실은 111억원, 37억원, 40억원으로 전년 대비 각각 47.7%, 68.5%, 70.3% 증가함. 핵심고객의 설비투자가 확대되어, 매출이 증가하였으나 장기체화재공품의 시가평가로 인해 매출원가가 상승하여 영업손실과 당기순손실이 발생함. 자산총계는 117억원, 부채총계 109억원, 자본총계 8억원을 기록함.

현금 흐름 *IFRS 별도 기준 〈단위 : 억원〉

항목	2015	2016
영업활동	—	—
투자활동	—	—
재무활동	—	—
순현금흐름	—	—
기말현금	—	—

결산 실적 〈단위 : 억원〉

항목	2011	2012	2013	2014	2015	2016
매출액	73	161	123	137	—	—
영업이익	-34	1	8	-22	—	—
당기순이익	-29	1	4	-41	—	—

분기 실적 *IFRS 별도 기준 〈단위 : 억원〉

항목	2015.3Q	2015.4Q	2016.1Q	2016.2Q	2016.3Q	2016.4Q
매출액	—	—	—	—	—	—
영업이익	—	—	—	—	—	—
당기순이익	—	—	—	—	—	—

재무 상태 *IFRS 별도 기준 〈단위 : 억원〉

항목	2011	2012	2013	2014	2015	2016
총자산	355	390	401	371		
유형자산	78	92	104	117		
무형자산	16	18	25	23		
유가증권						
총부채	97	168	211	218		
총차입금	58	123	157	171		
자본금	4	4	4	4		
총자본	258	222	191	153		
지배주주지분	258	222	191	153		

기업가치 지표 *IFRS 별도 기준

항목	2011	2012	2013	2014	2015	2016
주가(최고/저)(천원)	—/—	—/—	—/—	20.0/10.8	20.0/3.2	21.2/0.8
PER(최고/저)(배)	0.0/0.0	0.0/0.0	0.0/0.0	—/—	0.0/0.0	0.0/0.0
PBR(최고/저)(배)	0.0/0.0	0.0/0.0	0.0/0.0	0.8/0.4	0.0/0.0	0.0/0.0
EV/EBITDA(배)			10.6	7.2	0.0	0.0
EPS(원)	-3,217	164	498	-4,647		
BPS(원)	5,793	29,275	30,922	26,688		
CFPS(원)	-567	604	1,295	-3,471		
DPS(원)						
EBITDAPS(원)	-697	571	1,728	-1,347		

재무 비율 〈단위 : % 〉

연도	영업이익률	순이익률	부채비율	차입금비율	ROA	ROE	유보율	자기자본비율	EBITDA마진율
2016	0.0	0.0	0.0	0.0	0.0	0.0	0.0	0.0	0.0
2015	0.0	0.0	0.0	0.0	0.0	0.0	0.0	0.0	0.0
2014	-16.4	-30.3	142.6	111.9	-10.7	-24.1	5,237.7	41.2	-8.8
2013	6.7	3.6	110.6	82.6	1.1	2.2	6,084.5	47.5	12.5

큐캐피탈파트너스 (A016600)
Q Capital Partners

업 종 : 창업투자 및 종금		시 장 : KOSDAQ	
신용등급 : (Bond) — (CP) —		기업규모 : 중견	
홈페이지 : www.qcapital.co.kr		연 락 처 : (02)538-2411~2	
본 사 : 서울시 강남구 테헤란로 306, 11층 (역삼동, 카이트타워)			

설 립 일 1982.12.17	종 업 원 수 24명	대 표 이 사 김동준
상 장 일 1993.06.21	감 사 의 견 적정 (신정)	계 열
결 산 월 12월	보 통 주 9,430만주	종속회사수
액 면 가 500원	우 선 주	구 상 호

주주구성 (지분율,%)		출자관계 (지분율,%)		주요경쟁사 (외형,%)
지엔코	31.8	에이트웍스	24.6	큐캐피탈	100
큐캐피탈홀딩스	5.0	큐씨피1호기업구조조정사모투자전문회사 18.6		대성창투	107
(외국인)	2.2	KHE	15.1	에이티넘인베스트	137

수익구성		비용구성		수출비중	
투자관리보수	54.9	이자비용	5.4	수출	—
지분법이익	17.3	파생상품손실	0.0	내수	—
유가증권평가및처분이익	15.3	판관비	55.0		

회사 개요
동사는 신기술사업금융회사로서, 신기술사업을 영위하는 중소기업을 대상으로 투자, 융자, 리스, 팩토링, 지급보증 등 다양한 업무를 취급하고 있음. 신기술사업금융회사는 업무영역이 투자 및 제한적 자금대여에 국한되어 있는 창업투자회사와는 달리 다양한 업무를 취급할 수 있음. 투자주식 등 투자자산 처분이익과 펀드운용을 통하여 발생하는 관리보수, 기업구조조정 및 M&A 업무수행을 통하여 발생하는 수수료 등이 동사의 주요 수익원임.

실적 분석
동사는 2016년 펀드운용규모 확대에 따른 관리보수 증가와 지분법이익 증가로 전년 대비 영업수익은 143억원으로 증가하였고, 당기순이익은 27.2억원으로 늘어났음. 2015년에는 국내외 경기 둔화 지속에 따른 기존 투자회수의 부진으로 유가증권처분이익이 감소하고, 지분법이익 또한 계속 감소함으로써 2014년에 비해 영업수익은 73.4억원으로 감소했고 당기순손실은 28.6억원이 발생한 바 있음.

현금 흐름 *IFRS 별도 기준 〈단위 : 억원〉

항목	2015	2016
영업활동	-85	5
투자활동	15	-4
재무활동	67	-4
순현금흐름	-3	2
기말현금	1	3

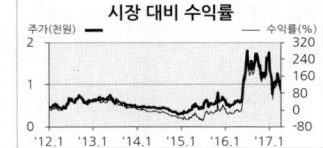

결산 실적 〈단위 : 억원〉

항목	2011	2012	2013	2014	2015	2016
순영업손익	54	85	59	64	26	97
영업이익	5	34	8	6	-32	39
당기순이익	4	22	6	-13	-29	27

분기 실적 *IFRS 별도 기준 〈단위 : 억원〉

항목	2015.3Q	2015.4Q	2016.1Q	2016.2Q	2016.3Q	2016.4Q
순영업손익	3	4	17	17	11	52
영업이익	-12	-11	3	3	-2	37
당기순이익	-9	-9	-0	2	-2	28

재무 상태 *IFRS 별도 기준 〈단위 : 억원〉

항목	2011	2012	2013	2014	2015	2016
총자산	618	685	626	717	743	762
유형자산	0	0	0	3	2	2
무형자산	5	5	20	20	5	5
유가증권	13	0	4	24	65	25
총부채	83	141	82	179	167	149
총차입금	65	120	64	134	139	118
자본금	399	399	399	399	454	471
총자본	535	544	545	538	576	614
지배주주지분	535	544	545	538	576	614

기업가치 지표 *IFRS 별도 기준

항목	2011	2012	2013	2014	2015	2016
주가(최고/저)(천원)	0.9/0.4	0.8/0.4	0.8/0.5	0.5/0.3	0.8/0.3	2.0/0.5
PER(최고/저)(배)	193.8/77.6	30.1/15.5	97.7/60.9	—/—	—/—	68.0/16.4
PBR(최고/저)(배)	1.4/0.6	1.2/0.6	1.1/0.7	0.7/0.4	1.2/0.5	3.0/0.7
PSR(최고/저)(배)	14/6	8/4	10/6	6/4	25/10	19/5
EPS(원)	5	28	8	-16	-36	29
BPS(원)	687	704	704	696	653	669
CFPS(원)	5	28	8	-15	-35	30
DPS(원)	15	14				
EBITDAPS(원)	7	43	10	7	-40	43

재무 비율 〈단위 : % 〉

연도	계속사업이익률	순이익률	부채비율	차입금비율	ROA	ROE	유보율	자기자본비율	총자산증가율
2016	39.3	28.2	24.3	19.3	3.6	4.6	33.8	80.5	2.6
2015	-130.3	-110.2	29.1	24.2	-3.9	-5.1	30.6	77.5	3.5
2014	-30.3	-19.7	33.4	24.9	-1.9	-2.3	39.1	75.0	14.5
2013	13.5	10.5	15.0	11.8	0.9	1.1	40.8	87.0	-8.6

크라운제과 (A005740)
Crown Confectionery

업　　종 : 식료품　　　　　　　　　　　시　　장 : 거래소
신용등급 : (Bond) A　　(CP) —　　기업규모 : 시가총액 중형주
홈페이지 : www.crown.co.kr　　　　　연 락 처 : 02)791-9133
본　　사 : 서울시 용산구 한강대로72길 3 (남영동)

설 립 일	1968.09.18	종 업 원 수	1,521명	대 표 이 사	윤석빈,장완수
상 장 일	1976.06.30	감 사 의 견	적정 (삼정)	계 열	
결 산 기	12월	보 통 주	973만주	종속회사수	
액 면 가	500원	우 선 주	60만주	구 상 호	크라운제과

주주구성 (지분율,%)		출자관계 (지분율,%)		주요경쟁사 (외형,%)	
두라푸드	24.1	해성농림	95.4	크라운해태홀딩스	100
윤영달	20.3	씨에이치테크	66.7	CJ제일제당	1,225
(외국인)	8.1	해태제과식품	65.8	롯데제과	189

매출구성		비용구성		수출비중	
[크라운제과]하임, 미니쉘, 마이쮸 등	87.1	매출원가율	61.0	수출	—
[크라운제과]참ing 등	13.3	판관비율	33.4	내수	—
위탁판매용역	3.7				

회사 개요
해태제과와 별도 법인으로 운영하고 있으나 영업 담당을 통합하고 영업망을 공유하고 있어 시너지효과가 발생함. 국내 제과 시장은 현재 1위 기업인 롯데제과를 중심으로 오리온, 해태제과 등 메이저 4사에 의한 시장 점유가 절대적임. 최근 들어 대형 할인점 중심의 유통구조와 외국 브랜드의 증가, 외식산업의 성장, 웰빙 트랜드의 확대 및 중소제과업체의 성장 등으로 경쟁은 더욱 치열해지는 상황.

실적 분석
동사의 2016년 연결기준 연간 누적 매출액은 1조1,888.4억원으로 전년 동기 대비 1.3% 감소함. 매출은 감소했지만 매출원가는 늘면서 영업이익은 659.3억원으로 전년 동기 대비 24.6% 감소함. 비영업손익 부분에서 금융손실과 함께 법인세 비용이 감소하면서 당기순이익은 445.9억원으로 전년 동기 대비 3.2% 증가했음. 매출은 소폭 감소했지만 순이익은 개선. 다만 자회사인 해태제과 허니버터칩 매출이 줄고 있는 것은 악재로 작용.

현금 흐름　〈단위 : 억원〉

항목	2015	2016
영업활동	1,126	821
투자활동	-564	-665
재무활동	-496	-146
순현금흐름	66	10
기말현금	348	357

시장 대비 수익률

결산 실적　〈단위 : 억원〉

항목	2011	2012	2013	2014	2015	2016
매출액	11,134	11,345	11,183	10,841	12,040	11,888
영업이익	794	756	697	628	874	659
당기순이익	228	383	200	238	432	446

분기 실적　〈단위 : 억원〉

항목	2015.3Q	2015.4Q	2016.1Q	2016.2Q	2016.3Q	2016.4Q
매출액	3,074	2,933	2,902	3,108	3,057	2,821
영업이익	242	117	134	225	221	79
당기순이익	153	55	70	135	127	113

재무 상태　〈단위 : 억원〉

항목	2011	2012	2013	2014	2015	2016
총자산	11,091	10,880	10,918	10,898	11,216	11,778
유형자산	5,400	5,567	5,434	5,516	5,740	6,011
무형자산	1,907	1,907	1,920	1,982	1,992	1,993
유가증권	113	109	123	45	45	42
총부채	8,903	8,524	8,510	8,251	8,181	7,729
총차입금	5,643	5,323	5,180	4,977	4,706	4,152
자본금	78	78	78	78	78	78
총자본	2,187	2,356	2,408	2,647	3,035	4,049
지배주주지분	1,687	1,883	1,987	2,221	2,593	2,964

기업가치 지표

항목	2011	2012	2013	2014	2015	2016
주가(최고/저)(천원)	15.8/10.7	20.6/14.6	27.6/19.3	34.4/18.2	88.0/18.5	63.9/27.9
PER(최고/저)(배)	6.6/4.4	5.3/3.7	13.0/9.1	12.7/6.7	17.9/3.8	14.9/6.5
PBR(최고/저)(배)	0.8/0.5	0.9/0.7	1.2/0.8	1.3/0.7	2.8/0.6	1.8/0.8
EV/EBITDA(배)	7.2		8.3	9.5	8.4	10.7	9.1
EPS(원)	1,330	2,144	1,158	1,480	2,653	2,309
BPS(원)	110,136	122,510	129,084	144,013	167,743	19,128
CFPS(원)	35,350	40,220	30,946	35,301	48,345	4,550
DPS(원)	1,000	1,000	1,000	1,000	2,000	200
EBITDAPS(원)	72,790	67,120	63,909	60,625	77,704	6,455

재무 비율　〈단위 : % 〉

연도	영업이익률	순이익률	부채비율	차입금비율	ROA	ROE	유보율	자기자본비율	EBITDA마진율
2016	5.6	3.8	190.9	102.6	3.9	13.0	3,725.6	34.4	8.5
2015	7.3	3.6	269.6	155.1	3.9	17.2	3,254.9	27.1	10.1
2014	5.8	2.2	311.7	188.0	2.2	11.0	2,780.3	24.3	8.8
2013	6.2	1.8	353.4	215.1	1.8	9.4	2,481.7	22.1	8.9

크라운제과 (A264900)
CORWN CONFECTIONERY COLTD

업　　종 : 식료품　　　　　　　　　　　시　　장 : 거래소
신용등급 : (Bond) —　　(CP) —　　기업규모 : —
홈페이지 : www.crown.co.kr　　　　　연 락 처 : 02)791-9133
본　　사 : 서울시 용산구 한강대로72길 3

설 립 일	2017.03.02	종 업 원 수	명	대 표 이 사	장완수
상 장 일	2017.04.11	감 사 의 견	—(—)	계 열	
결 산 기	12월	보 통 주	1,252만주	종속회사수	
액 면 가	200원	우 선 주	77만주	구 상 호	

주주구성 (지분율,%)		출자관계 (지분율,%)		주요경쟁사 (외형,%)	
두라푸드	24.1			크라운제과	
윤영달	20.3			크라운해태홀딩스	
(외국인)	5.9			CJ제일제당	

매출구성		비용구성		수출비중	
		매출원가율	0.0	수출	—
		판관비율	0.0	내수	—

회사 개요
해태제과와 별도 법인으로 운영하고 있으나 영업 담당을 통합하고 영업망을 공유하고 있어 시너지효과가 발생함. 국내 제과 시장은 현재 1위 기업인 롯데제과를 중심으로 오리온, 해태제과 등 메이저 4사에 의한 시장 점유가 절대적임. 최근 들어 대형 할인점 중심의 유통구조와 외국 브랜드의 증가, 외식산업의 성장, 웰빙 트랜드의 확대 및 중소제과업체의 성장 등으로 경쟁은 더욱 치열해지는 상황.

실적 분석
동사는 기존 크라운제과가 분할하면서 신설된 신규법인으로 존속법인은 크라운해태홀딩스임. 4월 11일 분할 후 신규 상장되었음. 신설법인인 크라운제과는 -18.23% 하락한 22,200원으로 마감되었음. 신설법인인 동사는 이제 제과사업만을 하는 법인으로 제과산업의 경쟁 이슈, 또한 수익성 회복에 대한 측정이 필요함. 신설법인인 동사의 2016년 기준 당기순이익은 172억원으로 앞으로의 수익 창출 여부를 기대하게 함.

현금 흐름　*IFRS 별도 기준　〈단위 : 억원〉

항목	2015	2016
영업활동	—	—
투자활동	—	—
재무활동	—	—
순현금흐름	—	—
기말현금	—	—

시장 대비 수익률
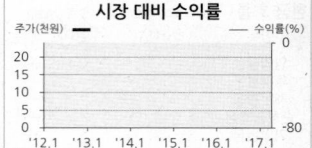

결산 실적　*IFRS 별도 기준　〈단위 : 억원〉

항목	2011	2012	2013	2014	2015	2016
매출액	—	—	—	—	—	—
영업이익	—	—	—	—	—	—
당기순이익	—	—	—	—	—	—

분기 실적　*IFRS 별도 기준　〈단위 : 억원〉

항목	2015.3Q	2015.4Q	2016.1Q	2016.2Q	2016.3Q	2016.4Q
매출액	—	—	—	—	—	—
영업이익	—	—	—	—	—	—
당기순이익	—	—	—	—	—	—

재무 상태　*IFRS 별도 기준　〈단위 : 억원〉

항목	2011	2012	2013	2014	2015	2016
총자산	—	—	—	—	—	—
유형자산	—	—	—	—	—	—
무형자산	—	—	—	—	—	—
유가증권	—	—	—	—	—	—
총부채	—	—	—	—	—	—
총차입금	—	—	—	—	—	—
자본금	—	—	—	—	—	—
총자본	—	—	—	—	—	—
지배주주지분	—	—	—	—	—	—

기업가치 지표　*IFRS 별도 기준

항목	2011	2012	2013	2014	2015	2016
주가(최고/저)(천원)	—/—	—/—	—/—	—/—	—/—	—/—
PER(최고/저)(배)	0.0/0.0	0.0/0.0	0.0/0.0	0.0/0.0	0.0/0.0	0.0/0.0
PBR(최고/저)(배)	0.0/0.0	0.0/0.0	0.0/0.0	0.0/0.0	0.0/0.0	0.0/0.0
EV/EBITDA(배)	0.0	0.0	0.0	0.0	0.0	0.0
EPS(원)	—	—	—	—	—	—
BPS(원)	—	—	—	—	—	—
CFPS(원)	—	—	—	—	—	—
DPS(원)	—	—	—	—	—	—
EBITDAPS(원)	—	—	—	—	—	—

재무 비율　〈단위 : % 〉

연도	영업이익률	순이익률	부채비율	차입금비율	ROA	ROE	유보율	자기자본비율	EBITDA마진율
2016	0.0	0.0	0.0	0.0	0.0	0.0	0.0	0.0	0.0
2015	0.0	0.0	0.0	0.0	0.0	0.0	0.0	0.0	0.0
2014	0.0	0.0	0.0	0.0	0.0	0.0	0.0	0.0	0.0
2013	0.0	0.0	0.0	0.0	0.0	0.0	0.0	0.0	0.0

크로넥스 (A215570)
CRONEX CO

업　　종 : 바이오　　　　　　　　　　시　　장 : KONEX
신용등급 : (Bond) —　　(CP) —　　　기업규모 :
홈페이지 : www.cronex.co.kr　　　　　연 락 처 : 031)352-7669
본　　사 : 경기도 화성시 팔탄면 주석로778번길 55

설 립 일	2012.05.01	종 업 원 수	10명	대 표 이 사	손영준
상 장 일	2015.12.28	감 사 의 견	적정 (한미)	계	열
결 산 기	12월	보 통 주	100만주	종 속 회 사 수	
액 면 가	500원	우 선 주	49만주	구 상 호	

주주구성 (지분율,%)		출자관계 (지분율,%)		주요경쟁사 (외형,%)	
손영준	46.0			크로넥스	100
이영길	15.0			진매트릭스	350
				메디젠휴먼케어	112

매출구성		비용구성		수출비중	
연구개발용역(용역)	90.0	매출원가율	109.7	수출	—
미니피그(제품)	9.1	판관비율	60.5	내수	—
생체조직(제품)	0.9				

회사 개요
동사는 2012년 5월 14일 설립된 의학 및 약학연구개발업, 비임상 시험 관련사업, 연구용 실험동물 생산 및 관련 사업을 주된 사업으로 영위하는 벤처중소기업으로 2015년 12월에 코넥스 시장에 상장함. 동사가 속해있는 CRO 산업은 의약품, 세포치료제, 유전자치료제, 화학물질 등 인간의 건강과 안전에 관계되는 모든 물질을 연구함. 세포, 동물 등을 이용하여 효능과 인체의 유해성을 평가하는 바이오 산업의 인프라산업임.

실적 분석
동사의 2016년 누적매출액은 14.5억원, 매출원가는 15.9억원임. 매출원가가 15.9억원으로 전년 대비 원가 부담이 증가하면서 영업손실이 10.2억원으로 적자폭이 확대됨. 당기순손실도 10.8억원으로 전년 3.1억원보다 크게 증가함. 동사는 다우신유전자연구소의 연구지원 하에 유전자 판별기법 및 계통 특이성 판독기법을 개발하여 특허출원 진행 중임.

현금 흐름
*IFRS 별도 기준　　〈단위 : 억원〉

항목	2015	2016
영업활동	-3	-5
투자활동	-41	1
재무활동	41	39
순현금흐름	-2	36
기말현금	0	36

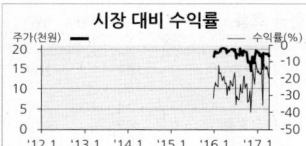
시장 대비 수익률

결산 실적
〈단위 : 억원〉

항목	2011	2012	2013	2014	2015	2016
매출액	—	2	8	10	11	15
영업이익	—	-0	0	1	-3	-10
당기순이익	—	-0	0	1	-3	-11

분기 실적
*IFRS 별도 기준　　〈단위 : 억원〉

항목	2015.3Q	2015.4Q	2016.1Q	2016.2Q	2016.3Q	2016.4Q
매출액	—	—	—	—	—	—
영업이익	—	—	—	—	—	—
당기순이익	—	—	—	—	—	—

재무 상태
*IFRS 별도 기준　　〈단위 : 억원〉

항목	2011	2012	2013	2014	2015	2016
총자산		4	5	11	50	78
유형자산		3	2	1	34	30
무형자산			1	2	4	4
유가증권						
총부채		3	1	4	26	24
총차입금		2		2	23	22
자본금		2	4	5	6	7
총자본		2	4	7	24	53
지배주주지분		2	4	7	24	53

기업가치 지표
*IFRS 별도 기준

항목	2011	2012	2013	2014	2015	2016
주가(최고/저)(천원)	—/—	—/—	—/—	—/—	18.0/16.8	20.4/13.9
PER(최고/저)(배)	0.0/0.0	0.0/0.0	0.0/0.0	0.0/0.0	—/—	—/—
PBR(최고/저)(배)	0.0/0.0	0.0/0.0	0.0/0.0	0.0/0.0	9.3/8.7	5.7/3.9
EV/EBITDA(배)	0.0					
EPS(원)	—	-68	28	106	-284	-806
BPS(원)	—	86	86	722	1,927	3,566
CFPS(원)	—	-14	39	190	-98	-232
DPS(원)	—					
EBITDAPS(원)	—	-13	40	186	-45	-185

재무 비율
〈단위 : % 〉

연도	영업이익률	순이익률	부채비율	차입금비율	ROA	ROE	유보율	자기자본비율	EBITDA마진율
2016	-70.2	-74.6	45.9	41.9	-17.0	-28.0	613.1	68.6	-17.1
2015	-22.8	-27.9	108.0	95.5	-10.0	-19.7	285.4	48.1	-4.5
2014	9.5	9.8	59.2	28.3	12.1	18.2	44.4	62.8	17.3
2013	2.4	2.1	일부잠식	일부잠식	3.5	5.9	-13.6	74.3	14.5

크로바하이텍 (A043590)
Clover Hitech

업　　종 : 전자 장비 및 기기　　　　　시　　장 : KOSDAQ
신용등급 : (Bond) —　　(CP) —　　　기업규모 : 중견
홈페이지 : www.cloverhitech.com　　　연 락 처 : 043)267-6587
본　　사 : 충북 청주시 흥덕구 월명로55번길 57

설 립 일	1974.10.23	종 업 원 수	145명	대 표 이 사	송한준
상 장 일	2001.12.20	감 사 의 견	적정 (평진)	계	열
결 산 기	12월	보 통 주	1,300만주	종 속 회 사 수	
액 면 가	500원	우 선 주		구 상 호	

주주구성 (지분율,%)		출자관계 (지분율,%)		주요경쟁사 (외형,%)	
송한준	27.0	문등크로바전자유한공사	100.0	크로바하이텍	100
The Three Kingdoms Korea Fund, Inc.	4.3	산동크로바전자유한공사	100.0	S&K폴리텍	105
(외국인)	0.4	동관크로바전자유한공사	100.0	대동전자	63

매출구성		비용구성		수출비중	
TRANS/COIL	68.0	매출원가율	86.9	수출	58.2
Hard Disk Drive	12.0	판관비율	10.2	내수	41.8
IC Design & Packaging	11.0				

회사 개요
동사는 IT 전자부품 전문기업으로 디지털 디스플레이 전원부품공급장치 생산을 시작으로 사업을 시작함. 반도체세계 Display Drive IC Design사업과 반도체후공정 Drive IC Packaging사업, HDD사업과 전원공급 부품인 Transformer & Coil사업을 전원사업으로 운영하고 있음. 2016년 기준 매출 비중은 트랜스포머 및 코일이 71.54%, IC Design과 pkd가 10.66%, HDD 16.56%임.

실적 분석
동사의 연결기준 2016년 매출액은 602.3억원으로 전년 대비 4.0% 증가하였음. TRANS/COIL 품목의 중국 내 매출이 전년보다 증가하였고 환율변동 및 판매가격 변동도 매출 증가에 영향을 미침. 외형성장과 더불어 매출원가와 판관비가 감소하며 영업이익 17.5억원을 기록, 흑자전환에 성공함. 매출비중이 가장 큰 전원사업부는 기존 고객 요구에 부합할 수 있도록 연구개발과 영업관리에 힘쓰고 있음.

현금 흐름
*IFRS 별도 기준　　〈단위 : 억원〉

항목	2015	2016
영업활동	29	50
투자활동	-44	18
재무활동	5	-49
순현금흐름	-9	19
기말현금	90	109

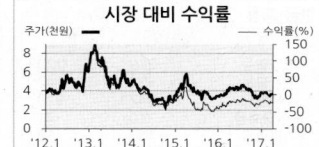
시장 대비 수익률

결산 실적
〈단위 : 억원〉

항목	2011	2012	2013	2014	2015	2016
매출액	1,039	938	661	629	579	602
영업이익	21	41	-56	-34	-26	18
당기순이익	-3	45	-21	-34	-35	-3

분기 실적
*IFRS 별도 기준　　〈단위 : 억원〉

항목	2015.3Q	2015.4Q	2016.1Q	2016.2Q	2016.3Q	2016.4Q
매출액	160	149	130	145	173	154
영업이익	-3	-11	1	5	6	6
당기순이익	-18	-7	-8	-14	12	6

재무 상태
*IFRS 별도 기준　　〈단위 : 억원〉

항목	2011	2012	2013	2014	2015	2016
총자산	806	767	730	692	667	644
유형자산	419	445	392	348	317	288
무형자산	13	12	9	7	7	5
유가증권	2	2	2			
총부채	449	366	327	320	333	306
총차입금	244	215	202	207	228	194
자본금	65	65	65	65	65	65
총자본	357	401	403	372	334	338
지배주주지분	357	401	403	372	334	338

기업가치 지표

항목	2011	2012	2013	2014	2015	2016
주가(최고/저)(천원)	5.2/1.9	7.0/3.6	9.2/4.1	5.4/2.3	5.9/3.0	4.8/3.1
PER(최고/저)(배)	—/—	19.9/10.3	—/—	—/—	—/—	—/—
PBR(최고/저)(배)	1.9/0.7	2.2/1.1	3.0/1.3	1.9/0.8	2.3/1.1	1.8/1.2
EV/EBITDA(배)	7.4	9.1	81.9	18.5	24.3	9.1
EPS(원)	-20	349	-165	-261	-269	-20
BPS(원)	2,789	3,155	3,100	2,861	2,599	2,673
CFPS(원)	492	810	335	203	99	302
DPS(원)						
EBITDAPS(원)	674	775	66	199	168	457

재무 비율
〈단위 : % 〉

연도	영업이익률	순이익률	부채비율	차입금비율	ROA	ROE	유보율	자기자본비율	EBITDA마진율
2016	2.9	-0.4	90.7	57.5	-0.4	-0.8	434.5	52.4	9.9
2015	-4.5	-6.1	99.5	68.1	-5.2	-9.9	419.8	50.1	3.8
2014	-5.5	-5.4	86.1	55.6	-4.8	-8.8	472.2	53.7	4.1
2013	-8.6	-3.3	81.2	50.0	-2.9	-5.3	520.0	55.2	1.3

크루셜텍 (A114120)
Crucialtec

업　　종 : 휴대폰 및 관련부품　　　시　　장 : KOSDAQ
신용등급 : (Bond) —　　(CP) —　　기업규모 : 중견
홈 페 이 지 : www.crucialtec.com　　연 락 처 : (031)8060-3000
본　　사 : 경기도 성남시 분당구 판교로 255번길 62 크루셜텍 빌딩

설 립 일 2001.04.20	종 업 원 수 225명	대 표 이 사 김종빈	
상 장 일 2010.07.21	감 사 의 견 적정 (신한)	계 열	
결 산 기 12월	보 통 주 2,858만주	종속회사수	
액 면 가 500원	우 선 주	구 상 호	

주주구성 (지분율,%)		출자관계 (지분율,%)		주요경쟁사 (외형,%)	
안건준	19.1	바이오페이	50.0	크루셜텍	100
유영선	3.7	엠엔지솔루션	34.3	삼성전자	63,077
(외국인)	1.3	캔버스바이오	34.1	영풍	829

매출구성		비용구성		수출비중	
바이오메트릭 트랙패드	87.3	매출원가율	83.2	수출	—
PL 렌즈	7.9	판관비율	14.2	내수	—
기타	3.3				

회사 개요
동사는 휴대기기 입력장치 전문기업으로 2001년에 설립됨. 동사는 스마트폰의 입력장치인 옵티컬트랙패드 제품의 원천특허를 확보하여 세계 최초로 상용화하였음. 매출의 상당부분을 차지하는 옵티컬트랙패드의 정전식 터치스크린의 단점을 보완하는 기능으로 모바일기기 니치마켓에 집중하고, 휴대폰 이외에 리모컨, 카메라, 모니터, 노트북 등 입력장치를 필요로 하는 다양한 가전기기에까지 그 적용분야를 넓혀서 신규 시장 창출함.

실적 분석
동사의 2016년 연결기준 결산 매출액은 BTP(지문인식모듈) 판매수량 증가에 따라 3,200.3억원을 기록, 전년동기 대비 21.9% 증가함. 영업이익은 감소하였으나 디스플레이 일체형 BTP, 위조지문방지 BTP, 바이오 헬스케어 등 신제품 투자비용 증가 및 BTP 판매수량 및 프로젝트 증가에 따른 초기 관리비용 증가하였기 때문임. 전기에 종속/관계기업 투자주식처분이익(삼우엠스) 61억 반영으로 당기순이익이 감소함.

현금 흐름 〈단위 : 억원〉
항목	2015	2016
영업활동	-289	-225
투자활동	-57	-142
재무활동	342	329
순현금흐름	-10	-41
기말현금	100	58

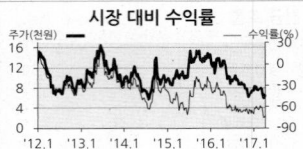
시장 대비 수익률

결산 실적 〈단위 : 억원〉
항목	2011	2012	2013		2015	2016
매출액	2,521	2,803	4,175	734	2,625	3,200
영업이익	130	-82	-158	-238	143	83
당기순이익	126	-111	-187	-347	96	3

분기 실적 〈단위 : 억원〉
항목	2015.3Q	2015.4Q	2016.1Q	2016.2Q	2016.3Q	2016.4Q
매출액	887	1,141	800	878	926	596
영업이익	71	92	46	51	5	-19
당기순이익	39	110	36	46	-38	-40

재무 상태 〈단위 : 억원〉
항목	2011	2012	2013	2014	2015	2016
총자산	2,672	2,895	3,556	3,446	2,894	2,863
유형자산	812	986	1,289	1,395	504	508
무형자산	53	105	195	106	79	103
유가증권	91	186	57	76	59	51
총부채	1,444	1,732	2,464	2,531	1,919	1,813
총차입금	891	1,273	1,667	1,807	1,098	1,341
자본금	117	118	118	124	141	143
총자본	1,228	1,163	1,091	915	975	1,050
지배주주지분	1,088	983	809	567	976	1,051

기업가치 지표
항목	2011	2012	2013	2014	2015	2016
주가(최고/저)(천원)	26.4/10.0	17.1/6.5	17.7/8.2	15.2/6.0	17.0/9.1	15.6/6.7
PER(최고/저)(배)	41.0/15.5	—/—	—/—	—/—	49.7/26.6	1,597.5/685.1
PBR(최고/저)(배)	5.5/2.1	3.9/1.5	5.2/2.4	6.6/2.6	4.9/2.6	4.2/1.8
EV/EBITDA(배)	22.5	312.4	—	—	21.0	22.7
EPS(원)	645	-494	-966	-1,559	342	10
BPS(원)	4,774	4,404	3,436	2,282	3,452	3,723
CFPS(원)	887	-98	-441	-951	739	258
DPS(원)						
EBITDAPS(원)	815	48	-145	-393	905	540

재무 비율 〈단위 : % 〉
연도	영업이익률	순이익률	부채비율	차입금비율	ROA	ROE	유보율	자기자본비율	EBITDA마진율
2016	2.6	0.1	172.7	127.7	0.1	0.3	644.6	36.7	4.8
2015	5.5	3.7	196.8	112.6	3.0	12.5	590.3	33.7	9.7
2014	-32.5	-47.3	276.4	197.4	-9.9	-53.9	356.5	26.6	-12.8
2013	-3.8	-4.5	225.8	152.7	-5.8	-25.4	587.2	30.7	-0.8

크리스탈신소재 (A900250)
China Crystal New Material Holdings

업　　종 : 화학　　　시　　장 : KOSDAQ
신용등급 : (Bond) —　　(CP) —　　기업규모 :
홈 페 이 지 : www.crystalnewmaterial.com　　연 락 처 : 86-510-68171266
본　　사 : Artemis House, 75 Fort Street, George Town, P.O. Box 31493, Grand Cayman KY1-1206 Cayman I

설 립 일 2012.02.23	종 업 원 수 183명	대 표 이 사 다이자룽	
상 장 일 2016.01.28	감 사 의 견 적정 (신한)	계 열	
결 산 기 12월	보 통 주 6,162만주	종속회사수	
액 면 가	우 선 주	구 상 호	

주주구성 (지분율,%)		출자관계 (지분율,%)		주요경쟁사 (외형,%)	
Dai Jia Long	38.5	장인루이자	100.0	크리스탈신소재	100
KDB Value Private Equity Fund VII	15.5	장인유쟈	100.0	한국카본	400
(외국인)	43.4	홍콩중운	100.0	NPC	586

매출구성		비용구성		수출비중	
		매출원가율	0.0	수출	—
		판관비율	0.0	내수	—

회사 개요
동사는 중국계 소재기업으로 2016년 1월 28일 코스닥 시장에 상장됨. 2008년 글로벌 화학기업 머크와의 기술협력을 바탕으로 천연운모 대체 신소재인 합성운모의 양산에 세계 최초로 성공함. 합성운모 기술의 표준과 시장의 확대를 선도하고 있음. 2014년 생산량(5,162.3톤, 38.5% 시장 점유)를 기준으로 동사는 세계 합성운모시장에서 최대 합성운모파우더 생산업체임. 또한 동사의 합성운모 제품은 장쑤성 중소기업 전문특별신소재 인증을 획득.

실적 분석
동사의 2016년도 3분기 매출액은 전년동기 대비 6.4% 증가한 477.7억원을 시현. 영업이익과 당기순이익도 각각 236.4억원과 199.6억원을 기록하며 전년동기 대비 20.3%, 18.4%의 실적 확대를 이룸. 천연운모에서 합성운모로 지속적인 시장 대체가 진행되며 전방산업이 성장중인 것이 영향을 미친것으로 보임. 동사의 본사는 중국에 있지만 글로벌 기업을 고객으로 확보한 만큼 세계 시장에 미치는 영향력이 강함.

현금 흐름 〈단위 : 억원〉
항목	2015	2016
영업활동	283	269
투자활동	-389	-29
재무활동	23	230
순현금흐름	-83	470
기말현금	906	1,339

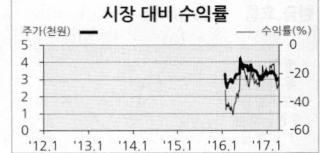
시장 대비 수익률

결산 실적 〈단위 : 억원〉
항목	2011	2012	2013	2014	2015	2016
매출액	—	292	442	541	644	650
영업이익	—	—	234	234	307	322
당기순이익	—	102	193	197	264	263

분기 실적 〈단위 : 억원〉
항목	2015.3Q	2015.4Q	2016.1Q	2016.2Q	2016.3Q	2016.4Q
매출액	176	200	135	178	174	163
영업이익	85	112	63	86	91	82
당기순이익	72	97	54	73	76	59

재무 상태 〈단위 : 억원〉
항목	2011	2012	2013	2014	2015	2016
총자산	—	609	967	1,446	1,801	2,239
유형자산	—	145	238	228	607	594
무형자산	—	30	30	31	59	55
유가증권	—	—	—	—	—	—
총부채	—	83	171	138	204	215
총차입금	—	52	70	53	78	75
자본금	—	218	238	294	299	343
총자본	—	525	795	1,309	1,598	2,024
지배주주지분	—	525	795	1,309	1,598	2,024

기업가치 지표
항목	2011	2012	2013	2014	2015	2016
주가(최고/저)(천원)	—/—	—/—	—/—	—/—	—/—	4.2/2.5
PER(최고/저)(배)	0.0/0.0	0.0/0.0	0.0/0.0	0.0/0.0	0.0/0.0	0.0/0.0
PBR(최고/저)(배)	0.0/0.0	0.0/0.0	0.0/0.0	0.0/0.0	0.0/0.0	0.0/0.0
EV/EBITDA(배)	0.0					3.2
EPS(원)		261	467	459	508	431
BPS(원)	—	1,340	1,879	2,524	3,081	3,284
CFPS(원)	—	271	486	496	542	461
DPS(원)						70
EBITDAPS(원)		409	585	583	625	560

재무 비율 〈단위 : % 〉
연도	영업이익률	순이익률	부채비율	차입금비율	ROA	ROE	유보율	자기자본비율	EBITDA마진율
2016	49.6	40.4	10.6	3.7	13.0	14.5	490.8	90.4	52.0
2015	47.6	40.9	12.7	4.9	16.2	18.1	433.9	88.7	52.5
2014	43.3	36.4	10.5	4.1	—	—	345.5	90.5	46.3
2013	53.0	43.7	21.6	8.8	24.6	29.3	233.6	82.3	54.8

크리스탈지노믹스 (A083790)
CrystalGenomics

업 종 : 바이오		시 장 : KOSDAQ	
신용등급 : (Bond) — (CP) —		기업규모 : 신성장	
홈 페 이 지 : www.crystalgenomics.com		연 락 처 : 031)628-2700	
본 사 : 경기도 성남시 분당구 대왕판교로 700, 삼평동 코리아바이오파크 A동 5층			

설 립 일 2000.07.07	종 업 원 수 66명	대 표 이 사 조중명	
상 장 일 2006.01.06	감 사 의 견 적정 (신우)	계	열
결 산 기 12월	보 통 주 2,588만주	종속회사수	
액 면 가 500원	우 선 주 —	구 상 호	

주주구성 (지분율,%)		출자관계 (지분율,%)		주요경쟁사 (외형,%)	
조중명	9.4	크리스탈생명과학	55.6	크리스탈	100
양대식	6.5	화일약품	23.1	쎌바이오텍	401
(외국인)	2.4	CGPharmaceuticals,Inc	100.0	파마리서치프로덕트	316

매출구성		비용구성		수출비중	
의약품도소매	41.2	매출원가율	33.4	수출	0.0
임상시험분석	30.0	판관비율	94.7	내수	100.0
신약 판매	25.6				

회사 개요
동사는 질환 표적 단백질의 규명 기술과 이 구조를 기반으로 고유 선도물질을 발굴하는 기술 및 개발후보를 발굴하는 세계적인 경쟁력의 기반기술을 구축하여, 개발 후보를 지속적으로 창출하고 있음. 2015년 12월 31일 현재 차세대 관절염 진통소염제(아셀렉스)가 식약처 신약승인을 받아 2015년 7월에 동아ST와 국내독점판매계약을 체결하고 2015년 9월부터 전국 종합병원 및 대학병원, 클리닉 등에 공급하고 있음.

실적 분석
동사의 2016년 결산기준 매출액은 145.3억원으로 전년동기 대비 136.7% 증가했음. 매출의 급증에 따라 매출총이익도 전년 대비 66%증가하였으나, 기타 판관비와 경상개발비의 증가로 40.9억원의 영업손실을 기록했음. 다만, 비영업부문에서 11.5억원의 이익을 기록하며 손실 폭을 일부 축소하며 37.7억원의 당기순손실을 시현함. 연구를 통해 저산소증 특허물질을 여러 유망한 선도화합물들에 대한 특허출원을 수행함.

현금 흐름 〈단위 : 억원〉
항목	2015	2016
영업활동	-58	-55
투자활동	-28	-16
재무활동	55	59
순현금흐름	-31	-11
기말현금	248	237

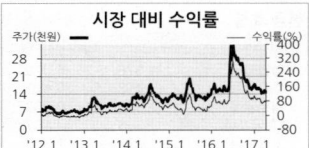
시장 대비 수익률

결산 실적 〈단위 : 억원〉
항목	2011	2012	2013	2014	2015	2016
매출액	38	37	48	45	61	145
영업이익	-100	-72	-60	-72	-40	-41
당기순이익	-86	-118	-114	-119	-48	-38

분기 실적 〈단위 : 억원〉
항목	2015.3Q	2015.4Q	2016.1Q	2016.2Q	2016.3Q	2016.4Q
매출액	26	5	47	61	35	2
영업이익	2	-21	-4	5	-4	-38
당기순이익	-4	-7	14	-5	-3	-44

재무 상태 〈단위 : 억원〉
항목	2011	2012	2013	2014	2015	2016
총자산	630	547	888	1,061	1,273	1,287
유형자산	130	119	139	131	240	245
무형자산	120	96	70	52	74	70
유가증권	125	66	21	15	27	17
총부채	326	323	526	510	536	454
총차입금	258	277	455	429	390	339
자본금	86	88	97	113	123	129
총자본	304	224	362	550	736	833
지배주주지분	304	224	362	550	719	832

기업가치 지표
항목	2011	2012	2013	2014	2015	2016
주가(최고/저)(천원)	10.3/4.1	9.6/6.0	13.1/7.2	17.9/9.0	21.1/10.6	36.5/13.6
PER(최고/저)(배)	—/—	—/—	—/—	—/—	—/—	—/—
PBR(최고/저)(배)	5.8/2.3	7.6/4.8	7.0/3.9	7.4/3.7	7.2/3.6	11.3/4.2
EV/EBITDA(배)						
EPS(원)	-537	-670	-628	-556	-204	-85
BPS(원)	1,768	1,271	1,870	2,436	2,935	3,214
CFPS(원)	-456	-576	-551	-493	-148	-19
DPS(원)						
EBITDAPS(원)	-542	-316	-255	-274	-112	-93

재무 비율 〈단위 : % 〉
연도	영업이익률	순이익률	부채비율	차입금비율	ROA	ROE	유보율	자기자본비율	EBITDA마진율
2016	-28.1	-25.9	54.5	40.7	-2.9	-2.8	542.7	64.7	-16.5
2015	-65.1	-79.0	72.9	52.9	-4.2	-7.6	487.0	57.9	-43.6
2014	-159.4	-263.1	92.7	77.9	-12.3	-26.2	387.2	51.9	-129.4
2013	-125.9	-237.8	145.5	125.7	-15.9	-39.0	274.0	40.7	-96.7

크린앤사이언스 (A045520)
Clean & Science

업 종 : 자동차부품		시 장 : KOSDAQ	
신용등급 : (Bond) — (CP) —		기업규모 : 중견	
홈 페 이 지 : www.cands.co.kr		연 락 처 : 02)550-0800	
본 사 : 서울시 강남구 영동대로 511, 무역회관 903-1호 (삼성동, 무역회관)			

설 립 일 1979.12.31	종 업 원 수 155명	대 표 이 사 곽규범	
상 장 일 2000.12.05	감 사 의 견 적정 (다산)	계	열
결 산 기 12월	보 통 주 650만주	종속회사수	
액 면 가 500원	우 선 주 —	구 상 호	

주주구성 (지분율,%)		출자관계 (지분율,%)		주요경쟁사 (외형,%)	
최재원	13.9	한국여과기공업협동조합	3.5	크린앤사이언스	100
델타미디에스	11.0	한국부직포공업협동조합	1.5	케이엔더블유	113
(외국인)	2.0	CLEANANDSCIENCECHINACO.,LTD	100.0	풍강	144

매출구성		비용구성		수출비중	
자동차용	51.2	매출원가율	77.4	수출	44.4
Filter	22.7	판관비율	15.3	내수	55.6
상품	14.1				

회사 개요
동사는 1973년 설립된 후, 자동차용 여과지, 산업용 여과지를 비롯한 여과지 사업부문, 공조용 여과소재를 바탕으로 한 M.B사업, 가전용 및 산업용 필터와 관련한 필터사업부문을 영위하고 있음. 특히 주력사업인 자동차용 여과지 부문의 경우 자동차 OE업체에 지속적으로 제품을 공급함으로써 안정적 매출 기반 구축함. 기후변화에 따른 미세먼지 관련 산업의 수혜로 안정적 매출 신장이 예상. 미국법인 및 중국법인설립이후 판로 다화화 진행중임

실적 분석
동사의 연결기준 2016년도 누적 매출액은 전년도 대비 소폭 증가한 599.7억원을 시현하였으며, 영업이익은 3%증가한 43.6억원을 시현하였고, 법인세 비용 증가에도 불구하고 당기순이익은 전년 대비 소폭 증가한 35.9억원을 기록함. 최근 기후변화에 따른 미세먼지 이슈가 부각되며, 관련 산업인 여과지에 대한 관심이 증가함에 따라 향후 수요증가를 통한 지속적인 성장이 예상되며, 여과지 사업의 연료비 절감 및 환율상승에 다른 수혜

현금 흐름 〈단위 : 억원〉
항목	2015	2016
영업활동	56	63
투자활동	-54	-59
재무활동	3	9
순현금흐름	5	14
기말현금	29	43

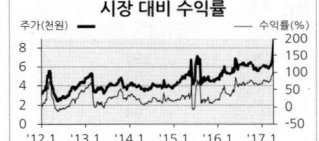
시장 대비 수익률

결산 실적 〈단위 : 억원〉
항목	2011	2012	2013	2014	2015	2016
매출액	447	471	542	562	595	600
영업이익	6	17	20	27	42	44
당기순이익	7	13	13	22	36	36

분기 실적 〈단위 : 억원〉
항목	2015.3Q	2015.4Q	2016.1Q	2016.2Q	2016.3Q	2016.4Q
매출액	145	162	131	136	144	189
영업이익	8	19	8	10	9	16
당기순이익	9	15	9	10	5	12

재무 상태 〈단위 : 억원〉
항목	2011	2012	2013	2014	2015	2016
총자산	411	389	396	393	436	506
유형자산	221	109	98	88	120	117
무형자산	6	6	6	7	6	7
유가증권	4	4	4	0	0	0
총부채	245	212	205	178	201	238
총차입금	149	127	119	102	119	126
자본금	37	37	37	37	37	37
총자본	166	177	191	215	235	268
지배주주지분	166	177	191	215	235	268

기업가치 지표
항목	2011	2012	2013	2014	2015	2016
주가(최고/저)(천원)	7.5/2.1	5.9/2.3	5.3/3.2	4.6/3.4	7.3/3.8	7.7/4.6
PER(최고/저)(배)	68.7/19.1	30.4/12.1	26.0/15.5	13.7/10.1	13.3/7.0	14.0/8.3
PBR(최고/저)(배)	2.9/0.8	2.2/0.9	1.8/1.1	1.4/1.0	1.9/1.0	1.8/1.1
EV/EBITDA(배)	11.4	10.1	8.9	6.9	6.6	7.0
EPS(원)	109	193	205	336	550	553
BPS(원)	2,553	2,726	2,946	3,305	3,791	4,303
CFPS(원)	376	469	474	602	780	769
DPS(원)						
EBITDAPS(원)	367	543	573	683	880	886

재무 비율 〈단위 : % 〉
연도	영업이익률	순이익률	부채비율	차입금비율	ROA	ROE	유보율	자기자본비율	EBITDA마진율
2016	7.3	6.0	88.9	47.1	7.6	14.3	666.3	52.9	9.6
2015	7.1	6.0	85.7	50.5	8.6	15.9	575.1	53.9	9.6
2014	4.8	3.9	82.9	47.6	5.5	10.7	488.6	54.7	7.9
2013	3.6	2.5	107.0	61.9	3.4	7.2	424.6	48.3	6.9

ㅋ

클리오 (A237880)
CLIO Cosmetics

업 종: 개인생활용품		시 장: KOSDAQ	
신용등급: (Bond) — (CP) —		기업규모: 중견	
홈페이지: www.clio.co.kr		연락처: 02)514-0056	
본 사: 서울시 강남구 압구정로30길 62 (신사동)			

설립일 1997.05.31	종업원수 명	대표이사 한현옥	
상장일 2016.11.09	감사의견 적정(삼일)	계 열	
결산기 12월	보통주 1,695만주	종속회사수	
액면가 500원	우선주 111만주	구 상 호	

주주구성 (지분율,%)		출자관계 (지분율,%)		주요경쟁사 (외형,%)	
한현옥	60.9	상해클리오	100.0	클리오	100
BEAUTIFUL COLOR PTE. LTD	6.6	광주공야클리오화장품	40.0	한국콜마	345
(외국인)	14.8			아모레퍼시픽	2,916

매출구성		비용구성		수출비중	
베이스 메이크업	36.4	매출원가율	37.1	수출	37.4
스킨케어 베이스	21.7	판관비율	49.6	내수	62.6
포인트 메이크업 아이	20.5				

회사 개요
동사는 색조화장품을 전문적으로 제조, 판매할 목적으로 1997년 5월 31일 설립됨. 화장품 및 화장도구 수입/수출, 화장품 화장도구의 판매 및 유통사업 추진, 화장품 매장의 개설 및 체인망 형성, 통신판매업 등을 주요 목적사업으로 하고 있음. 2016년 9월말 기준 클리오(상해) 화장품 유한공사와 고야공야클리오 화장유한회사를 관계회사로 두고 있음. 2015년말 기준 자본금은 8억원이며 한현옥(대표이사)가 90% 지분율을 보유하고 있음.

실적 분석
동사는 2016년 연결기준 매출액인 1935.9억원으로 전년 대비 80.8% 증가한 성적을 시현함. 매출총이익은 83.4% 늘었으며 판매비와관리비 119.1% 늘어난 결과적으로 영업이익은 전년 대비 13.9% 늘어난 256.9억원을 기록함. 판관비 증가는 경상개발비가 전년에 비해 약 8배 수준으로 늘어난 데 따른 것. 비영업손익 13.5억원을 기록했으며 당기순이익은 전년 대비 17.6% 늘어난 208.1억원을 기록했음.

현금 흐름 *IFRS 별도 기준 〈단위 : 억원〉

항목	2015	2016
영업활동	384	49
투자활동	-203	-1,187
재무활동	-87	1,515
순현금흐름	94	377
기말현금	152	529

시장 대비 수익률
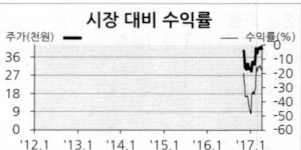

결산 실적 〈단위 : 억원〉

항목	2011	2012	2013	2014	2015	2016
매출액	—	282	336	425	1,071	1,936
영업이익	—	31	17	7	225	257
당기순이익	—	21	10	6	177	208

분기 실적 *IFRS 별도 기준 〈단위 : 억원〉

항목	2015.3Q	2015.4Q	2016.1Q	2016.2Q	2016.3Q	2016.4Q
매출액						
영업이익						
당기순이익						

재무 상태 *IFRS 별도 기준 〈단위 : 억원〉

항목	2011	2012	2013	2014	2015	2016
총자산		139	202	283	614	2,414
유형자산		2	4	28	220	239
무형자산		5	14	14	14	16
유가증권		11	5			584
총부채		60	114	192	349	985
총차입금			50	105		567
자본금		4	8	8	8	84
총자본		79	88	90	265	1,429
지배주주지분		79	88	90	265	1,429

기업가치 지표 *IFRS 별도 기준

항목	2011	2012	2013	2014	2015	2016
주가(최고/저)(천원)	—/—	—/—	—/—	—/—	—/—	40.2/29.7
PER(최고/저)(배)	0.0/0.0	0.0/0.0	0.0/0.0	0.0/0.0	0.0/0.0	28.8/21.3
PBR(최고/저)(배)	0.0/0.0	0.0/0.0	0.0/0.0	0.0/0.0	0.0/0.0	5.0/3.7
EV/EBITDA(배)	0.0	—	1.0	2.6	—	13.9
EPS(원)		198	83	44	1,226	1,424
BPS(원)		98,920	55,021	56,391	165,438	8,157
CFPS(원)		28,993	11,265	10,419	119,138	1,563
DPS(원)						600
EBITDAPS(원)		41,219	17,190	10,712	149,390	1,885

재무 비율 〈단위 : % 〉

연도	영업이익률	순이익률	부채비율	차입금비율	ROA	ROE	유보율	자기자본비율	EBITDA마진율
2016	13.3	10.8	70.9	40.2	13.8	24.9	1,616.9	58.5	14.4
2015	21.1	16.5	131.8	0.0	39.5	99.7	3,211.1	43.1	22.4
2014	1.5	1.4	213.9	116.7	—	—	1,024.6	31.9	4.0
2013	5.1	2.9	129.9	56.8	5.6	11.4	1,000.4	43.5	6.6

키움증권 (A039490)
Kiwoom Securities

업 종: 증권		시 장: 거래소	
신용등급: (Bond) AA- (CP) A1		기업규모: 시가총액 중형주	
홈페이지: www.kiwoom.com		연락처: 02)3787-5000	
본 사: 서울시 영등포구 여의나루로4길 18			

설립일 2000.01.31	종업원수 548명	대표이사 권용원	
상장일 2009.08.03	감사의견 적정(한영)	계 열	
결산기 12월	보통주 2,210만주	종속회사수	
액면가 5,000원	우선주	구 상 호	

주주구성 (지분율,%)		출자관계 (지분율,%)		주요경쟁사 (외형,%)	
다우기술	47.7	키움투자자산운용	100.0	키움증권	100
국민연금공단	9.2	키움저축은행	100.0	유안타증권	65
(외국인)	28.3	키움예스저축은행	100.0	대신증권	94

수익구성		비용구성		수출비중	
수수료수익	35.1	이자비용	7.9	수출	—
금융상품 관련이익	29.0	파생상품손실	19.4	내수	—
이자수익	16.4	판관비	34.1		

회사 개요
동사는 2000년도에 설립된 국내 최초의 온라인 종합증권사로 투자매매업, 투자중개업, 투자일임업, 투자자문업을 영위함. 온라인 브로커리지에 강점을 가진 종합 금융투자회사로, 지점이 없는 온라인 증권사로 대고객 접점 확보가 어렵다는 점이 단점으로 지적되지만 비대면 계좌 개설 서비스 등을 통하여 경쟁력 강화 중. 저비용 사업구조와 국내 최대 온라인 고객을 기반으로 10년 이상 주식위탁매매 시장점유율 1위를 유지 중임.

실적 분석
동사의 2016년 연결기준 연간 누적 영업수익(매출액)은 7847.3억원으로 전년 동기(6587.3억원) 대비 약 20% 증가함. 매출이 큰 폭 증가했지만 각종 수수료 비용이 증가하고 투자 관련 손실도 늘어나면서 영업이익은 전년 동기(1761.3억원) 대비 소폭 증가한 1758.2억원을 시현함. 영업이익은 줄었지만 영업 외 수익이 늘고 법인세 비용은 줄면서 당기순이익은 전년 동기 대비 소폭 증가한 1404.8억원을 시현함.

현금 흐름 〈단위 : 억원〉

항목	2015	2016
영업활동	-1,526	-4,020
투자활동	-458	-5,647
재무활동	1,986	9,802
순현금흐름	-3	157
기말현금	1,231	1,388

시장 대비 수익률
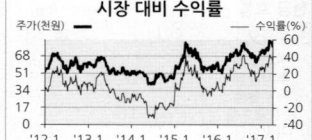

결산 실적 〈단위 : 억원〉

항목	2011	2012	2013	2014	2015	2016
순영업손익	3,360	2,291	1,886	3,006	4,663	4,735
영업이익	1,680	628	535	1,010	2,414	2,307
당기순이익	1,276	503	360	761	1,900	1,802

분기 실적 〈단위 : 억원〉

항목	2015.3Q	2015.4Q	2016.1Q	2016.2Q	2016.3Q	2016.4Q
순영업손익	1,121	892	1,254	1,105	1,129	1,247
영업이익	578	276	694	475	538	600
당기순이익	388	255	505	390	431	476

재무 상태 〈단위 : 억원〉

항목	2011	2012	2013	2014	2015	2016
총자산	38,019	41,991	42,246	47,149	61,522	88,571
유형자산	249	325	441	807	775	855
무형자산	260	338	631	608	604	479
유가증권	4,836	5,583	7,042	5,492	14,096	29,869
총부채	29,799	33,385	33,694	37,911	50,424	76,090
총차입금	2,567	3,230	3,763	6,652	8,908	20,238
자본금	1,105	1,105	1,105	1,105	1,105	1,105
총자본	8,220	8,606	8,552	9,238	11,098	12,480
지배주주지분	8,046	8,367	8,489	9,171	11,031	12,437

기업가치 지표

항목	2011	2012	2013	2014	2015	2016
주가(최고/저)(천원)	70.0/47.1	73.1/50.3	67.5/48.1	53.6/40.1	82.4/45.2	80.3/49.6
PER(최고/저)(배)	12.8/8.6	32.6/22.5	42.6/30.3	16.2/12.1	9.8/5.4	10.0/6.2
PBR(최고/저)(배)	2.0/1.4	2.0/1.4	1.8/1.3	1.3/1.0	1.7/0.9	1.4/0.9
PSR(최고/저)(배)	5/3	7/5	8/6	4/3	4/2	4/2
EPS(원)	5,745	2,329	1,640	3,420	8,585	8,142
BPS(원)	36,407	37,861	38,413	41,500	49,913	56,278
CFPS(원)	6,414	3,097	2,385	4,662	9,869	9,474
DPS(원)	850	450	350	450	700	850
EBITDAPS(원)	7,603	2,840	2,423	4,569	10,925	10,439

재무 비율 〈단위 : % 〉

연도	계속사업이익률	순이익률	부채비율	차입금비율	ROA	ROE	유보율	자기자본비율	총자산증가율
2016	49.8	38.1	609.7	162.2	2.4	15.3	1,025.6	14.1	44.0
2015	53.5	40.7	454.3	80.3	3.5	18.8	898.3	18.0	30.5
2014	32.5	25.3	410.4	72.0	1.7	8.6	730.0	19.6	12.3
2013	28.4	19.1	394.0	44.0	0.9	4.3	668.3	20.2	0.6

키위미디어그룹 (A012170)
Kiwi Media Group

업　　종 : 해상운수　　　　　　　시　　장 : 거래소
신용등급 : (Bond) —　　(CP) —　　기업규모 : 시가총액 소형주
홈 페 이 지 : www.kiwimediagroup.com　연 락 처 : 1544-0332
본　　사 : 서울시 강남구 언주로 729 8층(논현동, 마스터스빌딩)

설 립 일	1977.04.21	종 업 원 수	24명	대 표 이 사	이종우
상 장 일	1989.12.20	감 사 의 견	적정 (안진)	계　　열	
결 산 기	12월	보 통 주	13,723만주	종속회사수	
액 면 가	500원	우 선 주		구 상 호	키스톤글로벌

주주구성 (지분율,%)		출자관계 (지분율,%)		주요경쟁사 (외형,%)	
Chung Christopher Young	3.5	제주알브이리조트	40.6	키위미디어그룹	100
키위컴퍼니	3.2	키위컴퍼니	25.0	흥아해운	14,370
		사람엔터테인먼트	20.0	인터지스	8,041

매출구성		비용구성		수출비중	
원료용 석탄	100.0	매출원가율	97.5	수출	93.9
		판관비율	110.3	내수	6.1

회사 개요

동사는 1977년에 설립되어 스마트카드 사업을 주력으로 하였으나, 2010년 플로리다와 콜롬비아 광구의 채굴권을 보유한 미국의 석탄회사 키스톤인더스트리와 아시아지역 총판권을 계약함으로써 제철용 석탄을 국내외에 공급하는 석탄사업을 주로 영위 중임. 석탄부문이 전체 매출의 대부분을 차지함. 수출 비중이 매출액의 100%임. 2016년 영화사업부를 출범했고 글로벌 데님 브랜드 씨위와 아시아 총판계약을 맺는 등 패션의류 사업영역도 확장 중.

실적 분석

동사의 2016년 연간 누적 매출액은 57.9억원을 기록함. 전년동기 56.8억원에서 1.9% 성장하였고 신규로 추가된 엔터테인먼트 사업 매출이 일어나며 외형성장. 영업손실은 62.4억원으로 적자 폭이 확대됨. 석탄사업부문이 전년동기 대비 외형성장하였고 철강경기 침체로 인한 석탄가격 하락 등이 주 원인. 당기 중 Keystone Properties, LLC와 Keystone Investment, LLC를 연결오류로 인해 종속기업에서 제외함.

현금 흐름 〈단위 : 억원〉

항목	2015	2016
영업활동	-168	-38
투자활동	-19	-89
재무활동	213	107
순현금흐름	33	-20
기말현금	59	12

시장 대비 수익률

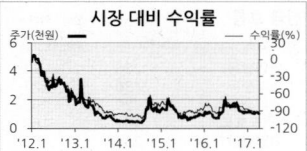

결산 실적 〈단위 : 억원〉

항목	2011	2012	2013	2014	2015	2016
매출액	1,006	621	181	150	179	58
영업이익	126	-23	-153	-67	-31	-62
당기순이익	178	-57	-321	-111	-96	-96

분기 실적 〈단위 : 억원〉

항목	2015.3Q	2015.4Q	2016.1Q	2016.2Q	2016.3Q	2016.4Q
매출액	52	56	36	—	—	—
영업이익	-4	1	-12	—	—	—
당기순이익	-6	-30	-15	—	—	—

재무 상태 〈단위 : 억원〉

항목	2011	2012	2013	2014	2015	2016
총자산	396	514	1,165	1,347	1,356	952
유형자산	3	4	537	596	644	6
무형자산	14	5	351	371	354	1
유가증권	2	6	12	95	55	101
총부채	99	192	701	856	788	236
총차입금	68	174	424	569	625	186
자본금	79	137	254	359	449	686
총자본	297	322	465	492	569	716
지배주주지분	297	322	388	423	491	716

기업가치 지표

항목	2011	2012	2013	2014	2015	2016
주가(최고/저)(천원)	4.6/0.9	5.2/1.8	3.5/0.5	2.1/0.4	2.1/0.6	2.1/0.7
PER(최고/저)(배)	6.1/1.2	—/—	—/—	—/—	—/—	—/—
PBR(최고/저)(배)	3.7/0.7	4.4/1.5	4.5/0.6	3.5/0.7	3.8/1.1	4.0/1.3
EV/EBITDA(배)	7.3					
EPS(원)	752	-215	-738	-173	-108	-74
BPS(원)	1,875	1,177	762	589	547	522
CFPS(원)	1,189	-176	-711	-144	-84	-73
DPS(원)						
EBITDAPS(원)	856	-45	-338	-85	-10	-47

재무 비율 〈단위 : %〉

연도	영업이익률	순이익률	부채비율	차입금비율	ROA	ROE	유보율	자기자본비율	EBITDA마진율
2016	-107.8	-166.7	32.9	25.9	-8.4	-16.0	4.4	75.2	-105.4
2015	-17.4	-53.5	138.5	109.9	-7.1	-21.2	9.4	41.9	-5.1
2014	-44.8	-74.5	174.1	115.9	-8.9	-25.1	17.8	36.5	-33.5
2013	-84.5	-177.4	150.8	91.2	-38.2	-87.0	52.5	39.9	-78.3

키이스트 (A054780)
Keyeast

업　　종 : 미디어　　　　　　　　시　　장 : KOSDAQ
신용등급 : (Bond) —　　(CP) —　　기업규모 : 벤처
홈 페 이 지 : www.keyeast.co.kr　　연 락 처 : (02)3444-2002
본　　사 : 서울시 강남구 영동대로112길 66, 6층(삼성동 아메리칸스탠다드빌딩)

설 립 일	1996.10.08	종 업 원 수	59명	대 표 이 사	배성웅
상 장 일	2003.11.14	감 사 의 견	적정 (신우)	계　　열	
결 산 기	12월	보 통 주	7,745만주	종속회사수	
액 면 가	100원	우 선 주		구 상 호	

주주구성 (지분율,%)		출자관계 (지분율,%)		주요경쟁사 (외형,%)	
배용준	24.5	콘텐츠케이	69.3	키이스트	100
Fox Video Limited	6.2	버디필름	48.9	덱스터	34
(외국인)	9.1	디지털어드벤처	30.7	SBS콘텐츠허브	276

매출구성		비용구성		수출비중	
해외엔터테인먼트(용역)	44.5	매출원가율	84.1	수출	65.3
매니지먼트(용역)	31.4	판관비율	16.3	내수	34.7
드라마제작(용역)	18.4				

회사 개요

동사는 1996년 10월 설립되어, 2003년 11월에 코스닥 시장에 상장되었음. 연예인, 아티스트 등의 매니지먼트 사업을 기반으로 영상콘텐츠 제작 및 음반 제작 유통, 각종 엔터테인먼트 파생 상품의 머천다이징과 라이센싱 등을 주요 사업으로 영위하고 있음. 2008년 드라마 및 애니메이션의 기획과 제작을 발표하며 21세기 지식기반서비스 산업의 핵심으로 평가되는 콘텐츠 시장에 진출함.

실적 분석

동사의 연결기준 2016년 매출액은 전년보다 12.2% 감소한 932.5억원을 기록하였음. 반면 판관비는 증가하면서 3.1억원의 영업손실을 기록, 적자전환하였음. 비영업 부문에서 42.7억원의 손실이 발생하며 최종적으로는 68.8억원의 순손실이 발생하였음. 매니지먼트 로열티 매출이 증가한 반면 드라마제작, 모바일, 해외 엔터테인먼트 사업부문 매출이 전반적으로 감소했으며 전체적으로 해외사업 매출은 유지된 반면 내수시장 매출이 줄어든 경우임.

현금 흐름 〈단위 : 억원〉

항목	2015	2016
영업활동	129	93
투자활동	-147	-176
재무활동	48	126
순현금흐름	38	52
기말현금	178	230

시장 대비 수익률

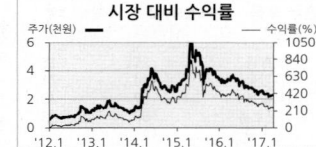

결산 실적 〈단위 : 억원〉

항목	2011	2012	2013	2014	2015	2016
매출액	261	304	695	889	1,062	932
영업이익	23	28	-56	79	77	-3
당기순이익	18	35	-66	67	60	-69

분기 실적 〈단위 : 억원〉

항목	2015.3Q	2015.4Q	2016.1Q	2016.2Q	2016.3Q	2016.4Q
매출액	285	292	225	226	224	258
영업이익	15	32	9	-2	13	-22
당기순이익	11	25	2	-9	9	-70

재무 상태 〈단위 : 억원〉

항목	2011	2012	2013	2014	2015	2016
총자산	220	717	520	843	962	1,107
유형자산	12	17	20	21	25	34
무형자산	3	43	18	270	286	314
유가증권	1	74	88	45	40	40
총부채	77	271	188	239	246	289
총차입금		12		17	10	10
자본금	63	69	69	76	77	77
총자본	143	447	332	605	716	818
지배주주지분	143	240	201	419	490	507

기업가치 지표

항목	2011	2012	2013	2014	2015	2016
주가(최고/저)(천원)	0.9/0.4	1.6/0.6	1.9/1.0	4.1/1.2	6.3/2.6	3.7/2.2
PER(최고/저)(배)	31.7/15.3	29.0/10.9	—/—	52.4/15.1	132.4/53.4	—/—
PBR(최고/저)(배)	4.0/1.9	4.7/1.8	6.6/3.5	7.5/2.2	10.0/4.0	5.7/3.4
EV/EBITDA(배)	12.0	23.1		12.5	14.2	10.6
EPS(원)	28	56	-39	79	48	-84
BPS(원)	1,132	1,740	290	552	633	654
CFPS(원)	182	327	-21	171	188	154
DPS(원)						
EBITDAPS(원)	220	260	-63	201	242	234

재무 비율 〈단위 : %〉

연도	영업이익률	순이익률	부채비율	차입금비율	ROA	ROE	유보율	자기자본비율	EBITDA마진율
2016	-0.3	-7.4	35.3	1.3	-6.7	-13.1	554.0	73.9	19.5
2015	7.3	5.7	34.3	1.4	6.7	8.0	532.8	74.4	17.4
2014	8.9	7.5	39.4	2.8	9.8	18.5	451.6	71.7	16.3
2013	-8.0	-9.5	56.8		-10.7	-12.2	190.5	63.8	-6.2

타이거일렉 (A219130)
TigerElec

업　　종 : 반도체 및 관련장비　　　시　　장 : KOSDAQ
신용등급 : (Bond) —　　(CP) —　　기업규모 : 중견
홈페이지 : www.tigerelec.com　　연 락 처 : 032)579-4100
본　　사 : 인천시 남구 염전로187번길 33

설 립 일	2000.07.28	종 업 원 수	138명	대 표 이 사	이경섭
상 장 일	2015.09.25	감 사 의 견	적정 (한미)	계　　열	
결 산 기	12월	보 통 주	631만주	종 속 회 사 수	
액 면 가	500원	우 선 주		구 상 호	

주주구성 (지분율,%)		출자관계 (지분율,%)		주요경쟁사 (외형,%)	
티에스이	43.7	타이거일렉	100	타이거일렉	100
이경섭	11.4	에이티세미콘	319	에이티세미콘	319
(외국인)	1.0	코디엠	158	코디엠	158

매출구성		비용구성		수출비중	
PROBE CARD	37.7	매출원가율	86.6	수출	41.0
LOAD BOARD	26.9	판관비율	9.3	내수	59.0
SOCKET BOARD	19.4				

회사 개요
동사는 인쇄회로기판 전문업체로서 매출구성은 Probe Card 37.68%, Socket Board 19.69%, Load Board 26.33% 이 대표적임. 동사가 고안한 반자동 리벳용 크램핑 장치를 사용하고, 신뢰성이 중요한 도금공정에서 동사가 자체 설계 및 제작한 도금라인을 설치하는 등 꾸준한 공정개발을 진행중임. 15년 4분기에 같은 인쇄회로기판 제조 전문기업인 울트라텍을 흡수합병하였음.

실적 분석
동사의 2016년 매출액과 영업이익은 전년 대비 각각 4.0% 증가, 62.3% 감소한 280.0억원, 11.4억원을 기록함. 마진율 높은 Probe Card 부문의 매출비중이 감소하였으나, Socket/Load/일반 Board 부문의 매출이 증가하며 외형성장, 원가 및 판관비 증가로 영업이익은 감소. 가장 큰 비중을 차지하는 매출처인 모회사 티에스이향 매출비중은 줄고 해외매출처가 확대되며 고객사 다변화가 진행 중에 있음.

현금 흐름　*IFRS 별도 기준　〈단위 : 억원〉

항목	2015	2016
영업활동	25	16
투자활동	-14	-71
재무활동	57	-28
순현금흐름	68	-83
기말현금	121	38

시장 대비 수익률
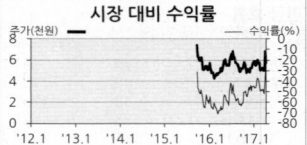

결산 실적　〈단위 : 억원〉

항목	2011	2012	2013	2014	2015	2016
매출액	210	211	218	259	269	280
영업이익	51	41	20	35	30	11
당기순이익	34	38	21	28	23	9

분기 실적　*IFRS 별도 기준　〈단위 : 억원〉

항목	2015.3Q	2015.4Q	2016.1Q	2016.2Q	2016.3Q	2016.4Q
매출액	63	67	67	68	72	73
영업이익	6	6	-1	4	4	3
당기순이익	4	5	-1	4	3	3

재무 상태　*IFRS 별도 기준　〈단위 : 억원〉

항목	2011	2012	2013	2014	2015	2016
총자산	220	244	281	304	419	400
유형자산	127	139	137	143	170	180
무형자산					5	5
유가증권	0	0	0	0		
총부채	135	103	114	110	74	43
총차입금	105	71	82	66	28	—
자본금	1	20	20	20	32	32
총자본	85	141	167	194	345	357
지배주주지분	85	141	167	194	345	357

기업가치 지표　*IFRS 별도 기준

항목	2011	2012	2013	2014	2015	2016
주가(최고/저)(천원)	—/—	—/—	—/—	—/—	7.4/4.9	7.1/4.2
PER(최고/저)(배)	0.0/0.0	0.0/0.0	0.0/0.0	0.0/0.0	16.4/10.8	49.5/29.6
PBR(최고/저)(배)	0.0/0.0	0.0/0.0	0.0/0.0	0.0/0.0	1.4/0.9	1.3/0.8
EV/EBITDA(배)	1.3	0.6	0.7	0.4	4.9	9.1
EPS(원)	17,128	8,173	461	588	454	143
BPS(원)	424,689	35,243	36,454	42,289	5,460	5,648
CFPS(원)	210,828	104,384	7,173	8,729	822	458
DPS(원)						
EBITDAPS(원)	292,748	112,367	6,845	10,015	966	495

재무 비율　〈단위 : % 〉

연도	영업이익률	순이익률	부채비율	차입금비율	ROA	ROE	유보율	자기자본비율	EBITDA마진율
2016	4.1	3.2	12.2	0.0	2.2	2.6	1,029.6	89.2	11.2
2015	11.2	8.5	21.5	8.2	6.1	8.5	991.9	82.3	18.1
2014	13.5	10.7	72.1	49.3	8.6	15.4	871.3	58.1	19.9
2013	9.0	9.6	88.1	67.5	7.5	13.6	733.7	53.2	14.8

탑엔지니어링 (A065130)
Top Engineering

업　　종 : 디스플레이 및 관련부품　　　시　　장 : KOSDAQ
신용등급 : (Bond) —　　(CP) —　　기업규모 : 우량
홈페이지 : www.topengnet.com　　연 락 처 : 031)8039-1000
본　　사 : 경북 구미시 고아읍 농공단지길 53-17

설 립 일	1993.11.13	종 업 원 수	296명	대 표 이 사	김원남,류도현
상 장 일	2003.01.29	감 사 의 견	적정 (삼정)	계　　열	
결 산 기	12월	보 통 주	1,598만주	종 속 회 사 수	
액 면 가	500원	우 선 주		구 상 호	

주주구성 (지분율,%)		출자관계 (지분율,%)		주요경쟁사 (외형,%)	
김원남	12.9	탑인터큐브	100.0	탑엔지니어링	100
파워로직스	7.0	탑중앙연구소	100.0	APS홀딩스	345
(외국인)	7.8	탑프리전	100.0	DMS	155

매출구성		비용구성		수출비중	
Dispenser, GCS,ARRAY TESTER 등	73.9	매출원가율	70.3	수출	49.7
기타	19.4	판관비율	18.5	내수	50.3
기술서비스 등	4.3				

회사 개요
동사는 LCD, OLED, LED 및 반도체 장비를 생산하는 공정장비 제조 전문기업임. 계열회사를 통해 부품과 신소재 관련 제품으로 사업영역을 확장하고 있음. 연결대상 종속회사는 탑인터큐브, 탑나노시스 등이 있음. LCD 장비인 디스펜서는 약 60%의 높은 점유율로 1위를 차지하고 있음. GCS 및 Array Tester도 국내 패널 업체에 2009년부터 공급을 시작하면서 경쟁력 있는 장비 포트폴리오를 갖추기 시작함.

실적 분석
동사의 2016년 결산 매출액은 1,610억원으로 전년동기 대비 17.1% 증가함. 판관비 급증에도 불구하고 견조한 외형 확대와 원가율 하락 영향으로 수익성 또한 상승하는 모습. 영업이익은 180억원을 시현하며 전년동기 대비 8.8% 증가함. 경상수지는 관련기업투자손실이 비교적 큰 규모로 발생하면서 영업외손익이 악화된 영향으로 전년동기 대비 1.9% 감소한 103.9억원의 당기순이익 시현하는데 그침.

현금 흐름　〈단위 : 억원〉

항목	2015	2016
영업활동	256	-11
투자활동	-136	-87
재무활동	29	-65
순현금흐름	150	-163
기말현금	232	69

시장 대비 수익률
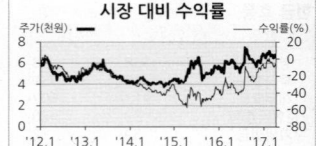

결산 실적　〈단위 : 억원〉

항목	2011	2012	2013	2014	2015	2016
매출액	1,535	641	760	1,038	1,375	1,610
영업이익	127	25	37	47	165	180
당기순이익	53	25	25	22	106	104

분기 실적　*IFRS 별도 기준　〈단위 : 억원〉

항목	2015.3Q	2015.4Q	2016.1Q	2016.2Q	2016.3Q	2016.4Q
매출액	351	458	389	376	331	514
영업이익	47	59	33	27	39	81
당기순이익	43	19	18	18	41	28

재무 상태　*IFRS 별도 기준　〈단위 : 억원〉

항목	2011	2012	2013	2014	2015	2016
총자산	2,040	1,963	1,946	1,925	2,236	2,222
유형자산	317	418	471	372	385	428
무형자산	111	112	183	159	96	32
유가증권	—	137	161	132	130	178
총부채	788	765	662	610	792	671
총차입금	416	491	345	285	290	232
자본금	78	78	78	78	83	83
총자본	1,252	1,197	1,284	1,315	1,444	1,551
지배주주지분	1,218	1,171	1,271	1,307	1,442	1,550

기업가치 지표

항목	2011	2012	2013	2014	2015	2016
주가(최고/저)(천원)	10.4/4.1	6.6/4.2	6.4/4.1	4.7/3.7	7.0/4.1	7.7/5.1
PER(최고/저)(배)	33.6/13.1	29.3/18.7	27.4/17.4	26.2/20.4	10.1/5.8	11.9/7.9
PBR(최고/저)(배)	1.3/0.5	0.8/0.5	0.8/0.5	0.5/0.4	0.8/0.5	0.8/0.5
EV/EBITDA(배)	7.1	24.0	11.8	8.4	4.4	5.5
EPS(원)	316	229	238	183	708	653
BPS(원)	8,196	8,377	8,586	8,851	9,126	9,802
CFPS(원)	443	394	428	460	975	905
DPS(원)						100
EBITDAPS(원)	988	335	436	592	1,335	1,378

재무 비율　〈단위 : % 〉

연도	영업이익률	순이익률	부채비율	차입금비율	ROA	ROE	유보율	자기자본비율	EBITDA마진율
2016	11.2	6.5	43.3	15.0	4.7	7.0	1,781.3	69.8	13.7
2015	12.0	7.7	54.9	20.1	5.1	8.0	1,651.5	64.6	15.1
2014	4.5	2.2	46.3	21.7	1.2	2.1	1,593.6	68.3	8.5
2013	4.8	3.2	51.5	26.8	1.3	2.9	1,543.0	66.0	8.5

태경산업 (A015890)
Taekyung Industrial

업　　　종 : 복합 산업
신 용 등 급 : (Bond) —　　(CP) —
홈 페 이 지 : www.taekyung.co.kr
본　　　사 : 경기도 수원시 영통구 신원로 53

시　　　장 : 거래소
기 업 규 모 : 시가총액 소형주
연 락 처 : 031)206-0071

설 립 일	1982.02.15	종 업 원 수	237명	대 표 이 사	김해련,문희철
상 장 일	1996.01.30	감 사 의 견	적정 (대주)	계　　　열	
결 산 기	12월	보 통 주	2,923만주	종속회사수	
액 면 가	500원	우 선 주		구 상 호	

주주구성 (지분율,%)
김해련	23.3
태경화학	19.9
(외국인)	4.2

출자관계 (지분율,%)
경인에코화학	100.0
남영전구	55.3
태경에프앤지	51.1

주요경쟁사 (외형,%)
태경산업	100
SK네트웍스	4,151
코오롱	885

매출구성
석회,중질탄산칼슘	37.0
식품류,휘발유등	28.3
탄산가스	15.0

비용구성
| 매출원가율 | 78.2 |
| 판관비율 | 19.1 |

수출비중
| 수출 | — |
| 내수 | — |

회사 개요
동사는 1982년 한록식품으로 설립되었으며, 1988년 카바이드 제조업종을 추가하며 회사 명칭을 태경산업으로 변경한 후, 1996년 1월 상장됨. 현재 외 9개의 계열회사를 가지고 있으며, 주요 사업부문으로 합금철제조, 석회제조, 탄산가스 제조판매, 전구생산판매, 아연 사업부 고속도로휴게소, 기타사업 부문을 영위중임. 석회제조, 고속도로휴게소, 탄산가스, 전구사업의 경우 안정적인 수요 기반을 갖추고 있음.

실적 분석
동사의 2016년 연결기준 매출액은 4,446.9 억원으로 전년대비 25.7% 증가함. 매출증가에 따른 매출총이익 증가로 영업이익은 122.3억원을 기록하며 흑자전환함. 영업이익 흑자전환으로 당기순이익 또한 43.7억원을 기록하며 흑자전환함. 국제 철강경기 침체로 인한 합금철 판매 및 수익성 감소에도 불구, 대한제강과의 석회 제조 판매 부문 신규거래 판매 증가로 실적이 큰 폭으로 개선됨.

현금 흐름 〈단위 : 억원〉
항목	2015	2016
영업활동	231	174
투자활동	-495	-266
재무활동	131	253
순현금흐름	-133	161
기말현금	194	355

시장 대비 수익률
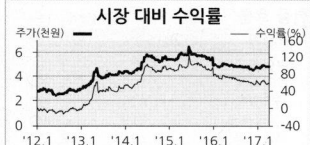

결산 실적 〈단위 : 억원〉
항목	2011	2012	2013	2014	2015	2016
매출액	4,003	4,068	4,458	4,077	3,539	4,447
영업이익	325	229	157	153	-33	122
당기순이익	256	246	76	73	-83	44

분기 실적 〈단위 : 억원〉
항목	2015.3Q	2015.4Q	2016.1Q	2016.2Q	2016.3Q	2016.4Q
매출액	964	736	991	1,052	1,122	1,282
영업이익	20	-122	15	35	42	30
당기순이익	27	-136	-6	9	33	8

재무 상태 〈단위 : 억원〉
항목	2011	2012	2013	2014	2015	2016
총자산	4,222	4,288	4,351	4,313	4,670	4,984
유형자산	1,576	1,692	1,769	1,878	2,334	2,391
무형자산	111	217	142	152	244	219
유가증권	84	101	91	89	97	102
총부채	1,623	1,527	1,534	1,612	2,097	2,358
총차입금	825	759	859	818	1,407	1,618
자본금	146	146	146	146	146	146
총자본	2,599	2,760	2,817	2,701	2,574	2,626
지배주주지분	1,942	2,044	2,054	1,943	1,819	1,768

기업가치 지표
항목	2011	2012	2013	2014	2015	2016
주가(최고/저)(천원)	3.9/2.1	3.0/2.4	4.7/2.9	5.9/4.2	6.5/5.3	5.4/4.5
PER(최고/저)(배)	8.0/4.4	5.9/4.7	66.2/41.4	54.2/39.0	—/—	66.2/55.0
PBR(최고/저)(배)	0.7/0.4	0.5/0.4	0.8/0.5	1.0/0.7	1.1/0.9	0.9/0.8
EV/EBITDA(배)	3.1	4.6	6.9	7.7	22.3	10.1
EPS(원)	600	606	80	119	-357	84
BPS(원)	6,644	6,993	7,027	6,647	6,223	6,047
CFPS(원)	1,198	1,240	765	831	313	850
DPS(원)	150	150	150	150	180	200
EBITDAPS(원)	1,710	1,419	1,222	1,235	558	1,184

재무 비율 〈단위 : % 〉
연도	영업이익률	순이익률	부채비율	차입금비율	ROA	ROE	유보율	자기자본비율	EBITDA마진율
2016	2.8	1.0	89.8	61.6	0.9	1.4	1,109.4	52.7	7.8
2015	-0.9	-2.3	81.5	54.7	-1.9	-5.5	1,144.6	55.1	4.6
2014	3.7	1.8	59.7	30.3	1.7	1.7	1,229.4	62.6	8.9
2013	3.5	1.7	54.5	30.5	1.1	1.1	1,305.4	64.7	8.0

태경화학 (A006890)
TaeKyung Chemical

업　　　종 : 화학
신 용 등 급 : (Bond) —　　(CP) —
홈 페 이 지 : www.taekyungchem.co.kr
본　　　사 : 서울시 강서구 공항대로 467 (등촌동)

시　　　장 : 거래소
기 업 규 모 : 시가총액 소형주
연 락 처 : 02)3661-8011

설 립 일	1970.11.11	종 업 원 수	85명	대 표 이 사	이의근
상 장 일	2003.01.28	감 사 의 견	적정 (삼덕)	계　　　열	
결 산 기	12월	보 통 주	1,160만주	종속회사수	
액 면 가	500원	우 선 주		구 상 호	

주주구성 (지분율,%)
백광소재	40.0
태경산업	16.4
(외국인)	0.5

출자관계 (지분율,%)
태경그린가스	100.0
태경가스기술	100.0
태경산업	19.9

주요경쟁사 (외형,%)
태경화학	100
코오롱머티리얼	660
씨큐브	74

매출구성
액체탄산	41.0
(상품)일반가스外	32.1
드라이아이스	13.5

비용구성
| 매출원가율 | 70.8 |
| 판관비율 | 21.8 |

수출비중
| 수출 | 10.5 |
| 내수 | 89.5 |

회사 개요
동사의 주요 생산제품은 액체탄산, 드라이아이스, 수산화마그네슘 및 액상소석회 등으로 액체탄산 및 드라이아이스 등의 제조, 판매를 영위할 목적으로 1970년에 설립됨. 매출은 생산 및 매출형태에 따라 탄산가스 사업부문과 환경사업부문으로 구분됨. 주력 사업은 탄산가스사업으로 전체 매출의 82.9%를 차지함. 7개 원료 공급처에 의한 4개의 액체탄산 제조공장을 운영하고 있음.

실적 분석
동사의 2016년 연결기준 매출액은 전년 대비 0.8% 증가한 513.4억원을 시현함. 판관비의 증가(전년대비 15.4% 증가)로 인해 영업이익은 전년 대비 25.9% 감소한 37.6억원을 기록하였음. 향후 국내외에서 식음료, 의료 및 농업용 탄산가스의 수요증가는 회사의 주 수입원 중 하나인 탄산가스는 점진적인 매출의 증대로 이어질 것을 기대하고 있음.

현금 흐름 〈단위 : 억원〉
항목	2015	2016
영업활동	44	48
투자활동	-83	-14
재무활동	23	-27
순현금흐름	-16	6
기말현금	43	49

시장 대비 수익률
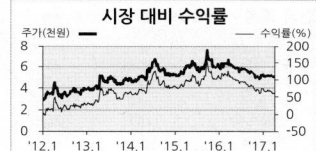

결산 실적 〈단위 : 억원〉
항목	2011	2012	2013	2014	2015	2016
매출액	535	558	519	540	509	513
영업이익	82	69	61	63	51	38
당기순이익	78	72	42	61	54	38

분기 실적 〈단위 : 억원〉
항목	2015.3Q	2015.4Q	2016.1Q	2016.2Q	2016.3Q	2016.4Q
매출액	129	120	123	120	136	135
영업이익	11	9	11	5	10	12
당기순이익	9	10	18	3	7	10

재무 상태 〈단위 : 억원〉
항목	2011	2012	2013	2014	2015	2016
총자산	843	902	1,013	1,131	1,179	1,131
유형자산	232	252	268	394	476	480
무형자산	6	6	4	4	4	4
유가증권	194	224	288	339	422	333
총부채	130	128	147	184	202	175
총차입금	—	20	20	10	50	40
자본금	58	58	58	58	58	58
총자본	713	773	866	947	977	956
지배주주지분	713	773	866	947	977	956

기업가치 지표
항목	2011	2012	2013	2014	2015	2016
주가(최고/저)(천원)	3.8/2.4	4.7/2.8	5.3/3.7	6.8/4.5	7.7/5.1	6.8/4.9
PER(최고/저)(배)	6.8/4.2	8.8/5.2	16.5/11.3	13.9/9.3	17.6/11.6	21.2/15.2
PBR(최고/저)(배)	0.7/0.5	0.8/0.5	0.8/0.6	0.9/0.6	1.0/0.6	0.9/0.6
EV/EBITDA(배)	1.8	3.3	4.8	5.3	10.1	9.8
EPS(원)	675	621	359	526	463	329
BPS(원)	6,148	6,666	7,464	8,161	8,424	8,244
CFPS(원)	874	808	557	732	668	534
DPS(원)	150	150	150	150	150	150
EBITDAPS(원)	909	782	727	744	642	529

재무 비율 〈단위 : % 〉
연도	영업이익률	순이익률	부채비율	차입금비율	ROA	ROE	유보율	자기자본비율	EBITDA마진율
2016	7.3	7.4	18.3	4.2	3.3	4.0	1,548.9	84.6	12.0
2015	10.0	10.5	20.7	5.1	4.6	5.6	1,584.7	82.9	14.6
2014	11.6	11.3	19.5	1.1	5.7	6.7	1,532.1	83.7	16.0
2013	11.8	8.0	17.0	2.3	4.4	5.1	1,392.8	85.5	16.3

태광 (A023160)
TAE KWANG

업 종 : 기계		시 장 : KOSDAQ	
신용등급 : (Bond) — (CP) —		기업규모 : 우량	
홈페이지 : www.tkbend.co.kr		연 락 처 : 051)970-6617	
본 사 : 부산시 강서구 녹산산업대로 117-12 (송정동)			

설 립 일 1982.09.01	종업원수 414명	대표이사 윤성덕	
상 장 일 1994.09.07	감사의견 적정(성도)	계 열	
결 산 기 12월	보 통 주 2,650만주	종속회사수	
액 면 가 500원	우 선 주	구 상 호	

주주구성 (지분율,%)
대신인터내셔날	25.0
윤성덕	8.6
(외국인)	16.2

출자관계 (지분율,%)
시너지파트너스	16.0
매일방송	0.7
부산면세점	0.7

주요경쟁사 (외형,%)
태광	100
와이지-원	137
삼익THK	103

매출구성
ELBOW,TEE,REDUCER, 기타	100.0

비용구성
매출원가율	89.8
판관비율	8.7

수출비중
수출	72.6
내수	27.4

회사 개요
동사는 각종 배관자재, 관이음쇠류 제조 및 판매를 주요 사업으로 영위하고 있음. 국가 기간산업 경기와 설비투자의 비중에 따라 수익 규모가 변동하는 특성이 있음. 유럽의 Tectubi, Tecnoforge, 성광벤드 등 소수 업체가 시장을 독점하고 있음. 미국, 유럽, 동남아, 중동 등 판로를 전세계로 확대하고 있음. 매출의 72,63%는 수출에서, 27.37% 국내 판매에서 거둬들임.

실적 분석
동사의 2016년 연결기준 매출액은 2447.8억원을 기록함. 이는 전년도 매출액 2744.9억원에 비해 10.8% 감소한 수치임. 판매비와 관리비는 3.9% 감소했지만 매출 하락과 매출원가율 악화로 영업이익이 79.5% 감소함. 당기순이익 또한 전년도 158.6억원에서 79.2억원으로 줄어듬. 국제유가와 글로벌 경기 변동성으로 인해 관련산업부문의 불확실성이 커지고 있음.

현금 흐름 *IFRS 별도 기준 〈단위 : 억원〉
항목	2015	2016
영업활동	198	418
투자활동	-59	-133
재무활동	-0	-26
순현금흐름	141	268
기말현금	360	627

시장 대비 수익률
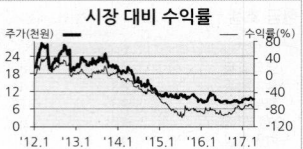

결산 실적 〈단위 : 억원〉
항목	2011	2012	2013	2014	2015	2016
매출액	2,589	3,569	3,108	2,716	2,745	2,448
영업이익	365	469	348	121	179	37
당기순이익	276	339	285	88	159	79

분기 실적 *IFRS 별도 기준 〈단위 : 억원〉
항목	2015.3Q	2015.4Q	2016.1Q	2016.2Q	2016.3Q	2016.4Q
매출액	675	737	594	630	596	628
영업이익	75	35	5	42	2	-12
당기순이익	85	10	18	37	-36	60

재무 상태 *IFRS 별도 기준 〈단위 : 억원〉
항목	2011	2012	2013	2014	2015	2016
총자산	4,225	4,494	4,686	4,666	4,798	4,747
유형자산	1,194	1,294	1,463	1,440	1,432	1,393
무형자산	6	7	12	12	11	11
유가증권	60	92	146	124	149	183
총부채	701	625	543	536	507	394
총차입금	9	1	0	3		
자본금	118	121	125	129	133	133
총자본	3,523	3,869	4,143	4,130	4,292	4,353
지배주주지분	3,523	3,869	4,143	4,130	4,292	4,353

기업가치 지표 *IFRS 별도 기준
항목	2011	2012	2013	2014	2015	2016
주가(최고/저)(천원)	25.7/11.2	28.9/18.2	25.2/19.6	20.8/10.7	11.5/8.4	11.8/8.0
PER(최고/저)(배)	25.2/11.0	23.0/14.5	23.8/18.5	63.4/32.7	19.5/14.2	39.7/26.8
PBR(최고/저)(배)	1.9/0.9	2.0/1.3	1.6/1.3	1.3/0.7	0.7/0.5	0.7/0.5
EV/EBITDA(배)	11.3	9.5	12.4	14.9	8.1	14.5
EPS(원)	1,040	1,278	1,077	334	599	299
BPS(원)	15,179	16,130	16,762	16,473	16,619	16,850
CFPS(원)	1,346	1,594	1,368	565	814	508
DPS(원)	15	15	15	15	100	50
EBITDAPS(원)	1,725	2,133	1,620	691	890	347

재무 비율 〈단위 : % 〉
연도	영업이익률	순이익률	부채비율	차입금비율	ROA	ROE	유보율	자기자본비율	EBITDA마진율
2016	1.5	3.2	9.1	0.0	1.7	1.8	3,269.9	91.7	3.8
2015	6.5	5.8	11.8	0.0	3.4	3.8	3,223.8	89.4	8.6
2014	4.5	3.3	13.0	0.1	1.9	2.1	3,194.5	88.5	6.6
2013	11.2	9.2	13.1	0.0	6.2	7.1	3,252.5	88.4	13.0

태광산업 (A003240)
Taekwang Industrial

업 종 : 화학		시 장 : 거래소	
신용등급 : (Bond) — (CP) —		기업규모 : 시가총액 중형주	
홈페이지 : www.taekwang.co.kr		연 락 처 : 02)3406-0300	
본 사 : 서울시 중구 동호로 310 (장충동2가)			

설 립 일 1961.09.15	종업원수 1,427명	대표이사 심재혁,홍현민	
상 장 일 1975.12.27	감사의견 적정(삼정)	계 열	
결 산 기 12월	보 통 주 111만주	종속회사수	
액 면 가 5,000원	우 선 주	구 상 호	

주주구성 (지분율,%)
이호진	15.8
티시스	11.2
(외국인)	9.5

출자관계 (지분율,%)
세광패션	100.0
태광산업	100.0
한국케이블텔레콤	91.6

주요경쟁사 (외형,%)
태광산업	100
롯데케미칼	495
대한유화	60

매출구성
석유화학제품	69.3
화섬/방적사	26.3
직물	3.1

비용구성
매출원가율	63.5
판관비율	30.5

수출비중
수출	—
내수	—

회사 개요
동사는 1961년 설립돼 1975년 유가증권시장에 상장됨. 태광그룹 핵심 계열사인 동사의 주요 사업은 PTA, 프로필렌, AN 등을 생산하는 석유화학부문과 원사 및 직물 등을 생산하는 섬유부문, 기타 임대 사업으로 구성돼 있음. 종속회사를 통해 종합유선방송 등 방송통신 사업을 영위하고 있음. 태광산업, 대한화섬, 세광패션 등이 섬유 및 석유화학부문 계열회사이며, 티브로드, 한국케이블텔레콤 등이 방송통신 부문 계열회사임.

실적 분석
동사의 2016년 연결기준 누적 매출액은 2조6,711.1억원으로 전년 대비 4.8% 감소함. 영업이익은 1,601.2억원으로 전년보다 0.2% 늘었으나 비영업손실이 752억원으로 크게 증가하면서 당기순이익은 전년 대비 57.4% 감소한 44.5억원을 기록함. 국내 최초로 탄소섬유 상업 생산을 시작했으나, 일본의 도레이, 미쓰비시레이온 등에 밀려 세계시장점유율은 한자릿수에 불과함. 최근 자동차용 탄소섬유 개발에 매진하고 있음.

현금 흐름 〈단위 : 억원〉
항목	2015	2016
영업활동	3,627	3,461
투자활동	-2,108	-3,064
재무활동	-1,410	-999
순현금흐름	118	-570
기말현금	3,791	3,221

시장 대비 수익률

결산 실적 〈단위 : 억원〉
항목	2011	2012	2013	2014	2015	2016
매출액	40,050	37,152	35,134	31,622	28,044	26,711
영업이익	4,558	1,754	1,686	1,495	1,598	1,601
당기순이익	3,663	1,155	1,139	1,228	1,046	445

분기 실적 〈단위 : 억원〉
항목	2015.3Q	2015.4Q	2016.1Q	2016.2Q	2016.3Q	2016.4Q
매출액	6,848	6,694	6,577	6,769	6,503	6,862
영업이익	425	66	308	353	321	619
당기순이익	183	-201	145	190	76	35

재무 상태 〈단위 : 억원〉
항목	2011	2012	2013	2014	2015	2016
총자산	38,343	38,803	39,950	38,796	38,249	38,223
유형자산	14,280	13,483	12,719	12,439	12,016	10,227
무형자산	6,026	6,012	6,627	6,600	6,581	6,595
유가증권	1,829	1,766	1,664	1,843	1,747	1,685
총부채	12,635	12,968	12,912	10,265	8,748	8,451
총차입금	6,176	6,162	6,001	4,309	2,132	1,213
자본금	56	56	56	56	56	56
총자본	25,707	25,835	27,038	28,531	29,501	29,772
지배주주지분	22,891	23,209	24,548	24,823	25,396	25,427

기업가치 지표
항목	2011	2012	2013	2014	2015	2016
주가(최고/저)(천원)	1,841/1,154	1,357/762	1,302/892	1,419/1,118	1,383/1,055	1,065/812
PER(최고/저)(배)	7.0/4.4	45.9/25.8	19.1/13.1	21.6/17.0	20.6/15.7	83.1/63.3
PBR(최고/저)(배)	0.8/0.5	0.6/0.3	0.6/0.4	0.6/0.5	0.6/0.4	0.4/0.3
EV/EBITDA(배)	2.7	3.4	4.3	4.5	3.3	2.3
EPS(원)	265,256	29,789	68,616	66,136	67,395	12,841
BPS(원)	2,207,484	2,241,506	2,366,388	2,472,019	2,523,468	2,526,210
CFPS(원)	416,616	215,783	259,370	231,202	240,268	181,529
DPS(원)	1,750	1,750	1,750	1,250	1,750	1,750
EBITDAPS(원)	560,754	343,503	342,183	299,349	316,398	312,499

재무 비율 〈단위 : % 〉
연도	영업이익률	순이익률	부채비율	차입금비율	ROA	ROE	유보율	자기자본비율	EBITDA마진율
2016	6.0	1.7	28.4	4.1	1.2	0.6	50,424.2	77.9	13.0
2015	5.7	3.7	29.7	7.2	2.7	3.0	50,369.4	77.1	12.6
2014	4.7	3.9	36.0	15.1	3.1	3.0	49,340.4	73.5	10.5
2013	4.8	3.2	47.8	22.2	2.9	3.2	47,227.8	67.7	10.8

태림포장 (A011280)
Tailim Packaging

업 종 : 용기 및 포장		시 장 : 거래소	
신용등급 : (Bond) — (CP) —		기업규모 : 시가총액 소형주	
홈 페 이 지 : www.tailim.com		연 락 처 : 031)499-3333	
본 사 : 경기도 시흥시 공단1대로 379번안길 74			

설 립 일 1976.04.12.	종 업 원 수 677명	대 표 이 사 정동섭	
상 장 일 1988.12.20	감 사 의 견 적정 (삼정)	계 열	
결 산 기 12월	보 통 주 7,081만주	종속회사수	
액 면 가 500원	우 선 주	구 상 회 사	

주주구성 (지분율,%)		출자관계 (지분율,%)		주요경쟁사 (외형,%)	
트리니티원	58.9	동림로지스틱	100.0	태림포장	100
월산	9.9	비코	95.7	율촌화학	117
(외국인)	1.0	동원페이퍼	50.2	한진피앤씨	24

매출구성		비용구성		수출비중	
상자(제품)	39.4	매출원가율	87.1	수출	3.6
원단(제품)	34.0	판관비율	10.5	내수	96.4
상자(상품)	16.8				

회사 개요

동사는 1976년 설립돼 골판지 원단과 상자를 생산하고 있으며 상장사인 동일제지와 비상장사인 태성산업, 월산, 동일팩키지 등 총 15개의 계열회사 보유. 동사의 매출비중은 골판지 상자가 약 60%, 골판지 원단이 약 40%를 차지. 동사의 시장점유율은 2~3%대를 유지하고 있음. 국내 1인당 골판지 소비량은 선진국에 비해 크게 적으나, 전자상거래와 홈쇼핑의 증가로 포장 수요가 늘어날 것으로 전망됨.

실적 분석

골판지원지 판매 증가로 2016년 매출액은 전년대비 7.9% 증가한 3,779.0원을 기록함. 판관비 감소로 수익성이 개선되어 영업이익은 전년대비 4배 가까이 증가한 90.3원을 달성함. 다만, 순이익은 금융수익 감소, 영업권손상차손 69.8억원 계상, 관계사 지분처분손실 691.9억원 발생, 태림페이퍼, 월산페이퍼 등의 지분법이익이 감소 등으로 전년 -123.4억원에서 큰 폭으로 감소한 -583.8억원을 기록함.

현금 흐름
〈단위 : 억원〉

항목	2015	2016
영업활동	118	33
투자활동	-204	108
재무활동	118	-176
순현금흐름	32	-36
기말현금	79	43

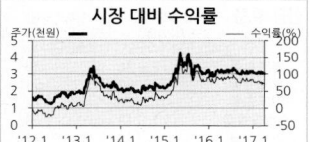
시장 대비 수익률

결산 실적
〈단위 : 억원〉

항목	2011	2012	2013	2014	2015	2016
매출액	3,770	3,914	3,669	3,520	3,504	3,779
영업이익	156	298	146	159	20	90
당기순이익	171	341	142	179	-123	-584

분기 실적
〈단위 : 억원〉

항목	2015.3Q	2015.4Q	2016.1Q	2016.2Q	2016.3Q	2016.4Q
매출액	962	941	880	905	969	1,025
영업이익	-9	-14	10	28	47	6
당기순이익	153	-289	-55	84	88	-700

재무 상태
〈단위 : 억원〉

항목	2011	2012	2013	2014	2015	2016
총자산	5,172	5,376	5,681	5,628	6,220	7,288
유형자산	2,172	2,312	2,550	2,584	3,137	4,646
무형자산	20	21	20	21	214	118
유가증권	137	71	89	64	83	43
총부채	2,069	1,929	2,042	1,835	2,480	4,157
총차입금	1,239	1,087	1,203	998	1,682	2,436
자본금	354	354	354	354	354	354
총자본	3,103	3,447	3,639	3,793	3,740	3,131
지배주주지분	3,103	3,447	3,639	3,793	3,694	3,109

기업가치 지표

항목	2011	2012	2013	2014	2015	2016
주가(최고/저)(천원)	1.5/1.0	2.0/1.2	3.5/1.8	2.5/1.8	4.5/2.1	3.5/2.8
PER(최고/저)(배)	6.6/4.4	4.4/2.7	18.2/9.5	10.3/7.4	—/—	—/—
PBR(최고/저)(배)	0.4/0.2	0.4/0.3	0.7/0.4	0.5/0.4	0.9/0.4	0.8/0.6
EV/EBITDA(배)	9.2	6.0	10.3	8.7	23.2	17.5
EPS(원)	242	482	200	253	-115	-792
BPS(원)	4,389	4,883	5,140	5,357	5,217	4,390
CFPS(원)	373	625	361	436	93	-545
DPS(원)	20	25	25	30	8	8
EBITDAPS(원)	352	564	366	408	236	375

재무 비율
〈단위 : %〉

연도	영업이익률	순이익률	부채비율	차입금비율	ROA	ROE	유보율	자기자본비율	EBITDA마진율
2016	2.4	-15.5	132.8	77.8	-8.6	-16.5	778.1	43.0	7.0
2015	0.6	-3.5	66.3	45.0	-2.1	-2.2	943.4	60.1	4.8
2014	4.5	5.1	48.4	26.3	3.2	4.8	971.4	67.4	8.2
2013	4.0	3.9	56.1	33.1	2.6	4.0	928.0	64.1	7.1

태양 (A053620)
TAEYANG

업 종 : 가정생활용품		시 장 : KOSDAQ	
신용등급 : (Bond) — (CP) —		기업규모 : 우량	
홈 페 이 지 : www.taeyangsun.co.kr		연 락 처 : 041)621-9810	
본 사 : 충남 천안시 서북구 업성1길 27			

설 립 일 1989.10.14	종 업 원 수 351명	대 표 이 사 현창수	
상 장 일 2001.08.07	감 사 의 견 적정 (세일)	계 열	
결 산 기 12월	보 통 주 860만주	종속회사수	
액 면 가 500원	우 선 주	구 상 호 태양산업	

주주구성 (지분율,%)		출자관계 (지분율,%)		주요경쟁사 (외형,%)	
현창수	23.6	에이치앤파워	10.0	태양	100
현정은	11.6	세안산업	8.9	LG생활건강	4,113
(외국인)	0.9	승일	3.4	모나리자	82

매출구성		비용구성		수출비중	
부탄가스외	60.3	매출원가율	79.0	수출	—
살충제외	39.7	판관비율	8.4	내수	—

회사 개요

동사는 관(분사용관, 식관, 기타 유사관) 및 가스충전 제조판매업, 무역업 등을 영위할 목적으로 1989년 10월 14일에 설립됨. 동사의 주요사업은 크게 휴대용 부탄가스 사업과 에어졸 사업으로 구분됨. 썬연료로 대표되는 휴대용 부탄가스 사업 분야에서 국내 시장점유율 70~80%, 세계시장점유율 60%를 차지하고 있으며, 에어졸 부문에서도 국내 1위 업체임. '승일'과 '세안산업' 등 동사를 포함한 7개의 계열회사를 보유하고 있음.

실적 분석

동사는 연료관 부문 매출 증대로 2016년 매출액 1,481.6원을 기록하며 전년동기 대비 1.8% 외형이 확대됨. 부탄가스는 세계 시장에서 수요가 증가하고 있으며 에어졸은 중국 내수 시장 판매, 제3국 수출에 박차를 가하고 있는 상황. 주요 원재료인 가스와 석판의 단가 하락으로 매출원가율이 개선되어 영업이익과 당기순이익 185.7원과 128.5원을 시현하며 전년 대비 큰 폭의 개선세를 보임.

현금 흐름
〈단위 : 억원〉

항목	2015	2016
영업활동	231	108
투자활동	-369	0
재무활동	112	-1
순현금흐름	-22	122
기말현금	251	373

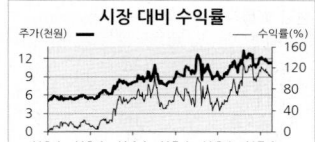
시장 대비 수익률

결산 실적
〈단위 : 억원〉

항목	2011	2012	2013	2014	2015	2016
매출액	1,696	1,874	2,072	2,071	1,455	1,482
영업이익	92	78	93	89	16	186
당기순이익	78	79	81	76	33	128

분기 실적
〈단위 : 억원〉

항목	2015.3Q	2015.4Q	2016.1Q	2016.2Q	2016.3Q	2016.4Q
매출액	332	394	400	380	333	369
영업이익	0	3	42	54	47	43
당기순이익	-67	103	42	35	28	24

재무 상태
〈단위 : 억원〉

항목	2011	2012	2013	2014	2015	2016
총자산	1,449	1,569	1,626	1,651	1,922	1,930
유형자산	660	702	698	679	1,121	1,080
무형자산	22	17	10	6	5	4
유가증권	24	40	34	34	34	9
총부채	363	417	401	357	592	474
총차입금	33	22	11	10	123	122
자본금	43	43	43	43	43	43
총자본	1,085	1,153	1,226	1,295	1,329	1,456
지배주주지분	1,084	1,153	1,226	1,295	1,329	1,456

기업가치 지표

항목	2011	2012	2013	2014	2015	2016
주가(최고/저)(천원)	8.2/4.0	6.1/4.9	8.6/5.3	10.9/7.4	13.0/7.9	13.6/8.6
PER(최고/저)(배)	9.7/4.7	7.0/5.6	9.4/5.8	12.5/8.5	34.4/20.9	9.3/5.8
PBR(최고/저)(배)	0.7/0.3	0.5/0.4	0.6/0.4	0.7/0.5	0.8/0.5	0.8/0.5
EV/EBITDA(배)	1.8	1.8	3.1	3.4	16.0	3.2
EPS(원)	904	913	937	885	385	1,494
BPS(원)	12,849	13,649	14,497	15,299	15,703	17,171
CFPS(원)	1,280	1,311	1,373	1,267	713	2,182
DPS(원)	100	100	100	—	—	190
EBITDAPS(원)	1,404	1,299	1,523	1,416	516	2,847

재무 비율
〈단위 : %〉

연도	영업이익률	순이익률	부채비율	차입금비율	ROA	ROE	유보율	자기자본비율	EBITDA마진율
2016	12.5	8.7	32.6	8.4	6.7	9.2	3,334.2	75.4	16.5
2015	1.1	2.3	44.6	9.2	1.9	2.5	3,040.6	69.2	3.1
2014	4.3	3.7	27.6	0.8	4.6	6.0	2,959.9	78.4	5.9
2013	4.5	3.9	32.7	0.9	4.9	6.8	2,799.4	75.4	6.3

태양금속공업 (A004100)
Taeyang Metal Industrial

업 종 : 자동차부품		시 장 : 거래소	
신용등급 : (Bond) — (CP) —		기업규모 : 시가총액 소형주	
홈 페 이 지 : www.taeyangmetal.com		연 락 처 : 031)490-5500	
본 사 : 경기도 안산시 단원구 해봉로 212 (성곡동)			

설 립 일 1964.12.24	종업원수 645명	대표이사 한하워드성	
상 장 일 1976.05.25	감사의견 적정 (신우)	계 열	
결 산 기 12월	보통주 3,670만주	종속회사 유	
액 면 가 500원	우선주 330만주	구 상 호	

주주구성 (지분율,%)		출자관계 (지분율,%)		주요경쟁사 (외형,%)	
한우삼	38.3	프라이맥스	72.5	태양금속	100
노회현	6.0	썬테크	19.8	우수AMS	51
(외국인)	2.3			KB오토시스	35

매출구성		비용구성		수출비중	
자동차용 및 전자부품용 냉간단조제품	96.6	매출원가율	87.9	수출	51.9
냉간단조용 선재	3.4	판관비율	8.8	내수	48.1

회사 개요
동사는 자동차 및 전자부품용 냉간단조제품과 관련 부품을 생산, 판매하는 단일사업부문으로 구성되어 있음. 동사는 우수한 설계능력 및 기술인력을 바탕으로 국제수준의 품질확보, 경영혁신, 경쟁력 강화를 중점적으로 추진하고 있음. 설립이래 60년 무분규 노사관계를 유지하고 있으며 현대기아차 뿐만 아니라 GM, 포드, 크라이슬러 등에 공급계약을 맺고 있음. 한편 6개의 계열회사를 보유하고 있음.

실적 분석
동사의 2016년 연결기준 누적 매출액은 4,770억원으로 전년 동기대비 1.1% 감소하였고, 영업이익은 매출원가의 감소에 힘입어 전년동기 대비 19.3% 증가한 156.4억원을 기록함. 외환 및 금융손실등의 비영업손실의 증가에도 불구하고 원가율 개선으로 당기순이익은 전년 동기대비 143.1% 증가한 96.1억원을 시현하였음. 향후 경기개선에 따라 동사 실적 또한 상향 추세를 그릴 가능성이 높아 보임.

현금 흐름 〈단위 : 억원〉
항목	2015	2016
영업활동	140	181
투자활동	-191	-122
재무활동	68	-23
순현금흐름	18	22
기말현금	91	113

시장 대비 수익률

결산 실적 〈단위 : 억원〉
항목	2011	2012	2013	2014	2015	2016
매출액	3,446	4,333	4,605	4,754	4,824	4,770
영업이익	90	147	147	124	131	156
당기순이익	8	16	15	67	40	96

분기 실적 〈단위 : 억원〉
항목	2015.3Q	2015.4Q	2016.1Q	2016.2Q	2016.3Q	2016.4Q
매출액	1,212	1,169	1,255	1,187	1,095	1,233
영업이익	27	30	72	27	14	44
당기순이익	-13	-3	44	10	-25	68

재무 상태 〈단위 : 억원〉
항목	2011	2012	2013	2014	2015	2016
총자산	3,384	4,046	3,645	3,644	3,701	3,731
유형자산	1,463	1,698	1,647	1,604	1,667	1,681
무형자산	29	24	37	38	38	37
유가증권	30	4	4	13	13	13
총부채	2,466	3,139	2,721	2,651	2,695	2,652
총차입금	1,283	1,538	1,486	1,412	1,486	1,475
자본금	200	200	200	200	200	200
총자본	918	908	924	993	1,007	1,078
지배주주지분	913	902	918	987	1,000	1,072

기업가치 지표
항목	2011	2012	2013	2014	2015	2016
주가(최고/저)(천원)	0.8/0.5	0.8/0.6	1.0/0.6	1.2/0.7	2.7/0.9	2.6/1.3
PER(최고/저)(배)	52.2/31.0	22.9/15.7	29.8/17.6	7.5/4.0	28.3/9.7	10.8/5.3
PBR(최고/저)(배)	0.4/0.2	0.4/0.3	0.5/0.3	0.5/0.3	1.1/0.4	1.0/0.5
EV/EBITDA(배)	7.3	6.9	6.2	6.3	7.9	8.7
EPS(원)	18	39	37	167	98	241
BPS(원)	22,951	22,676	23,075	24,808	2,513	2,693
CFPS(원)	2,813	2,908	3,483	5,238	446	517
DPS(원)	150	150	150	150	15	20
EBITDAPS(원)	4,891	6,188	6,779	6,668	676	667

재무 비율 〈단위 : % 〉
연도	영업이익률	순이익률	부채비율	차입금비율	ROA	ROE	유보율	자기자본비율	EBITDA마진율
2016	3.3	2.0	246.0	136.8	2.6	9.3	438.5	28.9	5.6
2015	2.7	0.8	267.7	147.6	1.1	3.9	402.6	27.3	5.6
2014	2.6	1.4	266.9	142.1	1.8	7.0	396.2	27.3	5.6
2013	3.2	0.3	294.5	160.8	0.4	1.6	361.5	25.4	5.9

태양기계 (A116100)
Sun Machinery

업 종 : 자동차부품		시 장 : KONEX	
신용등급 : (Bond) — (CP) —		기업규모 :	
홈 페 이 지 : www.sun-mc.co.kr		연 락 처 : 031)354-9150	
본 사 : 경기도 화성시 팔탄면 푸른들판로 843-24			

설 립 일 1990.05.01	종업원수 84명	대표이사 박창엽	
상 장 일 2013.07.01	감사의견 적정 (삼덕)	계 열	
결 산 기 12월	보통주 624만주	종속회사	
액 면 가 500원	우선주	구 상 호	

주주구성 (지분율,%)		출자관계 (지분율,%)		주요경쟁사 (외형,%)	
박창엽	33.4	두원정공	43.8	태양기계	100
유금영	5.8			대동금속	201
				한중엔시에스	239

매출구성		비용구성		수출비중	
자동차부품 기타	77.3	매출원가율	90.3	수출	31.7
EGR하우징 등	15.2	판관비율	7.1	내수	68.3
스태빌라이저 캡 마운팅	5.8				

회사 개요
동사는 디젤엔진 배기가스 재순환장치(EGR) 하우징 생산, 수출 및 상용차 중 섀시 부문 주요 부품인 유압식 파워브레이크 제동장치 어셈블리 등을 생산하는 회사로 1990년 설립됨. 최근 동사가 주력하는 사업은 EGR 하우징의 생산, 해외로의 수출이며, 부가적인 사업으로 의료기기 수입, 판매가 있음. 동사는 소재 생산기술부터 모듈조립 기술영역까지의 공정개발능력을 토대로 특정부문의 특화된 부품 사업 등에 강점을 보임.

실적 분석
동사의 2016년 연결기준 누적 매출액은 303억원을 기록. 영업이익은 8억원을 기록하였으며, 당기순이익은 2.8억원을 각각 기록하였음. 국내외 완성차 업체의 생산량이 감소하면서 외형이 축소된 것으로 분석됨. 대부분 완성차 및 부품 모듈업체의 주문에 의한 OEM 판매를 하고 있음. 완성차 비중(33%)이 가장 높음. 향후 전방산업의 업황이 회복될 경우 실적 또한 상승곡선을 그릴 것으로 판단됨.

현금 흐름 *IFRS 별도 기준 〈단위 : 억원〉
항목	2015	2016
영업활동	26	26
투자활동	-32	-51
재무활동	20	22
순현금흐름	13	-3
기말현금	29	26

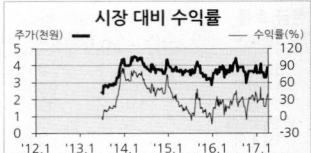
시장 대비 수익률

결산 실적 〈단위 : 억원〉
항목	2011	2012	2013	2014	2015	2016
매출액	285	307	331	348	330	303
영업이익	17	23	24	2	11	8
당기순이익	7	12	14	-5	4	3

분기 실적 *IFRS 별도 기준 〈단위 : 억원〉
항목	2015.3Q	2015.4Q	2016.1Q	2016.2Q	2016.3Q	2016.4Q
매출액						
영업이익						
당기순이익						

재무 상태 *IFRS 별도 기준 〈단위 : 억원〉
항목	2011	2012	2013	2014	2015	2016
총자산	289	338	374	349	386	417
유형자산	169	177	192	199	216	211
무형자산	32	36	37	37	38	38
유가증권	3	4	4	1	3	2
총부채	177	215	230	211	235	265
총차입금	151	184	185	171	193	218
자본금	31	31	31	31	31	31
총자본	111	122	145	138	151	152
지배주주지분	111	122	145	138	151	152

기업가치 지표 *IFRS 별도 기준
항목	2011	2012	2013	2014	2015	2016
주가(최고/저)(천원)	—/—	—/—	4.4/1.9	4.6/3.4	4.4/2.7	4.8/2.9
PER(최고/저)(배)	0.0/0.0	0.0/0.0	20.7/9.2	—/—	76.7/46.4	106.2/64.3
PBR(최고/저)(배)	0.0/0.0	0.0/0.0	1.9/0.9	2.1/1.5	1.9/1.1	2.0/1.2
EV/EBITDA(배)	4.2		9.7	18.6	10.5	14.1
EPS(원)	153	198	218	-73	59	45
BPS(원)	1,783	1,961	2,321	2,218	2,418	2,439
CFPS(원)	486	462	526	261	399	417
DPS(원)	20	30	30	30	25	25
EBITDAPS(원)	691	631	687	369	510	500

재무 비율 〈단위 : % 〉
연도	영업이익률	순이익률	부채비율	차입금비율	ROA	ROE	유보율	자기자본비율	EBITDA마진율
2016	2.6	0.9	174.1	143.5	0.7	1.9	387.8	36.5	10.3
2015	3.2	1.1	156.2	128.0	1.0	2.5	383.7	39.0	9.6
2014	0.6	-1.3	152.3	123.6	-1.3	-3.2	343.6	39.6	6.6
2013	7.2	4.1	158.5	127.5	3.8	10.2	364.2	38.7	13.0

태양씨앤엘 (A072520)
TAE YANG C&L COLTD

업 종 : 휴대폰 및 관련부품		시 장 : KOSDAQ	
신용등급 : (Bond) — (CP) —		기업규모 :	
홈 페 이 지 : www.ty-cnl.com		연 락 처 : 053)665-8816	
본 사 : 대구시 달서구 성서4차첨단로 146, 10블럭 3로트			

설 립 일 1989.07.01	종 업 원 수 93명	대 표 이 사 이영진	
상 장 일 2004.10.29	감 사 의 견 적정 (한길)	계 열	
결 산 기 12월	보 통 주 4,210만주	종속회사수	
액 면 가 100원	우 선 주	구 상 호	

주주구성 (지분율,%)		출자관계 (지분율,%)		주요경쟁사 (외형,%)	
아이피에스글로벌성장1호조합	13.7	TYEV	100.0	태양씨앤엘	100
정규용	8.5			디스플레이텍	211
(외국인)	0.3			육일씨엔에쓰	102

매출구성		비용구성		수출비중	
터치윈도우	51.4	매출원가율	90.7	수출	61.0
글라스/아크릴 윈도우	46.9	판관비율	21.6	내수	39.0
AS/TR, 원,부자재매출	1.1				

회사 개요
동사는 1989년 설립되어 산업용 인쇄 및 명판 제조업 및 소재 표면 처리업, 전자부품 제조업을 주사업으로 하고 있고, 터치윈도우, 멀티컬러필름, 아크릴윈도우 등 휴대폰 부품이 매출의 100%를 차지한다. 동사의 강화유리와 터치스크린 기술은 보다 나은 터치감과 디스플레이 디자인을 구현하는데 강점이 있음. 또한, (주)다이아몬드원 인수하여 엔터테인먼트 사업 진출을 통한 매출구조 및 재무구조 개선을 도모하고 있음.

실적 분석
2016년 결산 매출액과 전년대비 1.5% 감소한 424원, 영업이익은 적자지속하며 -52억원을 기록함. 동사는 2016년 10월 19일 적자사업 정리를 통한 이익구조 개선을 위해 모바일 TSP 사업 부문을 영업정지한다고 공시함. 영업정지는 537억원 규모로 매출액 51% 수준. 모바일 TSP 사업부 관련 자산을 매각처리하고 언더테인먼트 등 신규 주력사업을 통한 수익성 증대정책을 펼칠 전망.

현금 흐름 〈단위 : 억원〉

항목	2015	2016
영업활동	-110	-129
투자활동	97	-115
재무활동	92	174
순현금흐름	80	-72
기말현금	102	29

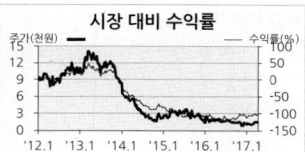

결산 실적 〈단위 : 억원〉

항목	2011	2012	2013	2014	2015	2016
매출액	1,598	2,260	2,324	1,335	430	424
영업이익	47	69	-42	-310	-76	-52
당기순이익	40	19	-21	-340	-337	-106

분기 실적 〈단위 : 억원〉

항목	2015.3Q	2015.4Q	2016.1Q	2016.2Q	2016.3Q	2016.4Q
매출액	260	-385	169	116	114	25
영업이익	-33	44	-21	-31	-21	21
당기순이익	-54	-141	-29	-44	-22	-11

재무 상태 〈단위 : 억원〉

항목	2011	2012	2013	2014	2015	2016
총자산	1,183	1,282	1,222	938	633	608
유형자산	452	515	514	549	300	273
무형자산	18	21	16	17	1	63
유가증권	—	—	—	—	—	—
총부채	643	729	701	697	537	344
총차입금	404	387	376	427	332	274
자본금	38	38	38	38	100	42
총자본	540	553	522	241	96	264
지배주주지분	540	553	522	241	96	264

기업가치 지표

항목	2011	2012	2013	2014	2015	2016
주가(최고/저)(천원)	8.9/3.5	12.3/7.8	14.5/8.3	8.4/1.6	3.9/1.5	2.5/0.8
PER(최고/저)(배)	18.3/7.1	52.8/33.6	—/—	—/—	—/—	—/—
PBR(최고/저)(배)	1.4/0.5	1.8/1.2	2.3/1.3	2.8/0.5	7.4/2.8	3.8/1.2
EV/EBITDA(배)	12.0	11.0	35.7	—	—	—
EPS(원)	488	233	-258	-4,100	-3,855	-391
BPS(원)	7,200	7,377	7,038	3,351	531	651
CFPS(원)	1,241	975	706	-3,566	-3,177	-285
DPS(원)	—	—	—	—	—	—
EBITDAPS(원)	1,327	1,637	434	-3,172	-191	-86

재무 비율 〈단위 : %〉

연도	영업이익률	순이익률	부채비율	차입금비율	ROA	ROE	유보율	자기자본비율	EBITDA마진율
2016	-12.3	-25.0	130.2	103.7	-17.0	-58.7	551.1	43.5	-5.5
2015	-17.7	-78.4	일부잠식	일부잠식	-42.9	-199.6	6.3	15.2	-3.9
2014	-23.3	-25.5	288.6	177.1	-31.5	-89.1	570.3	25.7	-17.8
2013	-1.8	-0.9	134.3	72.0	-1.7	-4.0	1,307.6	42.7	1.4

태영건설 (A009410)
Taeyoung Engineering & Construction

업 종 : 건설		시 장 : 거래소	
신용등급 : (Bond) A- (CP) A2-		기업규모 : 시가총액 중형주	
홈 페 이 지 : www.taeyoung.com		연 락 처 : 031)910-6999	
본 사 : 경기도 고양시 일산동구 정발산로 24			

설 립 일 1973.11.20	종 업 원 수 1,026명	대 표 이 사 윤석민,이재규	
상 장 일 1989.11.13	감 사 의 견 적정 (안진)	계 열	
결 산 기 12월	보 통 주 7,640만주	종속회사수	
액 면 가 500원	우 선 주 256만주	구 상 호	

주주구성 (지분율,%)		출자관계 (지분율,%)		주요경쟁사 (외형,%)	
윤석민	27.1	대구남부에이엠씨	100.0	태영건설	100
국민연금공단	13.1	양산석계에이엠씨	100.0	아이에스동서	84
(외국인)	7.0	블루원	87.7	동원개발	26

매출구성		비용구성		수출비중	
토목환경공사	48.4	매출원가율	87.0	수출	2.5
건축공사	29.9	판관비율	8.3	내수	97.5
자체공사(개발)	21.7				

회사 개요
동사는 종합 건설업체로 토목 환경 건설, 건축 주택 건설, 플랜트 건설, 해외 건설사업, 레저 사업, 임대업 등을 영위. SBS, SBS미디어홀딩스, SBS콘텐츠허브, SBS플러스 등의 상장사를 포함한 40여 개의 계열사를 보유하고 있으며 주요 매출원은 공사수입금, 분양수입금, 골프장수입금 등임. 2016년 결산기준 방송사업과 환경사업의 매출액 비중이 늘어 경기변동에 따른 탄력적인 사업부문별 매출액구성의 특성을 지님

실적 분석
동사의 2016년 연결기준 결산 매출액은 2조 593.1억원을 기록하며 전년동기 대비 9.3% 증가했으나 대손상각비가 80% 가까이 줄어 영업이익은 70.8% 증가한 970.7억원을 기록. 당기순이익은 18.1억원으로 89.1% 감소. 건설 부문과 방송, 환경 부문의 매출 성장이 있었으나(주)에코시티, (주)엠제이에타개발, (주)유니시티의 지분법 손실이 커짐에 따라 적자 지속

현금 흐름 〈단위 : 억원〉

항목	2015	2016
영업활동	639	-1,013
투자활동	-827	-711
재무활동	597	1,875
순현금흐름	416	151
기말현금	3,237	3,388

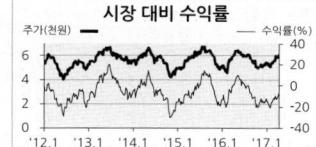

결산 실적 〈단위 : 억원〉

항목	2011	2012	2013	2014	2015	2016
매출액	22,763	22,802	21,804	18,750	18,835	20,593
영업이익	999	1,116	899	183	568	971
당기순이익	614	914	386	-575	166	18

분기 실적 〈단위 : 억원〉

항목	2015.3Q	2015.4Q	2016.1Q	2016.2Q	2016.3Q	2016.4Q
매출액	4,636	5,726	4,108	4,773	4,965	6,747
영업이익	235	118	-7	109	332	537
당기순이익	171	-20	-260	-53	48	283

재무 상태 〈단위 : 억원〉

항목	2011	2012	2013	2014	2015	2016
총자산	29,366	30,144	29,942	28,790	30,113	34,893
유형자산	8,024	9,148	9,205	9,527	9,732	9,689
무형자산	1,161	1,446	1,380	1,626	1,602	1,538
유가증권	2,799	2,935	2,854	2,530	2,721	2,647
총부채	17,842	17,813	17,313	16,458	17,472	22,280
총차입금	7,147	6,495	6,390	6,783	7,718	10,563
자본금	395	395	395	395	395	395
총자본	11,524	12,332	12,629	12,332	12,641	12,614
지배주주지분	8,102	8,633	8,728	8,311	8,481	8,272

기업가치 지표

항목	2011	2012	2013	2014	2015	2016
주가(최고/저)(천원)	7.2/4.8	6.1/4.0	6.9/5.2	6.8/4.0	7.0/4.8	6.5/4.5
PER(최고/저)(배)	17.6/11.7	7.6/5.0	45.2/34.5	—/—	359.1/247.2	3,394.9/2,320.6
PBR(최고/저)(배)	0.7/0.5	0.5/0.4	0.6/0.5	0.6/0.4	0.6/0.4	0.6/0.4
EV/EBITDA(배)	8.6	7.4	8.1	14.3	9.7	8.4
EPS(원)	423	816	151	-881	19	2
BPS(원)	10,922	11,594	11,715	10,924	11,140	10,875
CFPS(원)	749	1,300	774	-170	734	872
DPS(원)	100	100				
EBITDAPS(원)	1,591	1,896	1,760	942	1,435	2,100

재무 비율 〈단위 : %〉

연도	영업이익률	순이익률	부채비율	차입금비율	ROA	ROE	유보율	자기자본비율	EBITDA마진율
2016	4.7	0.1	176.6	83.7	0.1	0.0	2,075.0	36.2	8.1
2015	3.0	0.9	138.2	61.1	0.6	0.2	2,128.0	42.0	6.0
2014	1.0	-3.1	133.5	55.0	-2.0	-8.2	2,084.8	42.8	4.0
2013	4.1	1.8	137.1	50.6	1.3	1.4	2,243.0	42.2	6.4

태웅 (A044490)
Taewoong

업　　종 : 에너지 시설 및 서비스　　시　　장 : KOSDAQ
신용등급 : (Bond) ―　　(CP) ―　　기업규모 : 우량
홈페이지 : www.taewoong.com　　연락처 : 051)329-5000
본　　사 : 부산시 강서구 녹산산단27로 67 (송정동)

설 립 일	1987.06.19	종업원수	424명	대표이사	최승식
상 장 일	2001.11.08	감사의견	적정 (안경)	계 열	
결 산 기	12월	보통주	2,001만주	종속회사수	
액 면 가	500원	우선주		구 상 호	

주주구성 (지분율,%)		출자관계 (지분율,%)		주요경쟁사 (외형,%)	
태웅홀딩스	27.2	가야개발	13.5	태웅	100
허용도	19.9	부산면세점	6.7	한전기술	157
(외국인)	4.0	아시아드컨트리클럽	5.3	동국S&C	119

매출구성		비용구성		수출비중	
풍력설비	58.4	매출원가율	83.7	수출	70.8
산업플랜트용	19.2	판관비율	12.3	내수	29.2
산업기계용,SLAB 등	15.1				

회사 개요
1981년 설립돼 풍력발전, 플랜트산업, 조선업, 발전, 산업기계 등 수요산업에 소요되는 핵심 단조부품을 생산, 공급하는 자유형단조사업을 영위하고 있다. 현재 단조산업은 세계적으로 구조조정중에 있으나 동사는 비교적 양호한 실적을 유지중에 있다. 2016년 결산기준 풍력발전용 제품이 전체 매출의 58.0%를 차지해 가장 큰 비중을 차지하고, 플랜트, 산업기계, 조선&선박엔진용, 발전 순으로 매출 비중이 높으며, 조선업 침체에 영향을 받음

실적 분석
2016년 결산 누적 매출액은 3,219.8억원으로 전년동기 대비 소폭 감소하였으나, 풍력부문과 산업기계의 매출이 늘고, 주요원재료인 탄소강 및 스텐레스강의 가격이 하락세에 있어 매출총이익이 14.8%증가 함. 이에 따라 영업이익은 전년대비 크게 증가하여 129.4억원을 시현함. 수출위주로 구성된 매출 구조와 외화표시 자산이 많아 환율 변동에 민감하며, 금번에는 비영업손익 부문의 흑자가 소폭 추가되어 139.7억원의 당기순이익을 시현하였음.

현금 흐름
*IFRS 별도 기준　〈단위 : 억원〉

항목	2015	2016
영업활동	334	522
투자활동	-865	-1,714
재무활동	604	1,368
순현금흐름	73	179
기말현금	457	635

시장 대비 수익률

결산 실적
〈단위 : 억원〉

항목	2011	2012	2013	2014	2015	2016
매출액	4,807	4,215	4,101	4,115	3,653	3,220
영업이익	164	103	102	83	61	129
당기순이익	154	83	59	70	78	140

분기 실적
*IFRS 별도 기준　〈단위 : 억원〉

항목	2015.3Q	2015.4Q	2016.1Q	2016.2Q	2016.3Q	2016.4Q
매출액	907	945	907	880	680	753
영업이익	1	114	33	40	54	2
당기순이익	33	78	53	48	14	25

재무 상태
*IFRS 별도 기준　〈단위 : 억원〉

항목	2011	2012	2013	2014	2015	2016
총자산	7,560	6,643	6,493	7,641	8,602	9,769
유형자산	2,362	2,262	2,244	3,532	4,983	6,128
무형자산	7	7	7	7	6	6
유가증권	87	85	85	85	105	81
총부채	3,001	2,004	1,470	1,891	2,782	3,426
총차입금	1,682	1,041	313	492	1,104	2,096
자본금	83	83	91	91	91	100
총자본	4,558	4,639	5,023	5,750	5,820	6,343
지배주주지분	4,558	4,639	5,023	5,750	5,820	6,343

기업가치 지표
*IFRS 별도 기준

항목	2011	2012	2013	2014	2015	2016
주가(최고/저)(천원)	54.5/24.9	37.6/17.3	33.5/18.2	30.2/15.3	20.2/13.9	30.5/12.7
PER(최고/저)(배)	58.7/26.8	75.2/34.5	97.3/52.9	78.5/39.8	47.0/32.4	39.9/16.6
PBR(최고/저)(배)	2.0/0.9	1.4/0.6	1.2/0.7	1.0/0.5	0.6/0.4	1.0/0.4
EV/EBITDA(배)	15.0	10.9	17.9	9.3	14.6	15.8
EPS(원)	928	500	344	385	429	764
BPS(원)	27,444	27,929	27,653	31,651	32,038	31,701
CFPS(원)	1,657	1,245	1,032	1,016	1,060	1,648
DPS(원)	―	―	―	―	―	―
EBITDAPS(원)	1,714	1,364	1,279	1,089	966	1,592

재무 비율
〈단위 : % 〉

연도	영업이익률	순이익률	부채비율	차입금비율	ROA	ROE	유보율	자기자본비율	EBITDA마진율
2016	4.0	4.3	54.0	33.1	1.5	2.3	6,240.3	64.9	9.0
2015	1.7	2.1	47.8	19.0	1.0	1.4	6,307.6	67.7	4.8
2014	2.0	1.7	32.9	8.6	1.0	1.3	6,230.3	75.3	4.8
2013	2.5	1.4	29.3	6.2	0.9	1.2	5,430.6	77.4	5.4

태원물산 (A001420)
Taewonmulsan

업　　종 : 자동차부품　　시　　장 : 거래소
신용등급 : (Bond) ―　　(CP) ―　　기업규모 : 시가총액 소형주
홈페이지 : www.twms.co.kr　　연락처 : 02)555-4301
본　　사 : 서울시 강남구 테헤란로 86길 14 (대치동)

설 립 일	1955.01.11	종업원수	60명	대표이사	남기영
상 장 일	1975.06.24	감사의견	적정 (신한)	계 열	
결 산 기	12월	보통주	760만주	종속회사수	
액 면 가	500원	우선주		구 상 호	

주주구성 (지분율,%)		출자관계 (지분율,%)		주요경쟁사 (외형,%)	
강백영	8.4			태원물산	100
남기영	8.4			디젠스	377
(외국인)	1.4			광진윈텍	333

매출구성		비용구성		수출비중	
워터펌프	42.6	매출원가율	90.1	수출	54.6
Gear Shift	25.2	판관비율	5.3	내수	45.4
기타자동차부품	14.3				

회사 개요
동사는 1955년 설립된 석고 전문 기업으로서 자동차부품사업과 석고사업을 주력으로 영위 중임. 석고 부문에서는 시멘트 원료인 인산경제 석고와 기타 건축자재를 생산하며, 자동차부품 제조부문에서는 자동차 부품인 워터펌프, Gear Shift 류, 기타 자동차부품을 생산하고 있다. 자동차부품 부문의 워터펌프 및 기타 자동차부품은 전량 한국GM에 납품되며, 일부 차종을 제외한 대부분의 차종에 동사의 제품이 사용되고 있음.

실적 분석
동사의 2016년 결산 매출액은 318.1억원으로 전년동기 대비 4.3% 증가한 향호한 외형으로 수익성 크게 개선되어 14.8억원의 영업이익 시현하며 수익성 크게 확대된 모습. 영업수익성 개선에 따라 당기순이익 또한 전년동기 대비 큰 폭으로 증가한 14.3억원 시현함. 인산정제석고 및 자동차부품(Gear Shift류)의 부진에도 불구하고, 워터펌프 매출 상승이 동사의 실적을 견인하고 있음.

현금 흐름
*IFRS 별도 기준　〈단위 : 억원〉

항목	2015	2016
영업활동	13	39
투자활동	-9	-6
재무활동	-3	-14
순현금흐름	1	19
기말현금	17	36

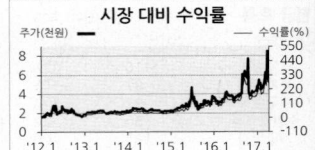

시장 대비 수익률

결산 실적
〈단위 : 억원〉

항목	2011	2012	2013	2014	2015	2016
매출액	421	446	381	316	305	318
영업이익	10	9	16	6	2	15
당기순이익	23	14	20	8	11	14

분기 실적
*IFRS 별도 기준　〈단위 : 억원〉

항목	2015.3Q	2015.4Q	2016.1Q	2016.2Q	2016.3Q	2016.4Q
매출액	75	84	79	91	73	75
영업이익	1	3	-1	8	3	5
당기순이익	2	4	0	7	3	4

재무 상태
*IFRS 별도 기준　〈단위 : 억원〉

항목	2011	2012	2013	2014	2015	2016
총자산	477	451	424	424	437	447
유형자산	158	157	161	180	179	171
무형자산	3	1	1	0	0	0
유가증권	9	0	11	11	12	15
총부채	188	156	115	111	119	122
총차입금	―	―	―	25	28	21
자본금	36	36	36	38	38	38
총자본	289	295	309	314	318	325
지배주주지분	289	295	309	314	318	325

기업가치 지표
*IFRS 별도 기준

항목	2011	2012	2013	2014	2015	2016
주가(최고/저)(천원)	1.8/1.3	3.2/1.5	2.3/1.8	2.6/2.1	4.7/2.2	7.7/2.9
PER(최고/저)(배)	7.2/5.1	19.3/9.4	9.8/7.8	26.0/20.9	55.4/25.5	42.0/15.8
PBR(최고/저)(배)	0.6/0.4	0.9/0.5	0.6/0.5	0.7/0.5	1.2/0.5	1.8/0.7
EV/EBITDA(배)	―	1.0	1.8	5.2	15.5	7.8
EPS(원)	302	191	259	107	89	188
BPS(원)	4,091	4,176	4,368	4,233	4,284	4,376
CFPS(원)	375	263	336	170	186	284
DPS(원)	100	100	84	80	90	100
EBITDAPS(원)	201	194	291	139	129	290

재무 비율
〈단위 : % 〉

연도	영업이익률	순이익률	부채비율	차입금비율	ROA	ROE	유보율	자기자본비율	EBITDA마진율
2016	4.7	4.5	37.7	6.5	3.2	4.5	775.2	72.6	6.9
2015	0.7	3.5	37.4	8.8	1.6	2.1	756.7	72.8	3.2
2014	1.9	2.5	35.3	8.0	1.9	2.6	746.6	73.9	3.4
2013	4.3	5.2	37.2	0.0	4.5	6.5	773.5	72.9	5.5

태평양물산 (A007980)
Pan-Pacific

업　　종 : 섬유 및 의복　　　　　　　　시　　장 : 거래소
신용등급 : (Bond) BB+　(CP) —　　　기업규모 : 시가총액 소형주
홈페이지 : www.panpacific.co.kr　　　연락처 : 02)3494-9000
주　　소 : 서울시 구로구 디지털로31길 12 (구로동)

설 립 일	1972.06.30	종 업 원 수	637명	대 표 이 사	임석원
상 장 일	1994.12.27	감 사 의 견	적정 (안진)	계　　열	
결 산 기	12월	보 통 주	4,327만주	종속회사수	
액 면 가	500원	우 선 주		구 상 수	

주주구성 (지분율,%)		출자관계 (지분율,%)		주요경쟁사 (외형,%)	
임석원	23.9	와이즈퍼시픽	100.0	태평양물산	100
미래에셋자산운용투자자문	7.9	나디아퍼시픽	100.0	TBH글로벌	84
(외국인)	1.7	보니오즈	100.0	F&F	51

매출구성		비용구성		수출비중	
자켓류, 팬츠류, 코트류	97.7	매출원가율	91.6	수출	—
D/DOWN, G/DOWN	19.2	판관비율	14.0	내수	—
쌀가루 외	3.3				

회사 개요
동사는 1972년 설립돼 수출입업, 의류 제조 및 판매업 등을 영위하고 있음. 1994년 유가증권시장에 상장됨. 현재 동사는 경기 안산시에 본사를 두고 의류, 우모 및 쌀을 가공하고 있음. 섬유의류 제조를 위해 베트남, 인도네시아, 미얀마 등에 생산기지를 구축해 놓음. OEM 수준에서 ODM 서비스로 질적 향상을 꾀하고 있음. 2004년 국내 최초로 현대식 분쇄 시설을 도입해 습식 쌀가구를 생산하고 있음. 2010년부터 부동산 임대업도 시작함.

실적 분석
동사의 2016년 결산기준 누적 매출액은 전년동기대비 2.6% 소폭 변동한 8,646.6억원을 기록하였음. 비용면에서 전년동기대비 매출원가는 증가 하였으며 인건비도 증가, 광고선전비는 크게 감소 하였고 기타판매비와관리비는 증가함. 그에 따라 매출액 하락 등에 의해 전년동기대비 영업손실은 486.2억원으로 적자전환하였음. 최종적으로 전년동기대비 당기순손실은 적자지속하여 533.2억원을 기록함.

현금 흐름　〈단위 : 억원〉

항목	2015	2016
영업활동	12	389
투자활동	-512	-134
재무활동	492	-61
순현금흐름	-16	196
기말현금	174	370

시장 대비 수익률

결산 실적　〈단위 : 억원〉

항목	2011	2012	2013	2014	2015	2016
매출액	4,694	5,933	8,184	7,989	8,426	8,647
영업이익	152	81	219	234	183	-486
당기순이익	33	7	32	11	-173	-533

분기 실적　〈단위 : 억원〉

항목	2015.3Q	2015.4Q	2016.1Q	2016.2Q	2016.3Q	2016.4Q
매출액	3,093	1,737	1,828	2,077	2,949	1,793
영업이익	250	-89	-35	-120	-298	-33
당기순이익	36	-92	-24	-152	-229	-128

재무 상태　〈단위 : 억원〉

항목	2011	2012	2013	2014	2015	2016
총자산	3,219	4,966	5,672	6,019	6,112	5,537
유형자산	742	784	887	1,044	1,296	1,558
무형자산	40	154	146	140	135	106
유가증권	3	6	3	0	11	11
총부채	2,130	3,612	4,061	4,340	4,554	4,405
총차입금	1,578	2,493	2,921	3,112	3,506	3,407
자본금	120	120	184	196	199	216
총자본	1,088	1,354	1,611	1,679	1,559	1,133
지배주주지분	1,088	1,338	1,594	1,659	1,537	1,107

기업가치 지표

항목	2011	2012	2013	2014	2015	2016
주가(최고/저)(천원)	1.4/0.8	2.4/1.2	4.3/2.1	7.1/2.5	7.3/3.9	5.6/2.9
PER(최고/저)(배)	13.5/8.2	56.8/29.7	56.3/28.2	499.5/172.1	—/—	—/—
PBR(최고/저)(배)	0.4/0.2	0.5/0.3	1.0/0.5	1.7/0.6	1.9/1.0	2.1/1.1
EV/EBITDA(배)	8.8	18.2	11.9	15.6	16.5	
EPS(원)	110	44	78	15	-445	-1,342
BPS(원)	47,440	57,842	4,467	4,310	3,954	2,635
CFPS(원)	3,877	4,163	399	275	-149	-1,010
DPS(원)	400	450	37	25	20	
EBITDAPS(원)	8,849	6,979	1,028	871	760	-883

재무 비율　〈단위 : % 〉

연도	영업이익률	순이익률	부채비율	차입금비율	ROA	ROE	유보율	자기자본비율	EBITDA마진율
2016	-5.6	-6.2	388.9	300.9	-9.2	-40.6	427.0	20.5	-4.1
2015	2.2	-2.1	292.1	224.9	-2.9	-11.0	690.9	25.5	3.6
2014	2.9	0.1	258.6	185.4	0.2	0.7	762.1	27.9	4.2
2013	2.7	0.4	252.1	181.3	0.6	1.6	793.5	28.4	3.9

테고사이언스 (A191420)
Tego Science

업　　종 : 바이오　　　　　　　　　　시　　장 : KOSDAQ
신용등급 : (Bond) —　(CP) —　　　　기업규모 : 벤처
홈페이지 : www.tegoscience.com　　연락처 : 02)818-2900
주　　소 : 서울시 금천구 가산디지털 2로 115 대륭테크노타운3차 101,102호

설 립 일	2001.03.20	종 업 원 수	40명	대 표 이 사	전세화
상 장 일	2014.11.06	감 사 의 견	적정 (삼정)	계　　열	
결 산 기	12월	보 통 주	370만주	종속회사수	
액 면 가	500원	우 선 주		구 상 수	

주주구성 (지분율,%)		출자관계 (지분율,%)		주요경쟁사 (외형,%)	
전세화	37.6			테고사이언스	100
전재욱	5.4			바이오니아	260
(외국인)	0.6			이수앱지스	228

매출구성		비용구성		수출비중	
[제품]세포 치료제	97.5	매출원가율	18.8	수출	0.0
[용역]기타	1.4	판관비율	53.2	내수	100.0
[제품]3차원배양 피부모델	1.1				

회사 개요
동사는 2001년 3월 20일 세포치료제의 개발, 제조 및 판매 등을 목적으로 설립됐으며, 배양피부, 배양각막의 제조 및 판매사업, 기타 세포배양과 관련된 기술개발, 판매 및 용역사업을 목적사업으로 영위하고 있음. 자기 유래 피부세포치료제, 동종유래 피부세포치료제 및 3차원 배양피부모델을 제조, 판매하고 있으며 매출구성은 2016년 3분기 기준 세포치료제 96.3%, 3차원배양 피부모델 1.7%, 기타 용역 2.0%로 구성됨.

실적 분석
동사의 2016년 연결기준 누적매출액은 세포치료제 처방증가에 힘입어 전년 동기대비 11.4% 증가한 83.4억원을 기록함. 이에 따라 영업이익은 23.3억원을 기록함. 그러나 영업이익외 전환사채 발행으로 인한 파생상품평가손실 16억원이 발생하여 당기순이익은 전년 동기대비 48.8% 감소함. 새로운 분야의 기초연구로 사업영역 확대를 꾀하고, 기존제품의 시장점유율 상승, 새로운 제품의 시장진입 가속화를 위해 노력중임.

현금 흐름　〈단위 : 억원〉

항목	2015	2016
영업활동	26	24
투자활동	-20	-152
재무활동	-1	162
순현금흐름	4	33
기말현금	9	42

시장 대비 수익률

결산 실적　〈단위 : 억원〉

항목	2011	2012	2013	2014	2015	2016
매출액	56	64	63	67	75	83
영업이익	10	19	18	17	14	23
당기순이익	10	17	16	15	15	8

분기 실적　〈단위 : 억원〉

항목	2015.3Q	2015.4Q	2016.1Q	2016.2Q	2016.3Q	2016.4Q
매출액	22	—	—	22	23	—
영업이익	7	—	—	6	8	—
당기순이익	6	—	—	6	7	—

재무 상태　〈단위 : 억원〉

항목	2011	2012	2013	2014	2015	2016
총자산	119	157	158	244	258	446
유형자산	20	20	23	33	71	89
무형자산	—	1	3	6	11	
유가증권	46	32	42	96	95	91
총부채	16	37	22	5	6	186
총차입금	—	15	16	—	—	179
자본금	8	15	15	19	19	19
총자본	103	120	136	239	252	261
지배주주지분	103	120	136	239	252	260

기업가치 지표

항목	2011	2012	2013	2014	2015	2016
주가(최고/저)(천원)	—/—	—/—	—/—	39.8/20.0	46.3/20.9	79.1/22.7
PER(최고/저)(배)	0.0/0.0	0.0/0.0	0.0/0.0	84.4/42.3	116.4/52.5	379.5/108.7
PBR(최고/저)(배)	0.0/0.0	0.0/0.0	0.0/0.0	6.2/3.1	6.8/3.1	11.3/3.2
EV/EBITDA(배)	—	—	—	43.4	53.6	68.9
EPS(원)	316	570	530	473	398	208
BPS(원)	68,248	3,988	4,519	6,460	6,808	7,016
CFPS(원)	7,658	637	612	560	479	278
DPS(원)					50	
EBITDAPS(원)	7,680	695	686	613	451	700

재무 비율　〈단위 : % 〉

연도	영업이익률	순이익률	부채비율	차입금비율	ROA	ROE	유보율	자기자본비율	EBITDA마진율
2016	28.0	9.0	71.3	68.5	2.1	3.0	1,303.3	58.4	31.1
2015	18.3	19.7	2.2	0.0	5.9	6.0	1,261.6	97.9	22.3
2014	25.3	22.8	2.0	0.0	7.6	8.2	1,192.0	98.1	29.5
2013	28.9	25.3	16.1	11.9	10.1	12.5	803.8	86.1	32.8

테라세미콘 (A123100)
TERA SEMICON

업　　종 : 디스플레이 및 관련부품　　　시　　장 : KOSDAQ
신용등급 : (Bond) —　　(CP) —　　　기업규모 : 벤처
홈 페 이 지 : www.terasemicon.com　　연 락 처 : 031)831-2500
본　　사 : 경기도 화성시 동탄면 경기동로 267-24

설 립 일	2002.03.12	종 업 원 수	290명	대 표 이 사	이재경
상 장 일	2011.11.01	감 사 의 견	적정 (한영)	계 열	
결 산 기	12월	보 통 주	1,130만주	종 속 회 사 수	
액 면 가	500원	우 선 주		구 상 호	

주주구성 (지분율,%)		출자관계 (지분율,%)		주요경쟁사 (외형,%)	
원익홀딩스	25.1			테라세미콘	100
신한비엔피파리바자산운용	9.0			APS홀딩스	322
(외국인)	10.0			덕산네오룩스	25

매출구성		비용구성		수출비중	
디스플레이 장비, 반도체 장비	95.6	매출원가율	74.6	수출	17.5
기타매출	4.4	판관비율	10.4	내수	82.5

회사 개요
동사는 2002년 설립 이후 2011년에 상장했음. 반도체, 디스플레이, 태양전지 제조를 위한 장비, 재료, 부품의 제조 및 판매를 주된 사업으로 하고 반도체 공정에 적용되는 열처리 장비를 개발하여 삼성전자에 공급하고 있음. 주력 장비인 열처리 장비를 삼성전자에 공급하며 국산화를 달성했으며 기술적 난이도가 높은 하이엔드 장비군으로 로드맵을 확대하고 있음. 반도체의 경우 차세대 공정으로 전환되면서 기존 수준을 뛰어넘는 매출 향상이 기대됨.

실적 분석
국내외 OLED 패널업체들의 투자증가로 인한 신규수주가 확대되어 동사의 2016년 누적 매출액은 1,724억원으로 전년 대비 61.6% 증가함. 매출원가는 52.9% 증가한 1,286억원을 기록하였고, 판관비는 2.9% 감소하여 매출총이익은 93.9% 증가함. 신규수주 확대에 따른 수익성 개선으로 영업이익이 259.3억원으로 전년 대비 519.7% 대폭 증가하고 당기순이익 또한 194.9억원으로 전년 대비 690.6% 대폭 증가함.

현금 흐름　〈단위 : 억원〉

항목	2015	2016
영업활동	29	383
투자활동	78	-404
재무활동	5	3
순현금흐름	112	-16
기말현금	135	119

시장 대비 수익률

결산 실적　〈단위 : 억원〉

항목	2011	2012	2013	2014	2015	2016
매출액	1,397	768	501	716	1,067	1,724
영업이익	114	101	15	48	42	259
당기순이익	92	87	5	30	25	195

분기 실적　〈단위 : 억원〉

항목	2015.3Q	2015.4Q	2016.1Q	2016.2Q	2016.3Q	2016.4Q
매출액	388	253	164	247	379	933
영업이익	32	-27	24	11	107	117
당기순이익	21	-29	10	8	61	116

재무 상태　〈단위 : 억원〉

항목	2011	2012	2013	2014	2015	2016
총자산	775	952	929	1,099	1,138	1,910
유형자산	272	268	262	260	243	268
무형자산	25	27	29	30	29	30
유가증권	—	118	223	383	378	779
총부채	372	343	350	486	487	727
총차입금	23	219	244	272	303	—
자본금	41	48	49	50	50	57
총자본	403	609	579	613	651	1,183
지배주주지분	403	609	579	613	651	1,183

기업가치 지표

항목	2011	2012	2013	2014	2015	2016
주가(최고/저)(천원)	29.2/23.2	34.7/13.5	22.8/11.6	21.1/12.9	24.2/13.2	28.8/20.4
PER(최고/저)(배)	23.7/18.8	33.5/13.0	492.0/251.4	69.1/42.3	98.7/54.0	16.8/11.9
PBR(최고/저)(배)	5.9/4.7	5.6/2.2	3.7/1.9	3.2/2.0	3.6/2.0	2.7/1.9
EV/EBITDA(배)	16.7	11.7	36.7	22.7	29.4	8.7
EPS(원)	1,238	1,041	47	307	246	1,724
BPS(원)	4,978	6,283	6,263	6,542	6,778	10,612
CFPS(원)	1,482	1,332	295	561	505	1,949
DPS(원)						150
EBITDAPS(원)	1,771	1,508	402	740	676	2,519

재무 비율　〈단위 : % 〉

연도	영업이익률	순이익률	부채비율	차입금비율	ROA	ROE	유보율	자기자본비율	EBITDA마진율
2016	15.0	11.3	61.4	0.0	12.8	21.3	2,022.5	62.0	16.5
2015	3.9	2.3	74.8	46.6	2.2	3.9	1,255.5	57.2	6.4
2014	6.7	4.3	79.2	44.3	3.0	5.1	1,208.5	55.8	10.3
2013	3.0	0.9	60.4	42.1	0.5	0.8	1,152.6	62.3	7.8

테라셈 (A182690)
TerraSem

업　　종 : 전자 장비 및 기기　　　시　　장 : KOSDAQ
신용등급 : (Bond) —　　(CP) —　　　기업규모 : 벤처
홈 페 이 지 : www.terrasem.com　　연 락 처 : 043)240-8100
본　　사 : 충북 청주시 청원구 오창읍 과학산업5로 9

설 립 일	2000.06.30	종 업 원 수	109명	대 표 이 사	서성기
상 장 일	2014.10.30	감 사 의 견	적정 (다산)	계 열	
결 산 기	12월	보 통 주	1,397만주	종 속 회 사 수	
액 면 가	500원	우 선 주		구 상 호	

주주구성 (지분율,%)		출자관계 (지분율,%)		주요경쟁사 (외형,%)	
서성기	49.3			테라셈	100
고정환	6.0			광전자	979
(외국인)	1.5			대동전자	218

매출구성		비용구성		수출비중	
CCM	60.8	매출원가율	103.6	수출	21.6
PLCC	19.0	판관비율	21.0	내수	78.4
CLCC	18.3				

회사 개요
동사는 보안용 및 자동차용 카메라에 사용되는 이미지센서를 패키징하는 기업으로 세라믹 소재의 CLCC, 플라스틱 소재의 PLCC, EMC 소재의 PDIP 등을 모두 소화할 수 있는 생산설비 및 공정기술을 보유하고 있음. 이미지센서 패키지 공정에서 중요한 부분인 글라스 Sealing 공정상 동사는 UV Epoxy를 활용하여 생산성 및 제품 신뢰도를 증가시키고 있고, 이와 관련한 지적재산권을 바탕으로 진입장벽을 구축하고 있음.

실적 분석
모든 부문에서의 판매량 감소와 단가 하락으로 2016년 매출액은 전년동기의 절반 이하로 급감함. 원가율이 크게 상승하면서 영업이익은 43.1억원의 적자로 전환됨. 이미지센서의 적용범위가 넓어지면서 다양한 분야의 산업에서 수요가 빠르게 늘어나고 있고, 특히 자동차용 이미지 센서 시장은 CAGR 36.0%로 높은 성장이 예상됨. 장기적으로는 CLCC와 PLCC의 장점을 절충할 수 있는 신규 방식의 패키징 공정법을 개발하고 있음.

현금 흐름　*IFRS 별도 기준　〈단위 : 억원〉

항목	2015	2016
영업활동	15	9
투자활동	-24	-16
재무활동	-17	-12
순현금흐름	-25	-19
기말현금	69	51

시장 대비 수익률

결산 실적　〈단위 : 억원〉

항목	2011	2012	2013	2014	2015	2016
매출액	148	242	324	279	466	175
영업이익	9	40	66	48	16	-43
당기순이익	6	27	51	41	20	-44

분기 실적　*IFRS 별도 기준　〈단위 : 억원〉

항목	2015.3Q	2015.4Q	2016.1Q	2016.2Q	2016.3Q	2016.4Q
매출액	161	169	69	42	22	42
영업이익	3	5	-11	-11	-12	-9
당기순이익	5	6	-10	-9	-13	-12

재무 상태　*IFRS 별도 기준　〈단위 : 억원〉

항목	2011	2012	2013	2014	2015	2016
총자산	107	153	200	236	276	180
유형자산	74	73	77	81	88	72
무형자산	1	0	1	2	1	1
유가증권	0	1	0	0	3	10
총부채	128	122	77	24	60	16
총차입금	112	97	49	—	—	—
자본금	109	100	61	70	70	70
총자본	-21	32	123	213	217	165
지배주주지분	-21	32	123	213	217	165

기업가치 지표　*IFRS 별도 기준

항목	2011	2012	2013	2014	2015	2016
주가(최고/저)(천원)	—/—	—/—	4.9/2.7	5.0/2.3	4.6/2.4	4.0/2.7
PER(최고/저)(배)	0.0/0.0	0.0/0.0	11.5/6.2	16.2/7.4	33.0/17.2	—/—
PBR(최고/저)(배)	0.0/0.0	0.0/0.0	5.1/2.8	3.5/1.6	2.9/1.5	3.1/2.1
EV/EBITDA(배)	5.9	1.7	8.6	4.5	16.8	
EPS(원)	54	251	451	326	143	-314
BPS(원)	-956	1,446	1,014	1,524	1,622	1,286
CFPS(원)	670	1,573	518	408	236	-212
DPS(원)				50	50	
EBITDAPS(원)	795	2,137	654	465	208	-206

재무 비율　〈단위 : % 〉

연도	영업이익률	순이익률	부채비율	차입금비율	ROA	ROE	유보율	자기자본비율	EBITDA마진율
2016	-24.7	-25.1	9.7	0.0	-19.2	-23.0	157.2	91.2	-16.5
2015	3.5	4.3	27.6	0.0	7.8	9.3	224.4	78.3	6.2
2014	17.1	14.6	11.1	0.0	18.6	24.2	204.7	90.0	20.8
2013	20.4	15.7	62.7	39.9	28.7	65.8	102.8	61.5	22.7

테라젠이텍스 (A066700)
Theragen Etex

업　　종 : 제약　　　　　　　　　　　　시　　　장 : KOSDAQ
신용등급 : (Bond) —　　(CP) —　　　　기업규모 : 중견
홈페이지 : www.thera-gen.com　　　　연 락 처 : 070)4609-5549
본　　사 : 경기도 안산시 단원구 산단로68번길 58(초지동)

설 립 일	1990.09.27	종 업 원 수	276명	대 표 이 사	고진업,지규원
상 장 일	2004.05.27	감 사 의 견	적정 (삼정)	계　　열	
결 산 기	12월	보 통 주	2,884만주	종속회사수	
액 면 가	500원	우 선 주		구 상 호	

주주구성 (지분율,%)		출자관계 (지분율,%)		주요경쟁사 (외형,%)	
유한양행	8.7	테라젠헬스케어	100.0	테라젠이텍스	100
김성진	3.7	지놈케어	63.4	삼성제약	48
(외국인)	1.5	리드팜	59.8	대한약품	138

매출구성		비용구성		수출비중	
전문의약품 외	35.0	매출원가율	69.3	수출	5.5
기타	32.5	판관비율	29.4	내수	94.5
이텍스시메티딘,디메탈정, 가바민정	10.9				

회사 개요

LCD용 관련장비, 시스템의 제조 및 판매업과 바이오 사업 및 제약사업을 영위하고 있으며, 종속회사로 의약품 유통회사인 리드팜을 보유하고 있음. 동사는 최근 유전체 해독 및 생명정보기술을 이용한 '맞춤의학 유전체정보 분석서비스'를 상용화하기 위해 테라젠 바이오 연구소에서 유전체 분석 및 개발 중임. 이를 통해 향후 병원과 검진센터에 관련정보서비스를 제공하여 시장입지를 강화할 계획임.

실적 분석

동사의 연결기준 2016년도 매출액은 전년동기 수준인 1,012.8억원을 시현함. 영업이익은 13.1억원으로 전년 24.9억원에서 감소함. 영업이익은 제약부문만 흑자, 헬스케어 및 유전체분석 사업 부문은 R&D 비용 발생으로 적자지속 중이나 매출은 큰 폭으로 증가세에 있음. 제약사업 부문은 안정된 영업망 기반의 다품종 소량생산 전략으로 지속적인 cash cow 역할을 할 것으로 기대됨.

현금 흐름 〈단위 : 억원〉

항목	2015	2016
영업활동	0	-84
투자활동	-37	-118
재무활동	62	211
순현금흐름	22	9
기말현금	56	65

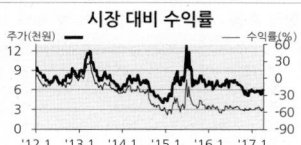

결산 실적 〈단위 : 억원〉

항목	2011	2012	2013	2014	2015	2016
매출액	962	793	907	897	989	1,013
영업이익	-32	-73	24	15	25	13
당기순이익	-51	-90	15	16	-85	20

분기 실적 〈단위 : 억원〉

항목	2015.3Q	2015.4Q	2016.1Q	2016.2Q	2016.3Q	2016.4Q
매출액	246	268	251	229	231	302
영업이익	7	1	5	3	4	1
당기순이익	2	-93	8	4	6	1

재무 상태 〈단위 : 억원〉

항목	2011	2012	2013	2014	2015	2016
총자산	1,002	1,138	1,210	1,257	1,379	1,410
유형자산	280	304	314	313	372	450
무형자산	53	38	30	22	53	26
유가증권	17	17	9	11	14	96
총부채	440	421	413	437	620	619
총차입금	204	198	153	159	191	361
자본금	120	136	139	139	139	139
총자본	562	718	797	820	759	790
지배주주지분	509	664	740	762	688	721

기업가치 지표

항목	2011	2012	2013	2014	2015	2016
주가(최고/저)(천원)	10.9/6.5	9.6/6.2	12.3/5.9	8.3/4.0	13.0/4.1	7.8/5.0
PER(최고/저)(배)	—/—	—/—	254.3/121.4	143.7/69.0	—/—	97.2/62.3
PBR(최고/저)(배)	4.7/2.8	3.7/2.4	4.5/2.1	2.9/1.4	5.1/1.6	2.9/1.9
EV/EBITDA(배)			30.2	29.8	38.6	53.1
EPS(원)	-225	-370	48	58	-294	80
BPS(원)	2,289	2,575	2,753	2,830	2,538	2,654
CFPS(원)	-142	-244	171	168	-195	166
DPS(원)						
EBITDAPS(원)	-56	-172	210	164	188	133

재무 비율 〈단위 : % 〉

연도	영업이익률	순이익률	부채비율	차입금비율	ROA	ROE	유보율	자기자본비율	EBITDA마진율
2016	1.3	2.0	78.4	45.6	1.5	3.2	430.8	56.1	3.7
2015	2.5	-8.6	81.7	25.2	-6.5	-11.3	407.6	55.0	5.3
2014	1.7	1.8	53.3	19.4	1.3	2.1	466.0	65.2	5.1
2013	2.6	1.6	51.8	19.2	1.2	1.9	450.7	65.9	6.4

테스 (A095610)
TES

업　　종 : 반도체 및 관련장비　　　　시　　　장 : KOSDAQ
신용등급 : (Bond) —　　(CP) —　　　　기업규모 : 우량
홈페이지 : www.hites.co.kr　　　　　연 락 처 : 031)323-2552
본　　사 : 경기도 용인시 처인구 양지면 중부대로 2374-36

설 립 일	2002.09.19	종 업 원 수	240명	대 표 이 사	주숭일
상 장 일	2008.05.20	감 사 의 견	적정 (삼화)	계　　열	
결 산 기	12월	보 통 주	1,941만주	종속회사수	
액 면 가	500원	우 선 주		구 상 호	

주주구성 (지분율,%)		출자관계 (지분율,%)		주요경쟁사 (외형,%)	
주숭일	19.8	티앤머티리얼즈	94.3	테스	100
국민연금공단	5.8	애강그린텍	41.9	이엔에프테크놀로지	187
(외국인)	11.2	인테코	24.5	원익홀딩스	165

매출구성		비용구성		수출비중	
반도체 및 디스플레이, LED 장비 등	81.1	매출원가율	73.1	수출	21.0
원부자재 등	15.0	판관비율	6.6	내수	79.0
장비구성품 등	3.9				

회사 개요

동사는 반도체 및 태양전지 제조에 필요한 장비를 생산하는 업체로, 장비제조업을 영위하는 반도체 소자업체, 태양전지 제조업체가 주요 고객임. 반도체 및 태양전지 장비가 전체 매출액의 약 80%를 차지하며 나머지 15%는 기타 부품 및 장비 등의 매출이 차지하고 있음. 동사는 2010년도부터 가스방식의 Dry Etcher장비인 HF Dry Etcher 장비의 개발에 성공하며 점진적인 점유율 상승이 예상됨.

실적 분석

동사의 2016년 연결 기준 매출액과 영업이익은 1,789억원, 364억원으로 전년 대비 각각 78.3%, 283.7% 증가함. 동사는 핵심 반도체 고객들의 투자가 전년대비 증가하고, 3D NAND 관련 장비 매출이 증가하며 설립 이후 최대 매출을 기록함. 2016년 상반기까지 반도체 설비투자 및 디스플레이(OLED)/LED 장비 해외진출 영향으로 이미 전년(2015년) 영업이익을 웃돌았음.

현금 흐름 〈단위 : 억원〉

항목	2015	2016
영업활동	-30	225
투자활동	-26	-222
재무활동	34	168
순현금흐름	-22	171
기말현금	112	283

결산 실적 〈단위 : 억원〉

항목	2011	2012	2013	2014	2015	2016
매출액	711	704	671	1,097	1,003	1,789
영업이익	59	13	62	163	95	364
당기순이익	55	16	50	147	125	313

분기 실적 〈단위 : 억원〉

항목	2015.3Q	2015.4Q	2016.1Q	2016.2Q	2016.3Q	2016.4Q
매출액	361	93	457	350	413	569
영업이익	54	-38	103	61	91	108
당기순이익	27	-12	93	54	86	79

재무 상태 〈단위 : 억원〉

항목	2011	2012	2013	2014	2015	2016
총자산	804	996	916	1,106	1,206	1,848
유형자산	178	207	203	211	223	335
무형자산	116	121	95	86	87	100
유가증권	44	112	108	354	351	411
총부채	240	424	273	266	265	367
총차입금	82	114	134	95	120	51
자본금	47	48	48	51	51	97
총자본	564	571	642	840	942	1,482
지배주주지분	564	571	642	839	941	1,481

기업가치 지표

항목	2011	2012	2013	2014	2015	2016
주가(최고/저)(천원)	7.2/2.9	5.9/3.2	8.3/2.8	11.3/6.3	13.9/6.9	26.8/8.3
PER(최고/저)(배)	20.9/8.3	58.0/31.4	26.1/8.8	12.1/6.8	18.2/9.1	15.3/4.8
PBR(최고/저)(배)	2.0/0.8	1.6/0.9	2.0/0.7	2.2/1.2	2.4/1.2	3.5/1.1
EV/EBITDA(배)	7.8	8.0	11.2	7.3	10.2	11.3
EPS(원)	363	106	332	954	781	1,754
BPS(원)	5,993	6,056	6,795	8,171	9,145	7,636
CFPS(원)	934	545	903	1,925	1,587	2,001
DPS(원)	80		80	160	210	220
EBITDAPS(원)	979	511	1,032	2,088	1,288	2,284

재무 비율 〈단위 : % 〉

연도	영업이익률	순이익률	부채비율	차입금비율	ROA	ROE	유보율	자기자본비율	EBITDA마진율
2016	20.3	17.5	24.8	3.4	20.5	25.9	1,427.1	80.2	22.8
2015	9.5	12.4	28.1	12.7	10.8	14.1	1,728.9	78.1	13.2
2014	14.9	13.4	31.7	11.3	14.5	19.9	1,534.2	75.9	18.8
2013	9.3	7.4	42.6	20.8	5.2	8.2	1,259.0	70.1	14.8

테스나 (A131970)
TESNA

업   종 : 반도체 및 관련장비   시   장 : KOSDAQ
신용등급 : (Bond) —   (CP) —   기업규모 : 벤처
홈페이지 : www.tesna.co.kr   연 락 처 : 031)646-8500
주   소 : 경기도 평택시 산단로 16번길 72(모곡동)

설 립 일	2002.09.06	종 업 원 수	201명	대 표 이 사	이종도
상 장 일	2013.10.22	감 사 의 견	적정 (한울)	계 열	
결 산 기	12월	보 통 주	685만주	종속회사수	
액 면 가	500원	우 선 주		구 상 호	

주주구성 (지분율,%)		출자관계 (지분율,%)		주요경쟁사 (외형,%)	
이종도	21.6			테스나	100
이종웅	4.6			매커스	224
(외국인)	5.3			엑시콘	149

매출구성		비용구성		수출비중	
Wafer Test[SoC, Smart Card IC]	87.7	매출원가율	100.0	수출	72.9
PKG Test[MCU, CIS, SoC]	12.2	판관비율	4.6	내수	27.1
기타	0.1				

회사 개요
동사는 2002년 설립된 시스템 반도체 테스트 전문업체로 웨이퍼 테스트를 주력 사업으로 영위하고 있음. 동사는 삼성전자와 SK하이닉스를 비롯한 국내 다수의 팹리스 업체들을 매출처로 확보하고 있으며, 테스트 제품군 역시 성장성이 높은 SoC를 비롯하여 CIS, Smart Card IC, MCU 등 다변화된 제품 포트폴리오로 구성되어 있어 사업의 안정성을 확보하고 있음.

실적 분석
동사의 2016년 연간 매출액은 302.8억원으로 전년대비 10.5% 감소함. 주 수익원이며 인 웨이퍼 상태에서 테스트를 실시해 양품/불량을 판정하는 웨이퍼 테스트의 매출은 감소함. 반면, 유형자산처분이익 반영과 이자비용 감소 등 수익구조개선을 통해 순이익은 흑자 전환함. 메모리와 시스템반도체의 수요 증가에 따라 테스트 사업의 지속적인 매출이 발생할 것으로 예상됨.

현금 흐름   *IFRS 별도 기준   〈단위 : 억원〉

항목	2015	2016
영업활동	129	127
투자활동	-90	-33
재무활동	-91	-85
순현금흐름	-53	9
기말현금	141	150

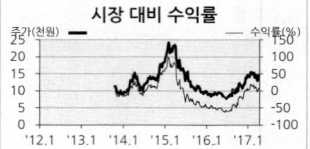
시장 대비 수익률

결산 실적   〈단위 : 억원〉

항목	2011	2012	2013	2014	2015	2016
매출액	480	553	678	478	338	303
영업이익	99	108	160	77	-33	-14
당기순이익	74	79	109	47	-42	7

분기 실적   *IFRS 별도 기준   〈단위 : 억원〉

항목	2015.3Q	2015.4Q	2016.1Q	2016.2Q	2016.3Q	2016.4Q
매출액	79	85	75	72	76	80
영업이익	-10	-2	-8	-7	-2	3
당기순이익	-9	-16	-4	-2	6	7

재무 상태   *IFRS 별도 기준   〈단위 : 억원〉

항목	2011	2012	2013	2014	2015	2016
총자산	757	1,029	1,109	997	830	782
유형자산	566	794	720	638	524	456
무형자산	0	0	0	0	—	—
유가증권	—	—	5	—	15	15
총부채	441	636	525	368	249	198
총차입금	403	554	425	289	197	139
자본금	31	31	34	34	34	34
총자본	316	393	584	629	581	585
지배주주지분	316	393	584	629	581	585

기업가치 지표   *IFRS 별도 기준

항목	2011	2012	2013	2014	2015	2016
주가(최고/저)(천원)	—/—	—/—	12.7/8.8	18.8/9.1	26.5/8.5	14.5/7.6
PER(최고/저)(배)	0.0/0.0	0.0/0.0	7.5/5.2	27.4/13.4	—/—	134.2/70.7
PBR(최고/저)(배)	0.0/0.0	0.0/0.0	1.5/1.0	2.0/1.0	3.1/1.0	1.7/0.9
EV/EBITDA(배)	1.2	1.6	2.3	5.0	4.9	7.4
EPS(원)	1,212	1,296	1,738	685	-612	108
BPS(원)	5,213	6,475	8,744	9,279	8,569	8,753
CFPS(원)	3,539	4,280	4,946	3,509	1,908	2,143
DPS(원)			170	120		
EBITDAPS(원)	3,955	4,751	5,763	3,943	2,035	1,829

재무 비율   〈단위 : % 〉

연도	영업이익률	순이익률	부채비율	차입금비율	ROA	ROE	유보율	자기자본비율	EBITDA마진율
2016	-4.7	2.4	33.8	23.8	0.9	1.3	1,650.5	74.8	41.4
2015	-9.8	-12.4	42.9	33.9	-4.6	-6.9	1,613.9	70.0	41.2
2014	16.0	9.8	58.5	45.9	4.5	7.7	1,755.8	63.1	56.5
2013	23.7	16.1	89.9	72.7	10.2	22.3	1,648.9	52.7	53.4

테크윙 (A089030)
TECHWING

업   종 : 반도체 및 관련장비   시   장 : KOSDAQ
신용등급 : (Bond) —   (CP) —   기업규모 : 우량
홈페이지 : www.techwing.co.kr   연 락 처 : 031)379-8000
주   소 : 경기도 화성시 동탄면 동탄산단6길 37

설 립 일	2002.08.01	종 업 원 수	412명	대 표 이 사	나윤성
상 장 일	2011.11.10	감 사 의 견	적정 (대주)	계 열	
결 산 기	12월	보 통 주	1,808만주	종속회사수	
액 면 가	500원	우 선 주		구 상 호	

주주구성 (지분율,%)		출자관계 (지분율,%)		주요경쟁사 (외형,%)	
나윤성	13.5	이엔씨테크놀로지	99.8	테크윙	100
가치투자자문	9.7	케이올에프아이씨이스터신기술조합제1호임프	98.7	이엔에프테크놀로지	235
(외국인)	6.4	나노에이스	50.0	원익홀딩스	208

매출구성		비용구성		수출비중	
[반도체검사장비]Handler	64.2	매출원가율	63.7	수출	83.3
[반도체검사장비]C.O.K	23.5	판관비율	20.0	내수	16.7
[반도체검사장비]기타(Board류 등)	11.1				

회사 개요
동사는 2002년 설립되어 2011년 11월에 코스닥에 상장된 기업임. 반도체 테스트 핸들러의 설계, 제조, 판매를 주사업으로 영위함. 반도체 테스트 핸들러는 반도체 후공정 중 한 단계인 Final Test 공정에서 주검사장비인 테스터에 반도체를 이송하고, 테스트 온도환경을 제공하며, 테스터의 검사결과에 따라 양품과 불량품을 자동으로 분류하는 매우 중요한 검사장비임.

실적 분석
동사의 2016년도 연결기준 연간 매출액은 1,419.8억원으로 전년 대비 4.4% 증가함. 반도체 테스트 핸들러의 설계, 판매를 주사업으로 영위함. 이는 국내외 고객사 설비투자 증가에 따른 영향임. 판관비의 증가로 영업이익은 230.9억원으로 전년과 비슷한 실적을 기록함. 비영업부문의 적자지속으로 당기순이익은 146.4억원으로 전년 대비 12.3% 감소함. 동사는 연결계속기업이 경영정상화를 위한 노력에 힘입어 올해 흑자전환에 성공하였으며 올해도 디스플레이 투자 확대로 인하여 실적 개선을 기대함.

현금 흐름   〈단위 : 억원〉

항목	2015	2016
영업활동	45	-8
투자활동	-247	-482
재무활동	303	414
순현금흐름	101	-76
기말현금	141	65

시장 대비 수익률

결산 실적   〈단위 : 억원〉

항목	2011	2012	2013	2014	2015	2016
매출액	1,020	911	918	1,124	1,360	1,420
영업이익	169	119	95	119	233	231
당기순이익	125	107	89	74	167	146

분기 실적   *IFRS 별도 기준   〈단위 : 억원〉

항목	2015.3Q	2015.4Q	2016.1Q	2016.2Q	2016.3Q	2016.4Q
매출액	435	280	321	502	328	269
영업이익	98	40	67	127	48	-12
당기순이익	86	11	81	65	116	-116

재무 상태   〈단위 : 억원〉

항목	2011	2012	2013	2014	2015	2016
총자산	1,186	1,195	1,499	1,735	2,116	2,676
유형자산	329	437	696	694	846	1,196
무형자산	53	82	141	140	171	184
유가증권	14	28	30			44
총부채	656	618	851	987	1,149	1,602
총차입금	353	423	623	664	909	1,345
자본금	83	83	83	87	87	91
총자본	530	577	648	748	967	1,074
지배주주지분	530	577	647	748	967	1,095

기업가치 지표

항목	2011	2012	2013	2014	2015	2016
주가(최고/저)(천원)	8.5/5.9	8.3/4.5	7.9/4.8	8.3/5.5	12.4/7.6	15.0/8.0
PER(최고/저)(배)	10.4/7.2	14.2/7.7	15.8/9.7	18.5/12.2	13.3/8.2	18.1/9.7
PBR(최고/저)(배)	2.9/2.0	2.4/1.3	2.0/1.2	1.9/1.3	2.3/1.4	2.4/1.3
EV/EBITDA(배)	7.3	8.7	13.2	11.8	8.4	13.2
EPS(원)	916	647	541	478	969	842
BPS(원)	3,271	3,793	4,281	4,672	5,594	6,378
CFPS(원)	1,077	821	737	736	1,236	1,131
DPS(원)	120	110	120	200	220	220
EBITDAPS(원)	1,404	899	773	981	1,614	1,604

재무 비율   〈단위 : % 〉

연도	영업이익률	순이익률	부채비율	차입금비율	ROA	ROE	유보율	자기자본비율	EBITDA마진율
2016	16.3	10.3	149.2	125.2	6.1	14.3	1,166.7	40.1	19.8
2015	17.1	12.3	118.9	94.1	8.7	19.5	1,010.6	45.7	20.5
2014	10.6	6.6	131.9	88.8	4.6	11.3	827.6	43.1	14.4
2013	10.3	9.7	131.2	96.1	6.6	14.6	749.6	43.3	13.9

텍셀네트컴 (A038540)
Texcell-Netcom

업　　종 : IT 서비스		시　　장 : KOSDAQ	
신용등급 : (Bond) ― 　(CP) ―		기업규모 : 우량	
홈페이지 : www.texcell-netcom.co.kr		연락처 : (02)2167-8500	
본　　사 : 서울시 금천구 가산디지털2로 123, 월드메르디앙벤처센터2차 13층			

설 립 일	1989.02.23	종업원수	228명	대표이사	김진수,김춘수
상 장 일	2000.08.18	감사의견	적정 (중앙)	계　열	
결 산 기	12월	보통주	4,679만주	종속회사수	
액 면 가	1,000원	우선주		구상호	

주주구성 (지분율,%)
유준원	22.8
김수경	6.4
(외국인)	2.5

출자관계 (지분율,%)
세종저축은행	100.0
공평저축은행	100.0
한중네트워스	100.0

주요경쟁사 (외형,%)
텍셀네트컴	100
삼성에스디에스	2,882
포스코 ICT	305

매출구성
네트워크 통합솔루션(제품)	35.2
금융(용역)	30.4
자동용접판넬라인 등(제품)	17.3

비용구성
매출원가율	66.0
판관비율	9.3

수출비중
수출	15.9
내수	84.1

회사 개요
동사는 전자부품 등의 제조회사로 2000년 8월에 코스닥시장에 상장함. 연결대상 종속회사로는 세종상호저축은행, 공평저축은행, 한중산박기세 등이 있음. 정보통신 사업부문에서 네트워크 설계, 장비공급 및 설치, 유지보수까지 종합적인 서비스를 제공하고 있음. 정보서비스 사업부문에서는 광고, 보도 등 다양한 디지털 컨텐츠를 제공하고 있음. 한편 금융사업은 상호저축은행법에 의한 상호신용계, 신용부금, 부금대출 및 어음할인 등의 업무를 영위하고 있음.

실적 분석
동사의 2016년 결산 누적 매출액은 비중이 높았던 정보서비스 부문이 정체된 모습을 보이고 있지만 금융서비스 부문의 확대됨에 따라 65.6% 증가한 2,838.7억원을 기록함. 주 사업부문인 정보통신은 기술경쟁이 치열하며 제품 수명주기가 짧은 특징이 있음. (주)한프, 백산OPC GmbH, 백산OPC INC는 2016년 8월 11일 지분 처분하여 종속기업에서 제외됨.

현금 흐름 〈단위 : 억원〉
항목	2015	2016
영업활동	-1,729	-3,319
투자활동	-25	1,323
재무활동	1,842	2,667
순현금흐름	87	670
기말현금	495	1,165

시장 대비 수익률

결산 실적 〈단위 : 억원〉
항목	2011	2012	2013	2014	2015	2016
매출액	569	842	980	2,031	1,714	2,839
영업이익	51	22	68	238	271	702
당기순이익	76	26	103	207	316	673

분기 실적 〈단위 : 억원〉
항목	2015.3Q	2015.4Q	2016.1Q	2016.2Q	2016.3Q	2016.4Q
매출액	352	631	510	618	516	1,195
영업이익	70	113	81	206	168	246
당기순이익	103	85	78	184	204	208

재무 상태 〈단위 : 억원〉
항목	2011	2012	2013	2014	2015	2016
총자산	646	4,042	4,220	4,675	7,634	14,359
유형자산	21	82	82	112	355	280
무형자산	92	407	412	458	362	516
유가증권	112	281	473	63	78	186
총부채	174	3,385	3,442	3,697	6,109	12,414
총차입금	3	255	214	28	173	25
자본금	301	464	464	464	468	468
총자본	471	657	778	978	1,526	1,945
지배주주지분	471	660	778	979	1,311	1,945

기업가치 지표
항목	2011	2012	2013	2014	2015	2016
주가(최고/저)(천원)	1.2/0.8	2.2/1.0	1.8/0.9	5.1/1.8	5.3/3.0	7.7/3.2
PER(최고/저)(배)	5.0/3.4	26.5/12.0	7.9/4.2	11.4/4.0	7.8/4.5	5.3/2.2
PBR(최고/저)(배)	0.8/0.5	1.5/0.7	1.1/0.6	2.4/0.8	1.9/1.1	1.8/0.7
EV/EBITDA(배)	0.2	8.0	4.8	6.5	4.5	2.6
EPS(원)	238	84	225	447	678	1,452
BPS(원)	796	721	838	1,054	1,401	4,256
CFPS(원)	133	53	124	241	370	1,538
DPS(원)						
EBITDAPS(원)	93	45	85	274	321	1,587

재무 비율 〈단위 : % 〉
연도	영업이익률	순이익률	부채비율	차입금비율	ROA	ROE	유보율	자기자본비율	EBITDA마진율
2016	24.7	23.7	638.2	1.3	6.1	41.7	325.6	13.6	26.2
2015	15.8	18.4	400.4	11.3	5.1	27.7	180.2	20.0	17.5
2014	11.7	10.2	378.1	2.9	4.7	23.6	110.7	20.9	12.5
2013	7.0	10.5	442.5	27.6	2.5	14.5	67.5	18.4	8.1

텔레칩스 (A054450)
Telechips

업　　종 : 반도체 및 관련장비		시　　장 : KOSDAQ	
신용등급 : (Bond) ― 　(CP) ―		기업규모 : 벤처	
홈페이지 : www.telechips.com		연락처 : (02)3443-6792	
본　　사 : 서울시 송파구 올림픽로35다길 42 (신천동, 루터회관 19~23층)			

설 립 일	1999.10.29	종업원수	276명	대표이사	이장규
상 장 일	2004.12.10	감사의견	적정 (신한)	계　열	
결 산 기	12월	보통주	1,063만주	종속회사수	
액 면 가	500원	우선주		구상호	

주주구성 (지분율,%)
이장규	22.2
국민연금공단	12.9
(외국인)	2.8

출자관계 (지분율,%)
티에스디반도체	100.0
칩스앤미디어	35.3
TELECHIPSUSALIMITED	100.0

주요경쟁사 (외형,%)
텔레칩스	100
엘비세미콘	134
에스엔텍	66

매출구성
DMP	90.1
모바일 TV 수신칩	7.4
기타 제품매출 등	2.5

비용구성
매출원가율	57.4
판관비율	36.0

수출비중
수출	37.0
내수	63.0

회사 개요
동사는 스마트 기기(테블릿PC, 스마트 TV Box등)에 적용되는 Application Processor 및 오디오/카메라/비디오 등 멀티미디어 기능을 지원하는 Digital Media Processor를 생산하는 기업임. 이와 같은 디지털컨버전스 제품은 젊은층이 가장 큰 수요층이기에 젊은 세대의 구매유인이 많이 발생하는 연말연초에 수요가 집중되는 계절적 특성이 있음.

실적 분석
동사의 2016년 4/4분기 매출액은 Digital Media Processor의 내수 및 수출시장 매출이 개선됨에 따라 전년동기 대비 23.0% 증가한 1,009.7억원을 시현함. 판관비가 전년동기 대비 42.3% 증가하였음에도 영업이익은 66.4억원으로 전년동기 대비 크게 증가하였음. 자동차 부문에서 기존 오디오용 제품보다 단가가 높고 수익성이 좋은 AVN용 프로세서에서의 성과가 본격화되면서 수익성이 크게 개선되었음

현금 흐름 〈단위 : 억원〉
항목	2015	2016
영업활동	65	129
투자활동	-95	-125
재무활동	38	3
순현금흐름	7	7
기말현금	65	72

시장 대비 수익률

결산 실적 〈단위 : 억원〉
항목	2011	2012	2013	2014	2015	2016
매출액	720	740	740	753	821	1,010
영업이익	-47	-19	-79	17	46	66
당기순이익	-33	7	-173	14	20	105

분기 실적 〈단위 : 억원〉
항목	2015.3Q	2015.4Q	2016.1Q	2016.2Q	2016.3Q	2016.4Q
매출액	215				242	
영업이익	23				14	
당기순이익	31				14	

재무 상태 〈단위 : 억원〉
항목	2011	2012	2013	2014	2015	2016
총자산	1,092	1,091	909	955	998	1,141
유형자산	47	42	38	37	37	41
무형자산	98	134	60	61	137	203
유가증권	23	14	16	32	37	38
총부채	205	227	221	264	294	337
총차입금						
자본금	53	53	53	53	53	53
총자본	887	863	688	691	705	805
지배주주지분	887	863	688	691	705	805

기업가치 지표
항목	2011	2012	2013	2014	2015	2016
주가(최고/저)(천원)	8.1/3.7	6.5/4.0	6.1/3.6	5.8/3.2	9.9/4.6	12.3/8.0
PER(최고/저)(배)	―/―	102.7/63.0	―/―	44.3/24.6	53.2/25.0	12.5/8.1
PBR(최고/저)(배)	0.9/0.4	0.8/0.5	0.8/0.5	0.8/0.4	1.3/0.6	1.5/1.0
EV/EBITDA(배)	0.8	1.1	0.5	1.6	9.1	7.0
EPS(원)	-316	66	-1,633	134	190	989
BPS(원)	9,135	9,083	7,433	7,443	7,571	8,513
CFPS(원)	820	818	-591	746	512	1,466
DPS(원)	80	50		70	80	130
EBITDAPS(원)	694	574	296	772	752	1,101

재무 비율 〈단위 : % 〉
연도	영업이익률	순이익률	부채비율	차입금비율	ROA	ROE	유보율	자기자본비율	EBITDA마진율
2016	6.6	10.4	41.8	0.0	9.8	13.9	1,602.7	70.5	11.6
2015	5.6	2.5	41.7	0.0	2.1	2.9	1,414.1	70.6	9.7
2014	2.3	1.9	38.2	0.0	1.5	2.1	1,388.7	72.4	10.9
2013	-10.7	-23.4	32.1	0.0	-17.3	-22.3	1,386.6	75.7	4.2

텔레필드 (A091440)
Telefield

업 종: 통신장비		시 장: KOSDAQ	
신용등급: (Bond) — (CP) —		기업규모: 벤처	
홈 페 이 지: www.telefield.com		연 락 처: 031)730-5900	
본 사: 경기도 성남시 분당구 판교로 255, E동 301호 (삼평동, 판교이노밸리)			

설 립 일 2000.09.20	종 업 원 수 122명	대 표 이 사 박노택			
상 장 일 2008.02.01	감사의견 적정 (대주)	계 열			
결 산 월 12월	보 통 주 696만주	종속회사수			
액 면 가 500원	우 선 주	구 상 호			

주주구성 (지분율,%)		출자관계 (지분율,%)		주요경쟁사 (외형,%)	
박노택	25.9	썬웨이브텍	60.0	텔레필드	100
노병진	4.7		49.0	옵티시스	40
(외국인)	0.7	TELEFIELDGLOBALFORCONTRACTING&TRADING		이그잭스	107

매출구성		비용구성		수출비중	
대용량MSPP 광전송장비	27.9	매출원가율	76.6	수출	0.0
MSPP 광전송장비 외	26.8	판관비율	27.3	내수	100.0
NDCS 외	16.7				

회사 개요
동사는 광전송장비를 연구개발 및 제조, 판매하고 있으며 그 영역 중에서 다양한 신호와 접속을 해야 하는 접속망과 기술의 연계성이 높고 상대적 고수익 사업인 백본망 시장에 집중하고 있음. 백본망은 기간전송 백본망과 인터넷백본망으로 분류되며 동사의 향후 매출증대를 위해 전략적으로 접근하는 시장임. 기업전용회선 가입자들의 트래픽 개선에 따른 장비고도화, IPTV서비스에 따른 전송장치의 성능향상을 위한 투자 진행.

실적 분석
2016년 연간 매출은 431억원으로 전년대비 15.2% 증가하였으나 영업이익은 -16.9억원으로 전년대비 적자전환, 당기순이익은 -26.4억원으로 적자전환 시현. 매출 증가는 긍정적이나 원가율 상승으로 수익성은 부진하였음. 텔레필드는 2017년 3월에 대구광역시 자가통신망 구축 관련의 17억원의 공급 계약을 체결하는 등 통신망 사업 확대시에 매출 증가는 긍정적. 텔레필드는 MWC2017 참가하여 신제품 공개.

현금 흐름 *IFRS 별도 기준 〈단위 : 억원〉

항목	2015	2016
영업활동	48	-6
투자활동	-6	-21
재무활동	-37	65
순현금흐름	5	39
기말현금	16	55

결산 실적 〈단위 : 억원〉

항목	2011	2012	2013	2014	2015	2016
매출액	265	270	280	436	374	431
영업이익	12	17	6	29	9	-17
당기순이익	8	9	3	22	8	-26

분기 실적 *IFRS 별도 기준 〈단위 : 억원〉

항목	2015.3Q	2015.4Q	2016.1Q	2016.2Q	2016.3Q	2016.4Q
매출액	52	191	77	117	59	179
영업이익	-9	18	-10	3	-14	4
당기순이익	-8	17	-11	2	-13	-4

재무 상태 *IFRS 별도 기준 〈단위 : 억원〉

항목	2011	2012	2013	2014	2015	2016
총자산	394	380	416	454	491	478
유형자산	45	42	40	42	40	37
무형자산	53	70	70	49	34	32
유가증권	0	0	0	0	0	0
총부채	164	144	178	193	219	233
총차입금	99	80	80	119	79	147
자본금	35	35	35	35	35	35
총자본	230	236	239	261	271	245
지배주주지분	230	236	239	261	271	245

기업가치 지표 *IFRS 별도 기준

항목	2011	2012	2013	2014	2015	2016
주가(최고/저)(천원)	2.0/0.9	3.3/1.2	2.6/1.5	3.0/1.9	6.6/2.0	5.6/3.7
PER(최고/저)(배)	17.0/7.9	25.5/9.0	55.0/31.9	9.5/6.0	58.9/18.3	—/—
PBR(최고/저)(배)	0.6/0.3	1.0/0.3	0.7/0.4	0.8/0.5	1.6/0.5	1.6/1.0
EV/EBITDA(배)	4.4	3.9	6.8	5.0	12.3	
EPS(원)	115	130	47	317	111	-379
BPS(원)	3,388	3,518	3,565	3,882	4,021	3,642
CFPS(원)	380	388	331	683	382	-153
DPS(원)						
EBITDAPS(원)	431	495	371	781	399	-17

재무 비율 〈단위 : % 〉

연도	영업이익률	순이익률	부채비율	차입금비율	ROA	ROE	유보율	자기자본비율	EBITDA마진율
2016	-3.9	-6.1	121.6	79.6	-5.1	-10.2	628.4	45.1	-0.3
2015	2.4	2.1	80.8	29.1	1.6	2.9	704.2	55.3	7.4
2014	6.6	5.1	74.0	45.7	5.1	8.8	676.5	57.5	12.5
2013	2.2	1.2	74.4	33.5	0.8	1.4	613.0	57.3	9.2

텔코웨어 (A078000)
Telcoware

업 종: 일반 소프트웨어		시 장: 거래소	
신용등급: (Bond) — (CP) —		기업규모: 시가총액 소형주	
홈 페 이 지: www.telcoware.com		연 락 처: 02)2105-9800	
본 사: 서울시 서초구 법원로 3길 20-7 (서초동)			

설 립 일 2000.01.11	종 업 원 수 206명	대 표 이 사 금한태			
상 장 일 2004.07.20	감사의견 적정 (삼일)	계 열			
결 산 월 12월	보 통 주 970만주	종속회사수			
액 면 가 500원	우 선 주	구 상 호			

주주구성 (지분율,%)		출자관계 (지분율,%)		주요경쟁사 (외형,%)	
금한태	21.4	엠텔로	23.7	텔코웨어	100
텔코인	6.1	유디스	20.0	MDS테크	367
(외국인)	1.1	텔코인	9.5	이니텍	566

매출구성		비용구성		수출비중	
무선데이터	58.9	매출원가율	59.5	수출	0.1
음성핵심망	40.5	판관비율	29.2	내수	99.9
기타-텔코베이스 등	0.6				

회사 개요
동사는 2000년 1월 정보통신 소프트웨어 개발을 주요 사업목적으로 설립되어 2004년 유가증권 시장에 상장됨. 이동통신망에서 통신서비스를 가능하게 하는 음성핵심망 솔루션, 무선데이터 솔루션, 요소기술, Access Network 등 이동통신 코어망을 이용한 부가서비스를 제공하며, 주요 고객은 SKT로 매출비중은 약 85~90%임. '엠텔로', '텔코인', '티스트림'과 해외법인 1개, 총 4개의 계열회사를 두고 있음.

실적 분석
동사의 2016년 매출액은 408.9억원으로 전년대비 31% 감소함. 매출의 급감으로 인해 매출원가가 전년대비 38.7% 감소함. 판매비와 관리비는 전년대비 6.3% 증가한 119.2억원을 기록함. 영업이익은 전년대비 45.1% 감소한 46.2억원을 기록함. 비영업이익이 전년대비 38.4% 확대되었으며 당기순이익은 45억원을 기록해 전년대비 42.2% 감소함.

현금 흐름 〈단위 : 억원〉

항목	2015	2016
영업활동	163	46
투자활동	-91	148
재무활동	-34	-37
순현금흐름	38	157
기말현금	296	453

결산 실적 〈단위 : 억원〉

항목	2011	2012	2013	2014	2015	2016
매출액	549	623	658	506	594	409
영업이익	44	72	131	80	84	46
당기순이익	56	68	108	76	78	45

분기 실적 〈단위 : 억원〉

항목	2015.3Q	2015.4Q	2016.1Q	2016.2Q	2016.3Q	2016.4Q
매출액	153	147	63	111	102	133
영업이익	38	-1	-18	10	14	40
당기순이익	32	-2	-17	9	16	37

재무 상태 〈단위 : 억원〉

항목	2011	2012	2013	2014	2015	2016
총자산	1,120	1,104	1,274	1,155	1,196	1,160
유형자산	170	173	232	247	243	237
무형자산	117	102	88	87	74	74
유가증권	46	46	46	—	51	82
총부채	227	246	309	153	151	107
총차입금	6	15	13	20	18	10
자본금	50	50	50	50	50	50
총자본	892	858	965	1,002	1,045	1,053
지배주주지분	891	858	965	1,002	1,045	1,053

기업가치 지표

항목	2011	2012	2013	2014	2015	2016
주가(최고/저)(천원)	6.1/5.3	9.4/5.6	10.7/7.3	15.0/9.9	15.0/10.7	13.4/10.6
PER(최고/저)(배)	14.0/12.1	16.3/10.0	11.6/8.0	21.9/14.4	20.4/14.5	30.1/23.9
PBR(최고/저)(배)	0.7/0.6	0.9/0.6	1.0/0.7	1.2/0.8	1.2/0.8	1.0/0.8
EV/EBITDA(배)	1.7	6.3	2.7	6.7	6.7	6.5
EPS(원)	572	698	1,117	784	802	464
BPS(원)	12,042	12,520	13,421	13,799	14,248	14,327
CFPS(원)	878	968	1,350	943	963	627
DPS(원)	320	400	650	600	660	500
EBITDAPS(원)	755	1,010	1,583	985	1,027	638

재무 비율 〈단위 : % 〉

연도	영업이익률	순이익률	부채비율	차입금비율	ROA	ROE	유보율	자기자본비율	EBITDA마진율
2016	11.3	11.0	10.2	1.0	3.8	4.3	2,665.5	90.8	15.2
2015	14.2	13.1	14.4	1.8	6.6	7.6	2,650.5	87.4	16.8
2014	15.8	15.0	15.3	2.0	6.3	7.7	2,563.6	86.7	18.9
2013	19.9	16.5	32.1	1.4	9.1	11.9	2,490.7	75.7	23.4

텔콘 (A200230)
TELCON

업 종 : 통신장비		시 장 : KOSDAQ	
신용등급 : (Bond) — (CP) —		기업규모 : 중견	
홈 페 이 지 : www.telcon.co.kr		연 락 처 : 031)370-8502	
본 사 : 경기도 용인시 기흥구 동탄기흥로 684			

설 립 일	1999.01.08	종 업 원 수	97명	대 표 이 사	임진훈
상 장 일	2014.11.24	감 사 의 견	적정 (세일)	계 열	
결 산 기	12월	보 통 주	5,810만주	종속회사수	
액 면 가	100원	우 선 주		구 상 호	

주주구성 (지분율,%)
텔콘홀딩스	26.1
오에프씨	3.7
(외국인)	0.2

출자관계 (지분율,%)
중원제약	78.3
텔콘제약	62.5
텔콘생명과학	50.0

주요경쟁사 (외형,%)
텔콘	100
디티앤씨	135
다산네트웍스	747

매출구성
CONNECTOR	40.0
CABLE ASS'Y	33.5
기타	26.5

비용구성
매출원가율	89.7
판관비율	34.2

수출비중
수출	31.1
내수	68.9

회사 개요
동사는 1999년 1월 8일에 설립되어 기타 무선 통신장비제조에 쓰이는 커넥터와 케이블 어셈블리 의 제조를 주요 사업으로 영위하고 있음. 향후 광전복합 커넥터 외 광Cable Ass'Y 공급을 통한 광 솔루션 업체로 도약하는데 충점을 두고 있음. 동사는 현재 연결대상 종속회사로 무선통신장비를 제조 및 판매하는 덕통전자가 있으며, 텔콘제약과 중원제약이 신규 연결되어 제약 및 바이오산업으로 사업 확장함.

실적 분석
동사의 2016년 연결기준 누적매출액은 298.4억원으로 전년 동기대비 4.6% 증가함. 제약 방이오 부문의 신규 연결로 저체 매출은 소폭 증가했지만, 실질적으로 글로벌 통신시장의 투자지연으로 RF 사업부문 매출이 감소하고, 제약 바이오 부문의 매출원가 상승과 투자비용이 증가하여 영업손실은 71.2억원을 기록. 적자지속했고, 당기순이익 또한 적자전환함. POI, 인빌딩 및 광 사업장 확대와 5G시장 관련 개발로 매출 증대 노력중임.

현금 흐름 〈단위 : 억원〉
항목	2015	2016
영업활동	23	-40
투자활동	-42	-510
재무활동	-11	477
순현금흐름	-30	-72
기말현금	181	108

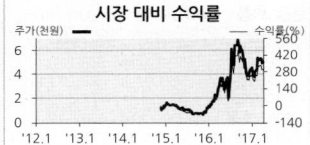

시장 대비 수익률

결산 실적 〈단위 : 억원〉
항목	2011	2012	2013	2014	2015	2016
매출액	227	352	466	588	285	298
영업이익	22	56	99	81	-3	-71
당기순이익	16	45	79	67	3	-38

분기 실적 〈단위 : 억원〉
항목	2015.3Q	2015.4Q	2016.1Q	2016.2Q	2016.3Q	2016.4Q
매출액	64	71	63	52	71	113
영업이익	-1	-3	-6	-16	-27	-22
당기순이익	1	-2	-5	-4	18	-46

재무 상태 〈단위 : 억원〉
항목	2011	2012	2013	2014	2015	2016
총자산	198	223	322	478	482	1,253
유형자산	3	5	12	17	15	72
무형자산	0	0	2	3	3	372
유가증권	3	0	3	10	69	47
총부채	97	74	97	45	42	361
총차입금	58	25	32	11	—	242
자본금	13	13	20	25	25	58
총자본	101	149	225	432	440	892
지배주주지분	101	149	225	432	440	667

기업가치 지표
항목	2011	2012	2013	2014	2015	2016
주가(최고/저)(천원)	—/—	—/—	—/—	1.4/1.0	1.7/0.7	8.4/1.2
PER(최고/저)(배)	0.0/0.0	0.0/0.0	0.0/0.0	8.3/6.3	238.3/95.2	—/—
PBR(최고/저)(배)	0.0/0.0	0.0/0.0	0.0/0.0	1.6/1.2	1.9/0.8	7.3/1.0
EV/EBITDA(배)	0.8			4.3	140.9	
EPS(원)	65	179	234	163	7	-50
BPS(원)	4,027	5,979	5,627	8,604	8,760	1,149
CFPS(원)	728	1,867	2,410	1,732	177	-25
DPS(원)						
EBITDAPS(원)	961	2,315	2,995	2,052	51	-108

재무 비율 〈단위 : % 〉
연도	영업이익률	순이익률	부채비율	차입금비율	ROA	ROE	유보율	자기자본비율	EBITDA마진율
2016	-23.9	-12.6	40.4	27.2	-4.3	-4.8	1,048.9	71.2	-19.4
2015	-1.0	1.2	9.5	0.0	0.7	0.8	1,652.0	91.4	0.9
2014	13.7	11.5	10.5	2.6	16.9	20.5	1,620.8	90.5	14.5
2013	21.1	16.9	43.1	14.3	29.0	42.1	1,025.3	69.9	21.6

토니모리 (A214420)
TONYMOLY CO

업 종 : 개인생활용품		시 장 : 거래소	
신용등급 : (Bond) — (CP) —		기업규모 : 시가총액 중형주	
홈 페 이 지 : www.etonymoly.com		연 락 처 : 02)593-3191	
본 사 : 서울시 서초구 방배로 180 토니모리빌딩(방배동)			

설 립 일	2006.07.26	종 업 원 수	181명	대 표 이 사	배해동
상 장 일	2015.07.10	감 사 의 견	적정 (대주)	계 열	
결 산 기	12월	보 통 주	1,764만주	종속회사수	
액 면 가	200원	우 선 주		구 상 호	

주주구성 (지분율,%)
배해동	32.1
정숙인	17.0
(외국인)	8.7

출자관계 (지분율,%)
메가코스	100.0
세한텍스프리	19.0
플라이양양	16.7

주요경쟁사 (외형,%)
토니모리	100
케어젠	20
콜마비앤에이치	110

매출구성
기타제품 등	33.3
포인트 메이크업	23.0
스킨케어 베이직	18.9

비용구성
매출원가율	46.7
판관비율	45.8

수출비중
수출	18.7
내수	81.3

회사 개요
동사는 현재 생활 용품 및 화장품 등의 포장재 중 Plastic Pump Dispenser 와 Plastic Hand Trigger Sprayer 제조 판매 사업을 영위하고 있으며, 보유한 기술을 바탕으로 식음료·의료 용기 포장재 제품 개발을 위해 연구 개발을 진행 중임. 동사의 전방산업인 국내외 화장품, 생활용품 시장은 지난 10년 동안 연평균 약 5~6%의 꾸준한 성장세를 유지함. 동사는 2015년 7월 10일 코스피 상장을 마침.

실적 분석
동사의 2016년 연결기준 결산 매출액은 2,331.2억원으로 전년동기 대비 6.0% 증가함. 영업이익은 전년동기 대비 1.2% 증가한 176.4억원을 시현. 당기순이익은 전년동기 대비 4%감소하였으나 129.0억원을 기록. 저가형 화장품 시장에서 경쟁 강화에도 불구 브랜드 경쟁력과 제품 차별화 전략으로 경기 침체에도 꾸준한 성장 달성. 최근 계열사 라비오뜨가 중국 유통전문기업 칭다오 킹킹그룹과 유통 제휴를 위한 독점계약을 체결.

현금 흐름 〈단위 : 억원〉
항목	2015	2016
영업활동	-10	15
투자활동	-208	-6
재무활동	474	-36
순현금흐름	256	-27
기말현금	440	413

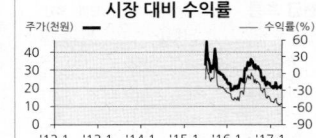

시장 대비 수익률

결산 실적 〈단위 : 억원〉
항목	2011	2012	2013	2014	2015	2016
매출액	1,014	1,506	1,700	2,051	2,199	2,331
영업이익	128	150	149	149	174	176
당기순이익	91	127	139	116	134	129

분기 실적 〈단위 : 억원〉
항목	2015.3Q	2015.4Q	2016.1Q	2016.2Q	2016.3Q	2016.4Q
매출액	571	607	595	571	597	568
영업이익	72	53	54	29	70	23
당기순이익	37	49	40	23	42	24

재무 상태 〈단위 : 억원〉
항목	2011	2012	2013	2014	2015	2016
총자산	474	610	800	973	1,556	1,819
유형자산	206	191	216	301	279	368
무형자산	8	6	10	11	26	88
유가증권	—	—	—	5	10	31
총부채	381	401	419	477	386	548
총차입금	105	61	40	100	40	40
자본금	20	20	20	20	24	35
총자본	93	209	381	496	1,170	1,271
지배주주지분	93	209	381	496	1,170	1,271

기업가치 지표
항목	2011	2012	2013	2014	2015	2016
주가(최고/저)(천원)	—/—	—/—	—/—	—/—	46.2/24.3	37.3/18.6
PER(최고/저)(배)	0.0/0.0	0.0/0.0	0.0/0.0	0.0/0.0	57.0/29.9	51.5/25.7
PBR(최고/저)(배)	0.0/0.0	0.0/0.0	0.0/0.0	0.0/0.0	7.1/3.7	5.2/2.6
EV/EBITDA(배)	0.2				20.3	18.8
EPS(원)	606	845	927	774	825	731
BPS(원)	23,287	52,140	95,351	124,063	9,950	7,208
CFPS(원)	25,335	35,147	37,133	31,970	1,361	817
DPS(원)					300	230
EBITDAPS(원)	34,721	40,974	39,527	40,109	1,730	1,085

재무 비율 〈단위 : % 〉
연도	영업이익률	순이익률	부채비율	차입금비율	ROA	ROE	유보율	자기자본비율	EBITDA마진율
2016	7.6	5.5	43.1	3.2	7.7	10.6	3,504.0	69.9	8.2
2015	7.9	6.1	33.0	3.4	10.6	16.1	4,875.2	75.2	8.5
2014	7.3	5.7	96.2	20.2	13.1	26.5	2,381.3	51.0	7.8
2013	8.8	8.2	109.8	11.9	—	—	1,807.0	47.7	9.3

토비스 (A051360)
Tovis

업 종 : 디스플레이 및 관련부품		시 장 : KOSDAQ	
신용등급 : (Bond) — (CP) —		기업규모 : 우량	
홈페이지 : www.tovism.com		연 락 처 : 032)712-5100	
본 사 : 인천시 연수구 갯벌로 92			

설 립 일 1998.09.08	종업원수 250명	대 표 이 사 김용범,하희조			
상 장 일 2004.11.19	감사의견 적정 (도원)	계 열			
결 산 기 12월	보 통 주 1,672만주	종속회사수			
액 면 가 500원	우 선 주	구 상 호			

주주구성 (지분율,%)
김용범	8.5
Morgan Stanley & co. International Limited	4.2
(외국인)	7.5

출자관계 (지분율,%)
동관터비스	100.0
해피스토어	36.0
네오씨엠	35.0

주요경쟁사 (외형,%)
토비스	100
루멘스	89
넥스트아이	9

매출구성
TFT-LCD 모듈 (토비스)	68.5
산업용모니터	19.7
터치 패널	9.4

비용구성
매출원가율	83.0
판관비율	11.8

수출비중
수출	98.3
내수	1.7

회사 개요
동사는 디스플레이 전문 기업으로서 카지노 Gaming, Amusement, Public Information Display 기기 등에 사용되는 산업용 모니터와 시장 규모가 큰 휴대폰, Tablet PC, MP4 플레이어, 디지털카메라, 네비게이션, 전장용 Display 등에 사용되는 TFT-LCD 모듈 및 모바일용 터치패널을 주로 생산함. 수출이 전체 매출의 대부분을 차지함.

실적 분석
동사의 2016년 연결기준 연간 누적 매출액은 4544.5억원으로 전년 동기 대비 1.8% 감소함. 매출 감소에 따라 고정 비용 비율이 늘어나면서 영업이익은 234.6억원으로 전년 동기 대비 24.8% 큰 폭으로 감소함. 비영업손익 부문에서도 손실이 늘어나면서 당기순이익은 161.6억원으로 전년 동기 대비 33.7% 감소함. 매출은 소폭 줄었지만 수익성은 크게 악화된 상황.

현금 흐름 〈단위 : 억원〉
항목	2015	2016
영업활동	369	64
투자활동	-217	-258
재무활동	-60	97
순현금흐름	93	-97
기말현금	163	67

시장 대비 수익률
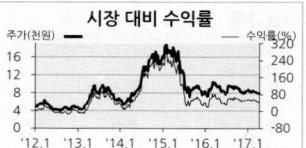

결산 실적 〈단위 : 억원〉
항목	2011	2012	2013	2014	2015	2016
매출액	3,201	3,594	4,808	6,095	4,628	4,545
영업이익	167	88	174	533	312	235
당기순이익	101	67	104	380	244	162

분기 실적 〈단위 : 억원〉
항목	2015.3Q	2015.4Q	2016.1Q	2016.2Q	2016.3Q	2016.4Q
매출액	1,043	1,001	835	1,116	1,244	1,349
영업이익	85	18	49	89	63	35
당기순이익	56	13	26	64	62	9

재무 상태 〈단위 : 억원〉
항목	2011	2012	2013	2014	2015	2016
총자산	1,237	1,333	1,620	2,420	2,288	2,887
유형자산	236	247	373	421	698	774
무형자산	41	49	85	64	134	129
유가증권	12	19	10	8	26	32
총부채	722	762	809	1,242	830	1,337
총차입금	379	345	339	257	406	572
자본금	66	67	84	84	84	84
총자본	516	571	811	1,178	1,458	1,550
지배주주지분	512	567	809	1,176	1,456	1,551

기업가치 지표
항목	2011	2012	2013	2014	2015	2016
주가(최고/저)(천원)	5.2/2.7	6.3/3.9	9.7/4.2	17.4/5.1	18.9/7.1	10.4/7.2
PER(최고/저)(배)	6.9/3.6	13.1/8.1	15.5/6.8	8.0/2.4	13.5/5.0	10.9/7.5
PBR(최고/저)(배)	1.3/0.7	1.4/0.9	2.0/0.9	2.5/0.7	2.3/0.8	1.1/0.8
EV/EBITDA(배)	5.0	6.7	5.3	4.7	4.0	5.4
EPS(원)	826	521	667	2,286	1,462	974
BPS(원)	4,375	4,741	5,144	7,305	8,768	9,535
CFPS(원)	1,016	825	1,096	2,764	2,010	1,637
DPS(원)	100	50	100	160	200	160
EBITDAPS(원)	1,485	965	1,539	3,667	2,415	2,067

재무 비율 〈단위 : % 〉
연도	영업이익률	순이익률	부채비율	차입금비율	ROA	ROE	유보율	자기자본비율	EBITDA마진율
2016	5.2	3.6	86.2	36.9	6.3	10.8	1,807.1	53.7	7.6
2015	6.7	5.3	57.0	27.9	10.4	18.6	1,653.7	63.7	8.7
2014	8.7	6.2	105.5	21.8	18.8	38.5	1,361.1	48.7	10.1
2013	3.6	2.2	99.7	41.8	7.0	15.2	928.8	50.1	5.0

토탈소프트뱅크 (A045340)
Total Soft Bank

업 종 : 운송인프라		시 장 : KOSDAQ	
신용등급 : (Bond) — (CP) —		기업규모 : 벤처	
홈페이지 : www.tsb.co.kr		연 락 처 : 070)4733-1000	
본 사 : 부산시 해운대구 반송로 513번길 66-39 (석대동)			

설 립 일 1989.01.14	종업원수 93명	대 표 이 사 최장수			
상 장 일 2002.07.19	감사의견 적정 (한영)	계 열			
결 산 기 12월	보 통 주 856만주	종속회사수			
액 면 가 500원	우 선 주	구 상 호			

주주구성 (지분율,%)
최장수	29.8
대한투자신탁운용	2.3
(외국인)	0.9

출자관계 (지분율,%)
PITCo.,Ltd	50.0

주요경쟁사 (외형,%)
토탈소프트	100
서호전기	630
경봉	398

매출구성
Marine Terminal - CATOS	79.4
Shipping - CASP	7.3
E-learning	5.1

비용구성
매출원가율	55.2
판관비율	36.2

수출비중
수출	91.8
내수	8.2

회사 개요
1998년 11월에 설립된 동사는 해운, 항만, 물류 산업분야의 솔루션을 제공하는 소프트웨어 개발업을 영위하고 있음. 동사는 컨테이너 터미널 운영시스템, 선박 탑재용 컴퓨터, 선사용 양적하시스템, 항만 커뮤니티 시스템, 다목적터미널운영시스템 개발을 주요사업으로 하고 있음. 매출액의 80~90%이상이 해외에서 발생함. 세계 항만 소프트웨어 시장은 과점으로, 미국의 Navis, Tideworks, 호주의 RBS 등이 주요 업체임.

실적 분석
동사의 2016년 4분기 매출액은 94.2억원으로 전년동기 대비 47.7% 증가함. 영업이익 8.2억원, 당기순이익 10.4억원으로 흑자 전환함. 동사의 매출은 터미널 운영 시스템인 CATOS가 67.5%, 훈련용 시스템인 E-learning 상품 11.9%로 대부분을 차지함. CATOS 부문 용역 매출액이 지속적으로 감소하고 있어 현재 개발 중인 최적화된 양적하 계획 결과 도출 시스템인 SS-플래너 등 신성장 동력의 발굴이 필요해 보임.

현금 흐름 *IFRS 별도 기준 〈단위 : 억원〉
항목	2015	2016
영업활동	-16	-5
투자활동	3	-11
재무활동	-1	17
순현금흐름	-13	1
기말현금	21	22

시장 대비 수익률
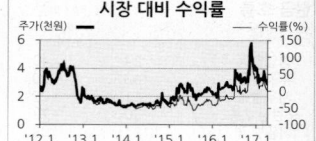

결산 실적 〈단위 : 억원〉
항목	2011	2012	2013	2014	2015	2016
매출액	105	101	78	76	64	94
영업이익	-20	-19	-24	5	-14	8
당기순이익	-17	-29	-39	4	-11	10

분기 실적 *IFRS 별도 기준 〈단위 : 억원〉
항목	2015.3Q	2015.4Q	2016.1Q	2016.2Q	2016.3Q	2016.4Q
매출액	14	15	18	23	26	28
영업이익	-4	-4	-1	2	6	1
당기순이익	-2	-4	-2	3	4	5

재무 상태 *IFRS 별도 기준 〈단위 : 억원〉
항목	2011	2012	2013	2014	2015	2016
총자산	170	151	104	135	130	159
유형자산	8	23	40	71	75	93
무형자산	35	33	9	12	11	9
유가증권	2					
총부채	62	63	54	79	81	100
총차입금	10	10	10	30	30	48
자본금	43	43	43	43	43	43
총자본	108	88	50	56	49	59
지배주주지분	108	88	50	56	49	59

기업가치 지표 *IFRS 별도 기준
항목	2011	2012	2013	2014	2015	2016
주가(최고/저)(천원)	4.1/1.2	4.7/1.5	2.7/1.2	2.2/1.3	3.1/1.5	5.8/2.0
PER(최고/저)(배)	—/—	—/—	—/—	52.4/29.3	—/—	47.8/16.2
PBR(최고/저)(배)	3.1/0.9	4.6/1.5	4.7/2.1	3.4/1.9	5.4/2.6	8.4/2.8
EV/EBITDA(배)				14.6		26.3
EPS(원)	-203	-340	-451	43	-134	121
BPS(원)	1,322	1,028	584	654	573	694
CFPS(원)	-44	-187	-335	81	-69	184
DPS(원)						
EBITDAPS(원)	-70	-71	-164	99	-100	158

재무 비율 〈단위 : % 〉
연도	영업이익률	순이익률	부채비율	차입금비율	ROA	ROE	유보율	자기자본비율	EBITDA마진율
2016	8.7	11.0	167.6	80.1	7.2	19.2	38.8	37.4	14.3
2015	-22.2	-18.0	165.5	61.2	-8.7	-21.8	14.5	37.7	-13.5
2014	6.9	4.9	141.3	53.6	3.1	6.9	30.8	41.5	11.2
2013	-30.8	-49.6	109.0	20.0	-30.3	-55.9	16.7	47.9	-18.1

토필드 (A057880)
Topfield

업　　종 : 셋톱 박스		시　　장 : KOSDAQ	
신용등급 : (Bond) — 　(CP) —		기업규모 : 중견	
홈페이지 : www.topfield.co.kr		연 락 처 : 031)778-0800	
본　　사 : 경기도 성남시 분당구 정자일로 23, 토필드빌딩			

설 립 일 1998.05.06	종 업 원 수 33명	대 표 이 사	김건영
상 장 일 2003.12.29	감 사 의 견 적정 (이촌)	계　　열	
결 산 기 12월	보 통 주 1,599만주	종속회사수	
액 면 가 500원	우 선 주	구 상 호	

주주구성 (지분율,%)		출자관계 (지분율,%)		주요경쟁사 (외형,%)	
네오바이오1호투자조합	14.8	토필드인터내셔널 100.0		토필드	100
글로밴스	9.0	웨이투비 100.0		가온미디어	2,295
		TopfieldEuropeGmbH 100.0		휴맥스	7,093

매출구성		비용구성		수출비중	
디지털 STB 및 PVR (토필드)	100.0	매출원가율	73.2	수출	—
		판관비율	53.4	내수	—

회사 개요
동사는 셋톱박스 제조를 영위할 목적으로 1998년 설립된 업체로 디지털 셋톱박스와 PVR은 기본적으로 TV 시청함으로 TV 시청함으로 기본도를 구입. 세계 디지털 셋톱박스 시장은 유럽을 중심으로 규모가 커지고 있는데, 국내뿐만 아니라 중국, 대만 업체들의 저가 공세로 가격경쟁이 치열해지고 있음. 국외 3개 종속회사를 포함하고 있으며, Topfield(Thailand)는 지배력이 인정되어 종속기업으로 분류되었고 기존 국내의 헬리오시스템은 폐업, 청산함

실적 분석
동사의 2016년 연결기준 누적매출액은 190.4억원으로 전년 동기 대비 12.2% 감소함. 매출 부진과 판관비 증가로 영업이익은 50.6억원의 손실을 기록하며 적자지속함. 영업실적의 부진에도 비영업수지의 개선으로 당기순손실의 적자폭은 축소된 모습임. 4차 사업연도 연속 영업손실 발생사유 해소에 이어 정기 주주총회 미개최로 인한 재무제표 미승인 사유가 해소됨에 따라 관리종목에서 해제됨

현금 흐름 <단위 : 억원>

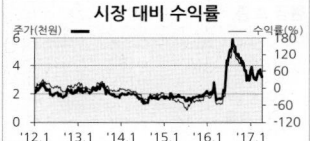
시장 대비 수익률

항목	2015	2016
영업활동	-49	-45
투자활동	62	-38
재무활동	2	80
순현금흐름	12	-3
기말현금	52	49

결산 실적 　　　　　　　　　　　　　<단위 : 억원>

항목	2011	2012	2013	2014	2015	2016
매출액	759	541	312	155	217	190
영업이익	27	-66	-40	-274	-79	-51
당기순이익	20	-137	-30	-386	-114	-59

분기 실적 　　　　　　　　　　　　　<단위 : 억원>

항목	2015.3Q	2015.4Q	2016.1Q	2016.2Q	2016.3Q	2016.4Q
매출액	50	62	27	37	59	67
영업이익	15	-94	-6	-15	-2	-27
당기순이익	19	-112	-2	-12	-4	-41

재무 상태 　　　　　　　　　　　　　<단위 : 억원>

항목	2011	2012	2013	2014	2015	2016
총자산	1,179	1,004	934	531	439	447
유형자산	192	186	182	136	134	92
무형자산	19	12	22	16	9	2
유가증권	—	—	—	—	—	23
총부채	301	251	215	175	185	177
총차입금	163	150	138	118	120	130
자본금	66	66	66	66	66	80
총자본	878	752	719	356	254	270
지배주주지분	879	754	722	360	275	293

기업가치 지표

항목	2011	2012	2013	2014	2015	2016
주가(최고/저)(천원)	2.6/1.6	2.8/1.7	2.7/1.7	2.1/1.2	2.3/1.4	6.0/1.5
PER(최고/저)(배)	18.8/11.4	—/—	—/—	—/—	—/—	—/—
PBR(최고/저)(배)	0.4/0.2	0.5/0.3	0.5/0.3	0.7/0.4	1.0/0.6	2.9/0.7
EV/EBITDA(배)	5.1	—	—	—	—	—
EPS(원)	137	-1,024	-222	-2,908	-729	-401
BPS(원)	6,933	5,994	5,749	3,014	2,375	2,078
CFPS(원)	228	-955	-155	-2,846	-680	-370
DPS(원)						
EBITDAPS(원)	295	-434	-233	-2,009	-547	-314

재무 비율 　　　　　　　　　　　　　<단위 : % >

연도	영업이익률	순이익률	부채비율	차입금비율	ROA	ROE	유보율	자기자본비율	EBITDA마진율
2016	-26.6	-31.2	65.3	48.0	-13.4	-20.7	315.6	60.5	-24.2
2015	-36.4	-52.5	73.0	47.3	-23.6	-30.4	374.9	57.8	-33.4
2014	-176.5	-248.4	49.1	33.1	-52.7	-71.2	502.7	67.1	-171.2
2013	-12.8	-9.7	29.9	19.2	-3.1	-4.0	1,049.8	77.0	-9.9

톱텍 (A108230)
TOPTEC

업　　종 : 디스플레이 및 관련부품		시　　장 : KOSDAQ	
신용등급 : (Bond) — 　(CP) —		기업규모 : 우량	
홈페이지 : www.toptec.co.kr		연 락 처 : 054)472-1100	
본　　사 : 경북 구미시 산동면 산호대로 1105-65			

설 립 일 1996.06.20	종 업 원 수 379명	대 표 이 사	이재환
상 장 일 2009.09.15	감 사 의 견 적정 (경신)	계　　열	
결 산 기 12월	보 통 주 3,608만주	종속회사수	
액 면 가 500원	우 선 주	구 상 호	

주주구성 (지분율,%)		출자관계 (지분율,%)		주요경쟁사 (외형,%)	
이재환	29.9	톱텍에이치앤에스 99.6		톱텍	100
방인복	9.1	티앤솔라 81.8		LG디스플레이	6,750
(외국인)	3.7	TOPTECVINACo.,Ltd 100.0		에스에프에이	336

매출구성		비용구성		수출비중	
FPD사업부문	80.9	매출원가율	86.7	수출	41.3
자동차사업부문	10.7	판관비율	2.6	내수	58.7
반도체사업부문	5.4				

회사 개요
동사는 1996년 설립된 디스플레이용 공장 자동화 업체임. 공장자동화 산업 전문기업으로 FA설비의 국산화 및 개발을 통해 디스플레이 제조 장비사업, 2차전지 제조 장비사업, 자동차부품 제조장비사업, 반도체 제조 장비사업, 신성장동력 사업군인 태양광 관련 사업, 나노섬유 양산 제조장비 사업, 레이저 관련사업부분, 종이상자류 자동접이기 사업부문, 2차전지용 나노분리막 사업부분을 보유함.

실적 분석
동사의 2016년 연결기준 결산 매출액은 3,926.6억원으로 전년 대비 70.3% 증가함. 매출의 큰폭 성장과 판관비의 감소(전년 대비 23.5% 감소)에 따라, 영업이익은 420.1억원으로 전년 대비 큰 폭(115.8%)으로 늘어남. 비영업손익 측면에서는 41억원 손실로 전년대비 적자를 지속했지만, 영업이익이 워낙 크게 늘면서 당기순이익은 258.7억원으로 전년 대비 104.5% 늘어남.

현금 흐름 <단위 : 억원>

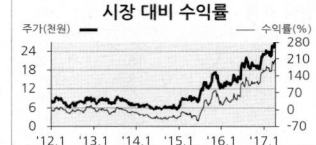
시장 대비 수익률

항목	2015	2016
영업활동	218	621
투자활동	-590	159
재무활동	-57	350
순현금흐름	-429	1,131
기말현금	154	1,285

결산 실적 　　　　　　　　　　　　　<단위 : 억원>

항목	2011	2012	2013	2014	2015	2016
매출액	2,009	1,483	2,271	1,647	2,306	3,927
영업이익	247	101	195	142	195	420
당기순이익	192	83	110	67	126	259

분기 실적 　　　　　　　　　　　　　<단위 : 억원>

항목	2015.3Q	2015.4Q	2016.1Q	2016.2Q	2016.3Q	2016.4Q
매출액	599	652	515	690	902	1,820
영업이익	37	64	34	125	46	215
당기순이익	36	19	24	77	24	134

재무 상태 　　　　　　　　　　　　　<단위 : 억원>

항목	2011	2012	2013	2014	2015	2016
총자산	1,338	1,636	2,265	2,102	2,091	4,707
유형자산	411	442	533	683	667	850
무형자산	27	24	22	18	12	10
유가증권	46	49	3	33	7	8
총부채	422	636	1,170	983	606	2,823
총차입금	94	209	565	486	201	461
자본금	78	79	81	81	89	182
총자본	916	1,000	1,095	1,118	1,485	1,885
지배주주지분	916	1,000	1,095	1,118	1,485	1,890

기업가치 지표

항목	2011	2012	2013	2014	2015	2016
주가(최고/저)(천원)	12.3/5.9	9.6/6.0	9.4/6.7	7.1/5.4	17.7/5.9	23.3/12.0
PER(최고/저)(배)	21.0/10.1	37.7/23.8	28.7/20.2	35.7/27.0	48.7/16.4	32.5/16.8
PBR(최고/저)(배)	4.4/2.1	3.1/2.0	2.9/2.0	2.1/1.6	4.1/1.4	4.4/2.3
EV/EBITDA(배)	9.4	21.2	9.0	10.6	18.3	16.1
EPS(원)	601	261	340	204	367	716
BPS(원)	5,888	6,367	6,718	6,976	8,675	5,240
CFPS(원)	1,313	629	792	581	934	809
DPS(원)	10	10	150	100	150	150
EBITDAPS(원)	1,662	742	1,297	1,025	1,325	1,255

재무 비율 　　　　　　　　　　　　　<단위 : % >

연도	영업이익률	순이익률	부채비율	차입금비율	ROA	ROE	유보율	자기자본비율	EBITDA마진율
2016	10.7	6.6	149.8	24.4	7.6	15.3	940.1	40.0	11.6
2015	8.5	5.5	40.8	13.5	6.0	9.7	1,635.0	71.0	10.7
2014	8.6	4.1	87.9	43.5	3.1	6.1	1,343.8	53.2	10.5
2013	8.6	4.8	106.8	51.6	5.6	10.6	1,290.4	48.4	9.5

투비소프트 (A079970)
TOBESOFT

업　　종 : 일반 소프트웨어	시　　장 : KOSDAQ
신용 등급 : (Bond) ― 　(CP) ―	기업규모 : 벤처
홈 페 이 지 : www.tobesoft.com	연 락 처 : 02)2140-7700
본　　사 : 서울시 강남구 봉은사로 617 2~5층(삼성동, 인탑스빌딩)	

설 립 일	2000.07.10	종 업 원 수	267명	대 표 이 사	이홍구,조상원
상 장 일	2010.06.01	감 사 의 견	적정 (한영)	계	열
결 산 기	12월	보 통 주	1,393만주	종속회사수	
액 면 가	500원	우 선 주		구 상 호	

주주구성 (지분율,%)		출자관계 (지분율,%)		주요경쟁사 (외형,%)	
피스티스파트너스	11.7	에스프에이치	49.7	투비소프트	100
엘피스 제2호 투자조합	4.8	디시지	48.6	MDS테크	384
		엔비레즈	41.0	이니텍	591

매출구성		비용구성		수출비중	
기업용 소프트웨어 개발 및 공급(단일 사업)	100.0	매출원가율	52.6	수출	―
		판관비율	40.9	내수	―

회사 개요
개발자용 소프트웨어 판매 및 관련 컨설팅을 주요사업으로 영위하고 있음. 기업에서 사용하는 대고객 서비스 화면이나 인사, 회계, 재무, 물류시스템 등의 UI를 개발하기 위한 개발용 소프트웨어인 마이플랫폼(MiPlatform), 엑스플랫폼(XPLATFORM)이 주력 제품이며, 시장점유율은 2008년 기준 51%로 추산됨. 주요 경쟁업체로는 쉬트프정보통신, 컴스케어 등이 있음.

실적 분석
넥사크로 UI/UX 플랫폼 계약에 따른 매출액 증대로 동사의 2016년 누적 연결기준 매출액은 전년동기 대비 22.7% 증가한 391.8억원을 시현함. 매출확대와 함께 원가율도 크게 증가했지만, 판관비가 큰 폭으로 개선되면서 영업이익은 25.6억원을 시현, 전년 대비 두 배 이상 성장한 모습. 무형자산 손상차손이 비영업수지에 반영되면서, 당기순이익은 4.9억원의 손실을 기록하며 적자전환함.

현금 흐름 〈단위 : 억원〉
항목	2015	2016
영업활동	16	4
투자활동	-18	-389
재무활동	3	418
순현금흐름	1	34
기말현금	49	83

시장 대비 수익률
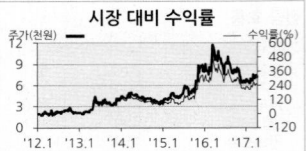

결산 실적 〈단위 : 억원〉
항목	2011	2012	2013	2014	2015	2016
매출액	228	288	291	315	319	392
영업이익	21	31	35	23	11	26
당기순이익	24	31	30	24	18	-5

분기 실적 〈단위 : 억원〉
항목	2015.3Q	2015.4Q	2016.1Q	2016.2Q	2016.3Q	2016.4Q
매출액	85	79	90	110	105	107
영업이익	7	-1	-10	6	-6	35
당기순이익	9	-1	-10	2	-10	12

재무 상태 〈단위 : 억원〉
항목	2011	2012	2013	2014	2015	2016
총자산	218	247	334	329	359	787
유형자산	6	7	7	7	7	9
무형자산	35	34	31	89	100	112
유가증권	1	9	38	15	9	47
총부채	52	50	103	60	65	371
총차입금	12		45			300
자본금	18	18	35	38	40	69
총자본	166	197	232	269	294	416
지배주주지분	166	197	232	269	294	416

기업가치 지표
항목	2011	2012	2013	2014	2015	2016
주가(최고/저)(천원)	2.5/1.0	2.9/1.7	4.4/1.9	5.0/3.4	10.1/3.6	11.7/6.1
PER(최고/저)(배)	9.9/3.9	8.9/5.4	13.9/5.9	21.3/14.8	56.3/19.8	―/―
PBR(최고/저)(배)	1.4/0.6	1.4/0.9	1.8/0.8	1.9/1.3	3.6/1.3	3.6/1.9
EV/EBITDA(배)	4.8	3.8	6.0	8.1	30.1	25.6
EPS(원)	255	335	324	236	180	-36
BPS(원)	4,742	5,635	3,306	3,528	3,666	3,278
CFPS(원)	1,012	1,277	645	564	423	70
DPS(원)			70	45		30
EBITDAPS(원)	928	1,261	718	550	326	295

재무 비율 〈단위 : % 〉
연도	영업이익률	순이익률	부채비율	차입금비율	ROA	ROE	유보율	자기자본비율	EBITDA마진율
2016	6.5	-1.2	89.2	72.1	-0.9	-1.4	555.7	52.9	10.2
2015	3.4	5.8	22.1	0.0	5.4	6.6	633.3	81.9	8.0
2014	7.3	7.6	22.4	0.0	7.2	9.6	605.6	81.7	13.3
2013	12.2	10.4	44.3	19.6	10.5	14.2	561.3	69.3	17.3

투윈글로벌 (A066410)
TO-WIN Global

업　　종 : 미디어	시　　장 : KOSDAQ
신용 등급 : (Bond) ― 　(CP) ―	기업규모 : 중견
홈 페 이 지 : www.towin-global.com	연 락 처 : 02)3452-5079
본　　사 : 서울시 강남구 논현로75길 10 (역삼동, 영창빌딩 5층)	

설 립 일	1999.02.05	종 업 원 수	48명	대 표 이 사	양범준
상 장 일	2003.12.19	감 사 의 견	적정 (대주)	계	열
결 산 기	12월	보 통 주	6,167만주	종속회사수	
액 면 가	500원	우 선 주		구 상 호	캔들미디어

주주구성 (지분율,%)		출자관계 (지분율,%)		주요경쟁사 (외형,%)	
TO-WIN INVESTMENT HOLDING LIMITED	35.0			투윈글로벌	100
투윈인베스트먼트홀딩스	10.1			한국경제TV	419
(외국인)	0.5			iMBC	374

매출구성		비용구성		수출비중	
컨텐츠매출(부가판권)	39.1	매출원가율	74.7	수출	0.3
용역수입(문자서비스)	29.6	판관비율	50.3	내수	99.7
온라인매출(부가판권)	13.2				

회사 개요
동사는 IPTV, 케이블방송, 스마트TV, 아이패드 등 스마트디바이스 기반을 중심으로 영화, 영상, 교육 등의 컨텐츠를 제공하는 업체로, 온라인 콘텐츠 유통의 필수 기술인 필터링 기술을 자체 보유하고 있음. 2010년 모바일콘텐츠회사인 스카이온을 흡수합병하여 대량문자 방송 및 벨소리 다운로드 등 모바일 서비스업을 영위. 2014년 4월 세종메가박스와 경주 롯데시나마를 통해 영화상영업 사업에 진출. 2017년 3월 사명을 투윈글로벌로 변경함.

실적 분석
동사는 2016년에 수출과 내수판매 모두 축소되면서 전기 대비 31.1% 감소한 179.6억원의 매출을 시현함. 매출 감소에 따라 매출총이익이 전기보다 줄어들고, 판관비가 크게 늘며 영업손실이 크게 발생함. 당기 누적 44.9억원의 적자를 시현하며 전기 10.1억원 흑자 대비 적자전환함. 비영업손익 면에서는 무형자산 손상차손 등 51.2억원 규모의 손실이 발생함. 당기순손실은 96.8억원을 시현하며, 전기 9.6억원 이익 대비 크게 적자전환함.

현금 흐름 *IFRS 별도 기준 〈단위 : 억원〉
항목	2015	2016
영업활동	15	12
투자활동	-11	-30
재무활동		
순현금흐름	4	-18
기말현금	34	16

시장 대비 수익률
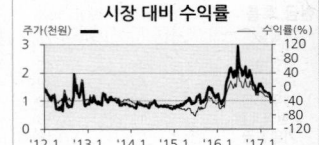

결산 실적 〈단위 : 억원〉
항목	2011	2012	2013	2014	2015	2016
매출액	275	141	158	217	261	180
영업이익	7	-63	6	11	10	-45
당기순이익	-62	-77	-38	12	10	-97

분기 실적 *IFRS 별도 기준 〈단위 : 억원〉
항목	2015.3Q	2015.4Q	2016.1Q	2016.2Q	2016.3Q	2016.4Q
매출액	60	55	58	41	39	42
영업이익	4	-4	-4	-40	4	-2
당기순이익	4	-2	-4	-39	0	-54

재무 상태 *IFRS 별도 기준 〈단위 : 억원〉
항목	2011	2012	2013	2014	2015	2016
총자산	259	297	247	334	332	238
유형자산	19	7	8	46	41	35
무형자산	154	157	134	130	130	99
유가증권	22	8		19	16	37
총부채	61	46	35	36	25	30
총차입금	21					
자본금	191	264	264	308	308	308
총자본	198	251	213	298	307	208
지배주주지분	198	251	213	298	307	208

기업가치 지표 *IFRS 별도 기준
항목	2011	2012	2013	2014	2015	2016
주가(최고/저)(천원)	2.0/0.8	2.4/0.6	1.3/0.8	1.0/0.7	1.7/0.7	3.2/0.9
PER(최고/저)(배)	―/―	―/―	―/―	49.9/34.8	105.6/46.5	―/―
PBR(최고/저)(배)	3.7/1.5	5.0/1.4	3.3/2.0	2.1/1.5	3.3/1.5	9.5/2.6
EV/EBITDA(배)	47.5		24.8	18.8	33.5	
EPS(원)	-164	-172	-72	21	16	-157
BPS(원)	552	474	402	483	498	337
CFPS(원)	-152	-162	-55	39	32	-144
DPS(원)						
EBITDAPS(원)	31	-132	28	38	33	-60

재무 비율 〈단위 : % 〉
연도	영업이익률	순이익률	부채비율	차입금비율	ROA	ROE	유보율	자기자본비율	EBITDA마진율
2016	-25.0	-53.9	일부잠식	0.0	-34.0	-37.6	-32.7	87.4	-20.7
2015	3.9	3.7	일부잠식	0.0	2.9	3.2	-0.5	92.4	7.9
2014	5.2	5.6	일부잠식	0.0	4.2	4.8	-3.4	89.3	10.3
2013	3.8	-24.2	일부잠식	0.0	-14.1	-16.5	-19.6	86.0	9.5

툴젠 (A199800)
ToolGen

업 종 : 바이오		시 장 : KONEX
신용등급 : (Bond) — (CP) —		기업규모 : —
홈 페 이 지 : www.toolgen.com		연 락 처 : 02)873-8168
본 사 : 서울시 금천구 가산디지털1로 219(가산동) 벽산디지털밸리 6차 1204~1206호		

설 립 일 1999.10.08	종 업 원 수 22명	대 표 이 사 김종문
상 장 일 2014.06.25	감사의견 적정 (한미)	계 열
결 산 기 12월	보 통 주 581만주	종속회사수
액 면 가 500원	우 선 주	구 상 호

주주구성 (지분율,%)
김진수	21.4
미래창조LB선도기업투자펀드20호	14.0

출자관계 (지분율,%)

주요경쟁사 (외형,%)
툴젠	100
팬젠	95
랩지노믹스	1,562

매출구성
RGEN 서비스	43.4
RGEN 제품	19.2
기타	14.0

비용구성
매출원가율	42.7
판관비율	234.6

수출비중
수출	40.9
내수	59.1

회사 개요
동사는 1999년에 설립된 유전체교정기술 전문기업으로 유전체교정의 핵심도구인 유전자가위를 이용해 유전체를 교정한 배양 세포 및 실험동물을 생산, 판매하는 사업을 영위하고 있음. 2014년 7월 코넥스 시장에 상장됨. 동사는 일본의 유전자치료 전문기업인 GTRI와 유전병 치료제 개발을 위한 기술협력협약을 맺음. 동사는 미국, 일본, 대만, 독일, 싱가포르 등에 유전자가위, 유전자교정제품 등을 수출하며 수출 비중이 전체의 34%를 차지함.

실적 분석
동사의 2016년 누적 매출액은 15.4억원으로 전년 대비 27.2% 감소함. 판관비가 36.1억원으로 전년보다 137.5% 크게 늘면서 영업손실 27.3억원을 기록해 적자폭이 확대됨. 유전체 정보분석 시장은 국내시장 규모가 해외시장의 2.2%에 불과해 해외시장 공략에 집중하고 있음. 동사가 경쟁력을 갖고 있는 3세대 유전자가위기술은 사업화 초기 단계로 아직 연구용 시장을 중심으로 형성돼 있으나, 향후 산업 및 치료용으로 수요가 증가할 전망임.

현금 흐름 *IFRS 별도 기준
〈단위 : 억원〉
항목	2015	2016
영업활동	-3	-34
투자활동	-45	-64
재무활동	48	100
순현금흐름	0	3
기말현금	7	10

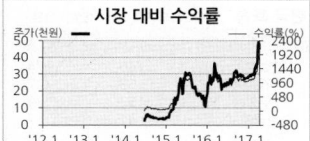
시장 대비 수익률

결산 실적
〈단위 : 억원〉
항목	2011	2012	2013	2014	2015	2016
매출액	—	6	11	15	21	15
영업이익	—	1	1	2	-2	-27
당기순이익	—	1	1	1	-51	-30

분기 실적 *IFRS 별도 기준
〈단위 : 억원〉
항목	2015.3Q	2015.4Q	2016.1Q	2016.2Q	2016.3Q	2016.4Q
매출액						
영업이익						
당기순이익						

재무 상태 *IFRS 별도 기준
〈단위 : 억원〉
항목	2011	2012	2013	2014	2015	2016
총자산	—	27	30	64	111	183
유형자산	—	6	6	6	17	18
무형자산	—	6	9	8	7	2
유가증권	—					
총부채	—	4	6	26	16	14
총차입금	—			20	8	8
자본금	—	23	23	24	27	29
총자본	—	23	24	38	96	169
지배주주지분	—	23	24	38	96	169

기업가치 지표 *IFRS 별도 기준
항목	2011	2012	2013	2014	2015	2016
주가(최고/저)(천원)	—/—	—/—	—/—	6.5/2.4	31.5/3.9	37.0/16.7
PER(최고/저)(배)	0.0/0.0	0.0/0.0	0.0/0.0	203.4/75.1	—/—	—/—
PBR(최고/저)(배)	0.0/0.0	0.0/0.0	0.0/0.0	8.4/3.1	17.8/2.2	12.7/5.8
EV/EBITDA(배)		0.0		54.0		
EPS(원)		22	19	32	-964	-548
BPS(원)		506	526	774	1,767	2,906
CFPS(원)		42	42	65	-931	-517
DPS(원)						
EBITDAPS(원)		34	36	67	-8	-466

재무 비율
〈단위 : % 〉
연도	영업이익률	순이익률	부채비율	차입금비율	ROA	ROE	유보율	자기자본비율	EBITDA마진율
2016	-177.4	-195.9	8.3	4.7	-20.5	-22.8	481.2	92.4	-166.3
2015	-10.2	-243.2	16.3	8.4	-58.8	-77.2	253.4	86.0	-1.9
2014	10.4	9.8	70.1	53.8	—	—	54.7	58.8	20.5
2013	5.2	8.0	23.5	3.0	3.7	3.7	5.1	80.9	15.1

트레이스 (A052290)
Trais

업 종 : 휴대폰 및 관련부품		시 장 : KOSDAQ
신용등급 : (Bond) B- (CP) —		기업규모 : 벤처
홈 페 이 지 : www.trais.co.kr		연 락 처 : 031)499-8960
본 사 : 경기도 안산시 단원구 별망로25번길 24		

설 립 일 1995.01.19	종 업 원 수 24명	대 표 이 사 이광구
상 장 일 2001.05.31	감사의견 적정 (대현)	계 열
결 산 기 12월	보 통 주 4,559만주	종속회사수
액 면 가 500원	우 선 주	구 상 호

주주구성 (지분율,%)
김홍채	3.5
이광구	2.3
(외국인)	0.2

출자관계 (지분율,%)
시우엘케이	100.0
제이아이리더스	100.0

주요경쟁사 (외형,%)
트레이스	100
에스맥	950
젬백스테크놀러지	550

매출구성
터치스크린모듈	51.8
후레쉬 광모듈	26.1
컴퓨터 주변기기	22.1

비용구성
매출원가율	74.8
판관비율	31.8

수출비중
수출	81.9
내수	18.1

회사 개요
동사는 미들웨어 사업 및 IT모듈 사업, LED 조명체 사업 등을 영위 중임. 건교부, 행정자치부, 대법원 등의 프로젝트에서 동사의 미들웨어가 도입된 바 있음. 휴대폰 카메라용 광모듈과 터치스크린모듈 부문은 LG전자와 팬택이 주요 거래체임. 소프트웨어 및 하드웨어 개발업체 시우엘케이 등을 자회사로 두고 있음. 전체 매출의 절반 가량을 수출이 차지함. 최근 미국 산호세에 현지법인을 설립하여 글로벌 시장 공략을 가속화하고 있음.

실적 분석
2016년 누적 매출액은 146.8억원으로 전년 대비 58.4% 감소, 영업이익은 -9.6억원을 기록하였으나 전년대비 적자폭 축소함. 2016년 매출 감소, 적자를 시현하였으나 2017년 디지타이저, 화면 위 투명지문인식 패널 등 신규 사업의 매출 반영시에 수익성 개선도 가능할 전망. 트레이스는 미래 첨단기술을 주력 매출군으로 하는 전문기술 기업으로 변모를 추진할 계획임을 밝힘. 실적 개선은 신규 사업의 매출 확인이 중요.

현금 흐름
〈단위 : 억원〉
항목	2015	2016
영업활동	-75	-111
투자활동	-10	-24
재무활동	80	127
순현금흐름	-5	-9
기말현금	17	8

시장 대비 수익률

결산 실적
〈단위 : 억원〉
항목	2011	2012	2013	2014	2015	2016
매출액	213	307	549	315	353	147
영업이익	7	7	-48	-157	-87	-10
당기순이익	-25	-56	-126	-192	-137	-66

분기 실적
〈단위 : 억원〉
항목	2015.3Q	2015.4Q	2016.1Q	2016.2Q	2016.3Q	2016.4Q
매출액	59	55	70	44	11	22
영업이익	-24	-25	-6	23	-14	-19
당기순이익	-40	-39	-6	15	-23	-51

재무 상태
〈단위 : 억원〉
항목	2011	2012	2013	2014	2015	2016
총자산	604	790	766	770	670	653
유형자산	184	199	202	196	165	131
무형자산	61	160	143	118	115	78
유가증권	3	2	2	2	2	3
총부채	322	450	494	512	358	274
총차입금	283	347	433	383	254	243
자본금	80	96	103	143	189	223
총자본	282	340	272	259	313	379
지배주주지분	282	340	272	259	313	379

기업가치 지표
항목	2011	2012	2013	2014	2015	2016
주가(최고/저)(천원)	6.4/2.0	5.8/2.6	4.1/2.2	3.4/1.8	4.0/2.6	3.1/1.7
PER(최고/저)(배)	—/—	—/—	—/—	—/—	—/—	—/—
PBR(최고/저)(배)	3.6/1.1	3.3/1.5	3.1/1.6	3.7/2.0	4.9/3.1	3.6/2.1
EV/EBITDA(배)	68.1	33.6				42.7
EPS(원)	-201	-311	-644	-731	-382	-153
BPS(원)	1,774	1,778	1,323	909	826	853
CFPS(원)	-125	-192	-463	-587	-259	-70
DPS(원)						
EBITDAPS(원)	129	156	-65	-452	-120	60

재무 비율
〈단위 : % 〉
연도	영업이익률	순이익률	부채비율	차입금비율	ROA	ROE	유보율	자기자본비율	EBITDA마진율
2016	-6.5	-44.8	72.2	64.2	-9.9	-19.0	70.6	58.1	17.7
2015	-24.7	-38.7	114.4	81.2	-19.0	-47.8	65.2	46.7	-12.2
2014	-49.7	-60.8	197.8	148.1	-25.0	-72.3	81.8	33.6	-37.6
2013	-8.8	-23.0	181.3	159.1	-16.2	-41.2	164.6	35.6	-2.3

트루윈 (A105550)
Truwin

업　종 : 자동차부품	시　장 : KOSDAQ
신용등급 : (Bond) —　　(CP) —	기업규모 :
홈페이지 : www.truwin.co.kr	연락처 : 042)612-5000
본　사 : 대전시 유성구 엑스포로 385	

설 립 일	2006.05.12	종 업 원 수	180명	대 표 이 사	남용현
상 장 일	2014.07.11	감 사 의 견	거절(감사범위제한)(삼일)	계 열	
결 산 기	12월	보 통 주	966만주	종속회사수	
액 면 가	500원	우 선 주		구 상 호	

주주구성 (지분율,%)		출자관계 (지분율,%)		주요경쟁사 (외형,%)	
남용현	29.4	대덕벤처드림타운	30.0	트루윈	100
박희원	10.6	시리우스	28.0	삼보모터스	2,570
(외국인)	0.6	다모아텍	20.0	인지컨트롤스	1,878

매출구성		비용구성		수출비중	
기타	35.0	매출원가율	94.9	수출	8.1
IAPS	26.1	판관비율	22.2	내수	91.9
AVN	13.4				

회사 개요
동사는 2006년 자동차용 변위센서 생산을 목적으로 설립되었으며 2014년 코스닥시장에 상장됨. 센서 전문기업으로 인쇄전자기술, 전자기응용기술, 카메라 및 이미지센서 기술을 보유하고 있음. 자동차에 필수로 들어가는 엑셀, 브레이크, 엔진에 적용되는 센서를 개발, 제조함. 동사에서 제조한 자동차용 센서는 완성차업체에 공급되는 모듈의 핵심 부품으로 1차 협력사에 공급됨. 국내 자동차부품 회사 중 센서를 직접 생산하는 곳은 동사가 유일함.

실적 분석
동사의 2016년 기준 매출액은 전년대비 3.3% 성장한 332.3억원을 기록함. 외형 성장이 정체된 가운데 매출원가율은 95%에 육박하여 영업손실 56.7억원, 당기순손실 99.8억원의 대규모 적자를 시현함. 동사는 당기 중 운영자금조달을 위한 제3자배정유상증자를 실행함. 또한 매출비중의 절반 수준을 차지하나 수익성이 낮은 AVN 제품의 공급을 축소할 예정이어서 매출액 감소가 불가피한 전망임.

현금 흐름 *IFRS 별도 기준 〈단위 : 억원〉

항목	2015	2016
영업활동	-10	5
투자활동	-239	-154
재무활동	250	149
순현금흐름	1	0
기말현금	7	7

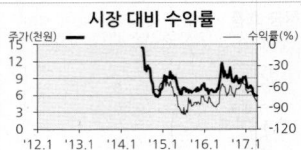
시장 대비 수익률

결산 실적 〈단위 : 억원〉

항목	2011	2012	2013	2014	2015	2016
매출액	193	224	510	362	322	332
영업이익	8	13	88	30	-31	-57
당기순이익	1	8	78	22	-38	-100

분기 실적 *IFRS 별도 기준 〈단위 : 억원〉

항목	2015.3Q	2015.4Q	2016.1Q	2016.2Q	2016.3Q	2016.4Q
매출액	63	87	89	77	106	60
영업이익	-14	-17	-7	-6	-2	-42
당기순이익	-17	-18	-8	-3	-3	-85

재무 상태 *IFRS 별도 기준 〈단위 : 억원〉

항목	2011	2012	2013	2014	2015	2016
총자산	229	301	442	531	749	871
유형자산	118	152	197	234	512	379
무형자산	21	30	26	24	18	5
유가증권	1	2	2	3	3	3
총부채	189	254	317	215	423	565
총차입금	173	233	273	190	394	459
자본금	26	26	26	37	41	48
총자본	40	47	125	316	326	306
지배주주지분	40	47	125	316	326	306

기업가치 지표 *IFRS 별도 기준

항목	2011	2012	2013	2014	2015	2016
주가(최고/저)(천원)	—/—	—/—	—/—	15.4/5.4	10.7/5.9	12.5/6.2
PER(최고/저)(배)	0.0/0.0	0.0/0.0	0.0/0.0	46.9/16.5	—/—	—/—
PBR(최고/저)(배)	0.0/0.0	0.0/0.0	0.0/0.0	3.6/1.3	2.7/1.5	3.7/1.8
EV/EBITDA(배)	5.4	5.2	1.7	9.5	80.3	—
EPS(원)	12	129	1,306	329	-500	-1,087
BPS(원)	667	796	2,102	4,249	3,954	3,372
CFPS(원)	361	584	2,213	734	72	-494
DPS(원)				25		
EBITDAPS(원)	493	682	2,390	846	161	-25

재무 비율 〈단위 : % 〉

연도	영업이익률	순이익률	부채비율	차입금비율	ROA	ROE	유보율	자기자본비율	EBITDA마진율
2016	-17.1	-30.0	184.6	149.9	-12.3	-31.6	574.5	35.1	-0.7
2015	-9.7	-11.8	129.8	121.0	-5.9	-11.8	690.8	43.5	3.8
2014	8.2	6.1	68.0	60.1	4.6	10.1	749.7	59.5	15.8
2013	17.3	15.2	253.4	218.9	20.9	90.1	389.9	28.3	27.8

특수건설 (A026150)
Tuksu Engineering & Construction

업　종 : 건설	시　장 : KOSDAQ
신용등급 : (Bond) —　　(CP) —	기업규모 : 중견
홈페이지 : www.tuksu.co.kr	연락처 : 02)590-6400
본　사 : 서울시 서초구 효령로 358 (서초동)	

설 립 일	1971.05.31	종 업 원 수	250명	대 표 이 사	김중현
상 장 일	1997.08.06	감 사 의 견	적정(진일)	계 열	
결 산 기	12월	보 통 주	999만주	종속회사수	
액 면 가	500원	우 선 주		구 상 호	

주주구성 (지분율,%)		출자관계 (지분율,%)		주요경쟁사 (외형,%)	
김중현	19.9			특수건설	100
김도현	12.7			삼일기업공사	20
(외국인)	1.0			신원종합개발	84

매출구성		비용구성		수출비중	
토 목(국내도급공사)	77.1	매출원가율	94.4	수출	—
토 목(해외도급공사)	15.8	판관비율	5.1	내수	—
제품	6.6				

회사 개요
동사는 철도 및 도로 지하횡단구조물 비개착 시공, 대구 교량기초시공, 쉴드터널 시공과 산업플랜트 제작 등을 주요사업으로 영위함. 건설부문에서는 서해대교, 광안대교, 싱가폴 고속도로 지하구간 및 지하철 등을 시공하였으며, 중공업부문에서는 자동차공장의 도장라인 제작과 포스코 등의 산업플랜트 제작 등을 통한 수익창출을 하고 있음. 베트남, 싱가폴 등 해외시장을 개척하여 글로벌 기업으로서의 성장 기반을 다져가고 있음.

실적 분석
동사의 토목공사 매출이 증가하면서 동사의 2016년 매출액은 전년보다 10.7% 증가한 1,381.2억원을 시현함. 판관비가 지난해 대비 수준을 유지하였음에도 매출원가가 전년 대비 17.4% 상승하여 같은 기간 영업이익이 90.2% 감소, 6.6억원을 시현하는 데 그쳤음. 이에 따라 비영업부문에서 적자폭이 축소되었음에도 당기순이익은 69.4억원을 기록, 적자폭이 확대되었음.

현금 흐름 *IFRS 별도 기준 〈단위 : 억원〉

항목	2015	2016
영업활동	140	-74
투자활동	53	27
재무활동	-152	39
순현금흐름	41	-7
기말현금	96	89

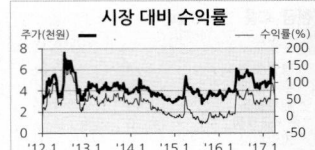
시장 대비 수익률

결산 실적 〈단위 : 억원〉

항목	2011	2012	2013	2014	2015	2016
매출액	1,138	1,451	1,673	1,535	1,248	1,381
영업이익	-37	5	-48	-130	67	7
당기순이익	-42	15	-39	14	-11	-69

분기 실적 *IFRS 별도 기준 〈단위 : 억원〉

항목	2015.3Q	2015.4Q	2016.1Q	2016.2Q	2016.3Q	2016.4Q
매출액	431	155	417	415	345	204
영업이익	6	53	5	-16	-14	31
당기순이익	5	-6	8	-20	-12	-45

재무 상태 *IFRS 별도 기준 〈단위 : 억원〉

항목	2011	2012	2013	2014	2015	2016
총자산	1,282	1,463	1,503	1,388	1,254	1,180
유형자산	321	333	300	272	244	118
무형자산	3	3	3	3	3	2
유가증권	56	56	58	58	63	66
총부채	499	675	773	647	537	540
총차입금	168	242	365	280	141	181
자본금	50	50	50	50	50	50
총자본	783	787	730	741	716	640
지배주주지분	783	787	730	741	716	640

기업가치 지표 *IFRS 별도 기준

항목	2011	2012	2013	2014	2015	2016
주가(최고/저)(천원)	6.9/2.3	7.6/2.8	5.3/3.7	5.2/2.8	5.7/2.8	6.5/3.1
PER(최고/저)(배)	—/—	51.1/18.8	—/—	36.0/19.5	—/—	—/—
PBR(최고/저)(배)	0.9/0.3	1.0/0.4	0.7/0.5	0.7/0.4	0.8/0.4	1.0/0.5
EV/EBITDA(배)	11.0	13.6		3.7		14.3
EPS(원)	-425	151	-389	144	-110	-694
BPS(원)	7,838	7,878	7,308	7,413	7,166	6,404
CFPS(원)	286	547	-7	494	256	-377
DPS(원)	100	50				
EBITDAPS(원)	338	449	-99	-955	1,036	383

재무 비율 〈단위 : % 〉

연도	영업이익률	순이익률	부채비율	차입금비율	ROA	ROE	유보율	자기자본비율	EBITDA마진율
2016	0.5	-5.0	84.3	28.2	-5.7	-10.2	1,180.7	54.3	2.8
2015	5.4	-0.9	75.0	19.7	-0.8	-1.5	1,333.2	57.1	8.3
2014	-8.5	0.9	87.4	37.9	1.0	2.0	1,382.6	53.4	-6.2
2013	-2.9	-2.3	105.8	49.9	-2.6	-5.1	1,361.7	48.6	-0.6

티비씨 (A033830)
Taegu Broadcasting

업 종 : 미디어		시 장 : KOSDAQ	
신용등급 : (Bond) — (CP) —		기업규모 : 중견	
홈 페 이 지 : www.tbc.co.kr		연 락 처 : (053)760-1900	
본 사 : 대구시 수성구 동대구로 23			

설 립 일 1994.10.07	종 업 원 수 131명	대 표 이 사 김정길	
상 장 일 2010.11.29	감 사 의 견 적정 (경신)	계 열	
결 산 기 12월	보 통 주 1,000만주	종 속 회 사 수	
액 면 가 5,000원	우 선 주	구 상 호 대구방송	

주주구성 (지분율,%)		출자관계 (지분율,%)		주요경쟁사 (외형,%)	
나노켐	13.1	티비시엔비	100.0	티비씨	100
귀뚜라미	12.3	아이앤티컴	50.0	오리콤	417
		한국민영방송연합	11.1	이매진아시아	83

매출구성		비용구성		수출비중	
방송광고수익(TV,FM 광고 수익)	50.8	매출원가율	74.3	수출	0.0
사업, 기타수익(사업행사, 프로그램 판매등)	35.1	판관비율	21.0	내수	100.0
기타방송수익(프로그램 판매,DMB)	7.1				

회사 개요
동사는 대구광역시의 민영방송사로 SBS와 제휴, 네트워크 프로그램으로 약 70%를 편성하고, 자체적으로 30%를 편성 방송하고 있음. 동사의 주요매출은 TV/라디오 광고 수익으로 전체 수익의 약 50%를 차지하고 있음. 광고 수익에 대한 의존도를 낮추기 위해 문화공연 사업을 확대하고 있어 이를 통해 수익구조 안정화 모색 중. 2015년 말 광고비 기준 1.09%의 시장점유율을 나타내고 있음.

실적 분석
동사의 2016년 결산 영업수익은 388.3억원을 기록하며 전년동기 대비 5.6% 증가하였음. 매출원가율 상승 여파로 전년동기 대비 8.7% 감소한 18.3억원의 영업이익 시현하는데 그침. 당기순이익 또한 전년동기 대비 큰 폭으로 감소한 26.5억원 시현함. 타 지역 민방에 비해 문화공연 수익사업에 강점을 발휘하여 약 10년간의 문화사업 경험을 바탕으로 대형 공연사업을 성공적으로 수행하여 수익구조의 다변화를 꾀하고 있음.

현금 흐름 〈단위 : 억원〉

항목	2015	2016
영업활동	39	22
투자활동	-20	11
재무활동	-16	-16
순현금흐름	4	17
기말현금	7	24

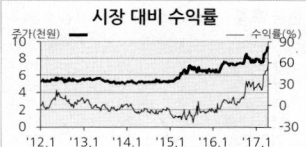

결산 실적 〈단위 : 억원〉

항목	2011	2012	2013	2014	2015	2016
매출액	376	363	335	352	411	388
영업이익	40	26	20	21	21	18
당기순이익	49	43	36	33	36	27

분기 실적 〈단위 : 억원〉

항목	2015.3Q	2015.4Q	2016.1Q	2016.2Q	2016.3Q	2016.4Q
매출액	80	175	73	93	75	148
영업이익	-2	20	-4	5	-7	24
당기순이익	2	25	-1	6	-2	23

재무 상태 〈단위 : 억원〉

항목	2011	2012	2013	2014	2015	2016
총자산	996	998	1,020	1,042	1,082	1,105
유형자산	243	220	231	217	202	214
무형자산	27	9	9	8	4	3
유가증권	537	594	630	684	623	607
총부채	80	53	45	50	75	86
총차입금	33	15	14	16	20	45
자본금	500	500	500	500	500	500
총자본	916	945	975	992	1,007	1,019
지배주주지분	916	945	975	992	1,007	1,019

기업가치 지표

항목	2011	2012	2013	2014	2015	2016
주가(최고/저)(천원)	6.4/4.7	6.1/5.0	5.7/4.9	5.5/5.0	7.2/5.2	8.5/6.2
PER(최고/저)(배)	15.0/11.0	15.9/13.1	17.4/14.9	17.6/16.0	20.6/14.9	32.6/23.8
PBR(최고/저)(배)	0.8/0.6	0.7/0.6	0.6/0.5	0.6/0.5	0.7/0.5	0.8/0.6
EV/EBITDA(배)	1.4	0.6			1.8	5.8
EPS(원)	49	43	36	33	36	27
BPS(원)	9,369	9,656	9,958	10,132	10,377	10,571
CFPS(원)	701	848	602	611	637	451
DPS(원)	150	60	200	150	150	100
EBITDAPS(원)	610	677	438	488	474	368

재무 비율 〈단위 : % 〉

연도	영업이익률	순이익률	부채비율	차입금비율	ROA	ROE	유보율	자기자본비율	EBITDA마진율
2016	4.7	6.8	8.4	4.4	2.4	2.6	111.4	92.2	9.5
2015	4.9	8.8	7.4	2.0	3.4	3.6	107.5	93.1	11.5
2014	5.9	9.4	5.1	1.7	3.2	3.4	102.6	95.2	13.9
2013	5.9	10.8	4.6	1.4	3.6	3.8	99.2	95.6	13.1

티비에이치글로벌 (A084870)
TBH GLOBAL COLTD

업 종 : 섬유 및 의복		시 장 : 거래소	
신용등급 : (Bond) — (CP) —		기업규모 : 시가총액 소형주	
홈 페 이 지 : www.tbhglobal.co.kr		연 락 처 : (02)2058-3800	
본 사 : 서울시 강남구 봉은사로 456 베이직하우스빌딩			

설 립 일 2001.01.01	종 업 원 수 374명	대 표 이 사 우종완	
상 장 일 2005.12.19	감 사 의 견 적정 (삼정)	계 열	
결 산 기 12월	보 통 주 2,086만주	종 속 회 사 수	
액 면 가 500원	우 선 주	구 상 호	

주주구성 (지분율,%)		출자관계 (지분율,%)		주요경쟁사 (외형,%)	
우종완	19.6	이제	15.4	TBH글로벌	100
우한곤	12.4	TBHHONGKONGLIMITED	86.0	F&F	61
(외국인)	4.4			태평양물산	120

매출구성		비용구성		수출비중	
[패션사업]캐주얼 및 남성복	99.9	매출원가율	33.6	수출	—
[기타사업]기타매출	1.0	판관비율	64.6	내수	—
[임대사업]임대료 수익	0.1				

회사 개요
동사는 한국과 중국에서 패션사업을 영위하고 있음. 패션제품의 디자인과 유통망 전개는 대부분 자체적으로 수행하고 있으나, 모든 생산은 아웃소싱으로 이루어지고 있음. 2016년 말 기준 한국에서는 7개의 자체브랜드를 두점, 백화점, 쇼핑몰 및 상설 할인점등에서 판매하고 있으며, 변화하는 패션시장에 대응하기 위하여 수익성이 낮은 라이선스 브랜드 다반과 자체브랜드인 겸비의 철수 완료와 함께 신규 브랜드인 마크브릭과 스펠로를 론칭하였음.

실적 분석
동사의 2016년 매출액은 7,222.5억원으로 전년 대비 9.5% 증가함. 영업이익은 124억원으로 흑자전환에 성공함. 당기순이익은 2.7억원으로 흑자전환함. 동사의 물류센터는 PAS시스템이라는 자동화된 최신식 배동시스템이 가동됨. 동사는 국내 사업 비용 절감을 위해 물류센터를 통합할 예정임. 덕계 물류센터로 단일화한 뒤 언양물류센터는 매각을 진행할 계획임.

현금 흐름 〈단위 : 억원〉

항목	2015	2016
영업활동	-202	280
투자활동	-462	-50
재무활동	623	-109
순현금흐름	-19	116
기말현금	322	438

결산 실적 〈단위 : 억원〉

항목	2011	2012	2013	2014	2015	2016
매출액	4,716	5,211	5,552	5,498	6,597	7,222
영업이익	313	280	524	280	-53	124
당기순이익	187	164	403	242	-98	3

분기 실적 〈단위 : 억원〉

항목	2015.3Q	2015.4Q	2016.1Q	2016.2Q	2016.3Q	2016.4Q
매출액	1,258	2,510	1,975	1,379	1,275	2,593
영업이익	-140	119	114	-56	-101	168
당기순이익	-124	84	72	-47	-70	48

재무 상태 〈단위 : 억원〉

항목	2011	2012	2013	2014	2015	2016
총자산	4,371	4,296	4,457	5,238	5,873	5,609
유형자산	1,225	1,096	1,039	1,225	1,258	1,175
무형자산	19	21	21	42	38	38
유가증권	4	2	6	11	19	3
총부채	2,433	2,300	2,083	2,520	3,233	3,120
총차입금	1,460	773	497	350	686	580
자본금	104	104	104	104	104	104
총자본	1,938	1,995	2,374	2,718	2,640	2,489
지배주주지분	1,887	1,851	2,192	2,496	2,239	2,074

기업가치 지표

항목	2011	2012	2013	2014	2015	2016
주가(최고/저)(천원)	27.2/12.0	21.9/10.6	23.6/13.7	28.1/13.2	23.3/8.8	12.9/7.5
PER(최고/저)(배)	32.2/14.2	31.7/15.3	13.4/7.8	28.4/13.3	—/—	—/—
PBR(최고/저)(배)	3.0/1.3	2.5/1.2	2.2/1.3	2.4/1.1	2.2/0.8	1.3/0.8
EV/EBITDA(배)	9.0	6.2	6.4	5.8	8.1	4.3
EPS(원)	847	693	1,759	990	-606	-139
BPS(원)	9,046	8,876	10,511	11,967	10,737	9,942
CFPS(원)	1,934	2,091	2,994	2,162	1,280	1,888
DPS(원)			50			
EBITDAPS(원)	2,586	2,741	3,745	2,515	1,632	2,621

재무 비율 〈단위 : % 〉

연도	영업이익률	순이익률	부채비율	차입금비율	ROA	ROE	유보율	자기자본비율	EBITDA마진율
2016	1.7	0.0	125.3	23.3	0.1	-1.4	1,888.5	44.4	7.6
2015	-0.8	-1.5	122.5	26.0	-1.8	-5.3	2,047.5	45.0	5.2
2014	5.1	4.4	92.7	12.9	5.0	9.5	2,293.4	51.9	9.5
2013	9.4	7.3	87.7	20.9	9.0	18.2	2,002.2	53.3	14.1

티씨씨동양 (A002710)
TCC Steel

업 종: 금속 및 광물		시 장: 거래소	
신용등급: (Bond) — (CP) —		기업규모: 시가총액 소형주	
홈페이지: www.tccsteel.com		연 락 처: (054)285-3311	
본 사: 경북 포항시 남구 괴동로 100 (장흥동)			

설 립 일	1959.07.16	종 업 원 수	277명	대 표 이 사	손봉락
상 장 일	1984.12.21	감 사 의 견	적정 (한영)	계 열	
결 산 기	12월	보 통 주	2,234만주	종속회사수	
액 면 가	1,000원	우 선 주		구 상 호	

주주구성 (지분율,%)
손봉락	18.9
티씨씨통상	13.0
(외국인)	1.2

출자관계 (지분율,%)
TCC강판	100.0
TCC한진	100.0
TCC개발	100.0

주요경쟁사 (외형,%)
TCC동양	100
대양금속	33
SIMPAC Metal	31

매출구성
전기주석도금강판 등	99.6
수입임대료	0.8
임가공및설비수출등	0.4

비용구성
매출원가율	90.7
판관비율	5.9

수출비중
수출	57.1
내수	42.9

회사 개요
동사는 전기주석도금강판 등 표면처리강판의 제조와 판매업 등을 영위할 목적으로 1959년 7월 16일에 설립되었음. 또한 회사의 주식은 1984년 12월 21일 유가증권시장에 상장되었음. 연결기업은 전략적 영업단위가 4개의 보고부문(표면처리강판, 부동산임대, 관이음쇠, 기타)을 가지고 있으며, 전략적 영업단위들은 서로 다른 생산품과 용역을 제공하며 각 영업 단위별로 요구되는 기술과 마케팅 전략이 다르므로 분리되어 운영되고 있음.

실적 분석
동사의 2016년 연결 기준 매출과 영업이익은 4,445억원, 154억원으로 전년 대비 각각 10.4%, 3.6% 감소함. 당기순이익은 전기 대비 1,272억원 증가로 흑자전환함. 주요 원인은 원재료 하락에 따른 판매가격 하락으로 매출액이 감소하였고 경영정상화계획의 이행약정에 의거 사옥매각 등 자구계획에 따른 처분이익으로 당기순이익 흑자전환폭을 확대한 것으로 판단됨.

현금 흐름 〈단위 : 억원〉
항목	2015	2016
영업활동	300	-353
투자활동	220	880
재무활동	-477	-543
순현금흐름	46	-15
기말현금	104	89

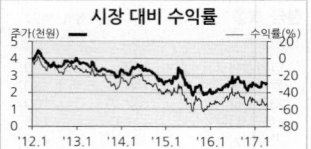
시장 대비 수익률

결산 실적 〈단위 : 억원〉
항목	2011	2012	2013	2014	2015	2016
매출액	5,144	5,013	5,008	4,855	4,961	4,445
영업이익	117	59	-77	109	159	154
당기순이익	46	1	-200	-158	-1,102	169

분기 실적 〈단위 : 억원〉
항목	2015.3Q	2015.4Q	2016.1Q	2016.2Q	2016.3Q	2016.4Q
매출액	1,257	1,130	1,175	1,208	1,044	1,017
영업이익	53	5	30	43	15	65
당기순이익	-83	-130	51	27	3	88

재무 상태 〈단위 : 억원〉
항목	2011	2012	2013	2014	2015	2016
총자산	4,543	5,470	5,437	5,510	3,764	2,829
유형자산	844	1,438	1,566	1,516	719	647
무형자산	44	43	67	65	57	59
유가증권	382	353	367	344	268	355
총부채	2,289	3,210	3,380	3,620	2,904	1,796
총차입금	1,444	2,276	2,554	2,807	1,683	1,172
자본금	160	170	180	190	223	223
총자본	2,254	2,260	2,057	1,890	860	1,033
지배주주지분	2,254	2,248	2,042	1,879	856	1,030

기업가치 지표
항목	2011	2012	2013	2014	2015	2016
주가(최고/저)(천원)	5.9/3.2	4.6/3.4	4.0/2.9	3.6/2.5	3.5/1.8	3.0/1.9
PER(최고/저)(배)	28.5/15.1	611.1/451.2	—/—	—/—	—/—	3.9/2.5
PBR(최고/저)(배)	0.6/0.3	0.4/0.3	0.4/0.3	0.4/0.3	0.9/0.4	0.6/0.4
EV/EBITDA(배)	11.5	18.4	60.5	13.0	7.7	7.5
EPS(원)	228	8	-949	-756	-5,364	760
BPS(원)	14,436	13,543	11,647	10,177	4,077	4,853
CFPS(원)	700	550	-351	-78	-4,844	1,045
DPS(원)	218	184	110	107	—	—
EBITDAPS(원)	1,148	890	273	1,289	1,300	973

재무 비율 〈단위 : % 〉
연도	영업이익률	순이익률	부채비율	차입금비율	ROA	ROE	유보율	자기자본비율	EBITDA마진율
2016	3.5	3.8	173.8	113.4	5.1	18.0	385.3	36.5	4.9
2015	3.2	-22.2	337.6	195.7	-23.8	-80.1	307.7	22.9	5.4
2014	2.2	-3.3	191.5	148.5	-2.9	-7.7	917.7	34.3	5.0
2013	-1.6	-4.0	164.3	124.2	-3.7	-8.9	1,064.7	37.8	1.0

티씨케이 (A064760)
Tokai Carbon Korea

업 종: 반도체 및 관련장비		시 장: KOSDAQ	
신용등급: (Bond) — (CP) —		기업규모: 벤처	
홈페이지: www.tck.co.kr		연 락 처: (031)677-0277	
본 사: 경기도 안성시 미양면 개정산업단지로 71			

설 립 일	1996.08.07	종 업 원 수	236명	대 표 이 사	쯔지마사후미,박영순
상 장 일	2003.08.18	감 사 의 견	적정 (삼일)	계 열	
결 산 기	12월	보 통 주	1,168만주	종속회사수	
액 면 가	500원	우 선 주		구 상 호	

주주구성 (지분율,%)
도카이카본주식회사	35.4
케이씨텍	28.3
(외국인)	36.6

출자관계 (지분율,%)
| | |

주요경쟁사 (외형,%)
티씨케이	100
지스마트글로벌	101
케이씨텍	545

매출구성
반도체 공정 부품	63.7
LED 및 반도체 장비용 부품외	13.8
반도체용 고순도 흑연제품	12.7

비용구성
매출원가율	57.0
판관비율	12.3

수출비중
수출	39.8
내수	60.2

회사 개요
동사는 고순도 흑연제품의 제조, 수입 및 판매를 목적으로 1996년에 설립되어, 반도체, 태양전지 및 LED용 부품으로 사용되는 인조흑연 및 기타 탄소제품의 제조와 수입업과 무역대리업을 영위하고 있음. 2003년에 코스닥시장에 상장함. 동사는 반도체 및 태양전지 Grower 장비부품인 고순도 Graphite, LED Chip 생산용 Susceptor, 반도체 장비용 SiC-Ring, SiC-Wafer 등을 주력제품으로 제조 및 판매중임.

실적 분석
동사의 2016년 연결기준 누적매출액은 894.5억원으로 전년 동기대비 44.4% 증가함. 이는 신규아이템의 매출 확대에 기인함. 또한 고정비 감소로 영업이익은 전년 동기대비 70.5% 증가한 274.3억원을 기록함. 반도체 공정부품과 관련된 제품의 국산화 실현으로 높은 시장 점유율을 보이고 있으며, 핵심부품의 기술개발을 통한 성장동력 확보를 위해 핵심 기술인력의 확보와 투자를 지속적으로 확충하고 있음.

현금 흐름 *IFRS 별도 기준 〈단위 : 억원〉
항목	2015	2016
영업활동	232	249
투자활동	-210	-285
재무활동	0	1
순현금흐름	22	-35
기말현금	90	55

시장 대비 수익률

결산 실적 〈단위 : 억원〉
항목	2011	2012	2013	2014	2015	2016
매출액	594	488	351	452	619	894
영업이익	159	80	35	71	161	274
당기순이익	121	68	19	47	132	227

분기 실적 *IFRS 별도 기준 〈단위 : 억원〉
항목	2015.3Q	2015.4Q	2016.1Q	2016.2Q	2016.3Q	2016.4Q
매출액	168	173	212	229	236	218
영업이익	51	47	64	75	76	60
당기순이익	40	50	51	59	60	58

재무 상태 *IFRS 별도 기준 〈단위 : 억원〉
항목	2011	2012	2013	2014	2015	2016
총자산	881	863	841	911	1,034	1,315
유형자산	507	508	468	393	451	638
무형자산	13	14	9	8	7	6
유가증권	1	1	1	1	0	0
총부채	151	89	61	88	94	175
총차입금	0	0	0	0	0	2
자본금	58	58	58	58	58	58
총자본	730	774	779	823	940	1,140
지배주주지분	730	774	779	823	940	1,140

기업가치 지표 *IFRS 별도 기준
항목	2011	2012	2013	2014	2015	2016
주가(최고/저)(천원)	21.6/10.4	16.2/6.1	11.2/6.9	11.3/6.7	26.6/7.9	43.7/25.7
PER(최고/저)(배)	22.4/10.8	29.6/11.1	71.4/43.9	28.9/17.2	24.2/7.2	22.8/13.4
PBR(최고/저)(배)	3.7/1.8	2.6/1.0	1.8/1.1	1.7/1.0	3.4/1.0	4.6/2.7
EV/EBITDA(배)	8.7	6.2	8.7	6.3	12.6	10.0
EPS(원)	1,037	583	164	407	1,128	1,948
BPS(원)	6,249	6,632	6,676	7,048	8,056	9,763
CFPS(원)	1,367	969	593	840	1,597	2,494
DPS(원)	200	120	35	120	240	500
EBITDAPS(원)	1,696	1,070	727	1,037	1,847	2,895

재무 비율 〈단위 : % 〉
연도	영업이익률	순이익률	부채비율	차입금비율	ROA	ROE	유보율	자기자본비율	EBITDA마진율
2016	30.7	25.4	15.4	0.2	19.4	21.9	1,852.7	86.7	37.8
2015	26.0	21.3	10.0	0.0	13.5	14.9	1,511.1	91.0	34.8
2014	15.6	10.5	10.7	0.0	5.4	5.9	1,309.6	90.4	26.8
2013	9.9	5.5	7.9	0.1	2.2	2.5	1,235.2	92.7	24.2

티에스이 (A131290)
TSE CO

업 종 : 반도체 및 관련장비		시 장 : KOSDAQ	
신용등급 : (Bond) — (CP) —		기업규모 : 중견	
홈페이지 : www.tse21.com		연락처 : 041)581-9955	
본 사 : 충남 천안시 서북구 직산읍 군서1길 189			

설 립 일 1995.08.31	종업원수 402명	대표이사 권상준
상 장 일 2011.01.05	감사의견 적정 (삼일)	계 열
결 산 기 12월	보통주 1,106만주	종속회사수
액 면 가 500원	우선주	구 상 호

주주구성 (지분율,%)		출자관계 (지분율,%)		주요경쟁사 (외형,%)	
권상준	36.0	에이엘티	8.1	티에스이	100
김철호	30.4	파미	5.0	엘비세미콘	107
(외국인)	0.1	SVIC18호신기술사업투자조합	2.0	에스엔텍	53

매출구성		비용구성		수출비중	
Interface Board	61.9	매출원가율	91.0	수출	27.2
Probe Card	27.4	판관비율	19.0	내수	72.8
LED검사장비	10.4				

회사 개요
동사는 반도체 및 LED 검사장비 전문(PCB) 기업으로써, 반도체 제조공정 중 전 공정(Fabrication)이 완료된 웨이퍼(Wafer) 상태에서의 Test를 위한 핵심부품인 Probe Card, 후 공정의 최종 검사단계에서의 핵심 역할을 하는 Interface Board, LED의 전기적/광학적 특성을 검사하기 위한 Total Test Solution을 생산 및 판매하고 있음.

실적 분석
2016년 연간 매출액은 전년 대비 4.2% 하락하여 1,267.1억원을 기록하였음. 반면에 출원가 및 인건비, 관리비 등은 상승하여 영업이익은 126.5억원의 손실을 보이면서 적자전환함. 2016년은 고객사 투자 감소, 경쟁상황 심화로 인한 매출 감소 및 지속적인 연구개발 투자로 인한 수익성 감소로 부진한 실적을 기록함. 그러나 2017년은 반도체, 스마트폰과 빅데이터용 서버 등의 수요 확대 등으로 우호적인 시장환경이 조성될 것으로 기대됨.

현금 흐름 〈단위 : 억원〉
항목	2015	2016
영업활동	34	117
투자활동	4	-187
재무활동	87	-43
순현금흐름	125	-113
기말현금	218	105

시장 대비 수익률
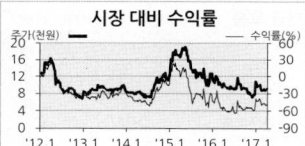

결산 실적 〈단위 : 억원〉
항목	2011	2012	2013	2014	2015	2016
매출액	1,328	987	1,107	1,456	1,322	1,267
영업이익	209	56	32	93	5	-127
당기순이익	165	40	-6	76	24	-138

분기 실적 〈단위 : 억원〉
항목	2015.3Q	2015.4Q	2016.1Q	2016.2Q	2016.3Q	2016.4Q
매출액	343	304	283	303	351	330
영업이익	8	-13	-59	-5	-30	-33
당기순이익	20	-16	-61	-0	-44	-32

재무 상태 〈단위 : 억원〉
항목	2011	2012	2013	2014	2015	2016
총자산	1,732	1,705	1,707	1,794	1,930	1,893
유형자산	660	727	672	636	607	670
무형자산	107	130	126	119	148	130
유가증권	53	58	50	47	64	71
총부채	488	415	457	467	382	465
총차입금	284	267	287	251	197	185
자본금	50	54	54	54	55	55
총자본	1,244	1,290	1,250	1,327	1,548	1,428
지배주주지분	1,179	1,218	1,174	1,242	1,317	1,189

기업가치 지표
항목	2011	2012	2013	2014	2015	2016
주가(최고/저)(천원)	25.6/6.7	16.5/6.8	10.5/7.0	12.9/7.0	19.3/9.5	12.8/7.2
PER(최고/저)(배)	17.8/4.7	46.2/19.1	—/—	21.8/11.8	113.0/55.4	—/—
PBR(최고/저)(배)	2.3/0.6	1.4/0.6	0.9/0.6	1.1/0.6	1.5/0.8	1.1/0.6
EV/EBITDA(배)	4.0	3.5	5.1	4.2	8.5	81.9
EPS(원)	1,444	356	-44	592	171	-1,300
BPS(원)	12,173	11,454	11,422	12,039	12,525	11,651
CFPS(원)	2,941	1,843	1,413	2,083	1,572	-51
DPS(원)	50					
EBITDAPS(원)	3,473	1,999	1,747	2,346	1,448	106

재무 비율 〈단위 : %〉
연도	영업이익률	순이익률	부채비율	차입금비율	ROA	ROE	유보율	자기자본비율	EBITDA마진율
2016	-10.0	-10.9	32.5	12.9	-7.2	-11.5	2,230.1	75.5	0.9
2015	0.4	1.8	24.7	12.7	1.3	1.5	2,404.9	80.2	12.1
2014	6.4	5.2	35.2	18.9	4.3	5.3	2,307.8	74.0	17.5
2013	2.9	-0.5	36.6	22.9	-0.3	-0.4	2,184.4	73.2	17.2

티에스인베스트먼트 (A246690)
TSInvestment

업 종 : 창업투자 및 종금		시 장 : KOSDAQ	
신용등급 : (Bond) — (CP) —		기업규모 : 중견	
홈페이지 : www.tsinvestment.co.kr		연락처 : 02)6250-5700	
본 사 : 서울시 강남구 선릉로 531, 3층 302호			

설 립 일 2008.02.28	종업원수 명	대표이사 김웅
상 장 일 2016.12.15	감사의견 적정 (삼일)	계 열
결 산 기 12월	보통주 2,242만주	종속회사수
액 면 가 500원	우선주	구 상 호

주주구성 (지분율,%)		출자관계 (지분율,%)		주요경쟁사 (외형,%)	
김웅	25.1	티에스2015-8호남총청투자조합	10.0	티에스인베스트먼트	100
봄비홀딩스	21.7	티에스2011-4호KH기술사업화투자조합	6.7	SBI인베스트먼트	420
(외국인)	0.0	티에스2012-5세컨더리투자조합	6.7	우리종금	4,470

수익구성		비용구성		수출비중	
투자조합 관리보수/성과보수	71.9	이자비용	2.5	수출	—
단기매매	16.8	투자및금융비	0.0	내수	—
투자조합 지분법 주식평가	9.6	판관비	0.0		

회사 개요
동사는 중소기업창업투자회사로서 벤처캐피탈 사업을 영위하고 있음. 2008년 2월 14일에 설립됐으며 2016년 12월 15일자로 코스닥시장에 상장됨. 동사는 1986년 제정된 '중소기업창업지원법'에 근거하여 회사의 사업을 영위하고 있으며, '벤처기업육성에 관한 특별조치법'에 의거해 벤처기업에 대한 투자를 하고 있음. 회사가 영위하는 목적사업은 벤처기업 투자, 창업투자조합의 결성 및 업무의 집행, 해외기술의 알선 등임.

실적 분석
동사의 영업수익은 전년 대비 20억원 감소한 40억원이고, 영업비용은 26억원이었음. 이에 따라 동사는 전년대비 19억원 감소한 14억원의 영업이익을 기록함. 주요 감소원인은 당기순이익인식금융자산의 처분이익 및 평가이익의 감소임. 당기순이익은 10억원임. 자산은 전년대비 77억원 증가한 216억원임. 주요 증가 원인은 현금성자산의 증가(2016년 12월 코스닥 시장에 상장하여 공모자금이 유입) 및 기타유동금융자산의 증가임.

현금 흐름 *IFRS 별도 기준 〈단위 : 억원〉
항목	2015	2016
영업활동	-6	-3
투자활동	18	1
재무활동	-14	68
순현금흐름	-2	66
기말현금	26	92

시장 대비 수익률
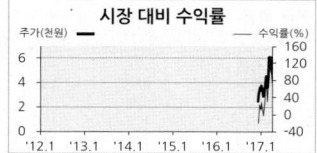

결산 실적 〈단위 : 억원〉
항목	2011	2012	2013	2014	2015	2016
영업수익	9	—	—	61	60	40
영업이익	-5	—	—	28	33	14
당기순이익	-4	—	—	23	25	10

분기 실적 *IFRS 별도 기준 〈단위 : 억원〉
항목	2015.3Q	2015.4Q	2016.1Q	2016.2Q	2016.3Q	2016.4Q
영업수익	24	—	—	14		
영업이익	14	—	—	7		
당기순이익	14	—	—	6		

재무 상태 *IFRS 별도 기준 〈단위 : 억원〉
항목	2011	2012	2013	2014	2015	2016
총자산	99	—		122	139	216
유형자산	0	—		1	1	1
무형자산	0	—		0		
유가증권						
총부채	8			38	28	8
총차입금						
자본금	90			70	70	112
총자본	91			84	111	208
지배주주지분	91			84	111	208

기업가치 지표 *IFRS 별도 기준
항목	2011	2012	2013	2014	2015	2016
주가(최고/저)(천원)	—/—	—/—	—/—	—/—	—/—	3.8/1.9
PER(최고/저)(배)	0.0/0.0	0.0/0.0	0.0/0.0	0.0/0.0	0.0/0.0	62.9/31.9
PBR(최고/저)(배)	0.0/0.0	0.0/0.0	0.0/0.0	0.0/0.0	0.0/0.0	4.1/2.1
PSR(최고/저)(배)	0/0	0/0	0/0	0/0	0/0	16/8
EPS(원)	-21			115	141	60
BPS(원)	504			422	644	927
CFPS(원)	-18			117	144	62
DPS(원)						
EBITDAPS(원)	-27			141	185	77

재무 비율 〈단위 : %〉
연도	계속사업이익률	순이익률	부채비율	차입금비율	ROA	ROE	유보율	자기자본비율	총자산증가율
2016	33.8	26.2	4.1	0.0	5.9	6.6	85.4	96.1	55.6
2015	54.6	42.1	25.4	0.0	19.3	25.8	58.4	79.8	13.9
2014	45.8	37.5	44.5	0.0	20.7	69.2	0.0	0.0	0.0
2013									

티에이치엔 (A019180)
THN

업 종 : 자동차부품		시 장 : 거래소	
신용등급 : (Bond) — (CP) —		기업규모 : 시가총액 소형주	
홈 페 이 지 : www.th-net.co.kr		연 락 처 : (053)583-3001	
본 사 : 대구시 달서구 갈산동 성서로71길 43 (갈산동)			

설 립 일	1986.07.23	종 업 원 수	389명	대 표 이 사	채석
상 장 일	1996.07.31	감 사 의 견	적정 (신한)	계 열	
결 산 기	12월	보 통 주	1,800만주	종속회사수	
액 면 가	500원	우 선 주		구 상 호	

주주구성 (지분율,%)		출자관계 (지분율,%)		주요경쟁사 (외형,%)	
채석	20.9	코렌텍	3.7	티에이치엔	100
채철	20.5	한국경제신문	0.3	구영테크	50
(외국인)	1.9			GH신소재	19

매출구성		비용구성		수출비중	
WIRE HARNESS(제품)	95.1	매출원가율	86.1	수출	72.8
WIRE HARNESS(용역)	3.6	판관비율	10.3	내수	27.2
기타	1.3				

회사 개요
동사는 1986년 동해전장이란 이름으로 설립됨. 1996년 유가증권 시장에 상장됨. 와이어 하네스를 주제품으로 자동차 부품 산업에 진출함. 계열사는 지아이티, 대영전장 등 12개임. 현대기아차로부터 기술력을 인정받아 기술5스타를 획득하기도 함. 2004년 자동차 진단 토탈 솔루션을 제공하는 벤처회사 지아이티를 인수해 시너지를 내고 있음. 생산기지 다변화를 통한 고객사 납품 능력 제고를 통해 경기 침체를 극복할 계획임.

실적 분석
동사의 2016년 연결기준 누적 매출액은 2938억원으로 전년동기 대비 6.4% 증가함. 영업이익은 104억원으로 전년동기 대비 73.2% 증가함. 당기순이익은 152억원으로 흑자전환함. 개별소비세인하에 따른 내수증가 및 동사의 주 거래처인 현대차와 안정적인 거래를 유지하고 있어 꾸준히 외형을 늘리고 있음. 현대차 중국 현지 공장 증설, 신차 출시 효과로 외형 성장이 지속될 전망임.

현금 흐름 〈단위 : 억원〉

항목	2015	2016
영업활동	46	-19
투자활동	483	-186
재무활동	-391	44
순현금흐름	115	-150
기말현금	286	136

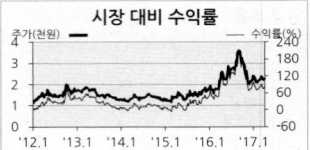
시장 대비 수익률

결산 실적 〈단위 : 억원〉

항목	2011	2012	2013	2014	2015	2016
매출액	1,461	1,629	2,255	2,293	2,762	2,938
영업이익	36	-123	-206	7	60	105
당기순이익	76	-101	-267	-77	-43	152

분기 실적 〈단위 : 억원〉

항목	2015.3Q	2015.4Q	2016.1Q	2016.2Q	2016.3Q	2016.4Q
매출액	659	841	736	759	650	792
영업이익	22	12	21	31	19	34
당기순이익	-111	105	46	69	-31	68

재무 상태 〈단위 : 억원〉

항목	2011	2012	2013	2014	2015	2016
총자산	1,389	1,709	2,053	2,086	1,977	2,006
유형자산	436	522	628	631	697	766
무형자산	12	11	13	8	6	10
유가증권	183	189	253	224	192	227
총부채	875	1,311	1,854	1,994	1,758	1,644
총차입금	354	709	864	1,025	593	776
자본금	90	90	90	90	90	90
총자본	514	397	199	92	219	361
지배주주지분	500	381	198	107	254	358

기업가치 지표

항목	2011	2012	2013	2014	2015	2016
주가(최고/저)(천원)	1.7/1.0	2.1/1.2	2.0/1.2	1.5/1.2	2.0/1.2	3.7/1.6
PER(최고/저)(배)	4.7/2.8	—/—	—/—	—/—	—/—	4.5/1.9
PBR(최고/저)(배)	0.6/0.4	0.9/0.5	1.5/0.9	1.7/1.4	1.2/0.7	1.9/0.8
EV/EBITDA(배)	9.8			16.0	5.1	5.8
EPS(원)	422	-467	-1,300	-327	-42	830
BPS(원)	3,141	2,477	1,462	956	1,770	1,991
CFPS(원)	554	-298	-1,022	11	267	1,189
DPS(원)	55	40	40	20	60	55
EBITDAPS(원)	330	-517	-864	373	644	940

재무 비율 〈단위 : % 〉

연도	영업이익률	순이익률	부채비율	차입금비율	ROA	ROE	유보율	자기자본비율	EBITDA마진율
2016	3.6	5.2	455.2	214.8	7.7	48.8	298.2	18.0	5.8
2015	2.2	-1.5	801.8	270.5	-2.1	-4.2	253.9	11.1	4.2
2014	0.3	-3.4	2,162.0	1,111.6	-3.7	-38.5	91.2	4.4	2.9
2013	-9.1	-11.8	933.4	435.1	-14.2	-80.8	192.5	9.7	-6.9

티엘아이 (A062860)
Tli

업 종 : 디스플레이 및 관련부품		시 장 : KOSDAQ	
신용등급 : (Bond) — (CP) —		기업규모 : 중견	
홈 페 이 지 : www.tli.co.kr		연 락 처 : (031)784-6800	
본 사 : 경기도 성남시 중원구 양현로 405번길 12 티엘아이빌딩 7~10층			

설 립 일	1998.10.28	종 업 원 수	144명	대 표 이 사	김달수,송윤석,신윤홍
상 장 일	2006.07.25	감 사 의 견	적정 (대현)	계 열	
결 산 기	12월	보 통 주	987만주	종속회사수	
액 면 가	500원	우 선 주	16만주	구 상 호	

주주구성 (지분율,%)		출자관계 (지분율,%)		주요경쟁사 (외형,%)	
김달수	10.5	센소니아	58.6	티엘아이	100
한국증권금융	3.7	스카이레이야크리스탈탈루션즈제3호사모투자전문회사	49.0	우리이티아이	1,981
(외국인)	1.8	티더블유메디칼	32.0	유테크	37

매출구성		비용구성		수출비중	
Timing Controller	88.7	매출원가율	71.0	수출	—
임대료 외	9.5	판관비율	30.3	내수	—
LCD Driver IC	1.8				

회사 개요
동사는 1998년 설립한 후, LCD패널의 핵심부품인 Timing Controller와 LCD driver IC 등 시스템 반도체 설계업을 주요 사업으로 영위함. 특히 Timing Controller는 LCD 패널의 핵심 IC로서 LG디스플레이 등 안정적인 수요처를 보유하고 있음. 자회사로는 SK하이닉스를 주 고객으로 하여 반도체 패키지, 테스트업 등 반도체 후공정 사업을 영위하는 원팩과 센서/ROIC를 주력으로 하는 센소니아 등이 있음.

실적 분석
TV의 다면적화로 동사의 주력제품인 Timing Controller의 출하량이 크게 감소하고, 원팩이 종속회사에서 제외됨에 따라 2016년 전체 매출액은 전년 대비 41.7% 급감함. 웨이퍼 가격 하락으로 원가율이 개선되었으나, 외형 감소에 따른 고정비용 부담으로 영업이익은 10.3억원의 적자로 전환됨. 이자비용과 관계회사투자 손상차손의 감소, 지분법이익의 증가 등으로 영업외수지는 크게 개선됨.

현금 흐름 〈단위 : 억원〉

항목	2015	2016
영업활동	189	74
투자활동	-145	-87
재무활동	-8	-9
순현금흐름	36	-22
기말현금	143	122

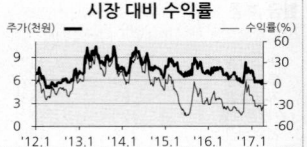
시장 대비 수익률

결산 실적 〈단위 : 억원〉

항목	2011	2012	2013	2014	2015	2016
매출액	1,179	1,298	1,160	1,334	1,328	774
영업이익	28	115	-50	71	29	-10
당기순이익	-16	67	-109	-14	-27	-5

분기 실적 〈단위 : 억원〉

항목	2015.3Q	2015.4Q	2016.1Q	2016.2Q	2016.3Q	2016.4Q
매출액	346	330	195	192	190	197
영업이익	16	-3	-2	-6	-9	6
당기순이익	0	-31	-6	-30	26	5

재무 상태 〈단위 : 억원〉

항목	2011	2012	2013	2014	2015	2016
총자산	1,829	1,868	1,882	1,959	1,859	1,196
유형자산	884	1,047	1,023	1,045	951	309
무형자산	141	148	134	110	85	49
유가증권	299	23	13	20	80	52
총부채	818	679	573	666	560	114
총차입금	634	479	409	443	363	—
자본금	41	44	49	49	49	49
총자본	1,011	1,189	1,308	1,292	1,299	1,082
지배주주지분	932	975	1,063	1,055	1,064	1,051

기업가치 지표

항목	2011	2012	2013	2014	2015	2016
주가(최고/저)(천원)	16.0/4.3	7.6/4.8	11.0/6.5	10.3/6.3	9.1/6.3	8.4/5.5
PER(최고/저)(배)	—/—	14.6/9.1	—/—	72.4/44.6	68.9/48.1	—/—
PBR(최고/저)(배)	1.5/0.4	0.7/0.4	1.1/0.6	1.0/0.6	0.9/0.6	0.8/0.5
EV/EBITDA(배)	3.8	3.1	6.7	4.5	5.1	11.3
EPS(원)	-421	546	-503	148	136	-105
BPS(원)	11,198	11,825	10,634	10,794	10,951	10,892
CFPS(원)	1,852	2,928	1,703	1,777	1,719	229
DPS(원)				100	100	100
EBITDAPS(원)	2,615	3,767	1,694	2,338	1,871	231

재무 비율 〈단위 : % 〉

연도	영업이익률	순이익률	부채비율	차입금비율	ROA	ROE	유보율	자기자본비율	EBITDA마진율
2016	-1.3	-0.6	10.5	0.0	-0.3	-1.0	2,114.3	90.5	3.0
2015	2.2	-2.0	43.2	27.9	-1.4	1.3	2,126.4	69.9	14.1
2014	5.3	-1.1	51.6	34.3	-0.8	1.4	2,094.5	66.0	17.5
2013	-4.3	-9.4	43.8	31.3	-5.8	-4.8	2,061.9	69.5	14.2

티웨이홀딩스 (A004870)
T'way Holdingsorporation

업 종 : 항공운수	시 장 : 거래소
신용등급 : (Bond) — (CP) —	기업규모 : 시가총액 소형주
홈 페 이 지 : www.twayholdings.com	연 락 처 : 02)2056-9800
본 사 : 서울시 성동구 아차산로 153 7층 (성수동 2가, 예림출판문화센터 7층)	

설 립 일 1945.10.10	종 업 원 수 1,071명	대 표 이 사 황정현	
상 장 일 1977.06.30	감 사 의 견 적정 (두레)	계 열	
결 산 기 12월	보 통 주 6,807만주	종속회사수	
액 면 가 500원	우 선 주	구 상 호 포켓게임즈	

주주구성 (지분율,%)		출자관계 (지분율,%)		주요경쟁사 (외형,%)	
예림당	54.2	바이테리얼즈	45.8	티웨이홀딩스	100
라이브플렉스	4.0	샤프테크닉스케이	29.0	대한항공	2,848
(외국인)	3.5	글로페이베스텍컴	19.4	한진칼	241

매출구성		비용구성		수출비중	
[지배회사] 반도체	67.2	매출원가율	87.1	수출	—
[지배회사] PHC파일	32.3	판관비율	9.4	내수	—
[지배회사] 기타 제품	0.5				

회사 개요
동사는 1945년 태화고무공업사로 설립됐으며 1977년 상장됨. PHC파일 사업 부문을 운영 중이며 2014년 반도체 회사(한국화천)를 합병해 반도체 패키징 사업 부문도 영위. 테마파크 사업부문은 2013년 물적분할 후 신규회사 설립해 전문성, 책임경영 강화. 동사의 종속회사는 국내외 항공운송업을 영위하는 티웨이항공 1개사. 티웨이항공은 동사 연결기준 매출의 약 90%를 차지.

실적 분석
동사의 2016년 결산기준 누적 매출액은 4118.7억원으로 전년동기 대비 42.6% 증가함. 판관비의 증가에도 불구하고 영업이익이 전년보다 249.5% 늘어난 142.3억원, 당기순이익은 33.5% 증가한 35.9원을 기록함. 저비용항공사업은 지속적인 항공기 도입 및 신규노선 개발에 따라 매출이 지속적으로 증가. 단 유가상승으로 인한 원가 증가 가능성과 저비용항공업계 경쟁 심화 등 부담도 상존.

현금 흐름
〈단위 : 억원〉

항목	2015	2016
영업활동	332	392
투자활동	-257	-324
재무활동	-10	-104
순현금흐름	64	-34
기말현금	299	265

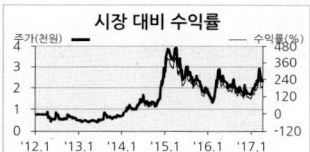

시장 대비 수익률

결산 실적
〈단위 : 억원〉

항목	2011	2012	2013	2014	2015	2016
매출액	89	52	1,326	2,362	2,889	4,119
영업이익	-30	-11	30	80	41	142
당기순이익	-56	-30	54	72	27	36

분기 실적
〈단위 : 억원〉

항목	2015.3Q	2015.4Q	2016.1Q	2016.2Q	2016.3Q	2016.4Q
매출액	734	748	925	900	1,235	1,059
영업이익	22	-23	73	-45	169	-55
당기순이익	23	-29	67	-54	154	-131

재무 상태
〈단위 : 억원〉

항목	2011	2012	2013	2014	2015	2016
총자산	207	243	749	1,155	1,467	1,756
유형자산	151	147	200	283	339	343
무형자산	27	17	314	323	360	359
유가증권	0	0	0	0	10	52
총부채	150	60	462	747	1,033	1,264
총차입금	85	—	94	202	212	172
자본금	17	51	76	79	79	81
총자본	56	183	287	408	434	492
지배주주지분	56	183	283	393	415	473

기업가치 지표

항목	2011	2012	2013	2014	2015	2016
주가(최고/저)(천원)	8.1/2.2	3.6/1.8	3.5/1.6	11.1/2.7	17.3/6.9	11.8/5.2
PER(최고/저)(배)	—/—	—/—	10.0/4.8	29.6/7.1	121.6/48.3	58.1/25.6
PBR(최고/저)(배)	5.0/1.4	2.0/1.0	1.9/0.9	4.5/1.1	6.6/2.6	4.0/1.8
EV/EBITDA(배)			8.0	12.8	8.6	3.6
EPS(원)	-433	-109	86	94	36	51
BPS(원)	1,615	1,793	1,863	2,492	2,631	2,909
CFPS(원)	-1,472	-300	562	715	680	830
DPS(원)						
EBITDAPS(원)	-665	-29	460	844	796	1,503

재무 비율
〈단위 : % 〉

연도	영업이익률	순이익률	부채비율	차입금비율	ROA	ROE	유보율	자기자본비율	EBITDA마진율
2016	3.5	0.9	257.2	34.9	2.2	7.4	481.8	28.0	5.9
2015	1.4	0.9	238.1	48.7	2.1	5.5	426.2	29.6	4.4
2014	3.4	3.1	183.3	49.5	7.6	17.5	398.5	35.3	5.6
2013	2.2	4.1	160.9	32.8	10.9	17.9	272.7	38.3	4.2

티제이미디어 (A032540)
TJ MEDIA

업 종 : 레저용품	시 장 : KOSDAQ
신용등급 : (Bond) — (CP) —	기업규모 : 중견
홈 페 이 지 : www.tjmedia.co.kr	연 락 처 : 02)3663-4700
본 사 : 서울시 강서구 화곡로64길 23 (등촌동)	

설 립 일 1991.04.18	종 업 원 수 215명	대 표 이 사 윤재환	
상 장 일 1997.04.16	감 사 의 견 적정 (대주)	계 열	
결 산 기 12월	보 통 주 1,393만주	종속회사수	
액 면 가 500원	우 선 주	구 상 호	

주주구성 (지분율,%)		출자관계 (지분율,%)		주요경쟁사 (외형,%)	
김우영	21.0	TJ커뮤니케이션	99.0	TJ미디어	100
윤나라	19.4	알키미	40.0	삼익악기	268
(외국인)	1.7	DreamS.A.S	100.0	볼빅	40

매출구성		비용구성		수출비중	
전자인덱스	39.7	매출원가율	76.4	수출	51.3
노래반주기	26.1	판관비율	23.2	내수	48.7
음악데이터	18.4				

회사 개요
동사는 1991년 설립돼 20여년간 국내 노래반주기 시장을 선도해 왔으며, 이를 바탕으로 일본을 비롯한 미주, 동남아 등 해외시장을 개척하고 있음. 노래반주기 사업을 기반으로 노래반주기 부문, 음악콘텐츠 부문, 전자목차본 부문 및 음원 IC부문 등 4개 부문으로 안정적인 사업영역을 구축하고 있음. 국내 노래반주기 시장은 동사와 경쟁업체인 금영이 시장을 양분하고 있음.

실적 분석
동사의 2016년 연결기준 결산 매출액은 779.5억원으로 전년 대비 8.7% 증가했음. 단 영업이익은 84% 감소한 2.8억원에 그침. 국내영업 호조로 인하여 매출이 증가하였으나 해외시장에 대한 투자와 신제품 개발비용의 증가 및 자회사의 실적부진으로 수익성 악화. 최근 동전노래방 시장의 성장에 따라 노래방 기기에 다양한 기능을 추가하며 동전 노래방시장 또한 선점하고 있는 점은 긍정적.

현금 흐름
〈단위 : 억원〉

항목	2015	2016
영업활동	1	-34
투자활동	0	62
재무활동	-10	-10
순현금흐름	-9	17
기말현금	71	88

시장 대비 수익률

결산 실적
〈단위 : 억원〉

항목	2011	2012	2013	2014	2015	2016
매출액	647	789	732	580	717	779
영업이익	64	49	4	-9	17	3
당기순이익	62	39	5	-2	18	9

분기 실적
〈단위 : 억원〉

항목	2015.3Q	2015.4Q	2016.1Q	2016.2Q	2016.3Q	2016.4Q
매출액	174	215	149	187	188	255
영업이익	3	-1	-3	-3	1	8
당기순이익	6	1	-1	-3	0	13

재무 상태
〈단위 : 억원〉

항목	2011	2012	2013	2014	2015	2016
총자산	963	977	960	924	947	962
유형자산	463	471	479	472	453	446
무형자산	19	23	30	27	28	46
유가증권	89	4	7	4	4	3
총부채	150	175	144	127	136	163
총차입금	1	12	17	17	7	11
자본금	65	66	70	70	70	70
총자본	813	802	816	797	811	799
지배주주지분	814	805	820	801	815	803

기업가치 지표

항목	2011	2012	2013	2014	2015	2016
주가(최고/저)(천원)	4.0/2.9	3.5/2.3	3.8/2.6	3.1/2.3	4.0/2.3	4.5/3.5
PER(최고/저)(배)	10.0/7.1	11.9/8.0	100.1/67.0	—/—	28.2/16.5	74.3/57.3
PBR(최고/저)(배)	0.8/0.5	0.6/0.4	0.7/0.5	0.6/0.4	0.7/0.4	0.8/0.6
EV/EBITDA(배)	3.4	4.8	10.8	15.0	9.5	20.8
EPS(원)	475	325	40	-16	147	62
BPS(원)	6,232	6,081	5,883	5,746	5,847	5,763
CFPS(원)	574	444	185	145	308	222
DPS(원)	220	130	80		100	60
EBITDAPS(원)	592	494	172	99	285	180

재무 비율
〈단위 : % 〉

연도	영업이익률	순이익률	부채비율	차입금비율	ROA	ROE	유보율	자기자본비율	EBITDA마진율
2016	0.4	1.1	20.4	1.4	0.9	1.1	1,052.7	83.0	3.2
2015	2.4	2.9	16.8	0.9	2.2	2.5	1,069.5	85.6	5.5
2014	-1.5	-0.4	16.0	2.2	-0.2	-0.3	1,049.3	86.2	2.4
2013	0.5	0.7	17.7	2.0	0.5	0.7	1,076.6	85.0	3.2

티케이씨 (A191600)
TKC CO.LTD

업 종 : 전자 장비 및 기기		시 장 : KONEX	
신용 등급 : (Bond) ― (CP) ―		기업규모 :	
홈 페 이 지 : www.e-tkc.com		연 락 처 : 032)818-6440	
본 사 : 인천시 남동구 남동서로269번길 4			

설 립 일	2002.03.26	종 업 원 수	명	대 표 이 사	김상봉
상 장 일	2016.08.05	감 사 의 견	적정 (세일)	계 열	
결 산 기	12월	보 통 주	260만주	종속회사수	
액 면 가	500원	우 선 주		구 상 호	

주주구성 (지분율,%)		출자관계 (지분율,%)		주요경쟁사 (외형,%)	
김상봉	100.0			티케이씨	100
				이수페타시스	2,195
				에코프로	675

매출구성		비용구성		수출비중	
오디오	56.7	매출원가율	81.8	수출	27.8
기타	30.8	판관비율	14.0	내수	72.2
정션박스	12.0				

회사 개요
동사는 PCB 제조 및 판매 전문 전자부품 회사로 PCB 중 AUTO MOBILE 관련 PCB 제품을 주로 제작 및 국내외 자동차부품업체를 주 고객사로 PCB 기판을 공급하고 있음. 고객사별로는 현대자동차, 기아자동차, 크라이슬러, 스바루 등에 전장용 PCB를 공급하며, 용도별로 크게 오디오, 정션박스잭, 시트워머,공조기, 브레이크계열 등 여러 용도로 고객사에 납품하고 향후 신사업의 성장을 위하여 디지털 기기에 적용되는 PCB도 개발 중

실적 분석
2016년 8월 코넥스시장에 상장된 동사는 12월 결산법인으로 2016년 매출액이 1.8% 감소, 252.4억원을 시현하였음. 매출 감소분만큼 매출원가도 감소하였으나 판관비 증가 부담으로 영업이익은 36.4% 감소, 10.6억원을 기록함 당기순이익은 2016년 11.5억원의 당기순이익을 시현함. 동사는 전년 0.19억원이던 법인세 비용이 2016년 1.8억원으로 증가하였음.

현금 흐름 *IFRS 별도 기준 〈단위 : 억원〉

항목	2015	2016
영업활동	43	14
투자활동	-58	-21
재무활동	13	17
순현금흐름	-2	10
기말현금	7	16

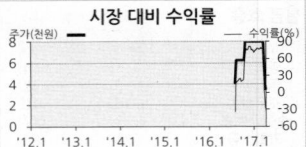

시장 대비 수익률

결산 실적 〈단위 : 억원〉

항목	2011	2012	2013	2014	2015	2016
매출액	167	151	―	136	258	252
영업이익	-3	-7	-0	13	22	11
당기순이익	40	-14	33	22	26	12

분기 실적 *IFRS 별도 기준 〈단위 : 억원〉

항목	2015.3Q	2015.4Q	2016.1Q	2016.2Q	2016.3Q	2016.4Q
매출액	―	―	―	―	―	―
영업이익	―	―	―	―	―	―
당기순이익	―	―	―	―	―	―

재무 상태 *IFRS 별도 기준 〈단위 : 억원〉

항목	2011	2012	2013	2014	2015	2016
총자산	128	123	119	164	243	270
유형자산	73	70	―	83	130	143
무형자산			0	0	0	0
유가증권						
총부채	128	136	78	100	153	162
총차입금		78		61	74	91
자본금	5	5	8	93	13	13
총자본	1	-13	41	64	90	108
지배주주지분	1	-13	41	64	90	108

기업가치 지표 *IFRS 별도 기준

항목	2011	2012	2013	2014	2015	2016
주가(최고/저)(천원)	―/―	―/―	―/―	―/―	―/―	8.0/4.1
PER(최고/저)(배)	0.0/0.0	0.0/0.0	0.0/0.0	0.0/0.0	0.0/0.0	18.1/9.3
PBR(최고/저)(배)	0.0/0.0	0.0/0.0	0.0/0.0	0.0/0.0	0.0/0.0	1.9/1.0
EV/EBITDA(배)				2.5	2.2	10.9
EPS(원)	2,432	-855	1,001	77	499	443
BPS(원)	573	-13,320	2,428	10,303	34,496	4,146
CFPS(원)	46,783	-9,678	16,260	1,576	6,134	1,030
DPS(원)						
EBITDAPS(원)	4,729	-2,323	-6	1,065	5,366	996

재무 비율 〈단위 : % 〉

연도	영업이익률	순이익률	부채비율	차입금비율	ROA	ROE	유보율	자기자본비율	EBITDA마진율
2016	4.2	4.6	150.4	84.8	4.5	11.7	729.1	39.9	10.3
2015	8.5	10.0	171.1	82.3	12.7	33.7	589.9	36.9	10.8
2014	9.7	16.5	일부잠식	일부잠식	15.8	42.5	106.1	39.0	14.1
2013	0.0	0.0	187.2	187.2	27.7	전기잠식	418.0	34.8	0.0

티케이케미칼 (A104480)
TK CHEMICAL

업 종 : 화학		시 장 : KOSDAQ	
신용 등급 : (Bond) ― (CP) ―		기업규모 : 우량	
홈 페 이 지 : www.tkchemi.co.kr		연 락 처 : 053)252-4177	
본 사 : 대구시 북구 원대로 128, 연우빌딩 3층			

설 립 일	2007.11.09	종 업 원 수	699명	대 표 이 사	김해규
상 장 일	2011.04.26	감 사 의 견	적정 (안진)	계 열	
결 산 기	12월	보 통 주	9,090만주	종속회사수	
액 면 가	500원	우 선 주		구 상 호	

주주구성 (지분율,%)		출자관계 (지분율,%)		주요경쟁사 (외형,%)	
에스엠티케미칼	32.9	우방건설산업	38.5	티케이케미칼	100
티케이케미칼홀딩스	13.8	케이엘홀딩스이후	37.7	한국카본	42
(외국인)	2.4	케이엘홀딩스	37.2	NPC	62

매출구성		비용구성		수출비중	
아파트	88.4	매출원가율	94.6	수출	51.5
PET -Chip폴리에스터 원사스판덱스 원사	11.7	판관비율	4.3	내수	48.5

회사 개요
동사는 합성섬유 및 그 원료와 관련 화학제품의 제조 판매 등을 목적으로 2007년 설립된 화학 소재 전문 기업임. 2008년 동국무역의 화학사업부문을 영업양수 받아 현재까지 영위 중임. 사업 다각화를 위해 2014년 2월 시행사로서 건설업에 진출, 우방 아이아쉘라는 브랜드로 아파트 분양 사업도 추진 중임. 남선알미늄, 대한해운, 우방건설 등과 함께 SM그룹 계열사임.

실적 분석
동사의 2016년 누적 매출액은 6,123.9억원으로 전년 대비 7.1% 감소함. 영업이익은 68.9억원으로 23.8% 줄었고, 당기순이익은 전년보다 36.7% 감소한 77.4억원을 기록함. 시행 매출이 추가되었으며 주력인 섬유 매출의 부진으로 외형이 축소된 것은 우려되는 상황임. 2015년 3월 우방토건을 분할 흡수합병하여 시공사업 또한 영위 중임.

현금 흐름 *IFRS 별도 기준 〈단위 : 억원〉

항목	2015	2016
영업활동	272	104
투자활동	-1	-710
재무활동	-300	592
순현금흐름	-29	-14
기말현금	28	14

시장 대비 수익률

결산 실적 〈단위 : 억원〉

항목	2011	2012	2013	2014	2015	2016
매출액	10,074	8,528	8,480	7,598	6,590	6,124
영업이익	223	-137	3	159	90	69
당기순이익	382	-285	116	111	122	77

분기 실적 *IFRS 별도 기준 〈단위 : 억원〉

항목	2015.3Q	2015.4Q	2016.1Q	2016.2Q	2016.3Q	2016.4Q
매출액	1,579	1,561	1,583	1,538	1,311	1,692
영업이익	6	-11	24	27	4	14
당기순이익	15	76	39	21	35	-19

재무 상태 *IFRS 별도 기준 〈단위 : 억원〉

항목	2011	2012	2013	2014	2015	2016
총자산	6,663	4,740	5,327	5,711	5,507	6,428
유형자산	2,445	2,221	2,144	1,930	1,532	2,011
무형자산	125	14	14	8	15	10
유가증권	45	22	12	12	11	12
총부채	4,451	2,848	3,343	3,586	3,139	3,956
총차입금	1,328	1,759	1,743	2,152	1,928	2,595
자본금	450	450	450	450	454	454
총자본	2,212	1,892	1,985	2,125	2,368	2,472
지배주주지분	2,212	1,892	1,985	2,125	2,368	2,472

기업가치 지표 *IFRS 별도 기준

항목	2011	2012	2013	2014	2015	2016
주가(최고/저)(천원)	5.6/1.9	3.3/1.6	2.0/1.3	2.6/1.7	3.4/1.8	2.4/1.8
PER(최고/저)(배)	12.7/4.4	―/―	15.4/10.4	21.1/14.1	25.5/13.2	28.2/20.7
PBR(최고/저)(배)	2.3/0.8	1.5/0.7	0.9/0.6	1.1/0.7	1.3/0.7	0.9/0.6
EV/EBITDA(배)	2.9	27.3	13.2	9.6	12.3	20.2
EPS(원)	439	-317	129	124	135	85
BPS(원)	2,457	2,213	2,316	2,472	2,715	2,830
CFPS(원)	683	-53	396	375	380	243
DPS(원)						
EBITDAPS(원)	625	112	271	428	345	234

재무 비율 〈단위 : % 〉

연도	영업이익률	순이익률	부채비율	차입금비율	ROA	ROE	유보율	자기자본비율	EBITDA마진율
2016	1.1	1.3	160.0	105.0	1.3	3.2	465.9	38.5	3.5
2015	1.4	1.9	132.6	81.4	2.2	5.4	443.0	43.0	4.8
2014	2.1	1.5	168.8	101.3	2.0	5.4	394.4	37.2	5.1
2013	0.0	1.4	168.4	87.8	2.3	6.0	363.3	37.3	2.9

티플랙스 (A081150)
Tplex

업　　종 : 금속 및 광물	시　　장 : KOSDAQ
신용등급 : (Bond) — (CP) —	기업규모 : 중견
홈페이지 : www.tplex.co.kr	연 락 처 : 031)488-8800
본　　사 : 경기도 안산시 단원구 엠티브이1로 75 (목내동)	

설 립 일	1991.12.13	종 업 원 수	45명	대 표 이 사	김영국
상 장 일	2009.04.23	감사의견	적정 (선진)	계　　열	
결 산 월	12월	보 통 주	2,212만주	종속회사수	
액 면 가	500원	우 선 주		구 상 호	

주주구성 (지분율,%)
김영국	15.4
김태수	7.5
(외국인)	1.7

출자관계 (지분율,%)
티플랙스	100
하이스틸	148
한국주강	26

주요경쟁사 (외형,%)

매출구성
스테인리스, 희소금속	91.0
스테인리스	8.2
컨설팅	0.7

비용구성
매출원가율	91.3
판관비율	4.9

수출비중
수출	0.3
내수	99.7

회사 개요
동사는 1991년에 설립된 스테인리스 봉강 절삭가공 및 후판 전문업체임. 포스코특수강으로부터 원재료인 스테인리스 봉강을 조달받아, 기계, 선박, 플랜트, 반도체 등 전방산업에 필요한 부품소재를 공급하고 있으며, 후판사업에도 진출하여 석유화학, LNG, 담수화설비 등에 산업용 소재를 공급하고 있음. 스테인리스 봉강 절삭 가공분야에서는 국내 최대의 기업이며 안산에 공장을 두고 800여개에 이르는 판매처를 확보하고 있음.

실적 분석
2016년 기준 동사의 연결대상종속회사는 없음. 희귀금속판매 기업인 (주)티플랙스엠텍은 당기중 흡수합병하고, 그래파트너스 지분은 전량 매각하여 연결대상에서 제외됨. 당기 연결기준 매출액은 판매물량 증가에 따라 전기 대비 7.7% 늘어난 1,004억원을 시현함. 영업이익은 전기 29.1억원 대비 29.7% 늘어난 37.7억원을 시현하였음. 비영업손실 축소로 당기순이익은 전기 7.8억원 대비 76.1% 증가한 13.8억원을 시현함.

현금 흐름 〈단위 : 억원〉
항목	2015	2016
영업활동	44	-7
투자활동	32	-20
재무활동	-70	31
순현금흐름	6	5
기말현금	45	49

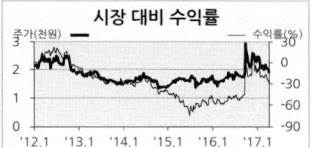
시장 대비 수익률

결산 실적 〈단위 : 억원〉
항목	2011	2012	2013	2014	2015	2016
매출액	1,385	1,213	1,098	1,028	932	1,004
영업이익	90	52	41	44	29	38
당기순이익	46	27	6	16	8	14

분기 실적 〈단위 : 억원〉
항목	2015.3Q	2015.4Q	2016.1Q	2016.2Q	2016.3Q	2016.4Q
매출액	220	216	221	249	252	282
영업이익	8	1	9	11	7	11
당기순이익	3	-4	5	5	3	1

재무 상태 〈단위 : 억원〉
항목	2011	2012	2013	2014	2015	2016
총자산	1,110	1,350	1,428	1,158	1,243	1,292
유형자산	350	613	620	502	658	649
무형자산	11	11	11	14	10	7
유가증권	5	32	11	11		
총부채	634	819	890	610	557	535
총차입금	539	750	786	531	464	429
자본금	34	84	84	84	84	107
총자본	476	531	538	548	686	757
지배주주지분	469	522	529	537	677	757

기업가치 지표
항목	2011	2012	2013	2014	2015	2016
주가(최고/저)(천원)	3.8/1.5	2.5/1.8	2.0/1.4	1.9/1.3	1.8/1.3	3.0/1.4
PER(최고/저)(배)	13.5/5.4	16.9/12.2	59.6/42.5	23.5/16.6	28.6/21.0	39.7/18.8
PBR(최고/저)(배)	1.3/0.5	0.9/0.6	0.7/0.5	0.6/0.4	0.5/0.3	0.8/0.4
EV/EBITDA(배)	8.4	16.5	18.8	11.7	15.7	15.6
EPS(원)	301	157	35	82	66	75
BPS(원)	6,839	3,102	3,143	3,191	4,023	3,524
CFPS(원)	808	223	103	184	165	169
DPS(원)	101	20	—	20	25	20
EBITDAPS(원)	1,453	391	311	366	272	299

재무 비율 〈단위 : % 〉
연도	영업이익률	순이익률	부채비율	차입금비율	ROA	ROE	유보율	자기자본비율	EBITDA마진율
2016	3.8	1.4	70.6	56.6	1.1	1.9	604.8	58.6	5.5
2015	3.1	0.8	81.2	67.7	0.7	1.8	704.6	55.2	4.9
2014	4.3	1.6	111.2	96.8	1.3	2.6	538.1	47.4	6.0
2013	3.7	0.6	165.5	146.1	0.5	1.1	528.5	37.7	4.8

티피씨 (A130740)
TPC

업　　종 : 자동차부품	시　　장 : KOSDAQ
신용등급 : (Bond) — (CP) —	기업규모 : 중견
홈페이지 : www.tc21.co.kr	연 락 처 : 053)850-8319
본　　사 : 경북 경산시 진량읍 일연로 574	

설 립 일	1999.01.01	종 업 원 수	161명	대 표 이 사	이정훈
상 장 일	2011.02.08	감사의견	적정 (안세)	계　　열	
결 산 월	12월	보 통 주	945만주	종속회사수	
액 면 가	500원	우 선 주		구 상 호	

주주구성 (지분율,%)
이정훈	25.3
이현	25.2
(외국인)	2.1

출자관계 (지분율,%)
티에스피	100.0
신영제일호사모투자전문회사	29.0

주요경쟁사 (외형,%)
티피씨글로벌	100
케이엔더블유	125
풍강	159

매출구성
인발(방진)류	49.6
FILLER NECK류	18.1
강관류	14.3

비용구성
매출원가율	82.9
판관비율	10.0

수출비중
수출	11.8
내수	88.2

회사 개요
동사는 자동차부품용 인발강관의 제조, 판매를 사업목적으로 1998년 설립됨. 정밀인발튜브와 자동차 연료 및 냉각수 이송계통의 튜브 등 수종의 자동차부품용 인발강관 및 부분품을 제조, 판매함. 현대기아차, 한국GM, 르노삼성, GM, 포드, 토요타, 닛산 등에 동사 제품이 들어감. 삼보모터스를 통해 현대기아차에 공급되는 워터파이프, 필라넥, 정밀강관 등의 점유율은 85%임. 전체 매출에서 수출이 차지하는 비율은 약 12.9%임.

실적 분석
동사의 2016년 연결기준 매출액은 543.9억원으로 전년대비 7% 증가함. 판매비와 관리비가 11.1% 증가했음에도 매출 상승과 매출원가율 감소에 힘입어 영업이익은 전년대비 18.7% 성장한 38.6억원 기록. 비영업부문 이익도 전년도 대비 14.4% 증가함. 이에 힘입어 전년도 39.7억원이던 당기순이익은 19.3% 증가한 47.3억원을 기록했음.

현금 흐름 〈단위 : 억원〉
항목	2015	2016
영업활동	24	27
투자활동	17	-160
재무활동	-13	156
순현금흐름	28	24
기말현금	54	77

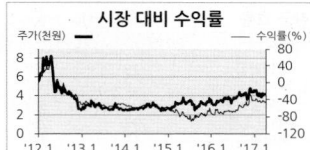
시장 대비 수익률

결산 실적 〈단위 : 억원〉
항목	2011	2012	2013	2014	2015	2016
매출액	436	446	445	493	508	544
영업이익	35	27	16	20	32	39
당기순이익	30	37	15	32	40	47

분기 실적 〈단위 : 억원〉
항목	2015.3Q	2015.4Q	2016.1Q	2016.2Q	2016.3Q	2016.4Q
매출액	116	—	—	128	127	
영업이익	5	—	—	10	6	
당기순이익	10	—	—	12	10	

재무 상태 〈단위 : 억원〉
항목	2011	2012	2013	2014	2015	2016
총자산	473	523	548	580	604	822
유형자산	183	180	187	183	187	298
무형자산	3	6	6	6	6	6
유가증권	31	122	114	210	204	233
총부채	114	128	143	151	140	293
총차입금	52	61	67	64	55	184
자본금	32	47	47	47	47	47
총자본	359	395	405	429	465	529
지배주주지분	359	395	405	429	465	529

기업가치 지표
항목	2011	2012	2013	2014	2015	2016
주가(최고/저)(천원)	8.7/2.3	8.3/2.4	3.7/2.4	3.2/2.4	3.8/2.4	5.2/3.0
PER(최고/저)(배)	28.2/7.5	21.9/6.3	23.4/15.0	9.9/7.3	9.3/5.9	10.6/6.0
PBR(최고/저)(배)	2.4/0.6	2.1/0.6	0.9/0.6	0.7/0.5	0.8/0.5	1.0/0.5
EV/EBITDA(배)	12.0	5.7	7.4	6.5	6.1	8.1
EPS(원)	325	394	162	336	420	501
BPS(원)	5,691	4,177	4,329	4,693	5,113	5,598
CFPS(원)	601	476	261	442	532	629
DPS(원)	60	30	—	20	40	50
EBITDAPS(원)	671	364	266	319	456	536

재무 비율 〈단위 : % 〉
연도	영업이익률	순이익률	부채비율	차입금비율	ROA	ROE	유보율	자기자본비율	EBITDA마진율
2016	7.1	8.7	55.5	34.8	6.6	9.5	1,019.7	64.3	9.3
2015	6.4	7.8	30.1	11.8	6.7	8.9	922.6	76.9	8.5
2014	4.1	6.4	35.2	14.9	5.6	7.6	838.7	74.0	6.1
2013	3.6	3.5	35.3	16.6	2.9	3.8	765.9	73.9	5.7

티피씨메카트로닉스 (A048770)
TPC Mechatronics

업　　종 : 기계　　　　　　　　　　　　시　　장 : KOSDAQ
신용등급 : (Bond) ―　　(CP) ―　　　기업규모 : ―
홈페이지 : www.tpcpage.co.kr　　　연 락 처 : 1588-5982
본　　사 : 인천시 서구 갑문2로 39(오류동) 단해창도클러스터

설 립 일 1979.01.23	종 업 원 수 378명	대 표 이 사 엄주섭	
상 장 일 2001.01.16	감 사 의 견 적정 (천지)	계　　　　열	
결 산 기 12월	보 통 주 1,290만주	종속회사수	
액 면 가 500원	우 선 주 ―	구 상 호	

주주구성 (지분율,%)		출자관계 (지분율,%)		주요경쟁사 (외형,%)	
엄재윤	18.8	시아오뉴스	100.0	TPC	100
엄재웅	15.3	케이에스티	80.0	대경기계	207
(외국인)	0.7	나노모션테크놀로지	76.0	비에이치아이	339

매출구성		비용구성		수출비중	
액츄에이터, 방향제어기기, FRL, 악세사리 등	78.1	매출원가율	84.3	수출	―
직교로봇, 리니어모터, 리니어로봇등	17.8	판관비율	17.8	내수	―
원재료 가공, 전자상거래, 언론, 출판등	2.4				

회사 개요
생산 자동화기계의 핵심부품인 공압기기 전문생산업체로 1979년에 설립되어 업력이 30년이 넘은 전문업체임. 국내 공압기기 시장규모는 내수기준 6,000억원으로 추정되는데 동사는 약 15%의 시장을 점유하고 있음. 국내 자동화기계 관련 M&A와 해외 판매 및 생산법인 설립으로 13개의 회사에 지분을 투자하고 있음. 1천만 달러 이상 투자한 중국법인과 리니어모션 등 신규사업 부문의 성장성이 주목됨.

실적 분석
2016년 결산 기준 누적매출액은 전년동기대비 6.5% 상승하여 923.4억원을 기록하였음. 판관비도 일부 절감하였으나 매출원가가 증가하여 영업이익은 적자를 지속중임. 3D프린터 시장이 지속적으로 확대되고 있어 신규사업은 꾸준히 성장하고 있으며 생산설비 자동화 시스템 또한 시장 현황에 영향을 받긴하나 꾸준히 수출이 증가하고 있으므로 향후 지속적인 수익 개선이 기대됨.

현금 흐름　〈단위 : 억원〉
항목	2015	2016
영업활동	-18	-3
투자활동	5	-6
재무활동	44	35
순현금흐름	32	25
기말현금	53	78

시장 대비 수익률

결산 실적　〈단위 : 억원〉
항목	2011	2012	2013	2014	2015	2016
매출액	856	769	794	786	867	923
영업이익	94	27	27	10	-27	-20
당기순이익	72	11	20	24	-30	-45

분기 실적　〈단위 : 억원〉
항목	2015.3Q	2015.4Q	2016.1Q	2016.2Q	2016.3Q	2016.4Q
매출액	216	212	198	217	221	287
영업이익	2	-42	-9	-5	4	-8
당기순이익	2	-41	-10	-6	3	-33

재무 상태　〈단위 : 억원〉
항목	2011	2012	2013	2014	2015	2016
총자산	679	697	818	871	827	885
유형자산	140	184	248	281	274	257
무형자산	45	34	33	29	26	20
유가증권	6	5	4	0	4	4
총부채	407	418	530	554	599	715
총차입금	156	185	219	249	302	339
자본금	43	65	65	65	65	65
총자본	271	279	288	318	228	170
지배주주지분	256	272	282	310	219	160

기업가치 지표
항목	2011	2012	2013	2014	2015	2016
주가(최고/저)(천원)	5.6/1.6	6.2/2.4	3.9/1.8	12.5/6.4	9.3/4.8	9.6/4.3
PER(최고/저)(배)	10.7/3.0	47.8/18.8	25.1/11.4	67.3/34.6	―/―	―/―
PBR(최고/저)(배)	2.9/0.8	3.0/1.2	1.8/0.8	5.3/2.7	5.5/2.8	7.8/3.5
EV/EBITDA(배)	6.9	9.7	13.5	44.6		8,116.9
EPS(원)	544	134	158	187	-236	-362
BPS(원)	2,971	2,112	2,185	2,399	1,699	1,238
CFPS(원)	1,066	283	288	342	-79	-209
DPS(원)	75	25	25	25	25	25
EBITDAPS(원)	1,344	361	339	228	-52	1

재무 비율　〈단위 : % 〉
연도	영업이익률	순이익률	부채비율	차입금비율	ROA	ROE	유보율	자기자본비율	EBITDA마진율
2016	-2.1	-4.9	420.5	199.1	-5.3	-24.6	147.6	19.2	0.1
2015	-3.1	-3.4	262.4	132.3	-3.5	-11.5	239.7	27.6	-0.8
2014	1.2	3.1	174.4	78.5	2.8	8.2	379.9	36.5	3.7
2013	3.4	2.5	184.4	76.0	2.6	7.4	336.9	35.2	5.5

틸론 (A217880)
TILON

업　　종 : IT 서비스　　　　　　　　　시　　장 : KONEX
신용등급 : (Bond) ―　　(CP) ―　　　기업규모 : ―
홈페이지 : www.tilon.co.kr　　　　　연 락 처 : 02)2627-9005
본　　사 : 서울시 구로구 디지털로 288 대륭포스트타워 1차 1602호

설 립 일 2001.08.08	종 업 원 수 42명	대 표 이 사 최백준	
상 장 일 2015.05.28	감 사 의 견 적정 (대현)	계　　　　열	
결 산 기 12월	보 통 주 333만주	종속회사수	
액 면 가 500원	우 선 주 46만주	구 상 호	

주주구성 (지분율,%)		출자관계 (지분율,%)		주요경쟁사 (외형,%)	
최백준	61.3	에이치아이컴즈	100.0	틸론	100
이우승	6.8	틸론테크놀로지	70.0	쌍용정보통신	3,065
				케이엘넷	490

매출구성		비용구성		수출비중	
Dstation	60.4	매출원가율	48.2	수출	0.0
기타	23.5	판관비율	47.6	내수	100.0
Customizing 등	9.1				

회사 개요
동사는 소프트웨어 개발/공급, 컴퓨터시스템 제조/판매, 토탈 솔루션 개발 및 공급업을 주업으로 하고 있으며 2001년 8월 8일에 설립됐음. 주력 사업영업은 기업이나 공공기관 등에서 도입할 수 있는 Private Cloud 사업과 개인이나 중소기업이 종량제 형식으로 사용한 내역에 대해서만 지불하고 클라우드 시스템을 활용할 수 있는 Public Cloud사업임. 동사는 클라우드 로봇, 클라우드 TV 및 클라우드 PC 사업 등에 진출하고 있음.

실적 분석
동사의 2016년 연결기준 연간 누적 매출액은 71.6억원으로 전년 동기(53.3억원) 대비 30% 이상 증가함. 매출이 증가하면서 고정비용 감소 효과로 인해 영업이익은 3억원으로 전년 동기(영업손실 13.5억원) 대비 흑자 전환에 성공함. 비영업손익 부문에서 소폭 적자가 발생했지만 영업이익이 늘면서 당기순이익은 1.4억원으로 전년 동기(당기순손실 15.3억원) 대비 흑자 전환.

현금 흐름　*IFRS 별도 기준　〈단위 : 억원〉
항목	2015	2016
영업활동	-22	1
투자활동	-0	-17
재무활동	20	24
순현금흐름	-2	4
기말현금	8	12

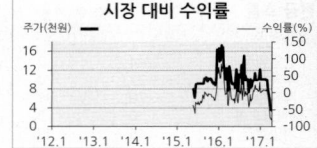
시장 대비 수익률

결산 실적　〈단위 : 억원〉
항목	2011	2012	2013	2014	2015	2016
매출액	―	30	50	55	53	72
영업이익	―	-20	4	3	-13	3
당기순이익	―	-3	2	2	-15	1

분기 실적　*IFRS 별도 기준　〈단위 : 억원〉
항목	2015.3Q	2015.4Q	2016.1Q	2016.2Q	2016.3Q	2016.4Q
매출액	―	―	―	―	―	―
영업이익	―	―	―	―	―	―
당기순이익	―	―	―	―	―	―

재무 상태　*IFRS 별도 기준　〈단위 : 억원〉
항목	2011	2012	2013	2014	2015	2016
총자산	―	55	85	82	86	127
유형자산	―	16	15	14	33	27
무형자산	―	18	16	17	11	13
유가증권	―				0	3
총부채	―	59	67	62	59	78
총차입금	―	40	44	40	43	41
자본금	―	11	11	11	20	21
총자본	―	-4	18	20	27	49
지배주주지분	―	-4	18	20	27	49

기업가치 지표　*IFRS 별도 기준
항목	2011	2012	2013	2014	2015	2016
주가(최고/저)(천원)	―/―	―/―	―/―	―/―	16.3/6.1	18.9/5.7
PER(최고/저)(배)	0.0/0.0	0.0/0.0	0.0/0.0	0.0/0.0	―/―	493.8/147.6
PBR(최고/저)(배)	0.0/0.0	0.0/0.0	0.0/0.0	0.0/0.0	21.5/8.0	14.5/4.3
EV/EBITDA(배)	0.0		2.6	3.2		27.2
EPS(원)	―	-111	91	57	-539	38
BPS(원)	―	528	958	1,037	760	1,305
CFPS(원)	―	323	722	575	-106	396
DPS(원)	―					
EBITDAPS(원)	―	-472	843	637	-43	440

재무 비율　〈단위 : % 〉
연도	영업이익률	순이익률	부채비율	차입금비율	ROA	ROE	유보율	자기자본비율	EBITDA마진율
2016	4.2	1.9	157.5	82.6	1.3	3.6	138.9	38.8	22.1
2015	-25.3	-28.7	217.2	159.6	-18.2	-64.9	38.4	31.5	-2.3
2014	4.7	2.7	310.3	200.3	1.8	7.9	75.4	24.4	20.3
2013	8.3	4.4	362.4	239.2	3.2	전기잠식	62.1	21.6	27.1

팀스 (A134790)
Teems

업　　종 : 내구소비재		시　　장 : 거래소	
신용등급 : (Bond) — (CP) —		기업규모 : 시가총액 소형주	
홈 페 이 지 : www.teems.co.kr		연 락 처 : 02)443-1815	
본　　사 : 충북 음성군 감곡면 음성로 2568번길 33			

설 립 일	2010.12.16	종 업 원 수	2명	대 표 이 사	권광태
상 장 일	2011.01.25	감사의견	적정 (삼덕)	계 속 회 사	열
결 산 기	12월	보 통 주	200만주	종속회사수	
액 면 가	500원	우 선 주		구 상 호	

주주구성 (지분율,%)
일룸	40.6
바로스	15.2
(외국인)	0.6

출자관계 (지분율,%)
팀스	100
한국가구	578
코아스	977

주요경쟁사 (외형,%)

매출구성
교육용 가구	100.0

비용구성
매출원가율	102.0
판관비율	2.2

수출비중
수출	0.0
내수	100.0

회사 개요
동사는 기존의 노동집약적이며 획일화된 디자인 중심의 교육용 가구 제조 분야에서, 고품질의 사무가구 시장의 리딩 컴퍼니의 경험을 바탕으로 생산 자동화를 통한 고품질과 차별화된 디자인으로 교육용 가구시장의 트랜드를 주도하고 있음. 또한 교육환경 연구를 통한 시설별 표준 제안과 생산, 물류, 사후관리의 원스톱 서비스를 통하여 현재 교육가구 시장 내 최고의 지명도를 가지고 최대 점유율을 기록하고 있음.

실적 분석
동사의 2016년 연결 기준 매출과 영업손실은 99.4억원, 4.2억원으로 전년 대비 매출은 47.9% 늘었으나 영업적자를 지속함. 당기순이익은 1억.3원으로 흑자전환함. 판매비와관리비는 2억원으로 전년 대비 2.2% 증가함. 영업외수익은 5억원으로 전년 대비 5.2% 증가함. 동사는 외부 금융기관들로부터의 차입이 없는 무차입경영을 하고 있어 안정적인 재무구조를 유지하고 있음.

현금 흐름 *IFRS 별도 기준　〈단위 : 억원〉
항목	2015	2016
영업활동	-4	8
투자활동	-10	-10
재무활동	—	—
순현금흐름	-14	-2
기말현금	12	10

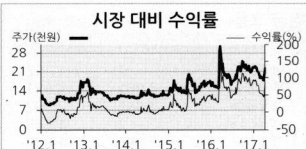

결산 실적　〈단위 : 억원〉
항목	2011	2012	2013	2014	2015	2016
매출액	459	819	235	108	67	99
영업이익	14	34	-9	-5	-12	-4
당기순이익	19	35	-3	1	-5	1

분기 실적 *IFRS 별도 기준　〈단위 : 억원〉
항목	2015.3Q	2015.4Q	2016.1Q	2016.2Q	2016.3Q	2016.4Q
매출액	11	3	31	31	22	15
영업이익	-3	-2	-2	-2	1	-1
당기순이익	-1	3	6	-1	2	0

재무 상태 *IFRS 별도 기준　〈단위 : 억원〉
항목	2011	2012	2013	2014	2015	2016
총자산	424	352	238	230	226	230
유형자산	31	32	27	18	17	16
무형자산	5	5	5	5	5	5
유가증권	226	100	80	0	40	90
총부채	116	102	16	12	12	15
총차입금	0	—	—	—	—	—
자본금	10	10	10	10	10	10
총자본	308	250	223	218	214	216
지배주주지분	308	250	223	218	214	216

기업가치 지표 *IFRS 별도 기준
항목	2011	2012	2013	2014	2015	2016
주가(최고/저)(천원)	42.5/9.0	18.3/8.8	19.6/10.4	14.5/11.1	23.8/12.3	31.1/14.8
PER(최고/저)(배)	45.2/9.6	10.4/5.0	—/—	303.4/233.0	—/—	463.2/220.8
PBR(최고/저)(배)	2.8/0.6	1.4/0.7	1.5/0.8	1.1/0.9	1.9/1.0	2.5/1.2
EV/EBITDA(배)		1.9				
EPS(원)	968	1,772	-133	48	-251	67
BPS(원)	15,423	13,049	12,730	12,772	12,575	12,647
CFPS(원)	1,102	1,946	32	197	-185	100
DPS(원)	200	200				
EBITDAPS(원)	777	1,852	-293	-95	-511	-177

재무 비율　〈단위 : % 〉
연도	영업이익률	순이익률	부채비율	차입금비율	ROA	ROE	유보율	자기자본비율	EBITDA마진율
2016	-4.2	1.4	6.8	0.0	0.6	0.6	2,429.3	93.7	-3.6
2015	-17.2	-7.5	5.6	0.0	-2.2	-2.3	2,414.9	94.8	-15.2
2014	-4.5	0.9	5.5	0.0	0.4	0.4	2,454.4	94.8	-1.8
2013	-3.9	-1.1	7.0	0.0	-0.9	-1.1	2,446.0	93.5	-2.5

팅크웨어 (A084730)
THINKWARE

업　　종 : 자동차부품		시　　장 : KOSDAQ	
신용등급 : (Bond) — (CP) —		기업규모 : 중견	
홈 페 이 지 : www.thinkware.co.kr		연 락 처 : 02)589-9135	
본　　사 : 경기도 성남시 분당구 판교역로 240, 삼환하이펙스 A동 9층			

설 립 일	1997.03.26	종 업 원 수	388명	대 표 이 사	이흥복
상 장 일	2006.05.19	감사의견	적정 (한영)	계 속 회 사	열
결 산 기	12월	보 통 주	986만주	종속회사수	
액 면 가	500원	우 선 주		구 상 호	

주주구성 (지분율,%)
유비벨록스	19.3
KB자산운용	8.0
(외국인)	4.6

출자관계 (지분율,%)
엠아이웍스	100.0
팅크웨어모바일	80.4
비글	48.5

주요경쟁사 (외형,%)
팅크웨어	100
미동앤씨네마	16
이에스브이	18

매출구성
블랙박스	63.5
내비게이션 등	32.6
Map S/W 등	1.9

비용구성
매출원가율	67.8
판관비율	29.3

수출비중
수출	6.7
내수	93.3

회사 개요
동사는 '아이나비' 제품 중심으로, 내비게이션 시장에 Total Solution(PND, 매립형, 통신형 내비게이션 및 S/W)을 제공하고 있으며, LBS시장에 블랙박스 및 통신사향 위치기반서비스 등을 공급하고 있는 기업임. 최근 무선 인터넷 기능이 탑재된 내비게이션을 출시되면서 스마트 기기와 접목을 시도해 인터넷 사용 및 교통관련 정보의 실시간 업데이트가 가능한 통신형 내비게이션을 출시하고 통신형 위치기반서비스를 시작함.

실적 분석
동사의 2016년 매출액은 1,850.4억원으로 전년 대비 22.3% 증가했음. 매출원가 및 판관비가 전년동기 대비 각각 21.4%, 20.7% 증가했음에도 불구하고 매출급증으로 인해 영업이익은 전년 대비 76.5% 증가한 54.8억원을 시현했음. 다만, 비영업부문에서는 26.8억원의 손실을 기록하며 이익폭이 다소 축소되었음. 이로 인해 동사는 21.1억원의 당기순이익을 기록함.

현금 흐름　〈단위 : 억원〉
항목	2015	2016
영업활동	227	262
투자활동	-93	-180
재무활동	-21	-21
순현금흐름	113	61
기말현금	287	348

결산 실적　〈단위 : 억원〉
항목	2011	2012	2013	2014	2015	2016
매출액	1,936	1,793	1,774	1,595	1,513	1,850
영업이익	101	51	14	44	31	55
당기순이익	63	47	-27	10	9	21

분기 실적 *IFRS 별도 기준　〈단위 : 억원〉
항목	2015.3Q	2015.4Q	2016.1Q	2016.2Q	2016.3Q	2016.4Q
매출액	410	397	433	458	468	491
영업이익	10	11	8	6	18	23
당기순이익	5	7	3	3	6	9

재무 상태　〈단위 : 억원〉
항목	2011	2012	2013	2014	2015	2016
총자산	1,398	1,630	2,080	1,977	1,990	2,071
유형자산	204	203	449	429	417	482
무형자산	138	209	214	198	263	240
유가증권	136	237	125	36	64	68
총부채	461	600	1,059	946	743	720
총차입금	202	297	698	669	503	403
자본금	40	40	40	49	49	49
총자본	937	1,031	1,021	1,031	1,246	1,351
지배주주지분	937	1,031	1,021	1,031	1,245	1,342

기업가치 지표
항목	2011	2012	2013	2014	2015	2016
주가(최고/저)(천원)	14.6/6.4	23.6/11.9	18.7/8.3	10.2/6.7	20.4/7.9	16.9/9.8
PER(최고/저)(배)	18.4/8.1	39.8/20.0	—/—	85.5/56.2	213.2/82.3	74.6/43.5
PBR(최고/저)(배)	1.0/0.4	1.5/0.8	1.2/0.5	0.6/0.4	1.4/0.5	1.1/0.7
EV/EBITDA(배)	4.9	12.3	10.8	8.4	11.1	7.5
EPS(원)	789	592	-340	119	95	226
BPS(원)	15,056	15,853	15,729	15,851	14,790	14,968
CFPS(원)	1,473	1,490	810	1,146	952	1,143
DPS(원)						
EBITDAPS(원)	1,953	1,538	1,325	1,577	1,181	1,476

재무 비율　〈단위 : % 〉
연도	영업이익률	순이익률	부채비율	차입금비율	ROA	ROE	유보율	자기자본비율	EBITDA마진율
2016	3.0	1.1	53.3	29.8	1.0	1.7	2,893.6	65.3	7.8
2015	2.1	0.6	59.6	40.4	0.5	0.8	2,858.1	62.6	7.5
2014	2.8	0.6	91.8	64.9	0.5	0.9	3,070.2	52.1	7.9
2013	0.8	-1.5	103.8	68.4	-1.5	-2.7	3,045.9	49.1	6.0

파나진 (A046210)
Panagene

업 종 : 의료 장비 및 서비스		시 장 : KOSDAQ	
신용등급 : (Bond) — (CP) —		기업규모 : 중견	
홈 페이지 : www.panagene.com		연락처 : (042)861-9295	
본 사 : 대전시 유성구 테크노10로 54			

설 립 일 1976.07.01	종업원수	59명	대표이사	김성기	
상 장 일 2000.08.16	감사의견	적정 (우리)	계 열		
결 산 기 12월	보 통 주	3,194만주	종속회사수		
액 면 가 500원	우 선 주		구 상 호		

주주구성 (지분율,%)
김성기	12.8
박준곤	9.9
(외국인)	0.7

출자관계 (지분율,%)

주요경쟁사 (외형,%)
파나진	100
엑세스바이오	511
나노엔텍	319

매출구성
유전자키트(제품)	53.2
PNA(기타)	39.4
상품(상품)	3.9

비용구성
매출원가율	36.4
판관비율	74.4

수출비중
수출	41.8
내수	58.2

회사 개요
동사는 2001년 "새로운 소재와 기술개발을 통해서 분자진단의 새로운 장을 열자"는 포부를 가진 과학자들이 모여 설립됐으며, 2008년10월 합병을 통해 코스닥 시장에 상장됨. 동사의 주력사업은 분자진단시약인 PNA의 개발과 판매임. 동사의 HPV진단용 PNA칩은 국내 시장에서 높은 시장점유율을 차지하고 있음. 2015년부터는 RAF 단백질을 선택적으로 억제하는 표적 항암신약에 대한 임상시험도 진행 중.

실적 분석
PNA소재 및 진단제품 매출이 확대되면서 동사의 2016년 누적매출액은 전년 대비 17.6% 증가한 69.6억원을 기록함. 제품개발 및 출시에 필요한 연구 및 임상시험 비용 등이 증가하면서 7.5억원의 영업손실이 발생해 적자전환함. 현재 폐암 및 대장암 관련 유전자 돌연변이 검사 등 4종의 제품이 출시됐으며, 이 중 EGFR 검출 키트는 2017년 2월 국내 식품의약품안전처의 품목허가를 획득하여 국내 세팅을 진행 중임.

현금 흐름 *IFRS 별도 기준 〈단위 : 억원〉
항목	2015	2016
영업활동	-4	-11
투자활동	-9	-62
재무활동	2	75
순현금흐름	-11	2
기말현금	24	26

시장 대비 수익률
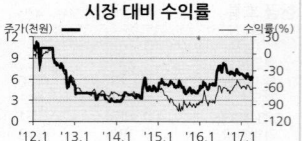

결산 실적 〈단위 : 억원〉
항목	2011	2012	2013	2014	2015	2016
매출액	415	32	42	50	59	70
영업이익	-3	-23	-36	-9	2	-7
당기순이익	-16	-73	-48	-22	-6	-16

분기 실적 *IFRS 별도 기준 〈단위 : 억원〉
항목	2015.3Q	2015.4Q	2016.1Q	2016.2Q	2016.3Q	2016.4Q
매출액	14	19	15	17	17	21
영업이익	0	4	-6	-2	-2	2
당기순이익	-6	8	-9	-4	-6	3

재무 상태 *IFRS 별도 기준 〈단위 : 억원〉
항목	2011	2012	2013	2014	2015	2016
총자산	424	255	251	244	256	330
유형자산	101	84	43	42	41	51
무형자산	77	82	90	87	88	98
유가증권	—	—	—	—	—	—
총부채	265	166	162	155	167	119
총차입금	185	147	131	139	152	99
자본금	124	124	134	134	134	148
총자본	159	89	89	89	89	211
지배주주지분	159	89	89	89	89	211

기업가치 지표 *IFRS 별도 기준
항목	2011	2012	2013	2014	2015	2016
주가(최고/저)(천원)	20.6/10.2	11.9/4.5	5.2/2.7	6.2/2.7	6.0/3.8	8.3/4.5
PER(최고/저)(배)	—/—	—/—	—/—	—/—	—/—	—/—
PBR(최고/저)(배)	32.2/15.9	33.1/12.5	15.5/8.1	18.7/8.2	18.1/11.4	11.7/6.3
EV/EBITDA(배)	80.7	—	—	865.3	109.1	2,565.9
EPS(원)	-64	-296	-184	-82	-23	-54
BPS(원)	641	359	332	332	332	711
CFPS(원)	-20	-254	-149	-41	15	-25
DPS(원)	—	—	—	—	—	—
EBITDAPS(원)	58	-52	-103	6	44	3

재무 비율 〈단위 : % 〉
연도	영업이익률	순이익률	부채비율	차입금비율	ROA	ROE	유보율	자기자본비율	EBITDA마진율
2016	-10.8	-22.4	56.5	47.1	-5.3	-10.4	42.2	63.9	1.1
2015	2.7	-10.6	일부잠식	일부잠식	-2.5	-7.1	-33.6	34.7	19.9
2014	-18.8	-43.8	일부잠식	일부잠식	-8.9	-24.7	-33.6	36.4	3.1
2013	-84.4	-113.0	일부잠식	일부잠식	-18.8	-53.4	-33.5	35.5	-63.1

파라다이스 (A034230)
Paradise

업 종 : 호텔 및 레저		시 장 : KOSDAQ	
신용등급 : (Bond) AA- (CP) —		기업규모 : 우량	
홈 페이지 : www.paradise.co.kr		연락처 : (02)2277-0190	
본 사 : 서울시 중구 동호로 268			

설 립 일 1972.04.27	종업원수	1,465명	대표이사	정연수	
상 장 일 2002.11.05	감사의견	적정 (삼일)	계 열		
결 산 기 12월	보 통 주	9,094만주	종속회사수		
액 면 가 500원	우 선 주		구 상 호		

주주구성 (지분율,%)
파라다이스글로벌	37.9
JF Asset Management Limited	4.9
(외국인)	3.8

출자관계 (지분율,%)
파라다이스호텔부산(우선주)	100.0
파라다이스호텔부산(보통주)	69.5
파라다이스세가사미	55.0

주요경쟁사 (외형,%)
파라다이스	100
강원랜드	244
호텔신라	535

매출구성
카지노	85.8
호텔	12.0
기타	2.2

비용구성
매출원가율	80.1
판관비율	10.5

수출비중
수출	—
내수	—

회사 개요
동사는 주력 사업인 카지노사업을 비롯하여 호텔, 기타 등 3개 사업부문을 영위하고 있음. 전체 매출의 86.8%를 카지노 사업이 차지하고 있음. 2016년 기준 국내 전체 외국인 전용 카지노 입장객의 27.2%를 차지. 2007년부터 2012년 까지 중국인 관광객이 연평균 21.6%가 증가하는 등 급증하고 있으며 정부도 2020까지 중국인 관광객 천만명 유치를 목표로 함에 따라 동사 사업의 추가 성장 가능성이 부각될 전망.

실적 분석
동사의 2016년 연결기준 누적 매출액은 전년 동기 대비 12.9% 증가한 6,948.6억원을 기록함. 이는 전년도 메르스 기저효과로 인한 카지노 부문 매출 증가가 영향이 큼. 영업이익은 12.8% 늘어난 657.9억원 시현. 매출원가와 판관비 증가 및 명예퇴직금 128억원 반영됐지만 외형성장 덕분. 단 비영업부문 수익 악화로 당기순이익은 15.5% 감소한 551.3억원 기록.

현금 흐름 〈단위 : 억원〉
항목	2015	2016
영업활동	-7	1,122
투자활동	-3,981	-4,991
재무활동	3,986	2,302
순현금흐름	2	-1,565
기말현금	3,388	1,823

시장 대비 수익률
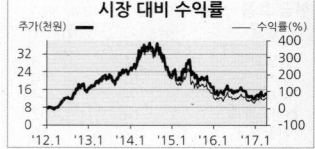

결산 실적 〈단위 : 억원〉
항목	2011	2012	2013	2014	2015	2016
매출액	3,740	5,185	6,215	6,762	6,154	6,949
영업이익	509	898	1,323	790	583	658
당기순이익	325	798	1,077	1,058	718	576

분기 실적 *IFRS 별도 기준 〈단위 : 억원〉
항목	2015.3Q	2015.4Q	2016.1Q	2016.2Q	2016.3Q	2016.4Q
매출액	1,428	1,782	1,570	1,890	1,752	1,736
영업이익	115	110	153	328	109	67
당기순이익	123	64	158	270	104	104

재무 상태 〈단위 : 억원〉
항목	2011	2012	2013	2014	2015	2016
총자산	7,420	10,366	12,300	16,019	19,939	23,080
유형자산	1,988	4,835	4,836	5,501	8,309	13,370
무형자산	193	228	1,893	1,865	2,799	2,851
유가증권	251	195	194	297	546	151
총부채	1,818	3,087	3,404	4,237	7,074	9,984
총차입금	258	912	821	804	4,433	7,102
자본금	470	470	470	470	470	470
총자본	5,602	7,280	8,896	11,782	12,865	13,097
지배주주지분	5,587	6,331	7,306	10,104	10,227	10,441

기업가치 지표
항목	2011	2012	2013	2014	2015	2016
주가(최고/저)(천원)	8.4/3.6	19.2/7.1	25.6/15.4	38.0/22.1	30.9/16.6	18.0/11.8
PER(최고/저)(배)	26.4/11.2	25.7/9.6	24.9/15.0	38.4/22.3	45.0/24.3	30.4/19.9
PBR(최고/저)(배)	1.4/0.6	2.8/1.1	3.3/2.0	3.6/2.1	2.8/1.5	1.6/1.0
EV/EBITDA(배)	8.9	13.9	14.6	17.3	19.3	16.6
EPS(원)	358	822	1,113	1,060	717	606
BPS(원)	6,612	7,419	8,492	11,302	11,533	11,768
CFPS(원)	453	968	1,306	1,306	1,020	963
DPS(원)	150	200	350	600	375	300
EBITDAPS(원)	655	1,134	1,647	1,116	944	1,080

재무 비율 〈단위 : % 〉
연도	영업이익률	순이익률	부채비율	차입금비율	ROA	ROE	유보율	자기자본비율	EBITDA마진율
2016	9.5	8.3	76.2	54.2	2.7	5.3	2,175.6	56.7	14.1
2015	9.5	11.7	55.0	34.5	4.0	6.4	2,130.0	64.5	14.0
2014	11.7	15.7	36.0	6.8	7.5	11.1	2,085.3	73.6	15.0
2013	21.3	17.3	38.3	9.2	9.5	14.8	1,542.0	72.3	24.1

파라텍 (A033540)
Paratech

업 종 : 기계		시 장 : KOSDAQ	
신용등급 : (Bond) — (CP) —		기업규모 : 우량	
홈페이지 : www.paratech.co.kr		연 락 처 : (032)675-2287~8	
본 사 : 경기도 부천시 원미구 길주로 425번길 30-21			

설 립 일 1973.06.08	종 업 원 수 178명	대 표 이 사 안계환,오선영	
상 장 일 1997.12.26	감사의견 적정(삼정)	계 열	
결 산 기 12월	보 통 주 1,121만주	종속회사수	
액 면 가 500원	우 선 주	구 상 수	

주주구성 (지분율,%)
베이스에이치디	54.0
JF Asset Management Limited	5.0
(외국인)	1.1

출자관계 (지분율,%)
레데코	60.0
파라다이스면세점	30.0
극동정밀	29.9

주요경쟁사 (외형,%)
파라텍	100
대경기계	84
비에이치아이	138

매출구성
소화설비공사시공	62.8
스프링클러헤드류	12.5
기타	10.7

비용구성
매출원가율	92.5
판관비율	5.1

수출비중
수출	5.6
내수	94.4

회사 개요
동사는 1973년 설립돼 1997년 코스닥시장에 상장한 소방설비 전문기업임. 2016년말 현재 (주)레데코, FESCO JAPAN 등 2개의 연결자회사를 보유함. 당분기 기준 사업부문별 매출비중은 소방설비시공 69%, 소방기구제조도매 31%로 구성됨. 소방기구사업은 CPVC와 자동식 소화기 및 ECARO GAS 팩케이지 등 신제품의 판매, 시공부문에서는 반도체 및 LCD에 편중된 매출을 주거용 및 일반 건축물 등으로 제품 다각화를 추진중임.

실적 분석
동사의 2016년 누적 매출액은 2,269억원으로 전년 동기 대비 53.1% 증가함. 매출원가와 판관비도 전년 동기 대비 각각 54.6%, 46.8% 증가하였으나, 매출 증가폭이 커지면서 영업이익은 54.7억원을 시현하여 전년 동기 대비 20% 증가함. 당기순이익은 전년 동기 대비 23% 늘어난 34.3억원을 시현함. 반도체 플랜트공사 활성화에 따른 매출액 및 손익구조가 전년대비 큰폭으로 증가함.

현금 흐름 〈단위 : 억원〉
항목	2015	2016
영업활동	48	-228
투자활동	58	-21
재무활동	13	67
순현금흐름	118	-182
기말현금	187	5

시장 대비 수익률

결산 실적 〈단위 : 억원〉
항목	2011	2012	2013	2014	2015	2016
매출액	1,141	914	1,087	1,321	1,482	2,269
영업이익	73	8	60	70	46	55
당기순이익	53	6	46	56	28	34

분기 실적 〈단위 : 억원〉
항목	2015.3Q	2015.4Q	2016.1Q	2016.2Q	2016.3Q	2016.4Q
매출액	408	394	382	440	606	841
영업이익	18	-7	29	17	25	-17
당기순이익	12	-37	25	12	18	-21

재무 상태 〈단위 : 억원〉
항목	2011	2012	2013	2014	2015	2016
총자산	881	829	935	1,101	1,003	1,438
유형자산	334	332	325	264	163	174
무형자산	10	9	9	7	7	6
유가증권	29	15	12	17	6	6
총부채	250	208	269	400	276	703
총차입금	41	0	0	0	0	86
자본금	56	56	56	56	56	56
총자본	630	621	667	702	727	735
지배주주지분	623	612	654	686	726	735

기업가치 지표
항목	2011	2012	2013	2014	2015	2016
주가(최고/저)(천원)	2.9/1.8	3.3/2.4	2.9/2.4	6.5/2.7	7.1/4.3	9.0/5.5
PER(최고/저)(배)	7.0/4.4	101.9/72.4	7.9/6.4	14.3/6.0	28.9/17.5	29.0/17.8
PBR(최고/저)(배)	0.6/0.4	0.6/0.5	0.5/0.4	1.1/0.5	1.1/0.7	1.3/0.8
EV/EBITDA(배)	2.3	10.7	3.8	5.4	8.4	14.1
EPS(원)	446	34	384	466	246	310
BPS(원)	5,675	5,577	5,959	6,374	6,644	6,786
CFPS(원)	543	133	501	583	328	389
DPS(원)	100	10	40	50	54	53
EBITDAPS(원)	746	167	655	742	489	565

재무 비율 〈단위 : % 〉
연도	영업이익률	순이익률	부채비율	차입금비율	ROA	ROE	유보율	자기자본비율	EBITDA마진율
2016	2.4	1.5	95.7	11.7	2.8	4.8	1,257.1	51.1	2.8
2015	3.1	1.9	37.9	0.0	2.7	3.9	1,228.8	72.5	3.7
2014	5.3	4.2	57.0	0.0	5.5	7.8	1,174.8	63.7	6.3
2013	5.6	4.2	40.3	0.1	5.2	6.9	1,091.7	71.3	6.7

파루 (A043200)
Paru

업 종 : 에너지 시설 및 서비스		시 장 : KOSDAQ	
신용등급 : (Bond) B+ (CP) —		기업규모 : 벤처	
홈페이지 : www.paru.co.kr		연 락 처 : (061)755-5114	
본 사 : 전남 순천시 서면 산단4길 12			

설 립 일 1995.08.28	종 업 원 수 138명	대 표 이 사 강문식	
상 장 일 2000.07.19	감사의견 적정(정동)	계 열	
결 산 기 12월	보 통 주 2,764만주	종속회사수	
액 면 가 500원	우 선 주	구 상 수	

주주구성 (지분율,%)
지본	5.4
강문식	2.5
(외국인)	1.5

출자관계 (지분율,%)
태인태양광발전소	100.0
순천시친환경에너지타운	100.0

주요경쟁사 (외형,%)
파루	100
KG ETS	90
에이치엘비생명과학	40

매출구성
태양광 추적장치	94.8
농업용 동력운반차	1.5
벌레팡 세라믹노즐 등	1.4

비용구성
매출원가율	65.7
판관비율	29.6

수출비중
수출	81.3
내수	18.7

회사 개요
동사는 1993년에 설립되어 2000년에 코스닥시장에 상장하였고, 2002년 태인테크주식회사에서 현재의 사명으로 상호를 변경함. 재생에너지사업(태양광사업), LED조명사업, 생물환경산업(농기계, 손세경제 외)을 영위하고 있음. 매출구성은 태양광추적장치 95.85%, 위생환경사업 3.75%, LED 0.4%로 구성됨. 연결대상 종속법인으로는 동사가 지분 100%를 투자하여 태양광발전을 주요사업으로 영위하는 태인태양광발전소를 보유함.

실적 분석
2016년 연결기준 매출액은 전년대비 16.6% 감소한 1,056.6억원을 기록함. 원가율 상승과 매출 감소에 따른 고정비 상승으로 영업이익은 전년대비 48.9% 감소한 50.2억원을 기록함. 영업이익 감소와 비영업손실 증가로 당기순이익 66.5% 감소한 32.6억원을 기록함. 해외 시장의 일시적인 침체가 영업이익 감소에 영향을 미쳤으나, 미국 텍사스주 알라모 지역에 세계 최대 규모(400MW)의 태양광 발전소 수주했음.

현금 흐름 〈단위 : 억원〉
항목	2015	2016
영업활동	189	-118
투자활동	-77	-77
재무활동	-33	243
순현금흐름	138	174
기말현금	152	326

시장 대비 수익률

결산 실적 〈단위 : 억원〉
항목	2011	2012	2013	2014	2015	2016
매출액	206	389	374	579	1,266	1,057
영업이익	-142	-39	11	38	98	50
당기순이익	-173	-62	-26	2	97	33

분기 실적 〈단위 : 억원〉
항목	2015.3Q	2015.4Q	2016.1Q	2016.2Q	2016.3Q	2016.4Q
매출액	336	383	412	433	122	90
영업이익	30	20	46	46	11	-52
당기순이익	51	32	40	30	5	-42

재무 상태 〈단위 : 억원〉
항목	2011	2012	2013	2014	2015	2016
총자산	450	426	573	719	987	1,100
유형자산	238	221	247	253	259	290
무형자산	30	28	15	15	16	16
유가증권	6	9	10	10	10	23
총부채	307	263	420	399	539	280
총차입금	259	211	301	233	188	170
자본금	238	31	31	87	87	138
총자본	143	163	153	320	448	820
지배주주지분	143	163	153	320	448	785

기업가치 지표
항목	2011	2012	2013	2014	2015	2016
주가(최고/저)(천원)	10.4/4.0	5.4/0.8	3.1/1.0	4.5/1.8	5.7/2.7	5.4/3.7
PER(최고/저)(배)	—/—	—/—	—/—	377.0/154.8	11.7/5.6	32.1/21.6
PBR(최고/저)(배)	7.2/2.8	3.9/0.6	2.4/0.8	2.7/1.1	2.5/1.2	1.9/1.3
EV/EBITDA(배)	—	—	16.0	15.1	7.1	11.9
EPS(원)	-1,663	-514	-212	12	492	169
BPS(원)	315	2,760	2,603	1,871	2,606	2,866
CFPS(원)	-324	-768	-186	116	647	251
DPS(원)	—	—	—	—	—	—
EBITDAPS(원)	-260	-375	426	374	653	288

재무 비율 〈단위 : % 〉
연도	영업이익률	순이익률	부채비율	차입금비율	ROA	ROE	유보율	자기자본비율	EBITDA마진율
2016	4.8	3.1	34.2	20.8	3.1	6.7	473.2	74.5	6.6
2015	7.8	7.7	120.3	42.0	11.4	25.3	421.2	45.4	9.0
2014	6.6	0.3	124.7	72.8	0.3	0.8	274.1	44.5	9.0
2013	3.0	-7.0	274.4	196.5	-5.3	-16.6	420.5	26.7	7.0

파마리서치프로덕트 (A214450)
PHARMA RESEARCH PRODUCTS

업 종: 바이오	시 장: KOSDAQ
신용등급: (Bond) — (CP) —	기업규모: 벤처
홈페이지: www.pr-products.co.kr	연락처: 033)645-7640
본 사: 강원도 강릉시 과학단지로 77-19 (대전동)	

설 립 일	2001.03.03	종업원수	95명	대표이사	정상수,안원준
상 장 일	2015.07.24	감사의견	적정 (삼덕)	계	열
결 산 기	12월	보통주	947만주	종속회사수	
액 면 가	500원	우 선 주		구 상 호	

주주구성 (지분율,%)		출자관계 (지분율,%)		주요경쟁사 (외형,%)	
정상수	41.1	ADI인터네셔널	49.8	파마리서치프로덕트	100
김익수	6.4	한국오므론헬스케어	24.5	셀바이오텍	127
(외국인)	2.5			엔지켐생명과학	48

매출구성		비용구성		수출비중	
플라센텍스	41.1	매출원가율	32.9	수출	14.7
자닥신, 에이티피 외	29.0	판관비율	36.4	내수	85.3
리쥬비넥스, 리쥬란, 디셀 외	21.5				

회사 개요
동사는 해양바이오 의약신소재인 PDRN/PN 제조 기술을 확보하고, 해당 소재를 기반으로 한 의약품, 의료기기 및 기타 헬스케어 제품을 생산, 판매하는 재생과학 전문회사임. PDRN 및 PN은 그 안전성과 유효성이 확인된 재생 의학원료로 그 조성은 연어의 생식세포에서 분리된 DNA분절체임. 연어의 생식세포에서 추출한 DNA를 특화된 규격으로 분리, 정제하고, 약효를 가지는 특정 절편으로 규격화해 의약품 및 의료기기의 원재료로 사용하고 있음

실적 분석
동사의 2016년 연결기준 결산 매출액은 459.5억원을 기록하며 전년동기 대비 22.7% 증가. 영업이익은 141.1억원으로 12.4% 감소했으나 당기순이익은 138.3억원을 기록하며 전년동기 대비 각각 7.4% 증가. 비영업손익이 32.3억원을 기록해 당기순이익이 증가. 매도가능금융자산인 주식형, 채권형, 부동산형 펀드의 공정가치가 증가한 것 외의 단기매매증권의 가치 상승으로 금융손익이 크게 증가.

현금 흐름 〈단위 : 억원〉

항목	2015	2016
영업활동	160	82
투자활동	-1,191	-10
재무활동	1,081	-46
순현금흐름	50	28
기말현금	149	176

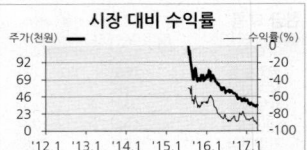
시장 대비 수익률

결산 실적 〈단위 : 억원〉

항목	2011	2012	2013	2014	2015	2016
매출액	—	119	178	248	375	460
영업이익	—	30	72	114	161	141
당기순이익	—	24	57	88	129	138

분기 실적 〈단위 : 억원〉

항목	2015.3Q	2015.4Q	2016.1Q	2016.2Q	2016.3Q	2016.4Q
매출액	98	—	—	—	110	—
영업이익	49	—	—	—	47	—
당기순이익	40	—	—	—	43	—

재무 상태 〈단위 : 억원〉

항목	2011	2012	2013	2014	2015	2016
총자산	—	174	245	444	1,693	1,793
유형자산	—	60	91	210	204	208
무형자산	—	9	7	16	16	42
유가증권	—	—	1	1	264	618
총부채	—	53	96	196	126	69
총차입금	—	22	69	147	54	
자본금	—	9	9	30	46	47
총자본	—	121	149	248	1,567	1,725
지배주주지분	—	121	149	248	1,567	1,716

기업가치 지표

항목	2011	2012	2013	2014	2015	2016
주가(최고/저)(천원)	—/—	—	—	—	113/61.5	82.1/39.1
PER(최고/저)(배)	0.0/0.0	0.0/0.0	0.0/0.0	0.0/0.0	73.7/40.0	56.3/26.8
PBR(최고/저)(배)	0.0/0.0	0.0/0.0	0.0/0.0	0.0/0.0	6.9/3.8	4.5/2.1
EV/EBITDA(배)	0.0	—	—	0.4	32.2	17.9
EPS(원)	—	455	815	1,255	1,554	1,469
BPS(원)	—	6,441	7,520	3,388	16,559	18,416
CFPS(원)	—	1,654	3,061	1,363	1,678	1,590
DPS(원)	—	—	—	—	200	300
EBITDAPS(원)	—	2,036	3,841	1,729	2,066	1,611

재무 비율 〈단위 : % 〉

연도	영업이익률	순이익률	부채비율	차입금비율	ROA	ROE	유보율	자기자본비율	EBITDA마진율
2016	30.7	30.1	4.0	0.0	7.9	8.5	3,583.1	96.2	33.2
2015	43.0	34.4	8.0	3.5	12.1	14.2	3,320.7	92.6	45.7
2014	46.1	35.7	79.2	59.4	25.7	44.5	724.2	55.8	49.2
2013	40.6	31.9	64.2	45.9	—	—	1,656.2	60.9	42.9

파미셀 (A005690)
Pharmicell

업 종: 바이오	시 장: 거래소
신용등급: (Bond) — (CP) —	기업규모: 시가총액 소형주
홈페이지: www.pharmicell.com	연락처: 02)3496-0114
본 사: 서울시 강남구 언주로 874, 7층(신사동, 쌍봉빌딩)	

설 립 일	1968.08.20	종업원수	119명	대표이사	김현수
상 장 일	1988.05.20	감사의견	적정 (신승)	계	열
결 산 기	12월	보통주	5,841만주	종속회사수	
액 면 가	500원	우 선 주		구 상 호	

주주구성 (지분율,%)		출자관계 (지분율,%)		주요경쟁사 (외형,%)	
김현수	9.2			파미셀	100
코어비트	5.5			오리엔트바이오	377
(외국인)	2.1			마크로젠	327

매출구성		비용구성		수출비중	
DMT-dNAs, 2'-Ome-RNAs	26.1	매출원가율	63.3	수출	46.1
Phoretar 101 외 4종	25.8	판관비율	43.4	내수	53.9
기타	22.1				

회사 개요
동사는 세계 최초의 줄기세포치료제(하티셀 그램-에이엠아이)를 개발한 바이오 제약 전문 기업이며 2개의 사업부(바이오제약사업부, 바이오케미컬사업부)를 두고 있음. 바이오제약사업부는 줄기세포치료제 개발을 핵심사업으로 하며, 성체줄기세포 보관사업도 수행하고 있음. 바이오케미컬사업부는 2012년 원료의약품 등의 정밀화학 제품을 생산하는 아이디비켐㈜을 자회사로 인수한 후 2013년 3월 합병을 통해 신설된 사업부임.

실적 분석
동사의 2016년 결산 매출액은 278억원으로 전년대비 27억 증가하였으며, 세부적으로 바이오제약사업부는 줄기세포치료제 및 줄기세포배양액 함유 화장품의 매출증가로 인하여 전년대비 18억 증가하였으며, 바이오케미컬사업부는 난연제 매출이 감소한 반면 의약품 중간체(원재료)인 뉴클레오시드의 계속되는 성장으로 인하여 9억원 증가하였음. 매출호조로 인하여 영업이익은 전년동기 대비 적자폭이 크게 축소되었음.

현금 흐름 *IFRS 별도 기준 〈단위 : 억원〉

항목	2015	2016
영업활동	-24	10
투자활동	-133	-44
재무활동	76	10
순현금흐름	-81	-23
기말현금	141	119

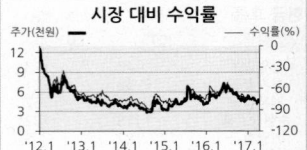
시장 대비 수익률

결산 실적 〈단위 : 억원〉

항목	2011	2012	2013	2014	2015	2016
매출액	103	111	334	202	252	278
영업이익	-154	-140	-76	-84	-55	-19
당기순이익	-182	-176	-257	-288	-64	-7

분기 실적 *IFRS 별도 기준 〈단위 : 억원〉

항목	2015.3Q	2015.4Q	2016.1Q	2016.2Q	2016.3Q	2016.4Q
매출액	67	76	71	65	80	63
영업이익	-17	-8	-5	-8	2	-8
당기순이익	-14	-19	-3	-8	7	-3

재무 상태 *IFRS 별도 기준 〈단위 : 억원〉

항목	2011	2012	2013	2014	2015	2016
총자산	1,009	1,308	994	988	1,021	1,020
유형자산	36	56	57	45	95	114
무형자산	779	762	766	604	602	588
유가증권	0	—	—	—	50	—
총부채	180	283	169	154	108	74
총차입금	152	254	88	90	30	—
자본금	166	209	217	263	286	292
총자본	829	1,025	824	834	913	946
지배주주지분	829	1,025	824	834	913	946

기업가치 지표 *IFRS 별도 기준

항목	2011	2012	2013	2014	2015	2016
주가(최고/저)(천원)	14.3/5.9	12.9/4.8	5.4/3.4	5.1/2.8	7.3/3.1	7.4/4.1
PER(최고/저)(배)	—/—	—/—	—/—	—/—	—/—	—/—
PBR(최고/저)(배)	6.2/2.6	5.3/1.9	2.8/1.8	3.2/1.8	4.6/1.9	4.5/2.5
EV/EBITDA(배)	—	—	—	—	—	191.8
EPS(원)	-591	-432	-608	-619	-114	-12
BPS(원)	2,496	2,451	1,902	1,586	1,598	1,622
CFPS(원)	-588	-360	-523	-559	-68	46
DPS(원)	—	—	—	—	—	—
EBITDAPS(원)	-505	-270	-96	-121	-53	25

재무 비율 〈단위 : % 〉

연도	영업이익률	순이익률	부채비율	차입금비율	ROA	ROE	유보율	자기자본비율	EBITDA마진율
2016	-6.7	-2.4	7.8	0.0	-0.7	-0.7	224.5	92.8	5.3
2015	-22.0	-25.4	11.8	3.3	-6.4	-7.3	219.6	89.5	-11.7
2014	-41.8	-142.7	18.5	10.8	-29.0	-34.7	217.2	84.4	-27.9
2013	-22.9	-76.9	20.6	10.7	-21.8	-27.9	280.5	82.9	-12.1

파버나인 (A177830)
PAVONINE CO

업   종 : 금속 및 광물
신용등급 : (Bond) —   (CP) —
홈 페 이 지 : www.pavonine.net
본   사 : 인천시 남동구 호구포로 33 남동공단 157블럭 4로트

시   장 : KOSDAQ
기업규모 : 벤처
연 락 처 : 032)814-6900

설 립 일	1997.07.04	종 업 원 수	347명	대 표 이 사	이제훈
상 장 일	2014.08.04	감사의견	적정 (삼덕)	계 열	
결 산 기	12월	보 통 주	1,071만주	종속회사수	
액 면 가	500원	우 선 주		구 상 호	

주주구성 (지분율,%)		출자관계 (지분율,%)		주요경쟁사 (외형,%)	
이제훈	20.7	파버나인코리아	19.7	파버나인	100
오종철	14.2	자드미디어웍스	2.9	나라케이아이씨	71
(외국인)	1.5	PavonineAsiaPte.Ltd	100.0	비엔씨컴퍼니	16

매출구성		비용구성		수출비중	
[TV]TV프레임, 스탠드	30.9	매출원가율	87.5	수출	5.4
[기타제품]가전제품 내외장재 등	25.6	판관비율	8.2	내수	94.6
[의료기기]X-ray 기기	23.2				

회사 개요
동사는 알루미늄 소재 가공을 통해 프리미엄 TV, 의료기기, 가전제품용 알루미늄 소재 가공 및 외관 제품을 제조하는 업체임. 1997년 설립되어 2014년 8월 코스닥시장에 상장함. 2001년 삼성과의 알루미늄 소재 가공제품 협력사 등록을 시작으로 삼성전자의 Sole Vendor 체제를 유지. 2016년 기준으로 전체 글로벌 TV판매 수량에 비해 동사가 납품하는 프레임의 수량 대비 전체 시장점유율을 추산할 경우 약 0.31%에 달함.

실적 분석
동사의 2016년도 결산 연결기준 누적매출액은 전년동기 대비 48.8% 증가한 769.9억원을 시현. 영업이익과 당기순이익 또한 각각 33.0억원, 35.0억원을 기록하며 흑자 전환. 최근 가전제품에서 메탈을 통해 시원 및 쾌적함을 시현, 세월이 지나도 변하지 않는 영속성을 내포하는 신뢰성 등을 표현하는 것이 디자인 트렌드임. 또한 플라스틱 사출소재에 비해 환경호르몬이 적다는 점 등의 장점으로 인해 알루미늄 소재의 수요는 지속될 것으로 전망됨.

현금 흐름 〈단위 : 억원〉
항목	2015	2016
영업활동	-4	82
투자활동	-121	-142
재무활동	154	66
순현금흐름	29	6
기말현금	67	73

시장 대비 수익률

결산 실적 〈단위 : 억원〉
항목	2011	2012	2013	2014	2015	2016
매출액	316	464	1,198	850	517	770
영업이익	27	46	94	53	-46	33
당기순이익	3	29	67	48	-53	35

분기 실적 〈단위 : 억원〉
항목	2015.3Q	2015.4Q	2016.1Q	2016.2Q	2016.3Q	2016.4Q
매출액	131	119	135	208	221	206
영업이익	-8	-13	-16	26	20	2
당기순이익	-6	-22	-13	30	14	4

재무 상태 〈단위 : 억원〉
항목	2011	2012	2013	2014	2015	2016
총자산	529	586	597	764	851	1,027
유형자산	364	411	441	511	618	718
무형자산	—	—	3	4	4	28
유가증권	22	18	14	15	16	14
총부채	350	376	320	220	357	499
총차입금	303	331	222	113	267	333
자본금	15	15	15	27	27	27
총자본	179	210	277	543	494	528
지배주주지분	179	210	277	543	494	528

기업가치 지표
항목	2011	2012	2013	2014	2015	2016
주가(최고/저)(천원)	—/—	—/—	—/—	6.0/3.5	6.6/2.6	5.2/2.8
PER(최고/저)(배)	0.0/0.0	0.0/0.0	0.0/0.0	10.6/6.1	—/—	16.0/8.5
PBR(최고/저)(배)	0.0/0.0	0.0/0.0	0.0/0.0	1.2/0.7	1.4/0.6	1.1/0.6
EV/EBITDA(배)	5.7	4.4	1.7	4.9		10.1
EPS(원)	43	490	1,120	568	-499	327
BPS(원)	94,106	110,379	7,278	10,142	9,222	9,857
CFPS(원)	9,307	26,364	3,138	1,833	-207	1,505
DPS(원)						
EBITDAPS(원)	22,063	35,248	4,041	1,941	-74	1,467

재무 비율 〈단위 : % 〉
연도	영업이익률	순이익률	부채비율	차입금비율	ROA	ROE	유보율	자기자본비율	EBITDA마진율
2016	4.3	4.6	94.5	63.0	3.7	6.9	1,871.4	51.4	10.2
2015	-9.0	-10.3	72.3	54.1	-6.6	-10.3	1,744.4	58.1	-0.8
2014	6.2	5.6	40.6	20.9	7.0	11.6	1,928.5	71.1	10.2
2013	7.8	5.6	115.5	80.1	11.3	27.3	1,779.0	46.4	10.1

파세코 (A037070)
Paseco

업   종 : 내구소비재
신용등급 : (Bond) —   (CP) —
홈 페 이 지 : www.paseco.co.kr
본   사 : 경기도 안산시 단원구 원시로 248 (원시동)

시   장 : KOSDAQ
기업규모 : 중견
연 락 처 : 031)492-8341

설 립 일	1986.08.01	종 업 원 수	247명	대 표 이 사	유일한
상 장 일	2000.01.04	감사의견	적정 (안진)	계 열	
결 산 기	12월	보 통 주	1,400만주	종속회사수	
액 면 가	500원	우 선 주		구 상 호	

주주구성 (지분율,%)		출자관계 (지분율,%)		주요경쟁사 (외형,%)	
유일한	31.6	이원정보기술	10.7	파세코	100
유정한	30.1			PN풍년	75
(외국인)	1.6			행남생활건강	28

매출구성		비용구성		수출비중	
석유스토브	40.2	매출원가율	78.6	수출	32.5
상품매출 기타	26.5	판관비율	18.5	내수	67.5
가스쿡탑	19.0				

회사 개요
동사는 1986년 8월 설립된 이후 석유스토브 수출 및 빌트인 가전제품 제조, 판매업을 주요 사업으로 영위하고 있음. 특히 석유스토브는 세계적으로 품질을 인정받고 있으며, 빌트인 가전기기 부문은 삼성전자 등 대기업과 OEM 방식을 통해 매출을 실현하고 있음. 국내 기준으로 이 분야 최대 제조업체임. 석유스토브 부품생산업체인 에이치엔씨와 임가공업체인 고광전자를 중국에 현지 출자하여 계열사로 두고 있음.

실적 분석
동사의 2016년 연결기준 결산 매출과 영업이익, 당기순이익은 각각 1,019.5억원(16.0% 감소), 29.6억원(60.4% 감소), 28.5억원 (51.7% 감소)을 기록하였음. 이러한 매출 및 수익성 악화의 원인은, 2016년 건설경기 불안과 내수경기 악화로 인한 경쟁 심화로 내수 매출이 감소하였으며, 미국의 기후 및 경기영향, 중동의 저유가에 따른 시장 악화로 수출 부문의 매출이 큰 폭으로 하락하였기 때문으로 분석됨.

현금 흐름 *IFRS 별도 기준 〈단위 : 억원〉
항목	2015	2016
영업활동	156	30
투자활동	-17	-11
재무활동	-122	11
순현금흐름	19	31
기말현금	45	76

시장 대비 수익률

결산 실적 〈단위 : 억원〉
항목	2011	2012	2013	2014	2015	2016
매출액	995	1,049	1,271	1,381	1,214	1,020
영업이익	31	51	103	83	75	30
당기순이익	15	41	75	60	59	28

분기 실적 *IFRS 별도 기준 〈단위 : 억원〉
항목	2015.3Q	2015.4Q	2016.1Q	2016.2Q	2016.3Q	2016.4Q
매출액	548	262	137	206	392	285
영업이익	70	18	-12	-5	25	21
당기순이익	57	16	-9	-2	27	12

재무 상태 *IFRS 별도 기준 〈단위 : 억원〉
항목	2011	2012	2013	2014	2015	2016
총자산	899	940	975	985	909	946
유형자산	586	591	569	582	575	558
무형자산	23	27	26	25	19	16
유가증권	5	3	3	2	6	2
총부채	442	442	380	360	242	274
총차입금	281	274	159	179	76	111
자본금	66	66	66	66	66	66
총자본	457	498	595	625	667	672
지배주주지분	457	498	595	625	667	672

기업가치 지표 *IFRS 별도 기준
항목	2011	2012	2013	2014	2015	2016
주가(최고/저)(천원)	2.3/1.2	2.2/1.6	5.0/1.8	9.9/3.8	8.9/4.9	8.0/4.3
PER(최고/저)(배)	26.5/14.2	8.9/6.5	10.5/3.8	25.2/9.8	22.7/12.5	40.5/21.7
PBR(최고/저)(배)	0.8/0.4	0.7/0.5	1.3/0.5	2.4/0.9	2.0/1.1	1.7/0.9
EV/EBITDA(배)	7.4	5.5	4.8	7.1	6.3	11.0
EPS(원)	106	291	536	428	420	203
BPS(원)	3,742	4,028	4,513	4,738	5,059	5,094
CFPS(원)	443	660	955	830	826	570
DPS(원)	100	100	150	150	170	230
EBITDAPS(원)	562	735	1,169	1,008	945	579

재무 비율 〈단위 : % 〉
연도	영업이익률	순이익률	부채비율	차입금비율	ROA	ROE	유보율	자기자본비율	EBITDA마진율
2016	2.9	2.8	40.7	16.6	3.1	4.3	918.8	71.1	7.5
2015	6.2	4.9	36.2	11.3	6.2	9.1	911.9	73.4	10.3
2014	6.1	4.3	57.7	28.7	6.1	9.8	847.6	63.4	9.6
2013	8.1	5.9	63.8	26.7	7.8	13.7	802.6	61.0	12.1

파수닷컴 (A150900)
FASOOCOM

업　　　종 : 일반 소프트웨어　　시　　　장 : KOSDAQ
신 용 등 급 : (Bond) —　　(CP) —　　기 업 규 모 : 벤처
홈 페 이 지 : www.fasoo.com　　연 락 처 : 02)300-9000
본　　　사 : 서울시 마포구 월드컵북로 396, 누리꿈스퀘어비즈니스타워 17층

설 립 일	2000.06.08	종 업 원 수	300명	대 표 이 사	조규곤
상 장 일	2013.10.18	감 사 의 견	적정 (대주)	계 열	
결 산 기	12월	보 통 주	814만주	종 속 회 사	
액 면 가	500원	우 선 주		구 상 호	

주주구성 (지분율,%)		출자관계 (지분율,%)		주요경쟁사 (외형,%)	
조규곤	25.6	디지털페이지	100.0	파수닷컴	100
산은캐피탈	4.5	마이캉고	11.0	인프라웨어	62
(외국인)	2.6	FASOO,INC	100.0	피노텍	51

매출구성		비용구성		수출비중	
데이타보안	65.3	매출원가율	64.0	수출	3.3
유지관리	19.9	판관비율	72.5	내수	96.7
소프트웨어보안	14.8				

회사 개요
2000년 6월 설립된 소프트웨어 보안 분야 사업 영위하는 회사. 2015년 기준 국내 DRM 시장의 파수닷컴의 시장점유율은 30.5%. 2016년 결산 기준 매출 비중은 데이타보안 57.2%, 소프트웨어보안 15.4%, 기타 27.4%로 구성됨. 기업 문서 보안 솔루션 및 서비스, 전자책 DRM 솔루션을 주로 개발. E-DRM은 보안분야에서 유일하게 외산업체가 국내 진입 못하고, 국내업체만 사업하고 있음

실적 분석
국내 데이타보안 시장의 주요 경쟁 회사는 마크애니와 소프트캠프가 있음. 동사의 주력제품은 데이타보안이며 2016년 결산 매출비중이 57% 정도. 동사의 연결 재무제표 기준 2016년 결산 매출액은 전년 동기 252.9억원 대비 15.2% 감소한 214.4억원 기록. 매출규모 축소되면서 영업손실 78.1억원을 기록, 전년 동기 대비 적자 전환함. 당기순손실 역시 121.4억원을 기록, 전년 동기 대비 적자전환 하였음.

현금 흐름 〈단위 : 억원〉

항목	2015	2016
영업활동	14	-10
투자활동	-39	-62
재무활동	62	60
순현금흐름	38	-11
기말현금	75	63

시장 대비 수익률
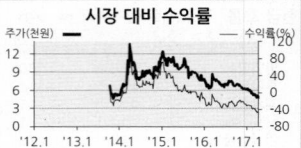

결산 실적 〈단위 : 억원〉

항목	2011	2012	2013	2014	2015	2016
매출액	161	203	214	231	253	214
영업이익	11	40	14	16	3	-78
당기순이익	19	43	18	22	9	-121

분기 실적 〈단위 : 억원〉

항목	2015.3Q	2015.4Q	2016.1Q	2016.2Q	2016.3Q	2016.4Q
매출액	58	102	37	45	59	74
영업이익	-8	56	-29	-21	-7	-22
당기순이익	-3	42	-29	-22	-8	-63

재무 상태 〈단위 : 억원〉

항목	2011	2012	2013	2014	2015	2016
총자산	177	219	314	330	411	383
유형자산	6	8	8	11	15	12
무형자산	44	46	50	66	100	127
유가증권	1	1	1	11	2	6
총부채	81	84	74	79	149	249
총차입금	38	42	20	20	74	148
자본금	30	31	40	40	40	41
총자본	96	135	240	251	261	134
지배주주지분	96	135	240	251	261	134

기업가치 지표

항목	2011	2012	2013	2014	2015	2016
주가(최고/저)(천원)	—/—	—/—	6.7/4.6	13.7/5.1	12.3/7.5	9.1/6.1
PER(최고/저)(배)	0.0/0.0	0.0/0.0	25.4/17.4	51.4/19.2	118.3/71.7	—/—
PBR(최고/저)(배)	0.0/0.0	0.0/0.0	2.3/1.6	4.4/1.6	3.8/2.3	5.0/3.3
EV/EBITDA(배)	0.2	0.3	10.9	27.4	28.8	
EPS(원)	313	711	272	273	106	-1,495
BPS(원)	1,600	2,191	3,015	3,205	3,302	1,837
CFPS(원)	529	965	541	473	351	-1,213
DPS(원)			50	50	50	
EBITDAPS(원)	407	904	483	404	278	-680

재무 비율 〈단위 : % 〉

연도	영업이익률	순이익률	부채비율	차입금비율	ROA	ROE	유보율	자기자본비율	EBITDA마진율
2016	-36.4	-56.6	185.6	110.7	-30.6	-61.4	267.4	35.0	-25.8
2015	1.0	3.4	57.2	28.1	2.3	3.3	560.4	63.6	8.9
2014	7.0	9.4	31.4	8.0	6.8	8.9	540.9	76.1	14.0
2013	6.7	8.5	30.8	8.3	6.8	9.6	503.0	76.5	15.0

파워로직스 (A047310)
PowerLogics

업　　　종 : 전자 장비 및 기기　　시　　　장 : KOSDAQ
신 용 등 급 : (Bond) —　　(CP) —　　기 업 규 모 : 우량
홈 페 이 지 : www.powerlogics.co.kr　　연 락 처 : 043)219-5608
본　　　사 : 충북 청원군 옥산면 과학산업4로 163

설 립 일	1997.09.03	종 업 원 수	355명	대 표 이 사	김원남
상 장 일	2003.07.25	감 사 의 견	적정 (삼덕)	계 열	
결 산 기	12월	보 통 주	3,218만주	종 속 회 사	
액 면 가	500원	우 선 주		구 상 호	

주주구성 (지분율,%)		출자관계 (지분율,%)		주요경쟁사 (외형,%)	
탑엔지니어링	25.7	탑머티리얼즈	68.7	파워로직스	100
이명구	2.0	엘엔에스벤처캐피탈	14.7	써니전자	4
(외국인)	7.1	엔코	8.0	광전자	31

매출구성		비용구성		수출비중	
CM	66.7	매출원가율	91.5	수출	83.8
PCM	17.7	판관비율	6.2	내수	16.2
SM	13.9				

회사 개요
동사는 PCM(Power Circuit Module)과 SM(Smart Module)이 주요 제품이었으나 최근에는 CM(Camera Module)이 전체 매출에서 차지하는 비중이 64.4%로 가장 높은 상황임. PCM과 SM은 스마트폰과 태블릿에서 자동차로 사업영역 확대 중임. CM은 저화소 중심에서 점차 고화소로 사업영역 확대 중. PCM은 시장이 점차 위축되고 있는 상황이어서 차후 BSM 시장으로 사업영역 확대가 필요함.

실적 분석
동사의 2016년 결산기준 누적 매출액은 전년 동기대비 -6.2% 하락한 5,454.8억원을 기록. 비용면에서 전년동기대비 매출원가는 감소 하였으며 인건비도 감소, 광고선전비는 증가 하였고 기타판매비와관리비는 크게 감소함. 매출액은 하락하였으나 매출원가의 절감이 커 그에 따라 매출액 하락 등에 의해 전년동기대비 영업이익은 127억원으로 34.9% 상승하였음. 최종적으로 전년동기대비 당기순이익은 상승하여 48.1억원을 기록함.

현금 흐름 〈단위 : 억원〉

항목	2015	2016
영업활동	296	396
투자활동	-349	-167
재무활동	-46	-94
순현금흐름	-54	137
기말현금	305	438

시장 대비 수익률

결산 실적 〈단위 : 억원〉

항목	2011	2012	2013	2014	2015	2016
매출액	4,952	5,117	5,358	5,523	5,814	5,455
영업이익	-174	96	18	116	94	127
당기순이익	-209	172	37	48	32	48

분기 실적 〈단위 : 억원〉

항목	2015.3Q	2015.4Q	2016.1Q	2016.2Q	2016.3Q	2016.4Q
매출액	1,762	1,432	1,332	1,261	1,303	1,559
영업이익	78	45	14	23	7	83
당기순이익	46	29	-21	9	-24	85

재무 상태 〈단위 : 억원〉

항목	2011	2012	2013	2014	2015	2016
총자산	3,385	2,600	2,652	2,784	2,904	3,048
유형자산	1,035	910	1,063	1,092	1,209	1,119
무형자산	29	24	32	147	127	127
유가증권	41	78	67	57	145	151
총부채	2,380	1,424	1,494	1,554	1,418	1,544
총차입금	1,412	763	765	702	724	638
자본금	144	144	144	144	161	163
총자본	1,005	1,176	1,158	1,230	1,486	1,504
지배주주지분	939	1,108	1,158	1,234	1,401	1,463

기업가치 지표

항목	2011	2012	2013	2014	2015	2016
주가(최고/저)(천원)	10.9/2.4	5.5/3.4	7.3/4.0	4.8/2.8	5.0/3.0	4.9/3.1
PER(최고/저)(배)	—/—	9.1/5.6	52.1/28.5	27.8/15.9	31.9/18.9	23.6/14.9
PBR(최고/저)(배)	3.3/0.7	1.4/0.9	1.8/1.0	1.1/0.6	1.1/0.7	1.1/0.7
EV/EBITDA(배)		8.3	12.9	5.9	6.6	4.4
EPS(원)	-926	604	141	174	158	208
BPS(원)	3,315	3,911	4,085	4,351	4,421	4,568
CFPS(원)	-412	1,045	565	556	780	852
DPS(원)						
EBITDAPS(원)	-259	778	487	791	938	1,043

재무 비율 〈단위 : % 〉

연도	영업이익률	순이익률	부채비율	차입금비율	ROA	ROE	유보율	자기자본비율	EBITDA마진율
2016	2.3	0.9	102.7	42.4	1.6	4.6	800.5	49.4	6.1
2015	1.6	0.6	95.4	48.7	1.1	3.6	771.4	51.2	4.8
2014	2.1	0.9	126.3	57.1	1.8	4.1	756.2	44.2	4.1
2013	0.3	0.7	129.1	66.1	1.4	3.5	703.8	43.7	2.6

파이오링크 (A170790)
Piolink

업 종 : 통신장비		시 장 : KOSDAQ	
신용등급 : (Bond) — (CP) —		기업규모 :	
홈 페 이 지 : www.piolink.com		연 락 처 : 02)2025-6900	
본 사 : 서울시 금천구 가산디지털2로 98 IT캐슬 1동 401호			

설 립 일	2000.07.26	종 업 원 수	188명	대 표 이 사	조영철
상 장 일	2013.08.01	감 사 의 견	적정 (삼일)	계 열	
결 산 기	12월	보 통 주	686만주	종 속 회 사 수	
액 면 가	500원	우 선 주		구 상 호	

주주구성 (지분율,%)		출자관계 (지분율,%)		주요경쟁사 (외형,%)	
엔에이치엔엔터테인먼트	29.0	나임네트웍스	63.0	파이오링크	100
조영철	9.5	위드네트웍스	31.0	콤텍시스템	466
(외국인)	0.3	시큐레이어	20.0	오이솔루션	223

매출구성		비용구성		수출비중	
ADC	52.0	매출원가율	53.0	수출	—
기타매출	22.8	판관비율	45.0	내수	—
보안 스위치	21.9				

회사 개요
동사는 2000년 7월 애플리케이션 네트워킹 및 웹보안 관련 기술 개발 등을 목적으로 설립됨. 애플리케이션 네트워크 장비, 보안장비, 클라우드 컴퓨팅 인프라 장비 산업의 부품 제조 및 판매를 주된 사업으로 영위함. 동사가 영위하고 있는 데이터센터 최적화 솔루션 시장에서, 리드웨어사 시장점유율은 1위를 유지하고 있음. NHN엔터테인먼트에서 2015년 오픈한 토스트 클라우드 데이터센터에 대한 운영서비스 제공

실적 분석
동사의 2016년 연간 매출은 358.1억원으로 전년대비 57.6% 증가, 영업이익은 7억원으로 흑자전환을 시현. 당기순이익은 -22.3억원으로 적자지속. 정보보호사업 비중을 확대하면서 매출액은 크게 성장세를 시현. 국내 인터넷 사업 확대 및 모바일 결제 비중이 증가하면서 보안 관련의 수요 증가는 긍정적으로 평가. 또한 국내외적으로 데이터 센터 투자가 진행되는 점도 향후 매출 증가에 기여할 것으로 전망.

현금 흐름 〈단위 : 억원〉

항목	2015	2016
영업활동	6	20
투자활동	-97	-29
재무활동	146	-16
순현금흐름	56	-25
기말현금	161	137

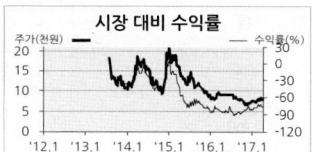

결산 실적 〈단위 : 억원〉

항목	2011	2012	2013	2014	2015	2016
매출액	180	202	155	237	227	358
영업이익	34	40	-2	17	-23	7
당기순이익	32	49	4	23	-29	-22

분기 실적 〈단위 : 억원〉

항목	2015.3Q	2015.4Q	2016.1Q	2016.2Q	2016.3Q	2016.4Q
매출액	68	118	44	69	87	158
영업이익	4	23	-19	-11	-4	41
당기순이익	4	11	-21	-11	-5	14

재무 상태 〈단위 : 억원〉

항목	2011	2012	2013	2014	2015	2016
총자산	183	231	373	388	528	480
유형자산	23	24	24	30	33	30
무형자산	9	11	15	24	35	31
유가증권	—	—	—	2	13	4
총부채	77	77	111	104	125	117
총차입금	34	19	11	10	11	12
자본금	20	20	26	26	34	34
총자본	106	154	261	284	403	364
지배주주지분	106	154	262	283	402	367

기업가치 지표

항목	2011	2012	2013	2014	2015	2016
주가(최고/저)(천원)	—/—	—/—	18.4/9.9	19.6/8.9	21.6/8.4	9.8/6.5
PER(최고/저)(배)	0.0/0.0	0.0/0.0	88.8/47.9	43.1/19.6	—/—	—/—
PBR(최고/저)(배)	0.0/0.0	0.0/0.0	3.7/2.0	3.7/1.7	3.7/1.4	1.8/1.2
EV/EBITDA(배)	—	—	74.8	24.7	—	14.7
EPS(원)	805	1,240	210	457	-415	-259
BPS(원)	2,692	3,902	5,091	5,359	5,856	5,602
CFPS(원)	859	1,351	338	601	-257	-59
DPS(원)			80	60		
EBITDAPS(원)	905	1,136	94	475	-204	302

재무 비율 〈단위 : % 〉

연도	영업이익률	순이익률	부채비율	차입금비율	ROA	ROE	유보율	자기자본비율	EBITDA마진율
2016	2.0	-6.2	32.1	3.3	-4.4	-4.6	1,020.4	75.7	5.8
2015	-10.3	-12.7	30.9	2.7	-6.3	-7.8	1,071.3	76.4	-5.8
2014	7.2	9.8	36.8	3.5	6.1	8.7	971.7	73.1	10.4
2013	-1.0	5.3	42.6	4.2	2.7	4.5	918.3	70.1	2.7

파인디앤씨 (A049120)
FineDNC

업 종 : 디스플레이 및 관련부품		시 장 : KOSDAQ	
신용등급 : (Bond) — (CP) —		기업규모 : 중견	
홈 페 이 지 : www.finednc.com		연 락 처 : 041)538-9000	
본 사 : 충남 아산시 음봉면 연암산로 169			

설 립 일	1999.03.19	종 업 원 수	153명	대 표 이 사	홍성천
상 장 일	2001.07.26	감 사 의 견	적정 (한신)	계 열	
결 산 기	12월	보 통 주	1,875만주	종 속 회 사 수	
액 면 가	500원	우 선 주		구 상 호	

주주구성 (지분율,%)		출자관계 (지분율,%)		주요경쟁사 (외형,%)	
홍성천	20.6	주현이엔지	100.0	파인디앤씨	100
손명완	4.0	UITLTD	100.0	디이엔티	26
		FINEDNCSLOVAKIA,s.r.o.	74.5	이엘피	17

매출구성		비용구성		수출비중	
BOTTOM CHASSIS(해외)	62.9	매출원가율	92.7	수출	18.5
기타	18.6	판관비율	6.7	내수	81.5
TOP CHASSIS(국내)	10.0				

회사 개요
동사는 1992년 설립된 액정표시 장치 전문 업체로서, LCD TV, 모니터, 노트북용 TOP-CHASSIS, BOTTOM-CHASSIS와 자체 광능력이 없는 TFT-LCD의 형광조명반사장치인 LAMP REFLECTOR를 제조함. 노트북, 데스크탑, LCD TV의 내부 뒷부분에 장착되어 안정화 기능을 하는 BOTTOM CHASSIS 매출이 전체의 64.6% 가량을 차지함. 중국 및 슬로바키아에 현지 법인을 두고 있음.

실적 분석
동사의 2016년 결산 매출액은 1,777억원으로 전년동기 대비 5.4% 증가한 양호한 모습. 외형 확대와 판관비 절감에도 불구하고, 원가율의 급격한 상승 여파로 수익성은 하락한 상황. 영업이익은 11.6억원 시현하는데 그쳤으며, 비영업손익 크게 악화되어 50.6억원 당기순손실 시현하며 그치며 크게 부진한 모습. 외형은 비교적 무난한 성장을 거듭하고 있으나, 원가율 관리를 통한 수익성 제고 노력이 시급한 상황.

현금 흐름 〈단위 : 억원〉

항목	2015	2016
영업활동	75	62
투자활동	-7	-263
재무활동	-54	228
순현금흐름	14	29
기말현금	24	52

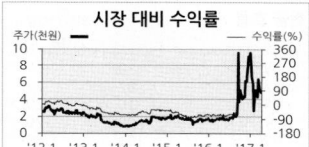

결산 실적 〈단위 : 억원〉

항목	2011	2012	2013	2014	2015	2016
매출액	1,966	1,471	1,605	2,072	1,685	1,777
영업이익	-55	-19	-24	90	16	12
당기순이익	2	-18	-150	21	3	-51

분기 실적 〈단위 : 억원〉

항목	2015.3Q	2015.4Q	2016.1Q	2016.2Q	2016.3Q	2016.4Q
매출액	384	511	435	479	349	513
영업이익	5	-1	-15	19	11	-3
당기순이익	8	-19	-18	-10	29	-52

재무 상태 〈단위 : 억원〉

항목	2011	2012	2013	2014	2015	2016
총자산	1,508	1,311	1,242	1,052	1,014	1,273
유형자산	423	405	305	280	301	439
무형자산	146	129	115	121	104	42
유가증권	40	34	49	25	32	39
총부채	825	672	704	466	437	723
총차입금	387	375	312	222	170	368
자본금	59	59	89	93	93	94
총자본	683	639	538	586	577	550
지배주주지분	683	639	538	586	577	550

기업가치 지표

항목	2011	2012	2013	2014	2015	2016
주가(최고/저)(천원)	2.6/1.3	3.3/2.2	2.4/0.8	2.0/0.8	2.2/1.1	9.6/1.4
PER(최고/저)(배)	191.8/95.6	—/—	17.4/7.1	120.6/59.7	—/—	—/—
PBR(최고/저)(배)	0.5/0.3	0.7/0.5	0.8/0.3	0.7/0.3	0.7/0.4	3.2/0.5
EV/EBITDA(배)	22.2	11.8	10.8	3.6	7.2	29.7
EPS(원)	15	-140	-1,026	121	19	-272
BPS(원)	5,808	5,444	3,072	3,194	3,145	2,968
CFPS(원)	698	428	-639	410	267	21
DPS(원)	25	25		25	40	25
EBITDAPS(원)	221	418	223	796	336	356

재무 비율 〈단위 : % 〉

연도	영업이익률	순이익률	부채비율	차입금비율	ROA	ROE	유보율	자기자본비율	EBITDA마진율
2016	0.7	-2.9	131.5	66.9	-4.4	-9.0	493.6	43.2	3.7
2015	1.0	0.2	75.8	29.4	0.3	0.6	529.0	56.9	3.7
2014	4.4	1.0	79.5	37.9	1.9	3.8	538.7	55.7	6.8
2013	-1.5	-9.3	131.0	58.0	-11.8	-25.5	514.4	43.3	2.0

파인디지털 (A038950)
Finedigital

업　　종 : 자동차부품
신용등급 : (Bond) —　　(CP) —
홈페이지 : www.finedigital.com
본　　사 : 경기도 성남시 분당구 성남대로925번길 41, 파인벤처빌딩 7층, 8층

시　　장 : KOSDAQ
기업규모 : 우량
연락처 : 031)788-8738

설 립 일 1992.10.20	종 업 원 수 175명	대 표 이 사 김용훈	
상 장 일 2000.05.04	감 사 의 견 적정 (신한)	계　　　열	
결 산 기 12월	보 통 주 1,019만주	종속회사수	
액 면 가 500원	우 선 주	구 상 호	

주주구성 (지분율,%)
박상환	13.6
김용훈	12.2
(외국인)	2.3

출자관계 (지분율,%)
파인서비스	99.9
맵퍼스	90.3
위트콤	66.7

주요경쟁사 (외형,%)
파인디지털	100
미동앤씨네마	37
팅크웨어	237

매출구성
[제품]내비게이션, 블랙박스, 이동통신장비	68.0
[상품서비스]내비게이션, 블랙박스, 이동통신장	30.5
건물임대(본사/분당), 방배동 사옥	1.5

비용구성
매출원가율	64.1
판관비율	40.7

수출비중
수출	1.4
내수	98.6

회사 개요
동사와 계열사는 내비게이션, 블랙박스, 이동통신장비 제조업체임. 2011년 2월 이탈리아의 자동차 부품 제조사인 마그네티 마렐리와 내비게이션 공급과 관련한 LOI(의향서)를 체결, 해외시장 공략에 박차를 가함. 세계적인 자동차 메이커 부품 공급사를 통해 유럽 시장에 안정적으로 진출할 수 있는 기반을 마련함. 이동통신장비 산업은 장비의 신뢰성 및 안정성이 중요하며 관련 분야에 대한 전문 기술 및 운영 노하우가 가장 중요한 경쟁요소임.

실적 분석
내비게이션과 블랙박스 업계의 경쟁 심화에 따른 판매 감소와 가격 하락 영향으로 외형과 수익성 부진이 이어지고 있음. 상품 판매가 증가하였으나, 자체 제품의 매출이 줄어들어 2016년 누적 매출액은 전년동기 대비 6.2% 감소함. 수익성이 낮은 상품의 판매 비중이 증가하여 영업이익의 적자폭은 확대됨. 블랙박스 시장 후발주자인 동사는 점유율 제고에 실패하고 있으나, 프리미엄 블랙박스 시장의 선점 여부가 향후 실적에 중요한 변수임.

현금 흐름 〈단위 : 억원〉
항목	2015	2016
영업활동	-39	-67
투자활동	87	77
재무활동	-10	-29
순현금흐름	39	-20
기말현금	109	89

시장 대비 수익률
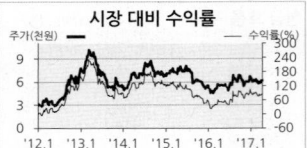

결산 실적 〈단위 : 억원〉
항목	2011	2012	2013	2014	2015	2016
매출액	794	998	983	958	831	780
영업이익	25	106	80	70	-14	-37
당기순이익	61	109	70	93	3	2

분기 실적 〈단위 : 억원〉
항목	2015.3Q	2015.4Q	2016.1Q	2016.2Q	2016.3Q	2016.4Q
매출액	210	232	174	184	209	212
영업이익	-0	-9	-17	-11	-11	3
당기순이익	2	4	-11	-8	-7	28

재무 상태 〈단위 : 억원〉
항목	2011	2012	2013	2014	2015	2016
총자산	842	1,007	1,060	1,151	1,105	1,068
유형자산	44	44	46	46	46	45
무형자산	34	33	28	25	26	26
유가증권	90	94	104	103	95	76
총부채	151	208	155	156	128	118
총차입금	29	26	—	—	—	—
자본금	49	50	51	51	51	51
총자본	691	799	906	994	977	950
지배주주지분	671	778	879	967	951	921

기업가치 지표
항목	2011	2012	2013	2014	2015	2016
주가(최고/저)(천원)	3.7/1.7	7.4/2.7	10.3/4.9	8.7/4.9	8.2/5.0	7.2/4.5
PER(최고/저)(배)	8.1/3.7	7.3/2.7	16.5/7.8	10.0/5.6	93.2/57.1	—/—
PBR(최고/저)(배)	0.6/0.3	0.9/0.3	1.2/0.6	0.9/0.5	0.9/0.5	0.7/0.5
EV/EBITDA(배)	0.3	3.3	0.9	1.6	—	—
EPS(원)	501	1,077	661	908	90	-2
BPS(원)	7,463	8,387	9,171	10,003	9,837	9,744
CFPS(원)	740	1,218	796	1,033	214	125
DPS(원)	50	100	100	100	100	50
EBITDAPS(원)	494	1,202	928	812	-9	-235

재무 비율 〈단위 : % 〉
연도	영업이익률	순이익률	부채비율	차입금비율	ROA	ROE	유보율	자기자본비율	EBITDA마진율
2016	-4.7	0.3	12.4	0.0	0.2	0.0	1,848.8	89.0	-3.1
2015	-1.6	0.4	13.1	0.0	0.8	1.0	1,867.4	88.4	-0.1
2014	7.3	9.7	15.7	0.0	8.4	10.0	1,900.5	86.4	8.6
2013	8.2	7.2	17.1	0.0	6.8	8.1	1,734.3	85.4	9.6

파인테크닉스 (A106240)
FINETECHNIX

업　　종 : 디스플레이 및 관련부품
신용등급 : (Bond) —　　(CP) —
홈페이지 : www.finetechnix.com
본　　사 : 경기도 안양시 만안구 덕천로 38

시　　장 : KOSDAQ
기업규모 : 벤처
연락처 : 031)463-8888

설 립 일 2009.01.05	종 업 원 수 316명	대 표 이 사 최정혁	
상 장 일 2009.03.16	감 사 의 견 적정 (삼일)	계　　　열	
결 산 기 12월	보 통 주 3,349만주	종속회사수	
액 면 가 500원	우 선 주	구 상 호	

주주구성 (지분율,%)
홍성천	27.2
유진투자증권	4.7
(외국인)	1.5

출자관계 (지분율,%)
에스씨엘이디	100.0
에프엠에스	100.0
디피에스	66.7

주요경쟁사 (외형,%)
파인테크닉스	100
오성엘에스티	21
제이스텍	70

매출구성
T/C, BTC 등	61.1
모바일용 부품	14.6
LED 조명, LED 스탠드	13.1

비용구성
매출원가율	86.2
판관비율	13.5

수출비중
수출	36.2
내수	63.8

회사 개요
동사는 휴대폰 부품제조 및 LED조명, LED 스탠드 제조 및 판매를 주 사업으로 영위함. TFT-LCD 부문의 매출이 전체 매출의 70% 이상을 점유하고 있으며, 연결대상 종속회사로 LED 조명 판매업을 영위하는 '디피에스', '에스씨엘이디', 'FINE TECHNIX PHIL'S INC.' 등 11개의 연결대상 종속회사를 보유하고 있음. 전방산업인 LCD, LED시장의 성장 및 확대로 안정적인 수요가 기대됨.

실적 분석
동사의 2016년 연결기준 연간 누적 매출액은 2,163.3억원으로 전년 동기 대비 30% 증가함. 매출은 늘었지만 매출원가가 비용과 판관비 등이 증가하면서 영업이익은 오히려 전년 동기 대비 91.9% 감소한 6.3억원 기록. 비영업손익 부문에서도 외환 손실 등으로 인해 적자폭이 확대되면서 당기순이익은 전년 동기 대비 79.4% 감소한 9.6억원을 기록. 외형확대에도 수익성은 오히려 악화되고 있음.

현금 흐름 〈단위 : 억원〉
항목	2015	2016
영업활동	180	-97
투자활동	-172	56
재무활동	24	-87
순현금흐름	50	-97
기말현금	197	100

시장 대비 수익률
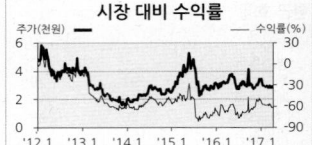

결산 실적 〈단위 : 억원〉
항목	2011	2012	2013	2014	2015	2016
매출액	3,246	4,299	3,143	3,653	1,664	2,163
영업이익	113	265	-107	181	77	6
당기순이익	210	158	-237	135	47	10

분기 실적 〈단위 : 억원〉
항목	2015.3Q	2015.4Q	2016.1Q	2016.2Q	2016.3Q	2016.4Q
매출액	404	-512	803	1,035	526	-201
영업이익	14	-9	11	-28	-12	34
당기순이익	29	-28	10	-61	43	17

재무 상태 〈단위 : 억원〉
항목	2011	2012	2013	2014	2015	2016
총자산	3,325	3,395	3,272	3,281	3,262	2,512
유형자산	1,322	1,151	1,385	1,312	1,217	737
무형자산	23	31	46	66	90	59
유가증권	1	28	10	2	16	19
총부채	2,288	2,405	2,368	2,078	2,003	1,205
총차입금	1,066	1,599	1,672	1,332	1,368	757
자본금	40	82	110	157	161	167
총자본	1,037	990	904	1,203	1,258	1,307
지배주주지분	544	628	571	911	984	1,034

기업가치 지표
항목	2011	2012	2013	2014	2015	2016
주가(최고/저)(천원)	5.7/2.2	6.3/3.3	4.3/1.5	3.0/1.7	5.3/2.2	5.3/2.7
PER(최고/저)(배)	13.2/5.1	16.2/8.4	—/—	5.5/3.1	28.3/11.9	145.5/73.0
PBR(최고/저)(배)	1.8/0.7	1.8/0.9	1.7/0.6	1.1/0.6	1.8/0.7	1.7/0.9
EV/EBITDA(배)	7.0	3.8	15.3	5.0	7.7	10.7
EPS(원)	446	397	-872	560	192	37
BPS(원)	6,872	3,809	2,608	2,911	3,068	3,096
CFPS(원)	3,078	1,921	281	1,424	878	559
DPS(원)	50	25			25	25
EBITDAPS(원)	3,555	3,106	629	1,520	927	541

재무 비율 〈단위 : % 〉
연도	영업이익률	순이익률	부채비율	차입금비율	ROA	ROE	유보율	자기자본비율	EBITDA마진율
2016	0.3	0.5	92.2	57.9	0.3	1.2	519.1	52.0	5.1
2015	4.7	2.8	159.2	108.7	1.4	6.5	513.5	38.6	17.9
2014	5.0	3.7	172.7	110.7	4.1	20.8	482.2	36.7	11.5
2013	-3.4	-7.6	262.1	185.1	-7.1	-29.6	421.6	27.6	4.1

파인텍 (A131760)
FINETEK CO

업 종 : 디스플레이 및 관련부품		시 장 : KOSDAQ	
신용등급 : (Bond) — (CP) —		기업규모 : 중견	
홈 페 이 지 : www.ifinetek.com		연 락 처 : 031)900-9700	
본 사 : 경기도 고양시 일산동구 일산로 138 (백석동, 일산테크노타운) A동 324호			

설 립 일 2008.11.19	종 업 원 수 68명	대 표 이 사 강원일	
상 장 일 2015.08.17	감 사 의 견 적정 (안진)	계 열	
결 산 기 12월	보 통 주 970만주	종속회사수	
액 면 가 500원	우 선 주	구 상 호	

주주구성 (지분율,%)		출자관계 (지분율,%)		주요경쟁사 (외형,%)	
강원일	21.8	세광테크	100.0	파인텍	100
한국증권금융	5.0	트랜스링크캐피탈코리아	16.7	리드	23
(외국인)	0.8	이엔에이치	10.5		1

매출구성		비용구성		수출비중	
BLU(Back Light Unit)	89.5	매출원가율	94.1	수출	99.5
TSP(Touch Screen Module)	8.3	판관비율	11.2	내수	0.5
LCD Module	1.2				

회사 개요
동사는 휴대기기에 적용되는 BLU, LCD Module, TSP, TSP Sensor 등의 부품을 설계, 제조하는 디스플레이 전문 기업. BLU를 제조판매하는 4개의 해외법인을 연결종속회사로 보유. 주요 경쟁업체는 이라이콤, KJ프리텍, 금호전기. 삼성전자와 Japan Display 등 글로벌 IT기업을 매출처로 확보하고 있음. 2016년 8월 AMOLED 장비 업체인 세광테크를 인수함.

실적 분석
동사의 2016년 연결기준 매출액은 1,537.2억원, 영업적자는 82.1억원으로 전년 매출액 2,054.3억원, 영업이익 114.4억원 대비 큰 폭으로 외형이 축소되었으며 수익성 또한 악화되었음. 실적 감소의 주요 원인으로는 고정비 감소를 위한 구조조정 비용과 출하량 감소 및 가전사업 진출로 인한 초기 투자 비용 발생 등임. LCD 적용모델 증가로 주력 고객사 매출 회복 및 실적 개선이 예상됨.

현금 흐름 〈단위 : 억원〉

항목	2015	2016
영업활동	86	-187
투자활동	-83	-282
재무활동	-23	403
순현금흐름	-18	-67
기말현금	124	57

시장 대비 수익률

결산 실적 〈단위 : 억원〉

항목	2011	2012	2013	2014	2015	2016
매출액	1,493	1,264	1,508	2,108	2,054	1,537
영업이익	-2	-2	81	93	114	-82
당기순이익	-14	1	43	58	30	-74

분기 실적 〈단위 : 억원〉

항목	2015.3Q	2015.4Q	2016.1Q	2016.2Q	2016.3Q	2016.4Q
매출액	610	372	203	81	370	882
영업이익	40	-4	-50	-45	-9	21
당기순이익	25	-54	-53	-53	-27	59

재무 상태 〈단위 : 억원〉

항목	2011	2012	2013	2014	2015	2016
총자산	615	575	1,018	1,091	1,076	2,196
유형자산	225	171	266	369	365	531
무형자산	3	10	23	34	49	263
유가증권	—	—	2	0	26	20
총부채	517	534	876	894	593	1,727
총차입금	225	291	440	567	364	899
자본금	21	14	20	20	31	36
총자본	99	41	142	197	483	469
지배주주지분	99	41	142	197	483	469

기업가치 지표

항목	2011	2012	2013	2014	2015	2016
주가(최고/저)(천원)	—/—	—/—	—/—	—/—	15.9/7.0	10.0/4.6
PER(최고/저)(배)	0.0/0.0	0.0/0.0	0.0/0.0	0.0/0.0	33.0/14.4	—/—
PBR(최고/저)(배)	0.0/0.0	0.0/0.0	0.0/0.0	0.0/0.0	2.3/1.0	1.7/0.8
EV/EBITDA(배)	5.5	9.4	2.9	2.9	4.2	
EPS(원)	-394	24	972	1,265	482	-970
BPS(원)	2,664	1,176	3,471	4,800	7,686	6,648
CFPS(원)	454	739	2,267	2,621	1,540	-46
DPS(원)						
EBITDAPS(원)	829	650	3,200	3,475	3,051	-89

재무 비율 〈단위 : %〉

연도	영업이익률	순이익률	부채비율	차입금비율	ROA	ROE	유보율	자기자본비율	EBITDA마진율
2016	-5.3	-4.8	368.3	191.7	-4.5	-16.6	1,229.6	21.4	-0.4
2015	5.6	1.5	122.8	75.3	2.8	8.9	1,437.2	44.9	8.3
2014	4.4	2.8	454.2	288.3	5.5	34.4	909.3	18.0	6.8
2013	5.4	2.9	615.4	309.3	5.5	47.3	629.9	14.0	8.5

파크시스템스 (A140860)
Park Systems

업 종 : 전자 장비 및 기기		시 장 : KOSDAQ	
신용등급 : (Bond) — (CP) —		기업규모 : 신성장	
홈 페 이 지 : www.parkafm.co.kr		연 락 처 : 031)546-6800	
본 사 : 경기도 수원시 영통구 광교로 109 (이의동,나노소자특화팹센터4층)			

설 립 일 1997.04.03	종 업 원 수 93명	대 표 이 사 박상일	
상 장 일 2015.12.17	감 사 의 견 적정 (다산)	계 열	
결 산 기 12월	보 통 주 653만주	종속회사수	
액 면 가 500원	우 선 주	구 상 호	

주주구성 (지분율,%)		출자관계 (지분율,%)		주요경쟁사 (외형,%)	
박상일	34.6	ParkSystemsInc.	100.0	파크시스템스	100
JAFCO ASIA TECHNOLOGY FUND IV	1.8	ParkSystemsJapanInc	100.0	엔에스	121
(외국인)	1.1	ParkSystemsPte.Ltd	100.0	아비코전자	330

매출구성		비용구성		수출비중	
연구용장비 (연구용 나노계측장비)	53.0	매출원가율	36.0	수출	87.3
산업용장비 (산업용 나노계측장비)	35.5	판관비율	49.8	내수	12.7
기타 (연구/산업용 액세서리, 서비스 등)	11.5				

회사 개요
동사는 원자현미경(AFM)을 개발/생산/판매하는 나노계측기기 전문 기업임. 해외 수출을 확대하기 위하여 미국 캘리포니아 주 산타클라라 지역과 일본 도쿄지역에 현지 판매법인으로써 자회사를 운영하고 있으며, 싱가폴에는 동남아시아 판매지원을 위한 현지법인을 자회사로 운영하고 있음. 원자현미경은 소재, 화학, 제약, 생명공학, 전자, 반도체 등 여러 산업분야에 걸쳐 나노 과학기술 연구에 광범위하게 활용도가 높아지고 있는 추세임.

실적 분석
동사의 2016년 연결기준 매출액은 전년대비 22.3% 성장한 244.5억원을 기록함. 당기 매출액 중 50% 이상이 4분기에 발생한 특징이 있고 매출원가율도 낮아져 영업이익 34.6억원, 당기순이익 37.3억원을 보이며 수익성을 유지함. 2017년에는 주 반도체 업체들의 8"/12" 웨이퍼 측정을 위한 동사의 전자현미경 도입 확대 요인으로 작용할 전망임. 또한 디스플레이 업체들도 자동화 원자현미경 도입을 고려중임.

현금 흐름 〈단위 : 억원〉

항목	2015	2016
영업활동	0	2
투자활동	-28	-4
재무활동	46	-1
순현금흐름	19	-2
기말현금	52	50

시장 대비 수익률

결산 실적 〈단위 : 억원〉

항목	2011	2012	2013	2014	2015	2016
매출액	179	209	163	153	200	245
영업이익	12	11	-12	-2	24	35
당기순이익	8	3	-16	-8	36	37

분기 실적 〈단위 : 억원〉

항목	2015.3Q	2015.4Q	2016.1Q	2016.2Q	2016.3Q	2016.4Q
매출액	34	62	42	45	30	127
영업이익	-3	6	1	-2	-10	46
당기순이익	5	9	-0	-0	-11	48

재무 상태 〈단위 : 억원〉

항목	2011	2012	2013	2014	2015	2016
총자산	172	183	170	177	255	322
유형자산	17	17	17	6	5	14
무형자산	2	0	—	—	—	—
유가증권	—	—	—	—	—	6
총부채	89	97	102	121	29	58
총차입금	47	57	72	87	—	—
자본금	24	24	24	24	32	33
총자본	83	86	68	56	226	264
지배주주지분	83	86	68	56	226	264

기업가치 지표

항목	2011	2012	2013	2014	2015	2016
주가(최고/저)(천원)	—/—	—/—	—/—	—/—	9.0/7.4	19.7/9.3
PER(최고/저)(배)	0.0/0.0	0.0/0.0	0.0/0.0	0.0/0.0	13.5/11.3	34.6/16.3
PBR(최고/저)(배)	0.0/0.0	0.0/0.0	0.0/0.0	0.0/0.0	2.6/2.1	4.9/2.3
EV/EBITDA(배)	0.8	1.3		23.1	18.8	28.6
EPS(원)	151	59	-303	-153	667	572
BPS(원)	1,582	1,629	1,277	1,052	3,515	4,049
CFPS(원)	297	206	-190	-92	700	614
DPS(원)					50	50
EBITDAPS(원)	378	353	-107	28	470	574

재무 비율 〈단위 : %〉

연도	영업이익률	순이익률	부채비율	차입금비율	ROA	ROE	유보율	자기자본비율	EBITDA마진율
2016	14.2	15.2	22.0	0.0	12.9	15.2	709.8	82.0	15.3
2015	11.8	18.1	12.9	0.0	16.7	25.6	602.9	88.6	12.7
2014	-1.2	-5.4	215.1	154.8	-4.7	-13.2	132.1	31.7	1.0
2013	-7.2	-9.9	149.2	105.9	-9.2	-21.0	181.7	40.1	-3.5

파트론 (A091700)
PARTRON

업 종 : 휴대폰 및 관련부품		시 장 : KOSDAQ	
신용등급 : (Bond) — (CP) —		기업규모 : 우량	
홈 페 이 지 : www.partron.co.kr		연 락 처 : 031)201-7700	
본 사 : 경기도 화성시 삼성1로2길 22			

설 립 일 2003.01.28	종 업 원 수 480명	대 표 이 사 김종구
상 장 일 2006.12.13	감사의견 적정 (삼덕)	계 열
결 산 기 12월	보 통 주 5,416만주	종속회사수
액 면 가 500원	우 선 주	구 상 호

주주구성 (지분율,%)		출자관계 (지분율,%)		주요경쟁사 (외형,%)	
김종구	14.8	엘컴텍	57.6	파트론	100
박명애	4.7	옵티맥	52.2	삼성전자	25,507
(외국인)	25.0	씨알지테크놀로지	36.7	영풍	335

매출구성		비용구성		수출비중	
휴대폰용 부품 (카메라모듈, 안테나, 수정발진기	82.8	매출원가율	86.6	수출	77.0
비휴대폰용 부품 (카메라모듈, 안테나 등)	17.2	판관비율	8.6	내수	23.0

회사 개요
동사는 2003년에 설립되어, 휴대폰 및 이동통신시스템에 채용되는 핵심부품을 제조 및 판매하는 기업임. 주요제품으로는 카메라모듈, 수정디바이스, 안테나, 유전체필터, 아이솔레이터 등이 있으며, 주요 납품처는 국내외 핸드셋업체및 통신시스템업체, 그리고 가전업체 등임. 또한 기존사업과의 기술 및 설비공유를 통해 광마우스, 센서류, 진동모터, 마이크, RF모듈 등의 신규사업을 준비하고 있음.

실적 분석
동사의 2016년 결산 연결기준 매출액은 7,914.2억원으로 전년동기 대비 1.8% 감소. 영업이익 또한 382.2억원으로 전년동기 대비 35.0% 감소. 당기순이익 또한 282.7억원으로 전년동기 대비 38.1% 감소하며 수익성 부진. 이는 전방산업인 스마트폰 수요 부진이 원인으로 보임. 동사는 신제품 개발 및 출시, 기능 추가 등을 통해 평균 단가를 올림으로써 단가 인하로 인한 매출 감소를 최대한 방어중임.

현금 흐름 〈단위 : 억원〉

항목	2015	2016
영업활동	1,165	776
투자활동	-680	-472
재무활동	-635	-215
순현금흐름	-145	90
기말현금	212	302

시장 대비 수익률
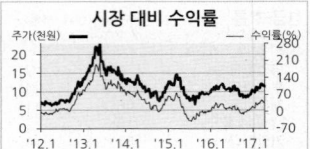

결산 실적 〈단위 : 억원〉

항목	2011	2012	2013	2014	2015	2016
매출액	4,259	8,731	10,995	7,698	8,058	7,914
영업이익	303	912	1,349	662	588	382
당기순이익	243	713	1,104	494	456	283

분기 실적 〈단위 : 억원〉

항목	2015.3Q	2015.4Q	2016.1Q	2016.2Q	2016.3Q	2016.4Q
매출액	2,204	1,989	2,481	1,964	1,768	1,702
영업이익	198	186	207	107	26	42
당기순이익	187	126	151	75	4	53

재무 상태 〈단위 : 억원〉

항목	2011	2012	2013	2014	2015	2016
총자산	2,974	4,357	5,621	5,147	5,096	5,062
유형자산	1,226	1,817	2,862	2,664	2,897	2,779
무형자산	137	171	132	187	204	221
유가증권	135	92	61	76	84	94
총부채	1,551	2,379	2,586	1,788	1,470	1,211
총차입금	809	847	1,466	1,010	592	395
자본금	149	194	271	271	271	271
총자본	1,422	1,978	3,035	3,360	3,626	3,851
지배주주지분	1,391	1,946	2,849	3,100	3,259	3,385

기업가치 지표

항목	2011	2012	2013	2014	2015	2016
주가(최고/저)(천원)	7.9/4.2	13.1/5.8	23.6/12.4	14.4/7.2	14.5/6.5	12.2/8.1
PER(최고/저)(배)	18.4/9.7	10.7/4.8	13.1/6.9	17.2/8.6	20.7/9.2	30.8/20.6
PBR(최고/저)(배)	3.4/1.8	3.9/1.8	4.9/2.6	2.6/1.3	2.4/1.1	1.9/1.3
EV/EBITDA(배)	10.7	7.0	5.1	7.0	5.7	6.7
EPS(원)	484	1,333	1,956	894	735	402
BPS(원)	4,703	5,078	5,298	5,856	6,309	6,521
CFPS(원)	1,423	2,504	2,739	1,574	1,594	1,372
DPS(원)	200	300	300	250	250	200
EBITDAPS(원)	1,558	2,993	3,273	1,903	1,944	1,676

재무 비율 〈단위 : % 〉

연도	영업이익률	순이익률	부채비율	차입금비율	ROA	ROE	유보율	자기자본비율	EBITDA마진율
2016	4.8	3.6	31.4	10.3	5.6	6.6	1,204.2	76.1	11.5
2015	7.3	5.7	40.5	16.3	8.9	12.5	1,161.9	71.2	13.1
2014	8.6	6.4	53.2	30.1	9.2	16.3	1,071.2	65.3	13.4
2013	12.3	10.0	85.2	48.3	22.1	44.2	959.6	54.0	16.1

파티게임즈 (A194510)
PATI Games

업 종 : 게임 소프트웨어		시 장 : KOSDAQ	
신용등급 : (Bond) — (CP) —		기업규모 : 벤처	
홈 페 이 지 : www.patigames.com		연 락 처 : 02)6005-0985	
본 사 : 서울시 강남구 테헤란로79길 6 3~5층(삼성동, 제이에스타워)			

설 립 일 2011.01.05	종 업 원 수 171명	대 표 이 사 김용훈,이기재
상 장 일 2014.11.21	감사의견 적정 (삼정)	계 열
결 산 기 12월	보 통 주 1,214만주	종속회사수
액 면 가 500원	우 선 주 36만주	구 상 호

주주구성 (지분율,%)		출자관계 (지분율,%)		주요경쟁사 (외형,%)	
신밧드인베스트먼트	12.4			파티게임즈	100
임태형	7.1			한빛소프트	98
(외국인)	6.9			이스트소프트	161

매출구성		비용구성		수출비중	
모바일게임 (아이러브커피, 아이러브파스타 등)	82.5	매출원가율	0.0	수출	38.9
웹게임 (아이러브커피, 카지노스타)	17.5	판관비율	127.4	내수	61.1

회사 개요
동사는 소프트웨어 개발과 공급 및 게임퍼블리싱사업을 영위하고 있으며 2011년에 설립되어 다다소프트와 투자 및 경영컨설팅을 하며 아이러브파스타의 성공으로 코스닥시장에 상장함. 동사는 소셜 카지노 게임사 제작과 서비스 회사인 다다소프트와 투자 및 경영컨설팅을 사업목적으로 하는 핀베스트먼트를 연결자회사로 보유하고 있음. 2016년 12월 기준 이대형 외 6인에서 신밧드인베스트먼트(주)로 최대주주가 변경됨.

실적 분석
동사의 2016년 연결기준 영업수익은 전년대비 33.6% 성장한 314.5억원을 기록함. 다만 영업수익 증가폭과 유사한 수준의 영업비용 증가로 영업손실 86.3억원, 당기순손실 217.0억원을 보이며 적자를 지속함. 대규모 당기순손실은 117.1억원 규모의 무형자산손상차손 인식에 기인한 바가 큼. 제품별 매출비중은 아이러브커피 등 모바일 게임 80.39%, 웹게임 19.30% 및 기타 등으로 구성됨.

현금 흐름 〈단위 : 억원〉

항목	2015	2016
영업활동	-52	-57
투자활동	-376	-120
재무활동	521	4
순현금흐름	92	-171
기말현금	272	101

시장 대비 수익률
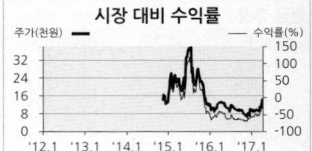

결산 실적 〈단위 : 억원〉

항목	2011	2012	2013	2014	2015	2016
매출액	—	179	270	249	235	314
영업이익	—	70	91	3	-63	-86
당기순이익	—	69	87	9	-144	-217

분기 실적 〈단위 : 억원〉

항목	2015.3Q	2015.4Q	2016.1Q	2016.2Q	2016.3Q	2016.4Q
매출액	61	78	58	52	108	97
영업이익	-45	6	-13	-17	-31	-25
당기순이익	-35	-81	-14	-2	-34	-167

재무 상태 〈단위 : 억원〉

항목	2011	2012	2013	2014	2015	2016
총자산		164	206	447	849	680
유형자산		1	6	7	8	7
무형자산		1	2	20	253	147
유가증권			5	15	36	139
총부채		94	49	131	154	182
총차입금		18	25	93	103	109
자본금		1	15	23	60	61
총자본		70	157	316	696	498
지배주주지분		70	157	316	696	492

기업가치 지표

항목	2011	2012	2013	2014	2015	2016
주가(최고/저)(천원)	—/—	—/—	—/—	35.8/21.6	39.2/11.6	13.6/6.6
PER(최고/저)(배)	0.0/0.0	0.0/0.0	0.0/0.0	147.7/89.0	—/—	—/—
PBR(최고/저)(배)	0.0/0.0	0.0/0.0	0.0/0.0	5.4/3.3	7.0/2.1	3.5/1.7
EV/EBITDA(배)	0.0			123.8		
EPS(원)	—	953	1,214	121	-1,384	-1,718
BPS(원)	—	271,819	4,369	6,620	5,597	3,935
CFPS(원)	—	267,766	2,462	379	-1,193	-1,569
DPS(원)	—					
EBITDAPS(원)	—	274,184	2,569	207	-416	-543

재무 비율 〈단위 : % 〉

연도	영업이익률	순이익률	부채비율	차입금비율	ROA	ROE	유보율	자기자본비율	EBITDA마진율
2016	-27.4	-69.0	36.6	22.0	-28.4	-36.1	709.9	73.2	-21.6
2015	-26.7	-61.0	22.1	14.8	-22.2	-28.4	1,052.2	81.9	-18.3
2014	1.1	3.7	41.6	29.3	2.9	4.0	1,275.3	70.6	3.2
2013	33.8	32.4	31.1	15.7	47.2	76.9	922.4	76.3	34.2

팍스넷 (A038160)
Paxnet

업 종 : IT 서비스		시 장 : KOSDAQ	
신용등급 : (Bond) — (CP) —		기업규모 : 중견	
홈 페 이 지 : www.paxnet.moneta.co.kr		연 락 처 : 1688-5010	
본 사 : 서울시 양천구 목동서로 201 (목동, 23층 케이티정보전산센터)			

설 립 일 1999.05.18	종 업 원 수 89명	대 표 이 사 김영무	
상 장 일 2016.08.01	감 사 의 견 적정 (신우)	계 열	
결 산 기 12월	보 통 주 1,108만주	종속회사수	
액 면 가 500원	우 선 주	구 상 호	

주주구성 (지분율,%)
아시아경제	44.4
김준기	0.2
(외국인)	0.1

출자관계 (지분율,%)

주요경쟁사 (외형,%)
팍스넷	100
에프앤가이드	44
바른테크놀로지	119

매출구성
금융솔루션 사업	52.9
증권정보 사업	26.7
광고 사업	17.9

비용구성
매출원가율	0.0
판관비율	82.6

수출비중
수출	0.0
내수	100.0

회사 개요
동사는 1999년 5월 18일에 인터넷 서비스업, 금융정보제공업 및 소프트웨어 개발업 등을 영위할 목적으로 설립. 현재 누적 가입자 기준 650만 회원을 보유한 국내 1위 종합금융 포탈로 증권 및 재테크 서비스를 제공. 동사 증권서비스는 정보중심의 콘텐츠 영역과 회원들의 관계를 기반으로 한 커뮤니티 영역으로 구성. 뉴스 및 시세, 투자전략을 중심으로 투자자에게 각종 정보 제공. 2016년 8월 코스닥 시장 신규 상장함.

실적 분석
동사의 2016년 연결기준 연간 누적 매출액은 222.4억원으로 전년 동기 대비 8% 증가함. 매출이 증가했지만 판매비와 관리비 또한 큰 폭 늘면서 수익성은 오히려 악화. 영업이익은 38.7억원으로 전년 동기 대비 16.5% 감소함. 비영업손익 부문에서 흑자 전환에 성공하면서 당기순이익은 전년 동기 대비소폭 줄어든 35.9억원을 시현함. 매출은 늘었지만 수익성은 악화되고 있음.

현금 흐름 *IFRS 별도 기준 〈단위 : 억원〉
항목	2015	2016
영업활동	38	44
투자활동	-29	-96
재무활동	—	144
순현금흐름	9	92
기말현금	127	218

시장 대비 수익률

결산 실적 〈단위 : 억원〉
항목	2011	2012	2013	2014	2015	2016
매출액	330	342	217	186	206	222
영업이익	-36	-6	9	34	46	39
당기순이익	-23	-2	-15	23	36	36

분기 실적 *IFRS 별도 기준 〈단위 : 억원〉
항목	2015.3Q	2015.4Q	2016.1Q	2016.2Q	2016.3Q	2016.4Q
매출액	51	51	55	59	58	50
영업이익	11	12	12	12	8	6
당기순이익	9	8	11	11	7	7

재무 상태 *IFRS 별도 기준 〈단위 : 억원〉
항목	2011	2012	2013	2014	2015	2016
총자산	341	314	275	263	298	475
유형자산	36	24	16	23	4	4
무형자산	19	15	16	14	30	25
유가증권	44	21	1	1	1	26
총부채	116	92	69	57	56	53
총차입금	—	—	—	—	—	—
자본금	47	47	47	41	41	55
총자본	225	222	207	206	242	421
지배주주지분	225	222	207	206	242	421

기업가치 지표 *IFRS 별도 기준
항목	2011	2012	2013	2014	2015	2016
주가(최고/저)(천원)	—/—	—/—	—/—	—/—	5.6/2.5	12.6/4.1
PER(최고/저)(배)	0.0/0.0	0.0/0.0	0.0/0.0	0.0/0.0	12.6/5.7	33.1/10.7
PBR(최고/저)(배)	0.0/0.0	0.0/0.0	0.0/0.0	0.0/0.0	1.9/0.9	3.3/1.1
EV/EBITDA(배)	—	—	—	—	3.6	10.3
EPS(원)	-251	-17	-160	244	441	380
BPS(원)	2,403	2,375	2,209	2,502	2,942	3,804
CFPS(원)	-83	153	-10	377	538	457
DPS(원)						
EBITDAPS(원)	-220	106	250	505	660	487

재무 비율 〈단위 : % 〉
연도	영업이익률	순이익률	부채비율	차입금비율	ROA	ROE	유보율	자기자본비율	EBITDA마진율
2016	17.4	16.2	12.7	0.0	9.3	10.8	660.7	88.8	20.7
2015	22.5	17.6	23.3	0.0	12.9	16.2	488.4	81.1	26.4
2014	18.5	12.1	27.7	0.0	8.4	11.0	400.5	78.3	25.1
2013	4.3	-6.9	33.2	0.0	-5.1	-7.0	341.7	75.1	10.8

판도라티비 (A202960)
PANDORA TV COLTD

업 종 : 미디어		시 장 : KONEX	
신용등급 : (Bond) — (CP) —		기업규모 : 중견	
홈 페 이 지 : www.pandora.tv		연 락 처 : (070)4484-7100	
본 사 : 경기도 성남시 분당구 대왕판교로644번길 49 DTC타워 11층(삼평동, DTC타워)			

설 립 일 1999.01.29	종 업 원 수 86명	대 표 이 사 김경익	
상 장 일 2014.08.11	감 사 의 견 적정 (한미)	계 열	
결 산 기 12월	보 통 주 1,138만주	종속회사수	
액 면 가 500원	우 선 주	구 상 호	

주주구성 (지분율,%)
DCM V, L.P.	17.7
김경익	14.2

출자관계 (지분율,%)
몬스터	100.0
희일커뮤니케이션	100.0
카카오대구경북센터	100.0

주요경쟁사 (외형,%)
판도라티비	100
래몽래인	105
제이웨이	55

매출구성
판도라TV	72.7
KM플레이어	27.3

비용구성
매출원가율	59.9
판관비율	38.4

수출비중
수출	29.8
내수	70.2

회사 개요
동사는 1999년 1월 29일 설립되어 인터넷 매체를 통해 UCC (User Created Contents)를 다루는 뉴미디어 회사로서, 동영상을 통한 광고, 유료 디지털 콘텐츠 및 인터넷과 모바일을 통한 UCC 콘텐츠 공급을 주 사업으로 하고 있음. 설립 이후 현재까지 동영상 미디어 사업을 전개하고 있으며, UCC 동영상 플랫폼인 판도라TV와 멀티 미디어 플레이어인 KM플레이어를 서비스하고 있음.

실적 분석
2016년 동사는 연결기준으로 매출액 135.2억원으로 전기 104.2억원 대비 약 29.7% 상승하였으며, 영업이익 2.3억원, 최종적으로 당기순이익 4.4억원을 기록하였음. 이는 전년도 메르스 여파 등으로 침체되었던 영업환경이 개선되고, 광고 네트워크 상품인 '프리즘'의 시장정착과 꾸준한 성장에 기인하며, 또한 기업인수에 따른 종속기업의 매출 일부가 포함되어 있음.

현금 흐름 *IFRS 별도 기준 〈단위 : 억원〉
항목	2015	2016
영업활동	14	18
투자활동	-72	-72
재무활동	-6	56
순현금흐름	2	2
기말현금	22	24

시장 대비 수익률
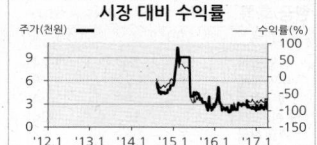

결산 실적 〈단위 : 억원〉
항목	2011	2012	2013	2014	2015	2016
매출액	100	103	110	116	104	135
영업이익	1	10	16	17	-5	2
당기순이익	1	5	9	12	-16	4

분기 실적 *IFRS 별도 기준 〈단위 : 억원〉
항목	2015.3Q	2015.4Q	2016.1Q	2016.2Q	2016.3Q	2016.4Q
매출액	—	—	—	—	—	—
영업이익	—	—	—	—	—	—
당기순이익	—	—	—	—	—	—

재무 상태 *IFRS 별도 기준 〈단위 : 억원〉
항목	2011	2012	2013	2014	2015	2016
총자산	44	81	101	139	137	208
유형자산	2	3	4	4	4	4
무형자산	9	15	27	41	47	55
유가증권	6	19	16	2	6	6
총부채	61	95	108	68	78	114
총차입금	15	66	82	59	54	83
자본금	42	42	42	54	54	57
총자본	-17	-14	-7	71	59	94
지배주주지분	-17	-14	-7	71	59	94

기업가치 지표 *IFRS 별도 기준
항목	2011	2012	2013	2014	2015	2016
주가(최고/저)(천원)	—/—	—/—	—/—	6.4/4.3	11.8/1.8	6.0/2.0
PER(최고/저)(배)	0.0/0.0	0.0/0.0	0.0/0.0	50.0/33.3	—/—	228.7/76.9
PBR(최고/저)(배)	0.0/0.0	0.0/0.0	0.0/0.0	9.5/6.3	21.4/3.3	7.1/2.4
EV/EBITDA(배)	2.3	—	3.7	3.0	7.0	76.2	22.7
EPS(원)	17	57	111	128	-139	26
BPS(원)	-207	-157	-72	672	553	835
CFPS(원)	63	127	183	220	-59	123
DPS(원)						
EBITDAPS(원)	63	194	267	276	37	123

재무 비율 〈단위 : % 〉
연도	영업이익률	순이익률	부채비율	차입금비율	ROA	ROE	유보율	자기자본비율	EBITDA마진율
2016	1.7	3.2	190.5	125.2	2.1	6.6	70.2	34.4	10.1
2015	-5.2	-15.1	132.2	90.7	-11.4	-23.8	9.9	43.1	3.2
2014	14.9	10.4	94.5	82.7	10.0	전기잠식	34.3	51.4	22.4
2013	14.7	8.4	완전잠식	완전잠식	-114.4	-114.4	-6.8	20.1

판타지오 (A032800)
Fantagio

업 종 : 미디어			시 장 : KOSDAQ		
신용등급 : (Bond) — (CP) —			기업규모 : 중견		
홈페이지 : www.fantagio.kr			연 락 처 : 02)3452-6100		
본 사 : 서울시 서초구 매헌로8길 39 (양재동, 희경재단빌딩디동 4층)					

설 립 일	1991.01.08	종 업 원 수	126명	대 표 이 사	나병준,위이지에
상 장 일	1997.06.26	감 사 의 견	적정 (이현)	계 열	
결 산 기	12월	보 통 주	4,993만주	종속회사수	
액 면 가	500원	우 선 주		구 상 호	에듀컴퍼니

주주구성 (지분율,%)		출자관계 (지분율,%)		주요경쟁사 (외형,%)	
골드파이낸스코리아	27.3	사보이엔터테인먼트	100.0	판타지오	100
나병준	9.1	자연과에너지	100.0	한국경제TV	347
(외국인)	1.4	판타지오뮤직	95.0	투원글로벌	83

매출구성		비용구성		수출비중	
연예인 매니지먼트, 영화·드라마제작, 음반제작	66.5	매출원가율	92.9	수출	2.4
수강료,검사료,가맹비 등	27.6	판관비율	23.9	내수	97.6
홍삼,오디농축액 등	5.9				

회사 개요

동사가 영위하고 있는 사업은 엔터테인먼트 사업, 교육사업 그리고 건강기능식품사업으로 구성되어 있음. 엔터테인먼트사업부문은 배우 매니지먼트, 영화·드라마 제작, 음반제작 등을 사업으로 영위중임. 교육사업부문은 본사를 중심으로 영재교육 운영사업과 영재교육 프랜차이즈 가맹사업을 주요 사업으로 영위중임. 건강기능식품사업부문은 원광헬스푸드(주)를 통해 자체 생산시설을 갖추고 발효홍삼농축액 등을 OEM 또는 ODM 방식으로 제조하여 공급중임.

실적 분석

동사의 연결기준 2016년 결산 누적매출액은 전년동기 대비 6.1% 줄어든 217.0억원을 기록함. 하지만 매출원가가 소폭 증가하고 판관비가 전년동기 대비 28.9% 증가함에 따라 36.9억원의 영업손실을 기록하며 적자지속. 당기순손실 역시 37.6억원으로 적자전환. 동사는 엔터 부문에서는 신인 아티스트들에게 동사의 주연급으로 출연하는 드라마나 영화 등에 동반 출연을 시키는 영업전략을, 교육사업에서는 지속적인 콘텐츠 개발 및 연구활동 중임.

현금 흐름 〈단위 : 억원〉

항목	2015	2016
영업활동	13	-24
투자활동	-2	-6
재무활동	4	-4
순현금흐름	15	-35
기말현금	58	23

시장 대비 수익률

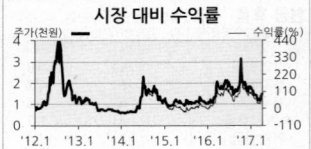

결산 실적 〈단위 : 억원〉

항목	2011	2012	2013	2014	2015	2016
매출액	85	98	101	126	231	217
영업이익	2	-7	-22	-42	9	-36
당기순이익	5	-16	-43	-271	10	-38

분기 실적 〈단위 : 억원〉

항목	2015.3Q	2015.4Q	2016.1Q	2016.2Q	2016.3Q	2016.4Q
매출액	55	48	75	38	63	41
영업이익	-1	9	-8	-9	-7	-13
당기순이익	-1	12	-8	-12	4	-21

재무 상태 〈단위 : 억원〉

항목	2011	2012	2013	2014	2015	2016
총자산	205	254	204	386	413	356
유형자산	6	25	28	34	25	41
무형자산	44	34	18	187	188	184
유가증권	—	—	—	19	18	15
총부채	23	81	74	149	161	137
총차입금	—	32	30	51	47	37
자본금	118	118	118	194	247	250
총자본	183	172	130	238	252	220
지배주주지분	183	167	134	251	271	245

기업가치 지표

항목	2011	2012	2013	2014	2015	2016
주가(최고/저)(천원)	1.7/0.7	4.2/0.7	1.4/0.6	2.4/0.6	1.4/0.9	3.2/1.0
PER(최고/저)(배)	76.1/30.6	—/—	—/—	—/—	44.8/30.2	—/—
PBR(최고/저)(배)	2.2/0.9	5.9/1.0	2.5/1.0	4.1/1.0	2.2/1.5	5.7/1.8
EV/EBITDA(배)	14.6				29.6	
EPS(원)	22	-56	-142	-833	30	-63
BPS(원)	773	708	566	582	620	566
CFPS(원)	34	-34	-113	-801	46	-42
DPS(원)						
EBITDAPS(원)	22	-8	-64	-100	34	-53

재무 비율 〈단위 : % 〉

연도	영업이익률	순이익률	부채비율	차입금비율	ROA	ROE	유보율	자기자본비율	EBITDA마진율
2016	-16.8	-17.3	일부잠식	일부잠식	-9.8	-12.2	13.2	61.7	-12.1
2015	3.8	4.3	64.0	18.7	2.5	5.7	25.2	61.0	7.3
2014	-33.1	-216.2	일부잠식	일부잠식	-92.0	-136.2	18.3	61.5	-25.1
2013	-21.6	-42.0	57.3	23.5	-18.6	-22.3	13.2	63.6	-14.8

팜스웰바이오 (A043090)
PharmswellBio

업 종 : 제약			시 장 : KOSDAQ		
신용등급 : (Bond) — (CP) —			기업규모 : 벤처		
홈페이지 : www.pharmswell.com			연 락 처 : 02)569-7610		
본 사 : 서울시 금천구 디지털로 10길 9 (가산동, 하이힐빌딩)					

설 립 일	1987.04.16	종 업 원 수	38명	대 표 이 사	이영미,추연우
상 장 일	2001.10.11	감 사 의 견	적정 (신승)	계 열	
결 산 기	12월	보 통 주	2,458만주	종속회사수	
액 면 가	500원	우 선 주		구 상 호	

주주구성 (지분율,%)		출자관계 (지분율,%)		주요경쟁사 (외형,%)	
디올제약	4.9	팜스웨딩	40.0	팜스웰바이오	100
골든브릿지투자증권	3.8	저스트나이스코리아	30.0	하이텍팜	349
(외국인)	0.6	큐브바이오	20.9	우리들제약	455

매출구성		비용구성		수출비중	
상품 기타	87.0	매출원가율	79.9	수출	0.0
PPC-GS-1	8.7	판관비율	35.7	내수	100.0
GTC-GO-1외	1.9				

회사 개요

동사는 1987년 4월 설립되어 의약품원료의 제조 및 판매를 주요 사업으로 하고 있으며 2001년 10월 코스닥시장에 상장됨. 2014년 에너지 사업부를 신설하고 2014년 11월 석유수출입업을 등록하고 2015년 1분기부터 본격적으로 경유유통사업을 개시함. 그러나 국제유가 하락, 환율의 급격한 변동 등 대외 변수로 인하여 사업 손실을 기록하여 2015년 12월 체결하였던 계약을 해지 및 사업을 중단함.

실적 분석

동사의 2016년 누적 매출액은 전년 동기 대비 16.7% 감소한 157.2억원을 기록하였음. 매출원가가 19.4% 감소한 125.6억원을 기록하여 매출총이익은 31.6억원을 달성함. 판관비는 전년대비 77.9% 증가한 56.2억원이며 영업손실은 24.6억원을 기록하며 적자transition 전환함. 당기순이익도 전년도에 이어 적자 상태가 지속됨. 2016년 3월 최대주주 변경을 수반하는 주식양수도 계약이 체결되었음.

현금 흐름 *IFRS 별도 기준 〈단위 : 억원〉

항목	2015	2016
영업활동	-34	-23
투자활동	-46	-21
재무활동	91	8
순현금흐름	11	-36
기말현금	68	32

시장 대비 수익률

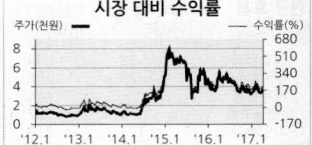

결산 실적 〈단위 : 억원〉

항목	2011	2012	2013	2014	2015	2016
매출액	191	225	214	207	189	157
영업이익	8	13	7	-17	1	-25
당기순이익	-76	-61	2	-16	-92	-41

분기 실적 *IFRS 별도 기준 〈단위 : 억원〉

항목	2015.3Q	2015.4Q	2016.1Q	2016.2Q	2016.3Q	2016.4Q
매출액	47	-84	41	44	40	32
영업이익	-9	28	-6	-4	-7	-7
당기순이익	-10	-51	-8	-4	-10	-19

재무 상태 *IFRS 별도 기준 〈단위 : 억원〉

항목	2011	2012	2013	2014	2015	2016
총자산	378	231	203	222	229	196
유형자산	170	81	65	2	2	3
무형자산	11	12	14	16	12	7
유가증권	16	1	1	1	1	21
총부채	226	141	109	130	143	98
총차입금	157	90	73	94	106	65
자본금	97	97	97	100	114	120
총자본	152	90	94	93	86	98
지배주주지분	152	90	94	93	86	98

기업가치 지표 *IFRS 별도 기준

항목	2011	2012	2013	2014	2015	2016
주가(최고/저)(천원)	2.1/0.8	1.5/0.8	2.1/1.0	4.8/1.0	8.6/2.8	5.6/3.1
PER(최고/저)(배)	—/—	—/—	117.1/53.6	—/—	—/—	—/—
PBR(최고/저)(배)	1.3/0.5	1.2/0.7	1.7/0.8	4.0/0.8	8.4/2.7	5.5/3.0
EV/EBITDA(배)	15.5	13.7	26.3	345.7		
EPS(원)	-427	-319	18	-82	-423	-176
BPS(원)	1,530	1,211	1,229	1,194	1,021	1,017
CFPS(원)	-385	-299	23	-74	-416	-168
DPS(원)						
EBITDAPS(원)	103	96	45	-9	13	-97

재무 비율 〈단위 : % 〉

연도	영업이익률	순이익률	부채비율	차입금비율	ROA	ROE	유보율	자기자본비율	EBITDA마진율
2016	-15.7	-26.4	일부잠식	일부잠식	-19.5	-45.0	103.4	50.0	-14.5
2015	0.7	-48.7	일부잠식	일부잠식	-40.7	-102.0	104.1	37.5	1.5
2014	-8.4	-7.8	일부잠식	일부잠식	-7.6	-17.0	140.3	41.7	-7.6
2013	3.2	0.7	일부잠식	일부잠식	0.7	1.7	147.7	46.2	3.7

팜스코 (A036580)
FARMSCO

업 종 : 식료품		시 장 : 거래소	
신용등급 : (Bond) — (CP) —		기업규모 : 시가총액 중형주	
홈 페 이 지 : www.farmsco.com		연 락 처 : 031)677-5770	
본 사 : 경기도 안성시 미양면 제2공단4길 33			

설 립 일 1999.10.01	종 업 원 수 392명	대 표 이 사 김홍국,정학상	
상 장 일 1999.10.25	감 사 의 견 적정 (한영)	계 열	
결 산 기 12월	보 통 주 3,673만주	종속회사수	
액 면 가 500원	우 선 주	구 상 호	

주주구성 (지분율,%)
제일홀딩스	56.3
국민연금공단	6.8
(외국인)	4.7

출자관계 (지분율,%)
하이포크	100.0
대성축산영농조합법인	96.9
팜스코바이온인티	95.6

주요경쟁사 (외형,%)
팜스코	100
이지바이오	148
대한제당	133

매출구성
[사료/팜스코]양계사료	30.5
기타	20.4
[사료/팜스코]양돈사료	18.9

비용구성
매출원가율	84.2
판관비율	11.4

수출비중
수출	0.0
내수	100.0

회사 개요
동사는 하림그룹의 양돈용 배합사료 및 축산계열화사업을 주요 사업영역으로 담당, 계열사인 선진 등과 경쟁관계. 사료부문(매출비중 64%)은 영업이익기여도 60% 수준으로 안정적인 캐시카우 역할, 향후 성장동력인 수직계열화를 중심으로 축산농가의 구조조정 및 경쟁력 강화를 도모하고 있음. 2015년부터 정부의 축산농가에 대한 지원이 금지됨에 따라 축산농가의 대형화,수직계열화를 통한 산업구조의 재편이 필요에 따라 동사의 영업기반에 영향을 미칠 것임.

실적 분석
동사의 2016년 결산기준 누적 매출액은 전년 동기대비 9.3% 상승한 9,475.9원을 기록하였음. 비용면에서 전년동기대비 매출원가는 증가 하였으며 인건비도 증가, 광고선전비는 크게 감소 하였고 기타판매비와관리비는 증가함. 이처럼 매출액 상승과 더불어 비용철감에도 힘을 기울였음. 그에 따라 전년동기대비 영업이익은 423.3억원으로 18.9% 상승 하였음. 최종적으로 전년동기대비 당기순이익은 크게 상승하여 264.7억원을 기록함.

현금 흐름 〈단위 : 억원〉
항목	2015	2016
영업활동	624	343
투자활동	-2,129	1,039
재무활동	216	-1,592
순현금흐름	-1,291	-203
기말현금	564	361

시장 대비 수익률

결산 실적 〈단위 : 억원〉
항목	2011	2012	2013	2014	2015	2016
매출액	5,346	6,656	7,467	8,357	8,671	9,476
영업이익	236	189	52	283	356	423
당기순이익	202	258	90	105	107	265

분기 실적 〈단위 : 억원〉
항목	2015.3Q	2015.4Q	2016.1Q	2016.2Q	2016.3Q	2016.4Q
매출액	2,194	2,266	2,202	2,430	2,333	2,511
영업이익	151	10	81	211	115	17
당기순이익	-11	24	87	129	167	-119

재무 상태 〈단위 : 억원〉
항목	2011	2012	2013	2014	2015	2016
총자산	4,970	5,632	5,648	7,275	7,761	6,631
유형자산	1,548	1,571	1,878	2,290	2,656	2,979
무형자산	15	47	46	47	48	125
유가증권	110	115	164	135	214	204
총부채	2,955	3,364	3,275	4,622	5,104	3,691
총차입금	2,341	2,636	2,332	3,661	3,943	2,560
자본금	184	184	184	184	184	184
총자본	2,015	2,269	2,373	2,652	2,658	2,940
지배주주지분	2,011	2,266	2,377	2,668	2,681	2,904

기업가치 지표
항목	2011	2012	2013	2014	2015	2016
주가(최고/저)(천원)	4.8/2.3	5.3/3.2	9.3/3.9	16.6/8.5	21.9/12.2	15.9/11.2
PER(최고/저)(배)	8.2/3.9	7.4/4.4	35.5/15.1	52.7/26.9	73.8/41.0	22.0/15.5
PBR(최고/저)(배)	0.9/0.4	0.8/0.5	1.4/0.6	2.3/1.2	3.0/1.7	2.0/1.4
EV/EBITDA(배)	7.4	12.0	43.8	17.6	17.1	11.4
EPS(원)	590	722	263	318	300	727
BPS(원)	5,685	6,379	6,681	7,346	7,326	7,935
CFPS(원)	700	850	417	504	580	1,072
DPS(원)						100
EBITDAPS(원)	794	644	296	958	1,249	1,499

재무 비율 〈단위 : % 〉
연도	영업이익률	순이익률	부채비율	차입금비율	ROA	ROE	유보율	자기자본비율	EBITDA마진율
2016	4.5	2.8	125.5	87.1	3.7	9.6	1,487.0	44.3	5.8
2015	4.1	1.2	192.0	148.4	1.4	4.1	1,365.3	34.2	5.3
2014	3.4	1.3	174.3	138.1	1.6	4.6	1,369.2	36.5	4.2
2013	0.7	1.2	138.0	98.3	1.6	4.2	1,236.2	42.0	1.5

팜스토리 (A027710)
FARMSTORY CO

업 종 : 식료품		시 장 : KOSDAQ	
신용등급 : (Bond) — (CP) —		기업규모 : 우량	
홈 페 이 지 : www.dodrambnf.co.kr		연 락 처 : 02)501-1648	
본 사 : 서울시 강남구 강남대로 310(역삼동,유니온센터) 3층			

설 립 일 1991.04.17	종 업 원 수 356명	대 표 이 사 유태호,편명식	
상 장 일 1996.07.06	감 사 의 견 적정 (신우)	계 열	
결 산 기 12월	보 통 주 8,835만주	종속회사수	
액 면 가 500원	우 선 주	구 상 호 팜스토리한냉	

주주구성 (지분율,%)
이지바이오시스템	58.2
케이디비씨아앤씨그로사모투자전문회사	6.3
(외국인)	3.9

출자관계 (지분율,%)
마니커에프앤지	100.0
팜스월드	90.0
한국축산의희망서울사료	56.2

주요경쟁사 (외형,%)
팜스토리	100
팜스코	105
이지바이오	156

매출구성
사료사업부(FB)	58.3
가금사업부(PB)	26.3
육가공사업부(LB)	23.9

비용구성
매출원가율	88.5
판관비율	8.9

수출비중
수출	0.0
내수	100.0

회사 개요
동사는 양돈 배합사료 전문회사와 축산물 유통사업을 영위하는 회사로 사료사업부, 도축제조제조 및 판매를 하는 육가공사업부, 육계를 취급하는 가금사업부로 나뉨. 2014년말 팜스월드와 마니커F&G를 연결 자회사로 편입, 양돈 수평계열화, 양돈 및 양계의 수직계열화를 모두 달성함. 원료의 대부분이 수입에 의존하기 때문에 환율변동에 영향을 받으나 경기가 불황일 경우에도 소비는 꾸준한 특징을 가짐.

실적 분석
동사의 2016년 연결기준 연간 누적 매출액은 9,004.9억원으로 전년 동기 대비 15.3% 감소함. 매출 감소에 따라 매출원가도 큰 폭으로 줄었고 판관비 또한 감소하면서 영업이익은 전년 동기와 비슷한 235.7억원을 시현함. 비영업손익 부문에서 금융과 외환 손실 규모가 줄어 당기순이익은 129억원으로 전년 동기 대비 무려 442.1% 증가. 매출은 감소했지만 수익성은 유지하고 있는 상황.

현금 흐름 〈단위 : 억원〉
항목	2015	2016
영업활동	-34	899
투자활동	-195	168
재무활동	260	-1,392
순현금흐름	30	-326
기말현금	558	232

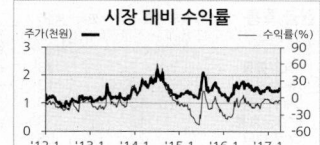

시장 대비 수익률

결산 실적 〈단위 : 억원〉
항목	2011	2012	2013	2014	2015	2016
매출액	8,786	10,643	10,446	10,239	10,626	9,005
영업이익	106	236	158	240	239	236
당기순이익	-54	166	56	-33	18	129

분기 실적 〈단위 : 억원〉
항목	2015.3Q	2015.4Q	2016.1Q	2016.2Q	2016.3Q	2016.4Q
매출액	2,636	2,674	2,217	2,227	2,197	2,365
영업이익	-25	119	38	100	96	2
당기순이익	-49	63	39	53	94	-58

재무 상태 〈단위 : 억원〉
항목	2011	2012	2013	2014	2015	2016
총자산	6,815	7,504	7,222	7,635	7,630	6,640
유형자산	1,889	2,157	2,221	2,259	1,945	1,862
무형자산	395	394	398	266	212	115
유가증권	19	18	28	22	36	49
총부채	5,585	6,113	5,806	6,597	6,262	4,971
총차입금	3,980	4,731	4,555	5,441	5,217	3,695
자본금	419	419	419	419	419	460
총자본	1,230	1,391	1,417	1,037	1,368	1,669
지배주주지분	974	1,124	1,185	992	1,066	1,377

기업가치 지표
항목	2011	2012	2013	2014	2015	2016
주가(최고/저)(천원)	1.5/0.7	1.4/0.8	1.7/1.0	2.2/1.1	2.2/1.1	1.8/1.1
PER(최고/저)(배)	—/—	7.4/4.3	16.8/10.2	864.6/449.8	61.6/30.4	10.4/6.1
PBR(최고/저)(배)	1.3/0.6	1.1/0.6	1.2/0.7	1.8/0.9	1.7/0.8	1.2/0.7
EV/EBITDA(배)	22.1	13.9	18.1	14.8	15.0	14.0
EPS(원)	-25	200	103	3	36	177
BPS(원)	1,227	1,413	1,490	1,249	1,341	1,570
CFPS(원)	68	324	229	149	191	289
DPS(원)			25	25		
EBITDAPS(원)	225	418	323	446	453	379

재무 비율 〈단위 : % 〉
연도	영업이익률	순이익률	부채비율	차입금비율	ROA	ROE	유보율	자기자본비율	EBITDA마진율
2016	2.6	1.4	297.8	221.4	1.8	12.8	201.7	25.1	3.7
2015	2.3	0.2	457.7	381.3	0.2	2.8	156.7	17.9	3.4
2014	2.3	-0.3	636.0	524.5	-0.5	0.2	139.0	13.6	3.5
2013	1.5	0.5	409.8	321.5	0.8	7.2	185.2	19.6	2.5

패션플랫폼 (A256090)
Fashion Platform COLTD

업　　종 : 섬유 및 의복　　　　시　　장 : KONEX
신용등급 : (Bond) ―　　(CP) ―　　기업규모 : ―
홈 페 이 지 : www.renomalady.com　　연 락 처 : 02)573-1250
본　　사 : 서울시 강남구 논현로28길 9(도곡동, 유진빌딩 3층)

설 립 일	2009.06.29	종 업 원 수	명	대 표 이 사	박원희
상 장 일	2016.12.20	감 사 의 견	적정 (신우)	계 열	
결 산 기	12월	보 통 주	435만주	종 속 회 사 수	
액 면 가	500원	우 선 주		구 상 호	

주주구성 (지분율,%)		출자관계 (지분율,%)		주요경쟁사 (외형,%)	
메이븐에프씨	49.8			패션플랫폼	100
박원희	13.8			국동	356
				방림	272

매출구성		비용구성		수출비중	
레노마레이디	62.7	매출원가율	40.2	수출	―
보니스팍스	36.8	판관비율	48.2	내수	―
기타매출	0.5				

회사 개요
동사는 여성용 의류 제조 및 판매를 영위하는 업체로 레노마레이디와 보니스팍스 브랜드를 운영 중임. 레노마레이디는 30~40대 후반 여성을 타깃으로 삼은 브랜드로 젊은 감각, 합리적 가격대 등을 지향함. 보니스팍스는 20대 후반~40대 초반의 여성을 대상으로 자유로운 감각을 지향하는 브랜드임. 레노마레이디와 보니스팍스의 매출 비율은 86.9%, 12.5%임.

실적 분석
동사의 2016년 매출액은 554.4억원임. 영업이익은 64.5억원임. 당기순이익은 50.3억원임. 2014년 매출 200억원대, 2015년 340억원대에 이어 큰 폭의 성장임. 영업이익도 전년 대비 두 배 이상 늘었음. 당기순이익도 큰 폭으로 개선됨. 인건비, 고정비 등 비용 절감 차원에서 숙련된 직원을 채용하기보다 의류별 전문성을 갖춘 외주가공업체에 전량 생산을 맡기다 보니 수익성이 늘었음.

현금 흐름　*IFRS 별도 기준　〈단위 : 억원〉

항목	2015	2016
영업활동	7	23
투자활동	-10	-12
재무활동	15	-8
순현금흐름	12	3
기말현금	22	25

시장 대비 수익률

결산 실적　〈단위 : 억원〉

항목	2011	2012	2013	2014	2015	2016
매출액	―	―	153	206	290	554
영업이익	―	―	9	20	33	65
당기순이익	―	―	7	16	26	50

분기 실적　*IFRS 별도 기준　〈단위 : 억원〉

항목	2015.3Q	2015.4Q	2016.1Q	2016.2Q	2016.3Q	2016.4Q
매출액						
영업이익						
당기순이익						

재무 상태　*IFRS 별도 기준　〈단위 : 억원〉

항목	2011	2012	2013	2014	2015	2016
총자산			100	124	191	276
유형자산			6	5	12	15
무형자산						
유가증권						
총부채			65	73	114	137
총차입금			27	27	24	25
자본금			20	20	20	22
총자본			35	51	77	139
지배주주지분			35	51	77	139

기업가치 지표　*IFRS 별도 기준

항목	2011	2012	2013	2014	2015	2016
주가(최고/저)(천원)	―/―	―/―	―/―	―/―	―/―	10.1/5.8
PER(최고/저)(배)	0.0/0.0	0.0/0.0	0.0/0.0	0.0/0.0	0.0/0.0	8.2/4.7
PBR(최고/저)(배)	0.0/0.0	0.0/0.0	0.0/0.0	0.0/0.0	0.0/0.0	3.2/1.8
EV/EBITDA(배)	0.0		1.5	0.5	0.6	4.2
EPS(원)	―	―	163	406	646	1,239
BPS(원)	―	―	8,688	12,749	19,207	3,202
CFPS(원)	―	―	2,126	4,580	7,142	1,335
DPS(원)	―	―				
EBITDAPS(원)	―	―	2,847	5,591	9,033	1,688

재무 비율　〈단위 : % 〉

연도	영업이익률	순이익률	부채비율	차입금비율	ROA	ROE	유보율	자기자본비율	EBITDA마진율
2016	11.6	9.1	98.2	18.0	21.5	46.5	540.3	50.5	12.3
2015	11.5	8.9	148.8	54.5	16.4	40.4	284.2	40.2	12.5
2014	9.9	7.9	144.0	52.9	14.5	37.9	155.0	41.0	10.9
2013	6.1	4.2	187.9	77.8	9.9	30.1	73.8	34.7	7.4

팬스타엔터프라이즈 (A054300)
Panstar Enterprise

업　　종 : 자동차부품　　　　시　　장 : KOSDAQ
신용등급 : (Bond) ―　　(CP) ―　　기업규모 : 벤처
홈 페 이 지 : www.panstar-enterprise.com　　연 락 처 : 1577-3520
본　　사 : 부산시 중구 해관로 30 팬스타크루즈프라자

설 립 일	1995.11.21	종 업 원 수	110명	대 표 이 사	김현경,최영학
상 장 일	2002.01.10	감 사 의 견	적정 (원지)	계 열	
결 산 기	12월	보 통 주	2,752만주	종 속 회 사 수	
액 면 가	500원	우 선 주		구 상 호	헤스본

주주구성 (지분율,%)		출자관계 (지분율,%)		주요경쟁사 (외형,%)	
김현경	9.4	오션원블로글로벌코리아	43.9	팬스타엔터프라이즈	100
팬스타라이닷컴	6.9	리얼헤스본	40.0	두올산업	139
(외국인)	0.3	팬스타라이너스	38.0	체시스	186

매출구성		비용구성		수출비중	
유공압 정비기기	80.4	매출원가율	86.1	수출	51.5
전자제어 정비기기	10.4	판관비율	22.4	내수	48.5
전자제어 및 환경정비기기	6.9				

회사 개요
동사는 1991년 설립 이래 20여년간 자동차 정비기기 사업을 영위해오고 있음. 자동차 정비기기는 유공압기술을 바탕으로 한 유공압 정비기기와 얼라인먼트 등의 전자제어 정비기기로 제품군이 구분됨. 본사는 부산에 소재하고 있으며, 공장은 인천에 소재하고 있음. 2015년에 상호를 헤스본 주식회사에서 주식회사 팬스타엔터프라이즈로 변경함. 연결대상 종속회사는 없으나 팬스타그룹에 5개의 계열사를 소속되어 있음.

실적 분석
2016년 기준 동사는 전기 대비 16% 증가한 280.8억원의 매출 실적을 시현함. 신규사업인 여객운송 및 선박용선 매출이 증가했기 때문. 자동차 정비기기는 경기침체로 감소했는데 이에 따른 원가부담과 대손 증가로 매출원가 판관비가 증가하여 영업손실은 전년동기 1.9억원 대비 23.8억원으로 크게 증가함. 금융손실 등 비영업손익면에서 16억원의 적자를 시현함에 따라 당기순손실은 33.7억원에 달함.

현금 흐름　*IFRS 별도 기준　〈단위 : 억원〉

항목	2015	2016
영업활동	-6	-1
투자활동	-153	-81
재무활동	205	59
순현금흐름	46	-23
기말현금	58	36

시장 대비 수익률
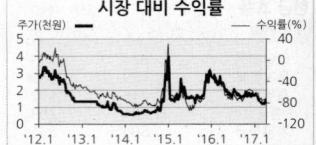

결산 실적　〈단위 : 억원〉

항목	2011	2012	2013	2014	2015	2016
매출액	332	336	251	246	242	281
영업이익	-38	13	-16	3	-2	-24
당기순이익	-52	-8	-48	-8	-8	-34

분기 실적　*IFRS 별도 기준　〈단위 : 억원〉

항목	2015.3Q	2015.4Q	2016.1Q	2016.2Q	2016.3Q	2016.4Q
매출액	62	70	56	68	70	88
영업이익	0	3	-4	6	-6	-20
당기순이익	0	-1	-6	-0	-9	-19

재무 상태　*IFRS 별도 기준　〈단위 : 억원〉

항목	2011	2012	2013	2014	2015	2016
총자산	310	265	234	193	391	421
유형자산	28	25	19	23	23	83
무형자산	1	1	1	1	1	1
유가증권	18	32	0	0	0	
총부채	258	205	181	137	159	217
총차입금	173	141	135	94	117	171
자본금	30	44	44	85	136	136
총자본	52	60	53	56	233	204
지배주주지분	52	60	53	56	233	204

기업가치 지표　*IFRS 별도 기준

항목	2011	2012	2013	2014	2015	2016
주가(최고/저)(천원)	12.8/1.2	3.7/1.3	1.5/0.6	3.9/0.5	4.3/1.3	3.0/1.5
PER(최고/저)(배)	―/―	―/―	―/―	―/―	―/―	―/―
PBR(최고/저)(배)	13.6/1.3	4.7/1.7	4.0/1.5	11.0/1.4	5.0/1.4	3.9/2.0
EV/EBITDA(배)	―	6.3	―	103.4	448.5	―
EPS(원)	-529	-135	-505	-50	-40	-124
BPS(원)	940	773	386	360	873	768
CFPS(원)	-447	-82	-475	-32	-25	-102
DPS(원)						
EBITDAPS(원)	-848	274	-135	39	5	-66

재무 비율　〈단위 : % 〉

연도	영업이익률	순이익률	부채비율	차입금비율	ROA	ROE	유보율	자기자본비율	EBITDA마진율
2016	-8.5	-12.0	106.3	83.8	-8.3	-15.4	53.7	48.5	-6.4
2015	-0.8	-3.1	68.3	50.4	-2.6	-5.3	74.6	59.4	0.4
2014	1.4	-3.2	일부잠식	일부잠식	-3.7	-14.5	-28.0	29.2	2.5
2013	-6.3	-19.2	일부잠식	일부잠식	-19.3	-84.6	-22.8	22.8	-5.1

팬엔터테인먼트 (A068050)
Pan Entertainment

업 종 : 미디어		시 장 : KOSDAQ	
신용등급 : (Bond) — (CP) —		기업규모 : 중견	
홈페이지 : www.thepan.co.kr		연 락 처 : 02)380-2100	
본 사 : 서울시 마포구 월드컵북로58길 10 (상암동, 더 팬)			

설 립 일 1998.04.03	종 업 원 수 35명	대 표 이 사 박영석	
상 장 일 2006.07.07	감 사 의 견 적정 (우리)	계 열	
결 산 기 12월	보 통 주 1,013만주	종 속 회 사 수	
액 면 가 500원	우 선 주	구 상 호	

주주구성 (지분율,%)		출자관계 (지분율,%)		주요경쟁사 (외형,%)	
박영석	24.0	팬스타즈컴퍼니	100.0	팬엔터테인먼트	100
한국증권금융	3.9	팁스위원회	61.0	에프엔씨애드컬쳐	32
(외국인)	1.0	빅아이엔터테인먼트	60.0	빅텐츠	106

매출구성		비용구성		수출비중	
드라마	81.4	매출원가율	87.8	수출	19.4
건물임대	11.0	판관비율	6.5	내수	80.6
OST, 앨범	5.7				

회사 개요
동사는 1998년 4월 3일 설립되어 방송영상물제작 및 음반제작을 주요사업으로 영위하고 있음. 또한 2006년 3월 23일에 코스닥시장 상장을 승인받아 회사의 주식은 2006년 7월 7일자로 상장되어 코스닥시장에서 매매가 개시되었음. 사업부문별 비중은 드라마가 90%로 가장 높은 비중을 차지하고 있으며, 건물임대(8%), 음반/음원(1.6%) 등으로 구성되어 있다.

실적 분석
동사의 2016년 연결기준 매출액은 353.3억원으로 전년 대비 68.4% 증가하였음. KBS 주말드라마 '월계수 양복점 신사들'이 성공적으로 방영되고 있음. 중국 온라인 동영상 플랫폼 업체들이 한류 드라마 전송권 확보 경쟁중이며 중국 방송국과 동영상 플랫폼 업체들은 시청률과 점유율 확보를 위해 독점적인 콘텐츠를 요구함. 한류 드라마 제작 시스템에 대한 수요가 확대되고 있어 국내 드라마 산업에 새로운 기회의 문이 열리고 있음.

현금 흐름 〈단위 : 억원〉

항목	2015	2016
영업활동	-45	-38
투자활동	31	9
재무활동	5	23
순현금흐름	-10	-6
기말현금	22	17

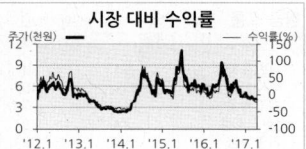

시장 대비 수익률

결산 실적 〈단위 : 억원〉

항목	2011	2012	2013	2014	2015	2016
매출액	327	377	271	343	210	353
영업이익	7	17	-2	8	-43	20
당기순이익	3	20	-23	4	-70	6

분기 실적 〈단위 : 억원〉

항목	2015.3Q	2015.4Q	2016.1Q	2016.2Q	2016.3Q	2016.4Q
매출액	12	12	86	62	127	78
영업이익	-7	-36	2	-10	18	10
당기순이익	-6	-53	0	-9	19	-4

재무 상태 〈단위 : 억원〉

항목	2011	2012	2013	2014	2015	2016
총자산	480	676	683	703	667	700
유형자산	313	428	426	418	428	421
무형자산	10	7	8	6	5	5
유가증권	20	7	60	88	45	51
총부채	173	281	265	282	293	298
총차입금	134	220	205	218	225	226
자본금	33	43	46	46	47	51
총자본	307	395	418	421	374	402
지배주주지분	306	394	418	421	374	402

기업가치 지표

항목	2011	2012	2013	2014	2015	2016
주가(최고/저)(천원)	5.0/2.4	7.3/3.6	5.2/2.3	8.2/2.4	12.3/4.8	9.4/4.2
PER(최고/저)(배)	102.5/48.8	368.7/180.8	—/—	286.6/82.5	—/—	140.3/63.3
PBR(최고/저)(배)	1.0/0.5	1.6/0.8	1.1/0.5	1.8/0.5	3.1/1.2	2.4/1.1
EV/EBITDA(배)	37.2	22.2	96.7	41.8		25.0
EPS(원)	49	20	-247	28	-757	67
BPS(원)	5,003	4,545	4,519	4,550	3,965	3,972
CFPS(원)	90	143	-183	122	-675	144
DPS(원)	—	—	—	—	—	—
EBITDAPS(원)	149	365	46	176	-379	282

재무 비율 〈단위 : % 〉

연도	영업이익률	순이익률	부채비율	차입금비율	ROA	ROE	유보율	자기자본비율	EBITDA마진율
2016	5.7	1.7	74.1	56.2	0.9	1.7	694.5	57.5	7.9
2015	-20.4	-33.5	78.2	60.1	-10.3	-17.7	693.0	56.1	-16.8
2014	2.2	0.8	67.0	51.8	0.4	0.6	809.9	59.9	4.7
2013	-0.6	-8.6	63.4	49.0	-3.4	-5.6	803.7	61.2	1.5

팬오션 (A028670)
Pan Ocean

업 종 : 해상운수		시 장 : 거래소	
신용등급 : (Bond) A- (CP) —		기업규모 : 시가총액 대형주	
홈페이지 : www.panocean.com		연 락 처 : 02)316-5114	
본 사 : 서울시 종로구 종로5길 7, Tower8			

설 립 일 1966.05.28	종 업 원 수 1,904명	대 표 이 사 김유식	
상 장 일 2007.09.21	감 사 의 견 적정 (삼일)	계 열	
결 산 기 12월	보 통 주 53,448만주	종 속 회 사 수	
액 면 가 1,000원	우 선 주	구 상 호 STX팬오션	

주주구성 (지분율,%)		출자관계 (지분율,%)		주요경쟁사 (외형,%)	
제일홀딩스	50.9	포스에스엠	100.0	팬오션	100
포세이돈2014(유)	12.7	예그리나	45.0		413
(외국인)	4.0	부산크로스독	20.0	대한해운	29

매출구성		비용구성		수출비중	
철광석, 석탄, 곡물 등	86.7	매출원가율	88.1	수출	—
원유 및 원유제품	11.4	판관비율	3.0	내수	—
컨테이너	6.0				

회사 개요
동사는 해상운송 전문업체로서 철광석, 석탄, 곡물 등을 운송하는 벌크선 매출이 전체 매출의 80% 가량을 차지하고 있음. 컨테이너서비스, 탱커서비스, 자동차선서비스 및 신규 진출한 LNG선 서비스에 이르기까지 다양한 해상운송 서비스를 제공하는 종합해운물류 기업임. 동사는 벌크선 서비스 주력 선사로서 벌크선 영업 부문은 정기선, 부정기선과 대형선으로 분류하여 운영하고 있음.

실적 분석
동사의 2016년 결산 연결 기준 매출액은 전년동기대비 3% 증가한 1조8,739.9억원을 시현. 하지만 영업이익은 1,679억원을 기록하며 전년동기 대비 26.8% 감소함. 당기순이익은 970.9억원을 기록하며 전년동기 대비 113.2% 증가함. 연초 예상과는 달리 중국의 철광석 수입이 크게 증가 하였으며 당초 감소가 예상되었던 석탄 수입량도 전년 수준을 상회하여, 케이프 이하 전 선형의 시황이 회복하여 2017년 시황 개선이 기대됨.

현금 흐름 〈단위 : 억원〉

항목	2015	2016
영업활동	3,053	2,510
투자활동	-392	-924
재무활동	-4,171	-1,979
순현금흐름	-1,225	-331
기말현금	2,782	2,451

시장 대비 수익률

결산 실적 〈단위 : 억원〉

항목	2011	2012	2013	2014	2015	2016
매출액	57,422	54,178	26,820	16,456	18,193	18,740
영업이익	-1,233	-2,117	-2,221	2,160	2,294	1,679
당기순이익	-220	-4,640	-19,097	7,861	455	971

분기 실적 〈단위 : 억원〉

항목	2015.3Q	2015.4Q	2016.1Q	2016.2Q	2016.3Q	2016.4Q
매출액	4,917	5,121	4,525	4,430	4,658	5,126
영업이익	611	557	398	412	368	501
당기순이익	519	510	756	238	275	-297

재무 상태 〈단위 : 억원〉

항목	2011	2012	2013	2014	2015	2016
총자산	70,164	71,502	48,801	45,579	43,143	43,306
유형자산	49,038	54,136	39,698	35,212	36,404	36,780
무형자산	464	334	92	56	85	103
유가증권	2,747	1,351	832	246	14	80
총부채	45,876	53,712	46,392	31,353	18,828	17,648
총차입금	38,943	45,596	27,209	25,426	15,222	15,211
자본금	2,059	2,059	1,209	2,145	5,244	5,344
총자본	24,288	17,789	2,409	14,226	24,314	25,659
지배주주지분	24,207	17,703	2,327	14,213	24,062	25,407

기업가치 지표

항목	2011	2012	2013	2014	2015	2016
주가(최고/저)(천원)	174/79.0	127/42.2	91.6/11.4	11.4/3.6	5.4/3.4	4.3/2.9
PER(최고/저)(배)	—/—	—/—	—/—	1.9/0.6	43.6/26.9	23.5/15.6
PBR(최고/저)(배)	0.5/0.2	0.5/0.2	37.9/4.7	1.4/0.4	1.2/0.7	0.9/0.6
EV/EBITDA(배)	172.6			6.6	8.1	10.1
EPS(원)	-3,094	-63,189	-159,155	6,070	125	184
BPS(원)	11,874	8,715	1,927	6,625	4,588	4,754
CFPS(원)	611	-1,358	-113,139	5,824	572	502
DPS(원)	80	—	—	—	—	—
EBITDAPS(원)	122	-126	-895	2,311	1,076	633

재무 비율 〈단위 : % 〉

연도	영업이익률	순이익률	부채비율	차입금비율	ROA	ROE	유보율	자기자본비율	EBITDA마진율
2016	9.0	5.2	68.8	59.3	2.3	4.0	375.4	59.3	18.0
2015	12.6	2.5	77.4	62.6	1.0	2.4	358.8	56.4	21.6
2014	13.1	47.8	220.4	178.7	16.7	95.1	562.5	31.2	22.8
2013	-8.3	-71.2	1,925.7	1,129.4	-31.8	-190.7	92.7	4.9	-0.5

팬젠 (A222110)
Pangen Biotech

업 종 : 바이오		시 장 : KOSDAQ	
신용등급 : (Bond) — (CP) —		기업규모 : 신성장	
홈페이지 : www.pangen.com		연 락 처 : (031)733-9165	
본 사 : 경기도 수원시 영통구 신원로 306, 2동 4층(원천동, 영통이노플렉스)			

설 립 일	2010.01.11	종 업 원 수	48명	대 표 이 사	김영부,윤재승
상 장 일	2016.03.11	감 사 의 견	적정 (한올)	계 열	
결 산 기	12월	보 통 주	930만주	종 속 회 사 수	
액 면 가	500원	우 선 주		구 상 호	

주주구성 (지분율,%)		출자관계 (지분율,%)		주요경쟁사 (외형,%)	
김영부	13.4			팬젠	100
윤재승	9.8			랩지노믹스	1,647
(외국인)	10.5			툴젠	105

매출구성		비용구성		수출비중	
위탁생산(CMO)	45.0	매출원가율	253.1	수출	13.0
생산세포주 및 공정 기술이전	44.7	판관비율	344.4	내수	87.0
기타	4.4				

회사 개요
동사는 1999년 설립 이후 2006년 삼성정밀화학 바이오 사업부문 및 기술인력을 인수하고 2010년에 분할 재설립된 바이오시밀러 의약품의 개발 및 제조 전문업체임. 원천기술인 PanGen CHO-TECH™와 바이오의약품 제품화 기술을 보유하고 있으며 2016년 3월 코스닥 시장에 상장함. 현재 바이오시밀러 EPO 제품이 가장 빠른 임상 3상 시험 중임. PanGen CHO-TECH™는 CHO세포에 특화된 단백질발현기술임.

실적 분석
동사의 2016년 기준 매출액은 전년대비 60.8% 감소한 14.6억원을 기록함. 본격적인 매출이 발생하지 않고 높은 고정비 부담이 이어지고 있어 영업손실 72.7억원, 당기순손실 51.3억원을 보이며 적자를 지속함. 동사는 개발 중인 혈우병치료제 'Factor VIII'에 대해 멕시코의 메디카멘토스 나투랄레스사와 10년 간 공급 계약을 체결함. 또한 일본과 유럽에서 동물세포발현벡터에 관한 특허를 등록함.

현금 흐름 *IFRS 별도 기준 〈단위 : 억원〉

항목	2015	2016
영업활동	-16	-43
투자활동	-6	-91
재무활동	7	261
순현금흐름	-15	126
기말현금	9	136

시장 대비 수익률
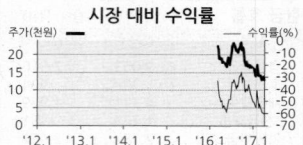

결산 실적 〈단위 : 억원〉

항목	2011	2012	2013	2014	2015	2016
매출액	—	27	32	34	37	15
영업이익	—	-11	-5	-20	-20	-73
당기순이익	—	-18	-14	-21	-26	-51

분기 실적 *IFRS 별도 기준 〈단위 : 억원〉

항목	2015.3Q	2015.4Q	2016.1Q	2016.2Q	2016.3Q	2016.4Q
매출액	8	13	4	2	4	4
영업이익	-7	-2	-14	-24	-20	-15
당기순이익	-3	-2	-16	-8	-20	-8

재무 상태 *IFRS 별도 기준 〈단위 : 억원〉

항목	2011	2012	2013	2014	2015	2016
총자산		102	115	169	159	374
유형자산		56	58	54	49	53
무형자산		15	26	42	58	78
유가증권						
총부채		98	102	87	93	21
총차입금		92	92	73	77	
자본금		11	11	14	30	45
총자본		4	13	82	66	353
지배주주지분		4	13	82	66	353

기업가치 지표 *IFRS 별도 기준

항목	2011	2012	2013	2014	2015	2016
주가(최고/저)(천원)	—/—	—/—	—/—	—/—	—/—	24.5/16.0
PER(최고/저)(배)	0.0/0.0	0.0/0.0	0.0/0.0	0.0/0.0	0.0/0.0	—/—
PBR(최고/저)(배)	0.0/0.0	0.0/0.0	0.0/0.0	0.0/0.0	0.0/0.0	6.3/4.1
EV/EBITDA(배)	0.0		24.2			
EPS(원)	—	-389	-273	-337	-384	-599
BPS(원)	—	180	524	2,442	946	3,902
CFPS(원)	—	-418	-196	-364	-231	-466
DPS(원)	—					
EBITDAPS(원)	—	-133	142	-332	-141	-717

재무 비율 〈단위 : % 〉

연도	영업이익률	순이익률	부채비율	차입금비율	ROA	ROE	유보율	자기자본비율	EBITDA마진율
2016	-497.5	-350.7	5.9	0.0	-19.2	-24.5	680.4	94.4	-419.4
2015	-54.2	-70.7	142.3	116.6	-16.1	-35.7	119.4	41.3	-25.9
2014	-59.4	-62.4	105.5	89.4	-15.0	-44.5	469.0	48.7	-30.8
2013	-16.2	-42.6	774.1	697.6		16.5	11.4	11.1	

퍼스텍 (A010820)
Firstec

업 종 : 상업서비스		시 장 : 거래소	
신용등급 : (Bond) — (CP) —		기업규모 : 시가총액 소형주	
홈페이지 : www.firsteccom.co.kr		연 락 처 : (055)212-1606	
본 사 : 경남 창원시 성산구 남면로 485			

설 립 일	1975.09.25	종 업 원 수	429명	대 표 이 사	김근수,전용우
상 장 일	1989.05.10	감 사 의 견	적정 (삼일)	계 열	
결 산 기	12월	보 통 주	4,676만주	종 속 회 사 수	
액 면 가	500원	우 선 주		구 상 호	

주주구성 (지분율,%)		출자관계 (지분율,%)		주요경쟁사 (외형,%)	
김근수	27.3	후성산업	19.0	퍼스텍	100
김용민	18.3	한텍	3.4	KC그린홀딩스	259
(외국인)	0.1	한국방위산업진흥회	1.7	빅텍	25

매출구성		비용구성		수출비중	
무기 및 총포탄 제조업(방위산업)	99.2	매출원가율	93.3	수출	0.0
보안서비스 개발	0.8	판관비율	6.4	내수	100.0

회사 개요
동사는 무기 제조업 및 보안서비스 제품을 생산, 판매하고 있으며, 방위사업과 시스템사업을 영위하는 업체임. 방위산업 부문이 전체 매출의 98% 이상 차지함. 차세대 주력 분야인 항공 분야에서 한국형 중형헬기 UH-60을 시작으로 항공우주 사업으로 확장함. 2015년 오스트리아의 엔진 전문 업체와 엔진 국산화 및 후속 지원을 위한 양해각서 체결함. 방위시장의 점유율은 20위권임. 다만 얼굴인식 시장에서는 1위를 달림.

실적 분석
동사의 2016년 매출액은 1513.2억원으로 전년 대비 9.1% 증가함. 영업이익은 4.6억원으로 75.3% 감소함. 당기순손실은 3.7억원으로 적자 전환됨. 동사는 무인 항공 시스템의 선주 주자인 유콘시스템을 인수해 소형 무인기 사업 및 무인 전투체계 사업의 기술력 확보에 나서고 있음. 비행체를 원격으로 통제하고 실시간데이터를 전송받아 분석하는 지상통제장비(GCS)를 개발해 아랍에미리트로 수출하고 있으며 등 신시장 개발에도 적극 나서고 있음.

현금 흐름 〈단위 : 억원〉

항목	2015	2016
영업활동	-94	54
투자활동	-75	-48
재무활동	145	37
순현금흐름	-24	43
기말현금	8	52

시장 대비 수익률
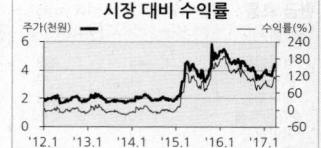

결산 실적 〈단위 : 억원〉

항목	2011	2012	2013	2014	2015	2016
매출액	840	915	1,088	1,156	1,388	1,513
영업이익	32	20	21	28	19	5
당기순이익	27	26	17	16	25	-4

분기 실적 〈단위 : 억원〉

항목	2015.3Q	2015.4Q	2016.1Q	2016.2Q	2016.3Q	2016.4Q
매출액	395	448	275	355	302	581
영업이익	0	15	0	7	-4	1
당기순이익	1	14	-3	3	-4	0

재무 상태 〈단위 : 억원〉

항목	2011	2012	2013	2014	2015	2016
총자산	1,164	1,321	1,476	2,000	2,036	2,023
유형자산	460	471	465	518	510	515
무형자산	90	101	110	148	176	178
유가증권	40	23	62	72	86	91
총부채	478	635	807	1,293	1,305	1,277
총차입금	154	167	211	295	452	491
자본금	234	234	234	234	234	234
총자본	686	686	668	707	732	747
지배주주지분	686	686	668	649	672	686

기업가치 지표

항목	2011	2012	2013	2014	2015	2016
주가(최고/저)(천원)	2.8/1.3	2.5/1.6	2.5/1.6	2.4/1.8	6.7/1.9	5.9/3.3
PER(최고/저)(배)	49.4/22.6	46.9/30.7	68.9/45.5	81.9/59.2	128.1/36.3	—/—
PBR(최고/저)(배)	2.0/0.9	1.8/1.2	1.8/1.2	1.8/1.3	4.7/1.3	4.0/2.2
EV/EBITDA(배)	18.5	20.4	21.1	20.5	55.7	45.5
EPS(원)	59	55	37	30	52	-11
BPS(원)	1,470	1,471	1,432	1,390	1,440	1,469
CFPS(원)	109	110	98	99	125	86
DPS(원)		30	25	25		
EBITDAPS(원)	118	97	105	128	113	106

재무 비율 〈단위 : % 〉

연도	영업이익률	순이익률	부채비율	차입금비율	ROA	ROE	유보율	자기자본비율	EBITDA마진율
2016	0.3	-0.2	170.9	65.8	-0.2	-0.7	193.8	36.9	3.3
2015	1.3	1.8	178.3	61.8	1.3	3.7	188.0	35.9	3.8
2014	2.4	1.4	182.8	41.7	0.9	2.2	178.0	35.4	5.2
2013	1.9	1.6	120.8	31.6	1.2	2.5	186.4	45.3	4.5

퍼시스 (A016800)
Fursys

업 종 : 내구소비재	시 장 : 거래소
신용등급 : (Bond) — (CP) —	기업규모 : 시가총액 중형주
홈페이지 : www.fursys.com	연 락 처 : 02)443-9999
본 사 : 서울시 송파구 오금로 311 (오금동)	

설 립 일	1983.03.11	종 업 원 수	307명	대 표 이 사	손동창
상 장 일	1996.12.24	감사의견	적정 (삼덕)	계 열	
결 산 기	12월	보 통 주	1,150만주	종속회사수	
액 면 가	1,000원	우 선 주		구 상 호	

주주구성 (지분율,%)		출자관계 (지분율,%)		주요경쟁사 (외형,%)	
시디즈	30.8			퍼시스	100
손동창	16.7			한샘	835
(외국인)	25.8			현대리바트	318

매출구성		비용구성		수출비중	
사무용 가구 제품(내수)	47.6	매출원가율	75.3	수출	16.7
사무용 가구 상품(내수)	34.1	판관비율	17.4	내수	83.3
사무용 가구 상품(수출)	9.9				

회사 개요
동사는 1983년 설립되어 사무용가구 생산에 주력하며 사무가구 업계 1위의 지위를 유지하고 있으며, 사무가구업계 시장규모는 약 1조원 정도로 추정되며, 동사 이외에 보루네오, 코아스, 리바트 등이 업계 내에서 경쟁 중이나 매출액 규모면에서 전체 시장의 50% 이상을 점유하며, 동사가 1위를 차지하고 있음. 공격적인 사업확장 전략으로 계열사인 '일룸'을 통해 사무용 가구 뿐 아니라 가정용 가구 시장에도 진출하였음.

실적 분석
동사의 2016년 4/4분기 연결기준 누적 매출과 영업이익, 당기순이익은 각각 2,316.0억원, 168.1억원, 231.9억원으로 전년동기 대비 각각 4.9%, 29.1%, 22.7% 감소함. 동사의 국내영업은 230여개의 전문 유통 대리점을 통해 이루어지고 있으며, 중동, 중남미 등을 중심으로 세계 40여개국에 수출되고 있음. 2016년 12월말 기준 내수비중은 83.3%이며, 수출비중은 16.7%임.

현금 흐름 *IFRS 별도 기준 〈단위 : 억원〉

항목	2015	2016
영업활동	364	238
투자활동	-14	-309
재무활동	-57	-91
순현금흐름	310	-150
기말현금	899	749

시장 대비 수익률

결산 실적 〈단위 : 억원〉

항목	2011	2012	2013	2014	2015	2016
매출액	2,776	2,220	2,171	2,199	2,436	2,316
영업이익	341	239	179	204	237	168
당기순이익	341	294	207	248	300	232

분기 실적 *IFRS 별도 기준 〈단위 : 억원〉

항목	2015.3Q	2015.4Q	2016.1Q	2016.2Q	2016.3Q	2016.4Q
매출액	578	657	641	541	494	640
영업이익	54	59	40	45	22	61
당기순이익	82	62	62	53	20	96

재무 상태 *IFRS 별도 기준 〈단위 : 억원〉

항목	2011	2012	2013	2014	2015	2016
총자산	3,480	3,423	3,487	3,747	4,015	4,165
유형자산	1,264	1,250	1,203	1,167	1,131	1,097
무형자산	10	10	10	27	27	40
유가증권	890	76	317	771	1,024	986
총부채	550	388	394	458	481	483
총차입금	27	—	—	—	—	—
자본금	143	143	143	143	143	143
총자본	2,931	3,035	3,093	3,289	3,534	3,682
지배주주지분	2,931	3,035	3,093	3,289	3,534	3,682

기업가치 지표 *IFRS 별도 기준

항목	2011	2012	2013	2014	2015	2016
주가(최고/저)(천원)	27.9/19.5	31.2/22.0	30.5/23.1	34.8/26.7	37.2/28.1	37.2/31.5
PER(최고/저)(배)	10.8/7.5	13.6/9.6	18.4/13.9	17.2/13.2	14.6/11.2	18.8/16.0
PBR(최고/저)(배)	1.1/0.8	1.2/0.8	1.1/0.8	1.1/0.9	1.1/0.8	1.0/0.9
EV/EBITDA(배)	6.4	4.3	9.1	9.5	10.6	10.8
EPS(원)	2,961	2,557	1,804	2,152	2,608	2,016
BPS(원)	29,324	30,375	31,632	33,283	35,340	36,832
CFPS(원)	3,367	3,057	2,312	2,662	3,121	2,490
DPS(원)	700	700	700	700	700	700
EBITDAPS(원)	2,945	2,580	2,066	2,283	2,574	1,935

재무 비율 〈단위 : % 〉

연도	영업이익률	순이익률	부채비율	차입금비율	ROA	ROE	유보율	자기자본비율	EBITDA마진율
2016	7.3	10.0	13.1	0.0	5.7	6.4	2,862.0	88.4	9.6
2015	9.7	12.3	13.6	0.0	7.7	8.8	2,742.0	88.0	12.2
2014	9.3	11.3	13.9	0.0	6.8	7.8	2,576.6	87.8	11.9
2013	8.3	9.6	12.7	0.0	6.0	6.8	2,443.9	88.7	10.9

퍼시픽바이오 (A060900)
Pacific Bio

업 종 : 에너지 시설 및 서비스	시 장 : KOSDAQ
신용등급 : (Bond) — (CP) —	기업규모 :
홈페이지 : www.pacificbio.co.kr	연 락 처 : 02)6917-5300
본 사 : 서울시 중구 소월로 10, 26층(남대문로5가, 단암빌딩)	

설 립 일	1997.02.28	종 업 원 수	34명	대 표 이 사	장운덕
상 장 일	2002.09.17	감사의견	적정 (대성)	계 열	
결 산 기	12월	보 통 주	3,445만주	종속회사수	
액 면 가	100원	우 선 주	4,209만주	구 상 호	엘 에너지

주주구성 (지분율,%)		출자관계 (지분율,%)		주요경쟁사 (외형,%)	
김태일	8.3			퍼시픽바이오	100
글로벌통상	7.9			에스에프씨	143
(외국인)	0.3			제이씨케미칼	467

매출구성		비용구성		수출비중	
바이오중유	57.5	매출원가율	94.6	수출	—
시스템 냉난방기 설치 시공	42.5	판관비율	4.3	내수	—

회사 개요
동사는 1997년 설립되어 2002년 코스닥에 상장하였으며 시스템 냉난방기 및 환기 공조 시스템 설치공사,바이오 중유 및 일반중유 제조, 판매업 등을 주요사업으로 영위함. 2015년 플랜트건설, 기계설비공사업을 영위하는 자회사 정진공영을 매각하였고 시스템에어컨 부문 또한 신규거래를 중단한 상태라 현재는 에너지정제사업을 주로 영위하고 있음. 매출 비중은 석유정제사업부문 100% 등으로 구성됨.

실적 분석
동사의 2016년 연결기준 매출액은 331.8억원으로 전년대비 127.8% 상승하면서 매출 총이익의 흑자전환함. 매출총원가 증가와 판관비 감소로 영업이익은 3.7억원으로 흑자전환함. 다만, 비영업손실로 인한 순손실은 23.8억원으로 지속됐지만 전년도 77.2억원에 비해서 큰 폭으로 감소했음. 그 동안 누적되었던 부실경영이 해소되었고 신재생에너지공급 의무화 제도에 따라 바이오중유의 중장기적 업황 전망은 긍정적임.

현금 흐름 *IFRS 별도 기준 〈단위 : 억원〉

항목	2015	2016
영업활동	-178	-68
투자활동	30	14
재무활동	154	76
순현금흐름	6	-6
기말현금	7	0

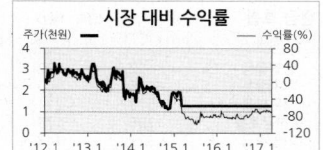

시장 대비 수익률

결산 실적 〈단위 : 억원〉

항목	2011	2012	2013	2014	2015	2016
매출액	300	473	1,373	1,141	146	332
영업이익	27	5	-21	-231	-64	4
당기순이익	9	12	-166	-449	-77	-24

분기 실적 *IFRS 별도 기준 〈단위 : 억원〉

항목	2015.3Q	2015.4Q	2016.1Q	2016.2Q	2016.3Q	2016.4Q
매출액	93	44	57	62	67	146
영업이익	8	-43	-8	8	3	0
당기순이익	-7	-83	-10	-20	-1	7

재무 상태 *IFRS 별도 기준 〈단위 : 억원〉

항목	2011	2012	2013	2014	2015	2016
총자산	348	463	593	238	182	243
유형자산	2	3	41	41	50	65
무형자산	3	4	2	20	17	19
유가증권	32	2	3	3	3	3
총부채	172	309	439	474	48	127
총차입금	112	230	350	325	35	102
자본금	109	121	161	203	75	75
총자본	176	154	155	-237	134	116
지배주주지분	176	154	155	-237	134	116

기업가치 지표 *IFRS 별도 기준

항목	2011	2012	2013	2014	2015	2016
주가(최고/저)(천원)	3.9/1.9	3.3/2.3	3.3/1.4	2.6/1.0	1.9/1.3	1.3/1.3
PER(최고/저)(배)	55.8/27.6	36.0/25.6	—/—	—/—	—/—	—/—
PBR(최고/저)(배)	3.0/1.5	3.2/2.3	4.3/1.9	-2.8/-1.0	10.9/7.1	8.2/8.2
EV/EBITDA(배)	17.5					56.5
EPS(원)	70	92	-693	-2,157	-129	-32
BPS(원)	810	637	481	-584	889	153
CFPS(원)	48	60	-428	-1,342	-601	-25
DPS(원)						
EBITDAPS(원)	115	-34	-134	-220	-489	12

재무 비율 〈단위 : % 〉

연도	영업이익률	순이익률	부채비율	차입금비율	ROA	ROE	유보율	자기자본비율	EBITDA마진율
2016	1.1	-7.2	109.8	88.0	-11.2	-19.1	55.1	47.7	2.7
2015	-43.8	-53.0	35.7	25.9	-19.5	전기잠식	80.0	73.7	-40.2
2014	-20.2	-39.4	완전잠식	완전잠식	-57.4	당기잠식	-212.1	-38.8	-19.6
2013	-1.5	-12.1	일부잠식	일부잠식	-17.4	-123.3	-31.9	12.2	-0.5

페이퍼코리아 (A001020)
PaperCorea

업 종 : 종이 및 목재		시 장 : 거래소	
신용 등급 : (Bond) BB- (CP) —		기업규모 : 시가총액 소형주	
홈 페이지 : www.papercorea.co.kr		연 락 처 : 063)440-5000	
본 사 : 전북 군산시 구암로 50			

설 립 일 1953.06.06	종 업 원 수 206명	대 표 이 사 박건표
상 장 일 1976.06.26	감 사 의 견 적정 (삼정)	계
결 산 기 12월	보 통 주 22,437만주	종속회사수 열
액 면 가 500원	우 선 주	구 상 호

주주구성 (지분율,%)
버추얼텍	15.6
페이퍼코리아우리사주조합	2.3
(외국인)	0.8

출자관계 (지분율,%)
디오션시티퍼스트	100.0
디오션시티쓰리	100.0
나투라개발	100.0

주요경쟁사 (외형,%)
페이퍼코리아	100
무림페이퍼	268
이건산업	69

매출구성
[페이퍼코리아(주)]신문용지등(제품)	74.0
[페이퍼코리아(주)]용지	19.4
[나투라미디어(주)]미디어	11.7

비용구성
매출원가율	95.9
판관비율	9.4

수출비중
수출	18.4
내수	81.6

회사 개요
1944년에 설립된 동사는 신문용지를 전문 생산하는 업체임. 설립 초기 주요 사업은 합판 제조업, 제재업, 기타 목재가공업이었으며, 1970년대 이후 신문용지 사업에 진출하며 사세를 확장함. 주요 계열사로는 나투라개발, 나투라미디어, 디오션시티퍼스트 등이 있음. 생산제품을 신문사, 인쇄소 및 실수요처에 직접 판매하거나 대리점, 지류유통 도소매업체, 수출에이전트를 경유해 판매. 국내 주요 매출처는 조선일보, 동아일보, 매일경제 등이 있음.

실적 분석
동사의 2016년 4분기 연결기준 누적 매출액은 4219.3억원으로 전년 대비 72.4% 증가. 동사의 매출 성장은 디오션시티퍼스트, 디오션시티투 등 부동산 개발을 영위하는 종속기업의 분양매출 발생에서 기인함. 두 기업은 각각 960억원, 200.1억원 매출을 시현하며 동사 전체 매출의 약 27.5%를 차지하는데 이르렀음. 연결기준 영업이익과 당기순이익은 적자지속 중이나 적자 폭이 크게 축소됨.

현금 흐름 〈단위 : 억원〉
항목	2015	2016
영업활동	-97	-322
투자활동	-185	-69
재무활동	578	211
순현금흐름	296	-179
기말현금	323	143

시장 대비 수익률
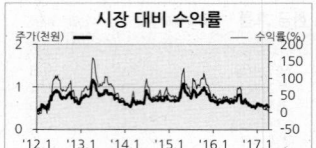

결산 실적 〈단위 : 억원〉
항목	2011	2012	2013	2014	2015	2016
매출액	2,471	2,555	2,659	2,506	2,448	4,219
영업이익	-140	192	17	-116	-464	-223
당기순이익	-278	32	-101	-243	-593	-371

분기 실적 〈단위 : 억원〉
항목	2015.3Q	2015.4Q	2016.1Q	2016.2Q	2016.3Q	2016.4Q
매출액	591	673	880	836	1,368	1,135
영업이익	-150	-202	-58	-97	123	-191
당기순이익	-205	-230	-86	-125	69	-228

재무 상태 〈단위 : 억원〉
항목	2011	2012	2013	2014	2015	2016
총자산	4,183	4,348	4,533	5,046	5,547	5,419
유형자산	2,760	2,838	3,007	3,081	3,126	3,074
무형자산	12	46	49	41	40	37
유가증권	94	62	81	53	64	16
총부채	2,999	3,118	3,405	3,427	4,371	4,232
총차입금	2,350	2,419	2,701	2,511	3,024	2,880
자본금	510	511	531	642	753	1,122
총자본	1,184	1,230	1,129	1,619	1,176	1,187
지배주주지분	1,173	1,200	1,098	1,599	1,157	1,166

기업가치 지표
항목	2011	2012	2013	2014	2015	2016
주가(최고/저)(천원)	1.3/0.4	1.0/0.4	1.2/0.6	0.9/0.5	1.2/0.7	0.9/0.5
PER(최고/저)(배)	—/—	32.5/14.6	—/—	—/—	—/—	—/—
PBR(최고/저)(배)	1.2/0.4	0.8/0.4	1.2/0.6	0.8/0.4	1.6/0.9	1.7/1.0
EV/EBITDA(배)		12.1	40.1			
EPS(원)	-263	30	-97	-185	-415	-213
BPS(원)	1,163	1,187	1,046	1,256	777	526
CFPS(원)	-219	87	-38	-138	-379	-134
DPS(원)						
EBITDAPS(원)	-85	244	79	-38	-286	-49

재무 비율 〈단위 : % 〉
연도	영업이익률	순이익률	부채비율	차입금비율	ROA	ROE	유보율	자기자본비율	EBITDA마진율
2016	-5.3	-8.8	356.4	242.5	-6.8	-32.0	5.2	21.9	-2.0
2015	-19.0	-24.2	371.6	257.1	-11.2	-43.1	55.5	21.2	-16.2
2014	-4.6	-9.7	211.6	155.0	-5.1	-18.1	151.2	32.1	-1.9
2013	0.6	-3.8	301.7	239.3	-2.3	-9.2	109.2	24.9	3.1

펩트론 (A087010)
Peptron

업 종 : 바이오		시 장 : KOSDAQ	
신용 등급 : (Bond) — (CP) —		기업규모 : 신성장	
홈 페이지 : www.peptron.co.kr		연 락 처 : 042)360-8880	
본 사 : 대전시 유성구 유성대로1628번길 37-24			

설 립 일 1997.11.21	종 업 원 수 51명	대 표 이 사 최호일
상 장 일 2015.07.22	감 사 의 견 적정 (삼덕)	계
결 산 기 12월	보 통 주 625만주	종속회사수 열
액 면 가 500원	우 선 주 114만주	구 상 호

주주구성 (지분율,%)
최호일	11.5
충청북도-SVVC 생명과 태양 펀드 2호	3.6
(외국인)	4.1

출자관계 (지분율,%)

주요경쟁사 (외형,%)
펩트론	100
오리엔트바이오	3,355
파미셀	889

매출구성
펩타이드소재	48.3
원료의약품(상품)	33.7
약효지속성의약품(기술료)	15.0

비용구성
매출원가율	61.0
판관비율	152.9

수출비중
수출	11.6
내수	88.4

회사 개요
동사는 1997년 11월 설립 이후 펩타이드 (peptide) 공학 및 약효지속화 기술을 바탕으로 약효지속성 의약품의 설계와 제조기술 개발, 펩타이드의 합성기술 개발과 신물질 발굴 등을 수행하고 있음. 2015년 7월 코스닥에 상장됨. 동사 파이프라인은 크게 전립선암 치료제, 말단비대증 치료제, 2형 당뇨병치료제, 퇴행성신경질환 치료제 등으로 구분. 매출 비중은 펩타이드 제품이 53.7%, 약효지속성의 약품 21.6%, 원료의약품 19.3% 등임.

실적 분석
동사의 2016년 연결기준 누적 매출액은 31.3억원으로 전년 대비 11.3% 증가함. 판관비의 증가로 영업손실은 전년 28.5억원에서 35.6억원으로 적자폭이 확대됨. 당기순손실도 31.9억원을 기록하며 적자지속함. 당뇨 치료 해외 임상 추진을 비롯해 미국 메사추세츠대 및 FDA 연구과제 공동 수행 등 R&D 사업을 활발히 추진하며 이익 전환으로 기회를 노리는 중.

현금 흐름 *IFRS 별도 기준 〈단위 : 억원〉
항목	2015	2016
영업활동	-24	-27
투자활동	-101	-334
재무활동	126	392
순현금흐름	1	29
기말현금	6	35

시장 대비 수익률
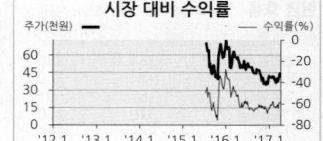

결산 실적 〈단위 : 억원〉
항목	2011	2012	2013	2014	2015	2016
매출액	34	31	31	25	28	31
영업이익	-2	-13	-19	-26	-29	-36
당기순이익	-12	-26	-21	-30	-27	-32

분기 실적 *IFRS 별도 기준 〈단위 : 억원〉
항목	2015.3Q	2015.4Q	2016.1Q	2016.2Q	2016.3Q	2016.4Q
매출액	9	7	7	8	8	9
영업이익	-6	-8	-8	-8	-8	-11
당기순이익	-7	-8	-8	-8	-7	-9

재무 상태 *IFRS 별도 기준 〈단위 : 억원〉
항목	2011	2012	2013	2014	2015	2016
총자산	257	158	67	116	217	579
유형자산	128	44	44	47	47	71
무형자산	87	90	14	13	12	12
유가증권	32		0	46	136	125
총부채	180	105	110	44	44	47
총차입금	153	81	80	23	22	20
자본금	18	18	18	28	33	37
총자본	77	53	-43	72	172	532
지배주주지분	77	53	-43	72	172	532

기업가치 지표 *IFRS 별도 기준
항목	2011	2012	2013	2014	2015	2016
주가(최고/저)(천원)	—/—	—/—	—/—	—/—	72.5/36.8	73.0/32.8
PER(최고/저)(배)	0.0/0.0	0.0/0.0	0.0/0.0	0.0/0.0	—/—	—/—
PBR(최고/저)(배)	0.0/0.0	0.0/0.0	0.0/0.0	0.0/0.0	27.4/13.9	10.1/4.6
EV/EBITDA(배)		12.1				
EPS(원)	-331	-721	-574	-556	-452	-450
BPS(원)	2,174	1,487	-1,207	1,269	2,650	7,200
CFPS(원)	13	-401	-417	-440	-353	-365
DPS(원)						
EBITDAPS(원)	278	-53	-383	-370	-372	-418

재무 비율 〈단위 : % 〉
연도	영업이익률	순이익률	부채비율	차입금비율	ROA	ROE	유보율	자기자본비율	EBITDA마진율
2016	-113.9	-101.9	8.8	3.8	-8.0	-9.1	1,339.9	91.9	-94.6
2015	-101.3	-97.1	25.7	12.8	-16.4	-22.4	430.1	79.6	-80.1
2014	-105.1	-122.7	61.2	31.6	-33.4	전기잠식	153.7	62.0	-81.8
2013	-62.4	-66.4	완전잠식	완전잠식			-341.4	-64.8	-44.3

920

평화산업 (A090080)
Pyung Hwa Industrial

업　　종 : 자동차부품	시　　장 : 거래소
신용등급 : (Bond) —　　(CP) —	기업규모 : 시가총액 소형주
홈페이지 : www.ph.co.kr	연 락 처 : (053)610-7000
본　　사 : 대구시 달성군 논공읍 논공로 597	

설 립 일	2006.05.02	종 업 원 수	741명	대 표 이 사	김종석,정청열
상 장 일	2006.06.02	감 사 의 견	적정 (삼일)	계　　열	
결 산 기	12월	보 통 주	3,740만주	종 속 회 사 수	
액 면 가	500원	우 선 주		구 상 호	

주주구성 (지분율,%)
평화홀딩스	73.3
김종석	7.2
(외국인)	1.8

출자관계 (지분율,%)
서일	100.0

주요경쟁사 (외형,%)
평화산업	100
우수AMS	74
KB오토시스	51

매출구성
[자동차부품] 방진제품/상품	51.1
[자동차부품] 호스제품/상품	43.4
[특수차량제품] 특수차량 제품/상품	5.5

비용구성
매출원가율	93.9
판관비율	6.0

수출비중
수출	41.5
내수	58.5

회사 개요
동사는 자동차 및 일반산업용 전문 부품제조 업체로서 차량용 호스제품, 기타 고무관련 제품 및 방위산업용 특수차량용 부품 등을 생산하여 국내 완성차메이커인 현대,기아,한국GM 등과 방위산업체에 공급하고 있음. 주요 제품으로는 자동차의 연료공급장치, 냉각장치, 조향장치, 제동장치, 냉난방장치 등에 들어가는 배관형태의 제품들임. 제품의 원재료는 계열회사인 평화씨엠비, 평화기공 외 다수의 업체에서 매입하고 있음.

실적 분석
동사의 2016년도 누적 매출액은 전년 동기 대비 2.2% 증가한 3,270억원을 기록함. 매출원가는 늘고 판관비는 감소하여, 영업이익은 5.3억원으로 전년대비 16.9% 감소함. 연결자회사의 일회성 비용 증가 및 비영업부문의 기타수익이 감소하여 당기순이익은 17.1억원을 기록하며 전년 대비 큰 폭 감소함. 동사는 가격경쟁력 및 품질경쟁력을 갖추기 위해 생산성 향상과 설비효율 제고에 중점 노력하고 있음.

현금 흐름 〈단위 : 억원〉
항목	2015	2016
영업활동	81	178
투자활동	-70	-172
재무활동	4	-21
순현금흐름	15	-16
기말현금	20	5

시장 대비 수익률
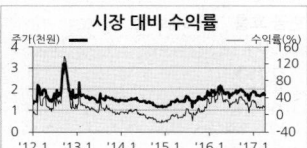

결산 실적 〈단위 : 억원〉
항목	2011	2012	2013	2014	2015	2016
매출액	1,086	1,285	1,347	2,392	3,200	3,270
영업이익	-18	23	8	-6	6	5
당기순이익	-11	-23	10	-22	29	17

분기 실적 〈단위 : 억원〉
항목	2015.3Q	2015.4Q	2016.1Q	2016.2Q	2016.3Q	2016.4Q
매출액	758	892	801	854	743	872
영업이익	-21	27	-31	22	-9	25
당기순이익	-26	27	-25	30	-5	16

재무 상태 〈단위 : 억원〉
항목	2011	2012	2013	2014	2015	2016
총자산	669	698	682	1,612	1,643	1,651
유형자산	87	78	85	667	675	724
무형자산	3	4	7	16	13	8
유가증권	6	1	2	170	167	170
총부채	470	522	498	1,047	1,047	1,062
총차입금	211	183	182	490	495	476
자본금	80	80	80	187	187	187
총자본	200	175	184	565	596	588
지배주주지분	194	170	184	565	596	588

기업가치 지표
항목	2011	2012	2013	2014	2015	2016
주가(최고/저)(천원)	1.8/1.1	3.7/1.3	2.3/1.4	1.6/1.1	2.0/1.1	2.2/1.4
PER(최고/저)(배)	—/—	—/—	41.5/24.3	—/—	26.9/15.7	50.3/31.7
PBR(최고/저)(배)	1.7/1.0	3.8/1.3	2.2/1.3	1.1/0.8	1.3/0.8	1.5/0.9
EV/EBITDA(배)	26.5	6.5	7.4	10.7	9.8	10.0
EPS(원)	-64	-139	61	-74	77	46
BPS(원)	1,212	1,065	1,148	1,518	1,601	1,580
CFPS(원)	127	60	247	238	382	344
DPS(원)	—	—	50	—	50	50
EBITDAPS(원)	77	343	235	293	322	312

재무 비율 〈단위 : % 〉
연도	영업이익률	순이익률	부채비율	차입금비율	ROA	ROE	유보율	자기자본비율	EBITDA마진율
2016	0.2	0.5	180.5	81.0	1.0	2.9	216.0	35.6	3.6
2015	0.2	0.9	175.6	83.0	1.8	5.0	220.1	36.3	3.8
2014	-0.2	-0.9	185.1	86.7	-2.0	-6.0	203.7	35.1	3.7
2013	0.6	0.8	271.0	99.2	1.5	5.5	129.7	27.0	2.8

평화정공 (A043370)
Pyeong Hwa Automotive

업　　종 : 자동차부품	시　　장 : KOSDAQ
신용등급 : (Bond) —　　(CP) —	기업규모 : 우량
홈페이지 : www.phakr.com	연 락 처 : (053)350-6311
본　　사 : 대구시 달서구 성서4차 첨단로 392 (대천동 1032번지)	

설 립 일	1985.04.11	종 업 원 수	647명	대 표 이 사	김상태,이영현
상 장 일	2001.12.13	감 사 의 견	적정 (예일)	계　　열	
결 산 기	12월	보 통 주	2,100만주	종 속 회 사 수	
액 면 가	500원	우 선 주		구 상 호	

주주구성 (지분율,%)
평화크랏치공업	39.1
피에이치아이	12.5
(외국인)	20.3

출자관계 (지분율,%)
에이에스티	100.0
PHAE&E	100.0
아이탑스오토모티브	21.4

주요경쟁사 (외형,%)
평화정공	100
서연	261
DRB동일	50

매출구성
D/MODULE ASS'Y류	33.5
LATCH ASS'Y류	31.3
HINGE ASS'Y류	18.5

비용구성
매출원가율	86.1
판관비율	8.2

수출비중
수출	—
내수	—

회사 개요
동사는 Door Latch, Hinge, Striker, Module 등의 Door System 부품업체로 동종업계 국내 최고의 경쟁력 및 시장점유율 1위 업체임. 현대차, 기아차 등 국내 완성차 업체들과 GM, Arvinmeritor 등의 해외업체에 주로 공급하고 있음. 특히 현대차 주력 모델의 Door Module을 독점 공급하고 있으며, 해외 시장에서의 매출처 다변화가 빠르게 진행되고 있음. 인도 공장과 중국 태창공장 증설을 완료함.

실적 분석
환율상승과 유럽법인의 높은 성장세, 신제품 매출증가 등으로 우려 대비 양호한 수준의 실적을 거둠. 액티브후드/파워트렁크 등 신제품 적용 확대에 따른 외형성장과 이에 따른 관계사 실적 전망도 긍정적임. 증설투자로 설립된 중국 태창법인에선 2017년부터 기존 고객인 GM 외에 그레이트월 등으로 납품이 시작될 예정으로 해외공장 장기 성장세도 기대됨. 최근 모회사인 PHC의 주식 11.8만주를 매각하여 880억원 이상의 현금 유입이 기대됨.

현금 흐름 〈단위 : 억원〉
항목	2015	2016
영업활동	788	821
투자활동	-830	-190
재무활동	211	-258
순현금흐름	174	365
기말현금	635	1,000

시장 대비 수익률

결산 실적 〈단위 : 억원〉
항목	2011	2012	2013	2014	2015	2016
매출액	6,943	8,828	9,986	10,568	11,491	12,225
영업이익	549	569	687	509	49	697
당기순이익	439	384	474	393	74	533

분기 실적 〈단위 : 억원〉
항목	2015.3Q	2015.4Q	2016.1Q	2016.2Q	2016.3Q	2016.4Q
매출액	2,636	3,261	2,914	3,130	2,743	3,438
영업이익	63	-321	131	168	85	312
당기순이익	63	-266	88	108	19	318

재무 상태 〈단위 : 억원〉
항목	2011	2012	2013	2014	2015	2016
총자산	5,703	6,405	7,138	7,902	8,850	9,143
유형자산	1,830	2,119	2,405	2,607	3,018	2,770
무형자산	124	149	150	142	140	138
유가증권	608	640	627	660	696	948
총부채	2,659	3,025	3,315	3,725	4,638	4,309
총차입금	909	1,080	1,295	1,586	1,816	1,594
자본금	105	105	105	105	105	105
총자본	3,044	3,380	3,823	4,177	4,212	4,834
지배주주지분	3,044	3,380	3,823	4,177	4,212	4,834

기업가치 지표
항목	2011	2012	2013	2014	2015	2016
주가(최고/저)(천원)	22.6/11.8	18.6/13.6	24.9/13.1	24.0/15.5	17.9/10.2	13.7/10.7
PER(최고/저)(배)	11.4/6.0	10.7/7.8	11.4/6.0	13.2/8.5	52.2/29.7	5.5/4.3
PBR(최고/저)(배)	1.7/0.9	1.2/0.9	1.4/0.7	1.2/0.8	0.9/0.5	0.6/0.5
EV/EBITDA(배)	4.9	4.5	4.9	5.1	7.0	2.4
EPS(원)	2,090	1,826	2,256	1,872	351	2,538
BPS(원)	14,493	16,097	18,203	19,892	20,056	23,017
CFPS(원)	3,186	3,496	4,234	4,060	2,940	5,258
DPS(원)	140	140	140	140	140	150
EBITDAPS(원)	3,710	4,382	5,247	4,612	2,823	6,037

재무 비율 〈단위 : % 〉
연도	영업이익률	순이익률	부채비율	차입금비율	ROA	ROE	유보율	자기자본비율	EBITDA마진율
2016	5.7	4.4	89.2	33.0	5.9	11.8	4,503.4	52.9	10.4
2015	0.4	0.6	110.1	43.1	0.9	1.8	3,911.3	47.6	5.2
2014	4.8	3.7	89.2	38.0	5.2	9.8	3,878.5	52.9	9.2
2013	6.9	4.7	86.7	33.9	7.0	13.2	3,540.7	53.6	11.0

평화홀딩스 (A010770)
Pyung Hwa Holdings

업　　종 : 자동차부품
신용등급 : (Bond) ―　　(CP) ―
홈페이지 : www.ph.co.kr
본　　사 : 대구시 달성군 논공읍 논공로 597

시　　장 : 거래소
기업규모 : 시가총액 소형주
연락처 : 053)610-8500

설 립 일	1950.10.30	종 업 원 수	64명
상 장 일	1986.03.31	감 사 의 견	적정 (삼일)
결 산 기	12월	보 통 주	1,463만주
액 면 가	500원	우 선 주	

대 표 이 사 : 김동관,김종석
계　　　열
종속회사수
구　상　호

주주구성 (지분율,%)		출자관계 (지분율,%)		주요경쟁사 (외형,%)	
김종석	27.1	평화이엔지	96.6	평화홀딩스	100
김주영	25.3	평화기공	95.0	오리엔트정공	12
(외국인)	14.4	평화씨엠비	79.4	대우부품	9

매출구성		비용구성		수출비중	
용역매출	66.8	매출원가율	89.1	수출	―
배당금수익	33.2	판관비율	8.2	내수	―

회사 개요
동사는 성장동인 확보와 경영효율 제고를 위해 2006년 5월 투자부문을 존속법인으로 하는 지주회사와 제조부문을 신설법인으로하는 인적분할을 통해 지주회사로 전환함. 현재 자동차부품 제조업체인 파코, 평화산업, 평화오일씰공업, 평화기공, 평화씨엠비, 평화이엔지를 자회사로 두고 있음. 지주회사의 영업수익은 용역수익(전산용역 및 기타용역)과 배당금수익 등으로 구성됨.

실적 분석
동사의 2016년 누계 매출액은 전년 동기 대비 2.9% 증가한 5,908.8억원을 시현함. 매출의 확대와 고정비 감소로 영업이익은 161.2억원을 시현하며 전년 동기 대비 200% 이상 개선됨. 매도가능금융자산처분이익의 및 통화선물거래이익의 이익 폭이 줄어들며 비영업수지가 악화되었음에도 당기순이익 역시 68.6억원을 시현하며 큰 폭으로 개선. 종속회사의 합병으로 생산설비, 기술 및 경영자원의 통합을 통한 시너지 효과 기대됨.

현금 흐름
〈단위 : 억원〉

항목	2015	2016
영업활동	243	334
투자활동	37	-339
재무활동	-163	14
순현금흐름	117	9
기말현금	166	175

시장 대비 수익률
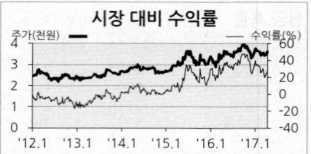

결산 실적
〈단위 : 억원〉

항목	2011	2012	2013	2014	2015	2016
매출액	5,387	5,706	5,704	5,613	5,742	5,909
영업이익	-138	110	96	39	53	161
당기순이익	-124	-36	55	-153	11	69

분기 실적
〈단위 : 억원〉

항목	2015.3Q	2015.4Q	2016.1Q	2016.2Q	2016.3Q	2016.4Q
매출액	1,336	1,607	1,350	1,564	1,351	1,645
영업이익	-32	60	-7	67	20	69
당기순이익	-99	40	-7	37	-2	41

재무 상태
〈단위 : 억원〉

항목	2011	2012	2013	2014	2015	2016
총자산	6,020	5,663	5,632	4,524	4,547	4,552
유형자산	1,836	1,649	1,501	1,437	1,446	1,521
무형자산	59	62	60	52	36	57
유가증권	973	1,245	1,181	747	582	557
총부채	4,267	3,931	3,937	2,940	2,969	2,975
총차입금	3,277	2,956	2,887	1,904	1,814	1,836
자본금	73	73	73	73	73	73
총자본	1,753	1,732	1,695	1,584	1,579	1,577
지배주주지분	1,507	1,484	1,473	1,378	1,370	1,376

기업가치 지표

항목	2011	2012	2013	2014	2015	2016
주가(최고/저)(천원)	4.1/2.3	2.9/2.2	2.8/2.2	3.1/2.6	3.8/2.7	4.1/2.9
PER(최고/저)(배)	―/―	―/―	15.4/12.3	―/―	111.5/79.0	10.4/7.3
PBR(최고/저)(배)	0.5/0.3	0.3/0.3	0.3/0.3	0.4/0.3	0.4/0.3	0.5/0.3
EV/EBITDA(배)	14.5	6.1	6.8	7.5	7.3	6.0
EPS(원)	-588	-228	208	-933	36	411
BPS(원)	10,382	10,227	10,146	9,496	9,446	9,482
CFPS(원)	1,667	2,031	2,239	987	1,846	2,044
DPS(원)	100	100	100	100	100	150
EBITDAPS(원)	1,313	3,010	2,687	2,190	2,175	2,736

재무 비율
〈단위 : % 〉

연도	영업이익률	순이익률	부채비율	차입금비율	ROA	ROE	유보율	자기자본비율	EBITDA마진율
2016	2.7	1.2	188.7	116.4	1.5	4.4	1,796.5	34.6	6.8
2015	0.9	0.2	188.1	114.9	0.3	0.4	1,789.2	34.7	5.5
2014	0.7	-2.7	185.6	120.2	-3.0	-9.6	1,799.2	35.0	5.7
2013	1.7	1.0	232.3	170.3	1.0	2.1	1,929.3	30.1	6.9

포메탈 (A119500)
FORMETAL

업　　종 : 기계
신용등급 : (Bond) ―　　(CP) ―
홈페이지 : www.formetal.co.kr
본　　사 : 충남 서산시 지곡면 무장산업로 229-7

시　　장 : KOSDAQ
기업규모 : 중견
연락처 : 041)670-6200

설 립 일	1969.10.15	종 업 원 수	122명
상 장 일	2010.09.17	감 사 의 견	적정 (삼일)
결 산 기	12월	보 통 주	1,202만주
액 면 가	500원	우 선 주	

대 표 이 사 : 오세원,오호석
계　　　열
종속회사수
구　상　호

주주구성 (지분율,%)		출자관계 (지분율,%)		주요경쟁사 (외형,%)	
오세원	13.7			포메탈	100
오호석	10.0			디케이락	113
				서암기계공업	69

매출구성		비용구성		수출비중	
베어링, 밸브류, 보넷, 철도부품, 고압밸브류	34.2	매출원가율	86.0	수출	26.3
스핀들, 너클, 요크, Arm, 커넥팅로드, 캠샤프트	30.3	판관비율	8.9	내수	73.7
샤프트, 홀드 플랜지, 감속기어, 로봇부품	16.1				

회사 개요
동사는 1969년에 창업한 47여년 전통의 단조종합정밀기계부품 생산 회사임. 처음엔 자유단조를 생산했지만 현재는 각종 특수 단조설비를 구비하고 자유단조 외에 형단조품, 복합 단조품, 중공단조품, 링 등의 단조품을 생산하고 있음. 단조공법을 사용하면서도 난해한 형상의 기계부품을 생산해내는 뛰어난 기술력이 강점. 그러나 원가경쟁력은 약하다는 단점이 있음.

실적 분석
2016년 연결기준 동사의 매출은 458.2억원으로 전년도 동기 대비 2% 증가함. 매출원가율이 감소하고 판매비와 관리비 역시 감소하는데 힘입어 영업이익은 전년대비 325% 증가한 23.6억원을 시현함. 비영업 부문은 2.2억원의 손실을 기록하며 적자전환함. 전년도 8.7억원을 기록했던 당기순이익은 18.8억원을 시현함. 이는 전년도 대비 117.2% 증가한 금액임.

현금 흐름
*IFRS 별도 기준　〈단위 : 억원〉

항목	2015	2016
영업활동	15	31
투자활동	7	-9
재무활동	-33	-24
순현금흐름	-11	-2
기말현금	27	25

시장 대비 수익률
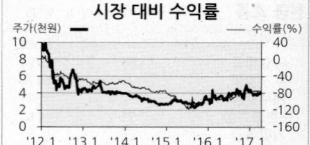

결산 실적
〈단위 : 억원〉

항목	2011	2012	2013	2014	2015	2016
매출액	676	518	524	514	449	458
영업이익	57	6	6	8	6	24
당기순이익	52	45	14	4	9	19

분기 실적
*IFRS 별도 기준　〈단위 : 억원〉

항목	2015.3Q	2015.4Q	2016.1Q	2016.2Q	2016.3Q	2016.4Q
매출액	106	96	107	110	113	128
영업이익	-1	2	2	5	5	11
당기순이익	0	1	2	4	5	8

재무 상태
*IFRS 별도 기준　〈단위 : 억원〉

항목	2011	2012	2013	2014	2015	2016
총자산	533	600	602	597	551	551
유형자산	238	360	368	367	365	380
무형자산	4	4	3	1	1	0
유가증권	19	13	14	9	4	3
총부채	206	229	226	220	166	149
총차입금	100	138	118	110	80	57
자본금	30	60	60	60	60	60
총자본	326	371	376	377	385	402
지배주주지분	326	371	376	377	385	402

기업가치 지표
*IFRS 별도 기준

항목	2011	2012	2013	2014	2015	2016
주가(최고/저)(천원)	10.6/2.6	9.9/3.7	5.4/3.8	4.0/2.6	3.7/2.2	6.1/2.8
PER(최고/저)(배)	25.8/6.2	27.6/10.3	48.9/34.4	112.2/72.3	52.2/31.6	39.2/17.7
PBR(최고/저)(배)	4.1/1.0	3.4/1.3	1.8/1.2	1.3/0.8	1.2/0.7	1.8/0.8
EV/EBITDA(배)	19.0	44.3	26.8	17.1	20.4	13.6
EPS(원)	434	377	116	37	72	157
BPS(원)	5,451	3,088	3,208	3,219	3,286	3,411
CFPS(원)	954	449	233	166	201	289
DPS(원)	100	50	40	30	30	40
EBITDAPS(원)	1,032	123	169	193	175	329

재무 비율
〈단위 : % 〉

연도	영업이익률	순이익률	부채비율	차입금비율	ROA	ROE	유보율	자기자본비율	EBITDA마진율
2016	5.2	4.1	37.0	14.1	3.4	4.8	582.1	73.0	8.6
2015	1.2	1.9	43.2	20.7	1.5	2.3	557.2	69.9	4.7
2014	1.5	0.9	58.3	29.1	0.7	1.2	543.8	63.2	4.5
2013	1.2	2.7	60.0	31.4	2.3	3.7	541.6	62.5	3.9

포비스티앤씨 (A016670)
Pobis TNC

업　　종 : 일반 소프트웨어		시　　장 : KOSDAQ	
신용등급 : (Bond) — 　(CP) —		기업규모 : 우량	
홈페이지 : www.pobis.co.kr		연 락 처 : 02)2046-9315	
본　　사 : 서울시 강남구 학동로19길 22, (논현동, 조앤리빌딩 4층)			

설 립 일 1982.12.30	종 업 원 수 92명	대 표 이 사 허한범	
상 장 일 1993.04.21	감 사 의 견 적정 (우리)	계　　열	
결 산 기 12월	보 통 주 4,008만주	종속회사수	
액 면 가 500원	우 선 주	구 상 호	

주주구성 (지분율,%)		출자관계 (지분율,%)		주요경쟁사 (외형,%)	
미래아이앤지	16.5	디모아	96.6	포비스티앤씨	100
한국증권금융	5.4	온누리투어	19.8	MDS테크	134
(외국인)	0.8	고려포리머	8.1	이니텍	207

매출구성		비용구성		수출비중	
소프트웨어 사업부문	98.2	매출원가율	88.3	수출	—
컨텐츠사업부문	1.6	판관비율	9.8	내수	—
기타 사업부문	0.2				

회사 개요
동사는 한국 마이크로소프트의 교육용 총판으로 국내 모든 교육기관에 소프트웨어 공급. 1975년 삼미그룹 전산실로 발족해 1982년 삼미전산 설립후 1993년 코스닥 상장함. 2015년 한국마이크로소프트 국내 교육용 총판인 (주)테크그룹을 계열사로 편입, 디모아와 더불어 총 2개의 연결자회사 보유. (주)지니키즈는 2016년 7월 지분100% 매각으로 연결대상 제외. 2016년 말 기준 사업부문별 매출비중은 소프트웨어부문이 99% 수준을 차지함.

실적 분석
동사의 2016년 연간 연결기준 매출액은 전년대비 9.3% 감소한 1,120.8억원을 기록함. 외형 성장 정체와 원가율 상승 등으로 영업이익은 전년대비 78.2% 감소한 21.2억원을 기록함. 실적 급감의 원인은 교육용 소프트웨어 시장의 경쟁 심화와 계열사 (주)지니키즈의 연결대상 제외로 인한 계열사 수익 감소분에 기인. 향후 국내 마이크로소프트 오피스 시장내 안정적인 매출구조를 확보해 매출 성장을 도모할 계획임.

현금 흐름		〈단위 : 억원〉
항목	2015	2016
영업활동	176	-70
투자활동	129	-149
재무활동	20	100
순현금흐름	325	-119
기말현금	421	302

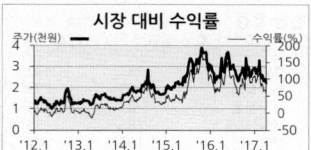

시장 대비 수익률

결산 실적					〈단위 : 억원〉	
항목	2011	2012	2013	2014	2015	2016
매출액	491	960	1,039	1,118	1,236	1,121
영업이익	52	67	89	100	97	21
당기순이익	37	36	61	84	26	22

분기 실적					〈단위 : 억원〉	
항목	2015.3Q	2015.4Q	2016.1Q	2016.2Q	2016.3Q	2016.4Q
매출액	222	399	272	379	189	280
영업이익	13	17	7	16	-8	6
당기순이익	4	-35	6	14	3	-2

재무 상태					〈단위 : 억원〉	
항목	2011	2012	2013	2014	2015	2016
총자산	283	522	632	732	865	835
유형자산	2	3	19	7	6	5
무형자산	3	10	13	11	5	5
유가증권		1	7	20	11	146
총부채	105	256	296	270	358	257
총차입금		25	12	5		30
자본금	178	178	178	200	199	202
총자본	179	265	337	463	507	578
지배주주지분	179	253	313	436	486	574

기업가치 지표						
항목	2011	2012	2013	2014	2015	2016
주가(최고/저)(천원)	2.6/1.0	2.0/1.0	1.7/1.2	2.8/1.4	4.0/1.7	3.9/2.2
PER(최고/저)(배)	26.2/10.1	19.4/9.8	10.1/7.0	13.2/6.6	58.3/25.2	69.8/39.7
PBR(최고/저)(배)	2.9/1.1	2.1/1.1	1.6/1.1	2.2/1.1	3.1/1.3	2.7/1.5
EV/EBITDA(배)	4.5		4.9	3.9	4.2	34.9
EPS(원)	100	100	167	213	69	56
BPS(원)	908	914	1,081	1,271	1,313	1,433
CFPS(원)	102	104	179	221	77	62
DPS(원)						
EBITDAPS(원)	141	193	262	273	253	60

재무 비율								〈단위 : % 〉
연도	영업이익률	순이익률	부채비율	차입금비율	ROA	ROE	유보율	자기자본비율	EBITDA마진율
2016	1.9	2.0	44.4	5.2	2.6	4.2	186.7	69.3	2.1
2015	7.9	2.1	70.7	0.0	3.3	5.9	162.6	58.6	8.2
2014	9.0	7.5	58.3	1.1	12.2	21.6	154.3	63.2	9.3
2013	8.6	5.9	87.8	3.6	10.7	21.0	116.1	53.3	9.0

포스링크 (A056730)
Fourth-Link

업　　종 : 금속 및 광물		시　　장 : KOSDAQ	
신용등급 : (Bond) — 　(CP) —		기업규모 :	
홈페이지 : www.fourthlink.co.kr		연 락 처 : 031)724-2039	
본　　사 : 경기도 성남시 분당구 대왕판교로 660 유스페이스 1A동 9층,10층			

설 립 일 1996.12.02	종 업 원 수 22명	대 표 이 사 전해표	
상 장 일 2002.01.04	감 사 의 견 적정 (삼화)	계　　열	
결 산 기 12월	보 통 주 1,084만주	종속회사수	
액 면 가 500원	우 선 주	구 상 호 아큐픽스	

주주구성 (지분율,%)		출자관계 (지분율,%)		주요경쟁사 (외형,%)	
SUPERB ALLIANCE LIMITED	15.3	웨이브인	30.0	포스링크	100
이상업	4.6	가을마루	30.0	피제이메탈	1,192
(외국인)	19.6	상암비앤씨	26.8	이구산업	2,369

매출구성		비용구성		수출비중	
전력발전용 등	60.3	매출원가율	85.3	수출	57.5
철도통신 및 국가정보통신망, 유비쿼터스 사업	31.8	판관비율	68.2	내수	42.5
레저보트 등	7.9				

회사 개요
동사는 멀티미디어사업(영상, 음향기기 개발 및 액정 디스플레이 관련기기 개발)과 시스템사업(철도통신 및 국가정보통신망 구축 사업, 유무선 네트웍 보안사업, 게임&엔터테인먼트사업)및 유연탄 트레이딩 사업을 영위하고 있음. 2014년 12월, 산자사업으로 위변조 방지제품인 "M-Tag"와 전자종이인 "E-Skin" 사업을 시작하게 됨. 더불어 CCTV몰 한국관 독점운영사업을 개시하며 중국 방송 산업까지 진출.

실적 분석
동사의 2016년 연결 기준 매출과 영업손실은 83억원, 45억원으로 전년 대비 매출은 55.7% 감소하고 적자전환함. 자원사업부와 시스템사업부의 매출액이 하락함에 따라 적자전환함. 신규사업으로 진행했던 부동산 분양사업도 잔금조달이 지연되면서 수익이 나지 않음. 매출채권 회수 지연으로 일부가 손상됨. 2017년 1월 최대주주가 변경되면서 많은 자금이 유치된 건 긍정적임. 이를 바탕으로 부동산 분양사업을 잘 마무리하면 실적 개선이 기대됨.

현금 흐름		*IFRS 별도 기준 〈단위 : 억원〉
항목	2015	2016
영업활동	-37	-40
투자활동	-105	-79
재무활동	166	93
순현금흐름	24	-25
기말현금	112	88

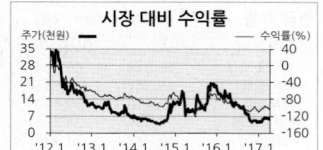

시장 대비 수익률

결산 실적					〈단위 : 억원〉	
항목	2011	2012	2013	2014	2015	2016
매출액	427	193	114	47	188	83
영업이익	60	-24	-45	-16	11	-45
당기순이익	28	-40	-178	-59	-103	-80

분기 실적					*IFRS 별도 기준 〈단위 : 억원〉	
항목	2015.3Q	2015.4Q	2016.1Q	2016.2Q	2016.3Q	2016.4Q
매출액	14	149	46	20	4	13
영업이익	-3	23	3	-4	-6	-37
당기순이익	-10	-60	1	-14	-17	-51

재무 상태					*IFRS 별도 기준 〈단위 : 억원〉	
항목	2011	2012	2013	2014	2015	2016
총자산	485	519	399	323	377	413
유형자산	6	188	186	180	171	167
무형자산	53	63	59	65	17	6
유가증권	144			3	2	19
총부채	167	231	288	236	200	260
총차입금	112	204	229	202	177	214
자본금	95	96	97	135	218	40
총자본	318	288	111	88	178	153
지배주주지분	318	288	111	88	178	153

기업가치 지표					*IFRS 별도 기준	
항목	2011	2012	2013	2014	2015	2016
주가(최고/저)(천원)	7.6/2.1	4.6/1.4	1.7/0.8	1.6/0.5	2.8/0.8	2.5/0.5
PER(최고/저)(배)	66.0/18.7	—/—	—/—	—/—	—/—	—/—
PBR(최고/저)(배)	4.8/1.4	3.2/1.0	2.2/1.0	6.6/1.9	9.1/2.7	10.3/2.3
EV/EBITDA(배)	11.0				74.1	
EPS(원)	911	-1,063	-5,232	-1,777	-1,805	-1,040
BPS(원)	2,291	2,075	1,086	325	408	1,911
CFPS(원)	187	-136	-898	-265	-287	-983
DPS(원)						
EBITDAPS(원)	330	-77	-186	-30	48	-520

재무 비율								〈단위 : % 〉
연도	영업이익률	순이익률	부채비율	차입금비율	ROA	ROE	유보율	자기자본비율	EBITDA마진율
2016	-53.5	-96.4	169.9	139.4	-20.3	-48.6	282.1	37.1	-48.2
2015	6.0	-54.6	일부잠식	일부잠식	-29.7	-78.9	-18.5	47.1	8.6
2014	-33.2	-145.6	일부잠식	일부잠식	-20.1	-76.1	-38.6	26.4	-10.4
2013	-39.6	-156.7	277.4	235.6	-41.1	-95.4	103.4	26.5	-29.7

포스코 (A005490)
POSCO

업 종 : 금속 및 광물	시 장 : 거래소
신용등급 : (Bond) AA+ (CP) —	기업규모 : 시가총액 대형주
홈 페 이 지 : www.posco.co.kr	연 락 처 : 054)220-0114
본 사 : 경북 포항시 남구 동해안로 6261	

설 립 일	1968.03.25	종 업 원 수	16,898명	대 표 이 사	권오준,김진일
상 장 일	1988.06.10	감 사 의 견	적정 (삼정)	계 열	
결 산 기	12월	보 통 주	8,719만주	종속회사수	
액 면 가	5,000원	우 선 주		구 상 호	

주주구성 (지분율,%)		출자관계 (지분율,%)		주요경쟁사 (외형,%)	
국민연금공단	11.0	순천에코트랜스	100.0	POSCO	100
The Bank of New York(DR)	10.9	포스코경영연구원	100.0	현대제철	31
(외국인)	54.4	포스코에이앤씨건축사사무소	100.0	세아베스틸	5

매출구성		비용구성		수출비중	
[무역]철강/금속	25.7	매출원가율	87.4	수출	—
[철강]기타제품 등	24.6	판관비율	7.2	내수	—
[철강]냉연	23.9				

회사 개요
동사는 열연, 냉연, 스테인리스 등 철강재를 단일 사업장 규모로 세계 최대 규모인 포항제철소와 광양제철소에서 생산하고 있음. 현재 영위하는 사업 부문은 크게 철강, 무역, 건설 및 기타 부문이 있으며, 철강 부문이 매출의 51%, 무역 31%, 건설 13%, 기타부문이 5%를 차지하고 있음. 동사의 2016년 3분기 누적 연결 기준 조강 생산량은 3,132만톤, 국내 시장점유율은 54.8%를 차지하고 있으며, 평균가동률은 87.8% 수준임.

실적 분석
동사의 2016년 연결 기준 매출과 영업이익은 53조835억원, 2조8,443억원으로 전년 대비 매출은 8.8% 줄었으나 영업이익은 18% 증가함. 철강부문 판매단가 하락 및 건설경기 악화로 매출이 줄었으나 철강부문의 실적개선 영향으로 영업이익은 증가함. 외환손실 및 순이자비용 감소 등으로 영업외손익은 8,178억원 개선된 -1조4,115억원이 발생함. 법인세 비용을 차감한 당기순이익은 1조482억원으로 흑자전환함.

현금 흐름		〈단위 : 억원〉
항목	2015	2016
영업활동	76,018	52,694
투자활동	-45,347	-37,546
재무활동	-22,416	-39,510
순현금흐름	8,490	-24,236
기말현금	48,712	24,476

시장 대비 수익률

결산 실적						〈단위 : 억원〉
항목	2011	2012	2013	2014	2015	2016
매출액	689,387	636,042	618,646	650,984	581,923	530,835
영업이익	54,677	36,531	29,961	32,135	24,100	28,443
당기순이익	37,143	23,856	13,552	5,567	-962	10,482

분기 실적						〈단위 : 억원〉
항목	2015.3Q	2015.4Q	2016.1Q	2016.2Q	2016.3Q	2016.4Q
매출액	139,960	139,059	124,612	128,574	127,476	150,114
영업이익	6,519	3,405	6,598	6,785	10,343	4,717
당기순이익	-6,582	1,095	3,384	2,205	4,755	137

재무 상태						〈단위 : 억원〉
항목	2011	2012	2013	2014	2015	2016
총자산	784,088	792,659	844,554	852,522	804,088	797,630
유형자산	284,532	322,764	357,601	352,412	345,229	337,703
무형자산	52,449	56,624	59,298	68,850	64,058	60,887
유가증권	46,950	39,490	41,702	24,373	22,331	25,174
총부채	376,789	368,364	386,334	399,608	353,385	339,246
총차입금	270,846	251,809	266,960	276,777	255,183	230,505
자본금	4,824	4,824	4,824	4,824	4,824	4,824
총자본	407,299	424,294	458,220	452,914	450,702	458,384
지배주주지분	383,563	394,541	420,460	415,874	412,353	423,734

기업가치 지표						
항목	2011	2012	2013	2014	2015	2016
주가(최고/저)(천원)	433/296	364/266	326/257	327/245	269/151	276/151
PER(최고/저)(배)	12.4/8.4	15.0/10.9	23.5/18.5	50.3/38.0	140.2/78.2	18.1/10.0
PBR(최고/저)(배)	1.1/0.8	0.9/0.6	0.7/0.6	0.7/0.6	0.6/0.3	0.6/0.3
EV/EBITDA(배)	7.2	8.3	9.1	7.7	6.2	6.7
EPS(원)	41,843	28,239	15,787	7,181	2,072	15,637
BPS(원)	467,361	479,953	500,364	494,591	490,547	503,596
CFPS(원)	67,836	57,644	46,589	44,326	38,984	52,498
DPS(원)	10,000	8,000	8,000	8,000	8,000	8,000
EBITDAPS(원)	88,706	71,305	65,167	74,003	64,554	69,485

재무 비율									〈단위 : % 〉
연도	영업이익률	순이익률	부채비율	차입금비율	ROA	ROE	유보율	자기자본비율	EBITDA마진율
2016	5.4	2.0	74.0	50.3	1.3	3.3	9,001.7	57.5	11.4
2015	4.1	-0.2	78.4	56.6	-0.1	0.4	8,765.9	56.1	9.7
2014	4.9	0.9	88.2	61.1	0.7	1.5	8,839.0	53.1	9.9
2013	4.8	2.2	84.3	58.3	1.7	3.4	8,943.3	54.3	9.2

포스코강판 (A058430)
POSCO Coated & Color Steel

업 종 : 금속 및 광물	시 장 : 거래소
신용등급 : (Bond) — (CP) —	기업규모 : 시가총액 소형주
홈 페 이 지 : www.poscocnc.com	연 락 처 : 054)280-6114
본 사 : 경북 포항시 남구 철강로 173 (장흥동)	

설 립 일	1988.02.15	종 업 원 수	361명	대 표 이 사	서영세
상 장 일	2002.08.16	감 사 의 견	적정 (한영)	계 열	
결 산 기	12월	보 통 주	600만주	종속회사수	
액 면 가	5,000원	우 선 주		구 상 호	

주주구성 (지분율,%)		출자관계 (지분율,%)		주요경쟁사 (외형,%)	
포스코	56.9	우진철강	10.0	포스코강판	100
신영자산운용	18.7	엔투비	0.6	세아특수강	84
(외국인)	4.0	MyanmarPOSCOC&Co.,Ltd.	70.0	유성티엔에스	55

매출구성		비용구성		수출비중	
도금강판	52.1	매출원가율	87.1	수출	50.1
컬러강판	45.8	판관비율	7.8	내수	49.9
부산물 등	2.1				

회사 개요
동사는 표면처리강판 제조 전문기업으로서 포스코로부터의 고품질소재의 안정적인 수급과 특화제품 제조능력을 바탕으로 경쟁우위를 점하고 있으며, 주력제품인 알루미늄도금강판과 가전용 컬러강판이 각각 70%와 40% 수준의 국내 시장점유율을 향유하고 있음. 동사는 향후 LED가전, 조명용 소재사업(MCCL)과 자동차 내연기관 특수도 금 실링재(A-Coat) 개발, 2차전지용 부품 소재개발 등 그린에너지 관련 신수종사업에 진출할 계획임.

실적 분석
2016년 연결기준 누적 매출액과 영업이익은 전년동기대비 각각 1% 감소, 78% 증가한 7,980.1억원, 410.6억원을 기록함. 전년동기대비 부산물 매출이 늘었으나, 이를 제외한 도금강판과 컬러강판부문 매출이 감소하며 외형축소함. 매출원가 개선을 통해 영업이익은 전년동기대비 크게 개선됨. 당기순이익 또한 전년대비 4배정도 증가. 수도권 고속철도 CTC관제설비 신규 구축 계약 체결로 성장세 이어갈 전망임.

현금 흐름		〈단위 : 억원〉
항목	2015	2016
영업활동	281	407
투자활동	-69	193
재무활동	-25	-655
순현금흐름	186	-55
기말현금	197	142

시장 대비 수익률

결산 실적						〈단위 : 억원〉
항목	2011	2012	2013	2014	2015	2016
매출액	9,562	8,535	8,212	8,026	8,016	7,980
영업이익	-233	-14	26	82	231	411
당기순이익	-247	-474	-52	-23	78	314

분기 실적						〈단위 : 억원〉
항목	2015.3Q	'2015.4Q	2016.1Q	2016.2Q	2016.3Q	2016.4Q
매출액	2,150	1,922	1,948	1,900	1,922	2,210
영업이익	71	63	95	105	114	97
당기순이익	-7	39	67	84	104	58

재무 상태						〈단위 : 억원〉
항목	2011	2012	2013	2014	2015	2016
총자산	5,215	4,689	4,516	4,386	4,319	4,058
유형자산	2,083	1,859	1,729	1,768	1,659	1,400
무형자산	71	77	88	81	62	56
유가증권	4	3	3	3	3	3
총부채	2,979	2,947	2,801	2,704	2,562	2,008
총차입금	1,216	1,390	1,495	1,465	1,464	861
자본금	300	300	300	300	300	300
총자본	2,235	1,742	1,715	1,682	1,757	2,050
지배주주지분	2,235	1,742	1,695	1,663	1,753	2,043

기업가치 지표						
항목	2011	2012	2013	2014	2015	2016
주가(최고/저)(천원)	28.9/15.1	20.4/13.4	14.8/12.4	16.7/12.2	18.3/12.2	31.9/16.7
PER(최고/저)(배)	—/—	—/—	—/—	—/—	12.5/8.3	6.4/3.3
PBR(최고/저)(배)	0.9/0.5	0.8/0.5	0.6/0.5	0.7/0.5	0.7/0.5	1.0/0.5
EV/EBITDA(배)	—	14.2	11.2	8.5	5.7	4.4
EPS(원)	-4,119	-7,907	-862	-362	1,573	5,186
BPS(원)	37,254	29,032	28,258	27,722	29,222	34,051
CFPS(원)	-1,130	-4,984	2,097	2,735	4,634	7,934
DPS(원)	500				750	1,000
EBITDAPS(원)	-902	2,688	3,400	4,458	6,916	9,592

재무 비율									〈단위 : % 〉
연도	영업이익률	순이익률	부채비율	차입금비율	ROA	ROE	유보율	자기자본비율	EBITDA마진율
2016	5.2	3.9	98.0	42.0	7.5	16.4	581.0	50.5	7.2
2015	2.9	1.0	145.9	83.3	1.8	5.5	484.5	40.7	5.2
2014	1.0	-0.3	160.8	87.1	-0.5	-1.3	454.4	38.4	3.3
2013	0.3	-0.6	163.4	87.2	-1.1	-3.0	465.2	38.0	2.5

포스코대우 (A047050)
POSCO DAEWOO

업 종 : 무역		시 장 : 거래소	
신용등급 : (Bond) A+ (CP) —		기업규모 : 시가총액 대형주	
홈 페 이 지 : www.posco-daewoo.com		연 락 처 : 02)759-2114	
본 사 : 서울시 중구 통일로 10			

설 립 일	2000.12.27	종 업 원 수	1,035명	대 표 이 사	김영상
상 장 일	2001.03.23	감 사 의 견	적정 (한영)	계 열	
결 산 기	12월	보 통 주	12,338만주	종속회사수	
액 면 가	5,000원	우 선 주		구 상 호	대우인터내셔널

주주구성 (지분율,%)		출자관계 (지분율,%)		주요경쟁사 (외형,%)	
포스코	62.9	POSCODAEWOOAUSTRALIAHOLDINGSPTYLTD.	100.0	포스코대우	100
국민연금공단	5.0	POSCODAEWOOAMERICACORP.	100.0	LG상사	73
(외국인)	16.0	DAEWOOTEXTILELLC.	100.0	현대상사	22

매출구성		비용구성		수출비중	
기타	49.8	매출원가율	93.1	수출	—
[무역부문]철강/비철	29.4	판관비율	5.0	내수	—
[무역부문]자동차부품/기계	11.8				

회사 개요
동사는 2000년 (주)대우의 무역부문의 인적분할을 통해 설립되었으며, 2010년 포스코집단에 인수됨. 철강, 금속, 자동차부품 등의 무역 부문과 천연가스, 니켈, 구리, 유연탄 등의 자원개발 부문, 그리고 자동차시트, 인공 등의 제조 및 기타 부문을 영위하고 있는 국내 제 1의 종합상사임. 포스코 피인수 이후 건설, 플랜트, 자원개발 등에서의 시너지가 확산되고 있으며, 포스코의 국내외 철강제품 물량 취급이 확대가 예상되고 있음.

실적 분석
2016년 누적 매출액은 전년동기대비 6% 감소한 16.5조를 기록함. 영업이익 또한 전년대비 14% 감소한 3,181.4억원을 기록함. 구조조정 관련 일회성 비용과 철강 스프레드 하락, 건설사업 추가비용이 반영된 결과임. 원가 상승에 따른 판매가격 인상 시점차로 인한 실적 부진으로 가격경가 진행되고 원재료스팟 비중을 늘려가고 있는 2017년에는 실적이 대폭 개선될 전망임.

현금 흐름		〈단위 : 억원〉
항목	2015	2016
영업활동	12,507	8,074
투자활동	-1,912	-1,974
재무활동	-10,960	-6,615
순현금흐름	-320	-509
기말현금	2,247	1,737

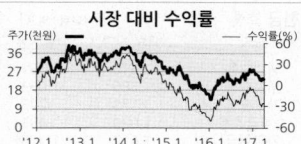

시장 대비 수익률

결산 실적					〈단위 : 억원〉	
항목	2011	2012	2013	2014	2015	2016
매출액	194,572	173,201	171,086	204,078	175,269	164,921
영업이익	1,654	1,397	1,589	3,761	3,688	3,181
당기순이익	2,107	2,155	1,330	1,764	1,086	1,222

분기 실적					〈단위 : 억원〉	
항목	2015.3Q	2015.4Q	2016.1Q	2016.2Q	2016.3Q	2016.4Q
매출액	41,794	41,174	38,830	38,431	38,365	49,294
영업이익	878	833	977	822	664	719
당기순이익	-202	-54	667	538	188	-170

재무 상태					〈단위 : 억원〉	
항목	2011	2012	2013	2014	2015	2016
총자산	89,042	74,656	82,686	93,409	80,433	82,888
유형자산	4,608	6,137	6,383	5,825	6,256	6,661
무형자산	11,355	13,663	16,398	17,281	17,446	16,629
유가증권	977	1,112	1,071	1,052	1,292	1,412
총부채	69,939	52,765	60,384	69,661	56,221	57,851
총차입금	52,908	35,141	40,116	50,936	41,291	36,188
자본금	5,159	5,694	5,694	5,694	5,694	5,694
총자본	19,104	21,891	22,302	23,747	24,212	25,037
지배주주지분	19,073	21,879	22,275	23,785	24,417	25,158

기업가치 지표						
항목	2011	2012	2013	2014	2015	2016
주가(최고/저)(천원)	40.3/24.1	40.7/25.1	39.1/29.1	39.7/27.9	29.9/15.4	28.5/11.9
PER(최고/저)(배)	21.3/12.7	23.6/14.6	34.6/25.7	26.1/18.4	27.7/14.3	29.7/12.4
PBR(최고/저)(배)	2.4/1.4	2.3/1.4	2.1/1.6	2.0/1.4	1.5/0.8	1.3/0.6
EV/EBITDA(배)	40.3	44.1	41.7	17.0	10.4	13.2
EPS(원)	2,064	1,860	1,214	1,620	1,132	977
BPS(원)	18,485	19,213	19,561	20,887	21,442	22,093
CFPS(원)	2,312	2,158	1,605	2,610	2,638	2,438
DPS(원)	200	300	300	500	500	500
EBITDAPS(원)	1,852	1,524	1,787	4,292	4,744	4,255

재무 비율								〈단위 : % 〉
연도	영업이익률	순이익률	부채비율	차입금비율	ROA	ROE	유보율	자기자본비율	EBITDA마진율
2016	1.9	0.7	231.1	144.5	1.5	4.5	341.9	30.2	2.9
2015	2.1	0.6	232.2	170.5	1.3	5.4	328.8	30.1	3.1
2014	1.8	0.9	293.3	214.5	2.0	8.0	317.7	25.4	2.4
2013	0.9	0.8	270.8	179.9	1.7	6.3	291.2	27.0	1.2

포스코아이씨티 (A022100)
POSCO ICT

업 종 : IT 서비스		시 장 : KOSDAQ	
신용등급 : (Bond) — (CP) A2+		기업규모 : 중견	
홈 페 이 지 : www.poscoict.co.kr		연 락 처 : 054)280-1114	
본 사 : 경북 포항시 남구 호동로 68			

설 립 일	1989.11.15	종 업 원 수	2,242명	대 표 이 사	최두환
상 장 일	2000.11.28	감 사 의 견	적정 (삼일)	계 열	
결 산 기	12월	보 통 주	15,203만주	종속회사수	
액 면 가	500원	우 선 주		구 상 호	

주주구성 (지분율,%)		출자관계 (지분율,%)		주요경쟁사 (외형,%)	
포스코	65.4	이노밸리	28.8	포스코 ICT	100
(학)포항공과대학교	0.9	가평용평지킴이	19.8	삼성에스디에스	944
(외국인)	3.7	제주전기자동차서비스	19.8	큐로컴	2

매출구성		비용구성		수출비중	
엔지니어링	45.7	매출원가율	86.4	수출	12.4
기간시스템 개발 및 운영	36.9	판관비율	7.6	내수	87.6
시스템 유지보수 등	9.0				

회사 개요
동사는 포스코 그룹의 IT서비스와 시스템 엔지니어링 서비스를 공급하는 기업. 최근 LED 조명, 스마트그리드, 클라우드 컴퓨팅 등 신성장 사업을 위해 다양한 노력을 병행 중. 특히 그룹 내 계열사나 협력업체와 함께 기술 및 사업협력을 통한 동반성장을 도모하고, 글로벌 기업들과도 협력하여 국내는 물론 해외시장 개척과 함께 사업역량 강화를 위해 적극 노력하고 있음.

실적 분석
동사의 2016년 연결기준 연간 누적 매출액은 8668.9억원으로 전년 동기 대비 3.1% 증가함. 비수익 사업부문 중단과 포스코 신제품 연구개발 증가로 영업이익이 개선되어 영업이익은 522.5억원으로 전년 동기 대비 무려 274% 성장. 전기차 충전 플랫폼 사업 부문의 선두주자이며 안정적 사업 현금흐름이 신사업을 뒷받침하고 있어 향후 실적성장에 대한 전망이 밝음.

현금 흐름		〈단위 : 억원〉
항목	2015	2016
영업활동	567	481
투자활동	309	-306
재무활동	-251	-276
순현금흐름	625	-97
기말현금	809	712

시장 대비 수익률

결산 실적					〈단위 : 억원〉	
항목	2011	2012	2013	2014	2015	2016
매출액	10,064	11,284	12,070	9,699	8,405	8,669
영업이익	312	305	659	564	140	522
당기순이익	264	117	225	239	-563	376

분기 실적					〈단위 : 억원〉	
항목	2015.3Q	2015.4Q	2016.1Q	2016.2Q	2016.3Q	2016.4Q
매출액	2,114	2,282	1,996	2,159	1,926	2,588
영업이익	127	-115	93	104	120	206
당기순이익	-250	-459	154	59	66	97

재무 상태					〈단위 : 억원〉	
항목	2011	2012	2013	2014	2015	2016
총자산	7,085	9,084	8,426	8,244	6,939	6,622
유형자산	1,613	1,906	1,894	1,724	1,594	1,506
무형자산	180	1,408	1,410	1,290	325	257
유가증권	466	520	590	439	404	326
총부채	4,623	6,588	4,740	4,364	3,625	2,874
총차입금	1,134	2,391	1,456	1,522	548	518
자본금	685	685	760	760	760	760
총자본	2,463	2,497	3,686	3,880	3,315	3,748
지배주주지분	2,366	2,445	3,660	3,871	3,353	3,742

기업가치 지표						
항목	2011	2012	2013	2014	2015	2016
주가(최고/저)(천원)	9.7/5.5	9.3/6.0	9.6/6.7	9.1/5.0	6.1/4.5	6.6/4.2
PER(최고/저)(배)	48.4/27.7	91.1/58.9	54.8/38.2	54.8/30.1	—/—	27.3/17.4
PBR(최고/저)(배)	5.8/3.3	5.4/3.5	4.1/2.9	3.6/2.0	2.8/2.0	2.7/1.7
EV/EBITDA(배)	21.0	18.0	10.7	8.7	14.7	10.6
EPS(원)	206	105	180	169	-339	243
BPS(원)	1,735	1,792	2,415	2,554	2,213	2,469
CFPS(원)	481	423	524	467	-99	429
DPS(원)	25	25	50	50		50
EBITDAPS(원)	438	540	818	669	331	530

재무 비율								〈단위 : % 〉
연도	영업이익률	순이익률	부채비율	차입금비율	ROA	ROE	유보율	자기자본비율	EBITDA마진율
2016	6.0	4.3	76.7	13.8	5.5	10.4	393.8	56.6	9.3
2015	1.7	-6.7	109.4	16.5	-7.4	-14.3	342.6	47.8	6.0
2014	5.8	2.5	112.5	39.2	2.9	6.8	410.7	47.1	10.5
2013	5.5	1.9	128.6	39.5	2.7	8.2	383.0	43.8	9.4

포스코엠텍 (A009520)
POSCO M-TECH

업   종 : 금속 및 광물
신용등급 : (Bond) —   (CP) —
홈페이지 : www.poscomtech.com
본   사 : 경북 포항시 남구 형산강북로 131 (효자동)
시   장 : KOSDAQ
기업규모 : 중견
연 락 처 : 054)280-8114

설 립 일	1973.12.27	종 업 원 수	1,130명	대 표 이 사	이경목
상 장 일	1997.11.10	감 사 의 견	적정 (삼일)	계 열	
결 산 기	12월	보 통 주	4,164만주	종속회사수	
액 면 가	500원	우 선 주		구 상 호	

주주구성 (지분율,%)		출자관계 (지분율,%)		주요경쟁사 (외형,%)	
포스코	48.9	PT.POSCOMTECHINDONESIA	100.0	포스코엠텍	100
(학)포항공과대학교	4.7			동양철관	49
(외국인)	4.0			휴스틸	137

매출구성		비용구성		수출비중	
포장작업(용역)	44.2	매출원가율	89.7	수출	13.7
기타	28.3	판관비율	5.1	내수	86.3
펠레트(철강원료)	12.9				

회사 개요
동사는 철강원료 판매와 포장사업을 영위할 목적으로 1973년에 설립됨. 동사의 최대주주는 포스코임. 포스코 기업집단의 46개 계열회사 가운데 하나이고, 종속회사로 포스하이알과 PT. POSCO MTECH INDONESIA을 두고 있음. 동사의 시장점유율은 2015년 기준으로 46.6%이고, 경쟁업체인 피제이메탈이 53.4%로 양사가 양분하고 있음. 동사의 주력 제품은 알루미늄 탈산제와 몰리브덴 브리켓임.

실적 분석
동사의 2016년 연결 기준 매출과 영업이익은 2,665억원, 140억원으로 전년 대비 매출은 27.3% 감소했으나 영업이익은 70.2% 증가함. 동사는 지난 3년간 구조조정을 통해 부실사업들을 제거하고 경영 정상화를 추진함. 동사는 현재 높은 내부 거래 의존도를 보이고 있으며, 해당 시장에서 창출할 수 있는 추가적 이익은 제한적일 것으로 판단됨. 이에 외부 시장을 적극적으로 발굴해 나간다는 계획임.

현금 흐름 〈단위 : 억원〉
항목	2015	2016
영업활동	677	326
투자활동	45	-132
재무활동	-479	-432
순현금흐름	244	-238
기말현금	271	33

시장 대비 수익률
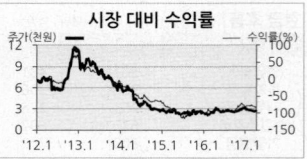

결산 실적 〈단위 : 억원〉
항목	2011	2012	2013	2014	2015	2016
매출액	6,694	9,588	6,995	4,462	3,665	2,665
영업이익	161	158	45	-246	82	140
당기순이익	108	84	-153	-1,054	262	31

분기 실적 〈단위 : 억원〉
항목	2015.3Q	2015.4Q	2016.1Q	2016.2Q	2016.3Q	2016.4Q
매출액	964	794	666	716	665	619
영업이익	1	62	39	36	43	22
당기순이익	-143	422	31	22	30	-52

재무 상태 〈단위 : 억원〉
항목	2011	2012	2013	2014	2015	2016
총자산	3,571	4,370	4,085	2,910	2,040	1,615
유형자산	380	912	1,139	808	276	204
무형자산	139	140	107	26	14	8
유가증권	153	203	153	153	37	2
총부채	1,943	2,667	2,493	2,402	1,272	847
총차입금	1,483	1,893	2,011	1,910	938	531
자본금	208	208	208	208	208	208
총자본	1,628	1,703	1,592	507	768	768
지배주주지분	1,617	1,633	1,499	473	768	768

기업가치 지표
항목	2011	2012	2013	2014	2015	2016
주가(최고/저)(천원)	9.1/4.8	12.0/5.6	11.1/5.6	6.4/2.6	3.2/2.1	3.2/2.1
PER(최고/저)(배)	36.1/19.2	56.5/26.2	—/—	—/—	4.7/3.1	42.6/28.6
PBR(최고/저)(배)	2.5/1.3	3.2/1.5	3.2/1.6	5.8/2.4	1.8/1.2	1.7/1.2
EV/EBITDA(배)	17.9		29.7	43.5		8.5	7.0
EPS(원)	265	221	-317	-2,384	696	75
BPS(원)	38,837	3,921	3,601	1,136	1,844	1,845
CFPS(원)	3,767	340	-194	-2,136	856	173
DPS(원)	750	75	50		50	25
EBITDAPS(원)	4,993	497	231	-344	358	434

재무 비율 〈단위 : % 〉
연도	영업이익률	순이익률	부채비율	차입금비율	ROA	ROE	유보율	자기자본비율	EBITDA마진율
2016	5.2	1.2	110.2	69.2	1.7	4.1	269.0	47.6	6.8
2015	2.2	7.1	165.7	122.1	10.6	46.7	268.9	37.6	4.1
2014	-5.5	-23.6	473.5	376.5	-30.2	-100.6	127.2	17.4	-3.2
2013	0.6	-2.2	156.6	126.4	-3.6	-8.4	620.2	39.0	1.4

포스코켐텍 (A003670)
POSCO CHEMTECH

업   종 : 금속 및 광물
신용등급 : (Bond) AA-   (CP) —
홈페이지 : www.poscochemtech.com
본   사 : 경북 포항시 남구 신항로 110 (주)포스코켐텍
시   장 : KOSDAQ
기업규모 : 우량
연 락 처 : 054)290-0224

설 립 일	1971.05.13	종 업 원 수	1,275명	대 표 이 사	이영훈,황명학
상 장 일	2001.11.01	감 사 의 견	적정 (삼일)	계 열	
결 산 기	12월	보 통 주	5,907만주	종속회사수	
액 면 가	500원	우 선 주		구 상 호	

주주구성 (지분율,%)		출자관계 (지분율,%)		주요경쟁사 (외형,%)	
포스코	60.0	피엠씨텍	60.0	포스코켐텍	100
(학)포항공과대학교	5.0	포스그린	19.0	고려아연	523
(외국인)	7.7	엔투비	2.2	나노신소재	4

매출구성		비용구성		수출비중	
생석회, 음극재, 화성품 가공 및 판매 등	62.9	매출원가율	87.4	수출	—
내화물 제조 및 산업용로재 정비	37.1	판관비율	5.0	내수	—

회사 개요
동사는 내화물의 시공 및 보수, 각종 공업로의 설계, 제작 및 판매, 석회제품 등의 제조 및 판매 등을 목적으로 1971년 설립되었으며, 1994년에 염기성내화물의 제조와 판매 등의 사업을 주목적으로 설립된 삼화화성을 흡수 합병함. 동사는 기업집단 포스코 그룹의 계열사로 기업집단에 소속된 회사는 총 46개임. 동사는 국내 내화물 시장에서 약 20%(2015년 기준)의 점유율을 차지하고 있음.

실적 분석
동사의 2016년 연결 기준 결산 매출액은 1조 1,177억원으로 전기 대비 8.5% 감소하였으나, 원가부담 축소 및 판관비 억제 등으로 수익성은 한층 강화된 모습. 영업이익은 전기 대비 52.4% 증가한 853.4억원을 시현하였으며, 관련기업투자손실 등 비영업손익의 악화에도 불구하고 당기순이익 또한 38.4% 증가함. 신규사업으로 수입에 의존하던 이차전지 음극재 국산화 추진중에 있음.

현금 흐름 〈단위 : 억원〉
항목	2015	2016
영업활동	616	851
투자활동	586	-1,063
재무활동	-173	-223
순현금흐름	1,030	-433
기말현금	1,612	1,178

시장 대비 수익률
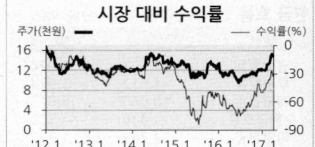

결산 실적 〈단위 : 억원〉
항목	2011	2012	2013	2014	2015	2016
매출액	11,886	12,957	13,299	13,711	12,212	11,177
영업이익	1,196	921	743	950	560	853
당기순이익	914	754	580	733	322	445

분기 실적 〈단위 : 억원〉
항목	2015.3Q	2015.4Q	2016.1Q	2016.2Q	2016.3Q	2016.4Q
매출액	2,988	2,930	2,780	2,712	2,818	2,867
영업이익	251	187	123	187	232	311
당기순이익	122	142	30	12	183	221

재무 상태 〈단위 : 억원〉
항목	2011	2012	2013	2014	2015	2016
총자산	4,925	5,404	6,304	7,216	7,175	7,239
유형자산	1,002	1,166	1,144	1,360	1,449	1,367
무형자산	56	75	113	103	86	66
유가증권	51	71	71	71	53	57
총부채	1,635	1,421	1,780	2,068	1,793	1,545
총차입금	108	66	391	624	597	371
자본금	295	295	295	295	295	295
총자본	3,289	3,983	4,524	5,148	5,382	5,694
지배주주지분	3,270	3,937	4,436	5,050	5,302	5,625

기업가치 지표
항목	2011	2012	2013	2014	2015	2016
주가(최고/저)(천원)	21.2/10.6	17.0/10.9	13.0/9.8	15.5/11.7	14.6/10.1	13.4/9.4
PER(최고/저)(배)	14.8/7.4	14.3/9.2	14.0/10.5	13.3/10.0	26.0/18.0	18.6/13.0
PBR(최고/저)(배)	4.2/2.1	2.8/1.8	1.9/1.4	1.9/1.4	1.7/1.2	1.4/1.0
EV/EBITDA(배)	7.4	6.3	7.4	6.9	10.0	5.4
EPS(원)	1,554	1,279	994	1,230	585	740
BPS(원)	55,350	66,653	75,101	85,488	8,976	9,523
CFPS(원)	17,178	14,722	12,095	14,702	831	985
DPS(원)	1,000	1,500	1,500	1,750	200	300
EBITDAPS(원)	21,876	17,520	14,727	18,481	1,194	1,690

재무 비율 〈단위 : % 〉
연도	영업이익률	순이익률	부채비율	차입금비율	ROA	ROE	유보율	자기자본비율	EBITDA마진율
2016	7.6	4.0	27.1	6.5	6.2	8.0	1,804.7	78.7	8.9
2015	4.6	2.6	33.3	11.1	4.5	6.7	1,695.2	75.0	5.8
2014	6.9	5.4	40.2	12.1	10.8	15.3	1,609.8	71.3	8.0
2013	5.6	4.4	39.3	8.7	9.9	14.0	1,402.0	71.8	6.5

포시에스 (A189690)
FORCS

업 종 : 일반 소프트웨어		시 장 : KOSDAQ	
신용등급 : (Bond) — (CP) —		기업규모 : 벤처	
홈페이지 : www.forcs.com		연 락 처 : 02)828-1400	
본 사 : 서울시 강남구 언주로30길 39 SEI타워 17층			

설 립 일	2008.07.23	종 업 원 수	114명	대 표 이 사	박미경,조종민
상 장 일	2015.02.11	감 사 의 견	적정 (한신)	계 열	
결 산 기	06월	보 통 주	684만주	종속회사수	2개사
액 면 가	500원	우 선 주		구 상 호	

주주구성 (지분율,%)		출자관계 (지분율,%)		주요경쟁사 (외형,%)	
조종민	41.8	FORCSSingapore	100.0	포시에스	100
박미경	7.5	FORCSJapan	80.0	한컴시큐어	103
(외국인)	0.9	BuddyInteractiveCompanyLimited	17.2	이글루시큐리티	415

매출구성		비용구성		수출비중	
OZ Report (제품)	77.2	매출원가율	18.5	수출	6.4
OZ e-Form (제품)	22.8	판관비율	49.7	내수	93.6

회사 개요
동사는 웹과 모바일에서 사용 가능한 기업용 전자문서 솔루션 업체로 대법원, 국세청, 신한은행 등 신인도 높은 거래처를 확보하고 있음. 자체기술로 개발한 리포팅 솔루션 '오즈 리포트'와 전자문서솔루션 '오즈 e폼' 등이 주력 제품임. 2002년 코스닥 시장에 상장했다가 2008년 우회상장을 추진했던 '미리넷'에 경영권을 매각함. 이후 미리넷은 경영 악화로 상장 폐지되나, 미리넷 자회사로 있던 지분을 전 경영진이 다시 취득하여 재상장함.

실적 분석
동사는 6월말 결산 법인이며, 연결 기준 2016년 12월 말까지 누적 연결기준으로 66.5억원의 매출액을 시현함. 매출액은 감소하였으나 판관비는 소폭 증가하면서 영업손실은 전년 동기 소폭 감소한 14.4억원을 시현함. 당기순이익은 전년 동기대비 29.9% 감소한 15억원을 시현했음. 몽골 및 싱가포르 시장에 적극적으로 진출을 시도하고 있으며 애플과의 공동 마케팅을 통해 일본 진출 진행 중.

현금 흐름 〈단위 : 억원〉

항목	2016	2017.2Q
영업활동	42	24
투자활동	19	-44
재무활동	-24	-6
순현금흐름	36	-27
기말현금	86	59

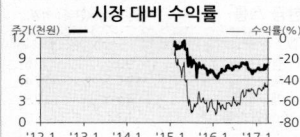

결산 실적 〈단위 : 억원〉

항목	2012	2013	2014	2015	2016	2017
매출액	105	121	128	131	140	—
영업이익	41	49	41	42	43	—
당기순이익	36	44	41	50	43	—

분기 실적 〈단위 : 억원〉

항목	2016.1Q	2016.2Q	2016.3Q	2016.4Q	2017.1Q	2017.2Q
매출액	22	50	24	45	24	43
영업이익	-3	23	1	23	-1	15
당기순이익	-2	23	1	20	-0	15

재무 상태 〈단위 : 억원〉

항목	2012	2013	2014	2015	2016	2017.2Q
총자산	103	148	247	416	432	440
유형자산	0	1	2	2	2	250
무형자산	0	5	7	12	15	19
유가증권	0	0	0	0	0	0
총부채	9	12	11	16	14	13
총차입금	—	—	—	—	—	—
자본금	20	20	24	31	33	34
총자본	95	136	236	400	419	427
지배주주지분	95	136	236	400	419	427

기업가치 지표

항목	2012	2013	2014	2015	2016	2017.2Q
주가(최고/저)(천원)	—/—	—/—	—/—	14.2/—	9.0/7.6	—/—
PER(최고/저)(배)	0.0/0.0	0.0/0.0	0.0/0.0	17.0/9.1	14.6/10.1	—/—
PBR(최고/저)(배)	0.0/0.0	0.0/0.0	0.0/0.0	2.5/1.3	1.4/1.0	1.4/1.1
EV/EBITDA(배)	—	—	—	6.9	4.7	—
EPS(원)	908	1,015	835	854	623	216
BPS(원)	2,389	3,428	4,838	6,463	6,716	6,529
CFPS(원)	1,011	1,138	934	954	702	240
DPS(원)				125	125	—
EBITDAPS(원)	1,145	1,250	926	788	708	235

재무 비율 〈단위 : % 〉

연도	영업이익률	순이익률	부채비율	차입금비율	ROA	ROE	유보율	자기자본비율	EBITDA마진율
2016	30.7	30.3	3.3	0.0	10.0	10.4	1,243.2	96.8	33.0
2015	31.8	38.4	4.0	0.0	15.2	16.0	1,192.7	96.2	32.4
2014	32.0	32.3	4.9	0.0	21.0	22.3	867.7	95.4	32.5
2013	40.1	36.4	9.2	0.0			585.7	91.6	40.8

포티스 (A141020)
Fortis

업 종 : 온라인쇼핑		시 장 : KOSDAQ	
신용등급 : (Bond) — (CP) —		기업규모 :	
홈페이지 : www.fortis.co.kr		연 락 처 : 031)709-1407	
본 사 : 경기도 성남시 분당구 성남대로779번길 17, 포티스빌딩 4층			

설 립 일	2006.09.01	종 업 원 수	46명	대 표 이 사	이찬진
상 장 일	2013.01.29	감 사 의 견	적정 (송강)	계 열	
결 산 기	12월	보 통 주	2,335만주	종속회사수	
액 면 가	500원	우 선 주		구 상 호	

주주구성 (지분율,%)		출자관계 (지분율,%)		주요경쟁사 (외형,%)	
DYNASOURCE HOLDINGS LTD	5.7	메디컴바인	83.3	포티스	100
아이알파트너스	4.2	포티스셀뱅크	83.3	일양약품	523
(외국인)	6.7	큐브바이오	2.9	코미팜	75

매출구성		비용구성		수출비중	
상품판매(전자상거래 등)	90.3	매출원가율	89.2	수출	0.0
제조판매(셋톱박스)	9.5	판관비율	14.8	내수	100.0
기타(임대수수료등)	0.2				

회사 개요
동사는 2006년 9월 1일 설립되어, 디지털방송장비 및 수신기 개발, 제조, 판매사업 및 전자상거래 사업을 영위하고 있음. 2016년 04월 26일 업종심사를 통하여 주된 영업을 방송장비 제조업에서 무점포 소매업으로 변경완료함. 또한, 2016년 09월 30일 셋톱박스 사업부문은 영업 중단함. 주요 제품 현황으로는 전자상거래등 98.6%, 임대수수료등 1.4%로 구성되고 있음.

실적 분석
동사의 2016년 연결기준 연간 매출액은 500.6억원으로 전년 대비 소폭 증가함. 셋톱박스 사업부문 중단으로 영업손실은 20.1억원으로 적자지속됨. 또한 셋톱박스 사업부문 중단손실 및 투자자산손상차손, 매출채권 이외의 손상차손등 영업외비용 증가로 당기순손실은 226.8억원으로 적자폭이 확대되며, 적자지속중임. 동사는 운영자금 50억원 마련을 위해 제3자배정 유상증자를 결정함.

현금 흐름 〈단위 : 억원〉

항목	2015	2016
영업활동	-3	-104
투자활동	37	-196
재무활동	1	229
순현금흐름	35	-72
기말현금	73	2

결산 실적 〈단위 : 억원〉

항목	2011	2012	2013	2014	2015	2016
매출액	495	508	165	121	483	501
영업이익	41	43	-60	-70	-40	-20
당기순이익	34	37	-46	-82	-127	-227

분기 실적 〈단위 : 억원〉

항목	2015.3Q	2015.4Q	2016.1Q	2016.2Q	2016.3Q	2016.4Q
매출액	91	252	187	128	120	65
영업이익	-8	-6	-19	-23	1	20
당기순이익	-9	-77	-12	-43	-29	-143

재무 상태 〈단위 : 억원〉

항목	2011	2012	2013	2014	2015	2016
총자산	270	311	285	354	328	288
유형자산	87	84	83	81	88	76
무형자산	21	28	33	26	39	17
유가증권	3	3	3	6	10	32
총부채	160	163	139	131	210	227
총차입금	95	101	100	97	92	156
자본금	14	19	25	99	99	117
총자본	110	148	146	223	118	61
지배주주지분	110	148	146	224	118	62

기업가치 지표

항목	2011	2012	2013	2014	2015	2016
주가(최고/저)(천원)	—/—	—/—	3.3/1.7	6.6/1.6	14.9/4.7	7.2/2.8
PER(최고/저)(배)	0.0/0.0	0.0/0.0	—/—	—/—	—/—	—/—
PBR(최고/저)(배)	0.0/0.0	0.0/0.0	2.2/1.1	5.8/1.4	25.0/7.9	27.2/10.5
EV/EBITDA(배)	1.5	1.5	—	—	—	—
EPS(원)	476	496	-465	-592	-621	-1,056
BPS(원)	3,931	3,954	2,936	1,129	597	266
CFPS(원)	1,574	1,264	-663	-507	-590	-1,037
DPS(원)						
EBITDAPS(원)	1,827	1,431	-952	-441	-171	-76

재무 비율 〈단위 : % 〉

연도	영업이익률	순이익률	부채비율	차입금비율	ROA	ROE	유보율	자기자본비율	EBITDA마진율
2016	-4.0	-45.3	일부잠식	일부잠식	-73.6	-247.1	-46.8	21.3	-3.2
2015	-8.3	-26.2	177.2	77.9	-37.1	-72.0	19.3	36.1	-7.0
2014	-58.0	-67.8	58.5	43.6	-25.7	-42.8	125.9	63.1	-48.6
2013	-36.2	-27.6	94.9	68.7	-15.3	-31.0	487.1	51.3	-28.3

폭스브레인 (A039230)
Foxbrain

업　　　종 : 디스플레이 및 관련부품		시　　　장 : KOSDAQ	
신용 등급 : (Bond) ― 　　(CP) ―		기업규모 : 벤처	
홈 페 이 지 : www.foxbrain.co.kr		연 락 처 : 02)3282-1900	
본　　　사 : 서울시 금천구 가산로 9길 78(가산동)			

설 립 일	1996.06.19	종 업 원 수	130명	대 표 이 사	박성환,정지완
상 장 일	2000.06.22	감 사 의 견	적정 (삼정)	계	열
결 산 기	12월	보 통 주	3,692만주	종 속 회 사 수	
액 면 가	500원	우 선 주		구 상 호	솔브레인이엔지

주주구성 (지분율,%)		출자관계 (지분율,%)		주요경쟁사 (외형,%)	
준파투자조합	12.9	FoxbrainHKLimited.	100.0	폭스브레인	100
한국투자밸류자산운용	4.3			사파이어테크놀로지	40
(외국인)	0.2			쎄미시스코	35

매출구성		비용구성		수출비중	
디스플레이검사장비	52.7	매출원가율	98.2	수출	63.0
반도체검사장치	26.5	판관비율	37.1	내수	37.0
디스플레이검사장치	19.7				

회사 개요
동사는 반도체 및 디스플레이 패널의 검사 장비 및 검사장치를 제조하는 기업임. 검사장비로는 Probe Station(LCD 화상 점등 자동 검사장비), 검사장치로는 Probe Card (반도체 웨이퍼 검사장치), Probe Unit(LCD 화상 점등검사장치) 의 제품을 제조하고 있음. 전세계적으로 메모리, 비메모리 관련 프로브카드 업체들은 한국과 미국, 일본, 유럽, 대만 등을 포함해 약 40개사로 추정됨.

실적 분석
동사의 2016년 연결기준 연간 누적 매출액은 352.7억원으로 전년 동기 대비 무려 30.2% 감소함. 매출이 줄어든 만큼 매출원가도 감소했지만 판매비와 관리비는 오히려 큰 폭 늘어나면서 영업손실은 124.6억원으로 적자 규모가 전년 대비 8배 가량 확대됨. 비영업손익 부문에서도 적자 규모가 커지며 당기순손실 236.1억원으로 적자 폭이 크게 늘어남. 매출 감소에 따른 순손실이 확대되고 있음.

현금 흐름　〈단위 : 억원〉
항목	2015	2016
영업활동	-1	-107
투자활동	-12	429
재무활동	22	-211
순현금흐름	9	111
기말현금	43	154

시장 대비 수익률
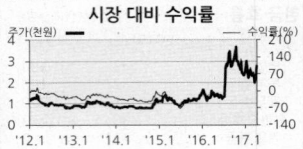

결산 실적　〈단위 : 억원〉
항목	2011	2012	2013	2014	2015	2016
매출액	839	544	483	706	505	353
영업이익	-5	-56	16	18	-15	-125
당기순이익	-28	-166	3	5	-2	-236

분기 실적　〈단위 : 억원〉
항목	2015.3Q	2015.4Q	2016.1Q	2016.2Q	2016.3Q	2016.4Q
매출액	172	47	191	105	84	-27
영업이익	1	-9	-17	-32	-23	-53
당기순이익	7	-4	-24	-36	-13	-163

재무 상태　〈단위 : 억원〉
항목	2011	2012	2013	2014	2015	2016
총자산	1,122	857	904	966	1,054	389
유형자산	562	465	465	461	464	41
무형자산	25	7	4	4	8	5
유가증권	22	9	8	4	―	2
총부채	608	509	552	608	689	245
총차입금	437	366	370	379	391	57
자본금	182	182	182	182	182	182
총자본	515	348	352	357	366	144
지배주주지분	515	348	352	357	367	144

기업가치 지표
항목	2011	2012	2013	2014	2015	2016
주가(최고/저)(천원)	2.2/0.9	1.5/0.8	1.2/0.8	1.3/0.8	1.5/0.9	3.7/1.1
PER(최고/저)(배)	―/―	―/―	164.8/107.4	91.4/55.0	―/―	―/―
PBR(최고/저)(배)	1.6/0.6	1.5/0.8	1.2/0.8	1.3/0.8	1.5/0.9	9.3/2.9
EV/EBITDA(배)	33.5		22.9	25.2		
EPS(원)	-86	-456	7	14	-13	-614
BPS(원)	1,413	955	968	981	1,009	395
CFPS(원)	9	-372	40	47	26	-580
DPS(원)						
EBITDAPS(원)	78	-71	78	81	-3	-308

재무 비율　〈단위 : %〉
연도	영업이익률	순이익률	부채비율	차입금비율	ROA	ROE	유보율	자기자본비율	EBITDA마진율
2016	-35.3	-66.9	일부잠식	일부잠식	-32.7	-87.4	-21.0	37.0	-31.8
2015	-3.0	-0.3	188.3	106.9	-0.2	-1.3	101.7	34.7	-0.2
2014	2.5	0.7	170.1	106.0	0.5	1.4	96.3	37.0	4.2
2013	3.4	0.6	156.6	105.0	0.3	0.8	93.5	39.0	5.9

푸드웰 (A005670)
FOODWELL

업　　　종 : 식료품		시　　　장 : KOSDAQ	
신용 등급 : (Bond) ― 　　(CP) ―		기업규모 : 중견	
홈 페 이 지 : www.foodwell.com		연 락 처 : 053)580-2430	
본　　　사 : 대구시 달서구 성서로 121			

설 립 일	1968.08.09	종 업 원 수	172명	대 표 이 사	성기준
상 장 일	1993.12.07	감 사 의 견	적정 (안경)	계	열
결 산 기	12월	보 통 주	800만주	종 속 회 사 수	
액 면 가	500원	우 선 주		구 상 호	

주주구성 (지분율,%)		출자관계 (지분율,%)		주요경쟁사 (외형,%)	
성민겸	10.0	푸르온	49.0	푸드웰	100
(사)경화회	8.4	청도푸드웰	100.0	SPC삼립	1,728
(외국인)	1.7			조흥	120

매출구성		비용구성		수출비중	
만두제품(제품)	25.8	매출원가율	86.8	수출	―
잼시럽(제품)	22.6	판관비율	9.7	내수	―
음료제품(제품)	20.6				

회사 개요
깐밤, 딸기시럽, 만두제품 등 과실가공제품을 생산하여 일본 등지에 수출하고 있으며, 국내 식품회사에 납품함. 국내시장은 주로 중간제품과 OEM 및 임가공 제품을 생산하기 때문에 납품업체의 매출에 의해 영향을 받으며, 전체 매출액의 23% 가량을 일본에 수출하고 있어 일본 경기 및 엔화 환율에도 매우 민감함. 깐밤(수출)은 약 30%, 딸기시럽류는 약 35%의 시장을 점유하고 있는 것으로 추정함.

실적 분석
동사의 2016년 연결기준 결산 매출액은 1082.1억원으로 전년 (1,028.5억원) 대비 5.2% 성장하였고, 영업이익은 비용증가에 따라 전년 대비 6.0% 감소한 37.5억원을 시현하였음. 영업이익 감소에도 비영업손익부분의 적자폭 감소로 당기순이익은 21.5억원을 기록하며 전년 동기 대비 12.2% 증가함. 추후 신제품 출시 및 수출 증가로 인해 매출이 증가한다면 실적 개선 폭이 증가할 것으로 예상됨.

현금 흐름　〈단위 : 억원〉
항목	2015	2016
영업활동	90	75
투자활동	-121	-274
재무활동	44	178
순현금흐름	13	-20
기말현금	60	40

시장 대비 수익률
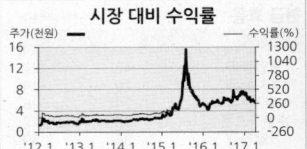

결산 실적　〈단위 : 억원〉
항목	2011	2012	2013	2014	2015	2016
매출액	863	987	948	952	1,028	1,082
영업이익	39	48	46	38	40	38
당기순이익	6	14	13	21	19	22

분기 실적　〈단위 : 억원〉
항목	2015.3Q	2015.4Q	2016.1Q	2016.2Q	2016.3Q	2016.4Q
매출액	260	276	239	275	267	301
영업이익	11	17	8	12	-1	19
당기순이익	9	6	5	7	-3	12

재무 상태　〈단위 : 억원〉
항목	2011	2012	2013	2014	2015	2016
총자산	981	969	968	1,010	1,114	1,305
유형자산	552	534	512	504	598	798
무형자산	48	38	31	32	32	31
유가증권	1	1	1	1	1	1
총부채	550	534	525	551	645	829
총차입금	375	378	354	363	428	627
자본금	20	20	40	40	40	40
총자본	431	435	443	459	469	476
지배주주지분	423	426	429	433	432	434

기업가치 지표
항목	2011	2012	2013	2014	2015	2016
주가(최고/저)(천원)	1.8/1.0	2.9/1.3	2.7/1.6	2.8/1.9	15.8/2.6	8.2/4.2
PER(최고/저)(배)	15.8/8.4	21.9/9.9	24.9/14.5	24.9/16.7	208.2/34.1	43.0/22.0
PBR(최고/저)(배)	0.4/0.2	0.6/0.3	0.5/0.3	0.6/0.4	3.0/0.5	1.5/0.8
EV/EBITDA(배)	6.7	6.1	6.5	7.2	10.8	15.4
EPS(원)	138	152	117	120	78	192
BPS(원)	10,652	10,639	5,365	5,417	5,399	5,427
CFPS(원)	1,155	1,223	588	610	549	707
DPS(원)	150	150	75	75	75	75
EBITDAPS(원)	1,863	2,116	1,043	972	970	984

재무 비율　〈단위 : %〉
연도	영업이익률	순이익률	부채비율	차입금비율	ROA	ROE	유보율	자기자본비율	EBITDA마진율
2016	3.5	2.0	174.2	131.7	1.8	3.6	985.4	36.5	7.3
2015	3.9	1.9	137.4	91.2	1.8	1.4	979.8	42.1	7.6
2014	4.0	2.2	119.9	79.0	2.1	2.2	983.5	45.5	8.2
2013	4.8	1.4	118.5	79.9	1.4	2.2	973.0	45.8	8.8

푸른기술 (A094940)
PULOON TECHNOLOGY

업   종 : 컴퓨터 및 주변기기
신용등급 : (Bond) —   (CP) —
홈 페 이 지 : www.puloon.co.kr
본   사 : 서울시 서초구 효령로 60길 23-10 (주)푸른빌딩 2층

시   장 : KOSDAQ
기업규모 : 중견
연 락 처 : 02)6959-4700

설 립 일	1997.07.24	종업원수	107명	대표이사	함현철
상 장 일	2007.09.14	감사의견	적정 (삼화)	계 열	
결 산 기	12월	보 통 주	657만주	종속회사수	
액 면 가	500원	우 선 주		구 상 호	

주주구성 (지분율,%)		출자관계 (지분율,%)		주요경쟁사 (외형,%)	
함현철	15.7	푸른에스엠	100.0	푸른기술	100
나용철	6.6	국제시스템산업	22.7	딜리	203
(외국인)	0.1			청호컴넷	451

매출구성		비용구성		수출비중	
지폐방출기 외	43.6	매출원가율	80.9	수출	36.5
게이트시스템 외	30.8	판관비율	17.8	내수	63.5
자재 외	18.4				

회사 개요
동사는 1997년 설립되어 무인자동단말기 사업을 영위하고 있음. 동사가 제작, 공급하는 단말기는 현금수표의 입출금, 통장정리, 공과금 수납 등을 하는 금융자동화기기(매출비중 47.8%), 철도나 지하철 승차권자동발매기, 교통카드충전기 등의 역무자동화기기(14.0%), 경마장 창구에서 베팅처리와 당첨금 환급처리를 담당하는 마권발매기), 로또 및 스포츠토토 발매기 등의 특수단말시스템(5.4%) 등으로 이루어짐.

실적 분석
동사의 2016년 연결기준 결산 매출액은 190.2억원으로 전년대비 31.6% 증가, 영업이익은 2.4억원으로 흑자전환 했고 당기순이익은 4.3억원으로 흑자전환 시현. 스마트폰 뱅킹의 보편화에도 불구하고 통화완화 정책으로 화폐발행이 더욱 높아지며 금융자동화기기 수요 증대. 글로벌 인식기, 지능형 경량 로봇, 스피드게이트 등의 사업 다각화 추진으로 매출액 개선 중.

현금 흐름   *IFRS 별도 기준   〈단위 : 억원〉
항목	2015	2016
영업활동	-23	9
투자활동	20	7
재무활동	4	-1
순현금흐름	2	16
기말현금	15	31

시장 대비 수익률
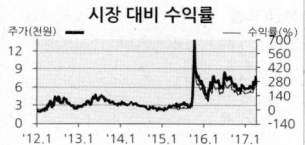

결산 실적   〈단위 : 억원〉
항목	2011	2012	2013	2014	2015	2016
매출액	294	278	282	151	145	190
영업이익	23	25	18	-21	-16	2
당기순이익	19	29	26	-16	-11	4

분기 실적   *IFRS 별도 기준   〈단위 : 억원〉
항목	2015.3Q	2015.4Q	2016.1Q	2016.2Q	2016.3Q	2016.4Q
매출액	30	48	54	56	38	42
영업이익	-4	-4	4	0	-1	-1
당기순이익	-10	3	5	1	1	-3

재무 상태   *IFRS 별도 기준   〈단위 : 억원〉
항목	2011	2012	2013	2014	2015	2016
총자산	282	321	341	290	299	290
유형자산	35	77	101	98	94	94
무형자산	13	8	9	11	17	16
유가증권	14	13	13	18	20	14
총부채	83	97	95	64	84	70
총차입금	1	22	32	32	38	37
자본금	20	20	20	20	20	28
총자본	199	224	245	226	215	219
지배주주지분	199	224	245	226	215	219

기업가치 지표   *IFRS 별도 기준
항목	2011	2012	2013	2014	2015	2016
주가(최고/저)(천원)	2.6/2.0	5.6/2.3	5.5/3.1	4.3/2.5	17.4/2.5	10.2/4.7
PER(최고/저)(배)	8.8/6.6	11.5/4.6	12.3/6.9	—/—	—/—	132.9/61.1
PBR(최고/저)(배)	0.7/0.5	1.2/0.5	1.1/0.6	0.9/0.5	3.7/0.5	2.1/1.0
EV/EBITDA(배)	0.1	2.8	4.3	—	—	46.9
EPS(원)	284	447	398	-237	-164	66
BPS(원)	6,197	6,786	7,269	6,784	6,520	4,797
CFPS(원)	722	957	804	-205	-101	165
DPS(원)	150	150	150	—	—	—
EBITDAPS(원)	826	877	617	-327	-218	132

재무 비율   〈단위 : % 〉
연도	영업이익률	순이익률	부채비율	차입금비율	ROA	ROE	유보율	자기자본비율	EBITDA마진율
2016	1.3	2.3	32.1	17.0	1.5	2.0	859.4	75.7	3.9
2015	-10.8	-7.5	38.9	17.7	-3.7	-4.9	1,203.9	72.0	-6.2
2014	-13.6	-10.3	28.2	14.1	-4.9	-6.6	1,256.8	78.0	-8.9
2013	6.6	9.3	38.9	13.0	7.9	11.2	1,353.7	72.0	8.9

푸른저축은행 (A007330)
Pureun Mutual Savings Bank

업   종 : 상호저축은행
신용등급 : (Bond) —   (CP) —
홈 페 이 지 : www.prsb.co.kr
본   사 : 서울시 서초구 강남대로 581 (잠원동 28-1) 푸른빌딩

시   장 : KOSDAQ
기업규모 : 우량
연 락 처 : 02)545-9000

설 립 일	1971.06.17	종업원수	134명	대표이사	구혜원,송명구
상 장 일	1993.12.07	감사의견	적정 (한영)	계 열	
결 산 기	12월	보 통 주	1,508만주	종속회사수	
액 면 가	1,000원	우 선 주		구 상 호	

주주구성 (지분율,%)		출자관계 (지분율,%)		주요경쟁사 (외형,%)	
주신홍	17.2			푸른저축은행	100
푸른에프앤디	14.7				
(외국인)	1.1				

수익구성		비용구성		수출비중	
이자수익	69.8	이자비용	0.0	수출	—
대출채권평가 및 처분이익	25.5	대출채권손실	0.0	내수	—
유가증권평가 및 처분이익	3.2	판관비	0.0		

회사 개요
1972년 8월 제정된 상호저축은행법에 의하여 설립된 제2금융기관으로, '협성상호신용금고'로 설립됐으며 예금과 대출을 주 업무로 하고 있음. 동사의 수신은 전기대비 609억 증가한 7826억원이고 여신은 109억 감소한 8053억원임. 서울 지역 수신 점유율은 3.09%이며, 여신 점유율은 3.26%임. 중금리 신용대출, 시중은행과의 연계 대출 등으로 시장 확대 가능성이 큰 영역임.

실적 분석
동사 자산은 전기대비 약 11.9% 증가했고 자본은 약 13.7% 증가. 기말 예수금 증가로 인하여 자산의 현금 및 예치금이 증가하였고, 대손충당금 환입 및 결산기 변경에 따른 전기대비 영업기간 정상화에 따라 당기순이익 증가. 결산기 변경에 따른 전기 대비 영업기간 정상화에 따라 동사의 매출액(영업수익)은 전년 대비 약 65.5% 증가, 당기순이익은 전년 대비 약 112.3% 증가했음.

현금 흐름   *GAAP 연결 기준   〈단위 : 억원〉
항목	2015	2016
영업활동		-54
투자활동		-30
재무활동		-24
순현금흐름		-108
기말현금		26

시장 대비 수익률

결산 실적   *GAAP 연결 기준   〈단위 : 억원〉
항목	2011	2012	2013	2014	2015	2016
영업수익	—	—	—	—	642	—
영업이익	—	—	—	—	283	—
당기순이익	—	—	—	—	261	—

분기 실적   *GAAP 연결 기준   〈단위 : 억원〉
항목	2015.3Q	2015.4Q	2016.1Q	2016.2Q	2016.3Q	2016.4Q
영업수익	—	—	194	131	162	155
영업이익	—	—	94	50	78	61
당기순이익	—	—	65	91	62	43

재무 상태   *GAAP 연결 기준   〈단위 : 억원〉
항목	2011	2012	2013	2014	2015	2016
총자산	—	—	—	—	—	10,566
유형자산	—	—	—	—	—	283
무형자산	—	—	—	—	—	18
유가증권	—	—	—	—	—	87
총부채	—	—	—	—	—	8,405
총차입금	—	—	—	—	—	
자본금	—	—	—	—	—	151
총자본	—	—	—	—	—	2,161
지배주주지분	—	—	—	—	—	2,161

기업가치 지표   *GAAP 연결 기준
항목	2011	2012	2013	2014	2015	2016
주가(최고/저)(천원)	3.5/2.5	3.2/2.7	4.0/2.2	3.0/2.3	6.3/2.6	5.9/4.7
PER(최고/저)(배)	-/-	-/-	-/-	-/-	-/-	3.70/2.98
PBR(최고/저)(배)	-/-	-/-	-/-	-/-	-/-	0.43/0.35
PSR(최고/저)(배)	-/-	-/-	-/-	-/-	-/-	2/1
EPS(원)						1,728
BPS(원)						14,724
CFPS(원)						2,294
DPS(원)						500
EBITDAPS(원)						

재무 비율   〈단위 : % 〉
연도	계속사업이익률	순이익률	부채비율	차입금비율	ROA	ROE	유보율	자기자본비율	총자산증가율
2016	54.2	40.6	389.0		2.5	12.1	1,384.1	20.5	
2015									
2014									
2013									

풀무원 (A017810)
Pulmuone

업 종 : 식료품	시 장 : 거래소
신용 등 급 : (Bond) A-　　(CP) —	기업규모 : 시가총액 중형주
홈 페 이 지 : www.pulmuone.co.kr	연 락 처 : 043)879-4500
본 사 : 충북 음성군 대소면 삼양로 730-27	

설 립 일	1984.05.31	종 업 원 수	292명	대 표 이 사	남승우
상 장 일	1995.10.05	감사의견	적정 (삼일)	계 열	
결 산 기	12월	보 통 주	381만주	종속회사수	
액 면 가	5,000원	우 선 주		구 상 호	풀무원홀딩스

주주구성 (지분율,%)		출자관계 (지분율,%)		주요경쟁사 (외형,%)	
남승우	57.3	이씨엠디	100.0	풀무원	100
국민연금공단	11.9	풀무원건강생활	100.0	동서	25
(외국인)	0.7	로하스아카데미	100.0	롯데푸드	87

매출구성		비용구성		수출비중	
기타	58.7	매출원가율	73.4	수출	—
컨세션 & 기타	13.0	판관비율	24.8	내수	—
두부류	10.8				

회사 개요
동사는 1984년 풀무원효소식품으로 설립돼 1995년 풀무원으로 상호를 변경함. 2008년 인적분할을 통해 지주회사로 출범해 사업을 영위하고 있음. 두부, 나물, 계란, 면 등에서 차별화를 꾀하고 있으나 두부 제품 등은 2015년 2월 동반성장위원회의 중소기업 적합업종 재지정으로 시장 점유율을 소폭 감소함. 나물은 개당 단가가 낮은 필수 식재이지만 가격 경쟁이 치열해 수익이 높지 않음. 계란 시장도 경쟁 심화가 예상됨.

실적 분석
동사의 2016년 연결기준 연간 누적 매출액은 2조306.7억원으로 전년 동기 대비 10% 증가함. 매출은 증가했지만 매출원가 또한 늘고 판매비와 관리비 등이 대폭 확대되면서 영업이익은 전년 동기 대비 4% 감소한 379.5억원을 기록. 비영업손익 부문도 금융손실이 지속되면서 적자 지속. 당기순이익은 99.8억원으로 전년 동기 대비 18.2% 감소함. 매출은 늘었지만 수익성은 악화되고 있음.

현금 흐름 〈단위 : 억원〉
항목	2015	2016
영업활동	1,065	564
투자활동	302	-1,487
재무활동	-793	323
순현금흐름	573	-600
기말현금	1,462	862

시장 대비 수익률

결산 실적 〈단위 : 억원〉
항목	2011	2012	2013	2014	2015	2016
매출액	13,635	14,579	15,217	16,781	18,465	20,307
영업이익	472	409	464	533	395	379
당기순이익	177	101	-120	505	122	100

분기 실적 〈단위 : 억원〉
항목	2015.3Q	2015.4Q	2016.1Q	2016.2Q	2016.3Q	2016.4Q
매출액	4,798	4,730	4,597	5,049	5,260	5,401
영업이익	62	208	9	96	87	187
당기순이익	6	98	-23	-33	75	81

재무 상태 〈단위 : 억원〉
항목	2011	2012	2013	2014	2015	2016
총자산	9,263	10,255	9,814	10,536	9,760	10,614
유형자산	4,048	4,127	4,257	4,593	4,744	5,224
무형자산	454	405	242	247	236	492
유가증권	1,088	1,802	1,489	1,096	144	131
총부채	6,376	7,364	7,091	7,189	6,456	6,951
총차입금	4,490	5,241	4,624	4,018	3,395	3,467
자본금	190	190	190	190	190	190
총자본	2,887	2,892	2,723	3,347	3,304	3,662
지배주주지분	2,246	2,263	2,132	2,613	2,896	2,602

기업가치 지표
항목	2011	2012	2013	2014	2015	2016
주가(최고/저)(천원)	43.5/25.7	47.1/29.2	67.5/45.9	156/62.5	261/98.7	202/118
PER(최고/저)(배)	10.6/6.2	19.2/11.9	—/—	11.0/4.4	49.5/18.8	41.6/24.3
PBR(최고/저)(배)	0.8/0.5	0.8/0.5	1.2/0.8	2.3/0.9	3.4/1.3	2.9/1.7
EV/EBITDA(배)	5.2	5.9	5.5	6.5	9.5	8.3
EPS(원)	4,505	2,600	-1,654	14,445	5,334	4,882
BPS(원)	60,427	60,884	57,436	69,713	77,138	69,414
CFPS(원)	15,654	15,319	11,911	29,023	20,663	21,414
DPS(원)	1,020	1,020	1,020	1,020	1,020	1,020
EBITDAPS(원)	23,537	23,469	25,755	28,561	25,708	26,494

재무 비율 〈단위 : % 〉
연도	영업이익률	순이익률	부채비율	차입금비율	ROA	ROE	유보율	자기자본비율	EBITDA마진율
2016	1.9	0.5	189.8	94.7	1.0	6.8	1,288.3	34.5	5.0
2015	2.1	0.7	195.4	102.8	1.2	7.4	1,442.8	33.9	5.3
2014	3.2	3.0	214.8	120.0	5.0	23.2	1,294.3	31.8	6.5
2013	3.1	-0.8	260.4	169.8	-1.2	-2.9	1,048.7	27.8	6.5

풍강 (A093380)
Pungkang

업 종 : 자동차부품	시 장 : KOSDAQ
신용 등 급 : (Bond) —　　(CP) —	기업규모 : 중견
홈 페 이 지 : www.pungkang.com	연 락 처 : 031)359-3600
본 사 : 경기도 화성시 우정읍 남양만로 745	

설 립 일	1974.09.10	종 업 원 수	262명	대 표 이 사	김진용
상 장 일	2007.06.01	감사의견	적정 (성도)	계 열	
결 산 기	08월	보 통 주	988만주	종속회사수	
액 면 가	500원	우 선 주		구 상 호	

주주구성 (지분율,%)		출자관계 (지분율,%)		주요경쟁사 (외형,%)	
김진용	29.5	피케이메카트로닉스	50.0	풍강	100
김창덕	12.1	SPMAUTOPARTSS.A.DEC.V.	35.0	케이엔드블유	79
(외국인)	1.6			크린앤사이언스	69

매출구성		비용구성		수출비중	
HEX NUT외	32.3	매출원가율	86.9	수출	9.3
WELD NUT(용접너트)	25.4	판관비율	10.3	내수	90.7
WHEEL NUT	20.0				

회사 개요
동사는 넛트, 볼트, 스크류의 제조, 판매 및 수출입업을 주 사업내용으로 설립됨. 현재 완성차업체의 자동차조립용 부품을 주 수요산업으로 영위함. 국내 완성차업체인 현대, 기아, 한국지엠, 르노삼성, 타타대우, 쌍용차에 직접 공급하고 있으며 일본 닛산자동차 라인과 완성차 1차 협력업체에도 공급하고 있음. 시장점유율은 4.9%로 태양금속공업, 진합, 케이피에프 등에 이어 국내 7위를 차지하고 있음. 최대주주가 김진용 대표로 변경됨.

실적 분석
8월 결산법인인 동사의 결산 연결기준 매출액은 소폭 감소한 425.1억원을 시현하였으며, 영업이익은 대폭 증가한 17.1억을 시현하였음. 당기순이익역시 전년 동기 대비 2억 증가한 13.8억원을 기록함. 완성차 생산 감소, 글로벌메이커 발주 감소 등의 영향으로 매출이 줄면서 수익성이 악화됨. 동사는 해외시장을 성장의 교두보로 확보하기 위하여 다양한 방법과 경로를 통하여 마케팅 활동을 전개하고 있음

현금 흐름 〈단위 : 억원〉
항목	2016	2017.2Q
영업활동	1	49
투자활동	-86	-28
재무활동	87	-21
순현금흐름	2	1
기말현금	15	15

시장 대비 수익률
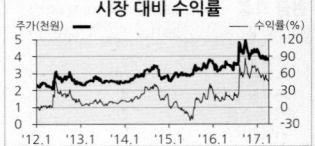

결산 실적 〈단위 : 억원〉
항목	2012	2013	2014	2015	2016	2017
매출액	876	883	916	894	863	—
영업이익	48	31	35	15	24	—
당기순이익	59	48	45	29	19	—

분기 실적 〈단위 : 억원〉
항목	2016.1Q	2016.2Q	2016.3Q	2016.4Q	2017.1Q	2017.2Q
매출액	221	215	221	207	211	214
영업이익	-2	4	13	10	9	8
당기순이익	-2	4	14	3	9	5

재무 상태 〈단위 : 억원〉
항목	2012	2013	2014	2015	2016	2017.2Q
총자산	710	785	851	869	913	916
유형자산	332	387	430	444	494	504
무형자산	8	7	9	8	7	6
유가증권	1	1	1	23	16	1
총부채	255	260	288	289	328	324
총차입금	121	105	126	118	213	199
자본금	43	49	49	49	49	49
총자본	455	525	562	580	585	592
지배주주지분	455	525	562	580	585	591

기업가치 지표
항목	2012	2013	2014	2015	2016	2017.2Q
주가(최고/저)(천원)	3.2/1.8	3.1/2.3	3.4/2.4	3.5/2.5	5.3/3.1	—/—
PER(최고/저)(배)	5.2/3.0	6.3/4.7	7.9/5.5	12.3/8.6	28.4/16.8	—/—
PBR(최고/저)(배)	0.7/0.4	0.6/0.5	0.6/0.4	0.6/0.4	0.9/0.5	0.9/0.6
EV/EBITDA(배)	4.9	5.7	6.2	7.3	8.7	—
EPS(원)	692	536	459	299	188	140
BPS(원)	5,405	5,415	5,783	5,966	6,018	6,086
CFPS(원)	1,021	844	784	713	625	356
DPS(원)	100	90	80	80	70	—
EBITDAPS(원)	887	655	683	562	684	390

재무 비율 〈단위 : % 〉
연도	영업이익률	순이익률	부채비율	차입금비율	ROA	ROE	유보율	자기자본비율	EBITDA마진율
2016	2.8	2.2	56.0	36.3	2.1	3.2	1,103.5	64.1	7.8
2015	1.6	3.3	49.8	20.3	3.4	5.2	1,093.1	66.8	6.2
2014	3.9	4.9	51.3	22.5	5.5	8.4	1,056.7	66.1	7.4
2013	3.5	5.5	49.5	20.1	6.5	9.9	983.0	66.9	6.7

풍국주정공업 (A023900)
PUNGGUK ETHANOL INDUSTRIAL

업　　종 : 음료	시　　장 : KOSDAQ
신용등급 : (Bond) —　(CP) —	기업규모 : 우량
홈 페 이 지 : www.pungguk.com	연 락 처 : 053)583-2071
본　　사 : 대구시 달서구 성서로 72	

설 립 일 1954.02.27	종 업 원 수 39명	대 표 이 사 김규호,이한용	
상 장 일 1994.11.23	감 사 의 견 적정 (안진)	계　　　열	
결 산 월 12월	보 통 주 1,260만주	종속회사수	
액 면 가 500원	우 선 주	구 상 호	

주주구성 (지분율,%)
이한용	42.0
박순애	13.3
(외국인)	1.1

출자관계 (지분율,%)
에스디지	56.4
선도산업	50.0
서안주정	11.4

주요경쟁사 (외형,%)
풍국주정	100
진로발효	90
국순당	72

매출구성
주정외	51.5
탄산가스	24.6
수소외	23.9

비용구성
매출원가율	73.0
판관비율	15.1

수출비중
수출	0.0
내수	100.0

회사 개요
동사는 소주의 원료로 사용되는 주정생산업체로 안정적인 수요를 바탕으로 거의 과점적 지위를 누리고 있음. 주정 제조 및 판매, 탄산가스나 수소가스 제조 및 판매, 건조주정박 제조 및 판매를 주요 사업으로 영위하고 있으며, 동사의 계열사로는 선도산업(산업용탄산가스), 에스디지(수소가스)가 있음. 현재 10개의 주정사가 전국에 각 지역별로 고르게 분포되어 있음.

실적 분석
동사의 2016년 연결기준 연간 누적 매출액은 967.6억원으로 전년 동기 대비 4.6% 감소함. 매출은 감소했지만 매출 원가도 감소해 영업이익은 115.1억원으로 전년 동기 대비 11.3% 증가함. 비영업손익 부문에서도 소폭 이익이 늘면서 당기순이익은 94.1억원으로 전년 동기 대비 16% 증가. 매출은 감소했지만 수익성은 확대되고 있는 상황. 소주 시장이 감소하고 있는 것은 악재로 분석.

현금 흐름 〈단위 : 억원〉
항목	2015	2016
영업활동	177	128
투자활동	-118	-188
재무활동	13	56
순현금흐름	72	-3
기말현금	103	100

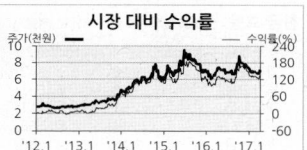

시장 대비 수익률

결산 실적 〈단위 : 억원〉
항목	2011	2012	2013	2014	2015	2016
매출액	805	918	1,003	1,078	1,015	968
영업이익	96	71	104	86	103	115
당기순이익	79	58	83	69	81	94

분기 실적 〈단위 : 억원〉
항목	2015.3Q	2015.4Q	2016.1Q	2016.2Q	2016.3Q	2016.4Q
매출액	241	258	243	237	233	255
영업이익	18	17	32	29	24	30
당기순이익	13	15	29	22	18	25

재무 상태 〈단위 : 억원〉
항목	2011	2012	2013	2014	2015	2016
총자산	1,107	1,165	1,225	1,288	1,387	1,520
유형자산	383	411	383	399	448	520
무형자산	44	44	45	45	45	33
유가증권	26	24	24	35	41	41
총부채	209	227	214	230	268	340
총차입금	81	90	67	59	92	182
자본금	42	42	42	42	42	63
총자본	898	938	1,011	1,057	1,119	1,180
지배주주지분	823	850	914	953	1,010	1,067

기업가치 지표
항목	2011	2012	2013	2014	2015	2016
주가(최고/저)(천원)	3.3/2.5	3.1/2.6	4.5/2.8	8.2/4.4	9.6/5.9	8.9/6.1
PER(최고/저)(배)	6.9/5.3	9.7/8.1	8.2/5.4	17.7/9.4	16.2/10.1	12.4/8.5
PBR(최고/저)(배)	0.6/0.5	0.5/0.4	0.7/0.4	1.2/0.6	1.2/0.8	1.1/0.7
EV/EBITDA(배)	3.7		4.4	4.2	6.0	5.6
EPS(원)	561	359	577	490	607	713
BPS(원)	9,792	10,123	10,876	11,341	12,022	8,466
CFPS(원)	1,387	1,146	1,533	1,428	1,518	1,150
DPS(원)	200	125	250	250	300	260
EBITDAPS(원)	1,691	1,456	1,901	1,716	1,839	1,351

재무 비율 〈단위 : % 〉
연도	영업이익률	순이익률	부채비율	차입금비율	ROA	ROE	유보율	자기자본비율	EBITDA마진율
2016	11.9	9.7	28.9	15.4	6.5	8.7	1,593.1	77.6	17.6
2015	10.2	8.0	23.9	8.2	6.1	7.8	2,304.4	80.7	15.2
2014	8.0	6.4	21.8	5.4	5.5	6.6	2,168.2	82.1	13.4
2013	10.3	8.3	21.2	6.4	6.9	8.3	2,075.1	82.5	15.9

풍산 (A103140)
POONGSAN

업　　종 : 금속 및 광물	시　　장 : 거래소
신용등급 : (Bond) A　(CP) A2	기업규모 : 시가총액 중형주
홈 페 이 지 : www.poongsan.co.kr	연 락 처 : 031)650-7500
본　　사 : 경기도 평택시 포승읍 평택항로156번길 134	

설 립 일 2008.07.04	종 업 원 수 3,542명	대 표 이 사 최한명	
상 장 일 2008.07.30	감 사 의 견 적정 (한영)	계　　　열	
결 산 월 12월	보 통 주 2,802만주	종속회사수	
액 면 가 5,000원	우 선 주	구 상 호	

주주구성 (지분율,%)
풍산홀딩스	36.0
국민연금공단	12.4
(외국인)	23.2

출자관계 (지분율,%)
풍산FNS	100.0
PNT	60.0
엘아이지풍산프로테크	40.0

주요경쟁사 (외형,%)
풍산	100
POSCO	1,875
현대제철	589

매출구성
판ㆍ대(반도체소재 포함)	40.7
군용탄, 스포츠탄	36.8
소전	9.2

비용구성
매출원가율	86.9
판관비율	5.4

수출비중
수출	52.0
내수	48.0

회사 개요
1968년에 설립된 동사는 사업부문이 비철금속 소재(동 및 동합금 판/대, 관, 봉/선, 소전 등)와 방산제품(탄)의 제조, 판매로 나뉨. 주요 종속회사로는 PMX와 Siam풍산으로 각각 미국과 태국지역의 생산, 판매를 담당하고 있음. 동사는 국내법인 7개, 해외법인 10개, 총 17개의 계열회사를 두고 있음. 전방산업이 IT, 자동차, 반도체, 건설분야로 동에 대한 수요가 점진적으로 늘고 있음. 원자재 가격 변동에 따라 수익성이 좌우됨.

실적 분석
동사의 2016년 결산기준 누적매출액은 전년 동기대비 거의 동일한 28,317.7억원을 기록함. 그러나 매출원가를 전년동기대비 4.6% 감소시켜 영업이익은 전년동기대비 96% 크게 성장한 2,178억원을 기록함. 작년은 세계경색이 불확실하여 국내외 수요가 부진하였으므로 매출이 저조하였으나 침체에 따른 매출감소 제품 대신 소전 제품, 봉/선 제품, 그리고 방산사업의 중대구경 위주의 내수 판매 실적으로 침체기에 따른 위험에 대응하였음.

현금 흐름 〈단위 : 억원〉
항목	2015	2016
영업활동	3,396	2,463
투자활동	-849	-1,008
재무활동	-2,456	-1,287
순현금흐름	136	197
기말현금	536	733

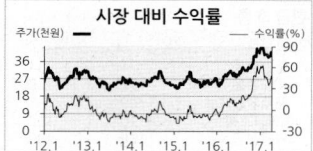

시장 대비 수익률

결산 실적 〈단위 : 억원〉
항목	2011	2012	2013	2014	2015	2016
매출액	28,813	29,003	30,220	30,003	28,197	28,318
영업이익	989	1,278	1,331	1,276	1,111	2,178
당기순이익	407	617	605	737	517	1,377

분기 실적 〈단위 : 억원〉
항목	2015.3Q	2015.4Q	2016.1Q	2016.2Q	2016.3Q	2016.4Q
매출액	6,782	7,306	6,138	7,101	6,969	8,109
영업이익	270	257	393	598	586	601
당기순이익	100	123	228	406	374	369

재무 상태 〈단위 : 억원〉
항목	2011	2012	2013	2014	2015	2016
총자산	26,265	26,332	26,841	28,591	26,076	27,149
유형자산	10,387	11,079	11,350	11,597	11,752	11,856
무형자산	268	265	256	241	200	194
유가증권	95	92	95	74	72	84
총부채	16,834	16,658	16,917	18,107	15,146	14,801
총차입금	13,676	12,963	13,172	13,613	11,297	10,183
자본금	1,401	1,401	1,401	1,401	1,401	1,401
총자본	9,432	9,674	9,924	10,484	10,930	12,348
지배주주지분	9,409	9,650	9,902	10,464	10,910	12,328

기업가치 지표
항목	2011	2012	2013	2014	2015	2016
주가(최고/저)(천원)	47.4/20.7	33.3/20.9	31.6/20.4	31.0/23.0	30.7/21.7	43.8/22.4
PER(최고/저)(배)	36.2/15.8	16.6/10.4	15.8/10.2	12.5/9.3	17.3/12.2	9.1/4.6
PBR(최고/저)(배)	1.6/0.7	1.1/0.7	1.0/0.6	0.9/0.7	0.8/0.6	1.0/0.5
EV/EBITDA(배)	13.8	12.0	10.6	10.4	9.6	6.9
EPS(원)	1,452	2,199	2,155	2,626	1,841	4,910
BPS(원)	33,579	34,441	35,340	37,344	38,936	43,995
CFPS(원)	3,215	4,184	4,390	5,288	4,728	7,911
DPS(원)	400	450	450	600	500	700
EBITDAPS(원)	5,293	6,546	6,985	7,214	6,850	10,773

재무 비율 〈단위 : % 〉
연도	영업이익률	순이익률	부채비율	차입금비율	ROA	ROE	유보율	자기자본비율	EBITDA마진율
2016	7.7	4.9	119.9	82.5	5.2	11.8	779.9	45.5	10.7
2015	3.9	1.8	138.6	103.4	1.9	4.8	678.7	41.9	9.6
2014	4.3	2.5	172.7	129.9	2.7	7.2	646.9	36.7	6.7
2013	4.4	2.0	170.5	132.7	2.3	6.2	606.8	37.0	6.5

풍산홀딩스 (A005810)
Poongsan Holdings

업　종 : 금속 및 광물
신용등급 : (Bond) —　(CP) —
홈페이지 : www.poongsanhc.co.kr
본　사 : 인천시 계양구 아나지로 156 효성동 (주)풍산홀딩스

시　장 : 거래소
기업규모 : 시가총액 중형주
연락처 : 032)556-4424

설립일 1968.10.22	종업원수 367명	대표이사 류진,최한명	
상장일 1988.07.28	감사의견 적정 (한영)	계열	
결산기 12월	보통주 784만주	종속회사수	
액면가 5,000원	우선주	구상호	

주주구성 (지분율,%)
류진	34.9
한국투자밸류자산운용	10.6
(외국인)	8.7

출자관계 (지분율,%)
풍산메탈류서비스	100.0
풍산특수금속	95.0
풍산화동양행	75.0

주요경쟁사 (외형,%)
풍산홀딩스	100
한국주철관	112
KISCO홀딩스	356

매출구성
제품매출액(제품)	48.2
용역매출액(용역)	23.8
상품매출액(상품)	19.1

비용구성
매출원가율	70.8
판관비율	6.8

수출비중
수출	—
내수	—

회사 개요
동사는 IT유지보수, 브랜드관리 및 경영자문 사업을 영위하는 지주부문과 MULTI GAGE, 포장재, 기계장비를 제조판매하는 제조부문으로 나뉘어져 있음. 2008년 7월 1일주요 제조사업부문과 스텐레스 관련 사업부문을 인적분할 및 물적분할하여 각각 신설회사인 (주)풍산과 풍산특수금속(주)로 포괄이전하고, 상호를 기존 주식회사 풍산에서 풍산홀딩스로 변경하였음. 연결대상 종속회사는 풍산특수금속, 풍산메탈서비스 등 총 4개임.

실적 분석
동사의 2016년 연결 기준 매출과 영업이익은 2976억원, 665억원으로 전년 대비 각각 9.4%, 86.9% 증가함. 상품매출은 감소하였으나, 관계기업투자주식 등 이익의 증가로 영업수익은 증가함. 2015년에 관계기업투자주식 염가매수차익 차익 51억원으로 인하여 기타수익이 큰폭 증가하였지만, 2016년에는 기타손익이 상대적으로 감소함. 금융손익에서는 저금리 기조로 인해 이자수익이 감소했지만 이자비용 감소 및 외환차익 증가로 금융손익은 증가함.

현금 흐름 〈단위 : 억원〉
항목	2015	2016
영업활동	71	204
투자활동	-152	-39
재무활동	-29	-3
순현금흐름	-110	162
기말현금	128	289

시장 대비 수익률

결산 실적 〈단위 : 억원〉
항목	2011	2012	2013	2014	2015	2016
매출액	2,013	2,296	2,772	2,731	2,721	2,976
영업이익	298	394	387	425	356	665
당기순이익	474	379	350	449	360	612

분기 실적 〈단위 : 억원〉
항목	2015.3Q	2015.4Q	2016.1Q	2016.2Q	2016.3Q	2016.4Q
매출액	677	678	554	729	774	919
영업이익	97	57	113	212	183	158
당기순이익	86	55	105	194	166	146

재무 상태 〈단위 : 억원〉
항목	2011	2012	2013	2014	2015	2016
총자산	5,814	6,008	6,311	6,770	6,985	7,627
유형자산	1,203	1,207	1,216	1,300	1,374	1,382
무형자산	34	60	48	60	70	69
유가증권	0	40	86	42	31	11
총부채	1,040	994	1,089	1,198	1,118	1,193
총차입금	391	371	381	407	396	397
자본금	452	452	452	452	452	452
총자본	4,774	5,014	5,222	5,573	5,868	6,434
지배주주지분	4,700	4,916	5,126	5,470	5,760	6,333

기업가치 지표
항목	2011	2012	2013	2014	2015	2016
주가(최고/저)(천원)	36.0/19.0	24.1/17.0	27.2/19.9	44.4/26.1	45.1/35.4	48.5/36.4
PER(최고/저)(배)	7.3/3.8	5.9/4.2	6.7/5.0	8.6/5.0	10.5/8.3	6.4/4.8
PBR(최고/저)(배)	0.7/0.4	0.4/0.3	0.4/0.3	0.7/0.4	0.6/0.5	0.6/0.4
EV/EBITDA(배)	4.3	3.5	4.5	6.2	7.2	4.7
EPS(원)	6,029	4,773	4,488	5,654	4,544	7,769
BPS(원)	63,667	66,431	69,106	73,504	77,203	84,511
CFPS(원)	6,779	5,402	5,168	6,342	5,322	8,604
DPS(원)	850	1,000	1,000	1,200	1,200	1,400
EBITDAPS(원)	4,556	5,659	5,625	6,111	5,321	9,325

재무 비율 〈단위 : %〉
연도	영업이익률	순이익률	부채비율	차입금비율	ROA	ROE	유보율	자기자본비율	EBITDA마진율
2016	22.4	20.6	18.5	6.2	8.4	10.1	1,365.7	84.4	24.6
2015	13.1	13.3	19.1	6.8	5.2	6.3	1,239.0	84.0	15.3
2014	15.6	16.5	21.5	7.3	6.9	8.4	1,174.8	82.3	17.5
2013	14.0	12.6	20.9	7.3	5.7	7.0	1,098.6	82.7	15.9

퓨전데이타 (A195440)
Fusion Data

업　종 : IT 서비스
신용등급 : (Bond) —　(CP) —
홈페이지 : www.fusiondata.co.kr
본　사 : 서울시 강남구 논현로 515 아승빌딩 6층

시　장 : KOSDAQ
기업규모 : 벤처
연락처 : 02)547-7688

설립일 2001.06.01	종업원수 명	대표이사 이종명	
상장일 2016.12.21	감사의견 적정 (한영)	계열	
결산기 12월	보통주 336만주	종속회사수	
액면가 500원	우선주	구상호	

주주구성 (지분율,%)
이종명	39.6
산은캐피탈	7.9
(외국인)	0.4

출자관계 (지분율,%)

주요경쟁사 (외형,%)
퓨전데이타	100
이루온	186
케이사인	114

매출구성
가상화 솔루션	78.8
보안 시스템 등	17.1
유지보수 등	4.1

비용구성
매출원가율	69.2
판관비율	15.6

수출비중
수출	—
내수	—

회사 개요
동사는 2001년 6월 1일에 설립돼 시스템 통합, 소프트웨어 개발 및 공급을 주요사업으로 영위하고 있음. 2016년 12월 21일 코스닥에 상장했으며 현재 가상화 분야에서 입지를 강화하고 있으며 클라우드 시장에서 사업영역 확대를 추진. 동사는 오픈 소스 기반의 국산 가상화 솔루션을 제공하고 있으며 사용자에 최적화 된 UI, 각종 자동화 시스템을 통해 관리 효율성 극대화.

실적 분석
동사의 2016년 연결기준 연간 누적 매출액은 282.2억원으로 전년 동기 대비 50.2% 증가함. 매출이 늘어나면서 매출원가 비용이 큰 폭으로 늘었고 판매비와 관리비 부담 또한 증가하면서 영업이익은 오히려 전년 동기 대비 12.8% 감소한 42.9억원을 시현함. 비영업손익 부문에서 금융 손실로 인해 적자 폭이 확대되면서 당기순이익은 8.4억원으로 전년 동기 대비 69.5% 감소함.

현금 흐름 *IFRS 별도 기준 〈단위 : 억원〉
항목	2015	2016
영업활동	-8	-42
투자활동	-5	-1
재무활동	-1	111
순현금흐름	-14	68
기말현금	18	86

시장 대비 수익률
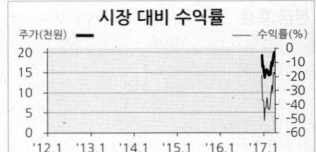

결산 실적 〈단위 : 억원〉
항목	2011	2012	2013	2014	2015	2016
매출액	—	—	—	168	188	282
영업이익	—	—	—	-5	49	43
당기순이익	—	—	—	-1	28	8

분기 실적 *IFRS 별도 기준 〈단위 : 억원〉
항목	2015.3Q	2015.4Q	2016.1Q	2016.2Q	2016.3Q	2016.4Q
매출액						
영업이익						
당기순이익						

재무 상태 *IFRS 별도 기준 〈단위 : 억원〉
항목	2011	2012	2013	2014	2015	2016
총자산	—	—	—	100	166	307
유형자산	—	—	—	11	9	8
무형자산	—	—	—	4	8	7
유가증권	—	—	—	1	1	1
총부채	—	—	—	100	138	131
총차입금	—	—	—	59	62	57
자본금	—	—	—	10	10	15
총자본	—	—	—	-0	28	176
지배주주지분	—	—	—	-0	28	176

기업가치 지표 *IFRS 별도 기준
항목	2011	2012	2013	2014	2015	2016
주가(최고/저)(천원)	—/—	—/—	—/—	—/—	—/—	20.3/16.3
PER(최고/저)(배)	0.0/0.0	0.0/0.0	0.0/0.0	0.0/0.0	0.0/0.0	57.1/45.8
PBR(최고/저)(배)	0.0/0.0	0.0/0.0	0.0/0.0	0.0/0.0	0.0/0.0	3.9/3.1
EV/EBITDA(배)	0.0	0.0	0.0	0.0	0.8	10.0
EPS(원)	—	—	—	-51	1,186	355
BPS(원)	—	—	—	-20	1,186	5,238
CFPS(원)	—	—	—	193	1,322	501
DPS(원)	—	—	—	—	—	—
EBITDAPS(원)	—	—	—	-1,484	2,247	1,952

재무 비율 〈단위 : %〉
연도	영업이익률	순이익률	부채비율	차입금비율	ROA	ROE	유보율	자기자본비율	EBITDA마진율
2016	15.2	3.0	74.4	32.4	3.6	8.3	1,062.9	57.4	16.5
2015	26.2	14.7	499.7	222.8	20.8	전기잠식	176.7	16.7	27.9
2014	-3.0	-0.7	완전잠식	완전잠식	0.0	0.0	-100.5	-0.1	-2.1
2013	—	—	—	—	0.0	0.0	0.0	0.0	0.0

퓨처스트림네트웍스 (A214270)
Futurestream Networks

업 종: 미디어		시 장: KOSDAQ	
신용등급: (Bond) — (CP) —		기업규모: 중견	
홈페이지: www.fsn.co.kr, www.futurestrea		연락처: 1544-8867	
본 사: 서울시 강남구 역삼로8길 15, (홍우빌딩,7층)			

설 립 일	2015.01.19	종 업 원 수	78명	대 표 이 사	오재철
상 장 일	2015.03.25	감 사 의 견	적정 (삼정)	계 열	
결 산 기	12월	보 통 주	4,665만주	종속회사수	
액 면 가	100원	우 선 주		구 상 호	케이비제7호스팩

주주구성 (지분율,%)		출자관계 (지분율,%)		주요경쟁사 (외형,%)	
엘로디지털마케팅	57.6	애드맥스	100.0	퓨처스트림네트웍스	100
신창균	12.4	FSNASIAPte.Ltd	100.0	에코마케팅	51
(외국인)	0.0	CaulyGCPte.Ltd	80.0	나스미디어	215

매출구성		비용구성		수출비중	
		매출원가율	59.5	수출	4.5
		판관비율	35.5	내수	95.5

회사 개요
동사는 스마트폰이나 태블릿과 같은 모바일 디바이스에서 사용가능한 다수의 앱과 웹을 묶어서 대규모 광고 집행이 가능한 매체로 만들고 여기에 광고주의 광고를 연결해주는 플랫폼 서비스인 모바일 애드네트워크를 주 사업으로 영위하는 회사임. 국내외 모바일 광고 및 마케팅을 대행하는 비상장법인을 포함한 총 91개의 계열 회사가 있으며, 2016년 9월 케이비제7호기업인수목적회사와의 합병을 통해 국내시장에 상장함.

실적 분석
동사의 연결기준 2016년 결산 매출액은 324.8억원으로 전년 대비 34.5% 성장을 기록하였음. 반면 영업이익은 매출원가와 판관비의 상승 (전년 대비 각각 52.2%, 27.0% 증가)에 따라 수익성이 악화되어 전년 대비 31.7% 감소한 16.3억원을 기록하였음. 당기순이익은 영업이익의 대폭 감소와 비영업손익의 적자전환으로 인해 전년 대비 적자전환하여 68.5억원의 손실을 기록하였음.

현금 흐름 〈단위 : 억원〉

항목	2015	2016
영업활동	-3	9
투자활동	11	7
재무활동	-11	2
순현금흐름	-2	19
기말현금	14	33

시장 대비 수익률
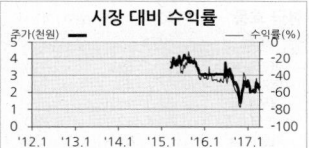

결산 실적 〈단위 : 억원〉

항목	2011	2012	2013	2014	2015	2016
매출액	—	80	124	257	242	325
영업이익	—	-10	-6	59	24	16
당기순이익	—	-12	-21	71	22	-69

분기 실적 〈단위 : 억원〉

항목	2015.3Q	2015.4Q	2016.1Q	2016.2Q	2016.3Q	2016.4Q
매출액	61				87	
영업이익	4				4	
당기순이익	4				-82	

재무 상태 〈단위 : 억원〉

항목	2011	2012	2013	2014	2015	2016
총자산		40	43	133	167	285
유형자산		2	2	1	5	2
무형자산		0	0	0	3	29
유가증권						
총부채		38	133	46	53	60
총차입금		25	104	12		8
자본금		7	5	9	35	46
총자본		5	-90	87	114	225
지배주주지분		1	-90	87	114	225

기업가치 지표

항목	2011	2012	2013	2014	2015	2016
주가(최고/저)(천원)	—/—	—/—	—/—	—/—	4.5/3.0	4.0/1.4
PER(최고/저)(배)	0.0/0.0	0.0/0.0	0.0/0.0	0.0/0.0	95.0/63.6	—/—
PBR(최고/저)(배)	0.0/0.0	0.0/0.0	0.0/0.0	0.0/0.0	18.1/12.1	8.1/2.7
EV/EBITDA(배)	0.0				2.1	49.9
EPS(원)		-47	-78	222	48	-152
BPS(원)		89	-6,044	5,022	327	493
CFPS(원)		-1,070	-1,347	4,651	66	-147
DPS(원)						
EBITDAPS(원)		-882	-390	3,915	73	41

재무 비율 〈단위 : % 〉

연도	영업이익률	순이익률	부채비율	차입금비율	ROA	ROE	유보율	자기자본비율	EBITDA마진율
2016	5.0	-21.1	26.7	3.8	-30.4	-40.8	392.9	78.9	5.7
2015	9.9	9.0	46.5	0.0	14.5	21.6	227.9	68.3	10.4
2014	23.0	27.4	52.7	13.8	80.2	전기잠식	904.5	65.5	23.3
2013	-5.2	-16.8	완전잠식	완전잠식			-1,907.1	-210.4	-4.7

퓨처켐 (A220100)
FutureChem

업 종: 제약		시 장: KOSDAQ	
신용등급: (Bond) — (CP) —		기업규모: 신성장	
홈페이지: www.futurechem.co.kr		연락처: 02)497-3114	
본 사: 서울시 성동구 연무장3길 21(성수동2가, 2층)			

설 립 일	2001.08.13	종 업 원 수	36명	대 표 이 사	지대윤
상 장 일	2016.12.01	감 사 의 견	적정 (현대)	계 열	
결 산 기	12월	보 통 주	562만주	종속회사수	
액 면 가	500원	우 선 주		구 상 호	

주주구성 (지분율,%)		출자관계 (지분율,%)		주요경쟁사 (외형,%)	
박영자	9.9			퓨처켐	100
지대윤	9.8			한국비엔씨	766
(외국인)	0.3			이-글 벳	1,775

매출구성		비용구성		수출비중	
FP-CIT(제품)	39.1	매출원가율	182.1	수출	5.1
합성시약 및 전구체(제품)	32.0	판관비율	156.9	내수	94.9
합성시약 및 전구체(상품)	17.0				

회사 개요
동사는 진단용 PET 방사성 의약품과 같은 방사성 의약품 생산에 필요한 전구체 화합물을 제조 판매하는 사업을 시작으로 2001년 8월에 설립되었음. 2015년 8월 코넥스 시장에 상장됨. 방사성 동위원소인 F-18을 이용한 표지 기술 및 파킨슨병, 폐암 진단을 위한 제품 등을 생산 판매하고 있음. PET 촬영을 위한 제품인 FP-CIT, FL T등을 주로 생산하며 이는 파킨슨병 등의 진단을 위한 시약으로 사용됨.

실적 분석
동사의 2016년 매출액은 전년 14.5억원 대비 12.3% 증가한 16.3억원을 시현함. 그러나 매출원가는 전년 17.5억원에서 29.6억원으로 증가하여 매출총이익은 13.3억원의 적자임. 판매비와관리비는 인건비 등의 증가로 전년 대비 24.78% 증가한 25.5억원을 기록함. 영업이익은 38.8억원의 적자를 나타냄. 당기순이익도 영업이익의 부진과 비영업손익의 적자 확대로 적자가 확대되어 수익성 부진이 이어지고 있음.

현금 흐름 *IFRS 별도 기준 〈단위 : 억원〉

항목	2015	2016
영업활동	-15	-22
투자활동	-17	-66
재무활동	55	207
순현금흐름	24	119
기말현금	55	174

시장 대비 수익률
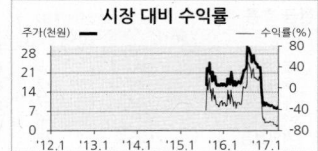

결산 실적 〈단위 : 억원〉

항목	2011	2012	2013	2014	2015	2016
매출액	—	7	6	7	14	16
영업이익	—	-1	—	-9	-23	-39
당기순이익	—	-1	0	-39	-245	-273

분기 실적 *IFRS 별도 기준 〈단위 : 억원〉

항목	2015.3Q	2015.4Q	2016.1Q	2016.2Q	2016.3Q	2016.4Q
매출액						
영업이익						
당기순이익						

재무 상태 *IFRS 별도 기준 〈단위 : 억원〉

항목	2011	2012	2013	2014	2015	2016
총자산		10	33	118	158	331
유형자산		3	3	41	21	21
무형자산		2	6	8	10	11
유가증권		1	1		10	
총부채		9	11	156	329	16
총차입금		8		149	321	10
자본금		5	6	5	13	28
총자본		1	21	-38	-171	315
지배주주지분		1	21	-38	-171	315

기업가치 지표 *IFRS 별도 기준

항목	2011	2012	2013	2014	2015	2016
주가(최고/저)(천원)	—/—	—/—	—/—	—/—	24.7/14.2	31.5/9.1
PER(최고/저)(배)	0.0/0.0	0.0/0.0	0.0/0.0	0.0/0.0	—/—	—/—
PBR(최고/저)(배)	0.0/0.0	0.0/0.0	0.0/0.0	0.0/0.0	-5.0/-2.9	5.6/1.6
EV/EBITDA(배)						
EPS(원)		-45	6	-1,441	-7,242	-6,527
BPS(원)		115	1,661	-2,287	-4,915	5,609
CFPS(원)		-36	55	-2,738	-7,130	-6,374
DPS(원)						
EBITDAPS(원)		-14	59	-529	-581	-776

재무 비율 〈단위 : % 〉

연도	영업이익률	순이익률	부채비율	차입금비율	ROA	ROE	유보율	자기자본비율	EBITDA마진율
2016	-239.0	-1,678.8	5.0	3.2	-111.6	전기잠식	1,021.8	95.2	-199.6
2015	-162.3	-1,695.5	완전잠식	완전잠식	-177.6	잠식지속	-1,432.2	-108.4	-136.1
2014	-128.7	-555.7	완전잠식	완전잠식	—	—	-833.1	-32.1	-101.2
2013	3.1	2.3	53.5	47.4	0.7	1.3	232.2	65.2	11.7

프럼파스트 (A035200)
PlumbFast

<table>
<tr><td>업　　종 : 건축자재</td><td>시　　장 : KOSDAQ</td></tr>
<tr><td>신용등급 : (Bond) —　　(CP) —</td><td>기업규모 : 벤처</td></tr>
<tr><td>홈페이지 : www.plumbfast.co.kr</td><td>연 락 처 : 044)865-9681</td></tr>
<tr><td>본　　사 : 대전시 중구 동서대로 1187(태평동)</td><td></td></tr>
</table>

설 립 일 1992.06.24	종업원수 80명	대표이사 원재희	
상 장 일 2002.01.15	감사의견 적정 (신우)	계 열	
결 산 기 12월	보 통 주 804만주	종속회사수	
액 면 가 500원	우 선 주	구 상 호	

주주구성 (지분율,%)		출자관계 (지분율,%)		주요경쟁사 (외형,%)	
원재희	24.7	랑팡동양관재 100.0		프럼파스트	100
Morgan Stanley & co. International Limited	3.9			이건창호	359
(외국인)	0.7			덕신하우징	268

매출구성		비용구성		수출비중	
PB파이프	34.0	매출원가율	80.5	수출	5.4
PPF파이프 등	32.0	판관비율	10.6	내수	94.6
PB이음관 등	32.0				

회사 개요
동사는 중국의 1개의 종속회사를 포함하여 총 2개의 회사로 구성된 옥내 배관재 중 PB 배관재 및 관련제품을 주로 생산하는 전문기업임. PB파이프 및 이음관의 매출비중이 전체 매출의 약 68%를 차지하고 원재료를 전량 일본에서 직수입하므로 환율변동에 따른 가격경쟁력이 영향을 받음. 배관재 산업은 건설경기 및 신규주택 건설 등에 대한 정부정책에 따라 많은 영향을 받는 산업임.

실적 분석
동사는 2015년부터 증가한 신규 주택의 착공으로 국내 매출이 다소 증가한 가운데 2016년 매출액이 전년비 17.3% 성장한 453.5억원을 기록함. 매출총이익은 39.9% 증가한 88.4억원임. 판관비가 소폭 상승하였지만 영업이익은 69.2% 증가한 40.3억원을 시현함. 국내 매출비중이 높은 동사는 아파트, 주택의 신규 건설현장에 모델하우스가 기획되기 전부터 건설사의 설비팀, 기전팀에 마케팅을 실시하고 있음.

현금 흐름 〈단위 : 억원〉
항목	2015	2016
영업활동	30	3
투자활동	34	-2
재무활동	-43	-7
순현금흐름	21	-6
기말현금	35	28

시장 대비 수익률
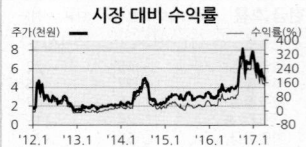

결산 실적 〈단위 : 억원〉
항목	2011	2012	2013	2014	2015	2016
매출액	398	426	471	444	386	453
영업이익	14	20	38	34	24	40
당기순이익	10	13	29	26	29	32

분기 실적 〈단위 : 억원〉
항목	2015.3Q	2015.4Q	2016.1Q	2016.2Q	2016.3Q	2016.4Q
매출액	92	103	87	124	107	136
영업이익	6	4	1	12	12	15
당기순이익	8	3	1	10	9	13

재무 상태 〈단위 : 억원〉
항목	2011	2012	2013	2014	2015	2016
총자산	320	329	372	382	364	392
유형자산	121	114	110	107	89	87
무형자산	3	1	1	1	2	2
유가증권	5	0	0	0	0	0
총부채	137	135	157	140	98	101
총차입금	100	97	109	84	47	45
자본금	31	31	31	31	31	37
총자본	183	194	215	242	266	291
지배주주지분	183	194	215	242	266	291

기업가치 지표
항목	2011	2012	2013	2014	2015	2016
주가(최고/저)(천원)	2.5/1.3	5.3/1.4	2.3/1.5	5.1/2.1	3.7/2.2	8.1/2.8
PER(최고/저)(배)	20.8/10.6	34.9/9.2	6.6/4.5	17.1/6.8	10.5/6.4	20.6/7.2
PBR(최고/저)(배)	1.2/0.6	2.3/0.6	0.9/0.6	1.8/0.7	1.1/0.7	2.2/0.8
EV/EBITDA(배)	8.5	6.8	6.8	5.8	8.6	13.2
EPS(원)	129	161	364	321	365	399
BPS(원)	2,972	3,144	3,626	4,061	4,454	4,076
CFPS(원)	375	431	663	611	648	556
DPS(원)					100	75
EBITDAPS(원)	434	542	811	750	559	669

재무 비율 〈단위 : % 〉
연도	영업이익률	순이익률	부채비율	차입금비율	ROA	ROE	유보율	자기자본비율	EBITDA마진율
2016	8.9	7.1	34.7	15.6	8.5	11.5	715.2	74.3	10.8
2015	6.2	7.6	36.7	17.6	7.9	11.6	790.9	73.2	8.9
2014	7.7	5.8	57.8	34.5	6.9	11.3	712.3	63.4	10.4
2013	8.2	6.2	72.7	50.4	8.4	14.3	625.2	57.9	10.6

프로스테믹스 (A203690)
PROSTEMICS CO

<table>
<tr><td>업　　종 : 바이오</td><td>시　　장 : KOSDAQ</td></tr>
<tr><td>신용등급 : (Bond) —　　(CP) —</td><td>기업규모 : 벤처</td></tr>
<tr><td>홈페이지 : www.prostemics.co.kr</td><td>연 락 처 : 02)545-2520</td></tr>
<tr><td>본　　사 : 서울시 강남구 언주로 708 (논현동,경원빌딩)</td><td></td></tr>
</table>

설 립 일 2014.06.25	종업원수 89명	대표이사 이원종	
상 장 일 2014.09.30	감사의견 적정 (삼일)	계 열	
결 산 기 12월	보 통 주 4,517만주	종속회사수	
액 면 가 100원	우 선 주	구 상 호 케이비제3호스팩	

주주구성 (지분율,%)		출자관계 (지분율,%)		주요경쟁사 (외형,%)	
삼성앨엔에스	30.3			프로스테믹스	100
한국산업은행	5.9			씨젠	520
(외국인)	1.4			내츄럴엔도텍	46

매출구성		비용구성		수출비중	
[화장품&줄기세포배양 응용제품]OEM 매출	84.4	매출원가율	21.9	수출	24.3
[화장품&줄기세포배양 응용제품]AAPE	11.9	판관비율	49.1	내수	75.7
기타	2.9				

회사 개요
세포 치료제를 연구하는 바이오 기업인 동사는 KB제3호스팩(203690)과의 합병을 통해 2015년 10월 1일 코스닥 시장에 상장. 줄기세포 배양액 생산 원천기술을 가지고 있는 동사는 시장에서 줄기세포 배양액을 활용한 줄기세포 유래 단백질 응용 기술 등 향후 성장 가능성이 높을 것으로 기대되고 있음. 동사는 최근 8년간 미국, 일본 등의 의료시장에서 병원용 화장품 공급을 통해 총 700만 달러 이상의 수출 실적을 올리고 있음.

실적 분석
동사의 연결 재무제표 기준 2016년 결산 매출액은 전년 동기 148.4억원 대비 4.5% 감소한 141.6억원 기록. 원가상승과 더불어 판매비와 관리비 부담이 증대되며 영업이익 41.0억원을 기록, 전년 동기 60.9억원 대비 32.7% 감소한 수치를 기록함. 비영업손익이 개선되면서 당기순이익은 43.1억원으로 흑자전환함. 최근 미국에서 지방 유래 줄기세포로부터 성장인자단백질을 대량 생산하는 제조 기술에 대한 특허 취득.

현금 흐름 〈단위 : 억원〉
항목	2015	2016
영업활동	62	59
투자활동	-49	-91
재무활동	-3	—
순현금흐름	12	-30
기말현금	67	36

시장 대비 수익률
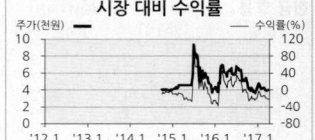

결산 실적 〈단위 : 억원〉
항목	2011	2012	2013	2014	2015	2016
매출액	18	49	101	105	148	142
영업이익	-10	1	16	36	61	41
당기순이익	-1	-4	24	29	-85	43

분기 실적 〈단위 : 억원〉
항목	2015.3Q	2015.4Q	2016.1Q	2016.2Q	2016.3Q	2016.4Q
매출액	32	49	33	37	40	32
영업이익	9	24	12	10	12	7
당기순이익	-129	22	10	11	13	9

재무 상태 〈단위 : 억원〉
항목	2011	2012	2013	2014	2015	2016
총자산	73	66	66	155	433	471
유형자산	6	5	9	14	74	114
무형자산	8	7	5	4	6	9
유가증권	31	12	5	48	238	47
총부채	31	32	17	44	39	22
총차입금	23	27	10	27	16	—
자본금	54	54	55	55	43	45
총자본	42	34	49	110	394	449
지배주주지분	42	34	49	110	394	449

기업가치 지표
항목	2011	2012	2013	2014	2015	2016
주가(최고/저)(천원)	—/—	—/—	—/—	4.1/4.0	11.0/3.5	7.3/3.6
PER(최고/저)(배)	0.0/0.0	0.0/0.0	0.0/0.0	56.8/55.4	—/—	76.5/37.2
PBR(최고/저)(배)	0.0/0.0	0.0/0.0	0.0/0.0	14.9/14.5	12.1/3.9	7.4/3.6
EV/EBITDA(배)			3.6	0.2	4.2	23.7	32.0
EPS(원)	-3	-11	63	72	-207	95
BPS(원)	389	315	456	900	908	993
CFPS(원)	27	-1	251	269	-194	117
DPS(원)						
EBITDAPS(원)	-58	49	176	330	162	112

재무 비율 〈단위 : % 〉
연도	영업이익률	순이익률	부채비율	차입금비율	ROA	ROE	유보율	자기자본비율	EBITDA마진율
2016	28.9	30.5	4.9	0.0	9.6	10.2	893.2	95.3	35.7
2015	41.1	-57.4	9.9	4.1	-29.0	-33.8	807.6	91.0	44.8
2014	34.9	27.6	40.2	24.1	26.3	36.3	100.5	71.3	38.7
2013	15.7	23.7	일부잠식	일부잠식	—	—	-8.8	74.6	18.8

프로텍 (A053610)
Protec

업 종 : 반도체 및 관련장비		시 장 : KOSDAQ	
신용등급 : (Bond) — (CP) —		기업규모 : 우량	
홈페이지 : www.protec21.co.kr		연 락 처 : 031)470-0700	
본 사 : 경기도 안양시 동안구 시민대로327번길 11-14 (관양동)			

설 립 일 1997.09.01	종 업 원 수 231명	대 표 이 사 최승환
상 장 일 2001.08.17	감 사 의 견 적정 (지암)	계 열
결 산 기 12월	보 통 주 940만주	종 속 회 사 수
액 면 가 500원	우 선 주	구 상 호

주주구성 (지분율,%)		출자관계 (지분율,%)		주요경쟁사 (외형,%)	
최승환	33.4	프로텍에이엔이	100.0	프로텍	100
엘파텍	7.1	피에스	100.0	SKC 솔믹스	100
(외국인)	2.6	스트라토아이티	52.4	유니트론텍	156

매출구성		비용구성		수출비중	
Dispenser M/C	57.1	매출원가율	69.5	수출	56.7
기타장비 및 부품	28.1	판관비율	14.7	내수	43.3
공압실린더	10.9				

회사 개요
동사는 1997년 설립된 반도체 생산용장비 제조전문업체로 사업부문은 시스템사업, 뉴메틱사업으로 구분되며 이 중 디스펜서 등을 생산 판매하는 시스템 사업부의 매출이 전체 매출의 90% 가량을 차지하는 핵심 사업임. 연결대상 종속법인으로는 일본소재의 반도체 제조용 기계제조회사인 MINAMI와 소프트웨어 회사 스트라토아이티, 항공기 부품 판매 기업인 프로텍엔이엔이, 교육컨텐츠 기업 그로티, 산업용 전자기기 기업인 위티 등 5개사를 보유함.

실적 분석
동사의 2016년 연결 기준 매출과 영업이익은 948억원, 150억원으로 전년 대비 각각 26.3%, 21.8% 증가함. 실적 상승은 국외 신규거래처와의 거래물량확대에 따른 영향으로 분석됨. 유동자산은 전년대비 21% 증가하고 비유동자산은 전년대비 3% 증가함. 현금및현금성자산과 기타금융자산이 103억원 증가하고 매출채권이 23억원 증가한 때문임. 2016년 3월 81억원이 투자된 수원공장 신축이 완료되어 유형자산(건물)이 증가함.

현금 흐름		〈단위 : 억원〉
항목	2015	2016
영업활동	50	190
투자활동	-139	-41
재무활동	-7	-55
순현금흐름	-94	97
기말현금	103	199

시장 대비 수익률
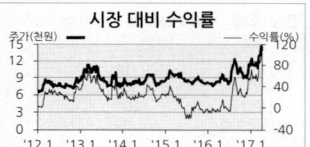

결산 실적						〈단위 : 억원〉
항목	2011	2012	2013	2014	2015	2016
매출액	545	811	661	925	751	948
영업이익	122	178	93	167	123	150
당기순이익	188	150	74	149	107	123

분기 실적						〈단위 : 억원〉
항목	2015.3Q	2015.4Q	2016.1Q	2016.2Q	2016.3Q	2016.4Q
매출액	185	165	203	236	238	271
영업이익	34	10	15	36	39	61
당기순이익	30	4	10	31	22	61

재무 상태						〈단위 : 억원〉
항목	2011	2012	2013	2014	2015	2016
총자산	798	901	1,065	1,239	1,361	1,491
유형자산	139	472	496	534	793	811
무형자산	34	40	37	35	40	38
유가증권	279	6	5	11	9	9
총부채	142	122	224	259	282	278
총차입금	—	—	134	164	184	129
자본금	45	45	45	45	45	47
총자본	656	778	841	980	1,080	1,213
지배주주지분	656	778	841	976	1,069	1,204

기업가치 지표						
항목	2011	2012	2013	2014	2015	2016
주가(최고/저)(천원)	11.1/4.7	8.9/6.2	11.3/7.0	9.9/7.6	10.3/7.4	13.5/7.5
PER(최고/저)(배)	5.9/2.5	5.8/4.0	14.6/9.1	6.3/4.8	8.9/6.4	9.6/5.3
PBR(최고/저)(배)	1.7/0.7	1.1/0.8	1.3/0.8	1.0/0.7	0.9/0.6	1.1/0.6
EV/EBITDA(배)	1.7	3.8	6.2	3.4	6.0	5.7
EPS(원)	2,090	1,667	823	1,650	1,191	1,431
BPS(원)	7,319	8,683	9,374	10,881	11,917	13,058
CFPS(원)	2,161	1,762	936	1,763	1,322	1,661
DPS(원)	180	150	80	160	150	150
EBITDAPS(원)	1,430	2,078	1,145	1,963	1,499	1,860

재무 비율								〈단위 : % 〉
연도	영업이익률	순이익률	부채비율	차입금비율	ROA	ROE	유보율	자기자본비율	EBITDA마진율
2016	15.8	13.0	22.9	10.7	8.6	11.6	2,511.7	81.4	18.0
2015	16.4	14.3	26.1	17.0	8.3	10.5	2,283.4	79.3	18.0
2014	18.0	16.1	26.4	16.7	12.9	16.3	2,076.3	79.1	19.1
2013	14.1	11.2	26.7	16.0	7.5	9.2	1,774.7	79.0	15.6

프리엠스 (A053160)
Freems

업 종 : 기계		시 장 : KOSDAQ	
신용등급 : (Bond) — (CP) —		기업규모 : 중견	
홈페이지 : www.freems.co.kr		연 락 처 : 032)670-2000	
본 사 : 경기도 부천시 오정구 삼작로178번길 14(내동)			

설 립 일 1989.11.28	종 업 원 수 85명	대 표 이 사 박흥식
상 장 일 2001.10.30	감 사 의 견 적정 (정진)	계 열
결 산 기 12월	보 통 주 600만주	종 속 회 사 수
액 면 가 500원	우 선 주	구 상 호

주주구성 (지분율,%)		출자관계 (지분율,%)		주요경쟁사 (외형,%)	
주도식	33.3			프리엠스	100
박흥식	14.0			우진플라임	1,127
(외국인)	0.2			웨이포트	1,021

매출구성		비용구성		수출비중	
DIC 건설중장비HARNESS	43.4	매출원가율	79.4	수출	—
HHI 건설중장비HARNESS	24.8	판관비율	17.1	내수	—
현대중공업	17.8				

회사 개요
1989년에 설립된 건설 중장비 전장품과 자동제어기기 제조 및 판매사임. 2001년에 코스닥시장에 상장하였으며 경기도 부천시에 본사와 공장을 두고 있음. 건설용 중장비를 제조하는 전장 사업부문과 소량 다품종 양산품을 생산하는 기계제어사업부문을 영위 중이며, 중국 웨이하이에 위해선중전자장배유한공사와 위해부천전자장배유한공사 등 2개의 자회사를 가지고 있음. 또한 금융단말기를 OEM 생산방식으로 제조, 납품하고 있음

실적 분석
동사의 2016년 매출액은 202.5억원으로 전년과 대비하여 17.5%의 매출감소 하였으며, 영업이익과 당기순이익의 실적은 각각 7억과 16억을 시현함. 매출감소의 주요 원인으로는 세계적인 경기불황 및 경기회복 불확실성의 지속으로 인한 건설장비 수요의 부진 때문임. 경기불황의 탈출 및 신흥국가의 개발등이 가시화 될 경우 건설용 중장비의 꾸준한 증가 수요가 발생할 것으로 기대됨.

현금 흐름		〈단위 : 억원〉
항목	2015	2016
영업활동	27	23
투자활동	-6	-64
재무활동	-5	45
순현금흐름	18	3
기말현금	19	22

시장 대비 수익률

결산 실적						〈단위 : 억원〉
항목	2011	2012	2013	2014	2015	2016
매출액	327	386	352	299	245	203
영업이익	28	32	27	20	14	7
당기순이익	22	31	26	21	17	16

분기 실적						〈단위 : 억원〉
항목	2015.3Q	2015.4Q	2016.1Q	2016.2Q	2016.3Q	2016.4Q
매출액	42	42	54	52	39	58
영업이익	4	-3	2	2	0	3
당기순이익	4	-3	3	8	2	3

재무 상태						〈단위 : 억원〉
항목	2011	2012	2013	2014	2015	2016
총자산	334	356	366	378	382	470
유형자산	105	126	126	124	123	86
무형자산	9	9	9	3	4	7
유가증권	43	15	28	24	13	4
총부채	61	56	40	36	27	49
총차입금	9	10	4	3	0	—
자본금	30	30	30	30	30	30
총자본	273	300	326	341	356	421
지배주주지분	273	300	326	341	356	421

기업가치 지표						
항목	2011	2012	2013	2014	2015	2016
주가(최고/저)(천원)	3.8/2.2	6.4/2.4	4.5/3.0	4.0/3.2	7.0/3.4	14.6/4.3
PER(최고/저)(배)	11.2/6.4	13.2/5.1	10.7/7.1	11.8/9.5	25.0/12.1	53.6/15.9
PBR(최고/저)(배)	0.8/0.5	1.2/0.5	0.8/0.5	0.7/0.5	1.1/0.5	2.0/0.6
EV/EBITDA(배)	1.0	1.3	1.9	0.7	7.5	35.8
EPS(원)	368	510	441	353	282	274
BPS(원)	5,001	5,448	5,872	6,134	6,372	7,285
CFPS(원)	412	555	490	397	322	309
DPS(원)	50	50	50	50	50	50
EBITDAPS(원)	519	570	495	380	278	153

재무 비율								〈단위 : % 〉
연도	영업이익률	순이익률	부채비율	차입금비율	ROA	ROE	유보율	자기자본비율	EBITDA마진율
2016	3.5	8.1	11.5	0.0	3.9	4.2	1,357.0	89.7	4.5
2015	5.8	6.9	7.5	0.1	4.5	4.9	1,174.4	93.1	6.8
2014	6.7	7.1	10.6	0.8	5.7	6.3	1,126.9	90.4	7.6
2013	7.6	7.5	12.3	1.1	7.3	8.5	1,074.5	89.1	8.4

플랜티넷 (A075130)
Plantynet

업 종 : 인터넷 서비스		시 장 : KOSDAQ	
신용등급 : (Bond) — (CP) —		기업규모 : 벤처	
홈 페 이 지 : www.plantynet.com		연 락 처 : (070)4489-7000	
본 사 : 경기도 성남시 분당구 대왕판교로670 유스페이스2 A동 6층			

설 립 일 2000.06.01	종 업 원 수 88명	대 표 이 사 김태주	
상 장 일 2005.06.10	감 사 의 견 적정 (한울)	계 열	
결 산 기 12월	보 통 주 896만주	종 속 회 사 수	
액 면 가 500원	우 선 주 —	구 상 호	

주주구성 (지분율,%)		출자관계 (지분율,%)		주요경쟁사 (외형,%)	
김태주	20.0	에이앤지모즈	100.0	플랜티넷	100
현창룡	6.7	모아진	100.0	이크레더블	113
(외국인)	0.6	알바트로스인베스트먼트	61.4	가비아	367

매출구성		비용구성		수출비중	
유해사이트차단서비스, 매장음악영상	51.2	매출원가율	0.0	수출	9.8
벤처캐피탈(창업투자)	27.5	판관비율	85.1	내수	90.2
유해사이트차단서비스 및 관련 용역 등	13.0				

회사 개요

동사는 유해사이트 차단서비스와 매장 배경 음악 등 미디어콘텐츠 서비스 사업을 주로 영위하고 있음. 유무선전자잡지 콘텐츠 개발 및 유통 회사 모아진, 온라인 음악 교육 콘텐츠 개발업체 케이노트온라인, 창투사인 알바트로스인베스트먼트 등을 자회사로 두고 있음. 주요 매출원은 유해사이트 차단 부문으로, KT와 SK브로드밴드 등 국내외 주요 통신사업자와 제휴하여 간단한 방법으로 유해 사이트를 차단하는 서비스를 제공 중임.

실적 분석

알바트로스인베스트먼트의 영업수익은 소폭 하락하였으나, 주력사업인 유해콘텐츠차단서비스의 매출증가와 신사업으로 투자해 온 통합미디어서비스 사업의 신규매출 창출이 가시화됨에 따라 2016년 연결기준 매출액은 전년 대비 12.0% 신장됨. 영업수익의 증가에 따라 고정비용 부담이 크게 줄어들어 영업이익은 대폭 늘어남. 알바트로스인베스트먼트의 운영성과에 따라 일시적으로 반영된 지분법평가이 2016년에는 사라짐에 따라 순이익은 18.4% 감소함.

현금 흐름 〈단위 : 억원〉

항목	2015	2016
영업활동	64	30
투자활동	38	-28
재무활동	-22	-20
순현금흐름	80	-18
기말현금	139	121

시장 대비 수익률

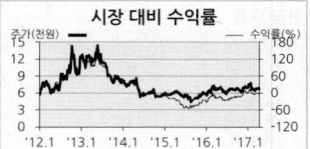

결산 실적 〈단위 : 억원〉

항목	2011	2012	2013	2014	2015	2016
매출액	218	255	285	233	248	278
영업이익	36	30	35	16	27	42
당기순이익	32	73	51	7	38	31

분기 실적 〈단위 : 억원〉

항목	2015.3Q	2015.4Q	2016.1Q	2016.2Q	2016.3Q	2016.4Q
매출액	55	90	100	51	63	65
영업이익	4	19	27	2	6	6
당기순이익	14	-5	13	3	4	11

재무 상태 〈단위 : 억원〉

항목	2011	2012	2013	2014	2015	2016
총자산	635	783	820	792	837	830
유형자산	22	147	153	135	130	123
무형자산	50	44	43	38	24	25
유가증권	188	145	161	160	157	162
총부채	62	72	63	61	79	65
총차입금	26	28	15	24	24	21
자본금	45	45	45	45	45	45
총자본	573	710	757	731	758	764
지배주주지분	565	669	717	688	693	702

기업가치 지표

항목	2011	2012	2013	2014	2015	2016
주가(최고/저)(천원)	6.2/3.6	14.7/4.8	14.4/7.5	8.6/5.2	6.5/4.2	7.8/5.5
PER(최고/저)(배)	20.3/11.7	21.1/6.8	29.3/15.4	160.6/96.9	38.0/24.5	27.3/19.4
PBR(최고/저)(배)	1.0/0.6	2.0/0.7	1.9/1.0	1.1/0.7	0.8/0.5	0.9/0.7
EV/EBITDA(배)	2.5	23.0	11.3	10.4	7.7	7.4
EPS(원)	367	798	547	58	180	292
BPS(원)	7,660	8,235	8,490	8,265	8,378	8,478
CFPS(원)	520	988	729	265	390	497
DPS(원)	300	330	330	150	150	150
EBITDAPS(원)	559	525	576	383	507	669

재무 비율 〈단위 : %〉

연도	영업이익률	순이익률	부채비율	차입금비율	ROA	ROE	유보율	자기자본비율	EBITDA마진율
2016	14.9	11.2	8.5	2.8	3.7	3.8	1,595.6	92.2	21.5
2015	10.7	15.4	10.5	3.3	4.7	2.3	1,575.5	90.5	18.3
2014	6.8	3.1	8.3	3.3	0.9	0.7	1,552.9	92.4	14.7
2013	12.4	17.8	8.3	2.0	6.3	7.1	1,597.9	92.4	18.1

플럼라인생명과학 (A222670)
Plumbline Life Scienes

업 종 : 바이오		시 장 : KONEX	
신용등급 : (Bond) — (CP) —		기업규모 : —	
홈 페 이 지 : www.plumblinels.com		연 락 처 : (031)400-3857	
본 사 : 경기도 안산시 상록구 한양대학로 55, 511호			

설 립 일 2014.01.02	종 업 원 수 14명	대 표 이 사 김앤토니경태	
상 장 일 2015.07.28	감 사 의 견 적정 (한명)	계 열	
결 산 기 12월	보 통 주 202만주	종 속 회 사 수	
액 면 가 500원	우 선 주 33만주	구 상 호	

주주구성 (지분율,%)		출자관계 (지분율,%)		주요경쟁사 (외형,%)	
Kim Anthony Kyungtae	34.2	PlumblineLifeSciences,U.S.A._Inc.	100.0	플럼라인생명과학	
VGX Pharmaceuticals, Inc.	19.6			진매트릭스	
				메디젠휴먼케어	

매출구성		비용구성		수출비중	
		매출원가율	0.0	수출	#VALUE!
		판관비율	0.0	내수	#VALUE!

회사 개요

동사는 바이오 기술 기반 동물의약품 전문회사로, 반려동물 의약품을 전문으로 개발, 생산하는 업체임. 동사의 주력제품 후보인 강아지 암 빈혈 치료제 PLS-D1000은 전 세계에서 압도적인 비중을 차지하고 있는 미국시장을 겨냥해 현재 미국 FDA 승인을 위한 임상시험 진행 중임. 돼지 DNA 의약품은 전 세계에서 소고기와 더불어 가장 소비가 많이 되는 돼지고기 공급을 겨냥한 제품으로, 가장 큰 중국 시장이 동사의 주력 목표 매출처임.

실적 분석

2016년 영업손실은 22.6억원, 당기순손실은 31.8억원을 기록. 매출이 발생하지 않은 상태이나 향후 전망은 긍정적임. 동사의 강아지 암 약물질 치료제인 PLS-D1000은 2017년 미국 FDA 승인을 목표로 하고 있으며, 같은 해부터 미국 현지 판매를 예상하고 있음. 돼지DNA 의약품은 전 세계 현지 판매가 가능한 축산 의약품 승인 기준이 가장 높은 호주와 뉴질랜드에서 이미 승인을 획득했기 때문에 다른 나라에서도 판매가 원활할 것으로 예상됨.

현금 흐름 *IFRS 별도 기준 〈단위 : 억원〉

항목	2015	2016
영업활동	-18	-32
투자활동	-40	-11
재무활동	107	2
순현금흐름	50	-41
기말현금	54	13

시장 대비 수익률

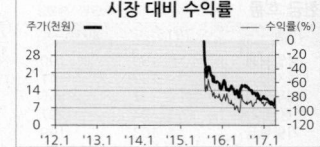

결산 실적 *IFRS 별도 기준 〈단위 : 억원〉

항목	2011	2012	2013	2014	2015	2016
매출액	—	—	—	—	—	—
영업이익	—	—	—	-6	-23	-23
당기순이익	—	—	—	-8	-70	-32

분기 실적 *IFRS 별도 기준 〈단위 : 억원〉

항목	2015.3Q	2015.4Q	2016.1Q	2016.2Q	2016.3Q	2016.4Q
매출액	—	—	—	—	—	—
영업이익	—	—	—	—	—	—
당기순이익	—	—	—	—	—	—

재무 상태 *IFRS 별도 기준 〈단위 : 억원〉

항목	2011	2012	2013	2014	2015	2016
총자산				32	60	22
유형자산				0	1	1
무형자산				27	—	—
유가증권						
총부채				22	13	3
총차입금				11	11	—
자본금				5	12	12
총자본				10	47	20
지배주주지분				10	47	20

기업가치 지표 *IFRS 별도 기준

항목	2011	2012	2013	2014	2015	2016
주가(최고/저)(천원)	—/—	—/—	—/—	—/—	34.0/13.6	18.4/10.0
PER(최고/저)(배)	0.0/0.0	0.0/0.0	0.0/0.0	0.0/0.0	—/—	—/—
PBR(최고/저)(배)	0.0/0.0	0.0/0.0	0.0/0.0	0.0/0.0	17.0/6.8	22.2/12.0
EV/EBITDA(배)	0.0	0.0	0.0	0.0	0.0	0.0
EPS(원)				-565	-3,354	-1,356
BPS(원)				992	2,000	829
CFPS(원)				-580	-3,179	-1,351
DPS(원)						
EBITDAPS(원)				-380	-908	-957

재무 비율 〈단위 : %〉

연도	영업이익률	순이익률	부채비율	차입금비율	ROA	ROE	유보율	자기자본비율	EBITDA마진율
2016	0.0	0.0	14.8	0.0	-77.0	-95.8	65.8	87.1	0.0
2015	0.0	0.0	28.5	24.1	-152.9	-246.9	299.9	77.8	0.0
2014	0.0	0.0	217.1	110.4	0.0	0.0	98.4	31.5	0.0
2013									

플레이위드 (A023770)
PLAYWITH

업　　종 : 게임 소프트웨어　　　　시　　장 : KOSDAQ
신용등급 : (Bond) ―　(CP) ―　　기업규모 : 중견
홈페이지 : www.playwith.co.kr　　연락처 : 031)724-2400
본　　사 : 경기도 성남시 분당구 판교로 256번길 25 판교테크노밸리 C3-7 C동 9층

설립일 1984.07.25	종업원수 30명	대표이사 김학준	
상장일 1994.11.07	감사의견 적정 (한울)	계　열	
결산기 12월	보통주 308만주	종속회사수	
액면가 500원	우선주 ―	구상호 YNK코리아	

주주구성 (지분율,%)		출자관계 (지분율,%)		주요경쟁사 (외형,%)	
드림아크	21.6	플레이위드	100	피노텍	100
황금가지	3.8	엔터메이트	172	인프라웨어	121
(외국인)	0.4	엠게임	258	SGA솔루션즈	454

매출구성		비용구성		수출비중	
온라인게임(용역)	100.0	매출원가율	40.7	수출	21.7
		판관비율	39.6	내수	78.3

회사 개요
피혁제품 및 캐쥬얼화를 제조하다가 2001년 와이앤케이를 흡수합병한 이후 게임소프트웨어 개발을 주요사업으로 영위. '로한', '씰온라인', '로한오리진' 등 총 3개의 게임을 퍼블리싱하여 국내외에 서비스 중. 개인과 PC방을 대상으로 IP단위 정액제와 정량제 상품을 판매하고 있으며, 일부 게임의 경우 게임에 사용되는 아이템을 판매하고 있음. 매출비중은 국내가 약 78%, 해외가 22%를 차지함. 해외에서는 현재 7개 국가에서 서비스되고 있음.

실적 분석
신작 PC게임 '로한 오리진'의 인기와 온라인게임의 국내외 판매 호조로 2016년 연간 매출액은 전년대비 36.3% 증가한 118.1억원을 기록함. 고정비용 부담 완화로 영업이익은 전년대비 38% 증가한 23.4억원 기록함. '씰온라인'은 태국에 성공적으로 출시한 이후 흥행이 지속되고 있으며 '로한 오리진'의 북미 및 남미 현지화 작업 완료 후 공개 서비스 시작. 향후 차기작으로 온라인 게임 '로한: 강철의 문장'을 서비스 할 계획.

현금 흐름　*IFRS 별도 기준　〈단위 : 억원〉

항목	2015	2016
영업활동	-3	11
투자활동	-27	-50
재무활동	30	51
순현금흐름	-0	12
기말현금	8	21

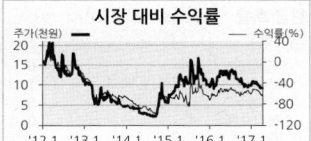

시장 대비 수익률

결산 실적　〈단위 : 억원〉

항목	2011	2012	2013	2014	2015	2016
매출액	183	176	138	79	87	118
영업이익	-42	-36	-22	5	17	23
당기순이익	-80	-106	-101	21	9	20

분기 실적　*IFRS 별도 기준　〈단위 : 억원〉

항목	2015.3Q	2015.4Q	2016.1Q	2016.2Q	2016.3Q	2016.4Q
매출액	24	25	24	26	39	29
영업이익	5	6	5	3	11	4
당기순이익	-3	0	-4	27	5	-8

재무 상태　*IFRS 별도 기준　〈단위 : 억원〉

항목	2011	2012	2013	2014	2015	2016
총자산	798	839	802	749	787	865
유형자산	554	4	7	2	1	1
무형자산	6	3	14	4	19	39
유가증권	10	2	1			
총부채	572	756	781	709	731	757
총차입금	543	39	40		24	46
자본금	45	45	54	14	14	15
총자본	226	82	21	40	56	109
지배주주지분	226	82	21	40	56	109

기업가치 지표　*IFRS 별도 기준

항목	2011	2012	2013	2014	2015	2016
주가(최고/저)(천원)	21.1/12.5	21.1/10.3	11.6/4.2	10.5/2.2	21.2/5.5	14.4/9.0
PER(최고/저)(배)	―/―	―/―	―/―	12.7/2.6	66.8/17.3	21.7/13.6
PBR(최고/저)(배)	1.7/1.0	4.6/2.3	11.7/4.2	7.4/1.6	10.9/2.8	4.1/2.6
EV/EBITDA(배)				14.4	13.5	8.3
EPS(원)	-5,115	-7,924	-4,931	825	317	663
BPS(원)	2,493	915	199	1,406	1,944	3,538
CFPS(원)	-929	-1,454	-898	1,013	485	933
DPS(원)						
EBITDAPS(원)	-235	-262	-66	394	757	1,030

재무 비율　〈단위 : % 〉

연도	영업이익률	순이익률	부채비율	차입금비율	ROA	ROE	유보율	자기자본비율	EBITDA마진율
2016	19.8	17.3	696.7	42.0	2.5	24.8	607.6	12.6	26.8
2015	19.5	10.5	1,312.5	43.5	1.2	19.0	288.7	7.1	25.1
2014	6.5	26.2	1,760.8	0.0	2.7	87.4	181.3	5.4	12.5
2013	-16.2	-73.0	일부잠식	일부잠식	-11.9	-194.0	-84.9	2.6	-9.6

피노텍 (A150440)
Finotek

업　　종 : 일반 소프트웨어　　　　시　　장 : KONEX
신용등급 : (Bond) ―　(CP) ―　　기업규모 : 중견
홈페이지 : www.finotek.co.kr　　연락처 : 02)522-3558
본　　사 : 서울시 서초구 양재천로9길 1 3층(양재동,용두빌딩)

설립일 2008.11.13	종업원수 60명	대표이사 김우섭,유용환	
상장일 2014.12.05	감사의견 적정 (삼영)	계　열	
결산기 12월	보통주 929만주	종속회사수	
액면가 500원	우선주 ―	구상호 엘스트로	

주주구성 (지분율,%)		출자관계 (지분율,%)		주요경쟁사 (외형,%)	
김우섭	22.2			피노텍	100
장덕수	11.9			인프라웨어	121
				SGA솔루션즈	454

매출구성		비용구성		수출비중	
SI/ SM(제품)	89.0	매출원가율	77.5	수출	0.0
이지로R(제품)	5.9	판관비율	43.5	내수	100.0
기타서비스	4.6				

회사 개요
동사는 2008년 11월 13일에 소프트웨어 개발 및 공급, 시스템통합(SI), 프로그램개발 및 컨설팅, 시스템 ASP 서비스 등 IT서비스를 주사업으로 설립되었음. 현재는 소프트웨어 산업의 IT서비스 분야 중 법률 관련 IT서비스를 제공하고 있음. 지난해 9월 코스닥 이전 상장을 위한 예비심사를 청구했지만 한국거래소에서 미승인 통보를 받음. 지배구조가 명확하지 못하다는 점 때문에. 올해 상반기 중 코스닥 기술 특례 상장을 노리고 있음.

실적 분석
동사의 2016년 연간 매출액은 109.1억원을 기록해 전년 대비 61.6% 증가함. 영업손실은 22.9억원을 기록하며 적자가 지속됨. 자산총계, 부채총계, 자본총계는 각각 86.8억원, 39.3억원, 44.7억원 기록. 동사는 해외진출을 본격화하는 중이며 이미 독일에 현지법인과 합작법인을 설립하며 유럽시장 공략 중임. 포르투갈에도 현지 법인을 설립할 계획으로 향후 실적 성장이 기대됨.

현금 흐름　*IFRS 별도 기준　〈단위 : 억원〉

항목	2015	2016
영업활동	1	-26
투자활동	-7	-10
재무활동	24	37
순현금흐름	18	1
기말현금	21	23

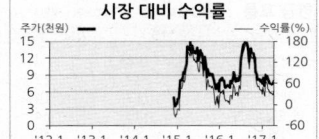

시장 대비 수익률

결산 실적　〈단위 : 억원〉

항목	2011	2012	2013	2014	2015	2016
매출액	2	12	6	27	63	109
영업이익	-10	-7	-16	-15	-19	-23
당기순이익	-10	-9	-17	-24	-15	-24

분기 실적　*IFRS 별도 기준　〈단위 : 억원〉

항목	2015.3Q	2015.4Q	2016.1Q	2016.2Q	2016.3Q	2016.4Q
매출액	―	―	―	―	―	―
영업이익	―	―	―	―	―	―
당기순이익	―	―	―	―	―	―

재무 상태　*IFRS 별도 기준　〈단위 : 억원〉

항목	2011	2012	2013	2014	2015	2016
총자산	22	26	24	45	80	87
유형자산	0	0	0	1	1	2
무형자산	0	0	15	29	38	
유가증권	7	5	5		11	9
총부채	4	8	12	39	38	39
총차입금	2	3	31	5	13	
자본금	18	27	32	35	43	45
총자본	18	17	11	5	42	48
지배주주지분	18	17	11	5	42	48

기업가치 지표　*IFRS 별도 기준

항목	2011	2012	2013	2014	2015	2016
주가(최고/저)(천원)	―/―	―/―	―/―	5.0/3.4	15.0/3.8	15.4/6.4
PER(최고/저)(배)	0.0/0.0	0.0/0.0	0.0/0.0	―/―	―/―	―/―
PBR(최고/저)(배)	0.0/0.0	0.0/0.0	0.0/0.0	67.3/46.2	30.4/7.8	29.0/12.1
EV/EBITDA(배)						
EPS(원)	-367	-217	-312	-360	-177	-277
BPS(원)	490	326	174	74	492	531
CFPS(원)	-344	-199	-287	-324	-114	-243
DPS(원)						
EBITDAPS(원)	-340	-165	-280	-190	-165	-228

재무 비율　〈단위 : % 〉

연도	영업이익률	순이익률	부채비율	차입금비율	ROA	ROE	유보율	자기자본비율	EBITDA마진율
2016	-21.0	-22.2	82.8	27.7	-29.0	-54.2	6.3	54.7	-18.2
2015	-30.7	-23.8	일부잠식	일부잠식	-24.0	-63.4	-1.7	52.3	-22.1
2014	-54.1	-86.3	일부잠식	일부잠식	-69.5	-289.1	-85.3	11.6	-45.5
2013	-282.8	-289.9	일부잠식	일부잠식	-68.5	-118.2	-65.1	47.3	-259.5

피델릭스 (A032580)
Fidelix

업 종	휴대폰 및 관련부품	시 장	KOSDAQ
신용등급	(Bond) — (CP) —	기업규모	벤처
홈페이지	www.fidelix.co.kr	연락처	(031)785-3500
본 사	경기도 성남시 분당구 백현로 93(수내동, 후너스빌딩 6층)		

설 립 일	1990.08.20	종업원수	74명	대표이사	안승한
상 장 일	1997.04.22	감사의견	적정(대성)	계 열	
결 산 기	12월	보 통 주	2,057만주	종속회사수	
액 면 가	500원	우 선 주		구 상 호	

주주구성 (지분율,%)		출자관계 (지분율,%)		주요경쟁사 (외형,%)	
Dosilicon Co.,LTD.	25.3	피델릭스	100	피델릭스	100
국민연금02-2KTB벤처조합	3.0	알에프세미	114	알에프세미	114
(외국인)	26.6	인포마크	113	인포마크	113

매출구성		비용구성		수출비중	
반도체	97.6	매출원가율	86.3	수출	94.8
반도체매출 외	2.4	판관비율	19.5	내수	5.2

회사 개요
동사는 1990년 설립된 메모리 반도체 생산기업으로, 주력 제품은 Memory 반도체 중 저전력을 요구하는 모바일폰 등에 사용되는 PSRAM 및 LP-SDRAM/DDR임. 국내 대형 휴대전화 제조사가 최근 출시한 스마트폰에 모바일D램을 공급하기 시작함. 모바일D램 적용범위가 피처폰에서 스마트폰으로 확대되는 등 최근 성과가 잇따르면서 매출상승과 함께 수익성 개선속도가 빠를 것으로 예상됨.

실적 분석
전방산업의 경쟁이 심화됨에 따라 관련 주요 장비의 내수 및 수출이 모두 부진함. 반도체메모리 제품의 판매가 하락으로 동사의 2016년 누적매출액은 전년대비 13.9% 감소한 564.7억원을 기록. 외형 축소로 영업손실과 당기순손실 지속하며 전년대비 증가하며 적자지속함. 매출 부진과 함께 개발비 감액 증가, 재고자산 감모 증가 및 충당 설정 증가 등이 손실 확대에 기여함.

현금 흐름 *IFRS 별도 기준 〈단위 : 억원〉		
항목	2015	2016
영업활동	8	4
투자활동	-49	-22
재무활동	13	14
순현금흐름	-29	-4
기말현금	38	35

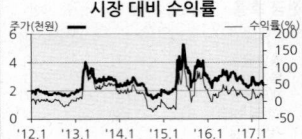
시장 대비 수익률

결산 실적					〈단위 : 억원〉	
항목	2011	2012	2013	2014	2015	2016
매출액	844	933	875	781	656	565
영업이익	51	45	72	17	-19	-33
당기순이익	31	22	47	3	-62	-92

분기 실적 *IFRS 별도 기준					〈단위 : 억원〉	
항목	2015.3Q	2015.4Q	2016.1Q	2016.2Q	2016.3Q	2016.4Q
매출액	184	177	132	160	156	117
영업이익	-1	-12	1	-0	1	-36
당기순이익	1	-53	1	-0	-0	-93

재무 상태 *IFRS 별도 기준					〈단위 : 억원〉	
항목	2011	2012	2013	2014	2015	2016
총자산	632	509	592	688	546	479
유형자산	24	24	28	34	19	13
무형자산	97	103	111	150	137	86
유가증권	20	21	11	11	2	1
총부채	352	210	237	336	213	238
총차입금	143	100	100	160	130	144
자본금	91	91	91	91	103	103
총자본	280	298	355	351	333	241
지배주주지분	280	298	355	351	333	241

기업가치 지표 *IFRS 별도 기준						
항목	2011	2012	2013	2014	2015	2016
주가(최고/저)(천원)	2.2/1.0	2.1/1.6	4.5/1.8	3.0/1.4	5.5/1.7	4.0/2.2
PER(최고/저)(배)	13.5/6.5	17.0/12.7	15.7/6.5	201.7/94.8	—/—	—/—
PBR(최고/저)(배)	1.5/0.7	1.3/1.0	2.3/1.0	1.6/0.7	3.4/1.0	3.4/1.8
EV/EBITDA(배)	5.4	5.0	3.9	7.2	24.4	48.3
EPS(원)	167	129	289	15	-317	-448
BPS(원)	1,535	1,638	1,945	1,927	1,623	1,174
CFPS(원)	362	328	499	248	-61	-227
DPS(원)	30	30	30			
EBITDAPS(원)	476	455	632	327	156	60

재무 비율								〈단위 : % 〉
연도	영업이익률	순이익률	부채비율	차입금비율	ROA	ROE	유보율	자기자본비율	EBITDA마진율
2016	-5.8	-16.3	99.1	59.8	-18.0	-32.1	134.9	50.2	2.2
2015	-3.0	-9.4	64.0	39.0	-10.0	-18.0	224.7	61.0	4.6
2014	2.2	0.4	95.7	45.7	0.4	1.2	286.9	51.1	7.7
2013	8.2	5.4	68.6	28.7	8.6	15.0	282.8	59.3	12.6

피시피아비아이티 (A258250)
PCPIA BIT

업 종	IT 서비스	시 장	KONEX
신용등급	(Bond) — (CP) —	기업규모	—
홈페이지	www.pcpia21.co.kr	연락처	(042)822-9482
본 사	대전시 유성구 유성대로 579-4(구암동)		

설 립 일	2001.08.02	종업원수	명	대표이사	김회율
상 장 일	2016.12.13	감사의견	적정(신승)	계 열	
결 산 기	12월	보 통 주	360만주	종속회사수	
액 면 가	500원	우 선 주		구 상 호	

주주구성 (지분율,%)		출자관계 (지분율,%)		주요경쟁사 (외형,%)	
김회율	39.9	랩바이오	100.0	피시피아비아이티	100
정혜광	15.6			바른테크놀로지	351
				쌍용정보통신	2,917

매출구성		비용구성		수출비중	
분석시스템	53.3	매출원가율	79.2	수출	—
시뮬레이터	18.9	판관비율	12.6	내수	—
상품	11.9				

회사 개요
2002년 08월 02일에 설립된 동사는 15년간 병원 진료시스템, 전자차트 개발, 시뮬레이터 제작 및 유지보수에서 축적된 정보기술(IT)의 기반위에 생명공학(BT) 분야를 접목한 BIT융합 비즈니스 모델을 구축. 신규시장 개척을 위해 매년 매출 20% 성장, 매출대비 연구개발에 20%를 투자하고 있음. 국내 바이오 분석기기 제어특허를 비롯해 지적특허 등록 2건, 출원 2건, 해외 출원 1건, 서비스 4건, 프로그램 3건 등 지적재산 보유.

실적 분석
동사의 2016년 연결기준 연간 누적 매출액은 75.3억원으로 전년 동기(69.8억원) 대비 소폭 증가함. 매출 증가에 따라 고정비용 감소 효과로 인해 영업이익은 6.2억원으로 전년 동기(3.3억원) 대비 큰 폭으로 늘어남. 당기순이익은 5.9억원으로 전년 동기(2.5억원) 대비 2배 이상 증가. 매출은 소폭 증가했지만 비용 절감 등의 노력에 힘입어 수익성은 큰 폭으로 개선.

현금 흐름 *IFRS 별도 기준 〈단위 : 억원〉		
항목	2015	2016
영업활동	0	6
투자활동	-7	-11
재무활동	8	5
순현금흐름	2	-0
기말현금	3	2

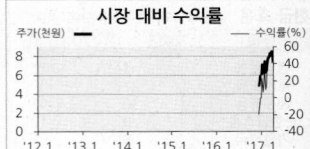
시장 대비 수익률

결산 실적					〈단위 : 억원〉	
항목	2011	2012	2013	2014	2015	2016
매출액	—	—	54	53	70	75
영업이익	—	—	4	1	3	6
당기순이익	—	—	3	0	3	6

분기 실적 *IFRS 별도 기준					〈단위 : 억원〉	
항목	2015.3Q	2015.4Q	2016.1Q	2016.2Q	2016.3Q	2016.4Q
매출액	—	—	—	—	—	—
영업이익	—	—	—	—	—	—
당기순이익	—	—	—	—	—	—

재무 상태 *IFRS 별도 기준					〈단위 : 억원〉	
항목	2011	2012	2013	2014	2015	2016
총자산	—	—	36	35	46	58
유형자산	—	—	13	10	17	24
무형자산	—	—	0	1	1	1
유가증권	—	—				
총부채	—	—	10	19	27	26
총차입금	—	—	9	16	24	22
자본금	—	—	14	14	14	18
총자본	—	—	26	16	19	31
지배주주지분	—	—	26	16	19	31

기업가치 지표 *IFRS 별도 기준						
항목	2011	2012	2013	2014	2015	2016
주가(최고/저)(천원)	—/—	—/—	—/—	—/—	—/—	6.5/3.2
PER(최고/저)(배)	0.0/0.0	0.0/0.0	0.0/0.0	0.0/0.0	0.0/0.0	36.2/18.1
PBR(최고/저)(배)	0.0/0.0	0.0/0.0	0.0/0.0	0.0/0.0	0.0/0.0	7.4/3.7
EV/EBITDA(배)	0.0		1.9	2.9	3.6	24.5
EPS(원)	—		116	6	89	179
BPS(원)	—		18,400	11,427	13,216	869
CFPS(원)	—		3,045	2,861	3,631	280
DPS(원)	—					
EBITDAPS(원)	—		3,267	3,602	4,247	289

재무 비율								〈단위 : % 〉
연도	영업이익률	순이익률	부채비율	차입금비율	ROA	ROE	유보율	자기자본비율	EBITDA마진율
2016	8.3	7.9	84.6	71.6	11.4	23.8	73.8	54.2	12.7
2015	4.8	3.6	148.1	130.0	6.2	14.5	32.2	40.3	8.5
2014	2.3	0.3	117.9	99.8	0.5	0.8	14.3	45.9	9.5
2013	6.6	6.0	39.2	35.7	8.6	15.0	84.0	71.9	8.4

피씨디렉트 (A051380)
PC Direct

업　　종 : 도소매		시　　장 : KOSDAQ	
신용등급 : (Bond) — (CP) —		기업규모 : 중견	
홈페이지 : www.pcdirect.co.kr		연락처 : 02)785-3001	
본　　사 : 서울시 용산구 원효로 138 8층 (원효로3가, 청진빌딩)			

설 립 일 1998.09.01	종업원수 64명	대표이사 서대식	
상 장 일 2002.02.15	감사의견 적정 (위드)	계　　열	
결 산 기 12월	보통주 754만주	종속회사수	
액 면 가 500원	우선주	구　상　호	

주주구성 (지분율,%)		출자관계 (지분율,%)		주요경쟁사 (외형,%)	
서대식	16.2			피씨디렉트	100
송승호	12.4			부방	123
(외국인)	0.1			대명코퍼레이션	104

매출구성		비용구성		수출비중	
프로세서(상품)	51.4	매출원가율	95.0	수출	1.1
스토리지(상품)	31.6	판관비율	3.7	내수	98.9
마더보드(M/B)(상품)	10.8				

회사 개요
동사는 1989년에 설립된 컴퓨터 하드웨어 및 소프트웨어 유통업체로, PC, 모바일, 디지털 기기 등에 사용되는 IT 하드웨어 및 마이크로 소프트社의 OS, Server 제품 등의 유통사업을 영위함. Intel의 CPU, Mobile CPU 제품, Server 제품, SSD제품의 국내총판권 등을 보유. 계류를 통해 Foxconn, GIGABYTE, Parrot, ADATA, OCZ Storage Solutions社의 제품군을 판매하고 있음.

실적 분석
동사의 2016년 연결대상 종속기업은 없으며, 당기 매출액은 2,081.4억원으로 전기 대비 5.3% 성장한 실적을 시현함. 프로세서, 스토리지 등의 판매실적이 향상되었기 때문. 원가와 판관비율이 높은 편이나 매출 증가에 힘입어 당기 영업이익은 27.7억원을 시현하며 전기 14.6억원 대비 89.5% 증가하였으며 순이익도 12.7억원을 시현하며 전기 1.7억원에서 크게 증가하였음. SSD, Server, IoT 관련 제품 등 신규품목 영업 확대중임.

현금 흐름　*IFRS 별도 기준　〈단위 : 억원〉

항목	2015	2016
영업활동	-39	-5
투자활동	10	6
재무활동	34	7
순현금흐름	5	2
기말현금	57	59

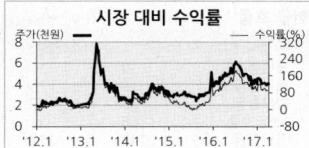

시장 대비 수익률

결산 실적　〈단위 : 억원〉

항목	2011	2012	2013	2014	2015	2016
매출액	1,774	1,774	1,501	1,741	1,977	2,081
영업이익	31	13	-33	4	15	28
당기순이익	22	14	-28	-2	2	13

분기 실적　*IFRS 별도 기준　〈단위 : 억원〉

항목	2015.3Q	2015.4Q	2016.1Q	2016.2Q	2016.3Q	2016.4Q
매출액	491	502	550	477	474	581
영업이익	-1	9	9	3	3	13
당기순이익	-5	5	6	1	5	0

재무 상태　*IFRS 별도 기준　〈단위 : 억원〉

항목	2011	2012	2013	2014	2015	2016
총자산	347	307	384	480	485	497
유형자산	1	1	2	1	1	2
무형자산	0	0	1	3	4	4
유가증권	0	0	0			
총부채	176	125	154	252	251	226
총차입금	52	21	49	71	103	91
자본금	19	19	35	35	35	38
총자본	170	182	231	228	234	271
지배주주지분	170	182	231	228	234	271

기업가치 지표　*IFRS 별도 기준

항목	2011	2012	2013	2014	2015	2016
주가(최고/저)(천원)	2.4/1.4	2.7/1.8	8.2/2.0	4.4/2.2	5.5/2.4	6.3/3.7
PER(최고/저)(배)	5.1/2.9	8.5/5.7	—/—	—/—	223.0/97.5	36.4/21.6
PBR(최고/저)(배)	0.7/0.4	0.7/0.4	2.5/0.6	1.4/0.7	1.6/0.7	1.8/1.0
EV/EBITDA(배)		0.0		48.2	22.9	11.6
EPS(원)	488	319	-552	-27	25	173
BPS(원)	4,415	4,726	3,332	3,290	3,377	3,591
CFPS(원)	576	380	-539	-17	34	183
DPS(원)	40	30	—	—	—	20
EBITDAPS(원)	829	348	-651	69	220	389

재무 비율　〈단위 : % 〉

연도	영업이익률	순이익률	부채비율	차입금비율	ROA	ROE	유보율	자기자본비율	EBITDA마진율
2016	1.3	0.6	83.6	33.5	2.6	5.0	618.3	54.5	1.4
2015	0.7	0.1	107.6	43.9	0.4	0.7	575.4	48.2	0.8
2014	0.2	-0.1	110.8	31.4	-0.4	-0.8	558.0	47.5	0.3
2013	-2.2	-1.8	66.8	21.4	-8.0	-13.4	566.4	60.0	-2.2

피씨엘 (A241820)
PCL

업　　종 : 의료 장비 및 서비스		시　　장 : KOSDAQ	
신용등급 : (Bond) — (CP) —		기업규모 : 신성장	
홈페이지 : www.pclchip.com		연락처 : 070)4673-3433	
본　　사 : 서울시 금천구 디지털로9길 99 (가산동, 스타밸리) 701호			

설 립 일 2008.02.12	종업원수 명	대표이사 김소연	
상 장 일 2017.02.23	감사의견 적정 (안진)	계　　열	
결 산 기 12월	보통주 892만주	종속회사수	
액 면 가 500원	우선주	구　상　호	

주주구성 (지분율,%)		출자관계 (지분율,%)		주요경쟁사 (외형,%)	
김소연	34.9			피씨엘	100
서울글로벌바이오메디컬감성성장동력투자펀드	2.6			원익	11,002
(외국인)	0.0			루트로닉	14,346

매출구성		비용구성		수출비중	
초소량 분주장치 및 관련소모품	67.7	매출원가율	44.3	수출	—
연구용 시약	28.6	판관비율	460.4	내수	—
Spotting 및 SG-ID 용역	3.7				

회사 개요
다중 체외진단 전문기업인 동사는 2008년 2월 설립된 3차원 SG Cap™ 고민감도 원천기술을 바탕으로 세계 최초로 고위험군 바이러스, 다중진단 임상에 성공함. 고민감도, 저비용, 고효율 다중진단 플랫폼 기술을 바탕으로 혈액선별 진단제품 개발 및 공급, POCT 제품 개발 및 공급, 플랫폼서비스 사업을 영위하고 있음. 2017년 2월 코스닥 시장에 신규 상장함.

실적 분석
동사의 2016년 누적매출은 5.9억원으로 전년 대비 142.3% 증가함. 원가율과 판관비 상승으로 23.8억원의 영업손실이 발생하며 적자폭이 커졌고, 당기순손실도 23.4억원으로 적자폭이 확대됨. 원천기술인 SG cap 기술을 기반으로 혈액진단 제품 외에도 POCT 기반의 influenzae(인플루엔자균), 그리고 Cancer6(암) 등의 추가 제품을 연구 중임. Cancer6 제품은 연내 해외 임상을 계획하고 있음.

현금 흐름　*IFRS 별도 기준　〈단위 : 억원〉

항목	2015	2016
영업활동	-18	-25
투자활동	28	-48
재무활동	12	47
순현금흐름	21	-26
기말현금	41	16

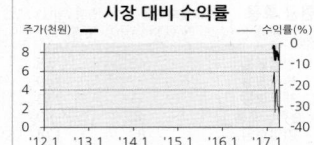

시장 대비 수익률

결산 실적　〈단위 : 억원〉

항목	2011	2012	2013	2014	2015	2016
매출액	—	—	6	1	2	6
영업이익	—	—	-3	-11	-14	-24
당기순이익	—	—	-3	-7	-19	-23

분기 실적　*IFRS 별도 기준　〈단위 : 억원〉

항목	2015.3Q	2015.4Q	2016.1Q	2016.2Q	2016.3Q	2016.4Q
매출액	1				1	
영업이익	-4				-7	
당기순이익	-6				-7	

재무 상태　*IFRS 별도 기준　〈단위 : 억원〉

항목	2011	2012	2013	2014	2015	2016
총자산			93	68	66	89
유형자산			13	16	14	20
무형자산			16		1	1
유가증권				29	1	45
총부채			26	81	16	14
총차입금			15	71	10	9
자본금			8	5	17	37
총자본			67	-13	50	75
지배주주지분			67	-13	50	75

기업가치 지표　*IFRS 별도 기준

항목	2011	2012	2013	2014	2015	2016
주가(최고/저)(천원)	—/—	—/—	—/—	—/—	—/—	—/—
PER(최고/저)(배)	0.0/0.0	0.0/0.0	0.0/0.0	0.0/0.0	0.0/0.0	0.0/0.0
PBR(최고/저)(배)	0.0/0.0	0.0/0.0	0.0/0.0	0.0/0.0	0.0/0.0	0.0/0.0
EV/EBITDA(배)						
EPS(원)			-73	-184	-393	-332
BPS(원)			4,070	-785	1,447	1,012
CFPS(원)			-228	-459	-678	-318
DPS(원)						
EBITDAPS(원)			-223	-622	-491	-324

재무 비율　〈단위 : % 〉

연도	영업이익률	순이익률	부채비율	차입금비율	ROA	ROE	유보율	자기자본비율	EBITDA마진율
2016	-404.7	-397.6	19.3	12.1	-30.2	-37.6	102.3	83.8	-387.6
2015	-560.4	-767.1	31.9	20.1	-27.9	전기잠식	189.4	75.9	-540.0
2014	-786.7	-599.7	완전잠식	완전잠식			-357.2	-18.9	-714.3
2013	-51.7	-52.8	39.6	22.1	0.0	0.0	713.9	71.6	-44.1

피앤씨테크 (A237750)
PNC Technologies

업 종 : 전기장비		시 장 : KOSDAQ	
신용등급 : (Bond) ― (CP) ―		기업규모 : 중견	
홈페이지 : www.pnctech.co.kr		연락처 : 031)452-5791	
본 사 : 경기도 안양시 동안구 전파로104번길 62 (호계동)			

설 립 일	1999.03.04	종 업 원 수	55명	대 표 이 사	조광식
상 장 일	2016.07.04	감사의견	적정 (삼일)	계	열
결 산 기	12월	보 통 주	650만주	종속회사	수
액 면 가	500원	우 선 주		구 상 호	

주주구성 (지분율,%)		출자관계 (지분율,%)		주요경쟁사 (외형,%)	
광명전기	29.6	광명에스지	12.4	피앤씨테크	100
조광식	8.0			LS산전	7,885
(외국인)	0.8			대한전선	4,895

매출구성		비용구성		수출비중	
배전자동화	69.7	매출원가율	69.2	수출	33.1
고장점표정장치	15.2	판관비율	10.5	내수	66.9
보호계전기	9.8				

회사 개요
동사는 1999년 설립된 전력계통의 배전분야에서 정전을 최소화하고, 안전한 전력을 공급하기 위한 디지털전력기기를 생산하는 전력 IT 전문기업임. 광명전기에 소속된 회사임. 국내 시장을 꾸준히 확보하여 고객의 굳은 신뢰성을 기반으로 현재 동남아를 비롯한 인도, 중동, 동유럽, 남미 등지에 수출함. 주요 제품은 배전자동화 단말장치, 디지털보호계전기, 개폐기 등이 있음.

실적 분석
동사의 2016년 결산 매출액은 280.7억원으로 전년동기 대비 17.2% 증가하였음. 내수를 중심으로배전자동화 단말장치와 개폐기가 성장을 주도하고 있음. 하지만 매출액 증가율을 상회하는 매출원가 증가율과 판관비 상승 등의 높은 비용부담으로 영업이익 증가율은 2.2%에 그침. 수주상황으로는 8.7억원 규모의 고장점표정장치를 2019.09.30까지 납품 예정.

현금 흐름 *IFRS 별도 기준 〈단위 : 억원〉
항목	2015	2016
영업활동	48	38
투자활동	-7	-249
재무활동	-1	259
순현금흐름	42	50
기말현금	83	133

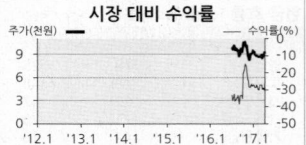

시장 대비 수익률

결산 실적 〈단위 : 억원〉
항목	2011	2012	2013	2014	2015	2016
매출액	215	220	123	180	239	281
영업이익	13	15	6	21	56	57
당기순이익	10	8	11	17	49	50

분기 실적 *IFRS 별도 기준 〈단위 : 억원〉
항목	2015.3Q	2015.4Q	2016.1Q	2016.2Q	2016.3Q	2016.4Q
매출액	37	62	44	110	68	59
영업이익	11	11	13	29	5	6
당기순이익	11	7	11	25	5	10

재무 상태 *IFRS 별도 기준 〈단위 : 억원〉
항목	2011	2012	2013	2014	2015	2016
총자산	228	237	195	213	270	579
유형자산	93	91	46	45	48	56
무형자산	3	2	2	3	3	2
유가증권	1	1	1	1	1	21
총부채	107	109	56	58	67	67
총차입금	27	27	10	6	5	5
자본금	20	20	20	20	20	32
총자본	120	128	139	155	203	512
지배주주지분	120	128	139	155	203	512

기업가치 지표 *IFRS 별도 기준
항목	2011	2012	2013	2014	2015	2016
주가(최고/저)(천원)	―/―	―/―	―/―	―/―	―/―	12.1/7.8
PER(최고/저)(배)	0.0/0.0	0.0/0.0	0.0/0.0	0.0/0.0	0.0/0.0	12.5/8.1
PBR(최고/저)(배)	0.0/0.0	0.0/0.0	0.0/0.0	0.0/0.0	0.0/0.0	1.5/1.0
EV/EBITDA(배)	―	―	―	―	―	3.4
EPS(원)	268	198	278	433	1,254	963
BPS(원)	30,865	32,843	35,708	3,976	5,214	7,878
CFPS(원)	3,843	3,129	3,721	495	1,310	1,013
DPS(원)						
EBITDAPS(원)	4,513	5,004	2,561	609	1,483	1,137

재무 비율 〈단위 : % 〉
연도	영업이익률	순이익률	부채비율	차입금비율	ROA	ROE	유보율	자기자본비율	EBITDA마진율
2016	20.3	17.9	13.1	1.0	11.9	14.1	1,475.5	88.4	21.2
2015	23.2	20.4	32.8	2.5	20.3	27.3	942.8	75.3	24.2
2014	11.9	9.4	37.3	3.9	―	―	695.1	72.8	13.2
2013	5.1	8.8	40.0	7.2	5.0	8.1	614.2	71.5	8.1

피앤이솔루션 (A131390)
PNE SOLUTION

업 종 : 전자 장비 및 기기		시 장 : KOSDAQ	
신용등급 : (Bond) ― (CP) ―		기업규모 : 벤처	
홈페이지 : www.pnesolution.com		연락처 : 031)299-0100	
본 사 : 경기도 수원시 권선구 산업로 185(고색동)			

설 립 일	2004.03.16	종 업 원 수	136명	대 표 이 사	김용을
상 장 일	2011.09.27	감사의견	적정 (이촌)	계	열
결 산 기	12월	보 통 주	1,428만주	종속회사	수
액 면 가	500원	우 선 주		구 상 호	

주주구성 (지분율,%)		출자관계 (지분율,%)		주요경쟁사 (외형,%)	
정대택	36.5	피앤이이노텍	100.0	피앤이솔루션	100
한국증권금융	4.1	와이즈웍스	35.0	써니전자	44
(외국인)	1.3	피앤이시스템즈	35.0	광전자	365

매출구성		비용구성		수출비중	
[제품매출]포메이션 장비 외	73.1	매출원가율	76.9	수출	23.7
[제품매출]기타(전기자동차 충전기 등)	13.4	판관비율	14.6	내수	76.3
[제품매출]PCR	9.7				

회사 개요
동사는 전지충·방전기와 전원공급장치의 제조 및 판매를 주된 사업으로 영위함. 2009년부터는 삼성SDI에 장비를 공급하기 시작했으며, SK이노베이션에도 장비를 공급하는 등 거래선을 확대하고 있음. 2차 전지 후공정 관련 장비와 연구개발용 장비, 발전소 여자기용 PCR 및 산업용 정류기 등 전력변환장치의 개발과 생산에 주력하고 있으며 향후 해외 시장을 적극적으로 개척할 예정임.

실적 분석
2016년 매출액과 영업이익은 전년 대비 각각 5.9%, 103.2% 증가한 468.2억원, 39.7억원을 기록. 2차전지 장비, 전원공급장치 부문 매출이 전년대비 증가한 영향임. 두 부문 모두 수출을 증가하였음. 중대형 2차 전지 후공정 장비 및 연구개발용 장비 국내 시장 선도하고 있으며 2차전기 업체들의 생산 설비 증설에 따른 수혜가 예상됨. 향후 신재생에너지(풍력발전, 원자력, 화력 플랜트 등)에 대한 관심 증가로 꾸준한 성장이 예상.

현금 흐름 〈단위 : 억원〉
항목	2015	2016
영업활동	50	-1
투자활동	-10	-9
재무활동	26	7
순현금흐름	66	-31
기말현금	143	112

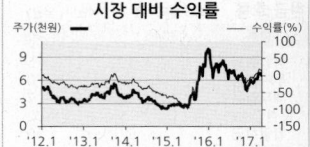

시장 대비 수익률

결산 실적 〈단위 : 억원〉
항목	2011	2012	2013	2014	2015	2016
매출액	527	475	380	324	442	468
영업이익	64	50	9	-13	20	40
당기순이익	58	52	12	3	20	48

분기 실적 〈단위 : 억원〉
항목	2015.3Q	2015.4Q	2016.1Q	2016.2Q	2016.3Q	2016.4Q
매출액	78	195	68	77	133	190
영업이익	2	9	4	7	9	20
당기순이익	3	4	4	9	8	26

재무 상태 〈단위 : 억원〉
항목	2011	2012	2013	2014	2015	2016
총자산	565	601	506	502	624	799
유형자산	140	174	237	250	242	262
무형자산	11	13	11	8	4	18
유가증권	12	4	11	5	23	11
총부채	230	232	116	117	202	333
총차입금	15	13	―	―	1	―
자본금	36	36	36	36	71	71
총자본	334	369	390	385	422	466
지배주주지분	334	369	390	385	416	461

기업가치 지표
항목	2011	2012	2013	2014	2015	2016
주가(최고/저)(천원)	5.7/3.1	5.7/2.9	5.6/3.2	4.8/2.3	10.3/2.2	10.4/4.5
PER(최고/저)(배)	11.3/6.2	15.9/8.1	67.4/37.9	195.3/93.6	70.7/15.3	30.7/13.4
PBR(최고/저)(배)	2.4/1.3	2.2/1.1	2.1/1.2	1.7/0.8	3.5/0.8	3.2/1.4
EV/EBITDA(배)	8.7	5.1	29.7	―	45.7	15.4
EPS(원)	505	362	83	24	145	339
BPS(원)	4,684	5,304	5,466	5,507	2,914	3,258
CFPS(원)	1,052	834	280	174	206	384
DPS(원)	80	60				
EBITDAPS(원)	1,155	810	235	-61	198	323

재무 비율 〈단위 : % 〉
연도	영업이익률	순이익률	부채비율	차입금비율	ROA	ROE	유보율	자기자본비율	EBITDA마진율
2016	8.5	10.4	71.5	0.0	6.8	11.0	551.5	58.3	9.9
2015	4.4	4.5	48.0	0.3	3.6	5.2	482.8	67.6	6.4
2014	-4.1	1.1	30.5	0.0	0.7	0.9	1,001.3	76.6	-1.4
2013	2.3	3.1	29.7	0.0	2.2	3.1	993.3	77.1	4.4

피에스엠씨 (A024850)
PSMC

업 종 : 반도체 및 관련장비		시 장 : KOSDAQ	
신용등급 : (Bond) — (CP) —		기업규모 : 중견	
홈 페 이 지 : www.psmc.kr		연 락 처 : 031)522-3700	
본 사 : 경기도 화성시 향남읍 발안공단로 4길 16 (구문천리 928)			

설 립 일 1978.06.16	종 업 원 수 259명	대 표 이 사 강대균	
상 장 일 2001.01.18	감 사 의 견 적정 (신한)	계 열	
결 산 기 12월	보 통 주 3,873만주	종 속 회 사 수	
액 면 가 500원	우 선 주	구 상 호	

주주구성 (지분율,%)		출자관계 (지분율,%)		주요경쟁사 (외형,%)	
Richard & Company	11.5	PSMCPHILIPPINES,Inc	100.0	피에스엠씨	100
(유)에프앤티	6.5			네패스신소재	45
(외국인)	3.0			에이디칩스	62

매출구성		비용구성		수출비중	
[반도체부품] 리드프레임	65.0	매출원가율	106.9	수출	85.6
[기타] 전자부품, 금형, scrap, 상품 등	35.0	판관비율	14.1	내수	14.4

회사 개요
동사는 1978년에 설립된 반도체부품 제조회사로, 1994년에 협회중개시장에 등록하였다가 취소된바 있으며, 2001년 코스닥시장에 재등록함. 동사는 반도체의 전기도선 역할과 반도체를 지지해 주는 버팀대 역할을 하는 반도체 구조재료인 리드프레임을 주종으로 생산하고 있음. 세계 10위권의 점유율을 유지해왔으나 현재는 규모를 축소하고 지속적인 수익창출에 집중함. 현재 계열회사는 필리핀 소재의 PSMC PHILIPPINES, Inc.1개사만 보유함.

실적 분석
도금공장 화재, 수주환경 악화 및 일본, 중국 경쟁사들의 저가 공세로 인한 매출감소로 2016년에는 전기 대비 18.3% 감소한 408.6억원의 매출을 시현함. 그러나 비용 통제로 영업손실을 전년동기 88억원에서 85.7억원으로 소폭 줄임. 순이익 면에서는, 적자가 컸던 전년 동기에 비해 비영업손익 흑자 54억원이 발생하여 영업이익 대비 손실폭이 완화된 32.7억원의 순손실을 시현하였고, 전기 대비 적자폭이 크게 축소됨.

현금 흐름 〈단위 : 억원〉
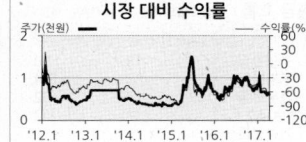

항목	2015	2016
영업활동	-99	-5
투자활동	47	54
재무활동	17	-33
순현금흐름	-34	16
기말현금	36	52

결산 실적 〈단위 : 억원〉
항목	2011	2012	2013	2014	2015	2016
매출액	1,082	949	955	806	500	409
영업이익	-102	19	16	-23	-88	-86
당기순이익	-224	-32	-45	-46	-118	-33

분기 실적 〈단위 : 억원〉
항목	2015.3Q	2015.4Q	2016.1Q	2016.2Q	2016.3Q	2016.4Q
매출액	118	96	94	118	91	105
영업이익	-37	-29	-19	-18	-26	-23
당기순이익	-32	-33	-8	-16	-3	-6

재무 상태 〈단위 : 억원〉
항목	2011	2012	2013	2014	2015	2016
총자산	1,156	701	661	626	477	409
유형자산	449	248	223	204	170	133
무형자산	6					0
유가증권	0	0	3	0	0	0
총부채	581	279	271	279	231	187
총차입금	350	111	95	72	90	61
자본금	179	179	189	189	194	194
총자본	575	422	390	347	247	223
지배주주지분	482	422	390	347	247	223

기업가치 지표
항목	2011	2012	2013	2014	2015	2016
주가(최고/저)(천원)	2.3/0.7	1.5/0.4	0.7/0.4	0.5/0.3	1.5/0.3	1.2/0.5
PER(최고/저)(배)	—/—	—/—	—/—	—/—	—/—	—/—
PBR(최고/저)(배)	1.7/0.5	1.3/0.3	0.7/0.4	0.6/0.4	2.4/0.5	2.0/0.8
EV/EBITDA(배)		1.3		2.4	4.4	
EPS(원)	-529	-38	-124	-122	-306	-85
BPS(원)	1,347	1,178	1,030	918	637	575
CFPS(원)	-342	113	-13	-21	-230	-11
DPS(원)						
EBITDAPS(원)	-104	204	154	41	-153	-148

재무 비율 〈단위 : % 〉
연도	영업이익률	순이익률	부채비율	차입금비율	ROA	ROE	유보율	자기자본비율	EBITDA마진율
2016	-21.0	-8.0	83.9	27.3	-7.4	-14.0	15.1	54.4	-14.1
2015	-17.6	-23.5	93.6	36.7	-21.3	-39.6	27.4	51.7	-11.8
2014	-2.9	-5.8	80.3	20.8	-7.2	-12.6	83.6	55.5	1.9
2013	1.6	-4.8	69.6	24.3	-6.7	-11.2	106.0	59.0	5.9

피에스케이 (A031980)
PSK

업 종 : 반도체 및 관련장비		시 장 : KOSDAQ	
신용등급 : (Bond) — (CP) —		기업규모 : 우량	
홈 페 이 지 : www.psk-inc.com		연 락 처 : 031)660-8700	
본 사 : 경기도 화성시 삼성1로4길 48 (석우동)			

설 립 일 1990.06.11	종 업 원 수 235명	대 표 이 사 박경수	
상 장 일 1997.01.07	감 사 의 견 적정 (삼일)	계 열	
결 산 기 12월	보 통 주 2,033만주	종 속 회 사 수	
액 면 가 500원	우 선 주	구 상 호	

주주구성 (지분율,%)		출자관계 (지분율,%)		주요경쟁사 (외형,%)	
금영	32.1	디엠비마케팅연구소	81.7	피에스케이	100
KB자산운용	10.2	유원미디어	28.0	덕산하이메탈	26
(외국인)	13.1	SVIC30호신기술사업투자조합	2.1	미래산업	14

매출구성		비용구성		수출비중	
Post etch treatment 류 외	77.1	매출원가율	55.8	수출	66.0
부품 및 용역수수료 외	23.0	판관비율	28.7	내수	34.0

회사 개요
동사는 1990년에 설립된 반도체 제조장비를 제조하는 업체로 주력장비인 Dry-Strip이 세계시장에서 35% 이상의 점유율을 기록하며 1위를 유지함. 동사는 금영 등 비상장 계열사 7개사를 두고 있고, 삼성전자 외에도 마이크론, 난야, TSMC, 차터드 등의 해외업체와도 거래하고 있음. 동사는 Etch의 신장비인 Etch Back System과 에너지 절감형 장비인 Power Device 제조용 Etcher 등으로 신규사업을 확대하고 있음.

실적 분석
동사의 2016년 4/4분기 연결기준 누적매출과 영업이익, 당기순이익은 1,630.7억원, 253.2억원, 196.3억원으로 전년 동기 대비 각각 17.9%, 51.8%, 44.2% 증가함. 동사의 주력 장비인 드라이 스트립(Dry Strip) 시장 성장률은 2014년부터 3D Device 기술 도입에 따라 전체 반도체장비 시장 성장률보다 상대적으로 높은 성장률을 보일 것으로 예상됨.

현금 흐름 〈단위 : 억원〉
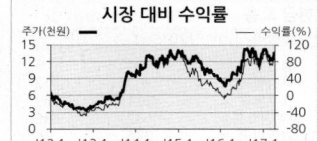

항목	2015	2016
영업활동	174	375
투자활동	-84	-161
재무활동	-41	-41
순현금흐름	52	174
기말현금	291	465

결산 실적 〈단위 : 억원〉
항목	2011	2012	2013	2014	2015	2016
매출액	911	844	1,291	1,486	1,384	1,631
영업이익	41	87	210	175	167	253
당기순이익	14	116	169	108	136	196

분기 실적 〈단위 : 억원〉
항목	2015.3Q	2015.4Q	2016.1Q	2016.2Q	2016.3Q	2016.4Q
매출액	484	300	235	515	434	447
영업이익	97	29	7	110	86	50
당기순이익	71	23	6	118	50	22

재무 상태 〈단위 : 억원〉
항목	2011	2012	2013	2014	2015	2016
총자산	1,418	1,572	1,898	1,986	2,066	2,355
유형자산	220	216	220	246	292	258
무형자산	38	336	317	308	327	304
유가증권	323	244	237	311	408	474
총부채	170	230	373	287	237	365
총차입금	7	7				
자본금	99	99	101	102	102	102
총자본	1,247	1,342	1,525	1,699	1,828	1,989
지배주주지분	1,247	1,342	1,525	1,699	1,828	1,989

기업가치 지표
항목	2011	2012	2013	2014	2015	2016
주가(최고/저)(천원)	7.7/3.3	6.5/3.3	10.4/3.9	14.1/9.1	14.0/8.5	14.9/7.6
PER(최고/저)(배)	118.3/49.9	11.9/6.1	13.0/4.9	27.9/18.1	21.8/13.3	15.7/8.1
PBR(최고/저)(배)	1.3/0.6	1.0/0.5	1.5/0.5	1.8/1.2	1.6/1.0	1.6/0.8
EV/EBITDA(배)	9.2	2.6	5.3	11.1	5.0	5.3
EPS(원)	70	582	847	531	670	966
BPS(원)	6,365	6,854	7,626	8,358	8,992	9,783
CFPS(원)	162	693	974	662	848	1,211
DPS(원)			100	200	200	250
EBITDAPS(원)	299	547	1,184	993	999	1,491

재무 비율 〈단위 : % 〉
연도	영업이익률	순이익률	부채비율	차입금비율	ROA	ROE	유보율	자기자본비율	EBITDA마진율
2016	15.5	12.0	18.4	0.0	8.9	10.3	1,856.6	84.5	18.6
2015	12.1	9.8	13.0	0.0	6.7	7.7	1,698.3	88.5	14.7
2014	11.8	7.3	16.9	0.0	5.6	6.7	1,571.6	85.6	13.6
2013	16.3	13.1	24.5	0.0	9.7	11.8	1,425.1	80.3	18.3

II

피에스텍 (A002230)
PS Tec

업 종 : 전기장비		시 장 : KOSDAQ	
신용등급 : (Bond) — (CP) —		기업규모 : 벤처	
홈 페 이 지 : www.pstec.co.kr		연 락 처 : 02)3408-1790	
본 사 : 서울시 성동구 왕십리로 46 (성수동1가)			

설 립 일 1957.12.12	종 업 원 수 131명	대 표 이 사 김형민
상 장 일 1991.01.04	감사의견 적정 (대주)	계 열
결 산 기 12월	보 통 주 1,876만주	종속회사수
액 면 가 500원	우 선 주	구 상 호

주주구성 (지분율,%)		출자관계 (지분율,%)		주요경쟁사 (외형,%)	
풍성	47.0	풍성홀딩스	100.0	피에스텍	100
	4.8			삼영전자	424
(외국인)	10.4			일진전기	1,337

매출구성		비용구성		수출비중	
전력량계 등	82.9	매출원가율	80.2	수출	0.0
하우징 외	17.1	판관비율	10.9	내수	100.0

회사 개요
동사는 전력기기 사업부문과 자동차부품 사업을 영위하고 있으며 자동차용 전장기기 및 계기류 제조 판매사업을 영위하고 있음. AMR System 부문과 Digital EM이 결합됨으로써 전력 공급자와 수요자 모두의 요구사양을 충족시킬 수 있는 고부가가치제품이 될 것으로 예상됨. 자동차부품 사업은 철저한 구조조정에 따른 특화 및 전문 시스템화가 절대적 요소로 부각됨.

실적 분석
동사의 2016년 매출액은 507.1억원으로 전년 대비 9.6% 감소함. 영업이익은 45억원으로 49.3% 줄었고, 당기순이익은 전년보다 52.2% 감소한 44.4억원을 기록함. 전력기기사업은 AMR 시스템이 고급빌라, 아파트, 재개발빌딩, 연구단지 등을 대상으로 278억원 이상의 수주실적을 기록 중이며 신규 수주물량도 꾸준한 증가세를 보이고 있음. 자동차부품사업은 부품 모듈화 추세에 대응해 관련업체와 협조관계를 확대해 나갈 계획임.

현금 흐름 〈단위 : 억원〉
항목	2015	2016
영업활동	94	-5
투자활동	-63	-717
재무활동	111	32
순현금흐름	142	-690
기말현금	786	96

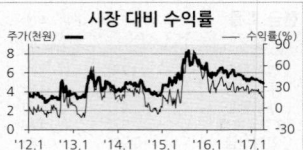
시장 대비 수익률

결산 실적 〈단위 : 억원〉
항목	2011	2012	2013	2014	2015	2016
매출액	392	260	393	425	561	507
영업이익	30	-6	5	45	89	45
당기순이익	72	78	246	44	93	44

분기 실적 〈단위 : 억원〉
항목	2015.3Q	2015.4Q	2016.1Q	2016.2Q	2016.3Q	2016.4Q
매출액	154	130	116	136	130	126
영업이익	26	13	10	12	14	9
당기순이익	18	18	12	14	15	3

재무 상태 〈단위 : 억원〉
항목	2011	2012	2013	2014	2015	2016
총자산	908	1,004	1,339	1,172	1,375	1,456
유형자산	37	33	31	35	97	115
무형자산	7	7	7	8	13	17
유가증권	68	68	91	136	304	497
총부채	232	253	325	75	101	147
총차입금	94	100	82		28	70
자본금	70	70	73	79	94	94
총자본	676	750	1,015	1,097	1,274	1,309
지배주주지분	676	750	1,015	1,097	1,274	1,309

기업가치 지표
항목	2011	2012	2013	2014	2015	2016
주가(최고/저)(천원)	4.3/2.1	5.5/2.7	6.5/3.2	5.4/3.4	8.5/4.0	6.9/5.1
PER(최고/저)(배)	8.9/4.4	10.5/5.2	3.9/1.9	19.3/12.3	16.6/7.7	29.7/22.0
PBR(최고/저)(배)	0.9/0.5	1.1/0.5	1.0/0.5	0.8/0.5	1.3/0.6	1.0/0.7
EV/EBITDA(배)	8.3	548.4			4.4	5.4
EPS(원)	515	556	1,723	287	526	237
BPS(원)	4,879	5,395	7,020	6,970	6,849	7,039
CFPS(원)	565	605	1,760	312	548	271
DPS(원)	50	50	50	50	50	75
EBITDAPS(원)	262	5	74	317	525	275

재무 비율 〈단위 : % 〉
연도	영업이익률	순이익률	부채비율	차입금비율	ROA	ROE	유보율	자기자본비율	EBITDA마진율
2016	8.9	8.8	11.2	5.4	3.1	3.4	1,307.8	89.9	10.2
2015	15.8	16.6	7.9	2.2	7.3	7.8	1,269.8	92.7	16.5
2014	10.5	10.3	6.9	0.0	3.5	4.2	1,294.0	93.6	11.4
2013	1.4	62.7	32.0	8.1	21.0	27.9	1,304.0	75.8	2.7

피엔아이시스템 (A242350)
P&I System COLTD

업 종 : 미디어		시 장 : KONEX	
신용등급 : (Bond) — (CP) —		기업규모 : —	
홈 페 이 지 : www.pnisys.com		연 락 처 : 070)8610-5333	
본 사 : 제주도 제주시 첨단로 245-2			

설 립 일 2004.07.06	종 업 원 수 명	대 표 이 사 신재중
상 장 일 2016.12.22	감사의견 적정 (정현)	계 열
결 산 기 12월	보 통 주 431만주	종속회사수
액 면 가 500원	우 선 주	구 상 호

주주구성 (지분율,%)		출자관계 (지분율,%)		주요경쟁사 (외형,%)	
신재중	23.6			피엔아이시스템	100
디에스자산운용	14.4			제이웨이	114
				래몽래인	216

매출구성		비용구성		수출비중	
3D 애니메이션	80.5	매출원가율	5.2	수출	—
3DVR 관련 제품 및 콘텐츠	11.5	판관비율	93.8	내수	—
이러닝서비스 외	7.9				

회사 개요
2004년 07월 설립된 동사는 3D 애니메이션 사업과 3D VR 관련 제품 및 콘텐츠 사업을 영위하고 있음. 2014년 애니메이션 산업의 사업체 수는 350개로 2012년부터 2014년까지 연평균 1.3% 증가하였으며, 애니메이션 제작업을 영위하는 사업체 역시 매년 약 290개 수준을 유지하고 있음. 국내 애니메이션 수출시장 규모는 마이너스 성장을 보인 2012년과 2013년과는 달리 성장세로 돌아서 2015년 1조 3,386억원을 기록함.

실적 분석
동사의 영업수익은 전년보다 59% 늘어난 65.8억원을 기록함. 이에 따라 영업비용이 대폭 늘었으며 영업이익은 0.63억원을 기록하였음. 최종적으로 동사는 55.6억의 당기순손실을 기록, 적자전환하였음. 비영업 부문에서도 56.2억원의 손실이 발생함. 동사의 영업수익에서 가장 큰 비중을 차지하는 부문은 3D 애니메이션 및 디지털콘텐츠제작이며 2016년 전체 매출액의 75.2%를 차지함.

현금 흐름 *IFRS 별도 기준 〈단위 : 억원〉
항목	2015	2016
영업활동	18	10
투자활동	-33	-104
재무활동	17	92
순현금흐름	3	-2
기말현금	3	3

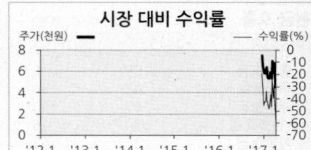
시장 대비 수익률

결산 실적 〈단위 : 억원〉
항목	2011	2012	2013	2014	2015	2016
매출액	—	27	37	41	41	66
영업이익	—	0	4	6	8	1
당기순이익	—	2	3	4	5	-56

분기 실적 *IFRS 별도 기준 〈단위 : 억원〉
항목	2015.3Q	2015.4Q	2016.1Q	2016.2Q	2016.3Q	2016.4Q
매출액	—	—	—	—	—	—
영업이익	—	—	—	—	—	—
당기순이익	—	—	—	—	—	—

재무 상태 *IFRS 별도 기준 〈단위 : 억원〉
항목	2011	2012	2013	2014	2015	2016
총자산	—	47	66	80	89	133
유형자산	—	19	25	26	22	51
무형자산	—	12	26	43	55	18
유가증권	—				1	1
총부채	—	26	37	47	55	79
총차입금	—	22	31	41	49	57
자본금	—	3	3	3	3	20
총자본	—	22	29	33	34	54
지배주주지분	—	22	29	33	34	54

기업가치 지표 *IFRS 별도 기준
항목	2011	2012	2013	2014	2015	2016
주가(최고/저)(천원)	—/—	—/—	—/—	—/—	—/—	8.8/5.4
PER(최고/저)(배)	0.0/0.0	0.0/0.0	0.0/0.0	0.0/0.0	0.0/0.0	—/—
PBR(최고/저)(배)	0.0/0.0	0.0/0.0	0.0/0.0	0.0/0.0	0.0/0.0	6.6/4.1
EV/EBITDA(배)	0.0	43.3	2.8	5.1	3.1	22.7
EPS(원)	—	68	145	173	206	-1,627
BPS(원)	—	36,039	47,856	54,768	56,311	1,333
CFPS(원)	—	2,714	14,452	10,864	21,107	-1,255
DPS(원)	—					
EBITDAPS(원)	—	572	15,637	13,401	26,099	391

재무 비율 〈단위 : % 〉
연도	영업이익률	순이익률	부채비율	차입금비율	ROA	ROE	유보율	자기자본비율	EBITDA마진율
2016	1.0	-84.5	145.4	105.6	-50.1	-126.5	166.6	40.8	20.3
2015	19.2	11.9	164.2	144.3	5.9	14.8	1,026.2	37.9	20.3
2014	13.9	10.2	142.6	125.3	5.7	13.5	995.4	41.2	19.8
2013	11.3	9.4	130.2	106.9	6.1	13.8	857.1	43.4	25.2

피엔에이치테크 (A239890)
P&H TECH

업 종 : 디스플레이 및 관련부품		시 장 : KONEX	
신용등급 : (Bond) — (CP) —		기업규모 : —	
홈 페 이 지 : www.phtech.co.kr		연 락 처 : (031)8021-1890	
본 사 : 경기도 용인시 기흥구 동백중앙로16번길 16-25, 804호(중동, 대우프론티어밸리1단지)			

설 립 일 2009.09.24	종 업 원 수 명	대 표 이 사 현서용	
상 장 일 2016.08.16	감사의견 적정 (신청)	계 열	
결 산 기 12월	보 통 주 200만주	종속회사수	
액 면 가 500원	우 선 주 103만주	구 상 호	

주주구성 (지분율,%)
현서용	74.6
박갑환	18.7

출자관계 (지분율,%)
(없음)

주요경쟁사 (외형,%)
피엔에이치테크	100
덕산네오룩스	910
스킨앤스킨	824

매출구성
Pd촉매	35.9
기타 제품	23.9
OLED완성체	20.0

비용구성
매출원가율	91.5
판관비율	52.4

수출비중
수출	1.5
내수	98.5

회사 개요
동사는 2009년 8월 24일에 설립되어 유기전자 재료 사업을 영위하고 있으며, 주로 OLED용 소재, 중간체 및 OLED소재 합성에 필요한 촉매 등을 제조판매하고 있음. 동사의 시장점유율은 미미한 수준이나, 다년간의 연구개발을 통해 현재까지 약 100개의 특허를 출원했으며 2,000종이 넘는소재의 분자구조 모델링, 300건이 넘는 실제합성 경험을 통해 방대한 데이터베이스를 구축하고 있음.

실적 분석
동사의 2016년 연결기준 연간 누적 매출액은 46.5억원으로 전년 동기 대비 39.3% 증가함. 매출은 증가했지만 매출원가 상승과 판매비와 관리비 부담 증가로 인해 영업손실은 20.5억원으로 전년 동기 대비 적자 지속됐으며 적자 규모는 확대됨. 비영업손익 부문에서 손실이 소폭 감소했음에도 당기순손실 21.3억원으로 전년 동기 대비 적자 규모가 크게 늘어남.

현금 흐름 *IFRS 별도 기준 〈단위 : 억원〉
항목	2015	2016
영업활동	-11	-22
투자활동	-27	-17
재무활동	31	38
순현금흐름	-7	-1
기말현금	3	2

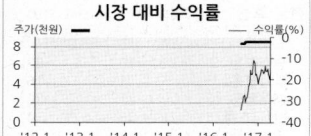

시장 대비 수익률

결산 실적 〈단위 : 억원〉
항목	2011	2012	2013	2014	2015	2016
매출액	—	—	30	27	33	47
영업이익	—	—	0	-9	-9	-20
당기순이익	—	—	-4	-13	-14	-21

분기 실적 *IFRS 별도 기준 〈단위 : 억원〉
항목	2015.3Q	2015.4Q	2016.1Q	2016.2Q	2016.3Q	2016.4Q
매출액						
영업이익						
당기순이익						

재무 상태 *IFRS 별도 기준 〈단위 : 억원〉
항목	2011	2012	2013	2014	2015	2016
총자산	—	—	67	90	106	116
유형자산	—	—	35	57	82	77
무형자산	—	—		1	1	1
유가증권	—	—				
총부채	—	—	55	90	75	75
총차입금	—	—	51	84	68	67
자본금	—	—	10	10	13	15
총자본	—	—	13	0	31	41
지배주주지분	—	—	13	0	31	41

기업가치 지표 *IFRS 별도 기준
항목	2011	2012	2013	2014	2015	2016
주가(최고/저)(천원)	—/—	—/—	—/—	—/—	—/—	8.5/8.3
PER(최고/저)(배)	0.0/0.0	0.0/0.0	0.0/0.0	0.0/0.0	0.0/0.0	—/—
PBR(최고/저)(배)	0.0/0.0	0.0/0.0	0.0/0.0	0.0/0.0	0.0/0.0	6.3/6.1
EV/EBITDA(배)	0.0	0.0				
EPS(원)	—	—	-191	-613	-672	-917
BPS(원)	—	—	4,762	-103	11,682	1,356
CFPS(원)	—	—	-1,490	-3,515	-3,589	-663
DPS(원)	—	—				
EBITDAPS(원)	—	—	-335	-2,039	-1,797	-625

재무 비율 〈단위 : %〉
연도	영업이익률	순이익률	부채비율	차입금비율	ROA	ROE	유보율	자기자본비율	EBITDA마진율
2016	-44.0	-45.9	183.3	162.3	-19.2	-59.4	171.2	35.3	-31.2
2015	-27.3	-41.5	242.9	221.3	-14.2	전기잠식	133.6	29.2	-14.2
2014	-32.0	-46.2	완전잠식	완전잠식	-16.1	당기잠식	-102.7	-0.3	-19.7
2013	0.0	-13.1	435.8	408.6			25.8	18.7	-2.9

피엔티 (A137400)
PEOPLE & TECHNOLOGY

업 종 : 전자 장비 및 기기		시 장 : KOSDAQ	
신용등급 : (Bond) — (CP) —		기업규모 : 벤처	
홈 페 이 지 : www.epnt.co.kr		연 락 처 : 054)469-6905	
본 사 : 경북 구미시 1공단로 86-69(공단동)			

설 립 일 2003.12.30	종 업 원 수 201명	대 표 이 사 김준섭	
상 장 일 2012.07.06	감사의견 적정 (경신)	계 열	
결 산 기 12월	보 통 주 760만주	종속회사수	
액 면 가 500원	우 선 주	구 상 호	

주주구성 (지분율,%)
김준섭	23.4
카이투자자문	6.6
(외국인)	3.3

출자관계 (지분율,%)
나노기술	50.7
섬서인과기계설비	100.0

주요경쟁사 (외형,%)
피엔티	100
엔에스	27
파크시스템스	23

매출구성
소재사업부(PDL외)	47.2
2차전지사업부(SRS외)	40.4
반도체사업부(ISM외)	12.5

비용구성
매출원가율	79.4
판관비율	13.7

수출비중
수출	74.9
내수	25.1

회사 개요
동사는 2003년 설립되어, 2012년 7월 코스닥시장에 상장된 기업으로, Roll to Roll 기술을 바탕으로 IT용 소재, 2차전지의 음극 및 분리막 소재, Copper 등의 코팅 및 슬리터 장비의 제작 판매를 주요 사업으로 영위하고 있음. 최대주주는 김준섭 대표이사로 23.4%의 지분을 보유하고 있으며, 연결대상 종속회사로는 중국소재의 특수기계 제조회사인 섬서인과기계설비(유)와 디스플레이 제조기업인 (주)나노기술이 있음.

실적 분석
동사는 2016년에 전기 대비 18.9% 확대된 1,085.5억원의 매출을 시현함. 경기침체에 따른 투자감소로 국내 매출액이 전기 대비 감소하였으나, 중국내 전기차 관련 투자가 활성화되면서 관련 중국업체 및 중국에 투자를 확대하는 기업의 매출액이 크게 증가하였음. 매출확대 영향으로 영업이익은 전기 1.9억 적자에서 크게 개선된 74.7억원을 시현함. 순이익 면에서도 전기 2.3억원의 손실에서 흑자전환한 29억원을 시현함.

현금 흐름 〈단위 : 억원〉
항목	2015	2016
영업활동	-39	-17
투자활동	-107	-56
재무활동	118	64
순현금흐름	-29	-9
기말현금	57	48

시장 대비 수익률

결산 실적 〈단위 : 억원〉
항목	2011	2012	2013	2014	2015	2016
매출액	764	547	827	1,057	913	1,085
영업이익	112	65	46	88	-2	75
당기순이익	89	50	33	61	-2	29

분기 실적 〈단위 : 억원〉
항목	2015.3Q	2015.4Q	2016.1Q	2016.2Q	2016.3Q	2016.4Q
매출액	359	285	161	379	193	352
영업이익	-21	14	18	18	20	18
당기순이익	-18	10	10	15	13	-9

재무 상태 〈단위 : 억원〉
항목	2011	2012	2013	2014	2015	2016
총자산	537	784	729	881	1,018	1,535
유형자산	104	190	110	155	255	430
무형자산	7	7	8	8	7	26
유가증권	28	106	182	182	202	102
총부채	296	317	248	334	480	1,012
총차입금	101	17	15	110	239	370
자본금	11	38	38	38	38	38
총자본	241	467	480	547	538	523
지배주주지분	241	467	480	547	538	554

기업가치 지표
항목	2011	2012	2013	2014	2015	2016
주가(최고/저)(천원)	—/—	9.5/5.5	11.6/5.9	8.6/6.3	11.8/6.6	14.5/8.6
PER(최고/저)(배)	0.0/0.0	13.1/7.6	27.2/13.8	10.9/7.9	—/—	38.5/22.9
PBR(최고/저)(배)	0.0/0.0	1.6/1.0	1.9/1.0	1.2/0.9	1.7/0.9	2.0/1.2
EV/EBITDA(배)	0.7	5.3	7.3	5.0	64.5	11.1
EPS(원)	1,751	766	437	808	-31	381
BPS(원)	8,040	6,146	6,385	7,321	7,191	7,472
CFPS(원)	3,131	846	519	928	173	601
DPS(원)		200		100		
EBITDAPS(원)	3,883	1,089	687	1,280	178	1,203

재무 비율 〈단위 : %〉
연도	영업이익률	순이익률	부채비율	차입금비율	ROA	ROE	유보율	자기자본비율	EBITDA마진율
2016	6.9	2.7	193.3	70.8	2.3	5.3	1,394.5	34.1	8.4
2015	-0.2	-0.3	89.2	44.4	-0.3	-0.4	1,338.2	52.9	1.5
2014	8.3	5.8	61.1	20.1	7.6	12.0	1,364.2	62.1	9.2
2013	5.6	4.0	51.7	3.1	4.4	7.0	1,176.9	65.9	6.3

피엔풍년 (A024940)
Pnpoongnyun

업 종 : 내구소비재		시 장 : KOSDAQ	
신용등급 : (Bond) — (CP) —		기업규모 : 벤처	
홈페이지 : www.pn.co.kr		연 락 처 : 031)491-2965	
본 사 : 경기도 안산시 단원구 별망로 620			

설 립 일 1974.11.17	종 업 원 수 190명	대 표 이 사 유재원
상 장 일 1995.01.04	감 사 의 견 적정 (가립)	계 열
결 산 기 12월	보 통 주 1,000만주	종속회사수
액 면 가 500원	우 선 주	구 상 호

주주구성 (지분율,%)		출자관계 (지분율,%)	주요경쟁사 (외형,%)	
유재원	31.4		PN풍년	100
클래드	9.3		파세코	134
(외국인)	0.5		행남생활건강	37

매출구성		비용구성		수출비중	
[제품]압력솥외	52.8	매출원가율	72.3	수출	9.9
[상품]압력솥외	45.1	판관비율	24.8	내수	90.1
[부품]부품	2.0				

회사 개요

동사는 1954년 세광알미늄공업사로 설립된 후 2009년 현재의 사명으로 상호를 변경함. 주요사업으로 스텐압력솥, 압력솥 등의 제품 판매업을 영위함. 주력 매출 품목인 기물압력솥류에서 국내시장의 76% 정도를 점유하고 있으며 휘슬러, 남양, 키친아트 등이 나머지 시장을 점유하고 있음. 주방용품시장은 상대적으로 계절적 요소나 경기변동에 많은 영향을 받지 않으나, 시장 진입장벽이 낮고 해외 브랜드에 대한 수요 증가로 경쟁이 심화되어 있음.

실적 분석

동사의 2016년 연결 기준 매출과 영업이익은 761.5억원, 21.7억원으로 전년 대비 각각 2.2%, 16.1% 증가함. 62년의 전통을 가진 동사는 프리미엄 압력솥 '베르투와'으로 '2016년 레드닷 디자인 어워드'최고상인 'best of the best'를 수상함. 또한 전통적 통주물공법을 활용한 풍년전통가마솥 '궁'과 '프리미엄 메가티타늄 IH 프라이팬' 등의 제품을 출시해 홈쇼핑에 성공적으로 론칭, 실적 상승에 기여함.

현금 흐름 *IFRS 별도 기준 〈단위 : 억원〉

항목	2015	2016
영업활동	41	27
투자활동	-8	-95
재무활동	-9	26
순현금흐름	25	-42
기말현금	90	48

시장 대비 수익률

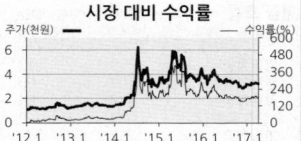

결산 실적 〈단위 : 억원〉

항목	2011	2012	2013	2014	2015	2016
매출액	582	617	741	746	745	761
영업이익	-9	7	10	14	19	22
당기순이익	-1	8	10	11	13	18

분기 실적 *IFRS 별도 기준 〈단위 : 억원〉

항목	2015.3Q	2015.4Q	2016.1Q	2016.2Q	2016.3Q	2016.4Q
매출액	192	188	196	160	202	203
영업이익	6	-5	8	7	7	6
당기순이익	7	-7	1	6	5	5

재무 상태 *IFRS 별도 기준 〈단위 : 억원〉

항목	2011	2012	2013	2014	2015	2016
총자산	405	429	453	437	446	514
유형자산	166	169	167	149	149	144
무형자산	8	7	6	6	6	6
유가증권	—	—	5	5	—	—
총부채	143	161	178	153	152	204
총차입금	48	66	67	58	52	80
자본금	50	50	50	50	50	50
총자본	262	268	275	283	294	309
지배주주지분	262	268	275	283	294	309

기업가치 지표 *IFRS 별도 기준

항목	2011	2012	2013	2014	2015	2016
주가(최고/저)(천원)	1.7/0.9	1.8/1.0	1.7/1.2	6.2/1.4	6.3/3.1	4.4/2.7
PER(최고/저)(배)	—/—	24.8/14.4	18.6/13.1	59.7/13.3	48.5/23.6	25.2/15.7
PBR(최고/저)(배)	0.7/0.4	0.7/0.4	0.7/0.5	2.2/0.5	2.2/1.1	1.4/0.9
EV/EBITDA(배)	21.1		4.9	9.2	10.7	6.4
EPS(원)	-8	76	98	106	132	175
BPS(원)	2,638	2,700	2,752	2,853	2,961	3,113
CFPS(원)	124	225	259	269	296	330
DPS(원)	15	25	25	25	25	25
EBITDAPS(원)	42	221	262	305	351	371

재무 비율 〈단위 : % 〉

연도	영업이익률	순이익률	부채비율	차입금비율	ROA	ROE	유보율	자기자본비율	EBITDA마진율
2016	2.9	2.3	66.0	25.8	3.7	5.8	522.6	60.3	4.9
2015	2.5	1.8	51.5	17.6	3.0	4.6	492.2	66.0	4.7
2014	1.9	1.4	54.1	20.4	2.4	3.8	470.5	64.9	4.1
2013	1.4	1.4	64.8	24.3	2.2	3.6	450.3	60.7	3.5

피엠디아카데미 (A144740)
PMD ACADEMY CORP

업 종 : 교육		시 장 : KONEX	
신용등급 : (Bond) — (CP) —		기업규모 : —	
홈페이지 : www.pmd.co.kr		연 락 처 : 070)7602-5096	
본 사 : 서울시 마포구 양화로 78, 3층(서교빌딩)			

설 립 일 2008.08.14	종 업 원 수 117명	대 표 이 사 유준철
상 장 일 2013.07.01	감 사 의 견 한정(불확실성) (상략)	계 열
결 산 기 12월	보 통 주 174만주	종속회사수
액 면 가 500원	우 선 주 21만주	구 상 호

주주구성 (지분율,%)		출자관계 (지분율,%)	주요경쟁사 (외형,%)	
유준철	36.7		피엠디아카데미	100
KB자산운용	8.2		유비온	194
			비앤에스미디어	81

매출구성		비용구성		수출비중	
[온라인]프라임MD, 프라임PEET	34.3	매출원가율	147.5	수출	0.0
[학원강의]프라임MD, 프라임PEET	34.0	판관비율	41.9	내수	100.0
[라이브강의]프라임MD, 프라임PEET	24.9				

회사 개요

동사는 코넥스상장기업으로, 성인교육시장 중 의치의학전문대학원 및 약학대학 입시를 주목표시장으로 하는 업체임. 2011년부터 대학편입학 입시, 중등교사 임용시험 시장에 진출하였고, 2013년부터 이공계열 논술시장에도 진출하였음. 전문대학원 입시의 경우, 지속적으로 해당 전문인력이 공급되어야 하므로 해당 수요에 대한 수요가 사라질 가능성은 매우 희박함. 또한 성인교육시장의 경우, 정부의 규제에서도 타 교육시장에 비해 자유로운 편임.

실적 분석

동사는 2016년 대학사업에 만반의 준비를 했으나, 시장의 과도한 저가정책과 기존 스타강사 사 위주의 시장 한계로 인하여 저조한 실적을 기록함. 동사의 2016년 매출액은 104.5억원으로 전년 대비 66.3% 줄어든 수치임. 영업이익과 당기순이익은 각각 -93.5억원, -102.6억원으로 적자전환하는 모습. 대학사업부 강남옵티머스 지점, 고대 지점, 대구 지점 등 수익성이 떨어지는 지점은 폐점했며 강남지점 및 신촌지점은 이전.

현금 흐름 *IFRS 별도 기준 〈단위 : 억원〉

항목	2015	2016
영업활동	-16	-88
투자활동	1	16
재무활동	-21	76
순현금흐름	-36	4
기말현금	2	6

시장 대비 수익률

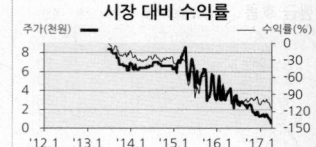

결산 실적 〈단위 : 억원〉

항목	2011	2012	2013	2014	2015	2016
매출액	274	300	289	301	310	104
영업이익	33	22	22	18	33	-93
당기순이익	23	16	14	3	21	-103

분기 실적 *IFRS 별도 기준 〈단위 : 억원〉

항목	2015.3Q	2015.4Q	2016.1Q	2016.2Q	2016.3Q	2016.4Q
매출액						
영업이익						
당기순이익						

재무 상태 *IFRS 별도 기준 〈단위 : 억원〉

항목	2011	2012	2013	2014	2015	2016
총자산	150	183	180	216	146	109
유형자산	45	43	30	20	18	22
무형자산	6	6	6	33	29	15
유가증권	—	—	—	7	—	—
총부채	87	105	83	121	61	127
총차입금	21	19	5	5	14	89
자본금	12	12	13	13	13	13
총자본	63	78	96	94	85	-18
지배주주지분	63	78	96	94	85	-18

기업가치 지표 *IFRS 별도 기준

항목	2011	2012	2013	2014	2015	2016
주가(최고/저)(천원)	—/—	—/—	8.4/5.8	7.4/6.1	9.1/2.9	5.7/1.2
PER(최고/저)(배)	0.0/0.0	0.0/0.0	15.4/10.7	57.2/47.4	10.1/3.2	—/—
PBR(최고/저)(배)	0.0/0.0	0.0/0.0	2.3/1.6	2.0/1.7	2.1/0.7	-6.2/-1.3
EV/EBITDA(배)	0.3	0.2	2.6	1.8	1.3	—
EPS(원)	1,469	673	560	129	899	-5,257
BPS(원)	2,647	3,274	3,687	3,616	4,344	-913
CFPS(원)	2,157	1,242	1,133	902	1,570	-4,581
DPS(원)	10		200			
EBITDAPS(원)	2,751	1,475	1,422	1,466	2,038	-4,115

재무 비율 〈단위 : % 〉

연도	영업이익률	순이익률	부채비율	차입금비율	ROA	ROE	유보율	자기자본비율	EBITDA마진율
2016	-89.5	-98.2	완전잠식	완전잠식	-80.3	당기잠식	-236.3	-16.3	-76.8
2015	10.5	6.9	72.4	16.3	11.8	23.9	548.8	58.0	15.6
2014	6.0	1.1	128.1	5.3	1.7	3.5	623.1	43.8	12.7
2013	7.4	4.9	86.7	5.2	7.8	16.3	637.4	53.6	12.5

피제이메탈 (A128660)
PJ METAL

업　　종 : 금속 및 광물　　　　　　시　　장 : KOSDAQ
신용등급 : (Bond) —　　　(CP) —　　기업규모 : 중견
홈페이지 : www.pjmetal.co.kr　　　연 락 처 : 02)555-4451
본　　사 : 서울시 강남구 테헤란로81길 13 삼성동 동원빌딩 11층

설 립 일 2010.06.30	종업원수 80명	대 표 이 사 원경연	
상 장 일 2010.12.13	감사의견 적정 (삼일)	계　　　열	
결 산 기 12월	보 통 주 2,480만주	종속회사수	
액 면 가 500원	우 선 주	구 상 호	

주주구성 (지분율,%)		출자관계 (지분율,%)		주요경쟁사 (외형,%)	
풍전비철	45.9			피제이메탈	100
송동춘	14.3			포스링크	8
(외국인)	1.3			이구산업	199

매출구성		비용구성		수출비중	
탈산제	93.6	매출원가율	96.8	수출	3.9
상품	6.0	판관비율	1.7	내수	96.1
조재제	0.4				

회사 개요
동사는 비철금속 제조 및 판매업 등을 영위할 목적으로 2010년 5월 알멕스사의 주주총회 결의에 따라 2010년 6월 인적분할에 의하여 설립되었음. 알루미늄산업의 업종은 크게 압연, 압출, 합금(주물사 포함), 탈산제 등으로 구분할 수 있음. 동사는 그 중에서 탈산제를 생산, 물량의 대부분을 POSCO 광양제철소의 부원료로 공급하고 있음. 탈산제는 알루미늄 제강 공정시 과포화된 산소를 제거하는데 필수적인 부원료로 사용됨.

실적 분석
빌렛 신규사업의 손실발생 및 탈산제 판매단가 하락으로 인한 이익감소의 영향으로 동사의 2016년 누적 매출액은 전년대비 2.5% 감소한 993.7억원을 시현. 영업이익은 전년대비 81% 크게 감소한 14.7억원, 당기순이익은 전년대비 53% 감소한 23.9억원을 기록하는데 그침. 외환손익 부문은 적자지속 했으나, 비영업이익은 16.1억원으로 흑자전환함. 동사는 포스코엠텍과 함께 국내 탈산제시장을 양분하고 있음.

현금 흐름　*IFRS 별도 기준　〈단위 : 억원〉

항목	2015	2016
영업활동	47	-76
투자활동	-60	-17
재무활동	17	92
순현금흐름	5	-1
기말현금	10	9

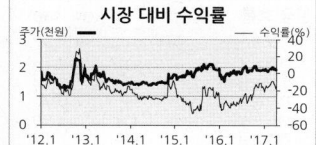

시장 대비 수익률

결산 실적　〈단위 : 억원〉

항목	2011	2012	2013	2014	2015	2016
매출액	1,372	1,183	1,218	1,158	1,019	994
영업이익	58	58	38	78	77	15
당기순이익	42	44	23	46	52	24

분기 실적　*IFRS 별도 기준　〈단위 : 억원〉

항목	2015.3Q	2015.4Q	2016.1Q	2016.2Q	2016.3Q	2016.4Q
매출액	219	208	171	252	254	317
영업이익	17	22	7	-5	3	10
당기순이익	4	19	14	-4	11	2

재무 상태　*IFRS 별도 기준　〈단위 : 억원〉

항목	2011	2012	2013	2014	2015	2016
총자산	474	535	537	534	578	741
유형자산	152	221	205	206	266	258
무형자산	5	20	20	20	20	15
유가증권	1	1	1	—	—	—
총부채	259	299	293	256	252	368
총차입금	192	239	225	197	219	290
자본금	109	109	109	110	110	124
총자본	215	236	244	278	327	373
지배주주지분	215	236	244	278	327	373

기업가치 지표　*IFRS 별도 기준

항목	2011	2012	2013	2014	2015	2016
주가(최고/저)(천원)	3.0/1.2	2.4/1.2	2.2/1.4	1.8/1.4	2.2/1.6	2.1/1.5
PER(최고/저)(배)	19.4/8.1	14.9/7.5	24.5/15.0	9.7/7.5	10.4/7.4	22.0/16.0
PBR(최고/저)(배)	3.8/1.6	2.6/1.3	2.2/1.4	1.5/1.2	1.6/1.2	1.4/1.1
EV/EBITDA(배)	9.1	9.1	11.0	6.7	7.3	20.4
EPS(원)	193	201	108	210	235	99
BPS(원)	989	1,145	1,192	1,332	1,487	1,505
CFPS(원)	251	310	165	271	297	183
DPS(원)	50	75	75	90	100	90
EBITDAPS(원)	325	377	232	418	413	145

재무 비율　〈단위 : % 〉

연도	영업이익률	순이익률	부채비율	차입금비율	ROA	ROE	유보율	자기자본비율	EBITDA마진율
2016	1.5	2.4	98.5	77.7	3.6	6.8	201.0	50.4	3.5
2015	7.6	5.1	77.0	67.1	9.3	17.1	197.3	56.5	8.9
2014	6.7	4.0	92.3	71.1	8.5	17.5	166.4	52.0	7.9
2013	3.1	1.9	120.0	92.2	4.4	9.8	138.4	45.5	4.1

피제이전자 (A006140)
PJ Electronics

업　　종 : 의료 장비 및 서비스　　시　　장 : KOSDAQ
신용등급 : (Bond) —　　　(CP) —　　기업규모 : 우량
홈페이지 : www.pjems.co.kr　　　연 락 처 : 032)326-7000
본　　사 : 경기도 부천시 오정구 삼작로 22 부천테크노파크 101동 601호

설 립 일 1969.07.18	종업원수 270명	대 표 이 사 김명욱	
상 장 일 1993.12.07	감사의견 적정 (대성)	계　　　열	
결 산 기 12월	보 통 주 1,000만주	종속회사수	
액 면 가 500원	우 선 주	구 상 호	

주주구성 (지분율,%)		출자관계 (지분율,%)		주요경쟁사 (외형,%)	
김재석	35.8			피제이전자	100
신영자산운용	4.7			루트로닉	80
(외국인)	0.7			인피니트헬스케어	67

매출구성		비용구성		수출비중	
초음파진단기외	90.3	매출원가율	92.1	수출	72.1
SMD	7.9	판관비율	1.2	내수	27.9
임대	1.8				

회사 개요
동사는 1969년 설립된 전자 제품 생산업체로 1993년 코스닥 시장에 상장됨. GE BRAND로 국내외에 판매되는 초음파 진단기를 전문 생산 하여 한국지이초음파에 공급 하고 있음. 에스원에 출입통제 및 보안기능의 생산을 의뢰받아 공급하고 있음. 최근 사무 자동화설비 보안 강화에 따른 통제 SYSTEM 수요가 증가함에 따라 보안기기부문의 영역이 점차 확대되고 있음.

실적 분석
동사의 2016년 결산 연결기준 매출액은 1,059.6억원으로 전년동기 대비 1.1%의 소폭 외형 성장을 보임. 영업이익과 당기순이익도 각 70.7억원과 77.2억원을 기록하며 전년 동기 대비 수익성 개선. 동사는 자동차부품제조업 에서 전자제품 및 부품으로 주 생산품을 변경한 이후로 자체상품과 수탁 가공품의 품목과 비율을 적절히 조절 하여 성장성과 안정성을 두루 취할수 있는 운영 방식으로 변하는 중임. 이에 안정적인 실적을 시현함.

현금 흐름　*IFRS 별도 기준　〈단위 : 억원〉

항목	2015	2016
영업활동	109	32
투자활동	-117	12
재무활동	-0	-42
순현금흐름	-8	2
기말현금	7	9

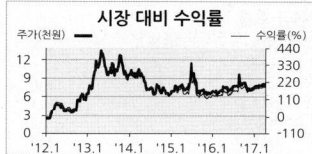

시장 대비 수익률

결산 실적　〈단위 : 억원〉

항목	2011	2012	2013	2014	2015	2016
매출액	1,023	1,113	1,132	1,047	1,048	1,060
영업이익	107	115	109	74	70	71
당기순이익	82	95	93	66	63	77

분기 실적　*IFRS 별도 기준　〈단위 : 억원〉

항목	2015.3Q	2015.4Q	2016.1Q	2016.2Q	2016.3Q	2016.4Q
매출액	274	307	243	254	261	302
영업이익	16	21	15	16	16	23
당기순이익	14	19	13	15	16	33

재무 상태　*IFRS 별도 기준　〈단위 : 억원〉

항목	2011	2012	2013	2014	2015	2016
총자산	926	962	1,008	991	1,094	1,149
유형자산	185	201	196	216	230	241
무형자산	3	3	3	3	3	3
유가증권	19	18	18	19	16	6
총부채	261	215	183	119	179	179
총차입금	80	60	30	—	20	—
자본금	50	50	50	50	50	50
총자본	665	747	825	872	915	970
지배주주지분	665	747	825	872	915	970

기업가치 지표　*IFRS 별도 기준

항목	2011	2012	2013	2014	2015	2016
주가(최고/저)(천원)	2.8/2.2	6.7/2.5	13.6/6.3	10.5/6.2	11.5/6.3	9.6/6.4
PER(최고/저)(배)	4.1/3.2	8.0/3.0	16.4/7.6	17.2/10.2	19.4/10.6	12.9/8.5
PBR(최고/저)(배)	0.5/0.4	1.0/0.4	1.8/0.9	1.3/0.8	1.3/0.7	1.0/0.7
EV/EBITDA(배)	2.7	5.4	7.4	5.5	6.0	6.1
EPS(원)	823	955	927	664	632	772
BPS(원)	66,484	7,467	8,250	8,725	9,150	9,704
CFPS(원)	9,772	1,137	1,131	898	876	1,041
DPS(원)	1,500	150	200	200	220	242
EBITDAPS(원)	12,240	1,334	1,299	970	944	976

재무 비율　〈단위 : % 〉

연도	영업이익률	순이익률	부채비율	차입금비율	ROA	ROE	유보율	자기자본비율	EBITDA마진율
2016	6.7	7.3	18.4	0.0	6.9	8.2	1,840.9	84.4	9.2
2015	6.7	6.0	19.6	2.2	6.1	7.1	1,730.1	83.6	9.0
2014	7.0	6.3	13.6	0.0	6.6	7.8	1,644.9	88.0	9.3
2013	9.7	8.2	22.1	3.6	9.4	11.8	1,550.0	81.9	11.5

픽셀플러스 (A087600)
Pixelplus

업 종 : 반도체 및 관련장비		시 장 : KOSDAQ	
신용등급 : (Bond) — (CP) —		기업규모 : 우량	
홈 페 이 지 : www.pixelplus.com		연 락 처 : 031)888-5300	
본 사 : 경기도 수원시 영통구 광교로 105(이의동, 경기알앤디비센터6층)			

설 립 일	2000.04.12	종업원수	125명	대표이사	이서규
상 장 일	2015.06.12	감사의견	적정 (삼정)	계 열	
결 산 기	12월	보통주	817만주	종속회사수	
액 면 가	500원	우선주		구 상 호	

주주구성 (지분율,%)		출자관계 (지분율,%)		주요경쟁사 (외형,%)	
이서규	23.2			픽셀플러스	100
	6.8			유니테스트	159
(외국인)	0.0			에스앤에스텍	74

매출구성		비용구성		수출비중	
아날로그 이미지센서	74.3	매출원가율	81.7	수출	88.0
디지털 이미지센서	23.3	판관비율	28.5	내수	12.0
기타	2.4				

회사 개요
동사는 CMOS 이미지센서 공급업체로 주요 제품는 CCTV, 차량용 카메라 등이며 전방산업의 특성상 진입 장벽이 높아 안정적인 실적 성장이 가능한 사업구조를 확보. 수출비중이 90%이며 고객사가 1,200여개사에 달해 단가 인하 압력에 대한 부담감이 없음. 매출 비중은 보안카메라 이미지센서 69.2%, 자동차 카메라 센서 29.6%, 기타 1.2%. 보안 카메라 이미지센서 세계시장 점유율은 2014년 32.5%로 1위를 기록.

실적 분석
동사의 2016년 4분기 누적 연결 기준 매출과 영업손실, 당기순손실은 734.4억원, 74.2억원, 67.9억원으로 전년 동기 대비 30.9%감소, 적자전환함. 동사는 신규 사업 투자로 영업이익이 적자로 전환함. 동사는 고화소 산업용 카메라 센서와 의료용 초소형 내시경 카메라 센서 시장에 진출해 신성장 동력이 기대됨. 하반기부터 IP카메라, 드론 IoT에 활용 가능한 카메라 SoC 제품들이 출시됨에 따라 실적 하락세는 진정될 것으로 예상됨

현금 흐름 〈단위 : 억원〉

항목	2015	2016
영업활동	60	8
투자활동	-217	180
재무활동	75	-111
순현금흐름	-80	82
기말현금	142	224

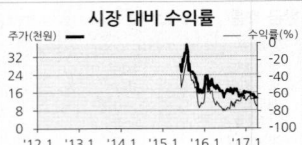
시장 대비 수익률

결산 실적 〈단위 : 억원〉

항목	2011	2012	2013	2014	2015	2016
매출액	447	980	1,494	1,239	1,062	734
영업이익	107	309	464	218	93	-74
당기순이익	108	326	379	200	114	-68

분기 실적 〈단위 : 억원〉

항목	2015.3Q	2015.4Q	2016.1Q	2016.2Q	2016.3Q	2016.4Q
매출액	205	256	201	186	183	165
영업이익	3	-10	-35	-1	-15	-24
당기순이익	7	15	-34	-10	-17	-7

재무 상태 〈단위 : 억원〉

항목	2011	2012	2013	2014	2015	2016
총자산	176	550	1,025	1,116	1,260	1,097
유형자산	5	10	13	16	18	12
무형자산	2	12	21	73	76	62
유가증권	1	20	75	50	81	86
총부채	54	91	187	106	61	78
총차입금	23	—	—	0	—	—
자본금	34	39	39	39	41	41
총자본	122	459	838	1,011	1,200	1,019
지배주주지분	122	459	838	1,011	1,198	1,019

기업가치 지표

항목	2011	2012	2013	2014	2015	2016
주가(최고/저)(천원)	—/—	—/—	—/—	—/—	37.2/14.8	23.9/13.1
PER(최고/저)(배)	0.0/0.0	0.0/0.0	0.0/0.0	0.0/0.0	26.3/10.5	—/—
PBR(최고/저)(배)	0.0/0.0	0.0/0.0	0.0/0.0	0.0/0.0	2.5/1.0	1.7/0.9
EV/EBITDA(배)					4.5	
EPS(원)	1,585	4,403	4,883	2,570	1,436	-832
BPS(원)	1,791	5,912	10,790	13,016	15,058	14,134
CFPS(원)	1,681	4,479	4,990	2,716	1,734	-551
DPS(원)					100	100
EBITDAPS(원)	1,666	4,250	6,084	2,952	1,458	-629

재무 비율 〈단위 : % 〉

연도	영업이익률	순이익률	부채비율	차입금비율	ROA	ROE	유보율	자기자본비율	EBITDA마진율
2016	-10.1	-9.3	7.7	0.0	-5.8	-6.1	2,726.8	92.9	-7.0
2015	8.7	10.7	5.0	0.0	9.6	10.4	2,911.6	95.2	11.0
2014	17.6	16.1	10.4	0.0	18.6	21.6	2,503.2	90.6	18.5
2013	31.1	25.4	22.3	0.0	48.2	58.5	2,058.0	81.8	31.6

필룩스 (A033180)
Feelux

업 종 : 가정생활용품		시 장 : 거래소	
신용등급 : (Bond) — (CP) —		기업규모 : 시가총액 소형주	
홈 페 이 지 : www.feelux.com		연 락 처 : 070)7780-8000	
본 사 : 경기도 양주시 광적면 광적로 235-48			

설 립 일	1983.12.01	종업원수	145명	대표이사	노시청,배기복
상 장 일	2001.12.26	감사의견	적정 (중앙)	계 열	
결 산 기	12월	보통주	2,744만주	종속회사수	
액 면 가	500원	우선주		구 상 호	

주주구성 (지분율,%)		출자관계 (지분율,%)		주요경쟁사 (외형,%)	
블루커넬	15.7	바이필룩스	100.0	필룩스	100
노시청	12.4	상지건설	76.0	LG생활건강	5,654
(외국인)	1.4	필룩스광전(산동)	100.0	모나리자	113

매출구성		비용구성		수출비중	
트랜스포머 라인필터	76.4	매출원가율	65.3	수출	50.5
LED 제품 및 일반형광제품	41.0	판관비율	24.9	내수	49.5
페라이트 코아	12.0				

회사 개요
동사는 LED 감성조명 및 문화 컨텐츠 사업, 트랜스포터, 라인필터, 인덕터 등을 생산하는 부품사업, 페라이트 코아, 비드를 생산하는 소재사업, 전동 모터형 커튼을 생산하는 커튼사업, 홈네트워크 사업을 영위하고 있음. 1984년 '보암산업 주식회사'로 설립되어, 2000년 '필룩스'로 상호를 변경. 1997년 코스닥시장에 상장된 후 2001년 유가증권시장에 이전 상장함

실적 분석
2016년 동사의 연결기준 매출액은 1,077.9억원으로 전년 동기 대비 13.7% 증가함. 조명매출의 비중 증가로 인한 수익성 개선으로 영업이익은 전년대비 120.1% 개선된 106.1억원을 시현. 타인법 취득으로 인한 연결 실적 반영의 영향으로 당기순이익도 전년대비 크게 개선된 모습. 사물인터넷(IoT) 서비스 플랫폼인 '필마스터'에 이어 '비콘' 융합형 스마트조명으로 스마트홈 시장에 본격 진출 추진 중임

현금 흐름 〈단위 : 억원〉

항목	2015	2016
영업활동	83	-69
투자활동	-87	-194
재무활동	39	341
순현금흐름	36	79
기말현금	74	153

시장 대비 수익률

결산 실적 〈단위 : 억원〉

항목	2011	2012	2013	2014	2015	2016
매출액	927	947	973	1,034	948	1,078
영업이익	35	53	66	73	48	106
당기순이익	23	35	44	52	31	59

분기 실적 〈단위 : 억원〉

항목	2015.3Q	2015.4Q	2016.1Q	2016.2Q	2016.3Q	2016.4Q
매출액	295	216	239	221	308	310
영업이익	14	11	16	22	34	35
당기순이익	15	-2	9	6	26	17

재무 상태 〈단위 : 억원〉

항목	2011	2012	2013	2014	2015	2016
총자산	900	886	950	1,010	1,045	1,656
유형자산	264	273	289	351	422	381
무형자산	11	7	12	19	20	24
유가증권	1	1	1	1	1	35
총부채	338	319	345	355	374	861
총차입금	171	166	148	133	183	586
자본금	128	128	128	128	128	131
총자본	562	567	605	655	671	794
지배주주지분	562	567	605	655	671	762

기업가치 지표

항목	2011	2012	2013	2014	2015	2016
주가(최고/저)(천원)	1.3/0.7	1.6/1.0	1.9/1.1	2.4/1.5	3.1/1.8	5.4/2.0
PER(최고/저)(배)	16.1/8.8	12.5/7.5	11.9/7.1	12.0/7.6	26.3/15.2	25.6/9.5
PBR(최고/저)(배)	0.7/0.4	0.8/0.5	0.9/0.5	1.0/0.6	1.2/0.7	1.9/0.7
EV/EBITDA(배)	8.1	5.8	5.2	6.3	9.5	9.8
EPS(원)	93	139	172	207	121	218
BPS(원)	2,220	2,241	2,390	2,590	2,652	2,951
CFPS(원)	172	227	263	333	213	316
DPS(원)	30	30	35	40	—	78
EBITDAPS(원)	219	299	353	417	283	516

재무 비율 〈단위 : % 〉

연도	영업이익률	순이익률	부채비율	차입금비율	ROA	ROE	유보율	자기자본비율	EBITDA마진율
2016	9.8	5.4	108.4	73.7	4.3	7.7	483.3	48.0	12.2
2015	5.1	3.2	55.8	27.3	3.0	4.6	424.1	64.2	7.5
2014	7.1	5.1	54.1	20.3	5.3	8.3	411.9	64.9	10.2
2013	6.8	4.5	57.0	24.4	4.8	7.4	372.4	63.7	9.2

필링크 (A064800)
Feelingk

업 종 : 에너지 시설 및 서비스		시 장 : KOSDAQ	
신용등급 : (Bond) — (CP) —		기업규모 : 중견	
홈 페 이 지 : www.feelingk.com		연 락 처 : 02)2102-7300	
본 사 : 서울시 영등포구 영등포로 272 필링크타워10층			

설 립 일	2000.04.06	종 업 원 수	131명	대 표 이 사	김상재,서영운
상 장 일	2002.08.22	감 사 의 견	적정 (삼일)	계 열	
결 산 기	12월	보 통 주	4,727만주	종속회사수	
액 면 가	100원	우 선 주		구 상 호	

주주구성 (지분율,%)		출자관계 (지분율,%)		주요경쟁사 (외형,%)	
젬백스테크놀러지	10.1			필링크	100
스톤브릿지유니온	9.8			한솔신텍	485
(외국인)	0.3			S&TC	767

매출구성		비용구성		수출비중	
기타 무선인터넷 솔루션	44.8	매출원가율	84.0	수출	2.5
유지보수/운영	38.8	판관비율	21.0	내수	97.5
SMSC/LMSC	11.4				

회사 개요
동사는 무선인터넷서비스 전문기업으로 주요 사업으로는 무선 인터넷 기반 인프라에서포털, 각종 서비스 다운로드 및 전송 인프라 등을 가능케하는 솔루션 사업, 이통사의 다양한 인프라 및 서비스 플랫폼에 대한 SI 운영 및 유지보수 사업, B2B 대상의 ASP 사업 등을 수행하고 있음. 최근에는 골프웨어 제조사인 크리스프앤씨를 인수하며 사업다각화 추진. 17년 3월 최대주주가 젬백스로 변경되는 이슈 발생.

실적 분석
동사의 2016년 연결기준 결산 매출액은 331.1억원으로 전년동기 대비 107.8% 증가. 영업손실은 적자전환 하여 16.8억원, 당기순손실은 1.3억원 기록. 최근에는 UMEC를 인수해 사물인터넷사업, 에너지인프라솔루션 사업으로 진출하며 빌딩에너지관리시스템 사업을 확대. 또한 스마트 기기 보급에 따라 IP 푸시 솔루션 개발 및 문자메시지 기술(RCS 솔루션)에도 진출할 뿐더러 골프웨어 제조자인 크리스프앤씨를 인수하며 사업다각화.

현금 흐름 〈단위 : 억원〉

항목	2015	2016
영업활동	1	-16
투자활동	-77	-98
재무활동	94	285
순현금흐름	17	171
기말현금	107	278

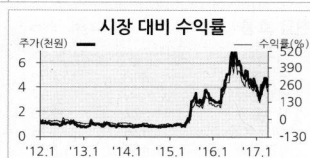

결산 실적 〈단위 : 억원〉

항목	2011	2012	2013	2014	2015	2016
매출액	441	357	284	206	159	331
영업이익	25	-17	-9	1	-4	-17
당기순이익	23	-15	-29	-33	12	-1

분기 실적 〈단위 : 억원〉

항목	2015.3Q	2015.4Q	2016.1Q	2016.2Q	2016.3Q	2016.4Q
매출액	37	32	—	156	60	—
영업이익	-1	-2	—	20	-13	—
당기순이익	0	9	—	16	-2	—

재무 상태 〈단위 : 억원〉

항목	2011	2012	2013	2014	2015	2016
총자산	451	406	345	306	397	736
유형자산	97	90	87	82	70	69
무형자산	81	78	53	13	8	43
유가증권	5	5	4	8	81	7
총부채	107	80	51	60	139	336
총차입금	25	3	5	8	103	284
자본금	36	36	36	36	36	37
총자본	344	326	294	246	258	400
지배주주지분	320	306	278	247	258	387

기업가치 지표

항목	2011	2012	2013	2014	2015	2016
주가(최고/저)(천원)	1.2/0.6	1.3/0.8	1.3/0.8	1.0/0.8	3.8/0.9	7.2/2.7
PER(최고/저)(배)	28.4/14.6	—/—	—/—	—/—	128.9/28.6	1,217.6/453.4
PBR(최고/저)(배)	1.2/0.6	1.3/0.8	1.4/0.8	1.1/0.9	4.1/0.9	6.3/2.4
EV/EBITDA(배)	6.2	359.4	50.9	17.3	314.3	
EPS(원)	45	-34	-71	-41	30	6
BPS(원)	5,329	5,132	4,736	4,527	4,675	1,135
CFPS(원)	478	81	-166	-39	242	34
DPS(원)	50	30	30	50	—	—
EBITDAPS(원)	607	11	66	183	41	-17

재무 비율 〈단위 : %〉

연도	영업이익률	순이익률	부채비율	차입금비율	ROA	ROE	유보율	자기자본비율	EBITDA마진율
2016	-5.1	-0.4	84.1	71.1	-0.2	0.7	1,035.3	54.3	-1.9
2015	-2.4	7.3	54.0	40.0	3.3	4.2	835.0	64.9	1.8
2014	0.5	-15.8	24.6	3.1	-10.0	-5.6	805.4	80.3	6.3
2013	-3.1	-10.1	17.3	1.7	-7.7	-8.6	847.1	85.3	1.6

하나금융지주 (A086790)
Hana Financial Group

업 종 : 상업은행		시 장 : 거래소	
신용등급 : (Bond) AAA (CP) A1		기업규모 : 시가총액 대형주	
홈 페 이 지 : www.hanafn.com		연 락 처 : 02)2002-1110	
본 사 : 서울시 중구 을지로 55 (을지로2가)			

설 립 일	2005.12.01	종 업 원 수	88명	대 표 이 사	김정태
상 장 일	2005.12.12	감 사 의 견	적정 (한영)	계 열	
결 산 기	12월	보 통 주	29,600만주	종속회사수	
액 면 가	5,000원	우 선 주		구 상 호	

주주구성 (지분율,%)		출자관계 (지분율,%)		주요경쟁사 (외형,%)	
국민연금공단	9.7	KEB하나은행	100.0	하나금융지주	100
EUROPACIFIC GROWTH FUND	4.6	하나금융투자	100.0	신한지주	134
(외국인)	72.4	하나생명보험	100.0	KB금융	120

수익구성		비용구성		수출비중	
		이자비용	11.3	수출	—
		파생상품손실	0.4	내수	—
		판관비	12.4		

회사 개요
동사는 2005년 12월 1일 설립된 금융지주회사임. 주요 종속회사로는 2015년 9월 1일 하나은행과 외환은행의 통합으로 출범한 총자산 기준 국내 1위의 KEB하나은행을 비롯, 하나금융투자, 하나카드, 하나생명보험, 하나캐피탈 등이 있음. 이 중 KEB하나은행은 PB와 FX에 강점을 지니고 있으며, 향후 본격적인 통합 시너지 창출로 인한 실적 개선이 기대됨.

실적 분석
동사의 연결당기순이익은 전년대비 4207억원 증가한 1조3305억원을 시현. 수수료이익 저조와 매매평가익 감소에도 불구, 판매관리비 절감과 충당금 전입액 감소 등의 영향으로 순이익은 전년대비 증가.이에 따라 ROE, ROA 등 수익성 지표는 전년대비 개선된 모습을 보였으며, C/I Ratio 역시 전년대비 6.07%p하락한 61.66%를 시현했음. 일반 영업이익은 전년 대비 감소한 6조.6123억원을 달성했음.

현금 흐름 〈단위 : 억원〉

항목	2015	2016
영업활동	25,255	34,354
투자활동	-31,681	-15,753
재무활동	-8,272	-13,217
순현금흐름	-14,375	6,863
기말현금	82,342	89,204

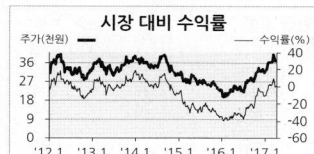

결산 실적 〈단위 : 억원〉

항목	2011	2012	2013	2014	2015	2016
이자수익	78,560	114,332	105,349	100,929	90,379	83,818
영업이익	17,324	20,174	11,650	12,434	10,105	16,141
당기순이익	13,031	17,292	9,930	9,798	9,543	13,997

분기 실적 〈단위 : 억원〉

항목	2015.3Q	2015.4Q	2016.1Q	2016.2Q	2016.3Q	2016.4Q
이자수익	22,483	21,962	21,467	20,894	20,462	20,995
영업이익	2,410	-1,442	5,619	4,218	6,186	118
당기순이익	2,678	-863	4,495	3,754	4,672	1,076

재무 상태 〈단위 : 억원〉

항목	2011	2012	2013	2014	2015	2016
총자산	1,782,289	2,849,151	2,951,886	3,155,482	3,269,127	3,481,775
유형자산	14,949	27,003	26,885	27,593	28,736	30,032
무형자산	3,164	15,620	13,773	11,785	10,121	9,271
유가증권	263,825	437,470	461,907	525,864	573,318	605,802
총부채	1,634,079	2,645,727	2,742,990	2,936,546	3,039,410	3,247,875
총차입금	439,232	547,944	522,532	525,721	522,106	523,374
자본금	12,152	12,152	14,495	14,495	14,800	14,800
총자본	148,209	203,424	208,896	218,936	229,717	233,900
지배주주지분	140,812	157,243	199,320	211,273	221,497	224,877

기업가치 지표

항목	2011	2012	2013	2014	2015	2016
주가(최고/저)(천원)	44.2/26.0	40.6/27.6	40.6/29.3	40.5/29.2	31.8/22.5	33.7/19.0
PER(최고/저)(배)	9.7/5.7	6.7/4.6	13.1/9.5	13.6/9.7	10.9/7.6	7.7/4.4
PBR(최고/저)(배)	0.9/0.5	0.7/0.5	0.6/0.5	0.6/0.4	0.5/0.3	0.5/0.3
PSR(최고/저)(배)	2/1	1/1	1/1	1/1	1/1	1/1
EPS(원)	5,123	6,672	3,361	3,235	3,093	4,495
BPS(원)	58,265	65,026	69,343	72,879	74,829	75,971
CFPS(원)	5,960	8,546	5,159	4,858	4,707	6,148
DPS(원)	300	250	250	450	500	800
EBITDAPS(원)	7,261	8,300	4,193	4,289	3,435	5,453

재무 비율 〈단위 : %〉

연도	계속사업이익률	순이익률	부채비율	차입금비율	ROA	ROE	유보율	자기자본비율	총자산증가율
2016	21.7	16.7	1,388.6	223.8	0.4	6.0	1,419.4	6.7	6.5
2015	13.2	10.6	1,323.1	227.3	0.3	4.2	1,396.6	7.0	3.6
2014	12.4	9.7	1,341.3	240.1	0.3	4.6	1,357.6	6.9	6.9
2013	12.1	9.4	1,313.1	250.1	0.3	5.2	1,286.9	7.1	3.6

하나마이크론 (A067310)
Hana Micron

업 종 : 반도체 및 관련장비		시 장 : KOSDAQ
신용등급 : (Bond) — (CP) —		기업규모 : 중견
홈 페 이 지 : www.hanamicron.co.kr		연 락 처 : 041)539-1011
본 사 : 충남 아산시 음봉면 연암율금로 77		

설 립 일 2001.08.23	종 업 원 수 825명	대 표 이 사 한호창
상 장 일 2005.10.11	감 사 의 견 적정 (안진)	계 열
결 산 기 12월	보 통 주 2,237만주	종속회사수
액 면 가 500원	우 선 주	구 상 호

주주구성 (지분율,%)		출자관계 (지분율,%)		주요경쟁사 (외형,%)	
최창호	24.4	하나마이크론태양광	100.0	하나마이크론	100
알리안츠글로벌인베스터스자산운용	4.4	이노메이트	79.8	오디텍	22
(외국인)	4.4	이피웍스	51.2	원팩	14

매출구성		비용구성		수출비중	
메모리반도체	41.3	매출원가율	90.1	수출	76.0
비메모리반도체	34.0	판관비율	17.0	내수	24.0
기타	11.5				

회사 개요
동사는 반도체 산업의 BACK-END 분야인 반도체 조립 및 TEST 제품을 주력으로 생산하고 있으며, 업계선두의 반도체 패키징 기술을 보유하고 있는 전문엔지니어들로 구성되어 있는 반도체 패키징 전문업체임. 패키징사업의 주요 수요자로는 삼성전자, 하이닉스반도체 등이 있음. 동사는 양사 모두로부터 기술, 품질, 납기, 원가에 대한 우월성을 인정 받아 그 수주량 및 수주제품군이 지속적으로 증가하고 있음.

실적 분석
동사의 2016년 연결기준 연간 매출액은 2,522.9억원으로 전년 대비 11.9% 감소하였으며, 영업손실 또한 179.6억원으로 적자전환됨. 상반기 반도체 업황 부진 및 회수지연 채권의 일회성 대손충당금 반영으로 매출액 감소 및 손익구조 적자전환됨. 동사는 글로벌 경기 불안과 IT 제품 수요 부진이 지속되고, 반도체 재고량 증가에 따라 가격 하락 압력이 커지는 등 반도체 시장 전망이 밝지 않아 향후 실적 개선이 쉽지 않아 보임.

현금 흐름 〈단위 : 억원〉
항목	2015	2016
영업활동	135	330
투자활동	-387	-299
재무활동	243	27
순현금흐름	-9	55
기말현금	36	91

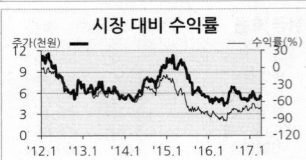
시장 대비 수익률

결산 실적 〈단위 : 억원〉
항목	2011	2012	2013	2014	2015	2016
매출액	2,946	2,588	2,781	2,945	2,862	2,523
영업이익	133	-73	-55	238	164	-180
당기순이익	88	-100	-193	82	45	-245

분기 실적 〈단위 : 억원〉
항목	2015.3Q	2015.4Q	2016.1Q	2016.2Q	2016.3Q	2016.4Q
매출액	719	627	437	543	748	794
영업이익	31	-0	-62	-32	40	-125
당기순이익	47	-59	-70	-45	-34	-139

재무 상태 〈단위 : 억원〉
항목	2011	2012	2013	2014	2015	2016
총자산	3,049	3,104	3,681	3,850	3,948	4,085
유형자산	2,064	2,197	2,499	2,720	2,744	2,615
무형자산	29	45	54	45	36	42
유가증권	63	59	42	12	10	24
총부채	1,552	1,721	2,425	2,452	2,474	2,682
총차입금	1,164	1,459	2,111	1,992	2,166	2,052
자본금	104	112	112	112	112	112
총자본	1,497	1,383	1,256	1,397	1,474	1,403
지배주주지분	1,497	1,383	1,172	1,316	1,375	1,206

기업가치 지표
항목	2011	2012	2013	2014	2015	2016
주가(최고/저)(천원)	16.1/6.7	11.8/5.1	8.0/5.1	10.5/4.9	11.6/5.2	7.2/4.1
PER(최고/저)(배)	36.2/15.1	—/—	—/—	28.9/13.6	98.6/44.2	—/—
PBR(최고/저)(배)	2.3/1.0	1.9/0.8	1.5/1.0	1.8/0.8	1.9/0.9	1.3/0.8
EV/EBITDA(배)	7.6	11.9	10.5	8.1	7.4	28.7
EPS(원)	465	-460	-902	377	121	-1,250
BPS(원)	7,211	6,411	5,468	6,158	6,229	5,521
CFPS(원)	2,089	1,064	741	1,657	1,450	68
DPS(원)	100			100	50	
EBITDAPS(원)	2,331	1,186	1,399	2,345	2,062	516

재무 비율 〈단위 : % 〉
연도	영업이익률	순이익률	부채비율	차입금비율	ROA	ROE	유보율	자기자본비율	EBITDA마진율
2016	-7.1	-9.7	191.2	146.2	-6.1	-21.7	1,004.3	34.3	4.6
2015	5.7	1.6	167.8	146.9	1.1	2.0	1,145.9	37.3	16.1
2014	8.1	2.8	175.5	142.5	2.2	6.8	1,131.7	36.3	17.8
2013	-2.0	-6.9	193.1	168.1	-5.7	-15.8	993.5	34.1	11.3

하나투어 (A039130)
HANATOUR SERVICE

업 종 : 호텔 및 레저		시 장 : 거래소
신용등급 : (Bond) A (CP) —		기업규모 : 시가총액 중형주
홈 페 이 지 : hanatour.com		연 락 처 : 02)2127-1000
본 사 : 서울시 종로구 인사동5길 41 (주)하나투어		

설 립 일 1993.10.25	종 업 원 수 2,520명	대 표 이 사 박상환,최현석
상 장 일 2011.11.01	감 사 의 견 적정 (안진)	계 열
결 산 기 12월	보 통 주 1,162만주	종속회사수
액 면 가 500원	우 선 주	구 상 호

주주구성 (지분율,%)		출자관계 (지분율,%)		주요경쟁사 (외형,%)	
국민연금공단	8.1	마크호텔	100.0	하나투어	100
박상환	7.8	하나투어아이티씨	100.0	롯데관광개발	8
(외국인)	24.1	하나투어투자운용	100.0	모두투어	40

매출구성		비용구성		수출비중	
여행알선서비스	88.9	매출원가율	0.0	수출	—
물품의 판매,일반전세여객 자동차운송업	3.3	판관비율	96.5	내수	—
기타	2.9				

회사 개요
동사는 전세계 20여만개 여행상품을 전국 8,000여개의 협력여행사, 온라인포털, 쇼핑몰 등의 다양한 유통채널을 통해 판매하는 종합 여행 홀세일러임. 안정적인 영업네트워크를 구축하고 있고, 국내 시장점유율 23%의 1위 여행사로서 풍부한 항공좌석의 확보, 전세계 해외지사를 통한 호텔, 식당 등의 확보가 가능하게 됨으로써 경쟁력 있는 가격대의 여행상품을 공급하고 있음. 저가 항공사들이 좌석 공급을 확대하고 있어 우호적인 사업환경이 펼쳐지고 있음

실적 분석
동사의 출국자수가 전년동기 대비 32.0% 늘어나는 등 해외여행 수요가 증가하여 2016년 4/4분기 연결기준 누적 매출액은 전년동기 대비 29.6% 증가한 5,955.4억원을 시현함. 매출 증대에도 판관비의 대폭 상승으로 인해 영업이익은 전년동기 대비 53.2% 감소한 209.3억원을 시현하는데 그침. 비영업부문에서 30.1억원의 이익을 기록했으나 법인세비용이 큰 폭으로 상승해 당기순이익은 전년동기 대비 78.0% 감소했음

현금 흐름 〈단위 : 억원〉
항목	2015	2016
영업활동	348	269
투자활동	-9	67
재무활동	-22	-250
순현금흐름	326	96
기말현금	1,465	1,560

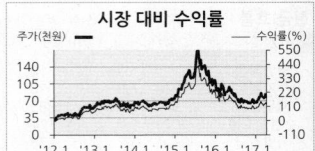
시장 대비 수익률

결산 실적 〈단위 : 억원〉
항목	2011	2012	2013	2014	2015	2016
매출액	2,682	3,079	3,527	3,855	4,594	5,955
영업이익	240	396	404	404	447	209
당기순이익	215	374	361	354	342	75

분기 실적 〈단위 : 억원〉
항목	2015.3Q	2015.4Q	2016.1Q	2016.2Q	2016.3Q	2016.4Q
매출액	1,072	1,249	1,490	1,397	1,600	1,469
영업이익	71	91	96	-28	104	38
당기순이익	34	74	38	-56	66	27

재무 상태 〈단위 : 억원〉
항목	2011	2012	2013	2014	2015	2016
총자산	2,963	3,524	3,765	4,374	5,044	5,202
유형자산	283	286	348	463	593	918
무형자산	90	105	112	123	169	159
유가증권	20	54	55	83	89	66
총부채	1,648	1,726	1,839	2,494	2,871	3,082
총차입금	174	137	82	193	305	202
자본금	58	58	58	58	58	58
총자본	1,315	1,798	1,926	1,880	2,173	2,121
지배주주지분	1,163	1,625	1,862	1,803	1,969	1,895

기업가치 지표
항목	2011	2012	2013	2014	2015	2016
주가(최고/저)(천원)	52.6/28.1	62.9/31.2	75.8/54.2	77.0/58.5	182/74.8	111/61.1
PER(최고/저)(배)	32.1/17.1	22.3/11.2	27.5/19.8	27.9/21.4	68.6/28.3	163.4/89.3
PBR(최고/저)(배)	4.7/2.5	4.5/2.3	4.7/3.4	4.3/3.3	9.4/3.9	5.9/3.2
EV/EBITDA(배)	8.6	11.9	12.8	14.8	21.4	16.3
EPS(원)	1,812	3,020	2,923	2,879	2,732	692
BPS(원)	12,304	14,962	17,137	18,727	20,021	19,237
CFPS(원)	2,378	3,593	3,372	3,494	3,583	2,198
DPS(원)	900	1,000	1,100	1,300	1,500	1,500
EBITDAPS(원)	2,632	3,962	3,923	4,098	4,703	3,308

재무 비율 〈단위 : % 〉
연도	영업이익률	순이익률	부채비율	차입금비율	ROA	ROE	유보율	자기자본비율	EBITDA마진율
2016	3.5	1.3	145.3	9.5	1.5	4.2	3,747.4	40.8	6.5
2015	9.7	7.4	132.1	14.0	7.3	16.8	3,904.1	43.1	11.9
2014	10.5	9.4	132.7	10.3	8.7	18.3	3,645.4	43.0	12.4
2013	11.4	10.2	95.5	4.3	9.9	19.5	3,327.4	51.2	12.9

하림 (A136480)
HARIM

업 종 : 식료품		시 장 : KOSDAQ	
신용등급 : (Bond) — (CP) —		기업규모 : 중견	
홈페이지 : www.harim.com		연 락 처 : 063)860-2114	
본 사 : 전북 익산시 망성면 망성로 14			

설 립 일	2011.01.04	종업원수	2,052명	대표이사	김홍국,이강수,이문용
상 장 일	2011.05.02	감사의견	적정 (삼정)	계 열	
결 산 기	12월	보 통 주	5,395만주	종속회사수	
액 면 가	500원	우 선 주		구 상 호	

주주구성 (지분율,%)		출자관계 (지분율,%)		주요경쟁사 (외형,%)	
제일홀딩스	47.9	HBC	90.0	하림	100
신영증권	7.4	HARIMUSA	33.1	CJ프레시웨이	282
(외국인)	7.2			신세계푸드	129

매출구성		비용구성		수출비중	
육계 外[제품]	72.7	매출원가율	81.0	수출	0.4
너겟 外	18.0	판관비율	16.6	내수	99.6
육계 外[상품]	4.4				

회사 개요
동사는 1990년 설립돼 하림닭고기, 하림너겟, 하림사료 등의 브랜드를 가진 국내 닭고기 생산 1위 업체로서 시장점유율은 2015년 기준 19.4%임. 종란의 생산에서부터 부화, 사료생산, 사육, 가공 및 유통까지 각 단계를 수직 통합하여 운영함. 병아리, 사료, 약품 등을 600여개 농장에 제공하고 육계를 공급받는 방식으로 운영됨. 기업형으로 관리하며 위생이나 품질이 높아 생산원가가 낮은 편임. 연결대상 종속회사는 HBC가 있음.

실적 분석
동사의 2016년 연결기준 누적매출액은 8,260.2억원으로 전년동기 대비 3.9% 증가. 원종계 수입 감소효과와 함께 폭염으로 인해 육계가격이 호조를 보이면서 실적개선에 기여. 곡물가격 역시 하향 안정화되면서 영업이익은 전년동기 대비 300%이상 증가한 204억원 시현. 국내 1위 점유율로 인한 레버리지 효과와 팬오션 인수를 통한 그룹사간 시너지, 작년 말부터 허가된 대 중국 삼계탕 수출 등 실적개선이 기대됨.

현금 흐름 〈단위 : 억원〉
항목	2015	2016
영업활동	253	1,081
투자활동	-566	321
재무활동	448	-1,533
순현금흐름	135	-131
기말현금	429	298

시장 대비 수익률
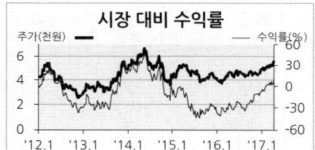

결산 실적 〈단위 : 억원〉
항목	2011	2012	2013	2014	2015	2016
매출액	7,815	7,476	7,890	7,545	7,952	8,260
영업이익	265	-127	114	-12	50	204
당기순이익	134	48	155	-50	-32	191

분기 실적 〈단위 : 억원〉
항목	2015.3Q	2015.4Q	2016.1Q	2016.2Q	2016.3Q	2016.4Q
매출액	2,018	1,869	1,693	1,997	2,520	2,050
영업이익	-23	-10	-49	99	164	-10
당기순이익	-88	-0	-15	71	164	-28

재무 상태 〈단위 : 억원〉
항목	2011	2012	2013	2014	2015	2016
총자산	5,465	5,407	4,810	5,389	5,832	4,611
유형자산	2,176	2,367	2,402	2,345	2,338	2,262
무형자산	24	23	30	25	19	16
유가증권	10	18	17	17	32	35
총부채	3,565	3,477	2,743	3,364	3,921	2,516
총차입금	2,743	2,715	1,932	2,581	3,128	1,597
자본금	270	270	270	270	270	270
총자본	1,900	1,930	2,067	2,025	1,911	2,095
지배주주지분	1,900	1,930	2,067	2,025	1,921	2,094

기업가치 지표
항목	2011	2012	2013	2014	2015	2016
주가(최고/저)(천원)	7.6/4.1	5.4/2.4	5.6/2.7	6.7/3.4	5.5/3.7	5.5/3.7
PER(최고/저)(배)	31.3/16.9	61.6/27.2	19.6/9.4	—/—	—/—	15.7/10.7
PBR(최고/저)(배)	2.2/1.2	1.5/0.7	1.5/0.7	1.8/0.9	1.6/1.1	1.4/1.0
EV/EBITDA(배)	11.5	163.4	13.5	21.0	15.7	9.3
EPS(원)	249	89	288	-92	-60	355
BPS(원)	3,523	3,579	3,833	3,754	3,561	3,881
CFPS(원)	443	365	654	295	345	752
DPS(원)	50	—	—	—	—	50
EBITDAPS(원)	686	42	578	365	497	775

재무 비율 〈단위 : % 〉
연도	영업이익률	순이익률	부채비율	차입금비율	ROA	ROE	유보율	자기자본비율	EBITDA마진율
2016	2.5	2.3	120.1	76.2	3.7	9.6	676.2	45.4	5.1
2015	0.6	-0.4	205.2	163.7	-0.6	-1.6	612.1	32.8	3.4
2014	-0.2	-0.7	166.1	127.4	-1.0	-2.4	650.7	37.6	2.6
2013	1.5	2.0	132.7	93.5	3.0	7.8	666.6	43.0	4.0

하림홀딩스 (A024660)
Harim Holdings

업 종 : 식료품		시 장 : KOSDAQ	
신용등급 : (Bond) — (CP) —		기업규모 : 우량	
홈페이지 : www.harimgroup.com		연 락 처 : 063)861-4597	
본 사 : 전북 익산시 고봉로 228			

설 립 일	1990.10.11	종업원수	18명	대표이사	이문용,이범권
상 장 일	1997.08.06	감사의견	적정 (삼정)	계 열	
결 산 기	12월	보 통 주	8,916만주	종속회사수	
액 면 가	500원	우 선 주		구 상 호	

주주구성 (지분율,%)		출자관계 (지분율,%)		주요경쟁사 (외형,%)	
제일홀딩스	68.1	그린바이텍	100.0	하림홀딩스	100
한국투자밸류자산운용	2.2	선진FS	100.0	CJ프레시웨이	233
(외국인)	3.7	선진햄	100.0	신세계푸드	107

매출구성		비용구성		수출비중	
기타	79.9	매출원가율	50.4	수출	—
육계 外	9.7	판관비율	38.3	내수	—
훈제 外	3.8				

회사 개요
동사는 2011년 1월 인적분할을 통해 지주회사와 식품 제조 사업부문을 분할하고 (주)하림홀딩스로 상호를 변경하며 순수 지주회사로 사업을 영위하고 있음. 2016년 12월말 기준 (주)엔에쓰쇼핑, (주)하림식품, (주)선진, (주)주원산오리를 포함하여 총 28개 종속회사를 보유하고 있음. 배당수익, 상표권 사용수익, 임대수익 등으로 영업수익이 구성되어 있음.

실적 분석
2016년 누적 매출액은 9,982억원으로 전년동기대비 11% 증가하였으며, 영업이익은 전년동기대비 7% 감소한 1,123억원을 기록함. 양돈부문을 제외한 모든 사업부에서 외형성장하였으나, 육가공, 사료 사업 부문을 제외 타 사업부문의 수익성 악화로 영업이익이 감소한 결과. 비영업손실이 계속되며 당기순이익도 전년대비 감소함. 핵심 자회사에 대한 지배력을 강화, 사업을 원활하게 추진하여 기업가치를 증대시키고자 노력 중.

현금 흐름 〈단위 : 억원〉
항목	2015	2016
영업활동	788	915
투자활동	134	-5,365
재무활동	-233	2,935
순현금흐름	713	-1,516
기말현금	2,870	1,354

시장 대비 수익률
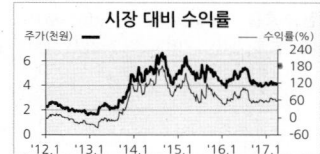

결산 실적 〈단위 : 억원〉
항목	2011	2012	2013	2014	2015	2016
매출액	1,991	2,028	8,290	8,307	8,963	9,982
영업이익	170	-30	806	1,038	1,207	1,123
당기순이익	308	-414	659	658	901	619

분기 실적 〈단위 : 억원〉
항목	2015.3Q	2015.4Q	2016.1Q	2016.2Q	2016.3Q	2016.4Q
매출액	2,283	2,335	2,317	2,390	2,480	2,794
영업이익	311	295	281	330	300	212
당기순이익	238	233	213	246	195	-35

재무 상태 〈단위 : 억원〉
항목	2011	2012	2013	2014	2015	2016
총자산	2,966	7,859	8,364	9,438	8,798	12,547
유형자산	1,012	2,621	2,778	3,111	3,165	8,114
무형자산	22	154	190	171	406	409
유가증권	24	147	142	138	110	81
총부채	1,102	3,971	3,962	4,539	3,383	6,542
총차입금	629	2,466	2,294	2,415	1,493	4,517
자본금	203	446	446	446	446	446
총자본	1,864	3,888	4,402	4,898	5,415	6,006
지배주주지분	1,674	2,468	2,745	2,958	3,362	3,650

기업가치 지표
항목	2011	2012	2013	2014	2015	2016
주가(최고/저)(천원)	4.1/1.6	2.7/1.6	4.9/1.6	6.7/3.9	6.5/4.2	5.5/3.8
PER(최고/저)(배)	6.1/2.4	—/—	15.0/5.0	29.4/17.2	12.0/7.8	15.2/10.5
PBR(최고/저)(배)	1.0/0.4	1.0/0.6	1.6/0.5	2.0/1.2	1.7/1.1	1.3/0.9
EV/EBITDA(배)	7.5	89.0	5.6	4.3	2.9	6.3
EPS(원)	675	-976	329	231	547	366
BPS(원)	4,114	2,838	3,149	3,388	3,841	4,164
CFPS(원)	759	-849	564	468	808	654
DPS(원)	—	—	—	—	—	50
EBITDAPS(원)	497	55	1,138	1,401	1,615	1,548

재무 비율 〈단위 : % 〉
연도	영업이익률	순이익률	부채비율	차입금비율	ROA	ROE	유보율	자기자본비율	EBITDA마진율
2016	11.3	6.2	108.9	75.2	5.8	9.3	732.9	47.9	13.8
2015	13.5	10.1	62.5	27.6	9.9	15.5	668.2	61.6	16.1
2014	12.5	7.9	92.7	49.3	7.4	7.2	577.6	51.9	15.0
2013	9.7	8.0	90.0	52.1	8.1	11.3	529.8	52.6	12.2

하우동천 (A233990)
HAUDONGCHUN

업　　종 : 개인생활용품		시　　장 : KONEX	
신용등급 : (Bond) —	(CP) —	기업규모 : —	
홈 페 이 지 : www.hudc.co.kr		연 락 처 : (070)8952-5702	
본　　사 : 서울시 서초구 사임당로 32, 2층(서초동, 재우빌딩)			

설 립 일	2013.03.21	종 업 원 수	21명	대 표 이 사	최원석
상 장 일	2015.12.29	감 사 의 견	적정 (삼일)	계　　　열	
결 산 기	12월	보 통 주	1,344만주	종 속 회 사 수	
액 면 가	100원	우 선 주		구 상 수	

주주구성 (지분율,%)		출자관계 (지분율,%)		주요경쟁사 (외형,%)	
최원석	62.6	프리먼스	100.0	하우동천	100
성정샤다리버벤에이지스타트업투자조합	4.5			유니더스	136
				케이엠제약	142

매출구성		비용구성		수출비중	
여성청결제(질경이)	100.0	매출원가율	9.6	수출	0.8
		판관비율	85.5	내수	99.2

회사 개요
동사는 2013년 3월 21일에 설립되었으며 영위하고 있는 사업으로는 화장품/의약품/건강식품의 제조 및 도/소매업. 동사가 영위하고 있는 주력 사업은 소금 및 당 배합물을 유효성분으로 함유하는 여성청결제로 화장품 시장 중 여성청결제 시장을 목표시장으로 하고 있음. 주력 제품인 '질경이'는 질내 염증 예방 및 치료를 목표로 하는 여성청결제 제품으로서 여성 헬스케어 시장을 목표로 하고 있음.

실적 분석
동사의 2016년 매출액은 113.0억원으로 전년 대비 93.7% 급증했음. 매출총이익은 전년 대비 85.3% 늘어난 102.1억원을 기록했음. 판매비와 관리비가 전년 대비 118.4% 늘어나 영업이익은 전년 대비 49.3% 줄어든 5.5억원을 기록함. 비영업부문에서 손실 142.7억원을 기록하면서 당기순이익은 -137.5억원. 전년에 이어 적자를 지속하는 모습.

현금 흐름　*IFRS 별도 기준　〈단위 : 억원〉
항목	2015	2016
영업활동	9	0
투자활동	-0	-52
재무활동	48	3
순현금흐름	56	-49
기말현금	58	9

시장 대비 수익률
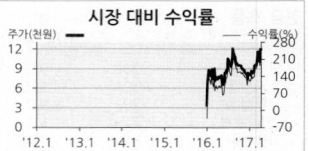

결산 실적　〈단위 : 억원〉
항목	2011	2012	2013	2014	2015	2016
매출액	—	—	12	19	58	113
영업이익	—	—	3	1	10	6
당기순이익	—	—	3	1	7	-138

분기 실적　*IFRS 별도 기준　〈단위 : 억원〉
항목	2015.3Q	2015.4Q	2016.1Q	2016.2Q	2016.3Q	2016.4Q
매출액	—	—	—	—	—	—
영업이익	—	—	—	—	—	—
당기순이익	—	—	—	—	—	—

재무 상태　*IFRS 별도 기준　〈단위 : 억원〉
항목	2011	2012	2013	2014	2015	2016
총자산			10	14	81	92
유형자산			0	4	6	48
무형자산			1	2	10	9
유가증권						
총부채			5	9	20	22
총차입금			4	7	15	18
자본금			1	1	13	13
총자본			4	4	61	70
지배주주지분			4	4	61	70

기업가치 지표　*IFRS 별도 기준
항목	2011	2012	2013	2014	2015	2016
주가(최고/저)(천원)	—/—	—/—	—/—	—/—	3.3/2.9	12.1/3.8
PER(최고/저)(배)	0.0/0.0	0.0/0.0	0.0/0.0	0.0/0.0	16.3/14.2	—/—
PBR(최고/저)(배)	0.0/0.0	0.0/0.0	0.0/0.0	0.0/0.0	7.3/6.3	23.3/7.3
EV/EBITDA(배)	0.0	0.0		1.7	24.8	120.0
EPS(원)			306	86	203	-1,023
BPS(원)			406	432	454	518
CFPS(원)			330	125	249	-996
DPS(원)						
EBITDAPS(원)			365	116	325	69

재무 비율　〈단위 : %〉
연도	영업이익률	순이익률	부채비율	차입금비율	ROA	ROE	유보율	자기자본비율	EBITDA마진율
2016	4.9	-121.7	31.7	26.0	-158.9	-210.6	417.9	76.0	8.1
2015	17.6	12.8	33.5	24.7	15.6	22.8	353.9	74.9	20.5
2014	4.1	4.6	219.9	165.2	7.4	20.5	331.6	31.3	6.1
2013	28.7	25.8	134.4	94.4			305.8	42.7	30.7

하이로닉 (A149980)
Hironic

업　　종 : 의료 장비 및 서비스		시　　장 : KOSDAQ	
신용등급 : (Bond) —	(CP) —	기업규모 : 벤처	
홈 페 이 지 : www.hironic.com		연 락 처 : (031)525-7000	
본　　사 : 경기도 용인시 수지구 신수로 767 19층(동천동, 분당수지U-TOWER)			

설 립 일	2007.12.11	종 업 원 수	101명	대 표 이 사	이진우
상 장 일	2014.12.17	감 사 의 견	적정 (한울)	계　　　열	
결 산 기	12월	보 통 주	1,409만주	종 속 회 사 수	
액 면 가	100원	우 선 주		구 상 수	

주주구성 (지분율,%)		출자관계 (지분율,%)		주요경쟁사 (외형,%)	
이진우	26.2	하이로닉코리아	90.0	하이로닉	100
이은숙	18.6	아띠베뷰티	86.0	비트컴퓨터	230
(외국인)	1.1	슈프리마인베스트먼트	8.0	우리들휴브레인	73.

매출구성		비용구성		수출비중	
제품	64.1	매출원가율	35.8	수출	—
소모품	34.2	판관비율	62.0	내수	—
기타	1.7				

회사 개요
동사는 피부, 미용 관련 의료기기를 제조, 판매, 수출하는 벤처기업으로 지속적인 R&D 투자와 지적재산권(특허 및 인증) 확보를 통해 기업경쟁력 강화, 피부미용 의료기기의 차별화된 비즈니스 구축을 목표로 하고 있음. 동사의 제품은 피부과 및 성형외과 등 메디칼 에스테틱 치료가 가능한 병원 위주로 판매되고 있으며 유럽, 중동, 남미 등 해외로도 활발히 수출되고 있음.

실적 분석
동사의 2016년 결산기준 누적매출액은 전년동기대비 13.6% 하락한 154.8억원을 기록하였음. 매출원가는 소폭 감소하였으고 판관비도 줄어들었으나 영업이익은 매출하락에 의해 전년동기대비 83.4% 하락한 3.5억원을 기록함. 피부미용의료기기는 고부가가치 산업으로 다양한 국가에 성공적으로 진입한 상태이나 트렌드의 급변화와 경기로에 대한 개척이 아직 현재진행중이므로 점진적 매출 성장을 기대해 볼수 있을 것이라 보고 있음.

현금 흐름　〈단위 : 억원〉
항목	2015	2016
영업활동	3	5
투자활동	56	-6
재무활동	-93	-19
순현금흐름	-34	-20
기말현금	36	16

시장 대비 수익률
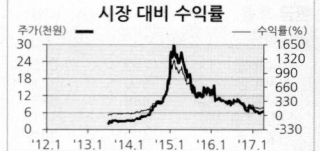

결산 실적　〈단위 : 억원〉
항목	2011	2012	2013	2014	2015	2016
매출액	61	113	134	228	179	155
영업이익	8	28	36	76	21	3
당기순이익	10	26	31	64	28	6

분기 실적　〈단위 : 억원〉
항목	2015.3Q	2015.4Q	2016.1Q	2016.2Q	2016.3Q	2016.4Q
매출액	42	38	43	42	32	37
영업이익	4	-8	5	2	-2	-1
당기순이익	6	-5	5	3	-9	8

재무 상태　〈단위 : 억원〉
항목	2011	2012	2013	2014	2015	2016
총자산	32	63	94	534	459	447
유형자산	2	4	7	12	83	107
무형자산	0	0	1	1	4	5
유가증권				1	10	16
총부채	9	15	14	65		19
총차입금	4	6		35		
자본금	10	10	10	14	14	14
총자본	23	49	79	469	440	428
지배주주지분	23	49	79	469	439	428

기업가치 지표
항목	2011	2012	2013	2014	2015	2016
주가(최고/저)(천원)	—/—	—/—	3.4/1.9	18.3/3.0	29.8/10.7	15.6/6.3
PER(최고/저)(배)	0.0/0.0	0.0/0.0	11.0/6.0	31.4/5.1	147.6/53.1	304.8/124.1
PBR(최고/저)(배)	0.0/0.0	0.0/0.0	4.3/2.4	5.5/0.9	8.6/3.1	4.3/1.8
EV/EBITDA(배)	—	—	9.2	27.2	60.6	85.6
EPS(원)	124	264	310	586	203	51
BPS(원)	1,156	2,445	3,973	16,892	3,499	3,593
CFPS(원)	618	1,338	1,589	3,012	230	95
DPS(원)	50	25	25		70	10
EBITDAPS(원)	493	1,426	1,857	3,558	177	68

재무 비율　〈단위 : % 〉
연도	영업이익률	순이익률	부채비율	차입금비율	ROA	ROE	유보율	자기자본비율	EBITDA마진율
2016	2.2	3.9	4.4	0.0	1.3	1.7	3,492.5	95.8	6.2
2015	11.7	15.8	4.3	0.0	5.7	6.2	3,398.9	95.9	13.8
2014	33.5	28.3	13.9	7.5	20.6	23.5	3,278.3	87.8	34.3
2013	27.1	23.1	17.8	0.0	39.4	48.2	694.6	84.9	27.7

하이록코리아 (A013030)
Hy-Lok

업 종 : 기계	시 장 : KOSDAQ
신용등급 : (Bond) — (CP) —	기업규모 : 우량
홈페이지 : www.hy-lok.com	연 락 처 : 051)970-0800
본 사 : 부산시 강서구 녹산산단27로 97	

설 립 일 1978.03.18	종 업 원 수 568명	대 표 이 사 문영훈
상 장 일 1989.12.15	감사의견 적정 (삼일)	계 열
결 산 기 12월	보 통 주 1,361만주	종속회사수
액 면 가 500원	우 선 주	구 상 호

주주구성 (지분율,%)		출자관계 (지분율,%)		주요경쟁사 (외형,%)	
문휴건	15.7	협동사	50.0	하이록코리아	100
문영훈	15.0	하이록단조	30.0	두산중공업	7,844
(외국인)	43.4	Hy-LokUSA	100.0	현대엘리베이	993

매출구성		비용구성		수출비중	
Hy-Lok Fitting	42.5	매출원가율	68.6	수출	41.7
기타	23.9	판관비율	10.4	내수	58.3
Hy-Lok Valve	20.2				

회사 개요
동사는 관이음쇠 및 밸브 제조와 판매를 목적으로 1977년 설립됨. 석유화학, 조선, 발전, 반도체, 철도차량 등 다양한 사업영역에 진출해있음. 도금과 금속 가공업을 영위하는 협동사를 비롯해 4개의 종속회사를 두고 있음. 주요 제품은 Hy-Lok Fitting이 매출의 24.5%, Bite Type Fitting 7.4%, Pipe Fitting 3%, Hy-Lok Valve 37.6%, 모듈과 기타 상품이 27.5%를 차지함.

실적 분석
동사는 2016년 연결기준 매출액 1771.2억 원을 시현함. 이는 전년도 대비 15.4% 하락한 액수임. 판매비와 관리비가 17.6% 줄었으나 매출 하락으로 인해 영업이익도 전년도 대비 30.5% 하락한 372.7억원을 기록하는 데 그침. 비영업부문 이익도 23.5% 감소함. 이에 전년도 432.1억원을 기록한 당기순이익 역시 30.1% 감소한 302.2억원에 그침.

현금 흐름 〈단위 : 억원〉

항목	2015	2016
영업활동	437	229
투자활동	-274	-293
재무활동	-106	-56
순현금흐름	66	-115
기말현금	289	174

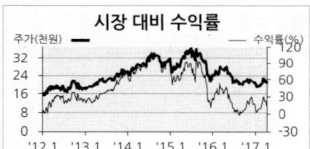

결산 실적 〈단위 : 억원〉

항목	2011	2012	2013	2014	2015	2016
매출액	1,464	1,879	1,876	1,930	2,092	1,771
영업이익	317	417	428	490	536	373
당기순이익	247	295	334	382	432	302

분기 실적 〈단위 : 억원〉

항목	2015.3Q	2015.4Q	2016.1Q	2016.2Q	2016.3Q	2016.4Q
매출액	462	545	440	455	409	468
영업이익	96	153	92	98	81	102
당기순이익	97	107	75	76	36	116

재무 상태 〈단위 : 억원〉

항목	2011	2012	2013	2014	2015	2016
총자산	2,241	2,484	2,759	3,055	3,352	3,533
유형자산	714	731	700	696	789	780
무형자산	56	67	83	84	81	72
유가증권	6	6	6	6	5	5
총부채	647	615	594	567	498	445
총차입금	300	330	280	200	150	150
자본금	68	68	68	68	68	68
총자본	1,594	1,869	2,164	2,489	2,854	3,089
지배주주지분	1,575	1,846	2,135	2,455	2,818	3,055

기업가치 지표

항목	2011	2012	2013	2014	2015	2016
주가(최고/저)(천원)	17.7/12.0	21.9/15.3	26.7/17.8	34.5/23.6	37.6/21.0	28.9/19.8
PER(최고/저)(배)	10.8/7.4	11.1/7.8	11.8/7.9	13.0/8.9	12.3/6.9	13.3/9.1
PBR(최고/저)(배)	1.7/1.1	1.7/1.2	1.8/1.2	2.0/1.4	1.9/1.1	1.3/0.9
EV/EBITDA(배)	6.8	5.7	6.7	6.9	4.2	4.4
EPS(원)	1,777	2,123	2,401	2,780	3,152	2,219
BPS(원)	11,570	13,558	15,682	18,034	20,702	22,443
CFPS(원)	1,997	2,402	2,687	3,064	3,453	2,535
DPS(원)	150	250	350	400	400	400
EBITDAPS(원)	2,550	3,341	3,429	3,883	4,238	3,053

재무 비율 〈단위 : % 〉

연도	영업이익률	순이익률	부채비율	차입금비율	ROA	ROE	유보율	자기자본비율	EBITDA마진율
2016	21.0	17.1	14.4	4.9	8.8	10.3	4,388.6	87.4	23.5
2015	25.6	20.7	17.5	5.3	13.5	16.3	4,040.5	85.1	27.6
2014	25.4	19.8	22.8	8.0	13.2	16.5	3,506.9	81.5	27.4
2013	22.8	17.8	27.5	12.9	12.7	16.4	3,036.4	78.5	24.9

하이비전시스템 (A126700)
HyVISION SYSTEM

업 종 : 휴대폰 및 관련부품	시 장 : KOSDAQ
신용등급 : (Bond) — (CP) —	기업규모 : 우량
홈페이지 : www.hyvision.co.kr	연 락 처 : 031)735-1573
본 사 : 경기도 성남시 중원구 사기막골로 58(상대원동)	

설 립 일 2010.04.08	종 업 원 수 192명	대 표 이 사 최두원
상 장 일 2010.09.10	감사의견 적정 (다산)	계 열
결 산 기 12월	보 통 주 1,494만주	종속회사수
액 면 가 500원	우 선 주	구 상 호

주주구성 (지분율,%)		출자관계 (지분율,%)		주요경쟁사 (외형,%)	
최두원	15.2	아이알브이테크	100.0	하이비전시스템	100
나금옥	4.2	준성하이테크	44.9	세코닉스	403
(외국인)	6.0	퓨런티어	25.8	엠씨넥스	532

매출구성		비용구성		수출비중	
CCM자동화 검사장비	73.4	매출원가율	65.3	수출	—
영상평가장치 및 기타	26.6	판관비율	28.6	내수	—

회사 개요
동사는 기업인수목적법인으로 설립되어 2012년1월30일 하이비전시스템과 합병함. 동사는 휴대폰에 탑재되는 카메라모듈(CCM) 제조 공정 중 렌즈포커싱 등을 포함한 검사공정에 대한 자동화 장비를 개발하는 사업을 영위. 휴대폰 카메라가 고화소화되면서 오토포커싱, 광학줌 등 다양한 기능들이 추가됨에 따라, 자동화 장비의 수요는 최근 2년 간 급증하였고, 현재 LG이노텍 등 세계적인 카메라 모듈 업체에 장비를 납품 중임.

실적 분석
동사의 2016년 4분기 누적 매출은 775.5억 원으로 전년동기 대비 11.5% 감소. 판관비의 증가에 따라 영업이익은 46.7억원으로 전년동기 대비 30% 감소, 순이익은 46.3억원으로 전년동기 대비 50.5% 감소. 전방산업인 휴대폰 경기 부진의 영향으로 카메라모듈의 화소 수 상향, OIS 채택 등에도 관련 장비의 매출 감소. 2016년 듀얼카메라 및 보급형 모델의 화소 상향으로 매출, 이익 감소세는 지속될 것으로 예상됨.

현금 흐름 〈단위 : 억원〉

항목	2015	2016
영업활동	64	146
투자활동	28	-176
재무활동	-12	-27
순현금흐름	91	-47
기말현금	168	121

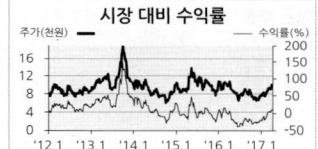

결산 실적 〈단위 : 억원〉

항목	2011	2012	2013	2014	2015	2016
매출액	393	836	683	623	877	775
영업이익	117	193	109	62	67	47
당기순이익	95	148	109	72	94	46

분기 실적 〈단위 : 억원〉

항목	2015.3Q	2015.4Q	2016.1Q	2016.2Q	2016.3Q	2016.4Q
매출액	270	225	142	138	240	255
영업이익	27	-2	3	3	33	8
당기순이익	37	14	1	17	18	10

재무 상태 〈단위 : 억원〉

항목	2011	2012	2013	2014	2015	2016
총자산	265	730	723	788	888	993
유형자산	21	111	117	120	127	120
무형자산	6	5	4	15	80	42
유가증권	—	52	281	222	98	267
총부채	90	177	86	116	126	197
총차입금	27	44	20	16	16	—
자본금	13	32	70	75	75	75
총자본	175	553	637	673	762	796
지배주주지분	175	553	637	673	758	796

기업가치 지표

항목	2011	2012	2013	2014	2015	2016
주가(최고/저)(천원)	7.5/4.6	10.4/7.2	19.2/8.3	11.2/5.3	13.8/7.7	10.9/6.6
PER(최고/저)(배)	9.3/5.7	9.1/6.3	25.2/10.8	22.8/10.8	22.0/12.2	32.3/19.6
PBR(최고/저)(배)	5.1/3.2	2.4/1.7	4.1/1.8	2.3/1.1	2.5/1.4	1.9/1.2
EV/EBITDA(배)	2.4	4.8	9.9	11.0	15.7	10.8
EPS(원)	827	1,171	782	495	634	339
BPS(원)	6,739	1,749	4,807	4,926	5,535	5,789
CFPS(원)	3,805	480	819	539	710	504
DPS(원)			110	50	50	20
EBITDAPS(원)	4,690	620	823	471	523	477

재무 비율 〈단위 : % 〉

연도	영업이익률	순이익률	부채비율	차입금비율	ROA	ROE	유보율	자기자본비율	EBITDA마진율
2016	6.0	6.0	24.7	0.0	4.9	6.5	1,057.9	80.2	9.2
2015	7.6	10.7	16.5	2.1	11.2	13.3	1,007.1	85.8	8.9
2014	9.9	11.5	17.2	2.4	9.5	11.0	885.1	85.4	10.9
2013	16.0	16.0	13.4	3.1	15.0	18.3	861.4	88.2	16.8

하이셈 (A200470)
HISEM CO

업　　종 : 반도체 및 관련장비		시　　장 : KOSDAQ	
신용등급 : (Bond) — (CP) —		기업규모 : 중견	
홈 페 이 지 : www.hisem.co.kr		연 락 처 : 031)8046-1700	
본　　사 : 경기도 안성시 일죽면 서동대로 7280-26			

설 립 일 2007.06.20	종업원수 110명	대표이사 장성호
상 장 일 2014.12.26	감사의견 적정 (삼정)	계 　 　 열
결 산 기 12월	보 통 주 1,755만주	종속회사수
액 면 가 500원	우 선 주	구 　 상 호

주주구성 (지분율,%)		출자관계 (지분율,%)		주요경쟁사 (외형,%)	
팬아시아세미컨덕터서비스	25.4	하이셈	100	아진엑스텍	111
액티브밸류아시아파트너스	10.0			로체시스템즈	623
(외국인)	0.4				

매출구성		비용구성		수출비중	
DRAM TEST	78.1	매출원가율	108.8	수출	81.1
NAND TEST	13.1	판관비율	12.9	내수	18.9
저장장치	8.4				

회사 개요
동사는 2007년 06월 20일에 반도체 제조 관련 테스트 및 엔지니어링 서비스를 주요 사업 목적으로 설립되었으며, 현재 반도체 후공정 중 테스트 외주사업 및 Nand Flash 및 관련 응용제품을 제조, 판매하는 사업을 진행하고 있음. 동사의 매출 비중의 98%를 차지하고 있는 메모리 반도체 테스트 산업은 에이티세미콘, 윈팩 등 4개사가 영위하고 있는 과점시장에 해당함. 15년 부터 저장장치 사업으로 확장.

실적 분석
동사의 2016년 연결기준 결산 매출액은 158.8억원으로 전년동기 대비 26.7% 감소했음. 매출의 급감으로 매출원가가 전년동기 대비 25.4% 감소했음에도 불구하고 영업손실은 34.4억원을 기록. 이로 인해 동사는 36.8억원의 당기순손실을 기록하며 전년보다 적자 폭이 커지며 손실을 지속함. 15년 부터 저장장치 사업을 추진하였으나 올해 매출이 부진한 상황.

현금 흐름 *IFRS 별도 기준   〈단위 : 억원〉

항목	2015	2016
영업활동	54	47
투자활동	-163	9
재무활동	-40	-40
순현금흐름	-149	17
기말현금	22	38

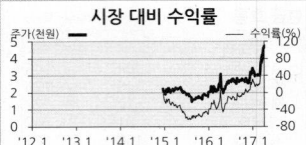
시장 대비 수익률

결산 실적   〈단위 : 억원〉

항목	2011	2012	2013	2014	2015	2016
매출액	363	317	324	315	216	159
영업이익	62	0	38	23	-42	-34
당기순이익	40	-23	21	30	-21	-37

분기 실적 *IFRS 별도 기준   〈단위 : 억원〉

항목	2015.3Q	2015.4Q	2016.1Q	2016.2Q	2016.3Q	2016.4Q
매출액	51	46	34	36	38	51
영업이익	-17	-17	-18	-12	-7	3
당기순이익	-12	-17	-14	-21	-3	1

재무 상태 *IFRS 별도 기준   〈단위 : 억원〉

항목	2011	2012	2013	2014	2015	2016
총자산	793	760	695	639	572	494
유형자산	593	655	566	430	351	272
무형자산	1	1	1	1	1	1
유가증권	0				0	0
총부채	423	412	326	177	133	92
총차입금	363	350	291	158	118	78
자본금	195	195	195	88	88	88
총자본	370	347	369	461	439	402
지배주주지분	370	347	369	461	439	402

기업가치 지표 *IFRS 별도 기준

항목	2011	2012	2013	2014	2015	2016
주가(최고/저)(천원)	—/—	—/—	—/—	2.2/2.1	2.4/1.5	3.2/1.8
PER(최고/저)(배)	0.0/0.0	0.0/0.0	0.0/0.0	9.9/9.2	—/—	—/—
PBR(최고/저)(배)	0.0/0.0	0.0/0.0	0.0/0.0	0.8/0.8	1.0/0.6	1.4/0.8
EV/EBITDA(배)	1.0	1.6	1.1	2.2	3.9	10.2
EPS(원)	306	-179	163	225	-121	-210
BPS(원)	9,490	8,910	9,461	2,627	2,500	2,289
CFPS(원)	5,442	4,256	4,489	1,296	476	223
DPS(원)						
EBITDAPS(원)	6,022	4,856	4,920	1,247	360	237

재무 비율   〈단위 : % 〉

연도	영업이익률	순이익률	부채비율	차입금비율	ROA	ROE	유보율	자기자본비율	EBITDA마진율
2016	-21.7	-23.2	23.0	19.5	-6.9	-8.8	357.8	81.3	26.2
2015	-19.2	-9.8	30.3	27.0	-3.5	-4.7	399.9	76.8	29.2
2014	7.4	9.4	38.5	34.3	4.4	7.1	425.5	72.2	52.1
2013	11.8	6.6	88.3	79.0	2.9	5.9	89.2	53.1	59.3

하이소닉 (A106080)
HYSONIC

업　　종 : 휴대폰 및 관련부품		시　　장 : KOSDAQ	
신용등급 : (Bond) B (CP) —		기업규모 : 중견	
홈 페 이 지 : www.hysonic.com		연 락 처 : 031)8040-0500	
본　　사 : 경기도 안산시 상록구 해안로 705 경기테크노파크 RIT센터 5층			

설 립 일 2001.03.29	종업원수 58명	대표이사 김삼종
상 장 일 2010.02.09	감사의견 적정 (삼덕)	계 　 　 열
결 산 기 12월	보 통 주 2,748만주	종속회사수
액 면 가 500원	우 선 주	구 　 상 호

주주구성 (지분율,%)		출자관계 (지분율,%)		주요경쟁사 (외형,%)	
다인몬트파트너스	18.4	하이인베스트먼트	100.0	하이소닉	100
류재욱	7.8	HYSONICPHILIPPINESINC	100.0	온다 엔터테인먼트	123
(외국인)	0.8	HYSONICREALTYDEVELOPMENT,INC	39.8	해성옵틱스	1,137

매출구성		비용구성		수출비중	
액츄에이터류	100.0	매출원가율	99.8	수출	83.3
		판관비율	16.4	내수	16.7

회사 개요
동사는 2001년에 설립된 휴대폰 카메라용 자동초점 구동장치인 AF액츄에이터 및 OIS 액츄에이터를 제조 판매하는 업체임. 액츄에이터 시장은 현재 10~15개 업체만 존재하는 과점체제이며, 연 평균 성장률은 20%이상으로 예상됨. 매출의 상당부분이 삼성 등 국내업체에 집중되어 있음. 이러한 매출 구조를 다변화 하기 위하여 중국, 대만, 일본 등 해외 기업에 대해 전문 해외 판매망을 통한 영업을 진행 중임.

실적 분석
동사의 2016년 결산기준 누적 매출액은 244.0억원을 기록하면서 전년동기대비 39.8% 감소함. 영업손실 역시 전년동기 대비 적자지속하며 52.2억의 손실을 시현함. 당기순이익은 전년동기 6.2억원 흑자에서 적자 전환한 78.9억원의 순 손실 시현. 신규상품으로 3D 모션스위치, 스마트앱서리 등을 개발 중에 있음. 기존 엑츄에이터AF에서 발전된 햅틱에이터를 신규 성장동력으로 삼고 있으며, 베트남 등지에 신규 공장 증설함.

현금 흐름   〈단위 : 억원〉

항목	2015	2016
영업활동	44	-7
투자활동	-19	-170
재무활동	-7	174
순현금흐름	18	-9
기말현금	32	23

시장 대비 수익률

결산 실적   〈단위 : 억원〉

항목	2011	2012	2013	2014	2015	2016
매출액	497	483	437	352	536	323
영업이익	16	76	-47	-54	13	-52
당기순이익	9	38	-57	-78	6	-73

분기 실적 *IFRS 별도 기준   〈단위 : 억원〉

항목	2015.3Q	2015.4Q	2016.1Q	2016.2Q	2016.3Q	2016.4Q
매출액	156	120	84	72	88	79
영업이익	12	9	-5	-11	-12	-24
당기순이익	12	5	-5	-15	-13	-40

재무 상태   〈단위 : 억원〉

항목	2011	2012	2013	2014	2015	2016
총자산	420	475	447	485	437	511
유형자산	70	189	221	234	204	186
무형자산	32	27	27	28	25	19
유가증권	—		3	1		140
총부채	122	130	174	287	200	247
총차입금	43	58	82	157	116	166
자본금	34	36	53	53	57	69
총자본	298	345	273	198	237	263
지배주주지분	298	345	273	198	237	265

기업가치 지표

항목	2011	2012	2013	2014	2015	2016
주가(최고/저)(천원)	3.6/1.6	6.9/2.4	9.2/3.8	5.2/2.7	6.3/2.9	6.0/2.9
PER(최고/저)(배)	40.6/17.8	18.1/6.3	—/—	—/—	109.3/50.4	—/—
PBR(최고/저)(배)	1.2/0.5	2.1/0.7	3.5/1.5	2.7/1.4	3.0/1.4	3.0/1.4
EV/EBITDA(배)	3.2	6.6			9.1	
EPS(원)	18	76	-107	-147	12	-109
BPS(원)	4,487	4,942	2,628	1,919	2,129	2,036
CFPS(원)	528	945	-103	-256	546	-159
DPS(원)						
EBITDAPS(원)	638	1,492	-15	-27	613	-8

재무 비율   〈단위 : % 〉

연도	영업이익률	순이익률	부채비율	차입금비율	ROA	ROE	유보율	자기자본비율	EBITDA마진율
2016	-16.2	-22.6	94.0	63.1	-15.4	-28.8	307.1	51.5	-0.3
2015	2.5	1.2	84.4	49.1	1.4	2.9	325.7	54.2	12.4
2014	-15.2	-22.2	145.0	79.5	-16.7	-33.1	283.8	40.8	-0.8
2013	-10.9	-13.0	63.6	30.0	-12.3	-18.4	425.6	61.1	-0.4

하이스틸 (A071090)
Histeel

업　　종 : 금속 및 광물		시　　장 : 거래소	
신용등급 : (Bond) —	(CP) —	기업규모 : 시가총액 소형주	
홈페이지 : www.histeel.co.kr		연 락 처 : 041)357-8511~4	
본　　사 : 충남 당진시 송악읍 부곡공단 4길 28-252			

설 립 일 2003.01.01	종 업 원 수 210명	대 표 이 사 엄정근
상 장 일 2003.02.17	감사의견 적정 (이현)	계 열
결 산 기 12월	보 통 주 200만주	종속회사수
액 면 가 5,000원	우 선 주	구 상 호

주주구성 (지분율,%)
한일철강	15.2
엄정근	10.1
(외국인)	0.9

출자관계 (지분율,%)
강음한일강철유한공사	40.0

주요경쟁사 (외형,%)
하이스틸	100
한국주강	18
티플렉스	67

매출구성
강관(제품)	93.8
강관(상품)	6.1
강관(임가공)	0.1

비용구성
매출원가율	86.6
판관비율	8.7

수출비중
수출	36.2
내수	63.8

회사 개요
동사는 2003년 강관 등을 생산, 판매할 목적으로 한일철강으로부터 인적분할하여 설립된 강관 전문 업체임. 동사시장은 자동차, 선박기계, 건설, 배관 등을 전방산업으로 하고 있으며, 최근 건설시장의 지속되는 침체로 인한 수요 감소, 제품 가격 하락 등의 영향으로 수익성 하락하는 추세임. 동사는 국내 동시장에서 세아제강, 휴스틸에 이어 매출액기준 3위권의 점유율을 보유함.

실적 분석
동사의 2016년 연결 기준 매출과 영업이익은 1490억원, 71억원으로 전년 대비 매출은 12.1% 증가하고 흑자전환함. 국내 영업부문 매출은 전년 805억원에서 950억원을 달성하여 18%가 증가함. 해외 영업매출은 전년 523억원에서 539억원으로 2.99%가 증가함. 국내외 매출 증가 요인은 원자재가격 상승으로 인한 판매가 상승과 가격경쟁력 우위제품 위주 제품 판매, 프로젝트 수주 증가 때문으로 분석됨.

현금 흐름 *IFRS 별도 기준 〈단위 : 억원〉
항목	2015	2016
영업활동	136	66
투자활동	-28	-134
재무활동	-34	83
순현금흐름	74	16
기말현금	87	103

시장 대비 수익률
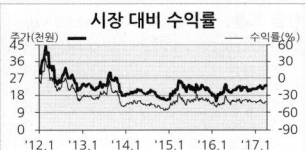

결산 실적 〈단위 : 억원〉
항목	2011	2012	2013	2014	2015	2016
매출액	2,016	2,614	1,737	1,908	1,329	1,489
영업이익	77	58	0	31	-72	71
당기순이익	19	21	-25	-5	-85	39

분기 실적 *IFRS 별도 기준 〈단위 : 억원〉
항목	2015.3Q	2015.4Q	2016.1Q	2016.2Q	2016.3Q	2016.4Q
매출액	316	297	328	338	352	472
영업이익	-9	-49	18	23	15	15
당기순이익	-13	-48	11	17	1	10

재무 상태 *IFRS 별도 기준 〈단위 : 억원〉
항목	2011	2012	2013	2014	2015	2016
총자산	2,578	2,514	2,495	2,486	2,272	2,430
유형자산	1,630	1,613	1,575	1,545	1,552	1,531
무형자산	1	3	3	3	3	3
유가증권	18	15	12	18	15	6
총부채	1,361	1,159	1,173	1,173	1,051	1,170
총차입금	998	752	777	724	695	780
자본금	68	100	100	100	100	100
총자본	1,217	1,355	1,321	1,313	1,221	1,259
지배주주지분	1,217	1,355	1,321	1,313	1,221	1,259

기업가치 지표 *IFRS 별도 기준
항목	2011	2012	2013	2014	2015	2016
주가(최고/저)(천원)	50.3/13.7	49.6/20.2	31.9/17.5	21.6/14.9	30.7/15.6	26.5/14.9
PER(최고/저)(배)	41.2/11.2	37.9/15.4	—/—	—/—	—/—	13.7/7.7
PBR(최고/저)(배)	0.6/0.2	0.8/0.3	0.5/0.3	0.3/0.2	0.5/0.3	0.4/0.2
EV/EBITDA(배)	12.5	11.6	23.0	12.6	—	9.0
EPS(원)	1,273	1,360	-1,252	-239	-4,237	1,949
BPS(원)	89,484	67,767	66,074	65,657	61,052	62,982
CFPS(원)	4,248	4,089	950	1,934	-2,108	4,113
DPS(원)	150	350	100	150		150
EBITDAPS(원)	8,557	6,489	2,212	3,712	-1,450	5,699

재무 비율 〈단위 : % 〉
연도	영업이익률	순이익률	부채비율	차입금비율	ROA	ROE	유보율	자기자본비율	EBITDA마진율
2016	4.8	2.6	92.9	61.9	1.7	3.1	1,159.6	51.8	7.7
2015	-5.4	-6.4	86.1	57.0	-3.6	-6.7	1,121.1	53.7	-2.2
2014	1.6	-0.3	89.4	55.2	-0.2	-0.4	1,213.1	52.8	3.9
2013	0.0	-1.4	88.8	58.8	-1.0	-1.9	1,221.5	53.0	2.6

하이즈항공 (A221840)
HIZEAERO

업　　종 : 운송인프라		시　　장 : KOSDAQ	
신용등급 : (Bond) —	(CP) —	기업규모 : 중견	
홈페이지 : www.hizeaero.com		연 락 처 : 055)850-8800	
본　　사 : 경남 사천시 사남면 공단5로 24			

설 립 일 2001.11.16	종 업 원 수 528명	대 표 이 사 하상헌
상 장 일 2015.11.25	감사의견 적정 (한영)	계 열
결 산 기 12월	보 통 주 1,770만주	종속회사수
액 면 가 500원	우 선 주	구 상 호

주주구성 (지분율,%)
하상헌	37.5
엘비인베스트먼트	4.7
(외국인)	0.4

출자관계 (지분율,%)
한국표면처리	1.6

주요경쟁사 (외형,%)
하이즈항공	100
동방	1,750
서호전기	181

매출구성
조립(Sec11. Center Wing Box 외)	76.8
부품(Spar chord, L/E Cap. 외)	23.2

비용구성
매출원가율	93.8
판관비율	11.1

수출비중
수출	14.5
내수	85.5

회사 개요
동사는 2001년 11월 설립된 항공기 부품 개발, 생산, 조립 등 항공기종합부품기업임. 2015년 코스닥 시장에 상장함. 주로 후방 동체와 날개구조물 등을 생산하고 있으며 미국 보잉의 1차 협력업체로서 B787기 센터윙박스를 독점공급하고 있음. B787 섹션 48은 듀얼 소스로 동사를 비롯해 두 기업만이 공급함. B787 주익 및 B737 꼬리날개의 주요 기계가공부품을 수주 후 개발 및 양산 진행 중임.

실적 분석
동사의 2016년 매출액이 328.6억원으로 전년 대비 6.8% 증가함. 영업손실은 16.1억원으로 적자전환함. 당기순손실은 32.6억원으로 적자전환함. 일시적인 수익 감소에도 신규 프로젝트 수주와 해외 업체에 대한 매출 비중의 확대로 장기적으로 수익성이 개선될 전망임. 사천, 진주, 부산 등 공장별 생산분장을 통한 생산 특성화 및 생산성을 향상시키는 방식을 기반으로 수주 활동을 별일 계획임.

현금 흐름 *IFRS 별도 기준 〈단위 : 억원〉
항목	2015	2016
영업활동	49	-28
투자활동	-688	-171
재무활동	709	51
순현금흐름	70	-148
기말현금	175	27

시장 대비 수익률
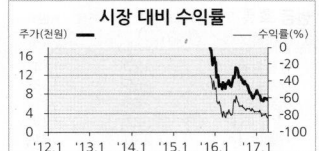

결산 실적 〈단위 : 억원〉
항목	2011	2012	2013	2014	2015	2016
매출액	105	205	299	313	308	329
영업이익	8	14	23	50	46	-16
당기순이익	9	14	31	34	-33

분기 실적 *IFRS 별도 기준 〈단위 : 억원〉
항목	2015.3Q	2015.4Q	2016.1Q	2016.2Q	2016.3Q	2016.4Q
매출액	75	83	71	84	70	103
영업이익	12	15	1	1	-12	-6
당기순이익	10	13	1	1	-10	-25

재무 상태 *IFRS 별도 기준 〈단위 : 억원〉
항목	2011	2012	2013	2014	2015	2016
총자산	211	275	436	501	1,245	1,275
유형자산	108	152	268	337	487	708
무형자산	11	12	13	8	29	34
유가증권	—		1	2	3
총부채	118	169	374	400	421	518
총차입금	93	136	321	347	363	441
자본금	27	27	20	53	87	88
총자본	93	106	63	101	824	757
지배주주지분	93	106	63	101	824	757

기업가치 지표 *IFRS 별도 기준
항목	2011	2012	2013	2014	2015	2016
주가(최고/저)(천원)	—/—	—/—	—/—	—/—	18.0/13.5	15.5/6.8
PER(최고/저)(배)	0.0/0.0	0.0/0.0	0.0/0.0	0.0/0.0	75.0/56.4	—/—
PBR(최고/저)(배)	0.0/0.0	0.0/0.0	0.0/0.0	0.0/0.0	3.8/2.9	3.5/1.5
EV/EBITDA(배)	5.6	3.9	6.1	3.5	36.5	86.9
EPS(원)	64	106	161	233	239	-185
BPS(원)	1,790	2,035	1,220	735	4,734	4,453
CFPS(원)	272	425	655	359	388	1
DPS(원)						
EBITDAPS(원)	254	421	676	502	467	94

재무 비율 〈단위 : % 〉
연도	영업이익률	순이익률	부채비율	차입금비율	ROA	ROE	유보율	자기자본비율	EBITDA마진율
2016	-4.9	-9.9	68.4	58.2	-2.6	-4.1	790.5	59.4	5.1
2015	14.8	11.2	51.0	44.0	3.9	7.4	846.7	66.2	21.8
2014	16.0	9.9	397.8	344.6	6.6	38.1	93.2	20.1	21.4
2013	7.5	7.2	597.8	514.0	—	—	225.1	14.3	12.1

하이텍팜 (A106190)
HIGH TECH PHARM

업 종 : 제약	시 장 : KOSDAQ
신용등급 : (Bond) — (CP) —	기업규모 : 우량
홈페이지 : www.htpharm.com	연 락 처 : (043)883-0012
본 사 : 충북 음성군 대소면 신내로 280	

설 립 일 1998.09.01	종업원수 60명	대표이사 김정수
상 장 일 2010.07.28	감사의견 적정 (안진)	계 열
결 산 기 12월	보 통 주 709만주	종속회사수
액 면 가 500원	우 선 주	구 상 호

주주구성 (지분율,%)		출자관계 (지분율,%)	주요경쟁사 (외형,%)	
ACS DOBFAR s.p.a	39.6		하이텍팜	100
김정수	5.6		우리들제약	130
(외국인)	41.0		화일약품	203

매출구성		비용구성		수출비중	
카바페넴계	94.0	매출원가율	86.6	수출	97.5
세팔로스포린계	5.9	판관비율	3.9	내수	2.5
기타	0.1				

회사 개요
동사는 1998년 설립된 후 2010년에 코스닥 상장한 업체임. 동사는 주사제용 항생제 원료 의약품을 생산하여 국내 및 해외에 수출하고 있으며, 주요 제품은 카바페넴 계열 항생제인 주사제용 무균이미페넴/실라스타틴과 세팔로스포린 계열 항생제인 무균세프트리악손이 있음. 특히 주사제용 무균이미페넴/실라스타틴은 발매이후 남미, 유럽, 아시아등의 국가에서 품질과 가격경쟁력을 유지하고 있음.

실적 분석
동사의 2016년 연간 매출액은 548.4억원으로 전년 대비 14% 증가함. 고정비가 증가로 영업이익은 51.8억원으로 전년 대비 4.1% 감소함. 동사는 다양한 카바페넴계 항생제의 생산기술 확보에 역량을 집중하고 있음. 신제품 생산을 위한 신공장이 2016년 11월 완공이 되었으며, 식약청 및 Eu-GMP, 미국 FDA 등 신공장 생산 품목의 매출을 발생시키기 위한 임직원 모두 전력을 다하여 인허가 작업을 진행중임.

현금 흐름 *IFRS 별도 기준 〈단위 : 억원〉

항목	2015	2016
영업활동	127	14
투자활동	-65	-135
재무활동	-43	-11
순현금흐름	22	-129
기말현금	230	101

시장 대비 수익률
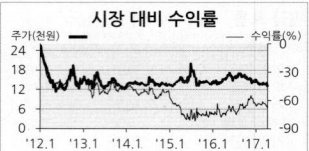

결산 실적 〈단위 : 억원〉

항목	2011	2012	2013	2014	2015	2016
매출액	693	539	652	569	481	548
영업이익	131	106	123	79	54	52
당기순이익	105	74	105	78	65	53

분기 실적 *IFRS 별도 기준 〈단위 : 억원〉

항목	2015.3Q	2015.4Q	2016.1Q	2016.2Q	2016.3Q	2016.4Q
매출액	120	124	153	137	93	165
영업이익	9	5	10	17	8	17
당기순이익	21	4	10	20	-2	25

재무 상태 *IFRS 별도 기준 〈단위 : 억원〉

항목	2011	2012	2013	2014	2015	2016
총자산	823	848	956	1,066	1,114	1,183
유형자산	144	240	237	322	505	728
무형자산	—	—	—	—	—	—
유가증권	30	—	33	35	25	20
총부채	119	78	97	145	142	171
총차입금				33	6	7
자본금	35	35	35	35	35	35
총자본	704	771	858	921	972	1,012
지배주주지분	704	771	858	921	972	1,012

기업가치 지표 *IFRS 별도 기준

항목	2011	2012	2013	2014	2015	2016
주가(최고/저)(천원)	24.2/12.1	26.0/11.1	17.3/11.8	15.7/12.5	19.9/12.8	17.3/13.7
PER(최고/저)(배)	17.6/8.8	26.7/11.4	12.4/8.4	14.8/11.8	22.0/14.1	23.4/18.5
PBR(최고/저)(배)	2.6/1.3	2.6/1.1	1.5/1.0	1.3/1.0	1.5/1.0	1.2/1.0
EV/EBITDA(배)	10.0	6.1	4.1	6.6	11.5	16.4
EPS(원)	1,479	1,047	1,475	1,105	923	745
BPS(원)	9,926	10,871	12,108	12,987	13,712	14,273
CFPS(원)	1,633	1,207	1,628	1,235	1,037	841
DPS(원)	140	200	250	250	150	150
EBITDAPS(원)	1,997	1,657	1,885	1,242	876	827

재무 비율 〈단위 : % 〉

연도	영업이익률	순이익률	부채비율	차입금비율	ROA	ROE	유보율	자기자본비율	EBITDA마진율
2016	9.4	9.6	16.9	0.7	4.6	5.3	2,754.6	85.5	10.7
2015	11.2	13.6	14.6	0.7	6.0	6.9	2,642.5	87.2	12.9
2014	13.9	13.8	15.8	3.6	7.8	8.8	2,497.5	86.4	15.5
2013	18.8	16.0	11.4		11.6	12.8	2,321.5	89.8	20.5

하이트론씨스템즈 (A019490)
Hitron Systems

업 종 : 보안장비	시 장 : 거래소
신용등급 : (Bond) — (CP) —	기업규모 : 시가총액 소형주
홈페이지 : www.hitron.co.kr	연 락 처 : (031)670-9100
본 사 : 경기도 안성시 삼죽면 서동대로 5953-85	

설 립 일 1986.11.10	종업원수 178명	대표이사 최영덕
상 장 일 1998.11.04	감사의견 적정 (한영)	계 열
결 산 기 12월	보 통 주 553만주	종속회사수
액 면 가 2,500원	우 선 주	구 상 호

주주구성 (지분율,%)		출자관계 (지분율,%)	주요경쟁사 (외형,%)	
한세희	18.8		하이트론	100
최영덕	15.2		아이디스홀딩스	1,073
(외국인)	0.9		아이디스	315

매출구성		비용구성		수출비중	
[씨큐리티]CAMERA	54.1	매출원가율	95.1	수출	66.3
[씨큐리티]RECORDER	20.4	판관비율	24.3	내수	33.7
[정보통신]기타	11.6				

회사 개요
주력사업으로 보안장비 사업을 25년 이상 영위하고 있으며, 카메라, DVR, 모니터, 컨트롤러 등 보안장비 Full Line-up을 보유하고 있는 종합 씨큐리티 업체. 중고가, 고품질 시장에 주력하였으나, 최근에는 저가시장에도 진출을 추진함. 국내에서는 도시철도, 항만, 교도소 등 관공서가 주요 영업대상이며, 해외의 보안 SI업체들과도 거래관계를 유지하고 있음. 최근 유동성 확보를 위해 서울 수서 소재 토지와 건물을 150억원에 매각함.

실적 분석
동사 2016년 매출액은 전년 대비 24.6% 감소한 411.3억원을 기록. 영업손실은 80.1억원으로 전년 대비 손실이 36.6% 증가. 당기순이익은 흑자전환했음. 이는 세계경기회복 지연에 따른 CCTV 시장의 침체로 인한 매출액 감소와 서울사옥 매각이 주 요인임. 총자산은 16.5% 증가했으며 이것은 유동자산 중 매출채권이 전 년대비 47억원이 증가한 것이 주 요인임. 부채 총계는 22.1% 증가했으며 이는 매입채무 23억원 증가 탓.

현금 흐름 *IFRS 별도 기준 〈단위 : 억원〉

항목	2015	2016
영업활동	-42	-89
투자활동	-3	79
재무활동	29	18
순현금흐름	-16	9
기말현금	21	29

시장 대비 수익률
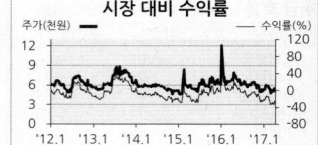

결산 실적 〈단위 : 억원〉

항목	2011	2012	2013	2014	2015	2016
매출액	1,232	1,169	968	722	545	411
영업이익	-18	-21	-57	-55	-59	-80
당기순이익	-10	2	-64	-62	-58	30

분기 실적 〈단위 : 억원〉

항목	2015.3Q	2015.4Q	2016.1Q	2016.2Q	2016.3Q	2016.4Q
매출액	123	115	89	106	77	140
영업이익	-17	-11	-20	-38	-23	2
당기순이익	-15	-14	-22	79	-25	-2

재무 상태 〈단위 : 억원〉

항목	2011	2012	2013	2014	2015	2016
총자산	943	877	731	618	548	639
유형자산	272	267	258	246	240	207
무형자산	2	2	2	2	2	2
유가증권	6	9	6	6	6	6
총부채	368	302	229	179	161	197
총차입금	68			31		35
자본금	138	138	138	138	138	138
총자본	575	575	502	439	387	442
지배주주지분	575	575	502	439	387	442

기업가치 지표

항목	2011	2012	2013	2014	2015	2016
주가(최고/저)(천원)	8.2/4.1	7.7/4.7	10.1/5.1	6.8/4.6	9.0/4.5	12.1/4.9
PER(최고/저)(배)	—/—	182.3/110.9	—/—	—/—	—/—	22.2/8.9
PBR(최고/저)(배)	0.6/0.3	0.6/0.4	0.8/0.4	0.6/0.4	0.9/0.5	1.2/0.5
EV/EBITDA(배)						
EPS(원)	-187	42	-1,156	-1,124	-1,055	545
BPS(원)	13,100	13,106	11,928	10,788	9,841	10,111
CFPS(원)	227	379	-832	-842	-805	796
DPS(원)						
EBITDAPS(원)	-104	-57	-713	-708	-810	-1,197

재무 비율 〈단위 : % 〉

연도	영업이익률	순이익률	부채비율	차입금비율	ROA	ROE	유보율	자기자본비율	EBITDA마진율
2016	-19.5	7.3	44.6	7.9	5.1	7.3	304.4	69.2	-16.1
2015	-10.8	-10.7	41.7	8.1	-10.0	-14.1	293.7	70.6	-8.2
2014	-7.6	-8.6	40.7	5.0	-9.2	-13.2	331.5	71.1	-5.4
2013	-5.9	-6.6	45.6	0.2	-8.0	-11.9	377.1	68.7	-4.1

하이트진로 (A000080)
HITEJINRO CO

업 종 : 음료		시 장 : 거래소	
신용등급 : (Bond) A (CP) A2		기업규모 : 시가총액 중형주	
홈페이지 : www.hitejinro.com		연 락 처 : 02)3219-0114	
본 사 : 서울시 강남구 영동대로 714			

설 립 일	1954.06.15	종 업 원 수	3,351명	대 표 이 사	김인규
상 장 일	2009.10.19	감 사 의 견	적정 (한영)	계 열	
결 산 기	12월	보 통 주	7,013만주	종속회사수	
액 면 가	5,000원	우 선 주	113만주	구 상 호	

주주구성 (지분율,%)		출자관계 (지분율,%)		주요경쟁사 (외형,%)	
하이트진로홀딩스	50.9	하이트진로산업	100.0	하이트진로	100
국민연금공단	5.0	하이트진로음료	100.0	롯데칠성	125
(외국인)	12.2	진로양조	100.0	무학	14

매출구성		비용구성		수출비중	
참이슬 외	46.7	매출원가율	56.4	수출	6.0
하이트	31.5	판관비율	37.0	내수	94.0
맥스	8.1				

회사 개요
1924년에 설립된 주류 제조 판매기업으로, 2003년 상장폐지 되었다가 2009년에 유가증권시장에 재상장하였으며, 2011년 9월을 기이트-진로간 합병에 의해 하이트진로라는 국내시장 최대의 주류업체가 됨. 소주분야에서는 '참이슬'이 절대적인 시장지배력을 가지고 있으며, 맥주분야는 OB맥주와 국내시장을 양분하고 있음. 위스키, 수입맥주, 와인 부문을 담당하고 있는 하이스코트(주)를 흡수합병하고, 2013년 11월에는 (주)보배를 흡수 합병함.

실적 분석
동사의 2016년 사업부문별 매출비중은 소주 54%, 맥주 42%, 생수 4%로 구성됨. 내수 경기침체, 맥주시장 경쟁심화, 자회사 실적악화 등에 의하여 당기 연결기준 매출액은 1조 8,902억으로 전년대비 0.9% 감소함. 영업이익은 전년 동기대비 7.5% 감소한 1,240억원을 기록하였으며, 당기순이익은 384.5억원을 기록하며 전년 대비 28% 감소한 실적을 나타냄.

현금 흐름 〈단위 : 억원〉

항목	2015	2016
영업활동	3,041	1,921
투자활동	-781	-859
재무활동	-1,234	-1,098
순현금흐름	1,042	1
기말현금	1,584	1,585

시장 대비 수익률
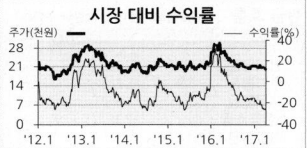

결산 실적 〈단위 : 억원〉

항목	2011	2012	2013	2014	2015	2016
매출액	13,737	20,346	18,975	18,723	19,075	18,902
영업이익	1,250	1,672	1,611	937	1,340	1,240
당기순이익	702	1,035	791	213	534	384

분기 실적 〈단위 : 억원〉

항목	2015.3Q	2015.4Q	2016.1Q	2016.2Q	2016.3Q	2016.4Q
매출액	5,019	4,952	4,093	5,005	4,894	4,910
영업이익	482	314	272	276	277	415
당기순이익	246	143	61	101	83	138

재무 상태 〈단위 : 억원〉

항목	2011	2012	2013	2014	2015	2016
총자산	35,733	35,187	35,531	34,224	34,605	34,011
유형자산	21,800	21,878	23,380	22,832	22,415	21,036
무형자산	470	2,209	2,272	2,222	2,129	2,055
유가증권	388	430	251	139	132	171
총부채	21,500	21,096	21,700	20,944	21,359	21,092
총차입금	13,476	13,626	13,114	11,740	11,220	10,900
자본금	3,656	3,656	3,688	3,688	3,688	3,688
총자본	14,233	14,091	13,831	13,279	13,246	12,919
지배주주지분	14,229	14,086	13,826	13,275	13,241	12,912

기업가치 지표

항목	2011	2012	2013	2014	2015	2016
주가(최고/저)(천원)	29.2/17.0	27.0/16.1	29.4/17.9	23.9/18.0	22.9/19.0	30.2/19.5
PER(최고/저)(배)	27.2/15.8	22.8/13.7	31.4/19.1	91.2/68.9	33.3/27.7	58.5/37.7
PBR(최고/저)(배)	1.7/1.0	1.5/0.9	1.7/1.0	1.4/1.0	1.3/1.1	1.6/1.1
EV/EBITDA(배)	15.3	11.8	10.0	12.8	10.3	10.0
EPS(원)	1,396	1,465	1,117	297	748	539
BPS(원)	21,888	21,685	21,121	19,705	19,657	19,195
CFPS(원)	2,763	3,188	2,831	2,019	2,430	2,204
DPS(원)	1,250	1,250	1,100	1,000	1,000	900
EBITDAPS(원)	3,855	4,090	3,992	3,037	3,563	3,406

재무 비율 〈단위 : % 〉

연도	영업이익률	순이익률	부채비율	차입금비율	ROA	ROE	유보율	자기자본비율	EBITDA마진율
2016	6.6	2.0	163.3	84.4	1.1	2.9	270.9	38.0	12.3
2015	7.0	2.8	161.3	84.7	1.6	4.0	279.8	38.3	13.3
2014	5.0	1.1	157.7	88.4	0.6	1.6	280.7	38.8	11.6
2013	8.5	4.2	156.9	94.8	2.2	5.7	308.1	38.9	14.9

하이트진로홀딩스 (A000140)
HITEJINRO HOLDINGS

업 종 : 음료		시 장 : 거래소	
신용등급 : (Bond) A- (CP) A2-		기업규모 : 시가총액 소형주	
홈페이지 : www.hitejinroholdings.com		연 락 처 : 02)520-3113	
본 사 : 서울시 강남구 영동대로 714 (청담동)			

설 립 일	1933.08.09	종 업 원 수	8명	대 표 이 사	김인규,김지헌
상 장 일	1973.09.19	감 사 의 견	적정 (한영)	계 열	
결 산 기	12월	보 통 주	2,321만주	종속회사수	
액 면 가	5,000원	우 선 주	47만주	구 상 호	

주주구성 (지분율,%)		출자관계 (지분율,%)		주요경쟁사 (외형,%)	
박문덕	30.3	진로소주	100.0	하이트진로홀딩스	100
서영이앤티	27.7	하이트진로	50.9	롯데칠성	125
(외국인)	6.4	세왕금속공업	21.5	보해양조	6

매출구성		비용구성		수출비중	
배당금 수익	89.6	매출원가율	56.2	수출	—
로열티 수익	10.4	판관비율	36.8	내수	—

회사 개요
동사는 1933년 8월 9일에 맥주의 제조, 판매 등을 주 영업목적으로 하여 설립되었으며, 1973년 9월에 한국거래소 유가증권시장에 상장함. 2008년 7월 1일자로 인적분할 방식에 의해 주류사업부문 등을 분할존속법인인 하이트맥주로 포괄이전하였으며, 자회사 지분출자를 통한 지주회사 체제로 전환하였으며 하이트진로 외 16개의 종속기업을 지배.16년 초에는 재무구조개선을 위해 하이트진로메탈을 지분 매각.

실적 분석
동사의 2016년 연결기준 결산 매출액은 1조 8,954.4억원으로 전년동기 대비 1.6% 감소함. 영업이익은 8.9% 감소한 1,329.4억원, 비영업손실은 610.0억원을 기록. 그러나 관련투자이익이 472억원을 기록함에 따라 462.8억원의 당기순이익을 기록. 16년 4월에는 하이트진로메탈을 지분을 모두 매각하며 재무건전성을 개선하고자 하였으나 하이트진로의 맥주부문 매출 부진으로 영업이익이 지속적으로 감소함.

현금 흐름 〈단위 : 억원〉

항목	2015	2016
영업활동	2,831	1,739
투자활동	-791	-89
재무활동	-1,005	-1,558
순현금흐름	1,051	129
기말현금	1,728	1,857

시장 대비 수익률
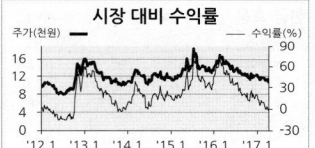

결산 실적 〈단위 : 억원〉

항목	2011	2012	2013	2014	2015	2016
매출액	21,122	20,817	19,429	18,897	19,271	18,954
영업이익	2,168	1,840	1,679	1,081	1,459	1,329
당기순이익	415	633	-518	-1,011	447	463

분기 실적 〈단위 : 억원〉

항목	2015.3Q	2015.4Q	2016.1Q	2016.2Q	2016.3Q	2016.4Q
매출액	5,062	5,006	4,138	5,058	4,874	4,885
영업이익	506	340	288	309	313	419
당기순이익	199	157	3	234	363	-137

재무 상태 〈단위 : 억원〉

항목	2011	2012	2013	2014	2015	2016
총자산	47,148	44,436	42,622	40,180	40,688	39,671
유형자산	24,008	23,709	23,354	22,823	22,434	20,974
무형자산	9,165	9,149	8,927	7,798	7,747	7,386
유가증권	823	497	333	277	249	261
총부채	33,525	30,936	30,239	29,238	29,573	27,636
총차입금	24,290	22,378	21,501	19,978	19,404	17,467
자본금	1,184	1,184	1,184	1,184	1,184	1,184
총자본	13,623	13,500	12,383	10,942	11,115	12,035
지배주주지분	7,020	6,977	5,831	4,794	4,953	5,313

기업가치 지표

항목	2011	2012	2013	2014	2015	2016
주가(최고/저)(천원)	18.1/8.3	15.8/7.8	16.8/9.8	13.8/10.2	18.5/11.1	17.0/11.0
PER(최고/저)(배)	71.4/32.6	24.8/12.2	—/—	—/—	24.6/14.7	14.6/9.5
PBR(최고/저)(배)	0.6/0.3	0.5/0.3	0.6/0.4	0.6/0.4	0.8/0.5	0.7/0.4
EV/EBITDA(배)	9.3	10.5	11.0	12.5	10.3	10.1
EPS(원)	290	715	-2,393	-4,949	775	1,179
BPS(원)	33,904	33,723	28,887	24,522	25,196	26,680
CFPS(원)	5,551	5,787	2,600	70	5,675	6,070
DPS(원)	150	350	350	450	200	200
EBITDAPS(원)	14,416	12,841	12,084	9,584	11,060	10,505

재무 비율 〈단위 : % 〉

연도	영업이익률	순이익률	부채비율	차입금비율	ROA	ROE	유보율	자기자본비율	EBITDA마진율
2016	7.0	2.4	229.6	145.1	1.2	5.4	433.4	30.3	13.1
2015	7.6	2.3	266.1	174.6	1.1	3.8	403.9	27.3	13.6
2014	5.7	-5.4	267.2	182.6	-2.4	-22.1	390.4	27.2	12.0
2013	8.6	-2.7	244.2	173.6	-1.2	-8.9	477.7	29.1	14.7

하츠 (A066130)
Haatz

업　　　종 : 건축자재	시　　　장 : KOSDAQ
신용등급 : (Bond) —　　(CP) —	기업규모 : 중견
홈페이지 : www.haatz.co.kr	연락처 : 031)370-7500
본　　　사 : 경기도 평택시 진위면 동부대로 202	

설 립 일	1988.10.10	종 업 원 수	191명	대 표 이 사	김성식
상 장 일	2003.02.11	감 사 의 견	적정 (대영)	계　　　열	
결 산 기	12월	보 통 주	1,280만주	종속회사수	
액 면 가	500원	우 선 주		구 상 호	

주주구성 (지분율,%)		출자관계 (지분율,%)		주요경쟁사 (외형,%)	
벽산	46.3	그린인프라	19.5	하츠	100
한가람투자자문	5.2	인희	11.6	스페코	96
(외국인)	3.0	디지엔스	4.0	원하이텍	73

매출구성		비용구성		수출비중	
제품제조판매업 부문(후드)	44.5	매출원가율	76.5	수출	0.1
빌트인기기	28.4	판관비율	18.5	내수	99.9
공사부문(환기)	18.2				

회사 개요
동사는 1988년에 설립되고 2003년에 코스닥 시장에 상장되어 레인지후드 및 빌트인기기 제조 업체로 후드업계 1위의 시장점유율을 차지하고 있음. 제품군 중 중견 주방가구사에 주로 납품하는 중고가 레인지후드와 소형 빌트인기기 제품은 시장점유율이 높은 편임. 계열사로는 (주)벽산, (주)벽산페인트, (주)인희, 벽산엘티씨엔터프라이즈(주) 드 4개사가 있으며 연결대상 종속법인은 없음.

실적 분석
동사의 매출형태는 후드 및 제품제조판매분야와, 빌트인기기등 상품판매분야, 환기시스템 공사분야로 구분됨. 2016년 동사는 주택공급 확대 영향으로 전기 대비 8.1% 증가한 882.3억원의 매출을 시현함. 매출은 증가했으나, 원가 부담과 판관비 증가로 영업이익은 전기 44.8억원 대비 줄어든 43.9억원을 시현함. 비영업손익에서는 8.2억원의 흑자가 발생하여 당기순이익은 40.9억원을 시현함.

현금 흐름 *IFRS 별도 기준 〈단위 : 억원〉

항목	2015	2016
영업활동	70	-10
투자활동	-74	-13
재무활동	-4	-4
순현금흐름	-8	-27
기말현금	159	132

시장 대비 수익률
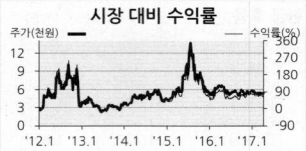

결산 실적 〈단위 : 억원〉

항목	2011	2012	2013	2014	2015	2016
매출액	667	714	661	761	816	882
영업이익	11	-24	-1	37	45	44
당기순이익	23	-31	-11	34	40	41

분기 실적 *IFRS 별도 기준 〈단위 : 억원〉

항목	2015.3Q	2015.4Q	2016.1Q	2016.2Q	2016.3Q	2016.4Q
매출액	220	212	175	220	220	268
영업이익	10	14	1	11	13	20
당기순이익	9	15	2	11	12	16

재무 상태 *IFRS 별도 기준 〈단위 : 억원〉

항목	2011	2012	2013	2014	2015	2016
총자산	801	808	803	823	873	929
유형자산	237	229	226	225	218	223
무형자산	15	27	16	13	8	8
유가증권	24	35	73	24	88	62
총부채	116	113	121	113	130	155
총차입금	15	3	24	1	—	—
자본금	64	64	64	64	64	64
총자본	685	695	682	710	743	775
지배주주지분	685	695	682	710	743	775

기업가치 지표 *IFRS 별도 기준

항목	2011	2012	2013	2014	2015	2016
주가(최고/저)(천원)	4.0/1.5	10.7/2.6	4.9/2.0	6.2/3.3	15.6/4.1	6.9/4.9
PER(최고/저)(배)	23.5/9.1	—/—	—/—	23.6/12.5	51.2/13.6	21.6/15.5
PBR(최고/저)(배)	0.8/0.3	2.0/0.5	0.9/0.4	1.1/0.6	2.7/0.7	1.1/0.8
EV/EBITDA(배)	8.7	—	12.9	5.0	5.7	7.6
EPS(원)	177	-239	-84	266	310	320
BPS(원)	5,482	5,467	5,363	5,578	5,833	6,081
CFPS(원)	298	-103	75	442	473	425
DPS(원)	10	30	30	30	30	50
EBITDAPS(원)	208	-52	154	468	513	448

재무 비율 〈단위 : % 〉

연도	영업이익률	순이익률	부채비율	차입금비율	ROA	ROE	유보율	자기자본비율	EBITDA마진율
2016	5.0	4.6	20.0	0.0	4.5	5.4	1,116.2	83.4	6.5
2015	5.5	4.9	17.5	0.0	4.7	5.5	1,066.6	85.1	8.1
2014	4.9	4.5	15.9	0.1	4.2	4.9	1,015.6	86.3	7.9
2013	-0.1	-1.6	17.8	3.6	-1.3	-1.6	972.5	84.9	3.0

한강인터트레이드 (A219550)
Hankang Intertrade

업　　　종 : 개인생활용품	시　　　장 : KOSDAQ
신용등급 : (Bond) —　　(CP) —	기업규모 : 중견
홈페이지 : www.hkcorea.co.kr	연락처 : 02)3773-8373
본　　　사 : 서울시 구로구 디지털로 273, 1206호(구로동, 에이스트윈타워2차)	

설 립 일	2015.04.22	종 업 원 수	2명	대 표 이 사	변영호
상 장 일	2015.07.22	감 사 의 견	적정 (이촌)	계　　　열	
결 산 기	12월	보 통 주	5,443만주	종속회사수	
액 면 가	100원	우 선 주		구 상 호	SK2호스팩

주주구성 (지분율,%)		출자관계 (지분율,%)		주요경쟁사 (외형,%)	
엠피케이그룹	70.7			한강인터트레이드	
정동진	17.7			한국화장품제조	
				코리아나	

매출구성		비용구성		수출비중	
		매출원가율	0.0	수출	#VALUE!
		판관비율	0.0	내수	#VALUE!

회사 개요
동사는 한국거래소의 코스닥시장에 상장된 후 다른 회사와 합병하는 것을 유일한 사업목적으로 함. 동사는 2016년 08월 29일 이사회를 통해 (주)한강인터트레이드와의 합병을 결의했으며 2016년 12월 22일 합병을 위한 임시주주총회에서 승인 받았음. 2017년 1월 25일을 합병기일 2017년 1월 31일 합병 등기됐음. 이후 (주)한강인터트레이드에서 영위하던 화장품 제조 및 도소매 사업 등을 영위함.

실적 분석
동사는 2015년 04월 22일에 설립된 이후 코스닥시장 상장을 위한 공모를 통해 총 125억원의 자금을 조달했으며 공모금액의 100%를 한국증권금융에 예치시킨 상태임. 2016년 경영실적을 간략히 요약하면 영업손실은 약 124억원이며, 당기순이익은 약 100만원임. 이러한 실적부진의 주 원인은 신영회계법인 등과 피합병법인에 대한 평가관련 전문용역계약체결 등에서 생긴 지급수수료의 증가임.

현금 흐름 *IFRS 별도 기준 〈단위 : 억원〉

항목	2015	2016
영업활동	39	—
투자활동	-62	—
재무활동	—	—
순현금흐름	-23	—
기말현금	7	—

시장 대비 수익률
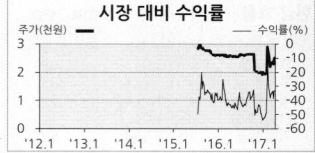

결산 실적 〈단위 : 억원〉

항목	2011	2012	2013	2014	2015	2016
매출액	—	—	—	206	298	—
영업이익	—	—	—	31	77	—
당기순이익	—	—	—	24	60	—

분기 실적 *IFRS 별도 기준 〈단위 : 억원〉

항목	2015.3Q	2015.4Q	2016.1Q	2016.2Q	2016.3Q	2016.4Q
매출액	71	86			124	
영업이익	20	24			23	
당기순이익	16	18			21	

재무 상태 *IFRS 별도 기준 〈단위 : 억원〉

항목	2011	2012	2013	2014	2015	2016
총자산	—	—	—	88	141	—
유형자산	—	—	—	1	0	—
무형자산	—	—	—	0	—	—
유가증권	—	—	—	9	—	—
총부채	—	—	—	16	18	—
총차입금	—	—	—	—	—	—
자본금	—	—	—	3	3	—
총자본	—	—	—	72	123	—
지배주주지분	—	—	—	72	123	—

기업가치 지표 *IFRS 별도 기준

항목	2011	2012	2013	2014	2015	2016
주가(최고/저)(천원)	—/—	—/—	—/—	3.0/2.6	2.6/1.9	
PER(최고/저)(배)	0.0/0.0	0.0/0.0	0.0/0.0	0.0/0.0	29.0/25.1	0.0/0.0
PBR(최고/저)(배)	0.0/0.0	0.0/0.0	0.0/0.0	0.0/0.0	13.2/11.4	0.0/0.0
EV/EBITDA(배)	0.0				1.7	0.0
EPS(원)	—	—	—	45	103	—
BPS(원)	—	—	—	120,507	205,675	—
CFPS(원)	—	—	—	40,814	93,667	—
DPS(원)	—	—	—	—	—	—
EBITDAPS(원)	—	—	—	51,230	120,996	—

재무 비율 〈단위 : % 〉

연도	영업이익률	순이익률	부채비율	차입금비율	ROA	ROE	유보율	자기자본비율	EBITDA마진율
2016	0.0	0.0	0.0	0.0	0.0	0.0	0.0	0.0	0.0
2015	25.7	20.0	22.1	0.0	49.0	59.8	4,134.4	81.9	25.8
2014	14.9	11.8	22.1	0.0	0.0	0.0	2,310.1	81.9	15.0
2013	0.0	0.0	0.0	0.0	0.0	0.0	0.0	0.0	0.0

한국가구 (A004590)
Hankook Furniture

업 종 : 내구소비재		시 장 : KOSDAQ	
신용등급 : (Bond) — (CP) —		기업규모 : 중견	
홈페이지 : www.koreafurniture.com		연 락 처 : 02)2600-7000	
본 사 : 서울시 강남구 학동로 120 (논현동, 한국가구)			

설 립 일 1966.05.20	종업원수 67명	대표이사 최훈학	
상 장 일 1993.06.03	감사의견 적정 (대주)	계 열	
결 산 기 12월	보 통 주 150만주	종속회사수	
액 면 가 1,000원	우 선 주	구 상 호	

주주구성 (지분율,%)		출자관계 (지분율,%)		주요경쟁사 (외형,%)	
최훈학	35.0	제워인터내쇼날	100.0	한국가구	100
최현주	12.0	옥방가기	50.0	코아스	169
(외국인)	0.3	페트라자산운용	18.9	YW	51

매출구성		비용구성		수출비중	
특판 및 기타 소품 및 주문가구	34.7	매출원가율	66.6	수출	0.0
소파	28.6	판관비율	20.3	내수	100.0
식탁, 식탁의자외	26.3				

회사 개요
동사는 1966년 설립하여 각종 가구 제조 및 수입 판매 사업을 영위하고 있으며, 가정용 가구 및 사무용 가구, 특판용 가구를 생산함. 제과/제빵용 원료를 수입판매하는 제워인터내쇼날을 종속회사로 두고 있음. 국내 가구 업계는 급속한 경제성장 및 주택건설경기 호황으로 꾸준히 성장해 왔으나, 외환위기를 겪으며 영세업체들이 도산하였고, 현재는 중국 및 동남아시아의 저가 제품의 공략 속에 제한된 시장을 두고 치열한 경쟁이 이루어지고 있음.

실적 분석
동사의 2016년 연결 기준 매출과 영업이익은 575억원, 75억원으로 전년 대비 각각 19.4%, 7.6% 증가함. 이는 2015년과 마찬가지로 식품사업부문에서 선전한 결과이며 가구사업부문은 여전히 어려웠음. 식품사업부문에서는 역대 최고 외형 성장인 24.6% 증가한 475억원의 매출을 기록함. 반면 가구사업부문은 매출 102억원으로 전년과 비슷했음. 백화점 매장 외에는 유통망이 늘어나지 않았기 때문으로 분석됨.

현금 흐름 〈단위 : 억원〉
항목	2015	2016
영업활동	52	43
투자활동	-2	-6
재무활동	-10	-10
순현금흐름	39	27
기말현금	111	138

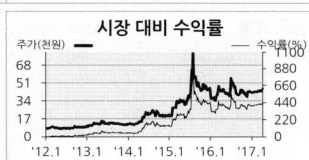

시장 대비 수익률

결산 실적 〈단위 : 억원〉
항목	2011	2012	2013	2014	2015	2016
매출액	390	391	405	462	482	575
영업이익	41	39	35	61	69	75
당기순이익	19	34	27	52	60	57

분기 실적 〈단위 : 억원〉
항목	2015.3Q	2015.4Q	2016.1Q	2016.2Q	2016.3Q	2016.4Q
매출액	108	139	124	134	134	183
영업이익	12	23	16	14	16	28
당기순이익	11	17	11	11	11	23

재무 상태 〈단위 : 억원〉
항목	2011	2012	2013	2014	2015	2016
총자산	813	858	828	872	925	997
유형자산	315	351	346	344	340	347
무형자산	144	143	140	139	139	138
유가증권	33	37	22	23	44	35
총부채	227	205	154	151	150	178
총차입금	113	83	42	40	42	45
자본금	15	15	15	15	15	15
총자본	586	653	673	721	774	819
지배주주지분	586	653	673	721	774	819

기업가치 지표
항목	2011	2012	2013	2014	2015	2016
주가(최고/저)(천원)	10.3/7.3	10.0/7.9	15.1/9.6	25.9/11.6	80.9/19.8	55.5/33.3
PER(최고/저)(배)	10.0/6.9	5.2/4.1	9.0/5.7	8.1/3.6	21.0/5.1	14.8/8.9
PBR(최고/저)(배)	0.3/0.2	0.3/0.2	0.4/0.2	0.6/0.3	1.6/0.4	1.0/0.6
EV/EBITDA(배)	3.6	3.1	4.5	3.8	8.2	6.6
EPS(원)	1,243	2,258	1,832	3,456	4,014	3,829
BPS(원)	39,079	43,552	44,877	48,049	51,627	54,607
CFPS(원)	1,637	2,683	2,284	3,915	4,463	4,261
DPS(원)	350	650	200	750	850	950
EBITDAPS(원)	3,098	3,045	2,768	4,510	5,083	5,419

재무 비율 〈단위 : % 〉
연도	영업이익률	순이익률	부채비율	차입금비율	ROA	ROE	유보율	자기자본비율	EBITDA마진율
2016	13.0	10.0	21.8	5.5	6.0	7.2	5,360.7	82.1	14.1
2015	14.4	12.5	19.4	5.5	6.7	8.1	5,062.7	83.7	15.8
2014	13.2	11.2	20.9	5.5	6.1	7.4	4,704.9	82.7	14.7
2013	8.6	6.8	22.9	6.3	3.3	4.1	4,387.7	81.3	10.3

한국가스공사 (A036460)
Korea Gas

업 종 : 가스		시 장 : 거래소	
신용등급 : (Bond) AAA (CP) A1		기업규모 : 시가총액 대형주	
홈페이지 : www.kogas.or.kr		연 락 처 : 053)670-0114	
본 사 : 대구시 동구 첨단로120 (신서동)			

설 립 일 1983.08.18	종업원수 3,526명	대표이사 이승훈	
상 장 일 1999.12.15	감사의견 적정 (삼일)	계 열	
결 산 기 12월	보 통 주 9,231만주	종속회사수	
액 면 가 5,000원	우 선 주	구 상 호	

주주구성 (지분율,%)		출자관계 (지분율,%)		주요경쟁사 (외형,%)	
기획재정부	26.2	한국가스기술공사	100.0	한국가스공사	100
한국전력공사	20.5	케이씨엘엔지테크	50.2	서울가스	6
(외국인)	13.0	코리아엘엔지트레이딩	28.0	삼천리	15

매출구성		비용구성		수출비중	
도시가스 및 발전용 천연가스 등	96.5	매출원가율	93.7	수출	4.3
공사 및 용역 서비스	2.3	판관비율	2.0	내수	95.7
원유,가스	1.9				

회사 개요
동사는 천연가스 도입 및 판매사업부문을 주요사업으로 함. 도매사업자인 한국가스공사는 천연가스 수급운영을 독자적으로 담당하고 있음. 2015년 국내 천연가스 소비량 중 자가소비 목적으로 천연가스를 직접 수입하는 물량을 제외하고는 동사에서 판매하는 천연가스 물량이 시장점유율 100%를 차지하고 있음. 1987년 천연가스 공급 개시 이후 천연가스 판매는 연평균 13%의 증가세를 보이며, 도시가스용 천연가스 판매는 23.8%로 높은 증가세를 보임.

실적 분석
동사의 2016년 연결기준 매출액은 21조 1,081.2억원으로 가스 가격 하락으로 매출이 전년대비 19.0% 감소함. 매출 감소에 따른 고정비 부담 등 수익성 감소로 영업이익은 전년대비 9% 감소한 9,176.3억원을 기록함. 또한 비영업 손실 확대로 6,735.6억원 당기순손실을 기록하며 적자 전환함. 해외 자원개발 관련 사업에서 대규모 손상차손 반영, 정치적 이슈, 개발 실패 등으로 인한 프로젝트 중단과 같은 리스크가 존재함.

현금 흐름 〈단위 : 억원〉
항목	2015	2016
영업활동	54,562	47,693
투자활동	-22,466	-20,789
재무활동	-32,660	-23,766
순현금흐름	-714	3,455
기말현금	1,380	4,835

시장 대비 수익률

결산 실적 〈단위 : 억원〉
항목	2011	2012	2013	2014	2015	2016
매출액	284,298	350,313	380,627	372,849	260,527	211,081
영업이익	10,232	12,667	14,882	10,719	10,078	9,176
당기순이익	1,747	3,620	-2,036	4,472	3,192	-6,736

분기 실적 〈단위 : 억원〉
항목	2015.3Q	2015.4Q	2016.1Q	2016.2Q	2016.3Q	2016.4Q
매출액	43,896	64,829	77,646	35,368	36,282	61,786
영업이익	-1,450	2,837	8,941	-64	-1,897	2,197
당기순이익	-2,407	192	5,113	-1,063	-2,979	-7,807

재무 상태 〈단위 : 억원〉
항목	2011	2012	2013	2014	2015	2016
총자산	360,153	406,217	436,664	467,720	423,853	399,278
유형자산	174,930	195,830	224,576	250,321	264,555	260,424
무형자산	17,488	24,066	20,753	22,342	25,209	24,157
유가증권	318	834	3,083	4,953	4,259	3,151
총부채	279,714	322,528	347,336	370,476	323,284	305,413
총차입금	231,629	271,606	295,098	311,697	285,143	262,581
자본금	3,864	3,864	4,616	4,616	4,616	4,616
총자본	80,439	83,690	89,328	97,244	100,569	93,865
지배주주지분	80,494	83,783	89,328	97,244	100,569	92,737

기업가치 지표
항목	2011	2012	2013	2014	2015	2016
주가(최고/저)(천원)	44.9/26.2	80.2/33.3	78.1/45.7	70.1/48.3	51.5/35.2	49.3/31.3
PER(최고/저)(배)	21.0/12.3	18.3/7.6	—/—	14.7/10.1	15.0/10.3	—/—
PBR(최고/저)(배)	0.5/0.3	0.8/0.3	0.8/0.5	0.7/0.5	0.5/0.3	0.5/0.3
EV/EBITDA(배)	14.0	14.1	13.6	16.0	13.5	11.9
EPS(원)	2,252	4,550	-2,430	4,845	3,458	-7,302
BPS(원)	105,478	109,734	97,876	106,451	110,053	101,569
CFPS(원)	13,288	18,414	11,157	17,273	18,047	10,216
DPS(원)	760	1,640		250	170	
EBITDAPS(원)	24,179	30,059	31,603	24,040	25,507	27,459

재무 비율 〈단위 : % 〉
연도	영업이익률	순이익률	부채비율	차입금비율	ROA	ROE	유보율	자기자본비율	EBITDA마진율
2016	4.4	-3.2	325.4	279.7	-1.6	-7.0	1,931.4	23.5	12.0
2015	3.9	1.2	321.5	283.5	0.7	3.2	2,101.1	23.7	9.0
2014	2.9	1.2	381.0	320.5	1.0	4.8	2,029.0	20.8	6.0
2013	3.9	-0.5	388.8	330.4	-0.5	-2.3	1,857.5	20.5	6.9

한국경제티브이 (A039340)
Korea Business News

업 종 : 미디어		시 장 : KOSDAQ	
신용등급 : (Bond) — (CP) —		기업규모 : 우량	
홈페이지 : www.wowtv.co.kr		연 락 처 : 02)6676-0000	
본 사 : 서울시 영등포구 버드나루로 84, 제일빌딩 11층			

설 립 일	1999.08.31	종업원수	187명	대표이사	송재조
상 장 일	2004.07.30	감사의견	적정(삼일)	계 열	
결 산 기	12월	보 통 주	2,300만주	종속회사수	
액 면 가	500원	우 선 주		구 상 호	

주주구성 (지분율,%)		출자관계 (지분율,%)		주요경쟁사 (외형,%)	
한국경제신문	37.8	와우에스앤에프	100.0	한국경제TV	100
박영옥	11.2	와우미디어콘텐츠	100.0	투윈글로벌	24
(외국인)	3.1	엔프리컨소시엄에이엠	31.0	iMBC	89

매출구성		비용구성		수출비중	
인터넷수입	38.7	매출원가율	0.0	수출	0.1
광고협찬수입	38.6	판관비율	80.9	내수	99.9
기타부대수입	15.5				

회사 개요
동사는 방송법에 근거 1999년 8월 설립되었으며 2004년 7월 코스닥 시장에 상장함. 2000년 1월부터 인터넷방송을 통하여 증권정보를 장중 8시간 실시간 제공하였고 2000년 9월 케이블 방송 진출, 2001년말 디지털위성방송에 참여함. 이후 2005년 방송통신위원회 데이터방송 DP등록, 2010년 지상파 DMB 개국, 2011년부터 티빙Tving 등 N스크린서비스와 IPTV 송출 등 서비스 영역을 확대해옴.

실적 분석
동사의 연결기준 2016년 매출액은 752.8억원으로 전년 721.6억원 대비 4.3% 증가하였음. 영업이익은 143.8억원을 기록, 전년보다 25.4% 증가함. 이는 수익성 높은 인터넷 부문의 매출액 비중이 증가한 영향임. 직접투자 확대와 박스권 장세로 종목 중요도가 높아지고 있어 실적 증대가 기대됨. 동사는 최종적으로 노 120.4억원의 당기순이익을 실현함.

현금 흐름 〈단위 : 억원〉

항목	2015	2016
영업활동	229	62
투자활동	-160	-57
재무활동	-42	-13
순현금흐름	27	-9
기말현금	62	53

시장 대비 수익률
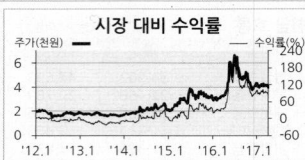

결산 실적 〈단위 : 억원〉

항목	2011	2012	2013	2014	2015	2016
매출액	678	661	555	584	722	753
영업이익	105	65	21	51	115	144
당기순이익	60	44	8	23	91	120

분기 실적 〈단위 : 억원〉

항목	2015.3Q	2015.4Q	2016.1Q	2016.2Q	2016.3Q	2016.4Q
매출액	192	191	195	201	179	178
영업이익	35	19	47	44	27	26
당기순이익	30	13	45	37	21	17

재무 상태 〈단위 : 억원〉

항목	2011	2012	2013	2014	2015	2016
총자산	732	741	732	795	958	986
유형자산	62	51	49	29	22	25
무형자산	33	32	29	11	7	5
유가증권	209	191	149	119	131	103
총부채	124	98	100	155	226	153
총차입금	17	12	5	31	—	—
자본금	115	115	115	115	115	115
총자본	609	643	632	641	732	832
지배주주지분	609	643	632	641	732	832

기업가치 지표

항목	2011	2012	2013	2014	2015	2016
주가(최고/저)(천원)	2.7/1.8	2.1/1.5	1.9/1.6	2.8/1.7	4.0/2.0	6.9/2.8
PER(최고/저)(배)	11.7/7.8	12.2/8.8	60.9/49.1	29.3/17.9	10.4/5.2	13.4/5.4
PBR(최고/저)(배)	1.1/0.7	0.8/0.6	0.7/0.6	1.0/0.6	1.3/0.6	1.9/0.8
EV/EBITDA(배)	2.5	3.4	7.6	5.8	3.7	3.9
EPS(원)	261	192	34	100	396	524
BPS(원)	2,770	2,918	2,873	2,909	3,307	3,744
CFPS(원)	358	291	145	208	468	576
DPS(원)	50	50	40	50	60	80
EBITDAPS(원)	553	384	204	328	571	678

재무 비율 〈단위 : % 〉

연도	영업이익률	순이익률	부채비율	차입금비율	ROA	ROE	유보율	자기자본비율	EBITDA마진율
2016	19.1	16.0	18.4	0.0	12.4	15.4	648.8	84.4	20.7
2015	15.9	12.6	30.8	0.0	10.4	13.3	561.4	76.4	18.2
2014	8.7	4.0	24.1	4.8	3.0	3.6	481.9	80.6	12.9
2013	3.9	1.4	15.8	0.8	1.1	1.2	474.6	86.4	8.5

한국공항 (A005430)
KOREA AIRPORT SERVICE COLTD

업 종 : 항공운수		시 장 : 거래소	
신용등급 : (Bond) — (CP) —		기업규모 : 시가총액 소형주	
홈페이지 : www.kas.co.kr		연 락 처 : 02)2660-3114	
본 사 : 서울시 강서구 양천로 13			

설 립 일	1968.02.20	종업원수	3,262명	대표이사	김재건
상 장 일	1976.12.28	감사의견	적정(안진)	계 열	
결 산 기	12월	보 통 주	317만주	종속회사수	
액 면 가	5,000원	우 선 주		구 상 호	

주주구성 (지분율,%)		출자관계 (지분율,%)		주요경쟁사 (외형,%)	
대한항공	59.5	에어코리아	100.0	한국공항	100
국민연금공단	4.8	엔투비	3.1	대한항공	2,482
(외국인)	3.9	채널에이	1.5	한진칼	210

매출구성		비용구성		수출비중	
[한국공항]항공기지상 조업 외	70.9	매출원가율	88.8	수출	0.0
[에어코리아]여객수속, 운항관리, 라운지서비스	8.4	판관비율	5.5	내수	100.0
기타	8.2				

회사 개요
한진그룹 계열사로 1968년 설립되어 주사업으로는 항공기운수보조사업을 영위함. 인천, 김포, 김해, 제주 등 15개 국내 공항에서 항공기 견인 등 지상조업, 항공기 급유, 화물조업 및 화물보관 등을 담당하고 있음. 항공운수보조 부문은 동사와 아시아나에어포트가 국내 지상조업 시장을 양분하고 있으며, 인천공항 개항 이후 다국적 조업사가 국내서 조업을 시작하면서 경쟁이 심화되고 있음. 기타사업에선 석회석, 생수, 농축산물을 판매하고 있음.

실적 분석
항공기 도입확대, 저비용항공사 중심의 신규 노선 개설 및 운항증가, 유류할증료 인하, 환율 영향에 의한 내국인 출국자 증가, 내외국인 제주노선 관광수요 확대로 2016년 매출액이 전년 대비 3.7% 증가함. 요율상승과 자원 최적화 활용을 통한 원가절감 노력으로 영업이익은 74.1% 급증한 267.9억원을 시현함. 내년말 인천국제공항 제2여객터미널이 완공될 예정으로 추가적인 성장이 기대됨. 중국의 금한령으로 인해 중국노선은 다소 부진할 전망임.

현금 흐름 〈단위 : 억원〉

항목	2015	2016
영업활동	350	407
투자활동	-323	-236
재무활동	-122	-185
순현금흐름	-93	-14
기말현금	212	198

시장 대비 수익률
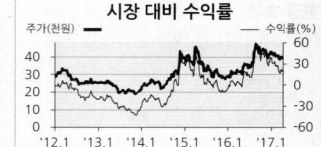

결산 실적 〈단위 : 억원〉

항목	2011	2012	2013	2014	2015	2016
매출액	4,216	4,263	4,217	4,382	4,557	4,726
영업이익	275	187	82	134	154	268
당기순이익	-145	14	-115	280	88	174

분기 실적 〈단위 : 억원〉

항목	2015.3Q	2015.4Q	2016.1Q	2016.2Q	2016.3Q	2016.4Q
매출액	1,116	1,215	1,169	1,165	1,227	1,166
영업이익	60	58	67	75	81	44
당기순이익	48	49	39	59	53	24

재무 상태 〈단위 : 억원〉

항목	2011	2012	2013	2014	2015	2016
총자산	3,959	3,731	3,719	3,880	3,814	3,734
유형자산	1,166	1,231	1,461	1,503	1,533	1,739
무형자산	99	36	37	74	71	50
유가증권	1,091	1,009	849	501	184	153
총부채	1,193	1,363	1,281	1,223	1,128	916
총차입금	318	486	442	292	200	39
자본금	158	158	158	158	158	158
총자본	2,766	2,368	2,437	2,658	2,686	2,818
지배주주지분	2,513	2,368	2,437	2,658	2,686	2,818

기업가치 지표

항목	2011	2012	2013	2014	2015	2016
주가(최고/저)(천원)	45.8/27.7	33.3/24.2	26.7/18.2	43.4/21.6	47.0/26.5	48.7/27.7
PER(최고/저)(배)	—/—	79.8/57.9	—/—	5.1/2.6	17.4/9.8	8.9/5.1
PBR(최고/저)(배)	0.6/0.4	0.5/0.4	0.4/0.3	0.5/0.3	0.6/0.3	0.6/0.3
EV/EBITDA(배)	1.8	2.4	3.5	4.9	1.5	1.9
EPS(원)	-5,554	453	-3,618	8,846	2,789	5,507
BPS(원)	79,466	74,898	77,077	84,041	84,923	89,101
CFPS(원)	193	5,436	-16	12,794	7,160	10,226
DPS(원)	500	500	500	500	500	500
EBITDAPS(원)	14,426	10,878	6,183	8,191	9,231	13,180

재무 비율 〈단위 : % 〉

연도	영업이익률	순이익률	부채비율	차입금비율	ROA	ROE	유보율	자기자본비율	EBITDA마진율
2016	5.7	3.7	32.5	1.4	4.6	6.3	1,682.0	75.5	8.8
2015	3.4	1.9	42.0	7.4	2.3	3.3	1,598.5	70.4	6.4
2014	3.1	6.4	46.0	11.0	7.4	11.0	1,580.8	68.5	5.9
2013	1.9	-2.7	52.6	18.1	-3.1	-4.8	1,441.5	65.5	4.6

한국기업평가 (A034950)
Korea Ratings

업   종 : 상업서비스
신용등급 : (Bond) —   (CP) —
홈페이지 : www.korearatings.com
본   사 : 서울시 영등포구 의사당대로 97, 교보증권빌딩 7층

시   장 : KOSDAQ
기업규모 : 중견
연 락 처 : 02)358-5500

설 립 일	1983.12.29	종업원수	165명	대표이사	김기범
상 장 일	2002.02.07	감사의견	적정 (안진)	계 열	
결 산 기	12월	보통주	454만주	종속회사수	
액 면 가	5,000원	우 선 주		구 상 호	

주주구성 (지분율,%)		출자관계 (지분율,%)		주요경쟁사 (외형,%)	
Fitch Ratings., Ltd	73.6	이크레더블	64.5	한국기업평가	100
Jacaranda N.V.	5.3	코리아크레딧뷰로	12.4	아이마켓코리아	4,578
(외국인)	83.5			NICE평가정보	465

매출구성		비용구성		수출비중	
신용평가(기타)	63.8	매출원가율	0.0	수출	0.4
사업가치평가(기타)	34.1	판관비율	71.8	내수	99.6
정보사업 외(기타)	2.1				

회사 개요
동사는 신용평가, 특수평가, 정보사업을 주력으로 하는 신용사업업체로 2007년 세계 3대 신용평가기관인 피치가 최대주주가 됨에 따라 대외신인도 제고 및 글로벌 스탠더드화를 추진함. SOC 시설 등 대형 사업에 대한 프로젝트 파이낸스 분야에서 업무수행경험을 가지고 있음. 금융투자협회(KOFIA)에서 실시한 신용평가기관 평가에서 정량평가 및 정성평가 양 부문 모두 1위를 차지함.

실적 분석
동사의 2016년 매출액은 742.6억원으로 전년 대비 11.7% 증가함. 영업이익은 209.3억원으로 32.4% 증가함. 당기순이익은 168.7억원으로 26.7% 증가함. 지방자치단체의 재정 건전화를 위한 지자체 평가, 지방정부의 특정 사업수익연계 채권, 신용파생상품 및 금리연계채권, 채권형 펀드의 펀드신용도 평가 등 신규 상품 도입이 빠르게 추진될 것으로 보임. 이에 따라 새로운 신용평가 영역이 생겨날 전망임.

현금 흐름 〈단위 : 억원〉
항목	2015	2016
영업활동	161	165
투자활동	-161	-65
재무활동	-90	-87
순현금흐름	-90	14
기말현금	102	115

시장 대비 수익률

결산 실적 〈단위 : 억원〉
항목	2011	2012	2013	2014	2015	2016
매출액	598	674	644	614	665	743
영업이익	148	183	163	162	158	209
당기순이익	120	171	143	138	133	169

분기 실적 〈단위 : 억원〉
항목	2015.3Q	2015.4Q	2016.1Q	2016.2Q	2016.3Q	2016.4Q
매출액	143	142	152	281	160	150
영업이익	10	11	32	134	37	7
당기순이익	8	11	28	102	31	7

재무 상태 〈단위 : 억원〉
항목	2011	2012	2013	2014	2015	2016
총자산	970	1,041	1,058	1,096	1,165	1,227
유형자산	33	37	37	41	48	48
무형자산	37	34	28	26	28	26
유가증권	65	69	82	66	75	66
총부채	187	247	213	218	239	225
총차입금	—	—	—	—	—	—
자본금	245	245	245	245	245	245
총자본	783	794	844	878	926	1,002
지배주주지분	685	709	750	773	811	869

기업가치 지표
항목	2011	2012	2013	2014	2015	2016
주가(최고/저)(천원)	16.1/12.2	26.3/14.4	33.7/27.5	37.6/30.8	48.1/33.1	49.0/37.8
PER(최고/저)(배)	10.7/8.1	9.8/5.5	14.5/12.1	16.7/13.6	22.1/15.4	17.4/13.5
PBR(최고/저)(배)	1.4/1.1	2.0/1.1	2.3/1.9	2.4/2.0	2.8/1.9	2.6/2.0
EV/EBITDA(배)	2.1	4.2	6.5	6.6	9.3	5.0
EPS(원)	2,074	3,322	2,688	2,544	2,324	2,943
BPS(원)	15,588	16,121	17,013	17,539	18,365	19,647
CFPS(원)	2,301	3,498	2,862	2,722	2,558	3,220
DPS(원)	1,726	2,197	1,778	1,682	1,537	1,947
EBITDAPS(원)	3,479	4,216	3,758	3,739	3,716	4,886

재무 비율 〈단위 : % 〉
연도	영업이익률	순이익률	부채비율	차입금비율	ROA	ROE	유보율	자기자본비율	EBITDA마진율
2016	28.2	22.7	22.5	0.0	14.1	15.9	264.8	81.6	29.9
2015	23.8	20.0	25.8	0.0	11.8	13.3	241.0	79.5	25.4
2014	26.4	22.5	24.8	0.0	12.8	15.2	225.7	80.1	27.7
2013	25.3	22.2	25.3	0.0	14.1	17.7	215.9	79.8	26.5

한국내화 (A010040)
Korea Refractories

업   종 : 금속 및 광물
신용등급 : (Bond) —   (CP) —
홈페이지 : www.fskrc.co.kr
본   사 : 충남 당진시 송산면 무수들길 370

시   장 : 거래소
기업규모 : 시가총액 소형주
연 락 처 : 041)359-2200

설 립 일	1976.03.13	종업원수	619명	대표이사	김상배,송한주
상 장 일	2000.10.16	감사의견	적정 (삼정)	계 열	
결 산 기	12월	보통주	2,286만주	종속회사수	
액 면 가	500원	우 선 주		구 상 호	

주주구성 (지분율,%)		출자관계 (지분율,%)		주요경쟁사 (외형,%)	
김근수	21.7	일광이앤씨	28.0	한국내화	100
후성에이치디에스	18.7			서원	96
(외국인)	0.7			일진다이아	42

매출구성		비용구성		수출비중	
내화물(정형,부정형)	55.6	매출원가율	88.7	수출	0.0
산업로 및 고로	22.9	판관비율	7.6	내수	100.0
알루미늄합금 및 탈산제	21.6				

회사 개요
동사는 정형, 부정형, 염기성 및 각종 내화물과 알루미늄, 비철금속 미분체 등을 제조, 생산, 판매 및 시공하는 종합내화물 회사임. 주요 시장은 제철, 제강, 시멘트, 유리, 중공업, 전력 및 화력발전소 등이 있으며, 현대제철을 포함한 현대 계열회사를 주요 거래처로 하고 있음. 2016년말 부문별 매출비중은 내화물이 약 56%, 건설(산업로 및 고로의 설계, 시공 및 정비)이 25%, 알루미늄정련이 19% 수준임.

실적 분석
동사의 2016년 매출액은 2,584억원으로 3.4% 감소하였음. 매출원가와 판매비와 관리비가 각각 4.6%, 1.6% 감소하여 영업이익은 96억원으로 전년대비 29.1% 증가하였음. 비영업손익 부문의 적자가 지속되며 당기순이익은 57.3억원으로 10.6% 증가에 그침. 동사는 현대제철로부터 약 212억원 규모의 순천단조공장 현중이관 열설비 EPC(설계·조달·시공) 프로젝트를 수주하여 2017년말까지 공사가 진행중임.

현금 흐름 *IFRS 별도 기준 〈단위 : 억원〉
항목	2015	2016
영업활동	165	81
투자활동	-115	-52
재무활동	-52	-25
순현금흐름	-2	4
기말현금	2	6

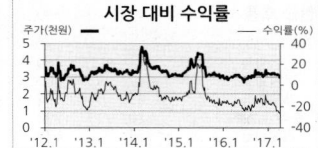
시장 대비 수익률

결산 실적 〈단위 : 억원〉
항목	2011	2012	2013	2014	2015	2016
매출액	2,334	2,523	2,671	2,628	2,676	2,584
영업이익	224	146	164	137	74	96
당기순이익	131	108	71	72	52	57

분기 실적 *IFRS 별도 기준 〈단위 : 억원〉
항목	2015.3Q	2015.4Q	2016.1Q	2016.2Q	2016.3Q	2016.4Q
매출액	707	662	593	595	672	724
영업이익	16	11	15	28	34	19
당기순이익	10	6	7	15	16	20

재무 상태 *IFRS 별도 기준 〈단위 : 억원〉
항목	2011	2012	2013	2014	2015	2016
총자산	1,899	1,851	1,974	1,984	2,012	2,056
유형자산	787	798	880	866	858	808
무형자산	2	18	13	11	10	10
유가증권	1	2	66	72	113	105
총부채	1,167	923	1,008	991	998	976
총차입금	720	465	556	471	430	415
자본금	80	114	114	114	114	114
총자본	732	928	967	993	1,015	1,080
지배주주지분	732	928	967	993	1,015	1,080

기업가치 지표 *IFRS 별도 기준
항목	2011	2012	2013	2014	2015	2016
주가(최고/저)(천원)	3.4/2.4	3.8/2.8	3.9/3.0	4.8/2.9	4.7/2.9	3.5/2.7
PER(최고/저)(배)	4.5/3.3	7.5/5.4	13.1/10.1	16.1/9.8	21.2/13.0	14.0/10.8
PBR(최고/저)(배)	0.8/0.6	1.0/0.7	0.9/0.7	1.1/0.7	1.0/0.7	0.7/0.5
EV/EBITDA(배)	4.5	6.0	6.2	6.1	8.4	6.9
EPS(원)	824	548	311	313	227	251
BPS(원)	4,580	4,330	4,499	4,615	4,708	4,996
CFPS(원)	1,134	806	553	577	494	519
DPS(원)	100	50	50	50	50	25
EBITDAPS(원)	1,717	998	958	864	593	688

재무 비율 〈단위 : % 〉
연도	영업이익률	순이익률	부채비율	차입금비율	ROA	ROE	유보율	자기자본비율	EBITDA마진율
2016	3.7	2.2	90.3	38.4	2.8	5.5	899.1	52.6	6.1
2015	2.8	1.9	98.4	42.4	2.6	5.2	841.6	50.4	5.1
2014	5.2	2.7	99.8	47.4	3.6	7.3	822.9	50.1	7.5
2013	6.1	2.7	104.2	57.5	3.7	7.5	799.9	49.0	8.2

한국단자공업 (A025540)
Korea Electric Terminal

업 종 : 자동차부품
신용등급 : (Bond) — (CP) —
홈페이지 : www.ket.com
본   사 : 인천시 연수구 갯벌로 38 (송도동)

시 장 : 거래소
기업규모 : 시가총액 중형주
연 락 처 : 032)814-9981

설 립 일	1973.04.20	종 업 원 수	1,133명	대 표 이 사	이창원
상 장 일	1996.10.16	감 사 의 견	적정 (삼정)	계 열	
결 산 기	12월	보 통 주	1,042만주	종속회사수	
액 면 가	500원	우 선 주		구 상 호	

주주구성 (지분율,%)		출자관계 (지분율,%)		주요경쟁사 (외형,%)	
국민연금공단	13.0	케이티씨솔루션	100.0	한국단자	100
이창원	12.8	경원산업	100.0	현대모비스	5,357
(외국인)	22.7	경원전자	100.0	한온시스템	799

매출구성		비용구성		수출비중	
자동차(커넥터,전장모듈,자동차용 기타)	83.7	매출원가율	79.9	수출	26.1
전자(커넥터,전자용 기타)	15.9	판관비율	7.5	내수	73.9
LEAD FRAME	7.4				

회사 개요
동사는 자동차, 전자 및 전기, 전장모듈 및 무선모듈 등의 제조에 사용되는 커넥터와 자동차 부품, 전장모듈부품 및 무선모듈부품, LED 부품 등을 제조, 판매하는 사업을 영위함. 7개의 계열회사를 보유하고 있으며, '케이티인터내쇼날', '경원전자' 등 총 6개의 연결대상 종속회사를 보유하고 있음. 동사가 생산하는 커넥터는 자동차 완성품 업체인 현대자동차, 기아자동차 등의 1차 전장업체와 가전 업체인 삼성전자, LG전자 등에 납품하고 있음.

실적 분석
자동차용 커넥터와 고부가가치 부품의 판매비중이 확대되면서 동사의 2016년 누적매출액은 전년 동기 대비 8% 증가. 구리, 합성수지 등 원자재 가격이 안정되면서 영업이익 역시 전년대비 9.4% 증가한 904억원을 시현. 전자부문에서의 고성장에 반해 내수부문에서는 역 성장을 보여 성장률이 둔화된 모습. 중국과 북미 등 지역으로 전기차·하이브리드 자동차에 사용되는 커넥터의 수요가 증가하고 있어 실적 성장이 기대됨.

현금 흐름
<단위 : 억원>

항목	2015	2016
영업활동	931	1,489
투자활동	-647	-1,067
재무활동	-65	-130
순현금흐름	220	290
기말현금	388	678

시장 대비 수익률

결산 실적
< 단위 : 억원 >

항목	2011	2012	2013	2014	2015	2016
매출액	4,587	4,829	5,660	6,045	6,613	7,142
영업이익	429	471	525	684	827	904
당기순이익	367	299	430	575	689	672

분기 실적
< 단위 : 억원 >

항목	2015.3Q	2015.4Q	2016.1Q	2016.2Q	2016.3Q	2016.4Q
매출액	1,593	1,719	1,751	1,725	1,684	1,983
영업이익	202	223	230	212	214	247
당기순이익	181	184	171	168	147	186

재무 상태
< 단위 : 억원 >

항목	2011	2012	2013	2014	2015	2016
총자산	4,774	4,985	5,721	6,467	7,039	8,218
유형자산	2,040	2,276	2,615	3,091	3,235	3,267
무형자산	101	103	101	150	137	137
유가증권	328	452	772	841	818	1,380
총부채	1,174	1,028	1,338	1,477	1,442	2,074
총차입금	97	74	67	92	94	34
자본금	52	52	52	52	52	52
총자본	3,600	3,957	4,383	4,990	5,596	6,144
지배주주지분	3,600	3,957	4,383	4,990	5,596	6,144

기업가치 지표

항목	2011	2012	2013	2014	2015	2016
주가(최고/저)(천원)	26.6/17.0	28.3/19.2	42.5/26.3	66.8/37.4	111/57.2	101/68.7
PER(최고/저)(배)	8.0/5.1	10.3/7.0	10.6/6.6	12.3/6.9	17.0/8.8	15.8/10.7
PBR(최고/저)(배)	0.8/0.5	0.8/0.5	1.0/0.7	1.4/0.8	2.1/1.1	1.7/1.2
EV/EBITDA(배)	2.5	3.3	4.2		7.5	4.9
EPS(원)	3,520	2,872	4,130	5,525	6,614	6,452
BPS(원)	34,568	37,995	42,081	47,909	53,734	58,993
CFPS(원)	5,773	5,575	7,248	8,937	10,603	10,550
DPS(원)	300	300	350	450	600	700
EBITDAPS(원)	6,371	7,229	8,161	9,976	11,926	12,778

재무 비율
< 단위 : % >

연도	영업이익률	순이익률	부채비율	차입금비율	ROA	ROE	유보율	자기자본비율	EBITDA마진율
2016	12.7	9.4	33.8	0.6	8.8	11.5	11,698.5	74.8	18.6
2015	12.5	10.4	25.8	1.7	10.2	13.0	10,646.8	79.5	18.8
2014	11.3	9.5	29.6	1.8	9.4	12.3	9,481.8	77.2	17.2
2013	9.3	7.6	30.5	1.5	8.0	10.3	8,316.3	76.6	15.0

한국맥널티 (A222980)
Mcnulty Korea

업 종 : 식료품
신용등급 : (Bond) — (CP) —
홈페이지 : www.mcnultycoffee.com
본   사 : 충남 천안시 서북구 성환읍 연암율금로 42

시 장 : KOSDAQ
기업규모 : 벤처
연 락 처 : 041)582-0233

설 립 일	1997.12.19	종 업 원 수	142명	대 표 이 사	이은정
상 장 일	2015.12.23	감 사 의 견	적정 (삼덕)	계 열	
결 산 기	12월	보 통 주	498만주	종속회사수	
액 면 가	500원	우 선 주		구 상 호	

주주구성 (지분율,%)		출자관계 (지분율,%)		주요경쟁사 (외형,%)	
이은정	35.2	SHANDONG MCNULTY TRADING CO.,LTD	100.0	한국맥널티	100
고한준	33.6			뉴트리바이오텍	372
(외국인)	0.4			코스맥스비티아이	821

매출구성		비용구성		수출비중	
제품(원두커피 등)	73.6	매출원가율	67.8	수출	#VALUE!
제품(전문의약품 등)	24.0	판관비율	20.8	내수	#VALUE!
상품 등	2.4				

회사 개요
동사는 1997년 12월 19일에 설립되어 커피 제조 및 가공, 제약사업을 영위하고 있으며 현재 국내 원두커피 시장점유율 1위 업체임. 2006년 제약사업을 출범하며 사업을 확장하였고, 2014년 10월 1일을 커피 및 제약 사업을 영위할 존속법인인 한국맥널티와 부동산 임대사업부문을 영위할 신설법인인 맥널티로 셋으로 분할하였음. 동사의 매출구성은 커피매출 75%, 제약매출 25%임.

실적 분석
동사의 2016년 연결기준 연간 매출액은 325.1억원으로 전년 대비 19.8% 증가함. 이는 제품군 및 거래서 다변화의 영향임. 매출증가에 따른 비용 효율화로 영업이익은 37.1억원으로 전년 대비 34.5% 증가함. 동사는 오랫동안 축적된 노하우에 극저온 초미세 공법이 더해진 커피 사업은 새로운 라인업이 지속적으로 구축되며 꾸준한 실적 성장세를 유지할 것으로 전망함.

현금 흐름
<단위 : 억원>

항목	2015	2016
영업활동	25	35
투자활동	-19	-89
재무활동	120	-2
순현금흐름	125	-55
기말현금	130	76

시장 대비 수익률
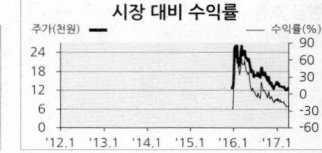

결산 실적
< 단위 : 억원 >

항목	2011	2012	2013	2014	2015	2016
매출액	136	152	155	197	271	325
영업이익	8	12	18	6	28	37
당기순이익	6	12	10	56	23	27

분기 실적
< 단위 : 억원 >

항목	2015.3Q	2015.4Q	2016.1Q	2016.2Q	2016.3Q	2016.4Q
매출액	66	—	—	76	80	—
영업이익	7	—	—	12	5	—
당기순이익	6	—	—	4	4	—

재무 상태
< 단위 : 억원 >

항목	2011	2012	2013	2014	2015	2016
총자산	187	200	256	224	352	378
유형자산	109	119	171	106	120	164
무형자산	0	0	0	0	1	1
유가증권						
총부채	116	118	164	124	97	102
총차입금	49	48	87	76	49	52
자본금	10	10	10	8	25	25
총자본	71	82	92	100	255	276
지배주주지분	71	82	92	100	255	276

기업가치 지표

항목	2011	2012	2013	2014	2015	2016
주가(최고/저)(천원)	—/—	—/—	—/—	—/—	13.5/11.9	26.7/12.4
PER(최고/저)(배)	0.0/0.0	0.0/0.0	0.0/0.0	0.0/0.0	21.0/18.7	48.7/22.7
PBR(최고/저)(배)	0.0/0.0	0.0/0.0	0.0/0.0	0.0/0.0	2.7/2.4	4.8/2.3
EV/EBITDA(배)	0.9	0.7	1.9		14.1	11.9
EPS(원)	131	258	216	1,328	650	552
BPS(원)	35,321	41,134	46,002	66,470	5,124	5,553
CFPS(원)	5,816	9,331	8,907	39,443	1,006	829
DPS(원)					100	130
EBITDAPS(원)	6,667	9,383	12,877	12,616	1,129	1,023

재무 비율
< 단위 : % >

연도	영업이익률	순이익률	부채비율	차입금비율	ROA	ROE	유보율	자기자본비율	EBITDA마진율
2016	11.4	8.5	36.8	18.8	7.5	10.3	1,010.5	73.1	15.7
2015	10.2	8.4	38.2	19.1	8.1	13.1	924.9	72.4	14.9
2014	2.9	28.4	124.5	75.8	23.3	58.4	1,229.4	44.6	12.0
2013	11.4	6.3	178.4	94.2	4.3	11.2	820.0	35.9	16.6

한국비엔씨 (A226610)
BNC Korea

업 종 : 제약
신용등급 : (Bond) —　　(CP) —
홈 페 이 지 : www.bnckorea.co.kr
본 사 : 대구시 달서구 성서공단로11길 62, 대구테크노파크 벤처공장1호관 405호

시 장 : KONEX
기업규모 : —
연 락 처 : (070)7116-0059

설 립 일	2007.08.01	종 업 원 수	64명	대 표 이 사	최완규
상 장 일	2015.12.18	감 사 의 견	적정 (바른)	계 열	
결 산 기	12월	보 통 주	582만주	종속회사수	
액 면 가	500원	우 선 주	103만주	구 상 호	

주주구성 (지분율,%)
최완규	37.5
2010 KIF-프리미어 투자조합	5.3

출자관계 (지분율,%)
(없음)

주요경쟁사 (외형,%)
한국비엔씨	100
이-글 벳	232
삼일제약	777

매출구성
(제품)HA필러 등	62.5
(제품)유착방지제	18.1
기타	10.3

비용구성
매출원가율	37.6
판관비율	51.9

수출비중
수출	27.8
내수	72.2

회사 개요
동사는 더말필러(Dermal Filler), 창상피복재 등을 개발, 생산하는 의료기기제조업체로 2007년 8월 설립되었으며 2015년 12월 코넥스시장에 상장됨. 동사의 주요 제품으로는 히알루론산을 이용한 HA필러인 '큐젤', 유착방지제 '하이배리', 콜라겐을 이용한 콜라겐 흡수성 창상피복재 '젠타큐'가 있음. 2016년 매출 비중은 필러군 62.9%, 창상피복재군 20.3%임. 2016년 수출 금액은 34.6억원으로 매출 비중은 27.8%임

실적 분석
동사의 2016년 매출액은 124.5억원으로 내수 비중은 72.2%임. 매출원가는 46.8억원을 기록하여매출총이익 77.7억원을 시현함. 매출총이익률은 62.4%임. 인건비 23.8억원 등 판매비와관리비는 64.6억원으로 매출액 대비 51.9%임. 그 결과 영업이익은 13.0억원으로 영업이익률 10.5%를 달성함. 비영업손익의 적자로 당기순이익은 5.1억원에 그침.

현금 흐름 *IFRS 별도 기준　〈단위 : 억원〉
항목	2015	2016
영업활동	14	12
투자활동	-9	-44
재무활동	55	21
순현금흐름	59	-11
기말현금	63	53

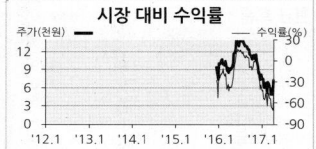
시장 대비 수익률

결산 실적　〈단위 : 억원〉
항목	2011	2012	2013	2014	2015	2016
매출액	—	23	43	63	106	124
영업이익	—	3	9	13	15	13
당기순이익	—	3	9	12	14	5

분기 실적 *IFRS 별도 기준　〈단위 : 억원〉
항목	2015.3Q	2015.4Q	2016.1Q	2016.2Q	2016.3Q	2016.4Q
매출액	—	—	—	—	—	—
영업이익	—	—	—	—	—	—
당기순이익	—	—	—	—	—	—

재무 상태 *IFRS 별도 기준　〈단위 : 억원〉
항목	2011	2012	2013	2014	2015	2016
총자산	—	40	44	79	163	205
유형자산	—	6	7	10	16	55
무형자산	—	7	7	9	7	7
유가증권	—					
총부채	—	23	19	31	35	125
총차입금	—	6	13	23	18	104
자본금	—	13	13	14	34	29
총자본	—	17	26	48	128	79
지배주주지분	—	17	26	48	128	79

기업가치 지표 *IFRS 별도 기준
항목	2011	2012	2013	2014	2015	2016
주가(최고/저)(천원)	—/—	—/—	—/—	—/—	9.4/7.4	14.1/7.4
PER(최고/저)(배)	0.0/0.0	0.0/0.0	0.0/0.0	0.0/0.0	36.6/28.8	186.8/98.1
PBR(최고/저)(배)	0.0/0.0	0.0/0.0	0.0/0.0	0.0/0.0	5.0/3.9	12.1/6.4
EV/EBITDA(배)	0.0	0.4	0.4	1.1	17.7	25.9
EPS(원)	—	64	168	226	257	75
BPS(원)	—	638	957	1,712	1,880	1,166
CFPS(원)	—	231	462	584	369	181
DPS(원)	—					
EBITDAPS(원)	—	231	495	618	392	298

재무 비율　〈단위 : % 〉
연도	영업이익률	순이익률	부채비율	차입금비율	ROA	ROE	유보율	자기자본비율	EBITDA마진율
2016	10.5	4.1	158.4	131.8	2.8	5.0	174.9	38.7	16.3
2015	14.5	13.3	27.4	14.4	11.7	16.2	276.0	78.5	20.3
2014	19.7	18.3	66.0	48.7	18.8	31.7	242.4	60.3	26.6
2013	21.8	19.7	73.3	30.5	20.2	40.0	91.4	57.7	30.6

한국석유공업 (A004090)
Korea Petroleum Industrial

업 종 : 건축소재
신용등급 : (Bond) —　　(CP) —
홈 페 이 지 : www.koreapetroleum.com
본 사 : 서울시 용산구 이촌로 166

시 장 : 거래소
기업규모 : 시가총액 소형주
연 락 처 : 02)799-3114

설 립 일	1964.12.11	종 업 원 수	154명	대 표 이 사	김병집
상 장 일	1977.06.25	감 사 의 견	적정 (도원)	계 열	
결 산 기	12월	보 통 주	66만주	종속회사수	
액 면 가	5,000원	우 선 주		구 상 호	

주주구성 (지분율,%)
강승모	19.5
강봉구	11.3
(외국인)	0.7

출자관계 (지분율,%)
케이피화석유화	100.0
케이피화석화학	100.0
신성산업	100.0

주요경쟁사 (외형,%)
한국석유	100
보광산업	12
일신석재	10

매출구성
아스팔트[제품]	36.4
아스팔트[상품]	26.3
기타	17.7

비용구성
매출원가율	85.8
판관비율	10.0

수출비중
수출	19.0
내수	81.0

회사 개요
동사는 아스팔트 가공 및 판매 등을 영위할 목적으로 1964년 설립되었으며, 2003년부터 아스콘 제조 및 판매업을 사업 목적에 추가하여 사업 다각화를 위한 노력하고 있음. 케이피화석유화, 케이피화석화학 등 11개의 종속회사를 보유하고 있으며, IFRS 기준 별론이는 아스팔트 부문에서 70%, 솔벤트 부문에서 11%의 시장 점유율을 기록하고 있음. 동사의 제품은 건설경기 및 계절적 경기변화 등에 따라 등락하는 특성이 있음.

실적 분석
동사의 2016년 매출액은 4,027억원으로 전년 대비 3.6% 증가하였으나 아스팔트 영업이익이 감소한 영향으로 전년대비 7% 감소한 168.9억원의 영업이익을 시현함. 판관비가 5.7%증가하였고, 비영업이익이 대폭 감소하여 당기순이익은 19% 감소한 118.2억원에 그쳤음. 동사는 유동성 확보와 금융비용의 감소를 위해 다각적인 노력을 기울이고 있으며, 결제조건 좋은 고객과의 지속적인 상호 협력을 통해 현금결제의 비중을 높이고 있음.

현금 흐름 *IFRS 별도 기준　〈단위 : 억원〉
항목	2015	2016
영업활동	132	52
투자활동	-30	-49
재무활동	-93	-15
순현금흐름	9	-8
기말현금	80	72

시장 대비 수익률

결산 실적　〈단위 : 억원〉
항목	2011	2012	2013	2014	2015	2016
매출액	3,897	3,693	3,988	3,793	3,888	4,027
영업이익	96	77	109	104	182	169
당기순이익	33	38	77	67	145	118

분기 실적 *IFRS 별도 기준　〈단위 : 억원〉
항목	2015.3Q	2015.4Q	2016.1Q	2016.2Q	2016.3Q	2016.4Q
매출액	985	1,008	879	1,033	988	1,126
영업이익	32	70	22	64	40	43
당기순이익	24	49	16	50	21	32

재무 상태 *IFRS 별도 기준　〈단위 : 억원〉
항목	2011	2012	2013	2014	2015	2016
총자산	2,363	2,159	2,300	2,310	2,402	2,622
유형자산	1,169	1,157	1,125	1,127	1,143	1,290
무형자산	41	36	34	36	58	53
유가증권	30	32	40	47	36	27
총부채	1,357	1,120	1,189	1,138	1,110	1,232
총차입금	850	714	618	601	520	637
자본금	33	33	33	33	33	33
총자본	1,005	1,038	1,111	1,172	1,292	1,390
지배주주지분	1,005	1,038	1,110	1,172	1,293	1,393

기업가치 지표
항목	2011	2012	2013	2014	2015	2016
주가(최고/저)(천원)	48.9/23.1	36.0/25.8	47.7/29.7	81.3/45.3	119/64.8	137/91.2
PER(최고/저)(배)	10.9/5.2	6.7/4.8	4.3/2.7	8.3/4.6	5.4/3.0	7.6/5.1
PBR(최고/저)(배)	0.4/0.2	0.3/0.2	0.3/0.2	0.5/0.3	0.6/0.3	0.7/0.4
EV/EBITDA(배)	5.8	5.0	4.3	5.0	5.3	6.2
EPS(원)	4,945	5,830	11,732	10,191	22,504	18,277
BPS(원)	153,320	158,371	169,465	178,801	197,369	212,575
CFPS(원)	7,402	8,703	14,817	13,608	26,159	22,999
DPS(원)	500	750	1,000	1,000	1,300	1,500
EBITDAPS(원)	17,048	14,569	19,667	19,225	31,364	30,496

재무 비율　〈단위 : % 〉
연도	영업이익률	순이익률	부채비율	차입금비율	ROA	ROE	유보율	자기자본비율	EBITDA마진율
2016	4.2	2.9	88.7	45.8	4.7	8.9	4,151.5	53.0	5.0
2015	4.7	3.7	85.9	40.3	6.2	12.0	3,847.4	53.8	5.3
2014	2.7	1.8	97.1	51.3	2.9	5.9	3,476.0	50.7	3.3
2013	2.7	1.9	107.0	55.6	3.5	7.2	3,289.3	48.3	3.2

한국선재 (A025550)
Hankuk Steel Wire

업 종 : 금속 및 광물		시 장 : KOSDAQ	
신용 등급 : (Bond) — (CP) —		기업규모 : 우량	
홈 페 이 지 : www.ehansun.co.kr		연 락 처 : 051)200-4400	
본 사 : 부산시 사하구 하신번영로 27			

설 립 일 1990.07.01	종 업 원 수 186명	대 표 이 사 이명호
상 장 일 1995.06.19	감 사 의 견 적정 (안경)	계 열
결 산 기 12월	보 통 주 2,452만주	종속회사수
액 면 가 500원	우 선 주	구 상 호

주주구성 (지분율,%)		출자관계 (지분율,%)		주요경쟁사 (외형,%)	
이제훈	26.1	한선엔지니어링	100.0	한국선재	100
금제	5.6	금제	30.0	황금에스티	147
(외국인)	1.0			GMR 머티리얼즈	44

매출구성		비용구성		수출비중	
형강 등(상품)	48.1	매출원가율	85.9	수출	10.8
아연도금철선,강선외(제품)	28.6	판관비율	9.7	내수	89.2
스테인리스강선(제품)	14.0				

회사 개요
동사는 1990년 설립되고 1995년 코스닥시장에 상장된 선재류(아연도금철선, 스테인리스강선) 제조/판매 및 각종 철강재 판매사업을 영위하는 기업으로 국내 시장점유율이 아연도금철선 1위 및 스테인리스강선 4위인 지위를 보유하고 있음. 화물운송알선 사업을 영위하는 '금제'를 계열회사로 보유하고 있으며, 피팅 및 밸브 생산, 판매사업을 영위하는 '한선엔지니어링'을 연결대상 종속회사로 보유중임.

실적 분석
동사의 2016년 기준 총매출액은 1,533.8억원으로 전년 대비 7.9% 증가함에 따라 영업이익은 67.3억원으로 전년 대비 약 140% 큰 폭으로 증가함. 비영업손익이 적자지속하고, 법인세비용이 증가하여 당기순이익은 2015년 수준인 24.9억원을 기록하며 전년대비 49.5% 감소함. 동사는 중국산 아연도금철선의 수입량 증가 및 내수경기침체 등 어려운 환경하에서 자동차용 보통철선 및 압연용 경강선 피막 열처리선의 판매증가로 대처하고 있음.

현금 흐름 〈단위 : 억원〉
항목	2015	2016
영업활동	142	34
투자활동	-60	-224
재무활동	-121	147
순현금흐름	-39	-42
기말현금	109	67

시장 대비 수익률
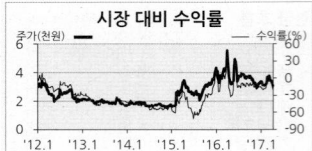

결산 실적 〈단위 : 억원〉
항목	2011	2012	2013	2014	2015	2016
매출액	2,394	2,047	1,692	1,555	1,422	1,534
영업이익	165	58	45	57	28	67
당기순이익	117	55	36	28	49	25

분기 실적 〈단위 : 억원〉
항목	2015.3Q	2015.4Q	2016.1Q	2016.2Q	2016.3Q	2016.4Q
매출액	366	352	307	370	382	475
영업이익	12	-1	10	34	8	15
당기순이익	5	31	4	22	2	-3

재무 상태 〈단위 : 억원〉
항목	2011	2012	2013	2014	2015	2016
총자산	1,868	1,651	1,587	1,564	1,508	1,664
유형자산	572	675	630	626	642	662
무형자산	4	4	4	5	4	3
유가증권	1	1	8	0	52	50
총부채	1,253	947	839	787	685	844
총차입금	1,113	720	675	655	559	722
자본금	115	120	123	123	123	123
총자본	615	704	748	776	823	820
지배주주지분	615	704	748	776	823	820

기업가치 지표
항목	2011	2012	2013	2014	2015	2016
주가(최고/저)(천원)	3.6/1.7	3.5/1.9	2.2/1.7	2.0/1.5	4.3/1.6	5.7/2.9
PER(최고/저)(배)	7.8/3.7	16.8/9.3	16.5/12.5	19.1/14.9	22.1/8.5	57.5/29.1
PBR(최고/저)(배)	1.4/0.7	1.3/0.7	0.8/0.6	0.7/0.5	1.3/0.5	1.7/0.9
EV/EBITDA(배)	8.4	14.2	14.4	11.8	29.1	15.6
EPS(원)	509	230	149	115	201	102
BPS(원)	2,844	3,043	3,164	3,280	3,468	3,437
CFPS(원)	624	341	257	210	302	210
DPS(원)	—	—	—	100	100	100
EBITDAPS(원)	835	354	293	326	216	383

재무 비율 〈단위 : % 〉
연도	영업이익률	순이익률	부채비율	차입금비율	ROA	ROE	유보율	자기자본비율	EBITDA마진율
2016	4.4	1.6	103.0	88.1	1.6	3.0	587.4	49.3	6.1
2015	2.0	3.5	83.3	68.0	3.2	6.2	593.6	54.6	3.7
2014	3.6	1.8	101.4	84.4	1.8	3.7	555.9	49.7	5.1
2013	2.7	2.1	112.1	90.3	2.2	5.0	532.7	47.1	4.2

한국수출포장공업 (A002200)
Korea Export Packaging Ind

업 종 : 용기 및 포장		시 장 : 거래소	
신용 등급 : (Bond) — (CP) —		기업규모 : 시가총액 소형주	
홈 페 이 지 : www.keppack.co.kr		연 락 처 : 02)525-2981	
본 사 : 서울시 서초구 서초중앙로63 리더스빌딩 4층			

설 립 일 1957.11.21	종 업 원 수 302명	대 표 이 사 허용삼
상 장 일 1974.06.28	감 사 의 견 적정 (대주)	계 열
결 산 기 12월	보 통 주 400만주	종속회사수
액 면 가 5,000원	우 선 주	구 상 호

주주구성 (지분율,%)		출자관계 (지분율,%)		주요경쟁사 (외형,%)	
허용삼	18.0	한수팩	100.0	수출포장	100
허정훈	17.9	대양코리아	13.1	삼영화학	50
(외국인)	3.6	한국골판지공장공업협동조합	7.0	한국팩키지	26

매출구성		비용구성		수출비중	
골판지 상자	73.4	매출원가율	86.6	수출	0.0
골판지원단	26.6	판관비율	12.0	내수	100.0
골판지 원사	0.1				

회사 개요
동사는 오산공장의 골판지용 원지 제조 사업과 안성, 양산, 대전 공장의 골판지가공(상자 및 원단) 판매로 이루어지는 골판지용지 일관생산 전문업체로 동사 이외에 1개의 계열회사를 가지고 있음. 한수팩은 골판지 상자 및 부속품을 생산하는 지함업체로 동사에서 골판지 원단을 전량 구입하여 골판지 상자를 제조하여 공급하고 있음. 현재 동사가 보유한 한수팩의 지분율은 100%를 나타냄. 그 밖에 부동산매매 및 임대업, 수출입업을 영위하고 있음.

실적 분석
동사의 2016년 누적 매출액은 전년동기대비 -1.1% 소폭 변동한 2,282.6억원을 기록하였음. 비용면에서 전년동기대비 매출원가는 감소 하였으며 인건비도 크게 감소, 광고선전비는 증가 하였고 기타판매비와관리비도 마찬가지로 증가함. 매출액은 하락하였으나 매출원가의 절감이 커 그에 따라 매출액 하락 등에 의해 전년동기대비 영업이익은 30.7억원으로 13.9% 상승. 그러나 비영업손익의 적자지속으로 전년동기대비 당기순이익은 -2.1억원을 기록.

현금 흐름 〈단위 : 억원〉
항목	2015	2016
영업활동	131	139
투자활동	-77	-110
재무활동	-35	-25
순현금흐름	19	4
기말현금	82	86

시장 대비 수익률
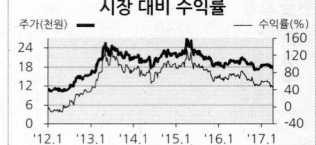

결산 실적 〈단위 : 억원〉
항목	2011	2012	2013	2014	2015	2016
매출액	2,482	2,603	2,366	2,315	2,307	2,283
영업이익	123	373	155	141	27	31
당기순이익	86	260	112	113	-2	-2

분기 실적 〈단위 : 억원〉
항목	2015.3Q	2015.4Q	2016.1Q	2016.2Q	2016.3Q	2016.4Q
매출액	590	573	537	558	594	594
영업이익	3	9	8	19	-3	6
당기순이익	1	-22	6	-12	-2	6

재무 상태 〈단위 : 억원〉
항목	2011	2012	2013	2014	2015	2016
총자산	2,874	2,693	2,800	2,925	3,010	2,997
유형자산	2,065	1,976	2,106	2,275	2,160	2,076
무형자산	14	14	14	14	14	15
유가증권	22	22	23	23	22	27
총부채	1,001	580	605	642	751	756
총차입금	638	161	229	272	258	253
자본금	200	200	200	200	200	200
총자본	1,873	2,113	2,195	2,284	2,259	2,241
지배주주지분	1,873	2,113	2,195	2,284	2,259	2,241

기업가치 지표
항목	2011	2012	2013	2014	2015	2016
주가(최고/저)(천원)	11.1/7.8	15.9/10.3	25.5/15.5	23.5/17.5	26.8/17.9	21.0/16.7
PER(최고/저)(배)	6.0/4.4	2.8/1.8	10.0/6.1	9.0/6.7	—/—	—/—
PBR(최고/저)(배)	0.3/0.2	0.4/0.2	0.5/0.3	0.4/0.3	0.5/0.3	0.4/0.3
EV/EBITDA(배)	5.1	1.6	4.3	5.0	7.2	6.0
EPS(원)	2,141	6,492	2,794	2,814	-60	-52
BPS(원)	46,827	52,820	54,864	57,088	56,475	56,026
CFPS(원)	4,295	8,734	4,864	5,077	2,648	2,863
DPS(원)	500	750	500	500	500	500
EBITDAPS(원)	5,220	11,566	5,954	5,799	3,382	3,682

재무 비율 〈단위 : % 〉
연도	영업이익률	순이익률	부채비율	차입금비율	ROA	ROE	유보율	자기자본비율	EBITDA마진율
2016	1.3	-0.1	33.7	11.3	-0.1	-0.1	1,020.5	74.8	6.5
2015	1.2	-0.1	33.3	11.4	-0.1	-0.1	1,029.5	75.0	5.9
2014	6.1	4.9	28.1	11.9	3.9	5.0	1,041.8	78.1	10.0
2013	6.6	4.7	27.6	10.4	4.1	5.2	997.3	78.4	10.1

한국쉘석유 (A002960)
Hankook Shell Oil

업 종 : 화학　　　　　　　　　　시 장 : 거래소
신용등급 : (Bond) —　(CP) —　기업규모 : 시가총액 중형주
홈 페 이 지 : www.shell.co.kr　연 락 처 : 051)620-5133
본　　사 : 부산시 남구 신선로 250 (용당동)

설 립 일 1960.07.05	종 업 원 수 121명	대 표 이 사 강진원	
상 장 일 1988.08.10	감 사 의 견 적정 (삼일)	계 열	
결 산 기 12월	보 통 주 130만주	종속회사수	
액 면 가 5,000원	우 선 주	구 상 호	

주주구성 (지분율,%)
Shell Petroleum N.V　53.9
FID Low Priced Stock Fund　5.0
(외국인)　65.3

출자관계 (지분율,%)

주요경쟁사 (외형,%)
한국쉘석유　100
남해화학　520
동성코퍼레이션　404

매출구성
윤활유(제품)　73.6
윤활유,그리스(상품)　19.6
그리스(제품)　6.2

비용구성
매출원가율　64.4
판관비율　19.0

수출비중
수출　22.6
내수　77.4

회사 개요
동사는 1960년 7월 5일에 설립되었으며, 윤활유, 그리스의 제조 및 판매사업을 영위하고 있음. 주력 제품인 윤활유의 경우 그 특성상 일정기간 사용 후에 교체해야 하는 소모성 제품에 속하기 때문에 자동차 산업의 경기 또는 제조업의 가동률과 밀접한 관계를 갖고 있음. 국내 윤활유 시장은 정체된 상황이며, 윤활유 품질 향상 및 제조업의 해외 이전 및 감소 영향으로 향후에도 수요의 증가는 기대하기 어려울 것으로 전망됨.

실적 분석
동사의 2016년 연결기준 결산 매출액은 전년 2,238.2억원 대비 5.8% 감소한 2,109.0억원을 기록하였음. 매출의 소폭 감소와 판관비 증가(전년대비 3.3%)에 따라 영업이익과 당기순이익은 전년 대비 각각 10.2%, 12.7% 감소한 350.8억원과 272.4억원을 기록하였음. 국내외 완만한 경기회복세에 힘입어 향후 동사의 실적은 긍정적으로 개선될 것으로 기대됨.

현금 흐름　*IFRS 별도 기준　〈단위 : 억원〉

항목	2015	2016
영업활동	378	300
투자활동	-376	-107
재무활동	-247	-260
순현금흐름	-245	-66
기말현금	180	113

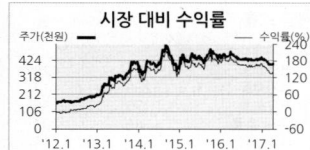

시장 대비 수익률

결산 실적　〈단위 : 억원〉

항목	2011	2012	2013	2014	2015	2016
매출액	2,956	2,785	2,468	2,387	2,238	2,109
영업이익	320	387	360	331	391	351
당기순이익	261	312	296	269	312	272

분기 실적　*IFRS 별도 기준　〈단위 : 억원〉

항목	2015.3Q	2015.4Q	2016.1Q	2016.2Q	2016.3Q	2016.4Q
매출액	558	557	535	562	512	499
영업이익	96	80	88	96	75	92
당기순이익	77	65	74	75	53	70

재무 상태　*IFRS 별도 기준　〈단위 : 억원〉

항목	2011	2012	2013	2014	2015	2016
총자산	1,191	1,167	1,228	1,151	1,265	1,230
유형자산	114	112	119	118	124	132
무형자산	15	10	15	15	14	14
유가증권	0	0	0	0	0	0
총부채	419	307	328	245	297	257
총차입금						
자본금	70	70	70	70	70	70
총자본	773	860	900	906	969	973
지배주주지분	773	860	900	906	969	973

기업가치 지표　*IFRS 별도 기준

항목	2011	2012	2013	2014	2015	2016
주가(최고/저)(천원)	174/140	208/158	446/207	526/324	494/372	480/419
PER(최고/저)(배)	12.1/9.6	10.7/8.5	23.1/10.8	28.7/17.8	22.3/16.9	23.9/20.8
PBR(최고/저)(배)	4.1/3.3	3.9/3.1	7.6/3.5	8.5/5.3	7.2/5.4	6.7/5.8
EV/EBITDA(배)	7.4	7.3	15.3	14.2	13.9	14.3
EPS(원)	20,089	23,977	22,775	20,711	24,010	20,956
BPS(원)	59,449	66,129	69,257	69,679	74,503	74,861
CFPS(원)	20,889	24,758	23,597	21,633	24,909	21,909
DPS(원)	17,000	20,000	20,000	19,000	20,000	19,000
EBITDAPS(원)	25,422	30,525	28,544	26,371	30,958	27,937

재무 비율　〈단위 : % 〉

연도	영업이익률	순이익률	부채비율	차입금비율	ROA	ROE	유보율	자기자본비율	EBITDA마진율
2016	16.6	12.9	26.4	0.0	21.8	28.1	1,290.3	79.1	17.2
2015	17.5	14.0	30.7	0.0	25.8	33.3	1,283.6	76.5	18.0
2014	13.9	11.3	27.0	0.0	22.6	29.8	1,194.0	78.7	14.4
2013	14.6	12.0	36.4	0.0	24.7	33.6	1,186.2	73.3	15.0

한국알콜산업 (A017890)
Korea Alcohol Industrial

업 종 : 화학　　　　　　　　　　시 장 : KOSDAQ
신용등급 : (Bond) —　(CP) —　기업규모 : 우량
홈 페 이 지 : www.ka.co.kr　연 락 처 : 052)259-4700
본　　사 : 울산시 남구 상개로 66

설 립 일 1984.07.27	종 업 원 수 150명	대 표 이 사 강성우,지용석	
상 장 일 1992.08.04	감 사 의 견 적정 (세일)	계 열	
결 산 기 12월	보 통 주 2,161만주	종속회사수	
액 면 가 500원	우 선 주	구 상 호	

주주구성 (지분율,%)
케이씨엔에이　33.5
한국투자밸류자산운용　6.1
(외국인)　9.5

출자관계 (지분율,%)
서안주정　10.1
케이씨엔에이　9.9
대한주정판매　8.1

주요경쟁사 (외형,%)
한국알콜　100
경인양행　146
카프로　183

매출구성
초산에틸　31.5
기타　23.5
정제주정　22.2

비용구성
매출원가율　81.0
판관비율　8.8

수출비중
수출　3.1
내수　96.9

회사 개요
동사는 합성에탄올, 무수에탄올, 아세트알데히드, 초산에틸, 초산부틸, 에틸아민과 정제주정 등의 제조 및 판매 사업을 영위하고 있음. 부동산 임대업을 영위하는 'SOOSAN CORPORATION'이 연결대상 종속회사임. 상장사 '이엔에프테크놀로지'와 비상장사 3개사를 계열회사로 보유하고 있음. 동사는 수익구조는 원재료 가격과 밀접하게 연관되어 있어 원재료의 안정적인 조달에 힘쓰고 있음.

실적 분석
동사의 2016년 매출액은 전년 대비 소폭 감소한 1,885.7억원에 그쳤으나 매출원가 감소로 영업이익은 전년 대비 27.3% 증가를 시현함. 당기순이익은 투자부동산 처분이익 148.6억원 반영으로 300.9억원을 기록하며 전년대비 65.4% 증가함. 동사 주정 주력 부문은 전방산업인 소주 시장의 수요 변동이 크지 않아 원가 절감 요인 발생 유무가 중요함. 주요 원재료인 조주정, 변성주정 등의 원가가 크게 하락하여 수익성이 개선된 것.

현금 흐름　〈단위 : 억원〉

항목	2015	2016
영업활동	297	439
투자활동	-125	-26
재무활동	-192	-146
순현금흐름	-7	275
기말현금	288	563

시장 대비 수익률

결산 실적　〈단위 : 억원〉

항목	2011	2012	2013	2014	2015	2016
매출액	2,023	2,073	1,943	1,863	1,908	1,886
영업이익	155	69	65	129	152	194
당기순이익	99	82	55	116	182	301

분기 실적　〈단위 : 억원〉

항목	2015.3Q	2015.4Q	2016.1Q	2016.2Q	2016.3Q	2016.4Q
매출액	464	500	470	478	470	468
영업이익	30	45	60	57	54	22
당기순이익	60	36	60	157	56	28

재무 상태　〈단위 : 억원〉

항목	2011	2012	2013	2014	2015	2016
총자산	2,558	2,409	2,439	2,579	2,651	3,059
유형자산	341	381	331	327	393	368
무형자산	37	36	34	34	26	38
유가증권	47	41	34	35	38	38
총부채	882	692	667	679	562	670
총차입금	446	431	462	418	243	111
자본금	108	108	108	108	108	108
총자본	1,676	1,717	1,772	1,900	2,089	2,388
지배주주지분	1,676	1,717	1,772	1,900	2,089	2,388

기업가치 지표

항목	2011	2012	2013	2014	2015	2016
주가(최고/저)(천원)	6.0/3.4	4.6/3.0	4.4/3.1	5.9/3.8	11.0/4.5	11.1/5.9
PER(최고/저)(배)	13.5/7.7	12.4/8.2	17.8/12.6	11.3/7.3	13.2/5.5	8.0/4.3
PBR(최고/저)(배)	0.8/0.4	0.6/0.4	0.5/0.4	0.7/0.4	1.1/0.5	1.0/0.5
EV/EBITDA(배)	5.3	5.4	7.6	5.9	6.4	5.5
EPS(원)	459	380	255	538	842	1,393
BPS(원)	7,989	8,167	8,432	9,027	9,902	11,285
CFPS(원)	750	684	593	873	1,196	1,729
DPS(원)	50	—	50	50	50	50
EBITDAPS(원)	1,010	622	639	933	1,059	1,233

재무 비율　〈단위 : % 〉

연도	영업이익률	순이익률	부채비율	차입금비율	ROA	ROE	유보율	자기자본비율	EBITDA마진율
2016	10.3	16.0	28.1	4.6	10.5	13.4	2,157.0	78.1	14.1
2015	8.0	9.5	26.9	11.6	7.0	9.1	1,880.4	78.8	12.0
2014	6.9	6.2	35.7	22.0	4.6	6.3	1,705.4	73.7	10.8
2013	3.3	2.8	37.6	26.1	2.3	3.2	1,586.3	72.7	7.1

한국유나이티드제약 (A033270)
Korea United Pharm

업 종: 제약		시 장: 거래소	
신용등급: (Bond) — (CP) —		기업규모: 시가총액 소형주	
홈페이지: www.kup.co.kr		연 락 처: 044)862-5030	
본 사: 세종시 전동면 노장공단길 25-23			

설 립 일	1987.12.03	종업원수	784명	대표이사	강덕영,강원호
상 장 일	2007.10.23	감사의견	적정(한영)	계 열	
결 산 기	12월	보통주	1,621만주	종속회사수	
액 면 가	500원	우선주		구상호	

주주구성 (지분율,%)
강덕영	34.4
프랭클린템플턴투자신탁운용	5.4
(외국인)	12.8

출자관계 (지분율,%)
케일렙멀티랩	45.0
유나이니드인터팜	44.4

주요경쟁사 (외형,%)
유나이티드제약	100
알보젠코리아	102
큐리언트	

매출구성
기타	71.0
항암제 등	11.5
실로스탄	7.8

비용구성
매출원가율	45.3
판관비율	39.4

수출비중
수출	11.8
내수	88.2

회사 개요
동사는 의약품 제조 및 판매 등을 영위할 목적으로 1987년 12월 설립되어 1999년 11월 코스닥시장에 상장됨. 2007년 10월 유가증권시장으로 이전 상장됨. 동사는 매출액 대비 높은 연구개발 투자와 그 결과물인 개량신약을 경쟁우위 요소로 갖고 있음. 또한 글로벌제약사 및 바이어와의 계약을 통한 기술수출 및 해외임상을 통해 유럽, 중동, 아프리카 등의 진출을 통한 해외수출 전략을 목표로 하고 있음.

실적 분석
동사의 2016년 매출액은 1,769.1억원으로 전년 대비 9.2% 증가함. 이는 순환기계용약의 높은 성장과 실로스탄CR의 최대 매출, 가스티인CR의 신규 매출 효과 때문임. 매출원가와 판매비와관리비는 각각 7.4%, 7.9% 증가함. 그 결과 영업이익은 271.2억원으로 전년 대비 18.3% 증가함. 영업이익의 증가에도 법인세비용의 증가로 당기순이익은 전년 대비 10.2% 감소함.

현금 흐름   *IFRS 별도 기준   〈단위 : 억원〉
항목	2015	2016
영업활동	260	300
투자활동	-262	-140
재무활동	-84	-211
순현금흐름	-82	-45
기말현금	229	184

시장 대비 수익률

결산 실적   〈단위 : 억원〉
항목	2011	2012	2013	2014	2015	2016
매출액	1,455	1,348	1,369	1,552	1,620	1,769
영업이익	280	198	148	220	229	271
당기순이익	202	164	122	185	217	195

분기 실적   *IFRS 별도 기준   〈단위 : 억원〉
항목	2015.3Q	2015.4Q	2016.1Q	2016.2Q	2016.3Q	2016.4Q
매출액	400	419	441	419	447	462
영업이익	40	65	76	56	64	75
당기순이익	49	64	70	17	44	64

재무 상태   *IFRS 별도 기준   〈단위 : 억원〉
항목	2011	2012	2013	2014	2015	2016
총자산	1,699	1,879	1,922	2,171	2,305	2,342
유형자산	534	595	653	670	766	773
무형자산	17	23	23	36	44	55
유가증권	13	10	10	10	10	9
총부채	568	538	518	553	585	568
총차입금	274	232	238	248	279	212
자본금	77	77	77	81	81	81
총자본	1,131	1,340	1,404	1,618	1,720	1,774
지배주주지분	1,131	1,340	1,404	1,618	1,720	1,774

기업가치 지표   *IFRS 별도 기준
항목	2011	2012	2013	2014	2015	2016
주가(최고/저)(천원)	8.5/4.4	9.1/4.7	15.8/8.2	14.4/8.7	27.4/13.2	22.2/16.2
PER(최고/저)(배)	6.9/3.6	9.1/4.7	24.8/12.9	13.1/7.9	21.0/10.2	18.7/13.6
PBR(최고/저)(배)	1.2/0.6	1.1/0.6	1.8/1.0	1.5/0.9	2.5/1.2	1.8/1.3
EV/EBITDA(배)	2.8	5.4	6.5	6.8	9.1	8.1
EPS(원)	1,338	1,064	667	1,148	1,340	1,204
BPS(원)	7,596	8,656	9,242	10,154	11,300	12,312
CFPS(원)	1,643	1,373	1,078	1,592	1,748	1,659
DPS(원)	110	120	50	200	220	250
EBITDAPS(원)	2,157	1,595	1,380	1,810	1,822	2,128

재무 비율   〈단위 : % 〉
연도	영업이익률	순이익률	부채비율	차입금비율	ROA	ROE	유보율	자기자본비율	EBITDA마진율
2016	15.3	11.0	32.0	12.0	8.4	11.2	2,362.5	75.7	19.5
2015	14.1	13.4	34.0	16.2	9.7	13.0	2,160.0	74.6	18.2
2014	14.2	11.9	34.2	15.3	9.0	12.1	1,930.7	74.5	18.8
2013	10.8	8.9	36.8	16.8	6.4	8.9	1,761.7	73.1	15.4

한국유리공업 (A002000)
HANKUK GLASS INDUSTRIES

업 종: 건축자재		시 장: 거래소	
신용등급: (Bond) — (CP) —		기업규모: 시가총액 소형주	
홈페이지: www.hanglas.co.kr		연 락 처: 02)3706-9114	
본 사: 서울시 강남구 테헤란로 211(역삼동) 한국고등교육재단빌딩 10층			

설 립 일	1957.03.25	종업원수	301명	대표이사	이용성
상 장 일	1969.06.27	감사의견	적정(삼일)	계 열	
결 산 기	12월	보통주	1,008만주	종속회사수	
액 면 가	5,000원	우선주	45만주	구상호	

주주구성 (지분율,%)
SOFIAG Northeast Asia Investments Pte. Ltd.	44.5
	34.5
(외국인)	80.7

출자관계 (지분율,%)
한국하니소	100.0
한국세큐리트	49.9
한국능률협회컨설팅	3.5

주요경쟁사 (외형,%)
한국유리	100
KCC	1,056
LG하우시스	886

매출구성
맑은, 색, 무늬, 가공유리 원부자재	86.4
유리섬유	13.6

비용구성
매출원가율	81.6
판관비율	15.7

수출비중
수출	2.3
내수	97.7

회사 개요
동사는 각종 건축용 및 자동차용 원판유리 및 유리섬유를 생산하는 유리 전문업체로 현재 시장점유율은 약 35% 전후 수준을 유지하고 있음. 단열성 고기능 유리인 로이유리를 비롯한 코팅유리 시장에서는 선도기업으로서 약 60% 대의 시장 점유율을 유지하고 있는 상태임. 동사는 건축용 판유리시장에서 30% 대, 단열성 고기능 유리인 로이유리를 비롯한 코팅유리 시장에서는 50% 이상의 시장 점유율을 유지하고 있음.

실적 분석
동사의 2016년 연결기준 매출액은 3,306.4억원으로 전년 2,979.9억원 대비 11% 증가한 실적을 시현함. 그러나 전년에는 91.5억원의 영업이익을 기록한 데 비해 2016년엔 이보다 소폭 감소한 88.9억원의 영업이익을 시현함. 당기순이익은 33.2% 감소한 264.9억원임. 2016년 3월 이사회에서 종속기업인 한국하니소의 가좌공장 생산 중단 및 폐쇄를 결의하여, 이에 관한 구조조정비가 발생했기 때문.

현금 흐름   〈단위 : 억원〉
항목	2015	2016
영업활동	281	422
투자활동	-253	14
재무활동	-75	-136
순현금흐름	-46	299
기말현금	515	814

시장 대비 수익률
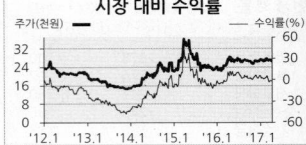

결산 실적   〈단위 : 억원〉
항목	2011	2012	2013	2014	2015	2016
매출액	4,639	3,509	3,299	3,268	2,980	3,306
영업이익	275	-501	-250	135	92	89
당기순이익	319	-619	-285	286	397	265

분기 실적   〈단위 : 억원〉
항목	2015.3Q	2015.4Q	2016.1Q	2016.2Q	2016.3Q	2016.4Q
매출액	719	826	771	833	785	918
영업이익	19	40	-20	17	27	64
당기순이익	46	50	-122	123	192	71

재무 상태   〈단위 : 억원〉
항목	2011	2012	2013	2014	2015	2016
총자산	7,697	6,575	6,329	6,463	6,785	7,107
유형자산	2,895	2,805	2,696	2,327	2,548	2,003
무형자산	30	36	35	32	31	50
유가증권	117	131	193	18	424	403
총부채	1,700	1,352	1,365	1,211	1,146	1,342
총차입금	110	123	120	95	53	6
자본금	699	699	699	699	699	699
총자본	5,997	5,223	4,965	5,252	5,639	5,765
지배주주지분	5,914	5,144	4,887	5,175	5,559	5,678

기업가치 지표
항목	2011	2012	2013	2014	2015	2016
주가(최고/저)(천원)	31.8/22.0	26.5/20.1	20.7/14.6	27.7/15.0	36.3/22.2	28.7/21.9
PER(최고/저)(배)	11.5/8.0	—/—	—/—	10.8/5.8	10.3/6.3	12.2/9.3
PBR(최고/저)(배)	0.6/0.4	0.6/0.4	0.5/0.3	0.6/0.3	0.7/0.5	0.6/0.4
EV/EBITDA(배)	2.7	—	—	6.0	7.8	7.0
EPS(원)	3,027	-5,883	-2,687	2,738	3,748	2,417
BPS(원)	56,143	48,830	46,387	49,125	52,773	53,899
CFPS(원)	5,462	-3,932	-903	4,463	5,354	4,068
DPS(원)	775			100	775	775
EBITDAPS(원)	5,047	-2,805	-587	3,011	2,475	2,491

재무 비율   〈단위 : % 〉
연도	영업이익률	순이익률	부채비율	차입금비율	ROA	ROE	유보율	자기자본비율	EBITDA마진율
2016	2.7	8.0	23.3	0.1	3.8	4.5	712.5	81.1	7.9
2015	3.1	13.3	20.3	1.0	6.0	7.4	695.5	83.1	8.8
2014	4.2	8.8	23.1	1.8	4.5	5.7	640.5	81.3	9.7
2013	-7.6	-8.6	27.5	2.4	-4.4	-5.6	599.3	78.4	-1.9

한국자산신탁 (A123890)
Korea Asset In Trust

업　종 : 부동산　　　　　　　　　　　시　장 : 거래소
신용등급 : (Bond) —　　(CP) —　　　기업규모 : 시가총액 중형주
홈페이지 : www.kait.com　　　　　　연락처 : 02)2112-6300
본　사 : 서울시 강남구 테헤란로 306 (역삼동, 카이트타워)

설립일	2001.03.20	종업원수	133명	대표이사	김규철
상장일	2016.07.13	감사의견	적정 (삼정)	계　열	
결산기	12월	보통주	9,350만주	종속회사수	
액면가	500원	우선주		구　상호	

주주구성 (지분율,%)		출자관계 (지분율,%)		주요경쟁사 (외형,%)	
엠디엠	38.3	한국자산캐피탈	100.0	한국자산신탁	100
문주현	15.0	한국토지신탁	100.0	한국토지신탁	130
(외국인)	3.3	SK디앤디	100.0	SK디앤디	203

수익구성		비용구성		수출비중	
		이자비용	6.2	수출	#VALUE!
		투자및금융비	0.0	내수	100.0
		판관비	85.8		

회사 개요
동사는 2001년 3월 20일 설립됐으며, 주요 사업으로 부동산 신탁업을 영위 중. 2016년 6월 30일 기준 부동산신탁회사는 동사를 비롯해 11개사. 동사는 한국자산신탁, 부동산 금융 및 부동산 개발 회사를 하나의 그룹으로 두어 부동산 관련 업무를 일원화하고 있음. 영업수익의 시장 점유율이 점차 확대되는 추세이며, 영업수익이 지속적으로 증가할 것으로 기대됨. 또한 도시정비사업, 기업형민간임대주택사업(뉴스테이)를 신규사업으로 추진 중에 있음.

실적 분석
동사는 2016년 개별실적으로 매출액은 전년대비 41% 증가한 1,177억원, 영업이익은 전년대비 67% 증가한 817억원, 당기순이익은 전년대비 72% 증가한 624억원을 달성하였음. 연결 당기순이익은 전년대비 72% 증가한 728억원을 시현하였음. 연결기준 영업이익은 전기대비 64.7% 증가한 962억, 법인세비용차감전순이익은 전기 대비 68.8% 증가한 960억, 당기순이익은 전기대비 73.4% 증가한 732억을 기록하였음.

현금 흐름 〈단위 : 억원〉
항목	2015	2016
영업활동	-2	-1,024
투자활동	236	-444
재무활동	-63	1,218
순현금흐름	171	-250
기말현금	356	106

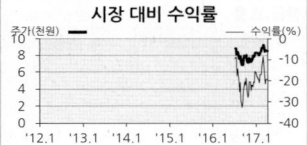
시장 대비 수익률

결산 실적 〈단위 : 억원〉
항목	2011	2012	2013	2014	2015	2016
영업수익	367	408	403	680	954	1,365
영업이익	140	184	188	335	584	962
당기순이익	94	131	137	238	422	732

분기 실적 〈단위 : 억원〉
항목	2015.3Q	2015.4Q	2016.1Q	2016.2Q	2016.3Q	2016.4Q
영업수익	227	263	267	322	366	411
영업이익	156	105	185	214	261	302
당기순이익	120	67	141	164	198	229

재무 상태 〈단위 : 억원〉
항목	2011	2012	2013	2014	2015	2016
총자산	1,621	1,937	2,222	2,854	3,507	5,676
유형자산	5	4	7	9	14	11
무형자산	8	10	20	20	24	24
유가증권						
총부채	501	680	820	1,048	1,170	1,506
총차입금						
자본금	269	269	269	355	367	425
총자본	1,120	1,256	1,401	1,806	2,337	4,170
지배주주지분	1,120	1,256	1,401	1,806	2,308	4,137

기업가치 지표
항목	2011	2012	2013	2014	2015	2016
주가(최고/저)(천원)	—/—	—/—	—/—	—/—	—/—	9.0/6.7
PER(최고/저)(배)	0.0/0.0	0.0/0.0	0.0/0.0	0.0/0.0	0.0/0.0	11.0/8.2
PBR(최고/저)(배)	0.0/0.0	0.0/0.0	0.0/0.0	0.0/0.0	0.0/0.0	2.1/1.6
PSR(최고/저)(배)	0.0/0	0.0/0	0/0	0/0	0/0	6/4
EPS(원)	159	221	232	401	538	837
BPS(원)	41,575	46,627	52,005	50,869	62,820	4,867
CFPS(원)	3,633	4,999	5,204	8,940	11,962	927
DPS(원)						250
EBITDAPS(원)	5,208	6,811	6,977	12,427	16,345	1,216

재무 비율 〈단위 : % 〉
연도	계속사업이익률	순이익률	부채비율	차입금비율	ROA	ROE	유보율	자기자본비율	총자산증가율
2016	70.3	53.6	36.1	0.0	15.9	22.6	873.5	73.5	61.9
2015	59.6	44.2	50.1	0.0	13.3	20.6	528.2	66.6	22.9
2014	46.1	35.0	58.0	0.0	9.4	14.8	408.7	63.3	28.5
2013	44.2	34.1	58.5	0.0	6.6	10.3	420.1	63.1	14.7

한국전력공사 (A015760)
Korea Electric Power

업　종 : 전력　　　　　　　　　　　시　장 : 거래소
신용등급 : (Bond) AAA　　(CP) A1　　기업규모 : 시가총액 대형주
홈페이지 : www.kepco.co.kr　　　　　연락처 : 061)345-3114
본　사 : 전남 나주시 전력로 55

설립일	1961.07.01	종업원수	20,933명	대표이사	조환익
상장일	1989.08.10	감사의견	적정 (삼정)	계　열	
결산기	12월	보통주	64,196만주	종속회사수	
액면가	5,000원	우선주		구　상호	

주주구성 (지분율,%)		출자관계 (지분율,%)		주요경쟁사 (외형,%)	
한국산업은행	32.9	한국수력원자력	100.0	한국전력	100
정부	18.2	한국남부발전	100.0	한전KPS	2
(외국인)	32.2	한국동서발전	100.0	지역난방공사	3

매출구성		비용구성		수출비중	
전기판매 사업부분 - 한국전력공사	99.3	매출원가율	75.7	수출	—
원자력발전 사업부문 - 한국수력원자력(주)	18.1	판관비율	4.4	내수	—
화력발전 사업부문 - 한국남동발전(주)	8.4				

회사 개요
동사는 전력자원의 개발, 발전, 송전, 변전, 배전 및 이와 관련되는 영업, 연구 및 기술개발, 투자/출연, 보유부동산 활용사업 및 기타 정부로부터 위탁 받은 사업 등을 영위하는 전력회사임. 사업부문은 전기판매사업부문과 원자력발전부문, 화력발전부문, 기타부문으로 구분됨. 신규 사업으로 체코/슬로바키아, 베트남 등 원자력발전사업과 베트남 해외발전 사업을 진행 중에 있음.

실적 분석
동사의 2016년 4/4분기 연결기준 누적매출액은 60조 1,903.8억원으로 전년동기 대비 2.1% 증가함. 영업이익은 12조 16.0억원으로 전년동기 대비 5.8% 증가함. 그러나 非영업무문의 손익이 적자로 전환함에 따라 당기순이익은 전년동기 대비 46.7% 감소한 7조 1,483.3억원을 기록함. 수익성은 개선되었으나 금융손실이 커짐에 따라 순이익이 감소함.

현금 흐름 〈단위 : 억원〉
항목	2015	2016
영업활동	168,284	164,451
투자활동	-96,593	-95,705
재무활동	-52,066	-76,375
순현금흐름	19,868	-7,317
기말현금	37,831	30,514

시장 대비 수익률

결산 실적 〈단위 : 억원〉
항목	2011	2012	2013	2014	2015	2016
매출액	434,557	494,215	540,378	574,749	589,577	601,904
영업이익	-10,205	-8,179	15,190	57,876	113,467	120,016
당기순이익	-32,930	-30,780	1,743	27,990	134,164	71,483

분기 실적 〈단위 : 억원〉
항목	2015.3Q	2015.4Q	2016.1Q	2016.2Q	2016.3Q	2016.4Q
매출액	154,700	146,921	156,853	132,754	159,435	152,861
영업이익	43,401	26,788	36,053	27,045	44,242	12,676
당기순이익	92,764	15,750	21,628	17,678	29,382	2,795

재무 상태 〈단위 : 억원〉
항목	2011	2012	2013	2014	2015	2016
총자산	1,364,679	1,461,528	1,555,273	1,637,083	1,752,574	1,778,370
유형자산	1,123,849	1,223,761	1,296,376	1,358,125	1,413,614	1,457,431
무형자산	8,487	8,838	8,132	8,236	8,584	9,834
유가증권	13,910	11,434	12,591	7,188	5,881	10,180
총부채	826,639	950,886	1,040,766	1,088,833	1,073,149	1,047,865
총차입금	475,645	548,558	624,824	639,316	595,794	543,191
자본금	32,098	32,098	32,098	32,098	32,098	32,098
총자본	538,040	510,642	514,507	548,250	679,425	730,505
지배주주지분	532,703	498,888	502,597	536,013	666,345	717,237

기업가치 지표
항목	2011	2012	2013	2014	2015	2016
주가(최고/저)(천원)	26.7/18.2	27.1/19.1	31.0/22.1	44.1/29.8	48.1/35.3	60.3/41.4
PER(최고/저)(배)	—/—	—/—	372.8/265.8	11.8/8.0	2.6/1.9	5.7/3.9
PBR(최고/저)(배)	0.4/0.2	0.4/0.3	0.4/0.3	0.6/0.4	0.5/0.4	0.6/0.4
EV/EBITDA(배)	11.0	11.8	9.4	6.6	4.3	3.7
EPS(원)	-5,251	-4,933	93	4,185	20,701	10,980
BPS(원)	84,135	78,868	79,446	83,496	103,798	111,725
CFPS(원)	5,464	5,966	11,609	16,450	33,694	24,938
DPS(원)			90	3,100	1,980	
EBITDAPS(원)	9,126	9,625	13,881	21,280	30,669	32,654

재무 비율 〈단위 : % 〉
연도	영업이익률	순이익률	부채비율	차입금비율	ROA	ROE	유보율	자기자본비율	EBITDA마진율
2016	19.9	11.9	143.4	74.4	4.1	10.2	2,134.5	41.1	34.8
2015	19.3	22.8	158.0	87.7	7.9	22.1	1,976.0	38.8	33.4
2014	10.1	4.9	198.6	116.6	1.8	5.2	1,569.9	33.5	23.8
2013	2.8	0.3	202.3	121.4	0.1	0.1	1,488.9	33.1	16.5

한국전력기술 (A052690)
KEPCO Engineering & Construction

업　　종 : 에너지 시설 및 서비스		시　　장 : 거래소	
신용등급 : (Bond) AA　(CP) —		기업규모 : 시가총액 중형주	
홈페이지 : www.kepco-enc.com		연락처 : 054)421-3114	
본　　사 : 경북 김천시 혁신로 269			

설립일 1975.10.01	종업원수 2,256명	대표이사 박구원	
상장일 2009.12.14	감사의견 적정 (삼정)	계　　열	
결산기 12월	보통주 3,822만주	종속회사수	
액면가 200원	우선주	구상호	

주주구성 (지분율,%)
한국전력공사	65.8
국민연금공단	6.1
(외국인)	1.3

출자관계 (지분율,%)
MOMENTUM	33.3
디에스파워	12.1
켑코우데	2.4

주요경쟁사 (외형,%)
한전기술	100
동국S&C	76
씨에스윈드	62

매출구성
원자력(설계기술)	42.2
플랜트(건설공사)	26.6
플랜트(설계기술)	19.9

비용구성
매출원가율	63.2
판관비율	35.7

수출비중
수출	26.3
내수	73.7

회사 개요
동사는 발전소 및 플랜트 관련 엔지니어링 업체로서 원자력 및 수력발전소의 설계, 발전설비 O&M, 플랜트 건설 사업 및 PM/CM 사업 등을 영위하고 있음. 원자력발전소 설계사업의 경우 국내사업은 한국수력원자력이 발주하는 국내원자력발전소의 설계 및 엔지니어링을 독점하고 있으며 미국, 중국 등 해외 원자력발전소 설계사업도 기술인력 지원 형태로 참여하고 있음. 매출구성은 플랜트 32.5%, 원자력 51.2%, 원자로설계 16.3% 등으로 구성됨

실적 분석
2016년 연결기준 매출액은 전년대비 23.1% 감소한 5,060.1억원을 기록함. 원가율 상승과 매출 감소에 따른 고정비 상승 등 영업이익은 전년대비 82.9% 감소한 59.5억원을 기록함. 영업이익 감소로 당기순이익도 전년대비 42.7% 감소한 178.0억원을 기록함. 작년 저하진 설계구매시공(EPC) 수주 잔고 소진하면서 영업이익률이 개선될 전망임. 한전의 원전 수주 확대는 동사의 수익 확대의 기회가 될 전망임.

현금 흐름　*IFRS 별도 기준　〈단위 : 억원〉
항목	2015	2016
영업활동	113	187
투자활동	-1,349	-76
재무활동	627	-42
순현금흐름	-610	62
기말현금	153	215

시장 대비 수익률

결산 실적　〈단위 : 억원〉
항목	2011	2012	2013	2014	2015	2016
매출액	6,633	7,856	7,555	8,419	6,576	5,060
영업이익	1,365	1,531	338	666	347	59
당기순이익	1,161	1,343	344	548	310	178

분기 실적　*IFRS 별도 기준　〈단위 : 억원〉
항목	2015.3Q	2015.4Q	2016.1Q	2016.2Q	2016.3Q	2016.4Q
매출액	1,456	1,901	1,180	1,280	1,022	1,578
영업이익	210	-10	141	255	-16	-320
당기순이익	196	-25	127	234	-49	-135

재무 상태　*IFRS 별도 기준　〈단위 : 억원〉
항목	2011	2012	2013	2014	2015	2016
총자산	7,399	8,619	7,605	7,776	8,552	7,866
유형자산	803	998	1,500	2,902	3,378	3,281
무형자산	312	418	398	427	462	573
유가증권	21	22	20	19	18	10
총부채	3,603	4,359	3,785	3,705	4,384	3,647
총차입금	77	53	74	39	884	918
자본금	76	76	76	76	76	76
총자본	3,796	4,260	3,820	4,071	4,168	4,219
지배주주지분	3,796	4,260	3,820	4,071	4,168	4,219

기업가치 지표　*IFRS 별도 기준
항목	2011	2012	2013	2014	2015	2016
주가(최고/저)(천원)	92.2/42.4	114/52.8	92.7/52.5	68.1/45.4	51.3/22.6	35.3/22.8
PER(최고/저)(배)	32.8/15.1	34.2/15.9	105.9/60.0	48.6/32.4	63.8/28.1	76.2/49.3
PBR(최고/저)(배)	10.0/4.6	10.8/5.0	9.4/5.3	6.4/4.3	4.6/2.0	3.1/2.0
EV/EBITDA(배)	21.9	14.2	45.9	24.4	27.7	38.0
EPS(원)	3,038	3,514	900	1,433	812	466
BPS(원)	9,933	11,145	10,142	10,922	11,174	11,309
CFPS(원)	3,249	3,787	1,201	1,715	1,215	979
DPS(원)	2,126	1,932	406	575	200	110
EBITDAPS(원)	3,782	4,280	1,185	2,024	1,310	669

재무 비율　〈단위 : % 〉
연도	영업이익률	순이익률	부채비율	차입금비율	ROA	ROE	유보율	자기자본비율	EBITDA마진율
2016	1.2	3.5	86.4	21.8	2.2	4.2	5,554.4	53.6	5.1
2015	5.3	4.7	105.2	21.2	3.8	7.5	5,487.2	48.7	7.6
2014	7.9	6.5	91.0	1.0	7.1	13.9	5,360.9	52.4	9.2
2013	4.5	4.6	99.1	1.9	4.2	8.5	4,971.1	50.2	6.0

한국전자금융 (A063570)
NICE Total Cash Management

업　　종 : 상업서비스		시　　장 : KOSDAQ	
신용등급 : (Bond) —　(CP) —		기업규모 : 우량	
홈페이지 : www.nicetcm.co.kr		연락처 : 02)2122-5400	
본　　사 : 서울시 마포구 마포대로 217 (아현동, 크레디트센터 빌딩)			

설립일 2000.01.11	종업원수 414명	대표이사 구자성	
상장일 2006.07.14	감사의견 적정 (안진)	계　　열	
결산기 12월	보통주 2,602만주	종속회사수	
액면가 500원	우선주	구상호	

주주구성 (지분율,%)
FID 신용정보	47.0
FID Low Priced Stock Fund	5.4
(외국인)	12.4

출자관계 (지분율,%)
NICE씨엠에스	89.8
오케이포스	72.4
무노스	60.0

주요경쟁사 (외형,%)
한국전자금융	100
쎄트렉아이	16
나이스디앤비	16

매출구성
금융/VAN/무인자동화기기 등	93.2
현금 수송 등	14.0
POS사업, 기타	6.5

비용구성
매출원가율	28.2
판관비율	64.6

수출비중
수출	3.9
내수	96.1

회사 개요
동사는 금융 및 밴(VAN) 사업, 이와 관련되는 부수사업과 현금수송사업, 포스(POS) 및 결제장비 관련 사업 등을 영위함. 금융, VAN 사업에는 금융기관이 보유한 ATM 관리를 대행해주는 ATM관리사업과 회사가 보유한 CD기로 예금인출을 동의 금융서비스를 제공하는 CD VAN사업 등이 포함돼 있음. ATM 관리사업의 시장 점유율은 53%가량으로 추정됨. CD VAN사업의 시장 점유율은 20% 내외로 추정됨.

실적 분석
동사의 2016년 매출액은 2155억원으로 전년 동기 대비 41.3% 증가함. 영업이익은 154.8억원으로 전년 대비 26% 증가함. 당기순이익은 132.1억원으로 전년 대비 40.7% 증가함. 동사는 그룹 내 신용카드 VAN사와의 협업을 통해서 전국지사망을 활용할 수 있는 POS사업을 전개할 계획임. 자체 관리점 외 CD, ATM 기기에 대한 아웃소싱이 확대될 경우 시장의 규모는 현재보다 커질 것으로 예상됨.

현금 흐름　〈단위 : 억원〉
항목	2015	2016
영업활동	262	253
투자활동	-402	-144
재무활동	225	235
순현금흐름	85	344
기말현금	714	1,057

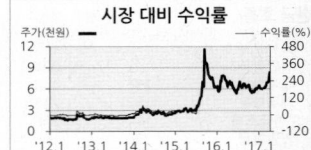
시장 대비 수익률

결산 실적　〈단위 : 억원〉
항목	2011	2012	2013	2014	2015	2016
매출액	1,291	1,269	1,379	1,402	1,525	2,155
영업이익	83	84	83	87	123	155
당기순이익	57	38	54	148	94	132

분기 실적　*IFRS 별도 기준　〈단위 : 억원〉
항목	2015.3Q	2015.4Q	2016.1Q	2016.2Q	2016.3Q	2016.4Q
매출액	364	466	550	553	520	533
영업이익	41	20	27	52	45	30
당기순이익	31	16	14	54	35	30

재무 상태　〈단위 : 억원〉
항목	2011	2012	2013	2014	2015	2016
총자산	1,224	1,290	1,311	1,298	1,869	2,218
유형자산	410	409	358	362	432	443
무형자산	59	56	27	17	303	294
유가증권	109	105	157	5	9	50
총부채	484	523	456	401	826	1,053
총차입금	353	344	250	230	543	807
자본금	130	130	130	130	130	130
총자본	740	767	854	896	1,043	1,165
지배주주지분	727	757	843	892	970	1,081

기업가치 지표
항목	2011	2012	2013	2014	2015	2016
주가(최고/저)(천원)	2.9/1.5	2.4/1.5	2.1/1.8	3.3/2.0	11.6/2.5	8.2/5.1
PER(최고/저)(배)	15.2/7.9	17.5/11.2	10.8/8.9	6.1/3.7	32.6/7.0	16.3/10.1
PBR(최고/저)(배)	1.2/0.6	0.9/0.6	0.7/0.6	1.0/0.6	3.2/0.7	2.0/1.2
EV/EBITDA(배)	2.1	1.4	1.4	1.2	5.6	4.1
EPS(원)	217	151	212	567	366	511
BPS(원)	2,796	2,910	3,240	3,428	3,730	4,156
CFPS(원)	740	706	791	1,141	979	1,225
DPS(원)	80	40	50	55	70	80
EBITDAPS(원)	841	878	898	909	1,086	1,309

재무 비율　〈단위 : % 〉
연도	영업이익률	순이익률	부채비율	차입금비율	ROA	ROE	유보율	자기자본비율	EBITDA마진율
2016	7.2	6.1	90.4	69.3	6.5	13.0	731.2	52.5	15.8
2015	8.1	6.2	79.2	52.1	5.9	10.2	646.0	55.8	18.5
2014	6.2	10.5	44.8	25.7	11.3	17.0	585.5	69.1	16.9
2013	6.0	3.9	53.4	29.3	4.2	6.9	548.0	65.2	16.9

한국전자인증 (A041460)
KOREA ELECTRONIC CERTIFICATION AUTHORITY

업　　　종 : 상업서비스　　　　　　　　　　　시　　　장 : KOSDAQ
신용등급 : (Bond) —　　　(CP) —　　　　기업규모 : 중견
홈페이지 : www.crosscert.com　　　　　　　연락처 : 02)3019-5642
본　　　사 : 서울시 서초구 서초대로 320 하림인터내셔널빌딩 7층

설 립 일	1999.03.26	종 업 원 수	96명	대 표 이 사	신홍식
상 장 일	2010.11.19	감 사 의 견	적정 (우리)	계　　열	
결 산 기	12월	보 통 주	2,146만주	종속회사수	
액 면 가	500원	우 선 주		구 상 호	

주주구성 (지분율,%)		출자관계 (지분율,%)		주요경쟁사 (외형,%)	
신홍식	13.8	COSMOTOWN,INC	99.9	한국전자인증	100
VeriSign, Inc.	6.4	AIBRAIN,INC.	97.1	쎄트렉아이	130
(외국인)	1.6			한국전자금융	810

매출구성		비용구성		수출비중	
공인인증서비스	60.6	매출원가율	0.0	수출	—
글로벌인증서비스	26.5	판관비율	80.7	내수	—
인증솔루션 및 기타 제품	12.9				

회사 개요
동사는 1999년 설립돼 공인인증 서비스 사업, 글로벌 인증 서비스 사업, 보안서버 인증서비스 사업, 인증서비스 아웃소싱 사업, 인증솔루션 사업, 글로벌 도메인등록, 인공지능 로보틱스 등을 주요사업으로 영위함. 2016년 말 기준 국내 법인용 범용 공인인증서 시장에서 약 30% 내외의 시장 점유율 차지함. 개인용 범용 공인인증서 시장에서는 전체 시장의 15%를 차지함.

실적 분석
동사의 2016년 매출액은 266억원으로 전년대비 5.4% 증가함. 영업이익은 51.3억원으로 14.4% 증가함. 당기순이익은 47.4억원으로 37% 증가함. 동사는 국내 유일의 글로벌 수준의 인증서비스를 제공할 수 있는 전문 인증기관으로 경쟁사 대비 모든 인증서 분야를 커버할 수 있는 기술력과 서비스 대응능력을 보유함. 글로벌 표준 규격의 기술을 보유하고 있어 자유무역협정(FTA) 등 개방 확대에 따른 수익 증가가 기대됨.

현금 흐름 〈단위 : 억원〉

항목	2015	2016
영업활동	44	56
투자활동	-7	-10
재무활동	-14	-6
순현금흐름	27	44
기말현금	160	204

시장 대비 수익률

결산 실적 〈단위 : 억원〉

항목	2011	2012	2013	2014	2015	2016
매출액	189	218	234	244	252	266
영업이익	40	44	39	36	45	51
당기순이익	39	40	34	31	35	47

분기 실적 〈단위 : 억원〉

항목	2015.3Q	2015.4Q	2016.1Q	2016.2Q	2016.3Q	2016.4Q
매출액	64	63	66	65	64	71
영업이익	13	9	14	14	11	13
당기순이익	11	7	12	7	18	11

재무 상태 〈단위 : 억원〉

항목	2011	2012	2013	2014	2015	2016
총자산	317	338	356	388	421	462
유형자산	6	7	9	10	7	6
무형자산	27	22	18	29	26	12
유가증권	—	—	—	—	—	—
총부채	114	118	122	129	146	146
총차입금					8	0
자본금	107	107	107	107	107	107
총자본	203	220	234	259	274	317
지배주주지분	203	220	234	258	273	315

기업가치 지표

항목	2011	2012	2013	2014	2015	2016
주가(최고/저)(천원)	2.4/1.0	3.1/1.3	3.7/2.2	5.2/2.5	11.8/3.5	11.5/5.0
PER(최고/저)(배)	14.0/5.7	17.8/7.4	24.2/14.6	36.6/17.4	73.8/22.1	51.6/22.4
PBR(최고/저)(배)	2.4/1.0	2.8/1.2	2.9/1.8	3.7/1.8	7.6/2.3	6.5/2.8
EV/EBITDA(배)	2.0	5.4	6.0	12.3	28.9	16.0
EPS(원)	181	186	158	145	162	224
BPS(원)	1,040	1,189	1,315	1,434	1,574	1,765
CFPS(원)	228	237	211	194	217	266
DPS(원)	28	33	38	39	42	46
EBITDAPS(원)	235	257	234	216	264	281

재무 비율 〈단위 : % 〉

연도	영업이익률	순이익률	부채비율	차입금비율	ROA	ROE	유보율	자기자본비율	EBITDA마진율
2016	19.3	17.8	46.0	0.1	10.7	16.3	253.1	68.5	22.7
2015	17.8	13.7	53.3	2.9	8.6	13.1	214.8	65.2	22.5
2014	14.6	12.7	49.8	0.0	8.4	12.6	186.9	66.7	19.0
2013	16.6	14.5	52.1	0.0	9.7	14.9	163.1	65.8	21.5

한국전자홀딩스 (A006200)
KEC Holdings

업　　　종 : 반도체 및 관련장비　　　　　　시　　　장 : 거래소
신용등급 : (Bond) —　　　(CP) —　　　　기업규모 : 시가총액 소형주
홈페이지 : www.kecholdings.co.kr　　　　　연락처 : 02)3497-5535
본　　　사 : 서울시 서초구 마방로 10길 5

설 립 일	1969.09.09	종 업 원 수	30명	대 표 이 사	박명덕
상 장 일	1979.11.30	감 사 의 견	적정 (삼정)	계　　열	
결 산 기	12월	보 통 주	4,680만주	종속회사수	
액 면 가	500원	우 선 주		구 상 호	

주주구성 (지분율,%)		출자관계 (지분율,%)		주요경쟁사 (외형,%)	
곽정소	21.3	케이씨암코	100.0	한국전자홀딩스	100
중경고자	6.6	티에스피에스	100.0	GST	65
(외국인)	2.3	케이씨디바이스	100.0	다우인큐브	18

매출구성		비용구성		수출비중	
판매	112.6	매출원가율	88.8	수출	—
제조	11.3	판관비율	12.8	내수	—
서비스	10.6				

회사 개요
동사는 1969년 설립되어 반도체 부품 제조 및 판매를 주요 사업으로 영위하고 있음. 2006년 인적분할을 통하여 지주회사로 전환하고 자회사로 케이이씨, 케이씨아암코, 케이씨디바이스 등을 두고 있음. 동사는 순수 지주회사로 자회사에 대한 배당수익, 경영컨설팅 및 임대료 수입과 자회사 및 해외 현지법인 등에 대한 전산수수료 수입이 주 수입원으로 회계 계정 처리 시 매출 인식이 아닌 영업수익 계정으로 처리됨

실적 분석
동사는 세계경기 회복 지연 및 소비심리 위축으로 국내 및 해외 계열회사의 매출이 감소하여 연결기준 전체 구성요소가 감소함. 영업이익은 국내 및 해외 계열회사의 매출감소에 따른 원가율 하락으로 영업손실 21.6억원으로 적자를 기록하였고, 관계기업투자손실이 9.8억원으로 증가하여 계속기업당기순손실 12.0억원, 중단영업당기순손실 118.2억원으로 적자를 기록하였음.

현금 흐름 〈단위 : 억원〉

항목	2015	2016
영업활동	18	-180
투자활동	-243	411
재무활동	63	-83
순현금흐름	-162	148
기말현금	114	262

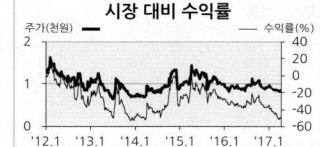
시장 대비 수익률

결산 실적 〈단위 : 억원〉

항목	2011	2012	2013	2014	2015	2016
매출액	3,178	2,465	2,382	1,895	1,324	1,394
영업이익	-39	-180	-41	-3	-23	-22
당기순이익	-142	-361	-83	11	-83	-130

분기 실적 〈단위 : 억원〉

항목	2015.3Q	2015.4Q	2016.1Q	2016.2Q	2016.3Q	2016.4Q
매출액	359	207	354	358	396	287
영업이익	-25	-10	-29	-19	-23	49
당기순이익	-27	-64	-19	-21	-21	-69

재무 상태 〈단위 : 억원〉

항목	2011	2012	2013	2014	2015	2016
총자산	2,778	2,436	2,349	1,983	2,172	1,794
유형자산	291	236	210	184	222	2
무형자산	14	15	15	10	9	9
유가증권	87	125	6	1	82	85
총부채	1,149	1,118	1,133	776	977	620
총차입금	234	294	329	111	92	24
자본금	135	135	140	143	234	234
총자본	1,628	1,318	1,216	1,206	1,196	1,173
지배주주지분	1,627	1,317	1,217	1,208	1,198	1,178

기업가치 지표

항목	2011	2012	2013	2014	2015	2016
주가(최고/저)(천원)	1.6/0.8	1.8/0.8	1.3/0.6	1.4/0.7	1.5/0.8	1.3/0.8
PER(최고/저)(배)	—/—	—/—	—/—	43.5/21.1	—/—	—/—
PBR(최고/저)(배)	0.3/0.2	0.5/0.2	0.4/0.2	0.4/0.2	0.6/0.3	0.5/0.3
EV/EBITDA(배)						
EPS(원)	-413	-1,050	-232	32	-201	-275
BPS(원)	6,265	5,119	4,603	4,470	2,708	2,664
CFPS(원)	-414	-1,220	-179	122	-162	-243
DPS(원)	—	—	—	—	—	—
EBITDAPS(원)	-35	-552	-35	69	-16	-15

재무 비율 〈단위 : % 〉

연도	영업이익률	순이익률	부채비율	차입금비율	ROA	ROE	유보율	자기자본비율	EBITDA마진율
2016	-1.6	-9.3	52.9	2.1	-6.6	-10.8	432.7	65.4	-0.5
2015	-1.7	-6.3	81.7	7.7	-4.0	-6.9	441.5	55.0	-0.5
2014	-0.2	0.6	64.4	9.2	0.5	1.0	793.9	60.8	1.0
2013	-1.7	-3.5	93.2	27.1	-3.5	-6.4	820.6	51.8	-0.4

한국전파기지국 (A065530)
KRTnet

업 종 : 무선통신		시 장 : KOSDAQ	
신용등급 : (Bond) — (CP) —		기업규모 : 우량	
홈 페 이 지 : www.krtnet.co.kr		연 락 처 : 02)2077-3154	
본 사 : 서울시 송파구 백제고분로 478, 순창빌딩 5층			

설 립 일	1996.12.30	종업원수	141명	대표이사	김창곤,장석하
상 장 일	2002.06.04	감사의견	적정 (세일)	계 열	
결 산 기	12월	보 통 주	529만주	종속회사수	
액 면 가	5,000원	우 선 주		구 상 호	

주주구성 (지분율,%)		출자관계 (지분율,%)		주요경쟁사 (외형,%)	
장석하	31.0	전파기지국	100	한국정밀기계	100
장병권	18.9	SK텔레콤	18,628		
(외국인)	0.3	KT	24,788		

매출구성		비용구성		수출비중	
기지국사용료유지보수	59.1	매출원가율	85.9	수출	0.0
통신시설구축	40.9	판관비율	3.2	내수	100.0

회사 개요
동사는 무선기지국 전문업체로서 지상, 지하철 및 각종 터널 구간의 공용무선기지국을 시공하고, 이에 대한 운용 및 유지보수 사업을 영위함. 기지국 사용료 수입이 전체 매출의 약 40%, 각종 통신시설 공사 매출이 약 60%임. 전방산업인 통신 및 방송 산업의 인프라 구축 수요에 의존적이나, 지하철, 도로, 터널 건설에 따라 발생하는 음영 지역을 해소하기 위한 신규 기지국 건설 수요도 지속적으로 발생할 것으로 기대됨.

실적 분석
동사의 2016년 연결기준 연간 누적 매출액은 917.5억원으로 전년 동기 대비 23.5% 감소함. 매출 감소에 따른 고정 비용 증가와 함께 판매비와 관리비는 오히려 상승해 영업이익은 전년 동기 대비 15.5% 감소한 99.9억원을 시현함. 비영업손익 부문에서 적자가 지속되면서 당기순이익은 68.5억원으로 전년 동기 대비 16% 감소함. 매출 감소에 따른 수익성이 악화되고 있음.

현금 흐름
*IFRS 별도 기준 〈단위 : 억원〉

항목	2015	2016
영업활동	256	170
투자활동	-104	-72
재무활동	-160	-267
순현금흐름	-9	-168
기말현금	373	205

시장 대비 수익률
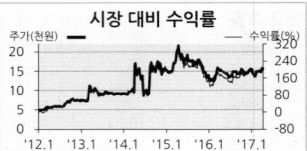

결산 실적
〈단위 : 억원〉

항목	2011	2012	2013	2014	2015	2016
매출액	1,106	1,350	1,080	1,661	1,199	918
영업이익	79	99	110	205	118	100
당기순이익	58	97	80	146	82	69

분기 실적
*IFRS 별도 기준 〈단위 : 억원〉

항목	2015.3Q	2015.4Q	2016.1Q	2016.2Q	2016.3Q	2016.4Q
매출액	244	250	308	201	193	216
영업이익	0	35	33	31	4	31
당기순이익	-4	28	23	22	1	23

재무 상태
*IFRS 별도 기준 〈단위 : 억원〉

항목	2011	2012	2013	2014	2015	2016
총자산	1,517	1,893	1,876	2,170	1,890	1,443
유형자산	860	905	1,099	1,279	1,151	992
무형자산	13	10	8	3	5	11
유가증권	10	9	9	9	9	9
총부채	1,032	1,337	1,267	1,442	1,106	647
총차입금	283	620	709	576	442	232
자본금	264	264	264	264	264	264
총자본	485	556	609	728	784	796
지배주주지분	485	556	609	728	784	796

기업가치 지표
*IFRS 별도 기준

항목	2011	2012	2013	2014	2015	2016
주가(최고/저)(천원)	5.1/4.4	8.0/4.9	11.3/7.3	21.3/8.7	21.8/13.0	16.5/12.4
PER(최고/저)(배)	6.1/5.3	5.3/3.3	8.6/5.5	8.5/3.5	15.1/9.0	13.1/9.8
PBR(최고/저)(배)	0.7/0.6	0.9/0.6	1.1/0.7	1.7/0.7	1.6/0.9	1.1/0.8
EV/EBITDA(배)	1.9	2.2	3.1	2.6	2.3	2.6
EPS(원)	1,100	1,835	1,518	2,755	1,544	1,297
BPS(원)	9,179	10,517	11,520	13,779	14,825	15,623
CFPS(원)	4,005	4,917	5,033	6,811	6,029	5,543
DPS(원)	500	500	500	500	500	500
EBITDAPS(원)	4,395	4,961	5,596	7,937	6,719	6,135

재무 비율
〈단위 : % 〉

연도	영업이익률	순이익률	부채비율	차입금비율	ROA	ROE	유보율	자기자본비율	EBITDA마진율
2016	10.9	7.5	81.3	29.1	4.1	8.7	212.5	55.2	35.4
2015	9.9	6.8	141.1	56.4	4.0	10.8	196.5	41.5	29.6
2014	12.4	8.8	197.9	79.1	7.2	21.8	175.6	33.6	25.3
2013	10.2	7.4	208.0	116.4	4.3	13.8	130.4	32.5	27.4

한국정밀기계 (A101680)
HNK MACHINE TOOL

업 종 : 기계		시 장 : KOSDAQ	
신용등급 : (Bond) — (CP) —		기업규모 :	
홈 페 이 지 : www.hnkkorea.com		연 락 처 : 070)7019-6500	
본 사 : 경남 함안군 법수면 윤외공단길 83-1			

설 립 일	1988.04.21	종업원수	275명	대표이사	하종식
상 장 일	2009.05.19	감사의견	적정 (삼덕)	계 열	
결 산 기	12월	보 통 주	840만주	종속회사수	
액 면 가	500원	우 선 주		구 상 호	

주주구성 (지분율,%)		출자관계 (지분율,%)		주요경쟁사 (외형,%)	
하종식	18.6	한국카이스	40.0	한국정밀기계	100
한국주강	13.1	한국주강	26.4	맥스로텍	174
(외국인)	0.4	한국중기계	25.0	카스	572

매출구성		비용구성		수출비중	
공작기계	93.8	매출원가율	108.7	수출	72.0
a/s 등	6.2	판관비율	23.1	내수	28.0

회사 개요
동사는 1998년 회사를 설립해 대형공작기계만을 개발, 생산, 판매하며, 국내뿐만 아니라 미국, 유럽, 아시아 등 세계 각국에 수치제어식 대형머시닝센타, 대형수직 선반, 대형수평보링머신, 전용기등을 자체 기술로 개발, 생산, 공급하고 있음. 고도의 정밀도를 갖는 가공용 초대형 공작기계 개발을 위해 선진 기술을 연구 중. 현재 현대중공업, 두산중공업, 두산엔진, STX, 대우조선해양, 현진소재 등에 납품함.

실적 분석
동사의 2016년 연결기준 결산 매출액은 230.0억원으로 전년 대비 35.3% 감소하였음. 매출총이익은 원가율 개선에 따라 20.0억원 손실을 기록하며 전년 동기 대비 적자폭을 줄이는데는 성공하였지만, 영업이익과 당기순이익은 각각 73.2억원, 212.3억원 손실을 기록하며 적자를 지속함. 전방산업인 조선 및 중공업 경기 개선이 발생하지 않는 한, 단기간 수익 개선 가능성은 높지 않을 것으로 예상됨.

현금 흐름
*IFRS 별도 기준 〈단위 : 억원〉

항목	2015	2016
영업활동	-49	3
투자활동	34	2
재무활동	-40	-15
순현금흐름	-55	-10
기말현금	44	33

시장 대비 수익률

결산 실적
〈단위 : 억원〉

항목	2011	2012	2013	2014	2015	2016
매출액	1,472	1,002	481	598	356	230
영업이익	126	2	-30	-157	-166	-73
당기순이익	81	22	-36	-115	-131	-212

분기 실적
*IFRS 별도 기준 〈단위 : 억원〉

항목	2015.3Q	2015.4Q	2016.1Q	2016.2Q	2016.3Q	2016.4Q
매출액	86	73	35	75	54	67
영업이익	-46	-51	-17	-8	-18	-29
당기순이익	-41	-42	-17	-26	-22	-148

재무 상태
*IFRS 별도 기준 〈단위 : 억원〉

항목	2011	2012	2013	2014	2015	2016
총자산	2,259	2,144	1,985	1,846	1,590	1,371
유형자산	243	182	177	164	151	135
무형자산	40	47	57	65	65	27
유가증권	109	154	105	73	83	105
총부채	721	569	464	465	319	284
총차입금	260	295	258	255	191	176
자본금	42	42	42	42	42	42
총자본	1,539	1,575	1,520	1,381	1,271	1,086
지배주주지분	1,539	1,575	1,520	1,381	1,271	1,086

기업가치 지표
*IFRS 별도 기준

항목	2011	2012	2013	2014	2015	2016
주가(최고/저)(천원)	36.7/13.9	22.2/8.5	14.6/7.9	12.2/5.3	7.2/3.7	4.9/3.4
PER(최고/저)(배)	38.7/14.7	83.4/31.9	—/—	—/—	—/—	—/—
PBR(최고/저)(배)	2.0/0.8	1.2/0.5	0.8/0.4	0.7/0.3	0.5/0.3	0.4/0.3
EV/EBITDA(배)	9.1	29.7				
EPS(원)	958	266	-433	-1,364	-1,560	-2,526
BPS(원)	18,314	18,746	18,097	16,438	15,132	12,933
CFPS(원)	1,289	594	-119	-1,098	-1,201	-2,189
DPS(원)	200	—	—	—	—	—
EBITDAPS(원)	1,835	346	-41	-1,598	-1,617	-533

재무 비율
〈단위 : % 〉

연도	영업이익률	순이익률	부채비율	차입금비율	ROA	ROE	유보율	자기자본비율	EBITDA마진율
2016	-31.8	-92.3	26.2	16.2	-14.3	-18.0	2,486.6	79.3	-19.5
2015	-46.7	-36.8	25.1	16.3	-7.6	-9.9	2,926.4	80.0	-38.2
2014	-26.2	-19.2	33.7	18.4	-6.0	-7.9	3,187.7	74.8	-22.5
2013	-6.2	-7.6	30.5	17.0	-1.8	-2.4	3,519.3	76.6	-0.7

한국정보공학 (A039740)
Korea Information Engineering Services

업　　종 : 도소매		시　　장 : KOSDAQ	
신용등급 : (Bond) ― (CP) ―		기업규모 : 중견	
홈페이지 : www.kies.co.kr		연 락 처 : 031)789-8690	
본　　사 : 경기도 성남시 분당구 황새울로359번길 7			

설 립 일	1990.12.10	종 업 원 수	65명	대 표 이 사	이세복
상 장 일	2000.07.06	감 사 의 견	적정 (한미)	계　　열	
결 산 기	12월	보 통 주	802만주	종 속 회 사 수	
액 면 가	500원	우 선 주		구 상 호	

주주구성 (지분율,%)		출자관계 (지분율,%)		주요경쟁사 (외형,%)	
유용석	43.8	화이텍인베스트먼트	100.0	한국정보공학	100
허령	4.6	네모커머스	100.0	부방	200
(외국인)	1.5	비에스메디칼	100.0	대명코퍼레이션	169

매출구성		비용구성		수출비중	
상품매출	90.4	매출원가율	92.6	수출	―
창업투자	4.2	판관비율	10.9	내수	―
운송서비스	3.1				

회사 개요

동사는 한국HP, EMC, 애플 등의 국내 총판으로 서버, 스토리지, 컴퓨터 등의 전산장비 유통사업을 영위하고 있는 IT하드웨어 유통 업체. 부수적으로 시스템용역과 임대사업을 영위하고 있음. 동사의 주요 매출은 IT하드웨어 유통사업 등에서 발생하고 국내외주의 영업을 전개함. 11개의 계열회사를 보유하고 있으며, 연결대상 종속회사로 '화이텍인베스트먼트', '네모커머스', '알엑스바이크' 등을 보유하고 있음.

실적 분석

동사의 연결재무제표 기준 2016년 매출액은 전년 대비 18.0% 감소한 1,285.2원을 기록함. 고정비 부담으로 45.5억원의 영업적자, 111.5억원의 당기순손실을 기록함. 동사는 HP 이외에도 EMC(2010년7월), 애플(2011년4월) 등과도 총판계약을 체결한 이후, 물품선을 다변화하고 있으며, 비용절감을 통한 수익성 개선 노력을 지속하고 있음. 화이텍인베스트먼트와 네모커머스는 각각 당기순손실 31.7억원, 39.1억원을 기록함

현금 흐름 〈단위 : 억원〉

항목	2015	2016
영업활동	92	-68
투자활동	-9	23
재무활동	-118	-6
순현금흐름	-36	-51
기말현금	95	44

시장 대비 수익률

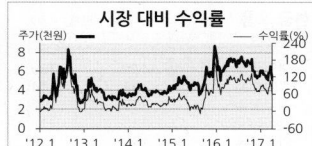

결산 실적 〈단위 : 억원〉

항목	2011	2012	2013	2014	2015	2016
매출액	1,679	1,770	1,671	1,548	1,567	1,285
영업이익	-13	8	13	9	19	-45
당기순이익	-17	2	6	-7	5	-112

분기 실적 〈단위 : 억원〉

항목	2015.3Q	2015.4Q	2016.1Q	2016.2Q	2016.3Q	2016.4Q
매출액	332	492	293	282	330	380
영업이익	9	8	-8	-4	6	-39
당기순이익	1	7	-10	0	-6	-95

재무 상태 〈단위 : 억원〉

항목	2011	2012	2013	2014	2015	2016
총자산	894	1,093	1,047	1,050	1,022	852
유형자산	50	45	44	63	73	100
무형자산	35	117	91	77	69	39
유가증권	101	64	79	82	78	49
총부채	317	510	435	433	403	349
총차입금	133	238	200	161	103	98
자본금	40	40	40	40	40	40
총자본	577	583	612	617	619	503
지배주주지분	576	582	601	605	617	500

기업가치 지표

항목	2011	2012	2013	2014	2015	2016
주가(최고/저)(천원)	4.9/2.2	8.9/2.6	5.7/2.8	4.7/3.3	9.1/3.3	8.1/5.0
PER(최고/저)(배)	―/―	284.0/81.4	77.4/38.2	―/―	95.1/34.7	―/―
PBR(최고/저)(배)	0.7/0.3	1.2/0.4	0.8/0.4	0.6/0.4	1.2/0.4	1.3/0.8
EV/EBITDA(배)	―	9.8	7.8	7.8	15.5	―
EPS(원)	-205	31	73	-67	96	-1,396
BPS(원)	7,184	7,259	7,493	7,544	7,692	6,240
CFPS(원)	-138	387	473	373	353	-1,143
DPS(원)	―	―	―	―	―	―
EBITDAPS(원)	-92	457	567	554	488	-314

재무 비율 〈단위 : % 〉

연도	영업이익률	순이익률	부채비율	차입금비율	ROA	ROE	유보율	자기자본비율	EBITDA마진율
2016	-3.5	-8.7	69.5	19.5	-11.9	-20.0	1,148.0	59.0	-2.0
2015	1.2	0.3	65.2	16.6	0.5	1.3	1,438.3	60.5	2.5
2014	0.6	-0.5	70.1	26.0	-0.7	-0.9	1,408.7	58.8	2.9
2013	0.8	0.3	71.2	32.6	0.6	1.0	1,398.6	58.4	2.7

한국정보인증 (A053300)
KOREA INFORMATION CERTIFICATE AUTHORITYORPORATED

업　　종 : 일반 소프트웨어		시　　장 : KOSDAQ	
신용등급 : (Bond) ― (CP) ―		기업규모 : 중견	
홈페이지 : www.sgco.kr		연 락 처 : 1577-8787	
본　　사 : 경기도 성남시 분당구 판교로 242 판교디지털파크(PDC) C동 5층			

설 립 일	1999.07.02	종 업 원 수	71명	대 표 이 사	김상준
상 장 일	2014.02.04	감 사 의 견	적정 (한영)	계　　열	
결 산 기	12월	보 통 주	3,117만주	종 속 회 사 수	
액 면 가	500원	우 선 주		구 상 호	

주주구성 (지분율,%)		출자관계 (지분율,%)		주요경쟁사 (외형,%)	
다우기술	31.2	에스지서비스	100.0	한국정보인증	100
한국전파진흥원	6.4	에스쓰리시큐리티	19.8	더존비즈온	506
(외국인)	1.4	NokNokLabs,Inc	1.9	안랩	409

매출구성		비용구성		수출비중	
인증서	81.3	매출원가율	0.0	수출	1.4
솔루션	10.6	판관비율	80.1	내수	98.6
기타	8.1				

회사 개요

동사는 1999년 7월에 설립했고 국내 최초의 공인인증기관으로서 공인인증서의 발급, PKI 솔루션 개발 및 판매, SSL(웹보안서버) 판매, #메일(공인전자주소) 중계사업을 영위하고 있음. 동사의 주요 사업부문인 공인인증과 PKI솔루션은 각각 매출 실적의 80.5%와 9.8%의 비중을 차지하였음. 정보보안에 대한 사회적 관심이 높아짐에 따라 국내 정보보안산업의 시장 규모도 크게 증가할 것으로 전망됨.

실적 분석

동사의 2016년 연간 매출액은 349.2억원으로 전년대비 7.8억원 증가하였음. 또한 판매비와 관리비는 279.6억원으로 전년대비 27.3% 큰 폭 증가해 2.8억원을 기록하였음. 영업이익은 69.6억원으로 전년대비 25.8% 증가하였음. 당기순이익은 58.6억원으로 전년대비 17.6% 증가하였음. 보안사업은 지속 성장하고 있으며 동사는 핀테크 사업을 확대하여 향후 지속적인 수익 상승이 기대됨.

현금 흐름 〈단위 : 억원〉

항목	2015	2016
영업활동	85	95
투자활동	-152	-79
재무활동	0	153
순현금흐름	-67	169
기말현금	56	224

시장 대비 수익률

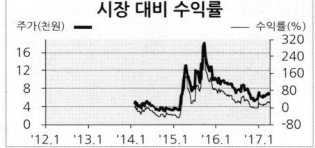

결산 실적 〈단위 : 억원〉

항목	2011	2012	2013	2014	2015	2016
매출액	305	320	293	295	324	349
영업이익	41	45	47	42	55	70
당기순이익	38	40	40	37	50	59

분기 실적 〈단위 : 억원〉

항목	2015.3Q	2015.4Q	2016.1Q	2016.2Q	2016.3Q	2016.4Q
매출액	81	86	87	87	86	89
영업이익	16	13	19	19	20	11
당기순이익	14	14	17	15	17	10

재무 상태 〈단위 : 억원〉

항목	2011	2012	2013	2014	2015	2016
총자산	385	409	460	589	658	880
유형자산	59	67	95	107	94	82
무형자산	32	43	39	64	58	52
유가증권	0	4	4	4	4	44
총부채	153	138	146	158	175	184
총차입금	―	―	―	―	―	―
자본금	108	108	108	135	135	156
총자본	231	272	314	432	482	696
지배주주지분	230	270	312	432	482	696

기업가치 지표

항목	2011	2012	2013	2014	2015	2016
주가(최고/저)(천원)	―/―	―/―	―/―	5.5/3.0	18.2/3.3	10.5/5.1
PER(최고/저)(배)	0.0/0.0	0.0/0.0	0.0/0.0	42.0/22.7	103.7/18.8	50.9/24.9
PBR(최고/저)(배)	0.0/0.0	0.0/0.0	0.0/0.0	3.7/2.0	10.7/2.0	4.7/2.3
EV/EBITDA(배)				9.4	32.3	12.9
EPS(원)	166	177	179	135	177	208
BPS(원)	1,072	1,259	1,454	1,606	1,789	2,234
CFPS(원)	249	272	279	224	277	292
DPS(원)	―	―	30	30	35	50
EBITDAPS(원)	268	295	310	241	297	331

재무 비율 〈단위 : % 〉

연도	영업이익률	순이익률	부채비율	차입금비율	ROA	ROE	유보율	자기자본비율	EBITDA마진율
2016	19.9	16.8	26.4	0.0	7.6	9.9	346.9	79.1	26.7
2015	17.1	15.4	36.3	0.0	8.0	10.9	257.9	73.3	24.7
2014	14.3	12.7	36.6	0.0	7.1	10.1	221.3	73.2	21.8
2013	16.0	13.7	46.7	0.0	9.3	13.8	190.7	68.2	22.8

한국정보통신 (A025770)
Korea Information & Communications

업　　종 : 상업서비스　　　　시　　장 : KOSDAQ
신용등급 : (Bond) —　(CP) —　　기업규모 : 우량
홈페이지 : www.kicc.co.kr　　연락처 : 02)368-0700
본　　사 : 서울시 중구 세종대로 39 대한서울상공회의소 7층

설 립 일	1986.05.09	종업원수	249명	대표이사	권순배,김철호
상 장 일	1998.01.20	감사의견	적정(한영)	계　열	
결 산 기	12월	보 통 주	3,881만주	종속회사수	
액 면 가	500원	우 선 주		구 상 호	

주주구성 (지분율,%)		출자관계 (지분율,%)		주요경쟁사 (외형,%)	
DE WEY & CIE SA	25.6	서울투자파트너스	100.0	한국정보통신	100
박헌서	20.8	한국정보통신서비스	37.0	한국항공우주	922
(외국인)	61.3	이노렌딩랩	20.0	에스원	544

매출구성		비용구성		수출비중	
CCMS, DDC, DSC 등 용역	97.0	매출원가율	82.8	수출	0.8
신용카드 단말기	3.0	판관비율	6.4	내수	99.2

회사 개요
동사는 카드단말기, 포스(POS) 시스템이 설치된 100만 가맹점 네트워크와 카드사, 은행, 정유사, 포인트 제공사 등과 대외 인터페이스 및 이들을 연결하는 밴(VAN) 시스템을 통해 부가가치를 창출하는 차별화된 서비스를 제공하는 금융VAN 서비스를 영위하고 있음. VAN사업자 가운데 유일하게 자체 기술연구소를 보유하고 있음. 동사의 연결대상 종속회사인 서울투자파트너스는 창업투자 전문회사임. 전문 투자 인력 7명을 보유함.

실적 분석
동사의 2016년 매출액은 3,364.2억원으로 전년 동기 대비 23.9% 증가함. 영업이익은 362.1억원으로 전년 동기 대비 11.7% 증가함. 당기순이익은 전년 동기 대비 279.8억원으로 26.7% 증가함. 5만원 이하 무서명 거래 등 결제 편리성이 강화되면서 신용카드 이용이 더 늘어날 전망임. 앱카드 결제서비스 개발 등 신개념 서비스를 통해 IT 환경 변화에 대응하고 있음.

현금 흐름 〈단위 : 억원〉
항목	2015	2016
영업활동	442	503
투자활동	-429	-449
재무활동	-2	-30
순현금흐름	10	23
기말현금	97	120

시장 대비 수익률
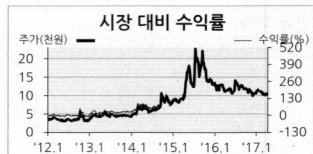

결산 실적 〈단위 : 억원〉
항목	2011	2012	2013	2014	2015	2016
매출액	1,576	1,844	2,068	2,271	2,716	3,364
영업이익	165	177	238	244	324	362
당기순이익	98	83	162	159	221	280

분기 실적 〈단위 : 억원〉
항목	2015.3Q	2015.4Q	2016.1Q	2016.2Q	2016.3Q	2016.4Q
매출액	694	725	783	851	892	838
영업이익	116	60	117	114	108	24
당기순이익	87	27	91	94	81	15

재무 상태 〈단위 : 억원〉
항목	2011	2012	2013	2014	2015	2016
총자산	1,171	1,301	1,526	1,778	2,080	2,376
유형자산	324	310	331	306	304	282
무형자산	27	29	32	32	25	24
유가증권	20	13	12	29	31	81
총부채	588	637	703	795	885	906
총차입금	220	202	181	172	170	140
자본금	194	194	194	194	194	194
총자본	584	664	823	983	1,195	1,471
지배주주지분	584	664	823	983	1,195	1,471

기업가치 지표
항목	2011	2012	2013	2014	2015	2016
주가(최고/저)(천원)	4.5/2.6	6.2/2.9	5.8/3.4	10.8/4.2	23.1/8.0	14.2/9.9
PER(최고/저)(배)	17.8/10.2	28.6/13.5	13.8/8.1	26.3/10.2	40.5/14.1	19.6/13.7
PBR(최고/저)(배)	3.0/1.7	3.6/1.7	2.7/1.6	4.3/1.7	7.5/2.6	3.7/2.6
EV/EBITDA(배)	4.8	3.7	3.6	6.0	9.1	6.3
EPS(원)	254	215	417	410	569	721
BPS(원)	1,504	1,712	2,120	2,533	3,080	3,789
CFPS(원)	548	638	818	950	1,049	1,216
DPS(원)	—	—	—	—	—	—
EBITDAPS(원)	720	878	1,015	1,169	1,315	1,428

재무 비율 〈단위 : %〉
연도	영업이익률	순이익률	부채비율	차입금비율	ROA	ROE	유보율	자기자본비율	EBITDA마진율
2016	10.8	8.3	61.6	9.5	12.6	21.0	657.8	61.9	16.5
2015	11.9	8.1	74.0	14.2	11.5	20.3	516.0	57.5	18.8
2014	10.8	7.0	80.9	17.5	9.6	17.6	406.6	55.3	20.0
2013	11.5	7.8	85.5	22.0	11.5	21.8	324.0	53.9	19.1

한국제지 (A002300)
Hankuk Paper Mfg

업　　종 : 종이 및 목재　　　　시　　장 : 거래소
신용등급 : (Bond) —　(CP) —　　기업규모 : 시가총액 소형주
홈페이지 : www.hankukpaper.com　연락처 : 02)3475-7200
본　　사 : 서울시 강남구 테헤란로 504, 해성빌딩 19층

설 립 일	1958.02.25	종업원수	505명	대표이사	이복진
상 장 일	1971.06.23	감사의견	적정(한영)	계　열	
결 산 기	12월	보 통 주	500만주	종속회사수	
액 면 가	5,000원	우 선 주		구 상 호	

주주구성 (지분율,%)		출자관계 (지분율,%)		주요경쟁사 (외형,%)	
단재완	19.7	오미아한국케미칼	49.0	한국제지	100
한국투자밸류자산운용	16.1	한국팩키지	40.0	깨끗한나라	108
(외국인)	7.5	HK특수지상사	19.6	선창산업	84

매출구성		비용구성		수출비중	
비도공지(제품)	55.7	매출원가율	86.8	수출	28.5
도공지(제품)	41.3	판관비율	9.4	내수	71.5
도공지(상품)	2.9				

회사 개요
동사는 백상지 및 아트지 등 인쇄용지 제조 및 판매를 영위할 목적으로 1958년 설립됨. 인쇄용지 제조산업은 대표적인 기간산업으로 산업의 특성상 주요 원재료 중 펄프는 해외에서 수입하고 있음. 동사의 종속회사로는 식품용 포장용지를 제조하는 한국팩키지와 중국 강소성 공장에서 특수지를 제조하는 국일제지 등이 있음. 인쇄용지 생산능력은 연간 60만톤으로 내수 판매량 1위임.

실적 분석
동사의 2016년 결산 매출액은 전년동기 수준을 유지하고 있음. 국내외 경기침체에 따른 소비 둔화, 수출경기회복 지연, 판매경쟁 심화 등의 악조건 속에서도 고수익 지종 판매비중 확대, 원재료비 하락 및 원가절감으로 영업이익과 당기순이익 모두 대폭 증가함. 수익성을 개선시킴. 영업환경이 호전되기가지는 상당한 시간이 필요할 것으로 예상되며 중국 내 고부가가치 특수지 시장을 통하여 성장을 도모함.

현금 흐름 〈단위 : 억원〉
항목	2015	2016
영업활동	-401	269
투자활동	89	-144
재무활동	345	-142
순현금흐름	32	-15
기말현금	138	123

시장 대비 수익률
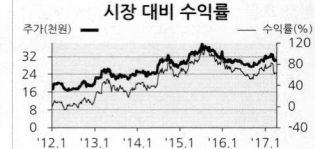

결산 실적 〈단위 : 억원〉
항목	2011	2012	2013	2014	2015	2016
매출액	6,377	6,880	7,272	6,601	6,552	6,527
영업이익	40	72	76	77	169	249
당기순이익	78	116	84	52	97	168

분기 실적 〈단위 : 억원〉
항목	2015.3Q	2015.4Q	2016.1Q	2016.2Q	2016.3Q	2016.4Q
매출액	1,586	1,686	1,580	1,649	1,613	1,685
영업이익	6	24	19	68	69	93
당기순이익	-30	18	38	57	82	-9

재무 상태 〈단위 : 억원〉
항목	2011	2012	2013	2014	2015	2016
총자산	6,398	6,526	7,065	6,728	7,199	7,305
유형자산	3,450	3,542	3,925	3,796	3,699	3,620
무형자산	13	15	34	31	106	66
유가증권	10	13	12	10	17	16
총부채	1,738	1,555	2,025	1,687	2,076	2,075
총차입금	925	665	925	731	1,138	1,062
자본금	250	250	250	250	250	250
총자본	4,661	4,971	5,039	5,041	5,124	5,230
지배주주지분	4,661	4,734	4,815	4,819	4,882	5,000

기업가치 지표
항목	2011	2012	2013	2014	2015	2016
주가(최고/저)(천원)	23.6/14.7	20.9/16.2	27.9/19.8	32.4/23.1	38.0/27.8	34.1/27.3
PER(최고/저)(배)	16.9/10.5	10.2/7.9	15.7/11.1	30.4/21.7	21.2/15.5	9.9/7.9
PBR(최고/저)(배)	0.3/0.2	0.2/0.2	0.3/0.2	0.4/0.3	0.4/0.3	0.4/0.3
EV/EBITDA(배)	6.6	5.4	7.1	7.1	7.6	5.4
EPS(원)	1,550	2,236	1,887	1,114	1,853	3,530
BPS(원)	93,551	95,031	96,670	96,754	98,054	100,393
CFPS(원)	4,329	5,574	5,924	5,237	6,001	7,738
DPS(원)	400	450	450	350	450	600
EBITDAPS(원)	3,570	4,776	5,551	5,655	7,534	9,174

재무 비율 〈단위 : %〉
연도	영업이익률	순이익률	부채비율	차입금비율	ROA	ROE	유보율	자기자본비율	EBITDA마진율
2016	3.8	2.6	39.7	20.3	2.3	3.6	1,907.9	71.6	7.0
2015	2.6	1.5	40.5	22.2	1.4	1.9	1,861.1	71.2	5.8
2014	1.2	0.8	33.5	14.5	0.8	1.2	1,835.1	74.9	4.3
2013	1.0	1.2	40.2	18.4	1.2	2.0	1,833.4	71.3	3.8

한국종합기술 (A023350)
Korea Engineering Consultants

업　　종 : 건설
신용등급 : (Bond) —　　(CP) —
홈페이지 : www.kecc.co.kr
본　　사 : 경기도 성남시 중원구 산성대로476번길 6 (금광동)

시　　장 : 거래소
기업규모 : 시가총액 소형주
연 락 처 : 031)735-4555

설 립 일 1963.03.09	종업원수 1,173명	대표이사 이강록	
상 장 일 2011.04.28	감사의견 적정 (삼일)	계 열	
결 산 기 12월	보 통 주 1,095만주	종속회사수	
액 면 가 500원	우 선 주 —	구 상 호	

주주구성 (지분율,%)
한진중공업홀딩스	67.1
이완구	0.0
(외국인)	0.9

출자관계 (지분율,%)
건설기술용역공제조합	4.0
엔지니어링공제조합	2.3
삼부토건	0.2

주요경쟁사 (외형,%)
한국종합기술	100
범양건영	55
까뮤이앤씨	70

매출구성
기타	36.2
시공	20.8
감리	20.1

비용구성
매출원가율	88.7
판관비율	9.2

수출비중
수출	—
내수	—

회사 개요
동사는 한진중공업 계열의 토목 엔지니어링 전문업체로 발주처가 정부기관 위주로 형성되어 있어 정부의 사회간접자본 확충 정책에 영향을 받음. 도화엔지니어링, 삼안, 유신에 이어 국내 4위권의 시장점유율을 유지하고 있음. 환경신기술 및 건설신기술 그리고 특허 3건을 취득한 바이오리액터 기술(쓰레기 매립장 가스 증산기술)을 활용한 매립가스자원화사업에도 적극 참여하여 녹색 환경사업에서 경쟁사와는 차별화된 성과를 올리고 있음.

실적 분석
동사의 2016년 매출액은 1,993.7억원으로 전년 대비 8.4% 증가하였음. 영업이익은 전년 대비 20.7% 늘어난 42.4억원을 기록해 실적이 크게 개선됨. 비영업수지 악화에도 당기순이익은 전년 대비 법인세비용의 감소로 30.6억원의 흑자를 시현함. 매출성장세가 지속되고 있으며 정부기관 위주의 안정적인 매출을 확보하고 있고 경쟁기업 대비 기술우위를 확보하고 있어 향후 점진적인 실적개선이 예상됨.

현금 흐름　*IFRS 별도 기준　〈단위 : 억원〉
항목	2015	2016
영업활동	4	17
투자활동	23	-27
재무활동	-18	-41
순현금흐름	9	-51
기말현금	176	124

시장 대비 수익률
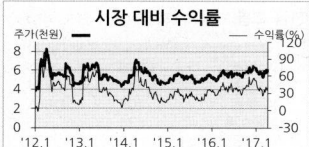

결산 실적　〈단위 : 억원〉
항목	2011	2012	2013	2014	2015	2016
매출액	1,780	1,808	1,710	1,644	1,840	1,994
영업이익	81	50	51	44	35	42
당기순이익	83	13	54	29	12	31

분기 실적　*IFRS 별도 기준　〈단위 : 억원〉
항목	2015.3Q	2015.4Q	2016.1Q	2016.2Q	2016.3Q	2016.4Q
매출액	558	486	510	528	398	558
영업이익	2	12	14	25	6	-3
당기순이익	-22	18	13	18	3	-4

재무 상태　*IFRS 별도 기준　〈단위 : 억원〉
항목	2011	2012	2013	2014	2015	2016
총자산	1,860	1,856	2,078	2,256	2,256	2,424
유형자산	302	403	691	740	721	717
무형자산	35	36	35	35	34	33
유가증권	238	245	149	149	155	157
총부채	686	665	848	1,029	1,043	1,200
총차입금	—	—	176	400	393	363
자본금	55	55	55	55	55	55
총자본	1,174	1,191	1,230	1,227	1,214	1,224
지배주주지분	1,174	1,191	1,230	1,227	1,214	1,224

기업가치 지표　*IFRS 별도 기준
항목	2011	2012	2013	2014	2015	2016
주가(최고/저)(천원)	7.8/3.2	8.6/3.6	7.3/4.3	7.3/4.4	6.5/4.4	6.7/4.8
PER(최고/저)(배)	11.3/4.7	78.6/33.2	15.9/9.3	29.1/17.5	62.1/42.5	24.5/17.5
PBR(최고/저)(배)	0.8/0.3	0.9/0.4	0.7/0.4	0.7/0.4	0.6/0.4	0.6/0.4
EV/EBITDA(배)	0.6	3.8	6.1	11.1	13.4	13.5
EPS(원)	776	121	495	265	108	280
BPS(원)	10,719	10,881	11,233	11,209	11,086	11,178
CFPS(원)	858	190	558	422	303	470
DPS(원)	100	100	100	100	100	100
EBITDAPS(원)	843	527	525	554	515	577

재무 비율　〈단위 : % 〉
연도	영업이익률	순이익률	부채비율	차입금비율	ROA	ROE	유보율	자기자본비율	EBITDA마진율
2016	2.1	1.5	98.1	29.6	1.3	2.5	2,135.7	50.5	3.2
2015	1.9	0.6	85.9	32.3	0.5	1.0	2,117.3	53.8	3.1
2014	2.7	1.8	83.8	32.6	1.3	2.4	2,141.8	54.4	3.7
2013	3.0	3.2	69.0	14.3	2.8	4.5	2,146.7	59.2	3.4

한국주강 (A025890)
HanKook Steel

업　　종 : 금속 및 광물
신용등급 : (Bond) —　　(CP) —
홈페이지 : www.hascokorea.co.kr
본　　사 : 경남 함안군 군북면 장백로 228

시　　장 : 거래소
기업규모 : 시가총액 소형주
연 락 처 : 055)585-7001

설 립 일 1987.08.26	종업원수 85명	대표이사 하만규	
상 장 일 1997.07.18	감사의견 적정 (삼덕)	계 열	
결 산 기 12월	보 통 주 1,131만주	종속회사수	
액 면 가 500원	우 선 주 —	구 상 호	

주주구성 (지분율,%)
한국정밀기계	26.4
한국홀딩스	16.1
(외국인)	0.4

출자관계 (지분율,%)
한국스틸	50.0
한국중기계	25.0
한국정밀기계	13.0

주요경쟁사 (외형,%)
한국스틸	100
하이스틸	562
티플랙스	379

매출구성
[주강사업]주강품	59.5
[고철사업]압축분철	28.2
[고철사업]상품	5.7

비용구성
매출원가율	92.2
판관비율	8.6

수출비중
수출	0.0
내수	100.0

회사 개요
동사는 1986년 설립된 조선, 산업플랜트, 광산기계, 발전설비 등에 사용되는 주물강과 중장비, 공작기계, 산업기계 등으로 사용되는 주물철을 주제품으로 하는 업계 2위의 주강제조업체임. 국내주강업계는 대형 주강품을 생산하는 동사와 두산중공업등 2사가 50% 이상의 시장을 점유하고 있음. 계속적인 해외시장 개척으로 해외부문의 수요도 꾸준히 증가하고 있음. 매출구성은 주강사업 68%, 고철사업 32%로 나뉨.

실적 분석
동사의 2016년 연결 기준 매출과 영업손실은 265억원, 2억원으로 전년 대비 매출은 21.3% 감소하고 적자전환함. 동사는 유휴인력 등을 감축하여 인건비와 경비 등을 절감함. 자산총계는 전년 대비 56억원(7.9%) 감소한 648억원을 기록함. 부채는 전년대비 22억원(50.3%) 감소한 21억원을 기록함. 부채감소의 주된 원인은 이연법인부채의 감소임. 자본총계는 34억원(5.2%) 감소한 627억원임.

현금 흐름　*IFRS 별도 기준　〈단위 : 억원〉
항목	2015	2016
영업활동	60	27
투자활동	-3	-40
재무활동	-50	—
순현금흐름	6	-13
기말현금	19	7

시장 대비 수익률
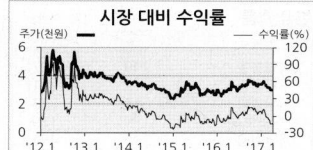

결산 실적　〈단위 : 억원〉
항목	2011	2012	2013	2014	2015	2016
매출액	444	468	351	378	337	265
영업이익	16	2	-25	2	17	-2
당기순이익	16	47	13	-21	14	-36

분기 실적　*IFRS 별도 기준　〈단위 : 억원〉
항목	2015.3Q	2015.4Q	2016.1Q	2016.2Q	2016.3Q	2016.4Q
매출액	80	97	74	81	51	59
영업이익	5	7	3	4	-6	-4
당기순이익	3	5	3	-12	-7	-20

재무 상태　*IFRS 별도 기준　〈단위 : 억원〉
항목	2011	2012	2013	2014	2015	2016
총자산	835	761	782	757	704	648
유형자산	99	94	83	78	77	73
무형자산	4	3	2	1	0	0
유가증권	215	124	118	65	43	47
총부채	97	48	54	93	43	21
총차입금	15	—	—	50	—	—
자본금	57	57	57	57	57	57
총자본	738	713	728	665	661	627
지배주주지분	738	713	728	665	661	627

기업가치 지표　*IFRS 별도 기준
항목	2011	2012	2013	2014	2015	2016
주가(최고/저)(천원)	4.5/2.8	6.2/2.8	4.3/3.4	3.6/2.4	3.6/2.3	3.8/2.6
PER(최고/저)(배)	31.6/19.6	14.8/6.7	36.0/28.7	—/—	29.7/19.3	—/—
PBR(최고/저)(배)	0.7/0.4	1.0/0.4	0.7/0.5	0.6/0.4	0.6/0.4	0.7/0.5
EV/EBITDA(배)	0.1	8.6	—	7.2	3.6	29.8
EPS(원)	142	418	119	-186	120	-321
BPS(원)	6,607	6,387	6,520	5,960	5,928	5,626
CFPS(원)	265	538	232	-86	193	-275
DPS(원)	—	—	—	—	—	—
EBITDAPS(원)	262	139	-103	114	225	28

재무 비율　〈단위 : % 〉
연도	영업이익률	순이익률	부채비율	차입금비율	ROA	ROE	유보율	자기자본비율	EBITDA마진율
2016	-0.8	-13.7	3.4	0.0	-5.4	-5.6	1,025.1	96.7	1.2
2015	5.1	4.0	6.5	0.0	1.9	2.1	1,085.7	93.9	7.6
2014	0.4	-5.6	13.9	7.5	-2.7	-3.0	1,092.0	87.8	3.4
2013	-7.0	3.8	7.4	0.0	1.7	1.9	1,204.0	93.1	-3.3

한국주철관공업 (A000970)
Korea Cast Iron Pipe Ind

업 종 : 금속 및 광물		시 장 : 거래소	
신용등급 : (Bond) — (CP) —		기업규모 : 시가총액 소형주	
홈 페 이 지 : www.kcip.co.kr		연 락 처 : (051)291-5481	
본 사 : 부산시 사하구 을숙도대로 525			

설 립 일	1953.04.27	종 업 원 수	229명	대 표 이 사	김길출,송철수
상 장 일	1969.12.12	감 사 의 견	적정 (신한)	계 열	
결 산 기	03월	보 통 주	2,280만주	종속회사수	4개사
액 면 가	500원	우 선 주		구 상 호	

주주구성 (지분율,%)		출자관계 (지분율,%)		주요경쟁사 (외형,%)	
김길출	12.7	에이스스틸	100.0	한국주철관	100
마천캐스트	12.3	진방스틸	100.0	풍산홀딩스	89
(외국인)	1.5	한국강재	100.0	KISCO홀딩스	317

매출구성		비용구성		수출비중	
주철관	88.6	매출원가율	77.8	수출	5.8
기타(화장품)	7.0	판관비율	18.2	내수	94.2
강관	4.5				

회사 개요
동사는 1953년 4월 설립되어 상하수도용 주철관 및 각종 강관을 생산하였음. 1963년 현재의 상호로 변경함. 1968년 국내 최초로 덕타일주철관을 생산하고, 1969년 유가증권 시장에 상장됨. 강관제조기업인 진방스틸코리아와 한국강재, 화장품 제조기업인 엔프라니를 계열사로 두고 있음. 상수도관 시장은 크게 강관, 주철관, PVC관, PE관종 및 기타 군소관종 등의 시장으로 구분됨. 사업개시 후 5년만에 홀리카 브랜드로 지속 성장 중요..

실적 분석
동사의 2016년 3분기까지 누적 연결 기준 매출과 영업이익은 2,892억원, 169억원으로 전년 동기 대비 각각 10.1%, 65.8% 증가함. 동사의 계열사인 엔프라니㈜는 2015년 기준 매출 813억원으로 전년 800억원에 비해 13억(1.7%)이 증가하였으며, 당기순이익은 56억원으로 전년 49억원 대비 7억원(14.7%)이 증가함. 2016년 3분기 말 기준 주철관 부문 시장점유율은 73%로 압도적임.

현금 흐름 〈단위 : 억원〉

항목	2015	2016.3Q
영업활동	299	357
투자활동	-113	-11
재무활동	-13	-226
순현금흐름	179	129
기말현금	339	468

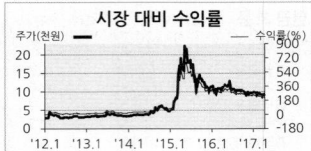

결산 실적 〈단위 : 억원〉

항목	2011	2012	2013	2014	2015	2016
매출액	3,176	3,270	3,265	3,155	3,333	—
영업이익	64	72	65	103	131	—
당기순이익	40	49	51	103	149	—

분기 실적 〈단위 : 억원〉

항목	2015.2Q	2015.3Q	2015.4Q	2016.1Q	2016.2Q	2016.3Q
매출액	761	981	706	955	805	1,132
영업이익	33	39	27	71	27	71
당기순이익	28	56	30	72	38	57

재무 상태 〈단위 : 억원〉

항목	2011	2012	2013	2014	2015	2016.3Q
총자산	3,335	3,332	3,194	3,007	3,234	3,238
유형자산	1,301	1,284	1,262	1,239	1,359	1,379
무형자산	98	101	94	101	106	103
유가증권	223	191	233	301	260	179
총부채	1,181	1,147	1,002	764	880	773
총차입금	524	402	518	284	307	120
자본금	120	120	120	120	120	120
총자본	2,154	2,184	2,191	2,244	2,354	2,465
지배주주지분	2,112	2,164	2,174	2,200	2,286	2,392

기업가치 지표

항목	2011	2012	2013	2014	2015	2016.3Q
주가(최고/저)(천원)	4.6/2.6	3.9/2.7	4.2/3.2	18.0/3.6	23.1/9.3	13.1/8.9
PER(최고/저)(배)	27.2/15.1	14.3/10.1	18.4/14.3	56.5/11.4	43.8/17.6	—/—
PBR(최고/저)(배)	0.6/0.3	0.5/0.3	0.5/0.4	1.9/0.4	2.4/0.9	1.3/0.9
EV/EBITDA(배)	7.0	5.5	6.2	19.2	11.2	—/—
EPS(원)	197	304	243	331	544	706
BPS(원)	9,381	9,611	9,657	9,770	10,146	10,610
CFPS(원)	631	725	663	726	904	1,017
DPS(원)	125	175	150	125	150	—
EBITDAPS(원)	713	736	705	849	937	1,051

재무 비율 〈단위 : % 〉

연도	영업이익률	순이익률	부채비율	차입금비율	ROA	ROE	유보율	자기자본비율	EBITDA마진율
2015	3.9	4.5	37.4	13.1	4.8	5.5	1,827.8	72.8	6.4
2014	3.3	3.3	34.1	12.7	3.3	3.5	1,756.3	74.6	6.1
2013	2.0	1.6	45.8	23.7	1.6	2.6	1,734.8	68.6	4.9
2012	2.2	1.5	52.5	18.4	1.5	3.2	1,726.1	65.6	5.1

한국지역난방공사 (A071320)
Korea District Heating

업 종 : 전력		시 장 : 거래소	
신용등급 : (Bond) AAA (CP) A1		기업규모 : 시가총액 중형주	
홈 페 이 지 : www.kdhc.co.kr		연 락 처 : (031)780-4114	
본 사 : 경기도 성남시 분당구 분당로 368			

설 립 일	1985.11.01	종 업 원 수	1,763명	대 표 이 사	김성회
상 장 일	2010.01.29	감 사 의 견	적정 (한영)	계 열	
결 산 기	12월	보 통 주	1,158만주	종속회사수	
액 면 가	5,000원	우 선 주		구 상 호	

주주구성 (지분율,%)		출자관계 (지분율,%)		주요경쟁사 (외형,%)	
지식경제부	34.6	한국지역난방기술	50.0	지역난방공사	100
한국전력공사	19.6	휴세스	49.0	한국전력	3,500
(외국인)	5.6	서남바이오에너지	39.0	한전KPS	71

매출구성		비용구성		수출비중	
주택용(제품)	45.4	매출원가율	86.1	수출	0.0
열병합(전력거래소)(제품)	43.5	판관비율	4.5	내수	100.0
업무용(제품)	5.4				

회사 개요
동사는 지역난방사업, 지역냉방사업, 전력사업, 신·재생에너지사업과 구역형집단에너지사업 등을 영위하고 있음. 2015년 기준 동사의 난방시장 점유율은 54.8%임. 신규사업자들이 난방시장에 꾸준히 진출하고 있으나 동사는 상대적으로 저렴한 가격에 난방을 공급해 우위에 있음. 지역냉방 역시 국내 최대 수도권 열수송망 네트워크를 보유하고 있어 경쟁사에 비해 상대적으로 저렴한 가격에 제공함. 시장 점유율도 56.5%로 높음.

실적 분석
동사의 2016년 연결기준 매출액은 1조7198.7억원으로 2조0195억원을 기록한 전년도 대비 14.1% 감소함. 판매비와 관리비는 전년도와 같은 수준이었음에도 매출원가율 증가로 인해 영업이익이 전년도에 비해 23% 감소한 1616.6억원을 시현. 반면 비영업손익실폭 축소와 법인세비용 절감에 힘입어 당기순이익은 전년도 대비 9.4% 증가한 1267.1억원을 시현함.

현금 흐름 *IFRS 별도 기준 〈단위 : 억원〉

항목	2015	2016
영업활동	3,570	3,125
투자활동	-3,641	-4,774
재무활동	105	1,665
순현금흐름	34	16
기말현금	38	54

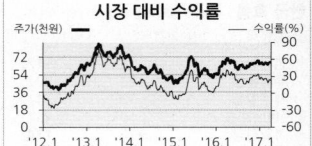

결산 실적 〈단위 : 억원〉

항목	2011	2012	2013	2014	2015	2016
매출액	21,430	28,096	28,786	23,691	20,019	17,199
영업이익	719	2,437	2,297	856	2,099	1,617
당기순이익	-77	1,450	1,158	663	1,158	1,267

분기 실적 *IFRS 별도 기준 〈단위 : 억원〉

항목	2015.3Q	2015.4Q	2016.1Q	2016.2Q	2016.3Q	2016.4Q
매출액	2,230	5,928	7,694	2,428	2,047	5,031
영업이익	-413	941	1,766	-76	-481	407
당기순이익	-432	642	1,220	-162	-298	507

재무 상태 *IFRS 별도 기준 〈단위 : 억원〉

항목	2011	2012	2013	2014	2015	2016
총자산	41,983	45,120	50,079	47,416	48,438	51,338
유형자산	35,343	36,952	42,098	39,528	42,095	45,364
무형자산	173	326	540	293	329	456
유가증권						0
총부채	27,976	29,603	34,074	31,084	31,222	33,288
총차입금	21,961	22,366	25,455	21,543	21,900	23,994
자본금	579	579	579	579	579	579
총자본	14,007	15,518	16,005	16,331	17,217	18,050
지배주주지분	14,007	15,518	16,005	16,331	17,217	18,050

기업가치 지표 *IFRS 별도 기준

항목	2011	2012	2013	2014	2015	2016
주가(최고/저)(천원)	62.6/45.0	65.7/37.9	89.1/62.4	72.3/47.5	75.0/44.4	73.2/53.3
PER(최고/저)(배)	58.5/42.0	6.3/3.6	10.7/7.5	14.7/9.6	8.4/5.0	7.1/5.1
PBR(최고/저)(배)	0.7/0.5	0.6/0.4	0.8/0.5	0.6/0.4	0.6/0.3	0.5/0.4
EV/EBITDA(배)	12.9	7.4	8.1	9.6	7.2	9.1
EPS(원)	1,360	13,219	9,998	5,726	10,003	10,943
BPS(원)	120,972	134,017	138,230	141,046	148,691	155,889
CFPS(원)	13,803	28,743	28,828	23,477	25,886	27,130
DPS(원)	350	3,750	2,990	2,110	3,620	3,800
EBITDAPS(원)	19,230	35,487	37,260	25,140	34,014	30,148

재무 비율 〈단위 : % 〉

연도	영업이익률	순이익률	부채비율	차입금비율	ROA	ROE	유보율	자기자본비율	EBITDA마진율
2016	9.4	7.4	184.4	132.9	2.5	7.2	3,017.8	35.2	20.3
2015	10.5	5.8	181.4	127.2	2.4	6.9	2,873.8	35.5	19.7
2014	3.6	2.8	190.3	131.9	1.4	4.1	2,720.9	34.4	12.3
2013	8.0	4.0	212.9	159.0	2.3	7.4	2,663.7	32.0	15.6

한국철강 (A104700)
KISCO

업   종 : 금속 및 광물
신용등급 : (Bond) A   (CP) —
홈페이지 : www.kisco.co.kr
본   사 : 경남 창원시 성산구 공단로103번길 12
시   장 : 거래소
기업규모 : 시가총액 중형주
연 락 처 : 055)260-0500

설 립 일	2008.09.03	종업원수	551명	대표이사	조완제
상 장 일	2008.09.29	감사의견	적정(삼일)	계 열	
결 산 기	12월	보 통 주	921만주	종속회사수	
액 면 가	5,000원	우 선 주		구 상 호	

주주구성 (지분율,%)
KISCO홀딩스	40.8
장상돈	13.9
(외국인)	16.3

출자관계 (지분율,%)
BNK금융지주	0.4
교보생명보험	0.1
JINILINTERNATIONAL,INC	41.0

주요경쟁사 (외형,%)
한국철강	100
세아홀딩스	608
제닉스	1

매출구성
철근	81.5
단조	14.5
기타	4.0

비용구성
매출원가율	86.0
판관비율	6.0

수출비중
수출	4.6
내수	95.4

회사 개요
동사는 시장점유 10.7%의 업체로 동국제강, 현대제철등과 업계 선두권을 형성하고 있음. 창원공장에서 철근, 단조강, 파이프를 주요 품목으로 생산, 판매하고 있음 16년 2분기 기준 철근의 매출비중은 81.1%임. 주요 영업지역은 부산, 경남, 경인지역임. 최근 조선시장의 불황과 공업용 기계산업 등의 침체로 구조용 탄소강 및 합금강의 수요는 크게 증가하고 있지 않는 상황임. 또한 중국산 저가제품의 수입으로 국내시장의 잠식이 심화되고 있음.

실적 분석
동사의 2016년 연결 기준 매출과 영업이익은 6,633.7억원, 530.0억원으로 전년 대비 각각 3.1%, 18.6% 감소함. 당기순이익도 465.5억원으로 전년 대비 13.2% 감소함. 동사의 주력 제품인 철근의 지속적인 판매단가 하락으로 인하여 실적이 하락함. 제품 판매단가는 하락하였으나 원자재가격 하락과 원가관리를 통하여 영업이익률 8%, 순이익률 7.02%를 달성함.

현금 흐름 *IFRS 별도 기준   〈단위 : 억원〉
항목	2015	2016
영업활동	1,047	780
투자활동	-884	-383
재무활동	-215	-83
순현금흐름	-51	314
기말현금	443	757

시장 대비 수익률
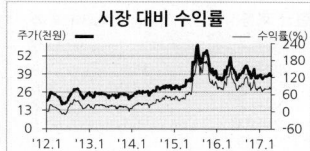

결산 실적   〈단위 : 억원〉
항목	2011	2012	2013	2014	2015	2016
매출액	10,206	9,870	8,211	7,471	6,845	6,634
영업이익	24	145	13	125	651	530
당기순이익	-335	185	94	180	536	465

분기 실적 *IFRS 별도 기준   〈단위 : 억원〉
항목	2015.3Q	2015.4Q	2016.1Q	2016.2Q	2016.3Q	2016.4Q
매출액	1,759	1,658	1,400	1,782	1,633	1,818
영업이익	188	209	108	265	76	82
당기순이익	159	135	108	223	72	63

재무 상태 *IFRS 별도 기준   〈단위 : 억원〉
항목	2011	2012	2013	2014	2015	2016
총자산	10,152	9,368	9,072	9,020	8,966	9,418
유형자산	4,741	4,431	4,337	4,237	4,250	4,094
무형자산	10	12	9	9	9	9
유가증권		211	247	222	153	155
총부채	3,411	2,560	2,205	2,111	1,678	1,728
총차입금	584	261	39	132	—	—
자본금	461	461	461	461	461	461
총자본	6,740	6,808	6,867	6,908	7,288	7,689
지배주주지분	6,740	6,808	6,867	6,908	7,288	7,689

기업가치 지표 *IFRS 별도 기준
항목	2011	2012	2013	2014	2015	2016
주가(최고/저)(천원)	30.8/18.4	28.5/17.3	26.7/20.9	31.3/22.1	61.5/27.6	51.3/34.7
PER(최고/저)(배)	—/—	16.3/9.9	29.2/22.9	17.3/12.2	11.1/5.0	10.4/7.0
PBR(최고/저)(배)	0.5/0.3	0.4/0.3	0.4/0.3	0.5/0.3	0.8/0.4	0.6/0.4
EV/EBITDA(배)	3.5		3.4	3.6	1.8	1.0
EPS(원)	-3,638	2,007	1,020	1,953	5,822	5,054
BPS(원)	73,201	73,939	74,580	75,026	79,151	83,508
CFPS(원)	-238	4,868	3,821	4,647	8,539	7,791
DPS(원)	900	900	900	900	900	900
EBITDAPS(원)	3,659	4,435	2,947	4,047	9,789	8,497

재무 비율   〈단위 : % 〉
연도	영업이익률	순이익률	부채비율	차입금비율	ROA	ROE	유보율	자기자본비율	EBITDA마진율
2016	8.0	7.0	22.5	0.0	5.1	6.2	1,570.2	81.7	11.8
2015	9.5	7.8	23.0	0.0	6.0	7.6	1,483.0	81.3	13.2
2014	1.7	2.4	30.6	1.9	2.0	2.6	1,400.5	76.6	5.0
2013	0.2	1.1	32.1	0.6	1.0	1.4	1,391.6	75.7	3.3

한국카본 (A017960)
HANKUK Carbon

업   종 : 화학
신용등급 : (Bond) —   (CP) —
홈페이지 : www.hcarbon.com
본   사 : 경남 밀양시 부북면 춘화로 85
시   장 : 거래소
기업규모 : 시가총액 소형주
연 락 처 : 055)350-8888

설 립 일	1984.09.17	종업원수	483명	대표이사	조문수
상 장 일	1995.07.08	감사의견	적정(성산)	계 열	
결 산 기	12월	보 통 주	4,396만주	종속회사수	
액 면 가	500원	우 선 주		구 상 호	

주주구성 (지분율,%)
조문수	17.9
MITSUI & CO.,LTD.	9.6
(외국인)	16.7

출자관계 (지분율,%)
나라썸	10.1
모스퍼실리티	4.8
한맥투자증권	4.2

주요경쟁사 (외형,%)
한국카본	100
NPC	147
애경유화	337

매출구성
FOAM	32.6
기타	23.5
CP, FP, TBP	21.0

비용구성
매출원가율	80.6
판관비율	9.0

수출비중
수출	75.4
내수	24.6

회사 개요
1984년 설립된 동사는 낚시대 재료인 카본 시트를 생산했으나 LNG가스 수요 증대로 LNG운반선의 핵심부품인 단열판넬과 바닥장식재의 필수 재료인 글래스스페이퍼를 생산, 납품하고 있음. LNG운반선용 단열판넬사업은 2008년 금융위기 이후 조선경기 침체로 신조발주가 주춤했으나 중국, 인도 등 신흥개발국의 에너지 다변화 정책 및 미국의 셰일가스 개발에 의해 LNG선 신규 발주가 늘면서 지속적인 성장세를 이어가고 있음.

실적 분석
동사의 2016년 결산 매출액은 2,576.3억원으로 전년 대비 6.2% 증가함. 영업이익은 268.9억원으로 전년보다 5.3% 늘었으나, 비영업손익이 적자전환하면서 당기순이익은 전년 대비 27.4% 감소한 164.7억원을 기록함. 대규모 LNG프로젝트가 본격적으로 진행되고 있고, LNG관련 선박 발주활성화로 매출성장이 기대됨. 또 자동차 부품/소재의 경량화가 중시되고 있으며, 탄소섬유 등의 복합소재를 이용한 경량화 소재시장이 성장할 전망임.

현금 흐름   〈단위 : 억원〉
항목	2015	2016
영업활동	19	600
투자활동	432	-267
재무활동	-219	168
순현금흐름	236	538
기말현금	603	1,140

결산 실적   〈단위 : 억원〉
항목	2011	2012	2013	2014	2015	2016
매출액	1,312	1,633	2,408	2,311	2,425	2,576
영업이익	54	118	263	233	255	269
당기순이익	60	60	148	197	227	165

분기 실적 *IFRS 별도 기준   〈단위 : 억원〉
항목	2015.3Q	2015.4Q	2016.1Q	2016.2Q	2016.3Q	2016.4Q
매출액	587	784	575	838	495	668
영업이익	57	126	55	104	41	68
당기순이익	49	109	58	84	37	-15

재무 상태 *IFRS 별도 기준   〈단위 : 억원〉
항목	2011	2012	2013	2014	2015	2016
총자산	2,765	2,905	2,969	3,433	3,474	3,895
유형자산	665	645	641	713	726	798
무형자산	190	130	114	110	103	94
유가증권	99	93	57	92	38	16
총부채	910	693	629	611	655	734
총차입금	568	260	96	118	146	177
자본금	148	188	188	205	205	220
총자본	1,856	2,213	2,340	2,822	2,819	3,160
지배주주지분	1,856	2,213	2,340	2,822	2,819	3,160

기업가치 지표
항목	2011	2012	2013	2014	2015	2016
주가(최고/저)(천원)	6.5/3.3	8.0/4.5	8.6/5.8	8.3/4.7	8.4/5.0	7.5/5.6
PER(최고/저)(배)	35.3/17.6	46.2/26.4	23.5/15.9	17.1/9.8	15.9/9.4	20.1/15.1
PBR(최고/저)(배)	1.1/0.5	1.4/0.8	1.4/1.0	1.3/0.7	1.2/0.7	1.0/0.8
EV/EBITDA(배)	11.9	12.6	6.8	4.1	5.8	3.3
EPS(원)	204	187	394	515	553	379
BPS(원)	6,776	6,267	6,606	6,884	7,333	7,608
CFPS(원)	428	416	560	686	718	526
DPS(원)	80	70	100	120	130	130
EBITDAPS(원)	406	597	864	778	787	766

재무 비율   〈단위 : % 〉
연도	영업이익률	순이익률	부채비율	차입금비율	ROA	ROE	유보율	자기자본비율	EBITDA마진율
2016	10.4	6.4	23.2	5.6	4.5	5.5	1,421.6	81.1	12.9
2015	10.5	9.4	23.3	5.2	6.6	8.0	1,366.6	81.1	13.3
2014	10.1	8.5	21.6	4.2	6.2	7.6	1,276.9	82.2	12.9
2013	10.9	6.2	26.9	4.1	5.1	6.5	1,221.1	78.8	13.5

한국캐피탈 (A023760)
Han Kook Capital

업 종 : 소비자 금융		시 장 : KOSDAQ	
신용 등급 : (Bond) A- (CP) A2-		기업규모 : 우량	
홈 페 이 지 : www.hankookcapital.co.kr		연 락 처 : 042)488-8000	
본 사 : 대전시 서구 둔산서로 81 (둔산동 1305)			

설 립 일	1989.11.22	종 업 원 수	116명	대 표 이 사	이상춘
상 장 일	1994.11.07	감 사 의 견	적정 (삼정)	계 열	
결 산 기	12월	보 통 주	16,821만주	종속회사수	
액 면 가	500원	우 선 주		구 상 호	

주주구성 (지분율,%)		출자관계 (지분율,%)		주요경쟁사 (외형,%)	
군인공제회	79.6			한국캐피탈	100
				삼성카드	9,524
(외국인)	0.4			KB캐피탈	748

수익구성		비용구성		수출비중	
이자수익	93.0	이자비용	41.8	수출	—
수수료수익	3.3	파생상품손실	0.0	내수	—
금융상품 관련이익	2.9	판관비	18.3		

회사 개요
동사는 대전에 본사를, 서울과 창원에 지점을 두고 팩토링 및 일반대출, 지급보증, 기술사업금융업 등의 기업금융과 리스, 할부금융, 개인대출 등 소액다건 여신업을 영위함. 보유자산 기준으로 리스관련 비중이 61%를 차지하고 있으며, 일반대출 등 대출자산의 비중이 38%인 반면, 할부금융자산과 신기술사업금융의 매출액 비중은 1%를 차지하고 있음. 2015년 7월, 운영자금 마련을 위해 군인공제회를 대상으로 250억원 규모의 유상증자를 결정.

실적 분석
동사의 2016년 결산 자산총계는 전년 대비 7.7% 증가한 1조4,733억원 이며, 부채총계는 영업자산의 증가로 전년 대비 8.3% 증가한 1조2,750억원임. 동사 여신성자산은 리스자산 7,873억원, 대출채권 5,024억원, 할부금융자산 104억원으로 구성돼있음. 동사는 우량 영업자산 확보, 체계적 리스크관리를 통해 이자, 수수료수익이 891.9억원을 기록함. 총 983억원의 수익을 시현했으며 당기순이익도 14.6% 감소한 103억원을 기록

현금 흐름 ＊IFRS 별도 기준 〈단위 : 억원〉

항목	2015	2016
영업활동	-768	-298
투자활동	-312	-435
재무활동	1,095	904
순현금흐름	15	171
기말현금	615	786

시장 대비 수익률

결산 실적 〈단위 : 억원〉

항목	2011	2012	2013	2014	2015	2016
순영업손익	250	288	210	257	309	295
영업이익	141	161	97	101	160	144
당기순이익	103	112	75	79	121	104

분기 실적 ＊IFRS 별도 기준 〈단위 : 억원〉

항목	2015.3Q	2015.4Q	2016.1Q	2016.2Q	2016.3Q	2016.4Q
순영업손익	82	88	95	78	91	32
영업이익	46	51	58	41	51	-6
당기순이익	35	38	45	27	38	-7

재무 상태 ＊IFRS 별도 기준 〈단위 : 억원〉

항목	2011	2012	2013	2014	2015	2016
총자산	7,939	10,990	11,648	12,290	13,681	14,733
유형자산	57	13	11	9	8	22
무형자산	17	21	23	21	21	19
유가증권	72	60	88	40	347	727
총부채	6,561	9,529	10,150	10,729	11,773	12,750
총차입금	5,627	7,966	8,244	8,662	9,547	10,505
자본금	610	610	610	610	841	841
총자본	1,378	1,460	1,498	1,561	1,908	1,983
지배주주지분	1,378	1,460	1,498	1,561	1,908	1,983

기업가치 지표 ＊IFRS 별도 기준

항목	2011	2012	2013	2014	2015	2016
주가(최고/저)(천원)	0.5/0.4	0.7/0.5	0.6/0.6	0.6/0.6	0.8/0.6	0.9/0.7
PER(최고/저)(배)	7.1/5.4	8.8/5.7	11.5/10.0	10.9/9.4	10.3/7.0	15.5/11.0
PBR(최고/저)(배)	0.5/0.4	0.7/0.4	0.6/0.5	0.5/0.5	0.8/0.5	0.8/0.6
PSR(최고/저)(배)	3/2	3/2	4/4	3/3	4/3	5/4
EPS(원)	85	92	61	65	85	62
BPS(원)	1,145	1,213	1,244	1,296	1,146	1,191
CFPS(원)	99	103	66	71	90	65
DPS(원)	40	40	25	20	26	20
EBITDAPS(원)	116	132	80	83	111	86

재무 비율 〈단위 : % 〉

연도	계속사업이익률	순이익률	부채비율	차입금비율	ROA	ROE	유보율	자기자본비율	총자산증가율
2016	46.8	35.1	643.1	529.8	0.7	5.3	138.1	13.5	7.7
2015	50.5	39.2	617.0	500.4	0.9	7.0	129.2	14.0	11.3
2014	39.5	30.8	687.2	554.8	0.7	5.2	159.2	12.7	11.8
2013	46.6	35.5	677.4	550.2	0.7	5.0	148.9	12.9	6.0

한국컴퓨터 (A054040)
Korea Computer

업 종 : 디스플레이 및 관련부품		시 장 : KOSDAQ	
신용 등급 : (Bond) — (CP) —		기업규모 : 우량	
홈 페 이 지 : www.kci.co.kr		연 락 처 : 041)589-3320	
본 사 : 경북 구미시 임수로 24			

설 립 일	1994.09.12	종 업 원 수	220명	대 표 이 사	강창귀,왕문경
상 장 일	2002.01.15	감 사 의 견	적정 (삼일)	계 열	
결 산 기	12월	보 통 주	1,607만주	종속회사수	
액 면 가	500원	우 선 주		구 상 호	한국트로닉스

주주구성 (지분율,%)		출자관계 (지분율,%)		주요경쟁사 (외형,%)	
한국컴퓨터지주	42.1	PACOMINTERNATIONAL	100.0	한국컴퓨터	100
성진특수잉크	4.3	KCIVINACO.,LTD	100.0	케이맥	38
(외국인)	3.4			와이엠씨	52

매출구성		비용구성		수출비중	
LCD(LCD-TV, Tablet-PC 등) Module용 부품	72.4	매출원가율	95.2	수출	68.9
LED-SMT(NOTE BOOK, Tablet-PC 등) 제품	16.1	판관비율	1.6	내수	31.1
INVERTER	9.6				

회사 개요
동사는 토탈 제조 시스템을 갖춘 업체로서 세트 업계의 아웃소싱 확대정책에 가장 적합한 EMS서비스 회사임. 지속중인 전자산업의 성장과 독립형, 분사형 중소EMS업체의 꾸준한 출현으로 제조분야에서의 EMS 규모는 매년 증가하고 있음. 동사 주요 제품은 LCD 모듈용 부품과 이동통신 단말기 핵심 부품인 모바일 디스플레이 모듈, 노트북, 태블릿PC용 LED-SMT 제품. 주요 고객은 삼성디스플레이, 디스플레이테크, LS산전, 멜파스 등임.

실적 분석
동사의 2016년 연결기준 연간 매출액은 2,356억원으로 전년 대비 20.4% 감소함. 산업군의 INVTER 제품군의 매출을 제외한 주요 제품군의 매출액 감소함. 매출원가와 판관비의 감소에도 불구하고 매출 부진 영향으로 영업이익은 74.5억원으로 전년 대비 16.8% 감소함. 향후 연결회사는 신설된 KCI VINA CO., LTD 의 조기 안정화와 국내 제조 경쟁력 강화를 통해 매출증대와 수익성 개선을 위해 최선의 노력을 다할 것임.

현금 흐름 〈단위 : 억원〉

항목	2015	2016
영업활동	134	69
투자활동	-42	-306
재무활동	-36	27
순현금흐름	56	-206
기말현금	336	130

시장 대비 수익률
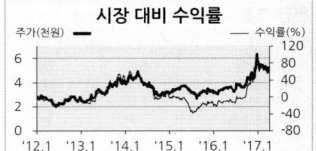

결산 실적 〈단위 : 억원〉

항목	2011	2012	2013	2014	2015	2016
매출액	3,337	4,232	4,099	3,633	2,959	2,356
영업이익	78	75	155	83	90	74
당기순이익	54	61	122	71	81	69

분기 실적 〈단위 : 억원〉

항목	2015.3Q	2015.4Q	2016.1Q	2016.2Q	2016.3Q	2016.4Q
매출액	680	801	590	478	610	679
영업이익	31	40	23	12	15	24
당기순이익	28	26	15	15	10	29

재무 상태 〈단위 : 억원〉

항목	2011	2012	2013	2014	2015	2016
총자산	1,045	1,068	1,064	1,091	1,066	1,168
유형자산	211	349	321	379	310	347
무형자산	5	5	5	5	4	4
유가증권	13	7	7	—	51	451
총부채	389	370	261	240	144	197
총차입금	—	—	33	13	62
자본금	80	80	80	80	80	80
총자본	656	698	803	850	922	971
지배주주지분	656	698	803	850	922	971

기업가치 지표

항목	2011	2012	2013	2014	2015	2016
주가(최고/저)(천원)	3.4/2.5	3.0/2.0	4.5/2.3	5.0/2.7	3.8/2.6	6.4/3.1
PER(최고/저)(배)	12.2/9.0	9.3/6.2	6.6/3.5	12.2/6.7	8.1/5.4	14.8/7.3
PBR(최고/저)(배)	1.0/0.7	0.8/0.5	1.0/0.5	1.0/0.6	0.7/0.5	1.0/0.5
EV/EBITDA(배)	1.8	1.8	1.6	0.7		4.4
EPS(원)	339	382	762	444	502	428
BPS(원)	4,268	4,529	5,182	5,478	5,904	6,211
CFPS(원)	630	697	1,114	833	829	682
DPS(원)	120	120	130	120	130	130
EBITDAPS(원)	775	780	1,314	908	884	717

재무 비율 〈단위 : % 〉

연도	영업이익률	순이익률	부채비율	차입금비율	ROA	ROE	유보율	자기자본비율	EBITDA마진율
2016	3.2	2.9	20.3	6.4	6.2	7.3	1,142.2	83.2	4.9
2015	3.0	2.7	15.6	1.5	7.5	9.1	1,080.9	86.5	4.8
2014	2.3	2.0	28.3	3.9	6.6	8.6	995.6	78.0	4.0
2013	3.8	3.0	32.5	0.0	11.5	16.3	936.4	75.5	5.2

한국콜마 (A161890)
KOLMAR KOREA CO

업 종 : 개인생활용품		시 장 : 거래소	
신용등급 : (Bond) — (CP) —		기업규모 : 시가총액 중형주	
홈 페 이 지 : www.kolmar.co.kr		연 락 처 : 044)862-8490	
본 사 : 세종시 전의면 덕고개길 12-11			

설 립 일	2012.10.02	종 업 원 수	942명	대 표 이 사	강학희,조홍구,최현규
상 장 일	2012.10.19	감 사 의 견	적정 (서일)	계 열	
결 산 기	12월	보 통 주	2,110만주	종 속 회 사 수	
액 면 가	500원	우 선 주		구 상 호	

주주구성 (지분율,%)		출자관계 (지분율,%)		주요경쟁사 (외형,%)	
한국콜마홀딩스	22.4	한국화장품공업협동조합	12.9	한국콜마	100
국민연금공단	9.3	Seokoh,Inc	100.0	아모레퍼시픽	846
(외국인)	47.2	KolmarCosmetics(Wuxi)Co.,Ltd	100.0	아모레G	1,003

매출구성		비용구성		수출비중	
슈퍼 아쿠아 수분크림외	49.3	매출원가율	77.0	수출	7.8
타미날캡슐	21.0	판관비율	12.0	내수	92.2
트렌디네일즈외	19.3				

회사 개요

동사는 2012년 10월에 한국콜마홀딩스주식회사의 화장품 사업부문과 제약사업부문이 인적분할하여 설립한 분할신설회사로서 화장품 및 제약품의 주문자 표시 제조 및 판매 등을 사업으로 영위함. 주요주주는 한국콜마홀딩스와 일본콜마이며, 동가 제품은 국내 유명 브랜드 대부분에 납품되고 있음. 연결대상 종속회사로는 중국과 미국 소재의 화장품 제조회사 및 미국현지법인 인수를 위한 특수목적 회사 등 4개사가 있음.

실적 분석

동사의 2016년 연결기준 매출실적은 6,674.7억원으로 전기 대비 24.6% 증가하였음. 네이처리퍼블릭, 엔프라니, S&J 등의 브랜드로 출시되는 화장품 OEM 매출이 전체 매출 비중의 약 73%이고 파마트로닉, 유명 제약품, 동아에스티 등의 제약 매출이 약 27%를 차지함. 화장품 ODM/OEM시장은 브랜드샵 성장으로 동사가 업계 선도적 시장점유율을 보유함. 매출증가에 힘입어 영업이익은 734.3억원으로 20.9% 신장한 실적을 시현함.

현금 흐름 〈단위 : 억원〉

항목	2015	2016
영업활동	494	382
투자활동	-86	-213
재무활동	-459	106
순현금흐름	-50	107
기말현금	162	269

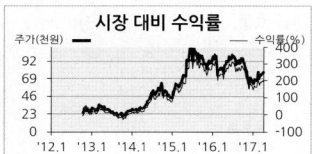

시장 대비 수익률

결산 실적 〈단위 : 억원〉

항목	2011	2012	2013	2014	2015	2016
매출액	—	1,778	2,822	4,613	5,358	6,675
영업이익		140	197	468	607	734
당기순이익		120	141	328	455	532

분기 실적 〈단위 : 억원〉

항목	2015.3Q	2015.4Q	2016.1Q	2016.2Q	2016.3Q	2016.4Q
매출액	1,282	1,392	1,486	1,730	1,602	1,856
영업이익	157	129	175	215	155	189
당기순이익	111	100	133	164	97	138

재무 상태 〈단위 : 억원〉

항목	2011	2012	2013	2014	2015	2016
총자산	—	2,300	2,949	3,364	3,443	4,929
유형자산		762	901	1,214	1,458	1,849
무형자산		35	39	40	96	405
유가증권		0	0	10	251	11
총부채		1,322	1,811	1,566	1,236	2,052
총차입금		638	1,160	696	290	634
자본금		97	97	106	106	106
총자본		978	1,139	1,798	2,207	2,877
지배주주지분		978	1,139	1,798	2,207	2,699

기업가치 지표

항목	2011	2012	2013	2014	2015	2016
주가(최고/저)(천원)	—/—	34.9/24.2	33.6/19.9	63.2/26.9	113/43.4	107/61.8
PER(최고/저)(배)	0.0/0.0	57.5/39.9	47.0/27.9	38.9/16.6	52.7/20.3	42.7/24.7
PBR(최고/저)(배)	0.0/0.0	7.0/4.9	5.8/3.4	7.5/3.2	10.9/4.2	8.4/4.9
EV/EBITDA(배)	0.0	40.5	22.8	17.1	28.2	16.9
EPS(원)	—	614	722	1,641	2,155	2,516
BPS(원)		5,020	5,846	8,521	10,459	12,790
CFPS(원)		756	954	1,991	2,612	3,077
DPS(원)		105	105	160	200	250
EBITDAPS(원)		863	1,242	2,693	3,335	4,041

재무 비율 〈단위 : % 〉

연도	영업이익률	순이익률	부채비율	차입금비율	ROA	ROE	유보율	자기자본비율	EBITDA마진율
2016	11.0	8.0	71.3	22.0	12.7	21.6	2,458.0	58.4	12.8
2015	11.3	8.5	56.0	13.1	13.4	22.7	1,991.8	64.1	13.1
2014	10.2	7.1	87.1	38.7	10.4	22.3	1,604.2	53.5	11.7
2013	7.0	5.0	159.1	101.9	5.4	13.1	1,069.1	38.6	8.6

한국콜마홀딩스 (A024720)
KOREA KOLMAR HOLDINGS

업 종 : 개인생활용품		시 장 : 거래소	
신용등급 : (Bond) — (CP) —		기업규모 : 시가총액 중형주	
홈 페 이 지 : www.kolmar.co.kr		연 락 처 : 044)862-1057	
본 사 : 세종시 전의면 덕고개길 12-11			

설 립 일	1990.05.15	종 업 원 수	66명	대 표 이 사	윤동한,윤상현
상 장 일	2002.04.09	감 사 의 견	적정 (서일)	계 열	
결 산 기	12월	보 통 주	1,675만주	종 속 회 사 수	
액 면 가	500원	우 선 주		구 상 호	한국콜마

주주구성 (지분율,%)		출자관계 (지분율,%)		주요경쟁사 (외형,%)	
윤동한	30.2	씨엔아이개발	77.9	한국콜마홀딩스	100
윤상현	18.7	콜마파마	77.1	아모레퍼시픽	1,708
(외국인)	17.4	콜마비앤에이치	56.2	아모레G	2,027

매출구성		비용구성		수출비중	
관리용역수수료	52.3	매출원가율	75.5	수출	—
상표권사용료	21.6	판관비율	9.8	내수	—
구매대행수수료	11.3				

회사 개요

동사는 1990년 설립했으며 2012년 한국콜마홀딩스와 한국콜마가 인적분할하면서 변경상장함. 동사는 주력 계열사인 한국콜마 외에도 15개의 계열사를 가지고 있음. 한국콜마를 제외하면 모두 비상장사임. 동사는 투자 부문을 담당하며 주력 계열사인 한국콜마가 화장품, 제약 사업을 영위함. 자회사로부터 받는 상표권사용수익, 경영관리수수료, 지분법이익, 배당금 및 임대료 등이 주 수입원.

실적 분석

동사의 2016년 매출액은 전년 대비 10.3% 늘어난 3304.4억원. 매출총이익은 12% 늘어난 810.5억원을 기록. 판매비와 관리비가 18.6%늘었지만 영업이익은 8.1%늘어난 487.3억원을 기록했음. 비영업부문에서 전년도 342.2억원 손실을 기록했으나 2016년 133.6억원 흑자를 기록. 금융손익 43.7억원, 관련기업투자 등 관련 손익 124.5억원을 기록한 결과임. 당기순이익은 510억원으로 크게 증가함.

현금 흐름 〈단위 : 억원〉

항목	2015	2016
영업활동	265	253
투자활동	-857	-407
재무활동	691	222
순현금흐름	100	68
기말현금	198	266

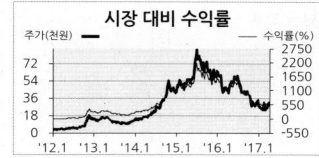

시장 대비 수익률

결산 실적 〈단위 : 억원〉

항목	2011	2012	2013	2014	2015	2016
매출액	511	1,066	1,323	2,225	2,996	3,304
영업이익	44	137	193	327	542	612
당기순이익	203	229	127	274	10	510

분기 실적 〈단위 : 억원〉

항목	2015.3Q	2015.4Q	2016.1Q	2016.2Q	2016.3Q	2016.4Q
매출액	762	715	805	862	780	858
영업이익	147	114	156	176	128	151
당기순이익	115	-81	116	211	52	131

재무 상태 〈단위 : 억원〉

항목	2011	2012	2013	2014	2015	2016
총자산	2,956	2,669	2,806	3,782	4,995	5,676
유형자산	1,126	506	553	705	836	913
무형자산	87	61	59	48	45	47
유가증권	49	105	74	145	1,502	1,230
총부채	1,563	827	830	1,487	2,317	2,485
총차입금	872	514	524	1,022	1,893	2,090
자본금	144	82	82	82	84	84
총자본	1,393	1,842	1,976	2,295	2,678	3,191
지배주주지분	1,315	1,702	1,788	1,988	2,151	2,528

기업가치 지표

항목	2011	2012	2013	2014	2015	2016
주가(최고/저)(천원)	4.9/2.6	18.6/4.2	16.8/9.8	55.3/13.8	88.9/42.2	64.4/26.4
PER(최고/저)(배)	7.7/4.0	20.0/4.5	31.7/18.4	46.9/11.7	—/—	29.6/12.1
PBR(최고/저)(배)	1.1/0.6	1.8/0.4	1.6/0.9	4.6/1.1	7.0/3.3	4.3/1.8
EV/EBITDA(배)	29.5	17.3	12.5	23.7	22.9	12.7
EPS(원)	648	940	535	1,190	-44	2,188
BPS(원)	4,628	10,424	10,947	12,173	12,881	15,133
CFPS(원)	871	1,185	741	1,440	229	2,493
DPS(원)	105	65	65	100	125	155
EBITDAPS(원)	380	864	1,294	1,940	2,966	3,215

재무 비율 〈단위 : % 〉

연도	영업이익률	순이익률	부채비율	차입금비율	ROA	ROE	유보율	자기자본비율	EBITDA마진율
2016	18.5	15.4	77.9	65.5	9.6	15.7	2,926.6	56.2	16.3
2015	18.1	0.4	86.5	70.7	0.2	-0.4	2,476.2	53.6	16.6
2014	14.7	12.3	64.8	44.5	8.3	10.3	2,334.5	60.7	14.3
2013	14.6	9.6	42.0	26.5	4.7	6.9	2,089.5	70.4	16.0

한국큐빅 (A021650)
Cubic Korea

업 종 : 화학	시 장 : KOSDAQ
신용등급 : (Bond) — (CP) —	기업규모 : 중견
홈 페 이 지 : www.cubic.co.kr	연 락 처 : 031)491-5325
본 사 : 경기도 안산시 단원구 살막길 39 (신길동)	

설 립 일 1989.05.13	종업원수 139명	대표이사 오봉균	
상 장 일 2003.01.24	감사의견 적정 (신한)	계 열	
결 산 기 12월	보 통 주 989만주	종속회사수	
액 면 가 500원	우 선 주 —	구 상 호	

주주구성 (지분율,%)		출자관계 (지분율,%)		주요경쟁사 (외형,%)	
삼영무역	17.3	삼신화학공업 100.0		주국화학	100
이재원	12.1			진양화학	47
(외국인)	9.9			조비	48

매출구성		비용구성		수출비중	
CURL-FIT (제품)	100.0	매출원가율	90.8	수출	0.2
CURL-FIT (오파수입)	0.0	판관비율	6.7	내수	99.8

회사 개요
동사는 1989년에 Curl-fit 공법을 이용한 곡면표면처리업을 주 영업목적으로 설립되었으며, 2003년 1월 코스닥시장에 상장하였음. CURL-FIT이란, 일정한 무늬가 인쇄되어 있는 특수한 폴리비닐알콜 필름을 수면 위에 띄우고 이 위에 사출물을 담금으로써 수면 위에 용해되어 있는 인쇄잉크가 수압에 의해 사출물에 전사 되도록 하는 특수 표면처리 방법으로, 자동차 내장 표면처리 및 가전제품 외장 케이스 표면처리에 사용되고 있음.

실적 분석
동사의 2016년 연결기준 연간 매출액은 전년 대비 11.7% 증가한 1,229.3억원을 시현함. 고정비 증가 및 비영업손익의 적자지속으로 영업이익과 당기순이익은 각각 25.7%, 8.3% 감소하여 30.8억원, 19억원을 시현함. 점진적인 경기 회복에 따른 곡면 표면 처리부문의 견조한 수주 확보 및 자동차 부품 판매업을 영위하는 자회사의 매출 확대를 통해 외형 성장세를 이어갈 전망임.

현금 흐름 〈단위 : 억원〉

항목	2015	2016
영업활동	49	82
투자활동	-40	-49
재무활동	-23	-33
순현금흐름	-14	-0
기말현금	64	64

시장 대비 수익률
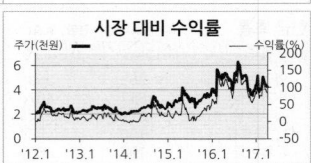

결산 실적 〈단위 : 억원〉

항목	2011	2012	2013	2014	2015	2016
매출액	1,072	1,031	991	948	1,101	1,229
영업이익	40	40	24	29	41	31
당기순이익	16	23	5	28	21	19

분기 실적 〈단위 : 억원〉

항목	2015.3Q	2015.4Q	2016.1Q	2016.2Q	2016.3Q	2016.4Q
매출액	259	316	276	289	300	363
영업이익	9	6	6	6	7	12
당기순이익	10	-10	5	5	2	8

재무 상태 〈단위 : 억원〉

항목	2011	2012	2013	2014	2015	2016
총자산	876	915	882	949	969	1,054
유형자산	289	393	417	437	426	425
무형자산	98	78	65	45	34	32
유가증권	74	63	55	27	28	23
총부채	543	563	525	584	589	662
총차입금	158	217	225	271	253	225
자본금	49	49	49	49	49	49
총자본	333	352	358	364	379	391
지배주주지분	333	352	358	364	379	391

기업가치 지표

항목	2011	2012	2013	2014	2015	2016
주가(최고/저)(천원)	2.7/1.4	3.0/2.1	2.8/2.0	3.6/2.0	4.3/2.5	6.5/3.4
PER(최고/저)(배)	18.5/10.0	13.9/9.5	62.2/44.3	13.2/7.2	20.8/12.3	33.9/17.8
PBR(최고/저)(배)	0.9/0.5	0.9/0.6	0.8/0.6	1.0/0.6	1.1/0.7	1.6/0.9
EV/EBITDA(배)	3.2	5.5	6.2	6.3	6.2	6.2
EPS(원)	163	237	47	288	210	192
BPS(원)	3,378	3,574	3,631	3,698	3,852	3,973
CFPS(원)	669	567	483	713	717	758
DPS(원)	75	75	50	50	50	25
EBITDAPS(원)	908	732	676	715	925	877

재무 비율 〈단위 : % 〉

연도	영업이익률	순이익률	부채비율	차입금비율	ROA	ROE	유보율	자기자본비율	EBITDA마진율
2016	2.5	1.6	169.2	57.5	1.9	4.9	694.5	37.2	7.1
2015	3.8	1.9	155.3	66.7	2.2	5.6	670.3	39.2	8.3
2014	3.0	3.0	160.4	74.3	3.1	7.9	639.7	38.4	7.5
2013	2.4	0.5	146.8	62.9	0.5	1.3	626.2	40.5	6.7

한국타이어 (A161390)
HANKOOK TIRE

업 종 : 자동차부품	시 장 : 거래소
신용등급 : (Bond) AA (CP) A1	기업규모 : 시가총액 대형주
홈 페 이 지 : kr.hankooktire.com	연 락 처 : 02)2222-1000
본 사 : 서울시 강남구 테헤란로 133 (역삼동)	

설 립 일 2012.09.01	종업원수 6,975명	대표이사 서승화	
상 장 일 2012.10.04	감사의견 적정 (삼일)	계 열	
결 산 기 12월	보 통 주 12,388만주	종속회사수	
액 면 가 500원	우 선 주 —	구 상 호	

주주구성 (지분율,%)		출자관계 (지분율,%)		주요경쟁사 (외형,%)	
한국타이어월드와이드	25.2	에이치케이모터스 100.0		한국타이어	100
조양래	10.5	한국동그라미파트너스 100.0		한국타이어월드와이드	10
(외국인)	42.1	대화산기 95.0		넥센타이어	29

매출구성		비용구성		수출비중	
타이어, 튜브 등(제품)	95.8	매출원가율	61.1	수출	80.0
기타 및 내부조정	2.9	판관비율	22.3	내수	20.0
밧데리 등(상품)	1.3				

회사 개요
동사는 2012년 9월 한국타이어월드와이드의 타이어 부문이 인적분할돼 설립됨. 2012년 유가증권 시장에 상장됨. 타이어 제조, 판매를 하는 타이어부문과 일반기계, 금형을 제조 판매하는 기타 사업부문으로 나뉨. 타이어부문에선 국내 시장점유율 1위(40% 이상)를 차지함. 글로벌에서도 세계 시장 점유율 7위를 유지하고 있음. 국내 타이어 시장은 교환 시장 및 OEM(완성차 납품) 시장으로 구분됨. OEM에 비해 교환 시장이 수익성이 좋음.

실적 분석
자동차 수출 확대 및 시계 시장 수요 증가로 실적 향상이 기대되고 있음. 동사의 연결 재무제표 기준 2016년 결산 매출액은 전년 6조4,281.7억원에서 3.0% 증가한 6조6,217.6억원임. 매출액 증대와 더불어 효율적인 매출원가율 및 판관비 관리를 통해 영업이익 1조1,032.3억원을 기록, 전년 8,849.9억원 대비 24.7% 증가한 수치를 기록함. 당기순이익은 같은 기간 33.9% 증가한 8,790.9억원을 기록함.

현금 흐름 〈단위 : 억원〉

항목	2015	2016
영업활동	11,140	12,176
투자활동	-21,040	-7,395
재무활동	8,887	-6,500
순현금흐름	-878	-1,720
기말현금	6,374	4,653

시장 대비 수익률

결산 실적 〈단위 : 억원〉

항목	2011	2012	2013	2014	2015	2016
매출액	—	23,172	70,692	66,808	64,282	66,218
영업이익	—	3,086	10,310	10,316	8,850	11,032
당기순이익	—	2,310	7,350	6,993	6,565	8,791

분기 실적 〈단위 : 억원〉

항목	2015.3Q	2015.4Q	2016.1Q	2016.2Q	2016.3Q	2016.4Q
매출액	17,253	15,965	16,260	17,274	16,576	16,106
영업이익	2,417	2,391	2,511	3,103	3,026	2,392
당기순이익	1,519	1,895	1,967	2,652	2,076	2,097

재무 상태 〈단위 : 억원〉

항목	2011	2012	2013	2014	2015	2016
총자산	—	71,825	77,767	83,201	94,961	96,220
유형자산	—	35,716	34,980	40,204	44,940	46,993
무형자산	—	1,166	1,248	1,321	1,428	1,462
유가증권	—	28	31	35	36	38
총부채	—	39,610	38,526	38,036	43,553	36,605
총차입금	—	28,175	25,785	24,237	28,957	23,285
자본금	—	619	619	619	619	619
총자본	—	32,215	39,241	45,165	51,408	59,615
지배주주지분	—	32,121	39,175	45,110	51,344	59,494

기업가치 지표

항목	2011	2012	2013	2014	2015	2016
주가(최고/저)(천원)	—/—	48.5/38.6	64.1/41.9	63.6/47.2	53.2/35.1	62.8/42.2
PER(최고/저)(배)	0.0/0.0	27.0/21.5	11.1/7.3	11.5/8.6	10.2/6.7	9.0/6.0
PBR(최고/저)(배)	0.0/0.0	1.9/1.6	2.1/1.4	1.8/1.3	1.3/0.9	1.3/0.9
EV/EBITDA(배)	0.0	18.0	6.4	5.3	5.9	5.5
EPS(원)	—	1,869	5,957	5,654	5,291	7,046
BPS(원)	—	25,939	31,634	36,424	41,457	48,036
CFPS(원)	—	2,961	9,291	9,117	8,995	11,105
DPS(원)	—	400	400	400	400	400
EBITDAPS(원)	—	3,582	11,657	11,791	10,848	12,965

재무 비율 〈단위 : % 〉

연도	영업이익률	순이익률	부채비율	차입금비율	ROA	ROE	유보율	자기자본비율	EBITDA마진율
2016	16.7	13.3	61.4	39.1	9.2	15.8	9,507.2	62.0	24.3
2015	13.8	10.2	84.7	56.3	7.4	13.6	8,191.3	54.1	20.9
2014	15.4	10.5	84.2	53.7	8.7	16.6	7,184.9	54.3	21.9
2013	14.6	10.4	98.2	65.7	9.8	20.7	6,226.7	50.5	20.4

한국타이어월드와이드 (A000240)
Hankook Tire WorldWide

업 종 : 자동차부품		시 장 : 거래소	
신용등급 : (Bond) — (CP) —		기업규모 : 시가총액 중형주	
홈 페 이 지 : kr.hankooktireworldwide.com		연 락 처 : 02)2222-1000	
본 사 : 서울시 강남구 테헤란로 133 한국타이어빌딩			

설 립 일 1941.05.10	종 업 원 수 252명	대 표 이 사 조양래,조현식	
상 장 일 1968.12.27	감 사 의 견 적정 (삼일)	계 열	
결 산 기 12월	보 통 주 9,302만주	종 속 회 사 수	
액 면 가 500원	우 선 주	구 상 호 한국타이어	

주주구성 (지분율,%)		출자관계 (지분율,%)		주요경쟁사 (외형,%)	
조양래	23.6	아트라스비엑스 31.1		한국타이어월드와이드	100
조현식	19.3			한국타이어	960
(외국인)	7.4			넥센타이어	275

매출구성		비용구성		수출비중	
지분법이익	68.0	매출원가율	50.2	수출	—
상표수익	21.0	판관비율	11.9	내수	—
용역 서비스업	9.0				

회사 개요
동사는 1941년 5월 설립되어 1968년 유가증권시장에 상장됨. 2012년 한국타이어와 분할하면서 사업부문을 한국타이어에 넘겨주고 동사는 지주회사 역할을 함. 타이어 제조 판매, 축전기, 기계, 금형 등 제조 판매 등을 바탕으로 한 자회사 전문성 제고와 성장 잠재력 강화를 통해 기업가치 극대화를 목표로 함. 한국타이어 등의 경영자문 용역매출, 임대사업 수익, 상표권 사용수익, 지분법이익 등이 주요 수익원임.

실적 분석
동사의 2016년 연결기준 매출액은 전년 대비 208.5% 증가한 6,900.3억원임. 영업이익 또한 전년동기 대비 44.1%증가, 당기순이익도 2,694.6억원을 기록하며 전년동기 대비 56.0% 증가하며 수익성 증가함. 동사는 2016년 4억불 수출의탑 수상을 통해 Global Top5 축전지업체로 성장 하기 위해 지속적으로 노력 중임. 또한 AGM과 EFB중심의 Advanced 배터리 위주로 변화할 시장 흐름에 적극적으로 대응할 예정임.

현금 흐름
〈단위 : 억원〉

항목	2015	2016
영업활동	419	858
투자활동	-1,012	749
재무활동	-275	-605
순현금흐름	-868	1,007
기말현금	1,250	2,257

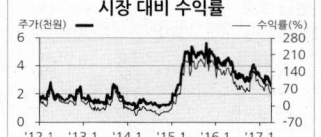
시장 대비 수익률

결산 실적
〈단위 : 억원〉

항목	2011	2012	2013	2014	2015	2016
매출액	64,890	393	1,535	2,293	2,236	6,900
영업이익	5,673	136	1,196	1,882	1,816	2,616
당기순이익	3,552	32,772	1,602	1,838	1,727	2,695

분기 실적
〈단위 : 억원〉

항목	2015.3Q	2015.4Q	2016.1Q	2016.2Q	2016.3Q	2016.4Q
매출액	552	645	637	2,067	2,092	2,104
영업이익	448	537	542	841	788	445
당기순이익	436	496	534	769	742	649

재무 상태
〈단위 : 억원〉

항목	2011	2012	2013	2014	2015	2016
총자산	74,364	9,743	23,532	25,064	26,669	30,975
유형자산	33,332	315	312	303	291	1,508
무형자산	938	51	57	64	90	343
유가증권	197	2,969	237	207	226	531
총부채	42,197	1,491	818	913	1,003	2,281
총차입금	28,033	-0	—	4	27	295
자본금	761	142	465	465	465	465
총자본	32,167	8,253	22,713	24,151	25,666	28,694
지배주주지분	32,059	8,253	22,713	24,151	25,666	28,034

기업가치 지표

항목	2011	2012	2013	2014	2015	2016
주가(최고/저)(천원)	22.7/12.6	22.1/12.7	25.1/14.9	23.7/18.7	24.9/15.0	23.8/16.6
PER(최고/저)(배)	10.6/5.9	0.8/0.5	10.0/5.9	12.4/9.9	13.8/8.4	8.6/6.0
PBR(최고/저)(배)	1.2/0.6	0.8/0.5	1.1/0.6	0.9/0.8	0.9/0.6	0.8/0.6
EV/EBITDA(배)	9.3	0.4	13.5	9.7	6.5	5.3
EPS(원)	2,337	29,372	2,667	1,976	1,857	2,812
BPS(원)	21,442	29,537	24,537	26,083	27,712	30,257
CFPS(원)	4,713	31,595	2,710	2,005	1,885	3,008
DPS(원)	400	400	300	300	300	300
EBITDAPS(원)	6,174	2,345	2,034	2,052	1,980	3,009

재무 비율
〈단위 : % 〉

연도	영업이익률	순이익률	부채비율	차입금비율	ROA	ROE	유보율	자기자본비율	EBITDA마진율
2016	37.9	39.1	8.0	1.0	9.4	9.7	5,951.4	92.6	40.6
2015	81.2	77.2	3.9	0.1	6.7	6.9	5,442.3	96.2	82.4
2014	82.1	80.2	3.8	0.0	7.6	7.9	5,116.5	96.4	83.3
2013	77.9	104.3	3.6	0.0	9.6	10.3	4,807.4	96.5	79.6

한국테크놀로지 (A053590)
HANKOOK Technology

업 종 : 에너지 시설 및 서비스		시 장 : KOSDAQ	
신용등급 : (Bond) — (CP) —		기업규모 : 벤처	
홈 페 이 지 : www.myht.co.kr		연 락 처 : 02)2106-7500	
본 사 : 서울시 서초구 강남대로 581 (잠원동, 푸른빌딩)			

설 립 일 1997.07.22	종 업 원 수 73명	대 표 이 사 김태균	
상 장 일 2001.08.23	감 사 의 견 적정 (한길)	계 열	
결 산 기 12월	보 통 주 3,986만주	종 속 회 사 수	
액 면 가 500원	우 선 주 4만주	구 상 호	

주주구성 (지분율,%)		출자관계 (지분율,%)		주요경쟁사 (외형,%)	
이디	23.5	한국바이오매스	100.0	한국테크놀로지	100
케이티케이투자조합1호	6.9	신동에너콤	26.4	S&TC	5,674
(외국인)	0.3	글로벌제주개발	25.0	신성이엔지	4,851

매출구성		비용구성		수출비중	
재열증기 건조설비 외(기타)	55.8	매출원가율	113.2	수출	0.0
통합관제 시스템 설치공사(공사)	22.2	판관비율	187.4	내수	100.0
의류(상품)	22.0				

회사 개요
동사는 1997년 전기 및 전자부품 등의 제조를 목적으로 설립되어 현재는 석탄 업그레이드 사업, 슬러지 연료화 사업 등을 주로 영위 중임. 의류 사업도 영위 중인데, 국내 내수권을 바탕으로 의류 및 잡화 브랜드를 유통 판매 중임. 석탄 업그레이드란, 고수분 저등급 석탄을 건조시켜 적정한 수분함량을 유지할 수 있도록 함으로써 석탄의 연소효율을 향상시키는 것으로서 이러한 건조 설비의 매출이 동사 매출의 90% 이상을 차지함.

실적 분석
동사의 2016년 결산 매출액은 44.8억원으로 전년동기 대비 37.9% 감소함. 주력부문인 재열증기건조설비의 매출 급감으로 고정비 부담 지속되면서 적자상태 지속되고 있음. 반면 원가율 하락 영향으로 영업손실은 전년동기 대비 감소한 상황. 당기순손실 또한 104.9억원으로 적자상태 유지. 수년간 대규모 적자가 누적되어 재무구조 악화된 상태임. 보다 고정적이고 안정적인 수익원 확보 노력이 요구될 전망임.

현금 흐름
*IFRS 별도 기준 〈단위 : 억원〉

항목	2015	2016
영업활동	-158	-50
투자활동	-63	-100
재무활동	277	97
순현금흐름	55	-53
기말현금	58	5

시장 대비 수익률

결산 실적
〈단위 : 억원〉

항목	2011	2012	2013	2014	2015	2016
매출액	51	57	62	209	72	45
영업이익	-48	-65	-84	14	-129	-90
당기순이익	-112	-88	-95	10	-247	-105

분기 실적
*IFRS 별도 기준 〈단위 : 억원〉

항목	2015.3Q	2015.4Q	2016.1Q	2016.2Q	2016.3Q	2016.4Q
매출액	21	12	6	15	9	14
영업이익	-24	-24	-22	-19	-24	-26
당기순이익	-26	-41	-26	-23	-22	-33

재무 상태
*IFRS 별도 기준 〈단위 : 억원〉

항목	2011	2012	2013	2014	2015	2016
총자산	374	476	337	368	375	390
유형자산	13	14	13	4	36	29
무형자산	27	10	34	42	17	15
유가증권	122	92	94	97	97	109
총부채	41	169	121	118	234	131
총차입금	5	1	25	44	190	85
자본금	109	128	128	136	168	199
총자본	334	307	216	250	141	258
지배주주지분	334	307	216	250	141	258

기업가치 지표
*IFRS 별도 기준

항목	2011	2012	2013	2014	2015	2016
주가(최고/저)(천원)	5.0/1.0	2.8/1.5	2.7/1.2	1.8/1.0	5.6/1.4	4.8/2.8
PER(최고/저)(배)	—/—	—/—	—/—	46.5/25.1	—/—	—/—
PBR(최고/저)(배)	3.3/0.7	2.3/1.3	3.2/1.4	2.0/1.1	13.4/3.4	7.3/4.4
EV/EBITDA(배)				17.5		
EPS(원)	-566	-394	-371	40	-764	-278
BPS(원)	1,538	1,201	843	919	420	648
CFPS(원)	-559	-382	-358	57	-750	-250
DPS(원)						
EBITDAPS(원)	-205	-282	-316	70	-385	-210

재무 비율
〈단위 : % 〉

연도	영업이익률	순이익률	부채비율	차입금비율	ROA	ROE	유보율	자기자본비율	EBITDA마진율
2016	-200.6	-234.2	50.9	33.0	-27.4	-52.6	29.5	66.3	-176.7
2015	-179.3	-343.0	일부잠식	일부잠식	-66.5	-126.4	-15.9	37.6	-172.7
2014	6.5	4.9	47.0	17.7	2.9	4.4	83.9	68.0	8.6
2013	-135.0	-152.5	56.3	11.7	-23.4	-36.3	68.6	64.0	-129.7

한국토지신탁 (A034830)
Korea Real Estate Investment & Trust

업 종 : 부동산
신용등급 : (Bond) A (CP) A2
홈페이지 : www.koreit.co.kr
본 사 : 서울시 강남구 테헤란로 309
시 장 : 거래소
기업규모 : 시가총액 중형주
연 락 처 : 02)3451-1100

설립일	1996.04.04	종업원수	173명	대표이사	김두석,차정훈
상장일	2016.07.11	감사의견	적정(한영)	계열	
결산기	12월	보통주	25,249만주	종속회사수	
액면가	1,000원	우선주		구상호	

주주구성 (지분율,%)		출자관계 (지분율,%)		주요경쟁사 (외형,%)	
리딩밸류일호유한회사	34.1	코레이트투자운용	100.0	한국토지신탁	100
KB자산운용	14.7	키스톤에코프라임스타기업재무안정사모투자합자회사	87.0	SK디앤디	155
(외국인)	4.1	코레이트자산운용	68.9	해성산업	7

수익구성		비용구성		수출비중	
수수료수익	68.8	이자비용	11.7	수출	0.0
이자수익	23.1	투자및금융비	0.0	내수	100.0
기타영업수익	4.9	판관비	86.9		

회사 개요

동사는 구 신탁업법에 근거하여 부동산신탁업을 영위할 목적으로 1996년 설립됨. 부동산 개발을 중심으로 하는 토지신탁사업과 담보신탁, 관리신탁, 처분신탁, 분양관리신탁, 대리사무 등의 비토지신탁사업, REITs, 투자사업, 해외사업 등을 수행함. 영업수익 기준 시장점유율 수위 업체로 업계 최대 자본금과 인적자원을 바탕으로 차입형 토지신탁 부문에서 강점을 보유하고 있음. 2016년 기준 시장 점유율 21%를 기록하고 있음.

실적 분석

동사의 2016년도 영업수익은 신탁보수로 인한 수수료 수익이 크게 증가하여 1,780.0억원을 기록함. 이자비용 증가, 소송패소시 적립하는 특별대손상각비 등 기타 영업비용 증가 등으로 영업이익은 1,140.0억원이 발생함. 법인세비용차감전순이익은 1,131.4억원, 당기순이익은 859.1억원으로 전년 대비 177억원 증가하였음. 동사의 영업수익 증가한 주요원인은 수수료 수익의 증가임. 이는 차입형토지신탁의 수주물량 증가에 기인

현금 흐름 <단위 : 억원>

항목	2015	2016
영업활동	534	-1,249
투자활동	-1,156	-497
재무활동	531	1,727
순현금흐름	-91	-19
기말현금	230	211

시장 대비 수익률

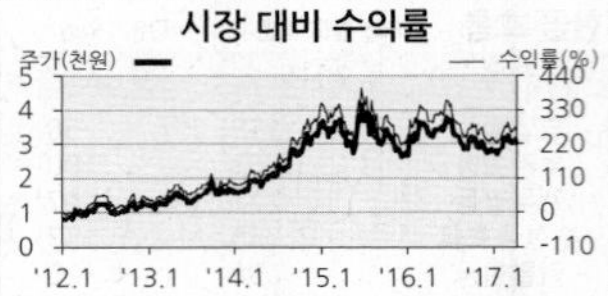

결산 실적 <단위 : 억원>

항목	2011	2012	2013	2014	2015	2016
영업수익	1,456	1,176	1,658	1,433	1,385	1,780
영업이익	602	594	677	808	890	1,140
당기순이익	452	476	518	599	682	859

분기 실적 <단위 : 억원>

항목	2015.3Q	2015.4Q	2016.1Q	2016.2Q	2016.3Q	2016.4Q
영업수익	358	342	475	380	415	511
영업이익	284	148	268	246	301	325
당기순이익	219	108	214	187	234	224

재무 상태 <단위 : 억원>

항목	2011	2012	2013	2014	2015	2016
총자산	5,093	5,756	5,564	5,175	6,534	9,296
유형자산	3	5	3	5	8	15
무형자산	31	24	15	15	33	145
유가증권	—	—	—	—	—	—
총부채	2,357	2,525	1,733	868	1,672	3,634
총차입금	—	—	—	—	—	—
자본금	2,525	2,525	2,525	2,525	2,525	2,525
총자본	2,736	3,230	3,831	4,307	4,862	5,662
지배주주지분	2,736	3,205	3,804	4,280	4,862	5,632

기업가치 지표

항목	2011	2012	2013	2014	2015	2016
주가(최고/저)(천원)	0.8/0.5	1.4/0.7	1.9/1.1	3.6/1.6	4.2/2.5	3.9/2.6
PER(최고/저)(배)	4.9/2.9	7.8/4.1	10.1/5.8	16.1/7.0	16.2/9.8	11.8/7.9
PBR(최고/저)(배)	0.8/0.5	1.1/0.6	1.4/0.8	2.2/1.0	2.2/1.3	1.8/1.2
PSR(최고/저)(배)	2/1	3/2	3/2	7/3	8/5	6/4
EPS(원)	179	188	205	237	270	340
BPS(원)	1,115	1,301	1,531	1,743	1,973	2,278
CFPS(원)	183	192	208	240	271	342
DPS(원)	—	—	30	40	60	75
EBITDAPS(원)	238	235	268	320	352	451

재무 비율 <단위 : %>

연도	계속사업 이익률	순 이익률	부채 비율	차입금 비율	ROA	ROE	유보율	자기자본 비율	총자산 증가율
2016	63.6	48.3	64.2	0.0	10.9	16.4	127.8	60.9	42.3
2015	64.7	49.2	34.4	0.0	11.7	14.9	97.3	74.4	26.3
2014	56.0	41.8	20.1	0.0	11.2	14.8	74.3	83.2	-7.0
2013	41.0	31.2	45.2	0.0	9.2	14.7	53.1	68.9	-3.3

한국투자금융지주 (A071050)
Korea Investment Holdings

업 종 : 증권
신용등급 : (Bond) AA- (CP) A1
홈페이지 : www.koreaholdings.com
본 사 : 서울시 영등포구 의사당대로 88
시 장 : 거래소
기업규모 : 시가총액 대형주
연 락 처 : 02)3276-6400

설립일	2003.01.11	종업원수	40명	대표이사	김남구
상장일	2003.07.21	감사의견	적정(삼정)	계열	
결산기	12월	보통주	5,573만주	종속회사수	
액면가	5,000원	우선주	586만주	구상호	

주주구성 (지분율,%)		출자관계 (지분율,%)		주요경쟁사 (외형,%)	
김남구	20.2	한국투자증권	100.0	한국금융지주	100
국민연금공단	9.1	한국투자저축은행	100.0		64
(외국인)	41.8	한국투자캐피탈	100.0	삼성증권	107

수익구성		비용구성		수출비중	
		이자비용	5.9	수출	—
		파생상품손실	49.0	내수	—
		판관비	12.8		

회사 개요

국내 유일의 투자은행 중심의 금융지주회사로 증권, 자산운용, PEF, 저축은행 등의 다변화된 사업모델을 보유하고 있으며, 자회사로부터의 배당금 수입이 주 수입원임. 다양한 전략적 채널을 보유하고 있으며, 업계 최고의 역량을 보유한 투자금융 계열사들을 보유하고 있음. 한국투자증권과 자산운용 업을 영위하는 한국투자신탁운용, 한국투자밸류자산운용을 주력 자회사로 보유하고 있으며, 운용성과를 기반으로 금융상품의 질적 측면 경쟁을 높여가고 있음.

실적 분석

동사의 2016년 연결기준 연간 누적 영업수익(매출액)은 5조3,340억원으로 전년 동기(4조6,605억원) 대비 약 15% 증가함. 매출이 증가했지만 각종 제반 비용 또한 늘어나면서 영업이익은 3,619억원으로 전년 동기(3,845억원) 대비 소폭 감소함. 자회사인 한국투자증권은 자산관리부문과 IB부문에서 두각을 나타내면서 향후 신 성장동력 확보로 시너지 기대됨.

현금 흐름 <단위 : 억원>

항목	2015	2016
영업활동	321	-255
투자활동	-11,459	-21,421
재무활동	11,282	21,086
순현금흐름	151	-573
기말현금	6,999	6,426

시장 대비 수익률

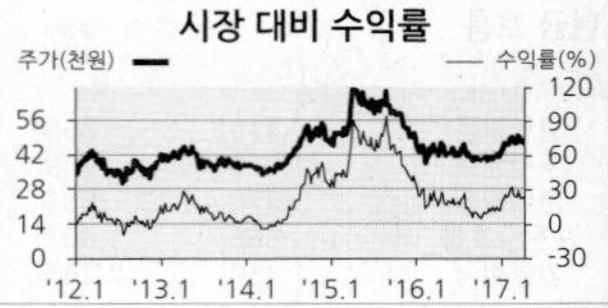

결산 실적 <단위 : 억원>

항목	2011	2012	2013	2014	2015	2016
이자수익	6,189	7,079	4,754	6,789	7,133	7,412
영업이익	3,016	2,407	784	3,269	3,845	3,619
당기순이익	2,706	1,891	586	2,392	3,243	2,711

분기 실적 <단위 : 억원>

항목	2015.3Q	2015.4Q	2016.1Q	2016.2Q	2016.3Q	2016.4Q
이자수익	1,821	1,670	1,803	1,856	1,872	1,882
영업이익	763	27	897	764	1,149	809
당기순이익	748	-34	802	511	876	522

재무 상태 <단위 : 억원>

항목	2011	2012	2013	2014	2015	2016
총자산	187,944	207,813	212,156	253,444	315,211	373,182
유형자산	3,574	3,437	3,258	3,194	3,096	3,053
무형자산	1,071	1,021	938	821	687	682
유가증권	112,150	142,623	135,355	142,386	181,716	220,334
총부채	162,890	181,280	185,493	224,841	283,502	338,187
총차입금	86,759	96,864	100,472	109,401	133,350	162,426
자본금	3,079	3,079	3,079	3,079	3,079	3,079
총자본	25,055	26,534	26,663	28,603	31,708	34,995
지배주주지분	24,961	26,407	26,625	28,597	31,702	33,778

기업가치 지표

항목	2011	2012	2013	2014	2015	2016
주가(최고/저)(천원)	43.9/26.3	43.5/29.7	45.1/35.2	54.6/33.9	70.4/44.8	47.1/38.3
PER(최고/저)(배)	9.8/5.9	13.6/9.3	45.1/35.2	13.4/8.3	12.6/8.0	9.6/7.8
PBR(최고/저)(배)	1.2/0.7	1.1/0.7	1.1/0.8	1.2/0.8	1.4/0.9	0.9/0.7
PSR(최고/저)(배)	4/3	4/3	6/4	5/3	6/4	4/3
EPS(원)	4,860	3,395	1,054	4,293	5,820	5,020
BPS(원)	41,346	43,694	44,047	47,250	52,291	55,663
CFPS(원)	5,487	4,105	1,528	4,895	6,394	5,591
DPS(원)	700	600	200	700	1,000	800
EBITDAPS(원)	5,412	4,320	1,406	5,867	6,900	6,494

재무 비율 <단위 : %>

연도	계속사업 이익률	순 이익률	부채 비율	차입금 비율	ROA	ROE	유보율	자기자본 비율	총자산 증가율
2016	49.4	36.6	966.4	464.1	0.8	8.5	1,013.3	9.4	18.4
2015	58.5	45.5	894.1	420.6	1.1	10.8	945.8	10.1	24.4
2014	47.6	35.2	786.1	382.5	1.0	8.7	845.0	11.3	22.0
2013	16.2	12.3	695.7	376.8	0.3	2.2	780.9	12.6	2.1

한국특수형강 (A007280)
Korea Steel Shapes

업 종: 금속 및 광물		시 장: 거래소	
신용등급: (Bond) — (CP) —		기업규모: 시가총액 소형주	
홈페이지: www.ekosco.com		연 락 처: 051)323-2611	
본 사: 부산시 사상구 장인로 77번길 52 (학장동)			

설 립 일 1971.05.18	종 업 원 수 367명	대 표 이 사 장세현,조권제	
상 장 일 1989.11.13	감 사 의 견 적정 (신우)	계 열	
결 산 기 12월	보 통 주 1,802만주	종속회사수	
액 면 가 500원	우 선 주	구 상 수	

주주구성 (지분율,%)		출자관계 (지분율,%)		주요경쟁사 (외형,%)	
유제큐구차유동화전문유한회사	18.4	진일인터내셔널INC	14.0	한국특수형강	100
중소기업은행	5.3	한국철강	2.3		15
(외국인)	0.6	KISCO홀딩스	1.8		9

매출구성		비용구성		수출비중	
형강	52.9	매출원가율	95.5	수출	5.1
봉강	29.3	판관비율	6.5	내수	94.9
BILLET	17.2				

회사 개요
동사는 철강제품의 제조 및 판매를 영위하며 KISCO홀딩스 그룹에 속해있음. 고철을 주원료로 하여 BILLET 및 봉형강 제품을 생산함. 전방산업은 건설·조선·자동차·기계산업. 철강산업의 경쟁요소는 안정적이고 적정한 가격의 원료조달과 생산제품의 품질에 따라 결정됨. 한국기업은 세계 조강생산 1,2위 국가인 중국·일본 철강업체들과 치열한 경쟁이 불가피한 상황. 동사의 매출 비중은 형강 57%, 봉강 25%, BILLET 16% 기타로 구성됨.

실적 분석
동사의 2016년 매출액은 전년대비 11.8% 감소한 2,471.9억원에 그침. 중국산 저가철 강 분석을 엔저 영향으로 일본산 철강재까지 다량 수입되 철강재가격이 지속적으로 하락하고 있는 상황. 4분기에 발생한 장기파업으로 매출 감소 불가피. 영업이익은 -48.9억원으로 적자폭을 축소하였으며 배당금수익 발생 및 기업회생절차에 따른 이자비용 감소로 당기순이익은 40.6억원을 기록함. 중국 철강산업 구조조정으로 판매가격 회복을 기대하고 있음.

현금 흐름 *IFRS 별도 기준 〈단위 : 억원〉

항목	2015	2016
영업활동	742	69
투자활동	-9	35
재무활동	-623	-3
순현금흐름	111	101
기말현금	119	220

시장 대비 수익률

결산 실적 〈단위 : 억원〉

항목	2011	2012	2013	2014	2015	2016
매출액	6,950	6,476	5,633	4,332	2,803	2,472
영업이익	177	85	1	16	-197	-49
당기순이익	36	35	-110	-202	-547	41

분기 실적 *IFRS 별도 기준 〈단위 : 억원〉

항목	2015.3Q	2015.4Q	2016.1Q	2016.2Q	2016.3Q	2016.4Q
매출액	589	626	721	697	689	366
영업이익	-57	-41	2	44	-37	-57
당기순이익	-101	-287	-22	17	209	-164

재무 상태 *IFRS 별도 기준 〈단위 : 억원〉

항목	2011	2012	2013	2014	2015	2016
총자산	5,814	5,538	5,329	5,007	3,803	3,556
유형자산	3,283	3,129	2,962	2,871	2,468	2,127
무형자산	9	9	9	9	9	9
유가증권	97	85	79	95	128	127
총부채	4,643	4,337	4,258	4,122	3,412	2,968
총차입금	2,877	3,206	2,737	3,360	2,754	2,717
자본금	50	50	50	50	50	90
총자본	1,172	1,201	1,071	885	391	589
지배주주지분	1,172	1,201	1,071	885	391	589

기업가치 지표 *IFRS 별도 기준

항목	2011	2012	2013	2014	2015	2016
주가(최고/저)(천원)	10.1/5.4	7.0/4.8	5.3/4.5	5.0/3.2	4.4/1.6	2.8/1.3
PER(최고/저)(배)	7.1/3.8	5.0/3.4	—/—	—/—	—/—	5.1/1.7
PBR(최고/저)(배)	0.2/0.1	0.1/0.1	0.1/0.1	0.1/0.1	0.3/0.1	0.9/0.3
EV/EBITDA(배)	7.8	11.3	13.7	16.2	—	33.2
EPS(원)	1,114	1,083	-3,451	-6,305	-17,094	554
BPS(원)	117,183	120,088	107,125	88,493	3,906	3,266
CFPS(원)	22,789	22,929	8,528	-1,504	-3,714	2,404
DPS(원)	750	750	300	250		
EBITDAPS(원)	36,959	27,977	19,637	20,294	-208	1,183

재무 비율 〈단위 : %〉

연도	영업이익률	순이익률	부채비율	차입금비율	ROA	ROE	유보율	자기자본비율	EBITDA마진율
2016	-2.0	1.6	504.3	461.7	1.1	8.3	553.1	16.6	3.5
2015	-7.0	-19.5	873.6	705.2	-12.4	-85.8	681.1	10.3	-0.7
2014	0.4	-4.7	465.8	379.7	-3.9	-20.6	1,669.9	17.7	4.7
2013	0.0	-2.0	397.5	255.5	-2.0	-9.7	2,042.5	20.1	3.5

한국티씨엠 (A228180)
TCM KOREA

업 종: 의료 장비 및 서비스		시 장: KONEX	
신용등급: (Bond) — (CP) —		기업규모:	
홈페이지: www.tcm-s.co.kr		연 락 처: 031)698-3041	
본 사: 경기도 성남시 분당구 판교로 228번길 15, 3동 3층			

설 립 일 2009.08.03	종 업 원 수 19명	대 표 이 사 박영철	
상 장 일 2015.10.22	감 사 의 견 적정 (삼일)	계 열	
결 산 기 12월	보 통 주 201만주	종속회사수	
액 면 가 500원	우 선 주 42만주	구 상 수	

주주구성 (지분율,%)		출자관계 (지분율,%)		주요경쟁사 (외형,%)	
박영철	11.0	ANTRIABIO	2.5	한국티씨엠	100
Eastbridge Asian Mid-market Opportunity Fund II, L.P.	8.0			비트컴퓨터	2,042
				하이로닉	889

매출구성		비용구성		수출비중	
진단서비스	90.3	매출원가율	69.9	수출	0.0
기타	9.7	판관비율	154.3	내수	100.0

회사 개요
동사는 2009년 설립돼 현재 체외진단 서비스 사업을 영위하고 있음. 조직, 세포 및 분자(유전자) 분석을 통한 체외진단 서비스를 제공하고, 이를 통해 축적된 경험을 바탕으로 체외진단 의료기기의 개발, 유전자분석 기법의 적용을 통한 새로운 진단 기법의 개발과 분석 효율 및 방법론적 개선을 수행하고 있음. 동사는 매출의 100%를 내수시장에 의존하고 있으며 향후 인도네시아 등 개발도상국 시장 진출 기회를 엿보고 있는 상태임.

실적 분석
동사의 2016년 누적매출액은 17.4억원으로 전년 12.4억원 대비 40.3% 증가함. 매출원가와 판관비의 급격한 증가로 영업손실 21.6억원이 발생해 적자폭이 커짐. 비영업손익 25.8억원으로 당기순이익 4.2억원을 기록해 흑자전환함. 동사는 분자진단 분야에서의 진단 서비스를 위한 제품 개발뿐만 아니라 세포병리진단, 분자진단 분야에서의 신규 제품 개발을 진행 중임.

현금 흐름 *IFRS 별도 기준 〈단위 : 억원〉

항목	2015	2016
영업활동	-5	-11
투자활동	-4	-49
재무활동	191	65
순현금흐름	181	5
기말현금	186	191

시장 대비 수익률
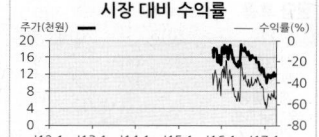

결산 실적 〈단위 : 억원〉

항목	2011	2012	2013	2014	2015	2016
매출액	—	8	6	8	12	17
영업이익	—	0	0	0	-7	-22
당기순이익	—	0	0	-1	-3	4

분기 실적 *IFRS 별도 기준 〈단위 : 억원〉

항목	2015.3Q	2015.4Q	2016.1Q	2016.2Q	2016.3Q	2016.4Q
매출액	—	—	—	—	—	—
영업이익	—	—	—	—	—	—
당기순이익	—	—	—	—	—	—

재무 상태 *IFRS 별도 기준 〈단위 : 억원〉

항목	2011	2012	2013	2014	2015	2016
총자산		8	8	54	246	307
유형자산		4	4	35	37	37
무형자산				0	3	2
유가증권						39
총부채		3	2	23	78	256
총차입금				19	70	232
자본금		4	4	6	12	10
총자본		6	6	31	167	51
지배주주지분		6	6	31	167	51

기업가치 지표 *IFRS 별도 기준

항목	2011	2012	2013	2014	2015	2016
주가(최고/저)(천원)	—/—	—/—	—/—	—/—	20.0/14.0	22.0/12.0
PER(최고/저)(배)	0.0/0.0	0.0/0.0	0.0/0.0	0.0/0.0	—/—	125.9/68.4
PBR(최고/저)(배)	0.0/0.0	0.0/0.0	0.0/0.0	0.0/0.0	2.9/2.0	10.4/5.7
EV/EBITDA(배)	0.0			11.0	—	
EPS(원)		125	18	86	-144	175
BPS(원)		7,434	7,613	26,839	68,986	2,108
CFPS(원)		1,846	179	1,828	-101	293
DPS(원)						
EBITDAPS(원)		1,958	195	1,340	-2,104	-774

재무 비율 〈단위 : %〉

연도	영업이익률	순이익률	부채비율	차입금비율	ROA	ROE	유보율	자기자본비율	EBITDA마진율
2016	-124.2	24.3	500.6	454.9	1.5	3.9	409.1	16.7	-107.8
2015	-53.8	-22.5	47.0	42.0	-1.9	-2.8	1,279.7	68.1	-32.8
2014	4.3	10.0	74.5	60.5	2.7	4.5	436.8	57.3	15.5
2013	2.8	2.6	32.6		1.7	2.4	52.3	75.4	2.8

한국팩키지 (A037230)
Hankuk Package

업　　종 : 용기 및 포장	시　　장 : KOSDAQ
신용등급 : (Bond) —　(CP) —	기업규모 : 중견
홈페이지 : www.hkpak.co.kr	연 락 처 : 031)365-8500
본　　사 : 경기도 안산시 단원구 해안로 227	

설 립 일 1993.11.08	종업원수 93명	대표이사	단재완,이명신
상 장 일 1999.12.21	감사의견 적정 (한영)	계 열	
결 산 기 12월	보통주 2,500만주	종속회사수	
액 면 가 500원	우선주	구상호	

주주구성 (지분율,%)		출자관계 (지분율,%)		주요경쟁사 (외형,%)	
한국제지	40.0	한국팩키지	100		
단재완	12.0	수출포장	386		
(외국인)	2.3	삼영화학	192		

매출구성		비용구성		수출비중	
포장용기	100.0	매출원가율	83.8	수출	39.6
기타	0.0	판관비율	9.4	내수	60.4

회사 개요
동사는 1993년 한국제지로부터 분사하여 설립된 이후, 우유나 쥬스 액체포장용기인 카톤팩 제조 및 판매업을 주요 사업으로 영위하고 있음. Elopak社와의 전략적 제휴를 통해 신기술 도입 및 고부가가치 혁신제품 생산으로 제품 차별화 및 다양화 시도 중이며, 일본을 비롯한 APA(아시아, 태평양 및 호주) 지역 14개 국가로 확장하고 있음. 이후 친환경 자동포장시스템인 Parcel 포장설비를 국내 최초로 도입하는 등 수출 비중을 높이고 있음.

실적 분석
2016년 연결기준 매출액은 전년대비 5.6% 증가한 590.8억원을 기록함. 영업이익은 매출 증가에 따른 원가율 개선으로 매출 총이익이 크게 증가하면서 전년대비 255.2% 증가한 40.1억원을 시현함. 당기순이익 또한 전년대비 329.5% 증가한 30.7억원을 기록함. 친환경포장용기로서 품질경쟁력 확보 및 시장 확대를 위한 영업력 강화로 인해 수익성이 개선되는 모습을 보임.

현금 흐름　*IFRS 별도 기준　〈단위 : 억원〉

항목	2015	2016
영업활동	-14	19
투자활동	17	-48
재무활동	4	40
순현금흐름	8	11
기말현금	55	66

시장 대비 수익률
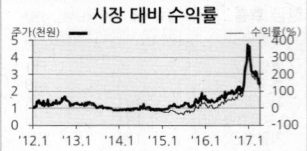

결산 실적　〈단위 : 억원〉

항목	2011	2012	2013	2014	2015	2016
매출액	597	514	492	489	559	591
영업이익	41	0	-24	-6	11	40
당기순이익	38	6	-18	-7	7	31

분기 실적　*IFRS 별도 기준　〈단위 : 억원〉

항목	2015.3Q	2015.4Q	2016.1Q	2016.2Q	2016.3Q	2016.4Q
매출액	148	150	141	153	151	146
영업이익	7	9	9	12	9	10
당기순이익	4	5	9	10	12	1

재무 상태　*IFRS 별도 기준　〈단위 : 억원〉

항목	2011	2012	2013	2014	2015	2016
총자산	562	496	501	474	498	535
유형자산	151	137	126	120	121	129
무형자산	5	4	4	4	3	3
유가증권	0	—	—	2	3	3
총부채	163	101	127	105	126	137
총차입금	15	15	24	28	37	86
자본금	125	125	125	125	125	125
총자본	399	395	374	369	373	398
지배주주지분	399	395	374	369	373	398

기업가치 지표　*IFRS 별도 기준

항목	2011	2012	2013	2014	2015	2016
주가(최고/저)(천원)	1.3/0.9	1.8/1.0	1.4/0.9	1.3/0.9	1.9/0.9	4.7/1.3
PER(최고/저)(배)	9.2/6.3	75.9/43.3	—/—	—/—	67.1/32.0	38.4/11.0
PBR(최고/저)(배)	0.9/0.6	1.2/0.7	1.0/0.6	0.9/0.6	1.3/0.6	3.0/0.9
EV/EBITDA(배)	1.7	7.7	—	13.3	14.6	20.7
EPS(원)	151	25	-72	-26	29	123
BPS(원)	1,597	1,580	1,496	1,476	1,491	1,594
CFPS(원)	247	124	-8	25	72	171
DPS(원)	35	15		15	20	30
EBITDAPS(원)	258	101	-31	26	89	208

재무 비율　〈단위 : % 〉

연도	영업이익률	순이익률	부채비율	차입금비율	ROA	ROE	유보율	자기자본비율	EBITDA마진율
2016	6.8	5.2	34.3	21.5	6.0	8.0	218.8	74.5	8.8
2015	2.0	1.3	33.7	9.9	1.5	1.9	198.2	74.8	4.0
2014	-1.3	-1.4	28.5	7.7	-1.4	-1.8	195.2	77.8	1.3
2013	-4.9	-3.7	34.1	6.4	-3.6	-4.7	199.3	74.6	-1.6

한국프랜지공업 (A010100)
KOREA FLANGE CO

업　　종 : 자동차부품	시　　장 : 거래소
신용등급 : (Bond) —　(CP) —	기업규모 : 시가총액 소형주
홈페이지 : www.kofco.com	연 락 처 : 052)233-5511
본　　사 : 울산시 동구 미포1길 2 (동부동)	

설 립 일 1974.07.15	종업원수 534명	대표이사	강호돈
상 장 일 1987.10.02	감사의견 적정 (이현)	계 열	
결 산 기 12월	보통주 609만주	종속회사수	
액 면 가 5,000원	우선주	구상호	

주주구성 (지분율,%)		출자관계 (지분율,%)		주요경쟁사 (외형,%)	
김윤수	23.5	오토메탈글로벌	100.0	한국프랜지	100
김용석	11.2	울산방송	30.0	영화금속	14
(외국인)	4.6	서한워너터보시스템즈	29.0	엠에스오토텍	65

매출구성		비용구성		수출비중	
승용외(제품)	63.7	매출원가율	94.7	수출	47.1
H/SHAFT	26.4	판관비율	4.4	내수	52.9
기타	5.0				

회사 개요
동사는 자동차 부품, 프랜지, 산업기계, 철구조물, 탱크류, 열교환기 제조, 판매업 등을 영위할 목적으로 1974년 설립되었음. 1987년 유가증권 시장에 상장됨. 제동, 구동장치 등 생산중인 대부분의 자동차 부품은 현대차, 기아차, 현대모비스 등에 납품하고 있음. 매출은 차부품 94.7%, 브랜드 3.4%, 산업기계 0.4%, 기타 등으로 구성되어 있음.

실적 분석
세계경제의 침체로 인한 국내 자동차시장도 개별소비세 인하 연장 및 신차출시에도 불구하고 수출감소와 부분파업에 따른 생산차질로 판매가 소폭 감소하였음. 또한 프랜지 공급업체 간의 가격경쟁이 더욱 심화되어 프랜지 물량, 산기(조선관련) 매출이 감소함. 이에 따라 2016년 결산 매출은 전년대비 2.1% 증가한 1조1,564.2억원, 영업이익은 전년대비 3.4% 감소한 303.5억원, 당기순이익은 전년대비 8.7% 감소한 130.3억원을 시현함.

현금 흐름　〈단위 : 억원〉

항목	2015	2016
영업활동	468	402
투자활동	-501	-351
재무활동	-31	211
순현금흐름	-58	268
기말현금	173	440

시장 대비 수익률
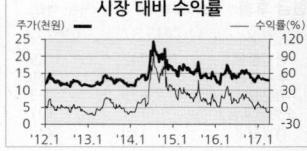

결산 실적　〈단위 : 억원〉

항목	2011	2012	2013	2014	2015	2016
매출액	9,724	9,542	9,692	9,730	11,325	11,564
영업이익	108	203	167	67	118	114
당기순이익	87	129	95	24	143	130

분기 실적　*IFRS 별도 기준　〈단위 : 억원〉

항목	2015.3Q	2015.4Q	2016.1Q	2016.2Q	2016.3Q	2016.4Q
매출액	2,718	3,279	2,906	3,086	2,621	2,951
영업이익	12	101	25	55	-25	58
당기순이익	40	79	31	74	-28	54

재무 상태　*IFRS 별도 기준　〈단위 : 억원〉

항목	2011	2012	2013	2014	2015	2016
총자산	6,012	6,145	6,118	6,567	7,171	7,330
유형자산	1,633	1,855	1,971	2,288	2,539	2,675
무형자산	83	79	71	73	76	75
유가증권	271	291	265	310	315	309
총부채	3,518	3,586	3,465	3,938	4,416	4,443
총차입금	1,097	1,428	1,236	1,756	1,809	2,095
자본금	305	305	305	305	305	305
총자본	2,494	2,559	2,653	2,629	2,754	2,887
지배주주지분	2,014	2,047	2,122	2,079	2,182	2,319

기업가치 지표

항목	2011	2012	2013	2014	2015	2016
주가(최고/저)(천원)	21.6/11.0	14.8/11.0	14.7/11.0	25.0/11.1	18.5/13.3	17.5/11.5
PER(최고/저)(배)	20.6/10.5	10.1/7.5	13.6/10.2	2,429.4/1,082.9	9.5/6.8	8.4/5.5
PBR(최고/저)(배)	0.7/0.4	0.5/0.3	0.4/0.3	0.8/0.3	0.5/0.4	0.5/0.3
EV/EBITDA(배)	6.1	5.6	5.5	8.9	6.8	6.8
EPS(원)	1,129	1,547	1,138	11	1,981	2,126
BPS(원)	33,078	33,619	34,844	34,132	35,826	38,077
CFPS(원)	4,422	4,994	4,894	4,168	6,786	6,928
DPS(원)	250		250	250		250
EBITDAPS(원)	5,071	6,786	6,491	5,250	6,738	6,669

재무 비율　〈단위 : % 〉

연도	영업이익률	순이익률	부채비율	차입금비율	ROA	ROE	유보율	자기자본비율	EBITDA마진율
2016	1.0	1.1	153.9	72.5	1.8	5.8	661.6	39.4	3.5
2015	1.0	1.3	160.4	65.7	2.1	5.7	616.5	38.4	3.6
2014	0.7	0.3	149.8	66.8	0.4	0.0	582.6	40.0	3.3
2013	1.7	1.0	130.6	46.6	1.6	3.3	596.9	43.4	4.1

한국항공우주산업 (A047810)
KOREA AEROSPACE INDUSTRIES

업 종 : 상업서비스		시 장 : 거래소	
신용등급 : (Bond) AA- (CP) A1		기업규모 : 시가총액 대형주	
홈페이지 : www.koreaaero.com		연 락 처 : 055)851-1000	
본 사 : 경남 사천시 사남면 공단1로 78			

설 립 일	1999.12.14	종업원수	3,881명	대표이사	하성용
상 장 일	2011.06.30	감사의견	적정 (삼일)	계 열	
결 산 월	12월	보통주	9,748만주	종속회사수	
액 면 가	5,000원	우선주		구 상 호	

주주구성 (지분율,%)		출자관계 (지분율,%)		주요경쟁사 (외형,%)	
한국산업은행	19.0	KAI-EC	51.0	한국항공우주	100
국민연금공단	8.0	한국표면처리	29.7	에스원	59
(외국인)	24.6	에스앤케이항공	29.4	한화테크윈	113

매출구성		비용구성		수출비중	
T-50계열	43.4	매출원가율	85.4	수출	56.8
기체부품 등	34.4	판관비율	4.4	내수	43.2
KUH계열	13.9				

회사 개요
동사는 1999년 항공기 부품, 완제기 제조 및 판매를 목적으로 설립된 국내 대표 방위산업체임. 방위산업 특성상 군수사업은 특정 무기체계에 의해 군의 확정소요를 기반으로 하는 장기 계약사업으로 각 사업 및 품목별 국내 시장점유율은 100%임. 항공기 기체구조물을 수출하는 민수사업도 민항기 시장 성장 및 생산량 증가에 따라 시장 규모가 점진적으로 커질 것으로 전망됨.

실적 분석
동사의 2016년 매출액은 3조 1006.8억원으로 전년 대비 6.9% 증가함. 영업이익은 3149.6억원으로 10.3% 증가함. 당기순이익은 2681.1억원으로 48.5% 증가함. 한국형 고등훈련기(T-50) 수출과 에어버스 A320, A350 기종의 날개 구조물 납품이 늘어나면서 수익 개선됨. 동사는 KF-X 한국형 전투기 개발 사업을 비롯해 소형 무장 헬기, 민수 헬기 등의 사업도 추진하고 있음.

현금 흐름
<단위 : 억원>

항목	2015	2016
영업활동	330	1,491
투자활동	-818	-1,730
재무활동	467	666
순현금흐름	-18	428
기말현금	107	536

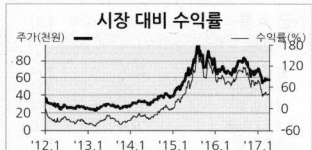

시장 대비 수익률

결산 실적
<단위 : 억원>

항목	2011	2012	2013	2014	2015	2016
매출액	12,861	15,346	20,163	23,149	29,010	31,007
영업이익	1,045	1,258	1,246	1,613	2,857	3,150
당기순이익	732	740	904	1,111	1,806	2,681

분기 실적
<단위 : 억원>

항목	2015.3Q	2015.4Q	2016.1Q	2016.2Q	2016.3Q	2016.4Q
매출액	7,040	8,968	7,106	8,013	8,015	7,873
영업이익	795	726	812	950	941	447
당기순이익	361	438	753	684	464	780

재무 상태
<단위 : 억원>

항목	2011	2012	2013	2014	2015	2016
총자산	17,555	18,925	19,761	21,013	27,123	29,332
유형자산	3,754	4,017	4,937	4,945	5,069	5,221
무형자산	2,100	2,203	2,230	2,250	2,352	2,460
유가증권	186	193	201	206	239	271
총부채	9,099	10,052	10,145	10,646	15,404	15,269
총차입금	4,915	3,173	2,771	3,645	4,509	5,447
자본금	4,874	4,874	4,874	4,874	4,874	4,874
총자본	8,456	8,873	9,616	10,367	11,719	14,063
지배주주지분	8,457	8,876	9,615	10,367	11,719	14,063

기업가치 지표

항목	2011	2012	2013	2014	2015	2016
주가(최고/저)(천원)	39.4/21.3	37.9/23.3	30.0/21.7	42.6/26.9	102.5/37.5	85.5/58.3
PER(최고/저)(배)	51.6/27.8	51.8/31.8	33.4/24.2	38.2/24.1	55.9/20.5	31.4/21.4
PBR(최고/저)(배)	4.7/2.6	4.3/2.7	3.1/2.3	4.1/2.6	8.6/3.2	6.0/4.1
EV/EBITDA(배)	29.5	14.5	14.3	16.8	21.1	16.5
EPS(원)	797	760	924	1,140	1,852	2,751
BPS(원)	8,676	9,106	9,864	10,636	12,022	14,427
CFPS(원)	1,234	1,312	1,733	2,051	2,826	3,875
DPS(원)	200	200	200	250	400	680
EBITDAPS(원)	1,572	1,842	2,086	2,565	3,904	4,355

재무 비율
<단위 : % >

연도	영업이익률	순이익률	부채비율	차입금비율	ROA	ROE	유보율	자기자본비율	EBITDA마진율
2016	10.2	8.7	108.6	38.7	9.5	20.8	188.5	47.9	13.7
2015	9.9	6.2	131.5	38.5	7.5	16.4	140.4	43.2	13.1
2014	7.0	4.8	102.7	35.2	5.5	11.1	112.7	49.3	10.8
2013	6.2	4.5	105.5	28.8	4.7	9.7	97.3	48.7	10.1

한국화장품 (A123690)
Hankook Cosmetics

업 종 : 개인생활용품		시 장 : 거래소	
신용등급 : (Bond) — (CP) —		기업규모 : 시가총액 소형주	
홈페이지 : www.ihkcos.co.kr		연 락 처 : 02)724-3114	
본 사 : 서울시 종로구 청계천로 35 (서린동)			

설 립 일	2010.05.03	종업원수	101명	대표이사	이용준
상 장 일	2010.06.01	감사의견	적정 (삼덕)	계 열	
결 산 월	12월	보통주	1,607만주	종속회사수	
액 면 가	500원	우선주		구 상 호	

주주구성 (지분율,%)		출자관계 (지분율,%)		주요경쟁사 (외형,%)	
한국화장품제조	20.0			한국화장품	100
임충헌	11.5			코리아나	77
(외국인)	3.9			네오팜	26

매출구성		비용구성		수출비중	
기초 외	97.1	매출원가율	44.6	수출	12.9
임대 외	2.9	판관비율	45.7	내수	87.1

회사 개요
동사는 화장품의 판매를 업으로 하며, 기초 화장품과 색조화장품을 비롯 700여 종류를 판매하는 종합화장품 회사임. 화장품 산업은 고객의 소득 및 소비 수준에 민감한 영향을 받으며 현재는 자연주의, 한방, 남성 등의 화장품 시장이 확대되고 소비자층이 다양해 지고 있음. 최근 동사는 화장품판매업인 주식회사 더샘인터내셔날을 주요 종속회사로 편입하였음. 소유비율은 100%임.

실적 분석
자회사 브랜드샵 관련 매출 증가로 동사의 2016년 연결기준 연간 매출액은 1,607.6억원으로 전년 대비 63.3% 증가함. 매출원가 및 판관비가 증가했음에도 매출 증가에 힘입어 영업이익과 당기순이익은 각각 157.1억원, 146.2억원을 기록하며 흑자전환됨. 동사는 영업손실이 지속되고 있으나 2016년에도 지속적인 외형확대와 수익구조개선을 위해 최선의 노력을 다하고 있음.

현금 흐름
<단위 : 억원>

항목	2015	2016
영업활동	-171	182
투자활동	176	-172
재무활동		
순현금흐름	5	9
기말현금	16	25

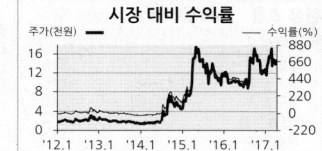

시장 대비 수익률

결산 실적
<단위 : 억원>

항목	2011	2012	2013	2014	2015	2016
매출액	703	730	687	763	984	1,608
영업이익	-176	-166	-131	-109	-55	157
당기순이익	-164	-199	-162	263	-91	146

분기 실적
<단위 : 억원>

항목	2015.3Q	2015.4Q	2016.1Q	2016.2Q	2016.3Q	2016.4Q
매출액	247	274	334	406	399	470
영업이익	-17	1	12	52	42	51
당기순이익	-32	-0	14	53	40	39

재무 상태
<단위 : 억원>

항목	2011	2012	2013	2014	2015	2016
총자산	1,233	1,136	1,089	912	729	993
유형자산	303	304	277	160	146	186
무형자산	49	46	43	27	32	32
유가증권	46	36	24	12	11	2
총부채	636	735	850	408	314	436
총차입금	362	452	530	2	2	2
자본금	80	80	80	80	80	80
총자본	597	401	239	504	415	557
지배주주지분	597	401	239	504	415	557

기업가치 지표

항목	2011	2012	2013	2014	2015	2016
주가(최고/저)(천원)	3.2/1.5	3.5/1.7	2.7/1.5	7.6/1.4	19.7/4.5	17.3/8.8
PER(최고/저)(배)	—/—	—/—	—/—	4.6/0.9	—/—	19.0/9.7
PBR(최고/저)(배)	0.9/0.4	1.4/0.7	1.8/1.0	2.4/0.4	7.6/1.8	5.0/2.5
EV/EBITDA(배)						8.9
EPS(원)	-1,022	-1,241	-1,007	1,639	-564	910
BPS(원)	3,718	2,496	1,487	3,139	2,582	3,466
CFPS(원)	-871	-1,053	-813	1,823	-355	1,148
DPS(원)						
EBITDAPS(원)	-944	-848	-622	-494	-131	1,216

재무 비율
<단위 : % >

연도	영업이익률	순이익률	부채비율	차입금비율	ROA	ROE	유보율	자기자본비율	EBITDA마진율
2016	9.8	9.1	78.3	0.4	17.0	30.1	593.3	56.1	12.2
2015	-5.5	-9.2	75.7	0.6	-11.0	-19.7	416.3	56.9	-2.1
2014	-14.3	34.5	80.9	0.5	26.3	70.9	527.9	55.3	-10.4
2013	-19.1	-23.6	355.8	221.7	-14.5	-50.6	197.5	21.9	-14.6

한국화장품제조 (A003350)
Hankook Cosmetics Manufacturing

업 종: 개인생활용품	시 장: 거래소
신용등급: (Bond) — (CP) —	기업규모: 시가총액 소형주
홈페이지: www.hkcosm.com	연락처: 02)724-3710

본 사: 서울시 종로구 청계천로 35 (서린동)

설 립 일 1962.03.21	종업원수 152명	대표이사 이용준
상 장 일 1978.02.06	감사의견 적정 (삼덕)	계 열
결 산 기 12월	보 통 주 453만주	종속회사수
액 면 가 500원	우 선 주	구 상 호

주주구성 (지분율,%)		출자관계 (지분율,%)		주요경쟁사 (외형,%)	
임충헌	11.5	한국화장품제조	100		
김숙자	11.2	코리아나	191		
(외국인)	1.1	네오팜	65		

매출구성		비용구성		수출비중	
화장품[기초외 제품]	94.6	매출원가율	79.5	수출	1.3
화장품[기초외 상품]	4.7	판관비율	10.8	내수	98.7
기타[부재료 외]	0.8				

회사 개요
동사는 화장품 OEM 및 ODM 전문업체. 화장품 산업은 경기침체에도 불구하고 2017년까지 약 7%의 성장을 시현할 것으로 전망. 현재 국내 화장품 산업은 성숙기에 접어 든 것으로 보임. 동사는 인적분할 이후 '화장품전문제조업체'로 새롭게 탈바꿈하기 위해 생산체계 재정비, 지속적인 연구활동을 통한 제품력 향상 등 새로운 성장동력을 만들기 위한 투자 진행중.

실적 분석
동사의 2016년 연결기준 매출액은 649.5억원으로 전년 대비 42.8% 늘어났음. 인건비와 경상개발비가 각각 79.8%, 41.5% 씩 늘면서 전체 판관비가 55.1% 늘었으나 영업이익은 전년도 48.4억원에서 62.9억원으로 29.9% 증가했음. 비영업손익 부분에서 전년도 19.3억원 손실을 기록한 데에서 2016년 29.2억원 이익을 내면서 당기순이익은 96.2억원을 달성, 전년 대비 384.4% 증가하는 성적을 기록함.

현금 흐름 *IFRS 별도 기준 〈단위 : 억원〉

항목	2015	2016
영업활동	72	110
투자활동	-66	-146
재무활동	-8	40
순현금흐름	-1	4
기말현금	0	4

시장 대비 수익률
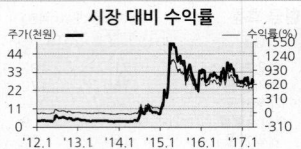

결산 실적 〈단위 : 억원〉

항목	2011	2012	2013	2014	2015	2016
매출액	260	313	311	355	455	649
영업이익	-30	-6	-1	20	48	63
당기순이익	-62	-63	-23	78	20	96

분기 실적 *IFRS 별도 기준 〈단위 : 억원〉

항목	2015.3Q	2015.4Q	2016.1Q	2016.2Q	2016.3Q	2016.4Q
매출액	113	126	133	196	176	145
영업이익	16	14	20	25	18	0
당기순이익	6	12	18	32	24	22

재무 상태 *IFRS 별도 기준 〈단위 : 억원〉

항목	2011	2012	2013	2014	2015	2016
총자산	436	377	404	469	502	666
유형자산	130	123	122	125	127	154
무형자산	1	1	1	1	1	1
유가증권	1	1	1	1	1	0
총부채	97	101	150	137	155	226
총차입금	30	40	70	70	63	102
자본금	23	23	23	23	23	23
총자본	340	277	254	331	347	440
지배주주지분	340	277	254	331	347	440

기업가치 지표 *IFRS 별도 기준

항목	2011	2012	2013	2014	2015	2016
주가(최고/저)(천원)	6.6/3.0	7.7/3.4	4.9/3.1	13.8/3.2	59.9/8.0	40.5/26.3
PER(최고/저)(배)	—/—	—/—	—/—	8.1/1.9	137.2/18.4	19.1/12.4
PBR(최고/저)(배)	0.8/0.4	1.2/0.5	0.8/0.5	1.8/0.4	7.5/1.0	4.1/2.6
EV/EBITDA(배)	—	—	39.1		27.1	15.9
EPS(원)	-1,364	-1,385	-517	1,723	438	2,122
BPS(원)	7,815	6,427	5,937	7,634	7,987	10,034
CFPS(원)	-1,221	-1,261	-389	1,859	602	2,343
DPS(원)	—	—	—	—	—	100
EBITDAPS(원)	-518	-11	108	578	1,233	1,610

재무 비율 〈단위 : % 〉

연도	영업이익률	순이익률	부채비율	차입금비율	ROA	ROE	유보율	자기자본비율	EBITDA마진율
2016	9.7	14.8	51.4	23.2	16.5	24.4	1,906.7	66.1	11.2
2015	10.7	4.4	44.5	18.0	4.1	5.9	1,497.5	69.2	12.3
2014	5.6	22.0	41.5	21.1	17.9	26.7	1,426.8	70.7	7.4
2013	-0.3	-7.5	58.8	27.5	-6.0	-8.8	1,087.4	63.0	1.6

한글과컴퓨터 (A030520)
Hancom

업 종: 일반 소프트웨어	시 장: KOSDAQ
신용등급: (Bond) — (CP) —	기업규모: 우량
홈페이지: www.hancom.com	연락처: 031)627-7000

본 사: 경기도 성남시 분당구 대왕판교로 644번길 49 한컴타워 10층

설 립 일 1990.10.09	종업원수 375명	대표이사 이원필
상 장 일 1996.09.24	감사의견 적정 (한영)	계 열
결 산 기 12월	보 통 주 2,308만주	종속회사수
액 면 가 500원	우 선 주	구 상 호

주주구성 (지분율,%)		출자관계 (지분율,%)		주요경쟁사 (외형,%)	
소프트포럼	13.5	한컴핀테크	99.0	한글과컴퓨터	100
김정실	7.4	한컴씽크프리	98.0	더존비즈온	175
(외국인)	15.8	한컴커뮤니케이션	95.0	안랩	141

매출구성		비용구성		수출비중	
오피스 제품 등	87.4	매출원가율	7.4	수출	12.7
웹오피스 모바일SW	12.1	판관비율	63.9	내수	87.3
리눅스 OS / Sle-book 모바일 솔루션	0.5				

회사 개요
동사는 1990년에 설립된 국내 최초 한국어워드 소프트웨어 개발업체로 한컴오피스 소프트웨어를 중심으로 하는 오피스SW부문과 씽크프리 모바일 및 씽크프리 서버 등을 중심으로 하는 모바일솔루션부문으로 구성됨. 2016년 1월에는 오피스 하나만으로 다른 오피스 SW에서 작성된 문서까지 편집하고, 원하는 장소에서 자유롭게 업무를 보고, 작성된 문서를 세계 각국의 언어로 번역할 수 있는 한컴오피스 네오를 출시함.

실적 분석
동사의 2016년 결산 매출액은 전년동기 대비 19.2% 늘어난 1,012.4억원을 기록함. 이는 공공 및 교육시장의 신규채널 발굴 노력과 적극적인 영업으로 인한 결과로 보임. 동사는 기업 시장에 대한 강력한 영업정책과 주요 서비스 제공업체와 전략적 제휴를 통한 시너지 확대를 통해 시장점유율을 확대할 계획임. 또한 씽크프리 서비스로 글로벌 오피스 시장도 겨냥 예정으로 향후 호실적 전망.

현금 흐름 *IFRS 별도 기준 〈단위 : 억원〉

항목	2015	2016
영업활동	297	204
투자활동	-63	-97
재무활동	-93	-53
순현금흐름	72	60
기말현금	217	277

시장 대비 수익률
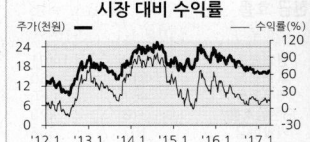

결산 실적 〈단위 : 억원〉

항목	2011	2012	2013	2014	2015	2016
매출액	570	656	685	758	849	1,012
영업이익	224	248	239	275	279	290
당기순이익	135	125	191	201	234	153

분기 실적 *IFRS 별도 기준 〈단위 : 억원〉

항목	2015.3Q	2015.4Q	2016.1Q	2016.2Q	2016.3Q	2016.4Q
매출액	200	211	253	265	240	255
영업이익	65	30	77	94	64	55
당기순이익	67	-2	62	47	37	7

재무 상태 *IFRS 별도 기준 〈단위 : 억원〉

항목	2011	2012	2013	2014	2015	2016
총자산	1,230	1,386	1,530	1,731	2,141	2,286
유형자산	18	33	31	67	36	34
무형자산	185	175	244	226	550	553
유가증권	72	13	11	7	5	4
총부채	131	133	131	234	361	425
총차입금	—	—	—	75	154	216
자본금	122	122	122	122	122	122
총자본	1,099	1,253	1,399	1,497	1,780	1,862
지배주주지분	1,099	1,254	1,399	1,498	1,516	1,586

기업가치 지표 *IFRS 별도 기준

항목	2011	2012	2013	2014	2015	2016
주가(최고/저)(천원)	11.4/4.3	20.1/9.0	21.3/12.8	26.0/17.7	25.6/16.6	22.9/15.4
PER(최고/저)(배)	20.8/8.0	39.1/17.7	27.1/16.3	31.2/21.3	25.4/16.4	35.9/24.2
PBR(최고/저)(배)	2.4/0.9	3.7/1.7	3.6/2.2	3.9/2.7	3.6/2.4	3.1/2.1
EV/EBITDA(배)	9.3	15.2	13.7	12.2	15.3	10.2
EPS(원)	583	541	826	870	1,040	646
BPS(원)	5,135	5,693	6,282	6,940	7,273	7,537
CFPS(원)	725	699	1,056	1,196	1,362	1,016
DPS(원)	200	250	200	260	400	200
EBITDAPS(원)	1,111	1,230	1,267	1,517	1,531	1,629

재무 비율 〈단위 : % 〉

연도	영업이익률	순이익률	부채비율	차입금비율	ROA	ROE	유보율	자기자본비율	EBITDA마진율
2016	28.7	15.1	22.8	11.6	6.9	9.9	1,325.7	81.4	37.1
2015	32.9	27.5	20.3	8.7	12.1	15.9	1,275.8	83.1	41.6
2014	36.2	26.5	15.6	5.0	12.3	13.9	1,212.7	86.5	46.2
2013	34.9	27.8	9.4	—	13.1	14.4	1,088.3	91.4	42.7

한네트 (A052600)
Hannet

업　종 : 상업서비스　　　　　　　　시　　장 : KOSDAQ
신용등급 : (Bond) —　　(CP) —　　기업규모 : 중견
홈페이지 : www.hannet.net　　　　연 락 처 : 02)2125-6000
본　　사 : 서울시 마포구 독막로 281 (대흥동)

설 립 일	1997.04.15	종 업 원 수	67명	대 표 이 사	강창귀,왕문경
상 장 일	2001.07.10	감 사 의 견	적정 (삼일)	계　　　열	
결 산 월	12월	보 통 주	1,156만주	종 속 회 사 수	
액 면 가	500원	우 선 주		구 상 회 사	

주주구성 (지분율,%)		출자관계 (지분율,%)		주요경쟁사 (외형,%)	
한국컴퓨터지주	45.1	제이티비씨	1.0	한네트	100
한국증권금융	4.5			아이씨케이	85
(외국인)	5.9			SCI평가정보	122

매출구성		비용구성		수출비중	
CD-VAN, 키오스크 판매 등	99.0	매출원가율	80.4	수출	0.0
임대수익 등	1.0	판관비율	6.8	내수	100.0

회사 개요
동사는 1990년 한국컴퓨터 밴(VAN) 사업부로 출발해 민간업체로서는 국내 최초로 점외현금자동인출기를 설치함. 1997년 4월 VAN 사업을 목적으로 한국컴퓨터에서 별도법인으로 독립함. 지하철역, 대형 유통점, 편의점, 휴게소 등 공공장소를 중심으로 현금자동지급기를 설치함으로써 꾸준한 증가세를 유지함. 입장권 예매, 상품권, 티켓 판매, 고속버스 승차권 발매 등 부가서비스로 차별화를 꾀함.

실적 분석
동사의 2016년 매출액은 288.5억원으로 전년 대비 2.2% 증가함. 영업이익은 37억원으로 11.2% 증가함. 당기순이익은 23.9억원으로 17% 증가함. 주요 장소의 인프라를 확보해 경쟁 우위를 선점한 선두업체로서 규모나 역량 면에서의 차이로 인해 향후 지속적인 우위를 점할 수 있음. 경기 회복에 대한 기대, 신용불량자 감소 등으로 서비스 이용자 늘 것으로 전망됨.

현금 흐름 *IFRS 별도 기준 〈단위 : 억원〉

항목	2015	2016
영업활동	65	78
투자활동	-60	-22
재무활동	66	-46
순현금흐름	71	9
기말현금	433	443

시장 대비 수익률
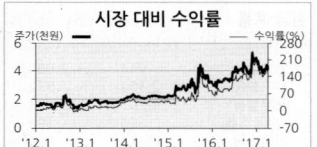

결산 실적 〈단위 : 억원〉

항목	2011	2012	2013	2014	2015	2016
매출액	310	271	283	277	282	288
영업이익	30	21	38	39	33	37
당기순이익	20	5	16	22	20	24

분기 실적 *IFRS 별도 기준 〈단위 : 억원〉

항목	2015.3Q	2015.4Q	2016.1Q	2016.2Q	2016.3Q	2016.4Q
매출액	73	73	69	73	73	73
영업이익	10	8	8	13	10	6
당기순이익	6	5	6	9	6	4

재무 상태 *IFRS 별도 기준 〈단위 : 억원〉

항목	2011	2012	2013	2014	2015	2016
총자산	498	462	562	624	711	697
유형자산	121	139	156	160	171	157
무형자산	3	3	2	1	1	1
유가증권	79	57	54	41	44	37
총부채	164	139	217	270	351	327
총차입금	117	90	175	224	298	266
자본금	58	58	58	58	58	58
총자본	335	323	346	354	360	370
지배주주지분	335	323	346	354	360	370

기업가치 지표 *IFRS 별도 기준

항목	2011	2012	2013	2014	2015	2016
주가(최고/저)(천원)	2.1/1.4	2.4/1.3	2.1/1.5	2.3/1.9	4.5/2.1	5.4/2.8
PER(최고/저)(배)	15.4/10.3	64.3/36.5	17.4/12.8	13.6/11.2	27.4/12.8	27.0/13.9
PBR(최고/저)(배)	0.9/0.6	1.1/0.6	0.8/0.6	0.9/0.7	1.6/0.7	1.7/0.9
EV/EBITDA(배)	0.7	0.8	1.2	1.5	3.2	4.7
EPS(원)	176	46	138	193	176	206
BPS(원)	2,895	2,793	2,989	3,061	3,111	3,202
CFPS(원)	525	376	501	563	549	591
DPS(원)	100	100	110	120	120	120
EBITDAPS(원)	608	513	689	707	661	705

재무 비율 〈단위 : % 〉

연도	영업이익률	순이익률	부채비율	차입금비율	ROA	ROE	유보율	자기자본비율	EBITDA마진율
2016	12.8	8.3	88.2	71.9	3.4	6.5	540.4	53.1	28.2
2015	11.8	7.2	97.6	83.0	3.1	5.7	522.2	50.6	27.1
2014	14.1	8.0	76.2	63.2	3.8	6.4	512.2	56.8	29.5
2013	13.4	5.7	62.7	50.8	3.1	4.8	497.8	61.5	28.2

한농화성 (A011500)
Hannong Chemicals

업　종 : 화학　　　　　　　　　　시　　장 : 거래소
신용등급 : (Bond) —　　(CP) —　　기업규모 : 시가총액 소형주
홈페이지 : www.hannong.co.kr　　연 락 처 : 063)462-2455
본　　사 : 전북 군산시 외항1길 24

설 립 일	1976.07.10	종 업 원 수	151명	대 표 이 사	경상호,김응상
상 장 일	2003.01.09	감 사 의 견	적정 (한영)	계　　　열	
결 산 월	12월	보 통 주	1,564만주	종 속 회 사 수	
액 면 가	500원	우 선 주		구 상 회 사	

주주구성 (지분율,%)		출자관계 (지분율,%)		주요경쟁사 (외형,%)	
김응상	42.7	경산	40.0	한농화성	100
FID SRS INTRINSIC OPP FND	8.2	경산씨앤엘	19.0	한솔씨앤피	27
(외국인)	11.1			WISCOM	66

매출구성		비용구성		수출비중	
[제품]계면활성제 (EOA)	57.1	매출원가율	90.5	수출	26.4
[제품]글리콜에테르 (GE)	30.1	판관비율	5.5	내수	73.6
[제품]특수산업용유화제 (EM)	9.4				

회사 개요
동사는 설립 초기 농업용 화학원재료 제품만을 제조하였으나, 연구개발을 지속적으로 실시하여 글리콜에테르와 계면활성제, 특수산업용유화제 등 다양한 정밀화학제품을 생산하는 기업으로 성장함. 고부가가치의 신제품 개발노력으로 FM, 글라임 등 첨단 화학제품의 비중을 점차 높여가고 있음. 계면활성제 산업은 정밀화학의 한 분야로서 알콜, 지방산, 아민, EO 등을 주원료로 사용함. 주요 판매처는 엘지화학, 켐트로닉스, 롯데케미칼 등임.

실적 분석
동사의 2016년 누적 매출액은 2,049.8억원으로 전년 대비 2% 증가함. 영업이익은 82억원으로 전년보다 0.8% 늘었고, 당기순이익은 3.4% 증가한 87.7억원을 기록함. 반도체 및 디스플레이 산업의 설비투자 확대로 동사의 글리콜에테르에 대한 수요가 증가할 것으로 기대됨. 전사적 자원관리 시스템을 통해 모든 자료를 데이터 베이스화하면서 원가, 대금회수, 가격 데이터를 가지고 업체별 차별화된 전략으로 영업정책을 수립하고 있음.

현금 흐름 *IFRS 별도 기준 〈단위 : 억원〉

항목	2015	2016
영업활동	226	99
투자활동	-74	-75
재무활동	-125	-24
순현금흐름	27	-0
기말현금	33	33

시장 대비 수익률
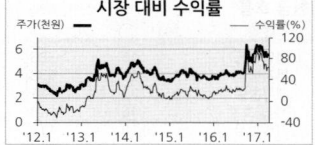

결산 실적 〈단위 : 억원〉

항목	2011	2012	2013	2014	2015	2016
매출액	2,065	2,112	2,244	2,178	2,010	2,050
영업이익	119	98	81	82	81	82
당기순이익	90	87	78	78	85	88

분기 실적 *IFRS 별도 기준 〈단위 : 억원〉

항목	2015.3Q	2015.4Q	2016.1Q	2016.2Q	2016.3Q	2016.4Q
매출액	487	456	475	502	497	575
영업이익	24	19	22	21	10	29
당기순이익	22	24	17	25	4	42

재무 상태 *IFRS 별도 기준 〈단위 : 억원〉

항목	2011	2012	2013	2014	2015	2016
총자산	1,201	1,289	1,309	1,490	1,405	1,571
유형자산	411	457	503	634	615	623
무형자산	9	9	10	6	6	6
유가증권	5	5	5	8	12	5
총부채	527	549	501	621	464	555
총차입금	331	351	263	386	273	264
자본금	78	78	78	78	78	78
총자본	675	740	808	869	940	1,015
지배주주지분	675	740	808	869	940	1,015

기업가치 지표 *IFRS 별도 기준

항목	2011	2012	2013	2014	2015	2016
주가(최고/저)(천원)	3.5/2.6	3.3/2.2	5.1/2.9	5.2/3.3	4.4/3.3	6.9/3.5
PER(최고/저)(배)	7.0/5.2	6.6/4.3	11.2/6.4	11.1/7.2	8.5/6.4	12.6/6.4
PBR(최고/저)(배)	0.9/0.7	0.8/0.5	1.1/0.6	1.0/0.6	0.8/0.6	1.1/0.6
EV/EBITDA(배)	4.6	5.4	5.9	6.4	5.3	7.9
EPS(원)	577	558	499	498	542	561
BPS(원)	4,357	4,774	5,209	5,601	6,056	6,535
CFPS(원)	941	899	800	875	976	991
DPS(원)	100	90	80	90	100	110
EBITDAPS(원)	1,127	967	822	899	954	955

재무 비율 〈단위 : % 〉

연도	영업이익률	순이익률	부채비율	차입금비율	ROA	ROE	유보율	자기자본비율	EBITDA마진율
2016	4.0	4.3	54.7	26.1	5.9	9.0	1,206.9	64.6	7.3
2015	4.1	4.2	49.4	29.1	5.9	9.4	1,111.2	66.9	7.4
2014	3.7	3.6	71.4	44.4	5.5	9.3	1,020.1	58.3	6.5
2013	3.6	3.5	62.1	32.5	6.0	10.1	941.7	61.7	5.7

한독 (A002390)
Handok

업　　종 : 제약		시　　장 : 거래소	
신용등급 : (Bond) A- (CP) —		기업규모 : 시가총액 소형주	
홈페이지 : www.handok.co.kr		연 락 처 : 02)527-5114	
본　　사 : 서울시 강남구 테헤란로 132			

설 립 일	1954.04.27	종 업 원 수	900명	대 표 이 사	김철준
상 장 일	1976.06.30	감사의견	적정 (삼일)	계　　열	
결 산 기	12월	보 통 주	1,259만주	종속회사수	
액 면 가	500원	우 선 주		구 상 회 사	한독약품

주주구성 (지분율,%)
와이앤에스인터내셔날	19.2
김영진	14.9
(외국인)	10.0

출자관계 (지분율,%)
한독칼로스메디칼	51.0
한독테바	49.0
엔비포스텍	32.1

주요경쟁사 (외형,%)
한독	100
신풍제약	49
광동제약	267

매출구성
기타	57.2
BEP III외	15.1
아마릴 群	13.8

비용구성
매출원가율	67.8
판관비율	31.3

수출비중
수출	5.3
내수	94.7

회사 개요
동사는 1954년 설립되어 전문의약품 및 일반 의약품 생산산업으로 주력 의약품으로는 당뇨병치료제인 아마릴, 고혈압치료제인 테베텐, 트라이핀, 트렌탈, 일반의약품인 훼스탈, 케토톱이 있음. 의약품 이외에 의료기기, 건강기능식품, 유전자분석사업 등으로 사업다각화를 추진함. 2016년에는 미국 기능성 식품시장, 진단의료기기 개발, 국내 OTC 비강세정 시장, 컨슈머헬스사업 및 희귀질환 시장 진출 등 다양한 신규 사업을 진행함.

실적 분석
동사의 2016년 연결기준 매출액은 전년대비 10.5% 성장한 3,961.3억원을 기록함. 매출액 성장에도 매출원가율은 다소 상승하여 영업이익 36.4억원, 당기순손실 74.0억원을 보이며 전년대비 수익성이 악화됨. 비영업손실은 주로 관련기업투자손실 등에 기인함. 사업부문별 매출비중은 의약품 76.19%, 진단기기 및 시약 14.90%, 컨슈머헬스 3.92%, 용역 4.07%, 기타 등으로 구성됨.

현금 흐름 〈단위 : 억원〉
항목	2015	2016
영업활동	146	-85
투자활동	-222	-638
재무활동	122	731
순현금흐름	46	8
기말현금	110	119

시장 대비 수익률
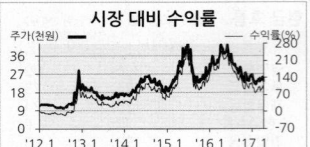

결산 실적 〈단위 : 억원〉
항목	2011	2012	2013	2014	2015	2016
매출액	3,331	3,146	3,279	3,483	3,584	3,961
영업이익	224	86	75	103	62	36
당기순이익	166	58	123	15	-18	-74

분기 실적 〈단위 : 억원〉
항목	2015.3Q	2015.4Q	2016.1Q	2016.2Q	2016.3Q	2016.4Q
매출액	914	996	912	1,016	1,004	1,029
영업이익	9	61	2	6	13	16
당기순이익	-22	66	-6	-37	-21	-17

재무 상태 〈단위 : 억원〉
항목	2011	2012	2013	2014	2015	2016
총자산	4,082	4,364	4,735	5,155	5,306	6,228
유형자산	1,287	1,337	1,328	1,334	1,384	1,545
무형자산	202	209	188	683	691	982
유가증권	37	431	267	18	24	25
총부채	1,299	1,491	1,793	2,077	2,269	3,336
총차입금	4	422	563	890	998	1,831
자본금	58	58	58	63	63	63
총자본	2,783	2,873	2,943	3,078	3,037	2,893
지배주주지분	2,783	2,873	2,943	3,078	2,985	2,809

기업가치 지표
항목	2011	2012	2013	2014	2015	2016
주가(최고/저)(천원)	14.4/10.9	28.9/9.8	22.7/13.1	26.9/16.0	41.8/18.6	42.4/22.4
PER(최고/저)(배)	11.0/8.3	61.2/20.9	22.4/12.9	228.9/136.5	—/—	—/—
PBR(최고/저)(배)	0.7/0.5	1.2/0.4	0.9/0.5	1.1/0.7	1.8/0.8	1.9/1.0
EV/EBITDA(배)	4.3	13.7	13.5	14.2	22.7	27.7
EPS(원)	1,402	488	1,041	119	-134	-512
BPS(원)	23,995	24,763	25,369	24,642	23,904	22,506
CFPS(원)	2,333	1,485	2,015	1,178	991	662
DPS(원)	400	150	200	150	100	125
EBITDAPS(원)	2,835	1,729	1,597	1,893	1,619	1,463

재무 비율 〈단위 : % 〉
연도	영업이익률	순이익률	부채비율	차입금비율	ROA	ROE	유보율	자기자본비율	EBITDA마진율
2016	0.9	-1.9	115.3	63.3	-1.3	-2.2	4,401.3	46.4	4.7
2015	1.7	-0.5	74.7	32.9	-0.3	-0.6	4,680.9	57.2	5.7
2014	3.0	0.4	67.5	28.9	0.3	0.5	4,828.5	59.7	6.7
2013	2.3	3.8	60.9	19.1	2.7	4.2	4,973.7	62.2	5.7

한라 (A014790)
Halla

업　　종 : 건설		시　　장 : 거래소	
신용등급 : (Bond) BBB (CP) A3		기업규모 : 시가총액 소형주	
홈페이지 : www.halla.co.kr		연 락 처 : 02)3434-5114	
본　　사 : 서울시 송파구 올림픽로 289 (신천동)			

설 립 일	1980.05.02	종 업 원 수	1,049명	대 표 이 사	정몽원
상 장 일	1994.08.12	감사의견	적정 (삼일)	계　　열	
결 산 기	12월	보 통 주	3,649만주	종속회사수	
액 면 가	5,000원	우 선 주	1,017만주	구 상 회 사	한라건설

주주구성 (지분율,%)
정몽원	20.9
한라홀딩스	16.9
(외국인)	2.7

출자관계 (지분율,%)
케이에코로지스	100.0
한라엔컴	100.0
한라세라지오	100.0

주요경쟁사 (외형,%)
한라	100
국보디자인	11
화성산업	27

매출구성
기타	33.4
자체분양사업	22.7
토목사업(관급)	17.3

비용구성
매출원가율	86.4
판관비율	8.4

수출비중
수출	—
내수	—

회사 개요
동사는 1980년 5월 2일에 설립, 1994년 상장된 종합건설업체로 국내외 토목공사, 건축공사, 주택건설공사 등 건설업을 영위하고 있음. 연결대상 종속회사들은 목포신항만운영, 한라(천진)방진개발㈜한공사, 한라엔컴 등이 있으며 해외(중국)부동산개발업, 항만시설운영업 등을 영위하고 있음. 건설업은 기본적으로 수주산업이기 때문에 정부의 사회간접시설에 대한 투자규모, 타 산업의 경제활동에 민감하게 반응함.

실적 분석
동사의 2016년 결산 누적 매출액은 1조 8,318.2억원으로 전년동기 대비 소폭 하락함. 주택사업부문의 매출 증가 및 매출원가율 개선 등 비용감소 효과로 인하여 지속적인 적자상태에서 영업이익이 큰 폭으로 증가함. 또한 차입금 감소로 금융비용이 축소됨. 시흥 배곧신도시지역특성화타운㈜와 한국철도시설공단을 중심으로 매출이 발생되고 있으며 상당한 수주잔고를 보유함.

현금 흐름 〈단위 : 억원〉
항목	2015	2016
영업활동	944	2,080
투자활동	-2,302	572
재무활동	1,261	-3,051
순현금흐름	-90	-398
기말현금	1,218	820

시장 대비 수익률

결산 실적 〈단위 : 억원〉
항목	2011	2012	2013	2014	2015	2016
매출액	17,285	19,863	20,027	19,033	18,553	18,318
영업이익	481	-1,965	-2,507	372	310	955
당기순이익	215	-2,343	-4,587	-1,586	-1,144	102

분기 실적 〈단위 : 억원〉
항목	2015.3Q	2015.4Q	2016.1Q	2016.2Q	2016.3Q	2016.4Q
매출액	4,564	5,574	4,183	4,485	4,215	5,436
영업이익	151	133	246	237	208	263
당기순이익	-253	-544	72	34	30	-35

재무 상태 〈단위 : 억원〉
항목	2011	2012	2013	2014	2015	2016
총자산	28,273	31,497	26,234	20,848	22,854	20,739
유형자산	3,277	4,688	2,752	2,674	6,421	6,704
무형자산	152	443	704	323	295	265
유가증권	991	2,884	1,755	3,012	2,029	2,565
총부채	21,104	24,726	20,183	16,369	19,622	17,221
총차입금	11,142	14,908	12,468	9,260	9,815	6,340
자본금	1,000	1,370	2,097	2,129	2,183	2,333
총자본	7,169	6,771	6,051	4,478	3,233	3,518
지배주주지분	7,363	7,058	5,938	4,381	3,132	3,420

기업가치 지표
항목	2011	2012	2013	2014	2015	2016
주가(최고/저)(천원)	24.4/10.2	15.6/7.3	8.7/4.5	8.4/4.8	7.2/3.1	5.4/3.6
PER(최고/저)(배)	35.4/14.8	—/—	—/—	—/—	—/—	23.4/15.7
PBR(최고/저)(배)	0.7/0.3	0.6/0.3	0.6/0.3	0.8/0.5	1.0/0.4	0.7/0.5
EV/EBITDA(배)	18.3	—	—	15.5	18.0	4.7
EPS(원)	740	-7,857	-11,207	-3,741	-2,616	231
BPS(원)	36,816	25,751	14,158	10,287	7,173	7,329
CFPS(원)	860	-7,530	-10,872	-3,423	-2,295	466
DPS(원)	600	150				
EBITDAPS(원)	2,524	-6,950	-5,828	1,203	1,030	2,342

재무 비율 〈단위 : % 〉
연도	영업이익률	순이익률	부채비율	차입금비율	ROA	ROE	유보율	자기자본비율	EBITDA마진율
2016	5.2	0.6	489.5	180.2	0.5	3.2	46.6	17.0	5.8
2015	1.7	-6.2	607.0	303.6	-5.2	-30.4	43.5	14.1	2.4
2014	2.0	-8.3	365.5	206.8	-6.7	-30.5	105.7	21.5	2.7
2013	-12.5	-22.9	333.6	206.1	-15.9	-70.2	183.2	23.1	-11.8

한라아이엠에스 (A092460)
Hanla IMS

업 종: 조선	시 장: KOSDAQ
신용등급: (Bond) — (CP) —	기업규모: 중견
홈페이지: www.hanlaims.com	연락처: 051)601-7000
본 사: 부산시 강서구 화전산단 1로 115 (화전동)	

설 립 일 1995.07.13	종업원수 147명	대표이사 김영구,지석준	
상 장 일 2007.05.22	감사의견 적정 (안경)	계 열	
결 산 기 12월	보통주 1,065만주	종속회사수	
액 면 가 500원	우선주	구상회사	

주주구성 (지분율,%)
김영구	23.0
국민연금공단	3.3
(외국인)	1.2

출자관계 (지분율,%)
한라엔티	53.9
블루싸이언스	31.4
한라선박기전유한공사	100.0

주요경쟁사 (외형,%)
한라IMS	100
STX중공업	980
삼영이엔씨	84

매출구성
선용원격 자동측정 시스템	25.7
밸브원격자동 개폐시스템	24.7
일반경보 및 측정장치	24.5

비용구성
매출원가율	69.4
판관비율	24.9

수출비중
수출	45.7
내수	54.3

회사 개요
동사는 선용 레벨측정시스템 및 장치 제조와 선박계선 계류 조타장비를 주요 사업을 영위함. 주 제품으로는 선용 원격자동 측정시스템, 경보시스템, 선박 및 산업용 측정 제어장치등이 있으며 내구성, 내식성, 안전성에 대한 확실한 품질보장이 요구되는 제품들임. 장기 개발과제인 해수정화장치의 제품개발에 착수하여 2015년 5월8일 해양수산부 최종승인을 취득하였음.

실적 분석
글로벌시장의 경기침체에 따라 동사의 2016년도 연결기준 연간 매출액은 425.1억원으로 전년 대비 9.7% 감소함. 매출부진 및 연구개발비 증가의 영향으로 영업이익은 24.4억원으로 전년 대비 42.2% 감소함. 대 내외 적으로 어려운 경제상황이었으나, 조선사업의 신성장 동력이 될 선박의 밸러스트 水처리장치(BWTS)의 첫 수주를 받았으며 2017년 9월부터 의무 설치가 될예정임.

현금 흐름 〈단위 : 억원〉
항목	2015	2016
영업활동	30	41
투자활동	7	-48
재무활동	5	-19
순현금흐름	42	-26
기말현금	118	92

시장 대비 수익률
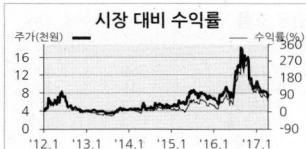

결산 실적 〈단위 : 억원〉
항목	2011	2012	2013	2014	2015	2016
매출액	392	388	346	421	471	425
영업이익	37	5	-16	22	42	24
당기순이익	37	27	10	43	57	35

분기 실적 〈단위 : 억원〉
항목	2015.3Q	2015.4Q	2016.1Q	2016.2Q	2016.3Q	2016.4Q
매출액	116	139	113	110	90	112
영업이익	12	24	-4	13	5	10
당기순이익	21	21	-3	17	6	16

재무 상태 〈단위 : 억원〉
항목	2011	2012	2013	2014	2015	2016
총자산	613	712	816	862	923	913
유형자산	210	181	203	202	289	282
무형자산	27	28	29	28	27	24
유가증권	65	130	180	332	233	268
총부채	110	177	268	276	266	219
총차입금	56	121	225	221	211	175
자본금	45	45	45	46	49	50
총자본	503	535	549	586	658	694
지배주주지분	503	535	549	586	658	694

기업가치 지표
항목	2011	2012	2013	2014	2015	2016
주가(최고/저)(천원)	6.8/3.8	8.9/3.7	4.7/3.3	6.1/4.1	8.9/5.0	18.3/5.4
PER(최고/저)(배)	17.6/9.9	30.2/12.6	41.9/29.4	13.4/9.0	15.3/8.5	52.5/15.5
PBR(최고/저)(배)	1.3/0.7	1.5/0.6	0.8/0.6	1.0/0.7	1.3/0.7	2.6/0.8
EV/EBITDA(배)	5.8	12.5	—	8.2	9.2	20.8
EPS(원)	413	305	116	472	595	351
BPS(원)	5,811	5,946	6,110	6,497	6,877	7,051
CFPS(원)	473	425	276	613	740	488
DPS(원)	200	—	—	50	100	60
EBITDAPS(원)	470	181	-15	382	586	382

재무 비율 〈단위 : % 〉
연도	영업이익률	순이익률	부채비율	차입금비율	ROA	ROE	유보율	자기자본비율	EBITDA마진율
2016	5.7	8.2	31.5	25.2	3.8	5.2	1,310.1	76.1	8.9
2015	9.0	12.1	40.4	32.1	6.4	9.2	1,275.3	71.2	11.9
2014	5.2	10.2	47.0	37.7	5.1	7.5	1,199.4	68.0	8.2
2013	-4.6	3.0	48.8	41.1	1.4	1.9	1,122.0	67.2	-0.4

한라홀딩스 (A060980)
Halla Holdings

업 종: 자동차부품	시 장: 거래소
신용등급: (Bond) A (CP) —	기업규모: 시가총액 중형주
홈페이지: www.hallaholdings.com	연락처: 031)280-4640
본 사: 경기도 용인시 기흥구 기흥단지로 46	

설 립 일 1999.11.27	종업원수 297명	대표이사 임기영,황인용	
상 장 일 2010.05.19	감사의견 적정 (삼일)	계 열	
결 산 기 12월	보통주 1,080만주	종속회사수	
액 면 가 5,000원	우선주	구상회사 만도	

주주구성 (지분율,%)
정몽원	23.4
국민연금공단	13.5
(외국인)	10.4

출자관계 (지분율,%)
한라우주수	100.0
제이제이한라	100.0
UrimanInc.	100.0

주요경쟁사 (외형,%)
한라홀딩스	100
세방전지	96
에스엘	162

매출구성
상품 (상품)	55.9
기타	26.6
자동차(소결)부품(제품)	16.5

비용구성
매출원가율	79.1
판관비율	9.3

수출비중
수출	—
내수	—

회사 개요
동사는 1999년 11월 27일에 설립되었으며, 2014년 9월 1일 동사와 만도로 인적분할을 통해 지주회사로 전환하였으며 별도의 사업을 영위하지 않는 순수지주회사의 성격을 취하고 있음. 동사는 2014년 9월30일 현재, 공정거래법 기준 동사를 포함하여 총 2개의 계열회사를 두고 있으며 해외계열사 41개 회사를 포함하여 총64개의 계열회사를 두고 있음.

실적 분석
동사 2016년 결산기준 누적매출액은 전년동기대비 12.2% 성장한 10,011억원을 달성하였음. 매출원가가 상승하였고 인건비 및 광고선전비, 관리비도 크게 증가하였으나 매출액이 크게 성장하였으므로 영업이익은 전년동기대비 20.8% 상승한 1,159억원을 기록함. 2016년 8월 1일 지주회사 전환 당시 공정거래위원회로 부터 2년간 치유를 유예받은 지주회사 행위제한 요건 미해소 사항을 모두 해소하였으므로 향후 기업가치가 상승할 것이라 기대됨.

현금 흐름 〈단위 : 억원〉
항목	2015	2016
영업활동	408	859
투자활동	-60	-105
재무활동	-530	-1,214
순현금흐름	-163	-453
기말현금	1,495	1,043

시장 대비 수익률

결산 실적 〈단위 : 억원〉
항목	2011	2012	2013	2014	2015	2016
매출액	45,601	50,593	9,288	9,187	8,921	10,012
영업이익	3,004	2,559	305	497	960	1,159
당기순이익	2,251	1,621	1,777	10,815	797	804

분기 실적 〈단위 : 억원〉
항목	2015.3Q	2015.4Q	2016.1Q	2016.2Q	2016.3Q	2016.4Q
매출액	2,461	2,113	2,195	2,487	2,526	2,803
영업이익	284	228	240	304	245	370
당기순이익	206	239	139	275	93	298

재무 상태 〈단위 : 억원〉
항목	2011	2012	2013	2014	2015	2016
총자산	34,354	40,347	50,771	16,794	16,060	19,140
유형자산	13,749	16,644	17,850	1,297	1,348	3,368
무형자산	787	1,046	1,274	232	461	487
유가증권	433	971	4,099	4,249	2,849	162
총부채	20,246	24,674	33,584	7,343	6,633	9,575
총차입금	6,984	10,679	18,851	5,363	4,885	6,855
자본금	911	911	911	551	551	551
총자본	14,108	15,674	17,187	9,452	9,427	9,565
지배주주지분	13,625	15,052	16,531	9,165	9,097	9,196

기업가치 지표
항목	2011	2012	2013	2014	2015	2016
주가(최고/저)(천원)	96.3/57.7	87.6/52.6	64.6/32.3	76.1/49.3	70.6/43.9	76.9/50.4
PER(최고/저)(배)	8.4/5.0	10.4/6.3	6.9/3.5	1.1/0.7	10.6/6.6	11.3/7.4
PBR(최고/저)(배)	1.3/0.8	1.1/0.7	0.7/0.4	0.9/0.6	0.9/0.5	0.9/0.6
EV/EBITDA(배)	7.1	8.8	7.5	14.3	9.8	9.6
EPS(원)	12,307	8,954	9,852	72,059	6,959	6,975
BPS(원)	76,908	85,456	93,225	85,531	84,903	85,822
CFPS(원)	20,187	18,262	20,934	81,934	8,162	8,429
DPS(원)	1,250	1,000	1,200	500	1,200	1,250
EBITDAPS(원)	24,375	23,359	12,772	13,196	10,087	12,183

재무 비율 〈단위 : % 〉
연도	영업이익률	순이익률	부채비율	차입금비율	ROA	ROE	유보율	자기자본비율	EBITDA마진율
2016	11.6	8.0	100.1	71.7	4.6	8.2	1,583.0	50.0	13.2
2015	10.8	8.9	70.4	51.8	4.9	8.2	1,565.0	58.7	12.3
2014	5.4	117.7	77.7	56.7	32.0	84.0	1,577.3	56.3	21.5
2013	3.3	19.1	195.4	109.7	3.9	11.3	1,742.6	33.9	24.9

한미글로벌건축사사무소 (A053690)
HanmiGlobal

업 종 : 건설		시 장 : 거래소	
신용등급 : (Bond) — (CP) —		기업규모 : 시가총액 소형주	
홈페이지 : www.hmglobal.com		연락처 : (070)7118-1000	
본 사 : 서울시 강남구 테헤란로87길 36 도심공항타워 9층			

설 립 일 1996.06.18	종업원수 693명	대표이사 김종훈,윤요현
상 장 일 2009.06.23	감사의견 적정 (삼일)	계 열
결 산 기 12월	보통주 1,086만주	종속회사수
액 면 가 500원	우 선 주	구 상 호

주주구성 (지분율,%)		출자관계 (지분율,%)		주요경쟁사 (외형,%)	
국민연금공단	11.7	천안제삼사이언스컴플렉스	15.1	한미글로벌	100
김종훈	10.5	피닉스에이엠씨자산관리회사	2.8	국보디자인	119
(외국인)	3.8	엔지니어링공제조합	0.2	한라	1,084

매출구성		비용구성		수출비중	
용역형CM	85.1	매출원가율	65.6	수출	27.4
책임형CM(시공)	14.9	판관비율	28.8	내수	72.6

회사 개요

동사는 1996년 국내최초의 건설사업관리 (CM) 전문회사로 설립된 이후, 용역형 CM 및 책임형 CM 사업을 영위하고 있음. 국내 매출비중이 매우 높으나 미국 엔지니어링 업체인 OTAK, Inc.와 친환경 컨설팅 업체인 에코시안을 인수하여 선진인력 확보, 시스템 및 정보력 등의 시너지 효과 확보, 신도시개발 및 인프라설계, 친환경 CM사업으로의 영역을 확대하면서 글로벌 CM업체로 도약을 준비하고 있음.

실적 분석

동사의 연결기준 2016년 매출액은 1,690.5억원으로 전년보다 1.3% 증가함. 매출원가가 소폭 하락하며 매출총이익이 증가하였음에도 인건비 등 판관비가 증가함에 따라 영업이익은 23.5% 감소한 94.4억원을 시현함. 지난 비영업 부문에서 이익이 발생하여 전년보다 34.2% 증가한 89.7억원의 당기순이익을 기록. 지난 2003년부터 세계 각지의 글로벌기업들과 전략적 제휴 및 인수합병 (M&A)을 추진하며 외연을 확대해왔음.

현금 흐름		〈단위 : 억원〉
항목	2015	2016
영업활동	483	-265
투자활동	-161	13
재무활동	-326	179
순현금흐름	-4	-80
기말현금	229	149

시장 대비 수익률

결산 실적					〈단위 : 억원〉
항목	2011	2012	2013	2014	2015	2016
매출액	1,829	2,072	1,825	1,654	1,668	1,691
영업이익	65	50	83	103	123	94
당기순이익	35	42	61	73	67	90

분기 실적					〈단위 : 억원〉
항목	2015.3Q	2015.4Q	2016.1Q	2016.2Q	2016.3Q	2016.4Q
매출액	402	411	410	384	390	507
영업이익	37	36	33	20	20	22
당기순이익	27	0	30	13	31	16

재무 상태					〈단위 : 억원〉
항목	2011	2012	2013	2014	2015	2016
총자산	1,384	1,408	1,414	1,537	1,247	1,493
유형자산	33	31	36	44	41	43
무형자산	87	74	72	90	93	96
유가증권	24	21	22	23	117	103
총부채	891	917	877	935	423	508
총차입금	394	505	553	595	129	230
자본금	36	36	36	37	49	54
총자본	493	491	537	601	824	985
지배주주지분	512	511	545	601	817	979

기업가치 지표					
항목	2011	2012	2013	2014	2015	2016
주가(최고/저)(천원)	11.3/5.8	9.9/5.7	7.2/5.6	8.3/6.2	15.6/7.5	13.2/8.2
PER(최고/저)(배)	21.7/11.1	18.8/10.8	9.5/7.4	8.8/6.6	22.3/10.7	15.9/9.9
PBR(최고/저)(배)	1.6/0.8	1.4/0.8	0.9/0.7	1.0/0.7	1.8/0.9	1.4/0.8
EV/EBITDA(배)	7.8	9.8	6.3	6.7	5.4	7.1
EPS(원)	610	604	847	1,017	740	857
BPS(원)	8,111	8,107	8,583	9,112	9,279	10,067
CFPS(원)	777	763	980	1,171	881	988
DPS(원)	150	200	200	250	250	300
EBITDAPS(원)	1,084	858	1,303	1,596	1,503	1,018

재무 비율									〈단위 : % 〉
연도	영업이익률	순이익률	부채비율	차입금비율	ROA	ROE	유보율	자기자본비율	EBITDA마진율
2016	5.6	5.3	51.5	23.4	6.6	10.2	1,913.5	66.0	6.4
2015	7.4	5.3	51.4	15.7	4.8	9.5	1,755.8	66.1	8.2
2014	6.3	4.4	155.6	99.0	5.0	12.7	1,722.4	39.1	6.9
2013	4.6	3.3	163.4	103.0	4.3	11.4	1,616.5	38.0	5.1

한미반도체 (A042700)
Hanmi Semiconductor

업 종 : 반도체 및 관련장비		시 장 : 거래소	
신용등급 : (Bond) — (CP) —		기업규모 : 시가총액 중형주	
홈페이지 : www.hanmisemi.com		연락처 : (032)571-9100	
본 사 : 인천시 서구 가좌로30번길 14(가좌동)			

설 립 일 1980.12.24	종업원수 548명	대표이사 곽동신
상 장 일 2005.07.22	감사의견 적정 (삼정)	계 열
결 산 기 12월	보통주 6,358만주	종속회사수
액 면 가 500원	우 선 주	구 상 호

주주구성 (지분율,%)		출자관계 (지분율,%)		주요경쟁사 (외형,%)	
곽동신	67.8	신호모터스	49.0	한미반도체	100
곽노권	17.8	한미네트웍스	49.0	지스마트글로벌	54
(외국인)	7.8	한미인터내셔널	40.0	케이씨텍	293

매출구성		비용구성		수출비중	
반도체 제조용 장비外	77.7	매출원가율	55.0	수출	68.9
Mold(금형), Conversion Kit등	22.3	판관비율	21.8	내수	31.1

회사 개요

동사는 반도체 초정밀금형 및 반도체 자동화 장비의 제조 및 판매업 등을 영위할 목적으로 1980년에 설립되어 2005년에 유가증권시장에 상장됨. 설립 이래 반도체 제조용 초정밀금형 및 장비를 자체적으로 개발하여 국내외 유수의 반도체 소자업체 및 패키징업체에 공급해오고 있음. 최근에는 태양광 장비, LED 장비, PCB 응용장비, 레이저응용장비 및 비전 응용장비 등 첨단 IT산업용 장비도 개발, 생산하고 있음.

실적 분석

동사의 2016년 4/4분기 매출규모는 1,662.7억원으로 전년동기 대비 큰폭 (41.2%)으로 증가함. 이에 따라 영업이익은 전년동기 대비 69.5% 증가한 385.5억원, 당기순이익은 전년동기 대비 44.3% 증가한 314.5억원을 시현함. 중국관련 수주 증가, 카메라 모듈 조립 장비 등 신제품 관련 수요 증가 등 긍정적인 요인으로 동사의 실적 호조세가 뚜렷해짐.

현금 흐름		〈단위 : 억원〉
항목	2015	2016
영업활동	359	400
투자활동	-15	-309
재무활동	-347	211
순현금흐름	-2	327
기말현금	360	686

시장 대비 수익률

결산 실적					〈단위 : 억원〉
항목	2011	2012	2013	2014	2015	2016
매출액	1,758	1,734	1,915	1,923	1,178	1,663
영업이익	170	212	135	491	227	386
당기순이익	165	244	112	298	218	314

분기 실적					〈단위 : 억원〉
항목	2015.3Q	2015.4Q	2016.1Q	2016.2Q	2016.3Q	2016.4Q
매출액	247	347	516	432	359	356
영업이익	55	79	159	96	74	56
당기순이익	51	79	117	57	41	99

재무 상태					〈단위 : 억원〉
항목	2011	2012	2013	2014	2015	2016
총자산	2,047	2,310	2,407	2,483	2,256	2,850
유형자산	571	583	772	511	503	526
무형자산	36	30	31	29	29	29
유가증권	14	56	48	48	59	30
총부채	349	480	580	433	316	756
총차입금	26	62	242	—	—	392
자본금	127	127	127	127	127	127
총자본	1,698	1,830	1,827	2,050	1,940	2,093
지배주주지분	1,678	1,814	1,811	2,050	1,940	2,093

기업가치 지표					
항목	2011	2012	2013	2014	2015	2016
주가(최고/저)(천원)	7.5/3.7	6.4/3.8	11.2/6.2	16.3/8.9	17.1/9.0	16.8/11.4
PER(최고/저)(배)	35.5/17.5	20.3/12.1	73.8/40.7	38.5/21.0	53.7/28.2	35.1/23.9
PBR(최고/저)(배)	3.5/1.7	2.6/1.6	4.3/2.4	5.3/2.9	5.1/2.7	4.4/3.0
EV/EBITDA(배)	7.0	5.1	14.3	6.9	10.3	7.8
EPS(원)	266	391	176	471	343	495
BPS(원)	6,714	7,565	7,554	8,616	9,022	9,784
CFPS(원)	838	1,165	639	1,392	1,037	1,421
DPS(원)	100	500	500	500	500	500
EBITDAPS(원)	842	1,021	729	2,145	1,074	1,701

재무 비율									〈단위 : % 〉
연도	영업이익률	순이익률	부채비율	차입금비율	ROA	ROE	유보율	자기자본비율	EBITDA마진율
2016	23.2	18.9	36.1	18.7	12.3	15.6	1,856.7	73.5	26.0
2015	19.3	18.5	16.3	0	9.2	10.9	1,704.5	86.0	23.2
2014	25.5	15.5	21.1	0	12.2	15.5	1,623.2	82.6	28.4
2013	7.0	5.8	31.8	13.3	4.7	6.2	1,410.7	75.9	9.7

한미사이언스 (A008930)
Hanmi Science

업 종 : 제약
신용등급 : (Bond) — (CP) —
홈페이지 : www.hanmiscience.co.kr
본 사 : 경기도 화성시 팔탄면 무하로 214 한미약품(주) 팔탄공단

시 장 : 거래소
기업규모 : 시가총액 대형주
연 락 처 : 031)350-5600

설 립 일	1973.06.15	종 업 원 수	89명	대 표 이 사	임성기
상 장 일	1988.06.20	감 사 의 견	적정 (삼일)	계 열	
결 산 기	12월	보 통 주	6,228만주	종속회사수	
액 면 가	500원	우 선 주		구 상 호	한미홀딩스

주주구성 (지분율,%)
임성기	34.6
신동국	12.1
(외국인)	2.6

출자관계 (지분율,%)
토모큐브	10.0
연합뉴스TV	0.8

주요경쟁사 (외형,%)
한미사이언스	100
한미약품	133
유한양행	199

매출구성
의약품도매(기타)	77.3
지주(기타)	22.3
기타	0.4

비용구성
매출원가율	0.0
판관비율	97.7

수출비중
수출	—
내수	—

회사 개요
동사는 한미약품의 지주회사로, 2010년 7월 인적분할로 지주사 전환함. 한미약품와 온라인팜, 에르무루스, 일본한미약품, Hanmi Europe, 주(중국)유한공사를 자회사로 두고 있으며, 한미정밀화학, 북경한미약품유한공사는 한미약품의 자회사로 편입됨. 동사의 2016년 수익은 연결기준 기술수출 수익 1.4%, 특허권 및 상표권 수익 1.3%,임대료 및 수수료 수익 3.2%, 제품매출 0.4%, 상품매출 93.7%로 구성되어 있음

실적 분석
동사의 2016년 결산 연결기준 매출액은 6,652.9억원으로 전년동기 대비 14.3% 하락. 매출은 ETC매출 82.7%, OTC매출 6.3%, JVM 매출 7.1%, 기타 3.9%으로 구성되어 있음. 영업이익과 당기순이익도 각 150.7억원, 79.4억원을 기록하며 전년대비 89.8%, 95.5% 감소. 동사는 약품 도매 수수료 뿐 아니라 취급상품의 다변화, 온라인 영업 인프라 등을 활용하여 수익성 개선을 꾀하는 중.

현금 흐름 〈단위 : 억원〉
항목	2015	2016
영업활동	469	765
투자활동	549	-237
재무활동	-300	-449
순현금흐름	723	82
기말현금	944	1,025

시장 대비 수익률
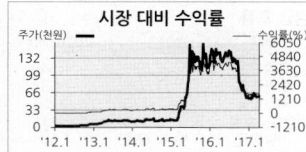

결산 실적 〈단위 : 억원〉
항목	2011	2012	2013	2014	2015	2016
매출액	173	202	2,204	5,329	7,766	6,653
영업이익	31	132	112	175	2,164	287
당기순이익	-147	125	96	219	1,774	79

분기 실적 〈단위 : 억원〉
항목	2015.3Q	2015.4Q	2016.1Q	2016.2Q	2016.3Q	2016.4Q
매출액	1,831	2,640	1,709	1,647	1,670	1,627
영업이익	90	1,744	285	153	92	-244
당기순이익	-81	1,433	176	203	55	-355

재무 상태 〈단위 : 억원〉
항목	2011	2012	2013	2014	2015	2016
총자산	4,062	4,854	5,798	7,428	9,320	9,692
유형자산	125	153	194	235	248	277
무형자산	11	27	38	52	72	85
유가증권	527	635	696	583	100	15
총부채	339	915	1,708	3,251	3,478	3,217
총차입금	101	172	172	700	400	250
자본금	237	248	260	273	286	291
총자본	3,723	3,939	4,091	4,177	5,842	6,476
지배주주지분	3,723	3,927	4,079	4,161	5,837	6,453

기업가치 지표
항목	2011	2012	2013	2014	2015	2016
주가(최고/저)(천원)	5.7/3.0	6.3/2.6	14.2/6.0	17.3/10.6	168/13.5	159/55.3
PER(최고/저)(배)	—/—	31.6/13.0	93.0/38.9	50.8/31.0	58.9/4.7	1,250.2/433.9
PBR(최고/저)(배)	0.9/0.5	1.0/0.4	2.1/0.9	2.5/1.5	17.5/1.4	15.1/5.2
EV/EBITDA(배)	53.3	78.3	88.9	87.5	50.1	190.8
EPS(원)	-236	200	154	342	2,866	127
BPS(원)	41,055	8,280	8,193	7,967	10,532	11,302
CFPS(원)	-1,460	269	205	416	3,157	191
DPS(원)	—	—	—	—	500	—
EBITDAPS(원)	415	102	152	195	2,607	313

재무 비율 〈단위 : %〉
연도	영업이익률	순이익률	부채비율	차입금비율	ROA	ROE	유보율	자기자본비율	EBITDA마진율
2016	4.3	1.2	49.7	3.9	0.8	1.3	2,160.4	66.8	2.8
2015	27.9	22.9	59.5	6.9	21.2	35.7	2,006.4	62.7	19.2
2014	3.3	4.1	77.8	16.8	3.3	5.2	1,493.4	56.2	2.0
2013	5.1	4.4	41.7	4.2	1.8	2.4	1,538.6	70.6	3.6

한미약품 (A128940)
Hanmi Pharm

업 종 : 제약
신용등급 : (Bond) A+ (CP) —
홈페이지 : www.hanmi.co.kr
본 사 : 경기도 화성시 팔탄면 무하로 214

시 장 : 거래소
기업규모 : 시가총액 대형주
연 락 처 : 031)350-5600

설 립 일	2010.07.05	종 업 원 수	2,063명	대 표 이 사	이관순
상 장 일	2010.07.30	감 사 의 견	적정 (삼일)	계 열	
결 산 기	12월	보 통 주	1,116만주	종속회사수	
액 면 가	2,500원	우 선 주		구 상 호	

주주구성 (지분율,%)
한미사이언스	41.4
신동국	7.7
(외국인)	10.1

출자관계 (지분율,%)
제네웰	4.1
이매진	1.9
매일방송	0.1

주요경쟁사 (외형,%)
한미약품	100
한미사이언스	75
유한양행	150

매출구성
기술수출(기타)	38.9
기타	27.6
정제(상품및제품)	18.9

비용구성
매출원가율	47.8
판관비율	49.2

수출비중
수출	—
내수	—

회사 개요
동사는 의약품 제조 및 판매를 주 목적사업으로 하고 있으며, 주요 제품으로는 고혈압치료제 '아모디핀', 복합고혈압치료제 '아모잘탄', 역류성식도염치료제 '에소메졸' 등이 있음. 2011년 4월 Kinex의 다중표적항암치료제 KX01에 대한 인라이센싱 및 아시아 판권을 획득하는 등 글로벌 다국적제약사와의 업무제휴가 적극적으로 추진되고 있음. 동사의 매출 구조는 의약품이 75%, 원료의약품이 10%, 해외의약품이 25% 수준임.

실적 분석
동사의 2016년 결산기준 누적매출액은 전년동기대비 33% 감소한 8,827.3억원을 기록하였음. 매출원가는 소폭 상승하였으나 인건비 및 광고선전비 관리비 절감 노력으로 판매비를 큰폭으로 줄여 영업이익을 보전하였음. 이에 따라 영업이익은 267.9억원을 기록함. 전세계적 침체기에 있으나 의약품 시장은 성장하고 있으며 이는 아시아 시장 확대, 고령화 추세 등에 기인한 것으로 보임. 동사는 이에 발맞춤으로서 향후 수익 개선을 기대하고 있음.

현금 흐름 〈단위 : 억원〉
항목	2015	2016
영업활동	1,042	4,193
투자활동	-1,168	-3,614
재무활동	945	-631
순현금흐름	859	-80
기말현금	1,383	1,304

시장 대비 수익률
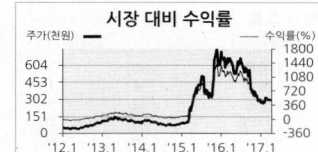

결산 실적 〈단위 : 억원〉
항목	2011	2012	2013	2014	2015	2016
매출액	6,062	6,740	7,301	7,613	13,175	8,827
영업이익	212	481	619	345	2,118	268
당기순이익	54	288	505	433	1,621	303

분기 실적 〈단위 : 억원〉
항목	2015.3Q	2015.4Q	2016.1Q	2016.2Q	2016.3Q	2016.4Q
매출액	2,684	5,899	2,564	2,345	2,197	1,721
영업이익	357	1,715	226	64	138	-160
당기순이익	-250	1,583	410	214	63	-383

재무 상태 〈단위 : 억원〉
항목	2011	2012	2013	2014	2015	2016
총자산	7,878	8,356	8,809	10,333	17,226	15,970
유형자산	2,615	2,568	2,594	3,279	4,157	5,989
무형자산	779	781	800	879	672	401
유가증권	515	600	663	492	423	286
총부채	4,095	4,262	4,180	4,441	9,778	8,625
총차입금	3,013	3,137	2,809	2,722	3,676	3,322
자본금	188	197	207	244	256	261
총자본	3,782	4,093	4,629	5,892	7,448	7,345
지배주주지분	3,363	3,624	4,094	5,275	6,749	6,595

기업가치 지표
항목	2011	2012	2013	2014	2015	2016
주가(최고/저)(천원)	67.9/43.8	101/39.6	146/91.9	121/70.2	775/88.2	732/285
PER(최고/저)(배)	543.3/350.8	45.9/18.1	34.4/21.6	37.8/22.0	56.2/6.4	350.4/136.3
PBR(최고/저)(배)	2.1/1.3	2.9/1.1	3.7/2.3	2.6/1.5	12.8/1.5	12.2/4.8
EV/EBITDA(배)	14.6	15.6	14.4	21.4	30.0	49.8
EPS(원)	125	2,196	4,261	3,208	13,835	2,089
BPS(원)	44,859	46,062	49,584	54,308	66,182	64,086
CFPS(원)	4,924	7,119	8,576	6,304	19,996	5,960
DPS(원)	—	—	—	—	2,000	—
EBITDAPS(원)	7,574	10,353	10,745	6,195	25,602	6,290

재무 비율 〈단위 : %〉
연도	영업이익률	순이익률	부채비율	차입금비율	ROA	ROE	유보율	자기자본비율	EBITDA마진율
2016	3.0	3.4	117.4	45.2	1.8	3.5	2,463.4	46.0	7.4
2015	16.1	12.3	131.3	49.4	11.8	25.7	2,547.3	43.2	19.9
2014	4.5	5.7	75.4	46.2	4.5	7.6	2,072.3	57.0	7.9
2013	8.5	6.9	90.3	60.7	5.9	11.4	1,883.4	52.6	12.2

한빛소프트 (A047080)
HANBIT SOFT

업 종	게임 소프트웨어	시 장	KOSDAQ
신용등급	(Bond) — (CP) —	기업규모	중견
홈페이지	www.hanbitsoft.co.kr	연락처	(070)4050-8000
본 사	서울시 구로구 경인로 610 (신도림동, 리더스스타코리아빌딩 5~10층)		

설립일	1999.01.06	종업원수	102명	대표이사	김기영
상장일	2002.01.10	감사의견	적정 (한미)	계 열	
결산기	12월	보통주	2,477만주	종속회사수	
액면가	500원	우선주		구상호	

주주구성 (지분율,%)		출자관계 (지분율,%)		주요경쟁사 (외형,%)	
티쓰리엔터테인먼트	36.0	한빛드론	100.0	한빛소프트	100
김영만	6.1	IMC게임즈	40.0	파티게임즈	102
(외국인)	1.2			이스트소프트	164

매출구성		비용구성		수출비중	
게임사업(온라인/모바일)	98.3	매출원가율	74.6	수출	58.8
기타	1.7	판관비율	41.7	내수	41.2

회사 개요

동사는 게임 소프트웨어 개발 전문 업체로서 게임포털사이트인 한빛온을 통해 그라나도 에스파다, 오디션 잉글리시, 위드, 에이카, 헬게이트, 오디션, 오디션2, 삼국지천, FCM 등 온라인 게임을 서비스 중임. 2013년 이어들을 시작으로 2014년에는 FC매니저 모바일 2014, 미소스 영웅전 등 모바일 게임 서비스 사업도 영위 중임. 2015년에는 '천지를 베다'와 '런데이' 서비스를 시작함.

실적 분석

동사의 2016년 결산 매출액은 307.3억원으로 전년동기 대비 38.8% 증가한 양호한 외형을 기록하였으나, 원가 급상승 및 판관비 증가 영향으로 50.2억원의 영업손실 시현하며 적자 지속중이며 손실 폭은 크게 증가한 모습. 경상수지 또한 비영업손익의 개선에도 불구하고 손실폭 크게 확대되며 72.9억원의 순손실 시현하는데 그침. 국내 게임 시장 경쟁 심화에 따라 해외 등 신시장 개척에 더욱 주력해야 할 전망임.

현금 흐름 〈단위 : 억원〉

항목	2015	2016
영업활동	-80	-26
투자활동	-68	40
재무활동	132	-1
순현금흐름	-15	15
기말현금	26	40

시장 대비 수익률

결산 실적 〈단위 : 억원〉

항목	2011	2012	2013	2014	2015	2016
매출액	435	402	295	263	221	307
영업이익	-73	8	7	8	-5	-50
당기순이익	-147	-2	-3	-11	-33	-73

분기 실적 〈단위 : 억원〉

항목	2015.3Q	2015.4Q	2016.1Q	2016.2Q	2016.3Q	2016.4Q
매출액	47	101	75	74	79	79
영업이익	-9	19	-4	-14	-6	-26
당기순이익	-11	-1	-13	-14	-23	-23

재무 상태 〈단위 : 억원〉

항목	2011	2012	2013	2014	2015	2016
총자산	539	437	347	295	408	398
유형자산	25	19	10	5	3	3
무형자산	105	51	17	7	2	3
유가증권	3	13	13	13	37	36
총부채	384	247	171	112	233	194
총차입금	97	64	47	23	141	50
자본금	110	110	110	116	116	124
총자본	156	189	176	183	175	204
지배주주지분	134	180	171	178	172	203

기업가치 지표

항목	2011	2012	2013	2014	2015	2016
주가(최고/저)(천원)	5.7/1.7	2.7/1.5	2.2/1.6	8.5/1.7	13.5/5.9	11.0/4.1
PER(최고/저)(배)	—/—	—/—	—/—	—/—	—/—	—/—
PBR(최고/저)(배)	9.3/2.8	3.3/1.8	2.8/2.0	11.0/2.2	18.1/7.9	13.4/5.0
EV/EBITDA(배)		6.1	10.1	47.3		
EPS(원)	-674	-23	-12	-51	-136	-285
BPS(원)	611	821	781	772	742	819
CFPS(원)	-459	217	132	33	-124	-277
DPS(원)						
EBITDAPS(원)	-117	277	175	121	-12	-195

재무 비율 〈단위 : %〉

연도	영업이익률	순이익률	부채비율	차입금비율	ROA	ROE	유보율	자기자본비율	EBITDA마진율
2016	-16.3	-23.7	95.4	24.4	-18.1	-37.7	63.8	51.2	-15.7
2015	-2.5	-15.0	133.6	81.0	-9.5	-18.0	48.5	42.8	-1.2
2014	3.2	-4.4	61.4	12.8	-3.6	-6.7	54.4	62.0	10.5
2013	2.2	-1.1	97.3	26.5	-0.8	-1.5	56.2	50.7	13.0

한샘 (A009240)
Hanssem

업 종	내구소비재	시 장	거래소
신용등급	(Bond) A+ (CP) —	기업규모	시가총액 대형주
홈페이지	www.hanssem.com	연락처	(031)496-1110
본 사	경기도 안산시 단원구 번영2로 144		

설립일	1973.09.12	종업원수	2,707명	대표이사	조창걸,최양하
상장일	2002.07.16	감사의견	적정 (삼일)	계 열	
결산기	12월	보통주	2,353만주	종속회사수	
액면가	1,000원	우선주		구상호	

주주구성 (지분율,%)		출자관계 (지분율,%)		주요경쟁사 (외형,%)	
조창걸	20.0	한샘서비스원	100.0	한샘	100
국민연금공단	5.1	한샘서비스투	100.0	현대리바트	38
(외국인)	28.7	한샘개발	100.0	퍼시스	12

매출구성		비용구성		수출비중	
부엌 가구 부문	43.7	매출원가율	69.0	수출	0.4
인테리어 가구 부문	32.7	판관비율	22.7	내수	99.6
기타	23.7				

회사 개요

1970년 부엌가구 전문회사로 출발한 동사는, 현재 부엌, 침실, 거실, 욕실 등 주택의 각 공간에 가구와 기기, 소품, 조명, 패브릭 등을 제공하는 토탈 홈 인테리어 기업으로 성장함. 신규사업으로 토탈홈 인테리어 패키지 제공을 위한 리모델링 사업을 영위함. 2007년 4월 중국 시장에 진출하기 위해 300억원을 출자해 가구제조 및 판매를 담당할 한샘(중국)가구유한공사를 설립함. 계열사로는 한샘이펙스, 한샘서비스원 등 8개사를 보유하고 있음.

실적 분석

동사의 2016년 연결 기준 매출과 영업이익은 1조9346억원, 1596억원으로 전년 대비 각각 13.1%, 8.8% 증가함. 동사는 인테리어 사업부문의 직매장 및 온라인 매출 증대, 부엌 사업부문의 대리점 매출 및 리하우스 유통확대로 매출이 증가함. 당기순이익은 1147억원에서 1275억으로 128억(11.2%) 증가함. 자산총계는 7688억원에서 8994억원으로 1306억원 증가함. 부채총계는 3337억원에서 3579억원으로 242억원 증가함

현금 흐름 〈단위 : 억원〉

항목	2015	2016
영업활동	2,039	1,540
투자활동	-1,591	-534
재무활동	-126	-201
순현금흐름	330	815
기말현금	686	1,501

시장 대비 수익률

결산 실적 〈단위 : 억원〉

항목	2011	2012	2013	2014	2015	2016
매출액	7,128	7,832	10,069	13,250	17,105	19,345
영업이익	487	472	798	1,104	1,467	1,596
당기순이익	393	395	614	867	1,147	1,275

분기 실적 〈단위 : 억원〉

항목	2015.3Q	2015.4Q	2016.1Q	2016.2Q	2016.3Q	2016.4Q
매출액	4,386	4,676	4,309	4,523	4,937	5,576
영업이익	348	412	303	310	422	560
당기순이익	287	322	242	258	342	434

재무 상태 〈단위 : 억원〉

항목	2011	2012	2013	2014	2015	2016
총자산	3,947	3,768	5,062	5,440	7,688	8,994
유형자산	1,089	1,104	1,324	1,821	2,076	2,206
무형자산	49	69	65	60	70	107
유가증권	53	191	175	92	98	190
총부채	1,923	1,619	2,419	2,060	3,337	3,579
총차입금	272	268	270	189	224	200
자본금	235	235	235	235	235	235
총자본	2,024	2,149	2,643	3,380	4,352	5,415
지배주주지분	2,024	2,147	2,641	3,379	4,351	5,414

기업가치 지표

항목	2011	2012	2013	2014	2015	2016
주가(최고/저)(천원)	22.0/11.0	23.7/14.9	49.5/17.1	143/48.8	334/117	302/141
PER(최고/저)(배)	14.5/7.2	15.1/9.5	19.3/6.8	39.4/13.5	69.2/24.3	56.1/26.2
PBR(최고/저)(배)	2.4/1.2	2.2/1.4	3.8/1.3	8.8/3.0	16.3/5.7	12.1/5.6
EV/EBITDA(배)	7.4	7.1	12.3	22.0	33.2	22.1
EPS(원)	1,670	1,677	2,607	3,682	4,872	5,419
BPS(원)	10,265	11,346	13,424	16,557	20,688	25,206
CFPS(원)	1,939	1,986	2,948	4,060	5,316	6,029
DPS(원)	600	600	700	850	1,000	1,100
EBITDAPS(원)	2,340	2,316	3,733	5,069	6,679	7,391

재무 비율 〈단위 : %〉

연도	영업이익률	순이익률	부채비율	차입금비율	ROA	ROE	유보율	자기자본비율	EBITDA마진율
2016	8.3	6.6	66.1	3.7	15.3	26.1	2,420.6	60.2	9.0
2015	8.6	6.7	76.7	5.1	17.5	29.7	1,968.8	56.6	9.2
2014	8.3	6.5	60.9	5.6	16.5	28.8	1,555.7	62.1	9.0
2013	7.9	6.1	91.5	10.2	13.9	25.6	1,242.4	52.2	8.7

한섬 (A020000)
HANDSOME

업 종 : 섬유 및 의복
신용등급 : (Bond) — (CP) A1
홈 페 이 지 : www.thehandsome.com
본 사 : 서울시 강남구 도산대로 523 (청담동)
시 장 : 거래소
기업 규모 : 시가총액 중형주
연 락 처 : 02)3416-2000

설 립 일 1987.05.25	종 업 원 수 976명	대 표 이 사 김형종	
상 장 일 1996.07.03	감 사 의 견 적정 (삼일)	계 열	
결 산 기 12월	보 통 주 2,463만주	종속회사수	
액 면 가 500원	우 선 주	구 상 회 사	

주주구성 (지분율,%)
현대홈쇼핑	34.6
국민연금공단	12.3
(외국인)	18.3

출자관계 (지분율,%)
한섬글로벌	100.0
현대지앤에프	100.0
인터내셔널퍼블리싱	50.0

주요경쟁사 (외형,%)
한섬	100
영원무역	281
한세실업	217

매출구성
[한섬] 의복류 / 제품	82.5
[한섬] 의복류 / 상품	17.0
[한섬] 의복류 / 수수료	0.5

비용구성
매출원가율	43.5
판관비율	46.4

수출비중
수출	—
내수	—

회사 개요
동사는 1987년 설립된 패션의류 전문기업임. 7개 고급 의류 브랜드인 시스템,타임, 마인, SJSJ, 타임 옴므, 시스템 옴므를 대도시 중심 지역 위주로 유통 중임. 동사는 최초 잡화 전문 브랜드인 데크(DECKE)를 출시하였고 20~40대를 공략하고 있음. 수입브랜드 의류 역시 독점판권 형태로 판매하고 있음. 국내에서 LANVIN 브랜드의 제조 및 판매는 2019년 6월까지임.

실적 분석
동사의 2016년 매출액은 7120억원으로 전년 대비 15.4% 증가함. 영업이익은 720.3억원으로 9% 증가함. 당기순이익은 564.8억원으로 22.5% 감소함. 브랜드별로 타임, 마인 등 국내 제품 브랜드들이 전년 동기 대비 크게 성장했고, 수익 위주의 질 경영을 고수하며 백화점의 할인 행사, 변칙 판촉 권유 등 각종 압력에도 마케팅 원칙에 맞지 않으면 응하지 않는 원칙 경영을 펼친 결과로 보임.

현금 흐름 〈단위 : 억원〉
항목	2015	2016
영업활동	458	180
투자활동	-389	-443
재무활동	-3	219
순현금흐름	67	-45
기말현금	178	133

시장 대비 수익률

결산 실적 〈단위 : 억원〉
항목	2011	2012	2013	2014	2015	2016
매출액	4,970	4,964	4,708	5,100	6,168	7,120
영업이익	984	710	504	510	661	720
당기순이익	874	641	408	364	729	565

분기 실적 〈단위 : 억원〉
항목	2015.3Q	2015.4Q	2016.1Q	2016.2Q	2016.3Q	2016.4Q
매출액	1,242	2,234	1,736	1,452	1,472	2,460
영업이익	120	306	240	81	133	267
당기순이익	93	234	192	88	110	175

재무 상태 〈단위 : 억원〉
항목	2011	2012	2013	2014	2015	2016
총자산	7,943	8,738	10,024	10,482	9,575	10,380
유형자산	1,818	2,518	4,337	4,323	2,548	2,770
무형자산	27	25	25	13	34	31
유가증권	181	170	205	213	1,577	1,528
총부채	901	1,144	2,071	2,236	1,261	1,577
총차입금	36	343	1,149	1,225	114	384
자본금	123	123	123	123	123	123
자본총계	7,042	7,594	7,953	8,247	8,314	8,803
지배주주지분	6,416	6,961	7,351	7,657	8,314	8,803

기업가치 지표
항목	2011	2012	2013	2014	2015	2016
주가(최고/저)(천원)	29.0/16.7	37.0/21.0	31.9/23.9	33.9/23.4	41.5/27.2	44.0/34.7
PER(최고/저)(배)	8.9/5.1	15.0/8.5	18.5/13.9	22.8/15.7	14.0/9.2	19.3/15.2
PBR(최고/저)(배)	1.1/0.7	1.3/0.8	1.1/0.8	1.1/0.8	1.2/0.8	1.2/1.0
EV/EBITDA(배)	6.0	8.4	13.5	12.6	9.8	8.2
EPS(원)	3,480	2,576	1,782	1,527	3,020	2,293
BPS(원)	26,949	29,165	30,749	31,990	34,656	36,644
CFPS(원)	3,841	2,912	2,346	2,333	3,776	2,972
DPS(원)	470	300	300	300	300	300
EBITDAPS(원)	4,356	3,220	2,608	2,877	3,440	3,603

재무 비율 〈단위 : % 〉
연도	영업이익률	순이익률	부채비율	차입금비율	ROA	ROE	유보율	자기자본비율	EBITDA마진율
2016	10.1	7.9	17.9	4.4	5.7	6.6	7,228.9	84.8	12.5
2015	10.7	11.8	15.2	1.4	7.3	9.3	6,831.2	86.8	13.7
2014	10.0	7.1	27.1	14.9	3.6	5.0	6,298.0	78.7	13.9
2013	10.7	8.7	26.0	14.5	4.4	6.1	6,049.7	79.3	13.6

한성기업 (A003680)
Hansung Enterprise

업 종 : 식료품
신용등급 : (Bond) — (CP) B+
홈 페 이 지 : www.hsep.com
본 사 : 부산시 영도구 태종로 63 (대교동1가)
시 장 : 거래소
기업 규모 : 시가총액 소형주
연 락 처 : 051)410-7100

설 립 일 1963.03.14	종 업 원 수 620명	대 표 이 사 임우근	
상 장 일 1989.01.26	감 사 의 견 적정 (삼정)	계 열	
결 산 기 12월	보 통 주 548만주	종속회사수	
액 면 가 5,000원	우 선 주	구 상 회 사	

주주구성 (지분율,%)
극동수산	19.9
임우근	18.9
(외국인)	0.7

출자관계 (지분율,%)
한성크린텍	38.2
한성식품	37.0
이에스에너지	25.0

주요경쟁사 (외형,%)
한성기업	100
사조대림	297
사조씨푸드	101

매출구성
수산가공품	41.1
참치/명태외(어획물)	32.9
육가공품	18.3

비용구성
매출원가율	83.2
판관비율	14.3

수출비중
수출	10.1
내수	89.9

회사 개요
수산업을 모태로 설립된 동사는 국내 최초 북태평양에서 조업을 시작으로 1991년 냉동식품, 1997년 육가공식품 생산등 사업을 영업을 지속적으로 확대하고 있음. 주요 상품은 한성 게맛살과 크레미등이 있으며 식품 안정성을 위해 HACCP인증을 받아 최고의 식품위생관리 시스템을 구축하고 온라인 쇼핑몰등 유통구조 다변화에 힘쓰고 있음. 한편 연결대상 종속회사로는 한성식품, 한성수산식품, 뉴본이 있음.

실적 분석
동사의 2016년 결산기준 누적 매출액은 전년 동기대비 10% 상승한 3,206.8억원을 기록하였음. 비용면에서 전년동기대비 매출원가는 증가 하였으며 인건비도 증가, 광고선전비는 감소 하였으며 기타판매비와관리비는 거의 동일함. 이처럼 매출액 상승과 더불어 비용절감에도 힘을 기울였음. 그에 따라 전년동기대비 영업이익은 78.7억원으로 66.3% 상승하였음. 그러나 비영업손익의 적자지속으로 전년동기대비 당기순손실은 0.5억원을 기록함.

현금 흐름 *IFRS 별도 기준 〈단위 : 억원〉
항목	2015	2016
영업활동	-135	-27
투자활동	-10	38
재무활동	141	-18
순현금흐름	-4	-7
기말현금	53	46

시장 대비 수익률
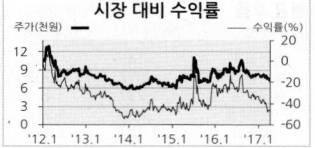

결산 실적 〈단위 : 억원 〉
항목	2011	2012	2013	2014	2015	2016
매출액	2,684	2,730	2,837	2,872	2,915	3,207
영업이익	94	64	34	14	47	79
당기순이익	79	40	24	-122	24	-0

분기 실적 *IFRS 별도 기준 〈단위 : 억원 〉
항목	2015.3Q	2015.4Q	2016.1Q	2016.2Q	2016.3Q	2016.4Q
매출액	847	809	628	760	787	1,032
영업이익	15	12	11	16	17	35
당기순이익	2	-1	2	4	5	-13

재무 상태 *IFRS 별도 기준 〈단위 : 억원 〉
항목	2011	2012	2013	2014	2015	2016
총자산	1,596	1,644	1,930	2,136	2,146	2,309
유형자산	432	489	624	811	661	649
무형자산	7	8	9	10	6	6
유가증권	42	22	18	18	18	3
총부채	994	1,027	1,292	1,590	1,612	1,778
총차입금	536	600	815	1,064	1,119	1,152
자본금	274	274	274	274	274	274
자본총계	602	617	638	546	534	530
지배주주지분	602	617	638	546	534	530

기업가치 지표 *IFRS 별도 기준
항목	2011	2012	2013	2014	2015	2016
주가(최고/저)(천원)	15.4/8.1	14.5/7.8	9.5/5.8	8.0/5.9	11.3/5.9	11.2/7.4
PER(최고/저)(배)	12.8/6.7	21.3/11.5	24.4/14.9	—/—	25.6/13.5	—/—
PBR(최고/저)(배)	1.4/0.7	1.2/0.7	0.8/0.5	0.8/0.6	1.1/0.6	1.1/0.7
EV/EBITDA(배)	7.2	9.9	18.7	22.8	19.3	13.9
EPS(원)	1,239	679	389	-2,236	439	-9
BPS(원)	11,656	11,996	12,384	10,696	10,484	10,416
CFPS(원)	1,764	1,235	846	-1,451	1,004	537
DPS(원)	250					
EBITDAPS(원)	2,278	1,653	1,028	1,040	1,428	1,981

재무 비율 〈단위 : % 〉
연도	영업이익률	순이익률	부채비율	차입금비율	ROA	ROE	유보율	자기자본비율	EBITDA마진율
2016	2.5	-0.0	335.2	217.2	0.0	-0.1	108.3	23.0	3.4
2015	1.6	0.8	301.7	209.4	1.1	4.6	109.7	24.9	2.7
2014	0.5	-4.3	291.3	195.0	-5.8	-21.0	101.8	25.6	2.0
2013	1.2	0.9	206.9	132.8	3.7	3.7	151.1	32.6	2.6

한세실업 (A105630)
HANSAE

업 종 : 섬유 및 의복		시 장 : 거래소	
신용등급 : (Bond) — (CP) —		기업규모 : 시가총액 중형주	
홈 페 이 지 : www.hansae.com		연 락 처 : 02)3779-0779	
본 사 : 서울시 영등포구 은행로 29 (경우빌딩 5층)			

설 립 일 2009.01.06	종 업 원 수 607명	대 표 이 사 이용백	
상 장 일 2009.03.20	감 사 의 견 적정 (삼일)	계 열	
결 산 기 12월	보 통 주 4,000만주	종속회사수	
액 면 가 500원	우 선 주	구 상 호	

주주구성 (지분율,%)
한세예스24홀딩스	41.9
국민연금공단	10.1
(외국인)	4.7

출자관계 (지분율,%)
칼라앤터치	100.0
엠케이트렌드	40.9
HansaeVietnamCo.,Ltd	100.0

주요경쟁사 (외형,%)
한세실업	100
코데즈컴바인	1
영원무역	129

매출구성
봉제품류	99.7
상품 및 기타	0.3

비용구성
매출원가율	80.6
판관비율	14.1

수출비중
수출	99.6
내수	0.4

회사 개요
동사는 2009년 한세예스24홀딩스와 인적분할을 통해 설립된 회사로 2009년 유가증권시장에 재상장됨. 미국의 바이어로부터 주문을 받아 OEM 및 ODM 방식으로 수출하는 수출전문 기업임. 주요 바이어로는 Abercrombie & Fitch, AMERICAN EAGLE, GAP, HOLLISTER 등이 있으며 품목은 셔츠 의류 및 숙녀복 정장 등임. 원사의 외주가공, 해외 현지법인을 통한 의류 생산 및 미국 등으로 수출하는 방식을 채용함.

실적 분석
동사의 2016년 연결기준 매출액은 전년대비 2.5% 감소한 1조 5,476.6억원을 기록함. 매출액 감소에 따른 고정비 부담은 원가율 상승으로 이어져 영업이익 816.1억원, 당기순이익 459.8억원을 보이며 전년대비 대폭 감소함. 또한 매도가능금융자산처분손실 등의 반영으로 비영업손실도 확대됨. 동사는 자체 디자인 개발과 신소재 원단개발 및 유행동단의 흐름을 파악하여 수익성을 확보하기 위해 노력 중임.

현금 흐름 〈단위 : 억원〉
항목	2015	2016
영업활동	145	569
투자활동	-552	-503
재무활동	1,237	421
순현금흐름	820	518
기말현금	1,407	1,925

시장 대비 수익률
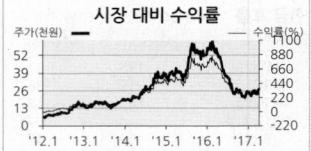

결산 실적 〈단위 : 억원〉
항목	2011	2012	2013	2014	2015	2016
매출액	9,952	11,296	12,387	13,132	15,865	15,477
영업이익	730	631	602	931	1,424	816
당기순이익	496	526	424	616	1,036	460

분기 실적 〈단위 : 억원〉
항목	2015.3Q	2015.4Q	2016.1Q	2016.2Q	2016.3Q	2016.4Q
매출액	5,265	4,028	3,593	3,301	4,176	4,407
영업이익	597	390	212	190	271	143
당기순이익	404	341	164	131	261	-96

재무 상태 〈단위 : 억원〉
항목	2011	2012	2013	2014	2015	2016
총자산	5,140	5,857	6,824	7,832	9,922	12,707
유형자산	682	773	947	1,144	1,076	1,894
무형자산	82	74	82	74	31	732
유가증권	1,744	1,863	1,773	3,163	3,566	2,256
총부채	3,253	3,514	4,103	4,523	5,666	7,071
총차입금	2,204	2,444	2,925	3,228	4,234	5,248
자본금	200	200	200	200	200	200
총자본	1,887	2,344	2,721	3,309	4,256	5,636
지배주주지분	1,886	2,343	2,721	3,309	4,256	4,502

기업가치 지표
항목	2011	2012	2013	2014	2015	2016
주가(최고/저)(천원)	6.8/3.9	17.7/6.0	19.7/12.9	41.5/18.1	62.9/33.6	64.5/20.3
PER(최고/저)(배)	5.7/3.3	14.0/4.7	19.1/12.5	27.5/12.0	24.8/13.2	55.7/17.5
PBR(최고/저)(배)	1.5/0.9	3.1/1.1	3.0/2.0	5.1/2.2	6.0/3.2	5.7/1.8
EV/EBITDA(배)	4.2	10.1	12.2	16.0	14.5	14.2
EPS(원)	1,241	1,316	1,065	1,544	2,586	1,174
BPS(원)	4,715	5,856	6,802	8,273	10,640	11,499
CFPS(원)	1,426	1,570	1,363	1,924	3,012	1,586
DPS(원)	100	120	150	200	250	330
EBITDAPS(원)	2,010	1,831	1,802	2,708	3,985	2,452

재무 비율 〈단위 : % 〉
연도	영업이익률	순이익률	부채비율	차입금비율	ROA	ROE	유보율	자기자본비율	EBITDA마진율
2016	5.3	3.0	125.5	93.1	4.1	10.7	2,199.7	44.4	6.3
2015	9.0	6.5	133.1	99.5	11.7	27.3	2,028.0	42.9	10.1
2014	7.1	4.7	136.7	97.6	8.4	20.5	1,554.6	42.3	8.3
2013	4.9	3.4	150.8	107.5	6.7	16.8	1,260.4	39.9	5.8

한세예스투포홀딩스 (A016450)
Hansae Yes24 Holdings

업 종 : 섬유 및 의복		시 장 : 거래소	
신용등급 : (Bond) — (CP) —		기업규모 : 시가총액 중형주	
홈 페 이 지 : www.hansaeyes24.com		연 락 처 : 02)3779-0800	
본 사 : 서울시 영등포구 은행로 11 일신빌딩 6층			

설 립 일 1982.11.18	종 업 원 수 14명	대 표 이 사 김기호,김동녕	
상 장 일 2000.01.06	감 사 의 견 적정 (삼일)	계 열	
결 산 기 12월	보 통 주 4,000만주	종속회사수	
액 면 가 500원	우 선 주	구 상 호	

주주구성 (지분율,%)
김석환	26.0
김익환	20.8
(외국인)	2.8

출자관계 (지분율,%)
동아출판	100.0
에프알제이	88.6
한세드림	88.0

주요경쟁사 (외형,%)
한세예스24홀딩스	100
LF	68
신세계인터내셔날	46

매출구성
용역수익	49.8
배당금수익	47.9
임대료수익	2.2

비용구성
매출원가율	76.5
판관비율	19.6

수출비중
수출	—
내수	—

회사 개요
동사는 2009년 1월 한세예스24홀딩스주식회사와 인적분할을 통해 설립한 회사임. 미국의 유명 바이어로부터 주문을 받아 OEM 및 ODM 방식으로 수출하는 수출 전문 기업임. 주요 바이어로는 타겟, 올드 네이비, 갭, 월마트, 나이키, H&M 등이 있음. 대부분 셔츠 및 니트, 숙녀복정장, 캐주얼 의류 등임. 주 수익원은 자회사의 지분에 대한 배당 수익, 이자 수익, 유상증자, 자체 신용 또는 보유 자회사 지분 활용 등임.

실적 분석
동사의 2016년 매출액은 2조 2399.9억원으로 전년 대비 7.4% 증가함. 영업이익은 860.9억원으로 47.1% 감소함. 당기순이익은 421.2억원으로 62.4% 감소함. 동사는 미얀마 진출의 교두보를 확보하기 위해 2013년과 2014년 공장을 개씩 인수했으며, 최근 중미 지역의 아이티에 5000여명 고용 규모의 공장을 세움. 2015년 한세실업의 자회사로 편입시킨 칼라앤터치를 통해 차별화된 원단을 공급받고 있음.

현금 흐름 〈단위 : 억원〉
항목	2015	2016
영업활동	418	843
투자활동	-827	-672
재무활동	1,294	569
순현금흐름	876	770
기말현금	1,607	2,378

시장 대비 수익률

결산 실적 〈단위 : 억원〉
항목	2011	2012	2013	2014	2015	2016
매출액	13,511	14,710	15,712	17,284	20,860	22,400
영업이익	768	693	629	1,137	1,628	861
당기순이익	534	577	457	778	1,121	421

분기 실적 〈단위 : 억원〉
항목	2015.3Q	2015.4Q	2016.1Q	2016.2Q	2016.3Q	2016.4Q
매출액	6,459	5,577	5,384	4,831	5,842	6,342
영업이익	585	543	228	177	263	193
당기순이익	395	385	169	110	233	-91

재무 상태 〈단위 : 억원〉
항목	2011	2012	2013	2014	2015	2016
총자산	6,932	7,774	8,735	11,213	14,361	17,406
유형자산	1,062	1,196	1,419	2,168	2,257	3,085
무형자산	375	380	383	666	703	1,409
유가증권	2,109	2,074	2,592	3,453	3,864	2,976
총부채	4,100	4,458	5,015	6,751	8,869	10,606
총차입금	2,317	2,580	3,036	4,222	5,791	6,968
자본금	159	159	200	200	200	200
총자본	2,832	3,317	3,719	4,463	5,492	6,800
지배주주지분	1,458	1,652	1,821	2,154	2,635	2,649

기업가치 지표
항목	2011	2012	2013	2014	2015	2016
주가(최고/저)(천원)	6.9/2.0	6.9/3.5	6.6/4.4	14.5/5.2	30.6/10.5	26.5/8.2
PER(최고/저)(배)	13.1/3.8	12.4/6.2	14.2/9.6	17.1/6.1	23.6/8.1	69.4/21.4
PBR(최고/저)(배)	2.0/0.6	1.8/0.9	1.5/1.0	2.8/1.0	4.7/1.6	4.1/1.3
EV/EBITDA(배)	4.1	5.3	6.6	6.8	8.1	9.6
EPS(원)	560	589	482	872	1,323	388
BPS(원)	4,593	5,203	4,553	5,386	6,588	6,633
CFPS(원)	1,007	1,130	842	1,427	2,184	1,328
DPS(원)	80	80	80	100	120	160
EBITDAPS(원)	2,720	2,571	1,932	3,398	4,931	3,093

재무 비율 〈단위 : % 〉
연도	영업이익률	순이익률	부채비율	차입금비율	ROA	ROE	유보율	자기자본비율	EBITDA마진율
2016	3.8	1.9	156.0	102.5	2.7	5.9	1,226.6	39.1	5.5
2015	7.8	5.4	161.5	105.4	8.8	22.1	1,217.7	38.2	9.5
2014	6.6	4.5	151.3	94.6	7.8	17.6	977.2	39.8	7.9
2013	4.0	2.9	134.9	81.6	5.5	11.1	810.6	42.6	6.3

한솔넥스지 (A081970)
Hansol NexG

업 종 : 일반 소프트웨어	시 장 : KOSDAQ
신용등급 : (Bond) — (CP) —	기업규모 : 중견
홈페이지 : www.hansolnexg.com	연 락 처 : 02)6005-3000
본 사 : 서울시 마포구 월드컵북로 396, 16층(상암동, 누리꿈스퀘어 비즈니스타워)	

설 립 일 2001.10.24	종 업 원 수 148명	대 표 이 사 유화석	
상 장 일 2007.08.20	감 사 의 견 적정(안진)	계 열	
결 산 기 12월	보 통 주 576만주	종속회사 수	
액 면 가 500원	우 선 주 —	구 상 호 넥스지	

주주구성 (지분율,%)
한솔인티큐브	20.2
솔라시아	18.4
(외국인)	1.0

출자관계 (지분율,%)
지니네트웍스	10.0

주요경쟁사 (외형,%)
한솔넥스지	100
네이블	87
한컴지엠디	60

매출구성
[제품]VForce시리즈, NexG FW 시리즈	44.9
[제품]VAAN, Nex25	42.8
유지보수	9.1

비용구성
매출원가율	60.9
판관비율	40.7

수출비중
수출	5.1
내수	94.9

회사 개요
동사는 VPN(가상사설망)을 활용한 보안관제 서비스와 보안솔루션 제품 개발 및 공급을 목적으로 2001년 10월에 설립됨. 2007년 8월 코스닥 시장 상장. 2013년 최대주주는 누리텔레콤에서 한솔인티큐브와 솔라시아로 변경되면서 한솔그룹 계열사로 편입. 주요 제품으로는 VPN(가상사설망)제품 VForce시리즈와 UTM(통합위협관리)제품, 차세대방화벽인 NexG FW, 통합보안관제서비스 등이 있으며, 콤텍시스템, 롯데정보통신 등이 주요 고객임.

실적 분석
동사의 2016년 연결기준 매출액은 249.5억원으로, 전년 대비 8.9% 증가함. 하지만 동시에 매출원가와 판관비가 증가하며 영업이익 적자전환함. M2M/IOT 보안솔루션의 한국정보통신기술협회 표준 인증 통과로 인한 영업 활성화, 모바일 VPN 개발 및 모바일 보안 시장과 차세대 방화벽 시장 진출, 통합보안관리솔루션 출시로 공공 보안관제 시장 확대 및 지속적인 유지보수 등으로 매출 확대를 기대 중임.

현금 흐름 *IFRS 별도 기준 〈단위 : 억원〉
항목	2015	2016
영업활동	12	28
투자활동	-27	-4
재무활동	1	-5
순현금흐름	-13	19
기말현금	128	147

시장 대비 수익률
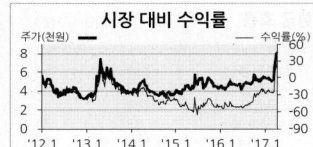

결산 실적 〈단위 : 억원〉
항목	2011	2012	2013	2014	2015	2016
매출액	222	186	179	219	229	250
영업이익	32	25	12	9	3	-4
당기순이익	31	27	15	10	1	5

분기 실적 *IFRS 별도 기준 〈단위 : 억원〉
항목	2015.3Q	2015.4Q	2016.1Q	2016.2Q	2016.3Q	2016.4Q
매출액	49	77	50	59	63	77
영업이익	-1	3	-3	-6	1	3
당기순이익	0	1	-1	-4	2	8

재무 상태 *IFRS 별도 기준 〈단위 : 억원〉
항목	2011	2012	2013	2014	2015	2016
총자산	335	354	356	390	383	388
유형자산	79	82	23	21	32	25
무형자산	6	5	25	30	32	30
유가증권	16	36	23	13	15	18
총부채	40	32	22	46	33	31
총차입금	—	—	—	—	—	18
자본금	29	29	29	29	29	29
자본총	295	322	334	344	350	356
지배주주지분	295	322	334	344	350	356

기업가치 지표 *IFRS 별도 기준
항목	2011	2012	2013	2014	2015	2016
주가(최고/저)(천원)	7.9/2.6	6.9/3.1	7.8/3.3	5.4/3.2	5.7/3.7	6.0/4.1
PER(최고/저)(배)	14.9/5.0	15.2/6.8	31.4/13.3	30.1/18.2	75.2/48.4	76.3/52.1
PBR(최고/저)(배)	1.6/0.5	1.3/0.6	1.4/0.6	0.9/0.6	1.0/0.6	1.0/0.7
EV/EBITDA(배)	6.1	1.8	3.4	3.3	5.9	12.6
EPS(원)	536	461	252	180	77	80
BPS(원)	5,128	5,589	5,796	5,965	6,073	6,184
CFPS(원)	723	666	461	399	396	402
DPS(원)	—	—	20	20	20	—
EBITDAPS(원)	737	634	422	369	374	251

재무 비율 〈단위 : % 〉
연도	영업이익률	순이익률	부채비율	차입금비율	ROA	ROE	유보율	자기자본비율	EBITDA마진율
2016	-1.6	1.8	8.8	5.2	1.2	1.3	1,136.8	91.9	5.8
2015	1.4	1.9	9.4	0.0	1.2	1.3	1,114.6	91.4	9.4
2014	3.9	4.7	13.4	0.0	2.8	3.1	1,093.1	88.2	9.7
2013	6.9	8.1	6.7	0.0	4.1	4.7	1,059.3	93.8	13.6

한솔로지스틱스 (A009180)
Hansol Logistics

업 종 : 육상운수	시 장 : 거래소
신용등급 : (Bond) — (CP) —	기업규모 : 시가총액 소형주
홈페이지 : www.hansollogistics.com	연 락 처 : 02)3287-7400
본 사 : 서울시 중구 을지로 100 파인애비뉴 B동 22층	

설 립 일 1973.08.14	종 업 원 수 326명	대 표 이 사 민병규	
상 장 일 1989.11.13	감 사 의 견 적정(안진)	계 열	
결 산 기 12월	보 통 주 1,648만주	종속회사 수	
액 면 가 500원	우 선 주 —	구 상 호 한솔CSN	

주주구성 (지분율,%)
한솔홀딩스	21.8
한솔CSN우리사주조합	6.2
(외국인)	7.4

출자관계 (지분율,%)
씨에스씨엠	100.0
티에스씨엠	100.0
HansolLogisticsMexicoS.A.DeC.V.	100.0

주요경쟁사 (외형,%)
한솔로지스틱스	100
KCTC	91
동양고속	40

매출구성
운송하역보관(기타)	100.0

비용구성
매출원가율	93.6
판관비율	5.1

수출비중
수출	0.0
내수	100.0

회사 개요
동사는 2014년 기준 업계 7위권의 업체로 국내TPL(운송, 보관, 하역서비스, 국제TPL(해상, 항공, 국제복합운송)서비스, e-Logistice서비스를 제공하는 종합물류(TPL) 사업을 영위하고 있음. 동사의 종속법인은 말레이시아, 멕시코, 미국에 위치하고 있으며 고객사 해외현지 법인의 판매, 조달, 창고운영 등의 종합 물류관리 서비스를 제공하고 있음.

실적 분석
동사의 2016년 결산 매출액은 3,847억원으로 전년동기 대비 2.6% 증가함. 견조한 외형 성장과 함께 원가부담 축소로 영업이익 50.6억원 시현하며 지난해 같은기간 대비 690% 증가함. 동사의 물류사업은 한솔그룹 계열물류의 통합서비스를 시작으로 제3자산업의 물류공동화를 이루어 냄. 물류부문은 제3자 물류업체를 지향하고 있으며, 정보시스템과 글로벌 네트워크를 기반으로 물류기획에서 운영, 관리까지 원스톱 물류서비스 제공을 목표로 진행중.

현금 흐름 〈단위 : 억원〉
항목	2015	2016
영업활동	-8	28
투자활동	-156	-26
재무활동	-14	1
순현금흐름	-179	5
기말현금	23	28

시장 대비 수익률
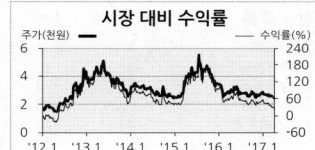

결산 실적 〈단위 : 억원〉
항목	2011	2012	2013	2014	2015	2016
매출액	3,913	4,347	4,624	3,894	3,749	3,847
영업이익	90	120	88	26	6	51
당기순이익	62	54	-27	10	562	36

분기 실적 〈단위 : 억원〉
항목	2015.3Q	2015.4Q	2016.1Q	2016.2Q	2016.3Q	2016.4Q
매출액	944	956	936	954	969	988
영업이익	1	-0	12	13	20	6
당기순이익	-4	-7	10	9	15	2

재무 상태 〈단위 : 억원〉
항목	2011	2012	2013	2014	2015	2016
총자산	1,819	2,048	1,859	1,787	902	979
유형자산	124	121	113	126	99	110
무형자산	98	63	53	57	76	68
유가증권	402	433	537	546	7	32
총부채	841	990	790	714	498	539
총차입금	207	296	103	3	—	—
자본금	246	246	246	246	88	88
총자본	979	1,057	1,069	1,073	404	440
지배주주지분	979	1,057	1,069	1,073	404	440

기업가치 지표
항목	2011	2012	2013	2014	2015	2016
주가(최고/저)(천원)	2.4/1.1	4.7/1.4	5.2/2.5	3.5/2.4	5.7/2.3	3.5/2.5
PER(최고/저)(배)	19.6/9.0	42.6/13.2	—/—	168.1/114.1	3.3/1.3	15.9/11.2
PBR(최고/저)(배)	1.2/0.6	2.2/0.7	2.4/1.2	1.6/1.1	2.4/1.0	1.3/0.9
EV/EBITDA(배)	4.4	9.5	7.6	16.7	14.7	5.2
EPS(원)	130	113	-56	21	1,751	221
BPS(원)	2,040	2,204	2,227	2,236	2,456	2,674
CFPS(원)	265	246	59	80	1,843	412
DPS(원)	20	20	20	20	20	20
EBITDAPS(원)	324	383	297	113	111	498

재무 비율 〈단위 : % 〉
연도	영업이익률	순이익률	부채비율	차입금비율	ROA	ROE	유보율	자기자본비율	EBITDA마진율
2016	1.3	0.9	122.3	0.0	3.9	8.6	398.4	45.0	2.1
2015	0.2	15.0	123.1	0.0	41.8	76.1	357.7	44.8	1.0
2014	0.7	0.3	66.5	0.3	0.6	1.0	336.2	60.1	1.4
2013	1.9	-0.6	74.0	9.7	-1.4	-2.5	334.5	57.5	3.1

한솔시큐어 (A070300)
Hansol Secure

업   종 : 휴대폰 및 관련부품
신용등급 : (Bond) —   (CP) —
홈 페 이 지 : www.hansolsecure.com
본   사 : 서울시 구로구 디지털로 306, 대륭포스트타워2차 508호
시   장 : KOSDAQ
기업규모 : 중견
연 락 처 : 02)2082-0777

설 립 일	2000.09.15	종 업 원 수	60명	대 표 이 사	박상진
상 장 일	2010.06.09	감 사 의 견	적정 (안진)	계 열	
결 산 기	12월	보 통 주	737만주	종속회사수	
액 면 가	500원	우 선 주		구 상 호	

주주구성 (지분율,%)		출자관계 (지분율,%)		주요경쟁사 (외형,%)	
한솔인티큐브	27.2	큐레이소프트	40.0	솔라시아	100
Giesecke+Devient Mobile Security GmbH	16.3	한솔넥스지	18.4	피델릭스	346
(외국인)	17.5	티모넷	1.6	알에프세미	393

매출구성		비용구성		수출비중	
스마트 카드 (제품)	84.4	매출원가율	62.9	수출	3.3
용역	11.3	판관비율	56.1	내수	96.7
기타 (상품)	2.5				

회사 개요
스마트카드 임베디드소프트웨어 개발 및 공급업체로서 통신, 금융, 공공분야 등 다양한 분야에서 플랫폼 및 솔루션을 개발하여 공급하고 있으며, 2006년 올인원칩 형태의 Combi-USIM 상용화에 성공하여 해외 다국적기업이 선점하고 있던 국내 3G이동통신시장에서 USIM칩의 국산화를 이루었으며, 현재는 SKT 및 KT향 4G LTE NFC-USIM사업을 진행 중임. 최근 독일의 글로벌 스마트카드 업체인 G&D와 자본 및 사업제휴를 계약을 체결함.

실적 분석
IC카드 발급시스템 개발 등 용역매출이 증가하였으나, 전방산업인 스마트폰 수요 부진과 경쟁심화 영향으로 스마트카드 매출이 감소하여 2016년 매출액은 전년 대비 소폭 감소함. 북미시장의IC카드 전환이 예상보다 자연적으로 선점하여 관련 재고자산에 대해 평가충당금 설정으로 인해 31억원의 영업손실이 발생함. 동사가 보유하고 있는 한솔넥스지 주식을 시가 평가한 61억원의 손실이 반영되어 당기순손실이 78억원 발생함.

현금 흐름   *IFRS 별도 기준   〈단위 : 억원〉

항목	2015	2016
영업활동	-7	-33
투자활동	21	-2
재무활동		9
순현금흐름	13	-27
기말현금	40	13

시장 대비 수익률
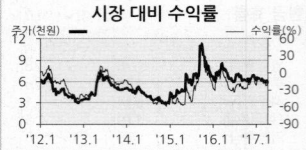

결산 실적   〈단위 : 억원〉

항목	2011	2012	2013	2014	2015	2016
매출액	260	130	189	106	164	163
영업이익	50	-19	13	-40	5	-31
당기순이익	49	-5	21	-29	4	-78

분기 실적   *IFRS 별도 기준   〈단위 : 억원〉

항목	2015.3Q	2015.4Q	2016.1Q	2016.2Q	2016.3Q	2016.4Q
매출액	30	39	33	41	54	36
영업이익	-2	5	-3	2	8	-37
당기순이익	0	-1	-2	2	6	-84

재무 상태   *IFRS 별도 기준   〈단위 : 억원〉

항목	2011	2012	2013	2014	2015	2016
총자산	264	240	259	238	265	179
유형자산	7	9	12	10	8	7
무형자산	20	22	18	16	13	10
유가증권	15	14	15	15	3	60
총부채	43	25	22	31	43	37
총차입금	5	4				10
자본금	31	31	31	31	31	31
총자본	221	215	236	207	222	141
지배주주지분	221	215	236	207	222	141

기업가치 지표   *IFRS 별도 기준

항목	2011	2012	2013	2014	2015	2016
주가 (최고/저)(천원)	7.5/3.8	7.2/2.9	7.7/3.4	5.4/2.9	11.7/3.1	8.9/5.7
PER(최고/저)(배)	9.1/4.6	—/—	23.1/10.2	—/—	34.6/9.2	—/—
PBR(최고/저)(배)	2.1/1.1	2.1/0.9	2.0/0.9	1.6/0.9	3.3/0.9	3.9/2.5
EV/EBITDA(배)	3.5		13.6		30.8	
EPS(원)	838	-85	338	-469	342	-1,272
BPS(원)	3,587	3,484	3,834	3,349	3,596	2,292
CFPS(원)	1,018	76	464	-337	454	-1,175
DPS(원)	40		20		20	
EBITDAPS(원)	1,037	-149	339	-513	197	-405

재무 비율   〈단위 : % 〉

연도	영업이익률	순이익률	부채비율	차입금비율	ROA	ROE	유보율	자기자본비율	EBITDA마진율
2016	-19.0	-48.0	26.5	7.1	-35.3	-43.2	358.4	79.0	-15.3
2015	3.2	12.9	19.6	0.0	8.4	9.8	619.1	83.6	7.4
2014	-37.7	-27.4	15.2	0.0	-11.7	-13.1	569.8	86.8	-29.9
2013	7.0	11.1	9.4	0.0	8.4	9.2	666.7	91.4	11.1

한솔신텍 (A099660)
Hansol SeenTec

업   종 : 에너지 시설 및 서비스
신용등급 : (Bond) —   (CP) —
홈 페 이 지 : www.hansolseentec.com
본   사 : 경남 창원시 성산구 중앙대로 64, 1501 (상남동, 신텍타워)
시   장 : KOSDAQ
기업규모 : 중견
연 락 처 : 055)210-7000

설 립 일	2001.02.16	종 업 원 수	286명	대 표 이 사	최두회
상 장 일	2009.04.30	감 사 의 견	적정 (한영)	계 열	
결 산 기	12월	보 통 주	6,399만주	종속회사수	
액 면 가	500원	우 선 주		구 상 호	신텍

주주구성 (지분율,%)		출자관계 (지분율,%)		주요경쟁사 (외형,%)	
한솔홀딩스	36.8	동경화공기	80.0	한솔신텍	100
알리안츠글로벌인베스터스자산운용	0.9	자본재공제조합	1.4	S&TC	158
(외국인)	0.9	엔지니어링공제조합	0.6	신성이엔지	135

매출구성		비용구성		수출비중	
발전설비	93.8	매출원가율	84.0	수출	—
산업설비외	4.0	판관비율	9.7	내수	—
용역매출	2.2				

회사 개요
동사는 발전산업용 보일러, 파워 및 환경플랜트 엔지니어링등을 제조 판매를 영위할 목적으로 2001년 2월 16일에 설립. 발전설비, 화공설비 및 기타 산업설비로 구분되나, 발전설비의 경우 보일러 및 HRSG 등을, 화공설비의 경우는 열교환기 및 압력용기 등을 제조함. 신규사업으로 신재생 에너지 설비와 해양플랜트 사업에 주목을 하고 있는데 신재생에너지 사업은 기존 에너지 사업의 연장선 상에서 쉽게 시장에 진입할 수 있는 장점이 있음.

실적 분석
동사의 2016년 연결기준 결산 매출액은 전년 대비 23.0% 증가한 1,607.2억원을 기록하면서 큰 폭 증가. 영업이익은 101.5억원을 기록하며 6.1% 상승하며 흑자지속. 당기순이익도 19.6억원을 기록하면서 전년대비 114.6% 증가했음. 비영업손실은 74.4억원을 기록했으나 전년대비 4억원 줄어 당기순이익이 커지는 효과 발생. 부실감사 손해소송으로부터 패소 확정됨 부정적 이슈에도 최근 94억원 규모 보일러 납품계약을 체결.

현금 흐름   〈단위 : 억원〉

항목	2015	2016
영업활동	-231	53
투자활동	-67	-25
재무활동	381	2
순현금흐름	83	31
기말현금	107	139

시장 대비 수익률
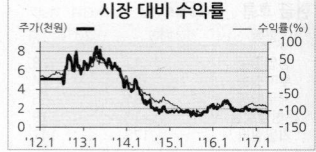

결산 실적   〈단위 : 억원〉

항목	2011	2012	2013	2014	2015	2016
매출액	1,607	1,177	2,235	1,271	1,307	1,607
영업이익	17	-87	-53	-253	96	101
당기순이익	7	109	-143	-340	9	20

분기 실적   〈단위 : 억원〉

항목	2015.3Q	2015.4Q	2016.1Q	2016.2Q	2016.3Q	2016.4Q
매출액	261	680	247	320	442	598
영업이익	21	69	28	29	42	2
당기순이익	2	36	2	9	2	6

재무 상태   〈단위 : 억원〉

항목	2011	2012	2013	2014	2015	2016
총자산	1,670	1,853	2,266	1,728	2,251	2,325
유형자산	820	713	781	730	716	687
무형자산	14	15	55	62	49	34
유가증권	29	15	11	11	34	61
총부채	1,381	1,458	1,784	1,424	1,622	1,493
총차입금	717	905	1,290	869	939	765
자본금	48	48	78	133	252	320
총자본	289	395	482	304	630	832
지배주주지분	285	393	481	302	628	831

기업가치 지표

항목	2011	2012	2013	2014	2015	2016
주가 (최고/저)(천원)	6.7/2.9	8.0/3.8	8.5/3.9	5.2/1.4	2.3/1.2	3.0/1.7
PER(최고/저)(배)	134.4/59.0	12.0/5.6	—/—	108.9/56.4	81.1/46.7	
PBR(최고/저)(배)	3.7/1.6	3.3/1.5	3.5/1.6	4.9/1.3	1.9/1.0	2.2/1.3
EV/EBITDA(배)	62.1				14.0	12.3
EPS(원)	50	671	-723	-1,528	22	36
BPS(원)	3,075	4,192	3,147	1,181	1,271	1,318
CFPS(원)	307	1,395	-731	-1,478	137	118
DPS(원)						
EBITDAPS(원)	399	-642	-145	-1,045	349	263

재무 비율   〈단위 : % 〉

연도	영업이익률	순이익률	부채비율	차입금비율	ROA	ROE	유보율	자기자본비율	EBITDA마진율
2016	6.3	1.2	179.3	91.9	0.9	2.8	163.7	35.8	9.2
2015	7.3	0.7	257.5	149.2	0.5	2.0	154.2	28.0	10.9
2014	-19.9	-26.7	468.4	285.9	-17.0	-86.5	136.1	17.6	-16.3
2013	-2.4	-6.4	370.3	267.7	-7.0	-32.5	529.5	21.3	-1.0

한솔씨앤피 (A221610)
Hansol CNP

업 종 : 화학		시 장 : KOSDAQ	
신용등급 : (Bond) — (CP) —		기업규모 : 중견	
홈페이지 : www.hansolcnp.com		연락처 : 031)364-7400	
본 사 : 경기도 안산시 단원구 강촌로 203			

설 립 일 2000.07.10	종 업 원 수 105명	대 표 이 사 김화주
상 장 일 2016.01.27	감 사 의 견 적정 (삼정)	계 열
결 산 기 12월	보 통 주 399만주	종 속 회 사 수
액 면 가 500원	우 선 주	구 상 수

주주구성 (지분율,%)		출자관계 (지분율,%)		주요경쟁사 (외형,%)	
한솔케미칼	50.1	HansolCNPVinaCo.,LTd.	100.0	한솔씨앤피	100
괴에씨메프로벌코리만그로쓰협러1파프2016년도사모투자전문회사	13.4	TianjinC&PChemicalCo.,Ltd	100.0	WISCOM	243
(외국인)	0.6	HansolCNPIndiaPvt.LTd.	99.0	진양산업	77

매출구성		비용구성		수출비중	
코팅재	96.7	매출원가율	68.8	수출	#VALUE!
운송용역	1.3	판관비율	20.0	내수	#VALUE!
전극보호재	1.2				

회사 개요
동사는 1996년 설립되어 모바일 및 기타 IT 기기 등에 사용되는 도료의 생산 및 판매를 주요사업으로 영위하고 있음. 주요 매출 품목은 휴대폰, 테블릿 등 모바일 IT 기기의 외장에 사용되는 기능성 특수 도료임. 도료는 유동상태로 물체의 표면에 도포하여 얇은 막을 형성, 고화됨으로서 그 물체를 보호하고 외관을 아름답게 하는 제품임. 연결대상 종속회사로는 중국 천진, 베트남, 인도 소재의 현지법인 3개사가 있으며 인도법인은 당기중 설립함.

실적 분석
동사는 2016년 연결기준 매출액 553.8억원에 영업이익 61.8억원을 달성함. 이는 전기 대비하여 매출액은 5.1% 감소하였으나, 영업이익은 52% 증가한 수치임. 매출원가가 크게 절감되었기 때문. 영업이익 확대로 당기순이익도 53.8억원을 시현함. 중국에서는 관련 시장이 위축되고 있으나, 인도시장은 자체 수요증가와 저가폰 생산기지로 부각되면서 시장이 확대되고있어 인도법인의 본격적인 매출시현이 예상됨.

현금 흐름 〈단위 : 억원〉

항목	2015	2016
영업활동	77	84
투자활동	-84	-17
재무활동	17	54
순현금흐름	10	121
기말현금	43	163

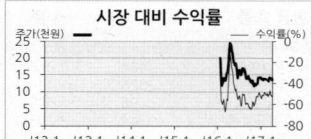

시장 대비 수익률

결산 실적 〈단위 : 억원〉

항목	2011	2012	2013	2014	2015	2016
매출액	146	205	391	509	584	554
영업이익	4	6	24	44	41	62
당기순이익	0	-1	6	37	30	54

분기 실적 〈단위 : 억원〉

항목	2015.3Q	2015.4Q	2016.1Q	2016.2Q	2016.3Q	2016.4Q
매출액	160	124	163	132	125	134
영업이익	11	1	22	11	21	7
당기순이익	11	-3	16	16	15	6

재무 상태 〈단위 : 억원〉

항목	2011	2012	2013	2014	2015	2016
총자산	154	233	298	444	464	573
유형자산	42	45	63	70	106	112
무형자산	14	14	12	20	32	14
유가증권	0					3
총부채	82	159	218	326	273	184
총차입금	46	84	121	159	135	40
자본금	10	10	10	10	13	20
총자본	72	74	80	118	191	389
지배주주지분	72	74	80	118	191	389

기업가치 지표

항목	2011	2012	2013	2014	2015	2016
주가(최고/저)(천원)	—/—	—/—	—/—	—/—	—/—	26.7/10.9
PER(최고/저)(배)	0.0/0.0	0.0/0.0	0.0/0.0	0.0/0.0	0.0/0.0	18.8/7.7
PBR(최고/저)(배)	0.0/0.0	0.0/0.0	0.0/0.0	0.0/0.0	0.0/0.0	2.8/1.2
EV/EBITDA(배)	6.4	7.3	3.3	2.4	1.3	5.5
EPS(원)	22	-37	288	1,824	1,458	1,475
BPS(원)	35,846	29,160	31,762	46,481	7,534	9,745
CFPS(원)	1,666	1,657	5,226	18,403	2,173	1,949
DPS(원)					500	500
EBITDAPS(원)	3,483	4,202	12,251	20,983	2,694	2,164

재무 비율 〈단위 : % 〉

연도	영업이익률	순이익률	부채비율	차입금비율	ROA	ROE	유보율	자기자본비율	EBITDA마진율
2016	11.2	9.7	47.3	10.4	10.4	18.6	1,849.0	67.9	14.3
2015	7.0	5.1	142.9	70.6	6.6	19.4	1,406.9	41.2	9.5
2014	8.7	7.4	277.0	134.8	10.1	37.8	1,077.5	26.5	10.5
2013	6.1	1.5	270.6	150.8	2.3	7.7	704.6	27.0	7.9

한솔인티큐브 (A070590)
Hansol Inticube

업 종 : IT 서비스		시 장 : KOSDAQ	
신용등급 : (Bond) — (CP) —		기업규모 : 중견	
홈페이지 : www.hansolinticube.com		연락처 : 02)6005-3000	
본 사 : 서울시 마포구 월드컵북로 396, 누리꿈스퀘어비즈니스타워 14층			

설 립 일 2003.12.16	종 업 원 수 259명	대 표 이 사 박상준
상 장 일 2004.01.08	감 사 의 견 적정 (안진)	계 열
결 산 기 12월	보 통 주 1,388만주	종 속 회 사 수
액 면 가 500원	우 선 주	구 상 수

주주구성 (지분율,%)		출자관계 (지분율,%)		주요경쟁사 (외형,%)	
한솔홀딩스	22.2	솔라시아	32.5	한솔인티큐브	100
조현승	9.9	한솔넥스지	20.2	민앤지	64
(외국인)	0.1	한솔씨엔앰	5.9	아이오케이	21

매출구성		비용구성		수출비중	
SMSC,WAP G/W 등	85.1	매출원가율	73.9	수출	0.0
컨택센터/CRM 外	15.0	판관비율	25.9	내수	100.0

회사 개요
동사는 2003년 주식회사 로커스의 사업부분이 인적분할된 회사로 CRM 기반 컨택센터/CRM, 무선인터넷 솔루션 등과 같은 대고객 통신서비스 분야의 특화된 시스템의 통합 및 솔루션 공급을 주된 사업으로 영위함. 전세계 컨택센터 솔루션 시장 업계 1위인 여러 공급업체들과 partnership을 맺음과 동시에 소프트웨어 기반의 솔루션들을 국내 환경에 맞게 자체 개발함으로써 모든 컨택센터 관련 솔루션을 보유하고 있는 국내 유일의 SI업체임.

실적 분석
동사의 2016년 연결기준 결산 매출액은 634억원으로 전년동기 대비 10.6% 감소함. 주력사업인 CRM사업부문의 부진에 기인함. 외형 축소와 더불어 원가율 상승 및 판관비 부담 증가 여파로 영업이익은 전년동기 대비 큰 폭으로 감소한 1.8억원 시현하는데 그침. 비영업부문에서 금융손실 확대 및 대규모 관련기업 투자손실 발생으로 당기순이익은 적자로 전환되며 약 50억원의 순손실 시현하며 전반적으로 부진한 모습.

현금 흐름 *IFRS 별도 기준 〈단위 : 억원〉

항목	2015	2016
영업활동	35	-36
투자활동	-8	-6
재무활동	-24	41
순현금흐름	3	-0
기말현금	3	3

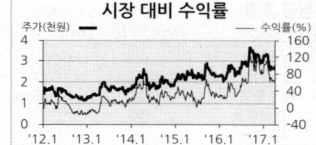

시장 대비 수익률

결산 실적 〈단위 : 억원〉

항목	2011	2012	2013	2014	2015	2016
매출액	626	569	674	648	709	634
영업이익	16	-27	26	31	43	2
당기순이익	15	-26	20	15	36	-50

분기 실적 *IFRS 별도 기준 〈단위 : 억원〉

항목	2015.3Q	2015.4Q	2016.1Q	2016.2Q	2016.3Q	2016.4Q
매출액	166	246	108	168	175	183
영업이익	5	39	-18	-4	5	19
당기순이익	1	34	-16	-5	6	-35

재무 상태 *IFRS 별도 기준 〈단위 : 억원〉

항목	2011	2012	2013	2014	2015	2016
총자산	415	405	581	619	684	669
유형자산	24	19	19	17	16	15
무형자산	30	23	32	23	25	20
유가증권	2	4	4	5	6	3
총부채	149	161	305	339	373	404
총차입금	18	36	126	141	122	166
자본금	69	69	69	69	69	69
총자본	266	244	277	280	310	265
지배주주지분	266	244	277	280	310	265

기업가치 지표 *IFRS 별도 기준

항목	2011	2012	2013	2014	2015	2016
주가(최고/저)(천원)	1.5/0.9	1.8/1.1	2.0/1.2	2.6/1.6	3.1/1.9	3.8/2.0
PER(최고/저)(배)	26.2/16.5	—/—	15.1/8.8	25.1/15.8	12.0/7.5	—/—
PBR(최고/저)(배)	0.8/0.5	1.1/0.7	1.1/0.6	1.3/0.8	1.4/0.9	2.0/1.1
EV/EBITDA(배)	4.9		10.3	11.2	8.7	68.9
EPS(원)	61	-179	142	108	264	-360
BPS(원)	1,935	1,772	2,005	2,027	2,250	1,908
CFPS(원)	137	-109	229	160	314	-313
DPS(원)	30		30	30	30	
EBITDAPS(원)	225	-132	253	278	362	60

재무 비율 〈단위 : % 〉

연도	영업이익률	순이익률	부채비율	차입금비율	ROA	ROE	유보율	자기자본비율	EBITDA마진율
2016	0.3	-7.9	152.6	62.7	-7.4	-17.3	281.6	39.6	1.3
2015	6.1	5.1	120.4	39.2	5.6	12.4	349.9	45.4	7.0
2014	4.8	2.3	121.4	50.4	2.5	5.4	305.5	45.2	5.9
2013	3.9	2.9	110.2	45.6	3.9	7.4	301.1	47.6	5.7

한솔제지 (A213500)
Hansol Paper

업　　　종 : 종이 및 목재　　　　　시　　　장 : 거래소
신용등급 : (Bond) —　　(CP) —　　기업규모 : 시가총액 중형주
홈페이지 : www.hansolpaper.co.kr　　연 락 처 : 02)3287-6040
본　　　사 : 서울시 중구 을지로 100 (을지로2가, 파인애비뉴 B동)

설 립 일	2015.01.02	종 업 원 수	856명	대 표 이 사	이상훈
상 장 일	2015.01.26	감사의견	적정 (삼정)	계　　열	
결 산 기	12월	보 통 주	2,380만주	종속회사수	
액 면 가	5,000원	우 선 주	—만주	구 상 호	

주주구성 (지분율,%)		출자관계 (지분율,%)		주요경쟁사 (외형,%)	
한솔홀딩스	34.7	아트페이퍼	19.9	한솔제지	100
KB자산운용	18.3	에이치피컨버팅	19.9	동화기업	45
(외국인)	13.3	한솔제지원료협동조합	1.6	한솔홀딩스	52

매출구성		비용구성		수출비중	
인쇄용지, 특수지	67.4	매출원가율	77.6	수출	54.3
산업용지,기타	32.6	판관비율	14.4	내수	45.7

회사 개요

동사는 2015년 1월 1일 기준 구 한솔제지가 인적분할되어 존속회사 한솔홀딩스(투자부문)와 더불어 분할된 신설회사임. 인쇄용지, 산업용지, 특수지 등의 제조사업을 영위하고 있으며, 인쇄용지와 산업용지 부문에서 생산량 기준 국내 1위의 지위를 확보하고 있음. 국내 제지산업은 구조화 대규모 장치산업이고 투자비가 많이 드는 대신 원재료와 고정비 비중이 큼. 동사의 수익성에 영향을 미치는 요인은 제품가격 및 펄프가격 동향임.

실적 분석

동사의 2016년 연결기준 연간 누적 매출액은 1조5305.4억원으로 전년과 비슷한 수준. 내수요 감소로 국내 매출액이 소폭 감소하였으나, 해외 직거래처 발굴 및 환율 상승 효과로 수출액 증가. 주원재료인 펄프가격과 유가의 안정화로 특수지 및 각종 수출 용지 이익률이 상승. 이에 따른 매출원가 감소와 판관비 절감으로 영업이익은 1221.2억원을 기록하며 전년보다 62.7% 늘어남. 당기순이익도 92.9% 급증한 426억원을 시현함.

현금 흐름　　〈단위 : 억원〉

항목	2015	2016
영업활동	1,348	1,598
투자활동	-672	-503
재무활동	-770	-1,090
순현금흐름	-97	5
기말현금	86	91

시장 대비 수익률

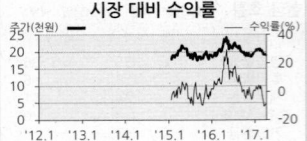

결산 실적　　〈단위 : 억원〉

항목	2011	2012	2013	2014	2015	2016
매출액	—	—	—	—	15,117	15,305
영업이익	—	—	—	—	750	1,221
당기순이익	—	—	—	—	221	426

분기 실적　　〈단위 : 억원〉

항목	2015.3Q	2015.4Q	2016.1Q	2016.2Q	2016.3Q	2016.4Q
매출액	3,731	3,888	3,836	3,842	3,750	3,878
영업이익	204	148	280	422	317	202
당기순이익	2	55	149	160	225	-108

재무 상태　　〈단위 : 억원〉

항목	2011	2012	2013	2014	2015	2016
총자산	—	—	—	—	14,454	14,131
유형자산	—	—	—	—	9,737	9,343
무형자산	—	—	—	—	570	531
유가증권	—	—	—	—	32	15
총부채	—	—	—	—	10,936	9,661
총차입금	—	—	—	—	8,505	6,903
자본금	—	—	—	—	827	1,007
총자본	—	—	—	—	3,517	4,470
지배주주지분	—	—	—	—	3,342	4,313

기업가치 지표

항목	2011	2012	2013	2014	2015	2016
주가(최고/저)(천원)	—/—	—/—	—/—	—/—	22.2/15.1	24.2/18.0
PER(최고/저)(배)	0.0/0.0	0.0/0.0	0.0/0.0	0.0/0.0	16.6/11.3	10.7/8.0
PBR(최고/저)(배)	0.0/0.0	0.0/0.0	0.0/0.0	0.0/0.0	1.2/0.8	1.2/0.9
EV/EBITDA(배)	0.0	0.0	0.0	0.0	8.7	5.8
EPS(원)	—	—	—	—	1,421	2,337
BPS(원)	—	—	—	—	20,218	21,422
CFPS(원)	—	—	—	—	5,283	6,054
DPS(원)	—	—	—	—	500	700
EBITDAPS(원)	—	—	—	—	8,365	10,411

재무 비율　　〈단위 : % 〉

연도	영업이익률	순이익률	부채비율	차입금비율	ROA	ROE	유보율	자기자본비율	EBITDA마진율
2016	8.0	2.8	216.1	154.4	3.0	11.1	328.5	31.6	12.4
2015	5.0	1.5	311.0	241.8	0.0	0.0	304.4	24.3	9.2
2014	0.0	0.0	0.0	0.0	0.0	0.0	0.0	0.0	0.0
2013	0.0	0.0	0.0	0.0	0.0	0.0	0.0	0.0	0.0

한솔케미칼 (A014680)
Hansol Chemical

업　　　종 : 화학　　　　　시　　　장 : 거래소
신용등급 : (Bond) A-　　(CP) —　　기업규모 : 시가총액 중형주
홈페이지 : www.hansolchemical.com　　연 락 처 : 02)2152-2399
본　　　사 : 서울시 강남구 테헤란로 513 K Tower 7F / 8F

설 립 일	1980.03.13	종 업 원 수	412명	대 표 이 사	박원환
상 장 일	1989.05.20	감사의견	적정 (삼정)	계　　열	
결 산 기	12월	보 통 주	1,130만주	종속회사수	
액 면 가	5,000원	우 선 주	—만주	구 상 호	

주주구성 (지분율,%)		출자관계 (지분율,%)		주요경쟁사 (외형,%)	
KB자산운용	15.4	한솔씨앤피	50.8	한솔케미칼	100
조동혁	14.5	테이팩스	50.0	롯데케미칼	2,872
(외국인)	14.8	삼영순화	49.0	대한유화	347

매출구성		비용구성		수출비중	
정밀화학 (제품)	40.5	매출원가율	69.9	수출	14.5
기타	21.8	판관비율	12.3	내수	85.5
제지약품(제품)	19.0				

회사 개요

동사는 1980년에 설립됐으며 제지 및 섬유, 반도체 등에 사용되는 과산화수소를 시작으로 라텍스, 요소수지, 고분자응집제, 차아황산소다 및 기타 화공 약품을 제조 개발하고 있음. 국내 시장점유율은 라텍스 38%, 차아황산소다 65%, BPO 73%, PAM 19%임. 동사는 한솔그룹에 속해있으며 한솔그룹은 국내 19개사, 해외 42개사 총 61개사의 계열사를 보유하고 있음.

실적 분석

동사의 2016년 누적매출액은 4,604억원으로 전년 대비 25.1% 증가함. 매출원가와 판관비의 증가에도 불구하고 영업이익은 전년보다 67.6% 늘어난 821.5억원을 기록함. 당기순이익은 589.2억원으로 전년 대비 71.8% 증가함. 반도체 및 디스플레이 등의 전자재료와 합성기술을 바탕으로 한 정밀화학 분야에서 신규사업 진출을 검토 중임. IT소재분야로 진출할 수 있는 기반 확보에도 적극적으로 나서고 있음.

현금 흐름　　〈단위 : 억원〉

항목	2015	2016
영업활동	484	926
투자활동	-626	-1,424
재무활동	96	625
순현금흐름	-44	205
기말현금	62	267

시장 대비 수익률

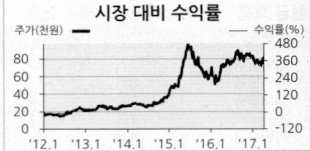

결산 실적　　〈단위 : 억원〉

항목	2011	2012	2013	2014	2015	2016
매출액	2,970	3,189	3,170	3,361	3,680	4,604
영업이익	242	268	277	282	490	821
당기순이익	187	361	203	214	343	589

분기 실적　　〈단위 : 억원〉

항목	2015.3Q	2015.4Q	2016.1Q	2016.2Q	2016.3Q	2016.4Q
매출액	940	929	1,000	1,077	1,302	1,224
영업이익	148	86	198	213	261	150
당기순이익	118	29	211	108	191	79

재무 상태　　〈단위 : 억원〉

항목	2011	2012	2013	2014	2015	2016
총자산	3,218	3,587	4,280	4,744	5,210	6,997
유형자산	1,497	1,925	2,626	2,901	3,308	3,984
무형자산	119	158	193	189	178	779
유가증권	351	106	130	120	192	155
총부채	1,696	1,771	2,295	2,611	2,743	3,586
총차입금	949	1,160	1,565	1,799	1,982	2,502
자본금	565	565	565	565	565	565
총자본	1,523	1,816	1,985	2,132	2,468	3,411
지배주주지분	1,523	1,813	1,982	2,129	2,420	2,824

기업가치 지표

항목	2011	2012	2013	2014	2015	2016
주가(최고/저)(천원)	19.5/11.4	24.6/14.8	27.5/20.9	38.4/24.7	99.0/39.5	91.2/51.5
PER(최고/저)(배)	13.1/7.7	8.3/5.0	16.2/12.4	20.8/13.6	33.6/13.4	18.7/10.6
PBR(최고/저)(배)	1.5/0.9	1.6/1.0	1.6/1.3	2.1/1.4	4.7/1.9	3.7/2.1
EV/EBITDA(배)	9.4	10.1	11.2	12.8	12.5	11.2
EPS(원)	1,652	3,195	1,797	1,897	3,023	4,942
BPS(원)	14,534	16,231	17,725	19,033	21,608	25,179
CFPS(원)	2,380	4,115	2,974	3,614	5,002	7,327
DPS(원)	500	500	500	600	800	1,000
EBITDAPS(원)	2,870	3,291	3,634	4,214	6,317	9,657

재무 비율　　〈단위 : % 〉

연도	영업이익률	순이익률	부채비율	차입금비율	ROA	ROE	유보율	자기자본비율	EBITDA마진율
2016	17.8	12.8	105.1	73.4	9.7	21.3	403.6	48.8	23.7
2015	13.3	9.3	111.1	80.3	6.9	15.0	332.2	47.4	19.4
2014	8.4	6.4	122.5	84.4	4.8	10.4	280.7	45.0	14.2
2013	8.8	6.4	115.6	78.8	5.2	10.7	254.5	46.4	13.0

한솔테크닉스 (A004710)
Hansol Technics

업 종 : 디스플레이 및 관련부품		시 장 : 거래소	
신용등급 : (Bond) BBB (CP) —		기업규모 : 시가총액 중형주	
홈페이지 : www.hansoltechnics.com		연락처 : 02)3287-7902	
본 사 : 서울시 중구 을지로 100			

설 립 일 1966.08.30	종 업 원 수 830명	대 표 이 사 이상용	
상 장 일 1988.07.06	감 사 의 견 적정 (안진)	계 열	
결 산 기 12월	보 통 주 2,211만주	종속회사수	
액 면 가 5,000원	우 선 주	구 상 호	

주주구성 (지분율,%)		출자관계 (지분율,%)		주요경쟁사 (외형,%)	
한솔홀딩스	20.0			한솔테크닉스	100
국민연금공단	6.7	한솔테크닉스태국	100.0	LG디스플레이	3,282
(외국인)	9.3	한솔테크닉스미국	100.0	비아트론	9

매출구성		비용구성		수출비중	
파워보드	43.5	매출원가율	89.9	수출	81.5
솔라모듈	40.3	판관비율	7.2	내수	18.5
웨이퍼,잉곳	8.2				

회사 개요
동사는 1966년에 설립되어 국내외 LCD TV의 핵심부품인 파워모듈, BLU 및 LED Chip을 제조하기 위한 LED 잉곳/웨이퍼, 태양광 발전을 위한 모듈 생산등을 주 영업목적으로 운영. BLU, 파워모듈 산업은 TV 고급화, 차별화 및 수요에 적기 대응할 수 있는 탄력적인 시스템 구축. 원재료 수급 안정성과 소비 패턴 변화에 대한 대응 정도가 주요 경쟁 요소. 향후 색 재현성, 저전력을 앞세운 LED TV를 중심으로 수요 증대 예상됨.

실적 분석
2016년 결산 연결기준 매출액은 전년동기 대비 23.8% 증가한 8,076.4억원을 시현. 영업이익은 전년동기 대비 41.1% 증가한 232.4억원을 기록. 다만 비영업손실이 643.4억원 발생하며 적자전환하여 당기순손실도 462.2억원을 기록하며 적자 전환. 이는 글로벌 경기침체로 인한 TV 시장의 성장 둔화와 고객사 해외 생산 확대, 판가 하락 등으로 인한것으로 보임. 이에 동사는 특화된 고급, 고부가가치 모델 중심 생산을 주력할 예정.

현금 흐름 〈단위 : 억원〉

항목	2015	2016
영업활동	422	274
투자활동	-2	-77
재무활동	-191	-68
순현금흐름	235	129
기말현금	243	371

시장 대비 수익률
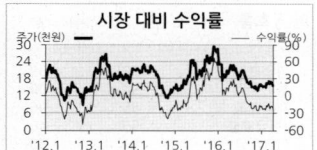

결산 실적 〈단위 : 억원〉

항목	2011	2012	2013	2014	2015	2016
매출액	9,682	5,588	5,109	5,678	6,523	8,076
영업이익	-293	-378	-88	86	165	232
당기순이익	-207	-885	-251	-153	286	-462

분기 실적 〈단위 : 억원〉

항목	2015.3Q	2015.4Q	2016.1Q	2016.2Q	2016.3Q	2016.4Q
매출액	2,117	2,007	1,908	1,918	2,179	2,071
영업이익	84	37	56	55	79	43
당기순이익	332	-64	30	31	51	-574

재무 상태 〈단위 : 억원〉

항목	2011	2012	2013	2014	2015	2016
총자산	4,865	4,201	4,223	4,084	5,412	5,115
유형자산	2,902	2,434	2,313	2,195	2,870	2,314
무형자산	433	343	333	259	838	690
유가증권	2	2	41	32	4	—
총부채	2,997	2,742	2,520	2,068	2,828	2,963
총차입금	2,128	2,119	1,850	1,415	1,940	1,875
자본금	428	578	810	1,053	1,105	1,105
총자본	1,868	1,460	1,703	2,015	2,584	2,152
지배주주지분	1,868	1,458	1,700	2,012	2,491	2,043

기업가치 지표

항목	2011	2012	2013	2014	2015	2016
주가(최고/저)(천원)	50.8/14.0	22.8/8.8	27.3/12.6	22.9/10.6	29.9/13.3	27.8/13.5
PER(최고/저)(배)	—/—	—/—	—/—	—/—	23.0/10.2	—/—
PBR(최고/저)(배)	2.5/0.7	1.7/0.7	2.3/1.1	2.1/1.0	2.4/1.1	2.7/1.3
EV/EBITDA(배)			35.9	13.5	18.1	9.4
EPS(원)	-1,906	-6,972	-1,547	-890	1,299	-2,154
BPS(원)	24,983	14,956	12,180	10,851	12,498	10,474
CFPS(원)	-374	-5,550	-121	529	2,624	-800
DPS(원)						
EBITDAPS(원)	-1,506	-1,085	907	1,916	2,091	2,405

재무 비율 〈단위 : % 〉

연도	영업이익률	순이익률	부채비율	차입금비율	ROA	ROE	유보율	자기자본비율	EBITDA마진율
2016	2.9	-5.7	137.7	87.1	-8.8	-21.0	109.5	42.1	6.6
2015	2.5	4.4	109.4	75.1	6.0	12.4	150.0	47.8	6.9
2014	1.5	-2.7	102.6	70.2	-3.7	-8.3	117.0	49.4	5.8
2013	-1.7	-4.9	147.9	108.6	-6.0	-16.0	143.6	40.3	2.8

한솔피엔에스 (A010420)
HansolPNS

업 종 : 종이 및 목재		시 장 : 거래소	
신용등급 : (Bond) — (CP) A3		기업규모 : 시가총액 소형주	
홈페이지 : www.hansolpns.com		연락처 : 02)772-5100	
본 사 : 서울시 중구 퇴계로 213 (충무로4가) 일흥빌딩 5층			

설 립 일 1975.02.04	종 업 원 수 208명	대 표 이 사 정병채	
상 장 일 1989.05.31	감 사 의 견 적정 (삼정)	계 열	
결 산 기 12월	보 통 주 2,049만주	종속회사수	
액 면 가 500원	우 선 주	구 상 호	

주주구성 (지분율,%)		출자관계 (지분율,%)		주요경쟁사 (외형,%)	
한솔홀딩스	46.1	마더비	19.9	한솔PNS	100
한국증권금융	5.2	웹서브웨이	19.0	세하	68
(외국인)	4.2	스포츠러브	15.4	신풍제지	55

매출구성		비용구성		수출비중	
인쇄용지등	89.4	매출원가율	93.0	수출	0.0
시스템 유지보수	10.7	판관비율	6.4	내수	100.0

회사 개요
동사는 1975년 광림전자로 설립 후 1989년 상장됨. 1995년 한솔그룹에 인수되며 한솔텔레콤으로 사명 변경. 이후 2008년 신규 패키징 사업을 추진하면서 한솔피엔에스로 사명을 바꿈. 동사의 사업부문은 한솔그룹 및 일부 공공기관을 대상으로 ITO 서비스를 제공하는 IT서비스부문과 인쇄용지, 신문용지, 특수지 등 국내 모든 종류 종이를 공급하는 지류유통부문으로 나뉨. 지류유통사업이 전체 매출의 90%를 차지하고 있음.

실적 분석
동사의 2016년 4분기 누적 매출액은 2,341.5억원을 기록함. 전년 누적 매출액 2,428억원에서 3.6% 감소한 수치. 이에 따라 판관비(22.3%)와 매출원가(1.8%) 감소에도 불구하고 2016년 영업이익은 전년보다 22% 줄어든 12.6억원 기록. 당기순이익은 7.9억원으로 60.9% 떨어진 모습. 동사 투자부문은 인적분할 후 2016년 9월 1일 기준 한솔홀딩스와 합병 완료함.

현금 흐름 ∙IFRS 별도 기준 〈단위 : 억원〉

항목	2015	2016
영업활동	56	39
투자활동	1	6
재무활동	-12	-12
순현금흐름	44	32
기말현금	152	184

시장 대비 수익률
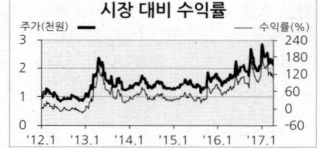

결산 실적 〈단위 : 억원〉

항목	2011	2012	2013	2014	2015	2016
매출액	1,997	1,702	2,260	2,656	2,428	2,341
영업이익	4	-9	44	41	16	13
당기순이익	-47	5	17	26	20	8

분기 실적 ∙IFRS 별도 기준 〈단위 : 억원〉

항목	2015.3Q	2015.4Q	2016.1Q	2016.2Q	2016.3Q	2016.4Q
매출액	601	663	608	492	586	656
영업이익	13	5	5	9	6	-7
당기순이익	12	0	1	5	5	-3

재무 상태 ∙IFRS 별도 기준 〈단위 : 억원〉

항목	2011	2012	2013	2014	2015	2016
총자산	1,013	992	1,305	1,148	1,133	1,025
유형자산	103	101	37	30	31	27
무형자산	26	27	22	16	14	14
유가증권	8	15	14	15	18	11
총부채	667	628	908	734	700	693
총차입금	137	137	70	7	2	—
자본금	130	130	138	138	138	102
총자본	346	363	397	413	433	331
지배주주지분	346	363	397	413	433	331

기업가치 지표 ∙IFRS 별도 기준

항목	2011	2012	2013	2014	2015	2016
주가(최고/저)(천원)	1.4/0.7	1.3/0.9	2.4/1.0	1.8/1.3	2.0/1.1	2.9/1.4
PER(최고/저)(배)	—/—	77.8/52.0	39.1/15.8	19.0/13.5	27.3/16.0	93.2/44.6
PBR(최고/저)(배)	1.1/0.5	0.7/0.7	1.7/0.7	1.2/0.9	1.3/0.7	1.8/0.9
EV/EBITDA(배)	11.1	23.5	6.1	4.0	10.0	9.6
EPS(원)	-182	17	63	95	73	31
BPS(원)	1,369	1,395	1,437	1,498	1,571	1,618
CFPS(원)	-94	93	115	145	122	81
DPS(원)	15	15	15	15	15	15
EBITDAPS(원)	102	41	217	198	107	100

재무 비율 〈단위 : % 〉

연도	영업이익률	순이익률	부채비율	차입금비율	ROA	ROE	유보율	자기자본비율	EBITDA마진율
2016	0.5	0.3	209.2	0.0	0.7	2.1	223.5	32.4	1.1
2015	0.7	0.7	161.4	0.5	1.8	4.7	214.2	38.3	1.2
2014	1.5	1.0	177.6	1.8	2.1	6.5	199.6	36.0	2.1
2013	2.0	0.7	229.1	17.7	1.5	4.5	187.5	30.4	2.6

한솔홀딩스 (A004150)
Hansol Holdings

업　　종 : 종이 및 목재　　　　　시　　장 : 거래소
신용등급 : (Bond) A-　　(CP) —　　기업규모 : 시가총액 소형주
홈페이지 : www.hansol.com　　　　연 락 처 : 02)3287-6875
본　　사 : 서울시 중구 을지로 100 파인애비뉴 B동 24층

설 립 일	1965.01.19	종 업 원 수	26명	대 표 이 사	선우영석
상 장 일	1972.05.17	감사의견	적정 (삼정)	계 열	
결 산 기	12월	보 통 주	4,636만주	종속회사수	
액 면 가	5,000원	우 선 주		구 상 호	한솔제지

주주구성 (지분율,%)		출자관계 (지분율,%)		주요경쟁사 (외형,%)	
조동길	7.9	한솔페이퍼텍	99.9	한솔홀딩스	100
국민연금공단	6.3	한솔EME	98.3	동화기업	87
(외국인)	12.4	한솔개발	91.4		5

매출구성		비용구성		수출비중	
인쇄용지 외 (상품및제품)	39.2	매출원가율	82.6	수출	—
지류 (상품)	23.6	판관비율	9.5	내수	—
발전설비, 산업설비 외(제품)	13.9				

회사 개요
동사는 2015년 1월 투자부문과 사업부문을 인적분할의 방법으로 분할, 분할되는 회사가 영위하는 일반제지 사업 중 인쇄용지, 산업용지, 특수지 제조 및 판매 해외 지류 도소매 사업 등의 사업부문과 투자사업부문을 분리함. 동사와 연결 종속회사는 지류 제조 판매업 (한솔제지, 한솔아트원제지), 골판지 제조업 (한솔페이퍼텍), 지류도소매업 (한솔피엔에스 지류유통부문), IT서비스 (한솔피엔에스, 한솔인티큐브), 관광단지업 (한솔개발)로 구성.

실적 분석
동사의 2016년 연결기준 결산 매출액은 7,946.4억원으로 전년동기 대비 43.4% 증가함. 또한 매출 증가에 힘입어 영업이익 또한 623.5억원으로 43.3% 증가함. 그러나 매출손실이 546.8억원을 기록하고 관련기업투자손실은 22.4억원이 발생해 당기순손실은 77.3억원으로 적자지속. 주된 손실 원인은 IT종목인 한솔테크닉스(지분율 20.04%)와 한솔인티큐브(지분율 22.21%)에서 각각 99억원, 11억원의 지분법손실이 발생.

현금 흐름　　〈단위 : 억원〉
항목	2015	2016
영업활동	2,001	1,066
투자활동	14	-762
재무활동	-1,776	-314
순현금흐름	238	-51
기말현금	585	535

시장 대비 수익률
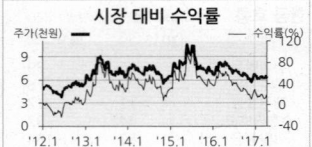

결산 실적　　〈단위 : 억원〉
항목	2011	2012	2013	2014	2015	2016
매출액	17,659	18,597	7,427	7,806	5,540	7,946
영업이익	1,299	1,164	324	509	435	623
당기순이익	-90	228	83	-522	-106	-77

분기 실적　　〈단위 : 억원〉
항목	2015.3Q	2015.4Q	2016.1Q	2016.2Q	2016.3Q	2016.4Q
매출액	2,170	-8	2,572	2,384	2,526	464
영업이익	194	20	259	178	193	-7
당기순이익	-113	-325	156	-176	45	-102

재무 상태　　〈단위 : 억원〉
항목	2011	2012	2013	2014	2015	2016
총자산	25,974	25,434	29,609	29,779	19,741	20,067
유형자산	17,710	17,705	20,770	11,387	12,050	9,190
무형자산	62	96	321	156	505	267
유가증권	515	424	760	661	762	183
총부채	18,221	17,516	21,491	25,317	14,056	13,856
총차입금	12,884	8,365	11,340	3,492	4,807	2,194
자본금	2,181	2,181	2,181	2,181	1,930	2,318
총자본	7,753	7,918	8,119	4,463	5,686	6,211
지배주주지분	7,557	7,550	7,386	3,665	4,751	5,240

기업가치 지표
항목	2011	2012	2013	2014	2015	2016
주가(최고/저)(천원)	6.1/3.7	6.1/3.8	9.2/5.4	8.2/5.5	11.2/6.5	8.5/5.6
PER(최고/저)(배)	—/—	9.9/6.2	45.3/26.6	—/—	—/—	—/—
PBR(최고/저)(배)	0.4/0.2	0.4/0.2	0.6/0.3	0.9/0.6	0.9/0.5	0.7/0.5
EV/EBITDA(배)	8.3	6.3	13.9	5.8	8.7	5.1
EPS(원)	-133	653	209	-873	-360	-89
BPS(원)	17,729	17,712	17,337	8,807	13,102	11,962
CFPS(원)	1,362	2,271	2,188	1,372	993	908
DPS(원)	300	300	300			
EBITDAPS(원)	4,473	4,286	2,721	3,413	2,674	2,374

재무 비율　　〈단위 : % 〉
연도	영업이익률	순이익률	부채비율	차입금비율	ROA	ROE	유보율	자기자본비율	EBITDA마진율
2016	7.9	-1.0	223.1	35.3	-0.4	-0.8	139.3	31.0	13.5
2015	7.9	-1.9	247.2	84.6	-0.4	-2.8	162.0	28.8	15.9
2014	6.5	-6.7	567.3	78.3	-1.8	-6.9	76.1	15.0	19.1
2013	4.4	1.1	264.7	139.7	0.3	1.2	246.8	27.4	16.0

한솔홈데코 (A025750)
Hansol Homedeco

업　　종 : 종이 및 목재　　　　　시　　장 : 거래소
신용등급 : (Bond) BBB　(CP) A3　기업규모 : 시가총액 소형주
홈페이지 : www.hansolhomedeco.co.kr　연 락 처 : 02)3284-3883
본　　사 : 서울시 동작구 보라매로5길 15, 전문건설회관 27층

설 립 일	1991.12.27	종 업 원 수	205명	대 표 이 사	이천현
상 장 일	2003.11.04	감사의견	적정 (한영)	계 열	
결 산 기	12월	보 통 주	8,057만주	종속회사수	
액 면 가	1,000원	우 선 주		구 상 호	

주주구성 (지분율,%)		출자관계 (지분율,%)		주요경쟁사 (외형,%)	
한솔제지	23.3	송윤화학	34.0	한솔홈데코	100
국민연금공단	4.7			깨끗한나라	300
(외국인)	4.5			한국제지	277

매출구성		비용구성		수출비중	
목질판상재	34.1	매출원가율	82.5	수출	1.4
마루판	27.4	판관비율	11.9	내수	98.6
기타	27.1				

회사 개요
동사는 국내 중밀도 섬유판(MDF), 마루바닥재, 인테리어재 등을 생산, 판매를 영위하고 있으며 주택 및 리모델링산업이 전방산업으로 포진하고 있음. 국내 강화마루 시장은 소비자 성향이 고급화됨에 따라 향후 고성장세를 유지할 것으로 기대되며 동사의 강화마루 및 MDF시장점유율은 2016년 기준 각각 24%, 14%임. 강화마루의 목표시장은 아파트, 빌라, 오피스텔 등이며, 영업지역은 수도권을 포함한 전국적으로 골고루 분포되어 있음.

실적 분석
2016년 연결기준 연간 매출액은 2,353.6억원으로 전년보다 2.5% 감소함. 영업이익은 130.9억원으로 전년 대비 40.6% 증가함. 당기순이익도 74.9억원을 기록해 전년보다 60억원 늘어난 모습. 수익성 개선의 주요인은 열병합설비 증설에 따른 외형성장과 원가절감을 꼽을 수 있음. 신사업으로 육성 중인 신재생에너지 사업이 순항하고 해외조림사업도 경우 2년간의 시범벌채를 마치고 2017년부터 본격 벌채를 계획 중

현금 흐름　　〈단위 : 억원〉
항목	2015	2016
영업활동	113	159
투자활동	-94	-109
재무활동	35	-96
순현금흐름	55	-46
기말현금	81	35

시장 대비 수익률
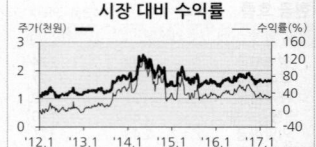

결산 실적　　〈단위 : 억원〉
항목	2011	2012	2013	2014	2015	2016
매출액	1,725	1,892	2,340	2,353	2,415	2,354
영업이익	35	46	75	45	93	131
당기순이익	96	16	56	1	15	75

분기 실적　　〈단위 : 억원〉
항목	2015.3Q	2015.4Q	2016.1Q	2016.2Q	2016.3Q	2016.4Q
매출액	613	646	537	591	578	647
영업이익	38	23	30	34	31	36
당기순이익	24	33	17	41	3	14

재무 상태　　〈단위 : 억원〉
항목	2011	2012	2013	2014	2015	2016
총자산	2,622	2,668	2,804	2,891	2,912	2,893
유형자산	1,473	1,579	1,609	1,675	1,629	1,603
무형자산	6	9	31	31	31	29
유가증권	0	0	0	0	0	2
총부채	1,619	1,553	1,561	1,586	1,573	1,466
총차입금	1,173	1,072	1,010	1,024	1,073	972
자본금	578	678	731	787	793	805
총자본	1,003	1,115	1,243	1,305	1,339	1,427
지배주주지분	1,003	1,115	1,243	1,305	1,339	1,427

기업가치 지표
항목	2011	2012	2013	2014	2015	2016
주가(최고/저)(천원)	1.3/0.7	1.4/1.0	1.9/1.1	2.6/1.4	2.2/1.4	2.0/1.4
PER(최고/저)(배)	7.7/4.0	48.8/35.5	22.8/13.6	3,889.3/2,089.1	111.2/71.7	20.2/14.6
PBR(최고/저)(배)	0.7/0.4	0.8/0.6	1.1/0.6	1.5/0.8	1.2/0.8	1.1/0.8
EV/EBITDA(배)	15.8	14.2	13.7	17.1	11.8	9.6
EPS(원)	173	29	83	1	20	97
BPS(원)	1,838	1,727	1,777	1,728	1,759	1,846
CFPS(원)	294	159	201	114	139	216
DPS(원)						
EBITDAPS(원)	183	212	229	173	242	288

재무 비율　　〈단위 : % 〉
연도	영업이익률	순이익률	부채비율	차입금비율	ROA	ROE	유보율	자기자본비율	EBITDA마진율
2016	5.6	3.2	102.7	68.1	2.6	5.4	77.3	49.3	9.5
2015	3.9	0.6	117.5	80.1	0.5	1.1	68.8	46.0	7.6
2014	1.9	0.0	121.5	78.5	0.0	0.0	65.8	45.2	5.6
2013	3.2	2.4	125.6	81.3	2.1	4.8	70.0	44.3	6.7

한스바이오메드 (A042520)
HANS BIOMED

업 종: 바이오		시 장: KOSDAQ	
신용 등급: (Bond) — (CP) —		기업 규모: 벤처	
홈 페이지: www.hansbiomed.com		연 락 처: 02)466-2266	
본 사: 서울시 송파구 정의로8길 7			

설 립 일 1999.09.15	종업원수 133명	대표이사 황호찬
상 장 일 2009.10.09	감사의견 적정 (한미)	계 열
결 산 기 09월	보통주 986만주	종속회사수 2개사
액 면 가 500원	우 선 주	구 상 호

주주구성 (지분율,%)		출자관계 (지분율,%)		주요경쟁사 (외형,%)	
황호찬	22.6	한스파마	35.9	한스바이오메드	100
파트너스제4호동반성장사모투자전문회사	6.7	HansBiomedUSA,Inc	100.0	코아스템	62
(외국인)	8.4	ShanghaiHansbiomedCorp.	100.0	진원생명과학	108

매출구성		비용구성		수출비중	
뼈이식 제품(SureFuse, ExFuse, SureOss, 등)	52.2	매출원가율	54.4	수출	56.3
실리콘관련 제품(BellaGel, Scar Clinic 등)	22.4	판관비율	24.0	내수	43.7
기타	13.2				

회사 개요
동사는 인체이식용 피부와 뼈 이식재 및 실리콘제품 등의 제조와 판매를 목적으로 1999년 9월 15일 설립된 후 2009년 10월 코스닥시장에 상장됨. 화상, 교통사고, 일상생활에서 일어나는 사고로 인하여 발생하는 피부결손이나 뼈결손 등의 치료를 위한 인체조직 이식재와 유방암과 기타 유전적인 요인으로 인한 유방재건에 사용되는 인체이식용 실리콘 보형물의 연구개발에 주력해 왔으며 이러한 인체조직과 실리콘제품을 제조, 판매하는 업체임.

실적 분석
동사의 2016년 결산 매출액은 96억원으로 전년 대비 51.1% 증가함. 영업이익은 20.4억원으로 33.3% 늘었고, 당기순이익은 전년보다 147% 증가한 30.7억원을 기록함. 손상을 입은 피부가 회복할 때까지 일시적으로 환부를 보호하는 생물학적 창상피복재 GPPS™, 손상된 연골의 치료 등에 쓰이는 연골이식재 PRC, 인체의 피부와 가장 유사한 CPPS, 인체조직 대체 수복에 사용하는 생체재료 AlenFuse 등을 신규사업으로 추진 중임.

현금 흐름 〈단위 : 억원〉
항목	2016	2017.1Q
영업활동	-3	16
투자활동	-96	-61
재무활동	79	49
순현금흐름	-20	4
기말현금	19	24

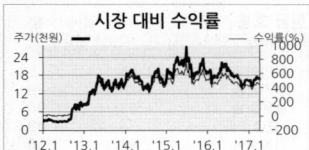
시장 대비 수익률

결산 실적 〈단위 : 억원〉
항목	2012	2013	2014	2015	2016	2017
매출액	176	201	210	234	290	—
영업이익	31	39	39	51	60	—
당기순이익	25	34	35	49	48	—

분기 실적 〈단위 : 억원〉
항목	2015.4Q	2016.1Q	2016.2Q	2016.3Q	2016.4Q	2017.1Q
매출액	62	64	73	73	81	96
영업이익	13	15	15	13	17	20
당기순이익	13	12	13	11	11	31

재무 상태 〈단위 : 억원〉
항목	2012	2013	2014	2015	2016	2017.1Q
총자산	271	334	443	521	647	738
유형자산	57	127	247	284	364	434
무형자산	24	30	35	43	51	44
유가증권	—	—	—	—	—	—
총부채	30	41	50	90	172	241
총차입금				36	114	163
자본금	43	47	49	49	49	49
총자본	240	293	394	432	475	497
지배주주지분	240	293	394	432	468	489

기업가치 지표
항목	2012	2013	2014	2015	2016	2017.1Q
주가(최고/저)(천원)	7.3/2.4	18.3/2.7	20.3/6.3	27.5/12.1	23.7/14.2	—/—
PER(최고/저)(배)	24.5/8.9	50.0/17.1	57.0/33.9	55.8/28.9	50.8/32.9	—/—
PBR(최고/저)(배)	2.4/0.9	5.5/1.9	5.0/3.0	6.1/3.2	4.9/3.2	3.5/2.7
EV/EBITDA(배)	13.6	30.8	41.5	31.7	25.5	—
EPS(원)	309	375	361	498	469	301
BPS(원)	3,180	3,441	4,143	4,525	4,896	5,109
CFPS(원)	376	462	427	583	581	387
DPS(원)	70	100	100	100	100	—
EBITDAPS(원)	453	512	469	598	719	294

재무 비율 〈단위 : % 〉
연도	영업이익률	순이익률	부채비율	차입금비율	ROA	ROE	유보율	자기자본비율	EBITDA마진율
2016	20.6	16.4	36.2	23.9	8.2	10.3	879.3	73.4	24.4
2015	21.6	21.0	20.8	8.3	10.2	11.9	805.0	82.8	25.2
2014	18.6	16.6	12.6	0.0	9.0	10.2	728.6	88.8	21.6
2013	19.5	17.2	13.8	0.0	11.4	12.9	588.1	87.9	23.4

한신공영 (A004960)
Hanshin Construction

업 종: 건설		시 장: 거래소	
신용 등급: (Bond) BBB (CP) A3		기업 규모: 시가총액 소형주	
홈 페이지: www.hanshinc.com		연 락 처: 031)334-8114	
본 사: 경기도 용인시 처인구 백암면 덕평로 82			

설 립 일 1967.02.24	종업원수 849명	대표이사 태기전
상 장 일 1976.07.07	감사의견 적정 (삼정)	계 열
결 산 기 12월	보통주 1,017만주	종속회사수
액 면 가 5,000원	우 선 주 만주	구 상 호

주주구성 (지분율,%)		출자관계 (지분율,%)		주요경쟁사 (외형,%)	
코암시앤시개발	41.8	드림파크개발	100.0	한신공영	100
한신공영우리사주조합	16.9	한신비엠	100.0	이테크건설	67
(외국인)	5.1	한신휴비스	100.0	아이콘트롤스	11

매출구성		비용구성		수출비중	
[국내도급공사]건축공사(민간)	35.4	매출원가율	92.6	수출	—
자체 공사	21.4	판관비율	3.5	내수	—
[국내도급공사]건축공사(관급)	20.8				

회사 개요
동사는 1967년 2월 설립되었고, 1976년 신반포한신아파트 주택건설을 시작으로 건축, 토목, 전기 플랜트 사업 등을 영위하는 종합 건설업체임. 1976년에 한국거래소에 주식을 상장하며 기업을 공개하였음. 1997년 5월 회사정리절차에 들어갔으나 2002년 11월 법정관리를 종결. 이후 사업 정상화의 궤도에 오르며 2015년 국토교통부 공시 기준 시공능력 평가 28위 기록.

실적 분석
최근 역대 최대 규모의 행복주택 공급 등 공공임대주택 확대를 통한 서민·중산층 주거지원 사업을 적극 추진하고 있으므로 이에 따라 동사의 2016년 결산기준 누적매출액은 전년 동기대비 30.5% 상승한 17,722.6억원을 기록하였음. 매출액 상승 및 판관비 절감에 힘입어 영업이익은 전년동기대비 70.6% 상승한 696.9억원을 기록함. 지속적으로 안정적 성장이 기대됨.

현금 흐름 〈단위 : 억원〉
항목	2015	2016
영업활동	2,640	737
투자활동	35	-427
재무활동	-2,221	163
순현금흐름	436	480
기말현금	1,501	1,981

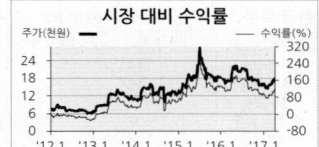
시장 대비 수익률

결산 실적 〈단위 : 억원〉
항목	2011	2012	2013	2014	2015	2016
매출액	8,472	9,264	14,101	10,908	13,581	17,723
영업이익	278	355	573	-724	409	697
당기순이익	-19	54	26	-1,069	222	267

분기 실적 〈단위 : 억원〉
항목	2015.3Q	2015.4Q	2016.1Q	2016.2Q	2016.3Q	2016.4Q
매출액	3,926	4,168	3,724	4,427	3,938	5,634
영업이익	214	84	153	132	170	243
당기순이익	8	168	65	50	50	102

재무 상태 〈단위 : 억원〉
항목	2011	2012	2013	2014	2015	2016
총자산	12,909	15,027	15,473	13,501	15,294	15,534
유형자산	78	76	109	106	735	861
무형자산	28	33	32	21	18	23
유가증권	645	645	630	707	753	735
총부채	9,696	11,706	12,520	11,597	12,960	12,853
총차입금	4,796	5,466	4,360	3,846	1,910	2,280
자본금	496	496	496	496	496	509
총자본	3,213	3,322	2,953	1,905	2,335	2,681
지배주주지분	3,213	3,244	2,856	1,859	2,284	2,629

기업가치 지표
항목	2011	2012	2013	2014	2015	2016
주가(최고/저)(천원)	12.3/5.9	8.9/6.0	14.2/6.5	16.1/9.5	30.5/12.4	23.0/15.3
PER(최고/저)(배)	66.0/31.7	16.7/11.1	66.8/30.5	—/—	14.9/6.1	9.0/6.0
PBR(최고/저)(배)	0.4/0.2	0.3/0.2	0.5/0.2	0.9/0.5	1.4/0.6	0.9/0.6
EV/EBITDA(배)	3.8	3.6	3.2	—	0.8	0.4
EPS(원)	199	562	217	-10,589	2,076	2,607
BPS(원)	32,833	33,197	29,254	18,759	23,041	25,846
CFPS(원)	404	761	502	-10,500	2,161	2,676
DPS(원)	150	150	100			250
EBITDAPS(원)	3,011	3,778	6,062	-7,214	4,207	6,921

재무 비율 〈단위 : % 〉
연도	영업이익률	순이익률	부채비율	차입금비율	ROA	ROE	유보율	자기자본비율	EBITDA마진율
2016	3.9	1.5	479.4	85.0	1.7	10.8	416.9	17.3	4.0
2015	3.0	1.6	555.1	81.8	1.5	9.9	360.8	15.3	3.1
2014	-6.6	-9.8	608.9	201.9	-7.4	-44.5	275.2	14.1	-6.6
2013	4.1	0.2	424.0	147.6	0.2	0.7	485.1	19.1	4.3

한신기계공업 (A011700)
HANSHIN Machinery

업　　종 : 기계　　　　　　　　　　　　시　　장 : 거래소
신용등급 : (Bond) —　　(CP) —　　　기업규모 : 시가총액 소형주
홈페이지 : www.hanshin.co.kr　　　　연락처 : 031)491-3911
본　　사 : 경기도 안산시 단원구 해봉로 330번길 23 (신길동)

설 립 일	1969.09.08	종 업 원 수	92명	대 표 이 사	최영민
상 장 일	1987.07.24	감 사 의 견	적정 (대성)	계　　　　열	
결 산 기	12월	보 통 주	3,245만주	종 속 회 사 수	
액 면 가	500원	우 선 주		구 상 호	

주주구성 (지분율,%)		출자관계 (지분율,%)		주요경쟁사 (외형,%)	
최영민	18.6	한신정공	40.0	한신기계	100
STERLING GRACE INTERNATIONAL LLC	8.0	래디오빌	14.4	로보스타	242
(외국인)	24.5	엔토팜	1.7	스맥	196

매출구성		비용구성		수출비중	
AIR COMP(제품)	92.0	매출원가율	76.2	수출	24.4
기타공구 (상품)	8.1	판관비율	9.9	내수	75.6

회사 개요
동사는 공기압축기 시장의 국내 1위업체로 국내에서 유일하게 Piston Type, Screw Type의 전 기종을 생산, 공급하고 있음. 현재 압축기 국내시장은 연간 2,000억원 규모로 추산되며, 동사 이외에 아트라스콥코제조한국, 광신기계공업, 유장기계 등 약 20개 업체가 경쟁 중에 있음. 2001년부터 중국 청도법인을 설립하여 중국 현지에서 직접 생산과 영업을 하고 있음.

실적 분석
동사의 연결기준 2016년 매출액은 627.3억원으로 전년과 매출규모를 유지함. 매출원가는 1.4%증가하였고, 판매비와 관리비는 22.8% 감소한 62.4억원을 기록하여 영업이익은 86.8억원으로 전년 대비 16.2% 증가했음. 하지만 비영업손익은 49.7% 감소하고, 법인세비용이 대폭 증가하면서 당기순이익은 61.7억원으로 전년 대비 2.1% 감소함. 2016년 매출비중은 공기압축기 91%, 기계공구 9% 수준임.

현금 흐름		〈단위 : 억원〉
항목	2015	2016
영업활동	19	57
투자활동	96	-59
재무활동	-13	36
순현금흐름	102	34
기말현금	172	205

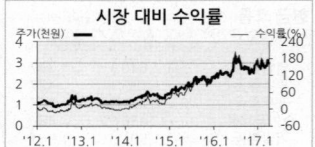
시장 대비 수익률

결산 실적
항목	2011	2012	2013	2014	2015	2016
매출액	645	682	706	653	627	627
영업이익	60	52	71	77	75	87
당기순이익	52	50	63	66	63	62

분기 실적
〈단위 : 억원〉
항목	2015.3Q	2015.4Q	2016.1Q	2016.2Q	2016.3Q	2016.4Q
매출액	150	175	124	155	154	195
영업이익	25	6	19	17	29	21
당기순이익	15	13	15	9	30	8

재무 상태
〈단위 : 억원〉
항목	2011	2012	2013	2014	2015	2016
총자산	683	742	834	874	920	951
유형자산	139	137	137	136	188	211
무형자산	11	11	11	9	9	6
유가증권	0	0	0	5	5	33
총부채	192	223	239	225	213	178
총차입금	37	36	26	4	2	2
자본금	162	162	162	162	162	162
총자본	491	519	595	649	706	773
지배주주지분	491	519	595	649	706	773

기업가치 지표
항목	2011	2012	2013	2014	2015	2016
주가(최고/저)(천원)	1.5/0.8	1.5/0.9	1.4/1.0	1.6/1.1	2.4/1.5	3.7/2.3
PER(최고/저)(배)	10.8/6.2	10.8/6.6	7.9/5.8	8.6/5.7	12.9/8.0	19.8/12.1
PBR(최고/저)(배)	1.1/0.6	1.0/0.6	0.8/0.6	0.9/0.6	1.1/0.7	1.6/1.0
EV/EBITDA(배)	4.3	5.4	2.4	2.8	6.7	7.3
EPS(원)	162	155	195	204	194	190
BPS(원)	1,562	1,648	1,884	2,051	2,224	2,394
CFPS(원)	170	163	203	212	203	199
DPS(원)	45	45	35	45	45	65
EBITDAPS(원)	196	170	227	245	239	277

재무 비율
〈단위 : % 〉
연도	영업이익률	순이익률	부채비율	차입금비율	ROA	ROE	유보율	자기자본비율	EBITDA마진율
2016	13.8	9.8	23.1	0.3	6.6	8.3	378.9	81.3	14.3
2015	11.9	10.1	30.2	0.3	7.0	9.3	344.9	76.8	12.4
2014	11.8	10.2	34.6	0.6	7.8	10.7	310.2	74.3	12.2
2013	10.0	9.0	40.2	4.4	6.9	11.3	276.8	71.4	10.4

한양디지텍 (A078350)
Hanyang Digitech

업　　종 : 반도체 및 관련장비　　　　시　　장 : KOSDAQ
신용등급 : (Bond) —　　(CP) —　　　기업규모 : 벤처
홈페이지 : www.hanyangdgt.com　　　연락처 : 031)695-5000
본　　사 : 경기도 화성시 삼성1로 332-7

설 립 일	2004.04.19	종 업 원 수	42명	대 표 이 사	김윤상
상 장 일	2004.05.14	감 사 의 견	적정 (한영)	계　　　　열	
결 산 기	12월	보 통 주	1,000만주	종 속 회 사 수	
액 면 가	500원	우 선 주		구 상 호	

주주구성 (지분율,%)		출자관계 (지분율,%)		주요경쟁사 (외형,%)	
김형육	32.3	한양네비콤	25.3	한양디지텍	100
홍옥생	12.0	유원미디어	0.8	GST	103
(외국인)	1.6	중앙미디어네트워크	0.2	다우인큐브	29

매출구성		비용구성		수출비중	
메모리 모듈 외	95.1	매출원가율	90.5	수출	94.8
VoIP 단말기	3.1	판관비율	8.9	내수	5.2
서비스, 임대	1.9				

회사 개요
2004년 4월 한양이엔지의 메모리모듈 제조 사업부분이 인적분할하여 설립됨. 반도체 메모리 모듈을 삼성전자에 공급하며, 정보통신 관련 IP통신 제조사업을 진행하고 있음. 연결기업은 반도체 메모리 모듈 제조를 주사업으로 영위하며 2차전지 보호회로, 클라우딩 네트워크 솔루션 및 인터넷 관련기기, VoIP 장비(인터넷 전화기, VoIP 어댑터 등)를 제조하고 있음. 최근 핵심 사업에 역량을 집중하기 위해 스마트모듈 분야 사업을 중단함.

실적 분석
2016년 4분기 누적 매출은 881.8억원으로 전년동기 대비 30.6% 감소하였으나, 판관비와 원가 상승으로 영업이익은 5억원으로 전년 대비 92.7% 감소함. D램 가격하락과 중국 칭화그룹의 메모리시장 진출, 글로벌 반도체 시장의 역성장에 따라 매출이 감소함. 스마트폰향 메모리 탑재량 확대, DDR4 비중의 증가, 끊임없는 중국 시장의 성장 등에 힘입어 D램 메모리의 견조한 수급은 지속될 것. 원가 개선을 통한 수익성 개선 필요함.

현금 흐름		〈단위 : 억원〉
항목	2015	2016
영업활동	35	5
투자활동	-26	-29
재무활동	-68	-20
순현금흐름	-56	-43
기말현금	93	50

시장 대비 수익률

결산 실적
〈단위 : 억원〉
항목	2011	2012	2013	2014	2015	2016
매출액	871	655	577	941	1,271	882
영업이익	-8	-1	30	80	69	5
당기순이익	-5	-31	19	60	44	-7

분기 실적
〈단위 : 억원〉
항목	2015.3Q	2015.4Q	2016.1Q	2016.2Q	2016.3Q	2016.4Q
매출액	236	290	284	224	186	187
영업이익	-0	13	13	-6	-5	3
당기순이익	-8	-4	8	-9	-1	-5

재무 상태
〈단위 : 억원〉
항목	2011	2012	2013	2014	2015	2016
총자산	671	683	626	825	762	659
유형자산	282	237	185	214	249	247
무형자산	28	29	29	32	40	43
유가증권	11	7	4	4	2	1
총부채	297	348	274	411	304	223
총차입금	119	151	102	135	73	63
자본금	50	50	50	50	50	50
총자본	375	335	352	415	459	436
지배주주지분	375	335	352	415	459	436

기업가치 지표
항목	2011	2012	2013	2014	2015	2016
주가(최고/저)(천원)	5.6/2.2	6.3/2.9	4.2/1.9	3.2/1.9	9.4/3.1	5.9/3.4
PER(최고/저)(배)	—/—	—/—	22.2/10.3	5.3/3.2	21.4/7.1	—/—
PBR(최고/저)(배)	1.5/0.6	1.9/0.9	1.2/0.6	0.8/0.5	2.0/0.7	1.3/0.8
EV/EBITDA(배)	10.7	10.4	4.3	2.9	4.3	15.1
EPS(원)	-54	-309	188	603	439	-69
BPS(원)	3,746	3,345	3,517	4,147	4,613	4,459
CFPS(원)	423	140	539	799	665	158
DPS(원)						
EBITDAPS(원)	398	441	647	991	913	278

재무 비율
〈단위 : % 〉
연도	영업이익률	순이익률	부채비율	차입금비율	ROA	ROE	유보율	자기자본비율	EBITDA마진율
2016	0.6	-0.8	51.3	14.4	-1.0	-1.6	791.7	66.1	3.2
2015	5.4	3.5	66.2	15.8	5.5	10.1	822.5	60.2	7.2
2014	8.5	6.4	99.0	32.5	8.3	15.8	729.3	50.2	10.5
2013	5.1	3.3	78.0	29.0	2.9	5.5	603.5	56.2	11.2

한양이엔지 (A045100)
Hanyang ENG

업　　종 : 반도체 및 관련장비		시　　장 : KOSDAQ	
신용등급 : (Bond) —　　(CP) —		기업규모 : 우량	
홈페이지 : www.hanyangeng.co.kr		연 락 처 : 031)695-0000	
본　　사 : 경기도 화성시 영통로26번길 72 (반월동)			

설 립 일 1988.07.11	종 업 원 수 697명	대 표 이 사 김범상,김형육	
상 장 일 2000.08.31	감 사 의 견 적정 (안진)	계　　　　열	
결 산 기 12월	보 통 주 1,800만주	종 속 회 사 수	
액 면 가 500원	우 선 주 —	구 상 호	

주주구성 (지분율,%)		출자관계 (지분율,%)		주요경쟁사 (외형,%)	
김형육	29.0	에이치씨엠	100.0	한양이엔지	100
홍옥생	10.0	씨티피코리아	49.0	원익머트리얼즈	33
(외국인)	5.8	누트파이브	45.0	유진테크	26

매출구성		비용구성		수출비중	
반도체	33.5	매출원가율	93.2	수출	15.7
플랜트	28.0	판관비율	4.0	내수	84.3
CCSS	26.4				

회사 개요
동사는 반도체라인에 필수적인 UHP Piping 프로젝트를 사업화한 곳으로, Clean Room 공사 및 유틸리티 시스템을 전문으로 하는 엔지니어링 회사로, 화학약품중앙공급장치 (CCSS) 설계 및 시공에서 전문 기술을 보유하고 있음. IT부분 설비는 장치산업 특성상 진입장벽이 높아 동사를 포함한 4개의 업체가 초고순도 특수설비시장에 참여하고 있음. CCSS는 경쟁사인 에스티아이와 관련 시장을 양분하고 있음.

실적 분석
동사의 2016년 연결 기준 매출과 영업이익은 5,369억원, 151억원으로 전년 대비 매출은 3.8% 늘었으나 영업이익은 41.8% 감소함. 당기순이익은 527억원으로 전년(430억원) 대비 22.4% 증가함. 종속기업의 (주)씨에스케어 이슈를 통해 영업외에서 당기순이익이 급증함. ROE와 ROA는 26.4%, 13.2% 이며 영업이익률은 2.8%를 시현함.

현금 흐름　〈단위 : 억원〉

항목	2015	2016
영업활동	412	-79
투자활동	-5	-246
재무활동	-40	-167
순현금흐름	368	-498
기말현금	726	228

시장 대비 수익률
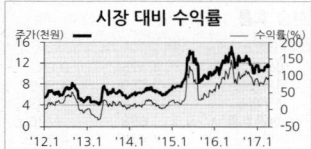

결산 실적　〈단위 : 억원〉

항목	2011	2012	2013	2014	2015	2016
매출액	3,893	2,991	3,701	4,492	5,171	5,369
영업이익	235	122	192	249	259	151
당기순이익	218	76	142	182	430	527

분기 실적　〈단위 : 억원〉

항목	2015.3Q	2015.4Q	2016.1Q	2016.2Q	2016.3Q	2016.4Q
매출액	1,346	1,267	1,302	1,015	1,519	1,533
영업이익	91	7	147	53	81	-131
당기순이익	76	197	108	54	437	-72

재무 상태　〈단위 : 억원〉

항목	2011	2012	2013	2014	2015	2016
총자산	2,117	2,178	2,594	3,141	3,794	4,208
유형자산	390	377	400	509	796	598
무형자산	21	18	29	26	522	24
유가증권	47	72	71	82	51	45
총부채	1,176	1,145	1,436	1,809	1,965	2,053
총차입금	321	293	318	281	300	21
자본금	90	90	90	90	90	90
총자본	941	1,032	1,157	1,332	1,829	2,155
지배주주지분	941	1,033	1,158	1,326	1,721	2,154

기업가치 지표

항목	2011	2012	2013	2014	2015	2016
주가(최고/저)(천원)	5.7/3.2	8.2/4.5	7.6/4.1	7.4/5.4	14.8/7.0	15.2/9.7
PER(최고/저)(배)	5.2/2.9	21.0/11.6	10.0/5.4	7.6/5.6	6.4/3.1	5.3/3.4
PBR(최고/저)(배)	1.2/0.7	1.5/0.9	1.3/0.7	1.1/0.8	1.6/0.8	1.3/0.8
EV/EBITDA(배)	4.9	7.2	4.4	3.8	4.9	3.3
EPS(원)	1,213	425	820	1,031	2,399	2,907
BPS(원)	5,286	5,796	6,491	7,425	9,562	11,969
CFPS(원)	1,294	545	956	1,214	2,705	3,232
DPS(원)	120	—	120	150	200	250
EBITDAPS(원)	1,388	798	1,200	1,567	1,744	1,161

재무 비율　〈단위 : % 〉

연도	영업이익률	순이익률	부채비율	차입금비율	ROA	ROE	유보율	자기자본비율	EBITDA마진율
2016	2.8	9.8	95.3	1.0	13.2	27.0	2,293.8	51.2	3.9
2015	5.0	8.3	107.5	16.4	12.4	28.3	1,812.5	48.2	6.1
2014	5.5	4.1	135.8	21.1	6.3	14.9	1,385.1	42.4	6.3
2013	5.2	3.8	124.1	27.5	5.9	13.5	1,198.3	44.6	5.8

한양증권 (A001750)
Hanyang Securities

업　　종 : 증권		시　　장 : 거래소	
신용등급 : (Bond) A　　(CP) —		기업규모 : 시가총액 소형주	
홈페이지 : www.hygood.co.kr		연 락 처 : 02)3770-5000	
본　　사 : 서울시 영등포구 국제금융로 6길 7 (여의도동)			

설 립 일 1956.03.27	종 업 원 수 227명	대 표 이 사 정해영	
상 장 일 1988.03.04	감 사 의 견 적정 (신한)	계　　　　열	
결 산 기 12월	보 통 주 1,273만주	종 속 회 사 수	
액 면 가 5,000원	우 선 주 53만주	구 상 호	

주주구성 (지분율,%)		출자관계 (지분율,%)		주요경쟁사 (외형,%)	
한양학원	16.3	망포개발	5.0	한양증권	100
백남관광	10.9	한국거래소	2.9	부국증권	208
(외국인)	4.6	한국증권금융	0.5	유화증권	32

수익구성		비용구성		수출비중	
금융상품 관련이익	77.4	이자비용	4.1	수출	—
수수료수익	13.5	파생상품손실	0.0	내수	—
이자수익	7.7	판관비	23.8		

회사 개요
동사는 1956년 설립된 중소형 증권사로 1988년 유가증권시장에 상장됨. 최대주주는 지분율 16.3%의 한양학원이며, 그밖에 학교법인 소속의 백남관광, 한양학원 이사장 등 주요 주주로 구성되어 있음. 서울 등 수도권에 8개의 지점을 통해 영업중이며, 시장 점유율은 낮으나 일정 수준의 수수료 수익을 유지하고 있음. 파생상품거래및평가이익이 전체 매출의 50% 이상을 차지하고 있으며, 그밖에 금융상품평가이익, 수수료수익 순으로 구성됨.

실적 분석
동사의 2016년누적 영업수익은 전년 동기 대비 소폭 증가한 1873억원을 달성하였음. 파생상품거래및평가이익, 수수료수익 등 영업 전반에서 수익이 소폭 증가함. 영업이익은 88억원으로 전년 동기 116억원 대비 감소해 수익성이 저하됨. 당기순이익은 69억원을 기록하며 역시 전년 동기 82.2억원 대비 감소함. 동사의 약정금액을 통한 시장점유율은 주식 0.25%, 선물 0.22%, 옵션 0.65%로 미미한 수준임.

현금 흐름　*IFRS 별도 기준　〈단위 : 억원〉

항목	2015	2016
영업활동	-40	288
투자활동	-5	-67
재무활동	51	-224
순현금흐름	6	-2
기말현금	34	32

시장 대비 수익률
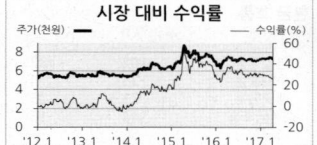

결산 실적　〈단위 : 억원〉

항목	2011	2012	2013	2014	2015	2016
순영업손익	712	500	489	411	560	514
영업이익	176	67	63	83	116	89
당기순이익	75	50	46	63	77	69

분기 실적　*IFRS 별도 기준　〈단위 : 억원〉

항목	2015.3Q	2015.4Q	2016.1Q	2016.2Q	2016.3Q	2016.4Q
순영업손익	106	121	135	134	142	104
영업이익	10	17	33	24	28	4
당기순이익	9	-6	28	18	24	-1

재무 상태　*IFRS 별도 기준　〈단위 : 억원〉

항목	2011	2012	2013	2014	2015	2016
총자산	5,410	5,709	5,149	6,624	9,635	11,077
유형자산	174	171	168	163	158	156
무형자산	51	45	17	17	19	19
유가증권	3,842	2,315	2,707	4,040	5,989	7,953
총부채	2,723	3,079	2,589	4,027	7,009	8,395
총차입금	953	162	1,354	2,124	4,071	3,850
자본금	663	663	663	663	663	663
총자본	2,687	2,630	2,561	2,598	2,626	2,683
지배주주지분	2,687	2,630	2,561	2,598	2,626	2,683

기업가치 지표　*IFRS 별도 기준

항목	2011	2012	2013	2014	2015	2016
주가(최고/저)(천원)	6.8/4.5	5.8/5.2	5.9/5.3	6.9/5.8	9.5/6.1	7.5/6.3
PER(최고/저)(배)	15.3/10.0	18.4/16.6	19.6/17.4	16.0/13.6	18.3/11.7	15.0/12.6
PBR(최고/저)(배)	0.4/0.3	0.4/0.3	0.4/0.3	0.4/0.3	0.5/0.3	0.4/0.3
PSR(최고/저)(배)	2/1	2/2	2/2	2/2	3/2	2/2
EPS(원)	567	377	349	473	578	523
BPS(원)	20,310	19,881	19,360	19,640	19,855	20,280
CFPS(원)	633	439	424	531	643	583
DPS(원)	400	250	250	350	400	350
EBITDAPS(원)	1,328	503	476	628	877	669

재무 비율　〈단위 : % 〉

연도	계속사업이익률	순이익률	부채비율	차입금비율	ROA	ROE	유보율	자기자본비율	총자산증가율
2016	17.6	13.5	312.9	143.5	0.7	2.6	305.6	24.2	15.0
2015	18.1	13.7	266.9	155.0	0.9	2.9	297.1	27.3	87.1
2014	20.2	15.3	155.0	81.8	1.1	2.4	292.8	39.2	28.7
2013	12.4	9.5	101.1	52.9	0.9	1.8	287.2	49.7	-9.8

한양하이타오 (A064090)
HANYANG HITAO

업 종 : 개인생활용품	시 장 : KOSDAQ	
신용등급 : (Bond) — (CP) —	기업규모 :	
홈페이지 : www.hyhitao.co.kr	연락처 : 032)326-8052	
본 사 : 경기도 부천시 오정구 석천로 345, 301동 901호		

설 립 일 1991.09.30	종 업 원 수 59명	대 표 이 사 오세광,이혁수
상 장 일 2002.12.17	감 사 의 견 적정 (우리)	계 열
결 산 기 12월	보 통 주 2,945만주	종 속 회 사 수
액 면 가 500원	우 선 주	구 상 호 휴바이론

주주구성 (지분율,%)		출자관계 (지분율,%)		주요경쟁사 (외형,%)	
오킴스하이타오	7.3	한양이앤엠	100.0	한양하이타오	100
해라즈인베스터	4.7	에이원코스	39.3	한국화장품제조	119
(외국인)	0.3	한양씨앤씨	21.3	코리아나	227

매출구성		비용구성		수출비중	
CCTV Camera	54.3	매출원가율	103.3	수출	26.9
화장품 등	20.6	판관비율	19.7	내수	73.1
DVR 외	20.0				

회사 개요
동사는 1991년에 설립된 CCTV 제조 및 판매 기업으로, CCTV 카메라와 DVR등 CCTV 시스템을 전문으로 제조, 판매하고 있음. 2015년 8월에 경영양수도를 통해 화장품 제조 판매기업인 오킴스하이타오가 최대주주가 되며 사명을 휴바이론에서 한양하이타오로 변경하고 중국 알리바바그룹 계열의 전자상거래 사이트인 하이타오글로벌에 화장품 등의 한국 상품을 독점공급하는 유통사업을 추가로 영위하기 시작함.

실적 분석
동사 매출액은 546.7억원으로 전년 대비 186% 증가했으며, 영업이익은 -125.6억원, 당기순이익 -157.6억원으로 적자가 확대. 유통사업이 본격적으로 시작되면서 연결대상회사가 증가했으며, 이로 인한 효과로 매출액이 전년 대비 상승했으나, 중국의 세제개편을 시작으로 한국과 중국간의 정치적, 경제적 상황으로 인해 사업진행의 어려움이 있었음. 전자사업부의 수출 물량 하락 및 내수투자 부진에 따른 수주 저조 현상으로 실적에 악영향.

현금 흐름 〈단위 : 억원〉

항목	2015	2016
영업활동	-102	-37
투자활동	-25	-4
재무활동	171	25
순현금흐름	44	-16
기말현금	50	35

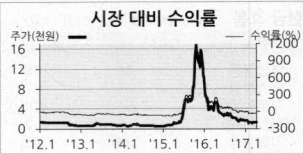
시장 대비 수익률

결산 실적 〈단위 : 억원〉

항목	2011	2012	2013	2014	2015	2016
매출액	287	266	268	230	191	547
영업이익	-12	-9	-3	5	-48	-126
당기순이익	-10	-20	-26	40	-61	-158

분기 실적 〈단위 : 억원〉

항목	2015.3Q	2015.4Q	2016.1Q	2016.2Q	2016.3Q	2016.4Q
매출액	32	75	115	205	123	104
영업이익	-9	-33	-21	-13	-25	-67
당기순이익	-9	-48	-24	-26	-4	-104

재무 상태 〈단위 : 억원〉

항목	2011	2012	2013	2014	2015	2016
총자산	237	201	182	182	286	204
유형자산	42	42	38	35	33	21
무형자산	4	3	4	2	11	9
유가증권	0	0	0	0	3	17
총부채	149	112	114	47	152	104
총차입금	123	73	69	12	137	80
자본금	235	88	88	111	121	146
총자본	88	89	68	135	134	100
지배주주지분	88	89	68	135	130	96

기업가치 지표

항목	2011	2012	2013	2014	2015	2016
주가(최고/저)(천원)	4.9/1.2	1.5/0.6	1.1/0.6	1.1/0.5	17.5/0.5	9.1/1.3
PER(최고/저)(배)	—/—	—/—	—/—	4.9/2.3	—/—	—/—
PBR(최고/저)(배)	6.1/1.5	2.6/1.1	2.5/1.3	1.6/0.8	29.8/0.9	24.5/3.6
EV/EBITDA(배)			46.4	10.7		
EPS(원)	-136	-120	-150	218	-268	-558
BPS(원)	267	576	459	662	588	371
CFPS(원)	-30	-83	-114	248	-243	-534
DPS(원)						
EBITDAPS(원)	-16	-17	19	58	-186	-419

재무 비율 〈단위 : % 〉

연도	영업이익률	순이익률	부채비율	차입금비율	ROA	ROE	유보율	자기자본비율	EBITDA마진율
2016	-23.0	-28.8	일부잠식	일부잠식	-64.4	-140.4	-25.8	49.1	-21.7
2015	-25.1	-32.1	113.5	102.0	-26.2	-46.2	17.6	46.8	-22.1
2014	2.2	17.4	35.2	8.9	21.9	39.2	32.3	74.0	4.6
2013	-1.1	-9.8	일부잠식	일부잠식	-13.7	-33.4	-8.1	37.5	1.3

한온시스템 (A018880)
Hanon Systems

업 종 : 자동차부품	시 장 : 거래소	
신용등급 : (Bond) AA (CP) —	기업규모 : 시가총액 대형주	
홈페이지 : www.hanonsystems.com	연락처 : 042)930-6114	
본 사 : 대전시 대덕구 신일서로 95 (신일동)		

설 립 일 1986.03.11	종 업 원 수 2,122명	대 표 이 사 박용환
상 장 일 1996.07.31	감 사 의 견 적정 (삼일)	계 열
결 산 기 12월	보 통 주 53,380만주	종 속 회 사 수
액 면 가 100원	우 선 주	구 상 호 한라비스테온공조

주주구성 (지분율,%)		출자관계 (지분율,%)		주요경쟁사 (외형,%)	
한앤코오토홀딩스유한회사	50.5	HASI	100.0	한온시스템	100
한국타이어	19.5	HanonNetherlands	100.0	현대모비스	671
(외국인)	19.6	HanonDalian	100.0	현대위아	133

매출구성		비용구성		수출비중	
유럽	42.7	매출원가율	84.2	수출	—
한국	40.9	판관비율	8.4	내수	—
중국	20.4				

회사 개요
동사는 1986년 자동차용 부품, 시스템, 전자 전기 기계기구용 및 기타 산업용 부품, 시스템 제조, 판매, 공급을 목적으로 설립됨. 1996년 유가증권 시장에 상장함. OEM 납품을 주로 하는 자동차 열 관리 시스템 단일품목 제조회사로서 대전공장, 평택공장, 울산공장 등 국내에 총 3개 공장이 가동됨. 중국, 북미, 유럽, 남아시아 등에도 진출해 있음. 자동차용 공조 제품 시장에서 48%의 점유율을 확보하며 1위 업체의 위상을 공고히 함.

실적 분석
동사의 2016년 연결기준 결산 매출액은 5조 7,037억원으로 전년동기 대비 2.6% 소폭 증가했으며, 고정비 감소에 힘입어 영업이익은 17% 증가함. 친환경차 공조 기술인 하이브리드 에어컨 시스템과 대체 냉매 시스템 기술을 개발하고 있음. 부품의 경량화를 통해서 에너지 효율을 높이고 있음. 향후 친환경차 시장 확대에 따른 성장과 해외시장 기반이 될 여러 사양의 에어컨 시스템 개발이 기대됨.

현금 흐름 〈단위 : 억원〉

항목	2015	2016
영업활동	4,475	3,892
투자활동	-2,559	-4,519
재무활동	-1,118	483
순현금흐름	658	-220
기말현금	4,471	4,252

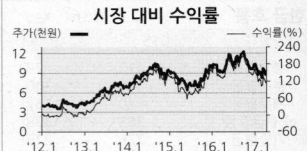
시장 대비 수익률

결산 실적 〈단위 : 억원〉

항목	2011	2012	2013	2014	2015	2016
매출액	33,121	36,531	51,894	54,549	55,581	57,037
영업이익	2,707	3,096	3,635	3,703	3,596	4,225
당기순이익	2,336	2,451	3,121	2,904	2,434	3,038

분기 실적 〈단위 : 억원〉

항목	2015.3Q	2015.4Q	2016.1Q	2016.2Q	2016.3Q	2016.4Q
매출액	13,291	14,607	14,281	14,908	12,831	15,017
영업이익	736	1,206	1,048	950	1,067	1,160
당기순이익	451	727	723	639	736	939

재무 상태 〈단위 : 억원〉

항목	2011	2012	2013	2014	2015	2016
총자산	20,477	22,362	29,539	32,400	34,594	38,597
유형자산	6,611	6,554	9,699	10,528	10,927	11,781
무형자산	1,546	1,540	1,560	1,718	2,074	3,503
유가증권	1	1	0	0	50	75
총부채	7,647	7,975	14,130	15,700	16,599	19,748
총차입금	1,062	837	3,130	4,176	4,105	6,768
자본금	534	534	534	534	534	534
총자본	12,831	14,387	15,409	16,700	17,994	18,849
지배주주지분	12,495	13,966	14,941	16,185	17,447	18,276

기업가치 지표

항목	2011	2012	2013	2014	2015	2016
주가(최고/저)(천원)	4.9/2.8	5.0/3.4	7.9/4.0	10.5/6.7	10.2/6.4	13.2/8.8
PER(최고/저)(배)	13.5/7.7	12.8/8.7	15.3/7.7	21.3/13.6	24.3/15.3	24.4/16.4
PBR(최고/저)(배)	2.4/1.4	2.1/1.4	3.0/1.5	3.6/2.3	3.2/2.0	3.9/2.6
EV/EBITDA(배)	5.3	5.3	7.9	9.8	10.4	9.5
EPS(원)	418	434	555	516	432	547
BPS(원)	11,704	13,082	13,995	15,160	16,342	3,424
CFPS(원)	3,270	3,223	4,293	4,129	3,788	896
DPS(원)	664	716	970	970	194	225
EBITDAPS(원)	3,715	3,953	4,922	5,018	4,997	1,140

재무 비율 〈단위 : % 〉

연도	영업이익률	순이익률	부채비율	차입금비율	ROA	ROE	유보율	자기자본비율	EBITDA마진율
2016	7.4	5.3	104.8	35.9	8.3	16.4	3,323.7	48.8	10.7
2015	6.5	4.4	92.3	22.8	7.3	13.7	3,168.5	52.0	9.6
2014	6.8	5.3	94.0	25.0	9.4	17.7	2,932.1	51.5	9.8
2013	7.0	6.0	91.7	20.3	12.0	20.5	2,699.0	52.2	10.1

한올바이오파마 (A009420)
Hanall Biopharma

업 종 : 제약			시 장 : 거래소	
신용등급 : (Bond) — (CP) —			기업규모 : 시가총액 중형주	
홈페이지 : www.hanall.co.kr			연 락 처 : 042)932-5997	
본 사 : 대전시 대덕구 상서당1길 43 (상서동)				

설 립 일 1973.11.20	총 업 원 수 350명	대 표 이 사 박승국,윤재춘
상 장 일 1989.12.18	감 사 의 견 적정 (삼정)	계 열
결 산 기 12월	보 통 주 5,224만주	종속회사수
액 면 가 500원	우 선 주	구 상 호

주주구성 (지분율,%)
대웅제약	29.7
김성욱	7.4
(외국인)	2.1

출자관계 (지분율,%)
휴마시스	1.7
HPI,INC.	100.0
ImmunoMET	14.3

주요경쟁사 (외형,%)
한올바이오파마	100
동아쏘시오홀딩스	876
JW중외제약	564

매출구성
의약품(제품) - 기타	50.0
기타	16.0
의약품(상품) - 기타	15.9

비용구성
매출원가율	53.5
판관비율	46.1

수출비중
수출	0.6
내수	99.4

회사 개요
동사는 1973년 11월 항생제 등 의약품의 제조, 판매 등을 주 영업목적으로 설립되었으며 1989년 12월 유가증권시장에 상장됨. 자회사 HPI, Inc.는 동사가 개발한 신약의 해외 임상 진행 및 라이센싱 아웃 업무를 수행하는 미국 현지법인임. 주요 제품은 내분비계 치료제 글루코다운OR정으로 매출 비중은 7.8%임. 주요 상품으로는 항생제 노르믹스정이 있으며 매출 비중은 11.2%임.

실적 분석
동사의 2016년 매출액은 전년 대비 3.6% 증가한828.8억원을 기록함. 매출원가는 2.9% 증가하여매출총이익률은 소폭 개선됨. 인건비의 감소 등 비용 통제로 판매비와관리비는 전년 대비 7.2% 감소한 382.0억원을 기록함. 그 결과 영업이익은 2.9억원으로 흑자 전환에 성공함. 영업이익의 흑자 전환과 더불어 비영업손익도 개선되어 당기순이익은 20.3억원을 달성하여 흑자 전환에 성공함.

현금 흐름 〈단위 : 억원〉
항목	2015	2016
영업활동	-5	40
투자활동	-363	-108
재무활동	385	71
순현금흐름	17	2
기말현금	93	95

시장 대비 수익률
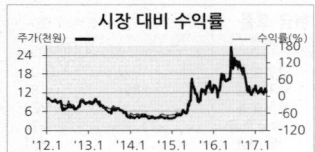

결산 실적 〈단위 : 억원〉
항목	2011	2012	2013	2014	2015	2016
매출액	877	760	742	809	800	829
영업이익	-66	-31	-130	8	-43	3
당기순이익	-145	-29	-215	-127	-71	20

분기 실적 〈단위 : 억원〉
항목	2015.3Q	2015.4Q	2016.1Q	2016.2Q	2016.3Q	2016.4Q
매출액	183	205	216	207	208	197
영업이익	-25	-20	17	7	-11	-11
당기순이익	-27	-47	17	14	-5	-6

재무 상태 〈단위 : 억원〉
항목	2011	2012	2013	2014	2015	2016
총자산	1,055	1,252	979	872	1,171	1,247
유형자산	98	105	122	119	122	138
무형자산	203	236	209	90	97	117
유가증권	6	6		12	6	92
총부채	548	465	382	414	219	204
총차입금	358	267	173	202	—	—
자본금	187	206	209	209	258	261
총자본	507	787	596	458	952	1,044
지배주주지분	507	787	596	458	952	1,044

기업가치 지표
항목	2011	2012	2013	2014	2015	2016
주가(최고/저)(천원)	11.3/6.5	10.5/6.4	10.0/4.0	4.7/3.6	16.4/3.7	26.7/10.6
PER(최고/저)(배)	—/—	—/—	—/—	—/—	—/—	686.2/271.2
PBR(최고/저)(배)	8.1/4.7	5.4/3.3	6.6/2.6	3.9/3.0	8.5/1.9	12.9/5.1
EV/EBITDA(배)				54.3		250.8
EPS(원)	-391	-77	-516	-303	-154	39
BPS(원)	1,388	1,936	1,519	1,216	1,941	2,070
CFPS(원)	-342	-32	-469	-249	-104	82
DPS(원)						
EBITDAPS(원)	-129	-36	-265	74	-43	48

재무 비율 〈단위 : % 〉
연도	영업이익률	순이익률	부채비율	차입금비율	ROA	ROE	유보율	자기자본비율	EBITDA마진율
2016	0.3	2.4	19.5	0.0	1.7	2.0	314.1	83.7	3.0
2015	-5.4	-8.8	23.0	0.0	-6.9	-10.0	288.2	81.3	-2.5
2014	1.0	-15.7	90.3	44.1	-13.7	-24.0	143.1	52.6	3.8
2013	-17.5	-29.0	64.1	29.0	-19.3	-31.1	203.8	60.9	-14.9

한익스프레스 (A014130)
HanExpress

업 종 : 육상운수			시 장 : 거래소	
신용등급 : (Bond) — (CP) —			기업규모 : 시가총액 소형주	
홈페이지 : www.hanex.co.kr			연 락 처 : 070)4398-2787	
본 사 : 경기도 화성시 양감면 초록로 103				

설 립 일 1979.05.15	총 업 원 수 376명	대 표 이 사 이재헌
상 장 일 1989.07.25	감 사 의 견 적정 (대명)	계 열
결 산 기 12월	보 통 주 120만주	종속회사수
액 면 가 5,000원	우 선 주	구 상 호

주주구성 (지분율,%)
김영혜	25.8
이석환	25.6
(외국인)	1.6

출자관계 (지분율,%)
이앤알네트워크	33.3
한국교통자산운용	7.5
제주브루어리	4.6

주요경쟁사 (외형,%)
한익스프레스	100
현대글로비스	3,278
CJ대한통운	1,300

매출구성
화물운송	44.2
유통물류	38.9
국제물류	16.7

비용구성
매출원가율	96.7
판관비율	1.4

수출비중
수출	0.0
내수	100.0

회사 개요
1979년 삼희통운이란 이름으로 설립돼 1997년 한익스프레스로 상호를 변경함. 전국적 물류거점을 구축하고 육상화물운송과 국제운송주선, 3PL등을 주요 사업으로 영위하고 있음. 특히 특수화물 운송에서는 국내 최고의 위치를 점유하고 있는 종합물류기업임. 중국과 말레이시아에 현지 법인을 두고 있음. 매출은 국내운송 46.6%, 유통물류 37.2%, 국제물류 16%, 창고보관 0.2%로 구성됨.

실적 분석
2016년 연결기준 동사의 매출액은 1679.2억원으로 전년도 대비 7.2% 증가함. 그러나 판매비와 관리비가 6.2% 증가해 영업이익은 전년도 대비 18.6% 감소한 89.2억원을 기록함. 비영업부문 적자가 계속되면서 당기순이익은 전년 대비 31.9% 감소한 54.1억원을 시현하는 데 그침. 대형업체 위주로 돌아가던 물류시장에 중소형업체들이 난립한 게 수익성 악화 원인으로 꼽힘.

현금 흐름 〈단위 : 억원〉
항목	2015	2016
영업활동	51	38
투자활동	-223	-181
재무활동	179	124
순현금흐름	9	-19
기말현금	43	24

시장 대비 수익률
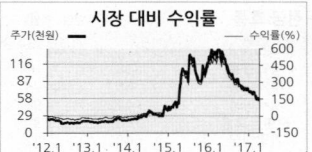

결산 실적 〈단위 : 억원〉
항목	2011	2012	2013	2014	2015	2016
매출액	2,429	2,635	3,217	3,587	4,367	4,679
영업이익	82	77	85	78	110	89
당기순이익	-66	53	59	184	79	54

분기 실적 〈단위 : 억원〉
항목	2015.3Q	2015.4Q	2016.1Q	2016.2Q	2016.3Q	2016.4Q
매출액	1,114	1,186	1,117	1,126	1,207	1,230
영업이익	52	12	29	21	36	4
당기순이익	39	7	9	21	25	-1

재무 상태 〈단위 : 억원〉
항목	2011	2012	2013	2014	2015	2016
총자산	834	780	854	948	1,317	1,468
유형자산	182	245	242	247	444	556
무형자산	19	17	17	12	12	26
유가증권	8	7	7	5	10	13
총부채	664	561	575	492	783	895
총차입금	110	194	240	120	303	436
자본금	60	60	60	60	60	60
총자본	170	219	279	456	534	573
지배주주지분	170	219	279	456	532	572

기업가치 지표
항목	2011	2012	2013	2014	2015	2016
주가(최고/저)(천원)	31.0/20.9	25.0/15.2	25.4/17.0	48.5/21.6	137/37.9	143/71.8
PER(최고/저)(배)	—/—	5.9/3.6	5.3/3.6	3.3/1.5	21.0/5.8	31.6/15.9
PBR(최고/저)(배)	2.3/1.5	1.4/0.9	1.1/0.8	1.3/0.6	3.1/0.9	3.0/1.5
EV/EBITDA(배)	3.3	4.2	4.3	5.4	12.8	11.3
EPS(원)	-5,541	4,391	4,925	15,292	6,631	4,568
BPS(원)	14,173	18,271	23,213	37,997	44,322	47,638
CFPS(원)	-3,949	6,142	6,849	17,308	8,600	6,830
DPS(원)				500	700	700
EBITDAPS(원)	8,401	8,170	8,972	8,533	11,107	9,698

재무 비율 〈단위 : % 〉
연도	영업이익률	순이익률	부채비율	차입금비율	ROA	ROE	유보율	자기자본비율	EBITDA마진율
2016	1.9	1.2	156.3	76.1	3.9	9.9	852.8	39.0	2.5
2015	2.5	1.8	146.7	56.8	7.0	16.1	786.4	40.5	3.1
2014	2.2	5.1	108.0	26.2	20.4	50.0	660.0	48.1	2.9
2013	2.6	1.8	206.5	86.1	7.2	23.7	364.3	32.6	3.4

한일네트웍스 (A046110)
HANIL NETWORKS

업 종 : IT 서비스		시 장 : KOSDAQ	
신용등급 : (Bond) — (CP) —		기업규모 : 중견	
홈페이지 : www.hanilnetworks.com		연락처 : 02)3466-9100	
본 사 : 서울시 강남구 강남대로 330 우덕빌딩 13층			

설 립 일	1998.08.26	종업원수	134명	대표이사	전근식
상 장 일	2006.01.20	감사의견	적정 (안진)	계 열	
결 산 기	12월	보 통 주	1,195만주	종속회사수	
액 면 가	500원	우 선 주		구 상 호	오늘과내일

주주구성 (지분율,%)		출자관계 (지분율,%)		주요경쟁사 (외형,%)	
한일시멘트	45.2	한일건재	100.0	한일네트웍스	100
한국증권금융	4.4	에프앤센터	100.0	쌍용정보통신	179
(외국인)	0.9	중원	24.4	케이엘넷	29

매출구성		비용구성		수출비중	
CC서비스	55.0	매출원가율	92.2	수출	0.0
서버 보안장비	45.1	판관비율	4.3	내수	100.0

회사 개요
동사는 한일시멘트그룹의 계열사로서 1998년 설립된 후, 애플리케이션 등을 임대하여 수익을 창출하는 ASP(Application Service Providing)와 IT장비유통사업을 영위하고 있음. ASP부문의 주요사업인 DSC사업의 경우 금융기관, 홈쇼핑업체, 제조/서비스 분야 등 50여 고객사의 서비스를 담당하고 있으며, 특히 보험분야에서는 국내에서 가장 큰 규모의 컨택센터 서비스를 제공하고 있음.

실적 분석
동사의 2016년 연결기준 연간 누적 매출액은 1223.9억원으로 전년 동기 대비 36.5% 증가함. 매출이 늘면서 매출원가와 판관비도 늘었지만 고정비용 감소 효과로 인해 영업이익은 전년 동기 대비 72.1% 증가한 42.6억원을 시현함. 비영업손익도 큰 폭 늘어 당기순이익은 44.4억원으로 전년 동기 대비 94.9% 큰 폭 늘어남. 매출과 수익성 모두 안정적으로 성장하고 있음.

현금 흐름 〈단위 : 억원〉

항목	2015	2016
영업활동	38	9
투자활동	-65	-71
재무활동	-41	96
순현금흐름	-68	34
기말현금	48	82

시장 대비 수익률
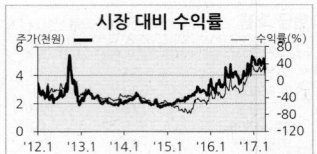

결산 실적 〈단위 : 억원〉

항목	2011	2012	2013	2014	2015	2016
매출액	578	885	858	881	897	1,224
영업이익	3	25	10	-39	25	43
당기순이익	6	23	13	-0	23	44

분기 실적 〈단위 : 억원〉

항목	2015.3Q	2015.4Q	2016.1Q	2016.2Q	2016.3Q	2016.4Q
매출액	224	232	235	268	317	405
영업이익	7	4	9	11	12	11
당기순이익	6	5	19	4	14	8

재무 상태 〈단위 : 억원〉

항목	2011	2012	2013	2014	2015	2016
총자산	371	438	504	520	482	740
유형자산	72	93	98	81	78	85
무형자산	4	3	6	12	5	18
유가증권	15	15	19	28	64	27
총부채	98	147	188	202	159	319
총차입금	27	24	4	30	5	70
자본금	56	56	60	60	60	60
총자본	273	291	317	319	323	421
지배주주지분	273	291	317	319	322	421

기업가치 지표

항목	2011	2012	2013	2014	2015	2016
주가(최고/저)(천원)	2.5/1.1	5.5/1.8	3.2/1.8	2.9/1.7	3.8/1.9	5.3/2.7
PER(최고/저)(배)	45.7/21.0	26.9/9.0	30.2/17.1	—/—	20.2/10.0	14.4/7.4
PBR(최고/저)(배)	0.9/0.4	2.0/0.7	1.1/0.6	1.0/0.6	1.3/0.6	1.5/0.8
EV/EBITDA(배)	5.5	3.1	3.8		5.4	7.1
EPS(원)	54	203	105	-3	190	371
BPS(원)	2,620	2,785	2,815	2,832	2,999	3,581
CFPS(원)	280	471	429	315	506	723
DPS(원)						
EBITDAPS(원)	254	493	406	-5	523	708

재무 비율 〈단위 : % 〉

연도	영업이익률	순이익률	부채비율	차입금비율	ROA	ROE	유보율	자기자본비율	EBITDA마진율
2016	3.5	3.6	75.9	16.6	7.3	11.9	616.3	56.9	6.9
2015	2.8	2.5	49.3	1.6	4.5	7.1	499.8	67.0	7.0
2014	-4.4	0.0	63.3	9.4	-0.1	-0.1	466.4	61.3	-0.1
2013	1.1	1.5	59.3	1.3	2.7	4.1	463.1	62.8	5.7

한일단조공업 (A024740)
Hanil Forging Industrial

업 종 : 자동차부품		시 장 : KOSDAQ	
신용등급 : (Bond) — (CP) —		기업규모 : 중견	
홈페이지 : www.hifg.co.kr		연락처 : 055)282-3201	
본 사 : 경남 창원시 성산구 성주로 97번길 42			

설 립 일	1966.05.16	종업원수	210명	대표이사	권병호
상 장 일	1996.11.29	감사의견	적정 (한영)	계 열	
결 산 기	12월	보 통 주	1,524만주	종속회사수	
액 면 가	500원	우 선 주		구 상 호	

주주구성 (지분율,%)		출자관계 (지분율,%)		주요경쟁사 (외형,%)	
홍진산업	35.0	HANILFORGING	85.6	한일단조	100
홍준석	7.9			팬스타엔터프라이즈	23
(외국인)	1.4			두올산업	32

매출구성		비용구성		수출비중	
AXLE SHAFT, SPINDLE류 등	62.0	매출원가율	88.7	수출	36.0
산업기계부품, 이륜차부품 등	15.8	판관비율	7.2	내수	64.0
방산품	14.2				

회사 개요
첨단 정밀 자동차 부품인 Axle Shaft 및 Spindle류를 국내외에 공급하고 있으며, 방위산업분야의 유도탄 탄체, 탄두 및 중장비 부품, 조선·항공산업 부품 등을 생산하고 있음. 수출시장에서의 시장점유율 확대를 위하여 태국현지법인의 본격적인 매출 실현과 독자적인 생산 시스템을 통해 적극적인 마케팅 정책을 펼치고 있음. 국내 최초로 Radial Forging 설비를 도입하여 중대형 사이즈의 제품으로 전방산업 진출을 추진 중임

실적 분석
탄체 등 방산품의 수주는 증가하였으나, 국내 완성차업계의 판매 부진으로 인해 AXLE SHAFT류 등 동사의 부품공급도 줄어들어 2016년 누적 매출액은 전년동기 대비 20.2% 감소함. 판관비 축소에도 불구하고 제품의 공급단가 하락으로 원가율이 악화되어 영업이익도 22.6% 감소하며 부진한 실적을 나타냄. 외환관련손실의 증가로 영업외수지도 다소 악화됨. 완성차의 내수 부진과 부품업계의 경쟁심화로 수익성 개선이 제한적일 전망임.

현금 흐름 〈단위 : 억원〉

항목	2015	2016
영업활동	192	140
투자활동	-88	-68
재무활동	-103	-82
순현금흐름	6	-7
기말현금	92	85

시장 대비 수익률

결산 실적 〈단위 : 억원〉

항목	2011	2012	2013	2014	2015	2016
매출액	1,284	1,401	1,392	1,431	1,515	1,208
영업이익	57	28	46	44	64	50
당기순이익	15	-24	-41	-4	22	32

분기 실적 〈단위 : 억원〉

항목	2015.3Q	2015.4Q	2016.1Q	2016.2Q	2016.3Q	2016.4Q
매출액	375	397	297	334	339	239
영업이익	17	17	3	14	15	16
당기순이익	2	6	1	13	-5	24

재무 상태 〈단위 : 억원〉

항목	2011	2012	2013	2014	2015	2016
총자산	2,018	2,109	2,029	2,068	2,037	2,012
유형자산	1,123	1,138	1,108	1,197	1,212	1,237
무형자산	16	16	16	16	19	17
유가증권	6	6	4	0	1	0
총부채	1,152	1,271	1,232	1,274	1,229	1,137
총차입금	831	1,032	959	1,037	991	922
자본금	66	66	66	66	66	74
총자본	866	837	797	794	807	875
지배주주지분	860	834	793	790	805	859

기업가치 지표

항목	2011	2012	2013	2014	2015	2016
주가(최고/저)(천원)	5.7/2.5	4.3/2.5	2.9/1.9	2.5/1.9	3.3/2.1	4.0/2.6
PER(최고/저)(배)	46.2/20.1	—/—	—/—	—/—	18.8/12.2	19.6/12.6
PBR(최고/저)(배)	1.0/0.4	0.7/0.4	0.5/0.3	0.4/0.3	0.6/0.4	0.7/0.5
EV/EBITDA(배)	11.9	15.3	10.9	12.1	10.6	11.3
EPS(원)	138	-163	-278	-23	181	210
BPS(원)	6,571	6,374	6,059	6,038	6,156	5,850
CFPS(원)	510	264	170	426	657	659
DPS(원)	100	30		50	100	50
EBITDAPS(원)	805	641	798	780	963	793

재무 비율 〈단위 : % 〉

연도	영업이익률	순이익률	부채비율	차입금비율	ROA	ROE	유보율	자기자본비율	EBITDA마진율
2016	4.1	2.7	129.9	105.3	1.6	3.6	1,069.9	43.5	9.5
2015	4.2	1.5	152.3	122.8	1.1	3.0	1,131.1	39.6	8.4
2014	3.0	-0.3	160.5	130.6	-0.2	-0.4	1,107.5	38.4	7.2
2013	3.3	-2.9	154.5	120.2	-2.0	-4.5	1,111.9	39.3	7.5

한일사료 (A005860)
HanilFeed

업 종 : 식료품	시 장 : KOSDAQ
신용등급 : (Bond) — (CP) —	기업규모 : 중견
홈 페 이 지 : www.hanilfeed.com	연 락 처 : 031)280-4000
본 사 : 경기도 용인시 기흥구 하갈로 127	

설 립 일 1968.11.26	종업원수 83명	대표이사 차상협
상 장 일 1994.11.07	감사의견 적정(현대)	계 열
결 산 기 12월	보통주 3,940만주	종속회사수
액 면 가 500원	우선주	구 상 호

주주구성 (지분율,%)		출자관계 (지분율,%)		주요경쟁사 (외형,%)	
차상협	13.9	케이미트	100.0	한일사료	100
최한순	13.2	한일에프에스	100.0	하림	266
(외국인)	0.8	에이티엔씨	23.9	동우	76

매출구성		비용구성		수출비중	
수입육외	59.7	매출원가율	89.1	수출	0.0
축우사료	31.5	판관비율	8.7	내수	100.0
양계사료	8.0				

회사 개요
동사는 1968년 설립되어 배합사료 생산, 공급을 주영업목적으로 함. 종속회사로 케이미트, 산동한일사료유한공사등이 있으며, 연결회사의 주요사업부문은 사료부문과 정육유통부문으로 2015년 기준 전체 매출액의 약 99% 이상을 차지함. 동사의 주요 사업인 배합사료 시장의 경우 영위하는 업체가 40여개에 이를 정도로 경쟁이 심화되어 있으나 축산물 소비의 증가가 예상됨에 따라 사료산업 역시 완만한 성장이 가능할 것으로 전망되고 있음.

실적 분석
동사의 2016년 연결기준 매출액은 전년대비 11.6% 성장한 3,100.2억원을 기록함. 매출원가율과 판관비율 개선으로 영업이익은 66.3억원을 보이며 전년대비 흑자전환에 성공함. 금융 및 외환손실 등 비영업손실이 더해진 당기순이익도 21.8억원으로 흑자전환함. 현재 사료부문은 원재료 가격 하락에 따른 제품판매가격 인하 추세가 지속되고 있으며, 정육유통부문은 시장유통시세에 따라 가격변동이 심한 상태임.

현금 흐름 〈단위 : 억원〉
항목	2015	2016
영업활동	-276	244
투자활동	-19	-46
재무활동	348	-78
순현금흐름	53	119
기말현금	136	255

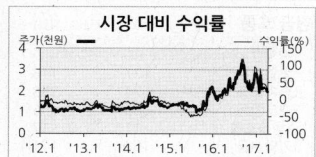
시장 대비 수익률

결산 실적 〈단위 : 억원〉
항목	2011	2012	2013	2014	2015	2016
매출액	2,080	2,414	2,463	2,374	2,779	3,100
영업이익	65	22	25	64	-96	66
당기순이익	27	44	10	40	-43	22

분기 실적 〈단위 : 억원〉
항목	2015.3Q	2015.4Q	2016.1Q	2016.2Q	2016.3Q	2016.4Q
매출액	778	743	799	772	770	759
영업이익	-52	-28	5	16	25	21
당기순이익	-6	-2	5	5	43	-31

재무 상태 〈단위 : 억원〉
항목	2011	2012	2013	2014	2015	2016
총자산	1,516	1,486	1,427	1,549	1,828	1,882
유형자산	636	637	624	617	595	598
무형자산	7	6	6	6	5	4
유가증권	3	3	9	14	10	76
총부채	1,005	942	881	973	1,314	1,237
총차입금	816	743	691	755	1,085	992
자본금	160	160	160	160	160	197
총자본	511	543	546	576	514	645
지배주주지분	511	543	546	576	514	645

기업가치 지표
항목	2011	2012	2013	2014	2015	2016
주가(최고/저)(천원)	1.8/0.9	1.6/1.0	1.4/1.0	1.8/1.1	2.3/1.0	3.6/1.5
PER(최고/저)(배)	25.3/12.2	13.2/8.0	51.9/38.0	15.3/9.7	—/—	56.1/24.1
PBR(최고/저)(배)	1.3/0.7	1.1/0.6	0.9/0.7	1.1/0.7	1.6/0.7	2.2/1.0
EV/EBITDA(배)	11.4	18.8	19.0	11.5	—	19.6
EPS(원)	80	128	28	119	-126	65
BPS(원)	1,599	1,702	1,711	1,805	1,610	1,637
CFPS(원)	156	221	106	192	-72	123
DPS(원)	25	25	25	25	25	25
EBITDAPS(원)	274	155	153	267	-239	251

재무 비율 〈단위 : %〉
연도	영업이익률	순이익률	부채비율	차입금비율	ROA	ROE	유보율	자기자본비율	EBITDA마진율
2016	2.1	0.7	191.8	153.8	1.2	3.8	227.5	34.3	2.8
2015	-3.5	-1.6	255.5	211.1	-2.5	-7.8	222.1	28.1	-2.7
2014	2.7	1.7	168.8	130.9	2.7	7.2	261.0	37.2	3.6
2013	1.0	0.4	161.3	126.5	0.7	1.8	242.1	38.3	2.0

한일시멘트 (A003300)
Hanil Cement

업 종 : 건축소재	시 장 : 거래소
신용등급 : (Bond) A+ (CP) —	기업규모 : 시가총액 중형주
홈 페 이 지 : www.hanil.com	연 락 처 : 02)531-7000
본 사 : 서울시 강남구 강남대로 330	

설 립 일 1961.12.28	종업원수 616명	대표이사 곽의영
상 장 일 1969.11.20	감사의견 적정(삼일)	계 열
결 산 기 12월	보통주 755만주	종속회사수
액 면 가 5,000원	우선주	구 상 호

주주구성 (지분율,%)		출자관계 (지분율,%)		주요경쟁사 (외형,%)	
허기호	10.1	한일산업	98.5	한일시멘트	100
국민연금공단	7.2	서울랜드	85.7	쌍용양회	143
(외국인)	10.1	우덕축산	73.3	동양	31

매출구성		비용구성		수출비중	
시멘트	31.1	매출원가율	83.2	수출	0.3
레미콘	29.2	판관비율	9.7	내수	99.7
레미탈	20.0				

회사 개요
동사는 시멘트 및 관련 2차 제품의 제조, 판매를 주요사업으로 하고 있음. 자회사인 한일산업은 레미콘 제조판매업 및 혼화제 생산판매업을 영위하며, 한덕개발은 과천시에 소재한 테마파크 서울랜드를 운영하고 있고, C.C.P는 전자부품 제조 및 판매업을 영위하는 업체임. 연간 약 810만 톤의 시멘트를 생산할 수 있는 단양공장을 중심으로 전국 각지의 출하기지를 통해 소비자에게 시멘트를 공급하고 있음.

실적 분석
건설 투자 및 건설 수주 실적 증가, 정부의 SOC 예산 확대 등의 영향으로 2016년 연결기준 결산 매출액은 1조 4,412.0억원을 기록하며 전년동기대비 4.6% 증가하였으며, 판관비는 전년 동기 대비 0.5% 증가한 1,404.1억원을 기록함. 영업이익 감소에도 불구하고 당기순이익은 전년 동기 837.7억원 대비 대폭(29.1%) 증가한 837.7억원을 기록하였는데, 이는 비영업손익의 흑자전환 및 대폭 증가 때문임.

현금 흐름 〈단위 : 억원〉
항목	2015	2016
영업활동	1,288	405
투자활동	688	1,020
재무활동	-724	-573
순현금흐름	1,323	283
기말현금	3,193	3,476

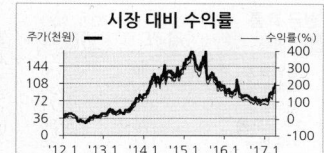
시장 대비 수익률

결산 실적 〈단위 : 억원〉
항목	2011	2012	2013	2014	2015	2016
매출액	8,679	11,327	12,676	13,213	13,773	14,412
영업이익	299	759	1,395	1,271	1,206	1,016
당기순이익	175	-706	831	952	649	838

분기 실적 〈단위 : 억원〉
항목	2015.3Q	2015.4Q	2016.1Q	2016.2Q	2016.3Q	2016.4Q
매출액	3,557	3,640	2,872	3,826	3,746	3,967
영업이익	418	148	-4	372	294	353
당기순이익	394	-455	100	288	-182	632

재무 상태 〈단위 : 억원〉
항목	2011	2012	2013	2014	2015	2016
총자산	20,953	21,429	21,434	21,224	21,507	21,585
유형자산	10,659	11,116	10,799	10,751	9,879	8,918
무형자산	384	468	455	417	404	937
유가증권	2,490	1,808	1,585	1,931	2,432	1,584
총부채	8,248	8,717	8,148	6,820	6,820	6,304
총차입금	5,160	5,983	5,120	3,254	2,449	2,039
자본금	377	377	377	377	377	377
총자본	12,706	12,712	13,287	14,403	14,687	15,280
지배주주지분	12,598	12,187	12,812	13,862	14,328	14,845

기업가치 지표
항목	2011	2012	2013	2014	2015	2016
주가(최고/저)(천원)	55.5/34.2	48.2/26.1	84.5/43.9	149/81.7	182/96.1	117/69.6
PER(최고/저)(배)	26.9/16.6	—/—	8.5/4.4	12.8/7.1	24.6/13.0	11.2/6.6
PBR(최고/저)(배)	0.4/0.2	0.3/0.2	0.5/0.3	0.8/0.5	1.0/0.5	0.6/0.4
EV/EBITDA(배)	11.2	7.0	5.2	7.3	3.9	2.3
EPS(원)	2,294	-9,384	10,600	12,124	7,633	10,713
BPS(원)	170,759	165,311	174,628	188,850	195,021	201,876
CFPS(원)	6,682	-3,695	16,681	18,489	14,258	17,624
DPS(원)	1,000	1,000	1,400	1,500	1,500	1,600
EBITDAPS(원)	8,350	15,749	24,570	23,209	22,612	20,375

재무 비율 〈단위 : %〉
연도	영업이익률	순이익률	부채비율	차입금비율	ROA	ROE	유보율	자기자본비율	EBITDA마진율
2016	7.1	5.8	41.3	13.3	3.9	5.5	3,937.5	70.8	10.7
2015	8.8	4.7	46.4	16.7	3.0	4.1	3,800.4	68.3	12.4
2014	9.6	7.2	47.4	22.6	4.5	6.9	3,677.0	67.9	13.3
2013	11.0	6.6	61.3	38.5	3.9	6.4	3,392.6	62.0	14.6

한일진공 (A123840)
HANIL VACUUM CO

업　　　종 : 휴대폰 및 관련부품		시　　　장 : KOSDAQ	
신용등급 : (Bond) — 　(CP) —		기업규모 : 중견	
홈페이지 : www.vacuum-coater.com		연 락 처 : 032)821-9300	
본　　　사 : 인천시 남동구 남동동로 183번길 30			

설 립 일	2010.03.23	종 업 원 수	117명	대 표 이 사	이청균,이희신
상 장 일	2010.10.05	감 사 의 견	적정 (이촌)	계　　　열	
결 산 기	12월	보 통 주	3,364만주	종 속 회 사 수	
액 면 가	100원	우 선 주		구 상 호	키움스팩1호

주주구성 (지분율,%)
코스인베스트먼트	23.4
크리스탈1호사모투자조합	6.7
(외국인)	1.6

출자관계 (지분율,%)
한일인베스트먼트	100.0
동관한일진공기계	100.0

주요경쟁사 (외형,%)
한일진공	100
제주반도체	284
성우전자	866

매출구성
스마트폰	76.1
기타	23.5
일반광학	0.5

비용구성
매출원가율	77.6
판관비율	27.4

수출비중
수출	18.9
내수	81.1

회사 개요
동사의 사업부문은 제조와 투자부문으로 구별되며, 제조부문은 진공증착장비 개발, 생산, 판매이며, 투자부문은 창업투자 및 사모투자전문회사로 창업자에 대한 투자 및 융자 등의 사업을 영위하고 있음. 종속회사로는 동관한일진공과 2016년 1월 설립된 한일인베스트먼트가 있음. 주요 제품으로는 휴대폰 Case 및 Window 코팅용 진공증착장비, 광학(렌즈) 및 휴대폰 카메라 렌즈/안경 코팅용 진공증착장비 등이 있음.

실적 분석
동사의 2016년 연결기준 연간 매출액은 국내 수주 감소로 인해 전년 대비 23.7% 감소한 199.4억원을 시현함. 일반광학부문의 매출이 증가했으나, 스마트폰 부문의 매출액 감소와 판관비 증가가 영업이익 적자전환에 영향을 미침. 스마트폰 시장의 성장으로 인한 장비 수요 증가와 투자부문의 한일인베스트먼트 신설에 따른 새로운 수익이 발생할 것으로 예상됨. 해외 인프라 구축과 AR/AF 코팅,사업 추진 중임.

현금 흐름 〈단위 : 억원〉
항목	2015	2016
영업활동	39	-8
투자활동	-279	-350
재무활동	316	271
순현금흐름	76	-86
기말현금	121	35

시장 대비 수익률
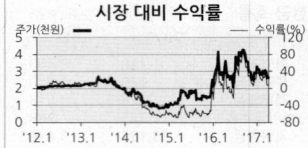

결산 실적 〈단위 : 억원〉
항목	2011	2012	2013	2014	2015	2016
매출액	357	416	420	127	261	199
영업이익	67	92	88	-21	42	-10
당기순이익	56	72	28	-9	60	14

분기 실적 〈단위 : 억원〉
항목	2015.3Q	2015.4Q	2016.1Q	2016.2Q	2016.3Q	2016.4Q
매출액	82	33	37	62	57	44
영업이익	21	-10	-9	-2	-1	4
당기순이익	23	2	-5	1	34	-16

재무 상태 〈단위 : 억원〉
항목	2011	2012	2013	2014	2015	2016
총자산	242	406	596	515	595	882
유형자산	102	146	159	150	151	326
무형자산	—	2	4	4	3	3
유가증권	—	0	25	105	95	371
총부채	117	233	145	77	82	343
총차입금	51	108	12	29	14	270
자본금	3	3	30	31	32	32
총자본	126	173	450	439	513	539
지배주주지분	126	173	450	439	513	537

기업가치 지표
항목	2011	2012	2013	2014	2015	2016
주가(최고/저)(천원)	2.2/1.9	2.2/2.0	2.9/1.9	2.0/0.8	2.6/0.9	5.4/2.1
PER(최고/저)(배)	12.7/10.8	9.9/9.0	32.7/21.3	—/—	14.6/5.1	125.0/47.6
PBR(최고/저)(배)	5.7/4.8	4.1/3.7	2.1/1.3	1.5/0.6	1.7/0.6	3.3/1.3
EV/EBITDA(배)	3.2	2.5	4.5		12.1	3,694.0
EPS(원)	187	240	95	-28	186	45
BPS(원)	251,607	345,692	1,500	1,446	1,619	1,680
CFPS(원)	121,956	159,239	132	4	216	77
DPS(원)			20		100	
EBITDAPS(원)	142,965	199,499	329	-35	163	1

재무 비율 〈단위 : % 〉
연도	영업이익률	순이익률	부채비율	차입금비율	ROA	ROE	유보율	자기자본비율	EBITDA마진율
2016	-5.0	7.0	63.6	50.2	1.9	2.7	1,579.5	61.1	0.2
2015	16.3	22.8	16.0	2.7	10.7	12.5	1,519.3	86.2	19.9
2014	-16.3	-6.9	17.5	6.7	-1.6	-2.0	1,346.2	85.1	-8.4
2013	20.9	6.8	32.3	13.8	5.7	9.1	1,399.6	75.6	23.5

한일철강 (A002220)
Hanil Iron & Steel

업　　　종 : 금속 및 광물		시　　　장 : 거래소	
신용등급 : (Bond) — 　(CP) —		기업규모 : 시가총액 소형주	
홈페이지 : www.hanilsteel.co.kr		연 락 처 : 02)2273-2144	
본　　　사 : 서울시 중구 퇴계로27길 28 한영빌딩 9층			

설 립 일	1957.12.05	종 업 원 수	112명	대 표 이 사	엄정헌
상 장 일	1988.10.07	감 사 의 견	적정 (이현)	계　　　열	
결 산 기	12월	보 통 주	204만주	종 속 회 사 수	
액 면 가	5,000원	우 선 주		구 상 호	

주주구성 (지분율,%)
엄정헌	14.0
엄정근	8.6
(외국인)	0.6

출자관계 (지분율,%)
한일해운	60.0
하이스틸	15.2
강음한일강철	80.0

주요경쟁사 (외형,%)
한일철강	100
경남스틸	102
부국철강	54

매출구성
철판(제품)	60.3
철판,형강(상품)	31.4
COIL, SHOT	5.3

비용구성
매출원가율	86.8
판관비율	8.0

수출비중
수출	0.0
내수	100.0

회사 개요
동사는 1957년에 설립된 철강 판재류 및 강관류의 제조 및 판매사임. 철강제품 제조 및 판매업을 주된 사업으로 영위하고 있으며, 취급품목은 철판류, 형강류, 기타(Coil절단가공, Shot Blast)로 구성되어 있음. 강관제조및 판매사인 하이스틸과 강음한일강철유한회사를 종속회사로 두고 있으며 2008년 한일해운의 설립을 통하여 해상운송업에도 진출하였음.

실적 분석
2016년을 기점으로 시작된 중국발 공급과잉의 해소 및 철강가격의 지속적인 상승으로 인해 2016년 4/4분기 동사의 연결기준 누적 매출액은 전년동기 대비 6.3% 증가한 2,596.5억원을 시현하였음. 더불어 원가율이 크게 개선되며 133.6억원의 영업이익을 시현하며 흑자전환함. 비영업부문에서는 26.0억원의 손실을 기록함에 따라 이익폭이 축소되었으나 83.6억원의 당기순이익을 기록하며 흑자전환함. 향후 매출증가세는 이어질 것으로 보임.

현금 흐름 〈단위 : 억원〉
항목	2015	2016
영업활동	177	116
투자활동	-574	358
재무활동	385	-456
순현금흐름	-11	17
기말현금	154	171

시장 대비 수익률
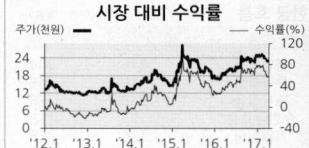

결산 실적 〈단위 : 억원〉
항목	2011	2012	2013	2014	2015	2016
매출액	3,743	4,139	3,150	3,167	2,444	2,597
영업이익	139	113	23	25	-130	134
당기순이익	39	-92	17	-49	-195	84

분기 실적 〈단위 : 억원〉
항목	2015.3Q	2015.4Q	2016.1Q	2016.2Q	2016.3Q	2016.4Q
매출액	567	548	582	615	589	811
영업이익	-12	-87	31	57	12	34
당기순이익	-70	-64	39	43	22	-21

재무 상태 〈단위 : 억원〉
항목	2011	2012	2013	2014	2015	2016
총자산	6,129	5,394	5,438	5,400	5,479	5,205
유형자산	2,748	2,422	2,360	2,319	2,532	2,504
무형자산	30	31	31	31	20	19
유가증권	19	16	11	17	14	4
총부채	3,348	2,595	2,638	2,666	2,946	2,592
총차입금	2,518	1,758	1,744	1,735	2,165	1,720
자본금	102	102	102	102	102	102
총자본	2,781	2,799	2,800	2,734	2,534	2,613
지배주주지분	1,725	1,618	1,655	1,613	1,491	1,541

기업가치 지표
항목	2011	2012	2013	2014	2015	2016
주가(최고/저)(천원)	16.5/11.9	16.4/11.1	17.1/11.5	20.4/13.2	28.4/14.3	25.3/16.5
PER(최고/저)(배)	17.9/13.0	—/—	9.5/6.4	—/—	—/—	9.9/6.4
PBR(최고/저)(배)	0.2/0.2	0.2/0.2	0.2/0.2	0.3/0.2	0.4/0.2	0.3/0.2
EV/EBITDA(배)	13.1	13.9	27.2	26.2		12.5
EPS(원)	990	-3,724	1,892	-2,088	-5,899	2,603
BPS(원)	86,230	80,952	82,888	80,763	74,754	77,220
CFPS(원)	6,292	606	5,647	1,606	-1,431	8,057
DPS(원)		250	400	150		350
EBITDAPS(원)	12,127	9,870	4,905	4,913	-1,912	12,003

재무 비율 〈단위 : % 〉
연도	영업이익률	순이익률	부채비율	차입금비율	ROA	ROE	유보율	자기자본비율	EBITDA마진율
2016	5.2	3.2	99.2	65.8	1.6	3.5	1,444.4	50.2	9.4
2015	-5.3	-8.0	116.3	85.4	-3.6	-7.8	1,395.1	46.2	-1.6
2014	0.8	-1.6	97.5	63.5	-0.9	-2.6	1,515.3	50.6	3.2
2013	0.7	0.5	94.2	62.3	0.3	2.4	1,557.8	51.5	3.2

한일화학공업 (A007770)
Hanil Chemical Ind

업　　　종 : 화학
신용등급 : (Bond) —　(CP) —
홈 페 이 지 : www.hanzinc.com
본　　　사 : 경기도 시흥시 공단1대로 37
시　　　장 : KOSDAQ
기업규모 : 중견
연 락 처 : 031)362-8700

설 립 일 1972.02.28	종업원수 107명	대 표 이 사 윤성진	
상 장 일 1992.09.07	감사의견 적정 (대주)	계　　　열	
결 산 기 12월	보 통 주 351만주	종속회사수	
액 면 가 500원	우 선 주 —	구 상 호	

주주구성 (지분율,%)		출자관계 (지분율,%)		주요경쟁사 (외형,%)	
윤성진	36.4	한일화공(곤산) 100.0		한일화학	100
한정근	12.9			진양화학	39
(외국인)	1.5			조비	40

매출구성		비용구성		수출비중	
아 연 화 외(제품)	97.8	매출원가율	93.2	수출	46.4
부산물 등	1.7	판관비율	3.7	내수	53.6
아 연 괴(원재료)	0.5				

회사 개요
동사의 주력사업부문인 아연화 산업은 고무공업, 도료, 세라믹, 요업, 사료, 화장품 등 다양한 산업의 기초원료로 사용됨. 아연화 시장에서 동사는 안정된 영업상의 지위와 우월한 품질보증능력을 바탕으로 지속적으로 업계 선두의 점유율을 유지하고 있음. 매출 비중은 아연화 67.82%, 부산물 31.24%, 아연괴 0.94% 임. 원자재인 아연괴의 가격이 런던 중금속시장 등에서 형성되기 때문에 환율 변동에 민감함.

실적 분석
동사의 2016년 누적매출액은 1,467.6억원으로 전년 대비 36.9% 증가함. 매출원가는 1,367.4억원으로 전년보다 37.7% 상승했음에도 불구하고 영업이익은 73.3% 늘어난 45.2억원을 기록함. 당기순이익도 31.8억원으로 전년 대비 99.8% 증가함. 2016년 환율의 급격한 변화가 이익증대에 긍정적인 영향을 미침. 해외 거래업체와의 긴밀한 협조체제를 유지하면서 수요처의 요구를 충족시키는 데 주력할 계획임.

현금 흐름
〈단위 : 억원〉

항목	2015	2016
영업활동	51	-32
투자활동	-72	36
재무활동	9	7
순현금흐름	-12	7
기말현금	48	55

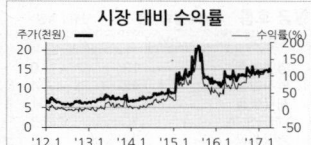
시장 대비 수익률

결산 실적
〈단위 : 억원〉

항목	2011	2012	2013	2014	2015	2016
매출액	1,180	998	1,036	1,106	1,072	1,468
영업이익	-1	8	18	23	26	45
당기순이익	-6	0	3	20	16	32

분기 실적
〈단위 : 억원〉

항목	2015.3Q	2015.4Q	2016.1Q	2016.2Q	2016.3Q	2016.4Q
매출액	262	233	299	390	359	419
영업이익	15	-6	1	14	-1	31
당기순이익	12	-8	0	11	-8	29

재무 상태
〈단위 : 억원〉

항목	2011	2012	2013	2014	2015	2016
총자산	1,063	1,039	1,037	1,036	1,110	1,187
유형자산	518	521	518	514	502	488
무형자산	16	15	14	14	14	10
유가증권	5	1	2	4	0	30
총부채	226	212	213	197	254	307
총차입금	100	79	72	66	76	88
자본금	18	18	18	18	18	18
총자본	838	827	824	839	856	881
지배주주지분	838	827	824	839	856	881

기업가치 지표

항목	2011	2012	2013	2014	2015	2016
주가(최고/저)(천원)	9.6/5.0	7.6/5.6	8.4/6.2	9.8/6.6	21.3/8.8	16.2/10.4
PER(최고/저)(배)	—/—	3,403.2/2,492.7	114.3/84.2	17.4/11.7	48.0/19.7	18.1/11.7
PBR(최고/저)(배)	0.4/0.2	0.4/0.3	0.4/0.3	0.4/0.3	0.9/0.4	0.7/0.4
EV/EBITDA(배)	27.2	10.9	6.6	8.4	8.2	8.0
EPS(원)	-160	2	78	584	453	906
BPS(원)	23,986	23,670	23,599	24,004	24,375	25,087
CFPS(원)	141	406	456	1,016	898	1,329
DPS(원)	150	150	150	150	120	150
EBITDAPS(원)	264	629	885	1,100	1,189	1,711

재무 비율
〈단위 : %〉

연도	영업이익률	순이익률	부채비율	차입금비율	ROA	ROE	유보율	자기자본비율	EBITDA마진율
2016	3.1	2.2	34.8	10.0	2.8	3.7	4,917.5	74.2	4.1
2015	2.4	1.5	29.7	8.8	1.5	1.9	4,775.0	77.1	3.9
2014	2.1	1.9	23.5	7.8	2.0	2.5	4,700.7	81.0	3.5
2013	1.7	0.3	25.8	8.7	0.3	0.4	4,619.7	79.5	3.0

한전산업개발 (A130660)
Korea Electronic Power Industrial Development

업　　　종 : 에너지 시설 및 서비스
신용등급 : (Bond) —　(CP) —
홈 페 이 지 : www.kepid.co.kr
본　　　사 : 서울시 중구 서소문로 115 한산빌딩
시　　　장 : 거래소
기업규모 : 시가총액 소형주
연 락 처 : 02)2250-2700

설 립 일 1990.04.11	종업원수 3,997명	대 표 이 사 이삼선	
상 장 일 2010.12.16	감사의견 적정 (삼정)	계　　　열	
결 산 기 12월	보 통 주 3,260만주	종속회사수	
액 면 가 500원	우 선 주 —	구 상 호	

주주구성 (지분율,%)		출자관계 (지분율,%)		주요경쟁사 (외형,%)	
한국자유총연맹	31.0	한산기전 100.0		한전산업	100
한국전력공사	29.0	HIS 100.0		한전기술	163
(외국인)	2.4	PT.KepidTechnology 100.0		동국S&C	124

매출구성		비용구성		수출비중	
운전,탈황,회처리,정비, 기타 해외 사업 부분 등	56.7	매출원가율	89.1	수출	2.4
검침,송달,단전,중계, 기타 인터넷빌링 등	29.7	판관비율	6.0	내수	97.6
ESCO, 바이오매스, 태양광(열)발전 등	13.7				

회사 개요
전기계기의 검침·송달, 발전설비 운전·정비 및 신재생에너지 관련사업 등을 영위하고 있음. 발전설비 운전사업은 전력수요량의 지속적인 증가에 대응하여 안정적 성장이 예상. 전기검침사업은 전력산업의 발달 및 생활수준 향상과 더불어 지속적으로 성장해 왔으나, 최근 한전의 전력산업 IT화 추진과 경쟁심화 시행으로 경쟁이 심화됨. 매출비중은 발전사업이 약 65%, 검침사업이 약 25% 수준임. 한전이 보유하고 있는 동사 지분의 매각을 재추진할 예정임.

실적 분석
수주가 꾸준히 늘어난 발전설비 운전 및 정비사업은 6.0% 성장하였으나, 경쟁이 심한 검침부문의 매출이 24% 가량 줄어 들어 2016년 매출액은 전년 대비 6.7% 감소한 3,100.2억원을 기록함. 저가 수주에 따른 원가율 악화와 고정비용 부담으로 영업이익도 47.3% 줄어듦. 전년동기에 발생했던 충당부채전입액과 중단사업손실이 없어지는 기저효과로 인해 따라 당기순이익은 62.9% 급증함.

현금 흐름
〈단위 : 억원〉

항목	2015	2016
영업활동	29	198
투자활동	19	-146
재무활동	-92	-40
순현금흐름	-44	8
기말현금	160	168

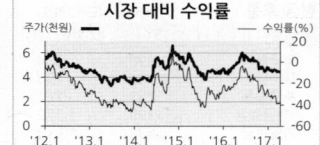
시장 대비 수익률

결산 실적
〈단위 : 억원〉

항목	2011	2012	2013	2014	2015	2016
매출액	2,705	2,544	2,946	3,351	3,323	3,100
영업이익	210	163	179	149	287	151
당기순이익	117	56	99	-99	81	132

분기 실적
〈단위 : 억원〉

항목	2015.3Q	2015.4Q	2016.1Q	2016.2Q	2016.3Q	2016.4Q
매출액	794	870	699	820	732	849
영업이익	104	15	73	106	88	-116
당기순이익	65	-0	58	78	61	-64

재무 상태
〈단위 : 억원〉

항목	2011	2012	2013	2014	2015	2016
총자산	1,438	1,662	1,767	1,669	1,430	1,478
유형자산	382	416	469	242	149	144
무형자산	17	15	18	11	17	15
유가증권	9	2	13	21	26	48
총부채	750	994	985	1,149	807	823
총차입금	273	264	343	272	185	198
자본금	163	163	163	163	163	163
총자본	688	668	782	521	623	655
지배주주지분	652	593	708	601	623	655

기업가치 지표

항목	2011	2012	2013	2014	2015	2016
주가(최고/저)(천원)	13.9/4.0	6.3/4.3	4.8/3.2	6.8/3.6	6.1/3.7	6.2/4.2
PER(최고/저)(배)	45.4/13.2	34.3/23.1	17.9/12.0	408.1/218.4	26.1/16.1	15.9/10.9
PBR(최고/저)(배)	8.4/2.4	4.0/2.7	2.5/1.7	4.1/2.2	3.4/2.1	3.2/2.2
EV/EBITDA(배)	9.1	8.8	6.1	9.9	4.3	7.9
EPS(원)	369	215	308	18	251	405
BPS(원)	2,000	1,818	2,172	1,844	1,911	2,008
CFPS(원)	425	270	405	160	339	493
DPS(원)	261	27	198	134	169	218
EBITDAPS(원)	700	555	645	597	969	552

재무 비율
〈단위 : %〉

연도	영업이익률	순이익률	부채비율	차입금비율	ROA	ROE	유보율	자기자본비율	EBITDA마진율
2016	4.9	4.3	125.8	30.3	9.1	20.7	301.6	44.3	5.8
2015	8.6	2.4	129.6	29.7	5.2	13.4	282.2	43.6	9.5
2014	4.4	-3.0	220.7	52.2	-5.8	0.9	268.8	31.2	5.8
2013	6.1	3.4	126.0	43.9	5.8	15.4	334.5	44.3	7.1

한전케이피에스 (A051600)
KEPCO Plant Service & Engineering

업　　종 : 전력		시　　장 : 거래소	
신용등급 : (Bond) AA　(CP) —		기업규모 : 시가총액 대형주	
홈페이지 : www.kps.co.kr		연 락 처 : 061)345-0114	
본　　사 : 전남 나주시 문화로 211 (빛가람동 377)			

설 립 일	1984.03.27	종 업 원 수	5,910명	대 표 이 사	최외근
상 장 일	2007.12.14	감 사 의 견	적정 (안진)	계　　　열	
결 산 기	12월	보 통 주	4,500만주	종속회사수	
액 면 가	200원	우 선 주	—	구 상 호	

주주구성 (지분율,%)		출자관계 (지분율,%)		주요경쟁사 (외형,%)	
한국전력공사	51.0	인천뉴파워	29.0	한전KPS	100
국민연금공단	7.2	스마트파워	5.6	한국전력	4,921
(외국인)	25.7	켑코우데	2.4	지역난방공사	141

매출구성		비용구성		수출비중	
화력	40.2	매출원가율	84.2	수출	—
원자력/양수	37.4	판관비율	7.1	내수	—
해외	11.5				

회사 개요
동사는 한국전력공사의 계열사로 발전설비 정비 전문회사임. 발전회사의 발전설비를 포함하여 국내 민자발전회사, 한국지역난방 열원공급설비, 산업단지 열병합설비 및 자가발전설비 등 국내외 플랜트 설비의 유지관리 사업에 참여하고 있음. 해외사업 부문을 신성장 동력으로 모회사인 한전의 글로벌 성장전략에 따라 전력그룹 공동 해외진출에 참여하는 등 해외사업을 활발히 추진함.

실적 분석
동사의 2016년누적 매출과 영업이익은 1조 2,231.1억원, 1,057.6억원으로 전년동기 대비 각각 3.7%증가, 39.6% 감소함. 2020년까지 국내 발전 설비용량이 연평균 6.1% 증가하고 있고, 물가상승률 2~3% 수준의 정비단가 인상, 60~70%의 높은 시장점유율 유지 등으로 매출 확대가 지속되고 있음. 향후 중장기 노후 발전소 증가, 성능복구 수요 확대로 계획예방/개보수 정비 매출 확대가 기대됨.

현금 흐름 〈단위 : 억원〉

항목	2015	2016
영업활동	1,398	1,234
투자활동	-1,046	798
재무활동	-752	-761
순현금흐름	-399	1,272
기말현금	638	1,910

시장 대비 수익률
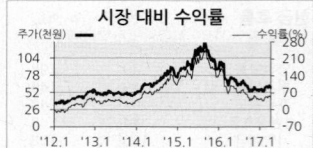

결산 실적 〈단위 : 억원〉

항목	2011	2012	2013	2014	2015	2016
매출액	9,255	10,066	11,258	10,855	11,797	12,231
영업이익	1,171	1,422	1,840	2,158	1,752	1,058
당기순이익	1,047	1,179	1,520	1,683	1,699	883

분기 실적 〈단위 : 억원〉

항목	2015.3Q	2015.4Q	2016.1Q	2016.2Q	2016.3Q	2016.4Q
매출액	2,768	3,601	2,488	3,269	2,771	3,704
영업이익	452	378	265	483	299	10
당기순이익	657	309	237	384	244	18

재무 상태 〈단위 : 억원〉

항목	2011	2012	2013	2014	2015	2016
총자산	6,724	7,562	8,411	9,255	10,336	10,925
유형자산	2,330	2,691	3,137	3,454	3,720	3,953
무형자산	111	74	66	76	88	103
유가증권	120	23	25	31	31	27
총부채	1,783	2,247	2,190	2,275	2,473	3,027
총차입금						
자본금	90	90	90	90	90	90
총자본	4,942	5,315	6,221	6,980	7,863	7,898
지배주주지분	4,942	5,315	6,221	6,980	7,863	7,898

기업가치 지표

항목	2011	2012	2013	2014	2015	2016
주가(최고/저)(천원)	50.4/23.9	56.2/33.4	55.2/46.2	91.6/49.7	128/74.3	98.3/52.6
PER(최고/저)(배)	25.0/11.9	23.4/14.1	17.7/14.8	25.8/14.0	35.0/20.3	50.7/27.2
PBR(최고/저)(배)	5.3/2.5	5.2/3.1	4.3/3.6	6.2/3.4	7.6/4.4	5.7/3.0
EV/EBITDA(배)	11.8		14.8	10.7	14.0	15.8
EPS(원)	2,326	2,620	3,379	3,740	3,776	1,962
BPS(원)	10,981	11,812	13,824	15,512	17,473	17,550
CFPS(원)	2,883	3,255	4,025	4,378	4,534	2,758
DPS(원)	1,620	1,440	1,520	1,670	1,690	680
EBITDAPS(원)	3,159	3,796	4,735	5,433	4,650	3,147

재무 비율 〈단위 : % 〉

연도	영업이익률	순이익률	부채비율	차입금비율	ROA	ROE	유보율	자기자본비율	EBITDA마진율
2016	8.7	7.2	38.3	0.0	8.3	11.2	8,675.2	72.3	11.6
2015	14.9	14.4	31.5	0.0	17.4	22.9	8,636.3	76.1	17.7
2014	19.9	15.5	32.6	0.0	19.1	25.5	7,655.8	75.4	22.5
2013	16.3	13.5	35.2	0.0	19.0	26.4	6,811.8	74.0	18.9

한중엔시에스 (A107640)
HanJung Natural Connectivity Systemco

업　　종 : 자동차부품		시　　장 : KONEX	
신용등급 : (Bond) —　(CP) —		기업규모 : —	
홈페이지 : www.hjncs.com		연 락 처 : 054)337-5050	
본　　사 : 경북 영천시 영천산단로 379(채신동)			

설 립 일	1995.08.31	종 업 원 수	311명	대 표 이 사	김환식
상 장 일	2013.12.10	감 사 의 견	적정 (삼일)	계　　　열	
결 산 기	12월	보 통 주	370만주	종속회사수	
액 면 가	500원	우 선 주	270만주	구 상 호	한중

주주구성 (지분율,%)		출자관계 (지분율,%)		주요경쟁사 (외형,%)	
김환식	47.5	HanjungAmerica	100.0	한중엔시에스	100
김환섭	26.9			태양기계	42
				대동금속	84

매출구성		비용구성		수출비중	
기타	39.6	매출원가율	87.7	수출	20.5
배기시스템	31.0	판관비율	11.6	내수	79.5
LAMP	11.2				

회사 개요
동사는 자동차 부품 제조, 판매 등의 목적으로 1995년 설립됨. 프레스가공품을 주 생산품으로 하며, 배기 시스템 부품인 테일 파이프 부품과 쉘, 브레이크 부품인 핸드 파킹 레버, 풋 파킹 브레이크 등과 램프 부품인 쉴드를 생산함. 에어백을 컨트롤하는 안전센서 모듈을 프레임에 장착한 WCS도 생산 중임. 완성차 업체를 기준으로 보면, 현대기아차가 80%, 한국지엠, 쌍용, 해외 수출이 20%를 차지함.

실적 분석
동사의 2016년 매출액은 725억원으로 전년도 643억에 비해 12.8% 증가함. 영업이익은 5.2억원으로 38% 감소함. 당기순이익은 10.8억원으로 적자를 이어감. 현대기아차 2차 협력업체로 완성차 판매 실적에 큰 영향을 받음. 동사 부품이 장착되는 차종으로는 YF쏘나타, K5, K7 등이 있음. 태양광 발전사업과 층간소음 저감재 개발에도 뛰어남음.

현금 흐름 *IFRS 별도 기준 〈단위 : 억원〉

항목	2015	2016
영업활동	18	0
투자활동	-42	-74
재무활동	40	41
순현금흐름	16	-33
기말현금	38	5

시장 대비 수익률
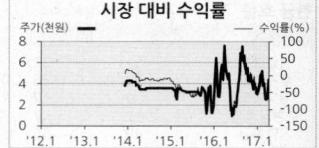

결산 실적 〈단위 : 억원〉

항목	2011	2012	2013	2014	2015	2016
매출액	504	618	611	—	643	725
영업이익	31	22	23	—	8	5
당기순이익	22	14	9	—	-6	-11

분기 실적 *IFRS 별도 기준 〈단위 : 억원〉

항목	2015.3Q	2015.4Q	2016.1Q	2016.2Q	2016.3Q	2016.4Q
매출액						
영업이익						
당기순이익						

재무 상태 *IFRS 별도 기준 〈단위 : 억원〉

항목	2011	2012	2013	2014	2015	2016
총자산	514	628	606	—	831	863
유형자산	199	294	303	—	406	444
무형자산	2	3	5	—	11	14
유가증권			5	—	1	1
총부채	378	477	375	—	634	677
총차입금	173	299	247	—	423	468
자본금	19	19	28	—	19	19
총자본	137	151	230	—	197	186
지배주주지분	137	151	230	—	197	186

기업가치 지표 *IFRS 별도 기준

항목	2011	2012	2013	2014	2015	2016
주가(최고/저)(천원)	—/—	—/—	4.3/3.8	4.3/3.5	4.3/0.9	8.1/0.8
PER(최고/저)(배)	0.0/0.0	0.0/0.0	22.8/20.2	0.0/0.0	—/—	—/—
PBR(최고/저)(배)	0.0/0.0	0.0/0.0	1.2/1.1	0.0/0.0	1.4/0.3	2.8/0.3
EV/EBITDA(배)	2.8	6.1	7.6	0.0	11.1	14.6
EPS(원)	469	363	189	—	-150	-255
BPS(원)	2,603	2,870	3,492	—	2,987	2,907
CFPS(원)	843	941	765	—	599	541
DPS(원)				—		
EBITDAPS(원)	1,035	1,150	1,051	—	945	917

재무 비율 〈단위 : % 〉

연도	영업이익률	순이익률	부채비율	차입금비율	ROA	ROE	유보율	자기자본비율	EBITDA마진율
2016	0.7	-1.5	363.2	251.2	-1.3	-5.6	906.4	21.6	5.4
2015	1.3	-1.0	321.7	214.9	-0.9	-3.5	964.2	23.7	6.3
2014	0.0	0.0	0.0	0.0	0.0	0.0	0.0	0.0	0.0
2013	3.8	1.5	163.3	107.3	1.5	4.9	707.1	38.0	8.4

한진 (A002320)
Hanjin Transportation

업 종 : 육상운수		시 장 : 거래소	
신용등급 : (Bond) BBB+ (CP) —		기업규모 : 시가총액 중형주	
홈 페 이 지 : www.hanjin.co.kr		연 락 처 : 02)728-5114	
본 사 : 서울시 중구 남대문로 63 (남대문로2가)			

설 립 일	1958.03.10	종 업 원 수	2,140명	대 표 이 사	서용원,조양호
상 장 일	1974.08.12	감 사 의 견	적정 (삼일)	계 열	
결 산 기	12월	보 통 주	1,197만주	종속회사수	
액 면 가	5,000원	우 선 주		구 상 호	

주주구성 (지분율,%)		출자관계 (지분율,%)		주요경쟁사 (외형,%)	
한진칼	21.6	한진해운신항만	100.0	한진	100
국민연금공단	8.5	한진인천컨테이너터미널	100.0	현대글로비스	869
(외국인)	12.5	중부대전화물터미널	100.0	CJ대한통운	345

매출구성		비용구성		수출비중	
택배, 창고	33.3	매출원가율	94.8	수출	0.0
트럭운송, 철송	22.2	판관비율	6.1	내수	100.0
기타	17.0				

회사 개요
동사는 1958년에 설립된 순수종합물류기업임. 육상운송 및 항만하역, 해운, 택배, 해외, 렌터카 사업 등을 주요사업으로 영위하여 약 18,000개 회사와 거래하고 있음. 사업부문은 육운, 하역, 해운, 물류창고, 국제특송, 택배, 렌터카 사업 등으로 구성됨. 주요사업 외에도 해외 구매대행 서비스, 정비 사업 등 연관 사업을 수행하며 시너지 효과를 창출하고 있음.

실적 분석
동사의 2016년 연결기준 매출액은 전년 동기 대비 7.5% 증가한 1조7,648억원을 기록함. 반면 전년도 411.5억원이었던 영업이익은 153.4억원의 손실을 기록하며 적자전환됨. 당기순이익은 전년대비 61.9% 감소함. 최근 택배사업 역량 개선을 위해 중부대전화물터미널을 인수하고 해외배송대행 사업에 배송일 보장 서비스를 도입하는 등 실적개선을 위해 다양한 전략을 쓰고 있음.

현금 흐름 〈단위 : 억원〉
항목	2015	2016
영업활동	582	407
투자활동	-650	367
재무활동	264	-840
순현금흐름	210	-62
기말현금	1,689	1,628

시장 대비 수익률
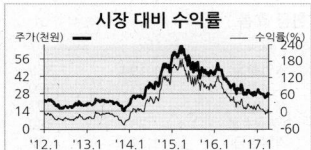

결산 실적 〈단위 : 억원〉
항목	2011	2012	2013	2014	2015	2016
매출액	13,907	14,374	14,996	15,328	16,417	17,648
영업이익	346	375	402	526	411	-153
당기순이익	-296	-105	-84	418	987	376

분기 실적 〈단위 : 억원〉
항목	2015.3Q	2015.4Q	2016.1Q	2016.2Q	2016.3Q	2016.4Q
매출액	4,067	4,525	4,364	4,471	4,362	4,452
영업이익	68	152	105	118	-305	-71
당기순이익	957	-47	-105	1,044	-421	-142

재무 상태 〈단위 : 억원〉
항목	2011	2012	2013	2014	2015	2016
총자산	17,931	18,587	18,074	19,559	25,037	25,376
유형자산	9,582	9,658	9,571	10,173	12,878	13,366
무형자산	208	201	201	193	4,673	4,648
유가증권	3,715	3,898	3,291	3,477	889	911
총부채	10,260	10,914	11,033	11,700	17,692	17,673
총차입금	6,769	7,647	7,663	8,196	13,282	13,257
자본금	599	599	599	599	599	599
총자본	7,672	7,673	7,041	7,859	7,345	7,703
지배주주지분	7,597	7,544	6,928	7,748	7,174	7,553

기업가치 지표
항목	2011	2012	2013	2014	2015	2016
주가(최고/저)(천원)	33.2/18.2	23.6/15.8	23.9/14.3	53.0/18.6	67.6/39.6	52.6/26.4
PER(최고/저)(배)	—/—	—/—	—/—	14.9/5.3	8.3/4.8	16.2/8.1
PBR(최고/저)(배)	0.6/0.3	0.4/0.3	0.4/0.3	0.8/0.3	1.2/0.7	0.8/0.4
EV/EBITDA(배)	12.8	13.1	12.0	14.8	20.5	29.1
EPS(원)	-2,369	-842	-577	3,634	8,373	3,304
BPS(원)	63,943	63,506	58,354	65,204	60,410	63,581
CFPS(원)	544	2,102	2,559	6,735	11,981	8,941
DPS(원)	400	400	250	400	400	400
EBITDAPS(원)	5,802	6,080	6,496	7,492	7,044	4,357

재무 비율 〈단위 : % 〉
연도	영업이익률	순이익률	부채비율	차입금비율	ROA	ROE	유보율	자기자본비율	EBITDA마진율
2016	-0.9	2.1	229.4	172.1	1.5	5.4	1,171.6	30.4	3.0
2015	2.5	6.0	240.9	180.8	4.4	13.4	1,108.2	29.4	5.1
2014	3.4	2.7	148.9	104.3	2.2	5.9	1,204.1	40.2	5.9
2013	2.7	-0.6	156.7	108.8	-0.5	-1.0	1,067.1	39.0	5.2

한진중공업 (A097230)
Hanjin Heayy Industries & Constrution

업 종 : 조선		시 장 : 거래소	
신용등급 : (Bond) — (CP) —		기업규모 : 시가총액 중형주	
홈 페 이 지 : www.hanjinsc.com		연 락 처 : 051)410-3114	
본 사 : 부산시 영도구 태종로 233			

설 립 일	2007.08.03	종 업 원 수	2,502명	대 표 이 사	안진규
상 장 일	2007.08.31	감 사 의 견	적정 (안진)	계 열	
결 산 기	12월	보 통 주	10,605만주	종속회사수	
액 면 가	5,000원	우 선 주		구 상 호	

주주구성 (지분율,%)		출자관계 (지분율,%)		주요경쟁사 (외형,%)	
한진중공업홀딩스	31.0	한진중티엠에스	100.0	한진중공업	100
한진중공업우리사주조합	5.0	인천북항운영	91.1	현대중공업	1,398
(외국인)	5.3	별내에너지	50.0	삼성중공업	370

매출구성		비용구성		수출비중	
컨테이너선, 유조선, 벌크선 등	54.4	매출원가율	97.9	수출	—
공항, 오피스, 물류시설 등	16.2	판관비율	4.9	내수	—
기타	14.6				

회사 개요
동사는 선박건조, 선박수리 및 건설업을 영위하고 있는 종합중공업 기업으로 2007년 8월 한진중공업홀딩스로부터 인적분할하여 설립됨. 동사는 부산 영도와 필리핀 수빅에 조선소를 운영 중이고, 선박수주 잔량을 기준으로 325.7만G/T로 국내 조선업체를 가운데 점유율 6.3%를 차지하고 있음. 동사는 도시가스 판매, 지역냉난방, 항만운영, 엔지니어링업, 골프경기장업 등을 영위하는 9개 계열회사가 있으며 종속회사는 5개사임.

실적 분석
2016년 매출액은 2조 8,132.7억원으로 전년 대비 8.2% 감소. 고정비 부담으로 영업이익은 -793.2억원으로 적자지속. 자구계획안에 따라 2016년에는 3천억원 이상의 자산매각을 실현하였고, 2017년에는 1.1조원 규모의 자산매각이 계획되어 있음. 글로벌 상선시장이 극심한 발주침체를 보이지만, 동사는 상대적으로 특수선분야에서 선전, 영도조선소에서 4.5억달러의 신규수주를 달성함. 건설부문도 재개발 주택 위주로 총 1.1조원을 수주.

현금 흐름 〈단위 : 억원〉
항목	2015	2016
영업활동	2,613	-372
투자활동	-330	-854
재무활동	-4,205	917
순현금흐름	-1,875	-242
기말현금	1,630	1,388

시장 대비 수익률

결산 실적 〈단위 : 억원〉
항목	2011	2012	2013	2014	2015	2016
매출액	28,915	25,493	25,293	25,203	30,636	28,133
영업이익	895	529	-696	-1,450	-2,234	-793
당기순이익	-969	-532	-1,902	-2,998	-3,923	-3,344

분기 실적 〈단위 : 억원〉
항목	2015.3Q	2015.4Q	2016.1Q	2016.2Q	2016.3Q	2016.4Q
매출액	8,791	6,944	6,635	8,535	6,166	6,797
영업이익	565	-2,172	-55	904	-28	-1,614
당기순이익	-170	-2,499	-240	783	-757	-3,131

재무 상태 〈단위 : 억원〉
항목	2011	2012	2013	2014	2015	2016
총자산	70,367	65,851	66,834	64,703	57,548	52,565
유형자산	31,444	29,015	28,082	27,036	27,355	24,041
무형자산	885	890	813	687	540	435
유가증권	2,135	1,905	2,165	2,505	1,974	1,657
총부채	51,698	48,696	50,444	48,972	45,767	43,613
총차입금	39,204	37,608	38,276	34,602	31,186	31,685
자본금	2,414	2,414	3,464	5,114	5,114	5,303
총자본	18,668	17,155	16,390	15,731	11,780	8,952
지배주주지분	18,644	17,134	16,373	15,738	11,788	8,959

기업가치 지표
항목	2011	2012	2013	2014	2015	2016
주가(최고/저)(천원)	34.5/12.2	19.4/9.0	12.9/6.5	13.0/4.2	7.1/3.5	4.6/2.9
PER(최고/저)(배)	—/—	—/—	—/—	—/—	—/—	—/—
PBR(최고/저)(배)	1.0/0.4	0.6/0.3	0.6/0.3	0.8/0.3	0.6/0.3	0.6/0.4
EV/EBITDA(배)	19.5	22.1	111.5	—	—	1,449.1
EPS(원)	-1,813	-989	-2,780	-3,594	-3,834	-3,215
BPS(원)	38,640	35,513	23,651	15,399	11,538	8,461
CFPS(원)	323	1,198	-1,282	-2,417	-2,843	-2,430
DPS(원)						
EBITDAPS(원)	4,181	3,388	547	-564	-1,192	22

재무 비율 〈단위 : % 〉
연도	영업이익률	순이익률	부채비율	차입금비율	ROA	ROE	유보율	자기자본비율	EBITDA마진율
2016	-2.8	-11.9	487.2	354.0	-6.1	-32.2	69.2	17.0	0.1
2015	-7.3	-12.8	388.5	264.7	-6.4	-28.5	130.8	20.5	-4.0
2014	-5.8	-11.9	311.3	220.0	-4.6	-18.6	208.0	24.3	-1.9
2013	-2.8	-7.5	307.8	233.5	-2.9	-11.3	373.0	24.5	1.4

한진중공업홀딩스 (A003480)
HANJIN HEAVY INDUSTRIES & CONSTRUCTION HOLDINGS

업 종 : 가스			시 장 : 거래소	
신용등급 : (Bond) — (CP) —			기업규모 : 시가총액 소형주	
홈페이지 : www.hhic-holdings.com			연 락 처 : (051)410-3114	
본 사 : 부산시 중구 충장대로 6 (중앙동 4가)				

설 립 일	1937.07.10	종업원수	8명	대표이사	조남호
상 장 일	1956.03.03	감사의견	적정 (삼일)	계 열	
결 산 기	12월	보 통 주	2,953만주	종속회사수	
액 면 가	5,000원	우 선 주		구 상 호	

주주구성 (지분율,%)		출자관계 (지분율,%)		주요경쟁사 (외형,%)	
조남호	46.5	대륜E&S	100.0	한진중공업홀딩스	100
신영자산운용	10.0	한일레저	100.0	에스코	350
(외국인)	1.3	한국종합기술	67.1	대성에너지	246

매출구성		비용구성		수출비중	
한진중공업홀딩스 - 배당금수익	49.7	매출원가율	85.9	수출	—
한진중공업홀딩스 - 상표권사용수입	32.3	판관비율	10.8	내수	—
한진중공업홀딩스 - 임대사업수입	18.0				

회사 개요
동사는 1937년 설립된 조선중공주식회사가 모태임. 1989년 조선산업합리화 계획에 따라 한진계열기업에 양도돼 1990년 한진중공업으로 사명이 바뀜. 2007년 한진중공업에 사업부문을 인적분할하여 자회사 지분출자를 통한 지주사업 및 임대사업 부문을 영위하는 지주회사인 한진중공업홀딩스로 전환함. 종속회사들은 도시가스공급업, 엔지니어링사업, 골프장사업, 발전전기업, 기내식음료사업을 영위하고 있음.

실적 분석
2016년 연결기준 누적 매출액은 전년동기 대비 증가(+9%)한 2,999.8억원을 기록함. 지주회사 부문을 제외한 엔지니어링사업, 골프장사업, 기내식서비스사업의 외형이 성장한 결과. 영업이익 또한 전년대비 10% 성장한 99억원을 기록함. 안정적 수익원 확보 및 다각화를 위해 부동산 임대사업도 수행하고 있으며 취약 사업부문 사업다각화를 통하여 수주경쟁력을 높이고, 조선과 건설 부문에서 신규사업을 적극적으로 수립해 갈 예정임.

현금 흐름 〈단위 : 억원〉
항목	2015	2016
영업활동	588	256
투자활동	-679	78
재무활동	568	-433
순현금흐름	483	-903
기말현금	1,288	386

시장 대비 수익률

결산 실적 〈단위 : 억원〉
항목	2011	2012	2013	2014	2015	2016
매출액	10,576	11,395	11,984	15,201	2,752	3,000
영업이익	-61	-10	-411	-797	-1,171	-978
당기순이익	-96	-82	-817	-1,350	-1,643	-4,572

분기 실적 〈단위 : 억원〉
항목	2015.3Q	2015.4Q	2016.1Q	2016.2Q	2016.3Q	2016.4Q
매출액	804	-5,113	4,217	2,403	466	-4,086
영업이익	-21	-858	65	237	-206	-1,074
당기순이익	-253	-837	-80	94	-2,120	-2,466

재무 상태 〈단위 : 억원〉
항목	2011	2012	2013	2014	2015	2016
총자산	19,807	23,153	25,315	27,222	25,858	21,100
유형자산	7,584	10,644	14,407	16,383	16,213	2,236
무형자산	180	179	178	196	198	8
유가증권	357	358	358	158	165	162
총부채	6,795	10,298	13,423	16,149	16,487	16,215
총차입금	1,272	4,691	8,072	9,942	10,598	629
자본금	1,551	1,551	1,551	1,551	1,551	1,551
총자본	13,013	12,855	11,892	11,073	9,371	4,884
지배주주지분	11,586	11,098	10,109	8,985	7,565	4,262

기업가치 지표
항목	2011	2012	2013	2014	2015	2016
주가(최고/저)(천원)	14.3/5.8	8.8/5.9	9.5/5.8	11.8/7.6	9.0/5.9	6.0/4.1
PER(최고/저)(배)	—/—	—/—	—/—	—/—	—/—	—/—
PBR(최고/저)(배)	0.4/0.2	0.3/0.2	0.3/0.2	0.4/0.3	0.3/0.2	0.4/0.3
EV/EBITDA(배)	6.9	16.5	24.0	19.2	20.1	3.5
EPS(원)	-357	-212	-2,670	-4,110	-4,671	-11,499
BPS(원)	40,059	38,408	35,057	31,251	26,442	15,257
CFPS(원)	202	395	-1,884	-2,548	-2,836	-9,650
DPS(원)	250	250	250	200	—	—
EBITDAPS(원)	1,610	1,402	1,614	2,341	2,139	2,184

재무 비율 〈단위 : % 〉
연도	영업이익률	순이익률	부채비율	차입금비율	ROA	ROE	유보율	자기자본비율	EBITDA마진율
2016	-32.6	-152.4	332.0	12.9	-19.5	-57.4	190.4	23.2	21.5
2015	-42.6	-59.7	175.9	113.1	-6.2	-16.7	403.3	36.2	23.0
2014	-5.2	-8.9	145.8	89.8	-5.1	-12.7	494.8	40.7	4.6
2013	-3.4	-6.8	112.9	67.9	-3.4	-7.4	567.2	47.0	4.0

한진칼 (A180640)
HANJIN KAL

업 종 : 항공운수			시 장 : 거래소	
신용등급 : (Bond) BBB+ (CP) —			기업규모 : 시가총액 중형주	
홈페이지 : www.hanjinkal.co.kr			연 락 처 : (02)726-6166	
본 사 : 서울시 중구 소공로 88 (소공동)				

설 립 일	2013.08.01	종업원수	30명	대표이사	조양호,조원태,허정권
상 장 일	2013.09.16	감사의견	적정 (안진)	계 열	
결 산 기	12월	보 통 주	5,917만주	종속회사수	
액 면 가	2,500원	우 선 주	54만주	구 상 호	

주주구성 (지분율,%)		출자관계 (지분율,%)		주요경쟁사 (외형,%)	
조양호	17.8	KAL호텔네트워크	100.0	한진칼	100
국민연금공단	8.3	제동레저	100.0	대한항공	1,184
(외국인)	4.6	한진관광	100.0	아시아나항공	582

매출구성		비용구성		수출비중	
국내/국제여객	63.9	매출원가율	80.5	수출	—
객실	16.5	판관비율	9.5	내수	—
부동산임대	9.8				

회사 개요
동사는 지주회사 체제 전환을 위해 2013년 8월 1일 인적분할 방식으로 대한항공으로부터 투자부문을 담당하는 한진칼과 기존 항공사업 등을 영위하는 대한항공으로 분할됨. 투자사업부문과 항공운송사업, 항공우주사업, 기내식/기내판매사업, 리무진사업부문을 분리하고 투자사업부문을 지주회사로 전환함으로써 기업지배구조의 투명성과 경영안정성을 증대함. 주 수익원은 지주회사의 자회사 지분에 대한 배당수익, 브랜드 수수료, 임대수익 등임.

실적 분석
종속회사의 영업확대로 인하여 동사의 2016년 연결기준 매출액은 9,910억원으로 전년동기대비 37.2% 증가함. 영업이익은 지난해 같은 기간보다 33.3% 증가한 989.8억원을 달성함. 한진해운 투자 관련 대규모 손실 및 상표권 손상 인식으로 3,964억원의 당기순손실을 기록하며 전년에 이어 적자를 지속함. 영업이익 기여도가 높은 진에어가 국적항공사 중 가장 좋은 성장세를 보이는 가운데 향후 항공기 및 노선 확대 효과가 본격화될 전망임.

현금 흐름 〈단위 : 억원〉
항목	2015	2016
영업활동	1,194	1,388
투자활동	-930	-2,570
재무활동	-40	807
순현금흐름	231	-380
기말현금	1,211	832

시장 대비 수익률

결산 실적 〈단위 : 억원〉
항목	2011	2012	2013	2014	2015	2016
매출액	—	—	2,414	6,250	7,223	9,910
영업이익	—	—	290	755	743	990
당기순이익	—	—	162	2,993	-2,052	-3,964

분기 실적 〈단위 : 억원〉
항목	2015.3Q	2015.4Q	2016.1Q	2016.2Q	2016.3Q	2016.4Q
매출액	1,887	2,016	2,446	2,134	2,939	2,391
영업이익	220	128	400	47	526	17
당기순이익	-1,336	228	-427	-649	500	-3,388

재무 상태 〈단위 : 억원〉
항목	2011	2012	2013	2014	2015	2016
총자산	—	—	14,252	24,168	23,150	20,620
유형자산	—	—	5,099	6,050	5,807	5,970
무형자산	—	—	80	102	90	69
유가증권	—	—	1,895	322	250	225
총부채	—	—	6,681	7,866	8,731	9,591
총차입금	—	—	4,826	4,971	5,203	6,172
자본금	—	—	722	1,325	1,333	1,493
총자본	—	—	7,571	16,302	14,419	11,030
지배주주지분	—	—	5,865	13,995	13,223	10,017

기업가치 지표
항목	2011	2012	2013	2014	2015	2016
주가(최고/저)(천원)	—/—	—/—	17.0/11.8	31.5/15.9	36.1/18.0	21.9/13.7
PER(최고/저)(배)	0.0/0.0	0.0/0.0	39.0/26.9	4.8/2.4	—/—	—/—
PBR(최고/저)(배)	0.0/0.0	0.0/0.0	0.8/0.6	1.2/0.6	1.5/0.7	1.3/0.8
EV/EBITDA(배)	0.0	0.0	22.3	21.2	13.7	9.9
EPS(원)	—	—	442	6,672	-4,028	-7,134
BPS(원)	—	—	20,765	26,650	24,804	16,778
CFPS(원)	—	—	707	7,423	-3,513	-6,504
DPS(원)	—	—	—	75	75	—
EBITDAPS(원)	—	—	1,264	3,024	1,954	2,366

재무 비율 〈단위 : % 〉
연도	영업이익률	순이익률	부채비율	차입금비율	ROA	ROE	유보율	자기자본비율	EBITDA마진율
2016	10.0	-40.0	87.0	56.0	-18.1	-35.0	571.1	53.5	13.6
2015	10.3	-28.4	60.6	36.1	-8.7	-15.9	892.2	62.3	14.4
2014	12.1	47.9	48.3	30.5	15.6	21.9	966.0	67.5	15.6
2013	12.0	6.7	88.2	63.7	0.0	0.0	730.6	53.1	15.1

한진피앤씨 (A061460)
Hanjin P&C

업 종 : 용기 및 포장	시 장 : KOSDAQ
신용등급 : (Bond) — (CP) —	기업규모 : 중견
홈 페 이 지 : www.hanjinpnc.com	연 락 처 : (041)850-3700
본 사 : 충남 공주시 정안농공단지 74번길	

설 립 일 1989.10.04	종업원수 200명	대 표 이 사 김웅걸,조준근
상 장 일 2002.04.11	감사의견 적정 (다산)	계 열
결 산 기 12월	보 통 주 8,395만주	종속회사수
액 면 가 500원	우 선 주	구 상 호

주주구성 (지분율,%) / 출자관계 (지분율,%) / 주요경쟁사 (외형,%)

주주구성 (지분율,%)		출자관계 (지분율,%)	주요경쟁사 (외형,%)	
동원시스템즈	56.6		한진피앤씨	100
이환근	1.7		율촌화학	486
(외국인)	0.6		태림포장	414

매출구성 / 비용구성 / 수출비중

매출구성		비용구성		수출비중	
LCD보호필름 및 자가점착필름(상품및제품)	39.0	매출원가율	86.0	수출	25.9
판지상자(상품및제품)	22.4	판관비율	6.5	내수	74.1
기타	19.5				

회사 개요
1989년에 설립된 산업용특수필름, 위생용필름, 판지상자의 제조 및 판매 기업임. 필름을 생산하는 수지 부문은 TFT-LCD보호필름이 주력 제품으로서 과거 수입에 의존하던 제품의 국산화에 성공함. 동사 제품은 유리기판 보호, 생리대 커버 등의 용도로 사용됨. 인쇄 부문은 각종 생활용품 등의 포장재로 사용되는 판지상자를 생산하며, 동시장은 삼보아이팩, 태양당인쇄 등 중소기업들이 고정적 매출처를 확보함.

실적 분석
동사의 2016년 연결기준 매출액은 912.0억원으로 전년대비 14.4% 상승하면서 매출총이익이 증가함. 매출총이익 증가와 판관비 감소로 영업이익은 전년대비 35.5% 증가한 68.1억원을 기록함. 당기순이익은 비영업손실이 감소하면서 전년대비 516.0%로 대폭 증가하면서 97.3억원을 기록함. 참치캔을 포함한 각종 포장재와 알루미늄 제품을 생산하던 동원시스템즈는 한진피앤씨(350억원) 인수를 시작으로 시너지 효과가 발생함.

현금 흐름 *IFRS 별도 기준 〈단위 : 억원〉

항목	2015	2016
영업활동	114	22
투자활동	-59	-35
재무활동	-80	-10
순현금흐름	-25	-23
기말현금	42	19

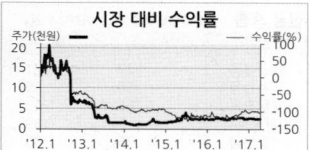

시장 대비 수익률

결산 실적 〈단위 : 억원〉

항목	2011	2012	2013	2014	2015	2016
매출액	1,074	1,021	852	792	797	912
영업이익	26	21	-36	28	50	68
당기순이익	-145	-165	-630	14	16	97

분기 실적 *IFRS 별도 기준 〈단위 : 억원〉

항목	2015.3Q	2015.4Q	2016.1Q	2016.2Q	2016.3Q	2016.4Q
매출액	222	209	220	214	234	244
영업이익	17	15	20	14	10	24
당기순이익	11	4	15	7	2	73

재무 상태 *IFRS 별도 기준 〈단위 : 억원〉

항목	2011	2012	2013	2014	2015	2016
총자산	1,429	1,576	1,215	1,206	1,221	1,233
유형자산	856	1,096	906	635	697	680
무형자산	81	90	35	19	13	11
유가증권	42	32	32	32	1	1
총부채	827	954	1,101	743	702	591
총차입금	645	755	840	535	440	390
자본금	108	121	121	402	412	420
총자본	602	623	115	463	518	642
지배주주지분	602	623	115	463	518	642

기업가치 지표 *IFRS 별도 기준

항목	2011	2012	2013	2014	2015	2016
주가(최고/저)(천원)	22.4/9.2	22.4/5.8	7.1/1.5	2.8/1.0	4.7/1.5	3.1/2.1
PER(최고/저)(배)	—/—	—/—	—/—	165.3/58.0	240.5/76.9	26.7/18.5
PBR(최고/저)(배)	7.5/3.1	8.7/2.3	15.0/3.1	4.9/1.7	7.4/2.4	4.1/2.8
EV/EBITDA(배)	21.4	22.0	83.5	24.2	27.0	22.1
EPS(원)	-681	-736	-2,603	17	19	116
BPS(원)	2,988	2,570	473	576	629	764
CFPS(원)	-408	-513	-2,408	69	72	172
DPS(원)						
EBITDAPS(원)	395	316	47	87	115	137

재무 비율 〈단위 : % 〉

연도	영업이익률	순이익률	부채비율	차입금비율	ROA	ROE	유보율	자기자본비율	EBITDA마진율
2016	7.5	10.7	92.1	60.8	7.9	16.8	52.9	52.1	12.6
2015	6.3	2.0	135.5	84.8	1.3	3.2	25.7	42.5	11.7
2014	3.5	1.7	160.3	115.5	1.1	4.7	15.2	38.4	8.8
2013	-4.2	-74.0	일부잠식	일부잠식	-45.2	-171.1	-5.4	9.4	1.4

한창 (A005110)
Hanchang

업 종 : 부동산	시 장 : 거래소
신용등급 : (Bond) — (CP) —	기업규모 : 시가총액 소형주
홈 페 이 지 : www.hanchang.co.kr	연 락 처 : (02)850-6500
본 사 : 부산시 연제구 중앙대로1043번길 50, 4층(연산동)	

설 립 일 1967.07.10	종업원수 17명	대 표 이 사 최승환
상 장 일 1976.06.01	감사의견 적정 (진일)	계 열
결 산 기 12월	보 통 주 3,446만주	종속회사수
액 면 가 500원	우 선 주	구 상 호

주주구성 (지분율,%) / 출자관계 (지분율,%) / 주요경쟁사 (외형,%)

주주구성 (지분율,%)		출자관계 (지분율,%)	주요경쟁사 (외형,%)	
에이치제이에프앤아이	15.9		한창	100
씨아이티랜드	4.7		한국토지신탁	353
(외국인)	8.8		SK디앤디	548

매출구성 / 비용구성 / 수출비중

매출구성		비용구성		수출비중	
유통부문	64.1	매출원가율	75.4	수출	—
기타	26.5	판관비율	23.0	내수	—
정보	9.4				

회사 개요
동사는 가스소화설비 전국 제조업체로 국내 시장 점유율 30% 이상 차지함. 주요 제품은 HFC-23 청정소화약제 가스소화설비 등임. 동사는 시장 점유율이 40%를 넘을 것으로 추정함. 2016년 2월 호텔운영법인을 자회사로 두고 라마다호텔&스위트서울남대문을 위탁 운영하고 있음. 미국에서도 캘리포니아에 위치한 호텔을 인수한 뒤 독자 브랜드로 호텔을 운영하고 있으며, 연평균 10% 이상의 매출 성장률을 기록함.

실적 분석
동사의 2016년 매출액은 504.6억원으로 전년 대비 193.9% 증가함. 영업이익은 8억원으로 흑자전환함. 당기순이익은 43.5억원으로 흑자전환함. 동사는 소화기, 가스자동소화장치, 상업용 주방자동소화장치 등 소방 시장에 신제품을 출시해 11조원 규모로 커지는 소방산업 시장에서 선두 주자가 된다는 전략임. 호텔운영 사업 및 부동산 개발 사업도 지속적으로 영위한다는 계획임.

현금 흐름 〈단위 : 억원〉

항목	2015	2016
영업활동	-108	111
투자활동	-25	-28
재무활동	269	-128
순현금흐름	136	-46
기말현금	225	179

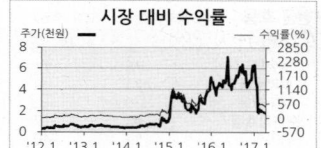

시장 대비 수익률

결산 실적 〈단위 : 억원〉

항목	2011	2012	2013	2014	2015	2016
매출액	137	168	225	169	172	505
영업이익	-8	12	21	19	-34	8
당기순이익	-60	11	9	19	-6	43

분기 실적 〈단위 : 억원〉

항목	2015.3Q	2015.4Q	2016.1Q	2016.2Q	2016.3Q	2016.4Q
매출액	41	54	88	121	105	191
영업이익	-4	-28	-21	-1	9	21
당기순이익	-5	-7	-21	79	4	-19

재무 상태 〈단위 : 억원〉

항목	2011	2012	2013	2014	2015	2016
총자산	329	349	377	440	676	823
유형자산	1	62	111	94	101	4
무형자산		0	5	11	18	15
유가증권	17	13	1	4	3	8
총부채	125	135	154	197	336	436
총차입금	30	16	64	117	274	158
자본금	172	172	172	172	172	172
총자본	204	214	223	244	340	387
지배주주지분	204	214	223	245	354	396

기업가치 지표

항목	2011	2012	2013	2014	2015	2016
주가(최고/저)(천원)	0.8/0.3	1.0/0.3	0.8/0.4	1.4/0.4	5.2/1.2	7.2/3.5
PER(최고/저)(배)	—/—	32.2/9.8	30.3/16.6	24.3/7.3	221.0/52.7	59.3/28.5
PBR(최고/저)(배)	1.2/0.4	1.4/0.4	1.0/0.6	1.8/0.5	5.0/1.2	6.2/3.0
EV/EBITDA(배)		9.8	4.9	20.2		161.0
EPS(원)	-174	31	25	59	24	123
BPS(원)	698	727	753	816	1,062	1,181
CFPS(원)	-147	34	30	63	32	134
DPS(원)				15	16	21
EBITDAPS(원)	4	37	67	58	-89	35

재무 비율 〈단위 : % 〉

연도	영업이익률	순이익률	부채비율	차입금비율	ROA	ROE	유보율	자기자본비율	EBITDA마진율
2016	1.6	8.6	112.7	40.8	5.8	11.3	136.3	47.0	2.4
2015	-19.5	-3.7	99.0	80.5	-1.1	2.7	112.4	50.3	-17.8
2014	11.1	11.1	80.7	48.0	4.6	8.7	63.3	55.3	11.9
2013	9.6	3.9	69.1	28.7	2.4	4.0	50.6	59.2	10.2

한창산업 (A079170)
Hanchang Industry

업 종 : 화학		시 장 : KOSDAQ	
신용등급 : (Bond) — (CP) —		기업규모 : 중견	
홈페이지 : www.hanchem.com		연락처 : 031)353-2970	
본 사 : 경기도 화성시 양감면 암소고개로 227-14			

설립일 1985.09.03	종업원수 71명	대표이사 강호익,강상균			
상장일 2005.02.01	감사의견 적정 (신우)	계 열			
결산기 12월	보통주 520만주	종속회사수			
액면가 500원	우선주	구 상 호			

주주구성 (지분율,%)		출자관계 (지분율,%)		주요경쟁사 (외형,%)	
강호익	15.9			한창산업	100
강상균	10.6			바이온	59
(외국인)	7.2			리켐	75

매출구성		비용구성		수출비중	
아연말	69.2	매출원가율	85.5	수출	31.6
LiBr	16.8	판관비율	7.3	내수	68.4
인산아연	7.9				

회사 개요
동사는 1985년 아연말, 인산아연 등의 제조, 판매 등을 주 영업목적으로 설립됨. 주요 생산품인 아연말과, 인산아연은 선박, 컨테이너, 철 구조물에 사용되는 중방식 도료(녹 방지용 페인트)의 제조업체에 기초 원료로 사용되고 있으며, LiBr은 흡수식 냉·온수기 흡수제로 중앙집중 냉난방장치에 사용됨. 전체 매출 중 아연말이 61.20%, LiBr 24.48%, 인산아연 7.14%, 제올라이트 4.05%, 기타 부문이 3.13%를 차지함.

실적 분석
동업계의 상황이 어려워 2016년 동사의 결산 매출액은 474.7억원으로 전년동기 대비 0.7% 하락하였으나, 원재료인 아연괴의 가격 상승과 기술 혁신으로 2016년 영업이익은 전년동기 대비 흑자전환 하여 34.6억원을 시현함. 당기순이익 역시 흑자전환하여 20.3억원을 나타냄. 동사는 선박, 컨테이너, 철구조물 등 전방산업이 부진한 상황에서 해외수출 등 돌파구 마련에 힘쓰고 있음.

현금 흐름	*IFRS 별도 기준		〈단위 : 억원〉
항목	2015	2016	
영업활동	78	-11	
투자활동	-24	-0	
재무활동	-6	-5	
순현금흐름	48	-17	
기말현금	57	40	

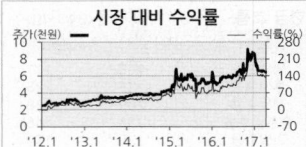

시장 대비 수익률

결산 실적 〈단위 : 억원〉

항목	2011	2012	2013	2014	2015	2016
매출액	612	572	524	472	478	475
영업이익	8	-2	25	8	-14	35
당기순이익	9	3	18	10	-17	20

분기 실적 *IFRS 별도 기준 〈단위 : 억원〉

항목	2015.3Q	2015.4Q	2016.1Q	2016.2Q	2016.3Q	2016.4Q
매출액	113	108	99	109	110	157
영업이익	-6	-9	2	12	10	10
당기순이익	-5	-15	2	7	6	6

재무 상태 *IFRS 별도 기준 〈단위 : 억원〉

항목	2011	2012	2013	2014	2015	2016
총자산	581	581	571	585	538	557
유형자산	172	167	169	196	179	178
무형자산	12	11	8	8	7	5
유가증권	10	10	10	5	5	5
총부채	66	71	51	62	39	43
총차입금	—	—	—	—	1	2
자본금	26	26	26	26	26	26
총자본	515	510	519	522	498	514
지배주주지분	515	510	519	522	498	514

기업가치 지표 *IFRS 별도 기준

항목	2011	2012	2013	2014	2015	2016
주가(최고/저)(천원)	2.8/2.2	3.4/2.5	3.8/2.8	4.4/3.5	8.7/4.1	9.8/5.0
PER(최고/저)(배)	20.3/16.4	57.6/42.5	11.7/8.9	24.2/19.9	—/—	25.4/13.0
PBR(최고/저)(배)	0.3/0.3	0.4/0.3	0.4/0.3	0.5/0.4	0.9/0.4	1.0/0.5
EV/EBITDA(배)	2.7	5.6	2.3	6.8	—	8.9
EPS(원)	165	67	352	188	-319	390
BPS(원)	9,928	9,829	10,004	10,062	9,599	9,894
CFPS(원)	414	366	689	546	-46	538
DPS(원)	150	150	150	120	100	120
EBITDAPS(원)	404	262	812	520	-2	814

재무 비율 〈단위 : % 〉

연도	영업이익률	순이익률	부채비율	차입금비율	ROA	ROE	유보율	자기자본비율	EBITDA마진율
2016	7.3	4.3	8.4	0.5	3.7	4.0	1,878.8	92.3	8.9
2015	-3.0	-3.5	7.9	0.1	-3.0	-3.3	1,819.7	92.7	0.0
2014	1.8	2.1	11.9	0.0	1.7	1.9	1,912.4	89.3	5.7
2013	4.7	3.5	9.9	0.0	3.2	3.6	1,900.8	91.0	8.1

한창제지 (A009460)
Hanchangpaper

업 종 : 종이 및 목재		시 장 : 거래소	
신용등급 : (Bond) — (CP) —		기업규모 : 시가총액 소형주	
홈페이지 : www.hanchangpaper.co.kr		연락처 : 055)370-2000	
본 사 : 경남 양산시 웅상대로 1564 (용당동)			

설립일 1973.12.06	종업원수 225명	대표이사 김길수			
상장일 1987.12.23	감사의견 적정 (삼일)	계 열			
결산기 12월	보통주 5,967만주	종속회사수			
액면가 500원	우선주	구 상 호			

주주구성 (지분율,%)		출자관계 (지분율,%)		주요경쟁사 (외형,%)	
김승한	17.2	페리칸&플러스	25.0	한창제지	100
Tony Kim	5.9	세정씨엔엠	10.0	영풍제지	45
(외국인)	3.6			국일제지	21

매출구성		비용구성		수출비중	
백판지	94.7	매출원가율	81.7	수출	36.6
지류	5.3	판관비율	11.0	내수	63.4

회사 개요
동사는 마닐라 판지 및 백판지의 제조 및 도매 등을 주요 사업으로 영위하고 있으며, 판지 제조업의 매출액은 총 매출액의 95% 가량을 차지하고 있음. 백판지 시장과 고급백판지 시장에서 판매량 기준으로 2015년 각각 6.6%, 31.7%의 시장점유율을 기록하고 있으며 주요 경쟁사로는 한솔제지, 깨끗한나라 등이 있음. 제지업의 경우 산업포장재 시장은 가격 탄력성이 비교적 낮아 시장규모는 친환경포장재 및 인터넷사업 활성화로 확대되는 추세임.

실적 분석
동사의 2016년 누적매출액은 1,945.3억원으로 전년 동기 대비 10% 증가함. 펄프가격 등 원재료 가격의 상승에도 판관비가 절감되면서 영업이익은 전년 동기 대비 85.8% 증가한 142억원을 시현. 영업실적의 개선과 더불어 백판지 가격담합으로 인해 부과했던 중국의 과징금이 일부 취소되면서 비영업손익이 흑자전환했고, 이로 인해 당기순이익은 375% 증가한 161.4억원을 시현함.

현금 흐름	*IFRS 별도 기준		〈단위 : 억원〉
항목	2015	2016	
영업활동	-27	321	
투자활동	-50	-59	
재무활동	65	-95	
순현금흐름	-12	169	
기말현금	36	205	

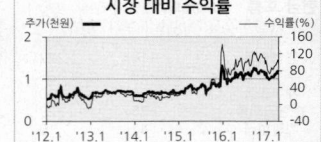

시장 대비 수익률

결산 실적 〈단위 : 억원〉

항목	2011	2012	2013	2014	2015	2016
매출액	1,626	1,633	1,813	1,742	1,769	1,945
영업이익	35	30	58	67	76	142
당기순이익	4	6	-116	23	34	161

분기 실적 *IFRS 별도 기준 〈단위 : 억원〉

항목	2015.3Q	2015.4Q	2016.1Q	2016.2Q	2016.3Q	2016.4Q
매출액	453	429	504	478	475	488
영업이익	21	8	25	30	39	49
당기순이익	10	-3	13	24	25	100

재무 상태 *IFRS 별도 기준 〈단위 : 억원〉

항목	2011	2012	2013	2014	2015	2016
총자산	1,546	1,529	1,584	1,460	1,448	1,526
유형자산	866	909	866	871	820	776
무형자산	4	3	3	3	3	3
유가증권	3	0	1	1	1	1
총부채	1,112	1,042	1,213	1,066	1,021	939
총차입금	681	691	662	583	649	558
자본금	258	298	298	298	298	298
총자본	434	487	371	393	426	587
지배주주지분	434	487	371	393	426	587

기업가치 지표 *IFRS 별도 기준

항목	2011	2012	2013	2014	2015	2016
주가(최고/저)(천원)	0.6/0.5	1.0/0.5	0.8/0.5	0.7/0.6	1.3/0.6	1.5/0.9
PER(최고/저)(배)	79.3/59.7	90.7/48.4	—/—	18.5/15.0	23.5/11.1	5.5/3.3
PBR(최고/저)(배)	0.8/0.6	1.2/0.6	1.2/0.9	1.1/0.9	1.9/0.9	1.5/0.9
EV/EBITDA(배)	10.5	11.0	7.1	6.6	9.6	4.8
EPS(원)	8	11	-194	39	57	270
BPS(원)	840	817	622	659	715	984
CFPS(원)	97	109	-75	148	172	389
DPS(원)						
EBITDAPS(원)	157	151	215	221	243	357

재무 비율 〈단위 : % 〉

연도	영업이익률	순이익률	부채비율	차입금비율	ROA	ROE	유보율	자기자본비율	EBITDA마진율
2016	7.3	8.3	160.0	95.0	10.9	31.8	96.8	38.5	10.9
2015	4.3	1.9	239.5	152.2	2.3	8.3	42.9	29.5	8.2
2014	3.9	1.4	271.1	148.3	1.5	6.1	31.8	27.0	7.6
2013	3.2	-6.4	326.8	178.2	-7.4	-27.0	24.4	23.4	7.1

한컴시큐어 (A054920)
Hancom Secure

업　　종 : 일반 소프트웨어	시　　장 : KOSDAQ
신용등급 : (Bond) —　(CP) —	기업규모 : 중견
홈 페 이 지 : www.hsecure.co.kr	연 락 처 : (031)622-6300
본　　사 : 경기도 성남시 분당구 대왕판교로 644번길 49 한컴타워 9층	

설 립 일 1999.03.31	종 업 원 수 152명	대 표 이 사 이상헌,김상철	
상 장 일 2001.11.01	감 사 의 견 적정 (동남)	계　　　열	
결 산 기 12월	보 통 주 1,251만주	종 속 회 사 수	
액 면 가 500원	우 선 주	구 상 호 소프트포럼	

주주구성 (지분율,%)		출자관계 (지분율,%)		주요경쟁사 (외형,%)	
김상철	23.2	캐피탈익스프레스	33.0	한컴시큐어	100
김정실	8.7	한컴지엠디	32.3	포시에스	97
(외국인)	1.7	한글과컴퓨터	13.5	이글루시큐리티	401

매출구성		비용구성		수출비중	
유지보수	31.6	매출원가율	42.4	수출	0.0
기타	22.0	판관비율	54.1	내수	100.0
PKI 제품	20.7				

회사 개요
동사는 보안인프라 제공 업체로 한글과컴퓨터, 한컴지엠디, APS코리아 등 23개의 계열사를 보유하고 있음. DB보안, 메일보안, 지불결제보안 등 암호인증 기술을 활용한 다양한 보안제품과, SSO, EAM등의 암호인증 기술 기반의 응용 제품을 개발하고 있음. 동사는 네트워크 보안, DTV 보안, 모바일보안과 키보드보안, 피싱 등 통합 PC보안 제품도 공급함.

실적 분석
동사의 주요 매출원은 XecureWebShield를 비롯한 보안 솔루션(데이터암호 및 PKI 제품군)임. 2016년 동사의 연간 매출액은 144.8억원으로 전년대비 0.4% 감소함. 판매비와 관리비는 전년대비 8.7% 증가한 78.3억원을 기록함. 매출 감소에도 불구하고 영업이익은 5.1억원을 기록, 전년 대비 흑자전환에 성공함. 당기순손실은 1.1억원을 기록하며 적자가 지속됨.

현금 흐름 *IFRS 별도 기준 〈단위 : 억원〉

항목	2015	2016
영업활동	-23	29
투자활동	-10	2
재무활동	10	-30
순현금흐름	-22	1
기말현금	27	28

시장 대비 수익률

결산 실적 〈단위 : 억원〉

항목	2011	2012	2013	2014	2015	2016
매출액	236	201	214	181	145	145
영업이익	19	6	9	1	-9	5
당기순이익	161	19	2	-4	-37	-1

분기 실적 *IFRS 별도 기준 〈단위 : 억원〉

항목	2015.3Q	2015.4Q	2016.1Q	2016.2Q	2016.3Q	2016.4Q
매출액	33	45	32	36	29	48
영업이익	-8	3	-1	2	1	3
당기순이익	-5	-6	8	0	4	-13

재무 상태 *IFRS 별도 기준 〈단위 : 억원〉

항목	2011	2012	2013	2014	2015	2016
총자산	548	903	899	909	858	814
유형자산	4	8	7	4	4	5
무형자산	48	52	56	64	66	67
유가증권	8	5	0	10	0	0
총부채	88	398	354	376	373	313
총차입금	—	320	294	304	336	282
자본금	59	59	59	59	59	63
총자본	460	505	545	533	485	502
지배주주지분	460	505	545	533	485	502

기업가치 지표 *IFRS 별도 기준

항목	2011	2012	2013	2014	2015	2016
주가(최고/저)(천원)	1.9/1.0	3.3/1.8	6.4/2.6	4.9/2.7	4.3/2.9	5.0/3.1
PER(최고/저)(배)	1.7/1.0	20.3/10.7	343.8/136.8	—/—	—/—	—/—
PBR(최고/저)(배)	0.5/0.3	0.8/0.4	1.4/0.6	1.1/0.6	1.1/0.7	1.3/0.8
EV/EBITDA(배)	2.2	36.4	25.6	43.7	160.7	33.5
EPS(원)	1,090	164	19	-30	-314	-9
BPS(원)	3,886	4,269	4,604	4,504	4,095	4,011
CFPS(원)	1,173	241	121	76	-197	135
DPS(원)						
EBITDAPS(원)	274	132	182	114	42	110

재무 비율 〈단위 : % 〉

연도	영업이익률	순이익률	부채비율	차입금비율	ROA	ROE	유보율	자기자본비율	EBITDA마진율
2016	3.5	-0.8	62.3	56.2	-0.1	-0.2	702.1	61.6	15.5
2015	-6.2	-25.6	76.9	69.3	-4.2	-7.3	718.9	56.5	3.4
2014	0.5	-1.9	70.4	57.0	-0.4	-0.7	800.8	58.7	7.4
2013	4.4	1.0	64.9	53.9	0.2	0.4	820.9	60.6	10.1

한컴지엠디 (A077280)
Hancom GMD

업　　종 : 일반 소프트웨어	시　　장 : KOSDAQ
신용등급 : (Bond) —　(CP) —	기업규모 : 중견
홈 페 이 지 : www.hancomgmd.com	연 락 처 : (031)622-6111
본　　사 : 경기도 성남시 분당구 대왕판교로 644번길49 한컴타워5층	

설 립 일 1997.01.30	종 업 원 수 38명	대 표 이 사 김현수	
상 장 일 2004.06.02	감 사 의 견 적정 (한영)	계　　　열	
결 산 기 12월	보 통 주 1,123만주	종 속 회 사 수	
액 면 가 500원	우 선 주	구 상 호 다원텍	

주주구성 (지분율,%)		출자관계 (지분율,%)		주요경쟁사 (외형,%)	
소프트포럼	32.3	두레콤	95.0	한컴지엠디	100
넥스테크	4.0	캐피탈익스프레스	65.9	네이블	144
(외국인)	2.9	WinTelecommunicationInc	50.0	엠로	181

매출구성		비용구성		수출비중	
임대	50.4	매출원가율	63.4	수출	2.2
포렌식	32.9	판관비율	39.2	내수	97.8
SoC설계	13.2				

회사 개요
동사는 모바일 포렌식 솔루션을 개발하여 국내외 국가수사기관 및 기업 감사팀에 공급하고 있으며, 디지털 디스플레이, 정보통신 분야에서 핵심 전자 부품인 비메모리반도체(ASIC)를 설계, 제작하여 국내외 전자 및 통신제품 제조업체들에게 공급하는 사업을 영위하고 있음. 동사의 2016년 기준 포렌식 MD시리즈의 국내 점유율은 80%로 전년과 동일함. 매출비중은 포렌식 42%, SOC 1%, 임대업 57%로 구성됨.

실적 분석
동사의 2016년 매출액은 150.3억원으로 전년대비 21% 감소함. 판매비와 관리비는 전년대비 12.1억원 감소한 59억원을 기록함. 고정비 감소에도 불구 영업손실은 4억원을 기록, 적자가 지속됨. 당기순이익 역시 12억원을 기록하며 적자가 지속됨. 2017년에는 미국에서 개최되는 모바일 포렌식 글로벌 전시회인 'MFW 2017'에 부스 참가를 하고 NIST인증을 받는 등 본격적인 해외 시장 개척을 추진해나갈 예정임.

현금 흐름 *IFRS 별도 기준 〈단위 : 억원〉

항목	2015	2016
영업활동	41	16
투자활동	-9	27
재무활동	11	-64
순현금흐름	43	-21
기말현금	67	46

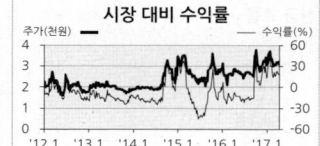
시장 대비 수익률

결산 실적 〈단위 : 억원〉

항목	2011	2012	2013	2014	2015	2016
매출액	643	533	383	403	190	150
영업이익	-4	-30	-34	45	-23	-4
당기순이익	11	-13	-47	-13	-30	-12

분기 실적 *IFRS 별도 기준 〈단위 : 억원〉

항목	2015.3Q	2015.4Q	2016.1Q	2016.2Q	2016.3Q	2016.4Q
매출액	47	36	28	46	45	32
영업이익	-1	-11	-7	5	2	-3
당기순이익	-10	-0	-5	4	2	-13

재무 상태 *IFRS 별도 기준 〈단위 : 억원〉

항목	2011	2012	2013	2014	2015	2016
총자산	978	940	908	860	820	744
유형자산	67	62	62	68	47	45
무형자산	18	15	12	12	52	45
유가증권	59	—	—	—	—	—
총부채	480	459	451	429	407	329
총차입금	351	353	344	327	270	202
자본금	53	53	53	53	53	56
총자본	498	482	457	431	413	414
지배주주지분	487	461	445	411	398	403

기업가치 지표

항목	2011	2012	2013	2014	2015	2016
주가(최고/저)(천원)	7.4/1.3	2.8/1.6	2.4/1.7	3.5/1.9	3.7/2.0	4.3/2.1
PER(최고/저)(배)	65.7/11.3	—/—	—/—	—/—	—/—	—/—
PBR(최고/저)(배)	1.5/0.3	0.6/0.3	0.6/0.4	0.7/0.4	0.9/0.5	1.1/0.6
EV/EBITDA(배)	85.6			9.7		40.6
EPS(원)	113	-227	-391	-236	-240	-69
BPS(원)	5,027	4,790	4,640	4,322	3,972	3,821
CFPS(원)	199	-35	-199	-62	-56	78
DPS(원)						
EBITDAPS(원)	48	-92	-123	591	-29	110

재무 비율 〈단위 : % 〉

연도	영업이익률	순이익률	부채비율	차입금비율	ROA	ROE	유보율	자기자본비율	EBITDA마진율
2016	-2.7	-8.0	79.6	48.7	-1.5	-1.9	664.1	55.7	7.9
2015	-12.0	-15.8	98.5	65.3	-3.6	-6.4	694.5	50.4	-1.6
2014	11.1	-3.3	99.5	75.6	-1.5	-5.9	764.4	50.1	15.7
2013	-8.8	-12.3	98.8	75.4	-5.1	-9.2	828.1	50.3	-3.4

한탑 (A002680)
Hantop

업 종 : 식료품	시 장 : KOSDAQ
신용등급 : (Bond) — (CP) —	기업규모 : 중견
홈 페 이 지 : www.hantop.com	연 락 처 : 051)626-2841
본 사 : 부산시 남구 용소로 101 (대연 3동 598 - 7)	

설 립 일 1959.06.26	종업원수 132명	대표이사	강신우
상 장 일 1995.07.07	감사의견 적정 (이촌)	계 열	
결 산 기 12월	보통주 2,080만주	종속회사수	
액 면 가 500원	우 선 주	구상호	영남제분

주주구성 (지분율,%)		출자관계 (지분율,%)		주요경쟁사 (외형,%)	
류지훈	42.0	에쓰에이인베스트먼트 100.0		한탑	100
한국교직원공제회	4.9	에쓰비 100.0		고려산업	135
(외국인)	0.2	영농조합법인청림농장 92.9		대주산업	66

매출구성		비용구성		수출비중	
배합사료	44.8	매출원가율	85.1	수출	0.0
소맥분	41.3	판관비율	12.9	내수	100.0
소맥피외	13.9				

회사 개요
동사의 매출은 제분부문과 사료부문이 유사한 비중으로 구성됨. 과점적 시장구조 및 성숙기에 접어든 업계 특성상 현재 제품의 가격이 가장 큰 경쟁요소이며, 원재료의 수입 의존도가 절대적인 상황으로 원재료 가격 및 수급동향에 민감한 영향을 받고 있음. 제분업은 식품산업의 기간산업적 특성으로 인해 시장의 규모는 일정하게 유지됨. 과점적 시장구조 및 성숙기에 접어든 업계 특성상 현재 제품의 가격이 가장 큰 경쟁요소임.

실적 분석
동사의 2016년 결산 매출액은 소맥분과 배합사료의 생산량 증가로 실적이 제고되어 2.3% 증가하였음. 매출액증가에 따른 매출원가율 하락 등 영업이익은 73.7% 증가한 26.2억원을 기록, 당기순이익은 흑자전환함. 원재료의 수입의존도가 절대적인 상황에서 가격상 비교우위를 점하기 위해서는 무엇보다 원재료 가격 및 수급동향에 대한 면밀한 조사와 대응이 필요하며 업계 특성상 가격이 가장 큰 경쟁요소임.

현금 흐름 〈단위 : 억원〉

항목	2015	2016
영업활동	50	104
투자활동	-39	-24
재무활동	-33	-74
순현금흐름	-22	6
기말현금	18	23

시장 대비 수익률
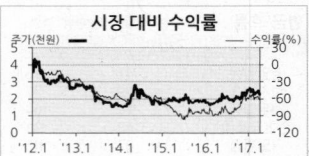

결산 실적 〈단위 : 억원〉

항목	2011	2012	2013	2014	2015	2016
매출액	992	1,056	1,081	1,104	1,252	1,281
영업이익	12	59	-2	-25	15	26
당기순이익	-10	28	-33	-41	-17	8

분기 실적 〈단위 : 억원〉

항목	2015.3Q	2015.4Q	2016.1Q	2016.2Q	2016.3Q	2016.4Q
매출액	301	350	325	325	305	325
영업이익	-2	5	0	10	5	12
당기순이익	-27	11	0	2	14	-8

재무 상태 〈단위 : 억원〉

항목	2011	2012	2013	2014	2015	2016
총자산	1,396	1,532	1,283	1,346	1,295	1,224
유형자산	360	369	354	420	425	426
무형자산	36	33	27	25	25	24
유가증권	53	52	47	14	24	28
총부채	915	1,020	821	864	829	750
총차입금	817	903	700	756	730	672
자본금	104	104	104	104	104	104
총자본	481	512	463	482	466	474
지배주주지분	480	507	459	480	465	474

기업가치 지표

항목	2011	2012	2013	2014	2015	2016
주가(최고/저)(천원)	4.8/2.2	4.8/2.5	3.0/1.5	2.8/1.5	2.3/1.7	2.6/1.6
PER(최고/저)(배)	—/—	34.0/17.7	—/—	—/—	—/—	67.3/43.0
PBR(최고/저)(배)	2.1/0.9	1.9/1.0	1.3/0.7	1.2/0.6	1.0/0.7	1.1/0.7
EV/EBITDA(배)	47.5	15.3	48.3		34.9	25.4
EPS(원)	-46	143	-150	-187	-77	38
BPS(원)	2,377	2,506	2,274	2,376	2,303	2,345
CFPS(원)	42	269	-47	-102	-6	115
DPS(원)		25				
EBITDAPS(원)	144	411	92	-37	143	203

재무 비율 〈단위 : % 〉

연도	영업이익률	순이익률	부채비율	차입금비율	ROA	ROE	유보율	자기자본비율	EBITDA마진율
2016	2.1	0.6	158.1	141.8	0.6	1.7	369.0	38.8	3.3
2015	1.2	-1.4	178.2	156.8	-1.3	-3.4	360.6	36.0	2.4
2014	-2.3	-3.7	179.3	156.9	-3.1	-8.3	375.2	35.8	-0.7
2013	-0.2	-3.0	177.4	151.2	-2.3	-6.5	354.8	36.1	1.8

한프 (A066110)
HANP

업 종 : 컴퓨터 및 주변기기	시 장 : KOSDAQ
신용등급 : (Bond) — (CP) —	기업규모 : 중견
홈 페 이 지 : www.hanp.co.kr	연 락 처 : 043)536-7561
본 사 : 충북 진천군 덕산면 이덕로 681	

설 립 일 1994.02.16	종업원수 75명	대표이사	김춘수
상 장 일 2002.07.16	감사의견 적정 (서우)	계 열	
결 산 기 12월	보통주 2,674만주	종속회사수	
액 면 가 500원	우 선 주	구상호	백산OPC

주주구성 (지분율,%)		출자관계 (지분율,%)		주요경쟁사 (외형,%)	
에스엘이노베이션스	33.2	백산OPCINC 100.0		한프	100
유준원	7.7	백산OPCGmbH 100.0		잉크테크	402
(외국인)	1.1			미래테크놀로지	119

매출구성		비용구성		수출비중	
OPC DRUM	79.0	매출원가율	87.8	수출	95.3
상품 CHIP 外	19.5	판관비율	32.5	내수	4.7
CHIP 外	1.5				

회사 개요
동사는 1994년 설립되어 OPC Drum을 생산하는 업체로 Drum 뿐만 아니라 Roller, Chip, Blade 등 Cartridge 주요 핵심 부품을 세계최초로 SET화 하였음. 선진국을 중심으로 진행되어 온 환경보전 운동이 개발도상국과 후진국으로 확산되며 재생품사용 의무화 또는 권장하는 사회분위기에 따라 애프터마켓용 OPC Drum 산업의 성장이 기대됨. 2015년 6월경부터 OPC Drum에 집중하기 위해 제조터너 사업부문 중단함.

실적 분석
동사의 2016년 누적 매출은 183.8억원으로 전년동기 대비 20.9% 감소, 외형 축소로 영업손실은 37.3억원의 적자를 시현. 전방산업의 부진과 경쟁 심화 영향으로 전체 매출이 전년동기 대비 큰 폭으로 감소했고, 판관비 등 고정비 부담 증가로 수익성도 부진하였음. 현금유동성 확보를 위하여 장기불용제품을 할인판매하면서 유동성은 개선되었으나, 영업손실은 증가했고 당기순이익 역시 적자전환함.

현금 흐름 〈단위 : 억원〉

항목	2015	2016
영업활동	-27	20
투자활동	-4	-433
재무활동	21	423
순현금흐름	-2	10
기말현금	2	13

시장 대비 수익률
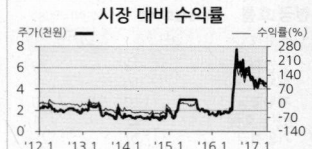

결산 실적 〈단위 : 억원〉

항목	2011	2012	2013	2014	2015	2016
매출액	613	567	481	325	232	184
영업이익	-10	-15	-60	-44	-2	-37
당기순이익	-31	-18	-266	-115	81	-35

분기 실적 〈단위 : 억원〉

항목	2015.3Q	2015.4Q	2016.1Q	2016.2Q	2016.3Q	2016.4Q
매출액	55	49	51	48	38	47
영업이익	-2	-2	-1	-1	-12	-23
당기순이익	7	-2	-1	-7	-18	-9

재무 상태 〈단위 : 억원〉

항목	2011	2012	2013	2014	2015	2016
총자산	779	785	652	569	472	858
유형자산	421	415	367	361	246	651
무형자산	18	15	12	9	6	4
유가증권	2	2	2	—	—	—
총부채	375	397	527	529	187	411
총차입금	309	324	297	273	137	365
자본금	77	77	77	77	129	134
총자본	404	388	124	40	285	447
지배주주지분	404	388	124	40	285	447

기업가치 지표

항목	2011	2012	2013	2014	2015	2016
주가(최고/저)(천원)	4.0/1.7	2.7/1.7	2.8/1.2	2.2/1.1	3.0/1.2	7.7/1.5
PER(최고/저)(배)	—/—	—/—	—/—	—/—	5.5/2.3	—/—
PBR(최고/저)(배)	1.0/0.4	0.7/0.4	1.8/0.8	2.9/1.4	1.6/0.7	4.5/0.9
EV/EBITDA(배)	10.2	10.2	1,155.3	56.2	10.0	—
EPS(원)	-297	-169	-2,521	-1,094	546	-162
BPS(원)	2,896	2,789	1,067	518	1,255	1,721
CFPS(원)	201	304	-1,344	-418	569	-22
DPS(원)						
EBITDAPS(원)	337	322	3	52	181	-34

재무 비율 〈단위 : % 〉

연도	영업이익률	순이익률	부채비율	차입금비율	ROA	ROE	유보율	자기자본비율	EBITDA마진율
2016	-20.3	-18.9	91.9	81.5	-5.2	-9.5	244.3	52.1	-3.9
2015	-1.1	34.7	65.5	48.2	15.5	49.6	150.9	60.4	16.7
2014	-13.4	-35.5	일부잠식	일부잠식	-18.9	-140.4	3.6	7.1	2.4
2013	-12.5	-55.3	424.3	238.9	-37.1	-103.9	113.3	19.1	0.1

한화 (A000880)
Hanwha

업 종 : 복합 산업	시 장 : 거래소
신용등급 : (Bond) A (CP) —	기업규모 : 시가총액 대형주
홈페이지 : www.hanwhacorp.co.kr	연락처 : 02)729-1114
본 사 : 서울시 중구 청계천로 86 (장교동)24층	

설립일	1952.10.28	종업원수	5,667명	대표이사	김연철,박재홍
상장일	1976.06.24	감사의견	적정 (안진)	계 열	
결산기	12월	보통주	7,496만주	종속회사수	
액면가	5,000원	우선주	2,295만주	구상호	

주주구성 (지분율,%)		출자관계 (지분율,%)		주요경쟁사 (외형,%)	
김승연	22.7	한화테크엠	100.0	한화	100
국민연금공단	8.4	캐스	100.0	삼성물산	60
(외국인)	28.3	한화건설	93.8	LG	23

매출구성		비용구성		수출비중	
금융업	54.9	매출원가율	91.4	수출	—
도소매업	14.3	판관비율	5.1	내수	—
화학제조업	13.9				

회사 개요
동사는 한화그룹의 지주회사로서 1952년 10월 28일 설립됐으며, 산업용 화약사업, 방산사업, 기계장치사업 등을 영위하는 화약제조업과 주요 물품의 수출입 및 내수 영업을 영위하는 도소매업 등을 영위하고 있음. 종속회사로는 도소매업, 화학제조업, 건설업, 레저서비스업, 태양광사업, 금융업, 기타 업종을 영위하는 회사들이 지분을 보유하고 있음. 동사의 주력사업인 산업용 화약 및 방산부문은 국내 상위권으로 영업의 안정성이 매우 우수함.

실적 분석
동사의 2016년 연결기준 매출액은 전년대비 13.9% 증가한 471,202.2억원을 기록함. 매출 성장에 따라 영업이익은 전년대비 122.3% 증가한 16,859.3억원을 기록했으며, 당기순이익은 전년대비 969.3% 증가한 12,886.9억원을 실현함. 석유화학 업황 호조에 따라 화학계열사의 실적이 큰 폭으로 증가함에 따라 우수한 실적을 기록함. 다만 계열사인 건설의 해외 건설 사업에 관한 실적 변동 요인이 존재함.

현금 흐름 〈단위 : 억원〉
항목	2015	2016
영업활동	81,854	65,117
투자활동	-70,075	-54,248
재무활동	-5,055	4,478
순현금흐름	6,739	15,248
기말현금	22,442	37,690

시장 대비 수익률
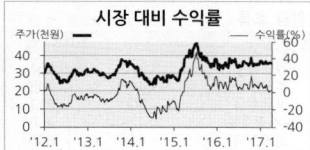

결산 실적 〈단위 : 억원〉
항목	2011	2012	2013	2014	2015	2016
매출액	121,859	356,520	387,250	374,568	413,763	471,202
영업이익	3,065	12,261	8,637	5,158	7,585	16,859
당기순이익	935	4,965	2,247	-1,630	1,205	12,887

분기 실적 〈단위 : 억원〉
항목	2015.3Q	2015.4Q	2016.1Q	2016.2Q	2016.3Q	2016.4Q
매출액	111,329	113,495	120,386	108,649	120,202	121,965
영업이익	1,024	-236	4,108	5,488	6,596	668
당기순이익	1,263	-2,947	4,000	4,281	3,705	901

재무 상태 〈단위 : 억원〉
항목	2011	2012	2013	2014	2015	2016
총자산	150,297	1,040,856	1,133,226	1,236,843	1,456,217	1,548,710
유형자산	30,631	103,217	104,598	105,911	121,864	120,876
무형자산	2,094	10,298	9,896	10,197	12,969	19,138
유가증권	2,407	379,881	439,679	519,960	653,552	683,464
총부채	99,709	934,997	1,025,467	1,115,690	1,319,760	1,406,431
총차입금	49,886	100,191	107,946	107,802	189,553	190,228
자본금	3,772	3,772	3,772	3,772	3,772	4,896
총자본	50,588	105,860	107,760	121,152	136,457	142,279
지배주주지분	46,856	42,806	43,001	43,583	41,545	44,081

기업가치 지표
항목	2011	2012	2013	2014	2015	2016
주가(최고/저)(천원)	51.4/28.1	35.8/24.0	38.5/26.7	35.7/22.8	49.3/25.4	38.8/29.7
PER(최고/저)(배)	31.1/17.0	10.0/6.7	23.5/16.3	—/—	—/—	6.5/4.9
PBR(최고/저)(배)	0.9/0.5	0.7/0.5	0.7/0.5	0.6/0.4	0.9/0.5	0.9/0.7
EV/EBITDA(배)	17.3					
EPS(원)	1,795	3,823	1,734	-4,862	-3,802	6,123
BPS(원)	62,388	57,018	57,276	58,049	55,347	45,234
CFPS(원)	3,460	11,692	10,836	4,424	7,143	17,888
DPS(원)	450	450	400	500	500	600
EBITDAPS(원)	5,754	24,227	20,624	16,168	21,063	32,760

재무 비율 〈단위 : % 〉
연도	영업이익률	순이익률	부채비율	차입금비율	ROA	ROE	유보율	자기자본비율	EBITDA마진율
2016	3.6	2.7	988.5	133.7	0.9	11.5	804.7	9.2	5.6
2015	1.8	0.3	967.2	138.9	0.1	-6.7	1,006.9	9.4	3.8
2014	1.4	-0.4	920.9	89.0	-0.1	-8.4	1,061.0	9.8	3.2
2013	2.2	0.6	951.6	100.2	0.2	3.0	1,045.5	9.5	4.0

한화갤러리아타임월드 (A027390)
Hanwha Galleria Timeworld

업 종 : 백화점	시 장 : 거래소
신용등급 : (Bond) A- (CP) —	기업규모 : 시가총액 소형주
홈페이지 : www.timeworld.co.kr	연락처 : 042)480-5000
본 사 : 대전시 서구 대덕대로 211 (둔산동)	

설립일	1979.05.30	종업원수	532명	대표이사	황용득
상장일	1996.01.30	감사의견	적정 (한영)	계 열	
결산기	12월	보통주	600만주	종속회사수	
액면가	5,000원	우선주		구상호	한화타임월드

주주구성 (지분율,%)		출자관계 (지분율,%)		주요경쟁사 (외형,%)	
한화갤러리아	69.5	한화이글스	10.0	한화갤러리아타임월드	100
FID SRS INTRINSIC OPP FND	3.4	한화투자증권	4.8	롯데쇼핑	10,368
(외국인)	4.8	씨브이네트	4.1	현대백화점	643

매출구성		비용구성		수출비중	
면세점(의류, 잡화 등)	75.3	매출원가율	28.3	수출	0.0
백화점(화장품, 주류 등)	24.7	판관비율	76.1	내수	100.0

회사 개요
동사는 대전지역에서 두 개의 백화점 점포를 운영하는 업체로, 2000년 한화그룹에 인수되어 백화점 영업상호를 동양백화점 갤러리아 동백점 및 동양백화점 갤러리아타임월드점으로 변경하였음. 본점인 타임월드점은 직접 운영 중이며, 동백점은 동양백화점 갤러리아에 임대 중임. 대전 지역 백화점 1위 시장점유율을 유지하고 있으며, 지난 2월에는 제주국제공항 출국장 면세장 사업자로 선정되었고 최근에는 서울 63빌딩 면세점 사업권을 확보함.

실적 분석
동사의 2016년도 매출액은 전년 대비 68.6% 늘어난 2847.8억원을 달성했음. 그러나 매출원가가 107.8% 늘어남으로 매출총이익은 2043.1억원을 기록함. 판매비와 관리비가 인건비 증가, 감가상각비 증가, 광고선전비 증가로 총 89.1% 늘어나면서 영업손실이 123억원을 기록해 적자로 전환함. 비영업손실 112.8억원이 더해지면서 당기순손실 186.5억원을 기록함.

현금 흐름 *IFRS 별도 기준 〈단위 : 억원〉
항목	2015	2016
영업활동	376	-386
투자활동	-484	-381
재무활동	633	209
순현금흐름	525	-558
기말현금	585	27

시장 대비 수익률
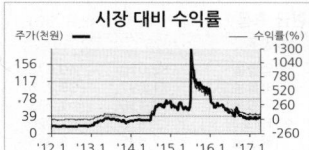

결산 실적 〈단위 : 억원〉
항목	2011	2012	2013	2014	2015	2016
매출액	1,283	1,261	1,249	1,603	1,689	2,848
영업이익	366	368	358	334	156	-123
당기순이익	254	386	122	245	85	-187

분기 실적 *IFRS 별도 기준 〈단위 : 억원〉
항목	2015.3Q	2015.4Q	2016.1Q	2016.2Q	2016.3Q	2016.4Q
매출액	372	483	575	720	738	815
영업이익	13	43	-15	-28	-70	-10
당기순이익	-20	14	-21	-60	-84	-21

재무 상태 *IFRS 별도 기준 〈단위 : 억원〉
항목	2011	2012	2013	2014	2015	2016
총자산	3,110	3,597	3,765	4,085	5,118	4,840
유형자산	1,930	1,907	1,859	1,847	2,332	2,400
무형자산	19	19	19	19	19	17
유가증권	176	16	1,170	1,263	1,126	996
총부채	1,104	1,157	1,184	1,247	2,316	2,381
총차입금	-0				660	952
자본금	300	300	300	300	300	300
총자본	2,006	2,439	2,581	2,838	2,802	2,459
지배주주지분	2,006	2,439	2,581	2,838	2,802	2,459

기업가치 지표 *IFRS 별도 기준
항목	2011	2012	2013	2014	2015	2016
주가(최고/저)(천원)	22.0/14.8	19.4/15.8	36.6/18.5	78.6/28.9	198/53.8	94.6/33.2
PER(최고/저)(배)	5.9/4.0	3.3/2.7	19.0/9.6	19.8/7.3	140.9/38.3	—/—
PBR(최고/저)(배)	0.7/0.5	0.5/0.4	0.9/0.5	1.7/0.6	4.3/1.2	2.3/0.8
EV/EBITDA(배)	1.7	1.3	3.9	11.4	25.6	62.6
EPS(원)	4,234	6,439	2,035	4,076	1,419	-3,109
BPS(원)	33,948	40,963	43,313	47,603	47,002	41,283
CFPS(원)	5,954	8,005	3,327	5,137	2,703	-282
DPS(원)	700	700	1,000	1,000	1,000	
EBITDAPS(원)	7,820	7,705	7,260	6,627	3,884	777

재무 비율 〈단위 : % 〉
연도	영업이익률	순이익률	부채비율	차입금비율	ROA	ROE	유보율	자기자본비율	EBITDA마진율
2016	-4.3	-6.6	96.8	38.7	-3.8	-7.1	725.7	50.8	1.6
2015	9.2	5.0	82.7	23.5	1.9	3.0	840.0	54.7	13.8
2014	20.8	15.3	43.9	0.0	6.2	9.0	852.1	69.5	24.8
2013	28.7	9.8	45.9	0.0	3.3	4.9	766.3	68.5	34.9

한화생명보험 (A088350)
HanWha Life Insurance

업 종 : 보험		시 장 : 거래소	
신용등급 : (Bond) AAA (CP) —		기업규모 : 시가총액 대형주	
홈페이지 : www.hanwhalife.com		연 락 처 : 1588-6363	
본 사 : 서울시 영등포구 63로50 (여의도동 한화금융센터 63)			

설 립 일 1946.09.09	종업원수 3,776명	대표이사 차남규	
상 장 일 2010.03.17	감사의견 적정 (삼일)	계 열	
결 산 기 12월	보 통 주 86,853만주	종속회사수 대한생명	
액 면 가 5,000원	우 선 주	구 상 호	

주주구성 (지분율,%)
한화건설	28.4
한화	18.2
(외국인)	14.5

출자관계 (지분율,%)
한화자산운용	100.0
63씨티	100.0
한화손해사정	100.0

주요경쟁사 (외형,%)
한화생명	100
삼성생명	128
삼성화재	143

수익구성
사망보험	34.4
특별계정	31.6
생존보험	17.9

비용구성
책임준비금전입	31.2
보험금비용	38.4
사업비	6.0

수출비중
수출	—
내수	—

회사 개요
동사는 국내 최초 생명보험회사로 1946년 설립됨. 보험영업 부문에서는 시장점유율 증대를 통한 양적 성장과 기업가치 향상을 위한 질적 성장을 병행해 추진하고 있음. 자산운용 부문에서는 금융시장 변동성 확대에 대응해 리스크 관리를 우선적으로 고려하면서 수익률 제고 노력을 강화하고 있음. 보험금지급능력평가에서 국내 3대 신용평가기관으로부터 최고 등급인 'AAA'를 7년 연속 획득함.

실적 분석
동사의 2016년 연결기준 연간 누적 보험영업수익(매출액)은 15조9,965.4억원으로 전년 동기(15조6,432.4억원) 대비 약 2% 가량 증가함. 저금리 환경 속에서 보장성 매출이 호조를 보이며 꾸준히 매출 증가 시현. 영업이익은 각종 제반 비용을 늘어나면서 3,048.3억원으로 전년 동기(4,806.3억원) 대비 소폭 감소함. 영업이익이 줄어들면서 당기순이익 또한 3,151.2억원으로 전년 동기(5,003억원) 대비 큰 폭 감소.

현금 흐름 〈단위 : 억원〉
항목	2015	2016
영업활동	82,070	40,878
투자활동	-71,297	-38,236
재무활동	-7,156	-1,738
순현금흐름	3,616	920
기말현금	7,595	8,515

시장 대비 수익률
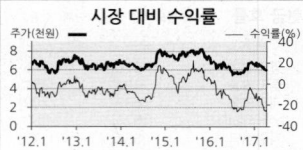

결산 실적 〈단위 : 억원〉
항목	2011	2012	2013	2014	2015	2016
보험료수익	70,122	100,052	64,121	91,767	102,750	130,666
영업이익	6,797	6,547	4,880	4,844	5,866	5,210
당기순이익	5,120	5,133	3,551	4,051	5,300	8,451

분기 실적 〈단위 : 억원〉
항목	2015.3Q	2015.4Q	2016.1Q	2016.2Q	2016.3Q	2016.4Q
보험료수익	24,956	29,992	32,158	24,043	37,227	37,237
영업이익	963	-329	1,825	1,802	2,928	-1,345
당기순이익	1,209	-122	1,394	5,558	2,172	-672

재무 상태 〈단위 : 억원〉
항목	2011	2012	2013	2014	2015	2016
총자산	691,067	778,745	823,715	921,262	995,302	1,193,811
유형자산	13,992	14,406	14,287	14,755	15,460	18,676
무형자산	777	982	1,016	967	1,043	14,366
유가증권	291,861	371,656	396,464	470,045	536,911	630,313
총부채	625,895	708,255	753,850	834,741	908,874	1,102,220
총차입금	239	239	730	1,737	1,983	4,350
자본금	43,427	43,427	43,427	43,427	43,427	43,427
총자본	65,171	70,490	69,865	86,522	86,428	91,592
지배주주지분	65,171	70,480	69,859	86,516	86,423	85,291

기업가치 지표
항목	2011	2012	2013	2014	2015	2016
주가(최고/저)(천원)	7.1/4.9	7.5/5.6	7.2/5.9	8.2/6.0	8.3/7.0	7.2/5.5
PER(최고/저)(배)	13.4/9.2	13.8/10.2	18.6/15.4	18.6/13.5	14.0/11.9	7.9/6.0
PBR(최고/저)(배)	1.0/0.7	1.0/0.7	0.9/0.8	0.8/0.6	0.8/0.7	0.7/0.5
PSR(최고/저)(배)	1/1	1/1	1/1	1/1	1/1	1/1
EPS(원)	589	591	409	467	610	916
BPS(원)	7,724	8,335	8,264	10,348	11,014	10,884
CFPS(원)	677	688	490	583	733	1,123
DPS(원)	230	150	130	180	180	80
EBITDAPS(원)	783	754	562	558	675	600

재무 비율 〈단위 : % 〉
연도	계속사업 이익률	순이익률	부채비율	차입금비율	ROA	ROE	유보율	자기자본비율	총자산증가율
2016	7.7	6.5	1,203.4	4.8	0.8	9.3	117.7	7.7	19.9
2015	5.9	5.2	1,051.6	2.3	0.6	6.1	120.3	8.7	8.0
2014	5.7	4.4	964.8	2.0	0.5	5.2	107.0	9.4	18.3
2013	7.2	5.5	1,079.0	1.0	0.4	5.1	65.3	8.5	5.8

한화손해보험 (A000370)
Hanwha General Insurance

업 종 : 보험		시 장 : 거래소	
신용등급 : (Bond) — (CP) —		기업규모 : 시가총액 중형주	
홈페이지 : www.hwgeneralins.com		연 락 처 : 1566-8000	
본 사 : 서울시 영등포구 여의대로 56 (여의도동)			

설 립 일 1946.04.01	종업원수 3,356명	대표이사 박윤식	
상 장 일 1975.06.30	감사의견 적정 (안진)	계 열	
결 산 기 12월	보 통 주 9,074만주	종속회사수	
액 면 가 5,000원	우 선 주	구 상 호	

주주구성 (지분율,%)
한화생명보험	53.8
국민연금공단	5.0
(외국인)	11.2

출자관계 (지분율,%)
한화투자증권	15.0
한화신성장동력펀드	15.0
대구호산관리	15.0

주요경쟁사 (외형,%)
한화손해보험	100
메리츠화재	122
코리안리	135

수익구성
장기	75.0
자동차	15.3
특종	5.7

비용구성
책임준비금전입	20.9
보험금비용	28.2
사업비	8.9

수출비중
수출	—
내수	—

회사 개요
동사는 1946년 신동아화재보험으로 설립돼 손해보험과 겸영가능한 자산운용 등을 영위하고 있음. 2002년 한화그룹에 편입됨. 국내 손해보험업계에는 14개 국내 원수보험사와 1개 재보험사(코리안리) 및 1개 보증보험 전업사(서울보증보험)가 있는데, 동사는 점유율 약 6%를 차지함. 최근 손해보험 시장은 자본시장통합법 시행, 생손보 교차판매 허용 등으로 경쟁이 더욱 심화되고 있음.

실적 분석
동사 연결기준 2016년 보험료수익이 큰 폭으로 성장하며 4조 9381억원을 기록함. 영업이익과 당기순이익은 각각 1354억원, 1116억원을 기록함. IFRS Phase 2 도입에 대한 선제적 대응으로 대대적인 자본금 확충 작업이 진행 중인 상황. RBC 비율 부담이 일부 해소될 것으로 기대됨. 또한 마일리지특약 확대로 고객 확대 기대. 자동차보험 손해율도 점차 개선되고 있어 향후 실적 개선 기대감 고조.

현금 흐름 〈단위 : 억원〉
항목	2015	2016
영업활동	3,316	5,161
투자활동	-3,442	-5,748
재무활동	-300	811
순현금흐름	-426	225
기말현금	415	640

시장 대비 수익률
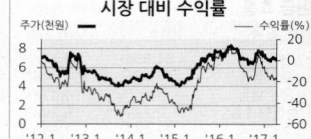

결산 실적 〈단위 : 억원〉
항목	2011	2012	2013	2014	2015	2016
보험료수익	35,840	40,105	31,263	42,797	45,343	49,381
영업이익	518	321	-468	277	1,191	1,354
당기순이익	408	323	-417	129	958	1,116

분기 실적 〈단위 : 억원〉
항목	2015.3Q	2015.4Q	2016.1Q	2016.2Q	2016.3Q	2016.4Q
보험료수익	11,451	11,691	11,836	12,354	12,478	12,713
영업이익	314	195	401	429	443	81
당기순이익	241	122	293	324	340	159

재무 상태 〈단위 : 억원〉
항목	2011	2012	2013	2014	2015	2016
총자산	63,980	78,869	89,988	103,316	118,034	132,833
유형자산	2,851	3,046	2,968	3,007	3,023	3,046
무형자산	428	500	548	501	437	396
유가증권	23,960	31,688	38,806	47,220	52,817	56,141
총부채	60,022	74,075	84,522	97,366	109,425	123,989
총차입금	1,044	1,940	1,942	1,944	1,646	2,523
자본금	2,437	2,437	4,537	4,537	4,537	4,537
총자본	3,959	4,795	5,467	5,950	8,609	8,845
지배주주지분	3,959	4,795	5,467	5,950	8,609	8,845

기업가치 지표
항목	2011	2012	2013	2014	2015	2016
주가(최고/저)(천원)	9.4/6.7	7.7/5.0	5.4/4.0	6.2/4.4	7.9/4.0	8.4/6.2
PER(최고/저)(배)	12.5/8.9	13.0/8.4	—/—	44.5/32.0	7.7/3.9	6.9/5.1
PBR(최고/저)(배)	1.2/0.9	0.9/0.6	0.9/0.7	1.0/0.7	0.9/0.4	0.9/0.6
PSR(최고/저)(배)	0/0	0/0	0/0	0/0	0/0	0/0
EPS(원)	768	608	-701	142	1,055	1,230
BPS(원)	8,503	9,837	6,025	6,558	9,488	9,748
CFPS(원)	1,317	1,133	-411	420	1,340	1,501
DPS(원)					70	100
EBITDAPS(원)	1,064	659	-788	306	1,313	1,492

재무 비율 〈단위 : % 〉
연도	계속사업 이익률	순이익률	부채비율	차입금비율	ROA	ROE	유보율	자기자본비율	총자산증가율
2016	2.7	2.3	1,401.8	28.5	0.9	12.8	95.0	6.7	12.5
2015	2.6	2.1	1,271.0	19.1	0.9	13.2	89.8	7.3	14.3
2014	0.6	0.3	1,636.3	32.7	0.1	2.3	31.2	5.8	31.0
2013	-1.6	-1.3	1,546.1	35.5	-0.5	-8.1	20.5	6.1	14.1

한화케미칼 (A009830)
Hanwha Chemical

업 종 : 화학	시 장 : 거래소
신용등급 : (Bond) A+ (CP) A2+	기업규모 : 시가총액 대형주
홈페이지 : hcc.hanwha.co.kr	연 락 처 : 02)729-2700
본 사 : 서울시 중구 청계천로 86 한화빌딩	

설 립 일 1974.04.27	종업원수 2,524명	대표이사 김창범	
상 장 일 1974.06.19	감사의견 적정(안진)	계 열	
결 산 기 12월	보 통 주 16,481만주	종속회사	
액 면 가 5,000원	우 선 주 112만주	구 상 호	

주주구성 (지분율,%)		출자관계 (지분율,%)		주요경쟁사 (외형,%)	
한화	36.1	한화첨단소재	100.0	한화케미칼	100
국민연금공단	10.0	한화갤러리아	100.0	LG화학	223
(외국인)	25.9	한화도시개발	100.0	금호석유	43

매출구성		비용구성		수출비중	
가성소다, PVC 등	51.4	매출원가율	77.9	수출	53.5
LDPE 등	44.1	판관비율	13.7	내수	46.5
임대료	4.6				

회사 개요
동사는 PE및 PVC, 가성소다를 주력으로 하는 화학업체로 1974년 4월 설립된 한화그룹 계열사임. 연결 종속회사를 통하여 플라스틱제품 제조업(한화첨단소재, 한화폴리드리머 등), 소매업(한화갤러리아, (주)한화갤러리아타임월드 등), 부동산업(한화도시개발 등), 태양광사업(SolarOne 등) 등의 사업을 영위하고 있음. 2014년 석유화학 분야의 경쟁력 강화와 성장 기반 확보 위해 삼성종합화학 지분 26.85%를 취득하며 인수함.

실적 분석
동사의 2016년 연결 기준 누적 기준 매출액은 9조 2,588.3억원으로 전년 대비 15.2% 증가함. 효율적인 매출원가율 관리 및 판관비 관리에 힘입어 영업이익은 전년보다 131.2% 늘어난 7,792.2억원을 기록했고, 당기순이익도 7,709.4억원으로 327.3% 증가함. 기초소재 부문에서 주력 화학제품의 가격이 대폭 오르면서 이익폭이 확대됐고, 폴리실리콘 원가 절감으로 태양광 부문의 수익성도 크게 개선됨.

현금 흐름 〈단위 : 억원〉

항목	2015	2016
영업활동	11,601	11,206
투자활동	-9,523	-4,463
재무활동	-1,051	-3,016
순현금흐름	954	3,675
기말현금	6,448	10,123

시장 대비 수익률

결산 실적 〈단위 : 억원〉

항목	2011	2012	2013	2014	2015	2016
매출액	79,426	69,622	78,636	80,553	80,370	92,588
영업이익	3,259	52	979	1,413	3,370	7,792
당기순이익	1,667	-1,121	-795	114	1,804	7,709

분기 실적 〈단위 : 억원〉

항목	2015.3Q	2015.4Q	2016.1Q	2016.2Q	2016.3Q	2016.4Q
매출액	18,868	23,046	21,637	23,922	23,856	23,173
영업이익	1,333	843	1,428	2,936	2,047	1,381
당기순이익	1,520	139	1,135	3,102	2,022	1,451

재무 상태 〈단위 : 억원〉

항목	2011	2012	2013	2014	2015	2016
총자산	118,535	124,067	128,071	125,970	138,526	138,179
유형자산	54,103	59,057	59,940	60,381	60,505	57,610
무형자산	3,680	3,574	4,710	4,685	4,408	4,262
유가증권	3,032	2,931	1,604	1,655	1,501	2,285
총부채	70,558	78,413	83,503	78,175	89,215	83,496
총차입금	45,645	51,265	55,297	49,670	50,458	48,478
자본금	7,070	7,070	7,070	8,153	8,153	8,297
총자본	47,978	45,654	44,567	47,795	49,312	54,683
지배주주지분	41,733	40,957	40,573	43,741	46,334	52,849

기업가치 지표

항목	2011	2012	2013	2014	2015	2016
주가(최고/저)(천원)	50.6/20.5	31.2/15.3	23.3/15.1	21.5/10.4	27.4/10.7	28.4/22.2
PER(최고/저)(배)	30.0/12.2	156.0/76.4	411.4/266.1	60.6/29.3	24.0/9.4	6.3/4.9
PBR(최고/저)(배)	1.8/0.8	1.1/0.6	0.8/0.6	0.8/0.4	1.0/0.4	0.9/0.7
EV/EBITDA(배)	12.2	20.8	16.3	11.5	11.1	6.4
EPS(원)	1,807	211	59	366	1,162	4,596
BPS(원)	29,513	28,964	28,692	26,824	28,415	31,850
CFPS(원)	3,908	2,730	2,837	3,092	3,954	7,305
DPS(원)	450	250	150	150	150	350
EBITDAPS(원)	4,423	2,556	3,476	3,638	4,873	7,451

재무 비율 〈단위 : % 〉

연도	영업이익률	순이익률	부채비율	차입금비율	ROA	ROE	유보율	자기자본비율	EBITDA마진율
2016	8.4	8.3	152.7	88.7	5.6	15.2	537.0	39.6	13.2
2015	4.2	2.2	180.9	102.3	1.4	4.2	468.3	35.6	9.8
2014	1.8	0.1	163.6	103.9	0.1	1.4	436.5	37.9	7.0
2013	1.2	-1.0	187.4	124.1	-0.6	0.2	473.8	34.8	6.2

한화테크윈 (A012450)
HANWHA TECHWIN

업 종 : 상업서비스	시 장 : 거래소
신용등급 : (Bond) AA- (CP) A1	기업규모 : 시가총액 대형주
홈페이지 : www.hanwhatechwin.co.kr	연 락 처 : 055)260-2114
본 사 : 경남 창원시 성산구 창원대로 1204 (성주동)	

설 립 일 1977.08.01	종업원수 4,377명	대표이사 김철교,신현우	
상 장 일 1987.05.27	감사의견 적정(삼일)	계 열	
결 산 기 12월	보 통 주 5,313만주	종속회사	
액 면 가 5,000원	우 선 주	구 상 호 삼성테크윈	

주주구성 (지분율,%)		출자관계 (지분율,%)		주요경쟁사 (외형,%)	
한화	32.4	한화디펜스	100.0	한화테크윈	100
국민연금공단	10.3	한화시스템	100.0	한국항공우주	88
(외국인)	21.4	서머텍코리아	49.0	에스원	52

매출구성		비용구성		수출비중	
T50/FA50, F100, LM2500 등	33.1	매출원가율	79.6	수출	38.1
K9, K10, K55A1 등	26.9	판관비율	16.1	내수	61.9
카메라 : SNB・SND-7084, SNO-6084R 등	25.2				

회사 개요
동사는 고도의 정밀기계분야 핵심기술을 바탕으로 국내외에서 엔진부문의 파워시스템사업, 특수부문의 DS사업, 보안・정밀제어부문사업/MMS사업을 영위함. 각 부문에서 항공기 및 산업용 가스터빈 엔진, 자주포, 리드프레임, 칩마운터 등을 생산・판매하고 있음. 2016년 5월 인수한 두산DST(현 한화디펜스)를 통해 장갑차, 대공, 유도 무기 등으로 사업을 확장함. 유도 무기 분야 탐색기, 항공전자 분야 차세대 시현기 등 연구개발 투자를 하고 있음.

실적 분석
동사의 2016년 매출액은 3조 5188.8억원으로 전년 대비 34.7% 증가함. 영업이익은 1507.3억원으로 흑자전환함. 당기순이익도 3458.7억원으로 5438.9% 증가함. 방공, 방산 부문이 전체 매출의 77%를 차지하고 있으며, 영업이익은 90% 넘게 차지함. 향후 천무, 천궁, 비호복합, 신형화생방차량(장갑형) 등 주요 양산 사업이 주력 사업으로 안착하면 수익성은 더 개선될 전망임.

현금 흐름 〈단위 : 억원〉

항목	2015	2016
영업활동	-375	1,961
투자활동	1,776	-7,183
재무활동	-918	6,379
순현금흐름	484	1,147
기말현금	1,427	2,574

시장 대비 수익률
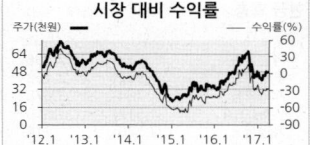

결산 실적 〈단위 : 억원〉

항목	2011	2012	2013	2014	2015	2016
매출액	29,475	29,347	26,298	26,156	26,134	35,189
영업이익	894	1,560	960	79	-596	1,507
당기순이익	2,314	1,313	1,330	-1,182	62	3,459

분기 실적 〈단위 : 억원〉

항목	2015.3Q	2015.4Q	2016.1Q	2016.2Q	2016.3Q	2016.4Q
매출액	6,480	7,560	6,426	8,207	8,873	11,683
영업이익	240	-147	317	445	440	305
당기순이익	344	9	1,962	313	294	889

재무 상태 〈단위 : 억원〉

항목	2011	2012	2013	2014	2015	2016
총자산	32,035	32,409	34,342	36,017	41,079	56,524
유형자산	6,834	6,585	6,457	5,338	8,449	13,601
무형자산	2,592	2,414	2,191	2,459	2,286	9,268
유가증권	4,218	2,879	3,042	5,052	11,170	7,627
총부채	16,098	16,633	17,294	19,587	18,628	33,117
총차입금	7,871	7,841	6,691	6,102	5,217	11,863
자본금	2,657	2,657	2,657	2,657	2,657	2,657
총자본	15,938	15,777	17,048	16,431	22,451	23,408
지배주주지분	15,898	15,756	17,032	16,412	22,434	23,390

기업가치 지표

항목	2011	2012	2013	2014	2015	2016
주가(최고/저)(천원)	103/48.1	77.8/51.6	69.3/52.3	58.9/23.5	39.8/21.1	67.7/31.0
PER(최고/저)(배)	24.5/11.5	32.4/21.5	28.3/21.3	-/-	371.8/197.3	10.4/4.8
PBR(최고/저)(배)	3.6/1.7	2.7/1.8	2.2/1.7	1.9/0.8	1.0/0.5	1.5/0.7
EV/EBITDA(배)	18.1	15.6	17.9	19.2	102.4	12.2
EPS(원)	4,346	2,466	2,494	-2,236	108	6,498
BPS(원)	29,929	29,659	32,059	30,891	42,224	44,025
CFPS(원)	6,227	4,030	4,137	-734	1,581	8,122
DPS(원)	500	500	500		300	350
EBITDAPS(원)	3,563	4,501	3,450	1,650	352	4,461

재무 비율 〈단위 : % 〉

연도	영업이익률	순이익률	부채비율	차입금비율	ROA	ROE	유보율	자기자본비율	EBITDA마진율
2016	4.3	9.8	141.5	50.7	7.1	15.1	780.5	41.4	6.7
2015	-2.3	0.2	83.0	23.2	0.2	0.3	744.5	54.7	0.7
2014	0.3	-4.5	119.2	37.1	-3.4	-7.1	517.8	45.6	3.4
2013	3.7	5.1	101.5	39.3	4.0	8.1	541.2	49.6	7.0

1015

한화투자증권 (A003530)
Hanwha Investment&Securities

업 종 : 증권
신용등급 : (Bond) A　　(CP) A2+
홈 페 이 지 : www.hanwham.com
본 　 사 : 서울시 영등포구 여의대로 56 한화증권빌딩

시 　 장 : 거래소
기업규모 : 시가총액 중형주
연 락 처 : 02)3772-7000

설 립 일	1962.07.19	종 업 원 수	1,000명	대 표 이 사	여승주
상 장 일	1986.11.25	감 사 의 견	적정 (삼일)	계 　 열	
결 산 기	12월	보 통 주	17,244만주	종속회사수	
액 면 가	5,000원	우 선 주	480만주	구 상 호	한화증권

주주구성 (지분율,%)		출자관계 (지분율,%)		주요경쟁사 (외형,%)	
한화첨단소재	15.5	한화인베스트먼트	92.4	한화인베스트먼트	100
한화호텔앤드리조트	10.9	한화글로벌사업화펀드	39.0	SK증권	-2,259
(외국인)	5.3	AK투자자문	16.5	HMC투자증권	-2,427

수익구성		비용구성		수출비중	
파생상품거래이익	64.7	이자비용	2.5	수출	—
이자수익	13.0	파생상품손실	70.5	내수	—
금융상품 관련이익	11.8	판관비	10.5		

회사 개요

한화그룹계열의 증권사로서 유가증권의 매매, 위탁매매, 중개, 주선, 대리, 회사채 지급보증업무, 유가증권의 인수, 매출, 모집 및 매출의 주선, 신용공여업무, 부동산 임대업무, 종합자산관리업무를 영위. 한화생명, 한화손해보험, 한화자산운용, 한화인베스트먼트, 한화저축은행과 함께 한화금융네트워크의 일원으로서 투자자의 다양한 needs를 충족시킬 수 있는 원스톱(One-stop)금융서비스체제를 갖추고 있음.

실적 분석

동사의 2016년 연결기준 영업수익은 1조 5,788억원, 영업손실은 1,929억원으로 전년대비 영업수익은 13.8% 감소하고 영업손실은 16% 증가하며 적자를 지속. Retail부문(WM본부)에서 전년 대비 실적은 개선됐지만 적자가 지속됐고, IB부문은 부동산금융 호조로 실적이 증대됐으나, Trading부문에서 ELS운용 손실과 그 외 운용/세일즈 실적 부진으로 대규모 적자가 발생함.

현금 흐름

<단위 : 억원>

항목	2015	2016
영업활동	313	-7,356
투자활동	1,962	2,168
재무활동	-764	3,678
순현금흐름	1,512	-1,510
기말현금	2,226	716

시장 대비 수익률

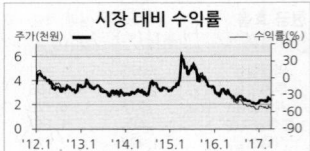

결산 실적

<단위 : 억원>

항목	2011	2012	2013	2014	2015	2016
순영업손익	3,367	2,768	1,606	2,293	1,764	-75
영업이익	-122	-559	-623	125	-166	-1,929
당기순이익	-134	-731	-655	88	-123	-1,608

분기 실적

<단위 : 억원>

항목	2015.3Q	2015.4Q	2016.1Q	2016.2Q	2016.3Q	2016.4Q
순영업손익	392	-160	-444	-550	536	383
영업이익	-139	-520	-913	-1,001	61	-76
당기순이익	-49	-413	-659	-738	45	-256

재무 상태

<단위 : 억원>

항목	2011	2012	2013	2014	2015	2016
총자산	72,445	77,743	79,214	68,314	76,623	69,357
유형자산	1,185	1,379	1,331	1,290	1,247	129
무형자산	434	419	695	579	495	310
유가증권	49,424	54,307	50,356	44,762	49,035	41,517
총부채	63,174	69,491	71,617	60,618	68,797	61,206
총차입금	36,621	43,567	40,312	32,921	35,390	30,336
자본금	4,408	4,408	4,408	4,408	4,408	8,862
총자본	9,271	8,252	7,597	7,696	7,826	8,151
지배주주지분	9,214	8,225	7,571	7,676	7,805	8,134

기업가치 지표

항목	2011	2012	2013	2014	2015	2016
주가(최고/저)(천원)	6.5/3.6	4.1/3.0	3.7/2.7	4.0/2.8	6.1/3.1	3.3/2.0
PER(최고/저)(배)	—/—	—/—	—/—	39.1/27.1	—/—	—/—
PBR(최고/저)(배)	0.7/0.4	0.5/0.3	0.4/0.3	0.5/0.3	0.7/0.4	0.7/0.4
PSR(최고/저)(배)	2/1	1/1	2/2	2/1	3/2	-50/-30
EPS(원)	-136	-781	-722	105	-135	-1,418
BPS(원)	10,616	9,659	8,916	9,031	8,969	4,641
CFPS(원)	84	-576	-555	372	101	-1,262
DPS(원)	50			70		
EBITDAPS(원)	-138	-634	-707	141	-189	-1,700

재무 비율

<단위 : % >

연도	계속사업이익률	순이익률	부채비율	차입금비율	ROA	ROE	유보율	자기자본비율	총자산증가율
2016	2,468.0	2,132.8	일부잠식	일부잠식	-2.2	-20.2	-7.2	11.8	-9.5
2015	-6.2	-7.0	879.1	452.2	-0.2	-1.6	79.4	10.5	12.2
2014	5.9	3.8	787.7	427.8	0.1	1.3	80.6	11.3	-12.1
2013	-41.7	-40.8	942.6	530.6	-0.8	-8.3	78.3	9.6	1.9

핫텍 (A015540)
Hot-tech

업 종 : 도소매
신용등급 : (Bond) —　　(CP) —
홈 페 이 지 : www.hot-tech.co.kr
본 　 사 : 서울시 강남구 도산대로 157, 15층(신사동, 신웅타워Ⅱ)

시 　 장 : 거래소
기업규모 : 시가총액 소형주
연 락 처 : 02)547-0974

설 립 일	1981.09.02	종 업 원 수	8명	대 표 이 사	박재희
상 장 일	1989.09.02	감 사 의 견	적정 (안경)	계 　 열	
결 산 기	12월	보 통 주	355만주	종속회사수	
액 면 가	500원	우 선 주	만주	구 상 호	트랜스더멀아시아홀딩스

주주구성 (지분율,%)		출자관계 (지분율,%)		주요경쟁사 (외형,%)	
메디파트너	5.4	티켓나라	100.0	핫텍	100
유니온투자조합	2.6	알트비이십일	100.0	부방	369
(외국인)	2.3	이노그리드	49.7	대명코퍼레이션	313

매출구성		비용구성		수출비중	
상품권	95.5	매출원가율	99.4	수출	0.0
소프트웨어 유지보수료	4.3	판관비율	6.7	내수	100.0
온라인게임 부가서비스	0.2				

회사 개요

1981년에 설립된 동사는 상품권 유통사업을 영위하고 있고, 계열회사인 티켓나라에서 상품권 할인 및 유통, 이노그리드에서 Cloudit 솔루션 개발 및 판매사업, June Sky에서는 건설기계 임대 및 용역제공사업을 하고 있음. 전자부문 제조업체인 엠피네트웍스는 2014년 10월 매각함. 매출의 98% 이상이 상품권 판매에서 발생함. 동사는 스마트카드 제조사업을 하기 위해 2015년 4월 6일 스마트홀딩스 신주인수권에 20억원을 투자함.

실적 분석

동사의 2016년 누적매출액은 695.7억원으로 전년동기 대비 29.2% 감소함. 외형 축소에도 판관비 부담이 크게 개선되면서 영업손실 폭은 전년대비 축소된 모습. 외형의 축소는 상품권 시장의 침체로 매출 감소에 기인하며, 매도가능증권 등 손상차손의가 전년대비 감소하며 비영업손익수지가 개선됨. 예치금 경영자문 및 임플란트업체인 메디파트너로 최대주주가 변경됨에 따라 사명도 '메디플란트'로 변경 예정

현금 흐름

<단위 : 억원>

항목	2015	2016
영업활동	-103	-29
투자활동	-354	74
재무활동	456	-54
순현금흐름	3	-6
기말현금	25	31

시장 대비 수익률

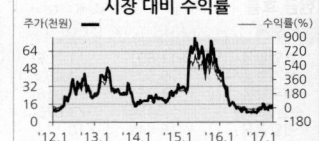

결산 실적

<단위 : 억원>

항목	2011	2012	2013	2014	2015	2016
매출액	1,523	1,033	872	995	982	696
영업이익	-22	-25	-27	-43	-90	-42
당기순이익	-53	-86	-35	-128	-277	-108

분기 실적

<단위 : 억원>

항목	2015.3Q	2015.4Q	2016.1Q	2016.2Q	2016.3Q	2016.4Q
매출액	192	340	195	165	182	153
영업이익	-23	-33	-22	-14	-10	4
당기순이익	-47	-171	-30	-28	-14	-37

재무 상태

<단위 : 억원>

항목	2011	2012	2013	2014	2015	2016
총자산	179	138	124	120	284	131
유형자산	26	23	21	7	4	2
무형자산	6	9	5	33	42	9
유가증권	34	3	7	7	39	4
총부채	41	16	13	26	223	73
총차입금	2	14	3	7	192	68
자본금	123	193	209	103	145	17
총자본	138	121	111	93	61	58
지배주주지분	138	121	111	94	59	58

기업가치 지표

항목	2011	2012	2013	2014	2015	2016
주가(최고/저)(천원)	20.3/5.4	43.9/9.3	51.4/14.1	32.3/14.3	85.9/26.6	45.5/8.1
PER(최고/저)(배)	—/—	—/—	—/—	—/—	—/—	—/—
PBR(최고/저)(배)	1.2/0.3	4.6/1.0	6.5/1.8	7.0/3.1	41.7/12.9	27.0/4.8
EV/EBITDA(배)						
EPS(원)	-6,447	-9,181	-2,535	-6,885	-9,071	-3,148
BPS(원)	564	315	266	460	206	1,686
CFPS(원)	-204	-294	-76	-665	-898	-3,116
DPS(원)						
EBITDAPS(원)	-80	-79	-58	-205	-318	-1,193

재무 비율

<단위 : % >

연도	영업이익률	순이익률	부채비율	차입금비율	ROA	ROE	유보율	자기자본비율	EBITDA마진율
2016	-6.1	-15.6	125.6	117.3	-52.1	-184.1	237.2	44.3	-5.9
2015	-9.1	-28.2	일부잠식	일부잠식	-136.8	-324.5	-58.8	21.6	-8.9
2014	-4.3	-12.9	일부잠식	일부잠식	-105.1	-125.1	-8.0	77.9	-3.8
2013	-3.1	-4.0	일부잠식	일부잠식	-26.6	-30.0	-46.9	89.5	-2.7

해덕파워웨이 (A102210)
Haeduk Powerway

업 종 : 조선		시 장 : KOSDAQ	
신용등급 : (Bond) — (CP) —		기업규모 : 우량	
홈페이지 : www.haedukpw.com		연 락 처 : (051)831-0101	
본 사 : 부산시 강서구 미음산단로 267(미음동)			

설 립 일 1992.04.13	종업원수 128명	대 표 이 사 구재고
상 장 일 2009.05.21	감사의견 적정 (신우)	계 열
결 산 기 12월	보 통 주 1,017만주	종속회사수
액 면 가 500원	우 선 주	구 상 호

주주구성 (지분율,%)		출자관계 (지분율,%)		주요경쟁사 (외형,%)	
구재고	51.3	세보테크	70.0	해덕파워웨이	100
신영자산운용	11.7	더퀸	50.0	STX중공업	403
(외국인)	0.1	대해중공(대련)유한공사	66.0	삼영이엔씨	35

매출구성		비용구성		수출비중	
RUDDER ASSEMBLY	100.0	매출원가율	85.8	수출	—
		판관비율	7.8	내수	—

회사 개요
동사는 선박의장품, 선박구성부품 등의 사업을 영위할 목적으로 1978년 설립됨. 동사의 주요 생산품목은 선박의 운항 방향을 조종하는 핵심 부품인 선박방향타(Rudder Assembly)로 해당 제품을 현대중공업, 현대미포조선, 한진중공업, STX조선해양, 성동조선소, BMS 등 국내외 조선소에 납품하고 있음. 국내 중대형 조선소 및 해외 중대형 조선소가 동사의 주요 고객으로 매출의 100%를 선박방향타 납품을 통해 얻고 있음.

실적 분석
2016년에는 세계조선시장의 전망이 그리 밝지 않은 상황에서 시작하였으나 신규발주가 다소 개선되었다고 하나 아직 미흡한 수준에 있어, 매출액은 전년동기 대비 14.9% 감소한 1,033억을 나타냄. 매출원가율은 전년동기 대비 4.94% 증가한 85.84%임. 이는 판매가격의 일부하락이 있었으나 원가절감을 통한 단위당 제조원가의 하락이 판매가격의 하락 보다 일부 더 크게 나타나서 전기대비 매출원가율이 소폭 감소함.

현금 흐름
〈단위 : 억원〉

항목	2015	2016
영업활동	33	316
투자활동	87	-346
재무활동	-166	-32
순현금흐름	-46	-58
기말현금	174	116

시장 대비 수익률
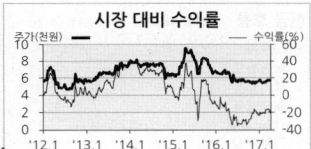

결산 실적
〈단위 : 억원〉

항목	2011	2012	2013	2014	2015	2016
매출액	584	602	503	623	1,215	1,034
영업이익	89	87	37	87	144	66
당기순이익	88	84	46	38	96	23

분기 실적
〈단위 : 억원〉

항목	2015.3Q	2015.4Q	2016.1Q	2016.2Q	2016.3Q	2016.4Q
매출액	274	319	372	344	190	127
영업이익	53	10	40	-1	17	10
당기순이익	4	3	20	2	9	-8

재무 상태
〈단위 : 억원〉

항목	2011	2012	2013	2014	2015	2016
총자산	1,458	1,507	1,964	2,146	2,449	2,336
유형자산	319	344	335	338	646	652
무형자산	4	4	4	4	35	18
유가증권	88	107	180	958	113	145
총부채	532	517	892	1,082	1,240	1,113
총차입금	314	345	727	869	945	922
자본금	50	50	50	50	51	51
총자본	926	989	1,072	1,064	1,209	1,223
지배주주지분	926	989	1,072	1,064	1,150	1,158

기업가치 지표

항목	2011	2012	2013	2014	2015	2016
주가(최고/저)(천원)	10.8/5.1	7.7/4.6	8.1/5.5	8.2/5.8	9.6/6.2	7.0/5.2
PER(최고/저)(배)	13.6/6.4	10.0/6.0	19.2/13.1	22.5/16.0	12.8/8.3	41.9/31.2
PBR(최고/저)(배)	1.3/0.6	0.8/0.5	0.8/0.6	0.8/0.6	0.9/0.6	0.6/0.5
EV/EBITDA(배)	2.2	2.6	7.9	4.7	4.8	4.5
EPS(원)	885	844	461	386	771	169
BPS(원)	9,510	10,185	10,951	10,880	11,471	11,555
CFPS(원)	986	946	565	491	937	364
DPS(원)	100	—	250	200	100	100
EBITDAPS(원)	997	977	482	980	1,594	843

재무 비율
〈단위 : % 〉

연도	영업이익률	순이익률	부채비율	차입금비율	ROA	ROE	유보율	자기자본비율	EBITDA마진율
2016	6.4	2.2	91.0	75.4	1.0	1.5	2,211.1	52.4	8.3
2015	11.9	7.9	102.6	78.1	4.2	7.0	2,194.1	49.4	13.2
2014	14.0	6.2	101.6	81.7	1.9	3.6	2,076.1	49.6	15.7
2013	7.5	9.1	83.3	67.9	2.6	4.5	2,090.2	54.6	9.5

해마로푸드서비스 (A220630)
Haimarrow Food Service

업 종 : 호텔 및 레저		시 장 : KOSDAQ	
신용등급 : (Bond) — (CP) —		기업규모 : 중견	
홈페이지 : www.haimarrow.co.kr		연 락 처 : (02)418-8884	
본 사 : 서울시 강동구 성내동 성내로6길 11 삼원타워 2층			

설 립 일 2015.05.19	종업원수 137명	대 표 이 사 이용
상 장 일 2015.08.28	감사의견 적정 (삼일)	계 열
결 산 기 12월	보 통 주 9,252만주	종속회사수
액 면 가 100원	우 선 주	구 상 호 케이티비스팩3호

주주구성 (지분율,%)		출자관계 (지분율,%)		주요경쟁사 (외형,%)	
정현식	64.6	해마로	20.0	해마로푸드서비스	100
전명초	3.5	대오	10.0	MPK	75
(외국인)	0.2			현대그린푸드	1,249

매출구성		비용구성		수출비중	
		매출원가율	74.0	수출	0.0
		판관비율	17.6	내수	100.0

회사 개요
동사는 '맘스터치'라는 브랜드로 프랜차이즈 사업을 영위하고 있으며, 동시에 관련된 가공식품/식자재 유통업을 영위하고 있음. 2004년 설립 이후 지속적인 성장을 수행하였으며, 2011년 이후 치킨과 버거를 동시에 판매하는 형식으로 가맹사업부문을 변화시켜 2016년 기준 963개의 가맹점을 보유하고 있음. 유통사업부문은 선진화된 물류시스템을 이용하여 약 120개의 업체에 납품을 수행함. 매출구성은 프랜차이즈 유통 82.8%, 식자재유통 14.9%임.

실적 분석
2016년 결산 기준 동사의 누적 매출액은 2,019.3억원으로, 전년 동기 대비 35.9% 증가하였음. 매출총이익도 32.5% 성장하였으며, 이에따라 영업이익 역시 전년 동기 대비 92% 증가한 169억원을 시현함. 다만, 비영업이부문에서 50억 규모의 적자가 발생하며, 당기순이익은 전년동기대비 48.1% 증가한 89.5억원을 시현함. 현재, 진천 제2공장을 가동 개시하면서 가맹점 목표 1,500개 시도중에 있음.

현금 흐름
〈단위 : 억원〉

항목	2015	2016
영업활동	-15	192
투자활동	-79	-143
재무활동	89	151
순현금흐름	-5	200
기말현금	19	219

시장 대비 수익률
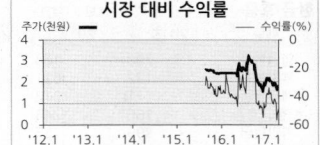

결산 실적
〈단위 : 억원〉

항목	2011	2012	2013	2014	2015	2016
매출액	—	—	—	795	1,486	2,019
영업이익	—	—	—	67	88	169
당기순이익	—	—	—	54	60	89

분기 실적
〈단위 : 억원〉

항목	2015.3Q	2015.4Q	2016.1Q	2016.2Q	2016.3Q	2016.4Q
매출액	401		424		520	
영업이익	29		58		17	
당기순이익	22		48		-35	

재무 상태
〈단위 : 억원〉

항목	2011	2012	2013	2014	2015	2016
총자산				264	454	749
유형자산				133	170	292
무형자산				1	1	9
유가증권						3
총부채				186	300	317
총차입금				73	116	123
자본금				5	81	91
총자본				77	154	431
지배주주지분				77	154	431

기업가치 지표

항목	2011	2012	2013	2014	2015	2016
주가(최고/저)(천원)	—/—	—/—	—/—	—/—	2.6/2.4	3.2/1.5
PER(최고/저)(배)	0.0/0.0	0.0/0.0	0.0/0.0	0.0/0.0	37.3/34.2	32.3/15.3
PBR(최고/저)(배)	0.0/0.0	0.0/0.0	0.0/0.0	0.0/0.0	14.8/13.6	6.9/3.3
EV/EBITDA(배)	0.0	0.0	0.0	0.7	2.1	9.0
EPS(원)	—	—	—	65	70	101
BPS(원)	—	—	—	70,339	4,129	473
CFPS(원)	—	—	—	51,414	1,881	118
DPS(원)	—	—	—			25
EBITDAPS(원)	—	—	—	63,904	2,630	207

재무 비율
〈단위 : % 〉

연도	영업이익률	순이익률	부채비율	차입금비율	ROA	ROE	유보율	자기자본비율	EBITDA마진율
2016	8.4	4.4	73.5	28.5	14.9	30.5	372.9	57.6	9.1
2015	5.9	4.1	194.3	75.2	16.8	52.1	90.9	34.0	6.5
2014	8.5	6.8	240.7	94.9	0.0	0.0	1,306.8	29.4	8.9
2013	0.0	0.0	0.0	0.0	0.0	0.0	0.0	0.0	0.0

해성디에스 (A195870)
HAESUNG DS

업 종 : 반도체 및 관련장비		시 장 : 거래소	
신용등급 : (Bond) — (CP) —		기업규모 : 시가총액 소형주	
홈페이지 : www.haesungds.co.kr		연락처 : 070)4761-0000	
본 사 : 경남 창원시 성산구 웅남로 726			

설 립 일 2014.04.17	종 업 원 수 765명	대 표 이 사 조돈엽
상 장 일 2016.06.24	감사의견 적정 (삼일)	계 열
결 산 기 12월	보 통 주 1,700만주	종속회사수
액 면 가 5,000원	우 선 주	구 상 호

주주구성 (지분율,%)
계양전기	9.6
한국제지	7.0
(외국인)	0.6

출자관계 (지분율,%)
해성테크놀로지	66.6
해성바이오	66.6
소주해성디에스무역유한공사	100.0

주요경쟁사 (외형,%)
해성디에스	100
티씨케이	32
지스마트글로벌	33

매출구성
리드프레임 ELF	42.8
리드프레임 SLF	31.5
Package Substrate	25.7

비용구성
매출원가율	82.1
판관비율	8.6

수출비중
수출	96.7
내수	3.3

회사 개요
동사는 반도체용 Package Substrate와 리드프레임을 생산 및 판매하는 부품·소재 전문회사임. 주요 제품은 BGA, FC-FBGA, IC, LED, QFN, LOC, TR, 그래핀 등으로 PC, Sever 등 메모리 반도체 패키징 재료 또는 모바일 기기 및 자동차 반도체 패키징 재료가 됨. 2014년 3월 6일 주식회사 엠디에스로 설립됐으며, 2014년 9월 1일 상호를 해성디에스 주식회사로 변경함.

실적 분석
동사의 2016년 결산기준 누적매출액은 전년동기대비 12.3% 성장한 2,762원을 기록하였음. 늘어난 매출액만큼 매출원가가 상승하고 인건비와 관리비도 크게 증가하였으나 매출액의 큰 성장에 힘입어 영업이익은 전년동기대비 37.4% 성장한 258.4억원을 기록하였음. 향후에도 서버, SSD, AI 등 수요처 다양화 및 전자기기 및 자동차의 메모리 탑재 고용량화 등으로 반도체 대호황기가 예상되므로 지속적인 수익 성장이 기대됨.

현금 흐름 〈단위 : 억원〉
항목	2015	2016
영업활동	298	164
투자활동	-132	-621
재무활동	-1	212
순현금흐름	166	-244
기말현금	399	155

시장 대비 수익률
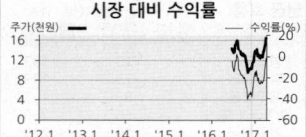

결산 실적 〈단위 : 억원〉
항목	2011	2012	2013	2014	2015	2016
매출액	—	—	1,652	2,460	2,762	
영업이익	—	—	99	188	258	
당기순이익	—	—	202	147	188	

분기 실적 〈단위 : 억원〉
항목	2015.3Q	2015.4Q	2016.1Q	2016.2Q	2016.3Q	2016.4Q
매출액	622	578	671	718	692	682
영업이익	64	55	82	84	36	56
당기순이익	57	37	58	66	15	50

재무 상태 〈단위 : 억원〉
항목	2011	2012	2013	2014	2015	2016
총자산	—	—	—	2,164	2,292	2,510
유형자산	—	—	—	1,209	1,234	1,423
무형자산	—	—	—	11	14	26
유가증권	—	—	—			
총부채	—	—	—	1,128	1,102	896
총차입금	—	—	—	608	606	592
자본금	—	—	—	750	750	850
총자본	—	—	—	1,036	1,189	1,614
지배주주지분	—	—	—	1,036	1,189	1,611

기업가치 지표
항목	2011	2012	2013	2014	2015	2016
주가(최고/저)(천원)	—/—	—/—	—/—	—/—	—/—	16.1/9.4
PER(최고/저)(배)	0.0/0.0	0.0/0.0	0.0/0.0	0.0/0.0	0.0/0.0	14.0/8.2
PBR(최고/저)(배)	0.0/0.0	0.0/0.0	0.0/0.0	0.0/0.0	0.0/0.0	1.7/1.0
EV/EBITDA(배)	0.0	0.0	0.0	2.4	0.7	7.5
EPS(원)	—	—		1,977	979	1,175
BPS(원)	—	—		6,905	7,929	9,477
CFPS(원)	—	—		2,508	1,615	1,747
DPS(원)	—	—				250
EBITDAPS(원)	—	—		1,501	1,889	2,181

재무 비율 〈단위 : % 〉
연도	영업이익률	순이익률	부채비율	차입금비율	ROA	ROE	유보율	자기자본비율	EBITDA마진율
2016	9.4	6.8	55.5	36.7	7.9	13.5	89.6	64.3	12.7
2015	7.7	6.0	92.7	51.0	6.6	13.2	58.6	51.9	11.5
2014	6.0	12.2	108.9	58.7	0.0	0.0	38.1	47.9	9.3
2013	0.0	0.0	0.0	0.0	0.0	0.0	0.0	0.0	0.0

해성산업 (A034810)
Haesung Industrial

업 종 : 부동산		시 장 : KOSDAQ	
신용등급 : (Bond) — (CP) —		기업규모 : 중견	
홈페이지 : www.haesungind.co.kr		연락처 : 02)528-1244	
본 사 : 서울시 강남구 테헤란로 504			

설 립 일 1954.02.05	종 업 원 수 69명	대 표 이 사 김인중
상 장 일 1999.04.16	감사의견 적정 (삼일)	계 열
결 산 기 12월	보 통 주 978만주	종속회사수
액 면 가 500원	우 선 주	구 상 호

주주구성 (지분율,%)
단재완	30.1
단우영	15.7
(외국인)	0.8

출자관계 (지분율,%)
계양전기	8.9
한국제지	5.6
해성디에스	1.0

주요경쟁사 (외형,%)
해성산업	100
한국토지신탁	1,470
SK디앤디	2,283

매출구성
오피스빌딩임대	39.6
오피스빌딩운영	35.1
오피스빌딩관리	21.7

비용구성
매출원가율	0.0
판관비율	80.0

수출비중
수출	0.0
내수	100.0

회사 개요
건물관리 용역업, 부동산 임대 및 매매업, 건물 부속주차장 운영업을 영위하는 업체임. 시설관리부문은 서울 도심의 해성빌딩, 성수빌딩, 해성2빌딩에 대하여 관리용역을 수행하고 있으며, 3개의 오피스빌딩과 동해 창고, 아파트형공장 1개소에 대한 임대사업을 수행 중에 있음. 빌딩관리를 전문용역업으로 이관하는 기업의 증가와 더불어 신규빌딩 또한 증가하고 있어 시장 확대 가능성은 상존함.

실적 분석
동사는 연결기준 2016년 121.1억원의 매출액을 시현하였음. 이는 전년보다 2.2% 감소한 규모임. 영업이익은 12.9% 감소한 24.2억원을 기록함. 최종적으로 62.8억원의 당기순이익을 기록함. 동사는 시설관리용역수입이 35.5%, 임대수입이 41.8%, 기타 관리수입이 22.7%의 비율로 구성되어 있음. 특성상 건물관리 사업은 시장상황의 변동에 대해 크게 영향을 받지 않고 안정적인 수익을 지속할 수 있음.

현금 흐름 *IFRS 별도 기준 〈단위 : 억원〉
항목	2015	2016
영업활동	38	17
투자활동	-75	-41
재무활동	-10	37
순현금흐름	-47	13
기말현금	23	36

시장 대비 수익률
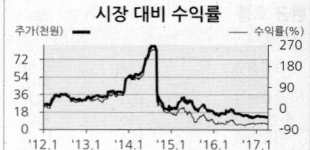

결산 실적 〈단위 : 억원〉
항목	2011	2012	2013	2014	2015	2016
매출액	125	127	130	130	124	121
영업이익	35	35	31	30	28	24
당기순이익	42	39	61	45	38	63

분기 실적 *IFRS 별도 기준 〈단위 : 억원〉
항목	2015.3Q	2015.4Q	2016.1Q	2016.2Q	2016.3Q	2016.4Q
매출액	31	29	30	30	31	30
영업이익	8	3	9	-2	10	7
당기순이익	8	3	15	26	15	7

재무 상태 *IFRS 별도 기준 〈단위 : 억원〉
항목	2011	2012	2013	2014	2015	2016
총자산	1,366	1,382	1,441	1,467	1,502	1,605
유형자산	726	722	725	725	737	824
무형자산	11	2	4	4	4	4
유가증권	7	7	2	6	60	60
총부채	148	136	140	131	141	193
총차입금						47
자본금	49	49	49	49	49	49
총자본	1,218	1,246	1,301	1,335	1,361	1,411
지배주주지분	1,218	1,246	1,301	1,335	1,361	1,411

기업가치 지표 *IFRS 별도 기준
항목	2011	2012	2013	2014	2015	2016
주가(최고/저)(천원)	28.0/17.1	36.8/22.7	54.7/30.9	86.9/20.2	33.1/18.9	22.0/12.4
PER(최고/저)(배)	66.8/40.9	94.3/58.4	89.9/50.8	191.0/44.3	87.2/49.8	34.6/19.5
PBR(최고/저)(배)	2.3/1.4	3.0/1.8	4.2/2.4	6.5/1.5	2.4/1.4	1.5/0.9
EV/EBITDA(배)	55.4	72.3	146.5	53.1	53.3	42.9
EPS(원)	430	399	620	464	385	642
BPS(원)	12,454	12,745	13,302	13,652	13,913	14,430
CFPS(원)	480	449	667	508	429	677
DPS(원)	100	100	100	100	100	125
EBITDAPS(원)	405	406	366	354	328	283

재무 비율 〈단위 : % 〉
연도	영업이익률	순이익률	부채비율	차입금비율	ROA	ROE	유보율	자기자본비율	EBITDA마진율
2016	20.0	51.9	13.7	3.3	4.0	4.5	2,786.0	88.0	22.8
2015	22.4	30.4	10.4	0.0	2.5	2.8	2,682.7	90.6	25.9
2014	23.3	35.0	9.8	0.0	3.1	3.4	2,630.5	91.0	26.7
2013	24.1	46.8	10.8	0.0	4.3	4.8	2,560.4	90.3	27.6

해성옵틱스 (A076610)
Haesung Optics

업 종 : 휴대폰 및 관련부품	시 장 : KOSDAQ
신용 등급 : (Bond) — (CP) —	기업규모 : 우량
홈페이지 : www.hso.co.kr	연 락 처 : 031)292-1555
본 사 : 경기도 화성시 봉담읍 효행로 184번길 66	

설 립 일	2002.03.25	종업원수	175명	대표이사	이을성,이재선
상 장 일	2013.11.06	감사의견	적정 (안진)	계 열	
결 산 기	12월	보통주	1,668만주	종속회사수	
액 면 가	500원	우선주		구 상 회	

주주구성 (지분율,%)		출자관계 (지분율,%)		주요경쟁사 (외형,%)	
이을성	15.9	에이오스	70.7	해성옵틱스	100
이재선	8.2	엔텍로직	70.0	디지탈옵틱	17
(외국인)	1.7			바이오로그디바이스	19

매출구성		비용구성		수출비중	
13mega휴대폰카메라 모듈	34.0	매출원가율	95.8	수출	97.3
16mega휴대폰VCM OIS	24.4	판관비율	3.8	내수	2.7
기타	18.2				

회사 개요
동사는 전자제품 제조회사로서, 광학요소, 렌즈 제조 및 판매를 주요 사업으로 영위하고 있음. 주력제품은 휴대폰용 카메라렌즈이며 이외에 휴대폰용 카메라모듈을 개발 판매함. 국내 사업장에서는 2012년 하반기부터 13M급 렌즈모듈을 국내 최초로 개발하여 2013년에는 본격적으로 양산 공급하고 있음. 카메라모듈의 전 공정인 VCM공정 라인을 구축 완료하여 고화소급으로는 최초로 렌즈모듈에서 카메라모듈까지 일괄 생산할 수 있는 입지를 확보.

실적 분석
2016년 연결기준 누적 매출액과 영업이익은 전년동기대비 각각 29% 증가, 74% 감소한 3,671.5억원, 16.2억원을 기록함. 외형성장에도 매출원가 증가로 영업이익은 전년대비 크게 감소함. 중국 듀얼 카메라 확대 수혜가 기대되며, 드론용 카메라 공급 추세에 있어 이로 인한 매출 확대가 전망됨. 2017년 상반기 갤럭시8 출시와 중국 로컬 업체향 듀얼카메라 납품증가로 인한 수혜가 예상됨.

현금 흐름 〈단위 : 억원〉
항목	2015	2016
영업활동	384	296
투자활동	-245	-302
재무활동	-93	108
순현금흐름	47	103
기말현금	52	155

시장 대비 수익률
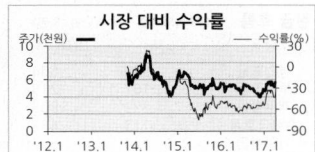

결산 실적 〈단위 : 억원〉
항목	2011	2012	2013	2014	2015	2016
매출액	287	633	1,695	1,823	2,844	3,672
영업이익	28	94	208	47	63	16
당기순이익	19	49	142	31	30	19

분기 실적 〈단위 : 억원〉
항목	2015.3Q	2015.4Q	2016.1Q	2016.2Q	2016.3Q	2016.4Q
매출액	830	774	896	908	911	956
영업이익	7	-13	19	19	-12	-10
당기순이익	36	-60	15	24	-42	22

재무 상태 〈단위 : 억원〉
항목	2011	2012	2013	2014	2015	2016
총자산	459	816	1,328	1,492	1,664	2,231
유형자산	283	435	654	834	884	1,017
무형자산	23	31	42	68	70	66
유가증권	1	2	2	19	64	77
총부채	374	690	724	848	955	1,495
총차입금	224	423	486	519	433	566
자본금	33	33	82	83	83	83
총자본	85	126	604	644	709	736
지배주주지분	85	126	604	642	707	732

기업가치 지표
항목	2011	2012	2013	2014	2015	2016
주가(최고/저)(천원)	—/—	—/—	6.8/5.3	9.3/4.0	7.2/4.2	5.8/3.8
PER(최고/저)(배)	0.0/0.0	0.0/0.0	4.8/3.7	51.3/22.3	42.3/24.9	50.9/33.7
PBR(최고/저)(배)	0.0/0.0	0.0/0.0	1.9/1.5	2.4/1.1	1.7/1.0	1.3/0.9
EV/EBITDA(배)	3.5	1.9	4.0	7.1	5.1	6.2
EPS(원)	286	702	1,494	188	176	117
BPS(원)	8,178	9,846	3,688	3,971	4,361	4,432
CFPS(원)	6,238	9,766	2,629	1,075	1,249	1,183
DPS(원)					100	
EBITDAPS(원)	7,244	13,683	3,328	1,173	1,450	1,163

재무 비율 〈단위 : % 〉
연도	영업이익률	순이익률	부채비율	차입금비율	ROA	ROE	유보율	자기자본비율	EBITDA마진율
2016	0.4	0.5	203.0	76.9	1.0	2.7	786.4	33.0	5.3
2015	2.2	1.1	134.6	61.0	1.9	4.4	772.3	42.6	8.5
2014	2.6	1.7	131.7	80.7	2.2	4.9	694.2	43.2	10.5
2013	12.3	8.4	119.9	80.5	13.2	38.8	637.6	45.5	18.6

해태제과식품 (A101530)
Haitai Confectionery & Foods

업 종 : 식료품	시 장 : 거래소
신용 등급 : (Bond) A (CP) —	기업규모 : 시가총액 중형주
홈페이지 : www.ht.co.kr	연 락 처 : 02)709-7448
본 사 : 충남 천안시 서북구 성거읍 천흥8길 67-26	

설 립 일	2001.07.11	종업원수	2,493명	대표이사	신정훈
상 장 일	2016.05.11	감사의견	적정 (삼정)	계 열	
결 산 기	12월	보통주	2,912만주	종속회사수	
액 면 가	500원	우선주		구 상 회	

주주구성 (지분율,%)		출자관계 (지분율,%)		주요경쟁사 (외형,%)	
크라운제과	60.0	빨라쪼	100.0	해태제과식품	100
신정훈	1.4	아트밸리	60.0	CJ제일제당	1,837
(외국인)	0.5	해태가루비	50.0	롯데제과	284

매출구성		비용구성		수출비중	
기타	65.3	매출원가율	60.7	수출	—
홈런볼, 오예스	11.5	판관비율	34.9	내수	—
허니버터칩, 허니통통	11.1				

회사 개요
동사는 과자, 아이스크림, 냉동식품등을 생산하며, 직영영업소등 전국적 영업조직망을 통해 다양한 유통경로로 최종소비자들에게 최상의 양질의 제품을 공급하고 있으며 해외시장 개척을 통해 글로벌 식품회사로 성장해가고 있음. 동사는 연양갱, 부라보콘, 고향만두, 홈런볼, 오예스, 에이스, 맛동산, 허니버터칩 등 국민들에게 사랑받는 제품을 보유하고 있음. 동사는 제과사업부문, 아이스크림부문, 식품사업부문, 수출부문으로 구분하여 관리하고 있음.

실적 분석
동사의 2016년 연결기준 연간 매출액은 7,928.3억원으로 전년 대비 0.7% 감소함. 매출이 줄었지만 매출원가는 오히려 늘어나면서 영업이익은 전년 대비 25.0% 감소한 351.5억원을 시현함. 다행히 비영업손익 부문에서 적자 폭이 줄어들면서 당기순이익은 전년 동기 대비 50.7% 증가한 254.6억원을 기록함. 매출은 그대로 유지되고 있지만 비용 증가에 따른 영업이익은 감소 추세.

현금 흐름 〈단위 : 억원〉
항목	2015	2016
영업활동	649	354
투자활동	-406	-496
재무활동	-180	90
순현금흐름	63	-52
기말현금	196	144

시장 대비 수익률
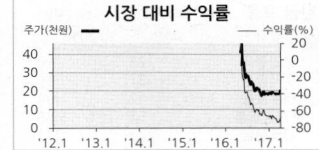

결산 실적 〈단위 : 억원〉
항목	2011	2012	2013	2014	2015	2016
매출액	7,055	7,255	7,290	6,900	7,983	7,928
영업이익	425	442	321	246	469	352
당기순이익	110	214	81	43	169	255

분기 실적 〈단위 : 억원〉
항목	2015.3Q	2015.4Q	2016.1Q	2016.2Q	2016.3Q	2016.4Q
매출액	2,145	1,875	1,831	2,134	2,134	1,829
영업이익	172	18	54	142	157	-1
당기순이익	108	-5	18	73	102	62

재무 상태 〈단위 : 억원〉
항목	2011	2012	2013	2014	2015	2016
총자산	6,920	6,905	7,148	7,207	7,482	7,963
유형자산	2,522	2,699	2,783	2,772	2,911	3,126
무형자산	1,891	1,895	1,909	1,972	1,983	1,983
유가증권	31	31	34	39	41	40
총부채	5,399	5,350	5,584	5,611	5,713	5,016
총차입금	3,471	3,249	3,395	3,398	3,362	2,657
자본금	99	102	107	107	119	146
총자본	1,521	1,555	1,565	1,597	1,769	2,947
지배주주지분	1,500	1,536	1,496	1,528	1,688	2,865

기업가치 지표
항목	2011	2012	2013	2014	2015	2016
주가(최고/저)(천원)	—/—	—/—	—/—	—/—	—/—	59.5/16.8
PER(최고/저)(배)	0.0/0.0	0.0/0.0	0.0/0.0	0.0/0.0	0.0/0.0	64.7/18.3
PBR(최고/저)(배)	0.0/0.0	0.0/0.0	0.0/0.0	0.0/0.0	0.0/0.0	5.3/1.5
EV/EBITDA(배)	5.0		5.1	6.5	7.3	12.7
EPS(원)	465	899	359	181	708	928
BPS(원)	6,297	7,207	8,175	8,309	10,646	11,296
CFPS(원)	1,401	1,620	1,150	1,043	1,641	1,889
DPS(원)						150
EBITDAPS(원)	2,719	2,578	2,139	1,896	2,900	2,251

재무 비율 〈단위 : % 〉
연도	영업이익률	순이익률	부채비율	차입금비율	ROA	ROE	유보율	자기자본비율	EBITDA마진율
2016	4.4	3.2	170.2	90.2	3.3	11.1	2,159.1	37.0	7.7
2015	5.9	2.1	323.0	190.1	2.3	10.5	2,029.2	23.6	8.7
2014	3.6	0.6	351.4	212.8	0.6	2.9	1,744.1	22.2	6.6
2013	4.4	1.1	356.8	217.0	1.2	5.6	1,714.2	21.9	7.0

핸디소프트 (A220180)
HANDYSOFT

업 종 : 일반 소프트웨어		시 장 : KOSDAQ	
신용등급 : (Bond) — (CP) —		기업규모 : 신성장	
홈페이지 : www.handysoft.co.kr		연 락 처 : (070)4483-9000	
본 사 : 경기도 성남시 분당구 대왕판교로644번길 49, 5층(삼평동, 다산타워)			

설 립 일 2009.11.01	종업원수 187명	대표이사 장인수			
상 장 일 2016.11.24	감사의견 적정(한영)	계 열			
결 산 기 12월	보통주 746만주	종속회사수			
액 면 가 500원	우선주	구상호			

주주구성 (지분율,%)
다산인베스트	26.8
다산네트웍스	17.6
(외국인)	0.1

출자관계 (지분율,%)
핸디크파	100.0
서로말네트웍스	39.4
라이크랩	15.6

주요경쟁사 (외형,%)
핸디소프트	100
인프라웨어	36
피노텍	30

매출구성
HANDY Groupware BizFlow SW 관련 개발용역 등	42.4
DASAN	39.0
유지보수	18.4

비용구성
매출원가율	68.6
판관비율	26.3

수출비중
수출	0.4
내수	99.6

회사 개요
다산에스엠씨에 피흡병된 핸디소프트는 지난 2011년 코스닥 상장폐지 후 물적분할 통해 자원개발업을 하는 핸디소프트홀딩스와 SW 사업을 하는 핸디소프트로 신설됨. 이후 임직원들이 새 법인을 설립해 분할신설법인 핸디소프트의 SW사업부문을 양수했음. 코넥스에 상장되어 있었으나 기업가치 제고 및 원활한 자금조달 유동성 확보를 위해 코스닥으로 이전 상장에 성공함.

실적 분석
동사의 2016년 매출액은 368.7억원으로 전년 대비 11.4% 감소함. 영업이익은 18.8억원으로 전년 대비 41.2억원 감소함. 당기순이익 역시 15.3억원을 기록하며 전년 대비 70% 감소함. 진행률에서 인도기준으로의 수익인식기준 변경, SI사업 철수 완료 및 수익중심의 사업운영으로 인해 매출을 감소함. SI사업 철수완료에 따른 판관비 감소 및 원가절감 노력을 통한 이익 개선이 기대됨.

현금 흐름 *IFRS 별도 기준 〈단위 : 억원〉
항목	2015	2016
영업활동	23	10
투자활동	31	-16
재무활동	-2	94
순현금흐름	52	88
기말현금	123	211

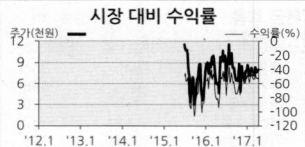
시장 대비 수익률

결산 실적 〈단위 : 억원〉
항목	2011	2012	2013	2014	2015	2016
매출액	344	573	653	496	416	369
영업이익	13	13	-16	-20	32	19
당기순이익	12	19	-12	-52	51	15

분기 실적 *IFRS 별도 기준 〈단위 : 억원〉
항목	2015.3Q	2015.4Q	2016.1Q	2016.2Q	2016.3Q	2016.4Q
매출액	—	—	—	—	—	—
영업이익	—	—	—	—	—	—
당기순이익	—	—	—	—	—	—

재무 상태 *IFRS 별도 기준 〈단위 : 억원〉
항목	2011	2012	2013	2014	2015	2016
총자산	322	516	480	421	378	503
유형자산	7	5	13	10	3	3
무형자산	9	10	8	20	9	11
유가증권	3	67	80	3	3	3
총부채	204	252	218	352	152	156
총차입금	17	25	13	135	11	11
자본금	17	25	26	18	27	37
총자본	119	265	262	69	226	346
지배주주지분	119	265	262	69	226	346

기업가치 지표 *IFRS 별도 기준
항목	2011	2012	2013	2014	2015	2016
주가(최고/저)(천원)	—/—	—/—	—/—	—/—	11.8/2.9	13.5/4.2
PER(최고/저)(배)	0.0/0.0	0.0/0.0	0.0/0.0	0.0/0.0	15.2/3.7	65.3/20.4
PBR(최고/저)(배)	0.0/0.0	0.0/0.0	0.0/0.0	0.0/0.0	2.9/0.7	2.9/0.9
EV/EBITDA(배)	—	—	—	—	6.0	17.7
EPS(원)	635	391	-236	-1,016	777	207
BPS(원)	3,575	5,284	5,113	1,336	4,143	4,643
CFPS(원)	758	517	-108	-866	845	248
DPS(원)						
EBITDAPS(원)	794	397	-182	-229	687	383

재무 비율 〈단위 : % 〉
연도	영업이익률	순이익률	부채비율	차입금비율	ROA	ROE	유보율	자기자본비율	EBITDA마진율
2016	5.1	4.1	43.2	3.1	3.4	5.1	868.5	69.8	5.7
2015	7.7	12.2	63.6	4.7	12.5	33.1	775.0	61.1	8.5
2014	-3.9	-10.5	513.9	196.4	—	—	271.1	16.3	-2.4
2013	-2.4	-1.9	83.1	5.0	-2.4	-4.6	922.7	54.6	-1.4

핸즈 (A143210)
Hands

업 종 : 자동차부품		시 장 : 거래소	
신용등급 : (Bond) — (CP) —		기업규모 : —	
홈페이지 : www.handscorp.co.kr		연 락 처 : (032)870-9600	
본 사 : 인천시 서구 가정로37번길 50			

설 립 일 1972.03.03	종업원수 명	대표이사 승현창			
상 장 일 2016.12.02	감사의견 적정(안진)	계 열			
결 산 기 12월	보통주 2,165만주	종속회사수			
액 면 가 500원	우선주	구상호			

주주구성 (지분율,%)
승현창	40.8
학산문화재단	14.2
(외국인)	0.3

출자관계 (지분율,%)
에이에스에이전주	4.7
채널에이	0.3

주요경쟁사 (외형,%)
핸즈코퍼레이션	100
S&T모티브	170
현대모비스	5,651

매출구성
알루미늄 휠 (제품, 상품)	98.7
기타제품 (금형,기계)	0.9
기타 (부산물 등)	0.4

비용구성
매출원가율	83.4
판관비율	7.9

수출비중
수출	81.0
내수	19.0

회사 개요
동사는 1972년 3월 3일 동화합판 주식회사로 설립되어, 1975년 3월 24일 동화상협 주식회사로 사명을 변경, 2012년 9월 3일 핸즈코퍼레이션 주식회사로 사명을 변경함. 동사는 자동차부품제조업체로서 자동차용 알루미늄 휠을 전문으로 생산 중. 주로 주문자 상표 부착 생산(OEM)의 형태로 완성차 제조업체에 제품을 공급하고 있으며, 전방산업인 완성차의 수요 및 생산에 영향을 받음.

실적 분석
동사가 제조하는 승용차용 알루미늄 휠은 타이어와 함께 자동차와 땅을 연결하는 부품으로써 자동차의 중량을 분산 지지하고 엔진에서 발생한 구동력을 타이어에 전달하는 역할을 함. 휠은 주행과 제동, 구동시에 발생하는 토크와 노면으로부터의 충격, 그리고 차량 선회 시 원심력에 의한 횡하중을 받는 부품이기 때문에 충격에 강한 성질의 소재인 알루미늄 휠 합금이 주로 사용됨. 동사는 2016년 매출액 6770억원, 영업이익 592억원을 각각 기록.

현금 흐름 *IFRS 별도 기준 〈단위 : 억원〉
항목	2015	2016
영업활동	-538	564
투자활동	-102	215
재무활동	753	-305
순현금흐름	113	474
기말현금	124	597

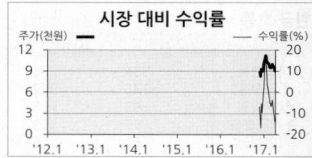
시장 대비 수익률

결산 실적 〈단위 : 억원〉
항목	2011	2012	2013	2014	2015	2016
매출액	5,925	5,848	5,098	5,746	6,762	6,771
영업이익	135	129	66	-26	454	592
당기순이익	15	147	106	-24	183	347

분기 실적 *IFRS 별도 기준 〈단위 : 억원〉
항목	2015.3Q	2015.4Q	2016.1Q	2016.2Q	2016.3Q	2016.4Q
매출액	—	—	—	—	—	—
영업이익	—	—	—	—	—	—
당기순이익	—	—	—	—	—	—

재무 상태 *IFRS 별도 기준 〈단위 : 억원〉
항목	2011	2012	2013	2014	2015	2016
총자산	4,000	3,904	4,394	4,933	5,139	5,139
유형자산	1,528	1,192	1,677	1,713	1,720	1,611
무형자산			10	114	110	107
유가증권	280	299	218	30	14	10
총부채	3,126	2,795	2,966	3,584	3,625	2,688
총차입금	1,683	1,535	1,713	1,833	2,567	1,554
자본금	11	8	9	10	108	
총자본	874	1,109	1,429	1,349	1,515	2,450
지배주주지분	874	1,109	1,429	1,349	1,515	2,450

기업가치 지표 *IFRS 별도 기준
항목	2011	2012	2013	2014	2015	2016
주가(최고/저)(천원)	—/—	—/—	—/—	—/—	—/—	9.5/8.0
PER(최고/저)(배)	0.0/0.0	0.0/0.0	0.0/0.0	0.0/0.0	0.0/0.0	13.7/11.6
PBR(최고/저)(배)	0.0/0.0	0.0/0.0	0.0/0.0	0.0/0.0	0.0/0.0	0.9/0.7
EV/EBITDA(배)	1.8	2.4	25.8	9.8	4.8	7.0
EPS(원)	103	1,235	-46	114	619	701
BPS(원)	975,813	1,346,956	1,514,272	1,430,222	1,465,011	11,320
CFPS(원)	276,693	486,545	165,724	208,564	275,083	1,792
DPS(원)						185
EBITDAPS(원)	364,185	387,693	57,903	166,206	480,081	2,564

재무 비율 〈단위 : % 〉
연도	영업이익률	순이익률	부채비율	차입금비율	ROA	ROE	유보율	자기자본비율	EBITDA마진율
2016	8.8	5.1	121.0	75.7	5.2	14.1	2,714.3	45.2	13.7
2015	6.7	2.7	246.9	181.4	2.9	10.4	18,176.2	28.8	11.6
2014	-0.5	-0.4	287.7	172.0	-0.4	-1.4	17,101.5	25.8	4.5
2013	1.3	2.1	226.1	148.2	—	—	18,333.7	30.7	6.2

행남생활건강 (A008800)
HAENGNAM HOUSEHOLD & HEALTH CARE

업 종 : 내구소비재		시 장 : KOSDAQ	
신용등급 : (Bond) — (CP) —		기업규모 : 중견	
홈 페 이 지 : www.haengnam.co.kr		연 락 처 : 061)280-2000	
본 사 : 전남 목포시 고하대로795(연산동)			

설 립 일 1974.05.14	종 업 원 수 84명	대 표 이 사 윤경석
상 장 일 1993.09.03	감 사 의 견 한정(불확실성) (삼일)	계 열
결 산 기 12월	보 통 주 6,884만주	종속회사수
액 면 가 500원	우 선 주	구 상 호 행남자기

주주구성 (지분율,%)		출자관계 (지분율,%)		주요경쟁사 (외형,%)	
더미디어	23.3	와이에이치2호조합	100.0	행남생활건강	100
진광호	10.0	크레이텍	40.0	코웨이	8,379
(외국인)	0.6	모디	32.9	쿠쿠전자	2,527

매출구성		비용구성		수출비중	
도자기외	100.0	매출원가율	91.5	수출	28.3
		판관비율	22.7	내수	71.7

회사 개요
동사는 1942년 설립되어 '본차이나'라는 브랜드로 널리 알려진 가정용 도자기 전문업체임. 도자기 시장은 봄, 가을에 성수기를 맞고 경기변동에 다소 민감한 편이나, 소득 수준 증가에 따라 플라스틱 용기 등을 대신해 도자기 등을 사용하고자 하는 수요는 꾸준히 증가하고 있음. 국내뿐만 아니라 미국, 이탈리, 일본, 캐나다 등에 고정 거래처를 확보하고 있음. 동사의 국내 시장 점유율은 약 25% 수준임.

실적 분석
동사의 2016년 연결 기준 매출과 영업손실은 284억원, 40억원으로 매출은 26.7% 감소하고 적자전환함. 자산은 전년 대비 268억원(34.5%) 감소한 510억원임. 자산감소의 주된 원인은 연결실체인 (주)모디, (주)예향광주일보가 연결에서 제외된 때문임. 또한 매도가능증권, 관계기업주식 순자산가치 평가에 의한 손상차손에 기인함. 부채는 전년대비 121억원(27.8%) 감소한 313억원을 시현함.

현금 흐름 〈단위 : 억원〉

항목	2015	2016
영업활동	-29	-3
투자활동	-64	-227
재무활동	96	226
순현금흐름	3	-4
기말현금	6	3

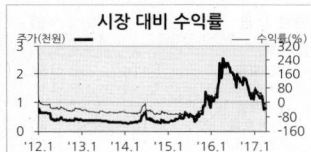

시장 대비 수익률

결산 실적 〈단위 : 억원〉

항목	2011	2012	2013	2014	2015	2016
매출액	537	461	439	424	387	284
영업이익	-17	-30	14	-25	4	-40
당기순이익	-32	7	7	-43	3	-189

분기 실적 〈단위 : 억원〉

항목	2015.3Q	2015.4Q	2016.1Q	2016.2Q	2016.3Q	2016.4Q
매출액	98	84	90			
영업이익	-2	1	-0			
당기순이익	-2	1	3			

재무 상태 〈단위 : 억원〉

항목	2011	2012	2013	2014	2015	2016
총자산	737	615	639	587	778	510
유형자산	200	160	150	140	184	100
무형자산	6	4	4	1	143	1
유가증권	7	4	4	3	4	35
총부채	426	300	307	310	433	313
총차입금	306	198	216	206	315	251
자본금	302	302	302	302	312	344
총자본	311	315	332	277	345	197
지배주주지분	276	282	290	253	284	197

기업가치 지표

항목	2011	2012	2013	2014	2015	2016
주가(최고/저)(천원)	0.9/0.3	0.8/0.4	0.4/0.3	0.8/0.3	1.4/0.3	2.7/0.8
PER(최고/저)(배)	—/—	51.8/22.6	41.7/29.0	—/—	183.0/40.5	—/—
PBR(최고/저)(배)	1.8/0.7	1.7/0.7	0.8/0.6	1.9/0.6	3.0/0.7	9.4/2.7
EV/EBITDA(배)	66.9		17.3		79.9	
EPS(원)	-36	16	10	-56	7	-287
BPS(원)	4,718	4,819	4,965	4,344	4,552	286
CFPS(원)	89	338	249	-430	188	-280
DPS(원)						
EBITDAPS(원)	169	-313	378	-278	173	-54

재무 비율 〈단위 : % 〉

연도	영업이익률	순이익률	부채비율	차입금비율	ROA	ROE	유보율	자기자본비율	EBITDA마진율
2016	-14.2	-66.7	일부잠식	일부잠식	-29.4	-79.5	-42.8	38.7	-12.6
2015	0.9	0.8	125.8	91.4	0.5	1.7	-9.0	44.3	2.7
2014	-5.9	-10.1	일부잠식	일부잠식	-7.0	-12.5	-13.1	47.1	-4.0
2013	3.2	1.6	92.6	65.2	1.1	2.1	-0.7	51.9	5.2

헝성그룹 (A900270)
HENG SHENG HOLDING GROUP

업 종 : 레저용품		시 장 : KOSDAQ	
신용등급 : (Bond) — (CP) —		기업규모 :	
홈 페 이 지 : www.hsfamilyent.com		연 락 처 : +86-595-85225128	
본 사 : ROOM 6, 3F., Lladro Centre, 72-80 Hoi Yuen Road, Kwun Tong, Kowloon, Hong Kong			

설 립 일 1995.11.14	종 업 원 수 명	대 표 이 사 후이만킷
상 장 일 2016.08.18	감 사 의 견 적정 (신한)	계 열
결 산 기 12월	보 통 주 8,000만주	종속회사수
액 면 가	우 선 주	구 상 호

주주구성 (지분율,%)		출자관계 (지분율,%)		주요경쟁사 (외형,%)	
후이만킷	41.0			헝성그룹	100
쉬메이야	16.7			손오공	64
(외국인)	75.0			오로라	71

매출구성		비용구성		수출비중	
플라스틱완구	46.3	매출원가율	0.0	수출	—
아동의류	23.5	판관비율	0.0	내수	—
봉제완구	20.3				

회사 개요
동사는 1992년 설립된 유아동용 완구 및 의류 전문 제조업체로 2014년 홍콩에 설립된 지주회사이며, 자회사로 진장헝성완구유한회사(이하 헝성완구)와 췬저우 JAZZIT 어패럴유한공사(이하 재즈래빗어패럴)를 두고 있음. 설립 초기에는 주로 OEM/ODM 방식의 봉제완구를 생산하다가, 최근에는 자체 브랜드 매출비중이 65%까지 확대되고 생산 제품군도 아동복, 일회용 용기 등으로 다양화 하고 있음

실적 분석
동사의 2016년 3분기 누적매출액은 1,530억원으로 전년동기 1,591.8억원 대비 3.9% 감소하였음. 또한 판매비와 관리비는 119.2억원으로 4.8% 증가하였음. 그리고 매출총이익은 431.9억원으로 3.8% 감소하였음. 이에 따라 영업이익은 312.7억원으로 6.7% 감소하였음. 최종적으로 당기순이익은 236.1억원으로 전년동기 246.2억원 대비 4.1% 감소하였음. 작성일 현재 사업보고서 미제출 상태임

현금 흐름 〈단위 : 억원〉

항목	2015	2016
영업활동	384	—
투자활동	-171	—
재무활동	-35	—
순현금흐름	178	—
기말현금	290	—

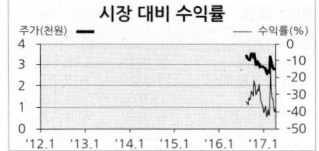

시장 대비 수익률

결산 실적 〈단위 : 억원〉

항목	2011	2012	2013	2014	2015	2016
매출액				1,883	2,024	
영업이익				363	395	
당기순이익				253	287	

분기 실적 〈단위 : 억원〉

항목	2015.3Q	2015.4Q	2016.1Q	2016.2Q	2016.3Q	2016.4Q
매출액	647		375		640	
영업이익	146		70		137	
당기순이익	105		52		105	

재무 상태 〈단위 : 억원〉

항목	2011	2012	2013	2014	2015	2016
총자산	—	—	—	1,415	1,721	—
유형자산				311	290	
무형자산				1	1	
유가증권						
총부채				614	680	
총차입금				455	431	
자본금				21	22	
총자본				801	1,041	
지배주주지분				748	1,041	

기업가치 지표

항목	2011	2012	2013	2014	2015	2016
주가(최고/저)(천원)	—/—	—/—	—/—	—/—	—/—	4.2/2.6
PER(최고/저)(배)	0.0/0.0	0.0/0.0	0.0/0.0	0.0/0.0	0.0/0.0	0.0/0.0
PBR(최고/저)(배)	0.0/0.0	0.0/0.0	0.0/0.0	0.0/0.0	0.0/0.0	0.0/0.0
EV/EBITDA(배)	0.0	0.0	0.0	1.0	0.0	0.0
EPS(원)				969	469	
BPS(원)				1,246	1,735	
CFPS(원)				1,081	520	
DPS(원)						
EBITDAPS(원)				1,506	709	

재무 비율 〈단위 : % 〉

연도	영업이익률	순이익률	부채비율	차입금비율	ROA	ROE	유보율	자기자본비율	EBITDA마진율
2016	0.0	0.0	0.0	0.0	0.0	0.0	0.0	0.0	0.0
2015	19.5	14.2	65.4	41.4	18.3	31.4	4,733.7	60.5	21.0
2014	19.3	13.4	76.7	56.8	0.0	0.0	3,437.7	56.6	20.8
2013	0.0	0.0	0.0	0.0	0.0	0.0	0.0	0.0	0.0

현대건설 (A000720)
Hyundai Engineering & Construction

업 종: 건설		시 장: 거래소	
신용등급: (Bond) AA- (CP) —		기업규모: 시가총액 대형주	
홈페이지: www.hdec.kr		연 락 처: 1577-7755	
본 사: 서울시 종로구 율곡로 75 현대건설빌딩			

설립일 1950.01.10	종업원수 7,147명	대표이사 정수현	
상장일 1984.12.22	감사의견 적정 (안진)	계 열	
결산기 12월	보통주 11,136만주	종속회사수	
액면가 5,000원	우선주 10만주	구상호	

주주구성 (지분율,%)
현대자동차	21.0
국민연금공단	12.1
(외국인)	31.1

출자관계 (지분율,%)
현대스틸산업	100.0
현대도시개발	100.0
하떠이알앤씨	100.0

주요경쟁사 (외형,%)
현대건설	100
현대산업	25
대림산업	53

매출구성
현대건설, 현대엔지니어링, MEEDCO 등	43.5
현대건설, 현대엔지니어링, Wuxi, HATCO 등	34.6
현대건설, 현대엔지니어링, 현대스틸산업 등	18.7

비용구성
매출원가율	90.2
판관비율	4.2

수출비중
수출	—
내수	—

회사 개요
동사는 토목과 건축 공사를 주 사업 영역으로 하며 1984년 유가증권시장에 상장됨. 건축, 주택, 토목, 플랜트, 기타 등으로 사업 부문이 나뉨. 플랜트 매출이 가장 크고 건축, 토목 순임. 국내 부문에서 수주가 줄더라도 해외 대형 플랜트 수주가 지속돼 당분간은 나쁘지 않을 전망. 해외 시장은 불확실성이 존재하나, CIS 지역 대규모 자원개발, 신흥국 인프라 투자 증가로 안정적 성장이 예상됨.

실적 분석
2016년 매출은 수주 저조와 해외매출 하락으로 전년 대비 2.0% 역성장함. 주택원가율 개선으로 매출원가율은 3.5% 하락하여 매출총이익이 14.1% 증가함. 외환관련이익이 775.0억원 발생하였고 일회성 비용이 없어서 당기순이익은 전년대비 11.4% 증가한 6,503.8억원을 기록했으며 부채 감소로 재무비율이 개선됨. 2017년 수주는 본사는 12.4조원(해외 6.4조원), 현대엔지니어링은 11.3조원(해외 6.8조원) 목표를 제시함.

현금 흐름 〈단위 : 억원〉
항목	2015	2016
영업활동	5,960	10,865
투자활동	-11,738	-7,752
재무활동	307	-1,769
순현금흐름	-5,450	1,526
기말현금	19,974	21,500

시장 대비 수익률
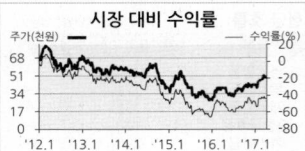

결산 실적 〈단위 : 억원〉
항목	2011	2012	2013	2014	2015	2016
매출액	119,202	133,248	139,383	173,870	191,221	187,445
영업이익	7,356	7,604	7,929	9,589	9,866	10,527
당기순이익	6,851	5,670	5,696	5,867	5,840	6,504

분기 실적 〈단위 : 억원〉
항목	2015.3Q	2015.4Q	2016.1Q	2016.2Q	2016.3Q	2016.4Q
매출액	47,114	56,519	42,879	46,866	44,641	53,059
영업이익	2,644	2,672	2,072	2,684	2,751	3,020
당기순이익	1,630	1,652	869	1,678	1,356	2,601

재무 상태 〈단위 : 억원〉
항목	2011	2012	2013	2014	2015	2016
총자산	118,719	127,468	147,332	184,397	194,585	198,835
유형자산	11,203	11,440	16,382	17,106	17,542	14,981
무형자산	443	768	846	8,743	8,573	8,103
유가증권	7,044	6,613	5,038	5,456	5,397	5,669
총부채	75,084	79,909	95,301	114,734	119,673	117,412
총차입금	14,864	17,311	23,567	26,798	27,195	26,556
자본금	5,573	5,573	5,573	5,573	5,573	5,573
총자본	43,635	47,559	52,031	69,663	74,913	81,423
지배주주지분	42,031	45,485	48,837	54,438	58,209	63,467

기업가치 지표
항목	2011	2012	2013	2014	2015	2016
주가(최고/저)(천원)	86.2/49.0	80.9/53.2	70.3/51.5	62.7/39.1	57.2/27.3	44.3/27.0
PER(최고/저)(배)	16.1/9.2	18.7/12.3	16.3/12.0	17.3/10.8	17.8/8.5	10.2/6.2
PBR(최고/저)(배)	2.4/1.4	2.1/1.4	1.7/1.2	1.3/0.8	1.1/0.5	0.8/0.5
EV/EBITDA(배)	9.2	8.9	8.0	5.2	3.7	4.2
EPS(원)	5,701	4,575	4,519	3,765	3,301	4,404
BPS(원)	37,711	40,811	43,818	48,844	52,227	56,944
CFPS(원)	6,386	5,344	5,356	5,148	5,058	6,112
DPS(원)	500	500	500	500	500	500
EBITDAPS(원)	7,286	7,592	7,951	9,986	10,609	11,154

재무 비율 〈단위 : % 〉
연도	영업이익률	순이익률	부채비율	차입금비율	ROA	ROE	유보율	자기자본비율	EBITDA마진율
2016	5.6	3.5	144.2	32.6	3.3	8.1	1,038.9	41.0	6.6
2015	5.2	3.1	159.8	36.3	3.1	6.5	944.5	38.5	6.2
2014	5.5	3.4	164.7	38.5	3.5	8.1	876.9	37.8	6.4
2013	5.7	4.1	183.2	45.3	4.2	10.7	776.4	35.3	6.4

현대공업 (A170030)
Hyundai Industrial

업 종: 자동차부품		시 장: KOSDAQ	
신용등급: (Bond) — (CP) —		기업규모: 우량	
홈페이지: www.hdi21.co.kr		연 락 처: 052)276-1900	
본 사: 울산시 북구 매곡산업5길 28 (매곡동)			

설립일 1978.09.12	종업원수 164명	대표이사 강현석	
상장일 2013.12.04	감사의견 적정 (부원)	계 열	
결산기 12월	보통주 1,534만주	종속회사수	
액면가 500원	우선주	구상호	

주주구성 (지분율,%)
강현석	31.8
강윤나	21.9
(외국인)	2.1

출자관계 (지분율,%)
황화현공기차부건유한공사	100.0
북경현공기차부건유한공사	100.0

주요경쟁사 (외형,%)
현대공업	100
삼성공조	40
에코플라스틱	513

매출구성
암레스트	40.4
시트패드	34.8
헤드레스트	21.9

비용구성
매출원가율	85.0
판관비율	6.5

수출비중
수출	7.4
내수	92.6

회사 개요
동사는 1969년 현대공업사로 설립되어 1978년 9월 주식회사 현대공업으로 사명을 변경해 법인으로 전환 설립됨. 차량용 시트부품 등 자동차부품의 제조를 주요 사업목적으로 영위하고 있음. 동사가 속한 자동차부품 제조 관련 내장재 산업은 완성차 제조산업 뿐만 아니라 자동차 부품제조산업을 포함한 자동차산업 전체를 전방산업으로 하고 그 영향을 받음에 따라 자동차산업 전체 경기수준에 직접적인 영향을 받음.

실적 분석
동사의 2016년 결산기준 누적 매출액은 전년동기대비 7.7% 상승한 2,131.7억원을 기록하였음. 비용면에서 전년동기대비 매출원가는 증가 하였으며 인건비도 증가, 기타판매비와관리비도 마찬가지로 증가함. 이와 같이 상승한 매출액 만큼 비용증가도 있었으나 매출액의 더 큰 상승에 힘입어 그에 따라 전년동기대비 영업이익은 182.1억원으로 13.6% 상승하였음. 최종적으로 전년동기대비 당기순이익은 상승하여 154.7억원을 기록함.

현금 흐름 〈단위 : 억원〉
항목	2015	2016
영업활동	116	164
투자활동	-4	-115
재무활동	-6	-6
순현금흐름	107	40
기말현금	177	217

시장 대비 수익률

결산 실적 〈단위 : 억원〉
항목	2011	2012	2013	2014	2015	2016
매출액	811	1,072	1,539	1,804	1,980	2,132
영업이익	78	93	158	162	160	182
당기순이익	56	73	108	124	152	155

분기 실적 〈단위 : 억원〉
항목	2015.3Q	2015.4Q	2016.1Q	2016.2Q	2016.3Q	2016.4Q
매출액	424	577	511	566	427	628
영업이익	23	56	26	86	19	52
당기순이익	22	57	20	67	22	45

재무 상태 〈단위 : 억원〉
항목	2011	2012	2013	2014	2015	2016
총자산	424	579	849	1,098	1,272	1,469
유형자산	134	146	172	230	338	296
무형자산	6	8	8	11	10	10
유가증권	9	13	9	58	92	90
총부채	211	307	283	423	445	516
총차입금	47	43	6	2	—	—
자본금	37	37	50	50	77	77
총자본	213	272	566	675	827	953
지배주주지분	213	272	566	675	827	953

기업가치 지표
항목	2011	2012	2013	2014	2015	2016
주가(최고/저)(천원)	—/—	—/—	4.8/3.9	7.9/3.6	7.5/4.6	6.1/3.8
PER(최고/저)(배)	0.0/0.0	0.0/0.0	5.3/4.3	10.0/4.6	7.7/4.7	6.2/3.8
PBR(최고/저)(배)	0.0/0.0	0.0/0.0	1.3/1.1	1.8/0.8	1.4/0.9	1.0/0.6
EV/EBITDA(배)	—	0.1	2.1	3.8	3.8	2.3
EPS(원)	514	670	951	827	1,001	1,010
BPS(원)	29,213	3,727	5,661	6,716	5,404	6,217
CFPS(원)	9,633	1,176	1,626	1,397	1,131	1,169
DPS(원)			80	90	66	92
EBITDAPS(원)	12,577	1,439	2,294	1,777	1,189	1,348

재무 비율 〈단위 : % 〉
연도	영업이익률	순이익률	부채비율	차입금비율	ROA	ROE	유보율	자기자본비율	EBITDA마진율
2016	8.5	7.3	54.1	0.0	11.3	17.4	1,143.3	64.9	9.7
2015	8.1	7.7	53.8	0.0	12.8	20.2	980.8	65.0	9.1
2014	9.0	6.9	62.7	0.4	12.8	20.0	1,243.3	61.5	9.9
2013	10.3	7.0	50.0	1.1	15.1	25.7	1,032.3	66.7	11.3

현대그린푸드 (A005440)
Hyundai Green Food

업 종 : 호텔 및 레저		시 장 : 거래소	
신용등급 : (Bond) — (CP) A1		기업규모 : 시가총액 중형주	
홈 페 이 지 : www.hyundaigreenfood.com		연 락 처 : 031)525-2233	
본 사 : 경기도 용인시 수지구 문인로 30 (동천동)			

설 립 일 1968.02.27	종 업 원 수 4,478명	대 표 이 사 박홍진,오흥용	
상 장 일 1989.08.22	감 사 의 견 적정 (삼정)	계 열	
결 산 기 12월	보 통 주 9,770만주	종속회사수	
액 면 가 500원	우 선 주	구 상 호	

주주구성 (지분율,%)		출자관계 (지분율,%)		주요경쟁사 (외형,%)	
정교선	15.3	금강에이앤디	100.0	현대그린푸드	100
정지선	12.7	씨엔에스푸드시스템	100.0		
(외국인)	12.9	현대H&S	100.0		

매출구성		비용구성		수출비중	
푸드서비스사업-단체급식	30.2	매출원가율	86.0	수출	11.7
법인영업-유니폼 등	26.7	판관비율	9.8	내수	88.3
유통사업-공산품 등	20.3				

회사 개요
동사는 현대백화점그룹에 속한 회사로 식자재유통, 급식, 도소매 유통, LED 사업, B2B MRO영업, 여행, 임대 부문 크게 7개 사업을 영위하고 있음. 푸드서비스, 법인, 유통, 식자재 등 다양한 분야에 고루 매출 구성이 이루어지고 있음. 향후 현대화점화점 신규 출점에 따른 수혜 및 효율핑용 전용 가정간편식(HMR) 브랜드 전개, 쿠웨이트 국영 정유회사 급식공급계약 등에 따른 매출 증대가 전망됨.

실적 분석
연결 재무제표 기준 2016년 결산 매출액은 2조 5,217억원으로 전년대비 19.4% 증가함. 부문별로 식재사업분이 유명 프렌차이즈 업체등과 제휴하는 등 적극적인 판로개척을 시행하여 307억 증가하면서 10%의 성장률을 보였으며, 기타사업 중에는 말레이시아 법인의 캠프기실 공사 155억 등 총 310억 (23.9%)이 증가하였음. 유통부문은 판교점 및 김포아울렛 등 신규영업장에 대한 지속적인 매출 확대로 176억(4.1%)의 매출이 증가함.

현금 흐름 〈단위 : 억원〉
항목	2015	2016
영업활동	540	1,773
투자활동	-458	-1,001
재무활동	-93	-670
순현금흐름	-11	107
기말현금	232	338

시장 대비 수익률

결산 실적 〈단위 : 억원〉
항목	2011	2012	2013	2014	2015	2016
매출액	13,370	15,566	17,628	19,659	21,128	25,217
영업이익	669	772	683	782	879	1,052
당기순이익	865	808	914	979	915	1,053

분기 실적 〈단위 : 억원〉
항목	2015.3Q	2015.4Q	2016.1Q	2016.2Q	2016.3Q	2016.4Q
매출액	5,339	5,693	5,498	5,292	5,347	9,080
영업이익	233	166	251	232	194	375
당기순이익	259	96	325	258	201	269

재무 상태 〈단위 : 억원〉
항목	2011	2012	2013	2014	2015	2016
총자산	16,826	17,990	19,221	18,830	19,541	21,817
유형자산	1,175	1,402	1,505	1,665	1,770	2,407
무형자산	1,207	1,209	1,323	1,326	1,350	1,655
유가증권	6,467	8,877	9,091	7,700	6,812	7,250
총부채	4,363	4,755	4,996	5,012	4,862	5,747
총차입금	167	347	292	155	115	333
자본금	489	489	489	489	489	489
총자본	12,463	13,234	14,225	13,817	14,679	16,071
지배주주지분	12,439	13,187	14,174	13,767	14,622	15,096

기업가치 지표
항목	2011	2012	2013	2014	2015	2016
주가(최고/저)(천원)	17.3/10.0	18.5/13.8	18.7/14.9	21.0/15.8	27.8/16.8	23.5/15.2
PER(최고/저)(배)	19.6/11.3	23.0/17.1	20.3/16.2	21.2/16.0	30.1/18.2	24.3/15.7
PBR(최고/저)(배)	1.3/0.8	1.3/1.0	1.2/1.0	1.4/1.1	1.8/1.1	1.5/0.9
EV/EBITDA(배)	17.6	16.5	17.5	17.3	21.2	10.1
EPS(원)	901	818	930	999	929	971
BPS(원)	13,567	14,272	15,275	14,851	15,725	16,211
CFPS(원)	1,017	935	1,066	1,146	1,116	1,247
DPS(원)	50	50	50	60	60	60
EBITDAPS(원)	829	907	835	947	1,086	1,353

재무 비율 〈단위 : % 〉
연도	영업이익률	순이익률	부채비율	차입금비율	ROA	ROE	유보율	자기자본비율	EBITDA마진율
2016	4.2	4.2	35.8	2.1	5.1	6.4	3,142.2	73.7	5.2
2015	4.2	4.3	33.1	0.8	4.8	6.4	3,045.0	75.1	5.0
2014	4.0	5.0	36.3	1.1	5.2	7.0	2,870.2	73.4	4.7
2013	3.9	5.2	35.1	2.1	4.9	6.6	2,955.0	74.0	4.6

현대글로비스 (A086280)
HYUNDAI GLOVIS

업 종 : 육상운수		시 장 : 거래소	
신용등급 : (Bond) AA (CP) —		기업규모 : 시가총액 대형주	
홈 페 이 지 : www.glovis.net		연 락 처 : 02)6191-9114	
본 사 : 서울시 강남구 테헤란로 301			

설 립 일 2001.02.22	종 업 원 수 1,114명	대 표 이 사 김경배	
상 장 일 2005.12.26	감 사 의 견 적정 (한영)	계 열	
결 산 기 12월	보 통 주 3,750만주	종속회사수	
액 면 가 500원	우 선 주	구 상 호	

주주구성 (지분율,%)		출자관계 (지분율,%)		주요경쟁사 (외형,%)	
정의선	23.3	하이자산신백사로특별자산투자신탁11호	20.0	현대글로비스	100
Den Norske Amerikalinje AS	12.0	루코	16.7	CJ대한통운	40
(외국인)	32.4	현대A&I	16.2	한진	12

매출구성		비용구성		수출비중	
물류부문	51.0	매출원가율	92.8	수출	—
CKD부문	36.9	판관비율	2.5	내수	—
기타부문	12.2				

회사 개요
동사는 종합물류업과 유통판매업을 영위하고 있으며 현대자동차 그룹의 물류를 담당하고 있음. 그룹사의 대규모 화물을 함께 취급하여 규모의 경제를 실현하고 있음. 이러한 규모의 경제 실현으로 타 물류회사와 차별화된 가격 메리트를 가지고 있으며 이를 통한 그룹사 이외의 제3자 물량 확보에도 도움이 되고 있음. 2016년 기준 주요 매출 구성은 물류부문 51%, CKD부문 36.8%, 기타부문 12.2%로 구성됨.

실적 분석
동사의 2016년 연결기준 매출액은 15조 3,406.3억원으로 전년도 대비 4.6% 증가함. 매출원가율은 전년도와 대동소이했지만 판매비와 관리비가 9.8% 줄어 영업이익이 4.4% 증가함. 비영업부문은 적자가 지속됐으나 손실폭은 4분의 1 수준으로 감소함. 법인세비용 또한 8.2% 감소함. 이에 힘입어 당기순이익이 전년도 대비 34.2% 증가한 5,057.1억원을 시현함.

현금 흐름 〈단위 : 억원〉
항목	2015	2016
영업활동	7,831	6,063
투자활동	-8,478	-5,175
재무활동	-37	-1,852
순현금흐름	-778	-809
기말현금	6,761	5,952

시장 대비 수익률

결산 실적 〈단위 : 억원〉
항목	2011	2012	2013	2014	2015	2016
매출액	95,460	117,460	128,613	139,220	146,712	153,406
영업이익	4,625	6,137	6,369	6,446	6,980	7,288
당기순이익	3,588	4,977	4,813	5,362	3,768	5,057

분기 실적 〈단위 : 억원〉
항목	2015.3Q	2015.4Q	2016.1Q	2016.2Q	2016.3Q	2016.4Q
매출액	38,608	37,230	37,628	38,388	38,192	39,198
영업이익	1,784	1,864	1,925	1,962	1,835	1,566
당기순이익	157	1,278	1,793	1,030	2,188	46

재무 상태 〈단위 : 억원〉
항목	2011	2012	2013	2014	2015	2016
총자산	38,266	42,578	50,692	61,962	74,785	79,675
유형자산	8,141	9,774	15,151	21,163	28,821	31,089
무형자산	349	367	393	391	724	701
유가증권	2,888	2,900	2,956	2,630	2,971	2,637
총부채	23,348	23,386	27,354	34,251	43,817	44,900
총차입금	10,426	10,908	13,809	16,736	18,902	18,861
자본금	188	188	188	188	188	188
총자본	14,917	19,193	23,338	27,711	30,968	34,774
지배주주지분	14,917	19,193	23,338	27,711	30,966	34,772

기업가치 지표
항목	2011	2012	2013	2014	2015	2016
주가(최고/저)(천원)	215/124	230/166	233/149	314/206	298/157	207/146
PER(최고/저)(배)	23.9/13.8	18.4/13.2	19.0/12.2	22.9/15.0	30.7/16.2	15.7/11.1
PBR(최고/저)(배)	5.8/3.3	4.8/3.4	3.9/2.5	4.4/2.9	3.7/2.0	2.3/1.6
EV/EBITDA(배)	14.7	12.7	13.0	15.9	9.7	7.4
EPS(원)	9,568	13,271	12,834	14,300	10,052	13,483
BPS(원)	39,780	51,180	62,236	73,895	82,577	92,725
CFPS(원)	11,005	15,048	14,972	16,954	13,491	17,647
DPS(원)	1,500	1,500	1,500	2,000	3,000	3,000
EBITDAPS(원)	13,770	18,143	19,122	19,844	22,053	23,598

재무 비율 〈단위 : % 〉
연도	영업이익률	순이익률	부채비율	차입금비율	ROA	ROE	유보율	자기자본비율	EBITDA마진율
2016	4.8	3.3	129.1	54.2	6.6	15.4	18,445.0	43.7	5.8
2015	4.8	2.6	141.5	61.0	5.5	12.9	16,415.3	41.4	5.6
2014	4.6	3.9	123.6	60.4	9.5	21.0	14,679.1	44.7	5.4
2013	5.0	3.7	117.2	59.2	10.3	22.6	12,347.1	46.0	5.6

현대로템 (A064350)
HYUNDAI ROTEM

업 종 : 운송인프라	시 장 : 거래소
신용등급 : (Bond) A (CP) A2	기업규모 : 시가총액 중형주
홈페이지 : www.hyundai-rotem.co.kr	연 락 처 : 055)273-1341
본 사 : 경남 창원시 의창구 창원대로 488	

설 립 일	1999.07.01	종 업 원 수	3,571명	대 표 이 사	김승탁
상 장 일	2013.10.30	감 사 의 견	적정 (삼일)	계 열	
결 산 기	12월	보 통 주	8,500만주	종속회사수	
액 면 가	5,000원	우 선 주		구 상 호	

주주구성 (지분율,%)
현대자동차	43.4
MSPE Metro-Investment AB	24.8
(외국인)	27.5

출자관계 (지분율,%)
메인트란스	80.0
그린에어	51.0
무안환경비전	30.0

주요경쟁사 (외형,%)
현대로템	100
서부T&D	2
선광	4

매출구성
전동차	48.5
제철프레스환경운반설비	30.2
방산물자	19.9

비용구성
매출원가율	90.4
판관비율	6.1

수출비중
수출	—
내수	—

회사 개요
동사는 철도부문, 중기부문, 플랜트부문 및 기타부문으로 구성되어있음. 국내 철도시장은 국책사업으로 추진되고 있는 고속철도망의 증가로 더욱 성장할 것으로 보임. 동사의 국내 철도차량시장 점유율은 수주금액 기준으로 90% 이상을 차지하고 있으며, 세계시장 점유율은 수출주력 차종인 교외통근형 전동차, 메트로 및 디젤동차 등을 포함하여 약 2~3%의 점유율을 유지하고 있음.

실적 분석
동사의 2016년 연결기준 누적매출액은 2조 9,847.8억원으로 전년동기 대비 9.8% 감소함. 영업이익과 당기순이익 모두 큰 폭의 흑자를 시현. 지난 해 크게 부진했던 철도부문 수주, 특히 해외수주가 올 들어 빠르게 회복추세에 있어 실적 개선의 기대감이 존재하나, 환율의 하락, 플랜트 부문의 적자지속의 영향으로 실적의 불확실성 역시 공존하는 모습.

현금 흐름 〈단위 : 억원〉
항목	2015	2016
영업활동	-5,645	6,111
투자활동	-553	556
재무활동	7,642	-3,435
순현금흐름	1,376	3,269
기말현금	2,533	5,802

시장 대비 수익률
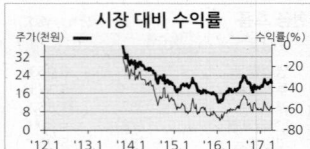

결산 실적 〈단위 : 억원〉
항목	2011	2012	2013	2014	2015	2016
매출액	27,699	31,166	32,994	31,911	33,091	29,848
영업이익	1,329	1,750	1,744	66	-1,929	1,062
당기순이익	685	994	1,261	-151	-3,045	231

분기 실적 〈단위 : 억원〉
항목	2015.3Q	2015.4Q	2016.1Q	2016.2Q	2016.3Q	2016.4Q
매출액	8,482	7,799	7,241	7,225	6,825	8,557
영업이익	313	-2,112	308	390	76	289
당기순이익	-369	-2,352	16	227	-166	155

재무 상태 〈단위 : 억원〉
항목	2011	2012	2013	2014	2015	2016
총자산	35,359	36,704	42,749	44,008	50,439	44,732
유형자산	13,934	13,919	14,277	13,694	13,538	12,415
무형자산	1,409	1,498	1,542	1,822	1,589	1,444
유가증권	672	640	252	264	213	223
총부채	24,308	24,871	24,854	26,622	36,063	30,060
총차입금	11,634	11,491	11,069	13,749	21,437	18,128
자본금	3,197	3,197	4,250	4,250	4,250	4,250
총자본	11,051	11,832	17,895	17,387	14,377	14,672
지배주주지분	10,522	11,138	17,135	16,610	13,587	13,920

기업가치 지표
항목	2011	2012	2013	2014	2015	2016
주가(최고/저)(천원)	—/—	—/—	38.3/28.3	30.7/19.8	22.7/14.5	23.8/10.8
PER(최고/저)(배)	0.0/0.0	0.0/0.0	22.1/16.3	—/—	—/—	93.4/42.4
PBR(최고/저)(배)	0.0/0.0	0.0/0.0	1.9/1.4	1.6/1.0	1.4/0.9	1.5/0.7
EV/EBITDA(배)	4.8		4.3	14.1	36.4	15.3
EPS(원)	1,070	1,371	1,756	-197	-3,602	257
BPS(원)	16,457	17,419	20,159	19,541	15,985	16,376
CFPS(원)	2,134	2,395	2,791	680	-2,811	1,159
DPS(원)	—	—	125	—	—	—
EBITDAPS(원)	3,141	3,761	3,608	954	-1,478	2,152

재무 비율 〈단위 : % 〉
연도	영업이익률	순이익률	부채비율	차입금비율	ROA	ROE	유보율	자기자본비율	EBITDA마진율
2016	3.6	0.8	204.9	123.6	0.5	1.6	227.5	32.8	6.1
2015	-5.8	-9.2	250.8	149.1	-6.5	-20.3	219.7	28.5	-3.8
2014	0.2	-0.5	153.1	79.1	-0.4	-1.0	290.8	39.5	2.5
2013	5.3	3.8	138.9	61.9	3.2	8.4	303.2	41.9	7.4

현대리바트 (A079430)
HYUNDAI LIVART FURNITURE

업 종 : 내구소비재	시 장 : 거래소
신용등급 : (Bond) — (CP) —	기업규모 : 시가총액 중형주
홈페이지 : www.hyundailivart.co.kr	연 락 처 : 031)331-9114
본 사 : 경기도 용인시 처인구 남사면 경기동로 316	

설 립 일	1999.06.10	종 업 원 수	429명	대 표 이 사	김화응
상 장 일	2005.11.22	감 사 의 견	적정 (한영)	계 열	
결 산 기	12월	보 통 주	1,726만주	종속회사수	
액 면 가	1,000원	우 선 주		구 상 호	리바트

주주구성 (지분율,%)
현대그린푸드	28.5
KB자산운용	12.9
(외국인)	9.7

출자관계 (지분율,%)
리바트판매서비스	100.0
HYUNDAILIVARTVINACO.,LTD	100.0

주요경쟁사 (외형,%)
현대리바트	100
한샘	263
퍼시스	31

매출구성
가구/목공,주방(빌트인가구)	37.2
가정용 가구	31.2
자재용 보드류(자재유통)	18.5

비용구성
매출원가율	76.8
판관비율	17.5

수출비중
수출	—
내수	—

회사 개요
1999년 설립되어 가정용, 사무용, 아파트용 가구 등을 제조 및 판매를 주요사업으로 영위중인 종합가구회사임. 현대그린푸드가 최대주주가 되어 현대백화점그룹으로 편입됐으며, 2005년 한국거래소에 상장함. 경기도 용인시와 안성시, 경상북도 경주시 등에 공장이 위치하고 있음. 주요 사업부문은 가정용가구와 사무용가구, 건설업체의 신규주택을 대상으로 납품되는 빌트인가구와 자재유통 등으로 분류됨.

실적 분석
동사의 2016년 연결 기준 매출액은 7,356.5억원으로 전년 동기대비 6.0% 증가함. 이는 건설 시장 활성화로 연기됐던 수주물량이 점차 해소되며 매출액의 38%를 차지하는 빌트인가구 부문의 실적이 개선된 것에 기인함. 거점도시를 중심으로 한 대형 직영전시장 등 유통망 강화, 베트남 등 해외 현지법인 설립을 통한 생산 및 영업 거점 확보, 신제품 다각화 등을 통해 매출 신장을 꾀하는 중임.

현금 흐름 〈단위 : 억원〉
항목	2015	2016
영업활동	148	55
투자활동	-97	-211
재무활동	-8	-20
순현금흐름	44	-178
기말현금	424	246

시장 대비 수익률
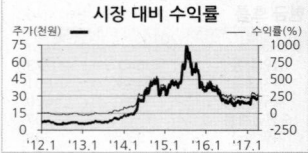

결산 실적 〈단위 : 억원〉
항목	2011	2012	2013	2014	2015	2016
매출액	5,212	5,049	5,546	6,429	6,942	7,356
영업이익	89	32	128	342	390	422
당기순이익	70	36	73	269	288	332

분기 실적 〈단위 : 억원〉
항목	2015.3Q	2015.4Q	2016.1Q	2016.2Q	2016.3Q	2016.4Q
매출액	1,737	1,857	1,713	1,686	1,843	2,114
영업이익	88	91	86	88	97	150
당기순이익	72	56	68	50	88	126

재무 상태 〈단위 : 억원〉
항목	2011	2012	2013	2014	2015	2016
총자산	3,430	3,269	3,327	3,452	3,792	4,199
유형자산	1,338	1,318	1,301	1,322	1,322	1,523
무형자산	33	33	28	24	19	15
유가증권	9	10	9	1	6	2
총부채	1,548	1,386	1,397	1,263	1,335	1,424
총차입금	410	337	148	30	35	29
자본금	173	173	173	173	173	173
총자본	1,882	1,884	1,929	2,189	2,458	2,774
지배주주지분	1,886	1,884	1,929	2,189	2,458	2,774

기업가치 지표
항목	2011	2012	2013	2014	2015	2016
주가(최고/저)(천원)	9.0/6.4	8.1/5.1	12.2/5.4	47.5/12.4	75.6/31.0	43.0/21.2
PER(최고/저)(배)	22.2/15.9	39.4/24.9	29.2/13.0	30.7/8.0	45.5/18.7	22.4/11.1
PBR(최고/저)(배)	0.8/0.6	0.8/0.5	1.1/0.5	3.7/1.0	5.3/2.2	2.7/1.3
EV/EBITDA(배)	11.1	12.5	10.3	15.4	12.5	7.9
EPS(원)	419	210	421	1,561	1,670	1,921
BPS(원)	11,116	11,105	11,370	12,875	14,430	16,264
CFPS(원)	678	519	761	1,901	2,021	2,312
DPS(원)	100	60	60	80	80	80
EBITDAPS(원)	774	494	1,083	2,322	2,613	2,833

재무 비율 〈단위 : % 〉
연도	영업이익률	순이익률	부채비율	차입금비율	ROA	ROE	유보율	자기자본비율	EBITDA마진율
2016	5.7	4.5	51.4	1.0	8.3	12.7	1,526.4	66.1	6.7
2015	5.6	4.2	54.3	1.4	8.0	12.4	1,343.0	64.8	6.5
2014	5.3	4.2	57.7	1.4	8.0	13.1	1,187.5	63.4	6.2
2013	2.3	1.3	72.4	7.7	2.2	3.8	1,037.0	58.0	3.4

현대모비스 (A012330)
HYUNDAI MOBIS

업 종 : 자동차부품		시 장 : 거래소	
신용등급 : (Bond) — (CP) —		기업규모 : 시가총액 대형주	
홈페이지 : www.mobis.co.kr		연 락 처 : 02)2018-5114	
본 사 : 서울시 강남구 테헤란로 203			

설 립 일	1977.07.01	종 업 원 수	9,046명	대 표 이 사	정명철,정몽구
상 장 일	1989.09.05	감 사 의 견	적정 (삼정)	계 열	
결 산 기	12월	보 통 주	9,734만주	종속회사수	
액 면 가	5,000원	우 선 주		구 상 호	

주주구성 (지분율,%)		출자관계 (지분율,%)		주요경쟁사 (외형,%)	
기아자동차	16.9	현대아이에이치엘	90.0	현대다이모스	100
국민연금공단	9.0	에이치엘그린파워	51.0	한온시스템	15
(외국인)	48.5	지아이티	45.9	현대위아	20

매출구성		비용구성		수출비중	
샤시, 칵핏모듈 등	82.5	매출원가율	86.2	수출	66.1
A/S 보수용품 등	17.5	판관비율	6.2	내수	33.9

회사 개요
동사는 자동차부품 전문 생산 업체로서 자동차 3대 핵심모듈인 샤시모듈, 칵핏모듈, 프론트엔드모듈 등을 생산하여 현대기아차에 공급하는 모듈사업과 국내외에서 운행 중인 모든 현대기아차에 소요되는 보수용부품을 공급하는 부품사업을 영위하고 있다. 종속기업인 현대다이프생명보험을 통해 금융업도 영위. 모듈 및 부품제조사업부문의 매출비중이 대부분이나, 수익성 면에서는 A/S용 부품사업부문이 우수한 이익률을 시현하고 있음.

실적 분석
동사의 2016년 연결기준 누적 매출액은 38조 2,617억원으로 전년동기 대비 6.2% 상승하였고, 영업이익은 2조9,046억원으로 전년동기대비 1% 감소하였음. 인건비 및 개발비 등이 전반적으로 상승하여 수익에 영향을 미친것으로 보임. 중국판매 둔화, 신흥국 경기회복 지연에도 불구하고 SUV비중 확대 효과가 주효했던 것으로 판단됨. 친환경 및 스마트카의 핵심부품도 개발하고 있으므로 성장동력을 통한 수익상승이 기대되고 있음.

현금 흐름 〈단위 : 억원〉
항목	2015	2016
영업활동	36,946	28,542
투자활동	-42,913	-29,609
재무활동	1,698	-3,363
순현금흐름	-4,136	-4,486
기말현금	24,979	20,493

시장 대비 수익률

결산 실적 〈단위 : 억원〉
항목	2011	2012	2013	2014	2015	2016
매출액	262,946	307,890	341,986	351,266	360,197	382,617
영업이익	26,373	29,064	29,244	31,412	29,346	29,047
당기순이익	30,268	35,420	33,964	33,925	30,400	30,473

분기 실적 〈단위 : 억원〉
항목	2015.3Q	2015.4Q	2016.1Q	2016.2Q	2016.3Q	2016.4Q
매출액	84,811	99,888	93,395	98,541	87,781	102,901
영업이익	6,702	8,672	7,184	7,847	7,217	6,799
당기순이익	6,176	8,504	7,952	8,488	7,058	6,974

재무 상태 〈단위 : 억원〉
항목	2011	2012	2013	2014	2015	2016
총자산	225,756	300,470	344,303	391,119	377,748	417,116
유형자산	33,194	37,139	38,874	44,349	79,467	85,164
무형자산	8,610	10,469	9,790	9,673	9,310	9,610
유가증권	868	11,393	17,838	44,380	23,803	32,154
총부채	87,811	130,073	142,371	158,258	120,986	131,536
총차입금	28,286	27,274	30,628	33,636	33,087	33,198
자본금	4,911	4,911	4,911	4,911	4,911	4,911
총자본	137,946	170,397	201,932	232,861	256,762	285,580
지배주주지분	137,743	169,044	200,996	231,627	256,216	284,945

기업가치 지표
항목	2011	2012	2013	2014	2015	2016
주가(최고/저)(천원)	391/233	306/246	301/235	308/220	258/180	284/228
PER(최고/저)(배)	13.4/8.0	8.8/7.1	9.0/7.0	9.1/6.5	8.5/5.9	9.2/7.4
PBR(최고/저)(배)	2.9/1.7	1.9/1.5	1.5/1.2	1.3/1.0	1.0/0.7	1.0/0.8
EV/EBITDA(배)	9.4	7.2	7.4	6.8	5.9	5.9
EPS(원)	31,054	36,556	35,149	35,165	31,387	31,205
BPS(원)	142,715	174,861	207,676	239,187	266,859	296,189
CFPS(원)	34,681	41,266	40,921	40,271	36,948	37,845
DPS(원)	1,750	1,900	1,950	3,000	3,500	3,500
EBITDAPS(원)	30,719	34,566	35,814	37,382	35,707	36,477

재무 비율 〈단위 : % 〉
연도	영업이익률	순이익률	부채비율	차입금비율	ROA	ROE	유보율	자기자본비율	EBITDA마진율
2016	7.6	8.0	46.1	11.6	7.7	11.2	5,771.2	68.5	9.3
2015	8.2	8.4	47.1	12.9	7.9	12.5	5,189.8	68.0	9.7
2014	8.9	9.7	68.0	14.4	9.2	15.8	4,641.3	59.5	10.4
2013	8.6	9.9	70.5	15.2	10.5	18.5	4,017.6	58.7	10.2

현대미포조선 (A010620)
Hyundai Mipo Dockyard

업 종 : 조선		시 장 : 거래소	
신용등급 : (Bond) BBB+ (CP) A2-		기업규모 : 시가총액 중형주	
홈페이지 : www.hmd.co.kr		연 락 처 : 052)250-3114	
본 사 : 울산시 동구 방어진순환도로 100 (주)현대미포조선			

설 립 일	1975.04.28	종 업 원 수	3,450명	대 표 이 사	강환구
상 장 일	1983.12.20	감 사 의 견	적정 (삼일)	계 열	
결 산 기	12월	보 통 주	2,000만주	종속회사수	
액 면 가	5,000원	우 선 주		구 상 호	

주주구성 (지분율,%)		출자관계 (지분율,%)		주요경쟁사 (외형,%)	
현대삼호중공업	42.3	텔코아시스템	100.0	현대미포조선	100
국민연금공단	12.2	하이투자증권	85.3	현대중공업	932
(외국인)	12.8	현대중공업	8.0	삼성중공업	247

매출구성		비용구성		수출비중	
선박(P.C 선, B.C선,LPG선,PCTC선) 등	79.6	매출원가율	86.9	수출	76.5
금융서비스	20.4	판관비율	8.1	내수	23.5

회사 개요
동사는 현대중공업 계열의 조선업체로서 중형선박 건조부문 세계 최고의 조선소로 성장. 에탄렌 운반선, 자동차운반선, 냉동 컨테이너선, 컨-로(CON-RO)선, 아스팔트운반선, 해양작업지원선(PSV) 등 고부가 특수 선박시장에도 성공적으로 진출하였으며 선종 다변화를 도모하는 중. 1996년 베트남에 합작설립한 현대-비나신 조선소를 통해 조선부문을 확장하고, 2008년 지분을 취득한 하이투자증권 및 하이자산운용을 통해 금융투자업에 진출함.

실적 분석
신규수주부진과 원화 강세로 인해 2016년 연결기준 누적 매출액은 전년동기대비 9% 외형축소한 4.2조원을 기록함. 매출원가 하락에 힘입어 영업이익 폭발적으로 증가한 2,075억원 기록함. 하이투자증권 손상차손을 비영업손익으로 인식하였음. 2017년 주력선종인 석유제품 운반선 발주 재개가 전망되며 중국과 인도발 LPG 물동량 증가가 수혜를 받을 것으로 예상됨에 따라 완만한 회복이 기대됨.

현금 흐름 〈단위 : 억원〉
항목	2015	2016
영업활동	-13,480	-1,557
투자활동	362	2,852
재무활동	12,519	179
순현금흐름	-591	1,477
기말현금	6,567	8,044

시장 대비 수익률

결산 실적 〈단위 : 억원〉
항목	2011	2012	2013	2014	2015	2016
매출액	46,239	44,154	39,858	39,675	46,524	42,196
영업이익	3,838	940	-2,752	-8,677	666	2,075
당기순이익	2,024	873	-2,671	-6,793	257	396

분기 실적 〈단위 : 억원〉
항목	2015.3Q	2015.4Q	2016.1Q	2016.2Q	2016.3Q	2016.4Q
매출액	13,655	10,012	11,444	10,564	9,265	10,923
영업이익	263	81	576	741	383	374
당기순이익	61	-98	500	992	351	-1,447

재무 상태 〈단위 : 억원〉
항목	2011	2012	2013	2014	2015	2016
총자산	78,246	77,228	102,277	100,637	94,380	92,263
유형자산	8,890	9,174	8,450	8,513	8,358	11,263
무형자산	3,396	3,403	3,371	2,939	2,888	1,789
유가증권	40,110	40,652	64,103	55,134	53,333	52,943
총부채	44,160	43,301	69,867	81,371	76,412	69,679
총차입금	18,346	21,953	44,792	54,853	55,490	54,352
자본금	1,000	1,000	1,000	1,000	1,000	1,000
총자본	34,086	33,927	32,410	19,266	17,968	22,584
지배주주지분	32,173	31,832	30,926	17,973	16,750	21,425

기업가치 지표
항목	2011	2012	2013	2014	2015	2016
주가(최고/저)(천원)	222/89.4	162/102	185/106	190/69.6	96.0/45.1	83.6/50.2
PER(최고/저)(배)	23.0/9.3	33.7/21.3	—/—	—/—	50.3/23.6	48.4/29.0
PBR(최고/저)(배)	1.4/0.6	1.0/0.6	1.2/0.7	2.1/0.8	1.1/0.5	0.8/0.5
EV/EBITDA(배)	4.1	16.8			11.2	6.8
EPS(원)	9,992	4,876	-11,889	-31,642	1,910	1,729
BPS(원)	163,132	161,427	156,900	91,343	84,070	107,443
CFPS(원)	13,153	8,211	-8,560	-28,311	5,282	4,348
DPS(원)	2,000	1,500	800			
EBITDAPS(원)	22,351	8,035	-10,429	-40,054	6,701	12,995

재무 비율 〈단위 : % 〉
연도	영업이익률	순이익률	부채비율	차입금비율	ROA	ROE	유보율	자기자본비율	EBITDA마진율
2016	4.9	0.9	308.5	240.7	0.4	1.8	2,048.9	24.5	6.2
2015	1.4	0.6	425.3	308.8	0.3	2.2	1,581.4	19.0	2.9
2014	-21.9	-17.1	422.4	284.7	-6.7	-25.9	1,726.9	19.1	-20.2
2013	-6.9	-6.7	215.6	138.2	-3.0	-7.6	3,038.0	31.7	-5.2

현대백화점 (A069960)
Hyundai Department Store

업   종 : 백화점
신용등급 : (Bond) AA+   (CP) A1
홈페이지 : www.ehyundai.com
본   사 : 서울시 강남구 압구정로 201

시   장 : 거래소
기업규모 : 시가총액 대형주
연 락 처 : 02)549-2233

설 립 일	2002.11.01	종업원수	2,380명	대표이사	김영태,이동호,정지선
상 장 일	2002.11.25	감사의견	적정 (삼일)	계 열	
결 산 기	12월	보 통 주	2,340만주	종속회사수	
액 면 가	5,000원	우 선 주		구 상 호	

주주구성 (지분율,%)		출자관계 (지분율,%)		주요경쟁사 (외형,%)	
정지선	17.1	현대쇼핑	100.0	현대백화점	100
현대백화점에이치앤에스	12.1	현대백화점면세점	100.0	롯데쇼핑	1,612
(외국인)	30.3	현대송도개발	90.0	신세계	161

매출구성		비용구성		수출비중	
백화점 (용역)	95.5	매출원가율	17.2	수출	0.0
백화점 (상품)	4.5	판관비율	61.9	내수	100.0

회사 개요
동사는 국내백화점시장에서 롯데쇼핑에 이어 시장 점유율 2위 업체임. 계열회사로 한무쇼핑과 현대쇼핑 등을 보유하고 있음. 2003년 중동점 오픈 이후 재무구조 개선을 위해 7년간 신규 출점이 없어 타 경쟁사 대비 성장은 제한적이었음. 지난 2013년 하반기 무역점 증축이 완료되었음, 2015년 8월 수도권 최대규모인 현대백화점 판교점, 2016년 3월 현대시티아울렛 동대문점, 2016년 4월 현대프리미엄아울렛 송도점을 성공적으로 개점함.

실적 분석
동사의 연결재무제표 기준 2016년 매출액은 1조8,318원으로 전년 대비 10.6% 늘어난 수치를 기록. 매출원가가 19.7% 늘었으며 매출총이익은 8.8% 늘어난 1조5,165.7억원을 기록함. 인건비와 감가상각비가 각각 6.8% 13.6%늘면서 판관비가 총 전년대비 10% 가량 늘었음. 영업이익은 5.6% 늘어난 3,831.7억원을 달성했으며 비영업손익 527억원이 더해져 당기순이익은 전년 대비 14.6% 늘어난 3211.1억원을 달성

현금 흐름 〈단위 : 억원〉
항목	2015	2016
영업활동	4,011	4,420
투자활동	-5,421	-5,244
재무활동	1,673	1,084
순현금흐름	264	260
기말현금	439	700

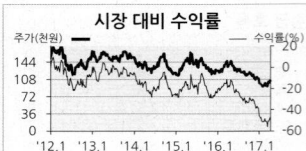

시장 대비 수익률

결산 실적 〈단위 : 억원〉
항목	2011	2012	2013	2014	2015	2016
매출액	14,391	15,200	15,337	15,519	16,570	18,318
영업이익	4,366	4,263	3,932	3,637	3,628	3,832
당기순이익	3,945	3,644	3,376	2,910	2,803	3,211

분기 실적 〈단위 : 억원〉
항목	2015.3Q	2015.4Q	2016.1Q	2016.2Q	2016.3Q	2016.4Q
매출액	3,976	4,763	4,586	4,496	4,236	5,001
영업이익	700	1,304	1,024	779	819	1,210
당기순이익	505	890	862	672	637	1,040

재무 상태 〈단위 : 억원〉
항목	2011	2012	2013	2014	2015	2016
총자산	47,201	54,001	56,007	56,839	61,608	65,873
유형자산	32,578	34,679	37,523	41,170	43,968	45,768
무형자산	394	399	528	519	470	455
유가증권	1,235	1,387	1,082	1,277	1,299	3,094
총부채	18,277	21,635	20,546	18,949	21,300	22,767
총차입금	5,134	8,577	7,491	5,006	7,195	8,591
자본금	1,170	1,170	1,170	1,170	1,170	1,170
총자본	28,924	32,365	35,461	37,890	40,309	43,106
지배주주지분	24,435	27,488	30,211	32,443	34,499	36,938

기업가치 지표
항목	2011	2012	2013	2014	2015	2016
주가(최고/저)(천원)	194/118	180/116	170/143	164/117	165/115	147/107
PER(최고/저)(배)	13.3/8.1	13.4/8.7	13.6/11.5	14.2/10.4	16.2/11.3	12.5/9.2
PBR(최고/저)(배)	1.9/1.1	1.5/1.0	1.3/1.1	1.2/0.9	1.1/0.8	0.9/0.7
EV/EBITDA(배)	9.0	8.5	9.2	7.8	8.2	6.4
EPS(원)	15,027	13,755	12,771	11,470	10,294	11,784
BPS(원)	106,702	119,746	131,382	140,923	151,083	161,839
CFPS(원)	18,394	17,924	17,519	16,374	15,699	17,915
DPS(원)	650	650	650	700	700	700
EBITDAPS(원)	22,307	22,384	21,551	20,443	20,909	22,504

재무 비율 〈단위 : % 〉
연도	영업이익률	순이익률	부채비율	차입금비율	ROA	ROE	유보율	자기자본비율	EBITDA마진율
2016	20.9	17.5	52.8	19.9	5.0	7.7	3,136.8	65.4	28.8
2015	21.9	16.9	52.8	17.9	4.7	7.2	2,921.7	65.4	29.5
2014	23.4	18.8	50.0	13.2	5.2	8.6	2,718.5	66.7	30.8
2013	25.6	22.0	57.9	21.1	6.1	10.4	2,527.6	63.3	32.9

현대비앤지스틸 (A004560)
HYUNDAI BNG STEEL

업   종 : 금속 및 광물
신용등급 : (Bond) A-   (CP) —
홈페이지 : www.hyundai-bngsteel.com
본   사 : 경남 창원시 성산구 적현로 124

시   장 : 거래소
기업규모 : 시가총액 소형주
연 락 처 : 055)268-4114

설 립 일	1966.04.07	종업원수	442명	대표이사	정일선
상 장 일	1987.03.24	감사의견	적정 (삼일)	계 열	
결 산 기	12월	보 통 주	1,508만주	종속회사수	
액 면 가	5,000원	우 선 주	11만주	구 상 호	

주주구성 (지분율,%)		출자관계 (지분율,%)		주요경쟁사 (외형,%)	
아이앤아이스틸	41.1	HYUNDAIBNGSTEELUSA,INC.	100.0	현대비앤지스틸	100
Peter beck & Partners	5.0			세아특수강	101
(외국인)	10.4			유성티엔에스	67

매출구성		비용구성		수출비중	
스테인리스 강판 (상품및제품)	96.6	매출원가율	89.2	수출	19.9
자동차부품	3.4	판관비율	5.3	내수	80.1

회사 개요
동사는 1966년 삼양특수강주식회사로 설립된 스테인리스 냉연강판을 생산하는 제조업체로 스테인리스 강판의 매출액 비중이 전체 매출액의 95%이상을 차지하고 있음. 국내 자동차, 건설 등 주요 수요산업의 회복으로 수요가 증가할 것으로 예상되고 있으며, 이에 따른 매출 증대가 기대됨. 중국 등 시장 경쟁에 대응하기 위해 압연설비와 광재소운 설비 등 주요 설비 노후화에 대비해 설비합리화 공사를 지속 중임.

실적 분석
동사의 2016년 연결 기준 매출과 영업이익은 6,608억원, 363억원으로 전년 대비 매출은 4.1% 줄었으나 영업이익은 150% 증가함. 유동자산은 전년대비 108억원 증가한 3,144억원이며, 이는 매출채권 등 156억원 증가, 재고자산 69억원 감소에 기인함. 비유동자산은 전년대비 243억원 감소한 2,533억원임. 유동부채는 전년대비 431억원 감소한 1376억원이며, 비유동부채는 70억원 증가한 830억원임.

현금 흐름 〈단위 : 억원〉
항목	2015	2016
영업활동	461	722
투자활동	-115	-66
재무활동	-351	-656
순현금흐름	-5	1
기말현금	501	501

시장 대비 수익률

결산 실적 〈단위 : 억원〉
항목	2011	2012	2013	2014	2015	2016
매출액	8,288	7,472	6,967	7,116	6,890	6,608
영업이익	298	176	459	484	145	363
당기순이익	160	114	296	296	38	219

분기 실적 〈단위 : 억원〉
항목	2015.3Q	2015.4Q	2016.1Q	2016.2Q	2016.3Q	2016.4Q
매출액	1,694	1,559	1,553	1,677	1,567	1,810
영업이익	72	17	41	182	21	120
당기순이익	4	18	-7	137	11	78

재무 상태 〈단위 : 억원〉
항목	2011	2012	2013	2014	2015	2016
총자산	6,222	6,235	6,266	6,304	5,812	5,677
유형자산	2,270	2,449	2,374	2,263	2,140	1,924
무형자산	139	161	162	189	183	179
유가증권	41	12	8	4	1	10
총부채	3,657	3,577	3,308	3,078	2,567	2,205
총차입금	2,831	2,646	2,553	2,292	1,964	1,332
자본금	759	759	759	759	759	759
총자본	2,565	2,658	2,957	3,226	3,245	3,472
지배주주지분	2,565	2,658	2,957	3,226	3,245	3,472

기업가치 지표
항목	2011	2012	2013	2014	2015	2016
주가(최고/저)(천원)	25.2/10.8	15.7/8.9	16.1/9.7	24.0/12.5	16.9/8.7	13.0/8.2
PER(최고/저)(배)	24.4/10.5	21.2/12.1	8.4/5.1	12.5/6.5	68.1/34.9	9.1/5.7
PBR(최고/저)(배)	1.5/0.7	0.9/0.5	0.8/0.5	1.1/0.6	0.8/0.4	0.6/0.4
EV/EBITDA(배)	8.7	10.2	4.6	6.2	8.1	4.7
EPS(원)	1,050	749	1,946	1,951	250	1,440
BPS(원)	16,891	17,499	19,471	21,240	21,364	22,859
CFPS(원)	2,224	1,994	3,309	3,370	1,713	2,909
DPS(원)				100		100
EBITDAPS(원)	3,135	2,403	4,387	4,607	2,419	3,861

재무 비율 〈단위 : % 〉
연도	영업이익률	순이익률	부채비율	차입금비율	ROA	ROE	유보율	자기자본비율	EBITDA마진율
2016	5.5	3.3	63.5	38.4	3.8	6.5	357.2	61.2	8.9
2015	2.1	0.6	79.1	60.5	0.6	1.2	327.3	55.8	5.3
2014	6.8	4.2	95.4	71.0	4.7	9.6	324.8	51.2	9.8
2013	6.6	4.2	111.9	86.3	4.7	10.5	289.4	47.2	9.6

현대산업개발 (A012630)
Hyundai Development- Engineering & Construction-

업　　종 : 건설	시　　장 : 거래소
신용등급 : (Bond) A　(CP) A2+	기업규모 : 시가총액 대형주
홈페이지 : www.hyundai.dvp.com	연 락 처 : 02)2008-9114
본　　사 : 서울시 용산구 한강대로 23길 55 현대아이파크몰 9층 현대산업개발	

설 립 일 1977.10.14	종 업 원 수 1,728명	대 표 이 사 정몽규
상 장 일 1996.10.16	감 사 의 견 적정 (삼일)	계　　열
결 산 기 12월	보 통 주 7,538만주	종속회사수
액 면 가 5,000원	우 선 주	구 상 호

주주구성 (지분율,%)		출자관계 (지분율,%)		주요경쟁사 (외형,%)	
정몽규	13.4	지개남도시고속화도로	100.0	현대산업	100
국민연금공단	8.3	현대PCE	100.0	현대건설	395
(외국인)	49.5	통영에코파워	100.0	대림산업	207

매출구성		비용구성		수출비중	
건설(주택, 일반건축,토목 등)	74.3	매출원가율	81.2	수출	—
유화(복합PP, 복합PE,유화 등)	19.2	판관비율	8.0	내수	—
건물관리, 호텔 운영,스포츠구단 운영 등	8.5				

회사 개요
동사는 1986년 합병 종합건설업체로서 아이파크 브랜드 파워를 바탕으로 주택 사업에 강점을 보유하고 있음. 주택개발 사업 이외에도 주택도급 사업, 재개발/재건축, 공공건축 및 토목 사업도 전개 중이며 민간 개발형 도급사업을 꾸준히 수주하여 업계 상위권의 시장지위를 유지하고 있음. 국내 민자 SOC 시장에서도 활발히 참여하고 있음. 주요 종속 회사로 현대EP, 아이서비스, 아이앤콘스, 현대아이파크몰, 영창뮤직 등이 있음.

실적 분석
동사의 2016년 연결기준 매출액은 전년보다 3.2% 증가한 4조7,498.9억원을 기록함. 이 기간 판관비가 감소한 영향 등으로 영업이익은 32.8% 증가한 5,172.1억원을 시현함. 건설부문에서 전년대비 1,409억원의 매출 증가가 발생하였었는데 이는 2013년 이후주택시장 회복에 따른 신규 분양분 증가에 의한 것으로 향후에도 꾸준한 매출실적 개선이 기대됨. 그외 유통부문은 전년 대비 7.5%의 매출 증가율을 보였음.

현금 흐름 〈단위 : 억원〉

항목	2015	2016
영업활동	10,284	8,398
투자활동	-643	-890
재무활동	-6,645	-1,458
순현금흐름	2,998	6,045
기말현금	5,477	11,522

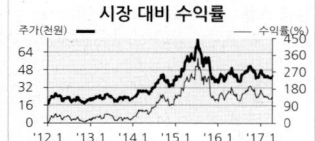

시장 대비 수익률

결산 실적 〈단위 : 억원〉

항목	2011	2012	2013	2014	2015	2016
매출액	41,079	33,341	42,169	44,774	46,026	47,499
영업이익	4,008	1,034	-1,479	2,253	3,895	5,172
당기순이익	2,247	53	-2,012	833	2,386	3,310

분기 실적 〈단위 : 억원〉

항목	2015.3Q	2015.4Q	2016.1Q	2016.2Q	2016.3Q	2016.4Q
매출액	11,454	12,186	9,800	12,083	11,647	13,968
영업이익	866	1,479	858	1,608	1,422	1,284
당기순이익	765	518	485	1,200	884	740

재무 상태 〈단위 : 억원〉

항목	2011	2012	2013	2014	2015	2016
총자산	67,363	66,385	64,208	59,365	55,101	57,846
유형자산	7,841	8,935	8,708	8,556	8,445	8,510
무형자산	243	230	206	195	146	159
유가증권	4,699	5,089	4,667	4,583	4,443	4,591
총부채	42,535	42,106	42,185	36,636	30,391	30,297
총차입금	23,662	26,121	23,635	19,769	13,196	12,164
자본금	3,769	3,769	3,769	3,769	3,769	3,769
총자본	24,828	24,278	22,023	22,729	24,710	27,549
지배주주지분	24,091	23,523	21,217	21,806	23,576	26,220

기업가치 지표

항목	2011	2012	2013	2014	2015	2016
주가(최고/저)(천원)	36.9/13.5	27.1/16.4	27.3/18.7	44.1/21.9	76.4/35.8	52.3/34.8
PER(최고/저)(배)	13.7/5.0	—/—	—/—	50.1/24.8	27.3/12.8	13.1/8.7
PBR(최고/저)(배)	1.2/0.5	0.9/0.5	1.0/0.7	1.5/0.8	2.4/1.1	1.5/1.0
EV/EBITDA(배)	7.2	26.8		16.9	8.4	6.1
EPS(원)	2,942	-5	-2,768	913	2,876	4,069
BPS(원)	33,070	32,316	29,257	30,039	32,386	35,893
CFPS(원)	3,436	529	-2,107	1,468	3,440	4,621
DPS(원)	700	200	50	300	500	700
EBITDAPS(원)	5,811	1,906	-1,301	3,544	5,732	7,413

재무 비율 〈단위 : % 〉

연도	영업이익률	순이익률	부채비율	차입금비율	ROA	ROE	유보율	자기자본비율	EBITDA마진율
2016	10.9	7.0	110.0	44.2	5.9	12.3	617.3	47.6	11.8
2015	8.5	5.2	123.0	53.4	4.2	9.6	547.7	44.8	9.4
2014	5.0	1.9	161.2	87.0	1.4	3.2	500.8	38.3	6.0
2013	-3.5	-4.8	191.6	107.3	-3.1	-9.3	485.2	34.3	-2.3

현대상선 (A011200)
HYUNDAI MERCHANT MARINE

업　　종 : 해상운수	시　　장 : 거래소
신용등급 : (Bond) D　(CP) —	기업규모 : 시가총액 중형주
홈페이지 : www.hmm21.com	연 락 처 : 02)3706-5114
본　　사 : 서울시 종로구 율곡로 194	

설 립 일 1976.03.25	종 업 원 수 1,170명	대 표 이 사 이석동
상 장 일 1995.10.05	감 사 의 견 적정 (삼일)	계　　열
결 산 기 12월	보 통 주 17,786만주	종속회사수
액 면 가 5,000원	우 선 주 186만주	구 상 호

주주구성 (지분율,%)		출자관계 (지분율,%)		주요경쟁사 (외형,%)	
한국산업은행	13.8	현대해양서비스	100.0	현대상선	100
현대중공업	1.8	해영선박	80.0	팬오션	41
(외국인)	6.4	이지스일호	30.0		169

매출구성		비용구성		수출비중	
컨테이너 운송	77.4	매출원가율	111.3	수출	—
벌크화물 운송	18.1	판관비율	6.9	내수	—
터미널, 공사 등	4.6				

회사 개요
동사는 컨테이너, 벌크 화물, 탱커 운송 사업을 영위하는 국내 2위의 대형 해운선사임. 사업 부문별 비중은 컨테이너 부문 81.4%, 벌크 부문 12.8%, 기타 5.8%로 구성돼 있음. 컨테이너 및 건화물 운임과 글로벌 경기에 따른 물동량 변화, 유가, 환율 등이 영업에 미치는 주요 요인임. 미주 항로가 컨테이너 부문에서 가장 높은 비중 차지함. 머스크와 MSC로 구성된 2M과의 전략적 협력 관계 체결해 공동 서비스 개시 준비 중임.

실적 분석
동사의 2016년 연결기준 매출액은 4조5,848.1억원으로 전년동기 대비 18.8% 감소한 액수임. 영업손실이 8,333.9억원으로 전년 손실 2,793.3억원보다 늘어남. 다만 비영업 부문 손익 개선으로 당기순손실은 적자 폭이 축소됨. 2016년 계열사인 현대증권, 관계사인 현대종합원수, 현대증권 및 현대아산을 매각하고 벌크전용선 사업부문을 양도하는 등 강도높은 재무구조 개선 노력 진행 중임.

현금 흐름 〈단위 : 억원〉

항목	2015	2016
영업활동	-1,613	-6,410
투자활동	1,817	14,760
재무활동	-2,637	-5,030
순현금흐름	-2,473	3,301
기말현금	2,036	5,337

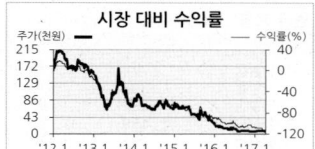

시장 대비 수익률

결산 실적 〈단위 : 억원〉

항목	2011	2012	2013	2014	2015	2016
매출액	74,208	80,469	70,687	65,150	56,451	45,848
영업이익	-3,574	-5,096	-3,627	-2,350	-2,793	-8,334
당기순이익	-5,343	-9,886	-7,140	218	-6,270	-4,842

분기 실적 〈단위 : 억원〉

항목	2015.3Q	2015.4Q	2016.1Q	2016.2Q	2016.3Q	2016.4Q
매출액	14,754	12,392	12,214	10,168	10,784	12,682
영업이익	-777	-1,330	-1,630	-2,543	-2,303	-1,857
당기순이익	-388	-3,779	-2,761	2,160	2,971	-7,211

재무 상태 〈단위 : 억원〉

항목	2011	2012	2013	2014	2015	2016
총자산	87,994	89,824	88,426	72,658	59,425	43,981
유형자산	41,244	42,792	43,543	42,551	34,260	22,762
무형자산	1,479	2,219	2,713	1,792	540	297
유가증권	2,809	2,695	2,352	1,164	806	336
총부채	70,530	78,871	81,549	65,802	56,604	34,193
총차입금	60,516	67,480	67,230	53,220	49,036	26,926
자본금	7,164	7,714	8,464	9,114	11,825	8,986
총자본	17,465	10,953	6,877	6,855	2,821	9,788
지배주주지분	17,072	9,872	4,664	5,945	2,391	9,753

기업가치 지표

항목	2011	2012	2013	2014	2015	2016
주가(최고/저)(천원)	266/148	216/151	166/62.3	106/60.3	75.8/28.6	28.9/6.5
PER(최고/저)(배)	—/—	—/—	—/—	84.3/47.9	—/—	—/—
PBR(최고/저)(배)	3.2/1.8	4.7/3.3	7.9/3.0	6.7/3.8	13.9/5.3	5.3/1.2
EV/EBITDA(배)				1,515.9		
EPS(원)	-20,909	-46,521	-30,772	1,258	-15,041	-4,444
BPS(원)	12,241	6,700	3,030	3,262	1,011	5,427
CFPS(원)	-1,810	-4,903	-2,783	1,584	-1,777	-2,738
DPS(원)						
EBITDAPS(원)	-675	-1,649	-660	24	-214	-5,921

재무 비율 〈단위 : % 〉

연도	영업이익률	순이익률	부채비율	차입금비율	ROA	ROE	유보율	자기자본비율	EBITDA마진율
2016	-18.2	-10.6	349.3	275.1	-9.4	-80.0	8.5	22.3	-14.1
2015	-5.0	-11.1	일부잠식	일부잠식	-9.5	-147.8	-79.9	4.6	-0.8
2014	-3.6	0.3	일부잠식	일부잠식	0.3	7.0	-34.8	9.4	0.1
2013	-5.1	-10.1	일부잠식	일부잠식	-8.0	-95.7	-39.4	7.8	-1.5

현대시멘트 (A006390)
Hyundai Cement

업 종 : 건축소재		시 장 : 거래소	
신용등급 : (Bond) — (CP) —		기업규모 : 시가총액 중형주	
홈페이지 : www.hdcement.co.kr		연 락 처 : 02)520-2114	
본 사 : 서울시 서초구 서초대로398 플래티넘타워			

설 립 일 1969.12.30	종업원수 399명	대표이사 이주환
상 장 일 1975.12.26	감사의견 적정 (우리)	계 열
결 산 기 12월	보 통 주 1,676만주	종속회사수
액 면 가 5,000원	우 선 주	구 상 호

주주구성 (지분율,%)		출자관계 (지분율,%)		주요경쟁사 (외형,%)	
하나유비에스자산운용	22.4	신라상호저축은행	7.3	현대시멘트	100
한국산업은행	17.5	한일대우시멘트	6.3	아세아시멘트	120
(외국인)	0.5	씨씨케이	5.8	성신양회	181

매출구성		비용구성		수출비중	
시멘트	98.3	매출원가율	73.9	수출	0.0
임대매출외	1.7	판관비율	12.0	내수	100.0

회사 개요

동사는 시멘트 제조 및 판매업을 주요사업으로 영위하고 있음. 시멘트는 중량품이면서 대량소비품목으로 5월과 10월에 소비가 가장 높고, 1월과 2월이 가장 낮게 나타나는 등 성수기와 비수기가 뚜렷하게 구분되는 계절성이 큰 상품임. 동사의 시멘트부문 국내시장점유율은 2016년 기준 9.7%이며 전년과 동일한 수준임. 건설경기 및 부동산경기 회복세에 따라 국내 총수요가 증가할 것으로 예상되나, 대체재 사용량의 증가로 출하량 개선폭은 제한적일 전망임.

실적 분석

동사의 시멘트 부문에서 전년대비 8.6% 증가한 600만톤을 판매하였으며 매출액은 전년대비 4.3% 증가한 3,789억원을 기록하였다. 영업이익은 전년대비 525억원에서 534억원으로 개선되었으나 당기순손실은 출자전환 부채평가손실 증가등 영업외 수익, 비용의 변동으로 인해 지난해 110억원에서 1,500억원으로 대폭 증가하였음. 향후 건설경기 악화로 인한 시멘트 출하량 감소, 시멘트 가격 추가 인하할 가능성이 있음.

현금 흐름 *IFRS 별도 기준 〈단위 : 억원〉

항목	2015	2016
영업활동	774	779
투자활동	-353	-543
재무활동	-282	-200
순현금흐름	139	37
기말현금	237	274

시장 대비 수익률

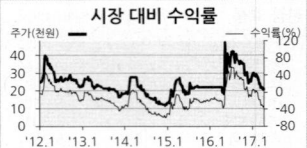

결산 실적 〈단위 : 억원〉

항목	2011	2012	2013	2014	2015	2016
매출액	4,140	2,985	3,264	3,257	3,632	3,789
영업이익	-27	291	457	485	525	534
당기순이익	-1,004	-388	-3,475	2,834	-110	-1,500

분기 실적 *IFRS 별도 기준 〈단위 : 억원〉

항목	2015.3Q	2015.4Q	2016.1Q	2016.2Q	2016.3Q	2016.4Q
매출액	961	1,002	781	1,090	886	1,032
영업이익	137	113	36	256	102	140
당기순이익	-356	801	-659	-2,171	164	1,166

재무 상태 *IFRS 별도 기준 〈단위 : 억원〉

항목	2011	2012	2013	2014	2015	2016
총자산	6,042	5,338	4,793	4,696	5,051	5,199
유형자산	3,171	3,129	3,023	2,904	2,866	2,859
무형자산	48	43	33	33	29	23
유가증권	80	28	28	24	21	0
총부채	4,960	4,690	7,557	4,137	4,741	3,769
총차입금	3,648	3,719	6,595	3,129	3,301	2,315
자본금	367	367	367	438	438	838
총자본	1,083	648	-2,764	559	310	1,430
지배주주지분	1,083	648	-2,764	559	310	1,430

기업가치 지표 *IFRS 별도 기준

항목	2011	2012	2013	2014	2015	2016
주가(최고/저)(천원)	37.3/21.6	43.6/21.4	28.3/15.5	29.8/11.5	28.2/12.9	47.1/17.9
PER(최고/저)(배)	—/—	—/—	—/—	0.6/0.2	—/—	—/—
PBR(최고/저)(배)	0.3/0.2	0.5/0.2	-0.1/-0.1	3.1/1.2	4.2/1.9	5.5/2.1
EV/EBITDA(배)	10.2	9.5	11.6	6.3	6.8	8.8
EPS(원)	-75,060	-37,364	-342,918	53,495	-1,254	-13,442
BPS(원)	18,495	12,584	-33,869	9,541	6,675	8,533
CFPS(원)	-6,957	-3,295	-45,430	56,079	315	-12,160
DPS(원)						
EBITDAPS(원)	5,257	5,836	8,089	11,746	7,568	6,065

재무 비율 〈단위 : % 〉

연도	영업이익률	순이익률	부채비율	차입금비율	ROA	ROE	유보율	자기자본비율	EBITDA마진율
2016	14.1	-39.6	263.6	161.9	-29.3	-172.4	70.7	27.5	17.9
2015	14.5	-3.0	일부잠식	일부잠식	-2.3	-25.3	33.5	6.1	18.2
2014	14.9	87.0	740.0	559.8	59.8	전기잠식	90.8	11.9	19.1
2013	14.0	-106.5	완전잠식	완전잠식	-68.7	당기잠식	-778.6	-57.8	18.2

현대씨앤에프 (A227840)
HYUNDAI C&F

업 종 : 식료품		시 장 : 거래소	
신용등급 : (Bond) — (CP) —		기업규모 : 시가총액 소형주	
홈페이지 : www.hyundaicnf.co.kr		연 락 처 : 02)390-1114	
본 사 : 서울시 종로구 율곡로2길 25			

설 립 일 2015.10.02	종업원수 54명	대표이사 장안석
상 장 일 2015.10.23	감사의견 적정 (삼일)	계 열
결 산 기 12월	보 통 주 910만주	종속회사수
액 면 가 5,000원	우 선 주	구 상 호

주주구성 (지분율,%)		출자관계 (지분율,%)		주요경쟁사 (외형,%)	
정몽혁	18.0	현대종합상사	19.9	현대씨앤에프	100
케이씨씨	12.0				
(외국인)	4.9				

매출구성		비용구성		수출비중	
축산물 도매업 등	86.3	매출원가율	85.4	수출	12.3
브랜드/OEM	13.7	판관비율	8.5	내수	87.7

회사 개요

동사는 현대종합상사를 모태로 인적분할을 통해 코스피에 재상장. 해외무역·자원개발은 존속법인인 현대종합상사가 담당하고 브랜드·식료사업은 신설법인인 현대씨앤에프가 맡음. 분할기일은 10월 1일이며 존속회사 현대종합상사와 신설회사 현대씨앤에프 간 분할예정비율은 0.59대 0.41임. 축산물 도매업이 전체 매출의 86.3%를 차지하고 브랜드 사업이 13%를 차지. '현대'라는 브랜드 파워에 기반한 글로벌 네트워크를 활용하여 마케팅 역량 확대.

실적 분석

동사의 2016년 연결기준 결산 매출액은 1,536.0억원을 기록. 영업이익은 94.3억원, 당기순이익은 64.2억원 기록. 현대종합상사로부터 신설법인 현대씨앤에프가 알짜 사업 전문화를 통해 영업이익을 꾀함. '현대'라는 브랜드 파워에 기반한 브랜드 정체성 유지 관리와 마케팅 역량을 강화하고 있으며 유럽산 고급육 등 특화아이템 시장 선점을 통한 매출을 증대함.

현금 흐름 *IFRS 별도 기준 〈단위 : 억원〉

항목	2015	2016
영업활동	98	95
투자활동	-806	-14
재무활동	1,244	-18
순현금흐름	536	63
기말현금	536	599

시장 대비 수익률

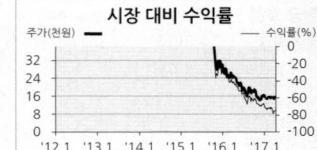

결산 실적 〈단위 : 억원〉

항목	2011	2012	2013	2014	2015	2016
매출액	—	—	—	—	380	1,536
영업이익	—	—	—	—	26	94
당기순이익	—	—	—	—	182	64

분기 실적 *IFRS 별도 기준 〈단위 : 억원〉

항목	2015.3Q	2015.4Q	2016.1Q	2016.2Q	2016.3Q	2016.4Q
매출액	—	380	351	420	406	359
영업이익	—	26	14	29	26	25
당기순이익	—	182	22	32	27	-17

재무 상태 *IFRS 별도 기준 〈단위 : 억원〉

항목	2011	2012	2013	2014	2015	2016
총자산	—	—	—	—	2,076	2,103
유형자산	—	—	—	—	1	0
무형자산	—	—	—	—	212	211
유가증권	—	—	—	—		
총부채	—	—	—	—	155	229
총차입금	—	—	—	—		
자본금	—	—	—	—	455	455
총자본	—	—	—	—	1,921	1,874
지배주주지분	—	—	—	—	1,921	1,874

기업가치 지표 *IFRS 별도 기준

항목	2011	2012	2013	2014	2015	2016
주가(최고/저)(천원)	—/—	—/—	—/—	—/—	37.7/26.1	30.5/14.0
PER(최고/저)(배)	0.0/0.0	0.0/0.0	0.0/0.0	0.0/0.0	19.5/13.5	44.2/20.3
PBR(최고/저)(배)	0.0/0.0	0.0/0.0	0.0/0.0	0.0/0.0	1.8/1.3	1.5/0.7
EV/EBITDA(배)	0.0	0.0	0.0	0.0	87.1	9.4
EPS(원)	—	—	—	—	1,997	705
BPS(원)	—	—	—	—	21,124	20,612
CFPS(원)	—	—	—	—	1,999	719
DPS(원)	—	—	—	—	200	400
EBITDAPS(원)	—	—	—	—	285	1,050

재무 비율 〈단위 : % 〉

연도	영업이익률	순이익률	부채비율	차입금비율	ROA	ROE	유보율	자기자본비율	EBITDA마진율
2016	6.1	4.2	12.2	0.0	3.1	3.4	312.2	89.1	6.2
2015	6.8	47.8	8.1	0.0	0.0	0.0	322.5	92.5	6.8
2014	0.0	0.0	0.0	0.0	0.0	0.0	0.0	0.0	0.0
2013	0.0	0.0	0.0	0.0	0.0	0.0	0.0	0.0	0.0

현대아이비티 (A048410)
HYUNDAI IBT CO

업 종 : 디스플레이 및 관련부품		시 장 : KOSDAQ		
신용등급 : (Bond) — (CP) —		기업규모 : 중견		
홈페이지 : www.hyundaiibt.com		연락처 : 070)7008-0141		
본 사 : 경북 김천시 아포읍 아포공단길 106				

설립일 2000.05.25	종업원수 68명	대표이사 오상기			
상장일 2002.08.08	감사의견 적정 (한울)	계 열			
결산기 12월	보통주 3,030만주	종속회사수			
액면가 500원	우선주	구상호 현대아이티			

주주구성 (지분율,%)		출자관계 (지분율,%)		주요경쟁사 (외형,%)	
씨앤팜	8.9	현대아이비티	100		
토마토상호저축은행	3.3	HB테크놀러지	749		
(외국인)	0.4	동아엘텍	599		

매출구성		비용구성		수출비중	
LCD모니터	67.4	매출원가율	66.8	수출	69.0
바이오 제품 (양모제 등)	23.7	판관비율	52.5	내수	31.0
디지털사이니지	6.9				

회사 개요
동사는 이천 본사, 김천 공장 및 유럽, 미주, 일본의 판매법인을 통해 글로벌 생산, 판매망을 구축하고, LCD모니터, 디지털 사이니지 등 디스플레이 제품의 제조, 판매를 주요 사업으로 영위하고 있으며 매년 매출액의 90% 이상을 수출로 달성하고 있음. 디스플레이 사업의 경쟁이 심화됨에 따라 2012년 상반기부터 바이오 신규사업을 추진하고 있음. 바이오사업의 매출이 전체 매출액에서 차지하는 비중은 아직 크지 않으나 지속적으로 확대할 계획임.

실적 분석
동사의 2016년 연결기준 연간 매출액은 361억원으로 전년 대비 11.2% 감소함. 바이오 부문의 매출은 소폭 확대되었으나 미정부 모니터 공급 물량이 감소하여 전체 매출액이 감소함. 이와 더불어 판관비의 증가로 영업손실은 69.6억원으로 적자전환됨. 비용 증가의 상당부분이 향후 바이오사업부문의 성장에 대비한 준비와 관련된 것으로 2017년부터는 그 결과가 매출확대 및 손익개선으로 나타날 것을 기대하고 있음.

현금 흐름 〈단위 : 억원〉

항목	2015	2016
영업활동	1	-43
투자활동	2	-100
재무활동	94	121
순현금흐름	97	-22
기말현금	119	97

시장 대비 수익률

결산 실적 〈단위 : 억원〉

항목	2011	2012	2013	2014	2015	2016
매출액	477	371	255	289	407	361
영업이익	-146	-52	-83	6	14	-70
당기순이익	-169	-80	-104	-31	7	-81

분기 실적 〈단위 : 억원〉

항목	2015.3Q	2015.4Q	2016.1Q	2016.2Q	2016.3Q	2016.4Q
매출액	75	83	97	71	84	109
영업이익	8	-2	4	-1	-15	-57
당기순이익	9	-7	1	-3	-21	-58

재무 상태 〈단위 : 억원〉

항목	2011	2012	2013	2014	2015	2016
총자산	305	321	308	328	434	534
유형자산	51	72	57	57	54	101
무형자산	4	9	9	10	6	22
유가증권	—	—	—	6	6	6
총부채	163	132	90	103	188	352
총차입금	73	77	50	49	134	273
자본금	50	102	149	151	151	151
총자본	142	189	218	225	246	182
지배주주지분	142	189	218	225	246	182

기업가치 지표

항목	2011	2012	2013	2014	2015	2016
주가(최고/저)(천원)	8.4/1.5	3.9/1.3	3.1/1.3	5.5/4.6	9.6/4.4	—/—
PER(최고/저)(배)	—/—	—/—	—/—	—/—	406.8/196.4	—/—
PBR(최고/저)(배)	6.3/1.1	4.4/1.7	4.3/1.8	7.3/1.7	11.8/5.7	13.8/7.4
EV/EBITDA(배)				85.8	76.1	
EPS(원)	-1,598	-400	-443	-105	23	-266
BPS(원)	1,413	923	734	742	812	601
CFPS(원)	-1,524	-331	-358	-67	59	-226
DPS(원)	—	—	—	—	—	—
EBITDAPS(원)	-1,295	-184	-272	59	80	-189

재무 비율 〈단위 : % 〉

연도	영업이익률	순이익률	부채비율	차입금비율	ROA	ROE	유보율	자기자본비율	EBITDA마진율
2016	-19.3	-22.4	193.1	150.0	-16.7	-37.7	80.4	34.1	-15.9
2015	3.3	1.8	76.4	54.3	1.9	3.0	62.5	56.7	6.0
2014	2.2	-10.8	45.9	21.8	-9.8	-14.0	48.5	68.5	6.1
2013	-32.7	-40.5	41.5	23.1	-32.9	-50.9	46.8	70.7	-24.9

현대약품 (A004310)
Hyundai Pharmaceutical

업 종 : 제약		시 장 : 거래소		
신용등급 : (Bond) — (CP) —		기업규모 : 시가총액 소형주		
홈페이지 : www.hyundaipharm.co.kr		연락처 : 041)570-5114		
본 사 : 충남 천안시 동남구 풍세면 잔다리길 55				

설립일 1965.07.16	종업원수 380명	대표이사 김영학			
상장일 1978.06.28	감사의견 적정 (한영)	계 열			
결산기 11월	보통주 2,800만주	종속회사수			
액면가 500원	우선주	구상호			

주주구성 (지분율,%)		출자관계 (지분율,%)		주요경쟁사 (외형,%)	
이한구	18.4	에이앤펩	49.4	현대약품	100
이상준	4.9	현대I&S	18.6	테라젠이텍스	84
(외국인)	3.1	현대B&F	15.0	삼성제약	40

매출구성		비용구성		수출비중	
마이녹실, 미에로화이바 등	65.8	매출원가율	60.7	수출	0.1
타코실, 액틱 등	33.4	판관비율	37.3	내수	99.9
임대료 등	0.9				

회사 개요
동사는 1965년 7월 시노가 등의 의약품과 미에로화이바 등의 건강기능음료의 제조, 판매 등을 주 영업 목적으로 설립됨. 1978년 5월 유가증권시장에 상장됨. 2016년 기준 제품 매출액은 782.5억원으로 전체 매출의 65.2%임. 2가지 경구용 당뇨병치료 신약후보 물질을 도출하였음. 그 중 1605과제는 글로벌 임상 1상을 위한 임상시험 계획서 제출을 완료하였으며, 1607과제는 글로벌 임상 1상 진행을 위한 비임상실험이 진행되고 있음.

실적 분석
동사는 11월 결산법인으로 2016년 매출액은 전년 대비 9.3% 증가한1,200.2억원을 기록함. 매출원가는 7.9% 증가하여 매출총이익률이 소폭 높아짐. 판매비와관리비가 10.4% 증가한448.1억원을 기록함. 영업이익은 36.6% 신장한 23.3억원을 시현함. 영업이익의 증가에도 비영업손익의 감소로 당기순이익은 전년 대비 감소하였음. 2016년 연구개발비용은 119.8억원으로 전체 매출의 10.0%를 차지하고 있음.

현금 흐름 *IFRS 별도 기준 〈단위 : 억원〉

항목	2016	2017.1Q
영업활동	-27	
투자활동	-28	
재무활동	37	
순현금흐름	-18	
기말현금	86	

시장 대비 수익률

결산 실적 〈단위 : 억원〉

항목	2012	2013	2014	2015	2016	2017
매출액	1,023	1,081	1,078	1,098	1,200	
영업이익	-43	22	23	17	23	
당기순이익	-48	15	15	16	13	

분기 실적 *IFRS 기준 〈단위 : 억원〉

항목	2015.4Q	2016.1Q	2016.2Q	2016.3Q	2016.4Q	2017.1Q
매출액	271	277	326	297	300	
영업이익	3	12	-0	9	3	
당기순이익	6	4	5	9	2	

재무 상태 *IFRS 별도 기준 〈단위 : 억원〉

항목	2012	2013	2014	2015	2016	2017.1Q
총자산	1,492	1,434	1,473	1,465	1,505	
유형자산	330	333	327	325	327	
무형자산	24	18	18	17	32	
유가증권	54	58	110	102	74	
총부채	501	422	426	421	505	
총차입금	293	207	188	210	269	
자본금	140	140	140	140	140	
총자본	992	1,012	1,047	1,044	1,001	
지배주주지분	992	1,012	1,047	1,044	1,001	

기업가치 지표 *IFRS 별도 기준

항목	2012	2013	2014	2015	2016	2017.1Q
주가(최고/저)(천원)	1.8/1.1	2.1/1.4	2.9/1.6	5.9/2.3	7.1/3.5	—/—
PER(최고/저)(배)	—/—	42.4/28.9	56.6/31.1	106.3/42.2	158.8/78.3	—/—
PBR(최고/저)(배)	0.5/0.3	0.5/0.4	0.7/0.4	1.5/0.6	1.8/0.9	0.0/0.0
EV/EBITDA(배)		13.2	17.9	33.4	32.0	
EPS(원)	-173	52	52	56	45	
BPS(원)	4,025	4,098	4,222	4,125	4,031	
CFPS(원)	-90	128	121	127	125	
DPS(원)	38	43	45	48	48	
EBITDAPS(원)	-70	153	149	131	163	

재무 비율 〈단위 : % 〉

연도	영업이익률	순이익률	부채비율	차입금비율	ROA	ROE	유보율	자기자본비율	EBITDA마진율
2016	1.9	1.1	50.4	26.9	0.9	1.2	706.3	66.5	3.8
2015	1.6	1.5	40.3	20.1	1.1	1.6	725.0	71.3	3.3
2014	2.1	1.4	40.7	17.9	1.0	1.4	744.4	71.1	3.9
2013	2.0	1.4	41.7	20.5	1.0	1.4	716.0	70.6	4.0

현대에이치씨엔 (A126560)
HYUNDAI HCN CO

업 종 : 미디어	시 장 : 거래소
신용등급 : (Bond) — (CP) A1	기업규모 : 시가총액 중형주
홈페이지 : www.hcn.co.kr	연락처 : (070)8100-1000
본 사 : 서울시 서초구 반포대로 19, 에이치씨엔빌딩	

설 립 일 1992.03.16	종업원수 85명	대표이사 유정석
상 장 일 2010.12.23	감사의견 적정 (삼정)	계 열
결 산 기 12월	보 통 주 11,288만주	종속회사수
액 면 가 500원	우 선 주	구 상 호

주주구성 (지분율,%)		출자관계 (지분율,%)		주요경쟁사 (외형,%)	
현대홈쇼핑	35.3	현대미디어	100.0	SBS미디어홀딩스	100
현대쇼핑	11.1	에브리온티브이	100.0	SBS미디어홀딩스	173
(외국인)	18.1	케이블티브이브이오디	17.8	나스미디어	24

매출구성		비용구성		수출비중	
방송	45.1	매출원가율	60.2	수출	0.0
광고	33.3	판관비율	23.0	내수	100.0
인터넷	18.3				

회사 개요
동사는 방송, 인터넷, 광고를 주사업으로 하는 업체로서 종합유선방송사업에서는 티브로드, CJ헬로비전, 씨앤앰에 이어 국내 4위의 시장점유율을 보유함. 8개 사업권역에서 서비스를 제공하고 있으며 방송수익, 인터넷 수익 등 4가지 매출 구성을 통해 균형잡힌 사업구성을 구비하고 있음. 동사의 매출은 주로 개인 방송가입자들이 납부하는 시청료 혹은 광고료에 의해 구성됨.

실적 분석
동사의 2016년 연결기준 연간 매출액은 2,921.2억원으로 전년대비 비슷한 수준을 유지하고 있음. 주요 수익원인 방송매출은 감소했으나, 광고매출은 소폭 증가함. 업체간 경쟁이 치열한 인터넷 부문은 결합상품(케이블TV + 인터넷 서비스)의 판매 호조로 안정적인 수익원으로 자리잡음. 다양한 컨텐츠와 DMC 사업장 인수를 통해 최상의 인프라 구축에 힘쓰고 있음. 또한, 고마진의 홈쇼핑 및 광고서비스에 대한 증대를 중점 전략으로 삼음.

현금 흐름 〈단위 : 억원〉
항목	2015	2016
영업활동	813	965
투자활동	-452	-530
재무활동	-261	-139
순현금흐름	100	295
기말현금	337	632

시장 대비 수익률
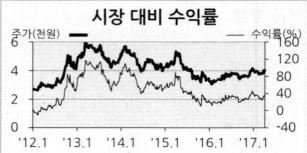

결산 실적 〈단위 : 억원〉
항목	2011	2012	2013	2014	2015	2016
매출액	2,487	2,754	3,051	3,062	2,912	2,921
영업이익	542	653	578	568	454	492
당기순이익	447	557	547	466	382	456

분기 실적 〈단위 : 억원〉
항목	2015.3Q	2015.4Q	2016.1Q	2016.2Q	2016.3Q	2016.4Q
매출액	734	729	716	736	728	740
영업이익	129	84	141	150	146	55
당기순이익	117	66	115	135	124	82

재무 상태 〈단위 : 억원〉
항목	2011	2012	2013	2014	2015	2016
총자산	5,958	5,841	6,111	6,412	6,522	6,911
유형자산	1,710	1,600	1,511	1,408	1,367	1,221
무형자산	1,695	1,696	2,130	2,146	2,134	2,126
유가증권	129	118	18	21	23	19
총부채	1,587	925	777	680	556	627
총차입금	1,047	382	262	120		
자본금	539	539	539	539	539	564
총자본	4,372	4,916	5,334	5,732	5,966	6,284
지배주주지분	4,100	4,610	5,039	5,410	5,774	6,284

기업가치 지표
항목	2011	2012	2013	2014	2015	2016
주가(최고/저)(천원)	4.0/2.1	5.3/2.6	6.0/4.1	5.7/3.8	5.4/3.2	4.1/3.1
PER(최고/저)(배)	10.9/5.6	11.4/5.5	13.2/9.0	14.4/9.6	16.1/9.6	10.0/7.6
PBR(최고/저)(배)	1.1/0.6	1.3/0.6	1.3/0.9	1.2/0.8	1.0/0.6	0.7/0.6
EV/EBITDA(배)	2.0	2.6	3.0	2.9	1.8	1.7
EPS(원)	386	484	477	408	343	412
BPS(원)	3,801	4,273	4,671	5,015	5,353	5,653
CFPS(원)	799	925	947	862	787	840
DPS(원)	—	40	40	40	40	40
EBITDAPS(원)	916	1,047	1,006	981	865	885

재무 비율 〈단위 : % 〉
연도	영업이익률	순이익률	부채비율	차입금비율	ROA	ROE	유보율	자기자본비율	EBITDA마진율
2016	16.9	15.6	10.0	0.0	6.8	7.4	1,030.6	90.9	32.7
2015	15.6	13.1	9.3	0.0	5.9	6.6	970.6	91.5	32.0
2014	18.6	15.2	11.9	2.1	7.4	8.4	903.0	89.4	34.6
2013	19.0	17.9	14.6	4.9	9.2	10.7	834.2	87.3	35.6

현대엘리베이터 (A017800)
Hyundai Elevator

업 종 : 기계	시 장 : 거래소
신용등급 : (Bond) — (CP) —	기업규모 : 시가총액 중형주
홈페이지 : www.hyundaielevator.co.kr	연락처 : (031)644-5114
본 사 : 경기도 이천시 부발읍 경충대로 2091 현대엘리베이터(주)	

설 립 일 1984.05.23	종업원수 2,054명	대표이사 장병우
상 장 일 1996.07.03	감사의견 적정 (삼일)	계 열
결 산 기 12월	보 통 주 2,463만주	종속회사수
액 면 가 5,000원	우 선 주	구 상 호

주주구성 (지분율,%)		출자관계 (지분율,%)		주요경쟁사 (외형,%)	
Schindler Holdings AG	17.1	현대종합연수원	97.1	현대엘리베이	100
국민연금공단	11.5	현대엘앤알	83.7	두산중공업	790
(외국인)	26.4	현대아산	67.6	두산인프라코어	326

매출구성		비용구성		수출비중	
승강기 등	82.7	매출원가율	77.5	수출	18.0
승강기 유지보수 외	17.2	판관비율	12.1	내수	82.0
토지·건물 등	0.1				

회사 개요
동사는 1984년 설립됐으며 1996년 유가증권시장에 상장됨. 엘리베이터, 에스컬레이터, 무빙워크 등 운반기계류와 물류자동화설비, 승강장 스크린도어, 주차설비 등 최첨단 설비와 관련분야 제품의 생산, 설치, 유지보수사업을 영위하고 있음. 산업 특성상 전반적인 경기변동과 설비투자 동향에 민감함. 수요산업인 건축경기에 민감하고 건축공사 공정 마무리 단계에 동사 제품이 투입되기 때문에 건설경기에 비해 1~2년 정도 후행함.

실적 분석
동사의 2016년 연결기준 매출액은 1조 7,587.9억원으로 전년도에 비해 21.4% 증가함. 판매비와 관리비가 38.6% 증가했지만 매출 상승과 매출원가율 개선으로 영업이익이 전년도 대비 16% 증가하며 1,815.7억원을 기록함. 이에 힘입어 비영업손실 적자폭이 확대됐음에도 당기순이익은 1,169.3억원을 기록하며 흑자전환함. 2017년엔 매출 목표를 1조7000억원으로 잡고 있음.

현금 흐름 〈단위 : 억원〉
항목	2015	2016
영업활동	1,501	1,586
투자활동	-1,786	3
재무활동	3,331	-1,001
순현금흐름	3,027	604
기말현금	4,295	4,899

시장 대비 수익률

결산 실적 〈단위 : 억원〉
항목	2011	2012	2013	2014	2015	2016
매출액	8,792	9,156	10,662	13,056	14,487	17,588
영업이익	267	493	986	1,338	1,565	1,816
당기순이익	-2,613	-2,710	-3,427	504	-50	1,169

분기 실적 〈단위 : 억원〉
항목	2015.3Q	2015.4Q	2016.1Q	2016.2Q	2016.3Q	2016.4Q
매출액	3,797	4,155	3,657	4,484	4,477	4,970
영업이익	400	477	364	450	539	463
당기순이익	134	-338	-346	555	-364	1,324

재무 상태 〈단위 : 억원〉
항목	2011	2012	2013	2014	2015	2016
총자산	13,587	12,661	12,043	10,729	17,727	21,076
유형자산	1,054	828	1,000	1,209	4,392	6,835
무형자산	45	45	56	66	480	1,805
유가증권	941	805	2,328	510	56	138
총부채	8,172	8,696	10,443	7,012	11,309	13,165
총차입금	5,959	6,367	7,479	3,383	3,805	3,529
자본금	537	602	682	982	1,232	1,232
총자본	5,415	3,965	1,601	3,717	6,418	7,911
지배주주지분	5,415	3,965	1,592	3,706	6,415	7,785

기업가치 지표
항목	2011	2012	2013	2014	2015	2016
주가(최고/저)(천원)	157/74.8	122/62.4	107/38.0	59.1/26.9	86.4/46.4	71.8/38.8
PER(최고/저)(배)	—/—	—/—	—/—	23.9/10.9	—/—	13.9/7.5
PBR(최고/저)(배)	3.6/1.7	4.3/2.2	10.6/3.8	3.4/1.6	3.4/1.8	2.3/1.2
EV/EBITDA(배)	32.1	29.9	10.2	9.1	7.8	6.1
EPS(원)	-20,555	-20,831	-22,989	2,499	-178	5,225
BPS(원)	53,629	32,956	11,680	18,878	26,044	31,605
CFPS(원)	-24,218	-23,382	-25,936	3,215	225	6,207
DPS(원)	500					500
EBITDAPS(원)	3,223	4,979	8,176	7,654	7,299	8,354

재무 비율 〈단위 : % 〉
연도	영업이익률	순이익률	부채비율	차입금비율	ROA	ROE	유보율	자기자본비율	EBITDA마진율
2016	10.3	6.7	166.4	44.6	6.0	18.1	532.1	37.5	11.7
2015	10.8	-0.4	176.2	59.3	-0.4	-0.8	420.9	36.2	11.4
2014	10.3	3.9	188.7	91.0	4.4	19.1	277.6	34.6	11.0
2013	9.3	-32.1	652.4	467.2	-27.7	-123.2	133.6	13.3	9.9

현대위아 (A011210)
HYUNDAI WIA

업 종 : 자동차부품		시 장 : 거래소	
신용등급 : (Bond) AA (CP) —		기업규모 : 시가총액 중형주	
홈 페 이 지 : www.hyundai-wia.com		연 락 처 : 055)280-9114	
본 사 : 경남 창원시 성산구 정동로 153			

설 립 일 1976.03.29	종업원수 3,463명	대표이사 윤준모
상 장 일 2011.02.21	감사의견 적정 (안진)	계 열
결 산 기 12월	보통주 2,720만주	종속회사수
액 면 가 5,000원	우 선 주	구 상 수

주주구성 (지분율,%)		출자관계 (지분율,%)		주요경쟁사 (외형,%)	
현대자동차	25.4	현대위아H터보	51.0	현대위아	100
기아자동차	13.4	위아마그나파워트레인	50.0	현대모비스	504
(외국인)	16.9	현대종합특수강	40.0	한온시스템	75

매출구성		비용구성		수출비중	
엔진,변속기,등속조인트,소재	49.4	매출원가율	92.4	수출	—
부품모듈	35.6	판관비율	4.1	내수	—
공작기계,전용기,산업용로봇	11.4				

회사 개요
동사의 사업은 크게 자동차부품 사업군과 기계사업군으로 구분되며, 자동차부품 사업이 매출의 85%를 차지하고 있음. 동 사업군은 변속기, 등속조인트, 엔진, 샤시모듈, 플랜트모듈 등을 포괄하는 자동차 부품사업(매출비중: 98%)과 공작기계, 산업설비와 같은 기계사업(2%), 방산 및 항공기 부품 등 특수사업(1%)으로 구성돼 있음. 자동차 모듈부품은 광주, 안산 사업장에서 생산함. 대부분 현대기아차에 샤시, 타이어모듈 공급.

실적 분석
동사의 연결기준 2016년 결산 매출액은 7조5,894.5억원으로 전년 대비 3.7% 감소함. 해외 엔진 생산능력의 확대와 고마진 부품 비중이 증가추세가 꺾이면서 영업이익은 전년동기대비 47.6% 감소한 2,627.3억원을 시현함. 비영업손실은 299.7억원이 발생하며 적자지속됨. 당기순이익은 60.0% 감소한 1,307.3억원을 기록함. 자동차부품 부문의 영업이익 비중이 98%로 전기 대비 10%pt 증가.

현금 흐름 〈단위 : 억원〉
항목	2015	2016
영업활동	6,289	3,550
투자활동	-8,757	-4,700
재무활동	3,437	3,310
순현금흐름	1,010	2,147
기말현금	5,845	7,993

시장 대비 수익률
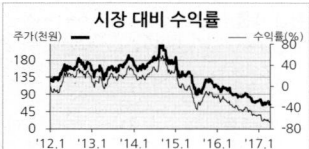

결산 실적 〈단위 : 억원〉
항목	2011	2012	2013	2014	2015	2016
매출액	63,927	70,211	70,920	75,956	78,842	75,894
영업이익	3,179	5,397	5,292	5,256	5,009	2,627
당기순이익	2,409	4,246	4,250	4,392	3,269	1,307

분기 실적 〈단위 : 억원〉
항목	2015.3Q	2015.4Q	2016.1Q	2016.2Q	2016.3Q	2016.4Q
매출액	18,154	20,759	18,387	19,487	17,439	20,581
영업이익	1,117	1,264	800	908	640	280
당기순이익	972	34	487	585	7	229

재무 상태 〈단위 : 억원〉
항목	2011	2012	2013	2014	2015	2016
총자산	42,528	45,735	48,605	59,373	66,831	70,221
유형자산	12,233	13,977	15,879	19,282	23,228	25,483
무형자산	1,181	1,300	1,712	2,256	2,433	2,457
유가증권	305	310	521	701	692	708
총부채	27,574	26,914	25,492	30,884	35,199	37,635
총차입금	10,499	9,899	9,559	12,283	15,782	19,620
자본금	1,287	1,287	1,287	1,360	1,360	1,360
총자본	14,954	18,821	23,113	28,489	31,632	32,586
지배주주지분	14,517	18,330	22,546	28,489	31,632	32,586

기업가치 지표
항목	2011	2012	2013	2014	2015	2016
주가(최고/저)(천원)	169/63.8	186/120	193/123	223/149	188/89.3	113/67.2
PER(최고/저)(배)	18.6/7.0	11.8/7.6	12.3/7.8	13.8/9.2	16.0/7.6	23.8/14.2
PBR(최고/저)(배)	3.1/1.2	2.7/1.7	2.3/1.5	2.1/1.4	1.6/0.8	0.9/0.6
EV/EBITDA(배)	10.6	7.4	7.5	7.9	5.0	5.1
EPS(원)	9,421	16,262	16,224	16,733	12,020	4,807
BPS(원)	56,421	71,238	87,626	109,053	120,611	123,986
CFPS(원)	13,324	20,633	21,146	22,427	18,734	12,891
DPS(원)	500	500	500	800	1,100	1,100
EBITDAPS(원)	16,500	25,346	25,491	25,940	25,135	17,745

재무 비율 〈단위 : %〉
연도	영업이익률	순이익률	부채비율	차입금비율	ROA	ROE	유보율	자기자본비율	EBITDA마진율
2016	3.5	1.7	115.5	60.2	1.9	4.1	2,379.7	46.4	6.4
2015	6.4	4.1	111.3	49.9	5.2	10.9	2,312.2	47.3	8.7
2014	6.9	5.8	108.4	43.1	8.1	17.0	2,081.1	48.0	8.9
2013	7.5	6.0	110.3	41.4	9.0	20.4	1,652.5	47.6	9.3

현대이피 (A089470)
Hyundai Engineering Plastics

업 종 : 자동차부품		시 장 : 거래소	
신용등급 : (Bond) — (CP) —		기업규모 : 시가총액 소형주	
홈 페 이 지 : www.hyundai-ep.com		연 락 처 : 041)350-0500	
본 사 : 충남 당진시 석문면 대호만로 1221-32			

설 립 일 2000.01.15	종업원수 382명	대표이사 강창균
상 장 일 2006.09.25	감사의견 적정 (삼일)	계 열
결 산 기 12월	보통주 3,190만주	종속회사수
액 면 가 500원	우 선 주	구 상 호

주주구성 (지분율,%)		출자관계 (지분율,%)		주요경쟁사 (외형,%)	
현대산업개발	46.3	아이콘트롤스	14.8	현대EP	100
SK에너지	5.0	HEPGUANGDONG	100.0	S&T홀딩스	179
(외국인)	8.6	HEPYANCHENG	100.0	S&T중공업	54

매출구성		비용구성		수출비중	
복합PP	50.0	매출원가율	86.3	수출	41.9
EPS	13.7	판관비율	5.7	내수	58.1
기타	12.4				

회사 개요
동사는 2000년 설립되어 자동차 부품 및 산업재, 소비재 용도로 사용되는 플라스틱 소재를 공급하는 PO사업부문과 전기전자 산업, 단열재 용도로 사용되는 PS 및 EPS 소재를 공급하는 PS사업부문, 그리고 배관 및 바닥난방용 난방관을 공급하는 건자재사업부문 등 3개 사업부문으로 나누어 사업을 영위하고 있음. 자동차, 전기전자, 건축자재, 파이프 등에 사용되는 복합PP, 복합PE 및 PS/EPS 제품, 건자재 등을 생산, 판매함.

실적 분석
동사의 2016년도 결산 연결기준 매출액은 8,611.6억원으로 전년동기 대비 0.8% 감소. 영업이익은 688.7억원으로 전년동기 대비 13.4% 증가. 당기순이익 또한 511.4억원으로 14.0% 증가하여 수익성 개선. PO사업부는 현대/기아차에 대한 매출 의존도가 높았던 부분을 보완하기 위해 GM Korea, 쌍용자동차, 르노삼성 등 거래처 다변화를 통한 안정적인 매출 구조를 구축중이며 PS사업부문은 내수판매량 증가 판매전략 수립 중임.

현금 흐름 〈단위 : 억원〉
항목	2015	2016
영업활동	622	496
투자활동	-45	-140
재무활동	-382	-384
순현금흐름	196	-27
기말현금	341	315

시장 대비 수익률

결산 실적 〈단위 : 억원〉
항목	2011	2012	2013	2014	2015	2016
매출액	7,186	8,071	9,182	9,450	8,677	8,612
영업이익	250	287	346	428	607	689
당기순이익	139	190	221	279	449	511

분기 실적 〈단위 : 억원〉
항목	2015.3Q	2015.4Q	2016.1Q	2016.2Q	2016.3Q	2016.4Q
매출액	2,176	2,230	2,078	2,162	2,068	2,303
영업이익	144	163	185	192	164	148
당기순이익	156	77	135	138	85	154

재무 상태 〈단위 : 억원〉
항목	2011	2012	2013	2014	2015	2016
총자산	3,852	4,835	5,472	5,638	5,606	5,772
유형자산	708	1,614	1,317	1,378	1,371	1,381
무형자산	49	51	51	45	43	61
유가증권	1	2	5	4	4	4
총부채	2,717	3,545	3,974	3,849	3,420	3,121
총차입금	1,490	2,350	2,473	2,475	2,154	1,837
자본금	172	172	172	172	172	172
총자본	1,135	1,290	1,498	1,789	2,187	2,650
지배주주지분	1,135	1,290	1,498	1,789	2,187	2,650

기업가치 지표
항목	2011	2012	2013	2014	2015	2016
주가(최고/저)(천원)	8.7/3.5	6.7/4.4	7.5/4.2	8.0/5.8	11.3/6.8	10.9/8.0
PER(최고/저)(배)	21.5/8.7	12.1/7.8	11.5/6.4	9.5/6.9	8.3/4.9	6.9/5.1
PBR(최고/저)(배)	2.6/1.1	1.8/1.2	1.7/1.0	1.5/1.1	1.7/1.0	1.3/1.0
EV/EBITDA(배)	10.1	10.7	10.4	9.1	7.7	5.8
EPS(원)	436	596	694	875	1,406	1,603
BPS(원)	3,558	4,044	4,697	5,609	6,855	8,396
CFPS(원)	594	797	925	1,122	1,674	1,885
DPS(원)	60	60	80	100	130	140
EBITDAPS(원)	943	1,101	1,316	1,590	2,171	2,440

재무 비율 〈단위 : %〉
연도	영업이익률	순이익률	부채비율	차입금비율	ROA	ROE	유보율	자기자본비율	EBITDA마진율
2016	8.0	5.9	117.8	69.3	9.0	21.1	1,457.1	45.9	9.0
2015	7.0	5.2	156.4	98.5	8.0	22.6	1,171.4	39.0	8.0
2014	4.5	3.0	215.1	138.3	5.0	17.0	940.3	31.7	5.4
2013	3.8	2.4	265.2	165.0	4.3	15.9	771.2	27.4	4.6

현대자동차 (A005380)
Hyundai Motor

업 종 : 자동차		시 장 : 거래소	
신용등급 : (Bond) AAA (CP) —		기업규모 : 시가총액 대형주	
홈페이지 : www.hyundai.com		연 락 처 : 02)3464-1114	
본 사 : 서울시 서초구 헌릉로 12 (양재동)			

설 립 일	1967.12.29	종 업 원 수	67,829명	대 표 이 사	윤갑한,이원희,정몽구
상 장 일	1974.06.28	감 사 의 견	적정 (안진)	계 열	
결 산 기	12월	보 통 주	22,028만주	종속회사수	
액 면 가	5,000원	우 선 주	6,520만주	구 상 호	

주주구성 (지분율,%)		출자관계 (지분율,%)		주요경쟁사 (외형,%)	
현대모비스	20.8	현대커머셜	50.0	현대차	100
국민연금공단	8.0	현대다이모스	47.3	기아차	56
(외국인)	46.0	해비치호텔앤드리조트	41.9	쌍용차	4

매출구성		비용구성		수출비중	
승용(제품)	47.4	매출원가율	81.1	수출	53.6
rv(제품)	25.1	판관비율	13.3	내수	46.4
기타	11.3				

회사 개요
동사는 글로벌 완성차업체로 자동차와 자동차부품의 제조 및 판매, 차량정비 등의 사업을 운영. 차량부문의 매출이 79%, 차량할부금융 및 결제대행업무 등의 사업을 운영하는 금융부문의 매출이 14%, 철도차량 제조 등 기타 매출이 7%를 차지함. 환율과 FTA 효과를 활용한 수입차 업체의 가격 공세가 거세지는 가운데 산업 수요가 정체되고 있음. 동사는 지속가능한 경영을 위해 친환경차 개발, 저탄소 사회 조성 등 사회적 가치 창출을 위해 노력 중.

실적 분석
동사의 2016년도 매출액은 전년동기 대비 1.8% 증가한 93조 6,490억원을 시현. 이는 상반기 개별소비세 인하 영향으로 대형과 중형 및 SUV의 성장이 지속된 것이 원인으로 보임. 영업이익은 5조1,935억원으로 전년동기 대비 18.3% 감소, 당기순이익도 5조 7,196억원으로 전년동기 대비 12.1% 감소하며 수익성 부진. 동사는 경쟁이 심화되는 어려운 상황에서 상품 개발, 가격 정책과 서비스를 통해서 고객 만족 노력 중.

현금 흐름
〈단위 : 억원〉

항목	2015	2016
영업활동	10,439	16,191
투자활동	-78,433	-69,285
재무활동	72,012	56,861
순현금흐름	2,350	5,586
기말현금	73,315	78,901

시장 대비 수익률
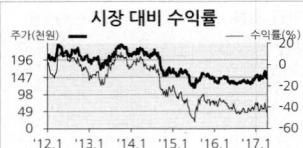

결산 실적
〈 단위 : 억원 〉

항목	2011	2012	2013	2014	2015	2016
매출액	777,979	844,697	873,076	892,563	919,587	936,490
영업이익	80,288	84,406	83,155	75,500	63,579	51,935
당기순이익	81,049	90,611	89,935	76,495	65,092	57,197

분기 실적
〈 단위 : 억원 〉

항목	2015.3Q	2015.4Q	2016.1Q	2016.2Q	2016.3Q	2016.4Q
매출액	234,296	247,648	223,506	246,767	220,837	245,380
영업이익	15,039	15,151	13,424	17,618	10,681	10,212
당기순이익	12,060	15,294	17,681	17,639	11,188	10,688

재무 상태
〈 단위 : 억원 〉

항목	2011	2012	2013	2014	2015	2016
총자산	1,094,800	1,215,378	1,334,215	1,472,251	1,653,679	1,788,359
유형자산	195,480	207,399	214,626	225,423	286,989	294,057
무형자산	26,601	28,832	31,291	38,217	42,981	45,862
유가증권	214,144	225,112	241,429	396,224	365,183	397,374
총부채	691,523	736,202	768,387	846,046	984,865	1,064,914
총차입금	439,948	457,118	485,510	546,918	657,531	736,056
자본금	14,890	14,890	14,890	14,890	14,890	14,890
총자본	403,277	479,176	565,828	626,206	668,814	723,446
지배주주지분	371,130	440,391	519,311	576,548	620,240	671,897

기업가치 지표

항목	2011	2012	2013	2014	2015	2016
주가(최고/저)(천원)	231/146	246/182	245/169	234/140	174/118	155/125
PER(최고/저)(배)	8.6/5.4	8.1/6.0	8.0/5.5	8.8/5.3	7.4/5.0	7.6/6.2
PBR(최고/저)(배)	1.9/1.2	1.7/1.3	1.4/1.0	1.2/0.7	0.8/0.6	0.7/0.5
EV/EBITDA(배)	6.1	5.7	6.5	5.6	6.8	7.5
EPS(원)	29,687	33,218	33,122	28,488	24,884	20,964
BPS(원)	133,957	158,218	185,863	206,420	222,828	241,103
CFPS(원)	38,740	43,005	43,015	38,376	35,718	33,988
DPS(원)	1,750	1,900	1,950	3,000	4,000	4,000
EBITDAPS(원)	40,186	42,516	42,137	39,163	35,488	33,163

재무 비율
〈 단위 : % 〉

연도	영업이익률	순이익률	부채비율	차입금비율	ROA	ROE	유보율	자기자본비율	EBITDA마진율
2016	5.6	6.1	147.2	101.7	3.3	8.4	4,522.6	40.5	9.1
2015	6.9	7.1	147.3	98.3	4.2	10.7	4,172.2	40.4	10.0
2014	8.5	8.6	135.1	87.3	5.5	13.4	3,857.6	42.5	11.3
2013	9.5	10.3	135.8	85.8	7.1	17.8	3,463.5	42.4	12.5

현대정보기술 (A026180)
Hyundai Information Technology

업 종 : IT 서비스		시 장 : KOSDAQ	
신용등급 : (Bond) — (CP) —		기업규모 : 중견	
홈페이지 : www.hit.co.kr		연 락 처 : 02)2626-6000	
본 사 : 서울시 금천구 가산디지털2로 179			

설 립 일	1989.05.15	종 업 원 수	547명	대 표 이 사	마용득
상 장 일	2000.08.08	감 사 의 견	적정 (삼정)	계 열	
결 산 기	12월	보 통 주	5,954만주	종속회사수	
액 면 가	1,000원	우 선 주		구 상 호	

주주구성 (지분율,%)		출자관계 (지분율,%)		주요경쟁사 (외형,%)	
롯데정보통신	59.7	SGI코리아	17.2	현대정보기술	100
하이닉스반도체	3.9	이씨뱅크	13.9	다우기술	687
(외국인)	0.7	키움인베스트먼트	2.5	오상자이엘	36

매출구성		비용구성		수출비중	
시스템 통합	82.0	매출원가율	96.6	수출	2.5
시스템관리운영	16.3	판관비율	2.1	내수	97.5
임대기타	1.7				

회사 개요
동사는 ITO(Information Technology Outsourcing)서비스 및 시스템 통합(System Integration)사업 등을 포함한 정보처리 및 정보서비스의 제조, 판매를 주요사업으로 영위함. 현재는 롯데정보통신이 최대주주임. 신호감지시스템 등 철도 사업과 대형병원 업무프로세스 및 정보표준화, 그리고 차세대 의료정보시스템 등의 구축 경험, 해외 전자정부 구축의 사업 경험 등을 살려 U-교통, 헬스케어 등에 주력할 계획임.

실적 분석
동사의 2016년 연결기준 매출액은 전년대비 13.1% 성장한 1,677.9억원을 기록함. SI사업의 확장에 기인한 매출 성장과 매출원가율 개선으로 영업이익 21.0억원, 당기순이익 6.7억원을 보였으며 흑자전환에 성공함. 당기순이익의 흑자전환은 주로 금융손실의 축소에 기인함. 당기 제품별 매출비중은 SI부문 81.18%, ITO사업 17.39% 및 기타로 구성됨.

현금 흐름
〈단위 : 억원〉

항목	2015	2016
영업활동	90	37
투자활동	-213	-1
재무활동	103	-39
순현금흐름	-21	-3
기말현금	12	9

시장 대비 수익률
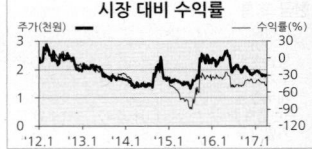

결산 실적
〈 단위 : 억원 〉

항목	2011	2012	2013	2014	2015	2016
매출액	1,866	1,895	1,517	1,424	1,484	1,678
영업이익	26	-50	-160	-61	16	21
당기순이익	0	-64	-192	-91	-19	7

분기 실적
〈 단위 : 억원 〉

항목	2015.3Q	2015.4Q	2016.1Q	2016.2Q	2016.3Q	2016.4Q
매출액	315	437	410	350	344	574
영업이익	-8	39	-4	15	1	9
당기순이익	-13	25	-9	12	-5	9

재무 상태
〈 단위 : 억원 〉

항목	2011	2012	2013	2014	2015	2016
총자산	1,692	1,561	1,502	1,484	1,654	1,736
유형자산	1,084	759	688	643	646	654
무형자산	42	40	44	67	51	48
유가증권	43	37	44	55	58	61
총부채	1,106	1,051	1,168	1,202	1,168	1,232
총차입금	529	556	641	679	612	616
자본금	503	503	503	503	595	595
총자본	585	510	335	282	486	504
지배주주지분	585	510	335	282	486	504

기업가치 지표

항목	2011	2012	2013	2014	2015	2016
주가(최고/저)(천원)	3.8/1.6	2.9/1.9	2.4/1.6	2.5/1.3	3.0/1.3	2.7/1.8
PER(최고/저)(배)	40,160.6/16,751.2	—/—	—/—	—/—	—/—	242.8/157.9
PBR(최고/저)(배)	3.3/1.4	2.9/1.9	3.6/2.4	4.4/2.4	3.6/1.6	3.2/2.1
EV/EBITDA(배)	10.9	21.9	—	73.9	15.0	13.9
EPS(원)	0	-127	-381	-181	-37	11
BPS(원)	1,163	1,013	666	561	817	848
CFPS(원)	219	105	-185	-20	137	178
DPS(원)	—	—	—	—	—	—
EBITDAPS(원)	272	133	-122	39	206	202

재무 비율
〈 단위 : % 〉

연도	영업이익률	순이익률	부채비율	차입금비율	ROA	ROE	유보율	자기자본비율	EBITDA마진율
2016	1.3	0.4	일부잠식	일부잠식	0.4	1.4	-15.2	29.1	7.2
2015	1.1	-1.3	일부잠식	일부잠식	-1.2	-4.8	-18.3	29.4	7.0
2014	-4.3	-6.4	일부잠식	일부잠식	-6.1	-29.5	-43.9	19.0	1.4
2013	-10.5	-12.7	일부잠식	일부잠식	-12.5	-45.4	-33.4	22.3	-4.0

현대제철 (A004020)
HYUNDAI STEEL

업 종 : 금속 및 광물　　　　시 장 : 거래소
신용등급 : (Bond) AA　(CP) —　　기업규모 : 시가총액 대형주
홈페이지 : www.hyundai-steel.com　　연락처 : 032)760-2114
본 사 : 인천시 동구 중봉대로 63

설 립 일	1964.09.01	종업원수	11,327명	대표이사	강학서
상 장 일	1987.05.23	감사의견	적정 (삼정)	계	열
결 산 기	12월	보통주	13,345만주	종속회사수	
액 면 가	5,000원	우선주		구 상 호	

주주구성 (지분율,%)		출자관계 (지분율,%)		주요경쟁사 (외형,%)	
기아자동차	17.3	현대종합특수강	60.0	현대제철	100
정몽구	11.8	현대비앤지스틸	40.8	POSCO	318
(외국인)	25.4	현대그린파워	29.0	세아베스틸	15

매출구성		비용구성		수출비중	
판재	71.0	매출원가율	85.3	수출	—
봉형강	29.4	판관비율	6.1	내수	—
반제품, 부산물 外	6.3				

회사 개요
동사는 1953년 대한중공업공사로 설립돼 1960년대부터 인천중공업 또는 인천제철로 불리던 업체임. 2004년 한보철강의 당진제철소 자산을 인수한 이후 당진공장 일관제철소의 상업생산이 2010년 시작되어 고로-전기로 제품을 모두 생산할 수 있는 제품 포트폴리오를 갖추게 됨. 전기로 제강을 통해서 철근, H형강 등 각종 봉형강류와 고로제강을 통한 열연코일, 후판 등의 판재류를 생산해 건설, 자동차, 조선 산업 등에 판매하고 있음.

실적 분석
동사의 2016년 연결 기준 매출과 영업이익은 16조6915억원, 1조4450억원으로 전년 대비 매출은 3.5% 늘었으나 영업이익은 1.3% 감소함. 동사는 하이스코 해외SSC, 강관, 자동차부품 부문을 합병하여 안정화에 치중함. 그 결과 동사의 매출과 영업이익은 예전의 수준을 회복함. 고로 가동 이후 판재류 판매 비중이 봉형강 판매 비중보다 높은 가운데, 판재류는 전년대비 183만톤 증가한 1611만톤의 판매고를 올림.

현금 흐름　〈단위 : 억원〉
항목	2015	2016
영업활동	30,732	29,638
투자활동	-22,017	-20,230
재무활동	-7,468	-10,170
순현금흐름	1,248	-831
기말현금	8,203	7,372

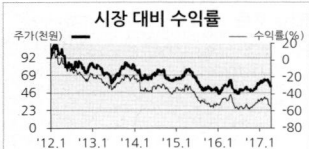
시장 대비 수익률

결산 실적　〈단위 : 억원〉
항목	2011	2012	2013	2014	2015	2016
매출액	152,595	148,934	135,328	167,624	161,325	166,915
영업이익	12,745	8,893	7,626	14,911	14,641	14,450
당기순이익	7,471	8,031	7,094	7,823	7,392	8,340

분기 실적　〈단위 : 억원〉
항목	2015.3Q	2015.4Q	2016.1Q	2016.2Q	2016.3Q	2016.4Q
매출액	40,834	43,045	37,438	42,257	40,634	46,586
영업이익	3,308	3,602	2,692	4,322	3,562	3,874
당기순이익	261	2,686	1,586	2,546	3,007	1,202

재무 상태　〈단위 : 억원〉
항목	2011	2012	2013	2014	2015	2016
총자산	217,767	234,663	295,203	289,338	319,364	323,893
유형자산	127,059	152,269	196,048	195,723	214,107	216,452
무형자산	1,168	1,569	13,503	13,410	18,526	17,931
유가증권	18,177	17,997	17,068	13,911	14,509	15,545
총부채	126,578	134,781	161,556	151,190	164,164	160,256
총차입금	101,746	106,042	130,009	122,641	129,539	121,304
자본금	4,266	4,266	5,827	5,827	6,672	6,672
총자본	91,189	99,882	133,647	138,148	155,200	163,636
지배주주지분	91,189	98,309	131,897	136,239	152,420	160,704

기업가치 지표
항목	2011	2012	2013	2014	2015	2016
주가(최고/저)(천원)	140/73.6	112/71.5	86.7/58.4	80.8/59.9	77.4/47.5	62.6/43.3
PER(최고/저)(배)	16.9/8.9	12.6/8.1	11.2/7.5	12.8/9.5	13.6/8.3	10.3/7.2
PBR(최고/저)(배)	1.4/0.7	1.0/0.7	0.8/0.5	0.7/0.5	0.7/0.4	0.5/0.4
EV/EBITDA(배)	9.9	10.5	13.3	7.1	6.9	6.8
EPS(원)	8,757	9,335	8,102	6,562	5,866	6,136
BPS(원)	107,087	115,433	113,276	117,001	115,590	121,394
CFPS(원)	16,993	18,009	16,468	16,760	16,049	16,535
DPS(원)	500	500	500	750	750	750
EBITDAPS(원)	23,175	19,098	17,296	22,992	21,890	21,228

재무 비율　〈단위 : % 〉
연도	영업이익률	순이익률	부채비율	차입금비율	ROA	ROE	유보율	자기자본비율	EBITDA마진율
2016	8.7	5.0	97.9	74.1	2.6	5.2	2,327.9	50.5	17.0
2015	9.1	4.6	105.8	83.5	2.4	5.1	2,211.8	48.6	17.0
2014	8.9	4.7	109.4	88.8	2.7	5.7	2,240.0	47.8	16.0
2013	5.6	5.2	120.9	97.3	2.7	6.0	2,165.5	45.3	10.9

현대종합상사 (A011760)
Hyundai

업 종 : 무역　　　　시 장 : 거래소
신용등급 : (Bond) —　(CP) —　　기업규모 : 시가총액 소형주
홈페이지 : www.hyundaicorp.co.kr　　연락처 : 02)390-1424
본 사 : 서울시 종로구 율곡로2길 25 연합미디어센터빌딩 16층

설 립 일	1976.12.08	종업원수	261명	대표이사	정몽혁
상 장 일	1977.12.01	감사의견	적정 (삼일)	계	열
결 산 기	12월	보통주	1,323만주	종속회사수	
액 면 가	5,000원	우선주		구 상 호	

주주구성 (지분율,%)		출자관계 (지분율,%)		주요경쟁사 (외형,%)	
현대씨앤에프	19.4	에이치앤디	34.0	현대상사	100
정몽혁	8.3	현대미래로	20.0	포스코대우	463
(외국인)	14.7	HYUNDAICORP.USA	100.0	LG상사	336

매출구성		비용구성		수출비중	
강판, 강관 및 철강 제품	46.3	매출원가율	97.0	수출	98.1
석유화학제품 및 벙커링	33.5	판관비율	2.1	내수	1.9
선박, 플랜트 및 전기기계 등	19.5				

회사 개요
동사는 1976년 설립되어 수출입업, 삼국간 무역, 브랜드사업 및 해외자원개발 프로젝트를 영위하고 있음. 2016.3.21 현대중공업 기업집단으로부터 계열분리하여 현대씨앤에프가 최대주주임. 산업플랜트, 차량, 철강, 화학, 자원개발, 기타 등 6개의 사업부문으로 구성됨. 각 사업부문별로 자동차, 철강, 기계 등을 수출하고 있으며, 선박, 플랜트 등의 수출입대행 및 수입상품의 국내판매, 유전개발 등의 자원개발사업을 영위중임.

실적 분석
국제유가 하락영향으로 각국의 경제여건이 악화되며 중동발주가 급감하는 등 비우호적인 영업환경이 지속되면서 동사의 2016년 연결기준 매출액은 전년동기 대비 16.5% 감소한 3조 5587억원을 시현함. 외형축소에도 원가율 하락으로 영업이익률은 소폭 개선되었음. 다만 관련기업투자손익 등의 급감으로 당기순이익은 전년대비 급감한 80.7억원에 그침. 철강, 화학부문의 실적 회복이 외형 성장을 위한 급선무임.

현금 흐름　〈단위 : 억원〉
항목	2015	2016
영업활동	825	464
투자활동	-246	-291
재무활동	-2,936	1,036
순현금흐름	-2,358	1,238
기말현금	697	1,936

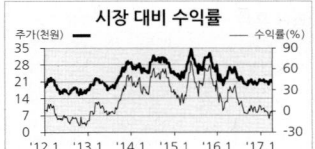
시장 대비 수익률

결산 실적　〈단위 : 억원〉
항목	2011	2012	2013	2014	2015	2016
매출액	54,489	54,684	50,825	52,649	42,619	35,588
영업이익	528	288	220	294	234	305
당기순이익	419	516	1,082	339	1,472	81

분기 실적　〈단위 : 억원〉
항목	2015.3Q	2015.4Q	2016.1Q	2016.2Q	2016.3Q	2016.4Q
매출액	10,538	9,355	9,353	8,407	8,855	8,972
영업이익	59	-24	107	83	45	71
당기순이익	81	1,048	53	67	19	-58

재무 상태　〈단위 : 억원〉
항목	2011	2012	2013	2014	2015	2016
총자산	20,790	19,148	17,181	19,267	15,040	15,142
유형자산	515	436	38	51	53	45
무형자산	679	680	608	559	312	293
유가증권	1,055	977	908	647	884	905
총부채	16,929	15,049	11,237	12,596	10,140	10,812
총차입금	6,769	6,606	4,079	4,597	3,048	4,340
자본금	1,116	1,116	1,116	1,116	661	661
총자본	3,862	4,099	5,944	6,670	4,900	4,329
지배주주지분	3,881	4,081	5,938	6,663	4,892	4,320

기업가치 지표
항목	2011	2012	2013	2014	2015	2016
주가(최고/저)(천원)	29.9/18.0	22.9/15.2	29.7/17.1	32.2/24.2	35.7/21.5	27.6/19.3
PER(최고/저)(배)	17.2/10.3	11.0/7.3	6.6/3.8	22.8/17.1	5.1/3.1	46.9/32.8
PBR(최고/저)(배)	2.0/1.2	1.4/0.9	1.2/0.7	1.2/0.9	1.0/0.6	0.9/0.6
EV/EBITDA(배)	13.4	15.3	26.5	18.8	17.4	13.3
EPS(원)	1,965	2,309	4,867	1,512	7,336	602
BPS(원)	17,381	18,278	26,591	29,839	36,989	33,210
CFPS(원)	2,373	3,271	5,392	2,120	7,887	1,249
DPS(원)	500	500	500	500	750	500
EBITDAPS(원)	2,774	2,252	1,508	1,924	1,720	2,952

재무 비율　〈단위 : % 〉
연도	영업이익률	순이익률	부채비율	차입금비율	ROA	ROE	유보율	자기자본비율	EBITDA마진율
2016	0.9	0.2	249.7	100.2	0.5	1.7	564.2	28.6	1.1
2015	0.5	3.5	207.0	62.2	8.6	25.5	639.8	32.6	1.0
2014	0.6	0.6	188.9	68.9	1.9	5.4	496.8	34.6	0.8
2013	0.4	2.1	189.1	68.6	6.0	21.7	431.8	34.6	0.7

현대중공업 (A009540)
Hyundai Heavy Industries

업 종 : 조선		시 장 : 거래소	
신용등급 : (Bond) A- (CP) A2-		기업규모 : 시가총액 대형주	
홈페이지 : www.hhi.co.kr		연 락 처 : 052)202-2114	
본 사 : 울산시 동구 방어진 순환도로 1000			

설 립 일 1973.12.28	종 업 원 수 23,749명	대 표 이 사 권오갑,최길선
상 장 일 1999.08.24	감 사 의 견 적정 (삼정)	계 열
결 산 기 12월	보 통 주 5,667만주	종속회사수
액 면 가 5,000원	우 선 주	구 상 호

주주구성 (지분율,%)		출자관계 (지분율,%)		주요경쟁사 (외형,%)	
현대로보틱스	10.0	현대중공업그린에너지	100.0	현대중공업	100
정몽준	7.6	호텔현대	100.0	삼성중공업	26
(외국인)	14.9	현대글로벌서비스	100.0	현대미포조선	11

매출구성		비용구성		수출비중	
선 박	36.1	매출원가율	88.4	수출	69.3
휘발유 외	27.8	판관비율	7.4	내수	30.7
해상구조물,화공,발전설비외	18.7				

회사 개요
동사는 수주량 기준으로 전세계 1위의 시장점유율을 보이고 있는 조선부문, 해상구조물 제작 및 설치를 담당하는 해양부문, 화공설비 및 발전설비 등을 담당하는 플랜트부문, 건설용 기계장비 등을 생산하는 건설장비부문 등의 사업을 영위하고 있으며, 정유사업을 영위하는 종속기업 오일뱅크가 있음. 전체 매출액의 33.1%를 차지하고 있는 조선부문의 경우, 막대한 초기설비자금이 필요한 장치산업이며 최근 신조시황이 위축되어 발주물량이 감소하고 있음.

실적 분석
동사의 2016년 4/4분기 연결기준 누적 매출액은 39조 3,172.9억원으로 전년 동기 대비 15.0% 감소하였음. 그러나 매출원가 및 판관비가 감소하며 영업이익은 1조 1,673.7억원으로 흑자전환함. 영업실적 개선으로 인해 당기 순이익도 전년동기 대비 흑자전환한 6,566.7억원을 기록함. 특수선박의 공정이 안정화되면서 상선부문의 생산성이 개선되었고, 자재비 절감 효과와 맞물려 전반적인 실적 개선세를 보임.

현금 흐름 〈단위 : 억원〉

항목	2015	2016
영업활동	-6,920	20,814
투자활동	-407	-5,009
재무활동	6,052	-3,681
순현금흐름	-1,240	12,216
기말현금	31,053	43,269

시장 대비 수익률
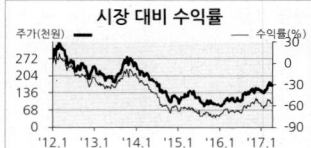

결산 실적 〈단위 : 억원〉

항목	2011	2012	2013	2014	2015	2016
매출액	537,117	549,737	541,881	525,824	462,317	393,173
영업이익	45,610	20,055	8,020	-32,495	-15,401	16,419
당기순이익	27,434	10,296	1,463	-22,061	-13,632	6,567

분기 실적 〈단위 : 억원〉

항목	2015.3Q	2015.4Q	2016.1Q	2016.2Q	2016.3Q	2016.4Q
매출액	109,184	111,391	102,728	98,627	88,392	103,427
영업이익	-8,977	-2,791	3,252	5,572	3,218	4,377
당기순이익	-6,176	-3,781	2,445	3,922	3,344	-3,145

재무 상태 〈단위 : 억원〉

항목	2011	2012	2013	2014	2015	2016
총자산	490,008	492,732	532,050	533,844	497,328	492,492
유형자산	155,647	155,565	157,130	160,602	163,200	190,113
무형자산	23,237	22,974	22,856	22,116	21,402	19,630
유가증권	56,628	51,693	75,862	68,486	54,268	46,385
총부채	308,243	305,318	341,754	367,458	342,339	313,594
총차입금	121,268	158,101	184,405	200,291	196,019	190,343
자본금	3,800	3,800	3,800	3,800	3,800	3,800
총자본	181,765	187,414	190,296	166,386	154,990	178,898
지배주주지분	163,791	168,808	172,496	151,738	137,361	159,365

기업가치 지표

항목	2011	2012	2013	2014	2015	2016
주가(최고/저)(천원)	529/229	339/192	286/175	254/95.1	154/81.2	158/81.2
PER(최고/저)(배)	16.3/7.0	26.4/15.0	78.7/48.0	—/—	—/—	22.0/11.3
PBR(최고/저)(배)	2.3/1.0	1.4/0.8	1.2/0.7	1.2/0.4	0.8/0.4	0.7/0.4
EV/EBITDA(배)	5.2	10.4	18.3	—	—	8.9
EPS(원)	33,671	13,061	3,667	-23,279	-17,762	7,173
BPS(원)	233,942	240,543	245,395	218,082	193,461	222,413
CFPS(원)	46,009	26,157	16,577	-9,882	-3,706	18,908
DPS(원)	4,000	2,500	2,000			
EBITDAPS(원)	72,351	39,485	23,462	-29,359	-6,209	33,338

재무 비율 〈단위 : % 〉

연도	영업이익률	순이익률	부채비율	차입금비율	ROA	ROE	유보율	자기자본비율	EBITDA마진율
2016	4.2	1.7	175.3	106.4	1.3	3.7	4,348.3	36.3	6.4
2015	-3.3	-3.0	220.9	126.5	-2.6	-9.3	3,769.2	31.2	-1.0
2014	-6.2	-4.2	220.9	120.4	-4.1	-10.9	4,261.6	31.2	-4.2
2013	1.5	0.3	179.6	96.9	0.3	1.6	4,807.9	35.8	3.3

현대통신 (A039010)
Hyundai Telecommunication

업 종 : 보안장비		시 장 : KOSDAQ	
신용등급 : (Bond) — (CP) —		기업규모 : 벤처	
홈페이지 : www.hyundaitel.co.kr		연 락 처 : 02)2240-9211	
본 사 : 서울시 영등포구 여의대방로 107(신길동, 현대통신빌딩)			

설 립 일 1998.04.25	종 업 원 수 120명	대 표 이 사 이건구
상 장 일 2000.07.20	감 사 의 견 적정 (신한)	계 열
결 산 기 12월	보 통 주 863만주	종속회사수
액 면 가 500원	우 선 주	구 상 호

주주구성 (지분율,%)		출자관계 (지분율,%)		주요경쟁사 (외형,%)	
이건구	24.0	HYUNDAITELECOMJAPAN	65.0	현대통신	100
이내흔	14.5			코콤	130
(외국인)	2.9			슈프리마	48

매출구성		비용구성		수출비중	
HNT-4000 외	60.2	매출원가율	78.1	수출	—
기타	16.3	판관비율	9.7	내수	—
HKT-300 외	13.2				

회사 개요
하이닉스의 사업구조조정에 따라 HA사업부문이 분사하여 설립되었으며, 홈오토메이션 및 홈네트워크 시스템을 제조/판매하고 있음. 주요 제품 매출구성은 홈네트워크 시스템이 66%, 무인경비시스템 7%, 주방 TV 11%, 그외 LED 보안등과 디지털도어락 등 기타 상품이 차지. 홈네트워크 시스템은 신규 아파트에서 주로 수요가 발생하는 특성을 가지고 있는데, 공동주택 수직증축 리모델링 허용에 따라 추가적인 매출 발생 요인이 존재함.

실적 분석
2016년 매출액은 스마트홈, 디지털도어락 부문의 실적 호조로 878.3억원을 기록하며 전년동기 대비 11.6% 증가. 판관비율 하락으로 영업이익은 23.5% 상승한 106.8억원을 기록함. 수주잔고는 2,290.2억원. 1,200억원에 달하는 2015년 신규 수주물량이 2017년 매출로 시현될 것. IoT가 다양한 가전 및 디바이스에 적용됨에 따라 동 부문의 시장성장이 예견됨.

현금 흐름 〈단위 : 억원〉

항목	2015	2016
영업활동	60	66
투자활동	-44	-142
재무활동	-8	-11
순현금흐름	8	-86
기말현금	129	43

시장 대비 수익률

결산 실적 〈단위 : 억원〉

항목	2011	2012	2013	2014	2015	2016
매출액	501	456	469	733	787	878
영업이익	-70	2	-4	53	86	107
당기순이익	-67	-1	-1	56	88	105

분기 실적 〈단위 : 억원〉

항목	2015.3Q	2015.4Q	2016.1Q	2016.2Q	2016.3Q	2016.4Q
매출액	190	193	196	211	216	256
영업이익	19	14	18	28	29	32
당기순이익	19	13	21	30	24	30

재무 상태 〈단위 : 억원〉

항목	2011	2012	2013	2014	2015	2016
총자산	517	384	477	545	634	718
유형자산	107	105	101	99	98	97
무형자산	29	29	25	26	26	26
유가증권	9	3	4	31	69	129
총부채	279	151	246	258	263	260
총차입금	13		13			
자본금	43	43	43	43	43	43
총자본	238	233	231	287	370	458
지배주주지분	237	233	231	287	370	458

기업가치 지표

항목	2011	2012	2013	2014	2015	2016
주가(최고/저)(천원)	6.3/1.7	6.0/2.0	3.5/1.8	5.5/2.4	13.2/4.8	9.8/6.5
PER(최고/저)(배)	—/—	—/—	—/—	8.9/3.8	13.4/4.8	8.2/5.4
PBR(최고/저)(배)	2.4/0.7	2.3/0.8	1.3/0.7	1.7/0.7	3.2/1.1	1.9/1.3
EV/EBITDA(배)	—	—	17.0	94.4	5.9	4.1
EPS(원)	-776	-8	-16	645	1,018	1,220
BPS(원)	2,751	2,700	2,677	3,324	4,291	5,305
CFPS(원)	-682	70	66	693	1,067	1,261
DPS(원)				70	100	130
EBITDAPS(원)	-713	101	30	660	1,052	1,279

재무 비율 〈단위 : % 〉

연도	영업이익률	순이익률	부채비율	차입금비율	ROA	ROE	유보율	자기자본비율	EBITDA마진율
2016	12.2	12.0	56.9	0.0	15.6	25.4	961.0	63.7	12.6
2015	11.0	11.2	71.1	0.0	14.9	26.7	758.1	58.4	11.5
2014	7.2	7.6	89.9	0.0	10.9	21.5	564.7	52.7	7.8
2013	-0.9	-0.3	106.3	5.4	-0.3	-0.6	435.5	48.5	0.6

현대해상화재보험 (A001450)
Hyundai Marine&Fire Insurance

업 종 : 보험
신용등급 : (Bond) — (CP) —
홈페이지 : www.hi.co.kr
본 사 : 서울시 종로구 세종대로 163 현대해상화재보험빌딩

시 장 : 거래소
기업규모 : 시가총액 대형주
연 락 처 : 1588-5656

설 립 일 1955.03.05	종 업 원 수 3,943명	대 표 이 사 박찬종,이철영
상 장 일 1989.08.25	감 사 의 견 적정 (삼일)	계 열
결 산 기 12월	보 통 주 8,940만주	종속회사수
액 면 가 500원	우 선 주	구 상 호

주주구성 (지분율,%)		출자관계 (지분율,%)		주요경쟁사 (외형,%)	
정몽윤	21.9	현대인베스트먼트자산운용	100.0	현대해상	100
국민연금공단	5.0	현대하이카손해사정	100.0	삼성생명	133
(외국인)	50.9	현대씨앤알	100.0	삼성화재	148

수익구성		비용구성		수출비중	
장 기	63.2	책임준비금전입	18.8	수출	—
자동차	21.4	보험금비용	32.8	내수	—
특 종	6.7	사업비	8.6		

회사 개요
동사는 동방해상보험으로 설립돼, 1985년 현대해상화재보험으로 사명이 변경됨. 계열회사는 14개로 이 중 상장사는 동사가 유일함. 동사의 연결대상 종속회사로는 손해사정업과 긴급출동서비스를 맡는 현대하이카손해사정, 소프트웨어업을 영위하는 현대HDS, 자산운용업을 영위하는 현대인베스트먼트자산운용 등이 있음. 2016년 1분기 기준 동사의 손해보험시장 시장점유율은 16.7%임.

실적 분석
2016년 연결기준 누적 매출액은 15조 3,483억원으로 전년동기 대비 소폭 증가함. 영업이익 5,438억원, 당기순이익 4,098억원을 기록하였음. 경과보험료 전년동기 대비 증가했으며 손해율 또한 하락함. 자보손해율은 4대 손보사 평균치에 근접하는 수준까지 개선됨. 작년 이후 요율 조정과 합병 효과로 인한 것으로 판단됨. 장기위험 손해율 개선 추이가 뚜렷하지 않은 것이 아쉬움.

현금 흐름 〈단위 : 억원〉

항목	2015	2016
영업활동	14,978	21,399
투자활동	-17,114	-24,051
재무활동	3,608	1,494
순현금흐름	1,531	-1,118
기말현금	10,593	9,475

시장 대비 수익률
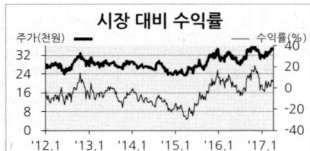

결산 실적 〈단위 : 억원〉

항목	2011	2012	2013	2014	2015	2016
보험료수익	97,031	106,051	84,198	117,253	124,751	126,431
영업이익	5,493	5,045	3,006	3,302	3,310	5,439
당기순이익	4,076	3,721	2,106	2,349	2,123	4,099

분기 실적 〈단위 : 억원〉

항목	2015.3Q	2015.4Q	2016.1Q	2016.2Q	2016.3Q	2016.4Q
보험료수익	30,270	31,879	30,685	32,224	31,439	32,083
영업이익	1,131	-175	1,285	1,575	1,773	805
당기순이익	794	-350	925	1,145	1,483	545

재무 상태 〈단위 : 억원〉

항목	2011	2012	2013	2014	2015	2016
총자산	180,962	214,573	245,361	286,104	327,814	370,574
유형자산	5,825	6,382	6,699	6,278	6,103	7,139
무형자산	840	737	644	468	429	536
유가증권	85,087	107,134	119,769	139,161	160,978	183,534
총부채	163,150	193,013	224,833	262,381	302,787	342,092
총차입금	540	382	—	793	5,161	6,040
자본금	447	447	447	447	447	447
총자본	17,812	21,560	20,527	23,723	25,027	28,482
지배주주지분	17,666	21,391	20,339	23,723	25,027	28,482

기업가치 지표

항목	2011	2012	2013	2014	2015	2016
주가(최고/저)(천원)	30.1/20.4	33.1/23.3	30.2/25.5	30.3/23.2	34.7/22.5	36.1/27.0
PER(최고/저)(배)	7.8/5.3	9.1/6.4	14.2/12.0	12.6/9.7	15.2/10.1	8.2/6.1
PBR(최고/저)(배)	1.8/1.2	1.6/1.1	1.4/1.2	1.2/1.0	1.3/0.8	1.2/0.9
PSR(최고/저)(배)	0/0	0/0	0/0	0/0	0/0	0/0
EPS(원)	4,532	4,140	2,334	2,628	2,375	4,585
BPS(원)	19,985	24,152	22,975	26,760	28,414	32,278
CFPS(원)	5,174	4,803	2,848	3,269	2,867	5,087
DPS(원)	1,350	1,050	550	750	750	1,350
EBITDAPS(원)	6,145	5,643	3,362	3,694	3,702	6,083

재무 비율 〈단위 : % 〉

연도	계속사업이익률	순이익률	부채비율	차입금비율	ROA	ROE	유보율	자기자본비율	총자산증가율
2016	4.2	3.2	1,201.1	21.2	1.2	15.3	6,355.6	7.7	13.0
2015	2.4	1.7	1,209.8	20.6	0.7	8.7	5,582.8	7.6	14.6
2014	2.5	2.0	1,106.0	3.3	0.9	10.7	5,252.1	8.3	33.3
2013	3.4	2.5	1,095.3	0.0	0.9	10.0	4,495.0	8.4	14.4

현대홈쇼핑 (A057050)
HYUNDAI HOME SHOPPING NETWORK

업 종 : 온라인쇼핑
신용등급 : (Bond) — (CP) A1
홈페이지 : www.hyundaihmall.com
본 사 : 서울시 강동구 올림픽로 70길 34

시 장 : 거래소
기업규모 : 시가총액 중형주
연 락 처 : 02)2143-2000

설 립 일 2001.05.29	종 업 원 수 525명	대 표 이 사 정교선
상 장 일 2010.09.13	감 사 의 견 적정 (삼정)	계 열
결 산 기 12월	보 통 주 1,200만주	종속회사수
액 면 가 5,000원	우 선 주	구 상 호

주주구성 (지분율,%)		출자관계 (지분율,%)		주요경쟁사 (외형,%)	
현대백화점	15.8	현대렌탈케어	100.0	현대홈쇼핑	100
현대그린푸드	15.5	현대에이치씨엔	35.3	GS홈쇼핑	113
(외국인)	23.0	한섬	34.6	CJ오쇼핑	228

매출구성		비용구성		수출비중	
TV홈쇼핑	72.5	매출원가율	9.5	수출	0.5
인터넷쇼핑	20.0	판관비율	79.0	내수	99.5
기타	5.1				

회사 개요
동사는 TV홈쇼핑, 인터넷쇼핑몰, 카탈로그 등의 매체를 이용하여 상품 및 서비스를 제공하는 통신판매사업자임. 동사가 속한 현대백화점 그룹의 계열회사는 현대백화점, 현대홈쇼핑 등 총 29개사임. 현재 2015년 7월 개국한 아임쇼핑을 포함하여 7개사(현대홈쇼핑, GS홈쇼핑, CJ오쇼핑, 롯데홈쇼핑, NS쇼핑, 홈앤쇼핑, 아임쇼핑)가 TV홈쇼핑사업을 영위하고 있으며 동사는 2015년 기준 18.89%의 시장점유율을 기록 중임.

실적 분석
2016년 누적 연결기준 매출액은 전년 동기대비 8.2% 증가한 9,694.3억원을 기록함. 카탈로그와 기타 부문의 매출액은 전년 동기대비 감소했으나, 매출의 반 이상을 차지하는 TV홈쇼핑 부문과 인터넷쇼핑의 매출액이 각각 전년동기 대비 4.3%, 30.1% 증가하며 실적 향상에 기여함. 현재 중국 상해 합자홈쇼핑 사업 노하우를 바탕으로 베트남, 태국 홈쇼핑 사업을 개시했으며, 현재 중국사업은 방송송출 중단으로 국제중재 진행 중임.

현금 흐름 〈단위 : 억원〉

항목	2015	2016
영업활동	851	979
투자활동	-373	-1,996
재무활동	-170	718
순현금흐름	308	-299
기말현금	347	48

시장 대비 수익률
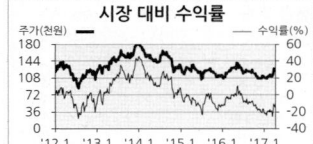

결산 실적 〈단위 : 억원〉

항목	2011	2012	2013	2014	2015	2016
매출액	7,116	7,605	7,999	8,679	8,960	9,694
영업이익	1,525	1,528	1,448	1,451	1,046	1,113
당기순이익	1,519	1,040	1,955	1,478	1,111	1,295

분기 실적 〈단위 : 억원〉

항목	2015.3Q	2015.4Q	2016.1Q	2016.2Q	2016.3Q	2016.4Q
매출액	2,176	2,509	2,349	2,369	2,290	2,686
영업이익	225	286	382	266	183	283
당기순이익	274	292	399	240	197	458

재무 상태 〈단위 : 억원〉

항목	2011	2012	2013	2014	2015	2016
총자산	11,398	13,064	14,290	15,503	16,664	19,030
유형자산	909	877	922	917	985	1,094
무형자산	50	52	49	52	57	47
유가증권	476	573	564	7,826	8,119	9,324
총부채	2,706	3,317	2,739	2,847	3,095	4,477
총차입금	21	50	—	—	—	960
자본금	600	600	600	600	600	600
총자본	8,693	9,747	11,552	12,655	13,569	14,553
지배주주지분	8,693	9,747	11,552	12,655	13,569	14,553

기업가치 지표

항목	2011	2012	2013	2014	2015	2016
주가(최고/저)(천원)	147/83.7	146/85.7	181/116	183/118	138/105	140/105
PER(최고/저)(배)	12.3/7.0	17.8/10.4	11.6/7.4	15.4/9.9	15.3/11.6	13.1/9.8
PBR(최고/저)(배)	2.2/1.2	1.9/1.1	2.0/1.3	1.8/1.1	1.2/0.9	1.2/0.9
EV/EBITDA(배)	4.6	5.6	10.5	10.5	6.0	4.3
EPS(원)	12,659	8,664	16,290	12,321	9,259	10,788
BPS(원)	72,438	81,224	96,266	107,224	114,833	123,500
CFPS(원)	13,413	9,420	16,804	12,996	10,014	11,890
DPS(원)	1,100	1,100	1,100	1,300	1,500	1,500
EBITDAPS(원)	13,631	13,492	12,579	12,770	9,469	10,376

재무 비율 〈단위 : % 〉

연도	영업이익률	순이익률	부채비율	차입금비율	ROA	ROE	유보율	자기자본비율	EBITDA마진율
2016	11.5	13.4	30.8	6.6	7.3	9.2	2,370.0	76.5	12.8
2015	11.7	12.4	22.8	0.0	6.9	8.5	2,196.7	81.4	12.7
2014	16.7	17.0	22.5	0.0	9.9	12.2	2,044.5	81.6	17.7
2013	18.1	24.4	23.7	0.0	14.3	18.4	1,825.3	80.8	18.9

현성바이탈 (A204990)
HS Vital CO

<table>
<tr><td>업　　　종: 식료품</td><td>시　　　장: KOSDAQ</td></tr>
<tr><td>신용등급: (Bond) —　(CP) —</td><td>기업규모: 중견</td></tr>
<tr><td>홈페이지: www.hsvital.com</td><td>연 락 처: 02)2628-0575</td></tr>
<tr><td colspan="2">본　　　사: 서울시 영등포구 선유로 146, 207호(양평동 3가 이앤씨드림타워)</td></tr>
</table>

설 립 일	2006.08.04	종업원수	98명
상 장 일	2016.12.09	감사의견	적정 (새시대)
결 산 기	12월	보 통 주	2,174만주
액 면 가	500원	우 선 주	

대 표 이 사 신지윤
계 열
종속회사수
구 상 호

주주구성 (지분율,%)		출자관계 (지분율,%)		주요경쟁사 (외형,%)	
신지윤	62.1			현성바이탈	100
신현우	3.6			동서	1,795
(외국인)	0.2			롯데푸드	6,158

매출구성		비용구성		수출비중	
액상	29.5	매출원가율	55.6	수출	0.0
수소수기	26.1	판관비율	16.8	내수	100.0
환	23.6				

회사 개요
동사는 2006년 건강기능식품제조업을 영위할 목적으로 설립됨. 균형생식환 & 수소수기 사업, 화장품 사업 등을 부가적으로 영위함. 동사는 매출축 다변화의 일환으로 2014년 NS유통과 헛개페파스, 국감당 등 2개 제품에 대해 3년 공급 계약을 체결함. NS유통은 전국 고속도로 휴게소에 물품을 공급하는 사업자임. 매출 구성은 액상, 수소수기, 환 등으로 구성돼 있음.

실적 분석
동사의 2016년 연결기준 연간 누적 매출액은 286.2억원으로 전년 동기 대비 10.9% 증가함. 매출이 증가했지만 매출원가 비용이 크게 늘고 판매비와 관리비 부담 또한 증가하여 영업이익은 79억원으로 전년 동기 대비 17.6% 감소함. 법인세비용은 줄었지만 영업이익 감소로 인해 당기순이익은 67.5억원으로 전년 동기 대비 15.4% 감소함. 수익성은 악화됐지만 여전히 매출 대비 영업이익률은 좋은 편.

현금 흐름　*IFRS 별도 기준　〈단위 : 억원〉

항목	2015	2016
영업활동	23	-1
투자활동	-11	37
재무활동	-0	118
순현금흐름	12	154
기말현금	22	176

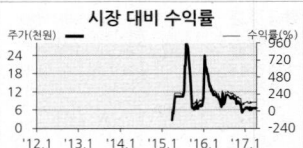

시장 대비 수익률

결산 실적　〈단위 : 억원〉

항목	2011	2012	2013	2014	2015	2016
매출액	149	169	191	225	258	286
영업이익	-7	8	28	76	96	79
당기순이익	-5	5	15	60	80	68

분기 실적　*IFRS 별도 기준　〈단위 : 억원〉

항목	2015.3Q	2015.4Q	2016.1Q	2016.2Q	2016.3Q	2016.4Q
매출액	54	—	—	89		
영업이익	19	—	—	30		
당기순이익	17	—	—	25		

재무 상태　*IFRS 별도 기준　〈단위 : 억원〉

항목	2011	2012	2013	2014	2015	2016
총자산	117	155	174	230	322	505
유형자산	51	47	58	64	68	69
무형자산	0	0	0	2	2	2
유가증권	1	5	0	0	0	0
총부채	65	73	77	47	61	58
총차입금	26	23	6			
자본금	13	38	38	100	100	109
총자본	52	82	97	182	262	448
지배주주지분	52	82	97	182	262	448

기업가치 지표　*IFRS 별도 기준

항목	2011	2012	2013	2014	2015	2016
주가(최고/저)(천원)	—/—	—/—	—/—	—/—	32.0/2.7	26.6/5.1
PER(최고/저)(배)	0.0/0.0	0.0/0.0	0.0/0.0	0.0/0.0	80.3/6.7	79.3/15.2
PBR(최고/저)(배)	0.0/0.0	0.0/0.0	0.0/0.0	0.0/0.0	24.5/2.0	12.9/2.5
EV/EBITDA(배)	—	—	—	—	24.1	12.7
EPS(원)	-115	116	131	345	399	336
BPS(원)	19,903	1,076	1,279	912	1,309	2,059
CFPS(원)	316	338	285	384	436	374
DPS(원)	—	—	—	—	—	—
EBITDAPS(원)	-724	420	457	478	516	431

재무 비율　〈단위 : % 〉

연도	영업이익률	순이익률	부채비율	차입금비율	ROA	ROE	유보율	자기자본비율	EBITDA마진율
2016	27.6	23.6	12.9	0.0	16.3	19.0	311.9	88.6	30.3
2015	37.2	30.9	23.1	0.0	28.9	35.9	161.8	81.2	40.0
2014	33.9	26.4	25.8	—	—	82.5	79.5	36.6	
2013	14.9	8.1	79.0	5.8	9.4	17.2	155.7	55.9	18.2

현우산업 (A092300)
HYUNWOOINDUSTRIAL

<table>
<tr><td>업　　　종: 전자 장비 및 기기</td><td>시　　　장: KOSDAQ</td></tr>
<tr><td>신용등급: (Bond) —　(CP) —</td><td>기업규모: 중견</td></tr>
<tr><td>홈페이지: www.hyunwoopcb.com</td><td>연 락 처: 032)876-6105</td></tr>
<tr><td colspan="2">본　　　사: 인천시 남구 염전로 181</td></tr>
</table>

설 립 일	1996.10.08	종업원수	323명
상 장 일	2007.10.24	감사의견	적정 (새시대)
결 산 기	12월	보 통 주	1,229만주
액 면 가	500원	우 선 주	

대 표 이 사 문병선
계 열
종속회사수
구 상 호

주주구성 (지분율,%)		출자관계 (지분율,%)		주요경쟁사 (외형,%)	
문병선	31.1			현우산업	100
시너지투자자문	2.2			로보쓰리	0
(외국인)	0.4			S&K폴리텍	53

매출구성		비용구성		수출비중	
다층(PCB제품)	57.6	매출원가율	90.6	수출	84.9
양면(PCB제품)	39.6	판관비율	5.1	내수	15.1
부산물(PCB기타)	2.0				

회사 개요
동사는 1996년 설립된 인쇄회로기판(PCB) 전문 제조업체임. PCB 산업은 LCD와 LED 등 다양한 디지털 가전기기에 장착되는 장치산업임. 생산·공급하는 제품은 에어컨, 세탁기 등 백색가전, 자동차 전장관련부품, 복사기, 프린터, 복합기 등의 부품으로 사용됨. 2016년 결산 기준, 대덕전자, 코리아써키트 등에 이어 국내 9위권의 시장점유율을 보유 중임.

실적 분석
동사의 2016년 연간 매출액은 전년대비 11.9% 증가한 1,191.1억원임. LG전자 신규 해외사이트 판로확대와 OLED 제품군의 매출이 증가하며, 전장제품군의 매출이 확대됨. 전년대비 매출 증가와 생산량 증가로 인한 고정원가가 감소하여 영업이익 폭이 43.3% 상승함. 주 수요처인 LG전자의 OLED 등 생산호조로 내수부분의 안정적인 물량공급이 지속될 것으로 예상됨.

현금 흐름　*IFRS 별도 기준　〈단위 : 억원〉

항목	2015	2016
영업활동	127	182
투자활동	11	-50
재무활동	-142	-2
순현금흐름	-3	129
기말현금	35	164

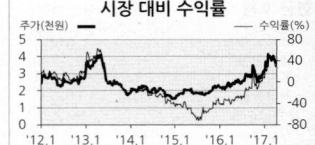

시장 대비 수익률

결산 실적　〈단위 : 억원〉

항목	2011	2012	2013	2014	2015	2016
매출액	1,030	985	949	854	1,064	1,191
영업이익	35	11	-19	-44	36	51
당기순이익	11	14	-25	-38	1	28

분기 실적　*IFRS 별도 기준　〈단위 : 억원〉

항목	2015.3Q	2015.4Q	2016.1Q	2016.2Q	2016.3Q	2016.4Q
매출액	299	281	311	283	301	296
영업이익	12	14	12	13	12	14
당기순이익	3	10	8	2	11	6

재무 상태　*IFRS 별도 기준　〈단위 : 억원〉

항목	2011	2012	2013	2014	2015	2016
총자산	1,159	1,173	1,261	1,192	1,172	1,209
유형자산	825	837	873	816	783	760
무형자산	9	8	8	6	6	6
유가증권	4	4	85	86	2	4
총부채	573	576	671	643	623	604
총차입금	379	413	487	479	356	324
자본금	50	50	50	50	51	61
총자본	586	597	591	549	549	605
지배주주지분	586	597	591	549	549	605

기업가치 지표　*IFRS 별도 기준

항목	2011	2012	2013	2014	2015	2016
주가(최고/저)(천원)	3.9/2.0	3.1/2.2	4.1/1.7	2.4/1.5	2.4/1.5	3.7/2.0
PER(최고/저)(배)	38.1/19.6	24.6/17.5	—/—	—/—	480.6/305.8	14.8/8.0
PBR(최고/저)(배)	0.7/0.4	0.6/0.4	0.8/0.3	0.5/0.3	0.5/0.3	0.8/0.4
EV/EBITDA(배)	5.0	6.6	7.7	9.9	4.1	3.9
EPS(원)	114	139	-248	-379	5	257
BPS(원)	5,862	5,969	5,908	5,486	5,408	4,992
CFPS(원)	933	1,013	672	574	925	1,061
DPS(원)	50	50	30	30	60	80
EBITDAPS(원)	1,167	985	729	516	1,277	1,278

재무 비율　〈단위 : % 〉

연도	영업이익률	순이익률	부채비율	차입금비율	ROA	ROE	유보율	자기자본비율	EBITDA마진율
2016	4.3	2.3	99.8	53.5	2.3	4.8	898.4	50.1	11.6
2015	3.4	0.1	113.5	64.8	0.1	0.1	981.5	46.8	12.0
2014	-5.1	-4.4	117.2	87.4	-3.1	-6.7	997.2	46.0	6.0
2013	-2.0	-2.6	113.5	82.5	-2.0	-4.2	1,081.7	46.8	7.7

현진소재 (A053660)
Hyunjin Materials

업 종 : 조선	시 장 : KOSDAQ
신용등급 : (Bond) — (CP) —	기업규모 :
홈페이지 : www.hjmco.co.kr	연락처 : 051)602-7700
본 사 : 부산시 강서구 녹산산단289로 92	

설 립 일 1978.04.25	종업원수 225명	대표이사 이창규	
상 장 일 2002.02.15	감사의견 적정 (삼덕)	계 열	
결 산 기 12월	보통주 3,527만주	종속회사수	
액 면 가 500원	우 선 주	구 상 호	

주주구성 (지분율,%)		출자관계 (지분율,%)		주요경쟁사 (외형,%)	
이창규	12.2	삼현엔지니어링	21.7	현진소재	100
한국선재	8.5	더이앤엠	16.7	에스앤드블루	24
(외국인)	0.3	선우CS	10.7	인화정공	55

매출구성		비용구성		수출비중	
Connecting Rod 외	42.3	매출원가율	87.5	수출	59.2
Main Shaft 외	30.4	판관비율	7.4	내수	40.8
단조품	12.8				

회사 개요
1978년 4월 설립해 금속단조제품의 제조와 판매업 등을 주요 사업목적으로 선박엔진부품 및 풍력발전부품 외 자유단조제품을 생산하고 있음. 기존 조선기자재 업체에서 발전부품전문 업체로의 변화를 꾀하고 있음. 동사는 전체 매출의 약 45% 이상이 수출품목이며, 수출액 증대를 위하여 중국, 유럽, 미주 등 신규시장 개척을 통한 영업력 확대에 주력하고 있음. 기존의 조선기자재업체에서 발전부품전문업체로의 변화를 도모하고 있는 상황임.

실적 분석
2016년 연결기준 매출액은 전년대비 25.9% 감소한 1,728.6억원을 기록함. 매출 감소에도 불구하고 원가율 개선으로 매출총이익이 개선되고 판관비 감소로 88.4억의 영업이익을 시현하면서 흑자전환함. 당기순이익도 영업이익 개선으로 16.6억원으로 흑자전환함. 조선 업황 부진으로 외형 감소에도 불구하고, 풍력발전, 선박엔진 부품부문 증가로 수익성 개선됨. 향후 신재생에너지(풍력발전, 원자력, 화력 플랜트 등)의꾸준한 성장이 예상됨.

현금 흐름 *IFRS 별도 기준 〈단위 : 억원〉

항목	2015	2016
영업활동	315	152
투자활동	338	449
재무활동	-652	-577
순현금흐름	2	24
기말현금	18	42

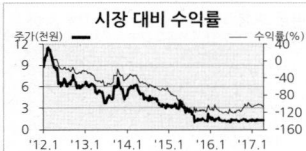

시장 대비 수익률

결산 실적 〈단위 : 억원〉

항목	2011	2012	2013	2014	2015	2016
매출액	4,052	3,410	2,430	3,237	2,332	1,729
영업이익	160	84	-189	-562	-170	88
당기순이익	36	17	-176	-713	-828	17

분기 실적 *IFRS 별도 기준 〈단위 : 억원〉

항목	2015.3Q	2015.4Q	2016.1Q	2016.2Q	2016.3Q	2016.4Q
매출액	578	489	504	455	393	377
영업이익	-17	127	25	20	11	32
당기순이익	-92	-261	-9	45	-21	1

재무 상태 *IFRS 별도 기준 〈단위 : 억원〉

항목	2011	2012	2013	2014	2015	2016
총자산	4,418	3,966	4,179	4,784	3,160	2,038
유형자산	1,700	1,436	1,527	2,534	1,019	909
무형자산	16	16	16	12	12	4
유가증권	28	14	28	31	647	236
총부채	2,439	1,957	2,404	4,047	2,717	1,926
총차입금	1,772	1,586	1,906	3,400	2,073	1,460
자본금	74	74	74	80	152	166
총자본	1,979	2,009	1,775	738	443	111
지배주주지분	1,979	2,009	1,775	738	443	111

기업가치 지표 *IFRS 별도 기준

항목	2011	2012	2013	2014	2015	2016
주가(최고/저)(천원)	18.2/8.3	11.5/5.7	7.5/3.5	6.5/3.0	4.0/1.0	1.8/1.1
PER(최고/저)(배)	80.9/36.9	59.1/29.3	—/—	—/—	—/—	32.3/19.8
PBR(최고/저)(배)	1.5/0.7	0.9/0.5	0.7/0.3	1.5/0.7	2.8/0.7	5.1/3.2
EV/EBITDA(배)	10.7	11.6	136.7			8.4
EPS(원)	227	196	-1,478	-8,736	-3,815	54
BPS(원)	13,384	13,584	12,004	4,638	1,460	341
CFPS(원)	935	913	-871	-8,106	-3,067	433
DPS(원)			50			
EBITDAPS(원)	1,775	1,274	107	-2,882	-37	667

재무 비율 〈단위 : % 〉

연도	영업이익률	순이익률	부채비율	차입금비율	ROA	ROE	유보율	자기자본비율	EBITDA마진율
2016	5.1	1.0	일부잠식	일부잠식	0.6	6.0	-31.8	5.5	11.8
2015	-7.3	-35.5	613.0	467.6	-19.3	-97.6	191.9	14.0	-0.3
2014	-17.4	-22.0	265.9	229.1	-12.8	-37.9	1,474.9	27.3	-11.5
2013	-7.8	-7.3	171.8	145.7	-3.7	-5.7	2,317.2	36.8	-2.6

형지아이앤씨 (A011080)
HYUNGJI INNOVATION & CREATIVE

업 종 : 섬유 및 의복	시 장 : KOSDAQ
신용등급 : (Bond) BB- (CP) —	기업규모 : 벤처
홈페이지 : www.hyungjinc.com	연락처 : 02)2107-6500
본 사 : 서울시 강남구 도곡동 543-1(지오빌딩)	

설 립 일 1976.02.25	종업원수 149명	대표이사 김인규	
상 장 일 2004.07.02	감사의견 적정 (광교)	계 열	
결 산 기 12월	보통주 3,896만주	종속회사수	
액 면 가 500원	우 선 주	구 상 호 우성I&C	

주주구성 (지분율,%)		출자관계 (지분율,%)		주요경쟁사 (외형,%)	
최병오	39.5	형지엘리트	14.4	형지I&C	100
바우하우스	5.3			방림	117
(외국인)	0.2			에스마크	22

매출구성		비용구성		수출비중	
남성복(제품)	72.5	매출원가율	38.0	수출	0.0
남성복(상품)	27.3	판관비율	62.7	내수	100.0
남성복(기타)	0.2				

회사 개요
동사는 의류의 제조(외주가공) 및 도소매 등 국내에서 의류패션사업을 영위하고 있음. 국내 1위 셔츠 브랜드인 예작을 포함, 본, 본지플로어, 랑방컬렉션 등 총 4개의 남성 프레스티지 및 캐주얼 브랜드를 보유하고 있으며, 백화점 및 가두점(대리점)에 유통기반을 두고 있음. 2012년에 패션그룹 형지에 인수되었고, 최근 모회사와 함께 국내 학생복 시장 1위 기업으로 에리트베이직을 인수해 학생복 사업에 진출함.

실적 분석
동사의 2016년 매출액은 1286.5억원으로 전년 대비 9.2% 증가함. 영업손실은 9.6억원으로 적자전환함. 당기순손실은 41억원으로 적자전환함. 동사의 강점은 차별화된 디자인으로 고정고객을 확보하고 있다는 것임. 백화점 브랜드 내 상위권으로 안정적인 영업망 구축함. 단점은 자본력 부족으로 브랜드 파워 강화에 한계가 있다는 것임. 연구개발비율은 1.83%임.

현금 흐름 *IFRS 별도 기준 〈단위 : 억원〉

항목	2015	2016
영업활동	-65	-30
투자활동	-34	14
재무활동	113	8
순현금흐름	14	-7
기말현금	31	24

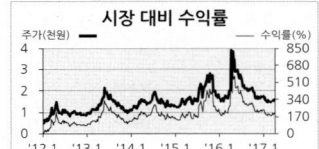

시장 대비 수익률

결산 실적 〈단위 : 억원〉

항목	2011	2012	2013	2014	2015	2016
매출액	629	613	644	929	1,178	1,286
영업이익	-55	-104	11	21	15	-10
당기순이익	-63	-100	12	17	35	-41

분기 실적 *IFRS 별도 기준 〈단위 : 억원〉

항목	2015.3Q	2015.4Q	2016.1Q	2016.2Q	2016.3Q	2016.4Q
매출액	225	368	319	340	241	387
영업이익	-13	23	3	-2	-14	3
당기순이익	-15	14	-0	-21	-18	-2

재무 상태 *IFRS 별도 기준 〈단위 : 억원〉

항목	2011	2012	2013	2014	2015	2016
총자산	470	382	530	977	1,100	1,075
유형자산	98	73	73	92	50	49
무형자산	0	0	0	92	64	47
유가증권	3	0	0	1	—	—
총부채	228	235	249	547	614	550
총차입금	88	87	93	240	340	272
자본금	59	59	109	163	163	195
총자본	242	147	281	429	486	525
지배주주지분	242	147	281	429	486	525

기업가치 지표

항목	2011	2012	2013	2014	2015	2016
주가(최고/저)(천원)	0.7/0.4	1.7/0.5	2.2/0.9	1.9/1.1	2.9/1.2	4.0/1.4
PER(최고/저)(배)	—/—	—/—	31.1/12.9	33.3/18.6	27.2/11.5	—/—
PBR(최고/저)(배)	0.4/0.2	1.6/0.4	1.7/0.7	1.5/0.9	2.0/0.8	3.0/1.1
EV/EBITDA(배)			11.3	16.2	22.4	48.6
EPS(원)	-478	-755	71	60	107	-105
BPS(원)	2,067	1,257	1,295	1,315	1,487	1,348
CFPS(원)	-449	-740	156	117	179	-32
DPS(원)				15	15	
EBITDAPS(원)	-382	-775	152	130	118	49

재무 비율 〈단위 : % 〉

연도	영업이익률	순이익률	부채비율	차입금비율	ROA	ROE	유보율	자기자본비율	EBITDA마진율
2016	-0.7	-3.2	104.7	51.8	-3.8	-8.1	169.7	48.9	1.5
2015	1.3	3.0	126.5	70.0	3.4	7.6	197.5	44.2	3.3
2014	2.3	1.9	127.4	55.9	2.3	4.9	163.0	44.0	4.1
2013	1.8	1.9	88.6	33.2	2.6	5.6	159.0	53.0	4.0

형지엘리트 (A093240)
hyungji Elite

업 종 : 섬유 및 의복
신용등급 : (Bond) —　　(CP) —
홈페이지 : www.hyungji-elite.com
본 사 : 서울시 강남구 테헤란로38길 12 디앤와이빌딩

시 장 : 거래소
기업규모 : 시가총액 소형주
연 락 처 : 02)3279-8015

설 립 일	2002.04.25	종업원수	74명	대표이사	최병오,홍종순
상 장 일	2009.09.28	감사의견	적정 (삼정)	계 열	
결 산 기	06월	보 통 주	1,783만주	종속회사수	3개사
액 면 가	500원	우 선 주		구 상 호	에리트베이직

주주구성 (지분율,%)		출자관계 (지분율,%)		주요경쟁사 (외형,%)	
패션그룹형지	14.6	라젤로	100.0	형지엘리트	100
우성아이앤씨	14.4	에스콰이아	99.3	LS네트웍스	312
		엘리트싸이언테크	25.0	윌비스	199

매출구성		비용구성		수출비중	
중고교 교복 및 용품	79.2	매출원가율	74.2	수출	0.0
기업체 유니폼	20.2	판관비율	24.4	내수	100.0
임대매출	0.6				

회사 개요
동사는 국내 최초의 학생복 브랜드 '엘리트'를 제조, 판매하고 있음. 1969년 삼성그룹 제일모직에서 시작해 1972년 제일합섬, 1997년 새한, 2002년 에리트 베이직으로 분사 독립됨. 2014년 패션그룹형지에 45억원에 팔렸음. 동사는 5개의 총판과 180개의 대리점으로 운영되고 있으며, 유통형태는 크게 직판과 총판 체제로 나뉨. 유통업, 항공업, 여행업 및 금융업 종사자들의 유니폼으로 사업영역을 확대중이며, 중국시장에 진출 중.

실적 분석
6월 결산법인인 동사의 12월까지의 매출액은 895억원으로 전년동기 대비 15%증가함. 영업이익은 2.5억원으로 흑자전환함. 당기순손실은 5.6억원으로 전년 대비 적자폭을 줄임. 동사는 2013년 여성바지 전문브랜드 '나인핏'을 론칭해 여성복 시장에도 진출함. 백화점, 패션전문 쇼핑몰을 중심으로 판매를 확대할 계획임. 에리트베이직에서 형지엘리트로 사명을 변경하고 C통합을 수행하여 종합패션업체로서의 도약을 모색중임.

현금 흐름
〈단위 : 억원〉

항목	2016	2017.2Q
영업활동	-285	-303
투자활동	-168	482
재무활동	353	-180
순현금흐름	-100	-0
기말현금	81	80

시장 대비 수익률
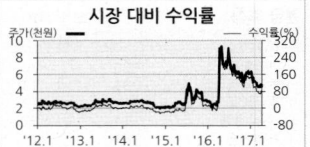

결산 실적
〈단위 : 억원〉

항목	2012	2013	2014	2015	2016	2017
매출액	1,001	993	916	854	1,560	
영업이익	72	58	49	11	-61	
당기순이익	36	31	24	235	-240	

분기 실적
〈단위 : 억원〉

항목	2016.1Q	2016.2Q	2016.3Q	2016.4Q	2017.1Q	2017.2Q
매출액	308	471	431	351	362	533
영업이익	-16	-6	-3	-36	-24	27
당기순이익	-37	-137	-23	-43	-27	21

재무 상태
〈단위 : 억원〉

항목	2012	2013	2014	2015	2016	2017.2Q
총자산	783	762	745	1,880	2,076	2,024
유형자산	162	155	127	437	91	116
무형자산	8	6	7	25	28	28
유가증권	2	2	1	—	94	—
총부채	317	268	176	968	1,384	1,337
총차입금	125	94	94	682	726	564
자본금	52	52	52	81	89	89
총자본	466	494	568	912	692	687
지배주주지분	466	495	569	893	690	685

기업가치 지표

항목	2012	2013	2014	2015	2016	2017.2Q
주가(최고/저)(천원)	3.1/1.8	3.2/1.9	3.1/2.2	3.1/2.5	11.6/2.0	—/—
PER(최고/저)(배)	7.9/4.8	11.3/7.6	14.5/11.8	1.9/1.2	—/—	—/—
PBR(최고/저)(배)	0.7/0.5	0.7/0.5	0.7/0.6	0.6/0.4	3.0/0.6	2.4/1.2
EV/EBITDA(배)	3.4	2.6	3.1	55.9		
EPS(원)	429	300	215	1,639	-1,392	-29
BPS(원)	4,615	4,867	4,645	5,546	3,902	3,873
CFPS(원)	517	364	260	1,687	-1,268	56
DPS(원)	125	125	—	—	—	—
EBITDAPS(원)	911	625	467	128	-233	99

재무 비율
〈단위 : % 〉

연도	영업이익률	순이익률	부채비율	차입금비율	ROA	ROE	유보율	자기자본비율	EBITDA마진율
2016	-3.9	-15.4	199.9	104.9	-12.1	-30.1	680.4	33.4	-2.6
2015	1.3	27.6	106.2	74.8	17.9	32.2	1,009.1	48.5	2.2
2014	5.4	2.7	31.0	16.5	3.2	4.7	829.0	76.3	5.9
2013	5.8	3.1	54.3	19.0	4.0	6.4	873.4	64.8	6.5

혜인 (A003010)
Hae In

업 종 : 기계
신용등급 : (Bond) —　　(CP) —
홈페이지 : www.haein.com
본 사 : 서울시 서초구 동산로 86

시 장 : 거래소
기업규모 : 시가총액 소형주
연 락 처 : 02)3498-4500

설 립 일	1960.10.17	종업원수	339명	대표이사	원경희
상 장 일	1988.09.20	감사의견	적정 (안진)	계 열	
결 산 기	12월	보 통 주	1,271만주	종속회사수	
액 면 가	500원	우 선 주		구 상 호	

주주구성 (지분율,%)		출자관계 (지분율,%)		주요경쟁사 (외형,%)	
원경희	12.6	혜인자동차	100.0	혜인	100
원중희	8.2	혜인산업	80.0	우진플라임	108
		혜인자원	51.0	웨이포트	98

매출구성		비용구성		수출비중	
건설기계, 엔진, 부품 (상품매출수입)	77.0	매출원가율	84.5	수출	2.2
제품매출	12.0	판관비율	13.1	내수	97.8
건설기계, 엔진, 부품 (정비수입)	5.2				

회사 개요
1960년 설립됨. 취급품목 캐터필라 굴삭기, 불도저 등 건설기계, 선박 및 산업용 엔진/발전기, 물류장비와 이와 관련된 부품공급과 정비. 건설사, 건설기계임대업자, 광산/골재업체, 대형 조선업체, 완성차업체 등이 주요 수요처임. 2013년부터 포드 링컨 브랜드의 일부 지역 판매를 담당했던 자회사 혜인자동차는 2016년 7월 포드코리아의 공식 딜러인 더파크모터스에 매각함.

실적 분석
동사의 2016년 연결기준 매출은 전년도 대비 3.3% 증가한 2110억원을 시현함. 브렉시트 등으로 인한 세계 경기 불확실성, 내수시장 침체 등 악재가 많았으나 민간 주도 건설투자 증가, 원화가치 안정화 등이 매출 상승 요인임. 판매비와 관리비가 6.3% 감소한 데 힘입어 영업이익은 10.1% 증가한 51.7억원 기록. 전년도엔 당기순손실 44.9억원을 기록했으나 2016년엔 당기순이익 3억원 기록하며 흑자전환함.

현금 흐름
〈단위 : 억원〉

항목	2015	2016
영업활동	297	16
투자활동	5	-98
재무활동	-237	23
순현금흐름	65	-58
기말현금	92	34

시장 대비 수익률
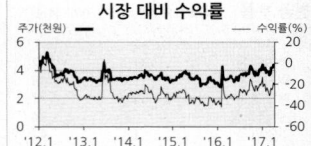

결산 실적
〈단위 : 억원〉

항목	2011	2012	2013	2014	2015	2016
매출액	1,956	1,974	2,288	2,599	2,043	2,110
영업이익	76	-18	7	77	47	52
당기순이익	20	-53	-67	11	-45	3

분기 실적
〈단위 : 억원〉

항목	2015.3Q	2015.4Q	2016.1Q	2016.2Q	2016.3Q	2016.4Q
매출액	733	28	588	755	563	203
영업이익	3	33	10	25	11	5
당기순이익	-16	-7	3	9	17	-26

재무 상태
〈단위 : 억원〉

항목	2011	2012	2013	2014	2015	2016
총자산	1,994	2,506	2,289	2,571	2,366	2,346
유형자산	854	969	1,024	1,011	981	1,006
무형자산	8	6	6	6	6	6
유가증권	7	8	8	4	4	26
총부채	878	1,487	1,328	1,608	1,454	1,432
총차입금	546	1,064	869	1,130	916	942
자본금	62	62	63	64	64	64
총자본	1,117	1,019	961	963	913	913
지배주주지분	1,150	1,076	1,033	1,040	1,001	1,007

기업가치 지표

항목	2011	2012	2013	2014	2015	2016
주가(최고/저)(천원)	9.5/3.6	5.4/3.2	4.6/3.1	4.1/3.1	4.0/2.8	4.4/2.8
PER(최고/저)(배)	31.0/11.7	—/—	—/—	37.4/28.6	—/—	60.3/38.2
PBR(최고/저)(배)	1.1/0.4	0.6/0.4	0.6/0.4	0.5/0.4	0.5/0.4	0.5/0.3
EV/EBITDA(배)	7.0	35.3	17.0	10.5	10.9	12.1
EPS(원)	334	-303	-386	113	-260	74
BPS(원)	9,798	9,204	8,660	8,702	8,396	8,446
CFPS(원)	860	154	96	566	170	470
DPS(원)	120	50	50	50	30	50
EBITDAPS(원)	1,136	311	539	1,061	799	802

재무 비율
〈단위 : % 〉

연도	영업이익률	순이익률	부채비율	차입금비율	ROA	ROE	유보율	자기자본비율	EBITDA마진율
2016	2.5	0.1	156.9	103.2	0.1	0.9	1,589.2	38.9	4.8
2015	2.3	-2.2	159.3	100.3	-1.8	-3.2	1,579.5	38.6	5.0
2014	3.0	0.4	166.9	117.3	0.5	1.4	1,640.4	37.5	5.2
2013	0.3	-3.0	138.3	90.5	-2.8	-4.6	1,632.0	42.0	3.0

호전실업 (A111110)
HOJEON

업 종 : 섬유 및 의복		시 장 : 거래소	
신용등급 : (Bond) — (CP) —		기업규모 : —	
홈페이지 : www.hojeon.com		연 락 처 : 02)706-6613	
본 사 : 서울시 마포구 마포대로 19 (마포동, 신화빌딩) 11~12층			

설 립 일 1985.03.18	종업원수 명	대표이사 박용철,박진호	
상 장 일 2017.02.02	감사의견 적정 (한울)	계 열	
결 산 기 12월	보 통 주 800만주	종속회사수	
액 면 가 500원	우 선 주	구 상 호	

주주구성 (지분율,%)		출자관계 (지분율,%)		주요경쟁사 (외형,%)	
박진호	24.3	대용무역	100.0	호전실업	100
박용철	16.5	PT.HJLINDONETWORKS	99.8	영원무역	631
(외국인)	0.6	PT.HJLINDONETWORKS	98.0	코데즈컴바인	5

매출구성		비용구성		수출비중	
Garment	90.5	매출원가율	77.3	수출	—
기타	9.5	판관비율	13.9	내수	—

회사 개요
동사는 1985년 설립됐으며, 스포츠 의류 및 고기능성 아웃도어 의류를 제조, 판매, 수출함. 동사는 1994년부터 인도네시아에서 가죽가공사업을 영위하고 있음. 원피를 구매해 일련의 가공공정을 거쳐 운동화에 활용되는 가죽 제품을 인도네시아 내의 나이키, 아디다스 등 주요 신발 브랜드 현지 공장에 공급하고 있음. 동사는 Woven의 원단을 사용하는 스포츠웨어 및 아웃웨어 시장에서 1.41%의 글로벌 점유율을 차지함.

실적 분석
동사의 2016년 매출액은 3,170.9억원으로 전년 대비 6.8% 증가함. 영업이익은 280억원으로 전년 대비 12.1% 증가함. 당기순이익은 160.9억원으로 전년 대비 37.7% 감소함. 동사는 관계회사인 호전리테일을 통해 국내 교복사업을 진행 중임. 국내의 교복 유통망과 제휴를 통해 샘플을 개발하고 해외 생산법인의 생산 시스템을 구축, 완료하였음. 2017년부터 매출이 실현되고 있음. 국내 교복 시장은 약 4,000억원 규모임.

현금 흐름   *IFRS 별도 기준   〈단위 : 억원〉

항목	2015	2016
영업활동	241	-62
투자활동	-300	130
재무활동	-14	-68
순현금흐름	-73	-0
기말현금	10	10

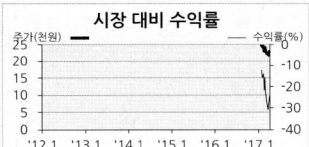

결산 실적   〈단위 : 억원〉

항목	2011	2012	2013	2014	2015	2016
매출액	2,505	2,442	2,048	2,538	2,969	3,170
영업이익	143	160	129	189	250	280
당기순이익	37	57	78	118	258	161

분기 실적   *IFRS 별도 기준   〈단위 : 억원〉

항목	2015.3Q	2015.4Q	2016.1Q	2016.2Q	2016.3Q	2016.4Q
매출액	—	—	—	—	—	—
영업이익	—	—	—	—	—	—
당기순이익	—	—	—	—	—	—

재무 상태   *IFRS 별도 기준   〈단위 : 억원〉

항목	2011	2012	2013	2014	2015	2016
총자산	749	799	1,055	1,400	1,675	1,691
유형자산	56	55	54	28	41	50
무형자산	—	—	—	14	19	23
유가증권	15	12	11	5		
총부채	474	469	586	897	891	646
총차입금	427	425	530	798	769	563
자본금	20	20	21	20	34	41
총자본	275	330	468	502	784	1,045
지배주주지분	275	330	468	502	784	1,045

기업가치 지표   *IFRS 별도 기준

항목	2011	2012	2013	2014	2015	2016
주가(최고/저)(천원)	—/—	—/—	—/—	—/—	—/—	—/—
PER(최고/저)(배)	0.0/0.0	0.0/0.0	0.0/0.0	0.0/0.0	0.0/0.0	0.0/0.0
PBR(최고/저)(배)	0.0/0.0	0.0/0.0	0.0/0.0	0.0/0.0	0.0/0.0	0.0/0.0
EV/EBITDA(배)	1.4		0.0	2.5		1.6
EPS(원)	711	1,100	1,308	1,718	3,772	1,850
BPS(원)	106,288	127,759	156,968	168,351	12,640	15,203
CFPS(원)	15,145	22,846	26,824	35,141	3,834	1,915
DPS(원)						
EBITDAPS(원)	56,424	62,907	44,024	56,739	3,631	3,043

재무 비율   〈단위 : % 〉

연도	영업이익률	순이익률	부채비율	차입금비율	ROA	ROE	유보율	자기자본비율	EBITDA마진율
2016	8.8	5.1	170.9	129.6	6.8	21.5	2,075.7	36.9	10.8
2015	8.4	8.7	286.4	222.6	12.8	46.6	1,650.1	25.9	8.5
2014	7.5	4.6	236.8	207.9			2,569.0	29.7	7.6
2013	6.3	3.8	125.1	113.1	8.4	19.6	2,078.7	44.4	6.4

호텔신라 (A008770)
Hotel Shilla

업 종 : 호텔 및 레저		시 장 : 거래소	
신용등급 : (Bond) AA (CP) —		기업규모 : 시가총액 중형주	
홈페이지 : www.hotelshilla.net		연 락 처 : 02)2233-3131	
본 사 : 서울시 중구 동호로 249			

설 립 일 1973.05.09	종업원수 2,422명	대표이사 이부진	
상 장 일 1991.03.12	감사의견 적정 (삼정)	계 열	
결 산 기 12월	보 통 주 3,925만주	종속회사수	
액 면 가 5,000원	우 선 주 75만주	구 상 호	

주주구성 (지분율,%)		출자관계 (지분율,%)		주요경쟁사 (외형,%)	
국민연금공단	10.9	신라스테이	100.0	호텔신라	100
삼성생명보험	7.7	에이치디씨신라면세점	50.0	강원랜드	46
(외국인)	10.5	보세판매장운영협의회	20.0	GKL	15

매출구성		비용구성		수출비중	
수입, 토산상품 등 (상품)	90.1	매출원가율	0.0	수출	—
객실, 연회, 식음료 등 (기타)	8.5	판관비율	97.9	내수	—
레포츠, BTM 등 (기타)	2.2				

회사 개요
동사는 1973년 5월 설립되었으며 1991년 3월 한국거래소 시장에 상장함. 면세유통사업과 호텔사업의 글로벌 경쟁력을 강화함과 동시에 여행사업 등의 생활레저사업을 영위하고 있음. 2008년 인천공항 면세점 입점을 시작으로 2010년 청주, 대구공항 면세점, 2011년 김포공항 면세점에 입점했고, 세계 최초로 루이비통을 공항면세점에 유치하는 등 지속적인 사업 확장을 통해 선진 유통기업으로의 면모를 갖춰가고 있음.

실적 분석
2016년 연결 기준 누적 매출액은 전 사업부문의 고른 성장으로 전년동기대비 14% 성장한 3.7조원을 기록하였으며, 영업이익 또한 2% 증가한 789.7억원을 기록하며 외형성장. 실적개선에도 불구하고 국내 면세점 시장 경쟁 심화되고 2017년부터 수익성 개선 속도가 더뎌 질 것으로 예상됨. 창이공항 면세점 영업손실은 점진적으로 축소되고 있는 상황. 중장기적으로는 동사의 차별적 사세 확장으로 경쟁력 강화 지속될 것으로 예상.

현금 흐름   *IFRS 별도 기준   〈단위 : 억원〉

항목	2015	2016
영업활동	1,182	1,144
투자활동	-2,026	1,458
재무활동	2,225	-2,363
순현금흐름	1,391	208
기말현금	3,258	3,467

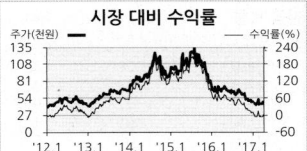

결산 실적   〈단위 : 억원〉

항목	2011	2012	2013	2014	2015	2016
매출액	17,984	22,196	22,970	29,090	32,517	37,153
영업이익	975	1,293	866	1,390	772	790
당기순이익	561	1,010	108	735	185	278

분기 실적   *IFRS 별도 기준   〈단위 : 억원〉

항목	2015.3Q	2015.4Q	2016.1Q	2016.2Q	2016.3Q	2016.4Q
매출액	7,309	8,476	8,889	9,541	9,377	9,346
영업이익	28	113	193	187	253	156
당기순이익	-99	-24	126	28	108	16

재무 상태   *IFRS 별도 기준   〈단위 : 억원〉

항목	2011	2012	2013	2014	2015	2016
총자산	13,853	15,476	17,121	19,075	21,767	20,410
유형자산	4,836	4,821	6,434	7,036	7,356	7,069
무형자산	273	262	233	327	300	482
유가증권	453	453	263	194	6	8
총부채	7,838	8,584	10,335	11,775	14,328	13,794
총차입금	4,252	4,694	5,886	5,986	8,582	7,515
자본금	2,000	2,000	2,000	2,000	2,000	2,000
총자본	6,015	6,892	6,786	7,300	7,439	6,615
지배주주지분	6,015	6,892	6,786	7,300	7,439	6,615

기업가치 지표

항목	2011	2012	2013	2014	2015	2016
주가(최고/저)(천원)	38.5/21.9	56.7/39.2	71.0/40.7	131/62.7	136/76.7	77.9/47.0
PER(최고/저)(배)	28.4/16.1	23.0/15.9	267.5/153.4	72.7/34.7	298.7/167.3	112.8/68.0
PBR(최고/저)(배)	2.6/1.5	3.4/2.3	4.2/2.4	7.3/3.5	7.4/4.1	4.1/2.5
EV/EBITDA(배)	13.6	11.1	21.7	19.9	23.8	15.1
EPS(원)	1,403	2,525	270	1,837	462	696
BPS(원)	15,141	17,328	17,062	18,348	18,697	19,150
CFPS(원)	2,308	3,647	1,548	3,433	2,312	2,558
DPS(원)	300	300	150	350	350	350
EBITDAPS(원)	3,343	4,354	3,442	5,070	3,779	3,836

재무 비율   〈단위 : % 〉

연도	영업이익률	순이익률	부채비율	차입금비율	ROA	ROE	유보율	자기자본비율	EBITDA마진율
2016	2.1	0.8	208.5	113.6	1.3	4.0	283.0	32.4	4.1
2015	2.4	0.6	192.6	115.4	0.9	2.5	273.9	34.2	4.7
2014	4.8	2.5	161.3	82.0	4.1	10.4	267.0	38.3	7.0
2013	3.8	0.5	152.3	86.8	0.7	1.6	241.3	39.6	6.0

홈센타홀딩스 (A060560)
Home Center Holdings

업 종 : 건축소재		시 장 : KOSDAQ	
신용등급 : (Bond) — (CP) —		기업규모 : 중견	
홈페이지 : www.homecenterholdings.com		연락처 : (053)210-5140	
본 사 : 대구시 북구 노원로 139-6			

설 립 일 1988.07.25	종 업 원 수 53명	대 표 이 사 박병준	
상 장 일 2002.07.11	감 사 의 견 적정 (안정)	계 열	
결 산 기 12월	보 통 주 4,071만주	종속회사수	
액 면 가 500원	우 선 주	구 상 호 홈센타	

주주구성 (지분율,%)
박병준	15.2
박진모	9.8
(외국인)	2.8

출자관계 (지분율,%)
홈센타	100.0
대동산업	100.0
보광레미콘	100.0

주요경쟁사 (외형,%)
홈센타홀딩스	100
보광산업	50
일신석재	44

매출구성
레미콘 제조	57.2
건축자재 도소매	35.5
수영장,헬스클럽,사우나 등	7.3

비용구성
매출원가율	92.1
판관비율	7.8

수출비중
수출	—
내수	—

회사 개요
동사는 1988년 소방설비공사를 목적으로 설립되어 2002년 코스닥시장에 상장됨. 동사의 매출구분은 크게 상품매출, 제품매출, 건설매출, 레미콘매출, 레져스포츠 부문으로 나눌 수 있으며, 이중 건설 매출과 레미콘 매출이 전체의 약 65%를 차지함. 동사의 건설 사업 부문은 2015년 4월 1일 기준 양도 결정함. 매출구성은 2016년 기준 레미콘 사업부문이 37.56%, 건축자재 상품매출이 48.44%, 레저 9.77%의 실적을 나타냄.

실적 분석
동사의 연결기준 2016년 매출액은 957.3억원으로 전년대비 19.9% 감소하였음. 판매비와 관리비 감소 노력에도 불구하고 영업이익이 20억원 이상 감소하였음. 다만 비영업부문에서 이익이 발생, 당기순이익이 115.5억원을 기록하며 158.3억원을 실현하였음. 동사는 최근 운영자금과 기타자금 마련을 위해 250억원 규모의 무기명식 이권부 무보증 사채를 발행하기로 결정하였음.

현금 흐름 〈단위 : 억원〉
항목	2015	2016
영업활동	70	40
투자활동	-117	-723
재무활동	22	697
순현금흐름	-25	14
기말현금	38	52

시장 대비 수익률

결산 실적 〈단위 : 억원〉
항목	2011	2012	2013	2014	2015	2016
매출액	931	989	1,101	1,075	1,195	957
영업이익	29	3	21	-26	22	1
당기순이익	18	43	25	-9	43	158

분기 실적 〈단위 : 억원〉
항목	2015.3Q	2015.4Q	2016.1Q	2016.2Q	2016.3Q	2016.4Q
매출액	286	305	231	273	212	241
영업이익	7	9	-2	10	-6	-1
당기순이익	5	15	0	7	-5	156

재무 상태 〈단위 : 억원〉
항목	2011	2012	2013	2014	2015	2016
총자산	1,142	1,384	1,391	1,383	1,453	3,873
유형자산	462	599	615	687	742	1,417
무형자산	19	36	37	36	36	1,582
유가증권	38	40	39	46	25	35
총부채	318	515	523	386	412	1,678
총차입금	84	182	219	88	113	1,096
자본금	95	98	98	136	136	204
총자본	825	869	868	997	1,041	2,195
지배주주지분	804	869	868	997	1,041	1,601

기업가치 지표
항목	2011	2012	2013	2014	2015	2016
주가(최고/저)(천원)	4.9/1.8	5.8/2.5	3.8/2.6	3.1/2.1	2.9/2.0	5.6/2.3
PER(최고/저)(배)	46.1/16.6	29.9/13.1	33.7/23.8	—/—	19.0/13.2	10.1/4.2
PBR(최고/저)(배)	1.3/0.5	1.5/0.6	0.9/0.7	0.8/0.6	0.8/0.5	1.3/0.6
EV/EBITDA(배)	25.2	42.8	16.7	—	14.3	146.1
EPS(원)	110	199	115	-36	158	561
BPS(원)	4,233	4,425	4,550	3,768	3,931	4,278
CFPS(원)	200	279	204	31	235	637
DPS(원)	—	—	—	—	50	50
EBITDAPS(원)	259	79	185	-32	156	79

재무 비율 〈단위 : %〉
연도	영업이익률	순이익률	부채비율	차입금비율	ROA	ROE	유보율	자기자본비율	EBITDA마진율
2016	0.1	16.5	76.5	49.9	5.9	12.0	755.7	56.7	2.3
2015	1.8	3.6	39.6	10.9	3.0	4.2	686.2	71.7	3.6
2014	-2.4	-0.9	38.8	8.9	-0.7	-1.0	653.5	72.1	-0.8
2013	1.9	2.2	60.3	25.2	1.8	2.8	809.9	62.4	3.3

홈캐스트 (A064240)
Homecast

업 종 : 셋톱 박스		시 장 : KOSDAQ	
신용등급 : (Bond) — (CP) —		기업규모 : 중견	
홈페이지 : www.homecast.net		연락처 : 02)3400-8300	
본 사 : 서울시 강남구 언주로 726 두산빌딩 14층(논현동)			

설 립 일 2000.04.27	종 업 원 수 67명	대 표 이 사 권영철	
상 장 일 2003.06.11	감 사 의 견 적정 (삼화)	계 열	
결 산 기 12월	보 통 주 3,222만주	종속회사수	
액 면 가 500원	우 선 주	구 상 호	

주주구성 (지분율,%)
에이치바이온	4.9
한국증권금융	4.1
(외국인)	3.4

출자관계 (지분율,%)
에이치바이온	22.0
룩센터	15.5
유원미디어	10.9

주요경쟁사 (외형,%)
홈캐스트	100
휴맥스	1,106
가온미디어	358

매출구성
D-STB	91.4
STB부품	7.5
기타	1.1

비용구성
매출원가율	67.0
판관비율	18.5

수출비중
수출	99.5
내수	0.5

회사 개요
동사는 2000년 설립되어 영상, 음향 및 정보통신기기 관련 소프트웨어 및 통신장비 개발 제조와 판매를 주요 사업으로 함. 주요 제품인 셋톱박스의 경우 대외 시장여건에 따라 가격 변동이 발생하며, 전자제품의 특성 상 시간의 흐름에 따라 전반적인 가격하락이 발생하였으나, 고가제품은 매출 증가 영향으로 경쟁력을 가짐. 당기 중 일부 지분 처분 및 경영진 변경으로 (주)룩센터, (주)스포라이브가 종속회사에서 제외됨.

실적 분석
동사의 결산 매출액은 전기 대비 25.6% 증가한 1,221억원을 시현하였으며, 원가율 상승에도 불구하고 견조한 외형성장과 함께 판관비 축소 영향으로 전기대비 수익성 크게 확대. 디지털 셋톱박스 사업에서 북미와 남미, 아시아에서의 수요증가와 하이엔드급 IP하이브리드 제품 판매 증가 등에 힘입어 실적 상승함. 매출의 99% 이상을 수출하고 있으며, 북미에서의 안정적인 매출과 유럽 및 아시아에서의 신규 매출 증가가 동사의 양호한 실적을 견인함.

현금 흐름 〈단위 : 억원〉
항목	2015	2016
영업활동	5	9
투자활동	145	58
재무활동	-75	123
순현금흐름	80	193
기말현금	205	399

시장 대비 수익률
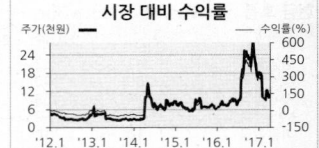

결산 실적 〈단위 : 억원〉
항목	2011	2012	2013	2014	2015	2016
매출액	1,638	985	759	715	972	1,221
영업이익	128	-7	-74	51	79	177
당기순이익	83	-31	-162	13	77	121

분기 실적 〈단위 : 억원〉
항목	2015.3Q	2015.4Q	2016.1Q	2016.2Q	2016.3Q	2016.4Q
매출액	254	310	415	387	230	188
영업이익	10	25	79	72	22	3
당기순이익	1	13	52	64	-10	16

재무 상태 〈단위 : 억원〉
항목	2011	2012	2013	2014	2015	2016
총자산	1,006	726	673	1,144	1,230	1,458
유형자산	232	225	278	198	103	97
무형자산	52	41	19	42	8	11
유가증권	15	27	10	41	73	3
총부채	354	158	273	438	229	318
총차입금	128	76	136	327	17	133
자본금	76	76	76	123	158	164
총자본	652	568	400	706	1,001	1,140
지배주주지분	652	572	408	714	1,001	1,140

기업가치 지표
항목	2011	2012	2013	2014	2015	2016
주가(최고/저)(천원)	4.6/2.3	4.7/2.4	6.7/2.2	14.7/2.5	10.1/5.0	29.4/6.2
PER(최고/저)(배)	7.6/3.8	—/—	—/—	225.1/38.1	40.2/19.9	76.6/16.1
PBR(최고/저)(배)	1.1/0.5	1.2/0.6	2.2/0.7	4.9/0.8	3.1/1.5	8.2/1.7
EV/EBITDA(배)	3.6	84.9	—	31.2	20.1	29.9
EPS(원)	632	-187	-1,069	65	251	384
BPS(원)	4,416	4,109	2,990	3,027	3,261	3,587
CFPS(원)	762	-93	-986	132	275	398
DPS(원)	130	50	—	—	—	—
EBITDAPS(원)	1,078	46	-416	311	277	573

재무 비율 〈단위 : %〉
연도	영업이익률	순이익률	부채비율	차입금비율	ROA	ROE	유보율	자기자본비율	EBITDA마진율
2016	14.5	9.9	27.9	11.7	9.0	11.3	606.5	78.2	14.8
2015	8.1	8.0	22.9	1.7	6.5	9.1	541.9	81.4	8.9
2014	7.2	1.8	62.0	46.4	1.5	2.5	493.0	61.7	9.2
2013	-9.7	-21.3	68.4	34.0	-23.1	-32.2	478.5	59.4	-8.1

화성 (A039610)
HS valve

업 종 : 기계
신용등급 : (Bond) — (CP) —
홈 페 이 지 : www.hsvalve.com
본 사 : 대구시 서구 팔달로2길 29 (비산동)

시 장 : KOSDAQ
기업규모 : 중견
연 락 처 : 053)353-5789

설 립 일	1987.04.27	종 업 원 수	210명	대 표 이 사	장성필,장원규
상 장 일	2000.03.16	감 사 의 견	적정 (안경)	계 열	
결 산 기	03월	보 통 주	728만주	종속회사수	
액 면 가	500원	우 선 주		구 상 호	

주주구성 (지분율,%)		출자관계 (지분율,%)		주요경쟁사 (외형,%)	
장원규	19.3			화성	100
장보필	10.8			우진플라임	454
(외국인)	0.2			웨이포트	411

매출구성		비용구성		수출비중	
플랜지식밸브	37.2	매출원가율	83.3	수출	3.4
나사식밸브	25.6	판관비율	11.9	내수	96.6
매몰용접형밸브	16.4				

회사 개요

동사는 각종 밸브 생산업체로 가스밸브 및 고온용 스팀밸브 등을 생산함. 전국 도시가스업체들의 신규 배관망에 대한 투자가 지속되고 있으나 수도권 도시가스 평균보급률이 90%에 이르고 있어 성장은 제한적임. 이를 타개하기 위해 미주지역에 현지법인을 설립하고 중국에 합작 또는 투자법인 설립을 통한 해외시장 개척에 노력중임. CE인증 획득으로 유럽 및 중동시장도 개척할 예정임.

실적 분석

동사의 2016년 연결기준 결산 매출액은 423.4억원으로 전년동기 대비 7.1% 증가함. 4분기 들어 실적 회복세를 시현한 결과임. 다만, 외형 확대와 더불어 판관비 절감에도 불구하고, 원가율 상승 영향으로 영업이익은 전년동기 대비 소폭 증가한 24.1억원 시현하는데 그침. 반면, 비영업손익 부문에서 적자가 지속됐지만 적자폭이 줄어들면서 당기순이익은 17.1억원으로 전년동기 대비 17.3% 증가한 상황.

현금 흐름 *IFRS 별도 기준 〈단위 : 억원〉

항목	2015	2016.3Q
영업활동	4	-13
투자활동	-22	-43
재무활동	33	42
순현금흐름	15	-14
기말현금	37	23

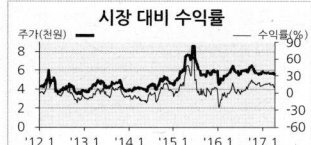

시장 대비 수익률

결산 실적 〈단위 : 억원〉

항목	2011	2012	2013	2014	2015	2016
매출액	649	657	586	458	503	—
영업이익	72	70	60	49	24	—
당기순이익	56	58	43	39	20	—

분기 실적 *IFRS 별도 기준 〈단위 : 억원〉

항목	2015.2Q	2015.3Q	2015.4Q	2016.1Q	2016.2Q	2016.3Q
매출액	133	135	108	130	126	168
영업이익	6	8	0	11	4	9
당기순이익	3	6	5	8	1	8

재무 상태 *IFRS 별도 기준 〈단위 : 억원〉

항목	2011	2012	2013	2014	2015	2016.3Q
총자산	605	668	681	667	688	769
유형자산	146	158	162	158	162	224
무형자산	6	7	7	7	10	7
유가증권	2	1	1	1	19	11
총부채	224	231	203	156	165	234
총차입금	91	90	52	41	79	129
자본금	36	36	36	36	36	36
총자본	380	438	478	511	523	535
지배주주지분	380	438	478	511	523	535

기업가치 지표 *IFRS 별도 기준

항목	2011	2012	2013	2014	2015	2016.3Q
주가(최고/저)(천원)	6.9/2.9	5.2/3.5	5.2/3.7	6.0/3.7	8.6/4.5	6.5/5.4
PER(최고/저)(배)	10.0/4.2	7.3/4.8	9.8/6.9	12.4/7.6	34.9/17.5	—/—
PBR(최고/저)(배)	1.4/0.6	0.9/0.6	0.9/0.6	0.9/0.6	1.3/0.7	0.9/0.8
EV/EBITDA(배)	5.4	5.4	7.3	8.3	13.1	—/—
EPS(원)	765	792	586	539	273	234
BPS(원)	5,404	6,191	6,749	7,204	7,379	7,545
CFPS(원)	883	919	722	677	415	345
DPS(원)	—	—	—	—	400	—
EBITDAPS(원)	1,109	1,090	958	810	471	442

재무 비율 〈단위 : % 〉

연도	영업이익률	순이익률	부채비율	차입금비율	ROA	ROE	유보율	자기자본비율	EBITDA마진율
2015	4.8	4.0	31.6	15.2	2.9	3.9	1,375.8	76.0	6.8
2014	10.7	8.6	30.5	8.0	5.8	7.9	1,340.7	76.7	12.9
2013	10.2	7.3	42.4	10.8	6.3	9.3	1,249.8	70.3	11.9
2012	10.7	8.8	52.7	20.6	9.1	14.1	1,138.2	65.5	12.1

화성산업 (A002460)
Hwasung Industrial

업 종 : 건설
신용등급 : (Bond) — (CP) —
홈 페 이 지 : www.hwasung.com
본 사 : 대구시 수성구 동대구로 111

시 장 : 거래소
기업규모 : 시가총액 소형주
연 락 처 : 053)767-2111

설 립 일	1958.09.01	종 업 원 수	342명	대 표 이 사	이인중,이홍중
상 장 일	1988.09.29	감 사 의 견	적정 (안경)	계 열	
결 산 기	12월	보 통 주	1,245만주	종속회사수	
액 면 가	5,000원	우 선 주		구 상 호	

주주구성 (지분율,%)		출자관계 (지분율,%)		주요경쟁사 (외형,%)	
이인중	10.9	대구청정에너지	23.5	화성산업	100
화성개발	9.3	제주항공우주호텔	18.0	국보디자인	41
(외국인)	13.3	대구그린에너지	17.0	한라	371

매출구성		비용구성		수출비중	
건축	62.7	매출원가율	87.0	수출	0.0
토목	16.0	판관비율	4.1	내수	100.0
분양	13.0				

회사 개요

동사는 1958년 설립됐으며, 1988년 유가증권시장에 상장됨. 토목, 건축, 환경, 플랜트, 주택, 엔지니어링 컨설팅 분야가 주 사업임. 급변하는 경영 환경에 대응하기 위해 엔지니어링 환경, 신재생에너지 사업 등 미래형 사업과 대형 개발사업을 해외사업 등 신성장사업에 적극 참여해 규모를 키우고자 함. 건축 및 토목 부문이 전체 매출의 81.7%를 차지하고 있으며, 건축 부문을 제외한 나머지 부문의 매출이 증가했음

실적 분석

동사의 2016년 4/4분기 누적 매출액은 4,943.1억원으로 전년동기 대비 3.0% 증가했음. 더불어 매출 원가 및 판매관리비가 전년 동기 대비 각각 0.8%, 6.5% 증가함에 따라 영업이익은 전년동기 대비 77.7% 증가한 438.9억원을 시현하였음. 그러나 비영업부문에서는 8.2억원의 손실을 기록하며 적자전환하였음. 이로 인해 이익폭이 축소되며 당기순이익은 전년 동기 대비 38.6% 증가한 336.7억원을 시현하였음

현금 흐름 *IFRS 별도 기준 〈단위 : 억원〉

항목	2015	2016
영업활동	-276	378
투자활동	51	-157
재무활동	-157	-68
순현금흐름	-382	154
기말현금	713	866

시장 대비 수익률

결산 실적 〈단위 : 억원〉

항목	2011	2012	2013	2014	2015	2016
매출액	4,025	3,513	3,527	4,207	4,801	4,943
영업이익	-808	89	78	152	247	439
당기순이익	-879	127	163	237	243	337

분기 실적 *IFRS 별도 기준 〈단위 : 억원〉

항목	2015.3Q	2015.4Q	2016.1Q	2016.2Q	2016.3Q	2016.4Q
매출액	1,132	1,250	1,023	1,262	1,253	1,405
영업이익	54	113	59	111	139	129
당기순이익	75	52	40	73	115	109

재무 상태 *IFRS 별도 기준 〈단위 : 억원〉

항목	2011	2012	2013	2014	2015	2016
총자산	4,923	3,992	4,190	5,242	4,735	5,041
유형자산	422	592	448	448	547	559
무형자산	4	5	5	6	5	5
유가증권	614	564	662	743	660	705
총부채	2,799	1,770	1,818	2,583	1,875	1,915
총차입금	1,013	161	221	218	111	111
자본금	623	623	623	623	623	623
총자본	2,124	2,222	2,372	2,659	2,859	3,126
지배주주지분	2,124	2,222	2,372	2,659	2,859	3,126

기업가치 지표 *IFRS 별도 기준

항목	2011	2012	2013	2014	2015	2016
주가(최고/저)(천원)	4.1/1.9	3.9/2.3	5.3/3.4	13.4/5.4	27.6/10.9	14.2/9.6
PER(최고/저)(배)	—/—	5.8/3.4	5.5/3.6	8.0/3.2	15.5/6.1	5.5/3.7
PBR(최고/저)(배)	0.3/0.1	0.3/0.2	0.3/0.2	0.7/0.3	1.3/0.5	0.6/0.4
EV/EBITDA(배)			1.0	0.9	2.1	1.0
EPS(원)	-7,100	813	1,108	1,900	1,951	2,704
BPS(원)	17,924	18,603	19,809	21,605	23,214	25,351
CFPS(원)	-6,907	959	1,275	2,127	2,203	2,962
DPS(원)	—	—	100	250	400	520	680
EBITDAPS(원)	-6,294	855	798	1,449	2,235	3,781

재무 비율 〈단위 : % 〉

연도	영업이익률	순이익률	부채비율	차입금비율	ROA	ROE	유보율	자기자본비율	EBITDA마진율
2016	8.9	6.8	61.3	3.5	6.9	11.3	407.0	62.0	9.5
2015	5.1	5.1	65.6	3.9	4.9	8.8	364.3	60.4	5.8
2014	3.6	5.6	97.1	8.2	4.9	9.4	332.1	50.7	4.3
2013	2.2	4.6	76.5	9.3	4.0	7.1	296.9	56.7	2.8

화승알앤에이 (A013520)
HWASEUNG R & A

업 종 : 자동차부품		시 장 : 거래소	
신용등급 : (Bond) BBB- (CP) —		기업규모 : 시가총액 소형주	
홈페이지 : www.hsrna.com		연락처 : 055)370-3331	
본 사 : 경남 양산시 충렬로 61			

설 립 일 1978.09.15	종업원수 1,203명	대표이사 백대현			
상 장 일 1991.02.22	감사의견 적정 (우리)	계 열			
결 산 기 12월	보통주 646만주	종속회사수			
액 면 가 5,000원	우선주	구 상 호			

주주구성 (지분율,%)		출자관계 (지분율,%)		주요경쟁사 (외형,%)	
현지호	20.0	화승소재	100.0	화승알앤에이	100
현승훈	17.9	화승티앤씨	100.0	평화정공	76
(외국인)	6.6	화승엑스윌	100.0	서연	197

매출구성		비용구성		수출비중	
Fluid Products/Sealing Products	65.0	매출원가율	79.6	수출	—
합성고무, 원사 철강 등	16.0	판관비율	13.9	내수	—
CMB/TPE/실리콘	13.0				

회사 개요
동사는 자동차용 고무제품을 생산 판매하는 회사로 1978년 설립됨. 1991년 유가증권 시장에 상장됨. 자동차부품이 전체 매출에서 차지하는 비중은 64%로 가장 큼. 이밖에 소재, 산업용고무(도소매), 종합 무역 등의 사업을 영위함. 자동차용 고무제품 중에서도 누수방지용 고무, 호스류 등이 현대차 등에 납품됨. 현대차그룹으로부터 품질 5스타를 획득할 정도로 품질을 인정받고 있음.

실적 분석
동사의 2016년 누적 매출액은 전년동기대비 -3.8% 하락한 16,160.6억원을 기록하였음. 비용면에서 전년동기대비 매출원가는 감소하였으며 인건비는 증가 했고 광고선전비도 증가, 기타판매비와관리비도 마찬가지로 증가함. 하락 폭을 줄이기 위해 매출원가 절감 노력을 기울였으나 그에 따라 매출액 하락 등에 의해 전년동기대비 영업이익은 1,053.2억원으로 -4.2% 하락하였음. 최종적으로 전년동기대비 당기순이익은 크게 하락하여 588억원을 기록

현금 흐름 〈단위 : 억원〉

항목	2015	2016
영업활동	1,453	773
투자활동	-1,827	-50
재무활동	339	-360
순현금흐름	-57	341
기말현금	730	1,070

시장 대비 수익률

결산 실적 〈단위 : 억원〉

항목	2011	2012	2013	2014	2015	2016
매출액	13,485	14,336	16,323	16,966	16,795	16,161
영업이익	446	488	732	857	1,100	1,053
당기순이익	246	113	-347	95	770	588

분기 실적 〈단위 : 억원〉

항목	2015.3Q	2015.4Q	2016.1Q	2016.2Q	2016.3Q	2016.4Q
매출액	3,935	4,478	4,091	4,172	3,667	4,230
영업이익	229	268	277	283	184	310
당기순이익	101	328	88	187	188	125

재무 상태 〈단위 : 억원〉

항목	2011	2012	2013	2014	2015	2016
총자산	9,692	9,565	11,316	11,593	12,995	13,398
유형자산	3,331	3,449	4,216	4,427	4,663	4,503
무형자산	122	115	318	300	315	388
유가증권	32	29	31	26	315	1,053
총부채	7,323	7,194	9,377	9,685	10,307	10,146
총차입금	4,218	4,615	6,712	6,947	7,284	7,046
자본금	323	323	323	323	323	323
총자본	2,369	2,371	1,939	1,907	2,688	3,253
지배주주지분	2,369	2,371	1,953	1,922	2,686	3,246

기업가치 지표

항목	2011	2012	2013	2014	2015	2016
주가(최고/저)(천원)	26.1/11.8	16.4/9.6	17.8/10.1	36.5/14.3	48.7/27.1	45.8/31.8
PER(최고/저)(배)	7.5/3.4	10.1/5.9	—/—	25.6/10.0	4.2/2.3	5.2/3.6
PBR(최고/저)(배)	0.8/0.4	0.5/0.3	0.6/0.4	1.3/0.5	1.2/0.7	0.9/0.6
EV/EBITDA(배)	5.8	5.6	5.9	5.8	5.5	5.3
EPS(원)	381	176	-526	148	1,191	902
BPS(원)	37,231	37,248	30,777	30,298	42,141	50,808
CFPS(원)	9,075	7,449	1,511	8,467	19,350	16,668
DPS(원)	250	250	250	250	500	500
EBITDAPS(원)	12,178	13,257	18,114	20,264	24,472	23,958

재무 비율 〈단위 : % 〉

연도	영업이익률	순이익률	부채비율	차입금비율	ROA	ROE	유보율	자기자본비율	EBITDA마진율
2016	6.5	3.6	311.9	216.6	4.5	19.6	916.2	24.3	9.6
2015	6.6	4.6	383.5	271.0	6.3	33.4	742.8	20.7	9.4
2014	5.1	0.6	507.8	364.2	0.8	4.9	506.0	16.5	7.7
2013	4.5	-2.1	483.6	346.1	-3.3	-15.7	515.5	17.1	7.2

화승엔터프라이즈 (A241590)
HWASEUNG ENTERPRISE CO

업 종 : 섬유 및 의복		시 장 : 거래소	
신용등급 : (Bond) — (CP) —		기업규모 : 시가총액 중형주	
홈페이지 : www.hsenterprise.co.kr		연락처 : 02)588-8043	
본 사 : 서울시 서초구 서초대로 396 (서초동, 강남빌딩)			

설 립 일 2015.11.17	종업원수 3명	대표이사 이계영			
상 장 일 2016.10.04	감사의견 적정 (삼일)	계 열			
결 산 기 12월	보통주 2,693만주	종속회사수			
액 면 가 500원	우선주	구 상 호			

주주구성 (지분율,%)		출자관계 (지분율,%)		주요경쟁사 (외형,%)	
화승인더스트리	70.9	HWASEUNGVINACo.,Ltd	100.0	화승엔터프라이즈	100
국민연금공단	7.1			LS네트웍스	76
(외국인)	5.6			일신방직	75

매출구성		비용구성		수출비중	
운동화	94.1	매출원가율	85.4	수출	—
운동화반제품	5.9	판관비율	7.8	내수	—
기타	0.0				

회사 개요
동사는 1953년 동양고무공업을 모태로 기차표라는 브랜드로 고무신 시대를 이끈 화승그룹의 계열사임. 1994년 리복 OEM 사업을 개시했으며 2002년 베트남에 리복 OEM 사업을 위해 화승비나를 설립함. 2006년 아디다스가 리복을 인수하면서 화승비나는 아디다스 제품을 생산하게 됨. 현재 신발제조 기술력을 인정받아 제조업자개발생산(ODM) 사업을 영위하고 있음.

실적 분석
동사의 2016년 매출액은 6402.3억원임. 영업이익은 438.3억원으로 흑자전환함. 당기순이익은 349.4억원으로 흑자전환함. 화승비나의 매출 99% 이상이 수출임. 2016년 10월 유가증권시장의 신규 상장을 통해 지주회사로의 경영 체계를 갖춘 동사는 화승비나의 생산시설 확충 등을 통해 매출 및 수익 증대를 꾀하고 있음. 2016년 베트남에 새운 물류회사를 통해 내륙운송 사업도 진행할 예정임.

현금 흐름 〈단위 : 억원〉

항목	2015	2016
영업활동	-0	327
투자활동	47	-552
재무활동	0	943
순현금흐름	47	730
기말현금	47	778

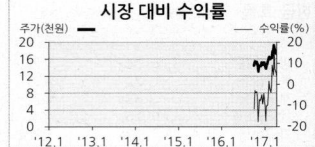
시장 대비 수익률

결산 실적 〈단위 : 억원〉

항목	2011	2012	2013	2014	2015	2016
매출액	—	—	—	—	—	6,402
영업이익	—	—	—	—	-0	438
당기순이익	—	—	—	—	-0	349

분기 실적 〈단위 : 억원〉

항목	2015.3Q	2015.4Q	2016.1Q	2016.2Q	2016.3Q	2016.4Q
매출액				1,748	1,327	
영업이익		-0		121	77	
당기순이익		-0		91	67	

재무 상태 〈단위 : 억원〉

항목	2011	2012	2013	2014	2015	2016
총자산					2,605	4,367
유형자산					1,168	1,617
무형자산					14	22
유가증권					1	1
총부채					1,975	2,439
총차입금					1,264	1,346
자본금					104	135
총자본					630	1,928
지배주주지분					628	1,923

기업가치 지표

항목	2011	2012	2013	2014	2015	2016
주가(최고/저)(천원)	—/—	—/—	—/—	—/—	—/—	15.5/13.0
PER(최고/저)(배)	0.0/0.0	0.0/0.0	0.0/0.0	0.0/0.0	0.0/0.0	10.0/8.4
PBR(최고/저)(배)	0.0/0.0	0.0/0.0	0.0/0.0	0.0/0.0	0.0/0.0	2.2/1.8
EV/EBITDA(배)	0.0	0.0	0.0	0.0	0.0	7.2
EPS(원)					-1	1,551
BPS(원)					3,030	7,140
CFPS(원)					-1	2,369
DPS(원)						35
EBITDAPS(원)					-1	2,778

재무 비율 〈단위 : % 〉

연도	영업이익률	순이익률	부채비율	차입금비율	ROA	ROE	유보율	자기자본비율	EBITDA마진율
2016	6.9	5.5	126.5	69.8	10.0	27.2	1,327.9	44.2	9.7
2015	0.0	0.0	313.2	200.5	0.0	0.0	506.0	24.2	0.0
2014	0.0	0.0	0.0	0.0	0.0	0.0	0.0	0.0	0.0
2013	0.0	0.0	0.0	0.0	0.0	0.0	0.0	0.0	0.0

화승인더스트리 (A006060)
HWASEUNG Industries

업 종 : 섬유 및 의복			시 장 : 거래소	
신용등급 : (Bond) — (CP) —			기업규모 : 시가총액 중형주	
홈페이지 : www.hsi.co.kr			연 락 처 : 051)311-0081	
본 사 : 부산시 연제구 중앙대로 1079 (연산동, 장천빌딩6층)				

설 립 일 1969.05.07	종 업 원 수 380명	대 표 이 사 현석호	
상 장 일 1991.02.04	감사의견 적정(삼정)	계 열	
결 산 기 12월	보 통 주 5,532만주	종속회사수	
액 면 가 500원	우 선 주	구 상 호	

주주구성 (지분율,%)		출자관계 (지분율,%)		주요경쟁사 (외형,%)	
현석호	16.2	휴노믹	100.0	화승인더	100
화승알앤에이	10.0	화승엔터프라이즈	70.9	한세예스24홀딩스	222
(외국인)	15.2	화승R&A	9.9	LF	151

매출구성		비용구성		수출비중	
ADIDAS OEM제품 등	79.8	매출원가율	83.5	수출	—
BOPP, 통기성, PET필름 등	13.4	판관비율	8.8	내수	—
화학용품/산업용품	6.8				

회사 개요
동사와 16개 종속회사는 크게 필름, 신발, 유통 부문 등 3개 사업으로 나뉨. 필름부문은 OPP, PET, 통기성 필름, EVA시트, 화학용품의 제조와 패키징상품 등의 판매사업을 영위하며, 신발부문은 아디다스와 리복의 ODM 제품을 제조함. 유통부문은 화학/산업용품, 고무/후추 등을 판매함. 화승비나는 아디다스 그룹의 운동화 ODM 제조를 담당. 주요 ODM업체 중 시장점유율은 13%로 2위를 차지함.

실적 분석
동사의 2016년 매출액은 1조 111.6억원으로 전년 대비 35.4% 증가함. 영업이익은 781.4억원으로 76.4% 증가한 당기순이익은 487.4억원으로 126.6% 증가함. 아디다스 그룹이 대만 업체의 생산 비중을 줄여나가면서 동사의 비중이 높아질 전망. 높은 가격 경쟁력, 납기 대응능력 등을 바탕으로 주문 증가에 대응하기 위해 공장 신축, 라인 확장 등 생산시설을 늘려 왔음.

현금 흐름 〈단위 : 억원〉

항목	2015	2016
영업활동	442	299
투자활동	-106	-933
재무활동	-122	1,547
순현금증가	220	923
기말현금	340	1,263

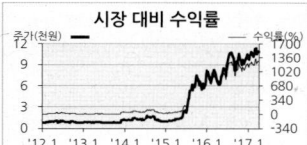

시장 대비 수익률

결산 실적 〈단위 : 억원〉

항목	2011	2012	2013	2014	2015	2016
매출액	6,030	5,599	5,984	5,854	7,468	10,112
영업이익	146	124	91	147	443	781
당기순이익	76	42	-64	-111	215	487

분기 실적 〈단위 : 억원〉

항목	2015.3Q	2015.4Q	2016.1Q	2016.2Q	2016.3Q	2016.4Q
매출액	1,752	2,225	2,110	2,656	2,300	3,046
영업이익	130	133	118	223	175	266
당기순이익	58	58	79	152	92	164

재무 상태 〈단위 : 억원〉

항목	2011	2012	2013	2014	2015	2016
총자산	4,765	4,573	4,730	5,177	5,611	8,039
유형자산	1,639	1,680	1,718	1,709	1,962	2,818
무형자산	59	42	41	289	317	338
유가증권	454	51	64	272	344	242
총부채	3,377	3,201	3,650	4,179	4,315	5,162
총차입금	2,464	2,464	2,737	3,032	3,006	3,519
자본금	277	277	277	277	277	277
총자본	1,388	1,371	1,080	998	1,296	2,877
지배주주지분	1,266	1,233	1,080	998	1,294	2,307

기업가치 지표

항목	2011	2012	2013	2014	2015	2016
주가(최고/저)(천원)	1.0/0.7	1.1/0.8	1.3/0.8	1.8/0.9	7.5/0.9	11.4/5.9
PER(최고/저)(배)	8.8/5.9	41.3/27.9	—/—	—/—	19.4/2.4	14.2/7.4
PBR(최고/저)(배)	0.5/0.3	0.5/0.4	0.7/0.4	1.0/0.5	3.2/0.4	2.7/1.4
EV/EBITDA(배)	6.6	7.2	8.8	7.9	10.1	8.1
EPS(원)	120	29	-98	-200	390	804
BPS(원)	22,916	2,233	1,955	1,807	2,342	4,173
CFPS(원)	4,329	350	259	144	779	1,290
DPS(원)	250	25			25	25
EBITDAPS(원)	5,764	545	522	610	1,191	1,899

재무 비율 〈단위 : % 〉

연도	영업이익률	순이익률	부채비율	차입금비율	ROA	ROE	유보율	자기자본비율	EBITDA마진율
2016	7.7	4.8	179.5	122.3	7.1	24.7	734.6	35.8	10.4
2015	5.9	2.9	332.9	231.9	4.0	18.8	368.4	23.1	8.8
2014	2.5	-1.9	419.0	303.9	-2.2	-10.7	261.3	19.3	5.8
2013	1.5	-1.1	338.1	253.6	-1.4	-4.7	291.0	22.8	4.8

화신 (A010690)
HwaShin

업 종 : 자동차부품			시 장 : 거래소	
신용등급 : (Bond) — (CP) —			기업규모 : 시가총액 소형주	
홈페이지 : www.hwashin.co.kr			연 락 처 : 054)330-5114	
본 사 : 경북 영천시 도남공단길 94-2				

설 립 일 1975.07.01	종 업 원 수 792명	대 표 이 사 정서진	
상 장 일 1994.01.14	감사의견 적정(한영)	계 열	
결 산 기 12월	보 통 주 3,492만주	종속회사수	
액 면 가 500원	우 선 주	구 상 호	

주주구성 (지분율,%)		출자관계 (지분율,%)		주요경쟁사 (외형,%)	
글로벌오토트레이딩	15.5	이노빌	94.0	화신	100
신영자산운용	6.8	새화신	86.7	평화정공	98
(외국인)	9.3	HIN	100.0	서연	255

매출구성		비용구성		수출비중	
기타	44.0	매출원가율	89.0	수출	—
Member류	27.7	판관비율	7.3	내수	—
Arm류	11.1				

회사 개요
동사는 1975년 설립된 자동차 부품을 생산하는 업체임. 1994년 유가증권 시장에 상장됨. 자동차 조향 장치의 주요 구성품인 멤버, 콘트롤 암, CTBA, 차체를 구성하는 연료 탱크, 판넬 등을 생산함. 해외에서는 인도, 중국, 미국, 브라질 법인을 두고 완성차 업체(현대차)에 부품을 공급하고 있음. 현대차그룹 내 시장점유율을 수준으로 1위 업체임. 현대차와 함께 브라질, 러시아 동반진출함.

실적 분석
동사 2016년 결산기준 누적매출액은 전년동기대비 소폭 감소한 12,497.3억원을 기록하였음. 그러나 매출원가, 그리고 인건비 및 기타 판매비와 관리비를 절감하면서 영업이익은 전년동기대비 140.5% 성장한 461.6억원을 달성함. 향후 신기술을 도입하고 원가관리를 지속함에 따라 저가격에서 고품질의 제품을 계획적으로 생산하고자 하는 의지가 있음. 해외 수출의 기본 요건인 TS16949 획득을 완료하였으므로 향후 점진적 확대가 기대됨.

현금 흐름 〈단위 : 억원〉

항목	2015	2016
영업활동	291	576
투자활동	-831	-354
재무활동	-177	32
순현금흐름	-708	286
기말현금	912	1,199

시장 대비 수익률

결산 실적 〈단위 : 억원〉

항목	2011	2012	2013	2014	2015	2016
매출액	14,904	16,261	14,835	13,136	12,517	12,497
영업이익	714	989	664	412	192	462
당기순이익	379	246	16	439	-246	482

분기 실적 〈단위 : 억원〉

항목	2015.3Q	2015.4Q	2016.1Q	2016.2Q	2016.3Q	2016.4Q
매출액	2,963	3,118	3,122	3,145	2,820	3,411
영업이익	-21	8	162	188	67	45
당기순이익	-278	49	178	164	-37	176

재무 상태 〈단위 : 억원〉

항목	2011	2012	2013	2014	2015	2016
총자산	8,879	8,536	7,816	9,275	9,005	9,641
유형자산	2,746	3,186	3,305	3,737	4,018	4,084
무형자산	52	47	47	46	47	44
유가증권	177	41	200	200	154	153
총부채	5,247	4,872	4,470	5,499	5,371	5,703
총차입금	1,531	1,521	2,292	3,250	3,134	3,293
자본금	175	175	175	175	175	175
총자본	3,632	3,664	3,346	3,776	3,634	3,938
지배주주지분	3,360	3,401	3,327	3,759	3,628	3,930

기업가치 지표

항목	2011	2012	2013	2014	2015	2016
주가(최고/저)(천원)	20.7/11.6	12.9/7.7	14.6/9.3	12.6/7.1	7.9/5.1	9.7/5.3
PER(최고/저)(배)	22.4/12.5	20.3/12.1	539.3/343.6	10.5/5.8	—/—	7.2/3.9
PBR(최고/저)(배)	2.3/1.3	1.4/0.8	1.6/1.0	1.2/0.7	0.8/0.5	0.9/0.5
EV/EBITDA(배)	4.4	3.1	4.8	4.7	6.3	4.4
EPS(원)	993	677	29	1,259	-664	1,368
BPS(원)	9,652	9,827	9,644	10,880	10,504	11,367
CFPS(원)	2,046	1,936	1,296	2,611	785	2,888
DPS(원)	100	100	100	100	100	100
EBITDAPS(원)	3,098	4,093	3,168	2,530	1,998	2,843

재무 비율 〈단위 : % 〉

연도	영업이익률	순이익률	부채비율	차입금비율	ROA	ROE	유보율	자기자본비율	EBITDA마진율
2016	3.7	3.9	144.8	83.6	5.2	12.6	2,173.5	40.9	7.9
2015	1.5	-2.0	147.8	86.2	-2.7	-6.3	2,000.7	40.4	5.6
2014	3.1	3.3	145.6	86.1	5.1	12.4	2,075.9	40.7	6.7
2013	4.5	0.1	133.6	68.5	0.2	0.3	1,828.8	42.8	7.5

화신정공 (A126640)
HWASHIN PRECISION

업 종 : 자동차부품		시 장 : KOSDAQ	
신용등급 : (Bond) — (CP) —		기업규모 : 우량	
홈 페 이 지 : hsp.hwashin.co.kr		연 락 처 : 054)330-5151	
본 사 : 경북 영천시 도남공단3길 96			

설 립 일 2010.04.28	종 업 원 수 175명	대 표 이 사 정서진	
상 장 일 2010.08.31	감 사 의 견 적정 (삼일)	계 열	
결 산 기 12월	보 통 주 3,637만주	종속회사수	
액 면 가 100원	우 선 주	구 상 호	

주주구성 (지분율,%)
정서진	11.7
글로벌오토트레이딩	9.5
(외국인)	3.1

출자관계 (지분율,%)
에이치앤디이	15.0
화신	6.7

주요경쟁사 (외형,%)
화신정공	100
오리엔트정공	35
대우부품	26

매출구성
슬리팅제품	47.2
샤시류	21.8
정밀가공부품	18.0

비용구성
매출원가율	95.9
판관비율	1.9

수출비중
수출	0.6
내수	99.4

회사 개요
동사는 2010년 기업인수목적법인으로 설립돼 구 화신정공과의 합병을 통해 2011년 코스닥 시장에 합병신주를 추가 상장함. 자동차 섀시와 정밀가공부품을 주력 제품으로 생산함. 정밀가공부품인 일체형 Axle Housing을 개발해 현재 양산 중임. 상용차 정밀가공부품의 공급을 통해 안정적인 매출에 기여하고 있음. 알루미늄 섀시 개발로 경량화에 앞장서고 있음. 2012년 상반기부터 경산공장을 완공해 원소재 1차 가공사업도 본격 가동 중임.

실적 분석
동사의 2016년 연결기준 결산 매출액은 2,050.3억원으로 전년 대비 11.8% 감소를 기록함. 영업이익은 매출 감소에 따라 전년 대비 13.5% 감소한 44.6억원을 기록하였음. 영업이익이 감소함에 따라 당기순이익은 전년 대비 12.4% 감소한 38.1억원을 기록함. 반면 동사는 틈새시장인 보수용부품, 정밀가공부품, 원소재 1차 가공품의 생산으로 경쟁사와의 차별화를 시도하고 있음.

현금 흐름 *IFRS 별도 기준 〈단위 : 억원〉
항목	2015	2016
영업활동	69	74
투자활동	16	-65
재무활동	-14	-0
순현금흐름	70	9
기말현금	75	84

시장 대비 수익률
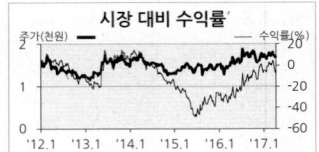

결산 실적 〈단위 : 억원〉
항목	2011	2012	2013	2014	2015	2016
매출액	1,107	1,870	2,548	2,490	2,323	2,050
영업이익	18	72	82	63	52	45
당기순이익	16	63	54	50	43	38

분기 실적 *IFRS 별도 기준 〈단위 : 억원〉
항목	2015.3Q	2015.4Q	2016.1Q	2016.2Q	2016.3Q	2016.4Q
매출액	536	528	496	523	437	594
영업이익	12	4	18	17	1	8
당기순이익	10	3	17	12	1	9

재무 상태 *IFRS 별도 기준 〈단위 : 억원〉
항목	2011	2012	2013	2014	2015	2016
총자산	1,071	1,085	1,195	1,113	1,047	1,175
유형자산	330	395	457	452	436	428
무형자산	2	2	2	2	2	2
유가증권	389	329	362	246	162	176
총부채	336	346	389	339	257	352
총차입금	46	40	61	31	20	34
자본금	35	36	36	36	36	36
총자본	735	739	806	773	790	823
지배주주지분	735	739	806	773	790	823

기업가치 지표 *IFRS 별도 기준
항목	2011	2012	2013	2014	2015	2016
주가(최고/저)(천원)	2.3/1.3	1.8/1.2	1.8/1.1	1.8/1.2	1.6/1.3	2.0/1.3
PER(최고/저)(배)	53.4/30.1	10.9/7.1	12.7/8.0	13.7/9.4	13.6/10.8	19.6/12.4
PBR(최고/저)(배)	1.2/0.7	0.9/0.6	0.8/0.5	0.9/0.6	0.7/0.6	0.9/0.6
EV/EBITDA(배)	11.4	4.3	5.3	4.8	5.1	6.1
EPS(원)	46	176	150	138	119	105
BPS(원)	2,110	2,125	2,299	2,180	2,227	2,316
CFPS(원)	94	243	241	259	248	238
DPS(원)	15	18	20	20	20	20
EBITDAPS(원)	101	269	320	295	271	256

재무 비율 〈단위 : % 〉
연도	영업이익률	순이익률	부채비율	차입금비율	ROA	ROE	유보율	자기자본비율	EBITDA마진율
2016	2.2	1.9	42.9	4.2	3.4	4.7	2,215.6	70.0	4.5
2015	2.2	1.9	32.5	2.5	4.0	5.6	2,126.8	75.5	4.2
2014	2.5	2.0	43.9	4.1	4.3	6.3	2,080.4	69.5	4.3
2013	3.2	2.1	48.2	7.6	4.7	7.0	2,199.2	67.5	4.5

화신테크 (A086250)
Hwashin Tech

업 종 : 자동차부품		시 장 : KOSDAQ	
신용등급 : (Bond) — (CP) —		기업규모 : 중견	
홈 페 이 지 : hstech.co.kr		연 락 처 : 053)663-5400	
본 사 : 대구시 달서구 달구벌대로 250길 71			

설 립 일 1985.05.03	종 업 원 수 109명	대 표 이 사 정유진,정재형	
상 장 일 2006.11.10	감 사 의 견 적정 (안경)	계 열	
결 산 기 12월	보 통 주 970만주	종속회사수	
액 면 가 500원	우 선 주	구 상 호	

주주구성 (지분율,%)
정유진	19.9
화신테크티피	6.7
(외국인)	0.6

출자관계 (지분율,%)
화신테크티피	42.9

주요경쟁사 (외형,%)
화신테크	100
케이엔더블유	189
풍강	239

매출구성
[제품] 일반금형	91.7
[제품] 특수금형	8.1
작업폐주물 판매	0.2

비용구성
매출원가율	116.4
판관비율	17.3

수출비중
수출	61.4
내수	38.6

회사 개요
동사는 1985년 설립돼 차제용 프레스금형 생산을 주사업으로 영위하고 있음. 동사는 축적된 기술력과 경쟁력을 바탕으로 고부가가치 제품인 Hydroforming 및 Hot Press Forming등 특수금형을 제조·판매하고 있음. 동사는 주거래업체인 현대자동차로부터 2006~2011년 연속 베스트 금형업체로 선정됐고, 국내 5대 완성차업체와 세계적인 부품업체인 MAGNA그룹과 독일 벤트라그룹에 금형을 납품하고 있음.

실적 분석
동사의 2016년 누적 매출액은 360.6억원으로 전년동기 대비 30.6% 감소하며 매출총이익은 전년에 이어 -59.1억원의 적자 지속을 중. 추가로, 높은 판관비로 인해 121억원의 영업손실을 기록했음. 비영업부문도 15.5억원의 손실을 기록하며 적자로 전환됨에 따라 손실폭이 확대되어 137억원의 당기순손실을 기록하며 적자 폭을 확대하 하였음. 동사는 수익성 개선이 시급해 보임.

현금 흐름 *IFRS 별도 기준 〈단위 : 억원〉
항목	2015	2016
영업활동	-91	-52
투자활동	-10	12
재무활동	101	59
순현금흐름	-0	19
기말현금	25	44

시장 대비 수익률

결산 실적 〈단위 : 억원〉
항목	2011	2012	2013	2014	2015	2016
매출액	293	355	350	482	520	361
영업이익	8	10	19	-23	-74	-122
당기순이익	27	24	91	-12	-79	-137

분기 실적 *IFRS 별도 기준 〈단위 : 억원〉
항목	2015.3Q	2015.4Q	2016.1Q	2016.2Q	2016.3Q	2016.4Q
매출액	124	161	126	58	93	84
영업이익	-17	-21	-10	-58	-29	-25
당기순이익	-23	-19	-12	-63	-28	-34

재무 상태 *IFRS 별도 기준 〈단위 : 억원〉
항목	2011	2012	2013	2014	2015	2016
총자산	571	579	689	921	952	842
유형자산	89	123	243	623	593	484
무형자산	6	5	5	8	7	9
유가증권	60	27	31	5	5	4
총부채	182	209	265	348	463	489
총차입금	69	98	110	218	333	409
자본금	49	49	49	49	49	49
총자본	390	370	423	573	490	353
지배주주지분	390	370	423	404	364	286

기업가치 지표
항목	2011	2012	2013	2014	2015	2016
주가(최고/저)(천원)	2.2/1.3	2.3/1.5	2.5/1.6	3.8/2.3	3.7/2.4	4.5/2.5
PER(최고/저)(배)	8.7/5.1	10.2/6.5	2.8/1.8	47.5/28.4	—/—	—/—
PBR(최고/저)(배)	0.6/0.4	0.7/0.4	0.6/0.4	0.9/0.6	1.0/0.6	1.5/0.8
EV/EBITDA(배)	16.0	16.0	6.3	—	—	—
EPS(원)	278	251	936	83	-362	-792
BPS(원)	4,108	3,903	4,454	4,320	3,908	3,110
CFPS(원)	321	300	992	303	41	-386
DPS(원)	50	50	60	60	20	
EBITDAPS(원)	126	153	254	-15	-361	-848

재무 비율 〈단위 : % 〉
연도	영업이익률	순이익률	부채비율	차입금비율	ROA	ROE	유보율	자기자본비율	EBITDA마진율
2016	-33.7	-38.0	138.4	115.8	-15.3	-23.6	522.0	41.9	-22.8
2015	-14.3	-15.1	94.6	68.1	-8.4	-9.1	681.5	51.4	-6.7
2014	-4.7	-2.5	60.6	38.1	-1.5	2.0	763.9	62.3	-0.3
2013	5.5	26.0	62.7	26.0	14.3	22.9	790.9	61.5	7.0

화이브라더스 (A204630)
Huayi Brothers

업 종 : 미디어			시 장 : KOSDAQ		
신용 등급 : (Bond) — (CP) —			기업규모 : 중견		
홈페이지 : www.huayibrothersent.com			연 락 처 : 02)2299-8089		
본 사 : 서울시 성동구 독서당로 39길 37-37 302호 (옥수동,루하우스)					

설 립 일 2014.08.12	종 업 원 수 44명	대 표 이 사 심정운			
상 장 일 2014.12.29	감 사 의 견 적정 (도원)	계 열			
결 산 기 12월	보 통 주 2,760만주	종속회사수			
액 면 가 100원	우 선 주	구 상 호 현대드림스팩2호			

주주구성 (지분율,%)
Huayi & Joy Entertainment Limited	28.5
심정운	8.9
(외국인)	32.6

출자관계 (지분율,%)
이김프로덕션	0.6

주요경쟁사 (외형,%)
화이브라더스	100
YG PLUS	242
초록뱀	364

매출구성
매니지먼트	58.5
영화/드라마제작	38.4
음원	3.1

비용구성
매출원가율	74.7
판관비율	27.3

수출비중
수출	6.4
내수	93.6

회사 개요
컨텐츠를 제공하기 위해 2005년 설립된 동사는 2012년 이후 영화 및 드라마 제작 등에 투자하며 가시적인 성과를 보이고 있음. 2015년 6월 현대드림SPAC2호와의 합병을 통해 코스닥 시장에 상장되었으며 현재 다양한 드라마와 영화 제작을 진행 중임. 주요 소속 배우로 김윤석, 유해진, 김상호, 강지환, 주원 등이 있으며 업계에서 신인 배우 발굴 및 육성의 요람으로 평가받고 있음

실적 분석
홈쇼핑유통 등을 영위할 목적으로 2016년 1월20일에 뷰티플마인드코리아를 자회사로 설립함. 동사의 연결 재무제표 기준 2016년 결산 매출액은 전년 동기 206.7억원 대비 40.7% 증가한 290.8억원 기록. 매출호조에도 불구하고 원가 및 판매비와 관리비의 큰폭 증가로 인하여 영업손실 5.8억원을 기록, 전년 동기 11.4억원 대비 적자전환 하였음. 당기순손실은 역시 5.7억원을 기록함.

현금 흐름 〈단위 : 억원〉
항목	2015	2016
영업활동	-30	-8
투자활동	43	-98
재무활동	-0	310
순현금흐름	13	204
기말현금	18	221

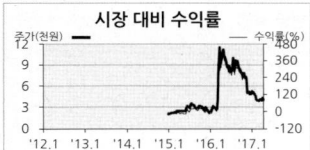
시장 대비 수익률

결산 실적 〈단위 : 억원〉
항목	2011	2012	2013	2014	2015	2016
매출액	—	—	116	152	207	291
영업이익	—	—	10	17	11	-6
당기순이익	—	—	7	13	-68	-6

분기 실적 〈단위 : 억원〉
항목	2015.3Q	2015.4Q	2016.1Q	2016.2Q	2016.3Q	2016.4Q
매출액	89	44	55	86	97	54
영업이익	3	3	5	1	1	-19
당기순이익	-30	-42	3	0	4	-13

재무 상태 〈단위 : 억원〉
항목	2011	2012	2013	2014	2015	2016
총자산	—	—	84	85	239	572
유형자산	—	—	15	14	33	71
무형자산	—	—	2	3	2	20
유가증권	—	—	0	2	72	59
총부채	—	—	59	47	46	140
총차입금	—	—	20	17	14	92
자본금	—	—	8	9	17	28
총자본	—	—	25	38	193	432
지배주주지분	—	—	25	38	193	430

기업가치 지표
항목	2011	2012	2013	2014	2015	2016
주가(최고/저)(천원)	—/—	—/—	—/—	2.1/2.0	3.6/2.1	14.5/2.3
PER(최고/저)(배)	0.0/0.0	0.0/0.0	0.0/0.0	22.3/22.2	—/—	—/—
PBR(최고/저)(배)	0.0/0.0	0.0/0.0	0.0/0.0	7.8/7.8	3.2/1.8	9.1/1.5
EV/EBITDA(배)	0.0	0.0	—	7.5	21.7	—
EPS(원)	—	—	52	92	-431	-24
BPS(원)	—	—	13,096	20,199	1,121	1,597
CFPS(원)	—	—	5,383	8,628	-412	-3
DPS(원)	—	—	—	—	—	—
EBITDAPS(원)	—	—	6,944	10,442	91	-3

재무 비율 〈단위 : % 〉
연도	영업이익률	순이익률	부채비율	차입금비율	ROA	ROE	유보율	자기자본비율	EBITDA마진율
2016	-2.0	-2.0	32.4	21.3	-1.4	-1.9	1,496.5	75.5	-0.2
2015	5.5	-32.9	23.8	7.3	-41.9	-58.9	1,021.0	80.8	7.0
2014	10.9	8.7	125.1	43.6	15.6	42.3	336.5	44.4	12.9
2013	9.0	6.5	241.0	81.7	0.0	0.0	198.7	29.3	11.3

화인베스틸 (A133820)
FINE BESTEEL

업 종 : 금속 및 광물			시 장 : 거래소		
신용 등급 : (Bond) — (CP) —			기업규모 : 시가총액 소형주		
홈페이지 : www.finebesteel.com			연 락 처 : 055)259-2000		
본 사 : 경남 창녕군 창녕읍 창말로 259-33					

설 립 일 2007.10.01	종 업 원 수 189명	대 표 이 사 장인화			
상 장 일 2014.07.22	감 사 의 견 적정 (안경)	계 열			
결 산 기 12월	보 통 주 3,210만주	종속회사수			
액 면 가 500원	우 선 주	구 상 호			

주주구성 (지분율,%)
장인화	18.3
동일제강	14.9
(외국인)	1.5

출자관계 (지분율,%)
에프엔인베스트먼트	22.1

주요경쟁사 (외형,%)
화인베스틸	100
포스코엠텍	163
동양철관	79

매출구성
제품	88.6
상품	10.2
기타	1.2

비용구성
매출원가율	90.2
판관비율	7.2

수출비중
수출	65.4
내수	34.6

회사 개요
동사는 2007년 9월에 설립되어 열간 압연 및 압출 제품 제조업을 주요사업으로 하고 있음. 동사의 경쟁력은 빠른 납기와 다양한 제품군임. 동사가 갖춘 생산력과 원자재의 조달이 국내에서 이뤄짐을 감안하면 수요자가 원하는 시기에 동일철강에서 생산하는 중/소형 형강제품부터 대형까지 다양한 제품군을 갖춤. 고부가가치 형강인 조선용형강인 인버티드형강은 국내에서 동사와 현대제철만 생산이 가능함.

실적 분석
동사의 2016년 연간 매출액은 1,631.5억원으로 전년 대비 23.7% 감소함. 고정비 감소에도 불구하고 영업이익은 41.6억원으로 전년 대비 27.5% 감소함. 이는 전방산업인 철강 및 조선업의 불황에 따른 조선소의 판매단가의 급격한 인하로 인하여 매출 및 손익이 악화됨. 향후 조선 외의 일반 형강 시장 매출확대를 계획중에 있음.

현금 흐름 *IFRS 별도 기준 〈단위 : 억원〉
항목	2015	2016
영업활동	380	114
투자활동	-163	-113
재무활동	-199	12
순현금흐름	18	13
기말현금	19	32

시장 대비 수익률

결산 실적 〈단위 : 억원〉
항목	2011	2012	2013	2014	2015	2016
매출액	2,273	2,439	2,243	2,575	2,137	1,631
영업이익	84	137	241	254	57	42
당기순이익	-25	67	169	183	12	8

분기 실적 *IFRS 별도 기준 〈단위 : 억원〉
항목	2015.3Q	2015.4Q	2016.1Q	2016.2Q	2016.3Q	2016.4Q
매출액	468	513	427	440	344	420
영업이익	14	3	1	11	-2	31
당기순이익	7	-10	-7	4	-8	19

재무 상태 *IFRS 별도 기준 〈단위 : 억원〉
항목	2011	2012	2013	2014	2015	2016
총자산	2,169	2,037	2,027	2,533	2,227	2,265
유형자산	1,290	1,238	1,178	1,236	1,326	1,288
무형자산	2	15	15	15	15	22
유가증권	1	2	1	—	2	0
총부채	1,823	1,642	1,449	1,484	1,217	1,248
총차입금	1,392	1,249	932	1,157	1,006	1,018
자본금	385	385	128	161	161	161
총자본	346	395	578	1,050	1,010	1,017
지배주주지분	346	395	578	1,050	1,010	1,017

기업가치 지표 *IFRS 별도 기준
항목	2011	2012	2013	2014	2015	2016
주가(최고/저)(천원)	—/—	—/—	—/—	5.2/4.0	4.7/2.0	3.5/1.8
PER(최고/저)(배)	0.0/0.0	0.0/0.0	0.0/0.0	8.2/6.3	125.0/52.4	147.6/77.2
PBR(최고/저)(배)	0.0/0.0	0.0/0.0	0.0/0.0	1.6/1.2	1.4/0.6	1.1/0.6
EV/EBITDA(배)	7.6	5.3	2.6	7.6	11.7	14.1
EPS(원)	-99	262	660	637	38	24
BPS(원)	8,977	10,529	2,251	3,271	3,293	3,316
CFPS(원)	1,735	4,258	1,050	946	315	299
DPS(원)	—	—	—	—	—	—
EBITDAPS(원)	4,585	6,080	1,329	1,195	456	405

재무 비율 〈단위 : % 〉
연도	영업이익률	순이익률	부채비율	차입금비율	ROA	ROE	유보율	자기자본비율	EBITDA마진율
2016	2.6	0.5	122.8	100.1	0.3	0.8	563.2	44.9	8.0
2015	2.7	0.6	120.5	99.6	0.5	1.2	558.7	45.3	6.9
2014	9.9	7.1	141.3	110.3	8.0	22.5	554.1	41.4	13.3
2013	10.8	7.6	250.8	161.2	8.3	34.8	350.3	28.5	15.2

화일약품 (A061250)
HWAIL PHARMACEUTICAL COLTD

업 종 : 제약	시 장 : KOSDAQ
신용등급 : (Bond) — (CP) —	기업규모 : 우량
홈페이지 : www.hwail.com	연 락 처 : 031)628-3521
본 사 : 경기도 화성시 향남읍 제약공단3길 57	

설 립 일 1980.11.18	종업원수 138명	대표이사 조중명	
상 장 일 2002.04.18	감사의견 적정(신우)	계 열	
결 산 기 12월	보통주 1,441만주	종속회사수	
액면가 500원	우 선 주	구 상 호	

주주구성 (지분율,%)
크리스탈지노믹스	21.7
박필준	11.1
(외국인)	3.2

출자관계 (지분율,%)
화일인터내셔날	100.0
크리스탈생명과학	44.4
로스코플루터스프로젝트1호투자조합	24.4

주요경쟁사 (외형,%)
화일제약	100
하이텍팜	49
우리들제약	64

매출구성
기타	48.2
SLIDAL외	45.8
EDST	4.0

비용구성
매출원가율	86.8
판관비율	11.0

수출비중
수출	2.6
내수	97.4

회사 개요
1980년 의약품 원료의 제조, 판매 등을 주 영업 목적으로 설립된 동사는 1987년부터 제조시설을 갖추고 원료의약품 제조업체로 변신함. 2002년 4월 코스닥 시장에 상장됨. 원료의약품 사업분야에서 "코엔자임큐텐"을 비롯한 식품원료, 완제 사업인 세팔로스포린계 항생제 사업으로 사업분야를 다각화함. 2015년 10월말 CGMP급 설비시설을 갖춘 원료합성 공장을 신축하여 BGMP승인을 받았음.

실적 분석
동사의 2016년 매출액은 전년 대비 5.1% 증가한 1,115.2억원을 기록함. 매출원가는 0.5% 증가에 그쳐 매출총이익은 전년 대비 50.4% 증가한 147.6억원을 기록함. 대손상각비 등의 증가로 판매비와관리비는 전년 대비 50.0% 증가한 122.5억원을 나타냄. 영업이익은 전년 대비 52.5% 증가한 25.2억원을 기록하며 수익성 개선이 이루어짐. 영업이익의 증가에 힘입어 당기순이익은 63.8억원으로 전년 대비 17.0% 증가함.

현금 흐름 〈단위 : 억원〉
항목	2015	2016
영업활동	-69	96
투자활동	35	77
재무활동	38	-138
순현금흐름	4	36
기말현금	47	83

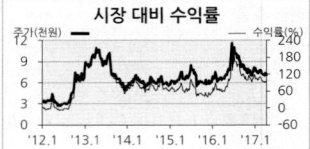

시장 대비 수익률

결산 실적 〈단위 : 억원〉
항목	2011	2012	2013	2014	2015	2016
매출액	781	918	942	961	1,061	1,115
영업이익	67	76	56	57	17	25
당기순이익	47	51	42	41	55	64

분기 실적 〈단위 : 억원〉
항목	2015.3Q	2015.4Q	2016.1Q	2016.2Q	2016.3Q	2016.4Q
매출액	276	283	315	292	262	246
영업이익	8	-11	17	8	10	-10
당기순이익	3	31	53	25	5	-20

재무 상태 〈단위 : 억원〉
항목	2011	2012	2013	2014	2015	2016
총자산	987	1,131	1,230	1,229	1,403	1,286
유형자산	237	298	389	390	377	357
무형자산	7	7	42	48	48	42
유가증권	13	14	14	10	82	36
총부채	292	309	367	339	413	288
총차입금	179	178	217	217	268	151
자본금	56	70	72	72	72	72
총자본	695	822	863	891	989	999
지배주주지분	695	822	863	891	989	999

기업가치 지표
항목	2011	2012	2013	2014	2015	2016
주가(최고/저)(천원)	3.9/2.7	7.5/2.7	11.3/4.7	7.1/5.2	9.7/5.5	11.6/6.1
PER(최고/저)(배)	10.4/7.3	19.0/6.7	41.7/17.3	26.3/19.4	26.7/15.1	26.8/14.1
PBR(최고/저)(배)	0.6/0.5	1.3/0.5	1.9/0.8	1.1/0.8	1.4/0.8	1.6/0.9
EV/EBITDA(배)	5.6		11.9	13.3	12.8	25.6	22.2
EPS(원)	419	431	293	287	378	443
BPS(원)	6,779	6,327	6,439	6,630	7,315	7,379
CFPS(원)	534	550	391	417	571	649
DPS(원)	100	100	100	100	150	150
EBITDAPS(원)	715	770	486	523	307	380

재무 비율 〈단위 : % 〉
연도	영업이익률	순이익률	부채비율	차입금비율	ROA	ROE	유보율	자기자본비율	EBITDA마진율
2016	2.3	5.7	28.8	15.1	4.8	6.4	1,375.8	77.6	4.9
2015	1.6	5.1	41.8	27.1	4.1	5.8	1,363.1	70.5	4.2
2014	5.9	4.3	38.0	24.3	3.4	4.7	1,226.0	72.5	7.9
2013	5.9	4.5	42.5	25.2	3.6	5.0	1,187.7	70.2	7.4

화진 (A134780)
HWAJIN

업 종 : 자동차부품	시 장 : KOSDAQ
신용등급 : (Bond) — (CP) —	기업규모 : 우량
홈페이지 : www.hwajin-corp.com	연 락 처 : 054)335-9655
본 사 : 경북 영천시 도남공단3길 26 (도남동)	

설 립 일 1992.04.29	종업원수 293명	대표이사 조만호,조완호	
상 장 일 2011.08.10	감사의견 적정(서일)	계 열	
결 산 기 12월	보통주 1,233만주	종속회사수	
액면가 500원	우 선 주	구 상 호	

주주구성 (지분율,%)
조만호	30.0
DIC Corporation	11.7
(외국인)	11.0

출자관계 (지분율,%)

주요경쟁사 (외형,%)
화진	100
넥센테크	72
동국실업	553

매출구성
우드그레인외(제품)	84.2
카랩외(상품)	15.7
부산물(기타)	0.1

비용구성
매출원가율	80.6
판관비율	12.5

수출비중
수출	53.6
내수	46.4

회사 개요
동사는 2011년 8월 코스닥에 상장되었으며, 자동차 부품제조 기업임. 특히 자동차 내장재용 부품제조를 주요 사업으로 하고 있으며, 자동차 카랩 및 인쇄물 도매업도 영위함. 주요 제품으로 고급 자동차 내장재용 우드그레인과 IPE를 생산하고 있음. 자동차 내장재에 사용되는 IPE는 경쟁자가 없어 100% 시장점유율을 기록함. 화진인터내셔널과 중국에 화진 고신장식재료유한공사 등 5개의 종속회사로 구성됨

실적 분석
동사의 2016년 4분기 연결기준 누적 매출액은 1,132.7억원으로 전년동기 대비 4.6% 줄어들었음. 매출원가 또한 2.5% 감소하였으나 판관비의 비중과 외형감소로 인해 영업이익은 78억원으로 전년동기 대비 19.1% 축소됨. 그러나 비영업부문에서 48.3억원의 이익이 발생함에 따라 당기순이익은 100.3억원으로 20.7% 증가함. 수출이 높은 비율을 차지하는 사업구조상 세계경기의 장기부진과 엔저의 영향이 매출 부진의 영향으로 보임.

현금 흐름 〈단위 : 억원〉
항목	2015	2016
영업활동	181	133
투자활동	-226	-47
재무활동	5	-33
순현금흐름	-38	53
기말현금	115	168

시장 대비 수익률

결산 실적 〈단위 : 억원〉
항목	2011	2012	2013	2014	2015	2016
매출액	812	992	1,149	1,226	1,188	1,133
영업이익	89	118	145	130	96	78
당기순이익	73	103	142	106	83	100

분기 실적 〈단위 : 억원〉
항목	2015.3Q	2015.4Q	2016.1Q	2016.2Q	2016.3Q	2016.4Q
매출액	270	337	283	294	249	307
영업이익	15	27	20	32	12	13
당기순이익	20	19	16	26	5	53

재무 상태 〈단위 : 억원〉
항목	2011	2012	2013	2014	2015	2016
총자산	751	827	1,081	1,317	1,366	1,344
유형자산	308	339	451	656	674	606
무형자산	18	18	16	75	61	34
유가증권	72	55	37	5	26	27
총부채	308	311	413	553	536	463
총차입금	149	117	146	227	263	233
자본금	61	61	62	62	62	62
총자본	443	516	668	764	829	881
지배주주지분	443	515	667	754	825	881

기업가치 지표
항목	2011	2012	2013	2014	2015	2016
주가(최고/저)(천원)	4.6/2.4	6.5/3.3	7.5/3.9	8.6/5.1	6.5/3.9	8.3/4.0
PER(최고/저)(배)	7.6/3.9	8.7/4.5	7.1/3.7	10.8/6.4	9.6/5.8	10.3/5.0
PBR(최고/저)(배)	1.5/0.8	1.7/0.9	1.6/0.8	1.5/0.9	1.0/0.6	1.2/0.6
EV/EBITDA(배)	4.1	3.3	4.3	4.7	3.7	4.9
EPS(원)	707	848	1,174	862	716	826
BPS(원)	3,660	4,258	5,411	6,117	6,723	7,253
CFPS(원)	1,057	1,241	1,593	1,265	1,331	1,459
DPS(원)	100	100	150	150	175	175
EBITDAPS(원)	1,206	1,370	1,613	1,455	1,397	1,265

재무 비율 〈단위 : % 〉
연도	영업이익률	순이익률	부채비율	차입금비율	ROA	ROE	유보율	자기자본비율	EBITDA마진율
2016	6.9	8.9	52.5	26.4	7.4	12.0	1,350.7	65.6	13.8
2015	8.1	7.0	64.7	31.7	6.2	11.2	1,244.5	60.7	14.3
2014	10.6	8.6	72.4	29.8	8.8	15.0	1,123.4	58.0	14.6
2013	12.6	12.4	61.8	21.8	14.9	24.1	982.3	61.8	17.0

화천기계 (A010660)
Hwacheon Machinery

업 종 : 기계		시 장 : 거래소	
신용등급 : (Bond) — (CP) —		기업규모 : 시가총액 소형주	
홈페이지 : www.hwacheon.com		연락처 : 02)523-7766	
본 사 : 서울시 서초구 방배로 46 (방배동, 화천기계빌딩)			

설립일 1975.06.14	종업원수 345명	대표이사 권영열	
상장일 1988.12.12	감사의견 적정 (삼정)	계 열	
결산기 12월	보통주 220만주	종속회사수	
액면가 5,000원	우선주	구 상 호	

주주구성 (지분율,%)
화천기공	30.0
신영자산운용	8.2
(외국인)	7.9

출자관계 (지분율,%)
여수MBC	10.0
에프앤가이드	7.9
제이티비씨	0.8

주요경쟁사 (외형,%)
화천기계	100
아세아텍	53
나라엠앤디	67

매출구성
CNC공작기계	53.2
자동차부품	26.2
범용공작기계	20.6

비용구성
매출원가율	90.4
판관비율	9.7

수출비중
수출	25.1
내수	74.9

회사 개요
동사는 1975년 설립된 공작기계 전문 기업으로서 범용 공작기계를 생산 판매하고, 화천기공으로부터 공급받는 CNC 공작기계를 내수 판매함. 또한 현대차 및 기아차에 실린더블럭을 가공, 납품 중임. 다각화 일환으로 대형 풍력가공기, 대형 샤프트 가공기 등 대형 가공기계 신제품을 출하중이며, 지속적 시설투자로 성장여력 확대 중임. 동시장은 뿌리 산업에 대한 이해도 증진되고 있으며 제품 성능이 복잡화, 다기능화되면서 부가가치도 높아지고 있음.

실적 분석
M-center 및 실린더블럭 등 주력제품의 매출 감소로 외형은 전년동기 대비 15.7% 감소함. 외형 축소와 더불어 원가율 상승 및 판관비 비중 확대 등 고정비 부담 증가로 2.6억원의 영업손실 시현하며 적자 전환. 생산성이 높고 24시간 무인가동이 가능한 IT융합 대형 기종의 수요가 있어 이에 대한 라인업을 확장, 신기종 출하함. 전반적으로 업황 자체가 부진하나, 꾸준한 연구개발 노력으로 극복 가능할 것으로 기대.

현금 흐름 *IFRS 별도 기준 〈단위 : 억원〉
항목	2015	2016
영업활동	176	257
투자활동	-46	-160
재무활동	-39	-18
순현금흐름	92	81
기말현금	106	187

시장 대비 수익률

결산 실적 〈단위 : 억원〉
항목	2011	2012	2013	2014	2015	2016
매출액	2,962	2,592	2,606	2,753	2,319	1,955
영업이익	171	128	89	65	38	-3
당기순이익	157	121	87	69	23	-25

분기 실적 *IFRS 별도 기준 〈단위 : 억원〉
항목	2015.3Q	2015.4Q	2016.1Q	2016.2Q	2016.3Q	2016.4Q
매출액	483	435	490	542	400	523
영업이익	-1	-19	-4	10	-13	5
당기순이익	5	-33	-2	11	-6	-27

재무 상태 *IFRS 별도 기준 〈단위 : 억원〉
항목	2011	2012	2013	2014	2015	2016
총자산	1,944	1,753	1,738	1,829	1,598	1,616
유형자산	587	595	598	579	555	671
무형자산	29	29	29	29	23	15
유가증권	69	69	69	70	50	28
총부채	895	601	515	566	335	388
총차입금	231	115	64	35	14	3
자본금	110	110	110	110	110	110
총자본	1,048	1,152	1,223	1,263	1,262	1,228
지배주주지분	1,048	1,152	1,223	1,263	1,262	1,228

기업가치 지표 *IFRS 별도 기준
항목	2011	2012	2013	2014	2015	2016
주가(최고/저)(천원)	34.1/16.5	27.5/20.4	29.8/21.4	33.2/24.3	33.8/24.3	26.1/20.3
PER(최고/저)(배)	5.7/2.7	5.7/4.2	8.3/5.9	11.2/8.2	33.2/23.9	—/—
PBR(최고/저)(배)	0.8/0.4	0.6/0.4	0.6/0.4	0.6/0.4	0.6/0.4	0.5/0.4
EV/EBITDA(배)	3.3	2.6	3.7	5.7	4.1	2.2
EPS(원)	7,146	5,520	3,970	3,144	1,049	-1,139
BPS(원)	48,454	53,162	56,380	58,221	58,183	56,606
CFPS(원)	8,210	6,622	5,182	4,497	2,407	209
DPS(원)	1,000	1,000	1,000	900	350	—
EBITDAPS(원)	8,831	6,935	5,243	4,293	3,069	1,228

재무 비율 〈단위 : % 〉
연도	영업이익률	순이익률	부채비율	차입금비율	ROA	ROE	유보율	자기자본비율	EBITDA마진율
2016	-0.1	-1.3	31.6	0.2	-1.6	-2.0	1,032.1	76.0	1.4
2015	1.6	1.0	26.6	1.1	1.4	1.8	1,063.7	79.0	2.9
2014	2.4	2.5	44.8	2.8	3.9	5.6	1,064.4	69.1	3.4
2013	3.4	3.4	42.1	5.3	5.0	7.4	1,027.6	70.4	4.4

화천기공 (A000850)
Hwacheon Machine Tool

업 종 : 기계		시 장 : 거래소	
신용등급 : (Bond) — (CP) —		기업규모 : 시가총액 소형주	
홈페이지 : www.hwacheon.com		연락처 : 062)951-5111	
본 사 : 광주시 광산구 하남산단4번로 123-17 (장덕동)			

설립일 1977.10.12	종업원수 343명	대표이사 권영두,권영열	
상장일 1999.11.18	감사의견 적정 (승일)	계 열	
결산기 12월	보통주 220만주	종속회사수	
액면가 5,000원	우선주	구 상 호	

주주구성 (지분율,%)
권영렬	31.0
FID Low Priced Stock Fund	10.0
(외국인)	15.4

출자관계 (지분율,%)
화천기계	33.3
서암기계공업	32.2
에프앤가이드	7.4

주요경쟁사 (외형,%)
화천기공	100
SIMPAC	153
영풍정밀	35

매출구성
CNC선반, CNC밀링 및 MC부품	83.0
주물(제품)	10.1
주물(상품)	6.9

비용구성
매출원가율	83.8
판관비율	13.8

수출비중
수출	—
내수	—

회사 개요
동사는 1952년 설립 이후 60년간 공작기계에 전념하는 화천그룹의 모회사임. 대형 공작기계와 차 부품을 생산하는 유가증권상장사 화천기계와 기어, 척 등을 만드는 코스닥상장사 서암기계, 자동화 설비를 제작하는 TPS Korea와 함께 밸류체인을 구축함. 수치제어 공작기계는 직접 생산 및 수출도 영위, 국내 동시장은 두산, 위아와 동사 등 3사가 과점 체제를 구축 중인데 최근 5년간 꾸준한 동사의 점유율 향상 중임.

실적 분석
동사의 2016년 결산 매출액은 1,747.8억원으로 전년동기 대비 12.3% 감소하였으며, 영업이익 또한 62.4% 감소한 상황. 매출 감소에 따른 고정비 부담 증가로 수익성 크게 하락한 모습. 국내 공작기계업의 전반적인 생산, 내수, 수출이 감소하고 있는 상황. 다만, 공작기계 시장이 점차 가격보다 품질 경쟁으로 옮아가면서 기술력과 품질을 겸비한 동사의 실적 또한 개선될 것으로 기대. 지속적 신제품 개발로 시장선도 업체로 발전중임.

현금 흐름 〈단위 : 억원〉
항목	2015	2016
영업활동	252	184
투자활동	-217	-125
재무활동	9	-68
순현금흐름	45	-15
기말현금	116	101

시장 대비 수익률

결산 실적 〈단위 : 억원〉
항목	2011	2012	2013	2014	2015	2016
매출액	2,521	2,404	2,195	2,456	1,993	1,748
영업이익	226	107	133	219	111	42
당기순이익	270	154	150	213	160	72

분기 실적 *IFRS 별도 기준 〈단위 : 억원〉
항목	2015.3Q	2015.4Q	2016.1Q	2016.2Q	2016.3Q	2016.4Q
매출액	440	417	423	432	408	485
영업이익	19	-9	26	20	-4	0
당기순이익	35	-24	24	48	-13	12

재무 상태 *IFRS 별도 기준 〈단위 : 억원〉
항목	2011	2012	2013	2014	2015	2016
총자산	3,127	3,069	3,161	3,304	3,407	3,463
유형자산	370	413	433	455	471	469
무형자산	16	18	19	18	18	16
유가증권	843	860	782	801	827	873
총부채	1,035	844	862	815	770	749
총차입금	238	185	172	131	174	139
자본금	110	110	110	110	110	110
총자본	2,092	2,225	2,299	2,489	2,637	2,714
지배주주지분	2,092	2,225	2,299	2,489	2,637	2,714

기업가치 지표
항목	2011	2012	2013	2014	2015	2016
주가(최고/저)(천원)	64.4/30.5	51.5/36.0	54.1/38.8	73.7/45.7	75.4/49.7	57.2/47.0
PER(최고/저)(배)	6.1/2.9	8.4/5.9	8.8/6.3	8.2/5.1	10.9/7.2	18.0/14.8
PBR(최고/저)(배)	0.8/0.4	0.6/0.4	0.6/0.4	0.7/0.4	0.7/0.4	0.5/0.4
EV/EBITDA(배)	3.7	6.0	5.2	4.3	5.2	5.9
EPS(원)	12,286	6,978	6,826	9,700	7,278	3,251
BPS(원)	95,097	101,117	104,493	113,144	119,883	123,374
CFPS(원)	13,669	8,559	8,541	11,573	9,225	5,100
DPS(원)	1,250	1,000	1,500	1,500	1,500	1,250
EBITDAPS(원)	11,664	6,430	7,755	11,816	6,985	3,745

재무 비율 〈단위 : % 〉
연도	영업이익률	순이익률	부채비율	차입금비율	ROA	ROE	유보율	자기자본비율	EBITDA마진율
2016	2.4	4.1	27.6	5.1	2.1	2.7	2,367.5	78.4	4.7
2015	5.6	8.0	29.2	6.6	4.8	6.3	2,297.7	77.4	7.7
2014	8.9	8.7	32.8	5.3	6.6	8.9	2,162.9	75.3	10.6
2013	6.1	6.8	37.5	7.5	4.8	6.6	1,989.9	72.7	7.8

환인제약 (A016580)
Whan In Pharm

업　　　종 : 제약　　　　　　　　　　　　시　　　장 : 거래소
신용등급 : (Bond) ―　　(CP) ―　　　기업규모 : 시가총액 소형주
홈페이지 : www.whanin.co.kr　　　　　연락처 : 02)405-3000
본　　　사 : 서울시 송파구 새말로 117

설립일	1982.12.16	종업원수	463명	대표이사	이광식
상장일	1996.07.03	감사의견	적정 (안진)	계　　　열	
결산기	12월	보통주	1,860만주	종속회사수	
액면가	500원	우선주		구상호	

주주구성 (지분율,%)		출자관계 (지분율,%)		주요경쟁사 (외형,%)	
이광식	18.6	비보존	5.9	환인제약	100
FID Low Priced Stock Fund	10.0			알보젠코리아	128
(외국인)	22.0			유나이티드제약	125

매출구성		비용구성		수출비중	
정신신경용제	63.7	매출원가율	51.0	수출	0.1
기타	21.4	판관비율	33.7	내수	99.9
소화성궤양용제	6.2				

회사 개요
동사는 정신신경 전문의약품에 특화된 제약업체임. 전체 매출의 절반 이상을 정신신경용제 의약품이 차지하고 있음. 소화성궤양용제, 순환계용약이 큰 비율로 차지함. 주력 제품으로는 정신신계 의약품인 리페리돈, 쿠에타핀, 알프람 등이 있음. 그 외에도 위궤양치료제, 알코올중독치료제, 뇌기능 개선제 등을 보유하고 있음. 2016년 결산기 연구개발비용은 78.3억원으로 매출액의 5.0%를 차지함.

실적 분석
동사의 2016년 결산 누적 매출액은 전년 동기 대비 2.8% 감소한 1,413.8억원을 기록함. 영업이익은 전년대비 14.9% 감소한 216.3억원을 기록하였음. 당기순이익은 비영업손익의 악화로 전년동기 대비 20.1% 감소한 164.0억원에 그침. 이는 대기업의 제약업 진출, 새로운 GMP 시설투자에 따른 고정원가 상승, 유통질서의 문란, 신약개발 환경의 미약 등으로 제약업계의 경영여건이 어려워진 것에서 비롯된 것으로 보임.

현금 흐름	*IFRS 별도 기준	〈단위 : 억원〉
항목	2015	2016
영업활동	159	198
투자활동	-5	-68
재무활동	-38	-38
순현금흐름	116	92
기말현금	486	578

시장 대비 수익률

결산 실적　　〈단위 : 억원〉

항목	2011	2012	2013	2014	2015	2016
매출액	1,101	1,072	1,045	1,207	1,454	1,414
영업이익	203	183	201	240	254	216
당기순이익	146	158	146	188	205	164

분기 실적　*IFRS 별도 기준　〈단위 : 억원〉

항목	2015.3Q	2015.4Q	2016.1Q	2016.2Q	2016.3Q	2016.4Q
매출액	372	368	350	367	356	341
영업이익	82	64	57	60	65	34
당기순이익	64	43	48	48	50	19

재무 상태　*IFRS 별도 기준　〈단위 : 억원〉

항목	2011	2012	2013	2014	2015	2016
총자산	1,661	1,814	1,931	2,178	2,351	2,434
유형자산	347	381	397	520	524	577
무형자산	49	47	38	18	22	12
유가증권	266	238	353	434	326	292
총부채	163	189	199	293	285	233
총차입금	―	―	―	―	―	―
자본금	97	97	97	97	97	97
총자본	1,499	1,625	1,732	1,885	2,066	2,201
지배주주지분	1,499	1,625	1,732	1,885	2,066	2,201

기업가치 지표　*IFRS 별도 기준

항목	2011	2012	2013	2014	2015	2016
주가(최고/저)(천원)	7.9/5.0	9.3/5.1	13.0/8.5	25.7/10.3	25.7/17.2	20.6/14.2
PER(최고/저)(배)	11.5/7.3	12.1/6.6	17.7/11.5	26.4/10.6	24.0/16.1	23.7/16.3
PBR(최고/저)(배)	1.1/0.7	1.1/0.6	1.4/0.9	2.5/1.0	2.3/1.5	1.7/1.2
EV/EBITDA(배)	2.5	4.5	5.5	13.6	10.8	9.1
EPS(원)	786	849	784	1,011	1,103	882
BPS(원)	8,577	9,258	9,832	10,655	11,627	12,355
CFPS(원)	852	928	876	1,113	1,206	990
DPS(원)	250	250	250	250	250	250
EBITDAPS(원)	1,157	1,062	1,176	1,392	1,469	1,271

재무 비율　〈단위 : % 〉

연도	영업이익률	순이익률	부채비율	차입금비율	ROA	ROE	유보율	자기자본비율	EBITDA마진율
2016	15.3	11.6	10.6	0.0	6.9	7.7	2,269.1	90.4	16.7
2015	17.5	14.1	13.8	0.0	9.1	10.4	2,129.5	87.9	18.5
2014	19.9	15.6	15.6	0.0	9.2	10.4	1,943.2	86.5	21.5
2013	19.3	14.0	11.5	0.0	7.8	8.7	1,785.4	89.7	20.9

황금에스티 (A032560)
Hwang Kum Steel & Technology

업　　　종 : 금속 및 광물　　　　　　　시　　　장 : 거래소
신용등급 : (Bond) ―　　(CP) ―　　　기업규모 : 시가총액 소형주
홈페이지 : www.hwangkum.com　　　　연락처 : 031)363-8000
본　　　사 : 경기도 안산시 단원구 엠티브이1로 25

설립일	1986.08.24	종업원수	124명	대표이사	김종현
상장일	2009.10.29	감사의견	적정 (삼)	계　　　열	
결산기	12월	보통주	1,400만주	종속회사수	
액면가	500원	우선주		구상호	

주주구성 (지분율,%)		출자관계 (지분율,%)		주요경쟁사 (외형,%)	
김종현	24.9	이상네트웍스	24.9	황금에스티	100
김종식	9.3			GMR 머티리얼즈	30
(외국인)	3.5			금강철강	72

매출구성		비용구성		수출비중	
스테인레스 판 외 (제품)	55.4	매출원가율	81.8	수출	0.0
스테인레스 판 외 (상품)	43.0	판관비율	9.2	내수	100.0
임대료 수입 외	1.6				

회사 개요
동사는 스테인리스/철강 소재 전문 기업으로 스테인리스 열연 및 냉연 판, 특수강을 생산, 판매하는 스테인리스 사업과 탄소강 판 등을 생산, 판매하는 탄소강 사업을 영위하고 있음. 스테인레스 시장은 중화학공업의 발전과 산업의 고도화에 따른 수요증가와 폐소, 대기오염 등 환경문제에 대한 관심 증가로 연 6%대의 고도성장을 기록하고 있음. 동사는 생산설비의 자체 개발과 제작을 통해 생산성과 품질의 우위를 선점하고 있음.

실적 분석
동사의 2016년 4분기 누적 매출액은 2,253.1억원으로 전년동기 대비 30.3% 증가함. 원가율 개선에 따라 매출총이익은 135.1% 늘어난 409.8억원을 기록함. 판관비는 207.9억원으로 전년동기 대비 132%의 대폭 상승했음에도 영업이익은 138.5% 증가한 201.9억원을 기록함. 또한 비영업 부문의 120.7억원의 이익으로 전년동기 대비 흑자전환함에 따라 당기순이익은 362.7% 늘어난 249억원을 기록함.

현금 흐름	*IFRS 별도 기준	〈단위 : 억원〉
항목	2015	2016
영업활동	64	405
투자활동	-132	-58
재무활동	145	-389
순현금흐름	77	116
기말현금	193	310

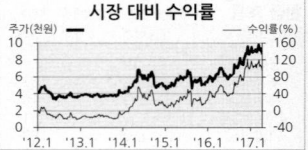
시장 대비 수익률

결산 실적　〈단위 : 억원〉

항목	2011	2012	2013	2014	2015	2016
매출액	2,144	1,784	1,833	1,868	1,729	2,253
영업이익	127	52	80	120	85	202
당기순이익	93	61	68	89	54	249

분기 실적　*IFRS 별도 기준　〈단위 : 억원〉

항목	2015.3Q	2015.4Q	2016.1Q	2016.2Q	2016.3Q	2016.4Q
매출액	428	422	510	576	521	647
영업이익	23	26	9	57	57	79
당기순이익	2	23	28	37	77	107

재무 상태　*IFRS 별도 기준　〈단위 : 억원〉

항목	2011	2012	2013	2014	2015	2016
총자산	2,577	2,445	2,537	2,507	2,941	3,719
유형자산	940	1,072	1,095	1,169	1,244	1,651
무형자산	0	0	0	0	0	66
유가증권	37	37	37	35	29	31
총부채	988	787	819	707	1,098	1,483
총차입금	772	600	588	490	649	1,004
자본금	65	70	70	70	70	70
총자본	1,589	1,657	1,718	1,800	1,844	2,236
지배주주지분	1,517	1,560	1,615	1,686	1,722	1,981

기업가치 지표

항목	2011	2012	2013	2014	2015	2016
주가(최고/저)(천원)	6.9/3.4	4.9/3.3	4.4/3.6	7.0/4.0	6.9/4.6	9.6/5.4
PER(최고/저)(배)	11.5/5.6	13.0/8.8	10.2/8.3	12.9/7.3	22.6/14.9	6.5/3.7
PBR(최고/저)(배)	0.7/0.3	0.5/0.3	0.4/0.3	0.6/0.3	0.6/0.4	0.7/0.4
EV/EBITDA(배)	7.4	12.3	9.7	7.3	10.1	6.4
EPS(원)	649	398	445	553	309	1,480
BPS(원)	11,670	11,144	11,538	12,042	12,302	14,151
CFPS(원)	955	667	716	853	635	2,012
DPS(원)	138	50	50	50	25	75
EBITDAPS(원)	1,236	638	845	1,158	930	1,974

재무 비율　〈단위 : % 〉

연도	영업이익률	순이익률	부채비율	차입금비율	ROA	ROE	유보율	자기자본비율	EBITDA마진율
2016	9.0	11.1	66.3	44.9	7.5	11.2	2,730.1	60.1	12.3
2015	4.9	3.1	59.5	35.2	2.0	2.5	2,360.4	62.7	7.5
2014	6.4	4.8	39.3	27.2	3.5	4.7	2,308.4	71.8	8.7
2013	4.4	3.7	47.7	34.2	2.7	3.9	2,207.7	67.7	6.5

효성 (A004800)
Hyosung

업 종 : 복합 산업	시 장 : 거래소		
신용등급 : (Bond) A+ (CP) A2	기업규모 : 시가총액 대형주		
홈 페 이 지 : www.hyosung.com	연 락 처 : 02)707-7000		
본 사 : 서울시 마포구 마포대로 119 (공덕동)			

설 립 일	1966.11.03	종업원수	7,664명	대표이사	김재학,이상운
상 장 일	1973.06.30	감사의견	적정 (삼일)	계 열	
결 산 기	12월	보통주	3,512만주	종속회사수	
액 면 가	5,000원	우선주		구 상 호	

주주구성 (지분율,%)
		출자관계 (지분율,%)		주요경쟁사 (외형,%)	
조현준	14.2	효성굿스프링스	100.0	효성	100
조현상	12.2	에프엠케이	100.0	삼성물산	236
(외국인)	26.6	효성트랜스월드	100.0	LG	90

매출구성
		비용구성		수출비중	
중공업(변압기,차단기,전동기, 감속기 등)	26.2	매출원가율	81.9	수출	—
종합무역	25.1	판관비율	9.6	내수	—
기타	23.0				

회사 개요
동사는 1966년 11월에 설립됐으며, 동사 및 종속회사가 영위하는 사업은 섬유, 산업자재, 화학, 중공업, 건설, 무역, 금융 등 7개 부문으로 구성되어 있음. 나이론, 스판덱스를 생산하는 섬유부문과 산업용 섬유를 생산하는 산업자재 부문에서 세계 1위의 시장지위를 보유함. 매출구성은 산업자재 20.6%, 중공업 20.3%, 섬유 16.8%, 무역 18.1%, 화학 10.1%, 건설 7.0%, 기타 5.6%, 금융 1.6%로 구성됨.

실적 분석
2016년 연결기준 매출액은 전년대비 4.3% 감소한 119,291.1억원을 기록함. 매출 감소에도 불구하고 매출원가율이 개선되면서 수익성이 개선됨. 영업이익은 전년대비 7.0% 증가한 10,163.5억원을 시현함. 당기순이익은 영업외 비용 증가로 전년대비 9.6% 감소한 4,754.0억원을 기록함. 동사는 스판덱스 및 타이어코드 등에서 안정적인 실적을 보이면서, 저가 수주로 인해 적자를 보였던 중공업의 실적 개선으로 우수한 수익성을 실현함.

현금 흐름 〈단위 : 억원〉
항목	2015	2016
영업활동	13,565	18,310
투자활동	-7,086	-9,074
재무활동	-6,774	-10,182
순현금흐름	-137	-816
기말현금	5,133	4,317

시장 대비 수익률
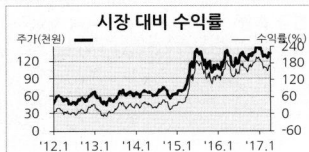

결산 실적 〈단위 : 억원〉
항목	2011	2012	2013	2014	2015	2016
매출액	113,421	126,117	125,792	121,771	124,585	119,291
영업이익	2,776	2,231	4,859	6,003	9,502	10,163
당기순이익	-938	1,416	-2,362	2,920	5,259	4,754

분기 실적 〈단위 : 억원〉
항목	2015.3Q	2015.4Q	2016.1Q	2016.2Q	2016.3Q	2016.4Q
매출액	32,150	32,364	28,131	30,823	28,421	31,916
영업이익	2,774	1,956	2,223	3,310	2,480	2,151
당기순이익	-86	2,540	1,269	1,745	1,968	-228

재무 상태 〈단위 : 억원〉
항목	2011	2012	2013	2014	2015	2016
총자산	136,232	137,727	135,934	136,621	140,132	141,208
유형자산	49,299	50,942	54,509	54,857	56,288	58,450
무형자산	4,508	4,075	4,401	4,098	4,527	4,201
유가증권	1,158	2,423	1,676	3,017	4,629	4,706
총부채	106,628	107,601	109,193	107,668	105,411	102,796
총차입금	75,843	80,340	82,221	79,545	78,113	70,793
자본금	1,756	1,756	1,756	1,756	1,756	1,756
총자본	29,604	30,126	26,741	28,953	34,721	38,412
지배주주지분	28,688	29,269	25,988	27,920	32,583	36,192

기업가치 지표
항목	2011	2012	2013	2014	2015	2016
주가(최고/저)(천원)	95.1/43.8	66.3/40.6	71.2/44.2	74.9/54.7	142/60.8	148/102
PER(최고/저)(배)	—/—	16.6/10.3	—/—	10.7/7.8	10.8/4.6	11.8/8.1
PBR(최고/저)(배)	1.3/0.6	0.9/0.5	1.1/0.7	1.0/0.7	1.6/0.7	1.5/1.0
EV/EBITDA(배)	12.9		12.7	9.8	8.8	7.6	7.3
EPS(원)	-1,281	4,460	-6,526	7,667	14,030	12,972
BPS(원)	82,667	84,321	74,978	80,480	93,756	104,034
CFPS(원)	10,473	20,739	9,226	22,498	30,263	30,722
DPS(원)	1,000	1,000	1,000	2,000	3,500	5,000
EBITDAPS(원)	19,658	22,630	29,589	31,927	43,290	46,692

재무 비율 〈단위 : % 〉
연도	영업이익률	순이익률	부채비율	차입금비율	ROA	ROE	유보율	자기자본비율	EBITDA마진율
2016	8.5	4.0	267.6	184.3	3.4	13.3	1,980.7	27.2	13.8
2015	7.6	4.2	303.6	225.0	3.8	16.3	1,775.1	24.8	12.2
2014	4.9	2.4	371.9	274.7	2.1	10.0	1,509.6	21.2	9.2
2013	3.9	-1.9	408.3	307.5	-1.7	-8.3	1,399.6	19.7	8.3

효성아이티엑스 (A094280)
HYOSUNG ITX

업 종 : 상업서비스	시 장 : 거래소		
신용등급 : (Bond) — (CP) —	기업규모 : 시가총액 소형주		
홈 페 이 지 : www.hyosungitx.com	연 락 처 : 02)2102-8400		
본 사 : 서울시 영등포구 선유동2로 57 (양평동4가)			

설 립 일	1997.05.09	종업원수	8,054명	대표이사	남경환
상 장 일	2007.10.25	감사의견	적정 (서일)	계 열	
결 산 기	12월	보통주	1,156만주	종속회사수	
액 면 가	500원	우선주	87만주	구 상 호	

주주구성 (지분율,%)
		출자관계 (지분율,%)		주요경쟁사 (외형,%)	
조현준	37.9	ITX마케팅	100.0	효성ITX	100
효성	30.1	행복두드리미	100.0	쎄트렉아이	10
(외국인)	0.8	에스디시코리아	29.9	한국전자금융	63

매출구성
		비용구성		수출비중	
컨택센터 서비스	76.0	매출원가율	91.9	수출	0.0
IT 서비스	14.3	판관비율	4.8	내수	100.0
Display Solution	6.4				

회사 개요
동사는 1997년 컨택센터 서비스를 영위할 목적으로 설립되어 2007년 유가증권시장에 상장됨. 컨택센터는 콜센터에서 한단계 진화한 고객관리 시스템으로 IVR, 웹채팅, 팩스 등의 다양한 채널을 이용하여 고객의 정보를 종합적으로 관리할 수 있는 시스템을 의미함. 일반 기업 및 공공, 금융 부문에서의 지속적인 대민서비스 향상 기조에 따라 그 시장규모가 안정적이고 지속적으로 확대될 것으로 전망하고 있음.

실적 분석
동사의 2016년 매출액은 3403.6억원으로 전년 대비 7.8% 증가함. 영업이익은 112.9억원으로 1.4% 증가함. 당기순이익은 73.3억원으로 1.2% 감소함. 주력사업인 컨택센터와 함께 클라우드와 CDN서비스를 제공하는 IT부문, NEC의 프로젝터를 수입 판매하는 디스플레이 부문 모두 안정적인 성장세를 나타내고 있음. 컨택센터는 경기에 민감하지 않다는 장점이 있으나 큰 성장세를 기대하기는 힘듦.

현금 흐름 〈단위 : 억원〉
항목	2015	2016
영업활동	96	128
투자활동	-107	-10
재무활동	11	-53
순현금흐름	-1	66
기말현금	5	70

시장 대비 수익률

결산 실적 〈단위 : 억원〉
항목	2011	2012	2013	2014	2015	2016
매출액	1,979	2,133	2,617	2,878	3,157	3,404
영업이익	46	57	94	117	111	113
당기순이익	58	44	76	88	74	73

분기 실적 〈단위 : 억원〉
항목	2015.3Q	2015.4Q	2016.1Q	2016.2Q	2016.3Q	2016.4Q
매출액	760	858	755	814	918	916
영업이익	28	29	31	28	24
당기순이익	10	21	23	23	25	2

재무 상태 〈단위 : 억원〉
항목	2011	2012	2013	2014	2015	2016
총자산	617	717	857	1,032	1,202	1,224
유형자산	117	92	167	110	120	125
무형자산	13	11	9	33	32	40
유가증권	108	220	163	237	361	339
총부채	402	438	569	640	696	692
총차입금	139	144	161	191	220	213
자본금	62	62	62	62	62	62
총자본	216	279	288	393	506	531
지배주주지분	216	279	288	393	506	531

기업가치 지표
항목	2011	2012	2013	2014	2015	2016
주가(최고/저)(천원)	5.6/2.8	4.9/2.8	6.9/3.7	21.2/5.3	21.3/12.8	15.2/10.0
PER(최고/저)(배)	12.5/6.2	14.3/8.3	11.7/6.3	30.8/7.8	36.5/22.0	26.2/17.3
PBR(최고/저)(배)	3.4/1.7	2.3/1.3	3.0/1.6	6.8/1.7	5.2/3.1	3.4/2.2
EV/EBITDA(배)	5.0	5.7	5.5	13.8	11.7	9.2
EPS(원)	465	357	610	708	597	589
BPS(원)	1,735	2,242	2,375	3,217	4,183	4,600
CFPS(원)	868	740	1,009	1,138	1,012	986
DPS(원)		25	50	75	100	200
EBITDAPS(원)	777	841	1,160	1,371	1,311	1,305

재무 비율 〈단위 : % 〉
연도	영업이익률	순이익률	부채비율	차입금비율	ROA	ROE	유보율	자기자본비율	EBITDA마진율
2016	3.3	2.2	130.4	40.0	6.0	14.1	820.0	43.4	4.8
2015	3.5	2.4	137.4	43.5	6.6	16.5	736.7	42.1	5.2
2014	4.1	3.1	163.0	48.7	9.3	25.9	543.3	38.0	5.9
2013	3.6	2.9	197.2	55.7	9.6	26.7	375.1	33.6	5.5

효성오앤비 (A097870)
Hyosung ONB

업 종 : 화학		시 장 : KOSDAQ	
신용등급 : (Bond) — (CP) —		기업규모 : 중견	
홈페이지 : www.hsonb.com		연락처 : 041)545-8116	
본 사 : 충남 아산시 온천대로 1785 (신동)			

설 립 일 1984.08.23	종업원수 85명	대표이사 박태현			
상 장 일 2008.04.08	감사의견 적정 (이촌)	계 열			
결 산 기 06월	보통주 580만주	종속회사수 1개사			
액 면 가 500원	우선주	구 상 호			

주주구성 (지분율,%)		출자관계 (지분율,%)		주요경쟁사 (외형,%)	
박태현	20.3	HYOSUNGONB(PVT)LTD 100.0		효성오앤비	100
박문현	14.2			경농	505
(외국인)	1.7			케이에스씨비	81

매출구성		비용구성		수출비중	
혼합유박(펠렛)	54.6	매출원가율	57.5	수출	0.0
부숙유기질	14.7	판관비율	20.8	내수	100.0
혼합유박(분상) 외	12.7				

회사 개요
동사는 1984년 충남 아산을 본사로 유기질 비료의 제조 판매를 목적으로 설립되어 1994년부터 현재까지 농협 계통 유기질 비료 납품 1위를 유지하고 있음. 제품 판매의 약 90%가 농협중앙회를 통하여 전국에 계통계약 형태로 판매가 이루어지고 있어 안정적인 판로를 확보하고 있음. 동사가 100% 지분을 보유한 스리랑카 소재의 종속회사인 HYOSUNG ONB(PVT)LTD의 매출 대부분은 동사로의 원재료 매출과 유기질비료 OEM 매출임.

실적 분석
동사는 6월 결산법인으로 반기 (2016.07~2016.12)에 94.5억원의 매출액을 시현하며 전년동기 114.42억원 대비 17.4% 매출 하락함. 한편 주요원재료 가격 하락 등으로 매출원가도 축소되면서 원가 부담이 완화되어 영업이익 4억원을 시현하는데, 전년동기 1.2억원 대비 이익이 늘어남. 비영업손익면에서 1.2억원 이익이 발생하여 당기순이익은 전년동기 2.4억원 적자 대비 흑자전환한 4.6억원의 이익을 시현함.

현금 흐름
<단위 : 억원>

항목	2016	2017.2Q
영업활동	81	22
투자활동	-22	-9
재무활동	-36	-101
순현금흐름	22	-89
기말현금	157	68

시장 대비 수익률
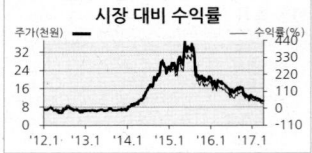

결산 실적
<단위 : 억원>

항목	2012	2013	2014	2015	2016	2017
매출액	306	331	379	408	404	—
영업이익	54	59	72	89	64	—
당기순이익	42	52	68	69	51	—

분기 실적
<단위 : 억원>

항목	2016.1Q	2016.2Q	2016.3Q	2016.4Q	2017.1Q	2017.2Q
매출액	40	74	153	137	34	61
영업이익	-5	6	36	27	-2	6
당기순이익	-11	8	32	21	1	3

재무 상태
<단위 : 억원>

항목	2012	2013	2014	2015	2016	2017.2Q
총자산	598	554	576	706	712	606
유형자산	165	159	246	272	268	264
무형자산	0	0	0	0	0	0
유가증권	49	34	13	12	12	2
총부채	205	118	71	144	115	49
총차입금	158	75	24	101	79	25
자본금	29	29	29	29	29	29
총자본	393	436	506	562	597	556
지배주주지분	393	436	506	562	597	556

기업가치 지표

항목	2012	2013	2014	2015	2016	2017.2Q
주가(최고/저)(천원)	10.4/3.2	8.0/5.2	15.5/5.6	36.7/6.1	37.1/14.9	—/—
PER(최고/저)(배)	15.7/7.9	9.5/6.7	13.8/5.4	31.4/12.7	43.0/15.8	—/—
PBR(최고/저)(배)	1.6/0.8	1.1/0.8	1.9/0.7	3.9/1.6	3.7/1.3	1.7/1.1
EV/EBITDA(배)	6.7	5.5	10.3	19.2	9.5	—/—
EPS(원)	725	896	1,170	1,194	874	79
BPS(원)	6,903	7,653	8,717	9,684	10,294	10,166
CFPS(원)	880	1,050	1,337	1,377	1,076	176
DPS(원)	150	200	230	250	200	—
EBITDAPS(원)	1,089	1,171	1,402	1,715	1,307	166

재무 비율
< 단위 : % >

연도	영업이익률	순이익률	부채비율	차입금비율	ROA	ROE	유보율	자기자본비율	EBITDA마진율
2016	15.9	12.6	19.2	13.3	7.2	8.8	1,958.7	83.9	18.8
2015	21.8	17.0	25.6	18.0	10.8	13.0	1,836.8	79.6	24.4
2014	18.9	17.9	14.0	4.7	12.0	14.4	1,643.5	87.8	21.4
2013	17.8	15.7	27.0	17.1	9.0	12.6	1,430.6	78.7	20.5

후성 (A093370)
Foosung

업 종 : 화학		시 장 : 거래소	
신용등급 : (Bond) — (CP) —		기업규모 : 시가총액 중형주	
홈페이지 : www.foosungchem.com		연락처 : 031)627-4322	
본 사 : 경기도 화성시 팔탄면 현대기아로 72-37			

설 립 일 2006.11.24	종업원수 296명	대표이사 송한주			
상 장 일 2006.12.22	감사의견 적정 (삼일)	계 열			
결 산 기 12월	보통주 9,240만주	종속회사수			
액 면 가 500원	우선주	구 상 호			

주주구성 (지분율,%)		출자관계 (지분율,%)		주요경쟁사 (외형,%)	
김용민	22.8	후성지앤아이 100.0		후성	100
김근수	15.4	후성정공 9.8		유니드	386
(외국인)	2.7	한텍 7.7		미원에스씨	150

매출구성		비용구성		수출비중	
냉매가스,반도체용 특수가스 2차전지재료등	74.9	매출원가율	69.0	수출	15.4
카매트, 그린볼 등	25.1	판관비율	12.1	내수	84.6

회사 개요
동사는 냉매가스사업과 2차전지 전해질사업을 주력 사업부문으로 영위하고 있음. 국내 냉매가스 시장 선두업체로서 에어컨용 냉매인 K-22의 경우 국내 수요량의 70~80%인 연 7,500M/T 가량을 판매하는 등 독점적 지위를 향유하고 있으며 주요 고객으로는 삼성전자, LG전자, 캐리어, 벽산, 현대자동차, 기아자동차, 르노삼성자동차 등이 있음. 2차전지 전해질부문은 LG화학, 테크노세미켐, 파낙스이텍 등을 주요고객으로 사업을 영위함.

실적 분석
동사의 2016년 누적 매출액은 1,920.7억원으로 전년동기 대비 19.2% 증가함. 영업이익은 364.3억원으로 139.6% 늘었으며, 당기순이익은 378.0% 큰폭으로 증가한 655.9억원을 기록함. 후성은 전기차 배터리 등 2차전지에 사용되는 전해액의 핵심 첨가물인 LiPF6의 국내 독점 공급업체이며, 전기차 시장의 수요가 증가함에 따라 이익률이 증가하고 있는 상황. 높은 성장률의 전기차 시장을 감안할 때 매출 증가세는 지속될 전망.

현금 흐름
<단위 : 억원>

항목	2015	2016
영업활동	346	349
투자활동	-409	-133
재무활동	117	-68
순현금흐름	55	79
기말현금	124	203

시장 대비 수익률
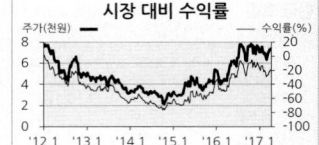

결산 실적
< 단위 : 억원 >

항목	2012	2013	2014	2015	2016
매출액	2,424	2,227	2,034	1,870	1,612	1,921
영업이익	248	-59	-159	-92	152	364
당기순이익	147	169	-303	-687	137	656

분기 실적
< 단위 : 억원 >

항목	2015.3Q	2015.4Q	2016.1Q	2016.2Q	2016.3Q	2016.4Q
매출액	569	25	602	592	623	103
영업이익	52	34	85	94	106	79
당기순이익	47	35	76	82	92	406

재무 상태
< 단위 : 억원 >

항목	2011	2012	2013	2014	2015	2016
총자산	3,080	3,218	2,901	2,320	2,614	3,151
유형자산	1,787	2,018	1,803	1,322	1,521	1,595
무형자산	49	65	61	51	48	36
유가증권	42	60	95	67	126	131
총부채	1,801	1,613	1,581	1,706	1,634	1,517
총차입금	1,387	1,214	1,236	1,310	1,215	1,024
자본금	424	424	424	424	462	462
총자본	1,280	1,604	1,320	614	980	1,634
지배주주지분	1,275	1,477	1,197	495	861	1,514

기업가치 지표

항목	2011	2012	2013	2014	2015	2016
주가(최고/저)(천원)	9.5/3.7	8.1/4.2	5.1/3.1	3.9/2.1	5.4/2.8	8.2/4.0
PER(최고/저)(배)	55.8/21.7	40.5/21.2	—/—	—/—	34.2/17.4	11.7/5.7
PBR(최고/저)(배)	6.3/2.5	4.7/2.5	3.6/2.2	6.6/3.6	5.7/2.9	5.0/2.4
EV/EBITDA(배)	17.7	28.5	40.7	32.3	20.8	14.0
EPS(원)	170	200	-345	-792	158	704
BPS(원)	1,521	1,759	1,429	601	948	1,644
CFPS(원)	419	493	-44	-547	322	902
DPS(원)	—	—	—	—	—	—
EBITDAPS(원)	539	221	118	148	336	592

재무 비율
< 단위 : % >

연도	영업이익률	순이익률	부채비율	차입금비율	ROA	ROE	유보율	자기자본비율	EBITDA마진율
2016	19.0	34.2	92.9	62.7	22.8	54.8	228.7	51.9	28.5
2015	9.4	8.5	166.7	124.0	5.6	20.6	89.6	37.5	18.4
2014	-4.9	-36.7	278.0	213.5	-26.3	-80.6	20.2	26.5	6.7
2013	-7.8	-14.9	119.8	93.6	-9.9	-22.2	185.8	45.5	4.9

휘닉스소재 (A050090)
Phoenix Materials

업 종 : 디스플레이 및 관련부품		시 장 : KOSDAQ	
신용등급 : (Bond) — (CP) —		기업규모 : 중견	
홈페이지 : www.phoenixmaterials.kr		연 락 처 : 054)470-0885	
본 사 : 경북 구미시 첨단기업1로 87			

설 립 일 2000.06.17	종 업 원 수 62명	대 표 이 사 고승범,홍석규
상 장 일 2004.06.29	감 사 의 견 적정 (삼일)	계 열
결 산 기 12월	보 통 주 6,914만주	종속회사수
액 면 가 500원	우 선 주	구 상 호

주주구성 (지분율,%)		출자관계 (지분율,%)		주요경쟁사 (외형,%)	
홍석규	8.9	포스코ESM 24.7		휘닉스소재	100
윤한상	4.0			브레인콘텐츠	55
(외국인)	0.7			스킨앤스킨	89

매출구성		비용구성		수출비중	
Solar Paste Touch Paste	53.1	매출원가율	89.0	수출	—
Solder Ball	46.6	판관비율	8.2	내수	—
기타	0.4				

회사 개요
동사는 디스플레이부문의 PDP Powder, CRT 부품, 반도체소재부문의 Heat Sink, Solder Ball등의 사업을 영위하고 있음. 2차전지용 양극활물질 사업은 포스코ESM에서 영위함. 기존의 음극선관(CRT), 플라즈마디스플레이패널(PDP) 등 디스플레이소재 사업을 기반으로 차세대 신성장동력으로 추진 중인 2차전지와 태양전지 사업 등 그린소재 전문기업으로 동반 성장한다는 계획임.

실적 분석
동사 2016년 결산기준 누적매출액은 전년동기대비 108% 성장한 430.3억원을 기록하였음. 매출액이 크게 증가한만큼 매출원가 및 인건비 등이 상승하였으나 매출액 성장에 힘입어 영업이익은 전년동기대비 크게 상승하여 11.8억원을 기록하였음. 연관효과가 큰 산업군에 속하므로 향후 기술개발 및 디지털기기의 발전에 따라 안정적인 성장세를 유지할 것이며 이에 따라 수익도 점차 더욱 개선될 것으로 보임.

현금 흐름 *IFRS 별도 기준 〈단위 : 억원〉

항목	2015	2016
영업활동	-28	-4
투자활동	31	6
재무활동	-4	—
순현금흐름	-1	2
기말현금	5	8

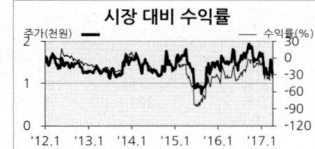

결산 실적 〈단위 : 억원〉

항목	2011	2012	2013	2014	2015	2016
매출액	646	589	109	132	207	430
영업이익	15	19	27	11	1	12
당기순이익	-67	86	-16	-153	-58	-34

분기 실적 *IFRS 별도 기준 〈단위 : 억원〉

항목	2015.3Q	2015.4Q	2016.1Q	2016.2Q	2016.3Q	2016.4Q
매출액	59	69	83	113	103	132
영업이익	8	8	6	10	1	-4
당기순이익	9	-2	1	4	-15	-24

재무 상태 *IFRS 별도 기준 〈단위 : 억원〉

항목	2011	2012	2013	2014	2015	2016
총자산	1,178	1,226	1,175	806	536	519
유형자산	548	473	437	220	198	124
무형자산	8	55	55	52	57	50
유가증권	11	11	7	4	—	—
총부채	811	614	561	527	317	229
총차입금	429	494	456	287	287	187
자본금	271	271	271	271	271	325
총자본	367	612	614	280	219	291
지배주주지분	367	612	614	280	219	291

기업가치 지표 *IFRS 별도 기준

항목	2011	2012	2013	2014	2015	2016
주가(최고/저)(천원)	2.3/1.2	1.7/1.2	1.7/1.1	2.1/1.1	1.9/0.7	2.1/1.2
PER(최고/저)(배)	—/—	3.7/2.7	583.2/367.8	—/—	—/—	—/—
PBR(최고/저)(배)	3.3/1.7	1.5/1.1	1.5/0.9	3.8/2.1	4.5/1.7	4.6/2.6
EV/EBITDA(배)	11.0	11.4	15.7	15.4	100.3	60.0
EPS(원)	-135	460	3	-281	-108	-53
BPS(원)	697	1,147	1,151	536	424	465
CFPS(원)	33	599	101	-187	-90	-39
DPS(원)						
EBITDAPS(원)	192	175	148	115	20	32

재무 비율 〈단위 : % 〉

연도	영업이익률	순이익률	부채비율	차입금비율	ROA	ROE	유보율	자기자본비율	EBITDA마진율
2016	2.7	-8.0	일부잠식	일부잠식	-6.5	-13.4	-7.1	56.0	4.8
2015	0.7	-28.3	일부잠식	일부잠식	-8.7	-23.6	-15.2	40.9	5.3
2014	8.5	-115.8	188.3	102.6	-16.8	-43.4	5.6	34.7	47.5
2013	25.0	-15.2	134.1	106.4	-1.6	-4.0	62.2	42.7	81.0

휠라코리아 (A081660)
FILA KOREA

업 종 : 섬유 및 의복		시 장 : 거래소	
신용등급 : (Bond) — (CP) —		기업규모 : 시가총액 중형주	
홈페이지 : www.fila.co.kr		연 락 처 : 02)523-6100	
본 사 : 서울시 서초구 명달로 6 (서초동, 11호)			

설 립 일 1991.07.23	종 업 원 수 328명	대 표 이 사 김진면,윤윤수
상 장 일 2010.09.28	감 사 의 견 적정 (삼일)	계 열
결 산 기 12월	보 통 주 1,222만주	종속회사수
액 면 가 5,000원	우 선 주	구 상 호

주주구성 (지분율,%)		출자관계 (지분율,%)		주요경쟁사 (외형,%)	
KB자산운용	18.1	매그너스홀딩스	100.0	휠라코리아	100
윤윤수	15.1	매그너스홀딩스2	100.0	코데즈컴바인	2
(외국인)	25.7	지엘비에이치코리아	51.0	영원무역	207

매출구성		비용구성		수출비중	
상품판매	98.3	매출원가율	56.7	수출	65.1
로열티수익 등	1.7	판관비율	42.1	내수	34.9

회사 개요
2007년 LBO방식으로 FILA Global 상표권 및 사업권을 인수하여 스포츠캐주얼 의류에 관련한 도소매업을 영위함. 현재 매출 비중은 'FILA'와 'FILA GOLF', 'FILA KIDS' 등 4개 브랜드를 보유함. 국내와 미국, 캐나다 등 해외에 51개의 연결대상 종속회사를 보유하고 있음. 아웃도어 부문은 시장의 포화로 인해 2015년말 사업을 종료함. 자회사인 아쿠쉬네트(동사 지분 53.1%)가 뉴욕거래소에 상장됨.

실적 분석
대대적인 사업 리뉴얼에 따른 매장수 감소와 기존 고객이탈, 신규고객 유입시기 차이로 국내 매출의 감소세가 이어지고 있으며, 해외법인의 성장세도 둔화된 상태임. 연결 대상 종속법인의 증가로 2016년 매출액은 전년 대비 18.6% 늘어남. 원가율 악화와 인건비, 감가상각비 등 판관비가 41.2% 상승하여 영업이익은 85.3% 급감함. 외환차익과 함께 관련기업에 대한 지분법이익이 대규모로 발생하여 순이익은 3,111억원의 흑자로 전환됨.

현금 흐름 〈단위 : 억원〉

항목	2015	2016
영업활동	274	-35
투자활동	-613	-2,691
재무활동	175	3,701
순현금흐름	-132	1,025
기말현금	469	1,494

결산 실적 〈단위 : 억원〉

항목	2011	2012	2013	2014	2015	2016
매출액	7,644	6,704	7,361	7,975	8,157	9,671
영업이익	1,092	914	981	935	806	118
당기순이익	7	1,223	962	576	-1,333	3,111

분기 실적 〈단위 : 억원〉

항목	2015.3Q	2015.4Q	2016.1Q	2016.2Q	2016.3Q	2016.4Q
매출액	1,964	2,035	1,682	2,092	1,755	4,142
영업이익	192	85	63	248	62	-255
당기순이익	-199	-511	73	160	-695	3,573

재무 상태 〈단위 : 억원〉

항목	2011	2012	2013	2014	2015	2016
총자산	8,394	8,620	9,714	10,434	9,789	33,849
유형자산	433	447	419	395	445	3,445
무형자산	4,054	3,795	3,777	3,815	3,966	16,269
유가증권	77	101	41	31	31	153
총부채	5,408	4,627	4,793	4,750	4,998	20,828
총차입금	3,624	2,942	2,981	3,083	3,274	11,922
자본금	474	497	497	522	565	570
총자본	2,986	3,993	4,920	5,684	4,791	13,022
지배주주지분	3,090	4,075	5,018	5,736	4,799	8,576

기업가치 지표

항목	2011	2012	2013	2014	2015	2016
주가(최고/저)(천원)	95.6/58.2	88.6/57.8	80.4/56.8	117/78.0	120/88.9	105/61.4
PER(최고/저)(배)	412.3/251.0	7.2/4.7	8.4/5.9	21.8/14.5	—/—	3.7/2.2
PBR(최고/저)(배)	3.0/1.8	2.2/1.4	1.6/1.1	2.2/1.4	2.9/2.1	1.4/0.8
EV/EBITDA(배)	8.9	8.7	9.4	13.7	14.9	71.3
EPS(원)	236	12,485	9,730	5,418	-11,987	28,420
BPS(원)	32,607	41,007	50,489	54,898	42,440	75,175
CFPS(원)	1,082	13,423	10,727	6,344	-11,109	30,173
DPS(원)	250	250	250	250	250	250
EBITDAPS(원)	12,705	10,294	10,871	9,996	8,148	2,794

재무 비율 〈단위 : % 〉

연도	영업이익률	순이익률	부채비율	차입금비율	ROA	ROE	유보율	자기자본비율	EBITDA마진율
2016	1.2	32.2	160.0	91.6	14.3	48.4	1,403.5	38.5	3.3
2015	9.9	-16.3	104.3	68.3	-13.2	-25.2	748.8	48.9	11.1
2014	11.7	7.2	83.6	54.3	5.7	10.4	998.0	54.5	12.9
2013	13.3	13.1	97.4	60.6	10.5	21.3	909.8	50.7	14.7

휴니드테크놀러지스 (A005870)
Huneed Technologies

<table>
<tr><td>업　　종</td><td>통신장비</td><td></td><td>시　　장</td><td>거래소</td></tr>
<tr><td>신용등급</td><td>(Bond) ―　(CP) ―</td><td></td><td>기업규모</td><td>시가총액 소형주</td></tr>
<tr><td>홈페이지</td><td>www.huneed.com</td><td></td><td>연락처</td><td>032)457-6000</td></tr>
<tr><td>본　　사</td><td>인천시 연수구 벤처로 87</td><td></td><td></td><td></td></tr>
</table>

설 립 일	1968.12.11	종 업 원 수	332명	대 표 이 사	신종석
상 장 일	1991.09.03	감 사 의 견	적정(한미)	계　열	
결 산 기	12월	보 통 주	1,403만주	종속회사 유	
액 면 가	5,000원	우 선 주		구　상 호	

주주구성 (지분율,%)		출자관계 (지분율,%)		주요경쟁사 (외형,%)	
김유진	21.2	휴니드	100		
The Boeing Company	11.8	유비쿼스홀딩스	67		
(외국인)	19.3	웨이브일렉트로	25		

매출구성		비용구성		수출비중	
FM무전기 장치대 외	84.4	매출원가율	83.8	수출	12.6
방범관제시스템 외	15.6	판관비율	5.7	내수	87.4

회사 개요
동사는 전술통신사업과 전술시스템사업으로 구성된 방산사업과, 전략적 제휴를 통해 절충교역 등 해외 협력업체를 추진하는 해외사업, MRO사업 및 업무용 전산기기 유통 사업 등으로 구성된 민수사업을 영위하고 있음. 방산분야에선 전술 통신장비, 특수장비, 지휘통제체계, 무기체계 등의 소프트웨어 등임. 매출 비중은 방산, 해외사업이 95% 가량임. 방위산업은 방산, 해외사업에 영향을 받고, 상대적으로 경기변동에 영향을 적게 받음.

실적 분석
동사가 수주하는 제품은 대부분 방산제품으로 2016년 4분기까지 약 617억원의 신규 수주를 하였음. . 또한 동사 대부분의 사업은 생산 기간이 장기간 소요되기 때문에 매출이 하반기에 집중되는 경향이 있으므로 분기별 매출액 및 손익에 영향을 미침. 동사의 결산 매출액은 전년 대비 195.7% 증가한 1,789억원을 기록하였으며, 영업이익은 전년 대비 809.2% 증가한 188억원임.

현금 흐름　*IFRS 별도 기준　〈단위 : 억원〉

항목	2015	2016
영업활동	117	241
투자활동	-26	-226
재무활동	32	38
순현금흐름	123	53
기말현금	222	275

시장 대비 수익률

결산 실적　〈단위 : 억원〉

항목	2011	2012	2013	2014	2015	2016
매출액	473	410	568	403	605	1,789
영업이익	5	-43	2	4	21	188
당기순이익	-30	-77	-9	16	12	179

분기 실적　*IFRS 별도 기준　〈단위 : 억원〉

항목	2015.3Q	2015.4Q	2016.1Q	2016.2Q	2016.3Q	2016.4Q
매출액	85	306	140	100	89	1,459
영업이익	0	16	4	3	1	178
당기순이익	-2	21	3	2	1	173

재무 상태　*IFRS 별도 기준　〈단위 : 억원〉

항목	2011	2012	2013	2014	2015	2016
총자산	1,342	1,288	1,328	1,346	1,641	1,692
유형자산	737	725	722	707	697	733
무형자산	86	95	87	102	126	113
유가증권	62	31	27	23	15	17
총부채	645	674	719	703	854	706
총차입금	473	489	486	475	374	389
자본금	509	509	509	532	673	696
총자본	697	614	609	643	787	987
지배주주지분	697	614	609	643	787	987

기업가치 지표　*IFRS 별도 기준

항목	2011	2012	2013	2014	2015	2016
주가(최고/저)(천원)	6.5/2.7	4.8/2.8	4.7/3.1	7.3/3.5	15.2/4.5	18.0/10.4
PER(최고/저)(배)	―/―	―/―	―/―	46.1/22.1	149.8/44.6	13.7/7.9
PBR(최고/저)(배)	0.9/0.4	0.8/0.4	0.7/0.5	1.1/0.6	2.5/0.7	2.5/1.4
EV/EBITDA(배)	19.3		23.1	28.6	51.5	8.2
EPS(원)	-292	-760	-89	158	101	1,319
BPS(원)	7,196	6,380	6,329	6,380	6,108	7,338
CFPS(원)	-20	-490	181	394	283	1,555
DPS(원)						
EBITDAPS(원)	323	-151	292	274	360	1,618

재무 비율　〈단위 : % 〉

연도	영업이익률	순이익률	부채비율	차입금비율	ROA	ROE	유보율	자기자본비율	EBITDA마진율
2016	10.5	10.0	71.6	39.5	10.8	20.2	46.8	58.3	12.3
2015	3.4	1.9	108.5	47.5	0.8	1.6	22.2	48.0	6.9
2014	1.0	4.1	109.3	73.9	1.2	2.6	27.6	47.8	7.1
2013	0.4	-1.6	118.1	79.8	-0.7	-1.5	26.6	45.8	5.2

휴맥스 (A115160)
HUMAX

<table>
<tr><td>업　　종</td><td>셋톱 박스</td><td></td><td>시　　장</td><td>KOSDAQ</td></tr>
<tr><td>신용등급</td><td>(Bond) ―　(CP) A2-</td><td></td><td>기업규모</td><td>우량</td></tr>
<tr><td>홈페이지</td><td>www.humaxdigital.com</td><td></td><td>연락처</td><td>031)776-6114</td></tr>
<tr><td>본　　사</td><td>경기도 용인시 처인구 영문로 2 (유방동)</td><td></td><td></td><td></td></tr>
</table>

설 립 일	2009.10.15	종 업 원 수	830명	대 표 이 사	김태훈
상 장 일	2009.11.16	감 사 의 견	적정(안진)	계　열	
결 산 기	12월	보 통 주	2,391만주	종속회사 유	
액 면 가	500원	우 선 주		구　상 호	

주주구성 (지분율,%)		출자관계 (지분율,%)		주요경쟁사 (외형,%)	
휴맥스홀딩스	32.1	휴맥스오토모티브	100.0	휴맥스	100
국민연금공단	12.4	매드스퀘어	8.7	홈캐스트	9
(외국인)	23.1	미디어젠	7.3	가온미디어	32

매출구성		비용구성		수출비중	
셋톱박스, 비디오 게이트웨이, 브로드밴드 게이	83.2	매출원가율	80.1	수출	―
카 오디오	16.8	판관비율	18.4	내수	―

회사 개요
동사는 전자장비 개발, 시스템 제조 및 판매업 등을 영위할 목적으로 2009년 8월 휴맥스홀딩스 주주총회 결의로 2009년 10월 인적분할에 따라 설립됨. 해외 현지법인을 판매 거점으로 수출 중심의 셋톱박스 사업을 영위함. 두바이, 영국, 미국 등의 현지에 18개의 연결대상 종속회사를 보유하고 있음. 케이블, 위성, 지상파 등 전통적인 방송 플랫폼이 IP와 결합되기 시작하면서, IP 하이브리드 셋톱박스 등 IP 관련 제품 수요가 증가하고 있음

실적 분석
브라질 등 경제불안으로 인한 매출감소 및 주요모델의 판매가격 하락 등의 영향으로 동사의 연결기준 2016년 누적매출액은 1조 3,505억원으로 전년 대비 5.3% 감소하였음. 매출원가율이 80%로 상승하고 연구개발비가 증가함에 따라 영업이익은 전년 대비 58.7% 감소한 200.7억원을 시현하는데 그침. 금융손익이 적자지속되고 외환손익이 큰 폭으로 적자전환하면서, 전년대비 대폭 감소한 32.5억원의 당기순이익을 기록함.

현금 흐름　〈단위 : 억원〉

항목	2015	2016
영업활동	900	534
투자활동	-579	-152
재무활동	299	-43
순현금흐름	583	352
기말현금	1,526	1,877

시장 대비 수익률
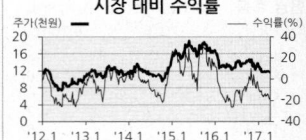

결산 실적　〈단위 : 억원〉

항목	2011	2012	2013	2014	2015	2016
매출액	9,907	10,243	11,394	14,438	14,267	13,505
영업이익	359	307	305	331	485	201
당기순이익	348	137	260	204	302	32

분기 실적　〈단위 : 억원〉

항목	2015.3Q	2015.4Q	2016.1Q	2016.2Q	2016.3Q	2016.4Q
매출액	3,992	3,392	3,090	3,076	3,331	4,008
영업이익	184	64	101	66	15	18
당기순이익	160	-10	75	127	-207	37

재무 상태　〈단위 : 억원〉

항목	2011	2012	2013	2014	2015	2016
총자산	7,668	7,174	8,349	9,436	9,518	10,184
유형자산	702	674	997	1,043	1,272	1,265
무형자산	72	70	503	530	532	478
유가증권	249	168	115	62	371	231
총부채	3,713	3,134	3,956	4,896	4,618	5,480
총차입금	1,260	1,224	1,411	1,676	1,870	2,123
자본금	114	114	114	114	120	120
총자본	3,955	4,040	4,393	4,541	4,900	4,703
지배주주지분	3,955	4,040	4,222	4,390	4,755	4,703

기업가치 지표

항목	2011	2012	2013	2014	2015	2016
주가(최고/저)(천원)	16.8/6.5	12.7/7.3	13.4/10.0	13.7/9.6	19.3/14.1	16.6/12.0
PER(최고/저)(배)	12.0/4.7	22.6/12.9	12.1/9.1	15.4/10.8	15.2/11.1	63.7/46.0
PBR(최고/저)(배)	1.0/0.4	0.8/0.4	0.7/0.6	0.7/0.5	1.0/0.7	0.8/0.6
EV/EBITDA(배)	4.9	6.4	6.8	6.7	5.4	7.0
EPS(원)	1,522	599	1,154	919	1,295	263
BPS(원)	17,669	18,039	18,837	19,502	20,093	20,101
CFPS(원)	1,955	955	1,674	1,930	2,439	1,445
DPS(원)	200	200	150	150	150	150
EBITDAPS(원)	2,003	1,699	1,853	2,456	3,174	2,021

재무 비율　〈단위 : % 〉

연도	영업이익률	순이익률	부채비율	차입금비율	ROA	ROE	유보율	자기자본비율	EBITDA마진율
2016	1.5	0.2	116.5	45.1	0.3	1.3	3,920.1	46.2	3.6
2015	3.4	2.1	94.3	38.2	3.2	6.8	3,918.5	51.5	5.3
2014	2.3	1.4	107.8	36.9	2.3	4.9	3,800.4	48.1	3.9
2013	2.7	2.3	90.1	32.1	3.4	6.4	3,667.4	52.6	3.7

휴맥스홀딩스 (A028080)
Humax Holdings

업 종 : 셋톱 박스		시 장 : KOSDAQ	
신용등급 : (Bond) — (CP) —		기업규모 : 중견	
홈페이지 : www.humaxdigital.com/hd		연 락 처 : 031)776-6114	
본 사 : 경기도 용인시 처인구 영문로 2			

설 립 일	1989.01.09	종 업 원 수	6명	대 표 이 사	변대규
상 장 일	1997.04.16	감사의견	적정 (안진)	계 열	
결 산 기	12월	보 통 주	1,258만주	종속회사수	
액 면 가	500원	우 선 주		구 상 수	

주주구성 (지분율,%)		출자관계 (지분율,%)		주요경쟁사 (외형,%)	
변대규	35.7	휴맥스아이앤씨	100.0	휴맥스홀딩스	100
이선자	6.4	휴맥스글로벌	48.2	디엠티	1,377
		휴맥스	32.1	홈캐스트	2,172

매출구성		비용구성		수출비중	
관리용용역수익 등(용역)	73.6	매출원가율	0.0	수출	—
배당수익(기타)	21.2	판관비율	38.6	내수	—
로열티수익(기타)	5.2				

회사 개요
동사는 셋톱박스의 개발, 제조 및 판매 사업을 영위하는 휴맥스를 분할 설립하고, 지주회사로 존속. 휴맥스, 휴맥스아이앤씨, 휴맥스글로벌, 건인투자를 자회사로 보유하고 있음. 지난 4월 회사본부, 지주회사 및 경영컨설팅 서비스업으로 업종변경을 완료하였음. 종속계열사인 휴맥스는 수익성이 가장 높은 중동 및 일본 시장에서의 매출 확대가 기대되지만 전반적인 시장 침체로 매출이 정체돼 있음.

실적 분석
동사의 2016년 연결기준 연간 누적 매출액은 56.2억원으로 전년 동기 대비 64.3% 감소함. 매출 감소에 따라 판매비와 관리비 또한 72.9% 감소한 21.7억원을 기록. 판관비는 줄었음에도 매출이 워낙 큰 폭으로 줄어든 탓에 영업이익은 34.5억원으로 전년 동기 대비 55.3% 감소. 비영업손실도 적자가 지속됐지만 적자 규모는 줄어 당기순손실은 24.4억원으로 적자 규모가 전년 동기 대비 15% 수준으로 감소.

현금 흐름
〈단위 : 억원〉

항목	2015	2016
영업활동	8	-3
투자활동	-66	-40
재무활동	62	50
순현금흐름	3	7
기말현금	17	25

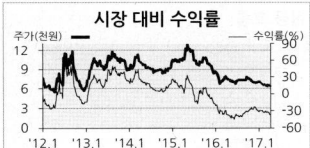

시장 대비 수익률

결산 실적
〈단위 : 억원〉

항목	2011	2012	2013	2014	2015	2016
매출액	188	135	223	167	157	56
영업이익	132	79	168	98	77	35
당기순이익	103	48	72	22	-237	-24

분기 실적
〈단위 : 억원〉

항목	2015.3Q	2015.4Q	2016.1Q	2016.2Q	2016.3Q	2016.4Q
매출액	68	-1	32	51	8	-35
영업이익	25	8	25	44	-64	29
당기순이익	9	-242	33	40	-64	-34

재무 상태
〈단위 : 억원〉

항목	2011	2012	2013	2014	2015	2016
총자산	2,334	2,429	2,486	2,410	2,221	2,215
유형자산	6	4	2	1	—	1
무형자산	14	0	0	30	—	—
유가증권	43	56	4	20	64	146
총부채	105	176	186	136	207	288
총차입금	82	147	148	49	154	249
자본금	63	63	63	63	63	63
총자본	2,229	2,253	2,300	2,274	2,014	1,927
지배주주지분	2,180	2,206	2,240	2,256	2,018	1,930

기업가치 지표

항목	2011	2012	2013	2014	2015	2016
주가(최고/저)(천원)	7.2/4.2	12.3/5.3	11.8/6.2	11.3/8.3	12.9/8.2	8.6/6.7
PER(최고/저)(배)	8.9/5.2	34.0/14.7	23.3/12.3	57.1/42.0	—/—	—/—
PBR(최고/저)(배)	0.4/0.3	0.7/0.3	0.7/0.3	0.6/0.5	0.8/0.5	0.5/0.4
EV/EBITDA(배)	5.5	12.6	11.2	7.7	12.8	15.5	31.7
EPS(원)	890	388	530	205	-1,856	-194
BPS(원)	18,514	18,722	18,996	18,861	16,965	16,532
CFPS(원)	922	411	545	212	-1,840	-193
DPS(원)	150	150	100	100	100	100
EBITDAPS(원)	1,083	652	1,355	785	630	276

재무 비율
〈단위 : % 〉

연도	영업이익률	순이익률	부채비율	차입금비율	ROA	ROE	유보율	자기자본비율	EBITDA마진율
2016	61.4	-43.4	15.0	12.9	-1.1	-1.2	3,206.3	87.0	61.8
2015	49.1	-150.6	10.3	7.7	-10.2	-10.9	3,292.9	90.7	50.3
2014	58.7	13.4	6.0	2.2	0.9	1.2	3,672.2	94.4	59.3
2013	75.6	32.3	8.1	6.4	2.9	3.0	3,699.2	92.5	76.5

휴메딕스 (A200670)
Humedix

업 종 : 바이오		시 장 : KOSDAQ	
신용등급 : (Bond) — (CP) —		기업규모 : 벤처	
홈페이지 : www.humedix.com		연 락 처 : (070)7492-5600	
본 사 : 경기도 안양시 동안구 학의로 268(관양동), 안양메가밸리 603호			

설 립 일	2003.02.07	종 업 원 수	104명	대 표 이 사	정구완
상 장 일	2014.12.26	감사의견	적정 (한영)	계 열	
결 산 기	12월	보 통 주	892만주	종속회사수	
액 면 가	500원	우 선 주		구 상 수	

주주구성 (지분율,%)		출자관계 (지분율,%)		주요경쟁사 (외형,%)	
휴온스글로벌	40.4	파나시	50.1	휴메딕스	100
윤연상	0.6	명신	15.0	쎌바이오텍	124
(외국인)	3.7	지디케이화장품	6.3	파마리서치프로덕트	97

매출구성		비용구성		수출비중	
관절염 치료제	35.2	매출원가율	52.3	수출	16.8
더말 필러	26.6	판관비율	20.5	내수	83.2
기타	16.2				

회사 개요
동사는 2003년 2월 27일 기능성식품 제조 및 판매를 주목적으로 한약마을이라는 사명으로 설립됨. 2010년 3월 30일 상호를 휴메딕스로 변경했으며, 2014년 12월 코스닥시장에 상장됨. 생체적합성이 매우 우수한 히알루론산 기반의 특화된 원천기술과 PEG 유도체 합성 및 이를 응용하는 PEGnology의 특화된 기술을 가지고 있는 PEG개발 전문기업임. 2015년 12월 동사의 필러 '엘라비에'가 4종 유럽 CE인증을 획득함.

실적 분석
동사의 2016년도 연결기준 누적 매출액은 471.3억원으로 전년 대비 11.9% 증가함. 매출 확대에도 불구하고 매출원가 상승과 판관비 증가로 영업이익은 전년보다 8.6% 줄어든 128.4억원을 기록함. 당기순이익은 104.7억원으로 전년 대비 9.9% 감소함. 관절염 치료제의 안정적인 매출 증가와 히알루론산 기반의 의료기기(더말 필러)의 수요가 꾸준히 증가하고 있어 실적 개선이 기대됨.

현금 흐름
*IFRS 별도 기준 〈단위 : 억원〉

항목	2015	2016
영업활동	117	73
투자활동	-178	-249
재무활동	426	49
순현금흐름	365	-126
기말현금	677	551

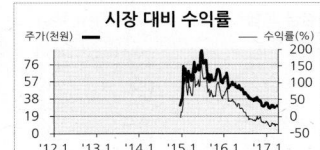

시장 대비 수익률

결산 실적
〈단위 : 억원〉

항목	2011	2012	2013	2014	2015	2016
매출액	121	117	235	292	421	471
영업이익	5	9	75	80	140	128
당기순이익	7	5	91	66	116	105

분기 실적
*IFRS 별도 기준 〈단위 : 억원〉

항목	2015.3Q	2015.4Q	2016.1Q	2016.2Q	2016.3Q	2016.4Q
매출액	120	110	107	116	109	118
영업이익	47	34	35	33	26	29
당기순이익	34	30	31	32	23	16

재무 상태
*IFRS 별도 기준 〈단위 : 억원〉

항목	2011	2012	2013	2014	2015	2016
총자산	136	173	239	592	1,159	1,320
유형자산	69	62	88	84	178	303
무형자산	5	4	5	5	6	7
유가증권	0	11	—	2	137	90
총부채	87	118	91	55	61	174
총차입금	49	101	64	24	0	105
자본금	41	20	23	32	44	44
총자본	48	55	147	536	1,098	1,146
지배주주지분	48	55	147	536	1,098	1,146

기업가치 지표
*IFRS 별도 기준

항목	2011	2012	2013	2014	2015	2016
주가(최고/저)(천원)	—/—	—/—	—/—	33.9/30.8	96.0/34.8	67.4/29.0
PER(최고/저)(배)	0.0/0.0	0.0/0.0	0.0/0.0	33.0/29.9	71.0/25.8	60.4/26.0
PBR(최고/저)(배)	0.0/0.0	0.0/0.0	0.0/0.0	5.2/4.7	7.6/2.8	5.0/2.1
EV/EBITDA(배)	2.3	2.2	0.1	22.6	30.4	17.7
EPS(원)	123	86	1,530	1,048	1,379	1,133
BPS(원)	596	1,175	2,823	8,230	13,198	14,087
CFPS(원)	272	366	2,062	1,507	1,588	1,397
DPS(원)					300	510
EBITDAPS(원)	247	450	1,741	1,770	1,881	1,640

재무 비율
〈단위 : % 〉

연도	영업이익률	순이익률	부채비율	차입금비율	ROA	ROE	유보율	자기자본비율	EBITDA마진율
2016	27.2	22.2	16.1	9.4	8.5	9.4	2,591.9	86.2	32.0
2015	33.4	27.6	5.5	0.0	13.3	14.2	2,539.7	94.7	36.9
2014	27.5	22.8	10.3	4.5	16.0	19.4	1,598.1	90.7	31.7
2013	32.0	38.8	62.2	45.3	44.4	90.4	538.1	61.7	37.0

휴비스 (A079980)
HUVIS

업 종 : 화학		시 장 : 거래소
신용등급 : (Bond) A- (CP) —		기업규모 : 시가총액 소형주
홈 페 이 지 : www.huvis.com		연 락 처 : 02)2189-4567
본 사 : 서울시 강남구 학동로 343, POBA강남타워 12층		

설 립 일 2000.11.01	종 업 원 수 965명	대 표 이 사 유배근
상 장 일 2012.02.23	감사의견 적정(한영)	계 열
결 산 기 12월	보 통 주 3,450만주	종속회사수
액 면 가 5,000원	우 선 주	구 상 호

주주구성 (지분율,%)
삼양홀딩스	25.5
국민연금공단	4.0
(외국인)	5.6

출자관계 (지분율,%)
휴비스워터	95.3
HuvisWaterVietnam	95.3
사천휴비스화섬유한공사	95.0

주요경쟁사 (외형,%)
휴비스	100
후성	17
유니드	65

매출구성
[휴비스]폴리에스터 섬유 등	95.2
[휴비스]기타	4.8

비용구성
매출원가율	89.8
판관비율	8.8

수출비중
수출	73.6
내수	26.4

회사 개요
동사는 삼양홀딩스와 SK신텍이 공동출자한 폴리에스터 섬유제조업체임. 폴리에스터는 크게 장섬유(Filament Yarn)와 단섬유(Stable Fiber), 그리고 PET 소재, Bottle 및 필름 용도 등으로 쓰이는 폴리에스터 칩으로 나누어지는데 각각의 매출 구성은 폴리에스터칩이 92%, 기타 8%를 차지하고 있음. 화섬기술은 석유화학과 밀접한 관련을 갖는 자본집약적, 기술집약적 산업임.

실적 분석
동사의 2016년 연결기준 연간 매출액은 1조 1,435억원으로 전년 대비 5.1% 감소함. 매출부진으로 영업이익은 150.7억원으로 전년 대비 55.1% 감소함. Super 섬유 중에 신사업/신제품 개발을 위한 우선 사업화 대상 제품으로 기술보유 및 사업화 가능성을 고려하여 사업화를 진행중임. 수처리 사업을 해외 시장으로 확대하는 등 시장 다각화를 통해 수익성 증대에 노력중임.

현금 흐름 〈단위 : 억원〉
항목	2015	2016
영업활동	384	435
투자활동	-184	-745
재무활동	-176	383
순현금흐름	12	66
기말현금	414	480

시장 대비 수익률

결산 실적 〈단위 : 억원〉
항목	2011	2012	2013	2014	2015	2016
매출액	16,692	15,625	15,329	13,717	12,051	11,435
영업이익	687	588	431	435	336	151
당기순이익	700	526	374	284	211	91

분기 실적 〈단위 : 억원〉
항목	2015.3Q	2015.4Q	2016.1Q	2016.2Q	2016.3Q	2016.4Q
매출액	3,059	3,019	2,874	2,867	2,732	2,963
영업이익	94	66	59	42	28	22
당기순이익	29	63	37	30	26	-2

재무 상태 〈단위 : 억원〉
항목	2011	2012	2013	2014	2015	2016
총자산	7,937	8,255	8,263	8,997	8,566	9,141
유형자산	3,395	3,497	3,575	3,952	3,988	4,545
무형자산	70	67	65	799	791	761
유가증권		2	39	10	9	11
총부채	5,448	4,668	4,594	5,153	4,596	5,163
총차입금	1,775	1,381	1,511	2,090	2,027	2,497
자본금	1,463	1,725	1,725	1,725	1,725	1,725
총자본	2,489	3,586	3,669	3,844	3,970	3,978
지배주주지분	2,478	3,574	3,653	3,789	3,915	3,925

기업가치 지표
항목	2011	2012	2013	2014	2015	2016
주가(최고/저)(천원)	—/—	11.6/6.6	10.9/8.3	11.6/9.0	11.2/7.0	8.7/6.8
PER(최고/저)(배)	0.0/0.0	8.8/5.0	11.5/8.8	15.8/12.3	19.9/12.4	35.6/27.7
PBR(최고/저)(배)	0.0/0.0	1.3/0.7	1.1/0.9	1.1/0.9	1.0/0.6	0.8/0.6
EV/EBITDA(배)	1.2	4.2	5.5	6.9	5.7	8.6
EPS(원)	2,413	1,552	1,074	812	607	255
BPS(원)	8,472	10,361	11,112	11,507	11,871	11,899
CFPS(원)	3,467	2,421	1,948	1,725	1,668	1,418
DPS(원)	—	300	300	300	300	300
EBITDAPS(원)	3,435	2,609	2,122	2,174	2,035	1,600

재무 비율 〈단위 : % 〉
연도	영업이익률	순이익률	부채비율	차입금비율	ROA	ROE	유보율	자기자본비율	EBITDA마진율
2016	1.3	0.8	129.8	62.8	1.0	2.2	138.0	43.5	4.8
2015	2.8	1.8	115.8	51.1	2.4	5.4	137.4	46.3	5.8
2014	3.2	2.1	134.0	54.4	3.3	7.5	130.1	42.7	5.5
2013	2.8	2.4	125.2	41.2	4.5	10.3	122.2	44.4	4.8

휴비츠 (A065510)
Huvitz

업 종 : 의료 장비 및 서비스		시 장 : KOSDAQ
신용등급 : (Bond) — (CP) —		기업규모 : 벤처
홈 페 이 지 : www.huvitz.com		연 락 처 : 031)428-9100
본 사 : 경기도 군포시 공단로 298-29 (금정동)		

설 립 일 1999.04.27	종 업 원 수 153명	대 표 이 사 김현수
상 장 일 2003.10.31	감사의견 적정(이촌)	계 열
결 산 기 12월	보 통 주 1,188만주	종속회사수
액 면 가 500원	우 선 주	구 상 호

주주구성 (지분율,%)
김현수	19.7
Mondrian Investment Partners Limited	9.2
(외국인)	12.5

출자관계 (지분율,%)
상해휴비츠정밀의기유한공사	67.0

주요경쟁사 (외형,%)
휴비츠	100
인터로조	110
엘앤케이바이오	51

매출구성
자동검안기	27.0
기타	27.0
렌즈가공기	21.3

비용구성
매출원가율	56.3
판관비율	25.2

수출비중
수출	83.0
내수	17.0

회사 개요
동사는 안과 및 안경점용 필수 진단기기인 자동 검안기, 자동 렌즈미터, 근접 시력 진단기, 디지털리프렉터, 차트 프로젝터, 리프렉션 테이블, 세극등현미경을 개발, 생산, 판매하는 안 광학의료기기 전문기업임. 전체 매출액의 약 85%가 수출로부터 발생함. 진단기기는 시장 규모면에서 미국, 유럽 주요4개국, 일본의 비중이 약 70% 이상을 차지하고 있어 향후 선진국 시장 이외에 개발국으로의 매출비중 확대가 예상됨.

실적 분석
동사의 2016년 누적매출액은 669.2억원으로 전년 대비 3.9% 감소함. 매출 부진에도 불구하고 원가율 개선과 판관비 감소로 영업이익은 전년보다 10.4% 증가한 124.3억원을 기록함. 당기순이익은 113.7억원으로 전년 대비 53.2%늘었음. 얼마나 많은 나라에서 유망한 판매선을 확보하느냐가 영업에 중요한 요소인데, 동사는 현재 전 세계적으로 114개국의 판매선을 확보함.

현금 흐름 〈단위 : 억원〉
항목	2015	2016
영업활동	110	124
투자활동	-116	-337
재무활동	13	135
순현금흐름	8	-77
기말현금	154	77

시장 대비 수익률

결산 실적 〈단위 : 억원〉
항목	2011	2012	2013	2014	2015	2016
매출액	570	673	641	640	697	669
영업이익	115	126	56	28	113	124
당기순이익	95	118	3	16	74	114

분기 실적 〈단위 : 억원〉
항목	2015.3Q	2015.4Q	2016.1Q	2016.2Q	2016.3Q	2016.4Q
매출액	172	148	172	179	158	161
영업이익	24	33	32	37	21	34
당기순이익	9	18	23	37	17	36

재무 상태 〈단위 : 억원〉
항목	2011	2012	2013	2014	2015	2016
총자산	681	839	1,016	1,068	1,145	1,395
유형자산	222	290	440	431	489	769
무형자산	134	157	105	132	131	119
유가증권	3	3	15	0	0	0
총부채	164	186	363	417	403	568
총차입금	114	118	299	307	303	435
자본금	51	52	52	53	59	59
총자본	517	653	653	651	742	827
지배주주지분	488	619	612	608	689	772

기업가치 지표
항목	2011	2012	2013	2014	2015	2016
주가(최고/저)(천원)	13.1/4.4	17.1/8.0	25.6/13.9	17.5/11.1	23.1/12.7	18.0/11.4
PER(최고/저)(배)	15.4/5.2	16.7/7.8	—/—	136.2/86.4	40.8/22.3	19.4/12.3
PBR(최고/저)(배)	2.8/1.0	3.0/1.4	4.5/2.4	3.0/1.9	3.9/2.1	2.7/1.7
EV/EBITDA(배)	8.3	9.3	16.9	26.3	12.5	12.1
EPS(원)	893	1,059	-25	131	575	932
BPS(원)	4,850	5,898	5,829	5,910	6,083	6,837
CFPS(원)	1,293	1,471	459	577	1,002	1,299
DPS(원)	150	150	50	100	100	100
EBITDAPS(원)	1,569	1,617	1,022	712	1,419	1,415

재무 비율 〈단위 : % 〉
연도	영업이익률	순이익률	부채비율	차입금비율	ROA	ROE	유보율	자기자본비율	EBITDA마진율
2016	18.6	17.0	68.7	52.6	9.0	15.2	1,267.5	59.3	25.1
2015	16.2	10.7	54.4	40.8	6.7	10.1	1,116.6	64.8	23.1
2014	4.4	2.5	64.0	47.1	1.6	2.3	1,082.1	61.0	11.7
2013	8.8	0.5	55.6	45.8	0.4	-0.4	1,065.7	64.3	16.8

휴스틸 (A005010)
Husteel

업　종 : 금속 및 광물　　　　　　　　시　　　장 : 거래소
신용등급 : (Bond) —　　(CP) —　　기업규모 : 시가총액 소형주
홈페이지 : www.husteel.com　　　　연　락　처 : 02)828-9000
본　사 : 서울시 강남구 테헤란로 512 (대치동, 신안빌딩 14층)

설 립 일	1967.04.18	종 업 원 수	581명	대 표 이 사	이진철
상 장 일	1973.06.29	감 사 의 견	적정 (삼정)	계 열	
결 산 기	12월	보 통 주	692만주	종 속 회 사 수	
액 면 가	5,000원	우 선 주		구 상 호	

주주구성 (지분율,%)
박순석	27.7
신안	6.0
(외국인)	7.4

출자관계 (지분율,%)
신안종합리조트	25.8
디에이테크놀로지	5.4
HUSTEELUSA	100.0

주요경쟁사 (외형,%)
휴스틸	100
포스코엠텍	73
동양철관	36

매출구성
흑관,백관 등(제품)	95.8
흑관,백관 등(상품)	2.3
부산물 수탁가공	1.9

비용구성
매출원가율	89.4
판관비율	10.2

수출비중
수출	42.7
내수	57.3

회사 개요
동사는 1967년 설립된 강관전문 업체. 주요 제품으로는 OCTG(Oil Country Tubular Goods) 및 송유관, 철탑구조용 강관, 보일러 및 열교환기용 강관, 전선관, 일반 배관용 강관, 압력 배관용 강관, 내황산부식 강관, 강관 말뚝 등임. 유정용 강관 및 송유관 매출의 80%가 미국에서 발생함. 동사는 신안그룹의 24개 계열사 중 하나. 내수 시장은 탄소강관, STS강관 각각 시장점유율 6.7%, 6.1% 차지.

실적 분석
글로벌 경기침체 및 유가하락으로 전체 매출의 90% 이상을 차지하는 주 매출원인 강관 제품의 판매량 및 단가가 모두 하락하면서 동사의 2016년 연결기준 누적 매출액은 전년 동기 대비 17% 감소함. 외형 축소로 영업이익 및 당기순이익 역시 모두 적자전환되며 부진한 모습. 전방산업인 건설과 조선 경기 침체 등으로 국내 시황이 좋지 않고 미주 지역 수요 감소로 수출도 부진한 상황. 상대적으로 고부가가치 제품 판매 노력 지속 중

현금 흐름 〈단위 : 억원〉
항목	2015	2016
영업활동	1,019	-230
투자활동	-350	-96
재무활동	-692	638
순현금흐름	-23	312
기말현금	305	617

시장 대비 수익률

결산 실적 〈단위 : 억원〉
항목	2011	2012	2013	2014	2015	2016
매출액	5,686	5,889	5,478	5,538	4,385	3,640
영업이익	399	414	173	194	82	13
당기순이익	354	259	62	150	7	-6

분기 실적 〈단위 : 억원〉
항목	2015.3Q	2015.4Q	2016.1Q	2016.2Q	2016.3Q	2016.4Q
매출액	838	805	911	836	829	1,065
영업이익	-14	-20	-38	8	-1	45
당기순이익	-20	-37	-36	0	-15	45

재무 상태 〈단위 : 억원〉
항목	2011	2012	2013	2014	2015	2016
총자산	5,369	5,560	5,616	5,787	5,140	5,868
유형자산	2,014	2,408	2,372	2,408	2,609	2,536
무형자산	22	46	50	46	42	42
유가증권	777	627	856	606	574	518
총부채	1,548	1,672	1,555	1,813	1,203	2,009
총차입금	891	1,088	1,007	1,264	641	1,344
자본금	346	346	346	346	346	346
총자본	3,821	3,889	4,060	3,974	3,937	3,859
지배주주지분	3,821	3,889	4,060	3,974	3,937	3,859

기업가치 지표
항목	2011	2012	2013	2014	2015	2016
주가(최고/저)(천원)	19.2/12.8	26.0/15.3	24.6/16.2	19.1/14.4	22.1/14.5	16.7/13.1
PER(최고/저)(배)	4.7/3.1	8.3/4.9	31.4/20.6	9.7/7.3	233.6/153.2	—/—
PBR(최고/저)(배)	0.4/0.3	0.6/0.3	0.5/0.3	0.4/0.3	0.4/0.3	0.3/0.2
EV/EBITDA(배)	3.4	4.9	6.9	6.7	6.5	13.1
EPS(원)	5,123	3,741	894	2,174	100	-80
BPS(원)	55,226	56,206	58,687	57,438	56,902	55,779
CFPS(원)	6,484	5,136	2,668	4,056	2,009	1,700
DPS(원)	1,000	1,000	700	700	400	500
EBITDAPS(원)	7,126	7,372	4,277	4,693	3,097	1,975

재무 비율 〈단위 : % 〉
연도	영업이익률	순이익률	부채비율	차입금비율	ROA	ROE	유보율	자기자본비율	EBITDA마진율
2016	0.4	-0.2	52.1	34.8	-0.1	-0.1	1,015.6	65.8	3.8
2015	1.9	0.2	30.6	16.3	0.1	0.2	1,038.0	76.6	4.9
2014	3.5	2.7	45.6	31.8	2.6	3.7	1,048.8	68.7	5.9
2013	3.2	1.1	38.3	24.8	1.1	1.6	1,073.7	72.3	5.4

휴온스 (A243070)
HUONS CO

업　종 : 제약　　　　　　　　　　　시　　　장 : KOSDAQ
신용등급 : (Bond) —　　(CP) —　　기업규모 : 중견
홈페이지 : www.huons.com　　　　연　락　처 : 070)7492-5075
본　사 : 경기도 성남시 분당구 판교로 253 C-902

설 립 일	2016.05.03	종 업 원 수	513명	대 표 이 사	엄기안
상 장 일	2016.06.03	감 사 의 견	적정 (대주)	계 열	
결 산 기	12월	보 통 주	619만주	종 속 회 사 수	
액 면 가	500원	우 선 주		구 상 호	

주주구성 (지분율,%)
휴온스글로벌	40.8
트러스톤자산운용	3.9
(외국인)	8.7

출자관계 (지분율,%)
바이오토피아	65.1
휴온스내츄럴	60.0
BeijingHuonlandPharmaceuticalCo.,Ltd.	42.0

주요경쟁사 (외형,%)
휴온스	100

매출구성

비용구성
매출원가율	47.2
판관비율	40.1

수출비중
수출	—
내수	—

회사 개요
동사는 2016년 05월 01일자로 존속회사인 주식회사 휴온스글로벌과 신설회사 휴온스로 분할되어 2016년 05월 03일 설립되었음. 의약품 제조 및 판매를 주된 사업으로 영위하는 제약회사로서 최근 FTA 확대 및 보험약가 인하, 리베이트에 대한 강력한 규제와 cGMP 품질기준 강화 등 제약환경의 변화로 인해 기존의 사업과 더불어 성장을 위한 해외 현지법인 진출, 의료기기 판매 및 수탁 생산 등 사업의 다각화를 진행중임.

실적 분석
동사가 영위하고 있는 제약산업은 전세계적으로 확산되고 있는 급속한 노령화와 실버산업의 확장으로 제약시장 수요가 증가하고 있어 향후에도 지속적인 성장을 보일 것으로 전망되고 있음. 이에 따라 동사의 2016년 결산기준 누적매출액은 1,689.7억원을 기록하였고 영업이익은 215.3억원을 달성함. 경쟁이 심화된 시장이지만 지속적으로 개발비 부문에 큰 투자를 하고 있고 적극적인 시장 확보에 매진하고 있으므로 향후 매출 성장이 기대됨.

현금 흐름 〈단위 : 억원〉
항목	2015	2016
영업활동	—	289
투자활동	—	-172
재무활동	—	22
순현금흐름	—	140
기말현금	—	160

시장 대비 수익률
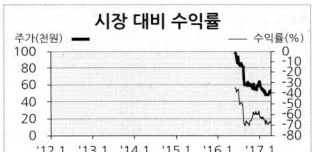

결산 실적 〈단위 : 억원〉
항목	2011	2012	2013	2014	2015	2016
매출액	—	—	—	—	—	1,690
영업이익	—	—	—	—	—	215
당기순이익	—	—	—	—	—	148

분기 실적 〈단위 : 억원〉
항목	2015.3Q	2015.4Q	2016.1Q	2016.2Q	2016.3Q	2016.4Q
매출액	—	—	—	—	620	1,069
영업이익	—	—	—	—	103	112
당기순이익	—	—	—	—	85	63

재무 상태 〈단위 : 억원〉
항목	2011	2012	2013	2014	2015	2016
총자산	—	—	—	—	—	1,793
유형자산	—	—	—	—	—	451
무형자산	—	—	—	—	—	31
유가증권	—	—	—	—	—	65
총부채	—	—	—	—	—	836
총차입금	—	—	—	—	—	357
자본금	—	—	—	—	—	29
총자본	—	—	—	—	—	957
지배주주지분	—	—	—	—	—	939

기업가치 지표
항목	2011	2012	2013	2014	2015	2016
주가(최고/저)(천원)	—/—	—/—	—/—	—/—	—/—	99.1/51.6
PER(최고/저)(배)	0.0/0.0	0.0/0.0	0.0/0.0	0.0/0.0	0.0/0.0	40.0/20.8
PBR(최고/저)(배)	0.0/0.0	0.0/0.0	0.0/0.0	0.0/0.0	0.0/0.0	6.5/3.4
EV/EBITDA(배)	0.0	0.0	0.0	0.0	0.0	15.9
EPS(원)	—	—	—	—	—	2,477
BPS(원)	—	—	—	—	—	16,003
CFPS(원)	—	—	—	—	—	3,311
DPS(원)	—	—	—	—	—	25
EBITDAPS(원)	—	—	—	—	—	4,361

재무 비율 〈단위 : % 〉
연도	영업이익률	순이익률	부채비율	차입금비율	ROA	ROE	유보율	자기자본비율	EBITDA마진율
2016	12.7	8.8	87.3	37.3	0.0	0.0	3,100.6	53.4	15.2
2015	0.0	0.0	0.0	0.0	0.0	0.0	0.0	0.0	0.0
2014	0.0	0.0	0.0	0.0	0.0	0.0	0.0	0.0	0.0
2013	0.0	0.0	0.0	0.0	0.0	0.0	0.0	0.0	0.0

휴온스글로벌 (A084110)
Huons Global

업　　종 : 제약　　　　　　　　　　　　　　　시　　　　장 : KOSDAQ
신 용 등 급 : (Bond) —　　(CP) —　　　　　　기 업 규 모 : 우량
홈 페 이 지 : www.huonsglobal.com　　　　　연 락 처 : (070)7492-5029
본　　사 : 경기도 성남시 분당구 판교로 253 씨-901 (삼평동, 판교이노밸리)

설 립 일	1987.07.10	종 업 원 수	53명	대 표 이 사	윤성태,김완섭
상 장 일	2006.12.19	감 사 의 견	적정 (삼정)	계	열
결 산 기	12월	보 통 주	991만주	종 속 회 사 수	
액 면 가	500원	우 선 주		구 상 호	휴온스

주주구성 (지분율,%)		출자관계 (지분율,%)		주요경쟁사 (외형,%)	
윤성태	41.4	휴니즈	75.7	휴온스글로벌	100
윤인상	4.1	휴메딕스	41.2		275
(외국인)	9.5	휴온스	40.8	종근당	508

매출구성		비용구성		수출비중	
주사제(리도카인, 메리트씨 등)	30.8	매출원가율	45.8	수출	—
정제(살사라진, 휴터민 등)	27.9	판관비율	36.5	내수	—
하이히알플러스 등	15.6				

회사 개요
동사는 분할 전인 2016년 05월 01일(분할기준일)까지 의약품 사업을 영위하였으며, 분할 후 존속회사인 주식회사 휴온스글로벌은 분할된 사업부문을 제외한 투자사업부문과 보톡스사업을 영위함과 동시에 지주회사로서의 역할을 수행함. 분할 후 신설회사인 주식회사 휴온스는 의약품 사업부문 일체를 영위함. 2016년 05월 03일(분할등기일) 기업 분할에 따라서 '주식회사 휴온스글로벌'로 사명을 변경함.

실적 분석
동사의 2016년 연결기준 매출액은 1,637.1억원을 기록하며 전년 대비 150.1% 증가함. 영업이익은 289.0억원을 기록하며 전년 대비 140.0% 성장하였음. 당기순이익은 중단영업부문기순이익의 영향으로 5,262.1억원을 기록함. 2016년 8월 미간주름 개선이 요구되는 성인대상 HU-014주의 안전성 및 미간주름 개선효과를 평가하기 위한 1상, 2상 임상시험 계획이 승인됨.

현금 흐름　〈단위 : 억원〉
항목	2015	2016
영업활동	509	195
투자활동	-256	-182
재무활동	69	104
순현금흐름	324	117
기말현금	793	911

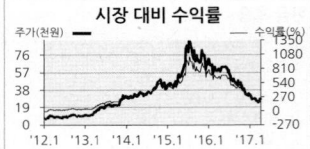
시장 대비 수익률

결산 실적　〈단위 : 억원〉
항목	2011	2012	2013	2014	2015	2016
매출액	1,164	1,341	1,582	1,823	654	1,637
영업이익	83	148	279	301	120	289
당기순이익	46	72	228	245	405	5,262

분기 실적　〈단위 : 억원〉
항목	2015.3Q	2015.4Q	2016.1Q	2016.2Q	2016.3Q	2016.4Q
매출액	186	172	149	218	536	734
영업이익	45	27	37	42	91	119
당기순이익	114	96	132	5,009	65	57

재무 상태　〈단위 : 억원〉
항목	2011	2012	2013	2014	2015	2016
총자산	1,706	1,855	2,062	2,545	3,141	5,571
유형자산	663	684	763	761	797	1,031
무형자산	78	70	68	59	58	1,960
유가증권	160	131	51	173	267	222
총부채	881	926	810	661	748	1,032
총차입금	685	702	546	367	335	556
자본금	45	47	53	57	57	49
총자본	825	929	1,252	1,884	2,393	4,539
지배주주지분	785	883	1,146	1,529	1,689	3,198

기업가치 지표
항목	2011	2012	2013	2014	2015	2016
주가(최고/저)(천원)	6.7/4.2	11.5/6.3	33.2/9.4	49.7/26.9	93.9/40.0	72.0/30.5
PER(최고/저)(배)	15.7/9.8	16.7/9.2	20.9/6.0	27.0/14.7	34.3/14.6	1.3/0.6
PBR(최고/저)(배)	0.8/0.5	1.3/0.7	3.2/0.9	3.8/2.1	6.2/2.7	2.2/0.9
EV/EBITDA(배)	6.4	7.2	12.7	15.3	54.2	11.7
EPS(원)	449	719	1,635	1,886	2,788	55,410
BPS(원)	9,136	9,670	10,873	13,533	15,695	33,465
CFPS(원)	1,686	1,704	2,517	2,895	3,509	57,383
DPS(원)	100	150	200	400	550	410
EBITDAPS(원)	2,146	2,596	3,529	3,737	1,722	4,045

재무 비율　〈단위 : % 〉
연도	영업이익률	순이익률	부채비율	차입금비율	ROA	ROE	유보율	자기자본비율	EBITDA마진율
2016	17.7	321.4	22.7	12.3	120.8	210.6	6,592.9	81.5	22.5
2015	18.4	61.9	31.3	14.0	14.3	20.1	3,039.0	76.2	30.0
2014	16.5	13.4	35.1	19.5	10.6	15.7	2,606.6	74.0	22.3
2013	17.7	14.4	64.7	43.6	11.7	17.1	2,074.6	60.7	23.3

휴젤 (A145020)
Hugl

업　　종 : 제약　　　　　　　　　　　　　　　시　　　　장 : KOSDAQ
신 용 등 급 : (Bond) —　　(CP) —　　　　　　기 업 규 모 : 벤처
홈 페 이 지 : www.hugel.co.kr　　　　　　　연 락 처 : (033)255-3882
본　　사 : 강원도 춘천시 신북읍 신북로 61-20

설 립 일	2001.11.22	종 업 원 수	160명	대 표 이 사	문경엽,심주엽
상 장 일	2015.12.24	감 사 의 견	적정 (삼정)	계	열
결 산 기	12월	보 통 주	328만주	종 속 회 사 수	
액 면 가	500원	우 선 주		구 상 호	

주주구성 (지분율,%)		출자관계 (지분율,%)		주요경쟁사 (외형,%)	
동양에이치씨	24.4	휴젤메디텍	100.0	휴젤	100
밀라리황솔초기업투자조투자전문회사	4.9	휴젤파마	100.0		363
(외국인)	22.8	에이비바이오	60.0	종근당	670

매출구성		비용구성		수출비중	
보툴렉스, 더채움	82.2	매출원가율	24.0	수출	54.4
기타(웰라주외)	17.8	판관비율	25.1	내수	45.6

회사 개요
동사는 생물의학관련 제품의 개발, 제조, 판매 및 수출 등을 영위할 목적으로 2001년11월 설립되었음. 2015년 12월 코스닥시장에 상장됨. 동사는 보툴렉스 개발/제조기업인 동시에 보툴렉스와 더채움 등의 판매전문 기업 휴젤파마와 필러 개발/제조기업 아크로스, 뇌질환 중재술용 의료기기 도매기업 휴텀, 무통톡신 연구개발기업 에이비바이오 등의 계열사를 보유하고 있는 사업 지주회사임.

실적 분석
동사의 2016년 연결기준 누적 매출액은 1,241.9억원으로 전년 동기대비 90.9% 증가함. 이는 주력 제품인 보툴리눔 톡신과 HA 필러의 국내매출 증가세 지속 및 해외매출증가까른 성장에 기인함. 보툴리눔톡신과 필러 사업으로 축적된 역량을 통한 고기능성 화장품 개발 및 판매, 뇌질환 관련 중재술 사용 재료 판매, 무통 액상형 보툴리눔 톡신 및 휴터 치료제 신약 개발 등의 신규사업 진출로 매출 증대를 꾀하는 중임.

현금 흐름　〈단위 : 억원〉
항목	2015	2016
영업활동	198	451
투자활동	-171	-539
재무활동	504	31
순현금흐름	532	-56
기말현금	705	649

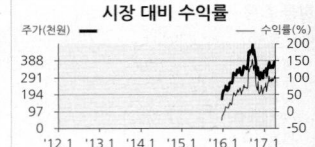
시장 대비 수익률

결산 실적　〈단위 : 억원〉
항목	2011	2012	2013	2014	2015	2016
매출액	162	207	292	403	651	1,242
영업이익	85	81	116	155	178	633
당기순이익	70	59	73	132	359	509

분기 실적　〈단위 : 억원〉
항목	2015.3Q	2015.4Q	2016.1Q	2016.2Q	2016.3Q	2016.4Q
매출액	182	225	227	309	328	378
영업이익	43	87	88	164	179	202
당기순이익	494	84	68	140	143	158

재무 상태　〈단위 : 억원〉
항목	2011	2012	2013	2014	2015	2016
총자산	165	246	781	972	2,336	2,943
유형자산	27	89	271	316	489	588
무형자산	0	0	6	10	643	639
유가증권		17	20	20	1	49
총부채	67	50	512	546	184	204
총차입금	50	21	469	483	14	3
자본금	10	11	11	11	16	16
총자본	99	197	269	427	2,152	2,739
지배주주지분	99	197	269	427	2,078	2,528

기업가치 지표
항목	2011	2012	2013	2014	2015	2016
주가(최고/저)(천원)	—/—	—/—	—/—	—/—	199/168	483/190
PER(최고/저)(배)	0.0/0.0	0.0/0.0	0.0/0.0	0.0/0.0	15.7/13.3	36.7/14.4
PBR(최고/저)(배)	0.0/0.0	0.0/0.0	0.0/0.0	0.0/0.0	3.1/2.7	6.1/2.4
EV/EBITDA(배)	—	—	1.7	1.2	30.2	14.3
EPS(원)	3,471	2,702	3,115	5,293	12,625	13,177
BPS(원)	4,914	8,892	10,904	17,095	63,290	79,022
CFPS(원)	3,820	3,086	3,359	5,538	13,201	14,641
DPS(원)						
EBITDAPS(원)	4,589	4,063	5,183	6,479	7,184	20,727

재무 비율　〈단위 : % 〉
연도	영업이익률	순이익률	부채비율	차입금비율	ROA	ROE	유보율	자기자본비율	EBITDA마진율
2016	50.9	41.0	7.4	0.1	19.3	18.8	15,704.4	93.1	54.8
2015	27.3	55.1	8.5	0.7	21.7	27.1	12,557.9	92.1	29.7
2014	38.4	32.6	127.9	113.3	15.0	37.8	3,709.6	43.9	39.9
2013	39.7	25.1	190.2	174.4	14.2	31.4	2,333.3	34.5	41.7

휴켐스 (A069260)
Huchems Fine Chemical

업 종: 화학		시 장: 거래소	
신용등급: (Bond) A+ (CP) —		기업규모: 시가총액 중형주	
홈페이지: www.huchems.com		연락처: 02)2262-0600	
본 사: 서울시 중구 퇴계로 173, 19층			

설립일 2002.09.17	종업원수 263명	대표이사 최규성
상장일 2002.10.07	감사의견 적정(삼정)	계열
결산기 12월	보통주 4,088만주	종속회사수
액면가 1,000원	우선주	구상호

주주구성 (지분율,%)		출자관계 (지분율,%)		주요경쟁사 (외형,%)	
태광실업	32.5	정산컴퍼니	62.6	휴켐스	100
국민연금공단	11.8	일렘테크놀러지	50.6	송원산업	116
(외국인)	8.4	태광파워홀딩스	40.0	삼영무역	37

매출구성		비용구성		수출비중	
NT계열(DNT, MNB 등 판매)	60.4	매출원가율	78.2	수출	18.8
NA계열(질산, 초안 등 판매)	31.8	판관비율	8.9	내수	81.2
기타(탄소배출권, 암모니아, PB-1 등 판매)	7.8				

회사 개요

태광실업의 계열사로 2002년 남해화학으로부터 기업분할을 통해 설립된 동사는 질산, DNT, MNB 및 폴리우레탄 중간원료를 생산하고 있음. 매출의 90% 이상을 차지하는 4가지 주력제품(질산, DNT, MNB, 초안)은 국내 시장에서 독점적인 점유율을 유지하고 있음. 2012년 9월 MNB공장을 증설하고, 40만톤 규모의 질산공장도 2012년 9월에 완공해 생산량을 늘리고 있음. 공장 가동률은 NT계열 74%, NA계열 84%임.

실적 분석

동사의 2016년 누적매출액은 5,982.3억원으로 전년 대비 0.4% 감소함. 매출 감소에도 불구하고 원가율 개선에 힘입어 영업이익은 전년보다 76.4% 늘어난 768.9억원을 기록함. 당기순이익은 399억원으로 16.6% 증가함. 한국바스프는 2003년부터 15년간 질산공급 계약을 맺었고, 2018년도 이후 10년간 추가로 공급하는 계약을 2016년 10월에 체결함. 한화케미칼, OCI와도 장기공급 계약을 맺고 DNT를 공급 중임.

현금 흐름 〈단위 : 억원〉

항목	2015	2016
영업활동	665	1,155
투자활동	-262	-551
재무활동	-532	-510
순현금흐름	-136	58
기말현금	87	145

시장 대비 수익률

결산 실적 〈단위 : 억원〉

항목	2011	2012	2013	2014	2015	2016
매출액	5,669	7,133	7,957	7,166	6,004	5,982
영업이익	587	659	597	528	436	769
당기순이익	515	522	503	380	342	399

분기 실적 〈단위 : 억원〉

항목	2015.3Q	2015.4Q	2016.1Q	2016.2Q	2016.3Q	2016.4Q
매출액	1,481	1,535	1,378	1,567	1,540	1,497
영업이익	74	63	105	221	187	256
당기순이익	48	52	29	162	117	91

재무 상태 〈단위 : 억원〉

항목	2011	2012	2013	2014	2015	2016
총자산	7,115	7,710	7,765	7,429	7,106	7,489
유형자산	2,417	3,389	3,210	3,014	2,794	2,620
무형자산	54	213	179	183	174	128
유가증권	5	1,777	15	291	342	44
총부채	2,556	3,105	3,129	2,698	2,377	2,556
총차입금	1,633	2,093	2,278	1,834	1,680	1,404
자본금	409	409	409	409	409	409
총자본	4,559	4,605	4,636	4,731	4,729	4,933
지배주주지분	4,390	4,522	4,591	4,711	4,730	4,931

기업가치 지표

항목	2011	2012	2013	2014	2015	2016
주가(최고/저)(천원)	23.4/15.6	23.6/17.1	24.0/15.8	25.5/19.8	26.7/13.7	23.6/13.7
PER(최고/저)(배)	22.2/14.8	20.6/14.9	20.2/13.3	27.8/21.5	31.4/16.2	22.9/13.3
PBR(최고/저)(배)	2.6/1.7	2.4/1.7	2.2/1.5	2.3/1.7	2.2/1.2	1.8/1.1
EV/EBITDA(배)	10.0	11.3	9.7	11.5	6.9	7.6
EPS(원)	1,250	1,308	1,320	993	896	1,055
BPS(원)	10,738	11,299	11,967	12,261	12,623	13,143
CFPS(원)	1,720	1,988	2,291	1,888	1,790	1,891
DPS(원)	700	700	750	550	500	500
EBITDAPS(원)	1,905	2,293	2,431	2,186	1,961	2,717

재무 비율 〈단위 : % 〉

연도	영업이익률	순이익률	부채비율	차입금비율	ROA	ROE	유보율	자기자본비율	EBITDA마진율
2016	12.9	6.7	51.8	28.5	5.5	8.9	1,214.3	65.9	18.6
2015	7.3	5.7	50.3	35.5	4.7	7.8	1,162.3	66.6	13.4
2014	7.4	5.3	57.0	38.8	5.0	8.7	1,126.1	63.7	12.5
2013	7.5	6.3	67.5	49.1	6.5	11.8	1,096.7	59.7	12.5

흥구석유 (A024060)
Hung-Gu Oil

업 종: 석유 및 가스		시 장: KOSDAQ	
신용등급: (Bond) — (CP) —		기업규모: 중견	
홈페이지: www.hunggu.kr		연락처: 053)424-3395	
본 사: 대구시 중구 동덕로 38길 5 (동인동1가)			

설립일 1966.12.16	종업원수 98명	대표이사 김상우
상장일 1994.12.07	감사의견 적정(세영)	계열
결산기 12월	보통주 1,500만주	종속회사수
액면가 100원	우선주	구상호

주주구성 (지분율,%)		출자관계 (지분율,%)		주요경쟁사 (외형,%)	
김상우	31.6			흥구석유	100
서상덕	25.6			아이이	8
(외국인)	1.0			중앙에너비스	64

매출구성		비용구성		수출비중	
상품매출(상품)	100.0	매출원가율	94.7	수출	0.0
		판관비율	4.7	내수	100.0

회사 개요

동사는 휘발유, 등유, 경유, 방카-C유, 액화석유가스 등을 GS칼텍스에서 매입하여 대구, 경북지역에 판매하는 석유류 도소매업체로 20여개의 주유소 및 충전소를 보유하고 있음. 대구, 경북지역내의 시장은 4.51%를 점유하고 있음. 국내의 경제악화로 소비심리가 위축되어 석유류 수요가 감소하고 있으며, 과다경쟁 등으로 인한 유통마진 축소로 수익구조가 악화되어 일반대리점의 경영위축이 가속화되고 있는 실정임.

실적 분석

유가하락으로 인해 동사의 2016년 연결기준 매출액은 전년동기 대비 7.3% 감소한 1,438.4억원을 기록하였으나, 매출원가율 하락 및 판관비 감소의 영향으로 9.6억원의 영업이익을 시현하며 수익성 크게 개선됨. 반면, 비영업수익이 크게 줄면서 당기순이익은 전년동기 대비 25.7% 감소한 21.8억원을 기록함. 석유류 유통구조 변화와 유가자율화 등 급변하는 환경 변화에 대처하기 위한 경영전략을 구축하여 매출 정상화에 힘쓸 예정임.

현금 흐름 *IFRS 별도 기준 〈단위 : 억원〉

항목	2015	2016
영업활동	45	11
투자활동	-115	-23
재무활동	50	1
순현금흐름	-19	-11
기말현금	25	14

시장 대비 수익률

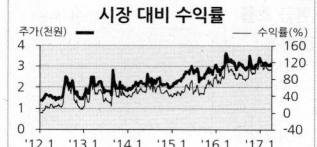

결산 실적 〈단위 : 억원〉

항목	2011	2012	2013	2014	2015	2016
매출액	2,614	2,729	2,486	1,932	1,551	1,438
영업이익	17	7	-2	12	5	10
당기순이익	20	14	7	18	29	22

분기 실적 *IFRS 별도 기준 〈단위 : 억원〉

항목	2015.3Q	2015.4Q	2016.1Q	2016.2Q	2016.3Q	2016.4Q
매출액	349	381	352	349	347	391
영업이익	3	3	5	-4	5	3
당기순이익	4	7	7	0	7	8

재무 상태 *IFRS 별도 기준 〈단위 : 억원〉

항목	2011	2012	2013	2014	2015	2016
총자산	756	747	712	691	781	791
유형자산	450	447	446	406	403	381
무형자산	1	1	1	1	1	1
유가증권	1	0	0	0	4	55
총부채	122	105	64	30	98	100
총차입금	85	75	40	—	60	60
자본금	15	15	15	15	15	15
총자본	633	642	647	662	682	692
지배주주지분	633	642	647	662	682	692

기업가치 지표 *IFRS 별도 기준

항목	2011	2012	2013	2014	2015	2016
주가(최고/저)(천원)	2.1/1.1	2.6/1.3	2.8/1.5	2.9/1.8	3.0/2.0	3.9/2.6
PER(최고/저)(배)	18.0/9.7	30.4/15.3	63.7/33.4	26.1/16.6	16.4/10.7	27.9/18.4
PBR(최고/저)(배)	0.6/0.3	0.7/0.3	0.7/0.4	0.7/0.4	0.7/0.5	0.9/0.6
EV/EBITDA(배)	14.1	26.4	163.4	17.8	56.1	37.7
EPS(원)	132	96	49	119	195	145
BPS(원)	4,268	4,328	4,360	4,457	4,594	4,657
CFPS(원)	160	124	76	147	222	171
DPS(원)	50	30	30	50	80	100
EBITDAPS(원)	141	77	14	105	161	90

재무 비율 〈단위 : % 〉

연도	영업이익률	순이익률	부채비율	차입금비율	ROA	ROE	유보율	자기자본비율	EBITDA마진율
2016	0.7	1.5	14.4	8.7	2.8	3.2	4,557.3	87.4	0.9
2015	0.3	1.9	14.4	7.3	4.0	4.4	4,494.0	87.4	0.6
2014	0.6	0.9	4.5	—	2.6	2.7	4,356.6	95.7	0.8
2013	-0.1	0.3	10.0	6.2	1.0	1.1	4,260.2	91.0	0.1

흥국 (A010240)
HEUNGKUK METALTECH

업 종 : 기계		시 장 : KOSDAQ	
신용등급 : (Bond) — (CP) —		기업규모 : 중견	
홈 페 이 지 : www.heungkuk.co.kr		연 락 처 : 041)546-7771	
본 사 : 충남 아산시 둔포면 아산밸리로 357			

설 립 일	1974.10.17	종업원수	97명	대표이사	류명준
상 장 일	2009.05.12	감사의견	적정 (한영)	계 열	
결 산 월	12월	보통주	616만주	종속회사수	
액 면 가	500원	우선주		구 상 호	

주주구성 (지분율,%)		출자관계 (지분율,%)		주요경쟁사 (외형,%)	
류명준	13.6	흥국과기무석유유한공사 100.0		흥국	100
류광준	8.4			수성	45
(외국인)	5.1			세한엔에스브이	27

매출구성		비용구성		수출비중	
[제품]건설기계부품	84.5	매출원가율	84.6	수출	—
[제품]기타(형단조품 등)	13.5	판관비율	7.2	내수	—
[상품]소모품 外	2.0				

회사 개요
동사는 1974년에 설립하여 자유단조품 및 형단조품을 생산하기 시작하였으며, 1978년 10월 본사 및 공장을 수원공장으로 이전하여 본격적인 형단조품 사업을 수행하였음. 그리고 1990년 11월에는 충남 아산시에 온양공장을 준공하여 트랙롤러(Track Roller), 트랙링크(Track Link) 등 건설기계부품을 가공, 조립하고 자동차부품을 정밀가공하기 시작함. 2005년 7월 중국 강소성 무석시에 흥국과기(무석)유한공사를 설립함.

실적 분석
동사의 2016년 결산기준 누적 매출액은 전년동기대비 -2.5% 소폭 변동한 627.3원을 기록하였음. 비용면에서 전년동기대비 매출원가는 감소 하였으며 인건비도 감소, 광고선전비는 증가 하였고 기타판매비와관리비는 감소함. 매출액은 하락하였으나 매출원가의 절감이 커 그에 따라 매출액 하락 등에 의해 전년동기대비 영업이익은 51.5억원으로 94.7% 상승하였음. 최종적으로 전년동기대비 당기순이익은 크게 상승하여 36.2억원을 기록함.

현금 흐름 〈단위 : 억원〉
항목	2015	2016
영업활동	63	69
투자활동	-0	-2
재무활동	-47	-103
순현금흐름	16	-37
기말현금	56	18

시장 대비 수익률
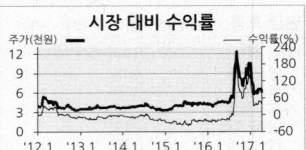

결산 실적 〈단위 : 억원〉
항목	2011	2012	2013	2014	2015	2016
매출액	1,080	903	788	730	643	627
영업이익	92	55	50	31	26	52
당기순이익	71	35	33	17	14	36

분기 실적 〈단위 : 억원〉
항목	2015.3Q	2015.4Q	2016.1Q	2016.2Q	2016.3Q	2016.4Q
매출액	136	120	143	158	155	171
영업이익	3	1	10	16	13	13
당기순이익	1	-3	6	12	10	9

재무 상태 〈단위 : 억원〉
항목	2011	2012	2013	2014	2015	2016
총자산	902	895	840	791	734	695
유형자산	555	461	438	402	364	331
무형자산	1	2	1	6	4	3
유가증권	0	0	0	0	0	0
총부채	498	469	390	332	266	198
총차입금	360	369	284	237	197	100
자본금	31	31	31	31	31	31
총자본	403	426	450	459	468	497
지배주주지분	403	426	450	459	468	497

기업가치 지표
항목	2011	2012	2013	2014	2015	2016
주가(최고/저)(천원)	5.7/2.9	5.5/3.2	4.1/3.4	4.4/3.3	4.7/3.3	12.5/3.9
PER(최고/저)(배)	5.9/3.0	11.0/6.5	8.4/7.1	17.2/12.8	21.2/15.1	21.6/6.8
PBR(최고/저)(배)	1.0/0.5	0.9/0.5	0.6/0.5	0.6/0.5	0.6/0.5	1.6/0.5
EV/EBITDA(배)	5.6	5.7	5.3	5.7	6.0	7.5
EPS(원)	1,145	572	528	271	229	587
BPS(원)	6,548	6,909	7,304	7,454	7,600	8,070
CFPS(원)	1,358	1,141	1,180	938	911	1,241
DPS(원)	150	150	100	100	100	150
EBITDAPS(원)	1,710	1,469	1,462	1,172	1,112	1,491

재무 비율 〈단위 : % 〉
연도	영업이익률	순이익률	부채비율	차입금비율	ROA	ROE	유보율	자기자본비율	EBITDA마진율
2016	8.2	5.8	39.7	20.1	5.1	7.5	1,514.1	71.6	14.6
2015	4.1	2.2	56.8	42.1	1.9	3.0	1,420.1	63.8	10.7
2014	4.3	2.3	72.3	51.7	2.1	3.7	1,390.7	58.0	9.9
2013	6.3	4.1	86.8	63.0	3.8	7.4	1,360.8	53.6	11.4

흥국에프엔비 (A189980)
HYUNGKUK F&B

업 종 : 음료		시 장 : KOSDAQ	
신용등급 : (Bond) — (CP) —		기업규모 : 벤처	
홈 페 이 지 : www.hyungkuk.com		연 락 처 : 043)882-5666	
본 사 : 충북 음성군 삼성면 하이텍산단로 116-23			

설 립 일	2008.03.25	종업원수	115명	대표이사	박철범,오길영
상 장 일	2015.08.07	감사의견	적정 (삼정)	계 열	
결 산 월	12월	보통주	734만주	종속회사수	
액 면 가	500원	우선주		구 상 호	

주주구성 (지분율,%)		출자관계 (지분율,%)		주요경쟁사 (외형,%)	
오길영	49.1	모닝듀에프엔비 100.0		흥국에프엔비	100
KGIFC KIDBC Pioneer Champ 2016-4호 벤처투자조합	2.7	상해상하무역유한공사 100.0		네처셀	65
(외국인)	1.0			큐로홀딩스	35

매출구성		비용구성		수출비중	
과일농축액(에이드베이스)	51.8	매출원가율	62.3	수출	1.3
스무디	19.8	판관비율	28.2	내수	98.7
기타(스노우빙, 매직잼 등)	16.6				

회사 개요
동사는 2008년 천연과일주스 등의 음료 제조 및 판매업을 주요 사업으로 영위하기 위해 설립됨. 오길영 외 9인이 최대주주로 52.79%의 지분을 보유하고 있음. (2015년 8월 9일 기준) 동사에서 공급하는 과일, 채소 음료류는 외식, 커피 프랜차이즈를 비롯해 다수 개인 카페에서 다양한 음료의 주원료로 널리 사용됨. 최종 제품으로는 에이드, 주스, 스무디 등의 제품으로 최종 소비자에게 판매되고 있음.

실적 분석
동사의 2016년 결산 매출액은 전년 대비 4.4% 증가한 413.8억원을 기록함. 그러나 매출원가와 판매 및 관리비의 증가로 인해 영업이익은 54.4% 감소한 39.2억원을 기록함. 당기순이익 또한 49.3%감소한 33.5억원을 기록함. 인력 보강, 연구개발비, 판촉비 증가의 영향으로 순이익이 감소하였지만, 신제품 출시를 통해 제품 다각화에 주력하고 있음. 젤라또와 콜드브루 커피 등의 신제품을 통해 새로운 성장동력을 확보할 계획임.

현금 흐름 〈단위 : 억원〉
항목	2015	2016
영업활동	66	45
투자활동	-281	-4
재무활동	279	-107
순현금흐름	64	-66
기말현금	91	25

시장 대비 수익률
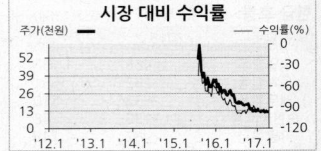

결산 실적 〈단위 : 억원〉
항목	2011	2012	2013	2014	2015	2016
매출액	170	242	303	350	396	414
영업이익	38	43	67	80	86	39
당기순이익	30	33	47	61	66	33

분기 실적 〈단위 : 억원〉
항목	2015.3Q	2015.4Q	2016.1Q	2016.2Q	2016.3Q	2016.4Q
매출액	121	71	77	130	127	79
영업이익	26	5	17	17	23	-9
당기순이익	19	4	7	14	17	-4

재무 상태 〈단위 : 억원〉
항목	2011	2012	2013	2014	2015	2016
총자산	197	275	330	411	751	669
유형자산	131	168	201	214	334	344
무형자산	3	3	5	5	5	9
유가증권	—	0	0	0	0	0
총부채	129	174	182	166	111	114
총차입금	116	148	148	124	74	81
자본금	3	25	25	27	37	37
총자본	68	101	148	245	640	555
지배주주지분	68	101	148	245	640	555

기업가치 지표
항목	2011	2012	2013	2014	2015	2016
주가(최고/저)(천원)	—/—	—/—	—/—	—/—	66.0/30.1	36.1/12.1
PER(최고/저)(배)	0.0/0.0	0.0/0.0	0.0/0.0	0.0/0.0	64.5/29.4	79.7/26.7
PBR(최고/저)(배)	0.0/0.0	0.0/0.0	0.0/0.0	0.0/0.0	7.7/3.5	4.1/1.4
EV/EBITDA(배)	2.9	2.5	1.7	1.0	23.5	14.5
EPS(원)	705	656	924	1,132	1,037	456
BPS(원)	113,688	1,987	2,908	4,485	8,721	8,913
CFPS(원)	51,971	853	1,203	1,500	1,397	903
DPS(원)					200	100
EBITDAPS(원)	66,296	1,053	1,599	1,841	1,711	981

재무 비율 〈단위 : % 〉
연도	영업이익률	순이익률	부채비율	차입금비율	ROA	ROE	유보율	자기자본비율	EBITDA마진율
2016	9.5	8.1	20.6	14.7	4.7	5.6	1,682.6	82.9	17.4
2015	21.7	16.7	17.3	11.6	11.4	14.9	1,644.3	85.3	27.5
2014	22.7	17.5	67.9	50.6	16.5	31.2	796.9	59.6	28.4
2013	22.1	15.5	123.3	100.6	15.5	37.8	481.6	44.8	26.8

흥국화재해상보험 (A000540)
Heungkuk Fire & Marine Insurance

업 종 : 보험		시 장 : 거래소	
신용등급 : (Bond) — (CP) —		기업규모 : 시가총액 소형주	
홈페이지 : www.heungkukfire.co.kr		연 락 처 : 1688-1688	
본 사 : 서울시 종로구 새문안로 68			

설 립 일 1948.03.15	종 업 원 수 1,127명	대 표 이 사 문병천
상 장 일 1974.12.05	감사의견 적정(삼정)	계 열
결 산 기 12월	보 통 주 6,424만주	종속회사수
액 면 가 5,000원	우 선 주 92만주	구 상 호

주주구성 (지분율,%)		출자관계 (지분율,%)		주요경쟁사 (외형,%)	
흥국생명보험	60.4	토러스투자자문	2.7	흥국화재	100
태광산업	19.9	대신·흥국제일호모투자전문	1.1	동양생명	183
(외국인)	0.6	서울보증보험	0.2	한화손해보험	148

수익구성		비용구성		수출비중	
[손해보험]장기	86.1	책임준비금전입	25.6	수출	—
[손해보험]자동차	8.7	보험금비용	27.6	내수	—
[손해보험]특종	3.4	사업비	6.7		

회사 개요
1948년에 설립된 동사는 손해보험업을 영위해왔으며, 2006년 태광그룹에 편입됐다. 동사가 소속된 태광그룹은 상장사인 태광산업, 대한화섬을 비롯해 제조, 방송통신, 건설 등의 분야에 총 35개 계열회사를 두고 있음. 동사는 2016년도 3분기 기준 국내 손해보험업 분야에서 시장점유율 4.6%를 차지하며 2014년 신용등급(한국신용평가 기준)이 A+로 한단계 상승한 뒤로 현재까지 유지하고 있음.

실적 분석
동사의 2016년도 누적 기준 영업수익은 4조 3359억원으로 전년 동기 대비 소폭 증가하였음. 같은 기간 영업이익과 당기순이익은 157억원, 315억원을 각각 기록하였음. 영업이익은 소폭 감소하였으나 당기순이익은 전년 대비 증가세를 이어감. 동사는 장기 보험료 누적 효과를 최대화하기 위해 고객 서비스 증대, 판매조직의 불완전판매 제재, 완전판매를 위한 모니터링 등을 통하여 계약 유지율을 제고하는 전략을 시행 중.

현금 흐름
〈단위 : 억원〉

항목	2015	2016
영업활동	5,475	9,855
투자활동	-5,954	-11,739
재무활동	507	973
순현금흐름	27	-910
기말현금	1,130	220

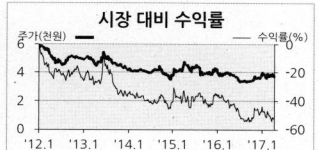

시장 대비 수익률

결산 실적
〈단위 : 억원〉

항목	2011	2012	2013	2014	2015	2016
보험료수익	26,308	29,634	22,460	30,158	33,187	33,344
영업이익	501	604	344	453	177	157
당기순이익	565	737	119	320	197	315

분기 실적
〈단위 : 억원〉

항목	2015.3Q	2015.4Q	2016.1Q	2016.2Q	2016.3Q	2016.4Q
보험료수익	8,366	8,305	8,338	8,477	8,375	8,154
영업이익	100	-38	-225	69	245	68
당기순이익	80	-39	40	50	185	40

재무 상태
〈단위 : 억원〉

항목	2011	2012	2013	2014	2015	2016
총자산	46,132	58,750	65,809	77,076	89,879	102,160
유형자산	570	599	639	625	649	669
무형자산	251	215	403	341	297	260
유가증권	23,525	31,673	30,395	35,915	41,787	53,948
총부채	44,028	55,054	62,902	73,060	85,458	96,637
총차입금	820	1,020	1,416	1,510	2,014	2,061
자본금	3,258	3,258	3,258	3,258	3,258	3,258
총자본	2,103	3,697	2,908	4,016	4,420	5,523
지배주주지분	2,103	3,697	2,908	4,016	4,420	5,523

기업가치 지표

항목	2011	2012	2013	2014	2015	2016
주가(최고/저)(천원)	7.0/5.1	5.3/4.4	5.4/4.1	4.5/3.5	4.7/3.7	4.1/3.3
PER(최고/저)(배)	7.7/5.6	4.6/3.9	29.1/22.2	8.9/7.0	15.5/12.0	8.4/6.8
PBR(최고/저)(배)	2.2/1.6	0.9/0.8	1.2/0.9	0.7/0.6	0.7/0.5	0.5/0.4
PSR(최고/저)(배)	0.0/0.0	0.0/0.0	0.0/0.0	0.0/0.0	0.0/0.0	0.0/0.0
EPS(원)	909	1,144	185	498	305	489
BPS(원)	3,228	5,673	4,462	6,163	6,783	8,475
CFPS(원)	1,068	1,275	315	687	483	685
DPS(원)						
EBITDAPS(원)	806	939	535	704	275	244

재무 비율
〈단위 : %〉

연도	계속사업 이익률	순 이익률	부채 비율	차입금 비율	ROA	ROE	유보율	자기자본 비율	총자산 증가율
2016	0.5	0.9	1,749.9	37.3	0.3	6.3	69.5	5.4	13.7
2015	0.8	0.6	1,933.4	45.6	0.2	4.7	35.7	4.9	16.6
2014	1.4	1.1	1,819.3	37.6	0.5	9.3	23.3	5.2	31.2
2013	0.8	0.5	일부잠식	일부잠식	0.2	3.6	-10.8	4.4	12.0

흥아해운 (A003280)
Heung-A Shipping

업 종 : 해상운수		시 장 : 거래소	
신용등급 : (Bond) BB+ (CP) —		기업규모 : 시가총액 소형주	
홈페이지 : www.heung-a.co.kr		연 락 처 : 02)3449-3000	
본 사 : 서울시 송파구 새말로5길 21			

설 립 일 1961.12.08	종 업 원 수 945명	대 표 이 사 박석록,이윤재
상 장 일 1976.06.29	감사의견 적정(안진)	계 열
결 산 기 12월	보 통 주 12,771만주	종속회사수
액 면 가 500원	우 선 주	구 상 호

주주구성 (지분율,%)		출자관계 (지분율,%)		주요경쟁사 (외형,%)	
Fairmont Partners Ltd	19.1	하스매니지먼트	100.0	흥아해운	100
한화자산운용	3.3	흥아프로퍼티그룹	50.0	키위미디어그룹	1
(외국인)	24.0	에이치앤브이물류	50.0	인터지스	56

매출구성		비용구성		수출비중	
해상운송	94.7	매출원가율	95.5	수출	—
부동산임대 외	5.3	판관비율	3.8	내수	—

회사 개요
동사는 1961년에 설립돼 아시아 지역 내 컨테이너화물과 액체석유화학제품의 해상운송을 주업으로 하고 있으며, 컨테이너야드 임대와 부동산 임대업을 행하고 있음. 계열회사는 상장업체인 국보를 비롯해 22개(국내 11개, 해외 11개)를 두고 있음. 매출규모로 볼 때 국내 해운업체 가운데 7위 수준임. 매출의 약 94%를 해상운송이 차지함. 나머지 CY수익과 부동산임대로 거두는 매출이 6%를 차지하고 있음.

실적 분석
동사의 2016년 결산 연결기준 매출액은 8,317.5억원으로 전년 동기(8,451.2억원)에 비해 소폭 줄어듬. 영업이익은 전년 212.4억원에서 2016년 59억원으로 72.3% 감소. 당기순손실은 171.7억원을 기록하며 적자전환함. 세계경제 둔화와 해운시장 전반의 운임하락 등 악재에 기인한 결과. 2016년 태국 물류기지 확장 이전 추진, 베트남에 종합물류회사를 설립하며 주력 항로 특화 서비스와 영업력 강화를 위한 노력 지속 중.

현금 흐름
〈단위 : 억원〉

항목	2015	2016
영업활동	339	-14
투자활동	-6	-147
재무활동	-295	103
순현금흐름	13	-63
기말현금	204	141

시장 대비 수익률

결산 실적
〈단위 : 억원〉

항목	2011	2012	2013	2014	2015	2016
매출액	6,843	7,265	7,699	8,251	8,451	8,317
영업이익	-66	342	193	186	212	59
당기순이익	-202	164	182	183	105	-172

분기 실적
〈단위 : 억원〉

항목	2015.3Q	2015.4Q	2016.1Q	2016.2Q	2016.3Q	2016.4Q
매출액	2,122	2,137	2,087	2,095	2,007	2,128
영업이익	22	55	23	28	-38	45
당기순이익	52	-24	-49	-26	-211	114

재무 상태
〈단위 : 억원〉

항목	2011	2012	2013	2014	2015	2016
총자산	5,309	5,336	5,711	6,492	7,916	9,585
유형자산	2,506	2,404	2,229	3,236	4,833	6,710
무형자산	10	10	10	10	11	11
유가증권	15	11	10	42	20	11
총부채	4,177	4,089	4,157	4,818	6,186	7,660
총차입금	2,535	2,603	2,555	2,384	2,593	2,573
자본금	354	354	424	424	424	639
총자본	1,133	1,247	1,553	1,674	1,731	1,925
지배주주지분	1,133	1,247	1,553	1,674	1,731	1,925

기업가치 지표

항목	2011	2012	2013	2014	2015	2016
주가(최고/저)(천원)	1.2/0.5	1.1/0.6	2.1/0.9	2.8/1.1	3.9/1.5	2.3/1.2
PER(최고/저)(배)	—/—	5.4/2.9	9.7/3.9	13.7/5.5	33.4/12.9	—/—
PBR(최고/저)(배)	0.9/0.4	0.7/0.4	1.2/0.5	1.5/0.6	2.0/0.8	1.5/0.8
EV/EBITDA(배)	36.4	5.7	7.9	13.2	9.0	13.0
EPS(원)	-256	207	220	207	119	-169
BPS(원)	1,639	1,801	1,865	2,008	2,075	1,528
CFPS(원)	-96	427	416	361	348	79
DPS(원)	7	7	9	9	7	5
EBITDAPS(원)	97	679	431	364	475	306

재무 비율
〈단위 : % 〉

연도	영업 이익률	순 이익률	부채 비율	차입금 비율	ROA	ROE	유보율	자기자본 비율	EBITDA 마진율
2016	0.7	-2.1	398.0	133.7	-2.0	-9.4	205.6	20.1	3.7
2015	2.5	1.2	357.4	149.8	1.5	6.2	314.9	21.9	4.8
2014	2.3	2.2	287.8	142.4	3.0	11.4	301.5	25.8	3.7
2013	2.5	2.4	267.6	164.5	3.3	13.0	273.1	27.2	4.4

희림종합건축사사무소 (A037440)
Heerim Architects & Planners

업 종 : 건설
신용등급 : (Bond) — (CP) —
홈 페 이 지 : www.heerim.com
본   사 : 서울시 강동구 상일로 6길 39 (상일동)

시   장 : KOSDAQ
기 업 규 모 : 중견
연 락 처 : 02)3410-9000

설 립 일 1996.07.30	종 업 원 수 1,000명	대 표 이 사 이목운,정영균	
상 장 일 2000.02.03	감 사 의 견 적정 (영앤진)	계 열	
결 산 기 12월	보 통 주 1,392만주	종속회사수	
액 면 가 500원	우 선 주	구 상 호	

주주구성 (지분율,%)
정영균	26.8
이영희	8.5
(외국인)	1.5

출자관계 (지분율,%)
스튜엇프라이스앤파트너스	49.0
피투엘이디큐브	30.0
건축설계정보	14.6

주요경쟁사 (외형,%)
희림	100
성도이엔지	304
세보엠이씨	277

매출구성
설계(국내도급공사)	61.5
감리(국내도급공사)	30.8
감리(해외도급공사)	4.9

비용구성
매출원가율	85.5
판관비율	10.7

수출비중
수출	6.0
내수	94.0

회사 개요
건축물의 설계와 감리 등 건설 관련 서비스제공업체로서 중앙정부와 지방자치단체에서 발주하는 관급공사의 Turn Key 및 CM서비스 제공이 주요 수입원임. 따라서 동사의 실적은 건설경기 및 정부의 건설관련 정책과 밀접한 관계를 가짐. 해외 진출을 위한 우수한 기술인력확보와 새로운 설계시스템 등의 구축에도 투자를 계속하여 중국, 베트남, 아랍에미리트 등에서 해외설계 용역을 수주하고 있음.

실적 분석
2016년 연결기준 누적 매출액과 영업이익은 전년동기대비 각각 3% 증가, 22%하락한 1,397.7억원, 54억원을 기록함. 국내도급공사 매출 감소에도 해외도급공사 부문에서 외형이 확대한 영향으로 매출액은 전년대비 증가. 매출원가가 상승함에 따라 외형성장 효과를 상쇄되며 영업이익 감소. 투자부동산으로 분류되는 수서사옥 가치 상승과 더불어 CM시장 성장으로 국내 유일 DCM 가능한 회사로서 향후 수혜가 예상됨. CM 신규수주는 꾸준히 급증 중.

현금 흐름
〈단위 : 억원〉
항목	2015	2016
영업활동	171	74
투자활동	-30	-5
재무활동	-30	-48
순현금흐름	112	21
기말현금	162	183

시장 대비 수익률
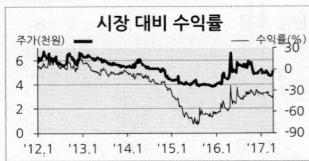
주가(천원) ——— 수익률(%)

결산 실적
〈단위 : 억원〉
항목	2011	2012	2013	2014	2015	2016
매출액	1,351	1,454	1,496	1,356	1,358	1,398
영업이익	-15	55	71	-99	70	54
당기순이익	-36	10	13	-140	36	21

분기 실적
〈단위 : 억원〉
항목	2015.3Q	2015.4Q	2016.1Q	2016.2Q	2016.3Q	2016.4Q
매출액	321	386	324	351	360	363
영업이익	9	32	12	15	19	9
당기순이익	8	14	3	6	3	10

재무 상태
〈단위 : 억원〉
항목	2011	2012	2013	2014	2015	2016
총자산	1,167	1,275	1,292	1,389	1,425	1,434
유형자산	77	80	77	74	17	33
무형자산	20	20	32	35	33	30
유가증권	24	26	23	27	30	29
총부채	608	713	719	957	947	946
총차입금	260	387	446	551	527	500
자본금	70	70	70	70	70	70
총자본	559	563	573	432	478	489
지배주주지분	559	563	573	432	478	489

기업가치 지표
항목	2011	2012	2013	2014	2015	2016
주가(최고/저)(천원)	7.8/5.7	6.9/5.5	6.5/5.3	6.3/4.4	4.7/3.8	6.6/4.0
PER(최고/저)(배)	—/—	98.6/79.0	72.5/60.0	—/—	18.7/15.3	43.8/26.5
PBR(최고/저)(배)	1.8/1.3	1.5/1.2	1.4/1.2	1.7/1.2	1.2/1.0	1.7/1.0
EV/EBITDA(배)	898.6	19.2	14.3		10.7	15.2
EPS(원)	-257	74	94	-1,003	262	154
BPS(원)	4,714	4,742	4,783	3,749	4,035	4,099
CFPS(원)	-139	166	184	-912	351	235
DPS(원)	50	50	50		100	100
EBITDAPS(원)	9	486	602	-617	589	469

재무 비율
〈단위 : %〉
연도	영업이익률	순이익률	부채비율	차입금비율	ROA	ROE	유보율	자기자본비율	EBITDA마진율
2016	3.9	1.5	193.5	102.3	1.5	4.4	719.8	34.1	4.7
2015	5.1	2.7	198.0	110.3	2.6	8.0	707.0	33.6	6.0
2014	-7.3	-10.3	221.5	127.4	-10.4	-27.8	649.9	31.1	-6.3
2013	4.8	0.9	125.5	77.8	1.0	2.3	856.6	44.3	5.6

ETF

KODEX 200 （A069500）

- 벤치마크 :　**KOSPI200**
- 테마분류 :　—
- 위험등급 :　**2등급**
- 평가등급(3년) :　★★★★

펀드 현황

운용사(매니저)	삼성자산운용
판매사	—
설정일(존속기간)	2002.10.14 (14년6개월)
설정액	9,826.65억원
순자산	9,826.65억원

시장 정보 (2017년 04월 14일 기준)

52주최고(원)	28,735	수익률(12M, %)	16.60
52주최저(원)	23,745	수익률(YTD, %)	7.46
거래량(20일, 주)	4,933,658	변동성(120일)	0.01
거래대금(20일, 원)	140,321,430,342	구성종목수(개)	197
베타(1D/1Y)	0.977430	Spread(원)	-19.40

누적 수익률

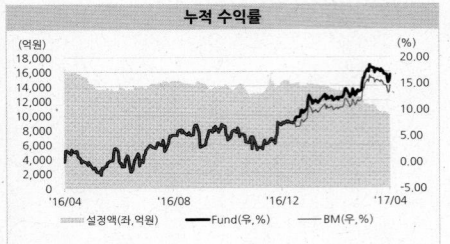

기간별 수익률 (%)

구분	수익률	BM초과	유형초과	%순위
1주	-0.13	-0.00	-0.00	43.75
1개월	1.45	0.11	0.01	27.89
3개월	4.32	0.13	0.07	14.36
6개월	11.93	2.01	0.14	13.59
연초이후	7.46	0.11	0.09	14.89
1년	16.60	2.07	0.34	10.61
3년	12.58	5.44	0.45	15.79

보수 (%, 年)

TER	0.150
운용	0.120
판매	0.005
수탁	0.010
일반사무	0.015

투자 전략

KOSPI200지수를 추적하는 상장지수 투자신탁으로 신탁재산의 대부분을 주식 또는 주가지수선물 등의 파생상품에 투자합니다.

KOSEF 200 （A069660）

- 벤치마크 :　**KOSPI200**
- 테마분류 :　—
- 위험등급 :　**1등급**
- 평가등급(3년) :　★★★★

펀드 현황

운용사(매니저)	키움투자자산운용
판매사	—
설정일(존속기간)	2002.10.14 (14년6개월)
설정액	1,599.20억원
순자산	1,599.20억원

시장 정보 (2017년 04월 14일 기준)

52주최고(원)	28,830	수익률(12M, %)	16.52
52주최저(원)	23,815	수익률(YTD, %)	7.46
거래량(20일, 주)	84,331	변동성(120일)	0.01
거래대금(20일, 원)	2,402,540,284	구성종목수(개)	165
베타(1D/1Y)	0.954700	Spread(원)	-67.47

누적 수익률

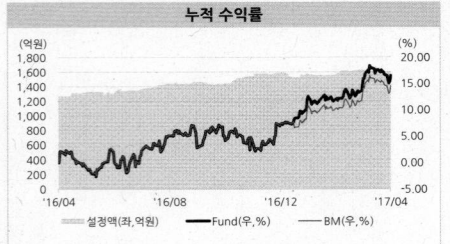

기간별 수익률 (%)

구분	수익률	BM초과	유형초과	%순위
1주	-0.12	0.00	0.01	35.42
1개월	1.45	0.10	-0.00	31.05
3개월	4.30	0.12	0.06	14.89
6개월	11.90	1.98	0.11	15.76
연초이후	7.46	0.11	0.08	15.96
1년	16.52	1.99	0.26	14.53
3년	12.62	5.48	0.49	15.13

보수 (%, 年)

TER	0.150
운용	0.100
판매	0.010
수탁	0.015
일반사무	0.025

투자 전략

상장지수투자신탁(ETF)에 투자하여 시장수익률을 추종하며 주식에의 투자는 업종대표종목에 투자하여 주식시장 상승 시에 초과수익 추구. ETF에의 투자하여 운용의 투명성 및 거래비용 절감 등 효율성을 증대시키며 시장변 동성에 능동적으로 대처할 수 있는 수단(Tactical Strategy)으로 적극 활용.

KODEX 반도체 (A091160)

● 벤치마크 : **KRX 반도체**
● 테마분류 : —

● 위험등급 : **1등급**
● 평가등급(3년) : ★★★

펀드 현황	
운용사(매니저)	삼성자산운용
판매사	—
설정일(존속기간)	2006.06.27 (10년9개월)
설정액	46.91억원
순자산	46.91억원

시장 정보 (2017년 04월 14일 기준)			
52주최고(원)	21,455	수익률(12M, %)	26.88
52주최저(원)	15,940	수익률(YTD, %)	3.94
거래량(20일, 주)	6,159	변동성(120일)	0.01
거래대금(20일, 원)	129,153,006	구성종목수(개)	29
베타(1D/1Y)	0.902030	Spread(원)	9.34

누적 수익률

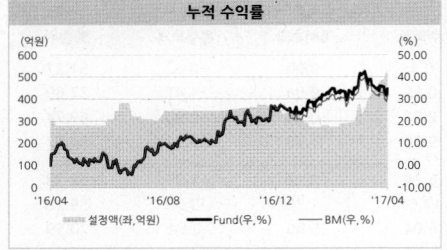

기간별 수익률 (%)				
구분	수익률	BM초과	유형초과	%순위
1주	-0.06	-0.00	0.49	29.17
1개월	1.58	-0.04	0.38	56.25
3개월	1.58	0.04	-0.69	68.75
6개월	11.87	0.56	10.99	26.09
연초이후	3.94	0.01	0.12	52.08
1년	26.88	-0.41	28.65	10.53
3년	17.30	1.60	19.94	40.74

보수 (%, 年)	
TER	0.450
운용	0.340
판매	0.050
수탁	0.020
일반사무	0.040

투자 전략

KODEX반도체 상장지수투자신탁(ETF)은 추적대상지수가 한국증권선물거래소가 발표하는 KRX Semicon지수인 상장지수투자신탁. 따라서 이 펀드는 당해 투자신탁의 수익률이 추적대상지수의 수익률과 동일한 수익률을 실현합니다.

KODEX 은행 (A091170)

● 벤치마크 : **KRX 은행**
● 테마분류 : —

● 위험등급 : **1등급**
● 평가등급(3년) : ★★

펀드 현황	
운용사(매니저)	삼성자산운용
판매사	—
설정일(존속기간)	2006.06.27 (10년9개월)
설정액	524.43억원
순자산	524.43억원

시장 정보 (2017년 04월 14일 기준)			
52주최고(원)	8,320	수익률(12M, %)	34.49
52주최저(원)	5,575	수익률(YTD, %)	8.37
거래량(20일, 주)	150,357	변동성(120일)	0.01
거래대금(20일, 원)	1,192,427,229	구성종목수(개)	11
베타(1D/1Y)	0.972840	Spread(원)	-21.67

누적 수익률

기간별 수익률 (%)				
구분	수익률	BM초과	유형초과	%순위
1주	-0.94	0.02	-0.39	62.50
1개월	-3.97	0.10	-5.17	95.83
3개월	7.96	-0.26	5.69	16.67
6개월	18.86	2.81	17.99	8.70
연초이후	8.37	-0.30	4.55	25.00
1년	34.49	2.75	36.26	5.26
3년	4.46	6.38	7.10	66.67

보수 (%, 年)	
TER	0.450
운용	0.340
판매	0.050
수탁	0.020
일반사무	0.040

투자 전략

KODEX은행 상장지수투자신탁(ETF)은 추적대상지수가 한국증권선물거래소가 발표하는 KRX Banks지수(추적대상 지수)인 상장지수투자신탁. 따라서 이 펀드는 당해 투자신탁의 수익률이 추적대상지수의 수익률과 동일한 수익률을 실현합니다.

KODEX 자동차 (A091180)

● 벤치마크 : **KRX 자동차**　　　　　　　　　　　　　● 위험등급 : **1등급**
● 테마분류 : ―　　　　　　　　　　　　　　　　　　● 평가등급(3년) : ★★

펀드 현황

운용사(매니저)	삼성자산운용
판매사	―
설정일(존속기간)	2006.06.27 (10년9개월)
설정액	50.85억원
순자산	50.85억원

시장 정보 (2017년 04월 14일 기준)

52주최고(원)	18,720	수익률(12M, %)	-6.76
52주최저(원)	15,860	수익률(YTD, %)	-7.49
거래량(20일, 주)	7,262	변동성(120일)	0.01
거래대금(20일, 원)	121,297,096	구성종목수(개)	21
베타(1D/1Y)	0.679360	Spread(원)	5.45

누적 수익률

설정액(좌,억원)　——Fund(우,%)　——BM(우,%)

기간별 수익률 (%)

구분	수익률	BM초과	유형초과	%순위
1주	-1.04	0.01	-0.49	75.00
1개월	-3.47	0.08	-4.66	91.67
3개월	-11.24	0.16	-13.51	97.92
6개월	-8.70	1.45	-9.58	84.78
연초이후	-7.49	0.08	-11.31	97.92
1년	-6.76	1.39	-4.99	68.42
3년	-26.67	2.87	-24.03	85.19

보수 (%, 年)

TER	0.450
운용	0.340
판매	0.050
수탁	0.020
일반사무	0.040

투자 전략

KODEX자동차 상장지수투자신탁(ETF)은 추적대상지수가 한국증권선물 거래소가 발표하는 KRX Autos지수인 상장지수투자신탁.수익률이 추적대상지수의 수익률과 동일한 수익률 실현. KODEX 자동차 ETF의 자산운용회사인 삼성투신운용는 KRX Autos 지수를 구성하는 종목을 완전히복제하는 방식으로 포트폴리오를 구성합니다.

TIGER KRX100 (A091210)

● 벤치마크 : **KRX100**　　　　　　　　　　　　　　● 위험등급 : **3등급**
● 테마분류 : ―　　　　　　　　　　　　　　　　　　● 평가등급(3년) : ★★★

펀드 현황

운용사(매니저)	미래에셋자산운용
판매사	―
설정일(존속기간)	2006.06.27 (10년9개월)
설정액	81.08억원
순자산	81.08억원

시장 정보 (2017년 04월 14일 기준)

52주최고(원)	44,565	수익률(12M, %)	12.03
52주최저(원)	37,805	수익률(YTD, %)	5.74
거래량(20일, 주)	24	변동성(120일)	0.01
거래대금(20일, 원)	1,053,418	구성종목수(개)	101
베타(1D/1Y)	0.833780	Spread(원)	-57.28

누적 수익률

설정액(좌,억원)　——Fund(우,%)　——BM(우,%)

기간별 수익률 (%)

구분	수익률	BM초과	유형초과	%순위
1주	-0.37	0.00	-0.12	51.27
1개월	0.88	0.04	-1.47	87.69
3개월	2.86	0.04	-1.90	69.74
6개월	9.38	1.78	-2.33	54.97
연초이후	5.74	-0.03	-1.99	62.18
1년	12.03	1.75	-3.08	59.28
3년	6.04	5.05	0.54	70.59

보수 (%, 年)

TER	0.220
운용	0.130
판매	0.040
수탁	0.020
일반사무	0.030

투자 전략

한국증권선물거래소가 발표하는 KRX100을 추적대상 지수로 하는 상장지수투자신탁으로서, 펀드의 수익률이 추적대상 지수인 KRX100의 수익률과 동일한 수익률을 실현하도록 하는 것을 그 운용목적으로 합니다.

TIGER 은행 (A091220)

- 벤치마크 : **KRX 은행**
- 테마분류 : —
- 위험등급 : **2등급**
- 평가등급(3년) : ★★★

펀드 현황	
운용사(매니저)	미래에셋자산운용
판매사	—
설정일(존속기간)	2006.06.27 (10년9개월)
설정액	103.94억원
순자산	103.94억원

시장 정보 (2017년 04월 14일 기준)			
52주최고(원)	8,440	수익률(12M, %)	34.91
52주최저(원)	5,665	수익률(YTD, %)	8.64
거래량(20일, 주)	12,147	변동성(120일)	0.01
거래대금(20일, 원)	98,159,335	구성종목수(개)	11
베타(1D/1Y)	1.090730	Spread(원)	-15.50

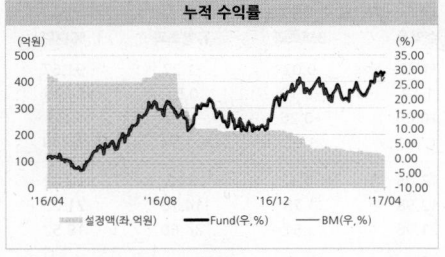

누적 수익률

기간별 수익률 (%)				
구분	수익률	BM초과	유형초과	%순위
1주	-0.95	0.02	-0.40	64.58
1개월	-4.02	0.06	-5.21	100.00
3개월	8.22	0.00	5.95	14.58
6개월	19.08	3.02	18.20	6.52
연초이후	8.64	-0.04	4.82	20.83
1년	34.91	3.17	36.68	2.63
3년	6.23	8.15	8.87	62.96

보수 (%, 年)	
TER	0.460
운용	0.300
판매	0.100
수탁	0.030
일반사무	0.030

투자 전략

한국증권선물거래소가 발표하는 KRX BANKS을 추적대상 지수로 하는 상장지수투자신탁으로 펀드의 수익률이 추적대상 지수인 KRX BANKS의 수익률과 동일한 수익률 실현합니다.

TIGER 반도체 (A091230)

- 벤치마크 : **KRX 반도체**
- 테마분류 : —
- 위험등급 : **2등급**
- 평가등급(3년) : ★★★

펀드 현황	
운용사(매니저)	미래에셋자산운용
판매사	—
설정일(존속기간)	2006.06.27 (10년9개월)
설정액	117.70억원
순자산	117.70억원

시장 정보 (2017년 04월 14일 기준)			
52주최고(원)	21,665	수익률(12M, %)	29.05
52주최저(원)	16,080	수익률(YTD, %)	5.29
거래량(20일, 주)	7,553	변동성(120일)	0.01
거래대금(20일, 원)	156,659,036	구성종목수(개)	29
베타(1D/1Y)	0.930970	Spread(원)	6.02

누적 수익률

기간별 수익률 (%)				
구분	수익률	BM초과	유형초과	%순위
1주	0.95	1.01	1.50	10.42
1개월	2.64	1.03	1.45	33.33
3개월	2.86	1.33	0.59	47.92
6개월	13.50	2.19	12.62	10.87
연초이후	5.29	1.36	1.47	37.50
1년	29.05	1.77	30.82	7.89
3년	19.96	4.25	22.59	29.63

보수 (%, 年)	
TER	0.460
운용	0.300
판매	0.100
수탁	0.030
일반사무	0.030

투자 전략

한국증권선물거래소가 발표하는 KRX SEMICON을 추적대상 지수로 하는 상장지수투자신탁으로 펀드의 수익률이 추적대상 지수인 KRX SEMICON의 수익률과 동일한 수익률 실현합니다.

TREX 중소형가치 (A097750)

● 벤치마크 : **MKF 중소형가치**
● 테마분류 : ─

● 위험등급 : **1등급**
● 평가등급(3년) : ★★★

펀드 현황

운용사(매니저)	유리자산운용
판매사	─
설정일(존속기간)	2007.07.30 (9년8개월)
설정액	52.26억원
순자산	52.26억원

시장 정보 (2017년 04월 14일 기준)

52주최고(원)	8,330	수익률(12M, %)	0.93
52주최저(원)	7,305	수익률(YTD, %)	5.30
거래량(20일, 주)	408	변동성(120일)	0.01
거래대금(20일, 원)	3,272,269	구성종목수(개)	200
베타(1D/1Y)	0.814360	Spread(원)	-6.23

누적 수익률

설정액(좌,억원) ──Fund(우,%) ──BM(우,%)

기간별 수익률 (%)

구분	수익률	BM초과	유형초과	%순위
1주	0.13	0.01	0.37	17.77
1개월	2.19	0.00	-0.17	31.79
3개월	4.20	0.07	-0.57	50.26
6개월	4.83	1.63	-6.89	79.06
연초이후	5.30	0.02	-2.43	68.39
1년	0.93	1.25	-14.19	87.43
3년	12.43	-0.64	6.92	19.33

보수 (%, 年)

TER	0.460
운용	0.300
판매	0.100
수탁	0.030
일반사무	0.030

투자 전략

매일경제신문이 발표하는 'MKF중소형가치지수'를 추적하는 상장지수투자신탁으로서, 펀드의 수익률이 'MKF중소형가치지수'의 수익률과 동일한 수익률을 실현하도록 하는 것을 그 운용목적으로 합니다.

TIGER 방송통신 (A098560)

● 벤치마크 : **KRX 미디어통신**
● 테마분류 : ─

● 위험등급 : **2등급**
● 평가등급(3년) : ★★★★

펀드 현황

운용사(매니저)	미래에셋자산운용
판매사	─
설정일(존속기간)	2007.09.07 (9년7개월)
설정액	66.96억원
순자산	66.96억원

시장 정보 (2017년 04월 14일 기준)

52주최고(원)	10,690	수익률(12M, %)	12.98
52주최저(원)	8,550	수익률(YTD, %)	12.05
거래량(20일, 주)	2,523	변동성(120일)	0.01
거래대금(20일, 원)	26,465,099	구성종목수(개)	11
베타(1D/1Y)	0.439000	Spread(원)	-24.22

누적 수익률

설정액(좌,억원) ──Fund(우,%) ──BM(우,%)

기간별 수익률 (%)

구분	수익률	BM초과	유형초과	%순위
1주	-1.82	0.02	-1.27	91.67
1개월	1.77	-0.19	0.57	54.17
3개월	10.06	-0.25	7.79	8.33
6개월	12.81	1.95	11.94	17.39
연초이후	12.05	-0.32	8.22	10.42
1년	12.98	1.78	14.76	21.05
3년	21.96	5.51	24.60	18.52

보수 (%, 年)

TER	0.460
운용	0.300
판매	0.100
수탁	0.030
일반사무	0.030

투자 전략

상장지수투자신탁으로서 KRX MEDIA & TELECOM 지수의 수익률을 추종하는 것을 목적으로 합니다.

KODEX China H （A099140）

- 벤치마크 : **World - MSCI - EMF ASIA (KRW Unhedged)**
- 테마분류 : ―
- 위험등급 : **1등급**
- 평가등급(3년) : ★★★

펀드 현황	
운용사(매니저)	삼성자산운용
판매사	―
설정일(존속기간)	2007.10.10 (9년6개월)
설정액	722.41억원
순자산	722.41억원

시장 정보 (2017년 04월 14일 기준)			
52주최고(원)	18,935	수익률(12M, %)	2.19
52주최저(원)	14,945	수익률(YTD, %)	6.76
거래량(20일, 주)	11,199	변동성(120일)	0.01
거래대금(20일, 원)	205,670,085	구성종목수(개)	41
베타(1D/1Y)	0.707010	Spread(원)	-110.81

누적 수익률

기간별 수익률 (%)				
구분	수익률	BM초과	유형초과	%순위
1주	-1.08	-1.48	-0.92	95.63
1개월	-1.04	-2.90	-1.15	93.87
3개월	-1.94	-3.90	-3.97	99.67
6개월	-0.06	-5.59	-6.49	98.75
연초이후	6.76	-3.66	2.27	25.88
1년	2.19	-5.53	-6.58	85.96
3년	17.48	2.40	5.72	30.26

보수 (%, 年)	
TER	0.370
운용	0.250
판매	0.050
수탁	0.040
일반사무	0.030

투자 전략

KODEX China H 상장지수투자신탁(ETF)은 홍콩증권거래소에 상장되어 있고 HSI Services Limited가 발표하는 Hang Seng China Enterprises Index를 추적대상지수로 하는 상장지수투자신탁(ETF)입니다. 따라서 이 투자신탁은 당해 투자신탁의 수익률이 추적대상지수의 변동과 환율변동을 모두 포함한 수익률과 유사한 수익률을 실현합니다.

KOSEF KRX100 （A100910）

- 벤치마크 : **KRX100**
- 테마분류 : ―
- 위험등급 : **1등급**
- 평가등급(3년) : ★★★

펀드 현황	
운용사(매니저)	키움투자자산운용
판매사	―
설정일(존속기간)	2008.01.23 (9년2개월)
설정액	128.64억원
순자산	128.64억원

시장 정보 (2017년 04월 14일 기준)			
52주최고(원)	4,515	수익률(12M, %)	12.16
52주최저(원)	3,830	수익률(YTD, %)	5.83
거래량(20일, 주)	11,352	변동성(120일)	0.01
거래대금(20일, 원)	50,312,222	구성종목수(개)	101
베타(1D/1Y)	0.931980	Spread(원)	0.59

누적 수익률

기간별 수익률 (%)				
구분	수익률	BM초과	유형초과	%순위
1주	-0.38	-0.01	-0.13	51.78
1개월	0.90	0.05	-1.46	87.18
3개월	2.89	0.07	-1.87	69.23
6개월	9.51	1.91	-2.21	54.45
연초이후	5.83	0.07	-1.90	61.66
1년	12.16	1.88	-2.96	57.49
3년	6.05	5.05	0.54	69.75

보수 (%, 年)	
TER	0.230
운용	0.130
판매	0.050
수탁	0.025
일반사무	0.025

투자 전략

KRX100지수에 편입된 주식 등에 중장기투자하여 비교지수*와 유사한 투자수익률을 추구하며, 추적대상지수가 증권선물거래소가산출하여 발표하는 RX100 지수로 하는 상장지수간접투자신탁입니다.

KODEX 일본TOPIX100 (A101280)

- 벤치마크 : **World - MSCI - AC ASIA PACIFIC FREE (KRW Unhedged)**
- 테마분류 : ㅡ
- 위험등급 : **1등급**
- 평가등급(3년) : ★★★★

펀드 현황	
운용사(매니저)	삼성자산운용
판매사	ㅡ
설정일(존속기간)	2008.02.20 (9년1개월)
설정액	102.69억원
순자산	102.69억원

시장 정보 (2017년 04월 14일 기준)			
52주최고(원)	11,720	수익률(12M, %)	-3.91
52주최저(원)	9,995	수익률(YTD, %)	4.15
거래량(20일, 주)	485	변동성(120일)	0.01
거래대금(20일, 원)	5,421,426	구성종목수(개)	99
베타(1D/1Y)	0.280570	Spread(원)	-64.73

누적 수익률

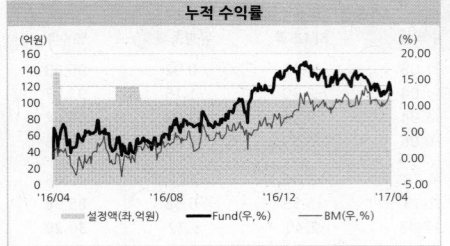

기간별 수익률 (%)				
구분	수익률	BM초과	유형초과	%순위
1주	-1.40	-1.36	-1.00	99.09
1개월	-0.14	-2.43	0.09	45.16
3개월	-3.30	-3.05	-3.52	59.33
6개월	-4.39	-5.65	-6.46	91.30
연초이후	4.15	-4.36	-1.51	74.75
1년	-3.91	-6.92	-7.58	99.02
3년	11.97	-0.56	1.59	51.67

보수 (%, 年)	
TER	0.370
운용	0.250
판매	0.050
수탁	0.040
일반사무	0.030

투자 전략

KODEX Japan 상장지수투자신탁(ETF)은 동경증권거래소에 상장되어 있고 TSE가 발표하는 TokyoStock Price Index 100 를 추적대상지수로 하는 상장지수투자신탁(ETF)입니다.

TIGER 200 (A102110)

- 벤치마크 : **KOSPI200**
- 테마분류 : ㅡ
- 위험등급 : **1등급**
- 평가등급(3년) : ★★★★

펀드 현황	
운용사(매니저)	미래에셋자산운용
판매사	ㅡ
설정일(존속기간)	2008.04.03 (9년)
설정액	15,853.40억원
순자산	15,853.40억원

시장 정보 (2017년 04월 14일 기준)			
52주최고(원)	28,740	수익률(12M, %)	16.65
52주최저(원)	23,750	수익률(YTD, %)	7.41
거래량(20일, 주)	2,142,440	변동성(120일)	0.01
거래대금(20일, 원)	60,943,299,544	구성종목수(개)	199
베타(1D/1Y)	0.970300	Spread(원)	-18.66

누적 수익률

기간별 수익률 (%)				
구분	수익률	BM초과	유형초과	%순위
1주	-0.12	0.01	0.01	31.77
1개월	1.44	0.09	-0.01	32.63
3개월	4.29	0.10	0.05	15.43
6개월	11.89	1.97	0.10	16.30
연초이후	7.41	0.06	0.04	18.09
1년	16.65	2.12	0.39	8.94
3년	12.73	5.59	0.60	14.47

보수 (%, 年)	
TER	0.050
운용	0.026
판매	0.004
수탁	0.010
일반사무	0.010

투자 전략

한국증권선물거래소가 발표하는 KOSPI200을 추적대상 지수로 하는 상장지수투자신탁으로서, 주식에 60% 이상 투자하여 펀드의 수익률이 추적대상 지수인 KOSPI200의 수익률과 유사한 수익률을 실현하도록 하는 것을 그 운용목적으로 합니다.

KODEX 삼성그룹 (A102780)

- 벤치마크 : **삼성그룹**
- 테마분류 : —
- 위험등급 : **1등급**
- 평가등급(3년) : ★★

펀드 현황

운용사(매니저)	삼성자산운용
판매사	—
설정일(존속기간)	2008.05.21 (8년11개월)
설정액	6,987.06억원
순자산	6,987.06억원

시장 정보 (2017년 04월 14일 기준)

52주최고(원)	5,815	수익률(12M, %)	14.56
52주최저(원)	4,680	수익률(YTD, %)	8.41
거래량(20일, 주)	308,415	변동성(120일)	0.01
거래대금(20일, 원)	1,771,520,255	구성종목수(개)	15
베타(1D/1Y)	0.994210	Spread(원)	-18.61

누적 수익률

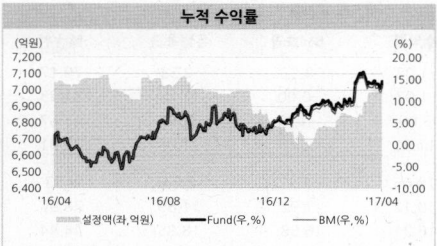

기간별 수익률 (%)

구분	수익률	BM초과	유형초과	%순위
1주	0.60	-0.01	0.85	2.03
1개월	3.22	0.03	0.87	6.67
3개월	5.73	-0.12	0.97	30.26
6개월	8.88	1.09	-2.83	57.59
연초이후	8.41	-0.17	0.68	41.45
1년	14.56	0.91	-0.55	54.49
3년	-2.65	3.13	-8.16	87.40

보수 (%, 年)

TER	0.250
운용	0.215
판매	0.005
수탁	0.010
일반사무	0.020

투자 전략

삼성 KODEX 삼성그룹주 상장지수투자신탁(ETF)은 주식회사 리만브라더스와 에프앤가이드가 산출하여 한국증권선물거래소를 통하여 발표하는 삼성그룹지수 (Samsung Group Ind ex)를 추적대상지수로 하는 상장지수투자신탁입니다. 따라서 이 투자신탁은 당해투자신탁의 수익률이 추적대상지수의 수익률과 유사한 수익률을 실현하는 것을 그 운용목적으로 하고 있습니다

KODEX 기계장비 (A102960)

- 벤치마크 : **KRX 조선**
- 테마분류 : —
- 위험등급 : **1등급**
- 평가등급(3년) : ★

펀드 현황

운용사(매니저)	삼성자산운용
판매사	—
설정일(존속기간)	2008.05.29 (8년10개월)
설정액	312.68억원
순자산	312.68억원

시장 정보 (2017년 04월 14일 기준)

52주최고(원)	6,745	수익률(12M, %)	7.62
52주최저(원)	5,250	수익률(YTD, %)	5.81
거래량(20일, 주)	12,175	변동성(120일)	0.01
거래대금(20일, 원)	79,539,712	구성종목수(개)	27
베타(1D/1Y)	1.321370	Spread(원)	-119.05

누적 수익률

기간별 수익률 (%)

구분	수익률	BM초과	유형초과	%순위
1주	-0.90	0.01	-0.35	58.33
1개월	-1.37	-0.08	-2.56	79.17
3개월	3.03	-0.17	0.76	43.75
6개월	1.82	0.47	0.94	58.70
연초이후	5.81	-0.21	1.98	33.33
1년	7.62	0.29	9.39	34.21
3년	-57.84	0.31	-55.20	100.00

보수 (%, 年)

TER	0.450
운용	0.340
판매	0.050
수탁	0.020
일반사무	0.040

투자 전략

KRX Shipbuilding 지수를 추적대상 지수로 하여 1좌당 순자산가치의 변동률을 추적 대상지수의 변동률과 유사하도록 투자신탁재산을 운용함을 그 운용목적으로 합니다.

KODEX 증권 (A102970)

- 벤치마크 : **KRX 증권**
- 테마분류 : —
- 위험등급 : **1등급**
- 평가등급(3년) : ★★★

펀드 현황	
운용사(매니저)	삼성자산운용
판매사	—
설정일(존속기간)	2008.05.29 (8년10개월)
설정액	1,480.25억원
순자산	1,480.25억원

시장 정보 (2017년 04월 14일 기준)			
52주최고(원)	6,660	수익률(12M, %)	10.12
52주최저(원)	5,170	수익률(YTD, %)	12.66
거래량(20일, 주)	101,484	변동성(120일)	0.01
거래대금(20일, 원)	651,142,027	구성종목수(개)	16
베타(1D/1Y)	1.332110	Spread(원)	-2.73

누적 수익률

설정액(좌,억원) —Fund(우,%) —BM(우,%)

기간별 수익률 (%)				
구분	수익률	BM초과	유형초과	%순위
1주	-1.08	0.02	-0.53	79.17
1개월	-1.97	-0.00	-3.16	83.33
3개월	3.09	-0.79	0.82	41.67
6개월	11.91	2.21	11.03	23.91
연초이후	12.66	-1.17	8.84	8.33
1년	10.12	1.92	11.89	28.95
3년	16.21	6.58	18.85	44.44

보수 (%, 年)	
TER	0.450
운용	0.340
판매	0.050
수탁	0.020
일반사무	0.040

투자 전략

KRX Securities 지수를 추적대상 지수로 하여 1좌당 순자산가치의 변동률을 추적대상 지수의 변동률과 유사하도록 투자신탁재산을 운용함을 그 운용목적으로 합니다.

KOSEF 블루칩 (A104520)

- 벤치마크 : **MKF 블루칩**
- 테마분류 : —
- 위험등급 : **1등급**
- 평가등급(3년) : ★★★★

펀드 현황	
운용사(매니저)	키움투자자산운용
판매사	—
설정일(존속기간)	2008.07.29 (8년8개월)
설정액	173.63억원
순자산	173.63억원

시장 정보 (2017년 04월 14일 기준)			
52주최고(원)	7,595	수익률(12M, %)	3.04
52주최저(원)	6,800	수익률(YTD, %)	4.63
거래량(20일, 주)	13,456	변동성(120일)	0.01
거래대금(20일, 원)	101,051,112	구성종목수(개)	46
베타(1D/1Y)	0.846070	Spread(원)	0.69

누적 수익률

설정액(좌,억원) —Fund(우,%) —BM(우,%)

기간별 수익률 (%)				
구분	수익률	BM초과	유형초과	%순위
1주	-0.25	-0.01	-0.01	36.04
1개월	1.53	-0.03	-0.83	66.67
3개월	2.41	-0.06	-2.36	79.49
6개월	3.94	1.48	-7.77	81.68
연초이후	4.63	-0.08	-3.10	76.17
1년	3.04	1.25	-12.08	80.84
3년	15.81	3.36	10.30	7.56

보수 (%, 年)	
TER	0.400
운용	0.240
판매	0.100
수탁	0.030
일반사무	0.030

투자 전략

우리CS KOSEF 블루칩 상장지수간접투자신탁은 주로 MKF 블루칩 지수에 편입된 주식 등에 중장기 투자하여 비교지수와 유사한 투자수익률을 추구하며 추적대상지수가 매경·에프앤가이드가 산출하여 발표하는 MKF 블루칩 지수로 하는 상장지수간접투자신탁입니다. 따라서 이 펀드는 당해 투자신탁의 수익률이 추적대상지수의 수익률과 동일한 수익률을 실현합니다.

KOSEF 고배당 (A104530)

- 벤치마크 : **MKF Wealth 고배당20**
- 테마분류 : —
- 위험등급 : **1등급**
- 평가등급(3년) : ★★★★★

펀드 현황

운용사(매니저)	키움투자자산운용
판매사	—
설정일(존속기간)	2008.07.29 (8년8개월)
설정액	133.43억원
순자산	133.43억원

시장 정보 (2017년 04월 14일 기준)

52주최고(원)	8,495	수익률(12M, %)	10.04
52주최저(원)	7,120	수익률(YTD, %)	5.52
거래량(20일, 주)	1,547	변동성(120일)	0.01
거래대금(20일, 원)	12,924,734	구성종목수(개)	21
베타(1D/1Y)	0.820490	Spread(원)	7.07

누적 수익률

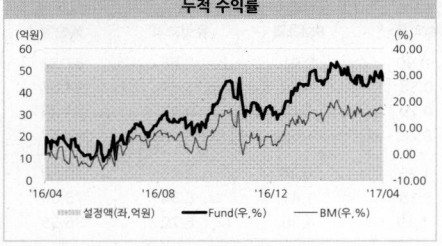

기간별 수익률 (%)

구분	수익률	BM초과	유형초과	%순위
1주	-0.71	-0.01	-0.47	86.29
1개월	-0.54	-0.05	-2.89	98.46
3개월	5.00	-0.09	0.24	43.08
6개월	8.73	3.22	-2.99	59.16
연초이후	5.52	-0.13	-2.21	64.77
1년	10.04	2.99	-5.08	71.86
3년	26.06	8.57	20.55	0.84

보수 (%, 年)

TER	0.400
운용	0.240
판매	0.100
수탁	0.030
일반사무	0.030

투자 전략

우리CS KOSEF 고배당 상장지수간접투자신탁은 주로 MKF 웰스 고배당 20지수에 편입된 주식 등에 중장기 투자하여 비교지수와 유사한 투자수익률을 추구하며 추적대상지수가 매경-에프앤가이드가 산출하여 발표하는 MKF 웰스 고배당 20지수("추적대상 지수")로 하는 상장지수간접투자신탁입니다.

TIGER 라틴35 (A105010)

- 벤치마크 : **World - MSCI - EMF LATIN AMERICA (KRW Unhedged)**
- 테마분류 : —
- 위험등급 : **2등급**
- 평가등급(3년) : ★★★★

펀드 현황

운용사(매니저)	미래에셋자산운용
판매사	—
설정일(존속기간)	2008.08.27 (8년7개월)
설정액	52.93억원
순자산	52.93억원

시장 정보 (2017년 04월 14일 기준)

52주최고(원)	3,915	수익률(12M, %)	6.68
52주최저(원)	2,815	수익률(YTD, %)	7.78
거래량(20일, 주)	61,061	변동성(120일)	0.01
거래대금(20일, 원)	224,939,701	구성종목수(개)	36
베타(1D/1Y)	0.307520	Spread(원)	16.83

누적 수익률

기간별 수익률 (%)

구분	수익률	BM초과	유형초과	%순위
1주	-1.86	-1.61	-1.10	100.00
1개월	-1.61	-2.20	-0.02	55.10
3개월	0.94	0.59	0.61	26.53
6개월	1.25	-2.83	-1.79	47.92
연초이후	7.78	0.15	2.70	10.87
1년	6.68	1.19	-1.56	68.75
3년	28.05	11.02	0.26	60.00

보수 (%, 年)

TER	0.490
운용	0.300
판매	0.100
수탁	0.050
일반사무	0.040

투자 전략

The Bank of New York Mellon 이 발표하는 The Bank of New York Mellon Latin America 35 ADR Index 를 추적대상지수로 하는 상장지수투자신탁으로서, 미국 주식시장에 상장되어 거래되는 라틴아메리카 기업의 주식예탁증서에 60% 이상 투자하여 보수차감전 펀드의 수익률이 추적대상지수 수익률과 유사하도록 운용하는 것을 그 목적으로 합니다.

KINDEX 200 （A105190）

- 벤치마크 : **KOSPI200**
- 테마분류 : —
- 위험등급 : **3등급**
- 평가등급(3년) : ★★★★

펀드 현황

운용사(매니저)	한국투신운용
판매사	—
설정일(존속기간)	2008.09.10 (8년7개월)
설정액	4,674.80억원
순자산	4,674.80억원

시장 정보 (2017년 04월 14일 기준)

52주최고(원)	28,810	수익률(12M, %)	16.58
52주최저(원)	23,750	수익률(YTD, %)	7.44
거래량(20일, 주)	264,234	변동성(120일)	0.01
거래대금(20일, 원)	7,534,289,230	구성종목수(개)	195
베타(1D/1Y)	0.955880	Spread(원)	-46.53

누적 수익률

기간별 수익률 (%)

구분	수익률	BM초과	유형초과	%순위
1주	-0.12	0.00	0.00	40.10
1개월	1.44	0.09	-0.01	34.74
3개월	4.25	0.07	0.01	17.55
6개월	12.00	2.08	0.21	10.87
연초이후	7.44	0.09	0.07	16.49
1년	16.58	2.05	0.32	11.73
3년	12.49	5.36	0.36	16.45

보수 (%, 年)

TER	0.090
운용	0.050
판매	0.010
수탁	0.010
일반사무	0.020

투자 전략

한국증권선물거래소가 발표하는 "한국종합주가지수200(Korea Stock PriceIndex 200, 이하의 수익률을 추적하도록 주식에 주로 투자하는 상장지수투자신탁으로서 이 투자신탁 수익증권 1좌당 순자산가치(투자신탁보수 차감전을 말함)의 변동률을 KOSPI200의 변동률과 유사하도록 신탁재산을 운용함을 그 목적으로 합니다.

KBSTAR 5대그룹주 （A105780）

- 벤치마크 : **MKF 5대그룹주**
- 테마분류 : —
- 위험등급 : **1등급**
- 평가등급(3년) : ★★

펀드 현황

운용사(매니저)	KB자산운용
판매사	—
설정일(존속기간)	2008.10.22 (8년5개월)
설정액	105.94억원
순자산	105.94억원

시장 정보 (2017년 04월 14일 기준)

52주최고(원)	5,080	수익률(12M, %)	8.18
52주최저(원)	4,275	수익률(YTD, %)	4.25
거래량(20일, 주)	14,330	변동성(120일)	0.01
거래대금(20일, 원)	71,306,799	구성종목수(개)	28
베타(1D/1Y)	0.810870	Spread(원)	-27.36

누적 수익률

기간별 수익률 (%)

구분	수익률	BM초과	유형초과	%순위
1주	-0.90	0.01	-0.65	87.31
1개월	0.58	-0.01	-1.77	94.87
3개월	0.29	-0.01	-4.47	94.36
6개월	8.25	1.58	-3.46	63.87
연초이후	4.25	-0.10	-3.49	76.68
1년	8.18	1.41	-6.94	73.65
3년	-1.19	4.36	-6.70	86.55

보수 (%, 年)

TER	0.400
운용	0.300
판매	0.050
수탁	0.020
일반사무	0.030

투자 전략

FnGuide가 산출하고 한국증권선물거래소를 통하여 공표되는 5대그룹주지수(Maekyung FnGuide Top5 Group Index)를 추적대상지수로 하는 상장지수투자신탁으로, 추적대상지수의 수익률과 유사한 수익률을 실현하는 것을 목표로 합니다.

KINDEX 삼성그룹섹터가중 (A108450)

● 벤치마크 : **MKF SAMs Sector Weighted**
● 테마분류 : —

● 위험등급 : **2등급**
● 평가등급(3년) : ★

펀드 현황	
운용사(매니저)	한국투신운용
판매사	—
설정일(존속기간)	2009.01.23 (8년2개월)
설정액	162.40억원
순자산	162.40억원

시장 정보 (2017년 04월 14일 기준)			
52주최고(원)	8,400	수익률(12M, %)	18.90
52주최저(원)	6,660	수익률(YTD, %)	12.47
거래량(20일, 주)	600	변동성(120일)	0.01
거래대금(20일, 원)	4,921,660	구성종목수(개)	16
베타(1D/1Y)	1.062920	Spread(원)	5.82

누적 수익률

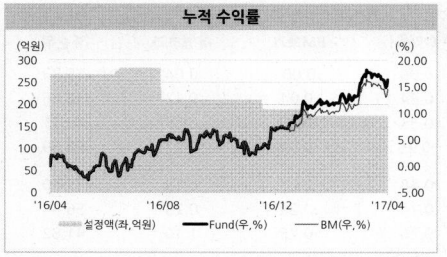

기간별 수익률 (%)				
구분	수익률	BM초과	유형초과	%순위
1주	0.55	0.00	0.79	3.05
1개월	2.75	0.08	0.39	15.90
3개월	7.79	0.00	3.03	8.21
6개월	13.60	1.27	1.88	37.70
연초이후	12.47	-0.02	4.74	18.65
1년	18.90	1.04	3.78	38.92
3년	-3.89	3.13	-9.40	89.08

보수 (%, 年)	
TER	0.150
운용	0.095
판매	0.010
수탁	0.020
일반사무	0.025

투자 전략

추적대상지수인 MKF SAMs SW 지수를 구성하고 있는 종목 대부분을 편입하는 것을 원칙으로 합니다. 다만, 자산운용회사가 추적오차의 최소화 등을 위하여 필요하다고 판단하는 경우 주가지수선물 등의 파생상품에 투자할 수도 있으며, 신규 편입 예정종목에도 투자할 수 있습니다.

TREX 200 (A108590)

● 벤치마크 : **KOSPI200**
● 테마분류 : —

● 위험등급 : **1등급**
● 평가등급(3년) : ★★★★

펀드 현황	
운용사(매니저)	유리자산운용
판매사	—
설정일(존속기간)	2009.01.23 (8년2개월)
설정액	174.13억원
순자산	174.13억원

시장 정보 (2017년 04월 14일 기준)			
52주최고(원)	29,110	수익률(12M, %)	16.33
52주최저(원)	24,070	수익률(YTD, %)	7.47
거래량(20일, 주)	168	변동성(120일)	0.01
거래대금(20일, 원)	4,785,310	구성종목수(개)	167
베타(1D/1Y)	0.943410	Spread(원)	-16.70

누적 수익률

기간별 수익률 (%)				
구분	수익률	BM초과	유형초과	%순위
1주	-0.12	0.00	0.00	36.46
1개월	1.44	0.09	-0.01	33.16
3개월	4.33	0.15	0.09	13.30
6개월	11.83	1.91	0.04	17.93
연초이후	7.47	0.12	0.10	13.30
1년	16.33	1.80	0.07	17.88
3년	12.90	5.77	0.77	11.84

보수 (%, 年)	
TER	0.325
운용	0.200
판매	0.080
수탁	0.020
일반사무	0.025

투자 전략

신탁재산의 60%이상을 주식에 투자하여 이 투자신탁 수익증권 1좌당 순자산가치(투자신탁보수 차감전을 말함)의 변동률을 (KOSPI200)의 변동률과 유사하도록 운용합니다.

KBSTAR 국고채3년 (A114100)

● 벤치마크 : **국공채 만기종합**
● 테마분류 : —

● 위험등급 : **4등급**
● 평가등급(3년) : ★★★★★

펀드 현황	
운용사(매니저)	KB자산운용
판매사	—
설정일(존속기간)	2009.07.29 (7년8개월)
설정액	831.43억원
순자산	831.43억원

시장 정보 (2017년 04월 14일 기준)			
52주최고(원)	112,665	수익률(12M, %)	0.53
52주최저(원)	110,280	수익률(YTD, %)	-0.20
거래량(20일, 주)	12,160	변동성(120일)	0.00
거래대금(20일, 원)	1,350,457,972	구성종목수(개)	4
베타(1D/1Y)	-0.002170	Spread(원)	-6.62

누적 수익률

기간별 수익률 (%)				
구분	수익률	BM초과	유형초과	%순위
1주	0.07	-0.10	0.01	37.96
1개월	0.09	0.01	0.05	9.49
3개월	0.42	-0.21	0.10	32.12
6개월	0.33	0.43	0.15	42.86
연초이후	-0.20	2.35	0.28	54.69
1년	0.53	0.30	0.18	21.37
3년	0.82	1.14	0.31	51.49

보수 (%, 年)	
TER	0.160
운용	0.080
판매	0.055
수탁	0.010
일반사무	0.015

투자 전략

한국거래소가 산출 및 공표하는 "KTBINDEX 시장가격지수"를 추적대상지수로 하는 상장지수 집합투자기구로, 추적대상지수의 수익률과 유사한 수익률을 실현하는 것을 목표로 합니다.

KODEX 국고채3년 (A114260)

● 벤치마크 : **MKF 국고채(총수익지수)**
● 테마분류 : —

● 위험등급 : **5등급**
● 평가등급(3년) : ★★★★

펀드 현황	
운용사(매니저)	삼성자산운용
판매사	—
설정일(존속기간)	2009.07.29 (7년8개월)
설정액	248.72억원
순자산	248.72억원

시장 정보 (2017년 04월 14일 기준)			
52주최고(원)	56,410	수익률(12M, %)	0.74
52주최저(원)	55,220	수익률(YTD, %)	0.48
거래량(20일, 주)	4,083	변동성(120일)	0.00
거래대금(20일, 원)	226,872,034	구성종목수(개)	4
베타(1D/1Y)	-0.001030	Spread(원)	33.90

누적 수익률

기간별 수익률 (%)				
구분	수익률	BM초과	유형초과	%순위
1주	0.08	0.00	0.04	15.33
1개월	0.44	-0.04	0.12	30.66
3개월	0.33	-0.06	0.15	42.11
6개월	-0.25	-0.09	0.23	58.59
연초이후	0.48	-0.07	0.13	37.40
1년	0.74	-0.20	0.23	56.44
3년	9.26	-0.75	1.10	41.82

보수 (%, 年)	
TER	0.150
운용	0.075
판매	0.050
수탁	0.010
일반사무	0.015

투자 전략

MKF 국고채 지수를 추적대상 지수로 하여 1좌당 순자산가치의 변동률을 추적대상지수의 변동률 과 유사하도록 투자신탁재산을 운용함을 그 운용목적으로 합니다.

KINDEX 중기국고채 (A114460)

● 벤치마크 : **국공채 만기종합**
● 테마분류 : **―**
● 위험등급 : **5등급**
● 평가등급(3년) : ★★★★

펀드 현황

운용사(매니저)	한국투신운용
판매사	―
설정일(존속기간)	2009.07.30 (7년8개월)
설정액	123.20억원
순자산	123.20억원

시장 정보 (2017년 04월 14일 기준)

52주최고(원)	107,500	수익률(12M, %)	0.46
52주최저(원)	105,205	수익률(YTD, %)	-0.28
거래량(20일, 주)	111	변동성(120일)	0.00
거래대금(20일, 원)	11,765,217	구성종목수(개)	4
베타(1D/1Y)	0.003030	Spread(원)	67.14

누적 수익률

기간별 수익률 (%)

구분	수익률	BM초과	유형초과	%순위
1주	0.06	-0.10	0.01	40.88
1개월	0.08	―	0.04	13.14
3개월	0.41	-0.23	0.09	36.50
6개월	0.30	0.40	0.12	50.38
연초이후	-0.28	2.27	0.19	60.16
1년	0.46	0.23	0.11	48.86
3년	0.75	1.07	0.24	55.45

보수 (%, 年)

TER	0.150
운용	0.075
판매	0.050
수탁	0.010
일반사무	0.015

투자 전략

"KTBINDEX 시장가격지수"의 수익률을 추적하도록 국고채에 주로 투자하는 상장지수투자신탁으로서 이 투자신탁 수익증권 1좌당 순자산가치수의 변동률을 KTBINDEX 시장가격지수의 변동률과 유사하도록 투자신탁재산을 운용함을 그 목적으로 합니다.

KOSEF 국고채3년 (A114470)

● 벤치마크 : **국공채 만기종합**
● 테마분류 : **―**
● 위험등급 : **4등급**
● 평가등급(3년) : ★★★★★

펀드 현황

운용사(매니저)	키움투자자산운용
판매사	―
설정일(존속기간)	2009.07.29 (7년8개월)
설정액	677.14억원
순자산	677.14억원

시장 정보 (2017년 04월 14일 기준)

52주최고(원)	112,410	수익률(12M, %)	0.48
52주최저(원)	110,070	수익률(YTD, %)	-0.24
거래량(20일, 주)	159	변동성(120일)	0.00
거래대금(20일, 원)	17,646,773	구성종목수(개)	4
베타(1D/1Y)	-0.009250	Spread(원)	51.65

누적 수익률

기간별 수익률 (%)

구분	수익률	BM초과	유형초과	%순위
1주	0.07	-0.10	0.01	38.69
1개월	0.08	―	0.04	12.41
3개월	0.42	-0.22	0.10	34.31
6개월	0.31	0.41	0.13	46.62
연초이후	-0.24	2.31	0.23	57.81
1년	0.48	0.26	0.13	35.88
3년	0.81	1.14	0.30	53.47

보수 (%, 年)

TER	0.150
운용	0.080
판매	0.045
수탁	0.010
일반사무	0.015

투자 전략

추적대상지수를 지수산출기관인 한국거래소가 제공하는 KTBINDEX로 하여, 추적대상지수인 KTBINDEX에 편입된 채권 등에 중장기 투자하는 상장지수 증권투자신탁입니다.

KODEX 인버스 (A114800)

● 벤치마크 : **F-KOSPI200**
● 테마분류 : —

● 위험등급 : **1등급**
● 평가등급(3년) : ★★★

펀드 현황

운용사(매니저)	삼성자산운용
판매사	—
설정일(존속기간)	2009.09.15 (7년7개월)
설정액	22,010.00억원
순자산	22,010.00억원

시장 정보 (2017년 04월 14일 기준)

52주최고(원)	8,345	수익률(12M, %)	-13.46
52주최저(원)	6,935	수익률(YTD, %)	-6.72
거래량(20일, 주)	7,578,080	변동성(120일)	0.01
거래대금(20일, 원)	53,136,331,912	구성종목수(개)	4
베타(1D/1Y)	-0.933330	Spread(원)	-33.76

누적 수익률

기간별 수익률 (%)

구분	수익률	BM초과	유형초과	%순위
1주	0.26	-0.02	-0.06	40.74
1개월	-1.27	-0.08	0.30	44.44
3개월	-3.64	-0.27	0.75	53.70
6개월	-10.05	-0.52	1.84	58.14
연초이후	-6.72	-0.27	1.32	53.70
1년	-13.46	-0.99	1.60	61.29
3년	-7.74	-2.62	0.72	35.29

보수 (%, 年)

TER	0.640
운용	0.580
판매	0.020
수탁	0.020
일반사무	0.020

투자 전략

KOSPI200주가지수선물의 가격수준을 종합적으로 표시하는 지수(이하"기초지수"라 한다)를 기초지수로 하여 1좌당 순자산가치의 일간변동률을 기초지수 일간변동률의 음(陰)의 1배수로 연동하여 투자신탁재산을 운용합니다.

TIGER 국채3년 (A114820)

● 벤치마크 : **국공채 만기종합**
● 테마분류 : —

● 위험등급 : **5등급**
● 평가등급(3년) : ★★★★

펀드 현황

운용사(매니저)	미래에셋자산운용
판매사	—
설정일(존속기간)	2009.08.24 (7년7개월)
설정액	369.84억원
순자산	369.84억원

시장 정보 (2017년 04월 14일 기준)

52주최고(원)	111,230	수익률(12M, %)	0.46
52주최저(원)	108,905	수익률(YTD, %)	-0.28
거래량(20일, 주)	805	변동성(120일)	0.00
거래대금(20일, 원)	88,215,179	구성종목수(개)	4
베타(1D/1Y)	-0.009090	Spread(원)	30.73

누적 수익률

기간별 수익률 (%)

구분	수익률	BM초과	유형초과	%순위
1주	0.06	-0.10	0.01	40.15
1개월	0.09	—	0.04	10.22
3개월	0.42	-0.22	0.10	32.85
6개월	0.31	0.41	0.12	48.12
연초이후	-0.28	2.27	0.20	59.38
1년	0.46	0.24	0.11	45.04
3년	0.76	1.09	0.25	54.46

보수 (%, 年)

TER	0.150
운용	0.070
판매	0.055
수탁	0.010
일반사무	0.015

투자 전략

국내 채권(국고채)을 주된 투자대상자산으로 하여 "KTBINDEX(시장가격지수)"를 추적대상 지수로 하여 보수차감전 1좌당 순자산가치의 변동률을 지수의 변동률과 유사하도록 투자신탁재산을 운용함을 목적으로 합니다.

KODEX 에너지화학 (A117460)

● 벤치마크 : **KRX 에너지화학**
● 테마분류 : ―
● 위험등급 : **1등급**
● 평가등급(3년) : ★★★★

펀드 현황	
운용사(매니저)	삼성자산운용
판매사	―
설정일(존속기간)	2009.10.12 (7년6개월)
설정액	67.61억원
순자산	67.61억원

시장 정보 (2017년 04월 14일 기준)			
52주최고(원)	11,690	수익률(12M, %)	-2.43
52주최저(원)	9,410	수익률(YTD, %)	3.06
거래량(20일, 주)	7,835	변동성(120일)	0.01
거래대금(20일, 원)	88,454,929	구성종목수(개)	34
베타(1D/1Y)	1.144010	Spread(원)	0.97

누적 수익률

범례: 설정액(좌,억원) —Fund(우,%) —BM(우,%)

기간별 수익률 (%)				
구분	수익률	BM초과	유형초과	%순위
1주	-1.76	0.04	-1.21	89.58
1개월	2.12	-0.10	0.92	45.83
3개월	-1.77	0.48	-4.04	79.17
6개월	10.88	2.53	10.01	32.61
연초이후	3.06	0.38	-0.76	62.50
1년	-2.43	2.04	-0.66	52.63
3년	20.50	4.76	23.14	25.93

보수 (%, 年)	
TER	0.450
운용	0.340
판매	0.050
수탁	0.020
일반사무	0.040

투자 전략

KRX Energy & Chemicals 지수(이하 "기초지수"라 한다)를 기초지수로 하여 1좌당 순자산가치의 변동률을 기초지수의 변동률과 유사하도록 투자신탁재산을 운용함을 그 운용 목적으로 합니다.

KODEX 철강 (A117680)

● 벤치마크 : **KRX 철강**
● 테마분류 : ―
● 위험등급 : **1등급**
● 평가등급(3년) : ★★★

펀드 현황	
운용사(매니저)	삼성자산운용
판매사	―
설정일(존속기간)	2009.10.30 (7년5개월)
설정액	86.99억원
순자산	86.99억원

시장 정보 (2017년 04월 14일 기준)			
52주최고(원)	10,230	수익률(12M, %)	0.35
52주최저(원)	7,925	수익률(YTD, %)	-1.94
거래량(20일, 주)	35,092	변동성(120일)	0.01
거래대금(20일, 원)	336,323,352	구성종목수(개)	17
베타(1D/1Y)	1.187800	Spread(원)	0.74

누적 수익률

범례: 설정액(좌,억원) —Fund(우,%) —BM(우,%)

기간별 수익률 (%)				
구분	수익률	BM초과	유형초과	%순위
1주	-2.52	0.04	-1.97	95.83
1개월	-3.46	0.07	-4.66	89.58
3개월	-8.62	0.13	-10.89	93.75
6개월	10.10	1.64	9.22	34.78
연초이후	-1.94	0.00	-5.76	79.17
1년	0.35	1.52	2.12	39.47
3년	-1.77	4.19	0.87	70.37

보수 (%, 年)	
TER	0.450
운용	0.340
판매	0.050
수탁	0.020
일반사무	0.040

투자 전략

KRX Steels 지수를 기초지수로 하여 1좌당 순자산가치의 변동률을 기초지수의 변동률과 유사하도록 투자신탁재산을 운용함을 그 운용목적으로 합니다.

TIGER 차이나항셍25 (A117690)

- 벤치마크 : **World - MSCI - EMF ASIA (KRW Unhedged)**
- 테마분류 : —
- 위험등급 : **2등급**
- 평가등급(3년) : ★★★

펀드 현황	
운용사(매니저)	미래에셋자산운용
판매사	—
설정일(존속기간)	2009.10.21 (7년5개월)
설정액	53.56억원
순자산	53.56억원

시장 정보 (2017년 04월 14일 기준)

52주최고(원)	14,905	수익률(12M, %)	2.50
52주최저(원)	12,055	수익률(YTD, %)	4.28
거래량(20일, 주)	29,454	변동성(120일)	0.01
거래대금(20일, 원)	426,225,959	구성종목수(개)	26
베타(1D/1Y)	0.650690	Spread(원)	92.21

누적 수익률

기간별 수익률 (%)

구분	수익률	BM초과	유형초과	%순위
1주	-1.08	-1.49	-0.93	95.85
1개월	-0.56	-2.41	-0.67	83.70
3개월	-0.41	-2.37	-2.43	91.91
6개월	0.38	-5.15	-6.05	97.95
연초이후	4.28	-6.14	-0.21	49.77
1년	2.50	-5.21	-6.27	85.84
3년	16.98	1.90	5.22	32.84

보수 (%, 年)

TER	0.490
운용	0.300
판매	0.100
수탁	0.050
일반사무	0.040

투자 전략

해외주식인 홍콩거래소에 상장된 주식을 주된 투자대상자산으로 하여 "항생메인랜드25지수"를 추적대상지수로 하여 보수차감전 1좌당 순자산가치의 변동률을 원화로 환산한 지수의 변동률과 유사하도록 투자신탁재산을 운용함을 목적으로 합니다.

KODEX 건설 (A117700)

- 벤치마크 : **KRX 건설**
- 테마분류 : —
- 위험등급 : **1등급**
- 평가등급(3년) : ★★

펀드 현황	
운용사(매니저)	삼성자산운용
판매사	—
설정일(존속기간)	2009.10.30 (7년5개월)
설정액	181.23억원
순자산	181.23억원

시장 정보 (2017년 04월 14일 기준)

52주최고(원)	3,155	수익률(12M, %)	-2.62
52주최저(원)	2,515	수익률(YTD, %)	4.47
거래량(20일, 주)	159,664	변동성(120일)	0.01
거래대금(20일, 원)	464,772,746	구성종목수(개)	30
베타(1D/1Y)	1.203530	Spread(원)	-7.28

누적 수익률

기간별 수익률 (%)

구분	수익률	BM초과	유형초과	%순위
1주	0.57	0.00	1.12	16.67
1개월	0.47	0.02	-0.73	70.83
3개월	2.32	0.04	0.05	58.33
6개월	-2.79	0.97	-3.67	73.91
연초이후	4.47	0.00	0.65	41.67
1년	-2.62	0.77	-0.84	55.26
3년	-20.02	1.46	-17.38	77.78

보수 (%, 年)

TER	0.450
운용	0.340
판매	0.050
수탁	0.020
일반사무	0.040

투자 전략

KRX Constructions 지수를 기초지수로 하여 1좌당 순자산가치의 변동률을 기초지수의 변동률과 유사하도록 투자신탁재산을 운용함을 그 운용목적으로 합니다.

ARIRANG 코스피50 （A122090）

- 벤치마크 : **KOSPI50**
- 테마분류 : —
- 위험등급 : **1등급**
- 평가등급(3년) : ★★★★

펀드 현황

운용사(매니저)	한화자산운용
판매사	—
설정일(존속기간)	2010.01.07 (7년3개월)
설정액	385.28억원
순자산	385.28억원

시장 정보 (2017년 04월 14일 기준)

52주최고(원)	19,155	수익률(12M, %)	21.78
52주최저(원)	15,040	수익률(YTD, %)	7.96
거래량(20일, 주)	33,579	변동성(120일)	0.01
거래대금(20일, 원)	636,973,194	구성종목수(개)	50
베타(1D/1Y)	1.053430	Spread(원)	9.12

누적 수익률

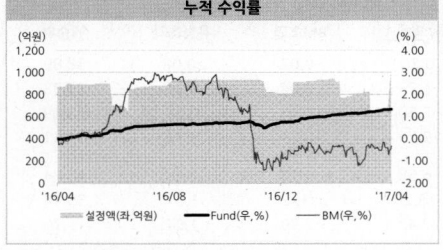

(억원) 700 600 500 400 300 200 100 0　(%) 30.00 25.00 20.00 15.00 10.00 5.00 0.00 -5.00
'16/04　'16/08　'16/12　'17/04
설정액(좌,억원)　—Fund(우,%)　—BM(우,%)

기간별 수익률 (%)

구분	수익률	BM초과	유형초과	%순위
1주	-0.20	-0.02	0.05	30.96
1개월	1.32	0.08	-1.04	74.36
3개월	4.53	0.07	-0.23	44.62
6개월	14.55	1.97	2.84	35.08
연초이후	7.96	0.06	0.22	41.97
1년	21.78	1.98	6.66	25.15
3년	13.74	5.08	8.23	10.92

보수 (%, 年)

TER	0.330
운용	0.245
판매	0.040
수탁	0.020
일반사무	0.025

투자 전략

한국거래소에서 발표하는 "KOSPI50"을 기초지수로 하여 보수차감후 1좌당 순자산가치의 변동률을 기초지수의 변동률과 유사하도록 투자신탁재산을 운용함을 목적으로 합니다.

KOSEF 통안채1년 （A122260）

- 벤치마크 : **국공채 만기종합**
- 테마분류 : —
- 위험등급 : **4등급**
- 평가등급(3년) : ★★

펀드 현황

운용사(매니저)	키움투자자산운용
판매사	—
설정일(존속기간)	2010.01.14 (7년3개월)
설정액	980.00억원
순자산	980.00억원

시장 정보 (2017년 04월 14일 기준)

52주최고(원)	101,805	수익률(12M, %)	0.51
52주최저(원)	100,515	수익률(YTD, %)	0.60
거래량(20일, 주)	445,002	변동성(120일)	0.00
거래대금(20일, 원)	44,942,925,801	구성종목수(개)	7
베타(1D/1Y)	-0.002850	Spread(원)	12.52

누적 수익률

(억원) 1,200 1,000 800 600 400 200 0　(%) 4.00 3.00 2.00 1.00 0.00 -1.00 -2.00
'16/04　'16/08　'16/12　'17/04
설정액(좌,억원)　—Fund(우,%)　—BM(우,%)

기간별 수익률 (%)

구분	수익률	BM초과	유형초과	%순위
1주	—	-0.16	-0.05	75.91
1개월	0.02	-0.07	-0.03	99.27
3개월	0.16	-0.48	-0.16	67.88
6개월	0.37	0.47	0.19	27.82
연초이후	0.60	3.15	1.07	35.16
1년	0.51	0.29	0.16	23.66
3년	1.32	1.65	0.81	33.66

보수 (%, 年)

TER	0.150
운용	0.105
판매	0.020
수탁	0.010
일반사무	0.015

투자 전략

거래가 이루어지는 장외채권시장에서 거래되는 집합투자규약 제17조에서 정의된 채권을 주된 투자대상자산으로 하여 1좌당 순자산가치의 변동율을 지수의 변동율과 유사하도록 투자신탁재산을 운용함을 목적으로 합니다.

KODEX 레버리지 (A122630)

- 벤치마크 : **KOSPI200**
- 테마분류 : —
- 위험등급 : **2등급**
- 평가등급(3년) : ★★★

펀드 현황	
운용사(매니저)	삼성자산운용
판매사	—
설정일(존속기간)	2010.02.18 (7년1개월)
설정액	8,140.00억원
순자산	8,140.00억원

시장 정보 (2017년 04월 14일 기준)			
52주최고(원)	13,475	수익률(12M, %)	30.45
52주최저(원)	9,505	수익률(YTD, %)	14.57
거래량(20일, 주)	9,230,397	변동성(120일)	0.01
거래대금(20일, 원)	121,588,142,474	구성종목수(개)	207
베타(1D/1Y)	1.937930	Spread(원)	-29.59

누적 수익률

설정액(좌,억원) —Fund(우,%) —BM(우,%)

기간별 수익률 (%)				
구분	수익률	BM초과	유형초과	%순위
1주	-0.44	-0.32	-0.20	69.04
1개월	2.65	1.30	0.29	21.03
3개월	7.71	3.53	2.95	9.23
6개월	22.78	12.86	11.07	3.66
연초이후	14.57	7.22	6.84	10.88
1년	30.45	15.92	15.33	5.39
3년	10.41	3.27	4.90	36.97

보수 (%, 年)	
TER	0.640
운용	0.580
판매	0.020
수탁	0.020
일반사무	0.020

투자 전략

한국종합주가지수200(KOSPI200주가지수, 이하"기초지수"라 한다)를 기초지수로 하여 1좌당 순자산가치의 일간변동률을 기초지수 일간변동률의 양(陽)의 2배수로 연동하여 투자신탁재산을 운용합니다.

TIGER 인버스 (A123310)

- 벤치마크 : **F-KOSPI200**
- 테마분류 : —
- 위험등급 : **1등급**
- 평가등급(3년) : ★★★

펀드 현황	
운용사(매니저)	미래에셋자산운용
판매사	—
설정일(존속기간)	2010.03.29 (7년)
설정액	1,050.00억원
순자산	1,050.00억원

시장 정보 (2017년 04월 14일 기준)			
52주최고(원)	8,965	수익률(12M, %)	-13.20
52주최저(원)	7,455	수익률(YTD, %)	-6.58
거래량(20일, 주)	63,482	변동성(120일)	0.01
거래대금(20일, 원)	478,233,487	구성종목수(개)	4
베타(1D/1Y)	-0.954770	Spread(원)	-3.86

누적 수익률

설정액(좌,억원) —Fund(우,%) —BM(우,%)

기간별 수익률 (%)				
구분	수익률	BM초과	유형초과	%순위
1주	0.26	-0.02	-0.06	38.89
1개월	-1.23	-0.04	0.34	33.33
3개월	-3.50	-0.13	0.89	35.19
6개월	-9.76	-0.23	2.13	46.51
연초이후	-6.58	-0.13	1.46	40.74
1년	-13.20	-0.72	1.87	35.48
3년	-7.42	-2.30	1.04	11.76

보수 (%, 年)	
TER	0.090
운용	0.060
판매	0.010
수탁	0.010
일반사무	0.010

투자 전략

국내 주식관련 장내파생상품을 주된 투자대상자산으로 하며, KOSPI200주가지수선물의 가격수준을 종합적으로 표시하는 지수인 "F-KOSPI200 지수"를 기초지수로 하여 1좌당 순자산가치의 일간 변동률을 기초지수의 일간 변동률의 음(陰)의 1배수로 연동하여 투자신탁재산을 운용합니다.

TIGER 레버리지 (A123320)

- 벤치마크 : **KOSPI200**
- 테마분류 : —
- 위험등급 : **1등급**
- 평가등급(3년) : ★★★

펀드 현황

운용사(매니저)	미래에셋자산운용
판매사	—
설정일(존속기간)	2010.04.09 (7년)
설정액	650.00억원
순자산	650.00억원

시장 정보 (2017년 04월 14일 기준)

52주최고(원)	12,185	수익률(12M, %)	30.95
52주최저(원)	8,585	수익률(YTD, %)	14.85
거래량(20일, 주)	492,805	변동성(120일)	0.01
거래대금(20일, 원)	5,870,510,446	구성종목수(개)	204
베타(1D/1Y)	1.887170	Spread(원)	-24.49

누적 수익률

기간별 수익률 (%)

구분	수익률	BM초과	유형초과	%순위
1주	-0.42	-0.29	-0.17	56.85
1개월	2.68	1.33	0.32	19.49
3개월	7.90	3.72	3.14	6.67
6개월	23.06	13.14	11.35	3.14
연초이후	14.85	7.50	7.11	4.15
1년	30.95	16.42	15.83	3.59
3년	10.81	3.67	5.30	32.77

보수 (%, 年)

TER	0.090
운용	0.060
판매	0.010
수탁	0.010
일반사무	0.010

투자 전략

국내주식으로 구성된 주가지수인 KOSPI200주가지수를 기초지수로 하는 상장지수집합투자기구를 주된 투자대상자산으로 하며, 국내 주식으로 구성된 주가지수인 KOSPI200주가지수를 기초지수로 하여 1좌당 순자산가치의 일간변동률을 기초지수 일간변동률의 양(陽)의 2배수로 연동하여 투자신탁재산을 운용합니다.

TIGER 원유선물Enhanced(H) (A130680)

- 벤치마크 : **S&P GSCI Crude Oil Enhanced Index ER**
- 테마분류 : —
- 위험등급 : **1등급**
- 평가등급(3년) : ★

펀드 현황

운용사(매니저)	미래에셋자산운용
판매사	—
설정일(존속기간)	2010.08.02 (6년8개월)
설정액	3,510.00억원
순자산	3,510.00억원

시장 정보 (2017년 04월 14일 기준)

52주최고(원)	4,675	수익률(12M, %)	-4.56
52주최저(원)	3,695	수익률(YTD, %)	1.32
거래량(20일, 주)	337,468	변동성(120일)	0.01
거래대금(20일, 원)	1,433,966,492	구성종목수(개)	8
베타(1D/1Y)	0.763440	Spread(원)	-108.86

누적 수익률

기간별 수익률 (%)

구분	수익률	BM초과	유형초과	%순위
1주	-0.22	—	-0.24	88.31
1개월	3.63	—	1.59	7.79
3개월	8.39	—	3.68	1.32
6개월	-4.27	—	-3.54	72.60
연초이후	1.32	—	-1.09	22.22
1년	-4.56	—	-4.64	78.08
3년	14.65	—	4.82	10.00

보수 (%, 年)

TER	0.700
운용	0.630
판매	0.000
수탁	0.030
일반사무	0.040

투자 전략

WTI원유를 기초자산으로 하여 파생상품시장에서 거래되는 장내파생상품을 법시행령 제94조제2항 제4호에서 규정하는 주된 투자대상자산으로 하며, 원유선물지수인 S&P GSCI Crude Oil Enhanced Index Excess Return의 원화환산전 수익률을 추종합니다.

KOSEF 단기자금 (A130730)

● 벤치마크 : **CD 6개월(26주)**　　　　　　● 위험등급 : **4등급**
● 테마분류 : —　　　　　　　　　　　　　　● 평가등급(3년) : —

펀드 현황	
운용사(매니저)	키움투자자산운용
판매사	—
설정일(존속기간)	2010.07.29 (6년8개월)
설정액	907.00억원
순자산	907.00억원

시장 정보 (2017년 04월 14일 기준)			
52주최고(원)	101,860	수익률(12M, %)	0.43
52주최저(원)	100,585	수익률(YTD, %)	0.67
거래량(20일, 주)	7,068	변동성(120일)	0.00
거래대금(20일, 원)	713,752,047	구성종목수(개)	14
베타(1D/1Y)	-0.001150	Spread(원)	1.40

누적 수익률

설정액(좌,억원) — Fund(우,%) — BM(우,%)

기간별 수익률 (%)				
구분	수익률	BM초과	유형초과	%순위
1주	—	—	—	92.31
1개월	0.03	-0.01	—	83.08
3개월	0.13	-0.01	-0.01	80.00
6개월	0.34	-0.06	-0.04	80.70
연초이후	0.67	-0.09	-0.05	77.36
1년	0.43	-0.03	-0.04	85.19
3년	1.36	-0.22	-0.08	72.73

보수 (%, 年)	
TER	0.150
운용	0.105
판매	0.020
수탁	0.010
일반사무	0.015

투자 전략

1좌당 순자산가치의 변동율을 지수의 변동율과 유사하도록 투자신탁재산을 운용합니다.

KINDEX 삼성그룹동일가중 (A131890)

● 벤치마크 : **MKF SAMs Equal Weighted**　　　● 위험등급 : **2등급**
● 테마분류 : —　　　　　　　　　　　　　　　● 평가등급(3년) : ★

펀드 현황	
운용사(매니저)	한국투신운용
판매사	—
설정일(존속기간)	2010.09.16 (6년7개월)
설정액	54.69억원
순자산	54.69억원

시장 정보 (2017년 04월 14일 기준)			
52주최고(원)	10,690	수익률(12M, %)	7.67
52주최저(원)	9,095	수익률(YTD, %)	10.37
거래량(20일, 주)	49	변동성(120일)	0.01
거래대금(20일, 원)	506,447	구성종목수(개)	16
베타(1D/1Y)	0.940970	Spread(원)	-20.18

누적 수익률

설정액(좌,억원) — Fund(우,%) — BM(우,%)

기간별 수익률 (%)				
구분	수익률	BM초과	유형초과	%순위
1주	0.42	-0.01	0.66	7.11
1개월	2.27	-0.01	-0.08	28.21
3개월	6.91	-0.17	2.15	19.49
6개월	5.36	1.03	-6.36	76.96
연초이후	10.37	-0.19	2.63	31.09
1년	7.67	0.69	-7.45	74.25
3년	-9.84	2.12	-15.35	91.60

보수 (%, 年)	
TER	0.150
운용	0.095
판매	0.010
수탁	0.020
일반사무	0.025

투자 전략

주식회사 에프앤가이드가 산출·공표하는 "MKF SAMs EW 지수 (Maekyung FnGuide SAMs Equal Weighted Index)"의 수익률을 추적하도록 주식에 주로 투자하는 상장지수투자신탁으로서 이 투자신탁 수익증권 1좌당 순자산가치의 변동률을 "MKF SAMs EW 지수"의 변동률과 유사하도록 신탁재산을 운용합니다.

KODEX 골드선물(H) (A132030)

● 벤치마크 : **S&P GSCI Gold Index(TR)**　　　　　● 위험등급 : **1등급**
● 테마분류 : —　　　　　● 평가등급(3년) : ★★★★★

펀드 현황

운용사(매니저)	삼성자산운용
판매사	—
설정일(존속기간)	2010.09.30 (6년6개월)
설정액	760.00억원
순자산	760.00억원

시장 정보 (2017년 04월 14일 기준)

52주최고(원)	10,560	수익률(12M, %)	11.31
52주최저(원)	8,630	수익률(YTD, %)	0.97
거래량(20일, 주)	121,696	변동성(120일)	0.01
거래대금(20일, 원)	1,159,972,253	구성종목수(개)	7
베타(1D/1Y)	-0.267390	Spread(원)	-62.51

누적 수익률

'16/04　'16/08　'16/12　'17/04
설정액(좌,억원) —Fund(우,%) —BM(우,%)

기간별 수익률 (%)

구분	수익률	BM초과	유형초과	%순위
1주	0.33	—	0.31	16.88
1개월	2.34	—	0.30	10.39
3개월	6.08	—	1.37	15.79
6개월	5.95	—	6.68	5.48
연초이후	0.97	—	-1.44	26.39
1년	11.31	—	11.23	2.74
3년	-0.12	—	-9.95	64.29

보수 (%, 年)

TER	0.680
운용	0.500
판매	0.100
수탁	0.040
일반사무	0.040

투자 전략

원자재선물 중에서 금선물(Gold Futures, 이하 '금(金)선물) 가격을 기초로 하는 S&PGSCI Gold TR 지수를 기초지수로 하여 1좌당 순자산가치의 변동률을 기초지수의 변동률과 유사하도록 투자신탁재산을 운용함을 그 운용목적으로 하는 특별자산상장지수투자신탁[금-파생형]입니다.

TIGER 미국나스닥100 (A133690)

● 벤치마크 : **World - MSCI - NORTH AMERICA (KRW Unhedged)**　　　　　● 위험등급 : **2등급**
● 테마분류 : —　　　　　● 평가등급(3년) : ★★★★★

펀드 현황

운용사(매니저)	미래에셋자산운용
판매사	—
설정일(존속기간)	2010.10.18 (6년6개월)
설정액	50.00억원
순자산	50.00억원

시장 정보 (2017년 04월 14일 기준)

52주최고(원)	28,120	수익률(12M, %)	2.20
52주최저(원)	22,200	수익률(YTD, %)	11.15
거래량(20일, 주)	25,983	변동성(120일)	0.01
거래대금(20일, 원)	714,523,072	구성종목수(개)	109
베타(1D/1Y)	0.453330	Spread(원)	-51.27

누적 수익률

'16/04　'16/08　'16/12　'17/04
설정액(좌,억원) —Fund(우,%) —BM(우,%)

기간별 수익률 (%)

구분	수익률	BM초과	유형초과	%순위
1주	-1.41	-0.69	-0.96	98.00
1개월	-1.07	-1.81	-0.79	98.67
3개월	-1.43	1.35	-0.14	62.84
6개월	2.69	3.72	0.05	57.89
연초이후	11.15	0.01	2.74	9.17
1년	2.20	3.55	-1.63	72.87
3년	19.38	7.82	6.03	3.09

보수 (%, 年)

TER	0.490
운용	0.300
판매	0.100
수탁	0.050
일반사무	0.040

투자 전략

미국의 나스닥증권시장에 상장된 해외주식을 주된 투자대상자산으로 하여 "더나스닥헌드레드인덱스"를 기초지수로 하여 보수차감전 1좌당 순자산가치의 변동률을 원화로 환산한 지수의 변동률과 유사하도록 투자신탁재산을 운용함을 목적으로 합니다

KODEX 소비재 (A136280)

- 벤치마크 : **핵심소비재**
- 테마분류 : —
- 위험등급 : **1등급**
- 평가등급(3년) : ★★★★

펀드 현황

운용사(매니저)	삼성자산운용
판매사	—
설정일(존속기간)	2010.12.07 (6년4개월)
설정액	28.82억원
순자산	28.82억원

시장 정보 (2017년 04월 14일 기준)

52주최고(원)	24,120	수익률(12M, %)	-9.66
52주최저(원)	18,760	수익률(YTD, %)	4.43
거래량(20일, 주)	404	변동성(120일)	0.01
거래대금(20일, 원)	8,126,595	구성종목수(개)	50
베타(1D/1Y)	0.589230	Spread(원)	12.18

누적 수익률

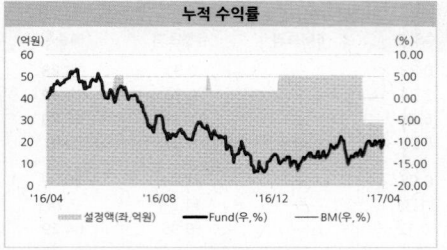

설정액(좌,억원)　Fund(우,%)　BM(우,%)

기간별 수익률 (%)

구분	수익률	BM초과	유형초과	%순위
1주	0.75	0.06	1.30	14.58
1개월	3.47	0.03	2.27	16.67
3개월	5.19	0.02	2.92	20.83
6개월	-1.41	0.85	-2.29	67.39
연초이후	4.43	0.01	0.60	43.75
1년	-9.66	0.51	-7.89	81.58
3년	21.37	0.92	24.00	22.22

보수 (%, 年)

TER	0.450
운용	0.340
판매	0.050
수탁	0.020
일반사무	0.040

투자 전략

핵심소비재 지수를 기초지수로 하여 1좌당 순자산가치의 변동률을 기초지수의 변동률과 유사하도록 투자신탁재산을 운용함을 그 운용목적으로 합니다.

KBSTAR 중기우량회사채 (A136340)

- 벤치마크 : **KOBI Credit**
- 테마분류 : —
- 위험등급 : **4등급**
- 평가등급(3년) : —

펀드 현황

운용사(매니저)	KB자산운용
판매사	—
설정일(존속기간)	2011.04.12 (6년)
설정액	510.00억원
순자산	510.00억원

시장 정보 (2017년 04월 14일 기준)

52주최고(원)	104,690	수익률(12M, %)	1.32
52주최저(원)	101,885	수익률(YTD, %)	0.65
거래량(20일, 주)	1,166	변동성(120일)	0.00
거래대금(20일, 원)	120,114,177	구성종목수(개)	12
베타(1D/1Y)	-0.007590	Spread(원)	21.41

누적 수익률

설정액(좌,억원)　Fund(우,%)　BM(우,%)

기간별 수익률 (%)

구분	수익률	BM초과	유형초과	%순위
1주	0.07	-0.01	0.00	16.67
1개월	0.31	-0.17	0.02	—
3개월	0.37	-0.01	-0.15	100.00
6개월	0.21	0.37	-0.25	100.00
연초이후	0.65	0.09	-0.08	100.00
1년	1.32	0.38	-0.19	100.00
3년	9.15	-0.86	0.57	—

보수 (%, 年)

TER	0.250
운용	0.150
판매	0.075
수탁	0.010
일반사무	0.015

투자 전략

KIS채권평가가 산출 및 공표하는 "KOBI Credit Index(총수익지수)"를 기초지수로 하는 상장지수집합투자기구로, 기초지수의 수익률과 유사한 수익률을 실현하는 것을 목표로 합니다.

TIGER 농산물선물Enhanced(H) (A137610)

- 벤치마크 : **S&P GSCI Agriculture Enhanced Index(ER)**
- 테마분류 : —
- 위험등급 : **1등급**
- 평가등급(3년) : ★★

펀드 현황	
운용사(매니저)	미래에셋자산운용
판매사	—
설정일(존속기간)	2011.01.11 (6년3개월)
설정액	980.00억원
순자산	980.00억원

시장 정보 (2017년 04월 14일 기준)			
52주최고(원)	7,285	수익률(12M, %)	-0.61
52주최저(원)	5,910	수익률(YTD, %)	-3.79
거래량(20일, 주)	56,954	변동성(120일)	0.01
거래대금(20일, 원)	340,476,297	구성종목수(개)	9
베타(1D/1Y)	0.405910	Spread(원)	75.93

누적 수익률

기간별 수익률 (%)				
구분	수익률	BM초과	유형초과	%순위
1주	0.30	—	0.28	32.47
1개월	0.85	—	-1.19	74.03
3개월	-2.59	—	-7.30	94.74
6개월	-4.68	—	-3.95	73.97
연초이후	-3.79	—	-6.21	87.50
1년	-0.61	—	-0.70	36.99
3년	-2.16	—	-11.99	90.00

보수 (%, 年)	
TER	0.700
운용	0.530
판매	0.100
수탁	0.030
일반사무	0.040

투자 전략

농산물을 기초자산으로 하는 것으로서 농산물선물지수인 S&P GSCI Agriculture Enhanced Select Index Excess Return의 수익률을 추종 합니다.

마이다스 200커버드콜 (A137930)

- 벤치마크 : **KOSPI200 커버드콜**
- 테마분류 : —
- 위험등급 : **2등급**
- 평가등급(3년) : ★★★★★

펀드 현황	
운용사(매니저)	마이다스에셋자산운용
판매사	—
설정일(존속기간)	2011.02.11 (6년2개월)
설정액	340.00억원
순자산	340.00억원

시장 정보 (2017년 04월 14일 기준)			
52주최고(원)	12,155	수익률(12M, %)	18.05
52주최저(원)	9,900	수익률(YTD, %)	7.23
거래량(20일, 주)	1,190	변동성(120일)	0.00
거래대금(20일, 원)	14,338,116	구성종목수(개)	142
베타(1D/1Y)	0.758900	Spread(원)	-8.79

누적 수익률

기간별 수익률 (%)				
구분	수익률	BM초과	유형초과	%순위
1주	-0.14	-0.04	-0.02	57.81
1개월	1.34	-0.10	-0.11	62.63
3개월	4.12	-0.17	-0.12	30.32
6개월	12.24	2.01	0.45	7.07
연초이후	7.23	-0.24	-0.14	31.91
1년	18.05	2.70	1.79	1.12
3년	16.16	5.62	4.03	—

보수 (%, 年)	
TER	0.450
운용	0.300
판매	0.090
수탁	0.030
일반사무	0.030

투자 전략

주식을 주된 투자대상자산으로 하며, 수익증권 1좌당 순자산가치의 변동률을 추적대상지수(KOSPI200 커버드콜 지수)의 변동률과 유사하도록 운용함을 목적으로 합니다.

KOSEF 미국달러선물 (A138230)

- 벤치마크 : **F-USDKRW(미국달러선물지수)**
- 테마분류 : ―
- 위험등급 : **1등급**
- 평가등급(3년) : ―

펀드 현황

운용사(매니저)	키움투자자산운용
판매사	―
설정일(존속기간)	2011.02.24 (6년1개월)
설정액	679.56억원
순자산	679.56억원

시장 정보 (2017년 04월 14일 기준)

52주최고(원)	12,415	수익률(12M, %)	-0.98
52주최저(원)	11,210	수익률(YTD, %)	-6.27
거래량(20일, 주)	149,381	변동성(120일)	0.01
거래대금(20일, 원)	1,720,747,945	구성종목수(개)	5
베타(1D/1Y)	-0.491240	Spread(원)	-1.35

누적 수익률

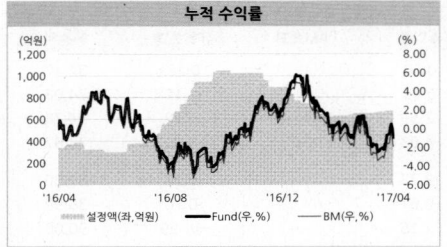

기간별 수익률 (%)

구분	수익률	BM초과	유형초과	%순위
1주	-0.25	0.01	0.03	29.41
1개월	-1.17	0.07	-0.05	52.94
3개월	-3.59	0.15	0.86	33.33
6개월	-0.30	0.27	―	―
연초이후	-6.27	0.23	-3.00	33.33
1년	-0.98	0.95	―	―
3년	9.65	4.07	―	―

보수 (%, 年)

TER	0.370
운용	0.200
판매	0.120
수탁	0.025
일반사무	0.025

투자 전략

미국달러선물 가격을 기초로 하는 미국달러선물지수를 기초지수로 하여 1좌당 순자산가치의 변동률을 기초지수의 변동률과 유사하도록 투자신탁재산을 운용함을 그 운용목적으로 하는 특별자산상장지수투자신탁[미국달러-파생형]입니다.

TIGER 삼성그룹펀더멘털 (A138520)

- 벤치마크 : **MKF SAMs FW**
- 테마분류 : ―
- 위험등급 : **2등급**
- 평가등급(3년) : ★

펀드 현황

운용사(매니저)	미래에셋자산운용
판매사	―
설정일(존속기간)	2011.03.07 (6년1개월)
설정액	51.97억원
순자산	51.97억원

시장 정보 (2017년 04월 14일 기준)

52주최고(원)	7,935	수익률(12M, %)	19.60
52주최저(원)	5,980	수익률(YTD, %)	12.08
거래량(20일, 주)	543	변동성(120일)	0.01
거래대금(20일, 원)	4,221,318	구성종목수(개)	17
베타(1D/1Y)	0.929860	Spread(원)	-1.69

누적 수익률

기간별 수익률 (%)

구분	수익률	BM초과	유형초과	%순위
1주	0.50	-0.01	0.74	4.57
1개월	2.17	0.05	-0.19	32.82
3개월	7.69	-0.11	2.92	9.74
6개월	15.06	1.10	3.34	33.51
연초이후	12.08	-0.21	4.34	19.69
1년	19.60	1.01	4.49	37.13
3년	-3.17	3.55	-8.68	88.24

보수 (%, 年)

TER	0.150
운용	0.093
판매	0.020
수탁	0.012
일반사무	0.025

투자 전략

에프앤가이드가 발표하는"MKF SAMs FW 지수"를 추적대상지수로 하여 1좌당 순자산가치의 변동률을 지수의 변동률과 유사하도록 투자신탁재산을 운용합니다.

TIGER LG그룹+펀더멘털 (A138530)

- 벤치마크 : **MKF LG그룹+FW**
- 테마분류 : —
- 위험등급 : **2등급**
- 평가등급(3년) : ★★★★★

펀드 현황	
운용사(매니저)	미래에셋자산운용
판매사	—
설정일(존속기간)	2011.03.10 (6년1개월)
설정액	49.73억원
순자산	49.73억원

시장 정보 (2017년 04월 14일 기준)			
52주최고(원)	7,600	수익률(12M, %)	6.58
52주최저(원)	5,965	수익률(YTD, %)	12.21
거래량(20일, 주)	1,670	변동성(120일)	0.01
거래대금(20일, 원)	12,394,270	구성종목수(개)	20
베타(1D/1Y)	0.946750	Spread(원)	-47.28

누적 수익률

기간별 수익률 (%)				
구분	수익률	BM초과	유형초과	%순위
1주	-0.53	-0.00	-0.28	81.73
1개월	4.16	-0.09	1.81	3.59
3개월	8.84	-0.05	4.07	1.03
6개월	18.74	1.63	7.02	18.85
연초이후	12.21	-0.12	4.48	19.17
1년	6.58	1.56	-8.54	76.05
3년	23.90	3.92	18.39	1.68

보수 (%, 年)	
TER	0.150
운용	0.093
판매	0.020
수탁	0.012
일반사무	0.025

투자 전략

에프앤가이드(FnGuide)가 발표하는 "MKF LG그룹+ FW 지수"를 추적대상지수로 하여 1좌당 순자산가치의 변동률을 지수의 변동률과 유사하도록 투자신탁재산을 운용합니다.

TIGER 현대차그룹+펀더멘털 (A138540)

- 벤치마크 : **MKF 현대차그룹+FW**
- 테마분류 : —
- 위험등급 : **2등급**
- 평가등급(3년) : ★

펀드 현황	
운용사(매니저)	미래에셋자산운용
판매사	—
설정일(존속기간)	2011.03.10 (6년1개월)
설정액	68.62억원
순자산	68.62억원

시장 정보 (2017년 04월 14일 기준)			
52주최고(원)	19,520	수익률(12M, %)	-3.20
52주최저(원)	15,945	수익률(YTD, %)	-4.58
거래량(20일, 주)	2,810	변동성(120일)	0.01
거래대금(20일, 원)	54,081,991	구성종목수(개)	12
베타(1D/1Y)	0.938690	Spread(원)	-44.06

누적 수익률

기간별 수익률 (%)				
구분	수익률	BM초과	유형초과	%순위
1주	-2.52	0.05	-2.28	100.00
1개월	-4.70	0.07	-7.05	100.00
3개월	-7.36	0.09	-12.12	100.00
6개월	-2.17	1.61	-13.89	92.67
연초이후	-4.58	0.03	-12.32	100.00
1년	-3.20	1.60	-18.32	91.62
3년	-30.10	2.80	-35.61	100.00

보수 (%, 年)	
TER	0.150
운용	0.093
판매	0.020
수탁	0.012
일반사무	0.025

투자 전략

에프앤가이드(FnGuide)가 발표하는 "MKF 현대차그룹+ FW 지수"를 추적대상지수로 하여 1좌당 순자산가치의 변동률을 지수의 변동률과 유사하도록 투자신탁재산을 운용합니다.

KODEX 구리선물(H) (A138910)

● 벤치마크 : **MKF Metal sector ER**　　　　　　● 위험등급 : **1등급**
● 테마분류 : ㅡ　　　　　　　　　　　　　　　● 평가등급(3년) : ★★★

펀드 현황	
운용사(매니저)	삼성자산운용
판매사	ㅡ
설정일(존속기간)	2011.03.14 (6년1개월)
설정액	120.00억원
순자산	120.00억원

시장 정보 (2017년 04월 14일 기준)			
52주최고(원)	6,090	수익률(12M, %)	18.01
52주최저(원)	4,500	수익률(YTD, %)	0.82
거래량(20일, 주)	14,088	변동성(120일)	0.02
거래대금(20일, 원)	79,432,647	구성종목수(개)	8
베타(1D/1Y)	0.329740	Spread(원)	71.92

누적 수익률

기간별 수익률 (%)				
구분	수익률	BM초과	유형초과	%순위
1주	-5.06	-4.91	-7.11	100.00
1개월	-2.10	-4.84	-6.82	78.95
3개월	-5.43	-8.35	-4.70	76.71
6개월	15.12	6.66	12.70	1.39
연초이후	0.82	-7.68	0.74	32.88
1년	18.01	8.55	8.18	8.57
3년	-20.54	-13.37	3.02	33.93

보수 (%, 年)	
TER	0.680
운용	0.500
판매	0.100
수탁	0.040
일반사무	0.040

투자 전략

COMEX(Commodity Exchange, 뉴욕상품거래소)에서 거래되는 원자재선물 중에서 구리선물가격을 기초로 하는 S&P GSCI North American Copper TR 지수를 기초지수로 하여 1좌당 순자산가치의 변동률을 기초지수의 변동률과 유사하도록 투자신탁재산을 운용함을 그 운용목적으로 하는 특별자산상장지수투자신탁[구리-파생형]입니다.

KODEX 콩선물(H) (A138920)

● 벤치마크 : **MKF Agriculture sector ER**　　　　● 위험등급 : **1등급**
● 테마분류 : ㅡ　　　　　　　　　　　　　　　● 평가등급(3년) : ★★★

펀드 현황	
운용사(매니저)	삼성자산운용
판매사	ㅡ
설정일(존속기간)	2011.03.14 (6년1개월)
설정액	50.00억원
순자산	50.00억원

시장 정보 (2017년 04월 14일 기준)			
52주최고(원)	13,645	수익률(12M, %)	-1.29
52주최저(원)	10,450	수익률(YTD, %)	-8.14
거래량(20일, 주)	3,231	변동성(120일)	0.01
거래대금(20일, 원)	34,144,210	구성종목수(개)	7
베타(1D/1Y)	0.546090	Spread(원)	46.96

누적 수익률

기간별 수익률 (%)				
구분	수익률	BM초과	유형초과	%순위
1주	0.21	-1.66	-1.83	85.71
1개월	-6.08	-4.49	-10.79	100.00
3개월	-9.47	-4.88	-8.74	100.00
6개월	-3.63	2.80	-6.05	86.11
연초이후	-8.14	-6.88	-8.22	97.26
1년	-1.29	9.90	-11.12	74.29
3년	-26.77	11.07	-3.21	35.71

보수 (%, 年)	
TER	0.680
운용	0.500
판매	0.100
수탁	0.040
일반사무	0.040

투자 전략

CBOT에서 거래되는 원자재선물 중에서 콩선물 가격을 기초로 하는 S&P GSCI Soybeans TR 지수를 기초지수로 하여 1좌당 순자산가치의 변동률을 기초지수의 변동률과 유사하도록 투자신탁재산을 운용함을 그 운용목적으로 하는 특별자산상장지수투자신탁[콩-파생형]입니다.

TIGER 200 건설 (A139220)

- 벤치마크 : **KOSPI200 건설기계**
- 테마분류 : **―**
- 위험등급 : **2등급**
- 평가등급(3년) : **★**

펀드 현황

운용사(매니저)	미래에셋자산운용
판매사	―
설정일(존속기간)	2011.04.06 (6년)
설정액	114.97억원
순자산	114.97억원

시장 정보 (2017년 04월 14일 기준)

52주최고(원)	3,060	수익률(12M, %)	-5.80
52주최저(원)	2,485	수익률(YTD, %)	4.94
거래량(20일, 주)	1,003	변동성(120일)	0.01
거래대금(20일, 원)	2,783,677	구성종목수(개)	14
베타(1D/1Y)	0.980320	Spread(원)	2.32

누적 수익률

기간별 수익률 (%)

구분	수익률	BM초과	유형초과	%순위
1주	0.45	-0.01	1.00	22.92
1개월	0.59	-0.05	-0.60	66.67
3개월	2.87	0.58	0.60	45.83
6개월	-2.04	1.43	-2.92	69.57
연초이후	4.94	0.54	1.12	39.58
1년	-5.80	1.21	-4.03	63.16
3년	-29.26	1.60	-26.62	96.30

보수 (%, 年)

TER	0.400
운용	0.270
판매	0.070
수탁	0.030
일반사무	0.030

투자 전략

국내 주식을 주된 투자대상자산으로 하며, 한국거래소가 발표하는"KOSPI 200 건설기계 지수"를 추적대상지수로 하여 1좌당 순자산가치의 변동률을 지수의 변동률과 유사하도록 투자신탁재산을 운용함을 목적으로 합니다.

TIGER 200 중공업 (A139230)

- 벤치마크 : **KOSPI200 조선운송**
- 테마분류 : **―**
- 위험등급 : **1등급**
- 평가등급(3년) : **★**

펀드 현황

운용사(매니저)	미래에셋자산운용
판매사	―
설정일(존속기간)	2011.04.06 (6년)
설정액	212.71억원
순자산	212.71억원

시장 정보 (2017년 04월 14일 기준)

52주최고(원)	3,670	수익률(12M, %)	19.19
52주최저(원)	2,615	수익률(YTD, %)	8.60
거래량(20일, 주)	25,709	변동성(120일)	0.02
거래대금(20일, 원)	90,947,625	구성종목수(개)	9
베타(1D/1Y)	1.275010	Spread(원)	-11.40

누적 수익률

기간별 수익률 (%)

구분	수익률	BM초과	유형초과	%순위
1주	-1.16	0.00	-0.61	81.25
1개월	-1.89	-0.13	-3.08	81.25
3개월	3.85	-0.31	1.58	29.17
6개월	-0.41	0.10	-1.28	63.04
연초이후	8.60	-0.36	4.78	22.92
1년	19.19	-0.30	20.97	13.16
3년	-28.33	0.60	-25.69	92.59

보수 (%, 年)

TER	0.400
운용	0.270
판매	0.070
수탁	0.030
일반사무	0.030

투자 전략

국내 주식을 주된 투자대상자산으로 하며, 한국거래소가 발표하는"KOSPI 200 조선운송 지수"를 추적대상지수로 하여 1좌당 순자산가치의 변동률을 지수의 변동률과 유사하도록 투자신탁재산을 운용함을 목적으로 합니다

TIGER 200 철강소재 (A139240)

● 벤치마크 : **KOSPI200 철강소재**
● 테마분류 : —

● 위험등급 : **2등급**
● 평가등급(3년) : ★★★★

펀드 현황	
운용사(매니저)	미래에셋자산운용
판매사	—
설정일(존속기간)	2011.04.06 (6년)
설정액	98.14억원
순자산	98.14억원

시장 정보 (2017년 04월 14일 기준)			
52주최고(원)	10,645	수익률(12M, %)	3.08
52주최저(원)	8,060	수익률(YTD, %)	-2.54
거래량(20일, 주)	20,118	변동성(120일)	0.01
거래대금(20일, 원)	196,461,958	구성종목수(개)	12
베타(1D/1Y)	1.176790	Spread(원)	14.65

누적 수익률

기간별 수익률 (%)				
구분	수익률	BM초과	유형초과	%순위
1주	-2.47	0.03	-1.92	93.75
1개월	-3.97	0.10	-5.17	93.75
3개월	-9.23	0.21	-11.51	95.83
6개월	11.48	1.70	10.61	28.26
연초이후	-2.54	0.08	-6.36	81.25
1년	3.08	1.68	4.85	36.84
3년	10.34	4.20	12.98	59.26

보수 (%, 年)	
TER	0.400
운용	0.270
판매	0.070
수탁	0.030
일반사무	0.030

투자 전략

국내 주식을 주된 투자대상자산으로 하며, 한국거래소가 발표하는"KOSPI 200 철강소재 지수"를 추적대상지수로 하여 1좌당 순자산가치의 변동률을 지수의 변동률과 유사하도록 투자신탁재산을 운용함을 목적으로 합니다.

TIGER 200 에너지화학 (A139250)

● 벤치마크 : **KOSPI200 에너지화학**
● 테마분류 : —

● 위험등급 : **2등급**
● 평가등급(3년) : ★★★★

펀드 현황	
운용사(매니저)	미래에셋자산운용
판매사	—
설정일(존속기간)	2011.04.06 (6년)
설정액	155.66억원
순자산	155.66억원

시장 정보 (2017년 04월 14일 기준)			
52주최고(원)	13,385	수익률(12M, %)	-3.60
52주최저(원)	10,785	수익률(YTD, %)	3.29
거래량(20일, 주)	9,000	변동성(120일)	0.01
거래대금(20일, 원)	116,126,375	구성종목수(개)	26
베타(1D/1Y)	1.167450	Spread(원)	-22.33

누적 수익률

기간별 수익률 (%)				
구분	수익률	BM초과	유형초과	%순위
1주	-1.66	0.02	-1.11	87.50
1개월	2.16	-0.08	0.97	41.67
3개월	-1.53	0.36	-3.80	77.08
6개월	11.14	2.17	10.26	30.43
연초이후	3.29	0.27	-0.54	58.33
1년	-3.60	1.84	-1.83	57.89
3년	26.84	4.84	29.48	11.11

보수 (%, 年)	
TER	0.400
운용	0.270
판매	0.070
수탁	0.030
일반사무	0.030

투자 전략

한국거래소가 발표하는"KOSPI 200 에너지화학 지수"를 추적대상지수로 하여 1좌당 순자산가치의 변동률을 지수의 변동률과 유사하도록 투자신탁재산을 운용합니다.

TIGER 200 IT （A139260）

● 벤치마크 : **KOSPI200 정보통신**
● 테마분류 : 一

● 위험등급 : **2등급**
● 평가등급(3년) : ★★★★

펀드 현황

운용사(매니저)	미래에셋자산운용
판매사	一
설정일(존속기간)	2011.04.06 (6년)
설정액	1,180.73억원
순자산	1,180.73억원

시장 정보 (2017년 04월 14일 기준)

52주최고(원)	18,655	수익률(12M, %)	40.44
52주최저(원)	12,840	수익률(YTD, %)	14.81
거래량(20일, 주)	335,679	변동성(120일)	0.01
거래대금(20일, 원)	6,183,575,305	구성종목수(개)	17
베타(1D/1Y)	1.153840	Spread(원)	16.50

누적 수익률

설정액(좌,억원) —Fund(우,%) —BM(우,%)

기간별 수익률 (%)

구분	수익률	BM초과	유형초과	%순위
1주	0.51	-0.00	1.06	18.75
1개월	3.41	0.05	2.22	20.83
3개월	9.09	-0.00	6.82	10.42
6개월	21.66	1.17	20.78	2.17
연초이후	14.81	-0.08	10.99	4.17
1년	40.44	0.92	42.22	—
3년	23.62	2.37	26.26	14.81

보수 (%, 年)

TER	0.400
운용	0.270
판매	0.070
수탁	0.030
일반사무	0.030

투자 전략

국내 주식을 주된 투자대상자산으로 하며, 한국거래소가 발표하는"KOSPI 200 정보통신 지수"를 추적대상지수로 하여 1좌당 순자산가치의 변동률을 지수의 변동률과 유사하도록 투자신탁재산을 운용함을 목적으로 합니다.

TIGER 200 금융 （A139270）

● 벤치마크 : **KOSPI200 금융**
● 테마분류 : 一

● 위험등급 : **2등급**
● 평가등급(3년) : ★★★

펀드 현황

운용사(매니저)	미래에셋자산운용
판매사	一
설정일(존속기간)	2011.04.06 (6년)
설정액	71.02억원
순자산	71.02억원

시장 정보 (2017년 04월 14일 기준)

52주최고(원)	8,025	수익률(12M, %)	18.32
52주최저(원)	5,990	수익률(YTD, %)	6.11
거래량(20일, 주)	696	변동성(120일)	0.01
거래대금(20일, 원)	5,365,540	구성종목수(개)	18
베타(1D/1Y)	0.955580	Spread(원)	-40.24

누적 수익률

설정액(좌,억원) —Fund(우,%) —BM(우,%)

기간별 수익률 (%)

구분	수익률	BM초과	유형초과	%순위
1주	-0.45	-0.00	0.10	39.58
1개월	-2.18	0.01	-3.37	85.42
3개월	4.89	-0.26	2.62	22.92
6개월	12.67	2.45	11.79	19.57
연초이후	6.11	-0.32	2.29	31.25
1년	18.32	2.31	20.09	18.42
3년	11.00	6.90	13.64	55.56

보수 (%, 年)

TER	0.400
운용	0.270
판매	0.070
수탁	0.030
일반사무	0.030

투자 전략

국내 주식을 주된 투자대상자산으로 하며, 한국거래소가 발표하는"KOSPI 200 금융 지수"를 추적대상지수로 하여 1좌당 순자산가치의 변동률을 지수의 변동률과 유사하도록 투자신탁재산을 운용함을 목적으로 합니다.

TIGER 경기방어 (A139280)

● 벤치마크 : **KOSPI200 필수소비재**
● 테마분류 : ㅡ

● 위험등급 : **3등급**
● 평가등급(3년) : ★★★★★

펀드 현황

운용사(매니저)	미래에셋자산운용
판매사	ㅡ
설정일(존속기간)	2011.04.06 (6년)
설정액	2,386.60억원
순자산	2,386.60억원

시장 정보 (2017년 04월 14일 기준)

52주최고(원)	15,420	수익률(12M, %)	-11.23
52주최저(원)	12,075	수익률(YTD, %)	1.63
거래량(20일, 주)	82,567	변동성(120일)	0.01
거래대금(20일, 원)	1,058,156,791	구성종목수(개)	56
베타(1D/1Y)	0.546320	Spread(원)	-38.54

누적 수익률

기간별 수익률 (%)

구분	수익률	BM초과	유형초과	%순위
1주	-0.96	0.03	-0.41	68.75
1개월	1.03	0.13	-0.17	62.50
3개월	1.86	-0.06	-0.41	62.50
6개월	-5.17	0.71	-6.05	78.26
연초이후	1.63	-0.41	-2.20	68.75
1년	-11.23	-1.45	-9.46	86.84
3년	27.86	2.52	30.50	7.41

보수 (%, 年)

TER	0.400
운용	0.270
판매	0.070
수탁	0.030
일반사무	0.030

투자 전략

국내 주식을 주된 투자대상자산으로 하며, 한국거래소가 발표하는"KOSPI 200 필수소비재 지수"를 추적대상지수로 하여 1좌당 순자산가치의 변동률을 지수의 변동률과 유사하도록 투자신탁재산을 운용함을 목적으로 합니다

TIGER 200 경기소비재 (A139290)

● 벤치마크 : **KOSPI200 자유소비재**
● 테마분류 : ㅡ

● 위험등급 : **3등급**
● 평가등급(3년) : ★★

펀드 현황

운용사(매니저)	미래에셋자산운용
판매사	ㅡ
설정일(존속기간)	2011.04.06 (6년)
설정액	126.70억원
순자산	126.70억원

시장 정보 (2017년 04월 14일 기준)

52주최고(원)	17,570	수익률(12M, %)	-7.15
52주최저(원)	15,175	수익률(YTD, %)	-3.24
거래량(20일, 주)	892	변동성(120일)	0.01
거래대금(20일, 원)	14,247,108	구성종목수(개)	41
베타(1D/1Y)	0.798950	Spread(원)	-61.35

누적 수익률

기간별 수익률 (%)

구분	수익률	BM초과	유형초과	%순위
1주	-0.40	0.00	0.15	37.50
1개월	-0.12	0.00	-1.32	72.92
3개월	-5.50	0.03	-7.77	89.58
6개월	-6.48	1.41	-7.35	80.43
연초이후	-3.24	-0.03	-7.06	85.42
1년	-7.15	1.34	-5.38	71.05
3년	-25.16	2.85	-22.52	81.48

보수 (%, 年)

TER	0.400
운용	0.270
판매	0.070
수탁	0.030
일반사무	0.030

투자 전략

국내 주식을 주된 투자대상자산으로 하며, 한국거래소가 발표하는"KOSPI 200 자유소비재 지수"를 추적대상지수로 하여 1좌당 순자산가치의 변동률을 지수의변동률과 유사하도록 투자신탁재산을 운용함을 목적으로 합니다

TIGER 금속선물(H) (A139310)

- 벤치마크 : **Metal sector ER**
- 테마분류 : ―
- 위험등급 : **1등급**
- 평가등급(3년) : ★★★★

펀드 현황

운용사(매니저)	미래에셋자산운용
판매사	―
설정일(존속기간)	2011.04.08 (6년)
설정액	60.00억원
순자산	60.00억원

시장 정보 (2017년 04월 14일 기준)

52주최고(원)	5,470	수익률(12M, %)	19.00
52주최저(원)	4,320	수익률(YTD, %)	4.16
거래량(20일, 주)	51,798	변동성(120일)	0.01
거래대금(20일, 원)	273,439,596	구성종목수(개)	7
베타(1D/1Y)	0.269580	Spread(원)	-36.31

누적 수익률

기간별 수익률 (%)

구분	수익률	BM초과	유형초과	%순위
1주	-3.64	-3.48	-5.68	98.70
1개월	-0.84	-3.58	-5.56	72.37
3개월	-0.05	-2.98	0.68	27.40
6개월	12.55	4.10	10.14	2.78
연초이후	4.16	-4.34	4.08	27.40
1년	19.00	9.54	9.16	5.71
3년	-18.15	-10.98	5.41	32.14

보수 (%, 年)

TER	0.700
운용	0.530
판매	0.100
수탁	0.030
일반사무	0.040

투자 전략

산업용 비철금속을 기초자산으로 하는 것으로서 해외의 파생상품시장에서 거래되는 장내파생상품을 주된 투자대상자산으로 하며, 금속선물지수인 S&P GSCI Industrial Metals Select Index Total Return의 수익률을 추종합니다.

TIGER 금은선물(H) (A139320)

- 벤치마크 : **Metal sector ER**
- 테마분류 : ―
- 위험등급 : **1등급**
- 평가등급(3년) : ★★★★

펀드 현황

운용사(매니저)	미래에셋자산운용
판매사	―
설정일(존속기간)	2011.04.08 (6년)
설정액	60.00억원
순자산	60.00억원

시장 정보 (2017년 04월 14일 기준)

52주최고(원)	8,605	수익률(12M, %)	0.83
52주최저(원)	7,005	수익률(YTD, %)	11.31
거래량(20일, 주)	36,779	변동성(120일)	0.01
거래대금(20일, 원)	281,304,000	구성종목수(개)	7
베타(1D/1Y)	-0.206310	Spread(원)	-171.22

누적 수익률

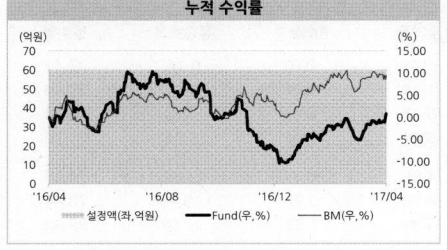

기간별 수익률 (%)

구분	수익률	BM초과	유형초과	%순위
1주	2.11	2.27	0.07	29.87
1개월	6.26	3.52	1.54	14.47
3개월	6.05	3.12	6.78	2.74
6개월	1.05	-7.41	-1.37	25.00
연초이후	11.31	2.81	11.23	4.11
1년	0.83	-8.63	-9.00	58.57
3년	-6.00	1.17	17.56	5.36

보수 (%, 年)

TER	0.700
운용	0.530
판매	0.100
수탁	0.030
일반사무	0.040

투자 전략

귀금속을 기초자산으로 하는 것으로서 해외의 파생상품시장에서 거래되는 장내파생상품을 귀금속선물지수인 S&P GSCI Precious Metals Index Total Return의 수익률 추종을 목적으로 합니다.

KOSEF 미국달러선물인버스 (A139660)

- 벤치마크 : **미국달러선물지수**
- 테마분류 : —
- 위험등급 : **1등급**
- 평가등급(3년) : ★★★★★

펀드 현황	
운용사(매니저)	키움투자자산운용
판매사	—
설정일(존속기간)	2011.03.31 (6년)
설정액	106.00억원
순자산	106.00억원

시장 정보 (2017년 04월 14일 기준)			
52주최고(원)	11,525	수익률(12M, %)	1.05
52주최저(원)	10,370	수익률(YTD, %)	6.65
거래량(20일, 주)	11,127	변동성(120일)	0.01
거래대금(20일, 원)	123,359,688	구성종목수(개)	5
베타(1D/1Y)	0.496720	Spread(원)	-0.20

누적 수익률

기간별 수익률 (%)				
구분	수익률	BM초과	유형초과	%순위
1주	0.24	0.51	-0.08	51.85
1개월	1.19	2.42	2.76	9.26
3개월	3.75	7.49	8.14	7.41
6개월	-0.07	0.50	11.82	6.98
연초이후	6.65	13.15	14.69	7.41
1년	1.05	2.98	16.12	3.23
3년	-5.25	-10.82	3.22	—

보수 (%, 年)	
TER	0.490
운용	0.350
판매	0.080
수탁	0.030
일반사무	0.030

투자 전략

투자신탁은 미국달러선물의 가격수준을 표시하는 지수(이하"기초지수"라 한다)를 기초지수로 하여 1좌당 순자산가치의 일간변동률을 기초지수 일간변동률의 음(陰)의 1배수로 연동하여 투자신탁 재산을 운용합니다.

KBSTAR 수출주 (A140570)

- 벤치마크 : **MKF 수출주**
- 테마분류 : —
- 위험등급 : **1등급**
- 평가등급(3년) : ★

펀드 현황	
운용사(매니저)	KB자산운용
판매사	—
설정일(존속기간)	2011.04.15 (6년)
설정액	117.80억원
순자산	117.80억원

시장 정보 (2017년 04월 14일 기준)			
52주최고(원)	8,900	수익률(12M, %)	4.70
52주최저(원)	7,575	수익률(YTD, %)	4.86
거래량(20일, 주)	1,149	변동성(120일)	0.01
거래대금(20일, 원)	10,100,166	구성종목수(개)	50
베타(1D/1Y)	0.986790	Spread(원)	4.53

누적 수익률

기간별 수익률 (%)				
구분	수익률	BM초과	유형초과	%순위
1주	-0.11	-0.01	0.14	27.41
1개월	1.24	-0.04	-1.11	77.44
3개월	0.22	-0.03	-4.54	95.38
6개월	6.67	1.04	-5.05	71.20
연초이후	4.86	-0.12	-2.87	74.09
1년	4.70	0.82	-10.41	78.44
3년	-7.46	2.03	-12.97	89.92

보수 (%, 年)	
TER	0.400
운용	0.300
판매	0.050
수탁	0.020
일반사무	0.030

투자 전략

FnGuide가 산출하고 한국거래소를 통하여 공표되는 수출주 지수(Maekyung FnGuide Exporters Index)를 추적대상지수로 하는 상장지수집합투자기구로, 추적대상지수의 수익률과 유사한 수익률을 실현

KBSTAR 우량업종 (A140580)

● 벤치마크 : **MKF 우량업종대표주**　　　　　● 위험등급 : **1등급**
● 테마분류 : —　　　　　　　　　　　　　　● 평가등급(3년) : ★★

펀드 현황

운용사(매니저)	KB자산운용
판매사	—
설정일(존속기간)	2011.04.15 (6년)
설정액	125.92억원
순자산	125.92억원

시장 정보 (2017년 04월 14일 기준)

52주최고(원)	10,395	수익률(12M, %)	9.49
52주최저(원)	8,950	수익률(YTD, %)	3.95
거래량(20일, 주)	2,153	변동성(120일)	0.01
거래대금(20일, 원)	22,082,285	구성종목수(개)	39
베타(1D/1Y)	0.487230	Spread(원)	-40.47

누적 수익률

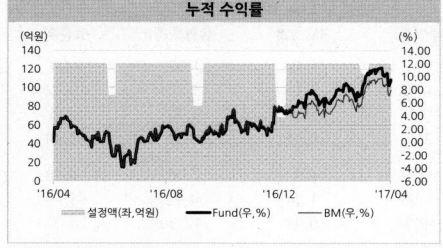

(억원) 140 120 100 80 60 40 20 0　　(%) 14.00 12.00 10.00 8.00 6.00 4.00 2.00 0.00 -2.00 -4.00 -6.00
'16/04　'16/08　'16/12　'17/04
■ 설정액(좌,억원)　— Fund(우,%)　— BM(우,%)

기간별 수익률 (%)

구분	수익률	BM초과	유형초과	%순위
1주	-0.47	0.00	-0.22	71.07
1개월	1.00	-0.10	-1.35	82.56
3개월	1.88	-0.01	-2.88	83.59
6개월	8.28	1.86	-3.44	63.35
연초이후	3.95	-0.07	-3.78	78.24
1년	9.49	1.60	-5.63	72.46
3년	1.01	4.48	-4.50	85.71

보수 (%, 年)

TER	0.400
운용	0.300
판매	0.050
수탁	0.020
일반사무	0.030

투자 전략

FnGuide가 산출하고 한국거래소를 통하여 공표되는 우량업종대표주 지수(Maekyung FnGuide Leading Industry Blue-chip Index)를 추적대상지수로 하는 상장지수집합투자기구로, 추적대상지수의 수익률과 유사한 수익률을 실현합니다.

KODEX 보험 (A140700)

● 벤치마크 : **KRX 보험**　　　　　　　　● 위험등급 : **1등급**
● 테마분류 : —　　　　　　　　　　　　　● 평가등급(3년) : ★★★

펀드 현황

운용사(매니저)	삼성자산운용
판매사	—
설정일(존속기간)	2011.04.26 (5년11개월)
설정액	44.68억원
순자산	44.68억원

시장 정보 (2017년 04월 14일 기준)

52주최고(원)	9,410	수익률(12M, %)	-4.09
52주최저(원)	7,815	수익률(YTD, %)	0.87
거래량(20일, 주)	2,810	변동성(120일)	0.01
거래대금(20일, 원)	24,031,094	구성종목수(개)	13
베타(1D/1Y)	0.500980	Spread(원)	4.49

누적 수익률

(억원) 54 52 50 48 46 44 42 40　　(%) 4.00 2.00 0.00 -2.00 -4.00 -6.00 -8.00 -10.00 -12.00 -14.00 -16.00
'16/04　'16/08　'16/12　'17/04
■ 설정액(좌,억원)　— Fund(우,%)　— BM(우,%)

기간별 수익률 (%)

구분	수익률	BM초과	유형초과	%순위
1주	1.17	-0.03	1.72	6.25
1개월	2.81	-0.11	1.62	31.25
3개월	2.42	-0.43	0.15	54.17
6개월	2.17	1.95	1.29	56.52
연초이후	0.87	-0.40	-2.95	72.92
1년	-4.09	1.61	-2.32	60.53
3년	13.90	5.39	16.54	48.15

보수 (%, 年)

TER	0.450
운용	0.340
판매	0.050
수탁	0.020
일반사무	0.040

투자 전략

KRX Insurance지수를 기초지수로 하여 1좌당 순자산가치의 변동률을 기초지수의 변동률과 유사하도록 투자신탁재산을 운용합니다.

KODEX 운송 (A140710)

- 벤치마크 : **KRX 운송**
- 테마분류 : —
- 위험등급 : **1등급**
- 평가등급(3년) : ★★

펀드 현황

운용사(매니저)	삼성자산운용
판매사	—
설정일(존속기간)	2011.04.26 (5년11개월)
설정액	55.12억원
순자산	55.12억원

시장 정보 (2017년 04월 14일 기준)

52주최고(원)	3,350	수익률(12M, %)	-5.99
52주최저(원)	2,755	수익률(YTD, %)	10.89
거래량(20일, 주)	26,596	변동성(120일)	0.01
거래대금(20일, 원)	83,120,381	구성종목수(개)	12
베타(1D/1Y)	0.924170	Spread(원)	-6.46

누적 수익률

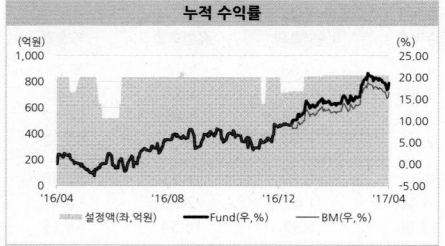

(억원) / (%) 설정액(좌,억원) —Fund(우,%) —BM(우,%) '16/04 '16/08 '16/12 '17/04

기간별 수익률 (%)

구분	수익률	BM초과	유형초과	%순위
1주	1.37	-0.02	1.92	2.08
1개월	4.40	-0.03	3.20	10.42
3개월	10.27	-0.11	8.00	6.25
6개월	-2.29	0.27	-3.16	71.74
연초이후	10.89	-0.11	7.06	14.58
1년	-5.99	1.04	-4.22	65.79
3년	-19.94	0.99	-17.30	74.07

보수 (%, 年)

TER	0.450
운용	0.340
판매	0.050
수탁	0.020
일반사무	0.040

투자 전략

KRX Transportation 지수를 기초지수로 하여 1좌당 순자산가치의 변동률을 기초지수의 변동률과 유사하도록 투자신탁재산을 운용합니다.

파워 코스피100 (A140950)

- 벤치마크 : **파워 K100**
- 테마분류 : —
- 위험등급 : **2등급**
- 평가등급(3년) : ★★★★

펀드 현황

운용사(매니저)	교보악사자산운용
판매사	—
설정일(존속기간)	2011.04.29 (5년11개월)
설정액	849.32억원
순자산	849.32억원

시장 정보 (2017년 04월 14일 기준)

52주최고(원)	22,070	수익률(12M, %)	18.64
52주최저(원)	17,840	수익률(YTD, %)	7.70
거래량(20일, 주)	68	변동성(120일)	0.01
거래대금(20일, 원)	1,489,775	구성종목수(개)	99
베타(1D/1Y)	1.009330	Spread(원)	18.52

누적 수익률

(억원) / (%) 설정액(좌,억원) —Fund(우,%) —BM(우,%) '16/04 '16/08 '16/12 '17/04

기간별 수익률 (%)

구분	수익률	BM초과	유형초과	%순위
1주	-0.18	-0.00	0.07	28.43
1개월	1.38	0.09	-0.98	70.26
3개월	4.43	0.04	-0.34	47.18
6개월	12.95	1.96	1.23	42.93
연초이후	7.70	0.03	-0.03	44.04
1년	18.64	2.02	3.52	40.72
3년	13.47	6.33	7.96	11.76

보수 (%, 年)

TER	0.155
운용	0.110
판매	0.010
수탁	0.010
일반사무	0.025

투자 전략

한국종합주가지수100(이하 "KOSPI 100"이라 함)을 기초지수로 하여 보수차감후 1좌당 순자산가치의 일간변동률을 기초지수의 변동률과 유사하도록 투자신탁재산을 운용합니다.

ARIRANG 코스피100동일가중 (A141240)

● 벤치마크 : **KOSPI100 동일가중**
● 테마분류 : —
● 위험등급 : **2등급**
● 평가등급(3년) : ★★

펀드 현황

운용사(매니저)	한화자산운용
판매사	—
설정일(존속기간)	2011.05.18 (5년11개월)
설정액	59.83억원
순자산	59.83억원

시장 정보 (2017년 04월 14일 기준)

52주최고(원)	9,870	수익률(12M, %)	3.45
52주최저(원)	8,915	수익률(YTD, %)	5.17
거래량(20일, 주)	567	변동성(120일)	0.01
거래대금(20일, 원)	5,568,487	구성종목수(개)	99
베타(1D/1Y)	0.945690	Spread(원)	11.59

누적 수익률

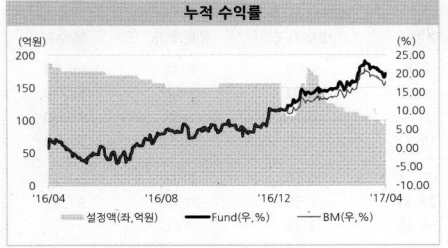

설정액(좌,억원) ━Fund(우,%) ━BM(우,%)

기간별 수익률 (%)

구분	수익률	BM초과	유형초과	%순위
1주	-0.25	-0.00	-0.01	35.53
1개월	1.55	-0.01	-0.80	64.62
3개월	3.00	-0.09	-1.77	67.69
6개월	4.59	1.40	-7.13	80.63
연초이후	5.17	-0.10	-2.56	70.47
1년	3.45	1.22	-11.67	80.24
3년	4.50	3.78	-1.01	82.35

보수 (%, 年)

TER	0.330
운용	0.245
판매	0.040
수탁	0.020
일반사무	0.025

투자 전략

한국거래소에서 발표하는 "KOSPI100 동일가중지수"를 기초지수로 하여 1좌당 순자산가치의 변동률을 기초지수의 변동률과 유사하도록 투자신탁재산을 운용합니다.

KINDEX 밸류대형 (A143460)

● 벤치마크 : **FnGuide-RAFI Korea Large**
● 테마분류 : —
● 위험등급 : **3등급**
● 평가등급(3년) : ★★★★★

펀드 현황

운용사(매니저)	한국투신운용
판매사	—
설정일(존속기간)	2011.06.20 (5년10개월)
설정액	99.95억원
순자산	99.95억원

시장 정보 (2017년 04월 14일 기준)

52주최고(원)	7,175	수익률(12M, %)	20.04
52주최저(원)	5,585	수익률(YTD, %)	7.81
거래량(20일, 주)	7,896	변동성(120일)	0.01
거래대금(20일, 원)	55,871,443	구성종목수(개)	99
베타(1D/1Y)	0.992510	Spread(원)	-0.93

누적 수익률

설정액(좌,억원) ━Fund(우,%) ━BM(우,%)

기간별 수익률 (%)

구분	수익률	BM초과	유형초과	%순위
1주	-0.43	0.00	-0.18	64.47
1개월	0.69	0.11	-1.66	94.36
3개월	4.53	-0.01	-0.23	44.10
6개월	15.35	2.15	3.63	32.98
연초이후	7.81	-0.06	0.08	42.49
1년	20.04	2.23	4.92	32.93
3년	17.01	6.99	11.50	5.04

보수 (%, 年)

TER	0.150
운용	0.095
판매	0.010
수탁	0.020
일반사무	0.025

투자 전략

에프앤가이드가 산출·공표하는 "FnGuide-RAFI Korea Large 지수"의 수익률을 추적하도록 주식에 주로 투자하는 상장지수투자신탁으로서 이 투자신탁 수익증권 1좌당 순자산가치(투자신탁보수 차감전을 말함)의 변동률을 "FnGuide-RAFI Korea Large 지수"의 변동률과 유사하도록 신탁재산을 운용합니다.

TIGER 미국S&P500선물(H) (A143850)

● 벤치마크 : **World - MSCI - NORTH AMERICA (KRW Unhedged)**
● 테마분류 : ―
● 위험등급 : **3등급**
● 평가등급(3년) : ★★★★

펀드 현황	
운용사 (매니저)	미래에셋자산운용
판매사	―
설정일(존속기간)	2011.07.18 (5년9개월)
설정액	178.33억원
순자산	178.33억원

시장 정보 (2017년 04월 14일 기준)			
52주최고(원)	28,310	수익률(12M, %)	4.35
52주최저(원)	23,530	수익률(YTD, %)	10.33
거래량(20일, 주)	93,311	변동성(120일)	0.01
거래대금(20일, 원)	2,595,092,446	구성종목수(개)	6
베타(1D/1Y)	0.825320	Spread(원)	205.38

누적 수익률

설정액(좌,억원) —Fund(우,%) —BM(우,%)

기간별 수익률 (%)				
구분	수익률	BM초과	유형초과	%순위
1주	-0.44	0.27	0.01	65.33
1개월	-0.26	-0.99	0.03	49.33
3개월	-1.17	1.61	0.12	54.05
6개월	3.54	4.57	0.90	24.81
연초이후	10.33	-0.82	1.92	10.83
1년	4.35	5.71	0.53	38.76
3년	16.42	4.86	3.07	14.43

보수 (%, 年)	
TER	0.300
운용	0.160
판매	0.070
수탁	0.030
일반사무	0.040

투자 전략

미국의 S&P 500을 기초자산으로 하여 파생상품시장에서 거래되는 장내파생상품을 주된 투자대상자산으로 하며, S&P 500 Futures Excess Return Index의 수익률을 추종합니다.

TIGER 헬스케어 (A143860)

● 벤치마크 : **KRX 헬스케어**
● 테마분류 : ―
● 위험등급 : **1등급**
● 평가등급(3년) : ★★★★★

펀드 현황	
운용사 (매니저)	미래에셋자산운용
판매사	―
설정일(존속기간)	2011.07.18 (5년9개월)
설정액	907.14억원
순자산	907.14억원

시장 정보 (2017년 04월 14일 기준)			
52주최고(원)	31,830	수익률(12M, %)	-23.37
52주최저(원)	21,695	수익률(YTD, %)	-3.08
거래량(20일, 주)	40,036	변동성(120일)	0.01
거래대금(20일, 원)	916,220,180	구성종목수(개)	86
베타(1D/1Y)	1.060740	Spread(원)	-49.50

누적 수익률

설정액(좌,억원) —Fund(우,%) —BM(우,%)

기간별 수익률 (%)				
구분	수익률	BM초과	유형초과	%순위
1주	-0.90	0.02	-0.35	56.25
1개월	1.82	0.01	0.62	52.08
3개월	-1.11	0.10	-3.38	75.00
6개월	-10.73	0.79	-11.60	91.30
연초이후	-3.08	0.15	-6.91	83.33
1년	-23.37	1.50	-21.60	97.37
3년	54.85	3.76	57.48	―

보수 (%, 年)	
TER	0.400
운용	0.270
판매	0.070
수탁	0.030
일반사무	0.030

투자 전략

국내 주식을 투자대상자산으로 하며, 한국거래소가 발표하는"KRX Health Care 지수"를 추적대상지수로 하여 1좌당 순자산가치의 변동률을 지수의 변동률과 유사하도록 투자신탁재산을 운용합니다.

KODEX 은선물(H) (A144600)

● 벤치마크 : **S&P GSCI Silver Index(TR)**
● 테마분류 : —
● 위험등급 : **1등급**
● 평가등급(3년) : ★★★

펀드 현황	
운용사 (매니저)	삼성자산운용
판매사	—
설정일(존속기간)	2011.07.15 (5년9개월)
설정액	540.00억원
순자산	540.00억원

시장 정보 (2017월 04월 14일 기준)			
52주최고(원)	5,070	수익률(12M, %)	11.04
52주최저(원)	3,820	수익률(YTD, %)	13.45
거래량(20일, 주)	26,706	변동성(120일)	0.01
거래대금(20일, 원)	114,625,335	구성종목수(개)	8
베타(1D/1Y)	0.189710	Spread(원)	-29.38

누적 수익률

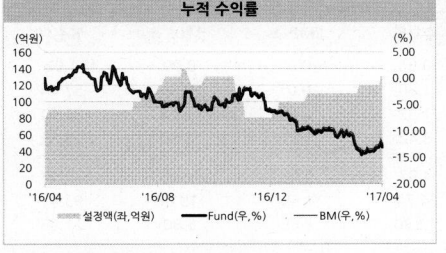

설정액(좌,억원) —Fund(우,%) —BM(우,%)

기간별 수익률 (%)				
구분	수익률	BM초과	유형초과	%순위
1주	0.57	0.72	-1.48	79.22
1개월	7.98	5.25	3.27	9.21
3개월	8.18	5.25	8.91	1.37
6개월	3.04	-5.41	0.62	4.17
연초이후	13.45	4.95	13.37	1.37
1년	11.04	1.57	1.20	14.29
3년	-14.16	-7.00	9.39	30.36

보수 (%, 년)	
TER	0.680
운용	0.500
판매	0.100
수탁	0.040
일반사무	0.040

투자 전략

COMEX에서 거래되는 원자재선물 중에서 은(銀) 선물(Silver Futures, 이하 ' 은(銀)선물) 가격을 기초로 하는 S&P GSCI Silver TR 지수를 기초지수로 하여 1 좌당 순자산가치의 변동률을 기초지수의 변동률과 유사하도록 투자신탁재산을 운용함을 그 운 용목적으로 하는 특별자산상장지수투자신탁[은-파생형]입니다.

KINDEX 인버스 (A145670)

● 벤치마크 : **F-KOSPI200**
● 테마분류 : —
● 위험등급 : **1등급**
● 평가등급(3년) : ★★★★

펀드 현황	
운용사 (매니저)	한국투신운용
판매사	—
설정일(존속기간)	2011.09.07 (5년7개월)
설정액	130.00억원
순자산	130.00억원

시장 정보 (2017월 04월 14일 기준)			
52주최고(원)	9,980	수익률(12M, %)	-13.04
52주최저(원)	8,340	수익률(YTD, %)	-6.61
거래량(20일, 주)	18,499	변동성(120일)	0.01
거래대금(20일, 원)	156,331,100	구성종목수(개)	5
베타(1D/1Y)	-0.915180	Spread(원)	3.54

누적 수익률

설정액(좌,억원) —Fund(우,%) —BM(우,%)

기간별 수익률 (%)				
구분	수익률	BM초과	유형초과	%순위
1주	0.24	-0.04	-0.08	53.70
1개월	-1.24	-0.05	0.33	37.04
3개월	-3.54	-0.17	0.85	37.04
6개월	-9.85	-0.32	2.04	48.84
연초이후	-6.61	-0.16	1.43	42.59
1년	-13.04	-0.56	2.02	29.03
3년	-7.08	-1.96	1.39	5.88

보수 (%, 년)	
TER	0.150
운용	0.095
판매	0.010
수탁	0.020
일반사무	0.025

투자 전략

국내주식관련파생상품을 법시행령 제94조 제2항 제4호에서 규정하는 주된 투자대상자산으로 하며 한국종합주가지수200선물지수(F-KOSPI200)(이하 "지수"라 한다)의 변화에 연동하여 운용하는 것을 목표로 이 투자신탁 수익증권 1좌당 순자산가치의 일간변동률을 지수의 일간변 동률의 음(-)의 1배수와 유사하도록 투자신탁재산을 운용합니다.

TREX 펀더멘탈 200 (A145850)

- 벤치마크 : **FnGuide-RAFI Korea200**
- 테마분류 : —
- 위험등급 : **2등급**
- 평가등급(3년) : ★★★★

펀드 현황	
운용사(매니저)	유리자산운용
판매사	—
설정일(존속기간)	2011.09.23 (5년6개월)
설정액	57.45억원
순자산	57.45억원

시장 정보 (2017년 04월 14일 기준)			
52주최고(원)	37,555	수익률(12M, %)	18.09
52주최저(원)	23,900	수익률(YTD, %)	7.62
거래량(20일, 주)	13	변동성(120일)	0.04
거래대금(20일, 원)	381,724	구성종목수(개)	178
베타(1D/1Y)	1.028730	Spread(원)	9.34

누적 수익률

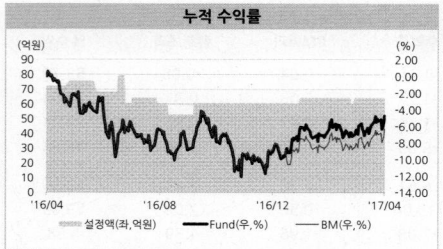

설정액(좌,억원) ——Fund(우,%) ——BM(우,%)

기간별 수익률 (%)				
구분	수익률	BM초과	유형초과	%순위
1주	-0.38	0.00	-0.14	52.28
1개월	0.75	0.06	-1.61	92.31
3개월	4.44	0.01	-0.32	46.15
6개월	14.26	1.94	2.55	36.65
연초이후	7.62	-0.07	-0.12	45.08
1년	18.09	2.02	2.97	42.52
3년	16.36	6.52	10.85	5.88

보수 (%, 年)	
TER	0.340
운용	0.200
판매	0.080
수탁	0.030
일반사무	0.030

투자 전략

「FnGuide-RAFI Korea 200지수」를 기초지수로 하여 1좌당 순자산가치의 변동률을 기초지수의 변동률과 유사하도록 투자신탁재산을 운용합니다.

TIGER 모멘텀 (A147970)

- 벤치마크 : **모멘텀**
- 테마분류 : —
- 위험등급 : **2등급**
- 평가등급(3년) : ★★★

펀드 현황	
운용사(매니저)	미래에셋자산운용
판매사	—
설정일(존속기간)	2011.10.26 (5년5개월)
설정액	64.34억원
순자산	64.34억원

시장 정보 (2017년 04월 14일 기준)			
52주최고(원)	22,625	수익률(12M, %)	-4.74
52주최저(원)	19,505	수익률(YTD, %)	4.87
거래량(20일, 주)	702	변동성(120일)	0.01
거래대금(20일, 원)	14,802,675	구성종목수(개)	31
베타(1D/1Y)	0.818240	Spread(원)	141.35

누적 수익률

설정액(좌,억원) ——Fund(우,%) ——BM(우,%)

기간별 수익률 (%)				
구분	수익률	BM초과	유형초과	%순위
1주	0.66	-0.02	0.90	1.02
1개월	1.80	-0.07	-0.55	57.44
3개월	1.52	0.18	-3.24	85.64
6개월	3.42	1.91	-8.30	84.82
연초이후	4.87	0.07	-2.86	73.58
1년	-4.74	1.59	-19.86	93.41
3년	12.30	3.65	6.80	21.85

보수 (%, 年)	
TER	0.290
운용	0.200
판매	0.030
수탁	0.030
일반사무	0.030

투자 전략

에프앤가이드(FnGuide)가 발표하는 "에프앤가이드 모멘텀 지수(FnGuide Momentum Index)"를 추적대상지수로 하여 1좌 순자산가치의 변동률을 지수의 변동률과 유사하도록 투자신탁재산을 운용함을 목적으로 합니다.

KBSTAR 200　(A148020)

- 벤치마크 : **KOSPI200**
- 테마분류 : —
- 위험등급 : **1등급**
- 평가등급(3년) : ★★★★

펀드 현황	
운용사(매니저)	KB자산운용
판매사	—
설정일(존속기간)	2011.10.20 (5년5개월)
설정액	6,343.28억원
순자산	6,343.28억원

시장 정보 (2017년 04월 14일 기준)			
52주최고(원)	28,890	수익률(12M, %)	16.61
52주최저(원)	23,860	수익률(YTD, %)	7.43
거래량(20일, 주)	288,475	변동성(120일)	0.01
거래대금(20일, 원)	8,256,498,547	구성종목수(개)	198
베타(1D/1Y)	0.950330	Spread(원)	-11.01

누적 수익률

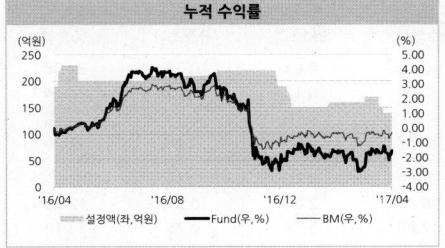

(억원) / (%)
설정액(좌, 억원) ━Fund(우, %) ━BM(우, %)
'16/04　'16/08　'16/12　'17/04

기간별 수익률 (%)			
구분	수익률	BM초과	유형초과	%순위
1주	-0.13	-0.01	-0.01	49.48
1개월	1.43	0.08	-0.02	38.42
3개월	4.28	0.10	0.04	15.96
6개월	11.89	1.97	0.10	17.39
연초이후	7.43	0.08	0.05	17.02
1년	16.61	2.08	0.35	10.06
3년	12.88	5.74	0.75	12.50

보수 (%, 年)	
TER	0.045
운용	0.021
판매	0.004
수탁	0.010
일반사무	0.010

투자 전략

한국거래소가산출하여 공표하는 KOSPI200 지수(KOSPI200 Index)를 추적대상지수
로 하는 상장지수집합투자기구로, 추적대상지수의 수익률과 유사한 수익률을 실현합니다.

KOSEF 국고채10년　(A148070)

- 벤치마크 : **국공채 만기종합**
- 테마분류 : —
- 위험등급 : **4등급**
- 평가등급(3년) : ★★★★

펀드 현황	
운용사(매니저)	키움투자자산운용
판매사	—
설정일(존속기간)	2011.10.20 (5년5개월)
설정액	140.00억원
순자산	140.00억원

시장 정보 (2017년 04월 14일 기준)			
52주최고(원)	125,565	수익률(12M, %)	-0.11
52주최저(원)	115,580	수익률(YTD, %)	-4.18
거래량(20일, 주)	517	변동성(120일)	0.00
거래대금(20일, 원)	60,623,799	구성종목수(개)	5
베타(1D/1Y)	-0.019510	Spread(원)	127.18

누적 수익률

(억원) / (%)
설정액(좌, 억원) ━Fund(우, %) ━BM(우, %)
'16/04　'16/08　'16/12　'17/04

기간별 수익률 (%)			
구분	수익률	BM초과	유형초과	%순위
1주	0.28	0.11	0.22	0.73
1개월	0.13	0.04	0.08	0.73
3개월	1.17	0.54	0.86	0.73
6개월	-0.24	-0.14	-0.42	87.97
연초이후	-4.18	-1.63	-3.71	98.44
1년	-0.11	-0.33	-0.46	92.37
3년	-1.54	-1.21	-2.05	95.05

보수 (%, 年)	
TER	0.150
운용	0.105
판매	0.020
수탁	0.010
일반사무	0.015

투자 전략

기초지수를 지수산출기관인 KIS 채권평가가 제공하는 "KIS KTB 10Y Index (KI
S 10년 국고채 지수)"(총수익지수를 뜻합니다.)로 하여, 기초지수인 "KIS KTB 10
Y Index (KIS 10년 국고채지수)"에 편입된 채권 등에 투자하는 증권상장지수투자신탁
입니다.

TIGER 중국소비테마 (A150460)

- 벤치마크 : **중국내수테마**
- 테마분류 : —
- 위험등급 : **2등급**
- 평가등급(3년) : ★★

펀드 현황

운용사(매니저)	미래에셋자산운용
판매사	—
설정일(존속기간)	2011.12.16 (5년4개월)
설정액	1,665.95억원
순자산	1,665.95억원

시장 정보 (2017년 04월 14일 기준)

52주최고(원)	9,355	수익률(12M, %)	-13.95
52주최저(원)	6,750	수익률(YTD, %)	6.37
거래량(20일, 주)	47,677	변동성(120일)	0.01
거래대금(20일, 원)	354,649,424	구성종목수(개)	46
베타(1D/1Y)	0.683600	Spread(원)	-0.15

누적 수익률

기간별 수익률 (%)

구분	수익률	BM초과	유형초과	%순위
1주	0.47	-0.01	0.72	5.08
1개월	5.19	-0.11	2.83	0.51
3개월	7.57	-0.31	2.81	13.33
6개월	-2.20	1.04	-13.92	93.19
연초이후	6.37	-0.02	-1.36	58.03
1년	-13.95	1.21	-29.06	98.20
3년	4.96	2.84	-0.55	78.99

보수 (%, 年)

TER	0.500
운용	0.340
판매	0.100
수탁	0.030
일반사무	0.030

투자 전략

국내 주식을 주된 투자대상자산으로 하며, 에프앤가이드(FnGuide)가 발표하는"에프앤가이드 중국내수테마 지수"를 추적대상지수로 하여 1좌당 순자산가치의 변동률을 지수의 변동률과 유사하도록 투자신탁재산을 운용합니다.

ARIRANG 200 (A152100)

- 벤치마크 : **KOSPI200**
- 테마분류 : —
- 위험등급 : **1등급**
- 평가등급(3년) : ★★★★

펀드 현황

운용사(매니저)	한화자산운용
판매사	—
설정일(존속기간)	2012.01.09 (5년3개월)
설정액	5,307.85억원
순자산	5,307.85억원

시장 정보 (2017년 04월 14일 기준)

52주최고(원)	28,890	수익률(12M, %)	16.57
52주최저(원)	23,855	수익률(YTD, %)	7.53
거래량(20일, 주)	284,894	변동성(120일)	0.01
거래대금(20일, 원)	8,174,303,856	구성종목수(개)	185
베타(1D/1Y)	0.973030	Spread(원)	-33.41

누적 수익률

기간별 수익률 (%)

구분	수익률	BM초과	유형초과	%순위
1주	-0.12	0.01	0.01	34.38
1개월	1.47	0.12	0.03	24.74
3개월	4.37	0.18	0.13	9.04
6개월	11.97	2.05	0.18	11.96
연초이후	7.53	0.18	0.15	9.57
1년	16.57	2.04	0.31	12.29
3년	12.88	5.74	0.75	13.16

보수 (%, 年)

TER	0.140
운용	0.095
판매	0.010
수탁	0.010
일반사무	0.025

투자 전략

국내 주식을 주된 투자대상자산으로 하며, 수익증권 1좌당 순자산가치의 변동률을 한국거래소가 산출하여 공표하는 추적대상지수인 KOSPI200지수의 변동률과 유사하도록 운용함을 목적으로 합니다.

TIGER 생활필수품 (A152180)

- 벤치마크 : **생활소비재**
- 테마분류 : —
- 위험등급 : **2등급**
- 평가등급(3년) : ★★★★★

펀드 현황	
운용사(매니저)	미래에셋자산운용
판매사	—
설정일(존속기간)	2012.01.16 (5년3개월)
설정액	50.43억원
순자산	50.43억원

시장 정보 (2017년 04월 14일 기준)			
52주최고(원)	18,465	수익률(12M, %)	-20.34
52주최저(원)	12,995	수익률(YTD, %)	-5.19
거래량(20일, 주)	3,923	변동성(120일)	0.01
거래대금(20일, 원)	53,515,078	구성종목수(개)	30
베타(1D/1Y)	0.671990	Spread(원)	42.72

누적 수익률

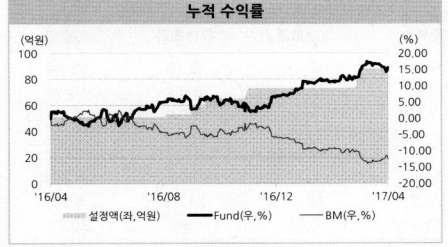

설정액(좌,억원) —Fund(우,%) —BM(우,%)

기간별 수익률 (%)				
구분	수익률	BM초과	유형초과	%순위
1주	-1.24	-0.00	-0.69	83.33
1개월	-0.36	-0.03	-1.56	75.00
3개월	-3.58	0.00	-5.85	81.25
6개월	-13.46	0.59	-14.34	95.65
연초이후	-5.19	0.01	-9.01	95.83
1년	-20.34	0.38	-18.57	92.11
3년	39.44	0.70	42.08	3.70

보수 (%, 年)	
TER	0.400
운용	0.270
판매	0.070
수탁	0.030
일반사무	0.030

투자 전략

국내 주식을 주된 투자대상자산으로 하며, 에프앤가이드(FnGuide)가 발표하는"에프앤가이드 생활소비재 지수"를 추적대상지수로 하여 1좌당 순자산가치의 변동률을 지수의 변동률과 유사하도록 투자신탁재산을 운용함을 목적으로 합니다.

KOSEF 200 선물 (A152280)

- 벤치마크 : **F-KOSPI200**
- 테마분류 : —
- 위험등급 : **1등급**
- 평가등급(3년) : —

펀드 현황	
운용사(매니저)	키움투자자산운용
판매사	—
설정일(존속기간)	2012.01.16 (5년3개월)
설정액	88.00억원
순자산	88.00억원

시장 정보 (2017년 04월 14일 기준)			
52주최고(원)	12,220	수익률(12M, %)	15.53
52주최저(원)	10,165	수익률(YTD, %)	7.37
거래량(20일, 주)	3,879	변동성(120일)	0.01
거래대금(20일, 원)	46,897,512	구성종목수(개)	4
베타(1D/1Y)	0.996280	Spread(원)	1.99

누적 수익률

설정액(좌,억원) —Fund(우,%) —BM(우,%)

기간별 수익률 (%)				
구분	수익률	BM초과	유형초과	%순위
1주	-0.23	-0.51	0.02	33.50
1개월	1.37	2.56	-0.99	71.28
3개월	3.91	7.29	-0.85	55.90
6개월	11.11	20.64	-0.61	51.83
연초이후	7.37	13.82	-0.37	45.60
1년	15.53	28.01	0.42	48.50
3년	10.80	15.93	5.29	33.61

보수 (%, 年)	
TER	0.230
운용	0.140
판매	0.050
수탁	0.015
일반사무	0.025

투자 전략

집합투자규약 제17조에서 정의된 파생상품을 주된 투자대상자산으로 하고 있습니다.

KODEX 국채선물10년 (A152380)

- 벤치마크 : **국공채 만기종합**
- 테마분류 : —
- 위험등급 : **4등급**
- 평가등급(3년) : ★★★

펀드 현황

운용사(매니저)	삼성자산운용
판매사	—
설정일(존속기간)	2012.01.19 (5년2개월)
설정액	57.00억원
순자산	57.00억원

시장 정보 (2017년 04월 14일 기준)

52주최고(원)	69,150	수익률(12M, %)	-0.06
52주최저(원)	64,405	수익률(YTD, %)	-4.14
거래량(20일, 주)	527	변동성(120일)	0.00
거래대금(20일, 원)	34,423,002	구성종목수(개)	3
베타(1D/1Y)	-0.056270	Spread(원)	-42.64

누적 수익률

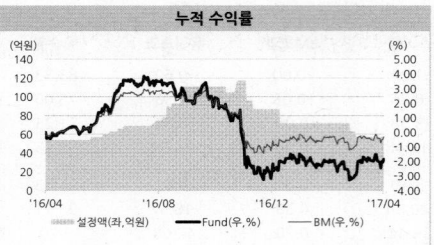

설정액(좌,억원) ■ Fund(우,%) — BM(우,%) —

기간별 수익률 (%)

구분	수익률	BM초과	유형초과	%순위
1주	0.23	0.06	0.18	8.03
1개월	0.10	0.02	0.05	8.03
3개월	1.15	0.51	0.83	4.38
6개월	-0.18	-0.08	-0.36	84.21
연초이후	-4.14	-1.59	-3.66	96.09
1년	-0.06	-0.28	-0.41	90.84
3년	-1.85	-1.52	-2.36	99.01

보수 (%, 年)

TER	0.250
운용	0.200
판매	0.030
수탁	0.010
일반사무	0.010

투자 전략

한국거래소에 상장된 10년국채선물 최근월종목의 가격을 기초로 산출되는 10년국채선물지수(F-LKTB)(이하"기초지수"라 한다)를 기초지수로 하여 1좌당 순자산가치의 변동률을 기초지수의 변동률과 유사하도록 투자신탁재산을 운용함을 그 운용목적으로 하는 증권상장지수투자신탁[채권-파생형]입니다.

KINDEX 레버리지 (A152500)

- 벤치마크 : **KOSPI200**
- 테마분류 : —
- 위험등급 : **1등급**
- 평가등급(3년) : ★★★

펀드 현황

운용사(매니저)	한국투신운용
판매사	—
설정일(존속기간)	2012.01.25 (5년2개월)
설정액	85.00억원
순자산	85.00억원

시장 정보 (2017년 04월 14일 기준)

52주최고(원)	5,165	수익률(12M, %)	29.97
52주최저(원)	3,670	수익률(YTD, %)	14.66
거래량(20일, 주)	64,915	변동성(120일)	0.01
거래대금(20일, 원)	329,347,502	구성종목수(개)	194
베타(1D/1Y)	1.786010	Spread(원)	5.78

누적 수익률

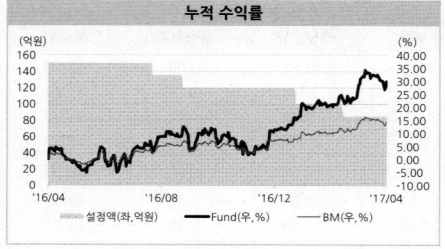

설정액(좌,억원) ■ Fund(우,%) — BM(우,%) —

기간별 수익률 (%)

구분	수익률	BM초과	유형초과	%순위
1주	-0.41	-0.28	-0.16	55.84
1개월	2.68	1.34	0.33	18.46
3개월	7.80	3.62	3.04	7.69
6개월	22.60	12.68	10.88	4.19
연초이후	14.66	7.31	6.92	6.22
1년	29.97	15.44	14.85	8.38
3년	11.17	4.04	5.66	30.25

보수 (%, 年)

TER	0.300
운용	0.245
판매	0.010
수탁	0.020
일반사무	0.025

투자 전략

국내 주식 및 국내 주식관련파생상품을 법시행령 제94조 제2항 제4호에서 규정하는 주된 투자대상자산으로 하며 한국종합주가지수200(KOSPI200)(이하 "지수"라 한다)의 변화에 연동하여 운용하는 것을 목표로 이 투자신탁 수익증권 1좌당 순자산가치의 일간변동률을 지수의 일간변동률의 양(+)의 2배수와 유사하도록 투자신탁재산을 운용함을 그 목적으로 합니다.

파워 200 (A152870)

- ● 벤치마크 : **KOSPI200**
- ● 테마분류 : —
- ● 위험등급 : **2등급**
- ● 평가등급(3년) : ★★★★★

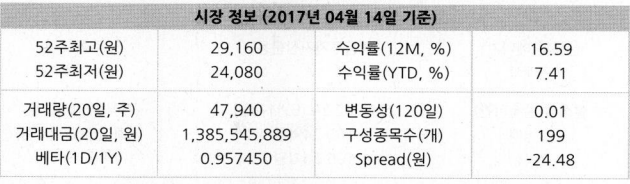

펀드 현황	
운용사(매니저)	교보악사자산운용
판매사	—
설정일(존속기간)	2012.02.10 (5년2개월)
설정액	4,518.24억원
순자산	4,518.24억원

시장 정보 (2017년 04월 14일 기준)			
52주최고(원)	29,160	수익률(12M, %)	16.59
52주최저(원)	24,080	수익률(YTD, %)	7.41
거래량(20일, 주)	47,940	변동성(120일)	0.01
거래대금(20일, 원)	1,385,545,889	구성종목수(개)	199
베타(1D/1Y)	0.957450	Spread(원)	-24.48

누적 수익률

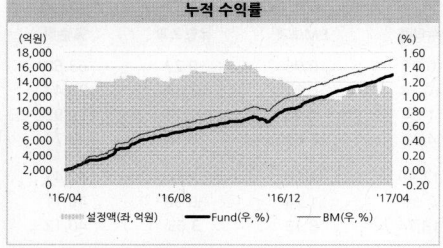

기간별 수익률 (%)				
구분	수익률	BM초과	유형초과	%순위
1주	-0.13	-0.00	-0.00	42.71
1개월	1.44	0.09	-0.01	33.68
3개월	4.24	0.06	0.00	18.09
6개월	11.92	2.00	0.13	14.13
연초이후	7.41	0.06	0.03	18.62
1년	16.59	2.06	0.33	11.17
3년	13.44	6.31	1.31	8.55

보수 (%, 년)	
TER	0.145
운용	0.100
판매	0.010
수탁	0.010
일반사무	0.025

투자 전략

한국종합주가지수200을 기초지수로 하여 보수차감후 1좌당 순자산가치의 일간변동률을 기초지수의 변동률과 유사하도록 투자신탁재산을 운용함을 목적으로 합니다.

KODEX 단기채권 (A153130)

- ● 벤치마크 : **KRW Cash Index**
- ● 테마분류 : —
- ● 위험등급 : **5등급**
- ● 평가등급(3년) : —

펀드 현황	
운용사(매니저)	삼성자산운용
판매사	—
설정일(존속기간)	2012.02.21 (5년1개월)
설정액	12,927.00억원
순자산	12,927.00억원

시장 정보 (2017년 04월 14일 기준)			
52주최고(원)	101,310	수익률(12M, %)	1.30
52주최저(원)	100,020	수익률(YTD, %)	0.42
거래량(20일, 주)	51,548	변동성(120일)	0.00
거래대금(20일, 원)	5,175,414,771	구성종목수(개)	22
베타(1D/1Y)	-0.000410	Spread(원)	4.62

누적 수익률

기간별 수익률 (%)				
구분	수익률	BM초과	유형초과	%순위
1주	0.02	-0.00	-0.01	93.85
1개월	0.12	-0.01	-0.02	92.31
3개월	0.33	-0.04	-0.05	85.96
6개월	0.64	-0.08	-0.08	84.91
연초이후	0.42	-0.04	-0.05	90.74
1년	1.30	-0.21	-0.14	81.82
3년	5.42	-0.52	-0.15	50.00

보수 (%, 년)	
TER	0.150
운용	0.110
판매	0.020
수탁	0.010
일반사무	0.010

투자 전략

잔존만기 1 개월 이상 1 년 이하의 국고채, 통화안정증권 등 30 종목을 지수 구성 종목으로 하는 KRW Cash Index(총수익)를 기초지수로 하여 1 좌당 순자산가치의 변동률을 기초지수의 변동률과 유사하도록 투자신탁재산을 운용

KOSEF 코스피100 (A153270)

● 벤치마크 : **KOSPI100**
● 테마분류 : —

● 위험등급 : **2등급**
● 평가등급(3년) : ★★★★

펀드 현황	
운용사(매니저)	키움투자자산운용
판매사	—
설정일(존속기간)	2012.02.29 (5년1개월)
설정액	106.24억원
순자산	106.24억원

시장 정보 (2017년 04월 14일 기준)			
52주최고(원)	22,020	수익률(12M, %)	18.48
52주최저(원)	17,725	수익률(YTD, %)	7.80
거래량(20일, 주)	69	변동성(120일)	0.01
거래대금(20일, 원)	1,498,506	구성종목수(개)	97
베타(1D/1Y)	1.017200	Spread(원)	-17.06

누적 수익률

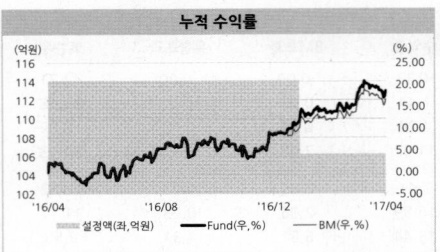

기간별 수익률 (%)				
구분	수익률	BM초과	유형초과	%순위
1주	-0.18	-0.01	0.07	29.95
1개월	1.38	0.09	-0.98	69.74
3개월	4.50	0.12	-0.26	45.13
6개월	13.00	2.01	1.28	41.88
연초이후	7.80	0.12	0.06	43.01
1년	18.48	1.86	3.36	41.32
3년	12.63	5.49	7.13	18.49

보수 (%, 年)	
TER	0.195
운용	0.110
판매	0.040
수탁	0.020
일반사무	0.025

투자 전략
국내 주식을 주된 투자대상자산으로 하여 "KOSPI 100"을 추적대상지수로 하여 1좌당 순자산가치의 변동률을 지수의 변동률과 유사하도록 투자신탁재산을 운용합니다.

KODEX KOREA MSCI (A156080)

● 벤치마크 : **KOSPI TR**
● 테마분류 : —

● 위험등급 : **2등급**
● 평가등급(3년) : ★★★

펀드 현황	
운용사(매니저)	삼성자산운용
판매사	—
설정일(존속기간)	2012.04.27 (4년11개월)
설정액	58.10억원
순자산	58.10억원

시장 정보 (2017년 04월 14일 기준)			
52주최고(원)	12,770	수익률(12M, %)	7.35
52주최저(원)	10,315	수익률(YTD, %)	12.99
거래량(20일, 주)	26	변동성(120일)	0.01
거래대금(20일, 원)	322,176	구성종목수(개)	107
베타(1D/1Y)	0.867580	Spread(원)	-6.99

누적 수익률

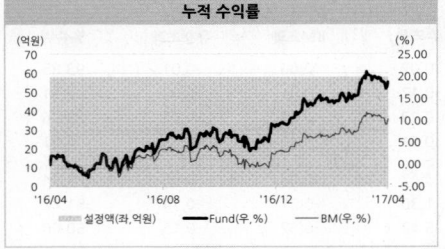

기간별 수익률 (%)				
구분	수익률	BM초과	유형초과	%순위
1주	0.99	0.06	-0.22	63.68
1개월	-0.18	0.01	0.07	29.44
3개월	1.24	-0.21	-1.11	76.92
6개월	4.23	0.69	-0.54	49.74
연초이후	12.99	4.58	1.27	42.41
1년	7.35	1.24	-0.38	46.11
3년	18.74	8.39	3.63	40.12

보수 (%, 年)	
TER	0.250
운용	0.200
판매	0.010
수탁	0.020
일반사무	0.020

투자 전략
MSCI Korea 지수(이하 "기초지수"라 한다)를 기초지수로 하여 1좌당 순자산가치의 변동률을 기초지수의 변동률과 유사하도록 투자신탁재산을 운용함을 그 운용목적으로 합니다.

TIGER 단기통안채 (A157450)

- 벤치마크 : **CD 6개월(26주)**
- 테마분류 : **―**
- 위험등급 : **6등급**
- 평가등급(3년) : **―**

펀드 현황

운용사(매니저)	미래에셋자산운용
판매사	―
설정일(존속기간)	2012.05.15 (4년11개월)
설정액	8,301.00억원
순자산	8,301.00억원

시장 정보 (2017년 04월 14일 기준)

52주최고(원)	101,360	수익률(12M, %)	0.36
52주최저(원)	100,035	수익률(YTD, %)	0.63
거래량(20일, 주)	12,995	변동성(120일)	0.00
거래대금(20일, 원)	1,303,880,310	구성종목수(개)	20
베타(1D/1Y)	0.000140	Spread(원)	3.18

누적 수익률

기간별 수익률 (%)

구분	수익률	BM초과	유형초과	%순위
1주	―	―	―	93.85
1개월	0.02	-0.01	-0.01	92.31
3개월	0.11	-0.03	-0.03	96.92
6개월	0.30	-0.09	-0.08	94.74
연초이후	0.63	-0.13	-0.09	86.79
1년	0.36	-0.10	-0.11	94.44
3년	1.29	-0.28	-0.14	84.85

보수 (%, 년)

TER	0.090
운용	0.055
판매	0.015
수탁	0.010
일반사무	0.010

투자 전략

국내 채권을 주된 투자대상자산으로 하며, "KIS MSB 3M Index(총수익지수)"를 추적대상지수로 하여 1좌당 순자산가치의 변동률을 지수의 변동률과 유사하도록 투자신탁재산을 운용함을 목적으로 합니다.

TIGER 소프트웨어 (A157490)

- 벤치마크 : **소프트웨어**
- 테마분류 : **―**
- 위험등급 : **2등급**
- 평가등급(3년) : **★★★**

펀드 현황

운용사(매니저)	미래에셋자산운용
판매사	―
설정일(존속기간)	2012.05.15 (4년11개월)
설정액	50.93억원
순자산	50.93억원

시장 정보 (2017년 04월 14일 기준)

52주최고(원)	6,990	수익률(12M, %)	9.28
52주최저(원)	5,590	수익률(YTD, %)	17.35
거래량(20일, 주)	1,618	변동성(120일)	0.01
거래대금(20일, 원)	10,947,924	구성종목수(개)	20
베타(1D/1Y)	0.888840	Spread(원)	-1.93

누적 수익률

기간별 수익률 (%)

구분	수익률	BM초과	유형초과	%순위
1주	1.28	-0.01	1.83	4.17
1개월	8.22	-0.06	7.03	―
3개월	13.03	0.03	10.76	2.08
6개월	7.78	0.50	6.91	43.48
연초이후	17.35	0.00	13.53	2.08
1년	9.28	0.26	11.06	31.58
3년	13.55	0.34	16.19	51.85

보수 (%, 년)

TER	0.400
운용	0.270
판매	0.070
수탁	0.030
일반사무	0.030

투자 전략

국내 주식을 주된 투자대상자산으로 하며, 에프앤가이드(FnGuide)가 발표하는"에프앤가이드 소프트웨어 지수"를 추적대상지수로 하여 1좌당 순자산가치의 변동률을 지수의 변동률과 유사하도록 투자신탁재산을 운용함을 목적으로 합니다.

TIGER 증권 (A157500)

● 벤치마크 : **증권**
● 테마분류 : 一

● 위험등급 : **1등급**
● 평가등급(3년) : ★★★

펀드 현황

운용사(매니저)	미래에셋자산운용
판매사	一
설정일(존속기간)	2012.05.15 (4년11개월)
설정액	97.43억원
순자산	97.43억원

시장 정보 (2017년 04월 14일 기준)

52주최고(원)	4,300	수익률(12M, %)	11.63
52주최저(원)	3,255	수익률(YTD, %)	13.83
거래량(20일, 주)	30,555	변동성(120일)	0.02
거래대금(20일, 원)	127,069,761	구성종목수(개)	11
베타(1D/1Y)	1.353380	Spread(원)	-2.10

누적 수익률

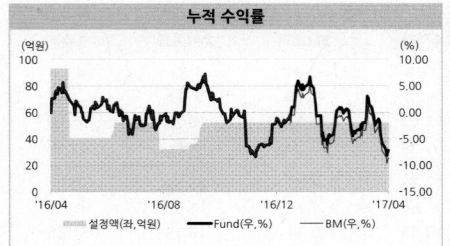

설정액(좌,억원) ━ Fund(우,%) ━ BM(우,%)

기간별 수익률 (%)

구분	수익률	BM초과	유형초과	%순위
1주	-0.91	0.01	-0.36	60.42
1개월	-2.27	0.01	-3.47	87.50
3개월	3.43	-0.81	1.16	33.33
6개월	13.48	2.32	12.60	13.04
연초이후	13.83	-1.20	10.01	6.25
1년	11.63	1.98	13.40	26.32
3년	18.73	6.69	21.36	33.33

보수 (%, 年)

TER	0.400
운용	0.270
판매	0.070
수탁	0.030
일반사무	0.030

투자 전략

국내 주식을 주된 투자대상자산으로 하며, 에프앤가이드(FnGuide)가 발표하는"에프앤가이드 증권 지수"를 추적대상지수로 하여 1좌당 순자산가치의 변동률을 지수의 변동률과 유사하도록 투자신탁재산을 운용함을 목적으로 합니다.

TIGER 자동차 (A157510)

● 벤치마크 : **자동차**
● 테마분류 : 一

● 위험등급 : **2등급**
● 평가등급(3년) : ★★

펀드 현황

운용사(매니저)	미래에셋자산운용
판매사	一
설정일(존속기간)	2012.05.15 (4년11개월)
설정액	52.63억원
순자산	52.63억원

시장 정보 (2017년 04월 14일 기준)

52주최고(원)	15,650	수익률(12M, %)	-7.24
52주최저(원)	13,395	수익률(YTD, %)	-8.19
거래량(20일, 주)	758	변동성(120일)	0.01
거래대금(20일, 원)	10,825,625	구성종목수(개)	29
베타(1D/1Y)	0.706580	Spread(원)	-9.07

누적 수익률

설정액(좌,억원) ━ Fund(우,%) ━ BM(우,%)

기간별 수익률 (%)

구분	수익률	BM초과	유형초과	%순위
1주	-1.47	0.02	-0.92	85.42
1개월	-4.01	0.06	-5.20	97.92
3개월	-11.84	0.11	-14.11	100.00
6개월	-7.98	1.54	-8.86	82.61
연초이후	-8.19	0.02	-12.02	100.00
1년	-7.24	1.46	-5.46	73.68
3년	-27.96	3.01	-25.32	88.89

보수 (%, 年)

TER	0.400
운용	0.270
판매	0.070
수탁	0.030
일반사무	0.030

투자 전략

국내 주식을 주된 투자대상자산으로 하며, 에프앤가이드(FnGuide)가 발표하는"에프앤가이드 자동차 지수"를 추적대상지수로 하여 1좌당 순자산가치의 변동률을 지수의 변동률과 유사하도록 투자신탁재산을 운용함을 목적으로 합니다.

TIGER 화학 (A157520)

- 벤치마크 : **화학**
- 테마분류 : —
- 위험등급 : **2등급**
- 평가등급(3년) : ★★★

펀드 현황

운용사(매니저)	미래에셋자산운용
판매사	—
설정일(존속기간)	2012.05.15 (4년11개월)
설정액	68.47억원
순자산	68.47억원

시장 정보 (2017년 04월 14일 기준)

52주최고(원)	10,915	수익률(12M, %)	-1.08
52주최저(원)	8,870	수익률(YTD, %)	-0.24
거래량(20일, 주)	504	변동성(120일)	0.01
거래대금(20일, 원)	5,292,337	구성종목수(개)	22
베타(1D/1Y)	1.213190	Spread(원)	-68.32

누적 수익률

기간별 수익률 (%)

구분	수익률	BM초과	유형초과	%순위
1주	-2.91	0.03	-2.36	97.92
1개월	0.53	-0.05	-0.67	68.75
3개월	-5.50	0.12	-7.77	87.50
6개월	9.09	1.10	8.21	36.96
연초이후	-0.24	0.04	-4.06	75.00
1년	-1.08	0.81	0.70	42.11
3년	17.53	2.53	20.16	37.04

보수 (%, 年)

TER	0.400
운용	0.270
판매	0.070
수탁	0.030
일반사무	0.030

투자 전략

국내 주식을 주된 투자대상자산으로 하며, 에프앤가이드(FnGuide)가 발표하는"에프앤가이드 화학 지수"를 추적대상지수로 하여 1좌당 순자산가치의 변동률을 지수의 변동률과 유사하도록 투자신탁재산을 운용함을 목적으로 합니다.

마이티 코스피100 (A159800)

- 벤치마크 : **KOSPI100**
- 테마분류 : —
- 위험등급 : **1등급**
- 평가등급(3년) : ★★★

펀드 현황

운용사(매니저)	동부자산운용
판매사	—
설정일(존속기간)	2012.07.04 (4년9개월)
설정액	89.94억원
순자산	89.94억원

시장 정보 (2017년 04월 14일 기준)

52주최고(원)	21,875	수익률(12M, %)	18.35
52주최저(원)	17,715	수익률(YTD, %)	7.63
거래량(20일, 주)	0	변동성(120일)	0.01
거래대금(20일, 원)	4,332	구성종목수(개)	98
베타(1D/1Y)	0.777640	Spread(원)	11.89

누적 수익률

기간별 수익률 (%)

구분	수익률	BM초과	유형초과	%순위
1주	-0.18	-0.01	0.07	28.93
1개월	1.37	0.08	-0.99	70.77
3개월	4.41	0.03	-0.35	47.69
6개월	12.86	1.87	1.14	43.98
연초이후	7.63	-0.05	-0.11	44.56
1년	18.35	1.73	3.23	41.92
3년	11.97	4.83	6.46	25.21

보수 (%, 年)

TER	0.390
운용	0.300
판매	0.040
수탁	0.020
일반사무	0.030

투자 전략

국내 주식을 주된 투자대상자산으로 하여 "KOSPI 100"을 추적대상지수로 하여 1좌당 순 자산가치의 변동률을 지수의 변동률과 유사하도록 투자신탁재산을 운용함을 목적으로 합니다.

TIGER 구리실물 (A160580)

- 벤치마크 : **S&P GSCI Cash Copper Index**
- 테마분류 : —
- 위험등급 : **1등급**
- 평가등급(3년) : ★★★★

펀드 현황

운용사(매니저)	미래에셋자산운용
판매사	—
설정일(존속기간)	2012.12.14 (4년4개월)
설정액	101.84억원
순자산	101.84억원

시장 정보 (2017년 04월 14일 기준)

52주최고(원)	6,890	수익률(12M, %)	-3.48
52주최저(원)	5,030	수익률(YTD, %)	16.55
거래량(20일, 주)	47,589	변동성(120일)	0.02
거래대금(20일, 원)	300,973,930	구성종목수(개)	2
베타(1D/1Y)	0.217340	Spread(원)	-12.72

누적 수익률

기간별 수익률 (%)

구분	수익률	BM초과	유형초과	%순위
1주	-2.07	—	-2.09	98.70
1개월	-2.43	—	-4.48	97.40
3개월	-1.90	—	-6.62	77.63
6개월	-5.26	—	-4.53	75.34
연초이후	16.55	—	14.13	—
1년	-3.48	—	-3.56	76.71
3년	18.58	—	8.75	7.14

보수 (%, 年)

TER	0.850
운용	0.600
판매	0.150
수탁	0.050
일반사무	0.050

투자 전략

구리실물 보관에 따라 발행된 창고증권을 주된 투자대상자산으로 하며, "S&P GSCI® Cash Copper Index"를 기초지수로 하여 1좌당 순자산가치의 변동률을 기초지수(원화환산)의 변동률과 유사하도록 투자신탁재산을 운용함을 목적으로 합니다.

ARIRANG 경기방어주 (A161490)

- 벤치마크 : **경기방어주**
- 테마분류 : —
- 위험등급 : **1등급**
- 평가등급(3년) : ★★★★★

펀드 현황

운용사(매니저)	한화자산운용
판매사	—
설정일(존속기간)	2012.08.28 (4년7개월)
설정액	47.76억원
순자산	47.76억원

시장 정보 (2017년 04월 14일 기준)

52주최고(원)	7,550	수익률(12M, %)	7.19
52주최저(원)	6,505	수익률(YTD, %)	10.74
거래량(20일, 주)	682	변동성(120일)	0.01
거래대금(20일, 원)	5,090,964	구성종목수(개)	31
베타(1D/1Y)	0.647470	Spread(원)	2.02

누적 수익률

기간별 수익률 (%)

구분	수익률	BM초과	유형초과	%순위
1주	-0.07	-0.01	0.17	24.87
1개월	3.44	0.06	1.08	6.15
3개월	8.87	0.04	4.10	0.51
6개월	8.51	2.08	-3.21	61.78
연초이후	10.74	0.02	3.00	22.28
1년	7.19	1.89	-7.93	74.85
3년	27.59	5.70	22.08	—

보수 (%, 年)

TER	0.230
운용	0.120
판매	0.060
수탁	0.020
일반사무	0.030

투자 전략

국내 주식을 법시행령 제94조 제2항 제4호에서 규정하는 주된 투자대상자산으로 하며,수익증권 1좌당 순자산가치의 변동률을 주식회사 에프앤가이드(FnGuide)가 산출하여 공표하는 추적 대상지수인 에프앤가이드 경기방어주 지수의 변동률과 유사하도록 운용함을 목적으로 합니다.

ARIRANG 경기주도주 (A161500)

● 벤치마크 : **경기주도주**
● 테마분류 : —

● 위험등급 : **1등급**
● 평가등급(3년) : ★★★

펀드 현황	
운용사(매니저)	한화자산운용
판매사	—
설정일(존속기간)	2012.08.28 (4년7개월)
설정액	135.27억원
순자산	135.27억원

시장 정보 (2017년 04월 14일 기준)			
52주최고(원)	5,600	수익률(12M, %)	12.58
52주최저(원)	4,250	수익률(YTD, %)	5.63
거래량(20일, 주)	59,333	변동성(120일)	0.01
거래대금(20일, 원)	326,415,233	구성종목수(개)	30
베타(1D/1Y)	1.278660	Spread(원)	2.21

누적 수익률

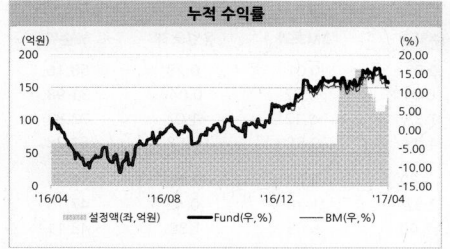

기간별 수익률 (%)				
구분	수익률	BM초과	유형초과	%순위
1주	-1.09	-0.00	-0.85	95.43
1개월	-0.95	-0.01	-3.30	98.97
3개월	-0.52	0.10	-5.29	96.41
6개월	13.28	1.65	1.56	38.74
연초이후	5.63	0.08	-2.11	63.73
1년	12.58	1.48	-2.54	55.69
3년	6.96	4.29	1.45	64.71

보수 (%, 年)	
TER	0.230
운용	0.120
판매	0.060
수탁	0.020
일반사무	0.030

투자 전략

국내 주식을 법시행령 제94조 제2항 제4호에서 규정하는 주된 투자대상자산으로 하며,수익증권 1좌당 순자산가치의 변동률을 주식회사 에프앤가이드(FnGuide)가 산출하여 공표하는 추적 대상지수인 에프앤가이드 경기주도주 지수의 변동률과 유사하도록 운용함을 목적으로 합니다.

ARIRANG 고배당주 (A161510)

● 벤치마크 : **배당주**
● 테마분류 : —

● 위험등급 : **1등급**
● 평가등급(3년) : ★★★★

펀드 현황	
운용사(매니저)	한화자산운용
판매사	—
설정일(존속기간)	2012.08.28 (4년7개월)
설정액	1,231.97억원
순자산	1,231.97억원

시장 정보 (2017년 04월 14일 기준)			
52주최고(원)	12,850	수익률(12M, %)	10.05
52주최저(원)	10,830	수익률(YTD, %)	4.08
거래량(20일, 주)	258,185	변동성(120일)	0.01
거래대금(20일, 원)	3,254,290,717	구성종목수(개)	31
베타(1D/1Y)	0.836300	Spread(원)	-17.09

누적 수익률

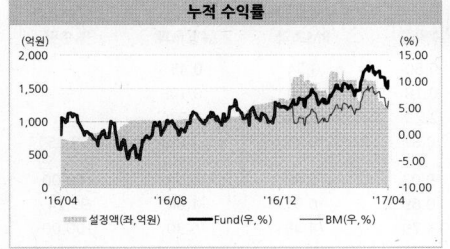

기간별 수익률 (%)				
구분	수익률	BM초과	유형초과	%순위
1주	-0.71	-0.00	-0.46	85.79
1개월	0.17	-0.02	-2.19	96.92
3개월	2.49	0.06	-2.27	78.46
6개월	7.32	3.49	-4.40	65.97
연초이후	4.08	0.04	-3.66	77.72
1년	10.05	3.75	-5.07	71.26
3년	16.16	10.52	10.65	6.72

보수 (%, 年)	
TER	0.230
운용	0.120
판매	0.060
수탁	0.020
일반사무	0.030

투자 전략

국내 주식을 법시행령 제94조 제2항 제4호에서 규정하는 주된 투자대상자산으로 하며,수익증권 1좌당 순자산가치의 변동률을 주식회사 에프앤가이드(FnGuide)가 산출하여 공표하는 추적 대상지수인 에프앤가이드 배당주 지수의 변동률과 유사하도록 운용함을 목적으로 합니다.

TIGER 200커버드C (A166400)

- 벤치마크 : **KOSPI TR**
- 테마분류 : **—**
- 위험등급 : **3등급**
- 평가등급(3년) : ★★★★

펀드 현황	
운용사(매니저)	미래에셋자산운용
판매사	—
설정일(존속기간)	2012.10.24 (4년5개월)
설정액	60.00억원
순자산	60.00억원

시장 정보 (2017년 04월 14일 기준)

52주최고(원)	12,295	수익률(12M, %)	7.32
52주최저(원)	10,170	수익률(YTD, %)	11.80
거래량(20일, 주)	4	변동성(120일)	0.01
거래대금(20일, 원)	45,839	구성종목수(개)	205
베타(1D/1Y)	0.830830	Spread(원)	-5.73

누적 수익률

기간별 수익률 (%)

구분	수익률	BM초과	유형초과	%순위
1주	0.93	0.01	-0.28	68.16
1개월	-0.21	-0.02	0.04	31.98
3개월	1.33	-0.12	-1.02	72.82
6개월	4.09	0.55	-0.68	51.28
연초이후	11.80	3.40	0.09	50.79
1년	7.32	1.20	-0.42	47.15
3년	17.00	6.65	1.88	43.11

보수 (%, 年)

TER	0.380
운용	0.250
판매	0.070
수탁	0.030
일반사무	0.030

투자 전략

국내 주식(주식을 기초자산으로 하는 장내파생상품을 포함한다)을 주된 투자대상자산으로 하며, 한국거래소에서 발표하는 KOSPI200 커버드콜 지수를 기초지수로 하여 1좌당 순자산가치의 변동률을 지수의 변동률과 유사하도록 투자신탁재산을 운용합니다.

KOSEF 국고채10년레버리지 (A167860)

- 벤치마크 : **국공채 만기종합**
- 테마분류 : **—**
- 위험등급 : **3등급**
- 평가등급(3년) : ★★★

펀드 현황	
운용사(매니저)	키움투자자산운용
판매사	—
설정일(존속기간)	2012.10.29 (4년5개월)
설정액	60.00억원
순자산	60.00억원

시장 정보 (2017년 04월 14일 기준)

52주최고(원)	140,900	수익률(12M, %)	-0.69
52주최저(원)	119,930	수익률(YTD, %)	-9.02
거래량(20일, 주)	213	변동성(120일)	0.01
거래대금(20일, 원)	26,213,748	구성종목수(개)	6
베타(1D/1Y)	-0.085170	Spread(원)	234.20

누적 수익률

기간별 수익률 (%)

구분	수익률	BM초과	유형초과	%순위
1주	0.50	0.34	0.45	—
1개월	0.18	0.10	0.14	—
3개월	2.23	1.60	1.92	—
6개월	-0.87	-0.77	-1.05	99.25
연초이후	-9.02	-6.46	-8.54	100.00
1년	-0.69	-0.91	-1.04	99.24
3년	-4.79	-4.46	-5.30	100.00

보수 (%, 年)

TER	0.300
운용	0.200
판매	0.075
수탁	0.010
일반사무	0.015

투자 전략

"KIS KTB 10Y Index (KIS 10년 국고채 지수)"를 기초지수로 하여 1좌당 순자산가치의 일간변동률을 기초지수 일간변동률의 2배수와 유사하도록 투자신탁재산을 운용함을 목적으로 합니다.

KTOP 코스피50 (A168300)

● 벤치마크 : **KOSPI TR**
● 테마분류 : —
● 위험등급 : **3등급**
● 평가등급(3년) : ★★★★

펀드 현황	
운용사(매니저)	하나UBS자산운용
판매사	—
설정일(존속기간)	2012.11.09 (4년5개월)
설정액	165.29억원
순자산	165.29억원

시장 정보 (2017년 04월 14일 기준)			
52주최고(원)	19,440	수익률(12M, %)	7.70
52주최저(원)	15,210	수익률(YTD, %)	14.30
거래량(20일, 주)	6,239	변동성(120일)	0.01
거래대금(20일, 원)	119,724,564	구성종목수(개)	50
베타(1D/1Y)	0.989900	Spread(원)	-42.15

누적 수익률

기간별 수익률 (%)				
구분	수익률	BM초과	유형초과	%순위
1주	1.07	0.15	-0.14	53.73
1개월	-0.19	0.01	0.06	30.46
3개월	1.21	-0.24	-1.15	77.95
6개월	4.34	0.80	-0.42	48.72
연초이후	14.30	5.89	2.58	36.13
1년	7.70	1.59	-0.03	43.52
3년	21.50	11.15	6.38	27.54

보수 (%, 年)	
TER	0.300
운용	0.200
판매	0.040
수탁	0.030
일반사무	0.030

투자 전략

국내 주식을 주된 투자대상자산으로 하여 "KOSPI50"을 추적대상지수로 하여 1좌당 순자산 가치의 변동률을 지수의 변동률과 유사하도록 투자신탁재산을 운용합니다.

KINDEX 중국본토CSI300 (A168580)

● 벤치마크 : **World - MSCI - EMF ASIA (KRW Unhedged)**
● 테마분류 : —
● 위험등급 : **1등급**
● 평가등급(3년) : ★★★★

펀드 현황	
운용사(매니저)	한국투신운용
판매사	—
설정일(존속기간)	2012.11.21 (4년4개월)
설정액	732.72억원
순자산	732.72억원

시장 정보 (2017년 04월 14일 기준)			
52주최고(원)	20,085	수익률(12M, %)	1.12
52주최저(원)	17,515	수익률(YTD, %)	3.93
거래량(20일, 주)	316,921	변동성(120일)	0.01
거래대금(20일, 원)	6,008,709,578	구성종목수(개)	305
베타(1D/1Y)	0.088570	Spread(원)	-84.08

누적 수익률

기간별 수익률 (%)				
구분	수익률	BM초과	유형초과	%순위
1주	-0.61	-1.01	-0.46	80.66
1개월	0.03	-1.83	-0.08	51.42
3개월	0.89	-1.06	-1.13	77.05
6개월	2.26	-3.28	-4.17	89.08
연초이후	3.93	-6.49	-0.56	52.69
1년	1.12	-6.60	-7.65	90.75
3년	4.71	-10.36	-7.04	71.51

보수 (%, 年)	
TER	0.700
운용	0.500
판매	0.100
수탁	0.060
일반사무	0.040

투자 전략

외국주식 및 외국주식관련파생상품에 주로 투자하는 모투자신탁을 법시행령 제94조 제2항 제4호에서 규정하는 주된 투자대상자산으로 하며 CSI300 (China Securities Index 300) (이하"지수"라 한다)의 변화에 연동하여 운용하는 것을 목표로 이 투자신탁 수익증권 1좌당 순자산가치의 변동률을 지수의 변동률과 유사하도록 투자신탁재산을 운용함을 그 목적으로 합니다.

KODEX 중국본토 A50 (A169950)

- 벤치마크 : **World - MSCI - EMF ASIA (KRW Unhedged)**
- 테마분류 : —
- 위험등급 : **2등급**
- 평가등급(3년) : ★★★★

펀드 현황	
운용사(매니저)	삼성자산운용
판매사	—
설정일(존속기간)	2013.01.09 (4년3개월)
설정액	310.00억원
순자산	310.00억원

시장 정보 (2017년 04월 14일 기준)			
52주최고(원)	13,690	수익률(12M, %)	-0.71
52주최저(원)	11,980	수익률(YTD, %)	4.11
거래량(20일, 주)	10,398	변동성(120일)	0.01
거래대금(20일, 원)	132,699,241	구성종목수(개)	54
베타(1D/1Y)	0.045210	Spread(원)	-59.04

누적 수익률

기간별 수익률 (%)				
구분	수익률	BM초과	유형초과	%순위
1주	-1.11	-1.51	-0.95	95.96
1개월	-0.99	-2.84	-1.10	93.76
3개월	-0.76	-2.71	-2.78	93.24
6개월	-0.84	-6.38	-7.27	99.77
연초이후	4.11	-6.31	-0.38	51.17
1년	-0.71	-8.42	-9.48	98.63
3년	3.66	-11.42	-8.10	77.48

보수 (%, 年)	
TER	0.990
운용	0.670
판매	0.200
수탁	0.060
일반사무	0.060

투자 전략

기초지수인 FTSE China A50 지수를 추종하는 것을 목적으로 하여 중국 본토 A주에 주로 투자하는 모투자신탁 및 중국 본토 A 주 관련 파생상품에 주로 투자하는 모투자신탁을 주된 투자대상으로 하는 증권투자신탁[주식-파생형]입니다.

TIGER 베타플러스 (A170350)

- 벤치마크 : **베타플러스**
- 테마분류 : —
- 위험등급 : **3등급**
- 평가등급(3년) : ★★★

펀드 현황	
운용사(매니저)	미래에셋자산운용
판매사	—
설정일(존속기간)	2013.01.16 (4년2개월)
설정액	168.45억원
순자산	168.45억원

시장 정보 (2017년 04월 14일 기준)			
52주최고(원)	12,940	수익률(12M, %)	20.31
52주최저(원)	10,195	수익률(YTD, %)	6.71
거래량(20일, 주)	542	변동성(120일)	0.01
거래대금(20일, 원)	6,846,311	구성종목수(개)	72
베타(1D/1Y)	0.899210	Spread(원)	5.42

누적 수익률

기간별 수익률 (%)				
구분	수익률	BM초과	유형초과	%순위
1주	-0.34	-0.01	-0.10	49.75
1개월	1.16	0.01	-1.19	78.97
3개월	3.66	-0.06	-1.10	62.05
6개월	12.69	1.51	0.97	45.03
연초이후	6.71	-0.14	-1.02	54.92
1년	20.31	1.40	5.19	30.54
3년	9.53	3.41	4.02	45.38

보수 (%, 年)	
TER	0.400
운용	0.280
판매	0.070
수탁	0.020
일반사무	0.030

투자 전략

국내 주식을 주된 투자대상자산으로 하며, 에프앤가이드(FnGuide)가 발표하는"에프앤가이드 베타플러스 지수"를 기초지수로 하여 1좌당 순자산가치의 변동률을 지수의 변동률과 유사하도록 투자신탁재산을 운용함을 목적으로 합니다.

TIGER 로우볼 (A174350)

- 벤치마크 : **Low Volatility**
- 테마분류 : ―
- 위험등급 : **3등급**
- 평가등급(3년) : ★★★★

펀드 현황

운용사(매니저)	미래에셋자산운용
판매사	―
설정일(존속기간)	2013.06.19 (3년10개월)
설정액	372.46억원
순자산	372.46억원

시장 정보 (2017년 04월 14일 기준)

52주최고(원)	13,400	수익률(12M, %)	1.90
52주최저(원)	12,100	수익률(YTD, %)	3.53
거래량(20일, 주)	40,031	변동성(120일)	0.01
거래대금(20일, 원)	516,228,481	구성종목수(개)	41
베타(1D/1Y)	0.586900	Spread(원)	-49.72

누적 수익률

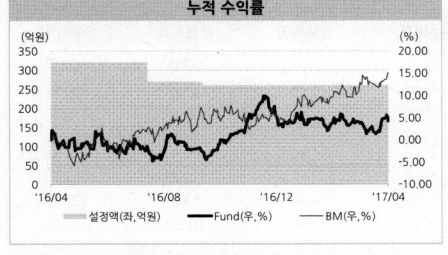

기간별 수익률 (%)

구분	수익률	BM초과	유형초과	%순위
1주	0.26	-0.02	0.50	12.69
1개월	1.53	-0.07	-0.83	67.18
3개월	3.18	-0.22	-1.58	64.62
6개월	5.62	1.64	-6.10	75.39
연초이후	3.53	-0.25	-4.21	80.83
1년	1.90	1.41	-13.21	84.43
3년	12.29	5.81	6.78	22.69

보수 (%, 年)

TER	0.400
운용	0.280
판매	0.070
수탁	0.020
일반사무	0.030

투자 전략

국내 주식을 주된 투자대상자산으로 하며, 에프앤가이드(FnGuide)가 발표하는"FnGuid e Low Vol 지수"를 기초지수로 하여 1좌당 순자산가치의 변동률을 기초지수의 변동률과 유사하도록 투자신탁재산을 운용합니다.

KBSTAR 중국본토대형주CSI100 (A174360)

- 벤치마크 : **World - MSCI - EMF ASIA (KRW Unhedged)**
- 테마분류 : ―
- 위험등급 : **1등급**
- 평가등급(3년) : ★★★★

펀드 현황

운용사(매니저)	KB자산운용
판매사	―
설정일(존속기간)	2013.05.29 (3년10개월)
설정액	260.00억원
순자산	260.00억원

시장 정보 (2017년 04월 14일 기준)

52주최고(원)	13,220	수익률(12M, %)	0.39
52주최저(원)	11,455	수익률(YTD, %)	4.25
거래량(20일, 주)	1,814	변동성(120일)	0.01
거래대금(20일, 원)	22,558,969	구성종목수(개)	103
베타(1D/1Y)	-0.126420	Spread(원)	-55.57

누적 수익률

기간별 수익률 (%)

구분	수익률	BM초과	유형초과	%순위
1주	-0.96	-1.36	-0.81	90.71
1개월	-0.42	-2.27	-0.53	81.29
3개월	0.52	-1.43	-1.50	83.92
6개월	0.80	-4.74	-5.63	97.04
연초이후	4.25	-6.17	-0.24	50.12
1년	0.39	-7.32	-8.38	95.43
3년	4.23	-10.84	-7.52	73.13

보수 (%, 年)

TER	0.650
운용	0.400
판매	0.150
수탁	0.060
일반사무	0.040

투자 전략

기초지수인 CSI100(China Securities Index 100)의 수익률과 유사한 수익률을 실현하는 것을 목표로 하여 중국관련 주식 및 집합투자증권 등에 주로 투자하는 모투 자신탁을 주된 투자대상으로 하는 상장지수투자신탁입니다.

파워 중기국고채 (A176710)

● 벤치마크 :　**국공채 만기종합**　　　　　　　　　　　　● 위험등급 :　**4등급**
● 테마분류 :　**—**　　　　　　　　　　　　　　　　　● 평가등급(3년) :　★★★★

펀드 현황

운용사(매니저)	교보악사자산운용
판매사	—
설정일(존속기간)	2013.05.10 (3년11개월)
설정액	187.24억원
순자산	187.24억원

시장 정보 (2017년 04월 14일 기준)

52주최고(원)	105,830	수익률(12M, %)	0.46
52주최저(원)	100,715	수익률(YTD, %)	-0.32
거래량(20일, 주)	4	변동성(120일)	0.00
거래대금(20일, 원)	414,609	구성종목수(개)	4
베타(1D/1Y)	-0.017090	Spread(원)	76.62

누적 수익률

기간별 수익률 (%)

구분	수익률	BM초과	유형초과	%순위
1주	0.07	-0.10	0.01	39.42
1개월	0.09	—	0.04	10.95
3개월	0.41	-0.23	0.09	37.23
6개월	0.30	0.40	0.12	48.87
연초이후	-0.32	2.24	0.16	62.50
1년	0.46	0.24	0.11	46.56
3년	0.73	1.06	0.22	58.42

보수 (%, 年)

TER	0.145
운용	0.075
판매	0.045
수탁	0.010
일반사무	0.015

투자 전략

한국거래소가 발표하는 "KTBINDEX 시장가격지수 (Korea Treasury Bond Index Gross Price Index)"를 기초지수로 하여 보수차감후 1좌당 순자산가치의 일간변동률을 기초지수의 변동률과 유사하도록 투자신탁재산을 운용

KODEX 국채선물10년인버스 (A176950)

● 벤치마크 :　**10년국채선물지수**　　　　　　　　　　● 위험등급 :　**1등급**
● 테마분류 :　**—**　　　　　　　　　　　　　　　　　● 평가등급(3년) :　★★★★★

펀드 현황

운용사(매니저)	삼성자산운용
판매사	—
설정일(존속기간)	2013.05.30 (3년10개월)
설정액	111.00억원
순자산	111.00억원

시장 정보 (2017년 04월 14일 기준)

52주최고(원)	47,880	수익률(12M, %)	0.65
52주최저(원)	44,255	수익률(YTD, %)	5.04
거래량(20일, 주)	568	변동성(120일)	0.00
거래대금(20일, 원)	26,890,477	구성종목수(개)	4
베타(1D/1Y)	0.062050	Spread(원)	16.54

누적 수익률

기간별 수익률 (%)

구분	수익률	BM초과	유형초과	%순위
1주	-0.23	—	0.70	16.67
1개월	-0.05	—	-0.37	96.30
3개월	-0.96	—	0.61	14.81
6개월	0.66	—	5.05	12.96
연초이후	5.04	—	16.93	—
1년	0.65	—	8.69	12.96
3년	3.50	—	18.57	—

보수 (%, 年)

TER	0.250
운용	0.200
판매	0.030
수탁	0.010
일반사무	0.010

투자 전략

한국거래소에 상장된 10년국채선물 최근월종목의 가격을 기초로 산출되는 지수(이하"기초지수"라 한다)를 기초지수로 하여 1좌당 순자산가치의 일간변동률을 기초지수 일간변동률의 음(陰)의 1배수로 연동하여 투자신탁재산을 운용함을 그 운용목적으로 하는 증권상장지수투자신탁[채권-파생형]입니다.

KINDEX 미국다우존스리츠(합성 H) (A181480)

- 벤치마크 : **Dow Jones US Real Estate Index**
- 테마분류 : —
- 위험등급 : **2등급**
- 평가등급(3년) : —

펀드 현황	
운용사(매니저)	한국투신운용
판매사	—
설정일(존속기간)	2013.07.30 (3년8개월)
설정액	50.00억원
순자산	50.00억원

시장 정보 (2017년 04월 14일 기준)			
52주최고(원)	69,990	수익률(12M, %)	6.97
52주최저(원)	59,975	수익률(YTD, %)	5.87
거래량(20일, 주)	30	변동성(120일)	0.01
거래대금(20일, 원)	1,981,529	구성종목수(개)	3
베타(1D/1Y)	0.291760	Spread(원)	75.60

누적 수익률

설정액(좌,억원) —Fund(우,%) —BM(우,%)

기간별 수익률 (%)				
구분	수익률	BM초과	유형초과	%순위
1주	-0.23	—	-0.19	100.00
1개월	1.83	—	0.12	32.26
3개월	5.64	—	0.77	3.23
6개월	4.54	—	2.10	—
연초이후	5.87	—	1.67	17.86
1년	6.97	—	3.10	—
3년	6.90	—	4.52	—

보수 (%, 年)	
TER	0.300
운용	0.200
판매	0.045
수탁	0.025
일반사무	0.030

투자 전략

장외파생상품을 법시행령 제94조 제2항 제4호에서 규정하는 주된 투자대상자산으로 하며 Dow Jones이 산출 · 공표하는 "Dow Jones US Real Estate Index"의 수익률을 추적하도록 장외파생상품에 주로 투자하는 상장지수투자신탁입니다.

TIGER 미국MSCI리츠(합성 H) (A182480)

- 벤치마크 : **MSCI US REIT INDEX**
- 테마분류 : —
- 위험등급 : **1등급**
- 평가등급(3년) : —

펀드 현황	
운용사(매니저)	미래에셋자산운용
판매사	—
설정일(존속기간)	2013.10.08 (3년6개월)
설정액	350.00억원
순자산	350.00억원

시장 정보 (2017년 04월 14일 기준)			
52주최고(원)	14,085	수익률(12M, %)	5.62
52주최저(원)	11,845	수익률(YTD, %)	4.66
거래량(20일, 주)	210,676	변동성(120일)	0.01
거래대금(20일, 원)	2,681,145,902	구성종목수(개)	5
베타(1D/1Y)	0.475520	Spread(원)	-7.89

누적 수익률

설정액(좌,억원) —Fund(우,%) —BM(우,%)

기간별 수익률 (%)				
구분	수익률	BM초과	유형초과	%순위
1주	-0.20	—	-0.15	96.77
1개월	1.88	—	0.17	29.03
3개월	5.79	—	0.92	—
6개월	2.78	—	0.34	19.35
연초이후	4.66	—	0.46	25.00
1년	5.62	—	1.75	3.23
3년	6.02	—	3.64	4.00

보수 (%, 年)	
TER	0.250
운용	0.150
판매	0.045
수탁	0.025
일반사무	0.030

투자 전략

미국 리츠를 기초자산으로 하여 파생상품시장에서 거래되는 장외파생상품을 주된 투자대상자산으로 하며, "MSCI US REIT 지수"의 수익률 추종을 목적으로 합니다.

TIGER 단기선진하이일드(합성 H) (A182490)

- 벤치마크 : **Markit iBoxx USD Liquid High Yield 0-5 year Index**
- 테마분류 : —
- 위험등급 : **2등급**
- 평가등급(3년) : ★★★

펀드 현황	
운용사(매니저)	미래에셋자산운용
판매사	—
설정일(존속기간)	2014.03.21 (3년)
설정액	270.00억원
순자산	270.00억원

시장 정보 (2017년 04월 14일 기준)			
52주최고(원)	10,920	수익률(12M, %)	2.16
52주최저(원)	9,745	수익률(YTD, %)	3.55
거래량(20일, 주)	363,127	변동성(120일)	0.00
거래대금(20일, 원)	3,933,090,238	구성종목수(개)	4
베타(1D/1Y)	0.054650	Spread(원)	39.61

누적 수익률

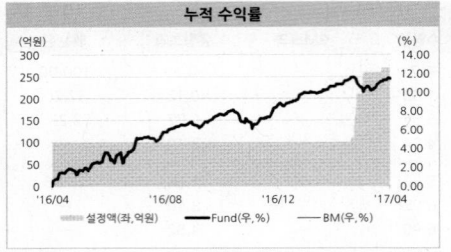

설정액(좌,억원) —Fund(우,%) —BM(우,%)

기간별 수익률 (%)				
구분	수익률	BM초과	유형초과	%순위
1주	-0.04	—	0.03	31.46
1개월	0.14	—	0.03	47.19
3개월	0.83	—	-0.28	71.59
6개월	1.37	—	-0.32	60.23
연초이후	3.55	—	-0.27	43.68
1년	2.16	—	-0.12	56.82
3년	11.45	—	-0.89	52.33

보수 (%, 年)	
TER	0.250
운용	0.150
판매	0.045
수탁	0.025
일반사무	0.030

투자 전략

이 투자신탁은 하이일드 채권을 기초자산으로 하여 파생상품시장에서 거래되는 장외파생상품을주된 투자대상자산으로 하며, "Markit iBoxx USD Liquid High Yield 0-5 지수"의 수익률 추종을 목적으로 합니다.

KBSTAR 채권혼합 (A183700)

- 벤치마크 : **KOSPI TR(30%)*KIS채권종합(70%)**
- 테마분류 : —
- 위험등급 : **3등급**
- 평가등급(3년) : ★★★★

펀드 현황	
운용사(매니저)	KB자산운용
판매사	—
설정일(존속기간)	2013.10.16 (3년6개월)
설정액	210.45억원
순자산	210.45억원

시장 정보 (2017년 04월 14일 기준)			
52주최고(원)	54,240	수익률(12M, %)	2.51
52주최저(원)	51,230	수익률(YTD, %)	3.23
거래량(20일, 주)	1,687	변동성(120일)	0.00
거래대금(20일, 원)	91,236,196	구성종목수(개)	185
베타(1D/1Y)	0.281650	Spread(원)	-84.14

누적 수익률

설정액(좌,억원) —Fund(우,%) —BM(우,%)

기간별 수익률 (%)				
구분	수익률	BM초과	유형초과	%순위
1주	0.37	0.01	0.07	15.02
1개월	0.01	0.02	0.02	47.19
3개월	0.73	-0.06	0.03	33.72
6개월	1.48	0.34	0.56	13.49
연초이후	3.23	1.73	2.25	9.25
1년	2.51	0.41	1.25	11.49
3년	5.25	1.84	4.85	6.90

보수 (%, 年)	
TER	0.200
운용	0.130
판매	0.045
수탁	0.010
일반사무	0.015

투자 전략

국내채권을 법에서 정하는 주된 투자대상으로 하되, 주식관련 자산에도 일정수준 이하로 투자하여 수익을 추구합니다. KOSPI200 구성종목과 KTB 3년지수의 구성종목으로 구성하여 한국 거래소가 산출 및 공표하는 "KRX 주식국채혼합(채권형)지수[COBIX, KRX COnservative Balanced IndeX]"를 기초지수로 하는 상장지수 집합투자기구로, 기초지수의 수익률과 유사한 수익률을 실현하는 것을 목표로 합니다.

KBSTAR 주식혼합 (A183710)

- 벤치마크 : **KOSPI TR(50%)*KIS채권종합(50%)**
- 테마분류 : **—**
- 위험등급 : **1등급**
- 평가등급(3년) : ★★★★

펀드 현황

운용사(매니저)	KB자산운용
판매사	—
설정일(존속기간)	2013.10.16 (3년6개월)
설정액	105.53억원
순자산	105.53억원

시장 정보 (2017년 04월 14일 기준)

52주최고(원)	32,750	수익률(12M, %)	5.28
52주최저(원)	28,615	수익률(YTD, %)	8.05
거래량(20일, 주)	1,818	변동성(120일)	0.00
거래대금(20일, 원)	59,163,280	구성종목수(개)	188
베타(1D/1Y)	0.537080	Spread(원)	-69.98

누적 수익률

기간별 수익률 (%)

구분	수익률	BM초과	유형초과	%순위
1주	0.76	0.24	0.26	2.67
1개월	-0.07	-0.01	0.01	52.67
3개월	1.13	0.15	0.21	42.28
6개월	3.06	1.22	1.27	0.70
연초이후	8.05	4.59	3.98	3.55
1년	5.28	2.04	2.53	—
3년	11.45	6.04	7.16	2.22

보수 (%, 年)

TER	0.250
운용	0.180
판매	0.045
수탁	0.010
일반사무	0.015

투자 전략

국내주식을 법에서 정하는 주된 투자대상으로 하며, KOSPI200 구성종목과 KTB 3년지수 구성종목으로 구성하여 한국거래소가 산출 및 공표하는 "KRX 주식국채혼합(주식형)지수[MO BIX,KRX MOderate Balanced IndeX]"를 기초지수로 하는 상장지수 집합투자기구로, 기초지수의 수익률과 유사한 수익률을 실현하는 것을 목표로 합니다.

KODEX 미국S&P바이오(합성) (A185680)

- 벤치마크 : **World - MSCI - NORTH AMERICA (KRW Unhedged)**
- 테마분류 : **—**
- 위험등급 : **2등급**
- 평가등급(3년) : ★★★

펀드 현황

운용사(매니저)	삼성자산운용
판매사	—
설정일(존속기간)	2013.10.30 (3년5개월)
설정액	55.40억원
순자산	55.40억원

시장 정보 (2017년 04월 14일 기준)

52주최고(원)	18,290	수익률(12M, %)	4.92
52주최저(원)	13,030	수익률(YTD, %)	9.25
거래량(20일, 주)	1,799	변동성(120일)	0.02
거래대금(20일, 원)	30,842,657	구성종목수(개)	5
베타(1D/1Y)	0.356120	Spread(원)	-58.74

누적 수익률

기간별 수익률 (%)

구분	수익률	BM초과	유형초과	%순위
1주	-0.39	0.33	0.06	46.67
1개월	0.54	-0.20	0.83	9.33
3개월	-6.82	-4.04	-5.53	99.32
6개월	0.55	1.58	-2.09	81.20
연초이후	9.25	-1.89	0.84	35.00
1년	4.92	6.27	1.09	32.56
3년	21.72	10.15	8.37	1.03

보수 (%, 年)

TER	0.250
운용	0.190
판매	0.020
수탁	0.020
일반사무	0.020

투자 전략

S&P Biotechnology Select Industry Index(KRW 기준, 환헷지 안함, 이하"기초지수"라 한다)를 기초지수로 하여 1좌당 순자산가치의 변동률을 기초지수 변동률과 연동하여 투자신탁재산을 운용함을 그 운용목적으로 합니다.

ARIRANG 글로벌MSCI(합성 H) (A189400)

- 벤치마크 : **World - MSCI - AC WORLD INDEX FREE (KRW Unhedged)**
- 테마분류 : —
- 위험등급 : **2등급**
- 평가등급(3년) : ★★

펀드 현황	
운용사(매니저)	한화자산운용
판매사	—
설정일(존속기간)	2013.12.06 (3년4개월)
설정액	51.00억원
순자산	51.00억원

시장 정보 (2017년 04월 14일 기준)			
52주최고(원)	11,450	수익률(12M, %)	6.08
52주최저(원)	9,650	수익률(YTD, %)	8.64
거래량(20일, 주)	1,953	변동성(120일)	0.01
거래대금(20일, 원)	22,150,976	구성종목수(개)	4
베타(1D/1Y)	0.447710	Spread(원)	10.62

누적 수익률

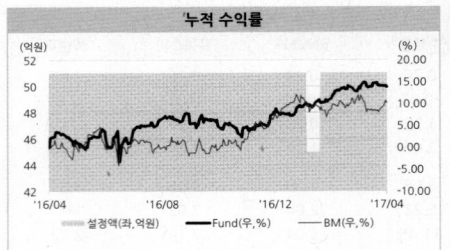

설정액(좌,억원) ━Fund(우,%) ━BM(우,%)

기간별 수익률 (%)				
구분	수익률	BM초과	유형초과	%순위
1주	-0.22	0.25	0.09	47.95
1개월	-0.23	-1.45	0.06	43.21
3개월	0.36	2.01	0.47	40.66
6개월	3.23	3.47	-0.29	54.85
연초이후	8.64	-1.92	1.61	27.72
1년	6.08	6.19	1.42	21.95
3년	13.80	3.72	2.03	39.16

보수 (%, 年)	
TER	0.400
운용	0.300
판매	0.045
수탁	0.025
일반사무	0.030

투자 전략

장외파생상품을 법시행령 제94조 제2항 제4호에서 규정하는 주된 투자대상자산으로 하며, 수익증권 1좌당 순자산가치의 변동률을 MSCI(Morgan Stanly Capital International)가 산출해 발표하는 MSCI AC World Daily TR Net USD Index의 변동률과 유사하도록 운용함을 목적으로 합니다.

ARIRANG 바벨 채권 (A190150)

- 벤치마크 : **종합 만기종합**
- 테마분류 : —
- 위험등급 : **4등급**
- 평가등급(3년) : ★★★

펀드 현황	
운용사(매니저)	한화자산운용
판매사	—
설정일(존속기간)	2013.12.17 (3년3개월)
설정액	180.00억원
순자산	180.00억원

시장 정보 (2017년 04월 14일 기준)			
52주최고(원)	112,655	수익률(12M, %)	0.16
52주최저(원)	109,990	수익률(YTD, %)	-1.21
거래량(20일, 주)	4	변동성(120일)	0.00
거래대금(20일, 원)	487,306	구성종목수(개)	5
베타(1D/1Y)	-0.026570	Spread(원)	-11.81

누적 수익률

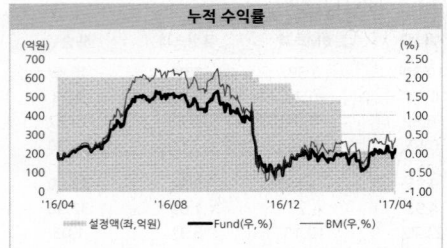

설정액(좌,억원) ━Fund(우,%) ━BM(우,%)

기간별 수익률 (%)				
구분	수익률	BM초과	유형초과	%순위
1주	0.10	-0.02	0.05	28.16
1개월	0.06	-0.01	—	51.15
3개월	0.46	-0.04	0.13	40.80
6개월	0.08	-0.04	-0.17	75.14
연초이후	-1.21	0.19	-0.89	66.08
1년	0.16	-0.23	-0.30	86.13
3년	0.10	-0.30	-0.75	70.81

보수 (%, 年)	
TER	0.135
운용	0.080
판매	0.030
수탁	0.010
일반사무	0.015

투자 전략

국내 채권을 법시행령 제94조 제2항 제4호에서 규정하는 주된 투자대상자산으로 하며, 수익증권 1좌당 순자산가치의 변동률을 한국자산평가가 산출하여 공표하는 추적대상지수인 "KAPBarbell Index"의 변동률과 유사하도록 운용함을 목적으로 합니다.

ARIRANG 단기유동성 (A190160)

● 벤치마크 : **CD 6개월(26주)**
● 테마분류 : —

● 위험등급 : **5등급**
● 평가등급(3년) : —

펀드 현황

운용사(매니저)	한화자산운용
판매사	—
설정일(존속기간)	2013.12.17 (3년3개월)
설정액	1,302.00억원
순자산	1,302.00억원

시장 정보 (2017년 04월 14일 기준)

52주최고(원)	106,560	수익률(12M, %)	0.45
52주최저(원)	105,135	수익률(YTD, %)	0.68
거래량(20일, 주)	59	변동성(120일)	0.00
거래대금(20일, 원)	6,333,599	구성종목수(개)	18
베타(1D/1Y)	-0.000360	Spread(원)	-6.68

누적 수익률

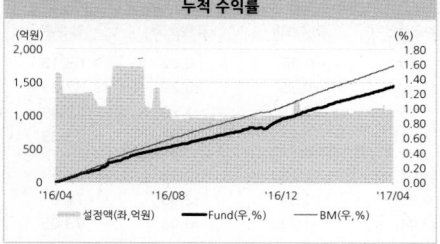

설정액(좌,억원) ——Fund(우,%) ——BM(우,%)

기간별 수익률 (%)

구분	수익률	BM초과	유형초과	%순위
1주	—	—	—	95.38
1개월	0.02	-0.01	-0.01	95.38
3개월	0.13	-0.01	-0.01	78.46
6개월	0.35	-0.04	-0.03	77.19
연초이후	0.68	-0.08	-0.04	73.58
1년	0.45	-0.01	-0.03	77.78
3년	1.36	-0.22	-0.08	69.70

보수 (%, 年)

TER	0.105
운용	0.060
판매	0.020
수탁	0.010
일반사무	0.015

투자 전략

국내 채권을 법시행령 제94조 제2항 제4호에서 규정하는 주된 투자대상자산으로 하며, 수익증권 1좌당 순자산가치의 변동률을 한국자산평가가 산출하여 공표하는 추적대상지수인 "KAPMoney Market Index"의 변동률과 유사하도록 운용함을 목적으로 합니다.

KINDEX 단기통안채 (A190620)

● 벤치마크 : **CD 6개월(26주)**
● 테마분류 : —

● 위험등급 : **6등급**
● 평가등급(3년) : —

펀드 현황

운용사(매니저)	한국투신운용
판매사	—
설정일(존속기간)	2013.12.19 (3년3개월)
설정액	1,082.00억원
순자산	1,082.00억원

시장 정보 (2017년 04월 14일 기준)

52주최고(원)	101,365	수익률(12M, %)	0.38
52주최저(원)	100,085	수익률(YTD, %)	0.64
거래량(20일, 주)	24,254	변동성(120일)	0.00
거래대금(20일, 원)	2,436,375,956	구성종목수(개)	9
베타(1D/1Y)	0.000490	Spread(원)	8.25

누적 수익률

설정액(좌,억원) ——Fund(우,%) ——BM(우,%)

기간별 수익률 (%)

구분	수익률	BM초과	유형초과	%순위
1주	—	—	—	96.92
1개월	0.02	-0.01	-0.01	90.77
3개월	0.11	-0.03	-0.03	93.85
6개월	0.31	-0.08	-0.07	92.98
연초이후	0.64	-0.12	-0.08	83.02
1년	0.38	-0.09	-0.10	92.59
3년	1.30	-0.28	-0.14	78.79

보수 (%, 年)

TER	0.100
운용	0.065
판매	0.015
수탁	0.010
일반사무	0.010

투자 전략

국내 채권을 법시행령 제94조 제2항 제4호에서 규정하는 주된 투자대상자산으로 하며 KIS채권평가㈜가 발표하는 "KIS MSB 단기 INDEX(총수익지수)"의 수익률을 추적하도록 한국은행 통화안정증권에 주로 투자하는 상장지수투자신탁으로서 이 투자신탁 수익증권 1좌당 순자산가치(투자신탁보수 차감전을 말함)의 변동률을 KIS MSB 단기 INDEX(총수익지수)의 변동률과 유사하도록 투자신탁재산을 운용함을 그 목적으로 합니다.

TIGER 차이나CSI300　(A192090)

- 벤치마크 : **World - MSCI - EMF ASIA (KRW Unhedged)**
- 테마분류 : —
- 위험등급 : **2등급**
- 평가등급(3년) : ★★★★

펀드 현황	
운용사(매니저)	미래에셋자산운용
판매사	—
설정일(존속기간)	2014.01.27 (3년2개월)
설정액	820.00억원
순자산	820.00억원

시장 정보 (2017년 04월 14일 기준)			
52주최고(원)	7,860	수익률(12M, %)	0.99
52주최저(원)	6,880	수익률(YTD, %)	3.95
거래량(20일, 주)	507,350	변동성(120일)	0.01
거래대금(20일, 원)	3,759,857,583	구성종목수(개)	315
베타(1D/1Y)	0.149740	Spread(원)	-31.59

누적 수익률

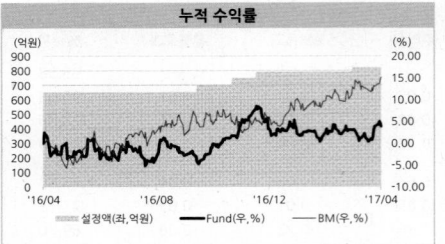

설정액(좌,억원)　—Fund(우,%)　—BM(우,%)

기간별 수익률 (%)				
구분	수익률	BM초과	유형초과	%순위
1주	-0.66	-1.06	-0.51	84.26
1개월	-0.01	-1.87	-0.12	54.38
3개월	0.84	-1.11	-1.18	77.83
6개월	2.12	-3.41	-4.30	89.87
연초이후	3.95	-6.47	-0.54	51.99
1년	0.99	-6.73	-7.78	92.58
3년	3.82	-11.25	-7.93	75.85

보수 (%, 年)	
TER	0.630
운용	0.490
판매	0.050
수탁	0.050
일반사무	0.040

투자 전략

중국본토 주식 및 주식관련파생상품에 주로 투자하는 모투자신탁을 주된 투자대상자산으로 하며, "CSI 300 지수"를 기초지수로 하여 1좌당 순자산가치의 변동률을 기초지수 변동률과 유사하도록 투자신탁재산을 운용함을 목적으로 합니다.

파워 고배당저변동성　(A192720)

- 벤치마크 : **KOSPI TR**
- 테마분류 : —
- 위험등급 : **2등급**
- 평가등급(3년) : ★★★★★

펀드 현황	
운용사(매니저)	교보악사자산운용
판매사	—
설정일(존속기간)	2014.02.19 (3년1개월)
설정액	262.57억원
순자산	262.57억원

시장 정보 (2017년 04월 14일 기준)			
52주최고(원)	29,320	수익률(12M, %)	4.80
52주최저(원)	25,075	수익률(YTD, %)	8.77
거래량(20일, 주)	586	변동성(120일)	0.01
거래대금(20일, 원)	16,938,662	구성종목수(개)	51
베타(1D/1Y)	0.811110	Spread(원)	-98.01

누적 수익률

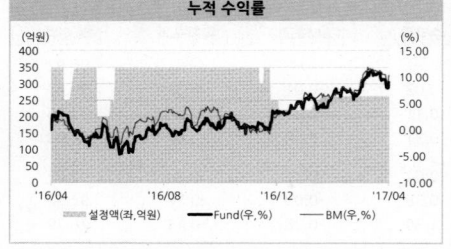

설정액(좌,억원)　—Fund(우,%)　—BM(우,%)

기간별 수익률 (%)				
구분	수익률	BM초과	유형초과	%순위
1주	0.99	0.06	-0.22	63.18
1개월	-0.54	-0.35	-0.29	82.23
3개월	1.16	-0.29	-1.20	79.49
6개월	2.71	-0.83	-2.05	73.33
연초이후	8.77	0.36	-2.95	58.64
1년	4.80	-1.31	-2.93	74.61
3년	9.04	-1.31	-6.08	73.05

보수 (%, 年)	
TER	0.230
운용	0.170
판매	0.010
수탁	0.020
일반사무	0.030

투자 전략

'KOSPI 200 고배당지수(KOSPI 200 Low Volatility High Dividend Index)'를 기초지수로 하여 보수차감전 1좌당 순자산가치의 일간변동률을 기초지수의 변동률과 유사하도록 투자신탁재산을 운용함을 목적으로 합니다.

TIGER 일본TOPIX(합성 H) (A195920)

● 벤치마크 : **World - MSCI - AC ASIA PACIFIC FREE (KRW Unhedged)**　　● 위험등급 : **1등급**
● 테마분류 : —　　　　　● 평가등급(3년) : —

펀드 현황

운용사(매니저)	미래에셋자산운용
판매사	—
설정일(존속기간)	2014.04.29 (2년11개월)
설정액	320.00억원
순자산	320.00억원

시장 정보 (2017년 04월 14일 기준)

52주최고(원)	13,215	수익률(12M, %)	-3.09
52주최저(원)	10,200	수익률(YTD, %)	9.32
거래량(20일, 주)	4,900	변동성(120일)	0.01
거래대금(20일, 원)	62,298,222	구성종목수(개)	4
베타(1D/1Y)	1.055110	Spread(원)	12.93

누적 수익률

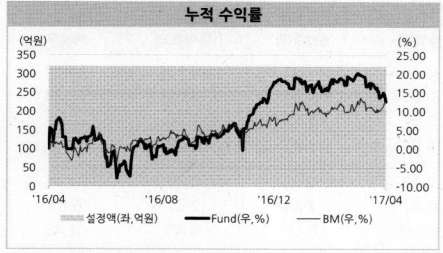

기간별 수익률 (%)

구분	수익률	BM초과	유형초과	%순위
1주	-0.77	-0.74	-0.37	90.41
1개월	-0.86	-3.14	-0.62	64.52
3개월	-6.38	-6.13	-6.60	92.82
6개월	-4.69	-5.96	-6.77	96.14
연초이후	9.32	0.82	3.67	29.29
1년	-3.09	-6.10	-6.76	87.32
3년	12.53	—	2.15	49.44

보수 (%, 年)

TER	0.250
운용	0.150
판매	0.045
수탁	0.025
일반사무	0.030

투자 전략

이 투자신탁은 일본에 상장된 주식을 기초자산으로 하여 파생상품시장에서 거래되는 장외파생상품을 주된 투자대상자산으로 하며, "TOPIX 지수"의 수익률 추종을 목적으로 합니다.

TIGER 유로스탁스50(합성 H) (A195930)

● 벤치마크 : **World - MSCI - EUROPE (KRW Unhedged)**　　● 위험등급 : **1등급**
● 테마분류 : —　　　　　● 평가등급(3년) : —

펀드 현황

운용사(매니저)	미래에셋자산운용
판매사	—
설정일(존속기간)	2014.04.29 (2년11개월)
설정액	380.00억원
순자산	380.00억원

시장 정보 (2017년 04월 14일 기준)

52주최고(원)	11,400	수익률(12M, %)	5.87
52주최저(원)	8,660	수익률(YTD, %)	15.39
거래량(20일, 주)	13,073	변동성(120일)	0.01
거래대금(20일, 원)	146,738,107	구성종목수(개)	4
베타(1D/1Y)	1.174720	Spread(원)	5.68

누적 수익률

기간별 수익률 (%)

구분	수익률	BM초과	유형초과	%순위
1주	-0.07	0.31	-0.18	61.36
1개월	-0.13	-1.58	-0.40	82.68
3개월	1.58	1.68	-0.56	69.11
6개월	5.58	5.19	0.18	57.38
연초이후	15.39	4.14	2.40	14.75
1년	5.87	5.66	-0.21	57.38
3년	20.39	16.03	3.56	17.39

보수 (%, 年)

TER	0.250
운용	0.150
판매	0.045
수탁	0.025
일반사무	0.030

투자 전략

이 투자신탁은 유로존에 상장된 주식을 기초자산으로 하여 파생상품시장에서 거래되는 장외파생상품을 주된 투자대상자산으로 하며, "EURO STOXX 50 지수"의 수익률 추종을 목적으로 합니다.

ARIRANG 선진국MSCI(합성 H) (A195970)

● 벤치마크 : **World - MSCI - AC WORLD INDEX FREE (KRW Unhedged)** ● 위험등급 : **1등급**
● 테마분류 : ㅡ ● 평가등급(3년) : ㅡ

펀드 현황	
운용사(매니저)	한화자산운용
판매사	ㅡ
설정일(존속기간)	2014.05.12 (2년11개월)
설정액	54.00억원
순자산	54.00억원

시장 정보 (2017년 04월 14일 기준)			
52주최고(원)	9,395	수익률(12M, %)	7.32
52주최저(원)	7,980	수익률(YTD, %)	7.82
거래량(20일, 주)	2,739	변동성(120일)	0.01
거래대금(20일, 원)	25,600,165	구성종목수(개)	4
베타(1D/1Y)	0.633280	Spread(원)	-8.68

누적 수익률

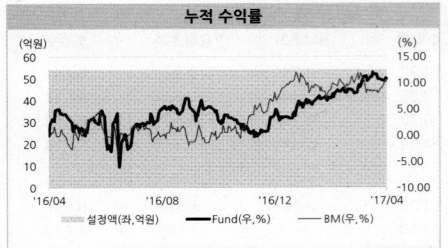

설정액(좌,억원) ━Fund(우,%) ━BM(우,%)

기간별 수익률 (%)				
구분	수익률	BM초과	유형초과	%순위
1주	-0.13	0.34	0.18	34.84
1개월	0.05	-1.17	0.35	17.28
3개월	1.54	3.19	1.66	4.98
6개월	4.04	4.28	0.52	33.50
연초이후	7.82	-2.75	0.79	34.16
1년	7.32	7.44	2.67	6.83
3년	10.76	0.68	-1.01	61.45

보수 (%, 年)	
TER	0.500
운용	0.400
판매	0.045
수탁	0.025
일반사무	0.030

투자 전략

이 투자신탁은 장외파생상품을 법시행령 제94조 제2항 제4호에서 규정하는 주된 투자대상자산으로 하며, 수익증권 1좌당 순자산가치의 변동률을 MSCI(Morgan Stanly Capital International)가 산출해 발표하는 MSCI EAFE Index의 변동률과 유사하도록 운용함을 목적으로 합니다.

ARIRANG 신흥국MSCI(합성 H) (A195980)

● 벤치마크 : **World - MSCI - EMF (EMERGING MARKETS FREE) (KRW Unhedged)** ● 위험등급 : **1등급**
● 테마분류 : ㅡ ● 평가등급(3년) : ㅡ

펀드 현황	
운용사(매니저)	한화자산운용
판매사	ㅡ
설정일(존속기간)	2014.05.12 (2년11개월)
설정액	60.00억원
순자산	60.00억원

시장 정보 (2017년 04월 14일 기준)			
52주최고(원)	9,615	수익률(12M, %)	12.67
52주최저(원)	7,720	수익률(YTD, %)	6.04
거래량(20일, 주)	10,741	변동성(120일)	0.01
거래대금(20일, 원)	101,874,244	구성종목수(개)	3
베타(1D/1Y)	0.965400	Spread(원)	-35.62

누적 수익률

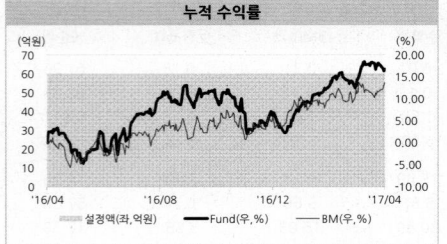

설정액(좌,억원) ━Fund(우,%) ━BM(우,%)

기간별 수익률 (%)				
구분	수익률	BM초과	유형초과	%순위
1주	0.35	-0.08	0.85	ㅡ
1개월	-1.11	-2.95	-0.01	55.96
3개월	3.48	2.04	1.08	21.50
6개월	6.78	2.73	3.00	11.88
연초이후	6.04	-4.18	1.17	49.51
1년	12.67	6.86	5.50	ㅡ
3년	16.81	3.14	-3.42	58.76

보수 (%, 年)	
TER	0.500
운용	0.400
판매	0.045
수탁	0.025
일반사무	0.030

투자 전략

이 투자신탁은 장외파생상품을 법시행령 제94조 제2항 제4호에서 규정하는 주된 투자대상자산으로 하며, 수익증권 1좌당 순자산가치의 변동률을 MSCI(Morgan Stanly Capital International)가 산출해 발표하는 MSCI Emerging Markets Index의 변동률과 유사하도록 운용함을 목적으로 합니다.

KINDEX 일본TOPIX레버리지(H) (A196030)

● 벤치마크 : World - MSCI - AC ASIA PACIFIC FREE (KRW Unhedged)
● 테마분류 : —
● 위험등급 : 1등급
● 평가등급(3년) : —

펀드 현황

운용사(매니저)	한국투신운용
판매사	—
설정일(존속기간)	2014.06.11 (2년10개월)
설정액	50.00억원
순자산	50.00억원 -

시장 정보 (2017년 04월 14일 기준)

52주최고(원)	14,045	수익률(12M, %)	-5.78
52주최저(원)	8,415	수익률(YTD, %)	19.07
거래량(20일, 주)	21,980	변동성(120일)	0.02
거래대금(20일, 원)	284,096,859	구성종목수(개)	9
베타(1D/1Y)	2.058320	Spread(원)	52.49

누적 수익률

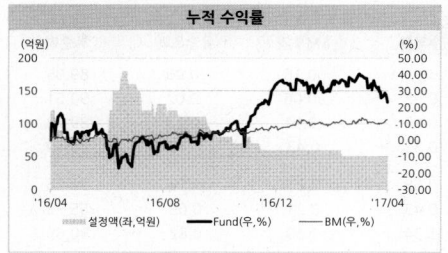

설정액(좌,억원) —Fund(우,%) —BM(우,%)

기간별 수익률 (%)

구분	수익률	BM초과	유형초과	%순위
1주	-1.67	-1.63	-1.27	99.54
1개월	-2.06	-4.34	-1.82	86.64
3개월	-12.36	-12.11	-12.57	99.52
6개월	-8.93	-10.20	-11.00	99.52
연초이후	19.07	10.57	13.42	—
1년	-5.78	-8.79	-9.45	99.51
3년	23.01	10.48	12.63	2.22

보수 (%, 年)

TER	0.500
운용	0.360
판매	0.070
수탁	0.030
일반사무	0.040

투자 전략

일본의 도쿄증권거래소가 산출.발표하는 TOPIX(Tokyo Stock Price Index, 기초지수)의 변화에 연동하여 운용하는 것을 목표로 일본 주식, TOPIX를 기초지수로 하는 ETF, 레버리지 ETF,주가지수선물 등에 투자하여 이 투자신탁 수익증권 1좌당 순자산가치의 변동률을 기초지수의 일간 변동률의 양(+)의 2배수와 유사하도록 투자신탁재산을 운용할 예정입니다.

KBSTAR 일본TOPIX레버리지(H) (A196220)

● 벤치마크 : World - MSCI - AC ASIA PACIFIC FREE (KRW Unhedged)
● 테마분류 : —
● 위험등급 : 1등급
● 평가등급(3년) : —

펀드 현황

운용사(매니저)	KB자산운용
판매사	—
설정일(존속기간)	2014.06.11 (2년10개월)
설정액	60.00억원
순자산	60.00억원

시장 정보 (2017년 04월 14일 기준)

52주최고(원)	13,675	수익률(12M, %)	-5.80
52주최저(원)	8,260	수익률(YTD, %)	18.47
거래량(20일, 주)	15,874	변동성(120일)	0.02
거래대금(20일, 원)	206,644,949	구성종목수(개)	9
베타(1D/1Y)	2.091190	Spread(원)	52.33

누적 수익률

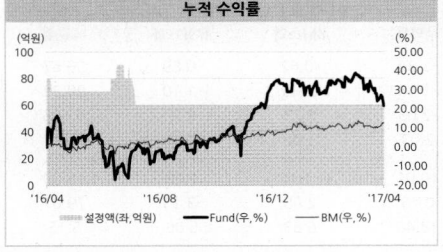

설정액(좌,억원) —Fund(우,%) —BM(우,%)

기간별 수익률 (%)

구분	수익률	BM초과	유형초과	%순위
1주	-1.67	-1.64	-1.27	100.00
1개월	-2.06	-4.34	-1.82	87.56
3개월	-12.43	-12.18	-12.65	100.00
6개월	-9.02	-10.29	-11.09	100.00
연초이후	18.47	9.96	12.82	0.51
1년	-5.80	-8.81	-9.48	100.00
3년	21.51	8.98	11.13	2.78

보수 (%, 年)

TER	0.500
운용	0.355
판매	0.070
수탁	0.035
일반사무	0.040

투자 전략

일본 주식관련 집합투자증권, 일본 주식관련 파생상품 및 일본 주식을 법에서 정하는 주된 투자대상으로 하며, 일본의 도쿄증권거래소가 산출.발표하는 "TOPIX Index"를 기초지수로 하여 1좌당 순자산가치의 변동률을 기초지수의 일일 변동률의 양(陽)의 2배에 연동하도록 투자신탁재산을 운용하는 것을 목적으로 하는 투자신탁입니다.

KBSTAR 단기통안채 (A196230)

● 벤치마크 : **국공채 만기종합**
● 테마분류 : —

● 위험등급 : **5등급**
● 평가등급(3년) : —

펀드 현황

운용사(매니저)	KB자산운용
판매사	—
설정일(존속기간)	2014.05.14 (2년11개월)
설정액	3,893.00억원
순자산	3,893.00억원

시장 정보 (2017년 04월 14일 기준)

52주최고(원)	103,280	수익률(12M, %)	0.43
52주최저(원)	101,915	수익률(YTD, %)	0.66
거래량(20일, 주)	55,012	변동성(120일)	0.00
거래대금(20일, 원)	5,680,400,620	구성종목수(개)	12
베타(1D/1Y)	-0.000310	Spread(원)	-6.60

누적 수익률

설정액(좌,억원) — Fund(우,%) — BM(우,%)

기간별 수익률 (%)

구분	수익률	BM초과	유형초과	%순위
1주	—	-0.16	-0.05	89.05
1개월	0.02	-0.06	-0.02	90.51
3개월	0.13	-0.51	-0.19	89.78
6개월	0.33	0.43	0.15	39.10
연초이후	0.66	3.21	1.14	26.56
1년	0.43	0.21	0.08	55.73
3년	1.34	1.66	0.82	30.69

보수 (%, 年)

TER	0.130
운용	0.090
판매	0.020
수탁	0.010
일반사무	0.010

투자 전략

이 투자신탁은 국내채권을 법에서 정하는 주된 투자대상으로 하되, 잔존만기 10개월 이하의 한국은행 통화안정증권 10개 종목으로 구성된 "KIS MSB 5M Index(총수익지수)"을 기초지수로 하여 1좌당 순자산가치의 변동률을 기초지수의 변동률과 유사하도록 투자신탁재산을 운용함을 목적으로 하는 상장지수투자신탁입니다.

KODEX 미국S&P IT(합성) (A200020)

● 벤치마크 : **World - MSCI - NORTH AMERICA (KRW Unhedged)**
● 테마분류 : —

● 위험등급 : **2등급**
● 평가등급(3년) : —

펀드 현황

운용사(매니저)	삼성자산운용
판매사	—
설정일(존속기간)	2014.06.11 (2년10개월)
설정액	51.00억원
순자산	51.00억원

시장 정보 (2017년 04월 14일 기준)

52주최고(원)	15,655	수익률(12M, %)	0.70
52주최저(원)	12,295	수익률(YTD, %)	10.01
거래량(20일, 주)	645	변동성(120일)	0.01
거래대금(20일, 원)	9,828,686	구성종목수(개)	5
베타(1D/1Y)	-0.050480	Spread(원)	61.19

누적 수익률

설정액(좌,억원) — Fund(우,%) — BM(우,%)

기간별 수익률 (%)

구분	수익률	BM초과	유형초과	%순위
1주	-1.34	-0.62	-0.89	96.67
1개월	-1.38	-2.12	-1.10	99.33
3개월	-2.05	0.73	-0.76	89.86
6개월	2.03	3.06	-0.60	66.17
연초이후	10.01	-1.14	1.60	15.00
1년	0.70	2.05	-3.13	79.07
3년	18.40	6.83	5.05	5.15

보수 (%, 年)

TER	0.250
운용	0.190
판매	0.020
수탁	0.020
일반사무	0.020

투자 전략

S&P Select Sector Technology Index(KRW 기준, 환헷지 안함, 이하"기초지수"라 한다)를 기초지수로 하여 1좌당 순자산가치의 변동률을 기초지수 변동률과 연동하여 투자신탁재산을 운용함을 그 운용목적으로 합니다.

KODEX 미국S&P산업재(합성) (A200030)

● 벤치마크 : **World - MSCI - NORTH AMERICA (KRW Unhedged)**　　● 위험등급 : **2등급**
● 테마분류 : ―　　　　　　　　　　　　　　　　　　　　　　　　● 평가등급(3년) : ―

펀드 현황

운용사(매니저)	삼성자산운용
판매사	―
설정일(존속기간)	2014.06.11 (2년10개월)
설정액	69.60억원
순자산	69.60억원

시장 정보 (2017년 04월 14일 기준)

52주최고(원)	13,505	수익률(12M, %)	-3.43
52주최저(원)	11,010	수익률(YTD, %)	12.14
거래량(20일, 주)	2,851	변동성(120일)	0.01
거래대금(20일, 원)	36,780,475	구성종목수(개)	5
베타(1D/1Y)	-0.089170	Spread(원)	14.73

누적 수익률

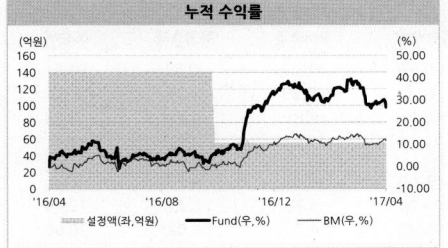

기간별 수익률 (%)

구분	수익률	BM초과	유형초과	%순위
1주	-2.35	-1.64	-1.91	100.00
1개월	-0.89	-1.63	-0.61	94.00
3개월	-2.91	-0.13	-1.62	91.89
6개월	-1.55	-0.52	-4.18	88.72
연초이후	12.14	1.00	3.73	8.33
1년	-3.43	-2.07	-7.25	93.80
3년	15.80	4.23	2.44	16.49

보수 (%, 年)

TER	0.250
운용	0.190
판매	0.020
수탁	0.020
일반사무	0.020

투자 전략

S&P Select Sector Industrial Index(KRW 기준, 환헷지 안함,
이하"기초지수"라 한다)를 기초지수로 하여 1좌당 순자산가치의 변동률을 기초지수 변동률과
연동하여 투자신탁재산을 운용함을 그 운용목적으로 합니다.

KODEX 미국S&P금융(합성) (A200040)

● 벤치마크 : **World - MSCI - NORTH AMERICA (KRW Unhedged)**　　● 위험등급 : **2등급**
● 테마분류 : ―　　　　　　　　　　　　　　　　　　　　　　　　● 평가등급(3년) : ―

펀드 현황

운용사(매니저)	삼성자산운용
판매사	―
설정일(존속기간)	2014.06.11 (2년10개월)
설정액	55.20억원
순자산	55.20억원

시장 정보 (2017년 04월 14일 기준)

52주최고(원)	15,130	수익률(12M, %)	-7.30
52주최저(원)	10,790	수익률(YTD, %)	17.75
거래량(20일, 주)	6,515	변동성(120일)	0.01
거래대금(20일, 원)	90,663,978	구성종목수(개)	5
베타(1D/1Y)	0.068070	Spread(원)	51.10

누적 수익률

기간별 수익률 (%)

구분	수익률	BM초과	유형초과	%순위
1주	-1.90	-1.18	-1.45	99.33
1개월	-1.50	-2.24	-1.22	100.00
3개월	-7.41	-4.64	-6.12	100.00
6개월	-4.71	-3.68	-7.35	94.74
연초이후	17.75	6.60	9.34	―
1년	-7.30	-5.94	-11.13	94.57
3년	26.62	15.05	13.27	―

보수 (%, 年)

TER	0.250
운용	0.190
판매	0.020
수탁	0.020
일반사무	0.020

투자 전략

S&P Select Sector Financials Index(KRW 기준, 환헷지 안함,
이하"기초지수"라 한다)를 기초지수로 하여 1좌당 순자산가치의 변동률을 기초지수 변동률과
연동하여 투자신탁재산을 운용함을 그 운용목적으로 합니다.

KODEX 독일MSCI(합성) (A200050)

● 벤치마크 : **World - MSCI - EUROPE (KRW Unhedged)** ● 위험등급 : **2등급**
● 테마분류 : — ● 평가등급(3년) : —

펀드 현황	
운용사(매니저)	삼성자산운용
판매사	—
설정일(존속기간)	2014.06.11 (2년10개월)
설정액	105.40억원
순자산	105.40억원

시장 정보 (2017년 04월 14일 기준)			
52주최고(원)	10,065	수익률(12M, %)	0.34
52주최저(원)	8,390	수익률(YTD, %)	9.45
거래량(20일, 주)	3,914	변동성(120일)	0.01
거래대금(20일, 원)	38,881,414	구성종목수(개)	5
베타(1D/1Y)	0.228580	Spread(원)	-14.13

누적 수익률

기간별 수익률 (%)				
구분	수익률	BM초과	유형초과	%순위
1주	-0.50	-0.12	-0.61	96.97
1개월	-0.63	-2.08	-0.90	96.85
3개월	-0.34	-0.25	-2.49	97.56
6개월	0.98	0.59	-4.43	96.72
연초이후	9.45	-1.80	-3.54	84.43
1년	0.34	0.12	-5.75	99.18
3년	11.20	6.84	-5.63	83.48

보수 (%, 年)	
TER	0.250
운용	0.190
판매	0.020
수탁	0.020
일반사무	0.020

투자 전략

MSCI Germany Index(KRW 기준, 환헷지 안함, 이하"기초지수"라 한다)를 기초지수로 하여 1좌당 순자산가치의 변동률을 기초지수 변동률과 연동하여 투자신탁재산을 운용함을 그 운용목적으로 합니다.

KOSEF 인도Nifty50(합성) (A200250)

● 벤치마크 : **World - MSCI - EMF ASIA (KRW Unhedged)** ● 위험등급 : **1등급**
● 테마분류 : — ● 평가등급(3년) : —

펀드 현황	
운용사(매니저)	키움투자자산운용
판매사	—
설정일(존속기간)	2014.06.25 (2년9개월)
설정액	75.00억원
순자산	75.00억원

시장 정보 (2017년 04월 14일 기준)			
52주최고(원)	12,010	수익률(12M, %)	14.00
52주최저(원)	10,030	수익률(YTD, %)	9.23
거래량(20일, 주)	1,677	변동성(120일)	0.01
거래대금(20일, 원)	19,555,626	구성종목수(개)	5
베타(1D/1Y)	0.394550	Spread(원)	130.36

누적 수익률

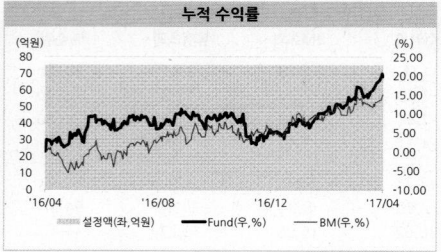

기간별 수익률 (%)				
구분	수익률	BM초과	유형초과	%순위
1주	-0.67	-1.07	-0.52	84.81
1개월	1.50	-0.35	1.39	3.83
3개월	4.76	2.81	2.74	14.86
6개월	10.96	5.42	4.53	13.31
연초이후	9.23	-1.19	4.74	9.60
1년	14.00	6.29	5.23	12.44
3년	19.77	4.70	8.02	20.90

보수 (%, 年)	
TER	0.490
운용	0.390
판매	0.045
수탁	0.025
일반사무	0.030

투자 전략

이 투자신탁은 집합투자규약 제17조에서 정의된 장외파생상품을 주된 투자대상자산으로 하여 1좌당 순자산가치의 변동률을 기초자산인 "CNX Nifty Index"의 변동률과 유사하도록 투자신탁재산을 운용함을 목적으로 합니다.

TIGER 미국나스닥바이오 (A203780)

● 벤치마크 : **World - MSCI - NORTH AMERICA (KRW Unhedged)**   ● 위험등급 : **2등급**
● 테마분류 : —   ● 평가등급(3년) : —

펀드 현황

운용사(매니저)	미래에셋자산운용
판매사	—
설정일(존속기간)	2014.08.26 (2년7개월)
설정액	76.61억원
순자산	76.61억원

시장 정보 (2017년 04월 14일 기준)

52주최고(원)	13,635	수익률(12M, %)	0.86
52주최저(원)	11,070	수익률(YTD, %)	6.48
거래량(20일, 주)	13,402	변동성(120일)	0.02
거래대금(20일, 원)	172,138,832	구성종목수(개)	164
베타(1D/1Y)	0.127720	Spread(원)	8.77

누적 수익률

(억원) / (%)
250 / 20.00
200 / 15.00
150 / 10.00
100 / 5.00
50 / -5.00
0 / -10.00 / -15.00
'16/04 '16/08 '16/12 '17/04
설정액(좌,억원) — Fund(우,%) — BM(우,%)

기간별 수익률 (%)

구분	수익률	BM초과	유형초과	%순위
1주	-0.93	-0.21	-0.48	84.00
1개월	0.05	-0.69	0.33	18.67
3개월	-5.19	-2.41	-3.90	98.65
6개월	-0.48	0.55	-3.11	83.46
연초이후	6.48	-4.67	-1.93	89.17
1년	0.86	2.22	-2.97	78.29
3년	4.34	-7.22	-9.01	94.85

보수 (%, 年)

TER	0.300
운용	0.160
판매	0.070
수탁	0.030
일반사무	0.040

투자 전략

이 투자신탁은 미국에 상장된 주식을 주된 투자대상자산으로 하며, "나스닥 바이오테크놀로지 지수(NASDAQ Biotechnology Index)"를 기초지수로 하여 1좌당 순자산가치의 변동률을 원화로 환산한 기초지수의 변동률과 유사하도록 투자신탁재산을 운용함을 목적으로 합니다.

ARIRANG 차이나H 레버리지(합성 H) (A204420)

● 벤치마크 : **World - MSCI - EMF ASIA (KRW Unhedged)**   ● 위험등급 : **1등급**
● 테마분류 : —   ● 평가등급(3년) : —

펀드 현황

운용사(매니저)	한화자산운용
판매사	—
설정일(존속기간)	2014.08.22 (2년7개월)
설정액	120.00억원
순자산	120.00억원

시장 정보 (2017년 04월 14일 기준)

52주최고(원)	7,235	수익률(12M, %)	19.14
52주최저(원)	4,565	수익률(YTD, %)	13.32
거래량(20일, 주)	2,812	변동성(120일)	0.02
거래대금(20일, 원)	19,349,760	구성종목수(개)	193
베타(1D/1Y)	2.401900	Spread(원)	57.64

누적 수익률

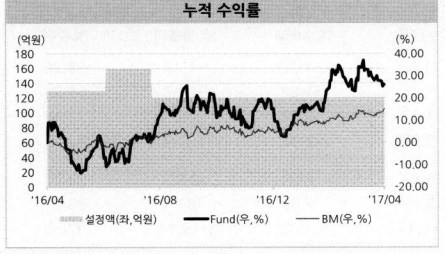

(억원) / (%)
180 / 40.00
160 /
140 / 30.00
120 /
100 / 20.00
80 / 10.00
60 / 0.00
40 /
20 / -10.00
0 / -20.00
'16/04 '16/08 '16/12 '17/04
설정액(좌,억원) — Fund(우,%) — BM(우,%)

기간별 수익률 (%)

구분	수익률	BM초과	유형초과	%순위
1주	-0.09	-0.49	0.06	50.93
1개월	-1.41	-3.27	-1.52	98.47
3개월	-1.21	-3.16	-3.23	97.12
6개월	8.05	2.51	1.62	29.01
연초이후	13.32	2.91	8.83	2.81
1년	19.14	11.43	10.38	6.05
3년	25.93	10.85	14.17	7.46

보수 (%, 年)

TER	0.800
운용	0.600
판매	0.145
수탁	0.025
일반사무	0.030

투자 전략

이 투자신탁은 장외파생상품을 주된 투자대상자산으로 하며 HSCEI 지수의 일일 등락률의 양(陽)의 2배 수익률을 추적대상으로 하여 1좌당 순자산가치의 일일 변동률를 HSCEI 지수의 일일 등락률의 양(陽)의 2배에 연동하도록 투자신탁재산을 운용함을 목적으로 합니다.

KODEX China H 레버리지(H) (A204450)

● 벤치마크 : **World - MSCI - EMF ASIA (KRW Unhedged)**
● 테마분류 : —
● 위험등급 : **2등급**
● 평가등급(3년) : —

펀드 현황

운용사(매니저)	삼성자산운용
판매사	—
설정일(존속기간)	2014.09.11 (2년7개월)
설정액	450.00억원
순자산	450.00억원

시장 정보 (2017년 04월 14일 기준)

52주최고(원)	7,825	수익률(12M, %)	17.90
52주최저(원)	4,750	수익률(YTD, %)	12.21
거래량(20일, 주)	109,874	변동성(120일)	0.02
거래대금(20일, 원)	812,718,958	구성종목수(개)	47
베타(1D/1Y)	2.338930	Spread(원)	-2.75

누적 수익률

기간별 수익률 (%)

구분	수익률	BM초과	유형초과	%순위
1주	-0.16	-0.56	—	58.36
1개월	-1.53	-3.38	-1.64	99.78
3개월	-1.60	-3.55	-3.62	99.56
6개월	7.20	1.66	0.77	38.57
연초이후	12.21	1.79	7.72	4.68
1년	17.90	10.19	9.14	6.16
3년	30.89	15.82	19.14	6.65

보수 (%, 年)

TER	0.640
운용	0.520
판매	0.040
수탁	0.040
일반사무	0.040

투자 전략

이 투자신탁은 HSCEI(Hang Seng China Enterprises Index, 이하 "기초지수"라 한다)를 기초지수로 하여 1좌당 순자산가치의 일간변동률을 기초지수 일간변동률의 양(陽)의 2배수로 연동하여 투자신탁재산을 운용함을 그 운용목적으로 합니다.

TIGER 차이나CSI300레버리지(합성) (A204480)

● 벤치마크 : **World - MSCI - EMF ASIA (KRW Unhedged)**
● 테마분류 : —
● 위험등급 : **1등급**
● 평가등급(3년) : —

펀드 현황

운용사(매니저)	미래에셋자산운용
판매사	—
설정일(존속기간)	2014.08.28 (2년7개월)
설정액	1,160.00억원
순자산	1,160.00억원

시장 정보 (2017년 04월 14일 기준)

52주최고(원)	18,180	수익률(12M, %)	0.63
52주최저(원)	14,190	수익률(YTD, %)	5.48
거래량(20일, 주)	134,890	변동성(120일)	0.01
거래대금(20일, 원)	2,158,213,011	구성종목수(개)	11
베타(1D/1Y)	0.240090	Spread(원)	-146.25

누적 수익률

기간별 수익률 (%)

구분	수익률	BM초과	유형초과	%순위
1주	-1.30	-1.70	-1.14	98.36
1개월	-0.02	-1.87	-0.13	55.25
3개월	1.17	-0.78	-0.85	73.17
6개월	3.00	-2.54	-3.43	82.82
연초이후	5.48	-4.94	0.99	38.76
1년	0.63	-7.09	-8.14	95.21
3년	-1.39	-16.46	-13.14	97.56

보수 (%, 年)

TER	0.590
운용	0.450
판매	0.070
수탁	0.030
일반사무	0.040

투자 전략

"이 투자신탁은 중국본토에 상장된 주식관련 집합투자증권 및 파생상품을 주된 투자대상자산으로 하며, 중국본토 주식으로 구성된 CSI300 지수를 기초지수로 하여 1좌당 순자산 가치의 일간변동률을 기초지수 일간변동률의 양(陽)의 2배수로 연동하여 투자신탁재산을 운용함을 목적으로 합니다."

KINDEX 일본TOPIX인버스(합성 H) (A205720)

- 벤치마크 : **TOPIX**
- 테마분류 : —
- 위험등급 : **1등급**
- 평가등급(3년) : —

펀드 현황

운용사(매니저)	한국투신운용
판매사	—
설정일(존속기간)	2014.09.22 (2년6개월)
설정액	150.00억원
순자산	150.00억원

시장 정보 (2017년 04월 14일 기준)

52주최고(원)	9,500	수익률(12M, %)	1.66
52주최저(원)	6,960	수익률(YTD, %)	-11.03
거래량(20일, 주)	16,730	변동성(120일)	0.01
거래대금(20일, 원)	120,555,057	구성종목수(개)	3
베타(1D/1Y)	-1.021880	Spread(원)	-38.39

누적 수익률

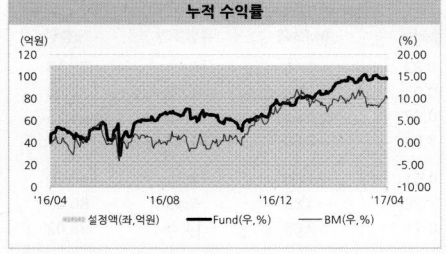

기간별 수익률 (%)

구분	수익률	BM초과	유형초과	%순위
1주	0.76	—	1.69	9.26
1개월	0.77	—	0.45	3.70
3개월	6.20	—	7.77	—
6개월	3.53	—	7.92	9.26
연초이후	-11.03	—	0.86	88.37
1년	1.66	—	9.70	11.11
3년	-17.35	—	-2.29	96.77

보수 (%, 年)

TER	0.500
운용	0.360
판매	0.070
수탁	0.030
일반사무	0.040

투자 전략

이 투자신탁은 장외파생상품을 법시행령 제94 조 제2항 제4호에서 규정하는 주된 투자대상자산으로 하여 1좌당 순자산가치의 변동률을 기초지수인 "TOPIX 지수 (시장가격지수, TOPIX Price Return Index)"의 일간변동률의 음(-)의 1배수와 유사하도록 투자신탁재산을 운용함을 목적으로 합니다 .

SMART 선진국MSCI World(합성 H) (A208470)

- 벤치마크 : **World - MSCI - AC WORLD INDEX FREE (KRW Unhedged)**
- 테마분류 : —
- 위험등급 : **1등급**
- 평가등급(3년) : —

펀드 현황

운용사(매니저)	신한BNP파리바자산운용
판매사	—
설정일(존속기간)	2014.11.21 (2년4개월)
설정액	110.00억원
순자산	110.00억원

시장 정보 (2017년 04월 14일 기준)

52주최고(원)	11,145	수익률(12M, %)	5.46
52주최저(원)	9,390	수익률(YTD, %)	9.17
거래량(20일, 주)	116	변동성(120일)	0.00
거래대금(20일, 원)	1,284,768	구성종목수(개)	3
베타(1D/1Y)	0.391740	Spread(원)	10.25

누적 수익률

기간별 수익률 (%)

구분	수익률	BM초과	유형초과	%순위
1주	-0.27	0.21	0.04	53.28
1개월	-0.11	-1.33	0.19	29.22
3개월	0.08	1.73	0.19	47.30
6개월	3.56	3.80	0.04	46.12
연초이후	9.17	-1.40	2.14	21.29
1년	5.46	5.57	0.80	33.66
3년	14.35	4.27	2.58	38.55

보수 (%, 年)

TER	0.350
운용	0.250
판매	0.045
수탁	0.025
일반사무	0.030

투자 전략

이 투자신탁은 전세계 선진국 주식을 기초자산으로 하여 파생상품시장에서 거래되는 장외파생상품을 법시행령 제94조제2항제4호에서 규정하는 주된 투자대상자산으로 하며, MSCI World Index (Bloomberg Ticker: MXWO Index)의 수익률 추종을 목적으로 한다.

TIGER 코스피고배당 (A210780)

● 벤치마크 : **KOSPI TR**
● 테마분류 : —
● 위험등급 : **2등급**
● 평가등급(3년) : —

펀드 현황

운용사(매니저)	미래에셋자산운용
판매사	—
설정일(존속기간)	2014.12.04 (2년4개월)
설정액	169.57억원
순자산	169.57억원

시장 정보 (2017년 04월 14일 기준)

52주최고(원)	12,440	수익률(12M, %)	2.06
52주최저(원)	11,020	수익률(YTD, %)	4.39
거래량(20일, 주)	2,234	변동성(120일)	0.01
거래대금(20일, 원)	26,815,213	구성종목수(개)	50
베타(1D/1Y)	0.673110	Spread(원)	6.55

누적 수익률

기간별 수익률 (%)

구분	수익률	BM초과	유형초과	%순위
1주	0.83	-0.10	-0.38	72.14
1개월	0.04	0.24	0.29	21.83
3개월	0.93	-0.52	-1.42	85.64
6개월	2.81	-0.73	-1.95	70.26
연초이후	4.39	-4.02	-7.33	81.15
1년	2.06	-4.05	-5.67	87.56
3년	0.33	-10.03	-14.79	88.62

보수 (%, 年)

TER	0.290
운용	0.210
판매	0.030
수탁	0.020
일반사무	0.030

투자 전략

이 투자신탁은 국내 주식을 주된 투자대상자산으로 하며, 한국거래소가 발표하는"코스피 고배당 50 지수"를 기초지수로 하여 1좌당 순자산가치의 변동률을 기초지수의 변동률과 유사하도록 투자신탁재산을 운용함을 목적으로 합니다.

마이티 코스피고배당 (A211210)

● 벤치마크 : **KOSPI TR**
● 테마분류 : —
● 위험등급 : **1등급**
● 평가등급(3년) : —

펀드 현황

운용사(매니저)	동부자산운용
판매사	—
설정일(존속기간)	2014.12.10 (2년4개월)
설정액	279.30억원
순자산	279.30억원

시장 정보 (2017년 04월 14일 기준)

52주최고(원)	12,800	수익률(12M, %)	2.28
52주최저(원)	10,940	수익률(YTD, %)	4.61
거래량(20일, 주)	442	변동성(120일)	0.01
거래대금(20일, 원)	5,326,662	구성종목수(개)	50
베타(1D/1Y)	0.570500	Spread(원)	11.10

누적 수익률

기간별 수익률 (%)

구분	수익률	BM초과	유형초과	%순위
1주	0.82	-0.10	-0.39	73.13
1개월	0.03	0.22	0.28	22.84
3개월	0.92	-0.53	-1.43	86.15
6개월	3.04	-0.50	-1.72	66.67
연초이후	4.61	-3.80	-7.11	80.10
1년	2.28	-3.83	-5.45	86.53
3년	0.71	-9.65	-14.41	88.02

보수 (%, 年)

TER	0.280
운용	0.190
판매	0.040
수탁	0.020
일반사무	0.030

투자 전략

이 투자신탁은 국내 주식을 주된 투자대상자산으로 하여 "코스피 고배당 50 지수"를 추적대상 지수로 하여 1좌당 순자산가치의 변동률을 지수의 변동률과 유사하도록 투자신탁재산을 운용함을 목적으로 합니다.

KINDEX 배당성장 (A211260)

● 벤치마크 : **KOSPI TR**
● 테마분류 : 一
● 위험등급 : **2등급**
● 평가등급(3년) : 一

펀드 현황

운용사(매니저)	한국투신운용
판매사	一
설정일(존속기간)	2014.12.10 (2년4개월)
설정액	53.99억원
순자산	53.99억원

시장 정보 (2017년 04월 14일 기준)

52주최고(원)	33,920	수익률(12M, %)	0.30
52주최저(원)	29,870	수익률(YTD, %)	3.41
거래량(20일, 주)	97	변동성(120일)	0.01
거래대금(20일, 원)	3,091,981	구성종목수(개)	51
베타(1D/1Y)	0.854400	Spread(원)	48.61

누적 수익률

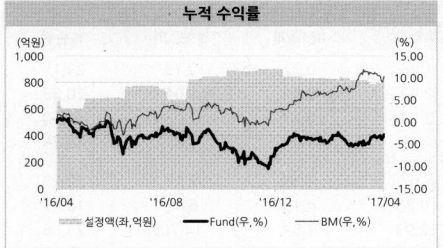

설정액(좌, 억원) ──Fund(우, %) ──BM(우, %)

기간별 수익률 (%)

구분	수익률	BM초과	유형초과	%순위
1주	0.61	-0.31	-0.60	85.57
1개월	0.51	0.70	0.75	4.06
3개월	2.13	0.68	-0.22	33.85
6개월	0.36	-3.19	-4.41	93.85
연초이후	3.41	-4.99	-8.30	85.34
1년	0.30	-5.82	-7.44	96.37
3년	-3.54	-13.89	-18.66	92.81

보수 (%, 年)

TER	0.150
운용	0.095
판매	0.010
수탁	0.020
일반사무	0.025

투자 전략

이 투자신탁은 국내 주식을 법시행령 제94조 제2항 제4호에서 규정하는 주된 투자대상자산으로 하며 한국거래소가 발표하는 "코스피 배당성장지수 50(KOSPI Dividend Growth 50)"의 수익률을 추적하도록 주식에 주로 투자하는 상장지수투자신탁으로서 이 투자신탁 수익증권 1좌당 순자산가치(투자신탁보수 차감전을 말함)의 변동률을 코스피 배당성장지수 50의 변동률과 유사하도록 투자신탁재산을 운용함을 그 목적으로 합니다.

TIGER 배당성장 (A211560)

● 벤치마크 : **KOSPI TR**
● 테마분류 : 一
● 위험등급 : **2등급**
● 평가등급(3년) : 一

펀드 현황

운용사(매니저)	미래에셋자산운용
판매사	一
설정일(존속기간)	2014.12.16 (2년4개월)
설정액	802.85억원
순자산	802.85억원

시장 정보 (2017년 04월 14일 기준)

52주최고(원)	17,210	수익률(12M, %)	0.48
52주최저(원)	14,980	수익률(YTD, %)	3.61
거래량(20일, 주)	18,205	변동성(120일)	0.01
거래대금(20일, 원)	289,395,041	구성종목수(개)	51
베타(1D/1Y)	0.795080	Spread(원)	-12.77

누적 수익률

설정액(좌, 억원) ──Fund(우, %) ──BM(우, %)

기간별 수익률 (%)

구분	수익률	BM초과	유형초과	%순위
1주	0.64	-0.29	-0.57	84.08
1개월	0.58	0.78	0.83	2.54
3개월	2.25	0.80	-0.10	29.23
6개월	0.53	-3.01	-4.24	91.79
연초이후	3.61	-4.79	-8.10	82.20
1년	0.48	-5.63	-7.25	95.34
3년	-2.88	-13.23	-18.00	91.02

보수 (%, 年)

TER	0.150
운용	0.105
판매	0.010
수탁	0.010
일반사무	0.025

투자 전략

이 투자신탁은 국내 주식을 주된 투자대상자산으로 하며, 한국거래소가 발표하는 "코스피 배당성장 50 지수"를 기초지수로 하여 1좌당 순자산가치의 변동률을 기초지수의 변동률과 유사하도록 투자신탁재산을 운용함을 목적으로 합니다.

KODEX 배당성장 (A211900)

● 벤치마크 :　**KOSPI TR**
● 테마분류 :　—

● 위험등급 :　**2등급**
● 평가등급(3년) :　—

펀드 현황

운용사(매니저)	삼성자산운용
판매사	—
설정일(존속기간)	2014.12.16 (2년4개월)
설정액	719.05억원
순자산	719.05억원

시장 정보 (2017년 04월 14일 기준)

52주최고(원)	13,700	수익률(12M, %)	0.37
52주최저(원)	11,960	수익률(YTD, %)	3.50
거래량(20일, 주)	29,080	변동성(120일)	0.01
거래대금(20일, 원)	368,697,079	구성종목수(개)	51
베타(1D/1Y)	0.782860	Spread(원)	-32.64

누적 수익률

기간별 수익률 (%)

구분	수익률	BM초과	유형초과	%순위
1주	0.60	-0.32	-0.61	86.57
1개월	0.45	0.64	0.69	5.58
3개월	2.11	0.66	-0.25	34.87
6개월	0.41	-3.13	-4.35	93.33
연초이후	3.50	-4.91	-8.22	82.72
1년	0.37	-5.75	-7.37	95.85
3년	-3.21	-13.57	-18.33	92.22

보수 (%, 年)

TER	0.150
운용	0.120
판매	0.010
수탁	0.010
일반사무	0.010

투자 전략

이 투자신탁은 코스피 배당성장50 지수(이하 "기초지수"라 한다)를 기초지수로 하여 1좌당 순자산가치의 변동률을 기초지수의 변동률과 유사하도록 투자신탁재산을 운용함을 그 운용목적으로 합니다.

KODEX 삼성그룹밸류 (A213610)

● 벤치마크 :　**KOSPI TR**
● 테마분류 :　—

● 위험등급 :　**2등급**
● 평가등급(3년) :　—

펀드 현황

운용사(매니저)	삼성자산운용
판매사	—
설정일(존속기간)	2015.01.07 (2년3개월)
설정액	624.70억원
순자산	624.70억원

시장 정보 (2017년 04월 14일 기준)

52주최고(원)	6,365	수익률(12M, %)	10.25
52주최저(원)	5,110	수익률(YTD, %)	8.07
거래량(20일, 주)	5,353	변동성(120일)	0.01
거래대금(20일, 원)	33,125,098	구성종목수(개)	17
베타(1D/1Y)	0.963800	Spread(원)	-32.52

누적 수익률

기간별 수익률 (%)

구분	수익률	BM초과	유형초과	%순위
1주	1.25	0.32	0.15	29.17
1개월	0.49	0.69	1.04	20.83
3개월	2.23	0.77	1.03	37.50
6개월	6.58	3.03	4.31	18.75
연초이후	8.07	-0.34	7.19	39.13
1년	10.25	4.13	6.42	16.67
3년	12.93	2.57	14.70	23.68

보수 (%, 年)

TER	0.150
운용	0.105
판매	0.010
수탁	0.010
일반사무	0.025

투자 전략

이 투자신탁은 삼성그룹밸류지수(WISEfn사가 제공하는 WISE삼성그룹밸류인덱스를 말하며, 이하 "기초지수"라 한다)를 기초지수로 하여 1좌당 순자산가치의 변동률을 기초지수의 변동률과 유사하도록 투자신탁재산을 운용함을 그 운용목적으로 합니다.

ARIRANG 미국다우존스고배당주(합성 H) (A213630)

● 벤치마크 : **World - MSCI - NORTH AMERICA (KRW Unhedged)**
● 테마분류 : —

● 위험등급 : **1등급**
● 평가등급(3년) : —

펀드 현황	
운용사(매니저)	한화자산운용
판매사	—
설정일(존속기간)	2015.01.23 (2년2개월)
설정액	65.00억원
순자산	65.00억원

시장 정보 (2017년 04월 14일 기준)			
52주최고(원)	11,860	수익률(12M, %)	3.11
52주최저(원)	10,140	수익률(YTD, %)	9.56
거래량(20일, 주)	181	변동성(120일)	0.01
거래대금(20일, 원)	2,111,953	구성종목수(개)	3
베타(1D/1Y)	0.353810	Spread(원)	31.82

누적 수익률

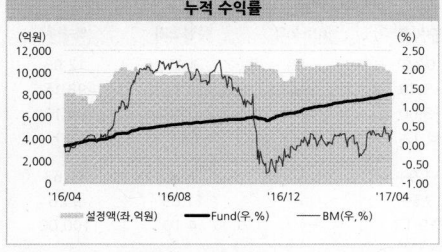

(억원) / (%) · 설정액(좌, 억원) ─ Fund(우, %) ─ BM(우, %)
'16/04 '16/08 '16/12 '17/04

기간별 수익률 (%)				
구분	수익률	BM초과	유형초과	%순위
1주	-0.29	0.43	0.16	36.00
1개월	0.57	-0.16	0.86	8.67
3개월	0.29	3.07	1.58	22.97
6개월	3.12	4.15	0.48	40.60
연초이후	9.56	-1.58	1.15	30.83
1년	3.11	4.47	-0.71	67.44
3년	15.15	3.58	1.79	25.77

보수 (%, 年)	
TER	0.400
운용	0.300
판매	0.045
수탁	0.025
일반사무	0.030

투자 전략

이 투자신탁은 장외파생상품을 법시행령 제94조 제2항 제4호에서 규정하는 주된 투자대상자산으로하며, 수익증권 1좌당 순자산가치의 변동률을 S&P Dow Jones Indices가 산출해 발표하는 Dow Jones USSelect Dividend Index의 변동률과 유사하도록 운용함을 목적으로 합니다.

KODEX 단기채권PLUS (A214980)

● 벤치마크 : **종합 만기종합**
● 테마분류 : —

● 위험등급 : **4등급**
● 평가등급(3년) : —

펀드 현황	
운용사(매니저)	삼성자산운용
판매사	—
설정일(존속기간)	2015.03.02 (2년1개월)
설정액	9,865.00억원
순자산	9,865.00억원

시장 정보 (2017년 04월 14일 기준)			
52주최고(원)	101,380	수익률(12M, %)	0.45
52주최저(원)	100,025	수익률(YTD, %)	0.67
거래량(20일, 주)	3,865	변동성(120일)	0.00
거래대금(20일, 원)	388,125,394	구성종목수(개)	62
베타(1D/1Y)	-0.000330	Spread(원)	5.77

누적 수익률

(억원) / (%) · 설정액(좌, 억원) ─ Fund(우, %) ─ BM(우, %)
'16/04 '16/08 '16/12 '17/04

기간별 수익률 (%)				
구분	수익률	BM초과	유형초과	%순위
1주	—	-0.11	-0.05	97.70
1개월	0.03	-0.04	-0.03	92.53
3개월	0.14	-0.36	-0.19	93.10
6개월	0.35	0.24	0.10	34.68
연초이후	0.67	2.06	0.98	15.20
1년	0.45	0.06	—	54.91
3년	1.35	0.96	0.51	18.63

보수 (%, 年)	
TER	0.150
운용	0.120
판매	0.010
수탁	0.010
일반사무	0.010

투자 전략

이 투자신탁은 한국자산평가社가 산출하는 KRW Cash PLUS Index(총수익)(이하 "기초지수"라 한다)를 기초지수로 하여 1 좌당 순자산가치의 변동률을 추적대상지수의 변동률과 유사하도록 투자신탁재산을 운용함을 그 운용목적으로 합니다.

흥국 S&P코리아로우볼 (A215620)

- 벤치마크 : **KOSPI TR**
- 테마분류 : —
- 위험등급 : **1등급**
- 평가등급(3년) : —

펀드 현황

운용사(매니저)	흥국자산운용
판매사	—
설정일(존속기간)	2015.03.24 (2년)
설정액	213.11억원
순자산	213.11억원

시장 정보 (2017년 04월 14일 기준)

52주최고(원)	11,455	수익률(12M, %)	2.72
52주최저(원)	10,410	수익률(YTD, %)	4.88
거래량(20일, 주)	2,030	변동성(120일)	0.00
거래대금(20일, 원)	23,032,072	구성종목수(개)	51
베타(1D/1Y)	0.564470	Spread(원)	5.53

누적 수익률

기간별 수익률 (%)

구분	수익률	BM초과	유형초과	%순위
1주	0.97	0.04	-0.24	65.17
1개월	-0.06	0.13	0.18	24.37
3개월	1.68	0.23	-0.67	63.08
6개월	3.09	-0.45	-1.67	66.15
연초이후	4.88	-3.53	-6.84	78.53
1년	2.72	-3.39	-5.01	83.94
3년	4.02	-6.33	-11.10	79.04

보수 (%, 년)

TER	0.400
운용	0.300
판매	0.050
수탁	0.020
일반사무	0.030

투자 전략

이 투자신탁은 국내 주식을 법 시행령 제94조제2항제4호에서 규정하는 주된 투자대상자산으로 하며, "S&P Korea Low-Vol 지수"를 기초지수로 하여 1좌당 순자산가치의 변동률을 기초지수의 변동률과 유사하도록 투자신탁재산을 운용함을 목적으로 합니다.

TIGER 원유선물인버스(H) (A217770)

- 벤치마크 : **S&P GSCI Crude Oil Index ER**
- 테마분류 : —
- 위험등급 : **1등급**
- 평가등급(3년) : —

펀드 현황

운용사(매니저)	미래에셋자산운용
판매사	—
설정일(존속기간)	2015.04.28 (1년11개월)
설정액	55.00억원
순자산	55.00억원

시장 정보 (2017년 04월 14일 기준)

52주최고(원)	16,175	수익률(12M, %)	3.59
52주최저(원)	11,770	수익률(YTD, %)	-1.99
거래량(20일, 주)	43,718	변동성(120일)	0.02
거래대금(20일, 원)	588,272,413	구성종목수(개)	5
베타(1D/1Y)	-0.918010	Spread(원)	90.07

누적 수익률

기간별 수익률 (%)

구분	수익률	BM초과	유형초과	%순위
1주	0.48	—	1.41	12.96
1개월	-3.79	—	-4.12	98.15
3개월	-8.00	—	-6.43	98.15
6개월	2.12	—	6.50	11.11
연초이후	-1.99	—	9.90	11.63
1년	3.59	—	11.63	9.26
3년	-19.17	—	-4.10	100.00

보수 (%, 년)

TER	0.700
운용	0.530
판매	0.100
수탁	0.030
일반사무	0.040

투자 전략

이 투자신탁은 WTI원유(WTI Crude Oil)를 기초자산으로 하여 파생상품시장에서 거래되는 장내파생상품을 법시행령 제94조제2항제4호에서 규정하는 주된 투자대상자산으로 하며, 원유선물지수인 "S&P GSCI® CrudeOil Index Excess Return"를 기초지수로 하여 1좌당 순자산가치의 일간 변동률을 기초지수의 일간 변동률의 음(陰)의 1배수로 연동하여 투자신탁재산을 운용함을 목적으로 합니다.

TIGER 차이나CSI300인버스(합성) (A217780)

● 벤치마크 : **CSI 300**
● 테마분류 : —

● 위험등급 : **1등급**
● 평가등급(3년) : —

펀드 현황

운용사(매니저)	미래에셋자산운용
판매사	—
설정일(존속기간)	2015.06.08 (1년10개월)
설정액	400.00억원
순자산	400.00억원

시장 정보 (2017년 04월 14일 기준)

52주최고(원)	15,740	수익률(12M, %)	-1.32
52주최저(원)	13,785	수익률(YTD, %)	-4.07
거래량(20일, 주)	5,545	변동성(120일)	0.01
거래대금(20일, 원)	81,212,236	구성종목수(개)	6
베타(1D/1Y)	-0.107850	Spread(원)	130.72

누적 수익률

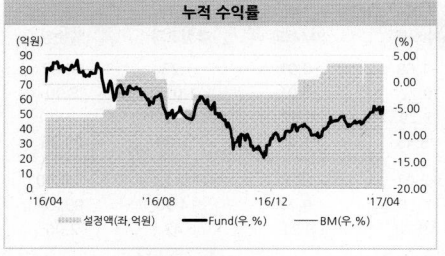

기간별 수익률 (%)

구분	수익률	BM초과	유형초과	%순위
1주	0.74	—	1.67	11.11
1개월	0.04	—	-0.28	94.44
3개월	-0.75	—	0.82	12.96
6개월	-2.34	—	2.04	18.52
연초이후	-4.07	—	7.82	13.95
1년	-1.32	—	6.72	16.67
3년	-3.51	—	11.56	9.68

보수 (%, 年)

TER	0.590
운용	0.450
판매	0.070
수탁	0.030
일반사무	0.040

투자 전략

이 투자신탁은 CSI(China Securities Index Co., Ltd.)가 발표하는 "CSI 300 지수"를 기초지수로 하여 기초지수의일간수익률의 음(陰)의 1배수 수익률과 연동하는 것을 목적으로 하는 상장지수투자신탁으로서, 채권 및 채권관련 집합투자증권을 주된 투자대상으로 하여 투자신탁의 일간수익률이 기초지수 일간수익률의 음(陰)의 1배수 수익률과 연동하도록 운용합니다.

TIGER 가격조정 (A217790)

● 벤치마크 : **Contrarian**
● 테마분류 : —

● 위험등급 : **2등급**
● 평가등급(3년) : —

펀드 현황

운용사(매니저)	미래에셋자산운용
판매사	—
설정일(존속기간)	2015.04.28 (1년11개월)
설정액	84.18억원
순자산	84.18억원

시장 정보 (2017년 04월 14일 기준)

52주최고(원)	25,795	수익률(12M, %)	20.60
52주최저(원)	21,130	수익률(YTD, %)	-3.07
거래량(20일, 주)	1,479	변동성(120일)	0.01
거래대금(20일, 원)	33,800,991	구성종목수(개)	31
베타(1D/1Y)	0.691630	Spread(원)	16.49

누적 수익률

기간별 수익률 (%)

구분	수익률	BM초과	유형초과	%순위
1주	2.20	0.98	-0.00	30.83
1개월	-1.19	0.67	-0.06	48.48
3개월	-0.77	0.04	-0.18	40.80
6개월	11.33	1.28	-0.09	28.32
연초이후	-3.07	0.18	-0.09	34.13
1년	20.60	1.52	-0.03	30.10
3년	30.21	2.11	-2.85	73.13

보수 (%, 年)

TER	0.290
운용	0.200
판매	0.030
수탁	0.030
일반사무	0.030

투자 전략

이 투자신탁은 국내 주식을 법 시행령 제94조제2항제4호에서 규정하는 주된 투자대상자산으로 하며, 에프앤가이드(FnGuide)가 발표하는"에프앤가이드 컨트레리안 지수(FnGuide Contrarian Index)"를 기초지수로 하여 1좌당 순자산가치의 변동률을 기초지수의 변동률과 유사하도록 투자신탁재산을 운용함을 목적으로 합니다.

KODEX 미국S&P에너지(합성) (A218420)

● 벤치마크 : World - MSCI - NORTH AMERICA (KRW Unhedged)
● 테마분류 : ―

● 위험등급 : 2등급
● 평가등급(3년) : ―

펀드 현황

운용사(매니저)	삼성자산운용
판매사	―
설정일(존속기간)	2015.04.27 (1년11개월)
설정액	137.60억원
순자산	137.60억원

시장 정보 (2017년 04월 14일 기준)

52주최고(원)	10,440	수익률(12M, %)	-12.72
52주최저(원)	8,155	수익률(YTD, %)	-0.65
거래량(20일, 주)	6,153	변동성(120일)	0.01
거래대금(20일, 원)	54,970,342	구성종목수(개)	5
베타(1D/1Y)	0.066390	Spread(원)	57.80

누적 수익률

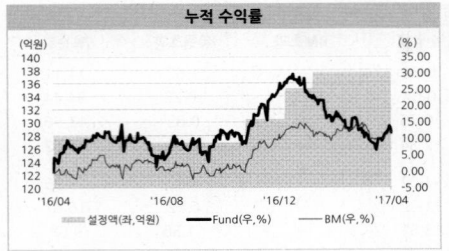

기간별 수익률 (%)

구분	수익률	BM초과	유형초과	%순위
1주	-1.38	-0.67	-0.94	97.33
1개월	0.44	-0.30	0.72	10.00
3개월	0.12	2.90	1.41	23.65
6개월	-8.94	-7.91	-11.57	100.00
연초이후	-0.65	-11.79	-9.06	99.17
1년	-12.72	-11.36	-16.55	100.00
3년	11.75	0.18	-1.61	83.51

보수 (%, 年)

TER	0.250
운용	0.190
판매	0.020
수탁	0.020
일반사무	0.020

투자 전략

이 투자신탁은 S&P Select Sector Energy Index(KRW 기준, 환헷지 안함, 이하"기초지수"라 한다)를 기초지수로 하여 1좌당 순자산가치의 변동률을 기초지수 변동률과 연동하여 투자신탁재산을 운용함을 그 운용목적으로 합니다.

KBSTAR 미국S&P원유생산기업(합성 H) (A219390)

● 벤치마크 : World - MSCI - NORTH AMERICA (KRW Unhedged)
● 테마분류 : ―

● 위험등급 : 1등급
● 평가등급(3년) : ―

펀드 현황

운용사(매니저)	KB자산운용
판매사	―
설정일(존속기간)	2015.06.01 (1년10개월)
설정액	140.00억원
순자산	140.00억원

시장 정보 (2017년 04월 14일 기준)

52주최고(원)	8,755	수익률(12M, %)	-11.13
52주최저(원)	6,190	수익률(YTD, %)	-2.02
거래량(20일, 주)	53,320	변동성(120일)	0.02
거래대금(20일, 원)	368,220,766	구성종목수(개)	4
베타(1D/1Y)	1.031390	Spread(원)	30.90

누적 수익률

기간별 수익률 (%)

구분	수익률	BM초과	유형초과	%순위
1주	-1.68	-0.97	-1.23	98.67
1개월	0.72	-0.01	1.01	8.00
3개월	3.29	6.07	4.58	―
6개월	-8.43	-7.40	-11.06	99.25
연초이후	-2.02	-13.16	-10.43	100.00
1년	-11.13	-9.77	-14.96	99.22
3년	19.78	8.21	6.43	2.06

보수 (%, 年)

TER	0.250
운용	0.160
판매	0.045
수탁	0.020
일반사무	0.025

투자 전략

이 투자신탁은 장외파생상품을 법에서 정하는 주된 투자대상으로 하며, 스탠다드 앤 푸어스사가 산출·발표하는 "S&P Oil & Gas Exploration & Production Se lect Industry Index"를 기초지수로 하여 1좌당 순자산가치의 변동률을 기초지수의 변동률과 유사하도록 투자신탁재산을 운용하는 것을 목적으로 하는 투자신탁입니다.

KODEX 미국S&P500선물(H) (A219480)

- 벤치마크 : **World - MSCI - NORTH AMERICA (KRW Unhedged)**
- 테마분류 : —
- 위험등급 : **1등급**
- 평가등급(3년) : —

펀드 현황	
운용사(매니저)	삼성자산운용
판매사	—
설정일(존속기간)	2015.05.27 (1년10개월)
설정액	45.00억원
순자산	45.00억원

시장 정보 (2017년 04월 14일 기준)			
52주최고(원)	12,900	수익률(12M, %)	4.35
52주최저(원)	9,555	수익률(YTD, %)	10.15
거래량(20일, 주)	16,186	변동성(120일)	0.01
거래대금(20일, 원)	181,671,995	구성종목수(개)	7
베타(1D/1Y)	1.000810	Spread(원)	-39.04

누적 수익률

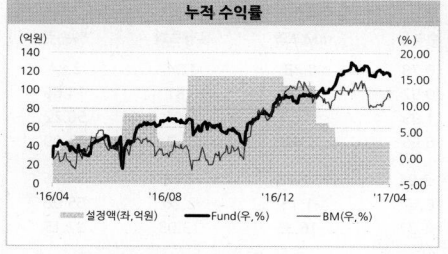

기간별 수익률 (%)				
구분	수익률	BM초과	유형초과	%순위
1주	-0.44	0.28	0.01	64.67
1개월	-0.25	-0.99	0.03	48.00
3개월	-1.20	1.58	0.09	57.43
6개월	3.49	4.52	0.86	27.07
연초이후	10.15	-0.99	1.75	13.33
1년	4.35	5.70	0.52	40.31
3년	15.69	4.13	2.34	17.53

보수 (%, 年)	
TER	0.250
운용	0.190
판매	0.020
수탁	0.020
일반사무	0.020

투자 전략

이 투자신탁은 CME(Chicago Mercantile Exchange, 시카고상업거래소)에서 거래되는 주가지수선물 중에서 S&P500지수 E-Mini 선물(S&P500 E-Mini Futures, 이하 'S&P500 E-Mini선물') 가격을 기초로 하는 S&P500 Futures Total Return Index를 기초지수로 하여 1좌당 순자산가치의 변동률을 기초지수의 변동률과 유사하도록 투자신탁재산을 운용합니다.

KINDEX 중국본토CSI300레버리지(합성) (A219900)

- 벤치마크 : **World - MSCI - EMF ASIA (KRW Unhedged)**
- 테마분류 : —
- 위험등급 : **1등급**
- 평가등급(3년) : —

펀드 현황	
운용사(매니저)	한국투신운용
판매사	—
설정일(존속기간)	2015.05.20 (1년11개월)
설정액	800.00억원
순자산	800.00억원

시장 정보 (2017년 04월 14일 기준)			
52주최고(원)	3,375	수익률(12M, %)	0.36
52주최저(원)	2,645	수익률(YTD, %)	5.03
거래량(20일, 주)	62,008	변동성(120일)	0.01
거래대금(20일, 원)	184,553,107	구성종목수(개)	5
베타(1D/1Y)	0.253310	Spread(원)	-41.68

누적 수익률

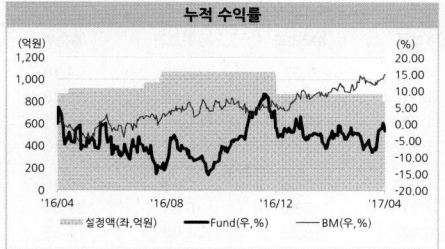

기간별 수익률 (%)				
구분	수익률	BM초과	유형초과	%순위
1주	-1.39	-1.79	-1.24	99.78
1개월	-0.11	-1.97	-0.22	65.32
3개월	1.01	-0.95	-1.02	75.06
6개월	2.87	-2.67	-3.56	84.87
연초이후	5.03	-5.39	0.54	42.86
1년	0.36	-7.35	-8.40	95.55
3년	-2.12	-17.20	-13.88	99.05

보수 (%, 年)	
TER	0.500
운용	0.360
판매	0.070
수탁	0.030
일반사무	0.040

투자 전략

이 투자신탁은 CSI300(China Securities Index 300) 원화환산지수의 일간수익률의 양(+)의 2배수에 연동하여 운용하는 것을 목표로 이 투자신탁 수익증권 1좌당 순자산가치의 변동률을 지수의 일간변동률의 양(+)의 2배수와 유사하도록 투자신탁재산을 운용함을 그 목적으로 합니다.

SMART 중국본토 중소형 CSI500(합성 H) (A220130)

● 벤치마크 : **World - MSCI - EMF ASIA (KRW Unhedged)**
● 테마분류 : —

● 위험등급 : **1등급**
● 평가등급(3년) : —

펀드 현황

운용사 (매니저)	신한BNP파리바자산운용
판매사	—
설정일(존속기간)	2015.06.05 (1년10개월)
설정액	100.00억원
순자산	100.00억원

시장 정보 (2017년 04월 14일 기준)

52주최고(원)	5,250	수익률(12M, %)	6.57
52주최저(원)	4,545	수익률(YTD, %)	-0.94
거래량(20일, 주)	1,679	변동성(120일)	0.01
거래대금(20일, 원)	8,375,656	구성종목수(개)	3
베타(1D/1Y)	0.525630	Spread(원)	23.47

누적 수익률

기간별 수익률 (%)

구분	수익률	BM초과	유형초과	%순위
1주	0.78	0.38	0.94	2.84
1개월	0.92	-0.93	0.81	14.66
3개월	1.93	-0.03	-0.09	50.22
6개월	6.95	1.42	0.52	42.09
연초이후	-0.94	-11.36	-5.43	94.26
1년	6.57	-1.15	-2.20	65.98
3년	-1.27	-16.35	-13.03	97.15

보수 (%, 年)

TER	0.600
운용	0.500
판매	0.045
수탁	0.025
일반사무	0.030

투자 전략

이 투자신탁은 중국 본토 중소형 주식을 기초자산으로 하여 파생상품시장에서 거래되는 장외파생상품을 법 시행령 제94조제2항제4호에서 규정하는 주된 투자대상자산으로 하며, CSI 500 Index(BloombergTicker: SH000905 Index)의 USD 환산 지수 수익률 추종을 목적으로 한다.

ARIRANG S&P한국배당성장 (A222170)

● 벤치마크 : **KOSPI TR**
● 테마분류 : —

● 위험등급 : **1등급**
● 평가등급(3년) : —

펀드 현황

운용사 (매니저)	한화자산운용
판매사	—
설정일(존속기간)	2015.06.26 (1년9개월)
설정액	51.25억원
순자산	51.25억원

시장 정보 (2017년 04월 14일 기준)

52주최고(원)	10,450	수익률(12M, %)	2.21
52주최저(원)	9,305	수익률(YTD, %)	6.82
거래량(20일, 주)	9,211	변동성(120일)	0.01
거래대금(20일, 원)	95,160,310	구성종목수(개)	51
베타(1D/1Y)	0.869430	Spread(원)	9.45

누적 수익률

기간별 수익률 (%)

구분	수익률	BM초과	유형초과	%순위
1주	0.97	0.05	-0.24	64.18
1개월	-0.70	-0.51	-0.45	85.28
3개월	1.28	-0.17	-1.07	76.41
6개월	1.44	-2.10	-3.32	86.15
연초이후	6.82	-1.58	-4.89	70.16
1년	2.21	-3.90	-5.53	87.05
3년	6.52	-3.83	-8.60	76.65

보수 (%, 年)

TER	0.350
운용	0.270
판매	0.040
수탁	0.010
일반사무	0.030

투자 전략

이 투자신탁은 국내 주식을 법시행령 제94조 제2항 제4호에서 규정하는 주된 투자대상자산으로 하며, 수익증권 1좌당 순자산가치의 변동률을 S&P DOW JONES INDICES가 산출하여 공표하는 추적대상지수인 S&P Korea Dividend Opportunity 지수의 변동률과 유사하도록 운용함을 목적으로 합니다.

ARIRANG 스마트베타 Value　(A222180)

● 벤치마크 :　**KOSPI TR**　　　　　　　　　　　　● 위험등급 :　**1등급**
● 테마분류 :　一　　　　　　　　　　　　　　　　● 평가등급(3년) :　一

펀드 현황	
운용사(매니저)	한화자산운용
판매사	一
설정일(존속기간)	2015.06.26 (1년9개월)
설정액	106.49억원
순자산	106.49억원

시장 정보 (2017년 04월 14일 기준)			
52주최고(원)	10,600	수익률(12M, %)	2.06
52주최저(원)	9,040	수익률(YTD, %)	7.34
거래량(20일, 주)	3,953	변동성(120일)	0.01
거래대금(20일, 원)	41,144,395	구성종목수(개)	51
베타(1D/1Y)	0.954810	Spread(원)	2.91

누적 수익률

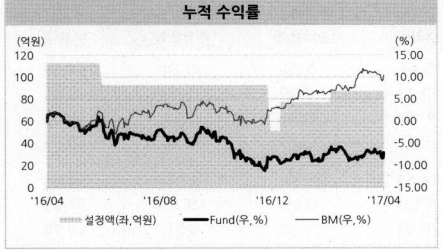

기간별 수익률 (%)				
구분	수익률	BM초과	유형초과	%순위
1주	0.41	-0.52	-0.80	92.54
1개월	-0.80	-0.61	-0.56	86.80
3개월	0.25	-1.20	-2.11	96.41
6개월	-0.53	-4.07	-5.29	96.92
연초이후	7.34	-1.07	-4.38	65.45
1년	2.06	-4.05	-5.67	88.08
3년	6.09	-4.26	-9.03	77.25

보수 (%, 年)	
TER	0.350
운용	0.270
판매	0.040
수탁	0.010
일반사무	0.030

투자 전략

이 투자신탁은 주식회사 와이즈에프앤(WISEfn)이 산출하여 공표하는 추적대상지수인 WISE 스마트베타 Value 지수의 성과를 가장 효율적으로 추종할 수 있도록 추적대상지수를 구성하고 있는 종목 대부분 을 편입하는 것을 원칙으로 합니다.

ARIRANG 스마트베타 Momentum　(A222190)

● 벤치마크 :　**KOSPI TR**　　　　　　　　　　　　● 위험등급 :　**1등급**
● 테마분류 :　一　　　　　　　　　　　　　　　　● 평가등급(3년) :　一

펀드 현황	
운용사(매니저)	한화자산운용
판매사	一
설정일(존속기간)	2015.06.26 (1년9개월)
설정액	87.29억원
순자산	87.29억원

시장 정보 (2017년 04월 14일 기준)			
52주최고(원)	9,690	수익률(12M, %)	1.88
52주최저(원)	8,355	수익률(YTD, %)	-2.75
거래량(20일, 주)	75	변동성(120일)	0.01
거래대금(20일, 원)	656,148	구성종목수(개)	51
베타(1D/1Y)	0.767790	Spread(원)	10.26

누적 수익률

기간별 수익률 (%)				
구분	수익률	BM초과	유형초과	%순위
1주	1.29	0.36	0.08	34.33
1개월	0.24	0.43	0.48	14.21
3개월	1.10	-0.35	-1.25	80.51
6개월	0.26	-3.28	-4.50	94.87
연초이후	-2.75	-11.15	-14.46	93.72
1년	1.88	-4.23	-5.85	88.60
3년	-7.16	-17.52	-22.28	95.21

보수 (%, 年)	
TER	0.350
운용	0.270
판매	0.040
수탁	0.010
일반사무	0.030

투자 전략

이 투자신탁은 국내 주식을 법시행령 제94조 제2항 제4호에서 규정하는 주된 투자대상자산으로 하며, 수익증권 1좌당 순자산가치의 변동률을 주식회사 와이즈에프앤(WISEfn)이 산출하여 공표하는 추적대상지수인 WISE스마트베타Momentum 지수의 변동률과 유사하도록 운용함 을 목적으로 합니다.

ARIRANG 스마트베타 Quality (A222200)

- 벤치마크 : **KOSPI TR**
- 테마분류 : —
- 위험등급 : **1등급**
- 평가등급(3년) : —

펀드 현황	
운용사(매니저)	한화자산운용
판매사	—
설정일(존속기간)	2015.06.26 (1년9개월)
설정액	116.68억원
순자산	116.68억원

시장 정보 (2017년 04월 14일 기준)			
52주최고(원)	9,855	수익률(12M, %)	4.20
52주최저(원)	8,585	수익률(YTD, %)	3.31
거래량(20일, 주)	131	변동성(120일)	0.01
거래대금(20일, 원)	1,220,528	구성종목수(개)	52
베타(1D/1Y)	0.845580	Spread(원)	-1.07

누적 수익률

기간별 수익률 (%)				
구분	수익률	BM초과	유형초과	%순위
1주	1.38	0.46	0.28	20.83
1개월	0.77	0.96	1.32	12.50
3개월	2.85	1.40	1.65	29.17
6개월	1.90	-1.65	-0.38	60.42
연초이후	3.31	-5.10	2.43	52.17
1년	4.20	-1.92	0.38	47.92
3년	-1.97	-12.32	-0.19	47.37

보수 (%, 年)	
TER	0.350
운용	0.270
판매	0.040
수탁	0.010
일반사무	0.030

투자 전략

이 투자신탁은 주식회사 와이즈에프앤(WISEfn)이 산출하여 공표하는 추적대상지수인 WISE 스마트베타Quality 지수의 성과를 가장 효율적으로 추종할 수 있도록 추적대상지수를 구성하고 있는 종목 대부분을 편입하는 것을 원칙으로 합니다.

KODEX 200가치저변동 (A223190)

- 벤치마크 : **KOSPI TR**
- 테마분류 : —
- 위험등급 : **2등급**
- 평가등급(3년) : —

펀드 현황	
운용사(매니저)	삼성자산운용
판매사	—
설정일(존속기간)	2015.06.25 (1년9개월)
설정액	1,158.01억원
순자산	1,158.01억원

시장 정보 (2017년 04월 14일 기준)			
52주최고(원)	8,365	수익률(12M, %)	7.01
52주최저(원)	6,620	수익률(YTD, %)	14.63
거래량(20일, 주)	31,007	변동성(120일)	0.01
거래대금(20일, 원)	256,628,984	구성종목수(개)	180
베타(1D/1Y)	0.953000	Spread(원)	-35.83

누적 수익률

기간별 수익률 (%)				
구분	수익률	BM초과	유형초과	%순위
1주	0.97	0.04	-0.24	64.68
1개월	-0.25	-0.06	—	35.03
3개월	1.14	-0.31	-1.21	80.00
6개월	3.97	0.42	-0.80	53.85
연초이후	14.63	6.22	2.91	34.56
1년	7.01	0.89	-0.73	51.30
3년	20.93	10.57	5.81	28.74

보수 (%, 年)	
TER	0.300
운용	0.250
판매	0.010
수탁	0.020
일반사무	0.020

투자 전략

이 투자신탁은 기본적으로 지수 구성종목들의 비중을 단순시가총액이 아닌 내재가치를 기초로 산출하는 S&P의GIVI(Global Intrinsic Value Index) 방법론을 적용한 코스피 200 내재가치지수(이하 기초지수 라 합니다)를 완전복제하는 방식으로 포트폴리오를 구성할 예정입니다.

TIGER 미국S&P500선물인버스(H) (A225030)

● 벤치마크 : **S&P 500 Futures Total Return Index**
● 테마분류 : —
● 위험등급 : **1등급**
● 평가등급(3년) : —

펀드 현황

운용사(매니저)	미래에셋자산운용
판매사	—
설정일(존속기간)	2015.07.27 (1년8개월)
설정액	115.00억원
순자산	115.00억원

시장 정보 (2017년 04월 14일 기준)

52주최고(원)	9,935	수익률(12M, %)	-4.48
52주최저(원)	8,215	수익률(YTD, %)	-9.62
거래량(20일, 주)	421,040	변동성(120일)	0.01
거래대금(20일, 원)	3,522,970,944	구성종목수(개)	5
베타(1D/1Y)	-0.780410	Spread(원)	-47.25

누적 수익률

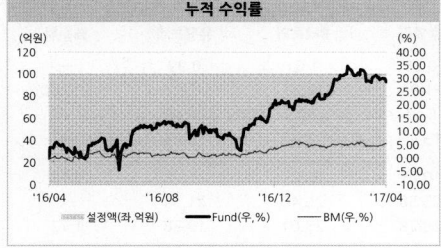

설정액(좌,억원) — Fund(우,%) — BM(우,%)

기간별 수익률 (%)

구분	수익률	BM초과	유형초과	%순위
1주	0.41	—	1.34	14.81
1개월	0.25	—	-0.07	42.59
3개월	1.14	—	2.71	11.11
6개월	-3.63	—	0.76	50.00
연초이후	-9.62	—	2.27	32.56
1년	-4.48	—	3.57	20.37
3년	-14.66	—	0.40	93.55

보수 (%, 年)

TER	0.590
운용	0.450
판매	0.070
수탁	0.030
일반사무	0.040

투자 전략

이 투자신탁은 주식관련 파생상품을 법 시행령 제94조제2항제4호에서 규정하는 주된 투자대상자산으로 하며, 미국 주식관련 장내파생상품으로 구성된 "S&P 500 Futures Total Return 지수"를 기초지수로 하여 1좌당 순자산가치의 일간변동율을 기초지수 일간변동률의 음의 1배수로 연동하여 투자신탁재산을 운용함을 목적으로 합니다.

TIGER 미국S&P500레버리지(합성 H) (A225040)

● 벤치마크 : **MSCI ACWI(KRW unhedged) 50% + KIS채권종합 50%**
● 테마분류 : —
● 위험등급 : **1등급**
● 평가등급(3년) : —

펀드 현황

운용사(매니저)	미래에셋자산운용
판매사	—
설정일(존속기간)	2015.07.27 (1년8개월)
설정액	100.00억원
순자산	100.00억원

시장 정보 (2017년 04월 14일 기준)

52주최고(원)	12,665	수익률(12M, %)	7.77
52주최저(원)	9,130	수익률(YTD, %)	18.83
거래량(20일, 주)	6,357	변동성(120일)	0.01
거래대금(20일, 원)	77,022,724	구성종목수(개)	6
베타(1D/1Y)	1.473600	Spread(원)	74.85

누적 수익률

설정액(좌,억원) — Fund(우,%) — BM(우,%)

기간별 수익률 (%)

구분	수익률	BM초과	유형초과	%순위
1주	-0.78	-0.60	-0.62	98.73
1개월	-0.68	-1.32	-0.62	99.37
3개월	-2.57	-2.00	-3.90	100.00
6개월	6.02	6.04	3.52	4.00
연초이후	18.83	14.33	16.72	0.73
1년	7.77	7.59	3.93	4.73
3년	28.60	23.23	19.60	0.86

보수 (%, 年)

TER	0.590
운용	0.450
판매	0.070
수탁	0.030
일반사무	0.040

투자 전략

이 투자신탁은 주식관련 파생상품 및 집합투자증권을 법 시행령 제94조제2항제4호에서 규정하는 주된 투자대상자산으로 하며, 미국 주식으로 구성된 S&P 500 지수를 기초지수로 하여 1좌당 순자산가치의 일간변동률을 기초지수 일간변동률의 양(陽)의 2배수로 연동하여 투자신탁재산을 운용함을 목적으로 합니다.

TIGER 유로스탁스레버리지(합성 H) (A225050)

- 벤치마크 : **MSCI ACWI(KRW unhedged) 50% + KIS채권종합 50%**
- 테마분류 : —
- 위험등급 : **1등급**
- 평가등급(3년) : —

펀드 현황

운용사(매니저)	미래에셋자산운용
판매사	—
설정일(존속기간)	2015.07.27 (1년8개월)
설정액	100.00억원
순자산	100.00억원

시장 정보 (2017년 04월 14일 기준)

52주최고(원)	8,860	수익률(12M, %)	11.22
52주최저(원)	5,410	수익률(YTD, %)	30.98
거래량(20일, 주)	2,350	변동성(120일)	0.02
거래대금(20일, 원)	20,173,233	구성종목수(개)	6
베타(1D/1Y)	2.280680	Spread(원)	-88.27

누적 수익률

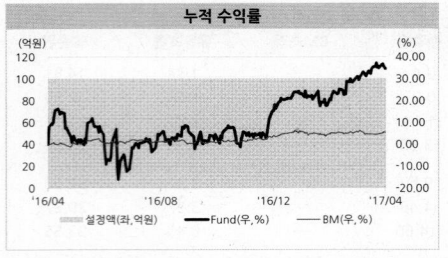

(억원) / (%)
120 / 40.00
100 / 30.00
80 / 20.00
60 / 10.00
40 / 0.00
20 / -10.00
0 / -20.00
'16/04 '16/08 '16/12 '17/04
설정액(좌,억원) ━Fund(우,%) ━BM(우,%)

기간별 수익률 (%)

구분	수익률	BM초과	유형초과	%순위
1주	-0.16	0.02	0.01	61.39
1개월	-0.18	-0.82	-0.12	63.29
3개월	2.82	3.39	1.48	15.82
6개월	10.55	10.58	8.06	0.67
연초이후	30.98	26.48	28.87	—
1년	11.22	11.04	7.38	0.68
3년	34.50	29.14	25.50	—

보수 (%, 年)

TER	0.590
운용	0.450
판매	0.070
수탁	0.030
일반사무	0.040

투자 전략

이 투자신탁은 주식관련 파생상품 및 집합투자증권을 법 시행령 제94조제2항제4호에서 규정하는 주된 투자대상자산으로 하며, 유로존 주식으로 구성된 EURO STOXX 50 지수를 기초지수로 하여 1좌당 순자산가치의 일간변동률을 기초지수 일간변동률의 양의 2배수로 연동하여 투자신탁재산을 운용함을 목적으로 합니다.

TIGER 이머징마켓MSCI레버리지(합성 H) (A225060)

- 벤치마크 : **MSCI ACWI(KRW unhedged) 50% + KIS채권종합 50%**
- 테마분류 : —
- 위험등급 : **1등급**
- 평가등급(3년) : —

펀드 현황

운용사(매니저)	미래에셋자산운용
판매사	—
설정일(존속기간)	2015.07.27 (1년8개월)
설정액	100.00억원
순자산	100.00억원

시장 정보 (2017년 04월 14일 기준)

52주최고(원)	10,720	수익률(12M, %)	25.58
52주최저(원)	7,270	수익률(YTD, %)	10.05
거래량(20일, 주)	1,135	변동성(120일)	0.02
거래대금(20일, 원)	11,893,433	구성종목수(개)	6
베타(1D/1Y)	1.899500	Spread(원)	-63.96

누적 수익률

(억원) / (%)
120 / 40.00
100 / 30.00
80 / 20.00
60 / 10.00
40 / 0.00
20 / -10.00
0 / -20.00
'16/04 '16/08 '16/12 '17/04
설정액(좌,억원) ━Fund(우,%) ━BM(우,%)

기간별 수익률 (%)

구분	수익률	BM초과	유형초과	%순위
1주	0.83	1.01	0.99	—
1개월	-1.93	-2.57	-1.87	100.00
3개월	6.61	7.18	5.28	—
6개월	13.19	13.22	10.69	—
연초이후	10.05	5.55	7.94	2.19
1년	25.58	25.40	21.74	—
3년	28.38	23.01	19.38	1.72

보수 (%, 年)

TER	0.590
운용	0.450
판매	0.070
수탁	0.030
일반사무	0.040

투자 전략

이 투자신탁은 주식관련 파생상품 및 집합투자증권을 주된 투자대상자산으로 하며, 이머징마켓 주식으로 구성된 MSCI Emerging Markets 지수를 기초지수로 하여 1좌당 순자산가치의 일간변동률을 기초지수 일간변동률의 양(陽)의 2배수로 연동하여 투자신탁재산을 운용함을 목적으로 합니다.

KINDEX 골드선물 레버리지(합성 H) (A225130)

- 벤치마크 : **S&P WCI GOLD Excess Return Index**
- 테마분류 : —
- 위험등급 : **1등급**
- 평가등급(3년) : —

펀드 현황

운용사(매니저)	한국투신운용
판매사	
설정일(존속기간)	2015.07.20 (1년8개월)
설정액	210.00억원
순자산	210.00억원

시장 정보 (2017년 04월 14일 기준)

52주최고(원)	14,840	수익률(12M, %)	22.41
52주최저(원)	9,900	수익률(YTD, %)	0.55
거래량(20일, 주)	67,219	변동성(120일)	0.02
거래대금(20일, 원)	795,274,309	구성종목수(개)	3
베타(1D/1Y)	-0.531530	Spread(원)	-42.72

누적 수익률

기간별 수익률 (%)

구분	수익률	BM초과	유형초과	%순위
1주	0.97	—	0.95	3.90
1개월	4.07	—	2.02	—
3개월	12.11	—	7.40	—
6개월	10.71	—	11.44	—
연초이후	0.55	—	-1.86	36.11
1년	22.41	—	22.33	—
3년	-1.96	—	-11.79	85.71

보수 (%, 年)

TER	0.490
운용	0.350
판매	0.070
수탁	0.030
일반사무	0.040

투자 전략

이 투자신탁은 장외파생상품을 법시행령 제94조 제2항 제4호에서 규정하는 주된 투자대상자산으로 하여 S&P 가 산출 · 발표하는 S&P WCI Gold Excess Return Index 의 일간 수익률의 양(+)의 2배수에 연동하여 운용하는 것을 목표 합니다.

KOSEF 미국달러선물 레버리지(합성) (A225800)

- 벤치마크 : **미국달러 선물지수**
- 테마분류 : —
- 위험등급 : **1등급**
- 평가등급(3년) : —

펀드 현황

운용사(매니저)	키움투자자산운용
판매사	—
설정일(존속기간)	2015.08.05 (1년8개월)
설정액	1,100.00억원
순자산	1,100.00억원

시장 정보 (2017년 04월 14일 기준)

52주최고(원)	10,045	수익률(12M, %)	-12.95
52주최저(원)	8,295	수익률(YTD, %)	-2.03
거래량(20일, 주)	595,902	변동성(120일)	0.01
거래대금(20일, 원)	5,200,264,629	구성종목수(개)	6
베타(1D/1Y)	-0.970290	Spread(원)	-10.24

누적 수익률

기간별 수익률 (%)

구분	수익률	BM초과	유형초과	%순위
1주	-2.07	—	-0.70	100.00
1개월	-0.58	—	-0.29	100.00
3개월	-2.58	—	-1.46	100.00
6개월	-7.67	—	-3.23	100.00
연초이후	-2.03	—	—	100.00
1년	-12.95	—	-9.67	100.00
3년	-5.33	—	—	100.00

보수 (%, 年)

TER	0.640
운용	0.475
판매	0.100
수탁	0.025
일반사무	0.040

투자 전략

이 투자신탁은 집합투자규약 제17조에서 정의된 채권 및 파생상품을 법 시행령 제94조제2항제4호에서 규정하는 주된 투자대상자산으로 하여 1좌당 순자산가치의 일간변동률을 기초지수인 "미국달러선물지수(F-USDKRW)"의 일간변동률의 양(陽)의 2배수로 연동하여 투자신탁재산을 운용함을 목적으로 합니다.

KINDEX 한류 （A226380）

● 벤치마크 : **FnGuide 한류스타 지수**
● 테마분류 : —
● 위험등급 : **2등급**
● 평가등급(3년) : —

펀드 현황

운용사(매니저)	한국투신운용
판매사	—
설정일(존속기간)	2015.08.11 (1년8개월)
설정액	75.97억원
순자산	75.97억원

시장 정보 (2017년 04월 14일 기준)

52주최고(원)	7,955	수익률(12M, %)	20.82
52주최저(원)	5,700	수익률(YTD, %)	-2.78
거래량(20일, 주)	1,546	변동성(120일)	0.01
거래대금(20일, 원)	9,815,611	구성종목수(개)	53
베타(1D/1Y)	0.748810	Spread(원)	38.65

누적 수익률

설정액(좌,억원)　Fund(우,%)　BM(우,%)

기간별 수익률 (%)

구분	수익률	BM초과	유형초과	%순위
1주	2.21	0.99	0.00	28.57
1개월	-1.10	0.76	0.03	25.00
3개월	-0.48	0.34	0.11	15.20
6개월	11.68	1.63	0.26	15.93
연초이후	-2.78	0.47	0.21	8.73
1년	20.82	1.74	0.19	24.27
3년	32.74	4.64	-0.32	35.82

보수 (%, 年)

TER	0.500
운용	0.340
판매	0.100
수탁	0.030
일반사무	0.030

투자 전략

이 투자신탁은 국내 주식을 법시행령 제94조 제2항 제4호에서 규정하는 주된 투자대상자산으로 하며 에프앤가이드(FnGuide)가 산출·발표하는 "에프앤가이드 한류스타 지수(FnGuide K-culture Star Index)"를 기초지수로 하여 이 투자신탁 수익증권 1좌당 순자산가치의 변동률을 기초지수의 변동률과 유사하도록 투자신탁재산을 운용함을 목적으로 합니다.

KODEX 코스피 （A226490）

● 벤치마크 : **KOSPI TR**
● 테마분류 : —
● 위험등급 : **2등급**
● 평가등급(3년) : —

펀드 현황

운용사(매니저)	삼성자산운용
판매사	—
설정일(존속기간)	2015.08.21 (1년7개월)
설정액	975.76억원
순자산	975.76억원

시장 정보 (2017년 04월 14일 기준)

52주최고(원)	22,105	수익률(12M, %)	6.04
52주최저(원)	19,230	수익률(YTD, %)	8.40
거래량(20일, 주)	492,172	변동성(120일)	0.01
거래대금(20일, 원)	10,708,843,290	구성종목수(개)	718
베타(1D/1Y)	0.908850	Spread(원)	12.57

누적 수익률

설정액(좌,억원)　Fund(우,%)　BM(우,%)

기간별 수익률 (%)

구분	수익률	BM초과	유형초과	%순위
1주	0.92	-0.01	-0.29	69.15
1개월	-0.20	-0.01	0.04	31.47
3개월	1.53	0.08	-0.82	66.15
6개월	3.54		-1.22	62.56
연초이후	8.40	—	-3.31	62.83
1년	6.04	-0.07	-1.69	59.59
3년	10.16	-0.19	-4.95	70.66

보수 (%, 年)

TER	0.300
운용	0.250
판매	0.010
수탁	0.020
일반사무	0.020

투자 전략

이 투자신탁은 코스피 지수를 기초지수로 하여 1좌당 순자산가치의 변동률을 기초지수의 변동률과 유사하도록 투자신탁재산을 운용함을 그 운용목적으로 합니다.

파워 단기채 (A226810)

- 벤치마크 : **종합 만기종합**
- 테마분류 : —
- 위험등급 : **4등급**
- 평가등급(3년) : —

펀드 현황

운용사(매니저)	교보악사자산운용
판매사	—
설정일(존속기간)	2015.08.24 (1년7개월)
설정액	1,550.00억원
순자산	1,550.00억원

시장 정보 (2017년 04월 14일 기준)

52주최고(원)	102,430	수익률(12M, %)	0.46
52주최저(원)	98,860	수익률(YTD, %)	0.71
거래량(20일, 주)	1	변동성(120일)	0.00
거래대금(20일, 원)	143,314	구성종목수(개)	19
베타(1D/1Y)	0.127160	Spread(원)	-1.58

누적 수익률

기간별 수익률 (%)

구분	수익률	BM초과	유형초과	%순위
1주	—	-0.11	-0.05	95.40
1개월	0.03	-0.04	-0.03	89.08
3개월	0.14	-0.36	-0.19	93.68
6개월	0.36	0.24	0.11	31.21
연초이후	0.71	2.10	1.02	14.62
1년	0.46	0.07	0.01	50.87
3년	1.41	1.02	0.57	16.15

보수 (%, 年)

TER	0.120
운용	0.080
판매	0.020
수탁	0.010
일반사무	0.010

투자 전략

투자신탁은 채권을 법 시행령 제94조제2항제4호에서 규정하는 주된 투자대상자산으로 하며, 한국자산평가가 발표하는 "KAP단기채권지수(총수익)"를 기초지수로 하여 보수차감후 1좌당 순자산가치의일간변동률을 기초지수의 변동률과 유사하도록 투자신탁재산을 운용함을 목적으로 합니다.

KODEX 200 중소형 (A226980)

- 벤치마크 : **KOSPI TR**
- 테마분류 : —
- 위험등급 : **2등급**
- 평가등급(3년) : —

펀드 현황

운용사(매니저)	삼성자산운용
판매사	—
설정일(존속기간)	2015.08.31 (1년7개월)
설정액	114.92억원
순자산	114.92억원

시장 정보 (2017년 04월 14일 기준)

52주최고(원)	11,790	수익률(12M, %)	3.08
52주최저(원)	9,580	수익률(YTD, %)	-1.62
거래량(20일, 주)	146,450	변동성(120일)	0.01
거래대금(20일, 원)	1,518,732,506	구성종목수(개)	101
베타(1D/1Y)	0.804810	Spread(원)	15.38

누적 수익률

기간별 수익률 (%)

구분	수익률	BM초과	유형초과	%순위
1주	1.14	0.22	-0.07	49.25
1개월	0.39	0.59	0.64	11.17
3개월	2.06	0.61	-0.29	38.46
6개월	1.44	-2.10	-3.32	86.67
연초이후	-1.62	-10.03	-13.34	90.05
1년	3.08	-3.03	-4.66	82.38
3년	-6.98	-17.34	-22.10	94.61

보수 (%, 年)

TER	0.300
운용	0.250
판매	0.010
수탁	0.020
일반사무	0.020

투자 전략

이 투자신탁은 코스피200 중소형지수의 성과를 추적하는 운용목적을 달성하기 위하여 코스피200 중소형지수의 구성 종목을 중심으로 투자신탁재산을 운용합니다.나. 한국거래소가 산출 발표하는 코스피200 중소형지수를 기초지수로 하기 때문에 이 투자신탁은 아래에서 정하고 있는 비교지수를 사용합니다.

TIGER 200 헬스케어 （A227540）

● 벤치마크 :　**KOSPI TR**
● 테마분류 :　—
● 위험등급 :　**2등급**
● 평가등급(3년) :　—

펀드 현황	
운용사(매니저)	미래에셋자산운용
판매사	—
설정일(존속기간)	2015.09.22 (1년6개월)
설정액	97.85억원
순자산	97.85억원

시장 정보 (2017년 04월 14일 기준)			
52주최고(원)	27,215	수익률(12M, %)	-1.15
52주최저(원)	15,010	수익률(YTD, %)	-14.29
거래량(20일, 주)	9,664	변동성(120일)	0.02
거래대금(20일, 원)	162,157,991	구성종목수(개)	19
베타(1D/1Y)	1.084400	Spread(원)	11.74

누적 수익률

기간별 수익률 (%)				
구분	수익률	BM초과	유형초과	%순위
1주	1.47	0.54	0.37	16.67
1개월	-1.03	-0.83	-0.48	72.92
3개월	2.15	0.70	0.96	43.75
6개월	1.75	-1.79	-0.52	66.67
연초이후	-14.29	-22.70	-15.17	97.83
1년	-1.15	-7.26	-4.97	77.08
3년	-29.89	-40.24	-28.11	100.00

보수 (%, 年)	
TER	0.400
운용	0.270
판매	0.070
수탁	0.030
일반사무	0.030

투자 전략

이 투자신탁은 한국거래소가 발표하는 "코스피 200 헬스케어 지수"를 기초지수로 하는 상장지수투자신탁으로서, 투자목적 달성을 위해서 국내 거래소에 상장된 주식에 투자신탁 자산총액의 60% 이상을 투자합니다.

TIGER 200 산업재 （A227550）

● 벤치마크 :　**KOSPI TR**
● 테마분류 :　—
● 위험등급 :　**2등급**
● 평가등급(3년) :　—

펀드 현황	
운용사(매니저)	미래에셋자산운용
판매사	—
설정일(존속기간)	2015.09.22 (1년6개월)
설정액	90.46억원
순자산	90.46억원

시장 정보 (2017년 04월 14일 기준)			
52주최고(원)	7,205	수익률(12M, %)	-3.89
52주최저(원)	5,935	수익률(YTD, %)	-10.17
거래량(20일, 주)	224	변동성(120일)	0.01
거래대금(20일, 원)	1,350,721	구성종목수(개)	14
베타(1D/1Y)	0.917720	Spread(원)	6.37

누적 수익률

기간별 수익률 (%)				
구분	수익률	BM초과	유형초과	%순위
1주	0.24	-0.68	-0.86	70.83
1개월	-0.35	-0.15	0.20	35.42
3개월	-0.75	-2.20	-1.95	77.08
6개월	-6.21	-9.75	-8.48	91.67
연초이후	-10.17	-18.57	-11.04	89.13
1년	-3.89	-10.01	-7.71	89.58
3년	-9.98	-20.34	-8.21	84.21

보수 (%, 年)	
TER	0.400
운용	0.270
판매	0.070
수탁	0.030
일반사무	0.030

투자 전략

이 투자신탁은 한국거래소가 발표하는 "코스피 200 산업재 지수"를 기초지수로 하는 상장지수투자신탁으로서, 투자목적 달성을 위해서 국내 거래소에 상장된 주식에 투자신탁 자산총액의 60% 이상을 투자합니다.

TIGER 200 생활소비재 (A227560)

- 벤치마크 : **KOSPI TR**
- 테마분류 : —
- 위험등급 : **2등급**
- 평가등급(3년) : —

펀드 현황

운용사(매니저)	미래에셋자산운용
판매사	—
설정일(존속기간)	2015.09.22 (1년6개월)
설정액	97.65억원
순자산	97.65억원

시장 정보 (2017년 04월 14일 기준)

52주최고(원)	15,335	수익률(12M, %)	1.94
52주최저(원)	12,480	수익률(YTD, %)	-3.90
거래량(20일, 주)	138	변동성(120일)	0.01
거래대금(20일, 원)	1,815,060	구성종목수(개)	38
베타(1D/1Y)	0.461900	Spread(원)	7.94

누적 수익률

설정액(좌,억원) ——Fund(우,%) ——BM(우,%)

기간별 수익률 (%)

구분	수익률	BM초과	유형초과	%순위
1주	1.24	0.31	0.14	31.25
1개월	-0.96	-0.77	-0.41	66.67
3개월	0.88	-0.58	-0.32	64.58
6개월	1.86	-1.68	-0.41	64.58
연초이후	-3.90	-12.30	-4.77	76.09
1년	1.94	-4.18	-1.89	66.67
3년	-8.20	-18.56	-6.43	78.95

보수 (%, 年)

TER	0.400
운용	0.270
판매	0.070
수탁	0.030
일반사무	0.030

투자 전략

이 투자신탁은 한국거래소가 발표하는 "코스피 200 생활소비재 지수"를 기초지수로 하는 상장지수투자신탁으로서,투자목적 달성을 위해서 국내 거래소에 상장된 주식에 투자신탁 자산총액의 60% 이상을 투자합니다.

TIGER 우량가치 (A227570)

- 벤치마크 : **FnGuide 퀄리티 밸류 지수**
- 테마분류 : —
- 위험등급 : **2등급**
- 평가등급(3년) : —

펀드 현황

운용사(매니저)	미래에셋자산운용
판매사	—
설정일(존속기간)	2015.09.22 (1년6개월)
설정액	56.82억원
순자산	56.82억원

시장 정보 (2017년 04월 14일 기준)

52주최고(원)	11,890	수익률(12M, %)	5.84
52주최저(원)	10,180	수익률(YTD, %)	5.71
거래량(20일, 주)	1,916	변동성(120일)	0.01
거래대금(20일, 원)	22,446,935	구성종목수(개)	50
베타(1D/1Y)	0.744890	Spread(원)	4.20

누적 수익률

설정액(좌,억원) ——Fund(우,%) ——BM(우,%)

기간별 수익률 (%)

구분	수익률	BM초과	유형초과	%순위
1주	0.63	-0.02	0.88	1.52
1개월	2.80	-0.14	0.45	12.82
3개월	4.34	-0.26	-0.42	49.23
6개월	12.08	1.87	0.37	48.69
연초이후	5.71	-0.32	-2.02	62.69
1년	5.84	1.56	-9.28	77.84
3년	—	—	—	—

보수 (%, 年)

TER	0.400
운용	0.280
판매	0.070
수탁	0.020
일반사무	0.030

투자 전략

이 투자신탁은 국내 주식을 주된 투자대상자산으로 하며, 에프앤가이드가 발표하는"에프앤가이드 퀄리티 밸류 지수(FnGuide Quality Value Index)"를 기초지수로 하여 1좌당 순자산가치의 변동률을 기초지수의 변동률과 유사하도록 투자신탁재산을 운용함을 목적으로 합니다.

ARIRANG 코스피 （A227830）

- 벤치마크 : **KOSPI TR**
- 테마분류 : —

- 위험등급 : **2등급**
- 평가등급(3년) : —

펀드 현황

운용사(매니저)	한화자산운용
판매사	—
설정일(존속기간)	2015.09.22 (1년6개월)
설정액	230.00억원
순자산	230.00억원

시장 정보 (2017년 04월 14일 기준)

52주최고(원)	22,270	수익률(12M, %)	6.05
52주최저(원)	19,400	수익률(YTD, %)	8.56
거래량(20일, 주)	72,691	변동성(120일)	0.01
거래대금(20일, 원)	1,602,335,996	구성종목수(개)	637
베타(1D/1Y)	0.936750	Spread(원)	-78.72

누적 수익률

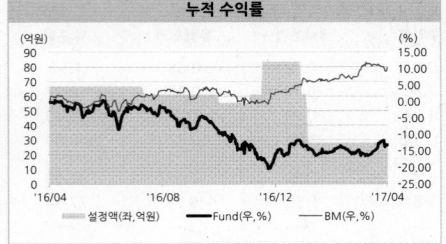

설정액(좌,억원) ―Fund(우,%) ―BM(우,%)

기간별 수익률 (%)

구분	수익률	BM초과	유형초과	%순위
1주	0.94	0.01	-0.28	67.66
1개월	-0.14	0.05	0.10	27.92
3개월	1.60	0.15	-0.75	63.59
6개월	3.52	-0.02	-1.24	63.08
연초이후	8.56	0.15	-3.16	61.26
1년	6.05	-0.06	-1.68	59.07
3년	10.38	0.03	-4.73	70.06

보수 (%, 年)

TER	0.200
운용	0.140
판매	0.020
수탁	0.010
일반사무	0.030

투자 전략

이 투자신탁은 한국거래소가 산출하여 공표하는 추적대상지수인 KOSPI 지수의 성과를 가장 효율적으로 추종할 수 있도록 추적대상지수를 구성하고 있는 종목 대부분을 편입하는 것을 원칙으로 합니다.다만, 추적대상지수의 구성종목에 변경이 있을 경우에는 추적대상지수에 포함되지 않은 종목에 투자될 수도 있습니다.

KINDEX 코스닥 150 （A227930）

- 벤치마크 : **KOSPI TR**
- 테마분류 : —

- 위험등급 : **2등급**
- 평가등급(3년) : —

펀드 현황

운용사(매니저)	한국투신운용
판매사	—
설정일(존속기간)	2015.09.18 (1년6개월)
설정액	27.76억원
순자산	27.76억원

시장 정보 (2017년 04월 14일 기준)

52주최고(원)	0	수익률(12M, %)	-0.34
52주최저(원)	0	수익률(YTD, %)	-3.88
거래량(20일, 주)	0	변동성(120일)	0.00
거래대금(20일, 원)	0	구성종목수(개)	0
베타(1D/1Y)	0.000000	Spread(원)	0.00

누적 수익률

설정액(좌,억원) ―Fund(우,%) ―BM(우,%)

기간별 수익률 (%)

구분	수익률	BM초과	유형초과	%순위
1주	0.22	-0.71	-0.99	96.52
1개월	-1.08	-0.89	-0.84	94.92
3개월	1.91	0.46	-0.44	53.33
6개월	0.10	-3.45	-4.67	95.90
연초이후	-3.88	-12.28	-15.59	96.86
1년	-0.34	-6.45	-8.07	97.93
3년	-13.12	-23.47	-28.24	97.60

보수 (%, 年)

TER	0.300
운용	0.230
판매	0.020
수탁	0.020
일반사무	0.030

투자 전략

이 투자신탁은 한국거래소가 산출 · 발표하는 "코스닥150 지수 (KRX KOSDAQ150 Index)"를 기초지수로 하여 이 투자신탁 수익증권 1좌당 순자산가치의 변동률을 기초지수의 변동률과 유사하도록 투자신탁재산을 운용함을 목적으로 하며, 투자목적 달성을 위해 국내 거래소에 상장된 주식에투자신탁 자산총액의 60%이상을 투자합니다.

TIGER 화장품 (A228790)

- 벤치마크 : **KOSPI TR**
- 테마분류 : ―
- 위험등급 : **2등급**
- 평가등급(3년) : ―

펀드 현황

운용사(매니저)	미래에셋자산운용
판매사	―
설정일(존속기간)	2015.10.06 (1년6개월)
설정액	82.42억원
순자산	82.42억원

시장 정보 (2017년 04월 14일 기준)

52주최고(원)	6,235	수익률(12M, %)	-3.60
52주최저(원)	3,790	수익률(YTD, %)	-18.07
거래량(20일, 주)	29,543	변동성(120일)	0.02
거래대금(20일, 원)	121,183,895	구성종목수(개)	17
베타(1D/1Y)	0.837850	Spread(원)	-10.71

누적 수익률

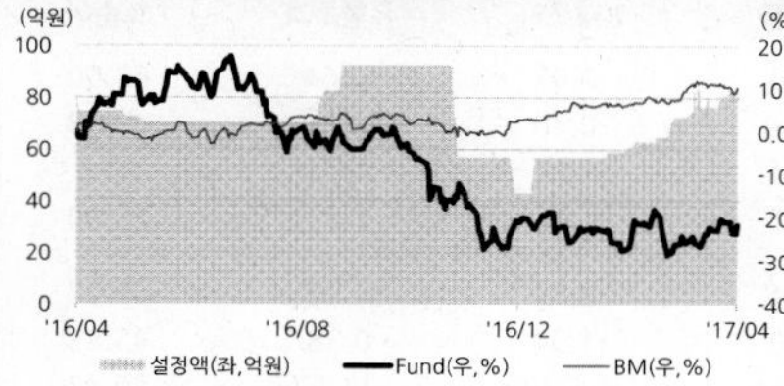

설정액(좌,억원) ―Fund(우,%) ―BM(우,%)

기간별 수익률 (%)

구분	수익률	BM초과	유형초과	%순위
1주	2.69	1.77	1.59	4.17
1개월	-0.82	-0.63	-0.27	50.00
3개월	3.43	1.98	2.23	18.75
6개월	2.61	-0.93	0.34	50.00
연초이후	-18.07	-26.47	-18.94	100.00
1년	-3.60	-9.72	-7.43	87.50
3년	-21.55	-31.90	-19.78	94.74

보수 (%, 年)

TER	0.500
운용	0.340
판매	0.100
수탁	0.030
일반사무	0.030

투자 전략

이 투자신탁은 와이즈에프엔이 발표하는 "와이즈 화장품 지수"를 기초지수로 하는 상장지수투자신탁으로서, 투자목적 달성을 위해서 국내 거래소에 상장된 주식에 투자신탁 자산총액의 60% 이상을 투자합니다.

TIGER 여행레저 (A228800)

- 벤치마크 : **KOSPI TR**
- 테마분류 : ―
- 위험등급 : **2등급**
- 평가등급(3년) : ―

펀드 현황

운용사(매니저)	미래에셋자산운용
판매사	―
설정일(존속기간)	2015.10.06 (1년6개월)
설정액	62.06억원
순자산	62.06억원

시장 정보 (2017년 04월 14일 기준)

52주최고(원)	4,125	수익률(12M, %)	11.95
52주최저(원)	3,150	수익률(YTD, %)	0.30
거래량(20일, 주)	4,029	변동성(120일)	0.01
거래대금(20일, 원)	14,275,968	구성종목수(개)	16
베타(1D/1Y)	0.769460	Spread(원)	-1.92

누적 수익률

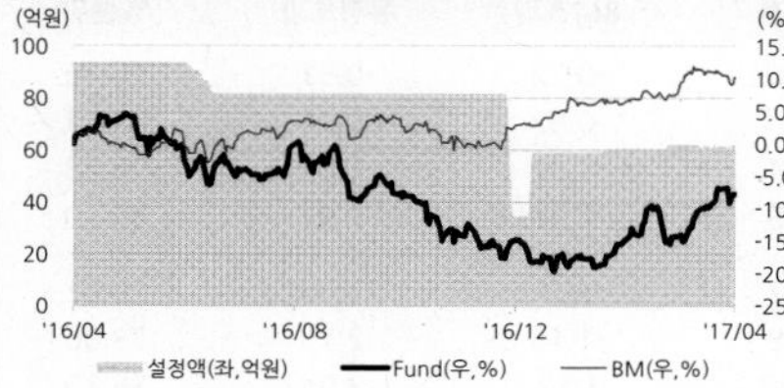

설정액(좌,억원) ―Fund(우,%) ―BM(우,%)

기간별 수익률 (%)

구분	수익률	BM초과	유형초과	%순위
1주	0.17	-0.76	-0.93	77.08
1개월	-0.84	-0.65	-0.29	52.08
3개월	7.65	6.20	6.46	2.08
6개월	11.90	8.36	9.63	4.17
연초이후	0.30	-8.10	-0.57	60.87
1년	11.95	5.83	8.12	12.50
3년	-7.67	-18.02	-5.90	76.32

보수 (%, 年)

TER	0.500
운용	0.340
판매	0.100
수탁	0.030
일반사무	0.030

투자 전략

이 투자신탁은 와이즈에프엔이 발표하는 "와이즈 여행레저 지수"를 기초지수로 하는 상장지수투자신탁으로서, 투자목적 달성을 위해서 국내 거래소에 상장된 주식에 투자신탁 자산총액의 60% 이상을 투자합니다.

TIGER 미디어컨텐츠 （A228810）

- 벤치마크 :　**KOSPI TR**
- 테마분류 :　—
- 위험등급 :　**2등급**
- 평가등급(3년) :　—

펀드 현황

운용사(매니저)	미래에셋자산운용
판매사	—
설정일(존속기간)	2015.10.06 (1년6개월)
설정액	73.72억원
순자산	73.72억원

시장 정보 (2017년 04월 14일 기준)

52주최고(원)	7,015	수익률(12M, %)	4.20
52주최저(원)	4,790	수익률(YTD, %)	-0.98
거래량(20일, 주)	4,052	변동성(120일)	0.01
거래대금(20일, 원)	21,706,237	구성종목수(개)	16
베타(1D/1Y)	0.891450	Spread(원)	13.54

누적 수익률

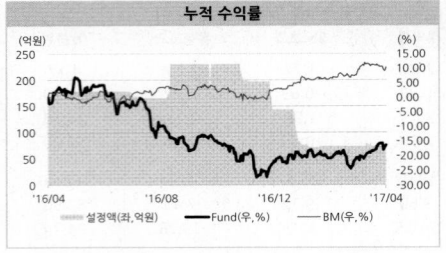

기간별 수익률 (%)

구분	수익률	BM초과	유형초과	%순위
1주	0.46	-0.47	-0.64	62.50
1개월	-0.59	-0.40	-0.04	45.83
3개월	5.34	3.89	4.14	6.25
6개월	4.46	0.92	2.19	25.00
연초이후	-0.98	-9.38	-1.85	65.22
1년	4.20	-1.91	0.38	45.83
3년	-16.34	-26.70	-14.57	89.47

보수 (%, 年)

TER	0.500
운용	0.340
판매	0.100
수탁	0.030
일반사무	0.030

투자 전략

이 투자신탁은 와이즈에프엔이 발표하는 "와이즈 미디어컨텐츠 지수"를 기초지수로 하는 상장지수투자신탁으로서,투자목적 달성을 위해서 국내 거래소에 상장된 주식에 투자신탁 자산총액의 60% 이상을 투자합니다.

TIGER KTOP30 （A228820）

- 벤치마크 :　**KOSPI TR**
- 테마분류 :　—
- 위험등급 :　**2등급**
- 평가등급(3년) :　—

펀드 현황

운용사(매니저)	미래에셋자산운용
판매사	—
설정일(존속기간)	2015.10.13 (1년6개월)
설정액	160.68억원
순자산	160.68억원

시장 정보 (2017년 04월 14일 기준)

52주최고(원)	7,180	수익률(12M, %)	4.98
52주최저(원)	5,900	수익률(YTD, %)	9.22
거래량(20일, 주)	50,131	변동성(120일)	0.01
거래대금(20일, 원)	356,429,792	구성종목수(개)	30
베타(1D/1Y)	0.983800	Spread(원)	7.81

누적 수익률

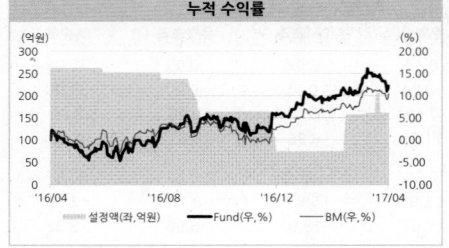

기간별 수익률 (%)

구분	수익률	BM초과	유형초과	%순위
1주	0.70	-0.22	-0.51	79.10
1개월	-1.01	-0.82	-0.76	88.83
3개월	0.44	-1.01	-1.92	95.38
6개월	1.85	-1.69	-2.91	84.10
연초이후	9.22	0.81	-2.50	56.02
1년	4.98	-1.13	-2.75	73.06
3년	12.17	1.82	-2.94	56.29

보수 (%, 年)

TER	0.250
운용	0.200
판매	0.010
수탁	0.020
일반사무	0.020

투자 전략

이 투자신탁은 한국거래소가 발표하는 "KTOP 30 지수"를 기초지수로 하는 상장지수투자신탁으로서, 투자목적 달성을 위해서 국내 거래소에 상장된 주식에 투자신탁 자산총액의 60% 이상을 투자합니다.

KODEX 코스닥 150 （A229200）

- 벤치마크 : **KOSPI TR**
- 테마분류 : —
- 위험등급 : **2등급**
- 평가등급(3년) : —

펀드 현황

운용사(매니저)	삼성자산운용
판매사	—
설정일(존속기간)	2015.09.30 (1년6개월)
설정액	2,879.23억원
순자산	2,879.23억원

시장 정보 (2017년 04월 14일 기준)

52주최고(원)	10,800	수익률(12M, %)	0.06
52주최저(원)	8,590	수익률(YTD, %)	-3.26
거래량(20일, 주)	983,937	변동성(120일)	0.01
거래대금(20일, 원)	9,163,804,208	구성종목수(개)	150
베타(1D/1Y)	0.898540	Spread(원)	3.57

누적 수익률

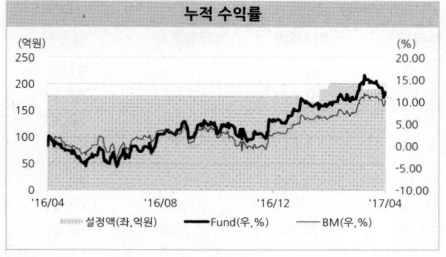

(억원) / (%)
- 3,500 / 15.00
- 3,000 / 10.00
- 2,500 / 5.00
- 2,000 / 0.00
- 1,500 / -5.00
- 1,000 / -10.00
- 500 / -15.00
- 0 / -20.00
- / -25.00

'16/04 '16/08 '16/12 '17/04

설정액(좌,억원) —Fund(우,%) —BM(우,%)

기간별 수익률 (%)

구분	수익률	BM초과	유형초과	%순위
1주	0.21	-0.71	-1.00	97.01
1개월	-1.02	-0.83	-0.77	90.86
3개월	2.12	0.67	-0.24	34.36
6개월	0.43	-3.11	-4.33	92.82
연초이후	-3.26	-11.66	-14.97	94.24
1년	0.06	-6.05	-7.67	96.89
3년	-12.35	-22.70	-27.46	96.41

보수 (%, 年)

TER	0.250
운용	0.200
판매	0.010
수탁	0.020
일반사무	0.020

투자 전략

이 투자신탁은 코스닥150지수의 성과를 추적하는 운용목적을 달성하기 위하여 코스닥150지수의 구성 종목을 중심으로 투자신탁재산을 운용합니다.나. 한국거래소가 산출 발표하는 코스닥150 지수를 기초지수로 하기 때문에 이 투자신탁은 아래에서 정하고 있는 비교지수를 사용합니다.

KODEX KTOP30 （A229720）

- 벤치마크 : **KOSPI TR**
- 테마분류 : —
- 위험등급 : **1등급**
- 평가등급(3년) : —

펀드 현황

운용사(매니저)	삼성자산운용
판매사	—
설정일(존속기간)	2015.10.13 (1년6개월)
설정액	190.42억원
순자산	190.42억원

시장 정보 (2017년 04월 14일 기준)

52주최고(원)	14,390	수익률(12M, %)	4.99
52주최저(원)	11,820	수익률(YTD, %)	9.21
거래량(20일, 주)	617	변동성(120일)	0.01
거래대금(20일, 원)	8,694,820	구성종목수(개)	30
베타(1D/1Y)	0.954950	Spread(원)	-6.38

누적 수익률

(억원) / (%)
- 250 / 20.00
- 200 / 15.00
- 150 / 10.00
- 100 / 5.00
- 50 / 0.00
- / -5.00
- 0 / -10.00

'16/04 '16/08 '16/12 '17/04

설정액(좌,억원) —Fund(우,%) —BM(우,%)

기간별 수익률 (%)

구분	수익률	BM초과	유형초과	%순위
1주	0.70	-0.22	-0.51	78.61
1개월	-1.01	-0.82	-0.76	89.85
3개월	0.43	-1.02	-1.92	95.90
6개월	1.85	-1.69	-2.91	84.62
연초이후	9.21	0.80	-2.51	56.54
1년	4.99	-1.13	-2.75	72.02
3년	12.16	1.81	-2.95	56.89

보수 (%, 年)

TER	0.250
운용	0.200
판매	0.010
수탁	0.020
일반사무	0.020

투자 전략

이 투자신탁은 한국거래소(KRX)가 산출하여 발표하는 KTOP 30지수를 기초지수로 하여 1 좌당 순자산가치의 변동률을 기초지수의 변동률과 유사하도록 투자신탁재산을 운용함을 그 운용목적으로 합니다.

KOSEF 미국달러선물 인버스2X(합성) (A230480)

● 벤치마크 : **미국달러 선물지수**　　　　　　　● 위험등급 : **1등급**
● 테마분류 : ―　　　　　　　　　　　　　　● 평가등급(3년) : ―

펀드 현황

운용사(매니저)	키움투자자산운용
판매사	―
설정일(존속기간)	2015.11.11 (1년5개월)
설정액	214.00억원
순자산	214.00억원

시장 정보 (2017년 04월 14일 기준)

52주최고(원)	11,085	수익률(12M, %)	13.12
52주최저(원)	8,925	수익률(YTD, %)	-0.89
거래량(20일, 주)	65,172	변동성(120일)	0.01
거래대금(20일, 원)	658,058,210	구성종목수(개)	6
베타(1D/1Y)	0.979930	Spread(원)	4.82

누적 수익률

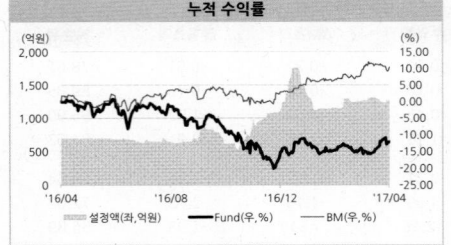

기간별 수익률 (%)

구분	수익률	BM초과	유형초과	%순위
1주	2.09	―	3.02	―
1개월	0.50	―	0.18	9.26
3개월	2.26	―	3.83	5.56
6개월	7.07	―	11.45	3.70
연초이후	-0.89	―	11.00	9.30
1년	13.12	―	21.17	3.70
3년	-0.35	―	14.71	6.45

보수 (%, 年)

TER	0.640
운용	0.475
판매	0.100
수탁	0.025
일반사무	0.040

투자 전략

이 투자신탁은 "미국달러선물지수(F-USDKRW)"를 기초지수로 하여 기초지수의 일간수익률의 음(陰)의 2 배수 수익률과 연동하는 것을 목적으로 하는 상장지수투자신탁으로서, 채권 및 미국달러선물 관련 파생상품을 주된 투자대상으로 하여 투자신탁의 일간수익률이 기초지수 일간수익률의 음(陰)의 2 배수 수익률과 연동하도록 운용합니다.

TIGER 코스닥150 (A232080)

● 벤치마크 : **KOSPI TR**　　　　　　　　　● 위험등급 : **2등급**
● 테마분류 : ―　　　　　　　　　　　　　　● 평가등급(3년) : ―

펀드 현황

운용사(매니저)	미래에셋자산운용
판매사	―
설정일(존속기간)	2015.11.11 (1년5개월)
설정액	1,255.42억원
순자산	1,255.42억원

시장 정보 (2017년 04월 14일 기준)

52주최고(원)	10,835	수익률(12M, %)	0.04
52주최저(원)	8,610	수익률(YTD, %)	-3.26
거래량(20일, 주)	820,330	변동성(120일)	0.01
거래대금(20일, 원)	7,663,185,576	구성종목수(개)	150
베타(1D/1Y)	0.947960	Spread(원)	16.46

누적 수익률

기간별 수익률 (%)

구분	수익률	BM초과	유형초과	%순위
1주	0.20	-0.72	-1.01	97.51
1개월	-0.92	-0.73	-0.67	87.82
3개월	2.16	0.71	-0.19	33.33
6개월	0.43	-3.11	-4.33	92.31
연초이후	-3.26	-11.66	-14.97	94.76
1년	0.04	-6.07	-7.69	97.41
3년	-12.22	-22.57	-27.34	95.81

보수 (%, 年)

TER	0.190
운용	0.140
판매	0.010
수탁	0.020
일반사무	0.020

투자 전략

이 투자신탁은 국내 주식을 주된 투자대상자산으로 하며, 한국거래소가 발표하는"코스닥 150 지수"를 기초지수로 하여 1좌당 순자산가치의 변동률을 기초지수의 변동률과 유사하도록 투자신탁재산을 운용함을 목적으로 합니다.

KINDEX 골드선물 인버스2X(합성 H) (A232590)

● 벤치마크 : **S&P WCI GOLD Excess Return Index**
● 테마분류 : —

● 위험등급 : **1등급**
● 평가등급(3년) : —

펀드 현황	
운용사(매니저)	한국투신운용
판매사	—
설정일(존속기간)	2015.11.27 (1년4개월)
설정액	80.00억원
순자산	80.00억원

시장 정보 (2017년 04월 14일 기준)			
52주최고(원)	8,140	수익률(12M, %)	-20.75
52주최저(원)	5,675	수익률(YTD, %)	-5.85
거래량(20일, 주)	11,686	변동성(120일)	0.02
거래대금(20일, 원)	74,463,983	구성종목수(개)	3
베타(1D/1Y)	0.452190	Spread(원)	-28.40

누적 수익률

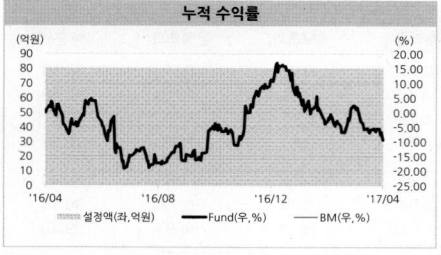

기간별 수익률 (%)				
구분	수익률	BM초과	유형초과	%순위
1주	-0.98	—	-0.05	75.93
1개월	-4.06	—	-4.38	100.00
3개월	-11.38	—	-9.81	100.00
6개월	-11.71	—	-7.32	100.00
연초이후	-5.85		6.04	16.28
1년	-20.75		-12.71	100.00
3년	-9.39		5.68	12.90

보수 (%, 年)	
TER	0.490
운용	0.350
판매	0.070
수탁	0.030
일반사무	0.040

투자 전략

이 투자신탁은 S&P가 산출·발표하는 S&P WCI(World Commodity Index) Gold Excess ReturnIndex(이하 "지수"라 한다)의 일간수익률의 음(-)의 2배수에 연동하여 운용하는 것을 목표로 이투자신탁 수익증권 1좌당 순자산가치의 변동률을 지수의 일간변동률의 음(-)의 2배수와 유사하도록 투자신탁재산을 운용함을 그 목적으로 합니다.

TIGER 코스닥150 레버리지 (A233160)

● 벤치마크 : **KOSPI TR**
● 테마분류 : —

● 위험등급 : **1등급**
● 평가등급(3년) : —

펀드 현황	
운용사(매니저)	미래에셋자산운용
판매사	—
설정일(존속기간)	2015.12.15 (1년4개월)
설정액	590.00억원
순자산	590.00억원

시장 정보 (2017년 04월 14일 기준)			
52주최고(원)	11,450	수익률(12M, %)	0.70
52주최저(원)	7,540	수익률(YTD, %)	-6.07
거래량(20일, 주)	1,382,460	변동성(120일)	0.02
거래대금(20일, 원)	12,167,895,459	구성종목수(개)	153
베타(1D/1Y)	1.900440	Spread(원)	-0.65

누적 수익률

기간별 수익률 (%)				
구분	수익률	BM초과	유형초과	%순위
1주	0.61	-0.32	-0.60	86.07
1개월	-2.01	-1.82	-1.76	98.48
3개월	4.89	3.44	2.54	1.03
6개월	2.38	-1.17	-2.39	80.00
연초이후	-6.07	-14.48	-17.79	98.95
1년	0.70	-5.41	-7.03	93.78
3년	-18.01	-28.36	-33.12	98.80

보수 (%, 年)	
TER	0.320
운용	0.250
판매	0.030
수탁	0.020
일반사무	0.020

투자 전략

이 투자신탁은 한국거래소가 발표하는 "코스닥 150 지수"를 기초지수로 하여 기초지수의 일간 수익률의 양(陽)의 2배수 수익률과 연동하는 것을 목적으로 하는 상장지수투자신탁으로서, 국내 주식 및 주식관련 파생상품을 주된 투자대상으로 하여 투자신탁의 일간수익률이 기초지수 일간 수익률의 양(陽)의 2배수 수익률과 연동하도록 운용합니다.

KODEX 코스닥150 레버리지 (A233740)

- 벤치마크 : **KOSPI TR**
- 테마분류 : —
- 위험등급 : **1등급**
- 평가등급(3년) : —

펀드 현황

운용사(매니저)	삼성자산운용
판매사	—
설정일(존속기간)	2015.12.16 (1년4개월)
설정액	2,630.00억원
순자산	2,630.00억원

시장 정보 (2017년 04월 14일 기준)

52주최고(원)	10,960	수익률(12M, %)	0.94
52주최저(원)	7,225	수익률(YTD, %)	-5.97
거래량(20일, 주)	2,707,485	변동성(120일)	0.02
거래대금(20일, 원)	22,938,229,889	구성종목수(개)	153
베타(1D/1Y)	1.843600	Spread(원)	-6.15

누적 수익률

범례: 설정액(좌,억원), Fund(우,%), BM(우,%)

기간별 수익률 (%)

구분	수익률	BM초과	유형초과	%순위
1주	0.66	-0.27	-0.55	82.59
1개월	-2.14	-1.95	-1.89	99.49
3개월	4.75	3.30	2.40	2.05
6개월	2.44	-1.11	-2.33	78.97
연초이후	-5.97	-14.37	-17.68	98.43
1년	0.94	-5.17	-6.79	90.16
3년	-19.42	-29.78	-34.54	99.40

보수 (%, 年)

TER	0.640
운용	0.550
판매	0.050
수탁	0.020
일반사무	0.020

투자 전략

투자신탁의 순자산가치의 일간변동률을 코스닥150지수의 일별 수익률의 양(陽)의 2배수의 수익률로 추적하고자 하는 운용목적을 달성하기 위하여 코스닥150지수에 포함된 코스닥150주가지수 관련 파생상품 및 현금성 자산 또는 주식, 채권 등으로 포트폴리오를 구성하고, 필요에 따라 환매조건부증권의 매도 등 기타 효율적인 방법을 활용할 예정입니다

KBSTAR V&S셀렉트밸류 (A234310)

- 벤치마크 : **FnGuide 셀렉트밸류 지수**
- 테마분류 : —
- 위험등급 : **1등급**
- 평가등급(3년) : —

펀드 현황

운용사(매니저)	KB자산운용
판매사	—
설정일(존속기간)	2016.02.01 (1년2개월)
설정액	306.60억원
순자산	306.60억원

시장 정보 (2017년 04월 14일 기준)

52주최고(원)	10,875	수익률(12M, %)	-2.39
52주최저(원)	9,705	수익률(YTD, %)	3.09
거래량(20일, 주)	1,753	변동성(120일)	0.00
거래대금(20일, 원)	18,126,667	구성종목수(개)	66
베타(1D/1Y)	0.584130	Spread(원)	-0.11

기간별 수익률 (%)

구분	수익률	BM초과	유형초과	%순위
1주	-0.12	-0.03	0.43	31.25
1개월	1.89	-0.03	0.69	50.00
3개월	3.43	0.17	1.16	35.42
6개월	2.42	1.78	1.54	54.35
연초이후	3.09	0.09	-0.73	60.42
1년	-2.39	1.75	-0.62	50.00
3년	—	—	—	—

보수 (%, 年)

TER	0.300
운용	0.250
판매	0.010
수탁	0.010
일반사무	0.030

투자 전략

이 투자신탁은 국내주식을 법에서 정하는 주된 투자대상으로 하며, FnGuide가 산출하는 "FnGuide 셀렉트밸류 지수(FnGuide Select Value Index)"를 기초지수로 하여 1좌당 순자산가치의 변동률을 기초지수의 변동률과 유사하도록 투자신탁재산을 운용하는 것을 목적으로 하는 투자신탁입니다.

KINDEX 코스닥150 레버리지 (A234790)

- 벤치마크 : **KOSPI TR**
- 테마분류 : —
- 위험등급 : **1등급**
- 평가등급(3년) : —

펀드 현황

운용사(매니저)	한국투신운용
판매사	—
설정일(존속기간)	2015.12.11 (1년4개월)
설정액	20.00억원
순자산	20.00억원

시장 정보 (2017년 04월 14일 기준)

52주최고(원)	0	수익률(12M, %)	-0.52
52주최저(원)	0	수익률(YTD, %)	-8.03
거래량(20일, 주)	0	변동성(120일)	0.00
거래대금(20일, 원)	0	구성종목수(개)	0
베타(1D/1Y)	0.000000	Spread(원)	0.00

누적 수익률

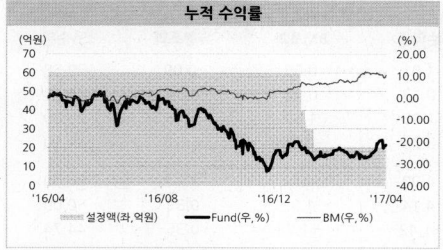

설정액(좌,억원) —Fund(우,%) —BM(우,%)

기간별 수익률 (%)

구분	수익률	BM초과	유형초과	%순위
1주	0.64	-0.28	-0.57	83.58
1개월	-2.13	-1.94	-1.89	98.98
3개월	4.52	3.07	2.17	2.56
6개월	1.61	-1.93	-3.15	85.13
연초이후	-8.03	-16.43	-19.75	100.00
1년	-0.52	-6.63	-8.25	98.45
3년	-21.50	-31.86	-36.62	100.00

보수 (%, 年)

TER	0.500
운용	0.430
판매	0.020
수탁	0.020
일반사무	0.030

투자 전략

이 투자신탁은 국내 주식 및 국내 주식관련파생상품을 법 시행령 제94조 제2항 제4호에서 규정하는 주된 투자대상자산으로 하며, 한국거래소(KRX)가 산출·발표하는 "코스닥150 지수(KRX KOSDAQ150 Index)"를 기초지수로 하여 1좌당 순자산가치의 변동률을 기초지수 일간 변동률의 양(+)의 2배수와 유사하도록 투자신탁재산을 운용함을 목적으로 합니다.

TIGER 인도니프티50레버리지(합성) (A236350)

- 벤치마크 : **World - MSCI - EMF ASIA (KRW Unhedged)**
- 테마분류 : —
- 위험등급 : **1등급**
- 평가등급(3년) : —

펀드 현황

운용사(매니저)	미래에셋자산운용
판매사	—
설정일(존속기간)	2016.05.11 (11개월)
설정액	100.00억원
순자산	100.00억원

시장 정보 (2017년 04월 14일 기준)

52주최고(원)	13,260	수익률(12M, %)	—
52주최저(원)	9,615	수익률(YTD, %)	14.03
거래량(20일, 주)	7,967	변동성(120일)	0.02
거래대금(20일, 원)	100,785,123	구성종목수(개)	5
베타(1D/1Y)	0.607170	Spread(원)	32.51

누적 수익률

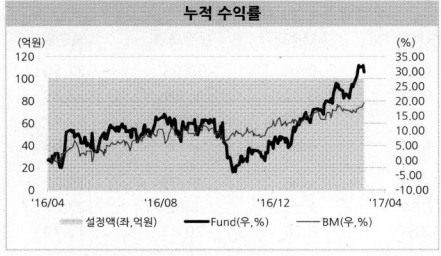

설정액(좌,억원) —Fund(우,%) —BM(우,%)

기간별 수익률 (%)

구분	수익률	BM초과	유형초과	%순위
1주	-1.71	-2.12	-1.56	100.00
1개월	-0.30	-2.16	-0.41	76.15
3개월	8.88	6.92	6.86	3.44
6개월	21.37	15.83	14.94	—
연초이후	14.03	3.61	9.54	0.59
1년	26.57	18.85	17.80	—
3년	—	—	—	—

보수 (%, 年)

TER	0.590
운용	0.450
판매	0.070
수탁	0.030
일반사무	0.040

투자 전략

이 투자신탁은 "Nifty 50 지수"를 기초지수로 하여 기초지수의 일간수익률의 양(陽)의 2배수 수익률과 연동하는 것을 목적으로 하는 상장지수투자신탁으로서, 인도 주식관련 파생상품 및 집합투자증권을 주된 투자대상으로 하여 투자신탁의 일간수익률이 기초지수 일간수익률의 양(陽)의 2배수 수익률과 연동하도록 운용합니다.

ARIRANG 스마트베타 LowVOL (A236460)

● 벤치마크 : **KOSPI TR**
● 테마분류 : —

● 위험등급 : **1등급**
● 평가등급(3년) : —

펀드 현황	
운용사(매니저)	한화자산운용
판매사	—
설정일(존속기간)	2016.01.11 (1년3개월)
설정액	133.16억원
순자산	133.16억원

시장 정보 (2017년 04월 14일 기준)			
52주최고(원)	10,580	수익률(12M, %)	4.14
52주최저(원)	9,600	수익률(YTD, %)	4.00
거래량(20일, 주)	403	변동성(120일)	0.01
거래대금(20일, 원)	4,106,198	구성종목수(개)	51
베타(1D/1Y)	0.677570	Spread(원)	2.91

누적 수익률

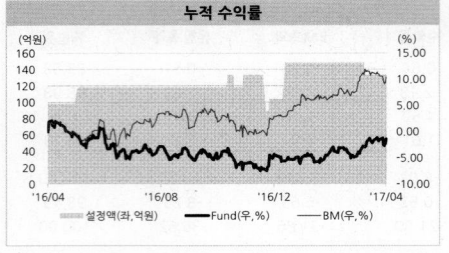

기간별 수익률 (%)				
구분	수익률	BM초과	유형초과	%순위
1주	1.01	0.08	-0.09	39.58
1개월	0.13	0.32	0.68	25.00
3개월	2.95	1.50	1.76	25.00
6개월	3.28	-0.26	1.01	37.50
연초이후	4.00	-4.41	3.12	50.00
1년	4.14	-1.97	0.32	50.00
3년	-1.42	-11.78	0.35	44.74

보수 (%, 年)	
TER	0.350
운용	0.270
판매	0.040
수탁	0.010
일반사무	0.030

투자 전략

이 투자신탁은 주식회사 와이즈에프앤(WISEfn)이 산출하여 공표하는 추적대상지수인 WISE 스마트베타 LowVOL 지수의 성과를 가장 효율적으로 추종할 수 있도록 추적대상지수를 구성하고 있는 종목 대부분을 편입하는 것을 원칙으로 합니다.

KODEX 코스피100 (A237350)

● 벤치마크 : **KOSPI TR**
● 테마분류 : —

● 위험등급 : **1등급**
● 평가등급(3년) : —

펀드 현황	
운용사(매니저)	삼성자산운용
판매사	—
설정일(존속기간)	2016.01.26 (1년2개월)
설정액	175.83억원
순자산	175.83억원

시장 정보 (2017년 04월 14일 기준)			
52주최고(원)	26,045	수익률(12M, %)	7.64
52주최저(원)	17,625	수익률(YTD, %)	12.86
거래량(20일, 주)	627	변동성(120일)	0.03
거래대금(20일, 원)	13,597,376	구성종목수(개)	99
베타(1D/1Y)	1.021250	Spread(원)	-146.43

누적 수익률

기간별 수익률 (%)				
구분	수익률	BM초과	유형초과	%순위
1주	1.02	0.10	-0.08	37.50
1개월	-0.17	0.02	0.38	33.33
3개월	1.36	-0.09	0.17	60.42
6개월	4.43	0.89	2.16	27.08
연초이후	12.86	4.46	11.99	15.22
1년	7.64	1.53	3.82	27.08
3년	18.56	8.20	20.33	15.79

보수 (%, 年)	
TER	0.150
운용	0.100
판매	0.010
수탁	0.020
일반사무	0.020

투자 전략

이 투자신탁은 코스피100지수를 기초지수로 하여 1좌당 순자산가치의 변동률을 기초지수의 변동률과 유사하도록 투자신탁재산을 운용함을 그 운용목적으로 합니다.

KODEX 배당성장채권혼합 (A237370)

- 벤치마크 : **KOSPI TR(30%)*KIS채권종합(70%)**
- 테마분류 : —
- 위험등급 : **3등급**
- 평가등급(3년) : —

펀드 현황

운용사(매니저)	삼성자산운용
판매사	—
설정일(존속기간)	2016.01.26 (1년2개월)
설정액	213.45억원
순자산	213.45억원

시장 정보 (2017년 04월 14일 기준)

52주최고(원)	10,880	수익률(12M, %)	0.36
52주최저(원)	10,475	수익률(YTD, %)	0.82
거래량(20일, 주)	9,409	변동성(120일)	0.00
거래대금(20일, 원)	100,943,330	구성종목수(개)	54
베타(1D/1Y)	0.213910	Spread(원)	10.57

누적 수익률

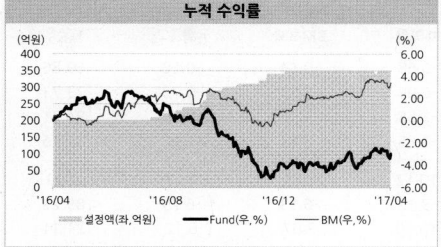

기간별 수익률 (%)

구분	수익률	BM초과	유형초과	%순위
1주	0.14	-0.22	-0.16	68.15
1개월	0.10	0.11	0.11	15.51
3개월	0.73	-0.06	0.03	33.39
6개월	0.28	-0.86	-0.64	86.34
연초이후	0.82	-0.68	-0.16	61.82
1년	0.36	-1.73	-0.90	88.68
3년	-0.55	-3.96	-0.96	75.15

보수 (%, 年)

TER	0.190
운용	0.150
판매	0.010
수탁	0.010
일반사무	0.020

투자 전략

이 투자신탁은 기본적으로 KRX배당성장채권혼합지수(이하 기초지수라 합니다)를 완전복제하는 방식으로 포트폴리오를 구성할 예정입니다. 다만, 필요에 따라서 기초지수의 구성종목 중에서 부도리스크, 유동성 등을 감안하여 투자가능대상 종목을 선별하고, 당해 투자가능대상종목 중에서 추적오차를 감안하여 최종 투자대상종목을 구성하는 표본추출(Sampling) 방식을병행할 수 있습니다.

TIGER 경기방어채권혼합 (A237440)

- 벤치마크 : **KOSPI TR(30%)*KIS채권종합(70%)**
- 테마분류 : —
- 위험등급 : **4등급**
- 평가등급(3년) : —

펀드 현황

운용사(매니저)	미래에셋자산운용
판매사	—
설정일(존속기간)	2016.01.26 (1년2개월)
설정액	351.29억원
순자산	351.29억원

시장 정보 (2017년 04월 14일 기준)

52주최고(원)	10,350	수익률(12M, %)	0.82
52주최저(원)	9,560	수익률(YTD, %)	-1.77
거래량(20일, 주)	14,897	변동성(120일)	0.00
거래대금(20일, 원)	145,806,842	구성종목수(개)	62
베타(1D/1Y)	0.169650	Spread(원)	-2.46

누적 수익률

기간별 수익률 (%)

구분	수익률	BM초과	유형초과	%순위
1주	0.45	0.09	0.15	6.11
1개월	-0.26	-0.26	-0.25	98.51
3개월	0.61	-0.18	-0.08	49.59
6개월	0.80	-0.34	-0.12	53.96
연초이후	-1.77	-3.28	-2.75	96.58
1년	0.82	-1.27	-0.43	63.51
3년	-2.98	-6.39	-3.39	93.69

보수 (%, 年)

TER	0.200
운용	0.140
판매	0.040
수탁	0.010
일반사무	0.010

투자 전략

이 투자신탁은 한국거래소가 발표하는 "필수소비재 채권혼합 지수"를 기초지수로 하는 상장지수투자신탁으로서, 투자목적 달성을 위해서 채권 및 채권관련 집합투자증권에 투자신탁 자산총액의 90% 이하, 주식 및 주식관련 집합투자증권에 투자신탁 자산총액의 50% 이하를 투자합니다.

ARIRANG 스마트베타Quality채권혼합 (A238670)

- 벤치마크 : **KOSPI TR(30%)*KIS채권종합(70%)**
- 테마분류 : —
- 위험등급 : **3등급**
- 평가등급(3년) : —

펀드 현황

운용사(매니저)	한화자산운용
판매사	—
설정일(존속기간)	2016.02.23 (1년1개월)
설정액	80.06억원
순자산	80.06억원

시장 정보 (2017년 04월 14일 기준)

52주최고(원)	10,090	수익률(12M, %)	1.56
52주최저(원)	9,675	수익률(YTD, %)	0.77
거래량(20일, 주)	919	변동성(120일)	0.00
거래대금(20일, 원)	9,145,965	구성종목수(개)	56
베타(1D/1Y)	0.242320	Spread(원)	-0.37

누적 수익률

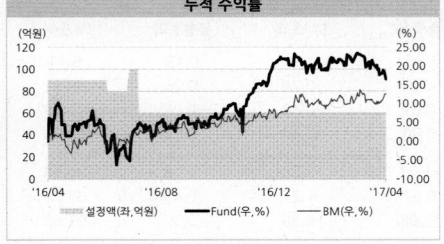

기간별 수익률 (%)

구분	수익률	BM초과	유형초과	%순위
1주	0.47	0.11	0.17	3.80
1개월	0.31	0.31	0.32	3.30
3개월	1.16	0.37	0.46	3.80
6개월	0.77	-0.38	-0.16	56.16
연초이후	0.77	-0.74	-0.21	63.18
1년	1.56	-0.53	0.30	34.97
3년	-0.04	-3.45	-0.45	71.01

보수 (%, 年)

TER	0.200
운용	0.140
판매	0.020
수탁	0.010
일반사무	0.030

투자 전략

이 투자신탁은 주식회사 와이즈에프앤(WISEfn)이 산출하여 공표하는 추적대상지수인 WISE-KAP스마트베타Quality채권혼합 지수의 성과를 가장 효율적으로 추종할 수 있도록 추적대상지수를 구성하고 있는 종목 대부분을 편입하고 채권부문과 주식비중이 매일 7:3으로 유지되도록 구성하는 것을 원칙으로 합니다.

KINDEX 일본Nikkei225(H) (A238720)

- 벤치마크 : **World - MSCI - AC ASIA PACIFIC FREE (KRW Unhedged)**
- 테마분류 : —
- 위험등급 : **2등급**
- 평가등급(3년) : —

펀드 현황

운용사(매니저)	한국투신운용
판매사	—
설정일(존속기간)	2016.02.26 (1년1개월)
설정액	60.00억원
순자산	60.00억원

시장 정보 (2017년 04월 14일 기준)

52주최고(원)	12,280	수익률(12M, %)	-3.12
52주최저(원)	9,290	수익률(YTD, %)	10.12
거래량(20일, 주)	2,770	변동성(120일)	0.01
거래대금(20일, 원)	32,752,702	구성종목수(개)	230
베타(1D/1Y)	1.116850	Spread(원)	12.19

누적 수익률

기간별 수익률 (%)

구분	수익률	BM초과	유형초과	%순위
1주	-0.68	-0.64	-0.28	69.86
1개월	-0.96	-3.25	-0.73	73.73
3개월	-5.55	-5.30	-5.76	84.21
6개월	-3.85	-5.12	-5.92	81.16
연초이후	10.12	1.61	4.47	9.09
1년	-3.12	-6.13	-6.79	89.27
3년	16.50	3.97	6.12	21.11

보수 (%, 年)

TER	0.500
운용	0.430
판매	0.020
수탁	0.020
일반사무	0.030

투자 전략

이 투자신탁은 일본 니혼게이자이가 산출 · 발표하는 "니케이225 지수 (Nikkei Stock Average Index, Nikkei225 Index)"를 기초지수로 하여 이 투자신탁 수익증권 1좌당 순자산가치의 변동률을 기초지수의 변동률과 유사하도록 투자신탁재산을 운용함을 목적으로 하며, 투자목적 달성을 위해 해외 주식 및 해외 주식관련파생상품에 투자신탁 자산 총액의 60%이상을 투자합니다.

ARIRANG 우량회사채50 1년 (A239660)

- 벤치마크 : **종합 만기종합**
- 테마분류 : —
- 위험등급 : **4등급**
- 평가등급(3년) : —

펀드 현황

운용사(매니저)	한화자산운용
판매사	—
설정일(존속기간)	2016.03.21 (1년)
설정액	1,300.00억원
순자산	1,300.00억원

시장 정보 (2017년 04월 14일 기준)

52주최고(원)	101,575	수익률(12M, %)	0.53
52주최저(원)	100,120	수익률(YTD, %)	0.59
거래량(20일, 주)	488	변동성(120일)	0.00
거래대금(20일, 원)	49,488,316	구성종목수(개)	24
베타(1D/1Y)	0.000850	Spread(원)	16.07

누적 수익률

기간별 수익률 (%)

구분	수익률	BM초과	유형초과	%순위
1주	0.01	-0.10	-0.04	81.61
1개월	0.03	-0.04	-0.02	82.76
3개월	0.18	-0.32	-0.15	89.66
6개월	0.37	0.26	0.12	27.17
연초이후	0.59	1.98	0.90	16.37
1년	0.53	0.14	0.08	36.42
3년	1.40	1.01	0.56	16.77

보수 (%, 年)

TER	0.135
운용	0.080
판매	0.030
수탁	0.010
일반사무	0.015

투자 전략

이 투자신탁은 KIS채권평가㈜에서 산출하여 공표하는 추적대상지수인 KOBI Half Cred it Index(총수익)의 성과를 가장 효율적으로 추종할 수 있도록, 추적대상지수를 구성하고 있는 종목 대부분을 편입합니다.

TIGER 일본니케이225 (A241180)

- 벤치마크 : **World - MSCI - AC ASIA PACIFIC FREE (KRW Unhedged)**
- 테마분류 : —
- 위험등급 : **2등급**
- 평가등급(3년) : —

펀드 현황

운용사(매니저)	미래에셋자산운용
판매사	—
설정일(존속기간)	2016.03.29 (1년)
설정액	100.00억원
순자산	100.00억원

시장 정보 (2017년 04월 14일 기준)

52주최고(원)	11,695	수익률(12M, %)	-3.35
52주최저(원)	9,870	수익률(YTD, %)	5.14
거래량(20일, 주)	1,143	변동성(120일)	0.01
거래대금(20일, 원)	12,863,938	구성종목수(개)	229
베타(1D/1Y)	0.355720	Spread(원)	4.67

누적 수익률

기간별 수익률 (%)

구분	수익률	BM초과	유형초과	%순위
1주	-1.10	-1.06	-0.70	95.89
1개월	-0.04	-2.32	0.20	39.63
3개월	-2.35	-2.10	-2.56	53.11
6개월	-2.86	-4.13	-4.93	74.88
연초이후	5.14	-3.36	-0.51	68.69
1년	-3.35	-6.35	-7.02	95.61
3년	14.96	2.43	4.58	37.78

보수 (%, 年)

TER	0.350
운용	0.240
판매	0.050
수탁	0.030
일반사무	0.030

투자 전략

이 투자신탁은 니케이(Nikkei Inc)에서 발표하는 "니케이 225 지수"를 기초지수로 하는 상장지수투자신탁으로서, 이 지수를 구성하는 일본에 상장된 주식에 투자신탁 자산총액의 60% 이상 투자하여 투자신탁의 수익률이 기초지수 수익률과 유사하도록 운용하는 것을 그 목적으로 합니다.

KBSTAR V&S셀렉트밸류채권혼합 (A241390)

- 벤치마크 : **FnGuide 셀렉트밸류 채권혼합 지수**
- 테마분류 : —
- 위험등급 : **3등급**
- 평가등급(3년) : —

펀드 현황

운용사(매니저)	KB자산운용
판매사	—
설정일(존속기간)	2016.04.11 (1년)
설정액	100.22억원
순자산	100.22억원

시장 정보 (2017년 04월 14일 기준)

52주최고(원)	10,100	수익률(12M, %)	-0.59
52주최저(원)	9,635	수익률(YTD, %)	1.49
거래량(20일, 주)	479	변동성(120일)	0.00
거래대금(20일, 원)	4,755,962	구성종목수(개)	72
베타(1D/1Y)	0.210620	Spread(원)	-0.32

누적 수익률

기간별 수익률 (%)

구분	수익률	BM초과	유형초과	%순위
1주	-0.01	-0.02	0.00	56.11
1개월	1.01	-0.05	0.31	8.76
3개월	1.54	0.00	0.61	11.80
6개월	0.76	0.57	-0.22	63.36
연초이후	1.49	-0.06	0.23	38.18
1년	-0.59	0.44	-1.00	75.74
3년	—	—	—	—

보수 (%, 年)

TER	0.230
운용	0.165
판매	0.020
수탁	0.015
일반사무	0.030

투자 전략

이 투자신탁은 국내채권을 주된 투자대상으로 하되, 주식관련 자산에도 일정수준 이하로 투자하여 기초지수인 FnGuide 셀렉트밸류채권혼합지수(FnGuide Select Value Balanced Index)의 수익률과 유사한 수익률을 실현하는 것을 목표로 하는 상장지수투자신탁입니다. 기초지수: FnGuide 셀렉트밸류채권혼합지수 * 100%

TIGER 200IT레버리지 (A243880)

- 벤치마크 : **KOSPI TR**
- 테마분류 : —
- 위험등급 : **1등급**
- 평가등급(3년) : —

펀드 현황

운용사(매니저)	미래에셋자산운용
판매사	—
설정일(존속기간)	2016.05.12 (11개월)
설정액	80.00억원
순자산	80.00억원

시장 정보 (2017년 04월 14일 기준)

52주최고(원)	19,900	수익률(12M, %)	—
52주최저(원)	9,890	수익률(YTD, %)	45.16
거래량(20일, 주)	42,165	변동성(120일)	0.02
거래대금(20일, 원)	820,374,236	구성종목수(개)	28
베타(1D/1Y)	1.969050	Spread(원)	9.16

누적 수익률

기간별 수익률 (%)

구분	수익률	BM초과	유형초과	%순위
1주	3.99	3.07	2.89	—
1개월	0.98	1.18	1.53	8.33
3개월	6.60	5.15	5.41	4.17
6개월	17.75	14.21	15.48	—
연초이후	45.16	36.75	44.28	—
1년	30.93	24.82	27.11	—
3년	—	—	—	—

보수 (%, 年)

TER	0.690
운용	0.550
판매	0.080
수탁	0.030
일반사무	0.030

투자 전략

이 투자신탁은 한국거래소가 발표하는 "코스피 200 정보기술 지수"를 기초지수로 하여 기초지수의 일간 수익률의 양(陽)의 2배수 수익률과 연동하는 것을 목적으로 하는 상장지수투자신탁으로서, 국내 주식 및 주식관련 파생상품을 주된 투자대상으로 하여 투자신탁의 일간수익률이 기초지수 일간 수익률의 양(陽)의 2배수 수익률과 연동하도록 운용합니다.

TIGER 200에너지화학레버리지 (A243890)

● 벤치마크 : **KOSPI TR**
● 테마분류 : —

● 위험등급 : **1등급**
● 평가등급(3년) : —

펀드 현황

운용사(매니저)	미래에셋자산운용
판매사	
설정일(존속기간)	2016.05.12 (11개월)
설정액	80.00억원
순자산	80.00억원

시장 정보 (2017년 04월 14일 기준)

52주최고(원)	11,070	수익률(12M, %)	—
52주최저(원)	7,735	수익률(YTD, %)	19.64
거래량(20일, 주)	27,707	변동성(120일)	0.02
거래대금(20일, 원)	286,209,888	구성종목수(개)	38
베타(1D/1Y)	2.114790	Spread(원)	3.15

누적 수익률

설정액(좌,억원) —Fund(우,%) —BM(우,%)

기간별 수익률 (%)

구분	수익률	BM초과	유형초과	%순위
1주	-1.41	-2.34	-2.51	93.75
1개월	-3.53	-3.34	-2.98	100.00
3개월	3.88	2.43	2.69	14.58
6개월	-4.63	-8.17	-6.90	85.42
연초이후	19.64	11.24	18.77	4.35
1년	5.36	-0.75	1.54	35.42
3년	—	—	—	—

보수 (%, 年)

TER	0.690
운용	0.550
판매	0.080
수탁	0.030
일반사무	0.030

투자 전략

이 투자신탁은 한국거래소가 발표하는 "코스피 200 에너지화학 지수"를 기초지수로 하여 기초지수의 일간 수익률의 양(陽)의 2배수 수익률과 연동하는 것을 목적으로 하는 상장지수투자신탁으로서, 국내 주식 및 주식관련 파생상품을주된 투자대상으로 하여 투자신탁의 일간수익률이 기초지수 일간 수익률의 양(陽)의 2배수 수익률과 연동하도록 운용합니다.

KODEX 바이오 (A244580)

● 벤치마크 : **FnGuide 바이오 지수**
● 테마분류 : —

● 위험등급 : **1등급**
● 평가등급(3년) : —

펀드 현황

운용사(매니저)	삼성자산운용
판매사	—
설정일(존속기간)	2016.05.12 (11개월)
설정액	74.91억원
순자산	74.91억원

시장 정보 (2017년 04월 14일 기준)

52주최고(원)	11,915	수익률(12M, %)	—
52주최저(원)	7,235	수익률(YTD, %)	-3.95
거래량(20일, 주)	6,199	변동성(120일)	0.02
거래대금(20일, 원)	48,660,650	구성종목수(개)	51
베타(1D/1Y)	1.104660	Spread(원)	-0.13

누적 수익률

설정액(좌,억원) —Fund(우,%) —BM(우,%)

기간별 수익률 (%)

구분	수익률	BM초과	유형초과	%순위
1주	-1.04	-0.01	-0.49	77.08
1개월	4.08	-0.06	2.88	12.50
3개월	-1.10	-0.07	-3.37	72.92
6개월	-13.14	0.03	-14.02	93.48
연초이후	-3.95	-0.10	-7.78	91.67
1년	—	—	—	—
3년	—	—	—	—

보수 (%, 年)

TER	0.450
운용	0.390
판매	0.020
수탁	0.020
일반사무	0.020

투자 전략

이 투자신탁은 기본적으로 에프앤가이가 산출,발표하는 FnGuide 바이오지수(이하 기초지수라 합니다)를 완전복제하는 방식으로 포트폴리오를 구성할 예정입니다. 본 투자신탁의 기초지수는 국내 상장 기업 중 바이오 사업을 영위하는 국내 기업을 대상으로 시가총액과 거래대금 등의 조건을 감안하여 투자 대상 기업을 선별한 후 동일가중방식으로 산출한 지수입니다.

KODEX 모멘텀Plus （A244620）

● 벤치마크 :   FnGuide 모멘텀PLUS 지수   ● 위험등급 :   **1등급**
● 테마분류 :   —   ● 평가등급(3년) :   —

펀드 현황

운용사(매니저)	삼성자산운용
판매사	—
설정일(존속기간)	2016.05.12 (11개월)
설정액	93.11억원
순자산	93.11억원

시장 정보 (2017년 04월 14일 기준)

52주최고(원)	11,095	수익률(12M, %)	—
52주최저(원)	8,210	수익률(YTD, %)	-1.88
거래량(20일, 주)	5,052	변동성(120일)	0.01
거래대금(20일, 원)	45,041,105	구성종목수(개)	56
베타(1D/1Y)	0.846430	Spread(원)	10.27

누적 수익률

기간별 수익률 (%)

구분	수익률	BM초과	유형초과	%순위
1주	-0.36	-0.00	-0.12	50.76
1개월	-1.06	-0.01	-3.42	99.49
3개월	-2.71	-0.22	-7.47	99.49
6개월	-3.91	0.80	-15.63	97.38
연초이후	-1.88	-0.23	-9.62	99.48
1년	—	—	—	—
3년	—	—	—	—

보수 (%, 年)

TER	0.300
운용	0.250
판매	0.010
수탁	0.020
일반사무	0.020

투자 전략

이 투자신탁은 기본적으로 에프앤가이드가 산출,발표하는 FnGuide 모멘텀 Plus 지수를 완전복제하는방식으로 포트폴리오를 구성할 예정입니다. 본 투자신탁의 기초지수는 유가증권시장 상장기업 중 수익률 및 변동성, 영업과 관련된 수익성 지표들을 고려하여 장기 모멘텀이 상위인 종목들을 구성 종목으로 편입하는 지수입니다.

KODEX 퀄리티Plus （A244660）

● 벤치마크 :   FnGuide 퀄리티PLUS 지수   ● 위험등급 :   **1등급**
● 테마분류 :   —   ● 평가등급(3년) :   —

펀드 현황

운용사(매니저)	삼성자산운용
판매사	—
설정일(존속기간)	2016.05.12 (11개월)
설정액	132.85억원
순자산	132.85억원

시장 정보 (2017년 04월 14일 기준)

52주최고(원)	10,365	수익률(12M, %)	—
52주최저(원)	8,250	수익률(YTD, %)	11.10
거래량(20일, 주)	683	변동성(120일)	0.01
거래대금(20일, 원)	6,382,497	구성종목수(개)	42
베타(1D/1Y)	0.693450	Spread(원)	13.88

누적 수익률

기간별 수익률 (%)

구분	수익률	BM초과	유형초과	%순위
1주	1.93	-0.03	2.18	—
1개월	6.86	-0.14	4.51	—
3개월	12.80	-0.14	8.04	—
6개월	6.03	0.99	-5.69	72.77
연초이후	11.10	-0.12	3.37	20.21
1년	—	—	—	—
3년	—	—	—	—

보수 (%, 年)

TER	0.300
운용	0.250
판매	0.010
수탁	0.020
일반사무	0.020

투자 전략

이 투자신탁은 기본적으로 에프앤가이드가 산출,발표하는 FnGuide 퀄리티 Plus 지수를 완전복제하는방식으로 포트폴리오를 구성할 예정입니다. 본 투자신탁의 기초지수는 유가증권시장 상장기업 중 수익률 및 변동성, 영업과 관련된 수익성 지표들을 고려하여 영업 효율 및 수익성이 상위인 종목들을 구성 종목으로 편입하는 지수입니다.

KODEX 밸류Plus （A244670）

- 벤치마크 : **FnGuide 밸류PLUS 지수**
- 테마분류 : —
- 위험등급 : **1등급**
- 평가등급(3년) : —

펀드 현황

운용사(매니저)	삼성자산운용
판매사	—
설정일(존속기간)	2016.05.12 (11개월)
설정액	182.27억원
순자산	182.27억원

시장 정보 (2017년 04월 14일 기준)

52주최고(원)	10,065	수익률(12M, %)	—
52주최저(원)	8,950	수익률(YTD, %)	4.67
거래량(20일, 주)	47	변동성(120일)	0.01
거래대금(20일, 원)	456,428	구성종목수(개)	41
베타(1D/1Y)	0.771660	Spread(원)	17.06

누적 수익률

기간별 수익률 (%)

구분	수익률	BM초과	유형초과	%순위
1주	0.38	-0.01	0.63	11.68
1개월	4.29	-0.25	1.93	3.08
3개월	5.39	-0.42	0.63	41.54
6개월	6.77	1.25	-4.95	70.68
연초이후	4.67	-0.40	-3.06	75.65
1년	—	—	—	—
3년	—	—	—	—

보수 (%, 年)

TER	0.300
운용	0.250
판매	0.010
수탁	0.020
일반사무	0.020

투자 전략

이 투자신탁은 기본적으로 에프앤가이드가 산출,발표하는 "FnGuide 밸류 Plus 지수를 완전복제하는방식으로 포트폴리오를 구성할 예정입니다.본 투자신탁의 기초지수는 유가증권시장 상장기업 중 PBR과 같은 가치지표, 영업과 관련된 수익성지표들을 고려하여 가치 지표가 상위인 종목들을 구성 종목으로 편입하는 지수입니다.

ARIRANG 스마트베타4종결합 （A244820）

- 벤치마크 : **KOSPI TR**
- 테마분류 : —
- 위험등급 : **1등급**
- 평가등급(3년) : —

펀드 현황

운용사(매니저)	한화자산운용
판매사	—
설정일(존속기간)	2016.05.18 (11개월)
설정액	79.37억원
순자산	79.37억원

시장 정보 (2017년 04월 14일 기준)

52주최고(원)	12,315	수익률(12M, %)	—
52주최저(원)	9,370	수익률(YTD, %)	2.95
거래량(20일, 주)	188	변동성(120일)	0.04
거래대금(20일, 원)	1,865,395	구성종목수(개)	119
베타(1D/1Y)	0.796280	Spread(원)	5.73

누적 수익률

기간별 수익률 (%)

구분	수익률	BM초과	유형초과	%순위
1주	1.02	0.10	-0.19	57.21
1개월	0.08	0.27	0.33	18.78
3개월	1.78	0.33	-0.57	60.00
6개월	1.21	-2.34	-3.56	90.26
연초이후	2.95	-5.46	-8.77	86.39
1년	3.06	-3.06	-4.68	82.90
3년	—	—	—	—

보수 (%, 年)

TER	0.350
운용	0.270
판매	0.040
수탁	0.010
일반사무	0.030

투자 전략

이 투자신탁은 와이즈에프엔(WISEfn)에서 산출하여 공표하는 추적대상지수인 WISE스마트베타지수의 성과를 가장 효율적으로 추종할 수 있도록, 추적대상지수를 구성하고 있는 종목 대부분을 편입합니다. 다만, 추적대상지수의 구성종목에 변경이 있을 경우에는 추적대상지수에 포함되지 않은 종목에 투자될 수도 있습니다.

TIGER 미국다우존스30 （A245340）

- 벤치마크 : World - MSCI - NORTH AMERICA (KRW Unhedged)
- 테마분류 : —
- 위험등급 : **1등급**
- 평가등급(3년) : —

펀드 현황

운용사(매니저)	미래에셋자산운용
판매사	—
설정일(존속기간)	2016.06.30 (9개월)
설정액	110.00억원
순자산	110.00억원

시장 정보 (2017년 04월 14일 기준)

52주최고(원)	12,070	수익률(12M, %)	—
52주최저(원)	9,815	수익률(YTD, %)	13.98
거래량(20일, 주)	22,926	변동성(120일)	0.01
거래대금(20일, 원)	265,995,709	구성종목수(개)	33
베타(1D/1Y)	0.156650	Spread(원)	9.19

누적 수익률

설정액(좌,억원)　—Fund(우,%)　BM(우,%)

기간별 수익률 (%)

구분	수익률	BM초과	유형초과	%순위
1주	-1.31	-0.59	-0.86	96.00
1개월	-0.56	-1.29	-0.27	92.00
3개월	-2.70	0.08	-1.41	91.22
6개월	-0.14	0.89	-2.77	82.71
연초이후	13.98	2.84	5.57	0.83
1년	-2.44	-1.09	-6.27	87.60
3년	—	—	—	—

보수 (%, 年)

TER	0.350
운용	0.240
판매	0.050
수탁	0.030
일반사무	0.030

투자 전략

이 투자신탁은 S&P Dow Jones Indices에서 발표하는 "다우존스산업평균지수"를 기초지수로 하는 상장지수투자신탁으로서, 이 지수를 구성하는 미국에 상장된 주식에 투자신탁 자산총액의 60% 이상 투자하여 투자신탁의 수익률이 기초지수 수익률과 유사하도록 운용하는 것을 그 목적으로 합니다.

TIGER 유로스탁스배당30 （A245350）

- 벤치마크 : World - MSCI - EUROPE (KRW Unhedged)
- 테마분류 : —
- 위험등급 : **1등급**
- 평가등급(3년) : —

펀드 현황

운용사(매니저)	미래에셋자산운용
판매사	—
설정일(존속기간)	2016.06.30 (9개월)
설정액	100.00억원
순자산	100.00억원

시장 정보 (2017년 04월 14일 기준)

52주최고(원)	11,980	수익률(12M, %)	—
52주최저(원)	9,815	수익률(YTD, %)	9.61
거래량(20일, 주)	4,002	변동성(120일)	0.01
거래대금(20일, 원)	46,418,761	구성종목수(개)	33
베타(1D/1Y)	0.171930	Spread(원)	6.78

누적 수익률

설정액(좌,억원)　—Fund(우,%)　BM(우,%)

기간별 수익률 (%)

구분	수익률	BM초과	유형초과	%순위
1주	-0.84	-0.47	-0.95	97.73
1개월	-0.13	-1.58	-0.40	83.46
3개월	0.07	0.17	-2.08	96.75
6개월	0.51	0.12	-4.90	97.54
연초이후	9.61	-1.64	-3.38	78.69
1년	-0.62	-0.83	-6.70	100.00
3년	—	—	—	—

보수 (%, 年)

TER	0.350
운용	0.240
판매	0.050
수탁	0.030
일반사무	0.030

투자 전략

이 투자신탁은 STOXX Limited에서 발표하는 "Euro STOXX Select Dividend 30 지수"를 기초지수로 하는 상장지수투자신탁으로서, 이 지수를 구성하는 유로존에 상장된 주식에 투자신탁 자산총액의 60% 이상 투자하여 투자신탁의 수익률이 기초지수 수익률과 유사하도록 운용하는 것을 그 목적으로 합니다.

TIGER 차이나HSCEI　(A245360)

- 벤치마크 : **World - MSCI - EMF ASIA (KRW Unhedged)**
- 테마분류 : —
- 위험등급 : **1등급**
- 평가등급(3년) : —

펀드 현황	
운용사(매니저)	미래에셋자산운용
판매사	
설정일(존속기간)	2016.06.14 (10개월)
설정액	560.00억원
순자산	560.00억원

시장 정보 (2017년 04월 14일 기준)			
52주최고(원)	12,210	수익률(12M, %)	—
52주최저(원)	9,730	수익률(YTD, %)	6.31
거래량(20일, 주)	28,451	변동성(120일)	0.01
거래대금(20일, 원)	336,032,464	구성종목수(개)	43
베타(1D/1Y)	0.713990	Spread(원)	33.18

누적 수익률

기간별 수익률 (%)				
구분	수익률	BM초과	유형초과	%순위
1주	-1.08	-1.48	-0.92	95.74
1개월	-1.05	-2.91	-1.16	93.98
3개월	-1.95	-3.90	-3.97	99.78
6개월	-0.09	-5.63	-6.52	98.86
연초이후	6.31	-4.11	1.82	30.56
1년	2.11	-5.61	-6.66	86.07
3년	—	—	—	—

보수 (%, 年)	
TER	0.350
운용	0.240
판매	0.050
수탁	0.030
일반사무	0.030

투자 전략

이 투자신탁은 중국(홍콩)에 상장된 주식을 주된 투자대상자산으로하며, "HSCEI"를 기초지수로 하여 1좌당 순자산가치의 변동률을 원화로 환산한 기초지수의 변동률과 유사하도록 투자신탁 재산을 운용함을 목적으로 합니다.

KINDEX 베트남VN30(합성)　(A245710)

- 벤치마크 : **World - MSCI - EMF ASIA (KRW Unhedged)**
- 테마분류 : —
- 위험등급 : **2등급**
- 평가등급(3년) : —

펀드 현황	
운용사(매니저)	한국투신운용
판매사	—
설정일(존속기간)	2016.06.29 (9개월)
설정액	150.00억원
순자산	150.00억원

시장 정보 (2017년 04월 14일 기준)			
52주최고(원)	10,850	수익률(12M, %)	—
52주최저(원)	9,405	수익률(YTD, %)	1.79
거래량(20일, 주)	16,438	변동성(120일)	0.01
거래대금(20일, 원)	172,951,101	구성종목수(개)	3
베타(1D/1Y)	0.072400	Spread(원)	57.43

누적 수익률

기간별 수익률 (%)				
구분	수익률	BM초과	유형초과	%순위
1주	-1.66	-2.06	-1.51	99.89
1개월	-0.70	-2.55	-0.81	86.54
3개월	2.87	0.91	0.85	31.26
6개월	2.68	-2.85	-3.75	86.80
연초이후	1.79	-8.63	-2.70	80.56
1년	2.82	-4.89	-5.95	85.16
3년	—	—	—	—

보수 (%, 年)	
TER	0.700
운용	0.620
판매	0.020
수탁	0.030
일반사무	0.030

투자 전략

이 투자신탁은 베트남 호치민거래소(HOSE)가 산출 · 발표하는 VN30 지수(VN30 Price ReturnIndex)(이하 "지수"라 한다)의 변화에 연동하여 운용하기 위하여 이 투자신탁은 기초지수의 수익률 과 연동하여 수익이 결정되는 장외파생상품(Swap) 등에 주로 투자합니다. 또한, 동 지수수익률을 추종을 위해 채권 및 어음, 기타 집합투자증권 등에도 일부 투자할 수 있습니다.

KODEX 가치투자 (A247780)

● 벤치마크 : **FnGuide 가치투자형 지수**
● 테마분류 : —

● 위험등급 : **1등급**
● 평가등급(3년) : —

펀드 현황

운용사(매니저)	삼성자산운용
판매사	—
설정일(존속기간)	2016.06.24 (9개월)
설정액	79.94억원
순자산	79.94억원

시장 정보 (2017년 04월 14일 기준)

52주최고(원)	11,285	수익률(12M, %)	—
52주최저(원)	9,605	수익률(YTD, %)	6.95
거래량(20일, 주)	132	변동성(120일)	0.01
거래대금(20일, 원)	1,483,120	구성종목수(개)	31
베타(1D/1Y)	0.756980	Spread(원)	5.25

누적 수익률

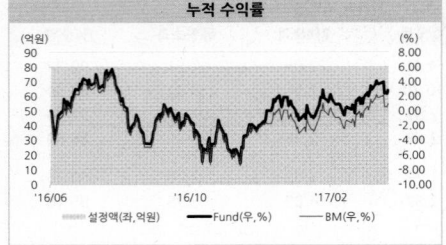

기간별 수익률 (%)

구분	수익률	BM초과	유형초과	%순위
1주	1.60	-0.04	2.15	—
1개월	3.35	-0.09	2.16	22.92
3개월	3.46	-0.12	1.19	31.25
6개월	12.07	0.98	11.19	21.74
연초이후	6.95	-0.21	3.13	29.17
1년	—	—	—	—
3년	—	—	—	—

보수 (%, 年)

TER	0.450
운용	0.390
판매	0.020
수탁	0.020
일반사무	0.020

투자 전략

이 투자신탁은 FnGuide社가 산출·발표하는 FnGuide 가치투자형 지수를 기초지수로 하여 1좌당 순자산가치의 변동률을 기초지수의 변동률과 유사하도록 투자신탁재산을 운용함을 그 운용목적으로 합니다.

KODEX 성장투자 (A247790)

● 벤치마크 : **FnGuide 성장투자형 지수**
● 테마분류 : —

● 위험등급 : **1등급**
● 평가등급(3년) : —

펀드 현황

운용사(매니저)	삼성자산운용
판매사	—
설정일(존속기간)	2016.06.24 (9개월)
설정액	79.49억원
순자산	79.49억원

시장 정보 (2017년 04월 14일 기준)

52주최고(원)	10,505	수익률(12M, %)	—
52주최저(원)	9,240	수익률(YTD, %)	2.77
거래량(20일, 주)	11	변동성(120일)	0.01
거래대금(20일, 원)	114,022	구성종목수(개)	33
베타(1D/1Y)	0.817920	Spread(원)	28.36

누적 수익률

기간별 수익률 (%)

구분	수익률	BM초과	유형초과	%순위
1주	-0.90	0.00	-0.35	54.17
1개월	1.98	-0.09	0.79	47.92
3개월	0.95	0.07	-1.32	70.83
6개월	5.21	1.42	4.34	47.83
연초이후	2.77	0.02	-1.06	64.58
1년	—	—	—	—
3년	—	—	—	—

보수 (%, 年)

TER	0.450
운용	0.390
판매	0.020
수탁	0.020
일반사무	0.020

투자 전략

이 투자신탁은 FnGuide社가 산출·발표하는 FnGuide 성장투자형 지수를 기초지수로 하여 1좌당 순자산가치의 변동률을 기초지수의 변동률과 유사하도록 투자신탁재산을 운용함을 그 운용목적으로 합니다.

KODEX 턴어라운드투자 (A247800)

- 벤치마크 : **FnGuide 턴어라운드투자형 지수**
- 테마분류 : —
- 위험등급 : **1등급**
- 평가등급(3년) : —

펀드 현황

운용사(매니저)	삼성자산운용
판매사	—
설정일(존속기간)	2016.06.24 (9개월)
설정액	80.11억원
순자산	80.11억원

시장 정보 (2017년 04월 14일 기준)

52주최고(원)	10,705	수익률(12M, %)	—
52주최저(원)	9,495	수익률(YTD, %)	3.93
거래량(20일, 주)	127	변동성(120일)	0.01
거래대금(20일, 원)	1,344,409	구성종목수(개)	30
베타(1D/1Y)	0.772820	Spread(원)	-11.72

누적 수익률

설정액(좌,억원) —Fund(우,%) —BM(우,%)

기간별 수익률 (%)

구분	수익률	BM초과	유형초과	%순위
1주	-0.45	-0.00	0.10	41.67
1개월	1.37	-0.06	0.17	58.33
3개월	2.57	-0.09	0.30	52.08
6개월	6.05	1.13	5.17	45.65
연초이후	3.93	-0.14	0.11	54.17
1년	—	—	—	—
3년	—	—	—	—

보수 (%, 年)

TER	0.450
운용	0.390
판매	0.020
수탁	0.020
일반사무	0.020

투자 전략

이 투자신탁은 FnGuide社가 산출·발표하는 FnGuide 턴어라운드투자형 지수를 기초지수로 하여 1좌당 순자산가치의 변동률을 기초지수의 변동률과 유사하도록 투자신탁재산을 운용함을 그 운용목적으로합니다.

TIGER 일본TOPIX헬스케어(합성) (A248260)

- 벤치마크 : **World - MSCI - AC ASIA PACIFIC FREE (KRW Unhedged)**
- 테마분류 : —
- 위험등급 : **1등급**
- 평가등급(3년) : —

펀드 현황

운용사(매니저)	미래에셋자산운용
판매사	—
설정일(존속기간)	2016.06.30 (9개월)
설정액	100.00억원
순자산	100.00억원

시장 정보 (2017년 04월 14일 기준)

52주최고(원)	10,060	수익률(12M, %)	—
52주최저(원)	8,325	수익률(YTD, %)	-4.44
거래량(20일, 주)	76	변동성(120일)	0.01
거래대금(20일, 원)	672,367	구성종목수(개)	5
베타(1D/1Y)	-0.040380	Spread(원)	5.05

누적 수익률

설정액(좌,억원) —Fund(우,%) —BM(우,%)

기간별 수익률 (%)

구분	수익률	BM초과	유형초과	%순위
1주	-0.83	-0.79	-0.43	92.24
1개월	0.28	-2.00	0.52	24.42
3개월	-0.52	-0.27	-0.74	49.76
6개월	-1.44	-2.71	-3.52	65.70
연초이후	-4.44	-12.95	-10.09	100.00
1년	-0.06	-3.07	-3.73	68.78
3년	—	—	—	—

보수 (%, 年)

TER	0.400
운용	0.300
판매	0.045
수탁	0.025
일반사무	0.030

투자 전략

이 투자신탁은TSE(Tokyo Stock Exchange, Inc)가 발표하는"TOPIX-17 Pharmaceutical지수"를 기초지수로 하는 상장지수투자신탁으로서, 기초지수의 수익률 추종을 목적으로 장외파생상품에 주로 투자합니다.

TIGER S&P글로벌헬스케어(합성) (A248270)

- 벤치마크 : **World - MSCI - AC WORLD INDEX FREE (KRW Unhedged)**
- 테마분류 : —
- 위험등급 : **1등급**
- 평가등급(3년) : —

펀드 현황

운용사(매니저)	미래에셋자산운용
판매사	
설정일(존속기간)	2016.06.30 (9개월)
설정액	100.00억원
순자산	100.00억원

시장 정보 (2017년 04월 14일 기준)

52주최고(원)	10,360	수익률(12M, %)	—
52주최저(원)	9,105	수익률(YTD, %)	5.05
거래량(20일, 주)	78	변동성(120일)	0.01
거래대금(20일, 원)	779,563	구성종목수(개)	5
베타(1D/1Y)	-0.081770	Spread(원)	17.28

누적 수익률

설정액(좌,억원)　Fund(우,%)　BM(우,%)

기간별 수익률 (%)

구분	수익률	BM초과	유형초과	%순위
1주	-0.81	-0.33	-0.60	68.97
1개월	-0.37	-1.59	-0.51	69.26
3개월	-2.22	-0.57	-4.06	86.03
6개월	2.00	2.24	-0.04	50.91
연초이후	5.05	-5.52	-1.46	59.71
1년	1.63	1.74	-4.20	74.31
3년	—	—	—	—

보수 (%, 年)

TER	0.400
운용	0.300
판매	0.045
수탁	0.025
일반사무	0.030

투자 전략

이 투자신탁은 S&P Dow Jones Indices가 발표하는 "S&P Global 1200 Health Care 지수"를 기초지수로 하는 상장지수투자신탁으로서, 기초지수의 수익률 추종을 목적으로 장외파생상품에 주로 투자합니다.

KBSTAR 차이나H주(H) (A250730)

- 벤치마크 : **World - MSCI - EMF ASIA (KRW Unhedged)**
- 테마분류 : —
- 위험등급 : **2등급**
- 평가등급(3년) : —

펀드 현황

운용사(매니저)	KB자산운용
판매사	—
설정일(존속기간)	2016.08.05 (8개월)
설정액	80.00억원
순자산	80.00억원

시장 정보 (2017년 04월 14일 기준)

52주최고(원)	11,405	수익률(12M, %)	—
52주최저(원)	9,970	수익률(YTD, %)	6.51
거래량(20일, 주)	374	변동성(120일)	0.01
거래대금(20일, 원)	4,212,951	구성종목수(개)	45
베타(1D/1Y)	0.744690	Spread(원)	4.50

누적 수익률

설정액(좌,억원)　Fund(우,%)　BM(우,%)

기간별 수익률 (%)

구분	수익률	BM초과	유형초과	%순위
1주	-0.04	-0.45	0.11	45.46
1개월	-0.74	-2.59	-0.85	89.72
3개월	-0.60	-2.55	-2.62	92.02
6개월	3.95	-1.59	-2.48	72.58
연초이후	6.51	-3.90	2.03	28.34
1년	9.13	1.41	0.36	45.66
3년	—	—	—	—

보수 (%, 年)

TER	0.400
운용	0.290
판매	0.050
수탁	0.030
일반사무	0.030

투자 전략

이 투자신탁은 홍콩에 상장된 중국관련 주식 및 파생상품을 법에서 정하는 주된 투자대상으로 하며, 기초지수인 HSCEI(Hang Seng China Enterprises Index)(이하 "기초지수"라 한다) 지수의 수익률과 유사한 수익률을 실현하는 것을 목표로 하는 상장지수투자신탁입니다.

TIGER 코스닥150선물인버스 (A250780)

- 벤치마크 : **F-코스닥150 지수**
- 테마분류 : —
- 위험등급 : **1등급**
- 평가등급(3년) : —

펀드 현황

운용사(매니저)	미래에셋자산운용
판매사	—
설정일(존속기간)	2016.08.10 (8개월)
설정액	190.00억원
순자산	190.00억원

시장 정보 (2017년 04월 14일 기준)

52주최고(원)	11,690	수익률(12M, %)	—
52주최저(원)	9,865	수익률(YTD, %)	0.45
거래량(20일, 주)	653,559	변동성(120일)	0.01
거래대금(20일, 원)	7,029,480,158	구성종목수(개)	4
베타(1D/1Y)	-1.016990	Spread(원)	11.63

누적 수익률

기간별 수익률 (%)

구분	수익률	BM초과	유형초과	%순위
1주	-0.38	—	0.55	18.52
1개월	1.01	—	0.69	1.85
3개월	-2.72	—	-1.15	96.30
6개월	-2.32	—	2.07	16.67
연초이후	0.45	—	12.34	2.33
1년	-1.28	—	6.77	14.81
3년	—	—	—	—

보수 (%, 年)

TER	0.320
운용	0.250
판매	0.030
수탁	0.020
일반사무	0.020

투자 전략

이 투자신탁은 국내 주식관련장내파생상품을 주된 투자대상자산으로 하며, 코스닥150 지수선물의 가격수준을 표시하는 지수인"F-코스닥150 지수"를 기초지수로 하여 1좌당 순자산가치의 일간변동률을 기초지수의 일간변동률의 음(陰)의 1배수로 연동하여 투자신탁재산을 운용함을 목적으로 합니다.

KODEX 코스닥150선물인버스 (A251340)

- 벤치마크 : **F-코스닥150 지수**
- 테마분류 : —
- 위험등급 : **1등급**
- 평가등급(3년) : —

펀드 현황

운용사(매니저)	삼성자산운용
판매사	—
설정일(존속기간)	2016.08.10 (8개월)
설정액	130.00억원
순자산	130.00억원

시장 정보 (2017년 04월 14일 기준)

52주최고(원)	11,670	수익률(12M, %)	—
52주최저(원)	9,890	수익률(YTD, %)	0.19
거래량(20일, 주)	279,841	변동성(120일)	0.01
거래대금(20일, 원)	2,997,387,074	구성종목수(개)	4
베타(1D/1Y)	-0.998350	Spread(원)	14.28

누적 수익률

기간별 수익률 (%)

구분	수익률	BM초과	유형초과	%순위
1주	-0.40	—	0.53	20.37
1개월	1.03	—	0.71	—
3개월	-2.68	—	-1.11	90.74
6개월	-2.23	—	2.16	14.81
연초이후	0.19	—	12.08	4.65
1년	-1.37	—	6.67	18.52
3년	—	—	—	—

보수 (%, 年)

TER	0.640
운용	0.550
판매	0.050
수탁	0.020
일반사무	0.020

투자 전략

이 투자신탁은 KOSDAQ150 지수선물의 가격수준을 종합적으로 표시하는 F-KOSDAQ150 지수(이하"기초지수"라 한다)를 기초지수로 하여 1좌당 순자산가치의 일간변동률을 기초지수 일간변동률의 음(陰)의 1배수로 연하여 투자신탁재산을 운용함을 그 운용목적으로 합니다.

KODEX 선진국MSCI World （A251350）

- 벤치마크 : **World - MSCI - AC WORLD INDEX FREE (KRW Unhedged)**
- 테마분류 : ―
- 위험등급 : **2등급**
- 평가등급(3년) : ―

펀드 현황

운용사(매니저)	삼성자산운용
판매사	―
설정일(존속기간)	2016.08.09 (8개월)
설정액	1,000.00억원
순자산	1,000.00억원

시장 정보 (2017년 04월 14일 기준)

52주최고(원)	11,290	수익률(12M, %)	―
52주최저(원)	9,810	수익률(YTD, %)	9.48
거래량(20일, 주)	485,367	변동성(120일)	0.01
거래대금(20일, 원)	5,356,604,286	구성종목수(개)	1,564
베타(1D/1Y)	0.182060	Spread(원)	20.73

누적 수익률

기간별 수익률 (%)

구분	수익률	BM초과	유형초과	%순위
1주	-1.21	-0.73	-0.90	99.59
1개월	-0.21	-1.43	0.08	40.74
3개월	-1.44	0.21	-1.33	92.12
6개월	-0.13	0.11	-3.65	94.17
연초이후	9.48	-1.09	2.44	15.35
1년	-1.22	-1.11	-5.87	94.63
3년	―			

보수 (%, 年)

TER	0.500
운용	0.370
판매	0.050
수탁	0.040
일반사무	0.040

투자 전략

이 투자신탁은 MSCI World Index(이하 "기초지수"라 한다. 원화환산기준)를 추적 대상 지수로 하여 1좌당순자산가치의 변동률을 추적대상지수의 변동률과 유사하도록 투자신탁재산을 운용함을 그 운용목적으로 합니다.

ARIRANG 고배당저변동50 （A251590）

- 벤치마크 : **FnGuide 고배당저변동50 지수**
- 테마분류 : ―
- 위험등급 : **2등급**
- 평가등급(3년) : ―

펀드 현황

운용사(매니저)	한화자산운용
판매사	―
설정일(존속기간)	2016.08.11 (8개월)
설정액	126.17억원
순자산	126.17억원

시장 정보 (2017년 04월 14일 기준)

52주최고(원)	10,875	수익률(12M, %)	―
52주최저(원)	9,785	수익률(YTD, %)	3.29
거래량(20일, 주)	17,684	변동성(120일)	0.01
거래대금(20일, 원)	190,091,348	구성종목수(개)	51
베타(1D/1Y)	0.607700	Spread(원)	-40.68

누적 수익률

기간별 수익률 (%)

구분	수익률	BM초과	유형초과	%순위
1주	-0.01	-0.01	0.54	27.08
1개월	2.17	-0.06	0.98	39.58
3개월	3.22	-0.07	0.95	39.58
6개월	7.85	2.59	6.97	41.30
연초이후	3.29	-0.08	-0.53	56.25
1년	―	―	―	―
3년	―	―	―	―

보수 (%, 年)

TER	0.230
운용	0.160
판매	0.020
수탁	0.020
일반사무	0.030

투자 전략

이 투자신탁은 국내 주식을 주된 투자대상자산으로 하고, 수익증권 1좌당 순자산가치의 변동률을 에프앤가이드(FnGuide)에서 산출하여 공표하는 추적대상지수인 FnGuide 고배당저변동 50지수의 변동률과 유사하도록 운용함을 목적으로 합니다.

ARIRANG 고배당주채권혼합 (A251600)

● 벤치마크 : **FnGuide 고배당주 채권혼합 지수**
● 테마분류 : —

● 위험등급 : **4등급**
● 평가등급(3년) : —

펀드 현황

운용사(매니저)	한화자산운용
판매사	—
설정일(존속기간)	2016.08.11 (8개월)
설정액	120.69억원
순자산	120.69억원

시장 정보 (2017년 04월 14일 기준)

52주최고(원)	10,390	수익률(12M, %)	—
52주최저(원)	9,935	수익률(YTD, %)	1.88
거래량(20일, 주)	10,597	변동성(120일)	0.00
거래대금(20일, 원)	109,530,635	구성종목수(개)	36
베타(1D/1Y)	0.299400	Spread(원)	0.87

누적 수익률

설정액(좌,억원) ― Fund(우,%) ― BM(우,%)

기간별 수익률 (%)

구분	수익률	BM초과	유형초과	%순위
1주	-0.23	-0.00	-0.22	96.86
1개월	0.35	-0.02	-0.34	76.69
3개월	1.19	-0.04	0.26	28.67
6개월	2.57	1.06	1.59	21.92
연초이후	1.88	-0.10	0.62	24.49
1년	—			
3년	—			

보수 (%, 年)

TER	0.200
운용	0.130
판매	0.020
수탁	0.020
일반사무	0.030

투자 전략

이 투자신탁은 국내 채권을 주된 투자대상자산으로 하고, 국내 주식에도 일부 투자하며, 수익증권1좌당 순자산가치의 변동률을 에프앤가이드(FnGuide)에서 산출하여 공표하는 추적대상지수인 FnGuide고배당주 채권혼합 지수의 변동률과 유사하도록 운용함을 목적으로 합니다.

KINDEX 코스닥(합성) (A251890)

● 벤치마크 : **KOSPI TR**
● 테마분류 : —

● 위험등급 : **2등급**
● 평가등급(3년) : —

펀드 현황

운용사(매니저)	한국투신운용
판매사	—
설정일(존속기간)	2016.09.01 (7개월)
설정액	100.00억원
순자산	100.00억원

시장 정보 (2017년 04월 14일 기준)

52주최고(원)	10,180	수익률(12M, %)	—
52주최저(원)	8,500	수익률(YTD, %)	-6.21
거래량(20일, 주)	158,858	변동성(120일)	0.01
거래대금(20일, 원)	1,445,883,444	구성종목수(개)	3
베타(1D/1Y)	0.915510	Spread(원)	55.31

누적 수익률

설정액(좌,억원) ― Fund(우,%) ― BM(우,%)

기간별 수익률 (%)

구분	수익률	BM초과	유형초과	%순위
1주	0.39	-0.54	-0.82	93.03
1개월	-1.05	-0.86	-0.81	94.42
3개월	1.29	-0.16	-1.06	75.90
6개월	-1.85	-5.39	-6.61	98.97
연초이후	-6.21	-14.61	-17.92	99.48
1년	-1.36	-7.48	-9.10	98.96
3년	—			

보수 (%, 年)

TER	0.300
운용	0.230
판매	0.020
수탁	0.020
일반사무	0.030

투자 전략

이 투자신탁은 한국거래소(KRX)가 산출·발표하는 "코스닥150 지수(KRX KOSDAQ150 Index)"를 기초지수로 하여 1좌당 순자산가치의 변동률을 기초지수 일간 변동률의 양(+)의 2배수와유사하도록 투자신탁재산을 운용함을 목적으로 하며, 투자목적 달성을 위해 국내 주식 및 국내주식관련파생상품에 투자신탁 자산총액의 60%이상을 투자합니다.

TIGER 200동일가중 (A252000)

- 벤치마크 : **KOSPI TR**
- 테마분류 : —
- 위험등급 : **2등급**
- 평가등급(3년) : —

펀드 현황

운용사(매니저)	미래에셋자산운용
판매사	—
설정일(존속기간)	2016.09.20 (6개월)
설정액	128.37억원
순자산	128.37억원

시장 정보 (2017년 04월 14일 기준)

52주최고(원)	10,315	수익률(12M, %)	—
52주최저(원)	9,385	수익률(YTD, %)	2.67
거래량(20일, 주)	68	변동성(120일)	0.01
거래대금(20일, 원)	682,516	구성종목수(개)	199
베타(1D/1Y)	0.701770	Spread(원)	8.50

누적 수익률

기간별 수익률 (%)

구분	수익률	BM초과	유형초과	%순위
1주	1.13	0.20	-0.08	49.75
1개월	0.27	0.47	0.52	12.18
3개월	2.02	0.56	-0.34	41.54
6개월	2.29	-1.25	-2.47	80.51
연초이후	2.67	-5.73	-9.04	86.91
1년	3.71	-2.40	-4.02	78.76
3년	—			—

보수 (%, 年)

TER	0.250
운용	0.200
판매	0.010
수탁	0.020
일반사무	0.020

투자 전략

이 투자신탁은 한국거래소가 발표하는 "코스피 200 동일가중 지수"를 기초지수로 하는 상장지수투자신탁으로서, 투자목적 달성을 위해서 국내 거래소에 상장된 주식에 투자신탁 자산총액의 60% 이상을 투자합니다.

KBSTAR 200선물레버리지 (A252400)

- 벤치마크 : **KOSPI TR**
- 테마분류 : —
- 위험등급 : **1등급**
- 평가등급(3년) : —

펀드 현황

운용사(매니저)	KB자산운용
판매사	—
설정일(존속기간)	2016.09.09 (7개월)
설정액	140.00억원
순자산	140.00억원

시장 정보 (2017년 04월 14일 기준)

52주최고(원)	12,225	수익률(12M, %)	—
52주최저(원)	9,335	수익률(YTD, %)	22.25
거래량(20일, 주)	298,906	변동성(120일)	0.01
거래대금(20일, 원)	3,573,491,313	구성종목수(개)	6
베타(1D/1Y)	1.774350	Spread(원)	7.82

누적 수익률

기간별 수익률 (%)

구분	수익률	BM초과	유형초과	%순위
1주	1.62	0.70	0.41	20.90
1개월	-0.52	-0.32	-0.27	80.20
3개월	2.57	1.12	0.22	23.59
6개월	7.44	3.89	2.67	16.92
연초이후	22.25	13.84	10.53	9.42
1년	14.61	8.50	6.88	8.29
3년	—	—	—	—

보수 (%, 年)

TER	0.600
운용	0.450
판매	0.100
수탁	0.020
일반사무	0.030

투자 전략

이 투자신탁은 한국거래소가 산출하는 "F-KOSPI200 지수"를 기초지수로 하여 1좌당 순자산가치의 일간변동률을 기초지수의 일간변동률의 양(陽)의 2배수로 연동하여 투자신탁재산을 운용하는 것을 목표로 합니다.

KBSTAR 200선물인버스 (A252410)

● 벤치마크 : **코스피 200 선물지수** ● 위험등급 : **2등급**
● 테마분류 : — ● 평가등급(3년) : —

펀드 현황

운용사(매니저)	KB자산운용
판매사	—
설정일(존속기간)	2016.09.09 (7개월)
설정액	230.00억원
순자산	230.00억원

시장 정보 (2017년 04월 14일 기준)

52주최고(원)	10,320	수익률(12M, %)	—
52주최저(원)	8,950	수익률(YTD, %)	-10.05
거래량(20일, 주)	2,868	변동성(120일)	0.01
거래대금(20일, 원)	26,001,778	구성종목수(개)	5
베타(1D/1Y)	-0.961410	Spread(원)	-11.73

누적 수익률

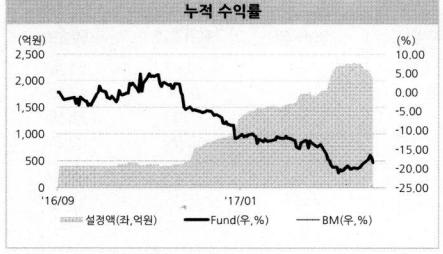

(억원) / (%) 설정액(좌,억원) —Fund(우,%) —BM(우,%) '16/09 '17/01

기간별 수익률 (%)

구분	수익률	BM초과	유형초과	%순위
1주	-0.79	—	0.14	44.44
1개월	0.26	—	-0.06	37.04
3개월	-1.26	—	0.31	42.59
6개월	-3.62	—	0.77	48.15
연초이후	-10.05	—	1.84	60.47
1년	-6.72	—	1.32	51.85
3년	—	—	—	—

보수 (%, 年)

TER	0.600
운용	0.450
판매	0.100
수탁	0.020
일반사무	0.030

투자 전략

이 투자신탁은 국내주식관련 장내파생상품을 법에서 정하는 주된 투자대상으로 하며, 한국거래소가 산출하는 "F-KOSPI200 지수"를 기초지수로 하여 1좌당 순자산가치의 일간변동률을 기초지수의 일간 변동률의 음(陰)의 1배수로 연동하여 투자신탁재산을 운용하는 것을 목적으로 하는 투자신탁입니다

KBSTAR 200선물인버스2X (A252420)

● 벤치마크 : **코스피 200 선물지수** ● 위험등급 : **2등급**
● 테마분류 : — ● 평가등급(3년) : —

펀드 현황

운용사(매니저)	KB자산운용
판매사	—
설정일(존속기간)	2016.09.22 (6개월)
설정액	2,070.00억원
순자산	2,070.00억원

시장 정보 (2017년 04월 14일 기준)

52주최고(원)	10,475	수익률(12M, %)	—
52주최저(원)	7,890	수익률(YTD, %)	-19.70
거래량(20일, 주)	727,113	변동성(120일)	0.01
거래대금(20일, 원)	5,861,078,976	구성종목수(개)	7
베타(1D/1Y)	-1.822880	Spread(원)	-13.92

누적 수익률

(억원) / (%) 설정액(좌,억원) —Fund(우,%) —BM(우,%) '16/09 '17/01

기간별 수익률 (%)

구분	수익률	BM초과	유형초과	%순위
1주	-1.60	—	-0.67	79.63
1개월	0.50	—	0.18	7.41
3개월	-2.60	—	-1.03	74.07
6개월	-7.38	—	-2.99	81.48
연초이후	-19.70	—	-7.81	97.67
1년	-13.31	—	-5.27	81.48
3년	—	—	—	—

보수 (%, 年)

TER	0.600
운용	0.450
판매	0.100
수탁	0.020
일반사무	0.030

투자 전략

이 투자신탁은 한국거래소가 산출하는 "F-KOSPI200 지수"를 기초지수로 하여 1좌당 순자산가치의일간변동률을 기초지수의 일간변동률의 음(陰)의 2배수로 연동하여 투자신탁재산을 운용하는 것을 목표로 합니다.

KODEX 200동일가중 (A252650)

● 벤치마크 : **KOSPI TR**
● 테마분류 : —

● 위험등급 : **2등급**
● 평가등급(3년) : —

펀드 현황	
운용사(매니저)	삼성자산운용
판매사	—
설정일(존속기간)	2016.09.20 (6개월)
설정액	197.50억원
순자산	197.50억원

시장 정보 (2017년 04월 14일 기준)			
52주최고(원)	10,325	수익률(12M, %)	—
52주최저(원)	9,425	수익률(YTD, %)	2.55
거래량(20일, 주)	1,210	변동성(120일)	0.01
거래대금(20일, 원)	12,304,936	구성종목수(개)	199
베타(1D/1Y)	0.793330	Spread(원)	17.33

누적 수익률

기간별 수익률 (%)				
구분	수익률	BM초과	유형초과	%순위
1주	1.07	0.15	-0.14	52.74
1개월	0.10	0.29	0.34	18.27
3개월	1.87	0.42	-0.48	53.85
6개월	2.17	-1.38	-2.60	82.05
연초이후	2.55	-5.86	-9.17	87.43
1년	3.61	-2.51	-4.13	79.27
3년	—	—	—	—

보수 (%, 年)	
TER	0.250
운용	0.200
판매	0.010
수탁	0.020
일반사무	0.020

투자 전략

이 투자신탁은 기본적으로 한국거래소(KRX)가 산출,발표하는 코스피200동일가중지수를 완전복제 하는 방식으로 포트폴리오를 구성할 예정입니다.

KODEX 200선물인버스2X (A252670)

● 벤치마크 : **코스피 200 선물지수**
● 테마분류 : —

● 위험등급 : **1등급**
● 평가등급(3년) : —

펀드 현황	
운용사(매니저)	삼성자산운용
판매사	—
설정일(존속기간)	2016.09.22 (6개월)
설정액	6,050.00억원
순자산	6,050.00억원

시장 정보 (2017년 04월 14일 기준)			
52주최고(원)	10,465	수익률(12M, %)	—
52주최저(원)	7,885	수익률(YTD, %)	-19.67
거래량(20일, 주)	6,660,527	변동성(120일)	0.01
거래대금(20일, 원)	53,923,142,940	구성종목수(개)	4
베타(1D/1Y)	-1.840610	Spread(원)	-17.95

누적 수익률

기간별 수익률 (%)				
구분	수익률	BM초과	유형초과	%순위
1주	-1.60	—	-0.67	81.48
1개월	0.49		0.17	12.96
3개월	-2.60		-1.03	75.93
6개월	-7.38		-2.99	83.33
연초이후	-19.67		-7.78	95.35
1년	-13.31		-5.27	79.63
3년	—		—	—

보수 (%, 年)	
TER	0.640
운용	0.580
판매	0.020
수탁	0.020
일반사무	0.020

투자 전략

이 투자신탁의 순자산가치의 일간변동률을 F-KOSPI200 지수의 일별 수익률의 음(陰) 2배수(-2배수)의수익률로 추적하고자 하는 운용목적을 달성하기 위하여 KOSPI200 지수 관련 파생상품 및 집합투자기구 등으로 포트폴리오를 구성하고, 필요에 따라 증권의 차입 등 기타 효율적인 방법을 활용할 예정입니다.

TIGER 200선물인버스2X (A252710)

- 벤치마크 : **코스피 200 선물지수**
- 테마분류 : —
- 위험등급 : **1등급**
- 평가등급(3년) : —

펀드 현황

운용사(매니저)	미래에셋자산운용
판매사	—
설정일(존속기간)	2016.09.22 (6개월)
설정액	2,720.00억원
순자산	2,720.00억원

시장 정보 (2017년 04월 14일 기준)

52주최고(원)	10,480	수익률(12M, %)	—
52주최저(원)	7,920	수익률(YTD, %)	-19.33
거래량(20일, 주)	4,250,453	변동성(120일)	0.01
거래대금(20일, 원)	34,554,296,986	구성종목수(개)	5
베타(1D/1Y)	-1.845910	Spread(원)	-13.47

누적 수익률

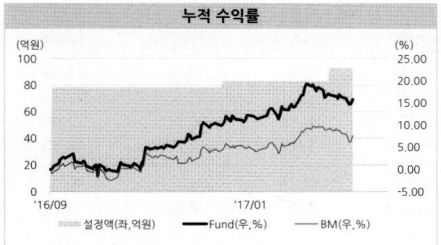

설정액(좌,억원) — Fund(우,%) — BM(우,%)

기간별 수익률 (%)

구분	수익률	BM초과	유형초과	%순위
1주	-1.61	—	-0.68	83.33
1개월	0.49	—	0.17	11.11
3개월	-2.56	—	-0.99	70.37
6개월	-7.22	—	-2.83	75.93
연초이후	-19.33	—	-7.44	90.70
1년	-13.13	—	-5.09	75.93
3년	—	—	—	—

보수 (%, 年)

TER	0.090
운용	0.050
판매	0.010
수탁	0.020
일반사무	0.010

투자 전략

이 투자신탁은 한국거래소가 발표하는 "코스피 200 선물지수"를 기초지수로 하는 상장지수투자신탁으로서, 국내 주식관련 장내파생상품 투자에 따른 위험평가액이 투자신탁 자산총액의 60%이상이 되도록 투자하여 1좌당 순자산가치의 일간변동률을 코스피 200 선물지수의 일간변동률의 음(陰)의 2배수에 연동하도록 투자신탁재산을 운용함을 목적으로 합니다.

KBSTAR 모멘텀밸류 (A252720)

- 벤치마크 : **FnGuide 모멘텀&로우볼 지수**
- 테마분류 : —
- 위험등급 : **2등급**
- 평가등급(3년) : —

펀드 현황

운용사(매니저)	KB자산운용
판매사	—
설정일(존속기간)	2016.10.14 (6개월)
설정액	93.04억원
순자산	93.04억원

시장 정보 (2017년 04월 14일 기준)

52주최고(원)	11,690	수익률(12M, %)	—
52주최저(원)	9,600	수익률(YTD, %)	9.06
거래량(20일, 주)	6,547	변동성(120일)	0.01
거래대금(20일, 원)	74,769,264	구성종목수(개)	50
베타(1D/1Y)	1.009710	Spread(원)	4.38

누적 수익률

설정액(좌,억원) — Fund(우,%) — BM(우,%)

기간별 수익률 (%)

구분	수익률	BM초과	유형초과	%순위
1주	-0.52	-0.01	-0.28	81.22
1개월	-0.19	-0.05	-2.54	97.95
3개월	5.55	2.30	0.78	37.95
6개월	15.74	7.06	4.03	29.32
연초이후	9.06	2.91	1.33	40.93
1년	—	—	—	—
3년	—	—	—	—

보수 (%, 年)

TER	0.350
운용	0.300
판매	0.010
수탁	0.020
일반사무	0.020

투자 전략

이 투자신탁은 국내주식을 주된 투자대상으로 하며, FnGuide가 산출하는 FnGuide 모멘텀&밸류 지수(FnGuide Momentum&Value Index)를 기초지수로 하여 1좌당 순자산가치의 변동률을 기초지수의 변동률과 유사하도록 투자신탁재산을 운용하는 것을 목적으로 하는 투자신탁입니다.

KBSTAR 모멘텀로우볼 (A252730)

- 벤치마크 : **FnGuide 모멘텀&밸류 지수**
- 테마분류 : —
- 위험등급 : **2등급**
- 평가등급(3년) : —

펀드 현황	
운용사(매니저)	KB자산운용
판매사	—
설정일(존속기간)	2016.10.14 (6개월)
설정액	82.73억원
순자산	82.73억원

시장 정보 (2017년 04월 14일 기준)			
52주최고(원)	10,990	수익률(12M, %)	—
52주최저(원)	9,570	수익률(YTD, %)	5.89
거래량(20일, 주)	84	변동성(120일)	0.01
거래대금(20일, 원)	914,832	구성종목수(개)	51
베타(1D/1Y)	0.859740	Spread(원)	2.72

누적 수익률

기간별 수익률 (%)

구분	수익률	BM초과	유형초과	%순위
1주	-0.52	-0.03	-0.27	79.70
1개월	-0.09	0.10	-2.44	97.44
3개월	3.11	-2.64	-1.66	65.64
6개월	10.69	-3.05	-1.03	52.36
연초이후	5.89	-3.47	-1.85	60.10
1년	—	—	—	—
3년	—	—	—	—

보수 (%, 年)	
TER	0.350
운용	0.300
판매	0.010
수탁	0.020
일반사무	0.020

투자 전략

이 투자신탁은 국내주식을 주된 투자대상으로 하며, FnGuide가 산출하는 FnGuide 모멘텀&로우볼 지수(FnGuide Momentum&LowVol Index)를 기초지수로 하여 1좌당 순자산가치의 변동률을 기초지수의 변동률과 유사하도록 투자신탁재산을 운용하는 것을 목적으로 하는 투자신탁입니다.

ARIRANG 200선물레버리지 (A253150)

- 벤치마크 : **KOSPI TR**
- 테마분류 : —
- 위험등급 : **1등급**
- 평가등급(3년) : —

펀드 현황	
운용사(매니저)	한화자산운용
판매사	—
설정일(존속기간)	2016.09.28 (6개월)
설정액	80.00억원
순자산	80.00억원

시장 정보 (2017년 04월 14일 기준)			
52주최고(원)	24,085	수익률(12M, %)	—
52주최저(원)	18,355	수익률(YTD, %)	22.51
거래량(20일, 주)	794	변동성(120일)	0.01
거래대금(20일, 원)	18,888,618	구성종목수(개)	4
베타(1D/1Y)	1.759780	Spread(원)	13.37

누적 수익률

기간별 수익률 (%)

구분	수익률	BM초과	유형초과	%순위
1주	1.61	0.69	0.40	21.39
1개월	-0.50	-0.31	-0.25	77.67
3개월	2.62	1.17	0.26	22.05
6개월	7.53	3.99	2.77	15.90
연초이후	22.51	14.10	10.79	5.24
1년	14.67	8.56	6.94	5.70
3년	—	—	—	—

보수 (%, 年)	
TER	0.200
운용	0.130
판매	0.020
수탁	0.020
일반사무	0.030

투자 전략

이 투자신탁은 수익증권 1좌당 순자산가치의 변동률을 한국거래소에서 산출하여 공표하는추적대상지수인 F-KOSPI200지수의 일간변동률의 양(陽)의 2배와 유사하도록 운용함을 목적으로합니다.

ARIRANG 200선물인버스2X （A253160）

- 벤치마크 : **코스피 200 선물지수**
- 테마분류 : —
- 위험등급 : **1등급**
- 평가등급(3년) : —

펀드 현황

운용사(매니저)	한화자산운용
판매사	
설정일(존속기간)	2016.09.21 (6개월)
설정액	60.00억원
순자산	60.00억원

시장 정보 (2017년 04월 14일 기준)

52주최고(원)	20,705	수익률(12M, %)	—
52주최저(원)	15,665	수익률(YTD, %)	-19.40
거래량(20일, 주)	1,783	변동성(120일)	0.01
거래대금(20일, 원)	28,779,138	구성종목수(개)	5
베타(1D/1Y)	-1.851400	Spread(원)	-9.54

누적 수익률

설정액(좌,억원) — Fund(우,%) — BM(우,%)

기간별 수익률 (%)

구분	수익률	BM초과	유형초과	%순위
1주	-1.59	—	-0.66	77.78
1개월	0.50	—	0.18	5.56
3개월	-2.59	—	-1.02	72.22
6개월	-7.28	—	-2.89	77.78
연초이후	-19.40	—	-7.51	93.02
1년	-13.18	—	-5.13	77.78
3년	—	—	—	—

보수 (%, 年)

TER	0.200
운용	0.130
판매	0.020
수탁	0.020
일반사무	0.030

투자 전략

이 투자신탁은 한국거래소에서 산출하여 공표하는 추적대상지수인 F-KOSPI200지수의 일간변동률의 -2배의 성과를 추종할 수 있도록, KOSPI200주가지수 관련 장내파생상품 및 집합투자증권 등을 편입합니 다. 다만, 추적대상지수의 구성종목에 변경이 있을 경우에는 추적대상지수에 포함되지 않은 종목에 투자할 수도 있습니다.

KOSEF 200선물인버스2X （A253230）

- 벤치마크 : **코스피 200 선물지수**
- 테마분류 : —
- 위험등급 : **1등급**
- 평가등급(3년) : —

펀드 현황

운용사(매니저)	키움투자자산운용
판매사	
설정일(존속기간)	2016.09.22 (6개월)
설정액	181.00억원
순자산	181.00억원

시장 정보 (2017년 04월 14일 기준)

52주최고(원)	10,450	수익률(12M, %)	—
52주최저(원)	7,885	수익률(YTD, %)	-19.76
거래량(20일, 주)	14,987	변동성(120일)	0.01
거래대금(20일, 원)	121,315,942	구성종목수(개)	4
베타(1D/1Y)	-1.824140	Spread(원)	-37.79

누적 수익률

설정액(좌,억원) — Fund(우,%) — BM(우,%)

기간별 수익률 (%)

구분	수익률	BM초과	유형초과	%순위
1주	-1.61	—	-0.68	85.19
1개월	0.48	—	0.16	14.81
3개월	-2.65	—	-1.08	83.33
6개월	-7.35	—	-2.96	79.63
연초이후	-19.76	—	-7.87	100.00
1년	-13.32	—	-5.28	83.33
3년	—	—	—	—

보수 (%, 年)

TER	0.460
운용	0.360
판매	0.050
수탁	0.020
일반사무	0.030

투자 전략

이 투자신탁은 한국거래소가 발표하는 "F-KOSPI200 지수"를 기초지수로 하는상장지수투자신탁으로서, 주식관련장내파생상품 투자에 따른 위험평가액이 투자신탁 자산총액의60% 이상이 되도록 투자하여 1 좌당 순자산가치의 일간 변동률을 F-KOSPI200 지수의 일간 변동률의 음(陰)의 2 배수(-2 배수)에 연동되도록 투자신탁재산을 운용함을 목적으로 합니다.

KOSEF 200선물인버스 (A253240)

● 벤치마크 : **코스피 200 선물지수**
● 테마분류 : —

● 위험등급 : **1등급**
● 평가등급(3년) : —

펀드 현황

운용사(매니저)	키움투자자산운용
판매사	—
설정일(존속기간)	2016.09.12 (7개월)
설정액	97.00억원
순자산	97.00억원

시장 정보 (2017년 04월 14일 기준)

52주최고(원)	10,315	수익률(12M, %)	—
52주최저(원)	8,950	수익률(YTD, %)	-10.21
거래량(20일, 주)	5,024	변동성(120일)	0.01
거래대금(20일, 원)	45,510,908	구성종목수(개)	4
베타(1D/1Y)	-0.968120	Spread(원)	-6.37

누적 수익률

기간별 수익률 (%)

구분	수익률	BM초과	유형초과	%순위
1주	-0.79	—	0.14	42.59
1개월	0.27	—	-0.06	35.19
3개월	-1.27	—	0.30	46.30
6개월	-3.61	—	0.78	46.30
연초이후	-10.21	—	1.68	76.74
1년	-6.73	—	1.32	55.56
3년	—	—	—	—

보수 (%, 年)

TER	0.460
운용	0.360
판매	0.050
수탁	0.020
일반사무	0.030

투자 전략

이 투자신탁은 한국거래소가 발표하는 "F-KOSPI200 지수"를 기초지수로 하는상장지수투자신탁으로서, 주식관련장내파생상품 투자에 따른 위험평가액이 투자신탁 자산총액의60% 이상이 되도록 투자하여 1 좌당 순자산가치의 일간 변동률을 F-KOSPI200 지수의 일간 변동률의 음(陰)의 1 배수(-1 배수)에 연동되도록 투자신탁재산을 운용함을 목적으로 합니다.

KOSEF 200선물레버리지 (A253250)

● 벤치마크 : **KOSPI TR**
● 테마분류 : —

● 위험등급 : **1등급**
● 평가등급(3년) : —

펀드 현황

운용사(매니저)	키움투자자산운용
판매사	—
설정일(존속기간)	2016.09.12 (7개월)
설정액	158.00억원
순자산	158.00억원

시장 정보 (2017년 04월 14일 기준)

52주최고(원)	12,220	수익률(12M, %)	—
52주최저(원)	9,305	수익률(YTD, %)	21.95
거래량(20일, 주)	5,719	변동성(120일)	0.01
거래대금(20일, 원)	68,308,538	구성종목수(개)	4
베타(1D/1Y)	1.830150	Spread(원)	-2.64

누적 수익률

기간별 수익률 (%)

구분	수익률	BM초과	유형초과	%순위
1주	1.64	0.71	0.43	20.40
1개월	-0.52	-0.33	-0.28	80.71
3개월	2.53	1.08	0.17	24.10
6개월	7.40	3.86	2.64	17.44
연초이후	21.95	13.54	10.23	14.14
1년	14.58	8.46	6.84	10.36
3년	—	—	—	—

보수 (%, 年)

TER	0.460
운용	0.360
판매	0.050
수탁	0.020
일반사무	0.030

투자 전략

이 투자신탁은 한국거래소가 발표하는 "F-KOSPI200 지수"를 기초지수로 하는 상장지수투자신탁으로서, 주식관련장내파생상품 투자에 따른 위험평가액이 투자신탁 자산총액의60% 이상이 되도록 투자하여 투자신탁의 일간수익률이 기초지수 일간 수익률의 양(陽)의 2 배수 수익률과 연동하도록 투자신탁재산을 운용함을 목적으로 합니다.

KBSTAR 헬스케어 (A253280)

- 벤치마크 : **FnGuide 헬스케어 지수**
- 테마분류 : —
- 위험등급 : **2등급**
- 평가등급(3년) : —

펀드 현황

운용사(매니저)	KB자산운용
판매사	—
설정일(존속기간)	2016.09.23 (6개월)
설정액	88.04억원
순자산	88.04억원

시장 정보 (2017년 04월 14일 기준)

52주최고(원)	10,685	수익률(12M, %)	—
52주최저(원)	7,515	수익률(YTD, %)	1.37
거래량(20일, 주)	745	변동성(120일)	0.01
거래대금(20일, 원)	6,175,597	구성종목수(개)	37
베타(1D/1Y)	1.013480	Spread(원)	3.58

누적 수익률

기간별 수익률 (%)

구분	수익률	BM초과	유형초과	%순위
1주	-0.61	0.07	-0.06	47.92
1개월	2.95	0.08	1.75	27.08
3개월	2.41	0.15	0.14	56.25
6개월	-9.23	0.02	-10.10	86.96
연초이후	1.37	0.07	-2.46	70.83
1년	—	—	—	—
3년	—	—	—	—

보수 (%, 年)

TER	0.400
운용	0.330
판매	0.030
수탁	0.020
일반사무	0.020

투자 전략

이 투자신탁은 에프앤가이드가 산출하는 "FnGuide 헬스케어채권혼합 지수(FnGuide Healthcare BalancedIndex)"를 기초지수로 하여 1좌당 순자산가치의 변동률을 기초지수의 변동률과 유사하도록 투자신탁재산을 운용하는 것을 목표로 합니다.

KBSTAR 헬스케어채권혼합 (A253290)

- 벤치마크 : **FnGuide 헬스케어 채권혼합 지수**
- 테마분류 : —
- 위험등급 : **4등급**
- 평가등급(3년) : —

펀드 현황

운용사(매니저)	KB자산운용
판매사	—
설정일(존속기간)	2016.09.23 (6개월)
설정액	80.85억원
순자산	80.85억원

시장 정보 (2017년 04월 14일 기준)

52주최고(원)	10,210	수익률(12M, %)	—
52주최저(원)	9,070	수익률(YTD, %)	0.62
거래량(20일, 주)	530	변동성(120일)	0.00
거래대금(20일, 원)	5,003,035	구성종목수(개)	43
베타(1D/1Y)	0.289690	Spread(원)	-13.03

누적 수익률

기간별 수익률 (%)

구분	수익률	BM초과	유형초과	%순위
1주	-0.22	-0.07	-0.21	94.88
1개월	1.09	-0.12	0.39	5.79
3개월	0.89	-0.11	-0.03	48.40
6개월	-3.06	-0.38	-4.04	100.00
연초이후	0.62	-0.23	-0.64	75.00
1년	—	—	—	—
3년	—	—	—	—

보수 (%, 年)

TER	0.350
운용	0.280
판매	0.030
수탁	0.020
일반사무	0.020

투자 전략

이 투자신탁은 국내채권을 주된 투자대상으로 하되, 주식관련 자산에도 일정수준 이하로 투자하며, 에프앤가이가 산출하는 FnGuide 헬스케어채권혼합지수(FnGuide-healthcare Balanced Index)를 기초지수로 하여 1좌당 순자산가치의 변동률을 기초지수의 변동률과 유사하도록 투자신탁재산을 운용하는 것을 목적으로 하는 투자신탁입니다.

TIGER 대만TAIEX선물(H) (A253990)

● 벤치마크 :　World - MSCI - EMF ASIA (KRW Unhedged)　　　　● 위험등급 :　**2등급**
● 테마분류 :　—　　　　● 평가등급(3년) :　—

펀드 현황	
운용사(매니저)	미래에셋자산운용
판매사	—
설정일(존속기간)	2016.10.06 (6개월)
설정액	100.00억원
순자산	100.00억원

시장 정보 (2017년 04월 14일 기준)			
52주최고(원)	10,850	수익률(12M, %)	—
52주최저(원)	9,700	수익률(YTD, %)	7.71
거래량(20일, 주)	17	변동성(120일)	0.01
거래대금(20일, 원)	182,461	구성종목수(개)	6
베타(1D/1Y)	0.577280	Spread(원)	39.35

누적 수익률

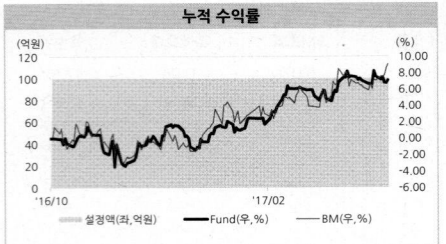

기간별 수익률 (%)				
구분	수익률	BM초과	유형초과	%순위
1주	0.31	-0.09	0.46	16.28
1개월	-0.43	-2.28	-0.54	81.40
3개월	1.75	-0.21	-0.28	57.65
6개월	5.30	-0.24	-1.13	57.11
연초이후	7.71	-2.70	3.23	18.50
1년	7.52	-0.19	-1.25	52.63
3년	—	—	—	—

보수 (%, 年)	
TER	0.300
운용	0.170
판매	0.070
수탁	0.030
일반사무	0.030

투자 전략

이 투자신탁은 대만 주식을 기초자산으로 하여 파생상품시장에서 거래되는 장내파생상품을 주된 투자대상자산으로 하며, "Taiwan Stock Exchange Capitalization WeightedStock 지수"의 수익률 추종을 목적으로 합니다.

KINDEX 인도네시아MSCI(합성) (A256440)

● 벤치마크 :　World - MSCI - EMF ASIA (KRW Unhedged)　　　　● 위험등급 :　**2등급**
● 테마분류 :　—　　　　● 평가등급(3년) :　—

펀드 현황	
운용사(매니저)	한국투신운용
판매사	—
설정일(존속기간)	2016.10.28 (5개월)
설정액	100.00억원
순자산	100.00억원

시장 정보 (2017년 04월 14일 기준)			
52주최고(원)	10,005	수익률(12M, %)	—
52주최저(원)	8,940	수익률(YTD, %)	0.00
거래량(20일, 주)	11,749	변동성(120일)	0.00
거래대금(20일, 원)	114,178,386	구성종목수(개)	3
베타(1D/1Y)	0.385120	Spread(원)	-26.83

누적 수익률

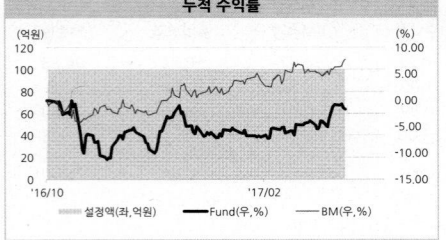

기간별 수익률 (%)				
구분	수익률	BM초과	유형초과	%순위
1주	-0.23	-0.63	-0.08	66.78
1개월	-0.52	-2.37	-0.63	83.04
3개월	4.82	2.87	2.80	14.75
6개월	3.43	-2.11	-3.00	78.27
연초이후	—	—	—	—
1년	4.45	-3.26	-4.31	80.14
3년	—	—	—	—

보수 (%, 年)	
TER	0.700
운용	0.620
판매	0.020
수탁	0.030
일반사무	0.030

투자 전략

이 투자신탁은 장외파생상품을 주된 투자대상자산으로하여 MSCI가 산출 · 발표하는 MSCI 인도네시아 지수(MSCI Indonesia Price return Index)의 변화에 연동하여 운용하는 것을 목표로 이 투자신탁 수익증권 1좌당 순자산가치의 변동률을 지수의 변동률과 유사하도록 투자신탁재산을 운용함을 그 목적으로 합니다.

ARIRANG 심천차이넥스트(합성) (A256450)

● 벤치마크 : **World - MSCI - EMF ASIA (KRW Unhedged)**
● 테마분류 : —

● 위험등급 : **1등급**
● 평가등급(3년) : —

펀드 현황

운용사(매니저)	한화자산운용
판매사	—
설정일(존속기간)	2016.11.08 (5개월)
설정액	80.00억원
순자산	80.00억원

시장 정보 (2017년 04월 14일 기준)

52주최고(원)	10,375	수익률(12M, %)	—
52주최저(원)	8,470	수익률(YTD, %)	0.00
거래량(20일, 주)	40,372	변동성(120일)	0.00
거래대금(20일, 원)	353,048,354	구성종목수(개)	4
베타(1D/1Y)	0.084290	Spread(원)	66.84

누적 수익률

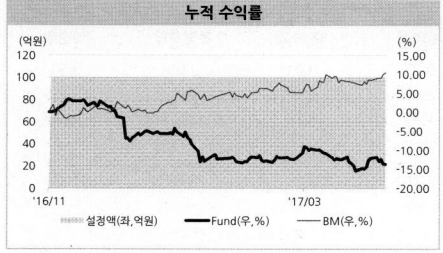

기간별 수익률 (%)

구분	수익률	BM초과	유형초과	%순위
1주	-0.16	-0.57	-0.01	58.47
1개월	-1.78	-3.64	-1.89	99.89
3개월	-4.22	-6.18	-6.25	100.00
6개월	-3.78	-9.32	-10.21	99.89
연초이후	—	—	—	—
1년	-8.44	-16.15	-17.21	99.89
3년	—	—	—	—

보수 (%, 年)

TER	0.500
운용	0.400
판매	0.045
수탁	0.025
일반사무	0.030

투자 전략

이 투자신탁은 장외파생상품을 법시행령 제94조 제2항 제4호에서 규정하는 주된투자대상자산으로 하며, 수익증권 1좌당 순자산가치의 변동률을 Shenzhen Securities Infor mationCo., Ltd가 산출해 발표하는 ChiNext Index(중국 심천거래소가 공 표하는 지수 명칭은 "ChiNext Price Index")의 변동률과 유사하도록 운용함을 목적으로 합니다.

KODEX 심천ChiNext(합성) (A256750)

● 벤치마크 : **World - MSCI - EMF ASIA (KRW Unhedged)**
● 테마분류 : —

● 위험등급 : **2등급**
● 평가등급(3년) : —

펀드 현황

운용사(매니저)	삼성자산운용
판매사	—
설정일(존속기간)	2016.11.08 (5개월)
설정액	100.00억원
순자산	100.00억원

시장 정보 (2017년 04월 14일 기준)

52주최고(원)	10,410	수익률(12M, %)	—
52주최저(원)	8,475	수익률(YTD, %)	0.00
거래량(20일, 주)	2,470	변동성(120일)	0.00
거래대금(20일, 원)	21,432,003	구성종목수(개)	4
베타(1D/1Y)	0.042000	Spread(원)	-24.75

누적 수익률

기간별 수익률 (%)

구분	수익률	BM초과	유형초과	%순위
1주	-0.17	-0.57	-0.02	58.69
1개월	-1.81	-3.67	-1.93	100.00
3개월	-4.20	-6.16	-6.22	99.89
6개월	-3.84	-9.37	-10.26	100.00
연초이후	—	—	—	—
1년	-8.48	-16.20	-17.25	100.00
3년	—	—	—	—

보수 (%, 年)

TER	0.470
운용	0.400
판매	0.030
수탁	0.020
일반사무	0.020

투자 전략

이 투자신탁은 ChiNext Index(KRW 기준, 환헷지 안함, 이하"기초지수"라 한다) 를 기초지수로 하여 1좌당순자산가치의 변동률을 기초지수 변동률과 연동하여 투자신탁재산을 운용 함을 그 운용목적으로 합니다.

KOSEF 배당바이백Plus (A260200)

- 벤치마크 : **KOSPI TR**
- 테마분류 : —
- 위험등급 : **2등급**
- 평가등급(3년) : —

펀드 현황	
운용사(매니저)	키움투자자산운용
판매사	—
설정일(존속기간)	2016.12.16 (3개월)
설정액	111.26억원
순자산	111.26억원

시장 정보 (2017년 04월 14일 기준)			
52주최고(원)	14,355	수익률(12M, %)	—
52주최저(원)	13,385	수익률(YTD, %)	0.00
거래량(20일, 주)	2,165	변동성(120일)	0.00
거래대금(20일, 원)	30,826,171	구성종목수(개)	31
베타(1D/1Y)	0.598840	Spread(원)	6.25

누적 수익률

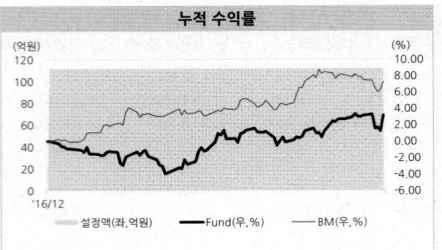

설정액(좌,억원) —Fund(우,%) —BM(우,%)

기간별 수익률 (%)				
구분	수익률	BM초과	유형초과	%순위
1주	1.92	0.99	0.71	4.98
1개월	0.04	0.23	0.29	22.34
3개월	2.62	1.16	0.26	22.56
6개월	4.47	0.93	-0.29	45.64
연초이후	—	—	—	—
1년	4.73	-1.38	-3.00	75.13
3년	—	—	—	—

보수 (%, 年)	
TER	0.400
운용	0.300
판매	0.050
수탁	0.020
일반사무	0.030

투자 전략

이 투자신탁은 추적대상지수를 지수산출기관인 와이즈에프엔(WISEfn)사가 발표하는 WISE배당바이백플러스 지수(이하 "추적대상지수")로 하여, 추적대상지수에 편입된 주식 등에 투자하여 추적대상지수와 유사한 투자수익률을 추구하는 상장지수증권투자신탁 입니다.

KOSEF 저PBR가중 (A260270)

- 벤치마크 : **FnGuide 저PBR 가중지수**
- 테마분류 : —
- 위험등급 : **2등급**
- 평가등급(3년) : —

펀드 현황	
운용사(매니저)	키움투자자산운용
판매사	—
설정일(존속기간)	2016.12.16 (3개월)
설정액	113.69억원
순자산	113.69억원

시장 정보 (2017년 04월 14일 기준)			
52주최고(원)	13,860	수익률(12M, %)	—
52주최저(원)	13,210	수익률(YTD, %)	4.16
거래량(20일, 주)	1,278	변동성(120일)	0.00
거래대금(20일, 원)	17,560,577	구성종목수(개)	151
베타(1D/1Y)	0.561540	Spread(원)	14.40

누적 수익률

설정액(좌,억원) —Fund(우,%) —BM(우,%)

기간별 수익률 (%)				
구분	수익률	BM초과	유형초과	%순위
1주	0.75	0.21	0.99	0.51
1개월	2.00	0.19	-0.36	43.59
3개월	1.32	0.15	-3.44	89.23
6개월	—	—	—	—
연초이후	4.16	0.13	-3.57	77.20
1년	—	—	—	—
3년	—	—	—	—

보수 (%, 年)	
TER	0.400
운용	0.300
판매	0.050
수탁	0.020
일반사무	0.030

투자 전략

이 투자신탁은 추적대상지수를 지수산출기관인 에프엔가이드가 발표하는 FnGuide 저PBR가중지수("추적대상 지수")로 하여, 추적대상지수에 편입된 주식 등에 중장기 투자하여 비교지수*와 유사한 투자수익률을 추구하는 상장지수증권투자신탁입니다.

TIGER 코스닥150IT (A261060)

● 벤치마크 : **KOSPI TR**
● 테마분류 : —

● 위험등급 : **2등급**
● 평가등급(3년) : —

펀드 현황	
운용사(매니저)	미래에셋자산운용
판매사	—
설정일(존속기간)	2016.12.15 (4개월)
설정액	83.37억원
순자산	83.37억원

시장 정보 (2017년 04월 14일 기준)			
52주최고(원)	12,200	수익률(12M, %)	—
52주최저(원)	10,575	수익률(YTD, %)	0.00
거래량(20일, 주)	2,078	변동성(120일)	0.00
거래대금(20일, 원)	24,979,461	구성종목수(개)	42
베타(1D/1Y)	0.677560	Spread(원)	14.08

누적 수익률

기간별 수익률 (%)				
구분	수익률	BM초과	유형초과	%순위
1주	0.18	-0.75	-0.93	75.00
1개월	-0.55	-0.36	—	43.75
3개월	4.90	3.45	3.71	8.33
6개월	8.25	4.71	5.98	12.50
연초이후	—	—	—	—
1년	9.45	3.34	5.63	18.75
3년	—	—	—	—

보수 (%, 年)	
TER	0.400
운용	0.280
판매	0.070
수탁	0.020
일반사무	0.030

투자 전략

이 투자신탁은 국내 주식을 주된 투자대상자산으로 하며, 한국거래소가 발표하는"코스닥 150 정보기술 지수"를 기초지수로 하여 1좌당 순자산가치의 변동률을 기초지수의 변동률과 유사하도록 투자신탁재산을 운용함을 목적으로 합니다.

TIGER 코스닥150바이오테크 (A261070)

● 벤치마크 : **KOSPI TR**
● 테마분류 : —

● 위험등급 : **2등급**
● 평가등급(3년) : —

펀드 현황	
운용사(매니저)	미래에셋자산운용
판매사	—
설정일(존속기간)	2016.12.15 (4개월)
설정액	80.29억원
순자산	80.29억원

시장 정보 (2017년 04월 14일 기준)			
52주최고(원)	8,720	수익률(12M, %)	—
52주최저(원)	7,640	수익률(YTD, %)	0.00
거래량(20일, 주)	768	변동성(120일)	0.00
거래대금(20일, 원)	6,030,269	구성종목수(개)	43
베타(1D/1Y)	0.231870	Spread(원)	23.57

누적 수익률

기간별 수익률 (%)				
구분	수익률	BM초과	유형초과	%순위
1주	0.40	-0.53	-0.70	64.58
1개월	-1.00	-0.81	-0.45	70.83
3개월	2.43	0.98	1.23	35.42
6개월	-3.80	-7.34	-6.07	83.33
연초이후	—	—	—	—
1년	-4.96	-11.08	-8.79	93.75
3년	—	—	—	—

보수 (%, 年)	
TER	0.400
운용	0.280
판매	0.070
수탁	0.020
일반사무	0.030

투자 전략

이 투자신탁은 국내 주식을 주된 투자대상자산으로 하며, 한국거래소가 발표하는"코스닥 150 생명기술 지수"를 기초지수로 하여 1좌당 순자산가치의 변동률을 기초지수의 변동률과 유사하도록 투자신탁재산을 운용함을 목적으로 합니다.

TIGER 미국달러선물레버리지 (A261110)

- 벤치마크 : **미국달러 선물지수**
- 테마분류 : ―
- 위험등급 : **1등급**
- 평가등급(3년) : ―

펀드 현황

운용사(매니저)	미래에셋자산운용
판매사	―
설정일(존속기간)	2016.12.26 (3개월)
설정액	170.00억원
순자산	170.00억원

시장 정보 (2017년 04월 14일 기준)

52주최고(원)	10,115	수익률(12M, %)	―
52주최저(원)	8,550	수익률(YTD, %)	0.00
거래량(20일, 주)	473,263	변동성(120일)	0.00
거래대금(20일, 원)	4,156,577,488	구성종목수(개)	6
베타(1D/1Y)	-0.648990	Spread(원)	-4.48

누적 수익률

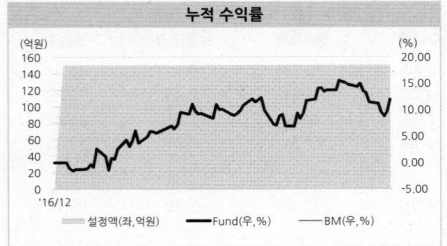

기간별 수익률 (%)

구분	수익률	BM초과	유형초과	%순위
1주	-2.07	―	-0.70	94.12
1개월	-0.55	―	-0.26	94.12
3개월	-2.47	―	-1.35	94.12
6개월	-7.42	―	-2.98	83.33
연초이후	―	―	―	―
1년	-12.63	―	-9.36	83.33
3년	―	―	―	―

보수 (%, 年)

TER	0.470
운용	0.400
판매	0.030
수탁	0.020
일반사무	0.020

투자 전략

이 투자신탁은 미국달러를 기초자산으로 하여 파생상품시장에서 거래되는 장내파생상품을 주된 투자대상자산으로 하며, "미국달러선물지수"를 기초지수로 하여 1좌당 순자산가치의 일간변동률을 기초지수의 일간변동률의 양(陽)의 2배로 연동하여 투자신탁재산을 운용함을 목적으로합니다.

TIGER 미국달러선물인버스2X (A261120)

- 벤치마크 : **미국달러 선물지수**
- 테마분류 : ―
- 위험등급 : **1등급**
- 평가등급(3년) : ―

펀드 현황

운용사(매니저)	미래에셋자산운용
판매사	―
설정일(존속기간)	2016.12.26 (3개월)
설정액	150.00억원
순자산	150.00억원

시장 정보 (2017년 04월 14일 기준)

52주최고(원)	11,545	수익률(12M, %)	―
52주최저(원)	9,860	수익률(YTD, %)	0.00
거래량(20일, 주)	262,656	변동성(120일)	0.00
거래대금(20일, 원)	2,972,551,200	구성종목수(개)	5
베타(1D/1Y)	0.633170	Spread(원)	18.18

누적 수익률

기간별 수익률 (%)

구분	수익률	BM초과	유형초과	%순위
1주	2.06	―	2.99	1.85
1개월	0.47	―	0.15	16.67
3개월	2.32	―	3.89	1.85
6개월	7.32	―	11.71	1.85
연초이후	―	―	―	―
1년	13.37	―	21.41	1.85
3년	―	―	―	―

보수 (%, 年)

TER	0.470
운용	0.400
판매	0.030
수탁	0.020
일반사무	0.020

투자 전략

이 투자신탁은 미국달러를 기초자산으로 하여 파생상품시장에서 거래되는 장내파생상품을주된 투자대상자산으로 하며, "미국달러선물지수"를 기초지수로 하여 1좌당 순자산가치의 일간변동률을 기초지수의 일간변동률의 음(陰)의 2배로 연동하여 투자신탁재산을 운용함을 목적으로합니다.

TIGER 우선주 (A261140)

● 벤치마크 : **KOSPI TR**
● 테마분류 : —

● 위험등급 : **2등급**
● 평가등급(3년) : —

펀드 현황

운용사(매니저)	미래에셋자산운용
판매사	—
설정일(존속기간)	2017.01.06 (3개월)
설정액	101.71억원
순자산	101.71억원

시장 정보 (2017년 04월 14일 기준)

52주최고(원)	10,005	수익률(12M, %)	—
52주최저(원)	9,415	수익률(YTD, %)	—
거래량(20일, 주)	2,642	변동성(120일)	0.00
거래대금(20일, 원)	26,013,636	구성종목수(개)	20
베타(1D/1Y)	1.229250	Spread(원)	-7.67

누적 수익률

(억원) / (%)

범례: 설정액(좌,억원), Fund(우,%), BM(우,%)

'17/01

기간별 수익률 (%)

구분	수익률	BM초과	유형초과	%순위
1주	-0.17	-1.09	-1.38	99.01
1개월	-2.00	-1.81	-1.76	97.97
3개월	1.17	-0.28	-1.18	78.46
6개월	0.55	-2.99	-4.21	91.28
연초이후	—	—	—	—
1년	—	—	—	—
3년	—	—	—	—

보수 (%, 年)

TER	0.290
운용	0.210
판매	0.030
수탁	0.020
일반사무	0.030

투자 전략

이 투자신탁은 한국거래소가 발표하는 "코스피 우선주 지수"를 기초지수로 하는 상장지수투자신탁으로서, 투자목적 달성을 위해서 국내 거래소에 상장된 주식에 투자신탁 자산총액의 60% 이상을 투자합니다.

KODEX WTI원유선물(H) (A261220)

● 벤치마크 : **S&P GSCI Crude Oil Index ER**
● 테마분류 : —

● 위험등급 : **1등급**
● 평가등급(3년) : —

펀드 현황

운용사(매니저)	삼성자산운용
판매사	—
설정일(존속기간)	2016.12.26 (3개월)
설정액	110.00억원
순자산	110.00억원

시장 정보 (2017년 04월 14일 기준)

52주최고(원)	20,360	수익률(12M, %)	—
52주최저(원)	17,210	수익률(YTD, %)	0.00
거래량(20일, 주)	127,004	변동성(120일)	0.00
거래대금(20일, 원)	2,313,914,139	구성종목수(개)	7
베타(1D/1Y)	0.170400	Spread(원)	-40.81

누적 수익률

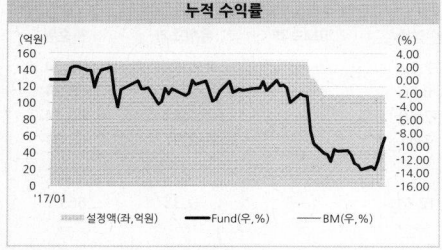

(억원) / (%)

범례: 설정액(좌,억원), Fund(우,%), BM(우,%)

'17/01

기간별 수익률 (%)

구분	수익률	BM초과	유형초과	%순위
1주	-0.54	—	-0.55	90.91
1개월	3.89	—	1.84	1.30
3개월	8.32	—	3.61	2.63
6개월	-3.51	—	-2.78	61.64
연초이후	—	—	—	—
1년	-5.54	—	-5.63	82.19
3년	—	—	—	—

보수 (%, 年)

TER	0.350
운용	0.290
판매	0.020
수탁	0.020
일반사무	0.020

투자 전략

이 투자신탁은 NYMEX(New York Mercantile Exchange, 뉴욕상업거래소)에서 거래되는 원자재선물 중에서 WTI 원유선물(NYMEX Light CrudeSweet Oil Futures, 이하 'WTI원유선물) 가격을 기초로 하는 S&P GSCI Crud eOil Index Excess Return를 기초지수로 하여 1좌당 순자산가치의 변동률을 기초지수의 변동률과 유사하도록 투자신탁재산을 운용함.

KODEX 미국달러선물 (A261240)

● 벤치마크 : **미국달러 선물지수**
● 테마분류 : —

● 위험등급 : **1등급**
● 평가등급(3년) : —

펀드 현황	
운용사(매니저)	삼성자산운용
판매사	—
설정일(존속기간)	2016.12.27 (3개월)
설정액	130.00억원
순자산	130.00억원

시장 정보 (2017년 04월 14일 기준)			
52주최고(원)	10,055	수익률(12M, %)	—
52주최저(원)	9,285	수익률(YTD, %)	0.00
거래량(20일, 주)	252,409	변동성(120일)	0.00
거래대금(20일, 원)	2,377,436,794	구성종목수(개)	4
베타(1D/1Y)	-0.332940	Spread(원)	-13.27

누적 수익률

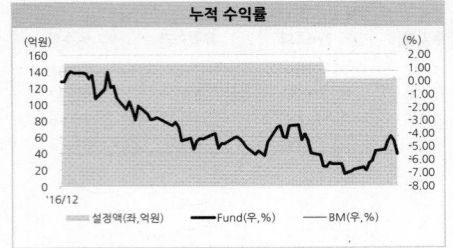

기간별 수익률 (%)				
구분	수익률	BM초과	유형초과	%순위
1주	-1.03	—	0.34	52.94
1개월	-0.25	—	0.04	23.53
3개월	-1.15	—	-0.03	47.06
6개월	-3.54	—	0.91	16.67
연초이후	—	—	—	—
1년	-6.21	—	-2.94	16.67
3년	—	—	—	—

보수 (%, 年)	
TER	0.250
운용	0.190
판매	0.020
수탁	0.020
일반사무	0.020

투자 전략

이 투자신탁은 한국거래소(KRX)에서 거래되는 미국달러선물의 가격 수준을 종합적으로 표시하는 미국달러선물지수(이하 "기초지수"라 한다)를 기초지수로 하여 1좌당 순자산가치의 일간변동률을 기초지수 변동률과 유사하도록 투자신탁재산을 운용함을 그 운용목적으로 합니다.

KODEX 미국달러선물레버리지 (A261250)

● 벤치마크 : **미국달러 선물지수**
● 테마분류 : —

● 위험등급 : **1등급**
● 평가등급(3년) : —

펀드 현황	
운용사(매니저)	삼성자산운용
판매사	—
설정일(존속기간)	2016.12.27 (3개월)
설정액	192.00억원
순자산	192.00억원

시장 정보 (2017년 04월 14일 기준)			
52주최고(원)	10,125	수익률(12M, %)	—
52주최저(원)	8,570	수익률(YTD, %)	0.00
거래량(20일, 주)	366,202	변동성(120일)	0.00
거래대금(20일, 원)	3,216,180,096	구성종목수(개)	5
베타(1D/1Y)	-0.603280	Spread(원)	-23.12

누적 수익률

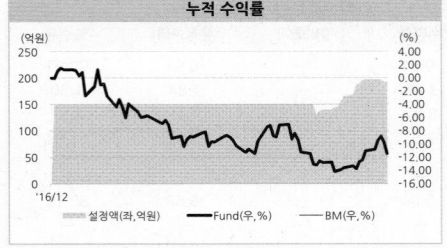

기간별 수익률 (%)				
구분	수익률	BM초과	유형초과	%순위
1주	-2.02	—	-0.65	88.24
1개월	-0.50	—	-0.21	88.24
3개월	-2.46	—	-1.34	88.24
6개월	-7.41	—	-2.97	66.67
연초이후	—	—	—	—
1년	-12.61	—	-9.33	66.67
3년	—	—	—	—

보수 (%, 年)	
TER	0.450
운용	0.390
판매	0.020
수탁	0.020
일반사무	0.020

투자 전략

이 투자신탁은 한국거래소(KRX)에서 거래되는 미국달러선물의 가격수준을 종합적으로 표시하는 미국달러선물지수(이하 "기초지수"라 한다)를 기초지수로 하여 1좌당 순자산가치의 일간변동률을 기초지수 일간변동률의 양(陽)의 2배수로 연동하여 투자신탁재산을 운용함을 그 운용목적으로 합니다.

KODEX 미국달러선물인버스2X (A261260)

● 벤치마크 : **미국달러 선물지수**　　　　　　　　　● 위험등급 : **1등급**
● 테마분류 : —　　　　　　　　　　　　　　　　　　● 평가등급(3년) : —

펀드 현황

운용사(매니저)	삼성자산운용
판매사	—
설정일(존속기간)	2016.12.27 (3개월)
설정액	130.00억원
순자산	130.00억원

시장 정보 (2017년 04월 14일 기준)

52주최고(원)	11,555	수익률(12M, %)	—
52주최저(원)	9,855	수익률(YTD, %)	0.00
거래량(20일, 주)	224,913	변동성(120일)	0.00
거래대금(20일, 원)	2,536,074,518	구성종목수(개)	5
베타(1D/1Y)	0.571970	Spread(원)	2.01

누적 수익률

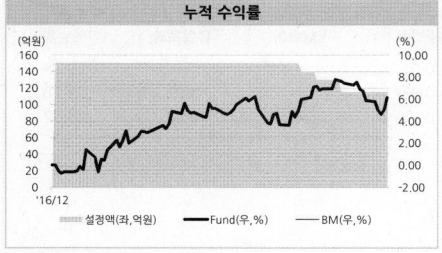

기간별 수익률 (%)

구분	수익률	BM초과	유형초과	%순위
1주	2.06	—	2.99	3.70
1개월	0.47	—	0.15	18.52
3개월	2.31	—	3.88	3.70
6개월	7.33	—	11.71	—
연초이후	—	—	—	—
1년	13.40	—	21.45	—
3년	—	—	—	—

보수 (%, 年)

TER	0.450
운용	0.390
판매	0.020
수탁	0.020
일반사무	0.020

투자 전략

이 투자신탁은 한국거래소(KRX)에서 거래되는 미국달러선물 가격 수준을 종합적으로 표시하는 미국달러선물지수(이하 "기초지수"라 한다)를 기초지수로 하여 1좌당 순자산가치의 일간 변동률을 기초지수 일간 변동률의 음(陰)의 2배수를 추종하도록 투자신탁재산을 운용함을 그 운용 목적으로 합니다.

KODEX 미국달러선물인버스 (A261270)

● 벤치마크 : **미국달러 선물지수**　　　　　　　　　● 위험등급 : **1등급**
● 테마분류 : —　　　　　　　　　　　　　　　　　　● 평가등급(3년) : —

펀드 현황

운용사(매니저)	삼성자산운용
판매사	—
설정일(존속기간)	2016.12.27 (3개월)
설정액	115.00억원
순자산	115.00억원

시장 정보 (2017년 04월 14일 기준)

52주최고(원)	10,775	수익률(12M, %)	—
52주최저(원)	9,935	수익률(YTD, %)	0.00
거래량(20일, 주)	128,750	변동성(120일)	0.00
거래대금(20일, 원)	1,371,508,236	구성종목수(개)	4
베타(1D/1Y)	0.288900	Spread(원)	-20.23

누적 수익률

기간별 수익률 (%)

구분	수익률	BM초과	유형초과	%순위
1주	1.03	—	1.96	5.56
1개월	0.25	—	-0.07	44.44
3개월	1.21	—	2.78	7.41
6개월	3.80	—	8.19	5.56
연초이후	—	—	—	—
1년	6.80	—	14.84	5.56
3년	—	—	—	—

보수 (%, 年)

TER	0.450
운용	0.390
판매	0.020
수탁	0.020
일반사무	0.020

투자 전략

이 투자신탁은 한국거래소(KRX)에서 거래되는 미국달러선물 가격 수준을 종합적으로 표시하는 미국달러선물 지수(이하 "기초지수"라 한다)를 기초지수로 하여 1좌당 순자산가치의 일간 변동률을 기초지수 일간 변동 률의 음(陰)의 1배수를 추종하도록 투자신탁재산을 운용함을 그 운용목적으로 합니다.

KINDEX 필리핀MSCI(합성) (A261920)

● 벤치마크 : **World - MSCI - EMF ASIA (KRW Unhedged)**
● 테마분류 : —

● 위험등급 : **2등급**
● 평가등급(3년) : —

펀드 현황

운용사(매니저)	한국투신운용
판매사	—
설정일(존속기간)	2016.12.26 (3개월)
설정액	105.00억원
순자산	105.00억원

시장 정보 (2017년 04월 14일 기준)

52주최고(원)	16,870	수익률(12M, %)	—
52주최저(원)	15,265	수익률(YTD, %)	0.00
거래량(20일, 주)	800	변동성(120일)	0.00
거래대금(20일, 원)	12,617,358	구성종목수(개)	3
베타(1D/1Y)	-0.164130	Spread(원)	-49.48

누적 수익률

설정액(좌,억원) ─ Fund(우,%) ─ BM(우,%)

기간별 수익률 (%)

구분	수익률	BM초과	유형초과	%순위
1주	-0.53	-0.93	-0.37	76.94
1개월	2.25	0.40	2.14	—
3개월	6.18	4.23	4.16	11.09
6개월	0.71	-4.82	-5.71	97.16
연초이후	—	—	—	—
1년	4.81	-2.90	-3.95	77.40
3년	—	—	—	—

보수 (%, 年)

TER	0.500
운용	0.420
판매	0.020
수탁	0.030
일반사무	0.030

투자 전략

이 투자신탁은 장외파생상품을 주된 투자대상자산으로 하여 MSCI가 산출 · 발표하는 MSCI 필리핀 지수(MSCI Philippines IMI Price return Index)의 변화에 연동하여 운용하는 것을 목표로 이 투자신탁 수익증권 1좌당 순자산가치의 변동률을 지수의 변동률과 유사하도록 투자신탁재산을 운용함을 그 목적으로 합니다.

ARIRANG 단기우량채권 (A263190)

● 벤치마크 : **CD 6개월(26주)**
● 테마분류 : —

● 위험등급 : **5등급**
● 평가등급(3년) : —

펀드 현황

운용사(매니저)	한화자산운용
판매사	—
설정일(존속기간)	2017.01.25 (2개월)
설정액	650.00억원
순자산	650.00억원

시장 정보 (2017년 04월 14일 기준)

52주최고(원)	50,210	수익률(12M, %)	—
52주최저(원)	50,020	수익률(YTD, %)	—
거래량(20일, 주)	9,164	변동성(120일)	0.00
거래대금(20일, 원)	459,977,837	구성종목수(개)	14
베타(1D/1Y)	0.001050	Spread(원)	0.30

누적 수익률

설정액(좌,억원) ─ Fund(우,%) ─ BM(우,%)

기간별 수익률 (%)

구분	수익률	BM초과	유형초과	%순위
1주	0.01	—	—	29.23
1개월	0.03	—	0.01	55.38
3개월	0.16	0.02	0.02	56.92
6개월	—	—	—	—
연초이후	—	—	—	—
1년	—	—	—	—
3년	—	—	—	—

보수 (%, 年)

TER	0.120
운용	0.085
판매	0.010
수탁	0.010
일반사무	0.015

투자 전략

이 투자신탁은 국내 채권을 주된 투자대상자산으로 하고, 수익증권 1좌당 순자산가치의 변동률을 한국자산평가㈜에서 산출하여 공표하는 추적대상지수인 KAP Money Market Credit Index (TotalReturn)의 변동률과 유사하도록 운용함을 목적으로 합니다.

KINDEX 러시아MSCI(합성) (A265690)

- 벤치마크 : **World - MSCI - EM EUROPE (KRW Unhedged)**
- 테마분류 : —
- 위험등급 : **2등급**
- 평가등급(3년) : —

펀드 현황	
운용사(매니저)	한국투신운용
판매사	—
설정일(존속기간)	2017.03.17 ()
설정액	100.00억원
순자산	100.00억원

시장 정보 (2017년 04월 14일 기준)			
52주최고(원)	20,965	수익률(12M, %)	—
52주최저(원)	19,660	수익률(YTD, %)	—
거래량(20일, 주)	238,819	변동성(120일)	0.00
거래대금(20일, 원)	4,841,468,295	구성종목수(개)	3
베타(1D/1Y)	0.000000	Spread(원)	34.86

누적 수익률

기간별 수익률 (%)				
구분	수익률	BM초과	유형초과	%순위
1주	-2.52	-2.83	—	—
1개월	-6.44	-4.90	—	—
3개월	—	—	—	—
6개월	—	—	—	—
연초이후	—	—	—	—
1년	—	—	—	—
3년	—	—	—	—

보수 (%, 年)	
TER	0.000
운용	0.000
판매	0.000
수탁	0.000
일반사무	0.000

투자 전략

이 투자신탁은 장외파생상품을 주된 투자대상자산으로 하여 1좌당 순자산가치의 변동률을 기초지수인 "MSCI 러시아 지수(시장가격지수, MSCI Russia 25%Capped Price return Index)"의 일간변동률과 유사하도록 투자신탁재산을 운용함을 그 목적으로합니다.

TIGER 지속배당 (A266140)

- 벤치마크 : **KOSPI TR**
- 테마분류 : —
- 위험등급 : **2등급**
- 평가등급(3년) : —

펀드 현황	
운용사(매니저)	미래에셋자산운용
판매사	—
설정일(존속기간)	2017.03.30 ()
설정액	84.51억원
순자산	84.51억원

시장 정보 (2017년 04월 14일 기준)			
52주최고(원)	14,200	수익률(12M, %)	—
52주최저(원)	13,830	수익률(YTD, %)	—
거래량(20일, 주)	1,394	변동성(120일)	0.00
거래대금(20일, 원)	19,601,120	구성종목수(개)	31
베타(1D/1Y)	0.000000	Spread(원)	-15.77

누적 수익률

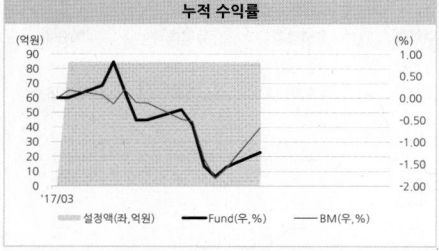

기간별 수익률 (%)				
구분	수익률	BM초과	유형초과	%순위
1주	0.34	-0.59	-0.88	93.03
1개월	-0.97	-0.78	-0.73	87.82
3개월	—	—	—	—
6개월	—	—	—	—
연초이후	—	—	—	—
1년	—	—	—	—
3년	—	—	—	—

보수 (%, 年)	
TER	0.000
운용	0.000
판매	0.000
수탁	0.000
일반사무	0.000

투자 전략

이 투자신탁은 국내 주식을 법 시행령 제94조제2항제4호에서 규정하는 주된 투자대상자산으로 하며, 와이즈에프엔(WISEfn)이 발표하는"WISE 지속배당 지수"를 기초지수로 하여 1좌당 순자산가치의 변동률을 기초지수의 변동률과 유사하도록 투자신탁재산을 운용함을 목적으로 합니다.

KBSTAR 고배당 (A266160)

● 벤치마크 : **FnGuide 고배당포커스 지수**
● 테마분류 : —

● 위험등급 : **2등급**
● 평가등급(3년) : —

펀드 현황

운용사(매니저)	KB자산운용
판매사	—
설정일(존속기간)	2017.04.14 ()
설정액	150.63억원
순자산	150.63억원

시장 정보 (2017년 04월 14일 기준)

52주최고(원)	9,970	수익률(12M, %)	—
52주최저(원)	9,970	수익률(YTD, %)	—
거래량(20일, 주)	1,001,825	변동성(120일)	0.00
거래대금(20일, 원)	9,983,282,045	구성종목수(개)	78
베타(1D/1Y)	0.000000	Spread(원)	-10.58

누적 수익률

기간별 수익률 (%)

구분	수익률	BM초과	유형초과	%순위
1주	—	—	—	—
1개월	—	—	—	—
3개월	—	—	—	—
6개월	—	—	—	—
연초이후	—	—	—	—
1년	—	—	—	—
3년	—	—	—	—

보수 (%, 年)

TER	0.000
운용	0.000
판매	0.000
수탁	0.000
일반사무	0.000

투자 전략

이 투자신탁은 국내주식을 법에서 정하는 주된 투자대상으로 하며, FnGuide 고배당포커스 지수(FnGuide High Dividend Focus Index)를 기초지수로 하여 1좌당 순자산가치의 변동률을 기초지수의 변동률과 유사하도록 투자신탁재산을 운용하는 것을 목적으로 하는 투자신탁입니다.

KODEX IT소프트웨어 (A266360)

● 벤치마크 : **KOSPI TR**
● 테마분류 : —

● 위험등급 : **2등급**
● 평가등급(3년) : —

펀드 현황

운용사(매니저)	삼성자산운용
판매사	—
설정일(존속기간)	2017.03.28 ()
설정액	79.56억원
순자산	79.56억원

시장 정보 (2017년 04월 14일 기준)

52주최고(원)	10,285	수익률(12M, %)	—
52주최저(원)	9,800	수익률(YTD, %)	—
거래량(20일, 주)	66	변동성(120일)	0.00
거래대금(20일, 원)	661,020	구성종목수(개)	28
베타(1D/1Y)	0.000000	Spread(원)	95.58

누적 수익률

기간별 수익률 (%)

구분	수익률	BM초과	유형초과	%순위
1주	3.01	2.08	1.91	—
1개월	1.32	1.51	1.87	2.08
3개월	—	—	—	—
6개월	—	—	—	—
연초이후	—	—	—	—
1년	—	—	—	—
3년	—	—	—	—

보수 (%, 年)

TER	0.000
운용	0.000
판매	0.000
수탁	0.000
일반사무	0.000

투자 전략

이 투자신탁은 한국거래소(KRX)가 산출·발표하는 KRX IT소프트웨어 지수를 기초지수로 하여 1좌당 순자산가치의 변동률을 기초지수의 변동률과 유사하도록 투자신탁재산을 운용함을 그 운용목적으로 합니다.

KODEX IT하드웨어 （A266370）

● 벤치마크 : **KOSPI TR**
● 테마분류 : —

● 위험등급 : **2등급**
● 평가등급(3년) : —

펀드 현황

운용사(매니저)	삼성자산운용
판매사	—
설정일(존속기간)	2017.03.28 ()
설정액	78.95억원
순자산	78.95억원

시장 정보 (2017년 04월 14일 기준)

52주최고(원)	10,145	수익률(12M, %)	—
52주최저(원)	9,890	수익률(YTD, %)	—
거래량(20일, 주)	637	변동성(120일)	0.00
거래대금(20일, 원)	6,410,300	구성종목수(개)	20
베타(1D/1Y)	0.000000	Spread(원)	-0.01

누적 수익률

기간별 수익률 (%)

구분	수익률	BM초과	유형초과	%순위
1주	1.34	0.42	0.24	20.83
1개월	1.31	1.51	1.86	2.08
3개월	—	—	—	—
6개월	—	—	—	—
연초이후	—	—	—	—
1년	—	—	—	—
3년	—	—	—	—

보수 (%, 年)

TER	0.000
운용	0.000
판매	0.000
수탁	0.000
일반사무	0.000

투자 전략

이 투자신탁은 한국거래소(KRX)가 산출·발표하는 KRX IT하드웨어 지수를 기초지수로 하여 1좌당 순자산가치의 변동률을 기초지수의 변동률과 유사하도록 투자신탁재산을 운용함을 그 운용목적으로 합니다.

KODEX 경기소비재 （A266390）

● 벤치마크 : **KOSPI TR**
● 테마분류 : —

● 위험등급 : **2등급**
● 평가등급(3년) : —

펀드 현황

운용사(매니저)	삼성자산운용
판매사	—
설정일(존속기간)	2017.03.28 ()
설정액	82.65억원
순자산	82.65억원

시장 정보 (2017년 04월 14일 기준)

52주최고(원)	10,500	수익률(12M, %)	—
52주최저(원)	10,210	수익률(YTD, %)	—
거래량(20일, 주)	8	변동성(120일)	0.00
거래대금(20일, 원)	77,879	구성종목수(개)	50
베타(1D/1Y)	0.000000	Spread(원)	56.46

누적 수익률

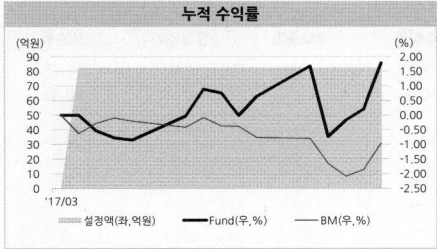

기간별 수익률 (%)

구분	수익률	BM초과	유형초과	%순위
1주	1.56	0.64	0.46	14.58
1개월	1.13	1.32	1.68	6.25
3개월	—	—	—	—
6개월	—	—	—	—
연초이후	—	—	—	—
1년	—	—	—	—
3년	—	—	—	—

보수 (%, 年)

TER	0.000
운용	0.000
판매	0.000
수탁	0.000
일반사무	0.000

투자 전략

이 투자신탁은 한국거래소(KRX)가 산출·발표하는 KRX 경기소비재 지수를 기초지수로 하여 1좌당 순자산가치의 변동률을 기초지수의 변동률과 유사하도록 투자신탁재산을 운용함을 그 운용목적으로 합니다.

KODEX 필수소비재 (A266410)

● 벤치마크 : **KOSPI TR**　　　　　　　　　　　　　● 위험등급 : **2등급**
● 테마분류 : ―　　　　　　　　　　　　　　　　　● 평가등급(3년) : ―

펀드 현황	
운용사(매니저)	삼성자산운용
판매사	―
설정일(존속기간)	2017.03.28 ()
설정액	81.80억원
순자산	81.80억원

시장 정보 (2017년 04월 14일 기준)			
52주최고(원)	10,295	수익률(12M, %)	―
52주최저(원)	10,070	수익률(YTD, %)	―
거래량(20일, 주)	98	변동성(120일)	0.00
거래대금(20일, 원)	996,711	구성종목수(개)	40
베타(1D/1Y)	0.000000	Spread(원)	-6.42

누적 수익률

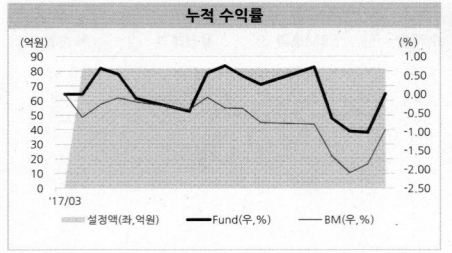

설정액(좌,억원)　　Fund(우,%)　　BM(우,%)

기간별 수익률 (%)				
구분	수익률	BM초과	유형초과	%순위
1주	1.04	0.11	-0.06	35.42
1개월	-0.25	-0.06	0.30	33.33
3개월	―	―	―	―
6개월	―	―	―	―
연초이후	―	―	―	―
1년	―	―	―	―
3년	―	―	―	―

보수 (%, 年)	
TER	0.000
운용	0.000
판매	0.000
수탁	0.000
일반사무	0.000

투자 전략

이 투자신탁은 한국거래소(KRX)가 산출·발표하는 KRX 필수소비재 지수를 기초지수로 하여 1좌당 순자산가치의 변동률을 기초지수의 변동률과 유사하도록 투자신탁재산을 운용함을 그 운용목적으로 합니다.

KODEX 헬스케어 (A266420)

● 벤치마크 : **KOSPI TR**　　　　　　　　　　　　　● 위험등급 : **2등급**
● 테마분류 : ―　　　　　　　　　　　　　　　　　● 평가등급(3년) : ―

펀드 현황	
운용사(매니저)	삼성자산운용
판매사	―
설정일(존속기간)	2017.03.28 ()
설정액	80.58억원
순자산	80.58억원

시장 정보 (2017년 04월 14일 기준)			
52주최고(원)	10,560	수익률(12M, %)	―
52주최저(원)	10,135	수익률(YTD, %)	―
거래량(20일, 주)	1,560	변동성(120일)	0.00
거래대금(20일, 원)	15,822,206	구성종목수(개)	85
베타(1D/1Y)	0.000000	Spread(원)	10.73

누적 수익률

설정액(좌,억원)　　Fund(우,%)　　BM(우,%)

기간별 수익률 (%)				
구분	수익률	BM초과	유형초과	%순위
1주	0.57	-0.36	-0.53	56.25
1개월	-0.93	-0.74	-0.38	60.42
3개월	―	―	―	―
6개월	―	―	―	―
연초이후	―	―	―	―
1년	―	―	―	―
3년	―	―	―	―

보수 (%, 年)	
TER	0.000
운용	0.000
판매	0.000
수탁	0.000
일반사무	0.000

투자 전략

이 투자신탁은 한국거래소(KRX)가 산출·발표하는 KRX 헬스케어 지수(이하 "기초지수"라 한다)를 기초지수로 하여 1좌당 순자산가치의 변동률을 기초지수의 변동률과 유사하도록 투자신탁재산을 운용함을 그 운용목적으로 합니다.

ARIRANG 중형주저변동50 (A266550)

● 벤치마크 : **FnGuide 중형주저변동50지수** ● 위험등급 : **2등급**
● 테마분류 : — ● 평가등급(3년) : —

펀드 현황

운용사(매니저)	한화자산운용
판매사	—
설정일(존속기간)	2017.03.28 ()
설정액	92.17억원
순자산	92.17억원

시장 정보 (2017년 04월 14일 기준)

52주최고(원)	10,330	수익률(12M, %)	—
52주최저(원)	10,170	수익률(YTD, %)	—
거래량(20일, 주)	3,324	변동성(120일)	0.00
거래대금(20일, 원)	34,116,603	구성종목수(개)	51
베타(1D/1Y)	0.000000	Spread(원)	6.64

누적 수익률

기간별 수익률 (%)

구분	수익률	BM초과	유형초과	%순위
1주	-0.26	-0.00	-0.02	37.06
1개월	—	—	—	—
3개월	—	—	—	—
6개월	—	—	—	—
연초이후	—	—	—	—
1년	—	—	—	—
3년	—	—	—	—

보수 (%, 年)

TER	0.000
운용	0.000
판매	0.000
수탁	0.000
일반사무	0.000

투자 전략

이 투자신탁은 국내 주식을 주된 투자대상자산으로하며, 수익증권 1좌당 순자산가치의 변동률을 주식회사 에프엔가이드(FnGuide)가 산출하여 공표하는추적대상지수인 FnGuide 중형주 저변동50 지수의 변동률과 유사하도록 운용함을 목적으로 합니다.

2017

MEMO